Grundgesetz-Kommentar
Band II

Grundgesetz
Kommentar

herausgegeben von
Horst Dreier

bearbeitet von
Hartmut Bauer · Horst Dreier
Rolf Gröschner · Georg Hermes
Werner Heun · Gertrude Lübbe-Wolff
Martin Morlok · Ingolf Pernice
Helmuth Schulze-Fielitz · Rupert Stettner
Joachim Wieland

Band II
Artikel 20–82

Mohr Siebeck 1998

Autoren

Prof. Dr. jur. Hartmut Bauer, Technische Universität Dresden
Prof. Dr. jur. Horst Dreier, Universität Würzburg
Prof. Dr. jur. Rolf Gröschner, Universität Jena
Prof. Dr. jur. Georg Hermes, Universität Frankfurt a.M.
Prof. Dr. jur. Werner Heun, Universität Göttingen
Prof. Dr. jur. Gertrude Lübbe-Wolff, Universität Bielefeld
Prof. Dr. jur. Martin Morlok, Fern-Universität Hagen
Prof. Dr. jur. Ingolf Pernice, Humboldt-Universität zu Berlin
Prof. Dr. jur. Helmuth Schulze-Fielitz, Universität Würzburg
Prof. Dr. jur. Rupert Stettner, Universität der Bundeswehr München
Prof. Dr. jur. Joachim Wieland, Universität Bielefeld

Zitiervorschlag

G. Lübbe-Wolff, in: H. Dreier (Hrsg.), Grundgesetz-Kommentar, Bd. 2, 1998, Art. 33 Rn. 41 ff.

Die Deutsche Bibliothek – CIP-Einheitsaufnahme

Grundgesetz: Kommentar / hrsg. von Horst Dreier. Bearb. von Hartmut Bauer... – Tübingen: Mohr Siebeck
 Einheitssacht. des kommentierten Werkes: Verfassung <1949.05.23>
 Bd. 2. Artikel 20–82. – 1998
 ISBN 3-16-146739-6

© 1998 J. C. B. Mohr (Paul Siebeck) Tübingen.

Das Werk einschließlich aller seiner Teile ist urheberrechtlich geschützt. Jede Verwertung außerhalb der engen Grenzen des Urheberrechtsgesetzes ist ohne Zustimmung des Verlags unzulässig und strafbar. Das gilt insbesondere für Vervielfältigungen, Übersetzungen, Mikroverfilmungen und die Einspeicherung und Verarbeitung in elektronischen Systemen.

Dieser Band wurde von Gulde-Druck in Tübingen aus der Rotation gesetzt, auf alterungsbeständiges Werkdruckpapier der Papierfabrik Niefern gedruckt und von Konrad Triltsch in Würzburg gebunden. Den Einband entwarf Uli Gleis in Tübingen.

Vorwort

Herausgeber wie Autoren freuen sich, exakt zwei Jahre nach Erscheinen des ersten Bandes nunmehr den zweiten, Art. 20 bis 82 umfassenden Band dieses Grundgesetz-Kommentars vorlegen zu können. Der erhebliche, von nur elf Autoren zu bewältigende Gesamtumfang des gemeinsamen Projekts; die vielfältigen sonstigen universitären und wissenschaftlichen Verpflichtungen, denen jeder von uns unterlag; schließlich die große Zahl an zu bearbeitenden Artikeln – dies alles hat es den Beteiligten nicht leicht gemacht, ein Nicht-Loseblattwerk dieser Dimension in angemessenem zeitlichen Abstand zum ersten Band fertigzustellen. Umso größer ist im Augenblick des Erscheinens die Freude.

Die vom ersten Band her bekannte, dort näher erläuterte und für alle Artikel einheitliche Gliederungssystematik (A.-D.) ist auch dem zweiten Band zugrundegelegt worden. Wiederum wird bei jedem Artikel zunächst in Abschnitt A. dessen »Herkunft, Entstehung und Entwicklung« dargestellt und nach ideen- und verfassungsgeschichtlichen Ursprüngen gefragt. Ausnahmslos sind Normgenese und Normenveränderung geschildert. Im folgenden Abschnitt B. gilt das besondere Augenmerk neben internationalen und rechtsvergleichenden Aspekten wiederum den Modifikationen und Überlagerungen, die das Grundgesetz infolge des stetig voranschreitenden Prozesses der europäischen Integration erfährt. Weit über die unmittelbar einschlägigen Normen (Art. 23, 28 I 3, 45, 52 IIIa GG) hinaus bleibt auch der staatsorganisatorische Teil des Grundgesetzes von den Einwirkungen des europäischen Gemeinschaftsrechts nicht unberührt. Das zeigt sich, um nur wenige Beispiele zu nennen, etwa an der grundgesetzlichen Kompetenzordnung (vgl. Art. 70 Rn. 9 ff.) ebenso wie an den föderalen Strukturen (Art. 20 [Bundesstaat] Rn. 12 f.), ferner an der Stellung von Bundeskanzler und Bundesministern (Art. 65 Rn. 7 ff.) sowie in besonders signifikanter Weise an Sondertatbeständen bei den für die Verfassungsänderung geltenden Regeln (Art. 79 I Rn. 15, 25; Art. 79 II Rn. 20). Die durchgängige Berücksichtigung der europäischen Dimension impliziert selbstverständlich keine programmatische Ausrichtung zugunsten möglichst großer Europarechtsfreundlichkeit. Auch gelangen naturgemäß die im Kommentar vertretenen Meinungen zu diesem Komplex nicht stets zur Deckung, wie sich etwa bei der Einschätzung des »Demokratiedefizits« der Europäischen Union zeigt (vgl. Art. 20 [Demokratie] Rn. 37 ff. einerseits, Art. 23 Rn. 51 ff. andererseits). In Abschnitt C. folgen die Erläuterungen der Grundgesetz-Artikel, die sich an den textlichen und sachlichen Vorgaben der jeweiligen Regelungsgehalte orientieren, während im Abschnitt D. gesondert das Verhältnis zu anderen GG-Bestimmungen erörtert wird.

Für die praktische Handhabung des Kommentars sei nochmals auf die im ersten Band gegebenen ausführlichen Hinweise aufmerksam gemacht. Vor allem ist die in den Fußnoten abgekürzt zitierte Hand- und Lehrbuchliteratur über das Abkürzungsverzeichnis zu erschließen. Wie dieses sind auch die Fundstellenkonkordanz und die schlagwortartigen Kurzbezeichnungen für die Leitentscheidungen des Bundesverfassungsgerichts durchgesehen, erweitert und aktualisiert worden.

Die Kommentierungen der einzelnen Artikel befinden sich auf dem Stand vom Ende des Jahres 1997. In zahlreichen Fällen konnten allerdings noch Judikatur und Literatur des ersten Halbjahres 1998 berücksichtigt werden. Besondere Erwähnung verdient in diesem Zusammenhang, daß bei der Kommentierung des Art. 39 GG bereits die mit verfassungsänderndem Gesetz vom 16.7.1998 (BGBl. I S. 1822) verabschiedete Neufassung zugrundegelegt wurde. Auch die Numerierung der Normen des EG/EU-Vertrages gemäß den mit dem »Amsterdamer Vertrag« eingetretenen Veränderungen wurde erfaßt: die neue Zählung findet sich, versehen mit dem Zusatz »n. F.«, stets in Klammern hinter der bisherigen Zählweise, deren Erwähnung wegen des Rückbezuges auf ältere Literatur und Judikatur weiterhin unentbehrlich bleibt.

Wiederum ist vielfältiger Dank abzustatten. Er gilt zunächst den Autoren und ihren Mitarbeitern, die angesichts zahlreicher sonstiger Aufgaben in zuweilen erheblicher Kraftanstrengung das ihrige zum Erscheinen des Bandes beigetragen haben. Darüber hinaus sage ich erneut einen besonderen Dank den Mitarbeitern meines Lehrstuhls in Würzburg. Meine Sekretärin, Frau Gertrud Bauer, die am Lehrstuhl beschäftigen studentischen Hilfskräfte sowie vor allem meine Assistenten, Herr Axel Tschentscher, LL.M. (Cornell), und Herr Fabian Wittreck, haben im Verlauf der beiden letzten Jahre und vor allem im fulminanten Endspurt der vergangenen Monate wiederum in erheblichem Umfang zur Fertigstellung des Werkes beigetragen. Ohne ihr Engagement, ihren weit überobligatorischen Einsatz, die Begeisterung für das gemeinsame Vorhaben und ihre kompetente Unterstützung bei der Erledigung der vielfältigen und zeitaufwendigen Herausgebertätigkeiten wäre es nicht möglich gewesen, den zweiten Band noch 1998 zur Druckreife zu bringen. Dafür an dieser Stelle mein wiederholter, herzlicher Dank!

Ein Werk von weit über 1500 Seiten kann nicht fehlerfrei sein. Daher gilt wie beim ersten Band, daß Herausgeber wie Autoren für Hinweise auf Fehler, Auslassungen, Schwächen und sonstige Defizite des Kommentars aus dem Leser- und Benutzerkreis stets dankbar sind*.

Würzburg, im August 1998   Horst Dreier

---

* Korrespondenzadresse: Prof. Dr. Horst Dreier, Lehrstuhl für Rechtsphilosophie, Staats- und Verwaltungsrecht, Domerschulstr. 16, 97070 Würzburg (Tel.: 0931-312336; Fax: 0931-312911; e-mail: dreier@rzbox.uni-wuerzburg.de).

Inhaltsverzeichnis

	Seite
Vorwort	V
Abkürzungsverzeichnis	XI
Änderungen des Grundgesetzes	XXIX

I. Die Grundrechte *(Band I)*

II. Der Bund und die Länder

Artikel 20	Einführung *(Horst Dreier)*	1
Artikel 20	Republik *(Horst Dreier)*	9
Artikel 20	Demokratie *(Horst Dreier)*	20
Artikel 20	Sozialstaat *(Rolf Gröschner)*	79
Artikel 20	Bundesstaat *(Hartmut Bauer)*	106
Artikel 20	Rechtsstaat *(Helmuth Schulze-Fielitz)*	128
Artikel 20 IV	Widerstandsrecht *(Rolf Gröschner)*	210
Artikel 20a	Schutz der natürlichen Lebensgrundlagen *(Helmuth Schulze-Fielitz)*	219
Artikel 21	Parteien *(Martin Morlok)*	248
Artikel 22	Bundesflagge *(Joachim Wieland)*	316
Artikel 23	Europäische Union *(Ingolf Pernice)*	325
Artikel 24	Übertragung und Einschränkung von Hoheitsrechten *(Ingolf Pernice)*	401
Artikel 25	Völkerrecht als Bestandteil des Bundesrechts *(Ingolf Pernice)*	429
Artikel 26	Verbot des Angriffskrieges *(Ingolf Pernice)*	449
Artikel 27	Handelsflotte *(Ingolf Pernice)*	469
Artikel 28	Homogenitätsgebot; kommunale Selbstverwaltung *(Horst Dreier)*	475
Artikel 29	Neugliederung des Bundesgebietes *(Ingolf Pernice)*	565
Artikel 30	Kompetenzverteilung zwischen Bund und Ländern *(Ingolf Pernice)*	585
Artikel 31	Vorrang des Bundesrechts *(Horst Dreier)*	603
Artikel 32	Auswärtige Beziehungen *(Ingolf Pernice)*	634
Artikel 33	Staatsbürgerliche Rechte- und Pflichtengleichheit; öffentlicher Dienst *(Gertrude Lübbe-Wolff)*	658
Artikel 34	Haftung bei Amtspflichtverletzung *(Joachim Wieland)*	727
Artikel 35	Rechts- und Amtshilfe; Hilfe in besonderen Gefahrenlagen und Notfällen *(Hartmut Bauer)*	751

		Seite
Artikel 36	Personalstruktur der Bundesbehörden; Organisationsstruktur der Bundeswehr *(Hartmut Bauer)*	767
Artikel 37	Bundeszwang *(Hartmut Bauer)*	774

III. Der Bundestag

Artikel 38	Wahlrechtsgrundsätze; Abgeordnete *(Martin Morlok)*	783
Artikel 39	Wahlperiode und Zusammentritt *(Martin Morlok)*	851
Artikel 40	Bundestagspräsident und Geschäftsordnung *(Martin Morlok)*	862
Artikel 41	Wahlprüfung und Mandatsprüfung *(Martin Morlok)*	880
Artikel 42	Öffentlichkeit der Sitzungen; Mehrheitsprinzip *(Martin Morlok)*	891
Artikel 43	Zitier-, Zutritts- und Rederecht *(Martin Morlok)*	907
Artikel 44	Untersuchungsausschüsse *(Martin Morlok)*	918
Artikel 45	Ausschuß für Angelegenheiten der Europäischen Union *(Ingolf Pernice)*	947
Artikel 45a	Ausschuß für auswärtige Angelegenheiten; Verteidigungsausschuß *(Werner Heun)*	954
Artikel 45b	Wehrbeauftragter *(Werner Heun)*	960
Artikel 45c	Petitionsausschuß *(Hartmut Bauer)*	970
Artikel 46	Indemnität und Immunität *(Helmuth Schulze-Fielitz)*	985
Artikel 47	Zeugnisverweigerungsrecht und Beschlagnahmeverbot *(Helmuth Schulze-Fielitz)*	1001
Artikel 48	Urlaubsanspruch; Behinderungsverbot; Entschädigungs- und Beförderungsanspruch *(Helmuth Schulze-Fielitz)*	1007
Artikel 49	*(aufgehoben)*	

IV. Der Bundesrat

Artikel 50	Aufgaben *(Hartmut Bauer)*	1020
Artikel 51	Mitgliedschaft; Stimmenzahl und Stimmabgabe *(Hartmut Bauer)*	1037
Artikel 52	Organisation und Verfahren *(Hartmut Bauer)*	1049
Artikel 53	Beteiligungsrechte und -pflichten der Bundesregierung *(Hartmut Bauer)*	1060

IVa. Gemeinsamer Ausschuß

Artikel 53a	Zusammensetzung; Verfahren *(Werner Heun)*	1066

V. Der Bundespräsident

Artikel 54	Wahl; Amtsdauer; Bundesversammlung *(Ingolf Pernice)*	1075

Seite

Artikel 55	Inkompatibilitäten; Berufs- und Gewerbeverbot *(Ingolf Pernice)*	1092
Artikel 56	Amtseid *(Ingolf Pernice)*	1097
Artikel 57	Vertretung *(Ingolf Pernice)*	1102
Artikel 58	Gegenzeichnung *(Ingolf Pernice)*	1107
Artikel 59	Völkerrechtliche Vertretung und Verträge *(Ingolf Pernice)*	1117
Artikel 59a	*(aufgehoben)*	
Artikel 60	Ernennungen; Begnadigung; Immunität *(Ingolf Pernice)*	1146
Artikel 61	Anklage vor dem Bundesverfassungsgericht *(Ingolf Pernice)*	1159

VI. Die Bundesregierung

Artikel 62	Zusammensetzung *(Georg Hermes)*	1167
Artikel 63	Wahl und Ernennung des Bundeskanzlers *(Georg Hermes)*	1185
Artikel 64	Ernennung und Entlassung der Bundesminister *(Georg Hermes)*	1208
Artikel 65	Verteilung der Verantwortung *(Georg Hermes)*	1224
Artikel 65a	Führung der Streitkräfte *(Werner Heun)*	1248
Artikel 66	Berufsverbot *(Georg Hermes)*	1257
Artikel 67	Mißtrauensvotum *(Georg Hermes)*	1266
Artikel 68	Vertrauensfrage *(Georg Hermes)*	1276
Artikel 69	Stellvertreter des Bundeskanzlers; Ende der Amtszeit; geschäftsführende Regierung *(Georg Hermes)*	1291

VII. Die Gesetzgebung des Bundes

Artikel 70	Gesetzgebung des Bundes und der Länder *(Rupert Stettner)*	1302
Artikel 71	Ausschließliche Gesetzgebung des Bundes *(Rupert Stettner)*	1336
Artikel 72	Konkurrierende Gesetzgebung des Bundes *(Rupert Stettner)*	1345
Artikel 73	Gegenstände der ausschließlichen Gesetzgebung *(Rupert Stettner)*	1361
Artikel 74	Gegenstände der konkurrierenden Gesetzgebung *(Rupert Stettner)*	1382
Artikel 74a	Konkurrierende Gesetzgebung für Besoldung und Versorgung im öffentlichen Dienst *(Rupert Stettner)*	1425
Artikel 75	Rahmengesetzgebung des Bundes *(Rupert Stettner)*	1431
Artikel 76	Gesetzesvorlagen *(Rupert Stettner)*	1447
Artikel 77	Gesetzgebungsverfahren *(Rupert Stettner)*	1459
Artikel 78	Zustandekommen der Bundesgesetze *(Rupert Stettner)*	1472
Artikel 79 I	Textänderungsgebot *(Horst Dreier)*	1476
Artikel 79 II	Zweidrittelmehrheit *(Horst Dreier)*	1494

		Seite
Artikel 79 III	Ewigkeitsgarantie *(Horst Dreier)*	1502
Artikel 80	Erlaß von Rechtsverordnungen *(Hartmut Bauer)*	1526
Artikel 80a	Spannungsfall *(Werner Heun)*	1552
Artikel 81	Gesetzgebungsnotstand *(Rupert Stettner)*	1561
Artikel 82	Ausfertigung; Verkündung und Inkrafttreten von Bundesgesetzen und Rechtsverordnungen *(Hartmut Bauer)*	1570

Fundstellenkonkordanz ausgewählter Entscheidungen des Bundesverfassungsgerichts 1587

Schlagwortartige Bezeichnungen der Leitentscheidungen des Bundesverfassungsgerichts 1594

Sachregister 1603

Abkürzungsverzeichnis

a.A., aA.	andere(r) Ansicht
a.a.O., aaO.	am angegebenen Ort
Abg.	Abgeordneter
ABGB	Allgemeines bürgerliches Gesetzbuch für die gesammten deutschen Erbländer der österreichischen Monarchie, 1811
AbgG	Gesetz über die Rechtsverhältnisse der Mitglieder des Deutschen Bundestages (Abgeordnetengesetz)
ABl.	Amtsblätter der Europäischen Gemeinschaften
Abs.	Absatz
Achterberg, Parlamentsrecht	Norbert Achterberg, Parlamentsrecht, Tübingen 1984
Achterberg/Schulte, GG VI	Das Bonner Grundgesetz. Kommentar, begründet von Hermann von Mangoldt. Fortgeführt von Friedrich Klein. Bearbeitung der Art. 38–49 als Bd. VI der 3. Aufl. von Norbert Achterberg und Martin Schulte, München 1991
AEG	Allgemeines Eisenbahngesetz
AEMR	Allgemeine Erklärung der Menschenrechte vom 10.12.1948
a.F., aF.	alte Fassung
AFDI	Annuaire Francais de Droit International
AfK	Archiv für Kommunalwissenschaften
AfP	Archiv für Presserecht (seit 1995: Zeitschrift für Medien- und Kommunikationsrecht)
AG	Amtsgericht
AG	Aktiengesellschaft
AGB-Gesetz	Gesetz zur Regelung des Rechts der Allgemeinen Geschäftsbedingungen
AJIL	American Journal of International Law
Akad.-Ausgabe	Immanuel Kant, Gesammelte Schriften, 29 Bde., Berlin 1900–1983 (Akademie-Ausgabe)
AK-GG	Kommentar zum Grundgesetz für die Bundesrepublik Deutschland (Reihe Alternativ-Kommentare, Gesamtherausgeber Rudolf Wassermann), 2 Bde., 2. Aufl. Neuwied 1989
allg.	allgemein
ALR	Allgemeines Landrecht für die Preußischen Staaten, 1794
Alt.	Alternative
Anm.	Anmerkung
AnO	Anordnung
Anschütz, WRV	Gerhard Anschütz, Die Verfassung des Deutschen Reiches vom 11. August 1919, 14. Aufl. Berlin 1933, Nachdruck Bad Homburg von der Höhe 1960
AnwBl.	Anwaltsblatt
AO	Abgabenordnung
AöR	Archiv des öffentlichen Rechts
APF	Archiv für Post- und Fernmeldewesen (1949 bis 1991; ab 1992 APT)
APT	Archiv für Post und Telekommunikation (bis 1991 APF)
APuZ	Aus Politik und Zeitgeschichte. Beilage zur Wochenzeitschrift »Das Parlament«
ArbGG	Arbeitsgerichtsgesetz
ARSP	Archiv für Rechts- und Sozialphilosophie (bis 1933: Archiv für Rechts- und Wirtschaftsphilosophie)
Art.	Artikel
ASG	Gesetz zur Sicherstellung von Arbeitsleistungen für Zwecke der Verteidigung einschließlich des Schutzes der Zivilbevölkerung (Arbeitssicherstellungsgesetz)

AsylbLG	Asylbewerberleistungsgesetz
AsylVfG	Asylverfahrensgesetz
Aufl.	Auflage
AuR	Arbeit und Recht
AuslG	Gesetz über die Einreise und den Aufenthalt von Ausländern im Bundesgebiet (Ausländergesetz)
AVR	Archiv des Völkerrechts
AW-Prax.	Außenwirtschafts-Praxis
AWD	Außenwirtschaftsdienst des Betriebs-Beraters (seit 1974: RIW)
AWG	Außenwirtschaftsgesetz
AWV	Außenwirtschaftsverordnung
Bad.	Baden, badisch
Bad.-Württ., BW	Baden-Württemberg, baden-württembergisch
Badura, Staatsrecht	Peter Badura, Staatsrecht. Systematische Erläuterung des Grundgesetzes für die Bundesrepublik Deutschland, 2. Aufl. München 1996
BAFl.	Bundesamt für die Anerkennung ausländischer Flüchtlinge
BAföG	Gesetz über individuelle Förderung der Ausbildung (Bundesausbildungsförderungsgesetz)
BAG	Bundesarbeitsgericht
BAGE	Entscheidungen des Bundesarbeitsgerichts
BAnz.	Bundesanzeiger
BAPostG	Gesetz über die Errichtung einer Bundesanstalt für Post und Telekommunikation
BArbBl.	Bundesarbeitsblatt
Battis/Gusy, Staatsrecht	Ulrich Battis/Christoph Gusy, Einführung in das Staatsrecht, 3. Aufl. Heidelberg 1991
BauGB	Baugesetzbuch
Bay.	Bayern, bayerisch
BayKJHG	Bayerisches Kinder- und Jugendhilfegesetz
BayObLG	Bayerisches Oberstes Landesgericht
BayObLGZ	Entscheidungen des Bayerischen Obersten Landesgerichts in Zivilsachen
BayRS	Bayerische Rechtssammlung
BayVBl.	Bayerische Verwaltungsblätter. Zeitschrift für öffentliches Recht und öffentliche Verwaltung
BayVerfGH	Bayerischer Verfassungsgerichtshof
BayVerfGHE	Entscheidungen des Bayerischen Verfassungsgerichtshofs
BayVGH	Bayerischer Verwaltungsgerichtshof
BB	Betriebs-Berater
BBankG	Gesetz über die Deutsche Bundesbank
BBG	Bundesbeamtengesetz
Bd.	Band
Bde.	Bände
BDGV	Berichte der Deutschen Gesellschaft für Völkerrecht
BDH	Bundesdisziplinarhof
BDO	Bundesdisziplinarordnung
Benda/Klein, Verfassungsprozeßrecht	Ernst Benda/Eckart Klein, Lehrbuch des Verfassungsprozeßrechts, Heidelberg 1991
BerichtHCh	Bericht über den Verfassungskonvent auf Herrenchiemsee vom 10. bis 23. 8. 1948. Herausgegeben vom Verfassungsausschuß der Ministerpräsidenten-Konferenz der westlichen Besatzungszonen, o. J. (1948) – auch abgedruckt in: Parl. Rat II, S. 504 ff.
Berl.	Berlin, Berliner
Beschl.	Beschluß
BfD	Bundesbeauftragter für den Datenschutz
BFH	Bundesfinanzhof
BFHE	Entscheidungen (bis 1963: und Gutachten) des Bundesfinanzhofs

Abkürzungsverzeichnis

BGB	Bürgerliches Gesetzbuch
BGBl.	Bundesgesetzblatt
BGE	Entscheidungen des Schweizerischen Bundesgerichts
BGH	Bundesgerichtshof
BGHSt	Entscheidungen des Bundesgerichtshofs in Strafsachen
BGHZ	Entscheidungen des Bundesgerichtshofs in Zivilsachen
BGSG	Gesetz über den Bundesgrenzschutz (Bundesgrenzschutzgesetz)
BHO	Bundeshaushaltsordnung
BImSchG	Gesetz zum Schutz vor schädlichen Umwelteinwirkungen durch Luftverunreinigungen, Geräusche, Erschütterungen und ähnliche Vorgänge (Bundes-Immissionsschutzgesetz)
BK	Bonner Kommentar zum Grundgesetz, Gesamtherausgeber Rudolf Dolzer, Mitherausgeber für Abschnitt X (Finanzwesen) Klaus Vogel, 11 Bde., Hamburg 1950–1988, Heidelberg 1989ff., Stand: 84. Lieferung März 1998
Blaustein/Flanz, Constitutions	Albert P. Blaustein/Gisbert H. Flanz (Hrsg.), Constitutions of the countries of the world, 20 Bände, New York 1971ff.
Bleckmann, Europarecht	Albert Bleckmann, Europarecht. Das Recht der Europäischen Union und der Europäischen Gemeinschaften, bearbeitet von Martin Coen, Rolf Eckhoff, Hanns Eiden u.a., 6. Aufl. Köln u.a. 1997
BMI	Bundesminister des Innern
BMinG	Gesetz über die Rechtsverhältnisse der Mitglieder der Bundesregierung (Bundesministergesetz)
BMPT	Bundesminister für Post und Telekommunikation
BNatSchG	Gesetz über Naturschutz und Landschaftspflege (Bundesnaturschutzgesetz)
Boch. Komm.	Bochumer Kommentar zum Sozialgesetzbuch, Allgemeiner Teil, herausgegeben von Wilhelm Wertenbruch, Berlin 1979
BR	Bundesrat
Brandenb.	Brandenburg, brandenburgisch
Brem.	Bremen, bremisch
BR-Drs.	Bundesratsdrucksache
BRHG	Gesetz über Errichtung und Aufgaben des Bundesrechnungshofs
BRRG	Beamtenrechtsrahmengesetz
Brinkmann, GG	Karl Brinkmann (Hrsg.), Grundrechts-Kommentar zum Grundgesetz für die Bundesrepublik Deutschland vom 23. Mai 1949, Bonn 1967ff., Stand: 2. Ergänzungslieferung April 1969
BSeuchenG	Gesetz zur Verhütung und Bekämpfung übertragbarer Seuchen beim Menschen (Bundes-Seuchengesetz)
BSHG	Bundessozialhilfegesetz
BSG	Bundessozialgericht
BSGE	Entscheidungen des Bundessozialgerichts
BT	Bundestag
BT-Drs.	Bundestagsdrucksache
BtMG	Gesetz über den Verkehr mit Betäubungsmitteln (Betäubungsmittelgesetz)
Buchholz	Karl Buchholz (Hrsg.), Sammel- und Nachschlagewerk der Rechtsprechung des Bundesverwaltungsgerichts, Köln u.a. 1966ff.
Bulletin	Bulletin des Presse- und Informationsamtes der Bundesregierung
BulletinEG	Bulletin der Europäischen Gemeinschaften (seit 1994: Bulletin der Europäischen Union)
BV	Bundesverfassung der Schweizerischen Eidgenossenschaft
BVerfG	Bundesverfassungsgericht
BVerfGE	Entscheidungen des Bundesverfassungsgerichts
BVerfGG	Gesetz über das Bundesverfassungsgericht (Bundesverfassungsgerichtsgesetz)
BVerwG	Bundesverwaltungsgericht

BVerwGE	Entscheidungen des Bundesverwaltungsgerichts
BVG	Bundesverfassungsgesetz (auch: Österr. Verf.)
BWahlG	Bundeswahlgesetz
BWahlO	Bundeswahlordnung
BWVPr.	Baden-Württembergische Verwaltungspraxis
BYIL	The British Yearbook of International Law
v. Campenhausen, GG XIV	Das Bonner Grundgesetz. Kommentar, begründet von Hermann von Mangoldt. Fortgeführt von Friedrich Klein. Bearbeitung der Art. 136–146 als Bd. XIV der 3. Aufl. von Axel Freiherr von Campenhausen, München 1991
CDU	Christlich-demokratische Union
CIC	Codex Iuris Canonici, 1983
CMLRev.	Common Market Law Review
ColJEL	Columbia Journal of European Law
CR	Computer und Recht
CSU	Christlich-soziale Union
DAR	Deutsches Autorecht
DB	Der Betrieb
DDR	Deutsche Demokratische Republik
DDR-Verf.	Verfassung der DDR
Degenhart, Staatsrecht I	Christoph Degenhart, Staatsrecht I. Staatszielbestimmungen, Staatsorgane, Staatsfunktionen, 13. Aufl. Heidelberg 1997
Denninger, Staatsrecht 1	Erhard Denninger, Staatsrecht. Einführung in die Grundprobleme des Verfassungsrechts der Bundesrepublik Deutschland, Bd. 1: Die Leitbilder: Leerformeln? Lügen? Legitimation?, Reinbek 1973
Denninger, Staatsrecht 2	Erhard Denninger, Staatsrecht. Einführung in die Grundprobleme des Verfassungsrechts der Bundesrepublik Deutschland, Bd. 2: Funktionen und Institutionen, Reinbek 1979
Dig.	Digesten
Diss.	Dissertation
DJT	Deutscher Juristentag
DJZ	Deutsche Juristenzeitung
DöD	Der öffentliche Dienst
Doehring, Staatsrecht	Karl Doehring, Das Staatsrecht der Bundesrepublik Deutschland unter besonderer Berücksichtigung der Rechtsvergleichung und des Völkerrechts. Ein Lehrbuch, 3. Aufl. Frankfurt/M. 1984
DÖV	Die Öffentliche Verwaltung. Zeitschrift für öffentliches Recht und Verwaltungswissenschaft
Drews/Wacke/Vogel/ Martens	Bill Drews/Gerhard Macke, Gefahrenabwehr. Allgemeines Polizeirecht (Ordnungsrecht) des Bundes und der Länder, fortgeführt von Klaus Vogel und Wolfgang Martens, 9. Aufl. Köln u.a. 1986
DRiG	Deutsches Richtergesetz
Drittb.	Drittbearbeitung
DRiZ	Deutsche Richterzeitung
Drs.	Drucksache
DRZ	Deutsche Rechtszeitschrift
DStZ	Deutsche Steuer-Zeitung
Dt. VerwGesch	Deutsche Verwaltungsgeschichte, herausgegeben von Kurt G.A. Jeserich, Hans Pohl, Georg-Christoph von Unruh, 6 Bde., Stuttgart 1983ff. (Bd. I: 1983; Bd. II: 1983; Bd. III: 1984; Bd. IV: 1985; Bd. V: 1987; Bd. VI: 1988)
DtZ	Deutsch-Deutsche Rechtszeitschrift (seit 1998 vereint mit VIZ)
Dubliner Übereinkommen	Übereinkommen über die Bestimmung des zuständigen Staates für die Prüfung eines in einem Mitgliedstaat der Europäischen Gemeinschaften gestellten Asylantrags vom 15.6.1990, BGBl. 1994 II S. 792

DuD	Datenschutz und Datensicherung
DUZ	Deutsche Universitätszeitung
DVBl.	Deutsches Verwaltungsblatt
DVP	Deutsche Verwaltungspraxis
DVR	Datenverarbeitung und Recht
DZWir	Deutsche Zeitschrift für Wirtschaftsrecht
E	Entscheidung
EA	Europa-Archiv (seit 1995: Internationale Politik)
EAG	Europäische Atomgemeinschaft
EAGV	Vertrag zur Gründung der Europäischen Atomgemeinschaft vom 25.3. 1957, BGBl. 1957 II S. 1014
ebd.	ebenda
ed.	edition, editor
EEA	Einheitliche Europäische Akte vom 17.2. 1986, BGBl. 1986 II 1102
EFG	Entscheidungen der Finanzgerichte
EFTA	European Free Trade Association
EG	Europäische Gemeinschaft(en)
EGBGB	Einführungsgesetz zum Bürgerlichen Gesetzbuche
EGKS	Europäische Gemeinschaft für Kohle und Stahl
EGKSV	Vertrag zur Gründung der Europäischen Gemeinschaft für Kohle und Stahl vom 18.4. 1951, BGBl. 1952 II S. 447
EGMR	Europäischer Gerichtshof für Menschenrechte
EGV	Vertrag zur Gründung der Europäischen Gemeinschaft vom 25.3. 1957, BGBl. 1957 II S. 766
Einf.	Einführung (in diesem Kommentar: Bd. II, zu Art. 20 I–III GG)
Einl.	Einleitung
EJIL	European Journal of International Law
EKC	Europäische Charta der Kommunalen Selbstverwaltung vom 15.10. 1985, BGBl. 1987 II S. 66
EKMR	Europäische Kommission für Menschenrechte
EKVF	Europäisches Übereinkommen zur Verhütung von Folter und unmenschlicher oder erniedrigender Behandlung oder Strafe vom 26.11. 1987, BGBl. 1989 II S. 946
ELRev.	European Law Review
EMRK	Konvention zum Schutz der Menschenrechte und der Grundfreiheiten vom 4.11. 1950, BGBl. 1952 II S. 685, in Deutschland in Kraft seit dem 3.9. 1953 (BGBl. 1954 II S. 14)
EnWG	Gesetz zur Förderung der Energiewirtschaft (Energiewirtschaftsgesetz)
EP	Europäisches Parlament
EPIL	Encyclopedia of Public International Law, herausgegeben von Rudolf Bernhardt, 12 Bde., Amsterdam u.a. 1981ff.; konsolidierte Fassung ebd. 1992ff. (Bd. I: 1992; Bd. II: 1995; Bd. III: 1997)
Erichsen, Staatsrecht	Hans-Uwe Erichsen, Staatsrecht und Verfassungsgerichtsbarkeit, 2 Bde., München, Bd. I: 3. Aufl. 1982; Bd. II: 2. Aufl. 1979
Erichsen, Allgemeines Verwaltungsrecht	Hans-Uwe Erichsen (Hrsg.), Allgemeines Verwaltungsrecht, 10. Aufl. Berlin–New York 1995
Erstb.	Erstbearbeitung
ESchG	Gesetz zum Schutz von Embryonen (Embryonenschutzgesetz)
EStG	Einkommensteuergesetz
ESVGH	Entscheidungssammlung des Hessischen Verwaltungsgerichtshofs und des Verwaltungsgerichtshofs Baden-Württemberg mit Entscheidungen der Staatsgerichtshöfe beider Länder
ESZB	Europäisches System der Zentralbanken
ET	Energiewirtschaftliche Tagesfragen
EU	Europäische Union

Abkürzungsverzeichnis

EuAlÜbK	Europäisches Auslieferungsübereinkommen vom 13. 9. 1957
EuG	Gericht erster Instanz der Europäischen Gemeinschaften
EuGH	Gerichtshof der Europäischen Gemeinschaften
EuGHE	Entscheidungen des Gerichtshofs der Europäischen Gemeinschaften
EuGRZ	Europäische Grundrechte-Zeitschrift
Euratom	Europäische Atomgemeinschaft
EUV	Vertrag über die Europäische Union (Maastricht-Vertrag) vom 7. 2. 1992, BGBl. II S. 1253
EUZBLG	Gesetz über die Zusammenarbeit von Bund und Ländern in Angelegenheiten der Europäischen Union
EUZBBG	Gesetz über die Zusammenarbeit von Bundesregierung und Deutschem Bundestag in Angelegenheiten der Europäischen Union
EuZW	Europäische Zeitschrift für Wirtschaftsrecht
e.V.	eingetragener Verein
EV	Einigungsvertrag zwischen der Bundesrepublik Deutschland und der Deutschen Demokratischen Republik vom 31. 8. 1990, BGBl. 1990 II S. 889
EvStL^2	Evangelisches Staatslexikon, herausgegeben von Hermann Kunst, Roman Herzog und Wilhelm Schneemelcher, 2. Aufl. Stuttgart–Berlin 1975
EvStL^3	Evangelisches Staatslexikon, begründet von Hermann Kunst und Siegfried Grundmann, herausgegeben von Roman Herzog, Hermann Kunst, Klaus Schlaich, Wilhelm Schneemelcher, 2 Bde., 3. Aufl. Stuttgart 1987
EWG	Europäische Wirtschaftsgemeinschaft
EWGV	Vertrag zur Gründung der Europäischen Wirtschaftsgemeinschaft vom 25. 3. 1957, BGBl. 1957 II S. 766
EWS	Europäisches Währungssystem
EZAR	Entscheidungssammlung zum Ausländer- und Asylrecht
EZB	Europäische Zentralbank
f.	folgend(e)
FamRZ	Zeitschrift für das gesamte Familienrecht
Fangmann/Blank/ Hammer, GG	Helmut Fangmann/Michael Blank/Ulrich Hammer, Grundgesetz. Basiskommentar mit der aktuellen Verfassungsreform, 2. Aufl. Köln 1996
FAZ	Frankfurter Allgemeine Zeitung
F.D.P.	Freiheitlich-demokratische Partei Deutschlands
Festgabe BVerfG	Bundesverfassungsgericht und Grundgesetz. Festgabe aus Anlaß des 25jährigen Bestehens des Bundesverfassungsgerichts, herausgegeben von Christian Starck, 2 Bde., Tübingen 1976
ff.	(fort-)folgende
FG	Finanzgericht
F.I.D.E.	Fédération Internationale pour le Droit Européen
Fin.Arch.	Finanzarchiv
FlRG	Gesetz über das Flaggenrecht der Seeschiffe und die Flaggenführung der Binnenschiffe (Flaggenrechtsgesetz)
Fn.	Fußnote
FS	Festschrift
FuR	Familie und Recht
FuR	Film und Recht
G 10	Gesetz zur Beschränkung des Brief-, Post- und Fernmeldegeheimnisses (Gesetz zu Art. 10 Grundgesetz)
G 131	Gesetz zur Regelung der Rechtsverhältnisse der unter Art. 131 des Grundgesetzes fallenden Personen
GA	Goltdammer's Archiv für Strafrecht
Gallwas, Grundrechte	Hans-Ullrich Gallwas, Grundrechte, 2. Aufl. Neuwied u.a. 1995
GAOR	General Assembly Official Records (Dokumente der Generalversammlung der Vereinten Nationen)

G Art. 29 VI GG	Gesetz über das Verfahren bei Volksentscheid, Volksbegehren und Volksbefragung nach Artikel 29 Abs. 6 des Grundgesetzes (G Artikel 29 Abs. 6)
GASP	Gemeinsame Außen- und Sicherheitspolitik
GATT	General Agreement on Tariffs and Trade (Allgemeines Zoll- und Handelsabkommen)
GBl.	Gesetzblatt, Gesetzblätter
GedS	Gedächtnisschrift
GemO	Gemeindeordnung
Geschichtliche Grundbegriffe	Geschichtliche Grundbegriffe. Historisches Lexikon zur politisch-sozialen Sprache in Deutschland, herausgegeben von Otto Brunner, Werner Conze und Reinhart Koselleck, 8 Bde., Stuttgart 1974–1997
GewArch.	Gewerbearchiv
GFK	Abkommen über die Rechtsstellung der Flüchtlinge vom 28. 7. 1951 (Genfer Flüchtlingskonvention), BGBl. 1953 II S. 560
GG	Grundgesetz für die Bundesrepublik Deutschland vom 23. 5. 1949
GGO	Gemeinsame Geschäftsordnung der Bundesministerien
Giese, WRV	Friedrich Giese, Verfassung des Deutschen Reiches vom 11. August 1919, 8. Aufl. Berlin 1931
Giese/Schunck, GG	Grundgesetz für die Bundesrepublik Deutschland vom 23. 5. 1949, Kommentar. Erläutert von Friedrich Giese, neu bearbeitet von Egon Schunck, 9. Aufl. Frankfurt/Main 1976
GmbH	Gesellschaft mit beschränkter Haftung
GMBl.	Gemeinsames Ministerialblatt
GO	Geschäftsordnung
GOBR	Geschäftsordnung des Bundesrates
GOBReg	Geschäftsordnung der Bundesregierung
GOBT	Geschäftsordnung des Bundestages
GOEP	Geschäftsordnung des Europäischen Parlaments
Grabitz/Hilf, EUV/EGV	Eberhard Grabitz/Meinhard Hilf (Hrsg.), Kommentar zur Europäischen Union. Vertrag über die Europäische Union, Vertrag zur Gründung der Europäischen Gemeinschaft, 2 Bde., 3. Aufl. München, Stand: 12. Erg.-Lieferung Mai 1998
Groeben/Thiesing/Ehlermann, EWGV	Hans von der Groeben/Jochen Thiesing/Claus-Dieter Ehlermann (Hrsg.), Kommentar zum EWG-Vertrag, 4 Bde., 4. Aufl. Baden-Baden 1991
Groeben/Thiesing/Ehlermann, EUV/EGV	Hans von der Groeben/Jochen Thiesing/Claus-Dieter Ehlermann (Hrsg.), Kommentar zum EU-/EG-Vertrag, 5 Bde., 5. Aufl. Baden-Baden 1997ff.
Die Grundrechte	Karl August Bettermann/Franz L. Neumann/Hans Carl Nipperdey/Ulrich Scheuner (Hrsg.), Die Grundrechte. Handbuch der Theorie und Praxis der Grundrechte, 7 Bde., Berlin 1958ff. (Bd. I/1: 1966; Bd. I/2: 1967; Bd. II: 1954; Bd. III/1: 1958; Bd. III/2: 1959; Bd. IV/1: 1960; Bd. IV/2: 1962)
GRUR	Gewerblicher Rechtsschutz und Urheberrecht
GS	Gesetzes-Sammlung für die königlich preußischen Staaten
GüKG	Güterkraftverkehrsgesetz
GUG	Geschichte und Gesellschaft. Zeitschrift für historische Sozialwissenschaft
Gusy, Reichsverfassung	Christoph Gusy, Die Weimarer Reichsverfassung, Tübingen 1997
GVBl.	Gesetz- und Verordnungsblatt
GVG	Gerichtsverfassungsgesetz
GVK	Gemeinsame Verfassungskommission
GWB	Gesetz gegen Wettbewerbsbeschränkungen
GWU	Geschichte in Wissenschaft und Unterricht
GYIL	German Yearbook of International Law
Halbs.	Halbsatz

Hamann/Lenz, GG	Andreas Hamann/Helmut Lenz, Das Grundgesetz für die Bundesrepublik Deutschland. Kommentar, 3. Aufl. Berlin 1970
Hamb.	Hamburg, hamburgisch
HChE	Entwurf des Verfassungskonvents auf Herrenchiemsee, abgedruckt in: Parl. Rat II, S. 579ff.
HdbDStR	Handbuch des Deutschen Staatsrechts, herausgegeben von Gerhard Anschütz und Richard Thoma, Bd. 1, Tübingen 1930; Bd. 2, Tübingen 1932
HdbStKirchR[1]	Handbuch des Staatskirchenrechts der Bundesrepublik Deutschland, 1. Aufl., herausgegeben von Ernst Friesenhahn und Ulrich Scheuner, Berlin (Bd. I: 1974; Bd. II: 1975)
HdbStKirchR[2]	Handbuch des Staatskirchenrechts der Bundesrepublik Deutschland, 2. Aufl., herausgegeben von Joseph Listl und Dietrich Pirson, Berlin (Bd. I: 1994; Bd. II: 1995)
HdbVerfR	Handbuch des Verfassungsrechts, herausgegeben von Ernst Benda, Werner Maihofer und Hans-Jochen Vogel unter Mitwirkung von Konrad Hesse und Wolfgang Heyde, 2. Aufl. Berlin–New York 1994
HDSW	Handwörterbuch der Sozialwissenschaften, herausgegeben von Erwin von Beckerath u.a., 13 Bde., Stuttgart u.a. 1956–1968
HdUR	Handwörterbuch des Umweltrechts, herausgegeben von Otto Kimminich, Heinrich Freiherr von Lersner, Peter-Christoph Storm, 2 Bde., 2. Aufl. Berlin 1994
HdWW	Handwörterbuch der Wirtschaftswissenschaft, herausgegeben von Willi Albers, 10 Bde., Stuttgart u.a. 1977–1983
Hess.	Hessen, hessisch
Hesse, Verfassungsrecht	Konrad Hesse, Grundzüge des Verfassungsrechts der Bundesrepublik Deutschland, 20. Aufl. Heidelberg 1995
HessNatG	Hessisches Naturschutzgesetz
HessStGH	Hessischer Staatsgerichtshof
HessUniG	Gesetz über die Universitäten des Landes Hessen
HessVGH	Hessischer Verwaltungsgerichtshof
HFR	Höchstrichterliche Finanzrechtsprechung
Hist.Wb.Philos.	Historisches Wörterbuch der Philosophie, herausgegeben von Joachim Ritter und (ab Bd. 4) Karlfried Gründer, bislang 9 Bde., Basel 1971ff. (Bd. 1: 1971; Bd. 2: 1972; Bd. 3: 1974; Bd. 4: 1976; Bd. 5: 1980; Bd. 6: 1984; Bd. 7: 1989; Bd. 8: 1992; Bd. 9: 1995)
HKWP	Handbuch der kommunalen Wissenschaft und Praxis, 2. Aufl. herausgegeben von Günter Püttner (Bd. 1 und 2 unter Mitarbeit von Michael Borchmann), Berlin u.a. 1981ff. (Bd. 1: 1981; Bd. 2: 1982; Bd. 3: 1983; Bd. 4: 1983; Bd. 5: 1984; Bd. 6: 1985)
h.M.	herrschende Meinung
HÖV	Handbuch für die öffentliche Verwaltung. Einführung in ihre rechtlichen und praktischen Grundlagen, Neuwied-Darmstadt (Bd. I: Grundlagen, herausgegeben von Albert von Mutius, 1984; Bd. II: Besonderes Verwaltungsrecht, herausgegeben von Karl Heinrich Friauf, 1984; Bd. III: Privatrecht, herausgegeben von Harm Peter Westermann, 1982)
HRG	Handwörterbuch zur Deutschen Rechtsgeschichte, herausgegeben von Adalbert Erler, Ekkehard Kaufmann und (ab Bd. 5) Dieter Werkmüller, 5 Bde., Berlin 1971ff. (Bd. I: 1971; Bd. II: 1978; Bd. III: 1984; Bd. IV: 1990; Bd. V: 1998)
HRG	Hochschulrahmengesetz
Hrsg.	Herausgeber
hrsgg.	herausgegeben
HStR	Handbuch des Staatsrechts der Bundesrepublik Deutschland, herausgegeben von Josef Isensee und Paul Kirchhof, bislang 9 Bde., Heidelberg 1987ff. (Bd. I: 1987; Bd. II: 1987; Bd. III: 2. Aufl. 1996; Bd. IV: 1990; Bd. V: 1992; Bd. VI: 1989; Bd. VII: 1992; Bd. VIII: 1995; Bd. IX: 1997)

Huber, Verfassungs-geschichte	Ernst Rudolf Huber, Deutsche Verfassungsgeschichte seit 1789, 8 Bde., Stuttgart u.a. 1967ff. (Bd.1: 2. Aufl. 1967; Bd.2: 3. Aufl. 1988; Bd.3: 3. Aufl. 1988; Bd.4: 2. Aufl. 1982; Bd.5: 1978; Bd.6: 1981; Bd.7: 1984; Bd.8: 1991)
Huber, Dokumente	Ernst Rudolf Huber (Hrsg.), Dokumente zur deutschen Verfassungsgeschichte, 5 Bde., Stuttgart u.a. 1978ff. (Bd.1: 3. Aufl. 1978; Bd.2: 3. Aufl. 1986; Bd.3: 3. Aufl. 1990; Bd.4: 3. Aufl. 1992; Bd.5: 1997)
HZ	Historische Zeitschrift
ICJ Rep.	International Court of Justice, Reports
i.d.F.	in der Fassung
i.E.	im Erscheinen
IGH	Internationaler Gerichtshof
ILC	International Law Commission
ILM	International Legal Materials
InfAuslR	Informationsbrief Ausländerrecht
insb.	insbesondere
IPbpR	Internationaler Pakt über bürgerliche und politische Rechte vom 19.12.1966, BGBl. 1973 II S.1534, in der Bundesrepublik Deutschland in Kraft seit dem 23.3.1976 (Bekanntmachung vom 14.6.1976, BGBl. II S.1068)
J. Ipsen, Staatsrecht I	Jörn Ipsen, Staatsrecht I (Staatsorganisationsrecht), 9. Aufl. Neuwied u.a. 1997
K. Ipsen, Völkerrecht	Knut Ipsen, Völkerrecht. Ein Studienbuch, 3. Aufl. München 1990
IPwskR	Internationaler Pakt über die wirtschaftlichen, sozialen und kulturellen Rechte vom 19.12.1966, BGBl. 1973 II S.1570; in der Bundesrepublik Deutschland in Kraft seit dem 3.1.1976 (Bekanntmachung vom 9.3.1976, BGBl. II S.428)
IRG	Gesetz über die internationale Rechtshilfe in Strafsachen
ISR	Gesetz zur Einführung eines zusätzlichen Registers für Seeschiffe unter der Bundesflagge im internationalen Verkehr (Internationales Seeschifffahrtsregister)
IWF	Internationaler Währungsfonds
JA	Juristische Arbeitsblätter
Jarass/Pieroth, GG	Hans D. Jarass/Bodo Pieroth, Grundgesetz für die Bundesrepublik Deutschland: Kommentar, 4. Aufl. München 1997 [der jeweilige Verfasser der Kommentierung ist kursiv gesetzt]
JBl.	Juristische Blätter
Jellinek, Allg. Staatslehre	Georg Jellinek, Allgemeine Staatslehre, 3. Aufl. Berlin 1914
JIR	Jahrbuch für Internationales Recht (seit 1975: GYIL)
JITE	Journal of Institutional and Theoretical Economics (bis 1985: ZgStW)
JöR	Jahrbuch des öffentliches Rechts der Gegenwart
JR	Juristische Rundschau
jur.	juristisch
JuS	Juristische Schulung
JW	Juristische Wochenschrift
JZ	Juristenzeitung
Kap.	Kapitel
KatSG	Gesetz über die Erweiterung des Katastrophenschutzes (Katastrophenschutzgesetz)
KDNVG	Gesetz über die Neuordnung des Rechts der Kriegsdienstverweigerung und des Zivildienstes (Kriegsdienstverweigerungs-Neuordnungsgesetz)
KDVG	Gesetz über die Verweigerung des Kriegsdienstes mit der Waffe aus Gewissensgründen (Kriegsdienstverweigerungsgesetz)
KG	Kammergericht

Abkürzungsverzeichnis

KG	Kommanditgesellschaft
KGSt	Kommunale Gemeinschaftsstelle für Verwaltungsvereinfachung
KJHG	Gesetz zur Neuordnung des Kinder- und Jugendhilferechts (Kinder- und Jugendhilfegesetz)
KPD	Kommunistische Partei Deutschlands
KritJ	Kritische Justiz
KritV	Kritische Vierteljahresschrift für Gesetzgebung und Rechtswissenschaft
Kröger, Verfassungsgeschichte	Klaus Kröger, Einführung in die Verfassungsgeschichte der Bundesrepublik Deutschland. Vorgeschichte, Grundstrukturen und Entwicklungslinien des Grundgesetzes, München 1993
KrW-/AbfG	Gesetz zur Förderung der Kreislaufwirtschaft und Sicherung der umweltverträglichen Beseitigung von Abfällen (Kreislaufwirtschafts- und Abfallgesetz)
KSZE	Konferenz über Sicherheit und Zusammenarbeit in Europa (seit 1995: OSZE)
KUG	Gesetz betreffend das Urheberrecht an Werken der bildenden Kunst und der Photographie (Kunsturhebergesetz)
KV	Kantonsverfassung
KWKG	Ausführungsgesetz zu Artikel 26 Abs. 2 des Grundgesetzes (Gesetz über die Kontrolle von Kriegswaffen)
LdR	Ergänzbares Lexikon des Rechts, in 18 Gruppen herausgegeben von Robert Scheyhing, Werner Krawietz, Klaus F. Röhl u.a., Stand: 94. Ergänzungslieferung, Neuwied u.a. 1998
LEG	Verfassungsgesetz zur Bildung von Ländern in der Deutschen Demokratischen Republik (Ländereinführungsgesetz)
Leibholz/Rinck, GG	Gerhard Leibholz/Hans Justus Rinck/Dieter Hesselberger, Grundgesetz für die Bundesrepublik Deutschland, Kommentar an Hand der Rechtsprechung des Bundesverfassungsgerichts, 6. Aufl. Köln 1979ff.
Leibholz/Rupprecht, BVerfGG	Gerhard Leibholz/Reinhard Rupprecht, Bundesverfassungsgericht, Rechtsprechungskommentar, Köln 1968 (Nachtrag Köln 1971)
LG	Landgericht
LKrO	Landkreisordnung
LKV	Landes- und Kommunalverwaltung
LM	Fritz Lindenmaier/Philipp Möhring u.a. (Hrsg.), Nachschlagewerk des Bundesgerichtshofs. Leitsätze und Entscheidungen in Zivilsachen und Strafsachen mit erläuternden Anmerkungen, München 1951ff.
LNTS	League of Nations Treaty Series
Ls.	Leitsatz
LuftVG	Luftverkehrsgesetz
m.	mit
v. Mangoldt/Klein, GG	Hermann von Mangoldt/Friedrich Klein, Das Bonner Grundgesetz, 2. Aufl. Berlin–Frankfurt/Main 1957ff. (Bd. I: 1957; Bd. II: 1964; Bd. III: 1974)
v. Mangoldt/Klein, GG, 3. Aufl.	siehe unter *Achterberg/Schulte*, v. *Campenhausen*, *Pestalozza*, *Starck*
Manssen, Staatsrecht I	Gerrit Manssen, Staatsrecht I. Grundrechtsdogmatik, München 1995
MarkenG	Gesetz über den Schutz von Marken und sonstigen Kennzeichen (Markengesetz)
Maunz/Dürig, GG	Theodor Maunz/Günter Dürig (Hrsg.), Grundgesetz. Loseblatt-Kommentar, 4 Bde., München 1962ff.; Stand: 33. Ergänzungs-Lieferung November 1997
Maunz/Schmidt-Bleibtreu/ Klein/Ulsamer, BVerfGG	Theodor Maunz/Bruno Schmidt-Bleibtreu/Franz Klein/Gerhard Ulsamer, Bundesverfassungsgerichtsgesetz. Kommentar, München 1964ff.; Stand: 16. Ergänzungslieferung März 1998

Maunz/Zippelius, Staatsrecht	Theodor Maunz/Reinhold Zippelius, Deutsches Staatsrecht. Ein Studienbuch, 29. Aufl. München 1994
Maurer, Allg. Verwaltungsrecht	Hartmut Maurer, Allgemeines Verwaltungsrecht, 11. Aufl. München 1997
MDR	Monatsschrift für Deutsches Recht
Meckl.-Vorp., M-V	Mecklenburg-Vorpommern, mecklenburg-vorpommerisch
MediaP	Media-Perspektiven
MedR	Medizinrecht
Model/Müller, GG	Otto Model/Klaus Müller, Grundgesetz für die Bundesrepublik Deutschland, Taschenkommentar, 11. Aufl. Köln u.a. 1995
ModLRev.	Modern Law Review
MP	Media-Perspektiven
Ms.	Manuskript
MüKo-BGB	Münchener Kommentar zum Bürgerlichen Gesetzbuch, herausgegeben von Kurt Rebmann, Franz-Jürgen Säcker und Helmut Heinrichs, 9 Bde., 3. Aufl. München 1992–97
v. Münch, Grundbegriffe I	Ingo von Münch, Grundbegriffe des Staatsrechts, Bd. I, Deutschlands Rechtslage, Grundrechtsordnung, Wirtschaftsverfassung, 4. Aufl. Stuttgart u.a. 1986
v. Münch, Staatsrecht I	Ingo von Münch, Staatsrecht Bd.1. Einführung; Deutschland: Teilung und Vereinigung; Staatsform; Staatsorgane; Deutschland in der Europäischen Gemeinschaft, 5. Aufl. Stuttgart u.a. 1993
v. Münch/Kunig, GG I	Grundgesetz-Kommentar, herausgegeben von Philip Kunig (begründet von Ingo von Münch), Bd.1, 4. Aufl. München 1992
v. Münch/Kunig, GG II	Grundgesetz-Kommentar, herausgegeben von Philip Kunig (begründet von Ingo von Münch), Bd.2, 3. Aufl. München 1995
v. Münch/Kunig, GG III	Grundgesetz-Kommentar, herausgegeben von Philip Kunig (begründet von Ingo von Münch), Bd.3, 3. Aufl. München 1996
m.w.H.	mit weiteren Hinweisen
m.w.N., mwN.	mit weiteren Nachweisen
NATO	North Atlantic Treaty Organization
ND	Neudruck
Nds.	Niedersachsen, niedersächsisch
NdsGefAbwG	Niedersächsisches Gefahrenabwehrgesetz
Nds.VBl.	Niedersächsische Verwaltungsblätter. Zeitschrift für öffentliches Recht und öffentliche Verwaltung
n.F., nF.	neue Fassung
N.F.	Neue Folge
NGO	Non-governmental Organization(s) (Nicht-Regierungs-Organisation[en])
Nicolaysen, Europarecht I	Gert Nicolaysen, Europarecht I, Baden-Baden 1991
Nicolaysen, Europarecht II	Gert Nicolaysen, Europarecht II. Das Wirtschaftsrecht im Binnenmarkt, Baden-Baden 1996
NJ	Neue Justiz
NJW	Neue Juristische Wochenschrift
NJW-RR	NJW-Rechtsprechungs-Report Zivilrecht
NLT	Information Niedersächsischer Landkreistag
Nr.	Nummer
NSDAP	Nationalsozialistische Deutsche Arbeiterpartei
NStZ	Neue Zeitschrift für Strafrecht
NStZ-RR	NStZ-Rechtsprechungs-Report Strafrecht
NuR	Natur und Recht
NVwZ	Neue Zeitschrift für Verwaltungsrecht
NVwZ-RR	NVwZ-Rechtsprechungs-Report Verwaltungsrecht
NW	Nordrhein-Westfalen, nordrhein-westfälisch
NWVBl.	Nordrhein-Westfälische Verwaltungsblätter. Zeitschrift für öffentliches Recht und öffentliche Verwaltung

NYIL	Netherland's Yearbook of International Law
NZA	Neue Zeitschrift für Arbeits- und Sozialrecht
NZWehrR	Neue Zeitschrift für Wehrrecht
OECD	Organization for Economic Cooperation and Development
OEEC	Organization for European Economic Cooperation
ÖJZ	Österreichische Juristen-Zeitung
Österr. Verf.	Österreichische Verfassung, (auch: BVG)
ÖVD	Öffentliche Verwaltung und Datenverarbeitung
o. J.	ohne Jahr
OLG	Oberlandesgericht
o. O.	ohne Ort
Oppermann, Europarecht	Thomas Oppermann, Europarecht, München 1991
OrgA	Parlamentarischer Rat, Ausschuß für Organisationsfragen
OrdenG	Gesetz über Titel, Orden und Ehrenzeichen
OSZE	Organisation für Sicherheit und Zusammenarbeit in Europa (bis 1995: KSZE)
OVG	Oberverwaltungsgericht
OVGE	Entscheidungen der Oberverwaltungsgerichte für das Land Nordrhein-Westfalen in Münster, sowie für die Länder Niedersachsen und Schleswig-Holstein in Lüneburg
Palandt, BGB	Otto Palandt, Bürgerliches Gesetzbuch, bearbeitet von Peter Bassenge u.a., 57. Aufl. 1998
Parl.Rat	Der Parlamentarische Rat 1948–1949. Akten und Protokolle, herausgegeben vom Deutschen Bundestag und vom Bundesarchiv, Boppard am Rhein 1975ff. (Bd. 1: Vorgeschichte, bearbeitet von Johannes V. Wagner, 1975; Bd. 2: Der Verfassungskonvent auf Herrenchiemsee, bearbeitet von Peter Bucher, 1981; Bd. 3: Ausschuß für Zuständigkeitsabgrenzung, bearbeitet von Wolfram Werner, 1986; Bd. 4: Ausschuß für das Besatzungsstatut, bearbeitet von Wolfram Werner, 1989; Bd. 5: Ausschuß für Grundsatzfragen, bearbeitet von Eberhart Pikart und Wolfram Werner, 1993; Bd. 6: Ausschuß für Wahlrechtsfragen, bearbeitet von Harald Rosenbach, 1994; Bd. 7: Entwürfe zum Grundgesetz, bearbeitet von Michael Hollmann, 1995; Bd. 8: Die Beziehungen des Parlamentarischen Rates zu den Militärregierungen, bearbeitet von Michael F. Feldkamp, 1995; Bd. 9: Plenum, bearbeitet von Wolfram Werner, 1996; Bd. 10: Ältestenrat, Geschäftsordnungsausschuß und Überleitungsausschuß, bearbeitet von Michael F. Feldkamp, 1997; Bd. 11: Interfraktionelle Besprechungen, bearbeitet von Michael F. Feldkamp, 1997)
ParlStG	Gesetz über die Rechtsverhältnisse der Parlamentarischen Staatssekretäre
PartG	Gesetz über die politischen Parteien (Parteiengesetz)
PersV	Die Personalvertretung
Pestalozza, GG VIII	Das Bonner Grundgesetz. Kommentar, begründet von Hermann von Mangoldt. Fortgeführt von Friedrich Klein. Bearbeitung der Art. 70–75 als Bd. VIII der 3. Aufl. von Christian Pestalozza, München 1996
Pestalozza, Verfassungsprozeßrecht	Christian Pestalozza, Verfassungsprozeßrecht. Die Verfassungsgerichtsbarkeit des Bundes und der Länder mit einem Anhang zum internationalen Rechtsschutz, 3. Aufl. München 1991
Pieroth/Schlink, Grundrechte	Bodo Pieroth/Bernhard Schlink, Grundrechte. Staatsrecht II, 13. Aufl. Heidelberg 1997
PostVwG	Postverwaltungsgesetz
PrALR	Allgemeines Landrecht für die Preußischen Staaten, 1794
PrVBl.	Preußisches Verwaltungsblatt (1927–34 Reichsverwaltungsblatt und Preußisches Verwaltungsblatt, ab 1934 Reichsverwaltungsblatt,
Pr.Verf., Preuß.Verf.	Verfassungsurkunde für den Preußischen Staat (1848/1850)

PTNeuOG	Gesetz zur Neuordnung des Postwesens und der Telekommunikation
PTRegO	Gesetz über die Regulierung der Telekommunikation und des Postwesens
PVS	Politische Vierteljahresschrift
RA-BT	Rechtsausschuß des Deutschen Bundestages
RabelsZ	Rabels Zeitschrift für ausländisches und internationales Privatrecht
RBDI	Revue Belge de Droit International
RdA	Recht der Arbeit
RdJB	Recht der Jugend und des Bildungswesens
RDP	Revue du Droit Public
RGBl.	Reichsgesetzblatt
RGG³	Die Religion in Geschichte und Gegenwart. Handwörterbuch für Theologie und Religionswissenschaft, herausgegeben von Kurt Galling u.a., 7 Bde., 3. Aufl. Tübingen 1957–62
RGG⁴	Die Religion in Geschichte und Gegenwart. Handwörterbuch für Theologie und Religionswissenschaft, herausgegeben von Hans Dieter Betz u.a., 8 Bde., 4. Aufl. Tübingen 1998ff. (Bd. 1: 1998)
RGSt	Entscheidungen des Reichsgerichts in Strafsachen
Rheinl.-Pf., Rh.-Pf., R-P	Rheinland-Pfalz, rheinland-pfälzisch
RHG	Gesetz über die innerdeutsche Rechts- und Amtshilfe in Strafsachen
Rh.-Pf.VerfGHG	Rheinland-Pfälzisches Landesgesetz über den Verfassungsgerichtshof
RiA	Recht im Amt. Zeitschrift für den öffentlichen Dienst
Richter/Schuppert, Verfassungsrecht	Ingo Richter/Gunnar Folke Schuppert, Casebook Verfassungsrecht, 3. Aufl. München 1996
Ritzel/Bücker	Heinrich G. Ritzel/Joseph Bücker, Handbuch für die Parlamentarische Praxis, Loseblatt, Bd. 1, Neuwied u.a. 1981ff.
RIW	Recht der Internationalen Wirtschaft. Betriebs-Berater International
RKEG	Gesetz über die religiöse Kindererziehung
Rl.	Richtlinie
Rn.	Randnummer(n), Randziffer(n)
RNPG	Gesetz zur Prüfung von Rechtsanwaltszulassungen, Notarbestellungen und Berufungen ehrenamtlicher Richter
ROW	Recht in Ost und West
RuF	Rundfunk und Fernsehen
RuP	Recht und Politik
RuStAG	Reichs- und Staatsangehörigkeitsgesetz
RV, RVerf.	Reichsverfassung
RVBl.	Reichsverwaltungsblatt
RzU	Rechtsprechung zum Urheberrecht
s.	siehe
S.	Seite
s.a.	siehe auch
Saarl.	Saarland, saarländisch
Sachs, GG	Michael Sachs (Hrsg.), Grundgesetz. Kommentar, München 1996
Sachs.-Anh., S-A	Sachsen-Anhalt, sachsen-anhaltinisch
Sächs.	sächsisch
SächsVBl.	Sächsische Verwaltungsblätter. Zeitschrift für öffentliches Recht und öffentliche Verwaltung
Schengen I	Übereinkommen zwischen den Regierungen der Staaten der Benelux-Wirtschaftsunion, der Bundesrepublik Deutschland und der Französischen Republik betreffend den schrittweisen Abbau der Kontrollen an den gemeinsamen Grenzen vom 14.6.1985, GMBl. 1986, 79
Schengen II	Übereinkommen vom 19.6.1990 zur Durchführung des Übereinkommens von Schengen vom 14. Juni 1995 zwischen den Regierungen der Staaten der Benelux-Wirtschaftsunion, der Bundesrepublik Deutschland

Abkürzungsverzeichnis

	und der Französischen Republik betreffend den schrittweisen Abbau der Kontrollen an den gemeinsamen Grenzen, BGBl. 1993 II S. 1013
Schl.-Holst., S-H	Schleswig-Holstein, schleswig-holsteinisch
Schlaich, Bundesverfassungsgericht	Klaus Schlaich, Das Bundesverfassungsgericht – Stellung, Verfahren, Entscheidungen, 4. Aufl. München 1997
Schmidt-Aßmann, Bes. Verwaltungsrecht	Eberhard Schmidt-Aßmann (Hrsg.), Besonderes Verwaltungsrecht, 10. Aufl. Berlin–New York 1995
Schmidt-Bleibtreu/Klein, GG	Bruno Schmidt-Bleibtreu/Franz Klein, unter Mitarbeit von Hans Bernhard Brockmeyer, Kommentar zum Grundgesetz für die Bundesrepublik Deutschland, 8. Aufl. Neuwied u.a. 1995 [der jeweilige Verfasser der Kommentierung ist kursiv gesetzt]
Schneider, GG-Dokumentation	Das Grundgesetz – Dokumentation seiner Entstehung, herausgegeben von Hans-Peter Schneider, Frankfurt/Main 1995 ff. (Bd. 9: Artikel 29 und 118, bearbeitet von Carmen Abel, 1995; Bd. 10, Art. 30–37, bearbeitet von Ulrich Bachmann/Jutta Kramer, 1996)
Schneider/Zeh	Hans-Peter Schneider/Wolfgang Zeh (Hrsg.), Parlamentsrecht und Parlamentspraxis in der Bundesrepublik Deutschland. Ein Handbuch, Berlin–New York 1989
Schoch/Schmidt-Aßmann/Pietzner, VwGO	Friedrich Schoch/Eberhard Schmidt-Aßmann/Rainer Pietzner (Hrsg.), Verwaltungsgerichtsordnung. Kommentar, München 1996 ff. (Stand: Februar 1998)
Schweitzer, Staatsrecht III	Michael Schweitzer, Staatsrecht III. Staatsrecht, Völkerrecht, Europarecht, 6. Aufl. Heidelberg 1997
Schweitzer/Hummer, Europarecht	Michael Schweitzer/Waldemar Hummer, Europarecht. Das Recht der Europäischen Union – Das Recht der Europäischen Gemeinschaften (EGKS, EG, EAG) – mit Schwerpunkt EG, 5. Aufl. Neuwied u.a. 1996
SchwJZ	Schweizerische Juristenzeitung
scil.	scilicet (nämlich)
SeemG	Seemannsgesetz
Seifert, Grundgesetz	Jürgen Seifert, Das Grundgesetz und seine Veränderung, 4. Aufl. Neuwied-Darmstadt 1983 (1.–3. Aufl. unter dem Titel »Grundgesetz und Restauration«)
Seifert/Hömig, GG	Karl-Heinz Seifert/Dieter Hömig (Hrsg.), Grundgesetz, 5. Aufl. Baden-Baden 1995
SGB	Sozialgesetzbuch
SJZ	Süddeutsche Juristenzeitung
SoldG	Gesetz über die Rechtsstellung der Soldaten (Soldatengesetz)
Sp.	Spalte
SPD	Sozialdemokratische Partei Deutschlands
SRP	Sozialistische Reichspartei
SRÜ	Seerechtsübereinkommen der Vereinten Nationen vom 10.12. 1982, BGBl. 1994 II S. 1799
Der Staat	Der Staat. Zeitschrift für Staatslehre, öffentliches Recht und Verfassungsgeschichte
StAngRegG	Gesetz zur Regelung von Fragen der Staatsangehörigkeit
Starck, GG I	Das Bonner Grundgesetz. Kommentar, begründet von Hermann von Mangoldt. Fortgeführt von Friedrich Klein. Bearbeitung der Präambel und Art. 1–5 als Bd. I der 3. Aufl. von Christian Starck, München 1985
StAZ	Das Standesamt. Zeitschrift für Standesamtswesen, Familienrecht, Staatsangehörigkeitsrecht, Personenstandsrecht, internationales Privatrecht des In- und Auslandes
Stein, Staatsrecht	Ekkehart Stein, Staatsrecht, 16. Aufl. Tübingen 1998
Sten. Prot.	Stenographische Protokolle
Stern, Staatsrecht I	Klaus Stern, Das Staatsrecht der Bundesrepublik Deutschland, Bd. I: Grundbegriffe und Grundlagen des Staatsrechts, Strukturprinzipien der Verfassung, 2. Aufl. München 1984
Stern, Staatsrecht II	Klaus Stern, Das Staatsrecht der Bundesrepublik Deutschland, Bd. II:

	Staatsorgane, Staatsfunktionen, Finanz- und Haushaltsverfassung, Notstandsverfassung, München 1980
Stern, Staatsrecht III/1	Klaus Stern, Das Staatsrecht der Bundesrepublik Deutschland, Bd. III/1: Allgemeine Lehren der Grundrechte, 1. Halbband (unter Mitwirkung von Michael Sachs), München 1988
Stern, Staatsrecht III/2	Klaus Stern, Das Staatsrecht der Bundesrepublik Deutschland, Bd. III/2: Allgemeine Lehren der Grundrechte, 2. Halbband (unter Mitwirkung von Michael Sachs), München 1994
StGB	Strafgesetzbuch
StL[6]	Staatslexikon. Recht–Wirtschaft–Gesellschaft, 8 Bde., herausgegeben von der Görres-Gesellschaft, 6. Aufl. Freiburg/Breisgau 1957–1963
StL[7]	Staatslexikon. Recht–Wirtschaft–Gesellschaft, 5 Bde., herausgegeben von der Görres-Gesellschaft, 7. Aufl. Freiburg/Breisgau u.a. 1985ff. (Bd. 1: 1985; Bd. 2: 1986; Bd. 3: 1987; Bd. 4: 1988; Bd. 5: 1989)
StPO	Strafprozeßordnung
Streinz, Europarecht	Rudolf Streinz, Europarecht, 3. Aufl. Heidelberg 1996
st. Rspr.	ständige Rechtsprechung
StT	Der Städtetag
StuW	Steuer und Wirtschaft. Zeitschrift für die gesamte Steuerwissenschaft
StV	Strafverteidiger
StVj	Steuerliche Vierteljahresschrift
StVollzG	Gesetz über den Vollzug der Freiheitsstrafe und der freiheitsentziehenden Maßregeln der Besserung und Sicherung (Strafvollzugsgesetz)
StWStP	Staatswissenschaften und Staatspraxis. Rechts-, wirtschafts- und sozialwissenschaftliche Beiträge zum staatlichen Handeln
SVN	Satzung der Vereinten Nationen
Thür.	Thüringen, thüringisch
ThürVBl.	Thüringer Verwaltungsblätter. Zeitschrift für öffentliches Recht und öffentliche Verwaltung
TRE	Theologische Realenzyklopädie, Hauptherausgeber Gerhard Müller, 24 Bde., Berlin–New York 1977ff.
TVG	Tarifvertragsgesetz
UeB	Übergangsbestimmungen zur Bundesverfassung der Schweizerischen Eidgenossenschaft
UFITA	Archiv für Urheber-, Film-, Funk- und Theaterrecht
Umbach/Clemens, BVerfGG	Bundesverfassungsgerichtsgesetz. Mitarbeiterkommentar und Handbuch, herausgegeben von Dieter C. Umbach und Thomas Clemens, Heidelberg 1992
UmweltHG	Umwelthaftungsgesetz
UN	United Nations
UN-Folterkonvention	Übereinkommen gegen Folter und andere grausame, unmenschliche oder erniedrigende Behandlung oder Strafe vom 10.12. 1984, BGBl. 1990 II S. 246
UN GA	United Nations General Assembly
UNHCR	United Nations High Commissioner for Refugees (UN-Hochkommissar für Flüchtlinge)
UNO	United Nations Organization
Unterabs.	Unterabsatz
u.ö.	und öfter
UPR	Umwelt- und Planungsrecht
Urt.	Urteil
UTR	Jahrbuch des Umwelt- und Technikrechts
UVPG	Gesetz über die Umweltverträglichkeitsprüfung
UWG	Gesetz gegen den unlauteren Wettbewerb

VBlBW	Verwaltungsblätter für Baden-Württemberg. Zeitschrift für öffentliches Recht und öffentliche Verwaltung
VE-Kuratorium	Verfassungsentwurf des Kuratoriums für einen demokratisch verfaßten Bund deutscher Länder vom 29. 6. 1991, abgedruckt in: Eine Verfassung für Deutschland. Manifest–Text–Plädoyers, herausgegeben von Bernd Guggenberger, Ulrich K. Preuß und Wolfgang Ullmann, München 1991
Verdross/Simma, Völkerrecht	Alfred Verdross/Bruno Simma, Universelles Völkerrecht – Theorie und Praxis, 3. Aufl. Berlin 1984
Verf.	Verfassung
VerfGH	Verfassungsgerichtshof
Verh.DJT	Verhandlungen des Deutschen Juristentages
VersR	Versicherungsrecht
Die Verwaltung	Die Verwaltung. Zeitschrift für Verwaltungsrecht und Verwaltungswissenschaften (Untertitel bis 1995: Zeitschrift für Verwaltungswissenschaft)
VereinsG	Gesetz zur Regelung des öffentlichen Vereinsrechts (Vereinsgesetz)
VerwArch.	Verwaltungsarchiv. Zeitschrift für Verwaltungslehre, Verwaltungsrecht und Verwaltungspolitik
VerwRspr.	Verwaltungsrechtsprechung in Deutschland
VG	Verwaltungsgericht
VGH	Verwaltungsgerichtshof
vgl.	vergleiche
VIZ	Zeitschrift für Investitions- und Vermögensrecht
VjSchrStFR	Vierteljahresschrift für Steuer- und Finanzrecht
VN	Vereinte Nationen. Zeitschrift für die Vereinten Nationen und ihre Sonderorganisationen
VO	Verordnung
Vorb.	Vorbemerkung (in diesem Kommentar: Bd. I, vor Art. 1 GG)
VR	Verwaltungsrundschau (bis 1977: Staats- und Kommunalverwaltung)
VRK	Wiener Übereinkommen über das Recht der Verträge vom 23. 5. 1969, BGBl. 1985 II S. 927
VSSR	Vierteljahresschrift für Sozialrecht
VVDStRL	Veröffentlichungen der Vereinigung der Deutschen Staatsrechtslehrer
VwGO	Verwaltungsgerichtsordnung
VwVfG	Verwaltungsverfahrensgesetz
WahlGBPräs.	Gesetz über die Wahl des Bundespräsidenten durch die Bundesversammlung
WahlPG	Wahlprüfungsgesetz
WBO	Wehrbeschwerdeordnung
WDO	Wehrdisziplinarordnung
WEU	Westeuropäische Union
WHG	Wasserhaushaltsgesetz
Willoweit, Verfassungsgeschichte	Dietmar Willoweit, Deutsche Verfassungsgeschichte – Vom Frankenreich bis zur Wiedervereinigung Deutschlands, 3. Aufl. München 1997
WiR	Wirtschaftsrecht
WissR	Wissenschaftsrecht, Wissenschaftsverwaltung, Wissenschaftsförderung
WiVerw.	Wirtschaft und Verwaltung (Beilage zu: Gewerbearchiv)
w.N.	weitere Nachweise
Wolff/Bachof/Stober, Verwaltungsrecht I	Hans J. Wolff/Otto Bachof/Rolf Stober, Verwaltungsrecht I: Öffentliche Verwaltung, Grundlagen des materiellen Verwaltungsrechts, Allgemeine Institutionen des Verwaltungsrechts, 10. Aufl. München 1994
Wolff/Bachof/Stober, Verwaltungsrecht II	Hans J. Wolff/Otto Bachof/Rolf Stober, Verwaltungsrecht II: Besonderes Organisations- und Dienstrecht, 5. Aufl. München 1987
Wolff/Bachof, Verwaltungsrecht III	Hans J. Wolff/Otto Bachof, Verwaltungsrecht III: Ordnungs-, Leistungs- und Verwaltungsverfahrensrecht, 4. Aufl. München 1978
WPflG	Wehrpflichtgesetz

Abkürzungsverzeichnis

WRV	Verfassung des Deutschen Reiches vom 11.8.1919 (Weimarer Reichsverfassung)
WuW	Wirtschaft und Wettbewerb
WVK	Wiener Übereinkommen über das Recht der Verträge vom 23.5.1969, BGBl. 1985 II S. 927
WZG	Warenzeichengesetz
ZaöRV	Zeitschrift für ausländisches öffentliches Recht und Völkerrecht
ZAR	Zeitschrift für Ausländerrecht und Ausländerpolitik
ZBJI	Zusammenarbeit in den Bereichen Justiz und Inneres
ZBR	Zeitschrift für Beamtenrecht
ZDG	Gesetz über den Zivildienst der Kriegsdienstverweigerer (Zivildienstgesetz)
ZEE	Zeitschrift für Evangelische Ethik
ZEuP	Zeitschrift für Europäisches Privatrecht
ZevKR	Zeitschrift für evangelisches Kirchenrecht
ZfA	Zeitschrift für Arbeitsrecht
ZfP	Zeitschrift für Politik
ZfRV	Zeitschrift für Rechtsvergleichung
ZfS	Zeitschrift für Soziologie
ZfSH	Zeitschrift für Sozialhilfe (ab 1983: ZfSH/SGB)
ZfSH/SGB	Zeitschrift für Sozialhilfe und Sozialgesetzbuch
ZfU	Zeitschrift für Umweltpolitik und Umweltrecht
ZfV	Zeitschrift für Verwaltung
ZG	Zeitschrift für Gesetzgebung. Vierteljahresschrift für staatliche und kommunale Rechtsetzung
ZGB	Schweizerisches Zivilgesetzbuch
ZGR	Zeitschrift für Unternehmens- und Gesellschaftsrecht
ZgStW	Zeitschrift für die gesamte Staatswissenschaft (ab 1986: JITE)
ZHF	Zeitschrift für Historische Forschung
ZHR	Zeitschrift für das gesamte Handelsrecht und Wirtschaftsrecht
ZIP	Zeitschrift für Wirtschaftsrecht und Insolvenzpraxis
ZMR	Zeitschrift für Miet- und Raumrecht
ZNR	Zeitschrift für Neuere Rechtsgeschichte
ZögU	Zeitschrift für öffentliche und gemeinwirtschaftliche Unternehmen
ZöR	Zeitschrift für öffentliches Recht
ZP	Zusatzprotokoll
ZParl.	Zeitschrift für Parlamentsfragen
ZPO	Zivilprozeßordnung
ZRG GA	Zeitschrift der Savigny-Stiftung für Rechtsgeschichte, Germanistische Abteilung
ZRG KA	Zeitschrift der Savigny-Stiftung für Rechtsgeschichte, Kanonistische Abteilung
ZRG RA	Zeitschrift der Savigny-Stiftung für Rechtsgeschichte, Romanistische Abteilung
ZRP	Zeitschrift für Rechtspolitik
ZSchG	Zivilschutzgesetz
ZSKG	Gesetz über das Zivilschutzkorps
ZSR	Zeitschrift für Schweizerisches Recht
ZStW	Zeitschrift für die gesamte Strafrechtswissenschaft
ZTR	Zeitschrift für Tarifrecht
ZUM	Zeitschrift für Urheber- und Medienrecht
ZUR	Zeitschrift für Umweltrecht
ZVglRWiss	Zeitschrift für vergleichende Rechtswissenschaft
Zwei-plus-Vier-Vertrag	Vertrag über die abschließende Regelung in bezug auf Deutschland vom 12.9.1990, BGBl. II S. 1318
Zweitb.	Zweitbearbeitung

Grundgesetz für die Bundesrepublik Deutschland

Vom 23. Mai 1949 (BGBl. S. 1)
(BGBl. III 100–1)

Änderungen des Grundgesetzes

lfd. Nr.	Verfassungsänderndes Gesetz	Datum	Fundstelle	Betroffene Artikel
1.	Strafrechtsänderungsgesetz	30. 08. 1951	BGBl. I S. 739	Art. 143 aufgehoben
2.	Gesetz zur Einfügung eines Artikels 120a in das Grundgesetz	14. 08. 1952	BGBl. I S. 445	Art. 120a eingefügt
3.	Gesetz zur Änderung des Artikels 107 des Grundgesetzes	20. 04. 1953	BGBl. I S. 130	Art. 107 S. 1 geändert
4.	Gesetz zur Ergänzung des Grundgesetzes	26. 03. 1954	BGBl. I S. 45	Art. 79 I 2, 142a eingefügt; Art. 73 Nr. 1 geändert
5.	Zweites Gesetz zur Änderung des Artikels 107 des Grundgesetzes	25. 12. 1954	BGBl. I S. 517	Art. 107 S. 1 geändert
6.	Gesetz zur Änderung und Ergänzung der Finanzverfassung (Finanzverfassungsgesetz)	23. 12. 1955	BGBl. I S. 817	Art. 106, 107 geändert
7.	Gesetz zur Ergänzung des Grundgesetzes	19. 03. 1956	BGBl. I S. 111	Art. 17a, 36 II, 45a, 45b, 59a, 65a, 87a, 87b, 96a, 143 eingefügt; Art. 1 III, 12, 49, 60 I, 96 III, 137 I geändert
8.	Gesetz zur Änderung und Ergänzung des Artikels 106 des Grundgesetzes	24. 12. 1956	BGBl. I S. 1077	Art. 106 geändert
9.	Gesetz zur Einfügung eines Artikels 135a in das Grundgesetz	22. 10. 1957	BGBl. I S. 1745	Art. 135a eingefügt
10.	Gesetz zur Ergänzung des Grundgesetzes	23. 12. 1959	BGBl. I S. 813	Art. 74 Nr. 11a, 87c eingefügt
11.	Gesetz zur Einfügung eines Artikels über die Luftverkehrsverwaltung in das Grundgesetz (11. Änderung des Grundgesetzes)	06. 02. 1961	BGBl. I S. 65	Art. 87d eingefügt
12.	Zwölftes Gesetz zur Änderung des Grundgesetzes	06. 03. 1961	BGBl. I S. 141	Art. 96a geändert; Art. 96 III aufgehoben
13.	Dreizehntes Gesetz zur Änderung des Grundgesetzes	16. 06. 1965	BGBl. I S. 513	Art. 74 Nr. 10a eingefügt; Art. 74 Nr. 10 geändert
14.	Vierzehntes Gesetz zur Änderung des Grundgesetzes	30. 07. 1965	BGBl. I S. 649	Art. 120 I geändert
15.	Fünfzehntes Gesetz zur Änderung des Grundgesetzes	08. 06. 1967	BGBl. I S. 581	Art. 109 II bis IV eingefügt
16.	Sechzehntes Gesetz zur Änderung des Grundgesetzes	18. 06. 1968	BGBl. I S. 657	Art. 92, 95, 96a (dann Art. 96), 99, 100 III geändert; Art. 96 aufgehoben
17.	Siebzehntes Gesetz zur Ergänzung des Grundgesetzes	24. 06. 1968	BGBl. I S. 709	Art. 9 III 3, 12a, 19 IV 3, 20 IV, 35 II und III, Abschnitt IVa (Art. 53a), 80a, Abschnitt Xa (Art. 115a–115l) eingefügt; Art. 10, 11 II, 12 I 2, 73 Nr. 1, 87a, 91 geändert; Art. 12 II 2 bis 4, 12 III, 59a, 65a II, 142a, 143 aufgehoben

Änderungen des GG

lfd. Nr.	Verfassungsänderndes Gesetz	Datum	Fundstelle	Betroffene Artikel
18.	Achtzehntes Gesetz zur Änderung des Grundgesetzes (Artikel 76 u. 77)	15.11.1968	BGBl. I S. 1177	Art. 76 II 3 eingefügt; Art. 76 II 2, 77 II 1, III geändert
19.	Neunzehntes Gesetz zur Änderung des Grundgesetzes	29.01.1969	BGBl. I S. 97	Art. 93 I Nr. 4a und 4b, 94 II 2 eingefügt
20.	Zwanzigstes Gesetz zur Änderung des Grundgesetzes	12.05.1969	BGBl. I S. 357	Art. 109 III, 110, 112, 113, 114, 115 geändert
21.	Einundzwanzigstes Gesetz zur Änderung des Grundgesetzes (Finanzreformgesetz)	12.05.1969	BGBl. I S. 359	Abschnitt VIIIa (Art. 91a, 91b), 104a, 105 IIa eingefügt; Art. 105 II, 106, 107, 108, 115c III, 115k III geändert
22.	Zweiundzwanzigstes Gesetz zur Änderung des Grundgesetzes	12.05.1969	BGBl. I S. 363	Art. 74 Nr. 19a, 75 I Nr. 1a, 75 II und III eingefügt; Art. 74 Nr. 13 und Nr. 22, 96 IV geändert
23.	Dreiundzwanzigstes Gesetz zur Änderung des Grundgesetzes	17.07.1969	BGBl. I S. 817	Art. 76 III 1 geändert
24.	Vierundzwanzigstes Gesetz zur Änderung des Grundgesetzes	28.07.1969	BGBl. I S. 985	Art. 120 I 2 geändert
25.	Fünfundzwanzigstes Gesetz zur Änderung des Grundgesetzes	19.08.1969	BGBl. I S. 1241	Art. 29 geändert
26.	Sechsundzwanzigstes Gesetz zur Änderung des Grundgesetzes (Artikel 96)	26.08.1969	BGBl. I S. 1357	Art. 96 V eingefügt
27.	Siebenundzwanzigstes Gesetz zur Änderung des Grundgesetzes	31.07.1970	BGBl. I S. 1161	Art. 38 II, 91a I Nr. 1 geändert
28.	Achtundzwanzigstes Gesetz zur Änderung des Grundgesetzes (Artikel 74a GG)	18.03.1971	BGBl. I S. 206	Art. 74a eingefügt; Art. 75 Nr. 1, 98 III 2 geändert; Art. 75 II und III aufgehoben
29.	Neunundzwanzigstes Gesetz zur Änderung des Grundgesetzes	18.03.1971	BGBl. I S. 207	Art. 74 Nr. 20 geändert
30.	Dreißigstes Gesetz zur Änderung des Grundgesetzes (Artikel 74 GG – Umweltschutz)	12.04.1972	BGBl. I S. 593	Art. 74 Nr. 24 eingefügt; Art. 74 Nr. 23 geändert
31.	Einunddreißigstes Gesetz zur Änderung des Grundgesetzes	28.07.1972	BGBl. I S. 305	Art. 74 Nr. 4a eingefügt; Art. 35 II, 73 Nr. 10, 87 I 2 geändert
32.	Zweiunddreißigstes Gesetz zur Änderung des Grundgesetzes (Artikel 45c)	15.07.1975	BGBl. I S. 1901	Art. 45c eingefügt
33.	Dreiunddreißigstes Gesetz zur Änderung des Grundgesetzes (Artikel 29 und 39)	23.08.1976	BGBl. I S. 2381	Art. 29, 39 I und II geändert; Art. 45, 45a I 2, 49 aufgehoben
34.	Vierunddreißigstes Gesetz zur Änderung des Grundgesetzes (Artikel 74 Nr. 4a)	23.08.1976	BGBl. I S. 2383	Art. 74 Nr. 4a geändert
35.	Fünfunddreißigstes Gesetz zur Änderung des Grundgesetzes (Artikel 21 Abs. 1)	21.12.1983	BGBl. I S. 1481	Art. 21 I 4 geändert
36.	Gesetz zu dem Vertrag vom 31. August 1990 zwischen der Bundesrepublik Deutschland und der Deutschen Demokratischen Republik über die Herstellung der Einheit Deutschlands – Einigungsvertragsgesetz – und der Vereinbarung vom 18. September 1990	23.09.1990	BGBl. II S. 885, 890	Art. 135a II, 143 eingefügt; Präambel, Art. 51 II, 146 geändert; Art. 23 aufgehoben

Änderungen des GG

lfd. Nr.	Verfassungsänderndes Gesetz	Datum	Fundstelle	Betroffene Artikel
37.	Gesetz zur Änderung des Grundgesetzes	14. 07. 1992	BGBl. I S. 1254	Art. 87 d I 2 eingefügt
38.	Gesetz zur Änderung des Grundgesetzes	21. 12. 1992	BGBl. I S. 2086	Art. 23, 24 I a, 28 I 3, 45, 52 III a, 88 S. 2 eingefügt; Art. 50, 115 e II 2 geändert
39.	Gesetz zur Änderung des Grundgesetzes (Artikel 16 und 18)	28. 06. 1993	BGBl. I S. 1002	Art. 16 a eingefügt; Art. 18 S. 1 geändert; Art. 16 II 2 aufgehoben
40.	Gesetz zur Änderung des Grundgesetzes	20. 12. 1993	BGBl. I S. 2089	Art. 73 Nr. 6 a, 87 e, 106 a, 143 a eingefügt; Art. 73 Nr. 6, 74 Nr. 23, 80 II, 87 I 1 geändert
41.	Gesetz zur Änderung des Grundgesetzes	30. 08. 1994	BGBl. I S. 2245	Art. 87 f, 143 b eingefügt Art. 73 Nr. 7, 80 II, 87 I 1 geändert
42.	Gesetz zur Änderung des Grundgesetzes (Artikel 3, 20 a, 28, 29, 72, 74, 75, 76, 77, 80, 87, 93, 118 a und 125 a)	27. 10. 1994	BGBl. I S. 3146	Art. 3 II 2 und III 2, 20 a, 28 II 3, 29 VIII, 74 I Nr. 25 u. 26 sowie 74 II, 75 I 1 Nr. 6, 75 I 2 sowie II und III, 77 II a, 80 III und IV, 87 II 2, 93 I Nr. 2 a, 118 a, 125 a eingefügt; Art. 29 VII 1, 72, 74 I Nr. 18 und Nr. 24, 75 I 1 (Einleitungssatz, Nr. 2 und Nr. 5), 76 II und III geändert; Art. 74 I Nr. 5 und Nr. 8 aufgehoben
43.	Gesetz zur Änderung des Grundgesetzes	03. 11. 1995	BGBl. I S. 1492	Art. 106 III, IV 1 geändert
44.	Gesetz zur Änderung des Grundgesetzes (Artikel 28 und 106)	20. 10. 1997	BGBl. I S. 2470	Art. 106 V a eingefügt; Art. 28 II 3, 106 III 1 und VI 1–3, 6 geändert
45.	Gesetz zur Änderung des Grundgesetzes (Artikel 13)	26. 03. 1998	BGBl. I S. 610	Art. 13 III bis VI eingefügt; Art. 13 III wird Art. 13 VII
46.	Gesetz zur Änderung des Grundgesetzes (Artikel 39)	16. 07. 1998	BGBl. I S. 1822	Art. 39 I 1 und 3 geändert

Artikel 20 [Verfassungsprinzipien; Widerstandrecht]

(1) Die Bundesrepublik Deutschland ist ein demokratischer und sozialer Bundesstaat.

(2) ¹Alle Staatsgewalt geht vom Volke aus. ²Sie wird vom Volke in Wahlen und Abstimmungen und durch besondere Organe der Gesetzgebung, der vollziehenden Gewalt und der Rechtsprechung ausgeübt.

(3) Die Gesetzgebung ist an die verfassungsmäßige Ordnung, die vollziehende Gewalt und die Rechtsprechung sind an Gesetz und Recht gebunden.

(4) Gegen jeden, der es unternimmt, diese Ordnung zu beseitigen, haben alle Deutschen das Recht zum Widerstand, wenn andere Abhilfe nicht möglich ist.

Literaturauswahl

Badura, Peter: Arten der Verfassungsrechtssätze, in: HStR VII, § 159, S. 33–55.
Contiades, Ion: Verfassungsgesetzliche Staatsstrukturbestimmungen, 1967.
Eichenberger, Kurt: Vom Umgang mit Strukturprinzipien des Verfassungsstaates, in: Festschrift für Klaus Stern zum 65. Geburtstag, 1997, S. 457–473.
Merten, Detlef: Über Staatsziele, in: DÖV 1993, S. 368–377.
Scheuner, Ulrich: Staatszielbestimmungen, in: ders., Staatstheorie und Staatsrecht, 1978, S. 223–242 (Erstveröffentlichung in: Festschrift für Ernst Forsthoff, 1972, S. 325–346).

Leitentscheidungen des Bundesverfassungsgerichts

Siehe die Angaben zu Art. 20 I–III GG (Republik, Demokratie, Sozialstaat, Bundesstaat und Rechtsstaat).

Gliederung

	Rn.
A. Herkunft, Entstehung, Entwicklung	1
B. Internationale, supranationale und rechtsvergleichende Bezüge	3
C. Erläuterungen	5
I. Bedeutung	5
II. Terminologie	6
III. Interpretation	11
D. Verhältnis zu anderen GG-Bestimmungen	14

A. Herkunft, Entstehung, Entwicklung

Die einzelnen in Art. 20 I–III GG garantierten Wesensmerkmale von Republik, Demokratie, Sozial-, Bundes- und Rechtsstaatlichkeit können auf eine unterschiedlich verwurzelte, durchgängig aber lange Ideen- und Verfassungsgeschichte zurückblicken[1]. Ein verfassungsrechtliches **Novum** stellt indes die **konzentrierte Zusammenfassung** wesentlicher Aussagen über die Strukturprinzipien der Verfassung in einer Schlüsselnorm dar. Vergleichbares findet sich weder in den Verfassungen der amerikanischen

1

---

[1] Vgl. dazu die Hinweise bei den jeweiligen Einzelkommentierungen unter »A«.

und französischen Revolution noch in deutschen Verfassungen des 19. Jahrhunderts, die sich insoweit zumeist auf die – historisch-politisch wichtigste – Frage der Staatsform beschränkten[2]. Immerhin stellte dann die **Weimarer Reichsverfassung** in Art. 1 nicht allein den Bruch mit der Monarchie (→ Art. 20 [Republik] Rn. 6) als entscheidend heraus, sondern proklamierte mit dem Satz »Die Staatsgewalt geht vom Volke aus« auch den demokratischen Grundsatz der Volkssouveränität (→ Art. 20 [Demokratie] Rn. 17), ohne indes über eine vergleichbar vollständige und zusammenfassende Bestimmung ihrer Identität zu verfügen[3].

2   Während der Herrenchiemseer Entwurf noch keinen Katalog von Verfassungsprinzipien kannte[4], fanden sich bereits in den ersten Entwürfen des **Parlamentarischen Rates** die wesentlichen Inhalte des heutigen Art. 20 I–III GG aufgeführt, ergänzt um die später wieder gestrichene ausdrückliche Festlegung der parlamentarischen Regierungsform (→ Art. 20 [Demokratie] Rn. 18f.). Die erste Fassung[5] ging auf einen Vorschlag zurück, den v. Mangoldt im Ausschuß für Grundsatzfragen zur Diskussion gestellt hatte und der auf Anregung Carlo Schmids leicht umformuliert worden war[6]. Charakter und Funktion der Norm wurden dabei in verbal unterschiedlicher Weise umschrieben: als »Ausführungen über den Staatscharakter des Bundes« und »Fixierung eines grundlegenden Prinzips« (v. Mangoldt), als »Integration struktureller Art« und »Generalklausel« (C. Schmid) oder schlicht als »Grundsätze« (T. Heuss)[7]. Die endgültige Fassung des Art. 20 I, III GG geht auf den Hauptausschuß, diejenige des Art. 20 II GG auf den Allgemeinen Redaktionsausschuß zurück[8]. Bislang ist **Art. 20 I–III GG unverändert** geblieben. Eine sachliche, den Kerngehalt betreffende Änderung ist ohnehin ausgeschlossen (→ Art. 79 III Rn. 11ff., 29ff.).

---

[2] Beispiele: Bayern 1818, Titel I, § 1 (»Das Königreich Baiern in der Gesammt-Vereinigung aller ältern und neuern Gebietstheile ist ein souveräner monarchischer Staat nach den Bestimmungen der gegenwärtigen Verfassungs-Urkunde.«); Baden 1818, § 5 I (»Der Großherzog vereinigt in Sich alle Rechte der Staatsgewalt, und übt sie unter den in dieser Verfassungsurkunde festgesetzten Bestimmungen aus.«); Württemberg 1819, § 4 I (»Der König ist das Haupt des Staates, vereinigt in sich alle Rechte der Staatsgewalt und übt sie unter den durch die Verfassung festgesetzten Bestimmungen aus.«); Sachsen 1831, § 3 (»Die Regierungsform ist monarchisch, und es besteht dabei eine landständische Verfassung.«).

[3] Das hätte wegen des nicht akzeptierten Vorranges der Verfassung und ihrer von der h.M. grenzenlos anerkannten Änderungsmöglichkeit auch nicht ins verfassungstheoretische Konzept gepaßt (→ Art. 79 II Rn. 2; → Art. 79 III Rn. 1f.).

[4] Vgl. Art. 27 HChE (Parl. Rat II, S. 583). Die Frage nach grundlegenden, unverletzlichen Prinzipien wurde eher mit Blick auf die Bindung der Länder und (den späteren) Art. 79 III GG diskutiert (vgl. Parl. Rat II, S. 208ff., 305, 558ff.). → Art. 28 Rn. 20.

[5] Vgl. Parl. Rat VII, S. 6: »Artikel 21:
(1) Deutschland ist eine demokratische und soziale Republik bundesstaatlichen Aufbaus, deren Regierung der Volksvertretung verantwortlich ist.
(2) Das Volk ist Träger der staatlichen Gewalt.
(3) Das Volk übt diese einheitliche Gewalt in Gesetzgebung, Verwaltung und Rechtsprechung für jeden dieser Bereiche getrennt durch besondere Organe nach diesem Grundgesetz aus.
(4) Rechtsprechung und Verwaltung stehen unter dem Gesetz.«

[6] Parl. Rat V/1, S. 288, 290.

[7] Zitate in: Parl. Rat V/1, S. 288ff., 294f.

[8] Vgl. Parl. Rat VII, S. 220, 502.

B. Internationale, supranationale und rechtsvergleichende Bezüge

Die **Bezüge zu internationalem und supranationalem Recht** gestalten sich bei den einzelnen Prinzipien recht unterschiedlich: während namentlich das Demokratiegebot im internationalen Recht zunehmend Verbreitung findet, ja inzwischen als mögliches Völkergewohnheitsrecht diskutiert wird, und das europäische Gemeinschaftsrecht die Mitgliedstaaten auf demokratische Grundsätze verpflichtet (→ Art. 20 [Demokratie] Rn. 24f., 27ff.), verhalten sich die Dinge bei der Republik (angesichts zahlreicher konstitutioneller oder parlamentarischer Monarchien) und der Bundesstaatlichkeit (angesichts zahlreicher zentralistischer Staaten) naturgemäß anders. Im Falle des Rechtsstaatsprinzips kommt es auf dessen einzelne Merkmale an (→ Art. 20 [Rechtsstaat] Rn. 21); das Sozialstaatsprinzip spielt als zwingende Vorgabe praktisch keine Rolle. 3

Die **rechtsvergleichende Betrachtung** zeigt, daß zahlreiche Staaten durchaus ähnliche, häufig etwas knapper gefaßte Bestimmungen kennen[9], sich zuweilen freilich auf die Fixierung der Staatsform (Republik, Monarchie) beschränken[10]. Von den **deutschen Landesverfassungen** enthielten bereits die vorgrundgesetzlichen mehr oder minder ausführliche Festlegungen: z.B. Bayern (Art. 1–5), Bremen (Art. 65–67) und Hessen (Art. 65). Dort wie in den nachkonstitutionellen Verfassungen finden sich die einschlägigen Charakterisierungen üblicherweise entweder in den Eingangsbestimmungen[11] oder im Anschluß an den Grundrechtsteil[12], soweit nicht auf sie verzichtet wird[13]. 4

---

[9] Vgl. die Verfassungen von Frankreich (Art. 2 S. 1: »Frankreich ist eine unteilbare, laizistische, demokratische und soziale Republik.«); Griechenland (Art. 1 I: »Die Staatsform Griechenlands ist die republikanische parlamentarische Demokratie.«); Italien (Art. 1: »Italien ist eine demokratische, auf die Arbeit gegründete Republik. Die Souveränität liegt beim Volk, das sie in den Formen und Grenzen der Verfassung ausübt.«); Österreich (Art. 1: »Österreich ist eine demokratische Republik. Ihr Recht geht vom Volk aus.«; Art. 2 I: »Österreich ist ein Bundesstaat.«); Belgien (Art. 1: »Belgien ist ein föderaler Staat, bestehend aus Gemeinschaften und Regionen.«; Art. 33 I: »Alle Gewalten gehen von der Nation aus.«); Rußland (Art. 1 S. 1: »Die Russische Föderation – Rußland ist ein demokratischer föderaler Rechtsstaat mit republikanischer Regierungsform.«). Sehr ausführlich Portugal (Art. 1–3); knapper Spanien (Art. 1: »(1) Spanien konstituiert sich als demokratischer und sozialer Rechtsstaat und bekennt sich zu Freiheit, Gerechtigkeit, Gleichheit und politischem Pluralismus als den obersten Werten seiner Rechtsordnung. (2) Das spanische Volk, von dem alle Staatsgewalt ausgeht, ist Träger der nationalen Souveränität. (3) Die politische Form des spanischen Staats ist die parlamentarische Monarchie.«).

[10] So etwa Dänemark (§ 2 S. 1: »Die Regierungsform ist beschränkt-monarchisch.«). Weitere Nachweise zu einzelnen Bestimmungen bei *I. Contiades*, Verfassungsgesetzliche Staatsstrukturbestimmungen, 1967, S. 11 ff.

[11] Bayern (Art. 1–5), Berlin (Art. 2), Brandenburg (Art. 2), Hamburg (Art. 3), Mecklenburg-Vorpommern (Art. 2), Niedersachsen (Art. 1 II), Sachsen (Art. 1) und Sachsen-Anhalt (Art. 2), Schleswig-Holstein (Art. 2).

[12] Baden-Württemberg (Art. 23), Bremen (Art. 65 ff.), Hessen (Art. 65), Rheinland-Pfalz (Art. 74), Saarland (Art. 60), Thüringen (Art. 44).

[13] Vgl. Nordrhein-Westfalen (Art. 1 ff., 30 ff.).

C. Erläuterungen

I. Bedeutung

5 In Art. 20 I–III GG sind mit der Garantie von Republik, Demokratiegebot, Sozial-, Bundes- und Rechtsstaatlichkeit[14] wesentliche und fundamentale Aussagen über die verfassungsrechtliche Identität der Bundesrepublik Deutschland getroffen[15]. Gemeinsam mit Art. 1 GG »bestimmen«[16] diese Normen die Verfassungsordnung des Grundgesetzes, entscheiden über den »Charakter der Bundesrepublik Deutschland«[17] und bilden das »**normative Kernstück der Verfassungsordnung**«[18]. Die **zentrale Bedeutung** von Art. 20 I–III GG hat doppelten Grund. Einmal sind hier nach dem Selbstverständnis des Grundgesetzes die identitätsbestimmenden Merkmale und Prinzipien niedergelegt (zur Terminologie: → Rn. 6 ff.); zweitens sind deren »Grundsätze«, also ihr Kerngehalt, wegen Art. 79 III GG unveränderlich und damit auch dem Zugriff des verfassungsändernden Gesetzgebers entzogen. Insofern kommt den Festlegungen in Art. 20 I–III (und Art. 1) GG durchaus **höherer Rang** als den anderen Normen des Grundgesetzes zu[19].

II. Terminologie

6 Vielfältig sind die Versuche, über die in Art. 20 I–III GG fixierten Elemente ein einheitliches terminologisches Dach zu spannen. Abgesehen von ausführlichen Umschreibungen wie »leitenden verfassungsrechtlichen Prinzipien, die der Staatsorganisation ihr Gepräge geben, the constitutional framework of government«[20], sind zahlreiche substantivische Wendungen im Gebrauch (→ Rn. 7 ff.): man spricht u. a. von Staatsfundamentalnormen, von Grundentscheidungen, von Staatszielen, von Staatsstrukturbestimmungen, Struktur- bzw. Verfassungsprinzipien oder einfach von der

---

[14] Diese fünf Prinzipien (zur Terminologie: → Rn. 6 ff.) sind garantiert, nicht auch der Staatsname. Wäre er es, müßte wegen Art. 79 III GG jegliche Änderung des Staatsnamens als ausgeschlossen betrachtet werden (so wohl *R. Herzog*, in: Maunz/Dürig, GG, Art. 20 [I. Art. 20 im Gefüge des GG, 1978] Rn. 2, 4 ff.; unklar *M. Sachs*, in: Sachs, GG, Art. 20 Rn. 7). Das ist aber keineswegs zwingend. Denn zwischen der Bezeichnung als Bundesrepublik Deutschland und der Garantie der republikanischen (und föderalen) Staatsform besteht ein Unterschied. Solange ein neuer Staatsname nicht die substantiellen Prinzipien verletzt oder negiert, steht einer Neubenennung der Bundesrepublik (etwa in: »Bund deutscher Länder« gemäß dem Vorschlag des VE-Kuratoriums [S. 81, 101, 132] oder »Deutsche Bundesrepublik« oder »Republik Deutschland«) Art. 20 I GG nicht entgegen.

[15] Das später eingefügte Widerstandsrecht zählt nicht dazu und fällt auch nicht unter die Ewigkeitsgarantie (→ Art. 20 IV Rn. 18; → Art. 79 III Rn. 45).

[16] So *Hesse*, Verfassungsrecht, Rn. 126.

[17] *Herzog* (Fn. 14), Art. 20 I Rn. 9; ähnlich *v. Münch*, Staatsrecht I, Rn. 88; s. auch *D. Merten*, DÖV 1993, 368 (370): »Basis deutscher Staatlichkeit«.

[18] *Badura,* Staatsrecht, D 3 (S. 228).

[19] → Art. 79 III Rn. 11. Irreführend insofern die weitverbreitete Formel, Art. 20 I–III GG komme kein allgemein höherer Rang zu als anderen Bestimmungen des Grundgesetzes (so *Herzog* [Fn. 14], Art. 20 I Rn. 14, 21 ff.; *Sachs* [Fn. 14], Art. 20 Rn. 5). Das trifft so nur für diejenigen Teilgehalte zu, die einer Verfassungsänderung zugänglich sind.

[20] *Stern*, Staatsrecht I, S. 552.

II. Terminologie

Staatsform[21]. Hingegen ist die sehr plastische, in Österreich eingebürgerte Wendung von den »Baugesetzen«[22] in Deutschland ungebräuchlich.

Obgleich es hier wie bei anderen terminologischen Streitfragen in erster Linie um die Einigkeit in der Sache, nicht um diejenige bei den verwendeten Termini geht, stoßen einige Umschreibungen auf Bedenken, während andere aus sachlichen Gründen vorzugswürdig erscheinen. So ist die Charakterisierung der Art. 20 I–III GG als **Staatsform**[23] insofern wenig aussagekräftig, als sie die wesensbestimmenden Merkmale der Art. 20 I–III GG nicht richtig erfaßt. Denn deren wesentliche Bestimmungen werden von der tradierten Staatsformenlehre, die entweder mit dem aus der Antike überkommenen Dreierschema (→ Art. 20 [Demokratie] Rn. 2) oder mit der Differenz von Republik und Monarchie (→ Art. 20 [Republik] Rn. 16f.) arbeitet, kaum mehr getroffen. Es sind vielmehr »Systeme von Strukturprinzipien« zu entwickeln, welche die »Maßgeblichkeit der Staatsformen-Grundfrage übernehmen«[24]. Außerdem wird der dynamische Charakter der Elemente nicht recht erfaßt. Zu punktuell und wiederum ohne hinlängliche Hervorhebung des Prozeß- und Entfaltungscharakters wirkt auch die Rubrizierung als **Grundentscheidung** (auch Grundwert- oder Strukturentscheidung)[25].

Diesen Mangel vermeidet die Bezeichnung als **Staatsziele**, womit der zukunftsweisende, realisierungs- und weiterentwicklungsbedürftige Charakter hervorgehoben wird[26]. Allerdings droht dabei wiederum die teilweise erhebliche Differenz zwischen den einzelnen Elementen verwischt zu werden. Während man den Sozialstaat wegen seiner inhaltlichen Unbestimmtheit und der Notwendigkeit gesetzgeberischer Konkretisierung (→ Art. 20 [Sozialstaat] Rn. 31ff.) zweifellos als Staatsziel umschreiben kann[27], umfaßt das Rechtsstaatsprinzip eine ganze Reihe höchst konkreter, unmittelbar anwendbarer und folgenreicher regulativer Gehalte (→ Art. 20 [Rechtsstaat]

---

[21] Weitere, im folgenden nicht näher erörterte Bezeichnungen: »Grundwertentscheidungen« (*E. Benda*, Der soziale Rechtsstaat, in: HdbVerfR, § 17 Rn. 200), »Strukturentscheidungen« (*Jarass/Pieroth*, GG, Art. 20 Rn. 1f.), »allgemeine Rechtsprinzipien« (*Herzog* [Fn. 14], Art. 20 I Rn. 28f.), »Staatsprädizierungen« (*Contiades*, Staatsstrukturbestimmungen [Fn. 10], S. 9, 81ff.; ablehnend: *Stern*, Staatsrecht I, S. 553), »Leitprinzipien« (*Hesse*, Verfassungsrecht, Rn. 114).

[22] Vgl. *R. Walter/H. Mayer*, Grundriß des österreichischen Bundesverfassungsrechts, 8. Aufl. 1996, Rn. 146; *H. Mayer*, Merkl zu den Baugesetzen des Bundes-Verfassungsgesetzes 1920, in: R. Walter (Hrsg.), Adolf J. Merkl. Werk und Wirksamkeit, 1990, S. 145ff. – mit Hinweis in Fn. 2, daß man in Österreich diesbezüglich auch von »Grundprinzipien« spricht; vgl. *D. Merten*, DÖV 1993, 368 (370); *Stern*, Staatsrecht I, S. 551.

[23] *v. Münch*, Staatsrecht I, Rn. 109ff.; ähnlich *K. G. Wernicke*, in: BK, Art. 20 (Erstb.), Anm. II. 1 (S. 2b): »Organisationsform«.

[24] *K. Eichenberger*, Vom Umgang mit Strukturprinzipien des Verfassungsstaates, in: FS Stern, 1997, S. 457ff. (466).

[25] Vgl. *Stern*, Staatsrecht I, S. 553; *Benda* (Fn. 21), § 17 Rn. 200; *Jarass/Pieroth*, GG, Art. 20 Rn. 1f.

[26] Zur Überlegung, Art. 20 I GG außerdem um das Staatsziel einer ökologischen Orientierung zu erweitern, s. VE-Kuratorium, S. 61ff., 132.

[27] So auch *U. Scheuner*, Staatszielbestimmungen (1972), in: ders., Staatstheorie und Staatsrecht, 1978, S. 223ff. (233ff.), der daneben Art. 24–26 GG und 109 IV GG anführt; ähnlich *P. Badura*, Arten der Verfassungsrechtssätze, in: HStR VII, § 159 Rn. 15ff.; *Sachverständigenkommission »Staatszielbestimmungen/Gesetzgebungsaufträge«*, Bericht vom 6. September 1983, hrsgg. von den Bundesministern des Innern und der Justiz, 1983, Rn. 29 (S. 34). Heute wären an vergleichbaren Staatszielen zu nennen: Umweltschutz (→ Art. 20a Rn. 20ff.), Art. 23–26 GG, Art. 109 II GG, Kulturstaatsklauseln der Länder (→ Art. 28 Rn. 63), soziale Grundrechte (→ Vorb. Rn. 42). Vgl. *Hesse*, Verfassungsrecht, Rn. 114ff.

Rn. 61 ff.), die als »Staatsziele« eher irreführend bezeichnet wären. Für manche Bestandteile von Bundesstaat und Demokratie gilt das gleiche. Von diesem egalisierenden bzw. nivellierenden Effekt ist auch die Bezeichnung als **Staatsstrukturbestimmungen**[28] nicht frei, zumal wiederum ein relativ hohes Maß an Bestimmtheit suggeriert wird[29].

9 Gegen die von Nawiasky stammende, in Anlehnung an die Grundnormlehre Kelsens geprägte Wendung von den **Staatsfundamentalnormen**[30] spricht, daß mit ihnen nur die Vorschriften über Erlaß und Änderung einer Staatsverfassung einschließlich der einer Änderung rechtlich entzogenen Bestimmungen gemeint sind, bezogen auf das Grundgesetz also die über Art. 79 III GG absolut gesicherten, der Ewigkeitsgarantie unterfallenden Gehalte; die aktuelle, wenngleich nicht änderungsfeste Bedeutung der Art. 20 I–III GG geht aber darüber weit hinaus.

10 Von den angedeuteten Defiziten der Begriffsbildung weitgehend frei ist die Umschreibung als **Strukturprinzipien**[31] bzw. – vielleicht noch treffender – als **Verfassungsprinzipien**[32]. Mit der Prinzipienkomponente ist zunächst treffend das ihnen immanente Spannungsverhältnis untereinander sowie im Verhältnis zu anderen Verfassungsbestimmungen hervorgehoben, das im Wege verhältnismäßiger Zuordnung bzw. der Herstellung praktischer Konkordanz aufzulösen ist (→ Art. 20 [Sozialstaat] Rn. 30; → Art. 20 [Rechtsstaat] Rn. 41)[33]. Des weiteren sind damit die Merkmale des Unabgeschlossenen, auf permanente Konkretisierung hin Angelegten erfaßt. Diese Betonung des Prinzipiencharakters unterstreicht, daß Sozialstaat und Demokratie, aber auch Rechtsstaat und gleichermaßen letztlich der Bundesstaat[34] nicht als etwas Gegebenes, nur noch zu Konservierendes betrachtet werden dürfen, sondern ihnen Aufforderungscharakter innewohnt, sie auf beständige Realisierung und dynamische Fortentwicklung angelegt sind[35].

---

[28] Ausführlich *Contiades*, Staatsstrukturbestimmungen (Fn. 10), S. 9 ff., 95 ff. (mit eigener Abgrenzung zu Staatsstrukturprinzipien).

[29] Kritisch auch *Badura* (Fn. 27), § 159 Rn. 38 (Terminus zu vieldeutig und zu abstrakt).

[30] *H. Nawiasky*, Allgemeine Rechtslehre, 2. Aufl. 1948, S. 31 ff.; *ders.*, Die Grundgedanken des Grundgesetzes für die Bundesrepublik Deutschland, 1950, S. 122. Zustimmend *Herzog* (Fn. 14), Art. 20 I Rn. 7 ff.

[31] *Stern*, Staatsrecht I, S. 551 ff.; III/2, S. 574 ff.; vgl. *Herzog* (Fn. 14), Art. 20 I Rn. 9.

[32] So namentlich *Scheuner*, Staatszielbestimmungen (Fn. 27), S. 233; in Klammern setzt er als wohl gleichbedeutend den Ausdruck »Verfassungsgrundsätze« hinzu, den wiederum *Badura* als Oberbegriff für seine Trias von verfassungsgestaltenden Grundentscheidungen (bzw. Staatsstrukturbestimmungen), Staatszielbestimmungen und sonstigen Handlungsdirektiven nimmt (*Badura* [Fn. 27], § 159 Rn. 35 ff.). Nochmals anders *E.-W. Böckenförde*, Demokratie als Verfassungsprinzip, in: HStR I, § 22 Rn. 81 ff.: »Formprinzipien«. Für die Kennzeichnung als »Prinzipien« spricht nicht zuletzt, daß die Rede vom Rechtsstaatsprinzip, Sozialstaatsprinzip, Demokratieprinzip ohnehin verbreitet ist.

[33] BVerfGE 1, 14 (50); *Herzog* (Fn. 14), Art. 20 I Rn. 36, 44; *Jarass/Pieroth*, GG, Art. 20 Rn. 2; *Eichenberger*, Umgang (Fn. 24), S. 459 f. Zur praktischen Konkordanz: *Hesse*, Verfassungsrecht, Rn. 317 ff. Vgl. auch *Herzog* (Fn. 14), Art. 20 I Rn. 39 ff. – Spannungsverhältnisse zwischen Gewaltenteilung und Demokratie, Demokratie und Rechtsstaatlichkeit, Rechtsstaatlichkeit und Sozialstaatlichkeit; zu wechselseitigen Einflußnahmen und Begrenzungen ferner *P. Kirchhof*, Die Identität der Verfassung in ihren unabänderlichen Gehalten, in: HStR I, § 19 Rn. 79 ff.; *Böckenförde* (Fn. 32), § 22 Rn. 82 ff., 97 ff. – Harmonisierend *Sachs* (Fn. 14), Art. 20 Rn. 6, der von sinnvoller Zuordnung und bloßen Scheinwidersprüchen spricht; die hier vorausgesetzte Harmonie muß im je konkreten Konfliktfall immer erst hergestellt werden und wird nicht als solche schon vorgefunden.

[34] Von BVerfGE 12, 36 (41) ausdrücklich als Verfassungsprinzip bezeichnet. Skeptisch insoweit *Scheuner*, Staatszielbestimmungen (Fn. 27), S. 233 m. Fn. 42; ähnlich zum Begriff der Strukturprinzipien *ders.*, DÖV 1978, 339 (339).

[35] Auf die Republik trifft dies freilich nur zu, wenn man in ihr mehr als nur die Absage an die Mon-

III. Interpretation

Die einzelnen Elemente der Art. 20 I–III GG weisen erhebliche Differenzen ihres Konkretionsgrades auf. Republik, Sozial- und Bundesstaat werden in lapidarer Kürze (als Namensbestandteil, adjektivisch oder substantivisch) aufgeführt, während Demokratie- und Rechtsstaatsprinzip ausführlicher normiert sind und bereits konkrete, substantielle Festlegungen und Präzisierungen aufweisen. Diese wachsen dem Bundesstaat durch zahlreiche Bestimmungen des Grundgesetzes außerhalb des Art. 20 GG zu (→ Art. 20 [Bundesstaat] Rn. 16), was zum Teil auch für die Republik (→ Art. 20 [Republik] Rn. 22), nur in sehr abgeschwächtem Ausmaß für das Sozialstaatsprinzip zutrifft (→ Art. 20 [Sozialstaat] Rn. 58 f.). Aber auch das demokratische und das rechtsstaatliche Prinzip werden in Art. 20 GG nicht »erschöpfend« erfaßt; beide erfahren durch zahlreiche weitere Bestimmungen des Grundgesetzes nähere Ausgestaltung, Präzisierung und Fixierung (→ Art. 20 [Demokratie] Rn. 138 ff.; → Art. 20 [Rechtsstaat] Rn. 38, 212 f.). Diese **Konkretisierung durch andere Verfassungsnormen** stellt die Interpretation stets aufs Neue vor die Aufgabe, hier im einzelnen Abgrenzungen und Zuordnungen vorzunehmen. Die Frage, welche normative Folge aus Art. 20 GG und welche einer anderen GG-Bestimmung zu entnehmen ist, hat wegen Art. 79 III GG vor allem Bedeutung für die Zulässigkeit einer Verfassungsänderung[36].

11

Diese Bezugnahmen, Spezialitätsverhältnisse und wechselseitige Informationen näher auszuleuchten, ist hier nicht der Ort. Abgesehen von den namentlich bei Rechtsstaats- und Demokratieprinzip bereits vorhandenen konkreten Normierungen, lassen sich für die Verfassungsprinzipien in notwendiger Verallgemeinerung wohl vor allem **zwei Funktionen** benennen. Zum einen fungieren sie als Grundregel und insofern als **Auffangtatbestand** für im einzelnen nicht grundgesetzlich geregelte Sachverhalte[37]. So greift man für das Problem rückwirkender Gesetze in Ermangelung einschlägiger grundgesetzlicher Vorgaben unmittelbar auf das Rechtsstaatsprinzip zurück (→ Art. 20 [Rechtsstaat] Rn. 139 ff.); ebenso werden für die Frage nach der Zulässigkeit von Verweisungen dieses sowie das Demokratieprinzip herangezogen (→ Art. 20 [Demokratie] Rn. 111). Die Verfassungsautonomie der Länder leitet man ebenfalls direkt aus ihrer Eigenstaatlichkeit ab (→ Art. 20 [Bundesstaat] Rn. 23 f.; → Art. 28 Rn. 47 ff.)[38]. Zum anderen fungieren die Prinzipien als **Auslegungsrichtlinie** bei der Anwendung des (einfachen) Rechts sowie anderer Grundgesetz-Bestimmungen (→ Art. 20 [Sozialstaat] Rn. 33; → Art. 20 [Rechtsstaat] Rn. 43, 161)[39].

12

Die Kommentierungen zu Art. 20 I–III GG haben seit jeher den Weg beschritten,

13

---

archie sieht (vgl. → Art. 20 [Republik] Rn. 15 ff., 18 ff.). Zur Dynamik des föderalen Systems: → Art. 20 (Bundesstaat), Rn. 18.

[36] Beispiel: Art. 54 GG (Wahl des Bundespräsidenten auf vier Jahre) ist einer Verfassungsänderung prinzipiell zugänglich. Einer Wahl auf Lebenszeit stünde aber das republikanische Prinzip (Art. 20 I GG) entgegen, zu dessen über Art. 79 III GG geschütztem Grundsatz die Bestellung des Staatsoberhauptes auf begrenzte Zeit gehört (→ Art. 79 III Rn. 29).

[37] Vgl. etwa *Herzog* (Fn. 14), Art. 20 I Rn. 27.

[38] Auch die Anforderungen an die Klarheit von Gesetzen und Organisation und Verfahren staatlicher Rechtssetzung und -anwendung lassen sich hier beispielhaft anführen (→ Art. 20 [Rechtsstaat] Rn. 129 ff., 187 ff.).

[39] Die für Grundrechte allgemein anerkannte Wirkung von Verfassungsnormen als Auslegungsrichtlinie (→ Art. 1 III Rn. 61) gilt für die Verfassungsprinzipien des Art. 20 I–III GG nicht minder; vgl. zur Pflicht zu verfassungskonformer Auslegung bei Verstoß gegen das Demokratieprinzip: BVerfGE

die einzelnen Prinzipien getrennt je für sich zu behandeln. Dem ist zu folgen. Allerdings darf das über innere Bezüge ebensowenig hinwegtäuschen wie darüber, daß Art. 20 II 2, 2. Hs GG (»...und durch besondere Organe der Gesetzgebung, der vollziehenden Gewalt und der Rechtsprechung ausgeübt«) Textbasis sowohl für das Demokratie- als auch das Rechtsstaatsprinzip ist. Ohnehin sollte man sich gerade bei den beiden letztgenannten angesichts deren reichhaltiger und vielfältiger Ausdifferenzierung stets der **Gefahr** bewußt und entsprechend sensibiliert sein, daß die Behandlung von »Prinzipien« zu **einer vom Text des Grundgesetzes abgelösten, verselbständigten Verfassungsdogmatik** und letztlich zur Annahme rechtlicher Konsequenzen führen kann, die in der Norm selbst keinen Anhaltspunkt mehr finden[40].

D. Verhältnis zu anderen GG-Bestimmungen

14 Beziehungen bestehen einerseits zwischen den Verfassungsprinzipien von Art. 20 I–III GG selbst (→ Rn. 10), zum anderen zu solchen GG-Bestimmungen, die als deren Konkretisierungen begriffen werden können (→ Rn. 10 ff.). Wichtig ist zudem die Existenz anderer Staatszielbestimmungen, die für die Identität des Grundgesetzes gleichfalls von hoher, allerdings nicht über Art. 79 III GG abgesicherter Bedeutung sind (**Art. 20a, 23–26, 109 II GG**). Als Parallelnorm kann **Art. 28 I GG** gelten, da hierdurch – naturgemäß mit Ausnahme der Bundesstaatlichkeit – die Länder auf die gleiche Grundstruktur festgelegt werden wie der Bund (→ Art. 28 Rn. 46 ff., 57 ff.). Besondere Bedeutung kommt schließlich **Art. 79 III GG** zu, da dieser die »Grundsätze« von Art. 20 I–III GG für unantastbar erklärt.

93, 37 (81 f.), bei Verstoß gegen das Rechtsstaatsprinzip: E 49, 148 (157 ff., 164 ff.); zur Nichtigkeit wegen Verstoßes gegen den über Art. 28 I 2 GG auch im Gemeinderat gewährleisteten Grundsatz der Wahlrechtsgleichheit: E 93, 373 (376 ff.).

[40] Solche Gefährdungen werden, um nur zwei Beispiele zu nennen, etwa in manchen Details der Lehre von der Rückwirkung von Gesetzen (→ Art. 20 [Rechtsstaat] Rn. 139 ff.) sowie in höchst filigranen Konsequenzen, die man aus dem Modell demokratischer Legitimation zieht (→ Art. 20 [Demokratie] Rn. 113 ff.), sichtbar. Weitere Problemfälle: → Art. 20 (Rechtsstaat) Rn. 55 (DDR-Regierungskriminalität), 204 f. (Konsequenzen für das Straf[verfahrens]recht).

Artikel 20 [Verfassungsprinzipien; Widerstandsrecht]

(1) Die Bundes**republik** Deutschland ist ein demokratischer und sozialer Bundesstaat.

(2) ¹Alle Staatsgewalt geht vom Volke aus. ²Sie wird vom Volke in Wahlen und Abstimmungen und durch besondere Organe der Gesetzgebung, der vollziehenden Gewalt und der Rechtsprechung ausgeübt.

(3) Die Gesetzgebung ist an die verfassungsmäßige Ordnung, die vollziehende Gewalt und die Rechtsprechung sind an Gesetz und Recht gebunden.

(4) Gegen jeden, der es unternimmt, diese Ordnung zu beseitigen, haben alle Deutschen das Recht zum Widerstand, wenn andere Abhilfe nicht möglich ist.

Literaturauswahl

Fontana, Biancamaria (Hrsg.): The Invention of the Modern Republic, Cambridge 1994.
Frankenberg, Günter: Die Verfassung der Republik. Autorität und Solidarität in der Zivilgesellschaft, 1996.
Gröschner, Rolf: Freiheit und Ordnung in der Republik des Grundgesetzes, in: JZ 1996, S. 637–646.
Gröschner, Rolf: Res Publica Thuringorum. Über die Freistaatlichkeit Thüringens, in: ThürVBl. 1997, S. 25–27.
Henke, Wilhelm: Die Republik, in: HStR I, § 21, S. 863–886.
Huster, Stefan: Republikanismus als Verfassungsprinzip?, in: Der Staat 34 (1995), S. 606–613.
Isensee, Josef: Republik – Sinnpotential eines Begriffs. Begriffsgeschichtliche Stichproben, in: JZ 1981, S. 1–8.
Isensee, Josef: Art. Republik, in: StL[7], Bd. 4, Sp. 882–885.
Langewiesche, Dieter: Republik und Republikaner. Von der historischen Entwertung eines politischen Begriffs, 1993.
Löw, Konrad: Was bedeutet »Republik« in der Bezeichnung »Bundesrepublik Deutschland«?, in: DÖV 1979, S. 819–822.
Mager, Wolfgang: Art. Republik, in: Geschichtliche Grundbegriffe, Bd. 5, 1984, S. 549–651.
Pettit, Philip: Republicanism. A Theory of Freedom and Government, Oxford–New York 1997.
Schachtschneider, Karl Albrecht: Res publica res populi. Grundlegung einer Allgemeinen Republiklehre. Ein Beitrag zur Freiheits-, Rechts- und Staatslehre, 1994.

Leitentscheidungen des Bundesverfassungsgerichts

Diese liegen zum Republikprinzip bislang nicht vor.

Gliederung

	Rn.
A. Herkunft, Entstehung, Entwicklung	1
I. Ideen- und verfassungsgeschichtliche Aspekte	1
II. Entstehung und Veränderung der Norm	8
B. Internationale, supranationale und rechtsvergleichende Bezüge	10
C. Erläuterungen	15
I. Verortung im Grundgesetz	15
II. Formaler Begriff der Republik (Nichtmonarchie)	16
III. Materialer Begriff der Republik	18
IV. Republikanisierung des Grundgesetzes?	20
D. Verhältnis zu anderen GG-Bestimmungen	21

A. Herkunft, Entstehung, Entwicklung

I. Ideen- und verfassungsgeschichtliche Aspekte

1 Das im Staatsnamen Deutschlands niedergelegte republikanische Prinzip (→ Rn. 15) kann auf eine lange, reiche und vielfältige Begriffsgeschichte zurückblicken[1]. Ausgangspunkt ist der im römischen Staatsdenken geprägte Terminus der **res publica** (wörtlich »öffentliche Sache«), der »in seinem ursprünglichen Sinn den Staat als den Inbegriff der gemeinsamen Belange der Bürger im Unterschied zu den Sonderinteressen« bezeichnet[2]. Ihre klassische Definition hat die res publica durch **Cicero** erfahren: »Est igitur res publica res populi, populus autem non omnis hominum coetus quoque modo congregatus, sed coetus multitudinis iuris consensu et utilitatis communione sociatus«[3]. Ungeachtet der durchscheinenden Selbststilisierung und -idealisierung der römischen Nobilität[4] ist damit ein wegweisendes »**ethisches Staatskonzept**«[5] formuliert, das als Mindestbestandteile Rechtlichkeit, Gemeinwohlbezug und Bezug auf den (wie auch immer bestimmten, repräsentierten oder aktualisierten) Volkswillen enthält. Diese Charakterisierung der Republik steht quer zur klassischen Typologie der Herrschaftsformen (→ Art. 20 [Demokratie] Rn. 2): nicht Republik und Monarchie schließen sich demnach aus, wohl aber Republik und Tyrannis[6]. Auf den Geist der Herrschaft kommt es an, nicht auf die Zahl der Herrscher. Auch das römische Kaiserreich hat sich stets als Republik betrachtet[7].

2 In der Folge ist es **Augustinus**, durch den der Republikbegriff der staatsphilosophi-

---

[1] Eingehend *W. Mager*, Art. Republik, in: Geschichtliche Grundbegriffe, Bd. 5, S. 549 ff.; *H.-J. Toews*, Art. Republik, in: HRG IV, Sp. 916 ff.; *J. Isensee*, Art. Republik, in: StL[7], Bd. 4, Sp. 882 ff.; *W. Henke*, Die Republik, in: HStR I, § 21 Rn. 10 ff.; *B. Fontana*, Introduction: The Invention of the Modern Republic, in: dies. (Hrsg.), The Invention of the Modern Republic, Cambridge 1994, S. 1 ff.

[2] *Isensee*, Republik (Fn. 1), Sp. 883; vgl. *W. Kunkel*, Römische Rechtsgeschichte, 12. Aufl. 1990, S. 18 Fn. 5.

[3] *M.T. Cicero*, De re publica, I, 25 (39), in der dt. Übersetzung nach der reclam-Ausgabe (1980, S. 39): »Das Gemeinwesen ist also die ›Sache des Volkes‹, Volk ist aber nicht jede Vereinigung von Menschen, die auf jede nur erdenkbare Weise sich wie eine Herde zusammengeschart hat, sondern der Zusammenschluß einer größeren Menschenzahl, der auf der Grundlage einer Rechtsvereinbarung und einer Interessengemeinschaft erfolgt ist.«; dazu *Mager*, Republik (Fn. 1), S. 553 f.; *ders.*, Art. Republik, in: Hist. Wb. Philos. 8 (1992), Sp. 858 ff. (859); *J. Isensee*, JZ 1981, 1 (3 f.). Zum Einfluß griechischer Elemente *H. Volkmann*, Art. Res publica, in: K. Ziegler/W. Sontheimer (Hrsg.), Der Kleine Pauly, Bd. 4, 1979, Sp. 1381 ff. (1382).

[4] Zur Rolle der römischen Nobilität und ihrer Selbsteinschätzung etwa *M. Crawford*, Die römische Republik, 1985, S. 17 ff., 33 ff.; *J. Bleicken*, Die Verfassung der römischen Republik, 4. Aufl. 1985, S. 40 ff.; in Teilen positivere Einschätzung bei *W. Nippel*, Bürgerideal und Oligarchie. »Klassischer Republikanismus« aus althistorischer Sicht, in: H.G. Koenigsberger (Hrsg.), Republiken und Republikanismus im Europa der Frühen Neuzeit, 1988, S. 1 ff. (9 ff.).

[5] *Isensee*, Republik (Fn. 1), Sp. 883. Zu historischen Rezeptionsvorgängen des römischen Begriffs etwa *Nippel*, Bürgerideal (Fn. 4), S. 1 ff.; *ders.*, Republik, Kleinstaat, Bürgergemeinde. Der antike Stadtstaat in der neuzeitlichen Theorie, in: P. Blickle (Hrsg.), Theorien kommunaler Ordnung in Europa, 1996, S. 225 ff.

[6] *Cicero*, De re publica (Fn. 3), I, 42; III, 47; *J. Isensee*, JZ 1981, 1 (3); *ders.*, Republik (Fn. 1), Sp. 884; *Mager*, Republik (Fn. 1), S. 554; *Toews*, Republik (Fn. 1), Sp. 916; *Volkmann*, Res publica (Fn. 3), Sp. 1382.

[7] Zur Augusteischen Propaganda der ›res publica restituta‹ *Henke* (Fn. 1), § 21 Rn. 11; umfangreich *J. Bleicken*, Verfassungs- und Sozialgeschichte des Römischen Kaiserreiches, Bd. 1, 3. Aufl. 1989, S. 20 ff., 83 f.

schen Semantik des lateinischen Mittelalters vermittelt wird; bei ihm changiert die Bedeutung indes zwischen wertneutraler Bezeichnung jeglicher wirksamen öffentlichen Gewalt und metaphysisch aufgeladener Umschreibung der guten Ordnung des christlichen Gemeinwesens[8]. Im ausgehenden **Hochmittelalter** zeichnet sich dann eine andere Akzentuierung ab, die – unter Rückgriff namentlich auf die historischen Legenden vom Ende der römischen Königsherrschaft – ›respublica‹ als Gegenbegriff von ›regnum‹ (Königsherrschaft) etabliert[9]: aus dem allgemeinen Staatsbegriff wird ein spezifischer Staatsformbegriff. Anwendungsfälle für eine solche Gegenüberstellung bieten in jener Epoche die italienischen Stadtkommunen (namentlich die mächtige Republik Venedig), für deren Bedürfnis nach legitimierender ideologischer Absicherung ihrer Selbstregierung der Begriff der Republik sich als nützlich erweist[10]. Damit stellt sich die gemeinhin als *locus classicus* präsentierte Unterscheidung von Republiken und Fürstentümern durch **Machiavelli**[11] letztlich als Pointierung hochmittelalterlichen Gedankengutes dar[12]. Freilich bildet sich auch in der frühen **Neuzeit** noch kein staatsphilosophischer Konsens über die ausschließliche Bestimmung der Republik als Gegenbegriff zur Monarchie (→ Rn. 16), wofür die Schweiz, die Niederlande und die Stadtrepubliken als Anschauungsmaterial hätten dienen können[13]. Lange Zeit noch bleibt ›Republik‹ jedenfalls auch staatsformneutrale Umschreibung des politischen Gemeinwesens, bevor sich zu dessen maßgeblicher Kennzeichnung andere Termini (Staat, Souveränität, civitas) durchsetzen[14]. Damit wird Republik (wieder) frei zur Kennzeichnung eines Freistaates, einer Nichtmonarchie.

Entscheidend befördert wird dieses antimonarchische Verständnis durch die **Französische Revolution**. Zwar halten Sieyes und Robbespierre wie vor ihnen Voltaire und Rousseau anfangs noch Republik (im Sinne von Verfassungsstaat) und Monarchie für vereinbar[15]; doch folgt 1792 nach einer Phase zunehmender Radikalisierung die klas- 3

---

[8] Siehe *A. Augustinus*, De civitate Dei (413–427), II, 21; XIX, 21, 24; dazu *Mager*, Republik (Fn. 1), S. 553 f.; *J. Isensee*, JZ 1981, 1 (4).

[9] So erstmals in seiner Fortsetzung von dessen Fürstenschrift der Thomas-Schüler *Ptolomäus von Lucca*, De regno ad regem Cypri continuatio, IV, 1: »Tunc enim a regali dominio destiterunt, magistratus reipublicae assumentes: sicut in urbe« (Damals nämlich versagten sie der Königsherrschaft die Gefolgschaft, und gewählte Amtsträger stellten sich an die Spitze des Gemeinwesens; das gleiche ereignete sich in Rom); vgl. ebda., II, 10, 14; IV, 7. Dazu *Mager*, Republik (Fn. 1), S. 582 f.; allgemein zu Ptolomäus und seiner Fortsetzung *M. Grabmann*, Die Werke des Hl. Thomas von Aquin, 3. Aufl. 1949, S. 333 ff.

[10] Hier spielt die Entfaltung einer juristischen Körperschaftslehre eine wichtige Rolle: vgl. *Mager*, Republik (Fn. 1), S. 559 ff.; *ders.*, Republik (Fn. 3), Sp. 861 ff. – Auch *G. Dilcher*, Kommune und Bürgerschaft als politische Idee, in: I. Fetscher/H. Münkler (Hrsg.), Pipers Handbuch der politischen Ideen, Bd. 2, 1993, S. 311 ff. (337) betont die Bedeutung der Anwendung des allgemein verstandenen Republikbegriffs auf die Städte für deren Autonomie.

[11] Seine Schrift über den Fürsten leitet er mit dem folgenden markanten Satz ein (*N. Machiavelli*, Il principe [1513], in der dt. Übersetzung nach der reclam-Ausgabe [1986, S. 9]): »Alle Staaten, alle Reiche, die über die Menschen Macht hatten und haben, waren und sind Republiken oder Fürstenherrschaften.« Näher *J.G.A. Pocock*, The Machiavellian Moment, Princeton 1975, S. 156 ff.; *W. Kersting*, Niccolò Machiavelli, 1988, S. 125 ff.

[12] Wie hier *Isensee*, Republik (Fn. 1), Sp. 884; *Toews*, Republik (Fn. 1), Sp. 917.

[13] Vgl. zu dieser Epoche – insbesondere mit Blick auf die Niederlande – die einzelnen Beiträge in Koenigsberger, Republiken (Fn. 4).

[14] Dazu umfangreich und mit Nachweisen *Mager*, Republik (Fn. 1), S. 565 ff., 571 ff., 587 f.; vgl. *dens.*, Respublica und Bürger, in: G. Dilcher (Hrsg.), Res publica, 1988, S. 67 ff.

[15] *M. Robespierre*, Exposition de mes principes (Mai 1792), dt. in: ders., Ausgewählte Texte, 2.

sische Kennzeichnung Frankreichs als »République ... une et indivisible«[16]. Die anschließende Hinrichtung des Königs symbolisiert, daß Republik und Monarchie nunmehr – unabhängig von einer demokratischen Verfassung – unversöhnliche Gegensätze sind (→ Rn. 16).

4   Bei **Kant** wird Republik zum Schlüsselbegriff der Staatsphilosophie. Sie meint bei ihm im Kern einen (demokratischen) Rechtsstaat mit den Elementen fundamentaler Grundrechte, Repräsentation und Gewaltenteilung[17]. Idealziel ist die immer anzustrebende, wenngleich nie gänzlich realisierbare »reine Republik«[18]. Wie in der antiken Tradition (→ Rn. 1) und in Kontrast zur französischen Entwicklung (→ Rn. 3) ist für ihn nicht Monarchie, sondern Despotie der systembildende Gegenbegriff: der Regierungsart nach kann auch eine Monarchie oder Aristokratie republikanisch sein[19]. Eine ganz ähnliche Auffassung hatte vorher schon die 1787/1788 im Zuge des Kampfes um die amerikanische Unionsverfassung publizierten »**Federalist Papers**« geprägt. Demokratie meint bei deren Autoren die direkte, unmittelbare Herrschaft des Volkes, während mit Republik die repräsentative Demokratie in modernen Großflächenstaaten umschrieben wird[20]. Auch hier dient Republik letztlich als Synonym für einen freiheitlichen Verfassungsstaat.

5   Auch nach den revolutionären Vorgängen in Amerika und Frankreich kommt es in Deutschland – abgesehen von der Episode der Mainzer Republik 1792/93[21] sowie der traditionellen Ausnahme der freien Städte und Landgemeinden – nicht zu einer Überwindung der monarchistischen Herrschaftsstruktur, wohl aber im Laufe des 19. Jh. auf breiter Front zur Umformung der Territorialstaaten in konstitutionelle Monarchien (→ Art. 20 [Demokratie] Rn. 16), als welche auch die **Paulskirchenverfassung** das Deutsche Reich ausgestalten will[22]. Republik hingegen wird zum politischen Kampfbe-

---

Aufl. 1989, S. 209 ff. (212 ff.); *E. J. Sieyes*, Über den wahren Begriff einer Monarchie, in: Neues göttingisches historisches Magazin 1 (1792), S. 341 ff. (einschränkend zu Sieyès *P. Pasquino*, The constitutional republicanism of Emmanuel Sieyès, in: Fontana, Invention [Fn. 1], S. 107 ff. [110 ff.]; wie hier *T. Hafen*, Staat, Gesellschaft und Bürger im Denken von Emmanuel Joseph Sieyès, 1994, S. 183 ff.); *Voltaire*, Idées républicaines (1765), dt. in: G. Mensching (Hrsg.), Voltaire. Republikanische Ideen. Schriften 2, 1979, S. 7 ff. (XIII f., XXV); *J.-J. Rousseau*, Du Contrat Social (1762), II, 6 (hier ist aber zu bedenken, daß für Rousseau Grundlage auch einer monarchischen Regierung stets die demokratische Volksgesetzgebung ist).

[16] Aufgenommen als Art. 1 der Verfassung von 1793; vgl. *Mager*, Republik (Fn. 1), S. 597.

[17] Vgl. etwa *I. Kant*, Metaphysik der Sitten (1797), §§ 45, 49, 52 (Akad.-Ausg. 6, S. 313 ff.); dazu *H. Dreier*, AöR 113 (1988), 450 (469 ff.); *H. Hofmann*, Der Staat 34 (1995), 1 (10 f.); *V. Gerhardt*, Immanuel Kants Entwurf »Zum ewigen Frieden«, 1995, S. 89 f.; auch *Mager*, Republik (Fn. 1), S. 608 ff.

[18] *Kant*, Metaphysik (Fn. 17), § 52 (S. 340); dazu *H. Dreier*, Art. Rechtslehre, in: Hist.Wb.Philos. 8 (1992), Sp. 288 ff. (288); *ders.*, AöR 113 (1988), 450 (472 f.).

[19] *I. Kant*, Zum ewigen Frieden (1795), in: Kleinere Schriften zur Geschichtsphilosophie, Ethik und Politik, hrsgg. v. K. Vorländer, 1964, S. 115 ff. (128 ff.). Dazu *H. Dreier*, AöR 113 (1988), 450 (471 ff.); *Mager*, Republik (Fn. 1), S. 611 f.; *Toews*, Republik (Fn. 1), Sp. 918.

[20] Besonders deutlich *J. Madison*, in: A. u. W.P. Adams (Hrsg.), Hamilton, Madison, Jay. Die Federalist-Artikel, 1994, Nr. 10 (S. 50 ff. [54 ff.]); dazu *H. Dreier*, AöR 113 (1988), 450 (459 ff.); *Mager*, Republik (Fn. 1), S. 594 ff.; *H.J. Dierkes/H.G. Neugebauer*, GWU 40 (1989), 203 (214 ff.); kritisch *J. Isensee*, JZ 1981, 1 (5), der diese Vorstellung für »nicht typisch« für die Väter der US-Verfassung hält.

[21] Dazu instruktiv *W. Heun*, Der Staat 23 (1984), 51 ff.; *Mager*, Republik (Fn. 1), S. 598 ff.; knapp *Toews*, Republik (Fn. 1), Sp. 919 f.

[22] Zu republikanischen Bestrebungen in der Verfassungsdiskussion von 1848 etwa *Willoweit*, Verfassungsgeschichte, § 31 (S. 235, 238, 242); *Huber*, Verfassungsgeschichte, Bd. 2, S. 599 ff., 617 ff.; *Mager*, Republik (Fn. 1), S. 632 ff.; *D. Langewiesche*, Republik und Republikaner, 1993, S. 38 f.

griff[23], der auf die Abschaffung der Monarchie gerichtet ist, und damit zum Inbegriff für politischen Radikalismus, wie er sich prominent beim Hambacher Fest, im »Hekker-Lied« oder im badischen Aufstand äußert[24]. Andererseits zeigt die scheinbar paradoxe Charakterisierung des **Kaiserreichs von 1871** als einer Republik, die durch die Vereinigung von Fürsten gebildet wird[25], nicht allein das breite Bedeutungsfeld des Begriffs, sondern offenbart auch die komplexe Struktur des Deutschen Reiches[26].

Nach der Katastrophe des Ersten Weltkrieges stellt die neue politische Ordnung die Absage an die Monarchie, welche bereits in der Novemberrevolution beseitigt war[27], als wichtigste Aussage über ihre Identität an die Spitze der Verfassung (**Art. 1 I WRV**: »Das Deutsche Reich ist eine Republik.«). Damit war nicht nur die Wiedereinführung der Monarchie auch in ihrer konstitutionellen Spielart ausgeschlossen[28], sondern zugleich einer Räterepublik sowjetischer Prägung eine Absage erteilt[29]. Diese doppelte Abwehrrichtung lag auch der korrespondierenden Verpflichtung der Länder auf eine »freistaatliche Verfassung« in Art. 17 WRV (→ Art. 28 Rn. 6) zugrunde. 6

Die erste **DDR-Verfassung** von 1949 stellte in Art. 1 I fest: »Deutschland ist eine unteilbare demokratische Republik«; in den Verfassungen von 1968/1974 findet sich diese Selbstbezeichnung nur mehr im Staatsnamen. Die Nachkriegslandesverfassungen in der sowjetischen Besatzungszone enthielten durchweg nur »Einordnungsklauseln« in die deutsche Republik; die Bezeichnung als »Freistaat Thüringen« etwa erschien den Machthabern offensichtlich schon als gefährlich[30]. 7

---

[23] Zu radikalen bzw. republikanischen Bestrebungen der Zeit etwa *Huber*, Verfassungsgeschichte, Bd. 1, S. 125 ff., 311 ff., 402 ff. (406 f.); *Toews*, Republik (Fn. 1), Sp. 919 ff.; *Mager*, Republik (Fn. 1), S. 618 ff.; zur Bezeichnung als ›Jakobiner‹ ebda., S. 598; allgemein zur ambivalenten Vorbildfunktion der französischen Revolution *Langewiesche*, Republik (Fn. 22), S. 11, 31 ff.

[24] Zur Verengung des Begriffs und den 1848 noch an ihn geknüpften Hoffnungen *Langewiesche*, Republik (Fn. 22), S. 30 ff.; zu *F. Hecker* und seiner Rolle in der Revolution von 1848 etwa *Huber*, Verfassungsgeschichte, Bd. 2, S. 509 ff.; zeitgenössischer Abdruck des Liedes in: G. Mann (Hrsg.), Propyläen Weltgeschichte, Bd. 8, 1960, nach S. 496.

[25] *Jellinek*, Allg. Staatslehre, S. 712 f., der sich u.a. auf eine Bemerkung Bismarcks bei den Beratungen zur norddeutschen Bundesverfassung stützt, demzufolge »›verbündete Regierungen‹ ... gewissermaßen eine republikanische Spitze, die in dem Worte ›verbündete Regierungen‹ liegt, bilden«.

[26] Eingehend *H. Hofmann*, Das Problem der cäsaristischen Legitimität im Bismarckreich (1977), in: ders., Recht–Politik–Verfassung, 1986, S. 181 ff.; für den Kaiser als eindeutig monarchisches Oberhaupt *Huber*, Verfassungsgeschichte, Bd. 3, S. 811 ff.; kritisch zu Jellinek auch *Langewiesche*, Republik (Fn. 22), S. 29 f.

[27] Zum Ende der Monarchie in der Novemberrevolution *Huber*, Verfassungsgeschichte, Bd. 5, S. 673 ff.; *Willoweit*, Verfassungsgeschichte, § 37 I (S. 288 ff.); *Gusy*, Weimarer Reichsverfassung, S. 9 ff.

[28] *Anschütz*, WRV, Art. 1 Anm. 1 (S. 37); *R. Thoma*, Das Reich als Demokratie, in: HdbDStR I, § 16, S. 186 ff. (186); *C. Schmitt*, Verfassungslehre, 1928, S. 223; zusammenfassend *Gusy*, Weimarer Reichsverfassung, S. 84 ff.

[29] So jedenfalls ausdrücklich *F. Stier-Somlo*, Deutsches Reichs- und Landesstaatsrecht I, 1924, S. 383; für *Anschütz*, WRV, Art. 1 Anm. 1 (S. 37), folgte deren Ausschluß erst aus Art. 1 II WRV bzw. einer Gesamtschau der Verfassung; vgl. auch *Langewiesche*, Republik (Fn. 22), S. 16 ff.

[30] Dazu *R. Gröschner*, ThürVBl. 1997, 25 (27) m.w.N.

II. Entstehung und Veränderung der Norm

8 Das republikanische Prinzip als solches war weder auf Herrenchiemsee[31] noch im Parlamentarischen Rat[32] umstritten; lediglich Formulierung und Plazierung waren Gegenstand der Diskussion. Carlo Schmid konnte sich nicht mit dem Vorschlag durchsetzen, in Anknüpfung an Art. 1 I WRV (→ Rn. 6) zu formulieren: »Deutschland ist eine demokratische und soziale Republik bundesstaatlichen Aufbaus«[33]. Grund für die Ablehnung bildeten weniger inhaltliche Bedenken als die Scheu, angesichts der sich abzeichnenden Teilung den Begriff »Deutschland« zu besetzen[34]. Für die bloße Erwähnung im Staatsnamen sprach auch das Bestreben, möglichst viele Verfassungsprinzipien im ersten Absatz des Art. 20 GG zu bündeln und dennoch ein gewisses sprachliches Niveau zu wahren[35].

9 Der **Normtext** des Art. 20 I GG ist bislang unverändert geblieben. Doch gab und gibt es immer wieder Anläufe zu einer Neubestimmung bzw. Reaktivierung älterer Gehalte des Merkmals »Republik« (→ Rn. 18 ff.).

B. Internationale, supranationale und rechtsvergleichende Bezüge

10 Das **Völkerrecht** baut auf dem Grundsatz der Souveränität aller Staaten auf und zählt dazu auch die freie Entscheidung über die Staatsform[36]. Ungeachtet jüngerer Tendenzen zu einer Inkorporation des demokratischen Prinzips in das Völkerrecht (→ Art. 20 [Demokratie] Rn. 25) ergibt sich von daher keine Präferenz für eine republikanische und gegen eine monarchische Staatsform. Von mittelbarer Bedeutung für die Ausgestaltung des republikanischen Prinzips bleibt freilich die Förderung des Völkerrechts

---

[31] Die Bezeichnung »Bundesrepublik« bzw. »deutsche Republik« findet sich in den Mehrheitsvorschlägen zu Präambel und Flagge (Art. 23 I HChE): Parl. Rat II, S. 579, 583; vgl. dazu die Berichte ebd., S. 192 ff., 204 f., 506 ff., 518 f.

[32] Überblick in JöR 1 (1951), S. 195 ff.; vgl. auch *H. v. Mangoldt*, Das Bonner Grundgesetz, 1. Aufl. 1953, Art. 20 Anm. 1 (S. 131 f.); Entwurfsfassungen in Parl. Rat VII, S. 6, 42, 97, 144, 220, 346, 403, 502, 537, 576.

[33] Grundsatzausschuß vom 14. 10. 1948, Parl. Rat V/1, S. 290; *v. Mangoldt* hatte zuvor »Bundesrepublik« vorgeschlagen (a.a.O., S. 288). Die endgültige Fassung beruht auf einem Vorschlag von *Heuss* im Hauptausschuß vom 15. 12. 1948 (Hauptausschuß, Sten. Prot., S. 319; JöR 1 [1951], S. 201); dazu *v. Mangoldt*, Bonner Grundgesetz (Fn. 32), Art. 20 Anm. 1 (S. 132); vgl. insgesamt *Stern*, Staatsrecht I, S. 580.

[34] Dazu die Debatte im Grundsatzausschuß vom 10. 11. 1948, Parl. Rat V/2, S. 521 ff.; vgl. später ausdrücklich *Renner* (KPD) mit seiner Mahnung, man könne »Westdeutschland oder Restdeutschland« nicht als Deutschland bezeichnen: Parlamentarischer Rat, Hauptausschuß, Sten. Prot., S. 319 f.; schließlich die vorsichtige Anmerkung des allg. Redaktionsausschusses zur Entwurfsfassung in Parl. Rat VII, S. 42, die Formulierung müsse der Präambel angepaßt werden (vgl. JöR 1 [1951], S. 199). → Präambel Rn. 3.

[35] Bezeichnend der Einwand, *Schmids* Formulierung sei wegen des enthaltenen Genitivs »unglücklich«, worauf dieser antwortete, der Genitiv habe »etwas durchaus Aristokratisches« an sich (Parl. Rat V/1, S. 290 f.). Deutlich auch *v. Mangoldt* in einer späteren Sitzung: »Wir sind praktisch auf diese Formulierung gekommen, weil wir nicht wiederholen konnten: ›Die Bundesrepublik Deutschland ist eine Republik‹« (Parl. Rat V/2, S. 522). Hauptsächlich auf sprachliche Gründe abstellend *Henke* (Fn. 1), § 21 Rn. 1, 6.

[36] Art. 2 Nr. 1 UN-Charta; vgl. *Verdroß/Simma*, Universelles Völkerrecht, § 454; *Schweitzer*, Staatsrecht III, Rn. 575.

nach **Bestellung eines** mit einem Minimum an Repräsentationsrechten ausgestatteten **Staatsoberhauptes**[37] (→ Rn. 22).

Auch die **Europäische Union** macht den Mitgliedstaaten hinsichtlich der Organisation der Staatsspitze **keine normativen Vorgaben** (→ Art. 20 [Demokratie] Rn. 29). Umgekehrt hindert das republikanische Verfassungsprinzip des Grundgesetzes Deutschland nicht an der gemeinsamen Mitgliedschaft mit Monarchien in der Europäischen Union.

11

Die Selbsttitulierung als »Republik« bzw. »republikanisch« findet sich weltweit bei den verschiedensten Staatswesen, wobei die Palette von Demokratien der westlichen Verfassungstradition über islamische Republiken bis hin zu den Volksrepubliken sozialistischer Prägung reicht[38]. Gemeinsam ist all diesen Staaten wohl nur, keine Monarchie zu sein; weitere inhaltliche Aus- und Abgrenzungen sind damit nicht verbunden. Denn auch totalitäre oder diktatorische Staaten suchen das dem Begriff zugeschriebene Legitimationspotential zu nutzen und bedienen sich der gleichen Camouflage-Technik wie bei der Demokratie (→ Art. 20 [Demokratie] Rn. 51). In den unzweifelhaft freiheitlichen Verfassungen der **Vereinigten Staaten** (Art. 4 Sec. 4) und der **Schweiz** (Art. 6 II lit. b) findet die »Republik« nur im Rahmen der Vorgaben für die Verfassungen der Einzelstaaten (→ Art. 28 Rn. 37) Erwähnung. Ein bemerkenswertes Beispiel für zeitgenössische republikanische Bewegungen bietet **Australien**, wo im Jahr 1999 ein Volksentscheid über den Verbleib im Verband der britischen Krone stattfinden wird.

12

Prominent ist in **Europa** die selbstbewußte und traditionsreiche (→ Rn. 3) Proklamation der französischen Verfassung (Art. 2 S. 1: »Frankreich ist eine unteilbare, laizistische, demokratische und soziale Republik«). Auch die Verfassungen von Finnland (Art. 1 I), Griechenland (Art. 1 I), Italien (Art. 1 S. 1) und Portugal (Art. 1) bezeichnen den zu konstituierenden Staat als »Republik« oder »republikanisch«; in einigen Fällen wird die republikanische Staatsform sogar jeglicher Verfassungsänderung entzogen (→ Art. 79 III Rn. 1, 9). Hingegen verzichtet Irland ungeachtet seiner republikanischen Verfassung auf eine entsprechende Titulatur. Besonders stark wird der republikanische (i.S.v.: nichtmonarchische) Charakter des Staates verständlicherweise in Österreich (Art. 1 S. 1 B-VG) betont, wo Verfassungsnormen in antidynastischer Stoßrichtung auch die Rechtsstellung der ehemaligen Herrscherfamilie beschränken (Art. 60 III, 149 I B-VG). In der Schweiz verortet man die Abschaffung der Adelstitel üblicherweise in Art. 4 BV[39].

13

In den **Verfassungen der deutschen Länder** findet »Freistaat« als Synonym für Republik (→ Rn. 6) in Bayern (Art. 1 I), Sachsen (Art. 1) und Thüringen (Art. 44) Verwendung; ähnlich ist der Aussagehalt der Selbstbezeichnungen der Hansestädte als »frei« (Bremen: Art. 64; Hamburg: Art. 1, 3 I); »freiheitlich« nennen sich noch Brandenburg (Art. 2 I) und das Saarland (Art. 60 I). Als Republik bzw. republikanisch titulieren sich Baden-Württemberg (Art. 23 I), Hessen (Art. 65), Mecklenburg-Vorpommern (Art. 2) und Niedersachsen (Art. 1 II). Daneben finden sich Einordnungsformeln, die die Län-

14

---

[37] R. *Herzog*, in: Maunz/Dürig, GG, Art. 20 (III. Abschnitt; 1980), Rn. 6.
[38] J. *Isensee*, JZ 1981, 1 (2); *ders.*, Republik (Fn. 1), Sp. 882f.
[39] Zum republikanischen Prinzip des B-VG M. *Welan*, Der Bundespräsident im System der österreichischen Bundesverfassung, in: Österreichische Parlamentarische Gesellschaft (Hrsg.), 75 Jahre Bundesverfassung, 1995, S. 483ff. (485f.); *ders.*, Art. 1 B-VG, in: FS Adamovich, 1992, S. 721ff. Zur Frage der Adelstitel in der Schweiz BGE 120 (1994) II, 276 (279).

der ausdrücklich als Teil der Bundesrepublik Deutschland (bzw. als »Glied der deutschen Republik«) konstituieren (→ Rn. 15), so in Berlin (Art. 1 II, III), Brandenburg (Art. 1 I), Bremen (Art. 64), Hamburg (Art. 1), Hessen (Art. 64), Mecklenburg-Vorpommern (Art. 1 II), Niedersachsen (Art. 1 II), Nordrhein-Westfalen (Art. 1 I 1), Saarland (Art. 60 I), Sachsen (Art. 1), Sachsen-Anhalt (Art. 1 I), Schleswig-Holstein (Art. 1) und Thüringen (Art. 44 I). Einzig Rheinland-Pfalz verzichtet völlig auf die direkte wie indirekte Erwähnung des Terminus Republik.

C. Erläuterungen

I. Verortung im Grundgesetz

15 Als **Bestandteil des Staatsnamens** Bundes»republik« Deutschland ist das republikanische Prinzip in Art. 20 I GG verankert[40]. Ergänzend und bestätigend tritt die Verpflichtung der Länder auf die republikanische Staatsform in Art. 28 I 1 GG hinzu; denn der Bund kann insofern den Ländern keine Bindungen auferlegen, derer er selber ledig ist (»Korrespondenzverhältnis« zwischen Art. 20 und 28 GG: → Art. 28 Rn. 57f.). Wichtig ist diese Verankerung der Entscheidung für das republikanische Prinzip in Art. 20 I GG wegen der **Absicherung durch Art. 79 III GG**; der Übergang zur Monarchie ist auch im Wege der Verfassungsänderung ausgeschlossen (→ Art. 79 III Rn. 29)[41].

II. Formaler Begriff der Republik (Nichtmonarchie)

16 Nach vorherrschender und zutreffender Auffassung ist Republik in formaler Weise als Nichtmonarchie zu verstehen[42]. Diese **Absage an jegliche (absolute, konstitutionelle) Form der Monarchie** erfolgt ganz unabhängig von der Innehabung realer politischer Macht oder auch nur bedeutsamer Kompetenzen und erstreckt sich gleichermaßen auf Erb- und Wahlmonarchien. Ausgeschlossen ist also nicht allein die Bestimmung des Staatsoberhauptes kraft dynastischer Erbfolge, sondern auch die Wahl eines (nicht zwingend als Fürst, König etc. bezeichneten) Staatsoberhauptes auf Lebenszeit[43]. Das **Staatsoberhaupt** einer Republik darf vielmehr nur **begrenzte Zeit** amtieren[44]. So defi-

---

[40] *K.G. Wernicke*, in: BK, Art. 20 (Erstb.), Anm. II 1 a (S. 2b f.); *v. Mangoldt/Klein*, GG, Art. 20 Anm. IV (S. 593); *Stern*, Staatsrecht I, S. 580f.; *Herzog* (Fn. 37), Art. 20 III Rn. 2; *Badura*, Staatsrecht, D 27 (S. 251); *Henke* (Fn. 1), § 21 Rn. 1; *M. Sachs*, in: ders., GG, Art. 20 Rn. 9; a.A. *K. Löw*, DÖV 1979, 819 (821); *J. Isensee*, JZ 1981, 1 (2 m. Fn. 2), die auf Art. 54 GG abstellen.

[41] *T. Maunz/G. Dürig*, in: dies., GG, Art. 79 III (1960) Rn. 45; *Herzog* (Fn. 37), Art. 20 III Rn. 2; *Hesse*, Verfassungsrecht, Rn. 122; *Badura*, Staatsrecht, D 27 (S. 251); *Sachs* (Fn. 40), Art. 20 Rn. 9; a.A. *K. Löw*, DÖV 1979, 819 (821f.). → Rn. 21.

[42] *Herzog* (Fn. 37), Art. 20 III Rn. 5; *Stern*, Staatsrecht I, S. 581f.; *F.E. Schnapp*, in: v. Münch/Kunig, GG II, Art. 20 Rn. 5; *v. Münch*, Staatsrecht I, Rn. 109; *Jarass/Pieroth*, GG, Art. 20 Rn. 3; *Sachs* (Fn. 40), Art. 20 Rn. 9; *J. Kersten*, DÖV 1993, 896 (899). Für die Weimarer Zeit → Rn. 6.

[43] So schon *Thoma*, Reich (Fn. 28), S. 186: »Republik bedeutet Verneinung aller erbmonarchischen oder auch lebenslänglich unabsetzbar monarchischen (durch Wahl oder Kooptation übertragenen) Herrschaftsgewalt einer Einzelperson.« Er schließt aber sogleich die weitere Bedeutung als »Gemeinwesen« mit ein.

[44] So auch *Herzog* (Fn. 37), Art. 20 III Rn. 7; *Schnapp* (Fn. 42), Art. 20 Rn. 5; *v. Münch*, Staatsrecht I, Rn. 110; *Jarass/Pieroth*, GG, Art. 20 Rn. 3.

niert, umschreibt Republik einen Staat, der nicht als Erbmonarchie verfaßt ist und in dem das Staatsoberhaupt nicht auf Lebenszeit amtiert. Diesen Negationscharakter hat der Begriff ausgehend von der Renaissance vor allem im Gefolge der französischen Revolution erlangt und im 19. Jahrhundert gefestigt (→ Rn. 2 f., 5).

Die rechtlichen Konsequenzen dieser Staatsformbestimmung sind gering. Weder ist damit ein Verdikt gegen den Fortbestand von Adelsprädikaten ausgesprochen[45] noch außenpolitische Zurückhaltung innerhalb oder außerhalb der EU (→ Rn. 11) gegenüber Monarchien gefordert, erst recht nicht die Unterstützung »republikanischer« Bewegungen weltweit. Monarchistische Bestrebungen innerhalb der Bundesrepublik stellen erst dann einen Angriff auf die **freiheitlich-demokratische Grundordnung** im Sinne der Art. 9 II, 18, 21 II 1 GG dar, wenn sie sich über die Einführung der Monarchie hinaus auch gegen die demokratischen, rechtsstaatlichen und freiheitlichen Prinzipien der Verfassung richten[46]. Hier zeigt sich erneut, daß der Einzugsbereich von Ewigkeitsgarantie und streitbarer Demokratie nicht identisch ist (→ Art. 79 III Rn. 49). 17

III. Materialer Begriff der Republik

Die formale, antimonarchische Deutung der Republik wird nicht selten als Verengung und Verkümmerung empfunden. Ihr setzt man, zuweilen unter ausdrücklicher Anknüpfung an römische Tradition (→ Rn. 1) und kantisches Gedankengut (→ Rn. 4), ein weiteres Verständnis entgegen: Republik als **freiheitliche, am Gemeinwohl orientierte politische Ordnung**, als Inbegriff eines Gemeinwesens, an dem alle Bürger teilhaben[47]. Als konkretisierende Elemente werden insofern genannt: die nichtreligiöse bzw. nichtmetaphysische Begründung von Herrschaft[48]; die zentrale Rolle des Amtes (Amtsherrschaft, Amtsethos)[49] sowie Gemeinsinn und andere »republikanische Tugenden«[50]. 18

---

[45] Diese sind nach dem als einfaches Bundesrecht fortgeltenden Art. 109 III 2 WRV Bestandteil des Namens; vgl. *H. Heinrichs*, in: Palandt, § 12 BGB Rn. 6 m. w. N.; vgl. *Anschütz*, WRV, Art. 109 Anm. V.4 (S. 530 ff.), für die meisten Adelsvorrechte schon durch die Reichsumwälzung 1918 (→ Rn. 6) in Fortfall gekommen sind.

[46] *J. Becker*, Die wehrhafte Demokratie des Grundgesetzes, in: HStR VII, § 167 Rn. 47; *E. Denninger*, »Streitbare Demokratie« und Schutz der Verfassung, in: HdbVerfR, § 16 Rn. 36; *G. Schwerdtfeger*, Öffentliches Recht in der Fallbearbeitung, 10. Aufl. 1997, Rn. 111; *K. Löw*, DÖV 1979, 819 (822); *J. Isensee*, JZ 1981, 1 (2 m. Fn. 2); a. A.: *Henke* (Fn. 1), § 21 Rn. 3; zweifelnd *Stern*, Staatsrecht I, S. 565. → Art. 18 Rn. 23.

[47] Ansätze in dieser Richtung etwa bei *H.-U. Evers*, in: BK, Art. 79 III (Zweitb. 1982) Rn. 179; *Hesse*, Verfassungsrecht, Rn. 120 ff.; *v. Münch*, Staatsrecht I, Rn. 110; *W. Maihofer*, Prinzipien freiheitlicher Demokratie, in: HdbVerfR, § 12 Rn. 48 ff., 81 ff.; *Henke* (Fn. 1), § 21 Rn. 8, 10 ff.; *ders.*, JZ 1981, 249 ff.; *R. Gröschner*, JZ 1996, 637 (644 ff.); *ders.*, ThürVBl. 1997, 25 ff. Kritisch gegenüber solchen materialen Ansätzen *E.-W. Böckenförde*, Demokratie als Verfassungsprinzip, in: HStR I, § 22 Rn. 95 f.; *Doehring*, Staatsrecht, S. 121 f.; *Degenhart*, Staatsrecht I, Rn. 1; → Art. 20 (Demokratie) Rn. 134; → Art. 79 III Rn. 29.

[48] *Henke* (Fn. 1), § 21 Rn. 14 f.; ihm zustimmend *R. Gröschner*, JZ 1996, 637 (639). In seiner Herleitung aus der römischen Tradition überzeugt das schon deswegen nicht, weil sich die herrschenden patrizischen Familien die Priesterämter vorbehalten haben (*Bleicken*, Verfassung [Fn. 4], S. 182 ff.); kritisch auch *Isensee*, Republik (Fn. 1), Sp. 884. Einschlägig sind insofern vielmehr Volkssouveränität und Art. 4 I GG; → Art. 20 (Demokratie) Rn. 77; → Art. 4 Rn. 121.

[49] *Henke* (Fn. 1), § 21 Rn. 17 f.; *R. Gröschner*, JZ 1996, 637 (645). Vorsichtige Zustimmung bei *Isensee*, Republik (Fn. 1), Sp. 884 f. im Sinne eines »Amtsethos«.

19 Für eine solche Erweiterung mag sprechen, daß die Verfassungsentscheidung für die Republik ansonsten weitgehend leerliefe, da Freiheitsgefährdungen heute aufgrund weltweiter politischer Wandlungsprozesse nicht mehr von Monarchien zu besorgen sind (→ Rn. 10). Doch führt eine extensivere Ausdeutung zu einer empfindlichen **Einbuße an juristischer Trennschärfe**. Denn präzise verfassungsdogmatische Konsequenzen lassen sich aus einem Begriffsamalgam, in dem sich auch freiheitliche, demokratische, liberale und andere »positiv besetzte« Aspekte in schwer entwirrbarer Weise bündeln, nicht ziehen. Diese sind dogmatisch schärfer und daher juristisch befriedigender in den Grundrechten sowie im Demokratie- und Rechtsstaatsprinzip verankert. Es würde zur Aufweichung der Begriffe, unnötigen Verdoppelungen und vermeidbaren Kollisionen führen, hier dem Republikbegriff entnehmen zu wollen, was in jenen Elementen präziser bestimmt und verläßlicher garantiert ist. Eine Rückkehr zur **Republik als Inbegriff »guter Ordnung«** verspricht keinen Gewinn an Rechtsklarheit und Freiheitlichkeit (→ Rn. 2f.; → Art. 20 [Demokratie] Rn. 134). Zusätzliche, rechtlich handhabbare Aspekte lassen sich schließlich auch nicht durch den Aspekt der **Gemeinwohlorientierung**[51] gewinnen: das Gemeinwohl ist im demokratischen Verfassungsstaat nicht fixe und vorgegebene Größe, sondern Produkt des pluralen, nicht interessefreien Prozesses politischer Willensbildung. Nicht verfassungsrechtlich, sondern sozialphilosophisch-politiktheoretisch wird »Republikanismus« schließlich konzipiert, wenn man rechtsstaatliche und demokratische Verfassungselemente in einen neuen Begründungszusammhang stellt, um einen dritten Weg zwischen Liberalismus und Kommunitarismus zu suchen und Freiheit und Herrschaft auf diese Weise besser auszubalancieren[52].

IV. Republikanisierung des Grundgesetzes?

20 Auf starke und jedenfalls aus verfassungsdogmatischer Sicht durchgreifende Bedenken stoßen in jüngerer Zeit unternommene Versuche, Republik gewissermaßen als **Schlüsselbegriff der Verfassungsordnung des Grundgesetzes** mit weit ausgreifenden und letztlich kaum absehbaren Konsequenzen zu fassen. Das vor allem spricht gegen den monumentalen Ansatz von Schachtschneider, dessen hypertrophes Verständnis eines inhaltlich überfrachteten Republikbegriffes diesen für vielfältigste Schlußfolgerungen öffnet – dies alles unter Kanonisierung der Lehre Kants, die in durchaus anfechtbarer Weise rekonstruiert wird[53]. Der von Frankenberg mit »Horizontalität, Publizität und Immanenz« umschriebene, letztlich aber instrumentalisierte Republikbegriff wiederum muß dazu herhalten, des Autors rechts- und verfassungspolitischen

---

[50] *Henke* (Fn. 1), § 21 Rn. 19; *Evers* (Fn. 47), Art. 79 III Rn. 179; *J. Isensee*, JZ 1981, 1 (8).

[51] Anders *Hesse*, Verfassungsrecht, Rn. 121 (Verpflichtung der Regierenden auf die *salus publica* als positives Leitprinzip); wohl auch *v. Münch*, Staatsrecht I, Rn. 110; *R. Gröschner*, JZ 1996, 637 (644f.). Eingehend *H. Münkler*, Politische Tugend. Bedarf die Demokratie einer sozio-moralischen Grundlegung?, in: ders. (Hrsg.), Die Chancen der Freiheit. Grundprobleme der Demokratie, 1992, S. 25ff. Für Gemeinwohlorientierung als letztlich moralische Forderung hingegen richtig *S. Huster*, Der Staat 34 (1995), 606 (613).

[52] So *P. Pettit*, Republicanism. A Theory of Freedom and Government, Oxford–New York 1997, S. 4ff., 18ff. u. passim.

[53] *K.A. Schachtschneider*, Res publica res populi, 1994, passim; *ders.*, Republikanische Freiheit, in: FS Kriele, 1997, S. 829ff.; berechtigte Kritik bei *R. Gröschner*, JZ 1996, 637ff.; *S. Huster*, Der Staat 34 (1995), 606 (610ff.).

Ziele und Präferenzen als republikanisch und damit zum Kern einer grundgesetzlich gebotenen Zivilgesellschaft gehörig ausweisen zu können[54].

D. Verhältnis zu anderen GG-Bestimmungen

Die republikanische Staatsform des Bundes ist über **Art. 79 III GG** jeder Änderung entzogen (→ Rn. 15; → Art. 79 III Rn. 29). Dies gilt über Art. 28 I GG auch für die Länder, denen die Einführung einer (konstitutionellen) Monarchie ebenso versagt ist[55]. 21

Zahlreiche Bestimmungen über die Wahl des **Bundespräsidenten** und dessen Kompetenzen (→ Art. 54 Rn. 18 ff.) konkretisieren das republikanische Prinzip. Die Wahl der **Bundesfarben** schwarz-rot-gold wollte entstehungsgeschichtlich als Anknüpfung an die freiheitliche (insoweit freilich nicht zwingend antimonarchische) Tradition des 19. Jahrhunderts verstanden sein (→ Rn. 5; → Art. 22 Rn. 1 f.)[56]. Ansonsten sind indes wesentliche Elemente der als republikanisch (i.S.v.: freiheitlich, demokratisch, liberal) apostrophierten Grundsätze in das Demokratie- und das Rechtsstaatsprinzip (**Art. 20 I–III GG**) »abgewandert«[57]. Dies gilt namentlich für die Volkssouveränität, die gleiche Freiheit aller, Repräsentation und Gewaltenteilung (→ Art. 20 [Demokratie] Rn. 58, 76 ff.; → Art. 20 [Rechtsstaat] Rn. 62 ff.). Argumente der Rechtssicherheit und -klarheit sprechen dafür, sie dort zu belassen und zu behandeln (→ Art. 79 III Rn. 29; → Art. 20 [Demokratie] Rn. 134). 22

---

[54] *G. Frankenberg*, Die Verfassung der Republik, 1996, S. 121 ff. (Zitat S. 126). Symptomatisch die Aussage, das Gelingen des republikanischen Projekts hänge »vor allem« ab »von der allgemeinen Bereitschaft, die Bundesrepublik als Einwanderungsland zu begreifen« (S. 213); zurecht kritisch *G. Roellecke*, Der Staat 36 (1997), 149 ff.

[55] Wie hier *v. Münch*, Staatsrecht I, Rn. 118; *Henke* (Fn. 1), § 21 Rn. 1; wohl auch *Evers* (Fn. 47), Art. 79 III Rn. 120; a. A. *Herzog* (Fn. 37), Art. 20 III Rn. 16; *Stern*, Staatsrecht I, S. 582 (nach Streichung des Merkmals »republikanisch« in Art. 28 I 1 GG durch – wohl für zulässig gehaltene – Verfassungsänderung).

[56] Zu diesem Zusammenhang *v. Mangoldt*, Bonner Grundgesetz (Fn. 32), Art. 22 Anm. 1 (S. 149 ff.); → Fn. 31.

[57] Das beklagt *Henke* (Fn. 1), § 21 Rn. 7; Gegenentwurf einer Zusammenschau ebd., Rn. 30 ff. Wie hier *Hesse*, Verfassungsrecht, Rn. 121: »weithin eingegangen«.

Art. 20 (Demokratie)

Artikel 20 [Verfassungsprinzipien; Widerstandsrecht]

(1) Die **Bundesrepublik Deutschland ist ein demokratischer** und sozialer Bundesstaat.

(2) [1]**Alle Staatsgewalt geht vom Volke aus.** [2]**Sie wird vom Volke in Wahlen und Abstimmungen und durch besondere Organe der Gesetzgebung, der vollziehenden Gewalt und der Rechtsprechung ausgeübt.**

(3) Die Gesetzgebung ist an die verfassungsmäßige Ordnung, die vollziehende Gewalt und die Rechtsprechung sind an Gesetz und Recht gebunden.

(4) Gegen jeden, der es unternimmt, diese Ordnung zu beseitigen, haben alle Deutschen das Recht zum Widerstand, wenn andere Abhilfe nicht möglich ist.

Literaturauswahl

Badura, Peter: Die parlamentarische Demokratie, in: HStR I, § 23 (S. 953–986).
Berlit, Uwe: Soll das Volk abstimmen? Zur Debatte über direktdemokratische Elemente im Grundgesetz, in: KritV 76 (1993), S. 318–359.
v. Beyme, Klaus: Art. Demokratie, in: Sowjetsystem und demokratische Gesellschaft. Eine vergleichende Enzyklopädie, Bd. 1, 1966, Sp. 1111–1158.
Böckenförde, Ernst-Wolfgang: Demokratie als Verfassungsprinzip, in: HStR I, § 22 (S. 887–952).
Brosius-Gersdorf, Frauke: Deutsche Bundesbank und Demokratieprinzip. Eine verfassungsrechtliche Studie zur Bundesbankautonomie vor und nach der dritten Stufe der Europäischen Währungsunion, 1997.
Bryde, Brun-Otto: Die bundesrepublikanische Volksdemokratie als Irrweg der Demokratietheorie, in: StWStP 5 (1994), S. 305–330.
Bugiel, Karsten: Volkswille und repräsentative Entscheidung. Zulässigkeit und Zweckmäßigkeit von Volksabstimmungen nach dem Grundgesetz, 1991.
Cremer, Hans-Joachim: Das Demokratieprinzip auf nationaler und europäischer Ebene im Lichte des Maastricht-Urteils des Bundesverfassungsgerichts, in: EuR 1995, S. 21–45.
Dahl, Robert A.: Democracy and its Critics, New Haven–London 1989.
Degenhart, Christoph: Direkte Demokratie in den Ländern – Impulse für das Grundgesetz?, in: Der Staat 31 (1992), S. 77–97.
Dreier, Horst: Hierarchische Verwaltung im demokratischen Staat. Genese, aktuelle Bedeutung und funktionelle Grenzen eines Bauprinzips der Exekutive, 1991.
Dreier, Horst: Das Demokratieprinzip des Grundgesetzes, in: Jura 1997, S. 249–257.
Ebsen, Ingwer: Abstimmungen des Bundesvolkes als Verfassungsproblem, in: AöR 110 (1985), S. 2–29.
Ehlers, Dirk: Mitbestimmung in der öffentlichen Verwaltung, in: Jura 1997, S. 180–186.
Emde, Thomas: Die demokratische Legitimation der funktionalen Selbstverwaltung. Eine verfassungsrechtliche Studie anhand der Kammern, der Sozialversicherungsträger und der Bundesanstalt für Arbeit, 1991.
Fromme, Friedrich Karl: Der Demokratiebegriff des Grundgesetzgebers, in: DÖV 1970, S. 518–526.
Grimm, Dieter: Braucht Europa eine Verfassung?, in: JZ 1995, S. 581–591.
Heun, Werner: Das Mehrheitsprinzip in der Demokratie. Grundlagen–Struktur–Begrenzungen, 1983.
Hofmann, Hasso: Repräsentation. Studien zur Wort- und Begriffsgeschichte von der Antike bis ins 19. Jahrhundert, 1974, 2. Aufl. 1990.
Hofmann, Hasso: Bundesstaatliche Spaltung des Demokratiebegriffs?, in: Festschrift für Karl H. Neumayer zum 65. Geburtstag, 1985, S. 281–298 (auch in: H. Hofmann, Verfassungsrechtliche Perspektiven, 1995, S. 146–160).
Hofmann, Hasso/Dreier, Horst: Repräsentation, Mehrheitsprinzip und Minderheitenschutz, in: Schneider/Zeh, § 5 (S. 165–197).
Huber, Peter M.: Die parlamentarische Demokratie unter den Bedingungen der europäischen Integration, in: ders./Wilhelm Mößle/Martin Stock (Hrsg.), Zur Lage der parlamentarischen Demokratie. Symposium zum 60. Geburtstag von Peter Badura, 1995, S. 105–133.

Art. 20 (Demokratie)

Jestaedt, Matthias: Demokratieprinzip und Kondominialverwaltung. Entscheidungsteilhabe Privater an der öffentlichen Verwaltung auf dem Prüfstand des Verfassungsprinzips Demokratie, 1993.
Kaufmann, Marcel: Europäische Integration und Demokratieprinzip, 1997.
Kelsen, Hans: Vom Wesen und Wert der Demokratie, 2. Aufl. 1929.
Kielmansegg, Peter Graf: Volkssouveränität. Eine Untersuchung der Bedingungen demokratischer Legitimität, 1977.
Kluth, Winfried: Die demokratische Legitimation der Europäischen Union. Eine Analyse der These vom Demokratiedefizit der Europäischen Union aus gemeineuropäischer Verfassungsperspektive, 1995.
Krause, Peter: Verfassungsrechtliche Möglichkeiten unmittelbarer Demokratie, in: HStR II, § 39 (S. 313–337).
Kühne, Jörg-Detlef: Volksgesetzgebung in Deutschland – zwischen Doktrinarismen und Legenden, in: ZG 6 (1991), S. 116–132.
Pernice, Ingolf: Maastricht, Staat und Demokratie, in: Die Verwaltung 26 (1993), S. 449–488.
Randelzhofer, Albrecht: Zum behaupteten Demokratiedefizit der Europäischen Gemeinschaft, in: Peter Hommelhoff/Paul Kirchhof (Hrsg.), Der Staatenverbund der Europäischen Union, 1994, S. 39–55.
Rhinow, René A.: Grundprobleme der schweizerischen Demokratie, in: ZSR n. F. 103 II (1984), S. 111–267.
Rinken, Alfred: Demokratie und Hierarchie. Zum Demokratieverständnis des Zweiten Senats des Bundesverfassungsgerichts, in: KritV 79 (1996), S. 282–309.
Scheuner, Ulrich: Das Mehrheitsprinzip in der Demokratie, 1973.
Schmidt, Manfred G.: Demokratietheorien. Eine Einführung, 2. Aufl. 1997.
Schmidt-Aßmann, Eberhard: Verwaltungslegitimation als Rechtsbegriff, in: AöR 116 (1991), S. 329–390.

Leitentscheidungen des Bundesverfassungsgerichts

BVerfGE 2, 1 (12f.) – SRP-Verbot; 5, 85 (135, 197ff., 204ff.) – KPD-Verbot; 7, 198 (208) – Lüth; 9, 268 (281f.) – Bremer Personalvertretung; 20, 56 (97ff.) – Parteienfinanzierung I (1966); 33, 125 (156ff.) – Facharzt; 44, 125 (138ff., 145) – Öffentlichkeitsarbeit (der Bundesregierung); 47, 253 (271ff.) – Gemeindeparlamente (Nordrhein-Westfalen); 60, 175 (208) – Startbahn West; 69, 315 (343ff.) – Brokdorf; 83, 37 (50ff.) – Ausländerwahlrecht (Schleswig-Holstein); 83, 60 (71ff.) – Ausländerwahlrecht (Hamburg); 89, 155 (182ff.) – Maastricht; 93, 37 (66ff.) – Mitbestimmungsgesetz Schleswig-Holstein.

Gliederung

	Rn.
A. Herkunft, Entstehung, Entwicklung	1
I. Ideen- und verfassungsgeschichtliche Aspekte	1
II. Entstehung und Veränderung der Norm	18
B. Internationale, supranationale und rechtsvergleichende Bezüge	24
I. Internationales Recht	24
II. Europäische Gemeinschaft und Demokratieprinzip	27
1. Die Struktur der Europäischen Gemeinschaft	28
2. Die demokratische Legitimation der Europäischen Gemeinschaft und des Europäischen Gemeinschaftsrechts	37
3. Einwirkungen des Europäischen Gemeinschaftsrechts auf das Demokratieprinzip des Grundgesetzes	46
III. Rechtsvergleichende Hinweise	51
C. Erläuterungen	57
I. Begriff und Wesen der Demokratie (Art. 20 I GG)	57
1. Grundlegung: Demokratie als Herrschaftsform Freier und Gleicher	58

    2. Strukturelemente: Mehrheitsprinzip und Minderheitenschutz, Herrschaft auf Zeit, Opposition ... 63
    3. Voraussetzungen: Freie politische Willensbildung und offene Kommunikation ... 72
  II. »Alle Staatsgewalt geht vom Volke aus« (Art. 20 II 1 GG) ... 76
    1. Volkssouveränität als Legitimationstitel ... 76
    2. Staatsgewalt als Legitimationsobjekt ... 79
    3. (Deutsches) Volk als Legitimationssubjekt ... 83
  III. Ausübung der Staatsgewalt durch das deutsche Volk (Art. 20 II 2 GG) ... 87
    1. Wahlen und Abstimmungen (Art. 20 II 2, 1. Hs. GG) ... 88
      a) Wahlen ... 88
      b) Abstimmungen ... 93
    2. Direkte Demokratie im Grundgesetz? ... 97
    3. Demokratische Legitimation bei der Ausübung durch besondere Organe (Art. 20 II 2, 2. Hs. GG) ... 104
      a) Das Modell demokratischer Legitimation ... 104
      b) Demokratische Legitimation der Gesetzgebung ... 109
      c) Demokratische Legitimation der vollziehenden Gewalt ... 113
        aa) Grundmodell: Hierarchisch-bürokratische Ministerialverwaltung ... 114
        bb) Ministerialfreie Räume ... 116
        cc) Kommunale Selbstverwaltung ... 117
        dd) Funktionale Selbstverwaltung und autonome Legitimation ... 120
        ee) Privatrechtsförmige Verwaltung ... 124
        ff) Apokryphe Verwaltungseinheiten, intermediärer Bereich ... 129
      d) Demokratische Legitimation der Rechtsprechung ... 131
  D. Verhältnis zu anderen GG-Bestimmungen ... 133

A. Herkunft, Entstehung, Entwicklung

I. Ideen- und verfassungsgeschichtliche Aspekte

1   Demokratie meint eine politische Herrschaftsorganisation, die vom Gedanken der Selbstherrschaft der Mitglieder des politischen Verbandes geprägt ist: die der Herrschaftsordnung Unterworfenen sollen zugleich deren Schöpfer sein. Verbreiteter und im Kern zutreffender Auffassung zufolge haben wir in Gestalt der **attischen Demokratie des 5. vorchristlichen Jahrhunderts** die »erste Demokratie der Weltgeschichte« (Jochen Bleicken) vor uns. Bei allen Unterschieden zu neuzeitlichen Formen wurden hier die politischen Entscheidungen nicht (mehr) durch einen Alleinherrscher oder eine Aristokratie, sondern durch die Polisbürger in direkter Selbsttätigkeit getroffen: sei es durch Abstimmungen in den Volksversammlungen (ekklesia), sei es durch Ausübung eines der zahlreichen, zumeist durch das Los verteilten oder durch Wahl errungenen öffentlichen Ämter[1]. Zwar zählten zum »Demos«, also der Gesamtheit der Vollbürger, lediglich die selbständigen (wehrfähigen und über [Grund-]Eigentum verfügenden) Männer unter Ausschluß der Sklaven, Metöken, Unselbständigen und Frauen; doch war der Kreis der somit politisch Berechtigten im Vergleich zu früheren und

---

[1] Vgl. *M. I. Finley*, Antike und moderne Demokratie, 1980, S. 20ff.; *C. Meier*, Die Entstehung des Politischen bei den Griechen, 1983, insb. S. 40ff., 91ff., 275ff.; *J. Bleicken*, Die athenische Demokratie, 4. Aufl. 1995, S. 19ff. (allgemeine Entwicklung), 190ff. (Volksversammlung), 312ff. (Losverfahren); 338ff. (Gleichheitsprinzip).

späteren Zeiten weit gezogen, so daß eine ungewöhnlich große Zahl von Bürgern politisch aktiv war und öffentliche Ämter bekleidete[2]. Ungeachtet der signifikanten Differenzen zu modernen Demokratien (direktdemokratische Formen, keine Grundrechtsverbürgungen, Fehlen der Trennung von bürgerlicher Freiheit und politischer Teilhabe) strahlt die athenische Demokratie namentlich des »perikleischen Zeitalters« als Urbild und Urform bis in die Neuzeit aus und erweist sich für die Verfassungs- und Ideengeschichte als wichtiger Orientierungs- und Bezugspunkt[3]. Da die Griechen sich als Herren ihrer Geschicke und als Gestalter ihrer politischen Ordnung begriffen, kann die attische Demokratie als erster großer demokratischer Entwicklungsschub in der Geschichte der westlichen Zivilisation betrachtet werden[4]. Als ihre herausragenden Kennzeichen können gelten: erstens die Herausbildung einer **»Bürgeridentität«**[5], die Politik zur Lebensform, ja zur allein wertvollen Seinsweise und die konkrete, alltägliche Teilnahme an ihr zur vorrangigen Aufgabe werden ließ; zweitens ganz generell die hohe politische Dichte der Lebensverhältnisse und daraus folgend die Grundannahme, daß es für den Menschen als politisches Lebewesen »keine wahre Identität und Selbstverwirklichung außerhalb oder im Gegensatz zur politischen Gemeinschaft« geben könne[6]. Von besonderer Relevanz war ferner die hohe Bedeutung der **Öffentlichkeit** und die **Freiheit der politischen Rede** in ihr[7], nicht zuletzt der alles grundierende ausgeprägte **Gleichheitsgedanke** (Isonomie)[8]. Unbekannt wie Phänomene politischer Entfremdung (einschließlich der modernen Unterscheidung von Staat und Gesellschaft) oder privater Differenz zum Staat war den Griechen jener Hochphase der Polis indes auch, gleichsam als Kehrseite der intensiven Politisierung, der Gedanke individualistisch-universalistischer, vorstaatlicher oder gar antistaatlicher (Menschen-) Rechte[9].

---

[2] Details bei *Bleicken*, Demokratie (Fn. 1), S. 98 ff.; *A. Demandt*, Antike Staatsformen, 1995, S. 213 ff. – Es erscheint von daher übertrieben, hier eher das Bild einer »oligarchischen Struktur mit Zügen von Klassenherrschaft« (*E.-W. Böckenförde*, Art. Demokratie, in: Lexikon für Theologie und Kirche, Bd. 3, 3. Aufl. 1995, Sp. 83 ff. [83]) zu erblicken; treffender *M. Trapp*, PVS 29 (1988), 210 (213): »exklusive Gemeinschaft«. Im übrigen ist seit 430 v. Chr. die Zugehörigkeit der Theten, der besitzlosen Landarbeiter, zur Volksversammlung verbürgt.

[3] Man beachte nur die Bedeutung der griechischen Antike für Rousseau (dazu schon *Jellinek*, Allgemeine Staatslehre, S. 294) und die intensive Auseinandersetzung mit ihr in den Federalist Papers (→ Rn. 10). – Vgl. auch das berühmte Wort von *Thomas Paine* (»**what Athens was in miniature, America will be in magnitude**«) und dazu *D. Sternberger*, Nicht alle Staatsgewalt geht vom Volke aus, 1971, S. 59 ff., 70 ff.

[4] So *R.A. Dahl*, Democracy and its Critics, New Haven 1989, S. 13. Der zweite Entwicklungsschub setzte mit der Amerikanischen und Französischen Revolution ein (→ Rn. 10).

[5] So *C. Meier*, Bürger-Identität und Demokratie, in: ders./P. Veyne, Kannten die Griechen die Demokratie?, 1990, S. 47 ff. (76 ff.); vertiefend *ders.*, Entstehung des Politischen (Fn. 1), S. 51 ff., 275 ff., 484 ff.

[6] *H. Brunkhorst*, Demokratie und Differenz, 1994, S. 84; vertiefend *Meier*, Entstehung des Politischen (Fn. 1), S. 289 ff.; *M. Trapp*, PVS 29 (1988), 210 (216 ff.).

[7] *Bleicken*, Demokratie (Fn. 1), S. 344 ff.; *Brunkhorst*, Demokratie (Fn. 6), S. 143 ff.

[8] *Meier*, Bürger-Identität (Fn. 5), S. 67 ff. (73: »Der Gleichheitstrieb war das anthropologische Unterfutter des Bürger-Engagements.«); eingehender *ders.*, Entstehung (Fn. 1), S. 51 ff., 283 ff.; *Bleicken*, Demokratie (Fn. 1), S. 46, 338 ff.

[9] Vgl. *Finley*, Antike (Fn. 1), S. 82; *P. Veyne*, Kannten die Griechen die Demokratie? in: Meier/Veyne (Fn. 5), S. 13 ff. (13, 33 f.); *Brunkhorst*, Demokratie (Fn. 6), S. 83. Zum ganzen schon *J. Burckhardt*, Griechische Kulturgeschichte (1898), Bd. I, 1977, S. 72; *Jellinek*, Allg. Staatslehre, S. 292 ff., 296 f., 307. → Art. 2 I Rn. 1 m.w.N.

2   Als Wort ebenfalls seit dem fünften vorchristlichen Jahrhundert bekannt (etwa bei Herodot)[10], bildet »Demokratie« einen trotz mannigfaltiger terminologischer Schwankungen festen Bestandteil der von **Aristoteles** geprägten **Sechsertypologie guter und entarteter Staatsformen** (Monarchie/Tyrannis, Aristokratie/Oligarchie, Politie/Demokratie)[11], die aus der Kombination eines normativen Kriteriums (Orientierung der Herrschaftsausübung am Gemeinwohl oder am Eigennutz) und eines quantitativen Kriteriums (Zahl der Herrschenden: einer, mehrere, viele) gewonnen werden. Demokratie firmiert so – nicht immer gleich deutlich – als Verfallsform einer Herrschaft des Volkes, ohne daß damit diese selbst abgewiesen wäre. Wichtig erscheint Aristoteles insofern – neben seiner hier nicht zu verfolgenden Präferenz für eine gemischte Verfassung – die Vermeidung einer »Pöbelherrschaft« durch entsprechende Filterung des personellen Substrats des Volkes, um Politie im Sinne einer **guten Volksherrschaft** zu ermöglichen[12]. Beide Bedeutungen (Demokratie als gute wie als entartete Staatsform) wurden – freilich bei Überwiegen der negativen Konnotation – bis in die Neuzeit tradiert[13].

3   Dem demokratischen Grundgedanken verwandte Formen kollektiver Selbstherrschaft eines Verbandes finden sich in der monarchisch geprägten mittelalterlichen Welt in den **Dorf- bzw. Landgemeinden** einerseits[14], wohl mehr noch in den – nach dem Vorbild kaufmännischer Gilden – als Schwurverband (*coniuratio*) gegründeten, in der Einung ihren gemeinsamen Rechtsgrund legenden **Stadtkommunen Oberitaliens und Deutschlands** andererseits[15]. Beide Phänomene sucht man zuweilen in dem sozialhistorischen Konzept des **Kommunalismus** zusammenzufassen[16]. Luther hat in einer vielzitierten Tischrede die Schweiz und Dithmarschen als Beispiele für Demokratien angeführt[17]. Doch sosehr mit beiden Bauformen antimonarchische und genossenschaftlich-freiheitliche Tendenzen gestärkt und langfristig möglicherweise Grundlagen für gesamtstaatliche demokratische Entwicklungen geschaffen wurden, unterlagen doch Landgemeinden wie Städte in zunehmenden Umfang dem Einfluß grundherrschaftlicher bzw. obrigkeitlicher Faktoren und boten auch im Innern bis hinein in

---

[10] Vgl. *C. Meier*, Die Entstehung des Begriffes Demokratie, 1970, S. 7 ff., 40; *G. Bien*, Art. Demokratie (I), in: Hist.Wb.Philos., Bd. 2, Sp. 50 f.; *Bleicken*, Demokratie (Fn. 1), S. 534; *Demandt*, Antike Staatsformen (Fn. 2), S. 195 f.

[11] *Aristoteles*, Politik III, 6 ff. (1278 b 5 ff., 1279 a 16, 25 ff., 1279 b 4); diese Systematik erfolgt unter Rückgriff auf *Platon*, Politikos, 291 d – 292a, 302 b – e; vgl. *ders.*, Politeia, 555 b 3 ff.

[12] Vgl. *Aristoteles*, Politik, 1279 b 18, 37 ff.; 1290 b 6 ff.; 1291 b 30 – 1292 a 38; 1292 b 22 – 1293 a 10; 1293 b 33; 1294 a 31 f.; s. auch Politik IV, 14 ff.

[13] *H. Maier*, Art. Demokratie (II), in: Hist.Wb.Philos., Bd. 2, Sp. 51 ff. (52); *M.G. Schmidt*, Demokratietheorien, 2. Aufl. 1997, S. 46.

[14] Vgl. *K. Bosl*, Eine Geschichte der deutschen Landgemeinde, in: Zeitschrift für Agrargeschichte und Agrarsoziologie 9 (1961), S. 129 ff.; *K.S. Bader*, Das mittelalterliche Dorf als Friedens- und Rechtsbereich, 1957; *P. Blickle*, Deutsche Untertanen, 1981, S. 23 ff., 30 ff.; *H. Wunder*, Die bäuerliche Gemeinde in Deutschland, 1986, S. 63 ff.

[15] Fundierter Überblick bei *G. Dilcher*, Kommune und Bürgerschaft als Idee der mittelalterlichen Stadt, in: I. Fetscher/H. Münkler (Hrsg.), Pipers Handbuch der politischen Ideen, Bd. 2, 1993, S. 311 ff. (speziell zum Eid S. 314 ff., 319 ff.; ausführlich dazu *H. Planitz*, Die deutsche Stadt im Mittelalter, 3. Aufl. 1973, S. 98 ff., 251 ff.; s. auch *H. Hofmann*, Repräsentation, 2. Aufl. 1990, S. 202 ff.). Konzentrierte Darstellung bei *K. Kroeschell*, Deutsche Rechtsgeschichte, Bd. 1, 10. Aufl. 1992, S. 219 ff.

[16] So namentlich *P. Blickle*, HZ 242 (1986), 529 ff. und in zahlreichen weiteren Veröffentlichungen.

[17] Vgl. *Maier*, Art. Demokratie (Fn. 13), Sp. 52; zur historischen Berechtigung der Einschätzung *Blickle*, Deutsche Untertanen (Fn. 14), S. 114 ff.

das 19. Jahrhundert das Bild abgestufter Rechte, rechtlich abgesicherter Dominanz von Patriziertum und Zunftwesen, sozialer Hierarchisierung und Stärkung obrigkeitlicher Tendenzen[18].

Skepsis ist angebracht, wenn bestimmte mittelalterliche Autoren oder Verfahrensweisen umstandslos als Vorläufer moderner Vorstellungen von Volkssouveränität (→ Rn. 10) eingeordnet werden[19]. So ist bei **Marsilius von Padua** (Defensor Pacis, 1324) nicht etwa schon »volle Konsequenz des demokratischen Radikalismus« (Otto v. Gierke) zu konstatieren, da es ungeachtet der Profanierung der Staatsidee und der Betonung einer rationalen Gesetzgebungspraxis an der Vorstellung individueller Freiheit und Gleichheit der Individuen ebenso fehlt wie an der Idee prinzipiell kontingenter Rechtssetzung mit voller Verfügung über die Sozialwelt[20]. Ständische Repräsentation, nicht demokratisches Egalitätsprinzip, feste christliche Verwurzelung der Entscheidungsfindung, nicht (trotz aller Betonung der Freiheit und Öffentlichkeit der Debatten) individualistisch-rationalistische Herrschaftslegitimation bilden auch die Grundlage der Konsenslehre des **Nikolaus von Kues** (De concordantia catholica, 1433)[21]. Desgleichen verkennt die These, mit der »Volkssouveränität« bei **Althusius** (Politica, 3. Aufl. 1614) beginne die moderne Lehre von der Demokratie[22], deren durchaus vormodernen, christlich fundierten und an die gänzlich undemokratische Vorstellung einer natürlichen Gliederung des Volkes in bestimmte *corporationes* oder *consociationes* gebundenen Charakter[23].

4

Auch darf die im Mittelalter – etwa bei der Einberufung weltlicher oder kirchlicher Versammlungen – oft verwendete Formel **quod omnes tangit, debet ab omnibus approbari**[24] nicht als Einforderung umfassender (Betroffenen-)Demokratie mißverstan-

5

---

[18] S. nochmals *Dilcher*, Kommune (Fn. 15), S. 322 f., 342 f.; *K. Kroeschell*, Art. Dorf, in: HRG I, Sp. 764 ff. (773); so auch *P. Graf Kielmansegg*, Volkssouveränität, 1977, S. 65 (zu oberitalienischen tädten). → Art. 28 Rn. 7.

[19] Zum Teil diese Tendenz noch bei *R. Zippelius*, Allgemeine Staatslehre, 12. Aufl. 1994, § 17 III 1 (S. 123 f.); *P. Badura*, Die parlamentarische Demokratie, in: HStR I, § 23 Rn. 45 ff. (»Geschichte der Demokratie«): Antike, Marsilius (»der erste Autor des neuzeitlichen Staatsdenkens«), Konziliarismus (»Muster auch für die Neuordnung der staatlichen Herrschaftsordnung«).

[20] Vgl. ausführlich *Hofmann*, Repräsentation (Fn. 15), S. 191 ff.; im Ergebnis ebenso *Kielmansegg*, Volkssouveränität (Fn. 18), S. 64 f.; *W. Heun*, Das Mehrheitsprinzip in der Demokratie, 1983, S. 57 f.; *D. Schwab*, Art. Marsilius von Padua, in: StL[7], Bd. 3, Sp. 1024 ff. (1025); *Dilcher*, Kommune (Fn. 15), S. 341 (eher Ständeversammlung als Stadtbürgerschaft).

[21] Eingehend *Hofmann*, Repräsentation (Fn. 15), S. 303 ff., 322 ff.; *ders.*, Der Staat 27 (1988), 523 (540); s. auch *H.G. Walther*, Imperiales Königtum, Konziliarismus und Volkssouveränität, 1976, S. 243 ff. (259: »Konsens bedeutet für Nikolaus keine Volkssouveränität. Das Volk besitzt keinen freien Willen, um nach Belieben entscheiden zu können.«).

[22] So insbesondere *O. v. Gierke*, Johannes Althusius und die Entwicklung der naturrechtlichen Staatstheorien (1880), 7. Aufl. 1981, S. 123 ff., 148, 157; ähnlich noch bzw. wieder *R. Zippelius*, Geschichte der Staatsideen, 9. Aufl. 1994, S. 105.

[23] S. nur *H. Hofmann*, Repräsentation in der Staatslehre der frühen Neuzeit (1986), in: ders., Recht –Politik–Verfassung, 1986, S. 1 ff. (29 f.); so auch *Badura* (Fn. 19), § 23 Rn. 48.

[24] Diese Sentenz (»Was alle betrifft, muß von allen gebilligt werden«) wurzelt im römischen Privatrecht, genauer: dem Verfahren zur Beendigung einer gemeinsamen Vormundschaft mehrerer Vormünder (vgl. Codex Justinianus 5, 59, 5, 2). Die kanonisierte Fassung stammt aus dem Liber Sextus Bonifaz' VIII. (regula iuris XXIX). Vgl. die Beiträge von *G. Post, Y. Congar und A. Marongiu* in: H. Rausch (Hrsg.), Grundlagen der modernen Volksvertretung, Bd. I, 1980, S. 30 ff., 115 ff., 183 ff.; *P. Landau*, Die Bedeutung des kanonischen Rechts für die Entwicklung einheitlicher Rechtsprinzipien, in: H. Scholler (Hrsg.), Die Bedeutung des kanonischen Rechts für die Entwicklung einheitlicher Rechtsprinzipien, 1996, S. 23 ff. (42).

den, sondern muß in ihrer auf ständischen Konsens bezogenen und auf den (wiederum ganz vormodernen) fragilen Einungscharakter von Herrschaftsakten hinweisenden Eigenart begriffen werden, da es am demokratischen Wahlmandat ebenso wie an der Voraussetzung strikter Egalität und dem Gedanken kontingenter Sozialgestaltung fehlt[25]. Ebensowenig aussagekräftig sind aus den gleichen Gründen die im Mittelalter beständig wiederholten Formeln einer »vom Volk« ausgehenden bzw. im Volk ruhenden Souveränität, da hier zwischen Innehabung (Volk) und Ausübung (Monarch, Adel) der Staatsgewalt unterschieden und die letztgenannte als absorptive Form der Repräsentation verstanden wurde[26].

6   Ein wichtiger Entwicklungsschritt erfolgte indes mit der theologischen **Radikalisierung** und Politisierung **des reformierten Bundes- bzw. Gemeindegedankens**[27]. Insbesondere die Kongregationalisten (Independenten) gaben ihm eine »demokratieanaloge Wendung«[28]. Denn die tragenden Prinzipien (Versammlung der Gemeindeglieder als maßgebliche Grundeinheit der Kirchenverfassung, Prinzip der Freiwilligkeit, keine Hierarchie, unmittelbare Beziehung jedes Gläubigen zu Gott, weder ständische noch korporative, sondern individuelle Vertretung jedes Einzelnen in der Gemeinde) stimmten mit den politischen Forderungen zusammen, die die **Leveller**[29] in den »Putney Debates« (1647–49) der Soldatenräte des englischen Parlamentsheeres erhoben. Die im Verfassungsvorschlag eines »**Agreement of the People**« v. 28.10. 1647[30] vertretenen Vorstellungen (allgemeiner Herrschaftsvertrag als theoretische und praktische Basis, Wahl des Parlaments auf breiter Grundlage [alle Männer mit Ausnahme von Bettlern und Abhängigen], Wahl des Parlaments nach Einwohnerzahl, Vorrang ei-

---

[25] Vgl. *H. Quaritsch*, Staat und Souveränität, Bd. 1, 1970, S. 162; *H.E. Tödt*, Art. Demokratie (I), in: TRE VIII (1981), S. 434ff. (435); *H. Hofmann*, Der Staat 27 (1988), 523 (532f.).

[26] Vgl. *H. Dreier*, Der Ort der Souveränität, in: ders./J. Hofmann (Hrsg.), Parlamentarische Souveränität und technische Entwicklung, 1986, S. 11ff. (26ff.) m.w.N.; ähnlich *K. v. Beyme*, Art. Demokratie, in: Sowjetsystem und demokratische Gesellschaft, Bd. I, 1966, Sp. 1111ff. (1120); *R. Herzog*, in: Maunz/Dürig, GG, Art. 20, II. Abschnitt: Demokratie (1980), Rn. 34f.

[27] Präziser Überblick zu den verschiedenen Denominationen bei *L. A. Knafla*, Der protestantische Radikalismus während des Interregnums, in: J.-P. Schobinger (Hrsg.), Die Philosophie des 17. Jahrhunderts: England (Grundriß der Geschichte der Philosophie, Bd. 3/2), 1988, S. 528ff. m.w.N. S. 594ff. – Vgl. allgemein zur Bedeutung des reformierten Kirchentums nach wie vor *M. Weber*, Wirtschaft und Gesellschaft, 5. Aufl. 1976, S. 724ff.; ders., Die protestantische Ethik und der Geist des Kapitalismus (1904/05), in: ders., Gesammelte Aufsätze zur Religionssoziologie I, 9. Aufl. 1988, S. 17ff. (84ff.); *E. Troeltsch*, Die Soziallehren der christlichen Kirchen und Gruppen, 1912, S. 605ff., 794ff., 816f.; s. auch *A. Lang*, Puritanismus und Pietismus, 1941, S. 92ff., 97ff.

[28] *Tödt*, Art. Demokratie (Fn. 25), S. 436. *Dilcher*, Kommune (Fn. 15), S. 343 spricht allgemein vom »entschieden demokratischen Zug« der calvinistischen Kirchenverfassung; ähnlich *W.H. Neuser*, Art. Calvinismus, in: EvStL³, Sp. 393ff. (399): der Calvinismus leistete »einen erheblichen Beitrag zur Bildung der westlichen Demokratie«.

[29] Zu ihnen *C.B. Macpherson*, Die politische Theorie des Besitzindividualismus, 1973, S. 126f.; *M. Gralher*, Demokratie und Repräsentation in der Englischen Revolution, 1973, S. 294ff.; *S. Breuer*, Sozialgeschichte des Naturrechts, 1983, S. 409ff.; *Knafla*, Radikalismus (Fn. 27), S. 532f.; *M. Brocker*, Die Grundlegung des liberalen Verfassungsstaates, 1995, S. 89ff.

[30] Text in: S.R. Gardiner (Hrsg.), The Constitutional Documents of the Puritan Revolution 1625–1660, Nachdruck 1962, S. 359ff.; auszugsweiser Abdruck bei *A. Voigt*, Geschichte der Grundrechte, 1948, S. 189ff. – Eingehender zur Bedeutung: *W. Rothschild*, Der Gedanke der geschriebenen Verfassung in der englischen Revolution, 1903, S. 92ff., 141ff.; *E. Zweig*, Die Lehre vom Pouvoir Constituant, 1909, S. 38ff.; *H.-C. Schröder*, Die Grundrechtsproblematik in der englischen und amerikanischen Revolution, in: G. Birtsch (Hrsg.), Grund- und Freiheitsrechte im Wandel von Gesellschaft und Geschichte, 1981, S. 75ff. (78ff.); *Brocker*, Grundlegung (Fn. 29), S. 106ff.

ner geschriebenen Verfassung)[31] »bringen erstmals deutlich und mit politischem Gestaltungsanspruch das egalitäre Prinzip der Volkssouveränität« zum Ausdruck[32]. Im nämlichen Jahr 1647 charakterisierte **Roger Williams** das von ihm auf Rhode Island neu errichtete Gemeinwesen ausdrücklich als »democraticall«[33]. Wie ihn prägte calvinistisches Gedankengut zahlreiche andere Glaubensflüchtlinge. Nicht zufällig waren es Baptisten und Quäker, die sich später in den USA vehement gegen den Sklavenhandel und für die Gleichberechtigung der Frauen einsetzten[34].

Stärker als bislang angenommen, sind auch die ungleich folgenreicheren und insbesondere in den nordamerikanischen Kolonien umgesetzten Ideen von **John Locke** durch die Diskussionen der Leveller geprägt[35]. Dieser kann nicht nur wegen seiner Lehre von den unveräußerlichen (liberalen) Menschenrechten (→ Vorb. Rn. 4), sondern desgleichen der demokratiekonstitutiven Elemente seiner Lehre (Repräsentativsystem, Suprematie des Gesetzes, Wahlrecht)[36] wegen als maßgeblicher Theoretiker des demokratischen Verfassungsstaates gelten.   7

Für **Baruch Spinoza** ist Demokratie die (ontologisch) natürlichste aller Regierungsformen, deren Wechselwirkung mit Glaubens-, Rede- und Meinungsfreiheit zu Recht betont wird[37].   8

Den größten ideengeschichtlichen Schub erfuhr der Demokratiegedanke schließlich durch **Jean-Jacques Rousseau**, den »Kirchenvater der modernen Demokratie«[38], dessen in sich geschlossenes und konsequent durchdachtes System einer letztlich sittlichen Gemeinschaft von patriotischen Republikanern allerdings ganz auf den Gedanken identitärer, direkter **Versammlungsdemokratie** setzt. Die Quelle aller staatlichen Gewalt besteht in der Gesetzgebung und liegt ihm zufolge unveräußerlich und unteilbar beim Volk. Sie ist auch nicht delegierbar; in der Repräsentation erblickt Rousseau   9

---

31 Vgl. *Voigt*, Grundrechte (Fn. 30), S. 13f.; *J.W. Gough*, The Social Contract, 2nd ed. 1957, S. 94ff.
32 *Badura* (Fn. 19), § 23 Rn. 49; ähnlich *Tödt*, Art. Demokratie (Fn. 25), S. 436.
33 Vgl. *Gough*, Social Contract (Fn. 31), S. 87; *Maier*, Art. Demokratie (Fn. 13), Sp. 52; *Tödt*, Art. Demokratie (Fn. 25), S. 437. *S.H. Brockunier*, Art. Williams, Roger, in: D. Malone (Hrsg.), Dictionary of American Biography, Bd. 20, 1936, S. 286ff. (289) bezeichnet Williams als »earliest of the fathers of American democracy«.
34 *Troeltsch*, Soziallehren (Fn. 27), S. 914f.; *H. Temperley*, in: W.P. Adams (Hrsg.), Die Vereinigten Staaten von Amerika, 1977, S. 84f.; *J.H. Parry*, Europäische Kolonialreiche, 1983, S. 612; *C. Andresen/G. Denzler*, dtv-Wörterbuch der Kirchengeschichte, 2. Auflage 1984, Art. Quäker, S. 487f. m.w.N.
35 *Brocker*, Grundlegung (Fn. 29), S. 279ff.
36 Vgl. *M. Seliger*, PVS 10 (1969), 99f. (dagegen *D. Sternberger*, PVS 10 [1969], 101ff.); *G. Maluschke*, Philosophische Grundlagen des demokratischen Verfassungsstaates, 1982, S. 58ff.; *M. Brokker*, ZfP 38 (1991), 47ff.; *ders.*, Grundlegung (Fn. 29), S. 253ff. – Zu den Ambiguitäten vgl. *D. Wooton*, Introduction, in: ders. (ed.), John Locke. Political Writings, 1993, S. 5ff. (87f., 116ff.); dort S. 124 w. N. zum Streit um eine demokratische Lesart von Lockes Werk.
37 *Spinoza*, Theologisch-politischer Traktat (1670), dt. hrsg. von G. Gawlick, 3. Aufl. 1994, XVI (S. 240), XX (S. 299ff.). Dazu *A. Schwan*, Politische Theorien des Rationalismus und der Aufklärung, in: H.-J. Lieber (Hrsg.), Politische Theorien von der Antike bis zur Gegenwart, 2. Aufl. 1993, S. 157ff. (189f.); *M. Walther*, Kommunalismus und Vertragstheorie. Althusius – Hobbes – Spinoza – Rousseau oder Tradition und Gestaltwandel einer politischen Erfahrung, in: P. Blickle (Hrsg.), Theorien kommunaler Ordnung in Europa, 1996, S. 127ff. (143, 148ff.).
38 Diese Kennzeichnung bei *C. Schmitt*, Die Bedeutung des neuen Staatsrats, in: Westdeutscher Beobachter Nr. 176 v. 23. 7. 1933; ähnlich *ders.*, Positionen und Begriffe im Kampf mit Weimar–Genf–Versailles 1923–1939, 2. Aufl. 1988, S. 62f., 85. Vgl. zu Rousseau eingehender *M. Forschner*, Rousseau, 1977, S. 89ff., 117ff.; *Breuer*, Sozialgeschichte (Fn. 29), S. 433ff.; *H. Bielefeldt*, Neuzeitliches Freiheitsrecht und politische Gerechtigkeit, 1990, S. 67ff., 76ff., 169ff.; *Brunkhorst*, Demokratie (Fn. 6), S. 186ff.; *W. Kersting*, Die politische Philosophie des Gesellschaftsvertrages, 1994, S. 149ff.

Art. 20 (Demokratie)   A. Herkunft, Entstehung, Entwicklung

eine verkappte Form der Knechtschaft. Seinem nur in Klein- oder Stadtstaaten realisierbaren Idealbild zufolge fällen alle Bürger im Wege direkter, allgemeiner Gesetzgebung diejenigen Entscheidungen, die alle in gleicher Weise betreffen[39].

10   Der von Rousseau brillant ausformulierte Gedanke kollektiver Autonomie durch demokratische Selbstgesetzgebung hat allerdings seine **verfassungsstaatliche Realisierung** im Rahmen der Amerikanischen und Französischen Revolution bezeichnenderweise nicht in unmittelbarer, sondern **in repräsentativer Gestalt** gefunden. Ihre theoretische Fundierung erfuhr die Französische Revolutionsverfassung von 1791 (Titel III, Art. 2: »die französische Verfassung ist eine Repräsentativverfassung«) auch insofern durch den **Abbé Sieyes**, der insofern ganz auf den Gedanken der Arbeitsteilung und Leistungssteigerung des Gesamtsystems durch Ausdifferenzierung spezieller Repräsentationsorgane abstellte[40]. Schon vorher hatten in Nordamerika die Verfasser der **Federalist Papers**[41] im Wege der publizistischen Wegbereitung der Amerikanischen Unionsverfassung die republikanische Staatsform unter den Bedingungen eines großen Flächenstaates in einer neuen und ingeniösen Weise als **representative democracy** begriffen und konzipiert[42]. Gleichzeitig formulieren die Revolutionsverfassungen erstmals ausdrücklich und in stilbildender Weise den **Grundsatz der Volkssouveränität**, wonach alle Staatsgewalt vom Volke ausgeht[43].

11   Im Unterschied zu Rousseau muß bei **Immanuel Kant** der vereinigte Wille aller nicht Realgrund der Gesetze sein: mit der Formulierung, es sei »eine bloße Idee der Vernunft, die aber ihre unbezweifelte (praktische) Realität hat: nämlich jeden Gesetzgeber zu verbinden, daß er seine Gesetze so gebe, als ob sie aus dem vereinigten Willen eines ganzen Volkes haben entspringen können«[44], nimmt er eine bezeichnende Virtualisierung des Übereinstimmungserfordernisses vor und unterläuft mit der Unterscheidung von despotischer und republikanischer Regierungsart die aristotelische Trias (→ Rn. 2). Er setzt in geschichtsphilosophischer Perspektive auf den historischen Progreß innerer, an den Vernunftprinzipien richtigen Rechts orientierter Reformen.

---

[39] Vgl. *Rousseau*, Du Contrat Social (1762), II 1, II 2, II 6, III 15, IV 2. Die Exekutive (Regierung und Verwaltung) hingegen kann monarchisch, aristokratisch oder demokratisch organisiert sein: Contrat Social, III 1–6.

[40] Dazu *H. Hofmann/H. Dreier*, Repräsentation, Mehrheitsprinzip und Minderheitenschutz, in: Schneider/Zeh, § 5 Rn. 13 m.w.N.; ergänzend nunmehr *T. Hafen*, Staat, Gesellschaft und Bürger im Denken von Emmanuel Joseph Sieyes, 1994.

[41] The Federalist Papers. Alexander Hamilton, James Madison, John Jay. Textausgabe, hrsgg. v. C. Rossiter, New York 1961; neueste dt. Ausgabe: A. u. W. P. Adams (Hrsg.), Hamilton, Madison, Jay. Die Federalist-Artikel, 1994. Einschlägig sind vor allem die Artikel 9, 10, 14, 51 und 52.

[42] Eingehend dazu *H. Dreier*, AöR 113 (1988), 450 ff. m.w.N.; ferner *H. Vorländer*, JöR 36 (1987), 451 (468ff., 473ff.); *M. White*, Philosophy, The Federalist, and the Constitution, 1987, S. 138 ff., 145 ff.; *J. Heideking*, Geschichte der USA, 1996, S. 72 ff.; *G. Zimmermann*, ZfP 43 (1996), 145 (155).

[43] Bereits Sec. 2 der Virginia Bill of Rights (1776): »That all power is vested in and consequently derived from the people«. Vgl. Art. 3 der Erklärung der Menschen- und Bürgerrechte von 1789 sowie Titel III Art. 1 der Französischen Verfassung von 1791, das X. Amendment zur US-Verfassung (1791) und Art. 25 (heute Art. 33) der Belgischen Verfassung von 1831.

[44] *I. Kant*, Über den Gemeinspruch: Das mag in der Theorie richtig sein, taugt aber nicht für die Praxis (1793), Teil II (Akad.-Ausgabe Bd. 8, S. 297). Hierzu und zum folgenden *W. Kersting*, Wohlgeordnete Freiheit, 1984, S. 344 ff., 413 ff.; *C. Langer*, Reform nach Prinzipien, 1986; *H. Dreier*, AöR 113 (1988), 450 (469ff.); *Bielefeldt*, Neuzeitliches Freiheitsrecht (Fn. 38), S. 121 ff., 173 ff.

Die konkrete Ausgestaltung einer »reinen« Republik kann er sich nur als repräsentative Demokratie vorstellen[45].

Die Entfaltung und Durchsetzung des Demokratieprinzips im **19. Jahrhundert** ist durch eine langsam voranschreitende, sukzessive Entwicklung hin zur »egalitäre(n) Nivellierung der politischen Willensbildung«[46], zum Teil auch durch retardierende Elemente (Frankreich) gekennzeichnet.

In den **Vereinigten Staaten von Amerika** entsteht der erste demokratische Großflächenstaat. Doch noch zu Zeiten Tocquevilles, des frühen Theoretikers der modernen Massendemokratie[47], bedeutet dies lediglich »democracy among white males« (R. Dahl). Auf dem Höhepunkt des über die Sklaverei-Frage ausgebrochenen amerikanischen Bürgerkrieges verwendet **Abraham Lincoln** in seiner Gettysburg-Rede die einprägsame und danach oft aufgegriffene Formel von der Demokratie als »**government of the people, by the people, for the people**«[48].

Schon im revolutionären **Frankreich**, sehr viel stärker noch nach der Restauration und zu Zeiten der Juli-Monarchie (1830–1848) war dort mit dem hochzensitären Wahlsystem einem vielzitierten Wort zufolge an die Stelle der Aristokratie der Geburt die **Aristokratie des Geldes** getreten[49].

Gewichtige Restriktionen eines für die moderne Theorie zentralen gleichen und allgemeinen Wahlrechts zeigen Theorie und Praxis in **Großbritannien**, wo der Anteil der Wahlberechtigten an der Gesamtbevölkerung auch nach den Reformen von 1832 und 1867 unter zehn Prozent bleibt und **John Stuart Mills** liberaldemokratisches Konzept einer auf striktes Verhältniswahlrecht und freies Abgeordnetenmandat gestützten Repräsentativverfassung zwar durchaus vorwärtsweisende Elemente etwa in Gestalt seines Plädoyers für ein Frauenwahlrecht enthält, aber mit Pluralstimmrecht und dem Ausschluß der Ungebildeten und Almosenempfänger doch noch stark geistesaristokratisch bzw. elitistisch geprägt ist[50].

In **Deutschland** waren an der Wegbereitung einer modernen parlamentarischen Demokratie (freies Mandat, Öffentlichkeit, Anerkennung politischer Parteien, Forderung nach demokratiekonstitutiven Grundrechten [→ Vorb. Rn. 41]) die **Theoretiker des Vormärz** wie v. Rotteck oder v. Mohl nicht unmaßgeblich beteiligt[51]. Geprägt wurde

---

[45] Vgl. *I. Kant*, Metaphysik der Sitten (1797/98), Erster Teil: Metaphysische Anfangsgründe der Rechtslehre, § 52 (Akad.-Ausgabe Bd. 6, S. 339 ff.). Dazu *Hofmann*, Repräsentation (Fn. 15), S. 411 ff.

[46] *P. Badura*, in: BK, Art. 38 (Zweitb. 1966), Rn. 13.

[47] *Alexis de Tocqueville*, Über die Demokratie in Amerika (frz. 1835/40), 1976; zu ihm und seinem Werk vgl. *Schmidt*, Demokratietheorien (Fn. 13), S. 80 ff.; *U. Bermbach*, Liberalismus, in: I. Fetscher/H. Münkler (Hrsg.), Pipers Handbuch der politischen Ideen, Bd. 4, 1986, S. 323 ff. (345 ff.); M. Hereth/J. Höffken (Hrsg.), Alexis de Tocqueville. Zur Politik in der Demokratie, 1981.

[48] Dazu näher *G. Wills*, Lincoln at Gettysburg, New York 1992, insb. S. 145 f. – Deutsche Übersetzung der Rede in: H. Schambeck u.a. (Hrsg.), Dokumente zur Geschichte der Vereinigten Staaten von Amerika, 1993, S. 375. Vgl. Art. 2 V der frz. Verfassung von 1958: »gouvernement du peuple, par le peuple et pour le peuple«; s. auch *G. Anschütz*, Zukunftsprobleme deutscher Staatlichkeit, 1917, S. 27: staatliche Herrschaft nicht nur für das Volk, »sondern möglichst auch durch das Volk.« Zum fundamentalen Unterschied von »by the people« und »for the people« vgl. *H. Kelsen*, Ethics 66 (1955), 1 (2 ff.).

[49] *A. Mathiez*, Die Französische Revolution, Bd. 1, 1950, S. 129. Genauer und m.w.N. zu diesem Komplex *Hofmann/Dreier* (Fn. 40), § 5 Rn. 29 f.

[50] *J.S. Mill*, Considerations on Representative Government (1861), dt. u. d. Titel: Betrachtungen über die repräsentative Demokratie, 1971; zu ihm *Schmidt*, Demokratietheorien (Fn. 13), S. 95; *Bermbach*, Liberalismus (Fn. 47), S. 332 ff.

[51] *K. v. Rotteck*, Ideen über Landstände (1819), in: Ders., Über Landstände und Volksvertretun-

das gesamte **19. Jahrhundert** indes durch den spezifisch deutschen Staats- und Verfassungstypus der konstitutionellen Monarchie, die auf dem Dualismus von monarchischer und demokratischer Legitimität, von Fürsten- und Volkssouveränität beruhte und kein alleiniges parlamentarisches Gesetzgebungsrecht kannte. Doch vermochten die Volksvertretungen ihre Position sukzessive und letztlich erfolgreich etwa vermittels der Ausdehnung der Gesetzgebung und vor allem der Forcierung ihres in zähen Kämpfen errungenen Budgetrechts zu steigern[52]. Bis zum Ende des 1. Weltkrieges gab es noch erhebliche Einschränkungen beim Wahlrecht, namentlich beim preußischen **Dreiklassenwahlrecht**, das weder gleich noch geheim noch unmittelbar war und natürlich auch die Frauen ausschloß. Im Vergleich hierzu stellte das Wahlrecht auf Reichsebene seit 1871 einen großen Fortschritt dar.

17 Erst nach 1918 wird dann die konsequente Ausgestaltung der staatlichen Ordnung Deutschlands nach dem demokratischen Prinzip möglich: ohne den Terminus »Demokratie« zu erwähnen, konstituiert sich die **Weimarer Reichsverfassung** als volkssouveräne Republik und setzt mit der Einbeziehung der Frauen endlich auch die Allgemeinheit der Wahl durch[53]. Neben die weitgehende Parlamentarisierung treten umfangreiche Vollmachten des volksgewählten Reichspräsidenten und ausgeprägt direktdemokratische Elemente, die freilich in ihrer Bedeutung – gerade für das Scheitern von Weimar – nicht überschätzt werden sollten (→ Rn. 20f.). Verbreitete Ablehnung der neuen Ordnung und Kontroversen um »Wesen und Wert der Demokratie«[54] bleiben indes symptomatisch für ihre mangelnde Verankerung in der Bevölkerung, vor allem in den führenden gesellschaftlichen und politischen Schichten.

II. Entstehung und Veränderung der Norm

18 Die **Entscheidung für eine parlamentarische Demokratie** bei der verfassungsrechtlichen Neugestaltung Westdeutschlands stand von Anbeginn **außer Streit**[55]. Entsprechende Vorgaben durch die »Frankfurter Dokumente« der Alliierten[56] trafen sich mit

---

gen, hrsg. v. R. Schöttle, 1997, S. 15 ff.; *R. v. Mohl*, Das Repräsentativsystem (1852), in: *Ders.*, Staatsrecht, Völkerrecht und Politik, Bd. 1, 1860, S. 367 ff. – Vgl. *H. Brandt*, Landständische Repräsentation im deutschen Vormärz, 1968, S. 242 ff., 255 ff.; *H. Boldt*, Deutsche Staatslehre im Vormärz, 1975, S. 156 ff., 233 ff.; *G. Goderbauer*, Theoretiker des deutschen Vormärz als Vordenker moderner Volksvertretungen, 1989, S. 85 ff., 98 ff. (v. Rotteck), 130 ff. (v. Mohl).

[52] Vgl. *J.-D. Kühne*, Volksvertretungen im monarchischen Konstitutionalismus (1814–1918), in: Schneider/Zeh, § 2 Rn. 19 ff.; *R. Wahl*, Die Entwicklung des deutschen Verfassungsstaates bis 1866, in: HStR I, § 1 Rn. 11 ff.; *H. Dreier*, Der Kampf um das Budgetrecht als Kampf um die staatliche Steuerungsherrschaft – Zur Entwicklung des modernen Haushaltsrechts, in: W. Hoffmann-Riem/E. Schmidt-Aßmann (Hrsg.), Effizienz als Herausforderung an das Verwaltungsrecht, 1998, S. 59 ff. (69 ff., 80 ff.).

[53] Maßgebliche zeitgenössische Beschreibung von *R. Thoma*, Das Reich als Demokratie, in: HdbDStR I, § 16 (dort S. 188 auch der Hinweis auf das Fehlen des Begriffs). Vgl. *C. Gusy*, Jura 1995, 226 ff.

[54] *H. Kelsen*, Vom Wesen und Wert der Demokratie, 2. Aufl. 1929; dazu und zur Gegenposition von Carl Schmitt *R. Mehring*, ARSP 80 (1994), 191 ff.; *H. Dreier*, Kelsens Demokratietheorie: Grundlegung, Strukturelemente, Probleme, in: R. Walter/C. Jabloner (Hrsg.), Kelsens Wege sozialphilosophischer Forschung, 1997, S. 79 ff. (90 ff.) m. w. N. → Rn. 60.

[55] *Kröger*, Verfassungsgeschichte, S. 23; s. auch *F.K. Fromme*, DÖV 1970, 518 (518).

[56] Abdruck des einschlägigen Dokumentes Nr. 1 in: JöR 1 (1951), S. 1 ff.; Parl. Rat I, S. 30 ff.; zu ihrer Bedeutung allgemein *W. Sörgel*, Konsensus und Interessen. Eine Studie zur Entstehung des Grundgesetzes (1969), 2. Aufl. 1985, S. 39 ff.; *W. Benz*, Von der Besatzungsherrschaft zur Bundesrepublik,

dem gleichlautenden Willen aller relevanten politischen Kräfte, in Sonderheit der großen Parteien[57]. Ebenso eindeutig und entschieden war die Zurückweisung von Konzepten der Volks- oder Rätedemokratie nach dem Muster des Ostblocks[58]. Diese Abgrenzung kam nicht zuletzt in der in vielen Entwürfen enthaltenen ausdrücklichen Hervorhebung der parlamentarischen Verantwortlichkeit der Regierung zum Ausdruck[59], die erst am 2. 5. 1949 durch den Allgemeinen Redaktionsausschuß gestrichen wurde; man ging wohl insoweit von einer hinlänglichen Deutlichkeit des VI. Abschnitts des Grundgesetzes aus[60].

Während der HChE noch keine dem späteren Art. 20 GG vergleichbare Grundsatzbestimmung vorgesehen hatte, wurden vor allem in der 11. und 20. Sitzung des Grundsatzausschusses des Parlamentarischen Rates die der späteren Endfassung schon sehr nahekommenden Entwürfe intensiv diskutiert[61]. Naturgemäß bewegten sich die Erörterungen zur Demokratie zumeist auf hoher Abstraktionsebene und erschöpften sich häufig in allgemeinen Bekenntnisformeln zur »klassischen« Demokratie. Eine etwas nähere Deutung erfuhr der **Gedanke der Volkssouveränität** durch Carlo Schmid. Das ganze Leben des Staates sollte »von dem Fundamentalsatz durchdrungen (sein), daß das Volk Träger aller Gewalt ist«; alle staatliche Gewaltausübung gehe zurück auf die originäre Volksgewalt; obrigkeitliche Befugnisse beruhten »nicht auf Privilegien, auf Erbrecht wie in der Monarchie, sondern auf dem Konsens des Volkes«; es gehe um die Benennung der letzten irdischen Quelle der Gewalt im Staate[62]. Diese Erläuterungen waren zum Teil gegen von kirchlicher Seite geäußerte Bedenken gerichtet, durch Sätze wie »Die Staatsgewalt geht vom Volke aus« werde geleugnet, daß alle Obrigkeit von Gott stamme und damit eine staatliche Allgewalt proklamiert[63]. 19

Großen Wert legte man von Anbegin darauf, daß die Ausübung der Staatsgewalt neben Wahlen und Abstimmungen »durch besondere Organe« ausgeübt werden sollte[64]. Damit hing der weitgehende **Ausschluß direktdemokratischer Elemente** wie Volksbegehren, Volksentscheid und Verfassungsreferendum zusammen (zur scheinbaren Ausnahme der Territorialplebiszite: → Rn. 95)[65]. Entsprechende Anträge von 20

1984, S. 156 ff.; *R. Mußgnug*, Zustandekommen des Grundgesetzes und Entstehen der Bundesrepublik Deutschland, in: HStR I, § 6 Rn. 22 ff.; *E.H.M. Lange*, Die Würde des Menschen ist unantastbar. Der Parlamentarische Rat und das Grundgesetz, 1993, S. 2 ff.

[57] Zu deren Verfassungsvorstellungen *F.K. Fromme*, DÖV 1970, 518 (519 f.); *I. Ebsen*, AöR 110 (1985), 2 (10 ff.); eingehend *Sörgel*, Konsensus (Fn. 56), S. 56 ff., 73 ff.; Parl. Rat II, S. XXXVff. (zur SPD), XLff. (zur CDU/CSU), XLIXff. (zu den Liberalen).

[58] Vgl. JöR 1 (1951), S. 195; Parl. Rat V, S. 290; dazu *F.K. Fromme*, DÖV 1970, 518 (521 f.); *Kröger*, Verfassungsgeschichte, S. 23.

[59] Ausdrücklich betont von *Bergsträßer*, Sitzung des Grundsatzausschusses v. 14. 10. 1948 (Parl. Rat V, S. 290). Vgl. die Fassungen in den verschiedenen Entwürfen: Parl. Rat VII, S. 97, 144, 220 f., 403.

[60] *Kröger*, Verfassungsgeschichte, S. 23 f.

[61] Dazu die Redebeiträge in Parl. Rat V, S. 288 ff., 521 ff.; Kurzfassung in JöR 1 (1951), S. 195 ff.

[62] Vgl. JöR 1 (1951), S. 196, 197, 198, 199; Parl. Rat V, S. 293, 524.

[63] Abdruck der Debatte in: Parl. Rat V, S. 291 ff., 523 ff.; zusammenfassend JöR 1 (1951), S. 196, 198.

[64] Vgl. hierzu Parl. Rat V, S. 292 f. (*C. Schmid*) und die einzelnen Entwürfe: Parl. Rat VII, S. 97, 144, 220 f., 403, 576.

[65] Gleichwohl herrschte im Grundsatzausschuß Einigkeit, daß man kein Monopol für die repräsentative Demokratie errichten wolle (Parl. Rat V, S. 293). Der HChE hatte in Art. 106 einen Volksentscheid nur, aber immerhin für Verfassungsänderungen vorgesehen (vgl. Parl. Rat II, S. 603). → Art. 79 II Rn. 4.

Zentrum und KPD wurden sowohl im Hauptausschuß (8.12.1948 und 5.5.1949) als auch im Plenum (6.5.1949 und 8.5.1949) mehrheitlich abgelehnt[66]. Ebensowenig konnte sich indes der Antrag v. Brentanos durchsetzen, den Satzteil »durch Abstimmungen« zu streichen, womit die Option des Grundgesetzes für (wenn auch erst qua Verfassungsänderung einzuführenden) Volksentscheidungen offengehalten wurde[67]. Des weiteren spielte in die gesamte Debatte die Frage hinein, ob das Grundgesetz einer Volksabstimmung unterworfen werden sollte[68]. Theodor Heuss prägte in den Beratungen schon früh die suggestive Formel von den Plebisziten als einer »**Prämie für jeden Demagogen**«[69]. Soweit nach einer gängigen Sichtweise der Verzicht auf plebiszitäre Elemente mit »Blick auf die agitatorischen Praktiken der extremistischen Parteien in der Weimarer Republik und des nationalsozialistischen Regimes«[70] erfolgte, hält dies einer genaueren Prüfung nicht völlig stand. Zum einen erweisen sich die angeblich negativen Weimarer Erfahrungen bei näherem Hinsehen als ebensowenig durchschlagend wie die Hinweise auf das Dritte Reich[71]. Auch ist nur schwer erklärbar, warum angesichts einer behaupteten historischen Lektion die vorgrundgesetzlichen Landesverfassungen so gut wie ausnahmslos Verfahren der Volksgesetzgebung und (obligatorische bzw. faktultative) Verfassungsreferenden kannten[72]. Von den vielen Faktoren für den Niedergang der Weimarer Republik kam den plebiszitären Verfassungselementen keine tragende Rolle zu[73]. Insofern bieten ›negative‹ **Weimarer Erfahrungen keine tragfähige Basis** für die Ablehnung der Einführung direktdemokratischer Handlungsformen in das Grundgesetz.

21 Tatsächlich dürften neben verfassungsgeschichtlichen Erwägungen **konkrete zeitgeschichtliche Umstände** eine nicht unerhebliche Rolle für die Ablehnung plebiszitärer Sachentscheidungsbefugnisse gebildet haben: in Zeiten des begonnenen Kalten

---

[66] Zum Hauptausschuß vgl.: Parlamentarischer Rat. Verhandlungen des Hauptausschusses, 1948/49, S.263ff., 756; zum Plenum vgl. Parl. Rat IX, S.471f., 592f. – Näher V. *Otto*, Das Staatsverständnis des Parlamentarischen Rates, 1971, S.159ff.; I. *Ebsen*, AöR 110 (1985), 2 (10); K. *Bugiel*, Volkswille und repräsentative Entscheidung, 1991, S.143ff., 147f.; G. *Jürgens*, Direkte Demokratie in den Bundesländern, 1993, S.293; O. *Jung*, Grundgesetz und Volksentscheid, 1994, S.286ff.
[67] Vgl. Parl. Rat IX, S.462; zur Bewertung *Bugiel*, Volkswille (Fn.66), S.146ff. → Rn.97ff.
[68] → Präambel Rn.52. S. dazu die Erläuterungen zu Art.144.
[69] Im Plenum des Parlamentarischen Rates am 9.9.1948 (Parl. Rat IX, S.111).
[70] *Kröger*, Verfassunsgeschichte, S.23; zahlreiche w.N. für diese noch heute sehr verbreitete Optik bei *Bugiel*, Volkswille (Fn.66), S.81f.
[71] Die wesentlichen Aspekte (zu ihnen eingehend und m.w.N. *Bugiel*, Volkswille [Fn.66], S.189ff., 200ff., 239ff., 252ff.; ferner I. *Strenge*, ZRP 1994, 271ff.; C. *Gusy*, Die Weimarer Reichsverfassung, 1997, S.90ff.): Geringe Anzahl der Volksbegehren und Volksentscheide; Möglichkeit der Demagogie und »Verführung« des Volkes auch bei Wahlen; mangelnde Einschlägigkeit des angeführten Beispieles der Auflösung des Preußischen Landtages; wenig überzeugende Hinweise auf USA und fehlende Tradition; keine Vergleichbarkeit nationalsozialistischer Plebiszite mit Volksabstimmungen in demokratischen Verfassungsstaaten; Übergewicht anderer Faktoren für das Scheitern Weimars.
[72] Eingehend dazu *Jung*, Grundgesetz (Fn.66), S.35ff., 140ff.; knapp *ders.*, APuZ, B 45/92, 16 (17ff., insb. 18: »Die Aufgeschlossenheit für die direkte Demokratie war gemeindeutscher Stand der Verfassungsgebung in der ersten Nachkriegszeit«); s. auch *Lange*, Würde (Fn.56), S.128: »bemerkenswerterweise schien das negative Erfahrungsgut von Weimar mit dem zeitlichen Abstand zu wachsen.«
[73] Das ist in der wissenschaftlichen Literatur mittlerweile gründlich aufgearbeitet: vgl. W. *Berger*, Die unmittelbare Teilnahme des Volkes an staatlichen Entscheidungen durch Volksbegehren und Volksentscheid, Diss. jur. Freiburg 1978, S.246ff., 279ff.; K.G. *Troitzsch*, Volksbegehren und Volksentscheid, 1979, S.130f.; W. *Frotscher*, DVBl. 1989, 541 (544); eingehend *Bugiel*, Volkswille (Fn.66), S.185ff. m.w.N.; C. *Gusy*, Jura 1995, 226 (227ff.); *ders.*, Weimarer Reichsverfassung (Fn.71), S.400ff.

Krieges wollte man KPD und SED keine (zusätzliche) Möglichkeit zur Agitation bieten und sich von deren plebiszitären Aktionen abgrenzen[74]. Allerdings darf dieser Erklärungsansatz nicht monokausal verengt werden[75]: z.B. sollten grundsätzliche Reserven des politischen Liberalismus (und z.T. auch der Sozialdemokratie) gegen Formen unmittelbarer Demokratie, föderale Bedenken, der provisorische Charakter des Grundgesetzes, ein Vertrauen in die Kraft repräsentativer Institutionen oder die Vermeidung einer Verantwortungsverweigerung der Abgeordneten als vielleicht nicht immer deutlich explizierte Motive nicht unberücksichtigt bleiben[76].

Bestrebungen in der GVK zur **Einführung direktdemokratischer Elemente** in das Grundgesetz sind gescheitert[77]. Schon die in den siebziger Jahren eingesetzte »Enquete-Kommission Verfassungsreform« des Deutschen Bundestages hatte eine Einführung nicht empfohlen[78]. Auch der Antrag, einen neuen Art. 20b GG zum **Minderheitenschutz** in das Grundgesetz einzuführen, fand in der GVK nicht die erforderliche Mehrheit[79].

22

So ist **normtextlich** das in Art. 20 GG verankerte **Demokratieprinzip** bislang **nicht verändert** worden. Auch unterlag es keinem fundamentalen interpretatorischem Wandel. Verschärfte Konturen hat es in jüngerer Zeit durch die Judikatur des Bundesverfassungsgerichts erhalten (→ Rn. 104 ff.).

23

B. Internationale, supranationale und rechtsvergleichende Bezüge

I. Internationales Recht

Gemäß Art. 21 Nr. 3 **AEMR** bildet der Wille des Volkes die Grundlage für die Autorität der öffentlichen Gewalt: »dieser Wille muß durch periodische und unverfälschte Wahlen mit allgemeinem und gleichem Wahlrecht bei geheimer Stimmabgabe oder in einem gleichwertigen freien Wahlverfahren zum Ausdruck kommen.« Die Garantie eines für die Demokratie zentralen freiheitlichen Wahlrechts (→ Rn. 88 ff.) im Sinne von »echten, wiederkehrenden, allgemeinen, gleichen und geheimen Wahlen« findet in Art. 25 lit. b **IPbpR** und in Art. 3 des (ersten) Zusatzprotokolls von 1952 zur **EMRK** (dort ist allerdings nur von »freien und geheimen Wahlen« die Rede) deutli-

24

---

[74] So das von *Jung*, Grundgesetz (Fn. 66), S. 277 ff., 281 vertretene »Quarantänekonzept«; s. bereits *ders.*, APuZ B 45/92, 15 (22 ff.). S. auch *Lange*, Würde (Fn. 56), S. 129; *U. Berlit*, KritV 76 (1993), 318 (340 f.).
[75] Insofern ist Kritik an der Analyse Jungs angebracht: vgl. *U.K. Preuß*, AöR 121 (1996), 280 (281 f.); *T. v. Danwitz*, Der Staat 35 (1996), 483 (484); *P.-L. Weinacht*, ZNR 19 (1997), 172 ff.
[76] Material für solche Deutungen findet sich bei *Jung*, Grundgesetz (Fn. 66), S. 23 ff., 231 ff., 265 f., 286 ff., 289 ff.
[77] Bericht in: BR-Drs. 800/93, S. 83 ff.; dazu etwa *U. Berlit*, KritV 76 (1993), 318 (320, 324 ff.); *ders.*, JöR 44 (1996), 17 (68); *R. Scholz*, ZG 9 (1994), 1 (28 ff.). – Vgl. auch die Vorschläge des VE-Kuratorium, S. 68 ff., 205 ff.
[78] Vgl. den Schlußbericht (BT-Drs. 7/5924), abgedruckt in: Zur Sache 3/1976, S. 52 ff.; dazu *D. Grimm*, Österreichische Zeitschrift für Politikwissenschaft 6 (1977), 397 (412); *R. Wahl*, AöR 103 (1978), 477 (487 ff.); *R. Grawert*, Der Staat 18 (1979), 229 (234 ff.). – Bemerkenswert die spätere Selbstkritik eines Kommissionssachverständigen: *E.-W. Böckenförde*, Demokratische Willensbildung und Repräsentation, in: HStR II, § 30 Rn. 15 m. Fn. 23 bezüglich der fehlenden eigenständigen Erörterung einer Volksbeteiligung bei Verfassungsänderungen.
[79] Eingehend *A.H. Stopp*, Das Grundgesetz und die Minderheitenschutzbestimmungen in deutschen Landesverfassungen, in: Jahrbuch zur Staats- und Verwaltungswissenschaft, Bd. 8/1995, 1996, S. 9 ff. (39 ff.).

chen Niederschlag. Über diese Aussagen hinausgehende ausdrückliche Garantien der Demokratie als Staatsordnung oder Bekenntnisse zu ihr waren in internationalen Pakten lange Zeit unüblich[80]. Grund hierfür ist das völkerrechtliche **Verbot der Einmischung in die inneren Angelegenheiten** anderer Staaten (vgl. Art. 2 Ziff. 7 UN-Charta)[81].

25 Unter dem Eindruck einer weltweiten Demokratisierungswelle im Anschluß an den Zusammenbruch des Sowjetimperiums sind insbesondere in der angelsächsischen Völkerrechtslehre Stimmen laut geworden, dem demokratischen Modell entweder als **Prinzip des Völkergewohnheitsrechts** Geltung zu verschaffen oder ein **Menschenrecht auf politische Partizipation** anzuerkennen[82]. Auf ähnlicher Linie erkennen nunmehr die Teilnehmerstaaten des Kopenhagener Treffens der Konferenz über die Menschliche Dimension der **KSZE** v. 29. 6. 1990[83] ausdrücklich an, »daß pluralistische Demokratie und Rechtsstaatlichkeit wesentlich sind für die Gewährleistung der Achtung aller Menschenrechte und Grundfreiheiten« (Präambel) und »bekräftigen, daß Demokratie ein wesentlicher Bestandteil des Rechtsstaates ist« (unter Nr. 3). In der **Charta von Paris** v. 21.11. 1990[84] verpflichten sich die Teilnehmerstaaten der KSZE-Konferenz, »die Demokratie als die einzige Regierungsform unserer Nationen aufzubauen, zu festigen und zu stärken« (Nr. I 1). Nach der Umwandlung der KSZE zur OSZE im Jahre 1995 hat diese Betonung der Demokratie weiteren Ausdruck durch die Einrichtung eines OSZE-Büros für Demokratische Institutionen und Menschenrechte in Warschau erfahren[85].

26 Gemeinsam mit anderen regionalen Erklärungen[86] belegen beide Dokumente, daß Demokratie heute weltweit ein wichtiges Element der Legitimitätsstiftung für die politische Ordnung ist, auf das kaum ein Staat verzichtet (→ Rn. 51). Des weiteren legen sie einen engen Bezug von **Menschenrechten und Demokratie** nahe, der in der Wissenschaft zwar nicht unumstritten ist (→ Rn. 74, 138), in den letzten Jahren aber vermehrt in deren Blickfeld rückt[87].

---

[80] Zu Reichweite und Umfang demokratischer Garantien im Kontext von Grundrechtsgewährleistungen vgl. *M. Nowak*, Politische Grundrechte, 1988, S. 128 ff.

[81] Dazu *Verdross/Simma*, Universelles Völkerrecht, § 93; *R. Geiger*, Grundgesetz und Völkerrecht, 2. Aufl. 1994, § 59 (S. 335 f.,), § 62 (S. 348 ff.).; *F. Ermacora*, in: B. Simma (Hrsg.), Charta der Vereinten Nationen, 1991, Art. 2 Ziff. 7 Rn. 40. S. auch *W. Grewe*, Epochen der Völkerrechtsgeschichte, 2. Aufl. 1988, S. 762, 772.

[82] Vgl. *W.M. Reisman*, AJIL 84 (1990), 866 ff.; *T. Franck*, AJIL 86 (1992), 46 ff.; *J. Crawford*, BYIL 1993 (1994), 113 (121 ff.). Ähnlich bereits *O. Höffe*, Menschenrechte und Legitimation der Demokratie, in: J. Schwartländer (Hrsg.), Menschenrechte und Demokratie, 1981, S. 241 (256 ff.). Aus der deutschen Diskussion jetzt *H. Köchler*, Democracy and the International Rule of Law, 1995.

[83] Abgedruckt in: B. Simma/U. Fastenrath (Hrsg.), Menschenrechte. Ihr internationaler Schutz, 3. Aufl. 1992, Nr. 52 (S. 480 ff.).

[84] Abdruck ebd. unter Nr. 53 (S. 500 ff.); dazu *P. Fischer/H.F. Köck*, Europarecht, 2. Aufl. 1995, S. 287 ff.

[85] *P. Schlotter*, APuZ B 5/1996, 27 (30).

[86] Art. 23 der Amerikanischen Menschenrechtskonvention von 1969; Art. 13 der Afrikanischen Charta der Menschen- und Völkerrechte von 1981; Resolution der Organisation amerikanischer Staaten zur repräsentativen Demokratie von 1991. Vgl. *J. Crawford*, BYIL 1993 (1994), 113 (114); *T. Franck*, AJIL 86 (1992), 46 (65 f.).

[87] *D. Shelton*, Representative Democracy and Human Rights in the Western Hemisphere, in: Human Rights Journal 12 (1991), 353 ff.; *S. Marks*, BYIL 1995 (1996), 209 ff.; *Dreier*, Kelsens Demokratietheorie (Fn. 54), S. 93 ff. Wesentliche Beiträge bereits in: Schwartländer, Menschenrechte (Fn. 82), insb. von *Delbrück, Ryffel, Kielmansegg* und *Höffe*.

II. Europäische Gemeinschaft und Demokratieprinzip

Für die Fragen nach Möglichkeit, Art und Maß des weiteren Ausbaus der Europäischen Union enthält das demokratische Prinzip »offensichtlich den Zentralschlüssel«[88]. Daher bedarf genauer Untersuchung, welche Struktur die Gemeinschaft aufweist (→ Rn. 28 ff.), wie sie demokratisch legitimiert werden kann (→ Rn. 37 ff.) und – gleichsam im Gegenzug – welchen europarechtlichen Einwirkungen Art. 20 II GG mit seinen verschiedenen Ausprägungen unterliegt (→ Rn. 46 ff.). 27

1. Die Struktur der Europäischen Gemeinschaft

Der Europäische Gerichtshof zählt das **Demokratiegebot** zu den **grundlegenden Verfassungsprinzipien der Gemeinschaft**, ohne ihm trennscharfe Konturen zu verleihen[89]. Die Erklärung der »Grundrechte und Grundfreiheiten des Europäischen Parlaments« von 1989[90] statuiert für die Gemeinschaft selbst in Art. 17 zunächst den Grundsatz der Volkssouveränität und schließt in den folgenden Absätzen die Garantie freier, unmittelbarer, geheimer Wahlen der Mitglieder des Europäischen Parlaments sowie das gleiche aktive und passive Wahlrecht für die europäischen Bürger an. De lege lata ist allerdings das Demokratiegebot für die Europäische Gemeinschaft selbst eher schwach ausgeprägt[91]. Der Verfassungsentwurf für eine Europäische Union des Institutionellen Ausschusses des Europäischen Parlaments sucht hier Abhilfe zu schaffen[92]. 28

Gemäß **Art. F Abs. 1 EUV a.F.** achtete die Union die nationale Identität ihrer Mitgliedstaaten, »deren Regierungssysteme auf demokratischen Grundsätzen beruhen«[93]. Die Neufassung durch den Amsterdamer Vertrag proklamiert in **Art. 6 EUV** 29

---

[88] *C. Tomuschat*, DVBl. 1996, 1073 (1078); s. auch *H.-J. Cremer*, EuR 1995, 21 (22): »zentrale verfassungsrechtliche Frage, (...) ob und inwieweit das Demokratieprinzip des Art. 20 Abs. 2 GG der europäischen Integration Schranken setzt«. → Rn. 50.

[89] EuGHE 1980, 3333 (3360/Rn. 33) – *Roquette Frères*; 3393 (3424/Rn. 34) – *Maizena*; 1991, I-2867 (2900/Rn. 20); 1995, I-643 (668/Rn. 21); 1995, I-1827 (1851 f./Rn. 17). Vgl. (insofern weitgehend übereinstimmend) *P. Häberle*, EuGRZ 1991, 261 (263 ff.); *M. Zuleeg*, in: Groeben/Thiesing/Ehlermann, EWGV, Präambel Rn. 9, Art. 1 Rn. 48; *ders.*, JZ 1993, 1069 (1070); *C. D. Classen*, AöR 119 (1994), 238 ff.; *A. Randelzhofer*, Zum behaupteten Demokratiedefizit der Europäischen Gemeinschaft, in: P. Hommelhoff/P. Kirchhof (Hrsg.), Der Staatenverbund in der Europäischen Union, 1994, S. 39 ff. (44 f.). Kritisch zum Abstellen auf die EuGH-Rechtsprechung *W. Kluth*, Die demokratische Legitimation der Europäischen Union, 1995, S. 67.

[90] Abgedruckt bei Simma/Fastenrath, Menschenrechte (Fn. 83), Nr. 46 (S. 410 ff.); zur »Demokratieerklärung« des Europäischen Rates vom 7./8. April 1978 (Bull.EG 3/1978, S. 5) vgl. *J. A. Frowein*, EuR 1983, 301 (309); *G. Ress*, Über die Notwendigkeit einer parlamentarischen Legitimierung der Rechtsetzung der Europäischen Gemeinschaften, in: GedS Geck, 1989, S. 625 ff. (632).

[91] So im Ergebnis *Ress*, Parlamentarische Legitimierung (Fn. 90), S. 643 ff.; *Kluth*, Legitimation (Fn. 89), S. 67 f.; *P. M. Huber*, Recht der Europäischen Integration, 1996, S. 232; *M. Kaufmann*, Europäische Integration und Demokratieprinzip, 1997, S. 100 ff.; ebenso *M. Zuleeg*, JZ 1993, 1069 (1073) und gegen ihn *Randelzhofer*, Demokratiedefizit (Fn. 89), S. 41 ff., 46, der sich gegen jede verbindliche Herleitung eines allgemeinen Demokratiegebotes aus den Verträgen wendet.

[92] Abgedruckt und kritisch kommentiert bei *Kluth*, Legitimation (Fn. 89), S. 127 ff., 101 ff.; s. auch *R. Streinz*, Das Europäische Parlament im demokratischen Legitimationsprozeß der Europäischen Gemeinschaft, in: H. Oberreuter (Hrsg.), Parlamentarische Konkurrenz?, 1996, S. 49 ff. (52 f.).

[93] Zu möglichen Konsequenzen eines solchen Mindeststandards für das Recht der Gemeinschaften schon *J. A. Frowein*, EuR 1983, 301 (304, 310 f.); später *E. Klein*, Der Verfassungsstaat als Glied einer europäischen Gemeinschaft, VVDStRL 50 (1991), S. 56 ff. (77); *Streinz*, Europarecht, Rn. 92 f.

(kons. Fassung) nunmehr, daß die Union selbst auf den Grundsätzen der Freiheit, der Demokratie, der Achtung der Menschenrechte und Grundfreiheiten sowie der Rechtsstaatlichkeit beruhe und diese Grundsätze allen Mitgliedstaaten gemeinsam seien; die Achtung der nationalen Identität wird zu Art. F III (Art. 6 III n. F.). Art. F.1 (Art. 7 n. F.) sieht ein komplexes Verfahren zur Wahrung der genannten Grundsätze vor, deren Verletzung äußerstenfalls zur Suspension von Mitgliedschaftsrechten führen kann. Ob hier nunmehr eine **Art supranationaler Homogenitätsklausel** mit entsprechender Gewährleistungs- oder Aufsichtskompetenz (→ Art. 28 Rn. 28) vorliegt[94], wird man schon hinsichtlich der zu befürchtenden geringen Effizienz der Regel eher **skeptisch** beurteilen müssen.

30 Art. 23 I 1 GG (sog. Struktursicherungsklausel) spricht aus reziprok mitgliedstaatlicher Perspektive von »demokratischen Grundsätzen«, denen die Europäische Union verpflichtet sein muß (→ Art. 23 Rn. 47ff.; → Art. 28 Rn. 28).

31 Von grundlegender Bedeutung bleibt ungeachtet dessen die Einsicht, daß die **Struktur der Europäischen Gemeinschaft (noch) nicht derjenigen parlamentarischer Demokratien entspricht**: sie verfügt über andersartige Organe und eine den Mitgliedstaaten unbekannte Funktionszuordnung[95]. Aus diesem Grund hat sich auch die im Rahmen der Diskussion um die Europäische Verteidigungsgemeinschaft vertretene Auffassung von der »**strukturellen Kongruenz**«[96] ebensowenig durchsetzen können wie die abgeschwächte These von der »**Homogenität der Wertvorstellungen**«[97]. Auch der neue Europartikel des Grundgesetzes ändert daran nichts (str.; → Art. 23 Rn. 51ff.).

32 a) So ist das **Europäische Parlament** nicht höchstes und bedeutendstes Repräsentativorgan eines einheitlichen gesamteuropäischen Volkes. Wiewohl seit 1979 direkt gewählt, bestehen nach wie vor nationale Sitzkontingente, die zu einer signifikanten Ungleichheit der Wahlstimmen führen[98]. Außerdem fehlt es entgegen Art. 138 III (190

---

[94] Bezüglich des normativen Gehaltes der alten Fassung war man sehr zurückhaltend: *M. Zuleeg*, in: Groeben/Thiesing/Ehlermann, EWGV, Art. 1 Rn. 25; *M. Hilf*, in: Grabitz/Hilf, EUV, Art. F (1995), Rn. 18. Vgl. *H.P. Ipsen*, Über Verfassungs-Homogenität in der Europäischen Gemeinschaft, in: FS Dürig, 1990, S. 159ff. (179ff.); *Klein*, Verfassungsstaat (Fn. 93), S. 77ff. – Siehe aber auch *I. Pernice*, Harmonization of Legislation in Federal Systems: Constitutional, Federal and Subsidiarity Aspects, in: ders. (Ed.)., Harmonization of Legislation in Federal Systems, 1996, S. 9ff. (29ff.) sowie *M. Heintzen*, EuR 1997, 1 (5ff.).

[95] Vgl. (auch zum folgenden) *H.P. Ipsen*, EuR 1987, 195 (200ff.); *Nicolaysen*, Europarecht I, S. 79ff.; *Streinz*, Europarecht, Rn. 226ff.; *M. Zuleeg*, JZ 1993, 1069 (1073); *G.F. Schuppert*, StWStP 5 (1994), 35 (46ff.); *D. Grimm*, JZ 1995, 581 (586f.); *M.F. Commichau*, Nationales Verfassungsrecht und europäische Gemeinschaftsverfassung, 1995, S. 110ff.; umfangreich *Kluth*, Legitimation (Fn. 89), S. 90ff.; *Kaufmann*, Integration (Fn. 91), S. 103ff.

[96] Vgl. namentlich *H. Kraus*, Das Erfordernis struktureller Kongruenz zwischen der Verfassung der Europäischen Verteidigungsgemeinschaft und dem Grundgesetz, in: Der Kampf um den Wehrbeitrag, Bd. II, 1953, S. 545ff. (551ff.).

[97] Vertreten von *Ress*, Parlamentarische Legitimierung (Fn. 90), S. 670ff.; wie hier *Randelzhofer*, Demokratiedefizit (Fn. 89), S. 47ff. m.w.N.; a.A. *U. Di Fabio*, Der Staat 32 (1993), 191 (199). Überblick bei *O. Rojahn*, in: v. Münch/Kunig, GG II, Art. 23 Rn. 20.

[98] Zur Rechtfertigung BVerfG (3. Kammer des Zweiten Senats) NJW 1995, 2216; zustimmend *H.H. Rupp*, NJW 1995, 2210f., kritisch *C. Lenz*, NJW 1996, 1328f. und *Huber*, Integration (Fn. 91), S. 212, 234. – S. auch *J. Isensee*, Europäische Union – Mitgliedstaaten, in: Konferenz der deutschen Akademien der Wissenschaften (Hrsg.), Europa – Idee, Geschichte, Realität, 1996, S. 71ff. (85): »Der ›ponderierte‹ Verteilungsschlüssel gleicht gegenläufige Maximen aus, die Parität der Staaten und die Egalität der Bürger.« Zur Sitzverteilung ausführlich *F. Emmert*, Europarecht, 1996, S. 196ff.

IV n. F.) EGV nach wie vor an einem einheitlichen Wahlrecht aller Mitgliedstaaten[99]. Insgesamt ähnelt das Europäische Parlament zur Zeit immer noch (und trotz Art. 8b II [19 II n. F.] EGV) eher einer »Staatenversammlung« als dem höchsten Repräsentationsorgan eines einheitlichen Wahlvolkes (ein Status, auf den es sich möglicherweise hinbewegt): es ist nach wie vor **mehr Staatenvertretung als Volksvertretung**. Die wichtigste Differenz zu den Mitgliedstaaten besteht darin, daß das Europäische Parlament nicht zentrale Instanz des Gesetzgebungs- bzw. Normsetzungsprozesses der Gemeinschaft ist, was die neuen, aber schwachen Mitwirkungsrechte gemäß Art. 189b, 189c (251, 252 n. F.) EGV wiederum deutlich werden lassen. Das Budgetrecht sowie die Beteiligungsrechte bei der Wahl der Kommission werden dem Parlament gleichwohl zunehmend stärkeres Gewicht vermitteln[100].

b) Die aus unabhängigen, weisungsfreien Mitgliedern bestehende **Kommission** kann nicht als eine Art von parlamentarisch gebundener Regierung begriffen werden. Zwar sind die Einflußrechte des Europäischen Parlaments gesteigert (vgl. Art. 158 II [214 II n. F.] EGV) und ließen sich bei Ausschöpfung des EGV noch deutlich vergrößern; gleichwohl bildet die Kommission keine von parlamentsbeschlossenen Normen oder sonstigen Direktiven abhängige »vollziehende Gewalt«, sondern eine mit dem alleinigen Initiativrecht ausgestattete, von Rat und Parlament weitgehend unabhängige **Normvorschlags- und Normsetzungsinstanz** höchster Bedeutung. Weder mit nationalen Ministerialbürokratien noch mit Sonderbehörden vergleichbar, liegt in dieser »transnationalen Fusionsbürokratie«[101] der institutionelle Arbeitsschwerpunkt der Gemeinschaft[102].

33

c) Weiterhin wäre auch der **Ministerrat** mißverstanden, wenn man in ihm eine Art von föderaler Kammer mit entsprechenden Kontroll- und Mitspracherechten gegenüber der Rechtsetzung einer höheren, bundesstaatlichen Ebene sehen wollte. Vielmehr bildet dieses Gremium der Vertreter der Mitgliedstaaten das formelle Hauptrechtsetzungsorgan und bestimmt – neben dem insofern noch bedeutenderen »Europäischen Rat« der Regierungschefs – die politische Programmatik und den weiteren Gesamtkurs der **Gemeinschaft**[103], die also **insgesamt stark exekutivisch geprägt** ist.

34

---

[99] Zur Gemeinschaftsrechtswidrigkeit eingehend *C. Lenz*, Ein einheitliches Verfahren für die Wahl des Europäischen Parlaments – Unverwirklichte Vorgabe der Gemeinschaftsverträge, 1995, S. 43 ff.; s. auch *Huber*, Integration (Fn. 91), S. 211 f.

[100] Zum entsprechenden Entwicklungspotential *I. Pernice*, Die Verwaltung 26 (1993), 449 (475 ff., 483 ff.); *R. Bandilla/J.-P. Hix*, NJW 1997, 1217 (1217); speziell zum Budgetrecht *T. v. d. Vring*, Die Verteilung der budgetären Kompetenzen in der Europäischen Union, in: Jahrbuch zur Staats- und Verwaltungswissenschaft 8/1995, 1996, S. 203 ff.; *S. Magiera*, Das Europäische Parlament als Garant demokratischer Legitimation in der Europäischen Union, in: FS Everling, 1995, S. 789 ff. (799 f.). Deutlich zurückhaltender *H.C. Röhl*, EuR 1994, 409 (416 ff., 434 f.); ähnlich *Kaufmann*, Integration (Fn. 91), S. 260 ff. (284 ff.).

[101] So *M. Bach*, ZfS 21 (1992), 16 (21 ff.); s. auch *M.R. Lepsius*, Modernisierungspolitik als Institutionenbildung: Kriterien institutioneller Differenzierung, in: ders., Interessen, Ideen und Institutionen, 1990, S. 53 ff.

[102] Vgl. *W. v. Simson/J. Schwarze*, Europäische Integration und Grundgesetz, in: HdbVerfR, § 4 Rn. 29: »Die Gesetzgebung durch den Ministerrat besteht im wesentlichen darin, den Vorschlägen der Kommission, also der eigentlichen Regierung, rechtliche Bindung zu verschaffen.« Konkrete Zahlen bei *M. Bach*, ZfS 21 (1992), 16 (20); s. auch *H.C. Röhl*, EuR 1994, 409 (415 f.).

[103] Zur derzeit notwendigen zentralen Rolle des Rates etwa *U. Everling*, Diskussionsbeitrag, in: Hommelhoff/Kirchhof, Staatenverbund (Fn. 89), S. 61 ff. (62); *D. Grimm*, JZ 1995, 581 (582); *Kluth*, Legitimation (Fn. 89), S. 94, 110; *Huber*, Integration (Fn. 91), S. 78 f. – Speziell zur Rolle des Europäi-

35 d) Schließlich ist die **Gerichtsbarkeit** der Europäischen Gemeinschaft (EuGH und mittlerweile EuG) anders organisiert als die hierarchisch gestufte und funktionell differenzierte Gerichtsbarkeit der Bundesrepublik oder anderer Mitgliedstaaten[104]. Zur Stärkung des genuin europäischen Legitimationsstrangs (→ Rn. 44) erscheint freilich eine Beteiligung des Europäischen Parlaments an der Kreation der Richter geboten[105].

36 Diese Besonderheiten verbieten es, die Strukturen nationaler (parlamentarischer oder präsidialer) Demokratien einfach auf die Gemeinschaft zu übertragen[106] und deren oft und viel zu pauschal beklagtes **Demokratiedefizit** schlicht durch signifikante Kompetenzsteigerung des Europäischen Parlaments beheben zu wollen[107]. Auch das Bundesverfassungsgericht konstatiert, daß in einer supranationalen Ordnung »demokratische Legitimation nicht in gleicher Form hergestellt werden (kann) wie innerhalb einer durch eine Staatsverfassung einheitlich und abschließend geregelten Staatsordnung.«[108] Da andererseits einer Fortentwicklung der Gemeinschaft hin zu stärker (bundes-)staatlichen Strukturen auf absehbare Zeit soziokulturelle, politische und auch verfassungsrechtliche Schranken gesetzt sind, bedarf es vielmehr komplexerer Modelle und Gestaltungen, die sich der besonderen Eigenart einer zwischenstaatlichen Einrichtung als angemessen erweisen. Entsprechend schwierig und differenziert gestaltet sich die Antwort auf die Frage der demokratischen Legitimation der Gemeinschaft und ihrer Rechtsakte (→ Rn. 39 ff.).

2. Die demokratische Legitimation der Europäischen Gemeinschaft und des Europäischen Gemeinschaftsrechts

37 Die Frage nach der demokratischen Legitimation der Europäischen Gemeinschaft und des von ihr gesetzten Rechts läßt sich aufspalten in die Frage nach der Legitimations-

---

schen Rates *Oppermann,* Europarecht, Rn. 266 ff. – Skeptisch mit Blick auf das Demokratieprinzip *R. Bieber,* in: Groeben/Thiesing/Ehlermann, EWGV, Art. 4 Rn. 7, 25.

[104] Allgemein zu Besonderheiten von EuGH und EuG: *K. Brandt,* JuS 1994, 300ff.; *Streinz,* Europarecht, Rn. 327ff. – Speziell zur Funktion der beiden Gerichte *I. Pernice,* in: Grabitz/Hilf, EGV, Art. 164 (1995), Rn. 2ff., 17ff., 34 ff.; speziell zur demokratischen Legitimation *V. Epping,* Der Staat 36 (1997), 349ff.

[105] Dieser Vorschlag bei *I. Pernice,* EuR 1996, 27 (42 m. Fn. 82). Noch weitergehend *V. Epping,* Der Staat 36 (1997), 349 (375ff.), der zusätzlich eine Angleichung des nationalen Auswahlverfahrens an die Bestellung der jeweils obersten Gerichte für notwendig hält. Kritisch zum derzeitigen Auswahlverfahren auch *K. Doehring,* DVBl. 1997, 1133 (1135).

[106] Dagegen bereits *P. Badura,* Bewahrung und Veränderung demokratischer und rechtsstaatlicher Verfassungsstruktur in den internationalen Gemeinschaften, VVDStRL 23 (1964), S. 34ff. (38); aus heutiger Sicht *U. Everling,* Diskussionsbeitrag, in: Hommelhoff/Kirchhof, Staatenverbund (Fn. 89), S. 61: »Kein Mitgliedstaat kann seine Verfassung zum Maßstab der Gemeinschaft erheben. Es gibt, trotz der Neufassung des Art. 23 GG, keine strukturelle Kongruenz mit dem Grundgesetz«.

[107] Dagegen zu Recht *H.-P. Ipsen,* EuR 1987, 195 (205ff.); *ders.,* VVDStRL 50 (1991), S. 141ff. (143f.); *ders.,* Die europäische Integration in der deutschen Staatsrechtslehre, in: FS Börner, 1992, S. 163ff. (171ff., z.B. 174: »andere Gestaltungen demokratischer Legitimierung als eben die volle Parlamentarisierung«; 176: »Verstaatlichungs-Aktionismus«); *v. Simson/Schwarze* (Fn. 102), § 4 Rn. 34 erachten »eine allgemeine Legitimation der Hoheitsgewalt durch die gewohnte parlamentarische Einsetzung und Kontrolle als problematisch«; skeptisch auch *D. Grimm,* JZ 1995, 581 (587 m.w.N.); *H.-J. Cremer,* EuR 1995, 21 (38f.). Differenzierend *H. Steinberger,* Der Verfassungsstaat als Glied einer europäischen Gemeinschaft, VVDStRL 50 (1991), S. 9ff. (39ff.); *I. Pernice,* Die Verwaltung 26 (1993), 449 (465ff.).

[108] BVerfGE 89, 155 (182); allgemein auch E 58, 1 (41); *H.P. Ipsen,* Die Bundesrepublik Deutschland in den Europäischen Gemeinschaften, in: HStR VII, § 181 Rn. 9, 65.

bedürftigkeit einerseits, der Legitimationsfähigkeit andererseits. Die **Legitimationsbedürftigkeit** ist ohne weiteres zu bejahen und wird nicht ernsthaft in Frage gestellt: die EG ist ein politisches Herrschaftssystem eigener Art, dessen aus autonomer Quelle fließendes Recht prinzipiellen Vorrang gegenüber den nationalen Rechtsordnungen genießt (→ Vorb. Rn. 25; → Art. 23 Rn. 26 ff.) und dort – anders als bei völkerrechtlichen Vertragsbeziehungen – ohne weitere Umsetzungs- oder Transformationsakte unmittelbare Geltung beansprucht, insbesondere die Bürger der Gemeinschaft direkt berechtigen und verpflichten kann[109]. Für diese eigengeartete, mit »Durchgriffswirkung« ausgestattete autonome Hoheitsgewalt kommt keine andere als eine demokratische Legitimation (wie etwa: Tradition, Charisma, bürokratisch-technokratische Rationalität) in Betracht[110].

Gravierende Probleme wirft indes die Frage nach der demokratischen **Legitimationsfähigkeit** der Gemeinschaft auf. Insofern leuchtet zunächst ein, daß deren besondere Hoheitsgewalt nicht einfach der »Staatsgewalt« im Sinne des Art. 20 II GG pauschal zugeschlagen und in vollem Umfang der demokratischen Legitimation durch das deutsche Volk bedürftig erachtet wird[111]. Denn die Hoheitsgewalt einer supranationalen Einrichtung gründet sich auf das **Einverständnishandeln mehrerer Staaten** und damit »notwendig auf die Legitimation durch mehrere Staatsvölker«[112], kann also nicht als ausschließlich vom deutschen Volk zu legitimierende Staatsgewalt angesehen werden. Andererseits beruht die Geltung des Gemeinschaftsrechts in Deutschland letztlich auf dem (allerdings nicht ohne weiteres und wohl nicht einseitig rücknehmbaren) Rechtsanwendungsbefehl der deutschen Zustimmungsgesetze[113]; die Gemeinschaft kann mangels Staatsqualität nicht vollständig auf ein eigenes, gewissermaßen selbsttragendes Legitimationsgefüge bauen. Solange es keine einheitliche europäische Öffentlichkeit, keine einheitliche Verbands-, Presse- und Medienstruktur und keine einheitliche europäische Sprache gibt, fehlt es an Grundvoraussetzungen für ein europäisches Gesamtvolk, das allein kraft parlamentarischer Repräsentation einer europäischen Hoheitsgewalt nach nationalstaatlichem Muster demokratische Legitimität

38

---

[109] BVerfGE 31, 145 (173 f.); 58, 1 (28); 73, 339 (374 f.); 75, 223 (244 f.); *A. v. Bogdandy/M. Nettesheim*, in: Grabitz/Hilf, EGV, Art. 1 (1994), Rn. 32 ff.; *Nicolaysen*, Europarecht I, S. 28 ff.; *Schweitzer*, Staatsrecht III, Rn. 387 ff.; speziell zur unmittelbaren Wirkung von Richtlinien *H.-D. Jarass*, NJW 1990, 2420 ff.

[110] Vgl. *W. v. Simson*, EuR 1991, 1 (9); *ders./Schwarze* (Fn. 102), § 4 Rn. 33; *D. Murswiek*, Der Staat 32 (1991), 161 (161); *G. Haverkate*, Diskussionsbeitrag, in: Hommelhoff/Kirchhof, Staatenverbund (Fn. 89), S. 155 ff. (156); *D. Grimm*, JZ 1995, 581 (585 f.); wohl auch *Isensee*, Europäische Union (Fn. 98), S. 84; *S. Magiera*, Das Europäische Parlament als Garant demokratischer Legitimation in der Europäischen Legitimation, in: FS Everling, 1995, S. 789 ff. (792); *Streinz*, Parlament (Fn. 92), S. 65; *Kluth*, Legitimation (Fn. 89), S. 45 ff.; *C. Tomuschat*, DVBl. 1996, 1073 (1081); *R. Bandilla/J.-P. Hix*, NJW 1997, 1217 (1217); speziell zur Untauglichkeit einer funktionalistischen Legitimation *Kaufmann*, Integration (Fn. 91), S. 287 ff., 333 ff.

[111] So aber offenbar *P.M. Huber*, Maastricht – ein Staatsstreich?, 1993, S. 21, 32 (dagegen zu Recht *C.D. Classen*, AöR 119 [1994], 238 [241 f.]; *H.-J. Cremer*, EuR 1995, 21 [26]); vorsichtiger indes *P. Kirchhof*, Der deutsche Staat im Prozeß der europäischen Integration, in: HStR VII, § 183 Rn. 61. – Konträre Position bei *K. Doehring*, ZRP 1993, 98 (99): »Art. 20 GG muß gelesen werden: Alle Staatsgewalt geht vom Volke aus, soweit nicht nach Art. 24 GG die deutsche Staatsgewalt nicht mehr zuständig ist«.

[112] *H.-J. Cremer*, EuR 1995, 21 (26); s. auch *Herzog*, (Fn. 26), Art. 20 II Rn. 111; *v. Simson/Schwarze* (Fn. 102), § 4 Rn. 25.

[113] BVerfGE 75, 223 (244 f.); *Kirchhof* (Fn. 111), § 183 Rn. 63; *H. Steinberger*, Anmerkungen zum Maastricht-Urteil des Bundesverfassungsgerichts, in: Hommelhoff/Kirchhof, Staatenverbund (Fn. 89), S. 25 ff. (28); *H.-J. Cremer*, EuR 1995, 21 (28).

spenden könnte[114]. Eine hinlängliche demokratische Legitimation der EG, in Sonderheit des sekundären Gemeinschaftsrechts, kann letztlich nur im Zusammenspiel, in der wechselseitigen Stützung und Ergänzung zwischen nationalen und gemeinschaftsrechtlichen Organen erreicht werden: es sind **zwei komplementäre demokratische Legitimationsstränge** wirksam[115].

39 So verliert **Art. 20 II GG** für die demokratische Legitimation der Gemeinschaft nicht jegliche Bedeutung, unterliegt aber zugleich **Modifikationen und Restriktionen**, die der im supranationalen Bereich besonders gearteten Rechts- und Verfassungslage Rechnung tragen. Für die insofern zu unterscheidenden nationalen gemeinschaftsbezogenen Rechtsakte und die Rechtsakte der Gemeinschaft selbst ergeben sich die im folgenden zu nennenden Konsequenzen und Zuordnungen.

40 Als vergleichsweise **unproblematisch** erweisen sich die **Akte der Begründung, Erweiterung und Veränderung** des primären Gemeinschaftsrechts[116], da diese im Wege völkervertraglicher Vereinbarung erfolgen und insofern eines parlamentarischen Zustimmungsgesetzes bedürfen[117]. Der darin enthaltene Rechtsanwendungsbefehl umfaßt auch die gegebenenfalls unmittelbare Anwendbarkeit des primären Gemeinschaftsrechts. Im Zustimmungsgesetz ruht dem Bundesverfassungsgericht zufolge »die demokratische Legitimation sowohl der Existenz der Staatengemeinschaft selbst als auch ihrer Befugnisse zu Mehrheitsentscheidungen, die die Mitgliedstaaten binden.«[118] Nicht verkannt werden darf indes, daß die EU ihre Existenz und ihre Kompetenzen bei genauer Betrachtung einem demokratischen Gesamtakt der Parlamente bzw. Völker der Mitgliedstaaten verdankt.

41 Hinzutritt ungeachtet dieser Fundierung durch (Gründungs-, Erweiterungs- und Veränderungs-)Verträge im Falle des **sekundären Gemeinschaftsrechts** die jeweilige **parlamentarisch-demokratische Legitimierung** der Vertreter der Mitgliedsstaaten im Ministerrat. Denn diese sind als Mitglieder der Regierung entweder direkt oder wie in der Bundesrepublik mittelbar durch die Wahl des Kanzlers demokratisch legitimiert

---

[114] Eingehend *D. Grimm*, JZ 1995, 581 (587 ff. m. w. N.); dagegen etwa *J. Habermas*, European Law Journal 1995, 303 (305 f.): Ausbildung einer europäischen Öffentlichkeit pro futuro; *R. Bandilla/J.-P. Hix*, NJW 1997, 1217 (1217).

[115] So im Kern *W. v. Simson*, EuR 1991, 1 (11 ff.); eingehend zum »Parallelismus« von unmittelbarer und mittelbarer demokratischer Legitimation *I. Pernice*, Die Verwaltung 26 (1993), 449 (466 ff., 483 ff.). Zur Zweigleisigkeit auch *J. Schwarze*, JZ 1993, 585 (588 f.); *Steinberger*, Anmerkungen (Fn. 113), S. 28; *Everling*, Diskussionsbeitrag (Fn. 106), S. 63; *H.-J. Cremer*, EuR 1995, 21 (37 f.); *S. Oeter*, ZaöRV 55 (1995), 659 (681 ff.); *Streinz*, Europarecht, Rn. 283a. Nur im Ansatz ähnlich *Isensee*, Europäische Union (Fn. 98), S. 85 f., der S. 86 die legitimationsspendende Kraft ausschließlich aus mehreren nationalen Quellen, nicht aber – und wohl noch nicht einmal zusätzlich – aus einer supranationalen fließen sieht und die vielen Legitimationssubjekte außerhalb des supranationalen Systems verortet.

[116] Vgl. *Schweitzer*, Staatsrecht III, Rn. 251 ff.; *Streinz*, Europarecht, Rn. 64 ff., 70 ff.; *H.-C. Cremer*, EuR 1995, 21 (27); *P. M. Huber*, Die parlamentarische Demokratie unter den Bedingungen der europäischen Integration, in: ders./W. Mößle/M. Stock (Hrsg.), Zur Lage der parlamentarischen Demokratie, 1995, S. 105 ff. (115).

[117] Dieses kann nunmehr mit guten Gründen allein auf Art. 23 GG und muß nicht (länger) auf Art. 59 II GG gestützt werden: *R. Geiger*, JZ 1996, 1093 ff. → Art. 23 Rn. 82 ff.

[118] BVerfGE 89, 155 (184). – Gerade für die grundsätzliche Legitimationsfrage wird man aber auch das Staatsziel der Europäischen Union, wie es in der Präambel und Art. 23 GG zum Ausdruck kommt, nicht unberücksichtigt lassen dürfen.

und unterliegen wegen des Grundsatzes der Ministerverantwortlichkeit prinzipiell der parlamentarischen Kontrolle[119].

Diese beim derzeitigen Stand der Integration noch unentbehrliche »Rückbindungan die nationalen Parlamente und die parlamentarisch verantwortlichen Vollzugsorgane«[120] läßt sich über pauschale Wahlakte und allgemeine Rechenschaftspflichten hinaus in Richtung einer stärkeren Mitwirkung an der Entscheidung der Sachfragen stärken und intensivieren, wie dies im Falle des Bundestages durch neue Vorkehrungen im Grundgesetz ansatzweise ermöglicht wird (→ Art. 23 Rn. 104ff.)[121]. Maßgebliche Bedeutung für die demokratische Legitimation insbesondere des **sekundären EG-Rechts** hat also der Umstand, daß die **Mitgliedstaaten demokratisch verfaßt** sind[122]. Hier liegen weiterhin wichtige Quellen demokratischer Legitimitätsstiftung in der Gemeinschaft, wenngleich diese markante Veränderungen nicht zu überspielen vermögen (→ Rn. 49f.).

Das **Demokratieprinzip hindert nicht an der Mitgliedschaft** in einer supranational organisierten zwischenstaatlichen Einrichtung[123]. Dies mag insbesondere solange für unproblematisch gehalten werden, als die Entscheidungen auf Gemeinschaftsebene der **Einstimmigkeit** bedürfen und damit eine **Veto-Möglichkeit** für jeden nationalen Vertreter und damit auch für denjenigen Deutschlands besteht[124]. Indes bleibt schon insofern zu bedenken, daß die deutschen Vertreter im Rat stets auch und zugleich als Mitglieder eines Gemeinschaftsorgans handeln und von daher einer Doppelbindung unterliegen (zu Folgen für die relativierte Grundrechtsbindung: → Art. 1 III Rn. 5ff.).

42

---

[119] Vgl. *Everling,* Diskussionsbeitrag (Fn. 106), S. 63; *Steinberger,* Anmerkungen (Fn. 113), S. 27 mit dem richtigen Hinweis, man habe es heute nicht mehr mit den »parlamentarisch nicht rückgebundenen Kabinetten des 19. Jahrhunderts zu tun«; ähnlich *Kluth,* Legitimation (Fn. 89), S. 96. Im Ergebnis auch *J.A. Frowein,* EuR 1983, 301 (305f.); *Huber,* Integration (Fn. 91), S. 78f. – Kritisch *M. Zuleeg,* JZ 1993, 1069 (1073). Vgl. jüngst *T. Schilling,* DVBl. 1997, 458 (459ff.); *Kaufmann,* Integration (Fn. 91), S. 381ff.

[120] *Kirchhof* (Fn. 111), § 183 Rn. 61.

[121] *Steinberger,* Anmerkungen (Fn. 113), S. 27; *I. Pernice,* Deutschland in der Europäischen Union, in: HStR VIII, § 191 Rn. 39; dazu Ideen und Vorschläge bei *R. Streinz,* DVBl. 1989, 949 (961); *ders.,* Parlament (Fn. 92), S. 61ff.; *Klein,* Verfassungsstaat (Fn. 93), S. 75f.; *ders.,* Das Konkurrenzverhältnis der parlamentarischen Ebenen nach Verfassungsreform und Maastricht, in: Parlamentarische Konkurrenz? (Fn. 92), S. 38ff. (46ff.); *Commichau,* Nationales Verfassungsrecht (Fn. 95), S. 124ff.; *R. Hrbek,* Der Vertrag von Maastricht und das Demokratie-Defizit der Europäischen Union – auf dem Weg zu stärkerer demokratischer Legitimation?, in: Gedächtnisschrift Grabitz, 1995, S. 171ff. (187ff.). – Das bestätigt die noch zutreffende soziologisch-politologische These: »Die ›Europäisierung‹ der nationalen Parlamente verspricht eine höhere Demokratisierung der europäischen Politik als eine ›Entnationalisierung‹ des Europaparlaments« (*M.R. Lepsius,* Nationalstaat oder Nationalitätenstaat als Modell für die Weiterentwicklung der Europäischen Gemeinschaft, in: ders., Demokratie in Deutschland, 1993, S. 265ff. [285]; vgl. *ders.,* Ethnos oder Demos?, in: ders., Interessen [Fn. 101], S. 247ff. [253ff.]); ähnlich *D. Grimm,* JZ 1995, 581 (589). – In Großbritannien hat der Einfluß des Parlaments auf die Außenpolitik infolge der EG-Mitgliedschaft offenbar zugenommen: vgl. *D. Thürer,* Demokratie in Europa: Staatsrechtliche und europarechtliche Aspekte, in: FS Everling, 1995, S. 1561ff. (1565).

[122] Zu beachten bleibt, daß mit fortschreitender Übertragung von Hoheitsrechten diese mitgliedstaatliche Legitimationskraft abnimmt: *K. Doehring,* DVBl. 1997, 1133 (1135f.).

[123] So ausdrücklich BVerfGE 89, 155 (184); vgl. *Steinberger,* Anmerkungen (Fn. 113), S. 27; *Randelzhofer,* Demokratiedefizit (Fn. 89), S. 53; *Geiger,* Grundgesetz (Fn. 81), S. 207ff.; *C. Tomuschat,* Die staatsrechtliche Entscheidung für die internationale Offenheit, in: HStR VII, § 172 Rn. 40; *Ipsen,* (Fn. 108), § 181 Rn. 65.

[124] So etwa *Huber,* Demokratie (Fn. 116), S. 115f.

Auch liegt der häufig sachlich entscheidende Anstoß für eine Normierung sowie die konkrete Formulierung einer Rechtsnorm nicht mehr in nationaler Hand, sondern in der der Kommission. Bereits insofern macht sich eine in der supranationalen Ordnung selbst liegende Legitimationskomponente bemerkbar.

43 Doch auch in den offenkundig zahlreicher werdenden Fällen von **Ratsentscheidungen** nach dem (ggfls. qualifizierten) **Mehrheitsprinzip**[125] liegt keine Verletzung des grundgesetzlichen Demokratieprinzips. Dies gilt selbst dann, wenn sie **gegen das Votum des deutschen Vertreters** oder ohne dessen Beteiligung zustandekommen und dadurch unmittelbar auf die deutsche Rechtsordnung durchgreifende, direkt anwendbare oder umzusetzende Rechtsnormen entstehen[126]. Ein Beharren auf dem Einstimmigkeitserfordernis oder auf Vetovorbehalten würde die Bundesrepublik auf Dauer integrationsunfähig machen und das Wesen der Gemeinschaft in Frage stellen, wie das Bundesverfassungsgericht nachdrücklich betont hat[127]. Das Demokratieprinzip »fordert folglich nicht die lückenlose demokratische Legitimation supranationaler Hoheitsakte durch das deutsche Volk«[128]. Für die gegen das Votum der deutschen Ratsvertreter mehrheitlich beschlossenen Regelungen wird man die auch hier notwendige demokratische Legitimation im Grundgesetz, dem Zustimmungsgesetz sowie ergänzend in der (möglichen oder tatsächlichen) Mitwirkung des Europäischen Parlaments sehen müssen[129]. Zumindest einen falschen Zungenschlag stellt es dar, in der Hinnahme von Mehrheitsentscheidungen des Rats gegen die eigene mitgliedstaatliche Position eine »Beschränkung« des Demokratieprinzips zu erblicken[130]; auf Dauer geht es eben um eine andere und **komplexere Form demokratischer Legitimierung unter den Bedingungen der Supranationalität**. Umgekehrt verbietet sich die zuweilen anzutreffende Auffassung, die Durchsetzung der Mehrheitsregel sei als »natürliches« Entscheidungsprinzip zum Abbau des Demokratiedefizits geradezu gefordert[131].

44 Zu dieser nach alledem unentbehrlichen national-mitgliedstaatlichen demokratischen Legitimation des Europäischen Gemeinschaftsrechts tritt (in einem allerdings

---

[125] Vgl. Art. 148 EGV; Übersicht bei *Streinz*, Europarecht, Rn. 260ff.; zu Gründen für die gleichwohl angestrebte Einstimmigkeit *H.C. Röhl*, EuR 1994, 409 (413f.).

[126] *Steinberger*, Anmerkungen (Fn. 113), S. 27; eingehend *H.-J. Cremer*, EuR 1995, 21 (30ff.). So auch bereits *Herzog* (Fn. 26), Art. 20 II Rn. 111; *R. Streinz*, in: Sachs, GG, Art. 23 Rn. 26; *Ipsen*, (Fn. 108), § 181 Rn. 17. Einschränkend *Huber*, Integration (Fn. 91), S. 80f.

[127] BVerfGE 89, 155 (183): »Die Mitgliedstaaten sind an der Willensbildung des Staatenverbundes nach dessen Organisations- und Verfahrensrecht beteiligt, dann aber an die Ergebnisse dieser Willensbildung gebunden, unabhängig davon, ob sich diese Ergebnisse gerade auf ihre eigene Beteiligung zurückführen lassen oder nicht. Die Einräumung von Hoheitsbefugnissen hat zur Folge, daß deren Wahrnehmung nicht mehr stets vom Willen eines Mitgliedstaates allein abhängt. Hierin eine Verletzung des grundgesetzlichen Demokratieprinzips zu sehen, widerspräche nicht nur der Integrationsoffenheit des Grundgesetzes, die der Verfassungsgeber des Jahres 1949 gewollt und zum Ausdruck gebracht hat; es legte auch eine Vorstellung von Demokratie zugrunde, die jeden demokratischen Staat jenseits des Einstimmigkeitsprinzips integrationsunfähig machte.«

[128] *H.-J. Cremer*, EuR 1995, 21 (33).

[129] Andeutungsweise BVerfGE 89, 155 (183f.). → Art. 23 Rn. 16ff.

[130] *Huber*, Maastricht (Fn. 111), S. 23f.; *ders.*, Demokratie (Fn. 115), S. 115ff., der diese »Beschränkung« indes einer Rechtfertigungsprüfung wie beim Grundrechtseingriff unterwirft. *D. Murswiek*, Der Staat 32 (1993), 161 (176f.) spricht in vergleichbarer Weise von der »Durchbrechung« des Art. 20 II 1 GG. Skeptisch, aber letztlich für eine Vereinbarkeit der Mehrheitsentscheidungen mit dem Demokratieprinzip *Kaufmann*, Integration (Fn. 91), S. 389ff., 400f.

[131] Zutreffende Kritik an solchen Vorschlägen bei *Hrbek*, Vertrag von Maastricht (Fn. 121), S. 176ff.; *Bleckmann*, Europarecht, Rn. 1525.

kaum exakt quantifizierbaren Umfang) die **eigenständige supranationale Legitimation** auf der Ebene der Gemeinschaft selbst hinzu (→ Rn. 36, 40). Diese erkennt auch das Bundesverfassungsgericht an. Es mißt ihr – insbesondere mit Blick auf das Europäische Parlament und mögliche Erweiterungen von dessen Kompetenzen – zwar derzeit lediglich die **Funktion einer ergänzenden demokratischen Abstützung** bei[132]; zugleich hält das Gericht es aber nicht für ausgeschlossen, daß mit dem weiteren Zusammenwachsen der Europäischen Union und der entsprechenden Ausweitung von Kompetenzen und Befugnissen die einheitliche demokratische Repräsentation durch das Europäische Parlament einhergehen müßte und prinzipiell auch einhergehen kann, wenn die **vorrechtlichen Voraussetzungen lebendiger Demokratie** (plurale Öffentlichkeit, gemeinsame Diskussionsforen, ein Mindestmaß an vorpolitischer Homogenität) erfüllt sind[133]. Das Heranwachsen des Europäischen Parlaments zum legislativen Hauptorgan der Gemeinschaft ist also nicht grundsätzlich und auch nicht grundgesetzlich ausgeschlossen. Doch wird man insofern mit langen Zeiträumen rechnen und nicht im Rhythmus von Jahren oder Wahlperioden, sondern von Generationen denken müssen.

Solange es also an den fundamentalen Voraussetzungen für eine einheitliche demokratische Repräsentation und Legitimation supranationaler Art fehlt, kommt ein bemerkenswerter **Restriktionsmechanismus** zum Tragen: Das Europäische Parlament darf nicht in Analogie zu mitgliedstaatlichen Verfassungen zur zentralen Größe der Gemeinschaft werden, sondern muß diese Rolle dem über die nationalen Parlamente rückgekoppelten Rat überlassen. Eine überstürzte und durch die sukzessive Heranbildung eines europäischen (Staats-)Volkes nicht gestützte Ausweitung der Parlamentskompetenzen würde das Demokratiedefizit nicht abbauen, sondern »das demokratische Legitimationsniveau eher senken als heben«[134]. Gleichzeitig erweist sich die nationale demokratische Legitimation wegen der letztlich doch recht begrenzten direkten Steuerungs- und Gestaltungsmöglichkeiten der mitgliedstaatlichen Parlamente (→ Rn. 41) im supranationalen Rahmen als **stark exekutivisch geprägt**: Gewicht und Bedeutung parlamentarisch-repräsentativer Legitimation nehmen ab, ohne daß überzeugende und kurzfristige realisierbare Kompensationen ersichtlich wären[135].

45

---

[132] BVerfGE 89, 155 (184, 185f.). S. auch BVerfG (3. Kammer des Zweiten Senats) NJW 1996, 2216: »Die Ausübung ihrer (scil.: der Europäischen Union) hoheitlichen Befugnisse wird zuvörderst über die nationalen Parlamente der in ihr zusammengeschlossenen demokratischen Staaten von deren Staatsvölkern legitimiert«. – Kritisch zur bloßen Ergänzungsfunktion: *J. Schwarze,* NJ 1994, 1 (4); *I. Pernice,* (Fn. 121), § 191 Rn. 51 ff.; *S. Oeter,* ZaöRV 55 (1995), 659 (683 ff.).

[133] BVerfGE 89, 155 (185 f.). Zu dieser Zukunftsentwicklung auch *Pernice* (Fn. 121), § 191 Rn. 62; *ders.,* Die Verwaltung 26 (1993), 449 (475 ff.); *H.-J. Cremer,* EuR 1995, 21 (42 ff.). Umfangreich *Kaufmann,* Integration (Fn. 91), S. 260 ff.

[134] *Isensee,* Europäische Union (Fn. 98), S. 86; ähnlich *Randelzhofer,* Demokratiedefizit (Fn. 89), S. 54; *D. Grimm,* JZ 1995, 581 (589); *Kluth,* Legitimation (Fn. 89), S. 94 f., 110; BVerfGE 89, 155 (186).

[135] Zu diesem ernsten Befund *Hesse,* Verfassungsrecht, Rn. 109; *R. Wahl,* Art. Demokratie, Demokratieprinzip, in: Ergänzbares Lexikon des Rechts, Nr. 5/170 (1990), S. 1 (6); *H. Hofmann,* StWStP 6 (1995), 155 (166 f.). Gleichwohl stellt der supranationale Weg im Vergleich zur klassischen völkerrechtlichen Form intergouvernementaler Kooperation einen Fortschritt dar: *I. Pernice,* Die Verwaltung 26 (1993), 449 (488).

3. Einwirkungen des Europäischen Gemeinschaftsrechts auf das Demokratieprinzip des Grundgesetzes

46 Der **Begriff des »Volkes«** in Art. 20 II GG erfährt durch die europäische Integration **keine durchgreifende Modifikation**. Zu weit geht die (in ihren juristischen Konsequenzen zudem nicht deutlich greifbare) Auffassung, daß Art. 20 II GG »im Hinblick auf die Gemeinschaft einer neuen Interpretation bedarf« und damit nicht länger nur das deutsche Volk gemeint sei, »sondern das, was die Gemeinschaft in dieser Hinsicht als ihr Handeln legitimierend in Anspruch nehmen kann«[136]. Hingegen erscheint es vorzugswürdiger, im Rahmen differenzierender Modelle demokratischer Legitimation die hier zutage tretende Problematik zu bewältigen (→ Rn. 37 ff.)[137].

47 Die durch den Maastricht-Vertrag eingeführte **Unionsbürgerschaft** (Art. 8 [17 n. F.] EGV) hat nicht den Charakter einer europäischen Staatsangehörigkeit, vermittelt aber punktuell (vgl. Art. 8a–d [18 ff. n. F.] EGV) Rechte, die traditionell nur Staatsangehörigen zustehen (→ Art. 16 Rn. 18 ff.; → Vorb. Rn. 25).

48 Dazu gehört die **Einführung des Kommunalwahlrechts** für EG-Ausländer gemäß Art. 8b (19 n. F.) EGV (→ Art. 28 Rn. 24, 31, 73 ff.)[138]. Insbesondere mit den tragenden Erwägungen der bundesverfassungsgerichtlichen Entscheidungen zum Ausländerwahlrecht[139] ist diese Ausweitung des Kreises der Wahlberechtigten nur schwer zu vermitteln[140].

49 Der Besorgnis eines Verlustes an demokratischer Staatlichkeit infolge einer zunehmenden Abwanderung von substantiellen Entscheidungskompetenzen an die höhere supranationale Ebene bei gleichzeitiger Entleerung verbleibender nationaler Agenden und entsprechenden Gewichts- und Bedeutungsverlust des demokratischen Prozesses in der Bundesrepublik ist daher letztlich nur durch sorgfältige **Austarierung der beiden komplementären Legitimationsstränge** entgegenzuwirken (→ Rn. 37 ff.). Da auf absehbare Zeit weder das Europaparlament zum zentralen Organ werden kann (→ Rn. 45) und die demokratische Rückkopplung der Ratsvertreter an die nationalen Parlamente an der Dominanz der Exekutive (→ Rn. 34, 41, 45) kaum etwas zu ändern vermag, bleibt eine **signifikante Restriktion** des anspruchsvollen grundgesetzlichen demokratischen Legitimationsmodells infolge zunehmender Europäisierung zu konstatieren[141].

50 Gleichwohl läßt sich aus dem grundgesetzlichen Demokratieprinzip allein eine Garantie der souveränen Staatlichkeit Deutschlands mit der Folge einer **Sperre gegen-**

---

[136] So *v. Simson/Schwarze*, (Fn. 102), § 4 Rn. 25 (auch Rn. 26 bringt keine nähere Klärung); ähnlich schon *Doehring*, Staatsrecht, S. 83.

[137] Auf die politischen Gefahren eines holzschnittartigen Kompetenztransfers weist zutreffend hin *Lepsius*, Ethnos (Fn. 121), S. 253 ff.

[138] Die entsprechende Verfassungsänderung hatte BVerfGE 83, 37 (59) mit einem Satz, aber ohne Begründung für zulässig erklärt. S. jetzt die Entscheidungen der 3. Kammer des Zweiten Senats, womit Verfassungsbeschwerden gegen entsprechende Umsetzungsregelungen nicht zur Entscheidung angenommen wurden: BVerfG EuGRZ 1997, 379, 380 (betr. Hessen und Baden-Württemberg); für Bayern s. BayVerfGH BayVBl. 1997, 495 (496 ff.). – Zu entsprechenden Entscheidungen der spanischen und französischen Verfassungsgerichte (vgl. EuGRZ 1993, 187, 193, 196, 285) s. *Streinz*, Parlament (Fn. 92), S. 51 f.

[139] BVerfGE 83, 37 (50 ff.); 83, 60 (71 ff.).

[140] Vgl. dazu *v. Simson/Schwarze* (Fn. 102), § 4 Rn. 122 f.; *H.-J. Cremer*, EuR 1995, 21 (24); *W. Löwer*, in: v. Münch/Kunig, GG II, Art. 28 Rn. 28 (»etwas überraschend«); *H. Hofmann*, StWStP 6 (1995), 155 (168); *D.H. Scheuing*, EuR-Beiheft 1/1997, 7 (34, 43).

[141] *Wahl*, Art. Demokratie (Fn. 135), S. 6; *H. Hofmann*, StWStP 6 (1995), 155 (166f., 168).

über einem europäischen Bundesstaat nicht ableiten[142] (→ Art. 79 III Rn. 46). Das Problem derart gravierender Änderungen der Verfassungsstruktur ist vielmehr bei Art. 146 GG zu verorten.

III. Rechtsvergleichende Hinweise

Kaum ein Staat der Welt verzichtet heute auf die werbende Kraft der Etikettierung als Demokratie[143]. Ein anschauliches, aber bei weitem nicht das einzige Beispiel bietet die Selbstbezeichnung der ehemaligen Ostblockstaaten als **Volksdemokratien**[144]. 51

Das Grundgesetz kann als Prototyp »**westlicher Demokratien**« gelten[145], womit ein gewisser gemeineuropäisch-nordatlantischer Grundbestand an Institutionen und geistig-politischen Überzeugungen freiheitlicher Verfassungsstaatlichkeit umschrieben wird. Allerdings führen gerade die maßgeblichen historischen Vorbilder (USA 1787, Frankreich 1791) in ihren Verfassungstexten den Terminus »Demokratie« nicht mit, regeln aber in der Sache (Repräsentativsystem, Wahlen, freie Meinungsbildung etc.) dessen wesentliche Elemente. Gleiches gilt bei stärkerer Betonung direktdemokratischer Züge für die Schweiz (vgl. Art. 6 II lit. b, 43, 120ff.). 52

Zahlreiche Staaten, gerade auch **Mitglieder der Europäischen Union**, bezeichnen sich zumeist in den Eingangsartikeln ihrer Verfassungen ausdrücklich als Demokratien oder in adjektivischen Wendungen mit verschiedenen Komposita (Rechtsstaat, Republik o.ä.) als demokratisch: vgl. Finnland (Art. 1), Frankreich (Art. 2), Griechenland (Art. 1), Irland (Art. 5), Italien (Art. 1), Luxemburg (Art. 51), Österreich (Art. 1), Portugal (Art. 2, 3), Schweden (Art. 1) und Spanien (Art. 1). 53

Die meisten der dem Typus westlicher Demokratien zuzurechnenden Verfassungsstaaten Europas und Nordamerikas sehen zumindest einige der verschiedenen **direktdemokratischen Institute** (Plebiszite, fakultative oder obligatorische Referenden, Volksinitiativen) vor[146]. Besonders ausgeprägt sind entsprechende Möglichkeiten traditionsgemäß in der Schweiz[147], geringer beispielsweise in den USA (nur auf der Ebe- 54

---

[142] So aber *P. Kirchhof*, Brauchen wir ein erneuertes Grundgesetz?, 1992, S. 37f., 40ff.; *ders.* (Fn. 111), § 183 Rn. 60f.; ähnlich *Huber*, Demokratie (Fn. 115), S. 123ff.; *H. Bethge*, Staatsgebiet des wiedervereinigten Deutschlands, in: HStR VIII, § 199 Rn. 26; *Kaufmann*, Integration (Fn. 91), S. 414ff. m.w.N. – Darstellung und Kritik bei *I. Pernice*, Die Verwaltung 26 (1993), 449 (472ff.); → Art. 23 Rn. 35 u. ö.

[143] *Stern*, Staatsrecht I, S. 587f.; *Tödt*, Art. Demokratie (Fn. 25), S. 437; *v. Beyme*, Art. Demokratie (Fn. 26), Sp. 1150; *F.W. Scharpf*, Demokratietheorie zwischen Utopie und Anpassung, 1975, S. 8 spricht vom »Signalwort für positive Wertungen in der Sprache der Politik«. Jüngst *S. E. Finer*, The History of Government, Bd. I, 1997, S. 384.

[144] Vgl. *Stern*, Staatsrecht I, S. 600ff.; *W. Heun*, Art. Volksdemokratie, in: EvStL³, Sp. 3901ff.; *K. Löw*, Art. Volksdemokratien, in: StL⁷, Bd. 5, Sp. 794f.; kritisch schon *H. Kelsen*, Foundations of Democracy, in: Ethics 66 (1955), S. 1ff. (1, 32, 75). Allerdings liegt nicht, wie gern eingewandt, ein Pleonasmus vor, da man in den kommunistischen Staaten mit »Volk« nicht die Summe der Staatsangehörigen, sondern nur einen Teil davon, die Arbeiter und Bauern, umschreiben wollte (*B.-O. Bryde*, StWStP 5 [1994], 305).

[145] Grundlegend hierzu *E. Fraenkel*, Deutschland und die westlichen Demokratien, 7. Aufl. 1979, insb. S. 32ff., 113ff.; s. ferner *Stern*, Staatsrecht I, S. 600; Verwendung des Terminus auch bei *R. Zippelius*, Allgemeine Staatslehre (Politikwissenschaft), 12. Aufl. 1994, S. 424f.; *W. Maihofer*, Prinzipien freiheitlicher Demokratie, in: HdbVerfR, § 12 Rn. 4, 5, 8.

[146] Vgl. *D. Butler/A. Ranney* (eds.), Referendums. A Comparative Study of Practice and Theory, 2nd. ed. 1980; *K. Bugiel*, ZParl. 18 (1987), 394ff.; *ders.*, Volkswille (Fn. 66), S. 267f.; *J.-D. Kühne*, ZG 6 (1991), 116 (117f.); *U. Berlit*, KritV 76 (1993), 318 (321f.); *W. Luthardt*, Direkte Demokratie, 1994, S. 157ff.

[147] Vgl. *K. Hernekamp*, Formen und Verfahren direkter Demokratie, 1979, S. 37ff.; *R.A. Rhinow*, ZSR 103 II (1984), 111 (191ff.).

Art. 20 (Demokratie) — B. Internationale Bezüge

ne der Einzelstaaten), Österreich, Frankreich und Italien sowie den Staaten Osteuropas. Kaum irgendwo fehlen sie aber vollständig[148]. Die Aufnahme direktdemokratischer Elemente in die Verfassung entspricht nicht zuletzt aufgrund der friedlichen DDR-Revolution und der politischen Veränderungen in Osteuropa »einem offenkundigen Zug unserer Zeit«[149].

55 Mit Ausnahme Nordrhein-Westfalens verzichtet keines der 16 **deutschen Bundesländer** auf eine Selbsttitulierung als Demokratie oder demokratisch[150], was sich überall in einer Grundentscheidung für das parlamentarisch-repräsentative System niederschlägt. Doch kennen in signifikantem Unterschied zum Grundgesetz mittlerweile **alle Landesverfassungen** daneben **Formen direkter Demokratie**. Wiewohl Art, Umfang und Verfahrensgestaltung im einzelnen durchaus unterschiedlich geregelt sind, ist doch überall mit der Möglichkeit der **Volksgesetzgebung** durch Volksbegehren und Volksentscheid die stärkste Form plebiszitärer Willensbildung gesichert[151].

56 Auch sonst zeigen sich die Bundesländer durchweg regelungsfreudiger. Einige von ihnen stellen ausdrücklich **ethnische und nationale Minderheiten** unter ihren Schutz[152], insgesamt zehn von ihnen kennen Vorschriften über die **parlamentarische Opposition**, die – neben weiteren Definitionsversuchen und Aufgabenbestimmungen – zumeist als wesentlicher (notwendiger, grundlegender) »Bestandteil der parlamentarischen Demokratie« bezeichnet wird[153].

---

[148] Vgl. im Überblick *Bugiel*, Volkswille (Fn. 66), S. 274ff.; *Luthardt*, Demokratie (Fn. 146), S. 41ff. – Speziell zu den Bundesstaaten der USA *M. Silagi*, JöR 31 (1982), 271ff.; *H. Hirte*, ZG 4 (1989), 373ff.; *H.K. Heußner*, ZParl. 23 (1992), 131ff.; *ders.*, Volksgesetzgebung in den USA und Deutschland, 1994, S. 15ff.; *S. Möckli*, JöR 44 (1996), 565ff. Zu Österreich *Berger*, Teilnahme (Fn. 73), S. 35, ff., 147ff. – Zu Frankreich *T. v. Danwitz*, DÖV 1992, 601 (604). Zu Italien *Berger*, Teilnahme (Fn. 73), S. 45ff., 181ff.; Überblick zu den **Staaten der Europäischen Union**: *R. Grote*, StWStP 7 (1996), 317ff.

[149] *K. Hesse*, KritV 76 (1993), 7 (10); s. auch *H. Hofmann*, StWStP 6 (1995), 155 (160f.); *C. Degenhart*, Der Staat 31 (1992), 77ff.

[150] Vgl. stellvertretend Bayern (Art. 2 I, 11 IV), Niedersachsen (Art. 1 II), Thüringen (Art. 44 I 2).

[151] Überblick bei *J. Ipsen*, Staatsrecht I, Rn. 97ff.; *Degenhart*, Staatsrecht I, Rn. 29ff.; für die alten Bundesländer *Jürgens*, Direkte Demokratie (Fn. 66), S. 49ff.; *M. Herdegen*, Strukturen und Institute des Verfassungsrechts der Länder, in: HStR IV, § 97 Rn. 11ff.; zur Praxis *C. Degenhart*, Der Staat 31 (1992), 77 (80ff. zur Volksgesetzgebung, 86ff. zum teils obligatorischen, teils fakultativem Gesetzes- oder Verfassungsreferendum); *C. Hoof/A. Kempf*, ZParl. 24 (1993), 14ff.; speziell zu den neuen Bundesländern *H. v. Mangoldt*, Die Verfassungen der neuen Bundesländer, 1993, S. 52ff.; *O. Jung*, JöR 41 (1993), 29 (45ff.). – Hamburg bildete bis vor kurzem die einzige Ausnahme; die Verfassung der Freien und Hansestadt ist durch Gesetz vom 29. 5. 1996 (Hamb. GVBl. S. 77) geändert worden und sieht nun in Art. 50 Volksinitiative, Volksbegehren und Volksentscheid vor; vgl. auch das Ausführungsgesetz v. 20. 6. 1996 (GVBl. S. 136).

[152] Dänische Minderheit und friesische Volksgruppe in Schleswig-Holstein (Art. 5 II), Sorben bzw. Wenden in Brandenburg (Art. 25) und in Sachsen (Art. 6). Vgl. ferner Art. 18 Meckl.-Vorp.Verf., Art. 37 Sachs.-Anh.Verf. – Dazu ausführlich *Stopp*, Minderheitenschutzbestimmungen (Fn. 79), S. 13ff. → Art. 28 Rn. 67. – Die **europäischen Staaten** bieten hier ein vielschichtiges Bild: vgl. *S. Oeter*, Universitas 49 (1994), 1172ff.; umfassend J.A. Frowein/R. Hofmann/S. Oeter (Hrsg.), Das Minderheitenrecht europäischer Staaten, Teil 1: 1993, Teil 2: 1994.

[153] Es handelt sich um die fünf neuen Bundesländer, die drei Stadtstaaten sowie Niedersachsen und Schleswig-Holstein. Eingehend *S. Haberland*, Die verfassungsrechtliche Bedeutung der Opposition nach dem Grundgesetz, 1995, S. 150ff. mit Abdruck der einschlägigen Normen S. 183ff.; s. auch *auch R. Poscher*, AöR 122 (1997), 444 (456ff.). – Grundlegend zum Problem *H.-P. Schneider*, Die parlamentarische Opposition im Verfassungsrecht der Bundesrepublik Deutschland, 1974, insb. S. 180ff., 299ff.; zusammenfassend *ders.*, Verfassungsrechtliche Bedeutung und politische Praxis der parlamentarischen Opposition, in: Schneider/Zeh, § 38 Rn. 1ff. → Rn. 71.

C. Erläuterungen

I. Begriff und Wesen der Demokratie (Art. 20 I GG)

Der **Demokratiebegriff** ist durch seine notorische Unschärfe gekennzeichnet und entzieht sich daher wie kaum ein zweiter der kompakten Definition. Seine immer wieder festgestellte **Weite und Offenheit**[154] rührt vor allem daher, daß Demokratie nicht nur juristische Kategorie mit konkret angebbaren normativen Direktiven und unmittelbar formender Kraft, sondern stets auch und zugleich politisches Ideal (wenn nicht Utopie) und – niemals vollständig erfüllbares – Staatsziel ist[155]. Zudem beschäftigen sich außer der Staatsrechtswissenschaft die juristischen Grundlagenfächer und andere geisteswissenschaftliche Disziplinen mit der Demokratie[156]. Entsprechend groß ist die Vielzahl an Deutungen und Analysen. Die verfassungsrechtliche Kommentierung muß jene Vielfalt nicht ausblenden (→ Rn. 1ff.), sich aber auf den normativen Demokratiebegriff des Grundgesetzes konzentrieren und dessen Grundelemente (→ Rn. 58ff.) sowie seine Konkretisierungen (→ Rn. 63ff.) zu bestimmen suchen[157]. 57

1. Grundlegung: Demokratie als Herrschaftsform Freier und Gleicher

Demokratie heißt dem griechischen Wortursprung gemäß **Volksherrschaft**[158]. Dem wohnt bis zum heutigen Tage der Gedanke politischer Selbstbestimmung eines politischen Verbandes inne. Abgewiesen sind bei aller Vagheit dieser Definition Staatsformen der Monarchie, der Aristokratie und jeder anderen Form elitärer Minderheitenherrschaft (→ Rn. 2), eingeschlossen ist die **Idee politischer Freiheit** in Gestalt der Selbstregierung bzw. Selbstgesetzgebung. Demokratie beruht auf der »Idee der freien Selbstbestimmung aller Bürger«[159]. Zugleich ist damit gesagt, daß Demokratie **Gleichheit** des Volkes bzw. eines relevanten Teils desselben voraussetzt[160]. Wie restriktiv dieser Kreis der Aktivbürger in der Geschichte auch immer bestimmt wurde, 58

---

[154] *Hesse*, Verfassungsrecht, Rn. 127; *F.K. Fromme*, DÖV 1970, 518 (518); *Denninger*, Staatsrecht 1, S. 55; *R.A. Rhinow*, ZSR 103 II (1984), 111 (133f.); *Stern*, Staatsrecht I, S. 588ff.; *v. Münch*, Staatsrecht I, Rn. 119ff.; *Bugiel*, Volkswille (Fn. 66), S. 29ff.

[155] Vgl. *R.A. Rhinow*, ZSR 103 II (1984), 111 (186): »Idee, Norm und Realität«; *E. Schmidt-Aßmann*, AöR 116 (1991), 329 (334ff.) unterscheidet »Dogma, Prinzip und Idee«; *Badura* (Fn. 19), § 23 Rn. 41 spricht von »Staatsidee und Staatsideal«. Zur Unabgeschlossenheit der Demokratie *H. Hofmann*, Legitimität und Rechtsgeltung, 1977, S. 77, 89; *G.F. Schuppert*, EuGRZ 1985, 525 (531).

[156] Literaturnachweise bei *H. Dreier*, Jura 1997, 249 (249); vgl. auch die Beiträge in: K. Hartmann (Hrsg.), Die Demokratie im Spektrum der Wissenschaften, 1980.

[157] *Hesse*, Verfassungsrecht, Rn. 127; *Denninger*, Staatsrecht 1, S. 55; *v. Münch*, Staatsrecht I, Rn. 124; *Wahl*, Art. Demokratie (Fn. 135), S. 1; *H. Dreier*, Jura 1997, 249 (249).

[158] Vgl. *Meier*, Entstehung des Begriffes Demokratie (Fn. 10), S. 8f.; *G.E. Kafka*, Art. Demokratie, in: Lexikon für Theologie und Kirche, 2. Aufl., Bd. 3, 1959, Sp. 221ff. (221); *Bien*, Art. Demokratie (Fn. 10), Sp. 50f.; *Böckenförde*, Art. Demokratie (Fn. 2), Sp. 83f.

[159] BVerfGE 44, 125 (142); der Gedanke findet sich in ähnlicher Formulierung bereits bei *U. Scheuner*, Das repräsentative Prinzip in der modernen Demokratie (1961), in: ders., Staatstheorie und Staatsrecht, 1978, S. 245ff. (246). Eingehend dazu *E.-W. Böckenförde*, Demokratie als Verfassungsprinzip, in: HStR I, § 22 Rn. 35ff. Zum den modernen Verfassungsstaat kennzeichnenden Zusammenhang von individuell-personaler und kollektiv-sozialer Selbstbestimmung, von civil und political liberty: *H. Dreier*, JZ 1994, 741 (741f.) m.w.N.

[160] *v. Beyme*, Art. Demokratie (Fn. 26), Sp. 1111f., 1117ff.; *Stern*, Staatsrecht I, S. 594f., 613ff.; *Herzog* (Fn. 26), Art. 20 II Rn. 6ff.; *P. Kirchhof*, Die Identität der Verfassung in ihren unabänderlichen Inhalten, in: HStR I, § 19 Rn. 83; *Badura* (Fn. 19), § 23 Rn. 30f.

so weist Demokratie doch im Kern einen **egalitären Grundzug** auf[161], der qua sukzessiver Ausweitung des Wahlrechts im 19. und 20. Jahrhundert deutlich Gestalt gewonnen und im Grundgesetz seinen Niederschlag gefunden hat (→ Art. 38 Rn. 8 ff.).

59 Durch den Gedanken politischer Freiheit verliert Demokratie nicht ihren **Herrschaftscharakter**. Auch Herrschaft des Volkes bleibt Herrschaft[162], so daß das Demokratieprinzip des Grundgesetzes »nicht die Negierung oder Auflösung von Herrschaft meint oder verspricht, sondern eine besondere, nämlich eine freiheitliche Organisation« derselben[163]. Andererseits sagt das Demokratieprinzip als Ordnungsprinzip staatlicher Herrschaftsorganisation nichts Verbindliches oder Endgültiges über die Notwendigkeit und Wünschbarkeit einer »**Demokratisierung**« der Gesellschaft (im Sinne der Mitbestimmung in Betrieben, Schulen, staatlichen Verwaltungsbehörden oder der Partizipation an Verwaltungsentscheidungen) aus[164].

60 **Verfehlt** ist die Bestimmung der Demokratie als »**Identität von Regierenden und Regierten**« (C. Schmitt)[165]. Dahinter verbirgt sich romantisierende Fiktion in einer die parlamentarischen Institutionen abwertenden Absicht, verbunden mit einer unhaltbaren Hochstilisierung der substantiellen Homogenität des Volkes. Negiert wird die Vermittlungs-, Organisations- und Formungsbedürftigkeit demokratischer Willensbildung (→ Rn. 73)[166]. Schmitts Identitätskonzept hingegen favorisiert Akklamationen als Akte ungeteilter und unmittelbarer Zustimmung des öffentlich versammelten Volkes, bringt Demokratie und parlamentarische Repräsentation in einen falschen Gegensatz (→ Rn. 78) und führt letztlich zu mehr oder minder willkürlichen Identifikationen, etwa von Diktator und Volk[167]. Zudem verkennt sein Ansatz, daß Demokratie fundamental auf dem Freiheits- und nicht (allein) auf dem Gleichheitsgedanken beruht.

---

[161] *Tocqueville,* Demokratie (Fn. 47), S. 284 ff., 302 ff., 581 ff., 781 ff.; *Mill,* Betrachtungen (Fn. 50), S. 131 ff.

[162] *Kelsen,* Wesen (Fn. 54), S. 7 f.; *H. Heller,* Staatslehre, 1934, S. 247. Von daher steht Demokratie auch gegen Anarchie (vgl. *Dahl,* Democracy [Fn. 4], S. 37 ff.).

[163] *Wahl,* Art. Demokratie (Fn. 135), S. 1; ebenso *Hesse,* Verfassungsrecht, Rn. 134; *Herzog* (Fn. 26), Art. 20 II Rn. 20; *Böckenförde* (Fn. 159), § 22 Rn. 9; *Tödt,* Art. Demokratie (Fn. 25), S. 445.

[164] *R. Herzog,* in: Maunz/Dürig, GG, Art. 20 I (1980) Rn. 50 ff.; *ders.* (Fn. 26), Art. 20 II Rn. 115 ff.; *Böckenförde* (Fn. 159), § 22 Rn. 8; *Badura* (Fn. 19), § 23 Rn. 33; *Wahl,* Art. Demokratie (Fn. 135), S. 1; *v. Münch,* Staatsrecht I, Rn. 131; *E. Schmidt-Aßmann,* AöR 116 (1991), 329 (339); *H. Dreier,* Jura 1997, 249 (249); a.A. *H. Ridder,* Die soziale Ordnung des Grundgesetzes, 1975, S. 48; *Stein,* Staatsrecht, § 8 IV (S. 61): »Demokratisierung der gesamten Gesellschaft«. – Noch weiter und unbestimmter ist die Rede von der »Demokratie als Lebensform« (*L. Roos,* 1969; dazu *H. Dreier,* Staatliche Legitimität, Grundgesetz und neue soziale Bewegungen, in: J. Marko/A. Stolz [Hrsg.], Demokratie und Wirtschaft, 1987, S. 139 ff. [172 ff.]).

[165] So die oft zitierte Bestimmung von *C. Schmitt,* Verfassungslehre, 1928, S. 234 ff.; Darstellung und Kritik bei *H. Hofmann,* Legitimität gegen Legalität (1964), 2. Aufl. 1992, S. 147 ff. – Sie kann sich nicht einmal – wie gern behauptet – auf Rousseau stützen; vgl. dazu *K. Graf Ballestrem,* ZfP 35 (1988), 35 (44 ff.).

[166] Das ist der entscheidende Unterschied zu Kelsen: zwar spricht auch dieser von einer »Identität von Führern und Geführten, von Subjekt und Objekt der Herrschaft« (*Kelsen,* Wesen [Fn. 54], S. 14), doch anerkennt er gerade die reale Gespaltenheit und plurale Vielfalt der Gesellschaft sowie die Notwendigkeit bestimmter »Metamorphosen« des Freiheitsbegriffes; vgl. dazu *Dreier,* Kelsens Demokratietheorie (Fn. 54), S. 84 f., 90. → Rn. 63.

[167] Vgl. etwa *Schmitt,* Verfassungslehre (Fn. 165), S. 237: Diktatur sei nur auf demokratischer Grundlage möglich. Zum vorstehenden ausführlicher *Hofmann,* Legitimität gegen Legalität (Fn. 165), S. 138 ff., 156 ff.; *V. Neumann,* Der Staat im Bürgerkrieg, 1980, S. 64 ff., 83 ff.; *R. Mehring,* Carl Schmitt zur Einführung, 1992, S. 72 ff., 80 ff.; *Dreier,* Kelsens Demokratietheorie (Fn. 54), S. 89 ff. m.w.N.

Auf der anderen Seite haben praktische Erprobungen der theoretisch stets etwas verschwommen bleibenden **Rätedemokratie**[168] diese – ganz abgesehen von ihrer Instrumentalisierbarkeit durch schlagkräftige Kader – aufgrund ihrer mangelnden Problemverarbeitungskapazität und Systemdifferenzierung (imperatives Mandat, jederzeitige Abberufbarkeit der Gewählten, fehlende Gewaltenteilung) nicht als taugliche und dauerhaft praktizierbare Alternative zur »liberal-repräsentativen« Demokratie, sondern als strukturbedingt zum Scheitern verurteilte revolutionäre Übergangserscheinung und damit letztlich als »demokratische(n) Rückschritt«[169] erwiesen. 61

Demokratische Herrschaftsorganisation zeichnet sich demgegenüber dadurch aus, daß sie – im Einklang mit Grundgedanken neuzeitlicher Sozialphilosophie (→ Rn. 6ff.) – an der **Idee der Freiheit** (→ Rn. 58, 65) orientiert bleibt, und zwar erstens an der Freiheit des Einzelnen und zweitens an der gleichen Freiheit aller[170]. Die der staatlichen Rechtsordnung Unterworfenen sollen im Sinne der Selbstbestimmung des Volkes deren autonome Schöpfer, die Adressaten der Rechtsnormen zugleich deren Autoren sein[171]. 62

2. Strukturelemente: Mehrheitsprinzip und Minderheitenschutz, Herrschaft auf Zeit, Opposition

Die Freiheit des Einzelnen, die die gedankliche Wurzel der modernen Demokratie bildet, unterliegt in einem sozialen Verband notwendigerweise mehrfachen Wandlungsprozessen oder **Metamorphosen**[172]. Diese sind dem Demokratiegedanken nicht fremd, stehen ihm nicht feindlich gegenüber und lassen sich auch nicht lediglich als notwendiges Übel verbuchen, sondern bilden zentrale **Strukturelemente demokratischer Ordnung**. 63

Eine völlige Übereinstimmung von Gesamtwille und Einzelwille wäre nur möglich bei umfassender Geltung des Prinzips der **Einstimmigkeit**. Das ist ebenso **illusorisch** wie **kontraproduktiv**, da wegen der Vetoposition zur Obstruktion einladend und letztlich zum Immobilismus führend[173]. Aus dem Grundsatz demokratischer Gleichheit wie der Notwendigkeit verbindlicher Entscheidungsfindung angesichts komplexer Verhältnisse und unter dem Diktat der Zeit folgt daher, daß das **Mehrheitsprinzip** die der Demokratie angemessene Entscheidungsregel bildet[174]. Seine **Rechtfertigung** ver- 64

---

[168] Vgl. *R. Herzog*, Allgemeine Staatslehre, 1971, S. 218ff.; *M. Kriele*, Einführung in die Staatslehre, 1975, S. 247ff.; *W. Heun*, Art. Rätesystem, in: EvStL³, Sp. 2681ff.

[169] *Scharpf*, Demokratietheorie (Fn. 143), S. 65.

[170] Klassische Darstellung bei *Kelsen*, Wesen (Fn. 54), S. 3ff.; dazu Erläuterungen bei *Dreier*, Kelsens Demokratietheorie (Fn. 54), S. 80ff.

[171] BVerfGE 2, 1 (12): »Selbstbestimmung des Volkes«; E 44, 125 (142): »Idee der freien Selbstbestimmung aller Bürger«. Im diskurstheoretischen Gewand begegnet diese Idealvorstellung bei *J. Habermas*, Faktizität und Geltung, 1992, S. 51f., 153f.

[172] So *Kelsen*, Wesen (Fn. 54), S. 8, 14, 24; in Terminologie und Sache ähnlich *Böckenförde* (Fn. 159), § 22 Rn. 37ff., 52ff.

[173] Zur Untauglichkeit des Einstimmigkeitserfordernisses und zur Evidenz der Mehrheitsregel bereits *F. Vitoria*, Relectio de potestate civili (1528), in: A. Voigt (Hrsg.), Der Herrschaftsvertrag, 1965, S. 86ff. (90); *E.J. Sieyes*, Was ist der Dritte Stand? (1789), Kap. VI (abgedruckt in: ders., Politische Schriften 1788–1790), hrsgg. v. E. Schmitt u. R. Reichardt, 2. Aufl. 1981, S. 117ff. (183ff.); s. ferner *C. Müller*, Das imperative und freie Mandat, 1966, S. 213; *Heun*, Mehrheitsprinzip (Fn. 20), S. 100f.; *Dahl*, Democracy (Fn. 4), S. 90: »unanimity is neither feasible nor desirable as a general rule for collective actions«.

[174] BVerfGE 29, 154 (165) zählt es zu den »fundamentalen Prinzipien der Demokratie«; vgl. näher *Herzog* (Fn. 26), Art. 20 II Rn. 14; *Stern*, Staatsrecht I, S. 595 (»Instrument demokratischer Entschei-

mag es im pluralen Staat der Moderne allerdings nicht in dem althergebrachten, bis auf Aristoteles zurückgehenden Vernunftargument zu finden, wonach die Mehrheit die Vermutung der sachlichen Richtigkeit für sich hat[175]. Auch die Annäherung an die **Einstimmigkeit** vermag als Grund **nicht** zu überzeugen[176], zumal schon ein Zwei-Drittel-Erfordernis als hohe Hürde gilt und gerade wichtige Fragen nicht selten mit knapper einfacher oder absoluter Mehrheit entschieden werden.

65 Mit höherer Plausibilität läßt sich neben den eher technischen Vorzügen der Schnelligkeit, Eindeutigkeit und Befolgungssicherheit vor allem der Gedanke der gleichen Freiheit aller (**Freiheitsargument**) ins Feld führen: bei der Mehrheitsentscheidung können mehr Menschen in Übereinstimmung mit ihrem eigenen Willen leben als bei einer Minderheitsentscheidung[177].

66 Eine weiterführende und letztlich tragende Rechtfertigung bietet das **Verfahrensargument**. Danach erweisen sich Mehrheitsentscheidungen als legitim, wenn und weil sie in einer relativ homogenen Gesellschaft (→ Rn. 67) auf der Basis eines hinlänglich offenen Kommunikations- und Willensbildungsprozesses (→ Rn. 72ff.) und unter Verzicht auf einen endgültigen Richtigkeitsanspruch als prinzipiell revisible Entscheidungen (→ Rn. 68) getroffen werden[178].

67 Der Majoritätsgrundsatz stellt also kein selbsttragendes Prinzip dar. Es bedarf vielmehr gewisser **Voraussetzungen** dafür, daß er als legitimes Entscheidungsverfahren Anerkennung auch bei der jeweiligen Minderheit findet[179]. Neben bestimmten formalen Regularien (Fixierung von Entscheidungsgegenstand und Abstimmungsberechtigten, faires Wahl- und Abstimmungsverfahren, Garantie der Stimmengleichheit) handelt es sich dabei vor allem um ein existentes **Mindestmaß an politischer, sozialer und kultureller Homogenität**. Nach dem Mehrheitsprinzip zu entscheidender Dissens in Einzelfragen setzt eine politische Einheit mit einem gewissen **Grundkonsens** voraus, wie er sich vorzüglich in der Verfassung dokumentiert, die Basis und Rahmen für die Anwendung der Majoritätsregel bildet[180]. Dieser Aspekt der Stabilitätswahrung (und

---

dungsfindung«), 610ff.; *Böckenförde* (Fn. 159), § 22 Rn. 52ff.; *Hofmann/Dreier* (Fn. 40), § 5 Rn. 48ff.; *Dahl*, Democracy (Fn. 4), S. 135ff., 153ff. – Allerdings setzt es Demokratie nicht voraus, sondern bildet eine sehr viel ältere und umfassendere Entscheidungsregel. Zu Herkunft und Geschichte *U. Scheuner*, Das Mehrheitsprinzip in der Demokratie, 1973, S. 13ff., 35ff.; *Heun*, Mehrheitsprinzip (Fn. 20), S. 41ff.; *H. Dreier*, ZParl. 17 (1986), 94ff.

[175] So noch *H. Krüger*, Allgemeine Staatslehre, 2. Aufl. 1966, S. 284. Dagegen die ganz h.M: vgl. *Heun*, Mehrheitsprinzip (Fn. 20), S. 84ff.; *H. Dreier*, ZParl. 17 (1986), 94 (105); *Badura*, Staatsrecht, D 8 (S. 232); *Haberland*, Opposition (Fn. 153), S. 21ff. Treffend auch BVerfGE 70, 324 (369) – *Sondervotum Mahrenholz*: »Die Abstimmung nach dem Mehrheitsprinzip ist keine Feststellung der Wahrheit.«

[176] So aber *M. Sachs*, in: Sachs, GG, Art. 20 Rn. 15.

[177] Grundlegend *Kelsen*, Wesen (Fn. 54), S. 9f.; s. *Hesse*, Verfassungsrecht, Rn. 142; *Denninger*, Staatsrecht 2, S. 21f.; *Heun*, Mehrheitsprinzip (Fn. 20), S. 79ff., 206; *H. Dreier*, ZParl. 17 (1986), 94 (104ff.) m.w.N.; *Dahl*, Democracy (Fn. 4), S. 89f., 138f. – Das Argument setzt indes relativ einfache und klare Entscheidungssituationen voraus und trägt schon bei einer mit nur relativer Mehrheit getroffenen Entscheidung nicht mehr.

[178] *Hofmann/Dreier* (Fn. 40), § 5 Rn. 53 (dort Rn. 49ff. auch zu den anderen Rechtfertigungsmustern).

[179] Zum folgenden *Scheuner*, Mehrheitsprinzip (Fn. 174), S. 55ff.; *Heun*, Mehrheitsprinzip (Fn. 20), S. 162ff., 175ff.; *R.A. Rhinow*, ZSR 103 II (1984), 111 (248ff.); *Hofmann/Dreier* (Fn. 40), § 5 Rn. 54ff.; eingehend zu allgemeinen Voraussetzungen der Demokratie *Böckenförde* (Fn. 159), § 22 Rn. 58ff.

[180] Eingehend *E. Berg*, Democracy and the Majority Principle, 1965, S. 136ff.; *Hofmann*, Legitimität u. Rechtsgeltung (Fn. 155), S. 71ff.; s. auch *Dahl*, Democracy (Fn. 4), S. 146ff. (»boundary pro-

weniger der häufig angeführte Gedanke des Minderheitenschutzes) erklärt zugleich das Erfordernis qualifizierter Mehrheiten bei Verfassungsänderungen (→ Art. 79 II Rn. 10ff.). Auch sonst ist es die Verfassung, die der Mehrheitsherrschaft **Grenzen** setzt[181].

Von größter Bedeutung für die Rechtfertigung des Mehrheitsprinzips ist schließlich die Möglichkeit der Veränderung der einmal getroffenen Entscheidung, die immer nur als temporäre Fixierung gelten kann. Die unterlegene Minderheit[182] muß die Chance zur Erringung der Mehrheit haben. Die Änderung der Mehrheitsverhältnisse darf nicht durch unverrückbare Mehrheitsblöcke strukturell verbaut sein. Erst durch ihre **prinzipielle Revisibilität** erlangt die demokratische Mehrheitsentscheidung »volle demokratische Legitimität«[183]. Demokratie bleibt damit auf Korrektur und Wandel angelegt; sie ist veränderungsoffen und insofern **fehlerfreundlich**. Revisibilität meint allerdings nicht die illusionäre Forderung nach vollständiger Umkehrbarkeit der einmal getroffenen Entscheidungen mit umfassender Beseitigung ihrer Folgen, sondern (nur, aber immerhin) die **Möglichkeit von Kursänderungen** und entsprechenden neuen Personal- oder Sachentscheidungen[184]. Schwerwiegende und noch kaum gelöste Probleme des Verhältnisses von **Demokratie und Nachweltschutz** werfen insoweit irreversible, aber die zukünftigen Generationen nachhaltig belastende Entscheidungen auf[185].

68

Der Grundsatz der Revisibilität verweist auf einen weiteren typischen Aspekt demokratischer Herrschaft: diese ist stets **Herrschaft auf Zeit**. Das umschließt sowohl die Möglichkeit jederzeitiger, den formalen Entscheidungsprozeduren entsprechender Änderung von Sachentscheidungen als auch – und allein hierauf wird der Gedanke oft gemünzt – die zeitlich begrenzte Bestellung von Volksvertretung und Regierung[186].

69

---

blems«). – Aus diesem Grund ist die Mehrheitsregel bei internationalen Organisationen kaum verbreitet und bereitet ihre flächendeckende Einführung in der Europäischen Union Probleme. → Rn. 43.

[181] Vgl. BVerfGE 44, 125 (141); *Heun*, Mehrheitsprinzip (Fn. 20), S. 222ff.; *Badura*, Staatsrecht, D 8 (S. 232); *Hofmann/Dreier* (Fn. 40), § 5 Rn. 60ff. – Wichtig für den einfachen Gesetzgeber sind insofern die sog. Schranken-Schranken bei Grundrechtseingriffen (→ Vorb. Rn. 91ff.), für Verfassungsänderungen die formalen Erfordernisse (→ Art. 79 I Rn. 10ff., 16ff.; → Art. 79 II Rn. 15ff.) und die »Ewigkeitsklausel« (→ Art. 79 III Rn. 11ff.).

[182] Es kann sich dabei um eine bestimmte Minderheitenposition (allgemein BVerfGE 5, 85 [199]) oder eine bei Parlamentswahlen unterlegene Partei handeln (BVerfGE 44, 125 [145]); von beiden Varianten ist nochmals der anders gelagerte Fall struktureller Minderheiten (→ Rn. 70) zu unterscheiden. Angesichts dieser Differenzen unverständlich die Kritik von *Sachs* (Fn. 176), Art. 20 Rn. 15.

[183] *Hesse*, Verfassungsrecht, Rn. 143; *Hofmann*, Legitimität und Rechtsgeltung (Fn. 155), S. 88: »Die Verbindlichkeit der Mehrheitsentscheidung folgt aus der Einsicht des Unterlegenen, daß deren Anerkennung Bedingung der Möglichkeit der Entscheidungskorrektur ist.« S. auch *Hofmann/Dreier* (Fn. 40), § 5 Rn. 56; *R.A. Rhinow*, ZSR 103 II (1984), 111 (250); *Habermas*, Faktizität (Fn. 171), S. 220f., 371.

[184] *Hofmann/Dreier* (Fn. 40), § 5 Rn. 58.

[185] Vgl. *H. Hofmann*, Rechtsfragen der atomaren Entsorgung, 1981, S. 258ff.; *ders.*, ZRP 1986, 87ff.; *P. Henseler*, AöR 108 (1983), 489ff.; *W. Heun*, Die Verwaltung 18 (1985), 1ff.; *K.H. Friauf*, Staatskredit, in: HStR IV, § 91 Rn. 58ff.; *Wahl*, Art. Demokratie (Fn. 135), S. 7. Ferner die Beiträge in: B. Guggenberger/C. Offe (Hrsg.), An den Grenzen der Mehrheitsdemokratie, 1984 und dazu *H. Dreier*, ZParl. 17 (1986), 94 (109ff.). → Art. 20a Rn. 31ff.

[186] Vgl. *Hesse*, Verfassungsrecht, Rn. 139; *Stern*, Staatsrecht I, S. 594, 609; *Schneider* (Fn. 153), § 38 Rn. 17; *Wahl*, Art. Demokratie (Fn. 135), S. 5; *P. Kirchhof*, Der allgemeine Gleichheitssatz, in: HStR V, § 124 Rn. 188; *Böckenförde*, Art. Demokratie (Fn. 2), Sp. 84. Zur Begründung notwendiger Neuwahlen bereits *D'Holbach*, Art. Représentants, zit. nach: Artikel aus der von Diderot und D'Alembert herausgegebenen Enzyklopädie, 1985, S. 715 (»Eine Körperschaft, deren Mitglieder un-

Art. 20 (Demokratie) C. Erläuterungen

Dieser Grundsatz gilt in Deutschland allerdings nicht für alle Amtswalter; für Beamte und Richter ist vielmehr aufgrund besonderer Legitimationstitel (Art. 33 V, 97 GG) die lebenslange Anstellung typisch[187]. Das **Erfordernis periodischer Neuwahlen**[188] folgt aus der Notwendigkeit der Erneuerung der demokratischen Legitimation der Repräsentanten. Zugleich erhält die bisherige parlamentarische Minderheit die Chance, die Mehrheit zu erringen und wegen Art. 63, 64 GG auch die Regierung zu stellen (reale Machtwechselchance). Die Dauer der Übertragung von Herrschaftsbefugnissen muß dabei vorab festliegen. Die äußerste **zeitliche Grenze für eine Legislaturperiode** dürfte mit Blick auf Verfassungsgeschichte und Verfassungsvergleichung bei fünf Jahren liegen[189]. **Ausgeschlossen** ist die **Selbstverlängerung** der laufenden Legislaturperiode, da es insofern an der demokratischen Autorisation durch den Wählerwillen fehlt[190].

70 Wo Entscheidungen nach der Mehrheitsregel fallen, entstehen Minderheiten: seien es temporäre Abstimmungsminderheiten (innerhalb oder außerhalb des Parlaments), seien es parlamentarische Minderheitsfraktionen. Letztgenannten und in bescheidenem Umfang auch einzelnen Abgeordneten (→ Art. 38 Rn. 153) stehen traditionellerweise bestimmte **parlamentarische Minderheitsrechte** zu (Gesetzesinitiative, Einsetzung eines Untersuchungsausschusses, Große und Kleine Anfragen etc.)[191]. Diese dienen neben der parlamentarischen Kontrolle vor allem dem Zweck, Alternativen zu präsentieren, den politischen Entscheidungsprozeß offen zu halten und »der Minderheit zu ermöglichen, ihren Standpunkt in den Willensbildungsprozeß des Parlaments einzubringen«[192] – also insgesamt der Optimierung des parlamentarischen Entscheidungsprozesses. Sie dürfen mit Schutzvorschriften für **strukturelle Minderheiten** ethnischer, kultureller oder nationaler Art (→ Rn. 56) nicht verwechselt werden, da diese nicht in erster Linie demokratisch motiviert, sondern auf abschirmende Autonomiegewährung gerichtet sind[193].

---

unterbrochen das Recht genössen, den Staat zu vertreten, würde bald zu dessen Herrn oder Tyrannen werden«).

[187] Zu demokratietheoretischen Legitimationsproblemen in diesem Kontext *D. Czybulka*, Die Legitimation der öffentlichen Verwaltung unter Berücksichtigung ihrer Organisation sowie der Entstehungsgeschichte zum Grundgesetz, 1989, S. 88 f. → Art. 33 Rn. 81.

[188] Vgl. BVerfGE 18, 151 (154); 44, 125 (139); BVerfG (3. Kammer des Zweiten Senats) NVwZ 1994, 853; BayVerfGHE N.F. 11 II, 1 (6); s. auch *J. Isensee*, Der Staat 20 (1981), 161 (170); *Hofmann/Dreier* (Fn. 40), § 5 Rn. 28. → Art. 39 Rn. 10, 16.

[189] Vgl. *W. Zeh*, ZParl. 7 (1976), 353 (358); *J. Jekewitz*, ZParl. 7 (1976), 373 (399); s. auch *T. Friedrich*, ZRP 1993, 363 (363).

[190] Mittlerweile einhellige Meinung: vgl. *Stern*, Staatsrecht I, S. 609; *ders.*, Staatsrecht II, S. 70; *H. Maurer*, JuS 1983, 45 (47); *Achterberg/Schulte*, GG VI, Art. 39 Rn. 4. Vgl. BVerfGE 1, 14 (18 = Ls. 29). Anderes gilt für das britische System der »Parlamentssouveränität«: dazu *H.G. Petersmann*, Die Souveränität des britischen Parlaments in den Europäischen Gemeinschaften, 1972, S. 165 ff.; *H. Steinberger*, Konzeption und Grenzen freiheitlicher Demokratie, 1974, S. 51 ff.; *T. Langheid*, Souveränität und Verfassungsstaat, Diss. jur. Köln 1984, S. 86 ff.

[191] Vgl. hierzu und zum folgenden *Hofmann/Dreier* (Fn. 40), § 5 Rn. 66 ff. m.w.N.; *J. Scherer*, AöR 112 (1987), 189 (210 f.); *H.J. Schreiner*, Geschäftsordnungsrechtliche Befugnisse des Abgeordneten, in: Schneider/Zeh, § 18 Rn. 5 ff., 32 ff.; s. jetzt noch *Haberland*, Opposition (Fn. 153), S. 78 ff. → Art. 38 Rn. 143 f.

[192] BVerfGE 70, 324 (363 f.). Zu dieser Mehrheit-Minderheit-Dialektik, die auch wechselseitige Beeinflussung bedingt: *Kelsen*, Wesen (Fn. 54), S. 56 ff., 101 f.; *Hesse*, Verfassungsrecht, Rn. 142; *R.A. Rhinow*, ZSR 103 II (1984), 111 (255); *Hofmann/Dreier* (Fn. 40), § 5 Rn. 68.

[193] Zur Differenz *Hofmann/Dreier* (Fn. 40), § 5 Rn. 64 ff. m.w.N.; sie wird schon darin sichtbar, daß die parlamentarischen Minderheitenrechte natürlich auch der Mehrheit(sfraktion) zustehen: BVerfGE

I. Begriff und Wesen der Demokratie (Art. 20 I GG)   **Art. 20 (Demokratie)**

Aus der Kombination von Mehrheitsprinzip, verfahrensrechtlicher Privilegierung von Parlamentsminderheiten und dem Gedanken der Herrschaft auf Zeit (Machtwechselchance) läßt sich das **Recht auf verfassungsmäßige Bildung und Ausübung der Opposition** herleiten. Dieses wird denn auch von Rechtsprechung und Lehre als vom Demokratieprinzip verbürgt angesehen[194]. Allerdings gestaltet das Grundgesetz, das die Opposition im Unterschied zu vielen Landesverfassungen (→ Rn. 56) nicht erwähnt, diese nicht zu einer »verfassungsrechtlichen Institution« mit eigenem Rechtsstatus aus, sondern beläßt es bei den einschlägigen Fraktions- und Abgeordnetenrechten[195]. Das Grundgesetz versteht **Opposition** also eher als **Funktion** denn als Institution.

71

3. Voraussetzungen: Freie politische Willensbildung und offene Kommunikation

Die Demokratie setzt weiterhin einen prinzipiell **offenen Kommunikations- und Willensbildungsprozeß** voraus, als dessen Produkt die Mehrheitsentscheidungen erscheinen müssen – und nicht als bloßes »Machtplus« (Georg Simmel) der allemal stärkeren Mehrheit oder als univoker Akklamationsakt[196]. Dieses Erfordernis gilt zunächst für die **Entstehung von Entscheidungen**, die selbst aus einem freien Prozeß der Meinungsbildung hervorgehen müssen. Wahlen ohne vorherige Diskussion von Personen und Programmen, Abstimmungen ohne Erörterungen des Für und Wider und sachlicher Alternativen sind bloße Farce oder Fassade. Für den Wahlakt hat das Bundesverfassungsgericht grundsätzlich zurecht betont, daß sich die **Willensbildung vom Volk zu den Staatsorganen** vollziehen müsse und nicht umgekehrt[197]. Praktische Konsequenzen hat dies vor allem für die Öffentlichkeitsarbeit der Regierung (→ Art. 65 Rn. 30) sowie die Finanzierung von Parteien (→ Art. 21 Rn. 43 ff.). Nicht verkannt werden dürfen indes die vielfältigen **Wechselwirkungen** zwischen staatlicher und gesellschaftlicher Willens-

72

70, 324 (368 f.) – *Sondervotum Mahrenholz*; *Haberland*, Opposition (Fn. 153), S. 146 f. Zum Schutz struktureller Minderheiten klassisch *G. Jellinek*, Das Recht der Minoritäten, 1898, ND 1996; aus der neueren, zuweilen mit einem inflationären Begriff der Minderheit arbeitenden Literatur *R. Hofmann*, ZaöRV 52 (1992), 1 ff.; *D. Franke/R. Hofmann*, EuGRZ 1992, 401 ff.; *H. Schulze-Fielitz*, Verfassungsrecht und neue Minderheiten, in: FS Häberle, 1995, S. 135 ff. (138 f.); *Stopp*, Minderheitenschutzbestimmungen (Fn. 79), S. 43 ff. Umfassend Frowein/Hofmann/Oeter, Minderheitenrecht (Fn. 152).

[194] BVerfGE 2, 1 (12 f.); 5, 85 (140 f., 199) – in beiden Urteilen führt das Gericht das Oppositionsrecht als zur »freiheitlichen demokratischen Grundordnung« bzw. zur »freiheitlichen Demokratie« gehörig auf, verknüpft also rechtsstaatlich-liberale und demokratische Elemente. Daß das Recht auf Opposition zu den letztgenannten gehört, dürfte indes keinem Zweifel unterliegen: deutlich insofern BVerfGE 70, 324 (363); BayVerfGHE 41, 124 (136). Aus der Literatur vor allem *Schneider*, Opposition (Fn. 153), S. 208 ff., 309 ff.; *ders.*, Das parlamentarische System, in: HdbVerfR, § 13 Rn. 99 (»unverzichtbares Funktionselement der demokratischen Ordnung«), 101; *ders.* (Fn. 153), § 38 Rn. 15 ff.; im Überblick *Stern*, Staatsrecht I, S. 1037 ff.; *R. Poscher*, AöR 122 (1997), 440 ff.

[195] Eingehend und zutreffend *Haberland*, Opposition (Fn. 153), S. 133 ff., 181.

[196] *Hofmann/Dreier* (Fn. 40), § 5 Rn. 57; *Hesse*, Verfassungsrecht, Rn. 150 ff., 159 ff.; *R.A. Rhinow*, ZSR 103 II (1984), 111 (251). Vgl. auch BVerfGE 5, 85 (198 f.) zur Rechtfertigungsbedürftigkeit der Mehrheitsentscheidung »vor dem ganzen Volke, auch vor der Minderheit« und der Notwendigkeit einer freien Diskussion. Zur Notwendigkeit eines freien Kampfes der Meinungen und Ideen, der permanenten geistigen Auseinandersetzung: BVerfGE 7, 198 (208); 69, 315 (345 f.); 89, 155 (185).

[197] BVerfGE 20, 56 (99); 44, 125 (140); 69, 315 (346); dazu *Richter/Schuppert*, Verfassungsrecht, S. 406 ff.; *W. Schmitt Glaeser*, Die grundrechtliche Freiheit des Bürgers zur Mitwirkung an der Willensbildung, in: HStR II, § 31 Rn. 28 ff.; kritisch *Herzog* (Fn. 26), Art. 20 II Rn. 62 ff. – Eigenes Modell bei *E. Stein*, in: AK-GG, Art. 20 Abs. 1–3, Rn. 36 ff.

bildung[198], wobei die politischen Parteien eine zentrale Rolle spielen[199]. Bedenklich ist die Judikatur einiger Landesverfassungsgerichte, wonach anders als bei Wahlen bei **Volksentscheidungen** das **Gebot staatlicher Neutralität** nicht strikt gelten soll und sachliche Stellungnahmen der Staatsorgane daher für zulässig erklärt werden[200].

73 Ein freier und offener Kommunikations- und Meinungsbildungsprozeß muß der Entscheidung aber nicht nur vorangehen, sondern sie auch übergreifen, d.h.: sie in Form von **Kontrolle, Kritik** und nötigenfalls **Revision** dauerhaft begleiten[201]. Auch eine rein repräsentative Demokratie erschöpft sich nicht der Bestellung der Repräsentanten: »Das Recht des Bürgers auf Teilhabe an der politischen Willensbildung äußert sich nicht nur in der Stimmabgabe bei Wahlen, sondern auch in der Einflußnahme auf den ständigen Prozeß der politischen Meinungsbildung«[202]. Mit anderen Worten: demokratische Ordnung ist durch ihren parlamentsübergreifenden **Prozeßcharakter** gekennzeichnet, durch ein vielseitiges und komplexes Wechselspiel zwischen Wählern und Gewählten, Bürgern und staatlichen Instanzen mit entsprechenden **Rückkoppelungseffekten**[203]. Daraus erhellt der bedeutsame Rang der **Öffentlichkeit** für die Demokratie: der pluralen gesellschaftlichen Kommunikation wie der Öffentlichkeit der Verhandlungen des Bundestages[204]. Der beständige Dialog zwischen Parlament und gesellschaftlichen Kräften erweist sich daher für die Legitimität demokratischer Ordnung als genauso wichtig wie der Wahlakt selbst.

74 Dies verdeutlicht die hohe **Bedeutung der Grundrechte** für die Demokratie. Sie gewährleisten im wesentlichen »die verfassungsrechtlichen Voraussetzungen dieses freien und offenen Prozesses der Meinungs- und Willensbildung des Volkes«[205]. Dadurch sind sie »Fundament und sozusagen Infrastruktur aller demokratischen Prozesse«[206],

---

[198] Vgl. BVerfGE 44, 125 (139f.); 85, 264 (285). S. auch *Schmitt-Glaeser* (Fn. 197), § 31 Rn. 30, 32 (Rückkoppelungsverhältnis).

[199] Vgl. *D. Grimm*, Politische Parteien, in: HdbVerfR, § 14 Rn. 17 (gegen einbahnige Vorstellungen), Rn. 16 (Hinweis auf den häufig von oben nach unten verlaufenden Willensbildungsprozeß). Problematische Grenzfälle regierungsamtlicher Öffentlichkeitsarbeit sind gleichwohl nicht zu übersehen: *A. Engelbert/M. Kutscha*, NJW 1993, 1233ff. Allzu rigorose Konsequenzen aus dem Postulat der Willensbildung von unten nach oben zieht allerdings *H.P. Vierhaus*, Umweltbewußtsein von oben, 1994, S. 305ff., 416ff., 482ff.; gegenläufige Tendenz bei *M. Schürmann*, Öffentlichkeitsarbeit der Bundesregierung, 1992, S. 404ff.

[200] BayVerfGH BayVBl. 1994, 203 (dazu kritisch *M. Morlok/V.P. Voss*, BayVBl. 1995, 513ff.; *M. Wittzack*, BayVBl. 1998, 37 [40]); BremStGH NVwZ 1997, 264. Vgl. jetzt zu Wahlempfehlungen durch Bürgermeister BVerwG NVwZ 1997, 1220 (1220ff.); VG Frankfurt NVwZ 1997, 1240 (1241f.).

[201] Insofern erweist sich Demokratie als »Verfahren der Legitimation, der Kontrolle und der Kritik politischer Herrschaft«: *P. Badura*, Diskussionsbemerkung, VVDStRL 29 (1971), S. 95ff. (97); vgl. *ders.* (Fn. 19), § 23 Rn. 31, 35, 41; ähnlich *Hesse*, Verfassungsrecht, Rn. 134.

[202] BVerfGE 20, 56 (98); s. auch E 44, 125 (139f.).

[203] Vgl. BVerfGE 85, 264 (284): »Rückkoppelung zwischen Staatsorganen und Volk«. Hierzu näher *Hofmann/Dreier* (Fn. 40), § 5 Rn. 18ff., 23; *H. Dreier*, Jura 1997, 249 (255f.).

[204] Zur Öffentlichkeit als Element parlamentarischer Demokratie BVerfGE 40, 237 (249); 40, 296 (327); 70, 324 (355, 358); 84, 304 (329). Vertiefend *L. Kißler*, Parlamentsöffentlichkeit: Transparenz und Artikulation, in: Schneider/Zeh, § 36 Rn. 3ff.; *C. Linck*, ZParl. 23 (1992), 674ff. → Art. 42 Rn. 20f. Für Regierung, Verwaltung und Justiz ergeben sich aus dem Demokratieprinzip indes keine über spezielle Verfassungsnormen hinausgehende konkrete Publizitätspflichten: *M. Kloepfer*, Öffentliche Meinung, Massenmedien, in: HStR II, § 35 Rn. 58ff.; *W. Brohm*, Sachverständige Beratung des Staates, in: HStR II, § 36 Rn. 52; Jarass/*Pieroth*, GG, Art. 20 Rn. 6a.

[205] BVerfGE 44, 125 (139); s. auch E 20, 56 (97f.); 21, 362 (369).

[206] *Wahl*, Art. Demokratie (Fn. 135), S. 4; *Badura*, Staatsrecht, D 12 (S. 237): für »Lebensfähigkeit

also deren **integraler Bestandteil**, bilden gewissermaßen ihre Lebensluft. Jedenfalls für die Kommunikationsgrundrechte der Art. 5 I, 8, 9 GG (→ Vorb. Rn. 41, 47) sowie das Petitionsrecht (→ Art. 17 Rn. 12) steht diese tragende Bedeutung außer Frage: Meinungsfreiheit ist ohne Demokratie denkbar, nicht aber Demokratie ohne Meinungsfreiheit. Schwerer fällt indes die genaue Festlegung der in diesem Sinn »politischen« oder »demokratischen«, soll heißen: zu den Konstitutionsbedingungen der Demokratie zählenden Grundrechte[207].

Ungeachtet des hohen Ranges freier gesellschaftlicher Kommunikation und Organisation setzt ihnen das Grundgesetz **Schranken**. Die Möglichkeiten des Vereinsverbotes (→ Art. 9 Rn. 49ff.), der Grundrechtsverwirkung (→ Art. 18 Rn. 16ff.) und des Parteienverbotes (→ Art. 21 Rn. 135ff.) kennzeichnen die grundgesetzliche Ordnung als **streitbare** oder **wehrhafte Demokratie**, deren Schutzgut die freiheitliche demokratische Grundordnung ist. Wegen der Unterbindung der gesellschaftlichen Diskussion sind diese Normen aus demokratischer Sicht nicht unproblematisch[208].

75

II. »Alle Staatsgewalt geht vom Volke aus« (Art. 20 II 1 GG)

1. Volkssouveränität als Legitimationstitel

Der Satz »Alle Staatsgewalt geht vom Volke aus« (Art. 20 II 1 GG) ist ein Fundamentalsatz demokratischer Ordnung und Ausdruck des Prinzips der **Volkssouveränität**[209]. Deren höchste und grundlegende Äußerungsform, die verfassunggebende Gewalt[210], ist allerdings selbst nicht in Art. 20 GG thematisiert, sondern in der Präambel und in Art. 146 GG[211]. Art. 20 GG hingegen betrachtet das Volk als Verfassungsorgan, nicht als Verfassungsschöpfer.

76

Der Satz insinuiert **keine Identität von Innehabung und Ausübung** der Staatsgewalt und leistet nicht der illusionären Vorstellung Vorschub, nur das Volk selbst könne verbindliche staatliche Entscheidungen treffen[212]. Die Volkssouveränitätsdoktrin stellt »keine Zuständigkeitsregelung, sondern ein Legitimations- und Verantwortungsprin-

77

---

der parlamentarischen Demokratie unverzichtbar«; *Hesse,* Verfassungsrecht, Rn. 161. Vgl. auch J. Perels (Hrsg.), Grundrechte als Fundament der Demokratie, 1979. → Vorb. Rn. 47.

[207] Vgl. *Hesse,* Verfassungsrecht, Rn. 288; *Böckenförde* (Fn. 159), § 22 Rn. 37, 87; *Badura* (Fn. 19), § 23 Rn. 32; *H. Dreier,* Dimensionen der Grundrechte, 1993, S. 33f. m. Fn. 116, 38ff.; *ders.,* Kelsens Demokratietheorie (Fn. 54), S. 95f.

[208] Die **Werthaftigkeit** des Art. 79 III GG, mit der bestimmte Inhalte der rechtssetzender Disposition entzogen werden, steigert sich insofern zur **Wehrhaftigkeit**. Dazu und zur Problematik dieser Normen näher *H. Dreier,* JZ 1994, 741 (750ff.). – Von »streitbarer« Demokratie sprach wohl zuerst *K. Mannheim,* Diagnose unserer Zeit, 1952, S. 17ff.

[209] *Badura,* Staatsrecht, D 6 (S. 230); *Degenhart,* Staatsrecht I, Rn. 2; *Wahl,* Art. Demokratie (Fn. 135), S. 2. Eingehend *Böckenförde* (Fn. 159), § 22 Rn. 2ff.

[210] Vgl. *v. Beyme,* Art. Demokratie (Fn. 26), Sp. 1121f.; *E.-W. Böckenförde,* Die verfassunggebende Gewalt des Volkes, 1986, S. 11ff.; *H.J. Boehl,* Der Staat 30 (1991), 572 (577f.); *ders.,* Verfassunggebung im Bundesstaat, 1997, S. 91ff.; *H. Dreier,* Jura 1997, 249 (250).

[211] Vgl. *D. Murswiek,* Die verfassunggebende Gewalt nach dem Grundgesetz für die Bundesrepublik Deutschland, 1978, S. 101ff., 143ff. u. ö.; *Stern,* Staatsrecht I, S. 151; *H. Quaritsch,* Der Staat 17 (1978), 421 (427f.); *Dreier,* Ort der Souveränität (Fn. 26), S. 37f. m. w. N.; *ders.,* Art. Souveränität, in: StL⁷, Bd. 4, Sp. 1203ff. (1207); *E.G. Mahrenholz,* Die Verfassung und das Volk, 1992, S. 13; mißverständlich *Sachs* (Fn. 176), Art. 20 Rn. 18. → Präambel Rn. 49ff.

[212] Deutlich *Badura,* Staatsrecht, D 10 (S. 233f.); *W. Mößle,* Regierungsfunktionen des Parlaments, 1986, S. 14; *Grimm* (Fn. 199), § 14 Rn. 6.

zip« dar²¹³. Das Volk erlangt mit diesem Satz keinen monopolartigen Kompetenztitel; verlangt wird indes die **Rückführbarkeit aller staatlichen Gewalt** auf den Volkswillen²¹⁴. Damit ist zunächst in allgemeiner Weise ausgesagt, daß demokratische Herrschaft sich nicht auf dynastische Legitimität, nicht auf die Idee des Staates als göttliche Stiftung oder auf reine Staatsräson, nicht auf religiöse oder ideologische Heilslehren oder auf sonstige autokratische Formen, sondern allein auf den Willen der zum Staatsvolk zusammengefaßten Individuen zu stützen vermag²¹⁵. Demokratie anerkennt »keine nicht auf das Volk rückführbare und von ihm zumindest mittelbar legitimierte staatliche Macht als gerechtfertigte Autorität«²¹⁶. Daher erweist sich die bloße **Anerkennung und Billigung** durch das Volk, wie dies auch in der guten Ordnung nichtdemokratischer Staaten möglich ist, als **nicht ausreichend**²¹⁷.

Das Volk als **Ursprung und Träger der Staatsgewalt** muß vielmehr einen effektiven Einfluß auf die Ausübung der Staatsgewalt ausüben können: es muß (kraft im einzelnen sehr komplexer Legitimations-, Autorisations- und Verantwortungszusammenhänge) **auch Inhaber** der Staatsgewalt sein²¹⁸. Da damit aber nicht jederzeitige und umfassende eigenständige Handlungs- und Sachentscheidungsbefugnis gemeint ist, ergeben sich aus dieser Anforderung Folgen für die demokratische Legitimation der besonderen Organe des Art. 20 II 2 GG (→ Rn. 104 ff.).

78 Weder in der Demokratietheorie noch in der Verfassungspraxis bilden **Volkssouveränität und Repräsentation** einen Gegensatz. Schon Art. 20 II 2 GG (Wahlen, besondere Organe) läßt erkennen, daß das Grundgesetz sich entschieden in die Tradition der (jedenfalls in modernen Großflächenstaaten) letztlich alternativenlosen repräsentativen Demokratie gestellt hat (→ Rn. 99). Auch demokratietheoretisch läßt sich zwischen Volkssouveränität und Repräsentation entgegen immer wieder unternommenen Versuchen keine Antinomie ausmachen. Denn parlamentarische Repräsentation erhält ihren besonderen Charakter gerade durch die Idee der Volkssouveränität. Nicht Repräsentation als solche, sondern nur (geschichtlich in vielfältigen Formen realisierte) nichtdemokratische Formen der Repräsentation stehen im Widerspruch zu ihr²¹⁹. Das Parlament ist kein »Verfremdungsfaktor für die Selbstherrschaft«²²⁰. Ebensowenig wie demokratische Repräsentation schließt die Volkssouveränitätsdoktrin indes unmittelbare Sachentscheidungen durch das Volk oder andere Elemente direkter Demokratie aus (→ Rn. 97 ff.). Diese sind durch Art. 20 II 1 GG weder untersagt noch zwingend gefordert.

---

²¹³ *R. Grawert*, Staatsvolk und Staatsangehörigkeit, in: HStR I, § 14 Rn. 22; *Badura* (Fn. 19), § 23 Rn. 27, 34, 35; s. auch *Stern*, Staatsrecht I, S. 593. Zur Historie eingehend *Kielmansegg*, Volkssouveränität (Fn. 18), S. 230 ff.

²¹⁴ BVerfGE 47, 253 (275); 83, 60 (71 f.); 93, 37 (66); *E. Schnapp*, in: v. Münch/Kunig, GG I, Art. 20 Rn. 30.

²¹⁵ Vgl. *D. Grimm*, JZ 1995, 581 (587): Herrschaft in der Demokratie wird nicht transzendental, traditional oder elitär, sondern konsensual legitimiert. S. schon *Kelsen*, Wesen (Fn. 54), S. 102.

²¹⁶ *R.A. Rhinow*, ZSR 103 II (1984), 111 (187); vertiefend *H. Hofmann*, JZ 1992, 165 (168 ff.). → Vorb. Rn. 4 f.

²¹⁷ Insofern mißverständlich *Badura*, Staatsrecht, D 10 (S. 233). Vgl. hierzu und zum folgenden *Böckenförde* (Fn. 159), § 22 Rn. 5; *Hofmann/Dreier* (Fn. 40), § 5 Rn. 17; BVerfGE 5, 85 (205).

²¹⁸ Vgl. *Böckenförde* (Fn. 159), § 22 Rn. 8, 10 ff.; BVerfGE 83, 60 (71 f.); 93, 37 (66).

²¹⁹ Vertiefend *M. Drath*, Die Entwicklung der Volksrepräsentation, 1954, S. 7 ff., 12 ff.; *Kielmansegg*, Volkssouveränität (Fn. 18), S. 156 ff.; *Hofmann/Dreier* (Fn. 40), § 5 Rn. 10, 22.

²²⁰ Treffend *J.-D. Kühne*, ZG 6 (1991), 116 (129); *P. Krause*, Verfassungsrechtliche Möglichkeiten unmittelbarer Demokratie, in: HStR II, § 39 Rn. 5; w.N. bei *H. Dreier*, Jura 1997, 249 (250 f.).

II. »Alle Staatsgewalt geht vom Volke aus« (Art. 20 II 1 GG) **Art. 20 (Demokratie)**

2. Staatsgewalt als Legitimationsobjekt

Objekt demokratischer Legitimation ist **alle Staatsgewalt**. Darunter sind nach gefestigter Rechtsprechung des Bundesverfassungsgerichts »alle Arten der Ausübung von Staatsgewalt« zu verstehen[221]. Ähnlich wie bei der Grundrechtsbindung (→ Art. 1 III Rn. 36 ff.) werden **alle Staatsorgane und Amtswalter in der Summe ihrer legislativen, exekutiven und judikativen Funktionen** erfaßt[222], ohne daß es allerdings auf eine Grundrechtsbeeinträchtigung oder überhaupt nur auf die Differenz von Außen- und Innenrechtsverhältnissen ankäme[223]. Zur Staatsgewalt i.S.d. Art. 20 II GG zählen ferner nicht nur die **Organe von Bund, Ländern und Gemeinden** bzw. Gemeindeverbänden, sondern auch alle sonstigen **juristischen Personen des öffentlichen Rechts** (→ Art. 1 III Rn. 36 ff.; → Art. 19 III Rn. 38 ff.). Bei den **Kirchen** bringt allein der Status als Körperschaften des öffentlichen Rechts keine Ausübung von Staatsgewalt mit sich; vielmehr kommt es darauf an, ob im Einzelfall hoheitliche Tätigkeit vorliegt[224]. Differenzierte Betrachtung erfordert die privatrechtsförmige Verwaltung (→ Rn. 124 ff.).

79

In materieller Hinsicht erfolgt also **keine Einschränkung auf Bereiche hoheitlichen Handelns**. Staatsgewalt umfaßt danach alle rechtserheblichen Funktionen und Tätigkeiten der Staatsorgane und Amtswalter ohne Rücksicht auf die Rechts- bzw. Handlungsform (→ Rn. 113). Auch die Verwendung von öffentlichen Mitteln, also das **Finanzgebaren des Staates**, stellt Ausübung öffentlicher Gewalt dar und fällt unter Art. 20 II GG[225]. Bei der **vollziehenden Gewalt** bedeutet dies, daß auch leistendes, schlichtes und privatrechtsförmiges Handeln staatlicher Organe eingeschlossen ist[226].

80

Was die **Bedeutung des staatlichen Handelns** angeht[227], so werden gelegentlich unwichtige Aufgaben als nicht zur »Ausübung von Staatsgewalt« zählend angesehen[228]. Das ist wegen der schwierigen Abgrenzung von wichtigen und unwichtigen Aufgaben und vor allem wegen des unmißverständlichen Wortlauts des Art. 20 II GG abzulehnen; ein **Bagatellvorbehalt** ist dem Demokratieprinzip **fremd**[229]. Auch nach Auffas-

81

---

[221] BVerfGE 47, 253 (273); 77, 1 (40); 83, 60 (73). Dazu näher *Böckenförde* (Fn. 159), §22 Rn. 12f.; *E. Schmidt-Aßmann*, AöR 116 (1991), 329 (338ff.); *M. Jestaedt*, Demokratieprinzip und Kondominialverwaltung, 1993, S. 233ff. m.w.N.; *D. Ehlers*, Jura 1997, 180 (183): »Gesamtbereich staatlichen Agierens«.

[222] Zur Strukturparallele von Art. 1 III und 20 II GG: *Stern*, Staatsrecht III/1, S. 1409ff.; *Jestaedt*, Demokratieprinzip (Fn. 221), S. 235ff.; ablehnend *Starck*, GG I, Art. 1 Rn. 138; differenzierend *E. Schmidt-Aßmann*, AöR 116 (1991), 329 (338f.).

[223] *T. Emde*, Die demokratische Legitimation der funktionalen Selbstverwaltung, 1991, S. 202ff.

[224] Das ist etwa bei der Friedhofsverwaltung und bei der Erhebung von Kirchensteuern der Fall (→ Art. 1 III Rn. 53 ff.); zum Sonderfall des liturgischen Glockengeläuts vgl. BVerwG NJW 1994, 956; vgl. ferner *v. Münch*, Staatsrecht I, Rn. 130; *D. Ehlers*, in: Schoch/Schmidt-Aßmann/Pietzner, VwGO, §40 (1996), Rn. 108; *P. Kirchhof*, Die Kirchen als Körperschaften des öffentlichen Rechts, in: HdbStKirchR², Bd. I, §22, S. 657f., 676ff.

[225] Eingehend *T. Puhl*, Budgetflucht und Haushaltsverfassung, 1996, S. 1, 3ff., 159ff.

[226] Statt vieler *D. Ehlers*, JZ 1987, 218 (224f.); *W.-R. Schenke*, JZ 1991, 581 (587f.); *Sachs* (Fn. 176), Art. 20 Rn. 20. Insofern besteht also wieder eine Parallele zur Grundrechtsbindung: → Art. 1 III Rn. 48 ff. Zu den Organisationsformen des Verwaltungshandelns im einzelnen → Rn. 113 ff.

[227] Mit Blick auf das »Staats«moment kann man von Staatsgewalt in materiellem, mit Blick auf das »Gewalt«moment von solcher in formellem Sinne sprechen: so *Jestaedt*, Demokratieprinzip (Fn. 221), S. 226ff., 255ff.

[228] So BVerfGE 47, 253 (274); angedeutet auch in E 38, 258 (271).

[229] H.M. in der Literatur: vgl. *E. Schmidt-Aßmann*, AöR 116 (1991), 329 (367); *M. Jestaedt*, Der Staat 32 (1993), 29 (39ff., 52); *M. Schulte*, Schlichtes Verwaltungshandeln, 1995, S. 165ff.; *D. Ehlers*, Jura 1997, 180 (183f.).

sung des Bundesverfassungsgerichts bedarf jedenfalls **alles amtliche Handeln mit Entscheidungscharakter** demokratischer Legitimation, worunter Mitentscheidungsbefugnisse sowie von anderen Verwaltungsträgern noch umzusetzende Entscheidungen gehören. Erfaßt werden ebenso die behördeninternen Voraussetzungen für die Wahrnehmung der Amtsaufgaben[230]. Ausgeschlossen sollen hingegen rein konsultative, vorbereitende oder technische Tätigkeiten sein[231].

82 Im Kern bezieht sich Art. 20 II GG auf die **deutsche Staatsgewalt**. Die Übertragung von Hoheitsrechten auf supranationale Einrichtungen, namentlich die Europäische Union, führt daher zu bestimmten Modifikationen des rein innerstaatlichen Demokratiemodells (→ Rn. 39 ff.). Deutlich engere Grenzen als dort sind aber wegen der fehlenden Kompensation der **Übertragung von deutschen Hoheitsrechten auf andere Staaten** gesetzt[232]. In der Anerkennung und Vollstreckung ausländischer Rechtsakte durch deutsche Behörden hat das Bundesverfassungsgericht wegen der Verfassungsentscheidung für eine offene Staatlichkeit (→ Präambel Rn. 23) keine Verletzung des Demokratieprinzips gesehen[233].

3. (Deutsches) Volk als Legitimationssubjekt

83 Art. 20 II GG spricht ohne nähere Spezifizierung vom »Volke«. Nach herrschender Auffassung und bundesverfassungsgerichtlicher Judikatur kann damit nicht die wechselhafte Summe der von der Staatsgewalt »Betroffenen« oder aller im Staatsgebiet lebender Personen, sondern nur das **Staatsvolk der Bundesrepublik Deutschland** gemeint sein[234]. Dafür führt das Bundesverfassungsgericht das systematische Argument an, wonach Art. 20 II GG im Bezugsfeld zu anderen Vorschriften des Grundgesetzes stehe, die ausdrücklich vom deutschen Volke sprechen (Präambel und Art. 146, ferner bei Art. 33, 56, 64 II GG)[235]. Das **Staatsvolk** wird grundsätzlich von den deutschen

---

[230] BVerfGE 47, 253 (273); 83, 60 (73); 93, 37 (Ls 1 und S. 68 ff.). Dazu näher *Böckenförde* (Fn. 159), § 22 Rn. 12 ff.; *Emde*, Legitimation (Fn. 223), S. 214 f.; *Jestaedt*, Demokratieprinzip (Fn. 221), S. 255 ff.

[231] BVerfGE 47, 253 (273); 83, 60 (74). *Emde*, Legitimation (Fn. 223), S. 214 f.; *Böckenförde* (Fn. 159), § 22 Rn. 13; *Jestaedt*, Demokratieprinzip (Fn. 221), S. 261. Diese Ausnahme wird indes zurecht eng ausgelegt: schlicht-hoheitliches Handeln, amtliche Erklärungen, faktische Beeinträchtigungen etc. fallen nicht darunter, sondern gehören zum legitimationsbedürftigen Bereich der Staatsgewalt. Vgl. *Böckenförde* (Fn. 159), § 22 Rn. 13; *Jestaedt*, Demokratieprinzip (Fn. 221), S. 257 ff., 262.

[232] Vgl. *K.T. Rauser*, Die Übertragung von Hoheitsrechten auf ausländische Staaten, 1991, S. 263 ff.; *E. Schmidt-Aßmann*, AöR 116 (1991), 329 (339 ff.); restriktiv auch *A. Randelzhofer*, in: Maunz/Dürig, GG, Art. 24 I (1992), Rn. 53; *H. Mosler*, Die Übertragung von Hoheitsgewalt, in: HStR VII, § 175 Rn. 38 f. Weitergehend (unter Berufung auf die Verfassungsentscheidung für eine offene Staatlichkeit) *U. Beyerlin*, Rechtsprobleme der lokalen grenzüberschreitenden Zusammenarbeit, 1988, S. 428. Sie unterfiele nicht Art. 23, 24, sondern Art. 59 GG. In BVerfGE 68, 1 (91) wird die Frage nur gestreift. Zu den sonstigen zwischenstaatlichen Einrichtungen neben der EU: → Art. 24 Rn. 24 ff.

[233] BVerfGE 63, 343 (367 ff., 370).

[234] *H. Quaritsch*, DÖV 1983, 1 (3); *Grawert* (Fn. 213), § 14 Rn. 11 ff.; *Böckenförde* (Fn. 159), § 22 Rn. 26 ff.; *A. Schink*, DVBl. 1988, 417 ff.; *P.M. Huber*, DÖV 1989, 531 ff.; *Wahl*, Art. Demokratie (Fn. 135), S. 2 f.; *E. Schmidt-Aßmann*, AöR 116 (1991), 329 (348 ff.); *Jestaedt*, Demokratieprinzip (Fn. 221), S. 207 ff.; *Badura*, Staatsrecht, A 3, E 5 (S. 4, 380); BVerfGE 83, 37 (50 f.); 83, 60 (76, 81). Für Ausdehnung zu einem »europäisierten« Staatsvolkbegriff *S. Hobe*, JZ 1994, 191 (193 f.); kritisch auch *B.-O. Bryde*, StWStP 5 (1994), 305 (317 ff.). → Art. 16 Rn. 18 ff.

[235] So BVerfGE 83, 37 (51); dem folgend *Degenhart*, Staatsrecht I, Rn. 21; *Jestaedt*, Demokratieprinzip (Fn. 221), S. 209 f. m.w.N.

II. »Alle Staatsgewalt geht vom Volke aus« (Art. 20 II 1 GG) **Art. 20 (Demokratie)**

Staatsangehörigen gebildet; nach dem Grundgesetz sind darüber hinaus die Statusdeutschen i.S.d. Art. 116 I GG erfaßt (→ Präambel Rn. 60; → Art. 16 Rn. 32).

Die herrschende Meinung verdient schon aus Gründen staatsrechtlicher Tradition- 84
und einem notwendigen Konnex von Rechten und Pflichten de constitutione lata Zustimmung, soweit sie sich auf die **Ebene des Bundes und der Länder** bezieht. Insofern erheben sich auch nur wenige Gegenstimmen[236]. Gegenstand anhaltender Kontroversen ist indes, ob das Staatsangehörigkeitsmerkmal auch für die Selbstverwaltung in Gemeinden und Kreisen zutrifft, wie das Bundesverfassungsgericht meint und damit das **kommunale Ausländerwahlrecht** ausschließt (→ Art. 28 Rn. 72).

Neben dem gesamten Staatsvolk der Bundesrepublik (Bundesvolk) gibt es »nach 85
den Traditionen und Vorstellungen föderaler Staaten«[237] auch Völker in den Bundesländern. Diese **Landesvölker** sind mit dem Bundesvolk teilidentisch, aber – wie die (freilich nicht genutzte und mittlerweile gestrichene) Möglichkeit eigener Landesstaatsangehörigkeiten gem. Art. 74 Nr. 8 GG a.F. indizierte – nicht nur dessen Teile[238]. Die Länder üben Staatsgewalt aus und verfügen nach überwiegender Ansicht über unabgeleitete Hoheitsmacht, woraus nicht zuletzt ihre Verfassungsautonomie resultiert (→ Art. 28 Rn. 47 ff.).

Weitere zur Vermittlung demokratischer Legitimation fähige Teilvölker sind wegen 86
der strukturellen Analogie (Allzuständigkeit, Gebietshoheit, unbestimmte Allgemeinheit) auch die **Verbandsvölker** in Kreisen und Gemeinden[239], nach herrschender Auffassung indes nicht die vielfältigen **Träger funktionaler Selbstverwaltung** (z.B. Kammern, Sozialversicherungsträger, Hochschulen), die man als lediglich autonom legitimiert ansieht[240]. Nicht übersehen werden sollte freilich, daß »die Prinzipien der Selbstverwaltung und der Autonomie ... ebenfalls im Demokratieprinzip wurzeln«[241].

---

[236] *G. Robbers,* Ausländer im Verfassungsrecht, in: HdbVerfR, § 11 Rn. 81 spricht insofern von einer mittlerweile »fast einhelligen Auffassung«; Nachweise der kritischen älteren Literatur bei *A. Schink,* DVBl. 1988, 417 (419). Grundsatzkritik und Plädoyer für einen offenen Volksbegriff qua Verfassungsinterpretation jedoch bei *B.-O. Bryde,* JZ 1989, 257 ff.; ders., StWStP 5 (1994), 305 (305 ff., 317 ff.). Eine Einführung des Ausländerwahlrechts auf Bundesebene durch einfaches Gesetz hält für möglich *H. Meyer,* Wahlgrundsätze und Wahlverfahren, in: HStR II, § 38 Rn. 4 ff., 8; nach *E. Schmidt-Aßmann,* AöR 116 (1991), 329 (351) bedarf es für ein Abgehen vom Merkmal der Staatsangehörigkeit einer Verfassungsänderung, die *P. Kirchhof,* Der allgemeine Gleichheitssatz, in: HStR V, § 124 Rn. 127 durch Art. 79 III GG für ausgeschlossen zu halten scheint.
[237] *E. Schmidt-Aßmann,* AöR 116 (1991), 329 (349).
[238] Treffend *Grawert* (Fn. 213), § 14 Rn. 25; a.A. *J. Isensee,* Idee und Gestalt des Föderalismus im Grundgesetz, in: HStR IV, § 98 Rn. 45 (nur Volksteile); ihm folgend *Löwer* (Fn. 140), Art. 28 Rn. 26.
[239] BVerfGE 83, 37 (55): Art. 28 I 2 GG ordne »auch den Gemeinden und Kreisen ein ›Volk‹ als Legitimationssubjekt zu«; *Böckenförde* (Fn. 159), § 22 Rn. 31 f.; *E. Schmidt-Aßmann,* AöR 116 (1991), 329 (349 f.); *Jestaedt,* Demokratieprinzip (Fn. 221), S. 212 f., 525 ff. – Zum demokratischen Charakter der kommunalen Selbstverwaltung als »gegliederter Demokratie« ausführlich *U. Scheuner,* AfK 12 (1973), 1 (6, 30, 40 u.ö.); *H.H. v. Arnim,* AöR 113 (1988), 1 ff.; w.N. bei *H. Dreier,* Hierarchische Verwaltung im demokratischen Staat, 1991, S. 230 f. → Art. 28 Rn. 68, 79 f.
[240] *Böckenförde* (Fn. 159), § 22 Rn. 33 f. (mit überscharfer Kontrastierung von autonomer und demokratischer Legitimation); *E. Schmidt-Aßmann,* AöR 116 (1991), 329 (350); *Emde,* Legitimation (Fn. 223), S. 382 ff. (der im Unterschied etwa zu Böckenförde in der autonomen Legitimation eine Form kompensatorischer demokratischer Legitimation sieht). Andere Autoren parallelisieren kommunale und funktionale Selbstverwaltung und gehen von der Existenz »fachlicher Teilvölker« aus: *Herzog* (Fn. 26), Art. 20 II, Rn. 56; *J. Oebbecke,* Weisungs- und unterrichtungsfreie Räume in der Verwaltung, 1986, S. 89 f.; s. auch *Dreier,* Verwaltung (Fn. 239), S. 274 ff. m.w.N.
[241] BVerfGE 33, 125 (159); eingehend *Emde,* Legitimation (Fn. 223), S. 382 ff. Insofern spricht *Maurer,* Allg. Verwaltungsrecht, § 23 Rn. 40 treffend von der »Forderung nach verbandsinterner De-

Art. 20 (Demokratie)   C. Erläuterungen

III. Ausübung der Staatsgewalt durch das deutsche Volk (Art. 20 II 2 GG)

87   Art. 20 II 2 GG »gestaltet den Grundsatz der Volkssouveränität aus.«[242] Es werden die **Legitimationsmodi**[243] der Wahlen und der Abstimmungen unterschieden (→ Rn. 88 ff.) und **besondere Organe** für die mittelbare Ausübung der Staatsgewalt genannt, die in differenzierter Weise dem Erfordernis demokratischer Legitimation unterliegen (→ Rn. 104 ff.).

1. Wahlen und Abstimmungen (Art. 20 II 2, 1. Hs. GG)

a) Wahlen

88   In der strikt repräsentativ ausgestalteten Ordnung des Grundgesetzes (→ Rn. 20 ff.) stellen die Parlamentswahlen den für die »Willensbildung im demokratischen Staat entscheidenden Akt dar«[244]. Hier »betätigt sich der Bürger als Glied des Staatsorgans Volk im status activus«[245]. Der integrative Vorgang der Wahl knüpft das Band, welches das Volk mit der Vertretungskörperschaft verbindet, die dadurch als einziges »besonderes Organ« i.S.d. Art. 20 II 2 GG unmittelbar von diesem legitimiert ist[246]. Deswegen und wegen der dem korrespondierenden Aufgabenfülle sieht sich das Parlament im Unterschied zur konstitutionellen Epoche in das Zentrum institutionalisierter Staatlichkeit gestellt. Es bildet das **Gravitationszentrum des demokratischen Verfassungsstaates**[247]. Daraus folgt die Pflicht, wichtige Grundentscheidungen nicht aus der Hand zu geben (→ Rn. 110).

89   Mit Wahlen sind staatsrechtlich **Entscheidungen über Personen** im Unterschied zu solchen über Sachfragen gemeint: es geht gerade um die »Auswahl der zur Sachentscheidung befugten Personen«[248].

90   Art. 20 II 2 GG bezieht sich in erster Linie auf die **Wahlen zum Deutschen Bundestag**[249]; ein spezieller Ausgriff der Bundesverfassung auf Länder und Kommunen er-

---

mokratie«; ähnlich *D. Ehlers*, Verfassungsrecht und Verwaltungsrecht, in: Erichsen, Allg. Verwaltungsrecht, § 4 Rn. 8. Die einschlägige Rechtsprechung des Zweiten Senats (BVerfGE 83, 37; 83, 60; 93, 37) trägt dem nicht hinlänglich Rechnung. Zum Problem näher *A. Rinken*, KritV 79 (1996), 282 ff. → Rn. 108.

[242] BVerfGE 83, 60 (71). Zuweilen wird Art. 20 II 1 GG von Art. 20 II 2 GG in der Weise geschieden, daß man in Satz 1 die »passive Legitimationseinheit«, in Satz 2 die »aktive Wirkeinheit« verortet (dazu *Jestaedt*, Demokratieprinzip [Fn. 221], S. 206 f.). Richtig ist, daß das gemäß Satz 2 aktiv handelnde Volk die Aktivbürgerschaft, d.h.: die Wahlberechtigten umfaßt (s. auch *Herzog* [Fn. 26], Art. 20 II Rn. 10 m. Fn. 1). Zu Abgrenzungsproblemen beim allgemeinen Volksbegriff: → Präambel Rn. 45.

[243] So *E. Schmidt-Aßmann*, AöR 116 (1991), 329 (351 ff.).

[244] BVerfGE 20, 56 (113); 29, 145 (164 f.). Vgl. *Hesse*, Verfassungsrecht, Rn. 145; *Stern*, Staatsrecht I, S. 606 f.; *Grawert* (Fn. 213), § 14 Rn. 49 (»Wahl als Gesamtvorgang demokratischer Selbstorganisation durch Auswahl der zur Sachentscheidung befugten Personen«); *Badura* (Fn. 19), § 23 Rn. 31; *H. Meyer*, Demokratische Wahl und Wahlsystem, in: HStR II, § 37 Rn. 1; *H. Dreier*, Jura 1997, 249 (253) m.w.N.

[245] BVerfGE 83, 60 (71). → Vorb. Rn. 41; → Art. 38 Rn. 31.

[246] BVerfGE 33, 125 (158): das Volk übt »die Staatsgewalt am unmittelbarsten durch das von ihm gewählte Parlament« aus. BVerfGE 34, 52 (59): »Nur das Parlament besitzt die demokratische Legitimation zur politischen Leitentscheidung.« Ähnlich BVerfGE 40, 237 (249).

[247] Näher *Mößle*, Regierungsfunktionen (Fn. 212), S. 132 ff. u.ö.; *H. Dreier*, JZ 1990, 310 ff. m.w.N.

[248] *Grawert* (Fn. 213), § 14 Rn. 49. Vgl. *Degenhart*, Staatsrecht I, Rn. 13; *J. Ipsen*, Staatsrecht I, Rn. 90 ff.; *Sachs* (Fn. 176), Art. 20 Rn. 21.

[249] Zur dadurch nicht ausgeschlossenen Möglichkeit, auch andere Amtsträger (z.B. bestimmte

folgt (erst) in Gestalt des Art. 28 I 2 GG[250]. Da aber periodisch wiederkehrende Wahlen zum über Art. 79 III GG geschützten Kerngehalt des Demokratieprinzips zählen (→ Art. 79 III Rn. 32), sind diese auch in bezug auf Länder und Kommunen gegen eine Abschaffung qua Verfassungsänderung geschützt.

Das **Wahlsystem** ist im Grundgesetz entgegen der verfassungsrechtlichen Tradition **nicht geregelt**[251]. Bundesverfassungsgericht[252] und Teile der Lehre[253] vertreten, angesichts dessen sei der einfache Gesetzgeber frei in der Ausgestaltung des Wahlrechtssystems und könne ein striktes Verhältniswahlrecht ebenso einführen wie ein reines, womöglich relatives Mehrheitswahlrecht. Doch bildet aus verfassungshistorischen, grundgesetzsystematischen und repräsentationstheoretischen Gründen das (in Grenzen modifizierbare) **Verhältniswahlrecht das verfassungsrechtlich adäquate System**, so daß einem Übergang zum absoluten oder relativen Mehrheitswahlrecht schwerwiegende Bedenken entgegenstünden[254]. Ein solcher Wechsel hätte auf jeden Fall Folgen für die Voraussetzungen einer Verfassungsänderung (→ Art. 79 II Rn. 19). 91

Für die konkrete gesetzliche Ausgestaltung des Wahlrechts enthält das Grundgesetz in Gestalt der in Art. 38 I 1 GG genannten **Wahlgrundsätze** bestimmte Vorgaben (→ Art. 38 Rn. 56 ff.). 92

b) Abstimmungen

Art. 20 II GG benennt neben den Wahlen auch »Abstimmungen« als eine Form der Ausübung der Staatsgewalt durch das Volk. Zwischen beiden Formen besteht kein Vorrang- oder Nachrangverhältnis. Weder ist die repräsentative Ausgestaltung die »eigentliche« noch die plebiszitäre die »echte« Form der Demokratie[255]. Im Unterschied zur Personalauswahl qua Wahl versteht man unter Abstimmungen **Sachentscheidungen durch die Aktivbürgerschaft** selbst[256]. 93

Bundesbeauftragte) durch Volkswahl zu bestimmen: *E. Schmidt-Aßmann,* AöR 116 (1991), 329 (353 f.). Ablehnend insofern *Krause* (Fn. 220), § 39 Rn. 13; wohl auch *Sachs* (Fn. 176), Art. 20 Rn. 21. – Zur Direktwahlen auf Landes- und Kommunalebene → Art. 28 Rn. 62, 68.

[250] Weitergehend *Schnapp* (Fn. 214), Art. 20 Rn. 31 unter Verweis auf BVerfGE 18, 151 (154): Parlamente und Kommunalvertretungen. Dagegen spricht indes die spezielle Regelung in Art. 28 I 2 GG sowie die Möglichkeit von Gemeindeversammlungen gemäß Art. 28 I 4 GG: denn hier finden die von Art. 20 II 2 GG zwingend geforderten Wahlen eben nicht statt.

[251] *Meyer* (Fn. 244), § 37 Rn. 19; *H. Dreier,* Jura 1997, 249 (253). Die derzeit geltende einfachgesetzliche Regelung läuft auf ein personalisiertes Verhältniswahlrecht hinaus. Überhangmandate und Grundmandatsklausel sind dem Bundesverfassungsgericht zufolge mit dem Grundgesetz vereinbar (BVerfGE 95, 335; 95, 408). Zu den Überhangmandaten *C. Lenz,* NJW 1997, 1534 ff.; *R. Backhaus,* DVBl. 1997, 737 ff.; zum Grundmandat *M. Heintzen,* DVBl. 1997, 744 ff.; weitere Literatur zu beiden Komplexen bei *H. Dreier,* Jura 1997, 249 (253 f.).

[252] BVerfGE 1, 208 (246 ff.); 6, 84 (90); 34, 81 (99). Vgl. jüngst BVerfGE 95, 335 (349 ff.).

[253] Siehe *H.-U. Erichsen,* Jura 1984, 22 (26); *Stern,* Staatsrecht I, S. 289 ff., 299 ff. m. w. N.; Plädoyer für einen Übergang zum Mehrheitswahlrecht: *F.A. Hermens,* Demokratie oder Anarchie, 2. Aufl. 1968; aus jüngerer Zeit *B. Ziemske,* ZRP 1993, 369 ff.; *T. Langheid,* ZRP 1995, 94 ff. Zu den verschiedenen Ausgestaltungsmöglichkeiten der Wahlrechtssysteme (wobei Verhältniswahlrecht und Mehrheitswahlrecht lediglich gewisse Idealtypen markieren): *E. Jesse,* Wahlrecht zwischen Kontinuität und Reform, 1985; *D. Nohlen,* Wahlrecht und Parteiensystem, 1986; *Meyer* (Fn. 244), § 37 Rn. 25 ff.

[254] Vgl. *Meyer* (Fn. 244), § 37 Rn. 22 ff., 31 ff.; *Hofmann/Dreier* (Fn. 40), § 5 Rn. 32 ff., 37; *R. Bakker,* ZRP 1994, 457 ff.; *U. Mager/R. Uerpmann,* DVBl. 1995, 273 (276 f.); *H. Dreier,* Jura 1997, 249 (253 f.); *H. Nicolaus,* ZRP 1997, 185 (186 f.).

[255] *Bugiel,* Volkswille (Fn. 66), S. 109 ff.; *H. Dreier,* Jura 1997, 249 (251). → Rn. 97 ff.

[256] *Stern,* Staatsrecht II, S. 13 (»Abstimmungen sind also stets Stellungnahmen des Volkes zu ihm

Art. 20 (Demokratie) C. Erläuterungen

94 Sie bilden den Kern der sog. direkten Demokratie (→ Rn. 97 ff.). Zu deren außerordentlich vielgestaltigen **Formenkanon** gehören als wichtigste Institute Volksbegehren und Volksentscheid (Volksgesetzgebung) und Gesetzes- bzw. Verfassungsreferenden (Entscheidung des Volkes über einen bestimmten Gesetzentwurf); auch die häufig als »konsultativ« bezeichnete Volksbefragung zählt dazu[257].

95 Als **Beispielsfälle** für grundgesetzlich vorgesehene Abstimmungen nennt man gemeinhin die Territorialplebiszite der **Art. 29, 118, 118a GG**[258]. Unabhängig davon, daß Art. 118 GG längst obsolet geworden, der Zusammenschluß von Berlin und Brandenburg gemäß Art. 118a GG einstweilen gescheitert und eine Neugliederung gemäß Art. 29 GG wegen der vielen dort aufgerichteten Hindernisse äußerst unwahrscheinlich ist, bestehen gegen eine solche Einstufung **durchgreifende Bedenken**[259]. Denn der Sache nach haben wir es in den genannten Fällen nicht mit Volksentscheiden, sondern mit »Bevölkerungsentscheiden« zu tun[260]. Nicht das gesamte abstimmungsberechtigte Staatsvolk (des Bundes oder eines Landes) trifft anstelle des parlamentarischen Gesetzgebers eine allgemeine Regelung, sondern ein von der Neugliederung betroffener Bevölkerungsteil stimmt über eine Frage ab, für die eine alternative Zuständigkeit von Bundes- oder Landtag naturgemäß nicht vorhanden ist. **Territorialplebiszite** gehören in den Problemkreis des Föderalismus, nicht der Demokratie; sie sind demnach entgegen der h.M. **keine Abstimmungen** i.S.v. Art. 20 II 2 GG[261].

96 Die in Art. 28 I 4 GG geregelte, aber heutzutage in den Kommunalverfassungen der Länder kaum noch vorgesehene Möglichkeit von **Gemeindeversammlungen** (→ Art. 28 Rn. 78) gehört ebenfalls nicht in den Kontext gesamtstaatlicher Demokratie.

2. Direkte Demokratie im Grundgesetz?

97 De constitutione lata gibt es nach hier vertretener Auffassung derzeit keinen konkreten Anwendungsfall für die in Art. 20 II GG genannten Abstimmungen. Das wirft die Frage auf, ob derartige Formen demokratischer Entscheidungsfindung entweder durch den einfachen oder den verfassungsändernden Gesetzgeber eingeführt werden dürften (→ Rn. 100 ff.).

98 Für die Antwort ist zunächst von Bedeutung, daß Formen direkter Demokratie nicht mit der Aura echter, unverfälschter Artikulation des Volkswillens versehen und

---

gestellten Sachfragen«); *I. Ebsen*, AöR 110 (1985), 2 (6); *Degenhart*, Staatsrecht I, Rn. 13; *Krause* (Fn. 220), § 39 Rn. 14; *E. Schmidt-Aßmann*, AöR 116 (1991), 329 (354).

[257] Zu Typen und Terminologien eingehend *Jürgens*, Direkte Demokratie (Fn. 66), S. 35 ff.; *U. Berlit*, KritV 76 (1993), 318 (328 ff.); s. dort auch zu weiteren Formen und abweichenden Begrifflichkeiten.

[258] Vgl. nur *Hesse*, Verfassungsrecht, Rn. 148; *Stern*, Staatsrecht I, S. 607; *Herzog* (Fn. 26), Art. 20 II Rn. 43; *Badura*, Staatsrecht, D 12 (S. 236); *Krause* (Fn. 220), § 39 Rn. 14; *J. Ipsen*, Staatsrecht I, Rn. 92 ff.; *Sachs* (Fn. 176), Art. 20 Rn. 21.

[259] Zum folgenden näher *H. Dreier*, Jura 1997, 249 (251 f.) m.w.N.

[260] Terminus bei *W. Weber*, Weimarer Verfassung und Bonner Grundgesetz, 1949, S. 16 Fn. 10; ähnlich *I. Ebsen*, AöR 110 (1985), 2 (5 ff.).

[261] Vgl. nur *H. Hofmann*, Bundesstaatliche Spaltung des Demokratiebegriffs? (1985), in: ders., Verfassungsrechtliche Perspektiven, 1995, S. 155 f., 158 (Art. 29 GG keine Ausnahme vom Prinzip der mittelbaren Demokratie; wie hier auch *I. Ebsen*, AöR 110 (1985), 2 (8); *Bugiel*, Volkswille (Fn. 66), S. 117 ff., 124 m.w.N.; *C. Degenhart*, Der Staat 31 (1992), 77 (78); andeutungsweise bereits BVerfGE 1, 14 (50). Die Vorgängerfassungen des heute geltenden Art. 29 GG sahen bis zu dessen Änderung von 1976 unter bestimmten Umständen einen Volksentscheid im gesamten Bundesgebiet und insofern eine echte Abstimmung vor (vgl. *I. Ebsen*, AöR 110 [1985], 2 [7 f.]); praktisch wurde dies nie.

in schablonenhafter Weise mit den vorgeblich parteipolitisch dominierten Parlamentsentscheidungen kontrastiert werden sollten²⁶². Die letztlich kaum geringere **repräsentative Struktur** vermeintlich »identitärer« Formen kollektiver Entscheidungsfindung ist **lediglich verdeckt**²⁶³. Denn auch bei der Volksgesetzgebung handelt die allemal in Interessengruppen und Parteiungen gespaltene Aktivbürgerschaft für das Gesamtvolk, und auch hier gilt das Mehrheitsprinzip (→ Rn. 64 ff.). Es macht sich – will man nicht bei Romantisierung und Mystifikation Zuflucht suchen – kein einheitlicher, ungebrochener, homogener Volkswille geltend. Demgemäß gibt es auch keinen legitimatorischen oder moralischen Vorrang der direkten gegenüber der repräsentativen Demokratie.

In modernen Großflächenstaaten kommt die direkte Demokratie stets nur als **punktuelle Ergänzung**, niemals als Substitution **des Repräsentativsystems** in Betracht²⁶⁴. Illusionär wäre die Vorstellung, die vielfältigen Staatsleitungsaufgaben parallel oder in Konkurrenz zu den gewählten Organen umfassend im Wege einer Abstimmungsdemokratie wahrnehmen zu wollen. Es gibt Staaten mit rein repräsentativer Ausgestaltung, nicht aber umgekehrt demokratische Flächenstaaten ohne gewichtige repräsentative Institutionen. Die moderne Demokratie ist zwar ohne Volksentscheide möglich, aber nicht ohne Repräsentation²⁶⁵.

99

Eine vor allem den Defiziten parteienstaatlich dominierter Repräsentation begegnenden Anreicherung des Grundgesetzes um Elemente direkter Demokratie im Wege einer **Verfassungsänderung** wäre **nicht durch Art. 79 III GG ausgeschlossen**²⁶⁶. Denn der Verfassunggeber hat Abstimmungen außer in den zudem gar nicht einschlägigen (→ Rn. 95) Fällen der Territorialplebiszite nicht kategorisch und mit Ewigkeitswirkung ausschließen wollen. Vielmehr nennt das Grundgesetz mit den »Abstimmungen« den zentralen Akt direkter Demokratie selbst beim Namen. Außerdem streiten historische Überlieferung und die Praxis in vielen anderen Verfassungsstaaten für entsprechende Möglichkeiten²⁶⁷. Schließlich entfaltet der Umstand Relevanz, daß mittlerweile alle

100

---

²⁶² Hierzu und zum folgenden: *H. Meyer*, Wahlsystem und Verfassungsordnung, 1973, S. 199; *R.A. Rhinow*, ZSR 103 II (1984), 111 (167 ff., 177 ff., 210); *Hofmann/Dreier* (Fn. 40), § 5 Rn. 17; *H. Dreier*, Jura 1997, 249 (251) m.w.N.

²⁶³ Neben den in der vorigen Fußnote Genannten noch *P. Badura*, Die politische Freiheit in der Demokratie, in: FS Simon, 1987, S. 193 ff. (207); *Krause* (Fn. 220), § 39 Rn. 2; *J.-D. Kühne*, ZG 6 (1991), 116 (123, 129).

²⁶⁴ *Böckenförde* (Fn. 78), § 30 Rn. 16 spricht von »Balancierungs- und Korrekturfunktion«; ähnlich bereits *Scheuner*, Das repräsentative Prinzip (Fn. 159), S. 259 (»Ergänzung und Verbesserung des repräsentativen Prinzips«); s. auch *Badura*, Staatsrecht, D 10 (S. 234); *Bugiel*, Volkswille (Fn. 66), S. 98 f. m.w.N.; *C. Degenhart*, Der Staat 31 (1992), 77 (96 f.); *U. Berlit*, KritV 76 (1993), 318 (334 f.); *S. Schieren*, StWStP 7 (1996), 63 (78); *H. Dreier*, Jura 1997, 249 (252 f. mit Fn. 54).

²⁶⁵ *R.A. Rhinow*, ZSR 103 II (1984), 111 (174); *Böckenförde* (Fn. 78), § 30 Rn. 30; *Krause* (Fn. 220), § 39 Rn. 15; *J.-D. Kühne*, ZG 6 (1991), 116 (126); *H. Dreier*, Jura 1997, 249 (251).

²⁶⁶ Das ist mittlerweile ganz h.M.: *I. Ebsen*, AöR 110 (1985), 2 (15, 29); *Böckenförde* (Fn. 78), § 30 Rn. 16; *Krause* (Fn. 220), § 39 Rn. 15; *J. Ipsen*, Staatsrecht I, Rn. 94 ff.; *v. Münch*, Staatsrecht I, Rn. 139; *Bugiel*, Volkswille (Fn. 66), S. 443 ff.; *C. Degenhart*, Der Staat 31 (1992), 77 (78); *U. Berlit*, KritV 76 (1993), 318 (324) m.w.N. Die Extremposition, wonach jede noch so marginale Ergänzung des Grundgesetzes durch die Ewigkeitsklausel ausgeschlossen wäre, vertritt niemand (vgl. *Bugiel*, Volkswille [Fn. 66], S. 443 m.N.); doch plädiert man ohne stets ganz klare Trennung zwischen verfassungsrechtlichen und verfassungspolitischen Argumenten zuweilen für sehr weitgehende Restriktionen (z.B. *A. Greifeld*, Volksentscheid durch Parlamente, 1983, S. 105 ff.; *R. Scholz*, Krise der parteienstaatlichen Demokratie, 1983, S. 6 ff.; *J. Isensee*, Am Ende der Demokratie – oder am Anfang?, 1995, S. 31 ff.).

²⁶⁷ Schon *A. Hamann*, Grundgesetz-Kommentar, 2. Aufl. 1961, B 6 zu Art. 20 hat es zu Recht als

Verfassungen der deutschen Bundesländer Institute direkter Demokratie kennen. Wegen des Homogenitätsgebotes des Art. 28 I 2 GG müßte nun die These, einer entsprechenden Anreicherung des Grundgesetzes stünde Art. 79 III GG entgegen, konsequenterweise zur Verfassungswidrigkeit der entsprechenden Bestimmungen der Landesverfassungen führen[268]. Diese Folgerung wird aber ganz zu Recht von niemandem gezogen[269].

101 Das **Grundgesetz** ist also prinzipiell **offen für beide Formen**: repräsentative und direktdemokratische[270]. Die Einführung direktdemokratischer Elemente etwa in dem in Weimar oder in den meisten Bundesländern vorgesehenen – und das heißt: praktisch einen Vorrang des Repräsentativsystems wahrenden – Umfang (→ Rn. 99) wäre möglich. Dafür bedürfte es allerdings nach zutreffender und überwiegender Auffassung einer **Verfassungsänderung**, soweit es um die **Volksgesetzgebung** (Volksbegehren, Volksentscheid) geht[271]. Das folgt schon aus Art. 76, 77 GG: hier wird die Gesetzesinitiative auf Bundesorgane beschränkt und keine Alternative für ein Volksgesetzgebungsverfahren (wie etwa in Art. 72 I BayVerf.) zugelassen. Außerdem ist für eine derartig gravierende Strukturveränderung des bisherigen grundgesetzlichen Entscheidungsmodus nach der Idee vom Verfassungsvorbehalt eine ausdrückliche Änderung unerläßlich[272].

102 Hingegen wäre die generelle **Einführung konsultativer Volksbefragungen** (auch als Volksenqueten oder konsultative Referenden bezeichnet), mit denen in einem staatlich veranlaßten Verfahren die Mehrheitsmeinung der Aktivbürgerschaft festgestellt wird, entgegen der wohl noch überwiegenden Auffassung bereits **durch einfaches Bundesgesetz möglich**[273]. Denn hier sind die genannten Gründe für die Notwendigkeit einer Verfassungsänderung nicht einschlägig. Das Ergebnis der Befragung entfaltet ungeachtet seines faktisch-politischen Gewichts keine rechtliche Bindungswir-

---

»abwegig« bezeichnet, »die Nichtzulassung von Plebisziten als wesentlichen und tragenden Grund unserer Verfassungsordnung anzusehen.«

[268] Diese wegweisende Argumentation bei *Hofmann,* Spaltung (Fn. 261), S. 146 ff. (152 ff., 155 ff.) ist mittlerweile herrschende Auffassung: umfangreiche Nachweise bei *Bugiel,* Volkswille (Fn. 66), S. 124 ff., 452 f.

[269] BVerfGE 60, 175 (208) hat den Bundesländern ausdrücklich bestätigt, daß es in ihrem Ermessen läge, ein Volksgesetzgebungsverfahren einzuführen.

[270] *Wahl,* Art. Demokratie (Fn. 135), S. 4; *Bugiel,* Volkswille (Fn. 66), S. 112 ff., 443 ff.; *C. Degenhart,* Der Staat 31 (1992), 77 (78, 97); *Jürgens,* Direkte Demokratie (Fn. 66), S. 263 ff.

[271] So die h.M.: *Hofmann,* Spaltung (Fn. 261), S. 159; *I. Ebsen,* AöR 110 (1985), 2 (15, 20, 29); *Krause* (Fn. 220), § 39 Rn. 16 ff.; *Bugiel,* Volkswille (Fn. 66), S. 357 f.; *T. v. Danwitz,* DÖV 1992, 601 (602) – jeweils m.w.N. Die a.A. hält hingegen ein einfaches Gesetz für ausreichend (zumeist mit dem Argument, Art. 20 II 2 GG stelle dafür selbst die Ermächtigungsnorm dar): *H. Meyer,* Das parlamentarische Regierungssystem des Grundgesetzes, VVDStRL 33 (1975), S. 69 ff. (115); *Stein,* Staatsrecht, § 14 IV (S. 128 f.); *C. Pestalozza,* Der Popularvorbehalt, 1981, S. 11 ff. Nicht ganz eindeutig *v. Münch,* Staatsrecht I, Rn. 139.

[272] Zum Verfassungsvorbehalt: *Hofmann,* Spaltung (Fn. 261), S. 159; *I. Ebsen,* AöR 110 (1985), 2 (4 ff.); *Krause* (Fn. 220), § 39 Rn. 6, 14. Kritisch *Bugiel,* Volkswille (Fn. 66), S. 135 ff.

[273] So *Hofmann,* Spaltung (Fn. 261), S. 159; *I. Ebsen,* AöR 110 (1985), 2 (13 ff., 20 ff.); *Bugiel,* Volkswille (Fn. 66), S. 395 ff. (mit breiter Darstellung des Sach- und Streitstandes), 432 f., 483 f.; *J. Ipsen,* Staatsrecht I, Rn. 96. Für die gegenteilige und wohl noch herrschende Auffassung *Stern,* Staatsrecht II, S. 16; *ders.,* Staatsrecht I, S. 607; *Krause* (Fn. 220), § 39 Rn. 17 ff. (hier wird selbst eine entsprechende Verfassungsänderung für ausgeschlossen erklärt); *Degenhart,* Staatsrecht I, Rn. 14; *U. Rommelfanger,* Das konsultative Referendum, 1988, S. 134 ff. – *C. Pestalozza,* NJW 1981, 733 (735) hält sogar eine gesetzliche Ermächtigung für Bürgerbefragungen durch die Regierung für zulässig, was indes die Grundstrukturen des parlamentarischen Systems verändern würde.

kung; die staatlichen Organe (Parlament, Regierung) sind frei, sich über das Votum hinwegzusetzen. Von daher scheidet auch eine Verletzung des freien Mandats aus, welches ohnehin nicht gegen gesellschaftliche Einflußnahmen aller Art immunisiert. Schließlich ist die **Frage nicht** durch die Entscheidungen des Bundesverfassungsgerichts aus dem Jahre 1958 zur Nichtigkeit der Volksbefragungsgesetze in Bremen und Hamburg zur Atombewaffnung negativ **präjudiziert**; dort war für die Verfassungswidrigkeit ausschlaggebend die fehlende Landeskompetenz[274].

Allerdings mag die politische Klugheit derartiger Verfahren mit guten Gründen bezweifelt werden. Noch stärker gilt dies für punktuelle gesetzliche Anordnungen zur Erkundung des Bürgerwillens, von dem – anders als bei rein konsultativen Verfahren – etwa das **Inkrafttreten eines Gesetzes abhängig** gemacht wird: sei es durch vorherige »Unterwerfung« der Abgeordneten unter das Votum oder durch das Erfordernis einer Bestätigung durch das abstimmungsberechtigte Volk[275]. Hier wird man jedenfalls bei der vorherigen Volksabstimmung wegen der sachlichen Nähe zu den Volksgesetzgebungsverfahren ohne eine Verfassungsänderung nicht auskommen.

103

3. Demokratische Legitimation bei der Ausübung durch besondere Organe (Art. 20 II 2, 2. Hs. GG)

a) Das Modell demokratischer Legitimation

Da Innehabung der Staatsgewalt (durch das Volk) und ihre Ausübung (durch besondere Organe) auseinanderfallen, stellt sich die Frage, welchen normativen Anforderungen der Zurechnungs-, Verantwortungs- und **Legitimationszusammenhang zwischen Volk und Staatsorganen** genügen muß. Die Antwort hierauf sucht die vom Bundesverfassungsgericht vertretene und in der Literatur systematisierte Lehre von der demokratischen Legitimation zu geben[276]. Danach verlangt das Demokratieprinzip zunächst ganz grundsätzlich, daß das Volk einen effektiven Einfluß auf die Ausübung der Staatsgewalt durch die Staatsorgane hat: »Deren Akte müssen sich daher auf den Willen des Volkes zurückführen lassen und ihm gegenüber verantwortet werden.«[277]

104

Diesem Konzept zufolge sind mehrere **Komponenten** demokratischer Legitimation zu unterscheiden. Die **funktionell-institutionelle Legitimation**[278] berücksichtigt zunächst, daß in der Verfassung selbst die Funktionen bzw. Institutionen von Gesetzgebung, vollziehender und rechtsprechender Gewalt vorgesehen sind[279].

105

---

[274] BVerfGE 8, 104 (116 ff., 121). Ähnlich zur Behandlung der Frage in einigen hessischen Gemeinden BVerfGE 8, 122 (133 f., 141): Verstoß gegen Gebot bundesfreundlichen Verhaltens i.V.m. den Grenzen gemeindlicher Zuständigkeiten. Eingehende Analyse: *E.-W. Fuß,* AöR 83 (1958), 383 ff. (mit treffender Kritik an antiplebiszitären Untertönen der Urteile S. 394 ff., 404).

[275] Zu dieser schwierigen Frage *Hofmann,* Spaltung (Fn. 261), S. 159 f.; *I. Ebsen,* AöR 110 (1985), 2 (24 ff.); *Bugiel,* Volkswille (Fn. 66), S. 339 ff., 357 f.

[276] Grundlegend *Böckenförde* (Fn. 159), § 22 Rn. 11 ff. (unter Aufnahme früherer Judikate des Bundesverfassungsgerichts); dem (weitgehend, teilweise mit leicht abweichender Terminologie) folgend: *E. Schmidt-Aßmann,* AöR 116 (1991), 329 (337 ff., 355 f.); *Jestaedt,* Demokratieprinzip (Fn. 221), S. 265 ff., 301 ff., 369 ff.; *D. Ehlers,* Jura 1997, 180 (184 f.).

[277] BVerfGE 83, 60 (72); ähnliche bis identische Formulierungen in BVerfGE 77, 1 (40); 93, 37 (66).

[278] BVerfGE 49, 89 (125); 68, 1 (88 f.). Dazu *Böckenförde* (Fn. 159), § 22 Rn. 15; *H.H. v. Arnim,* AöR 113 (1988), 1 (6 ff.); zu nötigen Differenzierungen der Bedeutung *Hofmann,* Legitimität und Rechtsgeltung (Fn. 155), S. 79 f.; *E. Schmidt-Aßmann,* AöR 116 (1991), 329 (361).

[279] Dieser Gedanke führte in der Judikatur konkret zur Ablehnung eines Gewaltenmonismus des Parlaments und zur partiellen Anerkennung eines unantastbaren Kernbereichs der Exekutive; vgl.

106 Die **personelle Legitimation** verlangt darüber hinaus das Bestehen einer ununterbrochenen, auf das Volk rückführbaren **Legitimationskette** für den einzelnen Amtswalter, dessen individuelle Einsetzung auf einer Reihe von Berufungsakten beruhen muß, die sich zumeist als vielstufiger und höchst vermittelter Vorgang darstellt (Parlamentswahl, Kanzlerwahl, Auswahl der Regierungsmitglieder, Ernennung von Beamten durch zuständige Ministerien)[280].

107 Die **sachlich-inhaltliche Legitimation** schließlich bezieht sich auf die Notwendigkeit einer inhaltlichen Herleitung der Handlungen der Staatsorgane aus dem Willen des Volkes. Hier dominiert die Steuerung von Verwaltung und Rechtsprechung durch das vom Parlament als der Vertretungskörperschaft des Volkes beschlossene Gesetz, verbunden mit der parlamentarischen Kontrolle der Regierung. Für nachgeordnete Behörden bilden Aufsicht und Weisungskompetenz die klassischen Steuerungsinstrumente[281].

108 Die genannten drei Komponenten stehen nicht je für sich, sondern wirken bausteinartig zusammen und können sich (bis zu einem gewissen, abstrakt nur schwer zu bestimmendem Grad) wechselseitig substituieren[282]. Insgesamt geht es darum, ein bestimmtes **Legitimationsniveau** sicherzustellen[283]. Das bedarf der Betonung, um die Gefahr zu vermeiden, durch eine allzu schematische Handhabung dieses heuristisch wertvollen Konzepts mechanistischen Vorstellungen Vorschub zu leisten und zu seiner sachlich unangemessenen Engführung beizutragen. Demgemäß sieht ein Teil der Literatur mit Recht erheblich mehr **Spielraum für Substitutionsmöglichkeiten** der beschriebenen Legitimationskomponenten durch Akzeptanz, Garantie von Entscheidungsrichtigkeit, Effizienz und andere Legitimationsmodi als das Bundesverfassungsgericht[284], dessen restriktive Haltung über kurz oder lang zu unerwünschten Konsequenzen oder unsystematischen Ausnahmen führen dürfte[285]. Unter Zugrundelegung

---

BVerfGE 49, 89 (125); 68, 1 (88). *E. Schmidt-Aßmann*, AöR 116 (1991), 329 (364f.) nutzt ihn eher als Flexibilisierungsfaktor und als absichernde Instanz für die plurale Verwaltungsstruktur. → Rn. 123.

[280] BVerfGE 47, 253 (275f.); 68, 1 (88); 77, 1 (40); 83, 60 (73); *Herzog* (Fn. 26), Art. 20 II Rn. 50ff.; *Böckenförde* (Fn. 159), § 22 Rn. 16; *Jestaedt*, Demokratieprinzip (Fn. 221), S. 267ff. – Dieser Gedanke hatte in der Judikatur konkrete Folgen für die Fixierung der Grenzen der Mitbestimmung von Personalräten: BVerfGE 93, 37 (66f., 75ff.); kritisch hierzu *T. v. Roetteken*, NVwZ 1996, 552ff.; *U. Battis/J. Kersten*, DÖV 1996, 584ff.; *A. Rinken*, KritV 79 (1996), 282 (284ff.); zustimmend *A. v. Mutius*, Personalvertretungsrecht und Demokratieprinzip des Grundgesetzes, in: FS Kriele, 1997, S. 1119ff. – Vorüberlegungen zu diesem Komplex bei *Böckenförde* (Fn. 159), § 22 Rn. 17ff.; zu weiteren Konsequenzen für Kollegialorgane und Beratungsgremien auch *E. Schmidt-Aßmann*, AöR 116 (1991), 329 (360ff.).

[281] BVerfGE 83, 60 (72); 93, 37 (67). Vertiefend *Böckenförde* (Fn. 159), § 22 Rn. 21f.; *E. Schmidt-Aßmann*, AöR 116 (1991), 329 (357ff.); *Jestaedt*, Demokratieprinzip (Fn. 221), S. 334ff.

[282] Die Beleihung (→ Rn. 115) ist ein Beispiel dafür, daß das erforderliche Legitimationsniveau im Einzelfall ausschließlich über die sachlich-inhaltliche Komponente gewährleistet werden kann.

[283] *Böckenförde* (Fn. 159), § 22 Rn. 14, 23; *Emde*, Legitimation (Fn. 223), S. 385; *M. Jestaedt*, Der Staat 35 (1996), 633 (635f.). BVerfGE 83, 60 (72); 89, 155 (182); 93, 37 (67).

[284] *W. Hoffmann-Riem*, DÖV 1997, 433 (438ff.); *J.-P. Schneider*, Das neue Steuerungsmodell als Innovationsimpuls für Verwaltungsorganisation und Verwaltungsrecht, in: E. Schmidt-Aßmann/W. Hoffmann-Riem (Hrsg.), Verwaltungsorganisationsrecht als Steuerungsressource, 1997, S. 103ff. (109ff., 135ff.); *H.-H. Trute*, Funktionen der Organisation und ihre Abbildung im Recht, ebd., S. 249ff. (272ff., 284ff.) – jeweils m.w.N.

[285] Zur Kritik vgl. außer den in Fn. 280 und 284 genannten Autoren: *B.-O. Bryde*, StWStP 5 (1994), 305ff.; *A. Fisahn*, KritV 79 (1996), 267ff.; *H. Dreier*, Jura 1997, 249 (256f.); *H. P. Bull*, Hierarchie als Verfassungsgebot?, in: T. Greven u. a. (Hrsg.), Bürgersinn und Kritik. FS Bermbach, 1998, 241ff. Zu den Konsequenzen der Anwendung auf andere Bereiche staatlichen Handelns: → Rn. 121, 125.

dieser Prämissen gestaltet sich die demokratische Legitimation bei den einzelnen Staatsgewalten durchaus unterschiedlich (→ Rn. 109 ff.).

b) Demokratische Legitimation der Gesetzgebung

Nicht allein, aber vor allem wegen der Direktwahl durch die Aktivbürgerschaft (→ Rn. 88) verfügt das Parlament ungeachtet der funktionellen Verankerung von Exekutive und Judikative im Grundgesetz über einen »**Legitimationsvorsprung**«[286]. Sein Primat zeigt sich deutlich daran, daß die sachlich-inhaltliche Legitimation von Exekutive und Judikative im wesentlichen auf deren Steuerung und Programmierung durch das Gesetz beruht[287]. Der hohen personellen Legitimation des Parlaments korrespondiert wegen des freien Mandats das Fehlen einer rechtlich verbindlichen inhaltlichen Steuerung durch den je aktuellen Volkswillen; die auch zwischen den Wahlen notwendigen Rückkoppelungsprozesse vollziehen sich in den Bahnen demokratischer Öffentlichkeit, freier Kommunikation und Kritik (→ Rn. 72 ff.)[288]. Dabei bleibt festzuhalten, daß **Demokratie nicht Demoskopie** ist[289], also der komplexe demokratische Legitimations- und Verantwortungszusammenhang einschließlich der Entscheidungsverantwortung der Organwalter nicht auf den Vorgang des statistisch noch so exakten Zählens und Registrierens letztlich unverbindlicher Meinungsbekundungen reduziert werden darf.

109

Seiner **Prärogative bei der Rechtssetzung**, die freilich kein Monopol darstellt und nicht zum Gewaltenmonismus führt[290], darf sich das Parlament nicht entäußern oder entziehen. Neben der so erklärbaren Begrenzung des Verordnungsrechts der Exekutive (→ Art. 80 Rn. 12) kommt diese verfassungsrechtliche Inpflichtnahme bei der Rechtsgestaltung vor allem in der vom Bundesverfassungsgericht entwickelten **Wesentlichkeitstheorie** (→ Art. 20 [Rechtsstaat] Rn. 103 ff.) zum Ausdruck. Hiernach muß der parlamentarische Gesetzgeber über den traditionellen, an Eingriffen in Freiheit und Eigentum orientierten Gesetzesvorbehalt hinaus die wesentlichen Entscheidungen selbst treffen und darf diese nicht untergesetzlichen oder außerstaatlichen Normsetzungsinstanzen überlassen[291]. Das ist die demokratische Komponente des

110

---

[286] *Herzog* (Fn. 26), Art. 20 II Rn. 76; *E. Schmidt-Aßmann*, AöR 116 (1991), 329 (364). Zu den tieferen Gründen *Hofmann*, Legitimität und Rechtsgeltung (Fn. 155), S. 78 ff. → Rn. 88 m.w.N. aus der BVerfG-Judikatur.
[287] *Dreier*, Verwaltung (Fn. 239), S. 129 ff., 159 ff.; *Emde*, Legitimation (Fn. 223), S. 66 ff.; *Jestaedt*, Demokratieprinzip (Fn. 221), S. 272 f.
[288] Deutlich etwa BVerfGE 52, 63 (82 f.). Nichtvornahme der Wiederwahl ist also bei weitem nicht die einzige mittelbare Kontrolle von seiten des Staatsvolks (so aber *Jestaedt*, Demokratieprinzip [Fn. 221], S. 292).
[289] Grundlegend *W. Hennis*, Meinungsforschung und repräsentative Demokratie, 1957, S. 32 ff.; *E. Benda/K. Kreuzer*, JZ 1972, 497 (499 ff.); s. ferner *Herzog* (Fn. 26), Art. 20 II Rn. 72 f.; *E. Benda*, DÖV 1982, 877 ff.
[290] Gegen ein solches Verständnis BVerfGE 49, 89 (124 f.); 68, 1 (86 f., 109). Aus der Literatur repräsentativ *Herzog* (Fn. 26), Art. 20 II Rn. 83 ff.; *F. Ossenbühl*, Vorrang und Vorbehalt des Gesetzes, in: HStR III, § 62 Rn. 49.
[291] Vgl. nur BVerfGE 33, 125 (158); 40, 237 (248 ff.); 49, 89 (126 f.); 64, 208 (214 f.); 76, 171 (184 ff.); 80, 124 (132); 83, 130 (142); 84, 212 (226); 88, 103 (116); VerfGH NW DVBl. 1997, 824 (825). Aus der Literatur statt vieler *Stern*, Staatsrecht I, S. 811 ff.; *Mößle*, Regierungsfunktionen (Fn. 212), S. 138 ff.; umfängliche Nachweise von Judikatur und Literatur bei *Maurer*, Allg. Verwaltungsrecht, § 6 Rn. 11 ff. Weitere Nachweise: → Vorb. Rn. 86; → Art. 9 Rn. 89.

zum **Parlamentsvorbehalt** gesteigerten Gesetzesvorbehalts[292], dessen Sinn auch in der Ermöglichung einer öffentlichen Diskussion und offener parlamentarischer Debatte liegt[293].

111 Das demokratische Prinzip setzt auch der **(konstitutiven) Verweisung** enge Grenzen. Unproblematisch ist lediglich die **statische Verweisung** auf eine bestimmte, feste Fassung eines vorhandenen Gesetzes bei **Identität des Gesetzgebers**[294], die sich im Grunde als rechtstechnische Vereinfachung begreifen läßt. **Unzulässig** ist hingegen die sog. **dynamische Verweisung** (bei der der jeweilige Inhalt des in Bezug genommenen Gesetzes gelten soll), sofern der Normgeber nicht identisch ist (also etwa von einem Bundesgesetz auf ein Landesgesetz verwiesen wird oder umgekehrt)[295]. Diese Prozedur verunklart die Verantwortungsstränge, verleiht dem bezogenen Normgeber praktisch eine Blanko-Vollmacht und entpuppt sich als eine unzulässige Entäußerung von Rechtssetzungskompetenzen[296]. Teile von Rechtsprechung und Lehre neigen demgegenüber dazu, unter vorrangiger Betonung des Rechtssicherheitsgedankens nach der Intensität der Grundrechtsrelevanz und der Strukturiertheit des durch die dynamische Verweisung betroffenen Gebietes zu unterscheiden; im Ergebnis werden (auch dynamische) Verweisungen in entsprechenden Grenzen für zulässig gehalten[297]. Dem wird man nur bei statischen Verweisungen (etwa von Landes- auf Bundesgesetz) und auch hier nicht unbegrenzt folgen können[298]. Einen besonderen Fall dynamischer Verweisung von Grundgesetz-Normen auf Bundesrecht bildet Art. 44 II GG[299].

112 Die Probleme potenzieren sich, wenn sich das außenwirksame Gesetz nicht auf Normsetzungsakte anderer Staatsorgane, sondern – etwa durch Verweis auf den Stand der Technik oder direkte Rezeption – auf **Regelwerke Privater** bezieht[300]. Hier

---

[292] Grundlegend *D. Jesch*, Gesetz und Verwaltung, 1961, S. 26 ff. u.ö.; ferner *J. Pietzcker*, JuS 1979, 710 ff.; *Pieroth/Schlink*, Grundrechte, Rn. 285 ff.; *Ossenbühl* (Fn. 290), § 62 Rn. 32 ff.; *Maurer*, Allg. Verwaltungsrecht, § 6 Rn. 5 m.w.N. – BVerfGE 86, 90 (106) spricht von einer »Verletzung des im Demokratieprinzip wurzelnden Parlamentsvorbehalts«. → Art. 20 (Rechtsstaat) Rn. 107 ff.

[293] BVerfGE 85, 386 (403f.).

[294] Vgl. *D. Hömig*, DVBl. 1979, 307 ff.; *W.-R. Schenke*, NJW 1980, 743 (744); *W. Brugger*, VerwArch. 78 (1987), 1 (20); *v. Münch*, Staatsrecht I, Rn. 544; *Sachs* (Fn. 176), Art. 20 Rn. 76. – Gewisse weitere Anforderungen (Bestimmtheit, Veröffentlichung) stellt das Rechtsstaatsprinzip: → Art. 20 (Rechtsstaat) Rn. 117 ff.

[295] Dynamische Verweisungen bei Identität des Normgebers werden zumeist als zulässig angesehen. Unter dem Aspekt des Demokratieprinzips mag das zutreffen; doch können sich unter rechtsstaatlichen Gesichtspunkten wie etwa dem Gebot der Normenklarheit weitergehende Anforderungen ergeben: → Art. 20 (Rechtsstaat) Rn. 131 f.

[296] *F. Ossenbühl*, DVBl. 1967, 401 (404); *G. Arndt*, JuS 1979, 784 (785f.); *v. Münch*, Staatsrecht I, Rn. 545; *Sachs* (Fn. 176), Art. 20 Rn. 76. Aus der Judikatur etwa VG Hamburg NJW 1979, 667 (Verweisung eines hamb. Gesetzes über Juristenausbildung auf BAFöG-Gesetz des Bundes als Verstoß gegen das Demokratieprinzip).

[297] Vgl. *T. Clemens*, AöR 111 (1986), 63 (101 ff.); *W. Brugger*, VerwArch. 78 (1987), 1 (22 ff., 37 ff.); s. auch *Hans Schneider*, Gesetzgebung, 2. Aufl. 1991, Rn. 398; *H.M. Veh*, BayVBl. 1987, 225 ff.; OVG Lüneburg NVwZ 1989, 492 (Verweisung von Kirchenbeamtenrecht auf staatliches Recht); BayVerfGH NVwZ 1989, 1053f. (Verweisung auf die jeweilige Fassung der Beihilfegrundsätze des Bundes).

[298] Tendenz in dieser Richtung durch Interpretation der Verweisungsnormen als statische Verweisung in BVerfGE 47, 285 (311 f.); 60, 135 (155 ff., 161). In BVerfGE 64, 208 (214 ff.); 78, 32 (36) ging es um die Verweisung auf einen Tarifvertrag; dazu näher *W. Herschel*, ZfA 1985, 21 ff.

[299] BVerfGE 76, 363 (385f.). → Art. 79 I Rn. 24.

[300] Grundlegend *P. Marburger*, Die Regeln der Technik im Recht, 1979; *A. Rittstieg*, Die Konkretisierung technischer Standards im Anlagenrecht, 1982. Überblick bei *H. Hofmann*, Technik und Um-

muß die zum Teil unvermeidliche Einbuße an inhaltlicher legislativer Programmsteuerung durch Verfahrens- und Organisationsnormen kompensiert werden, die u.a. für die ausgewogene, repräsentative Zusammensetzung jener »sachverständigen Gremien« und Normungsverbände Sorge tragen[301], deren Vorgaben durch das Gesetz rezipiert werden. Schließlich dürfen nicht (jedenfalls nicht außerhalb von Selbstverwaltungsangelegenheiten) per Gesetz besonderen Gremien Mitentscheidungs- oder gar Alleinentscheidungsrechte eingeräumt werden, deren Mitglieder nicht über eine hinlängliche demokratische Legitimation verfügen[302].

c) Demokratische Legitimation der vollziehenden Gewalt

Demokratischer Legitimation bedarf das gesamte Handeln der Verwaltung (→ Rn. 79ff.). Wegen dessen Vielgestaltigkeit und der unterschiedlichen organisatorischen Ausformung erweisen sich die Anforderungen und Ausprägungen demokratischer Legitimation im einzelnen als durchaus unterschiedlich. Ausschlaggebend bleibt die **demokratische Steuerung der Exekutive**. In vergröbernder Systematisierung ist das Grundmodell einer hierarchisch-bürokratischen Ministerialverwaltung (→ Rn. 114) vom dort anzutreffenden Problemfall der »ministerialfreien Räume« (→ Rn. 116) abzuheben. Partiell eigenen Regeln folgen kommunale und funktionale Selbstverwaltungsträger (→ Rn. 117ff., 120ff.). Besonderheiten weist die privatrechtsförmige Verwaltung auf (→ Rn. 124ff.). Der Handlungsspielraum der demokratisch durch Kanzlerwahl legitimierten **Regierung** ist naturgemäß weiter als der von Verwaltungsbehörden (→ Art. 62 Rn. 24ff.).

113

aa) Grundmodell: Hierarchisch-bürokratische Ministerialverwaltung

Im Grundmodell der (hierarchisch-bürokratischen) Ministerialverwaltung erfolgt die Gewährleistung sachlich-inhaltlicher Legitimation durch die **Gesetzesbindung** in den Formen vom Vorrang und Vorbehalt des Gesetzes sowie die prinzipielle **Weisungsabhängigkeit** der nachgeordneten Behörden, die umfassender Dienst- und Fachaufsicht unterliegen. Da der an der Behördenspitze stehende Minister seiner parlamentarischen Verantwortlichkeit nur in dem Maße seiner Steuerungsmöglichkeiten des Behördenapparates gemäß gerecht werden kann, ergibt sich dessen **hierarchische Struktur** mittelbar aus dem Demokratieprinzip selbst[303].

114

---

welt, in: HdbVerfR, § 21 Rn. 9ff.; *A. Roßnagel*, in: Graf v. Westphalen (Hrsg.), Parlamentslehre, 1993, S. 431ff., 454ff.; zur Wiedergewinnung der Steuerungsfähigkeit des Parlamentsgesetzes schlägt *D. Murswiek*, in: FS Kriele, 1997, S. 651ff. (669ff.) ein Modell der Rotationsgesetzgebung vor.

[301] Zu den vielfältigen Problemen näher *W. Brohm*, Sachverständige Beratung des Staates, in: HStR II, § 36 Rn. 21ff., 41ff.; *J. Salzwedel*, NVwZ 1987, 276ff.; *R. Wahl*, VBlBW 1988, 387 (391f.); *E. Denninger*, Verfassungsrechtliche Anforderungen an die Normsetzung im Umwelt- und Technikrecht, 1990, S. 117ff.; w.N. bei *Dreier*, Verwaltung (Fn. 239), S. 155f., 204ff.; ders., Die Verwaltung 25 (1992), 137 (149ff.); *C. Gusy*, NVwZ 1995, 105ff.; *M. Böhm*, Der Normmensch, 1996, S. 88f., 190ff., 230ff.; *Trute*, Funktionen (Fn. 284), S. 288ff.

[302] Vgl. *Böckenförde* (Fn. 159), § 22 Rn. 20. Die Regelung über die weisungsfreien Gutachterausschüsse mit abschließender Entscheidungskompetenz über die zu erlassenden Richtlinien gemäß § 21 Umweltaudit-Gesetz ist daher verfassungswidrig: *G. Lübbe-Wolff*, NuR 1996, 217 (220); a.A. *T. Mayen*, NVwZ 1997, 215ff. → Rn. 129.

[303] BVerfGE 9, 268 (281f.). Eingehend zum ganzen *Dreier*, Verwaltung (Fn. 239), S. 129ff., 141ff.; *R. Loeser*, System des Verwaltungsrechts, Bd. 2, 1994, S. 113ff.; *Jestaedt*, Demokratieprinzip (Fn. 221), S. 302ff., 329ff.; *D. Ehlers*, Jura 1997, 180 (184) – alle m.w.N.

Art. 20 (Demokratie) C. Erläuterungen

115   Die mittelbare Staatsverwaltung durch **Beliehene** (→ Art. 1 III Rn. 25; → Art. 34 Rn. 27)[304] wird sachlich-inhaltlich durch die gesetzliche Ermächtigung zur Übertragung von Hoheitsrechten sowie die nach diesen Vorschriften mögliche Aufsicht demokratisch legitimiert. Sofern im Einzelfall ein zusätzlicher Akt der Bestellung des einzelnen Beliehenen fehlt[305], ist die Beleihung zugleich ein Beispiel für die Gewährleistung eines ausreichenden Legitimationsniveaus durch nur eine der Komponenten (→ Rn. 108).

bb) Ministerialfreie Räume

116   Wegen des Wegfalls der Weisungsmöglichkeit stellen sich ministerialfreie Räume[306] als in besonderer Weise begründungs- und legitimationsbedürftig dar. Abzulehnen ist der Versuch, insoweit einen Verzichtstitel des Parlaments anzunehmen, da dieses durch einfachgesetzliche Installation solcher Einrichtungen nicht über die aus dem Demokratieprinzip folgenden Strukturvorgaben für die Verwaltung disponieren kann[307]. Es bedarf vielmehr auf gleichrangiger Ebene, nämlich der des Grundgesetzes, angesiedelter Legitimationen für die **Durchbrechung des Grundsatzes der Weisungsabhängigkeit**. Soweit diese nicht explizit in der Verfassung verankert sind, stellt man insofern ab auf besondere Sach- und Entscheidungsstrukturen (Natur der Sache), auf die Verfahrens- und Organisationskomponente von Grundrechten oder auf die »Neutralität« ministerialfreier Räume[308]. Hier sind noch manche Fragen ungeklärt.

cc) Kommunale Selbstverwaltung

117   Art. 28 I 2 GG legt die Gemeinden als allzuständige und insoweit strukturell staatsähnliche Körperschaften auf eine demokratische Legitimationsgrundlage fest; trotzdem sind sie »legitimatorisch nicht schematisch wie die Staatsverwaltung zu behan-

---

[304] Dazu *Wolff/Bachof/Stober*, Verwaltungsrecht II, § 104; *Dreier*, Verwaltung (Fn. 239), S. 248 ff.; *Maurer*, Allg. Verwaltungsrecht, § 23 Rn. 56; *D. Ehlers*, Verwaltung und Verwaltungsrecht im demokratischen und sozialen Rechtsstaat, in: Erichsen, Allg. Verwaltungsrecht, § 1 Rn. 15.

[305] Nicht vorgesehen bei Schiffs- oder Flugkapitänen (§ 106 SeemG, § 29 III LuftVG); vgl. *Wolff/Bachof/Stober*, Verwaltungsrecht II, § 104 Rn. 6.

[306] Hierunter sollen nur Einheiten der unmittelbaren Staatsverwaltung unter Ausklammerung des weiten Feldes mittelbarer Staatsverwaltung verstanden werden (also z.B. staatliche Prüfungsämter, aber nicht Körperschaften der Sozialversicherung). Literatur und Problemanalyse: *W. Müller*, JuS 1985, 497 ff.; *P. Lerche*, in: Maunz/Dürig, GG, Art. 86 (1989), Rn. 70 ff.; *Dreier*, Verwaltung (Fn. 239), S. 134 ff.; *Jestaedt*, Demokratieprinzip (Fn. 221), S. 102 ff.; *M. Heintzen*, DÖV 1997, 530 (536); *F. Brosius-Gersdorf*, Deutsche Bundesbank und Demokratieprinzip, 1997, S. 103 ff.; vgl. *K. Waechter*, Geminderte demokratische Legitimation staatlicher Institutionen im parlamentarischen Regierungssystem, 1994.

[307] Gegen die von *E. Klein*, Die verfassungsrechtliche Problematik des ministerialfreien Raumes, 1974, S. 190 ff. vertretene, aber vereinzelt gebliebene Verzichtsthese Kritik bei *Dreier*, Verwaltung (Fn. 239), S. 135 f.; *Jestaedt*, Demokratieprinzip (Fn. 221), S. 348 ff.; *Brosius-Gersdorf*, Deutsche Bundesbank (Fn. 306), S. 116 ff. (jeweils mit w.N.). Kritisch auch *Böckenförde* (Fn. 159), § 22 Rn. 24; *Waechter*, Legitimation (Fn. 306), S. 25 ff.

[308] Vgl. *Dreier*, Verwaltung (Fn. 239), S. 134 ff., 246 f.; *Jestaedt*, Demokratieprinzip (Fn. 221), S. 102 ff.; *Brosius-Gersdorf*, Deutsche Bundesbank (Fn. 306), S. 109 ff.; *Waechter*, Legitimation (Fn. 306), S. 168 f. (mit dem eigenen Modell einer treuhänderischen Verantwortlichkeit [S. 67 ff.] bzw. dem Argument einer institutionellen Befangenheit der Ministerialbürokratie [S. 161 ff.]; kritisch dazu wiederum *M. Jestaedt*, Der Staat 35 [1996], 633 [635 ff.]; *Brosius-Gersdorf*, Deutsche Bundesbank [Fn. 306], S. 121 ff.; *W. Heun*, AöR 122 [1997], 631 ff.).

deln«[309]. Vielmehr zeichnet sich die kommunale Selbstverwaltung durch eine **duale Legitimation** aus, in der sich eine parlamentsvermittelte und eine originär administrative Legitimation »begegnen« und im Zusammenwirken ein hinreichendes Legitimationsniveau gewährleisten[310]. Die eigenständige demokratische Legitimation des Gemeinderates durch das gemeindliche Teilvolk (→ Rn. 86) findet ihre Grenzen freilich darin, daß **kommunale Vertretungsorgane keine echten Parlamente**, sondern Verwaltungsorgane sind und folglich Vorrang und Vorbehalt des Gesetzes wahren müssen (→ Art. 28 Rn. 70)[311].

Auf diese Weise tritt hinsichtlich der sachlich-inhaltlichen Legitimation neben die Bindung an das Gesetz – nachrangig – die Bindung an das von den Gemeindeorganen gesetzte Recht. Die personelle Legitimationskette führt von den direkt vom Gemeindevolk gewählten Amtsträgern (Ratsmitglieder, überwiegend auch Bürgermeister: → Art. 28 Rn. 68) zu den einzelnen Gemeindebediensteten, ist also zumindest im Rahmen der weisungsfreien Selbstverwaltungsaufgaben primär auf das Teilvolk bezogen. 118

In der direkten Wahl der Amtsträger und insbesondere den im Gemeinderecht zur Verfügung stehenden Möglichkeiten unmittelbarer Sachentscheidung durch die Bürger wird schließlich der **Aufbau der Demokratie von unten nach oben** (→ Rn. 72; → Art. 28 Rn. 71, 79) besonders greifbar[312]. 119

dd) Funktionale Selbstverwaltung und autonome Legitimation

Unter funktionaler Selbstverwaltung wird hier die aufgabenbezogene, weisungsfreie Verwaltung durch juristische Personen des öffentlichen Rechts (insb. wirtschafts- und berufsständige Kammern) verstanden, deren Entscheidungsorgane aus den Betroffenen bzw. ihren Mitgliedern rekrutiert werden[313]. Als Herrschaftsträger, die sich der Form des öffentlichen Rechts bedienen, üben diese Selbstverwaltungseinheiten **Staatsgewalt** i.S.d. Art. 20 II GG aus und bedürfen daher der demokratischen Legitimation[314]. 120

Der funktionalen Selbstverwaltung fehlt es jedoch an einer den Gemeinden gleichgearteten Legitimation, da die von den Verwaltungsaufgaben Betroffenen nicht als Teilvolk im Sinne des Art. 20 GG verstanden werden können (→ Rn. 86). Stattdessen 121

---

[309] *E. Schmidt-Aßmann*, AöR 116 (1991), 329 (381); vgl. BVerfGE 83, 37 (54f.); *Böckenförde*, Demokratie (Fn. 159), § 22 Rn. 32.
[310] *H.H. v. Arnim*, AöR 113 (1988), 1 (11, 26); vgl. auch *E. Schmidt-Aßmann*, AöR 116 (1991), 329 (357, 359, 380f.); *Böckenförde* (Fn. 159), § 22 Rn. 25; *Jestaedt*, Demokratieprinzip (Fn. 221), S. 528f. m.w.N.; *Schneider*, Steuerungsmodell (Fn. 284), S. 110.
[311] *E. Schmidt-Aßmann*, AöR 116 (1991), 329 (359); BVerfGE 65, 283 (289); 78, 344 (348); *G.-C. v. Unruh*, NJW 1995, 2838f.; a. A. *Y. Ott*, Der Parlamentscharakter der Gemeindevertretung, 1994.
[312] Jüngst *H.-M. Steinger*, Amtsverfassung und Demokratieprinzip, 1997, S. 19ff.; s. auch *M. Nierhaus*, in: Sachs, GG, Art. 28 Rn. 31. Eine Übersicht zu derzeitigen Mitwirkungsmöglichkeiten bei *A. v. Mutius*, Kommunalrecht, 1996, S. 309ff. m.w.N.
[313] In Anlehnung an *Emde*, Legitimation (Fn. 223), S. 5ff. (9f.); dort (S. 87ff.) auch umfangreiche Beispiele; vgl. *Böckenförde* (Fn. 159), § 22 Rn. 33; *Dreier*, Verwaltung (Fn. 239), S. 228ff.; *E. Schmidt-Aßmann*, AöR 116 (1991), 329 (344f.); *W. Krebs*, Verwaltungsorganisation, in: HStR III, § 69 Rn. 17; *Jestaedt*, Demokratieprinzip (Fn. 221), S. 64ff.; *Ehlers*, Verfassungsrecht (Fn. 241), § 4 Rn. 9. Umfangreich jüngst *W. Kluth*, Funktionale Selbstverwaltung, 1997 (zum Begriff S. 12ff., umfassende Übersicht S. 31ff.).
[314] *Böckenförde* (Fn. 159), § 22 Rn. 34; *E. Schmidt-Aßmann*, AöR 116 (1991), 329 (344, 377); i. E. auch *Emde*, Legitimation (Fn. 223), S. 202ff., 258ff.

läßt sich ein hinreichendes Legitimationsniveau in den betreffenden Bereichen nur aus dem Ineinandergreifen von **Gesetzesbindung** (einschließlich Rechtsaufsicht)[315], spezieller verfassungsrechtlicher Anerkennung[316] und autonomer Legitimation durch die Träger der Selbstverwaltung erklären. Diese **autonome Legitimation** ist historisch wie strukturell ebenfalls im Demokratieprinzip verwurzelt (→ Rn. 86). Verfehlt ist es daher, sie in ein grundsätzliches Ausschließlichkeitsverhältnis zur demokratischen Legitimation zu zwingen und ihr jede kompensatorische Wirkung abzusprechen[317].

122 Fraglich ist weiterhin, ob man mit dem Bundesverfassungsgericht für die autonome Legitimation ein geringeres Maß von demokratischen Anforderungen, insbesondere an die Beteiligungsgleichheit, ausreichen lassen will[318]. Dem steht ein entfaltetes »Modell der egalitären Legitimationsteilhabe« gegenüber[319]. In der einen wie anderen Hinsicht scheidet eine schematische Behandlung der höchst unterschiedlich gestalteten Organisationen aus. Geboten ist vielmehr eine Differenzierung nach den verschiedenen Funktionen der jeweiligen Selbstverwaltungseinheiten[320], anhand derer auch das gebotene Maß an Beteiligungsgleichheit zu bestimmen wäre. Eine entsprechend trennscharfe Bildung von Fallgruppen steht noch aus.

123 Einen faßbaren Sonderfall innerhalb der funktionalen Selbstverwaltung stellen die im Grundgesetz **verfassungsinstitutionell verankerten Sachbereiche** dar, in denen ein möglicher Mangel an demokratischer Legitimation im engeren Sinne durch eine unmittelbare verfassungsrechtliche Legitimation ausgeglichen wird. Hierunter fallen zunächst Universitäten (→ Art. 5 III [Wissenschaft] Rn. 48ff.) und Rundfunkanstalten (→ Art. 5 I, II Rn. 198ff.) sowie die kommunalen Gebietskörperschaften (→ Rn. 117ff.; →

---

[315] *Böckenförde* (Fn. 159), §22 Rn. 21f.; *Krebs* (Fn. 313), §69 Rn. 88f.; *Dreier*, Verwaltung (Fn. 239), S. 285ff.; *E. Schmidt-Aßmann*, AöR 116 (1991), 329 (377); *Kluth*, Selbstverwaltung (Fn. 313), S. 381.

[316] *Böckenförde* (Fn. 159), §22 Rn. 25, 34; *Emde*, Legitimation (Fn. 223), S. 364ff.; *Dreier*, Verwaltung (Fn. 239), S. 272ff.; *E. Schmidt-Aßmann*, AöR 116 (1991), 329 (377, 381ff.). → Rn. 123.

[317] So aber ausdrücklich *Böckenförde* (Fn. 159), §22 Rn. 34; gleichgerichtete Unterscheidung auch in BVerfGE 83, 37 (55). Zwar beschäftigt sich BVerfGE 93, 37 nicht direkt mit der Frage einer autonomen Legitimation (zur Anwendung dieses Urteils erste Ansätze bei *H. Avenarius*, Schulische Selbstverwaltung und Demokratie, in: FS 50 Jahre Hessische Verfassung, 1997, S. 178ff. [187ff.]). Denkt man das rigide Legitimationskonzept des 2. Senats (scharf herausgearbeitet von *A. Rinken*, KritV 79 [1996], 282 [284ff., 299]; → Rn. 108) jedoch konsequent weiter, so bleibt für eine Kompensation durch autonome Legitimation kein Raum. Explizit gegen eine solche Möglichkeit auch *Jestaedt*, Demokratieprinzip (Fn. 221), S. 494ff., 514ff.; dafür *F. Ossenbühl*, Satzung, in: HStR III, §66 Rn. 37; *E. Schmidt-Aßmann*, Verwaltungsverfahren, in: HStR III, §70 Rn. 24; *Dreier*, Verwaltung (Fn. 239), S. 274ff. m.w.N.; *H.-H. Trute*, DVBl. 1996, 950 (963); *A. Rinken*, KritV 79 (1996), 282 (295f.); vgl. bereits BVerfGE 33, 125 (159). Umfangreich zur kompensatorischen Wirkung der autonomen Legitimation *Emde*, Legitimation (Fn. 223), S. 382ff., 404f. m.w.N. sowie *Kluth*, Selbstverwaltung (Fn. 313), S. 369ff., 382, der die Organe von Selbstverwaltungskörperschaften sogar für formal höherwertig legitimiert hält als die weisungsgebundene Ministerialverwaltung.

[318] BVerfGE 39, 247 (254ff.) – Gruppenuniversität; 41, 1 (11f.) – Richtervertretung; 83, 37 (55) – Ausländerwahlrecht; vgl. dazu *E. Schmidt-Aßmann*, AöR 116 (1991), 329 (378).

[319] *Emde*, Legitimation (Fn. 223), S. 405ff., 421 (zu Ausnahmen wie »Realkörperschaften« der Jagd-, Fisch- und Wassergenossenschaften S. 408ff.); dagegen *Böckenförde* (Fn. 159), §22 Rn. 34 Fn. 56; *E. Schmidt-Aßmann*, AöR 116 (1991), 329 (378f.), der stattdessen an die Interessenstruktur der in der Selbstverwaltungseinheit Zusammengefaßten anknüpfen will. Zustimmung hingegen – insoweit – bei *Jestaedt*, Demokratieprinzip (Fn. 221), S. 515.

[320] Zu solchen Funktionen *Dreier*, Verwaltung (Fn. 239), S. 277ff. m.w.N.; vgl. *Jestaedt*, Demokratieprinzip (Fn. 221), S. 131ff.; *Kluth*, Selbstverwaltung (Fn. 313), S. 217ff.

Art. 28 Rn. 83, 155 ff.)³²¹. Umstritten ist der Status von Bundesbank (Art. 88 GG)³²² und Bundesrechnungshof (Art. 114 II GG)³²³. Ansonsten ist bei der Annahme einer unmittelbar grundgesetzlichen Rechtfertigung Zurückhaltung geboten. Weder ist bereits mit der Erwähnung in den Art. 86, 87 II, III und 130 III GG für die dort genannten Körperschaften eine Minderung der demokratischen Legitimation akzeptiert³²⁴, noch schafft die bloße Grundrechtsbezogenheit einer Körperschaft des öffentlichen Rechts mehr Spielraum im Rahmen des Art. 20 II GG³²⁵.

ee) Privatrechtsförmige Verwaltung

Bedient sich die Verwaltung zur Erfüllung ihrer Aufgaben der Formen des Privatrechts, so muß hinsichtlich der demokratischen Legitimation – in Parallele zur Grundrechtsbindung bzw. Grundrechtsträgerschaft (→ Rn. 79; → Art. 1 III Rn. 51 f.; → Art. 19 III Rn. 47 ff.) – nach folgenden Maßgaben differenziert werden³²⁶. **124**

Hält eine Gebietskörperschaft in Form der **Eigengesellschaft** (→ Art. 19 III Rn. 48) alle Anteile des von ihr gegründeten Unternehmens, so bedarf dessen Handeln als Ausübung staatlicher Gewalt in vollem Umfang der demokratischen Legitimation im Sinne des Art. 20 II GG³²⁷. Diese Legitimation wird sachlich-inhaltlich durch die regelmäßig in der **Unternehmenssatzung** zu fixierende **Gemeinwohlbindung** und personell durch die Bestellung der Vertreter im Aufsichtsgremium des Unternehmens durch die ihrerseits demokratisch legitimierten Amtsträger gewahrt. Verfassungsrechtliche Probleme ergeben sich, wenn der Einfluß auf bzw. durch diese Vertreter durch Vorschriften des Gesellschafts- oder Personalvertretungsrechts ausgedünnt wird³²⁸. Zur Wahrung einer demokratischen Legitimation der Unternehmensorgane muß daher den durch Bestellung legitimierten Vertretern der öffentlichen Hand ein **Letztentscheidungsrecht** zukommen. Ist dieses aufgrund der gesetzlichen Ausgestaltung der privatrechtlichen Unternehmensverfassung nicht gewährleistet, muß die öffentliche Hand konsequenterweise von dieser Organisationsform Abstand nehmen³²⁹. Der Ver- **125**

---

³²¹ *Lerche* (Fn. 306), Art. 86 Rn. 85; *Dreier*, Verwaltung (Fn. 239), S. 272 f.; *Emde*, Legitimation (Fn. 223), S. 363 f.; *E. Schmidt-Aßmann*, AöR 116 (1991), 329 (381 ff.); *Jestaedt*, Demokratieprinzip (Fn. 221), S. 524 ff., 530 ff. Umfangreich *Kluth*, Selbstverwaltung (Fn. 313), S. 31 ff., 231.
³²² Dazu *Jestaedt*, Demokratieprinzip (Fn. 221), S. 427 ff.; *Waechter*, Legitimation (Fn. 306), S. 182 ff. und jetzt umfangreich *Brosius-Gersdorf*, Deutsche Bundesbank (Fn. 306), S. 127 ff., 178 ff.
³²³ *Jestaedt*, Demokratieprinzip (Fn. 221), S. 426 f.; *Waechter*, Legitimation (Fn. 306), S. 217 ff.; *H. Schulze-Fielitz*, Kontrolle der Verwaltung durch Rechnungshöfe, VVDStRL 55 (1996), S. 231 ff. (237 f.).
³²⁴ In diese Richtung aber *Emde*, Legitimation (Fn. 223), S. 364 ff. (372 f.); für Art. 87 II GG ähnlich *Böckenförde* (Fn. 159), § 22 Rn. 34. Kritisch *Jestaedt*, Demokratieprinzip (Fn. 221), S. 425 ff., 489 f.
³²⁵ Dagegen *Waechter*, Legitimation (Fn. 306), S. 108 ff.; *Jestaedt*, Demokratieprinzip (Fn. 221), S. 559 ff. (586 f.), jeweils mit umfangreichen w. N.
³²⁶ Eigene Formentypologie bei *W. Krebs*, Die Verwaltung 29 (1996), 309 (316 ff.).
³²⁷ *D. Ehlers*, JZ 1987, 218 (224); *ders.*, Jura 1997, 180 (183); *Dreier*, Verwaltung (Fn. 239), S. 258; *E. Schmidt-Aßmann*, AöR 116 (1991), 329 (385); *T. v. Danwitz*, AöR 120 (1995), 595 (606); *F. Ossenbühl*, ZGR 1996, 504 (507 ff.); *Puhl*, Haushaltsverfassung (Fn. 225), S. 163 ff.; *W. Krebs*, Die Verwaltung 29 (1996), 309 (317 f., 319 f.).
³²⁸ Speziell zu Problemen der Mitbestimmung *D. Ehlers*, JZ 1987, 218 (225 f.); *ders.*, Jura 1997, 180 (180 f.); *Dreier*, Verwaltung (Fn. 239), S. 261 ff., alle m. w. N. Zu möglichen Konfliktkonstellationen etwa *H.-P. Schwintowski*, NJW 1995, 1316 ff.; *F. Engellandt*, DÖV 1996, 71 ff.
³²⁹ So richtig *D. Ehlers*, JZ 1987, 218 (227); *ders.*, Jura 1997, 180 (186); seine Auffassung wird nunmehr durch die Ausführungen des Bundesverfassungsgerichts (E 93, 37 [72]) zur »doppelten Mehr-

such, unter Hinweis auf »die eigenständigen Bewegungsgesetze des Wirtschaftsbereichs« eine Zurücknahme der sachlich-inhaltlichen Legitimation zu begründen[330], kann demgegenüber nicht überzeugen[331]; gleiches gilt für die sog. Lehre vom **Verwaltungsgesellschaftsrecht**, wonach die Mitbestimmungsregelungen für die Gesellschaften der öffentlichen Hand nicht gelten sollen[332].

126 Bei der Beteiligung an **gemischtwirtschaftlichen Unternehmen** (→ Art. 19 III Rn. 49) verschieben sich die Akzente. Ist die Beteiligung der öffentlichen Hand beherrschend, so daß die gesamte Unternehmenstätigkeit als Ausübung von Staatsgewalt zu charakterisieren ist[333], gelten die Legitimationserfordernisse der Eigengesellschaft (→ Rn. 125). Verfassungsrechtlich prekär wird die Lage dann, wenn der Einfluß der öffentlichen Hand zwar beherrschend mit der Folge der Qualifizierung als Staatsgewalt ist, aufgrund gesellschafts- bzw. personalvertretungsrechtlicher Regeln aber kein Letztentscheidungsrecht mehr besteht. In der Konsequenz der oben dargelegten Sicht ist der öffentlichen Hand dann diese Organisationsform verwehrt.

127 Ist die Beteiligung der öffentlichen Hand hingegen nicht beherrschend, so stellen sich nur die Entscheidung über eine Beteiligung und die Ausübung der gesellschaftsrechtlichen Befugnisse als legitimationsbedürftige Akte der Staatsgewalt dar. Von zentraler Bedeutung (aber oft begrenzter Wirkung) ist hier die weitere **Einwirkung** des Staates auf das Unternehmen[334].

128 Die **gemischt-öffentlichen Unternehmen** (→ Art. 19 III Rn. 48) schließlich bedürfen der Prüfung dahingehend, ob sich durch die von unterschiedlichen »Teilvölkern« entsandten Vertreter ein einheitliches Legitimationsniveau sicherstellen läßt. Da auf diese Weise jeder einzelne Vertreter personell am Ende einer Legitimationskette steht, ist Art. 20 II GG dann gewahrt, wenn ein derartiges Zusammenwirken verschiedener Träger der öffentlichen Verwaltung durch Gesetz sachlich-inhaltlich geregelt wird[335].

ff) Apokryphe Verwaltungseinheiten, intermediärer Bereich

129 Jenseits der voranstehend zugrundegelegten üblichen Klassifikation der Verwaltungsorganisation in Deutschland erweisen sich zwei Bereiche als besonders problematisch. Einmal betrifft dies den Wildwuchs an dogmatisch nicht domestizierten und ohne erkennba-

---

heit« (vgl. *Böckenförde* [Fn. 159], § 22 Rn. 19 Fn. 25) in der Tendenz bestätigt bzw. noch verschärft. Zur Anwendung der Grundsätze dieses Urteils auf die Mitbestimmung in Eigengesellschaften umfangreich *F. Ossenbühl*, ZGR 1996, 504 (510, 514f.).

[330] *E. Schmidt-Aßmann*, AöR 116 (1991), 329 (385f.).

[331] Treffend das Argument von *D. Ehlers*, Jura 1997, 180 (186), die Verwaltung sei »regelmäßig nicht gezwungen, privatrechtliche Organisationsformen in Anspruch zu nehmen.« S. auch *P. Unruh*, DÖV 1997, 653 (662ff.).

[332] So zuletzt *F. Ossenbühl*, ZGR 1996, 504 (511ff.); vgl. *T. v. Danwitz*, AöR 120 (1995), 595 (609ff.); dagegen *H.-P. Schwintowski*, NJW 1995, 1316 (1318f.); *D. Ehlers*, Jura 1997, 180 (181, 186) m.w.N.

[333] Eine feste Grenze läßt sich hier nicht ziehen; → Art. 1 III Rn. 52; → Art. 19 III Rn. 49. Zur Abgrenzung auch *Lerche* (Fn. 306), Art. 86 Rn. 59.

[334] Grundlegend zur Einwirkungspflicht *G. Püttner*, DVBl. 1975, 353ff.; vgl. *D. Ehlers*, Verwaltung in Privatrechtsform, 1984, S. 124ff.; *Dreier*, Verwaltung (Fn. 239), S. 258f. m.w.N.; *E. Schmidt-Aßmann*, AöR 116 (1991), 329 (346, 386); *W. Krebs*, Die Verwaltung 29 (1996), 309 (321).

[335] Beispiel: Gesetz über die Errichtung der Bayerischen Landesbank Girozentrale (BayRS 762-6-F; vgl. die Zusammensetzung des Verwaltungsrats in Art. 8 II); allg. zu gemischt-öffentlichen Unternehmen *G. Püttner*, Die öffentlichen Unternehmen, 2. Aufl. 1985, S. 49 m.w.N.; *Puhl*, Haushaltsverfassung (Fn. 225), S. 63ff., 167; skeptisch *Brosius-Gersdorf*, Deutsche Bundesbank (Fn. 306), S. 73ff.

ren Systemwillen errichteten staatlichen oder halbstaatlichen Organisationen, die zur **Ausbildung apokrypher Rechtseinheiten** führen[336]. Wo es aber an Klarheit, Transparenz und Zurechenbarkeit fehlt, kann auch demokratische Steuerung nicht greifen.

Schwierig erweist sich die Bestimmung von Art und Maß demokratischer Legitimation ferner im **intermediären Bereich**, wo Staat und Gesellschaft sich »begegnen« und Entscheidungen und Handlungen der entsprechenden Organisationen aus einer Gemengelage (möglicherweise grundrechtlich fundierter) privater Selbstregulierung und staatlicher Aufgabenwahrnehmung resultieren. Intermediäre Anstalten und Körperschaften sowie halbstaatliche Vereine[337], Trägereinrichtungen der Forschung[338], vor allem aber im sozialen Bereich tätige Organisationen wie der gesamte sog. Dritte Sektor[339] bilden insofern prominente und vielzitierte Fälle, in bezug auf die das Konzept demokratischer Legitimation flexibel und sachangemessen zur Anwendung gebracht werden muß[340]. 130

d) Demokratische Legitimation der Rechtsprechung

Richter erfahren ihre personelle Legitimation durch **Ernennung** oder Wahl; im letzten Fall allerdings nicht (wie etwa in der Schweiz oder den USA) durch Volkswahl, sondern in der Regel durch besondere Wahlgremien: die **Richterwahlausschüsse**. Insofern verbietet das Demokratieprinzip nicht allein reine Kooptationsverfahren. Es setzt auch dem Anteil organisatorisch-personell nicht demokratisch legitimierter Mitglieder in den Wahlgremien bestimmte, im einzelnen noch nicht abschließend fixierte Grenzen[341]. 131

Anders als bei der Exekutive fehlt es bei den Richtern wegen ihrer verfassungsrechtlich garantierten sachlichen und persönlichen **Unabhängigkeit** an Steuerungsmöglichkeiten per Aufsicht oder gar kraft Weisung. Als Kompensation für diese Freistellung gilt ihre ebenfalls in Art. 97 GG verankerte »strikte« **Bindung an das Gesetz**[342]. Das kann und soll nicht den evidenten Befund dementieren, demzufolge sich Rechtsanwendung niemals auf einen rein formal-logischen Subsumtionsvorgang reduzieren 132

---

[336] Vgl. *B. Becker*, Öffentliche Verwaltung, 1989, S. 254, 273; *Loeser*, System (Fn. 303), S. 130 (Rn. 123); *Dreier*, Verwaltung (Fn. 239), S. 293 f., 303.

[337] *G.F. Schuppert*, Selbstverwaltung als Beteiligung Privater an der Staatsverwaltung?, in: FS v. Unruh, 1983, S. 183 ff.; *K. Lange*, Die öffentlichrechtliche Anstalt, VVDStRL 44 (1986), S. 169 ff. (194 ff.); *Dreier*, Verwaltung (Fn. 239), S. 278 ff., 286, 300; *Loeser*, System (Fn. 303), S. 133, 135 (Rn. 127, 129).

[338] *H.-H. Trute*, Die Forschung zwischen grundrechtlicher Freiheit und staatlicher Institutionalisierung, 1994, S. 211 ff.; *H.C. Röhl*, Der Wissenschaftsrat, 1994, S. 130 ff.

[339] *C. Reichard*, DÖV 1988, 363 ff.; *Loeser*, System (Fn. 303), S. 152 ff. (Rn. 153 ff.); *G.F. Schuppert*, Die Verwaltung 28 (1995), 137 ff.

[340] *H.-H. Trute*, DVBl. 1996, 950 ff.; *ders.*, Funktionen (Fn. 284), S. 288 ff. – Nicht überall wird das möglich und nötig sein: zuweilen (etwa bei den staatsfinanzierten, als eingetragenen Vereinen organisierten »Auxiliarämtern«) wäre eine klare Zuordnung zum Staat *oder* zur Gesellschaft eindeutig vorzuziehen.

[341] Dazu *E.-W. Böckenförde*, Verfassungsfragen der Richterwahl, 1974, S. 74 f.; ergänzend *ders.* (Fn. 159), § 22 Rn. 17 ff.; *G. Barbey*, Der Status des Richters, in: HStR III, § 74 Rn. 66 ff.; *Sachs* (Fn. 176), Art. 20 Rn. 25. Zu den unterschiedlichen Bestellungsverfahren *E. Teubner*, Die Bestellung zum Berufsrichter in Bund und Ländern, 1984. – Judikatur: BVerfGE 26, 186 (194 ff.); 27, 312 (320 f.); 41, 1 (10).

[342] *R.A. Rhinow*, Rechtsetzung und Methodik, 1979, S. 184; *Böckenförde* (Fn. 159), § 22 Rn. 24; *Jestaedt*, Demokratieprinzip (Fn. 221), S. 295; *C. Hillgruber*, JZ 1996, 118 ff.; *H. Dreier*, Jura 1997, 249 (256) m.w.N.

läßt, sondern immer einen produktiven, dabei auch wertenden Konkretisierungsprozeß darstellt[343]. Jedoch stellen sich die über diesen methodologischen Grundtatbestand hinausgehenden **Formen des Richterrechts** bzw. der richterlichen Rechtsfortbildung praeter oder contra legem[344] gerade unter dem Aspekt demokratischer Legitimation als **prekär** dar[345]. Zumal im Zivil- und namentlich im Arbeitskampfrecht, aber auch im Verwaltungsrecht nimmt das gesetzesergänzende oder gar gesetzessubstituierende Richterrecht beträchtlichen Raum ein. An den Gesetzgeber gerichtete Appelle zur Änderung dieser Situation stoßen teils an sachstrukturelle (Komplexität des Wirtschaftslebens), teils an politisch-gesellschaftliche Grenzen (wie im Arbeitskampfrecht). Als verfassungsrechtlich gedeckt mag man einige dieser Phänomene von Gesetzesergänzung oder Ersatzgesetzgebung durch die Annahme (partiellen) Verfassungsgewohnheitsrechts ansehen[346]. Sehr viel genereller und grundsätzlicher wäre aber zu bedenken, ob zu den Regeln richterlichen Entscheidens neben dem Gesetz, dessen Prärogative in jedem Fall zu wahren bleibt, möglicherweise weitere Komponenten gehören, die unter Rückgriff auf Art. 20 III GG als unmittelbar durch die Verfassung legitimiert angesehen werden können und insofern auch weitreichende Praktiken (subsidiärer, nicht gesetzesverdrängender) richterlicher Rechtsschöpfung zu decken vermögen[347]. Gewendet auf das Konzept der demokratischen Legitimation bedeutete dies, daß der funktionell-institutionellen Komponente (→ Rn. 105) bei der Rechtsprechung möglicherweise größere Bedeutung zukommt als etwa bei der vollziehenden Gewalt.

---

[343] Näher *Dreier,* Verwaltung (Fn. 239), S. 164 ff. m.w.N.; jüngst *N. Horn,* Einführung in die Rechtswissenschaft und Rechtsphilosophie, 1996, Rn. 163 ff., 193; *P. Koller,* Theorie des Rechts, 2. Aufl. 1997, S. 197 ff., 221 ff.

[344] Vgl. nur *E. Picker,* JZ 1988, 1 (9 ff.), 62 (72 f.); *F. Bydlinski,* JZ 1985, 149 ff.; *I. Pernice,* Billigkeit und Härteklauseln im öffentlichen Recht, 1991, S. 580 ff.; *J. Neuner,* Rechtsfindung contra legem, 1992, S. 85 ff., 140 ff.; *Horn,* Einführung (Fn. 343), Rn. 188 ff. – In der Sache ähnliche Unterscheidung wie oben im Text bei *F. Ossenbühl,* Gesetz und Recht, in: HStR III, § 61 Rn. 35 ff., nämlich zwischen bloßer Rechtsanwendung einschließlich Lückenfüllung und den problematischen Formen gesetzesvertretenden oder gar gesetzeskorrigierenden Richterrechts.

[345] *J. Ipsen,* Richterrecht und Verfassung, 1975, S. 169 ff.; *Rhinow,* Rechtsetzung (Fn. 342), S. 185 ff. *F. Müller,* Juristische Methodik, 7. Aufl. 1997, S. 93 ff.; *T. Mayer-Maly,* JZ 1986, 557 (560 f.); *C.W. Hergenröder,* Zivilprozessuale Grundlagen richterlicher Rechtsfortbildung, 1995, S. 207 f., 297 f. Sehr weitgehende Akzeptanz von richterlicher Rechtsschöpfung contra legem in BVerfGE 34, 269 (287); kritisch hierzu u.a. *K. Larenz,* AfP 1973, 450 ff.; *G. Hermes,* NJW 1990, 1764 (1765); *Müller,* Juristische Methodik (Fn. 345), S. 94 Fn. 178; *Horn,* Einführung (Fn. 343), Rn. 193, 444; *M. Reinhardt,* Konsistente Jurisdiktion, 1997, S. 176 ff., 339 ff. In der Tendenz restriktiver allerdings BVerfGE 65, 182 (190 f., 194 f.); s. auch BVerfGE 69, 315 (369 ff.); 71, 354 (362 f.); 74, 129 (152).

[346] So etwa *G. Lübbe-Wolff,* DB-Beilage 9/1988, 1 (3 f.) zu Art. 9 III GG; zum Verhältnis von Koalitionsfreiheit und Richterrecht auch *P. Lerche,* NJW 1987, 2465 ff.

[347] *F.-J. Säcker,* ZRP 1971, 145 ff.; *M. Kriele,* Theorie der Rechtsgewinnung, 2. Aufl. 1976, S. 33 ff.; *Hofmann,* Legitimität und Rechtsgeltung (Fn. 155), S. 83 ff.; vertiefend *ders.,* Das Recht des Rechts, das Recht der Herrschaft und die Einheit der Verfassung, 1998, S. 27 ff. E; *Schmidt-Aßmann,* in: Schoch/Schmidt-Aßmann/Pietzner, VwGO, Einl. Rn. 175 ff. (mit der berechtigten Warnung Rn. 177 vor einem »freien Gestaltungsauftrag an die Justiz«); *Reinhardt,* Jurisdiktion (Fn. 345), S. 349 f.; gegen »gesetzeskorrigierendes Richterrecht« auch *Ossenbühl* (Fn. 344), § 61 Rn. 39; vgl. *Rhinow,* Rechtsetzung (Fn. 342), S. 176 ff., 181 ff.

D. Verhältnis zu anderen GG-Bestimmungen

Die Demokratie ist **nicht diffuser Inbegriff einer »guten« politischen Ordnung** des Gemeinwesens unter Einschluß grundrechtlicher und rechtsstaatlicher Gewährleistungen. Eine solche undifferenzierte Einvernahme verdunkelt die Normativität des Demokratieprinzips und verdeckt mögliche Konfliktlagen (→ Rn. 75)[348]. Vielmehr handelt es sich um ein durch konkrete Merkmale charakterisiertes Verfassungsprinzip, dessen Verhältnis zu den anderen Verfassungsprinzipien sich wie folgt bestimmt[349].

133

Das Verhältnis zur **Republik** hängt von dessen inhaltlicher Bestimmung ab. Verstanden als bloße Nicht-Monarchie (→ Art. 20 [Republik] Rn. 16), gelangt nur das Erfordernis demokratischer Legitimation (→ Rn. 104ff.) mit dem republikanischen Verfassungsprinzip zur Deckung[350]. Füllt man den Begriff der Republik hingegen inhaltlich auf (→ Art. 20 [Republik] Rn. 18ff.), so ergeben sich weitgehend identische Anforderungen an politische Freiheit und Gleichheit (→ Rn. 58). Letztlich läßt sich aus der Verfassungsentscheidung für die Republik aber keine maßgebliche Prägung des Demokratieprinzips folgern (→ Art. 20 [Republik] Rn. 20)[351]. Zum **Sozialstaatsprinzip** gibt es normativ-begrifflich keine zwingende Verbindung: weder muß eine Demokratie sozialstaatlich orientiert sein noch ist der Sozialstaat auf eine demokratische Ordnung angewiesen. Praktisch führt allerdings der von den Parteien geprägte politische Prozeß aus bestimmten Gründen zu einem ausgeprägten Wachstum von sozial motivierter oder auch nur etikettierter Staatstätigkeit[352]. Das Verhältnis zur **Bundesstaatlichkeit** ist durch die Eigenständigkeit des föderalen Gedankens geprägt, der nicht zum Strukturensemble freiheitlicher Verfassungsstaaten gehört[353]. Für das Verhältnis zum **Rechtsstaat** gilt, daß Demokratie auf eine bestimmte Legitimation der Staatsgewalt, der Rechtsstaat auf dessen Limitation zielt. Sofern diese Sicherungen (Rechtsschutz, Grundrechte als Abwehrrechte, Verfahrensgarantien) verfassungskräftig ausgestaltet sind, läßt sich die grundgesetzliche Ordnung als »konstitutionelle« oder »gemäßigte« Demokratie[354] bezeichnen.

134

Die Bedeutung der **Grundrechte** für die Demokratie liegt in erster Linie in ihrer Gewährleistungsfunktion für den offenen politischen Prozeß; hier treten die Kommunikationsgrundrechte besonders hervor (→ Rn. 74; → Vorb. Rn. 41, 47; → Art. 5 I, II Rn. 31ff.). Im gleichen Zusammenhang ist auch die Rolle der **Öffentlichkeit** zu würdigen (→ Rn. 73).

135

Das Verhältnis des demokratischen Prinzips zu den universalen **Menschenrechten** und ihrer Einforderung ist noch nicht abschließend geklärt. Streitig ist insbesondere, ob die Demokratie als essentieller Bestandteil der modernen Menschenrechtskonzep-

136

---

[348] *H. Dreier*, Jura 1997, 249 (249).
[349] Eingehend zum folgenden *Böckenförde* (Fn. 159), § 22 Rn. 81ff.
[350] *Stern*, Staatsrecht I, S. 565 sieht den Ausschluß eines monarchischen Staatsoberhauptes im Prinzip der Volkssouveränität begründet.
[351] Zusammenfassend *Böckenförde* (Fn. 159), § 22 Rn. 95f.; vgl. auch *W. Henke*, Die Republik, in: HStR I, § 21 Rn. 30f.
[352] *Böckenförde* (Fn. 159), § 22 Rn. 98ff.
[353] *Isensee* (Fn. 238), § 98 Rn. 299ff.; zu den unterschiedlichen normativen Strukturen von Demokratie und Bundesstaatlichkeit *C. Möllers*, Der parlamentarische Bundesstaat – Das vergessene Spannungsverhältnis von Parlament, Demokratie und Bundesstaat, in: J. Aulehner u.a. (Hrsg.), Föderalismus – Auflösung oder Zukunft der Staatlichkeit?, 1997, S. 81ff. (97ff.).
[354] *Böckenförde* (Fn. 159), § 22 Rn. 82ff.

tion zu erfassen ist (→ Rn. 25, 74)³⁵⁵; erwägenswert scheint ferner ein spezieller **Menschenwürdebezug** der Demokratie (→ Art. 1 I Rn. 98).

137 Für die **Länder** ist die Grundentscheidung des Art. 20 II GG nur nach Maßgabe des Homogenitätsgebotes verbindlich (→ Art. 28 Rn. 57, 59)³⁵⁶.

138 Eine spezielle Ausprägung findet das **Prinzip der streitbaren Demokratie** (→ Rn. 75) in den Vorschriften über Vereinigungsverbot (→ Art. 9 Rn. 50), Grundrechtsverwirkung (→ Art. 18 Rn. 10) und Parteienverbot (→ Art. 21 Rn. 135 ff.)³⁵⁷. Daraus läßt sich jedoch nicht folgern, daß jede dieser einzelnen Ausprägungen nach Art. 79 III GG an der Unantastbarkeit des Art. 20 I GG teilnehmen soll³⁵⁸. Dagegen spricht schon die Tatsache, daß die freiheitliche Demokratie des Grundgesetzes nunmehr 50 Jahre zumindest weitgehend ohne Anwendung der Instrumente von Art. 18, 21 II GG ausgekommen ist³⁵⁹.

139 Unschwer als Konkretisierungen des Demokratieprinzips lassen sich die Normen der **Art. 38, 39 GG** auffassen (→ Rn. 88 ff.); dies gilt – mit Abstrichen – auch für den Parteienartikel (→ Art. 21 Rn. 158).

140 Das **parlamentarische Regierungssystem** ist ebenfalls eine Ausprägung des Demokratieprinzips³⁶⁰. Hierdurch ist die Verfassung aber nicht ein für alle Mal festgelegt; ein Wechsel zum Präsidialsystem, das allerdings die Normsetzungsprärogative des Parlaments (→ Rn. 110) wahren müßte, wäre nicht ausgeschlossen (→ Art. 79 III Rn. 35).

141 **Art. 110 GG** konkretisiert das Erfordernis der sachlich-inhaltlichen demokratischen Legitimation für den Bereich der Haushaltsverfassung (→ Rn. 80).

---

³⁵⁵ Skeptisch *Böckenförde* (Fn. 159), § 22 Rn. 37; umfangreich zur Diskussion die Beiträge in: Schwartländer, Menschenrechte (Fn. 82); s. auch *H. Köchler*, Democracy and Human Rights, 1990.
³⁵⁶ BVerfGE 83, 60 (71); 93, 37 (66). Zu beachten ist aber, daß das Gericht nur knapp Art. 28 I 1 GG mitzitiert und insbesondere in der letztgenannten Entscheidung Art. 20 II GG ohne Einschränkungen und in einer ins einzelne gehenden Auslegung angewandt hat; kritisch zu dieser Vorgehensweise *T. v. Roetteken*, NVwZ 1996, 552 (552). – Ferner bleibt das wechselseitige Informationsverhältnis von Art. 20 und Art. 28 GG zu bedenken.
³⁵⁷ *H. Dreier*, JZ 1994, 741 (750 ff.) m.w.N.; *Herzog* (Fn. 26), Art. 20 II Rn. 29 ff.
³⁵⁸ So aber *Herzog* (Fn. 26), Art. 20 II Rn. 32. → Art. 79 III Rn. 37.
³⁵⁹ Vgl. die Verfahrensübersicht bei *Pestalozza*, Verfassungsprozeßrecht, S. 361 ff.; gegen ein Obsoletwerden der Art. 18, 21 II GG zurecht *Schlaich*, Bundesverfassungsgericht, Rn. 328 ff. m.w.N.; → Art. 18 Rn. 8. Zum häufiger praktizierten Vereinigungsverbot: → Art. 9 Rn. 50.
³⁶⁰ Hierzu und zum folgenden kontrovers: BVerfGE 9, 268 (281); *Stern*, Staatsrecht I, S. 599 f.; *Herzog* (Fn. 26), Art. 20 II Rn. 81 f.; *H. Hofmann*, Verfassungsrechtliche Sicherungen der parlamentarischen Demokratie (1986), in: ders., Verfassungsrechtliche Perspektiven, 1995, S. 129 ff. (137 ff.).

Artikel 20 [Verfassungsprinzipien; Widerstandsrecht]

(1) **Die Bundesrepublik Deutschland ist ein** demokratischer und **sozialer** Bundesstaat.

(2) ¹Alle Staatsgewalt geht vom Volke aus. ²Sie wird vom Volke in Wahlen und Abstimmungen und durch besondere Organe der Gesetzgebung, der vollziehenden Gewalt und der Rechtsprechung ausgeübt.

(3) Die Gesetzgebung ist an die verfassungsmäßige Ordnung, die vollziehende Gewalt und die Rechtsprechung sind an Gesetz und Recht gebunden.

(4) Gegen jeden, der es unternimmt, diese Ordnung zu beseitigen, haben alle Deutschen das Recht zum Widerstand, wenn andere Abhilfe nicht möglich ist.

Literaturauswahl

Badura, Peter: Die Daseinsvorsorge als Verwaltungszweck der Leistungsverwaltung und der soziale Rechtsstaat, in: DÖV 1966, S. 624–633.
Badura, Peter: Das Prinzip der sozialen Grundrechte und seine Verwirklichung im Recht der Bundesrepublik Deutschland, in: Der Staat 14 (1975), S. 17–48.
Benda, Ernst: Der soziale Rechtsstaat, in: HdbVerfR, § 17 (S. 719–797).
Bieback, Karl-Jürgen: Sozialstaatsprinzip und Grundrechte, in: EuGRZ 1985, S. 657–669.
Böckenförde, Ernst-Wolfgang: Die Bedeutung der Unterscheidung von Staat und Gesellschaft im demokratischen Sozialstaat der Gegenwart (1972), in: ders. (Hrsg.), Recht, Staat, Freiheit, 1991, S. 209–243.
Buchheim, Hans: Sozialstaat und Freiheit, in: *ders.*, Beiträge zur Ontologie der Politik, 1993, S. 171–182.
Depenheuer, Otto: Das soziale Staatsziel und die Angleichung der Lebensverhältnisse in Ost und West, in: HStR IX, § 204 (S. 149–227).
Eichenhofer, Eberhard: Sozialrecht, 2. Aufl. 1997.
Forsthoff, Ernst (Hrsg.): Rechtsstaatlichkeit und Sozialstaatlichkeit, 1968.
Gitter, Wolfgang: Sozialrecht, 4. Aufl. 1996.
Haverkate, Görg: Rechtsfragen des Leistungsstaats, 1983.
Huh, Young: Rechtsstaatliche Grenzen der Sozialstaatlichkeit?, in: Der Staat 18 (1979), S. 183–198.
Isensee, Josef: Verfassung ohne soziale Grundrechte, in: Der Staat 19 (1980), S. 367–384.
Koslowski, Stefan: Die Geburt des Sozialstaats aus dem Geist des Deutschen Idealismus, 1989.
Lampert, Heinz: Lehrbuch der Sozialpolitik, 2. Aufl. 1991.
Lücke, Jörg: Soziale Grundrechte als Staatszielbestimmungen und Gesetzgebungsaufträge, in: AöR 107 (1982), S. 15–60.
Maier, Hans: Sozialer Rechtsstaat – ein Widerspruch?, in: Festschrift für Dolf Sternberger, 1977, S. 219–232.
Niclauß, Karlheinz: Der Parlamentarische Rat und das Sozialstaatspostulat, in: PVS 15 (1974), S. 33–52.
Ritter, Gerhard A.: Der Sozialstaat. Entstehung und Entwicklung im internationalen Vergleich, 2. Aufl. 1991.
Spieker, Manfred: Legitimitätsprobleme des Sozialstaats, 1986.
Schlenker, Rolf-Ulrich: Soziales Rückschrittsverbot und Grundgesetz, 1986.
Stern, Klaus: Art. Sozialstaat, in: EvStL³, Bd. 2, Sp. 3269–3280.
Suhr, Dieter: Rechtsstaatlichkeit und Sozialstaatlichkeit, in: Der Staat 9 (1970), S. 67–93.
Zacher, Hans F.: Was können wir über das Sozialstaatsprinzip wissen?, in: Festschrift für Hans Peter Ipsen, 1977, S. 207–267.
Zacher, Hans F.: Das soziale Staatsziel, in: HStR I, § 25 (S. 1045–1111).

Leitentscheidungen des Bundesverfassungsgerichts

BVerfGE 1, 97 (104ff.) – Hinterbliebenenrente; 4, 7 (16ff.) – Investitionshilfe; 5, 85 (197ff.) – KPD-Verbot; 11, 105 (110ff.) – Familienlastenausgleich; 28, 324 (348ff.) – Heiratswegfallklausel; 29, 221

Art. 20 (Sozialstaat)   A. Herkunft, Entstehung, Entwicklung

(235 ff.) – Jahresarbeitsverdienstgrenze; 33, 303 (329 ff.) – numerus clausus I; 40, 121 (133 ff.) – Waisenrente II; 59, 231 (261 ff.) – Freie Mitarbeiter; 82, 60 (79 ff.) – Steuerfreies Existenzminimum; 87, 153 (169 ff.) – Grundfreibetrag; 88, 203 (312 ff.) – Schwangerschaftsabbruch II.

Gliederung

	Rn.
A. Herkunft, Entstehung, Entwicklung	1
I. Ideen- und verfassungsgeschichtliche Aspekte	1
II. Entstehung und Veränderung der Norm	8
B. Internationale, supranationale und rechtsvergleichende Bezüge	11
C. Erläuterungen	15
I. Grundfragen der Sozialstaatsdogmatik	15
1. Begriff des Sozialstaates	15
2. Unterscheidung von Staat und Gesellschaft	21
3. Menschenbild des freiheitlichen Sozialstaates	25
II. Funktionen des Sozialstaatsprinzips	30
III. Elemente des Sozialstaatsprinzips	36
1. Sozialer Ausgleich	37
2. Soziale Sicherheit	41
3. Soziale Gerechtigkeit	49
a) Soziale Marktwirtschaft	53
b) Daseinsvorsorge (soziale Existenzbedingungen)	54
c) Soziale Hilfen und soziale Entschädigung	55
d) Soziale Grundrechte	57
D. Verhältnis zu anderen GG-Bestimmungen	58

A. Herkunft, Entstehung, Entwicklung

I. Ideen- und verfassungsgeschichtliche Aspekte

1   Die Ideengeschichte des **sozialen Staates** des Grundgesetzes muß von der Wirkungsgeschichte sozialer Ideen in **nichtstaatlichen Institutionen** unterschieden werden. Letztere reicht von der kirchlichen Armenpflege des Mittelalters über die Genossenschaftsbewegung des 19. Jahrhunderts bis zur Fürsorge durch karitative, diakonische und andere Organisationen der freien Wohlfahrtspflege der Gegenwart[1]. Abgesehen davon, daß die mit dem Adjektiv »sozial« bezeichnete Eigenschaft eines weltanschaulich neutralen Staates (→ Art. 4 Rn. 121 f.) unabhängig von religiös oder moralisch begründeten sozialethischen Motiven zu interpretieren ist, verlangt die freiheitliche Ordnung des Grundgesetzes (→ Art. 18 Rn. 11 ff.) die Konzeption eines **freiheitlichen Sozialstaates**[2]. Dessen Ideengeschichte beginnt mit der Geburt des sozialen Staats-

---

[1] Dazu lexikalisch *M. Rassem*, Art. Wohlfahrt, Wohltat, Wohltätigkeit, Caritas, in: O. Brunner/W. Conze/R. Koselleck (Hrsg.), Geschichtliche Grundbegriffe, Bd. 7, 1992, S. 595 ff.; monographisch *C. Sachße/F. Tennstedt*, Geschichte der Armenfürsorge in Deutschland, Bd. 1, 1980; kontrastierend *G. A. Ritter*, Der Sozialstaat – Entstehung und Entwicklung im internationalen Vergleich, 2. Aufl. 1991. Zur Bedeutung der freien Wohlfahrtspflege im Sozialstaat des Grundgesetzes → Rn. 50.

[2] Den Terminus »freiheitlicher Sozialstaat« hat *R. Herzog* in die Diskussion eingeführt: *R. Herzog*, in: Maunz/Dürig, GG, Art. 20 [VIII] (1980), Rn. 34. Eine dogmatisch konsequente Verfolgung der darin zum Ausdruck kommenden »Dialektik« findet sich bei *H. F. Zacher*, Das soziale Staatsziel, in: HStR I, § 25 Rn. 26 ff., ein erster Ansatz in diesem Sinne in *G. Stahlmanns* Dissertation »Die Verwirklichung des sozialen Rechtsstaates als Voraussetzung der individuellen Freiheit«, 1973.

zwecks aus dem Geist der liberalen preußischen Reformgesetzgebung am Anfang des 19. Jahrhunderts.

In seinen Ursprüngen ist der deutsche Sozialstaat die **Antwort auf die soziale Frage** des beginnenden Industriezeitalters. Ideengeschichtlich wird dies durch einen Runderlaß des Staatskanzlers Fürst Hardenberg an die Oberpräsidenten der sechs industriereichen Provinzen Preußens vom 5. September 1817 dokumentiert[3], rechtsgeschichtlich durch das Regulativ über die Beschäftigung jugendlicher Arbeiter in Fabriken vom 9. März 1839[4]. Dieses **erste Dokument der Sozialgesetzgebung in Deutschland**[5] hatte den Gedanken Hardenbergs zur Grundlage, den »Fortschritten der Fabrikation« dürfe zwar kein »positives Hindernis« entgegengesetzt werden, in Erfüllung einer »höheren Staatszwecken« entsprechenden Pflicht des Staates müsse aber verhindert werden, »daß die Erziehung zum Fabrikarbeiter auf Kosten der Erziehung zum Menschen und Staatsbürger betrieben werde und daß der Mensch genötigt werde, die höchste mechanische Fertigkeit in einem einzelnen Handgriff mit dem Verlust seiner moralischen Freiheit zu erkaufen, selbst ehe er erkennen kann, wieviel dieser Kauf ihn kostet«[6].

Die mit dem Oktoberedikt 1807[7] begonnenen liberalen Reformen[8] wurden durch das Regulativ von 1839 um eine soziale Komponente ergänzt, die nicht auf die Abwehr individueller Gefahren bezogen war, sondern auf die Bewältigung einer **Strukturkrise der Gesellschaft**[9]. Der noch heute relevante sozialstaatstheoretische Gehalt des Hardenbergschen Lösungsansatzes liegt in der Verbindung von sozialer Schutzpflicht gegenüber einer benachteiligten gesellschaftlichen Gruppe und der Erhaltung von Menschenwürde, Staatsbürgerstellung und moralischer Freiheit ihrer Mitglieder, kurz: im **Freiheitsbezug sozialer Schutzpflichten**.

Dieser Freiheitsbezug des frühen Sozialstaates enthält eine dogmengeschichtlich signifikante **Absage an den Wohlfahrtsstaat** der »guten Policey« des 15. bis 18. Jahrhunderts[10], der mit den Reformen nach dem Frieden von Tilsit 1807 endgültig überwunden war. Eine an den »wohlverstandenen Interessen« unmündiger Untertanen orientierte Politik paternalistischer Versorgung mit staatlichen Wohltaten kann in der rechtshistorischen Bedeutung des Wortes deshalb nur polizeistaatlich, nicht aber sozialstaatlich genannt werden[11].

---

[3] Abgedruckt in *Huber*, Dokumente, Bd. 1, S. 75 ff.

[4] Abgedruckt in *Huber*, Dokumente, Bd. 1, S. 79 f.

[5] Dazu *Huber*, Verfassungsgeschichte, Bd. 2, S. 29 und *H. Lampert*, Lehrbuch der Sozialpolitik, 2. Aufl. 1991, S. 71.

[6] *Hardenberg*, Runderlaß, in: *Huber*, Dokumente, Bd. 1, S. 77. Klagen des Militärs über die mangelnde körperliche Eignung der Rekruten sind aus dieser ideengeschichtlichen Perspektive sekundär.

[7] Abgedruckt in *Huber*, Dokumente, Bd. 1, S. 41 ff.

[8] Gewerbesteuer – Edikt vom 28.10.1810, Teilabdruck in *Huber*, Dokumente, Bd. 1, S. 47; Gewerbepolizeigesetz vom 7.9.1811 (PrGS S. 263). Dazu *R. Gröschner*, Das Überwachungsrechtsverhältnis, 1992, S. 15 ff. → Art. 12 Rn. 6.

[9] Dazu etwa *Huber*, Verfassungsgeschichte, Bd. 2, S. 28. Die gesellschaftliche Strukturkrise wurde in maßgeblicher Weise zuerst von *Lorenz von Stein*, später von *Karl Marx* wissenschaftlich analysiert.

[10] Zum alten Policeystaat als Wohlfahrtsstaat *H. Maier*, Die ältere deutsche Staats- und Verwaltungslehre, 2. Aufl. 1980 passim; zur »guten Policey« *M. Stolleis*, Geschichte des öffentlichen Rechts in Deutschland, Bd. 1, S. 334 ff. Eine vom Freiheitsbegriff her argumentierende Kritik des alten Wohlfahrtsstaates gibt etwa *I. Kant*, Über den Gemeinspruch (1793), A 236 f. Zum Begriff des Wohlfahrtsstaates → Rn. 17.

[11] Systematische Konsequenzen daraus bei *G. Haverkate*, Rechtsfragen des Leistungsstaats, 1983,

Art. 20 (Sozialstaat) A. Herkunft, Entstehung, Entwicklung

5   Der erste Theoretiker eines freiheitlich verfaßten Sozialstaates ist **Lorenz von Stein**[12]. Er sieht bereits die Eigengesetzlichkeit sozialer Veränderungen und thematisiert die Entstehung einer gesellschaftlichen Armut als »unabweisbare Konsequenz der industriellen Gesellschaft«[13]. Vor allem aber qualifiziert er die soziale Problematik der Industriegesellschaft als eine politische und weist deren Lösung dem sozialen Staat bzw. der sozialen Verwaltung zu. Auch für diese bleibt oberstes Leitprinzip die »Erhebung aller einzelnen zur vollsten Freiheit, zur vollsten persönlichen Entwicklung«[14]. Diesem aufgeklärten, den Grundgedanken von 1789 verpflichteten Verständnis des Staates und seiner Verwaltung entspricht es, den sozialreformerischen Ausgleich gesellschaftlicher Gegensätze gerade im Hinblick auf die faktische Freiheitsmöglichkeit »aller einzelnen« zu fordern: »Die Freiheit ist eine wirkliche erst in dem, der die Bedingungen derselben, die materiellen und geistigen Güter als die Voraussetzungen der Selbstbestimmung besitzt«[15]. Mit dieser Orientierung an den wirklichen – keineswegs nur materiellen – Bedingungen der Selbstbestimmung ist Lorenz von Stein der Protagonist »**realer Freiheit**« geworden, von deren Herstellung her unter der Geltung des Grundgesetzes namentlich Konrad Hesse[16] und Ernst-Wolfgang Böckenförde[17] den Sozialstaat verstanden haben[18].

6   Wesentliche Form- und Inhaltsbestimmung hat der heutige Sozialstaat der Bundesrepublik Deutschland durch die **Bismarcksche Sozialgesetzgebung** erfahren[19]. Deren Ausgangspunkt war die Kaiserliche Botschaft vom 17. November 1881, in der es hieß, »daß die Heilung der sozialen Schäden nicht ausschließlich im Wege der Repression sozialdemokratischer Ausschreitungen, sondern gleichmäßig auf dem der positiven Förderung des Wohles der Arbeiter zu suchen sein werde«[20]. Für Bismarck galt: »Der Staat muß die Sache in die Hand nehmen. Nicht als Almosen, sondern als Recht auf Versorgung, wo der gute Wille zur Arbeit nicht mehr kann«[21]. Am 31. Mai 1883 nahm der Reichstag das Krankenversicherungsgesetz an, am 27. Juni 1884 wurde das Unfallversicherungsgesetz verabschiedet, am 24. Mai 1889 das Gesetz betreffend die In-

---

insb. S. 58 ff.; das Freiheitssystem, das in *K. A. Schachtschneiders* »Das Sozialprinzip«, 1974, entwickelt wird, stimmt damit nur im Ergebnis überein.

[12] So namentlich *Ritter*, Sozialstaat (Fn. 1), S. 69, S. 11; ausführlich *E.-W. Böckenförde*, Lorenz von Stein als Theoretiker der Bewegung von Staat und Gesellschaft zum Sozialstaat (1963), in: ders., Recht, Staat, Freiheit, 1991, S. 170 ff.; *S. Koslowski*, Die Geburt des Sozialstaats aus dem Geist des Deutschen Idealismus, 1989.

[13] *L. von Stein*, Geschichte der sozialen Bewegung in Frankreich von 1789 bis auf unsere Tage (1850), Bd. 2, Nachdruck der Ausgabe München 1921, 1958, S. 73 f.

[14] *von Stein*, Geschichte (Fn. 13), Bd. 1, S. 45.

[15] *von Stein*, Geschichte (Fn. 13), Bd. 3, S. 104.

[16] *Hesse*, Verfassungsrecht, Rn. 214; *ders.*, Der Rechtsstaat im Verfassungssystem des Grundgesetzes (1962), in: E. Forsthoff (Hrsg.), Rechtsstaatlichkeit und Sozialstaatlichkeit, 1968, S. 557 ff. (568, 575).

[17] *E.-W. Böckenförde*, Die Bedeutung der Unterscheidung von Staat und Gesellschaft im demokratischen Sozialstaat der Gegenwart (1972), in: *ders.*, Recht, Staat, Freiheit, 1991, S. 209 ff. (zu Lorenz v. Stein dort S. 170 ff.); *ders.*, Freiheitssicherung gegenüber gesellschaftlicher Macht (1976), in: *ders.*, Staat, Verfassung, Demokratie, 1991, S. 264 ff. (265 f.).

[18] Zur Bedeutung dieses Begriffs für die Legitimation eines staatlichen Schulwesens → Art. 7 Rn. 10.

[19] Zum folgenden *W. Gitter*, Sozialrecht, 4. Aufl. 1996, S. 10 ff.; *Lampert*, Sozialpolitik (Fn. 5), S. 74 ff.; *Ritter*, Sozialstaat (Fn. 1), S. 61 ff.; ausführlich *V. Hentschel*, Geschichte der deutschen Sozialpolitik 1880–1980, 4. Auflage 1991, S. 11 ff.

[20] Zit. nach dem Teilabdruck in: *Huber*, Dokumente, Bd. 2, S. 474 f. (474).

[21] So Bismarck 1891, zit. nach *G. Kliesch*, Motive Bismarcks bei seiner klassischen Sozialversicherung, in: Die neue Ordnung 10 (1956), S. 222 ff. (223).

validitäts- und Altersversicherung[22]. Damit waren die **drei Säulen der klassischen Sozialversicherung** geschaffen. Die Krankenkassen waren als Körperschaften des öffentlichen Rechts mit relativ weitem Selbstverwaltungsspielraum organisiert, die Unfallversicherung wurde den neu gegründeten Berufsgenossenschaften und die Invaliditäts- und Altersversicherung den Landesversicherungsanstalten übertragen, in denen staatliche Einflußmöglichkeiten erhalten blieben[23]. Die Einführung sowohl der Arbeitslosenversicherung 1927[24] als auch der Pflegeversicherung 1994[25] auf der Grundlage dieses Systems dürfte gezeigt haben, daß es sich im großen und ganzen bewährt hat. Verfassungsrechtlich garantiert ist es aber nicht[26].

Gegenüber der Ideengeschichte des sozialen Staatszwecks (→ Rn. 1 ff.) und der Institutionengeschichte des Sozialversicherungssystems (→ Rn. 6) ist die **Verfassungsgeschichte des Sozialstaatsprinzips** relativ kurz. Abgesehen von der rein rhetorischen Festlegung der Präambel der Reichsverfassung von 1871 auf die »Pflege der Wohlfahrt des Deutschen Volkes« findet sich eine prinzipielle Aussage zum Sozialstaat erst in der **Weimarer Verfassung.** Art. 151 I WRV lautete: »Die Ordnung des Wirtschaftslebens muß den Grundsätzen der Gerechtigkeit mit dem Ziele der Gewährleistung eines menschenwürdigen Daseins für alle entsprechen. In diesen Grenzen ist die wirtschaftliche Freiheit des einzelnen zu sichern«[27]. Auch wenn weder hier noch in zahlreichen sozialen Einzelregelungen der Begriff des Sozialstaates verwendet wird, ist Art. 151 I WRV doch eine Verbindung von wirtschaftlicher Freiheit mit sozialer Gerechtigkeit (→ Rn. 49) und insofern eine Brücke zwischen dem preußischen und dem grundgesetzlichen Sozialstaatsprinzip. In einer frühen Entscheidung hat auch das Bundesverfassungsgericht diese Brücke geschlagen[28]. 7

II. Entstehung und Veränderung der Norm

Der **Entwurf von Herrenchiemsee** enthielt keinen Hinweis auf die Sozialstaatlichkeit des zu verfassenden Staates[29]. Das Wort »sozial« fand erstmals im **Parlamentarischen Rat** im Ausschuß für Grundsatzfragen und im Allgemeinen Redaktionsausschuß Verwendung[30]. Der erste Formulierungsvorschlag stammte vom Vorsitzenden des Grund- 8

---

[22] Dazu etwa *Huber*, Dokumente, Bd. 4, S. 1201 ff.
[23] Einzelheiten bei *H. Henning*, Aufbau der Sozialverwaltung, in: K. Jeserich/H. Pohl/G-C. v. Unruh, Deutsche Verwaltungsgeschichte, Bd. 3, 1984, § 4 (S. 288 ff.) oder bei *Hentschel*, Geschichte (Fn. 19), S. 13 ff.
[24] Gesetz über Arbeitsvermittlung und Arbeitslosenversicherung vom 16. 7. 1927, dazu *Ritter*, Sozialstaat (Fn. 1), S. 111 ff. und *Hentschel*, Geschichte (Fn. 19), S. 111 ff.
[25] Gesetz zur sozialen Absicherung des Risikos der Pflegebedürftigkeit vom 26. 5. 1994 (BGBl. I S. 1014) = SGB XI, in Kraft getreten am 1. 1. 1995, dazu *S. Hacke*, Die Ausstrahlung des Gesundheitsstrukturgesetzes und der sozialen Pflegeversicherung auf die gesetzliche Krankenversicherung, 1996, S. 59 ff.; *G. Igl*, NJW 1994, 3185 ff.; *N. Wiesner*, VersR 1995, 134 ff.
[26] BVerfGE 39, 302 (314).
[27] *Anschütz*, WRV, S. 699, betont mit Recht, daß der Rekurs auf eine »rein formale Freiheit« nicht erst durch die Weimarer Verfassung beendet wurde.
[28] BVerfGE 11, 105 (113); auch BVerfGE 22, 180 (204).
[29] *Zacher*, (Fn. 2), § 25 Rn. 8; *Stern*, Staatsrecht I, S. 878; *M. Kittner*, in: AK-GG, Art. 20 Abs. 1–3 [IV] Rn. 17.
[30] *Stern*, Staatsrecht I, S. 878; *Kittner* (Fn. 29) Art. 20 Rn. 17; *K. Niclauß*, PVS 15 (1974), 33 (42). Zu den Verhandlungen des Parlamentarischen Rates: JöR 1 (1951), S. 43 f.; Einzelheiten in Parl. Rat V, S. 288 ff.

satzausschusses, Hermann von Mangoldt. Danach sollte der neue Staat u.a. ein »demokratischer und sozialer Rechtsstaat« sein[31]. Weitere Vorschläge waren die »demokratische und soziale Republik«[32] (Carlo Schmid), die »soziale Bundesrepublik« (Redaktionsausschuß)[33] und der »soziale Bundesstaat« (Theodor Heuss)[34], dem man schließlich gefolgt ist.

9   Die Entstehungsgeschichte erlaubt **keine Festlegung auf eine Sozialstaatstheorie** eines bestimmten Autors. Das gilt auch für die Theorie Hermann Hellers, der in seiner Studie »Rechtsstaat oder Diktatur« 1929 vom »sozialen Rechtsstaat« gesprochen und die These vertreten hat, die Diktatur könne durch einen Wandel vom bürgerlich-liberalen zum sozialen Rechtsstaat verhindert werden[35]. Insbesondere geht die Behauptung fehl, das Prinzip des sozialen Rechtsstaats sei »auf Antrag Carlo Schmids, eines Kenners der Ideen Hermann Hellers aufgenommen worden«, weshalb vom Ansatz Hellers auszugehen sei[36]. Erstens hat Carlo Schmid die »soziale Republik« vorgeschlagen; zweitens reicht die Idee des Sozialstaates weit vor das Wirken Hellers zurück; drittens ist der Sozialstaat als solcher keine Erfindung der Weimarer Zeit; und viertens entstand die Formel des »sozialen Rechtsstaats« schlicht zur Kürzung der unhandlich gewordenen Homogenitätsvorschrift des Art. 28 I GG[37]. Alles in allem zeigt die fehlende Auseinandersetzung mit dem Begriff des Sozialen, daß der Parlamentarische Rat sich weder auf eine theoretische Konzeption noch auf ein politisches Programm des Sozialstaats festlegen wollte[38]. Die Unbestimmtheit des Adjektivs »sozial« kam dieser **Absicht der Nichtidentifikation** gerade entgegen. Im übrigen widerspräche die Identifikation mit einer bestimmten sozial-ideologischen Weltanschauung dem objektivrechtlichen Gehalt des Art. 4 I GG[39].

10 Bei unverändertem normtextlichen Befund läßt sich die tatsächliche Veränderung des Sozialstaates in der Geschichte der Bundesrepublik Deutschland[40] schlagwortartig durch **Expansion und Krise** kennzeichnen[41]. Daß dem Ausbau des Sozialstaates in der Wachstumsphase der siebziger Jahre[42] ein Abbau von Sozialleistungen folgen

---

[31] JöR 1 (1951), S. 195.
[32] JöR 1 (1951), S. 196.
[33] JöR 1 (1951), S. 199.
[34] JöR 1 (1951), S. 201; dazu *Zacher* (Fn. 2), § 25 Rn. 8.
[35] *H. Heller*, Rechtsstaat oder Diktatur? (1929/30), in: *ders.*, Gesammelte Schriften, Bd. 2, 2. Aufl. 1992, S. 443 ff.
[36] *Stein*, Staatsrecht, S. 169. Ähnlich *Kittner* (Fn. 29), Art. 20 Rn. 20.
[37] *Kittner* (Fn. 29), Art. 20 Rn. 20. Zur Kritik der Interpretationslinie Heller-Schmid-Parlamentarischer Rat *K. Niclauß*, PVS 15 (1974), 33 (45).
[38] In diesem Sinne etwa *Zacher* (Fn. 2), § 25 Rn. 22 und *K. Niclauß*, PVS 15 (1974), 33 (42).
[39] → Art. 4 Rn. 121 ff., insb. Rn. 122 m.w.N.; *R. Gröschner*, JZ 1996, 637 (637 f.); *M. Morlok*, Selbstverständnis als Rechtskriterium, 1993, S. 331 ff.
[40] Dazu knapp *H. Hofmann*, Die Entwicklung des Grundgesetzes nach 1949, in: HStR I, § 7 Rn. 58 ff.
[41] Rechtsvergleichend *Ritter*, Sozialstaat (Fn. 1), S. 183 ff.: »Soziale Sicherheit in Konjunktur und Krise der letzten Jahrzehnte«. Aktuelle Zahlen und Perspektiven bei *E. Eichenhofer*, Sozialrecht, 2. Aufl. 1997, S. 27 ff. Zur Situation nach der Wiedervereinigung *O. Depenheuer*, Das soziale Staatsziel und die Angleichung der Lebensverhältnisse in Ost und West, in: HStR IX, § 204.
[42] *M. Spieker*, Legitimitätsprobleme des Sozialstaats, 1986, S. 27 ff. mit eingehender politiktheoretischer Folgendiskussion.

würde, war ebenso abzusehen wie die Diskussion um den ökonomisch richtigen Anteil der Sozialausgaben am Gesamthaushalt[43].

B. Internationale, supranationale und rechtsvergleichende Bezüge

Der in Art. 22 **AEMR** artikulierte Anspruch des Menschen, »in den Genuß der für seine Würde und die freie Entwicklung seiner Persönlichkeit unentbehrlichen wirtschaftlichen, sozialen und kulturellen Rechte zu gelangen«, läßt sich als Bestätigung der ideengeschichtlichen Entwicklung in Deutschland (→ Rn. 2 ff.) lesen, den Sozialstaat als Garanten der für eine freie Persönlichkeitsentwicklung unentbehrlichen realen Freiheitsvoraussetzungen in Anspruch zu nehmen. Vergleichbares gilt für die tatsächlichen Bedingungen des in Art. 2 **EMRK** garantierten Lebensrechts in Verbindung mit dem Verbot unmenschlicher oder erniedrigender Behandlung i.S.d. Art. 3[44]. Die im **IPwskR** formulierten sozialen Rechte sind als transformiertes Bundesrecht zwar generell beachtlich[45], die deutsche Rechtsordnung genügt jedoch durchgehend den vor allem für die Politik der Vereinten Nationen maßgeblichen Ansprüchen des Paktes[46]. Die Sozialpolitik des Europarates stützt sich auf die **Europäische Sozialcharta** von 1961[47], in der es um Arbeitsbedingungen, Interessenwahrnehmung, Beratung und Ausbildung, Gesundheit, soziale Sicherheit, Fürsorge und um den Schutz von Frauen, Kindern und Jugendlichen geht. Arbeitnehmerrechte werden in den Abkommen der Internationalen Arbeitsorganisation (**ILO**) gesichert[48].

11

Auch wenn die im **EWGV** enthaltenen Sozialvorschriften[49], die im **EUV** zum Ziel eines »ausgewogenen und dauerhaften wirtschaftlichen und sozialen Fortschritts« komprimiert wurden[50], kein einheitliches Sozialprinzip der EU konstituieren, ist die »soziale Dimension der Europäischen Gemeinschaft« doch schon zum Gegenstand juristischer Forschung geworden[51]. Klare Strukturen zeichnen sich indessen erst im

12

---

[43] Dazu etwa den Sammelband von P. Koslowski/P. Kreuzer/R. Löw (Hrsg.), Chancen und Grenzen des Sozialstaats, 1983. Zur Umgestaltung des Sozialstaats in den Bereichen der Alters- und Gesundheitssicherung sowie des Sozialhilfe- und Sozialrechts die Abhandlungen von F. Ruland, B. Schulin, W. Rüfner und W. Gitter, VSSR 1997, 19 ff. zu den Auswirkungen von demographischem Wandel, Zuwanderung, struktureller Arbeitslosigkeit und Internationalisierung der Wirtschaft F.-X. Kaufmann, Herausforderungen des Sozialstaates, 1997 und E. Knappe/A. Winkler (Hrsg.), Sozialstaat im Umbruch, 1997.

[44] P. Leuprecht, Der Schutz der sozialen Rechte im Rahmen des Europarats, in: D. Merten/R. Pitschas (Hrsg.), Der Europäische Sozialstaat und seine Institutionen, 1993, S. 79 ff. (81).

[45] BVerfGE 74, 358 (370). Informativ zum ganzen H.-W. Rengeling, Grundrechtsschutz in der Europäischen Gemeinschaft, 1993, S. 63 ff.

[46] M. Zuleeg, RdA 1974, 321 ff. mit Klarstellungen zum »Recht« auf Arbeit (327) und auf entsprechende Aufstiegsmöglichkeiten (328).

[47] BGBl. 1964 II S. 1262. Dazu Streinz, Europarecht, Rn. 888 f.

[48] W. Däubler/M. Kittner/K. Lörcher (Hrsg.), Internationale Arbeits- und Sozialordnung, 2. Aufl. 1994, S. 177 ff. → Art. 9 Rn. 12.

[49] Etwa Verbesserung der Arbeitsbedingungen (Art. 117, 119, 120), berufliche Ausbildung, Fortbildung und soziale Sicherheit (Art. 51, 121). Literatur bei K. Stern, Art. Sozialstaat, in: EvStL[3], Bd. 2, Sp. 3269 ff. (3270).

[50] Art. B 1. Spiegelstrich (2 n. F.) EUV.

[51] H. Kuhn, Die soziale Dimension der Europäischen Gemeinschaft, 1995; skeptisch gegenüber umfassender Harmonisierung v. Münch, Staatsrecht I, Rn. 964 ff. m.w.N.; ähnlich M. Hilf/B. Willms, JuS 1992, 368 ff. und E. Eichenhofer, VSSR 1997, 71 ff.

Art. 20 (Sozialstaat) C. Erläuterungen

koordinierenden Europäischen Sozialrecht ab[52]: Art. 51 EWGV hält den Rat an, die sozialrechtlichen Nachteile, die sich aus der Inanspruchnahme der in Art. 48 gewährleisteten Freizügigkeit der Arbeitnehmer ergeben, durch ein zu schaffendes europäisches System koordinierenden Sozialrechts auszugleichen. Die hierzu ergangene VO (EWG) 1408/71 bestimmt nach einheitlichen Maßstäben den internationalen Geltungsbereich der nationalen Sozialrechte und sichert die internationalen Wirkungen nationalen Sozialrechts. Dies stellt einen bedeutsamen Beitrag zur Integration dar[53].

13 **Verfassungsvergleichend** ist festzustellen, daß Art und Grad der Sozialstaatlichkeit eines Landes unabhängig sind vom verfassungstextlichen Befund[54]. So enthalten »Wohlfahrtsstaaten« wie Norwegen, Österreich oder die Schweiz keine geschriebene Sozialstaatsklausel[55]. Andererseits bieten umfangreiche Kataloge sozialer Grundrechte – wie in der Verfassung Portugals[56] – als solche noch keine Gewähr für die optimale Gestaltung der sozialen Verhältnisse. In beidem zeigt sich, daß Sozialstaatlichkeit vorrangig eine Aufgabe der Politik ist[57].

14 Anders als das Grundgesetz enthalten die **Verfassungen der Länder** mehr oder weniger weitgehende, von der Lehre so bezeichnete »soziale Grundrechte« etwa auf Arbeit, Ausbildung, Wohnung, Erholung, Urlaub oder Genuß der Naturschönheiten. Solche Verheißungen finden sich nicht erst in den Verfassungen der neuen Länder[58], sondern schon in denjenigen der alten[59]. Trotz der jeweiligen Bezeichnung als »Recht auf ...« handelt es sich nicht um einen subjektiven Anspruch, sondern um ein objektives Staatsziel (→ Rn. 57).

C. Erläuterungen

I. Grundfragen der Sozialstaatsdogmatik

1. Begriff des Sozialstaates

15 Aufgrund seiner ideen- und institutionengeschichtlichen Herkunft ist der **Begriff des Sozialstaates** weitaus weniger unbestimmt als das Alltagswort »sozial«. Er bezeichnet zunächst historisch präzise die Frage, auf die der Sozialstaat antwortete: die erstmals um 1840 »soziale Frage« genannte Arbeiterfrage des beginnenden Fabrik- oder Industriezeitalters[60]. Von diesem Ursprung her und in den größeren geschichtlichen Zusammenhängen revolutionärer und reformerischer Freiheitsbewegungen in Amerika,

---

[52] Dazu E. *Eichenhofer*, Internationales Sozialrecht, 1994, Rn. 1, 124ff.; ders., JZ 1992, 269ff.
[53] So E. *Eichenhofer*, Jura 1994, 11 (17); Texte bei B. *Schulte*, Soziale Sicherheit in der EG, 3. Aufl. 1997; systematische Interpretation bei *Eichenhofer*, Sozialrecht (Fn. 41), S. 45ff.
[54] H. F. *Zacher*, Was können wir über das Sozialstaatsprinzip wissen?, in: FS Ipsen, 1977, S. 224ff. (226).
[55] *Zacher* (Fn. 2), § 25 Rn. 17.
[56] Art. 53–79 Verf. Portugal.
[57] Zur »Umgestaltung der Systeme sozialer Sicherheit in den Staaten Mittel- und Osteuropas« den gleichnamigen Tagungsband von B. v. *Maydell* und E.-M. *Hohnerlein*, 1993.
[58] J. *Dietlein*, Die Grundrechte in den Verfassungen der neuen Bundesländer, 1993, S. 121ff.
[59] K. *Lange*, Soziale Grundrechte in der deutschen Verfassungsentwicklung und in den derzeitigen Länderverfassungen, in: E.-W. Böckenförde/J. Jekewitz/T. Ramm (Hrsg.), Soziale Grundrechte, 1981, S. 49ff. → Vorb. Rn. 42.
[60] Einzelheiten bei A. *Geck*, Über das Eindringen des Wortes sozial in die deutsche Sprache, 1963.

Frankreich und Preußen läßt sich der Sozialstaat nur als **freiheitlicher Sozialstaat** begreifen (→ Rn. 2 ff.).

Weitere Präzisierung erfährt der Sozialstaatsbegriff aus seiner Entstehungsgeschichte: Die Entscheidung des Parlamentarischen Rates für den »sozialen« Bundes- bzw. Rechtsstaat bedeutete keine Festlegung auf ein spezielles Sozialprogramm, sondern die Formulierung des gemeinsamen Nenners der Sozialbewegungen des 19. und 20. Jahrhunderts[61]: die staatliche Verantwortung für den **Schutz der sozial Schwachen**[62]. Das Bundesverfassungsgericht konnte die »Fürsorge für Hilfsbedürftige« von daher ohne weiteres zu den »selbstverständlichen Verpflichtungen eines Sozialstaates« zählen[63]. Daß die Adressaten solcher Schutz- oder Fürsorgepflichten nicht ein für alle Mal bestimmbar sind, ist gerade Ausdruck der Sozialstaatsdimension dieser Pflichten. Definiert ist nur der Adressatenkreis der sozial Schwachen bzw. Hilfsbedürftigen, weil die Zugehörigkeit zu diesem Kreis sich erst aus der jeweiligen gesamtgesellschaftlichen Situation ergibt. Um 1840 waren es die Fabrikarbeiter, um 1950 – wie es in der ersten Sozialstaatsentscheidung des Bundesverfassungsgerichts heißt[64] – insbesondere die durch die Folgen des Hitlerregimes in Not Geratenen, die Vertriebenen, Verfolgten und Kriegsgeschädigten, heute sind es Millionen von Arbeitslosen im allgemeinen und unter ihnen die Obdachlosen im besonderen, außerdem andere Hilfsbedürftige, etwa solche aus den **Randgruppen der Konsumgesellschaft** wie Alkoholkranke und Drogensüchtige[65]. Da jede Gesellschaft ihre Ränder und jede Zeit ihre Randgruppen hat, muß der Begriff des Sozialstaates offen bleiben für deren Inschutznahme.

Die beiden Begriffsbestandteile des freiheitlichen Sozialstaates haben zwar grundsätzlich gleiches Gewicht, aufgrund der Tradition des westlichen Verfassungsstaates und wegen Art. 2 I GG überwiegt im Zweifel aber die traditionell rechtsstaatlich verstandene Freiheitlichkeit. Über die genaue Gewichtung im Einzelfall ist nach dem Kriterium der praktischen Konkordanz zu entscheiden[66]. Prinzipiell ausgeschlossen sind nur das Extrem des Nachtwächterstaates auf der einen und das Extrem des Wohlfahrts- oder Versorgungsstaates auf der anderen Seite. Der **Begriff des Wohlfahrtsstaates** ist deshalb in der freiheitlichen Ordnung des Grundgesetzes **kein Verfassungsbegriff**. Er eignet sich allenfalls als verfassungspolitischer Begriff, um gewisse Entwicklungen zu extremer Wohlfahrtsaktivität des Staates und extremer Versorgungsmentalität seiner Bürger kritisch zur Sprache zu bringen. Denn dem auf der prinzipiellen Freiheitsvermutung der grundgesetzlichen Ordnung beruhenden rechtsstaatlichen Vorrang des Selbstverständnisses der Grundrechtsträger entspricht im sozialstaatlichen Bereich der **Vorrang der Selbsthilfe**[67].

Unter wirtschaftlichem Aspekt führt dies zu der von Zacher treffend so genannten »ökonomischen Mitte des Sozialen«[68]: Der Sozialstaat des Grundgesetzes hat ökonomische Freiheit zur Voraussetzung, muß sich in den primär ökonomisch bedingten

---
[61] → Rn. 9 und *Zacher* (Fn. 2), § 25 Rn. 22. So im übrigen schon G. *Dürig*, JZ 1953, 193 (196).
[62] BVerfGE 26, 16 (37).
[63] BVerfGE 43, 13 (19); 35, 202 (236); 40, 121 (133).
[64] BVerfGE 1, 97 (104 f.).
[65] BVerfGE 44, 353 (375).
[66] *Hesse*, Verfassungsrecht, Rn. 72.
[67] BVerfGE 17, 38 (56). *Zacher* spricht vom »Primat der Selbstverantwortung«: *Zacher* (Fn. 2), § 25 Rn. 28. Begründungsversuch aus dem kategorischen Imperativ bei C. *Starck*, ZRP 1981, 97 ff.
[68] *Zacher* (Fn. 2), § 25 Rn. 68.

Strukturkrisen einer freiheitlichen Ordnung bewähren und dient in dieser Ordnung selbst der Freiheit, nämlich der wirklichen Freiheit im Sinne Lorenz von Steins bzw. der **realen Freiheit** der Steinschen Tradition[69].

19 Als wirkliche, in der gesellschaftlichen Wirklichkeit tatsächlich vorhandene und von den Mitgliedern der Gesellschaft praktizierbare Freiheit ist reale Freiheit mit den herkömmlichen Begriffen rechtsstaatlicher und demokratischer Freiheit nicht zu erfassen. Denn **sozialstaatliche Freiheit** beruht nicht auf Rechten von Grundrechtsträgern – sei es auf Abwehrrechten des *bourgeois* oder auf Mitwirkungsrechten des *citoyen* –, sondern auf Pflichten des Staates: auf Pflichten zur Herstellung realer Freiheit, die der »soziale« Staat des Grundgesetzes allein deshalb zu erfüllen hat, weil er die entsprechenden Freiheitsgrundrechte in seiner Verfassung garantiert.

20 Der freiheitliche Sozialstaat des Grundgesetzes ist demnach in definitorisch präziser Weise zur Herstellung sozialstaatlicher Freiheit verpflichtet: Er hat die **allgemeinen Voraussetzungen zum Gebrauch der Freiheitsgrundrechte** zu gewährleisten[70]. Lediglich **allgemein** zu gewährleisten sind diese Voraussetzungen, weil sie schon historisch auf die strukturellen – heute vor allem infrastrukturellen und gesamtwirtschaftlichen – Bedingungen bezogen sind, unter denen die freie Entfaltung der Persönlichkeit im allgemeinen und im Arbeits- und Berufsbereich im besonderen möglich ist. Solch allgemeiner staatlicher Verpflichtung korrespondiert weder historisch noch systematisch ein Anspruch von Grundrechtsträgern. Dementsprechend sind die **Voraussetzungen** des Freiheitsgebrauchs auch nicht dessen konkrete Inhalte, so daß beispielsweise sozialstaatliche Freiheit i.S.d. Art. 13 I GG nicht auf Zuweisung einer individuellen Wohnung zielt, sondern auf die Schaffung bezahlbaren Wohnraums für alle Bevölkerungsschichten. Die Freiheitsrechte des Grundgesetzes erhalten auf diese prinzipielle, am Sozialstaatsprinzip orientierte Weise einen objektiven sozialstaatlichen Gehalt. Im Hinblick auf die inzwischen gefestigte Dogmatik subjektivrechtlicher und objektivrechtlicher Grundrechtsdimensionen (→ Vorb. Rn. 43 ff.) kann man dies als die **objektive Sozialstaatsdimension der Freiheitsgrundrechte** bezeichnen.

2. Unterscheidung von Staat und Gesellschaft

21 Da das Grundgesetz eine freiheitliche Ordnung und in ihr einen freiheitlichen Sozialstaat verfaßt, ist die Konzeption einer »staatsfreien« Sphäre des Sozialen und damit die Frage der Unterscheidbarkeit von Staat und Gesellschaft eine **Grundfrage der Sozialstaatsdogmatik**. Trotz der intensiven Diskussion in den fünfziger bis siebziger Jahren[71] hat sich das Thema weder im allgemeinen noch im besonderen für den Sozial-

---

[69] In dieser Tradition argumentieren auch *K.-J. Bieback*, EuGRZ 1985, 657 ff. und *Y. Huh*, Der Staat 18 (1979), 183 ff. *H. Maier*, Sozialer Rechtsstaat – ein Widerspruch?, in: FS Sternberger, 1977, S. 219 ff. (231), spricht treffend von einem Freiheitsdenken »jenseits von Liberalismus und Sozialismus«. Monographisch entfaltet wird ein solches sozialstaatsadäquates Freiheitsdenken bei *Haverkate*, Leistungsstaat (Fn. 11), S. 63 ff.

[70] In diesem Sinne bereits *T. Ramm*, JZ 1972, 137 (145); mit ähnlicher Formulierung wie hier *E. Benda*, Der soziale Rechtsstaat, in: HdbVerfR, § 17 Rn. 158; vergleichbar auch *H. Dreier*, Jura 1994, 505 (508); *H. Buchheim*, Sozialstaat und Freiheit, in: *ders.*, Beiträge zur Ontologie der Politik, 1993, S. 171 ff.; *F. Schnapp*, in: v. Münch/Kunig, GG I, Art. 20 Rn. 18; *Jarass*/Pieroth, GG, Art. 20 Rn. 79.

[71] Die wichtigsten Beiträge zu dieser Debatte sind abgedruckt in E.-W. Böckenförde (Hrsg.), Staat und Gesellschaft, 1976. Zusammenfassend und weiterführend *H. H. Rupp*, Die Unterscheidung von Staat und Gesellschaft, in: HStR I, § 28.

staat erledigt. Insbesondere sind Unklarheiten im Bereich der Grundbegriffe bestehen geblieben, die vorschnellen Urteilen wie demjenigen Vorschub leisten, man müsse sich von der vermeintlich hegelischen »Trennung« von Staat und Gesellschaft distanzieren[72].

Klarheit ist hier nur durch eine **Bestimmung des Begriffs der Gesellschaft** zu gewinnen. Denn obwohl schon Hermann Heller zu Recht festgestellt hat, daß der Staat »so wenig wie irgendeine andere Organisation« aus »Menschen« bestehe[73], ist eine entsprechende Fehlvorstellung in bezug auf die Gesellschaft noch immer weit verbreitet. »Die Gesellschaft« ist keine aus Menschen zusammengesetzte und durch Menschen handlungsfähige Einheit, sondern ein **Interaktionszusammenhang**, der »aus der Gesamtheit der Lebensverhältnisse und Lebensäußerungen der Beteiligten resultiert«[74]. Gesellschaft ist also nicht intendiert, sondern entsteht »als unwillkürlicher Effekt sämtlicher einzelner Dispositionen und partikularer Interaktionen aller Beteiligten«[75]. Metaphorisch wird deshalb auch von einem »Netz« von Beziehungen gesprochen[76]. 22

Der Interaktionszusammenhang Gesellschaft wird zum Interaktionszusammenhang Staat durch Konstituierung einer politischen Einheit der jeweiligen Gesellschaft, d.h. durch Einigung der Gesellschaftsmitglieder auf ein bestimmtes Konzept des gesamtgesellschaftlichen Zusammenlebens zur Herstellung und Erhaltung des innergesellschaftlichen Friedens[77]. Auch der politische Verband des Staates – einst die griechische *Polis* und die römische *res publica*, heute der Verfassungsstaat – besteht deshalb nicht aus Menschen, sondern ist ein **Modus der Interaktion**, und zwar der bewußten, ja ausdrücklichen Interaktion zum Zwecke des organisierten gesamtsozialen Zusammenlebens. Diese politikwissenschaftliche Perspektive ist nötig, um die in Frage stehenden Phänomene überhaupt miteinander vergleichen zu können und nicht als einerseits soziologisch und andererseits juristisch strukturierte Seins- und Sollensordnungen unvergleichbar nebeneinander stehen lassen zu müssen. Sie ermöglicht eine theoriegeleitete, aber durchaus praxisbezogene Differenzierung: Staat und Gesellschaft sind zu unterscheidende **Modi derselben Interaktion**. Mit einem sowohl in der Politikwissenschaft als auch in der Staatsrechtslehre verwendeten physikalischen Vergleich kann man sagen: sie sind **unterschiedliche Aggregatzustände** dieser Interaktion[78]. Im Interaktionszusammenhang Staat verdichtet sich der Interaktionszusammenhang Gesellschaft, indem eine positive Rechtsordnung ausgebildet wird sowie Verfahren, Institutionen und Organe eingerichtet werden. 23

Für die Dogmatik des freiheitlichen Sozialstaates des Grundgesetzes bedeutet dies 24

---

[72] Tatsächlich hat Hegel den »Noth- und Verstandesstaat« der bürgerlichen Gesellschaft nur deshalb vom »sittlichen Staat« unterschieden, um mit letzterem die »Verwirklichung der Freiheit« im »an und für sich« gedachten Staate – und nicht etwa im preußischen Staat – auf einen einheitlichen philosophischen Begriff bringen zu können. Unter dessen Geltung sind Staat und Gesellschaft aber keineswegs »getrennt«, sondern dialektisch aufeinander bezogen: *G. W. F. Hegel*, Grundlinien der Philosophie des Rechts, 1821, § 258.
[73] *H. Heller*, Staatslehre (1934), 6. Aufl. 1983, S. 271.
[74] *H. Buchheim*, Theorie der Politik, 1981, S. 89. Ähnlich *H. Ryffel*, Der Staat 9 (1970), 1 (10).
[75] *Buchheim*, Theorie (Fn. 74), S. 89.
[76] Präzisierung der Metapher bei *D. Suhr*, Der Staat 9 (1970), 67 (79).
[77] *H. Buchheim*, Der Staat 27 (1988) 1ff.; auch *R. Gröschner*, JZ 1996, 637 (643f.).
[78] *Buchheim*, Theorie (Fn. 74), S. 97f.; *H. Dreier*, Hierarchische Verwaltung im demokratischen Staat, 1991, S. 30 Fn. 44.

zweierlei: Erstens darf dessen Freiheitlichkeit nicht primär aus der Perspektive des Staates thematisiert werden, weil sonst genau jener gesamtgesellschaftliche Interaktionszusammenhang aus dem Blick geriete, auf den der »soziale« Staat ausweislich des entsprechenden Adjektivs verwiesen ist. Auch der sozialste Staat hätte deshalb keine Befugnis, die **Eigengesetzlichkeit der Gesellschaft** zu ignorieren und das Soziale zu monopolisieren[79]. Zweitens dürfen Staat und Gesellschaft nicht in der Weise »getrennt« betrachtet werden, daß zwei von einander unabhängige Bereiche oder gar Verbände angenommen werden. Sowohl als rechtsstaatlich gesicherte wie als sozialstaatlich gewährleistete Freiheit wird gesellschaftliche Freiheit erst durch den Staat möglich; andererseits bleibt der Staat als freiheitlicher Staat auf Impulse aus der Gesellschaft angewiesen[80]. Terminologisch kann dieser wechselseitigen Angewiesenheit im praktischen Befund bei gleichzeitiger Differenzierung in der theoretischen Betrachtung dadurch Rechnung getragen werden, daß **nicht die Trennung**, sondern die **Unterscheidung** von Staat und Gesellschaft postuliert wird[81].

3. Menschenbild des freiheitlichen Sozialstaates

25 »Das Menschenbild des Grundgesetzes ist nicht das eines isolierten souveränen Individuums; das Grundgesetz hat vielmehr die Spannung Individuum-Gemeinschaft im Sinne der Gemeinschaftsbezogenheit und Gemeinschaftsgebundenheit der Person entschieden«[82]. Diese in ständiger Rechtsprechung verwendete **Menschenbildformel des Bundesverfassungsgerichts** bedarf wegen ihrer Unbestimmtheit und Ideologieanfälligkeit der Rückbindung an Art. 1 I GG und an die Freiheitsgrundrechte[83]. Wie immer man die würdespezifische Disposition des Menschen, geistige Entwürfe zur Orientierung in der Lebenswirklichkeit bilden und ein selbstbestimmtes Leben führen zu können, dogmatisch auch fassen mag: als menschliche Kompetenz entfalten kann sie sich erst in zwischenmenschlicher Interaktion[84]. Auch Art. 1 I 1 GG darf deshalb nicht vom isolierten und souveränen Individuum her interpretiert werden.

26 Vor diesem Hintergrund muß die Sozialstaatsrechtsprechung des Bundesverfassungsgerichts, der Staat habe »die Mindestvoraussetzungen für ein menschenwürdiges Dasein« seiner Bürger zu schaffen[85], eine dezidiert nicht-individualistische und nicht-materialistische Deutung erfahren: Ein **menschenwürdiges Dasein** hängt weniger von der finanziellen Leistungsfähigkeit des einzelnen als von seiner sozialen Integrationsfähigkeit ab. Die Zuwendung von Geldleistungen, durch deren Verausgabung jemand in weitere gesellschaftliche Isolation gerät – etwa durch fortgesetzten Alkoholmißbrauch –, kann deshalb nicht Sinn des Sozialstaatsprinzips sein. Im übrigen darf nicht vergessen werden, daß die »Würde des Menschen« ein Vermögen ist, das durch jede Materialisierung seines ursprünglichen Inhalts beraubt wird. Deshalb wäre es im Sinne der Würdedogmatik besser und mit Rücksicht auf den Alltagssprachgebrauch ehrli-

---

[79] Zu diesem Ausschluß eines staatlichen Sozialmonopols sehr klar *Zacher* (Fn. 2), § 25 Rn. 26.
[80] Statt vieler: *Maier*, Sozialer Rechtsstaat (Fn. 69), 218 ff. (229). Grundlegend: *E.-W. Böckenförde*, Der Staat als sittlicher Staat, 1978, S. 36 f.
[81] Die insoweit bestehenden »Wechselwirkungen« werden bei der Koalitionsfreiheit i.S.d. Art. 9 III GG besonders deutlich: *Benda* (Fn. 70), § 17 Rn. 143; → Art. 9 Rn. 95 f.
[82] BVerfGE 4, 7 (15 f.); dazu *P. Häberle*, Das Menschenbild im Verfassungsstaat, 1988.
[83] → Art. 1 I Rn. 99.
[84] Diskussion bei *R. Gröschner*, Menschenwürde und Sepulkralkultur, 1995, S. 41 ff.
[85] BVerfGE 82, 60 (85).

cher, die materielle Grundsicherung als **Gewährleistung des Existenzminimums** zu bezeichnen[86]. Die entsprechende gesetzgeberische Gewährleistungspflicht – die nicht nur durch den Sozialhilfe-, sondern auch durch den Steuergesetzgeber zu erfüllen ist – folgt aus dem hier vertretenen Sozialstaatsbegriff (»Gewährleistung der allgemeinen Voraussetzungen zum Gebrauch der Freiheitsgrundrechte«) in Verbindung mit Art. 2 II 1 GG, Leben in seiner schlicht physischen Existenz zu ermöglichen.

Sozialstaatstheoretisch ergiebiger als der Rekurs auf die Menschenwürde ist die **Verbindung der Menschenbildformel mit den Freiheitsgrundrechten**. Im Rahmen des Art. 2 I GG läßt sich die »Gemeinschaftsbezogenheit der Person« als jenes Phänomen der Gegenseitigkeit rekonstruieren, das Suhr in der Nachfolge Hegels mit »Entfaltung der Menschen durch die Menschen« betitelt hat[87]. Bedingung für die freie Entfaltung der Persönlichkeit ist nicht zunächst die Befreiung von anderen, sondern die Beachtung – hegelisch: die Achtung – durch andere[88]. Freiheitsdogmatisch unmittelbar relevant ist dies im institutionellen Rahmen des Art. 6 I GG, weil die dem Rechtsinstitut der Familie zugrundeliegende Freiheitsvorstellung die Vorstellung einer durch wechselseitige Anerkennung ermöglichten Persönlichkeitsentwicklung in einem familiären Freiheitsverhältnis ist (→ Art. 6 Rn. 25). Dieses Freiheitsverhältnis unter sozialstaatlichem Aspekt zu betrachten, heißt: eine **Familienpolitik** zu fördern, die sich um eine Verbesserung der entsprechenden Sozialisationsbedingungen bemüht, beispielsweise durch ein gemeinsames Sorgerecht nichtehelicher Eltern[89]. 27

Der interaktionistische Freiheitsbegriff[90], dem zufolge die Anerkennung durch andere Bedingung der eigenen freien Entfaltung ist, läßt sich nicht nur auf die familiären Innenverhältnisse des Art. 6 I GG beziehen, sondern auch auf die gesellschaftlichen Außenverhältnisse des Art. 2 I GG. Maßgebliches gesellschaftliches Kriterium der Anerkennung ist dabei – heute mehr denn je gleichgesetzt mit ökonomischer Leistung – die Arbeit des einzelnen. Wegen des Doppelaspekts der Arbeit, materielle Erwerbsquelle i.S.d. Art. 12 I GG und zugleich persönliche Entfaltungsbedingung i.S.d. Art. 2 I GG zu sein, darf die Herstellung sozialstaatlicher Freiheit im Bereich des Arbeitslebens nicht auf **Arbeitsmarktpolitik** beschränkt bleiben – d.h. auf Strukturmaßnahmen zur Verbesserung der Funktionsfähigkeit des Arbeitsmarktes –, vielmehr muß sie immer auch auf **Förderung gesellschaftlich anerkannter Arbeitsmöglichkeiten** ausgerichtet sein. Daß Arbeitslosigkeit, zumal Massenarbeitslosigkeit, insofern die gegenwärtig größte Herausforderung des Sozialstaates darstellt, ist daher evident. 28

Politikbereiche des Sozialstaates, in denen es um Herstellung sozialstaatlicher Freiheit geht, sind demnach im Hinblick auf Art. 14 I, 13 I, 12 I, 7 I, 6 I, 5 III und 2 II GG Eigentums- und Wohnungspolitik, Ausbildungs-, Bildungs- und Berufspolitik, Arbeitsförderungs- und Arbeitsmarktpolitik, Ehe- und Familienpolitik, Gesundheitspo- 29

---

[86] Zur Problematik V. *Neumann*, NVwZ 1995, 426 ff. Aus der Rechtsprechung: BVerfGE 1, 97 (104 f.); 40, 121 (133); BVerwGE 1, 159 und BVerfGE 82, 60 (85) – Steuerfreiheit des Existenzminimums. Zum ganzen *Zacher* (Fn. 2), § 25 Rn. 25, 27 ff.; zur Verbindung von Steuer- und Sozialrecht M. *Lehner*, Einkommensteuerrecht und Sozialhilferecht, 1993. → Art. 1 I Rn. 94.
[87] D. *Suhr*, Entfaltung der Menschen durch die Menschen, 1976. Zum Ansatz in der »zwischenmenschlichen Wirklichkeit« des Sozialstaates *ders*., Der Staat 9 (1970), 67 (76).
[88] Dazu A. *Honneth*, Kampf um Anerkennung, 1992.
[89] Zur sozialstaatlichen Problematik der Familienpolitik ausführlich H. *Lampert*, Priorität für die Familie, 1996.
[90] Dazu *Gröschner*, Überwachungsrechtsverhältnis (Fn. 8), S. 80 ff.

litik sowie auf der Grundlage des Art. 2 I GG die Politik der traditionellen Daseinsvorsorge und die moderne Infrastrukturpolitik.

II. Funktionen des Sozialstaatsprinzips

30 Ungeachtet der Variationen, in denen das Bundesverfassungsgericht von sozialstaatlicher Ordnung[91], vom Bekenntnis zum Sozialstaat[92], vom Sozialstaatsgebot[93], vom Sozialstaatsgrundsatz[94], vom Grundsatz der Sozialstaatlichkeit[95] oder vom Sozialstaatsprinzip[96] spricht, handelt es sich um ein Prinzip im Sinne eines verfassungsrechtlichen Optimierungsgebotes[97] mit **unmittelbarer Geltung** i.S.d. Art. 20 III GG und nicht nur um einen unverbindlichen Appell mit programmatischem Charakter[98]. Im Kollisionsfalle ist es mit entgegenstehenden Verfassungsprinzipien abzuwägen und in praktische Konkordanz zu bringen[99].

31 Im Unterschied zu den anderen Verfassungsprinzipien der Art. 20 I–III und 20a GG liegt das Spezifikum des Sozialstaatsprinzips nach der ersten Sozialstaatsentscheidung des Bundesverfassungsgerichts in der hervorgehobenen **Adressatenstellung des Gesetzgebers:** »das Wesentliche zur Verwirklichung des Sozialstaates … kann nur der Gesetzgeber tun«[100]. Damit übereinstimmend heißt es in der ersten *numerus-clausus*-Entscheidung, was der Einzelne vernünftigerweise von der Gesellschaft beanspruchen könne, habe in erster Linie der Gesetzgeber in eigener Verantwortung zu beurteilen[101]. Das Sozialstaatsprinzip enthält demnach einen **Gestaltungsauftrag an den Gesetzgeber**, der ihm aber auch einen weiten **Gestaltungsspielraum** zumißt und beläßt[102]. Es schafft jedoch keine Gesetzgebungskompetenzen, sondern setzt diese als durch die Zuständigkeitsordnung des Grundgesetzes gegeben voraus[103]. Nicht geeignet ist das Sozialstaatsprinzip, »Grundrechte ohne nähere Konkretisierung durch den Gesetzgeber, also unmittelbar, zu beschränken«[104]. Angesichts der Weite und Unbestimmtheit des Sozialstaatsprinzips ist ihm nach bundesverfassungsgerichtlicher Rechtsprechung regelmäßig kein Gebot zu entnehmen, soziale Leistungen in einem bestimmten Umfang zu gewähren[105].

32 Wie bei den anderen Verfassungsprinzipien auch, ist es Aufgabe von Rechtsprechung und Rechtslehre, den Inhalt des Sozialstaatsprinzips durch die Entwicklung von

---

[91] BVerfGE 10, 354 (371); 18, 257 (267).
[92] BVerfGE 1, 97 (105).
[93] BVerfGE 43, 213 (226); 45, 376 (387); 52, 264 (272).
[94] BVerfGE 82, 60 (80).
[95] BVerfGE 17, 1 (11).
[96] BVerfGE 8, 274 (329); 14, 263 (286); 58, 68 (78); 59, 231 (263).
[97] Zum Begriff des Optimierungsgebotes *R. Alexy*, Theorie der Grundrechte, 1986, S. 75f.
[98] Zu dieser einhelligen Auffassung etwa *Stern*, Staatsrecht I, S. 914f.; *Herzog* (Fn. 2), Art. 20 Rn. 6.
[99] *Hesse*, Verfassungsrecht, Rn. 72.
[100] BVerfGE 1, 97 (105); vgl. auch 50, 57 (108); 53, 164 (184); 65, 182 (193); 69, 272 (314); 70; 278 (288).
[101] BVerfGE 33, 303 (333); siehe auch etwa 71, 66 (80).
[102] BVerfGE 59, 231 (263); 82, 60 (81).
[103] *Zacher* (Fn. 2), §25 Rn. 108.
[104] BVerfGE 59, 231 (263); *Stern*, Staatsrecht I, S. 924. Betonung der grundrechtlichen Gesetzesvorbehalte als »Ansatzpunkt zur Konkretisierung des Sozialstaatsprinzips« bei *K.-J. Bieback*, EuGRZ 1985, 657 (660).
[105] BVerfGE 82, 60 (80).

einzelnen **Teil-, Unter- oder Leitprinzipien** zu präzisieren. Aus der Rechtsprechung des Bundesverfassungsgerichts seien genannt: das Leitprinzip sozialer Gerechtigkeit[106], das Gebot sozialer Steuerpolitik[107], die Pflicht zur Minderung erlittenen Verlustes und zur Verteilung von Lasten[108], die Fürsorge für Hilfsbedürftige[109], der Schutz der sozialen Existenz gegen die Wechselfälle des Lebens[110], institutionalisiert in der Sozialversicherung und konkretisiert in den Teilprinzipien der sozialen Sicherung[111] und des sozialen Ausgleichs[112]; ferner das Recht der Daseinsvorsorge[113], der Gesundheitsfürsorge, insbesondere durch eine gesetzliche Krankenversicherung[114], das Recht der Arbeitslosenversicherung[115], der Unfallversicherung[116], der Rentenversicherung[117] und schließlich bereichsspezifische Teilprinzipien wie Resozialisierung von Straftätern[118], Sozialgerichtsbarkeit[119], Prozeßkostenhilfe[120], Kindergeld[121] und Steuerfreiheit des Existenzminimums[122].

33 Außer dem Gestaltungsauftrag an den Gesetzgeber enthält das Sozialstaatsprinzip eine **Interpretationshilfe für Verwaltung und Rechtsprechung** sowohl bei der Auslegung des Grundgesetzes als auch bei der Anwendung einfachen Rechts[123]. Eine Umdeutung liberaler Abwehrrechte in soziale Forderungsrechte erlaubt es aber nicht[124]. Moralisch und/oder politisch berechtigten Anliegen kann nur durch strikte Anwendung sozialstaatlicher Verpflichtungen zur Durchsetzung verholfen werden.

34 Aufgrund der Erwähnung des »sozialen Bundesstaates« in Art. 20 I GG hat das Sozialstaatsprinzip Anteil an der **Ewigkeitsgarantie** des Art. 79 III GG. Dagegen kommt der Erwähnung des »sozialen Rechtsstaates« in Art. 28 I GG unmittelbare verfassungsrechtliche Bindungswirkung nur hinsichtlich der **sozialstaatlichen Homogenität der Länderverfassungen** zu. Wegen seiner Ausrichtung auf sozialstaatliche oder reale Freiheit ist das Sozialstaatsprinzip **Bestandteil der freiheitlichen demokratischen Grundordnung** i.S.d. Art. 18 und 21 II GG[125]. Der spezifisch sozialstaatliche Freiheits- und Menschenwürdebezug ist auch der Grund dafür, daß die Geltung des Sozial-

---

[106] BVerfGE 5, 85 (198); 22, 180 (204); 35, 202 (235f.); 59, 231 (263); in 55, 100 (112) nimmt das Gericht den »Blickpunkt sozialer Gerechtigkeit« ein.
[107] BVerfGE 13, 331 (347).
[108] BVerfGE 17, 38 (56); 27, 253 (283) und Leitsatz 2a (253).
[109] BVerfGE 43, 13 (19); 35, 202 (236); 40, 121 (133), vgl. auch 45, 376 (387).
[110] BVerfGE 28, 324 (348).
[111] BVerfGE 28, 324 (348).
[112] BVerfGE 28, 324 (348).
[113] BVerfGE 9, 124 (133).
[114] BVerfGE 68, 193 (209); 70, 1 (26); siehe auch 82, 209 (230) und 11, 30 (48).
[115] BVerfGE 51, 115 (125); 72, 9 (20f.).
[116] BVerfGE 45, 376 (387).
[117] BVerfGE 28, 324 (348ff.); auch 43, 213 (226f.) und 62, 323 (332).
[118] BVerfGE 35, 202 (235f.); vgl. auch 45, 187 (258).
[119] BVerfGE 9, 124 (133).
[120] BVerfGE 78, 104 (117ff.); auch 9, 256 (258) und 22, 83 (86ff.); 35, 348 (355) nennt das Armenrecht »Sozialhilfe im Bereich der Rechtspflege«.
[121] BVerfGE 43, 108 (124f.); 82, 60 (78ff.).
[122] BVerfGE 82, 60 (85); 87, 153 (168ff.).
[123] Siehe *Stern*, Staatsrecht I, S. 916f. sowie BVerfGE 1, 97 (105): Sozialstaatsprinzip als »Auslegungshilfe«.
[124] Dazu *Stern*, Staatsrecht I, S. 935; *Herzog* (Fn. 2), Art. 20 Rn. 49 und 51; anders *Kittner* (Fn. 29), Art. 20 Rn. 56.
[125] → Art. 18 Rn. 23 → Art. 21 Rn. 140.

staatsprinzips auf **natürliche Personen** beschränkt ist[126]. Begünstigt sind **Deutsche** und **Ausländer**, die in der Bundesrepublik leben[127]. Deshalb ist eine Differenzierung zwischen Inlands- und Auslandsaufenthalt im Rahmen des Sozialstaatsprinzips zulässig[128].

35 In der Funktion eines Gestaltungsprinzips der Gesellschaft hat das Sozialstaatsprinzip die Aufgabe, gesamtgesellschaftliche Entwicklungen und Prozesse in einem ständigen Prozeß des Ausgleichs sozialer Ungleichheiten und Ungerechtigkeiten zu beeinflussen. Im Hinblick auf diese Aufgabe und auf den bei ihrer Erfüllung bestehenden Gestaltungsspielraum des Gesetzgebers liegt es nahe, zwischen einem **politischen** und einem **verfassungsrechtlichen Begriff** zu unterscheiden. In einem anschaulichen Bild Herzogs verhalten die beiden Begriffe sich zueinander wie konzentrische Kreise, wobei der innere verfassungsrechtliche Kreis zum äußeren, politischen Kreis einen Abstand habe, der »um ein Vielfaches größer als sein eigener Radius« sei[129]. Inhalt des eher negativ als positiv zu definierenden Verfassungsrechtskreises sei das **Verbot eindeutig unsozialer Politik**[130]. Diese auch bei der Auslegung des Menschenwürdebegriffs und des Gleichheitssatzes praktizierte Methode der Negativdefinition braucht indessen nicht zu einer Interpretation des Sozialstaatsprinzips zu führen, die restriktiver ist als bei anderen Verfassungsprinzipien. Denn die Begründung, die Herzog für diese Konsequenz gibt, gilt für sie alle: daß ihre Wirkung nicht nur »eine Angelegenheit des Verfassungsvollzugs« sei[131]. Auch Rechtsstaat, Bundesstaat, Umweltstaat, Republik und Demokratie sind Begriffe, die rechtlich restriktiver als politisch ausgelegt werden müssen. Ihr rechtlicher Geltungsanspruch als Verfassungsprinzip ist aber ein und derselbe: die Verfassungswirklichkeit optimal zu gestalten. Die **Restriktionen** folgen aus dem Begriff der »optimalen«, von den rechtlichen und tatsächlichen Möglichkeiten abhängenden Gestaltung, nicht aus den Inhalten des jeweiligen Prinzips. Gerade für die hier vertretenen Inhalte des freiheitlichen Sozialstaates muß die Notwendigkeit einer restriktiven Auslegung daher ausdrücklich bestritten werden.

III. Elemente des Sozialstaatsprinzips

36 Die im folgenden zu erläuternden Topoi sozialen Ausgleichs[132] (→ Rn. 37 ff.), sozialer Sicherheit[133] (→ Rn. 41 ff.) und sozialer Gerechtigkeit[134] (→ Rn. 49 ff.) sind als Leitgedanken des Sozialstaatsprinzips keine trennscharf voneinander unterschiedenen Teile, sondern vielfach miteinander verbundene **Elemente des Gesamtprinzips**, die einander ergänzen und das Prinzip in dieser wechselseitigen Ergänzung konkretisieren. Auch stehen sie in keinem systematischen oder historischen Vorrang-Nachrang-Ver-

---

[126] BVerfGE 35, 348 (355f.).
[127] BVerfGE 51, 1 (27).
[128] BVerfGE 51, 1 (27).
[129] *Herzog* (Fn. 2), Art. 20 Rn. 25.
[130] *Herzog* (Fn. 2), Art. 20 Rn. 26 mit Hinweis auf *K. Stern*, Art. Sozialstaat, in: EvStL², Sp. 2402 ff.
[131] *Herzog* (Fn. 2), Art. 20 Rn. 25.
[132] BVerfGE 5, 85 (197f.); 22, 180 (204); 76, 256 (301); 93, 121 (163) – mit dem Sozialstaatsprinzip begründete abweichende Meinung *Böckenförde* zur Begrenzung der Vermögenssteuer auf eine Besteuerung der (Soll-)Erträge. Zum Ausgleich i.S.v. »mehr Gleichheit« und zugleich unter Zurückweisung von Egalisierung *Zacher* (Fn. 2), § 25 Rn. 38.
[133] Siehe m.w.N. *Zacher* (Fn. 2), § 25 Rn. 40ff.; *Stern*, Staatsrecht I, S. 911f.
[134] Zum Topos der Gerechtigkeit → Rn. 49; *Stern*, Staatsrecht I, S. 911ff.

hältnis. Vielmehr bringen sie gerade in ihrem historischen Zusammenhang das Ziel aller sozialen Bewegungen seit der Aufklärung zum Ausdruck, auf eine gesellschaftlich bessere Welt hinzuwirken, in der die Lebensverhältnisse sozial ausgeglichener, sicherer und gerechter geordnet sind. Insofern ist der **Komparativ des sozialen Besser** gewissermaßen die Grammatik des Sozialstaatsprinzips[135]. Komparativische Logik gebietet aber, außer den Vergleichsgruppen der besser und schlechter Gestellten als *tertium comparationis* das Vergleichskriterium anzugeben, auf das hin zwei ansonsten immer inkompatible Größen erst miteinander verglichen werden können[136]. Dieses **Vergleichskriterium des Sozialstaates** ist die **soziale Normalität** oder die soziale Mitte, verstanden als – notwendig typisierter – gesellschaftlicher Standard[137]. Die **Offenheit und Prozeßhaftigkeit** des Sozialstaatsprinzips[138] hat ihre wesentliche Ursache darin, daß dieser Standard selbst einem stetigen Wandel unterliegt – sei es, weil die gesellschaftlichen Verhältnisse sich eigendynamisch verändern, sei es, weil sie durch sozialpolitische Intervention verändert werden[139].

1. Sozialer Ausgleich

Ex negativo bestimmt, führt sozialer Ausgleich zunächst einmal zu keiner egalitär-sozialstaatlichen Konzeption[140]. Daß das Bundesverfassungsgericht eine entsprechende Charakterisierung unserer Verfassungsordnung vorgenommen habe[141], kann man nicht behaupten, weil das Gericht in der angeführten Entscheidung von einer »egalitär-sozialstaatlichen Denkweise«[142] spricht und diese nicht mit der grundgesetzkonformen Denkweise identifiziert. Darüber hinaus führt eine **egalitäre Sozialstaatskonzeption** dazu, das Sozialstaatsprinzip »als Gleichheitssatz für Gruppen, Schichten und Klassen« auszulegen und auf die Probleme von »unterprivilegierten Bevölkerungsteilen und Minderheiten«, etwa von Arbeitnehmern, Frauen und Kindern anzuwenden[143]. So fraglos der Sozialstaat sich der Schlechtergestellten anzunehmen hat, so fragwürdig ist die Festlegung der betreffenden Gruppen, etwa der Frauen, deren soziale Emanzipation so *per definitionem* verhindert würde, nämlich über die definitorische Verewigung ihrer Schlechterstellung. Zudem gerät bei einer solchen Sichtweise allzu leicht aus dem Blick, daß der Staat der Bundesrepublik »der Staat aller« ist[144].

Auch die Rechtsprechung des Bundesverfassungsgerichts zeigt, daß soziale Gleich-

---

[135] Dazu ausführlich *Zacher* (Fn. 2), § 25 Rn. 61 ff.
[136] Dazu etwa *E. Schneider*, Logik für Juristen, 3. Aufl. 1991, S. 23 f., 26 ff.
[137] *Zacher* (Fn. 2), § 25 Rn. 61 ff. Siehe auch *C. Sachße*, Freiheit, Gleichheit, Sicherheit: Grundwerte im Konflikt, in: ders./H. T. Engelhardt (Hrsg.), Sicherheit und Freiheit, 1990, S. 9 ff. (12, 18 f.).
[138] BVerfGE 5, 85 (198); 59, 231 (263).
[139] *Zacher* (Fn. 2), § 25 Rn. 66. Das Problem des Wandels und dessen Folgen für den Sozialstaat wird ausführlich theoretisch durchgearbeitet von *N. Luhmann*, Politische Theorie im Wohlfahrtsstaat, 1981.
[140] So auch z.B. *Zacher* (Fn. 2), § 25 Rn. 38; *Stern*, Staatsrecht I, S. 930. *Herzog* stellt fest, daß der Sozialstaat »nicht eine in jeder Beziehung formale Gleichheit fordert«: *Herzog* (Fn. 2), Art. 20 Rn. 36. Anders hingegen ausdrücklich *Kittner* (Fn. 29) Art. 20 Rn. 33.
[141] So aber *Kittner* (Fn. 29), Art. 20 Rn. 33.
[142] BVerfGE 8, 155 (167).
[143] *Kittner* (Fn. 29), Art. 20 Rn. 34.
[144] So *Stern*, Staatsrecht I, S. 931. Diese Ausrichtung des freiheitlichen Sozialstaates auf das Gemeinwohl hat schon *L. v. Stein*, Begriff und Wesen der Gesellschaft, ed. K. Specht, 1956, S. 30 erkannt, wenn er schreibt, der Staat habe »in der unendlichen Mannigfaltigkeit der Einzelinteressen ... desjenige als seine Aufgabe und sein höchstes sittliches Ziel ..., was allen zugleich förderlich ist«.

heit **nicht Egalisierung** bedeutet, **sondern** – wie die allgemeine Gleichheit – **Differenzierung** erlaubt und erfordert[145]. So wurde zur Verfassungsmäßigkeit der Ergänzungsabgabe zur Einkommensteuer entschieden, daß bei Steuern, die auf die Leistungsfähigkeit der Steuerpflichtigen abstellen, die Berücksichtigung sozialer Gesichtspunkte zulässig und geboten ist[146]. Die stärkere Belastung höherer Einkommen und eine entsprechende Entlastung niedrigerer Einkommen war deshalb nicht zu beanstanden, sondern im Sinne sozialen Ausgleichs von Mehr- und Minderbelastung gerechtfertigt.

39 Die Forderung sozialen Ausgleichs wird häufig mit dem **Begriff der Chancengleichheit** in Verbindung gebracht. Soweit darunter allerdings nicht nur die Beseitigung ungleicher Startchancen aufgrund ungleicher gesellschaftlicher Bedingungen verstanden wird, sondern »auch die Abmilderung bis hin zur Aufhebung entstandener Ungleichheiten, auch wenn diese aus gleichen Startchancen erwachsen sind«[147], liegt darin eine freiheitswidrige Ausdehnung der Chancen- auf die Ergebnisgleichheit. In der freiheitlichen Ordnung des Grundgesetzes, die ausweislich der systematischen Vorrangstellung von Menschenwürde und freier Persönlichkeitsentfaltung auf der selbstverantwortlichen Lebensgestaltung von Grundrechtsträgern beruht, ist **Chancengleichheit ein Aspekt sozialstaatlicher Freiheit**[148]. Der zur Herstellung solcher Freiheit verpflichtete Sozialstaat hat die allgemeinen Voraussetzungen für den Gebrauch der Freiheitsgrundrechte dadurch zu gewährleisten, daß er entgegenstehende tatsächliche Hindernisse beseitigt, etwa Zugangshindernisse zu Bildungseinrichtungen aufgrund finanzieller Barrieren. Wie das BAFöG-Beispiel für den Hochschulbereich demonstriert, ist damit immer nur die formale Gleichheit der Zugangsmöglichkeit sichergestellt, niemals aber die materielle Gleichheit der Bildungs- und Entfaltungsmöglichkeiten. Auf letztere gibt es keine rechtliche Garantie, weil sie sich sowohl im Bereich des Art. 2 I GG als auch im Bereich des Art. 5 III GG staatlichem Zugriff entziehen.

40 Der für sozialen Ausgleich typische Besserstellungskomparativ ist im Laufe der Zeit von seinem gruppenspezifischen Bezug auf die Arbeiterschaft befreit und auf andere, im Vergleich zur sozialen Normalität **schlechtergestellte Gruppen** ausgedehnt worden[149]: Kleinbauern, Großfamilien, Kriegsopfer, Vertriebene, Schwerbehinderte, Kinder und Jugendliche, Senioren, Obdachlose und/oder Arbeitslose usw.[150]. Im arbeits- und mietrechtlichen **Kündigungsschutz** sowie im wettbewerbsrechtlichen und sonstigen **Verbraucherschutz** hat der Ausgleichsgedanke zu rechtlichen Gegengewichten gegen wirtschaftliche Machtpositionen geführt[151]. Prozeßrechtliche Formen hat er im **Arbeits- und Sozialgerichtsverfahren** angenommen: Die Spruchkörper sind dort bis in die letzte Instanz mit ehrenamtlichen Richtern besetzt, die denjenigen gesellschaftlichen Gruppen entstammen, um deren Interessenausgleich es in den betreffenden Ver-

---

[145] Zahlreiche Differenzierungsgründe bei *Zacher* (Fn. 2), § 25 Rn. 34. → Art. 3 Rn. 64 ff.
[146] BVerfGE 32, 333 (339); s. auch 61, 319 (343 f.); 68, 143 (152).
[147] *Kittner* (Fn. 29), Art. 20 Rn. 33.
[148] Zur Problematik *Herzog* (Fn. 2), Art. 20 Rn. 37 ff., insb. Rn. 40 und *Stern*, Staatsrecht I, S. 929 f.; ablehnend gegenüber der hier vertretenen Position *M. Kloepfer*, Gleichheit als Verfassungsfrage, 1980, S. 43 f.
[149] *H. Achinger*, Sozialpolitik als Gesellschaftspolitik, 1955.
[150] *Zacher* (Fn. 2), § 25 Rn. 33.
[151] *Zacher* (Fn. 2), § 25 Rn. 34. Inhaltskontrolle von Verträgen: BVerfGE 81, 242 (255); 89, 214 (232). → Vorb. Rn. 60; → Art. 12 Rn. 148 ff.

fahren geht. In der Rechtsprechung finden sich **weitere Beispiele** für die sozialstaatliche Förderung gesellschaftlicher Gruppen in Fällen der Jugendhilfe[152], der Unterstützung Schwerbeschädigter[153], des öffentlichen Schulwesens[154], des sozialen Wohnungsbaus[155], der öffentlichen Sozialleistungen[156] und – im Sinne einer insgesamt sozial zu gestalteten Abgabenpolitik – der öffentlichen Abgaben (Steuern, Beiträge und Gebühren)[157].

2. Soziale Sicherheit

Bekanntester Ausdruck sozialer Sicherheit ist zwar die Sozialversicherung, historisch steht jedoch der **Arbeitnehmerschutz** an erster Stelle. Der Wandel in der Arbeitswelt der Industriegesellschaft brachte ein hohes Maß an Risiken und damit verbundenen Unsicherheiten für die Arbeiterschaft mit sich, die rasch zu berechtigten Forderungen im Bereich des Arbeitsschutzrechts führten. Die deutsche Sozialpolitik hat daher mit einem Arbeiterschutzgesetz, dem preußischen Regulativ aus dem Jahre 1839 (→ Rn. 2), begonnen. Es folgten Arbeitsschutzbestimmungen der preußischen Allgemeinen Gewerbeordnung von 1845 und der Gewerbeordnung für den Norddeutschen Bund von 1869[158]. **41**

Die systematische Pointe dieser historischen Entwicklung ist die institutionalisierte **Differenz zwischen liberalem und sozialem Sicherheitszweck:** Sicherheit im liberal-rechtsstaatlichen Sinne wird seit jeher durch Gefahrenabwehr seitens der Polizei- und Ordnungsbehörden gewährleistet. Die Gewährleistung von Sicherheit im sozialstaatlichen Sinne des Arbeitnehmerschutzes obliegt dagegen seit Einführung der preußischen Fabrikinspektionen eigens dafür eingesetzen Amtsträgern[159]. Denn hier handelt es sich nicht um externe, aus dem Gewerbebetrieb nach außen dringende und gegenüber der Allgemeinheit bestehende Gefahren, sondern um interne, die Beschäftigten bedrohende und aus der Struktur des Arbeitsprozesses resultierende Risiken[160]. Der Ansatz bei diesen strukturellen, sachlich in der Arbeit und persönlich im Arbeitsverhältnis und damit im klassischen Grundkonflikt zwischen Kapital und Arbeit wurzelnden Risiken ist es, der den betreffenden Schutzzweck als sozialen Sicherheitszweck ausweist. **42**

Die dem Schutz der sozialen Existenz gegen die Wechselfälle des Lebens dienende **Sozialversicherung** ist nach bundesverfassungsgerichtlicher Rechtsprechung »ein be- **43**

---

[152] BVerfGE 22, 180 (204).
[153] BAGE 13, 228 (231 ff.).
[154] BVerwGE 27, 360 (363).
[155] BVerfGE 21, 117 (130). Dazu *G. Wagner*, Sozialstaat gegen Wohnungsnot, 1995.
[156] → Rn. 26 (Existenzminimum). *Zacher* (Fn. 2), § 25 Rn. 27: Sozialhilfe als »zentraler Ausdruck« der »Gewähr eines Existenzminimums durch das Gemeinwesen« m.w.N.
[157] BFHE 105, 266 (270); BVerfGE 13, 331 (346), 29, 402 (412); 32, 333 (339).
[158] GewO v. 17.1. 1845 (GS S. 41); GewO v. 21.6. 1869 (BGBl S. 245).
[159] Aufgrund des seit 1878 unveränderten § 139 b GewO sind die besonderen Landesbeamten in den staatlichen Gewerbeaufsichtsämtern noch heute unmittelbare Nachfolger der preußischen Fabrikinspektoren: *Gröschner*, Überwachungsrechtsverhältnis (Fn. 8), S. 129.
[160] Diese »Risiken« sind daher auch nicht notwendig »Gefahren« im polizeirechtlichen Sinne. Zur sozialtheoretischen Differenzierung der Begriffe Risiko und Gefahr ausführlich *N. Luhmann*, Soziologie des Risikos, 1991, insb. S. 30 f.

sonders prägnanter Ausdruck des Sozialstaatsprinzips«[161]. Gefordert ist danach zunächst einmal eine gesetzliche **Krankenversicherung** als öffentlichrechtliche Pflichtversicherung für den Krankenschutz eines Großteils der Bevölkerung[162], weiter eine gesetzliche **Unfallversicherung** für die mit dem Arbeitsleben in der Industriegesellschaft zwangsläufig verbundenen Risiken[163], eine gesetzliche **Rentenversicherung**, die neben dem Element sozialer Fürsorge auch eine versicherungsrechtliche Komponente enthält[164], sowie eine gesetzliche **Arbeitslosenversicherung**[165] als vierte und eine **Pflegeversicherung**[166] als fünfte Säule neben den drei bereits in der Bismarckschen Sozialversicherung errichteten Säulen[167]. Die Tradition dieses Fünfsäulensystems und seine relative Stabilität dürfen nicht zu der Annahme seiner Verfassungsfestigkeit verleiten. Nach *prima facie* eindeutiger Rechtsprechung des Bundesverfassungsgerichts enthält das Grundgesetz eine Verfassungsgarantie weder hinsichtlich des bestehenden »Systems der Sozialversicherung« noch hinsichtlich seiner »tragenden Ordnungsprinzipien«[168]. Der Anschein der Eindeutigkeit dieses Diktums darf allerdings nicht über die durch das **Prinzip des Vertrauensschutzes** gezogenen Grenzen einer Umgestaltung des Sozialversicherungssystems hinwegtäuschen. Vertrauensschutz besteht nicht nur bezüglich der unter die Eigentumsgarantie fallenden Rentenanwartschaften, (→ Art. 14 Rn. 54), sondern auch in bezug auf ein diesen Anwartschaften entsprechendes Leistungsniveau. Hier zeigt sich ein weiteres Mal, wie Rechts- und Sozialstaat einander ergänzen[169]: Der rechtsstaatliche Vertrauensschutz wird sozialstaatlich verstärkt, wenn es um den Schutz des Vertrauens bedürftiger, insbesondere kranker und alter Menschen geht. Sozialleistungskürzungen gegenüber dieser Gruppe sind jedenfalls dann verfassungswidrig, wenn die Betroffenen aufgrund der Kürzung entgegen ihren schutzwürdigen Erwartungen nicht mehr zu einem Leben aus eigener Kraft in der Lage sind[170].

44 In der Frage einer **Pflichtversicherung** hat das Bundesverfassungsgericht dem Gesetzgeber weitgehende Gestaltungsfreiheit bei der Abwägung zwischen dem sozialstaatlichen Vorsorgegebot und der persönlichen Entfaltungsfreiheit zugebilligt[171]. In eine Zwangsversicherung einzubeziehen sei, wer aus wirtschaftlicher Schwäche zu selbständiger Lebensvorsorge nicht fähig ist. Anläßlich der Versicherungsfreiheit von

---

[161] BVerfGE 28, 324 (348). Zum Bild der »klassischen« Sozialversicherung BVerfGE 88, 203 (313) unter Bezugnahme auf BVerfGE 75, 108 (146f.); zur zunehmenden Komplizierung des Rechts der sozialen Sicherung BVerfGE 83, 1 (20).
[162] BVerfGE 68, 193 (209).
[163] BVerfGE 45, 376 (387).
[164] BVerfGE 28, 324 (348ff.). Zum »Generationenvertrag« BVerfGE 82, 60 (80f.), 86 369 (371). Eine sozialpolitische Analyse des Rentenreformgesetzes 1992 bei *F. Nullmeier/F. Rüb*, Die Transformation der Sozialpolitik, 1993, S. 225ff.
[165] BVerfGE 51, 121ff.
[166] Literatur zur Pflegeversicherung im Kommentar von *P. Udsching*, SGB XI, 1995, S. XIXff.
[167] → Rn. 6. Zum Recht der sozialen Vorsorge im einzelnen *Eichenhofer*, Sozialrecht (Fn. 41), S. 136ff.
[168] BVerfGE 39, 302 (314); ebenso E 77, 340 (344).
[169] Siehe auch *Zacher* (Fn. 2), § 25 Rn. 42; *Benda* (Fn. 70), § 17 Rn. 91; monographische Behandlung der verfassungsrechtlichen Stabilität sozialer Rechtslagen bei *R.-U. Schlenker*, Soziales Rückschrittsverbot und Grundgesetz, 1986.
[170] BVerfGE 40, 65 (76); auch BVerfGE 24, 220 (230) und die abweichende Meinung *v. Schlabrendorff* zu BVerfGE 37, 363 (420f.).
[171] BVerfGE 48, 227 (234).

Arbeitnehmerehegatten wurde festgestellt, daß der Verzicht auf eine Zwangsversicherung jedenfalls dann zulässig sei, wenn durch das Sozialstaatsprinzip eine andere Lösung nicht unbedingt geboten ist[172]. **Einzelfragen** zu diesem Themenkreis behandeln die Entscheidungen zur unterschiedlichen Versicherung von Handwerkern und abhängig Beschäftigten[173], zur Verdienstgrenze in der Angestelltenrentenversicherung[174], zur Versicherung mitarbeitender Familienangehöriger[175], zur Pflichtversicherung in freien Berufen[176], im Handwerk und in der Landwirtschaft[177] sowie zur Beitragsnachentrichtung in der Angestelltenversicherung[178].

Zur **Arbeitslosenversicherung** stellt das Bundesverfassungsgericht zutreffend fest, sie sei für einen sozialen Staat unentbehrlich[179]. Wichtige Entscheidungen in diesem Bereich betreffen die Arbeitsvermittlung[180], die Anrechnung von Abfindungen auf das Arbeitslosengeld[181] und die Höhe des Arbeitslosengeldes[182].

45

Im **Bereich des Gesundheitswesens** sind Entscheidungen ergangen zur Zulässigkeit des Apothekenmonopols[183], zur Notwendigkeit ärztlicher Versorgung in dünnbesiedelten Gebieten[184], zur Verfassungsmäßigkeit eingeschränkter Zulassung als Kassenarzt[185], zur sozialstaatlichen Pflicht der Fürsorge für Suchtkranke und Suchtgefährdete[186], zur Schaffung von Pflegeeinrichtungen für körperlich und geistig Behinderte[187] und zu deren Wiedereingliederung in die Gesellschaft[188], zur Lohnfortzahlung im Krankheitsfalle[189], zur Krankenhausversorgung durch kirchliche Einrichtungen[190], zur sozialstaatlich gebotenen Kostendämpfung im Gesundheitswesen[191] sowie zur unterschiedlichen Höhe der Beitragssätze bei den Kassen der gesetzlichen Krankenversicherung[192]. Der nicht medizinisch indizierte **Schwangerschaftsabruch** ist keine Maßnahme der Gesundheitsvorsorge, weshalb für einen »beratenen Abbruch« Sozialversicherungsleistungen von Verfassungs wegen ausgeschlossen sind[193].

46

---

[172] BVerfGE 18, 257 (267).
[173] BVerfGE 52, 264 (274).
[174] BVerfGE 29, 221 (235).
[175] BVerfGE 18, 257 (267); 18, 366 (373).
[176] BVerfGE 10, 354 (368f.).
[177] BVerfGE 10, 354 (368f.).
[178] BVerfGE 36, 237 (245).
[179] BVerfGE 21, 245 (254).
[180] BVerfGE 21, 245 (251). Zur europarechtlichen Unhaltbarkeit des betreffenden Monopols der Bundesanstalt für Arbeit EuGHE 1991-I, 1979 – *Macrotron*.
[181] BVerfGE 42, 176 (186).
[182] BVerfGE 51, 115 (125).
[183] BVerfGE 9, 73 (82).
[184] BVerfGE 11, 30 (48).
[185] BVerfGE 16, 286 (304).
[186] BVerfGE 44, 353 (375).
[187] BVerfGE 40, 121 (133).
[188] BVerfGE 40, 121 (133).
[189] BVerfGE 40, 121 (133).
[190] BVerfGE 53, 366 (407).
[191] BVerfGE 68, 193 (218); 83, 1 (17).
[192] BVerfGE 89, 365 (375ff.).
[193] BVerfGE 88, 203 (314ff.) mit abweichender Meinung *Böckenförde* zu den »beratenen Abbrüchen« S. 359ff.

47 Für die **Beamtenversorgung** bedeuten die hergebrachten Grundsätze des Berufsbeamtentums i.S.d. Art. 33 V GG eine Konkretisierung des Sozialstaatsprinzips[194]. Im Rahmen der **Hinterbliebenenversorgung** konkretisiert die Witwenrente das Schutzgebot des Art. 6 I GG im Sinne des Sozialstaates[195].

48 Im Bereich der **Jugendhilfe** hat das Bundesverfassungsgericht entschieden, daß sich der Gesetzgeber zur Erreichung sozialstaatlicher Ziele auch der Mithilfe privater Wohlfahrtsorganisationen bedienen darf[196]. Aufgrund des Ausschlusses eines staatlichen Sozialmonopols gilt dies für karitative Organisationen auf allen Gebieten sozialstaatlicher Verantwortung.

3. Soziale Gerechtigkeit

49 Der Begriff der sozialen Gerechtigkeit ist **kein Tugendbegriff**; im Rückblick auf seine Geschichte und im Hinblick auf das Grundgesetz ist er ein **Ordnungsbegriff**. Was die historische Entwicklung betrifft, ist er zunächst Kampfruf im Gefolge der industriellen Revolution und der durch sie entstandenen »sozialen Frage« gewesen (→ Rn. 2 f.). Als solcher war er aber nur möglich durch ein verändertes, ja revolutioniertes Verständnis von gesellschaftlicher Ordnung und deren politischer Gestaltungsmöglichkeit. Während vorrevolutionär Gerechtigkeit noch als Tugend in einer als mehr oder weniger gottgewollt bzw. natürlich hingenommenen Ordnung gedacht wurde, stellte sich mit der Entstehung der neuen Arbeitsweise und der Erfahrung der Arbeiterfrage zu Beginn des 19. Jahrhunderts zum ersten Male das Problem der Bewältigung eines in seinem sittlichen Status nicht mehr selbstverständlichen sozialen Problems[197]. Die soziale Problematik war dadurch politisch und die Gerechtigkeit als soziale Gerechtigkeit zum politischen Ordnungsbegriff geworden[198].

50 In der Tradition der Hardenbergschen, Bismarckschen und Weimarer Sozialgesetzgebung (→ Rn. 2, 6 f.) hat der freiheitliche Sozialstaat des Grundgesetzes die vom revolutionären Kampfruf zum evolutionären Programm gewordene Aufgabe übernommen, auf eine gerechte Sozialordnung hinzuwirken. Daß es sich auch dabei nicht um ein Tugend-, sondern um ein Ordnungsprogramm handelt, ist wichtig für die **Unterscheidung sozialstaatlichen und karitativen Handelns**. Der Sozialstaat ist verpflichtet, einen Ordnungsrahmen zu schaffen, innerhalb dessen sich auch karitative Organisationen betätigen können[199]. Das sog. **Subsidiaritätsprinzip** hat dabei die Funktion ei-

---

[194] BVerfGE 17, 337 (355); 14, 30 (33); 21, 329 (345 f.); 44, 249 (257, 273 f.); 52, 303 (341). → Art. 33 Rn. 80
[195] BVerfGE 28, 324 (348); 62, 323 (332).
[196] BVerfGE 22, 180 (204).
[197] Das Entstehen der sozialen Frage war Folge der rechtlichen Freisetzung der Individuen, insbes. im Zuge der Einführung der Gewerbefreiheit (in Preußen 1810). Mit der aufkommenden sozialen Problematik wird auch überhaupt erst die Gesellschaft als eigenständige, soziale Realität entdeckt. Entsprechend schrieb *L. v. Stein*: »Man hat das Daseyn einer selbständigen Gesellschaft zunächst aus den Störungen erkannt, welche in derselben vorkommen« (zit. nach *L. v. Stein*, Begriff und Wesen der Gesellschaft, 1956, S. 23 f.).
[198] Zur diesbezüglichen aktuellen Diskussion *J. Rawls*, Eine Theorie der Gerechtigkeit, 1975 und *O. Höffe*, Politische Gerechtigkeit, 1987.
[199] BVerfGE 22, 180 (204): kein staatliches »Monopol auf soziale Betätigung«; dazu auch *Zacher* (Fn. 2), § 25 Rn. 36.

ner Leitidee des freiheitlichen Verfassungsstaates; integraler Bestandteil des Sozialstaatsprinzips ist es nicht[200].

Das Bundesverfassungsgericht hat die frühe Forderung des Fortschritts zu sozialer Gerechtigkeit[201] in einer späteren Formulierung dahin präzisiert, »daß der Staat die Pflicht hat, für einen Ausgleich der sozialen Gegensätze und damit für eine gerechte Sozialordnung zu sorgen«[202]. Diese Verbindung von sozialem Ausgleich und sozialer Gerechtigkeit kann methodologisch und sozialstaatstheoretisch als geglückt bezeichnet werden: methodologisch, weil in ihr die **Wechselbezüglichkeit der Elemente des Sozialstaatsprinzips** zum Ausdruck kommt; sozialstaatstheoretisch, weil der Bezug der Gerechtigkeit auf den Ausgleich und damit auf ein komparativisches soziales Besser eine **Absage an absolute Gerechtigkeitsideen** bedeutet. »Gerechtigkeit« verweist den Sozialstaat nicht auf eine seinsunabhängige normative Zielvorgabe oder auf einen rechtlich verbindlichen Pflichtenkanon, sondern auf eine im politisch-kommunikativen Prozeß und in der jeweiligen gesellschaftlichen Situation zu erfüllende Ordnungsaufgabe[203]. Ohne Verfahren und Institutionen lassen sich die in diesem politischen Kommunikationsprozeß vertretenen Ansprüche, Bedürfnisse und Interessen nicht in jene am sozialen Ganzen oder am Gemeinwohl orientierte Gleichgewichtslage bringen[204], deren Herstellung den **sozialen Frieden** gewährleistet.

51

Soweit soziale Gerechtigkeit auf die Herstellung gesamtgesellschaftlich erwünschter Zustände zielt – um so die allgemeinen Voraussetzungen des Freiheitsgebrauchs zu schaffen –, kann man in Anlehnung an die nationalökonomische Terminologie vom **makrojuristischen Aspekt**, soweit sie reale Freiheit durch Besserung individueller Lebensumstände herstellen will, vom **mikrojuristischen Aspekt** des Sozialstaates sprechen[205]. Das Grundgesetz enthält dazu keine zentralen, aber doch einige in ihrer sozialstaatlichen Relevanz hinreichend deutliche Bestimmungen: Die gesamtwirtschaftlichen Aufgaben des Sozialstaates sind in der Möglichkeit der Sozialisierung (Art. 15, Art. 74 Nr. 15 GG) angesprochen, in den Gesetzgebungskompetenzen der Kontrolle des Mißbrauchs wirtschaftlicher Macht (Art. 74 Nr. 16 GG) und der Wirtschaftsförderung (Art. 74 Nr. 17 GG) sowie in der Verpflichtung der Haushaltspolitik auf die Ziele des gesamtwirtschaftlichen Gleichgewichts (Art. 104 a IV 1, Art. 109 II, Art. 115 I 2 GG) und des Wirtschaftswachstums (Art. 104 a IV 1 GG). Der Zuständigkeitskatalog enthält außerdem Hinweise auf soziale Hilfs- und Förderungsaufgaben (Art. 74 Nr. 7, Nr. 12, Nr. 13 GG) sowie auf soziale Strukturaufgaben (Art. 72 II, Art. 74 Nr. 18, Nr. 19 a, Art. 75 Nr. 4, Art. 91 a I Nr. 1, Art. 91 b, Art. 104 a IV, Art. 107 II GG).

52

---

[200] Knapp *A. Hollerbach*, Art. Subsidiarität (II), in: StL⁷, Bd. 5, Sp. 389; ausführlicher *Herzog* (Fn. 2), Art. 20 Rn. 63; vertiefend *J. Isensee*, Subsidiaritätsprinzip und Verfassungsrecht, 1968.
[201] BVerfGE 5, 85 (198).
[202] BVerfGE 22, 180 (204).
[203] »Die Festlegung der Staatsaufgaben und der Prioritäten bei ihrer Wahrnehmung ist Gegenstand der Politik«: *Stern*, Staatsrecht I, S. 920. Das gilt zunächst auch für die Realisierung des Sozialstaates (→ Rn. 30).
[204] Ähnlich *Zacher* (Fn. 2), § 25 Rn. 94; *Benda* (Fn. 70), § 17 Rn. 101 ff.
[205] So für die Wirtschaftsüberwachung *Gröschner*, Überwachungsrechtsverhältnis (Fn. 8), S. 66; ähnlich für den Sozialstaat *Zacher* (Fn. 2), § 25 Rn. 70.

a) Soziale Marktwirtschaft

53 Die **soziale Marktwirtschaft**[206] ist als solche zwar kein Prinzip des Grundgesetzes[207], durch das Zusammenspiel wirtschaftlich relevanter Freiheitsgrundrechte mit dem Sozialstaatsprinzip aber doch in etwa dem Rahmen garantiert, der als gemeinsamer Nenner entsprechender nationalökonomischer Lehren gebildet werden könnte. Volkswirtschaftlich wie verfassungsrechtlich entscheidend ist dabei die Verbindung ökonomischer Freiheit mit einer rechtlichen Rahmenordnung, die makrojuristisch das Funktionieren der Märkte durch globalsteuernde Maßnahmen der **Wirtschaftspolitik**, durch infrastrukturelle Leistungen und wettbewerbsrechtliche Regelungen sicherstellt sowie mikrojuristisch den Schutz der wirtschaftlich Schwächeren gewährleistet. Im makrojuristischen Sinne sozial war die Marktwirtschaft schon bei ihrem theoretischen Begründer Adam Smith. Einem verbreiteten Vorurteil zum Trotz, im »Wohlstand der Nationen« würden liberalistische Lehren einer privaten Nutzenmaximierung und eines staatlichen *laissez faire* vertreten, wird dort eine Theorie der Beziehung, nicht des Egoismus entwickelt und der Staat als Garant der Gewerbe- und Handelsfreiheit und der dafür erforderlichen Infrastrukturleistungen (»gute Straßen, Brücken, schiffbare Kanäle und Häfen«), ausdrücklich thematisiert[208]. Angesichts der bekannten Orientierung der preußischen Reformpolitik am »Wealth of nations« wird man davon ausgehen dürfen, hier eine weitere geistesgeschichtliche Wurzel der **Verbindung liberaler und sozialer Ideen** vor sich zu haben[209].

b) Daseinsvorsorge (soziale Existenzbedingungen)

54 Ungeachtet seiner nicht unproblematischen Herkunft ist der **Begriff der Daseinsvorsorge** fester Bestandteil der Sozialstaatsdogmatik geworden[210]. Auch das Bundesverfassungsgericht betont, daß »das materielle Recht der Daseinsvorsorge« zu den »Fundamenten unserer sozialen Ordnung« gehöre und vor allem die **Energieversorgung** eine Leistung sei, deren der Bürger zur Sicherung einer menschenwürdigen Existenz unumgänglich bedürfe[211]. Die darin liegende Materialisierung der Menschenwürde wäre leicht zu vermeiden, wenn von **sozialen Existenzbedingungen** gesprochen würde, d.h. von Bedingungen, die das Leben des Durchschnittsbürgers in der gegenwärtigen Gesellschaft insofern bestimmen, als sie die infrastrukturellen Voraussetzungen einer zeitgemäßen, dem Stand der Zivilisation entsprechenden Persönlichkeitsentfaltung sicherstellen. Damit bliebe zugleich der begriffliche Bezug des Sozialstaates auf die Freiheitsgrundrechte (hier Art. 2 I GG) gewahrt. Mit dem Abstellen auf den sozia-

---

[206] Zum Begriff *R. Blum*, Marktwirtschaft, soziale, in: HdWW, Bd. 5, S. 153 ff.; *O. Schlecht*, Die Genesis des Konzepts der sozialen Marktwirtschaft, in: K. Hohmann et al. (Hrsg.), Das Soziale in der Sozialen Marktwirtschaft, 1988, S. 131 ff.; *H. Lampert*, Die Wirtschafts- und Sozialordnung der Bundesrepublik Deutschland, 11. Auflage 1992; ferner *Zacher* (Fn. 2), § 25 Rn. 51 ff. m.w.N.
[207] *Jarass*/Pieroth, GG, Art. 20 Rn. 79 m.w.N.
[208] *A. Smith*, Der Wohlstand der Nationen, übersetzt v. H.-C. Recktenwald, 1974, S. 612; zur Bildungsaufgabe des Staates S. 645 ff., 668 ff.
[209] Dazu *R. Gröschner*, Art. Wirtschaftsverwaltungsrechtsentwicklung in der Bundesrepublik Deutschland, in: LdR, Gr. 7/1140.
[210] Dazu schon *P. Badura*, DÖV 1966, 624 ff. Zur Problematik des von *E. Forsthoff*, Die Verwaltung als Leistungsträger, 1938, eingeführten Begriffs *D. Scheidemann*, Der Begriff Daseinsvorsorge, 1991. *Depenheuer* (Fn. 41), S. 204 Rn. 98 spricht treffend von »Infrastrukturvorsorge«.
[211] BVerfGE 66, 248 (258).

len Durchschnitt sowie den zivilisatorischen Standard und dessen **Infrastruktur** würde außerdem zum Ausdruck gebracht, daß Daseinsvorsorge keine statische, sondern eine dynamische und keine mikro-, sondern eine makrojuristische Aufgabe des Sozialstaates ist[212].

c) Soziale Hilfen und soziale Entschädigung

»Die Fürsorge für Hilfsbedürftige gehört zu den selbstverständlichen Verpflichtungen eines Sozialstaates«[213]. Im Sozialstaat des Grundgesetzes ist diese »Fürsorge« von der absolutistischen polizeilichen Armenfürsorge, bei der es um die Beseitigung der durch Armut verursachten Störung der öffentlichen Ordnung ging[214], zur freiheitsermöglichenden **sozialen Hilfe** geworden[215]. Gewährt wird diese mikrojuristische Sozialleistung vor allem in den Formen der **Arbeitslosenhilfe**[216] und der **Sozialhilfe**[217]. Die gegenwärtigen gesetzlichen Systeme sind durch das Grundgesetz aber nicht garantiert[218]. Sie stehen – wie sozialrechtliche Leistungen überhaupt – unter dem Vorbehalt dessen, was der Einzelne von der Solidargemeinschaft der Steuerzahler vernünftigerweise erwarten kann bzw. dessen, was diese Solidargemeinschaft bei solider Finanzpolitik sozial zu leisten imstande ist[219]. Im Hinblick auf die Haushaltslage der Sozialkassen sind Gesetzgeber und Verwaltung aus sozialstaatlichen wie aus rechtsstaatlichen Gründen gehalten, Mißbräuchen des Sozialleistungssystems wirksamer als bisher entgegenzutreten. Für die Verwaltung des dennoch zu erwartenden Mangels stehen **drei Verteilungsprinzipien** zur Verfügung: die Verteilung nach Bedarf, nach Leistung oder nach Besitzstand. Zwischen den entsprechenden Bedarfs-, Leistungs- und Besitzstandsgerechtigkeiten ist dabei ein sozialpolitisch akzeptabler Ausgleich vorzunehmen[220].

55

Das Sozialstaatsprinzip verlangt, »daß die staatliche Gemeinschaft Lasten mitträgt, die aus einem von der Gesamtheit zu tragenden Schicksal entstanden sind und nur zufällig einen bestimmten Personenkreis treffen«[221]. Klassischer Vorläufer dieses Instituts der **sozialen Entschädigung** ist der Aufopferungsanspruch aus §§ 74, 75 der Einleitung zum Preußischen Allgemeinen Landrecht von 1794. Das Grundgesetz enthält soziale Entschädigungstatbestände außer in Art. 14 III GG in Art. 74 Nr. 6, Nr. 9, Nr. 10, Art. 119, 120 und 120 a GG.

56

---

[212] In diesem Sinne wohl auch *Zacher* (Fn. 2), § 25 Rn. 58. Zum Sozialstaat als »Prozeß« *ders.*, Sozialstaatsprinzip (Fn. 54), S. 239 ff. und S. 257 ff. (»anthropologische Unmöglichkeit eines statischen Sozialstaates«). Zur Zukunftsorientierung des Sozialstaates auch *Benda* (Fn. 70), § 17 Rn. 112 ff.
[213] BVerfGE 40, 121 (133).
[214] BVerwGE 1, 159 (160 f.).
[215] Die zugrundeliegende Gegenseitigkeitskonzeption wurde zuerst thematisiert von *C. F. Menger*, Der Begriff des sozialen Rechtsstaates im Bonner Grundgesetz, 1953; dazu jetzt umfassend *G. Haverkate*, Verfassungslehre, 1992, S. 257 ff. Zum Recht sozialer Hilfen (Sozialhilfe sowie Kinder- und Jugendhilfe) und sozialer Förderung (Arbeits-, Ausbildungs-, Familien-, Wohnungs- und Behindertenförderung) im einzelnen *Eichenhofer*, Sozialrecht (Fn. 41), S. 268 ff., 228 ff.
[216] Zu deren Ausgestaltung *Gitter*, Sozialrecht (Fn. 19), S. 320 ff.
[217] Zu ihr *Gitter*, Sozialrecht (Fn. 19), S. 338 ff.; zum Zusammenhang mit der Menschenwürde: BVerwGE 35, 178 (180); Sozialhilfe als Mittel zur Selbsthilfe: BVerwGE 47, 103 (106).
[218] BVerfGE 39, 302 (314); zum Arbeitslosengeld BVerfGE 51, 115 (121 ff.).
[219] Auf der Grundlage von BVerfGE 33, 303 (333 f.) ist auf Prioritäten bei der Verteilung der Mittel abzustellen: *K.-J. Bieback*, EuGRZ 1985, 657 (664).
[220] *Zacher* (Fn. 2), § 25 Rn. 47.
[221] BVerfGE 27, 253 – Leitsatz 2a.

d) Soziale Grundrechte

57 Die vieldiskutierte Frage **sozialer Grundrechte**[222] ist im Rahmen der hier entwickelten Dogmatik des freiheitlichen Sozialstaates ebensowenig ein ernstes Verfassungsproblem wie auf der Grundlage der *numerus-clausus*-Entscheidung des Bundesverfassungsgerichts: Es ist grundsätzlich daran festzuhalten, »daß es auch im modernen Sozialstaat der nicht einklagbaren Entscheidung des Gesetzgebers überlassen bleibt, ob und wie weit er im Rahmen der darreichenden Verwaltung Teilhaberechte gewähren will«[223]. Auch soweit Länderverfassungen von einem »Recht« auf Arbeit und/oder Wohnung sprechen, handelt es sich nicht um die Gewährleistung subjektiver Ansprüche, sondern lediglich um die Formulierung objektiver Staatsaufgaben[224]. Ein freiheitlich verfaßter Staat, der keine Kompetenz zur zentralen Steuerung des Arbeits- und Wohnungsmarktes hat, kann nicht Adressat entsprechender Verschaffungsansprüche sein[225].

D. Verhältnis zu anderen GG-Bestimmungen

58 Im Verhältnis des Sozialstaats- zum **Rechtsstaatsprinzip** hat sich Forsthoffs Unvereinbarkeitsthese[226] ebensowenig durchgesetzt wie im Verhältnis zum **Demokratieprinzip** Abendroths Verflechtungsthese[227]. Die engste systematische Verwandtschaft besteht mit dem **Umweltstaatsprinzip** des Art. 20a GG, und zwar im Hinblick auf Art. 1 I GG: Wie der Sozialstaat die allgemeinen, insbesondere die zivilisatorisch-infrastrukturellen Voraussetzungen der Freiheitsgrundrechte zu gewährleisten hat, in deren spezifischem Gebrauch sich der Entwurf selbstbestimmter Persönlichkeiten äußert, soll der Umweltstaat die dafür erforderlichen natürlichen Lebensgrundlagen schützen und – auch für zukünftige Generationen – bewahren[228]. Im Unterschied zu den vier anderen Verfassungsprinzipien beziehen sich Sozialstaats- und Umweltstaatsprinzip nicht auf die Gestaltung der staatlichen Ordnung selbst, sondern auf die Gewährleistung der

---

[222] Dazu etwa *E.-W. Böckenförde*, Die sozialen Grundrechte im Verfassungsgefüge (1981), in: ders., Staat, Verfassung, Demokratie, 1991, S. 146 ff.; *W. Martens*, Grundrechte im Leistungsstaat, VVDStRL 30 (1972), S. 7 ff.; *P. Häberle*, Grundrechte im Leistungsstaat, VVDStRL 30 (1972), S. 43 ff.; *D. Murswiek*, Grundrechte als Teilhaberechte, soziale Grundrechte, in: HStR V, § 112; *Stern*, Staatsrecht III/1, S. 700 ff.; *P. Badura*, Der Staat 14 (1975), 17 ff.; *J. Isensee*, Der Staat 19 (1980), 367 ff. → Vorb. Rn. 42.
[223] BVerfGE 33, 303 (331).
[224] Sachverständigenkommission »Staatszielbestimmungen/Gesetzgebungsaufträge«, 1983, Rn. 4; eingehend *J. Lücke*, AöR 107 (1982), 15 ff. → Vorb. Rn. 42.
[225] Dezidiert in diesem Sinne *H. Dreier*, Jura 1994, 505 (508) m.w.N. → Vorb. Rn. 42.
[226] »Sozialer Rechtsstaat« sei deshalb »kein Rechtsbegriff«: *E. Forsthoff*, Begriff und Wesen des sozialen Rechtsstaates, in: ders. (Fn. 16), S. 145 ff. (188). Zur Diskussion etwa *D. Suhr*, Der Staat 9 (1970), S. 67 ff.; *C. Degenhart*, Rechtsstaat-Sozialstaat. Anmerkungen zum aktuellen Problemstand, in: FS Scupin, 1983, S. 537 ff.; *H. H. v. Arnim*, Leistungsstaat contra Rechtsstaat, in: Randelzhofer/Süß (Hrsg.), Konsens und Konflikt, 1986, S. 117 ff.; *Zacher* (Fn. 2), § 25 Rn. 95; *Kittner* (Fn. 29), Art. 20 Rn. 21.
[227] Durch diese Verflechtung sei die »Gesellschafts- und Wirtschaftsordnung selbst zur Disposition der demokratischen Willensbildung des Volkes« gestellt, und zwar »in Richtung auf die Demokratisierung der Gesellschaft«: *W. Abendroth*, Zum Begriff des demokratischen und sozialen Rechtsstaates im Grundgesetz der Bundesrepublik Deutschland, in: Forsthoff, Rechtsstaatlichkeit (Fn. 16), S. 114 ff. Zu Recht kritisch *D. Suhr*, Der Staat 9 (1970), 67 (87). Zum Sozialstaat als »sachlogische politische Folge der Demokratie« *E.-W. Böckenförde*, Demokratie als Verfassungsprinzip, in: HStR I, § 22 Rn. 98.
[228] Ein verfassungsrechtlicher Vergleich beider Prinzipien bei *A. Uhle*, JuS 1996, 96 ff.

tatsächlichen (dort gesellschaftlichen, hier natürlichen) Voraussetzungen für den Gebrauch der Freiheitsgrundrechte in dieser Ordnung. Aus dieser Perspektive ist **Art. 14 II GG** weniger eine Konkretisierung des freiheitsbezogenen Sozialstaats- als des gemeinwohlbezogenen Republikprinzips[229].

Art. 6 IV GG gewährt als Ausnahme von der objektivrechtlichen Wirkung des Sozialstaatsprinzips ein gegen den Gesetzgeber gerichtetes soziales Grundrecht der Mütter[230]. **Art. 6 V GG** ist in seinem Gleichstellungsauftrag eine besondere Ausprägung des Sozialstaatsprinzips für nichteheliche Kinder[231], **Art. 7 GG** für den schulischen Bildungsbereich[232] und **Art. 33 V GG** eine Konkretisierung für den Bereich des Beamten- und Beamtenbesoldungsrechts[233]. **Art. 3 I GG** wird im Bereich der sozialen Sicherung durch das Kriterium sozialer Gleichheit modifiziert[234]. Die tatsächliche Durchsetzung der Gleichberechtigung von Frauen und Männern gem. **Art. 3 II 2 GG** ist ebenso sozialstaatlich fundiert wie das Benachteiligungsverbot gegenüber Behinderten nach **Art. 3 III 2 GG.**

59

---

[229] Anders *M. Blank/H. Fangmann/U. Hammer*, Grundgesetz, 2. Aufl. 1996, Art. 14 Rn. 31.
[230] → Art. 6 Rn. 109.
[231] → Art. 6 Rn. 113 ff.
[232] → Art. 7 Rn. 10.
[233] → Rn. 47.
[234] Abweichende Meinung *Rupp-v. Brünneck* zu BVerfGE 36, 237 (247 ff.).

Artikel 20 [Verfassungsprinzipien; Widerstandsrecht]

(1) Die Bundesrepublik Deutschland ist ein demokratischer und sozialer **Bundesstaat**.

(2) ¹Alle Staatsgewalt geht vom Volke aus. ²Sie wird vom Volke in Wahlen und Abstimmungen und durch besondere Organe der Gesetzgebung, der vollziehenden Gewalt und der Rechtsprechung ausgeübt.

(3) Die Gesetzgebung ist an die verfassungsmäßige Ordnung, die vollziehende Gewalt und die Rechtsprechung sind an Gesetz und Recht gebunden.

(4) Gegen jeden, der es unternimmt, diese Ordnung zu beseitigen, haben die Deutschen das Recht zum Widerstand, wenn andere Abhilfe nicht möglich ist.

Literaturauswahl

Bauer, Hartmut: Die Bundestreue, 1992.
Bayer, Hermann-Wilfried: Die Bundestreue, 1961.
Bethge, Herbert: Art. Bundesstaat, in: StL[7], Bd. 1, Sp. 993–999.
Bleckmann, Albert: Zum Rechtsinstitut der Bundestreue – Zur Theorie der subjektiven Rechte im Bundesstaat, in: JZ 1990, S. 900–907.
Böckenförde, Ernst-Wolfgang: Sozialer Bundesstaat und parlamentarische Demokratie, in: Festschrift für Friedrich Schäfer, 1980, S. 182–199.
Frowein, Jochen Abr.: Die Konstruktion des Bundesstaates, in: Ingo v. Münch (Red.), Probleme des Föderalismus, 1985, S. 47–58.
Häberle, Peter: Aktuelle Probleme des deutschen Föderalismus, in: Die Verwaltung 24 (1991), S. 169–209.
Hesse, Konrad: Der unitarische Bundesstaat, 1962.
Hesse, Konrad: Art. Bundesstaat, in: EvStL[3], Sp. 317–328.
Heun, Werner: The Evolution of Federalism, in: Christian Starck (Hrsg.), Studies in German Constitutionalism, 1995, S. 167–193.
Isensee, Josef: Idee und Gestalt des Föderalismus im Grundgesetz, in: HStR IV, § 98 (S. 517–691).
Kimminich, Otto: Der Bundesstaat, in: HStR I, § 26 (S. 1113–1150).
Kisker, Gunter: Ideologische und theoretische Grundlagen der bundesstaatlichen Ordnung in der Bundesrepublik Deutschland – Zur Rechtfertigung des Föderalismus, in: Ingo v. Münch (Red.), Probleme des Föderalismus, 1985, S. 23–37.
Kisker, Gunter: Kooperation im Bundesstaat, 1971.
Korioth, Stefan: Integration und Bundesstaat, 1990.
Lerche, Peter: Föderalismus als nationales Ordnungsprinzip, VVDStRL 21 (1964), S. 66–104.
Meßerschmidt, Klaus: Der Grundsatz der Bundestreue und die Gemeinden – Untersucht am Beispiel der kommunalen Außenpolitik, in: Die Verwaltung 23 (1990), S. 425–457.
Möllers, Christoph: Der parlamentarische Bundesstaat – Das vergessene Spannungsverhältnis von Parlament, Demokratie und Bundesstaat, in: Josef Aulehner u.a. (Hrsg.), Föderalismus – Auflösung oder Zukunft der Staatlichkeit?, 1997, S. 81–111.
Oeter, Stefan: Integration und Subsidiarität im deutschen Bundesstaatsrecht, 1998, i.E.
Ossenbühl, Fritz: Föderalismus nach 40 Jahren Grundgesetz, in: DVBl. 1989, S. 1230–1237.
Ossenbühl, Fritz (Hrsg.): Föderalismus und Regionalismus in Europa, 1990.
Pietzcker, Jost: Zusammenarbeit der Gliedstaaten im Bundesstaat, Landesbericht Bundesrepublik Deutschland, in: Christian Starck (Hrsg.), Zusammenarbeit der Gliedstaaten im Bundesstaat, 1988, S. 17–76.
Rudolf, Walter: Die Bundesstaatlichkeit in der Rechtsprechung des Bundesverfassungsgerichts, in: Festgabe aus Anlaß des 25jährigen Bestehens des Bundesverfassungsgerichts, Band II, 1976, S. 233–251.
Rudolf, Walter: Kooperation im Bundesstaat, in: HStR IV, § 105 (S. 1091–1132).
Schneider, Hans-Peter: Die bundesstaatliche Ordnung im vereinigten Deutschland, in: NJW 1991, S. 2448–2455.

Stern, Klaus: Die föderative Ordnung im Spannungsfeld der Gegenwart, in: Politikverflechtung zwischen Bund, Ländern und Gemeinden, 1975, S. 15–40.
Vedder, Christoph: Intraföderale Staatsverträge, 1996.
Vogel, Hans-Jochen: Die bundesstaatliche Ordnung des Grundgesetzes, in: HdbVerfR, § 22 (S. 1041–1102).

Leitentscheidungen des Bundesverfassungsgerichts

BVerfGE 1, 14 (18, 34ff.) – Südweststaat; 1, 299 (310ff.) – Wohnungsbauförderung; 6, 309 (340ff.) – Reichskonkordat; 8, 122 (128ff.) – Volksbefragung Hessen; 12, 205 (254ff.) – 1. Rundfunkentscheidung (Deutschland-Fernsehen); 13, 54 (71ff.) – Neugliederung Hessen; 21, 312 (326) – Wasser- und Schiffahrtsverwaltung; 34, 9 (19f.) – Besoldungsvereinheitlichung; 34, 216 (230ff.) – Coburg; 36, 342 (360f.) – Nds. Landesbesoldungsgesetz; 42, 345 (358ff.) – Bad Pyrmont; 61, 149 (204ff.) – Amtshaftung; 72, 330 (382ff.) – Föderatives Gleichbehandlungsgebot; 73, 118 (196f.) – 4. Rundfunkentscheidung (Landesrundfunkgesetz Niedersachsen); 81, 310 (335ff.) – Kalkar II; 86, 148 (213ff., 258ff.) – Länderfinanzausgleich; 92, 203 (230ff.) – EG-Fernsehrichtlinie; BVerfG NJW 1998, 2341 (2342) – Kommunale Verpackungsteuer.

Gliederung   Rn.

A. Herkunft, Entstehung, Entwicklung   1
    I. Ideen- und verfassungsgeschichtliche Aspekte   1
    II. Entstehung und Veränderung der Norm   7
B. Internationale, supranationale und rechtsvergleichende Bezüge 11
C. Erläuterungen 16
    I. Allgemeine Bedeutung 16
    II. Bundesstaatsbegriff, Bundesstaatstheorie und Bundesstaatsrechtslehre . . . 19
    III. Einzelne Elemente der bundesstaatlichen Ordnung des Grundgesetzes . . . 22
        1. Staatlichkeit von Bund und Ländern 23
        2. Gleichheit der Länder im Bundesstaat 25
        3. Bundestreue 26
            a) Bedeutung, Rechtsgrundlagen und allgemeine Anwendungsmodalitäten . . . 26
            b) Konkretisierungen in Fallgruppen 30
D. Verhältnis zu anderen GG-Bestimmungen 33

A. Herkunft, Entstehung, Entwicklung

I. Ideen- und verfassungsgeschichtliche Aspekte

Föderale Strukturen haben eine lange Tradition, die teilweise bis in die Antike zurückverfolgt wird[1]. In einem spezifisch staatsrechtlichen Sinn ist die Ausbildung des bundesstaatlichen Prinzips jedoch jüngeren Datums[2]. Sieht man von der unsicher geblie-   1

---

[1] Vgl. etwa *B. Grzeszick*, Vom Reich zur Bundesstaatsidee, 1996, S. 21f.; zurückhaltender etwa *R. Koselleck*, Art. Bund, Bündnis, Föderalismus, Bundesstaat, in: Geschichtliche Grundbegriffe, Bd. 1, 1972, S. 582ff. und *H. Maier*, AöR 115 (1990), 213 (213ff.), der darauf hinweist, daß *foedus* trotz des lateinischen Wortursprungs erst im Mittelalter eine dem heutigen Begriffsverständnis verwandte Bedeutung angenommen und erst in der Neuzeit Karriere gemacht habe.
[2] Die erste wissenschaftliche Begründung einer Bundesstaatslehre wird oft in der 1661 erschienenen »Dissertatio de statu regionum Germaniae et regimine principum summae imperii rei publicae ae-

Art. 20 (Bundesstaat)   A. Herkunft, Entstehung, Entwicklung

benen Einordnung des **Heiligen Römischen Reiches** nach dem Westfälischen Frieden von 1648 ab[3], dann gingen wichtige Impulse für die Verbreitung des Bundesstaates von der amerikanischen Revolution aus; sie brachten 1787 mit den **Vereinigten Staaten von Amerika** erstmals einen eindeutig verwirklichten Bundesstaat hervor[4] und erreichten alsbald Europa[5]. Im deutschsprachigen Raum trafen sie nach der Reichsauflösung auf anderweitige politisch-historische Traditionslinien der Föderalismusidee[6] und das Ringen um die deutsche Einheit, das auch ein »Ringen um die rechte Form desFöderalismus«[7] war. Die Bestrebungen zur Herstellung der deutschen Einheit erlebten in der Revolution von 1848 einen Höhepunkt und schlugen sich in der letztlich gescheiterten **Paulskirchenverfassung** (1849) in einer föderalen Organisationsform[8] nieder.

2   Unter den damaligen realpolitischen Gegebenheiten war die deutsche Einheit auch später nur in föderaler Form herstellbar. Verwirklicht wurde sie nach den territorialen Flurbereinigungen des 19. Jahrhunderts mit der Gründung des **Deutschen Reiches von 1871**, das – bei Vernachlässigung des Norddeutschen Bundes[9] – als erster Bundesstaat[10] in Deutschland gilt. Eine Art. 20 I GG vergleichbare Fixierung der Bundesstaatlichkeit enthielt die Reichsverfassung (1871) noch nicht[11]. Die herrschende Staatsrechtslehre entnahm sie aber der verfassungsrechtlichen Stellung des Reiches und der

---

mulo, nec non de usu et auctoritate iuris civilis privati, quam in hac parte iuris publici obtinet« von *Ludolf Hugo* gesehen; vgl. etwa *O. Kimminich*, Historische Grundlagen und Entwicklung des Föderalismus in Deutschland, in: v. Münch (Red.), Probleme des Föderalismus, 1985, S. 1 ff. (4); *A. Randelzhofer*, Völkerrechtliche Aspekte des Heiligen Römischen Reiches nach 1648, 1967, S. 78 Fn. 52; *Stern*, Staatsrecht I, S. 655 f.; *M. Stolleis*, Geschichte des Öffentlichen Rechts in Deutschland, Bd. I, 1988, S. 238; relativierend *Grzeszick*, Bundesstaatsidee (Fn. 1), S. 58 f. Zu weiter zurückreichenden Ansätzen bei *J. Althusius* s. etwa die Beiträge *P. Nitschke*, *D. Wyduckel* und *T. Würtenberger*, Rechtstheorie, Beiheft 16 (1997), 241 ff., 259 ff. und 355 ff.

[3] Im nachhinein wird überwiegend eine föderale Struktur in Gestalt eines Staatenbundes angenommen; vgl. etwa *Randelzhofer*, Völkerrechtliche Aspekte (Fn. 2), S. 297 ff. und *O. Kimminich*, Der Bundesstaat, in: HStR I, § 26 Rn. 28; vgl. auch *S. Oeter*, Integration und Subsidiarität im deutschen Bundesstaatsrecht, 1998, i.E., S. 21 f.; demgegenüber findet sich bei *Stern*, Staatsrecht I, S. 654, die Kennzeichnung als »(lockeres) bundesstaatsähnliches Gebilde«.

[4] Im 19. Jahrhundert folgten als Bundesstaatsgründungen 1848 die Schweiz, 1867 der Norddeutsche Bund und Kanada, 1871 das Deutsche Reich, später kamen u.a. Australien (1900) und Österreich (1918/20) hinzu; s. etwa *Stern*, Staatsrecht I, S. 654 f. m.w.N.

[5] *H. Maier*, AöR 115 (1990), 213 (213 f.).

[6] Dazu *Grzeszick*, Bundesstaatsidee (Fn. 1); vgl. auch *J. Isensee*, Idee und Gestalt des Föderalismus im Grundgesetz, in: HStR IV, § 98 Rn. 1.

[7] *Kimminich* (Fn. 3), § 26 Rn. 29 f.

[8] S. insb. die Abschnitte I–V der Verfassung (Text bei *Huber*, Dokumente, Bd. 1, S. 375 ff.); vgl. *W. Frotscher/B. Pieroth*, Verfassungsgeschichte, 1997, S. 168.

[9] Zum Bundesstaatscharakter des Norddeutschen Bundes s. aus der zeitgenössischen Literatur *S. Brie*, Der Bundesstaat, 1874, S. 157 m.w.N. auch auf gegenteilige Ansichten in Fn. 4; aus späterer Sicht etwa *W. Ogris*, JuS 1966, 306 (308).

[10] S. zum Bundesstaatscharakter aus zeitgenössischer Sicht nur *G. Meyer/G. Anschütz*, Lehrbuch des Deutschen Staatsrechtes, 6. Aufl., 1905, S. 201 m.w.N. in Fn. 2; ex post z.B. *Kimminich* (Fn. 3), § 26 Rn. 31.

[11] Ausweislich der Präambel schlossen die beteiligten Monarchen einen »ewigen Bund«, der »den Namen Deutsches Reich führen« wird. Die Verfassung geht auf Vereinbarungen in den sog. Novemberverträgen zurück; Näheres dazu bei *Huber*, Verfassungsgeschichte, Bd. 3, S. 732 ff., 745 ff. Zur Bedeutung der »vertragsmäßigen« bzw. bündischen Elemente der Reichsverfassung für Verfassungspraxis und Staatsrechtslehre s. *S. Korioth*, Integration und Bundesstaat, 1990, S. 20 ff. und *H. Bauer*, Die Bundestreue, 1992, S. 38 ff., 45 ff. m.w.N.

I. Ideen- und verfassungsgeschichtliche Aspekte   **Art. 20 (Bundesstaat)**

Einzelstaaten[12], die u.a. durch die Verteilung der staatlichen Aufgaben und Befugnisse zwischen dem Reich und den Einzelstaaten, den Vorrang der Reichsgesetze vor den Landesgesetzen, die Einrichtung einer Reichsaufsicht und die Mitwirkung der Einzelstaaten bei der Gesetzgebung und Verwaltung des Reiches durch den Bundesrat (→ Art. 50 Rn. 4) gekennzeichnet war. Als ein Spezifikum erwies sich die in der Verfassung mehrfach abgesicherte **Vorrangstellung Preußens**, das in der Staatspraxis eine Führungsrolle übernahm. Weitere Charakteristika der damaligen bundesstaatlichen Ordnung sind eine (äußerlich) betont föderale, die Eigenständigkeit der Einzelstaaten unterstreichende Ausrichtung, die in der Rechtswirklichkeit allerdings zunehmend unitarischen Tendenzen wich[13], sowie eine – auch entstehungsgeschichtlich erklärbare (→ Fn. 11) - **monarchische**[14] bzw. **bündische Imprägnierung**.

Die juristische Domestizierung dieses bundesstaatlichen Gefüges bereitete der **spätkonstitutionellen Staatsrechtslehre** von Anbeginn erkennbar Schwierigkeiten, die teilweise bis heute nachwirken. Schwerpunkte der wissenschaftlichen Auseinandersetzungen waren u.a. der »Bundesstaatsbegriff« (Staatscharakter der Einzelstaaten, Souveränität etc.)[15], das »Wesen des Bundesstaates« und die »juristisch-konstruktive Erfassung« des Deutschen Reichs als Bundesstaat[16]. In den weitläufigen Meinungsverschiedenheiten bezeichneten führende Staatsrechtslehrer das Reich als einen aus nichtsouveränen Einzelstaaten zusammengesetzten Bundesstaat, in dem – teilweise unter besonderer Hervorhebung der Reichsaufsicht[17] – das Reich den Gliedstaaten als selbständige Staatskörperschaft gegenübergestellt und prinzipiell übergeordnet war; ergänzend waren subjektive Rechte der Einzelstaaten gegen das Reich anerkannt[18]. Mit der genaueren Untersuchung »ungeschriebenen Verfassungsrechts im

   3

---

[12] Vgl. etwa *P. Laband*, Das Staatsrecht des Deutschen Reiches, Bd. I, 5. Aufl., 1911, S. 88 ff.; *Meyer/Anschütz*, Staatsrecht (Fn. 10), S. 201 ff.; jeweils m.w.N.

[13] Dazu insb. *H. Triepel*, Unitarismus und Föderalismus im Deutschen Reiche, 1907, der allerdings auch die von Anbeginn auszumachenden unitarischen Elemente betont. Zu den spezifischen, auf Sicherung der preußischen Hegemonie und auch gegen eine weitere Parlamentarisierung gerichteten Intentionen *Bismarcks*, dessen Berufung auf Föderalismusmaximen bisweilen nur Scheinmanöver waren, s. schon *G. Anschütz*, Der deutsche Föderalismus in Vergangenheit, Gegenwart und Zukunft, VVDStRL 1 (1924), S. 11 ff. (14 f.); aus jüngerer Zeit etwa *K. Flemming*, Entwicklung und Zukunft des Föderalismus in Deutschland, 1980, S. 53 ff., 70 ff.; *Korioth*, Integration (Fn. 11), S. 22 f.; *C. Möllers*, Der parlamentarische Bundesstaat – Das vergessene Spannungsverhältnis von Parlament, Demokratie und Bundesstaat, in: J. Aulehner u.a. (Hrsg.), Föderalismus – Auflösung oder Zukunft der Staatlichkeit?, 1997, S. 81 ff. (82 ff.) und *Oeter*, Integration (Fn. 3), S. 29 ff.

[14] Dazu aus der zeitgenössischen Literatur *O. Mayer*, AöR 18 (1903), 337 ff.

[15] So bezeichnete etwa *M. Seydel* in damals vielbeachteten Beiträgen den »Begriff des Bundesstaats« als »rechtlich unhaltbar« bzw. »wissenschaftlich unmöglich« (*M. Seydel*, ZgStW 28 [1872], 185 [198]; *ders.*, Commentar zur Verfassungs-Urkunde für das Deutsche Reich, 1873, S. XIV); zu Fernwirkungen dieser Position bis in die Bundesrepublik Deutschland s. etwa die kritischen Bemerkungen von *R. Herzog*, in: Maunz/Dürig, GG, Art. 20 (IV. Die Verfassungsentscheidung für den Bundesstaat, 1980), Rn. 3.

[16] Vgl. etwa *Laband*, Staatsrecht (Fn. 12), S. 55 ff., 102 ff. und zusammenfassend *Meyer/Anschütz*, Staatsrecht (Fn. 10), S. 43 ff., 201 ff.; retrospektiv *Oeter*, Integration (Fn. 3), S. 44 ff.

[17] Dazu *H. Triepel*, Die Reichsaufsicht, 1917.

[18] *G. Anschütz*, Deutsches Staatsrecht, in: F. v. Holtzendorff, Enzyklopädie der Rechtswissenschaft, Bd. 4, 7. Aufl., 1914, S. 1 ff. (17, 64 ff., 74 ff.) unter Heranziehung der Statuslehre; vgl. auch *G. Jellinek*, System der subjektiven öffentlichen Rechte, 2. Aufl., 1919 (2. Neudruck 1979), S. 295 ff.; die Darstellung von *Anschütz* bezeichnete später *R. Thoma* (Das Reich als Bundesstaat, in: HdbDStR I, S. 169 ff. [171 f. Fn. 6]) als herrschende Lehre. Zur Rezeption dieser Lehre unter dem Grundgesetz s. et-

Art. 20 (Bundesstaat) A. Herkunft, Entstehung, Entwicklung

monarchischen Bundesstaat«[19] wurde gegen Ende des Reichs außerdem nicht nur zukunftsweisend der Rechtsgrundsatz der Bundestreue (→ Rn. 4, 26 ff.) auf den Weg gebracht, sondern auch die bis dahin herrschende Bundesstaatsrechtslehre in Frage gestellt und ein Keim für spätere Richtungskämpfe auf dem Terrain der bundesstaatlichen Ordnung gesät[20].

4 Obschon für die **Weimarer Republik** ursprünglich auch eine einheitsstaatliche Organisation zur Diskussion gestanden hatte, fiel die Entscheidung letztlich zugunsten einer bundesstaatlichen Ordnung[21]. Ähnlich wie ihre Vorgängerin (→ Rn. 2) schrieb auch die WRV nicht in einer Art. 20 I GG vergleichbaren Weise die Bundesstaatlichkeit fest; in fortführender Tradition entnahm sie die herrschende Meinung jedoch den die Stellung von Reich und Ländern regelnden Verfassungsnormen[22]. Von dem Kaiserreich wich die bundesstaatliche Ordnung der Weimarer Republik allerdings in mehrfacher Hinsicht ab: sie schwächte (formal) die Position **Preußens**, war durch die Stärkung des Reichs überwiegend **unitarisch** geprägt, und sie verfaßte einen **demokratischen** und **republikanischen** Bundesstaat; wegen der Möglichkeit, föderale Elemente ohne Rechtsbruch aufheben zu können, erschien sie zudem juristisch **labil**[23].

5 Auf die **Weimarer Staatsrechtslehre** übte die Bundesstaatstheorie zunächst ungebrochene Anziehungskraft aus, wenn auch mit teils neuen Akzentuierungen[24]. So wurde die konventionelle Lehre etwa im Rahmen einer spezifisch geisteswissenschaftliche Bearbeitung des Staatsrechts mit einer inhaltlichen Bundesstaatstheorie konfrontiert[25] und zu einem der Schauplätze der damaligen Richtungskämpfe. Führend[26] blieb jedoch die aus dem Kaiserreich überkommene Konzeption (→ Rn. 3); daneben konnte sich allerdings auch die – in ihren Ursprüngen auf den monarchischen

---

wa *v. Mangoldt/Klein*, GG, Anm. III.2 und 3.c-e sowie speziell zur Statuslehre (mit gewichtigen Modifikationen) *Isensee* (Fn. 6), § 98 Rn. 113 ff.

[19] *R. Smend*, Ungeschriebenes Verfassungsrecht im monarchischen Bundesstaat, in: Festgabe Otto Mayer, 1916, S. 245 ff.

[20] Vgl. etwa *S. Schröcker*, Der Staat 5 (1966), 137 ff., 315 ff.; *Korioth*, Integration (Fn. 11), S. 32 ff.; *Bauer*, Bundestreue (Fn. 11), S. 56 f., 121 ff.

[21] *Kimminich* (Fn. 3), § 26 Rn. 32 f.; *Korioth*, Integration (Fn. 11), S. 180 ff.

[22] Statt vieler *Anschütz*, WRV, Art. 1 Anm. 4 ff. m.w.N. auch zur gegenteiligen Ansicht einer einheitsstaatlichen Deutung des Reiches.

[23] Zu diesen Kennzeichnungen s. *Thoma*, Bundesstaat (Fn. 18), S. 169 f., 182 ff.; speziell zu den »unitarischen Wesenszügen« auch *Anschütz*, Föderalismus (Fn. 13), S. 17 ff. Die Kennzeichnungen verhinderten freilich nicht den Rückgriff auf älteres Gedankengut. So findet sich etwa bei *K. Bilfinger*, Der Einfluß der Einzelstaaten auf die Bildung des Reichswillens, 1923, S. 44 und passim, unter Hinweis auf die »tatsächliche Fortwirkung geschichtlicher Zusammenhänge« der Rekurs auf den »bündischen Gedanken«; s. demgegenüber etwa *C. Schmitt*, Verfassungslehre, 1928, S. 389 (Bundesstaat ohne bündische Grundlage). Zur unzureichenden Auseinandersetzung mit dem Übergang zur parlamentarischen Demokratie vgl. etwa *Möllers*, Bundesstaat (Fn. 13), S. 88 ff.

[24] Komprimierte Zusammenstellung bei *Thoma*, Bundesstaat (Fn. 18), S. 169 ff.; vgl. auch die Berichte auf der Frankfurter Staatsrechtslehrertagung zum Thema »Bundesstaatliche und gliedstaatliche Rechtsordnung in ihrem gegenseitigen Verhältnis im Rechte Deutschlands, Österreichs und der Schweiz« von *F. Fleiner* und *J. Lukas*, VVDStRL 6 (1929), S. 2 ff., 25 ff.; ferner *Bauer*, Bundestreue (Fn. 11), S. 76 ff.

[25] S. insb. die Kritik an einer »formalistischen Bundesstaatsrechtslehre« durch *R. Smend*, Verfassung und Verfassungsrecht, 1928, S. 116 ff., 167 ff.; dazu *Korioth*, Integration (Fn. 11), S. 92 ff. (insb. S. 152 ff.).

[26] *G. Anschütz*, Das System der rechtlichen Beziehungen zwischen Reich und Ländern, in: HdbDStR I, S. 295 ff., erläuterte den Bundesstaat wie bisher als einen Gesamtstaat, der aus einfachen Staaten körperschaftlich zusammengefügt ist, die ihm einerseits unterworfen und andererseits an der

Bundesstaat fokussierte – Bundestreue als Rechtsgrundsatz etablieren[27]. Die **Spruchpraxis des Staatsgerichtshofs** entwickelte naturgemäß keine umfassende Bundesstaatstheorie und enthielt sich aus guten Gründen eines streitentscheidenden Eingriffs in die literarischen Auseinandersetzung; einer Rechsprechungsanalyse ist aber u. a. zu entnehmen, daß das Gericht neben der bundesstaatlichen Struktur der Weimarer Republik und der Staatlichkeit des Reiches auch die Staatsqualität der Länder sowie den ungeschriebenen Rechtsgrundsatz der Bundestreue anerkannte und letzteren für die Entscheidung konkreter bundesstaatlicher Rechtsstreitigkeiten fruchtbar machte[28].

Während des **Nationalsozialismus** kam es rasch zu einer »Entföderalisierung«[29]. 6
Die Länder blieben 1933 zwar erhalten, wurden aber als eigenständige Macht- und mögliche Widerstandszentren ausgeschaltet. Die beiden Gleichschaltungsgesetze[30] begründeten die Regierungsstaatlichkeit auch in den Ländern und sicherten dem Reich maßgeblichen Einfluß auf die Länder bis hin zur Zusammensetzung der Landesregierungen. Kurze Zeit später stellte das vom Reichstag einstimmig beschlossene Gesetz über den Neuaufbau des Reichs fest, daß das deutsche Volk zu einer »unlöslichen, inneren Einheit verschmolzen« sei und verkündete mit »einmütiger Zustimmung des Reichsrats« u. a. die Aufhebung der Volksvertretungen in den Ländern, den Übergang der Hoheitsrechte auf das Reich und die Unterstellung der Landesregierungen unter die Reichsregierung[31]. Mit Wegfall dieser und anderer föderaler Einrichtungen war die überkommene bundesstaatliche Struktur des Reiches vernichtet[32].

II. Entstehung und Veränderung der Norm

Die nach dem Zusammenbruch des Nationalsozialismus wiederbelebten oder neugebildeten Länder strebten wie selbstverständlich die Errichtung eines Bundesstaates an[33]. Dieses Anliegen deckte sich mit föderativen Vorgaben der westlichen Alliierten[34]. In der **Vorgeschichte der Bundesrepublik Deutschland** wurde die Grundent- 7

Bildung seines Willens beteiligt sind (a.a.O., S. 295); für die nähere Aufschlüsselung der wechselseitigen Rechte und Pflichten blieb die Statuslehre (→ Fn. 18) prägend (a.a.O., S. 296 ff.).
27 Vgl. *H.-W. Bayer*, Die Bundestreue, 1961, S. 14 ff.; *Korioth*, Integration (Fn. 11), S. 175 ff.; *Bauer*, Bundestreue (Fn. 11), S. 82 ff.
28 *J. Vetter*, Die Bundesstaatlichkeit in der Rechtsprechung des Staatsgerichtshofs der Weimarer Republik, 1979, S. 59 ff., 161 ff.
29 *R. Grawert*, Die nationalsozialistische Herrschaft, in: HStR I, § 4 Rn. 11 ff.
30 Vorläufiges Gesetz zur Gleichschaltung der Länder mit dem Reich vom 31. 3. 1933 (RGBl. I S. 153); Zweites Gesetz zur Gleichschaltung der Länder mit dem Reich vom 7. 4. 1933 (RGBl. I S. 173).
31 Gesetz vom 30. 1. 1934 (RGBl. I S. 75). Vgl. ergänzend auch die Erste Verordnung über den Neuaufbau des Reichs vom 2. 2. 1934 (RGBl. I S. 81), das Gesetz über die Aufhebung des Reichsrats vom 14. 2. 1934 (RGBl. I S. 89) und das Reichsstatthaltergesetz vom 30. 1. 1935 (RGBl. I S. 65).
32 Vgl. *E.R. Huber*, Verfassungsrecht des Großdeutschen Reiches, 2. Aufl., 1939, S. 321 ff., 344 ff., 354 ff.
33 *M. Stolleis*, Besatzungsherrschaft und Wiederaufbau deutscher Staatlichkeit 1945–1949, in: HStR I, § 5 Rn. 116.
34 S. dazu nur die Vorgabe im ersten der sog. Frankfurter Dokumente, wonach die auszuarbeitende Verfassung eine »Regierungsform des föderalistischen Typs schafft, die am besten geeignet ist, die gegenwärtig zerrissene deutsche Einheit ... wieder herzustellen, und die Rechte der ... Länder schützt, eine angemessene Zentralinstanz schafft ...«; Text in: Parl.Rat, Bd. 1, S. 30 ff. (31).

Art. 20 (Bundesstaat)   A. Herkunft, Entstehung, Entwicklung

scheidung für eine bundesstaatliche Ordnung daher gemeinsam von sowohl nationalen als auch alliierten Vorstellungen getragen[35].

8   Dementsprechend stand die Wiederherstellung eines Bundesstaates in den **Verfassungsberatungen** außer Frage. Kontroversen über die nähere Ausgestaltung waren dadurch nicht ausgeschlossen. So konnte sich bekanntlich der im HChE vorgeschlagene »Bund deutscher Länder« als Bezeichnung für die Bundesrepublik bzw. die bundesstaatliche Gemeinschaft nicht durchsetzen[36] und wurde im Parlamentarischen Rat durch die »Bundesrepublik Deutschland« ersetzt[37]; auch blieben systematischer Standort und Wortlaut des heutigen Art. 20 I GG längere Zeit ungewiß[38]. Die zentralen Auseinandersetzungen in der Sache betrafen jedoch andere Materien des Bundesstaatsrechts, nämlich diejenigen Normen und Normkomplexe, die die bundesstaatliche Ordnung ausformen und konkretisieren – so z.B. den Bundesrat (→ Art. 50 Rn. 8), die konkrete Aufgaben- und Befugnisverteilung zwischen Bund und Ländern sowie die Finanzverfassung[39].

9   In der weiteren **Verfassungsentwicklung** blieb die Grundentscheidung für die bundesstaaliche Ordnung unangefochten und der Wortlaut von Art. 20 I GG unverändert: Bundesstaatlichkeit steht im deutschen Verfassungsrecht auf festem Grund! Dies gilt freilich nicht für deren konkrete Ausgestaltung, die sich wiederholt als anpassungsbedürftig erwiesen hat. Demgemäß waren bundesstaatsrechtliche Normen immer wieder Gegenstand von Verfassungsänderungen, die u.a. normabweichenden Entwicklungen in der Verfassungswirklichkeit[40] sowie berechtigtem Reformbedarf[41] Rechnung trugen und spezifische Gefährdungslagen der bundesstaatlichen Ordnung[42] zu entschärfen suchen. Der Regelungsort dieser Änderungen lag bislang außerhalb von Art. 20 I GG in dessen normativem Umfeld; unmittelbar auf Art. 20 I GG zielende Reformvorschläge[43] haben sich hingegen nicht durchgesetzt. Gleichwohl haben die aus-

---

[35] Vgl. *R. Mußgnug*, Zustandekommen des Grundgesetzes und Entstehen der Bundesrepublik Deutschland, in: HStR I, § 6 Rn. 71, der die namentlich in den ersten Jahren nach 1949 geäußerte Ansicht, der Föderalismus sei von den Alliierten aufgezwungen worden, als »Legende« bezeichnet; ähnlich *Kimminich* (Fn. 3), § 26 Rn. 35; *J. Isensee*, AöR 115 (1990), 248 (253); differenzierend *R. Morsey*, DÖV 1989, 471 (473) und *H.-J. Vogel*, Die bundesstaatliche Ordnung des Grundgesetzes, in: HdbVerfR, § 22 Rn. 7 ff.; vgl. zu den unterschiedlichen Impulsen und Strömungen auch *Oeter*, Integration (Fn. 3), S. 96 ff.

[36] Text und Begründung von Mehrheits- und Minderheitsvorschlag in: Parl.Rat, Bd. 2, S. 509 ff., 579.

[37] Zu den Gründen s. JöR 1 (1951), S. 16 ff., 20 ff.; Parl.Rat, Bd. 5/I, S. XXVII ff.

[38] S. dazu JöR 1 (1951), S. 194 ff.

[39] Vgl. *Mußgnug* (Fn. 35), § 6 Rn. 72 ff. m.N. zu entsprechenden Interventionen der Alliierten.

[40] So namentlich durch das Einundzwanzigste Gesetz zur Änderung des Grundgesetzes (Finanzreformgesetz) vom 12.5.1969 (BGBl. I S. 359); zu vorausgegangenen Entwicklungen in der Verfassungswirklichkeit »neben dem und gelegentlich auch gegen das Grundgesetz« s. *Kommission für die Finanzreform*, Gutachten über die Finanzreform in der Bundesrepublik Deutschland, 2. Aufl., 1966, S. 11.

[41] So z.B. durch das auch die bundesstaatliche Ordnung betreffende Gesetz zur Änderung des Grundgesetzes (Art. 3, 20a, 28, 29, 72, 74, 75, 76, 77, 80, 87, 93, 118a und 125a) vom 27.10.1994 (BGBl. I S. 3146) im Anschluß an den in Art. 5 EV enthaltenen Auftrag.

[42] In jüngerer Zeit insb. mit der Einfügung von Art. 23 GG durch Art. 1 Nr. 1 des Gesetzes zur Änderung des Grundgesetzes vom 21.12.1992 (BGBl. I S. 2086).

[43] S. dazu die Vorschläge in VE-Kuratorium, S. 51 ff., 90, die u.a. zur Stärkung der Länder, der Demokratie und der Bürgernähe für den Bundesstaat auf die Bezeichnung »Bund deutscher Länder« drängen.

drücklichen Textänderungen zusammen mit Wandlungen der Staatspraxis über die Jahrzehnte hinweg mit wechselnden Tendenzen dem Bundesstaat ein anderes Erscheinungsbild gegeben (→ Rn. 18).

Als säkulare Herausforderung des Föderalismus gilt die **Wiedervereinigung**, in der sich die bundesstaatliche Ordnung als Mittler gesamtdeutscher Einheit bewähren muß[44], und zwar auch bei der finanzverfassungsrechtlichen Integration[45]. Die Wiedergewinnung der Einheit bewirkte nicht nur eine bundesstaatliche Reorganisation der ehemaligen DDR[46] und (unmittelbar wie mittelbar [vgl. Art. 4ff. EV]) Rechtsänderungen der föderalen Ordnung des Grundgesetzes, sondern verstärkte auch den Trend zum kooperativen Bundesstaat[47] (→ Rn. 18).

B. Internationale, supranationale und rechtsvergleichende Bezüge

Internationale Bezüge weist der Bundesstaat schon allein wegen seiner Nähe zum Föderalismus auf, der als Gestaltungsprinzip auch für Staatenverbindungen und internationale Organisationen fruchtbar gemacht werden kann[48]; doch ist der Bundesstaat als reale Staatsform, als Verfassungstyp nicht identisch mit Föderalismus. Außerdem leistet die gängige Charakterisierung des Bundesstaates als ein aus Staaten zusammengesetzter Staat[49] Hilfe bei der Abgrenzung gegenüber dem Staatenbund, der auf völkerrechtlicher Verbindung beruht und keine Staatsqualität besitzt (sowie gegenüber dem Einheitsstaat, dessen Untergliederungen keine Staaten sind). Schließlich findet sich im Völkerrecht als Parallelerscheinung zur Bundestreue (→ Rn. 26ff.) der Grundsatz der bona fides[50], von dem in der Vergangenheit teilweise Anstöße für die nähere Konkretisierung des Grundsatzes bundesfreundlichen Verhaltens ausgingen[51].

Für ein vereintes Europa erscheint mitunter in Anlehnung an die deutsche Verfassungsentwicklung (→ Rn. 1 ff.) nur eine bundesstaatliche Konstruktion denkbar[52]. Beim gegenwärtigen Integrationsstand ist der »Weg zu einer Europäischen Staatlichkeit«[53] aber jedenfalls noch nicht bis zum Ende gegangen[54]; das Bundesverfassungsge-

---

[44] *Isensee* (Fn. 6), § 98 Rn. 309ff.
[45] Dazu etwa *J. Wieland*, DVBl. 1992, 1181ff.; *H. Bauer*, Die finanzverfassungsrechtliche Integration der neuen Länder, in: HStR IX, § 206.
[46] Dazu *M. Kilian*, Wiedererstehen und Aufbau der Länder im Gebiet der vormaligen DDR, in: HStR VIII, § 186; zur festen Verwurzelung des Ländergedankens im Volksbewußtsein der ehemaligen DDR s. *Vogel*, Bundesstaatliche Ordnung (Fn. 37), § 22 Rn. 11.
[47] *Kilian* (Fn. 46), § 186 Rn. 54ff.; *A. Dittmann*, Föderalismus in Gesamtdeutschland, in: HStR IX, § 205 Rn. 34ff.
[48] Vgl. *H. Bülck*, Föderalismus als internationales Ordnungsprinzip, VVDStRL 21 (1964), S. 1ff.; *R. Herzog*, Art. Föderalismus, in: EvStL³, Sp. 913ff.; *K. Hesse*, Art. Bundesstaat, in: EvStL³, Sp. 317ff. (318f.); *H. Oberreuter*, Art. Föderalismus, in: StL⁷, Bd. 2, Sp. 632ff.
[49] Z.B. BVerfGE 36, 342 (360f.); *Stern*, Staatsrecht I, S. 644, 653f.; *J. Ipsen*, Staatsrecht I, Rn. 505.
[50] Z.B. *Verdross/Simma*, Universelles Völkerrecht, S. 46; *J.F. O'Connor*, Good Faith in International Law, 1991.
[51] Näheres bei *Bauer*, Bundestreue (Fn. 11), insb. S. 205f., 208f. m.w.N.; allgemein zum wechselseitigen Einfluß von Völkerrecht und Bundesstaatsrecht s. *M. Bothe*, Völkerrecht und Bundesstaat, in: FS Mosler, 1983, S. 111ff.
[52] *Stern*, Staatsrecht I, S. 650; vgl. auch *H.-J. Blanke*, DÖV 1993, 412ff.
[53] Vgl. *T. v. Danwitz* u.a. (Hrsg.), Auf dem Wege zu einer Europäischen Staatlichkeit, 1993.
[54] S. etwa *H. Steinberger*, Der Verfassungsstaat als Glied einer europäischen Gemeinschaft, VVDStRL 50 (1991), S. 9ff. (16ff.); *E. Klein*, ebenda, S. 56ff. (58ff.); *M. Hilf*, Europäische Union: Ge-

richt deutet die **Europäische Union** daher vorerst als einen auf dynamische Entwicklung angelegten Verbund demokratischer Staaten und erfaßt sie begrifflich in einer Kompromißformel als »Staatenverbund«[55]. Aus der lange Zeit singulären, auch nach der Aufnahme Österreichs und dem Übergang Belgiens zu einer bundesstaatlichen Organisationsform eigengeartet gebliebenen Stellung der Bundesrepublik Deutschland als Bundesstaat in der EG resultieren spezifische Probleme für die bundesstaatliche Ordnung des Grundgesetzes; dem begegneten die Länder mit dem Ruf nach einem »Europa der Regionen«[56], der sich mittlerweile in (bescheidenen) Sicherungen der Länderinteressen im **Gemeinschaftsrecht** niedergeschlagen hat[57]. Mit dem in Art. 5 (10 n.F.) EGV teilpositivierten Grundsatz der Gemeinschafts- bzw. Unionstreue[58] enthält das Gemeinschaftsrecht außerdem ein – bis heute nicht unumstrittenes – Parallelinstitut zur Bundestreue (→ Rn. 26 ff.), dessen Ausbildung und Konturierung dem deutschen Grundsatz bundesfreundlichen Verhaltens wichtige Impulse verdankt[59].

13   **Einwirkungen des Gemeinschaftsrechts auf das nationale Recht** sind im Regelungsbereich der bundesstaatlichen Ordnung in mehrfacher Hinsicht feststellbar. So sind als Reaktion auf die fortschreitende Integration ausdrückliche Änderungen des Verfassungstextes zu verzeichnen. Herausragende Beispiele dafür sind Art. 23 GG in der 1992 eingefügten Fassung sowie »europabedingte« Änderungen von Aufgaben und Organisation des Bundesrates (→ Art. 50 Rn. 12, 29 f.; → Art. 52 Rn. 7, 9, 21 f.); sie sollen u.a. den oft analysierten »bundesstaatlichen Erosionen im Prozeß der europäischen Integration«[60] gegensteuern. Weitere **Europäisierungen des nationalen Verfassungsrechts** sind zu beobachten, wenn etwa die Bundesregierung aus Gründen der Bundestreue als Sachwalter der Länder zur Wahrung der Länderrechte gegenüber der Europäischen Gemeinschaft verpflichtet[61] oder für die Länder aus dem Grundsatz bundesfreundlichen Verhaltens eine Verpflichtung zur ordnungsgemäßen Durchfüh-

---

fahr oder Chance für den Föderalismus in Deutschland, Österreich und der Schweiz?, VVDStRL 53 (1994), S. 7 ff. (8, 22 f.); *M. Schweitzer*, ebenda, S. 48 ff. (56 ff.); *D. Schindler*, ebenda, S. 70 ff. (78 ff.); *M.F. Polaschek*, Föderalismus als Strukturprinzip?, in: Aulehner u.a. (Hrsg.), Föderalismus (Fn. 13), S. 9 ff. (10 f.).

[55] BVerfGE 89, 155 (181 ff.); *P. Kirchhof*, Der deutsche Staat im Prozeß der europäischen Integration, in: HStR VII, § 183 Rn. 38, 50 ff.; dazu etwa *P. M. Huber*, Der Staatenverbund der Europäischen Union, in: J. Ipsen u.a. (Hrsg.), Verfassungsrecht im Wandel, 1995, S. 349 ff. → Art. 23 Rn. 20 ff., 23 ff.

[56] Dokumente bei J. Bauer (Hrsg.), Europa der Regionen, 1991; zur vielzitierten »Landes-Blindheit« der Gemeinschaftsverträge s. *H.P. Ipsen*, Als Bundesstaat in der Gemeinschaft, in: FS Hallstein, 1966, S. 248 ff. (256 ff.).

[57] S. insb. Art. 3b, 198a ff. (Art. 5, 263 ff. n.F.) EGV; zum Erfolg entsprechender Bemühungen auf der Ebene des nationalen Verfassungsrechts (→ Rn. 13).

[58] Dazu etwa *Schweitzer/Hummer*, Europarecht, S. 130, 321 f.; *Streinz*, Europarecht, S. 45 f.; *M. Lück*, Die Gemeinschaftstreue als allgemeines Rechtsprinzip im Recht der Europäischen Gemeinschaft, 1992; umfassend und komprimiert die Kommentierung von *W. Kahl*, in: C. Calliess/D. Kröger/M. Ruffert (Hrsg.), Kommentar zum EUV, i.E., Art. 10 ex 5 EGV m.w.N. auch zur Spruchpraxis des EuGH. Zwischenzeitlich hat die Gemeinschaftstreue Eingang in die bundesverfassungsgerichtliche Spruchpraxis gefunden (BVerfGE 75, 223 [237]; 89, 155 [184, 202]; 92, 203 [237]).

[59] Näheres bei *Bauer*, Bundestreue (Fn. 11), insb. S. 206, 210 ff. m.w.N.

[60] *M. Schröder*, JöR 35 (1986), S. 83 ff.; ähnlich z.B. *W. Erbguth*, Erosionen der Ländereigenstaatlichkeit, in: Ipsen u.a. (Hrsg.), Verfassungsrecht (Fn. 55), S. 549 ff. (562 ff.); zurückhaltende Bewertung der Einräumung von Mitwirkungsrechten der Länder bei *M. Brenner*, DÖV 1992, 903 ff.

[61] BVerfGE 92, 203 (230, 236 f.); *Bauer*, Bundestreue (Fn. 11), insb. S. 310; s. nunmehr auch Art. 23 II, IV–VI GG in Verbindung mit dem Gesetz über die Zusammenarbeit von Bund und Ländern in Angelegenheiten der Europäischen Union vom 12.3. 1993 (BGBl. I S. 313). → Art. 23 Rn. 95 ff., 107 ff.

rung und Umsetzung des Gemeinschaftsrechts abgeleitet wird[62], wie überhaupt zwischen Bundes- und Gemeinschaftstreue ein enges Verwandtschaftsverhältnis besteht. Wegen des aus der Gemeinschaftstreue folgenden Gebots zu wechselseitiger Rücksichtnahme kann nämlich das Gemeinschaftsrecht eine Grenze in den Verfassungsprinzipien der Mitgliedstaaten und damit auch der Bundesstaatlichkeit finden[63]. Verallgemeinert erweisen sich wechselseitige Rücksichtnahmepflichten demnach als Elemente sowohl des nationalen als auch des europäischen Verfassungsrechts und könnten Bestandteil eines gemeineuropäischen Verfassungsrechts sein.

Im **internationalen Rechtsvergleich** sind Bundesstaaten eine weltweit verbreitete Erscheinung. Als Beleg dafür mag der Hinweis auf Argentinien, Australien, Brasilien, die Indische Union, Kanada, Mexiko, Österreich, die Schweiz, die Republik Südafrika und die Vereinigten Staaten von Amerika genügen. Nach Berechnungen für die Zeit vor den globalen Umwälzungen der jüngeren Vergangenheit waren Mitte der 80er Jahre 52% der Weltoberfläche mit 40% der Weltbevölkerung bundesstaatlich organisiert[64]. Regionalisierungstendenzen geben zudem die sich mitunter auch in Einheitsstaaten abzeichnenden föderativen Strukturen zu erkennen[65]. Zu erwähnen ist außerdem die Bildung grenzüberschreitender Regionen in aneinandergrenzenden Gebietsteilen verschiedener Staaten[66]; als Organisationsformen »grenzüberschreitenden Föderalismus« liegen sie gleichsam »quer« zum Föderalismus im Bundesstaat. 14

Der unmittelbar anwendungsorientierte **Erkenntniswert verfassungsvergleichender Betrachtung** für die bundesstaatliche Ordnung des Grundgesetzes darf freilich nicht überschätzt werden. Obwohl bundesstaatliche Verfassungstrukturen überall gewisse Gemeinsamkeiten aufweisen[67], hat ihre konkrete Ausgestaltung nämlich viele Gesichter: Jeder Bundesstaat besitzt eine konkret-geschichtliche Individualität, jeder Bundesstaat ist letztlich Unikat[68]! 15

---

[62] Z.B. *W. Kössinger*, Die Durchführung des Europäischen Gemeinschaftsrechts im Bundesstaat, 1989, S. 74ff. (77); *Streinz*, Europarecht, S. 162; *C. Doerfert*, JuS 1996, L 89 (L 92).
[63] BVerfGE 89, 155 (185); 92, 203 (237).
[64] *M. Frenkel*, Föderalismus und Bundesstaat, Bd. I, 1984, S. 19, 134ff.
[65] S. etwa die Landesberichte für Spanien, Frankreich, Italien und Großbritannien von *M.J. Montoro Chiner, V. Constantinesco, V. Onida* und *N. Johnson* in: F. Ossenbühl (Hrsg.), Föderalismus und Regionalismus in Europa, 1990, S. 167ff., 199ff., 239ff. und 307ff.; speziell zu Frankreich außerdem *R. Sparwasser*, Zentralismus, Dezentralisation, Regionalismus und Föderalismus in Frankreich, 1986. Zu den völlig unterschiedlichen Ausrichtungen föderaler Ordnungen s. die Beiträge in J. Kramer (Hrsg.), Föderalismus zwischen Integration und Sezession, 1993.
[66] S. *W. Graf Vitzthum*, AöR 115 (1990), 281 (300f.); *R. Rixecker*, Grenzüberschreitender Föderalismus – eine Vision der deutschen Verfassungsreform zu Art. 24 Abs. 1 des Grundgesetzes, in: K. Bohr (Hrsg.), Föderalismus, 1992, S. 201ff.; dazu und zu Art. 24 Ia GG kritisch *T. Stein*, Europäische Union: Gefahr oder Chance für den Föderalismus in Deutschland, Österreich und der Schweiz?, VVDStRL 53 (1994), S. 26ff. (42ff.). → Art. 24 Rn. 39ff.
[67] Vgl. etwa *M. Bothe*, Die Kompetenzstruktur des modernen Bundesstaates in rechtsvergleichender Sicht, 1977; Ossenbühl (Hrsg.), Föderalismus (Fn. 65); speziell zur Entwicklung des Föderalismus in den USA s. etwa *E. Benda*, Neuere Entwicklungen im Föderalismus, in: FS Mahrenholz, 1994, S. 957ff.; *H.-H. Trute*, ZaöRV 99 (1989), 191ff.
[68] *Hesse*, Verfassungsrecht, Rn. 217; *ders.*, Bundesstaat (Fn. 48), Sp. 318; *Isensee* (Fn. 6), § 98 Rn. 5; *Stern*, Staatsrecht I, S. 648; *F. Ossenbühl*, DVBl. 1989, 1230 (1230).

C. Erläuterungen

I. Allgemeine Bedeutung

16 Nach Art. 20 I GG ist die »Bundesrepublik Deutschland« ein »Bundesstaat«. Konstitutiver **Regelungsgehalt** von Art. 20 I GG ist insoweit demnach außer der bisweilen als »nebensächlich«[69] eingestuften Festschreibung des Namens (Bundesrepublik Deutschland) die Festlegung auf den Bundesstaat; dazu gehören insb. die Gliederung des Bundes in Länder (→ Art. 79 Rn. 16ff.) sowie die Ausstattung von Bund und Ländern mit staatlichen Befugnissen und Aufgaben (→ Art. 30 Rn. 15ff.). Die darin angelegte funktionsfähige bundesstaatliche Ordnung ist im Wortlaut von Art. 20 I GG nicht näher präzisiert, wird durch das Grundgesetz aber an vielen anderen Stellen detailliert ausgeformt und in einem umfassenden Sinn durch eine Verfassungsgerichtsbarkeit gewährleistet[70]; mehr als die Hälfte des Verfassungstextes hat unmittelbaren oder mittelbaren Bundesstaatsbezug[71]. Eine Gesamtbetrachtung dieses Normenbestandes läßt erkennen, daß das bundesstaatliche Prinzip zu den »elementaren Grundsätzen des Grundgesetzes«[72] gehört, die Verfassungsordnung des Grundgesetzes auch auf dem bundesstaatlichen Prinzip beruht[73]. Sie zeigt aber auch, daß »das Grundgesetz den Bau- und Funktionsplan des Bundesstaates relativ genau vorgibt«[74] und für die Lösung konkreter bundesstaatlicher Problemlagen ausdifferenzierte Funktions- und Konfliktentscheidungsnormen bereitstellt, die als spezielle Vorschriften regelmäßig einen Rückgriff auf das allgemeine bundesstaatliche Prinzip entbehrlich machen[75]. Wichtige Beispiele für solche Normen sind die Regelungen über die Verteilung der Zuständigkeiten von Bund und Ländern auf den Gebieten der Gesetzgebung, der Verwaltung, der Rechtsprechung und der auswärtigen Beziehungen sowie die Ordnung des Finanzwesens (Art. 30, 70ff., 83ff., 92ff., 32, 104a ff. GG), Einflußrechte der Länder auf den Bund über den Bundesrat (Art. 50ff. GG) und Einflußrechte des Bundes auf die Länder (z.B. Art. 37, 84 III und IV, 85 III GG), nicht zuletzt das Homogenitätsprinzip (Art. 28 GG) und die Kollisionsregel des Art. 31 GG.

17 Die **Funktionen bundesstaatlicher Ordnung** sind facettenreich: Aus traditioneller Sicht ermöglicht sie vornehmlich die Wahrung regionaler Vielfalt, insb. landsmannschaftlicher, kultureller und wirtschaftlicher Identität, in staatlicher Einheit. Neben den konventionellen Aspekt der Sicherung von Pluralismus und Einheit ist als Grund für die Rechtfertigung bundesstaatlicher Organisation zunehmend die Gewaltengliederung und -balance getreten (Art. 20 [Rechtsstaat] Rn. 72); die Aufteilung staatlicher

---

[69] *Kimminich* (Fn. 3), § 26 Rn. 36 mit Hinweis auf *Herzog* (Fn. 15), Art. 20 IV. Rn. 1. S. aber Art. 20 [Republik] Rn. 15.
[70] Vgl. *K. Hesse*, Der unitarische Bundesstaat, 1962, S. 9.
[71] So die Einschätzung von *Isensee* (Fn. 6), § 98 Rn. 5.
[72] BVerfGE 1, 14 (18, 34) unter Hinweis auf Art. 20, 28, 30 GG.
[73] Vgl. BVerfGE 11, 77 (85).
[74] *Isensee* (Fn. 6), § 98 Rn. 6.
[75] Zu dem damit verbundenen Anliegen, konkrete bundesstaatliche Konflikte unter Zurückdrängung pauschaler Rückgriffe auf das bundesstaatliche Prinzip und namentlich auf das »Wesen« des Bundesstaates an Hand der sachnäheren Normen des Bundesstaatsrechts zu lösen, vgl. *Herzog* (Fn. 15), Art. 20 IV. Rn. 29ff.; *Hesse*, Verfassungsrecht, Rn. 217f.; *F.E. Schnapp*, in: v. Münch/Kunig, GG I, Art. 20 Rn. 6f.; *Stein*, Staatsrecht, S. 114; differenzierend *Isensee* (Fn. 6), § 98 Rn. 6ff. und *Stern*, Staatsrecht I, S. 652f., 662f.

Aufgaben und Befugnisse auf Bund und Länder schafft sowohl vertikal als auch – durch den Bundesrat als Mitwirkungsorgan der Länder – horizontal eine verfassungsrechtliche Ausdifferenzierung und Begrenzung staatlicher Macht mit freiheitsschützenden Effekten. Die damit verbundene Dezentralisation gewährleistet zugleich größere Sachnähe, eröffnet Spielräume für Flexibilität und regt die kleineren Einheiten zu Wettbewerb und Erprobung von Alternativen an. Außerdem fördert sie Transparenz, rationale Erfassung und Kontrolle staatlichen Handelns; bewußte und aktive Teilhabe der Bürger am politischen Leben werden dadurch erleichtert. Aus dieser erweiterten Perspektive kommen der bundesstaatlichen Ordnung verstärkende Funktionen auch für die Sicherung individueller Freiheit, für Rechtsstaat und Demokratie zu[76]; eher gegenläufig wirkt hingegen das Sozialstaatsprinzip mit seinen egalitär-unitarisierenden Tendenzen.

Als **aktueller Befund** dominiert die Einschätzung, daß sich die bundesstaatliche **18** Ordnung des Grundgesetzes bewährt hat[77]. Auseinandersetzungen über ihre konkrete Ausgestaltung, die in der Vergangenheit wiederholt zu normativen Fortentwicklungen geführt haben (→ Rn. 9), sind dadurch ebensowenig ausgeschlossen wie Veränderungen des äußeren Erscheinungsbildes. Vielmehr ist der Bundesstaat »in ständigem Wandel begriffen«[78]. Die über die Jahrzehnte hinweg zu beobachtenden, nicht durchgängig in nur eine Richtung weisenden **Trends der deutschen Bundesstaatsentwicklung** werden verbreitet durch deskriptive Tendenzbegriffe charakterisiert. Danach war der vom Grundgesetz verfaßte republikanische, demokratische, rechtsstaatliche und soziale Bundesstaat ursprünglich bei der Aufgabenverteilung zwischen Bund und Ländern pointiert **separativ**[79] auf ein strenges »Trennsystem« ausgerichtet und – im Vergleich mit der Weimarer Republik (→ Rn. 4) – betont **föderal**, d.h. die Selbständigkeit der Länder hervorhebend, konzipiert[80]. Gegenüber dieser Frühphase ist zum einen schon bald ein starker Trend zu Unitarisierung und Zentralisierung zu verzeichnen[81]; wichtige Impulse für diese Entwicklung zum **unitarischen Bundesstaat** gingen

---

[76] Vgl. zum Vorstehenden *M. Bothe*, Föderalismus – ein Konzept im geschichtlichen Wandel, in: T. Evers (Hrsg.), Chancen des Föderalismus in Deutschland und Europa, 1994, S. 19 ff. (24 ff.); *Hesse*, Bundesstaat (Fn. 48), Sp. 319; *ders.*, Verfassungsrecht, Rn. 219 ff., 271 ff.; *W. Heun*, The Evolution of Federalism, in: C. Starck (Hrsg.), Studies in German Constitutionalism, 1995, S. 167 ff. (170 f.); *Isensee* (Fn. 6), § 98 Rn. 299 ff.; *G. Kisker*, Ideologische und theoretische Grundlagen der bundesstatlichen Ordnung in der Bundesrepublik Deutschland – Zur Rechtfertigung des Föderalismus, in: I. v. Münch (Red.), Probleme des Föderalismus, 1985, S. 23 ff.; *P. Lerche*, Prinzipien des deutschen Föderalismus, in: P. Kirchhof (Hrsg.), Deutschland und sein Grundgesetz, 1993, S. 79 ff. (81 ff.); *Stern*, Staatsrecht I, S. 658 f.; *Vogel* (Fn. 35), § 22 Rn. 12 ff.; s. dort auch zu »Schwachstellen« bzw. »Schattenseiten« bundesstaatlicher Ordnung wie Gefährdung der staatlichen Handlungsfähigkeit, Schwerfälligkeit der politischen Willensbildung, Verantwortungsverschiebung, sozialer Unausgeglichenheit und zusätzlichen Kosten bundesstaatlicher Organisation. Speziell das Verhältnis zum Demokratieprinzip ist freilich aus mehreren Gründen prekär; vgl. dazu – mit unterschiedlichen Akzentuierungen – etwa *E.-W. Böckenförde*, Sozialer Bundesstaat und parlamentarische Demokratie, in: FS Schäfer, 1980, S. 182 ff.; *R. Eckertz*, Bundesstaat und Demokratie, in: FS Böckenförde, 1995, S. 13 ff.; *Möllers*, Bundesstaat (Fn. 13), S. 90 ff., 97 ff.
[77] Z.B. *Vogel* (Fn. 35), § 22 Rn. 20, 141 ff.; → Rn. 9.
[78] So treffend *F. Ossenbühl*, DVBl. 1989, 1230 (1230).
[79] So die Kennzeichnung der 50er und 60er Jahre bei *W. Thieme*, DÖV 1989, 499 (508); vgl. hierzu und zum folgenden auch *H. Hofmann*, Die Entwicklung des Grundgesetzes nach 1949, in: HStR I, § 7 Rn. 62 ff.
[80] Vgl. etwa *U. Scheuner*, DÖV 1966, 513 (515 ff.).
[81] Dazu frühzeitig vor allem *Hesse*, Der unitarische Bundesstaat (Fn. 70).

von zahlreichen Zuständigkeitsverschiebungen zu Lasten der Länder (insb. im Bereich der Gesetzgebung), der politischen Praxis und föderale Pluralität einebnenden Veränderungen der gesellschaftlichen Wirklichkeit aus. Zum anderen haben vielgestaltige Formen intensiver Zusammenarbeit von Bund und Ländern sowie der Länder untereinander den **kooperativen Bundesstaat** hervorgebracht. Damit ist in Anlehnung an den US-amerikanischen Rechtskreis ein »Stil des Miteinanders von Bund und Ländern« gemeint, der »sich sowohl von übertriebener Betonung der Landesselbständigkeit (state rights, dualism) wie auch von massivem Drängen auf Zentralisierung (centralizing federalism) freihält«[82]; von dem kooperativen Föderalismus versprach man sich u.a. eine »bundesstaatliche Kräftekonzentration, die den höchsten Wirkungsgrad des öffentlichen Mitteleinsatzes gewährleistet«[83]. Fehlentwicklungen und wachsende ökonomische Schwierigkeiten haben die Länder mittlerweile allerdings teilweise in Wettbewerbssituationen gedrängt, Reföderalisierungsbemühungen verstärkt und in ersten Ansätzen zur Ausbildung eines **kompetitiven Bundesstaates** geführt[84], der jedoch vorläufig hinter dem durch die Wiedervereinigung intensivierten Kooperationsbedarf (→ Rn. 10) »auf Zeit«[85] zurückgetreten zu sein scheint. Die Rückkehr zu stärkerer Konkurrenz, Wettbewerb und Konfrontation dürfte überdies durch die zunehmende Europäisierung (→ Rn. 13) behindert werden, an deren vorläufigem Ende der auch verfassungsrechtlich umgestaltete **europäisierte Bundesstaat** steht. All diese Trends lassen sich als Elemente einer »**gemischten Bundesstaatsverständnisses**« begreifen, dessen einzelne Bestandteile entwicklungsgeschichtlich über die Jahrzehnte hinweg ihre relative Bedeutung behalten und immer wieder neu gemischt werden[86]. Das gemischte Bundesstaatsverständnis erhöht die Integrationskraft der Verfassung, hält die bundesstaatliche Ordnung entwicklungsoffen und dadurch den Bundesstaat als solchen auch bei neuen Herausforderungen und Gefährdungslagen **stabil** (→ Art. 79 III Rn. 16); wegen seiner inhaltlichen Offenheit und Variabilität erschließt es aber weder Orientierungssicherheit noch Steuerungsleistungen für die Rechtsfindung.

II. Bundesstaatsbegriff, Bundesstaatstheorie und Bundesstaatsrechtslehre

19   Das Grundgesetz rezipiert keinen staatstheoretischen oder sonst der Verfassung vorgegebenen **Bundesstaatsbegriff**; der normative Begriff »Bundesstaat« muß deshalb

---

[82] *G. Kisker*, Kooperation im Bundesstaat, 1971, S. 1; zu den einzelnen Erscheinungsformen der Kooperation s. etwa *W. Rudolf*, Kooperation im Bundesstaat, in: HStR IV, §105; *Vogel* (Fn. 35), §22 Rn. 124 ff. und allgemein zum kooperativen Föderalismus etwa *K. Hesse*, Aspekte des kooperativen Föderalismus in der Bundesrepublik, in: FS Müller, 1970, S. 141 ff.; *Heun*, Evolution (Fn. 76), S. 185 ff.; *Oeter*, Integration (Fn. 3), S. 259 ff. m.w.N.; zum »Vorbild« des kooperativen Föderalismus in den USA s. *W. Kewenig*, AöR 93 (1968), 433 ff.; zum Problem der mit dem kooperativen Föderalismus einhergehenden Politikverflechtung insb. *F.W. Scharpf/B. Reissert/F. Schnabel*, Politikverflechtung, 1976; dies. (Hrsg.), Politikverflechtung II, 1978; J.J. Hesse (Hrsg.), Politikverflechtung im föderativen Staat, 1978.
[83] *Kommission für die Finanzreform*, Finanzreform (Fn. 40), S. 20 f.
[84] Vgl. dazu etwa *H.-P. Schneider*, NJW 1991, 2448 (2450); *C. Calliess*, DÖV 1997, 889 (890 ff.); kritisch zu diesem Ansatz *Oeter*, Integration (Fn. 3), S. 565 ff.,
[85] *P. Häberle*, Die Verwaltung 24 (1991), 169 (177).
[86] So – allerdings zu einer Bundesstaatstheorie – der Vorschlag von *P. Häberle*, Die Verwaltung 24 (1991), 169 (184 ff.); *ders.*, Die Verwaltung 25 (1992), 1 (8); zustimmend *F. Kirchhof*, Grundsätze der Finanzverfassung des vereinten Deutschlands, VVDStRL 52 (1993), S. 71 ff. (81); zur Bundesstaatstheorie → Rn. 19 f.

für die konkrete bundesstaatlichen Ordnung des Grundgesetzes bestimmt werden[87]. Gleichwohl wird der Bundesstaat in Anlehnung an ältere Definitionen (→ Rn. 3, 5) überwiegend erläutert als »eine durch die Verfassung des Gesamtstaates geformte staatsrechtliche Verbindung von Staaten in der Weise, daß die Teilnehmer Staaten bleiben oder sind (Gliedstaaten), aber auch der organisierte Staatenverband selbst (Gesamtstaat) die Qualität eines Staates besitzt«[88].

Ebensowenig wie einen der Verfassung vorausliegenden Bundesstaatsbegriff rezipiert das Grundgesetz eine allgemeine **Bundesstaatstheorie**[89]. Nicht zu verkennen ist freilich, daß solche Theorien auch nach dem Inkrafttreten des Grundgesetzes immer wieder das Interesse der Staatsrechtslehre auf sich gezogen haben[90] und selbst das Bundesverfassungsgericht der Verlockung eines entsprechenden Rückgriffs nicht immer widerstanden hat. Im Konkordats-Urteil finden sich nämlich Ausführungen[91], die im Sinne der **Theorie vom dreigliedrigen Bundesstaat** gedeutet wurden, wonach im Bundesstaatsrecht zwischen der Bundesrepublik Deutschland (als Gesamtstaat), dem Bund (als Zentralstaat) und den Ländern (als Gliedstaaten) zu unterscheiden sei; dabei sollen Bund und Länder einander gleichgeordnet, dem Gesamtstaat aber untergeordnet sein[92]. Zwischenzeitlich hat das Gericht diese Position jedoch zu den Akten gelegt und bekennt sich in Übereinstimmung mit der wohl herrschenden Lehre zu einem **zweigliedrigen Bundesstaat**, der die Länder als Teile des ihnen prinzipiell übergeordneten Oberstaates (Bund) betrachtet[93]. Doch haben derartige Bundesstaatstheorien formeller und materieller Provenienz allenfalls beschränkten rechtsdogmatischen Erkenntniswert[94]. 20

Anders verhielte es sich mit einer spezifisch am Grundgesetz ansetzenden und darauf zugeschnittenen **Bundesstaatsrechtslehre**, die jedoch noch aussteht[95]. Sie wäre jenseits der verfehlten Formeln von Gleichordnung, Überordnung und Unterordnung 21

---

[87] *Vogel* (Fn. 35), § 22 Rn. 2; ähnlich z. B. *Herzog* (Fn. 15), Art. 20 IV. Rn. 29 f.; *Hesse*, Verfassungsrecht, Rn. 217; *Isensee* (Fn. 6), § 98 Rn. 5; *U. Karpen/M. v. Rönn*, JZ 1990, 579 (579); *Schnapp* (Fn. 75), Art. 20 Rn. 6 f.; *Stern*, Staatsrecht I, S. 648.

[88] So *Stern*, Staatsrecht I, S. 644 f. m. w. N.; ebenso oder ähnlich z. B. *M. Sachs*, in: Sachs, GG, Art. 20 Rn. 34; *Kimminich* (Fn. 3), § 26 Rn. 5 f.; Schmidt-Bleibtreu/*Klein*, GG, Art. 20 Rn. 5; Betonung der Aufteilung staatlicher Aufgaben, wechselseitiger Einflußrechte und einer gewissen Homogenität von gesamt- und gliedstaatlichen Ordnungen bei *Hesse*, Bundesstaat (Fn. 48), Sp. 317 und *Vogel* (Fn. 35), § 22 Rn. 2. S. zur Staatsqualität von Bund und Ländern auch *E. Schmidt-Aßmann*, Jura 1987, 449 (449 f.) und aus der bundesverfassungsgerichtlichen Spruchpraxis etwa BVerfGE 1, 14 (34); 34, 9 (19); 36, 342 (360 f.).

[89] Ebenso z. B. *H. Bethge*, Art. Bundesstaat, in: StL[7], Bd. 1, Sp. 993 ff. (993); *Herzog* (Fn. 15), Art. 20 IV. Rn. 29 f.; *Schnapp* (Fn. 75), Art. 20 Rn. 6 ff.

[90] S. zur Diskussion etwa *M. Usteri*, Theorie des Bundesstaates, 1954; *Herzog* (Fn. 15), Art. IV. 20 Rn. 1 ff.; *J. A. Frowein*, Die Konstruktion des Bundesstaates, in: I. v. Münch (Red.), Probleme des Föderalismus, 1985, S. 47 ff.; *ders.*, Die Entwicklung des Bundesstaates unter dem Grundgesetz, in: R. Mußgnug (Hrsg.), Rechtsentwicklung unter dem Bonner Grundgesetz, 1990, S. 17 ff. (25 ff.); *Kimminich* (Fn. 3), § 26 Rn. 8 ff., 40 ff.; *Isensee* (Fn. 6), § 98 Rn. 5, 81 ff.; *Bauer*, Bundestreue (Fn. 11), S. 219 ff.; *Oeter*, Integration (Fn. 3), S. 233 ff., 373 ff., 573.

[91] BVerfGE 6, 309 (340, 364); pointierte Grundsatzkritik bei *J. H. Kaiser*, ZaöRV 18 (1957/58), 526 (insb. 529 ff.).

[92] Komprimierte Darstellung (auch gegenteiliger Theorien) bei *Stein*, Staatsrecht, S. 112 ff.

[93] BVerfGE 13, 54 (77 f.).

[94] Frühe einflußreiche und nachhaltig wirksame Grundsatzkritik bei *Hesse*, Der unitarische Bundesstaat (Fn. 70).

[95] Vgl. *Bauer*, Bundestreue (Fn. 11), S. 261 f. m. w. N.

auf das »Miteinander, Nebeneinander und Gegeneinander«[96] von Bund und Ländern auszurichten und könnte die bundesstaatliche Ordnung mit den Kategorien der Rechtsverhältnislehre erfassen, die nicht nur dem normativen und rechtstatsächlichen Befund entsprechen, sondern auch Steuerungsleistungen für die praktische Handhabung des Bundesstaatsrechts erbringen[97]. Danach sind Bund und Länder als Rechtssubjekte des bundesstaatsrechtlichen Grundverhältnisses sowie der besonderen Rechtsverhältnisse des Bundesstaatsrechts durch wechselseitige Rechte und Pflichten in vielfältiger Weise voneinander abgegrenzt und zugleich aufeinander bezogen.

III. Einzelne Elemente der bundesstaatlichen Ordnung des Grundgesetzes

22 Die bundesstaatliche Ordnung ist in zahlreichen Normen des Grundgesetzes detailliert ausgeformt (→ Rn. 16) und bei diesen Vorschriften eingehender kommentiert. Nicht oder jedenfalls nicht zentral an anderer Stelle geregelt sind Rechtsfragen der Staatlichkeit von Bund und Ländern (→ Rn. 23 f.), der Gleichheit der Länder im Bundesstaat (→ Rn. 25) und der Bundestreue (→ Rn. 26 ff.).

1. Staatlichkeit von Bund und Ländern

23 Eine Grundannahme des Bundesstaatsrechts ist traditionell die Staatlichkeit von Bund und Ländern (→ Rn. 19), die freilich nie unangefochten war (→ Rn. 3) und hinsichtlich der Länder bereits in der Weimarer Staatsrechtslehre in die Nähe mehr politisch-symbolischer Funktionen gerückt wurde[98]. Auch das Bundesverfassungsgericht hat die **Staatsqualität der Länder** wiederholt angesprochen[99]. Damit verbindet das Gericht die Vorstellung einer – wenn auch gegenständlich beschränkten – eigenen, nicht vom Bund abgeleiteten, sondern von ihm lediglich anerkannten staatlichen Hoheitsmacht[100] und das Anliegen, die Länder von hoch- bzw. höchstpotenzierten Gebietskörperschaften dezentralisierter Einheitsstaaten abzugrenzen[101]. In der Sache dient die Formel der Sicherung von Eigenverantwortlichkeit, Selbständigkeit und Autonomie der Länder durch Wahrung der ihnen vom Grundgesetz zugeordneten Rechtspositionen.

24 Dazu zählt zuallererst die **Verfassungsautonomie**, die den Ländern bei der Ausgestaltung der Landesverfassungen, etwa der Vorschriften über Kreation und Aufgaben der Landesverfassungsorgane, einen weiten Freiraum zuweist[102]. Auch muß den Län-

---

[96] So eine bislang zu wenig beachtete Forderung von *K. Stern*, Die föderative Ordnung im Spannungsfeld der Gegenwart, in: Politikverflechtung zwischen Bund, Ländern und Gemeinden, 1975, S. 15 ff. (22 m. Fn. 31); *ders.*, Staatsrecht I, S. 659 m. Fn. 91.
[97] Näheres dazu bei *Bauer*, Bundestreue (Fn. 11), S. 260 ff. mit Darlegung praktischer Konsequenzen am Beispiel der Bundestreue (S. 294 ff.); vgl. zur Fruchtbarmachung des subjektiven Rechts für die Bundesstaatsrechtsdogmatik auch *A. Bleckmann*, JZ 1991, 900 ff. und zur Rechtsverhältnislehre als Ordnungsrahmen für bundesstaatliche Rechtsbeziehungen auch *M. Schulte*, VerwArch. 81 (1990), 415 (420 ff.).
[98] Vgl. *Thoma*, Bundesstaat (Fn. 18), S. 173 f.; s. aber auch ebenda, S. 177 ff.
[99] BVerfGE 1, 14 (34); 6, 309 (346 f.); 14, 221 (234); 34, 9 (19); 36, 342 (360 f.); 60, 175 (207 f.); 72, 330 (385 f.); 81, 310 (334); 87, 181 (196); BVerfG NJW 1998, 1296 (1299). → Art. 28 Rn. 7 ff.
[100] BVerfGE 1, 14 (34); 60, 175 (207).
[101] BVerfGE 34, 9 (19 f.).
[102] Vgl. BVerfGE 1, 14 (34); 60, 175 (207); 64, 301 (317 f.); ferner *H. Dreier*, Einheit und Vielfalt der Verfassungsordnungen im Bundesstaat, in: K. Schmidt (Hrsg.), Vielfalt des Rechts – Einheit der

dern ein **Kernbestand eigener Aufgaben** verbleiben; zu diesem sog. »Hausgut« gehören neben der Verfassungsautonomie und der freien Bestimmung über die Organisation in der Spruchpraxis bislang noch nicht näher präzisierte legislative, exekutive und judikative Aufgaben und Befugnisse sowie die Garantie eines angemessenen Anteils am Gesamtsteueraufkommen im Bundesstaat[103]. Diese Rechtspositionen sind gegen Übergriffe des Bundes geschützt, daneben aber auch der Selbstpreisgabe entzogen[104]. Praktische Bedeutung kann letzteres im kooperativen Bundesstaat (→ Rn. 18) namentlich für das **intraföderative Vertragsrecht** erlangen[105]; denn das Verbot der Selbstpreisgabe kann ab einer gewissen qualitativen Intensität und/oder Quantität entsprechenden Vertragsgestaltungen entgegenstehen[106].

2. Gleichheit der Länder im Bundesstaat

Als weiteres »bedeutsames Element des Föderalismus« wird mitunter »bündische Gleichheit« benannt, wonach die Länder prinzipiell »nicht nur auf allen Gebieten staatlichen Handelns die gleichen Aufgaben und Kompetenzen« haben, sondern »auch im Verhältnis untereinander und zum Bund über dieselben Rechte und Pflichten« verfügen[107]. Dem entspricht andernorts die unmittelbar aus dem herrschenden Bundesstaatsbegriff bzw. der Staatsqualität der Länder hergeleitete Gleichheit der Länder[108], die Zuordnung eines Status der Gleichheit zum Grundstatus der Länder[109] und die verselbständigte Behandlung von Gleichheitsfragen als Element des Bundesstaatsprinzips[110]. Die Isolierbarkeit einer **Ländergleichheit als verselbständigtes Element bundesstaatlicher Ordnung** ist jedoch zweifelhaft. Denn die Verfassung selbst nimmt an einer nicht unwesentlichen Stelle, nämlich bei der Zusammensetzung des Bundesrates (Art. 51 II GG), nach der Einwohnerzahl gewichtige Abstufungen zwischen den Ländern vor; auch enthält Art. 29 GG Ungleichbehandlungspotential, das bis hin zur Auflösung einzelner Länder reicht. Damit werden weder der Grundsatz der Einstimmigkeit noch die Verpflichtung des Bundes zur Gleichbehandlung der Länder[111] in Abrede gestellt; ihr normativer und dogmatischer Regelungsort ist jedoch die

25

Rechtsordnung?, 1994, S. 113ff. (insb. 121ff.); *H.J. Boehl*, Verfassunggebung im Bundesstaat, 1997, S. 171ff.; *A. Stiens*, Chancen und Grenzen der Landesverfassungen im deutschen Bundesstaat der Gegenwart, 1997. → Art. 28 Rn. 49.
[103] BVerfGE 34, 9 (19f.); vgl. auch BVerfGE 87, 181 (196); jeweils zu Art. 79 III GG.
[104] Offenlassend BVerfGE 81, 181 (196f.).
[105] Zu intraföderativen Verträgen s. etwa *H. Schneider*, Verträge zwischen Gliedstaaten im Bundesstaat, VVDStRL 19 (1961), S. 1ff.; *R. Grawert*, Verwaltungsabkommen zwischen Bund und Ländern in der Bundesrepublik Deutschland, 1967; *Kisker*, Kooperation (Fn. 82); *J. Pietzcker*, Zusammenarbeit der Gliedstaaten im Bundesstaat, in: C. Starck (Hrsg.), Zusammenarbeit der Gliedstaaten im Bundesstaat, 1988, S. 17ff. (insb. 46ff.); *Rudolf* (Fn. 82), § 105 Rn. 49ff.; *C. Vedder*, Intraföderale Staatsverträge, 1996.
[106] Vgl. etwa *Kisker*, Kooperation (Fn. 82), S. 169ff.; *Vedder*, Staatsverträge (Fn. 105), S. 144f. unter Hinweis auf Art. 29 GG und Art. 28 I 1 in Verbindung mit Art. 20 I, II GG; BVerwGE 22, 299 (305ff., insb. 309: »Verzicht der Länder auf unverzichtbare Hoheitsrechte«); 23, 195 (197f.).
[107] *H.-P. Schneider*, NJW 1991, 2448 (2451); grundlegende Überlegungen zur Gleichheit der Gliedstaaten im Bundesstaat bei *H. Huber*, ÖZöR XVIII (1968), 247ff.
[108] *Herzog* (Fn. 15), Art. 20 IV. Rn. 66.
[109] *Isensee* (Fn. 6), § 98 Rn. 129ff. in Auseinandersetzung mit den uneinheitlichen Begründungsansätzen des Bundesverfassungsgerichts.
[110] Jarass/*Pieroth*, GG, Art. 20 Rn. 10f.; *Sachs* (Fn. 88), Art. 20 Rn. 48.
[111] So die Beispiele bei Jarass/*Pieroth*, GG, Art. 20 Rn. 10f.; *Sachs* (Fn. 88), Art. 20 Rn. 48.

Art. 20 (Bundesstaat) C. Erläuterungen

Bundestreue (→ Rn. 26 ff.), nicht ein verselbständigter und dem Bundesstaatsprinzip allgemein zu entnehmender Grundsatz der Ländergleichheit[112]. Das gilt auch für weitergehende Konkretisierungen wie Verhandlungsbereitschaft, Fairness und Sachlichkeit des procedere, Verbot willkürlicher Obstruktion, Verbot der mißbräuchlichen Inanspruchnahme von Kompetenzen und Befugnissen, Verbot sachwidriger Diskriminierung, Vertragstreue sowie Wahrung von Treu und Glauben, insb. Vertrauensschutz[113].

3. Bundestreue

a) Bedeutung, Rechtsgrundlagen und allgemeine Anwendungsmodalitäten

26 Die Bundestreue gilt als **wichtigste Emanation des bundesstaatlichen Prinzips**, das in der bundesverfassungsgerichtlichen Spruchpraxis ein häufig herangezogener Grundsatz der bundesstaatlichen Ordnung ist[114]. Wegen ihrer ursprünglichen Ausrichtung auf den monarchischen Bundesstaat (→ Rn. 3) war sie dem Grundgesetz nicht »ganz ohne weiteres« zu entnehmen[115]. Gleichwohl und trotz gelegentlich geäußerter Vorbehalte[116] ist der Grundsatz bundesfreundlichen Verhaltens in der bundesstaatlichen Ordnung des Grundgesetz mittlerweile fest etabliert[117]; das Bundesverfassungsgericht bezeichnete ihn sogar wiederholt als einen das gesamte verfassungsrechtliche Verhältnis zwischen Bund und Ländern beherrschenden Grundsatz[118].

27 Die Bundestreue hat die »**Funktion**, die aufeinander angewiesenen ›Teile‹ des Bun-

---

[112] S. zu dieser Einbindung BVerfGE 12, 205 (255 f.: Bundestreue); 41, 291 (308). Die Spruchpraxis ist allerdings nicht eindeutig; vgl. etwa BVerfGE 1, 299 (315: föderalistisches Prinzip); 72, 303 (404: Bundesstaatsprinzip und allgemeiner Gleichheitssatz); 86, 148 (275: ohne Ausweis einer Rechtsgrundlage).

[113] So die von *Isensee* (Föderalismus [Fn. 6], § 98 Rn. 143) der bundesstaatlichen Gleichheit entnommenen Direktiven; *Isensee* macht selbst darauf aufmerksam, daß sich das Bundesverfassungsgericht bei der Ableitung konkreter Handlungsdirektiven aus der föderativen Gleichheit auf die Bundestreue stützt (a.a.O., Rn. 144).

[114] So ein Ergebnis der Rechtsprechungsanalyse von *W. Rudolf*, Die Bundesstaatlichkeit in der Rechtsprechung des Bundesverfassungsgerichts, in: Festgabe BVerfG, Bd. II, S. 233 ff. (235).

[115] Vgl. *R. Smend*, Art. Integration, in: EvStL³, Sp. 1354 ff. (1356).

[116] Grundsätzliche Kritik etwa bei *Hesse*, Der unitarische Bundesstaat (Fn. 70), S. 6 ff.; *ders.*, Verfassungsrecht, Rn. 268 f.; *P. Lerche*, Föderalismus als nationales Ordnungsprinzip, VVDStRL 21 (1964), S. 66 (88 ff.); zurückhaltend auch *Oeter*, Integration (Fn. 3), S. 480 ff.; Näheres zur Kritik bei *Bauer*, Bundestreue (Fn. 11), S. 156 ff. m.w.N.

[117] Z.B. *Bayer*, Bundestreue (Fn. 27); *A. Bleckmann*, JZ 1991, 900 ff.; *C. Doerfert*, JuS 1996, L 89 ff.; *H.J. Faller*, Das Prinzip der Bundestreue in der Rechtsprechung des Bundesverfassungsgerichts, in: FS Maunz, 1981, S. 53 ff.; *W. Geiger*, Die wechselseitige Treuepflicht von Bund und Ländern, in: A. Süsterhenn (Hrsg.), Föderalistische Ordnung (1961), S. 113 ff.; *H. Görg*, Die gegenseitige Treuepflicht des Bundes und der Länder auf Gebieten des Finanzwesens, in: FS Herrfahrdt, 1961, S. 73 ff.; *Heun*, Evolution (Fn. 76), S. 175; *G. Müller*, Bundestreue im Bundesstaat, in: FS Kiesinger, 1964, S. 213 ff.; *Isensee* (Fn. 6), § 98 Rn. 151 ff.; *J. Lücke*, Der Staat 17 (1978), 341 ff.; *ders.*, VerwArch. 70 (1979), 293 ff.; *H.G. Rupp*, Zum Problem der Bundestreue im Bundesstaat, in: Festgabe Schmid, 1965, S. 141 ff.; *Stern*, Staatsrecht I, S. 699 ff.; s. zu Belgien *A. Alen/P. Peters*, JöR 42 (1994), 439 ff. und zur Schweiz *A. Kölz*, Bundestreue als Verfassungsprinzip?, Schweizerisches Zentralblatt für Staats- und Gemeindeverwaltung 81 (1980), 145 ff.; rechtsvergleichend *R. Mörsdorf*, Das belgische Bundesstaatsmodell im Vergleich zum deutschen Bundesstaat des Grundgesetzes, 1995, S. 272 ff. und *C. Roschmann*, Vergleich des föderativen Aufbaus Bundesrepublik Deutschland – Föderative Republik Brasilien mit Schwerpunkt auf dem Bund-Länder-Verhältnis, 1995, S. 172 ff.; die folgende Darstellung orientiert sich an der bei *Bauer*, Bundestreue (Fn. 11), S. 218 ff., 313 ff., vorgeschlagenen Dogmatik.

[118] So oder ähnlich BVerfGE 12, 205 (254); 61, 149 (205); 81, 310 (337).

desstaats, Bund und Länder, stärker unter der gemeinsamen Verfassungsordnung aneinander zu binden«[119]. In ganz allgemeiner Umschreibung enthält sie für Bund und Länder die verfassungsrechtliche Pflicht, einander die Treue zu halten und sich zu verständigen[120]. Ihre **Rechtsgrundlage** ist der allgemeine **Grundsatz von Treu und Glauben** in bundesstaatsspezifischer Ausprägung[121]; diese Rückführung auf die normative Grundlage von Treu und Glauben ist zwar nicht unumstritten, aber erleichtert, seitdem das Bundesverfassungsgericht bei der Konkretisierung der Bundestreue auf Verpflichtungen zu enger und vertrauensvoller Zusammenarbeit zurückgreift, auf die sich Bund und Länder aufgrund des zwischen ihnen bestehenden »wechselseitigen Treueverhältnisses« verständigt hatten[122]. Die normative Verankerung in Treu und Glauben unterstreicht die **Subsidiarität** des Grundsatzes bundesfreundlichen Verhaltens[123] für die gerichtliche Konfliktentscheidung; da zahlreiche Vorschriften des Grundgesetzes im dogmatischen Kontext mit der Bundestreue stehen und teilweise als deren Ausdruck gewertet werden[124], kann sie allerdings auch für deren Interpretation Bedeutung erlangen[125]. In diesem Rahmen ergänzt der Grundsatz bundesfreundlichen Verhaltens das ausdrücklich geregelte Bundesstaatsrecht.

Die Bundestreue entfaltet für Bund und Länder **wechsel- und mehrseitige Rechtswirkungen**: sie bindet den Bund im Verhältnis zu den Ländern, die Länder in ihrem Verhältnis zum Bund und die Länder im Verhältnis untereinander[126]. Daraus können sich im Einzelfall für Bund und Länder **Verhaltenspflichten gegenüber Dritten** ergeben – so etwa für die Länder eine Verpflichtung zu kommunalaufsichtlichem Einschreiten, soweit der Bund zur Wahrung der grundgesetzlichen Ordnung auf die Mitwirkung eines Landes angewiesen ist[127], und für den Bund eine Verpflichtung zur Wahrung von Länderrechten durch den Einsatz der ihm zur Verfügung stehenden Mittel in den Organen der EG[128]. **Keine Anwendung** findet die Bundestreue hingegen auf nicht am Bundesstaatsrechtsverhältnis beteiligte Dritte wie etwa die **Gemeinden**[129]; nicht anzuwenden ist sie außerdem im **(Innen-)Verhältnis der Verfassungorgane** des Bundes bzw. der Länder, für das nicht die Bundes-, sondern die Verfassungsorgantreue[130] sedes materiae ist.

In diesem Bezugsrahmen erstreckt sich der **Anwendungsbereich** des Grundsatzes

---

[119] BVerfGE 8, 122 (140); Hervorhebung hinzugefügt.
[120] Vgl. BVerfGE 1, 299 (315).
[121] *Sachs* (Fn. 88), Art. 20 Rn. 45; *Isensee* (Fn. 6), § 98 Rn. 158 zu Unterlassungspflichten mit ergänzendem Hinweis auf weitere allgemeine Rechtsmaximen; *Bauer*, Bundestreue (Fn. 11), S. 234 ff. (insb. 245 ff.) m.w.N. auch zu anderweitigen Begründungsansätzen (bündisches Prinzip, Wesen des Bundesstaates, Verfassungsgewohnheitsrecht, rechtsstaatliche Grundsätze wie Übermaßverbot, etc.); für eine Herleitung aus Art. 72 II GG *A. Bleckmann*, JZ 1991, 900 (901 ff.); für eine Rückführung auf den Zusammenschluß souveräner Staaten zu einem Bund (Bundesschluß) *O. Depenheuer*, Das soziale Staatsziel und die Angleichung der Lebensverhältnisse in Ost und West, in: HStR IX, § 204 Rn. 110.
[122] BVerfGE 92, 203 (232, 234).
[123] Vgl. *Hesse*, Verfassungsrecht, Rn. 270; *Isensee* (Fn. 6), § 98 Rn. 157; *Sachs* (Fn. 88), Art. 20 Rn. 46.
[124] Z.B. Art. 32 II, 35, 91, 107 II, 109 II GG.
[125] Exemplarisch BVerfGE 72, 330 (386 f., 397 f., 402) zum Finanzausgleich.
[126] Z.B. BVerfGE 12, 205 (254 f.).
[127] BVerfGE 8, 122 (138).
[128] BVerfGE 92, 203 (235 ff.); dazu *I. Winkelmann*, DÖV 1996, 1 ff. m.w.N.
[129] *Jarass/Pieroth*, GG, Art. 20 Rn. 13; a.A. BVerwG DVBl. 1990, 46 (47) – autofreie Ferieninsel; s. zur Diskussion *K. Meßerschmidt*, Die Verwaltung 23 (1990), 425 ff. m.w.N.
[130] Dazu allgemein *W.-R. Schenke*, Die Verfassungsorgantreue, 1977; BVerfGE 90, 286 (337).

bundesfreundlichen Verhaltens auf Bund und Ländern bei jeder ihrer Maßnahmen, auch wenn der Bundestreue bisweilen nur **akzessorischer Charakter** attestiert wird[131]. Dabei ist der **Einwand »tu quoque«** ausgeschlossen, d.h. weder Bund noch Länder können sich ihrer Pflicht zu bundesfreundlichem Verhalten mit der Behauptung oder dem Nachweis entziehen, daß der jeweils andere Teil seiner Pflicht zu bundesfreundlichem Verhalten nicht nachgekommen sei[132]. Verletzungen der Bundestreue implizieren keinen Schuldvorwurf und setzen keinen Nachweis der Treulosigkeit oder Böswilligkeit voraus[133], sind also **verschuldensunabhängig**. Als Rechtsgrundlage für **Haftungsansprüche** im Bund-Länder-Verhältnis ist die Bundestreue nicht geeignet[134]. Unter Berücksichtigung dieser allgemeinen Anwendungsdirektiven haben sich über die Jahre hinweg vielfältige **Einzelkonkretisierungen** ergeben, die sich beim derzeitigen Entwicklungsstand – freilich nicht überschneidungsfrei – typologisch unter den Stichworten Pflichtenbegründung (→ Rn. 30), Rechtsbeschränkung (→ Rn. 31) und Bereitstellung ergänzender Regeln für das intraföderative Vertragsrecht (→ Rn. 32) im wesentlichen drei **Fallgruppen** zuordnen lassen.

b) Konkretisierungen in Fallgruppen

30   Zur Fallgruppe der **pflichtenbegründenden Konkretisierungen** gehören zunächst **Verpflichtungen zu Hilfs- und Unterstützungsleistungen**; Beispiele dafür liefern namentlich das Finanzverfassungsrecht[135] und die bereits erwähnten Verhaltenspflichten gegenüber Dritten (→ Rn. 28). **Verpflichtungen zu Information und Konsultation** wurden der Bundestreue u.a. für politisch entscheidende Beratungen, die alle Länder angehen[136], sowie im Zusammenhang mit Regelungsvorhaben der EG[137] entnommen. Derartige Informations- und Konsultationsverpflichtungen sind oftmals Begleiterscheinungen von umfassenderen Koordinations- und Kooperationsbeziehungen, für die in der Bundestreue weitergehende **Gebote zu Abstimmung und Zusammenarbeit** angelegt sind. Solche Pflichten zu überregionaler Koordination und Kooperation finden sich etwa im Medienrecht[138], im Umweltabgabenrecht[139] und im Finanzverfassungsrecht[140]; ähnliches gilt für Bereiche, in denen Bund und Länder von der Mitwirkung der jeweils anderen Seite abhängig sind[141], sowie bei bereits begonnenem oder

---

[131] Zur Heranziehung bei jeder Maßnahme s. BVerfGE 8, 122 (131); vgl. auch BVerfGE 6, 309 (361); 12, 205 (255). Der in BVerfGE 13, 54 (75); 21, 312 (326); 42, 103 (117) unternommene und in der Literatur wiederholt positiv aufgegriffene (z.B. *C. Doerfert*, JuS 1996, L 89 [L 91]) Versuch, den Einsatz der Bundestreue auf bereits bestehende konkrete Rechtsverhältnisse zu beschränken und ihn strikt akzessorisch auszugestalten, überzeugt in dieser Allgemeinheit nicht und wird im übrigen auch der sonstigen Spruchpraxis nicht gerecht. Kritisch zur Akzessorietätsthese etwa *A. Bleckmann*, Völkerrecht im Bundesstaat?, Schweizerisches Jahrbuch für Internationales Recht 29 (1973), 9ff. (47); Näheres bei *Bauer*, Bundestreue (Fn. 11), S. 335ff. m.w.N.

[132] BVerfGE 8, 122 (140); *Sachs* (Fn. 88), Art. 20 Rn. 46; *Stern*, Staatsrecht I, S. 702.

[133] BVerfGE 8, 122 (140); *Isensee* (Fn. 6), § 98 Rn. 157; *Sachs* (Fn. 88), Art. 20 Rn. 46; *Stern*, Staatsrecht I, S. 702.

[134] BVerwGE 12, 253 (255f.); vgl. auch BVerwGE 96, 45 (50).

[135] BVerfGE 72, 330 (395ff., 402ff.); 86, 148 (263ff.); vgl. auch bereits BVerfGE 1, 117 (131).

[136] BVerfGE 12, 205 (255f.).

[137] BVerfGE 92, 203 (235).

[138] BVerfGE 73, 118 (196f.).

[139] BVerfG NJW 1998, 2341 (2342) – Kommunale Verpackungsteuer.

[140] BVerfGE 39, 96 (111); 86, 148 (265).

[141] Z.B. BVerfGE 56, 298 (322).

rechtlich angeordnetem Zusammenwirken[142]. Ein weiterer wesentlicher Komplex pflichtenbegründender Konkretisierungen betrifft **Verfahrenspflichten**, in denen bisweilen sogar der Kerngedanke der Bundestreue vermutet wurde[143]. In der bundesverfassungsgerichtlichen Spruchpraxis haben sie bisher vor allem für das Problemfeld »Verhandlungen im Bundesstaat« und die Begründung von Anhörungspflichten Bedeutung erlangt: Für die erwähnten Verhandlungen stellte das Gericht fest, daß die Länder den gleichen verfassungsrechtlichen Status besitzen und im Verkehr mit dem Bund Anspruch auf gleiche Behandlung haben; deshalb darf der Bund bei Verhandlungen, die alle Länder betreffen, nicht einzelne Länder ausschließen oder benachteiligen[144]. Danach trifft den Bund eine Verpflichtung zu verfahrensmäßiger Fairness und Gleichbehandlung, die den Ländern gleiche Einflußmöglichkeiten im und durch Verfahren sichert; das schließt ein Benachteiligungsverbot für parteipolitisch oppositionelle Landesregierungen ebenso ein wie das Gebot zur Gewährung einer angemessenen Frist für Meinungsbildung und Stellungnahme. Umgekehrt sind auch die Länder zu Verfahrensfairness verpflichtet und dürfen deshalb beispielsweise nicht durch willkürlich-obstruktives Verhalten in Verhandlungen gemeinsam zu treffende Entscheidungen blockieren[145] oder ihre Kooperation von exklusiv parteipolitischen Zielen abhängig machen. Die Anhörungspflichten sind namentlich bezüglich des Weisungsrechts des Bundes in der Bundesauftragsverwaltung näher präzisiert; sie gebieten grundsätzlich, dem betroffenen Land Gelegenheit und angemessene Zeit zur Stellungnahme zu geben, ohne ihm allerdings einen Anspruch auf inhaltliche Berücksichtigung seiner Stellungnahme im Ergebnis einzuräumen[146].

In der Fallgruppe **rechtsbeschränkender Konkretisierungen** ist neben dem **Verbot widersprüchlichen Verhaltens**[147] das Verbot mißbräuchlicher Rechtsausübung hervorzuheben. Danach kann die Ausübung eines Rechts unzulässig sein, wenn der Rechtsinhaber keine berechtigten Interessen verfolgt oder überwiegende Belange des bzw. der anderen Beteiligten entgegenstehen und die Rechtsausübung zu einer gravierenden Störung der bundesstaatlichen Ordnung führen würde. Ein Verstoß gegen das **Rechtsmißbrauchsverbot** liegt u.a. bei einem aus sachfremden Motiven erhobenen, daher unsachlichen und in diesem Sinne willkürlichen Widerspruch bei einer durch Gesetz geforderten Verständigung zwischen Bund und Ländern vor[148]. Weitere Beispiele sind Rechtsausübungen, die eine Erschütterung des gesamten Finanzgefüges von Bund und Ländern[149] zur Folge haben und vom Bundesverfassungsgericht in besoldungsrechtlichem Kontext betont wurden. Auch etwaige Überreaktionen bei der – bislang freilich noch nicht praktisch gewordenen – Ausübung des Bundeszwanges (→ Art. 37 Rn. 12) gehörten hierher[150]. 31

In die Fallgruppe der **Bereitstellung ergänzender Regeln für das intraföderative** 32

---

[142] Vgl. z.B. BVerfGE 1, 299 (315f.); 12, 205 (254); 39, 96 (125); 41, 291 (310, 312); 72, 330 (402).
[143] Dazu *Lerche*, Föderalismus (Fn. 116), S. 89; *ders.*, Prinzipien (Fn. 76), S. 82.
[144] BVerfGE 12, 205 (255ff.).
[145] Vgl. BVerfGE 1, 299 (315f.); 39, 96 (119f.); 21, 291 (308).
[146] BVerfGE 81, 310 (337f., 346f.).
[147] Dazu *Bauer*, Bundestreue (Fn. 11), S. 358.
[148] BVerfGE 1, 299 (316); 12, 205 (254); 39, 96 (119f.); 41, 291 (308).
[149] BVerfGE 4, 115 (140).
[150] Vgl. dazu *Bayer*, Bundestreue (Fn. 27), S. 98: Bundeszwang als ultima ratio.

Vertragsrecht sind zuallererst der Grundsatz pacta sunt servanda[151] und die clausula rebus sic stantibus[152] einzustellen. Daneben entnimmt die Spruchpraxis der Bundestreue ergänzende Einzelaspekte des intraföderativen Vertragsrechts wie die Verpflichtung zur vorübergehenden weiteren Anwendung einer wegen inhaltlicher Unvereinbarkeit als landesverfassungswidrig festgestellten vertraglichen Regelung[153] und bei bestimmten Kündigungen den Ausschluß des Einwandes der Fristversäumnis, »wenn das anschlußkündigende Land seine Erklärung zwar verspätet, aber noch binnen angemessener Überlegungsfrist abgibt«[154].

D. Verhältnis zu anderen GG-Bestimmungen

33 Die bundesstaatliche Ordnung weist **Bezüge zum republikanischen, demokratischen, rechtsstaatlichen** und **sozialen Prinzip** sowie zu den **Gewährleistungen individueller Freiheit** auf (→ Rn. 17f.). Doch darf dies nicht dazu verleiten, Verfassungsgrundsätze, die auf völlig anders geartete Regelungsmaterien bezogen sind, unbesehen auf das Bund-Länder-Verhältnis zu übertragen. Das betrifft etwa aus dem **Rechtsstaatprinzip** abgeleitete Schranken für Einwirkungen des Staates in den Rechtskreis des Einzelnen, insb. das **Übermaßverbot**, das in einem Denken in den Kategorien von Freiraum und Eingriff wurzelt; denn dem Grundsatz der Verhältnismäßigkeit kommt eine die individuelle Rechts- und Freiheitssphäre verteidigende Funktion zu, die auf die Rechtsverhältnisse zwischen Bund und Ländern nicht übertragbar ist[155]. Andererseits kann das Rechtsstaatsprinzip Inhalt und Anwendungsbereich des Grundsatzes bundesfreundlichen Verhaltens verdeutlichen und erweitern; das Bundesverfassungsgericht forderte deshalb unlängst von den rechtsetzenden Organen von Bund und Ländern, »Regelungen jeweils so aufeinander abzustimmen, daß den Normadressaten nicht gegenläufige Regelungen erreichen, die die Rechtsordnung widersprüchlich machen«[156].

34 Die in Art. 20 I GG grundgelegte bundesstaatliche Ordnung wird durch die Verfassung an vielen Stellen präzisiert und detailliert ausgeformt; diese **speziellen Vorschriften** machen bei der Entscheidung konkreter bundesstaatlicher Konflikte einen Rückgriff auf das allgemeine Bundesstaatsprinzip regelmäßig entbehrlich (→ Rn. 16). Gleichwohl ist Art. 20 I GG für die Festlegung auf den Bundesstaat konstitutiv. Auch umfaßt die bundesstaatliche Ordnung des Grundgesetzes mehr als die Summe der ausdrücklich geregelten Ausformungen; für das ungeschriebene Verfassungrecht ist die Bundestreue (→ Rn. 26ff.) ein ebenso klassischer wie plakativer Beleg. Dies alles ändert aber nichts daran, daß die konkreten, unmittelbar aus Art. 20 I GG ableitbaren verfassungsrechtlichen Aussagen vergleichsweise gering sind (→ Rn. 22ff.), zumal

---

[151] Vgl. BVerwGE 50, 137 (145) für das Zwischenländervertragsrecht; *M. Bothe*, in: AK-GG, Art. 31 Rn. 26; zweifelnd *Sachs* (Fn. 88), Art. 20 Rn. 47.
[152] BVerfGE 34, 216 (232); 42, 345 (358); BVerwGE 50, 137 (145).
[153] BVerwGE 50, 137 (147ff.).
[154] BVerwGE 60, 162 (194, 203) unter Hinweis auf den den Grundsatz bundesfreundlichen Verhaltens, den Gedanken länderfreundlichen Verhaltens und den Grundsatz von Treu und Glauben (unzulässige Rechtsausübung).
[155] BVerfGE 81, 310 (310, 338); zustimmend *Bauer*, Bundestreue (Fn. 11), S. 240ff.; zurückhaltend *Sachs* (Fn. 88), Art. 20 Rn. 47; anders *Bayer*, Bundestreue (Fn. 27), S. 91 m. Fn. 53: partielle Deckung mit dem Grundsatz der Verhältnismäßigkeit.
[156] BVerfG NJW 1998, 2341 (2342).

dann, wenn – wie hier – die Bundestreue nicht dem »Wesen des Bundesstaates« entnommen wird. Das hat u.a. Konsequenzen für **Art. 79 III GG**, der mit der gesonderten Sicherung der Gliederung des Bundes in Länder und der grundsätzlichen Mitwirkung der Länder bei der Gesetzgebung für die Bundesstaatlichkeit ohnehin Wege geht, die von der Behandlung anderer Verfassungsgrundsätze abweichen (→ Art. 79 III Rn. 16). Immerhin muß nach der Hausgut-Formel des Bundesverfassungsgerichts[157] den Ländern ein **Kernbestand eigener Aufgaben** einschließlich eines angemessenen Anteils am Gesamtsteueraufkommen verbleiben (→ Rn. 24). Ergänzend ist darauf hinzuweisen, daß der Bundesstaat nicht zum Ensemble der **freiheitlichen demokratischen Grundordnung** gehört[158].

---

[157] BVerfGE 34, 9 (19f.); 87, 181 (196).
[158] *H. Dreier*, JZ 1994, 741 (749).

Artikel 20 [Verfassungsprinzipien; Widerstandsrecht]

(1) Die Bundesrepublik Deutschland ist ein demokratischer und sozialer Bundesstaat.

(2) ¹**Alle Staatsgewalt** geht vom Volke aus. ²Sie **wird** vom Volke in Wahlen und Abstimmungen und **durch besondere Organe der Gesetzgebung, der vollziehenden Gewalt und der Rechtsprechung ausgeübt.**

(3) **Die Gesetzgebung ist an die verfassungsmäßige Ordnung, die vollziehende Gewalt und die Rechtsprechung sind an Gesetz und Recht gebunden.**

(4) Gegen jeden, der es unternimmt, diese Ordnung zu beseitigen, haben alle Deutschen das Recht zum Widerstand, wenn andere Abhilfe nicht möglich ist.

Literaturauswahl

Achterberg, Norbert: Probleme der Funktionenlehre, 1970.
Bäumlin, Richard: Die rechtsstaatliche Demokratie, 1954.
Benda, Ernst: Der soziale Rechtsstaat, in: HdbVerfR, § 17, S. 719–797.
Bleckmann, Albert: Vom subjektiven zum objektiven Rechtsstaatsprinzip, in: JöR 36 (1987), S. 1–27.
Böckenförde, Ernst-Wolfgang: Entstehung und Wandel des Rechtsstaatsbegriffs (1969), in: ders., Recht, Staat, Freiheit, 1991, S. 143–169.
Buchwald, Delf: Prinzipien des Rechtsstaats, 1996.
Dechsling, Rainer: Das Verhältnismäßigkeitsgebot, 1989.
Denninger, Erhard: Grenzen und Gefährdungen des Rechtsstaats, in: Rechtstheorie 24 (1993), S. 7–15.
Dreier, Ralf: Der Rechtsstaat im Spannungsverhältnis zwischen Gesetz und Recht, in: JZ 1985, S. 353–359.
Forsthoff, Ernst (Hrsg.): Rechtsstaatlichkeit und Sozialstaatlichkeit, 1968.
Gassner, Ulrich M.: Gesetzgebung und Bestimmtheitsgrundsatz, in: ZG 11 (1996), S. 37–56.
Hesse, Konrad: Der Rechtsstaat im Verfassungssystem des Grundgesetzes (1962), in: Ernst Forsthoff (Hrsg.), Rechtsstaatlichkeit und Sozialstaatlichkeit, 1968, S. 557–588.
Hofmann, Hasso: Geschichtlichkeit und Universalitätsanspruch des Rechtsstaats, in: Der Staat 34 (1995), S. 1–32.
Hofmann, Rainer/Marko, Joseph/Merli, Franz/Wiederin, Ewald (Hrsg.): Rechtsstaatlichkeit in Europa, 1996.
Isensee, Josef: Rechtsstaat – Vorgabe und Aufgabe der Einung Deutschlands, in: HStR IX, § 202, S. 3–128.
Jesch, Dietrich: Gesetz und Verwaltung, 2. Aufl. 1968.
Karpen, Ulrich: Der Rechtsstaat des Grundgesetzes, 1992.
Kirchhof, Paul: Rechtsstaatlichkeit im Umbruch der Wiedervereinigung, in: Otmar Jauernig/Peter Hommelhoff (Hrsg.), Teilungsfolgen und Rechtsfriede, 1996, S. 145–158.
Kunig, Philip: Das Rechtsstaatsprinzip, 1986.
Lerche, Peter: Übermaß und Verfassungsrecht, 1961
Maurer, Hartmut: Kontinuitätsgewähr und Vertrauensschutz, in: HStR III, § 60, S. 211–279.
Michaelis, Karl: Die Deutschen und ihr Rechtsstaat, 1980.
Ossenbühl, Fritz: Vorrang und Vorbehalt des Gesetzes, in: HStR III, § 62, S. 315–349.
Papier, Hans-Jürgen/Möller, Johannes: Das Bestimmtheitsgebot und seine Durchsetzung, in: AöR 122 (1997), S. 177–211.
Pieroth, Bodo: Rückwirkung und Übergangsrecht, 1981.
Rausch, Heinz (Hrsg.): Zur heutigen Problematik der Gewaltentrennung, 1969.
Reinhardt, Michael: Konsistente Jurisdiktion, 1997.
Šarčević, Edin: Der Rechtsstaat, 1996.
Scheuner, Ulrich: Die neuere Entwicklung des Rechtsstaates in Deutschland (1960), in: Ernst Forsthoff (Hrsg.), Rechtsstaatlichkeit und Sozialstaatlichkeit, 1968, S. 461–508.
Schmidt-Aßmann, Eberhard: Der Rechtsstaat, in: HStR I, § 24, S. 987–1043.

Schulze-Fielitz, Helmuth: Theorie und Praxis parlamentarischer Gesetzgebung, 1988.
Sendler, Horst: 40 Jahre Rechtsstaat des Grundgesetzes: Mehr Schatten als Licht?, in: DÖV 1989, S. 482–491.
Sinemus, Burkhard: Der Grundsatz der Gewaltenteilung in der Rechtsprechung des Bundesverfassungsgerichts, 1982.
Sobota, Katharina: Das Prinzip Rechtsstaat, 1997.
Sommermann, Karl-Peter: Staatsziele und Staatszielbestimmungen, 1997.
Stettner, Rupert: Not und Chance der grundgesetzlichen Gewaltenteilung, in: JöR 35 (1986), S. 58–81.
Suhr, Dieter: Rechtsstaatlichkeit und Sozialstaatlichkeit, in: Der Staat 9 (1970), S. 67–93.
Tohidipur, Mehdi (Hrsg.): Der bürgerliche Rechtsstaat, 2 Teilbände, 1978.
Wahl, Rainer: Der Vorrang der Verfassung und die Selbständigkeit des Gesetzesrechts, in: NVwZ 1984, S. 401–409.
Zimmer, Gerhard: Funktion – Kompetenz – Legitimation, 1979.

Leitentscheidungen des Bundesverfassungsgerichts

Gewaltenteilung
BVerfGE 22, 106 (111ff.) – Steuerausschüsse; 25, 371 (371f.) – lex Rheinstahl; 34, 52 (58) – Hessisches Richtergesetz; 34, 269 (288f.) – Soraya; 49, 89 (124ff.) – Kalkar I; 67, 100 (139) – Flick-Untersuchungsausschuß; 68, 1 (86ff., 103) – Atomwaffenstationierung; 90, 286 (384) – Bundeswehreinsatz.

Vorrang der Verfassung
BVerfGE 12, 45 (53) – Kriegsdienstverweigerung; 17, 306 (313f.) – Mitfahrerzentrale; 23, 98 (106) – Ausbürgerung; 34, 269 (286ff.) – Soraya; 39, 1 (51ff.) – Schwangerschaftsabbruch I; 59, 216 (229) – Söhlde.

Vorrang des Gesetzes
BVerfGE 8, 155 (169ff.) – Lastenausgleich; 8, 274 (325) – Preisgesetz; 40, 237 (246ff.) – Justizverwaltungsakt.

Vorbehalt des Gesetzes
BVerfGE 33, 1 (9ff.) – Strafgefangene; 33, 125 (155ff.) – Facharzt; 34, 165 (192ff.) – Förderstufe; 47, 46 (78ff.) – Sexualkundeunterricht; 49, 89 (126f.) – Kalkar I; 57, 295 (320ff., 329f.) – 3. Rundfunkentscheidung (FRAG/Saarländisches Rundfunkgesetz); 58, 257 (268ff., 275f.) – Schulentlassung; 83, 130 (142, 151f.) – Josephine Mutzenbacher; 85, 386 (403f.) – Fangschaltungen.

Bestimmtheitsgebot
BVerfGE 1, 14 (45) – Südweststaat; 6, 32 (42) – Elfes; 8, 274 (325f.) – Preisgesetz; 9, 137 (146f.) – Einfuhrgenehmigung; 17, 306 (313ff.) – Mitfahrzentrale; 87, 234 (263f.) – Einkommensanrechnung.

Rückwirkungsverbot
BVerfGE 18, 429 (439) – Verschollenheitsrente; 30, 367 (385ff.) – Bundesentschädigungsgesetz; 63, 343 (357) – Rechtshilfevertrag; 72, 200 (242) – Einkommensteuerrecht.

Verhältnismäßigkeitsprinzip
BVerfGE 6, 389 (439) – Homosexuelle; 19, 342 (348f.) – Wencker; 21, 378 (387f.) – Wehrdisziplin; 34, 238 (246, 249ff.) – Tonband; 35, 382 (400f.) – Ausländerausweisung; 45, 187 (261) – Lebenslange Freiheitsstrafe; 63, 88 (115) – Versorgungsausgleich II; 67, 157 (173) – G 10; 90, 145 (173) – Cannabis; 92, 277 (327) – DDR-Spionage.

Gliederung

	Rn.
A. Herkunft, Entstehung, Entwicklung	1
I. Ideen- und verfassungsgeschichtliche Aspekte	1
1. Die Idee der Herrschaft des Rechts im Verfassungsstaat	1
2. Die deutsche Rechtsstaatsentwicklung	10
3. Voraussetzungen und Kontexte des Rechtsstaats	17
II. Entstehung und Veränderung der Norm	19

Art. 20 (Rechtsstaat)

B. Internationale, supranationale und rechtsvergleichende Bezüge	20
I. Internationale Aspekte	20
II. Der Rechtsstaat als Prinzip des Europarechts	22
1. Das Rechtsstaatsprinzip und seine Elemente im Europarecht	22
2. Einwirkungen der europäischen Rechtsstaatlichkeit auf das Recht der Bundesrepublik	26
III. Rechtsvergleichende Hinweise	32
C. Erläuterungen	36
I. Allgemeine Bedeutung	36
1. Art. 20 II 2, III GG und die zentralen Schutzgüter des Rechtsstaats	36
2. Normative Ebenen des grundgesetzlichen Rechtsstaats	39
a) Der Rechtsstaat zwischen Prinzip, Grundsatz und Regel	39
b) Formeller und materieller Rechtsstaat	44
c) Rechtsstaat und materielle Gerechtigkeit	48
d) Gesetze und Verordnungen als zentrale Steuerungsmedien	50
3. Aktueller Befund	53
a) Die Wiedervereinigung Deutschlands	53
b) Ungewißheiten der Gegenwart	57
II. Kernelemente des Rechtsstaatsprinzips	61
1. Der Grundsatz der Gewaltenteilung (Art. 20 II 2 GG)	62
a) Bedeutung, Funktionen und Ebenen der Gewaltenteilung	62
b) Trennung, Zuordnung und Überschneidung der Gewalten	65
c) Gewaltenteilung im weiteren Sinne	71
2. Die hierarchische Bindung des Rechts (Art. 20 III GG)	74
a) Der Vorrang der Verfassung (Art. 20 III, 1. Halbsatz GG)	74
aa) Art und Umfang der Bindungswirkungen	74
bb) Verfassungskonforme Auslegung; Teilnichtigkeit	78
cc) Rechtsfolgen der Verfassungswidrigkeit	80
b) Der Vorrang des Gesetzes (Art. 20 III, 2. Halbsatz GG)	83
aa) Art und Umfang der Bindung an »Gesetz und Recht«	83
bb) Normbindung und Normenkontrolle der Verwaltung	87
cc) Gesetzesvorrang und Richterrecht	92
3. Der Vorbehalt des Gesetzes	95
a) Begriff, Grundlagen und Entwicklungstendenzen	95
b) Die Wesentlichkeitsdoktrin der Rechtsprechung	103
c) Der Parlamentsvorbehalt	107
d) Staatsorganisationsrechtliche Gesetzesvorbehalte	112
4. Rechtsstaatliche Anforderungen an die Rechtsetzung	116
a) Bestimmtheit von Gesetzen	117
aa) Grundsatz und Funktion	117
bb) Unbestimmte Rechtsbegriffe und Generalklauseln	121
cc) Ermächtigungsgrundlagen für belastendes Staatshandeln	124
b) Klarheit der Gesetze	129
c) Rechtssicherheit und Vertrauensschutz	134
d) Besonders: Die Rückwirkung von Gesetzen	139
aa) Die Abstufungen des Vertrauensschutzes	139
bb) Die echte Rückwirkung (Rechtsfolgenrückbewirkung)	144
cc) Die unechte Rückwirkung (tatbestandliche Rückanknüpfung)	152
5. Rechtsstaatliche Anforderungen an die Rechtsanwendung	158
6. Der Grundsatz der Verhältnismäßigkeit (Art. 20 II, III GG i.V.m. Art. 3 I, 19 II GG)	167
a) Der Grundsatz und seine verfassungsrechtliche Verankerung	167
b) Die drei Stufen des Verhältnismäßigkeitsprinzips	170
c) Anwendungsbereich und ausgewählte Problemfelder	175
d) Das Untermaßverbot	184

7. Rechtsstaatliche Anforderungen an Organisation und Verfahren der öffentlichen
      Gewalt 185
      a) Organisation und Verfahren der Rechtsetzung 186
      b) Organisation und Verfahren der Verwaltung 190
      c) Organisation und Verfahren der Rechtsprechung 197
         aa) Der allgemeine Justizgewährleistungsanspruch 197
         bb) Funktionsgerechte Organisation und Zugänglichkeit staatlicher Gerichtsbarkeit 199
         cc) Anforderungen an das gerichtliche Verfahren 202
   8. Rechtmäßigkeitsrestitution 206
   III. Die Adressaten des Rechtsstaatsprinzips 207
D. Verhältnis zu anderen GG-Bestimmungen 208

A. Herkunft, Entstehung, Entwicklung

I. Ideen- und verfassungsgeschichtliche Aspekte

1. Die Idee der Herrschaft des Rechts im Verfassungsstaat

Der Rechtsstaat formuliert verfassungstheoretisch den **Anspruch, politische und gesellschaftliche Macht** im Gemeinwesen primär **nach Maßgabe von Recht und Gerechtigkeit auszuüben**[1], auch im Widerspruch zur politischen Opportunität der Macht. Rechtsstaatlichkeit prägt die Strukturen und die Ziele staatlichen Handelns, das nicht nur begrenzt, sondern auch gewährleistet wird[2].

Ideengeschichtlich reicht dieser Gedanke in einzelnen wesentlichen Elementen bis in die Antike zurück[3]; so lassen sich etwa der Gedanke der »Herrschaft von Gesetzen, nicht von Menschen« auf Platon[4], der der Dreiteilung der Staatsgewalt u.a. auf Aristoteles[5], andere Elemente rechtsstaatlichen Denkens z.B. auf die rechtliche Selbstdisziplinierung des Kaisers im spätantiken römischen Kaiserreich[6] zurückführen.

Indessen sind **zahlreiche** weitere, z.T. mitunter zusammenhängende **Quellen für die Etablierung von Recht** als verselbständigtes Medium zur Lösung von sozialen, wirtschaftlichen und politischen Konflikten zu nennen: etwa der Investiturstreit und die gregorianische Revolution im 11. und 12. Jahrhundert als rechtlich bewirkte Emanzipation der Kirche von der politischen Gewalt[7], die Entfaltung der mittelalterlichen Stadtkultur und der freien Städte als Vorläufer des modernen Staates[8], oder die Aus-

---

[1] *K. Hesse*, Der Rechtsstaat im Verfassungssystem des Grundgesetzes (1962), in: E. Forsthoff (Hrsg.), Rechtsstaatlichkeit und Sozialstaatlichkeit, 1968, S. 557 ff. (560 ff.).

[2] *Hesse*, Verfassungsrecht, Rn. 186; *P. Badura*, Die Verfassung im Ganzen der Rechtsordnung und die Verfassungskonkretisierung durch Gesetz, in: HStR VII, § 163 Rn. 1 ff., 4; *E. Schmidt-Aßmann*, Der Rechtsstaat, in: HStR I, § 24 Rn. 1, 16.

[3] *Stern*, Staatsrecht I, S. 768 f.; *U. Scheuner*, Die neuere Entwicklung des Rechtsstaats in Deutschland (1960), in: Forsthoff (Hrsg.), Rechtsstaatlichkeit (Fn. 1), S. 460 ff. (470 f.); Dokumente bei *H. Strack*, Theorie des Rechtsstaats, 1970, S. 189 ff.

[4] So *H. Krüger*, Allgemeine Staatslehre, 2. Aufl. 1966, S. 277.

[5] Vgl. *K. Sobota*, Das Prinzip Rechtsstaat, 1997, S. 70; *M. Reinhardt*, Konsistente Jurisdiktion, 1997, S. 23; *J. Becker*, Gewaltenteilung im Gruppenstaat, 1986, S. 44 ff.

[6] Vgl. *C.F. Wetzler*, Rechtsstaat und Absolutismus, 1997, S. 200 ff.; *D. Wyduckel*, Princeps legibus solutus, 1979, S. 54 ff.

[7] So *H. Hofmann*, Der Staat 34 (1995), 1 (7 f.); s. näher *H.J. Berman*, Recht und Revolution. Die Bildung der westlichen Rechtstradition, 1991, S. 144 ff., 439 ff.

[8] Zusammenfassend *G. Dilcher*, Kommune und Bürgerschaft als politische Idee der mittelalterli-

bildung einer institutionalisierten Rechtswissenschaft, deren Denken i.S. einer Verrechtlichung des öffentlichen und gesellschaftlichen Lebens die europäische Rechtskultur prinzipiell bis heute prägt[9]. Auf diesem »vielfältigen Wurzelgrund« (H. Hofmann), für den ein personalistischer Primat der Einzelperson, eine legalistische Unterwerfung der Entscheidung über soziale Konflikte unter allgemeine Rechtsregeln und eine intellektualisierende begriffliche und systematische Erfassung von Recht und Gerechtigkeit kennzeichnend sind[10], wuchs die westliche Vorstellung vom relativ selbständigen Recht als verbindliche Instanz auch für den Herrscher[11].

4   **Politisch-programmatisch nachhaltig wirksam** wurde der Rechtsstaatsgedanke **mit den naturrechtlichen Klassikern** des europäischen staatstheoretischen Denkens, den Menschenrechtserklärungen seit dem 18. Jahrhundert (→ Vorb. Rn. 4ff.) und der Konstitutionalisierung der Staatsgewalt um der Freiheit der Bürger willen nach Maßgabe geschriebener Verfassungen[12]. Zuerst H. Grotius, dann J. Locke, Montesquieu und J.-J. Rousseau haben je spezifisch dem Gedanken des Rechtsstaats theoretisch zum Durchbruch verholfen.

5   Die **Herausbildung des Rechtsstaats** ist ein **jahrhundertelanger historischer Prozeß**. Er ist z.B. **in England** auch auf mittelalterliche Wurzeln zurückführbar, findet dort aber wesentliche Fortentwicklungen einerseits durch die Suprematie parlamentarisch gesetzten Rechts im 17. Jahrhundert, andererseits durch den Gedanken der »rule of law« im 19. Jahrhundert in der klassischen Ausprägung[13] i.S. einer Gesetzmäßigkeit der Verwaltung und der Gleichheit und Freiheit der Bürger vor dem und im Recht. Ungeachtet oft betonter Unterschiede[14] erweisen sich mittlerweile die materiellen Kerngehalte des Rechtsstaatsprinzips und des rule of law als weithin deckungsgleich[15]; sie haben in der grundrechtlichen Freiheit des Individuums denselben gemeinsamen Bezugspunkt.

6   **Im US-amerikanischen Verfassungsdenken** spiegelt sich der Grundgedanke des »limited government« in rechtsstaatlichen Elementen wie der Gewaltenteilung[16] oder der gerichtlichen Kontrolle des Gesetzgebers, wie sie unter Anknüpfung an Locke in

---

chen Stadt, in: I. Fetscher/H. Münkler (Hrsg.), Pipers Handbuch der politischen Ideen, Band 2, 1993, S. 311ff. (342ff.); *Berman*, Recht (Fn. 7), S. 562ff.

[9] Vgl. *F. Wieacker*, Voraussetzungen europäischer Rechtskultur, 1985, S. 15f.; *E. Pitz*, Der Untergang des Mittelalters, 1987, S. 107ff.; *Berman*, Recht (Fn. 7), S. 199ff.; *H. Hofmann*, Der Staat 34 (1995), 1 (8f.); s. auch *H. Coing*, HZ 238 (1984), 1ff.

[10] So *Wieacker*, Voraussetzungen (Fn. 9), S. 20ff.

[11] *Berman*, Recht (Fn. 7), S. 468ff.

[12] Geschichtliche Bilanzen: *Scheuner*, Entwicklung (Fn. 3), S. 470ff.; *E.-W. Böckenförde*, Entstehung und Wandel des Rechtsstaatsbegriffs (1969), in: ders., Recht, Staat, Freiheit, 1991, S. 143ff.; ders., Art. Rechtsstaat, in: J. Ritter/K. Gründer (Hrsg.), Historisches Wörterbuch der Philosophie, Band VIII, 1992, Sp. 332ff.; s. auch *D. Buchwald*, Prinzipien des Rechtsstaats, 1996, S. 77ff.; *M. Kriele*, Einführung in die Staatslehre, 1975, S. 104ff.

[13] *K.-P. Sommermann*, Staatsziele und Staatszielbestimmungen, 1997, S. 45ff.; *J. Harvey/L. Bather*, Über den englischen Rechtsstaat. Die »rule of law«, in: M. Tohidipur (Hrsg.), Der bürgerliche Rechtsstaat, 1978, S. 359ff.; s. auch *R. Bäumlin/H. Ridder*, in: AK-GG, Art. 20 Abs. 1–3 III Rn. 4ff.; *Scheuner*, Entwicklung (Fn. 3), S. 472f.

[14] Vgl. *Kriele*, Einführung (Fn. 12), S. 109f.; *H. Hofmann*, Der Staat 34 (1995), 1 (1f.).

[15] *D.N. MacCormick*, JZ 1984, 65ff.; *Sommermann*, Staatsziele (Fn. 13), S. 47f.; *Buchwald*, Prinzipien (Fn. 12), S. 99f.

[16] Vgl. *W. Brugger*, Einführung in das öffentliche Recht der USA, 1993, S. 24ff., 173ff.; *Becker*, Gewaltenteilung (Fn. 5), S. 54ff.

den Kommentaren der »Federalist Papers« zum Ausdruck gekommen sind[17]. Die Rechtsprechung des Supreme Court hat diese rechtsstaatlichen Grundgedanken konkretisiert, namentlich durch die Interpretation der Klausel des Due-process-of law als eines geordneten Verfahrens staatlicher Entscheidungsfindung auch i.S. einer substantiellen Überprüfung der materiellen Vernünftigkeit gesetzgeberischer Eingriffe in Freiheitsrechte[18], und so rechtliche Figuren entwickelt, die in Deutschland als rechtsstaatliche Kernbestandteile gelten, z.B. der Vorrang der Verfassung, der Vorrang und Vorbehalt des Gesetzes, das Recht auf gleichen Zugang zum Gericht oder auf ein rechtsstaatliches Strafverfahren[19].

In **Frankreich** liegt unter dem Einfluß von Rousseau der Akzent stärker auf Theorien der Herrschaft durch die Gesetze der demokratischen Mehrheit[20]. **Verfassungsstaat und demokratischer Rechtsstaat** sind seit Art. 16 der Französischen Menschenrechtserklärung von 1789 angemessen nur als **symbiotisch verbunden** zu verstehen[21]: Der verfaßte Staat ist nicht als ein vom Recht zu formender Stoff vorgegeben, sondern erfährt seine Legitimität aus dem Recht (→ Rn. 36).

7

Namentlich der **Gedanke der Aufteilung der Staatsgewalt** fand bei Montesquieu eine Fassung[22], die sich in der Verfassung Frankreichs (1791) als Dreiteilung in Legislative, Exekutive und Judikative niederschlug[23]. Montesquieu erkannte zugleich als ein den europäischen Kontinent prägendes Prinzip die Regierung nach Gesetzen, insoweit diese Ausdruck eines Ausgleichs zwischen den Gewalten sind[24]. Bezugspunkt der Gewaltenteilung sind die Freiheitsrechte der Individuen, vor denen sich, als Korrelat zum Gewaltmonopol des Staates[25], die Ausübung politischer Herrschaft rechtfertigen

8

---

[17] Vgl. *A. Hamilton/J. Madison/J. Jay*, Die Federalist Papers, hrsgg. von B. Zehnpfennig, 1993, Nr. 78 (S. 454 ff.); s. auch *H.J. Dierkes/H.G. Neugebauer*, GWU 40 (1989), 203 (216 ff.).

[18] *D.P. Currie*, Die Verfassung der Vereinigten Staaten von Amerika, 1988, S. 38 ff.; *W. Brugger*, Grundrechte und Verfassungsgerichtsbarkeit in den Vereinigten Staaten von Amerika, 1987, S. 53 ff., 133 ff.; *K.L. Shell*, Rechtsstaatlichkeit und Demokratie in den USA, in: Tohidipur (Hrsg.), Rechtsstaat (Fn. 13), S. 377 ff.; s. auch *Bäumlin/Ridder* (Fn. 13), Art. 20 Abs. 1–3 III Rn. 7 f.

[19] *W. Frotscher/B. Pieroth*, Verfassungsgeschichte, 1997, § 2 Rn. 42 ff.; ausf. *Currie*, Verfassung (Fn. 18), S. 16 ff., 30 ff.; *Brugger*, Grundrechte (Fn. 18), S. 5 ff., 84 ff. bzw. 302 ff.

[20] Zur Rechtsstaatstheorie *Rousseaus* s. näher *J. Caspar*, Wille und Norm, 1993, S. 135 ff. u.ö.; s. auch *Bäumlin/Ridder* (Fn. 13), Art. 20 Abs. 1–3 III Rn. 10, 12.

[21] *K. Stern*, Die Verbindung von Verfassungsidee und Grundrechtsidee zur modernen Verfassung, in: FS Eichenberger, 1982, S. 197 ff. (205); *ders.*, Grundideen europäisch-amerikanischer Verfassungsstaatlichkeit, 1984, S. 8 ff., 20 ff.; *H. Hofmann*, Zur Idee des Staatsgrundgesetzes, in: ders., Recht – Politik – Verfassung, 1986, S. 261 ff. (266 ff.); s. auch *Scheuner*, Entwicklung (Fn. 3), S. 465 ff., 476, 478; *P.C. Mayer-Tasch*, Politische Theorie des Verfassungsstaats, 1991, S. 37 ff.; anders zuletzt *E.-W. Böckenförde*, Begriffe und Probleme des Verfassungsstaates, in: GedS Schnur, 1997, S. 137 ff. (143 ff.).

[22] Zusammenfassend zuletzt *S. Korioth*, Der Staat 37 (1998), 27 (31 ff., 35 ff.); *Reinhardt*, Jurisdiktion (Fn. 5), S. 29 ff.; *H. Hofmann*, Der Staat 34 (1995), 1 (20 f.); ausf. *Pitz*, Untergang (Fn. 9), S. 700 ff.; *E.-W. Böckenförde*, Gesetz und gesetzgebende Gewalt, 2. Aufl. 1981, S. 20 ff.; *U. Lange*, Der Staat 19 (1980), 213 ff.; s. auch die Beiträge von *U. Muhlack, E. Mass* und *M. Troper*, in: D. Merten (Hrsg.), Gewaltentrennung im Rechtsstaat, 2. Aufl. 1997, S. 37 ff., 47 ff. bzw. 55 ff.; krit. *P. Kondylis*, Montesquieu und der Geist der Gesetze, 1996.

[23] Vgl. *W. Kägi*, Zur Entstehung, Wandlung und Problematik des Gewaltenteilungsprinzips, Diss. Zürich 1937, S. 80 ff., 95 ff.; *Böckenförde*, Gesetz (Fn. 22), S. 47 ff.; *E. Forsthoff*, Art. Gewaltenteilung, EvStL[3], Sp. 1126 (1128 ff.).

[24] Vgl. *Montesquieu*, Vom Geist der Gesetze (1748), XVII, 16; *H. Hofmann*, Der Staat 34 (1995), 1 (22); *Badura*, Staatsrecht, Rn. D 47; s. auch *W. Kahl*, JöR 45 (1997), 11 (15).

[25] Vgl. dazu *D. Merten*, Rechtsstaat und Gewaltmonopol, 1975, S. 35 ff.

muß und deren Wahrnehmung durch die Gesetze des Rechtsstaats ermöglicht und gewährleistet wird[26].

9 In einer anderen, namentlich mit Rousseau verknüpften Theorietradition findet die **Herrschaft des Gesetzes** und dessen Vorrang seine Begründung in der vorrangigen Qualität des Gesetzes als Ausdruck der Allgemeinheit des vernünftig und selbstbestimmt gebildeten, in abstrakte Regeln gefaßten Gemeinwillens der Bürger[27]. Die gemeinsame Idee des gewaltenteiligen demokratischen Rechtsstaats zielt auf alle Rechtsprinzipien und Rechtsregeln, die die Freiheit und Gleichheit der Bürger gewährleisten und ermöglichen.

2. Die deutsche Rechtsstaatsentwicklung

10 Der »Rechtsstaat« ist begrifflich ein der deutschen Sprache eigentümliches Wort[28] und sachlich ein zentraler **Kristallisationspunkt der deutschen Verfassungsentwicklung**: An seine Ausgestaltung knüpfen sich die politischen Auseinandersetzungen im 19. Jahrhundert[29]; sein Verhältnis zur Demokratie ist staatstheoretisch Kern und Erbe Weimarer Grundsatzstreitigkeiten; seine antitotalitären Gehalte gaben der Vergangenheitsbewältigung nach 1945 und 1989 Formen und Maßstäbe[30]. Das Rechtsstaatsprinzip ist deshalb in Deutschland umfassend dogmatisch ausgestaltet worden[31] und läßt sich mit seinen damit verbundenen spezifischen Verengungen als Teil des »Sonderweges« des deutschen Konstitutionalismus interpretieren[32].

11 Auch hier liegen zentrale und vielschichtige **Wurzeln im Mittelalter und in der frühen Neuzeit**[33]. Dazu gehört z.B. die Justizgewährung durch gerichtliche Streitentscheidung am kaiserlichen Hof, die schon in der Goldenen Bulle (1356) vorgesehen war[34]; Justizgewährung war ein zentrales Thema für rechtsstaatliche Verfassungen des 19. Jahrhunderts[35]. Der alte deutsche Genossenschaftsgedanke kulminierte bei O. v. Gierke in einem »Rechtsstaat«, der die privaten Assoziationen, Gemeinden und sonstigen Korporationen fortsetzte und überbaute[36]. Auch lassen sich Ansätze rechts-

---

[26] S. *H. Fenske*, Gewaltenteilung, in: O. Brunner u.a. (Hrsg.), Geschichtliche Grundbegriffe, Bd. 3, 1982, S. 923 ff. (927 ff.); *W. Schreckenberger*, Der Staat 34 (1995), 503 (509).

[27] *H. Hofmann*, Das Postulat der Allgemeinheit des Gesetzes, in: C. Starck (Hrsg.), Die Allgemeinheit des Gesetzes, 1987, S. 9 ff. (20 ff. u.ö.); *ders.*, Der Staat 34 (1995), 1 (22 f.).

[28] Dazu etwa *Buchwald*, Prinzipien (Fn. 12), S. 78 f. m. Anm. 230; *H. Hofmann*, Der Staat 34 (1995), 1 (1); *C. Link*, Anfänge des Rechtsstaatsgedankens in der deutschen Staatsrechtslehre des 16. bis 18. Jahrhunderts, in: R. Schnur (Hrsg.), Die Rolle der Juristen bei der Entstehung des modernen Staates, 1986, S. 775 ff. (775) m.Nw.

[29] *F. Schnabel*, Deutsche Geschichte im neunzehnten Jahrhundert, Bd. 2 (1933), 1987, S. 104 ff.; s. auch *U. Karpen*, Der Rechtsstaat des Grundgesetzes, 1992, S. 27 f., 61 ff.

[30] Vgl. *J. Isensee*, Rechtsstaat – Vorgabe und Aufgabe der Einung Deutschlands, in: HStR IX, § 202 Rn. 44 ff., 92 ff.; *P. Kunig*, Das Rechtsstaatsprinzip, 1986, S. 11 f.

[31] Vgl. *Sommermann*, Staatsziele (Fn. 13), S. 48 ff.; s. auch *D. Grimm*, Die Zukunft der Verfassung, 2. Aufl. 1994, S. 159 ff.

[32] *H. Hofmann*, Der Staat 34 (1995), 1 (2); *R. Wahl*, Die Entwicklung des deutschen Verfassungsstaates bis 1866, in: HStR I, § 1 Rn. 7 ff.; übersichtlich *T. Würtenberger*, Der Staat 37 (1998), 165 ff.

[33] Vgl. *Link*, Anfänge (Fn. 28), S. 784 ff.; zur Stiftung von Rechtsstaatlichkeit durch den Augsburger Religionsfrieden (1555): *K. Michaelis*, Die Deutschen und ihr Rechtsstaat, 1980, S. 8 ff.; zum Reichsabschied von 1495 vgl. *Schmidt-Aßmann* (Fn. 2), § 24 Rn. 11.

[34] Vgl. *Schmidt-Aßmann* (Fn. 2), § 24 Rn. 70.

[35] Vgl. *Huber*, Verfassungsgeschichte I, S. 617; II, S. 835 f.; III, S. 111 f., 1071 ff.

[36] Vgl. *O. v. Gierke*, Das deutsche Genossenschaftsrecht, Bd. I (1868); *Sobota*, Prinzip (Fn. 5), S. 37; *H. Hofmann*, Der Staat 34 (1995), 1 (6 f.) m.Nw.

staatlicher Maximen wie z.B. die Forderung nach Bestimmtheit von Gesetzen schon für die aufgeklärte Monarchie belegen[37], ehe sie für die konstitutionalistische Staatslehre zu einem zentralen Ziel der rechtsstaatlichen Entwicklung wurde[38]. Ähnliches gilt für die Idee der Kodifikation[39].

Allgemein hat der Rechtsstaat aber seine **entscheidende Formgebung im 19. Jahrhundert** gefunden: Nach der staatsphilosophischen Grundlegung vor allem bei I. Kant[40] und bei W. v. Humboldt[41] kreiste die deutsche Theorieentwicklung um die Abschichtung von formellen und materiellen Gehalten des Rechtsstaats. Zunächst hatten C.T. Welcker[42] und R. v. Mohl ihn als materiellen staatsrechtlichen Begriff, d.h. als »Staat der Vernunft« entfaltet[43]; der Rechtsstaat hat danach die wesentliche Aufgabe, die Hindernisse für eine allseitige Entfaltung bürgerlicher Freiheit des autonomen Individuums zu beseitigen[44], namentlich durch parlamentarische Gesetze und durch Gewährleistung von Gleichheit und Verhältnismäßigkeit mit Hilfe von Gerichten und Verwaltung.

12

Dieses **inhaltliche Verständnis vom Rechtsstaat** wurde in der weiteren Diskussion tendenziell **zugunsten von eher formalen Prinzipien modifiziert**[45], die den Rechtsstaatsbegriff in einen Gegensatz zur Demokratie gebracht haben[46]. Für F.J. Stahl zielte der Rechtsstaat auf »Art und Charakter« der Verwirklichung von Zielen und Inhalten des Staates[47]. In diese theoretische, von O. Bähr[48] gefestigte Traditionslinie läßt sich der staatsrechtliche Positivismus des Kaiserreichs (P. Laband, O. Mayer) ebenso einrei-

13

---

37 Des Freiherrn *v. Martini* allgemeines Recht der Staaten, 2. Aufl. 1788, S. 99, zit. nach *U.M. Gassner*, ZG 11 (1996), 37 (37); allg. *D. Merten*, DVBl. 1981, 701 ff.; zum ALR vgl. *D. Willoweit*, War das Königreich Preußen ein Rechtsstaat?, in: FS Mikat, 1989, S. 451 ff. (455 ff.).

38 Vgl. *J. v. Stahl*, Die Philosophie des Rechts, Bd. 2, 2. Abt., 3. Aufl. 1856, S. 137; s. auch *C. Schmitt*, Verfassungslehre, 1928, S. 131; *R. Geitmann*, Bundesverfassungsgericht und »offene« Normen, 1971, S. 77.

39 Dazu *F. Loos/H.-L. Schreiber*, Recht, Gerechtigkeit, in: Brunner u.a. (Hrsg.), Grundbegriffe (Fn. 26), Bd. 5, 1984, S. 231 ff. (277 ff.).

40 *E. Šarčević*, Der Rechtsstaat, 1996, S. 107 ff.; *N. Hinske*, Staatszwecke und Freiheitsrechte. Kants Plädoyer für den Rechtsstaat, in: G. Birtsch (Hrsg.), Grund- und Freiheitsrechte von der ständischen zur spätbürgerlichen Gesellschaft, 1987, S. 375 ff.; *I. Maus*, Entwicklung und Funktionswandel der Theorie des bürgerlichen Rechtsstaats, in: Tohidipur (Hrsg.), Rechtsstaat (Fn. 13), S. 13 ff. (15 ff.); *C. Ritter*, Immanuel Kant, in: M. Stolleis (Hrsg.), Staatsdenker der frühen Neuzeit, 3. Aufl. 1995, S. 332 ff.; *H. Hofmann*, Der Staat 34 (1995), 1 (10f.).

41 Ideen zu einem Versuch, die Grenzen der Wirksamkeit des Staats zu bestimmen (1792); s. näher *Šarčević*, Rechtsstaat (Fn. 40), S. 132 ff.; *G. Eisermann*, Der Staat 34 (1995), 198 ff.

42 Vgl. *C.T. Welcker*, Die letzten Gründe von Recht, Staat und Strafe (1813); s. näher *Šarčević*, Rechtsstaat (Fn. 40), S. 177 ff.; *H. Hofmann*, Der Staat 34 (1995), 1 (4f.).

43 Vgl. *R. v. Mohl*, Die Polizei-Wissenschaft nach den Grundsätzen des Rechtsstaates (2. Aufl. 1844); s. näher *Sobota*, Prinzip (Fn. 5), S. 306 ff.; *Šarčević*, Rechtsstaat (Fn. 40), S. 210 ff.; *U. Scheuner*, Der Staat 18 (1979), 1 ff.; *Maus*, Entwicklung (Fn. 40), S. 18 ff.; ferner *Böckenförde*, Gesetz (Fn. 22), S. 179 ff.; *E. Angermann*, Robert von Mohl, 1962, S. 119 ff.; *Bäumlin/Ridder* (Fn. 13), Art. 20 Abs. 1–3 III Rn. 14.

44 *Sommermann*, Staatsziele (Fn. 13), S. 49 ff.; *Böckenförde*, Entstehung (Fn. 12), S. 144 ff.; *Angermann*, Mohl (Fn. 43), S. 139; *Scheuner*, Entwicklung (Fn. 3), S. 472 f., 476 f. u. ö.

45 Dazu *Böckenförde*, Entstehung (Fn. 12), S. 150 ff.

46 In diesem Sinne *Bäumlin/Ridder* (Fn. 13), Art. 20 Abs. 1–3 III Rn. 15 ff.

47 *Stahl*, Philosophie (Fn. 38), S. 137 f.; vgl. *Sobota*, Prinzip (Fn. 5), S. 319 ff.; *Böckenförde*, Gesetz (Fn. 22), S. 169 ff.; *Maus*, Entwicklung (Fn. 40), S. 30 ff.; *Bäumlin/Ridder* (Fn. 13), Art. 20 Abs. 1–3 III Rn. 16.

48 *O. Bähr*, Der Rechtsstaat, 1864 (Neudruck Aalen 1961); vgl. *Sobota*, Prinzip (Fn. 5), S. 338 ff.; → Art. 19 IV Rn. 3.

hen[49] wie H. Kelsens Begriff des Rechtsstaates im »formalen Sinne«[50]; in ihr werden solche Elemente zu charakteristischen Wesensmerkmalen des Rechtsstaats, die überhaupt die Existenz und Wirkungskraft von Recht als Maßstab für das staatliche Handeln in seinem Verhältnis zur gesellschaftlichen Freiheit gewährleisten: vor allem die Existenz des Rechts als Ordnungsvoraussetzung, die Bindung des Staatshandelns an das Gesetz und seine Überprüfbarkeit durch unabhängige Gerichte; die Gesetzmäßigkeit der Verwaltung mit dem Vorbehalt des Rechts, später des formellen Gesetzes; schließlich die Haftung von Staat und Beamten für schuldhafte Rechtsverletzungen. Dieses formelle Rechtsstaatsverständnis abstrahierte von materiellen Staatszwecken[51], die auch methodisch weithin als unjuristisch ausgegrenzt wurden[52]. Es lag auch der Reichsverfassung von 1871 und den Reichsjustizgesetzen von 1877 zugrunde; das Kaiserreich wird in diesem formellen Sinne als Rechtsstaat angesehen[53].

14 Institutionell sind die verschiedenen **Elemente des Rechtsstaats allmählich historisch gewachsen**; sie können sich deshalb stets auf ältere Texte berufen. Die Allmählichkeit der deutschen Verfassungsentwicklung spiegelt sich beispielhaft in der Realisierung der Gewaltenteilung[54], die dem monarchischen Prinzip widersprach[55] und deshalb in den Verfassungen des Konstitutionalismus meist nur verkürzt (besonders die Mitwirkung der Stände bei der Gesetzgebung und die Unabhängigkeit der Gerichte) ihren Niederschlag fand (z.B. Art. 45 S. 1, 62 I, 86 I rev. Verf. Preußen 1850)[56] und noch in der WRV nicht ausdrücklich geregelt war.

15 Noch bis in die **Weimarer Zeit** wurde der **Rechtsstaat** in diesem »klassischen« Sinne eher **als formaler Rechtsstaat** verstanden[57], auch wenn im Weimarer »Grundlagenstreit« ein (z.T. gegen den parlamentarischen Gesetzgeber gerichteter) Prozeß der (Re-)Materialisierung der Rechtsstaatsdogmatik und -theorie einsetzte[58]. Doch erst die Erfahrung der formell rechtsstaatlichen Abschaffung der Gewaltenteilung als zentralem Element des Rechtsstaats durch das Ermächtigungsgesetz von 1933 und die anschließenden Entrechtlichungsprozesse im »dualen Staat« (E. Fraenkel) des Nationalsozialismus haben den Blick dafür geschärft, daß für einen Rechtsstaat auch die Wahrnehmung der grundrechtlichen Freiheiten und die Verpflichtung auf zentrale materielle Gerechtigkeitsgehalte konstitutiv sind. Gegen die formale Tradition[59] hat sich das

---

[49] *Bäumlin/Ridder* (Fn. 13), Art. 20 Abs. 1–3 III Rn. 18 f.
[50] *H. Kelsen*, Allgemeine Staatslehre, 1925, S. 91; vgl. auch *H. Dreier*, Rechtslehre, Staatssoziologie und Demokratietheorie bei Hans Kelsen, 2. Aufl. 1990, S. 208 ff.
[51] *H. Hofmann*, Der Staat 34 (1995), 1 (4, 6); s. auch *Maus*, Entwicklung (Fn. 40), S. 36 f.
[52] Vgl. *M. Friedrich*, Geschichte der deutschen Staatsrechtswissenschaft, 1997, S. 236 f.; *W. Pauly*, Der Methodenwandel im deutschen Spätkonstitutionalismus, 1993, S. 186 ff.
[53] S. näher *E.R. Huber*, Das Kaiserreich als Epoche verfassungsrechtlicher Entwicklung, in: HStR I, § 2 Rn. 37 f.; *ders.*, Verfassungsgeschichte III, S. 973 ff., 977 ff.; s. auch *Willoweit*, Königreich Preußen (Fn. 37), S. 451 ff. (455 ff.).
[54] Vgl. *Stern*, Staatsrecht II, S. 513 ff.; *Schmidt-Aßmann* (Fn. 2), § 24 Rn. 48.
[55] Anders jetzt *S. Korioth*, Der Staat 37 (1998), 27 (38 ff.).
[56] Vgl. *K.-U. Meyn*, Kontrolle als Verfassungsprinzip, 1982, S. 27 ff.
[57] *Schmitt*, Verfassungslehre (Fn. 38), S. 123 ff., s. aber auch S. 128 ff.; *Maus*, Entwicklung (Fn. 40), S. 38 ff.; *Huber*, Verfassungsgeschichte VI, S. 82 ff.; *Gusy*, Reichsverfassung, S. 150, 443.
[58] Vgl. *R. Smend*, Die Vereinigung der Deutschen Staatsrechtslehrer und der Richtungsstreit, in: FS Scheuner, 1973, S. 575 ff. (578 ff.); *M.-E. Geis*, JuS 1989, 91 ff.; *M. Friedrich*, AöR 102 (1977), 161 ff.; s. auch *Bäumlin/Ridder* (Fn. 13), Art. 20 Abs. 1–3 III Rn. 22.
[59] Z.B. *E. Forsthoff*, Begriff und Wesen des sozialen Rechtsstaats (1954), in: Forsthoff (Hrsg.), Rechtsstaatlichkeit (Fn. 1), S. 165 ff.; krit. *Scheuner*, Entwicklung (Fn. 3), S. 486 ff.

heute völlig herrschende materielle Rechtsstaatsverständnis durchgesetzt[60]: Die formellen Elemente des Rechtsstaats dienen vor allem der Verwirklichung materieller Gerechtigkeit i.S. einer »gerechten Sozialordnung«[61], dem Schutz von Menschenwürde und individueller Freiheit und damit dem Schutz der Leistungsfähigkeit des politischen Gemeinwesens und der demokratischen Selbstkonstituierung der gesellschaftlichen Ordnung[62].

Insofern konnte die Diskussion an das seit R. v. Mohl zurückgedrängte materielle Rechtsstaatsverständnis und die gewachsenen Aufgaben eines sozialen Staates anknüpfen (→ Art. 20 [Sozialstaat] Rn. 1 ff.) und im Begriff des »sozialen Rechtsstaats« (Art. 28 II 1 GG) verschmelzen: Diese schon bei L. v. Stein (1876) angelegte Forderung, als Rechtsstaat die absolute Gleichheit des Rechts aufrechtzuerhalten und als sozialer Staat den gesellschaftlichen Fortschritt aller Staatsangehörigen zu fördern[63], ist maßgeblich von H. Heller auf den Begriff gebracht[64] worden. Das Grundgesetz hat diesem Verständnis zum Durchbruch verholfen, das Ausdruck einer weltweit wirksamen empirischen und verfassungsnormativen Entwicklungstendenz der Anpassung moderner Staatlichkeit an die Herausforderungen von industriellen Gesellschaften ist[65]. Für den sozialen Rechtsstaat ist so ein final-utopisches Element i.S. eines »Entwurfs« (R. Bäumlin) eigentümlich geworden: Er intendiert programmatisch einen Prozeß der Annäherung an die immer neu zu findende Gerechtigkeit[66]. Die Maßstäbe, Verfahren und Institutionen des Rechts sollen Staat und Gesellschaft zugleich rational ordnen[67]. **16**

3. Voraussetzungen und Kontexte des Rechtsstaats

Die Funktionsfähigkeit des Rechtsstaats, seiner Institutionen und Verfahren, setzt bestimmte tatsächliche personale Fähigkeiten und organisatorische Rahmenbedingungen in der gesellschaftlichen Infrastruktur voraus[68]. Die Gesamtheit dieser Bedingungen läßt sich unter die Begriffe der **Rechts- oder Verfassungskultur**[69], der gesellschaftlich-politischen Ambiance oder der Verfassungsvoraussetzungen einordnen. Dazu gehören etwa[70]: eine funktionsfähige Behörden- und Gerichtsorganisation; ein lei- **17**

---

[60] *C.-F. Menger*, Der Begriff des sozialen Rechtsstaats im Bonner Grundgesetz (1953), in: Forsthoff (Hrsg.), Rechtsstaatlichkeit (Fn. 1), S. 42 ff. (56 ff.); *Scheuner*, Entwicklung (Fn. 3), S. 463 ff.

[61] So z.B. BVerfGE 22, 180 (204); 59, 231 (263); s. auch E 5, 85 (198). → Rn. 48 ff.

[62] *U.K. Preuß*, Rechtstheorie 24 (1993), 181 (187 ff., 189); s. auch *H. Hofmann*, Der Staat 34 (1995), 1 (11 f.).

[63] *L. v. Stein*, Gegenwart und Zukunft der Rechts- und Staatswissenschaft Deutschlands, 1876, S. 214 f.; s. näher *Šarčević*, Rechtsstaat (Fn. 40), S. 223 ff.; *E.-W. Böckenförde*, Lorenz von Stein als Theoretiker der Bewegung von Staat und Gesellschaft zum Sozialstaat, in: ders., Staat (Fn. 12), S. 170 ff.; zur sozialen Frage bei *v. Mohl* vgl. *Angermann*, Mohl (Fn. 43), S. 225 ff., 277 ff.; zur dogmengeschichtlichen Rolle von v. Gneist s. *Scheuner*, Entwicklung (Fn. 3), S. 477 ff.

[64] *H. Heller*, Rechtsstaat oder Diktatur, 1930, S. 9, 23 f., 26.; s. auch *Huber*, Verfassungsgeschichte VI, S. 1082 ff.

[65] *Sommermann*, Staatsziele (Fn. 13), S. 179 ff.; *Wieacker*, Voraussetzungen (Fn. 9), S. 20.

[66] *Kunig*, Rechtsstaatsprinzip (Fn. 30), S. 123 f., 126 f.

[67] Vgl. *Schmidt-Aßmann* (Fn. 2), § 24 Rn. 21 ff.; *Hesse*, Rechtsstaat (Fn. 1), S. 572 f.

[68] Vgl. grdl. *K. Hesse*, Die normative Kraft der Verfassung (1959), in: ders., Ausgewählte Schriften, 1998, S. 1 ff.

[69] S. näher *P. Häberle*, Verfassungslehre als Kulturwissenschaft, 1982, S. 20 ff.

[70] Ausf. *Isensee* (Fn. 30), § 202 Rn. 29 f., 174 ff., 181 f.; *Karpen*, Rechtsstaat (Fn. 29), S. 144 ff.; s. auch *M. Baurmann*, Der Markt der Tugend, 1996, S. 546 ff.; *Šarčević*, Rechtsstaat (Fn. 40), S. 325 ff.; *Strack*, Theorie (Fn. 3), S. 104 ff.

stungsfähiger Öffentlicher Dienst einschließlich der freien Berufe in der Rechtspflege; das Bewußtsein aller Amtswalter in Staatsorganen, um der Bürger willen dazusein; Fingerspitzengefühl bei der Handhabung rechtsstaatlicher Prinzipien; das Ethos des Respekts vor dem Recht; eine Sozialisation in Familie, Gesellschaft und Schule, die private und öffentliche Verantwortung in Staat, Wirtschaft und Gesellschaft und politisches und soziales Engagement in Vereinen, Kirchen oder politischen Parteien als freiwillige und selbstverständliche Aufgaben annimmt; partnerschaftliche Toleranz im weltanschaulich-religiösen, politischen und sozialen Pluralismus; Verhandlungs- und Kompromißfähigkeit. Solche **kulturellen Rechtsstaatsvoraussetzungen** wachsen über Jahrzehnte und müssen von Generation zu Generation weitervermittelt und gewandelt werden; ohne sie könnten komplexe Gesellschaften und ihre politischen Institutionen ihr Entwicklungsniveau nicht halten. Der Rechtsstaat ist mithin weit mehr als ein »System rechtstechnischer Kunstgriffe zur Gewährleistung gesetzlicher Freiheit«[71]: Seine Institutionen und Verfahren sind auf Menschen angewiesen, die die politische Kultur des Rechtsstaats leben. Eine Normierung der selbstverständlichen Grundpflicht des Bürgers gegenüber rechtskräftigen Gesetzen, Verwaltungsakten und Gerichtsurteilen ist deshalb entbehrlich.

18 Der Rechtsstaat wird außerhalb der engeren verfassungsrechtlichen Diskussion in weiteren Zusammenhängen zum Bezugspunkt für andere, komplementäre Rechte oder soziale Verhältnisse. Insbesondere im Bereich der Wirtschaftswissenschaft wird als **Basis des Rechtsstaats eine marktwirtschaftliche Ordnung** mit dezentralisierten Entscheidungsträgern (= Marktteilnehmern, Grundrechtsinhabern) i.S. einer »strukturellen Komplementarität« gesehen[72].

II. Entstehung und Veränderung der Norm

19 Die **ursprüngliche Fassung des Art. 20 GG** geht auf einen Entwurf des Abg. v. Mangoldt im Grundsatzausschuß des Parlamentarischen Rates zurück[73], nachdem Art. 29 HChE ohne Nennung des Rechtsstaats nur fünf Teilgewährleistungen aufgeführt hatte[74]. Der im Abs. 1 seines Vorschlags noch enthaltene **Begriff des Rechtsstaats** sollte in Abs. 3 »zur besseren Kennzeichnung der Rechtsstaatlichkeit als der Grundlage des Grundgesetzes«[75] konkretisiert werden, wurde aber später in Abs. 1 (ebenso wie der Hinweis auf die parlamentarische Regierungsform) **aus redaktionellen Gründen gestrichen**. Der Grundsatz der Gewaltenteilung in Abs. 2 Satz 2 war im Parlamentarischen Rat unbestritten, wurde aber weithin formal verstanden[76]; seine Diskussion

---

[71] So aber E. *Forsthoff*, Die Umbildung des Verfassungsgesetzes, in: FS Carl Schmitt, 1959, S. 35ff. (61).

[72] So z.B. W. *Möschel*, Privatisierung als ordnungspolitische Aufgabe, in: J. Ipsen (Hrsg.), Sparkassen im Wandel, 1993, S. 117ff. (121); ähnlich *Isensee* (Fn. 30), § 202 Rn. 2, 29, 174ff.; *H.H. Rupp*, Die Soziale Marktwirtschaft in ihrer Verfassungsbedeutung, in: HStR IX, § 203 Rn. 8, 13 u.ö.; O. *Depenheuer*, Der Staat 33 (1994), 329 (329f., 339ff.).

[73] Vgl. JöR 1 (1951), S. 195.

[74] Vgl. JöR 1 (1951), S. 246.

[75] So Abg. T. *Dehler*, JöR 1 (1951), S. 200; zur Bedeutung des Rechtsstaats als Thema im parlamentarischen Rat vgl. V. *Otto*, Das Staatsverständnis des Parlamentarischen Rates, 1971, S. 175ff.; krit. *Bäumlin/Ridder* (Fn. 13), Art. 20 Abs. 1–3 III Rn. 36.

[76] K. *Kröger*, NJW 1989, 1318 (1321); ausf. *Otto*, Staatsverständnis (Fn. 75), S. 92ff., 100ff.

stellte vor allem die Unabhängigkeit der Justiz in den Vordergrund[77]. Abs. 2 Satz 2 wurde aber um den Hinweis auf die unmittelbare Betätigung des Volkes, Abs. 3 um die Verfassungsbindung der Gesetzgebung und die Bindung an das »Recht« ergänzt, damit die Rechtsstaatlichkeit als Grundlage des Grundgesetzes verdeutlicht werde[78]. Abs. 4 wurde erst 1968 angefügt (→ Art. 20 IV Rn. 4).

B. Internationale, supranationale und rechtsvergleichende Bezüge

I. Internationale Aspekte

Die **politisch-programmatische Schicht des Rechtsstaatsgedankens** schlägt sich **in internationalen Pakten**, vor allem auch in den Menschenrechtserklärungen, nieder und entfaltet unverändert aktuelle Stoßkraft für die Entfaltung zwingenden Völkerrechts[79], etwa bei der Durchsetzung der Menschenrechtspakte (→ Vorb. Rn. 19ff.), oder in Forderungen nach neuen Verfassungen, besonders nach einer politischen Abkehr von nicht-rechtsstaatlichen Regimen. Insoweit liegt der amerikanischen Unabhängigkeitserklärung (1776) und der französischen Menschenrechtserklärung (1789) von Anfang an ein universeller Geltungsanspruch zugrunde[80], der jedenfalls bei elementaren Rechten der Verletzungsabwehr nicht an die europäisch-nordatlantische Rechtskultur gebunden ist[81].   20

Beispielhaft zeigt die **Rechtsprechung zur EMRK** dabei eine Aktualisierung rechtsstaatlicher Elemente, obwohl der Text der EMRK das Rechtsstaatsprinzip nur verhalten in der Präambel in Bezug nimmt und eine elaborierte Dogmatik des Rechtsstaatsverständnisses der Konvention fehlt[82]. Gleichwohl hat die Auslegung der einzelnen Konventionsrechte zentrale Bestandteile von Rechtsstaatlichkeit erarbeitet[83], die bei erstmaliger Befassung und methodisch mehrdeutiger Interpretationslage mit Hilfe des allgemeinen Rechtsstaatsprinzips gefunden wurden[84]: z.B. das Recht auf Zugang zu den Gerichten[85], auf einen effektiven straf- und zivilrechtlichen Rechtsschutz (zu Verwaltungsentscheidungen → Art. 19 IV Rn. 26ff.), d.h. auch Rechtsschutz in angemessener Zeit[86]; auf ausreichende Zugänglichkeit, Klarheit und Bestimmtheit staatlichen   21

---

[77] *Otto*, Staatsverständnis (Fn. 75), S. 100f.
[78] Vgl. JöR 1 (1951), S. 195, 197, 199, 200.
[79] Ausf. *S. Kadelbach*, Zwingendes Völkerrecht, 1993, S. 284ff.; s. auch *Buchwald*, Prinzipien (Fn. 12), S. 31ff.; anders *Kunig*, Rechtsstaatsprinzip (Fn. 30), S. 104ff.
[80] *H. Hofmann*, Der Staat 34 (1995), 1 (13); s. auch *W. Schreckenberger*, Der Staat 34 (1995), 503 (515ff.).
[81] *H. Hofmann*, Der Staat 34 (1995), 1 (28ff.); *Kadelbach*, Völkerrecht (Fn. 79), S. 286ff.
[82] Ausf. *E. Wiederin*, Rechtsstaatlichkeit und Europäische Menschenrechtskonvention, in: R. Hofmann u.a. (Hrsg.), Rechtsstaatlichkeit in Europa, 1996, S. 295ff. (295ff., 317).
[83] Vgl. ausf. *Wiederin*, Rechtsstaatlichkeit (Fn. 82), S. 297ff.
[84] *Wiederin*, Rechtsstaatlichkeit (Fn. 82), S. 300, 306, 315 u.ö.
[85] EGMR, 21. 2. 1975, EuGRZ 1975, 91 (96f. – Rn. 35) – *Golder*.
[86] EGMR, 1. 7. 1997, EuGRZ 1997, 310 (315 – Rn. 60ff.) – *Pammel*; EGMR, 1. 7. 1997, NJW 1997, 2809 (2810 – Rn. 55ff.) – *Probstmeier*; EGMR, 16. 9. 1996, EuGRZ 1996, 514 (519f. – Rn. 47ff.) – *Süßmann*; s. auch *M. Brenner*, Die Verwaltung 31 (1998), 1 (18f.).

Rechts[87], der wirksamen Kontrollierbarkeit staatlicher Eingriffe[88], auf faires und ordentliches Verfahren[89].

II. Der Rechtsstaat als Prinzip des Europarechts

1. Das Rechtsstaatsprinzip und seine Elemente im Europarecht

22 Nach dem **Selbstverständnis der Europäischen Gemeinschaft** ist diese vor allem auch eine **Rechtsgemeinschaft**[90], deren Rechtsstaatlichkeit ein wesentliches Element ihrer Legitimation ist[91] (→ Art. 23 Rn. 59ff.). Der Aufbau der Europäischen Gemeinschaft erfolgte von Anfang an nach **gemeineuropäischen rechtsstaatlichen Prinzipien**[92]. Doch erst im Maastrichter Vertrag wurde die »Rechtsstaatlichkeit« in der Präambel zum ausdrücklichen Bezugspunkt, zu dem sich die Mitgliedstaaten der EU bekennen (s. auch Art. J. 1. Abs. 2 EUV = Art. 11 I EUV n. F.), und erst im Amsterdamer Vertrag als Grundlage der EU prominent hervorgehoben (Art. 6 I EUV n. F.). Der eher magere Textbefund darf nicht darüber täuschen, daß im geschriebenen und ungeschriebenen Gemeinschaftsrecht zahlreiche Konkretisierungen formeller und materieller Rechtsstaatlichkeit ihren Niederschlag finden[93].

23 Der **Gedanke materieller Rechtsstaatlichkeit** ist **im Primärrecht** der EG nur schwach ausgeprägt schon weil es an einem positivierten Grundrechtskatalog auf Gemeinschaftsebene fehlt. Erstmals enthält die Präambel der EEA ein Bekenntnis zur EMRK und bestätigt die Präambel des Vertrages über eine Europäische Union das »Bekenntnis zu den Grundsätzen der ... Rechtsstaatlichkeit« und in Art. F II (= 6 II EUV n. F.) die Bindung an die EMRK, die gemeinsamen Verfassungsüberlieferungen der Mitgliedstaaten und die »allgemeinen Grundsätze des Gemeinschaftsrechts« (und damit an die Grundrechtsjudikatur des EuGH)[94]. Anstelle des Grundrechtskatalogs wird die Rechtsstaatlichkeit der EU durch schrittweise Positivierung solcher Prinzipien geprägt, die für das existierende Gemeinschaftsrecht bedeutsam sind; die Stärkung eher formeller Rechtsprinzipien (wie Vertrauensschutz, Verhältnismäßigkeit,

---

[87] EGMR, 26.4. 1979, EuGRZ 1979, 386 (387 – Rn. 49) – *Sunday Times*; EGMR, 2.8. 1984, EuGRZ 1985, 17 (20ff. – Rn. 68, 79) – *Malone*.

[88] EGMR, 25.3. 1983, EuGRZ 1984, 147 (150 – Rn. 90) – *Silver*.

[89] EGMR, 24.10. 1979, EuGRZ 1979, 650 (653f. – Rn. 39) – *Winterwerp*; zum fairen Gerichtsverfahren ausf. *Wiederin*, Rechtsstaatlichkeit (Fn. 82), S. 310ff.

[90] EuGHE 1986, 1339 (1365 – Rn. 23) – »Les Verts«; EuGHE 1993 I, 1093 (1109 –Rn. 8) – *Weber*; grdl. *W. Hallstein*, Die Europäische Gemeinschaft, 5. Aufl. 1979, S. 51ff.; *W. Fiedler*, JZ 1986, 60ff.; *M. Zuleeg*, NJW 1994, 545ff.; *G. Hirsch*, NJW 1996, 2457ff.; s. auch D. Dörr/M. Dreher (Hrsg.), Europa als Rechtsgemeinschaft, 1997.

[91] So *J.A. Frowein*, EuR 1995, 315 (321).

[92] Vgl. etwa *M. Brenner*, Die Verwaltung 31 (1998), 1 (3ff.); *R. Hofmann*, Rechtsstaatsprinzip und Europäisches Gemeinschaftsrecht, in: ders. u.a. (Hrsg.), Rechtsstaatlichkeit (Fn. 82), S. 321ff.; *A. Bleckmann*, GYIL 20 (1977), 406ff.; *R. Riegel*, BayVBl. 1976, 353ff.; *E.-W. Fuss*, DÖV 1964, 577ff.; ausf. *J. Schwarze*, Europäisches Verwaltungsrecht, 1988, S. 198ff., 661ff., 843ff. u.ö.

[93] S. näher *D. Buchwald*, Der Staat 37 (1998), 189 (192ff.); *G. Haibach*, NVwZ 1998, 456ff.; *R. Hofmann*, Rechtsstaatsprinzip (Fn. 92), S. 324ff.; *Streinz*, Europarecht, Rn. 369ff.; *M. Schweitzer/W. Hummer*, Europarecht, 5. Aufl. 1996, Rn. 436, 791; *H. Steinberger*, Der Verfassungsstaat als Glied einer europäischen Gemeinschaft, VVDStRL 50 (1991), S. 9ff. (29ff.); ausf. *Schwarze*, Verwaltungsrecht I (Fn. 92), S. 219ff., 280ff., 489ff., 529ff.; Band II, S. 690ff., 911ff., 1271ff., 1349ff.

[94] Vgl. *Sommermann*, Staatsziele (Fn. 13), S. 288f.; ausf. *S. Jacoby*, Allgemeine Rechtsgrundsätze, 1997, bes. S. 209ff., 253ff.

II. Der Rechtsstaat als Prinzip des Europarechts **Art. 20 (Rechtsstaat)**

Grundfreiheiten usw.) aktualisiert auch die materiellen Gehalte der gemeinsamen Verfassungsüberlieferungen der Mitgliedstaaten.

Insoweit **gelten zahlreiche rechtsstaatliche Unterprinzipien, Grundsätze und Regeln** des deutschen Rechtsstaatsprinzips in der durch die Rechtsprechung des EuGH geformten Erscheinungsform auch im Gemeinschaftsrecht, ohne daß es insoweit eines Rückgriffs auf ein übergreifendes Rechtsstaatsprinzip bedürfte[95] (zur deutschen Rechtslage → Rn. 36 ff.). Dazu gehören insbesondere der Grundsatz der Gesetzmäßigkeit der Verwaltung[96] in dem Sinne, daß Rechtsakte, die Gemeinschaftsrecht vollziehen, auf einer klaren und unzweideutigen gemeinschaftsrechtlichen Grundlage beruhen müssen[97]; weiterhin die im Zuge der Rechtsprechung zu den grundrechtsähnlichen allgemeinen Rechtsgrundsätzen (→ Vorb. Rn. 23) anerkannten Ansprüche z.B. auf effektiven gerichtlichen Rechtsschutz[98] (→ Art. 19 IV Rn. 61 f.), auf ein faires rechtsstaatliches Verfahren[99] oder auf rechtliches Gehör[100] (Art. 103 I GG); der Grundsatz der gemeinschaftsrechtlichen Amtshaftung für legislatives Unrecht (Art. 215 II EGV = Art. 288 II EGV n. F.)[101]; schließlich objektive rechtsstaatliche Grundsätze des primären Gemeinschaftsrechts wie der Grundsatz der Verhältnismäßigkeit (Art. 3b III EGV = Art. 5 III EGV n. F.) als Schranke für Eingriffe in Gemeinschaftsrechte[102] und als allgemeine Rechtmäßigkeitsvoraussetzung für das Handeln der Gemeinschaftsorgane[103]; der Grundsatz der Rechtssicherheit[104] und, subjektiviert, des Vertrauensschutzes[105], die die Grenzen zulässiger Rückwirkung von Rechtsvorschriften konturieren[106] und auch ein Rückwirkungsverbot für sanktionsbewehrte

24

---

[95] Zur entsprechenden Zurückhaltung des EuGH vgl. *R. Hofmann*, Rechtsstaatsprinzip (Fn. 92), S. 323 f., 334 f.

[96] Z.B. EuGHE 1961, 109 (172 ff.) – *SNUPAT*; *R. Hofmann*, Rechtsstaatsprinzip (Fn. 92), S. 329.

[97] EuGHE 1984, 3291 (3302 – Rn. 11) – *Könecke*; ausf. *M. Brenner*, Der Gestaltungsauftrag der Verwaltung in der Europäischen Union, 1996, S. 244 ff.

[98] EuGHE 1986, 1651 (1682 – Rn. 17 ff.) – *Johnston*; EuGHE 1987, 4097 (4117 – Rn. 15) – *Heylens*; dazu auch *M. Brenner*, Die Verwaltung 31 (1998), 1 (12 f.).

[99] EuGHE 1980, 691 (713 f. – Rn. 3) – *Pecastaing*; EuGHE 1987, 1561 (1574 – Rn. 10) – *Dufay*; vgl. *M. Brenner*, Die Verwaltung 31 (1998), 1 (17 f.); *H.-W. Rengeling/A. Meddeke/M. Gellermann*, Rechtsschutz in der Europäischen Union, 1994, Rn. 598. → Art. 19 IV Rn. 28.

[100] EuGHE 1961, 109 (169) – *SNUPAT*; EuGHE 1979, 461 (511 – Rn. 9) – *Hoffmann-La Roche*; EuGHE 1989, 2859 (2923 – Rn. 14 ff.) – *Hoechst*; EuGHE 1991 I, 3187 (3241 – Rn. 15 ff.) – *SAMAD*; *M. Brenner*, Die Verwaltung 31 (1998), 1 (20 f.).

[101] EuGHE 1971, 975 (984 ff. – Rn. 11 ff.) – *Schöppenstedt*; *R. Hofmann*, Rechtsstaatsprinzip (Fn. 92), S. 331 f.; *Schweitzer/Hummer*, Europarecht (Fn. 93), Rn. 586 ff.

[102] Grdl. EuGHE 1979, 3727 (3747 – Rn. 23) – *Hauer*; ferner etwa EuGHE 1985, 2889 (2903 ff. – Rn. 20 ff.) – *Man (Sugar)*; EuGHE 1997 I, 2405 (2461 – Rn. 54) – *Einlagensicherungssysteme*; s. auch *S. Storr*, Der Staat 36 (1997), 547 (564 ff.); *H. Kutscher*, Zum Grundsatz der Verhältnismäßigkeit im Recht der Europäischen Gemeinschaften, in: ders. u.a., Der Grundsatz der Verhältnismäßigkeit in europäischen Rechtsordnungen, 1985, S. 89 ff.

[103] Vgl. z.B. EuGHE 1973, 1091 (1110 ff. – Rn. 19 ff.) – *Balkan Import*; EuGHE 1989, 2859 (2924, 2928 – Rn. 19, 35) – *Hoechst*.

[104] Vgl. z.B. EuGHE 1975, 421 (433 f. – Rn. 14) – *Deuka Futtermittel*; EuGHE 1980, 617 (631 – Rn. 17) – *Ferwerda*.

[105] EuGHE 1973, 723 (729 – Rn. 6) – *Westzucker*; EuGHE 1991 I, 3695 (3719 – Rn. 13 ff.) – *Crispoltoni*; zum daraus folgenden Bestimmtheitsgrundsatz EuGHE 1996 I, 598 (607 f. – Rn. 20) – *Duff u.a.*; s. näher zum Vertrauensschutz auf EG-Ebene *C. Crones*, Selbstbindungen der Verwaltung im Europäischen Gemeinschaftsrecht, 1997, S. 108 ff.; *K.D. Borchardt*, EuGRZ 1988, 309 ff.; *Schwarze*, Verwaltungsrecht II (Fn. 92), S. 921 ff.; *P. Gilsdorf*, RIW 1983, 22 ff.

[106] Vgl. z.B. EuGHE 1979, 69 (86 f. – Rn. 20) – *Racke*; EuGHE 1988, 2355 (2372 f. – Rn. 12 ff.) – *von*

Rechtsakte konstituieren[107], aber auch Regeln für die Aufhebung von Verwaltungsakten[108]; zu nennen ist auch das Verbot von Doppelsanktionen (ne bis in idem)[109] i.S. einer gegenseitigen Berücksichtigung[110].

25   Angesichts der fehlenden Staatlichkeit der EG/EU ist demgegenüber der **Grundsatz der Gewaltenteilung** im klassischen Sinne **auf europäischer Ebene nur ansatzweise**, i.S. einer unabhängigen Rechtsprechung durch den EuGH, kaum aber im Verhältnis von Europäischem Parlament und anderen europäischen Organen wie z.B. Kommission und Ministerrat ausgebildet[111]. Allerdings lassen sich verschiedene Anforderungen der Rechtsprechung des EuGH als Beitrag zu einem gewaltenteilungsähnlichen »institutionellen Gleichgewicht« der Gemeinschaftsorgane interpretieren[112], etwa die gerichtliche Überprüfbarkeit der Wahl der richtigen Rechtsgrundlage für den Erlaß von Gemeinschaftsrechtsakten[113], die Beachtung von Mitwirkungsrechten etwa des Europäischen Parlaments[114] und die sonstige Rechtsprechung zur Effektivität der Parlamentskompetenzen[115].

2. Einwirkungen der europäischen Rechtsstaatlichkeit auf das Recht der Bundesrepublik

26   Die tendenzielle **Übereinstimmung der Kernelemente** europäischer Rechtsstaatlichkeit führt einerseits dazu, daß ihre europarechtliche oder mitgliedstaatliche Auslegung als Auslegungshilfe sich auch auf das deutsche Recht auswirkt; das gilt etwa im Strafrecht für die Unschuldsvermutung des Art. 6 II EMRK betr. das Grundgesetz[116]. Andererseits kann europäisches Recht sich rechtsstaatlich unproblematisch dem Verfassungs-[117] und Verwaltungsrecht[118] der Mitgliedstaaten vorrangig vorlagern und z.B. deutsches Recht verdrängen.

Deetzen; EuGHE 1993, I – 1885 (1911 – Rn. 9 ff.). – *Diversinte SA*; ausf. *M. Schlockermann*, Rechtssicherheit als Vertrauensschutz in der Rechtsprechung des EuGH, Diss. München 1984, S. 61 ff.
[107] Grdl. EuGHE 1984, 2689 (2718 – Rn. 21 f.). – *Kirk*.
[108] Vgl. EuGHE 1957, 85 (117 ff.) – *Algera*; EuGHE 1961, 109 (173 f.) – *SNUPAT*; EuGHE 1982, 749 (763 f. – Rn. 9 ff.) – *Alpha Steel*; EuGHE 1983, 2633 (2669 f. – Rn. 30 ff.) – *Milchkontor*.
[109] EuGHE 1966, 153 (178) – *Gutmann*.
[110] Vgl. EuGHE 1969, 1 (15 – Rn. 11) – *Walt Wilhelm*; EuGHE 1972, 1281 (1290 f. – Rn. 3 ff.) – *Boehringer*.
[111] Dazu näher *R. Hofmann*, Rechtsstaatsprinzip (Fn. 92), S. 325 ff.; *H.-J. Seeler*, EuR 1990, 99 (116 f.); *T. Oppermann*, Europarecht, 1991, Rn. 209; *R. Herzog*, in: Maunz/Dürig, GG, Art. 20 Abschnitt V (1980) Rn. 143; zu Inkompatibilitäten zwischen Abgeordneten des EP und anderen Amtshabern auf EU-Ebene vgl. *R. Fleuter*, Mandat und Status des Abgeordneten im Europäischen Parlament, 1991, S. 106 f.
[112] Vgl. EuGHE 1970, 1161 (1172 f. – Rn. 8 ff.) – *Einfuhr- und Vorratsstelle für Getreide*; *Schweitzer/Hummer*, Europarecht (Fn. 93), Rn. 923 ff.; *W. Pühs*, Der Vollzug von Gemeinschaftsrecht, 1997, S. 166 ff.; ausf. (kritisch) *Brenner*, Gestaltungsauftrag (Fn. 97), S. 172 ff., 177 ff.
[113] Vgl. EuGHE 1987, 1493 (1519 f., 1522 – Rn. 5 ff., 12, 22) – *APS*; EuGHE 1991 I, 4529 (4564 – Rn. 9) – *Tschernobyl I*.
[114] Z.B. EuGHE 1980, 3333 (3360 f. – Rn. 33 ff.) – *Roquette Frères*.
[115] S. näher *R. Hofmann*, Rechtsstaatsprinzip (Fn. 92), S. 327 m.Nw.
[116] So BVerfGE 74, 358 (370); 82, 106 (115); s. auch *P. Kirchhof*, EuGRZ 1994, 16 (31 ff.).
[117] S. näher *D.H. Scheuing*, Zur Europäisierung des deutschen Verfassungsrechts, in: K.F. Kreuzer u.a. (Hrsg.), Die Europäisierung der mitgliedstaatlichen Rechtsordnungen in der Europäischen Union, 1997, S. 87 ff. → Vorb. Rn. 23 f.
[118] S. näher *C.D. Classen*, Die Europäisierung des Verwaltungsrechts, in: Kreuzer u.a. (Hrsg.), Europäisierung (Fn. 117), S. 107 ff.; *ders.*, Die Verwaltung 31 (1998), 307 ff.; *J. Schwarze*, Deutscher Lan-

Der gemeinsame rechtsstaatliche Kern schließt **Abweichungen bei der Auslegung** 27
durch europäische Organe und den einzelnen Mitgliedstaaten (etwa auch bei der Kontrolle von Normen des Europarechts durch die mitgliedstaatlichen Verwaltungen[119])
und Unterschiede ihrer rechtsstaatlichen Konkretisierung zwischen den Mitgliedstaaten (→ Rn. 32 ff.) nicht aus. Wegen des grundsätzlichen Anwendungsvorrangs des Gemeinschaftsrechts (→ Vorb. Rn. 25; Art. 23 Rn. 26 ff.) und der Pflicht der nationalen
Gerichte, gemeinschaftswidriges Recht unangewendet zu lassen[120], wirken sich abweichende rechtsstaatliche Akzentsetzungen nachhaltig auf das nationale Verwaltungsrecht aus.

Dieser Prozeß wird besonders deutlich an der unterschiedlichen **Gewichtung des** 28
rechtsstaatlichen Vertrauensschutzes im Verwaltungsverfahren[121]. Soweit § 48
VwVfG den Vertrauensschutzgedanken im nationalen Verwaltungsrecht für die Aufhebung rechtswidriger Verwaltungsakte konkretisiert hat, wird dem EuGH zufolge die
gesetzgeberische Interessenabwägung zugunsten der Effektivität der Durchsetzung
des Europarechts relativiert: Bei der Rückforderung von gemeinschaftsrechtswidrigen
Beihilfen sind die nationalen Vertrauensschutzregelungen so anzuwenden, daß die gemeinschaftsrechtlich vorgeschriebene Rückforderung nicht praktisch unmöglich gemacht wird, indem das Interesse der Gemeinschaft in vollem Umfang berücksichtigt
werden muß[122].

Im **Staatshaftungsrecht** hat die Rechtsprechung des EuGH einen **Haftungsanspruch** 29
des EU-Bürgers gegen die Mitgliedstaaten **wegen gesetzgeberischen Unterlassens**
durch unzureichende Umsetzung von Richtlinien begründet[123], obwohl in der Bundesrepublik ein Staatshaftungsanspruch gegen den Gesetzgeber, zumal durch Unterlassen, nicht besteht (→ Art. 34 Rn. 35 f.).

Im verwaltungsprozeßrechtlichen vorläufigen Rechtsschutz verlangt das Gemein- 30

---

desbericht, in: ders. (Hrsg.), Das Verwaltungsrecht unter europäischem Einfluß, 1996, S. 123 ff.; *F. Schoch*, JZ 1995, 109 ff.; ausf. *T. v. Danwitz*, Verwaltungsrechtliches System und Europäische Integration, 1996; *ders.*, DVBl. 1998, 421 ff.; *A. Hatje*, Die gemeinschaftsrechtliche Steuerung der Wirtschaftsverwaltung, 1998, S. 93 ff.

[119] Dazu näher *O. Suviranta*, VerwArch. 88 (1997), 439 ff.; *E. Schmidt-Aßmann*, Gefährdungen der Rechts- und Gesetzesbindung der Exekutive, in: FS Stern, 1997, S. 745 ff. (761 f.); *J. Pietzcker*, Zur Nichtanwendung europarechtswidriger Gesetze seitens der Verwaltung, in: FS Everling II, 1995, S. 1095 ff.; ausf. *R. Hutka*, Gemeinschaftsbezogene Prüfungs- und Verwerfungskompetenz der deutschen Verwaltung gegenüber Rechtsnormen nach europäischem Gemeinschaftsrecht und nach deutschem Recht, 1997.

[120] EuGHE 1997 I, 1444 (1451 – Rn. 18) – *Morellato*; EuGHE 1978, 629 (644 f. – Rn. 23 ff.) – *Simmenthal*.

[121] Ausf. *Classen*, Europäisierung (Fn. 118), S. 110 ff.; *U. Fastenrath*, Die Verwaltung 31 (1998), 277 (279 ff.).

[122] EuGHE 1997 I, 1591 (1616 – Rn. 24) – *Alcan*; EuGHE 1990 I, 959 (1019 – Rn. 61) – *Belgien/Kommission*; EuGHE 1990 I, 3437 (3456 – Rn. 12) – *BUG-Alutechnik*; s. näher *D. Ehlers*, Die Verwaltung 31 (1998), 53 (54 ff.); *R. Scholz*, DÖV 1998, 261 ff.; *C.G. Rodríguez Iglesias*, EuGRZ 1997, 289 (293 f.); ausf. *A. Sinnaeve*, Die Rückforderung gemeinschaftswidriger nationaler Beihilfen, 1997.

[123] EuGHE 1996 I, 1029 (1153 f. – Rn. 67 ff.) – *Brasserie du pêcheur*; EuGHE 1996 I, 4845 (4890 – Rn. 72 f.) – *Dillenkofer u.a.*; zu den Modalitäten der gerichtlichen Durchsetzung EuGHE 1997 I, 3969 (4021 ff. – Rn. 45 ff.) – *Bonifaci*; s. näher *G. Hermes*, Die Verwaltung 31 (1998), 373 ff.; *T. v. Danwitz*, DVBl. 1997, 1 (7 f.); *Classen*, Europäisierung (Fn. 118), S. 122 ff.

schaftsrecht vom nationalen Verfahren[124] auch dann die Einräumung einstweiliger Anordnungen, wenn das nationale Recht eine solche Möglichkeit nicht vorsieht[125]. Nationale Gerichte dürfen ausnahmsweise gegen Rechtshandlungen der Gemeinschaft einstweiligen Rechtsschutz gewähren[126], obwohl gegen Entscheidungen der EG-Organe der EuGH grundsätzlich ein Rechtsprechungsmonopol hat[127]. Mitunter kann eine Zulässigkeit der Klage nach dem Recht der Mitgliedstaaten aus Gemeinschaftsrecht geboten sein, selbst wenn das nationale Prozeßrecht solches nicht vorsieht[128]. Die Umgehung gemeinschaftsrechtlicher Fristen durch mitgliedstaatliche Rechtsbehelfe ist unzulässig[129].

31   Neben solchen direkten Einwirkungen des Europarechts auf einzelne Instrumente des Verwaltungs- oder Gerichtsverfahrens können die **europarechtlichen Regelungstechniken** von den mitgliedstaatlichen Auffassungen erheblich abweichen und so das mitgliedstaatliche Verwaltungsrecht wesentlich verändern. Vor allem im Umweltrecht wird eine stärker am Verfahrensrecht als an materiellen Standards orientierte Sekundärrechtsetzung sichtbar, die die traditionelle ordnungsrechtliche, am grundrechtlich gesteuerten Verbot mit Erlaubnisvorbehalten orientierte Basis des deutschen Umweltrechts umgestaltet oder überlagert[130]. Auch die Auffassung von Verwaltungsöffentlichkeit, die vom europäischen Sekundärrecht i.S. einer bürgerkontrollierten Transparenz instrumentalisiert wird[131], weicht vom herkömmlichen deutschen Arkanprinzip wesentlich ab. Als weitere Beispiele seien genannt: die geringere gerichtliche Kontrolldichte bei der Anwendung von Normen und der Wahrnehmung von Ermessen (→ Art. 19 IV Rn. 23), die Umsetzung von Richtlinien durch unmittelbar geltende, subjektive Rechte verbürgende Rechtsnormen statt nur durch Verwaltungsvorschriften[132] oder eine allgemeine Verweisung in einem Gesetz auf europäische Richtlinien[133]. Alle diese europäischen Einflüsse verdrängen nicht immer im Wege des Anwendungsvorrangs die rechtsstaatlichen Ausprägungen im deutschen Verwaltungsrecht, wirken aber unterschwellig auf das deutsche Rechtsverständnis verändernd ein. Skeptiker sehen darin die Gefahr eines Verlustes an rechtsstaatlicher Ordnungsgewalt gegenüber den Eigenkräften der Wirtschaft[134].

---

[124] S. näher *J. Kokott*, Die Verwaltung 31 (1998), 335 (340ff.); *W. Sandner*, DVBl. 1998, 262ff.; *F. Schoch*, DVBl. 1997, 289ff.; *Classen*, Europäisierung (Fn. 118), S. 113ff.; ausf. *S. Lehr*, Einstweiliger Rechtsschutz und Europäische Union, 1997.
[125] EuGHE 1990 I, 2433 (2473 – Rn. 19ff.) – *Factortame*.
[126] EuGHE 1991 I, 415 (542ff. – Rn. 24, 28f., 33) – *Zuckerfabrik Süderdithmarschen*; EuGHE 1995 I, 3761 (3787ff. – Rn. 32ff.) – *Atlanta*.
[127] EuGHE 1987, 4199 (4231 – Rn. 15) – *Foto-Frost*.
[128] EuGHE 1992 I, 6313 (6334 – Rn. 13) – *Oleificio Borelli*.
[129] EuGHE 1997 I, 418 (424 – Rn. 21ff.) – *Coen*.
[130] Ausf. *R. Breuer*, NVwZ 1997, 833 (835ff.). → Art. 20a Rn. 16.
[131] Vgl. *R. Breuer*, NVwZ 1997, 833 (837); *I. Pernice*, NVwZ 1990, 414 (422ff.); ausf. *Pühs*, Vollzug (Fn. 112), S. 371ff., 460ff.
[132] Vgl. z.B. EuGHE 1991 I, 2596 (2601ff. – Rn. 17ff.) – SO_2-*Richtlinie*.
[133] EuGHE 1997 I, 1653 (1679f. – Rn. 35ff.). – *Aufenthaltsrecht*.
[134] *R. Breuer*, NVwZ 1997, 833 (838); *G. Lübbe-Wolff*, NuR 1996, 217 (225ff.); allg. *F. Schoch*, JZ 1995, 109ff.; positiv *Classen*, Europäisierung (Fn. 118), S. 124ff.

III. Rechtsvergleichende Hinweise

Das staatsrechtliche Konzept des Rechtsstaats formuliert einen **Mindeststandard für moderne Verfassungsstaaten**[135]; der deutschstämmige Begriff »Rechtsstaat« hat über die Präambeln und Art. 1 I Verf. Spanien 1978[136] bzw. Art. 2 Verf. Portugal 1976/1982/1989[137] Eingang in zahlreiche neuere Verfassungstexte gefunden[138]. Das Rechtsstaatsprinzip ist in allen Verfassungen der Mitgliedstaaten der EU ausdrücklich statuiert oder mitenthalten[139]. Zugleich scheint sich damit europaweit ein materielles Rechtsstaatsverständnis durchzusetzen, das den Rechtsstaat final der Vorstellung materieller Gerechtigkeit dienen sieht[140].

32

Der Gedanke der **Rechtsstaatlichkeit konkretisiert sich europaweit in einigen Kernelementen**, namentlich durch die Existenz von Menschenrechten (Grundrechten), die Gewaltenteilung, Unabhängigkeit der Gerichte, Rechtssicherheit (auch i.S. von Vertrauensschutz und Rückwirkungsverboten); durch die Verfassungsbindung aller staatlichen Gewalt (Normenhierarchie) und demokratische Gesetze (Gesetzmäßigkeit der Verwaltung, Vorrang und Vorbehalt des Gesetzes); durch Anerkennung eines materiellen Rechtsstaatsverständnisses, des Verhältnismäßigkeitsprinzips und verfassungsgerichtlicher Kontrollmöglichkeiten. Dieser rechtsstaatliche Kern setzt sich zunehmend auch in jenen Staaten durch, die in Abkehr von gegenläufigen unfreiheitlichen Konzepten sich seit 1989 dem westlichen Verfassungsdenken öffnen, etwa in Ungarn[141], Polen[142], Slowenien[143], Tschechien[144], Slowakei[145] oder den drei baltischen Staaten[146], tendenziell Rußland[147], Kroatien[148], aber auch Südafrika[149].

33

---

[135] *Steinberger*, Verfassungsstaat (Fn. 93), S. 10.

[136] Vgl. *J.J. González Encinar*, Rechtsstaatlichkeit in Spanien, in: R. Hofmann u.a. (Hrsg.), Rechtsstaatlichkeit (Fn. 82), S. 167 ff. (168 f.).

[137] Vgl. *M.L. Amaral/J. Polakiewicz*, Rechtsstaatlichkeit in Portugal, in: R. Hofmann u.a. (Hrsg.), Rechtsstaatlichkeit (Fn. 82), S. 141 ff. (148).

[138] Ausf. Nw. bei *Sommermann*, Staatsziele (Fn. 13), S. 205 ff.; s. auch *P. Häberle*, JöR 43 (1995), 105 (173).

[139] *D. Thürer*, Der Verfassungsstaat als Glied einer europäischen Gemeinschaft, VVDStRL 50 (1991), S. 97 ff. (126).

[140] *R. Hofmann*, Die Bindung staatlicher Macht, in: ders. u.a. (Hrsg.), Rechtsstaatlichkeit (Fn. 82), S. 3 ff. (4 f.).

[141] *B. Schanda*, Rechtsstaatlichkeit in Ungarn, in: R. Hofmann u.a. (Hrsg.), Rechtsstaatlichkeit (Fn. 82), S. 219 ff.; *G. Halmai*, JöR 39 (1991), 234 ff.; *ders.*, JöR 39 (1991), 253 ff.

[142] *I. Lipowicz*, Rechtsstaatlichkeit in Polen, in: R. Hofmann u.a. (Hrsg.), Rechtsstaatlichkeit (Fn. 82), S. 199 ff.; *L. Garlicki*, JöR 39 (1991), 285 (316 f.); *J. Zakrzewska*, JöR 40 (1992), 15 ff.; *A. Balaban*, JöR 44 (1996), 307 ff.

[143] *M. Cerar*, Rechtsstaatlichkeit in Slowenien, in: R. Hofmann u.a. (Hrsg.), Rechtsstaatlichkeit (Fn. 82), S. 237 ff.; *I. Kristan*, JöR 42 (1994), 59 ff.

[144] *M. Hošková*, Rechtsstaatlichkeit in der Tschechischen Republik, in: R. Hofmann u.a. (Hrsg.), Rechtsstaatlichkeit (Fn. 82), S. 251 ff.

[145] *A. Bröstl*, Rechtsstaatlichkeit in der Slowakischen Republik, in: R. Hofmann u.a. (Hrsg.), Rechtsstaatlichkeit (Fn. 82), S. 271 ff.

[146] *R. Steinberg*, JöR 43 (1995), 55 (56 f.).

[147] *A. Nußberger*, JöR 46 (1998), 105 (108 ff.); zu den Ansätzen schon in der Sowjetunion *A.N. Sokolow*, Der Staat 30 (1991), 594 ff.; *O. Luchterhandt*, JöR 39 (1991), 157 ff.

[148] Vgl. *I. Šimonović*, Rechtsstaatlichkeit in Kroatien, in: R. Hofmann u.a. (Hrsg.), Rechtsstaatlichkeit (Fn. 82), S. 281 ff.

[149] *U. Karpen*, JöR 44 (1996), 609 (616 ff.).

34 Namentlich dort, wo die spezifisch deutsche Rechtsstaatsentwicklung besondere Schwerpunkte und Elemente ausgeprägt hat, lassen sich entsprechende **Abweichungen in anderen Rechtsstaaten** feststellen, ohne daß damit deren Charakter als Rechtsstaat in Frage gestellt wäre. So ist z.B. in **Frankreich** der Grundsatz des Vorbehalts des Gesetzes schwächer ausgeprägt als im vom Konstitutionalismus geprägten Deutschland mit der Folge, daß dort der Verwaltung weitreichende, gesetzlich nicht oder kaum determinierte Handlungsspielräume zukommen können[150]. In **Griechenland** wurde 1991 der Gesetzesvorbehalt für Rechtsverordnungen gerichtlich anerkannt, ohne daß i.S. der Wesentlichkeitsdoktrin (→ Rn. 103ff.) näher diskutiert würde, was das Parlament i.S. des Parlamentsvorbehalts selber zu entscheiden hat[151]. In **Großbritannien** ist der gerichtliche Rechtsschutz gegen staatliches Handeln im Vergleich zu dem kontinentaleuropäischen Rechtsschutzstandard erheblich geringer ausgestaltet[152].

35 Der Rechtsstaat ist als Prinzip auch in zehn **deutschen Länderverfassungen** ausdrücklich (wegen Art. 28 I GG deklaratorisch) kodifiziert (z.B. Art. 23 I, 25 Verf. Baden-Württemberg; Art. 44 I, 45 S. 3, 47 Verf. Thüringen). In fünf Verfassungen wird das Rechtsstaatsprinzip nur mittelbar, etwa im Bekenntnis zu (sozialer) Gerechtigkeit oder Teilelementen wie der Gesetzes- und Verfassungsbindung oder der Gewaltenteilung angesprochen (Präambel und Art. 1 III, 3 I, 36 I, 80, 82 Verf. Berlin, Präambel und Art. 65, 66, 67 Verf. Bremen; Präambel und Art. 3 Verf. Nordrhein-Westfalen; Präambel und Art. 2, 77 Verf. Rheinland-Pfalz; Art. 2 III Verf. Schleswig-Holstein). Allein in Hessen ist bis heute weder Rechtsstaat noch Gewaltenteilung explizit erwähnt, so daß – sehr vermittelt – Art. 64 Verf. Hessen (»Hessen ist ein Glied der deutschen Republik«) zum zentralen interpretatorischen Anknüpfungspunkt wird[153].

C. Erläuterungen

I. Allgemeine Bedeutung

1. Art. 20 II 2, III GG und die zentralen Schutzgüter des Rechtsstaats

36 Der Rechtsstaat schützt seine Bürger durch die Gewährleistung elementarer Rechtlichkeit. **Verfassungsrechtsdogmatisch** umfaßt der grundgesetzliche **Rechtsstaat** die **Gesamtheit der Regeln, Grundsätze und Prinzipien, die** in Anknüpfung an internationale Traditionen (→ Rn. 20ff.) wie in spezifisch deutscher Ausbildung (→ Rn. 10ff.) im Grundgesetz normativen Niederschlag gefunden haben und **als Ausprägung des Rechtsstaats gelten**, indem sie staatliche Machtausübung rechtlich binden, organisieren und begrenzen. Der Rechtsstaat läßt sich deshalb nicht auf eine gewaltenteilige Organisation des Staates und das »Verteilungsprinzip« reduzieren, demzufolge die Freiheit des einzelnen prinzipiell unbegrenzt und die staatliche Macht durch den

---

[150] S. näher V. *Schlette*, Die verwaltungsgerichtliche Kontrolle von Ermessensakten in Frankreich, 1991, S. 98f., 136f., 148ff.; T. *Schmitz*, Rechtsstaat und Grundrechtsschutz im französischen Polizeirecht, 1989, S. 182ff.

[151] Vgl. *E.S. Stylianidis*, Grundrechte und Gesetzesvorbehalt in der griechischen Verfassung und im Grundgesetz der Bundesrepublik Deutschland, 1995, S. 93ff.

[152] W. *Spoerr*, VerwArch. 82 (1991), 25ff.

[153] Vgl. näher M. *Schröder*, Rechtsstaatlichkeit in der Rechtsprechung der Landesverfassungsgerichte, in: C. Starck/K. Stern (Hrsg.), Landesverfassungsgerichtsbarkeit, 1983, Bd. 3, S. 225ff.

Rechtsstaat limitiert werde[154], weil der Staat nicht der Freiheit antinomisch vorgelagert ist, sondern im Rechtsstaat alles staatliche Handeln auch dem Bürger gegenüber von vornherein durch Recht konstituiert, maßgebend geregelt und angemessen abgestimmt wird[155].

Zu nennen sind als **Kernelemente** vor allem[156] (→ Rn. 61 ff.) die grundrechtlichen Freiheits- und Gleichheitsrechte um der Menschenwürde des einzelnen willen[157]; die staatsorganisatorische Gewaltenteilung (Art. 20 II 2 GG; → Rn. 62 ff.), insbesondere die Unabhängigkeit neutraler Richter (Art. 92, 97 GG); die Herrschaft des demokratischen und ausreichend bestimmten Gesetzes unter Berücksichtigung der ungeschriebenen Prinzipien der Rechtssicherheit und des Vertrauensschutzes (→ Rn. 117 ff.) sowie die Rechtsgebundenheit von Verwaltung und Gerichten (Art. 20 III GG; → Rn. 83 ff.) einschließlich der Rechtmäßigkeitsrestitution (→ Rn. 206) bzw. der Entschädigung bei staatlichen Eingriffen (→ Art. 34 Rn. 22, 45). Hinzu treten als Konkretisierungen und/oder Ergänzungen zumindest die Garantie umfassenden gerichtlichen Rechtsschutzes gegenüber Akten der öffentlichen Gewalt (→ Art. 19 IV Rn. 26 ff., 65 ff.) einschließlich wirksamen Rechtsschutzes für bürgerlich-rechtliche Streitigkeiten (→ Rn. 197 f.), das Recht auf rechtliches Gehör (Art. 103 I GG) und auf den gesetzlichen Richter (Art. 101 GG), die Verfassungsmäßigkeit der Gesetzgebung (Art. 1 III, 20 III GG; → Rn. 74 ff.) und ihre verfassungsgerichtliche Kontrolle, vor allem bei Grundrechtsbeschränkungen am Maßstab des Grundsatzes der Verhältnismäßigkeit (→ Rn. 167 ff.) und bei der Lösung rechtsstaatlicher In-Sich-Konflikte, und die Orientierung staatlichen Handelns an der Idee materieller Gerechtigkeit (→ Rn. 48 ff.).

Unmittelbar in Art. 20 II 2, III GG sind mithin nur Teilelemente des Rechtsstaats normativ verankert[158], auch wenn das Bundesverfassungsgericht das Rechtsstaatsprinzip mitunter nur mit Art. 20 II, III GG[159] oder auch nur mit Art. 20 III GG verknüpft[160]. Allerdings sollte entstehungsgeschichtlich auch Art. 20 I GG das Rechtsstaatsprinzip parallel zu den anderen Grundentscheidungen nennen und Art. 20 III GG dieses verdeutlichen (→ Rn. 19); zudem wird es in Art. 28 I GG ausdrücklich wieder aufgenommen, so daß das allgemeine Rechtsstaatsprinzip ungenannt auch dem

---

[154] Grdl. *Schmitt*, Verfassungslehre (Fn. 38), S. 125 ff.; zust. etwa *Isensee* (Fn. 30), § 202 Rn. 2 ff.; krit. zuletzt *Sobota*, Prinzip (Fn. 5), S. 454 ff., s. auch 29 ff.

[155] S. etwa *Hesse*, Rechtsstaat (Fn. 1), S. 560 ff.; *Scheuner*, Entwicklung (Fn. 3), S. 490 f.; s. auch *Sobota*, Prinzip (Fn. 5), S. 31 ff.; *H. Schulze-Fielitz*, Staatsaufgabenentwicklung und Verfassung, in: D. Grimm (Hrsg.), Wachsende Staatsaufgaben – sinkende Steuerungsfähigkeit des Rechts, 1990, S. 11 ff. (14 ff.). → Rn. 7.

[156] Unterschiedliche Kataloge z.B. bei *M. Sachs*, in: ders., GG, Art. 20 Rn. 52 f.; *F.E. Schnapp*, in: v. Münch/Kunig, GG I, Art. 20 Rn. 23; *E. Benda*, Der soziale Rechtsstaat, in: HdbVerfR, § 17 Rn. 14 ff.; *Badura*, Staatsrecht, Rn. D 45 ff.; *Stern*, Staatsrecht I, S. 764 ff., 787 ff.; *Hesse*, Verfassungsrecht, Rn. 183 ff.; *Schmidt-Aßmann* (Fn. 2), § 24 Rn. 2 ff., 28 ff., 46 ff., 69 ff.; *Karpen*, Rechtsstaat (Fn. 29), S. 33 ff.; *Herzog* (Fn. 111), Art. 20 VII Rn. 22 ff.; *Scheuner*, Entwicklung (Fn. 3), S. 489 ff.; s. auch *Baurmann*, Markt (Fn. 70), S. 91 ff.

[157] S. näher *Schmidt-Aßmann* (Fn. 2), § 24 Rn. 4 f., 26, 30 ff.; *H.-R. Lipphardt*, EuGRZ 1986, 149 ff.; a.A. *A. Bleckmann*, JöR 36 (1987), 1 (3 u.ö.); *Sobota*, Prinzip (Fn. 5), S. 444 ff.

[158] BVerfGE 30, 1 (24 f.); *Stern*, Staatsrecht I, S. 780; *Jarass/Pieroth*, GG, Art. 20 Rn. 21; *W. Heintschel v. Heinegg*, Rechtsstaatlichkeit in Deutschland, in: R. Hofmann u.a. (Hrsg.), Rechtsstaatlichkeit (Fn. 82), S. 107 ff. (108); zweifelhaft BVerfGE 39, 128 (143); BVerwGE 70, 143 (144).

[159] So BVerfGE 52, 131 (143).

[160] BVerfGE 35, 41 (47); 39, 128 (143); 84, 133 (159); 86, 148 (251); 87, 48 (59); 90, 60 (86).

Art. 20 (Rechtsstaat)   C. Erläuterungen

Art. 20 I GG immanent ist[161]. Das ist praktisch für die Reichweite dessen bedeutsam, was als die rechtsstaatlichen der in Art. 20 GG »niedergelegten Grundsätze« i.S. von Art. 79 III GG gelten soll (→ Rn. 213). Ungeachtet dessen erschöpfen Art. 20 I, II 2 und III GG den Rechtsstaat des Grundgesetzes nicht; eine neuere Untersuchung hat immerhin 141 rechtsstaatliche Elemente ermittelt und zu 17 Kernbestandteilen kondensiert, die sich ihrerseits auf drei Normtypen zurückführen lassen: den Rechtsstaat konstituierende, ihn auf das Regelmaß des Rechts verpflichtende und im Verhältnis von Staat und Bürgern Angemessenheit schaffende Normen[162]. Das Bundesverfassungsgericht nimmt oft nur auf das Rechtsstaatsprinzip ohne konkrete normative Anbindung Bezug[163].

2. Normative Ebenen des grundgesetzlichen Rechtsstaats

a) Der Rechtsstaat zwischen Prinzip, Grundsatz und Regel

39   Der Rechtsstaat ist Staatsstrukturprinzip[164] und in seinen materiellen Gehalten Staatszielbestimmung; seine Bestandteile sind von unterschiedlicher normlogischer Qualität[165]. Teilweise handelt es sich um **Rechtsregeln, die** auch ohne nähere gesetzliche Ausgestaltung unmittelbar angewendet werden können und ausnahmslos gelten; z.B. müssen staatliche Gerichte stets unabhängig (Art. 97 GG), Gesetze stets verfassungsmäßig sein (Art. 1 III, 20 III GG).

40   Von Regeln zu unterscheiden sind **allgemeine Rechtsgrundsätze**, deren Geltungsanspruch durch (verfassungsrechtlich oder gesetzlich festgelegte) Ausnahmen durchbrochen sein kann; z.B. kann der Grundsatz der Gewaltenteilung im parlamentarischen Regierungssystem durch Parlamentsmitglieder in der Regierung Ausnahmen erfahren (→ Rn. 71), findet das Verbot echt rückwirkender Gesetze Ausnahmen bei überragenden Gemeinwohlinteressen (→ Rn. 146).

41   Eine dritte – oft mit Rechtsgrundsätzen gleichgesetzte – normative Erscheinungsform sind **Prinzipien**, die grundsätzlich ausnahmslos gelten, aber im Einzelfall durch entgegenstehende Prinzipien in ihrem Geltungsbereich eingeschränkt werden können, weil sie **als Optimierungsgebote** mehr oder weniger realisiert werden können, also abwägungsfähig und -bedürftig sind[166], oder als Rechtsnormen, die nur notwendige, aber nicht hinreichende Bedingungen ihrer Anwendung enthalten und auf situationsspezifische Konkretisierungen im Einzelfall hin angelegt sind[167]. Grundrechte als

---

[161] So BVerfGE 63, 343 (353); *Schmidt-Aßmann* (Fn. 2), § 24 Rn. 3 m.w.N.; a.A. z.B. *Kunig*, Rechtsstaatsprinzip (Fn. 30), S. 73 ff.; *Schnapp* (Fn. 156), Art. 20 Rn. 21.

[162] *Sobota*, Prinzip (Fn. 5), S. 27 ff. (zsfssd. 253 ff.), 461 ff., 471 ff.; s. auch zur Vielfalt der Systematisierungen *Buchwald*, Prinzipien (Fn. 12), S. 175 ff., 188 ff.

[163] Z.B. BVerfGE 89, 28 (35); 89, 132 (141); 90, 145 (173); 91, 176 (180); 95, 96 (130).

[164] Vgl. allg. *K. Eichenberger*, Vom Umgang mit Strukturprinzipien des Verfassungsstaates, in: FS Stern, 1997, S. 457 ff.

[165] Grdl. *R. Alexy*, Zum Begriff des Rechtsprinzips (1979), in: ders., Recht, Vernunft, Diskurs, 1995, S. 177 ff. (182 ff.); s. auch *U. Penski*, JZ 1989, 105 ff.; *Sobota*, Prinzip (Fn. 5), S. 411 ff.

[166] Vgl. *R. Alexy*, Rechtssystem und praktische Vernunft (1987), in: ders., Recht (Fn. 165), S. 213 ff. (216 ff.); *H.-J. Koch*, Die normtheoretische Basis der Abwägung, in: W. Erbguth u.a. (Hrsg.), Abwägung im Recht, 1996, S. 9 (19 ff.); *Sommermann*, Staatsziele (Fn. 13), S. 359 ff., 411 ff.; zu weiteren Konzepten von Rechtsprinzipien ferner *Buchwald*, Prinzipien (Fn. 12), S. 60 ff.; *T. Schilling*, Rang und Geltung von Normen in gestuften Rechtsordnungen, 1994, S. 85 ff.

[167] S. näher *Buchwald*, Prinzipien (Fn. 12), S. 70 ff., pass.

Prinzipien[168] werden so z.B. durch die Grundrechte anderer beschränkbar; aber auch das gesamte staatliche Handeln unterliegt den Einschränkungen durch den Grundsatz der Verhältnismäßigkeit als Rechtsprinzip (→ Rn. 167ff.). Konflikte zwischen den Verfassungsprinzipien lassen sich nur in Ansehung des Einzelfalls, d.h. in genauer Konkretisierung und Graduierung der konfligierenden Interessen und Rechtsgüter durch Abwägung lösen; eine prinzipiengeleitete Abwägung führt dazu, daß gegenläufige Prinzipien i.S. »praktischer Konkordanz« zum Zuge kommen[169].

Die normlogische **Unterscheidung zwischen Prinzipien, Grundsätzen und Regeln** ist nur **idealtypisch**, d.h. nur skalierend und nicht trennscharf möglich[170] und wird selten konsequent verwendet[171]. Das Rechtsstaatsprinzip wird teils als »eines der elementaren Prinzipien des Grundgesetzes«[172], teils als Optimierungsgebot[173], teils als allgemeiner Rechtsgrundsatz[174], teils als »Leitidee«[175] angesehen. Jedenfalls hat das Grundgesetz zahlreiche rechtliche Regeln und Grundsätze normiert, die sich als Konkretisierungen eines allgemeinen Rechtsstaatsprinzips verstehen lassen. Wo es solche Teilelemente positiv normiert, gelten primär diese spezielleren Regeln selbständig und gegenüber dem allgemeineren Prinzip vorrangig[176]. Dennoch lassen sich auch aus dem Prinzip konkrete Folgen ableiten, so sehr es »keine in allen Einzelheiten eindeutig bestimmten Gebote oder Verbote« abzuleiten erlaubt[177], d.h. »wegen der Weite und Unbestimmtheit des Rechtsstaatsprinzips mit Behutsamkeit vorzugehen« ist[178]. 42

Umstritten ist, **ob** ein solches **selbständiges »Rechtsstaatsprinzip«** erforderlich ist, weil alle denkbaren Rechtsprobleme sich mit Hilfe der spezielleren Konkretisierungen im Grundgesetz lösen ließen[179]. Diese Sicht blendet die historische Entwicklung aus und verkennt die »Reservefunktion« des Rechtsstaatsprinzips für das Organisations- und Verfahrensrecht und für neuartige, positivrechtlich ungelöste Konflikte[180]. Vor al- 43

---

[168] So *R. Alexy*, Theorie der Grundrechte, 1986, S. 75ff.; *M. Borowski*, Grundrechte als Prinzipien, 1998; s. auch *H.-J. Koch/H. Rüßmann*, Juristische Begründungslehre, 1982, S. 99; krit. *M. Peters*, ZÖR 51 (1996), 159 (166ff.); *P. Lerche*, Die Verfassung als Quelle von Optimierungsgeboten?, in: FS Stern, 1997, S. 197ff. (204ff.). → Vorb. Rn. 40.
[169] *Hesse*, Verfassungsrecht, Rn. 72; s. auch *Alexy*, Theorie (Fn. 168), S. 152f.; *R. Wendt*, AöR 104 (1979), 413 (457ff.); *P. Lerche*, Übermaß und Verfassungsrecht, 1961, S. 125ff.
[170] *Koch*, Basis (Fn. 166), S. 18f.; ausf. *W. Enderlein*, Abwägung in Recht und Moral, 1992, S. 81ff.
[171] Krit. *Kunig*, Rechtsstaatsprinzip (Fn. 30), S. 293ff.
[172] BVerfGE 20, 323 (331).
[173] *I. Pernice*, Billigkeit und Härteklauseln im öffentlichen Recht, 1991, S. 390f.; *R. Dreier*, JZ 1985, 353 (356f.).
[174] *Jarass/Pieroth*, GG, Art. 20 Rn. 21; BVerfGE 7, 89 (92f.); 52, 131 (144f.); *Herzog* (Fn. 111), Art. 20 VII Rn. 35.
[175] So z.B. BVerfGE 2, 380 (403); 49, 148 (164); 95, 96 (130).
[176] *Jarass/Pieroth*, GG, Art. 20 Rn. 20; *C. Starck*, Praxis der Verfassungsauslegung, 1994, S. 189; *Schmidt-Aßmann* (Fn. 2), § 24 Rn. 7; s. auch *H. Schneider*, Zur Verhältnismäßigkeits-Kontrolle insbesondere bei Gesetzen, in: Festgabe BVerfG II, S. 390ff. (391).
[177] BVerfGE 7, 89 (92); 52, 131 (144); 65, 283 (290); 74, 129 (152).
[178] BVerfGE 57, 250 (276); 70, 297 (308).
[179] So *Kunig*, Rechtsstaatsprinzip (Fn. 30), S. 85ff., 109f., 463; ähnlich *Schnapp* (Fn. 156), Art. 20 Rn. 21; *Bäumlin/Ridder* (Fn. 13), Art. 20 Abs. 1–3 III Rn. 35ff., 46ff.; *Heintschel v. Heinegg*, Rechtsstaatlichkeit (Fn. 158), S. 109; s. auch *C. Schütz*, Strafe und Strafrecht im demokratischen und sozialen Rechtsstaat, 1997, S. 19ff.
[180] *Schmidt-Aßmann* (Fn. 2), § 24 Rn. 8f.; krit. auch *Sobota*, Prinzip (Fn. 5), S. 399ff., 443; *Isensee* (Fn. 30), § 202 Rn. 9; *Buchwald*, Prinzipien (Fn. 12), S. 158ff.

lem wird die Auslegung der Regeln von Rückgriffen auf allgemeine Gerechtigkeitserwägungen geleitet, die nichts anderes als das allgemeine Rechtsstaatsprinzip repräsentieren. Auch die vielfältigen Konflikte zwischen verschiedenen rechtsstaatlichen Regeln bzw. Unterprinzipien[181] finden einen Ausgleich (i.S. praktischer Konkordanz) durch Rückgriffe auf die abstraktere Ebene des Rechtsstaatsprinzips. Aus ihm lassen sich insoweit konkrete Folgerungen z.B. beim Grad der Bestimmtheit von Normen (→ Rn. 117 ff.), bei den Anforderungen an die Rechtssicherheit und den Vertrauensschutz (→ Rn. 134 ff.), für den Rechtsschutz außerhalb von Art. 19 IV GG (→ Art. 19 IV Rn. 27 f.; → Rn. 197 ff.) oder für das Strafrecht (→ Rn. 180 ff., 203 ff.) ableiten.

b) Formeller und materieller Rechtsstaat

44 Vor allem die ältere Literatur pflegt **formelle** von materiellen **Anforderungen des Rechtsstaats** zu unterscheiden[182]. Als formelle Elemente gelten im Anschluß an Traditionen des 19. Jahrhunderts (→ Rn. 13) solche Rechte, die unabhängig von spezifischen Inhalten gelten, vor allem Vorrang der Verfassung, Gesetzmäßigkeit der Verwaltung (Vorrang und Vorbehalt des Gesetzes), Gewaltenteilung, Rechtsschutz durch unabhängige Gerichte, Staatsunrechtshaftung, Willkürverbot und Rechtssicherheit, z.T. auch das Übermaßverbot. Mitunter wird in der Lehre ein formelles Rechtsstaatsverständnis favorisiert[183].

45 Andere Elemente werden dem **materiellen Rechtsstaat** zugeordnet, weil sie in einer Nähe zur Idee der Gerechtigkeit stehen[184]. Hierzu wird z.T. der Grundsatz der Verhältnismäßigkeit gezählt[185], auch die Verfassungsbindung des Gesetzgebers[186], vor allem aber die Wahrung der grundrechtlichen Freiheit und Gleichheit und ihrer Basis, die Menschenwürde[187]. Der Rechtsstaat zielt insoweit auf die Verwirklichung materieller Gerechtigkeit[188]; z.T. wird auch die Garantie eines umfassenden Gerichtsschutzes dem materiellen Rechtsstaat zugerechnet[189].

46 Die **Unterscheidung** von formellen und materiellen Rechtsstaatselementen ist weder systematisch vollkommen exakt durchführbar noch juristisch aussagekräftig, weil sie nichts (vor-)entscheiden kann[190]. Sie ist **historisch bedingt**: Die materiellen Elemente sind zusätzlich zu jenen rechtsstaatlichen Geboten hinzugetreten, die auch schon zur Geltung gelangt waren, als in Deutschland noch nicht der demokratische

---

[181] Vgl. z.B. BVerfGE 52, 131 (144); 57, 250 (276); 60, 253 (267); 65, 283 (290); s. auch *Kunig*, Rechtsstaatsprinzip (Fn. 30), S. 278 ff.; *Schmidt-Aßmann* (Fn. 2), § 24 Rn. 92.
[182] Z.B. *Benda* (Fn. 156), § 17 Rn. 1 ff.; *Schnapp* (Fn. 156), Art. 20 Rn. 22; *E.R. Huber*, Rechtsstaat und Sozialstaat in der modernen Industriegesellschaft (1965), in: Forsthoff (Hrsg.), Rechtsstaatlichkeit (Fn. 3), S. 589 ff. (593 ff.); *R. Bäumlin*, Die rechtsstaatliche Demokratie, 1954, S. 43 ff., 49 ff., 60 ff.
[183] *Bäumlin/Ridder* (Fn. 13), Art. 20 Abs. 1–3 III Rn. 39, 77 u.ö.; *Böckenförde*, Entstehung (Fn. 12), S. 164 ff.; *Merten*, Rechtsstaat (Fn. 25), S. 10 ff.; *Forsthoff*, Umbildung (Fn. 71), S. 35 ff.; *Schmitt*, Verfassungslehre (Fn. 38), S. 130 ff., 133.
[184] So z.B. BVerfGE 20, 323 (331); 52, 131 (144 f.); 70, 297 (308).
[185] *Jarass/Pieroth*, GG, Art. 20 Rn. 22; *Benda* (Fn. 156), § 17 Rn. 53.
[186] So *Schmidt-Aßmann* (Fn. 2), § 24 Rn. 19.
[187] *Schnapp* (Fn. 156), Art. 20 Rn. 22; ausf. *Sommermann*, Staatsziele (Fn. 13), S. 213 ff.; *Hesse* (Fn. 1), S. 568 f.
[188] Vgl. BVerfGE 3, 225 (237); 49, 148 (164); 74, 129 (152).
[189] *Sommermann*, Staatsziele (Fn. 13), S. 221 ff.
[190] Zur Kritik *Sobota*, Prinzip (Fn. 5), S. 448 f., 457 ff., 469 ff.

Verfassungsstaat westlichen Typs verfassungsrechtlich realisiert war, etwa zu Zeiten des deutschen Kaiserreiches vor 1918 (→ Rn. 12 ff.).

Die Anforderungen des materiellen Rechtsstaats werden mitunter gegen die formelle Seite des Rechts ausgespielt, obwohl die Akzeptanz und das Vertrauen in die formellen Regeln des Rechts eine Grundvoraussetzung für den demokratischen Verfassungsstaat sind[191]. Der **Rechtsstaat** als formelles Prinzip **schafft Distanz** zur Unmittelbarkeit privater Interessen und politischer Gestaltungsabsichten[192]. Seine Handlungsformen und formalisierten Verfahrensregeln verhindern Willkür und gewährleisten zugleich Vorhersehbarkeit, Verläßlichkeit und die Umsetzung demokratischer Entscheidungen[193]. Die **Einhaltung der formellen Regeln des Grundgesetzes** begründet eine (nur ausnahmsweise widerlegliche) **Vermutung der materiellen Rechtmäßigkeit** des Staatshandelns, vor allem des Gesetzgebers[194]. Legalität indiziert Legitimität[195]. 47

c) Rechtsstaat und materielle Gerechtigkeit

Das **Grundgesetz kodifiziert** mit dem Rechtsstaatsprinzip grundlegende Gerechtigkeitspostulate der **naturrechtlichen Verfassungstraditionen**; sie verpflichten durch den Vorrang der Verfassung (→ Rn. 74; → Art. 1 III Rn. 1) das gesamte Staatshandeln auf das Ziel materieller Gerechtigkeit als Rechtsprinzip[196] und binden auch den verfassungsändernden Gesetzgeber (→ Art. 79 III Rn. 11)[197]. Alle maßgeblichen Gerechtigkeitsprinzipien sind im Grundgesetz konstitutionalisiert und i.S. eines »ethischen Minimums« u.a. in Art. 20 II, III GG verankert[198]. 48

Der Begriff der **Gerechtigkeit** zielt auf ein **offenes Prinzip**, ohne Einfallstor für »beliebige« Gerechtigkeitsvorstellungen zu sein: Die materiellen Anforderungen müssen vielmehr aus der Verfassung abgeleitet werden[199], weil das Grundgesetz selbst zahlreiche Anknüpfungspunkte für Gerechtigkeitsvorstellungen enthält; man denke nur an den Gleichheitssatz (Art. 3 I GG), der einen allgemeinen Rechtsgrundsatz formu- 49

---

[191] Vgl. *Böckenförde*, Entstehung (Fn. 12), S. 166; *Michaelis*, Die Deutschen (Fn. 33), S. 35 f.; *W. v. Simson*, Der Staat 21 (1982), 97 (108 f.); *Benda* (Fn. 156), § 17 Rn. 2.

[192] *Sobota*, Prinzip (Fn. 5), S. 192 f., 504; *Schmidt-Aßmann* (Fn. 2), § 24 Rn. 25; *M. Kloepfer*, Gesetzgebung im Rechtsstaat, VVDStRL 40 (1982), S. 63 ff. (65); *Isensee* (Fn. 30), § 202 Rn. 3.

[193] *Schmidt-Aßmann* (Fn. 2), § 24 Rn. 19.

[194] BVerfGE 62, 1 (43); *Schmidt-Aßmann* (Fn. 2), § 24 Rn. 45; *H.H. Klein*, Legitimität gegen Legalität?, in: FS Carstens II, 1984, S. 645 ff. (651 f.); *T. Würtenberger*, Legitimität und Gesetz, in: FS Gesellschaft für Rechtspolitik, 1984, S. 533 ff.; krit. aber *Bäumlin/Ridder* (Fn. 13), Art. 20 Abs. 1–3 III Rn. 39, 55 u.ö.

[195] So *Schnapp* (Fn. 156), Art. 20 Rn. 36; *Stern*, Staatsrecht I, S. 800; *Hesse*, Verfassungsrecht, Rn. 197; *Sobota*, Prinzip (Fn. 5), S. 98.

[196] BVerfGE 7, 89 (92); 7, 194 (196); 20, 323 (331); 21, 378 (388); 49, 148 (164); 70, 297 (308); 74, 129 (152); 95, 96 (130); ausf. zur Rechtsprechung des BVerfG (bis Bd. 48) *G. Robbers*, Gerechtigkeit als Rechtsprinzip, 1980; allg. *H.-J. Koch/M. Köhler/K. Seelmann* (Hrsg.), Theorien der Gerechtigkeit, 1994; *R. Dreier*, Recht und Gerechtigkeit, in: ders., Recht, Staat, Vernunft, 1991, S. 8 ff.; ders., JZ 1985, 353 (357 ff.); ausf. *Kunig*, Rechtsstaatsprinzip (Fn. 30), S. 333 ff.; *Herzog* (Fn. 111), Art. 20 VII Rn. 61; widersprüchlich *Schnapp* (Fn. 156), Art. 20 Rn. 22 und 26; s. aber auch *Bäumlin/Ridder* (Fn. 13), Art. 20 Abs. 1–3 III Rn. 22, 39.

[197] BVerfGE 84, 90 (121); s. auch *Herzog* (Fn. 111), Art. 20 VI Rn. 53 f.; Art. 20 VII Rn. 14.

[198] S. etwa *R. Dreier*, Rechtsbegriff und Rechtsidee, 1986, S. 29 ff.; *H. Schulze-Fielitz*, Theorie und Praxis parlamentarischer Gesetzgebung, 1988, S. 227 ff.; s. auch *D. Heckmann*, Geltungskraft und Geltungsverlust von Rechtsnormen, 1997, S. 26, 27, 40, 107 ff.

[199] So *Schnapp* (Fn. 156), Art. 20 Rn. 22; *Benda* (Fn. 156), § 17 Rn. 9 ff.; *Schmidt-Aßmann* (Fn. 2), § 24 Rn. 45; s. auch *Jarass*/Pieroth, GG, Art. 20 Rn. 22.

liert, der aus dem Prinzip der allgemeinen Gerechtigkeit folgt[200], oder an das Sozialstaatsprinzip als Gebot sozialer Gerechtigkeit (→ Rn. 16). Vor allem ist es geboten, statt eines bloßen Vertrauens in den politischen Entscheidungsprozeß im Wege einer »Reformalisierung des Rechtsstaats«[201] die materiellen Gerechtigkeitsvorstellungen inhaltlich als Verfassungsprinzipien zu diskutieren, um ggf. Verfassungsmaßstäbe gegen eine Instrumentalisierung des Gerechtigkeitsprinzips durch Ideologien zu gewinnen[202]. Zudem verlangt das Streben nach Gerechtigkeit, bei der Anwendung des Rechts die fallspezifischen Besonderheiten im Sinn einer angemessenen Einzelfallgerechtigkeit in Rechnung zu stellen[203].

d) Gesetze und Verordnungen als zentrale Steuerungsmedien

50 Das parlamentarische **Gesetz** ist **das zentrale Steuerungsmedium** im Rechtsstaat[204]: Es konkretisiert die sozialen und materiellen Gerechtigkeitsmaßstäbe des Verfassungsvertrages[205] nach Maßgabe der politischen Gestaltungsfreiheit des demokratischen Gesetzgebers als einem formellen Prinzip[206] immer wieder neu. Nur ihm sind, wenn nicht die demokratische Legitimation zur Normsetzung[207], so aber »Rang und Prädikat einer demokratischen Mehrheitsentscheidung eigentümlich«[208]. Nur das parlamentarische Gesetz gewährleistet infolge seiner Allgemeinheit landesweit und sicher gleiche Rechtsanwendung und Rechtssicherheit[209] und hat die Kraft zur nachhaltigen Neuordnung größerer Sachbereiche.

51 Sein **Regelungsgehalt** kann bleibender Ausdruck sozialethischer oder rechtlicher Bewertung sein[210] oder auch nur maßnahmeorientiert eher technischen Charakter haben[211] und muß keine allgemeinen Regeln i.S. der Allgemeinheit der Aufklärung (→ Art. 5 I, II Rn. 110; → Art. 19 I Rn. 2) enthalten: Gesetze sind begrifflich durch ihre Entstehung im dafür vorgesehenen parlamentarischen Verfahren bestimmt. Die Ver-

---

[200] So BVerfGE 21, 362 (372); 37, 57 (65); Schmidt-Bleibtreu/*Klein*, GG, Art. 20 Rn. 10a.
[201] So *Maus*, Entwicklung (Fn. 40), S. 13 ff., und oben Nw. in Fn. 183; krit. *D. Grimm*, JuS 1980, 704 ff.
[202] Vgl. *Stern*, Staatsrecht I, S. 773 f.
[203] Dazu z.B. *Sobota*, Prinzip (Fn. 5), S. 177 ff.; *Pernice*, Billigkeit (Fn. 173), S. 387 ff.; *F. Bydlinski*, Allgemeines Gesetz und Einzelfallgerechtigkeit, in: Starck (Hrsg.), Allgemeinheit (Fn. 27), S. 49 ff.; *Robbers*, Gerechtigkeit (Fn. 196), S. 71 f.
[204] S. zuletzt etwa *Sobota*, Prinzip (Fn. 5), S. 77 ff.; *F. Ossenbühl*, Rechtsquellen und Rechtsbindungen der Verwaltung, in: Erichsen, Allg. Verwaltungsrecht, § 6 Rn. 4 ff.; *H. Dreier*, Hierarchische Verwaltung im demokratischen Staat, 1991, S. 160 ff.; *H. Meyer*, Die Stellung des Parlamentes in der Verfassungsordnung des Grundgesetzes, in: Schneider/Zeh, § 4 Rn. 59 ff.; *Schulze-Fielitz*, Theorie (Fn. 198), S. 152 ff.; *P. Badura*, Der Zustand des Rechtsstaates, in: ders. u.a., Der Zustand des Rechtsstaates, 1986, S. 13 ff. (16, 20 ff.); *W. Mößle*, Regierungsfunktionen des Parlaments, 1986, S. 193 ff.; *K. Eichenberger*, Gesetzgebung im Rechtsstaat, VVDStRL 40 (1982), S. 7 ff. (10).
[205] *Schulze-Fielitz*, Theorie (Fn. 198), S. 213 ff., 231 ff.
[206] S. näher *M. Kaufmann*, StWStP 8 (1997), 161 (172 ff., 175 ff.).
[207] So BVerfGE 95, 1 (16); krit. *F. Ossenbühl*, ZG 12 (1997), 305 (318).
[208] *H.P. Ipsen*, Enteignung und Sozialisierung, VVDStRL 10 (1952), S. 74 (75); zum Begriff des Gesetzes vgl. *Böckenförde*, Gesetz (Fn. 22), S. 377 ff. u.ö.; *H. Schneider*, Gesetzgebung, 2. Aufl. 1991, Rn. 13 ff.
[209] Vgl. *F. Weyreuther*, DÖV 1997, 521 (522 f.); *Badura*, Staatsrecht, Rn. F 3; *H. Hofmann*, Postulat (Fn. 27), S. 33 ff.; *K. Lange*, DVBl. 1979, 533 (536).
[210] So BVerfGE 39, 1 (59).
[211] BVerfGE 25, 371 (398); 42, 263 (305); *F. Ossenbühl*, ZG 12 (1997), 305 (311 f.); *Sobota*, Prinzip (Fn. 5), S. 81 ff.; *Degenhart*, Staatsrecht I, Rn. 232; *Schnapp* (Fn. 156), Art. 20 Rn. 27.

fahren und Unterprinzipien des Rechtsstaats sind darauf gerichtet, vor allem die parlamentarische Gesetzgebung als Form der Gerinnung politischer Gestaltungsmacht wie auch alle sonstigen Erscheinungsformen politischer Machtausübung rechtsstaatlich zu disziplinieren[212].

Die **Wirkung des Gesetzes** ist von der arbeitsteiligen **Rechtskonkretisierung in der Anwendungspraxis abhängig**[213]. Vor allem durch Rechtsverordnungen nach Maßgabe des Gesetzes werden dessen Inhalte konkretisiert, handhabbar gemacht und durch ständige Anpassung an die Dynamik von Technik und Wirtschaft in ihrer Gestaltungskraft bewahrt[214].   52

3. Aktueller Befund
a) Die Wiedervereinigung Deutschlands

Nach der Wiedervereinigung Deutschlands **gilt die rechtsstaatliche Ordnung** des Grundgesetzes auch **in den neuen Ländern**. Sie traf dort auf alte Regeln, bestehende Institutionen, eingeschliffene Routinen und Denkweisen von Bürgern und Staatsbediensteten, die mit dem Rechtsstaat des Grundgesetzes wenig gemein hatten[215] und seit 1990 fundamental verändert werden mußten, ohne daß die verfassungskulturellen Voraussetzungen dafür (→ Rn. 17) vorhanden waren. Die anfänglichen Hauptprobleme dieses Umgestaltungsprozesses[216] mögen sich nach dem Um- und Aufbau einer rechtsstaatlichen Justiz und Verwaltungsorganisation verschoben haben; gleichwohl gibt es auch heute noch vielfältige Schwierigkeiten[217]. Die Erfahrungen der Verrechtlichung und der Bindungen des Staatshandelns an Verfahrensregeln lassen den Rechtsstaat zumal in den neuen Ländern teilweise als zu distanziert-bürokratisch und materielle Gerechtigkeit als Gegensatz zum Rechtsstaat[218] erscheinen. Die Schaffung verstärkter Akzeptanz des Rechtsstaats in den neuen Ländern bleibt eine der rechtsstaatlichen Hauptaufgaben der näheren Zukunft[219].   53

---

[212] Zum Verhältnis von Recht und Politik s. etwa *M. Kaufmann*, StWStP 8 (1997), 161 (165f.); *J. Isensee*, Verfassungsrecht als »politisches Recht«, in: HStR VII, § 162 Rn. 68ff. u.ö.; *K. Stern*, Verfassungsgerichtsbarkeit zwischen Recht und Politik, 1980, S. 16ff.; *D. Grimm*, JuS 1969, 501ff.; zu den Funktionen des Gesetzgebungsverfahrens *Sobota*, Prinzip (Fn. 5), S. 83ff.; *Schulze-Fielitz*, Theorie (Fn. 198), S. 206ff.

[213] *Dreier*, Verwaltung (Fn. 204), S. 164ff., 182ff., 200ff.; *Schulze-Fielitz*, Theorie (Fn. 198), S. 143ff.

[214] Vgl. *F. Ossenbühl*, ZG 12 (1997), 305 (312ff.); *ders.*, Rechtsverordnung, in: HStR III, § 64 Rn. 2ff.; *Sobota*, Prinzip (Fn. 5), S. 128ff.; *T. v. Danwitz*, Die Gestaltungsfreiheit des Verordnungsgebers, 1989.

[215] S. näher *Isensee* (Fn. 30), § 202 Rn. 1, 29ff., 83ff., 174ff.; *H. Schulze-Fielitz*, DVBl. 1991, 893 (894ff.).

[216] Vgl. nur *C. Starck/W. Berg/B. Pieroth*, Der Rechtsstaat und die Aufarbeitung der vor-rechtsstaatlichen Vergangenheit, VVDStRL 51 (1992), S. 9ff., 46ff., 91ff.; *Karpen*, Rechtsstaat (Fn. 29), S. 107ff.; *W. Fiedler*, Stillstand oder Fortentwicklung des Rechtsstaatsprinzips nach der Wiedervereinigung Deutschlands, in: FS Jahr, 1993, S. 71ff. (82ff.); *Benda* (Fn. 156), § 17 Rn. 59ff.; s. auch *R. Robra*, NJW 1998, 1665ff.

[217] Ausf. *Isensee* (Fn. 30), § 202 Rn. 20ff.; s. auch *R. Robra*, NJW 1998, 1665ff.

[218] S. das zweifelhafte Wort von *B. Bohley*: »Wir wollten Gerechtigkeit und haben den Rechtsstaat bekommen«; s. näher *Isensee* (Fn. 30), § 202 Rn. 23f.; *I. v. Münch*, Der Staat 33 (1994), 165ff.; *A. Kaufmann*, NJW 1995, 81ff.; ferner *S. Heitmann*, NJW 1994, 2131ff.; *W. Heyde*, Über Schwierigkeiten im praktischen Umgang mit dem Rechtsstaatsprinzip, in: FS Redeker, 1993, S. 187ff. (198).

[219] *Isensee* (Fn. 30), § 202 Rn. 181f.; s. auch *H.-J. Jentsch*, ZRP 1995, 9ff.

54 Die **Rechtsprechung des Bundesverfassungsgerichts zu rechtsstaatlichen Problemen der Wiedervereinigung** hat die rechtsstaatlichen Konflikte unter Rückgriff auf materiell-rechtsstaatliche Erwägungen vor allem auch des Gleichheitsgedankens oft »in der Nähe der Aporie«[220] fallweise gelöst und die Entscheidungen des Gesetzgebers grundsätzlich bestätigt (z.B. die Bestandskraft der Enteignungen auf besatzungsrechtlicher Grundlage 1945–1949[221], die Beendigung öffentlich-rechtlicher Arbeitsverhältnisse[222], die Umgestaltung von Vermögensverhältnissen[223]), mitunter auch nicht (z.B. bei den ersten gesamtdeutschen Wahlen[224], beim Mutterschutz für ehemalige DDR-Bedienstete[225]). Es hat die Verwaltung im Einzelfall korrigiert und die Zumutbarkeit und Einzelfallgerechtigkeit stärker gewichtet, z.B. bei der Würdigung der DDR-Vergangenheit von Angehörigen des Öffentlichen Dienstes[226], Anwälten[227] oder Parlamentariern[228].

55 Vor allem aber fordert die **Bewältigung der DDR-Regierungskriminalität** vom Rechtsstaatsprinzip Antwort auf grundsätzliche, kaum »lösbare« Gerechtigkeitsfragen[229]: strafrechtlich im Blick speziell auf das Rückwirkungsverbot des Art. 103 II GG, vor allem hinsichtlich der »Regierungskriminalität«, der Strafbarkeit der Mauerschützen[230] und ihrer Vorgesetzten[231], aber auch rechtsstaatlich im Blick auf die Behandlung der alten staatsnahen Bediensteten der DDR[232] (→ Art. 33 Rn. 44), die teilweise Wiederherstellung oder Berücksichtigung früherer Eigentumsverhältnisse und die Rehabilitierung politisch Verfolgter zum solidarischen Ausgleich einer Opferlage[233]. Die sehr unterschiedlichen Wege[234] haben eine große Variationsbreite des rechtsstaatlichen Argumentationshaushalts verdeutlicht, etwa wenn eine faktische Amnestie für

---

[220] *P. Kirchhof*, NJW 1996, 1497 (1500); s. auch *ders.*, Rechtsstaatlichkeit im Umbruch der Wiedervereinigung, in: O. Jauernig/P. Hommelhoff (Hrsg.), Teilungsfolgen und Rechtsfriede, 1996, S. 145 ff. (148 ff.); *E. Klein*, Deutsche Einigung und Rechtsprechung des Bundesverfassungsgerichts, in: J. Ipsen u.a. (Hrsg.), Verfassungsrecht im Wandel, 1995, S. 91 ff.

[221] BVerfGE 84, 90 (117 ff.); 94, 12 (33 ff.).

[222] BVerfGE 84, 133 (154 f.); s. auch E 85, 360 (371 ff.); 85, 167 (173 f.).

[223] BVerfGE 88, 384 (401 ff.); 95, 267 (300 ff.); s. auch E 84, 290 (299 ff.).

[224] BVerfGE 82, 322 (337 ff.); 82, 353 (363 ff.).

[225] BVerfGE 84, 133 (155 f.); s. auch E 85, 167 (174); 85, 360 (372); 86, 81 (87 ff.).

[226] BVerfGE 92, 140 (152 ff.); 96, 152 (162 ff.); 96, 171 (180 ff.); 96, 189 (196 ff.); 96, 205 (210 ff.); krit. *R. Will*, NJ 1997, 513 ff.

[227] BVerfGE 93, 213 (241 ff.); 93, 362 (369 f.); EuGRZ 1997, 376 ff.; EuGRZ 1997, 378.

[228] BVerfGE 93, 208 (211 ff.); 94, 351 (369 f.); zur wahl- und parlamentsrechtlichen Stellung der PDS vgl. BVerfGE 84, 304 (327 ff.); 95, 408 (417 ff.).

[229] Vgl. etwa *H.J. Hirsch*, Rechtsstaatliches Strafrecht und staatlich gesteuertes Unrecht, 1996, S. 9 ff., 13 ff.; *H.-M. Pawlowski*, Zur Gerechtigkeit im wiedervereinigten Deutschland. Gerechtigkeit durch Richter (II), in: S. Smid (Hrsg.), Gerechtigkeit und Rechtsstaat, 1996, S. 17 ff., 27 ff.; *H.-J. Schreiber*, ZStW 107 (1995), 157 ff.; *B. Schlink*, NJ 1994, 433 ff.

[230] BVerfGE 95, 96 (130 ff.); zust. *C. Starck*, JZ 1997, 147 (148 f.); krit. *H. Dreier*, JZ 1997, 421 ff.; *Isensee* (Fn. 30), § 202 Rn. 158 ff.; *Heckmann*, Geltungskraft (Fn. 198), S. 114 f.; s. auch *Pawlowski*, Gerechtigkeit (Fn. 229), S. 28 ff.; *R. Alexy*, Der Beschluß des Bundesverfassungsgerichts zu den Tötungen an der innerdeutschen Grenze vom 24. Oktober 1996, 1997.

[231] BVerfGE 96, 68 (76 ff.); EuGRZ 1997, 413 ff.

[232] Dazu *Isensee* (Fn. 30), § 202 Rn. 148 ff.

[233] BVerfGE 84, 90 (126); *Isensee* (Fn. 30), § 202 Rn. 143 ff.; *M. Heintzen*, DÖV 1994, 413 (415 f., 418 f.).

[234] Für nachträgliche Umwertung rechtmäßiger in rechtswidrige Akte der DDR *Pieroth*, Rechtsstaat (Fn. 216), S. 99 f.; für Trennung von damaligen Unrechtsakten und deren heutige Folgewirkungen *J. Ipsen*, Die rechtliche Bewältigung von Unrechtsfolgen des DDR-Regimes, in: ders. u.a. (Hrsg.), Ver-

bestimmte Spionagestraftaten aus dem Grundsatz der Verhältnismäßigkeit abgeleitet[235] oder DDR-Strafrecht nachträglich durch »menschenrechtsfreundliche« Auslegung fiktiv neu geschaffen wurde[236], statt den demokratischen Gesetzgeber entscheiden zu lassen[237].

Die **Folgen der Wiedervereinigung für den Rechtsstaat** haben nicht nur in den neuen Ländern zu Anpassungen des Verwaltungsverfahrens-, besonders des Fachplanungsrechts im Interesse der Beschleunigung des Aufbaues der Verkehrsinfrastruktur geführt[238], sondern auch das »Wohlstandsverwaltungsrecht« (E. Franßen) der alten Länder verändert: Die Erfahrungen in den neuen Ländern sind auf die alten Länder übertragen worden und werden dort oft als rechtsstaatlich problematisch empfunden[239], z.B. Rechtsmittelbegrenzungen, der Regeleinsatz von Einzelrichtern an Verwaltungsgerichten oder die Vereinfachungs- und Beschleunigungsmaßnahmen im Umwelt- und Planungsrecht. 56

b) Ungewißheiten der Gegenwart

Instrumente und organisatorische Ausgestaltung des deutschen Rechtsstaats stehen zudem seit einigen Jahren unter einem **Veränderungsdruck**, der auf eine Vereinfachung und Beschleunigung im Verwaltungsrecht[240] und Verwaltungsprozeßrecht[241] drängt und herkömmliche rechtsstaatliche Standards abzusenken droht. Eine herkömmliche Kritik an der »Hypertrophie« eines »totalen Rechtsstaats«[242] wird nun unter Hinweis auf Gefährdungen für Deutschland als Wirtschaftsstandort im interna- 57

---

fassungsrecht (Fn. 220), S. 65 ff. (67 ff.); für strafrechtliche Zurückhaltung *Isensee* (Fn. 30), § 202 Rn. 169 f.

[235] BVerfGE 92, 277 (330 ff.) mit Sondervotum *Klein/Kirchhof/Winter*, S. 341 ff.; krit. *Isensee* (Fn. 30), § 202 Rn. 166 ff.

[236] Vgl. BGHSt 39, 1 (29 f.); 40, 30 (41); 41, 157 (161 ff.); BVerfGE 95, 96 (130 ff.); s. außer Nw. in Fn. 230 noch *G. Dannecker/K.F. Stoffers*, JZ 1996, 490 ff.; *W. Naucke*, Die strafjuristische Privilegierung staatsverstärkter Kriminalität, 1996, S. 38 ff.; *A. Kaufmann*, NJW 1995, 81 ff.; *G. Spendel*, NJW 1996, 809 ff.

[237] Dafür *H. Dreier*, JZ 1997, 421 (432 f.); *Heckmann*, Geltungskraft (Fn. 198), S. 114 f.

[238] Zur Verkehrswegeplanungsbeschleunigung s. näher *M. Ronellenfitsch*, DVBl. 1991, 920 ff.; *U. Kuschnerus*, UPR 1992, 167 ff.; *S. Paetow*, DVBl. 1994, 94 ff.; zu den fachplanerischen Maßnahmegesetzen BVerfGE 95, 1 (14 ff.); *U. Hufeld*, JZ 1997, 302 ff.; *Isensee* (Fn. 30), § 202 Rn. 36 f., 198 ff.; *W. Blümel*, DVBl. 1997, 205 (210 ff.); ausf. *B. Stüer*, DVBl. 1991, 1333 ff.; *M. Ronellenfitsch*, DÖV 1991, 771 ff.; *J. Würtenberger*, VBlBW. 1992, 1 ff.; s. auch *P. Kunig*, Jura 1993, 308 ff.

[239] Vgl. *W. Erbguth*, JZ 1994, 477 (478 ff.); *S. Klinski/H. Gassner*, NVwZ 1992, 235 ff.; *H. Schulze-Fielitz*, DVBl. 1991, 893 (904 f.); zur Planungsvereinfachung *R. Steinberg/T. Berg*, NJW 1994, 488 ff.; *U. Steiner*, NVwZ 1994, 313 ff.; *M. Ronellenfitsch*, DVBl. 1994, 441 (445 ff.).

[240] Zu den Beschleunigungsnovellen von 1996: *B. Stüer*, DVBl. 1997, 326 ff.; *H.J. Bonk*, NVwZ 1997, 320 ff.; krit. *K. Hansmann*, NVwZ 1997, 105 ff.; *G. Lübbe-Wolff*, Die Beschleunigungsgesetze, in: A. Dally (Hrsg.), Wirtschaftsförderung per Umweltrecht?, 1997, S. 88 ff. – Ausf. Nw. zur Beschleunigungsgesetzgebung seit 1990 bei *R. Breuer*, NVwZ 1997, 833 (836, Fn. 49); ausf. *H.-W. Rengeling* (Hrsg.), Beschleunigung von Planungs- und Genehmigungsverfahren – Deregulierung, 1997.

[241] Vgl. *H.-P. Schmieszek*, NVwZ 1996, 1151 ff.; krit. *W.-R. Schenke*, NJW 1997, 81 ff.; *D. Wilke*, Vom Abbau des Verwaltungsrechtsschutzes und von der Resistenz des Drittschutzes, in: GedS Grabitz, 1995, S. 905 ff.; zur ordentlichen Gerichtsbarkeit *P. Gilles*, NJ 1998, 225 ff.

[242] Vgl. *Isensee* (Fn. 30), § 202 Rn. 38; *K.A. Bettermann*, Der totale Rechtsstaat, 1986; *W. Leisner*, JZ 1977, 537 ff.; *E. Forsthoff*, Der introvertierte Rechtsstaat und seine Verortung (1963), in: ders., Rechtsstaat im Wandel, 1964, S. 213 ff.; s. auch *H. Sendler*, ZRP 1994, 343.

Art. 20 (Rechtsstaat)   C. Erläuterungen

tionalen Wettbewerb aktualisiert[243]. Der **Prozeß der »Globalisierung«** wird zum Rechtfertigungsgrund, um gewachsene verfahrensrechtliche Regelungen zu modifizieren. Der Rechtsstaat gerät zur Ursache für Schwerfälligkeiten, Innovationshemmnisse und Inflexibilität[244], denen durch Regeln über die Unbeachtlichkeit von Abwägungsmängeln und Verfahrensfehlern, Heilungsmöglichkeiten, Präklusionsfristen, Verzichte auf Planfeststellungen und verwaltungsprozeßrechtliche Restriktionen begegnet werden soll.

58   Im **Bereich der Staatsaufgabe Sicherheit** werden angesichts einer steigenden Kriminalität rechtsstaatsgefährdende Defizite diagnostiziert[245]; dieser Diagnose korrespondiert oft die Klage über schwindenden Gesetzesgehorsam, Verlust an Unrechtsbewußtsein und damit an einem gemeinsamen Rechtskonsens bei den Bürgern[246]. Die neueren Entwicklungen des rechtsstaatlichen Denkens werden teilweise umgekehrt auch als **Abkehr von einem liberal-rechtsstaatlichen Konzept hin zu einem »Präventionsstaat«** interpretiert[247]. So wird im **Strafrecht** und Strafverfahrensrecht eine Akzentverlagerung vom Freiheitsschutz der individuellen Bürger zur Erfüllung des Sicherheitsbedürfnisses der Bevölkerung durch einen starken Staat registriert, der die liberal-rechtsstaatlichen Ausgangspunkte des Grundgesetzes zu Lasten der Grundrechte und zugunsten flexibler staatlicher Steuerung verlasse[248]. Ähnlich lassen sich im **Gefahrenabwehrrecht** Tendenzen zur Vorverlagerung staatlicher Eingriffsmöglichkeiten im Namen der grundrechtlichen Freiheit der Bürger feststellen[249]; die Kritik an der damit verbundenen Unschärfe rechtsstaatlicher Eingriffstatbestände[250] bezweifelt, daß die Aufgabe der Sicherheitsgewähr allein vom Staat erfüllt werden kann[251]. Im **Umweltrecht** führt der Gedanke der Vorsorge im Hinblick auf denkbare Risiken zu einer Vorverlagerung staatlicher Eingriffsbefugnisse, die typischerweise mit einer Lokkerung der Gesetzesbindung verbunden ist[252].

59   Hinzu tritt ein **Funktionsverlust von Recht als Handlungsinstrument**, der nur scheinbar der vielbeklagten Normenflut im Rechtsstaat widerspricht[253]. Mit dem Wachstum der sozialgestaltenden Staatsaufgaben verliert Recht an Bindungskraft,

---

[243] *P.J. Tettinger*, NuR 1997, 1ff.; *O. Schlichter*, DVBl. 1995, 173ff.; *M. Ronellenfitsch*, Beschleunigung und Vereinfachung der Anlagenzulassungsverfahren, 1994, S.17ff. u.ö.; *M. Bullinger*, JZ 1994, 1129ff.; *ders.*, JZ 1991, 53ff.

[244] Vgl. z.B. *Eichenberger*, Umgang (Fn. 164), S.469; *P.J. Tettinger*, DÖV 1993, 236 (237).

[245] Vgl. *Benda* (Fn. 156), § 17 Rn. 60f.; *K.A. Bettermann*, Diskussionsbeitrag, in: Badura u.a., Zustand (Fn. 204), S.75ff.

[246] Übersichtlich *K. Kröger*, Einführung in die Verfassungsgeschichte der Bundesrepublik Deutschland, 1993, S.124ff.; s. z.B. die Diskussionsbeiträge von *E. Vermander* und *E. Bülow*, in: Badura u.a., Zustand (Fn. 204), S.70ff. bzw. 78 (79f.); *H. Sendler*, DÖV 1989, 482 (486ff.); ausf. *R. Wassermann*, Rechtsstaat ohne Rechtsbewußtsein?, 1988; s. auch *H. Simon*, NJ 1998, 2 (2f.).

[247] *E. Denninger*, KritJ 21 (1988), 1ff.; *Grimm*, Zukunft (Fn. 31), S.197ff.; *G.F. Schuppert*, Grundrechte und Bekämpfung der organisierten Kriminalität, in: W. Barfuß (Hrsg.), Sicherheitsverwaltung, 1996, S.31ff. (33ff.); s. auch *H. A. Hesse*, Der Schutzstaat, 1994, S.17ff., 176ff., 191f. u.ö.

[248] *W. Hassemer*, StV 1994, 333ff.; *R.-P. Calliess*, NJW 1989, 1338ff.; umfassend *M. Hettinger*, Entwicklungen im Strafrecht und Strafverfahrensrecht der Gegenwart, 1997.

[249] Dafür etwa *Isensee* (Fn.30), § 202 Rn. 35; *K. Schelter*, ZRP 1994, 52ff.

[250] S. etwa *H. Lisken*, NVwZ 1998, 22 (23ff.); *U. Stephan*, DVBl. 1998, 81ff.; *Hettinger*, Entwicklungen (Fn. 248), S. 67ff.

[251] Vgl. *R.-P. Calliess*, NJW 1989, 1338 (1341f.).

[252] *U. Di Fabio*, Risikoentscheidungen im Rechtsstaat, 1994, S.460ff.; allg. *E. Schmidt-Aßmann*, Gefährdungen der Rechts- und Gesetzesbindung der Executive, in: FS Stern, 1997, S.745ff.

[253] S. etwa *C. Münch*, Rechtssicherheit als Standortfaktor, in: FS Hahn, 1997, S.673ff. (679ff.);

weil in diesen Bereichen die rechtlichen Mittel von Befehl und Zwang nicht greifen, sondern indirekt wirkende Steuerungsmittel (z.B. Subventionen) dominieren[254]. Diese Entwicklung führt einerseits zu einer tendenziellen Überforderung der Verwaltung, die auf paragesetzliche Wege z.B. des informalen Verwaltungshandelns ausweicht oder wegen der Unabgestimmtheit der Gesetze selektiv auf ihr genehme Regelungen zurückgreifen kann[255]. Im Vieleck von Rechtmäßigkeit und Sachgerechtigkeit, Wirtschaftlichkeit, Zweckmäßigkeit und Bürgernähe[256] gewinnt andererseits ein Denken Raum, das das staatliche Handeln vor allem an ökonomischen Kriterien der Effizienz und Effektivität mißt und durch Entstaatlichung, Privatisierung und Deregulierung einen »schlankeren« Staat anstrebt[257]. Die Vereinfachung des Rechts läuft oft auf eine Problemverschiebung hinaus, bei der z.B. eine Zurücknahme von parlamentsgesetzlichen Regelungsansprüchen zum Wachstum von Verwaltungsvorschriften oder Rechtsprechung führt. Überdies darf der Verschlankungsprozeß nicht die sozialen und rechtlichen Folgen vernachlässigen, deren Bewältigung dem Rechtsstaat gerade aufgegeben ist[258].

Schließlich läßt sich ein zunehmender politisch-instrumenteller Umgang mit dem Rechtsstaatsprinzip feststellen. Zahlreiche politisch-programmatische Forderungen leiten aus zentralen Bestandteilen des Rechtsstaats in **rechtsstaatlicher Rhetorik** konkrete Folgerungen ab, etwa aus dem Übermaßverbot eine Rechtspolitik der Entkriminalisierung[259]. Insgesamt führt das Übermaß an Berufungen auf den Rechtsstaat und an Verrechtlichung nicht notwendig zu »mehr« Rechtsstaatlichkeit, sondern zur Verunsicherung des Rechtsstaats[260]. 60

II. Kernelemente des Rechtsstaatsprinzips

Das Rechtsstaatsprinzip umfaßt eine übergroße **Fülle von konkretisierenden Unter-Prinzipien und abgeleiteten Geboten.** Ihre Systematisierung erfolgt regelmäßig typologisch nach pragmatischen Kriterien. Die nachstehende Systematik der Kernelemente des Rechtsstaatsprinzips erörtert primär die in Art. 20 II 2 und III GG normierten Konkretisierungen des Rechtsstaatsprinzips, erweitert sie aber um Hinweise auf die Zusammenhänge mit Kernelementen des Rechtsstaatsprinzips, die möglicherweise 61

Benda (Fn. 156), § 17 Rn. 71 ff.; *Kröger*, Einführung (Fn. 246), S. 127 f.; *Schulze-Fielitz*, Theorie (Fn. 198), S. 1 ff., 17 ff.; *J. Isensee*, ZRP 1985, 139 ff.

[254] *Grimm*, Zukunft (Fn. 31), S. 166 ff. u.ö.; s. auch *H. Schulze-Fielitz*, DVBl. 1992, 1242 (1243).

[255] Vgl. *Schmidt-Aßmann*, Gefährdungen (Fn. 119), S. 748 f.; *ders.* (Fn. 2), § 24 Rn. 61; *H. Dreier*, StWStP 4 (1993), 647 (656 ff., 660 ff.); *E. Schleberger*, Diskussionsbeitrag, in: Badura u.a., Zustand (Fn. 204), S. 63 ff.; *F. Wagener*, Der öffentliche Dienst im Staat der Gegenwart, VVDStRL 37 (1979), S. 215 ff. (253).

[256] Vgl. *R. Wahl*, Verwaltungsverfahren zwischen Verwaltungseffizienz und Rechtsschutzauftrag, VVDStRL 41 (1983), S. 151 ff. (157); allg. *R. Scholz*, Verwaltungsverantwortung und Verwaltungsgerichtsbarkeit, VVDStRL 34 (1976), S. 145 ff. (151 ff.).

[257] S. zuletzt Sachverständigenrat »Schlanker Staat« (Hrsg.), Abschlußbericht, 3 Bände, 1997; *H. Hofmann/K.G. Meyer-Teschendorf*, ZG 12 (1997), 283 ff.; *dies.*, DÖV 1998, 217 ff., *Schmidt-Aßmann*, Gefährdungen (Fn. 119), S. 749 f.; *V. Busse*, DÖV 1996, 389 ff.

[258] *Eichenberger*, Umgang (Fn. 164), S. 470 ff.; *J. A. Kämmerer*, JZ 1996, 1042 ff., *D. Grimm* (Hrsg.), Staatsaufgaben, 1994.

[259] Z.B. *P.-A. Albrecht*, KritV 79 (1996), 330 ff.; zur Kritik an rechtsstaatlicher Rhetorik *P. Gilles*, NJ 1998, 225 (226, 229); *H. Sendler*, DÖV 1989, 482 (489 f.); *C. Starck*, JZ 1978, 746 ff.

[260] *Schmidt-Aßmann* (Fn. 2), § 24 Rn. 97; s. auch *M. Stolleis*, FAZ vom 11.9.1996, S. 14.

sachnäher in anderen Normen des Grundgesetzes zum Ausdruck kommen. Sie orientiert sich pragmatisch an den in Literatur und Rechtsprechung meistgenannten Unter-Prinzipien und Konkretisierungen des Rechtsstaatsprinzips, ohne daß sie logisch zwingend geboten wäre.

1. Der Grundsatz der Gewaltenteilung (Art. 20 II 2 GG)

a) Bedeutung, Funktionen und Ebenen der Gewaltenteilung

62 Die Forderung nach Ausübung der Staatsgewalt »durch besondere Organe der Gesetzgebung, der vollziehenden Gewalt und der Rechtsprechung« (Art. 20 II 2 GG; gleichsinnig Art. 1 III, 20 III GG) positiviert einen für den Typus des westlichen Verfassungsstaats zentralen Grundgedanken – das **Prinzip der »Gewaltenteilung«**[261] als ein »tragendes Organisationsprinzip des Grundgesetzes«[262]. Es gilt wie für den Bund auch für die Länder (Art. 28 I GG)[263]. Sein Grundgedanke der Machtverteilung ist auch Ausfluß des Demokratieprinzips (→ Art. 20 [Demokratie] Rn. 104ff.), weil die gewaltenteilige Ausübung der Staatsgewalt die Umsetzung des Volkswillens gewährleistet; zugleich verweisen die Funktionen des Gewaltenteilungsprinzips auf eine spezifisch rechtsstaatliche Dimension[264], die Ausübung politischer Herrschaft durch unterschiedliche Gewalten rechtlich zu konstituieren, kompetentiell zu binden[265] und dadurch den Grundrechten normative Wirksamkeit zu ermöglichen[266].

63 In diesem Sinne wird dem Gewaltenteilungsprinzip eine **Vielzahl von Funktionen** zugeschrieben[267]. Es soll die Ausübung der Staatsgewalt mäßigen (**Mäßigungsfunktion**)[268], zu einer sachgerechten und rationalen Organisation des Staates beitragen (**Rationalisierungsfunktion**)[269], der gegenseitigen Kontrolle der Staatsorgane dienen (**Kontrollfunktion**)[270] wie auch durch deren Machtbegrenzung dem Schutz der Freiheit des einzelnen (**Schutzfunktion**)[271].

---

[261] *Herzog* (Fn. 111), Art. 20 V Rn. 1; a.A. *Bäumlin/Ridder* (Fn. 13), Art. 20 Abs. 1–3 III Rn. 57.

[262] BVerfGE 3, 225 (247); 67, 100 (130); ähnlich E 95, 1 (15); zur Entwicklungsgeschichte *Becker*, Gewaltenteilung (Fn. 5), S. 23ff.; *G.-C. v. Unruh*, JA 1990, 290ff.; *T. Kuhl*, Der Kernbereich der Exekutive, 1993, S. 106ff.; *H. Seiler*, Gewaltenteilung, 1994, S. 13ff.; *Sobota*, Prinzip (Fn. 5), S. 70ff.; ausf. zur Judikatur *B. Sinemus*, Der Grundsatz der Gewaltenteilung in der Rechtsprechung des Bundesverfassungsgerichts, 1982, S: 100ff

[263] BVerfGE 34, 52 (58); 83, 60 (71); *Herzog* (Fn. 111), Art. 20 VI Rn. 124 → Art. 28 Rn. 60.

[264] Vgl. *Schmitt*, Verfassungslehre (Fn. 38), S. 125ff.; *Schnapp* (Fn. 156), Art. 20 Rn. 23; *Stern*, Staatsrecht I, S. 781ff.; *W. Leisner*, DÖV 1969, 405ff.

[265] *Hesse*, Verfassungsrecht, Rn. 482, 484ff.; *A. Voßkuhle*, Rechtsschutz gegen den Richter, 1993, S. 46ff.; *Schmidt-Aßmann* (Fn. 2), § 24 Rn. 46; s. auch *Sinemus*, Grundsatz (Fn. 262), S. 60ff.

[266] *M. Kriele*, Menschenrechte und Gewaltenteilung (1986), in: ders., Recht – Vernunft – Wirklichkeit, 1990, S. 190ff. (194).

[267] Vgl. etwa *Kuhl*, Kernbereich (Fn. 262), S. 99ff.; *Dreier*, Verwaltung (Fn. 204), S. 175ff.; umfassend *Seiler*, Gewaltenteilung (Fn. 262), S. 203ff., 260ff.

[268] BVerfGE 9, 268 (279f.); 67, 100 (130); 95, 1 (15); *Degenhart*, Staatsrecht I, Rn. 218.

[269] BVerfGE 68, 1 (86); 95, 1 (15); *Hesse*, Verfassungsrecht, Rn. 475ff., 482; *Sobota*, Prinzip (Fn. 5), S. 73f.; *M. Jestaedt*, Demokratieprinzip und Kondominialverwaltung, 1993, S. 169; *Schmidt-Aßmann* (Fn. 2), § 24 Rn. 50; *H.D. Jarass*, Politik und Bürokratie, 1975, S. 6.

[270] BVerfGE 7, 183 (188); 95, 1 (15); *Voßkuhle*, Rechtsschutz (Fn. 265), S. 45f.; *R. Stettner*, JöR 35 (1986), 57 (58, 76); *Stern*, Staatsrecht I, S. 792f.; ausf. *W. Krebs*, Kontrolle in staatlichen Entscheidungsprozessen, 1984; einseitig betont bei *Meyn*, Kontrolle (Fn. 56), S. 179ff. (183, 198), 207ff. krit. zur Ableitung aus der Gewaltenteilung.

[271] BVerfGE 9, 268 (279f.); 30, 1 (28); 34, 52 (59); 95, 1 (15); *Stern*, Staatsrecht II, S. 539ff.; *H.-J. Vogel*, NJW 1996, 1505 (1505f.); *Schmidt-Aßmann* (Fn. 2), § 24 Rn. 49.

64 Die Unterscheidung der Gewalten schlägt sich funktional, institutionell-organisatorisch und personell in drei verschiedenen Teilbereichen nieder. **Funktional** unterscheidet Art. 20 II 2 GG nur die **drei materiellen Staatsfunktionen** der Gesetzgebung, der vollziehenden Gewalt und der Rechtsprechung[272]; eine weitere Form staatlicher Gewalt kennt das Grundgesetz nicht[273], auch wenn sich die Differenziertheit modernen Staatshandelns dem Dreier-Schema entzieht[274]. **Institutionell-organisatorisch** lassen sich diesen Funktionen i.S. einer horizontalen Gewaltenteilung die gesetzgebenden Staatsorgane Bundestag und Bundesrat, die vollziehende Gewalt von Regierung und nachgeordneten Verwaltungsorganen und die Gerichte als Rechtsprechungsorgane zuordnen[275]; weitere Organe wie Bundesbank und Bundesrechnungshof fügen sich der Dreiteilung weniger eindeutig. **Personell** ergänzen partiell Inkompatibilitätsregeln die funktionale und institutionelle Gewaltenteilung mit der Folge, daß Angehörige von Organen der drei Staatsgewalten grundsätzlich nicht zugleich Amtsträger in mehr als nur einer der drei Gewalten sein dürfen[276]; dieser Rechtsgedanke kommt etwa in Art. 55 I, 66, 94 I 3, 137 I GG zum Ausdruck.

b) Trennung, Zuordnung und Überschneidung der Gewalten

65 Das Grundgesetz konkretisiert in zahlreichen rechtsstaatlichen Detailregelungen die **Zuordnung der Gewalten**. Gegenüber diesen Rechtsgrundsätzen und Rechtsregeln gewinnt das Prinzip des Art. 20 II 2 GG kaum eine eigenständige praktische Bedeutung[277], so daß die Rechtsprechung nur vereinzelt Verstöße gegen das Prinzip der Gewaltenteilung hat feststellen können[278].

66 Die Teilung der Gewalten darf nicht mit einer bloßen Trennung gleichgesetzt werden. Die drei Gewalten und ihre Organe sollen nach Maßgabe der Konkretisierungen des Grundgesetzes aufeinander einwirken, etwa bei der dauernden Einflußnahme des Parlaments auf die Regierung im Rahmen des parlamentarischen Regierungssystems[279], doch muß dabei gemäß Art. 20 II 2 GG **jeder Staatsgewalt** ein **Kernbereich autonomer Zuständigkeiten und Wirkungsmöglichkeiten garantiert** bleiben[280]. Ein zentraler Grundgedanke der Zuordnung liegt darin, daß »staatliche Entscheidungen möglichst richtig, das heißt von den Organen getroffen werden, die dafür nach ihrer Organisation, Zusammensetzung, Funktion und Verfahrensweise über die be-

---

[272] *Stern*, Staatsrecht II, S. 536f.; *Hesse*, Verfassungsrecht, Rn. 486f.; *Degenhart*, Staatsrecht I, Rn. 219ff.; *Ipsen*, Staatsrecht I, Rn. 767ff.; ausf. *Reinhardt*, Jurisdiktion (Fn. 5), S. 13ff.; *Herzog* (Fn. 111), Art. 20 V Rn. 14, 66ff.; → Art. 1 III Rn. 36.
[273] *Stern*, Staatsrecht II, S. 537; *Schmidt-Aßmann* (Fn. 2), § 24 Rn. 52.
[274] *Herzog* (Fn. 111), Art. 20 V Rn. 31ff.; *Stern*, Staatsrecht I, S. 795.
[275] S. nur *W.R. Wrege*, Jura 1996, 436 (436f.); *U. Fastenrath*, JuS 1986, 194 (198f.).
[276] BVerfGE 18, 172 (183f.); 26, 186 (197); 27, 312 (321); *Herzog* (Fn. 111), Art. 20 V Rn. 4, 16, 43ff.; *Hesse*, Verfassungsrecht, Rn. 489.
[277] *Jarass*/Pieroth, GG, Art. 20 Rn. 15; *Sachs* (Fn. 156), Art. 20 Rn. 60; *Schnapp* (Fn. 156), Art. 20 Rn. 34.
[278] BVerfGE 4, 331 (347); 10, 200 (216f.); 20, 150 (157f.); 52, 1 (41); 54, 159 (166ff., 171f.).
[279] Vgl. *Mößle*, Regierungsfunktionen (Fn. 204), S. 166ff., 132ff.
[280] BVerfGE 9, 268 (279f.); 30, 1 (27f.); 34, 52 (59); 95, 1 (15f.); *Schnapp* (Fn. 156), Art. 20 Rn. 34; *Schmidt-Aßmann* (Fn. 2), § 24 Rn. 56f.; *R. Stettner*, JöR 35 (1986), 57 (71, 79f.); krit. *Hesse*, Verfassungsrecht, Rn. 478; *N. Achterberg*, Probleme der Funktionenlehre, 1970, S. 191ff., 201, 230; ausf. *G. Zimmer*, Funktion – Kompetenz – Legitimation, 1979, S. 23, 217ff., 237ff.

sten Voraussetzungen verfügen«[281] (**Organadäquanz**). Kompetenzkonflikte werden nach Maßgabe des ungeschriebenen Verfassungsgrundsatzes der Verfassungsorgantreue[282] i.S. gegenseitiger Rücksichtnahme harmonisiert; das Gesetz kann hier konkretisieren.

67 So wird die **Gesetzgebung** gegenüber der Exekutive und der Rechtsprechung vor allem durch den Vorrang des Gesetzes (→ Rn. 83ff.) in ihrer Wirkkraft und verfassungsrechtlichen Präponderanz gesichert; aber auch der Vorbehalt des Gesetzes (→ Rn. 95ff.), der Bestimmtheitsgrundsatz (→ Rn. 117ff.), die Regeln der Inkompatibilität von Abgeordneten mit Verwaltungsämtern[283] (Art. 137 GG) oder die parlamentarische Kontrolle der Exekutive (→ Art. 63 Rn. 7ff.; → Art. 65 Rn. 38ff.) gewährleisten, daß die Entscheidungen der Gesetzgebung nicht durch die vollziehende Gewalt unterlaufen werden können[284]. Allerdings dominiert die Regierung faktisch den parlamentarischen Gesetzgeber nachhaltig[285].

68 Der Schutz der **vollziehenden Gewalt** vor dem Zugriff anderer Gewalten ist schwächer ausgeprägt, doch ist eine gewisse »Eigenständigkeit« von Regierung und Verwaltung im Grundgesetz anerkannt und im Detail umstritten[286]. So darf z.B. die Rechtsprechung das Verwaltungshandeln nur rechtlich, nicht auch auf seine Zweckmäßigkeit hin kontrollieren[287]; bei der Kontrolle der Normsetzung der Verwaltung hat sie nur die Überschreitung äußerster rechtlicher Grenzen der Normsetzungsbefugnis zu kontrollieren[288], insbesondere Prognosen zukünftiger Entwicklungen zu respektieren[289]. Ein Zugriff des Gesetzgebers auf Regierung und Verwaltung unterliegt verfassungsrechtlichen Grenzen, nicht nur dem weitgehend leerlaufenden Verbot von bestimmten Einzelfallgesetzen (→ Art. 19 I Rn. 8ff.): Die Regeln des Grundgesetzes dürfen nicht durch einen Gewaltenmonismus i.S. eines allumfassenden Parlamentsvorbehalts unterlaufen werden[290]. So sollen Akte der auswärtigen Gewalt im Regelfall der Regierung zuzuordnen sein[291], hat auch die Regierung einen Kernbereich exekutivischer Eigenverantwortung[292], darf der gesetzgeberische Zugriff die eigenständige Or-

---

[281] BVerfGE 68, 1 (86); ausf. *T. v. Danwitz*, Der Staat 35 (1996), 329ff.; *Kuhl*, Kernbereich (Fn. 262), S. 130ff.; *W. Heun*, Staatshaushalt und Staatsleitung, 1989, S. 95ff.; *Mößle*, Regierungsfunktionen (Fn. 204), S. 161ff.; s. auch *F. Ossenbühl*, DÖV 1980, 545 (548ff.); krit. *Reinhardt*, Jurisdiktion (Fn. 5), S. 48f.

[282] BVerfGE 90, 286 (337); 89, 155 (191); 12, 205 (254); ferner E 94, 223 (234f.) – *Sondervotum Limbach/Böckenförde/Sommer*; ausf. *A. Voßkuhle*, NJW 1997, 2216ff. m.w.N.; *W.-R. Schenke*, Der Grundsatz der Verfassungsorgantreue, 1978.

[283] Vgl. BVerfGE 18, 172 (183f.); ausf. *Sinemus*, Grundsatz (Fn. 262), S. 282ff.

[284] *Jarass*/Pieroth, GG, Art. 20 Rn. 17.

[285] Vgl. *M. Kloepfer*, Jura 1991, 169 (170); ausf. *Schulze-Fielitz*, Theorie (Fn. 198), S. 285ff.; *H.-J. Mengel*, Gesetzgebung und Verfahren, 1997, S. 131ff.

[286] Vgl. *H. Dreier*, Die Verwaltung 25 (1992), 137ff.; *H. Maurer* und *F.E. Schnapp*, Der Verwaltungsvorbehalt, VVDStRL 43 (1985), S. 135ff. bzw. S. 172ff.; *R. Stettner*, DÖV 1984, 611ff.

[287] *Jarass*/Pieroth, GG, Art. 20 Rn. 18, unter Verweis auf BVerwGE 72, 300 (317); 76, 90 (93); 85, 323 (327f.); vgl. zur *einfach*gesetzlichen Bindung der (Straf-)Rechtsprechung an Verwaltungsentscheidungen BVerfGE 75, 329 (346f.).

[288] BVerwGE 80, 355 (370).

[289] Vgl. BVerfGE 49, 89 (131f.); 62, 1 (50); betr. Gesetzgeber → Rn. 179.

[290] BVerfGE 49, 89 (125).

[291] So BVerfGE 68, 1 (87ff.); anders *Jarass*/Pieroth, GG, Art. 20 Rn. 18; *Herzog* (Fn. 111), Art. 20 V Rn. 104f., s. auch Rn. 79ff.

[292] Vgl. BVerfGE 9, 268 (281); 67, 100 (139); 68, 1 (87); 95, 1 (16); s. auch *Maurer*, Verwaltungsvorbehalt (Fn. 286), S. 138f. und Nw. Fn. 280.

ganisationsgewalt von Regierung und Verwaltung nicht beeinträchtigen[293]. Verfassungsrechtlich bedenklich sind Änderungsvorbehalte bei der Verordnungsgebung zugunsten des Parlaments, soweit die Regierung dadurch zum Erlaß der Verordnung strikt verpflichtet wird[294]. Auch das parlamentarische Untersuchungsrecht kann an die Grenze des Kernbereichs der Eigenverantwortung stoßen (→ Art. 44 Rn. 25 f.).

Die **Unabhängigkeit der Rechtsprechung** wird durch das staatliche Rechtsprechungsmonopol (Art. 92 GG), die organisatorische Selbständigkeit der Gerichte und durch die sachliche und personelle Unabhängigkeit der Richter (Art. 97 GG) besonders strikt gewährleistet[295], insofern z.B. deren Entscheidungen nicht durch andere Gewalten aufgehoben werden können[296] und Gerichte grundsätzlich nicht an Verwaltungsvorschriften gebunden sind[297]. Hinzu treten strikte Inkompatibilitätsregeln zwischen richterlichem Amt und Ämtern in Legislative oder Exekutive[298].   69

Ungeachtet des Schutzes der Staatsgewalten kann es zu **Durchbrechungen** in Form von **Gewaltenüberschneidungen** in Randbereichen kommen[299], etwa durch Übertragung von Rechtsetzungsbefugnissen auf die Exekutive[300], von Exekutivkompetenzen auf den Bundestag (z.B. durch Zustimmungsvorbehalte bei Rechtsverordnungen[301], → Art. 80 Rn. 25) oder des Gnadenrechts auf die Exekutive[302]. Bei entsprechenden Gemeinwohlgründen können staatliche Planungen auch vom Bundestag durch Gesetz an sich gezogen werden[303]. Die tatbestandliche Bindung des Strafrichters an Genehmigungsakte der Verwaltung[304] oder die Gesetzeslücken schließende Rechtsprechung verstoßen nicht gegen den Grundsatz der Gewaltenteilung bzw. die Vorhand des Gesetzgebers[305]. Auch die Prüfungskompetenzen des Bundesverfassungsgerichts implizieren die Möglichkeit von Eingriffen in die Kompetenzen des Gesetzgebers[306]. Andererseits darf der Gesetzgeber sich nicht durch pauschale Übertragung seiner Normsetzungsbefugnisse auf die Exekutive seiner Verantwortung entäußern[307].   70

---

[293] *Schmidt-Aßmann* (Fn. 2), § 24 Rn. 57; *Schnapp*, Verwaltungsvorbehalt (Fn. 286), S. 192 ff.; zur Möglichkeit der Beschlagnahme von Behördenakten: BGHSt 38, 237 (243 ff.).
[294] *K.-P. Sommermann*, JZ 1997, 434 (438 ff.); *S. Thomsen*, DÖV 1995, 989 (992 f.); → Art. 80 Rn. 26.
[295] BVerfGE 7, 183 (188); 18, 241 (254 ff.); 36, 174 (185); *Reinhardt*, Jurisdiktion (Fn. 5), S. 46 f., 77 ff.; *Jarass/Pieroth*, GG, Art. 20 Rn. 19; *W. Heyde*, Rechtsprechung, in: HdbVerfR, § 33 Rn. 6 f.; s. auch zum Verhältnis von Judikative und Exekutive *Voßkuhle*, Rechtsschutz (Fn. 265), S. 57 ff.; *Sinemus*, Grundsatz (Fn. 262), S. 317 ff.; → Rn. 199 ff.
[296] BVerfGE 7, 183 (188); Schmidt-Bleibtreu/*Klein*, GG, Art. 20 Rn. 19.
[297] BVerfGE 78, 214 (227 ff.); zu Ausnahmen → Rn. 84 a.E.
[298] Vgl. BVerfGE 10, 200 (216 ff.); 14, 56 (68); 54, 159 (166 ff.); *Ipsen*, Staatsrecht I, Rn. 774; s. auch *R. Bernhardt*, Richteramt und Kommunalmandat, 1983.
[299] *Stern*, Staatsrecht II, S. 541 f.; *Sachs* (Fn. 156), Art. 20 Rn. 57.
[300] Vgl. BVerfGE 34, 52 (60); *Reinhardt*, Jurisdiktion (Fn. 5), S. 318 ff.; *Sinemus*, Grundsatz (Fn. 262), S. 222 ff.; → Art. 80 Rn. 11.
[301] Vgl. etwa BVerfGE 8, 274 (322); *F. Ossenbühl*, ZG 12 (1997), 305 (314 ff.); ausf. *Mößle*, Regierungsfunktionen (Fn. 204), S. 173 ff.
[302] BVerfGE 25, 352 (361 f.). → Art. 1 III Rn. 46.
[303] BVerfGE 95, 1 (17 ff.); a.A. *M. Ronellenfitsch*, DÖV 1991, 771 (778 ff.). → Art. 19 I Rn. 15.
[304] BVerfGE 75, 329 (346); 80, 244 (256); s. auch E 87, 399 (407).
[305] BVerfGE 3, 225 (242); a.A. *C. Hillgruber*, JZ 1996, 118 (122).
[306] Vgl. *H. Schulze-Fielitz*, AöR 122 (1997), 1 (8 ff.); *H.-J. Vogel*, NJW 1996, 1505 (1507 ff.).
[307] Vgl. BVerfGE 33, 125 (158); 34, 52 (60); 64, 208 (214 f.). → Art. 20 (Demokratie) Rn. 110.

c) Gewaltenteilung im weiteren Sinne

71 Die in Art. 20 II 2 GG angelegte Gewaltenteilung wird ergänzt, unterstützt und z.T. überlagert durch weitere verfassungsrechtliche Grundentscheidungen und Regeln, die objektiv dazu beitragen, die Ausübung staatlicher Herrschaft zu mäßigen, zu rationalisieren und die Grundrechte des einzelnen zu schützen. Sie führen zu ständigen Gewichtsverschiebungen im Gefüge der verfassungsrechtlichen Institutionen[308]. So überlagern die **Eigengesetzlichkeiten des parlamentarischen Regierungssystems** mit ihrer auch durch die Parteiendemokratie geförderten Verklammerung von Regierung und Parlamentsmehrheit die Trennung von Parlament und Regierung zugunsten von Gewaltenverteilungen einerseits zwischen Regierung, Regierungsmehrheit und andererseits den Parlamentsminderheiten (Oppositionsfraktionen)[309]. Die staatsorganisatorische Gewaltenteilung wirkt so weithin nur noch als Zuständigkeitsverteilung, nicht (mehr) als Prinzip politischer Machtverteilung[310] und wird z.T. abgelöst durch die politische Kontrolle politischer Parteien untereinander[311].

72 Gewaltenteilende und -balancierende Funktionen gewinnen weitere, parteipolitisch eher **neutrale Entscheidungseinheiten der Verfassung** wie Bundesbank, Rechnungshöfe oder Sonderbeauftragte[312]. Auch führt die Aufteilung der Gesetzgebungs- und Verwaltungskompetenzen im **Bundesstaat** funktional zu einer zusätzlichen »vertikalen« Gewaltenteilung[313]. Innerhalb der Verwaltung führt die Verankerung der Gemeinden als **Selbstverwaltungskörperschaften** zu institutionellen Gegengewichten gegenüber einer Zentralisierung und Hierarchisierung der Staatsgewalt[314]; ebenso wirken verselbständigte Kollegialorgane innerhalb der Exekutive als Erscheinungen der Gewaltenteilung.

73 Schließlich kann das **System von checks and balances in der** verfaßten **pluralistischen Gesellschaft** und die Einbindung von Parteien und Interessenverbänden bei der politischen Willensbildung und der staatlichen Entscheidungsfindung (etwa bei Anhörungen, Enquetekommissionen, Sachverständigengremien u.a.) als eine Form erweiterter Gewaltenteilung angesehen werden, bei der sich Parteien und Verbände mit gegenläufigen Interessen jeweils gegenseitig bewachen[315]. Mitunter wird metaphorisch

---

[308] Vgl. *Hesse*, Verfassungsrecht, Rn. 482, 6ff.; *Reinhardt*, Jurisdiktion (Fn. 5), S. 54 ff.; s. auch *H.-J. Vogel*, NJW 1996, 1505 (1506ff.).

[309] Vgl. *W.R. Wrege*, Jura 1996, 436 (438); *Schmidt-Aßmann* (Fn. 2), § 24 Rn. 67; *Jarass*, Politik (Fn. 269), S. 145 ff.; krit. *I. v. Münch*, NJW 1998, 34f.; ausf. *Meyer*, Stellung (Fn. 204), § 4 Rn. 27 ff.

[310] *Herzog* (Fn. 111), Art. 20 V Rn. 30, 32; *R. Wank*, Jura 1991, 622 (626f.); *Maurer*, Verwaltungsvorbehalt (Fn. 286), S. 151.

[311] *Schnapp* (Fn. 156), Art. 20 Rn. 33; *Hesse*, Verfassungsrecht, Rn. 479; s. auch *W. Steffani*, Gewaltenteilung und Parteien im Wandel, 1997.

[312] Vgl. *Schmidt-Aßmann* (Fn. 2), § 24 Rn. 68; *Becker*, Gewaltenteilung (Fn. 5), S. 81 ff.; s. auch allg. *F. Ossenbühl*, DÖV 1980, 545 (547ff., 551f.).

[313] BVerfGE 55, 274 (318f.); 95, 1 (18); *W.R. Wrege*, Jura 1996, 436 (439); *J. Isensee*, Idee und Gestalt des Föderalismus im Grundgesetz, in: HStR IV, § 98 Rn. 241 ff.; *W.-R. Schenke*, JuS 1989, 698 (699 ff.); *O. Kimminich*, Der Bundesstaat, in: HStR I, § 26 Rn. 43 ff.; ausf. *T.F.W. Schodder*, Föderative Gewaltenteilung in der Bundesrepublik Deutschland, 1989, S. 8f., 24ff., 30ff.; *Becker*, Gewaltenteilung (Fn. 5), S. 92 ff.; → Rn. 211.

[314] Vgl. auch *Buchwald*, Prinzipien (Fn. 12), S. 122f.; *Schnapp* (Fn. 156), Art. 20 Rn. 33; *Sinemus*, Grundsatz (Fn. 262), S. 198ff.

[315] Für die Parteien: *D. Grimm*, Politische Parteien, in: HdbVerfR, § 14 Rn. 79; allg. *Sinemus*, Grundsatz (Fn. 262), S. 87 ff.; s. auch *H.-J. Vogel*, NJW 1996, 1505 (1506).

auch von den **Massenmedien** als »vierter Gewalt« gesprochen[316]; verfassungsrechtsdogmatisch sind sie aber nicht der Gewaltenteilung, sondern den grundrechtlichen Freiheiten in der Demokratie zuzuordnen (→ Art. 5 I, II Rn. 65 ff.): Alle diese rechtlichen und außerrechtlichen Erscheinungsformen ergänzen die horizontale Gewaltenteilung i.S. von Art. 20 II 2 GG, von der sie verfassungsrechtlich strikt zu unterscheiden sind[317].

2. Die hierarchische Bindung des Rechts (Art. 20 III GG)

a) Der Vorrang der Verfassung (Art. 20 III, 1. Halbsatz GG)

aa) Art und Umfang der Bindungswirkungen

Art. 20 III GG verallgemeinert den bereits in Art. 1 III GG hervorgehobenen (→ Art. 1 III Rn. 1, 37) und auch sonst im Grundgesetz erkennbaren (z.B. Art. 82 I 1, 93 I Nr. 2, 2a, 100 I GG) **zentralen Gedanken des grundgesetzlichen Rechtsstaats**: die **Bindung des demokratischen Souveräns** bei seiner politischen Gestaltung durch parlamentarische Gesetze **an das Recht der Verfassung** (Vorrang der Verfassung)[318]. Die Verfassungsbindung ist Ausdruck des fundamentalen Prinzips eines hierarchischen Stufenbaus der Rechtsordnung[319] und soll eine gewisse verfassungsstaatliche Richtigkeit des Gesetzes gewährleisten – im Blick sowohl auf den rechtsstaatlichen Schutz vor Freiheitseingriffen wie auf den sozialstaatlichen Auftrag zur Verwirklichung sozialer Gerechtigkeit[320]. 74

Die Aufnahme des Dreiklangs der Gewalten in Art. 20 II 2 und III GG und die Parallele in Art. 1 III GG (→ Art. 1 III Rn. 36 ff.) zeigen sprachlich und systematisch, daß **Gesetzgebung** (formell) organbezogen die Akte des förmlichen Gesetzgebers (Bundestag, Bundesrat und ihre Teilorgane, Bundespräsident) meint[321], nicht auch die Akte des administrativen Normsetzers[322]. Ungeachtet dessen gilt der Vorrang der Verfassung für alle Akte staatlichen Handelns[323]. 75

Die **verfassungsmäßige Ordnung** meint im vorliegenden Regelungskontext (abweichend → Art. 2 I Rn. 38 ff.; → Art. 9 Rn. 52) das gesamte geltende formelle Verfassungsrecht[324] (nur) des Grundgesetzes[325] in dem durch das Bundesverfassungsgericht ausgelegten und für verbindlich erklärten Verständnis. Diese Bindung an das positive Verfassungsrecht schließt nicht aus, daß der Gesetzgeber insoweit an überpositives 76

---

[316] Z.B. *T. Schäuble*, RuP 1996, 66 (68 f.).
[317] *Herzog* (Fn. 111), Art. 20 V Rn. 145 ff., 149; *R. Stettner*, JöR 35 (1986), 57 (77 f.).
[318] S. näher *Sobota*, Prinzip (Fn. 5), S. 39 ff.; *Badura*, Staatsrecht, Rn. D 50 f.; *R. Wahl*, NVwZ 1984, 401 ff.; *ders.*, Der Staat 20 (1981), 485 ff.; ferner *C. Starck*, Verfassung und Gesetz, in: ders. (Hrsg.), Rangordnung der Gesetze, 1995, S. 29 ff.; krit. *H. Lecheler*, Vorrang der Verfassung?, in: FS Ernst Wolf, 1995, S. 361 ff.
[319] Vgl. *Heckmann*, Geltungskraft (Fn. 198), S. 145 ff.; *Schilling*, Rang (Fn. 166), S. 159 ff.
[320] *Badura* (Fn. 2), § 163 Rn. 18 ff. → Art. 20 (Sozialstaat) Rn. 49 ff.
[321] So auch *Herzog* (Fn. 111), Art. 20 VI Rn. 15 f.; *Jarass/Pieroth*, GG, Art. 20 Rn. 23.
[322] A.A. *Sachs* (Fn. 156), Art. 20 Rn. 62, 65; s. auch *v. Mangoldt/Klein* I, GG, Art. 20 Anm. VI 4 a.
[323] *Herzog* (Fn. 111), Art. 20 VI Rn. 1, 24; *C. Gusy*, JuS 1983, 189 (193).
[324] *Schnapp* (Fn. 156), Art. 20 Rn. 35; *Herzog* (Fn. 111), Art. 20 VI Rn. 9; *Jarass/Pieroth*, GG, Art. 20 Rn. 23; zu »verfassungswidrigem Verfassungsrecht« → Art. 79 III Rn. 11.
[325] A.A. *Sachs* (Fn. 156), Art. 20 Rn. 63: auch Landesverfassungsrecht.

Recht gebunden ist, als die Normen des Grundgesetzes als »Schleusenbegriffe« offen für überpositive Gerechtigkeitsmaximen sind[326].

77 Die Bindung des Gesetzgebers besteht in der verfahrensorientierten **Obliegenheit** der Gesetzgebungsorgane, die formellen und materiellen **Vorgaben des Grundgesetzes zu beachten**[327] mit der Folge, daß die Regeln des Grundgesetzes im Kollisionsfall-Vorrang haben[328]: Bei Unvereinbarkeit des Gesetzes mit dem Grundgesetz ist das Gesetz insoweit grundsätzlich (zu Ausnahmen → Rn. 80ff.) von Anfang an ipso iure unwirksam (nichtig)[329], nicht bloß vernichtbar[330]; vollziehende Gewalt und Rechtsprechung dürfen es grundsätzlich (zur Normenkontrolle → Rn. 89f.) nicht mehr anwenden. Das schließt nicht aus, daß der förmliche Gesetzgeber eine für verfassungswidrig erklärte Norm erneut erlassen kann[331], denn damit weicht der Gesetzgeber nicht notwendig von der Auslegung des Grundgesetzes durch das Bundesverfassungsgericht, sondern nur von dessen einzelfallbezogener Konkretisierung ab.

bb) Verfassungskonforme Auslegung; Teilnichtigkeit

78 Die Verfassungsbindung des Gesetzgebers darf nicht zu einer verkappten Jurisdiktionsherrschaft führen, die im Gewande der Verfassungsinterpretation den demokratischen Mehrheitswillen unterläuft. Das Grundgesetz will umgekehrt die Prärogative des parlamentarischen Gesetzgebers schützen (vgl. Art. 100 I GG). Deshalb verlangt das **Gebot der verfassungskonformen Auslegung** vor der vorschnellen Annahme eines Verfassungsverstoßes, daß Gesetzesnormen nach Wortlaut, Entstehungsgeschichte, Gesetzeszusammenhang und Sinn und Zweck so verstanden, ausgelegt und angewendet werden, daß sie mit dem Grundgesetz vereinbar sind[332]. Es geht letztlich um eine verfassungsbedingte teleologische Reduktion der Gesetzesnorm. Voraussetzung ist,

---

[326] Vgl. zur Bindung an überpositives Recht BVerfGE 9, 338 (349); 34, 269 (286f.). → Rn. 48f.

[327] *Sachs* (Fn. 156), Art. 20 Rn. 61; *Badura* (Fn. 2), § 163 Rn. 24; *Herzog* (Fn. 111), Art. 20 VI Rn. 3; *R. Wahl*, Der Staat 20 (1981), 485 (485f.); *H.H. Klein*, Verfassungsgerichtsbarkeit und Verfassungsstruktur. Vom Rechtsstaat zum Verfassungsstaat, in: FS Franz Klein, 1994, S. 511ff.

[328] *F. Ossenbühl*, Vorrang und Vorbehalt des Gesetzes, in: HStR III, § 62 Rn. 2.

[329] Z.B. BVerfGE 84, 9 (20f.); 91, 1 (27, 34ff.); 92, 26 (27); 93, 1 (25); 93, 373 (376); *Schlaich*, Bundesverfassungsgericht, Rn. 343ff.; *Herzog* (Fn. 111), Art. 20 VI Rn. 12; ausf. *C. Hartmann*, DVBl. 1997, 1264ff.; *A. Menzel*, DVBl. 1997, 640 (642ff.); *U. Battis*, Der Verfassungsverstoß und seine Rechtsfolgen, in: HStR VII, 1992, § 165 Rn. 1, 30; *J. Ipsen*, Rechtsfolgen der Verfassungswidrigkeit von Norm und Einzelakt, 1980, S. 69ff., 145ff.; *J. Pietzcker*, AöR 101 (1976), 374 (381); krit. *Heckmann*, Geltungskraft (Fn. 198), S. 53ff.; *M. Wehr*, JuS 1997, 231 (232); *F. Ossenbühl*, NJW 1986, 2805 (2806ff.).

[330] So die Vernichtbarkeitslehre, z.B. *R. Lippold*, Der Staat 29 (1990), 185 (204ff.); *C. Moench*, Verfassungswidrige Gesetze und Normenkontrolle, 1977, S. 114ff., 123; *P.E. Hein*, Die Unvereinbarerklärung verfassungswidriger Gesetze durch das Bundesverfassungsgericht, 1988, S. 102ff.; *Pestalozza*, Verfassungsprozeßrecht, § 20 Rn. 15ff.; *S. Stuth*, in: Umbach/Clemens, § 78 Rn. 4ff.; s. auch *Heckmann*, Geltungskraft (Fn. 198), S. 58ff., 61ff.

[331] BVerfGE 77, 84 (103f.); 78, 230 (328); zu Grenzen *Klein*, Verfassungsgerichtsbarkeit (Fn. 327), S. 518f.

[332] In diesem Sinne z.B. BVerfGE 95, 64 (93); 93, 37 (81); 88, 145 (166); 86, 288 (320f.); 69, 1 (55); zuerst E 2, 226 (282); *Schlaich*, Bundesverfassungsgericht, Rn. 405ff.; *W. Löwer*, Zuständigkeiten und Verfahren des Bundesverfassungsgerichts, in: HStR II, § 56 Rn. 111f.; *Stern*, Staatsrecht III/1, S. 1316ff.; *R. Zippelius*, Verfassungskonforme Auslegung von Gesetzen, in: Festgabe BVerfG II, S. 108ff.; *H. Simon*, EuGRZ 1974, 85ff.; *H. Spanner*, AöR 91 (1966), 503ff.; *F. Müller*, Juristische Methodik, 6. Aufl. 1995, S. 85ff.; *Herzog* (Fn. 111), Art. 20 VI Rn. 27; *M.-E. Geis*, NVwZ 1992, 1025 (1026); zum Steuerrecht *D. Birk*, StuW 1990, 300ff.; *U. Ramsauer*, AöR 111 (1986), 501 (527ff.); krit.

daß der Normtext und das Normziel eine solche Auslegung zulassen, ihnen also kein entgegenstehender Sinn verliehen wird[333]. Im übrigen läßt die Rechtsprechung dabei einerseits eine Abweichung vom subjektiven Willen des Gesetzgebers zu[334] und betont das »Gebot maximaler Aufrechterhaltung des gesetzgeberischen Regelungsziels«[335]; andererseits dürfen die Normen nicht »grundlegend« neu bestimmt und ihr Ziel in einem »wesentlichen« Punkt verfehlt werden[336]. Angesichts der oft unklaren Intentionen des gesetzgeberischen Willens, allgemein der Schwächen der historischen Interpretation, haben diese Einschränkungen nur begrenzt Gewicht; entscheidend ist der Gedanke der vertretbaren Normerhaltung[337] (→ Art. 1 III Rn. 61).

Auch die bloße **Teil-Nichtigerklärung von Gesetzen** beruht auf einer verfassungsorientierten, der Bestandserhaltung dienenden Auslegung, nach der der nicht nichtige Teil als solcher selbständigen Regelungssinn behält und auch ohne den nichtigen Gesetzesbestandteil weiter angewendet werden kann[338]. 79

cc) Rechtsfolgen der Verfassungswidrigkeit

Der Grundsatz der Nichtigkeit verfassungswidriger Gesetze (→ Rn. 77) wird in spezifischer Weise durchbrochen, wenn das Bundesverfassungsgericht solches im Blick auf die Folgen einer völligen Unwirksamkeit der Norm ausdrücklich zuläßt[339], namentlich durch eine **bloße Unvereinbarkeitserklärung** (vgl. §§ 31 II 2, 3; 79 I BVerfGG): Sie verpflichtet den Gesetzgeber zur Änderung der Norm, beläßt die verfassungswidrige Norm aber bis zu einer Gesetzesänderung ganz oder befristet in Geltung[340]. Diese Praxis ist für verschiedene Fallgruppen anerkannt. 80

Ein solches **Übergangsrecht** wird praktiziert, wenn (1) das Bundesverfassungsgericht unter Hinweis auf den Grundsatz des Gesetzesvorbehalts (→ Rn. 95) eine fehlende Gesetzesgrundlage aufgrund einer gewandelten Rechtsauffassung oder völlig veränderter tatsächlicher Umstände beanstandet[341], wenn also zunächst rechtmäßige Normen rechtswidrig geworden sind[342]: Die einst fehlende Gesetzesgrundlage für den Strafvollzug z.B. sollte nicht zu einer Freilassung aller Verbrecher führen. (2) Ähnlich gilt verfassungswidriges Recht fort bei zuvor nicht evidenten Verfahrensverstößen[343] oder (3) in Fällen, in denen die Unwirksamkeit der Norm (ex tunc oder auch nur ex 81

J. Burmeister, Die Verfassungsorientierung der Gesetzesauslegung, 1966, S. 34 ff.; *K.A. Bettermann*, Die verfassungskonforme Auslegung, 1986, S. 14 ff.; *W.-R. Schenke*, JZ 1989, 653 (655 ff.).

[333] BVerfGE 95, 64 (93); 71, 81 (105); 54, 277 (299 f.); 8, 71 (78 f.); 8, 28 (34).
[334] BVerfGE 93, 37 (81); 69, 1 (55); 49, 148 (157); 9, 194 (200).
[335] BVerfGE 86, 288 (322).
[336] BVerfGE 8, 71 (78 f.); 54, 277 (299 f.); 71, 81 (105).
[337] Vgl. *W. Hoppe*, Der Rechtsgrundsatz der Planerhaltung als Struktur- und Abwägungsprinzip, in: Erbguth u.a. (Hrsg.), Abwägung (Fn. 166), S. 133 (148 ff.).
[338] S. näher *Schlaich*, Bundesverfassungsgericht, Rn. 349 ff.; *H. Gern*, NVwZ 1987, 851 ff.; ausf. *W. Skouris*, Teilnichtigkeit von Gesetzen, 1973.
[339] Ausf. *Schlaich*, Bundesverfassungsgericht, Rn. 359 ff.; *R. Seer*, NJW 1996, 285 ff.; *Battis* (Fn. 329), § 165 Rn. 33 ff.; *Hein*, Unvereinbarerklärung (Fn. 330), S. 29 ff.; *Löwer* (Fn. 332), § 56 Rn. 104 ff.; *Ipsen*, Rechtsfolgen (Fn. 329), S. 107 ff.; *C. Pestalozza*, »Noch verfassungsmäßige« und »bloß verfassungswidrige« Rechtslagen, in: Festgabe BVerfG I, S. 519 ff. (523 ff.); s. auch *G.F. Schuppert*, AöR 120 (1995), 32 (93 ff.).
[340] Z.B. BVerfGE 33, 303 (305); 37, 217 (218, 262 ff.); 61, 319 (321, 356 f.); 72, 330 (333).
[341] Z.B. BVerfGE 33, 1 (13); 51, 268 (288 ff.); s. auch E 84, 239 (284 f.); 91, 186 (207).
[342] Dazu ausf. *P. Baumeister*, Das Rechtswidrigwerden von Normen, 1996, S. 55 ff., 181 ff.
[343] BVerfGE 34, 9 (25); s. auch für Rechtsverordnungen BVerfGE 91, 148 (175).

nunc) zu einer Situation führen würde, die von der von der Verfassung gebotenen noch weiter entfernt wäre als der gegenwärtige Zustand (»Chaostheorie«)[344]: Für eine solche Übergangszeit müssen um so zwingendere Gründe bestehen, je tiefgreifender das Verwaltungshandeln die Grundrechte des Betroffenen tangiert[345]. (4) Ein weiterer Grund ist der Schutz der Gestaltungsfreiheit des Gesetzgebers, wenn dieser den Verfassungsverstoß durch Änderung oder Ergänzung des Gesetzes in unterschiedlicher Weise beseitigen kann[346], eine Nichtigerklärung diese Gestaltungsalternativen aber von vornherein zugunsten einer bestimmten Lösung verengen und – vor allem – solche Gesetzesadressaten von gesetzlichen Leistungen ausschließen würde, die durch die bisherige gesetzliche Regelung begünstigt waren, oder die auf die Sicherheit einer gesetzlichen Regelung angewiesen sind. Das gilt vor allem bei Verstößen gegen Gleichheitssätze[347], aber auch in sonstigen Fällen[348].

82 Als **Folge der bloßen Unvereinbarkeitserklärung** besteht das Gesetz fort und findet in dem Umfang Anwendung, in dem das Bundesverfassungsgericht zur Vermeidung eines rechtlosen Zustandes seine Anwendung vorsieht[349]. Grundsätzlich reduzieren sich hoheitliche Eingriffsbefugnisse auf das, was »im konkreten Fall für die geordnete Weiterführung eines funktionsfähigen Betriebs unerläßlich« ist; dabei sind stets auch schonendere Maßnahmen zu erwägen[350]. Im übrigen müssen Verwaltung und Gerichte in anhängigen Verfahren eine gesetzliche Neuregelung abwarten[351], die innerhalb der vom Bundesverfassungsgericht vorgesehenen oder sonst angemessenen Frist zur Beseitigung des Verfassungsverstoßes erlassen werden muß[352].

b) Der Vorrang des Gesetzes (Art. 20 III, 2. Halbsatz GG)

aa) Art und Umfang der Bindung an »Gesetz und Recht«

83 Die Forderung nach Bindung von vollziehender Gewalt und Rechtsprechung »an Gesetz und Recht« postuliert den **Vorrang des Gesetzes**[353] als den zentralen Grundsatz des Rechtsstaatsgedankens[354]. Er steht nicht im Gegensatz zu der Verfassungsbindung des Gesetzgebers, sondern will zusätzlich die Bindung von vollziehender Gewalt und Rechtsprechung an das Recht im Range unterhalb des Grundgesetzes hervorheben.

---

[344] Z.B. BVerfGE 21, 12 (39ff.); 33, 1 (12f.); 41, 251 (266ff.); 73, 280 (297f.); 79, 245 (250f.); 82, 126 (155); 84, 9 (20); BVerwGE 64, 238 (245f.); s. auch HessVGH NVwZ-RR 1994, 654 (654f.): verfassungskonforme Korrektur der Prüfungsordnung nach dem mutmaßlichen Willen des Gesetzgebers; *Battis* (Fn. 329), § 165 Rn. 38; *Moench*, Gesetze (Fn. 330), S. 131 f.

[345] BVerfGE 51, 268 (288); krit. *C. Hartmann*, DVBl. 1997, 1264 (1267f.).

[346] BVerfGE 87, 114 (135f.); 81, 242 (263); 28, 324 (362f.); st. Rspr.

[347] Z.B. BVerfGE 22, 349 (361f.); 39, 316 (332f.); 75, 166 (182f.); 82, 126 (154f.); 87, 234 (262); 88, 5 (17); 88, 87 (101); 91, 389 (404); *Ipsen*, Rechtsfolgen (Fn. 329), S. 213f.; *Hein*, Unvereinbarerklärung (Fn. 330), S. 100ff.; krit. *M. Sachs*, NVwZ 1982, 657 (660ff.); *C. Hartmann*, DVBl. 1997, 1264 (1268f.).

[348] Vgl. z.B. BVerfGE 81, 242 (243, 252ff.) betr. Art. 12 GG; BVerfGE 87, 114 (136) betr. Art. 14 GG; BVerfGE 72, 330 (333, 383ff.) betr. Art. 107 GG.

[349] BVerfGE 73, 40 (101f.); 84, 239 (284f.); 91, 186 (207); 92, 53 (73f.); 93, 121 (148f.); *Battis* (Fn. 329), § 165 Rn. 35.

[350] BVerfGE 41, 251 (266f.); 58, 257 (281); Schmidt-Bleibtreu/*Klein*, GG, Art. 20 Rn. 11.

[351] BVerfGE 87, 114 (136); 82, 126 (154f.); 55, 100 (110).

[352] BVerfGE 81, 363 (383f.); 82, 126 (155f.). Zum Normwiederholungsverbot E 77, 84 (103f.).

[353] Ausf. *Stern*, Staatsrecht I, S. 803ff.; *Sobota*, Prinzip (Fn. 5), S. 104ff.

[354] So *Schnapp* (Fn. 156), Art. 20 Rn. 36; gleichsinnig *Herzog* (Fn. 111), Art. 20 VI Rn. 23ff., 35ff.

Gefordert ist einerseits die **Gesetzmäßigkeit der Verwaltung**[355] i.S. einer Orientierung der Verwaltung am Gesetz, andererseits der Vorrang des Gesetzes i.S. einer Kollisionsregel, nach der alle untergesetzlichen Rechtsnormen und Rechtsakte dem parlamentarischen Gesetz nicht widersprechen dürfen[356]. Das Ausmaß der Bindung richtet sich allein nach dem formellen und materiellen Geltungsumfang der jeweiligen Rechtsnormen: In diesem Umfang darf das Handeln der vollziehenden Gewalt (wie auch der Rechtsprechung) dem Geltungsbefehl der Rechtsnormen nicht widersprechen, geboten ist, bestehende Gesetze anzuwenden (Befolgungsgebot)[357], verboten ist, von ihrem Inhalt abzuweichen (Abweichungsverbot)[358].

Unter »Gesetz und Recht« ist die **Gesamtheit der materiellen Rechtsvorschriften** zu verstehen, die die Rechtsverhältnisse zwischen Staat und Bürger und der Bürger untereinander regeln[359]: EG-Recht, soweit es unmittelbar Rechtswirkungen entfaltet[360]; »Verfassungsrecht, förmliche Gesetze, Rechtsverordnungen, autonome Satzungen und auch Gewohnheitsrecht«[361]. Richterrecht[362] und bloß verwaltungsintern wirkendes (Innen-)Recht[363] werden begrifflich nicht erfaßt, auch nicht noch nicht in Kraft getretene Rechtsvorschriften[364]; Verwaltungsvorschriften können aber durch Selbstbindung der Verwaltung wie Recht wirken (→ Art. 3 Rn. 49), ausnahmsweise bei gesetzlicher Ermächtigung auch aus eigener Normkonkretisierungskompetenz der Verwaltung[365]. 84

Im Detail umstritten ist der **Begriff des Rechts** in seiner Gegenüberstellung zum »Gesetz«; er kann insoweit in drei unterschiedlichen Richtungen verstanden werden: als sprachliche Verdoppelung des Gesetzes als (gerechtes) Recht, als überpositives (Natur-)Recht oder als ungeschriebenes (Gewohnheits- oder Richter-)Recht. Richtigerweise meint er mehr als nur ungeschriebenes Richter- oder Gewohnheitsrecht im Unterschied zum positiven Gesetz[366]: Er zielt auf überpositive Gerechtigkeitsvorstellungen. Insoweit wird er zwar z.T. in dem Sinne als tautologisch angesehen[367], daß er nur positiviertes Recht meine, weil nur so die Bindung an die Entscheidungen des Gesetzgebers gewährleistet und ein Widerspruch zur Gesetzesbindung der Richter nach 85

---

355 *Badura*, Staatsrecht, Rn. D 54f.; *Schmidt-Aßmann* (Fn. 2), § 24 Rn. 61ff.; *K. Vogel*, Gesetzgeber und Verwaltung, VVDStRL 24 (1966), S. 125ff. (145ff.).
356 BVerfGE 8, 155 (169); 40, 237 (247); 56, 216 (241); *Sachs* (Fn. 156), Art. 20 Rn. 69; *Schnapp* (Fn. 156), Art. 20 Rn. 38; *Ossenbühl* (Fn. 328), § 62 Rn. 2; *J. Pietzcker*, JuS 1979, 710 (710).
357 BVerfGE 25, 216 (228); 30, 292 (332).
358 *Ossenbühl* (Fn. 328), § 62 Rn. 5; *C. Gusy*, JuS 1983, 189 (191).
359 S. näher *Schnapp* (Fn. 156), Art. 20 Rn. 36; *Schmidt-Aßmann*, Gefährdungen (Fn. 119), S. 751 ff.; noch a.A. *ders.* (Fn. 2), § 24 Rn. 37: nur Parlamentsgesetze.
360 Vgl. z.B. BVerfGE 74, 358 (370); BFHE 143, 383 (387).
361 BVerfGE 78, 214 (227); s. näher *Herzog* (Fn. 111), Art. 20 VI Rn. 50ff.; *Stern*, Staatsrecht I, S. 797ff.; zu diesen verschiedenen Rechtsquellen ausf. *Ossenbühl* (Fn. 204), § 6 Rn. 2ff.
362 BVerfGE 84, 212 (227); *Sachs* (Fn. 156), Art. 20 Rn. 65; a.A. BVerfGE 34, 269 (291); *Jarass*/Pieroth, GG, Art. 20 Rn. 26.
363 BVerfGE 78, 214 (227); BVerwGE 34, 278 (281); 55, 250 (255); Schmidt-Bleibtreu/*Klein*, GG, Art. 20 Rn. 13d.
364 Vgl. dazu *A. Guckelberger*, Vorwirkung von Gesetzen im Tätigkeitsbereich der Verwaltung, 1997, S. 70ff.
365 Vgl. dazu BVerwGE 72, 300 (316f.); *W. Krebs*, VerwArch. 70 (1979), 259ff.
366 So auch *Stern*, Staatsrecht I, S. 798.
367 *Jarass*/Pieroth, GG, Art. 20 Rn. 26; *Schnapp* (Fn. 156), Art. 20 Rn. 36 (»tendenziell«); *Bäumlin*/*Ridder* (Fn. 13), Art. 20 Abs. 1-3 III Rn. 55.

Art. 97 I GG verhindert werde[368]. Die Gegenüberstellung von Gesetz und Recht unterstellt aber gerade die Möglichkeit, daß Recht und Gesetz auseinanderklaffen[369]. Darin liegt keine Ermächtigung zur gesetzesunabhängigen Rechtsanwendung, sondern ein Aufruf, im problematischen Fall das positive Recht verfassungskonform auszulegen oder verfassungsgerichtlich kontrollieren zu lassen (vgl. Art. 100 I GG); mittelbar wird daran erinnert, daß auch die Auslegung des Grundgesetzes als Form kodifizierten Naturrechts in Rückbindung an fundamentale Gerechtigkeitsüberlegungen erfolgt, denen weder das Grundgesetz noch einfaches Recht widersprechen dürfen (→ Rn. 48f.).

86 **Vollziehende Gewalt** und **Rechtsprechung** meinen in einem (formell) organbezogenen Sinn (→ Rn. 75; → Art. 1 III Rn. 36ff.) alle Staatsakte, die nicht dem förmlichen Gesetzgeber zuzuordnen sind, sondern Gerichten bzw. Regierung, Verwaltung und Bundeswehr, Selbstverwaltungsträgern und Beliehenen, selbst Bundesrat und Bundestag als Verwaltungsträgern[370]. Für diese Rechtsbindung sind nicht erheblich: die materielle Qualität des staatlichen Handelns, die privatrechtliche oder öffentlich-rechtliche Handlungsform oder die Art der handelnden Personen des öffentlichen Rechts[371]. Deshalb gibt es keine Ausnahmen von der Gesetzesbindung für bestimmte Staatsakte, wie sie im Anschluß an monarchische Traditionen für Gnadenakte, Regierungsakte, Akte der auswärtigen Gewalt oder der Wehrgewalt diskutiert wurden[372] (→ Art. 1 III Rn. 45ff.).

bb) Normbindung und Normenkontrolle der Verwaltung

87 **Normsetzendes Verwaltungshandeln** mit materieller Außenwirkung muß **mit höherrangigem Recht im Einklang** stehen[373]; anderenfalls ist es rechtswidrig und damit grundsätzlich nichtig[374]. Das gilt für Rechtsverordnungen[375] und Satzungen[376] gleichermaßen. Schreibt das Gesetz die Konkretisierung seines Regelungsgehalts durch eine Rechtsverordnung vor und bleibt der Verordnungsgeber untätig, so ist eine unmittelbare Anwendung des Gesetzes nur dann unzulässig, wenn der Gesetzgeber zum Ausdruck gebracht hat, die Verordnung solle unter allen Umständen erlassen werden (und die Anwendung des Gesetzes im übrigen keine unerträglichen Folgen zeitigt)[377].

88 **Kein Verstoß** gegen den Vorrang des Gesetzes liegt vor, **wenn der förmliche Gesetzgeber** selbst (im Rahmen des sonstigen Verfassungsrechts) **Abweichungen** vom gesetzlichen Geltungsanspruch ausdrücklich **zuläßt**, etwa Modifikationen des Gesetzes

---

[368] Vgl. zum Streitstand *Sobota*, Prinzip (Fn. 5), S. 91 ff.; *C. Gusy*, JuS 1983, 189 (193).
[369] BVerfGE 34, 269 (286f.); *Benda* (Fn. 156), § 17 Rn. 25; *Herzog* (Fn. 111), Art. 20 VI Rn. 53; *Schmidt-Aßmann* (Fn. 2), § 24 Rn. 41; *Stern*, Staatsrecht I, S. 798f.
[370] *Sachs* (Fn. 156), Art. 20 Rn. 67.
[371] Vgl. *Jarass/Pieroth*, GG, Art. 20 Rn. 25; *Schnapp* (Fn. 156), Art. 20 Rn. 39f.; *Herzog* (Fn. 111), Art. 20 VI Rn. 24, 32ff. → Art. 1 III Rn. 48ff.
[372] S. auch *Schnapp* (Fn. 156), Art. 20 Rn. 37.
[373] *Herzog* (Fn. 111), Art. 20 VI Rn. 37; *Jarass/Pieroth*, GG, Art. 20 Rn. 27.
[374] BVerwG DÖV 1995, 469 (469f.); *M. Wehr*, JuS 1997, 231 (233); *J. Ziekow*, in: H. Sodan/J. Ziekow (Hrsg.), VwGO, 1996, § 47 Rn. 360ff.; s. aber auch *Heckmann*, Geltungskraft (Fn. 198), S. 118ff.
[375] *Danwitz*, Gestaltungsfreiheit (Fn. 214), 1989, S. 157f.; *Ossenbühl* (Fn. 214), § 64 Rn. 73; einschränkend für Verfahrensfehler BVerfGE 91, 148 (175).
[376] *F. Ossenbühl*, Satzung, in: HStR III, § 66 Rn. 61; einschränkend *M. Gerhardt*, in: F. Schoch/E. Schmidt-Aßmann/R. Pietzner (Hrsg.), VwGO-Kommentar (Loseblatt 1997), § 113 Rn. 19.
[377] BVerfGE 79, 174 (194).

durch Verwaltungsvorschriften[378], die Bestandserhaltung rechtswidriger Normen durch rückwirkende Heilungsvorschriften oder durch Unbeachtlichkeitsregeln für bestimmte Rechtsfehler (z.B. §§ 214ff. BauGB)[379], gesetzliche Änderungen durch Verordnungserlaß[380], u.U. auch eine Vorwirkung noch nicht in Kraft getretener Rechtsnormen[381].

Das Gebot der Gesetzesbindung verbietet eine Verwerfungskompetenz der Exekutive, auch wenn die Verwaltung Rechtsnormen für rechtswidrig hält. Bei einer solchen **Normenkontrolle der Verwaltung** ist zwischen förmlichen Gesetzen und nachrangigen Rechtsquellen zu unterscheiden. Die vollziehende Verwaltung ist an **förmliche Gesetze** gebunden, selbst wenn sie sie für verfassungswidrig hält[382]: Sie kann regelmäßig nur darauf drängen, daß die Regierungen als dazu befugte Staatsorgane ein verfassungsgerichtliches Normenkontrollverfahren einleiten (vgl. Art. 93 I Nr. 2 GG). Eine Ausnahme gilt bei – praktisch kaum bedeutsamer – evidenter Verfassungswidrigkeit[383] und im Einzelfall bei einem schwebenden gerichtlichen Verfahren[384]. 89

Im Falle **untergesetzlicher Normen** müssen verfassungsrechtliche Bedenken der vollziehenden Gewalt zur Nichtanwendung der Normen führen, bis ihre Verfassungs- oder Gesetzmäßigkeit zumindest erstinstanzlich gerichtlich bestätigt worden ist[385]; eine Verwerfungskompetenz steht der Verwaltung nicht zu[386], sondern nur dem Normgeber im Wege des Normaufhebungsverfahrens[387]. 90

Erst recht muß sich das **sonstige** (nicht normsetzende) **Verwaltungshandeln** im Rahmen von Gesetz und Recht bewegen; dazu zählt der Erlaß von Verwaltungsvorschriften mit nur verwaltungsinterner Verbindlichkeit[388]. Dazu gehört auch, daß die vollziehende Gewalt bindende Gesetzesaufträge tatsächlich ausführt[389] und Gesetze nicht »unterläuft«[390], z.B. durch effektivitätsmindernden Gesetzesvollzug, durch den streikähnlichen »Dienst nach Vorschrift« als vorschriftswidrigen Dienst[391] oder einen das Ziel des Gesetzes unterlaufenden »ausstiegsorientierten« Gesetzesvollzug[392]. 91

---

[378] BVerfGE 8, 155 (171ff.).
[379] Ausf. *M. Morlok*, Die Folgen von Verfahrensfehlern am Beispiel von kommunalen Satzungen, 1988, S. 24ff.; *H. Hill*, DVBl. 1983, 1ff.
[380] Dazu *Heckmann*, Geltungskraft (Fn. 198), S. 377ff.; *Schneider*, Gesetzgebung (Fn. 208), Rn. 653ff.
[381] S. näher *Guckelberger*, Vorwirkung (Fn. 364), S. 106ff., 145ff.; allg. zur Rechtsschöpfung durch die Verwaltung *D. Göldner*, Die Verwaltung 23 (1990), 311ff.
[382] *Jarass/Pieroth*, GG, Art. 20 Rn. 27; *Herzog* (Fn. 111), Art. 20 VI Rn. 30f.; *Ossenbühl* (Fn. 328), § 62 Rn. 4; a.A. *F.O. Kopp*, DVBl. 1983, 821 (824ff.); ausf. *Hutka*, Prüfungs- und Verwerfungskompetenz (Fn. 119), S. 129ff.
[383] *Stern*, Staatsrecht III/1, S. 1347ff.
[384] Vgl. BVerfGE 12, 180 (186).
[385] *Stern*, Staatsrecht III/1, S. 1347; *F.O. Kopp*, DVBl. 1983, 821 (824f.).
[386] OVG Saarland NVwZ 1990, 172ff.; BayVGH BayVBl. 1982, 654 (654); *M. Wehr*, JuS 1997, 231 (234); *J. Pietzcker*, AöR 101 (1976), 374 (375ff., 390ff.); a.A. *L. Renck*, BayVBl. 1983, 86 (87); *J. Pietzcker*, DVBl. 1986, 806 (808); unklar *Degenhart*, Staatsrecht I, Rn. 249, 276.
[387] Vgl. am Beispiel von Satzungen BVerwGE 75, 142 (144ff.); *U. Steiner*, DVBl. 1987, 483 (484); *D. Jung*, NVwZ 1985, 790 (791f.); zu Verordnungen *Heckmann*, Geltungskraft (Fn. 198), S. 357f.
[388] BVerfGE 78, 214 (227).
[389] BVerfGE 25, 216 (228); 30, 292 (332); *C. Gusy*, JuS 1983, 189 (191ff.).
[390] BVerfGE 56, 216 (241f.).
[391] *J. Isensee*, JZ 1971, 73ff.; zur Duldung rechtswidrigen Verwaltungshandelns ausf. *A. Voßkuhle*, Die Verwaltung 29 (1996), 511ff.
[392] Vgl. am Beispiel des Atomgesetzes *H. Sendler*, DVBl. 1992, 181ff.

cc) Gesetzesvorrang und Richterrecht

92 Das Ausmaß der **Bindung der Rechtsprechung** und des Richters **an Gesetz und Recht** (vgl. auch Art. 97 I GG) hängt ab von der Bindungsfähigkeit von Rechtsnormen; insoweit sind die Gerichte zur Anwendung der Norm verpflichtet[393]. Der Charakter moderner Gesetze ist weithin auf Konkretisierung in und durch Rechtsanwendung angelegt und erlaubt regelmäßig breite Anwendungsspielräume[394]. Die Entwicklung allgemeiner Auslegungsgrundsätze zur Gewährleistung einer gleichgerichteten Gesetzespraxis ist deshalb eine legitime richterliche Aufgabe[395]. Dazu gehört auch die richterliche Rechtsfortbildung praeter legem, namentlich bei Lückenfüllung durch Analogien[396] (soweit nicht im Strafrecht Art. 103 II GG entgegensteht): Es ist eine rechtsstaatliche Pflicht der Gerichte, bei unzureichenden gesetzlichen Vorgaben das materielle Recht mit den anerkannten Methoden der Rechtsfindung aus den allgemeinen Rechtsgrundlagen abzuleiten[397]. Mit wachsendem zeitlichen Abstand zum Erlaß einer Norm kann der Spielraum für die richterliche Rechtsfortbildung zunehmen[398].

93 **Grenzen richterlicher Rechtsfortbildung** ergeben sich aus einem eindeutig entgegenstehenden Wortlaut *und* Sinn einer Rechtsnorm[399], nicht allein schon aus dem Wortlaut[400]. Interpretationsleitend kann die funktions- und organadäquate Zuordnung von Gesetzgebung und Rechtsprechung sein[401]. Zweifelhaft ist, ob unter Umgehung des demokratischen Gesetzgebers und unter unmittelbarer Berufung auf das Grundgesetz eine Rechtsfortbildung contra legem zulässig ist[402]; das Bundesverfas-

---

[393] BVerfGE 87, 273 (280); s. auch *Heyde* (Fn. 295), § 33 Rn. 92; *C. Gusy*, DÖV 1992, 461 ff.; *E. Schmidt-Jortzig*, NJW 1991, 2377 ff.; *P. Kirchhof*, NJW 1986, 2275 ff.

[394] BVerfGE 95, 28 (38); 96, 375 (394 f.); s. z.B. *Sobota*, Prinzip (Fn. 5), S. 101 ff.; *C.W. Hergenröder*, Zivilprozessuale Grundlagen richterlicher Rechtsfortbildung, 1995, S. 3 ff., 133 ff.; *A. Bleckmann*, JZ 1995, 685 ff.; *W. Brugger*, AöR 119 (1994), 1 ff.

[395] BVerfGE 18, 224 (237 f.); 21, 1 (4); 26, 327 (337); 95, 48 (62); *Badura*, Staatsrecht, Rn. D 60; Schmidt-Bleibtreu/*Klein*, GG, Art. 20 Rn. 13c; *H. Sendler*, DVBl. 1988, 828 ff.

[396] BVerfGE 13, 153 (164); 34, 269 (287); 49, 304 (318); 69, 315 (371 f.); 82, 6 (12 f.); 82, 286 (304); 88, 145 (166 f.); *Hergenröder*, Grundlagen (Fn. 394), S. 202 ff. u.ö.; *O. Seidl*, ZGR 17 (1988), 296 ff.; *W. Fikentscher*, Methoden des Rechts in vergleichender Darstellung, Bd. IV, 1977, S. 327 ff.; krit. *C. Hillgruber*, JZ 1996, 118 (119 ff.).

[397] BVerfGE 84, 212 (226 f.); ähnlich E 96, 375 (394 f.); *Hergenröder*, Grundlagen (Fn. 394), S. 168 ff.; krit. *K. Rennert*, NJW 1991, 12 (17 f.); zur Typologie des Richterrechts *F. Ossenbühl*, Richterrecht im demokratischen Rechtsstaat, 1988, S. 6 ff.; ausf. *Reinhardt*, Jurisdiktion (Fn. 5), S. 339 ff.; *J. Ipsen*, Richterrecht und Verfassung, 1975; *R. Fischer*, Die Weiterbildung des Rechts durch die Rechtsprechung, 1971.

[398] BVerfGE 34, 269 (288 f.); 96, 375 (394 f.).

[399] BVerfGE 9, 89 (104 f.); 59, 330 (334); 69, 315 (369); 71, 354 (362 f.); 78, 20 (24); *Jarass*/Pieroth, GG, Art. 20 Rn. 28.

[400] So auch für die Schweiz *U. Häfelin/W. Haller*, Schweizerisches Bundesstaatsrecht, 4. Aufl. 1998, Rn. 103 f.; anders aber z.B. *Hesse*, Verfassungsrecht, Rn. 77 f.; allg. *O. Depenheuer*, Der Wortlaut als Grenze, 1988; *Fikentscher*, Methoden (Fn. 396), S. 288 ff.

[401] Vgl. *Hergenröder*, Grundlagen (Fn. 394), S. 204 f.; *G.F. Schuppert*, DVBl. 1988, 1191 ff.; *Ossenbühl*, Richterrecht (Fn. 397), S. 18 ff.; *J. Ipsen*, DVBl. 1984, 1102 ff. → Rn. 68.

[402] So noch BVerfGE 34, 269 (284 f.); *W.R. Wrege*, Jura 1996, 436 (437 f.); krit. *Heyde* (Fn. 295), § 33 Rn. 98; *C. Gusy*, JuS 1983, 189 (194); *U. Diederichsen*, Der Staat 34 (1995), 33 (38 f.); *Ossenbühl*, Richterrecht (Fn. 397), S. 13 ff.; allg. *J. Neuner*, Die Rechtsfindung contra legem, 1992. → Art. 20 (Demokratie) Rn. 132.

sungsgericht ist insoweit zu Recht wohl strenger als früher[403]; dafür spricht auch der Schutzgedanke des Art. 100 I GG.

Richterliche Rechtsfortbildung stößt insbesondere dort auf **Grenzen, wo ihre Wirkungen gesetzgeberischem Handeln gleichkommen** und damit rechtsstaatliche Prinzipien wie den Vorbehalt des Gesetzes oder den Vertrauensschutz zu unterlaufen drohen[404], besonders bei für den einzelnen belastenden Entscheidungen[405] (zu Rechtsprechungsänderungen → Rn. 165). Deshalb dürfen Gerichte u.a. keine neuen Steuertatbestände begründen[406].

94

3. Der Vorbehalt des Gesetzes

a) Begriff, Grundlagen und Entwicklungstendenzen

Der in Art. 20 III GG nicht ausdrücklich benannte **Grundsatz des Vorbehalts des Gesetzes** verlangt, daß bestimmte oder alle Maßnahmen des Staates einer parlamentsgesetzlichen Grundlage bedürfen[407] mit der Folge, daß Verwaltungsmaßnahmen ohne die erforderliche gesetzliche Ermächtigung rechtswidrig sind[408]. Dieser Grundsatz ist ein zentrales Element des Rechtsstaatsprinzips[409] und im Grundgesetz in verschiedenen Formen und an verschiedenen Stellen ausgeprägt (z.B. Art. 28 II 1, 59 II 1, 80 I 1 GG)[410]. Soweit nicht speziellere Konkretisierungen des Gesetzesvorbehalts vorgehen[411], wird er als Element der Gesetzmäßigkeit der Verwaltung (→ Rn. 83) und als Voraussetzung für den Vorrang des Gesetzes wie diese in Art. 20 III GG verortet[412], zumindest als ungeschriebene Voraussetzung[413]. Er ist aber auch Teil des Demokratieprinzips, insoweit er Öffentlichkeit und Volksvertretung anhält, Notwendigkeit und Ausmaß der Entscheidungen in öffentlicher Debatte zu klären[414] (→ Art. 20 [Demokratie] Rn. 110). Art. 20 III GG beantwortet nicht die Frage der Reichweite des Gesetzesvorbehalts[415] und damit des Einflußbereiches von Gesetzgeber und Verwaltung[416].

95

---

[403] BVerfGE 84, 212 (266f.); 88, 103 (116); ebenso *Jarass*/Pieroth, GG, Art. 20 Rn. 28.
[404] Vgl. BVerfGE 92, 341ff. – *Sondervotum Klein/Kirchhof/Winter*.
[405] Vgl. BVerfGE 65, 182 (194f.); 69, 315 (371f.); 71, 354 (362f.); 84, 212 (226f.); 88, 103 (116); BVerwGE 59, 242 (246ff.); s. auch *M. Lieb*, Rückwirkung von (neuem) Richterrecht?, in: FS Gaul, 1997, S. 381ff.
[406] BVerfGE 13, 318 (328); BFH BStBl. 86, 272 (274).
[407] *Jarass*/Pieroth, GG, Art. 20 Rn. 29; *Herzog* (Fn. 111), Art. 20 VI Rn. 55; *M. Wehr*, JuS 1997, 419ff.; *J. Pietzcker*, JuS 1979, 710ff.; *W. Krebs*, Jura 1979, 304ff.
[408] Z.B. BVerfGE 41, 251 (256f.); 51, 268 (287f.); zum Übergangsrecht → Rn. 81f.
[409] BVerfGE 78, 179 (197); *Maurer*, Allg. Verwaltungsrecht, § 6 Rn. 6ff.
[410] *Ossenbühl* (Fn. 328), § 62 Rn. 26f.; *H.D. Jarass*, NVwZ 1984, 473 (475ff.); *Kunig*, Rechtsstaatsprinzip (Fn. 30), S. 318ff.
[411] So für Art. 103 II GG: BVerfGE 92, 1 (12).
[412] So z.B. BVerfGE 40, 237 (248f.); 48, 210 (221); 49, 89 (126); s. auch E 77, 170 (230); BVerwGE 72, 265 (266); *Stern*, Staatsrecht I, S. 805; *Schulze-Fielitz*, Theorie (Fn. 198), S. 157; *Benda* (Fn. 156), § 17 Rn. 36; *Herzog* (Fn. 111), Art. 20 VI Rn. 55; *H. Frohn*, ZG 5 (1990), 117 (120ff.); *J. Pietzcker*, JuS 1979, 710 (712).
[413] *Hesse*, Verfassungsrecht, Rn. 201; *Degenhart*, Staatsrecht I, Rn. 278.
[414] So BVerfGE 85, 386 (403f.). – Zur Notwendigkeit der Anpassung des übergeleiteten Rechts der DDR bejahend *P. Lerche*, Fortgeltung von DDR-Recht und Gesetzesvorbehalt, in: FS Helmrich, 1994, S. 57ff. (67ff.); verneinend *Pieroth*, Rechtsstaat (Fn. 216), S. 111f.; *Isensee* (Fn. 30), § 202 Rn. 117, 185.
[415] *Schnapp* (Fn. 156), Art. 20 Rn. 38; *J. Pietzcker*, JuS 1979, 710 (712).
[416] Ausf. *Sobota*, Prinzip (Fn. 5), S. 107ff.

Art. 20 (Rechtsstaat)   C. Erläuterungen

96 **Praktisch am bedeutsamsten** sind seine speziellen Ausprägungen in Form von **Grundrechtsvorbehalten**[417], die im Blick auf die einzelnen Grundrechte und grundrechtsgleichen Rechte je besondere Voraussetzungen für Gesetze festlegen, die die grundrechtliche Freiheit der Bürger beschränken und ausgestalten. Neben diesen Vorbehalten im traditionellen Sinne verlangt das Grundgesetz verschiedentlich ein Gesetz als Voraussetzung für staatliches Handeln, selbst wenn es nicht grundrechtsbedeutsam ist[418]. Der allgemeine Gesetzesvorbehalt mag mehr an objektiven, der Grundrechtsvorbehalt mehr an subjektiven Rechtsverletzungen orientiert sein[419] – funktional überschneiden sich beide: Nur soweit die spezielleren Erscheinungsformen des Gesetzesvorbehalts keine Anwendung finden, ist ein Rückgriff auf Art. 20 III GG erforderlich und geboten[420].

97 Ausgangspunkt für den Vorbehalt des Gesetzes ist der zentrale Grundgedanke, daß für einseitige[421] **Eingriffe in »Freiheit und Eigentum«** des Staatsbürgers ein Gesetz als rechtsstaatlich allgemeine und demokratisch-parlamentarisch legitimierte Regelung erforderlich ist[422]. Dieses klassische Verständnis des Gesetzesvorbehalts zielt auf unmittelbar regelndes belastendes (freiheitsverkürzendes) Staatshandeln: Es wird regelmäßig durch einzelgrundrechtliche Gesetzesvorbehalte differenziert ausgestaltet (→ Vorb. Rn. 86f.), soweit der Schutzbereich der jeweiligen Einzelgrundrechte beeinträchtigt wird. Eingriffe im herkömmlichen Sinne belastender rechtlich regelnder Maßnahmen durch oder aufgrund eines Gesetzes setzen stets eine gesetzliche Ermächtigungsgrundlage voraus[423].

98 Dieses herkömmliche Verständnis ist unter der Geltung des Grundgesetzes ergänzt worden[424]. Die **Lehre vom »Totalvorbehalt«** sucht den Vorbehalt des Gesetzes über eingreifende Gesetze hinaus auf alle (auch leistende bzw. begünstigende) Gesetze zu erweitern, um die neuen sozialstaatlichen Aufgaben der Planung, Lenkung und Leistung rechtsstaatlich und demokratisch zu disziplinieren[425]. Sie hat sich zwar nicht voll durchsetzen können[426]; insbesondere verlangt die Rechtsprechung unverändert keine (materielle) gesetzliche Grundlage für Subventionen, sondern gibt sich mit der (formell-)gesetzlichen Grundlage des Haushaltsgesetzes (z.B. nach Art. 110 GG als

---

[417] Qualitativ zwischen Gesetzes- und Grundrechtsvorbehalt (als Ermächtigung für den Gesetzgeber) unterscheidend: *Sachs* (Fn. 156), Art. 20 Rn. 70; ausf. *Sobota*, Prinzip (Fn. 5), S. 120ff.; zu den unterschiedlichen Vorbehaltsbegriffen *J. Staupe*, Parlamentsvorbehalt und Delegationsbefugnis, 1986, S. 28ff.; *F. Rottmann*, EuGRZ 1985, 227ff.; s. auch *C. Bumke*, Der Grundrechtsvorbehalt, 1998.

[418] *Kunig*, Rechtsstaatsprinzip (Fn. 30), S. 319; *H.H. Klein*, Aufgaben des Bundestages, in: HStR II, § 40 Rn. 19.

[419] *M. Wehr*, JuS 1997, 419 (420); *M. Sachs*, JuS 1995, 693ff.; *M. Kloepfer*, JZ 1984, 685 (687).

[420] *Jarass*/Pieroth, GG, Art. 20 Rn. 29; a.A. BVerfGE 77, 170 (230f.).

[421] Für Verwaltungsverträge vgl. *A. Scherzberg*, JuS 1992, 205 (211f.); *A. Bleckmann*, NVwZ 1990, 601 (603).

[422] BVerfGE 8, 155 (166f.); *Schnapp* (Fn. 156), Art. 20 Rn. 43; *Hesse*, Verfassungsrecht, Rn. 200; ausf. *D. Jesch*, Gesetz und Verwaltung, 2. Aufl. 1968, S. 117ff.; *W. Mallmann*, Schranken nichthoheitlicher Verwaltung, VVDStRL 19 (1961), S. 165ff. (177ff.); *W. Krebs*, Vorbehalt des Gesetzes und Grundrechte, 1975, S. 17ff.; *M. Kloepfer*, JZ 1984, 685 (685f.).

[423] Die »Wesentlichkeitsdoktrin« (→ Rn. 103ff.) hat daran nichts geändert, BVerwGE 72, 265 (266f.); *Pieroth/Schlink*, Grundrechte, Rn. 266; *Jarass*/Pieroth, GG, Art. 20 Rn. 31.

[424] Ausf. *Ossenbühl* (Fn. 328), § 62 Rn. 15ff.; *Schulze-Fielitz*, Theorie (Fn. 198), S. 158ff.

[425] *Jesch*, Gesetz (Fn. 422), S. 166, 124ff. bzw. 92f., 204f.; *Herzog* (Fn. 111), Art. 20 VI Rn. 69ff.; s. auch *Sobota*, Prinzip (Fn. 5), S. 125ff.; *Degenhart*, Staatsrecht I, Rn. 285ff.

[426] BVerfGE 68, 1 (109); BGHZ 111, 229 (234); *Jarass*/Pieroth, GG, Art. 20 Rn. 30.

spezieller Ausprägung des Gesetzesvorbehalts) zufrieden[427], sofern die Subvention nicht gerade auf Eingriffe in die Grundrechtssphäre unbeteiligter Dritter zielt[428]. Zentrale Bereiche der Leistungsverwaltung sind aber dennoch durch materielles Gesetz geregelt (vgl. § 31 SGB-AT). Der Gesetzesvorbehalt weist über die Eingriffskonstellation hinaus und gilt grundsätzlich für alle Rechtsgebiete, z.B. auch für das Zivilrecht[429], selbst wenn der privatrechtliche Ausgleich von gleichgeordneten Grundrechtsträgern nicht immer eine parlamentsgesetzliche Regelung erfordern soll[430].

Weiterhin ist die Erforderlichkeit einer parlamentsgesetzlich gesteuerten **Verrechtlichung der Besonderen Gewaltverhältnisse** weithin anerkannt[431]. Die Rechtsverhältnisse von Strafgefangenen[432], Beamten, Schülern im Schulverhältnis[433] und Studenten, die sich dem Staat gegenüber in einem Sonderstatus befinden, verlangen für freiheitsverkürzende belastende Regelungen eine gesetzliche Eingriffsgrundlage. Im Schulverhältnis muß der Gesetzgeber deshalb mit Blick auf den Grundrechtsvorbehalt von Art. 12 I 2 GG (→ Art. 12 Rn. 91 ff.) zumindest im Grundsatz entscheiden[434]: über die Voraussetzungen eines Schulausschlusses, allgemein die Schulordnungen[435], die Modalitäten einer staatlichen Prüfung, die Auflösung einer Schule[436]. Im **Strafvollzug** bedürfen Auflagen bei der Strafaussetzung zur Bewährung einer entsprechenden Gesetzesgrundlage[437]. 99

Überdies bedarf die **staatliche Binnenorganisation** bei der Reichweite der exekutivischen Organisationsgewalt[438] einschließlich der »Sonderverordnungen«[439] rechtlicher Grundlagen nach Maßgabe parlamentarischer Gesetze. 100

Eine weitere Ausdehnung erfährt der Gesetzesvorbehalt durch die **Notwendigkeit der Ausgestaltung** und Prägung **grundrechtlicher Freiheit**. Die objektiv-rechtlichen 101

---

[427] BVerfGE 8, 155 (167); BVerwGE 6, 282 (287 f.); 20, 101 (102); 45, 8 (11); 58, 45 (48); *Ossenbühl*, Rechtsquellen (Fn. 204), § 9 Rn. 14; *Schnapp* (Fn. 156), Art. 20 Rn. 45; anders die h.L., z.B. *H. Bauer*, DÖV 1983, 53 ff.; *W. Krebs*, ZRP 1984, 224 (228); *M. Oldiges*, NJW 1984, 1927 (1929); differenzierend nach Empfängern und konkurrierenden Dritten *H.D. Jarass*, NVwZ 1984, 473 (477, s. auch 480); *M.C. Jakobs*, BayVBl. 1985, 353 (354 ff., 358 f.).

[428] Zum dann erforderlichen Gesetz vgl. BVerfGE 80, 124 (132); BVerwGE 90, 112 (126); OVG Berlin OVGE 13, 108 (114 f.); *R. Stober*, GewArch. 1993, 136 (143 f.) und 187 (191); *M. Wehr*, JuS 1997, 419 (421). → Art. 5 I, II Rn. 177.

[429] *P. Krause*, JZ 1984, 656 (659 ff.).

[430] So BVerfGE 84, 212 (226); 88, 103 (115) betr. Arbeitskampfparteien; *Jarass*/Pieroth, GG, Art. 20 Rn. 30.

[431] Z.B. *Degenhart*, Staatsrecht I, Rn. 297 ff.; *Schnapp* (Fn. 156), Art. 20 Rn. 41 f., 47; *Maurer*, Allg. Verwaltungsrecht, § 6 Rn. 17 ff.; *M. Ronellenfitsch*, DÖV 1984, 781 (782 f.). → Art. 1 III Rn. 47.

[432] Grdl. BVerfGE 33, 1 (10 f.).

[433] Z.B. *T. Oppermann*, 51. DJT, Bd. 1, Gutachten C, 1976, S. 48 ff.; *P. Lerche*, Bayerisches Schulrecht und Gesetzesvorbehalt, 1981, bes. S. 58 ff.; *B. Becker*, BayVBl. 1985, 641 (641); *Heintschel v. Heinegg*, Rechtsstaatlichkeit (Fn. 158), S. 119 f.

[434] Vgl. *H.-U. Erichsen*, Schule und Parlamentsvorbehalt, in: FS Juristische Studiengesellschaft Berlin, 1984, S. 113 ff.

[435] BVerfGE 41, 251 (262 ff.); 58, 257 (274 ff.).

[436] BVerwG DVBl. 1981, 1149 bzw. BVerfGE 51, 268 (287); zu den Voraussetzungen eines Ausschlusses von der Prüfung HessVGH NVwZ-RR 1996, 654 (654 f.).

[437] BVerfGE 58, 358 (366 f.).

[438] Grdl. für den »institutionellen Gesetzesvorbehalt« *A. Köttgen*, Die Organisationsgewalt, VVDStRL 16 (1958), S. 154 ff. (161 ff.); *Schnapp*, Verwaltungsvorbehalt (Fn. 286), S. 192 f.; ausf. *G.C. Burmeister*, Herkunft, Inhalt und Stellung des institutionellen Gesetzesvorbehalts, 1991.

[439] *Schnapp* (Fn. 156), Art. 20 Rn. 47; a.A. *E.-W. Böckenförde/R. Grawert*, AöR 95 (1970), 1 (30 ff.).

Art. 20 (Rechtsstaat) C. Erläuterungen

Dimensionen der Grundrechte (→ Vorb. Rn. 55 ff.), wie sie sich in Schutzpflichten des Gesetzgebers, in leistungs-, organisations- und verfahrensrechtlichen Gehalten der Grundrechte und auch in der »Grundrechtspolitik« durch Konkretisierung der Grundrechte als Ordnungsprinzipien mit Ausstrahlungswirkungen für die gesamte einfachgesetzliche Rechtsordnung niederschlagen[440], sind auf Handlungspflichten für den Gesetzgeber angelegt.

102   Der Gedanke des Gesetzesvorbehalts kann nur bei positivem staatlichen Handeln, nicht aber beim Unterlassen von Leistungen oder sonstigen Schutzregeln in Erfüllung von Schutzpflichten zur Anwendung kommen. Auch die **Ausstrahlungswirkung der Grundrechte** in ihrer objektiv-rechtlichen Dimension auf die einfache Rechtsordnung ist **kein Anwendungsfall des Gesetzesvorbehalts**, wohl aber der Erlaß freiheitsverkürzender und -ausgestaltender Regeln z.B. des Zivilrechts (→ Rn. 98).

b) Die Wesentlichkeitsdoktrin der Rechtsprechung

103   Die Rechtsprechung des Bundesverfassungsgerichts fordert zusammenfassend[441], daß **der parlamentarische Gesetzgeber** »in grundlegenden normativen Bereichen, zumal im Bereich der Grundrechtsausübung, soweit diese staatlicher Regelung zugänglich ist, alle **wesentlichen Entscheidungen selbst zu treffen**« hat[442]. Die Kriterien für die Konkretisierung dessen, was als »wesentlich« zu gelten hat, sind aber nicht abschließend und eindeutig[443]. Maßgeblich sind vor allem die **Grundrechtsrelevanz** einer Maßnahme in Abhängigkeit von der Intensität des staatlichen Eingriffs in die Freiheit des einzelnen[444] oder aber auch davon, ob das Staatshandeln bedeutsam für die Verwirklichung der Grundrechte ist[445]. Denkbare Kriterien sind die individuelle oder kollektive Langzeitwirkung des staatlichen Handelns, der Umfang des Adressatenkreises oder auch die Unmittelbarkeit und Zielgerichtetheit einer gesetzlichen Regelungswirkung.

104   Neben der Grundrechtsrelevanz verlangt das **Demokratiegebot** eine parlamentarische Entscheidung für politisch bedeutsame Fragen i.S. demokratisch fundamentaler Grundsatzentscheidungen von Bedeutung für die Allgemeinheit[446], konkret z.B. die Zulässigkeit einer friedlichen Nutzung der Kernenergie oder der Einsatz von Beamten auf bestreikten Arbeitsplätzen[447]. Auch in **rechts-, sozial- oder bundesstaatlicher Sicht** kann einer Regelung eine spezifische Bedeutung zukommen. So spricht bereits

---

[440] Dazu grdl. *P. Häberle*, Grundrechte im Leistungsstaat, VVDStRL 30 (1972), S. 43 ff. (80 ff.).

[441] Grdl. BVerfGE 33, 125 (158 f.); 33, 303 (333 f., 337, 346); implizit E 33, 1 ff.; zur Rezeptionsgeschichte *D.C. Umbach*, Das Wesentliche an der Wesentlichkeitstheorie, in: FS Faller, 1984, S. 111 (116 ff.); *O.-W. Jakobs*, EuGRZ 1986, 73 ff.

[442] BVerfGE 49, 89 (126); 61, 260 (275); ähnlich E 77, 170 (230 f.); 84, 212 (226); 88, 103 (116); BVerwGE 65, 323 (325); 68, 69 (72); *Schnapp* (Fn. 156), Art. 20 Rn. 46; aus der Lit. *H.H. v. Arnim*, DVBl. 1987, 1241 ff.; *Schmidt-Aßmann* (Fn. 2), § 24 Rn. 64 f.; *Ossenbühl* (Fn. 328), § 62 Rn. 22 ff., 32 f.; *Degenhart*, Staatsrecht I, Rn. 294 ff.

[443] S. dazu näher *W. Erbguth*, VerwArch. 86 (1995), 327 (340 ff.); *Schulze-Fielitz*, Theorie (Fn. 198), S. 163 ff., zur Kritik S. 171 ff.

[444] Vgl. BVerfGE 34, 165 (192 f.); 40, 237 (249); 47, 46 (79); 49, 89 (127); 57, 295 (321); 58, 257 (268 f., 272 ff., 274, 279); 62, 169 (182 f.); *Hesse*, Verfassungsrecht, Rn. 509.

[445] BVerfGE 47, 46 (79), unter Verweis auf E 34, 165 (192); 40, 237 (248 f.); 41, 251 (260 f.).

[446] Vgl. *G. Kisker*, NJW 1977, 1313 (1318); *W. Erbguth*, VerwArch. 86 (1995), 327 (342); *Degenhart*, Staatsrecht I, Rn. 48.

[447] BVerfGE 49, 89 (127); 53, 30 (56 ff.) bzw. BVerfGE 88, 103 (116).

die Existenz eines Gesetzes dafür, daß nur der Gesetzgeber selbst Parlamentsgesetze verändern kann[448]. Für den sozialen Leistungsstaat sind z.B. die erhebliche finanzielle Bedeutung des Gesetzes für den Haushalt, für den Bundesstaat die besonderen Folgen für die Länder und damit eine Mitwirkung des Bundesrats im Gesetzgebungsverfahren bedeutsam.

Hauptproblemfeld der aktuellen Diskussion um den Anwendungsbereich des Gesetzesvorbehalts und der Wesentlichkeitsdoktrin bilden **Grundrechtseingriffe im weiteren Sinne**, d.h. über unmittelbar rechtlich regelnde Eingriffe hinaus: Der Streit um die Reichweite des Gesetzesvorbehalts im Grundrechtsbereich verläuft weithin dem Streit um die Bestimmung des Grundrechtseingriffs parallel. Nicht nur unmittelbar rechtlich regelnde Staatsakte, sondern auch faktische und/oder mittelbare Grundrechtsbeeinträchtigungen (→ Vorb. Rn. 80ff.)[449] i.S. von ungezielten, mittelbaren, nicht rechtlich regelnden und sanktionslosen freiheitsverkürzenden staatlichen Maßnahmen, insbesondere durch Information der Öffentlichkeit, können Grundrechte beeinträchtigen. Dementsprechend muß auch die Reichweite des Gesetzesvorbehalts auf Mittel mit ihren typischen Grundrechtsbeeinträchtigungen als Folgen erstreckt werden[450]. Das gilt auch für sonstige für die Grundrechtsentfaltung wesentliche staatliche Maßnahmen[451], etwa die Ausgestaltung grundrechtsrelevanter Verwaltungsverfahren[452], oder sonstige Belastungen für den Bürger (z.B. durch staatliche Leistungsverweigerung trotz Ansprüchen auf gleiche Leistungen); auch für staatliche Warnungen genügt nicht der Rückgriff auf die verfassungsrechtliche Umschreibung von Regierungs- oder Staatsaufgaben[453]. Das alles gilt auch, wenn Maßnahmen in Erfüllung grundrechtlicher Schutzpflichten Grundrechte Dritter beeinträchtigen[454].

105

Konkret folgt daraus z.B. für das **Schulverhältnis**, daß wegen ihrer Bedeutung für die Austarierung von Elternrecht (Art. 6 II GG), Schülerrecht (Art. 2 I GG) und staatlicher Schulaufsicht (Art. 7 I GG) auch die Einführung des Sexualkundeunterrichts oder die Festlegung von Pflichtfächern dem Gesetzesvorbehalt unterliegen[455], aber auch **Leistungsgewährungen** von existentieller Bedeutung für die Betroffenen, nicht aber generell für Verfahren und Zuständigkeit der Leistungsverwaltung[456]. Auch bei den

106

---

[448] *Kloepfer*, Gesetzgebung (Fn. 192), S. 75; *Schulze-Fielitz*, Theorie (Fn. 198), S. 168.

[449] S. ferner *Pieroth/Schlink*, Grundrechte, Rn. 238; *M. Schulte*, Schlichtes Verwaltungshandeln, 1995, S. 85 ff.

[450] Vgl. BVerwGE 90, 112 (118 ff.); 87, 37 (43 f.); 71, 183 (193 f.); *T. Discher*, JuS 1993, 463 (467 ff.); für die Datenschutzgesetzgebung und Informationshilfen ausf. *D. Lehner*, Der Vorbehalt des Gesetzes für die Übermittlung von Informationen im Wege der Amtshilfe, 1996, S. 61 ff., 136 ff.; → Art. 2 I Rn. 59.

[451] BVerfGE 47, 46 (78 f.); 57, 295 (321); 58, 257 (268 f.).

[452] BVerfGE 83, 130 (151 ff.); 95, 267 (307 f.); *M. Wehr*, JuS 1997, 419 (423).

[453] Anders aber BVerfG (1. Kammer des Ersten Senats) NJW 1989, 3269 (3270 f.); BVerwGE 82, 76 (80 f.); 87, 37 (46 f.); BVerwG NJW 1991, 1770 ff.; Schmidt-Bleibtreu/*Klein*, GG, Art. 20 Rn. 10d; *Degenhart*, Staatsrecht I, Rn. 282; wie hier *D. Murswiek*, DVBl. 1997, 1021 (1030); *T. Leidinger*, DÖV 1993, 925 (927 ff.); *F. Schoch*, DVBl. 1991, 667 (672 f.); *R. Gröschner*, DVBl. 1990, 619 ff.; zur Unübertragbarkeit der Rechtsprechung auf Gemeinden *W. Porsch*, Warnungen und kritische Äußerungen als Mittel gemeindlicher Öffentlichkeitsarbeit, 1997, S. 158 ff.; → Vorb. Rn. 82.

[454] Vgl. *R. Wahl/J. Masing*, JZ 1990, 553 ff.; *Pieroth/Schlink*, Grundrechte, Rn. 91; anders nur bei reinen Begünstigungen, s. *Schnapp* (Fn. 156), Art. 20 Rn. 44.

[455] BVerfGE 47, 46 (81 f.) bzw. BVerwGE 64, 308 (309 f.).

[456] BVerfGE 56, 1 (13) bzw. BVerfGE 8, 155 (167 f.); *Jarass*/Pieroth, GG, Art. 20 Rn. 32.

(an sich) »vorbehaltlos« garantierten besonderen **Gleichheitssätzen** ist für Einschränkungen, soweit sie möglich sind, eine gesetzliche Grundlage erforderlich[457].

c) Der Parlamentsvorbehalt

107 Der allgemeine Gesetzesvorbehalt gilt der Frage, ob ein Regelungsgegenstand so wesentlich ist, daß er einer Regelung durch oder aufgrund eines Gesetzes bedarf. Davon zu unterscheiden ist die weitere Frage eines **Parlamentsvorbehalts**[458], d.h. welche Entscheidungen das Parlament selbst im Gesetz treffen muß und welche es durch gesetzliche Ermächtigung der administrativen Normsetzung durch die Exekutive überlassen darf. Für die Abgrenzung zwischen dem, was mittelbar im Gesetz geregelt werden muß, und dem, was durch Verordnung oder Satzung aufgrund Gesetzes geregelt werden kann, gelten allerdings dieselben Kriterien wie für die Frage, ob überhaupt eine parlamentarische Rechtsgrundlage erforderlich ist[459].

108 Die Bestimmung des Parlamentsvorbehalts ist auch **nicht identisch mit** der **Abgrenzung nach Art. 80 I 2 GG**[460], weil dessen formale Ermächtigungsvoraussetzungen keinen Maßstab für die Notwendigkeit einer Ermächtigung überhaupt enthalten[461]. Teilweise wird die Frage des Parlamentsvorbehalts als bloße Frage der hinreichenden Bestimmtheit der parlamentsgesetzlichen Regelung angesehen[462]. Wichtiger erscheinen Überlegungen, ob das parlamentarische oder das exekutivische Rechtsetzungs*verfahren* für die jeweilige (Teil-)Regelung angemessener ist[463]. Zentrale Konflikte zwischen vorbehaltlosen Grundrechten oder sonstigen Verfassungsrechtsgütern etwa müssen i.S. eines »Verfassungsvorbehalts« durch Parlamentsgesetz zum Ausgleich gebracht werden[464] (→ Vorb. Rn. 89).

109 **Im übrigen** existieren **keine eindeutigen** und allgemein anerkannten **Abgrenzungskriterien**, die die Rechtsprechungsergebnisse dogmatisch prognostizierbar erscheinen lassen. Der Diskussionsstand führt praktisch zu einem »Verfassungsgerichtsvorbehalt« ex post gemäß »Tradition, Zweckmäßigkeit, Machtlage und Rechtsbewußtsein«[465]. Damit wird erklärlich, daß die Bezugnahme auf die Wesentlichkeitsdoktrin ein leicht verfügbarer Argumentationstopos ist, um die Verfassungswidrigkeit von staatlichem Handeln zu begründen, das nicht auf parlamentsgesetzliche Entscheidun-

---

[457] *Jarass*/Pieroth, GG, Vor Art. 1 Rn. 32a; → Art. 3 Rn. 97 ff.
[458] Vgl. BVerfGE 58, 257 (274); s. auch E 46, 268 (296); 57, 295 (321); BVerwGE 57, 130 (137); begriffsprägend *P. Häberle*, DVBl. 1972, 909 (912, Fn. 49).
[459] BVerfGE 83, 130 (152), mit Hinweis auf E 34, 165 (192); 49, 89 (127 und 129); 57, 295 (327).
[460] In diese Richtung aber etwa *D. Wilke*, JZ 1982, 758 (760); *W.-R. Schenke*, DÖV 1977, 27 (30); *G. Roellecke*, NJW 1978, 1776 (1777); s. auch *Jarass*/Pieroth, GG, Art. 20 Rn. 42; Pieroth/Schlink, Grundrechte, Rn. 264.
[461] Vgl. BVerfGE 58, 257 (278); *C.-E. Eberle*, DÖV 1984, 485 (486); Böckenförde, Gesetz (Fn. 22), S. 395 f.; *H.-J. Papier*, Die finanzrechtlichen Gesetzesvorbehalte und das grundgesetzliche Demokratieprinzip, 1973, S. 73 f.
[462] So *U.M. Gassner*, Kriterienlose Genehmigungsvorbehalte im Wirtschaftsverwaltungsrecht, 1994, S. 73 ff., 78 f., 137 ff.; Schmidt-Bleibtreu/*Klein*, GG, Art. 20 Rn. 11. → Rn. 123.
[463] Vgl. BVerfGE 85, 386 (403 f.); 95, 267 (307 f.); s. auch *C.-E. Eberle*, DÖV 1984, 485 (488 ff.); *M. Kloepfer*, JZ 1984, 685 (693 ff.); *Schulze-Fielitz*, Theorie (Fn. 198), S. 171, 174, 176; ausf. *Staupe*, Parlamentsvorbehalt (Fn. 417), S. 213 ff.
[464] BVerfGE 83, 130 (142); *Jarass*/Pieroth, GG, Art. 20 Rn. 30; *W. Schmidt*, AöR 106 (1981), 497 (524).
[465] So schon *H. Heller*, Der Begriff des Gesetzes in der Reichsverfassung, VVDStRL 4 (1928), S. 98 ff. (121).

gen zurückgeführt werden kann[466]. Die Frage nach dem, was der Gesetzgeber regeln muß, bleibt virulent[467].

Soweit der **Parlamentsvorbehalt** eine parlamentarische Entscheidung fordert, handelt es sich regelmäßig um ein förmliches **Gesetz mit materiellen Regelungen** des Verhältnisses von Staat und Bürger. Deshalb genügt weder das für den Bürger unverbindliche Haushaltsgesetz[468] noch ein bloßer Parlamentsbeschluß zur Transformation von zwischen den Ländern geschlossenen Staatsverträgen[469], noch ein Transformationsgesetz i.S. von Art. 59 II GG (→ Art. 59 Rn. 28 ff.) den Anforderungen des Parlamentsvorbehalts, soweit damit Eingriffe in Freiheit und Eigentum legalisiert werden sollen.

110

Soweit der allgemeine Gesetzesvorbehalt auch eine **untergesetzliche Rechtsgrundlage** für das Staatshandeln zuläßt, muß diese sich ihrerseits auf eine parlamentsgesetzliche Ermächtigungsgrundlage zurückführen lassen. Nur nach deren Maßgabe können Rechtsverordnungen oder Satzungen (aufgrund Gesetzes) grundrechtsbeschränkende Wirkungen entfalten[470].

111

d) Staatsorganisationsrechtliche Gesetzesvorbehalte

Auch **außerhalb der Grundrechte verlangen** zahlreiche **staatsorganisationsrechtliche Vorschriften** punktuell **ein parlamentarisches Gesetz**[471]. Diese staatsorganisatorischen Gesetzesvorbehalte[472] gelten (z.B.) für die Übertragung von Hoheitsrechten (→ Art. 23 Rn. 81 ff.; → Art. 24 Rn. 28 ff.), die Neugliederung des Bundesgebiets (→ Art. 29 Rn. 34), die Transformation von völkerrechtlichen Verträgen i.S. von Art. 59 II 1 GG (→ Art. 59 Rn. 28 ff.), die Errichtung selbständiger Bundesoberbehörden und neuer bundesunmittelbarer Körperschaften und Anstalten des öffentlichen Rechts nach Art. 87 III 1 GG, die Bestimmung von Gemeinschaftsaufgaben nach Art. 91a II, III GG, die Feststellung des Haushaltsplans durch Gesetz (Art. 110 II 1 GG), die Kreditaufnahme des Bundes (Art. 115 GG) oder die Wählbarkeitsbeschränkungen nach Art. 137 I GG. Art und Umfang des geforderten Gesetzes richten sich nach diesen jeweils speziellen Vorschriften.

112

Ergänzend lassen sich **durch Analogie entsprechende institutionelle Gesetzesvorbehalte** ermitteln. So läßt sich analog Art. 87 III, 89 II 2 GG folgern, daß Maßnahmen bei der Ausübung der Organisationsgewalt, die Außenwirkung entfalten, einer gesetzlichen Grundlage bedürfen[473], etwa die Errichtung von Verwaltungsträgern[474]

113

---

[466] Ausf. z.B. *W. Kopke*, Rechtschreibreform und Verfassungsrecht, 1995, S. 148 ff.
[467] Für eine Vergesetzlichung des polizeirechtlichen Begriffs der »öffentlichen Ordnung« z.B. *H. Hill*, DVBl. 1985, 88 (91 ff.); des Arbeitskampfrechts z.B. *M. Kloepfer*, NJW 1985, 2497 ff.; insoweit a.A. BVerfGE 88, 103 (115 f.); *J. Ipsen*, DVBl. 1984, 1102 (1105).
[468] A.A. wohl *Jarass*/Pieroth, GG, Art. 20 Rn. 33.
[469] *M. Herdegen*, Strukturen und Institute des Verfassungsrechts der Länder, in: HStR IV, § 97 Rn. 44; a.A. BVerwGE 74, 139 (140 f.); *Jarass*/Pieroth, GG, Art. 20 Rn. 33.
[470] Z.B. BVerwGE 90, 359 (361 ff.); *Badura*, Staatsrecht, Rn. D 58; ausf. *W. Kluth*, Funktionale Selbstverwaltung, 1997, S. 489 ff.; s. auch *Buchwald*, Prinzipien (Fn. 12), S. 128 ff.
[471] Davon zu unterscheiden ist das Erfordernis sonstiger Parlamentsbeschlüsse, z.B. für die militärischen Einsätze der Streitkräfte nach Art. 115a GG.
[472] Vgl. *Jarass*/Pieroth, GG, Art. 20 Rn. 35; ausf. *Burmeister*, Herkunft (Fn. 438).
[473] *Jarass*/Pieroth, GG, Art. 20 Rn. 35a.
[474] *Maurer*, Allg. Verwaltungsrecht, § 21 Rn. 66; *W. Krebs*, Verwaltungsorganisation, in: HStR III, § 69 Rn. 88; *P. Lerche*, in: Maunz/Dürig, GG, Art. 86 (1989) Rn. 78.

oder die Errichtung von Behörden einschließlich der Zuständigkeitsabgrenzungen[475].

114 Die punktuell positivierten Regelungen des Grundgesetzes zur Erforderlichkeit von Parlamentsgesetzen sind nicht abschließend; sie werden ergänzt um **weitere institutionelle Gesetzesvorbehalte**[476]. Sie lassen sich insbesondere **aus dem Demokratieprinzip oder dem Rechtsstaatsprinzip** ableiten[477], denn die »Wesentlichkeit« eines Entscheidungsgegenstandes besteht unabhängig davon, ob das Grundgesetz ausdrücklich einen Gesetzesvorbehalt vorsieht. Allerdings stoßen Prinzipien wie das Demokratieprinzip grundsätzlich auf rechtliche Grenzen aus entgegenstehenden Prinzipien wie z.B. dem Eigenbereich der Regierung[478]. Einen allgemeinen verfassungsrechtlichen demokratischen Gesetzesvorbehalt für alle wesentlichen Fragen kann es daher nicht geben[479], vielmehr kann die Reichweite des vom Demokratieprinzip Geforderten nur in Auslegung mit den speziellen Vorschriften des Grundgesetzes bestimmt werden.

115 Insoweit unterliegen insbesondere **außenpolitische Grundsatzentscheidungen** der Regierung in Ausfluß ihrer gubernativen Eigenständigkeit keinem Gesetzesvorbehalt[480]. Weiterhin darf der Gesetzgeber den Bürger nicht ohne dessen Zustimmung der normsetzenden Gewalt *nicht*staatlicher Einrichtungen unterwerfen, sondern muß die Beschränkungen im wesentlichen selbst festlegen[481].

4. Rechtsstaatliche Anforderungen an die Rechtsetzung

116 Kernelement des Rechtsstaatsprinzips ist, daß alle materiellen Rechtsnormen mit Regelungsanspruch dem Bürger gegenüber diesem die Möglichkeit einräumen, sein Verhalten auf diese Rechtsnormen einzurichten. **Parlamentarische Gesetze, Rechtsverordnungen oder Satzungen** müssen deshalb **in gleicher Weise rechtsstaatliche Mindesterfordernisse** einhalten: Sie müssen ausreichend bestimmt und klar sein (→ Rn. 117 ff.); ihr Regelungsanspruch darf den Schutz des Bürgervertrauens nicht vernachlässigen (→ Rn. 134 ff.); ihre Entstehung muß die Erfordernisse rechtsstaatlicher Rechtsentstehung (→ Rn. 186 ff.) einhalten.

a) Bestimmtheit von Gesetzen
aa) Grundsatz und Funktion

117 Der rechtsstaatliche Grundsatz der ausreichenden **Bestimmtheit von Gesetzen**[482] verlangt, gesetzliche Tatbestände so präzise so formulieren, daß ein Normadressat sein Handeln kalkulieren kann, weil die Folgen der Regelung für ihn voraussehbar und be-

---

[475] *Jarass*/Pieroth, GG, Art. 20 Rn. 2; vgl. BVerfGE 40, 237 (250 f.); z.T. a.A. BGH NJW 1983, 519 (521).
[476] Vgl. *Schnapp* (Fn. 156), Art. 20 Rn. 46.
[477] So etwa *Degenhart*, Staatsrecht I, Rn. 48 ff.; a.A. *Jarass*/Pieroth, GG, Art. 20 Rn. 35a.
[478] Vgl. *E.-W. Böckenförde*, Die Organisationsgewalt im Bereich der Regierung, 1964, S. 84 ff.; *E. Schmidt-Aßmann*, Verwaltungsorganisation zwischen parlamentarischer Steuerung und exekutivischer Organisationsgewalt, in: FS H.P. Ipsen, 1977, S. 333 ff. (347). → Rn. 66, 68.
[479] Vgl. BVerfGE 49, 89 (125); 68, 1 (109); BVerwGE 60, 162 (182).
[480] BVerfGE 68, 1 (109); zum Parlamentsvorbehalt bei Auslandseinsätzen der Bundeswehr E 90, 286 (381 ff.); s. auch allg. BVerwGE 72, 265 (266 f.).
[481] BVerfGE 64, 208 (214 f.); 78, 32 (36).
[482] Dazu näher *Schneider*, Gesetzgebung (Fn. 208), Rn. 66 ff.; *Gassner*, Genehmigungsvorbehalte (Fn. 462), S. 80 ff.; *H.-J. Papier/J. Möller*, AöR 122 (1997), 177 ff.

rechenbar sind⁴⁸³. Er wird weithin als Konkretisierung des rechtsstaatlichen Gebots der Rechtssicherheit⁴⁸⁴ (→ Rn. 134ff.) oder allgemein des Prinzips des Rechtsstaats oder aller seiner Unterprinzipien angesehen⁴⁸⁵; er ist Voraussetzung insbesondere für grundrechtseinschränkende Gesetze in Ausübung des jeweiligen Gesetzesvorbehalts⁴⁸⁶, des Vorranges des Gesetzes (→ Rn. 83) und des Demokratieprinzips (Parlamentsvorbehalts)⁴⁸⁷. Er wird mitunter in Art. 20 III GG verankert⁴⁸⁸, läßt sich aber von den Bestimmtheitsanforderungen an Grundrechtseinschränkungen und sonstigen Bestimmtheitsforderungen (Art. 80 I 2, 103 II, 104 I GG) praktisch kaum trennen⁴⁸⁹. Vielmehr⁴⁹⁰ ist allen Bestimmtheitsanforderungen gemeinsam, daß der Grad der Bestimmtheit von den jeweiligen sachlichen Eigenarten des Regelungsgegenstandes abhängt: Stets sind Rechtsvorschriften so genau »zu fassen, wie dies nach der Eigenart der zu ordnenden Lebenssachverhalte und mit Rücksicht auf den Normzweck möglich ist«⁴⁹¹.

Indessen läßt sich nahezu jedes Gesetz noch bestimmter fassen, indem sein Text z.B. durch Beispiele oder präzisere Begriffe der zu regelnden Wirklichkeit immer weiter angenähert wird. Bestimmtheitsanforderungen zielen auf eine **Optimierung** verschiedener rechtsstaatlicher Interessen⁴⁹². Deshalb können z.B. bereichsspezifische Öffnungs- oder Nichtanwendungsklauseln nach dem Modell der kommunalrechtlichen Experimentierklauseln mit dem Bestimmtheitsgrundsatz vereinbar sein⁴⁹³. Das **Bestimmtheitsgebot** kann als **Rechtsprinzip graduell abgestuft erfüllt werden**; seine Erfüllung ist weithin durch Konvention über den Detaillierungsgrad der Normierung von Sachverhalten gekennzeichnet. Die Vielfalt der dabei zu berücksichtigenden Gesichtspunkte macht die Anforderungen der Judikatur des Bundesverfassungsgerichts unübersichtlich⁴⁹⁴.

118

---

⁴⁸³ BVerfGE 83, 130 (145); 84, 133 (149); 87, 234 (263); BVerwGE 77, 214 (219); 92, 196 (207); *Degenhart*, Staatsrecht I, Rn. 302; *Herzog* (Fn. 111), Art. 20 VII Rn. 62.
⁴⁸⁴ BVerfGE 49, 168 (181); 59, 104 (114); 62, 169 (183); 80, 103 (107); BSGE 70, 285 (292); *Münch*, Rechtssicherheit (Fn. 253), S. 674; *P. Kunig*, Jura 1990, 495 (495); *Stern*, Staatsrecht I, S. 829; *Schmidt-Aßmann* (Fn. 2), § 24 Rn. 81, 85.
⁴⁸⁵ BVerfGE 26, 338 (367); 79, 106 (120); 86, 90 (106); 89, 69 (84); ausf. *Kunig*, Rechtsstaatsprinzip (Fn. 30), S. 205ff.; *H.-J. Papier/J. Möller*, AöR 122 (1997), 177 (181f., 199).
⁴⁸⁶ Vgl. BVerfGE 57, 295 (326f.); 62, 169 (182); 80, 137 (161); *Kunig*, Rechtsstaatsprinzip (Fn. 30), S. 400; *M. Lehner*, NJW 1991, 890 (892); s. auch *U.M. Gassner*, ZG 11 (1996), 37 (50ff.).
⁴⁸⁷ Übersichtlich auch zu weiteren Begründungsansätzen *U.M. Gassner*, ZG 11 (1996), 37 (40ff., 54f.); *ders.*, Genehmigungsvorbehalte (Fn. 462), S. 85ff., 99ff., 112ff.
⁴⁸⁸ So BVerfGE 86, 288 (311).
⁴⁸⁹ Vgl. BVerfGE 62, 169 (182f.); 64, 261 (286); *H.-J. Papier/J. Möller*, AöR 122 (1997), 177 (182f.); *Kunig*, Rechtsstaatsprinzip (Fn. 30), S. 400f.; a.A. *Staupe*, Parlamentsvorbehalt (Fn. 463), S. 140ff.; *M. Kloepfer*, JZ 1984, 685 (691); *M. Lehner*, NJW 1991, 890 (892f.).
⁴⁹⁰ Vgl. BVerfGE 71, 108 (114ff.); 75, 329 (341); 76, 363 (387); 92, 1 (11f.); 92, 20 (23) – *Sondervotum Seidl/Söllner/Haas*; 93, 266 (291f.).
⁴⁹¹ So BVerfGE 49, 168 (181); 59, 104 (114); 87, 234 (263); 89, 69 (84).
⁴⁹² *P. Kunig*, Jura 1990, 495 (495); *U.M. Gassner*, ZG 11 (1996), 37 (41, 56); *R. Geitmann*, Bundesverfassungsgericht (Fn. 38), S. 79.
⁴⁹³ Vgl. *S. Jutzi*, DÖV 1996, 25 (26f.); *C. Brüning*, DÖV 1997, 278 (286ff.); *B. Grzeszick*, Die Verwaltung 30 (1997), 545 (559ff.).
⁴⁹⁴ Krit. *Kunig*, Rechtsstaatsprinzip (Fn. 30), S. 396ff.; *L. Osterloh*, Gesetzesbindung und Typisierungsspielräume bei der Anwendung der Steuergesetze, 1992, S. 111ff.; *H.-J. Papier/J. Möller*, AöR 122 (1997), 177 (196ff.).

Art. 20 (Rechtsstaat)   C. Erläuterungen

119   Der **Grad der Bestimmtheit und** damit **Regelungsdichte** einer Gesetzesnorm entscheidet über die Aufgabenverteilung zwischen Rechtsetzer und Rechtsanwender[495], weil z.B. bei sehr detaillierten Normen in der Arbeitsteilung zwischen Gesetzgebung und Verwaltung der Schwerpunkt beim Gesetzgeber liegt: Ein bestimmtes funktionell-rechtliches Verständnis von Gesetzgebung und Verwaltung im jeweiligen Sach- und Regelungszusammenhang kann deshalb auf die Bestimmtheitsanforderungen an den Normtext zurückwirken.

120   Das allgemeine rechtsstaatliche **Bestimmtheitsgebot erstreckt sich auf** *alle* materiellen **Rechtsnormen**. Es ist praktisch bedeutsam vor allem bei freiheitsbeschränkenden Rechtsnormen, gilt aber auch für begünstigende Rechtsnormen. Namentlich im untergesetzlichen Satzungsrecht findet der Bestimmtheitsgrundsatz in der Judikatur reichen Niederschlag[496].

bb) Unbestimmte Rechtsbegriffe und Generalklauseln

121   Der Bestimmtheitsgrundsatz schließt nicht aus, daß der Gesetzgeber **unbestimmte Rechtsbegriffe** gebraucht[497]; auch mit herkömmlichen juristischen Methoden auslegungsfähige Generalklauseln sind **grundsätzlich zulässig**[498], auch im Steuerrecht[499] und selbst im Strafrecht[500]. Die Freiheit des Gesetzgebers, durch die Begriffswahl den Kreis der erfaßten Sachverhalte enger oder weiter zu bestimmen, findet freilich Grenzen an den Grundsätzen der Normenklarheit (→ Rn. 129 ff.) und der Justitiabilität[501]: Gesetzesbegriffe müssen die tatbestandliche Grenzziehung selbst leisten und diese nicht dem Ermessen des Rechtsanwenders überlassen[502], soweit dies »praktisch möglich« ist[503], so daß der Bürger konkrete Beurteilungsmaßstäbe für die Gesetzesanwendung erkennen kann[504]. Bei abstrakten unbestimmten Rechtsbegriffen kann aber ihre langjährige Konkretisierung durch die Rechtsprechung mitberücksichtigt werden[505], so daß z.B. die polizeirechtliche Generalklausel (»öffentliche Sicherheit und Ordnung«) ausreichend bestimmt ist[506]; auch kann der Gesetzgeber eine Konkretisierung durch die Rechtsprechung erwarten, beobachten und ggf. korrigieren[507].

---

[495] BVerfGE 49, 89 (138); 87, 234 (263f.); *U.M. Gassner*, ZG 11 (1996), 37 (38f.); *F. Ossenbühl*, DÖV 1981, 1 (2); *H.-W. Rengeling*, NJW 1978, 2217 (2221); *Geitmann*, Bundesverfassungsgericht (Fn. 38), S. 22 ff.

[496] Zweifelhaft OVG NW NVwZ-RR 1996, 491 (491 f.): »rot-braune Dachpfannen« zu unbestimmt.

[497] BVerfGE 3, 225 (243); 4, 352 (357f.); 8, 274 (326); 78, 205 (212); 80, 103 (108); 87, 234 (263f.); BVerwGE 92, 196 (206); *Herzog* (Fn. 111), Art. 20 VII Rn. 63.

[498] BVerfGE 8, 274 (326); 13, 153 (161); 56, 1 (12); 78, 205 (212); 83, 130 (145); 89, 69 (84f.); 90, 1 (16f.); 92, 262 (272); 94, 372 (394); BVerwG NJW 1987, 1435 (1435); BAGE 32, 381 (396).

[499] Z.B. BVerfGE 13, 153 (161, 164); 48, 210 (222); 78, 205 (226).

[500] Z.B. BVerfGE 11, 232 (237f.); 26, 41 (42f.); 28, 175 (183); 45, 363 (371); 48, 48 (56); 50, 205 (216).

[501] BVerfGE 21, 73 (79); 37, 132 (142); 51, 1 (41); 63, 312 (323).

[502] BVerfGE 6, 32 (42); 20, 150 (158); 21, 73 (80); 80, 137 (161).

[503] BVerfGE 57, 9 (22); *H.-J. Papier/J. Möller*, AöR 122 (1997), 177 (185ff., 200).

[504] BVerfGE 88, 366 (380f.); s. auch BVerfGE 17, 306 (314); 21, 73 (79); 63, 312 (323f.).

[505] BVerfGE 49, 89 (134); 76, 1 (74); *Degenhart*, Staatsrecht I, Rn. 303; zur Zulässigkeit von Beurteilungsspielräumen → Art. 19 IV Rn. 93ff.

[506] BVerfGE 54, 143 (144f.); einschränkend *R. Störmer*, Die Verwaltung 30 (1997), 233 (244ff., 255f.); *K. Waechter*, NVwZ 1997, 729ff.

[507] Vgl. BVerfGE 90, 145 (191); *H.-J. Papier/J. Möller*, AöR 122 (1997), 177 (189ff.).

Das gleiche gilt für die **Einräumung von Ermessen** für die Verwaltung[508]; es darf 122
nicht beliebige Entscheidungen zulassen, sondern muß durch Gesetzeszwecke und
tatbestandliche Bindungen rechtsstaatlich diszipliniert werden[509].

Im übrigen richtet sich das – variable – Ausmaß der gebotenen Bestimmtheit nach 123
der Regelungsmaterie und dem Regelungszweck[510], der Regelungsfähigkeit des Gegenstandes[511], der Grundrechtsrelevanz[512] und dem Gewicht der Regelungswirkungen: **Je schwerwiegender** oder belastender die individuellen **Auswirkungen** eines Gesetzes sind, **desto genauer** müssen die Voraussetzungen vom Gesetzgeber normiert sein[513]. Die Kriterien, die die Reichweite des Gesetzesvorbehalts (→ Rn. 103 ff.) bestimmen, determinieren auch den Grad der Bestimmtheit von gesetzlichen Eingriffsvoraussetzungen[514].

cc) Ermächtigungsgrundlagen für belastendes Staatshandeln

Hauptanwendungsfall für das Bestimmtheitsgebot sind gesetzliche **Ermächtigungs-** 124
grundlagen für belastende Verwaltungsakte. Die Eingriffsvoraussetzungen muß der
Gesetzgeber grundsätzlich selbst genau abgrenzen, so daß die Ermächtigung nach Gegenstand, Inhalt, Zweck und Ausmaß hinreichend bestimmt ist[515] und der Adressat
die Rechtslage erkennen und sein Verhalten darauf ausrichten kann[516]. Das gilt auch
im Steuerrecht, wo der Steuerpflichtige seine Steuerlast nach Maßgabe der Tatbestandsmäßigkeit der Besteuerung vorausberechnen können soll[517], ohne daß damit
auslegungsbedürftige Begriffe ausgeschlossen wären[518]. Wenn der belastende Verwaltungsakt rechtstechnisch in der Versagung einer Genehmigung besteht, auf die der
einzelne grundsätzlich einen grundrechtlich fundierten Anspruch hat (Verbot mit Erlaubnisvorbehalt), hat der Gesetzgeber die Voraussetzungen einer Genehmigung bzw.
Nicht-Genehmigung möglichst detailliert zu regeln[519]; bei kriterienlosen Genehmi-

---

[508] BVerfGE 8, 273 (326); 21, 73 (79f.); 48, 210 (222).
[509] BVerfGE 18, 353 (363); 49, 89 (147).
[510] BVerfGE 48, 210 (226f.); 59, 104 (114); 78, 205 (212); 84, 133 (149); 87, 234 (263).
[511] BVerfGE 48, 210 (221f.); 56, 1 (12f.).
[512] BVerfGE 37, 132 (142); 59, 104 (114); 81, 70 (88); 84, 133 (149f.).
[513] BVerfGE 49, 168 (181); 56, 1 (13); 59, 104 (114); 62, 169 (183); 83, 130 (145); 86, 288 (311); 90, 1 (17); 93, 213 (238); BVerwG NVwZ-RR 1990, 47; *Sobota*, Prinzip (Fn. 5), S. 134 ff.; *Gassner*, Genehmigungsvorbehalte (Fn. 462), S. 180 ff.; *Osterloh*, Gesetzesbindung (Fn. 494), S. 135; *Stern*, Staatsrecht I, S. 818.
[514] BVerfGE 49, 89 (127); 58, 257 (278); 83, 130 (142 ff., 145, 152); 86, 288 (311); *Herzog* (Fn. 111), Art. 20 VI Rn. 81 ff.; *R. Störmer*, Die Verwaltung 30 (1997), 233 (256); *G. Lübbe-Wolff*, ZG 6 (1991), 219 (241); s. auch *U.M. Gassner*, DÖV 1996, 18 ff.; ausf. *ders.*, Genehmigungsvorbehalte (Fn. 462), S. 156 ff., 177 ff., 200 ff. – Nach *H.-J. Papier/J. Möller*, AöR 122 (1997), 177 (202 ff.), ist eine Tatbestandsbildung stets einer Fallgruppenbildung vorzuziehen; letztere sei einer Ausgestaltung als »bewegliches System« vorrangig.
[515] BVerfGE 8, 274 (325); 9, 137 (147); 69, 1 (41); 84, 133 (150); s. auch E 80, 1 (20); BVerwGE 94, 1 (10f.); zum Zusammenhang mit Art. 80 I 2 GG: *U.M. Gassner*, DÖV 1996, 18 (19).
[516] BVerfGE 21, 73 (79 f.); 52, 1 (41); 62, 169 (182 f.); 64, 261 (286); 83, 130 (145); BVerwG NVwZ 1990, 867 (868); BFHE 133, 405 (407). → Rn. 117.
[517] BVerfGE 19, 253 (267); 49, 343 (362); 73, 388 (400).
[518] BVerfGE 79, 106 (120); BVerwGE 96, 110 (111); ausf. *Osterloh*, Gesetzesbindung (Fn. 494), S. 139 ff.
[519] BVerfGE 20, 150 (157f.); 52, 1 (41); 80, 137 (161); BVerwGE 51, 235 (238 ff.).

gungsvorbehalten spricht eine Vermutung für ihre verfassungswidrige Unbestimmtheit[520].

125 Die **tatbestandliche Bestimmbarkeit durch unbestimmte Rechtsbegriffe** findet ihre Grenzen dort, wo die zu erfassenden Einzelfälle eine sehr hohe Streubreite an einzelfallspezifischen Besonderheiten aufweisen: Der Gesetzgeber muß dann auf der Tatbestandsseite einer Norm mit abstrakten (unbestimmten) Rechtsbegriffen arbeiten oder auf der Rechtsfolgenseite durch Einräumung eines Ermessensspielraums dem Rechtsanwender Entscheidungsbefugnisse delegieren[521]. Beide Erscheinungsformen wirken funktional gleichartig[522] und führen zu rechtfertigungsbedürftigen Abstrichen an den Grad der Bestimmtheit des Gesetzesrechts im Interesse der Einzelfallorientierung[523]. Dabei hat der Gesetzgeber eine gewisse Freiheit, nach eigenen Vorstellungen zu typisieren und zu pauschalieren (→ Art. 3 Rn. 31, 67)[524].

126 Aus dem grundsätzlichen Freiheitsanspruch der Grundrechte wird weithin gefolgert, daß für grundrechtsrelevante Genehmigungsentscheidungen (z.B. für emittierende Anlagen) grundsätzlich gebundene Entscheidungen geboten seien[525]. Doch ist das keineswegs zwingend; denn es sind ebensogut **Ermessensgenehmigungen denkbar**, sofern der grundrechtliche Freiheitsanspruch in jedem Einzelfall im Rahmen der Ermessensentscheidung nach Maßgabe der Gesetzeszwecke berücksichtigt wird[526]. Dahin tendieren nicht nur andere Rechtsordnungen in Europa; auch im deutschen Umweltverwaltungsrecht gibt es verbreitet Bedarfsprüfungen[527]. Ihre Zulässigkeit richtet sich nach den jeweiligen grundrechtlichen Rechtsgüter-Konflikten[528].

127 **Ermessensentscheidungen bei belastenden Maßnahmen** sind auch im Blick auf den Bestimmtheitsgrundsatz unproblematisch, wenn sie dazu dienen, dem Grundrechtsbürger seine grundrechtliche Freiheitsausübung zu ermöglichen (typischerweise bei Nebenbestimmungen eines Verwaltungsakts, vgl. § 36 I, II VwVfG), über das grundrechtlich Gebotene hinaus Vorteile einzuräumen[529], oder als Ausnahmegenehmigungen untypische Einzelfälle dem Verwaltungsermessen anheimstellen[530]. Sie können sogar verfassungsrechtlich geboten sein, wenn anderenfalls der Schutz von Rechtsgütern, die für die Allgemeinheit von lebenswichtiger Bedeutung sind, gefährdet wäre[531].

---

[520] Ausf. *Gassner*, Genehmigungsvorbehalte (Fn. 462), S. 206 f.
[521] *K.-E. Hain/V. Schlette/T. Schmitz*, AöR 122 (1997), 32 (35 ff.).
[522] Vgl. etwa *C. Starck*, Das Verwaltungsermessen und dessen gerichtliche Kontrolle, in: FS Sendler, 1991, S. 167 ff. (169); *M. Herdegen*, JZ 1991, 747 ff.; s. auch *H. Schulze-Fielitz*, JZ 1993, 772 (774).
[523] Vgl. BVerfGE 3, 225 (243); 13, 153 (161 f.); 48, 210 (222); 80, 103 (108).
[524] Zu den Grenzen *F. Weyreuther*, DÖV 1997, 521 (523 ff.).
[525] Vgl. BVerfGE 18, 353 (364); 20, 150 (155); 21, 73 (80); 58, 300 (347); zum »Verbot mit Erlaubnisvorbehalt« s. *Maurer*, Allg. Verwaltungsrecht, § 9 Rn. 51 ff.; *F.-J. Peine*, Allgemeines Verwaltungsrecht, 3. Aufl. 1997, Rn. 159; *C. Gusy*, JA 1981, 80 ff.; *J. Schwabe*, JuS 1973, 133 ff.
[526] Vgl. am Beispiel von § 35 II BBauG/BauGB: BVerwGE 18, 247 (250 f.); 25, 161 (162); s. auch allg. zur Angleichung von Verboten mit Erlaubnis- und solchen mit Befreiungsvorbehalt *A. Gromitsaris*, DÖV 1997, 401 ff.
[527] Ausf. *T. Groß*, VerwArch. 88 (1997), 89 (93 ff.).
[528] Vgl. *T. Groß*, VerwArch. 88 (1997), 89 (102 ff., 107 ff.); für nicht sicher beherrschbare Gefahren BVerfGE 49, 89 (145 ff.); für den planerischen »Einschlag« von Genehmigungen vgl. *Jarass*/Pieroth, GG, Art. 20 Rn. 41.
[529] BVerfGE 9, 137 (149); 48, 210 (226 f.); 69, 161 (169); *Jarass*/Pieroth, GG, Art. 20 Rn. 41.
[530] *Jarass*/Pieroth, GG, Art. 20 Rn. 41; vgl. *Peine*, Verwaltungsrecht (Fn. 525), Rn. 160.
[531] BVerfGE 58, 300 (347).

Das **Bestimmtheitsgebot** gilt auch **für Normen, die** andere Staatsorgane ihrerseits **zur Normsetzung ermächtigen**. Das ist in Art. 80 I 2 GG ausdrücklich (nur) für parlamentsgesetzliche Ermächtigungen zum Erlaß von Rechtsverordnungen normiert (→ Art. 80 Rn. 27 ff.), gilt aber unabhängig davon als allgemeines Prinzip des Rechtsstaats auch für die Ermächtigungsnormen zum Erlaß von Satzungen durch Selbstverwaltungsorgane und andere Rechtsetzungsermächtigungen[532]. Insbesondere muß der parlamentarische Gesetzgeber bei Satzungen, die in Grundrechte eingreifen, die grundlegenden Entscheidungen dafür selbst treffen[533]. Insoweit variieren die Bestimmtheitsanforderungen auch hier in Abhängigkeit von der Intensität des Eingriffs in Grundrechte (→ Rn. 123). 128

b) Klarheit der Gesetze

Von der Bestimmtheit der einzelnen Rechtsnormen zu unterscheiden[534] ist das **Gebot der Klarheit des Rechts**: Danach muß der Gesetzesadressat den Inhalt der rechtlichen Regelungen auch ohne spezielle Kenntnisse mit hinreichender Sicherheit feststellen können[535]: Gesetze müssen mithin verständlich[536], widerspruchsfrei[537] und praktikabel[538] sein, damit rechtliche Entscheidungen voraussehbar sind. Dieses Gebot ist auf verschiedenen Problemfeldern aktuell. 129

Als eine erste Konkretisierung läßt sich das **Gebot der Kompetenzklarheit** ansehen: Der Gesetzgeber muß klar erkennbar entscheiden, welche staatliche Stelle unter welchen Umständen zuständig ist[539]. Eine Kompetenzvorschrift, die Kompetenzkonflikte schafft statt sie aufzulösen[540], verfehlt solche Anforderungen. 130

Als weitere Konkretisierung läßt sich das **Gebot der eindeutigen Verweisungen** formulieren. Verweisungen in einem Gesetz auf andere bestehende staatliche Rechtsnormen oder private Regelwerke im Recht der Technik sind grundsätzlich möglich[541], auch für Eingriffsgesetze[542]; es kann keinen Unterschied machen, ob eine Rechtsnorm äußerlich in demselben Gesetz oder in einem anderen Gesetz gesetzt worden ist: Die gesamte Rechtsordnung steht in einem Verweisungszusammenhang und ist für jeden Rechtsetzer rezeptionsfähig. 131

Problematisch wird dieses allein **bei »dynamischen« Verweisungen**, durch die in einem Gesetz auf eine andere Norm eines anderen kompetenten Rechtsetzers in der je- 132

---

532 Vgl. BVerfGE 33, 125 (157 ff.); 76, 171 (185); *M. Sachs*, in: Stern, Staatsrecht III/2, S. 454 ff.; *Kluth*, Selbstverwaltung (Fn. 470), S. 494 ff.
533 BVerfGE 33, 125 (159 f.); 45, 393 (399); BVerfG NJW 1998, 2128 (2129); *R. Wimmer*, NJW 1995, 1577 (1579, 1582 f.); *Kluth*, Selbstverwaltung (Fn. 470), S. 499 ff.
534 Anders BVerfGE 93, 213 (238).
535 BVerfGE 5, 25 (31 f.); 8, 274 (302); 22, 330 (346); BAGE 38, 166 (174); BVerwGE 26, 129 ff.
536 BVerfGE 14, 13 (16); 17, 306 (314); 47, 239 (247); *Herzog* (Fn. 111), Art. 20 VII Rn. 63; *S. Huber*, ZG 5 (1990), 355 ff.
537 BVerfGE 1, 14 (37); 17, 306 (314); 25, 216 (227).
538 BVerfGE 25, 216 (226 f.); vgl. auch E 78, 205 (212 f.).
539 Vgl. zum Beispiel der Kompetenzvermischung bei der Verordnungsgebung *S. Thomsen*, DÖV 1995, 989 (991 f.); s. auch allg. *P. Lerche*, in: Maunz/Dürig, GG, Art. 83 (1983) Rn. 107, 110.
540 Vgl. zu § 47a I BImSchG (»... haben die Gemeinden oder die nach Landesrecht zuständigen Behörden ...«) *H. Schulze-Fielitz*, in: GK-BImSchG, § 47a (1995) Rn. 274.
541 BVerfGE 47, 285 (311 ff.); 64, 208 (214); 67, 348 (362 f.); BVerwG DVBl. 1996, 1320 (1324 f.) betr. örtliche Mietspiegel.
542 BVerfGE 92, 191 (197 f.).

weils geltenden, also veränderbaren Fassung verwiesen wird. Solche Verweisungen werden unter dem Gesichtspunkt einer Entäußerung der Rechtsetzungsbefugnis und der Unklarheit teilweise für verfassungswidrig erachtet[543]. Das könnte unter demokratischen Aspekten (→ Art. 20 [Demokratie] Rn. 111), nicht aber unter dem rechtsstaatlichen Gesichtspunkt der Klarheit des Gesetzes gelten; denn es ist rechtsstaatlich klar, wenn auf die jeweils neueste Fassung einer Norm verwiesen wird. Die Rechtsprechung hat dynamische Verweisungen für verfassungsgemäß erachtet[544]. Dabei wird die verwiesene Norm »nach Rang und Geltungskraft« Bestandteil der verweisenden Norm[545].

133 Auch der **räumliche und zeitliche Geltungsbereich eines Gesetzes** muß klar und eindeutig sein. Insoweit sind **Verlängerungsgesetze** selbst dann hinreichend klar, wenn eine vom Gesetz durch Verweisung in Bezug genommene Norm zwischenzeitlich außer Kraft getreten ist[546]; denn die Verweisung zielt nicht auf die Gültigkeit einer Rechtsnorm, sondern auf deren normativen Tatbestand.

c) Rechtssicherheit und Vertrauensschutz

134 Mit der Idee des Rechtsstaats ist der Gedanke der Dauerhaftigkeit und Unverbrüchlichkeit von Recht eng verbunden[547]. Er fand im »klassischen« Verständnis vom Gesetz als »dauerhaftem« Rechtsgesetz und Ordnungsrahmen für die Gesellschaft seinen Ausdruck[548]. Der **Rechtsgrundsatz der Rechtssicherheit** als »wesentlicher Bestandteil des Rechtsstaatsprinzips«[549] verlangt **objektiv** ein Mindestmaß an Kontinuität des Rechts, vor allem für die Modalitäten seiner Änderung, um die »Verläßlichkeit der Rechtsordnung«[550] zu erhalten.

135 Rechtssicherheit bedeutet für den Bürger **subjektiv** in erster Linie Vertrauensschutz[551]: Der **Grundsatz des Vertrauensschutzes** will das Vertrauen des Bürgers in diese Kontinuität von Recht i.S. individueller Erwartungssicherheit[552] schützen – und damit auch dessen Dispositionen vor ihrer Entwertung durch Rechtsänderungen. Die Schutzwürdigkeit des Vertrauens richtet sich nach den Maßstäben eines aus der Sicht

---

[543] Grdl. *F. Ossenbühl*, DVBl. 1967, 401 (405ff.); *U. Karpen*, Die Verweisung als Mittel der Gesetzgebungstechnik, 1970, S. 115ff.; s. auch *G. Wegge*, DVBl. 1997, 648 (649f.).

[544] BVerfGE 26, 338 (365ff.); 47, 285 (312ff.); 60, 135 (155); 64, 208 (215); 73, 261 (272f.); 78, 32 (35f.); für Verweisung auf eine EG-Richtlinie OVG NW NWVBl. 1996, 307 (308f.); s. auch *Sobota*, Prinzip (Fn. 5), S. 138f.; *T. Klindt*, DVBl. 1998, 373ff.

[545] BVerfGE 47, 285 (309f.); ähnlich *T. Clemens*, AöR 111 (1986), 63 (65ff.); *W. Brugger*, VerwArch. 78 (1987), 1 (4); insoweit a.A. jetzt BayVerfGH NVwZ 1997, 56 (57).

[546] BVerfGE 8, 274 (302f.).

[547] *H. Maurer*, Kontinuitätsgewähr und Vertrauensschutz, in: HStR III, § 60 Rn. 1, 26; *Stern*, Staatsrecht I, S. 831; *Kunig*, Rechtsstaatsprinzip (Fn. 30), S. 390f.; ausf. *H. Schulze-Fielitz*, Zeitoffene Gesetzgebung, in: W. Hoffmann-Riem/E. Schmidt-Aßmann, Innovation und Flexibilität des Verwaltungshandelns, 1994, S. 139ff. (167f.) m.w.N.

[548] S. nur *H.H. Rupp*, Politische Anforderungen an eine zeitgemäße Gesetzgebungslehre, in: W. Schreckenberger (Hrsg.), Gesetzgebungslehre, 1986, S. 42ff. (48ff.).

[549] BVerfGE 7, 194 (196); 49, 148 (164); 60, 253 (267); s. näher *Sobota*, Prinzip (Fn. 5), S. 154ff.; *Münch*, Rechtssicherheit (Fn. 253), S. 674ff.; *Schmidt-Aßmann* (Fn. 2), § 24 Rn. 81.

[550] So BVerfGE 60, 253 (268); 63, 343 (357); s. auch *Sobota*, Prinzip (Fn. 5), S. 162ff.

[551] So BVerfGE 18, 429 (439); 30, 367 (386); 50, 177 (193); *K. Vogel*, JZ 1988, 833 (833f.); *B. Weber-Dürler*, Vertrauensschutz im öffentlichen Recht, 1983, S. 47ff.; *B. Pieroth*, Rückwirkung und Übergangsrecht, 1981, S. 118, 144, 383.

[552] *G. Kisker*, Vertrauensschutz im Verwaltungsrecht, VVDStRL 32 (1974), S. 149ff. (161); zust. *Sachs* (Fn. 156), Art. 20 Rn. 84.

eines objektiven Betrachters »durchschnittlichen« Bürgers, nicht nach der unterschiedlichen Vertrauensseligkeit des einzelnen.

Rechtssicherheit und Vertrauensschutz stoßen als wesentliche Elemente des Rechtsstaatsprinzips[553] im steuernden Interventions- und Sozialstaat der Gegenwart auf **Grenzen**. Der Gesetzgeber muß den Konflikt zwischen Rechtssicherheit und materieller Gerechtigkeit immer wieder neu entscheiden[554]. Es gibt deshalb kein grundsätzliches Vertrauen in den Fortbestand einer günstigen Rechtslage[555]. Der Gesetzgeber kann für zukünftige Sachverhalte neue gesetzliche Regelungen erlassen, auch wenn sie für den Bürger belastende Wirkungen haben; verfassungsrechtlich problematisch sind nur Regeln, die den Bürger rückwirkend belasten, weil sie auf vergangene Sachverhalte Bezug nehmen (→ Rn. 144ff.). Vor dem Hintergrund der gestiegenen Flexibilitätsbedürfnisse wird im Einklang mit den Rechtsordnungen anderer westlicher Verfassungsstaaten der Gedanke des Vertrauensschutzes nicht überdehnt werden dürfen[556]. 136

Die Rechtssicherheit wird vom Gesetz verfehlt, wenn dessen Regelungen strukturell zu einem **ungleichmäßigen Gesetzesvollzug** führen oder wenn es im Verfahrensrecht an einer klaren Abgrenzung der Rechtsmittel fehlt[557]. 137

Der Gesetzgeber darf **punktuell** im Interesse des Rechtsfriedens dem Gedanken der **Rechtssicherheit Vorrang** geben **zu Lasten der Einzelfallgerechtigkeit**, der Veränderlichkeit des Rechts und kurzfristiger Anpassungen an die materielle Gerechtigkeit[558]. Deshalb kann er Urteile von Gerichten mit Rechtskraft oder Verwaltungsakte mit Bestandskraft versehen[559], und zwar auch dann, wenn sie rechtswidrig sind oder werden. Das Bundesverfassungsgericht hat solche Entscheidungen des Gesetzgebers zugunsten der Rechtssicherheit fast durchgängig für verfassungsmäßig gehalten[560]. Umgekehrt kann der Gesetzgeber auch Regeln zugunsten der Änderung von Verwaltungsakten oder der Wiederaufnahme von Verwaltungs- oder Gerichtsverfahren vorsehen[561]. 138

d) Besonders: Die Rückwirkung von Gesetzen

aa) Die Abstufungen des Vertrauensschutzes

Die Ungebundenheit des Gesetzgebers bei der **Änderung von Recht** gilt nur für die Geltung von neuem Recht **für Sachverhalte der Zukunft**; insoweit gibt es keinen Ver- 139

---

[553] So z.B. BVerfGE 94, 241 (258); 72, 200 (242); s. auch E 49, 148 (164) m.w.N.; zu ihrem ungeklärten Verhältnis *Sobota*, Prinzip (Fn. 5), S. 156ff.
[554] BVerfGE 3, 225 (237f.); 15, 313 (319f.); 35, 41 (47); 48, 1 (22); 60, 253 (268f.); *Schnapp* (Fn. 156), Art. 20 Rn. 26; *K. Vogel*, JZ 1988, 833 (834f.).
[555] BVerfGE 68, 193 (222); 38, 61 (83); 28, 66 (88); 27, 375 (386); 14, 76 (104); *Schulze-Fielitz*, Gesetzgebung (Fn. 547), S. 168; *R.A. Rhinow*, Rechtsetzung und Methodik, 1979, S. 274ff.
[556] Zum Vertrauensschutz aufgrund des Einigungsvertrags vgl. BVerfGE 93, 213 (238ff.).
[557] BVerfGE 84, 239 (272); *H.-J. Papier/J. Möller*, AöR 122 (1997), 177 (193f.); *H. Goerlich*, JZ 1991, 1139ff. bzw. BVerfGE 87, 48 (65).
[558] Vgl. BVerfGE 15, 313 (319ff.); 27, 297 (305f.); Schmidt-Bleibtreu/*Klein*, GG, Art. 20 Rn. 12; *Sobota*, Prinzip (Fn. 5), S. 176ff.
[559] BVerfGE 22, 322 (329); 47, 146 (161) bzw. BVerfGE 20, 230 (236); 27, 297 (305f.); 60, 253 (270); s. auch zu prozessualen Ausschlußfristen BVerfGE 60, 253 (269); zur verwaltungsverfahrensrechtlichen Präklusion → Art. 19 IV Rn. 75ff.
[560] So *Jarass*/Pieroth, GG, Art. 20 Rn. 46; *Schnapp* (Fn. 156), Art. 20 Rn. 26.
[561] BVerfGE 19, 290 (297); 27, 297 (305ff.) bzw. BVerfGE 22, 322 (329); 47, 146 (161).

Art. 20 (Rechtsstaat) C. Erläuterungen

trauensschutz[562] i.S. eines Kontinuitätsvertrauens, es sei denn, der Gesetzgeber hätte einen besonderen Vertrauenstatbestand geschaffen[563].

140 Bei Bezugnahme auf Sachverhalte der Vergangenheit verlangt der Schutz des Bürgervertrauens vom Gesetzgeber eine rechtsstaatliche Rücksichtnahme[564] darauf, daß der Bürger in der Vergangenheit unter anderen Rahmenbedingungen gehandelt hat, handeln durfte oder handeln sollte. Bei den Bürger **nachträglich belastenden Regelungen** besteht eine Vermutung, daß sie dem Grundsatz des Vertrauensschutzes widersprechen[565]. Belastungen sind alle (neuen) Ge- und Verbotsnormen und eine Rechtsposition verschlechternden Normen[566].

141 Der Grundsatz des Vertrauensschutzes gilt **für alle** Erscheinungsformen von (**materiellen**) **Rechtsnormen** mit belastenden Wirkungen gegenüber dem Bürger, also nicht nur für parlamentarische Gesetze, sondern auch für Rechtsverordnungen, Satzungen oder allgemeinverbindlich erklärte Tarifverträge[567].

142 Grundgesetz und Rechtsprechung gehen von drei unterschiedlichen Stufen des Vertrauensschutzes aus. Eine **erste Stufe** bilden Gesetze, die rückwirkend eine Tat unter Strafe stellen: Solche **rückwirkenden Strafgesetze** sind ausdrücklich und nahezu (→ Rn. 55) ausnahmslos nach der lex specialis des Art. 103 II GG **verfassungswidrig**. Eine **zweite Stufe** bilden Gesetze, die rückwirkend, d.h. nachträglich bereits abgewickelte, der Vergangenheit angehörende Tatbestände neu regeln (retroaktive oder »**echte Rückwirkung**«), also für einen Zeitraum vor Verkündung des neuen Gesetzes: Solche Gesetze sind **im Regelfall unzulässig**, ausnahmsweise verfassungsgemäß (→ Rn. 144ff.). Auf einer **dritten Stufe** sind die praktisch sehr verbreiteten Gesetze angesiedelt, die zwar rechtlich nur gegenwärtige, nicht abgeschlossene Sachverhalte für die Zukunft regeln, aber damit auch die betroffenen Rechtspositionen nachträglich entwerten (retrospektive oder »**unechte Rückwirkung**«), indem die künftigen Rechtsfolgen von Sachverhalten aus der Zeit vor Verkündung der Norm abhängig gemacht werden: Solche Gesetze sind **im Regelfall zulässig**, ausnahmsweise verfassungswidrig (→ Rn. 152ff.).

143 Die **Zuordnung einer Rechtslage zu einer der Stufen** begründet mithin zwar sehr unterschiedliche Zulässigkeitsvoraussetzungen für eine Rückwirkung des Gesetzes, doch ist die Abgrenzung der zweiten und dritten Stufe voneinander von der Formulierung des gesetzlichen Tatbestandes abhängig und mitunter schwierig und nicht trennscharf möglich: Die scheinbar alternative Unterscheidung zwischen echter und unechter Rückwirkung verbirgt, daß die Abstufungen eher Pole auf einer Skala sind[568]. Praktisch dominiert eine einzelfallbezogene Abwägung nach Maßgabe des Grundsat-

---

[562] BVerfGE 38, 61 (83); 68, 193 (222f.); *Heckmann*, Geltungskraft (Fn. 198), S. 242f.; *Maurer* (Fn. 547), § 60 Rn. 55.

[563] *Sachs* (Fn. 156), Art. 20 Rn. 88. Ein Beispiel ist die Befristung von Gesetzen, für deren Verkürzung Rückwirkungsregeln gelten, so BVerfGE 30, 292 (404); s. auch *Heckmann*, Geltungskraft (Fn. 198), S. 243f.; *Weber-Dürler*, Vertrauensschutz (Fn. 551), S. 276ff.

[564] Zur Ausprägung für Beamtenverhältnisse in Art. 33 V GG: BVerfGE 55, 372 (396).

[565] Vgl. BVerfGE 63, 343 (356f.); 67, 1 (15f.).

[566] BVerfGE 30, 367 (386). → Vorb. Rn. 80ff.

[567] Vgl. BVerfGE 45, 142 (167f.); *R. Flies*, FR 1994, 248ff. bzw. BAGE 40, 288 (293f.); 63, 111 (118f.); 78, 309 (331).

[568] Krit. z.B. *S. Muckel*, JA 1994, 13 (14), im Anschluß an *K.H. Friauf*, BB 1972, 669 (674f.); *Maurer* (Fn. 547), § 60 Rn. 13; *Degenhart*, Staatsrecht I, Rn. 314; ausf. *Pieroth*, Rückwirkung (Fn. 551), S. 32ff., 79ff.

zes der Verhältnismäßigkeit⁵⁶⁹. Dabei wird die Rechtsprechung des Bundesverfassungsgerichts von unterschiedlichen Sichtweisen der beiden Senate mit je scheinbar unterschiedlichen Beurteilungskriterien für den Tatbestand der Rückwirkung geprägt.

bb) Die echte Rückwirkung (Rechtsfolgenrückbewirkung)

144 Für den Ersten Senat des Bundesverfassungsgerichts ist bis heute die Unterscheidung von echter und unechter Rückwirkung maßgeblich⁵⁷⁰. Eine **echte Rückwirkung** liegt vor, »wenn ein Gesetz nachträglich ändernd in abgewickelte, der Vergangenheit angehörende Tatbestände eingreift«⁵⁷¹, wenn also der von der Rückwirkung betroffene Tatbestand in der Vergangenheit nicht nur begonnen hat, sondern bereits abgeschlossen war⁵⁷². Der Zweite Senat nennt allein diesen Tatbestand eine »Rückwirkung«; er hat ihn dahin präzisiert, daß die *Rechtsfolgen* des neuen Gesetzes »für einen vor der Verkündung liegenden Zeitpunkt auftreten sollen«, nicht erst für die Zeit ab Verkündung der Norm, d.h. von dem Zeitpunkt an, zu dem die Norm rechtlich gültig geworden ist⁵⁷³.

145 Beispiele für eine (echte) Rückwirkung sind **Steuergesetzänderungen**, bei denen die Steuerschuld bereits im Zeitpunkt der Verkündung entstanden waren⁵⁷⁴, etwa durch nachträgliche Erhöhung des Steuersatzes für vergangene Jahre. Bei öffentlich-rechtlichen Ansprüchen liegt eine (echte) Rückwirkung vor, wenn im Zeitpunkt der Verkündung die Anspruchsvoraussetzungen bereits erfüllt sind, ohne daß es darauf ankäme, ob ein Bewilligungsbescheid vorliegt.

146 **Gesetze mit echter Rückwirkung sind grundsätzlich unzulässig** (verfassungswidrig)⁵⁷⁵. Dieser Grundsatz der Unzulässigkeit kann ausnahmsweise durchbrochen werden, wenn »zwingende Gründe des gemeinen Wohls oder ein nicht – oder nicht mehr – vorhandenes schutzbedürftiges Vertrauen des einzelnen eine Durchbrechung« gestatten⁵⁷⁶. Dazu bedarf es besonderer Rechtfertigungsgründe, die sich typischerweise nach

---

⁵⁶⁹ Vgl. *S. Muckel*, Kriterien des verfassungsrechtlichen Vertrauensschutzes bei Gesetzesänderungen, 1989, S. 68ff.; *J. Fiedler*, NJW 1988, 1624 (1629).
⁵⁷⁰ Grdl. BVerfGE 11, 139 (145f.); st. Rspr. z.B. E 72, 175 (196); 79, 29 (45f.); zuletzt E 88, 384 (403ff.); 89, 48 (66); 94, 241 (258f.); 95, 64 (86f.); s. auch BFHE 169, 415 (417); ausf. *Sobota*, Prinzip (Fn. 5), S. 165ff.; *Pieroth*, Rückwirkung (Fn. 551), S. 79ff.; *ders.*, JZ 1990, 279ff.; *ders.*, JZ 1984, 971ff.; krit. *Stern*, Staatsrecht I, S. 835; *Muckel*, Kriterien (Fn. 569), S. 70ff.; *ders.*, JA 1994, 13 (14); s. auch *Buchwald*, Prinzipien (Fn. 12), S. 141ff.
⁵⁷¹ BVerfGE 11, 139 (145f.); 57, 361 (391); 68, 287 (306); 72, 175 (196); 88, 384 (403f.); 95, 64 (86); s. auch BAGE 80, 1 (8); ausf. *Pieroth*, Rückwirkung (Fn. 551), S. 27, 54ff.; *Maurer* (Fn. 547), § 60 Rn. 16ff., 27ff.
⁵⁷² *Degenhart*, Staatsrecht I, Rn. 311; s. auch *T. Gelen*, UPR 1996, 212ff.
⁵⁷³ Grdl. BVerfGE 72, 200 (242); ähnlich schon BVerfGE 63, 343 (353); ferner E 81, 228 (239); 83, 89 (110); ebenso BFHE 147, 346 (349); BSGE 71, 202 (206f.); ausf. und zust. *Maurer* (Fn. 547), § 60 Rn. 11, 14, 15; *J. Fiedler*, NJW 1988, 1624 (1625f.); *Schmidt-Aßmann* (Fn. 2), § 24 Rn. 86; *H. Bauer*, NVwZ 1984, 220ff.; krit. *C. Brüning*, NJW 1998, 1525ff.; *K. Vogel*, JZ 1988, 833 (838f.); *H. Hahn*, Zur Rückwirkung im Steuerrecht, 1987, S. 24ff.
⁵⁷⁴ BVerfGE 19, 187 (195); 30, 392 (401); 48, 1 (20); 88, 384 (403f.); bei Jahressteuern mit Ablauf des Veranlagungszeitraums: BVerfGE 72, 200 (253).
⁵⁷⁵ BVerfGE 13, 261(272); 30, 392 (401); 45, 142 (173f.); 88, 384 (403); 94, 241 (258f.); 95, 64 (86); BGHZ 129, 276 (280f.).
⁵⁷⁶ BVerfGE 72, 200 (258); BGHZ 120, 361 (364f.); *Maurer* (Fn. 547), § 60 Rn. 27ff.

Art. 20 (Rechtsstaat)   C. Erläuterungen

den Ergebnissen der Rechtsprechung in folgenden Fallgruppen erschließen lassen[577], die den Tatbestand der Schutzwürdigkeit des Vertrauens zu objektivieren suchen.

147   (1) Die echte Rückwirkung ist vor allem zulässig, wenn der Gesetzesadressat zu dem Zeitpunkt, auf den der Eintritt der Rechtsfolge vom Gesetz bezogen wird, nicht mit dem Fortbestand **der Regelung bzw. mit einer Neuregelung rechnen mußte**[578], weil es dann am schutzbedürftigen Vertrauen fehlt. Das ist jedenfalls nach dem endgültigen Gesetzesbeschluß des Bundestages der Fall[579], aber auch denkbar, wenn der Gesetzgeber sich in diesem Sinne eindeutig geäußert und einen Gesetzentwurf im Kabinett beschlossen[580] oder nach Ungültigkeitserklärung einer Norm eine Neuregelung unverzüglich angekündigt hat[581].

148   (2) Die Schutzwürdigkeit des Vertrauens fehlt ferner, wenn sich eine **Norm** nachträglich als ungültig erweist, deren Regelungsgehalt als solcher aber in einer neuen, rechtlich einwandfreien Norm **erneut positiviert** wird, u.U. auch schon vor Feststellung der Nichtigkeit durch das Bundesverfassungsgericht[582]. Die Schutzwürdigkeit des Vertrauens fehlt demzufolge, wenn das rückwirkende Gesetz nur die bislang schon geltende richterrechtlich geformte Rechtspraxis kodifiziert, um so eine Rechtsprechungsänderung rückgängig zu machen[583].

149   (3) Eine echte Rückwirkung ist weiterhin zulässig, wenn **das geltende Recht unklar und verworren** ist, so daß eine rechtsstaatliche Klärung erwartet werden mußte[584]. Eine unklare Situation, in der sich schutzwürdiges Vertrauen kaum entwickeln kann, besteht auch, wenn der Gesetzgeber seinerseits eine Änderung der höchstrichterlichen Rechtsprechung korrigiert, d.h. wenn zwischen dem Bekanntwerden der Rechtsprechungsänderung, die zu einer Vielzahl nichtiger Verträge führte, und dem Beginn der Gesetzgebungsarbeiten für eine Vielzahl Betroffener Unklarheit herrscht, was rechtens sei und welche Rechtsfolge die Rechtsprechungsänderung für ihre Verträge hat[585].

150   (4) Echte Rückwirkung ist ferner zulässig in **geringfügigen Fällen**, d.h. bei Bagatellangelegenheiten oder im Falle verfahrensrechtlicher Vorschriften[586].

---

[577] *Jarass*/*Pieroth*, GG, Art. 20 Rn. 51; *Schnapp* (Fn. 156), Art. 20 Rn. 27.
[578] BVerfGE 37, 363 (397f.); 45, 142 (173f.); 88, 384 (404); 89, 48 (67); zur gemeinschaftsrechtlichen Umsetzungsverpflichtung S. *Kadelbach*/*C. Sobotta*, EWS 1996, 11 (12).
[579] BVerfGE 31, 222 (227); 72, 200 (262); 95, 64 (87); krit. *J. Jekewitz*, NJW 1990, 3114ff.
[580] BGHZ 100, 1 (6); BVerfG NJW 1998, 1547 (1549); BVerfG (3. Kammer des Zweiten Senats) NJW 1992, 2877 (2878); enger aber BVerfGE 72, 200 (260ff.); BVerfG NJW 1998, 1549 (1550) – *Sondervotum Kruis*; *H.-W. Arndt*/*A. Schumacher*, NJW 1998, 1538 (1538ff.); *S. Muckel*, JA 1994, 13 (15); s. auch BVerfGE 95, 64 (88f.) betr. Vermeidung von »Ankündigungseffekten«.
[581] BVerfGE 81, 228 (239). Nicht ausreichend ist das bloße Bekanntwerden von Gesetzesinitiationen, vgl. BVerfGE 30, 272 (287); 31, 222 (227); 72, 200 (260f.); BGHZ 77, 384 (388); zum Fall der Publizität eines Verordnungsbeschlusses BFHE 169, 486 (490).
[582] BVerfGE 13, 261 (272); BVerwGE 75, 262 (267) bzw. BVerfGE 19, 187 (197). Hauptanwendungsfall im untergesetzlichen Recht: rückwirkendes erneutes Inkraftsetzen von Gebührensatzungen, die wegen Verfahrensfehlern aufgehoben worden waren.
[583] BVerfGE 81, 228 (239); BFHE 146, 411 (413); dabei können rechts- und bestandskräftige Entscheidungen unberührt bleiben, vgl. BVerfGE 48, 1 (22); 72, 302 (327).
[584] BVerfGE 30, 367 (388f.); 45, 142 (173f.); 72, 200 (259); 88, 384 (404); BFHE 135, 311 (313).
[585] BVerfGE 72, 302 (325ff.).
[586] BVerfGE 30, 367 (389); 72, 200 (258f.); 95, 64 (86f.) bzw. BVerfGE 63, 343 (359f.).

(5) Schließlich können – trotz eines Vertrauenstatbestandes – **zwingende Belange des Gemeinwohls** eine echte Rückwirkung rechtfertigen[587].

cc) Die unechte Rückwirkung (tatbestandliche Rückanknüpfung)

Von der echten Rückwirkung unterscheidet sich die **unechte Rückwirkung** dadurch, daß die neue Rechtsnorm zwar nur für die Zukunft gilt, dabei aber auf »gegenwärtige, noch nicht abgeschlossene Sachverhalte und Rechtsbeziehungen für die Zukunft einwirkt und damit zugleich die betroffene Rechtsposition nachträglich entwertet«[588]. Wann ein Tatbestand vor der Gesetzesverkündung begonnen wurde, aber in deren Zeitpunkt noch nicht vollständig abgeschlossen war, richtet sich nach dem Sachbereich der neuen Rechtsnorm. Es kann um tatsächliche Sachverhalte gehen[589], aber auch um Rechtsverhältnisse[590]. Der Zweite Senat sieht in dem Umstand, daß eine Rechtsnorm künftige Rechtsfolgen »von Gegebenheiten aus der Zeit vor ihrer Verkündung abhängig macht«[591], gar keine Rückwirkung, sondern eine »**tatbestandliche Rückanknüpfung**«, die als Fall einzelgrundrechtlicher Abwägung behandelt wird[592] (→ Rn. 155).

Beispiele für unecht rückwirkende Gesetze sind die Erhöhung der Zinsen für staatliche Darlehen für die Zukunft[593]. In einer **Verkürzung (Befristung) von** zuvor auf Dauer angelegten **Regelungen** liegt eine (unechte) Rückwirkung (tatbestandliche Rückanknüpfung), wenn sie die Rechtspositionen vor Verkündung der Neuregelung entwertet[594], etwa weil die Frist für die Ausnutzung der günstigeren Altregelung nicht mehr eingehalten werden kann und die bisherigen Dispositionen im Vertrauen auf die Altregelung dadurch hinfällig werden. Ähnlich kann die **Beendigung von** direkten oder indirekten **Subventionen** für die Zukunft nur ausnahmsweise als (unechte) Rückwirkung (tatbestandliche Rückanknüpfung) angesehen werden, wenn die alte Rechtsposition dadurch wesentlich entwertet würde[595].

Die unechte Rückwirkung (tatbestandliche Rückanknüpfung) von neuen gesetzlichen Regelungen ist **grundsätzlich zulässig**[596]. Rechtlicher Maßstab ist hier der rechtsstaatliche Gedanke des Vertrauensschutzes: In diesen Fällen der tatbestandlichen Rückanknüpfung überwiegt regelmäßig das vom Gesetzgeber verfolgte Gemeinwohlziel das Vertrauen des Bürgers darauf, die ihn begünstigende Rechtslage werde sich in Zukunft nicht ändern: Die Notwendigkeit, an Sachverhalte der Vergangenheit anzu-

---

[587] BVerfGE 13, 261 (272); 30, 367 (390f.); 72, 200 (260); 88, 384 (404); NJW 1998, 1547 (1549).
[588] So zuletzt BVerfGE 95, 64 (86); s. zuvor z.B. E 30, 392 (402f.); 51, 356 (362); 69, 272 (309); 72, 141 (154); 89, 48 (66); 94, 241 (259); *Jarass*/Pieroth, GG, Art. 20 Rn. 49.
[589] BVerfGE 77, 370 (377); 78, 249 (283f.); 79, 29 (45f.).
[590] BVerfGE 30, 367 (385ff.); 75, 246 (279ff.); 88, 384 (406); 89, 48 (66); *Herzog* (Fn. 111), Art. 20 VII Rn. 70; *J. Fiedler*, NJW 1988, 1624 (1628f.); zum Abgabenrecht *R. Schmidt*, DB 1993, 2250ff.
[591] BVerfGE 72, 200 (242).
[592] BVerfGE 72, 200 (242ff.); 92, 277 (325, 343f.); BFHE 148, 272 (276f.); *Maurer* (Fn. 547), § 60 Rn. 15; *Degenhart*, Staatsrecht I, Rn. 312.
[593] BVerfGE 72, 175 (196ff.); 88, 384 (406ff.).
[594] Vgl. BVerwGE 55, 185 (203f.).
[595] Vgl. BVerfGE 30, 392 (404); *J. Isensee*, Vertrauensschutz für Steuervorteile, in: FS Franz Klein, 1994, S. 611ff.
[596] BVerfGE 30, 392 (402); 63, 152 (175); 72, 141 (154); 92, 277 (325); 94, 241 (259); 95, 64 (86); BFHE 176, 83 (86f.); *Degenhart*, Staatsrecht I, Rn. 311.

155 Der Gedanke des Vertrauensschutzes ist auch in den einzelnen **Grundrechten** implizit verankert, die sich insoweit **als sachbereichsspezifische leges speciales gegenüber** dem allgemeinen rechtsstaatlichen Vertrauensschutzgrundsatz interpretieren lassen[598]. Die neuere Rechtsprechung des Bundesverfassungsgerichts sieht deshalb zum Teil Fälle der unechten Rückwirkung (tatbestandliche Rückanknüpfungen) nur noch als Frage der Abwägung von Eingriffen in die einzelnen Grundrechte an. Das galt schon immer für Art. 14 GG[599], ist aber vor allem vom Zweiten Senat auf andere Grundrechte übertragen worden[600], z.B. auf Art. 2 I GG[601]. Bei dieser grundrechtlichen Abwägung nach Maßgabe des Grundsatzes der Verhältnismäßigkeit kommen freilich dieselben Gesichtspunkte zum Zuge wie beim allgemeinen rechtsstaatlichen Vertrauensschutz[602].

156 **Ausnahmen von der Zulässigkeit der unechten Rückwirkung (tatbestandlichen Rückanknüpfung)** gelten, wenn der Schutz des Vertrauens des Gesetzesadressaten ausnahmsweise Vorrang vor den verfolgten Gesetzeszielen hat[603]. Ein Tatbestand geschützten Vertrauens liegt vor, wenn der Gesetzesadressat mit der Belastung nicht zu rechnen brauchte, so daß er sie auch bei seinem Verhalten in der Vergangenheit nicht berücksichtigen konnte[604]. Damit ist mehr als nur das – nicht geschützte – Vertrauen in den Fortbestand einer bestehenden Gesetzeslage gemeint (→ Rn. 136). Es müssen zusätzliche Umstände hinzukommen, die ein Vertrauen des Gesetzesadressaten billigerweise schützenswert machen. Der Tatbestand geschützten Vertrauens und das Ausmaß des individuellen Vertrauensschadens werden dabei bestimmt durch die Art der betroffenen Rechtsgüter[605] und die Intensität der Neubelastung[606] sowie das Ausmaß der Vertrauensbetätigung des Bürgers[607]. Das insoweit schützenswerte Vertrauen muß bei einer Abwägung zwischen dem Ausmaß des individuellen Vertrauensschadens und der Bedeutung des verfolgten Gesetzesziels für das Gemeinwohl[608] zu einem Vorrang des Vertrauensschutzes führen.

---

[597] Vgl. BGHZ 125, 153 (158).

[598] Vgl. *Sobota*, Prinzip (Fn. 5), S. 170 ff.; *M. Burgi*, ZG 9 (1994), 341 (365 f.); *S. Muckel*, JA 1994, 13 (15); *Kunig*, Rechtsstaatsprinzip (Fn. 30), S. 418 f.; *Kisker*, Vertrauensschutz (Fn. 552), S. 161; s. auch *V. Götz*, Bundesverfassungsgericht und Vertrauensschutz, in: Festgabe BVerfG II, S. 421 ff. (437 ff.).

[599] BVerfGE 36, 281 (293); 71, 1 (11 f.); 75, 78 (104 f.); 76, 220 (244 f.); 95, 64 (82); anders E 70, 101 (114). → Art. 14 Rn. 122.

[600] BVerfGE 72, 200 (242); 76, 256 (346 f.); 92, 277 (344 f.); *Maurer* (Fn. 547), § 60 Rn. 48 ff.; anders aber BVerfGE 72, 175 (196 ff.); 74, 129 (155); 77, 370 (379).

[601] BVerfGE 72, 175 (196); 72, 200 (245 f.); s. auch *Muckel*, Kriterien (Fn. 569), S. 52 ff.

[602] Vgl. BVerfGE 76, 256 (347); 78, 249 (284); 92, 277 (344); BFHE 169, 415 (418).

[603] BVerfGE 14, 288 (300); 22, 241 (249); 68, 287 (307); 69, 272 (310); 72, 141 (154 f.); 88, 384 (406 f.); 89, 48 (66); BGHZ 92, 94 (109); BFHE 162, 141 (145); 176, 83 (87); *Maurer* (Fn. 547), § 60 Rn. 36; *Pieroth*, Rückwirkung (Fn. 570), S. 61 ff.

[604] BVerfGE 68, 287 (307); s. auch *S. Muckel*, JA 1994, 13 (15 f.).

[605] BVerfGE 76, 256 (347); 78, 249 (284); zur Differenzierung zwischen Sozialzwecknormen und Fiskalzwecknormen *H.-W. Arndt/A. Schumacher*, NJW 1998, 1538 (1539).

[606] BVerfGE 24, 220 (230 f.); 67, 1 (16); 69, 272 (310); 72, 175 (199); 76, 256 (354 f.).

[607] Dazu näher BVerfGE 72, 200 (242); *Muckel*, Kriterien (Fn. 569), S. 96 f.; *Kisker*, Vertrauensschutz (Fn. 552), S. 163.

[608] BVerfGE 24, 220 (230 f.); 69, 272 (310); 70, 101 (114); 72, 175 (196); 76, 256 (356).

Das Vertrauen wird um so weniger schützenswert und das Ausmaß des Vertrauens- 157
schadens um so geringer sein, je mehr der Gesetzgeber durch Übergangsregelungen
die Veränderung der Rechtslage zeitlich abstuft⁶⁰⁹. Solche **Übergangsregelungen** sind
zeitliche Ausprägungen des Grundsatzes der Verhältnismäßigkeit⁶¹⁰ (→ Rn. 167 ff.).
Der Gesetzgeber hat einen breiten Abwägungsspielraum, ob und in welchem Umfang
solche Übergangsregelungen geboten sind⁶¹¹. Maßgeblich sind Ziele und Eingriffsin-
tensität des Gesetzes⁶¹². So können bei der zulässigen Verschärfung von Prüfungsan-
forderungen geeignete Übergangsregelungen geboten sein⁶¹³.

5. Rechtsstaatliche Anforderungen an die Rechtsanwendung

Das Rechtsstaatsprinzip und seine elementaren Konkretisierungen wirken sich auch 158
auf die – in weitem Sinne zu verstehende – **Anwendung der Gesetze durch die Verwaltung** (und die Gerichte, → Rn. 163 ff.) aus. Der Grundsatz der Gesetzmäßigkeit
der Verwaltung (→ Rn. 83 ff.) verlangt eine strikte Orientierung am Gesetz, das seinerseits rechtsstaatliche Gebote, namentlich Rechtssicherheit und Vertrauensschutz
konkretisiert. Die Regelungen z.B. für die Aufhebung von Verwaltungsakten in
§§ 48–51 VwVfG gründen im Verfassungsrecht⁶¹⁴; in ähnlicher Weise kann der Gesetzgeber aber auch für alle anderen Handlungsformen der Verwaltung konkretisierende Regeln vorsehen. Das Rechtsstaatsprinzip gebietet deren egalitäre Rechtsan-
wendung⁶¹⁵.

Verwaltungsakte können dem Bürger gegenüber schon von Verfassung wegen nur 159
Rechtswirkungen entfalten, wenn sie ihm gegenüber oder ordnungsgemäß öffentlich
bekanntgemacht worden sind (vgl. §§ 41, 43 I VwVfG)⁶¹⁶ und einen klaren Regelungsgehalt aufweisen (vgl. § 37 I VwVfG). Ihr den Einzelfall entscheidender Regelungsgehalt muß genauer bestimmt sein als die abstraktere Ermächtigungsnorm und
begründet werden (vgl. § 39 VwVfG)⁶¹⁷. Ihr Regelungsgehalt muß im Rechtsstaat bestandskräftig werden⁶¹⁸ und darf dann von der Verwaltung nicht unterlaufen wer-
den⁶¹⁹. Der Vertrauensschutzgedanke kann auch bei der Verlängerung befristeter Ver-

---

⁶⁰⁹ BVerfGE 43, 242 (288); 67, 1 (15); 21, 173 (183); 58, 300 (351); 78, 249 (285); s. auch *Heckmann*, Geltungskraft (Fn. 198), S. 245 f.; *Muckel*, Kriterien (Fn. 569), S. 119 ff.; *M. Kloepfer*, DÖV
1978, 225 ff.; ausf. *M. Aschke*, Übergangsregelungen als verfassungsrechtliches Problem, 1987.
⁶¹⁰ BVerfGE 43, 242 (288 f.); 53, 336 (351); 58, 300 (351); 71, 137 (144); 76, 256 (359 f.);
BVerwGE 81, 49 (55) betr. Art. 14 GG; *Sobota*, Prinzip (Fn. 5), S. 187 f.; *H. Schulze-Fielitz*, Die Verwaltung 20 (1987), 307 (322).
⁶¹¹ BVerfGE 43, 242 (288 f.); 44, 283 (287); 76, 256 (359 f.).
⁶¹² BVerfGE 43, 242 (288 ff.); 51, 356 (368); 67, 1 (15); zu Nebenfolgen einer Übergangsregelung
BVerfGE 68, 272 (286). – Vgl. zu Grenzen der unechten Rückwirkung in der Sozialversicherung *W.
Kannengießer/C. Kannengießer*, Vom Sozialbeitrag zur Sozialsteuer?, in: FS Franz Klein, 1994,
S. 1119 ff. (1133 f.).
⁶¹³ BVerwGE 65, 359 bzw. BVerwG NVwZ 1987, 592; NJW 1987, 723 (724).
⁶¹⁴ BVerfGE 59, 128 (164 ff., 169 f.); BVerwGE 91, 306 (312 f.); *Herzog* (Fn. 111), Art. 20 VII
Rn. 64; *Maurer* (Fn. 547), § 60 Rn. 79 f.; s. auch *Sobota*, Prinzip (Fn. 5), S. 183 ff.
⁶¹⁵ *Scheuner*, Entwicklung (Fn. 3), S. 496; zur Diskussion *Sobota*, Prinzip (Fn. 5), S. 60 ff.
⁶¹⁶ BVerfGE 84, 133 (159); *Herzog* (Fn. 111), Art. 20 VII Rn. 59; zur Ausnahme bei beweglichen
Verkehrszeichen BVerwGE 102, 316 (318 f.).
⁶¹⁷ *Sachs* (Fn. 156), Art. 20 Rn. 83 bzw. BVerfGE 6, 32 (44 f.); 49, 24 (66 f.).
⁶¹⁸ Vgl. BVerfGE 59, 128 (166); 60, 253 (268 f.); *Schmidt-Aßmann* (Fn. 2), § 24 Rn. 83; *H.-U. Erich-
sen/U. Knoke*, NVwZ 1983, 185 ff.
⁶¹⁹ BVerfGE 50, 244 (249 f.); 63, 215 (224).

waltungsakte eine Rolle spielen[620], er erstreckt sich auch auf alle sonstigen Maßnahmen der Verwaltung[621].

160 Auch **öffentlich-rechtliche Verwaltungsverträge** können wegen Vertragsformverboten oder aus inhaltlichen Gründen rechtswidrig und grundsätzlich nichtig sein: Neben den ausdrücklichen Nichtigkeitsgründen des § 59 II VwVfG führen nur »qualifizierte« Rechtsverstöße über §§ 59 I VwVfG, 134 BGB zur Nichtigkeit; anderenfalls bleiben rechtswidrige Verwaltungsverträge wirksam[622].

161 Für die **administrative Normsetzung** kann das Gesetz rechtsstaatsgewährleistende Verfahren oder differenzierende Regeln für Fehlerfolgen[623] vorsehen. Verwaltung durch Erlaß von Verwaltungsvorschriften muß elementare rechtsstaatliche Anforderungen einhalten: Verwaltungsvorschriften sind zu veröffentlichen, wenn sie etwa als Auslegungs- oder Ermessensrichtlinien zumindest mittelbar Außenwirkung dem Bürger gegenüber entfalten[624], auch wenn der einzelne kein subjektives öffentliches Recht auf Veröffentlichung hat[625]. Sie können so zur Selbstbindung der Verwaltung führen[626] (→ Rn. 84).

162 Auch tatsächliches »**schlicht-hoheitliches**« **Verwaltungshandeln** darf nicht gegen rechtsstaatliche Vorgaben verstoßen[627]; anderenfalls kann der betroffene Bürger Unterlassungs- oder Folgenbeseitigungsansprüche (→ Rn. 206), u.U. auch Schadensersatz oder Entschädigungsansprüche geltend machen. Auch rechtlich nicht geformtes informelles Verwaltungshandeln muß bestimmten rechtsstaatlichen Sicherheitsbedürfnissen gerecht werden[628].

163 Auch die **Gerichte** sind im Rechtsstaat (und in der Demokratie: → Art. 20 [Demokratie] Rn. 131) **strikt an Gesetze gebunden**, wie u.a. Art. 97 I GG noch einmal ausdrücklich hervorhebt. Damit ist nicht ausgeschlossen, daß Gerichte durch Analogien und Rechtsfortbildung in Form von »Richterrecht« Gesetzeslücken schließen oder neuartige Problemfälle lösen (→ Rn. 92ff.).

164 Im arbeitsteiligen Prozeß der **Gesetzeskonkretisierung** verlangt das Rechtsstaatsprinzip eine methodische, **rational überprüfbare Argumentation** bei der Begründung einer Entscheidung[629]. Nach dem Grundsatz der Bestimmtheit (→ Rn. 117ff.) müssen

---

[620] BVerfGE 49, 168 (185ff.); *Jarass/Pieroth*, GG, Art. 20 Rn. 55; a.A. BVerfGE 64, 158 (174).
[621] BVerfG (2. Kammer des Zweiten Senats) NJW 1993, 3191 (3191); *Degenhart*, Staatsrecht I, Rn. 320.
[622] Vgl. *A. Scherzberg*, JuS 1992, 205 (212); *A. Bleckmann*, NVwZ 1990, 601ff.; *H.J. Bonk*, in: Stelkens/Bonk/Sachs, VwVfG-Kommentar, 5. Aufl. 1998, § 59 Rn. 50ff.; krit. z.B. *A. Blankenagel*, VerwArch. 76 (1985), 276 (277ff.).
[623] Vgl. näher *Morlok*, Folgen (Fn. 379), S. 145ff. u.ö.; *H. Hill*, Das fehlerhafte Verfahren und seine Folgen im Verwaltungsrecht, 1986, S. 332ff., 393ff., 422ff.; *H. Maurer*, Bestandskraft für Satzungen?, in: FS Bachof, 1984, S. 215ff.
[624] BVerwGE 19, 48 (58); OVG Berlin DÖV 1976, 53; *Sachs* (Fn. 156), Art. 20 Rn. 77; *C. Gusy*, DVBl. 1979, 720ff.; *G. Lübbe-Wolff*, DÖV 1980, 594ff.; *G. Ketteler*, VR 1983, 174ff.; *F. Ossenbühl*, Autonome Rechtsetzung der Verwaltung, in: HStR III, § 65 Rn. 69.
[625] BVerwGE 61, 15 (19ff.); 61, 40 (44); a.A. *H. Jellinek*, NJW 1981, 2235; *D.H. Scheuing*, Selbstbindungen der Verwaltung, VVDStRL 40 (1982), S. 153ff. (159f.).
[626] BVerfGE 49, 168 (186); *Sachs* (Fn. 156), Art. 20 Rn. 89.
[627] Ausf. *Schulte*, Verwaltungshandeln (Fn. 449), S. 82ff., 133ff., 145ff. u.ö.
[628] Vgl. grdl. *E. Bohne*, Der informale Rechtsstaat, 1981, S. 199ff.; *W. Hoffmann-Riem*, Selbstbindungen der Verwaltung, VVDStRL 40 (1982), S. 187ff. (216ff.); *H. Dreier*, StWStP 4 (1993), 647 (660ff.); *H. Schulze-Fielitz*, DVBl. 1994, 657 (659ff.).
[629] BVerfGE 34, 269 (297); *K. Rennert*, NJW 1991, 12 (16). S. auch → Art. 2 I Rn. 62.

Gerichte bei der Auslegung von Gesetzen deren Unbestimmtheit verringern und gesetzliche Tatbestände klären und nicht verunklaren[630].

Der Vertrauensschutzgedanke kann bei **Änderungen der höchstrichterlichen Rechtsprechung** aktualisiert werden. Regelmäßig hat insoweit das Ziel gerechter und rechtmäßiger Entscheidungen Vorrang vor Vertrauensschutzbelangen[631], doch hat die Kontinuität einer Rechtsprechung rechtsstaatlichen Eigenwert, so daß die Gerichte ihre Judikatur nur bei überzeugenden Gründen ändern dürfen[632]. Darin soll zwar keine Gesetzesänderung liegen[633], obwohl Gesetzesrecht und konkretisierendes Richterrecht immer näher rücken[634]. Dennoch kann eine rückwirkende Rechtsprechungsänderung wie eine Gesetzesänderung wirken, so daß auf sie die Grundsätze der Rückwirkung anzuwenden sind, soweit eine nachträgliche Neuregelung von Altfällen in Betracht kommt[635].

165

Im übrigen gilt auch für **gerichtliche Entscheidungen**, daß sie klar, verständlich, grundsätzlich rechtskräftig[636] und ggf. vollstreckbar sein müssen. Rechtswidrige Gerichtsentscheidungen sind grundsätzlich wirksam, wenn sie nicht mit Rechtsmitteln angegriffen werden; die Prozeßgesetze begrenzen und formalisieren die Aufhebung von Urteilen im Interesse der Rechtssicherheit[637] und des Rechtsfriedens als rechtsstaatlicher Teilprinzipien.

166

6. Der Grundsatz der Verhältnismäßigkeit
(Art. 20 II, III GG i.V.m. Art. 3 I, 19 II GG)

a) Der Grundsatz und seine verfassungsrechtliche Verankerung

Der **Grundsatz der Verhältnismäßigkeit** (auch Übermaßverbot genannt[638]) hat sich rechtsprechungspraktisch und verfassungstheoretisch zu einer **zentralen rechtsstaatli-**

167

---

630 BVerfGE 92, 1 (19); *H.-J. Papier/J. Möller*, AöR 122 (1997), 177 (191 ff.).
631 *Sachs* (Fn. 156), Art. 20 Rn. 91; *Maurer* (Fn. 547), § 60 Rn. 101 ff.; ausf. *C.E. Ziegler*, Selbstbindung der Dritten Gewalt, 1993, S. 98 ff., 242 ff.; tendenziell anders *J. Burmeister*, Vertrauensschutz im Prozeßrecht, 1979.
632 Vgl. BGHZ 85, 64 (66); 87, 150 (155 f.); BFHE 78, 315 (319 f.); 141, 405 (430 f.); BAGE 12, 278 (284); 45, 277 (287 f.); BSGE 40, 292 (295 f.); 58, 27 (33); ausf. zur Präjudizienbindung *Reinhardt*, Jurisdiktion (Fn. 5), S. 435 ff., 461 ff. – Die Änderung braucht nicht angekündigt zu werden, so BVerwG NJW 1996, 867.
633 BVerfGE 84, 212 (227).
634 Vgl. *Reinhardt*, Jurisdiktion (Fn. 5), S. 84 ff., 311 ff., 366 ff.; *Ziegler*, Selbstbindung (Fn. 631), S. 37 ff.; *Schulze-Fielitz*, Theorie (Fn. 198), S. 140 ff., 145 ff.
635 Vgl. BVerfGE 74, 129 (155 f.); 78, 123 (126 f.); 84, 212 (227 f.); BAGE 79, 236 (250 f.); 71, 29 (44 f.); BGHZ 132, 119 (129 ff.); *Jarass/Pieroth*, GG, Art. 20 Rn. 55a; weitergehend *G. Dürig*, in: Maunz/Dürig, GG, Art. 3 I (1973) Rn. 402 ff.; *Ziegler*, Selbstbindung (Fn. 631), S. 161 ff.; krit. *Sobota*, Prinzip (Fn. 5), S. 181 f.; s. auch *D. Medicus*, NJW 1995, 2577 ff.; *G. Robbers*, JZ 1988, 481 ff.; *M. Lieb*, Rückwirkung von (neuem) Richterrecht?, in: FS Gaul, 1997, S. 381 ff.; ausf. *C. Lübbe*, Grenzen der Rückwirkung bei Rechtsprechungsänderungen, 1998.
636 So BVerfGE 47, 146 (161 f.); *Schmidt-Aßmann* (Fn. 2), § 24 Rn. 82; *Herzog* (Fn. 111), Art. 20 VII Rn. 60; zur Notwendigkeit einer Rechtsmittelbelehrung BVerfGE 93, 99 (107 ff.).
637 Vgl. *S. Detterbeck*, Streitgegenstand und Entscheidungswirkungen im Öffentlichen Recht, 1995, S. 327 ff.
638 *F. Ossenbühl*, Maßhalten mit dem Übermaßverbot, in: FS Lerche, 1993, S. 151 ff. (152); *Stern*, Staatsrecht II, S. 861; *Lerche*, Übermaß (Fn. 169), S. 21; zur terminologischen Vielfalt *Sobota*, Prinzip (Fn. 5), S. 243 ff.; *E. Grabitz*, AöR 98 (1973), 568 (570 f.); s. auch BVerfGE 92, 341 (350) – Sondervotum Klein/Kirchhof/Winter.

Art. 20 (Rechtsstaat) C. Erläuterungen

chen Maxime entwickelt[639]. Sein Grundgedanke, daß der Staat den einzelnen Bürger in seiner Freiheitssphäre nur so weit beschränken darf, wie das in gemeinem Interesse erforderlich ist, ist vor allem im Polizeirecht standardisiert worden[640] und läßt sich verfassungsgeschichtlich zumindest punktuell weit zurück in das 19. Jahrhundert verfolgen[641]. Verfassungsrechtlich ist er an verschiedenen Stellen des Grundgesetzes zu verorten[642]: Meist wird er aus dem Rechtsstaatsprinzip abgeleitet[643], z.T. aber auch »aus dem Wesen der Grundrechte selbst«[644]. Wegen dieser engen Verbindung mit der Bestimmung der zulässigen Reichweite von Freiheitseingriffen[645] ist der Grundsatz auch mit der Wesensgehaltgarantie des Art. 19 II GG parallelisiert worden[646], wieder anders in Art. 3 I GG verortet[647] oder als allgemeiner Rechtsgrundsatz[648] qualifiziert worden. Zugleich nimmt er uralte Gerechtigkeitsvorstellungen vom Maßgerechten auf[649].

168 Ungeachtet der Herleitung besteht weithin **Einigkeit über die dogmatische Struktur und die drei Teilelemente** des Verhältnismäßigkeitsprinzips (→ Vorb. Rn. 91), auch wenn die Rechtsprechung vereinzelt mit terminologischen Abweichungen aufwartet[650]. Der Grundsatz der Verhältnismäßigkeit besteht aus drei Teilgeboten, denen alles staatliche Handeln genügen muß, wenn es subjektive Rechte der Bürger beeinträchtigt: Es muß geeignet, erforderlich und im Einzelfall angemessen (auch: proportional, zumutbar, i.e.S. verhältnismäßig) sein[651], um den verfolgten öffentlichen

---

[639] Grdl. *Lerche*, Übermaß (Fn. 169), S. 53 ff. und passim; *E. Grabitz*, Freiheit und Verfassungsrecht, 1976, S. 84 ff.; *L. Hirschberg*, Der Grundsatz der Verhältnismäßigkeit, 1981; übersichtlich *G. Ress*, Der Grundsatz der Verhältnismäßigkeit im deutschen Recht, in: Kutscher u.a., Grundsatz (Fn. 102), S. 5 ff. (11 ff.); *F.E. Schnapp*, JuS 1983, 850 ff.; *R. Wendt*, AöR 104 (1979), 414 ff.

[640] *Lerche*, Übermaß (Fn. 169), S. 24 ff.; *V. Götz*, Allgemeines Polizei- und Ordnungsrecht, 12. Aufl. 1995, Rn. 320 ff.; *Schneider*, Verhältnismäßigkeits-Kontrolle (Fn. 176), S. 392, 394 f.

[641] *K. Stern*, Zur Entstehung und Ableitung des Übermaßverbots, in: FS Lerche, 1993, S. 165 ff.; ausf. *B. Remmert*, Verfassungs- und verwaltungsrechtsgeschichtliche Grundlagen des Übermaßverbotes, 1995, S. 69 ff., 81 ff.; s. auch *M.C. Jakobs*, Der Grundsatz der Verhältnismäßigkeit, 1985, S. 2 ff.

[642] *Kunig*, Rechtsstaatsprinzip (Fn. 30), S. 352 ff.; *Stern*, Entstehung (Fn. 641), S. 171 ff.; *D. Merten*, Zur verfassungsrechtlichen Herleitung des Verhältnismäßigkeitsprinzips, in: FS Schambeck, 1994, S. 349 (357 ff.); ausf. *R. Dechsling*, Das Verhältnismäßigkeitsgebot, 1989, S. 83 ff.; krit. *U. Diederichsen*, Der Staat 34 (1995), 33 (55).

[643] BVerfGE 19, 342 (348 f.); 69, 1 (35); 76, 256 (359); 80, 109 (119 f.); 90, 145 (173); 92, 277 (279, 326); BSGE 59, 276 (278); BGHZ 128, 220 (227); *Sachs* (Fn. 156), Art. 20 Rn. 94; *Herzog* (Fn. 111), Art. 20 VII Rn. 72; krit. *Merten*, Herleitung (Fn. 642), S. 365 ff.

[644] BVerfGE 19, 342 (349); ähnlich 61, 126 (134); 65, 1 (44); 76, 1 (50 f.); zust. *Merten*, Herleitung (Fn. 642), S. 372 ff.; *Schnapp* (Fn. 156), Art. 20 Rn. 27; *Starck*, GG I, Art. 2 Rn. 19; → Vorb. Rn. 91 ff.

[645] Vgl. etwa BVerfGE 81, 310 (338): »die individuelle ... Freiheitssphäre verteidigende Funktion«; s. auch *Schmidt-Aßmann* (Fn. 2), § 24 Rn. 87.

[646] Vgl. früher BGHSt 4, 375 (377); 4, 385 (392); *P. Häberle*, Die Wesensgehaltgarantie des Art. 19 Abs. 2 Grundgesetz, 3. Aufl. 1983, S. 68 f., 236 u.ö.; s. auch *M. Stelzer*, Das Wesensgehaltsargument und der Grundsatz der Verhältnismäßigkeit, 1991. → Art. 19 II Rn. 14.

[647] *P. Wittig*, DÖV 1968, 817 ff.; s. auch *P. Kirchhof*, Gleichmaß und Übermaß, in: FS Lerche, 1993, S. 133 ff. (137 f.).

[648] Vgl. *Stern*, Entstehung (Fn. 641), S. 169 f., 172 f.

[649] *F. Ossenbühl*, Jura 1997, 617 (617); *F. Wieacker*, Geschichtliche Wurzeln des Prinzips der verhältnismäßigen Rechtsanwendung, in: FS Fischer, 1979, S. 867 ff. (874 f.).

[650] BVerfGE 90, 145 (173); 67, 157 (178) identifiziert den Grundsatz der Angemessenheit mit dem Übermaßverbot; ausf. zu unterschiedlichen Auffassungen *Dechsling*, Verhältnismäßigkeitsgebot (Fn. 642), S. 5 ff.; *Jakobs*, Grundsatz (Fn. 641), S. 8 ff.

[651] BVerfGE 65, 1 (54); 67, 157 (173); 70, 278 (286); 92, 262 (273); BSGE 75, 97 (149); *Herzog* (Fn. 111), Art. 20 VII Rn. 73 ff.; *Stern*, Staatsrecht I, S. 866; *Ress*, Grundsatz (Fn. 639), S. 17 ff.

Zwecken zum Erfolg zu verhelfen. Zweck und Mittel müssen in einem »vernünftigen Verhältnis« zueinander stehen[652].

Maßgeblicher Bezugspunkt ist der legitime **Zweck staatlichen Handelns**, der **genau bestimmt** sein muß[653]: Der jeweilige öffentliche Zweck ergibt sich für Verwaltung und Rechtsprechung aus den Gesetzen, für den Gesetzgeber aus seiner Zwecksetzungskompetenz nach Maßgabe des Grundgesetzes[654]. 169

b) Die drei Stufen des Verhältnismäßigkeitsprinzips

Auf der ersten Prüfungsstufe verlangt das **Gebot der Geeignetheit**, daß das vom Staat gewählte Mittel zur Erreichung des gewünschten Zweckes beitragen kann[655]; das Rechtsstaatsprinzip verbietet belastende Gesetze, die zur Erreichung der Gesetzeszwecke schlechthin untauglich sind[656]. Das gewählte Mittel muß nicht in jedem Einzelfall zum Tragen kommen und auch nicht das bestmögliche oder geeignetste sein[657]. Deshalb sind Fälle evident verfehlter Mittelwahl (z.B. Nachweis waffentechnischer Kenntnisse für Beizjäger) heute eher selten[658], zumal wegen der prognostischen Elemente dem Gesetzgeber bei der Beurteilung die Vorhand überlassen ist[659]. 170

Das **Gebot der Erforderlichkeit** als **Kern des Übermaßverbotes** verlangt, daß es kein milderes, Grundrechte weniger intensiv beschränkendes Mittel gibt, das das Ziel der staatlichen Maßnahme ebenso effektiv erreicht[660]. Das mildere Mittel muß eine eindeutig gleichwertige Alternative sein[661], d.h. zur Zweckerreichung tatsächlich ebenso geeignet sein (→ Vorb. Rn. 93). Berücksichtigungsfähig sind Eigenart und Intensität der Eingriffe, die Zahl der Betroffenen, belastende oder begünstigende Einwirkungen auf Dritte oder auch Nebenwirkungen[662]. Eine Alternative ist nicht schon dann gleichwertig, wenn zwar der Regelungsadressat weniger intensiv belastet wird, aber Dritte oder die Allgemeinheit stärker belastet werden; dazu kann auch eine unvertretbar höhere finanzielle Belastung des Staates gehören[663]. Wegen der Zahl der berücksichtigungsfähigen Gesichtspunkte ist denkbar, daß Mittel mit geringerer Wirksamkeit angesichts der wesentlich milderen Folgen als insgesamt gleichwertige Alternative angesehen werden können[664]. Im übrigen kommt es auf eine Beurteilung »ex ante« an[665]. 171

---

[652] BVerfGE 76, 1 (51); 69, 1 (35); 35, 382 (401); 10, 89 (117); BSGE 76, 12 (15).
[653] BVerfGE 15, 167 (192); *F. Ossenbühl*, Jura 1997, 617 (618).
[654] *Sachs* (Fn. 156), Art. 20 Rn. 97; *Pieroth/Schlink*, Grundrechte, Rn. 279f.
[655] BVerfGE 30, 292 (316); 33, 171 (187); 67, 157 (173); *Herzog* (Fn. 111), Art. 20 VII Rn. 74.
[656] So BVerfGE 30, 250 (262ff.); 55, 28 (30); 65, 116 (126).
[657] BVerfGE 67, 157 (175) bzw. *Jarass*/Pieroth, GG, Art. 20 Rn. 59; *Jakobs*, Grundsatz (Fn. 641), S. 60.
[658] BVerfGE 55, 159 (165ff.); ferner z.B. E 17, 306 (315ff.); 19, 330 (338f.); 30, 250 (263f.); ausf. *Hirschberg*, Grundsatz (Fn. 639), S. 50ff.
[659] BVerfGE 83, 1 (18); *Sachs* (Fn. 156), Art. 20 Rn. 98; *Schneider*, Verhältnismäßigkeits-Kontrolle (Fn. 176), S. 396f.; *Jakobs*, Grundsatz (Fn. 641), S. 62f.
[660] Vgl. BVerfGE 17, 269 (279f.); 19, 342 (351ff.); 53, 135 (145ff.); 67, 157 (177); 68, 193 (218f.); 81, 156 (192ff.); 85, 97 (107f.); 90, 145 (172f., 182f.); 91, 207 (222f.); 92, 277 (327).
[661] BVerfGE 25, 1 (20); 30, 292 (319); 77, 84 (109, 111); 81, 70 (91).
[662] Vgl. *Stern*, Staatsrecht III/2, S. 780f.; *Jakobs*, Grundsatz (Fn. 641), S. 68ff.
[663] So *Jarass*/Pieroth, GG, Art. 20 Rn. 60, unter Verweis auf BVerfGE 77, 84 (109ff.); 81, 70 (90ff.); s. auch E 88, 145 (164).
[664] *Sachs* (Fn. 156), Art. 20 Rn. 101.
[665] *F. Ossenbühl*, Jura 1997, 617 (618f.).

172 Auf der dritten Prüfungsstufe verlangt der **Grundsatz der Verhältnismäßigkeit i.e.S.**, daß das – im übrigen geeignete und erforderliche – belastende staatliche Handeln »in angemessenem Verhältnis zu dem Gewicht und der Bedeutung des Grundrechts«[666] steht. Dieses Prinzip wird auch als **Grundsatz der Angemessenheit**, der **Zumutbarkeit**[667] oder der **Proportionalität** bezeichnet und zielt auf den Ausgleich zwischen der Schwere der Grundrechtsbelastungen und der Bedeutung des von der staatlichen Maßnahme verfolgten Gemeinwohlzwecks (→ Vorb. Rn. 94), d.h. auf eine Güterabwägung[668]: Für den einzelnen Betroffenen muß bei einer »Gesamtabwägung zwischen der Schwere des Eingriffs und der Dringlichkeit der ihn rechtfertigenden Gründe« die Grenze der Zumutbarkeit gewahrt bleiben[669].

173 Diese Stufe wird mitunter für weitgehend entbehrlich gehalten[670]; indessen formuliert sie weithin einen **Einzelfallvorbehalt**, dessen zwingende Notwendigkeit schon daraus folgt, daß der Gesetzgeber die unübersehbare Vielfalt einzelner Anwendungskonstellationen regelmäßig gar nicht im vorhinein übersehen kann. Während die Geeignetheit und Erforderlichkeit einer Maßnahme vor allem objektiv bestimmbar sind, eröffnet die Angemessenheitsprüfung in größerem Ausmaß Bewertungsspielräume (→ Art. 12 Rn. 115)[671].

174 Wegen der Bewertungsspielräume nimmt die Zahl der Warnungen vor der **Gefahr einer unkalkulierbaren Billigkeitsrechtsprechung** zu[672]. Die Schwäche dieser Kritik gründet darin, daß sie kein alternatives Konzept zur (unvermeidlichen) Abwägung anbieten kann, sondern die Ergebnisse der Handhabung im Einzelfall bemängelt. Vorzugswürdig ist eine Präzisierung durch sachbereichsspezifische Konkretisierungen, wie sie z.B. im Recht staatlicher Gebühren als »Äquivalenzprinzip«, im Strafrecht als Schuldangemessenheit und Tatschwereangemessenheit von Strafe und Strafmaß (→ Rn. 182) oder bei der Sozialbindung des Eigentums durch gesetzliche Regelung in der Figur der ausgleichspflichtigen Inhaltsbestimmung (→ Art. 14 Rn. 123 ff.) existieren.

c) Anwendungsbereich und ausgewählte Problemfelder

175 Der Grundsatz der Verhältnismäßigkeit **bindet alle drei staatlichen Gewalten**, soweit sie konkrete subjektive Rechtspositionen primär des Bürgers beeinträchtigen[673]. Er bezieht sich auf alle **Einwirkungen des Staates in den Rechtskreis des einzelnen**, also z.B. auch auf die Angemessenheit von Gebühren, die Gleichbehandlung bei der Stö-

---

[666] BVerfGE 67, 157 (173); s. auch E 92, 277 (327).
[667] S. näher *F. Ossenbühl*, Zumutbarkeit als Verfassungsmaßstab, in: FS Gesellschaft für Rechtspolitik, 1984, S. 315 ff.
[668] *Hesse*, Verfassungsrecht, Rn. 318; *P. Lerche*, Grundrechtsschranken, in: HStR V, § 122 Rn. 16 ff.; *S. Huster*, JZ 1994, 541 (542 f.).
[669] BVerfGE 83, 1 (19); ähnlich 30, 292 (316); 67, 157 (178); 68, 193 (219); 76, 1 (51); 79, 256 (270); 81, 70 (92); BSGE 75, 97 (150 f.).
[670] *Pieroth/Schlink*, Grundrechte, Rn. 289 ff., 293.
[671] *F. Ossenbühl*, Jura 1997, 617 (619 f.); ausf. *Dechsling*, Verhältnismäßigkeitsgebot (Fn. 642), S. 17 ff.; krit. *Stern*, Staatsrecht III/2, S. 828 f.
[672] *F. Ossenbühl*, Jura 1997, 617 (620 f.); *Merten*, Herleitung (Fn. 642), S. 349 f.; *Bäumlin/Ridder* (Fn. 13), Art. 20 Abs. 1–3 III Rn. 67 u.ö.; *Ress*, Grundsatz (Fn. 639), S. 33 f.; s. auch *W. Leisner*, Der Abwägungsstaat, 1997; antikritisch *Buchwald*, Prinzipien (Fn. 12), S. 221 ff.
[673] BVerfGE 8, 274 (310); *Jarass*/Pieroth, GG, Art. 20 Rn. 57 f.; *Degenhart*, Staatsrecht I, Rn. 325.

rerauswahl oder die angemessene Auslegung von Gesetzesbegriffen[674]. Er erfaßt auch den Bereich der Leistungsverwaltung[675].

Er ist aber **nicht auf Kompetenzabgrenzungen** z.B. zwischen Bund und Ländern[676] oder auf die Art und Weise von Kompetenzausübungen **übertragbar**[677], wohl aber findet der Grundsatz der Verhältnismäßigkeit auch im Verhältnis zu Staatsorganen Anwendung, wenn diesen ein subjektives Recht eingeräumt ist[678]. Das gilt z.B. für die Gemeinden[679], etwa bei gesetzgeberischen Einschränkungen ihrer Planungshoheit, die durch überörtliche Interessen von höherem Gewicht geboten sein müssen[680] (→ Art. 28 Rn. 119 f.). 176

Die **Bedeutung der einzelnen Teilgebote variiert** je nach Sach- und Grundrechtsbereich und danach, ob der Gesetzgeber durch abstrakt-generelle Normsetzung oder ob die Verwaltung einzelfallbezogen handelt. Während für den Gesetzgeber Geeignetheit und Erforderlichkeit im Vordergrund stehen, dominieren auf der Ebene des einzelfallbezogenen Verwaltungshandelns die Kriterien der Erforderlichkeit und der Angemessenheit. In der Rechtsprechung des Bundesverfassungsgerichts geht es überwiegend um Grenzen der Gesetzgebung[681], weil die Gesetzespraxis von Verwaltung und Rechtsprechung durch zahlreiche spezialgesetzliche Ausformungen des Verhältnismäßigkeitsgrundsatzes geprägt wird. Erscheint die Gesetzesanwendung unverhältnismäßig, dann muß das Gesetz selbst am Übermaßverbot gemessen und ggf. korrigiert werden[682] (zur Normenkontrolle der Verwaltung → Rn. 89 ff.). Praktisch bedeutsam ist das planungsrechtliche **Abwägungsgebot** als spezifische Erscheinungsform jeder rechtsstaatlichen Planung[683]. 177

Beim **Erlaß abstrakt-genereller Regelungen durch den Gesetzgeber**[684] hat dieser regelmäßig einen breiten Einschätzungs- und Gestaltungsspielraum (»gesetzgeberisches Ermessen«). Er hängt ab von der Eigenart des betroffenen Sachbereichs[685], von Rang und Bedeutung der involvierten Rechtsgüter und von den Möglichkeiten des Gesetzgebers, sich ein hinreichend sicheres Urteil zu bilden[686]. Der Spielraum ist bei wirtschaftsbezogenen Regelungen regelmäßig groß[687], z.B. bei Berufsausübungsregelungen (→ 178

---

[674] BVerwGE 79, 90 (91); 80, 36 (39); 83, 363 (392) bzw. E 89, 138 (144).
[675] *Jakobs*, Grundsatz (Fn. 641), S. 154 ff.; *G. Haverkate*, Rechtsfragen des Leistungsstaats, 1983, S. 11 ff., 174 ff.; a.A. *R. Mußgnug*, Gesetzesgestaltung und Gesetzesanwendung im Leistungsrecht, VVDStRL 47 (1989), S. 113 ff. (126 ff.); *M. Froch/C. Gusy*, VerwArch. 81 (1990), 512 (529 ff.).
[676] So BVerfGE 81, 310 (338); 84, 25 (31); anders z.B. *R. Stettner*, Grundfragen einer Kompetenzlehre, 1983, S. 397 ff.; für die Staaten der EU auch BVerfGE 89, 155 (212).
[677] BVerfGE 79, 311 (341 ff.); s. auch *Ossenbühl*, Maßhalten (Fn. 638), S. 158 ff., 162 f.
[678] Anders *Sachs* (Fn. 156), Art. 20 Rn. 95: bei Regel-Ausnahme-Konstellationen.
[679] BVerfGE 26, 228 (241); 56, 298 (313, 315 ff.); 86, 90 (109 ff.); BVerwGE 67, 321 (323); 77, 47 (59); *F. Schoch*, VerwArch. 81 (1990), 18 (32); *W. Frenz*, Die Verwaltung 28 (1995), 33 ff.; anders BVerfGE 79, 127 (147 ff., 153 ff.); 91, 228 (241 f.).
[680] BVerfGE 56, 298 (313 ff.); 76, 107 (119 f.).
[681] *Schneider*, Verhältnismäßigkeits-Kontrolle (Fn. 176), S. 397 ff.
[682] Vgl. *Jarass/Pieroth*, GG, Art. 20 Rn. 63; *Degenhart*, Staatsrecht I, Rn. 334; *Schneider*, Verhältnismäßigkeits-Kontrolle (Fn. 176), S. 402 ff.
[683] BVerwGE 34, 301 (307); 41, 67 (68); 48, 56 (63 f.); 56, 110 (122 f.); 64, 270 (271 f.); *W. Hoppe*, DVBl. 1994, 1033 ff.; *H. Schulze-Fielitz*, Jura 1992, 201 ff.
[684] Dazu gehört auch der Verordnungsgeber, z.B. BVerfGE 53, 135 (145).
[685] Vgl. BVerfGE 76, 1 (51); 94, 115 (160).
[686] BVerfGE 50, 290 (332 f.); 57, 139 (159); 73, 40 (92).
[687] BVerfGE 46, 246 (257); 53, 135 (145); 81, 70 (90 f.); 87, 363 (383 ff.); 94, 315 (326); 93, 149 (156) – Sondervotum *Böckenförde*; *Jarass/Pieroth*, GG, Art. 20 Rn. 62.

Art. 12 Rn. 111 ff., 129 ff.) oder eigentumsbeschränkenden Regelungen mit hohem sozialen Bezug i.S. eines Angewiesenseins Dritter auf das private Eigentum (→ Art. 14 Rn. 25, 81, 119). In solchen Fällen reduziert sich die Verhältnismäßigkeitsprüfung weithin auf die Frage der Geeignetheit oder der Erforderlichkeit der gesetzlichen Regelungen.

179 Insoweit hat der Gesetzgeber bei **Prognosen der Geeignetheit** einen weiten Spielraum[688]: Dabei ist auf seine Möglichkeiten zum Zeitpunkt der Vorbereitung des Gesetzes abzustellen[689]; der Gesetzgeber darf dabei typisieren und auch Konzepte erproben[690]. Verfassungswidrig ist eine Regelung nur, wenn sie offensichtlich oder schlechthin ungeeignet ist[691]. Unter diesen Umständen sind wirtschaftsbezogene Gesetzgebungsakte heute kaum je ungeeignet, zumal der Gesetzgeber die »Vorhand« bei der prognostischen Einschätzung hat[692] und bei einer Prognose, die sich später als fehlsam erweist, die Regelung für die Zukunft korrigieren muß[693]. Ähnlich beläßt die Rechtsprechung im Rahmen der Prüfung der Erforderlichkeit dem Gesetzgeber die Vorhand bei der Einschätzung der Gleichwertigkeit von Regelungsalternativen; Gesetzen wird eher nur in evidenten Fällen fehlende Erforderlichkeit bescheinigt[694].

180 Für die **Grenzen des staatlichen Strafanspruchs** haben die Strafrechtsdogmatik und die Judikatur des Bundesverfassungsgerichts grundsätzliche Maßstäbe entwickelt, die sich als strafrechtsspezifische Ausprägungen des rechtsstaatlichen Übermaßverbots verstehen lassen. So ist das Schuldprinzip im Rechtsstaatsprinzip verankert, wonach jede Strafe eine Schuld des Verurteilten voraussetzt[695]. Voraussetzung ist, daß Tatbestand und Rechtsfolge durch den Gesetzgeber sachgerecht aufeinander abgestimmt sind[696]. Das Schuldprinzip gilt auch für strafähnliche Sanktionen sonstigen Verwaltungsunrechts, Geldstrafen oder Vollstreckungsmaßnahmen nach § 890 I ZPO[697]. Bei der Wahl zwischen kriminalstraf- oder ordnungswidrigkeitsrechtlichen Sanktionen hat der Gesetzgeber einen breiten Spielraum[698].

181 Bei der **Anwendung des Strafprozeßrechts** führt die Unschuldsvermutung (→ Rn. 26, 204) zugunsten des Untersuchungsgefangenen dazu, daß Anordnung, Vollzug und Dauer der U-Haft vom Grundsatz der Verhältnismäßigkeit beherrscht sein müssen[699]; das gilt auch für auch sonstige Zwangsmaßnahmen wie Durchsuchungen und Beschlagnahmen[700] und das sonstige Strafverfahren[701]. Die Durchführung einer Hauptverhandlung kann trotz dringenden Tatverdachts des Beschuldigten unverhält-

---

[688] BVerfGE 25, 1 (12 f.); 30, 250 (263); 39, 210 (230 ff.).
[689] BVerfGE 25, 1 (17); ähnlich *F. Ossenbühl*, Die Kontrolle von Tatsachenfeststellungen und Prognoseentscheidungen durch das Bundesverfassungsgericht, in: Festgabe BVerfG I, S. 458 ff. (482 ff.); *R. Breuer*, Die staatliche Berufsregelung und Wirtschaftslenkung, in: HStR V, § 148 Rn. 18.
[690] BVerfGE 78, 249 (288); 85, 80 (91).
[691] BVerfGE 30, 250 (263 f.); 39, 210 (230); 47, 109 (117); 65, 116 (126).
[692] BVerfGE 30, 250 (263); 50, 290 (334 ff.); 77, 84 (109 f.); 90, 145 (173).
[693] BVerfGE 25, 1 (13); 50, 290 (335); 57, 139 (162).
[694] Vgl. BVerfGE 25, 1 (19 f.); 30, 292 (319); 53, 135 (145); 81, 70 (91); 90, 145 (173).
[695] BVerfGE 20, 323 (331); 57, 250 (275); 58, 159 (163); 80, 244 (255); 84, 82 (87); 86, 288 (313); 95, 96 (140); *O. Lagodny*, Strafrecht vor den Schranken der Grundrechte, 1996, S. 386 ff.; *J. Vogel*, StV 1996, 110 (113 f.); zur Kritik vgl. *Schütz*, Strafe (Fn. 179), S. 33 ff., 42 ff.
[696] BVerfGE 25, 269 (286); 50, 125 (133); 80, 244 (255); 86, 288 (313).
[697] BVerfGE 20, 323 (333).
[698] BVerfGE 80, 182 (185 f.); 90, 145 (173, 188 ff.); *Lagodny*, Strafrecht (Fn. 695), S. 418 ff.
[699] BVerfGE 20, 45 (49 f.); 34, 369 (380 ff.); 35, 311 (320 f.); 36, 264 (270); 53, 152 (158 f.).
[700] BVerfGE 20, 162 (186 f.); 44, 353 (378 f.); 48, 118 (123 ff.); 59, 95 (97).
[701] BVerfGE 17, 108 (117 f.); 49, 24 (59 f., 63); 53, 152 (159 ff.); 77, 1 (59 f.); 92, 277 (326 ff.).

nismäßig sein, wenn dieser angesichts seines Gesundheitszustandes wegen Fortsetzung des Strafprozesses sein Leben einbüßen oder schwerwiegende Gesundheitsgefahren gewärtigen müßte[702].

Art und Maß der Strafe müssen in einem **angemessenen Verhältnis zur Schuld und zur Schwere der Tat** stehen[703] – insoweit decken sich Schuldgrundsatz und Übermaßverbot[704]. Die Strafe ist – wie auch eine Verwaltungsmaßnahme mit generalpräventivem Charakter – sorgfältig am Grundsatz der Verhältnismäßigkeit zu messen[705]. Eine unverhältnismäßige Freiheitsstrafe verletzt das Grundrecht der Freiheit der Person (→ Art. 2 II Rn. 67f.). Die Verhängung einer Disziplinarstrafe neben einer Kriminalstrafe ist grundsätzlich zulässig[706], doch kann das Rechtsstaatsprinzip eine gewisse Anrechnung gebieten[707]. 182

Der Grundsatz der **Verhältnismäßigkeit** ist **auch für das Zivilrecht maßstäblich**[708] und steuert die Abwägung kollidierender Rechtsgüter[709], vor allem auch im richterrechtlich geprägten Arbeitskampfrecht[710]. Die Kritik daran[711] wurzelt in der Annahme einer funktionell-rechtlichen Überdehnung der verfassungsgerichtlichen Anwendung des Verhältnismäßigkeitsprinzips im Einzelfall[712], kann aber die Anwendbarkeit des Verhältnismäßigkeitsprinzips auch für die Zivilgesetzgebung und ihre Anwendung durch Gerichte nicht widerlegen. 183

d) Das Untermaßverbot

Während der Grundsatz der Verhältnismäßigkeit für freiheitsbeschränkendes Staatshandeln Grenzen zieht, verlangt die von der Verfassungsjudikatur favorisierte dogmatische **Forderung des Untermaßverbots**[713] (→ Vorb. Rn. 64) einen wirksamen und angemessenen **Mindestschutz** durch gesetzgeberisches Handeln im Zusammenhang mit der Erfüllung von Schutzpflichten (→ Art. 2 II Rn. 53). Es stößt bei den regelmäßig erforderlichen Abwägungen im Falle der Abgrenzung der Rechtssphären von Staat, Bür- 184

---

[702] BVerfGE 51, 324 (345ff.); Schmidt-Bleibtreu/*Klein*, GG, Art. 20 Rn. 10c.
[703] BVerfGE 6, 389 (439); 45, 187 (228, 260); 50, 5 (12); 73, 203 (253); 86, 288 (313); 94, 277 (327); 95, 96 (140); *J. Vogel*, StV 1996, 111 (114); *Lagodny*, Strafrecht (Fn. 695), S. 66ff.
[704] So BVerfGE 73, 206 (253); 86, 288 (313); 90, 145 (173); 95, 96 (140).
[705] BVerfGE 50, 166 (176); 92, 277 (327ff.).
[706] BVerfGE 27, 180 (187); Schmidt-Bleibtreu/*Klein*, GG, Art. 20 Rn. 10c.
[707] *Jarass*/Pieroth, GG, Art. 20 Rn. 70; BVerfGE 21, 378 (388f., 390); 28, 264 (277f.).
[708] BVerfGE 65, 196 (215); *Stern*, Staatsrecht III/1, S. 1580; *Hirschberg*, Grundsatz (Fn. 639), S. 30ff.; s. auch *D. Medicus*, AcP 192 (1992), 35ff.
[709] BVerfGE 35, 202 (221ff.); anders BVerfGE 30, 173 (199).
[710] BVerfGE 84, 212 (230f.); BAGE 23, 292 (306); 33, 185 (190ff.); BAG NJW 1993, 218 (219f.); *T. Mayer-Maly*, ZfA 1980, 473ff.; ausf. *K. Czerweny v. Arland*, Die Arbeitskampfmittel der Gewerkschaften und der Verhältnismäßigkeitsgrundsatz, 1993; *H. Kreuz*, Der Grundsatz der Verhältnismäßigkeit im Arbeitskampf, 1988.
[711] *U. Diederichsen*, Die Rangverhältnisse zwischen den Grundrechten und dem Privatrecht, in: Starck (Hrsg.), Rangordnung (Fn. 318), S. 39ff.; *ders.*, Der Staat 34 (1995), 33 (54ff.); *ders.*, Jura 1997, 57ff.; *Ress*, Grundsatz (Fn. 639), S. 9ff.; *Hirschberg*, Grundsatz (Fn. 639), S. 153ff.
[712] Vgl. etwa BVerfGE 72, 155ff.; 81, 242 (254ff.); 84, 177ff.; 89, 1 (5ff.); 89, 214 (229ff.); 92, 126ff.; *D. Medicus*, AcP 192 (1992), 33 (41ff., 61ff.); *E. Schmidt*, KritV 78 (1995), 424 (427ff.); zur Einordnung *H. Schulze-Fielitz*, AöR 122 (1997), 1 (7f.).
[713] BVerfGE 88, 203 (254f.); *J. Isensee*, Das Grundrecht als Abwehrrecht und als staatliche Leistung, in: HStR V, § 111 Rn. 165f.; *J. Dietlein*, ZG 10 (1995), 131ff.; *K.-E. Hain*, ZG 11 (1996), 75ff.; grdl. *C.-W. Canaris*, AcP 184 (1984), 201 (227ff.).

ger und Dritten auf dieselben Grenzen der Operationalisierbarkeit[714] wie der Grundsatz der Verhältnismäßigkeit. Dem Untermaßverbot kommt daher nur begrifflich-deklaratorische Bedeutung zu[715]; sein Rechtsgehalt ist im Gedanken des Übermaßverbotes enthalten.

7. Rechtsstaatliche Anforderungen an Organisation und Verfahren der öffentlichen Gewalt

185 Die grundlegenden Grundsätze des Vorrangs von Verfassung und Gesetz, des Vorbehalts des Gesetzes, der Anforderungen an Rechtsetzung und Rechtsanwendung sowie des Grundsatzes der Verhältnismäßigkeit werden ergänzt durch spezifische Anforderungen an eine rechtsstaatliche Ausgestaltung der Organisation und des Verfahrens der Ausübung der Staatsgewalt durch Gesetzgeber, Verwaltung (→ Rn. 190ff.) und Rechtsprechung (→ Rn. 199ff.).

a) Organisation und Verfahren der Rechtsetzung

186 **Voraussetzung für die Geltung** des Rechts im Rechtsstaat ist die Entstehung des Rechts in den dafür vorgesehenen Organen nach Maßgabe eines rechtsstaatlichen Organisations- und Verfahrensrechts unter Beachtung der für eine **wirksame Rechtsentstehung** erforderlichen Verfahrensregeln. Das Grundgesetz enthält für den Bundestag als Gesetzgebungsorgan in Art. 40 I GG das Recht zur Selbstorganisation (→ Art. 40 Rn. 6ff., 22f.), im übrigen spezielle Verfahrensregeln, z.B. für parlamentarische Bundesgesetze in Art. 76, 77 GG. Verstöße gegen die Geschäftsordnung des Bundestages führen nur zur Verfassungswidrigkeit, soweit diese Verfassungsrecht deklaratorisch ausgestalte[716]. Weitere Verfahrensregeln enthalten für Rechtsverordnungen Art. 80 GG und für Satzungen die Verfahrensregeln der zum Erlaß jeweils zuständigen Selbstverwaltungskörperschaften; sie sind z.T. aus allgemeinen Vorschriften (z.B. Grundrechten, Art. 28 GG) ableitbar.

187 **Ungeklärt** ist die **Frage des Begründungszwangs für Normsetzungsakte**. Er ist nur teilweise normiert (z.B. für Rechtsakte der EG: Art. 190 EGV = Art. 253 EGV n.F.; für Bebauungspläne in § 9 VIII BauGB) und wird nach h.M. weder für parlamentarische Gesetze[717] noch für Rechtsverordnungen ausdrücklich verlangt[718], auch wenn bei Zusammenwirken verschiedener Staatsorgane gegenseitige Begründungen impliziert sind. Indessen wird man aus dem Rechtsstaatsprinzip im Blick auf die Möglichkeit einer rechtlichen Normenkontrolle jenes Mindestmaß an Begründung vom Normgeber verlangen müssen, ohne das eine Überprüfung etwa der Verhältnismäßigkeit oder der Gleichbehandlung gar nicht möglich wäre[719]. Auch sonstigen strengeren Mindestan-

---

[714] Vgl. *Lagodny*, Strafrecht (Fn. 695), S. 254ff., 271f.
[715] Vgl. *P. Unruh*, Zur Dogmatik der grundrechtlichen Schutzpflichten, 1996, S. 84ff.
[716] Vgl. BVerfGE 44, 308 (314ff.); krit. *Mengel*, Gesetzgebung (Fn. 285), S. 354ff., 381ff.
[717] *Schlaich*, Bundesverfassungsgericht, Rn. 506f.; *Schneider*, Gesetzgebung (Fn. 208), Rn. 130; Nw. bei *J. Lücke*, Begründungszwang und Verfassung, 1987, S. 11ff., 17f.; anders *G. Schwerdtfeger*, Optimale Methodik der Gesetzgebung als Verfassungspflicht, in: FS H.P. Ipsen, 1977, S. 173ff.; zur Praxis vgl. *Schulze-Fielitz*, Theorie (Fn. 198), S. 516ff.
[718] A.A. *Lücke*, Begründungszwang (Fn. 717), S. 57; *F. Ossenbühl*, NJW 1986, 2805 (2809); zur fehlenden Begründungspflicht bei Satzungen BVerwG NVwZ-RR 1993, 286 (286).
[719] Vgl. BVerfGE 85, 36 (57ff.); BayVGH MMR 1998, 264 (270f.); *F. Ossenbühl*, NJW 1986, 2805 (2809).

forderungen an das parlamentarische Gesetzgebungsverfahren[720] wird man nur vorsichtig nachkommen können, um den politischen Entscheidungsprozeß nicht zu überfordern.

Wirksamkeitsvoraussetzung für alle Normen mit Außenwirkung ist eine **ordnungsgemäße Ausfertigung der** zu erlassenden **Rechtsnormen** als unverzichtbarer Teil jeden Rechtsetzungsverfahrens[721]: Die Ausfertigung als Gebot der Rechtssicherheit schafft eine Urkunde, die den Willen des Normgebers nach außen hin wahrnehmbar macht und die Identität mit dem Beschluß des Normsetzungsorgans bezeugt[722]. 188

Wirksamkeitsvoraussetzung ist weiter die **Verkündung der Gesetze**, wie sie für Bundesgesetze und -rechtsverordnungen in Art. 82 GG ausdrücklich normiert ist (→ Art. 82 Rn. 10ff., 21ff.). Das Rechtsstaatsprinzip verlangt für alle materiellen Rechtsnormen, daß sie der Öffentlichkeit so förmlich zugänglich gemacht werden, daß die Betroffenen sich verläßlich Kenntnis von ihrem Inhalt verschaffen können[723]; diese Möglichkeit darf nicht durch inhaltliche Textabweichungen oder sonst unzumutbar erschwert sein[724]. Alle rechtsstaatlichen Anforderungen an die Entstehung von Recht gelten auch für seine Aufhebung[725]. 189

b) Organisation und Verfahren der Verwaltung

Voraussetzung für die gerechte Konkretisierung der Rechtsprinzipien und die gesetzmäßige Anwendung der Regeln des materiellen Rechtsstaats ist die **angemessene Ausgestaltung von Organisation**[726] **und Verfahren**[727] auch **der** rechtsstaatlichen **Verwaltung**. Zwar enthält das Grundgesetz insoweit außer dem Grundsatz der Gewaltenteilung (Art. 20 II 2 GG, → Rn. 62ff.) wenig spezielle Vorschriften; insbesondere Art. 83ff. GG lassen einen weiten Spielraum für die organisatorische Ausgestaltung[728]. Dennoch erlauben etwa die Unterscheidung von Beamten und sonstigen Bediensteten (Art. 33 IV GG), die Existenz von Aufsichtsregeln (Art. 84 III, 85 IV GG) oder auch der Amtshilfegrundsatz (Art. 35 GG) allgemeine Folgerungen. 190

So verlangt das Rechtsstaatsprinzip zur Wahrung der Gesetzesbindung grundsätzlich die **Existenz einer Rechtsaufsicht** für alle Teile der Verwaltung[729], verbietet aber 191

---

[720] Dafür A. *Burghart*, Die Pflicht zum guten Gesetz, 1996, S. 123ff.; *Schwerdtfeger*, Methodik (Fn. 717), S. 178ff., 182ff.; s. auch *Zimmer*, Funktion (Fn. 280), S. 256ff.; krit. z.B. C. *Gusy*, ZRP 1985, 291ff.; *Schlaich*, Bundesverfassungsgericht, Rn. 505ff. m.w.N.
[721] Z.B. BVerwG NVwZ 1994, 1010 (1011); VGH Baden-Württemberg VBlBW 1995, 286 (286); UPR 1998, 75; OVG NW NWVBl. 1997, 181 (181f.); BayVGH BayVBl. 1998, 312 (312f.).
[722] W. *Ziegler*, DVBl. 1987, 280 (281); T. *Starke*, NVwZ 1995, 1186 (1186); → Art. 82 Rn. 8.
[723] BVerfGE 65, 283 (291); 90, 60 (85); ausf. *Heckmann*, Geltungskraft (Fn. 198), S. 132ff.; *Guckelberger*, Verwirkung (Fn. 364), S. 55ff.; *Sobota*, Prinzip (Fn. 5), S. 141f.; A. *Wittling*, Die Publikation von Rechtsnormen einschließlich der Verwaltungsvorschriften, 1991; *Kunig*, Rechtsstaatsprinzip (Fn. 30), S. 364ff.; zu Satzungen U. *Läger*, LKV 1998, 181ff.; F. *Kirchhof*, DÖV 1982, 397ff.; W. *Ziegler*, Die Verkündung von Satzungen und Rechtsverordnungen der Gemeinde, 1976.
[724] Vgl. z.B. BayVGH NuR 1997, 601 (604) bzw. BVerfGE 16, 6 (16ff.); 65, 283 (291); HessVGH NuR 1998, 153 (155ff.).
[725] Zu den verschiedenen Formen vgl. *Heckmann*, Geltungskraft (Fn. 198), S. 349ff.
[726] Vgl. *Sobota*, Prinzip (Fn. 5), S. 143f., 500; *Krebs* (Fn. 474), §69 Rn. 25, 51; *Schmidt-Aßmann* (Fn. 2), §24 Rn. 79; ausf. F.E. *Schnapp*, Rechtstheorie 9 (1978), 275 (289ff.).
[727] Vgl. BVerfGE 55, 72 (93f.).
[728] BVerfGE 63, 1 (34); *Krebs* (Fn. 474), §69 Rn. 51ff., 73ff.
[729] *Sachs* (Fn. 156), Art. 20 Rn. 108; s. auch *Dreier*, Verwaltung (Fn. 204), S. 287ff.; M. *Schröder*, JuS 1986, 371 (372f.).

nicht eine Dezentralisation und Dekonzentration i.S. einer Pluralisierung der Verwaltungsorganisation, die zur Gewaltenteilung innerhalb der Gewalten führt und zugleich die Entscheidungsfähigkeit der Verwaltung insgesamt verbessern kann[730]. Privatrechtliche Organisationsformen der Aufgabenerfüllung, die die Bindung an das parlamentarische Gesetz lockern, Verantwortlichkeiten verwischen und den Rechtsschutz des Bürgers erschweren können[731], sind zulässig, wenn es bei einer Gewährleistungs- oder Auffangverantwortung[732] des Staates bleibt, die einen realen Vollzug der Gesetze gewährleisten muß (→ Rn. 91).

192 Das **rechtsstaatliche Gebot rationaler Organisation** verlangt generell Klarheit bei der Zuordnung von Aufgaben und Kompetenzen in der Verwaltungsorganisation[733]. Dadurch wird eine inneradministrative Gewaltenteilung zur Optimierung der Verwaltungsentscheidungen nicht ausgeschlossen[734]; die Einheit von Planfeststellungsbehörde und Anhörungsbehörde im Planfeststellungsrecht ist daher zweifelhaft[735]. Im innerorganisatorischen Rechtskreis ist der Amtswalter aber zunächst und primär an amtliche Weisungen gebunden[736].

193 Auch **für das Verwaltungsverfahren** gelten allgemeine **rechtsstaatliche Mindestanforderungen**. Sie sind praktisch weithin in den Verwaltungsverfahrensgesetzen konkretisiert, so daß ein Rückgriff auf das allgemeine Rechtsstaatsprinzip im Regelfall entbehrlich ist[737]. Fehlt es an solchen Kodifikationen, kann der Rückgriff unmittelbar auf die Direktiven des Rechtsstaatsprinzips geboten sein.

194 Wie für das allgemeine Verwaltungsverfahren[738] gilt der **Grundsatz des fairen Verfahrens** auch für Verfahren nach dem Ordnungswidrigkeitengesetz, förmliche Disziplinarverfahren oder Entscheidungen im Vollstreckungsverfahren[739]. Eine sachwidrige Verzögerung des Verfahrens z.B. kann eine Reduzierung des Bußgeldes gebie-

---

[730] *Krebs* (Fn. 474), §69 Rn. 78, 81; ausf. *Dreier*, Verwaltung (Fn. 204), S. 277 ff.; enge Grenzziehung für die Beteiligung Privater (Kondominalverwaltung) bei *Jestaedt*, Demokratieprinzip (Fn. 269), S. 369 ff., 425 ff. → Art. 20 (Demokratie) Rn. 120 ff., 124 ff.

[731] *Krebs* (Fn. 474), §69 Rn. 9, 79; ausf. *D. Ehlers*, Verwaltung in Privatrechtsform, 1984, S. 251 ff.; s. auch *Dreier*, Verwaltung (Fn. 204), S. 252 ff., 293 ff.

[732] S. etwa *E.-H. Ritter*, Organisationswandel durch Expertifizierung und Privatisierung im Ordnungs- und Planungsrecht, sowie *W. Hoffmann-Riem*, Organisationsrecht als Steuerungsressource, in: ders./E. Schmidt-Aßmann (Hrsg.), Verwaltungsorganisationsrecht als Steuerungsressource, 1997, S. 207 ff. (231 ff.) bzw. S. 355 ff. (364 ff.); *H.-H. Trute*, Verzahnungen von öffentlichem und privatem Recht – anhand ausgewählter Beispiele –, in: W. Hoffmann-Riem/E. Schmidt-Aßmann (Hrsg.), Öffentliches Recht und Privatrecht als wechselseitige Auffangordnungen, 1996, S. 167 ff. (198 ff.).

[733] So *Krebs* (Fn. 474), §69 Rn. 77; *Schmidt-Aßmann* (Fn. 2), §24 Rn. 79; s. auch *S. Thomsen*, DÖV 1995, 989 (991 f.); → Art. 20 (Demokratie) Rn. 129.

[734] Vgl. BVerfGE 65, 1 (49 ff.); *B. Schlink*, Die Amtshilfe, 1982, S. 15 ff.

[735] Vgl. aber BVerwGE 58, 344 (350).

[736] Vgl. *U. Battis*, BBG, 2. Aufl. 1997, §56 Rn. 3; ausf. *F.E. Schnapp*, Amtsrecht und Beamtenrecht, 1977, S. 169 ff., 182 ff.

[737] *F.E. Schnapp*, Verhältnismäßigkeitsgrundsatz und Verwaltungsverfahrensrecht, in: FS Scupin, 1983, S. 899 ff. (901 f.).

[738] Vgl. *Sobota*, Prinzip (Fn. 5), S. 145 ff.; *Stern*, Staatsrecht I, S. 824 f.; zum gerichtlichen Verfahren → Rn. 202 ff.

[739] Vgl. BVerfG (2. Kammer des Zweiten Senats) NJW 1992, 2472 bzw. BVerfGE 38, 105 (111 ff.) bzw. E 86, 288 (326).

ten⁷⁴⁰; dauert ein Disziplinarverfahren unverhältnismäßig lange, kann eine Gehaltskürzung unzulässig werden⁷⁴¹.

Rechtsstaatliches Entscheiden verlangt ein **Mindestmaß an Distanz** zwischen entscheidender **Person und Sache**, über die entschieden wird (→ Rn. 47). Verfassungsrechtlich sind daher einzelfallbezogene Befangenheits- und generelle Unvereinbarkeitsregeln geboten, um solche Mindestdistanz zu gewährleisten. Bei Verwaltungsentscheidungen muß der böse Schein der Selbstbetroffenheit des Entscheidenden schon im Ansatz vermieden werden⁷⁴².

195

Entscheidungen der Verwaltungsbehörden sind **zu begründen**⁷⁴³; fehlt es an einfachgesetzlichen Begründungspflichten, ist ein mittelbarer Rückgriff auf verfassungsrechtliche Gebote aus Art. 20 III GG (begrenzt) möglich⁷⁴⁴. Der rechtsstaatliche Grundsatz der Öffentlichkeit verlangt stets für rechtswirksames staatliches Handeln, daß es den Adressaten bekannt gemacht wird⁷⁴⁵.

196

c) Organisation und Verfahren der Rechtsprechung

aa) Der allgemeine Justizgewährleistungsanspruch

Zu den Kernelementen des Rechtsstaats gehört als Kehrseite des staatlichen Gewaltmonopols der **Anspruch auf Rechtsschutz durch unabhängige Gerichte (Justizgewährleistungsanspruch)**⁷⁴⁶. Für den Rechtsschutz (nur) gegen Akte der öffentlichen Gewalt garantieren diesen Anspruch die allgemeine Rechtsweggarantie (→ Art. 19 IV Rn. 31, 34, 37ff.) und andere Spezialregeln (→ Art. 14 Rn. 114f.; → Art. 34 Rn. 44). Für sonstige Rechtsbeeinträchtigungen, speziell durch die strafende Staatsgewalt und private Dritte (privatrechtliche Streitigkeiten)⁷⁴⁷, gewährleistet das Rechtsstaatsprinzip die Existenz des Zugangs zu staatlichen Gerichten, grundsätzlich umfassende tatsächliche und rechtliche Prüfung des Streitgegenstandes nach Maßgabe des jeweiligen Prozeßrechts sowie eine verbindliche gerichtliche Entscheidung⁷⁴⁸.

197

Wie beim Rechtsschutz gegen die Exekutive (→ Art. 19 IV Rn. 60, 65) bedarf der allgemeine Justizgewährleistungsanspruch der Ausgestaltung durch den Gesetzgeber⁷⁴⁹; in ihr kann eine Beschränkung des gerichtlichen Rechtsschutzes liegen⁷⁵⁰. Maßgeblicher rechtsstaatlicher Maßstab ist auch hier die **Effektivität des Rechtsschutzes** (→

198

---

⁷⁴⁰ BVerfG (2. Kammer des Zweiten Senats) NJW 1992, 2472 (2473); *Jarass*/Pieroth, GG, Art. 20 Rn. 69.
⁷⁴¹ BVerfGE 46, 17 (29f.); BVerfG (3. Kammer des Zweiten Senats) NVwZ 1994, 574 (574f.).
⁷⁴² *Krüger*, Staatslehre (Fn. 4), S. 266ff.; *P. Kirchhof*, VerwArch. 66 (1975), 370ff.; a.A. noch BVerfGE 3, 377 (381).
⁷⁴³ Ausf. *Lücke*, Begründungszwang (Fn. 717), S. 5ff., 28ff., 37ff., 88ff. m.w.N.
⁷⁴⁴ *Lücke*, Begründungszwang (Fn. 717), S. 116ff.; s. auch *C. Koenig*, AöR 117 (1992), 513ff.
⁷⁴⁵ Vgl. *Sobota*, Prinzip (Fn. 5), S. 140ff., 498f.
⁷⁴⁶ BVerfGE 85, 337 (345f.); *Sobota*, Prinzip (Fn. 5), S. 188ff.; *H.-J. Papier*, Justizgewähranspruch, in: HStR VI, § 153 Rn. 1, 7f.; *E. Schmidt-Aßmann*, in: Maunz/Dürig, GG, Art. 19 IV (1985) Rn. 16ff.; *Stern*, Staatsrecht I, S. 838ff.
⁷⁴⁷ BVerfGE 54, 277 (291f.); 85, 337 (345); 93, 99 (107); Schmidt-Bleibtreu/*Klein*, GG, Art. 20 Rn. 10b; ausf. *W. Dütz*, Rechtsstaatlicher Gerichtsschutz im Privatrecht, 1969, S. 95ff.
⁷⁴⁸ BVerfGE 54, 277 (291); 85, 337 (345); 88, 118 (124); s. auch *Jarass*/Pieroth, GG, Art. 20 Rn. 64; *Schmidt-Aßmann* (Fn. 2), § 24 Rn. 73.
⁷⁴⁹ Vgl. BVerfGE 85, 337 (345f.); 88, 118 (124f.); *Jarass*/Pieroth, GG, Art. 20 Rn. 65.
⁷⁵⁰ BVerfGE 33, 367 (383); 47, 239 (247f.); 51, 324 (343).

Art. 20 (Rechtsstaat)   C. Erläuterungen

Art. 19 IV Rn. 61). Er gilt auch in bürgerlich-rechtlichen Streitigkeiten[751] und verbietet eine unzumutbare Erschwerung des Zugangs zu den Gerichten[752]. Soweit der Gesetzgeber privatautonome Streitbereinigung durch Schlichtungsstellen zuläßt (z.B. §§ 1025ff. ZPO), bleibt er zur Mißbrauchs- und Evidenzkontrolle verpflichtet[753].

bb) Funktionsgerechte Organisation und Zugänglichkeit staatlicher Gerichtsbarkeit

199   Auch für die **Gerichtsbarkeit fordert** der Rechtsstaat eine **Organisation, die den rechtsstaatlichen Aufgaben** der Gerichte **angemessen ist**. Zahlreiche spezielle Regeln zur Gewährleistung einer rechtsstaatlichen unabhängigen Justiz (Art. 92, 95 I, 96 II, 97, 101 I GG) werden durch das Gerichtsverfassungs- und -verfahrensrecht umgesetzt[754]. Ihnen gegenüber erscheint ein Rückgriff auf das allgemeine Rechtsstaatsprinzip weithin entbehrlich[755]. Forderungen z.B. nach einer Begrenzung des Einsatzes von Einzelrichtern[756] oder einer Zweistufigkeit der gerichtlichen Kontrolle[757] sind keine zwingenden Gebote des Rechtsstaats.

200   Andererseits folgt aus dem Rechtsstaatsprinzip in Korrespondenz zum Gewaltmonopol die **Pflicht** des Staates, eine **funktionsfähige Strafjustiz zu gewährleisten**, damit Straftäter einer gerechten Bestrafung zugeführt werden können[758]. Voraussetzung ist eine wirksame Verfolgung schwerer Straftaten[759]. Die Berufung auf den Rechtsstaat kann sich mithin ambivalent, d.h. freiheitsbegrenzend und freiheitserweiternd auswirken (→ Rn. 58).

201   Auch der allgemeine Justizgewährleistungsanspruch verlangt die Einhaltung des elementaren Rechtsschutzstandards des Grundgesetzes (→ Art. 19 IV Rn. 71ff.). Dazu gehören z.B. eine **ausreichende Klarheit der Rechtsweg- und Rechtsmittelvorschriften**[760], das Verbot einer Rechtsverweigerung, z.B. aufgrund eines negativen Kompetenzkonfliktes zwischen verschiedenen Gerichten[761]. Er gibt keinen Anspruch auf mehr als eine Gerichtsinstanz[762], verlangt aber bei mehreren Instanzen, daß der Zugang nicht unzumutbar erschwert wird[763], ohne daß Fristbestimmungen oder Präklu-

---

[751] BVerfGE 54, 277 (291); 80, 103 (107); 85, 337 (345); 88, 118 (123f.); 91, 176 (181); *Schmidt-Aßmann* (Fn. 2), § 24 Rn. 71, 74.

[752] BVerfGE 54, 277 (292f.); 69, 381 (385); 85, 337 (347); 88, 118 (124f.); *E. Schmidt-Jortzig*, NJW 1994, 2569 (2572f.).

[753] *Schmidt-Aßmann* (Fn. 2), § 24 Rn. 73; *Dütz*, Gerichtsschutz (Fn. 747), S. 137ff.

[754] *Heyde* (Fn. 295), § 33 Rn. 45ff.; *C. Degenhart*, Gerichtsverfahren, in: HStR III, § 76.

[755] Vgl. *Sachs* (Fn. 156), Art. 20 Rn. 107; *Zimmer*, Funktion (Fn. 280), S. 288ff.

[756] Vgl. aber *P. Stelkens*, in: Schoch u.a. (Hrsg.), VwGO-Kommentar (Fn. 376), § 6 Rn. 5; *ders.*, DVBl. 1995, 1105 (1112f.).

[757] Vgl. aber *A. Voßkuhle*, NJW 1995, 1377 (1382ff.); ausf. *ders.*, Rechtsschutz (Fn. 265), S. 176ff., 207ff., 298ff.

[758] BVerfGE 33, 367 (383); 46, 214 (222); 51, 324 (343f.); 74, 257 (262); 77, 65 (76); *H. Hill*, Verfassungsrechtliche Gewährleistungen gegenüber der staatlichen Strafgewalt, in: HStR VI, § 156 Rn. 39ff.; krit. *D. Krauß*, KritV 76 (1993), 183 (184ff.); *M. Niemöller/G.F. Schuppert*, AöR 107 (1982), 387 (399).

[759] BVerfGE 29, 183 (194); 33, 367 (383); s. auch E 47, 239 (248); 77, 65 (76).

[760] BVerfGE 57, 9 (22) bzw. BVerfGE 49, 148 (164); 54, 277 (292f.); 87, 48 (65); zum Vertrauen in Rechtsmittelsicherheit BVerfGE 87, 48 (62).

[761] Vgl. *Hergenröder*, Grundlagen (Fn. 394), S. 172ff. bzw. BAGE 44, 246 (248).

[762] So BVerfGE 4, 74 (94f.); 54, 277 (291); 83, 24 (31); 87, 48 (61); 89, 381 (390); für das Strafverfahren E 49, 329 (342); a.A. *Voßkuhle*, Rechtsschutz (Fn. 265), S. 176ff., 298ff.

[763] BVerfGE 54, 277 (291ff.); 74, 228 (234); 93, 99 (108).

sionen als Erscheinungsform der Verwirkung[764] ausgeschlossen wären. Fristen können voll ausgenutzt werden, die Wiedereinsetzung in den vorigen Stand ist im Lichte des Grundsatzes des effektiven Rechtsschutzes auszulegen[765]. Die Kosten des Gerichtsverfahrens dürfen Unbemittelten die Anrufung des Gerichts nicht unbillig erschweren (→ Art. 19 IV Rn. 78), ohne daß eine vollständige Gleichstellung mit Bemittelten geboten wäre[766].

cc) Anforderungen an das gerichtliche Verfahren

Ein zentraler Grundsatz für das Verfahren vor staatlichen Gerichten ist das **Gebot des fairen Verfahrens** als eine Ausprägung des Rechtsstaatsprinzips[767], das durch den Anspruch auf rechtliches Gehör (Art. 103 I GG) unterstützt wird[768]. Seine Konkretisierung ist vorrangig Sache des Gesetzgebers[769]. Es verbietet eine übermäßig erschwerende Handhabung verfahrensrechtlicher Regeln, die den Anspruch auf gerichtliche Durchsetzung des materiellen Rechts unzumutbar verkürzen, indem z.B. Klagen aus völlig formalen Gründen abgelehnt werden[770]. Auch entfällt das Rechtsschutzbedürfnis nicht schon deshalb, weil die angegriffene richterliche Durchsuchungsanordnung faktisch durchgeführt worden ist[771]. Der Richter darf sich nicht widersprüchlich verhalten, nicht aus eigenen Fehlern oder Versäumnissen Nachteile für die Verfahrensbeteiligten ableiten[772] und ist diesen gegenüber zur Rücksichtnahme in ihrer konkreten Situation verpflichtet[773]. Das setzt u.a. rechtsstaatliche Distanz i.S. von Unbefangenheit und Neutralität des Richters voraus[774].

202

Eine Ausprägung des Gebots des fairen Verfahrens ist das **Gebot der Waffengleichheit**[775], das abgeschwächt im Zivilprozeß[776], vor allem aber **im strafgerichtlichen Verfahren** gilt. Es verlangt, daß der Beschuldigte die Möglichkeit haben muß, zur Wahrung seiner Rechte auf den Gang und das Ergebnis des Verfahrens Einfluß zu neh-

203

---

[764] Zu Grenzen: BVerfGE 84, 366 (370).
[765] Vgl. BVerfGE 53, 25 (29); 69, 381 (385) bzw. BVerfGE 79, 372 (375ff.); → Art. 19 IV Rn. 77.
[766] BVerfG (3. Kammer des Ersten Senats) NJW 1997, 2745 (2745); BVerfGE 22, 83 (86); 63, 380 (394f.); 81, 347 (356f.); 85, 337 (347); Schmidt-Bleibtreu/*Klein*, GG, Art. 20 Rn. 10b.
[767] BVerfGE 39, 156 (163); 57, 250 (275f.); 63, 380 (390f.); 78, 123 (126); 91, 176 (181); *P. J. Tettinger*, Der Staat 36 (1997), 575 (580ff.); *Heyde* (Fn. 295), § 33 Rn. 61ff.; *Hill* (Fn. 758), § 156 Rn. 35ff.; krit. *Sobota*, Prinzip (Fn. 5), S. 452. → Vorb. Rn. 39; → Art. 19 IV Rn. 28, 79.
[768] BVerfGE 41, 246 (249); 54, 100 (116); 63, 332 (337f.); übersichtlich *F.-L. Knemeyer*, Rechtliches Gehör im Gerichtsverfahren, in: HStR VI, § 155 Rn. 15ff.
[769] BVerfGE 57, 250 (276); 63, 45 (61); 70, 297 (308f.); 86, 288 (317f.).
[770] BVerfGE 84, 366 (369f.) bzw. BVerfG (1. Kammer des Ersten Senats) NJW 1991, 3140; zur Behandlung von Rechtsmitteln BVerfGE 93, 99 (114f.).
[771] BVerfGE 96, 27 (38ff.); *Voßkuhle*, Rechtsschutz (Fn. 265), S. 332f.; a.A. BVerfGE 49, 329 (340ff.).
[772] BVerfGE 51, 188 (192); 60, 1 (6); 75, 183 (190); 69, 381 (387); 78, 123 (126).
[773] BVerfGE 38, 105 (111ff.); 40, 95 (98f.); 46, 202 (210); 78, 123 (126); s. auch E 91, 176 (181, 182).
[774] Vgl. BVerfGE 37, 57 (65); 60, 175 (203); *Sachs* (Fn. 156), Art. 20 Rn. 110; *Sobota*, Prinzip (Fn. 5), S. 192f.; *R. Zuck*, DRiZ 1988, 172ff.; ausf. *Voßkuhle*, Rechtsschutz (Fn. 757), S. 105ff. → Rn. 47.
[775] *Degenhart* (Fn. 754), § 76 Rn. 48f.; ausf. *P.J. Tettinger*, Fairneß und Waffengleichheit, 1984; *D. Dörr*, Faires Verfahren, 1984.
[776] BVerfGE 52, 131 (144, 156f.); 63, 266 (284); 69, 248 (254); 93, 213 (236); zum kartellrechtlichen Beschwerdeverfahren BVerfGE 74, 78 (95).

men⁷⁷⁷, und daß Angeklagte an der Hauptverhandlung teilnehmen[778] und die wesentlichen Verfahrensvorgänge verstehen und sich äußern können, auch Ausländer, die der deutschen Sprache nicht mächtig sind[779]. Zuziehung und Auswahl eines Anwalts sind verfassungsrechtlich garantiert[780]; in schwerwiegenden Fällen hat der Beschuldigte Anspruch auf einen Pflichtverteidiger, wenn er die Kosten für einen Wahlverteidiger nicht tragen kann[781].

204 Der Anspruch speziell auf ein **faires Strafverfahren**[782] wird zudem konkretisiert im **Gebot der Wahrheitsfindung**[783]. Das Strafverfahrensrecht muß eine zuverlässige Wahrheitserforschung gewährleisten[784]. Der Beschuldigte braucht sich nicht selbst zu belasten[785] (→ Art. 1 I Rn. 81). Die Wahrheitsfindung im Strafrecht hat regelmäßig Vorrang gegenüber Persönlichkeitsrechten Dritter bzw. gegenüber den Interessen anderer staatlicher Stellen[786]. Im strafgerichtlichen Verfahren finden weitere rechtsstaatliche Verfahrensgrundsätze spezifische Ausprägungen[787]. So folgt aus dem Rechtsstaatsprinzip die **Vermutung der Schuldlosigkeit**[788] mit der Folge, daß der Betroffene von Verfassung wegen bis zum prozeßordnungsgemäßen Abschluß eines Strafverfahrens als unschuldig zu behandeln ist[789]. Einem Untersuchungsgefangenen ist deshalb größtmögliche Freiheit einzuräumen (→ Art. 2 II Rn. 69 f.); gleichwohl darf der Grad des Verdachts einer strafbaren Handlung auch schon vor Abschluß der Hauptverhandlung bei Maßnahmen und Entscheidungen berücksichtigt werden, die eine Bewertung der Verdachtslage voraussetzen (z.B. die Anordnung von U-Haft)[790].

205 Die Effektivität des Rechtsschutzes als Ausprägung des Rechtsstaatsprinzips verlangt, daß eine abschließende gerichtliche **Entscheidung innerhalb einer angemessenen Zeit** vorliegt[791], wie es auch Art. 6 I 1 EMRK gebietet (→ Art. 19 IV Rn. 83). Die Angemessenheit richtet sich nach den Umständen des Einzelfalls[792]; im Umgang mit

---

[777] BVerfGE 64, 135 (145); 65, 171 (174f.); 66, 313 (318); *Hill* (Fn. 758), § 156 Rn. 44ff.
[778] BVerfGE 41, 246 (249); zu den Grenzen BVerfGE 89, 120 (129f.).
[779] Zu den Konsequenzen betr. Übersetzungen BVerfGE 64, 135 (145f., 151ff.).
[780] BVerfGE 39, 156 (163); 65, 171 (174f.); 68, 237 (255); entsprechend für ein Unterbringungsverfahren BVerfGE 70, 297 (322f.); 66, 313 (319ff.); zum anwaltlichen Beistand bei einer Zeugenvernehmung BVerfGE 38, 105 (112ff.).
[781] BVerfGE 39, 238 (243); 65, 171 (178f.); 68, 237 (255f.).
[782] BVerfGE 38, 105 (111); 63, 380 (390); 70, 297 (308); ausf. *H. P. Brause*, NJW 1992, 2865ff.; *D. Steiner*, Das Fairneßprinzip im Strafprozeß, 1995.
[783] BVerfGE 57, 250 (275); 70, 297 (308f.); 77, 65 (76); 80, 367 (378); *M. Niemöller/G.F. Schuppert*, AöR 107 (1982), 387 (444ff.).
[784] BVerfGE 57, 250 (275); 86, 288 (317); für die Staatsanwaltschaft BVerfGE 63, 45 (63).
[785] BVerfGE 38, 105 (113); 56, 37 (41ff.); *W. Weiß*, JZ 1998, 289 (293); zu den Grenzen BVerfGE 80, 109 (121f.).
[786] BVerfGE 63, 45 (72f.) bzw. BVerfGE 57, 250 (282f.); 63, 45 (63); BGHSt 29, 109 (112f.).
[787] *Hill* (Fn. 758), § 156 Rn. 11ff., 32ff.; *M. Niemöller/G.F. Schuppert*, AöR 107 (1982), 387ff.
[788] BVerfGE 19, 342 (347); 38, 105 (114f.); 74, 358 (370); 82, 106 (114f.).
[789] BVerfGE 74, 358 (370ff.); 82, 106 (114f.); Schmidt-Bleibtreu/*Klein*, GG, Art. 20 Rn. 10c; für Privatklageverfahren BVerfG (2. Kammer des Zweiten Senats) NJW 1992, 1611; hinsichtlich Kostenentscheidungen BVerfGE 74, 358 (379); BVerfG (2. Kammer des Zweiten Senats) NJW 1992, 1612 (1612f.); für Bußgeldverfahren BVerfGE 9, 167 (170); für Ordnungsgeld BVerfGE 84, 82 (87).
[790] BVerfGE 82, 106 (115ff.); BVerfG (2. Kammer des Zweiten Senats) NJW 1992, 1611 (1612); Schmidt-Bleibtreu/*Klein*, GG, Art. 20 Rn. 10c.
[791] BVerfGE 82, 126 (155); für das strafrechtliche Verfahren BVerfGE 63, 45 (68f.); BVerfG (2. Kammer des Zweiten Senats) NJW 1992, 2472 (2472f.).
[792] BVerfGE 55, 349 (369); Schmidt-Bleibtreu/*Klein*, GG, Art. 20 Rn. 10b.

den Beschuldigten müssen insbesondere bei Verhafteten Anklage und Prozeß so zügig wie möglich durchgeführt werden[793]; anderenfalls kann eine Strafmilderung geboten sein[794]. Gerichtsverfahren müssen grundsätzlich öffentlich stattfinden (vgl. §169 GVG). Gerichtliche Entscheidungen müssen regelmäßig begründet werden[795], anerkanntermaßen jedenfalls bei Abweichungen einer Präklusionsentscheidung von der höchstrichterlichen Rechtsprechung oder vom Gesetzeswortlaut[796], bei fehlender mündlicher Verhandlung auch schriftlich; veröffentlichungswürdige Entscheidungen müssen als Folge des Rechtsstaatsgebots veröffentlicht werden[797].

8. Rechtmäßigkeitsrestitution

Als Konsequenz aus der Rechtsbindung allen staatlichen Handelns folgt eine **objektive Pflicht zur Beseitigung von Rechtsverstößen** des Staates[798]. Sie erstreckt sich einerseits auf die Aufhebung von rechtswidrigen Normen durch den Normgeber[799]; sie begründet andererseits einen (auch grundrechtlich verankerten) Anspruch des Bürgers auf Beseitigung der Folgen rechtswidrigen Staatshandelns[800]. Neben diesem dem Rechtsstaat eigentümlichen Grundsatz der Rechtmäßigkeitsrestitution stehen nur noch Kompensationsansprüche wegen Sonderopfer[801]. Darüber hinaus lassen sich aus dem Rechtsstaatsprinzip aber keine konkreten Einzelheiten ableiten, die über das hinausgehen, was z.B. Art. 34 GG ausdrücklich und konkretisierend anordnet (→ Art. 34 Rn. 22ff., 41f.) und im übrigen aus den Grundrechten folgt: Ansprüche aus Amtshaftung, aus Enteignungsgrundsätzen[802] und auf Folgenbeseitigung[803]. Hinzu treten gewohnheitsrechtlich ausgeformte Ansprüche wie etwa die auf Aufopferung[804] oder öffentlich-rechtliche Erstattung[805], ohne daß sich bis heute eine generelle Entschädigungspflicht für rechtswidriges Staatshandeln durchgesetzt hätte, die den »Flickenteppich« der unterschiedlichen Institute der Staatshaftung ablösen könnte. Die pro-

206

---

[793] BVerfG (Vorprüfungsausschuß) NJW 1984, 967 (967); für die Disziplinarverfahren BVerfGE 46, 17 (28ff.); für Ordnungswidrigkeiten BVerfG (2. Kammer des Zweiten Senats) NJW 1992, 2472 (2472f.).
[794] BVerfG (2. Kammer des Zweiten Senats) EuGRZ 1994, 73 (75).
[795] Anders ausnahmsweise BVerfGE 50, 287 (289f.); s. auch E 55, 205 (206); ausf. *Lücke*, Begründungszwang (Fn. 717), S. 1ff., 22ff., 118ff. u.ö.
[796] BVerfGE 81, 97 (106) bzw. BVerfGE 71, 122 (135f.).
[797] BVerwG NJW 1997, 2694 (2694f.); *J. Berkemann*, VerwArch. 87 (1996), 362 (374).
[798] BVerwGE 69, 366 (370); *Badura*, Staatsrecht, Rn. D 63ff.; *Morlok*, Folgen (Fn. 379), S. 59.
[799] Ausf. *Heckmann*, Geltungskraft (Fn. 198), S. 82ff.
[800] *M. Morlok*, Die Verwaltung 25 (1992), 371 (383f.); *Schmidt-Aßmann* (Fn. 2), §24 Rn. 88; s. auch *Kunig*, Rechtsstaatsprinzip (Fn. 30), S. 191f.; *J. Lücke*, AöR 104 (1979), 225ff.
[801] Zu dieser Zweiteilung *Sobota*, Prinzip (Fn. 5), S. 230ff., 514f.
[802] S. umfassend *Maurer*, Allg. Verwaltungsrecht, §§25, 26; *F. Ossenbühl*, Staatshaftungsrecht, 4. Aufl. 1991, S. 6ff., 122ff., 173ff., 226ff.; → Art. 14 Rn. 127ff. u.ö.
[803] Dazu etwa BVerwGE 38, 336 (346); *Maurer*, Allg. Verwaltungsrecht, §29; *F. Schoch*, VerwArch. 79 (1988), 1ff.; *ders.*, Jura 1993, 478ff.; *Ossenbühl*, Staatshaftungsrecht (Fn. 802), S. 241ff.; zur Folgenbeseitigungslast für die Verwaltung *H.-J. Blanke/A. Peilert*, Die Verwaltung 31 (1998), 29ff.
[804] *Sobota*, Prinzip (Fn. 5), S. 221f.; *Maurer*, Allg. Verwaltungsrecht, §27; *Ossenbühl*, Staatshaftungsrecht (Fn. 802), S. 102ff.
[805] *Sobota*, Prinzip (Fn. 5), S. 229f.; *Maurer*, Allg. Verwaltungsrecht, §28 Rn. 20ff.; *M. Morlok*, Die Verwaltung 25 (1992), 371ff.; *Ossenbühl*, Staatshaftungsrecht (Fn. 802), S. 333ff.

grammatische Dimension des Rechtsstaats (→ Rn. 16) legt einen solchen generellen Anspruch in Ausformung durch den Gesetzgeber nahe.

III. Die Adressaten des Rechtsstaatsprinzips

207 Das Rechtsstaatsprinzip **bindet alle Träger öffentlicher Gewalt**: Verstöße des Gesetzgebers, der Exekutive oder der Rechtsprechung gegen Art. 20 II 2, III GG oder gegen rechtsstaatliche (Unter-)Prinzipien führen zur objektiven Rechtswidrigkeit, bei Normen grundsätzlich zur Nichtigkeit der Staatsakte. Diese objektive Rechtswidrigkeit kann bei Grundrechtsbeeinträchtigungen auch im Rahmen der Verfassungsbeschwerde geltend gemacht werden (→ Art. 2 I Rn. 28).

D. Verhältnis zu anderen GG-Bestimmungen

208 Die Institutionen, Verfahren und Regelungen des Rechtsstaats gewinnen ihren Sinn im **Funktionszusammenhang mit den anderen Staatsstruktur- bzw. Staatszielbestimmungen des Grundgesetzes**: Demokratieprinzip, Sozial-, Bundes- und Umweltstaatlichkeit[806]. Sie dienen der Freiheit des einzelnen in seiner sozialen und kulturellen Lebensform durch politische Teilhabe, Rationalisierung und Begrenzung der staatlichen Machtausübung; sie tragen bei zur Verwirklichung sozialer Gerechtigkeit; und sie formen auch den Bundesstaat und die Umsetzung des Umweltstaats. Diese Funktionszusammenhänge führen zu spezifischen Spannungslagen zwischen den einzelnen Hauptprinzipien des Grundgesetzes, deren Verhältnis zueinander sich nicht hierarchisieren läßt[807].

209 Namentlich das **Demokratieprinzip** wird z.T. als vorrangige Voraussetzung für die Aufrechterhaltung eines Rechtsstaats interpretiert[808], der sich den Maßstäben sozialer Gerechtigkeit verpflichtet weiß; umgekehrt strukturiert der Rechtsstaat den demokratischen Prozeß und formt dessen Handlungsinstrumente, ist die Demokratie des Grundgesetzes unübersteigbar verfassungs- und rechtsgebunden[809]. Demokratie und Rechtsstaat dürfen indessen nicht gegeneinander ausgespielt werden[810] (→ Rn. 15).

210 Durch die ausdrückliche Kodifizierung des **Sozialstaats** als Prinzip (Art. 20 I GG, → Art. 20 [Sozialstaat] Rn. 15ff.) wird der Gedanke sozialer Gerechtigkeit zum zentralen Bezugspunkt für das Handeln des Rechtsstaats. Sie verbietet es, den Rechtsstaat als Grenze antinomisch gegen sozialstaatliche Gerechtigkeitsforderungen auszuspielen[811]; mögliche Spannungslagen sind i.S. der Einheit der Verfassung durch Abwägung

---

[806] S. näher *O. Kimminich*, DÖV 1979, 765ff.; *Sobota*, Prinzip (Fn. 5), S. 422ff. betont zudem die Grundrechte und das Republikprinzip.
[807] *Sobota*, Prinzip (Fn. 5), S. 430ff., 435ff.; *Buchwald*, Prinzipien (Fn. 12), S. 255ff., 272ff.
[808] Vgl. *J. Habermas*, Faktizität und Geltung, 1992, S. 13, 217; *Meyn*, Kontrolle (Fn. 56), S. 182ff.
[809] Vgl. *E.-W. Böckenförde*, Demokratie als Verfassungsprinzip, in: HStR I, § 22 Rn. 87ff.; *Schmidt-Aßmann* (Fn. 2), § 24 Rn. 96; s. auch *Habermas*, Faktizität (Fn. 808), S. 154f., 162, 168f., 208 u.ö.
[810] *Sobota*, Prinzip (Fn. 5), S. 449; *Hesse*, Rechtsstaat (Fn. 1), S. 583ff.; *Scheuner*, Entwicklung (Fn. 3), S. 468f.; *Bäumlin*, Demokratie (Fn. 182), S. 94ff.
[811] So z.B. *Forsthoff*, Begriff (Fn. 59), S. 178ff.; *W. Weber*, Der Staat 4 (1965), 409 (432ff.); vgl. auch *Schnapp* (Fn. 156), Art. 20 Rn. 28f.; *Schütz*, Strafe (Fn. 179), S. 21ff.

aufzulösen⁸¹². Deshalb können sozialstaatliche Zielsetzungen des Gesetzgebers je nach ihrem elementaren Rang grundrechtlichen Freiheits- und Gleichheitsrechten i.S. sozial gebundener Freiheit ausgestaltend Grenzen ziehen⁸¹³ und u.U. rechtsstaatliche-Gewährungen in ihrer Reichweite zurückdrängen.

Der Rechtsstaat wird durch den **Bundesstaat** i.S. vertikaler Gewaltenteilung gestärkt (→ Rn. 72; → Art. 20 [Bundesstaat] Rn. 17), gewährleistet die Gleichheit der Länder und sichert ihre Kompetenzwahrnehmung⁸¹⁴. 211

Verschiedene Kernelemente des allgemeinen Rechtsstaatsprinzips finden **im Grundgesetz** selbst eine **spezielle Ausformung** und Konkretisierung. So wird z.B. der allgemeine Bestimmtheitsgrundsatz (→ Rn. 117ff.) nicht nur im Grundgesetz selbst ausdrücklich hervorgehoben (z.B. Art. 80 I 2, 103 II GG), sondern auch implizit in anderen Zusammenhängen rechtlicher Determination (z.B. bei der Vorherbestimmbarkeit des gesetzlichen Richters nach Art. 101 I 2 GG). Auch die rechtsstaatlichen Anforderungen an gerichtliche Verfahren (→ Rn. 199ff.) werden in den Regeln über die Justiz (Art. 95, 97 I GG) und die sog. Justizgrundrechte (Art. 101ff. GG) konkretisiert oder als Regeln verbindlich festgelegt. So lassen sich zahlreiche prozeßrechtliche Anforderungen auch als Folgerungen aus dem Gebot zu rechtlichem Gehör (Art. 103 I GG) interpretieren. Insoweit ist die speziellere Regelung vorrangiger Ausgangspunkt rechtsstaatlicher Rechtsanwendung (→ Rn. 42). 212

Die Auslegung von Art. 20 II 2, III GG hat zu bestimmen, welche **rechtsstaatlichen Elemente dem Zugriff** des verfassungsändernden Gesetzgebers **nach Art. 79 III GG entzogen** sind (→ Art. 79 III Rn. 40ff.). Dabei können nicht einfach alle dem in Art. 20 II 2, III GG garantierten Rechtsstaatsprinzip zuzuordnenden Teilelemente auch als nach Art. 79 III GG schlechthin unabänderlich gelten, sondern auch hier ist nur das Prinzip einer Verfassungsänderung entzogen, nicht aber Einschränkungen des Prinzips bis zu einer letzten Grenze der Unantastbarkeit; einzelne rechtsstaatliche Elemente des Grundgesetzes wie z.B. Art. 19 IV, 101 I 2, 103 I, 103 II GG sind daher nur in ihrem elementaren Kern einer Verfassungsänderung entzogen⁸¹⁵. 213

---

⁸¹² *Schmidt-Aßmann* (Fn. 2), § 24 Rn. 95; ausf. *Benda* (Fn. 156), § 17 Rn. 91ff.; s. auch *D. Suhr*, Der Staat 9 (1970), 67 (74f., 91ff.); *Huber*, Rechtsstaat (Fn. 182), S. 611ff.

⁸¹³ Vgl. etwa *Schnapp* (Fn. 156), Art. 20 Rn. 29; *U. Scheuner*, DÖV 1971, 505 (512); *D. Suhr*, Der Staat 9 (1970), 67 (87ff.); sehr weitgehend *K.-J. Bieback*, EuGRZ 1985, 657ff.

⁸¹⁴ Vgl. *Schmidt-Aßmann* (Fn. 2), § 24 Rn. 94. – Zum Umweltstaat → Art. 20a Rn. 20, 37f.

⁸¹⁵ Vgl. *Schnapp* (Fn. 156), Art. 20 Rn. 24, 53; *Herzog* (Fn. 111), Art. 20 VII Rn. 35ff. → Art. 79 III Rn. 22ff., 40ff.

Art. 20 IV (Widerstandsrecht)

Artikel 20 [Verfassungsprinzipien; Widerstandsrecht]

(1) Die Bundesrepublik Deutschland ist ein demokratischer und sozialer Bundesstaat.

(2) ¹Alle Staatsgewalt geht vom Volke aus. ²Sie wird vom Volke in Wahlen und Abstimmungen und durch besondere Organe der Gesetzgebung, der vollziehenden Gewalt und der Rechtsprechung ausgeübt.

(3) Die Gesetzgebung ist an die verfassungsmäßige Ordnung, die vollziehende Gewalt und die Rechtsprechung sind an Gesetz und Recht gebunden.

(4) Gegen jeden, der es unternimmt, diese Ordnung zu beseitigen, haben alle Deutschen das Recht zum Widerstand, wenn andere Abhilfe nicht möglich ist.

Literaturauswahl

Bauer, Fritz: Widerstand gegen die Staatsgewalt. Dokumente der Jahrtausende, 1965.
Böckenförde, Christoph: Die Kodifizierung des Widerstandsrechts im Grundgesetz, in: JZ 1970, S. 168–172.
Doehring, Karl: Das Widerstandsrecht des Grundgesetzes und das überpositive Recht, in: Der Staat 8 (1969), S. 429–439.
Dolzer, Rudolf: Der Widerstandsfall, in: HStR VII, § 171 (S. 455–479).
Dreier, Ralf: Widerstand im Rechtsstaat, in: Festschrift für Hans Ulrich Scupin, 1983, S. 573–599.
Herzog, Roman: Das positivierte Widerstandsrecht, in: Festschrift für Adolf Merkl, 1970, S. 99–107.
Isensee, Josef: Das legalisierte Widerstandsrecht, 1969.
Kaufmann, Arthur/Backmann, Leonhard E. (Hrsg.): Widerstandsrecht, 1972.
Klein, Hans H.: Der Gesetzgeber und das Widerstandsrecht, in: DÖV 1968, S. 865–867.
Köhler, Michael: Die Lehre vom Widerstandsrecht in der deutschen konstitutionellen Staatsrechtstheorie der 1. Hälfte des 19. Jahrhunderts, 1973.
Link, Christoph: Ius resistendi. Zum Widerstandsrecht im deutschen Staatsdenken, in: Festschrift für Alexander Dordett, 1976, S. 55–68.
Schneider, Peter: Widerstandsrecht und Rechtsstaat, in: AöR 89 (1964), S. 1–24.
Scholler, Heinrich: Widerstand und Verfassung, in: Der Staat 8 (1969), S. 19–39.
Starck, Christian: Art. Widerstandsrecht, in: StL[7], Bd. V, Sp. 989–993.
Wolzendorff, Kurt: Staatsrecht und Naturrecht in der Lehre vom Widerstandsrecht des Volkes gegen rechtswidrige Ausübung der Staatsgewalt, 1916.

Leitentscheidung des Bundesverfassungsgerichts

BVerfGE 5, 85 (376f.) – KPD-Verbot.

Gliederung

	Rn.
A. Herkunft, Entstehung, Entwicklung	1
I. Ideen- und verfassungsgeschichtliche Aspekte	1
II. Entstehung und Veränderung der Norm	4
B. Internationale, supranationale und rechtsvergleichende Bezüge	5
C. Erläuterungen	7
I. Allgemeine Bedeutung	7
1. Konstitutionelles und metakonstitutionelles Widerstandsrecht	7
2. Funktionen des konstitutionellen Widerstandsrechts	8
a) Symbolfunktion	8
b) Rechtfertigungsfunktion	9

II. Voraussetzungen 10
   1. Widerstandsfall 10
   2. Subsidiarität 13
III. Implikationen 14
   1. Rechtsfolgen 14
   2. Dogmatische Probleme 16
D. Verhältnis zu anderen GG-Bestimmungen 18

A. Herkunft, Entstehung, Entwicklung

I. Ideen- und verfassungsgeschichtliche Aspekte

Älter als die Tradition eines gesetzlich garantierten Rechts zum Widerstand gegen usurpierte oder despotische Herrschaft ist die Idee eines natürlichen, **überpositiven Widerstandsrechts** gegen den Unrechtsstaat. Diese Idee und ihre Geschichte ist so vielgestaltig wie das Naturrechtsdenken[1].   1

Ausgeschlossen erscheint ein metajuristisches Widerstandsrecht in allen Lehren, die dem Rechtspositivismus im weitesten Sinne zuzurechnen sind[2]. Sie reichen von so anspruchsvollen Rechts- und Staatsphilosophien wie denjenigen Platons[3] und Kants[4] bis zur philosophisch anspruchslosen Identifizierung von Recht und Gesetz im staatsrechtlichen Positivismus[5]. **Anerkannt** wird ein übergesetzliches Widerstandsrecht in Lehren, die legitime staatliche Herrschaft von der Erfüllung vorstaatlicher Bedingungen abhängig machen, sei es von der Achtung höheren Rechts wie im christlichen Rechtsdenken des Mittelalters und der Reformation[6] oder von Anerkennung und   2

---

[1] Grundlegend für die Widerstandslehre der Monarchomachen und die spätere Entwicklung: *K. Wolzendorff*, Staatsrecht und Naturrecht in der Lehre vom Widerstandsrecht des Volkes gegen rechtswidrige Ausübung der Staatsgewalt, 1916. Zur Lehre vom Widerstandsrecht in der deutschen konstitutionellen Staatsrechtstheorie der 1. Hälfte des 19. Jahrhunderts die Monographie dieses Titels von *M. Köhler*, 1973. Zum Widerstandsrecht im deutschen Staatsdenken allgemein *C. Link*, Ius resistendi, in: FS Dordett, 1976, S. 55 ff. Zu den fränkischen Wurzeln lehensrechtlicher Treueverhältnisse *F. Bauer*, Widerstand gegen die Staatsgewalt, 1965, S. 56 ff.

[2] Die pauschale Alternative Rechtspositivismus oder Naturrecht ist wegen der Vagheit der Begriffe nur mit Vorsicht zu gebrauchen. Einzelpositionen in Fn. 3–8.

[3] Zentrales Argument in *Platons* Dialog Kriton, 50a ff., mit dem Sokrates seinen Gehorsam gegen das Todesurteil begründet, ist die Gesetzesgeltung und philosophisch-systematisch mit ihr verbunden die – im weitesten Sinne – positivistische Idee des stabilen Staates.

[4] *Kants* Qualifizierung des Widerstandsrechts »als die ganze gesetzliche Verfassung zernichtend«, Metaphysik der Sitten, Rechtslehre, § 49, Allg. Anm. A, ist die systematische Konsequenz strikter Differenzierung zwischen Legalität und Moralität – weshalb die kantische Rechtslehre im weitesten Sinne positivistisch ist, obwohl (philosophisch genauer: gerade weil) sie in ihren metaphysischen Anfangsgründen auf Moralität beruht.

[5] Ähnlich *P. Schneider*, AöR 89 (1964), 1 ff., der exemplarisch auf *Georg Jellinek* verweist (8). In der Tat findet sich in dessen Allgemeiner Staatslehre, S. 370 die klassisch rechtsstaats-positivistische Position: »Der Staat verpflichtet sich im Akte der Rechtsschöpfung ... gegenüber den Untertanen zur Anwendung und Durchführung des Rechtes«.

[6] Apostelgeschichte 5, 29: »Man muß Gott mehr gehorchen als den Menschen«. Zur Position der hochmittelalterlichen Theologie *Thomas von Aquin*, Summa Theologiae II-II, 96, 4 mit der klassisch rechtstheologischen Begründung eines Widerstandsrechts im Falle eines gegen das Gebot Gottes verstoßenden Gesetzes; der Verstoß kann dabei sowohl in einem Gegensatz zum menschlichen als auch

Art. 20 IV (Widerstandsrecht) A. Herkunft, Entstehung, Entwicklung

Schutz natürlicher, fundamentaler Rechte wie in der neuzeitlichen Vertragstheorie[7] namentlich bei Locke[8].

3   Ein **positiviertes Widerstandsrecht** ist in zwei verfassungsgeschichtlichen Dokumenten von Rang enthalten: in der Virginia Bill of Rights von 1776[9] und in der Déclaration des Droits de l'Homme et du Citoyen von 1789[10]. Der wirkungsmächtigste Akt eines praktizierten Widerstandsrechts ist aber die **Amerikanische Unabhängigkeitserklärung** vom 4. Juli 1776; geleitet von den Ideen der (primär Lockeschen) vertragstheoretischen Naturrechtslehre werden dort die Fakten aufgezählt, »welche alle die Errichtung einer absoluten Tyrannei« über die Kolonialstaaten »zum geraden Endzweck haben« und auf dieser Grundlage der von George III. gebrochene Herrschaftsvertrag aufgelöst[11]. Indem der neue Vertrag auf die berühmten »unveräußerlichen Rechte« der Eingangspassage (Leben, Freiheit und Streben nach Glück) gegründet und die Regierung zu deren Sicherung verpflichtet wird, werden zugleich die konstitutionellen Bedingungen formuliert, unter denen ein präkonstitutionelles Widerstandsrecht verfassungsgeschichtlich überwunden wurde[12]. Das Fehlen eines positivierten Widerstandsrechts in der **deutschen Verfassungsgeschichte** sollte vor allem aus der Weite dieser Tradition eines menschenrechtsgewährleistenden freiheitlichen und demokratischen Verfassungsstaates verstanden werden – und nicht aus der Enge eines positivistischen Etatismus[13].

---

zum göttlichen Gut bestehen. Präzisierung des Widerstandsrechts gegen Tyrannei: De regimine principum, I, 6 (nur nach allgemeinem Beschluß). Zur Position *Martin Luthers* dessen Schrift »Von weltlicher Obrigkeit«, in der auf der Grundlage der Zwei-Reiche-Lehre ein Widerstandsrecht nur gegen eine an Glaubensfragen rührende Obrigkeit zugestanden wird (2. Teil, Praktische Folgerungen, 1. Abschnitt).

[7] Allerdings nicht bereits bei Thomas Hobbes, dem Protagonisten dieser Vertragstheorie: *H. Hofmann*, Bemerkungen zur Hobbes-Interpretation (1966), in: ders., Recht – Politik – Verfassung, 1986, S. 58 ff. gegen *P. C. Mayer-Tasch*, Thomas Hobbes und das Widerstandsrecht, 1965.

[8] In der zweiten Abhandlung über die Regierung, §§ 197–210, unterscheidet *John Locke* in bis heute relevanter Weise zwischen Widerstand gegen Usurpation und Widerstand gegen Tyrannei: Art. 20 IV GG ist antiusurpatorisch.

[9] Art. 3 der Erklärung vom 12.6.1776 räumt einer »Mehrheit der Gemeinschaft ein unbezweifelbares, unveräußerliches und unverletzbares Recht« ein, eine Regierung »zu reformieren, umzugestalten oder abzuschaffen«, die sich den vorher genannten Zwecken – Schutz, Sicherheit und Glück i.S.d. gemeinen Besten – »nicht gewachsen oder feindlich zeigt«.

[10] In Art. 2 der Erklärung vom 26.8.1789 heißt es: »Der Zweck jeder politischen Vereinigung ist die Erhaltung der natürlichen und unveräußerlichen Menschenrechte. Diese Rechte sind die Freiheit, das Eigentum, die Sicherheit und der Widerstand gegen Unterdrückung«.

[11] In den von *H. Schambeck* eingeleiteten und herausgegebenen Dokumenten zur Geschichte der Vereinigten Staaten von Amerika, 1993, S. 114 ff. nimmt die Aufzählung etwa zwei Drittel der gesamten Erklärung ein. In ihrem – in zeitgenössischer Übersetzung zitierten – Schlußabsatz wird erklärt, daß die Kolonien »von aller Pflicht und Treuergebenheit gegen die Britische Krone frey – und losgesprochen sind« (S. 118).

[12] Statt vieler *H. Heller*, Gesammelte Schriften, Bd. 3 (Staatslehre), 2. Aufl. 1992, S. 337: »Anerkennung eines legalen Widerstandsrechtes im heutigen Staate eine Unmöglichkeit«; ähnlich *Stern*, Staatsrecht II, S. 1497 m.w.N.

[13] In diesem Sinne namentlich *C. Starck*, Art. Widerstandsrecht, in: StL[7], Bd. V, Sp. 989 ff. (991); pointiert *P. Schneider*, AöR 89 (1964), 1 (16): »Das Widerstandsrecht hat seinen Ort nicht im modernen Rechtsstaat, sondern im Unrechtsstaat«.

II. Entstehung und Veränderung der Norm

Art. 20 IV GG wurde durch das 17. Gesetz zur Änderung des Grundgesetzes vom 24. Juni 1968 in die Verfassung aufgenommen[14], und zwar in zeitlicher und sachlicher Konnexität mit der Aufnahme der sog. **Notstandsverfassung**. Während der Hauptausschuß des Parlamentarischen Rates ein Widerstandsrecht mit der Begründung abgelehnt hatte, es könnte als Aufruf zum Bürgerkrieg mißverstanden werden[15], hat das Bundesverfassungsgericht im KPD-Urteil die Möglichkeit eines solchen Rechts »nicht von vornherein verneinend entschieden«[16]. Trotz der damit wiedereröffneten Diskussion gab es keine entsprechenden Initiativen. Selbst in der Beratung der Bundestagsausschüsse zur Vorbereitung der Notstandsgesetzgebung wurde von einem Widerstandsrecht erst ganz zum Schluß gesprochen[17]. Im Plenum des Bundestages wurde auf die Notwendigkeit hingewiesen, »im Zusammenhang mit der Notstandsgesetzgebung ... Mißtrauen abzubauen und Vertrauen aufzubauen«[18]. Gleichwohl ist es eine entstehungsgeschichtlich unzulässige Verkürzung, Art. 20 IV GG lediglich mit dem »unterschwellig schlechten Gewissen mancher Abgeordneten« in Verbindung zu bringen[19]. Erstens muß auch die damalige Forderung der Gewerkschaften berücksichtigt werden, den politischen Streik zu garantieren, damit dieser nicht als Fall des inneren Notstandes angesehen werden könne[20]; und zweitens ist es bei all dem um die politische Sicherstellung der parlamentarischen Mehrheit für die »Notstandsverfassung« gegangen[21]. Eben deshalb hat eine eigenständige Diskussion über Art. 20 IV GG im Bundestag nicht stattgefunden[22], und nur daher ist es verständlich, daß die Qualifizierung des Widerstandsrechts als »in erster Linie symbolisch«[23] ohne Widerspruch und der neue Artikel ohne Gegenstimme geblieben ist[24]. Bei aller hermeneutisch gebotenen Zurückhaltung gegenüber der subjektiven Auslegungstheorie[25] darf dieser entstehungsgeschichtliche Konsens über den **Symbolcharakter** des Art. 20 IV GG nicht übersehen werden[26]. Eine **Änderung** des Textes oder seines ursprünglichen Verständnisses hat seither nicht stattgefunden.

---

[14] BGBl. I S. 709.
[15] *Carlo Schmid* sah die Gefahr einer Mißdeutung als »Aufforderung zum Landfriedensbruch«: Verhandlungen des Hauptausschusses des Parlamentarischen Rates 1948/49, S. 590.
[16] BVerfGE 5, 85 (376).
[17] *H. Reichel*, DB 1968, 1312 (1312).
[18] So der Abg. *Stammberger* in der 174. Sitzung am 15.5.1968, Protokolle der 5. Wahlperiode, S. 9363.
[19] *K. Doehring*, Der Staat 8 (1969), 429 (430).
[20] Protokolle (Fn. 18), S. 5875f.; dazu *H. Reichel*, DB 1968, 1312 (1313f.).
[21] *Stern*, Staatsrecht II, S. 1504 spricht daher mit Recht von einem »politischen Tauschgeschäft«; ähnlich *H. H. Klein*, DÖV 1968, 865 (867).
[22] Verfassungsrechtlich Wesentliches enthält nur die Rede des Abg. *Stammberger*, Protokolle (Fn. 18), S. 9363f.
[23] Abg. *Stammberger*, Protokolle (Fn. 18), S. 9364.
[24] Protokolle (Fn. 18), S. 9367.
[25] BVerfGE 11, 126 (129ff.).
[26] *R. Herzog*, in: Maunz/Dürig, GG, Art. 20 IX (1980), Rn. 2, mißt den Materialien insoweit zu wenig Gewicht bei.

B. Internationale, supranationale und rechtsvergleichende Bezüge

5   Ein kodifiziertes Widerstandsrecht ist den **Verfassungen der EU-Mitgliedsstaaten** durchaus nicht fremd. So regelt Art. 21 der portugiesischen Verfassung das »Recht« für jedermann, »gegen jeglichen Befehl, der seine Rechte, Freiheiten und Garantien verletzt, Widerstand zu leisten und jeden Angriff mit Gewalt abzuwehren, sofern es ihm nicht möglich ist, sich an die Behörden zu wenden«. Nach Art. 120 IV der griechischen Verfassung sind alle Griechen »berechtigt und verpflichtet, gegen jeden, der es unternimmt, die Verfassung mit Gewalt aufzulösen, mit allen Mitteln Widerstand zu leisten«. Im Vereinigten Königreich von Großbritannien ergibt sich ein Widerstandsrecht aus der zu den Grunddokumenten des britischen Verfassungsrechts zählenden Magna Charta Libertatum von 1215[27]. Die Präambel der französischen Verfassung nimmt Bezug auf die Erklärung der Menschen- und Bürgerrechte von 1789 und damit auch auf das dort garantierte Widerstandsrecht[28].

6   Auch die **Verfassungen der deutschen Länder** kennen ein positives Widerstandsrecht, so die Verfassungen Berlins[29], Bremens[30], Hessens[31], Sachsens[32] und Sachsen-Anhalts[33].

C. Erläuterungen

I. Allgemeine Bedeutung

1. Konstitutionelles und metakonstitutionelles Widerstandsrecht

7   Wie der ideen- und verfassungsgeschichtliche Rückblick (→ Rn. 1 ff.) zeigt, wird das Wort »Widerstandsrecht« in zwei verschiedenen Bedeutungen gebraucht: in der eines nicht-kodifizierten und eines kodifizierten Rechts zum Widerstand. Soweit die Kodifizierung – wie im Falle des Art. 20 IV GG – auf Verfassungsebene erfolgt ist, kann von einem **konstitutionellen Widerstandsrecht** gesprochen werden. Status, Funktion und Interpretation eines solchen Widerstandsrechts ergeben sich allein aus verfassungsrechtlichen Zusammenhängen. Trotz der nicht unberechtigten Kritik an der Aufnahme des Art. 20 IV GG in das Grundgesetz[34] handelt es sich um eine Norm des positiven Verfassungsrechts, die nach den Regeln der Verfassungshermeneutik auszulegen ist[35]. Rückgriffe auf ein **metakonstitutionelles Widerstandsrecht** sind im Rahmen der Interpretation des Art. 20 IV GG ausnahmslos ausgeschlossen.

---

[27] Deren § 61 regelt ein spezielles Verfahren des Widerstands durch 25 ausgewählte Barone mit dem vorrangigen Zweck »einer nach ihrer Ansicht angemessenen Wiedergutmachung«.
[28] → Fn. 10.
[29] Art. 23 III BerlVerf. (Widerstandsrecht bei offensichtlicher Verletzung der Grundrechte).
[30] Art. 19 BremVerf. (Widerstandsrecht und -pflicht).
[31] Art. 147 I HessVerf. (Widerstandsrecht und -pflicht).
[32] Art. 114 SächsVerf.
[33] Art. 21 V Sachs-AnhaltVerf.
[34] Grundlegend: *J. Isensee*, Das legalisierte Widerstandsrecht, 1969, pointiert S. 99: »legalistischer Wunschtraum ... vergleichbar dem Versuch Münchhausens, sich am eigenen Zopf aus dem Sumpf herauszuziehen«. Kritisch auch *Hesse*, Verfassungsrecht, Rn. 760; *Jarass/Pieroth*, GG, Art. 20 Rn. 86; *C. Böckenförde*, JZ 1970, 168 (172); *H. H. Klein*, DÖV 1968, 865 (867); *F. v. Peter*, DÖV 1968, 719 (721).
[35] Auch dafür grundlegend *Isensee*, Widerstandsrecht (Fn. 34), S. 12 ff.; übereinstimmend *R. Dolzer*, Der Widerstandsfall, in: HStR VII, § 171 Rn. 13 und *Stern*, Staatsrecht II, S. 1507 f.

2. Funktionen des konstitutionellen Widerstandsrechts

a) Symbolfunktion

Nicht nur in subjektiver[36], sondern auch in objektiver Interpretation liegt der wesentliche, vor allem verfassungspolitische Wert des Art. 20 IV GG in seiner **Symbolfunktion**. Das konstitutionelle Widerstandsrecht symbolisiert die Verteidigungswürdigkeit der freiheitlichen Ordnung, in der es garantiert und den Verteidigungsauftrag derer, denen es gewährt wird[37]. Als konservatives[38], auf Bewahrung der Freiheitsordnung des Grundgesetzes gerichtetes Symbol ist es das **Gegenbild der Revolution**[39]. Von der Tradition des nachrevolutionären westlichen Verfassungsstaates her gesehen erscheint es als Bild von Kämpfern, die für die Erhaltung eines Staates auf die Barrikaden gehen, der Freiheit und Ordnung so gut wie möglich austariert[40]. Bleibt das Wagnis dieses Kampfes auch immer eine **Gewissensentscheidung** des Einzelnen, so setzt Art. 20 IV GG doch ein sichtbares Zeichen für alle, sichtbarer jedenfalls als die verschiedenen Wurzeln eines metakonstitutionellen Widerstandsrechts. Aus der gerade für den juristischen Laien eindeutigen Aussage[41], daß es sich um ein »Recht« zum Widerstand handelt, ergibt sich eine **Appellfunktion**[42] an die Verteidiger der Verfassung, usurpatorische Aktivitäten nicht erst dann zu bekämpfen, wenn es zu spät ist[43].

8

b) Rechtfertigungsfunktion

Der hohe Symbolwert des Art. 20 IV GG bleibt auch dann erhalten, wenn die praktische Relevanz auf einen **einzigen Anwendungsfall** reduziert ist: auf den Fall des erfolgreichen Widerstands gegen die Beseitigung der bestehenden Ordnung[44]. Anders als im Revolutionsfalle sind die Widerstandshandlungen dann nicht nach neuer, sondern nach alter Ordnung zu beurteilen. Die **Rechtfertigungsfunktion**, die Art. 20 IV GG dabei zukommt, darf nicht unterschätzt werden, weil der Erfolg eines Widerstandskampfes ohne Kollision mit elementaren Rechtsgütern der Bekämpften kaum denkbar ist[45]. Sowohl das **Strafrecht** als auch das **Zivilrecht** hat darauf mit einer seiner spezifischen Dogmatik entsprechenden Rechtfertigung der Widerstandshandlungen zu reagieren[46].

9

---

[36] → Rn. 4.
[37] Treffend deshalb der Hinweis des Abg. *Stammberger*, Protokolle (Fn. 18), S. 9364 auf die »Verteidigung der freiheitlichen Rechte auch bis zum Extrem« und darauf, »daß ein jeder selbst dazu bereit sein muß, sie zu verteidigen, wenn alle anderen Mittel versagen«.
[38] BVerfGE 5, 85 (377) spricht von einem Widerstandsrecht »im konservierenden Sinne«.
[39] *Isensee*, Widerstandsrecht (Fn. 34), S. 53. Diskussion bei *Stern*, Staatsrecht II, S. 1500 ff.
[40] Insofern ist Art. 20 IV GG wie Art. 18 GG mindestens ebenso Symbol der wehrhaften Republik wie der wehrhaften Demokratie: *R. Gröschner*, JZ 1996, 637 (644). Treffendes Motto für den Citoyen bei *E. Denninger*, Der Schutz der Verfassung, in: HdbVerfR, § 16 Rn. 69: »Tua res agitur!« Zum ganzen *H. Dreier*, JZ 1994, 741 (750 ff.).
[41] Zur rechtsdogmatischen Uneindeutigkeit → Rn. 15.
[42] *R. Herzog*, Das politische Widerstandsrecht, in: FS Merkl, 1970, S. 99 ff. (105).
[43] *Herzog* (Fn. 26), Art. 20 IX Rn. 8.
[44] Allgemeine Auffassung; dazu statt aller *Isensee*, Widerstandsrecht (Fn. 34), S. 81, 86.
[45] *Isensee*, Widerstandsrecht (Fn. 34), S. 87.
[46] *Dolzer* (Fn. 35), § 171 Rn. 42 ff.; im einzelnen *Isensee*, Widerstandsrecht (Fn. 34), S. 87 ff.

Art. 20 IV (Widerstandsrecht)   C. Erläuterungen

II. Voraussetzungen

1. Widerstandsfall

10 Der Widerstandsfall setzt sich aus Angriffssubjekt, Angriffsobjekt und Angriffshandlung zusammen. **Angriffssubjekt** ist »jeder«, der eine Angriffshandlung i.S.d. Art. 20 IV GG vornimmt, gleichviel, ob er es als Organwalter auf einen **Staatsstreich von oben** oder als Privater auf einen **Staatsstreich von unten** abgesehen hat[47]. Paradigma des ersteren ist der Putsch, des letzteren der Aufstand[48], verstanden als Angriff auf die Verfassung durch revolutionäre Kräfte aus dem nicht-staatlichen Bereich[49].

11 **Angriffsobjekt** ist »diese Ordnung«, also nach schlichtem grammatischen Rückbezug die in den Absätzen I bis III des Art. 20 GG niedergelegte Ordnung. Entscheidendes Auslegungskriterium ist jedoch nicht die Sprach-, sondern die Sachgrammatik, d.h. die Systematik des Grundgesetzes. Danach gehört Art. 20 IV GG als Staatsnothilfevorschrift[50] in den Zusammenhang der Verfassungsschutzbestimmungen der Art. 9 II, 18 und 21 II GG. »Ordnung« i.S.d. Art. 20 IV GG meint daher jene **freiheitliche demokratische Grundordnung**, die den gemeinsamen Nenner der genannten Verfassungsschutzvorschriften bildet[51].

12 Die **Angriffshandlung** setzt voraus, daß jemand es »unternimmt«, die freiheitliche demokratische Grundordnung zu beseitigen. **Unternehmen** bedeutet, daß bereits Versuchshandlungen (nicht aber bloße Vorbereitungshandlungen) genügen, um den Widerstandsfall zu konstituieren[52]. Ein Unternehmen des **Beseitigens** liegt vor, wenn ein Schutzgut des Art. 20 IV GG durch aktiv kämpferisches, aggressives Handeln konkret gefährdet ist[53]. Darüber hinaus verlangt ein Teil der Lehre, die Angriffshandlung müsse »offenkundig« sein[54]. Weder der Wortlaut noch die Entstehungsgeschichte des Art. 20 IV GG geben dafür aber etwas her. Da auch das teleologische Argument, dem »handgreiflichen Unrecht« könne man nur mit »handgreiflicher Gegengewalt« begegnen[55], semantischer Untersuchung nicht standhält[56], ist gegen die Annahme eines ungeschriebenen Tatbestandsmerkmals zu votieren. Auch auf die Motive des Angreifers und andere subjektive Momente kommt es nicht an[57].

---

[47] So schon die Formulierungen des Abg. *Stammberger*, Protokolle (Fn. 18), S. 9364.
[48] *Isensee*, Widerstandsrecht (Fn. 34), S. 28 mit weiteren Differenzierungen S. 29 ff.
[49] Schriftl. Bericht des Rechtsausschusses, BT-Drucks. V/2873, S. 9.
[50] *Isensee*, Widerstandsrecht (Fn. 34), S. 40, 88.
[51] *Isensee*, Widerstandsrecht (Fn. 34), S. 14 f.; *Dolzer* (Fn. 35), § 171 Rn. 22; *Hesse*, Verfassungsrecht, Rn. 758; a.A. *Herzog* (Fn. 26) Art. 20 IX Rn. 12 und *Stern*, Staatsrecht II, S. 1512. → Art. 18 Rn. 22 f.; → Art. 21 Rn. 140.
[52] *Herzog* (Fn. 26), Art. 20 IX Rn. 23; *Hesse*, Verfassungsrecht, Rn. 758; *Stern*, Staatsrecht II, S. 1516; a.A. hinsichtlich der Vorbereitungshandlungen *Dolzer* (Fn. 35), § 171 Rn. 27.
[53] *Isensee*, Widerstandsrecht (Fn. 34), S. 21; *Stern*, Staatsrecht II, S. 1517. Grundlage: BVerfGE 5, 85 (141) zu Art. 21 II GG.
[54] *Isensee*, Widerstandsrecht (Fn. 34), S. 23 f. mit dem Hinweis, daß nur offenkundiges Unrecht schwer genug wiege, »um das Wagnis des Widerstands zu rechtfertigen«. Die Formulierung geht auf BVerfGE 5, 85 (377) zurück, ist dort jedoch ohne Begründung geblieben. Für Offenkundigkeit auch *Herzog* (Fn. 26) Art. 20 IX Rn. 27; *Hesse*, Verfassungsrecht, Rn. 758; *Stern*, Staatsrecht II, S. 1516.
[55] *Isensee*, Widerstandsrecht (Fn. 34), S. 24.
[56] »Handgreiflich« hat im Zusammenhang mit »Unrecht« eine andere Bedeutung als im Zusammenhang mit »Gewalt«.
[57] Treffend *Isensee*, Widerstandsrecht (Fn. 34), S. 27: Das Widerstandsrecht »blickt nicht auf den Täter, sondern auf die Tat«. Unklar *Stern*, Staatsrecht II, S. 1517: »Der Wille zur Beseitigung darf nicht bedeutungslos sein«.

2. Subsidiarität

Die Klausel »sofern andere Abhilfe nicht möglich ist« bestätigt die Auffassung des Bundesverfassungsgerichts, daß das Widerstandsrecht **ultima ratio** sei. Danach müssen »alle von der Rechtsordnung zur Verfügung gestellten Rechtsbehelfe so wenig Aussicht auf wirksame Abhilfe bieten, daß die Ausübung des Widerstands das letzte verbleibende Mittel zur Erhaltung oder Wiederherstellung des Rechts ist«[58].

13

III. Implikationen

1. Rechtsfolgen

Konditional programmiert knüpft Art. 20 IV GG an das Vorliegen eines Widerstandsfalles die Rechtsfolge eines Widerstandsrechts für »alle Deutschen«. **Deutsche** (→ Art. 16 Rn. 32ff.) sind natürliche Personen i.S.d. Art. 116 I GG, die in den Staatsverband der Bundesrepublik integriert sind[59]; ob sie einzeln oder in Gruppen Widerstand leisten, ist unerheblich[60]. Nicht zugestanden werden kann das Widerstandsrecht staatlichen Organen, da die *uno actu* mit Art. 20 IV GG geschaffene Notstandsverfassung sonst ihre normative Kraft verlöre[61].

14

Arten und Mittel des Widerstands sind in Art. 20 IV GG offengelassen, so daß aktiver und passiver Widerstand ebenso erfaßt wird wie Widerstand mit oder ohne Gewalt[62]. Beim Einsatz der Verteidigungsmittel ist der Grundsatz der **Verhältnismäßigkeit** zu beachten, weil Art. 20 IV GG dem Aktivbürger ein Verteidigungsrecht einräumt, das im Regelfall der Exekutive zusteht[63]. Das Risiko von Fehleinschätzungen und Irrtümern bleibt beim Einzelnen[64]. Eine **Widerstandspflicht** kennt das Grundgesetz nicht.

15

2. Dogmatische Probleme

Trotz des gängigen Hinweises auf den Katalog beschwerdefähiger Rechte in Art. 93 I Nr. 4a GG wird die übliche Bezeichnung des Widerstandsrechts als **Grundrecht** der Funktion und dem Status des Art. 20 IV GG nicht gerecht. Grundrechte sind staatsbezogene Abwehr- oder Mitwirkungsrechte (→ Vorb. Rn. 44ff.), Art. 20 IV GG erfaßt aber unstreitig auch den Widerstand gegen nicht-staatliche Aktivitäten. Als Abwehrrechte dienen Grundrechte dem Schutz der Subjektivität des Einzelnen, während das Widerstandsrecht die Wahrung der objektiven Verfassungsordnung zum Ziel hat. Darüber hinaus können Grundrechte nur im funktionsfähigen Staat gewährleistet werden, Art. 20 IV GG setzt jedoch den beginnenden Funktionsverlust der staatlichen

16

---

[58] BVerfGE 5, 85 (377).
[59] Begründung des Integrationskriteriums bei *Isensee*, Widerstandsrecht (Fn. 34), S. 50ff.
[60] *F. E. Schnapp*, in: v. Münch/Kunig, GG I, Art. 20 Rn. 49 mit spekulativer Bemerkung zur größeren Erfolgsaussicht kollektiven Widerstands.
[61] *Isensee*, Widerstandsrecht (Fn. 34), S. 48. *Dolzer* (Fn. 35), § 171 Rn. 31 schließt zutreffend ein »Notstandsrecht zweiter Stufe« aus.
[62] Im einzelnen *Isensee*, Widerstandsrecht (Fn. 34), S. 58ff.
[63] *Dolzer* (Fn. 35), § 171 Rn. 40f. (»Schonungsgebot«); *Stern*, Staatsrecht II, S. 1521 zur Verhältnismäßigkeit m.w.N.; im einzelnen *Isensee*, Widerstandsrecht (Fn. 34), S. 67ff.
[64] *Isensee*, Widerstandsrecht (Fn. 34), S. 80 schließt zu Recht auch Vermutungsregeln aus, »denn Präsumtionen können nur für typisches, erwartungsgemäßes Verhalten in der Normallage gelten«.

Gewalt in der extremen Grenzsituation ihres drohenden Zerfalls voraus[65]. Das Widerstandsrecht hat deshalb einen von dieser Grenzsituation und nicht von der grundrechtlichen Normallage her zu definierenden **Sonderstatus eines Nothilferechts** auf der Grenze zwischen Rechtsstaat und Unrechtsstaat[66].

17 Aufgrund dieser Sonderstellung des Widerstandsrechts erfaßt Art. 20 IV GG den sog. **zivilen Ungehorsam** nicht[67]. Einer Norm des positiven Rechts aus Gewissensgründen unter öffentlichem Protest die Gefolgschaft zu verweigern, ist schon wegen Inkaufnahme der Rechtsfolgen eine Bestätigung der positiven Rechtsordnung im ganzen; als politischer Appell zu deren punktueller Verbesserung kann solche Widerständigkeit moralisch legitim, nicht aber i.S.d. Art. 20 IV GG verfassungsrechtlich legal sein.

D. Verhältnis zu anderen GG-Bestimmungen

18 Art. 20 IV GG steht in engem Zusammenhang mit **Art. 9 II GG**, **Art. 18 GG** und **Art. 21 II GG** (→ Rn. 11). Das Widerstandsrecht fällt nicht unter die Ewigkeitsklausel des **Art. 79 III GG**[68]. Im Hinblick auf Art. 93 I Nr. 4a GG ist zu betonen, daß der im Maastricht-Verfahren gestellte »Antrag auf andere Abhilfe i.S.d. Art. 20 IV GG«[69] eine prozeßtaktische Instrumentalisierung des Widerstandsrechts darstellt, die dessen materiellrechtlich begründetem Ausnahmecharakter nicht entspricht.

---

[65] *Isensee*, Widerstandsrecht (Fn. 34), S. 80, nennt diese Situation »die politische Grenzlage schlechthin«. In diesem Sinne auch die h. M.

[66] Wer diese Grenze im Auge behält, wird auch das ideengeschichtliche Hin und Her zwischen konstitutionellen und metakonstitutionellen Begründungen des Widerstandsrechts (→ Rn. 1ff.) nicht als banales Entweder – Oder ansehen.

[67] Zur Diskussion insb. *R. Dreier*, Widerstand im Rechtsstaat, in: FS Scupin, 1983, S. 573ff.; *G. Frankenberg*, JZ 1984, 266ff.; *U. Karpen*, JZ 1984, 249ff. Die beste Begründung der Ablehnung bei *Dolzer* (Fn. 35), § 171 Rn. 47: Art. 20 IV GG könne ein »kleines Widerstandsrecht« nicht rechtfertigen, weil es dabei nur um punktuelle Rechtskorrekturen und nicht um »diese Ordnung« im Sinne des großen Widerstandsrechts geht.

[68] *Isensee*, Widerstandsrecht (Fn. 34), S. 96f.; *Herzog* (Fn. 26) Art. 20 IX Rn. 10; *Hesse*, Verfassungsrecht, Rn. 761. → Art. 79 III Rn. 45.

[69] I. Winkelmann (Hrsg.), Das Maastricht-Urteil des Bundesverfassungsgerichts, 1994, S. 158ff. zur Begründung des Antrags.

Artikel 20a [Schutz der natürlichen Lebensgrundlagen]

Der Staat schützt auch in Verantwortung für die künftigen Generationen die natürlichen Lebensgrundlagen im Rahmen der verfassungsmäßigen Ordnung durch die Gesetzgebung und nach Maßgabe von Gesetz und Recht durch die vollziehende Gewalt und die Rechtsprechung.

Literaturauswahl

Becker, Ulrich: Die Berücksichtigung des Staatsziels Umweltschutz beim Gesetzesvollzug, in: DVBl. 1995, S. 713–722.
Bernsdorff, Norbert: Positivierung des Umweltschutzes im Grundgesetz (Art. 20a GG), in: NuR 1997, S. 328–334.
Bock, Bettina: Umweltschutz im Spiegel von Verfassungsrecht und Verfassungspolitik, 1990.
Caspar, Johannes: Klimaschutz und Verfassungsrecht, in: Hans-Joachim Koch/Johannes Caspar (Hrsg.), Klimaschutz im Recht, 1997, S. 367–390.
Epiney, Astrid: Umweltrecht in der Europäischen Union, 1997.
Geddert-Steinacher, Tatjana: Staatsziel Umweltschutz: Instrumentelle oder symbolische Gesetzgebung?, in: Julian Nida-Rümelin/Dietmar v. d. Pfordten (Hrsg.), Ökologische Ethik und Rechtstheorie, 1995, S. 31–52.
Henneke, Hans-Günter: Der Schutz der natürlichen Lebensgrundlagen in Art. 20a GG, in: NuR 1995, S. 325–335.
Hofmann, Hasso: Die Aufgaben des modernen Staates und der Umweltschutz, in: Michael Kloepfer (Hrsg.), Umweltstaat, 1989, S. 1–38.
Klein, Hans Hugo: Staatsziele im Verfassungsgesetz – Empfiehlt es sich, ein Staatsziel Umweltschutz in das Grundgesetz aufzunehmen?, in: DVBl. 1991, S. 729–739.
Kley-Struller, Andreas: Der Schutz der Umwelt durch die Europäische Menschenrechtskonvention, in: EuGRZ 1995, S. 507–518.
Kloepfer, Michael: Umweltschutz als Verfassungsrecht. Zum neuen Art. 20a GG, in: DVBl. 1996, S. 73–80.
Köck, Wolfgang: Risikovorsorge als Staatsaufgabe, in: AöR 121 (1996), S. 1–23.
Krämer, Ludwig: Grundrecht auf Umwelt und Gemeinschaftsrecht, in: EuGRZ 1988, S. 285–294.
Meyer-Teschendorf, Klaus: Verfassungsmäßiger Schutz der natürlichen Lebensgrundlagen, in: ZRP 1994, S. 73–79.
Michel, Lutz H.: Staatszwecke, Staatsziele und Grundrechtsinterpretation unter besonderer Berücksichtigung der Positivierung des Umweltschutzes im Grundgesetz, 1986.
Müller-Bromley, Nicolai: Staatszielbestimmung Umweltschutz im Grundgesetz?, 1990.
Murswiek, Dietrich: Umweltschutz als Staatszweck. Die ökologischen Legitimitätsgrundlagen des Staates, 1995.
Murswiek, Dietrich: Staatsziel Umweltschutz (Art. 20a GG), in: NVwZ 1996, S. 222–230.
Peters, Heinz-Joachim: Art. 20a – Die neue Staatszielbestimmung des Grundgesetzes, in: NVwZ 1995, S. 555–557.
Rest, Alfred: Europäischer Menschenrechtsschutz als Katalysator für ein verbessertes Umweltrecht, in: NuR 1997, S. 209–215.
Schink, Alexander: Umweltschutz als Staatsziel, in: DÖV 1997, S. 221–229.
Sommermann, Karl-Peter: Staatsziele und Staatszielbestimmungen, 1997.
Steiger, Heinhard: Verfassungsrechtliche Grundlagen, in: Arbeitskreis für Umweltrecht (Hrsg.), Grundzüge des Umweltrechts, 2. Aufl. 1997, Abschnitt 02, S. 1–92.
Steinberg, Rudolf: Verfassungsrechtlicher Umweltschutz durch Grundrechte und Staatszielbestimmung, in: NJW 1996, S. 1985–1994.
Tsai, Tzung-Jen: Die verfassungsrechtliche Umweltschutzpflicht des Staates, 1996.
Uhle, Arnd: Das Staatsziel »Umweltschutz« und das Sozialstaatsprinzip im verfassungsrechtlichen Vergleich, in: JuS 1996, S. 96–103.
Waechter, Kay: Umweltschutz als Staatsziel, in: NuR 1996, S. 321–327.
Wolf, Rainer: Gehalt und Perspektiven des Art. 20a GG, in: KritV 80 (1997), S. 280–305.

Leitentscheidungen des Bundesverfassungsgerichts

Diese liegen zu Art. 20a GG bislang nicht vor.

Gliederung Rn.

A. Herkunft, Entstehung, Entwicklung	1
I. Ideen- und verfassungsgeschichtliche Aspekte	1
II. Entstehung und Veränderung der Norm	4
1. Die Vorgeschichte von Art. 20a GG	4
2. Die Entstehung des Art. 20a GG	6
B. Internationale, supranationale und rechtsvergleichende Bezüge	9
I. Internationale Aspekte	9
II. Der Schutz der Umwelt als Prinzip des Europarechts	13
III. Rechtsvergleichende Hinweise	17
C. Erläuterungen	20
I. Allgemeine Bedeutung	20
II. Das Umweltstaatsprinzip und seine materielle Konkretisierung	25
1. Die natürlichen Lebensgrundlagen	25
a) Die anthropozentrische Grundperspektive	25
b) Die natürlichen Lebensgrundlagen als rechtsnormativer Begriff	28
2. Die Verantwortung für die künftigen Generationen	31
3. Der Rahmen der verfassungsmäßigen Ordnung	37
4. Die materielle Reichweite des Schutzauftrages: Das relative Schutzniveau	39
a) Das Gebot der Erhaltung überlebensnotwendiger Umweltgüter	39
b) Art. 20a GG als Abwägungsgesichtspunkt	42
5. Formen der Auftragserfüllung: Unterlassung, Schutz, Vorsorge	46
III. Die Adressaten des Umweltstaatsprinzips	51
1. Die Verantwortung von Bund und Ländern, nicht von Privaten	51
2. Die Bindung der Gesetzgebung	55
3. Die Bindung der vollziehenden Gewalt und der Rechtsprechung	61
a) Vollziehende Gewalt und Rechtsprechung als Adressaten	61
b) Materielle Folgerungen für Verwaltung und Rechtsprechung	64
c) Verfahrensrechtliche Folgerungen	68
4. Verstöße gegen Art. 20a GG: Rechtsfolgen und Justitiabilität	71
D. Verhältnis zu anderen GG-Bestimmungen	73

A. Herkunft, Entstehung, Entwicklung

I. Ideen- und verfassungsgeschichtliche Aspekte

1 Seit zwei Jahrhunderten begleiten einzelne kultur- und sozialkritische Stimmen die Prozesse der Industrialisierung[1] und beklagen die Ausbeutung der Natur oder die Zerstörung der natürlich gewachsenen Landschaften durch »Fortschrittsmen-

---

[1] Zur »kulturellen Destruktion« von Natur in Mittelalter und früher Neuzeit *H. Hofmann*, JZ 1988, 265 (266f.) m.Nw.; s. auch *T. Adam*, ZfP 45 (1998), 20ff.; *M. Kloepfer/C. Franzius/S. Reinert*, Zur Geschichte des deutschen Umweltrechts, 1994, S. 9ff.; *J. Hermand*, Grüne Utopien in Deutschland, 1991, S. 39ff.; *I. Mieck*, Industrialisierung und Umweltschutz, in: J. Calließ/J. Rüsen/M. Striegnitz (Hrsg.), Mensch und Umwelt in der Geschichte, 1989, S. 205ff.

schen«² oder die menschenunwürdigen Lebensverhältnisse als Folge ungeordneter wirtschaftlicher Expansion³. Doch erst in den 60er Jahren dieses Jahrhunderts wurde deutlich, daß unter den Bedingungen wirtschaftlichen Wachstums als Konstante industriegesellschaftlicher Dynamik die Erhaltung der natürlichen Lebensbedingungen zur existentiellen Überlebensfrage der gesamten Menschheit geworden ist⁴. Aufrüttelnde Buchpublikationen⁵ werden Symptome einer fundamentalen Steigerung des weltweiten (Umwelt-)Problembewußtseins.

Diesem Wandel korrespondiert eine **staats- und verfassungstheoretische Neubesinnung**. In der stufenweisen Entwicklung der Staatszwecke ergänzt die Pflicht zum Schutz der natürlichen Lebensgrundlagen die klassischen Staatszwecke der Friedenssicherung, der rechtsstaatlichen Begrenzung staatlicher Macht, der demokratischen Organisation des Staates und der im 19. Jahrhundert erkannten Verpflichtung zur sozialen Vor- und Fürsorge⁶: So wie der Sozialstaat zur Lösung der sozialen Frage korrigiert der Umweltstaat zur Lösung der Umweltfrage in der Industriegesellschaft die liberal-rechtsstaatlichen Ausgangspunkte des GG⁷. Die verfassungsrechtliche Verankerung des **Staatszieles Umweltschutz** spiegelt ein **neues Legitimationsniveau** der verfassungsstaatlichen Ordnung.

2

Eine **erste umweltspezifische Verfassungsnorm** in der deutschen Verfassungsgeschichte findet sich in **Art. 150 I WRV**⁸; auch einige Länderverfassungen nahmen diese Dimension des Naturdenkmal- und Landschaftsschutzes⁹ als einer Keimzelle des Umweltschutzprinzips auf¹⁰. Die »neue Qualität« der Umweltproblematik hat sich international und national in Verfassungstexten als neue Textstufe erst seit 1971 niedergeschlagen.

3

II. Entstehung und Veränderung der Norm

1. Die Vorgeschichte von Art. 20a GG

Vor der **Einfügung von Art. 20a GG** (1994) verdeutlichten die Kompetenzbestimmungen der Art. 74 I Nr. 11a, 17, 18, 19, 20, 24 GG (→ Art. 74 Rn. 60 ff.) und Art. 75 I 1 Nr. 3 und 4 (→ Art. 75 Rn. 27 ff.) ebensowenig wie das Rechts- oder das Sozialstaats-

4

---

² Vgl. z. B. aus der Jugendbewegung *L. Klages*, Mensch und Erde (1913), in: ders., Mensch und Erde, 6. Aufl. 1956, S. 1 ff.; s. auch *Hermand*, Utopien (Fn. 1), S. 98 f.; *R.P. Sieferle*, Fortschrittsfeinde?, 1984, S. 57 ff., 161 ff. u. ö.

³ Vgl. z. B. *F. Engels*, Die Lage der arbeitenden Klassen in England (1845).

⁴ In diesem Sinne *K.-P. Sommermann*, Staatsziele und Staatszielbestimmungen, 1997, S. 183 ff.; zu den globalen Umweltproblemen *U.E. Simonis* (Hrsg.), Weltumweltpolitik, 1996.

⁵ Vgl. zuerst *R.L. Carson*, Silent Spring, 1962; ferner etwa die erste Veröffentlichung des »Club of Rome«: *D.L. Meadows/D.H. Meadows/E. Zahn/P. Milling*, Die Grenzen des Wachstums, 1972; Global 2000. Der Bericht an den Präsidenten, 1980.

⁶ Vgl. *H. Dreier*, Universitas 1993, 377 (387 f.); *D. Murswiek*, Umweltschutz als Staatszweck, 1995, S. 15 ff., 31 ff.

⁷ Vgl. *H. Hofmann*, Die Aufgaben des modernen Staates und der Umweltstaat, in: M. Kloepfer (Hrsg.), Umweltstaat, 1989, S. 1 ff. (36 ff.); *R. Wahl/I. Appel*, Prävention und Vorsorge. Von der Staatsaufgabe zur rechtlichen Ausgestaltung, in: R. Wahl (Hrsg.), Prävention und Vorsorge, 1995, S. 1 ff. (19 ff.).

⁸ Vgl. auch *M. Kloepfer*, DVBl. 1988, 305 (306); *H. Hofmann*, JZ 1988, 265 (271 f.).

⁹ S. zum Zusammenhang von Natur und Kultur *P. Häberle*, Rechtsvergleichung im Kraftfeld des Verfassungsstaats, 1992, S. 667 f.; *H. Markl*, Natur als Kulturaufgabe, 1986.

¹⁰ Vgl. z. B. Art. 141 Verf. Bayern 1946; Art. 62 Verf. Hessen 1947.

prinzip die **existentiell neuartige Qualität der Herausforderung für** den **Umweltstaat**; auch ein grundrechtliches »ökologisches Existenzminimum« aus Art. 2 II 2 i.V.m. 1 I GG[11] greift nur bei elementaren ökologischen Gefährdungen von Leben und Gesundheit (→ Art. 1 I Rn. 66). Die Schutzpflichten aus Art. 2 II 1 GG zum Schutz der Umwelt[12] (→ Art. 2 II Rn. 47f.) beschränken sich auf die Abwehr von Gefahren, ohne daß der dem Umweltrecht spezifische Gedanke der Vorsorge und die Komplexität der umweltstaatlichen Aufgabe über Gesundheits- und Lebensschutz hinaus angemessen erfaßt wären (→ Rn. 49f.). **Art. 20a GG** hat eine neue Verfassungsrechtslage geschaffen[13] und **Schutzlücken beseitigt**[14].

5   Art. 20a GG hat eine **jahrzehntelange Diskussion** abgeschlossen[15], die parallel zum Anstieg des umweltpolitischen Krisenbewußtseins die Staatsaufgabe Umweltschutz im Grundgesetz[16] zu verankern suchte. Obwohl eine von den Bundesministern des Innern und der Justiz 1981 eingesetzte Sachverständigenkommission sich diese Forderung zu eigen machte[17], konnten sich entsprechende Gesetzgebungsanträge[18] im Bund (anders als auf Landesebene: → Rn. 18ff.) nicht durchsetzen. Der Widerstand galt nicht nur der Verankerung eines subjektiven Grundrechts auf saubere oder menschenwürdige Umwelt[19]; die Staatsrechtslehre sprach sich noch bis zu Beginn der 90er

---

[11] *R. Scholz*, in: Maunz/Dürig, GG, Art. 20a (1996) Rn. 8; *ders.*, JuS 1976, 232 (234); *M. Kloepfer*, Zum Grundrecht auf Umweltschutz, 1978, S. 21 ff., 27 ff.; *R. Schmidt*, DÖV 1994, 749 (751); *K. Waechter*, NuR 1996, 321 (321, 325); zur begrenzten Tragfähigkeit von Art. 1 I GG: *W. Hoppe*, Menschenwürdegarantie und Umweltschutz, in: FS Kriele, 1997, S. 219 ff.

[12] S. *Scholz* (Fn. 11), Art. 20a Rn. 9 m.w.N.; ausf. *R. Steinberg*, NJW 1996, 1985 (1987 ff.); *H. Steiger*, Verfassungsrechtliche Grundlagen, in: Arbeitskreis für Umweltrecht (Hrsg.), Grundzüge des Umweltrechts, 2. Aufl. 1997, Abschnitt 02, Rn. 154 ff.

[13] *Scholz* (Fn. 11), Art. 20a Rn. 30f.; *M. Kloepfer*, in: BK, Art. 20a (1996) Rn. 67, 68 u.ö.; a.A. *W. Berg*, Über den Umweltstaat, in: FS Stern, 1997, S. 421 ff. (428f., 431, 440); s.a. *J. Isensee*, NJW 1993, 2583 (2585); *W. v. d. Daele*, Natur und Verfassung, in: J. Gebhardt/R. Schmalz-Bruns (Hrsg.), Demokratie, Verfassung und Nation, 1994, S. 364 ff. (365, 374 ff.); *R. Breuer*, Umweltrecht, in: E. Schmidt-Aßmann (Hrsg.), Besonderes Verwaltungsrecht, 10. Aufl. 1995, Rn. 34.

[14] S. z.B. *R. Steinberg*, NJW 1996, 1985 (1985); *W. Graf Vitzthum/T. Geddert-Steinacher*, Jura 1996, 42 (43); einschränkend *N. Bernsdorff*, NuR 1997, 328 (329).

[15] Zu den Phasen der Diskussion *Kloepfer* (Fn. 13), Art. 20a Rn. 1ff.; ausf. *B. Bock*, Umweltschutz im Spiegel von Verfassungsrecht und Verfassungspolitik, 1990, S. 53 ff.; *L. Michel*, Staatszwecke, Staatsziele und Grundrechtsinterpretation unter besonderer Berücksichtigung der Positivierung des Umweltschutzes im Grundgesetz, 1986, S. 269 ff.; umfassende Dokumentation der Gesetzesmaterialien bei Deutscher Bundestag, Referat Öffentlichkeitsarbeit (Hrsg.), Materialien zur Verfassungsdiskussion und zur Grundgesetzänderung in der Folge der deutschen Einigung, 3 Bände, 1996 (Zur Sache 2/96), Band 3, S. 933 ff.

[16] Vgl. *D. Murswiek*, in: Sachs, GG, Art. 20a Rn. 2; *T.-J. Tsai*, Die verfassungsrechtliche Umweltschutzpflicht des Staates, 1996, S. 60 ff.; *R. Robert*, Umweltschutz und Grundgesetz, 1993, S. 16 ff.; *N. Müller-Bromley*, Staatszielbestimmung Umweltschutz im Grundgesetz?, 1990, S. 15 ff.; aus den Diskussionsanfängen *E. Rehbinder*, ZRP 1970, 250 ff.; *H.H. Rupp*, JZ 1971, 401 ff.; *W. Weber*, DVBl. 1971, 806 ff.; *M. Kloepfer*, Zum Umweltschutzrecht in der Bundesrepublik Deutschland, 1972, S. 21 ff.; *H. H. Klein*, Ein Grundrecht auf saubere Umwelt?, in: FS W. Weber, 1974, S. 643 ff.; *H. Dellmann*, DÖV 1975, 588ff.; *J. Lücke*, DÖV 1976, 289ff.; *M. Kloepfer*, DVBl. 1979, 639ff.; *D. Rauschning/W. Hoppe*, Staatsaufgabe Umweltschutz, VVDStRL 38 (1980), S. 167ff. bzw. 211ff.

[17] BMI/BMJ (Hrsg.), Staatszielbestimmungen/Gesetzgebungsaufträge. Bericht der Sachverständigenkommission, 1983, Rn. 130 ff.; s. auch *E. Wienholtz*, AöR 109 (1984), 532 (546 ff.).

[18] Nw. bei *Scholz* (Fn. 11), Art. 20a Rn. 2; *Kloepfer* (Fn. 13), Art. 20a Rn. 4.

[19] Dafür RSU (Hrsg.), Umweltgutachten 1974, BT-Drs. 7/2802, S. 173; *H. Steiger*, Mensch und Umwelt, 1975, S. 33 ff., 73 ff.; *C. Sailer*, DVBl. 1976, 521 ff.; *W. Maus*, JA 1979, 287 (291 ff.); zuletzt *T. Brönnecke*, ZUR 1993, 153 ff.; zu entsprechenden Forderungen der FDP und der »Grünen« *Robert*,

Jahre ganz überwiegend gegen ein Staatsziel Umweltschutz im Grundgesetz aus[20]. Der **Umschwung in der verfassungspolitischen Diskussion** erfolgte nach der Bundestagswahl **1987**, als die Koalitionsparteien auf Betreiben der FDP den Umweltschutz als Staatsziel in das GG aufzunehmen vereinbarten[21], ohne daß es mit der SPD-Fraktion in der 11. Legislaturperiode noch zu einer Einigung kam.

2. Die Entstehung des Art. 20a GG

Art. 5 EV hatte den gesetzgebenden Körperschaften des vereinten Deutschland empfohlen, sich mit der Aufnahme von Staatszielbestimmungen in das Grundgesetz zu befassen. Diesem Bezug auf die jahrelange Debatte um die Aufnahme des Staatsziels Umweltschutz in das Grundgesetz entsprechend bestand in der daraufhin eingesetzten Gemeinsamen Verfassungskommission von Bundestag und Bundesrat ein parteienübergreifender Konsens, den Umweltschutz als grundlegende Staatsaufgabe verfassungsrechtlich zu verankern[22]. Die endgültige Formulierung überbrückt tiefgreifende Konflikte[23]. 6

Ein erster Grundkonflikt wurde durch die Forderung der CDU/CSU bestimmt, die natürlichen **Lebensgrundlagen** »des Menschen« als Bezugspunkt hervorzuheben (»anthropozentrischer« Ansatz)[24]; die Kompromißformulierung des Art. 20a GG verzichtet auf jene Hervorhebung. Ein zweiter Grundkonflikt rankte sich um die Frage, ob für die Umwelt ein **besonderer Schutz** und damit ein gewisser Vorrang vor anderen Staatszielen zu fordern sei (so die SPD)[25]; Art. 20a GG verzichtet auf eine Hervorhebung des besonderen Schutzes. Ein dritter Grundkonflikt entzündete sich an der Frage, ob das **Umweltstaatsprinzip** wie andere Staatsziele **ohne** einen **Gesetzesvorbehalt** (so die SPD) **oder mit einem Ausgestaltungsvorbehalt** zugunsten des Gesetzgebers normiert werden sollte (so die CDU/CSU)[26]; Art. 20a GG verzichtet auf einen Geset- 7

Umweltschutz (Fn. 16), S. 36 ff., 43; zur Abkehr von solchen Plänen in der Politik seit 1974 *Bock*, Umweltschutz (Fn. 15), S. 58 ff.; krit. zu einem Umweltgrundrecht zuletzt *J. Caspar*, Klimaschutz und Verfassungsrecht, in: H.-J. Koch/J. Caspar (Hrsg.), Klimaschutz im Recht, 1997, S. 367 ff. (369 f.); ausf. z. B. *Kloepfer*, Grundrecht (Fn. 11), S. 11 f., 31 ff.; *R. Stober*, JZ 1988, 426 (430); *W. Brohm*, JZ 1994, 213 (216 f.).

[20] Vgl. z. B. *E. Benda*, UPR 1982, 241 (244); *H. Sendler*, JuS 1983, 255 (258); *H.H. Rupp*, DVBl. 1985, 990 ff.; *H. Soell*, NuR 1985, 205 (212 f.); *D. Rauschning*, DÖV 1986, 489 ff.; *O. Depenheuer*, DVBl. 1987, 809 (813 f.); *K. Stern*, NWVBl. 1988, 1 (6); *D. Murswiek*, ZRP 1988, 14 (16 ff.); *U. Karpen*, Zu einem Grundrecht auf Umweltschutz, in: W. Thieme (Hrsg.), Umweltschutz im Recht, 1988, S. 1 ff. (21 ff.); *H.-C. Link*, Staatszwecke im Verfassungsstaat – nach 40 Jahren Grundgesetz, VVDStRL 48 (1990), S. 7 ff. (39); *H.H. Klein*, DVBl. 1991, 729 (736 ff.); *D. Merten*, DÖV 1993, 368 (376 u. ö.); anders *A. v. Mutius*, WiVerw. 1987, 51 ff.; *G. Frank*, DVBl. 1989, 693 (697 ff.); *K. Hesse*, JöR 44 (1996), 1 (13); Bilanzierung der Argumente bei *Steiger*, Grundlagen (Fn. 12), Rn. 15 ff.; *Bock*, Umweltschutz (Fn. 15), S. 228 ff.; s. auch *M. Kloepfer*, DVBl. 1988, 305 (311 ff.).

[21] *Murswiek* (Fn. 16), Art. 20a Rn. 3; *Kloepfer* (Fn. 13), Art. 20a Rn. 4.

[22] Bericht der Gemeinsamen Verfassungskommission von Bundestag und Bundesrat vom 5. 11. 1993, BT-Drs. 12/6000, S. 65 (auch abgedruckt in: Materialien zur Verfassungsdiskussion [Fn. 15], Band 1, S. 65); *Scholz* (Fn. 11), Art. 20a Rn. 19.

[23] S. zur Entstehungsgeschichte *Steiger*, Grundlagen (Fn. 12), Rn. 11 ff.; *Kloepfer* (Fn. 13), Art. 20a Rn. 7 ff.; *ders.*, Verfassungsänderung statt Verfassungsreform, 2. Aufl. 1996, S. 37 ff.; *K.G. Meyer-Teschendorf*, ZRP 1994, 73 ff.; *H.-G. Henneke*, NuR 1995, 325 (325 ff.).

[24] Vgl. *Murswiek* (Fn. 16), Art. 20a Rn. 6; *Scholz* (Fn. 11), Art. 20a Rn. 38.

[25] *Murswiek* (Fn. 16), Art. 20a Rn. 7; *Scholz* (Fn. 11), Art. 20a Rn. 43.

[26] S. *Murswiek* (Fn. 16), Art. 20a Rn. 8 f.; ausf. *Scholz* (Fn. 11), Art. 20a Rn. 22 ff., 56; zu den grundsätzlichen Hintergründen *H. Hofmann*, Technik und Umwelt, in: HdbVerfR, § 21 Rn. 9 ff.

zesvorbehalt, hebt aber den Vorrang der Verfassung und des Gesetzes hervor (→ Rn. 37f.).

8   Der **Kompromißzwang** in der Gemeinsamen Verfassungskommission[27] hat den Text des Art. 20a GG so mit überflüssigen Formulierungen angereichert und Stilschwächen bei neueren Grundgesetzänderungen[28] fortgesetzt; insgesamt hat sich die Kompromißfähigkeit der parteipolitischen Akteure eher bewährt[29]. Dem Gesetzgeber verbleibt die ständige Aufgabe der Konkretisierung; im Diskurs über ökologische Gerechtigkeit gibt Art. 20a GG dauerhafte Impulse[30].

B. Internationale, supranationale und rechtsvergleichende Bezüge

I. Internationale Aspekte

9   Die Sorge für die natürlichen Lebensgrundlagen bedarf der internationalen Zusammenarbeit. Der **Gedanke des Umweltschutzes** spiegelt sich **zunehmend in internationalen Umweltverträgen** zwischen Staaten[31], zuerst in der Stockholmer Declaration on the Human Environment von 1972. Das herkömmliche Souveränitätsverständnis beläßt den Staaten zwar ein souveränes Ressourcennutzungsrecht; dennoch läßt sich ein weltweiter Trend feststellen, die gemeinsame Aufgabe des Schutzes der natürlichen Lebensgrundlagen der Menschen in Deklarationen, Umweltverträgen und Entwürfen ernst zu nehmen[32]. Zentrales **Leitprinzip** ist seit der Rio-Konferenz 1992[33] der **Grundsatz der nachhaltigen Entwicklung** (»sustainable development«), die den langfristigen Substanzerhalt ökologischer Potentiale anstrebt mit der Folge einer breit angelegten Umverteilung der Inanspruchnahme der Ressourcen und der Ressourcenschonung[34].

10 Angesichts der wirtschaftlichen und sozialen Verteilungswirkungen finden **effektive Veränderungen** schnell **Grenzen am Eigeninteresse der einzelnen Nationalstaaten** und führen zu dilatorischen Kompromissen. Praktisch effektiver sind deshalb die zahl-

---

[27] Ausf. *A. Benz*, DÖV 1993, 880ff. (bes. 885ff., 888).
[28] Krit. *A. Voßkuhle*, AöR 119 (1994), 35ff.; *U. Berlit*, JöR 44 (1996), 17 (86).
[29] Krit. demgegenüber *Kloepfer* (Fn. 13), Art. 20a Rn. 9, 23; *ders.*, Verfassungsänderung (Fn. 23), S. 37ff.; *H.-G. Henneke*, NuR 1995, 325 (325): »Kompromiß ... als Kainszeichen«; allg. zur demokratischen Kompromißfindung: *H. Schulze-Fielitz*, Theorie und Praxis parlamentarischer Gesetzgebung, 1988, S. 404ff., 429ff.
[30] S. *T. Geddert-Steinacher*, Staatsziel Umweltschutz: Instrumentelle oder symbolische Gesetzgebung?, in: J. Nida-Rümelin/D. v. d. Pfordten (Hrsg.), Ökologische Ethik und Rechtstheorie, 1995, S. 31ff. (50ff.); *W. Hoffmann-Riem*, Die Verwaltung 28 (1995), 425 (428f.).
[31] Vgl. z.B. *A. Randelzhofer* (Hrsg.), Völkerrechtliche Verträge, 7. Aufl. 1995, S. 491ff.; ausf. *H. Hohmann* (Hrsg.), Basic Documents of International Environmental Law, 3 Bände, 1992.
[32] *S. Hobe*, JA 1997, 160ff.; *A. Rest*, NuR 1997, 209 (211) m.w.N.; zum fundamentalen Charakter dieser Entwicklung *E. Riedel*, Paradigmenwechsel im internationalen Umweltrecht, in: FS Roellecke, 1997, S. 245ff.; zum Schutz der globalen Umwelt als internationaler allgemeiner Rechtsgrundsatz *J. Lücke*, ArchVR 35 (1997), 1 (9ff.); vgl. übersichtlich *W. Lang*, Internationaler Umweltschutz, 1989; Unsere gemeinsame Zukunft. Der Brundtland-Bericht der Weltkommission für Umwelt und Entwicklung, 1987; *R. Bartholomäi*, Sustainable Development und Völkerrecht, 1997.
[33] Vgl. zur Konferenz von Rio von 1992 *H. Hohmann*, NVwZ 1993, 311ff.; *U. Beyerlein*, ZaöRV 54 (1994), 124ff.; Texte der Dokumente in: UTR 21, 1994, S. 411ff.; zum gegenwärtigen Entwicklungsstand *U. Beyerlin/M. Ehrmann*, UPR 1997, 256ff.; *A. Rest*, ArchVR 34 (1996), 145ff.
[34] Übersichtlich *Caspar*, Klimaschutz (Fn. 19), S. 380ff.; ausf. *RSU* (Hrsg.), Umweltgutachten 1994, BT-Drs. 12/6995, Rn. 68ff.; *T. Amelung*, ZfU 1992, 415 (422ff.); → Rn. 35f.

reichen **Abkommen über Spezialmaterien** des Umweltrechts, die sich z.B. auf die Verringerung der Meeresverschmutzung, auf grenzüberschreitende Luftverunreinigungen oder den Schutz der Ozonschicht beziehen[35], auch wenn der internationale Umweltschutz so lange lückenhaft bleiben muß. Die ungebrochene Beschleunigung der weltweiten Ausbeutung der Natur vergrößert die Umweltprobleme, relativiert das Gewicht nationaler Umweltschutzmaßnahmen und gibt dem Auftrag des Art. 20a GG von vornherein eine internationale Dimension (→ Rn. 52).

Die **internationalen Menschenrechtspakte** gebieten wegen ihres individualrechtlich ausgerichteten Ansatzes de lege lata nur begrenzt Umweltschutz. Denkbar ist eine Schutzpflicht für das Recht auf Leben aus Art. 6 I IPbpR[36]. Der in Art. 11 IPwskR geforderte »angemessene Lebensstandard« und das »Höchstmaß an körperlicher und geistiger Gesundheit« in Art. 12 IPwskR formulieren Gesetzgebungsaufträge, nicht Leistungsansprüche[37]. Eine ausdrückliche Verknüpfung von Umweltschutz und Menschenrechten findet sich in regionalen Menschenrechtspakten wie Art. 24 ACHPR und dem (noch nicht in Kraft getretenen) Art. 11 des Zusatzprotokolls der AMRK. 11

Vorschläge zur Ergänzung der EMRK um ein **Menschenrecht auf gesunde Umwelt** sind äußerst umstritten[38]. Die Befürworter erhoffen Druck auf die Staaten zur Erfüllung ihrer Schutzpflichten gegenüber ihren Staatsbürgern; die Gegner verweisen auf die fehlende Individualisierbarkeit der kollektiven Umweltinteressen und die geringe Handhabbarkeit und Justitiabilität einer solchen Klausel, die eher einer programmatischen Staatszielbestimmung nahekommt und den Charakter der EMRK als abwehrrechtliche Kodifikation überschreitet[39]. 12

II. Der Schutz der Umwelt als Prinzip des Europarechts

Die **EMRK enthält kein** selbständiges **Recht auf Natur- und Umweltschutz**[40]. Die Umwelt kann aber mittelbar nach drei Gesichtspunkten Gegenstand der Rechtsprechung des EGMR werden[41]: (a) Bei zivil- oder strafrechtlichen Ansprüchen i.S. von Art. 6 EMRK können auch innerstaatliche Verfahren zum Schutz der Umwelt tangiert sein; (b) Umweltschutzmaßnahmen können Schrankenbestimmungen einzelner Menschenrechte sein; (c) mit der Beeinträchtigung der natürlichen Lebensgrundlagen könnten auch Individualrechte der EMRK verletzt sein. Für **EKMR und EGMR** scheint der Schutz des Privatlebens in **Art. 8 I EMRK** zentraler **Bezugspunkt einer** umfassenden **Immissionsschutzgarantie** geworden zu sein[42]. Aus ihm folgt eine Schutzpflicht 13

---

[35] Vgl. Nw. bei *Sommermann*, Staatsziele (Fn. 4), S. 277f.; *W. Heintschel von Heinegg*, Internationales öffentliches Umweltrecht, in: K. Ipsen, Völkerrecht, 3. Aufl. 1990, S. 811ff.; s.a. *T. Gehring/S. Oberthür* (Hrsg.), Internationale Umweltregime, 1997; *U. Beyerlin/T. Marauhn*, Rechtsetzung und Rechtsdurchsetzung im Umweltvölkerrecht nach der Rio-Konferenz 1992, 1997.
[36] *A. Rest*, NuR 1997, 209 (210); *S. Hobe*, ZUR 1994, 15 (15f.); *E. Klein*, Recht auf Umweltschutz als völkerrechtliches Individualrecht?, in: FS v. Simson, 1983, S. 251 ff.
[37] *Klein*, Recht (Fn. 36), S. 253; *J. Lücke*, AVR 16 (1974/75), 387 (391f.).
[38] S. näher *A. Rest*, NuR 1997, 209 (209ff., 214f.); *S. Hobe*, ZUR 1994, 15ff. je m.w.N.
[39] Vgl. *A. Rest*, NuR 1997, 209 (214); *Klein*, Recht (Fn. 36), S. 254f.
[40] S. z.B. *M.E. Villiger*, Handbuch der Europäischen Menschenrechtskonvention (EMRK), 1993, Rn. 100.
[41] *A. Rest*, NuR 1997, 209 (211); *A. Kley-Struller*, EuGRZ 1995, 507 (509ff.).
[42] Vgl. *A. Rest*, NuR 1997, 209 (212, 214) m.w.N.; *Steiger*, Grundlagen (Fn. 12), Rn. 204, 250; *A. Kley-Struller*, EuGRZ 1995, 507 (512ff.).

des Staates, angemessene und geeignete Maßnahmen zum Schutz der Betroffenen zu ergreifen und ein ausgewogenes Gleichgewicht der Interessen des einzelnen im Verhältnis zu den Interessen der Gemeinschaft herzustellen[43]. Die Literatur fordert stärker eine Aktualisierung des Rechts auf Leben (Art. 2 EMRK)[44].

14 Das **europäische Gemeinschaftsrecht kann** den Schutzauftrag von Art. 20a GG **sowohl relativieren wie auch verstärken**, jedenfalls **durch** seine **vielschichtigen Kompetenzen** nachhaltig determinieren. Seit 1974 werden **Aktionsprogramme für den Umweltschutz** im Rahmen der Harmonisierungskompetenzen zur Schaffung des gemeinsamen Marktes verabschiedet[45]. Zur zentralen Aufgabe der EG wurde der Umweltschutz durch **Ergänzung des primären Gemeinschaftsrechts in Art. 130r–130t EGV** (in der EEA) = Art. 174–176 EGV n. F.[46], namentlich die Ziele der Erhaltung, des Schutzes und der Qualitätsverbesserung der Umwelt, des Schutzes der menschlichen Gesundheit und der umsichtigen und rationellen Verwendung der natürlichen Ressourcen (Art. 130r I EGV = Art. 174 I EGV n. F.)[47]. Der Umweltschutz als Gemeinschaftsziel wurde in den Verträgen von Maastricht und Amsterdam bestätigt (Präambel Art. 2, 3 lit. k EGV = Art. 2, 3 lit. l EGV n. F.) und um das Ziel der Umweltverträglichkeit für jede wirtschaftliche Betätigung ergänzt (Art. 2 EGV). Art. 100a EGV = Art. 95 EGV n. F. normiert zudem die umweltrelevanten Aspekte bei der Verwirklichung des Binnenmarktes[48]. Die EU versucht in Fortschreibung ihrer Aktionsprogramme (z.Zt. das fünfte für 1993–2000) ökologische Entwicklungslinien festzulegen; sie fungieren faktisch wie Konkretisierungen eines Staatszieles Umweltschutz (vgl. Art. 130s III EGV = Art. 175 III EGV n. F.). Alle diese Ansätze zur Erreichung eines »hohen Schutzniveaus« (so Art. 100a III, 130r II 1 EGV = Art. 95 III, 174 II 1 EGV n. F.) eröffnen Perspektiven für die EU als »ökologische Rechtsgemeinschaft«[49], die sich dem »Grundsatz des bestmöglichen Umweltschutzes«[50] verpflichtet weiß.

15 Diese Ziele sind gemäß Art. 130r II EGV in allen Feldern der Gemeinschaftspolitik (jetzt hervorgehoben in Art. 6 EGV n. F.) unter Beachtung der Prinzipien der Vorsorge, der Vorbeugung, des Ursprungs- und des Verursacherprinzips anzustreben[51].

---

[43] EGMR, Urt. vom 21.2.1990, series A, vol. 172, Ziff. 41 – *Powel und Rayner*; Urt. vom 9.12.1994, series A, vol. 303 C = EuGRZ 1995, 530 (533, Ziff. 51) – *Lópec Ostra*.

[44] *A. Rest*, NuR 1997, 209 (214); s. auch *A. Kley-Struller*, EuGRZ 1995, 507 (511f., 515).

[45] *A. Epiney*, Umweltrecht in der Europäischen Union, 1997, S. 20ff.; zur Entwicklung in der EU ferner *J. Scherer*, ZfRV 1993, 140ff.; *D.H. Scheuing*, EuR 1989, 152 (154ff.).

[46] Ausf. *I. Pernice*, Die Verwaltung 22 (1989), 1ff.; *ders.*, NVwZ 1990, 201ff.; *T. Oppermann*, Europarecht, 1991, Rn. 2008ff.; ferner *A. Epiney/A. Furrer*, EuR 1992, 369ff.; *B. Wiegand*, DVBl. 1993, 533ff.

[47] Vgl. *Epiney*, Umweltrecht (Fn. 45), S. 94ff.; *W. Kahl*, Umweltprinzip und Gemeinschaftsrecht, 1993, S. 19ff.; s. auch *L. Krämer*, EuGRZ 1989, 353ff.

[48] Zur Kompetenzvielfalt und ihrer Abgrenzung: *Epiney*, Umweltrecht (Fn. 45), S. 54ff., 62ff.; *T. Schröer*, Die Kompetenzverteilung zwischen der Europäischen Wirtschaftsgemeinschaft und ihren Mitgliedstaaten auf dem Gebiet des Umweltschutzes, 1992.

[49] Vgl. *C. Calliess*, KritJ 27 (1994), 284 (294ff.); krit. *L. Krämer*, ZUR 1997, 303ff.; s.a. *H.-W. Rengeling*, Zum Umweltverfassungsrecht der Europäischen Union, in: J. Ipsen u.a. (Hrsg.), Verfassungsrecht im Wandel, 1995, S. 496ff.

[50] Grdl. *M. Zuleeg*, NVwZ 1987, 280 (283ff.); zust. *D.H. Scheuing*, EuR 1989, 152 (178f.); *Epiney*, Umweltrecht (Fn. 45), S. 110ff.; ausf. *Kahl*, Umweltprinzip (Fn. 47), S. 10ff., 69ff.; s. auch *B. Schöbener*, Industriepolitik und Umweltschutz im Binnenmarkt, Habilitationsschrift Würzburg 1997, § 12.

[51] Ausf. *Epiney*, Umweltrecht (Fn. 45), S. 98ff.; *Kahl*, Umweltprinzip (Fn. 47), S. 21ff.; *Schöbener*,

Schon jetzt prägt eine **umfassende Regelungsdichte im Umweltbereich auf EG-Ebene** aufgrund unübersehbar zahlreicher Richtlinien und Verordnungen[52] – verstärkt durch die Rechtsprechung des EuGH[53] – das Umweltrecht der Mitgliedstaaten nachhaltig und damit auch die Ausgestaltung des Schutzauftrages des Art. 20a GG, obwohl Art. 3b EGV = Art. 5 EGV n. F. dem Subsidiaritätsprinzip ausdrücklich primärrechtlichen Rang verleiht[54]: Wegen des Anwendungsvorrangs des Gemeinschaftsrechts kann Art. 20a GG eigenständige Kraft nur entfalten, soweit er nicht durch harmonisierende europarechtliche Vorgaben eingeschränkt ist.

Diese **Europäisierung der Schutzpflicht des Art. 20a GG** manifestiert sich in drei fundamentalen Entwicklungen. Erstens gibt das europäische Recht europaweit einheitliche Produktstandards, produktions- und anlagenbezogene Vorgaben und Umweltqualitätsziele vor, von deren Schutzniveau im Regelfall (voraussetzungsvolle Ausnahmen: Art. 100a IV, 130t EGV = Art. 95 IV, VI, 176 EGV n. F.) nicht abgewichen werden kann[55]. Zweitens beläßt das EG-Umweltrecht auch im übrigen dem nationalen Gesetzgeber wenig Entscheidungsspielräume, obwohl es ganz überwiegend als Richtlinienrecht erlassen wird; denn die Art der Richtlinien und die Rechtsprechung des EuGH zur unmittelbaren Wirkung von nicht fristgerecht umgesetzten Richtlinien verändert materiell die Qualität der Umsetzungsgesetze zu Lasten der national gewachsenen Rechts- und Verwaltungskulturen[56]. Drittens wirkt das europäische Recht über die staatsorientierten Regelungsgehalte des Art. 20a GG (→ Rn. 51 ff.) hinaus; es sucht Private im Interesse der Durchsetzung von Umweltschutzstandards zu stimulieren[57], indem es z. B. für Unternehmen deren Einhaltung reizvoll macht (etwa durch das Öko-Audit) oder das Umweltinformationsbegehren von Bürgern verfahrensrechtlich schützt[58].

16

III. Rechtsvergleichende Hinweise

Die Internationalität der Staatsaufgabe Umweltschutz zeigt sich auf neuen Textstufen auch in **anderen europäischen Verfassungsstaaten** - zuerst in der Schweiz (Art. 24 septies – 1971), dann Griechenland (1975), Portugal (1976) und Spanien (1978)[59], aber bislang erst in acht der 15 Mitgliedstaaten der EU. Ein Teil der Staaten hat sich für die

17

Industriepolitik (Fn. 50), § 13; zur Bindung von Art. 6 EGV n. F. an den Grundsatz der nachhaltigen Entwicklung *C. Calliess*, DVBl. 1998, 559 ff.; *M. Schröder*, NuR 1998, 1 (2).

[52] Vgl. nur *B. Becker* (Hrsg.), Fundstellen- und Inhaltsnachweis Umweltschutzrecht der Europäischen Union (EU), 11. Aufl. (Stand: 1. Oktober 1997), 1997.

[53] Übersichtlich: *U. Neumann*, Die Rechtsprechung des EuGH zum Umweltschutz, in: UTR 36, 1996, S. 607 ff.; *L. Krämer*, EuGRZ 1995, 45 ff.; *M. Zuleeg*, NJW 1993, 31 ff.

[54] *Epiney*, Umweltrecht (Fn. 45), S. 84 ff.; *R. Steinberg*, StWStP 1996 (1995), 293 ff.; *H.D. Jarass*, EuGRZ 1994, 209 ff.; *W. Kahl*, AöR 118 (1993), 414 ff.; allg. *P. Häberle*, AöR 119 (1994), 169 ff.

[55] Anders *Epiney*, Umweltrecht (Fn. 45), S. 121 ff., 127.

[56] *R. Breuer*, Entwicklungslinien des europäischen Umweltrechts – Ziele, Wege und Irrwege, 1993; ders., NVwZ 1997, 833 ff.

[57] S. näher *Epiney*, Umweltrecht (Fn. 45), S. 155 ff., 188 ff., 196 ff.; *C. Calliess*, NVwZ 1998, 8 (9 f.).

[58] Vgl. am Bsp. des Umweltinformationsgesetzes (UIG) näher BVerwG NJW 1997, 753; s. auch *I. Pernice*, NVwZ 1990, 414 (422 ff.); *R. Breuer*, NVwZ 1997, 833 (837).

[59] *Murswiek* (Fn. 16), Art. 20a Rn. 4; *Sommermann*, Staatsziele (Fn. 4), S. 247 ff.; *Bock*, Umweltschutz (Fn. 15), S. 93 ff. – Zum Textstufen-Paradigma *Häberle*, Rechtsvergleichung (Fn. 9), S. 3 ff.

Formulierung eines **individuellen Grundrechts** entschieden[60]; teilweise korrespondiert ihnen eine **Grundpflicht** der Bürger zum Umweltschutz (Art. 45 I Verf. Spanien 1978; Art. 66 I Verf. Portugal 1976/82/89; Art. 44 II Verf. Slowakei 1992; Art. 53 Verf. Estland1992). Ein anderer Teil der Verfassungsstaaten westlichen Typs hat sich für die **Verankerung eines Staatszieles** entschieden, z.B. Art. 24 Verf. Griechenland 1975, Kap. 1 § 2 II Verf. Schweden 1975/1978, Art. 21 Verf. Niederlande 1983, § 1 BVG-UU Österreich 1984[61], und viele mittelamerikanische, afrikanische und arabische Staaten[62].

18   **Alle Verfassungen der Länder** der Bundesrepublik Deutschland **enthalten Umweltschutzklauseln**[63], zuerst Art. 86 Verf. Baden-Württemberg (1976), dann Art. 3 II, 141 (n.F.) Verf. Bayern (1984), zuletzt Niedersachsen und Berlin (Art. 1 II Verf. Niedersachsen 1993; Art. 31 Verf. Berlin 1995)[64]. Vereinzelt wird das Umweltschutzanliegen durch **Grundrechte** verfolgt (Art. 39 II Verf. Brandenburg), vor allem aber durch **Staatsziel- oder Staatsaufgabenbestimmungen** – mitunter in der **Präambel** (Verf. Hamburg 1986), ganz überwiegend aber selbständig[65]. Die Regelungen sind gelegentlich durchsetzt mit (Grund-)**Pflichten** auch für die Bürger[66], oder mit **Rechten** auf Naturgenuß[67]. Auch in den Länderverfassungen werden z.T. die »künftigen Generationen« in Bezug genommen (z.B. Art. 10 I Verf. Sachsen), ebenso die »natürlichen Lebensgrundlagen« (z.B. Art. 11a Verf. Bremen), gelegentlich als solche »des Menschen« betont (so z.B. Art. 26a Verf. Hessen). Die Kommunen werden als Schutzpflichtadressaten neben dem Land oft hervorgehoben (z.B. Art. 69 Verf. Rheinland-Pfalz).

19   Besonders die **Verfassungen der neuen Länder** enthalten, auch in Antwort auf die (trotz Art. 15 der Verf. DDR 1974) starken Umweltschutzdefizite der ehemaligen DDR[68], **auffällig weitreichende Umweltschutzklauseln** mit ergänzenden Aspekten, indem diese Aufgaben auch als gesellschaftliche normiert, als Erziehungsziel verankert oder sonst näher konkretisiert werden (z.B. Art. 22 I, 31 Verf. Thüringen; zu detaillierten verfahrensrechtlichen Forderungen z.B. Art. 39 V, VII, VIII Verf. Brandenburg) oder einer Verfassungsänderung entzogen werden (z.B. Art. 74 I 2 Verf. Sachsen)[69]. Sie heben gelegentlich generell einen **Gesetzesvorbehalt** hervor (z.B. Art. 12

---

[60] S. näher *A. Rest*, NuR 1997, 209 (210) und z.B. Art. 56 Verf. Türkei 1982, Art. 71 Verf. Polen 1989, Art. 72, 73 Verf. Slowenien 1991 oder Art. 23 Nr. 4 Verf. Belgien 1994.

[61] S. näher *F. Kerschner* (Hrsg.), Staatsziel Umweltschutz, 1996; zuvor ausf. *M. Kind*, Umweltschutz durch Verfassungsrecht, 1994; *J. Marko*, ÖJZ 1986, 289ff.

[62] Nw. bei *J. Lücke*, ArchVR 35 (1997), 1 (5ff.); s.a. *A. Rest*, NuR 1997, 209 (210, Fn. 22); *Kloepfer* (Fn. 13), Rechtsvergleichende Hinweise nach Art. 20a Rn. 70; praktisch unerreicht, aber noch immer vorbildgebend sind Schweizer Vorschläge, vgl. *P. Häberle*, JöR 34 (1985), 303 (419ff.).

[63] Nw. bei *Scholz* (Fn. 11), Art. 20a Rn. 3; *Steiger*, Grundlagen (Fn. 12), Rn. 133ff.; *A. Stiens*, Chancen und Grenzen der Landesverfassungen im deutschen Bundesstaat der Gegenwart, 1997, S. 291ff.

[64] Zum landesverfassungsrechtlichen Umweltschutz: *R. Scholz*, Umwelt unter Verfassungsschutz, in: FS 50 Jahre BayVerfGH, 1997, S. 177ff.; *W. Erbguth/B. Wiegand*, DVBl. 1994, 1325ff.; *dies.*, Die Verwaltung 29 (1996), 159ff.; *W. Graf Vitzthum*, VBlBW 1991, 404 (407ff.); s. auch BayVerfGH DVBl. 1996, 99 (100f.).

[65] Z.B. Art. 29a Verf. Nordrhein-Westfalen; Art. 59a Verf. Saarland; Art. 7 Verf. Schleswig-Holstein.

[66] Besonders hervorgehoben in Art. 35 II Verf. Sachsen-Anhalt 1992.

[67] Z.B. Art. 141 III 1 Verf. Bayern; Art. 10 III Verf. Sachsen.

[68] S. *J. Lücke*, Umweltschutz und Verfassung in der DDR, in: GedS Martens, 1987, S. 153ff.; *ders.*, Das Umweltschutzrecht der DDR, in: Thieme (Hrsg.), Umweltschutz (Fn. 20), S. 165ff.

[69] Vgl. auch *P.C. Fischer*, Staatszielbestimmungen in den Verfassungen und Verfassungsentwürfen der neuen Bundesländer, 1994, S. 48ff., 103ff., 119ff., 136f., 150f.; *Steiger*, Grundlagen (Fn. 12), Rn. 141; *P. Neumann*, LKV 1996, 392 (395).

IV Verf. Mecklenburg-Vorpommern), z.T. auf eine spezielle Weise (z.B. Art. 39 VI, VII, 40 IV Verf. Brandenburg). Der **Tierschutz** i.S. artgemäßer Haltung und vermeidbaren Leidens ist nicht in Umweltklauseln verankert, sondern **vereinzelt selbständig normiert** (z.B. Art. 32 Verf. Thüringen).

C. Erläuterungen

I. Allgemeine Bedeutung

Art. 20a GG ergänzt die **Staatszielbestimmungen** (z.B. in Art. 20 I, 23 I, 24 II, 28 I, 109 II GG) um das Staatsziel, »auch in Verantwortung für die künftigen Generationen die natürlichen Lebensgrundlagen« zu schützen. Es tritt **gleichberechtigt neben das Demokratie-, Rechtsstaats-, Sozialstaats- und Bundesstaatsprinzip** und formuliert eine verfassungsrechtliche Zielsetzung[70], keine vorverfassungsrechtliche Legitimationsgrundlage[71]. Es läßt sich auch als »Umweltschutzprinzip«[72] oder »Staatsziel Umweltschutz«[73] qualifizieren und wird hier in rechtsdogmatischer Parallelisierung zu den anderen Staatszielbestimmungen als »**Umweltstaatsprinzip**« bezeichnet. 20

Art. 20a GG enthält **unmittelbar geltendes verbindliches Verfassungsrecht**. Darin unterscheidet sich die Staatsaufgabe Umweltschutz von sonstigen Staatsaufgaben, deren sich der demokratische Rechts- und Sozialstaat grundsätzlich frei annehmen kann[74]. Die Verpflichtung gilt **objektiv**, d.h. der einzelne Bürger kann aus Art. 20a GG keine subjektiven öffentlichen Rechtsansprüche ableiten[75] (→ Rn. 68). 21

Die **Funktion des Umweltstaatsprinzips** besteht darin, aller staatlichen Gewalt appellativ die **fortdauernde Beachtung** des Schutzes der natürlichen Lebensgrundlagen vorzuschreiben und dessen fundamentale Bedeutung für Staat und Gesellschaft im Umweltstaat[76] hervorzuheben: Das Umweltstaatsprinzip ist eine **rechtsverbindliche Direktive** für das gesamte staatliche Handeln, auch für die Auslegung von Gesetzen und sonstigen Rechtsvorschriften[77]. Art. 20a GG hat zudem eine »edukatorische Funktion«[78]. 22

---

[70] Bericht (Fn. 22), S. 66f.; *Murswiek* (Fn. 16), Art. 20a Rn. 12; *Scholz* (Fn. 11), Art. 20a Rn. 17f. und 35; *Kloepfer* (Fn. 13), Art. 20a Rn. 10; *Steiger*, Grundlagen (Fn. 12), Rn. 34ff.; allg. *Sommermann*, Staatsziele (Fn. 4), S. 355ff.; *Fischer*, Staatszielbestimmungen (Fn. 69), S. 4ff.; *D. Merten*, DÖV 1993, 368 (370ff.); *Bock*, Umweltschutz (Fn. 15), S. 295ff.

[71] Vgl. aber *Murswiek* (Fn. 16), Art. 20a Rn. 14f.; *ders.*, Umweltschutz (Fn. 6), S. 31 ff., 71 ff.; krit. *K. Waechter*, NuR 1996, 321 (325f.).

[72] So z.B. *Jarass/Pieroth*, GG, Art. 20a Rn. 1; *R. Stober*, JZ 1988, 426ff.

[73] *Caspar*, Klimaschutz (Fn. 19), S. 386f.; *Geddert-Steinacher*, Staatsziel (Fn. 30), S. 31ff.

[74] Vgl. *Scholz* (Fn. 11), Art. 20a Rn. 6; *Link*, Staatszwecke (Fn. 20), S. 25f.; *H. Schulze-Fielitz*, Staatsaufgabenentwicklung und Verfassung, in: D. Grimm (Hrsg.), Wachsende Staatsaufgaben – sinkende Steuerungsfähigkeit des Rechts, 1990, S. 11 (25ff., 30).

[75] Bericht (Fn. 22), S. 67; *Murswiek* (Fn. 16), Art. 20a Rn. 12; *Scholz* (Fn. 11), Art. 20a Rn. 32f.; *Kloepfer* (Fn. 13), Art. 20a Rn. 12f.; *N. Bernsdorff*, NuR 1997, 328 (330); w.Nw. Fn. 221.

[76] Vgl. *M. Kloepfer*, Auf dem Weg zum Umweltstaat?, in: ders. (Hrsg.), Umweltstaat (Fn. 7), S. 39ff.; *ders.*, DVBl. 1994, 12ff.; krit. zum Begriff *Berg*, Umweltstaat (Fn. 13), S. 422ff.

[77] *D. Murswiek*, NVwZ 1996, 222 (223); Sachverständigenkommission (Fn. 17), Rn. 7 und 130ff.; *Scholz* (Fn. 11), Art. 20a Rn. 18 mit Fn. 35; *A. Uhle*, DÖV 1993, 947 (950f.); grdl. *U. Scheuner*, Staatszielbestimmungen, in: FS Forsthoff, 2. Aufl. 1974, S. 325ff. (335ff.).

[78] So *Murswiek* (Fn. 16), Art. 20a Rn. 25; zust. *A. Schink*, DÖV 1997, 221 (224f.); krit. *J. Isensee*, Die Neue Ordnung 1993, 256 (257f.).

23 Wie sonstige Staatszielbestimmungen und Grundrechte ist das **Umweltstaatsprinzip als Rechtsprinzip ausgestaltet**[79]. Rechtsprinzipien formulieren hochabstrakte Ziele, die graduell abstufbar, d.h. mehr oder weniger erreicht werden können und die ihre Grenzen an gegenläufigen Prinzipien finden; zugleich formulieren sie **Optimierungsgebote**[80], d.h. sie streben an, die Ziele so gut wie rechtlich und faktisch möglich zu verwirklichen, ohne die Verwirklichung gegenläufiger Prinzipien unmöglich zu machen. Deshalb kann das Umweltstaatsprinzip nicht stets allen anderen Prinzipien vorrangig sein[81]: Art. 20a GG will die Lebensform der Industriegesellschaft nicht beseitigen, sondern in deren Rahmen wirken[82], namentlich *auch* Erfordernisse des gesamtwirtschaftlichen Gleichgewichts i.S. von Art. 109 II, IV GG berücksichtigen[83]. Hier beginnen die Probleme für den Gesetzgeber[84].

24 Wie sonstige Staatszielbestimmungen gibt Art. 20a GG nur das **Ziel des Schutzes der natürlichen Lebensgrundlagen** vor; das Schutzniveau und die Mittel zur Umsetzung bleiben den drei staatlichen Gewalten zur Konkretisierung aufgegeben (→ Rn. 51 ff.). Diese Konkretisierungsbedürftigkeit ist allen Rechtsprinzipien eigentümlich, ohne daß deren rechtliche Direktivkraft dadurch fraglich würde[85].

II. Das Umweltstaatsprinzip und seine materielle Konkretisierung

1. Die natürlichen Lebensgrundlagen

a) Die anthropozentrische Grundperspektive

25 Bezugspunkt des staatlichen Handelns in Erfüllung des Gebots aus Art. 20a GG sind die natürlichen **Lebensgrundlagen für menschliches Leben**, nicht auch von pflanzlichem und tierischem Leben schlechthin[86]. Das ergibt sich **sprachlich** aus dem Bezug auch auf die künftigen Generationen (der menschlichen Gattung). **Systematisch** ist das gesamte übrige Grundgesetz auf den Schutz des menschlichen Individuums hin ausgerichtet[87]. **Entstehungsgeschichtlich** wollte der verfassungsändernde Gesetzgeber das Umweltstaatsprinzip nicht »an sich«, sondern im Blick auf die natürlichen Lebensgrundlagen der Menschen ausgestalten[88].

---

[79] *Jarass*/*Pieroth*, GG, Art. 20a Rn. 1; *Geddert-Steinacher*, Staatsziel (Fn. 30), S. 45; allg. ausf. *Sommermann*, Staatsziele (Fn. 4), S. 359 ff.; *W. Brugger*, NJW 1989, 2425 (2431).

[80] So auch für Art. 20a GG *R. Wolf*, KritV 80 (1997), 280 (303); *Caspar*, Klimaschutz (Fn. 19), S. 386; *Murswiek* (Fn. 16), Art. 20a Rn. 53 f. und 70; zust. *N. Bernsdorff*, NuR 1997, 328 (332); s. auch *W. Hoffmann-Riem*, Die Verwaltung 28 (1995), 425 (426, 427); allg. → Art. 20 (Rechtsstaat) Rn. 41 f.

[81] *Kloepfer* (Fn. 13), Art. 20a Rn. 15; *Scholz* (Fn. 11), Art. 20a Rn. 14, 16, 41, 43, 52; s. auch *F. Ekhardt*, SächsVBl. 1998, 49 (55 f.).

[82] Vgl. auch *D. Murswiek* (Fn. 16), Art. 20a Rn. 42.

[83] *Scholz* (Fn. 11), Art. 20a Rn. 14 ff., 41 f.; s. auch *R. Wolf*, KritV 80 (1997), 280 (292 f.).

[84] *W. Köck*, AöR 121 (1996), 1 (11 f.); *Hofmann* (Fn. 26), § 21 Rn. 15 ff., 70.

[85] Anders *Murswiek* (Fn. 16), Art. 20a Rn. 39, auch Rn. 19 f.

[86] So etwa *Scholz* (Fn. 11), Art. 20a Rn. 39; *M. Kloepfer*, DVBl. 1996, 73 (77); *H.-J. Peters*, NVwZ 1995, 555 (555); *W. Brohm*, JZ 1994, 213 (219); *K.G. Meyer-Teschendorf*, ZRP 1994, 73 (77); *A. Uhle*, DÖV 1993, 947 (953); *Schmidt-Bleibtreu*/*Klein*, GG, Art. 20a Rn. 11.

[87] *N. Bernsdorff*, NuR 1997, 328 (331); *Scholz* (Fn. 11), Art. 20a Rn. 39 und 40; *M. Kloepfer*, DVBl. 1996, 73 (77); Bericht (Fn. 22), S. 67. → Art. 1 I Rn. 64.

[88] So auch *A. Schink*, DÖV 1997, 221 (224); *Scholz* (Fn. 11), Art. 20a Rn. 39; *ders.*, ET 1993, 342 (343 f.); *M. Kloepfer*, DVBl. 1996, 73 (77); *K.G. Meyer-Teschendorf*, ZRP 1994, 73 (77); *A. Uhle*, DÖV 1993, 947 (953); s. bereits Sachverständigenkommission (Fn. 17), Rn. 144; zweifelnd *S. Rohn*/*R. Sannwald*, ZRP 1994, 65 (71).

Eine gegenteilige »ökozentrische« Ansicht geht von **Eigenrechten von Tieren und** 26
Pflanzen aus[89]: Die Entscheidung, den Schutzauftrag nicht auf die Lebensgrundlagen »des Menschen« zu beschränken (→ Rn. 7), wolle die natürlichen Lebensgrundlagen schlechthin, also auch die Grundlagen tierischen und pflanzlichen Lebens schützen[90]. Ein solcher Schluß folgert – methodisch unzulässig – aus einer ablehnenden Entscheidung logisch das Gegenteil, obwohl dritte Gestaltungsalternativen denkbar sind. Zudem lassen sich auch **keine praktischen Folgerungen** daraus ableiten; es besteht weithin Einigkeit, daß der Schutz der Lebensgrundlagen des Menschen im Mittelpunkt von Art. 20a GG steht[91] und um so wichtiger ist, je stärker Lebensbedingungen des Menschen betroffen sind[92].

Eine **dritte Ansicht sucht zu vermitteln**[93]: Art. 20a GG wolle die Umwelt auch dort 27
schützen, wo die Menschen mangels empirischer Erkenntnis für sich (u.U. noch) keinen konkreten Nutzen erkennen können[94]; im Konfliktfall zwischen menschlichen und natürlichen Interessen sei dem Leben des Menschen Vorrang einzuräumen[95]. Diese »vermittelnde« Lösung enthält nur einen scheinbaren Kompromiß: Praktisch-teleologisch können »Interessen« der nichtmenschlichen Natur stets nur durch Menschen im Lichte von deren Interpretation wahrgenommen werden, so daß die anthropozentrische Perspektive vom Rechtsanwender schlechterdings nicht unterlaufen werden kann[96]. Der Gegensatz von anthropozentrischer und ökozentrischer Auslegung ist praktisch bedeutungslos[97].

b) Die natürlichen Lebensgrundlagen als rechtsnormativer Begriff

Der Begriff der »**natürlichen Lebensgrundlagen**«[98] zielt auf die Gesamtheit der natür- 28
lichen Voraussetzungen, die möglichst vielen Menschen ein Leben und Überleben un-

---

[89] Vgl. allg. *K. Bosselmann*, KritJ 19 (1986), 1ff.; *ders.*, Im Namen der Natur, 1992; *J. Leimbacher*, Die Rechte der Natur, 1988; *J. Weber*, Die Erde ist nicht Untertan: Grundrechte für Tiere und Umwelt, 1990; grdl. *C.D. Stone*, Umwelt vor Gericht. Die Eigenrechte der Natur, 2. Aufl. 1992; ausf. und krit. *M. Kloepfer*, Anthropozentrik versus Ökozentrik als Verfassungsproblem, in: ders. (Hrsg.), Anthropozentrik, Freiheit und Umweltschutz in rechtlicher Sicht, 1995, S. 1ff. (7ff.); *K. Heinz*, Der Staat 29 (1990), 415ff.; *H. v. Lersner*, NVwZ 1988, 988ff.; zahlreiche Beiträge pro und contra in *Nida-Rümelin/v. d. Pfordten*, Ethik (Fn. 30).
[90] So *D. Murswiek*, NVwZ 1996, 222 (224); *H. Kuhlmann*, NuR 1995, 1 (3ff.).
[91] S. etwa *Kloepfer* (Fn. 13), Art. 20a Rn. 54; *A. Uhle*, DÖV 1993, 947 (953).
[92] *Murswiek* (Fn. 16), Art. 20a Rn. 23, 59; *Kloepfer* (Fn. 13), Art. 20a Rn. 69; *Müller-Bromley*, Staatszielbestimmung (Fn. 16), S. 109f.
[93] *R. Wolf*, KritV 80 (1997), 280 (291f.); *Steiger*, Grundlagen (Fn. 12), Rn. 51ff.; *Caspar*, Klimaschutz (Fn. 19), S. 372ff.; *Hoppe*, Menschenwürdegarantie (Fn. 11), S. 227ff.; auch *D. Murswiek*, NVwZ 1996, 222 (224); *K. Waechter*, NuR 1996, 321 (323f.); *H.-G. Henneke*, NuR 1995, 325 (329); *E. Habel*, NuR 1995, 165 (165, 168f.); *H.-J. Vogel*, DVBl. 1994, 497 (500).
[94] *Murswiek* (Fn. 16), Art. 20a Rn. 26; s. auch *U. Berlit*, JöR 44 (1996), 17 (65); *C. Koenig*, DÖV 1996, 943 (946).
[95] Deutlich *K. Waechter*, NuR 1996, 321 (324f., 327).
[96] Vgl. *Kloepfer* (Fn. 13), Art. 20a Rn. 53; *Sommermann*, Staatsziele (Fn. 4), S. 194f.; *G. Haverkate*, Verfassungslehre, 1992, S. 153; *Hofmann*, Aufgaben (Fn. 7), S. 33ff.; s. auch *A. Krebs*, Hat die Natur Eigenwert?, in: R. Gröschner/M. Morlok (Hrsg.), Rechtsphilosophie und Rechtsdogmatik in Zeiten des Umbruchs, 1997, S. 194ff. (199ff.). → Art. 1 I Rn. 66.
[97] *R. Steinberg*, NJW 1996, 1985 (1991); s.a. *R. Wolf*, KritV 80 (1997), 280 (291); *v. d. Daele*, Natur (Fn. 13), S. 368ff.
[98] Krit. *Kloepfer* (Fn. 13), Art. 20a Rn. 49 (»zweitbeste Lösung«) m.w.N.; *K. Stern*, NWVBl. 1988, 1 (5); s. auch *D. Rauschning*, DÖV 1986, 489 (491): gar kein Rechtsbegriff.

ter menschenwürdigen und gesunden Umständen ermöglichen[99]. Dabei sind unbeschadet nationalstaatlicher Begrenzungen für die Adressaten von Art. 20a GG (→ Rn. 51 ff.) die grenzüberschreitenden internationalen Zusammenhänge einzubeziehen. Unstreitig wird die »gesamte natürliche Umwelt des Menschen« erfaßt[100], d.h. **alle Umweltgüter, die funktional Grundlage menschlichen Lebens sind**, weil ohne sie das Leben nicht über längere Zeiträume fortbestehen könnte[101]. Die Gemeinsame Verfassungskommission hat den Begriff der »natürlichen Lebensgrundlagen« insoweit bedeutungsgleich mit dem Begriff der Umwelt im Kontext des Umweltschutzes verstanden[102]. In Orientierung auch am umweltgesetzlichen Begriffsgebrauch gehören dazu die **Umweltmedien Luft, Wasser und Boden** einerseits sowie **Pflanzen, Tiere und Mikroorganismen** in ihren Lebensräumen andererseits sowie **Klima und Landschaft einschließlich** der verschiedenen **Wechselbeziehungen** zwischen diesen einzelnen Elementen (vgl. § 2 I UVPG)[103], insbesondere alle natürlichen Lebensmittel, Bodenschätze, klimatischen Bedingungen oder (in Anlehnung an § 1 BNatSchG) die Leistungsfähigkeit des Naturhaushalts, die Nutzungsfähigkeit der Naturgüter, die Pflanzen- und Tierwelt und die Vielfalt, Eigenart und Schönheit (!) von Natur und Landschaft[104]. Auch die von Menschen gestaltete natürliche Umwelt gehört in dieser Form heute zu seinen natürlichen Lebensgrundlagen[105], etwa die weithin künstlich bearbeitete Landschaft[106] oder von ihm neu gezüchtete Pflanzen oder Tiere.

29 **Keine natürlichen Lebensgrundlagen** sollen vom Menschen »künstlich« geschaffene soziale, ökonomische, kulturelle und technisch-gegenständliche Einrichtungen sein[107], auch nicht Kulturdenkmäler i.S. eines »kulturellen Erbes«, wie es z.T. auf europäischer Ebene als Umweltvoraussetzung angenommen wird[108]. Die Abgrenzung kann im Einzelfall schwierig sein.

30 Nach dem Willen der Gemeinsamen Verfassungskommission und des Bundestages sollte der (individuelle) Tierschutz (→ Art. 1 I Rn. 63 ff.) keine Aufnahme im Grundgesetz finden[109]. Einzelne **Tiere sind weder** eine **natürliche Lebensgrundlage** des Men-

---

[99] Vgl. *Murswiek* (Fn. 16), Art. 20a Rn. 29; *Steiger*, Grundlagen (Fn. 12), Rn. 81; *R. Wolf*, KritV 80 (1997), 280 (285 f.).

[100] So *Jarass*/Pieroth, GG, Art. 20a Rn. 2; Sachverständigenkommission (Fn. 17), Rn. 144 ff.; *U. Berlit*, JöR 44 (1996), 17 (65).

[101] *Murswiek* (Fn. 16), Art. 20a Rn. 29; ähnlich *Steiger*, Grundlagen (Fn. 12), Rn. 55 ff.

[102] Vgl. *Murswiek* (Fn. 16), Art. 20a Rn. 27; *ders.*, NVwZ 1996, 222 (224); *Scholz* (Fn. 11), Art. 20a Rn. 36; Bericht (Fn. 22), S. 65 ff.; a.A. Schmidt-Bleibtreu/*Klein*, GG, Art. 20a Rn. 10.

[103] *Steiger*, Grundlagen (Fn. 12), Rn. 54 ff.; *A. Schink*, DÖV 1997, 221 (223 f.); *Kloepfer* (Fn. 13), Art. 20a Rn. 50; *Jarass*/Pieroth, GG, Art. 20a Rn. 2; zust. *Murswiek* (Fn. 16), Art. 20a Rn. 30; s. auch *H.-J. Peters*, NVwZ 1995, 555 (555); *H.-G. Henneke*, NuR 1995, 325 (328 f.).

[104] So BVerwG NJW 1995, 2648 (2649); *Murswiek* (Fn. 16), Art. 20a Rn. 30; *Scholz* (Fn. 11), Art. 20a Rn. 36; a.A. für die ästhetische Qualität der Landschaft *Steiger*, Grundlagen (Fn. 12), Rn. 66; *R. Wolf*, KritV 80 (1997), 280 (286); *T. Vesting*, NJW 1996, 1111 (1113); *P. Schütz*, JuS 1996, 498 (503).

[105] *Steiger*, Grundlagen (Fn. 12), Rn. 44 ff., 62; *R. Wolf*, KritV 80 (1997) 280 (289).

[106] *A. Schink*, DÖV 1997, 221 (223 f.); *Kloepfer* (Fn. 13), Art. 20a Rn. 52; *ders.*, DVBl. 1996, 73 (76); *Murswiek* (Fn. 16), Art. 20a Rn. 28; *Scholz* (Fn. 11), Art. 20a Rn. 36.

[107] *Jarass*/Pieroth, GG, Art. 20a Rn. 2; *Murswiek* (Fn. 16), Art. 20a Rn. 28; *Scholz* (Fn. 11), Art. 20a Rn. 36; *K. Waechter*, NuR 1996, 321 (323); für partielle Ausklammerung des Lärmschutzes *R. Wolf*, KritV 80 (1997), 280 (286).

[108] Nw. bei *W. Hoppe/M. Beckmann*, Umweltrecht, 1989, § 1 Rn. 4; *M. Kloepfer*, Umweltrecht, 1989, § 1 Rn. 21.

[109] Vgl. *Scholz* (Fn. 11), Art. 20a Rn. 37; *U. Berlit*, JöR 44 (1996), 17 (66 f.).

schen **noch** in dem Sinne geschützt, daß sie **als einzelne vor nicht artgemäßer Haltung und vor vermeidbarem Leiden zu schützen** sind[110] (→ Art. 5 III [Wissenschaft] Rn. 39). Die gegenteilige Auffassung[111] vernachlässigt diese Eindeutigkeit des Verfassungsgesetzgebungsverfahrens, die nicht durch Mehrheitsentschließung des Bundestages als »Verfassungsinterpretation« überspielt werden kann[112]. Der Schutzauftrag des Art. 20a GG erstreckt sich auf den **Schutz von Tieren und Pflanzen als Arten und Gattungen**, d.h. der Staat muß nachhaltig einer Verringerung der tier- und pflanzengenetischen Vielfalt (als Gen-Pool) vorbeugen. Art. 20a GG schützt zudem die Lebensräume (nur) freilebender Tiere, soweit deren Beeinträchtigung zugleich die natürlichen Lebensgrundlagen des Menschen beeinträchtigen kann[113].

2. Die Verantwortung für die künftigen Generationen

Der Appell an die **Verantwortung für die künftigen Generationen** nimmt eine grundlegende naturrechtliche Perspektive auf, die auch als »**Nachweltschutz**« diskutiert wird[114] und das Gebot formuliert, die natürlichen Lebensgrundlagen so zu nutzen, daß sie auch für künftige Generationen erhalten bleiben. Die zentrale Herausforderung liegt in der verfassungsrechtlichen **Aktualisierung**, auf die Nutzung der natürlichen Umwelt um einer unabsehbaren, die eigene Lebensdauer überschreitenden Perspektive willen einseitig **zu verzichten**[115]. Die Verfassung neigt hier dazu, sich oder die Verfassungsbürger der Gegenwart zu überfordern, indem sie die Ansätze zu einer Ethik der Zukunftsverantwortung zu verrechtlichen sucht. Sie eröffnet die Perspektive, in Situationen unmittelbarer Gefährdung der Lebensbedingungen nachhaltige Begrenzungen zu legitimieren. 31

Art. 20a GG stellt vor das kaum lösbare **Problem**, die künftigen »**Generationen**« **tatbestandlich zu bestimmen**[116]. Dabei kann **abstrakt** auf die gesellschaftliche Entwicklung insgesamt **oder** – vorzugswürdig – **konkret** auf die Langzeitfolgen einzelner umweltbelastender Maßnahmen abgestellt werden – mit der Folge einer je unterschiedlichen zeitlichen Dimension bzw. »Anzahl« von zu berücksichtigenden Generationen. Die Unterschiede beider Betrachtungsweisen erübrigen sich, wenn man i.S. einer ökologischen Gesamtbilanz überhaupt keine zusätzlichen Eingriffe in den Be- 32

---

[110] *Murswiek* (Fn. 16), Art. 20a Rn. 31; *Steiger*, Grundlagen (Fn. 12), Rn. 60 und 70ff.
[111] *H. Kuhlmann*, JZ 1990, 162 (170ff.); *ders.*, NuR 1995, 1 (5); s. auch *F. Ekardt*, SächsVBl. 1998, 49 (52); *E. v. Loeper*, ZRP 1996, 143ff.; *U. Händel*, ZRP 1996, 137 (140f.); anders *S. Huster*, ZRP 1993, 326ff.
[112] *Steiger*, Grundlagen (Fn. 12), Rn. 68ff.
[113] *N. Bernsdorff*, NuR 1997, 328 (331); weitergehend *Steiger*, Grundlagen (Fn. 12), Rn. 58f.; *K. Waechter*, NuR 1996, 321 (323f.): auch domestizierte und gezüchtete Arten.
[114] *Kloepfer* (Fn. 13), Art. 20a Rn. 58ff.; *Sommermann*, Staatsziele (Fn. 4), S. 186ff.; *Haverkate*, Verfassungslehre (Fn. 96), S. 249ff.; *C. Lawrence*, Grundrechtsschutz, technischer Wandel und Generationenverantwortung, 1989, S. 177ff.; *P. Saladin/C.A. Zenger*, Rechte künftiger Generationen, 1988; *H. Hofmann*, ZRP 1986, 87ff.; *ders.*, Rechtsfragen der atomaren Entsorgung, 1981, S. 279ff.; *D. Murswiek*, Die staatliche Verantwortung für die Risiken der Technik, 1985, S. 206ff.; *Häberle*, Rechtsvergleichung (Fn. 9), S. 664ff.
[115] *Caspar*, Klimaschutz (Fn. 19), S. 377. – Vgl. *H. Jonas*, Das Prinzip Verantwortung, 1979, S. 36: »Handle so, daß die Wirkungen deiner Handlung verträglich sind mit der Permanenz echten menschlichen Lebens auf Erden.«
[116] Dazu *Caspar*, Klimaschutz (Fn. 19), S. 379; *K. Waechter*, NuR 1996, 321 (326); s. auch *P. Henseler*, AöR 108 (1983), 489 (509ff., 520f.).

stand an Ressourcen zuläßt[117]; ein solches striktes Gebot ist von Art. 20a GG nicht gewollt.

33 Der Begriff der **Verantwortung** entzieht sich einer konkreten Präzisierung. Im Blick auf den Nachweltschutz führt er zu einer **Ausdehnung der zu berücksichtigenden zeitlichen Dimension** i.S. einer »Langzeitverantwortung«[118]. Prognosen müssen z.B. die Akkumulation an Umweltbelastungen über Jahre in Rechnung stellen; die Bewertung von Risiken muß berücksichtigen, daß schädliche Umwelteinwirkungen oft erst nach vielen Jahrzehnten erkennbar werden; potentielle Langzeitrisiken müssen berücksichtigt werden.

34 **Allgemein** geht es um eine »**intergenerationelle**« **Gerechtigkeit**[119], die Verteilungskonflikte i.S. einer »Fairneß« gegenüber künftigen Generationen nicht zu Lasten der noch Ungeborenen entscheidet. Das natürliche und kulturelle Erbe ist durch Erhaltung von Artenvielfalt und Ressourcen künftigen Generationen so zu übergeben, daß diesen eine Vielfalt von Möglichkeiten der Lebens- und Sozialgestaltung bleibt[120].

35 Art. 20a GG bekennt sich zu einem Konzept »**nachhaltigen**« **Wirtschaftens**, das die Grundlagen der Wirtschaft erhält und nicht verzehrt[121], in Annäherung an folgende **regulative Leitlinien**[122]: Die Nutzungsrate der erneuerbaren Ressourcen darf die natürliche Regenerationsrate nicht übersteigen. Die Belastung der Umwelt durch Emissionen und Abfälle darf die Absorptionsrate der Umweltmedien nicht übersteigen. Der Verbrauch nicht erneuerbarer Ressourcen ist zu minimieren. Großrisiken, deren ökologische Folgen andere Nachhaltigkeitspostulate verletzen, sind auf ein kalkulier- und versicherbares Maß zurückzuführen. Eine Realisierung dieser allgemeinen Grundsätze erscheint schon um der *heute* lebenden Generation geboten; sie stellt die gegenwärtige Verfassung wachstumsorientierter Industriegesellschaften im Kern vor erhebliche Probleme[123] (→ Rn. 9).

36 **Zentral** ist das **Gebot der Ressourcenschonung**, so daß die bestehenden natürlichen Lebensgrundlagen einer Nutzung durch folgende Generationen nicht entzogen werden[124]. **Für nachwachsende Rohstoffe** verlangt das **Prinzip der Nachhaltigkeit** eine

---

[117] Vgl. *K. Waechter*, NuR 1996, 321 (326f.).

[118] Vgl. *Kloepfer* (Fn. 13), Art. 20a Rn. 59f.; *Murswiek* (Fn. 16), Art. 20a Rn. 32; allg. *C.F. Gethmann/M. Kloepfer/H.G. Nutzinger*, Langzeitverantwortung im Umweltstaat, 1993.

[119] *Sommermann*, Staatsziele (Fn. 4), S. 190ff.; vgl. allg. *A. Leist*, Intergenerationelle Gerechtigkeit, in: K. Bayertz (Hrsg.), Praktische Philosophie, 1991, S. 322ff.

[120] Vgl. den »Spargrundsatz« bei *J. Rawls*, Eine Theorie der Gerechtigkeit, 1975, S. 322; s.a. *O. Höffe*, Tauschgerechtigkeit und korrektive Gerechtigkeit: Legitimationsmuster für Staatsaufgaben, in: D. Grimm (Hrsg.), Staatsaufgaben, 1994, S. 713ff. (734f.).

[121] *Steiger*, Grundlagen (Fn. 12), Rn. 101ff.; *Caspar*, Klimaschutz (Fn. 19), S. 380ff., 390; *N. Bernsdorff*, NuR 1997, 328 (332); *F. Ekardt*, SächsVBl. 1998, 49 (52f.); vgl. ausf. Umweltbundesamt, Nachhaltiges Deutschland, 1997; L. Gerken (Hrsg.), Ordnungspolitische Grundfragen einer Politik der Nachhaltigkeit, 1996; *L. Gerken/A. Renner*, Nachhaltigkeit durch Wettbewerb, 1996, S. 10ff.; s. auch *C. Theobald*, ZRP 1997, 439ff.; *M. Schröder*, WiVerw. 1995, 65ff.; *M. Kloepfer*, GAIA 1 (1992), 253ff.

[122] S. näher *E. Rehbinder*, Ziele, Grundsätze, Strategien und Instrumente, in: Arbeitskreis (Hrsg.), Grundzüge (Fn. 12), Abschnitt 04, Rn. 57ff.; ferner *H. C. Binswanger*, Zukunft der Ökonomie – Ökonomie der Zukunft. Hat die Umwelt eine Chance?, in: M. Vollkommer (Hrsg.), Die Erhaltung der Umwelt als Herausforderung und Chance, 1995, S. 61 (69ff.); s. auch *C. Koenig*, DÖV 1996, 943 (946).

[123] Vgl. *Steiger*, Grundlagen (Fn. 12), Rn. 86ff.; Umweltgutachten 1994 (Fn. 34), Rn. 68ff.

[124] *Murswiek* (Fn. 16), Art. 20a Rn. 37f.; *Rehbinder*, Ziele (Fn. 122), Rn. 60, 63.

Bewirtschaftung, die erlaubt, daß die geernteten Rohstoffe prinzipiell in gleicher Menge nachwachsen können; z.B. ist der Fischfang durch Fangmengen so zu begrenzen, daß die Fischbestände sich erneuern können. **Für nicht erneuerbare Rohstoffe** gilt das **Sparsamkeitsprinzip**, demzufolge z.B. mit Bodenschätzen wie Kohle oder Erdöl möglichst sparsam umzugehen ist, zumal wenn solche Rohstoffe absehbar zu Ende gehen (z.B. Erdöl). Art. 20a GG formuliert aber kein bestimmtes Maß der Sparsamkeit[125].

3. Der Rahmen der verfassungsmäßigen Ordnung

Art. 20a GG bindet die Erfüllung seines Schutzauftrages an den »Rahmen der verfassungsmäßigen Ordnung«, für die vollziehende Gewalt und Rechtsprechung zudem an Gesetz und Recht. Diese im Blick auf Art. 20 III GG deklaratorische und deshalb entbehrliche[126] **Klarstellung** hebt nur eine Selbstverständlichkeit hervor[127], so daß auf Art. 20 III GG verwiesen werden kann (→ Art. 20 [Rechtsstaat] Rn. 74 ff.). Sie ist Folge der Furcht, vor allem die Rechtsprechung könnte unter Berufung auf Art. 20a GG den Gesetzgeber zu überspielen suchen[128]. Verfassungsmäßige Ordnung meint wie **Art. 20 III GG das** gesamte **geltende formelle Verfassungsrecht**[129]. Darin liegt einerseits eine Absage an einen generellen Vorrang von Art. 20a GG[130]: Die Umsetzung seines Schutzauftrags hat i.S. der Beachtung der Einheit der Verfassung stets auch das übrige geltende Verfassungsrecht zu berücksichtigen[131].

37

Andererseits liegt darin zugleich der Anspruch, daß das Umweltstaatsprinzip auf die anderen Verfassungsbestimmungen und deren Auslegung einwirken kann. Diese **Wirkungen** sind vom **Normtyp** der ggf. konfligierenden Verfassungsnormen **abhängig**. Auf die Auslegung unmittelbar subsumtionsfähiger und anwendbarer Regeln z.B. im Staatsorganisationsrecht wird sich Art. 20a GG regelmäßig nicht auswirken. Als Rechtsprinzip wirkt das Umweltstaatsprinzip vielmehr in Gegenüberstellung zu anderen (Gegen-)Rechtsprinzipien (→ Rn. 23). Insoweit ist wie bei der Beschränkung vorbehaltlos garantierter Grundrechte (→ Vorb. Rn. 88) regelmäßig nie ein Entweder/Oder die angemessene Konfliktlösung zwischen den jeweiligen Verfassungsrechtsgütern[132].

38

---

[125] *Murswiek* (Fn. 16), Art. 20a Rn. 51.
[126] Krit. *H.-J. Papier*, NJW 1997, 2841 (2843); *Kloepfer* (Fn. 13), Art. 20a Rn. 43; ders., DVBl. 1996, 73 (75); *D. Murswiek*, NVwZ 1996, 222 (222f.); *R. Steinberg*, NJW 1996, 1985 (1992f.); *F. Ossenbühl*, NuR 1996, 53 (57); *H.-P. Schneider*, NJW 1994, 558 (560); a.A. *Scholz* (Fn. 11), Art. 20a Rn. 46, 52, 56.
[127] *Steiger*, Grundlagen (Fn. 12), Rn. 109, 117; *A. Schink*, DÖV 1997, 221 (225); *R. Wolf*, KritV 80 (1997), 280 (283); *Kloepfer* (Fn. 13), Art. 20a Rn. 30; *U. Becker*, DVBl. 1995, 713 (717).
[128] *Murswiek* (Fn. 16), Art. 20a Rn. 56; s. auch *O. Depenheuer*, DVBl. 1987, 809 (813f.).
[129] *Murswiek* (Fn. 16), Art. 20a Rn. 58; *Scholz* (Fn. 11), Art. 20a Rn. 51f.; *Kloepfer* (Fn. 13), Art. 20a Rn. 33; Bericht (Fn. 22), S. 67; s. auch *H. Sendler*, UPR 1995, 41 (42).
[130] So auch *Jarass*/Pieroth, GG, Art. 20a Rn. 4; *Scholz* (Fn. 11), Art. 20a Rn. 52.
[131] Bericht (Fn. 22), S. 67f.; *Scholz* (Fn. 11), Art. 20a Rn. 42; → Rn. 20.
[132] Vgl. etwa *Kloepfer* (Fn. 13), Art. 20a Rn. 32; *M. Schröder*, DVBl. 1994, 835 (837); *Bock*, Umweltschutz (Fn. 15), S. 296.

4. Die materielle Reichweite des Schutzauftrages: Das relative Schutzniveau

a) Das Gebot der Erhaltung überlebensnotwendiger Umweltgüter

39 Art. 20a GG gebietet, daß alle Güter, die auf Dauer **Voraussetzung für menschliches Leben** sind, erhalten bleiben, so daß zumindest die der heutigen Bevölkerung entsprechende Zahl von Menschen überleben kann[133]. Auch **Tiere und Pflanzen** müssen in ihrem **Überleben als Art** erhalten bleiben; der Artenschutz von unwiederbringlich bedrohten Pflanzen oder Tieren ist unmittelbar von Art. 20a GG geboten. Dabei ist ein möglichst biologisch artgemäßes Leben zu sichern[134].

40 Art. 20a GG beschränkt sich nicht auf Schutz i.S. eines ökologischen Existenzminimums[135]. Aus dem Willen des verfassungsändernden Gesetzgebers, den tatsächlich praktizierten Umweltschutz zu verbessern, ist gefolgert worden, daß die Umweltsituation des Jahres 1994 als Ausgangslage für Anstrengungen zu ihrer stetigen Verbesserung anzusehen ist (**Verbesserungsgebot**); jedenfalls dürfe sie nicht insgesamt verschlechtert werden (**Verschlechterungsverbot**)[136]. Diese Folgerung verdient Zustimmung, sofern man sich der Grenzen einer solchen eher **heuristischen Formel** bewußt bleibt. So ist zwischen der rechtlichen und der tatsächlichen Umweltsituation zu unterscheiden: Art. 20a GG kann nicht mehr als das praktisch Mögliche fordern; eine Verschlechterung der tatsächlichen Umweltsituation ist kein Verstoß gegen Art. 20a GG, wenn die gesetzliche Rechtslage unverändert geblieben ist, sondern nur, wenn der Gesetzgeber wirksam hätte handeln können (zum umweltstaatlichen Rückschrittsverbot → Rn. 58).

41 Überdies besteht ein sehr **breiter Spielraum bei der Einschätzung** einer Verschlechterung oder Verbesserung der tatsächlichen und rechtlichen Situation: Ähnlich wie das sozialstaatliche Verfassungsgebot der Vollbeschäftigung (Art. 20 I, 28 I, 109 II GG i.V.m. § 1 StabG) justizpraktisch nicht sanktioniert werden kann, dürfen die Anforderungen aus Art. 20a GG nicht überdehnt werden.

b) Art. 20a GG als Abwägungsgesichtspunkt

42 Der **Prinzipiencharakter des Umweltstaatsprinzips** (→ Rn. 23) kann die zahlreichen umweltpolitischen Abwägungsprobleme nicht abschließend vorentscheiden; Art. 20a GG enthält keine strikten Vorzugsregeln für die Lösung von Zielkonflikten[137]. Die Konkretisierungen des Schutzauftrages sind den zuständigen Staatsorganen aufgegeben[138]. Das rechtlich oder tatsächlich verwirklichte **Schutzniveau** ist **relativ**, d.h. ab-

---

[133] So *Murswiek* (Fn. 16), Art. 20a Rn. 41.
[134] *Steiger*, Grundlagen (Fn. 12), Rn. 81.
[135] *Kloepfer* (Fn. 13), Art. 20a Rn. 51; *Murswiek* (Fn. 16), Art. 20a Rn. 27; s. auch Sachverständigenkommission (Fn. 17), Rn. 155; → Art. 1 I Rn. 66.
[136] *Murswiek* (Fn. 16), Art. 20a Rn. 44 und 43; zust. *F. Ekardt*, SächsVBl. 1998, 49 (54 f.); *J. K. Menzer*, Privatisierung der atomaren Endlagerung, 1997, S. 105; *N. Bernsdorff*, NuR 1997, 328 (332); *Jarass*/Pieroth, GG, Art. 20a Rn. 3a; *K. Waechter*, NuR 1996, 321 (326); s. auch *R. Wolf*, KritV 80 (1997), 280 (295 f.); *Kloepfer* (Fn. 13), Art. 20a Rn. 63; zweifelnd *Steiger*, Grundlagen (Fn. 12), Rn. 94; *Caspar*, Klimaschutz (Fn. 19), S. 389; *A. Schink*, DÖV 1997, 221 (226 f.); *R. Steinberg*, NJW 1996, 1985 (1991).
[137] *Murswiek* (Fn. 16), Art. 20a Rn. 55; *Scholz* (Fn. 11), Art. 20a Rn. 14.
[138] *Kloepfer* (Fn. 13), Art. 20a Rn. 14; *Murswiek* (Fn. 16), Art. 20a Rn. 48, 57, 60; → Rn. 51 ff.

hängig von politischen Gestaltungsentscheidungen beim Ausgleich unterschiedlicher Interessen im jeweiligen Sachbereich[139].

Der Schutzauftrag des Art. 20a GG entfaltet sich in Abwägungsentscheidungen. Er reicht den Grundsatz der **Verhältnismäßigkeit** (→ Art. 20 [Rechtsstaat] Rn. 167 ff.; → Vorb. Rn. 91 ff.) an: Geeignetheit, Erforderlichkeit und Angemessenheit allen staatlichen Handelns ist auch unter ökologischen Gesichtspunkten zu betrachten, d.h. im Blick auf die Gefahren für die natürlichen Lebensgrundlagen. Vor allem im Rahmen des Grundsatzes der Erforderlichkeit ist bei gleichwertigen Handlungsalternativen diejenige zu wählen, die die natürlichen Lebensgrundlagen als Schutzgut des Art. 20a GG (→ Rn. 28 ff.) am wenigsten belastet[140]. Im extremen Einzelfall können ökologisch an sich geeignete und erforderliche Maßnahmen unangemessen sein. 43

Allerdings bestehen **erhebliche Wertungsspielräume**: Gewichtungsfaktoren sind z.B. die Bedeutung des betroffenen Umweltgutes, die Reversibilität der potentiellen Schädigung, der abstrakte, flächendeckende (oder nur konkret-punktuelle) Charakter der Gefährdung, die Unumkehrbarkeit der laufenden Schädigungsprozesse, die Reproduzierbarkeit von Umweltressourcen, fiskalische oder volkswirtschaftliche Kosten. Solche Maßstäbe einer ökologischen Verhältnismäßigkeit bestimmen das Ausmaß verfahrensrechtlicher Begründungspflichten (→ Rn. 69). 44

Art. 20a GG modifiziert zudem das rechtsstaatliche Abwägungsgebot für Planungen[141] als **umweltstaatliches Abwägungsgebot**: Alle Entscheidungen mit Gestaltungsspielraum müssen beachten, (1) ob überhaupt an den Schutz der Nachwelt i.S. von Art. 20a GG gedacht worden ist, (2) ob der Nachweltschutz in Abwägung mit den entgegenstehenden Belangen angemessen gewichtet und in Rechnung gestellt worden ist, und (3) ob unter den Umständen der konkreten staatlichen Entscheidung die Umweltbelange in der erfolgten Weise abgewogen werden durften. 45

5. Formen der Auftragserfüllung: Unterlassung, Schutz, Vorsorge

Art. 20a GG verpflichtet den Staat, **Eingriffe** in die Umwelt **zu unterlassen**, soweit diese die natürlichen Lebensbedingungen verschlechtern. Geboten ist eine Bilanzierung, die die Vorteile und Nachteile des Eingriffs für die natürliche Umwelt abwägt[142]. Umweltbelastendes Handeln des Staates aufgrund bestehender Privilegien (z.B. bei der Lärmsanierung bestehender Verkehrswege) ist vor Art. 20a GG kaum mehr zu rechtfertigen[143]. Die Unterlassungspflicht erstreckt sich auch auf **mittelbare Maßnahmen**, durch die der Staat das Verhalten Dritter fördert[144]: Soweit es ökologische Gesichtspunkte noch nicht in den Blick nimmt, liegt in Art. 20a GG der Keim zu einer umfassenden »Ökologisierung« des gesamten staatlichen Handelns[145]. 46

Die Unterlassungspflicht soll auch Subventionen verbieten, die zur Inanspruchnah- 47

---

[139] *Kloepfer* (Fn. 13), Art. 20a Rn. 15; W. *Hoffmann-Riem*, Die Verwaltung 28 (1995), 425 (426 f.).
[140] *Murswiek* (Fn. 16), Art. 20a Rn. 47; zust. N. *Bernsdorff*, NuR 1997, 328 (333); s. auch R. *Steinberg*, NJW 1996, 1985 (1988 f., 1991).
[141] Zum Diskussionsstand H. *Schulze-Fielitz*, Jura 1992, 201 ff.
[142] Vgl. *Müller-Bromley*, Staatszielbestimmung (Fn. 16), S. 145 ff.
[143] Vgl. *Kloepfer* (Fn. 13), Art. 20a Rn. 56.
[144] *Murswiek* (Fn. 16), Art. 20a Rn. 34.
[145] Vgl. am Beispiel eines ökologisch erweiterten (kommunalen) Finanzausgleichs H.-J. *Ewers*/E. *Rehbinder*/H. *Wiggering*, ZG 12 (1997), 135 ff.

me von Umweltgütern führen, ohne die **Folgekosten** dem Verursacher anzulasten[146]. Damit wird Art. 20a GG überfordert: Die Folgekosten lassen sich meist nicht präzise einem Verursacher zuordnen; das gesamte fördernde Staatshandeln hätte die Vermutung der Verfassungswidrigkeit gegen sich; das entgegenstehende Gemeinlastprinzip ist nur Ausdruck der dem Umweltstaatsprinzip gegenläufigen Prinzipien, vor allem des Sozialstaatsprinzips[147]. Die Verteilung der Folgekosten von Umweltbeeinträchtigungen (z.B. durch den Individualverkehr) ist nicht einfach durch »Auslegung« von Art. 20a GG zu lösen.

48   Art. 20a GG bekräftigt umweltspezifisch den **Schutzgedanken**. Danach hat der Staat (wie für Individualrechtsgüter des einzelnen) konkrete Gefahren für die Umwelt als Voraussetzung für die Wahrnehmung von Individualrechten abzuwehren[148], die natürliche Umwelt auch vor Eingriffen durch private Dritte zu schützen[149] und (erst recht) eingetretene Schäden an Umweltrechtsgütern zu beseitigen und Maßnahmen zur **Wiederherstellung der natürlichen Umwelt** zu ergreifen; insoweit läßt sich das Modell der Wiederherstellung von Eingriffen in Natur und Landschaft im Naturschutzrecht verallgemeinern (vgl. §§ 8ff. BNatSchG). Allerdings ist die **Verhinderung und Beseitigung von Schäden** an Umweltrechtsgütern – anders als bei der Abwehr von Gefährdungen für die menschliche Gesundheit (→ Art. 2 II Rn. 47f.) – **kein ausnahmslos geltendes Gebot**, weil entgegenstehende Gemeinwohlgüter im Einzelfall eine solche Beschädigung oder Gefährdung von Umweltgütern rechtfertigen können.

49   Seine **zentrale Bedeutung** findet das Umweltstaatsprinzip im **Gedanken der Vorsorge**[150], der die klassische Perspektive der Gefahrenabwehr übersteigt[151]. Der Staat soll der Entstehung von Umweltbelastungen umfassend vorbeugen[152] über das hinaus, was grundrechtlich ohnehin geboten wäre. Dieser Gedanke der Prävention[153] soll erfahrungs- und gefahrenunabhängig auch dann zum Zuge kommen, wenn es um Risiken oder bloße Verdachtslagen unterhalb der Gefahrenschwelle geht. Art. 20a GG verlangt insoweit keinen bestmöglichen Umweltschutz[154]; aber er gebietet, das Umweltstaatsprinzip stets ausdrücklich in Rechnung zu stellen und dabei (durch ein »vorsorgeangemessenes Recht«[155] oder im Einzelfall) zu optimieren.

50   Unbekannte, zumutbare, unmöglich steuerbare oder geringe (höchst unwahr-

---

[146] So *D. Murswiek*, NVwZ 1996, 222 (225f.); *ders.* (Fn. 16), Art. 20a Rn. 34f. und 64f.; zust. *C. Koenig*, DÖV 1996, 943 (944); *F. Ekardt*, SächsVBl. 1998, 49 (53); anders die h.M., vgl. etwa *N. Bernsdorff*, NuR 1997, 328 (333); *A. Schink*, DÖV 1997, 221 (226).

[147] Vgl. *E. Rehbinder*, Ziele (Fn. 122), Rn. 107ff., 112ff.

[148] Vgl. *Steiger*, Grundlagen (Fn. 12), Rn. 73; *Scholz* (Fn. 11), Art. 20a Rn. 11; *W. Köck*, AöR 121 (1996), 1 (13ff.).

[149] *Jarass*/Pieroth, GG, Art. 20a Rn. 3; *Murswiek* (Fn. 16), Art. 20a Rn. 3; *Müller-Bromley*, Staatszielbestimmung (Fn. 16), S. 147ff.; → Vorb. Rn. 62ff.

[150] *R. Wolf*, KritV 80 (1997), 280 (293ff.); *N. Bernsdorff*, NuR 1997, 328 (332); *Kloepfer* (Fn. 13), Art. 20a Rn. 55, 57, 61; *M. Schröder*, DVBl. 1994, 835 (836); a.A. *Scholz* (Fn. 11), Art. 20a Rn. 10.

[151] Vgl. *Steiger*, Grundlagen (Fn. 12), Rn. 73ff., 89ff., 95ff.

[152] *Murswiek* (Fn. 16), Art. 20a Rn. 36; ausf. *Rehbinder*, Ziele (Fn. 122), Rn. 27ff.

[153] Vgl. allg. *E. Denninger*, KritJ 21 (1988), 1ff.; *Hofmann*, Aufgaben (Fn. 7), S. 18ff., 32ff.; *W. Köck*, AöR 121 (1996), 1 (18ff.); *R. Schmidt*, DÖV 1994, 749ff.; *U.K. Preuß*, Risikovorsorge als Staatsaufgabe, in: Grimm (Hrsg.), Staatsaufgaben (Fn. 120), S. 523ff.; ausf. *Wahl* (Hrsg.), Prävention (Fn. 7); → Art. 20 (Rechtsstaat) Rn. 58.

[154] Allg. Meinung, vgl. nur *Murswiek* (Fn. 16), Art. 20a Rn. 42; *Scholz* (Fn. 11), Art. 20a Rn. 9, 11, im Anschluß an BVerfGE 49, 89 (141ff.).

[155] *N. Bernsdorff*, NuR 1997, 328 (332f.); vgl. auch *Steiger*, Grundlagen (Fn. 12), Rn. 95ff.

scheinliche) Restrisiken müssen in einer Industriegesellschaft hingenommen werden[156]. Art. 20a GG gebietet aber, die **Vorsorge** im Falle besonders schwerer, nachhaltiger und dauerhafter Risiken **nach dem Stand von Wissenschaft und Technik**[157] durch Erforschung der Risiken zu betreiben – bis zur dehnbaren Grenze der »praktischen Vernunft«[158].

III. Die Adressaten des Umweltstaatsprinzips

1. Die Verantwortung von Bund und Ländern, nicht von Privaten

Art. 20a GG verpflichtet den »Staat«. Gemeint ist die **Bundesrepublik Deutschland als Gesamtstaat**, d.h. der Bund und die Länder; entstehungsgeschichtlich hielt die Gemeinsame Verfassungskommission eine zusätzliche Änderung der Homogenitätsklausel des Art. 28 I GG für entbehrlich[159]. Zum »Staat« gehören auch die Kommunen, sonstige Körperschaften des öffentlichen Rechts und **sämtliche Träger deutscher öffentlicher Gewalt**, auch Rechnungshöfe[160]. 51

Mit »Staat« ist alle Staatsgewalt (→ Art. 1 III Rn. 23 ff.) gemeint, nicht nur der Staat als Gesetzgeber, Exekutive oder Judikative: Art. 20a GG verpflichtet auch die **Regierung** im Blick auf ihre grundlegenden Leitentscheidungen, namentlich **als Hauptträger der auswärtigen Gewalt** (→ Art. 32 Rn. 19)[161]. Angesichts der zunehmenden Internationalisierung nachhaltiger Problemlösungen beim Schutz der natürlichen Lebensgrundlagen der Menschheit (→ Rn. 1, 9 f.) ist die Übernahme völkerrechtlicher Verpflichtungen unzulässig, deren Umsetzung gegen Art. 20a GG verstieße; überdies verpflichtet Art. 20a GG die Bundesregierung, im Rahmen internationaler Verhandlungen, Verträge und Organisationen auf optimalen Umweltschutz hinzuwirken, zumal auf der supranationalen Ebene der EU[162]. 52

Gebunden ist der Staat **auch**, wenn er **in privatrechtlichen Organisationsformen** und mit **privatrechtlichen Handlungsformen** (→ Art. 1 III Rn. 48 ff.) agiert[163]. Die moderne Pluralisierung der staatlichen Organisation erlaubt dem Staat nicht, sich dadurch dem Schutzauftrag des Art. 20a GG zu entziehen. Bei Übertragung staatlicher Aufgaben auf Private nicht durch Beleihung, sondern in Form einer Erfüllung (allein) durch Private, bei der der Staat nur eine (stark zurückgenommene) Beobachtungsver- 53

---

[156] BVerfGE 49, 89 (142 f.); *Steiger*, Grundlagen (Fn. 12), Rn. 92; vgl. zur Abgrenzung von Gefahr, Vorsorge und Restrisiko: *H. Schulze-Fielitz*, Recht des Immissionsschutzes, in: R. Schmidt (Hrsg.), Öffentliches Wirtschaftsrecht. Besonderer Teil 1, 1995, § 3 Rn. 31 ff.; *Kloepfer*, Umweltrecht (Fn. 108), § 2 Rn. 17; *B. Bender/R. Sparwasser/R. Engel*, Umweltrecht, 3. Aufl. 1995, § 7 Rn. 125 ff.; zur Kritik *Hofmann* (Fn. 26), § 21 Rn. 25 ff.
[157] Zur Bedeutung dieser Klausel vgl. *Schulze-Fielitz*, Recht (Fn. 156), § 3 Rn. 86 m.Nw.
[158] BVerfGE 49, 89 (143); 53, 30 (59); grdl. *R. Breuer*, DVBl. 1978, 829 (835 f.); vgl. ausf. *Steiger*, Grundlagen (Fn. 12), Rn. 97 ff.
[159] *N. Bernsdorff*, NuR 1997, 328 (330 f.); *Scholz* (Fn. 11), Art. 20a Rn. 44; *A. Uhle*, JuS 1996, 96 (97); *K.G. Meyer-Teschendorf*, ZRP 1994, 73 (77); → Art. 28 Rn. 63.
[160] *Kloepfer* (Fn. 13), Art. 20a Rn. 20; *K. Waechter*, NuR 1996, 321 (322).
[161] *Steiger*, Grundlagen (Fn. 12), Rn. 121 ff.; *Caspar*, Klimaschutz (Fn. 19), S. 385 f.; ausf. *Sommermann*, Staatsziele (Fn. 4), S. 387 ff.; s. auch *R. Wolf*, KritV 80 (1997), 280 (293); *K. Waechter*, NuR 1996, 321 (322); *Lang*, Umweltschutz (Fn. 32), S. 175 f.
[162] S. auch *A. Stiens/U. Voß*, Staatszielbestimmung Umweltschutz im Grundgesetz, in: UTR 21, 1994, S. 3 ff. (24 ff.).
[163] Vgl. *Steiger*, Grundlagen (Fn. 12), Rn. 9, 30; *B. Becker*, ZG 7 (1992), 225 (232 ff.).

antwortung für den Fall eines Fehlschlages wahrnimmt, müssen dann auch (nur) die Privaten die Pflichten aus Art. 20a GG erfüllen.

54   Im übrigen richtet sich Art. 20a GG **nicht** an **Private**[164], entfaltet also auch keine Drittwirkung[165] (→ Vorb. Rn. 57ff.). Damit verschließt sich Art. 20a GG nicht der Einsicht[166], daß Umweltschutz gemäß dem Kooperationsprinzip[167] eine gesamtgesellschaftliche Aufgabe von Staat *und* Gesellschaft ist[168]; vielmehr wird die staatliche Letztverantwortung hervorgehoben. Der Gesetzgeber darf in Konkretisierung von Art. 20a GG das Zusammenwirken von Staat und Privaten optimieren. Namentlich das europäische Recht verstärkt die Einbeziehung Privater (→ Rn. 16). Mittelbar wirkt Art. 20a GG auf eine Veränderung auch des gesellschaftlichen Bewußtseins hin[169].

2. Die Bindung der Gesetzgebung

55   Art. 20a GG wendet sich vorrangig an den parlamentarischen Gesetzgeber[170] und, über diesen vermittelt, an die Regierungen als Gesetzesinitianten[171] oder administrative Normsetzer. Den kompromißhaften Ausgleich widerstreitender Interessen im Rahmen der Direktiven des Art. 20a GG[172] kann der **Bundestag** als Repräsentativorgan am ehesten leisten. Neben diesem organadäquaten Interessenausgleich ermöglicht die Form des parlamentarischen Gesetzes rechtsstaatsadäquate Eingriffs-und Handlungsbefugnisse[173]. Art. 20a GG steht dadurch **nicht** unter einem »**Gesetzesvorbehalt**«[174] (→ Rn. 7), sondern verpflichtet umgekehrt seinerseits verbindlich den Gesetzgeber zum Handeln[175].

56   Der Begriff der Gesetzgebung umfaßt die parlamentarische Gesetzgebung; der Schutzauftrag des Art. 20a GG bezieht sich aber auch auf die **untergesetzliche Normsetzung**[176] nach Maßgabe des Gesetzes (vgl. Art. 80 I 2 GG). Nur abstrakt-generelle Regelungen können »flächendeckend« gleiche Bedingungen für den Schutz der natürlichen Lebensgrundlagen schaffen.

57   Aus Art. 20a GG folgen **objektive Gesetzgebungspflichten**, geeignete Vorschriften

---

[164] Zum Vorschlag einer »ökologischen Grundpflicht« *Scholz* (Fn. 11), Art. 20a Rn. 21; *M. Führ*, NuR 1998, 6 (10); zu Abweichungen auf Länderebene → Rn. 18.
[165] *Scholz* (Fn. 11), Art. 20a Rn. 45; *Kloepfer* (Fn. 13), Art. 20a Rn. 18.
[166] So aber krit. *Kloepfer* (Fn. 13), Art. 20a Rn. 18; *ders.*, DVBl. 1996, 73 (74) m.w.N.
[167] *Schulze-Fielitz*, Recht (Fn. 156), § 3 Rn. 40; *ders.*, DVBl. 1994, 657ff.; *H.-W. Rengeling*, Das Kooperationsprinzip im Umweltrecht, 1988; allg. *Hofmann* (Fn. 26), § 21 Rn. 47ff.
[168] Dazu *Berg*, Umweltstaat (Fn. 13), S. 438ff.; *Steiger*, Grundlagen (Fn. 12), Rn. 5, 9f.; *R. Wolf*, KritV 80 (1997), 280 (305); *M. Führ*, NuR 1998, 6 (10f., 13f.).
[169] *A. Schink*, DÖV 1997, 221 (222); *W. Hoffmann-Riem*, Die Verwaltung 28 (1995), 425 (428ff., 430ff.); s. auch *v. d. Daele*, Natur (Fn. 13), S. 381ff.; *B. Becker*, ZG 7 (1992), 225 (242).
[170] BVerwG NJW 1995, 2648 (2649); Bericht (Fn. 22), S. 68; *Murswiek* (Fn. 16), Art. 20a Rn. 57, 60; *Scholz* (Fn. 11), Art. 20a Rn. 46; *M. Kloepfer*, DVBl. 1996, 73 (75); *Sommermann*, Staatsziele (Fn. 4), S. 383f., 427ff.; *U. Becker*, DVBl. 1995, 713 (717).
[171] *Steiger*, Grundlagen (Fn. 12), Rn. 105.
[172] Vgl. auch *Scholz* (Fn. 11), Art. 20a Rn. 14 und 47.
[173] *Kloepfer* (Fn. 13), Art. 20a Rn. 34.
[174] So aber *K. Waechter*, NuR 1996, 321 (323); *K.G. Meyer-Teschendorf*, ZRP 1994, 73 (77) spricht von »Gesetzgebungsvorbehalt«.
[175] Vgl. *Murswiek* (Fn. 16), Art. 20a Rn. 60; *R. Wolf*, KritV 80 (1997), 280 (301).
[176] Zu ihr näher im Blick auf Art. 20a GG *P. Unruh/J. Strohmeyer*, NuR 1998, 225 (231); allg. *Steiger*, Grundlagen (Fn. 12), Rn. 124; *G. Lübbe-Wolff*, ZG 6 (1991), 219ff.

zum Schutz der natürlichen Lebensgrundlagen zu erlassen[177]. Der Gesetzgeber ist ihnen durch die Umweltgesetzgebung seit Beginn der 70er Jahre weithin nachgekommen, so daß Art. 20a GG keine völlig neue Gesetzgebungspflicht auslöst[178]. Die Kerngehalte dieser Kodifikationen erscheinen nun als verfassungsgeboten: das Verursacher-, Vorsorge-, Kooperations- und Nachhaltigkeitsprinzip als (ausnahmefähige) Leitprinzipien des Umweltrechts; die Existenz von Kontroll- und Eingriffsrechten bei wichtigen umweltbelastenden Aktivitäten; die Berücksichtigung von Umweltbelangen bei raumbedeutsamen Maßnahmen; die Strafbarkeit bei schwerwiegenden Umweltdelikten und ein Mindestmaß von Bürgerbeteiligung bei der Anlagenzulassung[179].

Der Gesetzgeber hat im übrigen einen breiten **Gestaltungsspielraum**[180], der weiter ist als bei konkreter gefaßten Gesetzgebungsaufträgen[181] und sich praktisch nur äußerst selten zu einer Handlungspflicht in einem ganz bestimmten Sinne verdichten dürfte[182]. Er erlaubt auch partielle Rücknahmen von Umweltgesetzen, unterliegt aber einem **umweltstaatlichen Rückschrittsverbot** in dem Sinne, daß Schutznormen nicht »beliebig« aufgehoben werden dürfen, so daß die natürlichen Lebensgrundlagen per saldo stärker gefährdet werden als zuvor[183]. Ein völliger Rückzug des Staates aus dem Umweltschutz wäre unzulässig[184]. Der Gesetzgeber muß nicht nur die Rechtslage, sondern auch ihre faktische Implementation in Rechnung stellen.

Art. 20a GG aktualisiert sich vor allem in einer **permanenten Nachbesserungspflicht des Gesetzgebers**, das Umweltrecht den neuesten Erkenntnissen in Wissenschaft und Technik anzupassen[185]. Das legt eine Ausgestaltung der Gesetze nahe, die durch Geltungsfristen, vorläufige Entscheidungen, nachträgliche Anordnungen usw. auf veränderte Umstände flexibel zu reagieren erlaubt[186]. Der Gesetzgeber muß rechtzeitig handeln, wenn die je konkrete Staatsaufgabe noch erfüllt werden kann[187]. Er hat dabei einen Prognosespielraum[188] und bei der **normtechnischen Ausgestaltung weitgehend freie Hand**[189]: Art. 20a GG verbietet weder gebundene Erlaubnisse[190] noch den verstärkten Einsatz von Formen der verwaltungsrechtlich zugelassenen

---

[177] *Jarass*/Pieroth, GG, Art. 20a Rn. 7.
[178] Vgl. *Kloepfer* (Fn. 13), Art. 20a Rn. 31, 62; a.A. *H.-J. Peters*, NVwZ 1995, 555 (556).
[179] Vgl. *Kloepfer* (Fn. 13), Art. 20a Rn. 36 ff.; *Caspar*, Klimaschutz (Fn. 19), S. 387; *K. Waechter*, NuR 1996, 321 (322); *Jarass*/Pieroth, GG, Art. 20a Rn. 3a.
[180] *Scholz* (Fn. 11), Art. 20a Rn. 49; *R. Steinberg*, NJW 1996, 1985 (1991 f.); *C. Koenig*, DÖV 1996, 943 (944); *M. Schröder*, DVBl. 1994, 835 (836); s. a. *W. Graf Vitzthum*, Staatszielbestimmungen und Grundgesetzreform, in: GedS Grabitz, 1995, S. 819 ff. (840); *A. Uhle*, DÖV 1993, 947 (951 f.); *Müller-Bromley*, Staatszielbestimmung (Fn. 16), S. 114 ff.
[181] *Kloepfer* (Fn. 13), Art. 20a Rn. 27; s. auch *Caspar*, Klimaschutz (Fn. 19), S. 387; *K.-P. Sommermann*, DVBl. 1991, 34 (35).
[182] *Jarass*/Pieroth, GG, Art. 20a Rn. 7; s. auch *Kloepfer* (Fn. 13), Art. 20a Rn. 28 und 63.
[183] Ausf. *Kloepfer* (Fn. 13), Art. 20a Rn. 35 ff.; krit. *Caspar*, Klimaschutz (Fn. 19), S. 389; s. auch *R. Wolf*, KritV 80 (1997), 280 (303 f.).
[184] *B. Becker*, ZG 7 (1992), 225 (228, 240); zust. *Murswiek* (Fn. 16), Art. 20a Rn. 40.
[185] *Kloepfer* (Fn. 13), Art. 20a Rn. 39; s. auch *A. Schink*, DÖV 1997, 221 (227).
[186] *N. Bernsdorff*, NuR 1997, 328 (333); s. auch *W. Köck*, AöR 121 (1996), 1 (19); allg. *H. Schulze-Fielitz*, Zeitoffene Gesetzgebung, in: W. Hoffmann-Riem/E. Schmidt-Aßmann (Hrsg.), Innovation und Flexibilität des Verwaltungshandelns, 1994, S. 139 ff.
[187] *N. Bernsdorff*, NuR 1997, 328 (330).
[188] S. allg. näher BVerfGE 50, 290 (332 ff.); 77, 84 (106); 87, 363 (383); 91, 1 (29).
[189] *Steiger*, Grundlagen (Fn. 12), Rn. 106 ff.; *K. Waechter*, NuR 1996, 321 (322).
[190] So aber *R. Steinberg*, NJW 1996, 1985 (1993).

Selbstregulierung¹⁹¹ – bis zur Grenze der Vernachlässigung der Pflichten zur umfassenden Ermittlung und Bewertung von Umweltauswirkungen¹⁹².

60 Art. 20a GG gebietet dem Gesetzgeber, **Eingriffe** in Umweltgüter als potentielle Gefährdungen der natürlichen Lebensgrundlagen angemessen **zu begründen** (und eine entsprechende Handhabung des Gesetzgebungsverfahrens). Er muß erkennen lassen, daß er ausreichende Überlegungen angestellt und auf valide Untersuchungen zurückgegriffen hat¹⁹³. Für den Fall offenkundiger Defizite bei der Erfüllung dieser Begründungslasten ist an neue organisationsrechtliche Formen zu denken, z.B. an die Institutionalisierung eines parlamentarischen Nachweltbeauftragten¹⁹⁴.

3. Die Bindung der vollziehenden Gewalt und der Rechtsprechung

a) Vollziehende Gewalt und Rechtsprechung als Adressaten

61 Auch vollziehende Gewalt und Rechtsprechung sind Adressaten des Art. 20a GG, so sehr sie sich nur im Rahmen der Vorgaben des Gesetzgebers eigenständig entfalten können¹⁹⁵. Dabei gewinnt die **Regierung als Teil der »vollziehenden Gewalt«**, funktional als wesentlicher Anreger und Teil des Gesetzgebungsprozesses ein vorrangiges Gewicht bei der Beobachtung von Gesetzgebungsbedarf, bei der Vorbereitung der grundlegenden Gestaltungsentscheidungen, bei der Konkretisierung durch die exekutivische Rechtsetzung und bei der Nachkontrolle der Wirksamkeit der Umweltgesetze¹⁹⁶.

62 Erst nachrangig ist die **Verwaltung i.e.S.** zu nennen, d.h. sämtliche staatlichen Verwaltungsorgane einschließlich der mittelbaren Staatsverwaltung, der Selbstverwaltungskörperschaften und privatrechtlicher Organisationsformen der Verwaltung¹⁹⁷. Für sie ist **Art. 20a GG keine unmittelbare Ermächtigungsgrundlage für Eingriffe** in Freiheit oder Eigentum¹⁹⁸. Dennoch wirkt Art. 20a GG umfassend i.S. einer Ökologisierung des Verwaltungsrechts¹⁹⁹. Denn der Vorrang des Gesetzgebers schließt weder eine verfassungskonforme Auslegung des Gesetzesrechts (→ Art. 20 [Rechtsstaat] Rn. 78) noch eine Orientierung an Art. 20a GG durch Exekutive und Judikative aus,

---

¹⁹¹ *W. Köck*, AöR 121 (1996), 1 (20); allg. *M. Schmidt-Preuß/U. Di Fabio*, Verwaltung und Verwaltungsrecht zwischen gesellschaftlicher Selbstregulierung und staatlicher Steuerung, VVDStRL 56 (1997), S. 160ff. bzw. 235ff.; *H.H. Trute*, DVBl. 1996, 950ff.; *M. Kloepfer/T. Elsner*, DVBl. 1996, 964ff.; *W. Hoffmann-Riem*, Die Verwaltung 28 (1995), 425 (430ff.); zur begrenzten Geeignetheit von Zertifikatmärkten *C. Koenig*, DÖV 1996, 943 (bes. 945f., 948).

¹⁹² *N. Bernsdorff*, NuR 1997, 328 (333f.); *Caspar*, Klimaschutz (Fn. 19), S. 387f.; demgemäß krit. zum Planungsvereinfachungsgesetz *R. Steinberg*, NJW 1996, 1985 (1994).

¹⁹³ In diesem Sinne *F. Ekardt*, SächsVBl. 1998, 49 (50); *A. Schink*, DÖV 1997, 221 (227); *Murswiek* (Fn. 16), Art. 20a Rn. 76; *R. Steinberg*, NJW 1996, 1985 (1988f. i.V.m. 1991).

¹⁹⁴ So *Kloepfer* (Fn. 13), Art. 20a Rn. 61; s. auch *K.E. Heinz*, NuR 1994, 1 (7, 8); *Saladin/Zenger*, Rechte (Fn. 114), S. 111.

¹⁹⁵ Vgl. *Scholz* (Fn. 11), Art. 20a Rn. 54 und 57.

¹⁹⁶ Vgl. *Steiger*, Grundlagen (Fn. 12), Rn. 115ff., 118ff.; *Murswiek* (Fn. 16), Art. 20a Rn. 62; *B. Bekker*, ZG 7 (1992), 225 (239f.); *Schulze-Fielitz*, Theorie (Fn. 29), S. 285ff., 461ff. u.ö.

¹⁹⁷ *A. Schink*, DÖV 1997, 221 (223); *Kloepfer* (Fn. 13), Art. 20a Rn. 40; → Art. 1 III Rn. 23ff.

¹⁹⁸ *Murswiek* (Fn. 16), Art. 20a Rn. 61; ders., NVwZ 1996, 222 (229); *Scholz* (Fn. 11), Art. 20a Rn. 57; *A. Uhle*, DÖV 1993, 947 (952); s.a. Sachverständigenkommission (Fn. 17), Rn. 162; Schmidt-Bleibtreu/*Klein*, GG, Art. 20a Rn. 15; *W. Brohm*, JZ 1994, 213 (219).

¹⁹⁹ Vgl. auch *Kloepfer* (Fn. 13), Art. 20a Rn. 41, 62, 66.

ohne daß der Gesetzgeber stets schon abschließend gehandelt haben muß[200]. Auch kann der Gesetzgeber der Verwaltung (und Rechtsprechung[201]) bewußt breite Auslegungs- und Ermessensspielräume anvertrauen, weil Umweltschutz i.d.R. am langsamsten durch den Gesetzgeber und am schnellsten durch Verwaltung und Gerichte realisiert wird[202].

Grundsätzlich gilt für die **Gerichte** bei der Auslegung des Rechts nichts anderes als für die Verwaltung[203]. Allerdings haben sie die Verwaltung nur zu kontrollieren und nicht eigene Wertungen anstelle des Gesetzgebers oder der Verwaltung zu treffen[204]. **63**

b) Materielle Folgerungen für Verwaltung und Rechtsprechung

Rechtsetzung und Rechtskonkretisierung sind ein arbeitsteiliger Prozeß von Gesetzgebung und Rechtsanwendung; Art. 20a GG räumt Verwaltung[205] und Rechtsprechung einen breiten eigenen **Spielraum** bei der Konkretisierung von Gesetzen ein. Das gilt **bei der Auslegung unbestimmter Gesetzesbegriffe**[206] und gerade dort, wo Art. 20a GG als **Querschnittsklausel** für Gesetze wirkt, die nicht im engeren Sinne Umweltgesetze sind[207], etwa im Polizei- und Ordnungsrecht[208]. Selbst wenn die Tatbestandsfassung den Auftrag von Art. 20a GG berücksichtigt hat, kann Art. 20a GG als Auslegungs- und Abwägungsmaßstab Berücksichtigung finden[209], etwa bei Gemeinwohlklauseln, die auf »öffentliche Interessen« u.ä. abheben[210]. Bei einfachgesetzlichem Bezug auf das Vorsorgeprinzip (→ Rn. 49) gebietet Art. 20a GG eine Auslegung, daß die dort ermöglichten, heute scheinbar unschädlichen Umweltbelastungen nicht auch im Blick auf künftige Generationen deren Lebensgrundlagen gefährden[211]. Eine Neugenehmigung von Kernkraftwerken erscheint demzufolge an sich nur schwer zu rechtfertigen. Allerdings muß das einfache Gesetzesrecht nicht stets so interpretiert werden, daß sofort ein Minimum an Umweltbelastungen erreicht wird[212]. **64**

Auch bei der Wahrnehmung von gesetzlich eingeräumten **Ermessensdirektiven** kann Art. 20a GG wirksam sein – bei der Auslegung der ermessensleitenden Geset- **65**

---

[200] BVerwG NVwZ 1998, 398 (399); *Kloepfer* (Fn. 13), Art. 20a Rn. 25 und 43; *A. Schink*, DÖV 1997, 221 (225f.).
[201] *Kloepfer* (Fn. 13), Art. 20a Rn. 46f.; *A. v. Mutius*, WiVerw. 1987, 51 (65f.).
[202] So *Kloepfer* (Fn. 13), Art. 20a Rn. 29.
[203] *Steiger*, Grundlagen (Fn. 12), Rn. 128ff.; *Kloepfer* (Fn. 13), Art. 20a Rn. 46.
[204] Vgl. *Murswiek* (Fn. 16), Art. 20a Rn. 63; *ders.*, NVwZ 1996, 222 (229); *Scholz* (Fn. 11), Art. 20a Rn. 58; *Kloepfer* (Fn. 13), Art. 20a Rn. 47; *ders.*, DVBl. 1996, 73 (75f.).
[205] Ausf. *U. Becker*, DVBl. 1995, 713ff.
[206] So auch Bericht (Fn. 22), S. 68; *N. Bernsdorff*, NuR 1997, 328 (334).
[207] *Kloepfer* (Fn. 13), Art. 20a Rn. 41, 43f., 65.
[208] *N. Bernsdorff*, NuR 1997, 328 (334); *K. Waechter*, NuR 1996, 321 (323).
[209] *Kloepfer* (Fn. 13), Art. 20a Rn. 26, 41, 45; *H.-G. Henneke*, NuR 1995, 325 (332f.); *B. Becker*, ZG 7 (1992), 225 (234ff.); *K.-P. Sommermann*, DVBl. 1991, 34 (35f.); *E. Wienholtz*, AöR 109 (1984), 532 (549); einschränkend *Steiger*, Grundlagen (Fn. 12), Rn. 126.
[210] *Murswiek* (Fn. 16), Art. 20a Rn. 68; allg. grdl. zur Vielfalt der Konkretisierungsformen *P. Häberle*, Öffentliches Interesse als juristisches Problem, 1970; konkret zur »Gemeinnützigkeit« des Motorsports im Lichte von Art. 20a GG *K. Grupp*, DAR 1997, 389ff.; anders BFHE 169, 3 (7); HessFG EFG 1997, 514 (516).
[211] *Murswiek* (Fn. 16), Art. 20a Rn. 66.
[212] A.A. *Murswiek* (Fn. 16), Art. 20a Rn. 67, am Beispiel von § 5 I Nr. 2 BImSchG.

zeszwecke oder bei der Ermessensbetätigung[213]. Praktisch bedeutsam ist das, wenn Gesetze andere Hauptzwecke verfolgen und nun um den Gedanken des Umweltschutzes angereichert werden, z.B. durch Nebenbestimmungen zu straßenrechtlichen Sondernutzungserlaubnissen[214].

66 Art. 20a GG wirkt sich namentlich bei planerischen **Abwägungs- und Gestaltungsspielräumen** aus[215]. Soweit die Ziele des Art. 20a GG sich im Gesetz als abwägungserhebliche Belange niederschlagen, verstärkt Art. 20a GG diese Belange[216] in der Weise, daß sie i.S. eines Optimierungsgebots verstanden werden müssen[217]: Für Umweltbelange gilt nun von Verfassung wegen, was die Rechtsprechung zuvor schon für einfachgesetzliche Optimierungsgebote (z.B. bei § 50 BImSchG) erarbeitet hat[218]. Aber auch wo der Gedanke des Nachweltschutzes im Gesetz unmittelbar keinen Niederschlag gefunden hat, begrenzt Art. 20a GG den Handlungsspielraum der Verwaltung: praktisch also in Randbereichen planungsähnlichen Charakters, etwa bei der Anwendung des § 45 StVO im Straßenverkehrsrecht[219].

67 Art. 20a GG ist **auch im Rahmen der »gesetzesfreien« Verwaltung zu beachten**[220], auf der Ebene der Kommunen im Rahmen des eigenen Wirkungskreises, z.B. bei der Förderung von privaten Umweltorganisationen, der Öffentlichkeitsarbeit oder der Umweltforschungsförderung.

c) Verfahrensrechtliche Folgerungen

68 Art. 20a GG als objektives Recht (→ Rn. 21) normiert **kein subjektives öffentliches Recht**[221]: Der einzelne Bürger kann sich gegenüber der Verwaltung im Rahmen von Einwendungen in Planfeststellungs- oder Genehmigungsverfahren nicht auf Art. 20a GG berufen (wohl aber im Rahmen der Popularbeteiligung, z.B. bei Einwendungsverfahren nach § 10 IV, VI BImSchG)[222]. In verwaltungsgerichtlichen Verfahren gibt Art. 20a GG **keine Klagebefugnis**, in verfassungsgerichtlichen Verfahren **keine Be-**

---

[213] Vgl. auch Bericht (Fn. 22), S. 68; *H.-J. Peters*, NVwZ 1995, 555 (556f.); zurückhaltend *Steiger*, Grundlagen (Fn. 12), Rn. 125.

[214] *U. Becker*, DVBl. 1995, 713 (719f.).

[215] *N. Bernsdorff*, NuR 1997, 328 (334); *Kloepfer* (Fn. 13), Art. 20a Rn. 45; *Murswiek* (Fn. 16), Art. 20a Rn. 61 und 70f.; *B. Becker*, ZG 7 (1992), 225 (236ff.). → Rn. 45.

[216] BVerwG NVwZ 1997, 1213 (1215); Sachverständigenkommission (Fn. 17), Rn. 162; *H.-J. Peters*, NuR 1987, 293 (295); Schmidt-Bleibtreu/*Klein*, GG, Art. 20a Rn. 16; anders *Kloepfer* (Fn. 13), Art. 20a Rn. 45; *H.-G. Henneke*, NuR 1995, 325 (333f.).

[217] Vgl. *Murswiek* (Fn. 16), Art. 20a Rn. 70; *H. F. Funke*, DVBl. 1987, 511 (516); widersprüchlich *A. Schink*, DÖV 1997, 221 (228).

[218] Ausf. *H. Schulze-Fielitz* (1995), in: H.-J. Koch/D.H. Scheuing (Hrsg.), GK-BImSchG, Losebl., § 50 Rn. 27f.; zweifelnd *Murswiek* (Fn. 16), Art. 20a Rn. 71.

[219] Vgl. OVG Bremen UPR 1990, 353 (354) und BVerwGE 74, 234 (238ff.); *U. Steiner*, NJW 1993, 3160 (3162); ausf. *G. Manssen*, DVBl. 1997, 633 (636ff.).

[220] So auch *Murswiek* (Fn. 16), Art. 20a Rn. 61; *B. Becker*, ZG 7 (1992), 225 (236).

[221] Allg. Meinung, vgl. BVerwG NJW 1995, 2648 (2649); NVwZ 1998, 398 (399); *Steiger*, Grundlagen (Fn. 12), Rn. 37ff.; *R. Steinberg*, NJW 1996, 1985 (1992); Scholz (Fn. 11), Art. 20a Rn. 33f.; *Tsai*, Umweltschutzpflicht (Fn. 16), S. 71ff.; *D. Murswiek*, NVwZ 1996, 222 (230); *M. Kloepfer*, DVBl. 1996, 73 (74); *U. Becker*, DVBl. 1995, 713 (717); *H.-G. Henneke*, NuR 1995, 325 (334); *A. Uhle*, JuS 1996, 96 (97); *Müller-Bromley*, Staatszielbestimmung (Fn. 16), S. 165ff.

[222] *Murswiek* (Fn. 16), Art. 20a Rn. 75.

schwerdebefugnis[223]. Auch für Verbände hat Art. 20a GG keine Entscheidung für Verbandsklagemöglichkeiten getroffen[224]. Möglich ist aber, daß Grundrechtsverletzungen darin gründen, daß das staatliche Handeln wegen Verstoßes gegen Art. 20a GG rechtswidrig und damit der Grundrechtseingriff nicht zu rechtfertigen ist[225].

Wie den Gesetzgeber (→ Rn. 60) **verpflichtet** Art. 20a GG auch **Verwaltung und Rechtsprechung, Eingriffe in Umweltgüter** zu begründen und die Angemessenheit von Schutzmaßnahmen **zu rechtfertigen**, vor allem im Rahmen von Planungs-, Abwägungs- und Ermessensentscheidungen (→ Rn. 44f.). Art. 20a GG verlangt ökologische Nutzen-Kosten-Überlegungen selbst dort, wo sie in staatlichen Entscheidungsverfahren bislang nicht vorgesehen sind: Z.B. ist bei der Vergabe von Personenbeförderungserlaubnissen an konkurrierende Busunternehmer bei im übrigen gleicher gesetzlicher Rechtsstellung eine unterschiedliche Umweltfreundlichkeit des Wagenparks berücksichtigungsfähig.

69

Die möglicherweise wichtigste praktische Bedeutung gewinnt Art. 20a GG durch seine **Forderung, Organisation und Verfahren** des staatlichen **Verwaltungshandelns im Blick auf die Bedeutung des Umweltschutzes auszugestalten** und zu praktizieren[226]. Einfachgesetzliche Anhörungspflichten, der Zugang zu Umweltinformationen, die Zusammensetzung von Expertengremien, die die Verwaltung beraten, sind für Belange des Umweltschutzes zu sensibilisieren; der Erlaß von Umweltstandards und Regelwerken darf nicht mehr allein der Umsetzung von Ingenieurwissen dienen[227]: Art. 20a GG gebietet, daß Vertreter von Umweltorganisationen oder Umweltwissenschaften angemessen mitwirken können, um die Bewertung von Umweltrisiken an Gemeinwohlkriterien zu binden[228].

70

4. Verstöße gegen Art. 20a GG: Rechtsfolgen und Justitiabilität

Verstöße gegen Art. 20a GG führen zur **Verfassungswidrigkeit** des jeweiligen Rechtsaktes. Die **Bindung des Gesetzgebers** unterliegt der verfassungsgerichtlichen Kontrolle; insbesondere das Untermaßverbot (→ Art. 20 [Rechtsstaat] Rn. 184) verlangt ein Mindestmaß an gesetzgeberischer Aktivität. Allerdings ist die Kontrolle wegen der beschränkten Justitiabilität des gesetzgeberischen Gestaltungsfreiraums auf evidente Verstöße beschränkt[229].

71

---

[223] Vgl. *Kloepfer* (Fn. 13), Art. 20a Rn. 13, 18; *Murswiek* (Fn. 16), Art. 20a Rn. 73; *Scholz* (Fn. 11), Art. 20a Rn. 34; *A. Uhle*, JuS 1996, 96 (97); *H.-J. Peters*, NVwZ 1995, 555 (555).

[224] BVerwGE 101, 73 (83); BVerwG DVBl. 1997, 1123 (1124); *R. Wolf*, KritV 80 (1997), 280 (299); *Scholz* (Fn. 11), Art. 20a Rn. 33; s. auch *D. Murswiek*, NVwZ 1996, 222 (230); a.A. *A. Fisahn*, ZUR 1996, 180 (186).

[225] *Murswiek* (Fn. 16), Art. 20a Rn. 74; *R. Steinberg*, NJW 1996, 1985 (1992). – Zur willkürlichen Vernachlässigung von Umweltschutzpflichten vgl. BayVerfGH BayVBl. 1986, 298 (300); a.A. *Murswiek* (Fn. 16), Art. 20a Rn. 73; *N. Bernsdorff*, NuR 1997, 328 (330).

[226] Z.B. *F. Ekardt*, SächsVBl. 1998, 49 (49, 54); *R. Steinberg*, NJW 1996, 1985 (1993f.); *Geddert-Steinacher*, Staatsziel (Fn. 30), S. 50; s. auch *W. Hoffmann-Riem*, Die Verwaltung 28 (1995), 425 (427).

[227] *R. Steinberg*, NJW 1996, 1985 (1994); *Schulze-Fielitz*, Gesetzgebung (Fn. 186), S. 188 ff.

[228] Dazu allg. *W. Köck*, AöR 121 (1996), 1 (21); *C. Gusy*, Die untergesetzliche Rechtsetzung nach dem Bundes-Immissionsschutzgesetz aus verfassungsrechtlicher Sicht, in: H.-J. Koch/R. Lechelt (Hrsg.), Zwanzig Jahre Bundes-Immissionsschutzgesetz, 1994, S. 185 ff. (208 f.); ausf. *E. Denninger*, Verfassungsrechtliche Anforderungen an die Normsetzung im Umwelt- und Technikrecht, 1990.

[229] Vgl. *N. Bernsdorff*, NuR 1997, 328 (330); *Scholz* (Fn. 11), Art. 20a Rn. 49; *A. Schink*, DÖV 1997, 221 (228); *M. Kloepfer*, DVBl. 1996, 73 (75).

72 Die **Bindung von Verwaltung und Rechtsprechung** bedeutet, daß sie im Rahmen ihrer Rechte und Pflichten zur Normenkontrolle Verstöße gegen Art. 20a GG zu beachten haben; Verstöße des parlamentarischen Gesetzgebers hat die Verwaltung zur verfassungsgerichtlichen Überprüfung zu bringen (→ Art. 20 [Rechtsstaat] Rn. 89); Gerichte haben die Möglichkeiten zur konkreten Normenkontrolle (Art. 100 I GG) zu nutzen[230]. Verstößt untergesetzliches Recht gegen Art. 20a GG, haben Gerichte die Möglichkeit, es zu verwerfen[231].

D. Verhältnis zu anderen GG-Bestimmungen

73 Art. 20a GG kann sich sowohl grundrechtsbeschränkend wie grundrechtsverstärkend auswirken[232]. Gesetze, die das Umweltstaatsprinzip konkretisieren, können mit dem Gewicht der in Art. 20a GG geschützten Umweltbelange die **Einschränkung von Freiheitsgrundrechten legitimieren**[233], namentlich Beschränkungen nach Art. 14 I 2, II GG, Art. 12 I 2 GG und Art. 2 I GG, z.B. ein Verbot der Nutzung der Kernenergie oder von Bierdosen[234]. Art. 20a GG kann auch Ungleichbehandlungen i.S. von Art. 3 I GG rechtfertigen[235].

74 Gleiches kann für **Beschränkungen vorbehaltlos garantierter Grundrechte** (z.B. Art. 4, 5 III, 8 I GG) durch ein Gesetz gelten, das Art. 20a GG gerecht zu werden sucht (z.B. Forschungsbegrenzungen trotz Art. 5 III GG)[236]: Insoweit macht **Art. 20a GG** den Umweltschutz (nicht den individuellen Tierschutz[237]) zu einer **verfassungsimmanenten Schranke**[238] (allg. → Vorb. Rn. 88 ff.).

75 Andererseits können die **Abwehrgehalte von Grundrechten im Lichte** der Wertentscheidung **des Art. 20a GG** gegen solche freiheitsbegrenzenden Gesetze **gestärkt** werden[239], welche Gemeinwohlinteressen ohne angemessene Rücksicht auf die durch die Freiheitsgrundrechte mitgeschützten Umweltbelange verfolgen. Namentlich die **objektiv-rechtliche Schutzpflicht des Gesetzgebers** kann durch Art. 20a GG konkretisiert werden, auch wenn Art. 20a GG und die grundrechtlichen Gehalte grundsätzlich nebeneinander stehen. Art. 20a GG darf nicht so ausgelegt werden, daß er die beste-

---

[230] *Kloepfer* (Fn. 13), Art. 20a Rn. 47 f.

[231] *Jarass*/Pieroth, GG, Art. 20a Rn. 8. Zur Normenkontrolle der Verwaltung: → Art. 20 (Rechtsstaat) Rn. 89.

[232] *Kloepfer* (Fn. 13), Art. 20a Rn. 17; zurückhaltend *A. Uhle*, JuS 1996, 96 (100 f.); *F. Ossenbühl*, NuR 1996, 53 (57 f.); *Schöbener*, Industriepolitik (Fn. 50), § 8 III.

[233] Vgl. *R. Wolf*, KritV 80 (1997), 280 (299 f.); *Steiger*, Grundlagen (Fn. 12), Rn. 213, 235; *Jarass*/Pieroth, GG, Art. 20a Rn. 5.

[234] Vgl. *Steiger*, Grundlagen (Fn. 12), Rn. 111, bzw. *Berg*, Umweltstaat (Fn. 13), S. 437.

[235] *F. Ekardt*, SächsVBl. 1998, 49 (51); *K. Waechter*, NuR 1996, 321 (323); *A. Uhle*, JuS 1996, 96 (99).

[236] *Kloepfer* (Fn. 13), Art. 20a Rn. 16; s. auch *A. Uhle*, JuS 1996, 96 (99).

[237] Z.B. *W. Graf Vitzthum/T. Geddert-Steinacher*, Jura 1996, 42 (46); a.A. *H. Kuhlmann*, NuR 1995, 1 (7 ff.); → Rn. 30; → Art. 5 III (Wissenschaft) Rn. 39.

[238] *R. Wolf*, KritV 80 (1997), 280 (300 f.); *N. Bernsdorff*, NuR 1997, 328 (331); *Murswiek* (Fn. 16), Art. 20a Rn. 72; *H.H. Klein*, DVBl. 1991, 729 (733); *H.-J. Papier*, NJW 1997, 2841 (2843); *R. Schmidt*, JZ 1997, 1042 (1043); s. auch *A. Schink*, DÖV 1997, 221 (229); zum Bsp. Kunstfreiheit BVerwG NJW 1995, 2648 (2649); *Steiger*, Grundlagen (Fn. 12), Rn. 236 f.; *A. Uhle*, UPR 1996, 55 (57); *P. Schütz*, JuS 1996, 498 (503 ff.); zur Glaubensfreiheit BVerwG BayVBl. 1997, 599 (599).

[239] Vgl. *Kloepfer* (Fn. 13), Art. 20a Rn. 12; *N. Bernsdorff*, NuR 1997, 328 (330).

henden Pflichten zum Schutz von Leben und körperlicher Unversehrtheit (→ Art. 2 II Rn. 47 ff.) relativiert[240].

Das Umweltstaatsprinzip ist nicht in **Art. 20 GG** verankert worden, um Zweifelsfragen im Blick auf Art. 79 III GG (und auch auf ein »ökologisches Widerstandsrecht« i.S. von Art. 20 IV GG)[241] zu vermeiden[242]; für den verfassungsändernden Gesetzgeber ist es den in Art. 1 und 20 GG niedergelegten Grundsätzen (→ Art. 79 III Rn. 16 ff.) nachrangig[243]. Art. 20a GG könnte also geändert oder wieder gestrichen werden. **76**

---

[240] *Murswiek* (Fn. 16), Art. 20a Rn. 21.
[241] Ungeachtet dessen für ein Widerstandsrecht *Murswiek*, Umweltschutz (Fn. 6), S. 78 f.
[242] Vgl. *Scholz* (Fn. 11), Art. 20a Rn. 28 f.; krit. *K. E. Heinz*, NuR 1994, 1 (7 f.).
[243] Vgl. *Kloepfer* (Fn. 13), Art. 20a Rn. 15; *R. Wolf*, KritV 80 (1997), 280 (282 f.); a.A. *N. Bernsdorff*, NuR 1997, 328 (330).

Artikel 21 [Parteien]

(1) ¹Die Parteien wirken bei der politischen Willensbildung des Volkes mit. ²Ihre Gründung ist frei. ³Ihre innere Ordnung muß demokratischen Grundsätzen entsprechen. ⁴Sie müssen über die Herkunft und Verwendung ihrer Mittel sowie über ihr Vermögen öffentlich Rechenschaft geben.

(2) ¹Parteien, die nach ihren Zielen oder nach dem Verhalten ihrer Anhänger darauf ausgehen, die freiheitliche demokratische Grundordnung zu beeinträchtigen oder zu beseitigen oder den Bestand der Bundesrepublik Deutschland zu gefährden, sind verfassungswidrig. ²Über die Frage der Verfassungswidrigkeit entscheidet das Bundesverfassungsgericht.

(3) Das Nähere regeln Bundesgesetze.

Literaturauswahl

v. Arnim, Hans Herbert: Der strenge und der formale Gleichheitssatz, in: DÖV 1984, S. 85–92.
v. Arnim, Hans Herbert: Die Partei, der Abgeordnete und das Geld, 2. Aufl. 1996.
Becker, Jürgen (Hrsg.): Wahlwerbung politischer Parteien im Rundfunk, 1990.
Cassebaum, Christian: Die prozessuale Stellung der politischen Parteien und ihrer Gebietsverbände, 1988.
Clemens, Thomas: Politische Parteien und andere Institutionen im Organstreitverfahren, in: Festschrift für Wolfgang Zeidler, 1987, S. 1261–1287.
Dißmann, Karsten: Rechtsschutz für politische Parteien, Diss. jur. Bielefeld 1992.
Grawert, Friedrich: Parteiausschluß und innerparteiliche Demokratie, 1987.
Grimm, Dieter: Die politischen Parteien, in: HdbVerfR, § 14, S. 599–656.
Hardmann, Clemens: Die Wahlkampfwerbung von Parteien in der Bundesrepublik Deutschland, Diss. jur. Köln 1992.
Harms, Angelika: Die Gesetzgebungszuständigkeit des Bundes aus Art. 21 III GG in Abgrenzung zum Zuständigkeitsbereich der Länder, 1986.
Heinz, Ursula: Organisation innerparteilicher Willensbildung, 1987.
Henke, Wilhelm: Das Recht der politischen Parteien, 3. Aufl., veröffentlicht in: BK, Art. 21, 1991.
Hesse, Konrad: Die verfassungsrechtliche Stellung der Parteien im modernen Staat, VVDStRL 17 (1959), S. 11–52.
Jülich, Hans-Christian: Chancengleichheit der Parteien, 1967.
Kerssenbrock, Trutz Graf: Der Rechtsschutz des Parteimitgliedes vor Parteischiedsgerichten, 1994.
Kißlinger, Andreas: Das Recht auf politische Chancengleichheit, 1998.
Klapp, Theo: Chancengleichheit von Landesparteien im Verhältnis zu bundesweit organisierten Parteien, 1989.
König, Georg: Die Verfassungsbindung der politischen Parteien, 1993.
Kunig, Philip: Parteien, in: HStR II, § 33, S. 103–147.
Landfried, Christine: Parteifinanzen und politische Macht, 2. Aufl. 1994.
Leibholz, Gerhard: Strukturprobleme der modernen Demokratie, Neuausgabe der 3. Aufl. 1967, 1974.
Lenk, Kurt/Neumann, Franz: Theorie und Soziologie der politischen Parteien, 2. Aufl. 1974.
Lipphardt, Hans-Rudolf: Die Gleichheit der politischen Parteien vor der öffentlichen Gewalt, 1975.
Mauersberger, Axel: Die Freiheit der Parteien, 1994.
Maurer, Hartmut: Die Rechtsstellung der politischen Parteien, in: JuS 1991, S. 881–889.
Maurer, Hartmut: Die politischen Parteien im Prozeß, in: JuS 1992, S. 296–300.
Meier, Horst: Parteiverbote und demokratische Republik, 1993.
Meyer, Hubert: Kommunales Parteien- und Fraktionsrecht, 1990.
Morlok, Martin: Der Anspruch auf Zugang zu den politischen Parteien, in: Festschrift für Franz Knöpfle, 1996, S. 231–271.
Risse, Johannes: Der Parteiausschluß, 1985.

Schmidt, Thomas: Die Freiheit verfassungswidriger Parteien und Vereinigungen, 1983.
Schwartmann, Rolf: Verfassungsfragen der Allgemeinfinanzierung politischer Parteien, 1995.
Seifert, Karl-Heinz: Die politischen Parteien im Recht der Bundesrepublik Deutschland, 1975.
Stoklossa, Uwe: Zugang zu den politischen Parteien im Spannungsfeld zwischen Vereinsautonomie und Parteienstaat, 1989.
Stollberg, Frank: Die verfassungsrechtlichen Grundlagen des Parteiverbots, 1976.
Stolleis, Michael: Parteienstaatlichkeit – Krisensymptome des demokratischen Verfassungsstaats?, VVDStRL 44 (1986), S. 7–45.
Trautmann, Helmut: Innerparteiliche Demokratie im Parteienstaat, 1975.
Triepel, Heinrich: Die Staatsverfassung und die politischen Parteien, 1928.
Tsatsos, Dimitris T.: Europäische politische Parteien?, in: EuGRZ 1994, 45–53.
Tsatsos, Dimitris T./Morlok, Martin: Parteienrecht. Eine verfassungsrechtliche Einführung, 1982.
Tsatsos, Dimitris T./Schefold, Dian/Schneider, Hans-Peter (Hrsg.): Parteienrecht im europäischen Vergleich, 1990.
Walther, Christoph J.: Wahlkampfrecht, 1989.
Westerwelle, Guido: Das Parteienrecht und die politischen Jugendorganisationen, 1994.
Wietschel, Wiebke: Der Parteibegriff, 1996.
Wolfrum, Rüdiger: Die innerparteiliche demokratische Ordnung nach dem Parteiengesetz, 1974.

Siehe ferner die Nachweise in:
Udo Bermbach (Hrsg.): Hamburger Bibliographie zum parlamentarischen System der Bundesrepublik Deutschland, 1973ff. bis 6. Erg.-Lfg. (1981–1984) 1993.
Martin Schumacher (Bearb.): Kommission für Geschichte des Parlamentarismus und der Politischen Parteien, annotierte Bibliographie 1953–1988.

Leitentscheidungen des Bundesverfassungsgerichts

BVerfGE 1, 208 (241ff.) – 7,5%-Sperrklausel; 2, 1 (15ff.) – SRP-Verbot; 4, 27 (28ff.) – Klagebefugnis politischer Parteien; 5, 85 (111ff.) – KPD-Verbot; 7, 99 (107f.) – Sendezeit; 8, 51 (62ff.) – 1. Parteispenden-Urteil (1958); 11, 266 (273ff.) – Wählervereinigung; 14, 121 (124ff.) – FDP-Sendezeit; 20, 56 (96ff.) – Parteienfinanzierung I (1966); 39, 334 (357ff.) – Extremistenbeschluß; 44, 125 (138ff.) – Öffentlichkeitsarbeit der Bundesregierung; 47, 198 (222ff.) – Wahlwerbesendungen; 51, 222 (227ff.) – 5%-Klausel; 52, 63 (86ff.) – 2. Parteispenden-Urteil (1979); 67, 149 (152ff.) – Wahlwerbung/WDR; 69, 257 (268ff.) – Politische Parteien; 73, 1 (15ff.) – Politische Stiftungen; 73, 40 (47ff.) – 3. Parteispendenurteil (1986); 85, 264 (283ff.) – Parteienfinanzierung II (1992); 91, 262 (266ff.) – Parteienbegriff I; 91, 276 (284ff.) – Parteienbegriff II.

Gliederung

	Rn.
A. Herkunft, Entstehung, Entwicklung	1
I. Ideen- und verfassungsgeschichtliche Aspekte	1
II. Entstehung und Veränderung der Norm	8
B. Internationale, supranationale und rechtsvergleichende Bezüge	12
I. Internationale Menschenrechtspakte	12
II. Europäisches Gemeinschaftsrecht	13
III. Rechtsvergleichende Hinweise	15
C. Erläuterungen	19
I. Funktion und Status der politischen Parteien	19
1. Mitwirkung bei der politischen Willensbildung (Art. 21 I 1 GG)	19
2. Parteibegriff	28
a) Funktion	28
b) Verfassungsrechtlicher und einfach-gesetzlicher Begriff	33
c) Elemente	34

3. Zulässigkeit und Gebotenheit staatlicher Parteienfinanzierung 43
4. Der Status der Freiheit, der Gleichheit und der Öffentlichkeit 46
II. Der Status der Freiheit der Parteien 49
1. Rechtsnatur des Art. 21 GG 49
2. Träger der Parteienfreiheit 52
3. Sachlicher Schutzbereich 55
4. Abwehrcharakter 62
5. Schranken der Parteienfreiheit 63
6. Ausstrahlungswirkung 64
7. Freiheitsaspekte der Parteienfinanzierung 65
III. Der Status der Gleichheit der Parteien 72
1. Stellenwert und Begründung der Chancengleichheit 72
2. Träger und Bezugspunkte 74
3. Inhalt und Anwendungsbereich 76
4. Rechtfertigung von Ungleichbehandlungen 81
5. Einzelfälle, insbesondere Wahlkampf und Öffentlichkeitsarbeit 90
6. Gleichheitsaspekte der Parteienfinanzierung 96
IV. Der Status der Öffentlichkeit der Parteien 105
1. Bedeutung und Praxis 105
2. Die Öffentlichkeitsunterworfenheit der Parteifinanzen (Art. 21 I 4 GG) 107
3. Öffentlichkeitsgebote an die Parteien nach außen wie nach innen 112
V. Innerparteiliche Demokratie (Art. 21 I 3 GG) 115
1. Funktionale Notwendigkeit 115
2. Der Begriff »demokratische Grundsätze« 117
3. Objektiv-rechtliche Bedeutung 120
4. Subjektiv-rechtliche Gehalte 124
5. Einzelne Mitgliedschaftsrechte 127
6. Schutz und Durchsetzung demokratischer Mitgliedschaftsrechte 133
VI. Parteiverbot (Art. 21 II GG) 135
1. Rechtfertigung und Gefahren 135
2. Voraussetzungen 139
3. Verbotswirkungen und Entscheidungsverfahren 146
VII. Ausgestaltungsauftrag an den Gesetzgeber (Art. 21 III GG) 151
D. Verhältnis zu anderen GG-Bestimmungen 156

A. Herkunft, Entstehung, Entwicklung

I. Ideen- und verfassungsgeschichtliche Aspekte

1 Das Entstehen des Parteiwesens setzt Pluralismus, dessen freien Ausdruck[1] und die Öffnung des staatlichen Machtapparates für gesellschaftliche Einflußnahme voraus. Demnach interessieren die Anfänge des Pluralismus im geistig-kulturellen wie im gesellschaftlich-strukturellen Bereich (→ Rn. 2), die Institutionalisierung demokratischer Mitwirkungsrechte (→ Rn. 3f.) und deren rechtliche Flankierung (→ Rn. 5).

2 Im Europa[2] des ausgehenden Mittelalters ermöglichten das Zerbrechen der traditionellen sozialen Ordnung, die Verstädterung, die Lockerung patriarchalischer Bindungen, Glaubensspaltung und auch das Verschwinden einheitlicher Maßstäbe die For-

---

[1] Vgl. *D. T. Tsatsos/M. Morlok*, Parteienrecht, 1982, S. 3, 13.
[2] Eine getrennte Betrachtung Englands, Frankreichs und Deutschlands bei *U.K. Preuß*, in: AK-GG, Art. 21 Abs. 1, 3 Rn. 1ff.

mierung pluralistisch gefächerter Interessen. Deren Träger gruppierten sich, um die aus ihrer Sicht notwendigen gesellschaftlichen Wandlungen durch eigenes Handeln zu bewirken[3]. Um Gleichgesinnte zu versammeln, bedurfte es frei gebildeter politischer Vereinigungen. Die ständische Ordnung mit ihrer Einbindung in existierende Korporationen stand dem entgegen[4]. Die entstehende Freiheit der Städte bot frühe Muster für das Phänomen der Gruppenbildung in parlamentsähnlichen Organen[5]. Mit der **bürgerlichen Revolution** Ende des 18. Jahrhunderts übernahmen neue Führungsgruppen zunächst nur faktisch die politische Macht in den Institutionen. Bei zunehmender Vereinigungsfreiheit waren die Zusammenschlüsse in Parteien[6] »**das der bürgerlichen Gesellschaft wesensadäquate Mittel zur Vergesellschaftung des Staates**«[7]. Dieser Logik konnten sich auch die alten Mächte, denen das Parteiwesen Einfluß streitig machte, nicht entziehen. Auch sie mußten das Instrument ihrer Gegner übernehmen[8] und sich als Partei der Konservativen organisieren.

Aus der verfassungsrechtlichen Zulassung gesellschaftlicher Mitsprache bei staatlichen Entscheidungen entstand das Problem der **Vermittlung** zwischen ungeregelter gesellschaftlicher Meinungs- und Interessenvielfalt[9] und organisierter staatlicher Handlungseinheit[10]. Geleitet von den Bedingungen des Erfolges im **staatlich-institutionellen Bereich**[11] nehmen die Parteien Einfluß auf den Willensbildungsprozeß des Staates. Darauf ausgerichtete Rezeptionsstrukturen des Staatsapparates sind vorwie-

3

---

[3] *Huber*, Verfassungsgeschichte, Bd. 1, S. 700.
[4] *W. Hardtwig*, Art. Verein, in: Geschichtliche Grundbegriffe, Bd. 6, 1990, S. 789 ff. (814 ff.); *ders.*, Genossenschaft, Sekte, Verein in Deutschland, Bd. 1, 1997, S. 25 ff., für die Politisierung S. 328 ff.; vgl. auch *F. Müller*, Korporation und Assoziation, 1965. Zur Bedeutung des Vereinswesens für die Entstehung politischer Parteien *D. Langewiesche*, GuG 4 (1978), 324 (339 ff.) m.w.N.
[5] Für die italienischen Stadtstaaten: *K. v. Beyme*, Art. Partei, Faktion, in: Geschichtliche Grundbegriffe, Bd. 4, 1978, S. 677 ff. (681).
[6] Zu konkreten Parteientwicklungen s. u.a.: J. LaPalombara/M. Weiner (Hrsg.), Political Parties and Political Development (mit einer ausgewählten Bibliographie von *N.E. Kies*), 1966; *H. Kaack*, Geschichte und Struktur des deutschen Parteiensystems, 1971; *T. Nipperdey*, Die Organisation der deutschen Parteien vor 1918, 1961; *H. Grebing*, Geschichte der deutschen Parteien, 1962; *L. Bergsträsser*, Geschichte der politischen Parteien in Deutschland, 11. Aufl. (vollständig überarbeitet von W. Mommsen), 1965; G.A. Ritter (Hrsg.), Die deutschen Parteien vor 1918, 1973; *W. Tormin*, Geschichte der deutschen Parteien seit 1848, 3. Aufl. 1968; Redaktionskollektiv unter der Leitung von D. Fricke (Hrsg.), Die bürgerlichen Parteien in Deutschland – Handbuch der Geschichte der bürgerlichen Parteien und anderer bürgerlicher Interessenorganisationen vom Vormärz bis zum Jahre 1945, Bd. 1 (1968), Bd. 2 (1970).
[7] *Huber*, Verfassungsgeschichte, Bd. 2, S. 322.
[8] Dennoch vermied man den Namen »Partei«. Erstmals wurde der Parteibegriff von der 1861 gegründeten liberalen Deutschen Fortschrittspartei als Selbstbezeichnung genutzt.
[9] Der jeweilige Bezug auf die in einer bestimmten Epoche verfestigten Spannungen der Sozialstruktur sind Ursache für die Eigenarten der nationalen Parteiensysteme und der Verschiedenheit der Parteien, dazu: *M. Lipset/S. Rokkan*, Clevage Structures, Party Systems and Voter Alignments, in: dies. (Hrsg.), Party Systems and Voter Alignments, 1967, S. 1 ff.; *S. Rokkan*, Citizens, Elections, Parties, 1970; *M.R. Lepsius*, ZfS 9 (1980), 115 ff.; *H. Boldt*, Stein Rokkans Parteitheorie und die vergleichende Verfassungsgeschichte, in: L. Albertin/W. Link (Hrsg.), Politische Parteien auf dem Weg zur parlamentarischen Demokratie in Deutschland, 1981, S. 91 ff.; für Deutschland s. bes. *M.R. Lepsius*, Parteiensystem und Sozialstruktur, in: Ritter (Hrsg.), Parteien (Fn. 6), S. 56 ff.
[10] *D. Grimm*, Politische Parteien, in: HdbVerfR, § 14 Rn. 1.
[11] Dazu zählen vor allem das Wahlrecht und die Regierungsform. Belege für Ersteres bei *D.W. Rae*, The Political Consequences of Electoral Laws, 1967; *D. Nohlen*, Wahlrecht und Parteiensysteme, 2. Aufl. 1990; *H. Fenske*, Wahlrecht und Parteiensystem, 1972.

gend im parlamentarischen Bereich vorhanden[12]. Demgemäß wird die Teilnahme an Wahlen zum Abgrenzungskriterium gegenüber anderen politischen Vereinigungen.

4   Das gewählte Parlament[13] brachte mit seiner zunehmenden politischen **Fraktionierung** die bürgerliche Partei im heutigen Sinne hervor. Mit der Umstellung der Interessenvertretung auf die Repräsentation des ganzen Volkes bedurfte es anderer politischer Einheiten – Überzeugungs-, Interessen- und Wahlkampfgemeinschaften[14] –, die nicht an vorhandene korporierte Strukturen angebunden waren. Zunächst lose strukturierte **Clubs** und »**Fraktionen**« von Abgeordneten ähnlicher politischer Meinung arbeiteten zusammen, legten vor den Wählern Rechenschaft ab und nahmen Anregungen entgegen. Der Kontakt geronn zur Beziehung, aus der sich die politische Partei institutionalisierte. Zuerst geschah dies im 17. Jahrhundert in England; in den revolutionären Wirren um die Jahrhundertmitte entstanden dort in der Provinz Freundschaftsgruppen, um in London gemeinsam politischen Erfolg zu suchen[15]. Beachtliche organisatorische Kraft und ein eigenes Hauptquartier hatte dann der Green Ribbon Club, der 1675 gegründet wurde[16]. Noch vor 1688 wurden die Bezeichnungen »Whigs« und »Tories« populär. Die französische Entwicklung kannte während der Revolutionszeit »Clubs«, Parteien hingegen erst in der nachnapoleonischen Zeit. Der Zusammenhang der Parteientstehung mit einem Parlament trat in Deutschland an der Nationalversammlung 1848/49 deutlich hervor[17]. Die Geschichte der Parteien zeigt sich somit als **Annexentwicklung zur Geschichte des Parlaments**[18]. Arbeiterparteien dagegen entwickelten sich aus Organisationen des Proletariats außerhalb des Parlaments. Der Grund für diesen Unterschied lag größtenteils in den rechtlichen Vorgaben des Wahlrechts[19].

5   Obgleich die Parteien zunehmend notwendige Hauptelemente im politischen Spektrum waren, spiegelten lange weder Verfassungen noch Gesetze dies explizit wider[20]. Der Grund für das Schweigen mag darin liegen, daß die Existenz von Parteien eine faktische Voraussetzung moderner Verfassungsstaatlichkeit ist und deren Äußerung das eigentliche Bewegungsmoment der politischen Ebene darstellt[21]. Die Geschichte

---

[12] M. Morlok, Rechtsvergleichung auf dem Gebiet der politischen Parteien, in: D.T. Tsatsos/D. Schefold/H.-P. Schneider (Hrsg.), Parteienrecht im europäischen Vergleich, 1990, S. 695 ff. (715 f., 726 f.).

[13] U. Scheuner, Verfassungsrecht und Verfassungswirklichkeit, in: FS Huber, 1961, S. 222 ff.; K. Kluxen, Geschichte und Problematik des Parlamentarismus, 1983, S. 132 ff., 232 ff.

[14] Stern, Staatsrecht I, S. 432 ff.

[15] G.M. Trevelyan, England Under the Stuarts, 11. Aufl. 1924, 195 ff.

[16] Trevelyan, England (Fn. 15), S. 393 ff.

[17] Hierzu Bergsträsser, Geschichte (Fn. 6), S. 79 ff.; T. Schieder, Die geschichtlichen Grundlagen und Epochen des deutschen Parteiwesens, in: ders., Staat und Gesellschaft im Wandel unserer Zeit, 2. Aufl. 1970, S. 133 ff.; D. Langewiesche, GuG 4 (1978), 324 ff. m.w.N.; deutlich später datiert die Parteientstehung Kaack, Geschichte (Fn. 6), S. 28.

[18] Morlok, Rechtsvergleichung (Fn. 12), S. 726.

[19] Dazu Nohlen, Wahlrecht (Fn. 11), S. 32 ff.; Fenske, Wahlrecht (Fn. 11), S. 106 ff.

[20] »Geschichtlich gesehen hat sich das Verhalten des Staats gegenüber den politischen Parteien in einer vierfachen Stufenfolge bewegt. Wir können von einem Stadium der Bekämpfung, dann von einem Stadium der Ignorierung sprechen. An dieses schließt sich die Periode der Anerkennung und Legalisierung, und als letzte würde die Ära der verfassungsmäßigen Inkorporation folgen, die uns freilich zunächst noch in Existenz und Eigenart problematisch ist«: H. Triepel, Die Staatsverfassung und die politischen Parteien, 1928, S. 12. Vgl. den parallelen Befund aus rechtsvergleichender Perspektive bei R. Pelloux, Revue du Droit Public 51 (1934), 238 (239).

[21] So in Zuspitzung für Großbritannien G. Smith, Die Institution der politischen Partei in Großbri-

der **positiv-rechtlichen Beachtung** ist die lange Reihe von Versuchen, die neuen Fixpunkte der Macht aktiv zu negieren. Genannt seien für Frankreich die **Loi le Chapelier**, welche nach 1789 für eine am Individuum ausgerichtete Gesellschaft gegen intermediäre Organisationen als eine Art ständisches Relikt ins Feld geführt wurde[22]. Abwehrreaktionen in Deutschland waren das **Parteiverbot des Deutschen Bundes**[23] im Namen des monarchischen Prinzips, das **Sozialistengesetz**[24], die verfügten Auflösungen der demokratischen Parteien nach dem 30. Januar 1933[25] und das **Gesetz gegen die Neubildung von Parteien** vom 14.07.1933[26]. Das **Reichsvereinsgesetz**[27] gewährte unter dem Vorbehalt gesetzlicher Beschränkungen das Recht, Vereine zu bilden. **Positiv** fanden Parteien Eingang in einige Verfassungstexte nach dem ersten Weltkrieg[28]. Nach dem zweiten Weltkrieg nahm die italienische Verfassung mit Art. 49 eine Bestimmung über die Parteien auf.

Unabhängig von den rechtlichen Vorgaben entstand mit dem Phänomen der Partei 6 auch deren **theoretische Durchdringung**[29]. Das Phänomen der Partei wurde gerade auch von den jeweiligen Programmatikern analysiert und die dabei gewonnene Erkenntnis in die Entwürfe künftiger Strategien eingebracht. Die Anfänge der Parteitheorie bemühten sich, das Verhältnis von Opposition und Regierung zu erfassen[30]. Im 19. Jahrhundert wandte man sich mehr der Bestimmung des Verhältnisses von Gesellschaft, Staat und Parteien zu, wobei bereits verschiedene Parteitypen abgegrenzt

---

tannien, in: Tsatsos/Schefold/Schneider, Parteienrecht (Fn. 12), S. 301 ff. (314); diese These läßt sich trotz britischer Besonderheiten verallgemeinern. Spätestens seit der Weimarer Republik wäre es töricht, von der rechtlichen auf die tatsächliche Rolle zu schließen. Die führenden Repräsentanten waren sich wohl im Klaren, wem sie ihre Stellung zu verdanken hatten; so *L. Wittmayer*, Die Weimarer Reichsverfassung, 1922, Neudr. 1974, S. 64 f.; s. auch *H. Preuß*, Reich und Länder, hrsgg. v. G. Anschütz, 1928, S. 45, 273. Zur deutschen Diskussion in der Weimarer Republik *C. Gusy*, Die Lehre vom Parteienstaat in der Weimarer Republik, 1993, S. 29 ff.; *G. Radbruch*, Die politischen Parteien im System des deutschen Verfassungsrechts, in: HdbDStR, Bd. 1, § 25; *O. Koellreutter*, Die politischen Parteien im modernen Staate, 1926; *W. v. Calker*, Wesen und Sinn der politischen Parteien, 1928; vgl. auch den Befund bei *R. Pelloux*, Revue du Droit Public 51 (1934), 238 (266). Die blühende Parteienliteratur zu Beginn des 20 Jh. (*R. Michels*, Zur Soziologie des Parteiwesens in der modernen Demokratie, 4. Aufl. 1989; *M.Y. Ostrogorski*, Democracy and the Organization of Political Parties, 1902 [Neudr. 1970]) belegt dies gleichfalls. Auch die Festlegung auf die Verhältniswahl in Art. 22 I WRV setzte Parteien voraus!

[22] Art. 1 des Loi le Chapelier vom 14.06.1791 lautet: »Weil die Vernichtung aller Arten von Kooperationen ... zu den wichtigsten Grundlagen der französischen Revolution zählt«. Ausf. hierzu *S. Simitis*, KritJ 22 (1989), 157 ff.

[23] § 2 des Maßregeln-Gesetzes des Deutschen Bundes vom 05.07.1832.

[24] Gesetz gegen die gemeingefährlichen Bestrebungen der Sozialdemokratie vom 21.08.1878 (RGBl. S. 351), aufgehoben 1890.

[25] R. Morsey/E. Matthias (Hrsg.), Das Ende der Parteien 1933, 2. Aufl. 1979.

[26] RGBl. S. 479.

[27] Vereinsgesetz vom 19.04.1908 (RGBl. S. 151).

[28] So in der österreichischen Verfassung von 1920. Um die Rechte der Volksvertretung in der Zeit zwischen den Wahlperioden zu wahren, wurden Ausschüsse eingesetzt, die von den im Parlament vertretenen Parteien im Verhältnis ihrer Stärke besetzt wurden, Art. 55; s. auch Art. 62 spanische Verfassung von 1931.

[29] Zum Ganzen: *v. Beyme*, Partei, Faktion (Fn. 5), S. 677 ff.

[30] *D. Hume*, Of Parties in General, Works, Bd. 3, hrsgg. v. T. Hill Green/T. Hodge Grose, 1882, Neudruck 1964, S. 127 f., 130 ff.; *E. Burke*, Thoughts on the Cause of the Present Discontents (1770), in: The Works, Bd. 1, 1886, S. 375 f.; *K.St.R. Bolingbroke* in der Oppositionszeitung »The Craftsman«, abgedruckt in der umfänglichen Sammlung von Auszügen aus Originaltexten bei *K. Lenk/F. Neumann*, Theorie und Soziologie der politischen Parteien, 2. Aufl. 1974; *K. Kluxen*, Das Problem der politischen Opposition, 1956; *W. Jäger*, Politische Partei und parlamentarische Opposition, 1971.

wurden[31]. Eine Sonderstellung nehmen sozialistische Lehren[32] ein. Sie sahen die Partei als bewußtesten Teil des Proletariats (»Vorhut«), der subjektiver Faktor des revolutionären Prozesses und zugleich Produkt der objektiven sozialen und ökonomischen Verhältnisse[33] wie der sich daraus ergebenden Handlungen der Massen ist. Diese geschichtsphilosophische Überhöhung gibt die Beschränkung, nur Teil zu sein, auf.

Wie bereits das Wort Partei[34] (von lat. *pars* = Teil) zeigt, können als Parteien recht verstanden nur Gruppierungen gelten, die sich als Teil des Ganzen verstehen[35] und keinen Totalitätsanspruch erheben[36]. Aus diesem Charakter als Teil, aber auch aus Oligarchietendenzen, resultierte eine diskriminierende Mißachtung des Parteiwesens[37]. Während Begriffen wie »Staat« und »Recht« stets die Aura des Mythologischen anhaftete, war das Parteigeschehen allzu offenbar ein sehr irdischer Vorgang; auch deswegen erfuhren die Parteien eine Geringschätzung.

7 Mit der Forderung nach Freiheit vom Staat hielt man an der Trennung von Staat und Gesellschaft fest. Zugleich wurde mit dem Anspruch auf Mitgestaltung im Staat versucht, diese Trennung zu überwinden. Eine daraus resultierende **Schwebelage** der Parteien als Organe des Staates und als Momente der Gesellschaft bestimmt die Fähigkeit zur Vermittlung zwischen Staat und Gesellschaft[38]. Ein Verlust der Balance zugunsten des staatlichen Charakters schürt die Verdrossenheit gegenüber den Parteien[39]. Um die Funktionsfähigkeit der Parteien in der parlamentarischen Demokratie zu erhalten, bedarf es neuartiger Begrenzungen und Kontrollen der allzu ausgreifenden Parteitätigkeit[40].

---

[31] Der liberale und der konservative Parteityp bei *F. Rohmer*, Die vier Parteien, 1844, in: H. Schulthess (Hrsg.), Friedrich Rohmers Wissenschaft und Leben, Bd. 4: Politische Schriften, hrsgg. v. H. Schulthess, 1885, §§ 40ff., 209ff.; zu reinen politischen Parteien und solchen, die auch durch religiöse, ständische, staatsrechtliche und sachliche Gegensätze bestimmt werden: *J.C. Bluntschli*, Charakter und Geist der politischen Parteien, 1869, S. 16ff. Später anders spezifiziert von *M. Weber*, Wirtschaft und Gesellschaft, 1922, S. 167ff.; *ders.*, Politik als Beruf, in: Gesammelte politische Schriften, 4. Aufl. 1980, S. 505ff. (529ff.).

[32] So z.B. von *W.I. Lenin*, Was tun, 1902; *ders.*, Ein Schritt vorwärts, zwei Schritte zurück (1904), in: ders., Werke, Bd. 7, 1960, S. 480ff.; *K. Kautsky*, Die Neue Zeit XX (1901), Nr. 3, 79ff.

[33] Vgl. *G. Lukacs*, Geschichte und Klassenbewußtsein, 1923.

[34] Zur Begriffsgeschichte: *v. Beyme*, Partei, Faktion (Fn. 5), S. 677ff.; *ders.*, Art. Partei, in: Hist.Wb.Philos., Bd. 7, Sp. 134ff.

[35] Das Unvermögen, die Herstellung des Gemeinwohls aus dem Kampf, aber auch dem Kompromiß zwischen Partialinteressen zu akzeptieren, führte vornehmlich in Deutschland dazu, das Ganze in direktem Zugriff, nicht durch Gegensätze vermittelt, herzustellen. Manche Parteien sahen sich als Träger des Ganzen und bekämpften Vertreter von Sonderinteressen als Kräfte minderer Legitimität. Eine totalitäre Variation der Aufhebung des Widerspruchs zwischen dem Staat als Ganzem und der interessengespaltenen Gesellschaft war die Staatspartei.

[36] *Tormin*, Geschichte (Fn. 6), S. 11.

[37] Noch der Vorschlag, das Streben nach dem Gemeinwohl dem Parteibegriff zu integrieren, zeigt in Gestalt eines Kompensationsbedürfnisses die Schwierigkeit, sich auf die pluralistische Gemeinwohlproduktion einzulassen; s. z.B. *W. Grewe*, Zum Begriff der politischen Partei, in: G. Zibura (Hrsg.), Beiträge zur allgemeinen Parteilehre, 1969, S. 65ff.

[38] *Huber*, Verfassungsgeschichte, Bd. 2, S. 322f.

[39] Eingehend *H.H. v. Arnim*, Staat ohne Diener, 1993; *ders.*, Fetter Bauch regiert nicht gern, 1997, S. 101ff., 326ff.

[40] Zu solchen Phänomenen und gebotenen Gegenmaßnahmen s. *M. Stolleis*, Parteienstaatlichkeit – Krisensymptome des demokratischen Verfassungsstaats?, VVDStRL 44 (1976), S. 7ff.; *D.T. Tsatsos*, Krisendiskussion, politische Alternativlosigkeit, Parteienstaatsübermaß, in: FS Mahrenholz, 1994, S. 397ff.; *J.D. Kühne*, Parteienstaat als Herausforderung des Verfassungsstaats, in: FS Jeserich, 1994,

II. Entstehung und Veränderung der Norm

Obwohl bereits in der Badischen Verfassung v. 18.05. 1947 die politischen Parteien ausdrücklich verankert sind[41], findet sich in den Verfassungsplänen, die dem Zonenbeirat vorgelegt wurden, lediglich ein von Spiecker (Zentrum) eingereichtes Statut über die politischen Parteien: »Politische Parteien sind staatspolitische Gebilde und dem Allgemeinwohl verpflichtet. Sie müssen nach demokratischen Prinzipien organisiert sein, insbesondere muß die Wahl der Parteivorstände und die Auswahl der Kandidaten für die öffentlichen Körperschaften nach demokratischen Grundsätzen erfolgen. Die Sauberkeit des politischen Kampfes muß auch strafrechtlich gesichert werden.«[42] Der **Verfassungskonvent von Herrenchiemsee**[43] entsprach in Art. 47 II–IV HChE weitgehend der zitierten Auffassung des Zentrums. Erst in den Beratungen des **Parlamentarischen Rates** legt die SPD in ihrem Verfassungskonzept ein Statut für politische Parteien vor[44]. Darin wird ein Parteiengesetz gefordert und die Möglichkeit des Parteiverbots eingeräumt. Der Verfassungsentwurf der Deutschen Partei verlangte einen Aufbau nach demokratischen Prinzipien und forderte, daß die Parteien »als Sachwalter der Wähler das Wohl der Gesamtheit über ihre parteipolitischen Belange stellen«[45]. Ähnlich wollten CDU/CSU den streng neutralen Staat jenseits der parteipolitischen Kräfte[46]. Die bayerische Delegation nennt Parteien nur in einem negativen Zusammenhang: Die Parteien sollen »Vertreter«, die Bundesbeamten »Diener« des ganzen Volkes, »nicht nur einer Partei« sein[47]. Eine gewisse Gleichstellung von Massenorganisationen, die sich »zu den Grundsätzen der Verfassung bekennen«, formulierte der Deutsche Volksrat[48].

8

Die Offenlegung der Finanzquellen wurde bereits zu Beginn der Sitzungen des Parlamentarischen Rates von Carlo Schmid vorgeschlagen[49], jedoch erst in der zweiten Lesung des Grundgesetzes auf wiederholten Antrag des Zentrums-Abgeordneten Brockmann[50] aufgenommen. Die verabschiedete Fassung von Art. 21 I 3, 4 GG entspricht dem Antrag der sozialdemokratischen Abgeordneten Wagner und Zinn[51].

9

Länger debattiert wurde über die **Frage der Verfassungswidrigkeit** von Parteien, wobei umstritten war, ob ein Verdikt des Bundesverfassungsgerichts auch zum Verbot

10

S. 309ff.; *P.M. Huber*, JZ 1994, 689 (692ff.). Schlagwortartig kann man auch davon sprechen, daß eine »Zweite Generation des Parteienrechts« notwendig ist, um im Interesse der demokratischen Offenheit des politischen Prozesses Machtpositionen der Parteien zu beschränken; dazu M. *Morlok*, Für eine Zweite Generation des Parteienrechts, in: D.T. Tsatsos (Hrsg.), 30 Jahre Parteiengesetz in Deutschland – Die Parteiinstitution im internationalen Vergleich, 1998, i. E.

[41] Abschnitt IX, Art. 118–121.
[42] *Spiecker*, Richtlinien für eine künftige deutsche Verfassung v. 12.08.1947, Rundschreiben des Zonenbeirates v. 16.08.1947, Nr. 14–8.47–396.
[43] Verfassungskonvent auf Herrenchiemsee vom 10. bis 23. August 1948, in: Parl.Rat II, S. 1ff.
[44] »Zweiter Menzel-Entwurf für ein Grundgesetz«, PR Drucks. 9.48–53, § 11.
[45] Verfassungsentwurf der Deutschen Partei, Art. 87, in: PR Plenum, 3. Sitzung v. 09.09.1948, S. 47.
[46] PR Drucks. 9.48–14.
[47] Bayerischer Entwurf eines Grundgesetzes, in: Parl.Rat II, S. 1ff., Art. 15 (3), Art. 78.
[48] Richtlinien für die Verfassung der deutschen demokratischen Republik, in: Deutscher Volksrat, Informationsdienst, 1. Jg. August 1948, Nr. 3, S. 5.
[49] PR Plenum 2. Sitzung v. 08.09.1948, S. 15.
[50] PR Plenum 9. Sitzung v. 06.05.1949, S. 181. – PR Drucks. 5.49–859, vgl. Parl.Rat VII, S. 576.
[51] PR Plenum 10. Sitzung v. 08.05.1949, S. 226. PR Drucks. 5.49–897, vgl. Parl.Rat VII, S. 610; falsch zitiert in JöR 1 (1951), S. 207.

der Partei führen müsse[52]. Insbesondere Vertreter von CDU/CSU wollten die Gültigkeit eines Bundesparteiengesetzes auf den Bund beschränkt wissen[53].

11 Durch das 35. Gesetz zur **Änderung** des Grundgesetzes zum 31. Dezember 1983[54] wurde Art. 21 I 4 GG dahingehend geändert, daß die Verpflichtung der Parteien zur Rechenschaftslegung sich auch auf die Verwendung ihrer Mittel und ihres Vermögens erstreckt. Der Parteienfinanzierungsskandal zu Anfang der 80er Jahre hatte die Aufmerksamkeit auf die Finanzen gerichtet und eine solche Ergänzung nahegelegt. Konkreten Anlaß hierfür gab der Bericht der Sachverständigenkommission »Parteienfinanzierung«, der den später realisierten Vorschlag enthielt[55]. Neben dem allgemeinen Öffentlichkeitsinteresse spielte dabei das Argument eine Rolle, daß die Parteien über öffentliche Mittel verfügten und insofern auch Publizität für die Mittelverwendung geboten sei[56].

B. Internationale, supranationale und rechtsvergleichende Bezüge

I. Internationale Menschenrechtspakte

12 In internationalen Menschenrechtsdokumenten findet die Aktivität politischer Parteien keinen ausdrücklichen Widerhall. Wegen der mit der Vereinigungsfreiheit gleichartigen Grundsubstanz kommen Art. 20 AEMR, Art. 22 I IPbpR und Art. 11 EMRK in Betracht (→ Art. 9 Rn. 12)[57]. Die Europäische Kommission für Menschenrechte hat auf Grund des Art. 17 EMRK in ihrer Entscheidung vom 20.07.1957 die Vereinbarkeit des Art. 21 II GG mit der EMRK festgestellt[58].

II. Europäisches Gemeinschaftsrecht

13 Die Bedeutung der politischen Parteien ist jetzt[59] auch für die europäische Ebene durch **Art. 138a (191 n.F.) EGV**[60] beglaubigt. Damit wird im Gemeinschaftsrecht der Prozeß der Anerkennung der politischen Parteien wiederholt, zugleich aber auch ein künftiges Handlungsfeld der Parteien hervorgehoben. Dennoch ist die Entwicklung

---

[52] JöR 1 (1951), S. 208, mit Verweis auf die Quellen.

[53] N. N. (CSU), Die verschärfte Zentralisation in der Bundesverfassung (SPD-Archiv, R 1 Walter Menzel), S. 4; zit. nach *V. Otto*, Das Staatsverständnis des Parlamentarischen Rates, 1971, S. 158.

[54] BGBl. I S. 1481.

[55] Bericht zur Neuordnung der Parteienfinanzierung, Vorschläge der vom Bundespräsidenten berufenen Sachverständigenkommission, Beilage zum Bundesanzeiger Nr. 97 vom 26. 05. 1983, S. 182; s. auch *D. Schefold*, Parteienfinanzierung im europäischen Vergleich, in: D.T. Tsatsos (Hrsg.), Parteienfinanzierung im europäischen Vergleich, 1982, S. 481 ff. (542); *H.H. v. Arnim*, Parteienfinanzierung – Eine verfassungsrechtliche Untersuchung, 1982.

[56] Bemerkenswerterweise wurde die entsprechende Änderung des PartG vollzogen, ehe die Verfassungsänderung in Kraft trat, s. dazu *A. Harms*, JR 1985, 309 ff. → Art. 79 I Rn. 13.

[57] Disziplinarmaßnahmen wegen der bloßen Mitgliedschaft in der DKP verletzten nach Art. 10 I und auch Art. 11 EMRK, so EGMR EuGRZ 1995, 590 ff. Art. 10 I und auch 11 EMRK; hierzu *U. Häde/M. Jachmann*, ZBR 1997, 8 ff.

[58] Hierzu *T. Maunz*, in: Maunz/Dürig, GG, Art. 21 (1960), Rn. 138 f.

[59] Mit Wirkung vom 1. 11. 1993.

[60] Dazu insb. *D.T. Tsatsos*, EuGRZ 1994, 45 ff.; *C. Lange/C. Schütz*, EuGRZ 1996, 299 ff.; *R. Stenzel*, EuR 1997, 174 ff. Zur Entstehungsgeschichte D. T. Tsatsos/G. Deinzer (Hrsg.), Europäische politische Parteien, 1998.

eines europäischen Parteiwesens noch wenig gediehen[61]. Immerhin bekräftigte auch das Europäische Parlament in seiner Entschließung die Stellung der politischen Parteien[62]. Die Aufnahme der Parteien in das Gemeinschaftsrecht ist im **funktionellen Zusammenhang** zu sehen mit der Stärkung des **Europäischen Parlaments**: Parlamentarismus braucht Parteien! Der Erwerb politischer Legitimität bedingt auch nach europäischem Maßstab die Aktivität von Parteien[63]. Systematisch im Zusammenhang steht das in Art. 8b (19 n. F.) EGV enthaltene aktive und passive Wahlrecht für in einem Mitgliedstaat, dessen Staatsangehörigkeit sie nicht besitzen, wohnende Unionsbürger bei Kommunalwahlen und bei Wahlen zum Europäischen Parlament (→ Art. 28 Rn. 31, 72 ff.). Die Möglichkeit zur politischen Aktivität als Unionsbürger wird durch den Parteienartikel ergänzt und abgestützt. Der eigentliche rechtliche Gehalt ist verglichen mit Art. 21 GG auf die Institutionalisierung begrenzt. Enthalten sind keine Vorgaben für innere Strukturen, keine Verbotstatbestände, keine Grundlage für ein europäisches Parteiengesetz[64]. Daraus auf eine fehlende Basis für eine Parteienfinanzierung auf europäischer Ebene zu schließen, ist nicht haltbar[65].

Die **Bedeutung** von Art. 138a (191 n.F.) EGV **für das nationale Verfassungsrecht** liegt in einer Öffnung des nationalen Parteienrechts für Aktivitäten auf dem europäischen Feld. Die entsprechend dem herkömmlichen geschlossenen Nationalstaatsdenken[66] sich findenden Abkapselungen des Parteiwesens gegenüber Ausländern[67] sind, mindestens soweit es sich um Unionsbürger handelt, damit fragwürdig geworden. Kraft Vorrangs des Europarechts (→ Vorb. Rn. 25; → Art. 23 Rn. 26 ff.) erfüllen auch Vereinigungen, die eine Vertretung im Europäischen Parlament anstreben, entgegen § 2 I PartG den Begriff der politischen Partei. Auch die Teilnahme lediglich an Europawahlen sichert über den Wortlaut von § 2 II PartG hinaus die Rechtsstellung als Partei[68]. Gegenüber Unionsbürgern dürfte die Beschränkung auf eine Mehrheit von Deutschen in § 2 III Nr. 1 PartG unhaltbar geworden sein, jedenfalls soweit es sich um im europäischen Maßstab aktiv werdende Parteien handelt[69]. Art. 138a (191 n.F.) EGV verpflichtet das **nationale Verfassungsrecht zur Öffnung** für europaweite parteipolitische Aktivitäten[70]. Schließlich können sich auch weitere Ausstrahlungswirkungen auf andere Rechtsbereiche als das Parteienrecht im engeren Sinne ergeben; so

14

---

[61] Zum Stand der Entwicklung der Europäischen Parteien V. *Neßler*, EuGRZ 1998, 191 ff.; s. a. die in W. *Weidenfeld/W. Wessels* (Hrsg.), Jahrbuch der Europäischen Integration erscheinenden Beiträge; zuletzt T. *Jansen*, Die Europäischen Parteien, in: Jahrbuch 1996/97, S. 267 ff.; außerdem: G. *Jasmut*, Die politischen Parteien und die europäische Integration, 1995 m.w.N.

[62] Entschließung des Europäischen Parlaments vom 10.12.1996, Dok. A 4 – 342/1996, EuGRZ 1997, 77 ff.

[63] Vgl. BVerfGE 89, 155 (185); s. auch R. *Stenzel*, EuR 1997, 174 (182).

[64] W. *Kauffmann-Bühler*, in: C.O. Lenz (Hrsg.), EGV-Kommentar 1994, Art. 138a Rn. 4; T. *Läufer*, in: Grabitz/Hilf, EGV, Art. 138a (1995), Rn. 4.

[65] A.A. aber ohne weitere Begründung: *Läufer* (Fn. 64), Art. 138a.

[66] So noch betont von Art. 137 (189 n. F.) EGV.

[67] Deutlich ausgeprägt bei C. v. *Katte*, Die Mitgliedschaft von Fremden in politischen Parteien der Bundesrepublik Deutschland, 1980.

[68] Dazu M. *Morlok*, DVBl. 1989, 393 ff.; v. *Münch*, Staatsrecht I, Rn. 203.

[69] Zu Recht macht § 25 I 2 Nr. 3 PartG entsprechende Ausnahmen von einem sonst bestehenden Verbot, Spenden von außerhalb des Geltungsbereiches des PartG anzunehmen.

[70] Gegenüber Unionsbürgern werden die besonderen Beschränkungsmöglichkeiten der politischen Tätigkeit von Ausländern durch Art. 16 EMRK problematisch, soweit sie parteipolitische Aktivitäten betreffen. Allgemein zum Einfluß der europäischen Ebene D.T. *Tsatsos*, EuGRZ 1992, 133 (134f.).

können Versammlungen von Europaparteien möglicherweise eine Besserstellung gegenüber sonstigen Ausländerversammlungen beanspruchen (→ Art. 8 Rn. 7).

III. Rechtsvergleichende Hinweise

15 In allen politischen Gefügen **demokratisch verfaßter Staaten** bilden notwendig Parteien die Hauptelemente des politischen Geschehens, auch wenn sich dies nicht immer im Verfassungstext niederschlägt (→ Rn. 5). In der jüngeren Verfassungsgeschichte wurden Umbrüche genutzt, die große Bereiche der Gesellschaft durchdringende Tätigkeit von Parteien in rechtlich kontrollierbare Formen zu zwingen[71]. Damit einhergehend motivieren die Erfahrungen der Parteienunterdrückung durch parteienfeindliche Herrschaftssysteme nach deren Abdanken demonstrativ zu rechtlichen Garantien[72].

16 Die westeuropäischen Verfassungen[73], welche die Parteien in den Blick nehmen, beschreiben die **Funktion** mit der **Mitwirkung bei der politischen Willensbildung des Volkes**[74]. In Griechenland, Italien und Portugal sind diese Regelungen als **Rechte der Individuen** ausgeformt und in den beiden letzteren demgemäß Bestandteil der Grundrechtsabschnitte. Jüngere Konstitutionen bereichern die rechtlichen Gehalte der Parteienartikel um neue Varianten. Die Tendenz zu einer am Individuum orientierten Ausgestaltung nimmt zu[75]. Die offene Anerkennung der Parteien als Motor des parlamentarischen Systems wird verdeutlicht durch die enge bzw. gemeinsame Regelung von Parteien und Wahlen[76]. Die Untersagung unmittelbarer Ausübung der Staatsgewalt durch Parteien[77] stellen Inkompatibilitätsvorschriften bereits in der Verfassung heraus[78]. Als Verbotsgründe werden Rassismus und Nationalismus hinzugefügt[79]. Als

---

[71] Zum theoretischen Hintergrund: *Morlok*, Zweite Generation (Fn. 40), passim.

[72] Z.B. in Griechenland 1975; in Italien 1947; in Spanien 1977; in den Staaten Osteuropas nach dem Niedergang der staatssozialistischen Ein- bzw. Blockparteiensysteme nach 1989/90; zuletzt in Südafrika nach der Apartheid.

[73] Hierzu insb. *D.T. Tsatsos*, Die politische Partei und ihre Stellung im Verfassungsgefüge, zus. mit *D. Schefold/M. Morlok*, Rechtsvergleichende Ausblicke, in: Tsatsos/Schefold/Schneider (Fn. 12), S. 737 ff. (760 ff.).

[74] Art. 4 Verfassung Frankreichs; Art. 49 Verfassung Italiens; Art. 51 I Verfassung Portugals wird präzisiert durch Art. 10 II, der dies als »Konkurrieren um die Organisation und um den Ausdruck des Volkswillens« beschreibt; Art. 6 Verfassung Spaniens konkretisiert die Parteien bzgl. der »Mitwirkung« als »Hauptinstrument der politischen Beteiligung«; nach Art. 29 I Verfassung Griechenlands dienen die Parteien dem freien Funktionieren der demokratischen Staatsordnung.

[75] Vgl. Art. 43 Verfassung Kroatiens (1990); in Tschechien Art. 20 der Charta der Grundrechte und Grundfreiheiten des Verfassungsgesetzes Nr. 23/1991 (1991), deren Inhalt in die neue Verfassung (1993) inkorporiert wurde; wortgleich als Art. 29 II der Verfassung der Slowakischen Republik (1993); Art. 26 II Verfassung Georgiens; Art. 68 I der Verfassung der Türkei; Art. 19 I Verfassung Südafrikas (1996). Die kollektivrechtliche Freiheit bleibt daneben bestehen.

[76] Durch die Voraussetzung der Wählbarkeit für die Mitgliedschaft: Art. 70 Verfassung Litauens; Art. 29 I Verfassung Griechenlands; durch räumlich benachbarte Regelung: Art. 67, 68 Verfassung der Türkei; Art. 19 I, II Verfassung Südafrikas.

[77] Ausdrücklich Art. 3 III Verfassung Ungarns.

[78] Für Richter, Angestellte der Staatsverwaltung, Militärs: Art. 54 Verfassung der Slowakischen Republik; Art. 29 III Verfassung Griechenlands; ausgedehnt auf Studenten in Art. 68 VII Verfassung der Türkei; nicht so konkret Art. 3 III 2 Verfassung Ungarns.

[79] Art. 13 V Verfassung der Russländischen Föderation; Art. 16 III Verfassung Georgiens; Art. 11 IV Verfassung Bulgariens; möglicherweise entgegengesetzt in Art. 69 VII Verfassung der Türkei, wonach eine Partei wegen Unterstützung durch oder organisatorischer Eingebundenheit in ausländische Institutionen/Vereinigungen verboten wird.

weitere Besonderheiten seien exemplarisch das Verbot der Gründung von Stiftungen und Nebenorganisationen[80], die Pflicht zur Offenlegung der Mitgliederverzeichnisse[81], die Finanzierung ausschließlich auf öffentlicher Grundlage[82] sowie die Möglichkeit des Eigentums an Grund und Boden[83] genannt. Anzumerken ist die erstmalige Zurücknahme des Sonderstatus der Partei auf den Status gesellschaftlicher Vereinigungen[84].

Auch die **Landesverfassungen** erkennen die Parteien positivrechtlich nur teilweise an. Eine Erwähnung im Zusammenhang mit der Gewährung des Zugangs zu öffentlichen Ämtern unabhängig von der Parteizugehörigkeit[85] oder die negative Formulierung aus der WRV, wonach die Abgeordneten Vertreter des ganzen Volkes, nicht nur einer Partei, seien[86], und die Regelung des Parteiverbotes[87] geraten eher beiläufig. Aufgeschlossener zeigen sich die neuen Verfassungen der Länder nach dem Aufbruch im Osten Deutschlands. Die rechtliche Hervorhebung der Parteien als mitwirkende Faktoren bei der politischen Willensbildung des Volkes[88] wird ergänzt durch die gleichrangige Behandlung der **Bürgerbewegungen**. 17

Der **subjektiv-rechtliche Charakter** der Freiheit der Vereinigung mit anderen, um – selbst *und* als Gruppe – politisch aktiv zu werden[89], wird nur in Thüringen ohne die Alternative einer rein kollektivrechtlichen Betätigungsfreiheit als politisches Gestaltungsrecht ausgeformt[90]. Das Individuum ist das ursächliche Zentrum, von dem aus alle weiteren Arten der politischen Mitgestaltung abgeleitet werden. 18

C. Erläuterungen

I. Funktion und Status der politischen Parteien

1. Mitwirkung bei der politischen Willensbildung (Art. 21 I 1 GG)

Politische Parteien sind nach bisheriger Erfahrung notwendige Elemente aller demokratischen Ordnungen, in denen Parlamente eine wesentliche Rolle spielen (→ Rn. 4). Der entscheidende Einfluß, der unter der Geltung der Volkssouveränität dem Volk bei 19

---

[80] Art. 68 VI Verfassung der Türkei.
[81] Art. 13 Verfassung Polens.
[82] Art. 11 II Verfassung Polens.
[83] Art. 36 I Verfassung der Russischen Föderation.
[84] Verfassung der Russischen Föderation (1993), womit eine Stärkung der Exekutive und insb. des Präsidenten intendiert ist.
[85] Art. 13 II BerlVerf.; Art. 21 II 1 BrandenbVerf.; Art. 19 Rheinl-PfälzVerf.
[86] Art. 13 II BayVerf.; bezogen auf Beamte Art. 115 I 1 SaarlVerf.
[87] Art. 8 SaarlVerf.; allg. für verfassungsfeindliche Wählervereinigungen Art. 15 BayVerf., lediglich ein Wahlverbot für »Umstürzler« statuiert Art. 32 I Nordr-WestfVerf.; Art. 21 II BrandenbVerf. enthält eine positive Formulierung des Parteienprivilegs.
[88] Art. 20 III BrandenbVerf.; Art. 3 IV Meckl-VorpVerf.; Art. 9 ThürVerf.
[89] Art. 9 ThürVerf. lautet: »Jeder hat das Recht auf Mitgestaltung des politischen Lebens im Freistaat. Dieses Recht wird im Rahmen der Verfassung in Ausübung politischer Freiheitsrechte, insbesondere durch Mitwirkung in Parteien und Bürgerbewegungen wahrgenommen«; Art. 21 I–III BrandenbVerf.
[90] Art. 21 III BrandenbVerf., welcher sich am Anfang eines eigenen Abschnitts »Politische Gestaltungsrechte« befindet, gibt den Zusammenschlüssen weitergehende Informations- und Anhörungsrechte.

der Rechtfertigung und inhaltlichen Bestimmung der Staatsgewalt zukommt (→ Art. 20 [Demokratie] Rn. 57 ff., 76 ff.), bedarf der Organisation – und das heißt auch der Organisationen, welche die Willensbildung des Volkes ermöglichen und zum politisch effektiven Ausdruck bringen. In normativer Betrachtung ist das Parteiwesen und sein rechtlicher Schutz eine gebotene **Spezifizierung der Volkssouveränität** und damit ein zentrales Element der **Ausgestaltung des Demokratieprinzips**. So hat auch das Grundgesetz die Parteien dem Kernbestand der Demokratie zugeordnet. Ohne weiteres aber haben das Parteiwesen und sein rechtlicher Schutz durch Art. 21 GG damit nicht teil an der Unabänderbarkeit, die Art. 79 III GG dem Demokratieprinzip vermittelt[91]. Auch bei der gebotenen restriktiven Auslegung von Art. 79 III GG ist freilich bei realistischer Betrachtung der politischen Handlungsmöglichkeiten des Volkes ein gesichertes Parteiwesen unverzichtbar, so daß ein rechtlicher Schutz der Parteien und der politischen Aktionsmöglichkeiten durch Parteien als änderungsfeste Verfassungsgewährleistung anzusehen ist[92].

20 Die »Mitwirkung bei der politischen Willensbildung des Volkes« umfaßt ein **weites Spektrum von Aktivitäten**. Zu den verfassungsrechtlich anerkannten Funktionen der Parteien zählt ihre tragende Rolle bei der Durchführung von Wahlen, sie stellen Kandidaten auf[93], veranstalten Wahlkämpfe und bilden auch den entscheidenden Rahmen für die Zusammenarbeit gewählter Kandidaten als Parlamentsabgeordnete in Fraktionen (→ Art. 38 Rn. 161 ff.). Dieser Aspekt der Parteitätigkeit ist mit der Bezeichnung der Parteien als »Wahlvorbereitungsorganisationen[94]« angesprochen; im Wahlrecht haben sie deshalb eine herausgehobene Stellung. Die Bedeutung der Parteien läßt sich indes nicht darauf reduzieren[95]. Die Gesamtheit des politischen Lebens wird vielmehr von den Parteien wesentlich mit getragen und inhaltlich wie strukturell geprägt: Politische Auseinandersetzungen sind zu einem erheblichen Teil solche zwischen Parteien und betreffen Alternativen, die von den Parteien formuliert und zwischen ihnen kontrovers erörtert werden.

21 Die **Funktionen** der politischen Parteien werden in § 1 II PartG ausführlich beschrieben, im wesentlichen geht es einmal um die Erfassung, Aggregation und Artikulation von Interessen und Auffassungen und ihre Formulierung zu konkreten politischen Zielen; dabei wirkt wegen des Bestrebens, mehrheitsfähige Positionen zu erreichen, die Parteitätigkeit kompromißfördernd und im Ergebnis integrierend. Zum anderen geht es um die möglichste Durchsetzung dieser Interessen und Auffassungen in den institutionalisierten staatlichen Entscheidungsprozessen. Demgemäß wird auf den verschiedensten Gebieten ständig Einfluß auf die Meinungsbildung genommen. Der personellen Durchsetzung der eigenen Ziele dient die Rekrutierung und Sozialisation politischer Führungskräfte. Ein charakteristisches Moment aller Parteitätigkeit ist die ständige Orientierung an der Öffentlichkeit mit dem Ziel einer **Beeinflussung der öffentlichen Meinung**. Eine freiheitliche Demokratie zeichnet sich dadurch aus, daß die Versuche solcher Einflußnahme zulässig sind, sowohl gegenüber anderen Bürgern als auch gegenüber der institutionalisierten staatlichen Gewalt: Demokratie heißt

---

[91] *H. Dreier*, JZ 1994, 741 (747).
[92] *J. Ipsen*, in: Sachs, GG, Art. 21 Rn. 7; im Ergebnis auch *Maunz* (Fn. 58), Art. 21 Rn. 133 ff.: »Praktische Unantastbarkeit«. → Art. 79 III Rn. 34.
[93] § 17 PartG, §§ 18 ff. BWahlG.
[94] So BVerfGE 8, 51 (63); 20, 56 (113); 61, 1 (11); 85, 264 (284); 91, 262 (267 f.); 91, 276 (285).
[95] BVerfGE 85, 264 (284); 91, 262 (268); st. Rspr.

Beeinflußbarkeit. Parteien sind demnach **Organe der Einflußnahme** auf das politische Geschehen.

Das Zentrum des politischen Systems und entsprechend auch des politischen Geschehens wird gebildet von den Institutionen der verfaßten Staatlichkeit. Die Einflußnahme des Volkes hierauf ist das vorrangige Ziel der Anstrengungen politischer Parteien. Sie haben eine **Transformationsfunktion** bei der Strukturierung und Bildung der politischen Auffassungen der Bevölkerung und ihrer Umsetzung in den Entscheidungen der staatlichen Organe. Damit nehmen die Parteien eine systematische **Zwischenstellung** ein zwischen dem von grundrechtlicher Freiheit geprägten Bereich des gesellschaftlichen Geschehens in all seiner Pluralität und dem verfaßten Bereich der staatlichen Institutionen. Die Funktion des Parteiwesens entfaltet sich erst in dem vielpoligen Kräftefeld zwischen der Mobilisierung gesellschaftlicher Unterstützung und der Applizierung dieses Einflusses in den vielfältigen Beratungs- und Entscheidungsgängen der staatlichen Institutionen. Das Parteienrecht changiert zwischen der gesellschaftlichen und der staatlichen Sphäre und sperrt sich der eindeutigen Einordnung in dichotomisierende Kategorien für gesellschaftliche oder staatliche Organisationen[96]. Ähnliches gilt auch für die »Verlängerung« der Parteien in den Parlamenten, die Fraktionen (→ Art. 38 Rn. 161 ff.) und das Parlamentsrecht allgemein.

Obschon die politischen Parteien legitimerweise zur Erfüllung ihrer Vermittlungsfunktion durch ihre Repräsentanten in staatlichen Entscheidungsgremien auch an der »Bildung des Staatswillens« teilhaben[97], so bleiben sie doch Vereinigungen von Bürgern, die im gesellschaftlichen Bereich wurzeln[98]. Nur dies entspricht ihrer Aufgabe bei der Realisierung der Volkssouveränität. In der lebhaften Wechselbezüglichkeit der Kommunikation »von unten nach oben« und »von oben nach unten« werden Erwartungen gesellschaftlicher Gruppen nach politischer Einfärbung selektiv berücksichtigt[99] und es wird versucht, sie in der Ausfüllung parlamentarischer oder sonstiger staatlicher Ämter durchzusetzen. Demgemäß werden auch die Handlungen und Äußerungen der Inhaber staatlicher Ämter als Verlautbarungen der politischen Parteien wahrgenommen und als solche in den Parteienwettbewerb eingebracht und in diesem Bezugsfeld bewertet. Der demokratische Charakter des komplexen Willensbildungsprozesses im politischen System verlangt aber, daß letztlich – über alle Vermittlungen und Verschränkungen mit der staatlichen Willensbildung hinweg – **der Wille des Volkes eine bestimmende, nicht aber bestimmte Größe** bleibt. Die Willensbildung im staatlichen Bereich muß offen bleiben für die Bestimmungsfaktoren, die aus den demokratischen Verfahren der Einflußnahme kommen. Praktisch wichtig ist die Vorwegnahme der institutionalisierten Einflußnahme durch Ausrichtung an der (mutmaßlichen) öffentlichen Meinung.

Im Hinblick hierauf ist es **unangemessen** und überzeichnet die Wirklichkeit, wenn den Parteien die Qualität eines **Verfassungsorgans** zugemessen wird, wie dies das Bundesverfassungsgericht in Anlehnung an die Leibholz'sche Parteienstaatslehre getan hat[100] – was vor allem verfassungsprozessuale Unstimmigkeiten zeitigt (→ Rn. 48). Die Parteien »wechseln nicht die Seite«, sondern es bleibt beim »Verbot einer Einfügung

---

[96] Vgl. *Tsatsos/Morlok*, Parteienrecht (Fn. 1), S. 32 f.
[97] Für diese Unterscheidung BVerfGE 8, 104 (113); 20, 56 (98).
[98] Vgl. BVerfGE 20, 56 (101); 85, 264 (287); 91, 262 (268); 91, 276 (285 f.).
[99] Vgl. N. *Luhmann*, Politische Theorie im Wohlfahrtsstaat, 1981, S. 45 ff.
[100] BVerfGE 4, 27 (30).

der politischen Parteien in die organisierte Staatlichkeit«[101]. »Parteienstaatlichkeit« mag als Schlagwort zur Beschreibung der Dominanz der Parteien im politischen Geschehen taugen, keinesfalls aber ist der Begriff so zu verstehen, daß den Parteien staatliche Qualitäten zuwüchsen. Im Gegenteil, die Offenheit des demokratischen Prozesses verlangt, daß eine zu weit gehende Verfestigung der Positionen bestehender Parteien vermieden wird, daß einer Einschränkung der Offenheit des politischen Willensbildungsprozesses durch restriktiv wirkenden Parteieinfluß gegengesteuert wird (→ Rn. 7).

25 Die Begrenztheit ihrer Rolle im politischen Geschehen wird vom Grundgesetz auch durch die Formulierung betont, daß die Parteien an der politischen Willensbildung des Volkes »**mitwirken**«, sie also **kein Monopol** auf politische Einwirkung haben[102]. Neben ihnen haben – im Genuß ihrer Grundrechte – auch die einzelnen Bürger, die verschiedensten Vereinigungen und die Medien ihre Stimmen im Chor der politischen Willensbildung. Die Beschränktheit der Parteien auf eine Rolle unter anderen, auch wenn dies eine besonders wichtige ist, verbietet eine Benachteiligung nicht parteiförmiger politischer Aktivitäten. Der systematische Grund hierfür liegt in der unvermeidlichen Selektivität der Interessenvertretung durch Parteien in jeder existierenden Form.

26 Die Parteitätigkeit entfaltet sich dabei im Rahmen einer **Wettbewerbsdemokratie**[103]. Für die Parteien macht dies Art. 21 I GG durch die Pluralform »Parteien« (Satz 1) und mit der Gewährleistung immer neuer Konkurrenz durch die **Gründungsfreiheit** (Satz 2) deutlich. Darüber hinaus zählt es zur konstitutiven Eigenart freier Wahlen, daß mehrere Kandidaten miteinander **um die Gunst der Wähler rivalisieren**. Das Grundgesetz geht von einem **Mehrparteiensystem**[104] aus. Jede Partei steht in einem doppelten Wettbewerb: mit anderen Parteien und mit nicht parteiförmig organisierten politischen Bestrebungen. Von der Volkssouveränität her gedacht sind all diese Aktivitäten zur chancengleichen Beteiligung am politischen Wettbewerb berechtigt. Die Parteiendemokratie ist von daher eine Wettbewerbsordnung, dem **Parteienrecht** kommt auch die Funktion eines **Wettbewerbsrechts** zu. Es sichert neben dem freien Zutritt zur Konkurrenz in Gestalt der Gründungsfreiheit auch die Betätigungsfreiheit und die Chancengleichheit als zentrale Elemente der Gewährleistung eines funktionsgerechten Wettbewerbs[105] (→ Rn. 47, 72ff.), der den demokratischen Prozeß offenhält[106].

Die strenge und **formale Handhabung** des Parteienrechts soll bei staatlichen Interventionen Entscheidungsspielräume der Rechtsanwender minimieren, um gezielte Ungleichbehandlungen auszuschließen oder jedenfalls den »bösen Anschein« partei-

---

[101] *K. Hesse*, Die verfassungsrechtliche Stellung der politischen Parteien im modernen Staat, VVDStRL 17 (1959), S. 11 ff. (33).

[102] BVerfGE 85, 264 (284); *R. Köppler*, Die Mitwirkung bei der politischen Willensbildung des Volkes, Diss. jur. München 1984, S. 82ff.

[103] Dazu *Grimm* (Fn. 10), § 14 Rn. 6ff., 42ff.; BVerfGE 85, 264 (285); 91, 262 (268f.). Für die finanziellen Bedingungen des politischen Wettbewerbs s. die Beiträge in: G. Wewer (Hrsg.), Parteienfinanzierung und politischer Wettbewerb, 1990, bes. *G. Wewer*, Plädoyer für eine integrierende Sichtweise von Parteien-Finanzen und Abgeordneten-Alimentierung, S. 420ff. (459).

[104] BVerfGE 2, 1 (13); *Hesse*, Verfassungsrecht, Rn. 171.

[105] *P. Häberle*, JuS 1967, 64 (72); *H.-R. Lipphardt*, Die Gleichheit der politischen Parteien vor der öffentlichen Gewalt, 1975, S. 37; *Tsatsos/Morlok*, Parteienrecht (Fn. 1), S. 85 f.; s. bereits *H. Heller*, Die Gleichheit der Verhältniswahl (1929), in: ders., Gesammelte Schriften, 1971, Bd. 2, S. 319 ff. (358 ff.).

[106] Dazu grundsätzlich *Hesse*, Verfassungsrecht, Rn. 159 ff.; zur Rolle der Chancengleichheit der Parteien: BVerfGE 91, 262 (269); 91, 276 (286 f.).

politischer Einseitigkeit zu vermeiden[107]. Eine Änderung der bestehenden Verwaltungspraxis ist daher erst nach Ankündigung und nur pro futuro, nicht schon beim anstehenden Fall, möglich[108].

Aus diesem Befund über die tatsächliche Funktion der politischen Parteien zieht Art. 21 GG die gebotenen Konsequenzen: Die Rolle der Parteien bei der Gestaltung des politischen Geschehens wird verfassungsrechtlich anerkannt (→ Rn. 19). Darüber hinaus stattet das Grundgesetz die Parteien mit den notwendigen rechtlichen Sicherungen zur Erfüllung ihrer Funktion aus. Dazu gehört eine objektiv-rechtliche Gewährleistung der Parteien[109]. Dieser Gehalt kommt zum Ausdruck in der Formel von der **institutionellen Garantie**, welche Art. 21 GG darstellt[110]. Weiter enthält Art. 21 GG auch **subjektiv-rechtliche** Gewährleistungen der Funktionserfüllung der politischen Parteien in Gestalt von Freiheits- und Gleichheitsverbürgungen (→ Rn. 49 ff., 72 ff.), schließlich wird dies in einer gesteigerten Verpflichtung zur Transparenz im Interesse der Bürger in Art. 21 I 4 GG statuiert. (→ Rn. 105 ff.). 27

2. Parteibegriff

a) Funktion

Der rechtliche Parteibegriff erschließt den Anwendungsbereich des Parteienrechts. Auf Verfassungsebene bestimmt er die Reichweite der besonderen Garantien, aber auch der Verpflichtungen, die Art. 21 GG enthält. Das ist wichtig, weil Verfassungsrecht wie einfaches Recht die Parteien anderen Regelungen unterstellt als sonstige Vereinigungen[111]; insbesondere geht es um eine staatliche Teilfinanzierung (→ Rn. 65 ff.), die innere Ordnung (→ Rn. 119 ff.), die Ausgestaltung der Chancengleichheit (→ Rn. 72 ff.), die Teilnahme an Wahlen (→ Rn. 90 ff.) und um die Verbotsmöglichkeit (→ Rn. 135 ff.). 28

Wegen dieser rechtsbestimmenden Bedeutung ist der Parteibegriff aus der Parteifunktion zu entwickeln. Der Parteibegriff muß gewährleisten, daß all diejenigen organisierten politischen Akteure den Parteistatus erhalten, die zur Erfüllung der Funktionen der politischen Parteien in der politischen Ordnung beitragen. Das verlangt nicht, alle politisch aktiven Organisationen als Parteien zu behandeln – diese wirken nur neben anderen politischen Akteuren (→ Rn. 25). Das **entscheidende Kriterium** ist das **Ziel**: die politische Einflußnahme durch **die Entsendung von Repräsentanten** in eine Volksvertretung[112]. Es ist maßgeblich für die Zuerkennung der Parteieigenschaft – weil eben die Vermittlung der Auffassungen und Interessen des Volkes in die dafür eingerichteten Einflußnahmestrukturen die entscheidende Funktion der politischen Parteien ist. Die Sicherung der Erfüllung dieser Funktion ist die Aufgabe des Parteienrechts, darauf muß der Parteibegriff zugeschnitten sein. 29

---

[107] Anlaß hierzu gibt die Genehmigungspraxis der Bundestagspräsidentin bei der Vergabe der Mittel zur Parteienfinanzierung an die FDP, dazu VG Köln NWVBl. 1998, 163 ff.
[108] Anerkannt ist dies für Stadthallenfälle, s. BVerwGE 31, 368 (370); *H.-P. März*, BayVBl. 1992, 97 (99 f.). → Rn. 91.
[109] *Preuß* (Fn. 2), Art. 21 Abs. 1, 3 Rn. 12; *K.-H. Seifert*, Die politischen Parteien im Recht der Bundesrepublik Deutschland, 1975, S. 63 f., 113.
[110] So *A. Mauersberger*, Die Freiheit der Parteien, 1994, S. 35 ff.
[111] Umfassende Darstellung bei *W. Wietschel*, Der Parteibegriff, 1996, S. 26 ff.
[112] *Tsatsos/Morlok*, Parteienrecht (Fn. 1), S. 20; BVerfGE 91, 276 (284) m.w.N.

30 Leitidee der parteirechtlichen Gewährleistungen ist die Sicherung der Erfüllung der Parteifunktionen. **Parteienfreiheit** ist insofern **funktionale Freiheit**. Wegen seiner funktionalen Ausrichtung entscheidet der Parteibegriff auch über die Auferlegung besonderer Pflichten. Er ist objektiv zu fassen: Selbstverständnis und Selbstbezeichnung einer Organisation haben allenfalls Hinweischarakter.

31 Von der Offenheit des politischen Prozesses her muß der Parteibegriff gegenüber allen möglichen politischen Inhalten **neutral** sein und **an formalen Kriterien ansetzen**. Er darf auch in organisatorischer Hinsicht nicht auf die überkommenen Formen eingeengt werden.

32 Es gibt **weder** ein **Anerkennungs- noch ein Registrierungsverfahren**, in dem die Parteieigenschaft verbindlich zuerkannt oder festgestellt würde[113]. Auch die Mitteilung nach § 6 III 1 PartG an den Bundeswahlleiter hat keine solche Wirkung. Jede Stelle, die eine Rechtsentscheidung zu treffen hat, bei welcher die Parteieigenschaft eine Rolle spielt, entscheidet vielmehr selbst über die Erfüllung der Merkmale des Parteibegriffs; eine Bindungswirkung für andere Behörden oder Gerichte über die allgemeinen Bindungswirkungen hinaus gibt es nicht[114].

b) Verfassungsrechtlicher und einfach-gesetzlicher Begriff

33 Der Verfassungsbegriff der politischen Parteien nach Art. 21 GG kann nicht durch einfaches Bundesgesetz bestimmt werden. **§ 2 I PartG** stellt deswegen **keine authentische Interpretation**[115] des verfassungsrechtlichen Parteibegriffes dar. Auch wenn sich die Verfassungsinterpretation an dieser Definition orientieren kann, so kommt ihr doch nur Hilfsfunktion zu. Der einfache Gesetzgeber kann den Verfassungsbegriff verfehlen oder in einer Richtung konkretisieren, was andere mögliche Inhalte aber nicht ausschließt. Das Bundesverfassungsgericht hat den Parteibegriff des § 2 I PartG für verfassungsmäßig erklärt[116]; dem ist allerdings für den Ausschluß der sogenannten Rathausparteien zu widersprechen (→ Rn. 36).

c) Elemente

34 Der verfassungsrechtliche Parteibegriff kann unter Beachtung der Ebenendifferenz zum einfachen Gesetz in Anlehnung an die Legaldefinition in § 2 I PartG gefaßt werden. Politische Parteien i.S.v. Art. 21 GG sind körperschaftlich organisierte Vereinigungen natürlicher Personen, die auf die politische Willensbildung Einfluß nehmen wollen, insbesondere durch gewählte Repräsentanten in Volksvertretungen, soweit sie nach dem Gesamtbild der tatsächlichen Verhältnisse diese Zielsetzung ernstlich verfolgen. Diese Definition ist gekennzeichnet durch **drei Elemente**: ein Strukturelement (→ Rn. 35), ein Zielelement (→ Rn. 36 ff.) und das Erfordernis der Ernsthaftigkeit (→ Rn. 39 ff.).

---

[113] Für ein solches Registrierungsverfahren *Wietschel*, Parteibegriff (Fn. 111), S. 195 ff. mit rechtsvergleichenden Nachweisen über Registrierungsverfahren. → Rn. 57.

[114] Die Entscheidung des Bundeswahlausschusses nach § 18 V 2 BWahlG über die Parteiqualität bindet nur die Wahlorgane im Verfahren der Bundestagswahl: *W. Schreiber*, Handbuch des Wahlrechts zum Deutschen Bundestag, 6. Aufl. 1998, § 18 BWahlG Rn. 3 m.w.N.; *Wietschel*, Parteibegriff (Fn. 111), S. 183; vgl. Art. 29 I 2. Hs. Verfassung Griechenlands.

[115] *I. v. Münch*, in: v. Münch/Kunig, GG II, Art. 21 Rn. 7.

[116] BVerfGE 47, 198 (222); 79, 379 (384); 89, 266 (269 ff.) m.w.N.; 91, 262 (266 f.); 91, 276 (284), st. Rspr.

In **struktureller** Hinsicht muß eine Organisationsform vorliegen, in der den Mitgliedern die wesentliche Bestimmungsmacht zukommt. Nur dann kann eine Partei ihre Funktion bei der Realisierung der Volkssouveränität erfüllen. Art. 21 I 3 GG artikuliert diese Forderung ausdrücklich. Die Beschränkung auf natürliche Personen als Mitglieder soll der Unmittelbarkeit des Einflusses der Bürger dienen, welche Träger der Volkssouveränität sind. Eine Mitwirkung von Vereinigungen beeinträchtigte zudem die Chancengleichheit der Bürger auf die parteipolitische Einflußnahme. Die nationale Ausrichtung in Mitgliedschaft und Sitz, die § 2 III PartG verlangt, ist jedenfalls für Parteien, die eine Vertretung im europäischen Parlament anstreben, nicht mehr haltbar (→ Rn. 14).

35

Auch das **Zielelement** ist von der Parteifunktion her zu verstehen: Es geht um die Einflußnahme auf den politischen Prozeß durch besondere Ausrichtung auf die demokratischen Input-Strukturen in Gestalt gewählter Volksvertretungen[117] (→ Rn. 3). Die Beschränkung auf den Bundestag oder ein Landesparlament und die darin liegende Ausgrenzung der **kommunalen Ebene**, die § 2 I 1 PartG vornimmt, ist – entgegen der Rechtsprechung[118] – verfassungswidrig[119]. Nach den Vorgaben des Europarechts ist der supranationale Bereich einzubeziehen. Im Zeichen von Art. 138a (191 n.F.) EGV ist auch eine Beteiligung an den Wahlen zum europäischen Parlament ein Ziel, das eine Vereinigung zur Partei qualifiziert (→ Rn. 14)[120].

36

Nicht begriffsnotwendig ist die **Verfassungstreue**. Eine Organisation, die verfassungsfeindliche Ziele verfolgt, kann gegebenenfalls nach Art. 21 II GG verboten werden, ist aber bis dato gleichwohl Partei (→ Rn. 148 f.). **Auch eine Verpflichtung auf das Gemeinwohl** zählt nicht zu den rechtlichen Vorgaben für die politischen Parteien[121]. Sie ist mangels handhabbarer Kriterien weder praktizierbar noch entspricht sie der historischen Entwicklung der Parteien, die aus der Vertretung partialer Interessen und unterschiedlicher ideologischer Strömungen entstanden sind[122]. Vor allem aber widerspricht die Forderung nach einer Gemeinwohlbindung der Parteien der Funktionslogik einer Konkurrenzdemokratie, in der gemeinverträgliche politische Entscheidungen nicht durch eine Orientierung an einem abstrakt vorgestellten Gemeinwohl gewonnen werden, sondern im Gegen- und Miteinander unterschiedlicher Kräfte erst entwickelt werden: *salus publica ex processu*[123]. Der Gewinnmechanismus des Mehrheitsprinzips übt selbst einen Druck auf die Parteien aus, durch Kompromißbildung, sei es innerhalb der eigenen Programmatik oder beim Zusammenfügen von Koalitio-

37

---

[117] BVerfGE 91, 262 (267); 91, 276 (284) m.w.N.
[118] BVerfGE 2, 1 (76); 6, 367 (373); 11, 266 (276); BVerwGE 6, 96 (99); 8, 327 (328); ebenso *Maunz* (Fn. 58), Art. 21 Rn. 20; *W. Henke*, in: BK, Art. 21 (1991), Rn. 4.
[119] *Hesse*, Verfassungsrecht, Rn. 168; *v. Münch* (Fn. 115), Art. 21 Rn. 14; *P. Kunig*, Parteien, in: HStR II, § 33 Rn. 52; *Lipphardt*, Gleichheit (Fn. 105), S. 650 f.; *Jarass/Pieroth*, GG, Art. 21 Rn. 6; *Preuß* (Fn. 2), Art. 21 Abs. 1, 3 Rn. 27, 31; *Ipsen* (Fn. 92), Art. 21 Rn. 19 f.
[120] *M. Morlok*, DVBl. 1989, 393 ff.
[121] *U. Scheuner*, DÖV 1968, 88 (90); *Grimm* (Fn. 10), § 14 Rn. 32; *E. Schiffer/H.-J. Wolff*, AöR 116 (1991), 169 (175); *v. Münch* (Fn. 115), Art. 21 Rn. 21; *Jarass/Pieroth*, GG, Art. 21 Rn. 4; *Maunz* (Fn. 58), Art. 21 Rn. 11; *Wietschel*, Parteibegriff (Fn. 111), S. 162 ff.; a.A. *Grewe*, Begriff (Fn. 37), S. 68, 85 ff.; *Henke* (Fn. 118), Art. 21 Rn. 27 ff.
[122] S. in knapper Übersicht *D. Schefold*, Geschichtlicher Rahmen, in: Ausblicke (Fn. 73), S. 743, 746 ff. → Rn. 3.
[123] *P. Häberle*, Öffentliches Interesse als juristisches Problem, 1970, hier bes. S. 87 ff., 657 ff., 708 ff.

nen, unterschiedliche Positionen zusammenzubringen und breite Wählerschichten anzusprechen. Die Gemeinwohlorientierung stellt sich als das Spiel der »unsichtbaren Hand« der Wettbewerbsdemokratie ein[124].

38 Die inhaltliche Neutralität des Parteibegriffs (→ Rn. 31) erlaubt **nicht**, eine **staatstragende Gesinnung** zu verlangen, etwa die ernsthafte Bereitschaft zu fordern, gesamtstaatliche Verantwortung auf der Grundlage der parlamentarischen Demokratie zu übernehmen[125]. Für den inhaltlich neutralen Parteibegriff spielen die politischen Ziele keine Rolle[126]. Die Freiheit der Parteigründung nach Art. 21 I 2 GG wäre bei einer inhaltlichen Aufladung beeinträchtigt: Neue Parteien sprechen fast zwangsläufig ein Protestpotential an und formulieren entsprechend ihre Programmatik[127]. Auch hierfür müssen das Parteiensystem und der Parteibegriff offen sein.

39 Das Element der **Ernsthaftigkeit**[128] soll die Rechtsform der politischen Parteien mit allen ihren Rechtsfolgen einschließlich staatlicher Finanzleistungen solchen Organisationen vorbehalten, die nicht nur scheinbar die Parteifunktion erfüllen wollen. Dazu bedarf es **objektiver Kriterien**, um die Parteieigenschaft nicht nur von Behauptungen abhängig zu machen. Zu fordern sind einmal – im Einklang mit § 6 PartG – Satzung und Programm, die dem strukturellen und dem Zielelement einer Partei genügen, und darüber hinaus auch ein ernsthaftes Bemühen um Anhängerschaft. Dies verlangt ein werbendes Hervortreten in der Öffentlichkeit[129]. Objektiv greifbar ist vor allem die Teilnahme an einer Wahl mit eigenen Kandidaten[130]. Insofern ist § 2 II PartG mit dem Erfordernis einer Wahlbeteiligung innerhalb von sechs Jahren heranzuziehen, allerdings ohne die Einschränkung auf die Bundestags- oder Landtagswahlen (→ Rn. 36). Das Kriterium der Ernsthaftigkeit soll eine mißbräuchliche Inanspruchnahme des Parteistatus abwehren, es darf sich nicht in einen Parameter des Erfolges verwandeln[131]. Wichtig ist dies vor allem für die Aufbauphase einer Partei. Kleine und (noch) erfolglose Parteien, auch nachhaltig erfolglose, erfüllen den Parteibegriff. Verlangt ist lediglich das Bemühen um Wahlerfolg.

40 Ob die notwendigen Merkmale einer Partei vorliegen, ist nach dem »Gesamtbild der tatsächlichen Verhältnisse«[132] zu beurteilen. Eine gesetzliche Präzisierung der Kriterien erscheint ebensowenig nötig wie die Einführung eines Registrierungsverfahrens[133]. Letzteres wäre sogar verfassungswidrig (→ Rn. 57).

41 Auch **Hilfsorganisationen**[134] der Parteien werden von Art. 21 GG betroffen. Sie teilen ihre Freiheit, genießen ihre besonderen Gleichbehandlungsrechte und unterliegen

---

[124] *G. Roellecke*, Was sind uns die Parteien wert?, in: C. Engel/M. Morlok (Hrsg.), Öffentliches Recht als ein Gegenstand ökonomischer Forschung, 1998, S. 61 ff. (73 f.); *R. Richter*, Anmerkungen und Ergänzungen zu Gerd Roellecke: Was sind uns die Parteien wert?, ebd., S. 79 ff.
[125] So aber *R. Scholz*, Krise der parteienstaatlichen Demokratie?, 1983, S. 26 ff.; *O. Kimminich*, DÖV 1983, 217 (225 f.); zu Recht a.A. *K. Schlaich*, AöR 120 (1985), 116 ff.
[126] BVerfGE 47, 189 (223).
[127] Vgl. *D. Grimm*, DÖV 1983, 538 (539 ff.).
[128] BVerfGE 89, 266 (270); 91, 262 (270 f.); 91, 276 (287); s. dazu auch *v. Münch*, Staatsrecht I, Rn. 199.
[129] BVerfGE 91, 262 (266); 91, 276 (287 f.).
[130] BVerfGE 91, 276 (289); OVG Münster OVGE 32, 133 (136 ff.).
[131] BVerfGE 91, 276 (289).
[132] So die Formulierung in § 2 I 1 PartG, die sich dort allerdings nur auf die Ernsthaftigkeit der Zielsetzung bezieht.
[133] A.A. *Wietschel*, Parteibegriff (Fn. 111), S. 181 ff.
[134] Zur Terminologie s. sogleich.

dem Gebot interner Demokratie, werden schließlich von einem Parteiverbot mit erfaßt. Die Anwendbarkeit des Parteienrechts wird von der bisher vorherrschenden Auffassung begrenzt auf die sogenannten Teil- und Sonderorganisationen, die Nebenorganisationen sollen nach Art. 9 I GG zu behandeln sein[135]. Als Abgrenzungskriterien dienen Eingliederung in die Parteiorganisation, die Überlappung der Mitgliedschaft[136], die finanzielle Abhängigkeit von der Mutterorganisation[137], schließlich auch die politischen Ziele. Teilorganisationen sind vertikale Untergliederungen, Sonderorganisationen horizontale Spezialorganisationen[138]. Die Unterstellung unter das Parteienrecht hängt nach dieser Auffassung vom empirischen Befund über die organisatorische Verselbständigung ab[139].

Demgegenüber ist richtigerweise der **formalen Verselbständigung** wegen der Organisationsfreiheit (→ Rn. 58) der Parteien **kein ausschlaggebendes Gewicht** beizumessen. Die Parteien sind grundsätzlich frei, ihre Organisationsform zu wählen und sich dabei an Gesichtspunkten der Zweckmäßigkeit oder auch der eigenen Ideologie auszurichten. Hingen die verfassungsrechtlichen Gewährleistungen für Parteien von organisatorischen Gestaltungsakten ab, wäre die Organisationsfreiheit der Parteien eingeschränkt. Abzuheben ist deswegen auf den funktionellen Aspekt. Richtigerweise gelten die parteirechtlichen Bestimmungen des Grundgesetzes für all diejenigen Organisationen, welche zur Aufgabenerfüllung einer Partei unter deren Verantwortung beitragen. Entscheidende Bedeutung für die Zuordnung einer Organisation zu einer Partei ist das Selbstverständnis sowohl der Hilfsorganisation wie der Partei[140]. Die Erweiterung des verfassungsrechtlichen Gewährleistungsbereichs entspricht dem Parallelfall der Erstreckung der Kirchenfreiheit aus Art. 4 GG sowie Art. 140 GG i.V.m. Art. 137 III WRV auf all diejenigen Organisationen, die »nach kirchlichem Selbstverständnis ihrem Zweck oder ihrer Aufgabe entsprechend berufen sind, ein Stück Auftrag der Kirche in dieser Welt wahrzunehmen und zu erfüllen«[141]. Die verfassungsrechtliche Gewährleistung reicht insofern über die Kernorganisation hinaus und erfaßt das Geflecht von Organisationen, das im arbeitsteiligen Zusammenwirken für eine Partei tätig wird, unabhängig davon, ob diese sich als Sonder- oder Nebenorganisatio-

42

---

[135] So insb. V. *Oerter*, Rechtsfragen des Verhältnisses zwischen politischen Parteien und ihren Sonder- und Nebenorganisationen, Diss. jur. Bochum 1971; *Maunz* (Fn. 58), Art. 21 Rn. 26; *Seifert*, Parteien (Fn. 109), S. 331 ff., insb. 333; *W. Löwer*, in: v. Münch/Kunig, GG I, Art. 9 Rn. 31.
[136] *Oerter*, Rechtsfragen (Fn. 135), S. 20; *K.-H. Seifert*, DÖV 1956, 1 (5).
[137] *Oerter*, Rechtsfragen (Fn. 135), S. 20; *Seifert*, Parteien (Fn. 109), S. 206.
[138] Diese Unterscheidung geht zurück auf den Entwurf der Bundesregierung zum Parteiengesetz von 1959, BT-Drs. 3/1509, §§ 5 und 6. Zur Kritik an dieser Unterscheidung s. bereits MdB *Heinemann*, BT-Drs. 3/5642.
[139] *W. Höfling*, NJW 1985, 1943 (1944); zur tatsächlichen Betrachtung *ders.*, SONDE 3-4 (1979), 20 ff.; *ders.*, Die Vereinigungen der CDU, in: H. Kaack/R. Roth (Hrsg.), Handbuch des deutschen Parteiensystems, Bd. 1, 1980, S. 125 ff.; *ders.*, Funktionsprobleme des Vereinigungssystems der CDU, ebd., S. 153 ff.
[140] *Tsatsos/Morlok*, Parteienrecht (Fn. 1), S. 81 f.; *M. Morlok*, Selbstverständnis als Rechtskriterium, 1991, S. 390 ff.; ausf. *G. Westerwelle*, Das Parteienrecht und die politischen Jugendorganisationen, 1994, S. 61 ff., hier bes. S. 86; *A. Kißlinger*, Das Recht auf politische Chancengleichheit, 1998, S. 108 f.
[141] BVerfGE 46, 73 (85), zuerst E 24, 236 (247 f.); st. Rspr.: E 53, 366 (391 f.); 70, 138 (162).

nen¹⁴² darstellen. Die »**qualifizierten Hilfsorganisationen**«¹⁴³ unterstehen also den Bestimmungen des Art. 21 GG, ohne dadurch selbst Parteien zu sein. Die extensive Fassung des Anwendungsbereichs von Art. 21 GG ist auch deswegen vorzugswürdig, weil sonst – je nach organisatorischer Ausgestaltung – durchaus ähnliche Hilfsorganisationen bei der einen Partei mit erfaßt würden, bei der anderen aber nicht¹⁴⁴. Die »qualifizierten Hilfsorganisationen« genießen also die Rechte der Partei und sind auf die Grundsätze der innerparteilichen Demokratie verpflichtet, dies freilich nur insofern, als in ihnen politische Willensbildung stattfindet¹⁴⁵. Anderes gilt für Organisationen, die einem begrenzten Zweck technischer Art dienen (→ Rn. 116).

3. Zulässigkeit und Gebotenheit staatlicher Parteienfinanzierung

43 Die in Art. 21 GG insgesamt wie in den Teilgewährleistungen dieser Bestimmung enthaltene Garantie eines funktionierenden Parteiwesens hat auch Bedeutung für die Frage staatlicher Finanzzuwendungen an die politischen Parteien. Grundsätzlich sind **staatliche Beiträge zur Parteienfinanzierung zulässig**. Das Bundesverfassungsgericht hat dies mittlerweile¹⁴⁶ im Bruch mit seiner früheren Rechtsprechung¹⁴⁷ anerkannt. Die Mitwirkung der Parteien an Wahlen läßt sich nicht von ihren sonstigen Aktivitäten im Bereich der politischen Willensbildung trennen und eine Zuwendung staatlicher Haushaltsmittel redlicherweise nicht auf eine Erstattung von Wahlkampfkosten beschränken¹⁴⁸. Staatliche Finanzzuwendungen mindern die Abhängigkeit der Parteien von privaten Geldgebern, dienen insofern auch der Chancengleichheit der Parteien¹⁴⁹ und entsprechen dem offenbaren Finanzbedarf¹⁵⁰ der Parteien in einer parlamentarischen Demokratie unter den bestehenden Umständen. Auch rechtsvergleichend zeigt sich, daß staatliche Parteienfinanzierung überaus weit verbreitet ist¹⁵¹, was als Indiz ihrer Notwendigkeit gelten mag. Dem Motiv der früheren Rechtsprechung, den Willensbildungsprozeß des Volkes nicht durch staatliche Interventionen zu

---

¹⁴² Zu beachten ist auch, daß im Hintergrund der Differenzierung zwischen Sonderorganisationen, die den Schutz der Parteifreiheit genießen, und den Nebenorganisationen, die laut Rspr. nicht unter Art. 21 GG fallen, Parteiverbotsverfahren stehen: s. BVerfGE 2, 1 (78); 5, 85 (392), wo diese Abscheidung entwickelt wurde; dazu auch *Hesse*, Verfassungsrecht, Rn. 716.
¹⁴³ *Westerwelle*, Jugendorganisationen (Fn. 140), S. 85 ff.
¹⁴⁴ S. für die politischen Jugendorganisationen *Westerwelle*, Jugendorganisationen (Fn. 140), S. 50 ff.
¹⁴⁵ *Oerter*, Rechtsfragen (Fn. 135), S. 58; s. auch *Seifert*, Parteien (Fn. 109), S. 193; auch *Westerwelle*, Jugendorganisationen (Fn. 140), S. 104 ff.; anders *Henke* (Fn. 118), Art. 21 Rn. 306.
¹⁴⁶ BVerfGE 85, 264 (285 f.).
¹⁴⁷ BVerfGE 20, 56 (96 ff.); aus der Kritik dazu *Grimm* (Fn. 10), § 14 Rn. 14, 52; *D.T. Tsatsos*, ZaöRV 26 (1966), 371 ff.; *P. Häberle*, JuS 1967, 64 (67 f.); *Lipphardt*, Gleichheit (Fn. 105), S. 523.
¹⁴⁸ *D.T. Tsatsos*, ZaöRV 26 (1966), 371 (bes. 377); BVerfGE 85, 264 (286).
¹⁴⁹ S. dazu BVerfGE 8, 51 (66).
¹⁵⁰ International vergleichbare Befunde bei *Schefold*, Parteienfinanzierung (Fn. 55), S. 485 und passim; *C. Landfried*, Parteifinanzen und politische Macht, 2. Aufl. 1994, S. 13 ff., 282 ff., spricht von der »Kapitalisierung der Einnahmestruktur«; *K.-H. Naßmacher*, Parteienfinanzierung im Internationalen Vergleich, in: Bitburger Gespräche, hrsgg. v. d. Gesellschaft für Rechtspolitik Trier, 1993, S. 97 ff.; *ders.*, Bürger finanzieren Wahlkämpfe, 1992; *G. Klee-Kruse*, Parteienfinanzierung in den westlichen Demokratien, 1983.
¹⁵¹ Dazu D.T. Tsatsos (Hrsg.), Politikfinanzierung in Deutschland und in Europa, 1997; ders. (Hrsg.), Parteienfinanzierung (Fn. 55).

verzerren[152], kann auch auf andere Weise Rechnung getragen werden. Staatsabstinenz ist nicht gleichbedeutend mit Freiheitlichkeit des gesellschaftlichen Prozesses[153]. Im einzelnen muß die Ausgestaltung der staatlichen Parteienfinanzierung den Geboten der Parteienfreiheit, der politischen Chancengleichheit und der Öffentlichkeit des Parteigeschehens Rechnung tragen (→ Rn. 65 ff., 96 ff., 107 ff.). Davon sind sämtliche Arten der staatlichen Parteienfinanzierung erfaßt, die **direkte Zuwendung** von Haushaltsmitteln an die Parteien ebenso wie die **mittelbare Parteienfinanzierung** durch die steuerliche Begünstigung von Spenden oder Beiträgen an politische Parteien.

Vom Ansatzpunkt einer staatlichen Gewährleistung eines funktionierenden Parteiwesens her ergibt sich auch eine **Pflicht zur staatlichen Parteienfinanzierung**[154]. Das Bundesverfassungsgericht hat diese Frage zuletzt ausdrücklich offen gelassen[155]. Diese Zurückhaltung mag der Furcht entsprungen sein, einer übermäßigen Parteienfinanzierung weiteren Vorschub zu leisten. Die Pflicht zu finanziellen Leistungen an die Parteien, um die Funktionsfähigkeit des Parteiensystems zu erhalten, entspringt bei realistischer Betrachtung der Funktionsgarantie für das Parteiwesen[156] und geschieht nicht zum Wohle der einzelnen Parteien. Sie hat von daher objektiv-rechtlichen Charakter[157], der nur unter besonderen Umständen zu einem subjektiv-rechtlichen Anspruch führt. Die dogmatische Begründung einer solchen Verpflichtung kann sich anlehnen an die Rechtsprechung des Bundesverfassungsgerichts zur staatlichen Förderpflicht für Privatschulen (→ Art. 7 Rn. 88 ff.), die deren institutionelle Garantie aus Art. 7 IV GG entnimmt[158]. Die Höhe der staatlichen Förderung unterliegt einem weiten Einschätzungsermessen des Haushaltsgesetzgebers, ist aber aus zwei Gründen nach oben begrenzt: Zum einen wegen des Verfassungsgebotes zur sparsamen Verwendung öffentlicher Mittel[159], zum anderen, um die zur Erfüllung ihrer Vermittlungsaufgabe unerläßliche Verwurzelung der Parteien in der Gesellschaft zu sichern[160].

Das Bundesverfassungsgericht begründet damit eine relative und eine absolute **Obergrenze** für die Staatsfinanzierung der Parteien[161] (→ Rn. 67 f.). Die **relative Obergrenze** soll die Abhängigkeit der Parteien von ihrer gesellschaftlichen Basis dadurch erhalten, daß die Selbstfinanzierung stärkeres Gewicht behalten muß als die Staatsfi-

---

[152] BVerfGE 20, 56 (97, 107 f.).
[153] Dazu *P. Häberle*, JuS 1967, 64 (68 ff., 73), auch in *ders.*, Kommentierte Verfassungsrechtsprechung, 1979, S. 189 ff. (192).
[154] Für die Gegenposition s. *Ipsen* (Fn. 92), Art. 21 Rn. 95 ff.
[155] BVerfGE 85, 264 (288); früher verneint: E 20, 56 (100 f.); 8, 51 (61).
[156] Vgl. die Ansätze in dieser Richtung bei *Kunig* (Fn. 119), § 33 Rn. 75 f.; ebenso *H. Steinberger*, Politische Repräsentation in der Bundesrepublik Deutschland, in: P. Kirchhof/D.P. Kommers (Hrsg.), Deutschland und sein Grundgesetz, 1993, S. 137 ff. (176); *Grimm* (Fn. 10), § 14 Rn. 52: »Sie müssen vielmehr für ihre Vermittlungsfunktion angemessen ausgerüstet werden.«; *v. Münch* (Fn. 115), Art. 21 Rn. 51: »Verpflichtung, das Mehrparteien-Prinzip durch aktive Maßnahmen aufrecht zu erhalten«; s. jetzt *G. Stricker*, Der Parteienfinanzierungsstaat, 1998.
[157] *Stricker*, Parteienfinanzierungsstaat (Fn. 156), §§ 15, 16.
[158] BVerfGE 75, 40 (62); 90, 107 (115 ff.); s. näher *M. Morlok*, Thesen zu Einzelaspekten der Politikfinanzierung, in: Tsatsos, Politikfinanzierung (Fn. 151), S. 77; gegen diese Parallele *Stricker*, Parteienfinanzierungsstaat (Fn. 156), § 12 II.
[159] BVerfGE 85, 264 (290); dazu *R. Schwartmann*, Verfassungsfragen der Allgemeinfinanzierung politischer Parteien, 1995, S. 106 ff., 137 f.
[160] BVerfGE 85, 264 (283, 290).
[161] BVerfGE 85, 264 (288 ff.).

nanzierung. Der staatliche Anteil am Finanzaufkommen der Parteien darf nicht höher sein als die eigenen Einnahmen[162]. Darüber hinaus sei die Begrenzung der Staatsfinanzierung auf das, »was zur Aufrechterhaltung der Funktionsfähigkeit der Parteien unerläßlich ist, aber von den Parteien nicht selbst aufgebracht werden kann«[163], zu einer absoluten Obergrenze der zulässigen Staatsfinanzierung zu verdichten[164]. Diese Obergrenze wurde in dem Betrag gesehen, der den Parteien 1989 bis 1992 zugeflossen war, sei aber bei veränderten Umständen auch variabel[165].

4. Der Status der Freiheit, der Gleichheit und der Öffentlichkeit

46 Das Bündel der Rechte und Pflichten, das auf Verfassungsebene sich an die Parteieigenschaft knüpft, kann strukturiert werden als ein **Status der Freiheit, der Gleichheit und der Öffentlichkeit** der Parteien[166]. Die verfassungsrechtliche Ausgestaltung der Position der Parteien soll die Funktionserfüllung sichern helfen. Die drei Status verfolgen dabei unterschiedliche Stoßrichtungen[167].

47 Der Status der **Freiheit** (→ Rn. 49ff.) soll gewährleisten, daß der demokratische Prozeß der Willensbildung und der Gewährung politischer Unterstützung frei von staatlicher Gängelung ist, damit die Parteien ihre Funktion als gesellschaftliche Beeinflussungsagenturen erfüllen und so zur Legitimation der Staatsgewalt beitragen können, nicht aber zu Organen der staatlich organisierten Selbstlegitimation werden[168]. Die Freiheit der Partei ist also in erster Linie staatsgerichtet. Die **Gleichheit** (→ Rn. 72ff.) bezieht sich demgegenüber auf das Verhältnis zwischen den Parteien. Der politische Prozeß funktioniert nur hinreichend und gewährleistet die Legitimation der staatlichen Herrschaft, die Lernfähigkeit der politischen Instanzen und die inhaltliche Offenheit der Politik, wenn die Teilnehmer am demokratischen Wettbewerb das Recht auf Chancengleichheit in ihren Aktivitäten genießen. Die **Öffentlichkeit** (→ Rn. 105ff.) des Parteigeschehens soll gegenüber dem Bürger wirken und Kontrolle sowie informierte politische Entscheidungen ermöglichen: Er soll wissen, was in einer Partei vor sich geht, insbesondere in finanzieller Hinsicht, um seine politische Unterstützung tatsächlich auch den Kräften zukommen zu lassen, die seinen Auffassungen und Interessen am nächsten stehen.

48 Dieser dreifältige Status der Parteien ist eine Abbreviatur für wesentliche Rechte und Pflichten der Parteien, keine verfassungstheoretische Aussage über die Natur der Parteien oder ihre (Nicht-)Zuordnung zu den Verfassungsorganen (→ Rn. 24). Verfassungsprozessual folgt aus diesem Status nichts. Gleichwohl gilt es, die einschlägige Rechtsprechung des Bundesverfassungsgerichts zu beachten, wonach den Parteien das Organstreitverfahren nach Art. 93 I Nr. 1 GG i.V.m. § 13 Nr. 5 und §§ 63 ff.

---

[162] BVerfGE 85, 264 (289f.); zur Ausformung s. § 24 II Nr. 1–5, 7 PartG.
[163] BVerfGE 85, 264 (290).
[164] BVerfGE 85, 264 (290f.).
[165] Zu Recht kritisch zur gerichtlichen Festsetzung einer solchen bezifferten Obergrenze *Schwartmann*, Verfassungsfragen (Fn. 159), S. 99ff., 192ff., 223ff.
[166] *Hesse*, Stellung (Fn. 101), S. 11ff. (27ff.); *ders.*, Verfassungsrecht, Rn. 172ff.; *P. Häberle*, JuS 1967, 64 (71ff.); s. auch die Parallelisierung mit dem Abgeordnetenstatus bei *P. Häberle*, NJW 1976, 537 (542).
[167] Dazu *Morlok*, Rechtsvergleichung (Fn. 12), S. 722ff.
[168] Hervorgehoben wurde diese Stoßrichtung durch den Begriff der »Staatsfreiheit« des Willensbildungsprozesses in BVerfGE 20, 56 (99f.).

BVerfGG offen steht, wenn es um die Verteidigung des spezifisch verfassungsrechtlichen Status einer Partei gegenüber einem anderem Verfassungsorgan geht[169], nicht aber das Verfahren der Verfassungsbeschwerde. Trotz der in der Literatur geübten Kritik[170] hält das Gericht daran fest, was in der Rechtspraxis zu beachten ist. Die Ausgestaltung der Freiheit (→ Rn. 49 ff.), der Chancengleichheit (→ Rn. 72 ff.) und der Öffentlichkeit (→ Rn. 105 ff.) der Parteien hat je eigene Konturen, die getrennt zu betrachten sind.

II. Der Status der Freiheit der Parteien

1. Rechtsnatur des Art. 21 GG

Die Freiheit der Parteien ist rechtlich geschützt, damit sie den politischen Prozeß beeinflussen können, insbesondere, um gesellschaftliche Interessen und Überzeugungen den institutionellen Eingabestrukturen des Staates zu vermitteln. Sie ist eine funktionale Freiheit, die nicht den Parteien wegen ihres Eigenwertes zukommt. Insofern unterscheidet sich die Freiheit der Zweckorganisation Partei von der grundrechtlichen Freiheit, die in der Menschenwürde verankert ist (→ Art. 1 II Rn. 19)[171]; über die staatsbürgerlichen Grundrechte der Bürger (→ Vorb. Rn. 41) erhält sie aber Anschluß an die grundrechtlichen Gewährleistungen. **Art. 21 I GG ist selbst kein Grundrecht**[172]. Die Kontroverse dazu wird inkonsequent geführt[173], insofern man nicht aus Art. 21 I 2 GG allein argumentiert, sondern auch Art. 9 I GG mit heranzieht[174]. An der Ausklammerung von Art. 21 GG aus dem Katalog grundrechtsgleicher Rechte in Art. 93 I Nr. 4a GG (→ Vorb. Rn. 27 ff.) muß auch die einfache Deutung scheitern, Art. 21 I 2 GG sei eine derogierende Spezialvorschrift zu Art. 9 I GG[175]. Die besondere verfassungsrechtliche Gewährleistung des Art. 21 GG schließt es aus, daß von allen Organisationen nur eben die Parteien nicht das Recht zur Verfassungsbeschwerde haben, zumal das Organstreitverfahren nur dann eröffnet ist, wenn die Beeinträchtigung eines Rechts der Partei durch ein anderes Verfassungsorgan erfolgt.

49

Art. 21 I GG enthält vielmehr eine **objektiv-rechtliche Gewährleistung** der Institution politische Partei, die um der Effektivität der Absicherung willen auch mit **subjek-**

50

---

[169] BVerfGE 1, 208 (223 ff.); st. Rspr.: E 4, 27 (27 ff.) – Plenarbeschluß; 51, 222 (233); 84, 290 (299).
[170] *Tsatsos/Morlok*, Parteienrecht (Fn. 1), S. 127 ff.; *Ipsen* (Fn. 92), Art. 21 Rn. 49 ff.; *Schlaich*, Bundesverfassungsgericht, Rn. 84; *Henke* (Fn. 118), Art. 21 Rn. 254; eingehend zu den Abgrenzungsproblemen *T. Clemens*, Politische Parteien und andere Institutionen in Organstreitigkeiten: in: FS Zeidler, 1987, S. 1261 ff.; *K. Dißmann*, Rechtsschutz für politische Parteien, Diss. jur. Bielefeld 1992, S. 196 ff., kritisch: S. 208 ff.; *H. Maurer*, JuS 1992, 296 (297).
[171] *Grimm* (Fn. 10), § 14 Rn. 30; a.A. *Ipsen* (Fn. 92), Art. 21 Rn. 29.
[172] *A.A. Henke* (Fn. 118), Art. 21 Rn. 216: »Ein echtes Grundrecht«, freilich sofort wieder relativiert durch Fn. 3, wonach »jedenfalls« Art. 9 und 21 GG zusammen ein Grundrecht zur Parteigründung und -betätigung bilden; *Ipsen* (Fn. 92), Art. 21 Rn. 29; *Lipphardt*, Gleichheit (Fn. 105), S. 693: »Auf Artikel 21 GG gestützte Verfassungsbeschwerde«.
[173] Diskussionsstand bei *Mauersberger*, Freiheit (Fn. 110), S. 12 ff. m.w.N.
[174] So etwa *Maunz* (Fn. 58), Art. 21 Rn. 38, der von einem verwickelten Verhältnis von Art. 9 und Art. 21 GG spricht, s. auch ebd., Rn. 92.
[175] So *Kunig* (Fn. 119), § 33 Rn. 60; *Seifert*, Parteien (Fn. 109), S. 54; *H. Maurer*, JuS 1991, 881 (883); *Löwer* (Fn. 135), Art. 9 Rn. 31. Die Rechtsprechung des Bundesverfassungsgerichts, die für die Spezialitätsthese auch herangezogen wird, ist nicht eindeutig so zu verstehen: BVerfGE 2, 1 (13) handelt nur vom Verbotsfall und der Spezialität von Art. 21 II gegenüber Art. 9 II GG; BVerfGE 25, 69 (78) läßt sich auch mit anderen Deutungen vereinbaren.

tiv-rechtlichen Elementen angereichert ist. Die **Einrichtungsgarantie**[176] des Art. 21 GG wirkt auf die einschlägigen Grundrechte der Parteien und ihrer Mitglieder modifizierend ein in dem Sinne, daß Schutzbereich wie Schranken der Einzelgrundrechte in spezifischer Weise hiervon geprägt werden[177].

51 Die Freiheit der Parteien wird also objektiv-rechtlich von Art. 21 GG gewährleistet und subjektiv-rechtlich durch die Grundrechte geschützt, die in Anwendung auf die Parteien und die Parteimitglieder eine Verstärkung des Schutzes der Funktionserfüllung der Parteien[178] darstellen, aber auch eine Begrenzung auf Aktivitäten im Funktionskreis der Parteien mit sich bringen können.

2. Träger der Parteienfreiheit

52 Träger der Parteienfreiheit sind sowohl die **Individuen**, die sich in einer Partei betätigen, als auch die Parteien als **Organisationen** selbst. Was unter dem Stichwort des »**Doppelgrundrechts**« zur allgemeinen Vereinigungsfreiheit vertreten wird (→ Art. 9 Rn. 29 f.; → Art. 19 III Rn. 50 f.), kann auch auf die Parteienfreiheit übertragen werden.

53 Das Recht auf politische Betätigung in einer Partei ist ein **Individualrecht**[179]. Nach dem Wortlaut von Art. 21 I 2 GG[180] gilt dies für die Parteigründung, richtigerweise aber auch für den Beitritt zu einer existierenden Partei[181], das Verbleiben und die Mitarbeit[182] in sowie für den Austritt aus einer Partei. Diese individualrechtliche Wurzel der Parteienfreiheit (wie auch der Parteiengleichheit [→ Rn. 75]) ist letztlich aus der Volkssouveränität (→ Art. 20 [Demokratie] Rn. 76 ff.) in Verbindung mit der Menschenwürdegarantie zu folgern, den beiden Grundelementen der politischen Ordnung des Grundgesetzes[183]. Träger der Volkssouveränität – und damit auch des politischen Prozesses – sind letztlich die Bürger, für deren Auffassungen die Parteien offen und zum Staat hin durchlässig sein müssen, wie Art. 21 I 3 GG eigens hervorhebt. Diese individualrechtliche Wurzel der Parteibetätigung steht auch einer Verabsolutierung der Parteien in dem Sinne, wie sie der Leibholz'schen Parteienstaatsdoktrin eigen war, entgegen (→ Rn. 6). Die einzelnen Parteimitglieder und ihre Aktivitäten verschwinden nicht hinter der Organisation, die Parteien haben keinen absorbtiven Charakter. Dies

---

[176] So *Mauersberger*, Freiheit (Fn. 110), S. 32 ff. m.w.N. zur Lehre von den institutionellen Garantien. Zur Kritik an der Figur der Einrichtungsgarantien *K. Waechter*, Die Verwaltung 29 (1996), 47 ff. – freilich ohne auf Art. 21 GG einzugehen.

[177] *Mauersberger*, Freiheit (Fn. 110), S. 30, 70 ff. Begrifflich ist anzuknüpfen bei *Henke* (Fn. 118), Art. 21 Rn. 218.

[178] So für den Wahlkampf *C.J. Walther*, Wahlkampfrecht, 1989, S. 63 ff.

[179] Bemerkenswert ist die Betonung dieses Aspekts in einigen neueren Verfassungen → Rn. 16 f. S. weiter auch *G. Haverkate*, Verfassungslehre, 1992, S. 342 ff.

[180] Dazu *K.-U. Ohlberg*, Die Parteigründungsfreiheit – eine vergessene Verfassungsnorm?, Diss. jur. Universität des Saarlandes 1987.

[181] Dazu *M. Morlok*, Der Anspruch auf Zugang zu den politischen Parteien, in: FS Knöpfle, 1996, S. 231 ff. (247 ff.).

[182] Die Begründung dieses Rechts stützt sich auf die gleichen Gründe wie das Recht auf Zugang zu einer Partei, neben Art. 9 I i.V.m. Art. 21 I GG ist auch das Demokratieprinzip und das Wahlrecht aus Art. 38 I GG zu nennen, s. *Morlok*, Anspruch (Fn. 181), S. 247 ff.

[183] Zum Zusammenhang von Menschenwürde und Volkssouveränität vgl. *P. Häberle*, Die Menschenwürde als Grundlage der staatlichen Gemeinschaft, in: HStR I, § 20 Rn. 61; *M. Morlok*, Die innere Ordnung der politischen Parteien, in: Ausblicke (Fn. 73), S. 737 ff. (806); *ders.*, Innere Struktur und innerparteiliche Demokratie, in: D.T. Tsatsos (Hrsg.), Auf dem Weg zu einem gesamtdeutschen Parteienrecht, 1991, S. 89 ff. (89 f.). → Art. 1 I Rn. 98.

ist auch folgenreich im Hinblick auf den **Parteibinnenbereich**[184] (→ Rn. 57f., 124ff.). **Ausländer** genießen nicht die verfassungsrechtliche[185] Parteienfreiheit. Bereits die Vereinigungsfreiheit steht nur Deutschen zu (→ Art. 9 Rn. 25f.), erst recht gilt dies für die auf die Volkssouveränität bezogene Parteienfreiheit[186]. Das parteikonstitutive Merkmal, auf die Repräsentanz in einer Volksvertretung zu zielen, schließt Nichtwahlberechtigte und deren Organisationen aus. Im Hinblick auf das europäische Gemeinschaftsrecht genießen aber **EU-Bürger** (→ Rn. 14) die Parteienfreiheit. Auch **Minderjährige** haben das Recht zur Betätigung in einer politischen Partei ab dem Zeitpunkt, von dem an sie bereits als Kandidaten aufgestellt werden können[187], zuzüglich einer gewissen innerparteilichen Vorbereitungsfrist. Spätestens mit 16 Jahren ist die Parteimündigkeit gegeben[188]. Entsprechendes gilt für die Landtagswahlen und die Wahlen zum Europäischen Parlament[189].

Die Parteien als **Organisationen** sind auch Träger der Parteienfreiheit, und zwar ohne daß es des Rückgriffs auf Art. 19 III GG bedürfte[190]. 54

3. Sachlicher Schutzbereich

Die Parteienfreiheit wird geschützt durch die einschlägigen Grundrechte in der von Art. 21 GG bewirkten besonderen Ausprägung[191]. Als Grundrechte, welche Aktivitäten der Parteiorganisationen wie ihrer Mitglieder freiheitsrechtlich abdecken, kommen in erster Linie in Betracht Art. 5 I und 8, aber auch Art. 10, 11 und 13 GG, darüber hinaus genießt das Parteieigentum den Schutz des Art. 14 GG. Das Petitionsrecht kann ebenso in Anspruch genommen werden wie die Prozeßgrundrechte aus Art. 101 und 103 GG. Weltanschauliche oder religiöse Positionen, die auch in Parteien verfolgt werden, stehen unter dem Schutz von Art. 4 GG, für die organisatorische Betätigung in Parteien ist Art. 21 GG aber lex specialis gegenüber Art. 140 GG i.V.m. Art. 137ff. WRV. Die allgemeine Betätigungsfreiheit wird grundrechtlich auch durch Art. 2 I GG unterfangen[192] mit der Folge, daß ggf. **Verfassungsbeschwerde** gegen eine Verletzung 55

---

[184] S. auch *Preuß* (Fn. 2), Art. 21 Abs. 1, 3 Rn. 35.
[185] Nur in den Grenzen von § 2 III Nr. 1 PartG.
[186] *Kunig* (Fn. 119), § 33 Rn. 25; *v. Münch* (Fn. 115), Art. 21 Rn. 47; *Jarass/Pieroth*, GG, Art. 21 Rn. 5. Ausführlich, aber überpointiert *v. Katte*, Mitgliedschaft (Fn. 67), passim; *J. Isensee*, Die staatsrechtliche Stellung der Ausländer in der Bundesrepublik Deutschland, VVDStRL 32 (1974), S. 49ff. (98 Fn. 124); *A. Bleckmann*, Allgemeine Grundrechtslehren, 1979, S. 92: Mitgliedschaft ist Ausländern durch das Grundgesetz wegen Art. 20 II verwehrt; *M. Zuleeg*, DÖV 1973, 370; BGHSt 19, 51ff.: Verbot einer Ausländerpartei.
[187] S. § 21 III BWahlG: 32 Monate nach Beginn der Wahlperiode zum Bundestag. Das passive Wahlrecht beginnt nach § 15 I Nr. 2 BWahlG mit der Vollendung des 18. Lebensjahres.
[188] Konflikte zwischen der elterlichen Sorge und der rechtlichen Vertretungsmacht für die Minderjährigen auf der einen und dem politischen Selbstbestimmungswillen der Minderjährigen auf der anderen Seite können nach dem Vorbild der Religionsmündigkeit entschieden werden (→ Art. 4 Rn. 70). Die Parteimündigkeit setzte hiernach ein mit der Vollendung des 14. Lebensjahres.
[189] Dazu § 10 III 2 EuWG.
[190] Vgl. die parallele Lage der Religionsgesellschaften im Bereich von Art. 4 GG. → Art. 4 Rn. 72f., 76. Das ist nicht ganz unstreitig: → Art. 19 III Rn. 50f.
[191] Zu dieser Konstruktion vgl. auch *Henke* (Fn. 118), Art. 21 Rn. 218, wonach Art. 21 GG die Auslegung aller Grundrechtsartikel, die für die Parteien in Betracht kommen, mitbestimmt; ähnlich *Kunig* (Fn. 119), § 33 Rn. 61, wonach die Betätigungsfreiheit der Parteien sich in grundrechtlicher Betätigung vollziehe, die ihrerseits ihren Zuschnitt erhalte durch die Mitwirkungsaufgabe.
[192] A.A. diejenigen, die die Betätigungsfreiheit der Parteien allein in Art. 21 I 1 oder 2 GG ansie-

erhoben werden kann. Auch das allgemeine Persönlichkeitsrecht aus Art. 2 I i.V.m. Art. 1 I GG kann einer Partei zustehen[193].

56 Bei den geschützten **parteitypischen Tätigkeiten** ist keine Beschränkung auf herkömmliche Betätigungsformen einer Partei vorzunehmen: Auch Neuartiges ist geschützt, soweit es um die letztliche Einflußnahme auf die politische Willensbildung geht. Aktivitäten auf kulturellem oder wirtschaftlichem Gebiet, die im Sinne eines Musterprojekts die Programmatik der Partei darstellen und für sie werben sollen, fallen in den Bereich der Parteifreiheit[194]. **Nicht** erfaßt von der spezifischen Parteienfreiheit sind die aus reinem Erwerbsstreben motivierten wirtschaftlichen Betätigungen. Art. 12 GG steht den auf ihren besonderen Handlungskreis beschränkten Parteien nicht zu[195], jedenfalls sofern sie verfassungsrechtliche Gewährleistungen in Anspruch nehmen wollen. Wirtschaftliche Hilfsbetriebe (z.B. Druckereien) sind aber von der allgemeinen Parteifreiheit gedeckt. **Auslandsaktivitäten** genießen deutschen verfassungsrechtlichen Schutz, soweit ihr Ziel die Einwirkung auf die deutsche Politik ist, also etwa der Wahlkampf bei Auslandsdeutschen. Gleiches gilt für politische Anstrengungen, die auf das europäische Parlament oder Kommunalwahlen im Bereich der EU zielen (→ Rn. 14).

57 Die **Gründungsfreiheit** (Art. 21 I 2 GG) umfaßt das Sichzusammenfinden und Verständigen auf eine gemeinsame Programmatik, die Wahl der Organisations- und der Rechtsform – in aller Regel ist dies der Verein nach bürgerlichem Recht, sei er nun rechtsfähig oder nicht –, und zwar **ohne staatlichen Mitwirkungsakt**[196]. Die Anforderungen des bürgerlichen Rechts sind zu beachten, freilich mit wohl begründeten Ausnahmen, wie § 37 PartG für das Haftungsrecht gem. § 54 II BGB und die Einspruchsmöglichkeiten der Verwaltungsbehörde nach §§ 61ff. BGB. Die Vorgaben in §§ 4 und 6, aber auch §§ 7ff. PartG sind mit der Gründungsfreiheit vereinbar, weil sie Funktionsnotwendigkeiten für beachtlich erklären, so das Unterscheidungsgebot für den Namen[197] in einem Mehrparteiensystem und die Identitätskonstitution und Gewinnung der Handlungsfähigkeit durch Programm und Satzung. Die weiteren Restriktionen für die innere Organisation (§§ 7ff. PartG) sind dem Gebot zur innerparteilichen Demokratie geschuldet (→ Rn. 115). Die Gründungsfreiheit enthält als ihr Gegenstück auch die **Freiheit zur Auflösung**[198,199] und die Freiheit zur Vereinigung mit anderen Parteien[200]. Die individualrechtliche Ausprägung umfaßt das Recht eines Bürgers, sich an einer Parteigründung nicht zu beteiligen, einer Partei nicht beizutreten oder sie wieder zu verlassen (**negative Freiheit:** → Vorb. Rn. 48). Angesichts des Tendenzcha-

---

deln, so *Kunig* (Fn. 119), § 33 Rn. 26; *Henke* (Fn. 118), Art. 21 Rn. 218; *K.-H. Seifert*, DÖV 1956, 1 (5); *W. Frotscher*, DVBl. 1985, 917 (923); BVerfGE 84, 290 (299).

[193] OLG Köln NJW 1987, 1415 (1416), abl.: *Henke* (Fn. 118), Art. 21 Rn. 218. → Art. 2 I Rn. 56.
[194] Für einen besonderen Fall s. *D. Birk/H.M. Wolfgang*, DÖV 1991, 481ff.; *G. Winands*, ZRP 1987, 185ff. mit Erwiderung *M. Neuling*, ZRP 1988, 73f.
[195] *Henke* (Fn. 118), Art. 21 Rn. 25, 218; *v. Münch* (Fn. 115), Art. 21 Rn. 9; *Ipsen* (Fn. 92), Art. 21 Rn. 45.
[196] *v. Münch* (Fn. 115), Art. 21 Rn. 21, 45; *Ohlberg*, Gründungsfreiheit (Fn. 180), S. 16; *Kunig* (Fn. 119), § 33 Rn. 22.
[197] Dazu BGH NJW 1981, 914 (916); LG Bremen NJW 1989, 1864 (1865); OLG Frankfurt NJW 1952, 792.
[198] Beachte dabei §§ 6 II Nr. 11, 9 III PartG.
[199] *v. Münch* (Fn. 115), Art. 21 Rn. 53; *Preuß* (Fn. 2), Art. 21 Abs. 1, 3 Rn. 12.
[200] Beachte auch hier §§ 6 II Nr. 11, 9 III PartG.

rakters politischer Parteien (→ Rn. 58, 126f.) gewinnt die negative Freiheit hier besondere Bedeutung. Zu Recht hat § 10 II 3 PartG sie gegenüber der allgemeinen Austrittsfreiheit nach bürgerlichem Vereinsrecht, das in § 39 II BGB eine Kündigungsfrist vorsieht, gestärkt: Die negative individuelle Parteifreiheit wird ohne jegliche, auch nur aufschiebende Einschränkung garantiert.

Die Parteienfreiheit hat mehrere Aspekte, die unter anderem als Organisationsfreiheit, Programmfreiheit und Mitgliederfreiheit[201] umschrieben werden können. Die Parteienfreiheit umfaßt als besonderen Fall der »Vereinsautonomie«[202] die Freiheit zur Tendenz. Das interne Geschehen darf durch Parteivorschriften auf die je eigene Programmatik, eben Parteilichkeit, verpflichtet werden. Diese **Tendenzfreiheit**[203] gibt einer Partei das Recht (nicht die Pflicht!), alle internen Strukturen und Vorgänge auf die Tendenz der Partei zu verpflichten. Die Freiheit der Partei gibt insofern ein Recht zur **Tendenzreinheit**. Organisatorisch bedeutet die Tendenzfreiheit das Recht, alle Parteiangelegenheiten durch eigene Organe, mit selbst bestimmter Zusammensetzung, treffen zu lassen. Inhaltlich gewährleistet sie, daß die Anerkennung der programmatischen Grundsätze der Partei zur Grundlage aller innerparteilichen Kommunikation gemacht werden darf. Mitgliedschaftlich heißt dies, daß nur Parteimitglieder am internen Willensbildungs- und Entscheidungsprozeß teilnehmen dürfen. Zur Wahrung der Tendenzfreiheit haben die staatlichen Gerichte bei der Nachprüfung parteiinterner Entscheidungen eine tendenzwahrende Zurückhaltung zu üben[204] (→ Rn. 134).

58

Nach außen wirkende Tätigkeiten der verschiedensten Art fallen in den Schutzbereich der Parteifreiheit; überwiegend werden dabei die Meinungsäußerungs- und die Pressefreiheit sowie die Versammlungsfreiheit aktiviert. Der **Straßenwahlkampf** mit Plakatwerbung, Informationsständen und Flugblattverteilung[205] gehört dazu. Ermessen bei der Erteilung straßenrechtlicher Sondernutzungsgenehmigungen verdichtet sich in Wahlkampfzeiten regelmäßig zu einer Pflicht, eine straßenrechtliche Sondernutzungserlaubnis zur Aufstellung von Plakatständern im innerstädtischen Verkehrsraum zu erteilen[206]. Die Erhebung von Sondernutzungs- und Verwaltungsgebühren für erlaubnispflichtige Werbemaßnahmen verstößt nicht gegen die Parteifreiheit[207]. Art. 5 I GG i.V.m. Art. 21 I GG bewirkt eine Erweiterung des straßenrechtlichen Gemeingebrauchs im Sinne des »kommunikativen Gemeingebrauchs«[208]. Eine erlaubnispflichtige Sondernutzung liegt regelmäßig erst vor, wenn Gerätschaften wie Stän-

59

---

[201] S. §§ 10 I und IV PartG.
[202] BVerfGE 50, 290 (354); *D. Merten*, Vereinsfreiheit, in: HStR VI, § 144 Rn. 42ff.; *W. Flume*, Die Vereinsautonomie und ihre Wahrnehmung durch die Mitglieder hinsichtlich der Selbstverwaltung der Vereinsangelegenheiten und der Satzungsautonomie, in: FS Coing, Bd. 2, 1982, S. 97ff. m.w.N.
[203] Dazu *M. Morlok*, NJW 1991, 1162 (1163).
[204] S. *N. Heimann*, Die Schiedsgerichtsbarkeit der politischen Parteien in der Bundesrepublik Deutschland, 1977, S. 284ff.; *J. Risse*, Der Parteiausschluß, 1985, S. 233ff.; *F. Grawert*, Parteiausschluß und innerparteiliche Demokratie, 1987, S. 145ff., 157ff.
[205] Zu Einzelfragen *Walther*, Wahlkampfrecht (Fn. 178), S. 102ff. m.w.N.; *C. Hardmann*, Die Wahlkampfwerbung von Parteien in der Bundesrepublik Deutschland, Diss. jur. Köln 1992, S. 95ff.
[206] BVerwGE 56, 56 (58ff.).
[207] BVerwGE 47, 280 (283); 56, 63 (68ff.); OVG Bremen NVwZ 1987, 3024 (3025).
[208] Dazu umfassend *M. Stock*, Straßenkommunikation als Gemeingebrauch, 1979; BVerwGE 56, 24 (25ff.).

der und Tische verwandt werden[209]. Den Wahlkampf mit bestimmten Mitteln einschränkende Vereinbarungen zwischen etablierten Parteien dürfen von den zuständigen Behörden bei ihren Entscheidungen nicht beachtet werden[210]: kein Vertrag zu Lasten Dritter. Die Verwaltungsentscheidungen auf diesem Gebiet sind vor allem auch gehalten, den Grundsatz der Chancengleichheit zu achten (→ Rn. 78 ff.). Die eigentliche Wahlbeteiligung fällt in den Schutzbereich des Art. 38 I 1 GG.

60 Auch das **interne Geschehen** steht unter dem Schutz der Parteienfreiheit, einmal der Partei, zum anderen der Mitglieder. Die innerparteiliche Betätigung des einzelnen Parteimitgliedes ist also durch das Individualrecht geschützt. In seiner praktischen Bedeutung wird es allerdings begrenzt durch das gleichartige Recht anderer Parteimitglieder und auch das Recht der Partei als Organisation auf freie und tendenzreine Gestaltung des innerparteilichen Geschehens.

61 Das Handeln der **Fraktionen** in den Parlamenten und kommunalen Vertretungskörperschaften wird **nicht** von der **Parteienfreiheit** gedeckt. Es richtet sich nach Parlamentsrecht (nicht nach Parteienrecht), das Handeln der einzelnen nach dem Recht der Abgeordneten (oder der kommunalen Vertreter)[211] (→ Art. 38 Rn. 164 ff.). Die Einwirkung der Partei auf die Fraktion (»die Partei im Parlament«) – wie auch umgekehrt[212] – ist faktisch von erheblicher Bedeutung, da der parteipolitische Einfluß im wesentlichen von den Abgeordneten ausgeübt wird. Die rechtliche Flankierung des parlamentarischen Geschehens muß aber dieser Faktizität keineswegs folgen, sondern kann ihren guten Sinn darin haben, angesichts der Parteieinbindung den Eigenwert der staatlichen Institutionen zu betonen.

4. Abwehrcharakter

62 Die funktionelle Ausrichtung der Parteienfreiheit auf die Ermöglichung der Beeinflussung der staatlichen Entscheidungsbildung durch die Parteien zusammen mit der grundrechtlichen Ausformung dieser Freiheit begründet ihre **Staatsgerichtetheit** (→ Rn. 47). Abgewehrt werden nur Akte von **Adressaten der Parteienfreiheit**. Das ist die öffentliche Gewalt in allen Erscheinungsformen (→ Art. 1 III Rn. 23 ff., 36 ff.), **nicht** aber die **Parteien** selbst. Übergriffen der Parteien auf ihre Mitglieder steht die **Austrittsfreiheit** entgegen (→ Rn. 57, 127), aber auch die objektiv-rechtliche Verpflichtung des Staates zur angemessenen Ausgestaltung des Parteibinnenrechts (→ Rn. 117, 151). **Beeinträchtigungen** der Parteienfreiheit liegen in allen Verboten oder Sanktionen für Parteitätigkeit der Organisation oder ihrer Mitglieder. Jede **Bewertung** einer Partei und ihrer Programmatik, an die rechtliche Konsequenzen knüpfen, ist staatlichen Instanzen **verboten** (→ Rn. 90 ff., 148 f.). Damit ist der Bezug zur Chancengleichheit der Parteien hergestellt: Freiheit durch Gleichbehandlung (→ Rn. 72 ff.).

---

[209] Vgl. die Analyse der Rspr. bei *Walther*, Wahlkampfrecht (Fn. 178), S. 115 ff.
[210] BVerwGE 47, 293 (295 ff.); OVG Bremen NVwZ 1987, 3024 (3025); *Walther*, Wahlkampfrecht (Fn. 178), S. 130; *H. Klatt*, ZParl. 12 (1981), 21 ff.
[211] *Henke* (Fn. 118), Art. 21 Rn. 119 ff.; *Tsatsos/Morlok*, Parteienrecht (Fn. 1), S. 214 f.
[212] Für die finanziellen Aspekte, die aus der (üblichen) Fraktionsfinanzierung resultieren s. *Morlok*, Thesen (Fn. 158), S. 98 ff.; zur tatsächlichen Gestaltung des Verhältnisses zwischen Partei und Fraktion s. weiter W. *Ismayr*, Der Deutsche Bundestag, 1992, S. 40 ff., 50 ff., 74 ff., 102 ff.; *K. v. Beyme*, Der Gesetzgeber, 1997, S. 92 ff.; *W. Zeh*, Gliederung und Organe des Bundestages, in: HStR II, § 42 Rn. 14 ff.

5. Schranken der Parteienfreiheit

Zur Funktionserfüllung sind der Parteienfreiheit **verfassungsunmittelbar** bestimmte 63
Schranken gesetzt und Verpflichtungen auferlegt, welche sie von der allgemeinen Vereinigungsfreiheit abheben[213]. Als **spezifische Schranken** der Parteienfreiheit zu nennen sind die Verpflichtung auf die innerparteiliche Demokratie (Art. 21 I 3 GG; → Rn. 115 ff.), das Gebot zur öffentlichen Rechenschaftslegung (Art. 21 I 4 GG; → Rn. 105 ff.) sowie die Möglichkeit eines Verbots verfassungswidriger Parteien (Art. 21 II GG; → Rn. 135 ff.). Daneben gelten auch die **allgemeinen Schranken** in Gestalt der verfassungsimmanenten Schranken (→ Vorb. Rn. 88 f.) und der besonderen Schranken, die dem jeweils einschlägigen Grundrecht gesetzt sind. Allerdings ist bei deren Anwendung auf den modifizierenden Einfluß von Art. 21 GG zu achten, der sich im Sinne einer Verstärkung der wahrgenommenen Grundrechtsposition auswirken kann, vor allem bei Wahlkampfaktivitäten[214]. Für die **Briefkastenwerbung** gelten im Ergebnis die gleichen Begrenzungen wie für kommerzielle Werbung[215], die Parteien haben also kein Recht, entgegen dem (durch den Aufkleber: »keine Werbung«) erklärten Willen eines Bürgers diesem Werbematerial zuzustellen[216]. Ebenso unzulässig sind wegen der darin liegenden Beeinträchtigung des Persönlichkeitsrechts unerbetene Telefonanrufe[217].

6. Ausstrahlungswirkung

Versteht man wie hier Art. 21 GG als eine institutionelle Garantie, so ergibt sich unschwer 64
eine »Ausstrahlungswirkung« (→ Vorb. Rn. 57 ff.)[218]. Die Parteienfreiheit zielt insofern auf die Gestaltung des einfachen Rechts, etwa das Verständnis des straßenrechtlichen Gemeingebrauchs (→ Rn. 59); ebenso wirkt es als Direktive bei Ermessensentscheidungen[219]. Auch wenn Art. 21 GG keine unmittelbare Drittwirkung im **Privatrecht** hat[220], kann die Parteienfreiheit bei Monopolsituationen im Zusammenklang mit dem Gebot der Chancengleichheit zu einem Kontrahierungszwang führen[221] (→ Rn. 94). Auch auf **Arbeitsverhältnisse** strahlt die Parteienfreiheit aus: Fragen nach der Parteizugehörigkeit bei der Einstellung sind in Nichttendenzbetrieben unzu-

---

[213] Vgl. *Henke* (Fn. 118), Art. 21 Rn. 217.
[214] Dazu ausf. *Walther*, Wahlkampfrecht (Fn. 178); *Hardmann*, Wahlkampfwerbung (Fn. 205).
[215] Dazu BGHZ 106, 229 ff.
[216] LG Bremen NJW 1990, 456 f.; *M. Kaiser*, NJW 1991, 2870 ff.; *Hardmann*, Wahlkampfwerbung (Fn. 205), S. 110 ff.; *H. Dahlen*, NWVBl. 1990, 217 (219); A.A. *M. Löwisch*, NJW 1990, 437 f.; OLG Bremen NJW 1990, 2140 f.; BVerfG (3. Kammer des 1. Senats), DVBl. 1991, 481 f. (Nichtannahme einer Verfassungsbeschwerde gegen die OLG Entscheidung). Als Kuriosum LG Braunschweig NJW 1990, 1919 f.
[217] OLG Stuttgart NJW 1988, 2615; *Walther*, Wahlkampfrecht (Fn. 178), S. 128; *Hardmann*, Wahlkampfwerbung (Fn. 205), S. 127 ff.; *H. Dahlen*, NWVBl. 1990, 217 (218).
[218] Vgl. *Mauersberger*, Freiheit (Fn. 110), S. 70 ff.
[219] S. im einzelnen die Aufzählung von Anwendungsbereichen bei *Henke* (Fn. 118), Art. 21 Rn. 219 ff., und für das Verwaltungsrecht Rn. 229 ff.
[220] Anders *Preuß* (Fn. 2), Art. 21 Abs. 1, 3 Rn. 40.
[221] Für Zeitungsannoncen s. *P. Häberle/D. Scheuing*, JuS 1977, 524 ff.; *Jarass/Pieroth*, GG, Art. 21 Rn. 16; *H. Meyer*, Demokratische Wahl und Wahlsystem, in: HStR II, § 37 Rn. 18; *Henke* (Fn. 118), Art. 21 Rn. 25; *R. Wendt*, in: v. Münch/Kunig, GG I, Art. 5 Rn. 32; *F. Kübler*, Pflicht der Presse zur Veröffentlichung politischer Anzeigen?, 1976; anders BVerfGE 42, 53 (62); unentschieden BVerfGE 48, 271 (278).

lässig, die Mitgliedschaft darf zu keiner unterschiedlichen Behandlung führen[222]. Das Verbot parteipolitischer **Betätigung in Betrieben** (§ 74 II 3 BetrVG) und öffentlichen Dienststellen ist auch in Wahlkampfzeiten rechtens[223]. Die Parteien sind derzeit in ihrer Stammorganisation als Vereine bürgerlichen Rechts organisiert. Die Anwendung des Vereinsrechts ist mit dem speziellen Freiheitsstatus abzustimmen; so darf das Amtsgericht keinen Notvorstand nach § 29 BGB bestellen[224]. Auch das Minderjährigenrecht muß modifiziert werden; so dürfen Eltern minderjähriger Parteimitglieder nicht an der innerparteilichen Willensbildung mitwirken[225] (→ Rn. 53).

7. Freiheitsaspekte der Parteienfinanzierung

65 Der Status der Freiheit wirkt sich auch aus auf die Parteienfinanzierung – ebenso wie der Status der Gleichheit (→ Rn. 96) und derjenige der Öffentlichkeit (→ Rn. 107)[226]. Spenden an Parteien sind erlaubt[227]: Sie sind legitime Instrumente des parteipolitischen Engagements der Bürger und insofern Ausdruck des Rechts auf parteipolitische Betätigung. Ein gesetzliches **Verbot, Spenden** bestimmter Herkunft **anzunehmen**, kann verfassungsrechtlich gedeckt sein durch das Ziel der Bewahrung der Funktionsfähigkeit des Parteiwesens. Dies gilt wegen der anders kaum zu beherrschenden Gefahr einer chancengleichheitswidrigen Parteienfinanzierung für Spenden von parteinahen Stiftungen und Parlamentsfraktionen (§ 25 I 1 PartG), aber auch für die weiteren in § 25 I PartG genannten Spender. Der Ausschluß von Spenden seitens eines Ausländers (§ 25 I 2 Nr. 3 PartG) gründet in der Funktion des Parteiwesens, das deutsche Volk zur politischen Willensbildung zu organisieren[228].

66 Zentral für die Sicherung der Freiheitlichkeit der Parteitätigkeit in finanzieller Hinsicht ist der **Grundsatz der Staatsfreiheit**. Dessen Verständnis variiert. Ursprünglich sah das Bundesverfassungsgericht eine Staatsfinanzierung der allgemeinen Parteitätigkeit überhaupt für unzulässig an, weil dadurch der freie und offene Prozeß der Willensbildung des Volkes durch staatliche Interventionen beeinträchtigt würde[229]. In einer nicht geradlinig verlaufenden Rechtsprechungsgeschichte[230] wurde dieser Grundsatz der Staatsfreiheit in der jüngsten Entscheidung[231] dahingehend modifiziert, daß

---

[222] Dazu *Henke* (Fn. 118), Rn. 227 m.w.N.
[223] *Hardmann*, Wahlkampfwerbung (Fn. 205), S. 137 ff., 144 ff. m.w.N.; *Walther*, Wahlkampfrecht (Fn. 178), S. 159, 172 ff.
[224] So *D. Hahn*, NJW 1973, 2012 ff.; *ders.*, Innerparteiliche Demokratie, Diss. jur. Köln 1973, 114 f.; a.A. LG Berlin NJW 1970, 1047 (1048) m.w.N.; *G. Roellecke*, DRiZ 1968, 117 (118).
[225] Weiter gelten für die zwangsweise Auflösung einer Partei nicht §§ 42 ff. BGB, sondern nur die Verfassungsnorm des Art. 21 II GG i.V.m. §§ 43 ff. BVerfGG. → Rn. 135.
[226] Vgl. *Grimm* (Fn. 10), § 14 Rn. 48; *U. Volkmann*, Politische Parteien und öffentliche Leistungen, 1993, S. 67; *H. Steinberger*, Rechtsprechung des Bundesverfassungsgerichts zur staatlichen Parteienfinanzierung, in: Bitburger Gespräche, hrsgg. v. d. Gesellschaft für Rechtspolitik Trier, 1993, S. 25 ff. (27).
[227] *Preuß* (Fn. 2), Art. 21 Abs. 1, 3 Rn. 71; *v. Münch* (Fn. 115), Art. 21 Rn. 60; *Kunig* (Fn. 119), § 33 Rn. 32; BVerfGE 20, 56 (105); 52, 63 (86); 85, 264 (326).
[228] Die Ausnahme zugunsten von Bürgern der EU in § 25 I 2 Nr. 3a PartG ist durch Art. 138a (191 n.F.) EGV geboten. → Rn 14.
[229] BVerfGE 20, 56 (97 ff., 107 f.). → Rn. 35.
[230] Dazu die Übersicht bei *Steinberger*, Rechtsprechung (Fn. 226), S. 25 ff.
[231] BVerfGE 85, 264 ff.

eine Allgemeinfinanzierung der Parteien zwar zulässig, aber beschränkt sei auf eine **staatliche Teilfinanzierung**[232] (→ Rn. 44f.).

Entscheidend ist die Staatsfreiheit der Parteiarbeit, nicht die Staatsfreiheit der Parteienfinanzierung als solche. Die Freiheitlichkeit der Parteiarbeit hängt wesentlich ab vom **Modus der Finanzierung**. Ausgeschlossen sind administrative Ermessensentscheidungen über die Zuwendung staatlicher Mittel: Die Gefahr einer politischen Einflußnahme muß gebannt sein. Erforderlich sind also klare Vergabekriterien und fixierte Rechtsansprüche der Parteien auf Staatsleistungen. Ein zweites Gebot verlangt, die gesellschaftliche Abhängigkeit der Parteien zu erhalten, damit diese nicht losgelöst von den Interessen und Auffassungen der Bevölkerung agieren können. Deswegen müssen die Parteien von selbst zu erschließenden gesellschaftlichen Finanzquellen abhängig bleiben (→ Rn. 44). Daraus ergibt sich eine **Beschränkung** auf eine **staatliche Teilfinanzierung**[233]. 67

Ebenfalls mit dem Bundesverfassungsgericht ist eine **Beschränkung** der staatlichen Zuwendungen **auf das** zur Aufrechterhaltung ihrer Funktionsfähigkeit **Unerläßliche** geboten[234]. Dies folgt aus dem allgemeinen Verfassungsgebot sparsamer Verwendung öffentlicher Mittel[235] und soll auch den der legitimierenden Arbeit der Parteien abträglichen Anschein vermeiden, sie »bedienten« sich aus der Staatskasse[236]. Außerdem hebt staatliche Finanzierung den innerparteilichen Professionalisierungsgrad an und schwächt damit die Konkurrenzfähigkeit der Basis. Die innerparteilichen Folgen einer staatlichen Parteienfinanzierung sind also gleichfalls zu beachten (→ Rn. 130). Die zahlenmäßige Fixierung einer solchen **absoluten Obergrenze** kann freilich nicht durch das Bundesverfassungsgericht erfolgen. Die Festlegung der notwendigen Parteiaktivitäten, ihre Gewichtung und die Bestimmung des dazu **notwendigen** Finanzbedarfs sind in erheblichem Maße von Einschätzungen abhängig, so daß sie dem Gesetzgeber übertragen sind. Obschon die Parteien bei der Parteienfinanzierung in eigener Sache entscheiden[237], ist die funktionell-rechtliche Eigenart der Gewalten zu achten. Das Bundesverfassungsgericht ist auf eine Mißbrauchskontrolle des Parlaments beschränkt. 68

Schließlich ist bei der staatlichen Finanzierung der Parteien unter dem Gesichtspunkt der funktionssichernden Freiheit auch zu beachten, daß ohne Staatsmittel die Parteien in die Abhängigkeit gesellschaftlicher Finanziers geraten können (→ Rn. 43). Auch unter diesem Gesichtspunkt ist ein staatlicher Beitrag zur Finanzierung der Parteien also geboten. Trotz der staatlichen Zuwendungen genießen die Parteien **Verwendungsfreiheit** über ihre Mittel[238]. 69

---

[232] BVerfGE 85, 264 (287f.).
[233] BVerfGE 85, 264 (287f.); vgl. *Grimm* (Fn. 10), § 14 Rn. 53; zur Nachzeichnung des Argumentationsganges ausführlich *Schwartmann*, Verfassungsfragen (Fn. 159), S. 85 ff., 105 ff. → Rn. 44f.
[234] BVerfGE 85, 264 (290).
[235] BVerfGE 85, 264 (290); dazu auch *Schwartmann*, Verfassungsfragen (Fn. 159), S. 137f.
[236] BVerfGE 85, 264 (290).
[237] S. dazu *H.H. v. Arnim*, Die Abgeordnetendiäten, 1974, S. 41f.; *ders.*, Parteienfinanzierung (Fn. 55), S. 46ff.; *P. Häberle*, NJW 1976, 537 (542).
[238] Dazu *T. Kaufner*, Rechenschaftspflicht und Chancengleichheit, in: Wewer, Parteienfinanzierung (Fn. 103), S. 100 ff., insb. 105f.; *Preuß* (Fn. 2), Art. 21 Abs. 1, 3 Rn. 72.

70 Parteienfinanzierung ist eingestellt in das Insgesamt der **Politikfinanzierung**[239]. Die verfassungsrechtliche Begrenzung der staatlichen Parteienfinanzierung muß realistischerweise auch andere Formen der Politikfinanzierung in den Blick nehmen, die tatsächlich den Parteien zugute kommen oder jedenfalls zur Parteienfinanzierung verwendet werden können: die Fraktionsfinanzierung[240], die Abgeordnetendiäten – vor allem angesichts der von den Abgeordneten verlangten Zahlungen an ihre Parteien, deren Höhe den Verdacht aufkommen läßt, daß bei der Festsetzung der Höhe der Diäten stillschweigend ein an die Parteien abzuführender Beitrag mitgedacht war –, die Aufwandspauschalen[241], schließlich die Globalzuschüsse an die parteinahen Stiftungen[242] und Leistungen an die Jugendorganisationen der Parteien[243].

71 Für die Art und Weise der Finanzierung ergeben sich aus dem Grundsatz der Staatsfreiheit mithin folgende **vier Einzelpostulate**: (1) keine Einflußnahme auf die Parteiaktivitäten durch die staatliche Finanzierung; (2) Erhaltung der gesellschaftlichen Abhängigkeit der Parteien durch eine Begrenzung auf eine staatliche Teilfinanzierung (relative Obergrenze); (3) Begrenzung der staatlichen Finanzierung auf das notwendige Mindestmaß (absolute Obergrenze); (4) staatliche Teilfinanzierung zur Begrenzung gesellschaftlicher Abhängigkeiten.

III. Der Status der Gleichheit der Parteien

1. Stellenwert und Begründung der Chancengleichheit

72 In der Wettbewerbsdemokratie des Grundgesetzes ist das Parteienrecht **Wettbewerbsrecht**: Es hat die Aufgabe, einen funktionsgerechten Wettbewerb zwischen den politischen Akteuren mit rechtlichen Mitteln sicherzustellen (→ Rn. 26).

73 Die **verfassungsrechtliche Verortung** der Chancengleichheit der Parteien wird kontrovers diskutiert[244]. Zum einen wird sie aus Art. 21 GG selbst abgeleitet[245], zum zweiten wird auf Art. 3 I in Verbindung mit dem Demokratieprinzip des Art. 20 I, II

---

[239] Dazu *Tsatsos*, Politikfinanzierung (Fn. 151), darin zum Verhältnis von Parteienfinanzierung und Politikfinanzierung *Morlok*, Thesen (Fn. 158), S. 86 ff.; *v. Arnim*, Staat (Fn. 39), S. 195 ff.

[240] *H.H. v. Arnim*, Verfassungsfragen der Fraktionsfinanzierung im Bundestag und in den Landesparlamenten, in: Wewer, Parteienfinanzierung (Fn. 103), S. 134 ff.

[241] Dazu *Wewer*, Plädoyer (Fn. 103), S. 420 ff.

[242] Dazu *H. v. Vieregge*, Die Partei-Stiftungen: Ihre Rolle im politischen System, in: Wewer, Parteienfinanzierung (Fn. 103), S. 164 ff.; *Volkmann*, Leistungen (Fn. 226), S. 38 ff.

[243] Dazu *Westerwelle*, Jugendorganisationen (Fn. 140), S. 115 ff.

[244] Für einen strukturierenden Überblick s. *Kißlinger*, Chancengleichheit (Fn. 140), S. 17 ff. Das BVerfG vertritt verschiedene Positionen, auch getrennt nach Senaten; s. die ausführliche Darstellung bei *Lipphardt*, Gleichheit (Fn. 105), S. 163 ff., zusf. 690 ff.; *Kißlinger*, Chancengleichheit (Fn. 140), S. 27 ff. Das Recht auf Chancengleichheit leitet das BVerfG dann überwiegend aus Art. 3 I 1 GG ab, wenn es um Verfassungsbeschwerdeverfahren geht (BVerfGE S. 77 [77 ff.]: 6, 121 [121 ff.]) anders in der Wahlrechtsjudikatur, wo es auf die Wahlrechtsgleichheit (Art. 38 I GG, Art. 28 I 2 GG) abstellt (BVerfGE 1, 208 [242]; 34, 81 [98]; 82, 322 [337]). Daneben findet sich auch die Begrenzung aus Art. 21 I 2 GG (BVerfGE 1, 208 [253]; 3, 19 [26]; 6, 367 [375]) und auch die Kombination der unterschiedlichen Ansätze (Art. 21 I und Art. 38 I GG) bei Wahlen (BVerfGE 6, 84 [91]; 82, 322 [337]) bzw. Art. 21 I GG i.V.m. Art. 3 I GG in anderen Fällen (BVerfGE 3, 383 [392 ff.]; 6, 99 [103]).

[245] So insb. *Lipphardt*, Gleichheit (Fn. 105), S. 113 ff., 118 f., 693; *Grimm* (Fn. 10), § 14 Rn. 42; *Kunig* (Fn. 119), § 33 Rn. 62: Art. 21 I GG sei eine spezielle Ausprägung des Gleichheitssatzes; *v. Münch* (Fn. 115), Art. 21 Rn. 33; *Tsatsos/Morlok*, Parteienrecht (Fn. 1), S. 85 ff.; Jarass/*Pieroth*, GG, Art. 21 Rn. 11.

GG abgehoben[246], zum dritten wird die wahlrechtliche Gleichheit der Art. 38 I 1 und Art. 28 I 2 GG bemüht[247]; schließlich werden Kombinationen dieser Herleitungen benutzt, so etwa Art. 21 I in Verbindung mit Art. 3 I GG[248]. Die Fundierung der Chancengleichheit parteipolitischer Betätigung in der wahlrechtlichen Gleichheit wird der Spezialität dieser Bestimmungen nicht gerecht und überdehnt ihren Anwendungsbereich, wenn auch die allgemeine Parteitätigkeit unabhängig von Wahlen damit erfaßt werden soll. Die ausschließliche Gründung im allgemeinen Gleichheitssatz ist deswegen abzulehnen, weil dieser regelmäßig nur als Willkürverbot verstanden wird und damit der parteirechtlichen Gleichheit als einer wettbewerbskonstitutiven Maxime nicht gerecht wird. Art. 21 I GG allein ist zu wenig instruktiv und hat auch keinen Grundrechtscharakter, was die Verfassungsbeschwerde ausschließt (→ Rn. 49). Richtigerweise ist die Chancengleichheit der Parteien und ihrer Mitglieder abzuleiten aus **Art. 3 I GG, dem Demokratieprinzip und Art. 21 I GG**. Im Funktionszusammenhang demokratischen Wettbewerbshandelns der Parteien wird Art. 3 I GG durch Art. 21 GG modifiziert[249].

2. Träger und Bezugspunkte

Träger des Rechts auf chancengleiche parteipolitische Betätigung sind sowohl natürliche Personen als auch politische Parteien. **Elementareinheit** des politischen Geschehens ist der **Bürger**[250] (→ Rn. 50ff.); das wirkt sich aus bei der genauen Bestimmung des Inhalts der Parteiengleichheit. Jeder Bürger ist in seinen parteipolitischen Aktivitäten also auch darin geschützt, chancengleich mit anderen zu konkurrieren[251], und zwar in den verschiedenen Spielarten der Einflußnahme auf die politische Meinungsbildung, auch bei der finanziellen Unterstützung einer politischen Partei[252]. Die **Parteien** selbst genießen das Recht als **Organisationen**[253] – ebenso wie dies für die Parteifreiheit gilt (→ Rn. 54).

74

Für die dogmatische Ausrichtung der parteirechtlichen Chancengleichheit ist der Individualbezug dominierend. Diese **individuelle Radizierung** wirkt sich aus im Rahmen der sogenannten **abgestuften Chancengleichheit**, wie sie in § 5 I 2, 3 PartG statuiert und in der Bundesrepublik bei staatlichen Leistungen an die Parteien praktiziert

75

---

[246] So *H.H. v. Arnim*, DÖV 1984, 85 (87); *E.-W. Böckenförde*, Demokratie als Verfassungsprinzip, in: HStR I, § 22 Rn. 44; s. bereits *F.A. v. d. Heydte*, Freiheit der Parteien, in: Die Grundrechte II, S. 457ff. (480f.); *ders./K. Sacherl*, Soziologie der deutschen Parteien, 1975, S. 97f.; *Mauersberger*, Freiheit (Fn. 110), S. 108ff.

[247] So *Badura*, Staatsrecht, S. 383; *ders.*, in: BK, Anhang zu Art. 38: BWahlG (Zweitb. 1997), Rn. 12; BerlVerfGH NVwZ 1993, 1093 (1095) – als Anwendungsfall des allgemeinen Gleichheitssatzes.

[248] So etwa *H.C. Jülich*, Chancengleichheit der Parteien, 1967, S. 70ff.; ebenso *P. Häberle*, JuS 1967, 64 (72); *Henke* (Fn. 118), Art. 21 Rn. 218.

[249] Vgl. auch *Kunig* (Fn. 119), § 33 Rn. 62: es gehe nicht um den Gleichheitssatz als Willkürverbot, sondern es sei nach der »Gleichheit der Chancen im Hinblick auf die Funktionserfüllung der Parteien« zu fragen.

[250] Vgl. *Tsatsos/Morlok*, Parteienrecht (Fn. 1), S. 88; *Kißlinger*, Chancengleichheit (Fn. 140), S. 88ff.; vgl. auch BVerfGE 6, 84 (94).

[251] Zur Begründung und Konturierung s. *Kißlinger*, Chancengleichheit (Fn. 140), S. 88ff.

[252] BVerfGE 8, 51 (68); 24, 300 (360); 52, 63 (88); 73, 40 (71); 85, 264 (315f.).

[253] *Hesse*, Verfassungsrecht, Rn. 176; *Henke* (Fn. 118), Art. 21 Rn. 218; pointiert zum Charakter als Organisationsrecht *Lipphardt*, Gleichheit (Fn. 105), S. 89ff. – BVerfGE 1, 208 (241, 255); 6, 273 (280); 82, 322 (337); zuletzt 91, 262 (269); 91, 276 (286).

wird. Eine unterschiedliche Ausstattung mit staatlichen Leistungen im weitesten Sinne je nach der »Bedeutung der Parteien« wäre verfassungswidrig, bezöge sich die parteirechtliche Gleichheitsgarantie letztlich auf die Parteien als Organisationen[254]. Ein »konzeptioneller Ausgangspunkt« in der »formalen Gleichheit des Bürgereinflusses«[255] erlaubt, ja gebietet im Ansatz sogar Differenzierungen bei der Gewährung staatlicher Leistungen an die Parteien nach dem Zuspruch, den diese bei den Bürgern finden. Die Verpflichtung des Staates zur Gleichbehandlung der politischen Kräfte hat im funktionellen Zusammenhang der Parteienkonkurrenz den Sinn, daß die Bürgerpräferenzen in ihrer Unterschiedlichkeit unbeeinflußt von staatlichen Interventionen zum Ausdruck kommen und je nach ihrer Anhängerschaft den politischen Entscheidungsgang unterschiedlich stark beeinflussen können. Der politische Prozeß soll dabei durchaus Sieger und Verlierer produzieren. Nicht die Gleichheit der parteipolitischen Kräfte ist deswegen das verfassungsrechtliche Ziel, sondern die **Chancengleichheit im gesellschaftlichen Wettbewerb**. Der politische Prozeß schafft unterschiedliche Stärkeverhältnisse, die von den staatlichen Organen vorgefunden werden[256]. Es ist dem Staat wegen der Chancengleichheit verboten, in dieses Wettbewerbsgeschehen verzerrend einzugreifen.

3. Inhalt und Anwendungsbereich

76 Die Chancengleichheit im Bereich der politischen Parteien ist ein **objektiv-rechtliches Prinzip**[257] und subjektiv-rechtlich ausgeformt ein Grundrecht. Ihr Zusammenspiel soll die Freiheit und Offenheit des demokratischen Willensbildungsprozesses gewährleisten. Das Grundrecht hat eine gerechtigkeitssichernde Funktion, indem es jedem Bürger – auch im Zusammenwirken mit anderen – die gleiche Möglichkeit einräumt, auf die politische Entscheidungsbildung Einfluß zu nehmen[258]. Es gewährleistet also ein gleiches Maß an Selbstbestimmung durch Teilhabe am politischen Prozeß.

77 Im Kontext des Parteienwettbewerbs und im Kraftfeld von Art. 21 GG ist der Gleichheitssatz **streng und formal** zu praktizieren[259]. Die Strenge des Gleichheitssatzes ergibt sich aus den Funktionserfordernissen einer Wettbewerbsordnung, der bekannten Versuchung der jeweiligen Machthaber, ihre Position zu Lasten der derzeitigen Opposition durch die Ausgestaltung der Wettbewerbssituation zu ihren Gunsten

---

[254] Konsequenterweise wird deswegen § 5 I 2 PartG für verfassungswidrig gehalten von *Lipphardt*, Gleichheit (Fn. 105), S. 699 ff., der die Gleichheit der Parteien als Recht der Vereinigungen akzentuiert (S. 89 ff.). Kritisch auch *Hesse*, Verfassungsrecht, Rn. 176 m. Fn. 50; *Kunig* (Fn. 119), § 33 Rn. 66 f.; *K. Kröger*, Schematische Parteiengleichheit als Grundbedingung der modernen Demokratie, in: FS Grewe, 1981, S. 508 ff. (513 ff.); *Ipsen* (Fn. 92), Art. 21 Rn. 40 ff.

[255] *H.H. v. Arnim*, DÖV 1984, 85 (87).

[256] BVerfGE 6, 84 (90).

[257] Vgl. zu dieser Stoßrichtung *Hesse*, Verfassungsrecht, Rn. 157; *H.-T. Lee*, Chancengleichheit der politischen Parteien, 1994, S. 16; *Kißlinger*, Chancengleichheit (Fn. 140), S. 16.

[258] Dazu *Kißlinger*, Chancengleichheit (Fn. 140), S. 75 ff.

[259] BVerfGE 14, 121 (132 ff.); 20, 56 (116); 24, 300 (340 f.); 44, 125 (146); 73, 40 (88 f.); 85, 264 (297 f., 318); VerfGH NW NWVBl. 1994, 453 (456); *Kröger*, Parteiengleichheit (Fn. 254), S. 507 ff.; *H.H. v. Arnim*, DÖV 1984, 85 ff.; *Kißlinger*, Chancengleichheit (Fn. 140), S. 80 ff.; *Lipphardt*, Gleichheit (Fn. 105), S. 694 f.; *S. Huster*, Rechte und Ziele, 1993, S. 352 ff.

zu verbessern[260], und aus der Gleichheit aller Staatsbürger, welche die demokratische Grundordnung fundiert[261].

Auch der strenge Gleichheitssatz erlaubt **Ungleichbehandlungen**[262], allerdings nur aus **besonders zwingenden Gründen**[263]. Staatliche Instanzen sind Parteien und ihren Anhängern gegenüber zur **Neutralität** verpflichtet. Die »vorgefundene Wettbewerbslage« darf nicht beeinflußt werden[264]. Weder dürfen staatliche Instanzen bestehende Unterschiede zwischen den Parteien nivellieren noch sie vergrößern[265].

78

Der Charakter als **Gleichheit der Chancen**, nicht des Ergebnisses, ergibt sich aus der Wettbewerbsidee. Der politische Wettbewerb soll Unterschiede hervorbringen, die Parteienkonkurrenz soll Gewinner und Verlierer kennen – je nach dem Zuspruch der Bürger. Diese Resultate darf der Staat nicht ignorieren[266]. Die Gleichheit der Parteien ist insofern »**Startgleichheit**«[267] und Gleichheit in den Wettbewerbsbedingungen. Die unter dem Mehrheitsprinzip erwünschte Erzeugung von Ungleichheiten prägt die parteirechtliche Gleichheitsproblematik[268].

79

Der **Anwendungsbereich** der Chancengleichheit erstreckt sich ohne Einschränkung auf Wahlen oder deren Vorbereitungsphase[269] auf den gesamten Bereich der politischen Willensbildung[270] in Bund, Ländern und Gemeinden, also auf den Teil des politischen Lebens, in dem wettbewerbsorientierte politische Kommunikation stattfindet.

80

4. Rechtfertigung von Ungleichbehandlungen

Trotz des formalen und grundsätzlich strikten Charakters der parteirechtlichen Gleichheit sind **Ungleichbehandlungen** verfassungsrechtlich zulässig, wenn hierfür besonders gewichtige Gründe sprechen[271]. Neben externen Zwecken, welche eine Beeinträchtigung der Gleichbehandlung rechtfertigen können[272], sind die internen Zwecke zu beachten, die eine Ausnahme von der formalen Gleichbehandlung fordern

81

---

[260] S. dazu schon *E. Forsthoff*, DRZ 1950, 313 (315); *Kißlinger*, Chancengleichheit (Fn. 140), S. 81 f.
[261] Vgl. *P. Kirchhof*, Der allgemeine Gleichheitssatz, in: HStR V, § 124 Rn. 100; zur aus der Menschenwürde resultierenden Gleichheit und der Volkssouveränität: → Rn. 53.
[262] Dazu *Huster*, Rechte (Fn. 259), S. 366 ff.; *Kißlinger*, Chancengleichheit (Fn. 140), S. 80 f.; BVerfGE 78, 350 (358).
[263] *H. H. v. Arnim*, DÖV 1984, 85 (85); BVerfGE 8, 51 (64 f.); 14, 121 (133); 73, 40 (88 ff.).
[264] BVerfGE 20, 56 (118); 20, 119 (133); 41, 399 (414); 42, 53 (59); 52, 63 (89); 73, 40 (89); 85, 264 (297).
[265] BVerfGE 73, 40 (89); 85, 264 (297), st. Rspr.
[266] BVerfGE 24, 300 (344); 74, 40 (89); 78, 350 (358); 85, 264 (297).
[267] *F. Schoch*, DVBl. 1988, 863 (880); *E. Schwerdtner*, DÖV 1990, 14 (16); *Kißlinger*, Chancengleichheit (Fn. 140), S. 14 ff.
[268] Vgl. *F. Schoch*, DVBl. 1988, 863 (881) unter Bezugnahme auf *A. Podlech*, Gehalt und Funktion des allgemeinen verfassungsrechtlichen Gleichheitssatzes, 1971, S. 209 f., 217 ff.
[269] Vgl. *Lipphardt*, Gleichheit (Fn. 105), S. 119; *Jülich*, Chancengleichheit (Fn. 248), S. 89.
[270] *Kißlinger*, Chancengleichheit (Fn. 140), S. 62 ff.; *Lipphardt*, Gleichheit (Fn. 105), S. 693.
[271] BVerfGE 1, 208 (247 f.); 6, 84 (92 f.) insb. zum Wahlrecht; 85, 264 (297), st. Rspr. – S. weiter *Jülich*, Chancengleichheit (Fn. 248), S. 105 ff.; *Lee*, Chancengleichheit (Fn. 257), S. 16 ff.; *H. Meyer*, Kommunales Parteien- und Fraktionsrecht, 1990, S. 209 m. w. N.; *Kißlinger*, Chancengleichheit (Fn. 140), S. 133 m. w. N.
[272] Zur Unterscheidung externer und interner Zwecke, die eine Ungleichbehandlung rechtfertigen können: *Huster*, Rechte (Fn. 259), S. 165 ff. Zur Anwendung auf die Parteien s. *Kißlinger*, Chancengleichheit (Fn. 140), S. 133 ff.

– um eben die jeweilige Gerechtigkeitskonzeption zu verwirklichen[273]. Hier kommt die individualrechtliche Verankerung des Rechts auf chancengleiche parteipolitische Betätigung ins Spiel[274] (→ Rn. 75), welche gerade dann verwirklicht wird, wenn der unterschiedliche Zuspruch durch die Bürger auch einen Unterschied macht, nämlich zu Unterschieden bei den Parteien führt (→ Rn. 79). Solche Differenzierungen beeinträchtigen nicht, sondern entfalten das Recht auf chancengleiche parteipolitische Betätigung und sind nicht rechtfertigungsbedürftig. Anders ist dies bei denjenigen Durchbrechungen des Gleichbehandlungsgebotes, die um eines anderen – vom Gleichheitsmaßstab aus gesehen externen – Zieles willen erfolgen. Diese stellen einen Eingriff in die parteirechtliche Gleichheit dar und sind dementsprechend rechtfertigungsbedürftig; sie müssen sich als verhältnismäßig zur Erreichung des mit der Chancengleichheit der Parteien konkurrierenden Zieles ausweisen[275].

82 Eine wichtige Rolle spielen wahlrechtliche **Sperrklauseln**, insbesondere das **5%-Quorum** für den Einzug von Parteibewerbern über die Landesliste in ein Parlament[276]. Diese Sperrklauseln[277] stellen eine erhebliche Beeinträchtigung der Chancengleichheit der Parteien dar, sie werden vom Bundesverfassungsgericht aber für gerechtfertigt gehalten, weil sie der Abwehr staatspolitischer Gefahren dienten, die in einer Zersplitterung des Parteiensystems und in der daraus resultierenden Beeinträchtigung der Funktionsfähigkeit des Parlaments lägen[278]. Die Sperrklauseln sind insoweit tatsächlich gerechtfertigt, als sie den Anforderungen der Verhältnismäßigkeit entsprechen, insbesondere nicht stärker eingreifen, als zur Erreichung des angestrebten Zieles erforderlich ist[279]. Ob tatsächlich die Sperrklausel in Höhe von 5% erforderlich ist, wird bezweifelt (→ Art. 38 Rn. 104). Um die Wahlvorschläge übersichtlich zu halten durch das Fernhalten nicht ernsthafter oder von vornherein offensichtlich aussichtsloser Bewerber[280], werden bislang nicht im Parlament vertretene Parteien insofern benachteiligt, als sie für die Einreichung von Wahlvorschlägen Unterschriftsquoren erfüllen müssen (z.B. §§ 18 II, 20 II 2, 27 I BWahlG). Diese Ungleichbehandlung ist verhältnismäßig und gerechtfertigt[281].

83 Auch fiskalische Interessen können eine Beeinträchtigung der Chancengleichheit der Parteien rechtfertigen: Um Mitnahmeeffekte oder gar Parteigründungen, die nur auf staatliche Gelder zielen, zu vermeiden, besteht ein Anspruch auf staatliche **Partei-

---

[273] Vgl. *Huster*, Rechte (Fn. 259), bes. S. 173f. → Art. 3 Rn. 25.
[274] Vgl. zum Folgenden *Kißlinger*, Chancengleichheit (Fn. 140), S. 134ff.
[275] Zu diesem »Eingriffsmodell des Gleichheitssatzes« *Huster*, Rechte (Fn. 259), S. 225ff., zu den Durchbrechungen der politischen Gleichheit S. 366ff., 382ff.; *Kißlinger*, Chancengleichheit (Fn. 140), S. 142f.
[276] Für die Bundestagswahlen gem. § 6 VI 1. Alt. BWahlG.
[277] Zur zweiten Art wahlrechtlicher Sperrklauseln, der sog. Grundmandatsklausel nach § 6 VI 2. Alt. BWahlG: → Art. 38 Rn. 106.
[278] BVerfGE 1, 208 (248f.); 6, 84 (92f.); 51, 222 (236); 82, 322 (338); 95, 408 (419ff.); *M. Brenner*, AöR 116 (1991), 537 (580ff.) m.w.N.
[279] BVerfGE 6, 84 (94); 51, 222 (238); *Huster*, Rechte (Fn. 259), S. 368f.
[280] Die oft auch vorgebrachte Bekämpfung der Stimmenzersplitterung ist entgegen ständiger Rechtsprechung kein rechtfertigender Grund. »Stimmenzersplitterung zu verhindern kann denn allenfalls ein Mittel sein, um Mißstände zu verhindern, die durch sie eintreten könnten«: *J. Lege*, Unterschriftenquoren zwischen Parteienstaat und Selbstverwaltung, 1996, S. 28f., Zitat S. 29; BayVerfGH BayVBl. 1995, 624 (625ff.).
[281] BVerfGE 3, 19 (27); 3, 383 (392ff.); 4, 375 (382); 5, 77 (81f.); 60, 162 (167f.) m.w.N.; 71, 81 (96f.).

enfinanzierung erst bei einem Mindeststimmenanteil von 0,5 % bei einer Bundestagswahl oder 1,0 % bei einer Landtagswahl (§ 18 IV PartG)[282]. In gleicher Weise ist es gerechtfertigt, daß parteinahe Stiftungen staatliche Zuwendungen nur dann erhalten, wenn die dahinterstehende politische Strömung hinreichend groß ist und sich auch als einigermaßen stabil erwiesen hat[283]. Schließlich können verfassungsrechtliche Positionen, die mit dem Recht auf politische Chancengleichheit kollidieren, eine – verhältnismäßige – Einschränkung als Ergebnis einer Abwägung tragen[284]; so kann etwa die Rundfunkfreiheit eine Berücksichtigung nicht aller Parteien in redaktionell verantworteten Sendungen vor einer Wahl rechtfertigen[285].

Eine formale Gleichbehandlung aller Parteien bei der **Vergabe staatlicher Leistungen**, etwa von Rundfunksendezeiten, würde durch staatliche Mittel die Bedeutung kleiner Gruppierungen über ihr tatsächliches Maß hinaus vergrößern und damit diejenigen Bürger bevorzugen, die eine politische Programmatik mit weniger Anklang in der Bürgerschaft verfolgen. Ein solcher Eingriff in die Wettbewerbslage ist dem Staat aber eben wegen der zu achtenden Chancengleichheit untersagt. Die staatlichen Leistungen dürfen die Entscheidungen der Bürger als des letztlichen Souveräns nicht verfälschen. Bei der Verwirklichung der individuellen parteipolitischen Chancengleichheit ergeben sich zwei Probleme: Zum einen bedarf es valider Kriterien, um den Zuspruch einer Partei bei den Bürgern zu messen, zum anderen sind auch Gegengründe gegen die alleinige Dominanz des individualrechtlichen Anspruches zu berücksichtigen.

84

Unter den **Kriterien**, mit denen der relative **Bürgerzuspruch** zu bestimmen ist, eignet sich der klar feststellbare und gegen Manipulationen geschützte **Erfolg bei den letzten Wahlen**, so auch die hauptsächliche Anknüpfung von § 5 I 3 PartG. Einzuwenden ist, daß dies zur Stabilisierung des status quo beiträgt und damit systematisch die Veränderungen im politischen Kräftefeld seit den vorangegangenen Wahlen vernachlässigt, denen die parteipolitischen Anstrengungen seither gegolten haben[286]. Es ist mit dem Gedanken eines fairen Wettbewerbs unverträglich, dem Gewinner des vorangegangenen Wettbewerbs einen Vorsprung für den neuen Wettbewerb zu geben. Deswegen rücken andere Kriterien für die »Bedeutung« einer Partei i.S.v. § 5 I 3 PartG in das Blickfeld[287]. Die Zahl der Mitglieder, die Repräsentation im Parlament und das Finanzaufkommen durch Beiträge oder Spenden begegnen aber gravierenden Einwänden[288]. Die Mitgliederzahl des Bürgerzuspruchs[289] wird nicht allen Parteitypen gerecht und knüpfte negative Sanktionen an die Inanspruchnahme der Organisationsfreiheit durch jene Parteien, die sich nicht als Massenverband organisieren wollen. Ergebnisse von Meinungsumfragen sind ungenau und zu manipulationsanfällig. Die Finanzkraft als Meßgröße ist nicht neutral gegenüber den unterschiedlichen sozialen Rekrutierungsfeldern der verschiedenen Parteien und stellte eine Bevorzugung derjenigen dar, die

85

---

[282] Zur entsprechenden Vorgängerregelung: BVerfGE 24, 300 (342).
[283] BVerfGE 73, 1 (38); *H. Merten*, Parteinahe Stiftungen, Diss. jur. Hagen 1998, Kapitel 4.
[284] Vgl. *Huster*, Rechte (Fn. 259), S. 382 ff.; *Kißlinger*, Chancengleichheit (Fn. 140), S. 143.
[285] Vgl. dazu BVerfGE 14, 121 (132 f.); 82, 54 (58). Einen Überblick vermittelt *A. Grupp*, ZRP 1983, 28 ff.
[286] Vgl. *H.H. v. Arnim*, DÖV 1984, 85 (87 f.).
[287] S. zu solchen weiteren Kriterien BVerfGE 85, 264 (292 ff.).
[288] Dazu *Kißlinger*, Chancengleichheit (Fn. 140), S. 137 ff.
[289] *D.T. Tsatsos/H.-R. Schmidt/P. Steffen*, ZRP 1993, 95 (97).

eher finanzkräftige Kreise ansprechen²⁹⁰. Der Maßstab der Repräsentanz in Parlamenten beeinträchtigt kleinere Gruppierungen wegen der Beschränkung durch die 5% Klausel, die vom Rechtfertigungsgrund einer funktionsfähigen Volksvertretung nicht mehr getragen wird. Mangels tauglicher anderer Merkmale ist deshalb auf das **letzte Wahlergebnis** abzuheben. Wegen der darin liegenden Bevorzugung in der Vergangenheit erfolgreicher Parteien ist die Differenzierung aber zu begrenzen²⁹¹.

86   Ein akzeptabler Vorschlag für das **gebotene Mindestmaß für andere Parteien** geht dahin, die nach § 5 I 4 PartG gebotene Leistung nochmals zu halbieren²⁹². Abzuheben ist dabei auf die **jeweilige Gebietskörperschaft**, die Leistungen verteilt. Bei Kommunalwahlen kommt es also auf den relativen Erfolg im kommunalen Bereich an, nicht auf die Bundesebene. § 5 I 4 PartG ist **verfassungswidrig** wegen der ausschließlichen Orientierung am Wettbewerb auf Bundesebene. Das Bundesstaatsprinzip und die kommunale Selbstverwaltung gebieten, den Wettbewerb zwischen den Parteien dort als eigenständig zu betrachten²⁹³. Möglich ist aber eine verfassungskonforme Interpretation, die den unmittelbaren Anwendungsbereich dieser Bestimmung auf den Bund beschränkt. In einem Land oder in einer Gemeinde ist die entsprechende Bezugseinheit der Landtag oder die kommunale Vertretungskörperschaft. Schwierig bleibt bei dieser Lösung, zwischen Parteiaktivitäten mit bundespolitischer und solchen mit begrenzter Zielrichtung unterscheiden zu müssen.

87   Die Offenhaltung des politischen Prozesses rechtfertigt als externer Zweck eine **Abschwächung der Unterschiede** bei der Vergabe von Leistungen an Parteien²⁹⁴. Für eine Begrenzung der Abstufung spricht weiter, daß parteipolitische Aktivitäten definitionsgemäß sich in und durch Organisationen vollziehen. Neben dem individualrechtlichen Ansatz hat deswegen auch die organisationsrechtliche Betrachtungsweise ihr unanfechtbares Recht²⁹⁵. Organisationen sind emergente Phänomene, die sich nicht auf die Summe der Aktivitäten ihrer Mitglieder reduzieren lassen. Dem Doppelcharakter der politischen Chancengleichheit entsprechend sind auch die Parteien selbst Träger der Chancengleichheit.

88   Im Ergebnis sind damit zwei Bezugspunkte der Gleichbehandlung durch eine angemessene **Mischung der Kriterien** zu berücksichtigen. Zu einem Teil sind staatliche Leistungen an die Parteien gleich zu verteilen, es gilt »Partei ist Partei«. Zu einem anderen Teil ist auf den Zuspruch bei den Bürgern abzuheben, also ein Pro-Kopf-Prinzip zu beachten. Praktisch bedeutet dies eine **gemäßigte Abstufung**. Für die genauen Schlüs-

---

[290] Zur gebotenen staatlichen Neutralität in dieser Sicht BVerfGE 8, 51 (66f.); gleichwohl stellt BVerfGE 85, 264 (292f.) auf die eigene Finanzkraft ab; krit. hierzu *Kißlinger*, Chancengleichheit (Fn. 140), S. 139.
[291] BVerwGE 47, 280 (292); 47, 293 (297). So entfällt dieses Kriterium für Parteien, die sich erstmals zur Wahl stellen: OVG Rhl.-Pf. DÖV 1981, 186; OVG Hamburg NJW 1987, 3022.
[292] So VG Hannover NVwZ-RR 1994, 519 (520); OVG Berlin DÖV 1975, 206ff.
[293] Fraktionsstärke ist einerseits Ausdruck der wahlrechtlichen 5%-Klausel, deren Rechtfertigungsgründe nicht eine Bevorzugung auf Landes- oder Gemeindeebene tragen. Auch die innerparlamentarische Bedeutung der Fraktionsstärke darf im Parteienwettbewerb in den Ländern und Kommunen keine Rolle spielen.
[294] Ebenso *Kißlinger*, Chancengleichheit (Fn. 140), S. 140f.; s. weiter *H.H. v. Arnim*, DÖV 1984, 85 (87f.); *Meyer*, Fraktionenrecht (Fn. 271), S. 70; *Mauersberger*, Freiheit (Fn. 110), S. 116f.; *Volkmann*, Leistungen (Fn. 226), S. 221f.; *Schwartmann*, Verfassungsfragen (Fn. 159), S. 42f. Tatsächlich finden sich solche Verteilungsmuster in verschiedenen Ländern, s. *Schefold*, Parteienfinanzierung (Fn. 55), S. 536f. m.w.N.
[295] Nur die Organisationsperspektive vertritt *Lipphardt*, Gleichheit (Fn. 105), passim.

sel der Verteilung läßt das Verfassungsrecht einen Spielraum. Eine stärkere Berücksichtigung der individual-rechtlichen Verwurzelung ist ebenso erlaubt wie es zulässig ist, angesichts von erkennbaren Gefahren für die Offenheit des Wettbewerbs die Komponente der formalen Gleichbehandlung dadurch zu stärken, daß alle Wettbewerber ein fixes Quantum an Leistungen erhalten. § 5 I 1–3 PartG sind hiernach **verfassungsmäßig**. Wegen der Doppelorientierung auf die Organisationen wie die Anhänger und der damit eröffneten Möglichkeit einer unterschiedlichen Gewichtung der Individual- und der Organisationsorientierung ist die Formulierung von § 5 I 1 PartG, wonach alle Parteien gleich behandelt werden »sollen«, nicht zu beanstanden[296].

Differenzierungen zwischen den Parteien dürfen **nur bei staatlichen Leistungen** vorgenommen werden. Für alle Aktivitäten der Parteien und ihrer Anhänger aus eigener Kraft und Initiative gilt das strikte Gebot der Gleichbehandlung: Alle genießen die gleiche Freiheit (→ Rn. 62).

89

5. Einzelfälle, insbesondere Wahlkampf und Öffentlichkeitsarbeit

Die Pflicht zur Gleichbehandlung gilt bei allen **Ermessensentscheidungen** und ist Teil eines Anspruches auf fehlerfreie Entscheidung. Die Neutralität gebietet den Inhabern staatlicher Ämter eine strikte Trennung der Amtsführung von der Tätigkeit für ihre Partei[297]. Vor allem gilt die Neutralitätspflicht auch für die **amtliche Öffentlichkeitsarbeit**[298]. Die verschiedenen Formen administrativer Öffentlichkeitsarbeit sind grundsätzlich legitim und zur Erfüllung der staatlichen Aufgaben notwendig. Über das unvermeidliche Maß hinaus darf damit aber eine Anpreisung der die Regierung tragenden Parteien und ihrer herausgehobenen Personen nicht verbunden sein[299]. Eine Identifizierung der Regierung mit den sie tragenden Parteien ist unzulässig[300]; vor allem im Vorfeld von Wahlen ist die amtliche Öffentlichkeitsarbeit zu besonderer Zurückhaltung verpflichtet[301].

90

Der Zugang zu **Stadthallen** und ähnlichen öffentlichen Einrichtungen[302] – unabhängig von deren Rechtsform[303] – steht den Parteien im Rahmen der kommunalrechtlichen Anspruchsgrundlagen zu, sofern eine lokale Parteiorganisation am Ort vorhanden ist, ungeachtet, wer die Veranstaltungen ausrichtet[304]. Andernfalls steht den Par-

91

---

[296] Anders *Lipphardt*, Gleichheit (Fn. 105), S. 700f. m. w. N.: als Muß-Vorschrift zu verstehen. Dem zwingenden Charakter ist nicht zu widersprechen (→ Rn. 81). Wegen der gebotenen Fixiertheit (→ Rn. 26) muß die Verwaltung einen Verteilungsschlüssel festsetzen und publizieren.

[297] Etwa beim Einsatz von Ministerialbeamten zur Erstellung von Parteitagsreden; weiter *Volkmann*, Leistungen (Fn. 226), S. 167.

[298] BVerfGE 44, 125 (140ff., 147ff.); dazu *P. Häberle*, JZ 1977, 361 (362); zum Problem weiter: *Volkmann*, Leistungen (Fn. 226), S. 46ff. und *Meyer*, Fraktionenrecht (Fn. 271), S. 94ff. je m. w. N.; allgemein hierzu *O.E. Kempen*, Grundgesetz, amtliche Öffentlichkeitsarbeit und politische Willensbildung, 1975.

[299] Für einen Katalog von Gesichtspunkten, die für eine Verletzung der Neutralitätspflicht sprechen, s. *Volkmann*, Leistungen (Fn. 226), S. 49f.

[300] BVerfGE 44, 125 (142f.).

[301] BVerfGE 44, 125 (152); 60, 53 (65f.); 63, 230 (245); s. weiter BremStGH DVBl. 1984, 221ff.; VerfGHNW DVBl. 1985, 691ff.

[302] Rechtsprechungsübersicht bei *H.-P. März*, BayVBl. 1992, 97ff. → Vorb. Rn. 54 m. Fn. 221.

[303] BVerwG DVBl. 1990, 154 (154); NVwZ 1991, 59.

[304] OVG Münster NJW 1976, 820 (822); VGH Mannheim DÖV 1989, 30; BayVGH NJW 1969, 1078 (1079).

teien als Anspruchsgrundlage § 5 I 1 PartG zur Seite[305]. Voraussetzung ist aber jeweils, daß die öffentliche Einrichtung auch für Veranstaltungen der beabsichtigten Art gewidmet ist; eine Widmungsänderung aus Anlaß der Anfrage einer Partei wirkt, um Mißbräuchen vorzubeugen, erst für die Zukunft[306]. Die Versagung eines Zulassungsbegehrens wegen der politischen Mißbilligung der Programmatik der Partei, wegen ihrer angeblichen Verfassungsfeindlichkeit, wegen einer befürchteten Ansehensminderung der Gemeinde und wegen ähnlicher Gründe ist unzulässig (→ Rn. 149). Auch die Befürchtung, durch Gegendemonstrationen könne es zu einer Störung der öffentlichen Sicherheit kommen, darf in aller Regel nicht zu einer Versagung der Einrichtung führen[307]. Wenn auf Grund konkreter Tatsachen Rechtsverletzungen durch die Veranstalter zu erwarten sind, entfällt ein Zugangsanspruch[308]. Kapazitätsprobleme sind nach Priorität oder bei gleichzeitiger Anmeldung durch das Losverfahren zu entscheiden[309].

92 Soweit der **Straßenwahlkampf** (→ Rn. 59) straßen-, straßenverkehrs- oder immissionsschutzrechtlich einer Genehmigung bedarf, ist die Behörde auf den Grundsatz der Gleichbehandlung verpflichtet. Falls nicht allen Begehren entsprochen werden kann, ist wiederum die Priorität ein taugliches Vergabekriterium[310]. Führt die Prioritätsregel zu einem Wettlauf mit inakzeptablen Folgen[311], ist auf das Losverfahren zurückzugreifen. Eine Kontingentierung ist aber rechtfertigungspflichtig und dürfte bei Informationsständen kaum geboten sein[312]. Andererseits ist es nicht Sache der Behörden, für eine gleichmäßige Repräsentation der Parteien im Straßenbild zu sorgen. Gilt es Kapazitätsprobleme zu lösen, so wenn eine Plakatierung nur auf von der Gemeinde gestellten Plakatständern zulässig ist oder die Zahl der aufgestellten Werbetafeln begrenzt wurde, ist § 5 I PartG heranzuziehen[313].

93 Die Vergabe von **Genehmigungen** bedeutet nicht »eine Einrichtung zur Verfügung stellen« i.S.v. § 5 I PartG, weshalb diese Vorschrift nicht zur Anwendung kommt. Die Inanspruchnahme einer solchen Erlaubnis ist vielmehr grundrechtlich abgesicherter Freiheitsgebrauch. Da die Quotierung der öffentlichen Selbstdarstellung eine »Grundrechtsbewirtschaftung« wäre, ist – entgegen dem Bundesverwaltungsgericht[314] – die

---

[305] *F. Ossenbühl*, DVBl. 1973, 289 (296); *Meyer*, Fraktionenrecht (Fn. 271), S. 78 f. mit Ausführungen zur Bundeskompetenz.
[306] BVerwGE 31, 368 (370); BayVGH BayVBl. 1988, 497 (498); VGH Mannheim DVBl. 1995, 927 (928); *F. Ossenbühl*, DVBl. 1973, 289 (296); *Meyer*, Fraktionenrecht (Fn. 271), S. 81.
[307] BVerwGE 32, 333 (337 f.); OVG Münster JZ 1969, 512 f.; VGH Mannheim NJW 1987, 2697 (2697); zur grundsätzlichen Wertung, mögliche Störer nicht über die Durchführung einer Versammlung entscheiden zu lassen: BVerfGE 69, 315 (360 f.). → Art. 8 Rn. 56.
[308] VGH Mannheim NJW 1987, 2698 (2698); BayVGH BayVBl. 1987, 403.
[309] Zu all diesen und weiteren Fragen bei der Überlassung von öffentlichen Einrichtungen an Parteien s. die Rechtsprechungsübersicht bei *H.-P. März*, BayVBl. 1992, 97 ff.; s. auch *Meyer*, Fraktionenrecht (Fn. 271), S. 94 ff. m.w.N.
[310] Dazu *Volkmann*, Leistungen (Fn. 226), 240 f.; *Walther*, Wahlkampfrecht (Fn. 178), S. 130; so auch die überwiegende Praxis.
[311] So BVerwGE 47, 280 (288).
[312] Vgl. *Walther*, Wahlkampfrecht (Fn. 178), S. 118; *E. Bulla*, ZRP 1979, 35 (37): Kritik an der Heranziehung von § 5 PartG.
[313] BVerwGE 47, 280 (292); *Walther*, Wahlkampfrecht (Fn. 178), S. 134 ff.; *Meyer*, Fraktionenrecht (Fn. 271), S. 184 f.
[314] BVerwGE 47, 280 (286 ff.): Eine Sondernutzungserlaubnis erweitere die Rechtsstellung des Begünstigten und stelle sich deswegen als eine Art von Leistungsgewährung dar.

abgestufte Chancengleichheit hier nicht zu praktizieren, vielmehr innerhalb der gegebenen Kapazität und unter Berücksichtigung von Gegengründen eine Genehmigung zu erteilen[315].

Unmittelbar trifft die Verpflichtung zur Gleichbehandlung bei **Veröffentlichung von Parteianzeigen** nicht die privaten Verleger[316], sondern nur die Träger öffentlicher Gewalt[317]. Auch die sogenannte »öffentliche Aufgabe« der Presse[318] ändert daran nichts. Die Inpflichtnahme Privater behinderte eben die Möglichkeit, im gesellschaftlichen politischen Prozeß Partei zu nehmen und zu einer unterschiedlichen Stärke der politischen Parteien beitragen zu können. Auch die Ausstrahlungswirkung der verfassungsrechtlichen Chancengleichheit der Parteien auf das Zivilrecht, hier auf §826 BGB, führt im Normalfall zu keinem Kontrahierungszwang des Verlegers, weil ihm die Pressefreiheit zur Seite steht (→ Art. 5 I, II Rn. 227)[319]. Nur in besonderen Fällen, in denen eine Monopolsituation auf dem relevanten politischen Markt politischen Wettbewerb beeinträchtigt, kommt ein Anspruch auf Veröffentlichung in Betracht[320]. Entsprechendes wie für Presseorgane gilt für private Rundfunkanstalten. 94

Art. 21 I GG begründet keinen Anspruch auf **Rundfunkwerbung** durch die Parteien[321], aber auf staatsvertraglicher und landesmediengesetzlicher Grundlage sind die **Rundfunkanstalten**, auch die privaten, verpflichtet, **Wahlwerbesendungen** der Parteien[322] auszustrahlen[323]. Die Sendezeit ist von den öffentlich-rechtlichen Rundfunkanstalten kostenlos zur Verfügung zu stellen, die privaten Rundfunkveranstalter dürfen die Erstattung ihrer Selbstkosten verlangen[324]. Die den Parteien zur Verfügung gestellte Sendezeit ist nach dem Grundsatz der abgestuften Chancengleichheit (→ Rn. 86 ff.) zu bemessen[325]. Das Bundesverwaltungsgericht sieht keine Verletzung der 95

---

315 *Meyer*, Fraktionenrecht (Fn. 271), S. 176 ff.; *Walther*, Wahlkampfrecht (Fn. 178), S. 134 ff.
316 Im Ergebnis ebenso BVerfGE 42, 53 (62); *Walther*, Wahlkampfrecht (Fn. 178), S. 196; ausf.: *Meyer*, Fraktionenrecht (Fn. 271), S. 109 ff. m.w.N.
317 *Lipphardt*, Gleichheit (Fn. 105), hier bis S. 120 f.; *J. Schwarze*, DVBl. 1976, 557 (564); *Meyer*, Fraktionenrecht (Fn. 271), S. 125 f.
318 Dazu insb. *H. Ridder*, Meinungsfreiheit, in: Die Grundrechte II, S. 243 ff.
319 S. etwa *H.H. Friauf/W. Höfling*, AfP 1985, 249 (253).
320 Ebenso *Meyer*, Fraktionenrecht (Fn. 271), S. 127; *J. Schwarze*, DVBl. 1976, 557 (564); weitergehend *K. Lange*, AfP 1973, 507 ff.; *ders.*, DÖV 1973, 476 ff.; *P. Häberle/D.H. Scheuing*, JuS 1970, 524 ff.; *Kübler*, Pflicht (Fn. 221); a.A. VGH Mannheim NJW 1988, 367; *Henke* (Fn. 118), Art. 21 Rn. 225.
321 BVerfGE 47, 198 (237); BVerwGE 87, 270 (272 f.); *D. Dörr*, JuS 1991, 1009 (1010 f.).
322 Zum Problemkreis *J. Becker* (Hrsg.), Wahlwerbung politischer Parteien im Rundfunk, 1989; umfassend zuletzt: *A. Schultze-Sölde*, Politische Parteien und Wahlwerbung in der dualen Rundfunkordnung, 1994. → Vorb. Rn. 54 m. Fn. 223.
323 S. etwa §24 II Rundfunkstaatsvertrag; §6 I ZDF-Staatsvertrag; §19 II LRG NW; §8 II WDR-Gesetz; §21 I LRG Sachsen-Anhalt; §15 Staatsvertrag NDR; keinen Anspruch auf Sendezeit begründen Gesetz und Satzung des »Sender Freies Berlin« (GVBl. 1975, 146), in der Vergangenheit ebenso das Rundfunkrecht in Bremen, s. BVerwGE 87, 270 (273 ff.); OVG Bremen NJW 1987, 3024 (3024 f.), jetzt aber rechtliche Grundlage zugunsten der Parteien in §20 II 1 BremLMG (Brem. GBl. 1989, 77).
324 S. etwa §24 II Rundfunkstaatsvertrag, §19 V LRG NW.
325 Dazu u.a. BVerfGE 7, 99 (108); 13, 204 (206); insb. 14, 121 (134 ff.); 34, 160 (163 f.); 47, 198 (225); 63, 251 (253); OVG Berlin DÖV 1975, 206 f.; BremStGH NVwZ-RR 1997, 329 (330). Krit. dazu *Lipphardt*, Gleichheit (Fn. 105), S. 364 ff.; *D. Neumann/W. Wesener*, DVBl. 1984, 914 (917 ff.). Zur Betonung des erforderlichen Mindestmaßes BVerwGE 87, 270 (275). Zur Frage, ob die Begründung eines solchen Drittsenderechts eine Verletzung der Rundfunkfreiheit, vor allem der privaten Veranstalter darstellt: *Volkmann*, Leistungen (Fn. 226), S. 230 ff. m.w.N.: »höchst bedenkliche Angelegenheit«, S. 299.

Chancengleichheit der Parteien darin, daß eine Partei, die sich nur in einem Land an einer Bundestagswahl beteiligt (die CSU), Wahlwerbezeit im gesamten Bundesgebiet erhält: ihr Recht erwachse bereits aus der Beteiligung in einem Teil des Wahlgebietes[326]. Das Parteienprivileg (→ Rn. 148 f.) verbietet es, Werbespots wegen verfassungsfeindlichen Inhalts nicht auszustrahlen[327]. Lediglich bei (offensichtlich) strafbarem Inhalt darf die Sendung eines Werbespots verweigert werden[328]. Jede weitere Kontrollkompetenz könnte zu einer Verletzung der Chancengleichheit führen. **Redaktionell gestaltete Sendungen** genießen den Schutz der Rundfunkfreiheit (→ Art. 5 I, II Rn. 76 ff.) und unterliegen nicht der direkten Bindung parteirechtlicher Chancengleichheit, sondern sind lediglich auf die rundfunkrechtlichen Programmvorgaben verpflichtet. Anderes gilt dann, wenn die Ausgestaltung der Sendung überwiegend der Selbstdarstellung der darin vertretenen Parteien dient[329]. Dann haben die Parteien gegenüber den öffentlich-rechtlichen Rundfunkanstalten einen Anspruch auf chancengleiche Teilhabe[330]. Bei der Bestimmung des Teilnehmerkreises müssen sich die Rundfunkanstalten an sachgerechten Differenzierungskriterien orientieren, die – in Anlehnung[331] an § 5 I PartG – auf die Bedeutung der jeweiligen Partei[332] abheben müssen.

6. Gleichheitsaspekte der Parteienfinanzierung

96 Auch gegenüber allen staatlichen Formen der Parteienfinanzierung greifen die rechtlichen Sicherungen der Chancengleichheit, nicht aber sind finanzielle Auswirkungen des unterschiedlichen Bürgerzuspruchs zu egalisieren. Die staatlich gebotene Neutralität wird hingegen thematisch, wenn die Unterstützungsleistungen der Bürger durch staatliche Akte oder rechtliche Regelungen, etwa Steuerabzugsmöglichkeiten, beein-

---

[326] BVerwGE 75, 67 (75 ff.); 75, 79 (83 f.), dazu *K. Gabriel-Bräutigam*, ZUM 1991, 466 ff.; *T. Klapp*, Chancengleichheit von Landesparteien im Verhältnis zu bundesweit organisierten Parteien, 1989, S. 48 ff.: Beschränkung auf den Kandidaturbereich; ebenso *D. Neumann/W. Wesener*, DVBl. 1984, 914 (919 f.).

[327] BVerfGE 47, 198 (228 f.); dazu *G. Gounalakis*, NJW 1990, 2532 ff.; s. weiter OLG Celle NJW 1994, 2237; LG Hannover NJW 1994, 2236 (2236); LG Hannover NJW 1994, 2237; *L. Jene/N. Klute*, AfP 1994, 93 (98 f.).

[328] BVerfGE 47, 198 (230 f.); *E. Franke*, Wahlwerbung in Hörfunk und Rundfunk, 1979, S. 101 ff., 116 ff. Die gesetzlichen Regelungen formulieren dies jetzt aus, z.B. § 19 Abs. VII LRG NW.

[329] BVerfGE 82, 54 (58 f.); OVG Hamburg NJW 1988, 928; VGH München NVwZ 1991, 581 f.; OVG Bremen DVBl. 1991, 1269 f. für einen Katalog von Gesichtspunkten zur Einschätzung der Art der Sendung s. *A. Grupp*, ZRP 1983, 28 (29 f.); zum Problem weiter *Volkmann*, Leistungen (Fn. 226), S. 63 ff.; *Walther*, Wahlkampfrecht (Fn. 178), S. 186 ff. m.w.N.

[330] BVerfGE 82, 54 (58 f.); OVG Hamburg NJW 1988, 928 (928); OVG Bremen DVBl. 1991, 1269 (1269 f.); VGH München NVwZ 1981, 581 (581 f.); *R. Klenke*, NWVBl. 1990, 334 (336); *E. Bender*, NVwZ 1994, 521 (526); *A. Grupp*, ZRP 1983, 28 (29); *E. Röper*, NJW 1987, 2984 (2984); *S. Michelfelder*, ZUM 1992, 163 (167); *v. Münch*, Staatsrecht I, Rn. 244. Nicht aus dem parteirechtlichen Gleichbehandlungsanspruch, sondern im Einzelfall aus §§ 826, 249 BGB wird ein solcher Anspruch begründet von *R. Bolwin*, AfP 1990, 165 ff.; aus der Rundfunkfreiheit und der Funktion der Rundfunkanstalten argumentiert *K.-H. Ladeur*, ZUM 1991, 456 ff.

[331] Mangels vorliegender Tatbestandsvoraussetzungen des § 5 Abs. 1 PartG kommt keine direkte Anwendung in Betracht. Bei eigenen Sendungen werden den Parteien keine Einrichtungen zur »Verfügung« gestellt. Diese Verfügungsbefugnis bleibt allein beim Sender, vgl. *R. Klenke*, NWVBl. 1990, 334 (335); *A. Grupp*, NJW 1987, 284 (284).

[332] OVG Hamburg NJW 1988, 928 (928 f.); *R. Klinke*, NWVBl. 1990, 334 (336); *E. Röper*, NJW 1987, 2984 (2985).

flußt werden. Weder die unmittelbare noch die mittelbare staatliche Parteienfinanzierung dürfen sich verzerrend auf die Wettbewerbssituation zwischen den Parteien auswirken. Wesentlich ist auch bei diesen Fragen das **Individualrecht der chancengleichen Einflußnahme** auf die politische Willensbildung (→ Rn. 74f.)[333]. Das Gebot zur Wahrung der Chancengleichheit hat verschiedene Auswirkungen je nach Art der Parteienfinanzierung.

Soweit **Mitgliedsbeiträge** und **Spenden** aber **steuerrechtlich erheblich** sind, dürfen dadurch nicht Parteien begünstigt werden, die Interessen kapitalkräftiger Kreise vertreten[334]. Angesichts der Progression bei der Besteuerung des Einkommens (§ 32a EStG) verletzte eine unbegrenzte oder auch eine prozentuale Abzugsfähigkeit[335] von Leistungen an die Parteien sowohl die Chancengleichheit der Parteien als auch diejenige der Bürger. Das Verfassungsgebot der Chancengleichheit verlangt deswegen – nimmt man es ernst – die **Progressionsunabhängigkeit** steuerlicher Begünstigungen. Jedenfalls ist eine **Begrenzung des steuerlichen Vorteils** geboten, um zu verhindern, daß auch bei einer progressionsunabhängigen steuerlichen Absetzbarkeit von Parteispenden diejenigen, die wirtschaftlich zu großen Spenden in der Lage sind, auch in großem Umfang steuerlich unterstützt werden. § 34g I EStG entspricht insofern diesen Forderungen, als einheitlich Mitgliedsbeiträge und Spenden an Parteien zu 50% steuermindernd wirken und zugleich dieser Beitrag auf 1.500 DM begrenzt wird. Gemäß § 10b II EStG sind weitere 3.000 DM als Sonderausgaben abzugsfähig. Diese Steuerabzugsmöglichkeit ist progressionsabhängig und insofern verfassungsrechtlich zweifelhaft. Zur Rechtfertigung ist allenfalls ins Feld zu führen, daß der Steuervorteil in seiner absoluten Höhe begrenzt ist. Sofern damit aber die steuerliche Begünstigung nach § 34g EStG zugleich genutzt wird, werden Beiträge und Spenden in Höhe von 6.000 DM steuerlich gefördert. Dieser Betrag liegt jenseits der Größenordnung, »die für den durchschnittlichen Einkommensempfänger erreichbar ist«[336].

97

Spenden von Organisationen an politische Parteien dürfen von Verfassungs wegen **steuerlich nicht abzugsfähig** sein, weil sonst diejenigen Bürger, die über die Finanzen von Organisationen verfügen können, in ihren politischen Präferenzen steuerlich stärker unterstützt würden als andere Bürger[337].

98

Bei den **direkten Staatsleistungen** ist neben den aus Gründen der Funktionssicherung der Parteien notwendigen Obergrenzen (→ Rn. 45, 67f.) gleichheitsrechtlich geboten, die Staatsleistungen in Abhängigkeit vom relativen Wählerzuspruch zu gewähren. Ein unabhängig vom Wahlerfolg gewährter Sockelbetrag wurde deswegen zu Recht für verfassungswidrig erklärt. Der Verteilungsschlüssel für die unmittelbaren

99

---

[333] Zur Betonung dieses Aspekts BVerfGE 73, 40 (104ff., 109ff.) – *Sondervotum Böckenförde*. Aus ihm folgt auch die Verfassungswidrigkeit einer völligen Nichtberücksichtigung kommunaler Wählergruppen bei der steuerlichen Entlastung von Spendern: BVerfGE 78, 350 (357ff., 360); zu den Wählervereinigungen s. weiter *Kißlinger*, Chancengleichheit (Fn. 140), S. 148ff.
[334] BVerfGE 8, 51 (66); 24, 300 (357ff.); 52, 63 (91); 85, 264 (313).
[335] So die Ausgangssituation für die grundlegende Entscheidung BVerfGE 8, 51.
[336] BVerfGE 85, 264 (316). Bedenklich ist zudem, daß Bürger, die nicht einkommenssteuerpflichtig sind, keinen »staatlichen Zuschuß« zu ihrer Spende erhalten; BVerfGE 85, 264 (317) erachtet diesen Einwand nicht für durchschlagend. Ein »Bürgerbeitrag« wirkte demgegenüber neutral, dazu *V. Schütte*, ZParl. 25 (1994), 262ff.; *ders.*, Bürgernahe Parteienfinanzierung, 1993.
[337] BVerfGE 85, 264 (314f.); anders noch BVerfGE 73, 40 (79f.). Zutreffende Kritik daran unter Betonung des Rechts der Bürger auf chancengleiche politische Einflußnahme im *Sondervotum Böckenförde* BVerfGE 73, 40 (105ff.), dem der Richter *Mahrenholz* beitrat (BVerfGE 73, 40 [117]).

Zuwendungen an die Parteien muß deswegen **erfolgsabhängig** sein. Dem entspricht die gesetzliche Regelung in § 28 I 2 PartG, die an den Wahlerfolgen anknüpft. Problematisch ist allerdings, daß nach § 18 III 2 PartG die Parteien für die bis zu der Grenze von 5 Millionen errungenen Stimmen pro Stimme mehr Geld erhalten als für weitere Stimmen. Parteien mit geringerem Wählerzuspruch erhalten demzufolge für ihre Stimmen im Durchschnitt mehr staatliche Mittel als erfolgreichere Parteien. Diese **Degression** des finanziellen Wertes von Wählerstimmen ist verfassungsrechtlich bedenklich[338] als Verstoß gegen das individualrechtliche Gebot der Abhängigkeit der Staatsleistungen vom Bürgerzuspruch; die Staffelung wird gerechtfertigt[339] durch den Gesichtspunkt der Offenhaltung der parteipolitischen Konkurrenz (→ Rn. 87). Erfolgreichere Parteien haben bei ihrer Tätigkeit ohnehin ökonomische Größenvorteile[340], die durch degressive Staffelung kompensiert werden dürften.

100 Den Schutz des parteirechtlichen Gleichheitssatzes genießen auch die **Umfeldorganisationen** einer politischen Partei (→ Rn. 41 f.). Bei staatlichen Leistungen an parteinahe Stiftungen, insbesondere bei den sogenannten Globalzuschüssen, ist nach dem Grundsatz der »abgestuften Chancengleichheit« zu verfahren (→ Rn. 87 ff.), wobei »alle dauerhaften, ins Gewicht fallenden politischen Grundströmungen« zu berücksichtigen sind[341]. Dies gilt für Bundes- wie Landesebene. Auch **Jugendorganisationen** der Parteien genießen die Chancengleichheit[342].

101 Eine wesentliche Sicherung der Chancengleichheit liegt in der Ausgestaltung des **Vergabeverfahrens**. Weil die Vergabe staatlicher Mittel an Parteien in der Gefahr steht, vom parteipolitischen Interesse beeinflußt zu werden, ist eine exakte Fixierung der Vergabekriterien und deren formale Anwendung (→ Rn. 26) geboten. Leistungen an eine Partei stellen immer auch eine Einflußnahme auf die Wettbewerbssituation anderer dar und sind damit grundrechtserheblich. Entscheidungen über finanzielle Leistungen an politische Parteien sind deswegen dem **Gesetzgeber** vorbehalten[343].

102 Um auch tatsächliche Chancengleichheit gewährleisten zu können, müssen die **Nebenwege der Parteienfinanzierung**[344] hinreichende Sicherungen dafür enthalten, daß sie nicht zu einer versteckten Parteienfinanzierung mißbraucht werden können; diese

---

[338] Kritisch H. *Sendler*, NJW 1994, 365 (366); *T. Drysch*, NVwZ 1994, 218 (221).

[339] *J. Ipsen*, ZParl. 25 (1994), 401 (405 ff.); dort auch die Überlegung, daß angesichts der Vorteile des größeren Apparates eine völlig gleichmäßige Bezuschussung die kleineren Parteien gleichheitswidrig beeinträchtige.

[340] *W. Rudzio*, ZParl. 25 (1994), 390 (397 f.); *J. Ipsen*, ZParl. 25 (1994), 401 (406 f.).

[341] BVerfGE 73, 1 (38). Zur vertieften Auseinandersetzung *Vieregge*, Partei-Stiftungen (Fn. 242), S. 164 ff.; *Sikora*, Stiftungen (Fn. 283), S. 66 ff., 183 ff., 196 ff.; *Merten*, Stiftungen (Fn. 283), Kapitel 4; zu einer möglichen Neubeurteilung der Rspr. des BVerfG zu den parteinahen Stiftungen in Konsequenz der Rechtsprechungsänderung zur allgemeinen Parteienfinanzierung in BVerfGE 85, 264 s. *U. Günther/M. Vesper*, ZRP 1994, 289 (291 f.); *M. Morlok*, Die Rechtsprechung des Bundesverfassungsgerichts zur staatlichen Stiftungsfinanzierung, Mitteilungen des Instituts für Deutsches und Europäisches Parteienrecht 6 (1996), 7 ff.

[342] Dazu *Westerwelle*, Jugendorganisationen (Fn. 140), S. 61 ff.; OVG Münster NWVBl. 1990, 56 ff. m. Anm. *M. Morlok*, NWVBl. 1990, 230 f.

[343] Ausführlich zum Gesetzesvorbehalt für öffentliche Leistungen an die politischen Parteien *Volkmann*, Leistungen (Fn. 226), S. 307 ff.; s. auch Bericht 1983 (Fn. 55), S. 175; Bundespräsidialamt (Hrsg.), Empfehlungen der Kommission unabhängiger Sachverständiger zur Parteienfinanzierung, 1994, S. 97 ff.

[344] *Morlok*, Thesen (Fn. 158), S. 86 ff.

anderen Formen der **Politikfinanzierung**³⁴⁵ stehen nämlich nicht allen Parteien offen³⁴⁶. Zuwendungen an die Parlamentsfraktionen und die Ausstattung der Abgeordneten dienen der Erfüllung der parlamentarischen Arbeit, sind also Unterstützung für die Funktionserfüllung von Staatsorganen und deren Untergliederungen. Da diese Leistungen aber unschwer für parteipolitische Zwecke dem eigentlichen Verwendungszweck entfremdet werden können und solche Zweckentfremdungen offenbar und häufig – ohne Unrechtsbewußtsein – erfolgen³⁴⁷, muß bei der Gewährung solcher Leistungen und bei ihrer Ausgestaltung auch auf die parteirechtliche Chancengleichheit Bedacht genommen werden.

Die große Mehrzahl der Parlamentarier leistet in erheblicher Höhe regelmäßige Zahlungen aus ihrer **Abgeordnetenentschädigung** (→ Art. 48 Rn. 18 ff.) an ihre Parteien, was die Parteistatuten vorsehen³⁴⁸. Solche Verwendungszwecke³⁴⁹ bei der Bestimmung der Höhe der Abgeordnetenentschädigungen mitzubedenken, verstößt einerseits gegen Art. 48 III 1 GG³⁵⁰, verletzt zum anderen die parteirechtliche Chancengleichheit, weil diese Möglichkeit nur denjenigen Parteien offensteht, die in den Parlamenten vertreten sind. Entsprechendes gilt für die **Fraktionszuschüsse**, die ein rapides Wachstum erfahren und jetzt auf Bundesebene in § 50 AbgG³⁵¹ eine gesetzliche Grundlage erhalten haben. Das in § 50 IV AbgG festgeschriebene Verwendungsgebot ebenso wie das Verbot, diese Mittel für Parteiaufgaben zu verwenden, ist verfassungsrechtlich erforderlich. Angesichts der Aufnahme der Öffentlichkeitsarbeit in den Aufgabenkatalog der Fraktionen (§ 47 III AbgG) kann die parlamentarische Arbeit aber nur noch schwer von der Parteiarbeit abgegrenzt werden³⁵². Bei realistischer Betrachtung gilt gleiches auch für die **Abgeordnetenausstattung**. Der Chancengleichheit der nicht parlamentarisch vertretenen Parteien ist dadurch nach Möglichkeit Rechnung zu tragen, daß die Höhe all dieser – im Ansatz legitimen und verfassungsmäßigen – Lei-

---

³⁴⁵ S. dazu die Beiträge in Tsatsos, Politikfinanzierung (Fn. 151), darin zum Begriff *Morlok*, Thesen (Fn. 158), S. 77 ff.; für einen Überblick über die verschiedenen Formen *G. Stricker*, Normative Grundlagen der Politikfinanzierung, ebd., S. 38 ff.
³⁴⁶ Zu Freiheits- und Offenlegungsaspekten: → Rn. 65 ff., 107 ff.
³⁴⁷ Dazu mit Beispielen *Morlok*, Thesen (Fn. 158), S. 87 f.
³⁴⁸ S. die Darstellung im Bericht 1983 (Fn. 55), S. 86 f.; Empfehlungen 1994 (Fn. 343), S. 21 f.; *C. Landfried*, Politikwissenschaftliche Aspekte der Politikfinanzierung, in: Tsatsos, Politikfinanzierung (Fn. 151), S. 61 ff. (62 f.); *H.H. v. Arnim*, Die Partei, der Abgeordnete und das Geld, 2. Aufl. 1996, S. 312 ff. Die hohe steuerliche Abzugsfähigkeit von Spenden, die in der Vergangenheit bestand, mag mit motiviert gewesen sein durch diese »Parteisteuern«, vgl. *F. Boyken*, Die Neuordnung der Parteienfinanzierung 1989–1993, sozialwiss. Diss. Oldenburg, 1996, S. 133.
³⁴⁹ Bei den im Bundestag vertretenen Parteien beläuft sich dieser Posten auf eine Größe von 10 und 15 % der gesamten Einnahmen. Früher schrieb § 24 II 2 PartG vor, daß »Beiträge der Fraktionsmitglieder und ähnliche regelmäßige Beiträge« im Rechenschaftsbericht gesondert auszuweisen seien. Die Novelle des PartG vom 22. 5. 1983 hat diese separate Darstellungspflicht aufgehoben.
³⁵⁰ BVerfGE 40, 296 (315 f.).
³⁵¹ Eingeführt durch das 16. Gesetz zur Änderung des AbgG (Fraktionsgesetz) vom 11. Mai 1994, BGBl. I S. 526 ff.; zur Entwicklung der Fraktionszuschüsse *v. Arnim*, Partei (Fn. 348), S. 137 ff.
³⁵² S. dazu den Bericht der Präsidenten des Deutschen Bundestages über die Rechenschaftsberichte 1994 und 1995 sowie über die Entwicklung der Finanzen der Parteien gemäß § 23 V PartG, BT-Drs. 13/8888 S. 25 f.; *H. Meyer*, Das fehlfinanzierte Parlament, in: P.M. Huber/W. Mößle/M. Stock (Hrsg.), Zur Lage der parlamentarischen Demokratie, 1995, S. 17 ff. (20 f., 32 ff.).

stungen unter besonderer Beachtung des Sparsamkeitsgebotes[353] festgesetzt, daß eine strikte Zweckbindung eingeführt und diese auch kontrolliert wird[354].

104 Gleichheitsrechtlich keine Probleme bereiten Einnahmen der Parteien aus Vermögen und **eigener Wirtschaftstätigkeit**, etwa aus Veranstaltungen oder dem Verkauf von Druckschriften i.S.v. § 24 II 4, 5 PartG.

IV. Der Status der Öffentlichkeit der Parteien

1. Bedeutung und Praxis

105 Der Status der Öffentlichkeit hat mehrere Aspekte, die **Pflichten** für die politischen Parteien begründen. Hervorgehoben ist durch Art. 21 I 4 GG das Publizitätsgebot in Finanzfragen. Grundsätzlich soll die Öffentlichkeit des Parteigeschehens dem Bürger ermöglichen, sich in Kenntnis wesentlicher Faktoren, welche die Politik einer Partei bestimmen, seine Entscheidungen zu bilden. Das Parteienrecht zielt also auch mit seinen Öffentlichkeitsgehalten auf den Bürger als die elementare politische Bestimmungsmacht in der Demokratie.

106 In **Finanzfragen** liegt das Bezugsproblem des Öffentlichkeitsstatus in der Verankerung der Parteien in der gesellschaftlichen Interessenstruktur[355]. Die Publizität der Finanzquellen einer Partei soll deren Verflechtungen mit Interessengruppen oder finanzmächtigen Individuen sichtbar machen. Weitere **Veröffentlichungspflichten**, so für ihre programmatischen Ziele, die Organisationsstruktur und das Leitungspersonal, sollen gegenüber dem Bürger die Durchsichtigkeit der Parteien sicherstellen. Als ein wichtiger Bestandteil des Demokratieprinzips (→ Art. 20 [Demokratie] Rn. 72 ff.) entfaltet das Öffentlichkeitsgebot über Art. 21 I 3 GG auch **innerparteiliche Wirkungen**. Schließlich strahlt die besondere Öffentlichkeitsverpflichtung der Parteien in Finanzdingen aus Art. 21 I 4 GG im Zusammenwirken mit dem allgemeinen demokratischen Öffentlichkeitsgebot auch auf denjenigen **staatlichen Bereich** aus, in dem die Parteien mittelbar über die Parteifinanzen bestimmen können.

2. Die Öffentlichkeitsunterworfenheit der Parteifinanzen (Art. 21 I 4 GG)

107 Das Publizitätsgebot für die Parteifinanzen zielt nicht auf eine korrekte Finanzwirtschaft der Parteien, sondern auf die politische Einflußnahme mit finanziellen Mitteln. Leistungen an Parteien stellen ein Potential der Einflußnahme dar, das durch Veröffentlichung kritisiert und damit kontrolliert werden kann. Der Bürger soll davor geschützt werden, eine Partei zu unterstützen, die anderen als seinen eigenen Interessen näher steht. Die Kenntnis der Finanzquellen soll den Bürger in den Stand setzen, aus möglichen Verpflichtungen und Abhängigkeiten der Parteien seine Konsequenzen zu ziehen[356]. Die Vorschrift dient weiter der Trennung der Politik von der vom Geld beherrschten wirtschaftlichen Sphäre.

---

[353] Beachte auch das bei *Volkmann*, Leistungen (Fn. 226), S. 189 ff. aus der staatlichen Neutralitätspflicht begründete Gebot zur Zurückhaltung bei Staatsleistungen an Parteien. Es ist auf die sonstigen Formen der Politikfinanzierung auszuweiten.

[354] Für die Fraktionen sind die einschlägigen Bestimmungen in §§ 51–53 AbgG insoweit verfassungsgeboten.

[355] Dazu *Morlok*, Rechtsvergleichung (Fn. 12), S. 723 ff.

[356] BVerfGE 24, 300 (356); 85, 264 (319). Zu ausländischen Regelungen *Schefold*, Parteienfinanzierung (Fn. 55), S. 541 ff. m.w.N.

IV. Der Status der Öffentlichkeit der Parteien — Art. 21

108 Art. 21 I 4 GG ist geltendes Recht[357], auch wenn die Norm auf ein Ausführungsgesetz angewiesen ist. Art. 21 III GG enthält den entsprechenden Auftrag nebst Gesetzgebungskompetenz (→ Rn. 151 ff.), der gegenwärtig in §§ 23 ff. PartG erfüllt wird.

109 Der personelle **Anwendungsbereich** des Publizitätsgebots erfaßt die Parteien selbst auf allen Organisationsstufen[358] sowie nach hier vertretener Auffassung die qualifizierten Hilfsorganisationen (→ Rn. 41 f.)[359]. Sachlich muß Rechenschaft gelegt werden über die »**Mittel**« der Parteien. Ein umfassendes Verständnis der »Mittel« verträgt sich nicht mit dem Charakter von Parteien als Freiwilligenorganisationen, die wesentlich von den Aktivitäten ihrer Mitglieder leben; zutreffend ist deswegen die Ausgrenzung der Mitgliederleistungen in §§ 26 IV, 27 I 2 a. F. PartG, womit nur Geld- oder geldwerte Leistungen gemeint sind[360]. Die Bezeichnungen »**Einnahmen**« und »**Ausgaben**«, die das PartG in §§ 24 ff. benutzt, treffen dies.

110 Die Ausklammerung von geldwerten Leistungen bis 1.000 DM im Einzelfall in § 27 III PartG stellt eine teleologische Reduktion der Verfassungsnorm auf Leistungen eines Volumens dar, die ein Einflußpotential bilden. Eine solche **Erheblichkeitsgrenze** ist verfassungskonform[361]. Sie muß aber realitätsgerecht gezogen werden und dabei berücksichtigen, daß bei nachgeordneten Organisationsstufen und kleinen Parteien auch kleinere Spenden erheblich sein können[362]. Dies gilt auch für die in § 25 I Nr. 5 PartG gemachte Ausnahme vom Verbot, anonyme Spenden anzunehmen, und für Verbindlichkeiten. Die Publizitätsgrenze bei der namentlichen Nennung der Spender, die § 25 II PartG bei 20.000 DM pro Jahr zieht[363], ist zu hoch angesetzt[364]. Das Verbot, **anonyme Spenden** anzunehmen, ist notwendig, um die Pflicht zur Rechenschaftslegung nicht umgehen zu können. Ob **Kredite** auch auszuweisen sind, ist strittig[365]. Da auch hierdurch Einfluß genommen werden kann, sind Verbindlichkeiten zu benennen. Dem Zweck der Publizität wird nur entsprochen, wenn **Spender** auch mit **Namen** angegeben werden. Die auf Verfassungsebene statuierte Offenlegungspflicht läßt einen Verstoß gegen das Recht der Spender, ihre politische Meinung nicht offenbaren zu müssen – das im Wahlgeheimnis, in der Meinungsäußerungsfreiheit und im Recht auf informationelle Selbstbestimmung angesiedelt werden mag – ausscheiden[366]. Ob eine unterschiedliche

---

[357] Dazu m.w.N. zur früheren Diskussion *Ipsen* (Fn. 92), Art. 21 Rn. 107.
[358] S. die entsprechende Regelung in § 24 I 3 bis 5 PartG.
[359] Ebenso *Westerwelle*, Jugendorganisationen (Fn. 140), S. 144 f.; a.A. die wohl h.M.: *Kunig* (Fn. 119), § 33 Rn. 33; *v. Münch* (Fn. 115), Art. 21 Rn. 62, aber mit der Abschwächung: »solange an der Unterscheidung zwischen Teilorganisationen und Nebenorganisationen festgehalten wird«. Beachte auch die gem. § 24 IX PartG bestehende Pflicht, die öffentlichen Zuschüsse der politischen Jugendorganisationen im Rechenschaftsbericht der Parteien auszuweisen.
[360] So auch §§ 26 I, 27 I PartG.
[361] BVerfGE 85, 264 (320 f.); Jarass/*Pieroth*, GG, Art. 21 Rn. 21; *v. Münch* (Fn. 115), Art. 21 Rn. 63.
[362] BVerfGE 85, 264 (322).
[363] Zur Zulässigkeit: BVerfGE 24, 300 (356); 85, 264 (321 f.); anders *Ipsen* (Fn. 92), Art. 21 Rn. 110 f.
[364] Zurückhaltender *v. Münch* (Fn. 115), Art. 21 Rn. 67: »verfassungsgemäß, aber nicht unbedenklich«. Für Verfassungskonformität dieser Grenze *Kunig* (Fn. 119), § 33 Rn. 34; Jarass/*Pieroth*, GG, Art. 21 Rn. 21; *Henke* (Fn. 118), Art. 21 Rn. 327. Eine Publizitätsgrenze in Höhe von 40.000 DM ist verfassungswidrig: BVerfGE 85, 264 (323).
[365] Befürwortend *H.H. v. Arnim*, ZRP 1982, 294 (297); abl. *v. Münch* (Fn. 115), Art. 21 Rn. 64.
[366] Im Ergebnis ebenso *v. Münch* (Fn. 115), Art. 21 Rn. 65; *Ipsen* (Fn. 92), Art. 21 Rn. 111; *Preuß* (Fn. 2), Art. 21 Abs. 1, 3 Rn. 74; anders akzentuiert *Maunz* (Fn. 58), Art. 21 Rn. 81.

Grenze für natürliche und juristische Personen verfassungswidrig ist[367], bleibt zu bezweifeln, weil Art. 21 GG letztlich die politische Mitwirkung der Bürger (→ Rn. 20ff.) gewährleisten will. Die Pflicht zur Rechenschaftslegung über die **Verwendung** der Mittel einer Partei ist in gleicher Weise wie die Einnahmensnachweise in §§ 23ff. PartG ausgeformt. Wegen des hohen Anteils von Haushaltsmitteln bei den Parteifinanzen ist die Erstreckung der Rechenschaftspflicht auch auf die Ausgabeseite und das Vermögen ohnehin geboten[368]. Angesichts faktischer Interdependenzen der einzelnen Felder der Politikfinanzierung (→ Rn. 70) sind diese sämtlich dem Publizitätsgebot unterworfen.

111   Die Pflicht, **öffentlich Rechenschaft** zu geben, gebietet, daß die Bürger – aber auch die anderen Parteien zur Erfüllung ihrer politischen Kontrollfunktion[369] – die Möglichkeit haben, sich die einschlägigen Informationen zu verschaffen. Eine Rechenschaftslegung nur gegenüber staatlichen Instanzen wäre unzureichend. Die in § 23 II 3 PartG getroffene Regelung, wonach der Rechenschaftsbericht der Parteien beim Präsidenten des Deutschen Bundestages einzureichen und von diesem als Bundestagsdrucksache zu verteilen und dem Bundestag darüber Bericht zu erstatten ist (§ 23 V PartG), genügt diesem Verlangen – zumal die Öffentlichkeit ohnehin durch die Massenmedien hergestellt wird[370]. Art. 21 I 4 GG enthält kein Individualrecht auf Einsichtnahme bei den Parteien. Die Vorgabe der Rechnungsposten in § 24 PartG und die weiteren dort getroffenen Bestimmungen sind hinsichtlich der Übersichtlichkeit verbesserungswürdig[371]. **Sanktionen** für einen Verstoß gegen die Rechenschaftspflicht kennt die Verfassung selbst nicht, wohl aber die Ausführungsgesetzgebung: Nach § 23 IV PartG werden die staatlichen Mittel für eine Partei zurückgehalten, solange ein ordnungsgemäßer Rechenschaftsbericht nicht eingereicht worden ist.

3. Öffentlichkeitsgebote an die Parteien nach außen wie nach innen

112   Neben dem Publizitätsgebot für die Parteifinanzen aus Art. 21 I 4 GG trägt auch das **allgemeine demokratische Öffentlichkeitsprinzip** (→ Art. 20 [Demokratie] Rn. 72ff.) zum Status der Öffentlichkeit der Parteien bei. Es verlangt, daß die wesentlichen Zielvorstellungen, die wichtigsten organisatorischen und verfahrensmäßigen Determinanten des Parteigeschehens und auch die Zusammensetzung der Leitungsgremien veröffentlicht werden, damit der Bürger weiß, womit und mit wem er es in einer Partei zu tun hat. Dementsprechend statuiert § 6 III PartG[372], daß Programm und Satzung einer Partei ebenso wie die Namen der Vorstandsmitglieder dem Bundeswahlleiter mitzuteilen sind, wo sie eingesehen werden können und auch kostenlose Kopien dieser Unterlagen zu erhalten sind. Wünschenswert, aber verfassungsrechtlich nicht geboten, ist die Publikation von Entscheidungen der Parteischiedsgerichte[373].

---

[367] So BVerfGE 24, 300 (357); ebenso *v. Münch* (Fn. 115), Art. 21 Rn. 65; Jarass/*Pieroth*, GG, Art. 21 Rn. 21.

[368] *v. Münch* (Fn. 115), Art. 21 Rn. 61; Gründe für die Einbeziehung der Verwendung der Mittel bei *H.H. v. Arnim*, ZRP 1982, 294 (296f.).

[369] BVerfGE 85, 264 (290).

[370] *Kunig* (Fn. 119), § 33 Rn. 34; *v. Münch* (Fn. 115), Art. 21 Rn. 74.

[371] Weitere Kritik bei *Kaufner*, Rechenschaftspflicht (Fn. 238), S. 112ff. m.w.N.

[372] S. auch das Gebot, Wahlvorschlägen die schriftliche Satzung und das schriftliche Programm sowie den Nachweis über die satzungsgemäße Bestellung des Vorstandes beizufügen, in § 18 II 5 BWahlG.

[373] Weitergehend für ein Recht der Streitbeteiligten zur Veröffentlichung parteigerichtlicher Ent-

Als Element der »demokratischen Grundsätze« nach Art. 21 I 3 GG verlangt das 113
Öffentlichkeitsgebot auch **innerparteilich** Transparenz des Parteigeschehens. Die Entscheidungen der Parteimitglieder sollen in Kenntnis parteiinterner Vorgänge getroffen werden können. Auch die Kontrollierbarkeit der gewählten Organe und ihrer Mitglieder spielt eine wichtige Rolle. Die Ausgestaltung dieser internen Publizität ist den Parteistatuten überlassen, gesetzlich vorgegeben ist die Pflicht zu einem Tätigkeitsbericht nach § 9 V PartG. Die Verhandlungen der Parteischiedsgerichte sind – insbesondere unter dem Kontrollaspekt – mitgliederöffentlich[374] in den gleichen Grenzen, in denen die Öffentlichkeit des gerichtlichen Verfahrens auch vor den staatlichen Gerichten steht. Parteimitglieder haben wegen der Chancengleichheit im innerparteilichen Wettbewerb (→ Rn. 129f.) insofern einen Anspruch auf Einsicht oder Übermittlung der Mitgliederliste derjenigen Einheit, in der sie politisch aktiv sind, etwa um unabhängig vom derzeitigen Vorstand eine Kandidatur zu betreiben. Das Recht auf informationelle Selbstbestimmung über die Tatsache der Parteimitgliedschaft tritt gegenüber Mitgliedern der gleichen Partei insoweit zurück[375]. Für die Transparenz in den Finanzen bedarf es nach § 6 II Nr. 12 PartG der satzungsmäßigen Bestimmungen für eine Finanzordnung.

Schließlich strahlt das Öffentlichkeitsgebot aus auf die Hauptbetätigungsfelder der 114
Parteien im **staatlichen Bereich**. Die Parlamente sind mit Parteivertretern besetzt. In Materien, die die Parteien selbst angehen, also etwa finanzielle Leistungen an sie, kommt es zu **Entscheidungen in eigener Sache**[376]. Auch in diesen Fällen bleibt das Parlament das berufene demokratische Entscheidungsorgan[377], freilich unterliegt es hierbei besonderen Vorkehrungen, die tatsächliche Öffentlichkeit sicherstellen sollen[378]. Hieran wird deutlich, daß der rechtliche Status der Parteien nicht nur rein parteirechtlich, also von Art. 21 GG, bestimmt wird, sondern auch von ihrer Einbezogenheit in den funktionellen Gesamtzusammenhang der parlamentarischen Demokratie überhaupt.

V. Innerparteiliche Demokratie (Art. 21 I 3 GG)

1. Funktionale Notwendigkeit

Die innerparteiliche Demokratie ist die notwendige Konsequenz der Funktion der 115
Parteien, die politische Mitwirkung der Bürger zu organisieren. Nur eine demokratische Ausgestaltung von Strukturen und Verfahren in den Parteien läßt den Bürgern ef-

---

scheidungen *T. Graf Kerssenbrock*, Der Rechtsschutz des Parteimitgliedes vor Parteischiedsgerichten, 1994, S. 145 ff. m.w.N.; zum Problem auch (ohne Annahme einer Rechtspflicht) *W. Henke*, NVwZ 1982, 84f. – aus Anlaß von CDU-Bundesparteigericht NVwZ 1982, 159f.

[374] Ebenso *Heimann*, Schiedsgerichtsbarkeit (Fn. 204), S. 245; *Risse*, Parteiausschluß (Fn. 204), S. 209; *G.P. Strunck*, Parteiausschlußverfahren wegen innerparteilicher Opposition, Diss. jur. Köln 1974, S. 14ff.; differenzierend: *Grawert*, Parteiausschluß (Fn. 204), S. 137, 142f.; weitergehend für die allgemeine Öffentlichkeit auf Antrag des Parteivorstandes oder des betroffenen Parteimitgliedes *Kerssenbrock*, Rechtsschutz (Fn. 373), S. 96 f.

[375] Dazu ebenso *W. Steffani*, Merkur 1993, 586 ff.; anders OLG Hamburg Beschl. v. 20.01.1988 – 14 W 8/89; CDU-Bundesparteigericht NVwZ 1993, 1127f.

[376] *H.H. v. Arnim*, Der Staat als Beute, 1993; → Art. 38 Rn. 143; → Art. 48 Rn. 31.

[377] A.A. *Henke* (Fn. 118), Art. 21 Rn. 321f.: Begrenzung durch das Rechtsstaatsprinzip und Überantwortung solcher Entscheidungen an selbständige Einrichtungen. → Art. 48 Rn. 32.

[378] Dazu *v. Arnim*, Staat (Fn. 39), S. 254ff.; *ders.*, Beute (Fn. 376), S. 356ff.; *Morlok*, Generation (Fn. 40).

fektive Mitbestimmungsmöglichkeiten zukommen. Von der Parteifunktion her betrachtet stellt die Verpflichtung der Parteien auf interne Demokratie keine Begrenzung ihrer Freiheit dar, vielmehr liegt darin eine Gewährleistung der inneren Freiheit der Parteien, »um auf diese Weise die Freiheit des politischen Prozesses an seiner Quelle zu sichern«[379]. Das Gebot des Art. 21 I 3 GG sichert die maßgebliche Bestimmungsmacht der Parteimitglieder. Sie entspricht der Volkssouveränität im staatlichen Bereich und ist für die politischen Parteien gleichermaßen fundamental (→ Rn. 23). Mindestens solange Art. 21 I 3 GG Bestandteil des Grundgesetzes ist und den Parteien eine wesentliche Rolle bei der politischen Willensbildung des Volkes zukommt, zählt auch die innerparteiliche Demokratie zum Demokratieprinzip des Art. 20 I, II GG und wird damit kraft Art. 79 III GG änderungsfest[380]. Die rechtliche Absicherung innerparteilicher Demokratie ist geboten angesichts der bekannten Tendenzen zur innerparteilichen Oligarchisierung[381]. Auch wegen der Schwierigkeiten, neue Parteien zu gründen, muß der politische Wettbewerb zu einem guten Teil auch innerhalb der Parteien stattfinden können.

116 Die »innere Ordnung« umfaßt den gesamten Bereich der innerparteilichen politischen Willensbildung[382] und die diesen regulierenden Organisationsstrukturen und Verfahrensbestimmungen; nicht erfaßt ist der reine Geschäftsbetrieb, also die Verwaltungsdimension des Parteigeschehens.

2. Der Begriff »demokratische Grundsätze«

117 Der Inhalt der »demokratischen Grundsätze« nach Art. 21 I 3 GG ist trotz gemeinsamer Wurzeln nicht identisch mit demjenigen der Demokratie im staatlichen Bereich (→ Art. 20 [Demokratie] Rn. 57ff., 76ff.). Das Demokratieprinzip gewinnt in seiner Spezifizierung für den Binnenraum einer Freiwilligenorganisation mit Tendenzcharakter (→ Rn. 58) andere Gehalte als in Anwendung auf staatliche Herrschaft[383]. Eine Partei muß sich im Wettbewerb mit anderen Parteien bewähren, weshalb Handlungsfähigkeit, Durchsetzungsstärke und auch eine gewisse Geschlossenheit in der Darstellung nach außen unabdingbar sind. Eine Rechtfertigung für Modifikationen[384] kann auch in einer Gegengewichtsfunktion innerparteilicher Partizipation gesehen werden: In überwiegend repräsentativ ausgestalteten staatlichen Strukturen gewinnen unmittelbare Formen der Mitwirkung eigenen Wert[385].

---

[379] *Hesse*, Verfassungsrecht, Rn. 175.
[380] In der Sache ähnlich *Kunig* (Fn. 119), § 33 Rn. 27: deklaratorischer Charakter des Demokratiegebots, dessen Gehalt schon in Art. 21 I 1 GG angelegt sei. Zur Möglichkeit der Streichung von Art. 21 GG schlechthin: → Rn. 19.
[381] Klassisch *Michels*, Soziologie (Fn. 21); zum heutigen Forschungsstand *O. Niedermayer*, Innerparteiliche Demokratie, in: ders./R. Stöss (Hrsg.), Stand und Perspektiven der Parteienforschung in Deutschland, 1993, S. 230ff.; *ders.*, Innerparteiliche Partizipation, 1989, S. 54ff.; zu überlanger Amtsdauer: *U. Lohmar*, Innerparteiliche Demokratie, 1963, S. 121; zur Ämterkumulation: *H. See*, Volkspartei im Klassenstaat oder das Dilemma der innerparteilichen Demokratie, 1972, S. 82; zu fehlenden Alternativkandidaten: *B. Zeuner*, Wahlen ohne Auswahl – Die Kandidatenaufstellung zum Bundestag, in: W. Steffani (Hrsg.), Parlamentarismus ohne Transparenz, 1971, S. 165ff.
[382] *Jarass/Pieroth*, GG, Art. 21 Rn. 18; *v. Münch* (Fn. 115), Art. 21 Rn. 55. Zur Einbeziehung der Fraktion *S. Kürschner*, DÖV 1995, 16 (19f.).
[383] Vgl. *Grimm* (Fn. 10), § 14 Rn. 39: »Zusammenspiel von Normziel und Sachstrukturen«.
[384] *v. Münch* (Fn. 115), Art. 21 Rn. 56; *Jarass/Pieroth*, GG, Art. 21 Rn. 18.
[385] Vgl. *Tsatsos/Morlok*, Parteienrecht (Fn. 1), S. 36ff.

V. Innerparteiliche Demokratie (Art. 21 I 3 GG)

Das Verfassungsgebot der innerparteilichen Demokratie ist rechtstheoretisch betrachtet ein **Prinzip**[386]. Sein Inhalt muß erst spezifiziert werden. Die Parteien können im Genuß ihrer Freiheit die programmatische wie die damit zusammenhängende organisatorische Dimension der innerparteilichen Demokratie in je eigener Weise ausformen[387]. Auch der Gesetzgeber (Art. 21 III GG) kann das von der innerparteilichen Demokratie Geforderte anders konkretisieren als im Parteiengesetz geschehen.

118

Angesichts der Spezifizierungsbedürftigkeit haben die »demokratischen Grundsätze« nur die Bedeutung von **Mindestgehalten**[388]. Die innerparteiliche **Willensbildung** verläuft **von unten nach oben**[389]. Die innerparteilichen Sach- und Personalentscheidungen müssen also von der Basis der Mitglieder legitimiert sein und von diesen kontrolliert werden können. Das verlangt, daß die **Entscheidungspositionen** in der Partei wie auch die Kandidaturen für staatliche Ämter durch **Wahlen** besetzt werden, und zwar in regelmäßigen Abständen gemäß dem Grundsatz der »**Herrschaft auf Zeit**« (→ Art. 20 [Demokratie] Rn. 69). Bei Entscheidungen gilt das **Mehrheitsprinzip** und als dessen Funktionsvoraussetzung ein Schutz der Chance der Minderheiten, ihrerseits zu Mehrheiten werden zu können (→ Art. 20 [Demokratie] Rn. 63 ff.). Die innerparteiliche **Chancengleichheit** zählt zu den »demokratischen Grundsätzen«. Strukturell betrachtet geht es um den Schutz der Existenz einer **Vielzahl von Zentren der Meinungsbildung und Entscheidungsfindung** innerhalb der Partei[390]. Dies setzt auch die **organisatorische Untergliederung**[391] der Partei voraus, um den Mitgliedern realistische Beteiligungs- und Erfolgschancen zu geben. Das schließt auch die relative Autonomie der nachgeordneten organisatorischen Ebenen ein, zwar nicht in Programmangelegenheiten, wohl aber in Personal- und Finanzfragen. Schließlich ist eine **rechtliche Fixierung**[392] der Struktur, der Verfahrensweise und der Rechte der Mitglieder in einer **Satzung** geboten, so daß ihre Einhaltung kontrolliert werden kann. § 6 PartG hat dies positiviert.

119

3. Objektiv-rechtliche Bedeutung

Die objektiv-rechtliche Verpflichtung zur demokratischen Ausgestaltung des innerparteilichen Geschehens betrifft strukturelle und prozedurale Regeln. Strukturell muß es eine Mehrzahl von Handlungseinheiten geben, die unabhängig voneinander ihren Willen bilden können. Die Gliederung muß so tief reichen, daß die Mitglieder noch aussichtsreiche Möglichkeiten der Partizipation sehen[393]. Innerparteiliche **Verfahrensregelungen** müssen die Offenheit der Kommunikation zwischen den verschiedenen Zentren der Willensbildung gewährleisten und ebenso für die Offenheit und

120

---

[386] Prinzip in dem Sinne, den *R. Alexy*, Theorie der Grundrechte, 1985, S. 71 ff. entwickelt hat. → Vorb. Rn. 40.
[387] In der Sache ebenso *Ipsen* (Fn. 92), Art. 21 Rn. 62. Vgl. *H. Trautmann*, Innerparteiliche Demokratie im Parteienstaat, 1975, S. 170 ff.; *Morlok*, Struktur (Fn. 183), S. 91.
[388] Ebenso *Ipsen* (Fn. 92), Art. 21 Rn. 55.
[389] BVerfGE 2, 1 (40).
[390] *Morlok*, Struktur (Fn. 183), S. 94.
[391] *v. Münch* (Fn. 115), Art. 21 Rn. 57; *Maunz* (Fn. 58), Art. 21 Rn. 72; § 7 PartG nimmt dieses Postulat auf, dazu noch *Henke* (Fn. 118), Art. 21 Rn. 301 f.; *U. Heinz*, Organisation innerparteilicher Willensbildung, 1987, S. 26 ff.
[392] Vgl. *Henke* (Fn. 118), Art. 21 Rn. 265 f.
[393] Vgl. § 7 PartG; hier wirkt sich auch die Bundesstaatlichkeit aus, vgl. *Hesse*, Verfassungsrecht, Rn. 227.

Chancengleichheit des politischen Wettbewerbs innerhalb der organisatorischen Einheiten sorgen. Insbesondere sind Minderheitenantragsrechte und Befassungspflichten zu statuieren und weitere Formalia wie Ladungsfristen zu fixieren. Die maßgeblichen Organe müssen kollegial[394] durch periodische Wahlen besetzt werden, eine ex-officio-Mitgliedschaft ist nur in engen Grenzen zulässig und auch nur dann, wenn das Ausgangsamt selbst durch Wahl besetzt wird[395]. Die wesentlichen Entscheidungen auf jeder organisatorischen Ebene sind der Mitgliederversammlung oder dem Parteitag vorbehalten[396].

121 Eine an diesen Anforderungen gemessen undemokratische Partei erfüllt gleichwohl den Parteibegriff[397]. **Sanktionen** des Gebotes zur innerparteilichen Demokratie treten entweder ex lege ein oder werden ausdrücklich verhängt. Satzungsbestimmungen, die gegen Art. 21 I 3 GG (oder gegen konkretisierende Bestimmungen des einfachen Gesetzes) verstoßen, sind nichtig[398]. Verfehlt die nach § 6 III PartG dem Bundeswahlleiter einzureichende Satzung den erforderlichen Mindestinhalt nach § 6 II PartG, sind die eingereichten Unterlagen zurückzuweisen[399]; kommt eine Partei ihrer Pflicht aus § 6 II PartG nicht nach, kann nach § 38 PartG ein Zwangsgeld verhängt werden. Ein Prüfungsrecht über die eingereichten Unterlagen steht dem Bundeswahlleiter darüber hinaus nicht zu[400]. Wurde bei der **Kandidatenaufstellung** für öffentliche Wahlen gegen die demokratischen Grundsätze[401] verstoßen, so haben die Wahlorgane dies zu rügen und bei nicht rechtzeitiger Behebung des Mangels den Wahlvorschlag zurückzuweisen, § 25 BWahlG. Wegen der entscheidenden Bedeutung des demokratischen Charakters aller Phasen einer Parlamentswahl, auch der innerparteilichen Kandidatenaufstellung, ist ein gegenüber der früheren Auffassung[402] strengerer Maßstab anzulegen[403]. Wird erst nach Durchführung der Parlamentswahlen ein solcher Verstoß gegen das Gebot der demokratischen Bewerbernominierung festgestellt, so kann dies bei schweren Verstößen zur Ungültigkeit der Parlamentswahl führen[404]. Eine undemokratische Binnenordnung kann Indiz für eine verfassungswidrige Zielsetzung der Partei sein[405].

122 Ungeklärt ist, ob wegen Nichtbeachtung des Gebots zur innerparteilichen Demokratie auch **finanzielle Folgen** verhängt werden dürfen. Art. 21 I 3 GG ist nach Art. 20 III

---

[394] Zur Abwehr des »Führerprinzips«, dazu BVerfGE 2, 1 (41 ff., 47); *G. Rabus*, AöR 78 (1952/53), 163 (165). S. § 11 I 2 PartG für den Vorstand.

[395] S. für den Vorstand § 11 II PartG, weiter §§ 9 II, 11 II PartG. Der Anteil der Positionen, die kraft (eines anderen) Amtes besetzt werden, darf 20% nicht übersteigen.

[396] Vgl. § 9 PartG.

[397] *Kunig* (Fn. 119), § 33 Rn. 21 zur Neutralität des Parteibegriffs. → Rn. 31.

[398] Dies ist die allgemeine Rechtsfolge für verfassungswidrige Normen. Die verbreitete Heranziehung von § 134 BGB, etwa *v. Münch* (Fn. 115), Art. 21 Rn. 58, ist überflüssig und sachwidrig, vgl. *Henke* (Fn. 118), Art. 21 Rn. 260.

[399] In einem solchen Fall VGH Kassel NJW 1989, 2706 (2706).

[400] *v. Münch* (Fn. 115), Art. 21 Rn. 58; *Henke* (Fn. 118), Art. 21 Rn. 258.

[401] S. die Konkretisierung hierfür in § 17 PartG und § 21 BWahlG.

[402] *P.M. Huber*, DÖV 1991, 229 (234 ff.); *W. Schreiber*, Handbuch des Wahlrechts zum Deutschen Bundestag, 3. Aufl. 1986, S. 255, so nicht in den folgenden Auflagen.

[403] BVerfGE 89, 243 (251 ff.).

[404] VerfG Hamburg DVBl. 1993, 1070 ff. m. Anm. *U. Karpen*, 1077 ff.; kritisch zur Ungültigkeitserklärung und für Ausschluß nur der Partei, die gegen die demokratische Kandidatenaufstellung verstoßen hat, *C. Arndt*, NVwZ 1993, 1066 ff. Für Schadensersatzansprüche gegen die betreffende Partei wegen der Kosten der Neuwahlen *C. Koenig*, DÖV 1994, 286 ff. → Art. 41 Rn. 16 ff.

[405] BVerfGE 2, 1 (14). → Rn. 140, 143.

V. Innerparteiliche Demokratie (Art. 21 I 3 GG)   Art. 21

GG von den staatlichen Organen bei allen Handlungen zu beachten, auch bei der Parteienfinanzierung. Es ist unbefriedigend, daß eine Partei, die gegen das funktionsnotwendige Gebot innerparteilicher Demokratie verstößt, gleichwohl aus Steuermitteln unterstützt werden soll[406]. Die Sperrwirkung von Art. 21 II GG (→ Rn. 148 f.) greift hier nicht: Art. 21 II GG bezieht sich nur auf die Abwehr von Gefahren für die politische Ordnung in der Bundesrepublik insgesamt, nicht aber auf die Art der innerparteilichen Willensbildung. Art. 21 II GG steht damit Sanktionen zum Nachteil von Parteien, welche intern undemokratisch ausgestaltet sind, nicht im Wege[407]. Die Verweigerung von staatlichen Mitteln an eine Partei stellt eine wesentliche Beeinträchtigung der Wettbewerbschancen dar und steht deshalb unter dem Vorbehalt einer **gesetzlichen Regelung**, die Kriterien für einen Verstoß festlegt und das dabei anzuwendende Verfahren regelt.

Die (Partei-)Öffentlichkeit ermöglicht Kontrolle, Rechtsschutz läßt sie effektiv werden. Zur Sicherung innerparteilicher Demokratie verpflichtet Art. 21 I 3 GG die Parteien zu innerparteilicher Öffentlichkeit (→ Rn. 112 f.) und auch zur Einführung von innerparteilichen Rechtsschutzmöglichkeiten (Parteischiedsgerichte)[408].   123

4. Subjektiv-rechtliche Gehalte

Die individualrechtlichen Gehalte von Art. 21 I 3 GG werden vom **Mitgliedschaftsrecht** bestimmt[409], das als ein zivilrechtliches Rechtsverhältnis[410] durch die öffentlich-rechtlichen Vorgaben des Art. 21 GG und des PartG überformt wird. Parteibürger tragen im Prozeß der innerparteilichen Willensbildung mit der Inanspruchnahme und Durchsetzung ihrer mitgliedschaftlich abgesicherten Handlungsmöglichkeiten zur Verwirklichung der innerparteilichen Demokratie bei. Die rechtswissenschaftliche Betrachtung hat diese Dimension der Individualrechte zu unrecht bislang vernachlässigt. In den bei Parteischiedsgerichten und staatlichen Gerichten anhängig gemachten Fällen ging es demgegenüber regelmäßig um konkrete Mitgliederrechte[411], weniger um Konzepte innerparteilicher Demokratie. Die Partizipationsmöglichkeiten verdienen schon um der Motivation der Mitglieder willen Pflege[412].   124

Diese Betonung der Mitgliedschaftsrechte befriedigt das Bedürfnis, das hinter den Versuchen stand, die Grundrechte für das Verhältnis zwischen Mitglied und Partei fruchtbar zu machen[413]. Trotz der verfassungsrechtlichen Vorgaben sind die **Parteien** keine Träger öffentlicher Gewalt und somit auch **keine Grundrechtsadressaten**[414],   125

---

[406] Anlaß für solches Nachdenken bietet der Bericht in: Der Spiegel 1994, Heft 29, 45.
[407] So *Morlok*, Thesen (Fn. 158), S. 96 ff.
[408] § 14 PartG hat dies ausgeführt.
[409] Vgl. auch *Grimm* (Fn. 10), § 14 Rn. 40: »Partizipationsrecht des Bürgers«.
[410] *M. Lutter*, AcP 180 (1980), 84 ff.; *F.G. Bär*, Die Schranken der inneren Vereinsautonomie, 1996; *M. Habersack*, Die Mitgliedschaft – subjektives und sonstiges Recht, 1996; *S. Kohler*, Mitgliedschaftliche Regelungen in Vereinsordnungen, 1992.
[411] BVerfGE 89, 243 (259 f.); Bundesparteigericht CDU NVwZ 1993, 1126; VerfG Hamburg DVBl. 1993, 1070 (1072).
[412] *Grawert*, Parteiausschluß (Fn. 204), S. 76 f.; zu diesem Gesichtspunkt bei der Ausgestaltung des Parteiorganisationsrechts *Morlok*, Rechtsvergleichung (Fn. 12), S. 721, S. 734 f. m.w.N.
[413] Versuche, Grundrechte fruchtbar zu machen, bei *R. Wolfrum*, Die innerparteiliche demokratische Ordnung nach dem Parteiengesetz, 1974, S. 134 ff.
[414] Ebenso *Henke* (Fn. 118), Art. 21 Rn. 268; *Ipsen* (Fn. 92), Art. 21 Rn. 75 ff. Für eine unmittelbare Geltung, jedenfalls der demokratieerheblichen Grundrechte, im Verhältnis der Mitglieder zu ihrer Partei *Jarass*/*Pieroth*, GG, Art. 21 Rn. 19; *v. Münch* (Fn. 115), Art. 21 Rn. 57; *Preuß* (Fn. 2), Art. 21 Abs. 1, 3 Rn. 67; s. auch *G. König*, Die Verfassungsbindung der politischen Parteien, 1993, S. 26 ff.

vielmehr selbst Grundrechtsträger (→ Art. 19 III Rn. 30). Der Notwendigkeit subjektiv-rechtlicher Absicherung der innerparteilichen Demokratie kann durch die Mitgliedschaftsrechte sehr viel besser, weil spezifischer, entsprochen werden als durch die für das Verhältnis des Bürgers zum Staat entworfenen Grundrechte. Für die demokratischen Partizipationsrechte der Mitglieder obliegt dem Staat kraft der institutionellen Garantie (→ Rn. 50) eine **Gewährleistungspflicht**, die vom Gesetzgeber, ggf. aber auch von den staatlichen Gerichten zu erfüllen ist. Die Mitgliedschaftsrolle ist von Verfassungs wegen auszugestalten als ein »status activus processualis«[415], das Parteibinnenrecht ist, wenn man den Grundrechtsanklang möchte, »grundrechtsförderndes Organisationsrecht«[416].

126 Mit den innerparteilichen Handlungsfreiheiten der Mitglieder können freilich die **gleichrangigen Rechte der Partei** als Organisation und **der anderen Mitglieder auf tendenzreine**[417] und auch im Wettbewerb mit anderen **effektive Parteibetätigung** kollidieren. Eine Partei darf auch gegenüber ihren Mitgliedern ihr spezifisches Gepräge verteidigen und den Notwendigkeiten der öffentlichen Selbstdarstellung und des schlagkräftigen Handelns Rechnung zollen. Zwischen den Rechten der Mitglieder und im Einzelfall entgegenstehenden geschützten Parteiinteressen ist praktische Konkordanz herzustellen.

5. Einzelne Mitgliedschaftsrechte

127 Das Mitgliedschaftsrecht bestimmt in seinen Facetten wesentlich Form und Ausmaß der innerparteilichen Demokratie. Die Mitgliedschaft in einer – bestehenden – Partei ist fast unabdingbare Voraussetzung für folgenreiche politische Mitwirkung des Bürgers. Unter den bestehenden Parteien gibt es regelmäßig nur eine oder zwei, die für einen Bürger wegen ihrer grundsätzlichen Übereinstimmung mit seinen eigenen Überzeugungen in Betracht kommen. Das Recht auf parteipolitische Betätigung kann damit bei realistischer Betrachtung nur wahrgenommen werden, wenn es auch ein **Recht auf Beitritt** in eine politische Partei gibt[418]. Entgegen der Rechtsprechung und Teilen der Literatur[419] ist ein solches Recht in Gestalt eines prima-facie-Rechtes auf Beitritt zu einer gewünschten Partei anzuerkennen[420]. Nur wenn gute Gründe gegen die Aufnahme eines bestimmten Antragstellers sprechen, darf die Partei dessen Aufnahmebegehren abschlägig bescheiden, so zur Erhaltung der Tendenzreinheit der Partei und zum Schutze ihrer organisatorischen Integrität und ihrer Wettbewerbsfähigkeit[421]. Die Zu-

---

[415] Im Sinne von *P. Häberle*, Grundrechte im Leistungsstaat, VVDStRL 30 (1972), S. 43 ff. (81 ff.); *Trautmann*, Demokratie (Fn. 387), S. 146 ff.

[416] Der Ausdruck von *Häberle*, Grundrechte (Fn. 415), S. 51 f. wird auf Art. 21 I 3 GG übertragen von *G.P. Strunk*, JZ 1978, 87 ff. und *Grimm* (Fn. 10), § 14 Rn. 41.

[417] → Rn. 58.

[418] Zur Interessensituation *Morlok*, Anspruch (Fn. 181), S. 235 ff.

[419] BGHZ 101, 193 (200); *U. Stoklossa*, Der Zugang zu den politischen Parteien im Spannungsfeld zwischen Vereinsautonomie und Parteienstaat, 1989, m.w.N.; *Henke* (Fn. 118), Art. 21 Rn. 272; *Ipsen* (Fn. 92), Art. 21 Rn. 83 f.

[420] Ausführlich *Morlok*, Anspruch (Fn. 181). Für ein grundsätzliches Recht auf Aufnahme u.a. *F. Knöpfle*, Der Staat 9 (1970), 321 ff.; *S. Magiera*, DÖV 1973, 761 ff.; *P. Maly-Motta*, Die Sicherung eines freien Zugangs zu den politischen Parteien (»Parteibürgerrecht«), 1972; *Wolfrum*, Ordnung (Fn. 413), S. 156 ff.; *Trautmann*, Demokratie (Fn. 387), S. 193 ff.; *Grimm* (Fn. 10), § 14 Rn. 41; Jarass/Pieroth, GG, Art. 21 Rn. 19; beachte auch die Wertung in BVerfGE 2, 1 (42, 69).

[421] S. im einzelnen die Darstellung bei *Morlok*, Anspruch (Fn. 181), S. 264 ff.

rückweisung eines Aufnahmeantrags ist zu begründen, § 10 I 2 PartG ist soweit verfassungswidrig[422]. Weil die Parteien miteinander in einem (Null-Summen-) Wettbewerb stehen, bildet die Zugehörigkeit zu einer anderen Partei einen Grund der Verweigerung der Mitgliedschaft. Das **Recht auf** sofortigen **Austritt** ist ebenfalls gewährleistet[423].

Angesichts der kritischen Bedeutung einer Parteimitgliedschaft für die Möglichkeiten politischer Einflußnahme gibt es ein grundsätzliches **Recht auf Verbleib** in einer Partei. Gegenüber dem Zugangsrecht ist der Schutz der bereits erworbenen Mitgliederrolle verstärkt; einmal, weil sich daran schutzwürdige Kontinuitätserwartungen knüpfen, zum anderen und vor allem, weil der innerparteiliche demokratische Prozeß durch den Erhalt der Konfliktpartner in der innerparteilichen Kommunikation geschützt werden muß. **Ausschlußgründe** ergeben sich äquivalent zur Verweigerung eines Aufnahmebegehrens aus dem Recht der Partei, ihre relative Überzeugungshomogenität (Tendenzreinheit), ihre organisatorische Integrität und ihre Wettbewerbsfähigkeit zu schützen. Erhebliche programmatische Divergenzen, der Verstoß gegen Mitgliedschaftspflichten – so die Mitgliedschaft in oder die Kandidatur für eine andere Partei – und ein die Wettbewerbschancen der Parteien in der öffentlichen Darstellung beeinträchtigendes Verhalten[424] können demgemäß nach Abwägung mit dem Interesse des Mitgliedes am Verbleib im Einzelfall einen Ausschluß rechtfertigen. § 10 IV PartG hat ein solches Abwägungsprogramm formuliert[425]. Eine Partei darf ihre Interessensituation pauschal in Gestalt von **Unvereinbarkeitsbeschlüssen**[426] festlegen; sie sind gerechtfertigt, wenn sie von Gründen getragen werden, die einem individuellen Aufnahmegesuch entgegengestellt werden können (→ Rn. 127). Auch durch die **prozedurale Ausgestaltung** der Entscheidung über einen Ausschluß ist die Mitgliedschaft zu sichern, was durch §§ 10 V, 14 PartG gewährleistet ist[427].

128

Die subjektiv-rechtliche Seite der innerparteilichen Demokratie umfaßt verschiedene **Partizipationsrechte**. Dazu zählen Antragsrechte[428], Wahlvorschlagsrechte[429], das Recht zur Kandidatur, Rederechte und Informationsrechte; auch Elemente des innerparteilichen Öffentlichkeitsgebots (→ Rn. 112f.) wirken sich hier aus.

129

Die innerparteiliche Partizipation ist durchgängig getragen vom **Recht auf Chancengleichheit** (→ Rn. 76), also von einer fairen Gestaltung des Willensbildungsverfahrens, die allen Konkurrenten von Rechts wegen gleiche Chancen einräumt. Das erfordert die formale Gleichheit des Stimmrechts (§ 10 II 1 PartG), eine angemessene Redezeit

---

[422] *Wolfrum*, Ordnung (Fn. 413), S. 165; *H. Stubbe-da Luz/M.E. Wegner*, ZParl. 24 (1993), 189 (194); a. A. *Stoklossa*, Zugang (Fn. 419), S. 113, s. aber S. 124ff.; BGHZ 101, 193 (200).

[423] § 10 II 3 PartG. → Rn. 53, 57.

[424] Behandelt wird dies unter den Stichworten »schwerer« bzw. »nicht unerheblicher Schaden«: vgl. Bundesparteigericht CDU v. 12.02.1993, BPG 1/92 (R); Bundesschiedskommission SPD v. 04.04.1997, 4/1996/P; Bundesschiedskommission SPD v. 04.03.1975, 23/1974/P.

[425] Zu Einzelheiten *Grawert*, Parteiausschluß (Fn. 204), S. 86; *Risse*, Parteiausschluß (Fn. 204), S. 72ff.; *K.-H. Hasenritter*, Parteiordnungsverfahren und innerparteiliche Demokratie, 1981.

[426] Dazu z.B. CDU – BPG/Bundesparteigericht 3/95, 1/96 und LG Bonn NJW 1997, 2958ff. (Unvereinbarkeit der Mitgliedschaft in der CDU mit derjenigen in der Scientology-Church); Anmerkungen dazu: *G. Stricker*, Mitteilungen des Instituts für Deutsches und Europäisches Parteienrecht 7 (1997), 86ff.; *M.H. Müller*, ebd., 90ff.

[427] Dazu *Grawert*, Parteiausschluß (Fn. 204), S. 127ff. m.w.N. zu Fragen des Rechtsschutzes. → Rn. 133.

[428] Vgl. § 15 III PartG.

[429] Zur verfassungswidrigen Beschränkung: VerfG Hamburg DVBl. 1993, 1070 (1072).

für Wahlbewerber⁴³⁰ und eine Begrenzung des Anteils an ex-officio Vertretern in Entscheidungsgremien. Auch die Zusammensetzung der Vertreterversammlungen muß die repräsentierten Parteimitglieder an der Basis grundsätzlich gleich berücksichtigen. Der (externe) Grund, bislang mitgliederschwache Gebiete zu fördern, darf sich nur begrenzt auswirken. Die 50%-Grenze in § 13 Satz 3 PartG ist in ihrer Höhe bedenklich[431]. Die innerparteilichen Mitwirkungsrechte sind wie das Wahlrecht (→ Art. 38 Rn. 75) **nur höchstpersönlich** ausübbar, eine Übertragung des Stimmrechts auf andere ist nicht zulässig[432].

130   Eine realistische Betrachtung der innerparteilichen Demokratie zeigt, daß diese als innerparteilicher **Gruppenwettbewerb** funktioniert[433]. Rechtliche Gewährleistungen müssen deswegen nicht nur die Handlungsmöglichkeiten von Individuen sichern, sondern auch die »Zwischenebene«[434] interner Gruppierungen als wesentliche Träger des politischen Prozesses berücksichtigen. Damit ist ein Recht auf **innerparteiliche Opposition** anzuerkennen[435].

131   Bei der Ausgestaltung des **innerparteilichen Wahlsystems** gelten die Wahlrechtsgrundsätze des Art. 38 I 1 GG[436]. Das Wahlsystem muß Minderheiten eine Chance bieten, repräsentiert zu werden[437]. Ein strenges Blockwahlsystem, bei dem die Wähler für so viele Bewerber stimmen müssen, wie Ämter zu besetzen sind, ist verfassungswidrig, weil es Minderheiten zwingt, Kandidaten zu wählen, die sie nicht tragen und kleinere Gruppierungen daran hindert, aussichtsreich zu kandidieren[438]. **Quotenregelungen**, die zu einer stärkeren Repräsentation bestimmter Mitgliedergruppen, etwa Frauen, führen sollen, sind grundsätzlich als Inanspruchnahme der Parteienfreiheit zulässig: Eine Partei darf auch bei der Ausgestaltung ihres Innengeschehens Partei ergreifen; sie muß aber dem wahlrechtlichen Gleichheitssatz als Element innerparteilicher Demokratie gerecht werden. Welche Gestaltung eines »quotierten« Wahlrechts

---

[430] Dazu Bundesparteigericht CDU NVwZ 1993, 1126; BVerfGE 89, 243 (259 f.); s. weiter etwa CDU-Bundesparteigericht NVwZ 1982, 159 f. u. dazu *W. Henke*, NVwZ 1982, 84 f.

[431] Dazu *B. Martenczuk*, § 13 S. 3 Parteiengesetz und die innerparteiliche Demokratie, in: Mitteilungen des Institutes für Deutsches und Europäisches Parteienrecht 2 (1992), 48 ff. (53 ff.) m. w. N.

[432] Diese Regel des allgemeinen Vereinsrechts (§ 38 BGB) ist zur Sicherung der Chancengleichheit der Mitglieder im Parteienrecht entgegen § 40 BGB nicht abdingbar. *Henke* (Fn. 118), Art. 21 Rn. 269; *Seifert*, Parteien (Fn. 109), S. 262 für eine Stimmabgabe durch Bevollmächtigte, wenn es die Satzung erlaubt, unter Verweis auf §§ 38, 40 BGB.

[433] Dazu für Verbände schlechthin *G. Teubner*, Organisationsdemokratie und Verbandsverfassung, 1978, insb. S. 91 ff., 197 ff.; klassisch *M. Lipset/M. Trow/J. Coleman*, Union Democracy, Taschenbuchausgabe 1962, insb. S. 15 f., 77 ff., 306 ff. und passim; für die Parteien *J. Hartmann*, Parteienforschung, 1979, S. 40 ff.; aus der parteirechtlichen Literatur *Preuß* (Fn. 2), Art. 21 Abs. 1, 3 Rn. 65: »Gruppenwettbewerb«; s. weiter *J. Raschke*, Organisierter Konflikt in westeuropäischen Parteien, 1977; als Beispiel die Analyse von *D. Preuße*, Gruppenbildung und innerparteiliche Demokratie, 1981.

[434] Dazu *Teubner*, Organisationsdemokratie (Fn. 433), insb. S. 116, 197 ff.

[435] Dazu *D. T. Tsatsos*, Ein Recht auf innerparteiliche Opposition?, in: FS Mosler, 1983, S. 997 ff.; *v. Münch* (Fn. 115), Art. 21 Rn. 57; krit. *Kunig* (Fn. 119), § 33 Rn. 80.

[436] *Jarass/Pieroth*, GG, Art. 21 Rn. 18; BVerfGE 89, 243 (251); VerfG Hamburg DVBl. 1993, 1070 (1071); BGHZ 106, 67 (74).

[437] *Preuß* (Fn. 2), Art. 21 Abs. 1, 3 Rn. 66.

[438] BGH NJW 1974, 183 (184) hält ein Blockwahlsystem für zulässig, bei dem eine Gruppierung zum Erfolg kommt, wenn sie sich auf 10% der Stimmberechtigten stützen kann. Zum Problem weiter BGHZ 106, 67 (72); *D. Hahn*, NJW 1974, 848 f.; *J. Link*, DÖV 1974, 276 f.; *R. Naujoks*, DVBl. 1975, 244 ff.; *K.-H. Seifert*, DÖV 1972, 334; *H. Sodan*, DÖV 1988, 828 ff.; *J. Seifert*, KritJ 2 (1969), 284 ff.

rechtmäßig ist, ist in den Einzelheiten umstritten[439]. **Urabstimmungen** sind ein zulässiges Instrument der innerparteilichen Entscheidungsfindung, bedürfen allerdings näherer Regelung in den Parteistatuten, um Gefährdungen eines chancengleichen Willensbildungsprozesses zu steuern[440]. Mitgliederbefragungen ohne Verankerung in der Satzung sind unzulässig.

Einladung und Durchführung von **Versammlungen** der Parteimitglieder oder gewählter Vertreter müssen zum Schutz einer demokratischen chancengleichen Willensbildung die vereinsüblichen Regularien bei Einberufung und Durchführung beachten (vgl. § 6 II Nr. 9 PartG) – bei Strafe der Unwirksamkeit eines gefaßten Beschlusses[441]. Ein **imperatives Mandat** der Parteitagsdelegierten ist in Ausgestaltung des Prinzips der innerparteilichen Demokratie zulässig[442], freilich nicht geboten[443].

132

6. Schutz und Durchsetzung demokratischer Mitgliedschaftsrechte

Schutz und Durchsetzung der Mitgliederrechte sind ein Gebot rechtsstaatlicher Logik, aber auch eine Erfordernis zur Sicherung der innerparteilichen Demokratie. Hinzu tritt ein Interesse an der Schlichtung innerparteilicher Streitigkeiten[444]. Von Verfassungs wegen besteht ein Auftrag, Organe zu schaffen und ihnen Verfahrensordnungen zuzuordnen, die diesen Zielen gerecht werden. Der Gesetzgeber hat dazu **Parteischiedsgerichte**[445] eingerichtet[446]. Wegen der Möglichkeit von Konflikten mit den aktuellen mächtigen Kreisen sind besonders hervorzuheben die gebotene Unabhängigkeit der Mitglieder des Schiedsgerichts (§ 14 II PartG) und die Vorgaben für ein gerechtes Verfahren (§ 14 IV PartG). Ob die Schiedsgerichte der Parteien Schiedsgerichte im Sinne der §§ 1025 ff. ZPO darstellen, ist umstritten[447]. Gegen diese technische Quali-

133

---

[439] Für die Zulässigkeit von Geschlechterquoten *K. Lange*, NJW 1988, 1174 ff.; *J. Oebbecke*, JZ 1988, 176 ff.; *I. Ebsen*, Verbindliche Quotenregelungen für Frauen und Männer in Parteistatuten, 1988; abl. *E. V. Heyen*, DÖV 1989, 649 ff.; *König*, Verfassungsbindung (Fn. 414), S. 77 ff., 82; vermittelnd wie hier *U. Maidowski*, Umgekehrte Diskriminierung, 1989, S. 108 ff., 184 ff., 203 ff.; *Degenhart*, Staatsrecht I, Rn. 75; *v. Münch*, Staatsrecht I, Rn. 220 ff. → Art. 3 Rn. 90 ff.

[440] Entgegen § 6 II Nr. 11 PartG enthalten nur die Satzungen von SPD (§§ 36 ff. Organisationsstatut), Bündnis 90/Die Grünen (§ 21 Satzung), CSU (§ 60 Satzung) und PDS (XI. II Statut) solche Bestimmungen. Zu Problemen bei Urabstimmungen und Mitgliederbefragungen *M. Morlok/T. Streit*, ZRP 1996, 447 ff.; *S. Schieren*, ZParl. 27 (1996), 214 ff.; *B. Becker*, ZParl. 27 (1996), 712 ff.; *S. Schieren*, ZParl. 28 (1997), 173 ff.

[441] Ein Fehlerfolgenrecht ist weder für die politischen Parteien noch für die Vereine im allgemeinen ausgearbeitet. Die Diskussion bewegt sich zwischen der Nichtigkeit und der bloßen Anfechtbarkeit fehlerhaft zustande gekommener Beschlüsse; zum Diskussionsstand m.w.N. *B. Reichert/F. van Look*, Handbuch des Vereins- und Verbandsrechts, 6. Aufl. 1995, Rn. 1132 ff.; *U. Noack*, Fehlerhafte Beschlüsse in Gesellschaften und Vereinen, 1989, S. 157 ff.; *T. Berg*, Schwebend unwirksame Beschlüsse privatrechtlicher Verbände, 1994, S. 43 ff.; *W. Hadding*, in: Soergel/Hadding, BGB, § 32 Rn. 40; *H. Coing*, in: Staudinger, BGB, § 32 Rn. 28 ff. Für eine analoge Anwendung der §§ 241 ff. AktG *K. Schmidt*, AG 1977, 243 (249).

[442] *Trautmann*, Demokratie (Fn. 387), S. 250 f. – auch zur Interpretation von § 15 III 3 PartG S. 251 f.; *Jarass/Pieroth*, GG, Art. 21 Rn. 19; anders *Henke* (Fn. 118), Art. 21 Rn. 284.

[443] *Seifert*, Parteien (Fn. 109), S. 237, 262.

[444] Dazu *Trautmann*, Demokratie (Fn. 387), S. 286 ff.

[445] Dazu *Heimann*, Schiedsgerichtsbarkeit (Fn. 204); *N. Zimmermann*, Rechtsstaatsprinzip und Parteigerichtsbarkeit, 1979; *H. Schlicht*, Die Schiedsgerichtsbarkeit der politischen Parteien, Diss. jur. Augsburg 1974; *Kerssenbrock*, Rechtsschutz (Fn. 373), passim.

[446] S. § 14 PartG, beachte auch für den Parteiausschluß § 10 IV PartG.

[447] Ein Überblick über die Diskussion bei *Kerssenbrock*, Rechtsschutz (Fn. 373), S. 45 ff. Im Ergeb-

tät der Schiedsgerichte spricht die über die Verfolgung von Individualinteressen hinausgehende Erfüllung des Verfassungsauftrages aus Art. 21 I 3, III GG[448]. Schiedsgerichtsverfahren sind Teil der innerparteilichen Aktivitäten und dürfen daher Tendenzcharakter tragen; deswegen ist es zulässig, nur Rechtsanwälte, die auch Parteimitglied sind, als Beistand zuzulassen[449]. Mit dem Status der Öffentlichkeit sind die Verfahren regelmäßig mindestens parteiöffentlich[450].

134 Der Schutz der Mitgliederrechte und damit der innerparteilichen Demokratie sowie die allgemeine Rechtsgewährpflicht (→ Art. 20 [Rechtsstaat] Rn. 197 f.) gebieten auch die Anrufbarkeit der staatlichen Gerichte. Die Parteifreiheit gegenüber dem Staat steht einer **gerichtlichen Kontrolle** nicht entgegen[451], sofern die **Kontrollintensität differenziert** wird[452] und zuvor zum Schutze der Parteiautonomie der parteiinterne Rechtsweg erschöpft wurde[453]. Uneingeschränkt nachprüfbar ist die Tatsachenbasis der Parteientscheidungen, ebenso die Einhaltung der einschlägigen Verfahrensvorschriften. Die Anwendung des materiellen Satzungs- und staatlichen Rechts unterliegt bei Tendenzentscheidungen im Autonomiebereich nur einer Plausibilitäts-, d.h. Willkürkontrolle.

VI. Parteiverbot (Art. 21 II GG)

1. Rechtfertigung und Gefahren

135 Das Verbot verfassungswidriger Parteien stellt eine verfassungsunmittelbare **Schranke der Parteienfreiheit** dar. Art. 21 II 1 GG ist lex specialis zu Art. 9 II GG[454]. Dementsprechend gelten auch nicht die Verbotsbestimmungen des VereinsG, sondern §§ 36 ff. BVerfGG i.V.m. §§ 32 f. PartG.

136 Die **Rechtfertigung** dieser Einschränkung der Parteienfreiheit wird plakativ mit »**wehrhafte Demokratie**«[455] umschrieben. Der Grundgedanke dieser Form des Ver-

---

nis bejahend die überwiegende Meinung: OLG Oldenburg DVBl. 1967, 941f. m. Anm. *W. Henke*, ebd., 942ff.; *Heimann*, Schiedsgerichtsbarkeit (Fn. 204), S. 122f.; *Grawert*, Parteiausschluß (Fn. 204), S. 151ff.; OLG Köln NVwZ 1991, 1116f. für die Schiedsgerichte der CDU; verneinend *M. Vollkommer*, Sind die »Schiedsgerichte« der politischen Parteien nach dem Parteiengesetz echte Schiedsgerichte im Sinne der Zivilprozeßordnung?, in: FS Nagel, 1987, S. 474ff. (487ff.).

[448] *Grawert*, Parteiausschluß (Fn. 204), S. 155.
[449] *M. Morlok*, NJW 1991, 1162 (1163); Jarass/*Pieroth*, GG, Art. 21 Rn. 19; anders LG Bonn NVwZ 1991, 1118; offen gelassen bei OLG Köln NVwZ 1991, 1116 (1117).
[450] Für Differenzierungen zwischen verschiedenen Verfahrensarten: *Zimmermann*, Rechtsstaatsprinzip (Fn. 445), S. 107ff.; *Heimann*, Schiedsgerichtsbarkeit (Fn. 204), S. 242ff.; für allgemeine Öffentlichkeit auf Antrag des betroffenen Mitgliedes *Kerssenbrock*, Rechtsschutz (Fn. 373), S. 96f.
[451] Anders für Ausschlußentscheidungen *H. Schiedermair*, AöR 104 (1979), 200ff.
[452] *Grawert*, Parteiausschluß (Fn. 204), S. 157ff.; für eine Beschränkung der richterlichen Prüfung *Henke* (Fn. 118), Art. 21 Rn. 312; → Rn. 58.
[453] *Heimann*, Schiedsgerichtsbarkeit (Fn. 204), S. 280 m.w.N.; *Zimmermann*, Rechtsstaatsprinzip (Fn. 445), S. 154; *Vollkommer*, Schiedsgerichte (Fn. 447), S. 478.
[454] BVerfGE 2, 1 (13); 12, 296 (304); 13, 174 (177); 17, 155 (166).
[455] *Grimm* (Fn. 10), § 14 Rn. 34, aber mit vorsichtiger Distanzierung; *Maunz/Zippelius*, Staatsrecht, § 12 II 10; *J. Becker*, Die wehrhafte Demokratie des Grundgesetzes, in: HStR VII, § 167; mit im wesentlichen gleicher Bedeutung werden auch andere Begriffe verwandt, insbesondere **streitbare Demokratie**, s. dazu BVerfGE 5, 85 (139); *Hesse*, Verfassungsrecht, Rn. 714f.; *Y.-S. Chang*, Streitbare Demokratie, Diss. jur. Frankfurt a.M. 1990, S. 101ff.; für ein eigenständiges Verfassungsprinzip *A. Sattler*, Die rechtliche Bedeutung und die Entscheidung für die streitbare Demokratie, 1982, S. 31ff., 61; *G.P. Boventer*, Grenzen politischer Freiheit im demokratischen Staat, 1985; BVerfGE 63, 266

VI. Parteiverbot (Art. 21 II GG)

fassungsschutzes ist einfach: Wenn das Grundgesetz eine freiheitliche Ordnung auf Dauer etablieren will, darf es nicht auch die Freiheit gewährleisten, die Voraussetzungen der Freiheitlichkeit zu beseitigen. »Keine Freiheit für die Feinde der Freiheit!« drückt dies schlagwortartig aus. Umfaßte nämlich die grundgesetzlich gewährleistete Freiheit auch die Möglichkeit, die Bedingungen eines freiheitlichen politischen Prozesses abzuschaffen, so bedeutete dies eine **Selbstparadoxierung** der Freiheitsgarantie. Es ist mithin nur eine Konsequenz der Institutionalisierung einer freiheitlichen politischen Ordnung, daß die Freiheit nicht zur Aufhebung der freiheitlichen Ordnung selbst mißbraucht werden darf. Diese Grenze der Parteienfreiheit stellt sich so betrachtet als notwendig dar – womit nichts ausgesagt ist über die praktische Zweckmäßigkeit dieses Instruments. Die Vorschrift steht im Zusammenhang mit weiteren Bestimmungen zum Schutz der Verfassung[456], mit Art. 9 II, 18 GG, aber auch mit der Ewigkeitsgarantie (→ Art. 79 III Rn. 49).

Neben diese verfassungstheoretische Begründung wird oft ein historisches Argument aus den Erfahrungen der Weimarer Republik gestellt, die auch an ihrer inhaltlichen Neutralität und der daraus resultierenden Wehrlosigkeit zugrunde gegangen sei[457]. Die Tragfähigkeit dieses Arguments ist sehr begrenzt, weil damals durchaus rechtliche Abwehrmöglichkeiten gegen dem Anschein nach legale Umsturzversuche zur Verfügung standen[458]. In bewußter, gar überstilisierter Absetzung von der Weimarer Verfassung hat das Grundgesetz unter dem Begriff der »freiheitlichen demokratischen Grundordnung« eine unverrückbare Verfassungssubstanz konstitutionalisiert und damit »eine sich selbst als legitim behauptende Legalität«[459] geschaffen.

Die verfassungstheoretische und die historische Rechtfertigung sind für mögliche Anwendungsfälle kaum instruktiv. Praktisch-politisch bedeutend sind vor allem die Gefahr einer Verkürzung der zu sichernden Freiheit[460] und die **Mißbrauchsgefahr**, nämlich die Möglichkeit, mit einem Parteiverbot mißliebige politische Gegner zu bekämpfen. Zur Abwehr dieser Gefahren ist zweierlei nötig. Zum einen ist ein **restriktives Verständnis** der Voraussetzungen eines Verbots geboten[461]. Die zweite Folgerung aus der Mißbrauchsträchtigkeit ist die Ausgestaltung des **Verbotsverfahrens**, vor allem die Konzentration der Entscheidungskompetenz beim Bundesverfassungsgericht. Die

---

(286 ff.); *Sondervotum Simon:* E 63, 298 (310 f.); *Kunig* (Fn. 119), § 33 Rn. 36. Zum ganzen bereits → Art. 9 Rn. 49 ff.; → Art. 18 Rn. 10.

[456] Zu den verschiedenen Formen des Schutzes der Verfassung, ihrer Leistungsfähigkeit und ihrer Problematik: *Hesse,* Verfassungsrecht, Rn. 691 ff., speziell zum Parteiverbot Rn. 714 ff.

[457] Dazu *F. Stollberg,* Die verfassungsrechtlichen Grundlagen des Parteiverbots, 1976, S. 14 ff. → Art. 20 (Demokratie) Rn. 20 f. m. w. N.

[458] Zu nennen sind § 2 Reichvereinsgesetz und die Republikschutzgesetze von 1922 und 1930, etwa § 14 II in Verbindung mit § 7 I Ziffer 4 erstes Republikschutzgesetz. Unter der Voraussetzung, daß sie (sc. die Vereine) Bestrebungen verfolgten, die verfassungsmäßig festgestellte republikanische Staatsform des Reiches oder eines Landes zu untergraben; dazu *G. Jasper,* Der Schutz der Republik, 1963, S. 56 ff.; *C. Gusy,* Die Weimarer Reichsverfassung, 1997, S. 190 ff.; vertiefend: *ders.,* Weimar – Die wehrlose Republik?, 1991.

[459] *H. Meier,* Parteiverbote und demokratische Republik, 1993, S. 346.

[460] *Hesse,* Verfassungsrecht, Rn. 715; *G.F. Schuppert,* in: Umbach/Clemens, § 46 Rn. 9 ff.; *K.-H. Seifert,* DÖV 1961, 81 (85); *ders.,* Parteien (Fn. 109), S. 457 f.; *Stollberg,* Grundlagen (Fn. 457), S. 87; *Henke* (Fn. 118), Art. 21 Rn. 353; Jarass/*Pieroth,* GG, Art. 21 Rn. 24; *Meier,* Parteiverbote (Fn. 459), S. 263.

[461] Vgl. *Hesse,* Verfassungsrecht, Rn. 715.

Ausformulierungen wie die Interpretation der Verbotsvoraussetzungen sollen auch dem **Schutz der politischen Parteien** dienen[462].

2. Voraussetzungen

139 Art. 21 II GG und die daran anknüpfenden einfachgesetzlichen Bestimmungen betreffen nur **politische Parteien** i.S.v. Art. 21 GG, womit nach hier vertretener Auffassung(→ Rn 41f.) auch die »qualifizierten Hilfsorganisationen« von Art. 21 II GG gemeint sind[463].

140 **Zwei Schutzgüter** rechtfertigen ein Parteiverbot: die »freiheitliche demokratische Grundordnung« und der »Bestand der Bundesrepublik Deutschland«. Die **freiheitliche demokratische Grundordnung** bestimmt das Bundesverfassungsgericht als eine Ordnung, »die unter Ausschluß jeglicher Gewalt- und Willkürherrschaft eine rechtsstaatliche Herrschaftsordnung auf der Grundlage der Selbstbestimmung des Volkes nach dem Willen der jeweiligen Mehrheit und der Freiheit und Gleichheit darstellt. Zu den grundlegenden Prinzipien dieser Ordnung sind mindestens zu rechnen: die Achtung vor den im Grundgesetz konkretisierten Menschenrechten, vor allem vor dem Recht der Persönlichkeit auf Leben und freie Entfaltung, die Volkssouveränität, die Gewaltenteilung, die Verantwortlichkeit der Regierung, die Gesetzmäßigkeit der Verwaltung, die Unabhängigkeit der Gerichte, das Mehrparteienprinzip und die Chancengleichheit für alle politischen Parteien mit dem Recht auf verfassungsmäßige Bildung und Ausübung der Opposition«[464]. An dieser Bestimmung kann die »Theorielosigkeit«[465] der ungeordneten Aufzählung einzelner Elemente, welche durch »mindestens« auch unvollständig ist, gerügt werden. Auch wird das rechtsstaatliche Gebot klar begrenzter Eingriffsvoraussetzungen nur ungenügend beachtet. Eine rationale Konkretisierung rückt den funktionellen Gesichtspunkt des Erhalts der grundlegenden demokratischen Verfahrensprinzipien in den Vordergrund[466]. Essentiell sind der unbehinderte Meinungs- und Willensbildungsprozeß des Volkes (Art. 5, 8, 9, 21 I GG), das Mehrheitsprinzip, die Institutionalisierung demokratischer Mitbestimmung im Zusammenhang mit der Rechtsstaatlichkeit zur Gewährleistung dessen und der Garantie rechtlicher Verbindlichkeit der demokratisch zustande gekommenen Ergebnisse.

---

[462] *Ipsen* (Fn. 92), Art. 21 Rn. 148.

[463] A.A. die herrschende Meinung, die organisatorisch selbständige Nebenorganisationen wie Vereine behandeln will, BVerfGE 2, 1 (78); 5, 85 (392); BVerwGE 1, 184 (186); *Hesse*, Verfassungsrecht, Rn. 716; *v. Münch* (Fn. 115), Art. 21 Rn. 78.

[464] BVerfGE 2, 1 (12f.). Die Literatur verwendet meist diese Formel. Die Begriffsbestimmung ist den Ausarbeitungen des Ersten Strafrechtsänderungsgesetzes entlehnt, s. *H. Ridder*, Die soziale Ordnung des Grundgesetzes, in: J. Mück (Hrsg.), Verfassungsrecht, 1975, S. 141; vgl. auch § 35 des ersten Referentenentwurfs zum BVerfGG, dazu *Stollberg*, Grundlagen (Fn. 457), S. 33 Fn. 13. Vgl. auch die Legaldefinition in § 4 II BVerfSchG.

[465] Diesen Vorwurf erhebt *J. Lameyer*, Streitbare Demokratie. Eine verfassungshermeneutische Untersuchung, 1978, S. 37.

[466] Ausf. anhand der herkömmlichen Methodenlehre *Meier*, Parteiverbote (Fn. 459), S. 301 ff.; *Stollberg*, Grundlagen (Fn. 457), S. 38 ff.; im Ergebnis auch *H. Dreier*, JZ 1994, 741 (751 f.); als Integrationsziel, das seine Bedeutung nur in der Erwähnung im jeweiligen Artikel erhält: *C. Gusy*, AöR 105 (1980), 279 (296 ff.); andere Variationen: *G. Dürig*, in: Maunz/Dürig, GG, Art. 18 (1964), Rn. 48; *W. Schmitt Glaeser*, Mißbrauch und Verwirkung von Grundrechten im politischen Meinungskampf, 1968, S. 43 ff.

VI. Parteiverbot (Art. 21 II GG)

Zum den das Außenverhältnis zu anderen Staaten betreffenden »**Bestand der Bundesrepublik Deutschland**« zählen die territoriale Integrität und die außenpolitische Handlungsfähigkeit des Bundes[467]. Der innere Bestand des Bundes ist lediglich bezüglich einer Aufteilung der Bundesrepublik Deutschland in Einzelstaaten[468] hinzuzurechnen. Gegen eine Erweiterung der Schutzrichtung nach innen auf alle Voraussetzungen der Staatlichkeit steht die sich aus der Gesamtbetrachtung des Tatbestandes ergebende **Alternativität** der Schutzobjekte[469]. 141

Ein »**Darauf-Ausgehen**« liegt nach der Rechtsprechung bereits mit der bloßen Kundgabe einer verfassungsfeindlichen Absicht vor[470]. Wegen der Garantie des Art. 5 I GG ist bei Äußerungen politischer Meinungen, auch wenn sie in Widerspruch zu verfassungsrechtlich verbürgten Grundsätzen stehen, zusätzlich der Versuch der Umsetzung in die politische Praxis zu fordern[471]. Auch systematisch betrachtet reicht die bloße Absicht nicht, da das Tatbestandsmerkmal »Ziele« dann als tautologische Wiederholung erschiene[472]. Es bedarf vielmehr der **qualifizierten Vorbereitungshandlung**[473] einer versuchten Verfassungsstörung. Ziele und das Verhalten der Anhänger dienen expressis verbis als einzige[474] Erkenntnismittel für die Beurteilung eben genannter Modalität. 142

Das politisch Angestrebte darf nicht in Nah-, Fern-[475], Zwischen-, und End**ziele** unterteilt[476] werden, um nicht über eine Ausdehnung des Zielbegriffs den Tatbestand weiter zu fassen. Entscheidend bleibt in Anbindung an die Vorbereitungshandlung der versuchten Verfassungsstörung allein die Verwirklichung der politischen Überzeugungen[477]. Die maßgeblichen Ziele finden sich im Programm[478], in allen schriftlichen Ver- 143

---

[467] Vgl. § 92 StGB; einhellige Meinung, s. u.a. *Henke* (Fn. 118), Art. 21 Rn. 354; *Kunig* (Fn. 119), § 33 Rn. 42; Jarass/*Pieroth*, GG, Art. 21 Rn. 27.

[468] *Seifert*, Parteien (Fn. 109), S. 459.

[469] Durch die niedrigere Schwelle der Gefährdung für Sanktionen des Staates, wenn es um die Sicherung des Bestandes der BRD geht, genießt eben jene eine Priorität gegenüber dem Schutz der freiheitlichen demokratischen Grundordnung. Dieser unterschiedlichen Gewichtung liegt eine jeweils sachlich andere Ausrichtung zugrunde: hierzu *Stollberg*, Grundlagen (Fn. 457), S. 43f.

[470] Die zurückhaltendere Formel der aktiv »kämpferischen, agressiven Haltung« (BVerfGE 5, 85 [141]) wird zurückgenommen, mit der Aussage, daß die Haltung »sich ... nicht in einem Tätigwerden in Richtung auf die Beeinträchtigung oder Gefährdung ... äußern« müsse (ebd.). Beispielhaft angeführt werden »programmatische Reden verantwortlicher Persönlichkeiten« (ebd.).

[471] *K.-H. Seifert*, DÖV 1961, 81 (82).

[472] *Meier*, Parteiverbote (Fn. 459), S. 274; als überflüssiger Pleonasmus bezeichnet von *Maunz* (Fn. 58), Art. 21 Rn. 110.

[473] Der Rückgriff auf die strafrechtliche Dogmatik ist fruchtbar wegen der dortigen Ausnahme von der Straflosigkeit bei Vorbereitungshandlungen im Bereich der Staatsschutzdelikte des politischen Strafrechts (§§ 83, 87 StGB). Die Vorbereitung wird als unmittelbares Ansetzen zur Tatbestandsverwirklichung qualifiziert.

[474] Für eine Öffnung des Kataloges auf alle Tatsachen und Umstände, die Schlüsse auf die Ausrichtung der Partei zulassen, wie z.B. Satzung und innere Ordnung: *K.-H. Seifert*, DÖV 1961, 81 (83) m.w.N.; auch BVerfGE 2, 14 (23ff.).

[475] A.A.: *Meier*, Parteiverbote (Fn. 459), S. 276: schon in der Möglichkeit, Parteiziele zu illegalisieren, drückt sich dezidiertes Präventionsdenken aus, was bei einer Verschiebung von Anhaltspunkten in die ferne Zukunft ans Fiktionale grenzt.

[476] *Seifert*, Parteien (Fn. 109), S. 467; *v. Münch* (Fn. 115), Art. 21 Rn. 83.

[477] *Meier*, Parteiverbote (Fn. 459), S. 276; das »hic et nunc« des BVerfG (BVerfGE 5, 85 [144]) meint nur den gegenwärtigen Nachweis einer Absicht unabhängig vom Futurismus der Vorstellungen.

[478] *Meier*, Parteiverbote (Fn. 459), S. 278f. sieht hierin das Hauptbeweismittel, welches erst relativiert werden darf, wenn ein relevanter Teil der Parteianhänger sich offenkundig programmwidrig verhält.

öffentlichungen einschließlich beeinflußter Presseerzeugnisse[479], auch in geheimen – nicht notwendig schriftlich fixierten – Zielsetzungen[480]. Dabei ist zu beachten, daß nicht schon friedliche Formen der Parteipropaganda verboten werden können[481], ohne daß Verwirklichungsversuche vorliegen.

144 Während die »Ziele« ohne weiteres der Partei zugerechnet werden können, ist dies beim **Verhalten der Anhänger** problematisch. Diese Voraussetzung betrifft die **Form** der Politik in Ergänzung zu deren **Inhalten**[482]. Nicht verlangt ist ein gewaltsamer organisierter Bruch[483] der rechtlichen Regeln des politischen Machterwerbs, also eine Ergänzung des Tatbestandes um das zusätzliche Merkmal der Nötigung[484]. Subjektive Komponenten entfallen, da das Parteiverbot Sicherheits- und keinen Pönalcharakter trägt[485]. Ein Unterlassen genügt nicht, da keine Rechtspflicht existiert, die Schutzgüter des Art. 21 II 1 GG zu verteidigen. Die Problematik des Begriffs des **Anhängers** konzentriert sich in der Zurechenbarkeit des Handelns auf die Partei: Es interessiert das verfassungswidrige Agieren der Partei, nicht das anderer Personen[486]. Die Zurechenbarkeit bemißt sich nach dem Grad der Einflußmöglichkeiten[487].

145 Mit »Beeinträchtigen« und »Beseitigen« werden Intensitätsstufen des Schadens für die freiheitlich demokratische Grundordnung umschrieben. Kombiniert mit den Voraussetzungen »Ziele« und »Verhalten der Anhänger« ergeben sich vier Varianten, von denen die am leichtesten zum Verbot führende die der Beeinträchtigung der freiheitlich demokratischen Grundordnung durch Ziele einer Partei ist. Versteht man unter **Beeinträchtigung** der freiheitlich demokratischen Grundordnung eine Minderung, »indem einzelne Werte oder alle untergraben, herabgesetzt oder sonst verächtlich gemacht werden«[488], so stellt dies ein wenig griffiges, rechtsstaatlichen Maßstäben kaum genügendes Kriterium dar. Deshalb ist diese Verbotsalternative zurückhaltend anzuwenden[489]. Bezüglich des Verhaltens der Anhänger läßt sich eine Beeinträchtigung als

---

[479] Ausf. Aufzählungen in BVerfGE 2, 1 (47 ff., 69); 5, 85 (144); *Henke* (Fn. 118), Art. 21 Rn. 58.

[480] BVerfGE 5, 85 (144). Das unnötige Aufblähen des Zielbegriffs wird markant, wenn man annimmt, daß sich Ziele doch im Verhalten der Anhänger dokumentieren.

[481] *Ridder*, Meinungsfreiheit (Fn. 318), S. 289.

[482] Vgl. *U.K. Preuß*, Politische Justiz im demokratischen Verfassungsstaat, in: W. Luthardt/A. Söllner (Hrsg.), Verfassungsstaat, Souveränität, Pluralismus, 1989, S. 129 ff. (142).

[483] Vgl. dazu *J.A. Schumpeter*, Kapitalismus, Sozialismus und Demokratie, 5. Aufl. 1980, S. 427 ff.

[484] Für das zusätzliche Merkmal der Gewaltanwendung nur *Meier*, Parteiverbote (Fn. 459), S. 282 f.; nach der Gegenmeinung ist ein Verbot möglich, wenn »sie ihre vom Grundgesetz mißbilligten Ziele überhaupt ›legal‹ auf parlamentarischem Wege oder über zulässige Volksabstimmungen unter Verzicht auf Gewalt oder sonst rechtswidrige Mittel erstrebt«, s. *Seifert*, Parteien (Fn. 109), S. 466 f.; *G. Leibholz*, Der Parteienstaat des Bonner Grundgesetzes, in: Recht, Staat, Wirtschaft, Bd. 3, 1951, S. 99 ff. (120).

[485] *v. Mangoldt-Klein*, GG, Art. 21 VII 1c; *Maunz* (Fn. 58), Art. 21 Rn. 108.

[486] *Seifert*, Parteien (Fn. 109), S. 469; *W. Füßlein*, Vereins- und Versammlungsfreiheit, in: Die Grundrechte II, S. 425 ff. (436).

[487] Unproblematisch erscheint die Tätigkeit der Organe und das Verhalten der Nebenorganisationen (→ Rn. 41 f.), abgesehen von deutlichen Distanzierungen. Mitgliederverhalten reicht nur bei Duldung trotz zumutbarer Gegenmaßnahmen, wie Rügen oder Ausschlüsse. Bei Außenstehenden wird die latente Verantwortung wegen der Komplexität moderner Gesellschaften wohl nur an einer nachvollziehbaren Kontinuität der Beziehung des Individuums zur Partei erkennbar sein.

[488] *A. Zirn*, Das Parteiverbot nach Art. 21 Abs. 2 GG im Rahmen der streitbaren Demokratie des Grundgesetzes, Diss. jur. Tübingen 1988, S. 99; ähnlich auch andere Interpretationen, z.B. *Schmitt Glaeser*, Verwirkung (Fn. 466), S. 55 Fn. 148, S. 129.

[489] Unterstützt wird dies durch die Tatsache, daß die Formulierung ein Redaktionsversehen dar-

»nachweislich organisierter Versuch der Störung der freiheitlichen demokratischen Grundordnung« präzisieren[490]. **Beseitigen** bedeutet vollständige Aufhebung und ist als Folgestufe der Beeinträchtigung von dieser mit erfaßt. »**Gefährden**« bezieht sich nur auf den Bestand der Bundesrepublik Deutschland. Entsprechend den polizeirechtlichen Grundsätzen genügt die hohe Wahrscheinlichkeit der Beeinträchtigung des Schutzobjekts[491].

3. Verbotswirkungen und Entscheidungsverfahren

Mit der Feststellung der Verfassungswidrigkeit einer Partei durch Urteil des Bundesverfassungsgerichts nach § 46 BVerfGG[492] wird diese verboten. In Parallele zur Grundrechtsverwirkung (→ Art. 18 Rn. 24 ff.) werden von der Verfassung gewährte Rechte für Organisationen und die sie tragenden Individuen ausgelöscht. Ob die verfassungsunmittelbare Schranke des Art. 21 II GG den Rechtsfolgenautomatismus des Gesetzes deckt, wird bezweifelt[493]. Andererseits verstieße eine weitere Abgabe politischer Entscheidung an die dritte Gewalt gegen die Prinzipien der Gewaltenteilung und der Demokratie und wäre daher ebenfalls nicht unbedenklich.

Mit der Auflösung einer Partei und dem Verbot der Schaffung von **Ersatzorganisationen**[494] verbindet sich der dauerhafte Verlust ihres Status als Partei (→ Rn. 46 f.). **Parlamentarische Mandate**, die von einer später verbotenen Partei errungen wurden, sollen nach dem Bundesverfassungsgericht[495] mit dem Verbotsausspruch wegfallen. Indes: Alle Abgeordneten besitzen als Vertreter des ganzen Volkes den Status der Unabhängigkeit (→ Art. 38 Rn. 136 ff.). Der vom Volk gewählte Abgeordnete darf von einem Parteiverbot lediglich in seiner Rolle als Mitglied der Partei getroffen werden. Die bisherige Lösung des Konflikts zwischen Art. 21 II und Art. 38 I 2 GG[496] ist verfassungswidrig[497].

Der politischen Gefährlichkeit der Verbotsmöglichkeit entspricht die Ausformung

---

stellt. Nachdem man die Passage im Hauptausschuß bereits wegen schwieriger Handhabung gestrichen hatte, wurde sie durch eine versehentliche Vorlage einer früheren Fassung ungewollt wieder »eingefügt«; das ist exakt nachgewiesen bei *Meier*, Parteiverbote (Fn. 459), S. 155 ff.

[490] *Meier*, Parteiverbote (Fn. 459), S. 359, fordert darüber hinausgehend den systematischen Einsatz von Gewalt im politischen Kampf.

[491] *Stollberg*, Grundlagen (Fn. 457), S. 52 m.w.N.

[492] Vorschläge zielen auf eine weniger strikte Rechtsfolgengestaltung, so die Möglichkeit, von einer Wahl ausgeschlossen zu werden oder die zeitliche Begrenzung der ausgesprochenen Folgen, so: Art. 37 IV Verfassungsentwurf des Runden Tisches vom 4. April 1990, in: Kuratorium für einen demokratisch verfaßten Bund Deutscher Länder in Zusammenarbeit mit der Heinrich-Böll-Stiftung (Hrsg.), In freier Selbstbestimmung, S. 125 ff.; Art. 21 IV VE-Kuratorium.

[493] Für eine Differenzierung zwischen der Verfassungsmäßigkeit des Verbots und dem zwingenden Ausspruch von Rechtsfolgen siehe *H. Maurer*, AöR 96 (1971), 203 (222 ff.).

[494] Erläuterungen bei BVerfGE 6, 300 (307); 16, 4 (5); *W. Henke*, DÖV 1974, 793 ff.; legislative Klärung durch § 33 PartG.

[495] BVerfGE 2, 1 (72 ff.); 5, 85 (392). Diese Auffassung schlägt sich in §§ 46 IV, 48 I BWahlG und den Landeswahlgesetzen nachträglich nieder, dazu *Pestalozza*, Verfassungsgerichtsbarkeit, § 4 III Rn. 20.

[496] Die Tatsache, daß diese Frage in den Wahlgesetzen geregelt ist, betont die Zuordnung zum Wahl- und Parlamentsrecht, nicht aber zum Verfahrensrecht des BVerfG und somit die Einschlägigkeit des Maßstabs aus Art. 38 I 2 GG, so *Pestalozza*, Verfassungsprozeßrecht, § 4 III Rn. 20.

[497] *H.G. Klose*, Das Abgeordnetenmandat und die Feststellung der Verfassungswidrigkeit einer politischen Partei nach dem Grundgesetz, Diss. jur. Münster 1960; *Hesse*, Verfassungsrecht, Rn. 601; *B. Höver*, Das Parteiverbot und seine rechtlichen Folgen, Diss. jur. Bonn 1975, S. 80 ff.; zum Mangel der Gesetzgebungskompetenz der Länder: *Seifert*, Parteien (Fn. 109), S. 507 f.; *v. Münch* (Fn. 115), Art. 21 Rn. 5; a.A. *Ipsen* (Fn. 92), Art. 21 Rn. 188 ff.

des Verbotsverfahrens. Das **Entscheidungsmonopol** des Bundesverfassungsgerichts nach Art. 21 II GG entzieht die Verbotsmöglichkeit allen Stellen der Exekutive und den darauf einwirkenden politischen Kräften und überträgt sie einem mit besonderer Unabhängigkeit ausgestatteten Gremium. Das stellt ein »**Parteienprivileg**« insofern dar, als ein Verbot, anders als bei Vereinen[498], nicht von der Exekutive ausgesprochen werden kann. Liegt keine Verbotsentscheidung des Bundesverfassungsgerichts vor, so entfaltet Art. 21 II GG Wirkungen in Gestalt eines **Anknüpfungsverbotes**: An die angebliche Verfassungswidrigkeit einer Partei dürfen keine rechtlichen Folgen geknüpft werden[499]. Auch dies wird als »**Parteienprivileg**« bezeichnet, aber zu Unrecht, weil im Rechtsstaat auch gegenüber Vereinen die Wirkungen eines Verbots erst nach dessen Ausspruch greifen dürfen[500]. Handlungen einer Partei oder ihrer Mitglieder, die vor der Verbotsentscheidung liegen, dürfen nicht rückwirkend als rechtswidrig gewertet werden[501]. Das Anknüpfungsverbot hat insofern materiellrechtliche Wirkung, als vor dem Verbotsausspruch der ungeschmälerte Genuß der Parteienfreiheit und der Chancengleichheit gewährleistet ist, auch in Ansehung möglicher späterer Rechtsfolgen[502].

149 Das Anknüpfungsverbot wirkt sich auf die verschiedensten Parteiaktivitäten aus: Die Benutzung öffentlicher Räume[503], der Schutz von Versammlungen, die Verteilung von Rundfunksendezeiten[504], sowie alle weiteren ihrem Status aus Art. 21 I GG gemäßen Rechtspositionen dürfen nicht tangiert werden[505]. Problematisch ist die **herabsetzende Beurteilung** einer Partei durch staatliche Stellen als »**verfassungsfeindlich**« oder »**extremistisch**«. Die Rechtsprechung sieht solche Äußerungen als zulässig an; sie seien als Beitrag zur öffentlichen Meinungsbildung ein milderes Mittel als das Verbotsverfahren[506]. Dem ist im Grundsatz zuzustimmen: Die politische Auseinandersetzung hat Vorrang gegenüber dem administrativen Einschreiten. Das heißt aber nicht, daß jedwedes öffentlich verlautbartes staatliches Werturteil den Rechtsstatus der betroffenen Partei unversehrt läßt – nur weil es keine rechtlichen Auswirkungen hat[507]. Angesichts der Anerkennung des sogenannten **faktischen Eingriffs**, auch durch Warnungen (→ Vorb. Rn. 82), ist jedenfalls die Bezeichnung als »verfassungsfeindlich« als

---

[498] S. dort § 3 VereinsG; nach § 2 II Nr. 1 VereinsG fallen politische Parteien nicht unter diese Bestimmung.

[499] BVerfGE 5, 85 (140); 12, 296 (304); 13, 46 (52); 13, 123 (126); 17, 155 (166); 39, 334 (357); BVerwGE 31, 368 (369); BGHSt 19, 311 (313); statt vieler *Maunz* (Fn. 58), Art. 21 Rn. 3; *Henke* (Fn. 118), Art. 21 Rn. 267: »Sperrwirkung«.

[500] Zur Kritik an der Bezeichnung vgl. *Henke* (Fn. 118), Art. 21 Rn. 367 Fn. 84; *Ipsen* (Fn. 92), Art. 21 Rn. 145.

[501] *Seifert*, Parteien (Fn. 109), S. 477 ff.; *Schmitt Glaeser*, Verwirkung (Fn. 466), S. 258; *G. Willms*, Staatsschutz im Geiste der Verfassung, 1962, S. 41 f.; verteidigt wird die Rechtmäßigkeitsthese (BVerfGE 12, 296 [305, 307]) von *H. Copic*, Grundgesetz und politisches Strafrecht neuer Art, 1967, S. 43, 86 ff.

[502] Aus der Rspr. s. nur BVerwGE 31, 368 (369); BVerwG DVBl. 1990, 194 (195); VGH Kassel NJW 1979, 997. Für w.N. zum kommunalen Bereich *Meyer*, Fraktionenrecht (Fn. 271), S. 85 f.

[503] → Rn. 91.

[504] → Rn. 95.

[505] Die Reichweite der Sperrwirkung entspricht dem Schutzbereich des Art. 21 I 1 GG. So auch *T. Schmidt*, Die Freiheit verfassungswidriger Parteien und Vereinigungen, 1983, S. 202 f.

[506] Äußerungen der Regierung sind demnach zulässig, »solange sich nicht der Schluß aufdrängt, sie beruhten auf sachfremden Erwägungen«: BVerfGE 13, 123 (125 f.); 40, 287 (292 f.); 57, 1 (6 f.); jüngst BayVGH BayVBl. 1996, 631 ff.; ebenso für den Abdruck in Regierungsbroschüren BVerwG NJW 1984, 2591.

[507] Darauf hebt ab BVerfGE 40, 287 (293).

Beeinträchtigung des Rechtsstatus einer Partei anzusehen. Auch wenn dieser Begriff kein Rechtsbegriff im strengen Sinne ist[508], so wird er doch dadurch zu einem Quasi-Rechtsbegriff, daß aus der »Verfassungsfeindlichkeit« Schlüsse gezogen werden auf die Erfüllung der Treuepflichten eines Beamten[509]. Die öffentliche Bezeichnung einer Partei durch staatliche Stellen als »verfassungsfeindlich« stellt damit einen Eingriff dar und ist nur zulässig auf gesetzlicher Grundlage und bei Vorliegen materieller Rechtfertigungsgründe[510]. Die Beobachtung durch den Verfassungsschutz unter **Einsatz nachrichtendienstlicher Mittel** wird von Art. 21 II GG nicht ausgeschlossen: Die Möglichkeit des Verbots setzt das vorgängige Sammeln von Informationen voraus. Unter welchen Voraussetzungen diese Maßnahmen ergriffen werden dürfen, ist im einzelnen nicht völlig geklärt[511]. Gegen unzulässigerweise diskriminierende öffentliche Äußerungen von Staatsorganen oder gegen unzulässige Überwachungsmaßnahmen können die üblichen **Rechtsbehelfe** geltend gemacht werden[512], gegen Verfassungsorgane im Wege der Organklage, gegen die sonstige öffentliche Gewalt nach §§ 40ff. VwGO und gegenüber Privaten durch die negatorische Klage aus § 1004 BGB vor den ordentlichen Gerichten. Auch der einzelne darf wegen seiner Mitgliedschaft nicht benachteiligt werden[513].

Die Stellung des Antrags durch die Bundesregierung, den Bundesrat oder den Bundestag (§ 43 I BVerfGG) liegt im – durchaus auch politischen – Ermessen der Antragsorgane. Diese selbst parteipolitisch determinierten Staatsorgane fällen »in Wirklichkeit nur die politische Entscheidung«, die das »BVerfG auf ihre Rechtmäßigkeit zu überprüfen hat«[514], woran sich der exekutivische Vollzug anschließt[515]. Damit läßt sich das Ermessen erst zur Pflicht[516] reduzieren, wenn sich politische Lösungsmöglichkeiten nicht mehr als geeignetere Mittel bieten[517].

150

---

[508] Vgl. *Henke* (Fn. 118), Art. 21 Rn. 361; *Ipsen* (Fn. 92), Art. 21 Rn. 194.

[509] BVerwGE 73, 263 (271ff.); 83, 158 (162); 83, 345 (349). Auch für die Sicherheitseinstufung wird darauf abgehoben: BVerwGE 83, 90 (98f.). Vgl. auch *Ipsen* (Fn. 92), Art. 21 Rn. 194: »verfassungsfeindlich« sei eine »selbständige rechtliche Kategorie« geworden.

[510] Eine gesetzliche Grundlage normieren die Verfassungsschutzgesetze des Bundes und der Länder. Ob die dortigen Voraussetzungen den Rechtfertigungsansprüchen bei Anerkennung eines Eingriffs genügen, bedarf der Diskussion. Zum Problem *D. Murswiek*, DVBl. 1997, 1021 (1027ff.).

[511] Dabei spielen auch die unterschiedlichen Ausgestaltungen der Verfassungsschutzgesetze eine Rolle. Aus der Rechtsprechung: OVG Münster NVwZ 1994, 588f.; OVG Lüneburg NJW 1994, 746ff.; BayVGH NJW 1994, 748ff. Zum Gesamtproblem jetzt *L.O. Michaelis*, Politische Parteien unter der Beobachtung des Verfassungsschutzes, Diss. jur. Hagen 1998.

[512] *Seifert*, Parteien (Fn. 109), S. 487ff. m.w.N. Angedacht wird auch eine »negative Feststellungsklage« zur Feststellung der Nichtverfassungswidrigkeit beim BVerfG, so *M. Kriele*, ZRP 1975, 201ff.; dagegen *W. Wiese*, ZRP 1976, 54ff. mit Replik *M. Kriele*, ebd., 58f.; zum Rechtsschutz allgemein: *Dißmann*, Rechtsschutz (Fn. 170); *C. Cassebaum*, Die prozessuale Stellung der politischen Parteien und ihrer Gebietsverbände, 1988.

[513] Zu Problemen der Beschäftigung im öffentlichen Dienst: → Art. 33 Rn. 42; beachte auch EGMR EuGRZ 1995, 590ff., wonach Disziplinarmaßnahmen wegen bloßer Parteimitgliedschaft Art. 10 I und 11 EMRK verletzen.

[514] *H. Maurer*, AöR 96 (1971), 203 (227).

[515] In Abweichung vom verwaltungsgerichtlichen Verfahren finde also eine präventive Rechtskontrolle statt.

[516] Überblick über Meinungen, die eine Pflicht bei Vorliegen der Voraussetzungen des Art. 21 II GG statuieren, bei *Ipsen* (Fn. 92), Art. 21 Rn. 170ff.

[517] Das erweiterte Ermessen im politischen Raum ist umfassend begründet bei *H. Maurer*, AöR 96 (1971), 203 (226ff.).

VII. Ausgestaltungsauftrag an den Gesetzgeber (Art. 21 III GG)

151 Art. 21 III GG stellt einen **Gesetzgebungsauftrag** an den Bund zur Ausgestaltung des Parteienrechts dar. Die Norm ist **kein Gesetzesvorbehalt** für die Gewährleistungen des Abs. 1, sie bietet keine Grundlage für Einschränkungen[518].

152 Aus dem Plural »Bundesgesetze« ergibt sich ein breit angelegter **Regelungsgegenstand**. Das existierende Parteiengesetz muß nicht alles ausschöpfen, was im Parteiwesen regelungsbedürftig ist. Gegenwärtig finden sich Ausführungsregelungen auch in §§ 13 Nr. 2, 43 ff. BVerfGG. Darüber hinaus können auch weitere parteirechtliche Bereiche vom Bundesgesetzgeber geregelt werden. So ist es zulässig, daß ein Bundesgesetz über die sogenannten parteinahen Stiftungen, die als qualifizierte Hilfsorganisationen dem Parteienrecht unterstellt sind (→ Rn. 41 f., 65, 83, 100), ergeht. Der Schaffung einer eigenständigen Gesetzgebungsgrundlage durch Verfassungsänderung bedarf es also nicht[519].

153 Die Bestimmungen des Parteiengesetzes sind wegen der **ausschließlichen Zuständigkeit** des Bundes[520] bundesrechtlicher Natur und damit der Nachprüfung durch das Bundesverwaltungsgericht zugänglich[521].

154 Der **sachliche Umfang** des Gesetzgebungsauftrages ist auf die Regelung des »Näheren« der in Art. 21 I, II GG thematisierten Gegenstände begrenzt[522]. Der Bund kann das Parteiwesen nicht in seinem ganzen Umfang regeln[523]. Angesichts dessen, daß Art. 21 I und II GG aber Grundlagen des Parteienrechts in erheblicher Breite legt, ist diese Bundeskompetenz weit zu verstehen. Nach Art. 21 GG sind die Länder mangels einer Ermächtigung zu abweichenden Regelungen nicht befugt[524]. Mit der Anerkennung, daß die staatlichen Zahlungen an die Parteien Leistungen der allgemeinen Parteienfinanzierung und nicht auf Wahlkampfkostenerstattung begrenzt sind[525], ist auch klargestellt, daß hierfür der Bundesgesetzgeber zuständig ist[526].

155 Falls der Bund parteirechtliche Regelungen treffen will, die sich mit Materien überschneiden, die der Gesetzgebungskompetenz der Länder unterliegen – wie z. B. mit

---

[518] Jarass/*Pieroth*, GG, Art. 21 Rn. 2; *v. Münch* (Fn. 115), Art. 21 Rn. 97; *A. Harms*, Die Gesetzgebungszuständigkeit des Bundes aus Art. 21 III GG in Abgrenzung zum Zuständigkeitsbereich der Länder, 1986, S. 109 ff.

[519] So aber der Vorschlag zur Schaffung einer Rahmenkompetenz des Bundes in Gestalt eines Art. 75 I Nr. 1b GG, wie ihn die vom Bundespräsidenten (Weizsäcker) einberufene Kommission unabhängiger Sachverständiger zur Parteienfinanzierung gemacht hat: Bundespräsidialamt, Empfehlungen 1994 (Fn. 343), S. 99.

[520] So die ganz überwiegende Meinung: BVerfGE 3, 383 (404); 24, 300 (354); 41, 399 (425); BVerwGE 6, 96 (97); *Harms*, Gesetzgebungszuständigkeit (Fn. 518), S. 63 ff. m.w.N.; *v. Münch* (Fn. 115), Art. 21 Rn. 98; *Henke* (Fn. 118), Art. 21 Rn. 377. A.A. *Maunz* (Fn. 58), Art. 21 Rn. 51: »verfassungsorganisatorische Entscheidung«, im Ergebnis steht aber auch ihm zufolge dem Bund die Regelungsbefugnis zu.

[521] BVerwGE 6, 96 (97 f.); s. auch BVerfGE 3, 384 (404).

[522] *Harms*, Gesetzgebungszuständigkeit (Fn. 518), S. 109 ff.; *Wolfrum*, Ordnung (Fn. 413), S. 80; *v. Münch* (Fn. 115), Art. 21 Rn. 98; *A. Randelzhofer*, JZ 1969, 533 (539).

[523] So aber W. *Henrichs*, DVBl. 1958, 227 (230); *Seifert*, Parteien (Fn. 109), S. 58.

[524] So durften die Länder die Wahlkampfkostenpauschale für Landtage nicht höher als das Parteiengesetz festsetzen: VerfGH NW NVwZ 1993, 57 ff., dazu *M. Sachs*, JuS 1993, 334 f.

[525] BVerfGE 85, 264 (285 ff.).

[526] Zur alten Rechtslage ebenso BVerfGE 24, 300 (354).

dem Wahlrecht zu den Länderparlamenten oder dem Landesstraßenrecht –, so richtet sich die Zuständigkeit danach, wo der Schwerpunkt der Regelung liegt[527].

D. Verhältnis zu anderen GG-Bestimmungen

Parteien genießen den Schutz der **Grundrechte** in der Weise und mit dem Inhalt, den Art. 21 GG vermittelt: Kraft Art. 21 GG – und nicht erst über Art. 19 III GG[528] – sind die Parteien Grundrechtsträger. Der Inhalt der Gewährleistungen wird von Art. 21 GG für die Parteien speziell ausgeformt (→ Rn. 50 f., 55). Die Mitglieder können sich zur Verteidigung der individualrechtlichen Gehalte des Rechts auf freie und chancengleiche parteipolitische Betätigung ebenfalls auf die durch Art. 21 GG modifizierten Grundrechte berufen (→ Rn. 53). Art. 21 II GG ist lex specialis zu **Art. 9 II GG**[529], gegenüber der Meinungsäußerungsfreiheit stellt er eine verfassungsunmittelbare Schranke dar[530]. **156**

Der Zugang zum öffentlichen Dienst und die Amtsführung sind nach **Art. 33 II, III GG** unabhängig von parteipolitischen Betätigungen gewährleistet[531] (→ Art. 33 Rn. 42). Art. 33 V GG wird in keiner Hinsicht von Art. 21 GG eingeschränkt[532]. Die **Wahlrechtsgleichheit** aus Art. 38 I 1 GG deckt eine Ausprägung des Rechts auf Chancengleichheit der Parteien und ihrer Mitglieder ab (→ Art. 38 Rn. 92 ff.). Die oft beschworene »Spannung« zwischen Art. 21 und Art. 38 GG resultiert nicht aus der Kollision der Verfassungsbestimmungen, sie ist vielmehr der Tatsache geschuldet, daß das tatsächliche politische Geschehen sich nicht ohne weiteres dem Normativen fügt. Das **freie Mandat** der Abgeordneten nach Art. 38 I 2 GG wird rechtlich durch die Anerkennung der Rolle der Parteien in Art. 21 GG nicht tangiert. **157**

In Ansehung des Demokratieprinzips (Art. 20 I, II, 28 I 1 GG) ist Art. 21 GG als spezifizierende Ausführungsbestimmung zu verstehen. Im **Verhältnis** der **Parteien** zu den **Staatsorganen** bekräftigt Art. 21 I GG die Legitimität des Mitwirkens parteipolitischer Kräfte. Das Grundgesetz setzt voraus, daß das Parlament von Parteien beschickt und der Parlamentsbetrieb von Fraktionen bestimmt wird (→ Art. 38 Rn. 122) und daß sich daraus berechenbare und stabile Mehrheitsverhältnisse ergeben, wie es in Art. 63 ff. GG ablesbar ist[533]. Parteipolitische Loyalität ist verfassungsrechtlich nicht zu beanstanden – so lange Rechtsvorschriften beachtet werden. Die faktische »Parteienstaatlichkeit« ist kein Rechtstitel. **158**

---

[527] Dazu *Harms*, Gesetzgebungszuständigkeit (Fn. 518), S. 132 ff.
[528] Wie dies bei Art. 4 GG für die Kirchen wegen Art. 140 GG der Fall ist: → Art. 4 Rn. 76. Zu Alternativen: → Art. 19 III Rn. 50 f.
[529] BVerfGE 2, 1 (13); 12, 296 (304); 13, 174 (177); 17, 155 (166).
[530] BVerfGE 5, 85 (134 ff.).
[531] BVerfGE 39, 334 (357 ff.), so auch das Sondervotum *Seuffert*, 375 (376); für ein völliges Verwertungsgebot in beamtenrechtlichen Fragen: Sondervotum *Rupp*, 378 (382 ff.). Zum ganzen auch H. *Maurer*, NJW 1972, 601 ff.
[532] Für die politische Treuepflicht des Beamten BVerfGE 39, 334 (357).
[533] Pointiert *E. G. Mahrenholz*, Bundesverfassungsgericht und Parteienstaatlichkeit, in: K. Stern (Hrsg.), 40 Jahre Grundgesetz, 1990, S. 93 ff. (96).

Artikel 22 [Bundesflagge]

Die Bundesflagge ist schwarz-rot-gold.

Literaturauswahl

Bieber, Roland: Die Flagge der EG, in: Gedächtnisschrift für Wilhelm Karl Geck, 1989, S. 59–77.
Graf zu Dohna, Alexander: Die staatlichen Symbole und der Schutz der Republik, in: HdbDStR, Bd. 1, § 17 (S. 200–208).
Friedel, Alois: Deutsche Staatssymbole, 1968.
Hoog, Günter: Deutsches Flaggenrecht, 1982.
Klein, Eckart: Die Staatssymbole, in: HStR I, § 17 (S. 733–743).
Loewenstein, Karl: Betrachtungen über politischen Symbolismus, in: Festschrift für Rudolf Laun zu seinem siebzigsten Geburtstag, 1953, S. 559–577.
Wentzcke, Paul: Die deutschen Farben, 1955.
Wieland, Joachim: Verfassungsrechtliche Probleme der Entscheidung über die künftige deutsche Hauptstadt, in: Der Staat 30 (1991), S. 231–243.

Leitentscheidungen des Bundesverfassungsgerichts

BVerfGE 81, 278 (293f.) – Bundesflagge; 81, 298 (308f.) – Nationalhymne.

Gliederung

	Rn.
A. Herkunft, Entstehung, Entwicklung	1
I. Ideen- und verfassungsgeschichtliche Aspekte	1
II. Entstehung und Veränderung der Norm	8
B. Internationale, supranationale und rechtsvergleichende Bezüge	9
C. Erläuterungen	14
I. Regelungsgehalt	14
II. Kompetenzen	15
III. Andere Staatssymbole	16
D. Verhältnis zu anderen GG-Bestimmungen	20

A. Herkunft, Entstehung, Entwicklung

I. Ideen- und verfassungsgeschichtliche Aspekte

1 Die schwarz-rot-goldenen Farben der Bundesflagge stehen als **Symbol** für die **Tradition**, in die Deutschland sich ungeachtet aller Brechungen und Katastrophen seiner Geschichte bewußt selbst gestellt hat[1]. Das Grundgesetz knüpft damit an die Tradition an, die in der ersten Hälfte des 19. Jahrhunderts im – lange erfolglosen – Kampf um

---

[1] Allgemein zu Staatssymbolen *R. Smend*, Verfassung und Verfassungsrecht (1928), in: ders., Staatsrechtliche Abhandlungen, 3. Aufl. 1994, S. 119ff. (162ff.); *A. Graf zu Dohna*, Die staatlichen Symbole und der Schutz der Republik, in: HdbDStR, Bd. 1, S. 200ff.; *K. Loewenstein*, Betrachtungen über politischen Symbolismus, in: FS Laun, 1953, S. 559ff.; *E. Klein*, Die Staatssymbole, in: HStR I, § 17; *J. Wieland*, Der Staat 30 (1991), 231 (232).

Einheit und Freiheit Deutschlands begründet wurde. Die genauen Ursprünge der Farbenfolge schwarz-rot-gold sind allerdings nicht völlig geklärt: Die Zusammenstellung von drei Farben erfolgte unter dem Einfluß der französischen Trikolore und sollte die revolutionäre, demokratische Zielrichtung der Bewegung verdeutlichen[2]. Für die Wahl der konkreten Farben dürfte ausschlaggebend gewesen sein, daß Schwarz-Rot-Gold von der zeitgenössischen öffentlichen Meinung – fälschlich – als die Farben des Heiligen Römischen Reiches Deutscher Nation angesehen wurden[3]. Gefördert mag diese Überzeugung durch die Uniform des Freikorps Lützow worden sein. Die **Lützowschen Jäger** hatten ihre ursprünglich verschiedenfarbigen Uniform- und Kleidungsstücke schwarz eingefärbt und mit rotsamtenen Aufschlägen sowie goldenen Knöpfen versehen, um nach außen einen einheitlichen Eindruck zu vermitteln. Nach dem Ende der Freiheitskriege gründeten acht oder neun ehemalige Lützowsche Jäger mit anderen Studenten die Jenaer Burschenschaft und bestimmten Schwarz-Rot zu deren Farben. Gold kam hinzu, als ihnen Jenaer Frauen am 31. März 1816 eine gestickte rot-schwarz-rote Fahne mit einem goldenen Eichenzweig in der Mitte und goldenen Fransen am Saum überreichten. Auf dem **Wartburgfest** am 18. Oktober 1817, das auf Einladung der Jenaer Burschenschaft von Studenten aus ganz Deutschland gefeiert wurde, standen die Farben Schwarz-Rot-Gold für die Forderungen nach nationaler **Einheit**, politischer **Freiheit** und verfassungsmäßig geschützter **Gleichheit** aller Bürger. In diesem Sinne wurden sie nicht nur zum Symbol der 1818 gegründeten Allgemeinen Deutschen Burschenschaft, sondern der gesamten national-liberalen Bewegung[4].

Die Bedeutung des Symbols kommt in vielen zeitgenössischen **Gedichten** zum Ausdruck, deren bekannteste die »Deutsche Farbenlehre« von Hoffmann von Fallersleben und die »Farben der Revolution« von Ferdinand Freiligrath waren[5]. Freiligrath hatte mit diesen Versen aus der Verbannung heraus den Beschluß der Bundesversammlung – der Vertretung der Deutschen Regierung in Frankfurt am Main – vom 9. März 1848 begrüßt, »den alten deutschen Reichsadler und die Farben des ehemaligen deutschen Reichspaniers Schwarz-Roth-Gold« zum Wappen und zu den Farben des Deutschen Bundes zu erklären[6] – ein vergeblicher Beschwichtigungsversuch gegenüber der revolutionären Bewegung, die schnell ganz Deutschland ergriff.

2

Die **Paulskirchenversammlung** hielt die Entscheidung der Flaggenfrage für so dringlich, daß sie im Vorgriff auf eine verfassungsrechtliche Regelung den Marineausschuß[7] am 28. Juli 1848 mit der Erstellung eines Gutachtens über Wappen und Farben des Deutschen Reichs beauftragte, das bereits drei Tage später mit einem Gesetzesvorschlag abgeschlossen wurde[8]. Nach dem Vorschlag sollten Handelsschiffe die schwarz-

3

---

[2] A. *Rabbow*, Symbole der Bundesrepublik und des Landes Niedersachsen, 1980, S. 18 f.
[3] Näher dazu *Rabbow*, Symbole (Fn. 2), S. 18 f.
[4] A. *Friedel*, Deutsche Staatssymbole, 1968, S. 24 ff.
[5] Texte bei *Rabbow*, Symbole (Fn. 2), S. 21 ff.; dort auch der Hinweis auf *Ernst Moritz Arndts* Lied »Was ist des Deutschen Vaterland?«, das mit goldenen Buchstaben auf schwarzem Papier in roter Umrandung gedruckt wurde.
[6] *Huber*, Dokumente, Bd. 1, S. 329; vgl. auch P. *Wentzcke*, Die deutschen Farben, 1955, S. 103 f.
[7] Dieser Ausschuß wurde gewählt, weil einigen deutschen Handelsschiffen verwehrt worden war, unter der schwarz-rot-goldenen Flagge in deutsche Häfen einzulaufen, siehe *Friedel*, Staatssymbole (Fn. 4), S. 27.
[8] Zum Inhalt des Gutachtens, insbesondere der heraldischen Kritik an der Reihenfolge der Farben, siehe ebenfalls *Friedel*, Staatssymbole (Fn. 4), S. 27.

rot-goldene Flagge und Kriegsschiffe zusätzlich den Doppeladler als Reichswappen führen; er wurde nach langwieriger Diskussion über historische, ästhetische und heraldische Fragen angenommen. Im Reichsgesetzblatt[9] wurde allerdings nur das Gesetz über die deutsche Kriegsflagge veröffentlicht, weil die völkerrechtliche Herstellung der Einheit Deutschlands als unerläßliche Voraussetzung der Einführung einer Handelsflagge galt.

4   Nach dem Scheitern der Revolution verschwanden die Farben Schwarz-Rot-Gold bald aus dem öffentlichen Leben. Bismarck höchstpersönlich bestimmte am 9. Dezember 1866 in einem Entwurf für die **Verfassung des Norddeutschen Bundes** Schwarz-Weiß-Rot zu Farben der Handelsflagge[10]. Art. 55 der Verfassung des Norddeutschen Bundes von 1867 und der **Reichsverfassung** von 1871 legten dementsprechend wortgleich fest, daß die Flagge der Kriegs- und Handelsmarine schwarz-weiß-rot sei.

5   Die schwarz-rot-goldene Flagge rückte mit der Niederlage Deutschlands im Ersten Weltkrieg, der Abdankung des Kaisers und der Revolution 1918 erneut in den Mittelpunkt eines politischen Meinungsstreits. Bereits am 9. November 1918 forderten die »Alldeutschen Blätter«, die Rückkehr zu den schwarz-rot-goldenen Farben[11]. Damit wurden erbitterte Auseinandersetzungen um die Reichsfarben eingeleitet, die durch eine Abstimmung in der Nationalversammlung am 3. Juli 1919 mit einem wenig überzeugenden Kompromiß nur scheinbar beendet wurden. **Art. 3 WRV** bestimmte in Satz 1 Schwarz-Rot-Gold zu den Reichsfarben, legte jedoch in Satz 2 für die Handelsflagge die Farbfolge »schwarz-weiß-rot mit den Reichsfarben in der oberen inneren Ecke« fest[12]. Beide Sätze spiegelten die letztlich unvereinbaren Positionen der maßgeblichen politischen Kräfte wider, die in den folgenden 14 Jahren in immer neuen politischen und rechtlichen Kämpfen aufeinander stießen und damit zum Symbol nicht für die Einheit, sondern die **Zerrissenheit der Weimarer Republik** wurden. Von den 10 Flaggen, die in der (Ersten) Flaggenverordnung des Jahres 1921[13] geregelt wurden, zeigten je fünf die Farben **Schwarz-Rot-Gold**[14] und **Schwarz-Weiß-Rot**[15]. Als die (Zweite) Flaggenverordnung[16] bestimmte, daß die gesandschaftlichen und konsularischen Behörden des Reichs an außereuropäischen Plätzen, die von Seehandelsschiffen angelaufen wurden, neben der schwarz-rot-goldenen Nationalflagge oder Reichsdienstflagge auch die schwarz-weiß-rote Handelsflagge zu führen hatten, mußte das zweite

---

[9] Vom 12. November 1848, S. 15 f., abgedruckt in: *Huber*, Dokumente, Bd. 1, S. 401.

[10] Schwarz-Weiß waren die preußischen Farben; bei der Farbe Rot ist unklar, ob sie auf das Rot-Weiß der Hansestädte und Holsteins oder Kurbrandenburgs zurückgeht; näher *Friedel*, Staatssymbole (Fn. 4), S. 29; *Rabbow*, Symbole (Fn. 2), S. 25 f.

[11] *Friedel*, Staatssymbole (Fn. 4), S. 33; dort auch der Hinweis auf ähnliche Äußerungen, etwa des späteren Bundespräsidenten Dr. *Theodor Heuss*, seinerzeit Mitglied der Deutschen Demokratischen Partei, in der »Deutschen Politik« vom 22. November 1918.

[12] Zum Regelungsgehalt, aber auch zur rechtlichen Problematik dieser Bestimmung *Anschütz*, WRV, Art. 3 Anm. 1 ff.

[13] Vom 11. April, RGBl. I S. 483.

[14] Nationalflagge, Standarte des Reichspräsidenten, Flagge des Reichswehrministers, Reichspostflagge, Dienstflagge der Reichsbehörden zu Lande.

[15] Handelsflagge, Handelsflagge mit dem Eisernen Kreuz (für Handelskapitäne, die Offiziere der Reichsmarine gewesen waren), Reichskriegsflagge, Gösch (i.e.: kleine Bugflagge), Dienstflagge der Reichsbehörden zur See.

[16] Vom 5. Mai 1926, RGBl. I S. 217.

Kabinett Luther zurücktreten[17]. Die innere Zerrissenheit der Weimarer Republik dürfte Rudolf Smend vor Augen gestanden haben, als er im Rahmen seiner **Integrationslehre** die verfassungsmäßige Festlegung der Nationalflagge zwar zum grundsätzlichsten Teil der sachlichen Integration zählte, zugleich aber auch auf die Möglichkeit des Scheiterns hinwies: »Es gibt Nationalflaggen, die nicht das Symbol überwältigender Wertgemeinschaft sind und deren sinngemäße Integrationsfunktion deshalb ausbleibt«[18].

Die fehlende Legitimationskraft der Nationalflagge zeigte sich sofort, als **Hitler** zum Reichskanzler ernannt worden war. Bereits am 12. März 1933 ordnete ein Erlaß des Reichspräsidenten ohne Rücksicht auf Art. 3 WRV an, daß »bis zur endgültigen Regelung der Reichsfarben« die schwarz-weiß-rote Flagge und die Hakenkreuzflagge zusammen zu hissen seien[19]. 1935 erklärt Art. 1 Reichsflaggengesetz[20] zwar Schwarz-Weiß-Rot zu den Reichsfarben, Reichs-, National- und Handelsflagge wurde jedoch die **Hakenkreuzflagge** (Art. 2).

6

Die **Alliierten** hoben das Reichsflaggengesetz schon durch Art. 1 Buchst. j des Kontrollratsgesetzes Nr. 1[21] auf. Die verlorene Souveränität Deutschlands kam in der Folgezeit symbolträchtig dadurch zum Ausdruck, daß die deutschen Handelsschiffe verpflichtet wurden, statt einer Handelsflagge eine »**Erkennungsflagge**« zu führen, die blau-weiß-rot-weiß-blaue waagerechte Streifen wie die internationale Signalflagge C – allerdings mit einem herausgeschnittenen Dreieck – zeigte[22].

7

II. Entstehung und Veränderung der Norm

Die problembeladene Geschichte der deutschen Nationalflagge fand auch in den **Beratungen über das Grundgesetz** ihren Widerhall. Art. 23 HChE, demzufolge der Bund die schwarz-rot-goldene Flagge der Deutschen Republik führen sollte, wurde zwar von einer Mehrheit getragen, die sich auf die deutsche Einheits- und Freiheitsbewegung bezog; eine Minderheit des Verfassungskonvents wollte dagegen dem Gesetzgeber die Flaggenentscheidung vorbehalten[23]. Im **Parlamentarischen Rat** war man sich zwar weithin über die Bundesfarben, nicht jedoch über die Flaggengestaltung einig[24].

8

---

[17] *F. Poetzsch-Heffter*, JöR 17 (1929), 1 (6ff.); zu weiteren Konflikten um die Flaggenfarben siehe *Friedel*, Staatssymbole (Fn. 4), S. 35f.; *E. Klein*, in: BK (Zweitbearbeitung 1982), Art. 22 Rn. 25ff.; sowie *Rabbow*, Symbole (Fn. 2), S. 30ff.; *Gusy*, Reichsverfassung, S. 87f.

[18] *Smend*, Verfassung (Fn. 1), S. 217.

[19] RGBl. I S. 103; die Bedeutung der Flaggenfrage kommt auch darin zum Ausdruck, daß im gleichen Jahr noch drei weitere einschlägige Vorschriften erlassen wurden: die Verordnung über die vorläufige Regelung der Flaggenführung vom 31. März 1933, RBGl. I S. 179; der Erlaß über das Setzen der Hakenkreuzflagge auf Kauffahrteischiffen vom 29. April 1933, RGBl. I S. 244; die Verordnung über die vorläufige Regelung der Flaggenführung auf Kauffahrteischiffen vom 20. Dezember 1933, RGBl. I S. 1101.

[20] Vom 15. September 1935, RGBl. I S. 1145.

[21] Vom 20. September 1945, Amtsblatt des Kontrollrats in Deutschland Nr. 1, S. 3.

[22] Kontrollratsgesetz Nr. 39 vom 12. November 1946, Amtsblatt des Kontrollrats Nr. 12, S. 71.

[23] Verfassungsausschuß der Ministerpräsidenten-Konferenz der westlichen Besatzungszonen, BerichtHCh, S. 24f.; auch abgedruckt in Parl.Rat II, S. 519.

[24] Zur Festlegung der Bundesfarben Schwarz-Rot-Gold siehe die Beratungen des Grundsatzausschusses am 14. Oktober 1948 (Parl.Rat V, S. 300ff.), am 3. November 1948 (Parl.Rat V, S. 465ff.) und am 5. November 1948 (Parl.Rat V, S. 485ff.); *v. Mangoldt* wollte bis zur endgültigen Entscheidung auf die schwarz-weiß-roten Farben der Weimarer Republik zurückgreifen.

Die CDU wünschte für die Bundesflagge »auf rotem Grund ein schwarzes liegendes Kreuz und auf dieses aufgelegt ein goldenes Kreuz«[25]. Während die CDU der Trikolorenform keine werbende Kraft beimaß und im **Kreuz** ein Symbol für das sah, »was heute die Kulturländer Europas und des Abendlandes einigt«[26], wollte die SPD mit der **Trikolore** die Fahne der treuesten Anhänger der republikanischen Gesinnung in Deutschland übernehmen[27]. Die Entscheidung fiel erst während der dritten Lesung des Grundgesetzes im Parlamentarischen Rat am 8. Mai 1949. An diesem Tag wurde der Vorschlag der CDU, nur die Bundesfarben Schwarz, Rot und Gold festzulegen, die Gestaltung der Flagge jedoch dem Gesetzgeber zu überlassen[28], mit 34 gegen 23 Stimmen abgelehnt und sodann auf Vorschlag der SPD[29] die geltende Fassung des Art. 22 GG mit 49 gegen 1 Stimme angenommen[30]. Die SPD hatte ihren Antrag mit dem Ziel begründet, »daß die Bundesrepublik Deutschland die Flagge führe, die in Weimar gesetzlich festgelegt wurde«[31]. Damit knüpft Art. 22 GG also bewußt an die **freiheitlich-demokratische Tradition** der Weimarer Republik an.

B. Internationale, supranationale und rechtsvergleichende Bezüge

9 Art. 22 GG entfaltet auch völkerrechtliche Wirkungen, weil er die Gestalt der Bundesflagge verbindlich festlegt und damit den **Anknüpfungspunkt für völkerrechtliche Bestimmungen zum Schutz der Staatsflagge**[32] bildet[33]. Zwar ist die verfassungsrechtliche Festlegung der Nationalflagge nicht Voraussetzung ihres völkerrechtlichen Schutzes[34], sie stellt jedoch die von den völkerrechtlichen Schutznormen vorausgesetzte normative Festlegung dar.

10 Neben der Bundesflagge wird bei »Anlässen mit europäischem Bezug«[35] die **Flagge der EG** gehißt. Sie bildet ein **blaues Rechteck, in dessen Mitte ein Kreis aus 12 fünfzackigen goldfarbenen Sternen steht**[36]. Diese Flagge hatte sich bereits 1955 der Europarat gegeben, sie wird in der Bundesrepublik seit langem am Europatag (5. Mai) gehißt[37]. Eine ausdrückliche europarechtliche Ermächtigung für die Schaffung der EG-Flagge fehlt, die erforderliche Kompetenz läßt sich jedoch aus der Organisationsge-

---

[25] So der Vorschlag des Abg. Dr. *Pfeiffer* (CSU) in der Sitzung des Grundsatzausschusses am 5. November 1948, S. 1 (= Parl.Rat V, S. 485) und gleichlautend die Variante II der Vorschläge des Grundsatzausschusses vom 10. November 1948 (= Parl.Rat V, S. 541).
[26] Abg. Dr. *Lehr* (CDU) und Dr. *Strauß* (CDU), Sitzung des Hauptausschusses am 17. November 1948, Sten.Prot. S. 49.
[27] Abg. Dr. *Bergsträßer* (SPD), Sitzung des Hauptausschusses am 17. November 1948, Sten.Prot. S. 48 f.
[28] Parl.Rat, Drs. 895 vom 8. Mai 1949 (Parl.Rat IX, S. 587 f.).
[29] Parl.Rat, Drs. 887 vom 8. Mai 1949.
[30] Parl.Rat, Sten.Prot. S. 226 f. und 238.
[31] Abg. Dr. *Bergsträßer* (SPD), Parl.Rat, Sitzung am 8. Mai 1949, Sten.Prot. S. 227 (Parl.Rat. IX, S. 588).
[32] Etwa Art. 4 des Genfer Übereinkommens über die Hohe See von 1958, BGBl. 1972 II, 1089.
[33] *M. Bothe*, in: AK-GG, Art. 22 Rn. 15; *T. Maunz*, in: Maunz/Dürig, GG, Art. 22 (1966), Rn. 2; a. A. *G. Hoog*, in: v. Münch/Kunig, GG II, Art. 22 Rn. 3; *Klein* (Fn. 17), Art. 22 Rn. 3.
[34] So zutreffend *Hoog* (Fn. 33), Art. 22 Rn. 3.
[35] So der Erlaß des BMI vom 8. August 1986, abgedruckt bei *R. Bieber*, Die Flagge der EG, in: GedS Geck, 1989, S. 59 ff. (62).
[36] BulletinEG Nr. 4/1986, S. 54 (57).
[37] Die einschlägigen Regelungen der Bundesländer sind im Anhang zu dem Aufsatz von *Bieber*, Flagge (Fn. 35), S. 76 f. abgedruckt.

walt der Organe der EG ableiten[38]. Nachdem der EG mittlerweile 15 Staaten angehören, dürfte der **Symbolgehalt** der 12 Sterne eher in der **Einheit der Völker Europas** als in der Zahl der Mitgliedstaaten zu sehen sein[39].

Art. 22 GG **vergleichbare Bestimmungen** finden sich in den **Verfassungen zahlreicher europäischer Staaten**, so z.B. in Art. 193 der Verfassung des Königreichs Belgien, in Art. 2 II der französischen Verfassung, in Art. 12 der Verfassung der Republik Italien, in Art. 15 I der Litauischen Verfassung, in Art. 8a I der Verfassung Österreichs, in Art. 103 I und II der polnischen Verfassung, in Art. 11 I der Verfassung Portugals und in Art. 4 I der Verfassung des Königreichs Spanien. Art. 111 der Norwegischen Verfassung weist dagegen die Festlegung von Form und Farben der Nationalflagge dem Gesetzgeber zu. Die anderen skandinavischen Länder Dänemark, Finnland und Schweden haben dagegen ebenso wie die Niederlande überhaupt auf Aussagen zu ihrer Flagge in der Verfassung verzichtet. Derartige Regelungen gehören somit zwar zu den üblichen, nicht jedoch zu den unabdingbaren Bestimmungen einer modernen Verfassung.

11

Das bestätigen die **Verfassungen der deutschen Länder**, die ebenfalls nur zum Teil die Gestaltung der Landesflagge regeln: Berlin führt die Flagge mit den Farben Weiß-Rot und dem Bären (Art. 5 BerlVerf.), Bremen die bisherigen Flaggen (Art. 68 BremVerf.), Hamburg die weiße dreitürmige Burg mit geschlossenem Tor des Landeswappens auf rotem Grund (Art. 5 III i.V.m. II HambVerf.) und Niedersachsen die Farben Schwarz-Rot-Gold mit dem Landeswappen (weißes Roß im roten Felde; Art. 1 III 1 NdsVerf.). Viele Länder begnügen sich damit, ihre Farben verfassungsmäßig festzulegen: Baden-Württemberg Schwarz-Gold (Art. 24 I Bad.-WürttVerf.), Bayern Weiß und Blau (Art. 1 II BayVerf.), Brandenburg Rot und Weiß (Art. 4 BrandenbVerf.), Hessen Rot-Weiß (Art. 66 HessVerf.), Mecklenburg-Vorpommern Blau, Weiß, Gelb und Rot (Art. 1 III Meckl.VorpVerf.), Saarland Schwarz-Rot-Gold (Art. 62 SaarlVerf.), Sachsen Weiß und Grün (Art. 2 II SächsVerf.), Sachsen-Anhalt Gelb und Schwarz (Art. 1 II Sachs.-AnhVerf.) und Thüringen Weiß-Rot (Art. 44 II 1 ThürVerf.). Die Verfassungen für das Land Nordrhein-Westfalen (Art. 1 II Nordrh.-WestfVerf.) und für Rheinland-Pfalz (Art. 74 III Rheinl.-PfälzVerf.) begnügen sich damit, auf den **Gesetzgeber** zu verweisen; die Verfassung des Landes Schleswig-Holstein enthält überhaupt keine einschlägige Regelung.

12

Die **Deutsche Demokratische Republik** hat in ihrer ersten – gesamtdeutsch ausgerichteten – Verfassung von 1949 an die Tradition der Paulskirche und der Weimarer Republik angeknüpft und Schwarz-Rot-Gold zu ihren Farben bestimmt[40]. Zehn Jahre später wurde die staatliche Eigenständigkeit der DDR dadurch betont, daß **Hammer und Zirkel mit Ährenkranz** als Staatswappen[41] auf beiden Seiten in die Mitte der schwarz-rot-goldenen Trikolore gesetzt wurden[42]. Die Verfassungen der Jahre 1968 und 1974 übernahmen diese Regelung in Art. 1 III[43].

13

---

[38] *Bieber*, Flagge (Fn. 35), S. 67ff.
[39] Zur Flagge der EU siehe *B. Simma/C. Vedder*, in: Grabitz/Hilf, EGV, Art. 210 (1996), Rn. 20 m.w.N.
[40] Art. 2 I der Verfassung vom 7. Oktober 1949, GBl. S. 5.
[41] Festgelegt durch § 1 Gesetz über das Staatswappen und die Staatsflagge vom 26. September 1955, GBl. I S. 705.
[42] Gesetz vom 1. Oktober 1959, GBl. I S. 691.
[43] DDR-Verf. vom 6. April 1968, gleichlautend in der Fassung vom 7. Oktober 1974, GBl. I S. 432; näher zur Staatsflagge der DDR *Klein* (Fn. 17), Art. 22 Anm. III. Rn. 2ff.

C. Erläuterungen

I. Regelungsgehalt

14 Obwohl sich der Wortlaut von Art. 22 GG nur auf **Flaggen** bezieht, erfaßt die Vorschrift ihrem Sinngehalt nach sämtliche aus Tuch bestehende Hoheitszeichen wie **Fahnen, Wimpel, Stander** und **Standarten**[44]. Darüber hinaus werden auch die **Bundesfarben** festgelegt, wie sich aus der vom Parlamentarischen Rat gewollten, im Text der Vorschrift zum Ausdruck kommenden Anknüpfung an die Verfassungstradition ergibt[45]. Die Anknüpfung verdeutliche auch den Symbolgehalt der Farbkombination Schwarz-Rot-Gold: das Bekenntnis Deutschlands zur **Freiheit** und **Einheit** in einem **republikanischen Rechtsstaat**[46]. Die Verbindung der drei Farbbezeichnungen durch Bindestriche bringt die vom Verfassungsgeber gewollte Festlegung auf die tradierte **Trikolore** und die ebenfalls überkommene **Farbfolge** in waagerechten Streifen zum Ausdruck (→ Rn. 8)[47]. Die Festlegung ist allerdings auf die Flaggen beschränkt, die wie National- und Handelsflagge allgemein die **Staatlichkeit** der **Bundesrepublik Deutschland** zum Ausdruck bringen und schließt die Zulässigkeit von Dienstflaggen, Truppenfahnen, Standarten etc. nicht aus, die unter Verwendung der Bundesfarben anders gestaltet werden[48].

II. Kompetenzen

15 Art. 22 GG ist in seiner lakonischen Kürze auf Ausführungsbestimmungen angelegt, regelt jedoch die sich ergebenden Kompetenzfragen nicht. Außer Zweifel steht, daß der Bund insoweit über eine **Verbandszuständigkeit** kraft Natur der Sache (→ Art. 30 Rn. 33) verfügt[49], die sowohl Gesetzgebung als auch Verwaltung erfaßt[50]. Probleme wirft dagegen die **Organkompetenz** auf. Angesichts der grundsätzlichen Offenheit des Gesetzes für Regelungsgegenstände jeglicher Art[51] und des Rechts der Volksvertretung, schlichte Parlamentsbeschlüsse jeglichen Inhalts zu fassen, soweit die Kompetenzen anderer Staatsorgane nicht beeinträchtigt werden[52], ist eine **vorrangige Symbolsetzungsbefugnis** des **Bundestags** anzunehmen. Der Vorbehalt des Gesetzes (→ Art. 20 [Rechtsstaat] Rn. 95 ff.) führt zur Notwendigkeit gesetzlicher Regelungen in dem Fall, daß Pflichten des Bürgers – etwa zur Flaggenführung – begründet werden[53]. Die Staatspraxis wird jedoch von Anordnungen des **Bundespräsidenten** ge-

---

[44] *Maunz* (Fn. 33), Art. 22 Rn. 6.
[45] Vgl. BVerfGE 2, 1 (2); wie hier *Badura*, Staatsrecht, D 28 (S. 251); a. A. *Hoog* (Fn. 33), Art. 22 Rn. 7; vgl. auch *P. M. Huber*, in: Sachs, GG, Art. 22 Rn. 3; *Klein* (Fn. 17), Art. 22 Rn. 8; *Maunz* (Fn. 33), Art. 22 Rn. 7; *Stern*, Staatsrecht I, S. 279.
[46] *Maunz* (Fn. 33), Art. 22 Rn. 9.
[47] *Klein* (Fn. 17), Art. 22 Rn. 30; a. A.: *Hoog* (Fn. 33), Art. 22 Rn. 9; *Maunz* (Fn. 33), Art. 22 Rn. 10.
[48] *Klein* (Fn. 1), § 17 Rn. 7.
[49] *Bothe* (Fn. 33), Art. 22 Rn. 6; *Hoog* (Fn. 33), Art. 22 Rn. 15; *Jarass*/Pieroth, Art. 22 Rn. 1; *Huber* (Fn. 45), Art. 22 Rn. 5; *Maunz* (Fn. 33), Art. 22 Rn. 22, vgl. aber auch Rn. 26.
[50] *Klein* (Fn. 17), Art. 22 Rn. 51.
[51] Dazu *H. H. Klein*, Aufgaben des Bundestages, in: HStR II, § 40 Rn. 22; *G. Roellecke*, Der Begriff des positiven Gesetzes und das Grundgesetz, 1969, S. 278 ff.; *C. Starck*, Der Gesetzesbegriff des Grundgesetzes, 1970, S. 177 ff., 260 ff.; *Stern*, Staatsrecht II, S. 576 f.
[52] *Klein* (Fn. 51), § 40 Rn. 12; *S. Magiera*, Parlament und Staatsleitung in der Verfassungsordnung des Grundgesetzes, 1979, S. 211 f.

prägt, der zumeist auf Vorschlag der **Bundesregierung** gehandelt hat[54]. Begründet wird die vom Bundespräsidenten in Anspruch genommene Zuständigkeit mit den traditionellen Befugnissen des deutschen Staatsoberhaupts[55], mit seiner Organisationsgewalt[56], mit seiner Stellung als pouvoir neutre über den Parteien[57] oder mit nachkonstitutionellem Gewohnheitsrecht[58]. Bei näherer Betrachtung erweisen sich jedoch alle vier Ansätze als wenig tragfähige Hilfskonstruktionen, die eine rechtlich zweifelhafte Staatspraxis absichern sollen[59]. Zutreffend hat man herausgearbeitet, daß die verbleibende Unsicherheit über die Zuständigkeit des Bundespräsidenten als Symbol für die Unsicherheit der Bundesrepublik Deutschland über ihr zu symbolisierendes Selbstverständnis gedeutet werden kann[60]. **Normative Klarstellungen** sind aus rechtsstaatlicher Sicht nicht nur wünschenswert, sondern **geboten**.

III. Andere Staatssymbole

Vergleichbare Kompetenzfragen werfen auch manche Bestimmungen über sonstige Staatssymbole auf. So ist die **dritte Strophe** des **Deutschlandliedes** 1991 durch einen Briefwechsel zwischen Bundespräsident v. Weizsäcker und Bundeskanzler Kohl als **Nationalhymne** bestätigt worden[61], nachdem das Bundesverfassungsgericht im Jahr zuvor den Briefwechsel zwischen Bundeskanzler Adenauer und Bundespräsident Heuss aus dem Jahre 1952[62] als »nicht eindeutig« qualifiziert hatte, weil ihm nicht ausdrücklich zu entnehmen sei, »daß dieses Lied nur mit seiner dritten Strophe zur Hymne erklärt werden sollte«[63].

16

Den **Verdienstorden der Bundesrepublik Deutschland** hat der Bundespräsident

17

---

[53] So statuiert § 1 des Gesetzes über das Flaggenrecht der Seeschiffe und die Flaggenführung der Binnenschiffe vom 8. Februar 1951, BGBl. I S. 79, zuletzt geändert durch Gesetz vom 10. Mai 1978, BGBl. I S. 613, eine Flaggenführungspflicht für Kauffahrteischiffe → Art. 27 Rn. 3.

[54] Anordnung über die Deutschen Flaggen vom 13. November 1996, BGBl. I S. 1729 welche die Anordnung über die Deutschen Flaggen vom 7. Juni 1950, BGBl. S. 205, abgelöst hat; Anordnung über die Dienstflagge der Seestreitkräfte der Bundeswehr vom 25. Mai 1956, BGBl. I S. 447; Anordnung über die Stiftung der Truppenfahnen für die Bundeswehr vom 18. September 1964, BGBl. I S. 817; vgl. auch die Bekanntmachung des Bundespräsidenten zur Frage einer besonderen Flagge für die Deutschen Streitkräfte vom 20. November 1995, Bulletin Nr. 220, S. 1852; ferner die Bekanntmachung des Bundespräsidenten betreffend das Bundeswappen und den Bundesadler vom 20. Januar 1950, BGBl. 1950, S. 26 (einen späteren ergänzenden Beschluß der Bundesregierung hat der Bundesminister des Innern im Bundesanzeiger veröffentlicht, BAnz. Nr. 169 vom 2. September 1952); Erlaß des Bundespräsidenten über die Dienstsiegel vom 20. Januar 1950, BGBl. 1950, S. 26, und den Erlaß des Bundespräsidenten über die Änderung des Erlasses über die Dienstsiegel vom 28. August 1957, BGBl. I S. 1328.

[55] *A. Dahlmann*, Die Befugnis des Bundespräsidenten, Staatssymbole zu setzen, 1959, S. 68ff.

[56] *B. Dennewitz*, in: BK (Erstbearbeitung), Art. 22 Erl. II. 3.

[57] *Maunz* (Fn. 33), Art. 22 Rn. 22.

[58] *Stern*, Staatsrecht II, S. 219ff.; ähnlich *R. Herzog*, in: Maunz/Dürig, GG, Art. 60 (1986), Rn. 4.

[59] Näher dazu *J. Wieland*, Der Staat 30 (1991), 231 (235f.) m. w. N.

[60] *K. Schlaich*, Die Funktionen des Bundespräsidenten im Verfassungsgefüge, in: HStR II, § 49 Rn. 6.

[61] Vom 19./23. August 1991, BGBl. I S. 2135; zur früheren Rechtslage *Klein* (Fn. 17), Art. 22 Rn. 83ff.; vgl. auch *G. Spendel*, JZ 1988, 744ff. und *J. Wieland*, Der Staat 30 (1991), 231 (236f.).

[62] Bulletin Nr. 51 vom 6. Mai 1952, S. 537, abgedruckt auch bei *M. Hellenthal*, NJW 1988, 1294 (1297).

[63] BVerfGE 81, 298 (309) m. Anm. von *C. Gusy*, JZ 1990, 640f.

1951 durch einen im Bundesgesetzblatt bekannt gemachten Erlaß gestiftet[64]. Eine gesetzliche Grundlage für die vom Bundespräsidenten in Anspruch genommene Befugnis, Orden und Ehrenzeichen zu stiften und zu verleihen, hat aber 1957 erst nachträglich § 3 I des Gesetzes über Titel, Orden und Ehrenzeichen geschaffen. Gemäß § 16 dieses Gesetzes sind Ansprüche aus verliehenen **staatlichen Auszeichnungen** der **DDR** mit dem Beitritt erloschen und können nicht mehr geltend gemacht werden; nach einem Protokollvermerk zum Einigungsvertrag können die Auszeichnungen allerdings weitergeführt oder getragen werden, »es sei denn, daß dadurch der ordre public der Bundesrepublik Deutschland verletzt wird«[65].

18   Berlin ist durch Art. 2 I 1 EV und das Transformationsgesetz des Bundes[66] zur **Hauptstadt** Deutschlands bestimmt worden. Satz 2 dieser Vertragsbestimmung verwies die Antwort auf die Frage nach dem **Sitz** von **Parlament** und **Regierung** auf die Zeit nach der Herstellung der Einheit Deutschlands. Der Vermerk I. 2. im Protokoll zum Einigungsvertrag, das gemäß Art. 45 I EV mit ihm in Kraft getreten ist, enthielt die »Klarstellung«, daß die Entscheidung Gegenstand »der Beschlußfassung der gesetzgebenden Körperschaften des Bundes« sein sollte. Aufgrund des Beschlusses des Bundestages vom 20. Juni 1991 zur Vollendung der Einheit Deutschlands[67] und von Beschlüssen der Bundesregierung vom 3. Juni 1992[68] und vom 12. Oktober 1993[69] sowie von §§ 2 I und 3 I des Gesetzes zur Umsetzung des Beschlusses des Deutschen Bundestages vom 20. Juni 1991 zur Vollendung der Einheit Deutschlands (Berlin/Bonn-Gesetz)[70] ist Berlin Sitz des Deutschen Bundestages und des »Verfassungsorgans Bundesregierung«; Bundesministerien »befinden sich« nicht nur in der **Bundeshauptstadt Berlin**, sondern auch in der **Bundesstadt Bonn**[71].

19   Diese Regelungen spiegeln die Rechtslage wider, derzufolge die Entscheidung der obersten Staatsorgane über ihren Sitz nur Ausfluß ihres **Selbstorganisationsrechts** ist, die Bestimmung eines einheitlichen Bundessitzes jedoch dem **Zugriff** des **Gesetzgebers** offensteht, weil sie die Verfaßtheit des Bundes als Staat betrifft[72].

D. Verhältnis zu anderen GG-Bestimmungen

20   Als Aussage zum Selbstverständnis der Bundesrepublik Deutschland steht Art. 22 GG in einer gewissen Nähe zur **Präambel** sowie zu den verfassungsrechtlichen **Grundprinzipien** des Art. 20 I–III GG.

---

[64] BGBl. 1951 I S. 831.
[65] BGBl. 1990 II S. 889 (910).
[66] BGBl. 1990 II S. 889.
[67] BT Sten.Prot. 12/34; vgl. auch BT-Drs. 12/815.
[68] Bulletin Nr. 63 vom 10. Juni 1992, S. 606.
[69] Bulletin Nr. 87 vom 16. Oktober 1993, S. 991.
[70] Vom 26. April 1994, BGBl. I S. 918.
[71] § 4 Berlin/Bonn-Gesetz.
[72] *J. Wieland*, Der Staat 30 (1991), 231 (243); ähnlich *M. Heintzen*, ZfB 1990, 134 (144); *Huber* (Fn. 45), Art. 22 Rn. 8; *Klein* (Fn. 17), Art. 22 Rn. 102f.; *J.-D. Kühne*, ZParl. 21 (1990), 515 (521f.); *U. Repkewitz*, ZParl. 21 (1990), 505 (513); vgl. aber auch *F. Hufen*, NJW 1991, 1321 (1324ff.); *P. Lerche*, ZG 6 (1991), 193 (195ff.); schließlich *P. Häberle*, DÖV 1990, 989ff.

Artikel 23 [Europäische Union]

(1) [1]Zur Verwirklichung eines vereinten Europas wirkt die Bundesrepublik Deutschland bei der Entwicklung der Europäischen Union mit, die demokratischen, rechtsstaatlichen, sozialen und föderativen Grundsätzen und dem Grundsatz der Subsidiarität verpflichtet ist und einen diesem Grundgesetz im wesentlichen vergleichbaren Grundrechtsschutz gewährleistet. [2]Der Bund kann hierzu durch Gesetz mit Zustimmung des Bundesrates Hoheitsrechte übertragen. [3]Für die Begründung der Europäischen Union sowie für Änderungen ihrer vertraglichen Grundlagen und vergleichbare Regelungen, durch die dieses Grundgesetz seinem Inhalt nach geändert oder ergänzt wird oder solche Änderungen oder Ergänzungen ermöglicht werden, gilt Artikel 79 Abs. 2 und 3.

(2) [1]In Angelegenheiten der Europäischen Union wirken der Bundestag und durch den Bundesrat die Länder mit. [2]Die Bundesregierung hat den Bundestag und den Bundesrat umfassend und zum frühestmöglichen Zeitpunkt zu unterrichten.

(3) [1]Die Bundesregierung gibt dem Bundestag Gelegenheit zur Stellungnahme vor ihrer Mitwirkung an Rechtsetzungsakten der Europäischen Union. [2]Die Bundesregierung berücksichtigt die Stellungnahme des Bundestages bei den Verhandlungen. [3]Das Nähere regelt ein Gesetz.

(4) Der Bundesrat ist an der Willensbildung des Bundes zu beteiligen, soweit er an einer entsprechenden innerstaatlichen Maßnahme mitzuwirken hätte oder soweit die Länder innerstaatlich zuständig wären.

(5) [1]Soweit in einem Bereich ausschließlicher Zuständigkeit des Bundes Interessen der Länder berührt sind oder soweit im übrigen der Bund das Recht zur Gesetzgebung hat, berücksichtigt die Bundesregierung die Stellungnahme des Bundesrates. [2]Wenn im Schwerpunkt Gesetzgebungsbefugnisse der Länder, die Einrichtung ihrer Behörden oder ihre Verwaltungsverfahren betroffen sind, ist bei der Willensbildung des Bundes insoweit die Auffassung des Bundesrates maßgeblich zu berücksichtigen; dabei ist die gesamtstaatliche Verantwortung des Bundes zu wahren. [3]In Angelegenheiten, die zu Ausgabenerhöhungen oder Einnahmeminderungen für den Bund führen können, ist die Zustimmung der Bundesregierung erforderlich.

(6) [1]Wenn im Schwerpunkt ausschließliche Gesetzgebungsbefugnisse der Länder betroffen sind, soll die Wahrnehmung der Rechte, die der Bundesrepublik Deutschland als Mitgliedstaat der Europäischen Union zustehen, vom Bund auf einen vom Bundesrat benannten Vertreter der Länder übertragen werden. [2]Die Wahrnehmung der Rechte erfolgt unter Beteiligung und in Abstimmung mit der Bundesregierung; dabei ist die gesamtstaatliche Verantwortung des Bundes zu wahren.

(7) Das Nähere zu den Absätzen 4 bis 6 regelt ein Gesetz, das der Zustimmung des Bundesrates bedarf.

Literaturauswahl

Badura, Peter: Die »Kunst der föderalen Form« – Der Bundesstaat in Europa und der Europäische Föderalismus, in: Festschrift für Peter Lerche, 1993, S. 369–384.
Battis, Ulrich/Tsatsos, Dimitris Th./Stefanou, Dimitris (Hrsg.): Europäische Integration und nationales Verfassungsrecht, 1995.
Bieber, Roland/Widmer, Pierre (Hrsg.): L'espace constitutionnel européen. Der europäische Verfassungsraum. The European constitutional area, 1995.

Brenner, Michael: Das Gesetz über die Zusammenarbeit von Bundesregierung und Deutschem Bundestag in Angelegenheiten der Europäischen Union, in: ThürVBl. 1993, S. 196–203.
Breuer, Rüdiger: Die Sackgasse des neuen Europaartikels (Art. 23 GG), in: NVwZ 1994, S. 417–429.
Calliess, Christian: Subsidiaritäts- und Solidaritätsprinzip in der Europäischen Union. Vorgaben für die Anwendung von Art. 3b EGV am Beispiel der gemeinschaftlichen Wettbewerbs- und Umweltpolitik, 1996.
Di Fabio, Udo: Der neue Art. 23 des Grundgesetzes. Positivierung vollzogenen Verfassungswandels oder Verfassungsneuschöpfung?, in: Der Staat 32 (1994), S. 191–217.
Everling, Ulrich: Überlegungen zur Struktur der Europäischen Union und zum neuen Europa-Artikel des Grundgesetzes, in: DVBl. 1993, S. 936–947.
Everling, Ulrich: Will Europe slip on Bananas? The Banana Judgement of the Court of Justice and national courts, in: CMLRev. 33 (1996), S. 401–437.
F.I.D.E. (Hrsg.): Le droit constitutionnel national et l'intégration européenne. Nationales Verfassungsrecht mit Blick auf die europäische Integration. National constitutional law vis-à-vis European integration, 1996.
Geiger, Rudolf: Die Mitwirkung des deutschen Gesetzgebers an der Entwicklung der Europäischen Union. Zur Auslegung des Art. 23 Abs. 1 Satz 2 und 3 GG, in: JZ 1996, S. 1093–1098.
Grimm, Dieter: The European Court of Justice and National Courts: The German Constitutional Perspective after the Maastricht Decision, in: ColJEL 3 (1997), S. 229–242.
Häberle, Peter: Das Prinzip der Subsidiarität aus der Sicht der vergleichenden Verfassungslehre, in: AöR 119 (1994), S. 169–206.
Heintzen, Markus: Gemeineuropäisches Verfassungsrecht in der Europäischen Union, in: EuR 1997, S. 1–16.
Hilf, Meinhard: Die Europäische Union und die Eigenstaatlichkeit ihrer Mitgliedstaaten, in: Peter Hommelhoff/Paul Kirchhof (Hrsg.), Der Staatenverbund der Europäischen Union, 1994, S. 75–85.
Hirsch, Günter: Europäischer Gerichtshof und Bundesverfassungsgericht – Kooperation oder Konfrontation?, in: NJW 1996, S. 2457–2466.
Hofmann, Hasso: Die Verfassungsentwicklung in der Bundesrepublik Deutschland, in: StWStP 6 (1995), S. 155–181.
Ipsen, Hans-Peter: Die Bundesrepublik Deutschland in den Europäischen Gemeinschaften, in: HStR VII, § 181, S. 767–815.
Isensee, Josef: Vorrang des Europarechts und deutsche Verfassungsvorbehalte – Offener Dissens, in: Festschrift für Klaus Stern, 1997, S. 1239–1268.
Jarass, Hans D.: Die Kompetenzverteilung zwischen der Europäischen Gemeinschaft und den Mitgliedstaaten, in: AöR 121 (1996), S. 173–199.
Kabel, Rudolf: Die Mitwirkung des Deutschen Bundestages in Angelegenheiten der Europäischen Union, in: Gedächtnisschrift für Eberhard Grabitz, 1995, S. 241–270.
Kirchhof, Paul: Das Maastricht-Urteil des Bundesverfassungsgerichts, in: Peter Hommelhoff/Paul Kirchhof (Hrsg.), Der Staatenverbund der Europäischen Union, 1994, S. 11–24.
Kokott, Juliane: Federal States in Federal Europe. The German *Länder* and Problems of European Integration, European Public Law 1997, S. 607–634.
Lang, Ruth: Die Mitwirkungsrechte des Bundesrates und des Bundestages in Angelegenheiten der Europäischen Union gemäß Art. 23 Abs. 2 bis 7 GG, 1997.
Lerche, Peter: »Kompetenz-Kompetenz« und das Maastricht-Urteil des Bundesverfassungsgerichts, in: Verfassungsrecht im Wandel. Festschrift Carl Heymanns Verlag, 1995, S. 409–424.
Meißner, Martin: Die Bundesländer und die Europäischen Gemeinschaften. Eine Untersuchung zur Garantie des Bundesstaatsprinzips unter Berücksichtigung der Kompetenzkompensation und der Regelung des Art. 23 GG n.F., 1996.
Morawitz, Rudolf/Kaiser, Wilhelm: Die Zusammenarbeit von Bund und Ländern bei Vorhaben der Europäischen Union, 1994.
Oeter, Stefan: Souveränität und Demokratie als Probleme in der »Verfassungsentwicklung« der Europäischen Union, in: ZaöRV 55 (1995), S. 659–712.
Ossenbühl, Fritz: Maastricht und das Grundgesetz – eine verfassungsrechtliche Wende?, in: DVBl. 1993, S. 629–637.
Paul, Michael: Die Mitwirkung der Bundesländer an der Rechtsetzung der Europäischen Gemeinschaften de lege lata und de lege ferenda, 1996.
Pernice, Ingolf: Deutschland in der Europäischen Union, in: HStR VIII, § 191, S. 225–280.

Pernice, Ingolf: Die Dritte Gewalt im europäischen Verfassungsverbund, in: EuR 1996, S. 27–43.
Rideau, Joël (Hrsg.): Les Etats membres de l'Union Européenne, 1997.
Rodríguez Iglesias, Gil Carlos: Zur »Verfassung« der Europäischen Gemeinschaft, in: EuGRZ 1996, S. 125–131.
Schede, Christian: Bundesrat und Europäische Union. Die Beteiligung des Bundesrates nach dem neuen Artikel 23 des Grundgesetzes, 1994.
Scheuing, Dieter H.: Deutsches Verfassungsrecht und europäische Integration, in: EuR-Beiheft 1/1997, S. 7–60.
Schilling, Theodor: Die Verfassung Europas, in: StWStP 7 (1996), S. 387–417.
Schmitt Glaeser, Alexander: Grundgesetz und Europarecht als Elemente Europäischen Verfassungsrechts, 1996.
Scholz, Rupert: Europäische Union und deutscher Bundesstaat, in: NVwZ 1993, S. 817–824.
Schuppert, Gunnar Folke: Zur Staatswerdung Europas. Überlegungen zu den Bedingungsfaktoren und Perspektiven der europäischen Verfassungsentwicklung, in: StWStP 5 (1994), S. 35–76.
Sommermann, Karl-Peter: Staatsziel »Europäische Union« – Zur normativen Reichweite des Art. 23 Abs. 1 S. 1 GG n. F. –, in: DÖV 1994, S. 596–604.
Steinberger, Helmut: Anmerkungen zum Maastricht-Urteil des Bundesverfassungsgerichtes, in: Peter Hommelhoff/Paul Kirchhof (Hrsg.), Der Staatenverbund der Europäischen Union, 1994, S. 25–35.
Streinz, Rudolf: Das »Kooperationsverhältnis« zwischen Bundesverfassungsgericht und Europäischem Gerichtshof nach dem Maastricht-Urteil, in: Verfassungsrecht im Wandel. Festschrift Carl Heymanns Verlag, 1995, S. 663–679.
Tomuschat, Christian: Das Endziel der Europäischen Integration. Maastricht ad infinitum?, in: DVBl. 1996, S. 1073–1082.
Tomuschat, Christian: Die Europäische Union unter der Aufsicht des Bundesverfassungsgerichts, in: EuGRZ 1993, S. 489–496.
Weiler, Joseph H. H.: The Reformation of European Constitutionalism, in: Karl F. Kreutzer/Dieter H. Scheuing/Ulrich Sieber (Hrsg.), Die Europäisierung der mitgliedstaatlichen Rechtsordnungen in der Europäischen Union, 1997, S. 9–40.
Zuleeg, Manfred: Die Verfassung der Europäischen Gemeinschaft in der Rechtsprechung des Europäischen Gerichtshofs, in: BB 1994, S. 581–587.
Zuleeg, Manfred: The European Constitution under Constitutional Constraints: The German Scenario, in: ELRev. 1997, S. 1–34.

Leitentscheidungen des Bundesverfassungsgerichts

BVerfGE 22, 293 (295 ff.) – EWG-Verordnungen; 31, 145 (173 ff.) – Milchpulver; 37, 271 (277 ff.) – Solange I; 52, 187 (199 ff.) – »Vielleicht«-Beschluß; 58, 1 (26 ff.) – Eurocontrol I; 73, 339 (366 ff., 374 ff.) – Solange II; 75, 223 (240 f.) – Kloppenburg-Beschluß; 85, 191 (203 ff.) – Nachtarbeitsverbot; 89, 155 (171 ff.) – Maastricht; 92, 203 (230 ff.) – EG-Fernsehrichtlinie; 97, 350 (368 ff.) – Euro.

Gliederung

	Rn.
A. Herkunft, Entstehung, Entwicklung	1
B. Internationale, supranationale und rechtsvergleichende Bezüge	4
I. Der internationale Kontext der offenen Staatlichkeit	5
II. Europäisches Gemeinschaftsrecht	6
III. Rechtsvergleichende Aspekte	8
1. Integrationsklauseln anderer (Mitglied-)Staaten	8
2. Mitwirkung von Parlamenten, Ländern und Regionen bei der Setzung von Sekundärrecht	13
3. Verhältnis von Gemeinschaftsrecht und nationalem Recht	15
C. Erläuterungen	16
I. Allgemeine Bedeutung der neuen Integrationsklausel	16
1. Die europäische Option des Grundgesetzes	18

2. Der Europäische Verfassungsverbund 20
3. Föderales Prinzip und staatliche Identität 23
4. Vorrang des Gemeinschaftsrechts und Kooperation der Gerichte 26
II. Staatsziel »Vereintes Europa«
(Art. 23 I 1, 1. Halbs. GG) 32
1. »Vereintes Europa« als offene Zielformel 33
    a) Der Begriff »Europa« 34
    b) Europäischer Bundesstaat? 35
    c) Offenheit und Dynamik der Europäischen Integration 37
2. Mitwirkung bei der Entwicklung der Europäischen Union
   (Art. 23 I 1, 1. Halbs. GG) 39
    a) Begriff der Europäischen Union 40
    b) Gründung und Entwicklung der EU (Art. 23 I 1, 1. Halbs., 3 GG) ... 43
    c) Pflicht zur Mitwirkung in der EU 45
3. Verfassungshomogenität in der Europäischen Union (Art. 23 I 1, 2. Halbs. GG) 47
    a) Bedeutung der Struktursicherungsklausel 49
    b) Demokratische Grundsätze 51
    c) Rechtsstaatliche und soziale Grundsätze 59
    d) Föderative Grundsätze 69
    e) Subsidiaritätsprinzip 71
    f) Vergleichbarer Grundrechtsschutz 75
    g) Rückwirkung auf das nationale Recht 80
4. Integrationsverfahren nach Art. 23 I 2, 3 GG 81
    a) Übertragung von Hoheitsrechten durch zustimmungsbedürftiges Bundesgesetz
       (Art. 23 I 2 GG) 82
    b) Verfassungsändernde Integrationsakte (Art. 23 I 3 GG) 89
    c) Abgrenzung zwischen Art. 23 I 2 und 3 GG 91
    d) Die Bestandssicherungsklausel (Art. 23 I 3 a.E. mit Art. 79 III GG) ... 93
III. Ausgleich des innerstaatlichen Kompetenzverlustes (Art. 23 II GG) 95
1. »Angelegenheiten der Europäischen Union« 98
2. Vertikaler und funktionaler Kompetenzausgleich 99
3. Unterrichtungspflichten 102
IV. Beteiligung des Bundestages (Art. 23 III GG) 104
V. Beteiligung der Länder durch den Bundesrat (Art. 23 IV-VII GG) 107
1. Gegenständliche Abgrenzung der Ländermitwirkung (Art. 23 IV GG) 108
2. Formen der Beteiligung des Bundesrates (Art. 23 V, VI GG) 109
    a) Berücksichtigung der Stellungnahme des Bundesrates (Art. 23 V 1 GG) ... 110
    b) Maßgebliche Berücksichtigung der Stellungnahme (Art. 23 V 2, 3 GG) 112
    c) Vertreter der Länder im Rat der EU (Art. 23 VI GG) 117
D. Verhältnis zu anderen GG-Bestimmungen 122

A. Herkunft, Entstehung, Entwicklung

1   Der neue Art. 23 GG füllt eine Artikel-Lücke, die durch die Streichung des ursprünglichen Art. 23 GG, der Bestimmung über den (vorläufigen) Geltungsbereich des Grundgesetzes mit der Klausel über den möglichen Beitritt der anderen Teile Deutschlands, im Rahmen des Einigungsvertragsgesetzes vom 23. 9. 1990[1] entstanden ist. Die **Beitrittsklausel** des alten Art. 23 GG wurde statt Art. 146 GG nach der deutschen Revolution von 1989 als verfassungsrechtliche Grundlage der Wiedervereinigung gewählt[2].

---

[1] BGBl. 1990 II S. 885 (889).
[2] Zum Beitritt nach Art. 23 a.F. GG und zur Streichung dieser Vorschrift im Zusammenhang mit der

Die Auffüllung der entstandenen Lücke durch den neuen Europaartikel bekräftigt die Endgültigkeit der nach der Vereinigung bestehenden Grenzen Deutschlands[3]. Der Geltungsbereich des Grundgesetzes wird nunmehr nur noch durch die Aufzählung der Länder in der Präambel festgelegt.

Art. 23 n.F. GG wurde im Vorfeld der Ratifikation des Unionsvertrags von Maastricht mit dem 38. ÄndG zum Grundgesetz am 21.12.1992[4] als **Spezialregelung für die europäische Integration**[5] in das Grundgesetz eingefügt. Er verdrängt insoweit Art. 24 I GG, der als »Integrationshebel« (H. P. Ipsen) bis dahin verfassungsrechtliche Grundlage für die europäische Integration und Legitimation der mit ihr einhergehenden materiellen Verfassungsänderung[6] oder die »Mutation« des innerstaatlichen Verfassungsrechts[7] war. Für die mit dem Unionsvertrag erreichte Stufe der Integration wurde Art. 24 I GG nicht mehr als ausreichend angesehen[8]. Die schon in der Präambel verankerte supranationale Option des Grundgesetzes[9] findet in Art. 23 n.F. GG ihre Konkretisierung als **Staatsziel**[10] und begründet damit eine **verfassungsrechtliche Verpflichtung** zur Mitwirkung an der Entwicklung der Europäischen Union. Art. 23 n.F. GG nimmt mit der Struktursicherungsklausel (→ Rn. 47 ff.) und der expliziten Bindung der Integrationsgewalt an Art. 79 II und III GG in Abs. 1 S. 1 2. Halbs. zugleich die wesentlichen Grundsätze in sich auf, die das Bundesverfassungsgericht und die Politik im Laufe der Zeit als rechtliche Eckpunkte der europäischen Integration entwickelt haben. Die Regelungen über die Mitwirkung des Bundestages und vor allem der Länder bei der Willensbildung der Union in Abs. 2–7 sind zunächst Ausdruck des steigenden Bedarfs an Kompensation[11] für den Verlust an demokratischer Kontrolle und Länderkompetenz im Zuge wachsender Gemeinschaftskompetenzen, dann aber auch des Bestrebens der Länder, ihre Eigenstaatlichkeit im Rahmen der europäischen Integration zu behaupten und an der Gestaltung Europas aktiv mitzuwirken.

Seit seiner Einführung im Dezember 1992 wurde Art. 23 n.F. GG nicht förmlich geändert. Für seine Auslegung und Anwendung von erheblicher Bedeutung ist allerdings das »**Maastricht-Urteil**« des Bundesverfassungsgerichts vom 12. Oktober

---

Wiedervereinigung s. im einzelnen: *P. Lerche*, Der Beitritt der DDR – Voraussetzungen, Realisierung, Wirkungen, in: HStR VIII, § 194 Rn. 3 ff., 51 f.; krit. *P. Häberle*, JZ 1990, 358 ff.

[3] *Lerche* (Fn. 2), § 194 Rn. 51; → Präambel Rn. 58.
[4] BGBl. 1992 I S. 2086.
[5] Vgl. auch *R. Streinz*, in: Sachs, GG, Art. 23 Rn. 9.
[6] Vgl. BVerfGE 58, 1 (36), aufgenommen im Bericht der GVK, Zur Sache 5/93, 41 f.; vgl. auch *U. Hufeld*, Die Verfassungsdurchbrechung, 1997, S. 114 ff.
[7] Vgl. *H. P. Ipsen*, Europäisches Gemeinschaftsrecht, 1972, Rn. 2/20; zum Begriff »mutiert«: *ders.*, Als Bundesstaat in der Gemeinschaft, in: FS Hallstein, 1966, S. 248 ff. (264); s. auch *C. Tomuschat*, Die staatsrechtliche Entscheidung für die internationale Offenheit, in: HStR VII, § 172 Rn. 72: »Mutation der Staatsverfassung durch Integration«. Zur Verwendung in Frankreich und Spanien s. *A. Jiménez-Blanco Carillo de Albornoz*, Die Verwaltung 28 (1995), 225 ff.
[8] S. etwa *R. Scholz*, NJW 1992, 2593 (2593 f.), und *ders.*, in: Maunz/Dürig, GG, Art. 23 (1996) Rn. 3; vgl. auch *Streinz* (Fn. 5), Art. 23 Rn. 3: »etwas mager«; a.A.: *U. Everling*, DVBl. 1993, 936 (942).
[9] Begriff von *Stern*, Staatsrecht I, § 15, schon in bezug auf Art. 24 I GG.
[10] Vgl. schon zu Art. 24 GG *H. Mosler*, Die Übertragung von Hoheitsgewalt, in: HStR VII, § 175 Rn. 8; zu Art. 23 GG vgl. auch *P. Badura*, Das »Staatsziel« europäische Integration im Grundgesetz, in: FS Schambeck, 1994, S. 887 ff.; *K.-P. Sommermann*, DÖV 1994, 596 ff.; *M. Herdegen*, Vertragliche Eingriffe in das Verfassungssystem der Europäischen Union, in: FS Everling, 1995, S. 447 ff. (452 f.).
[11] Zum Kompensationsgedanken näher *M. Meißner*, Die Bundesländer und die Europäischen Gemeinschaften, 1996, S. 167 ff., mwN.

1993[12]. Bedingungen und Grenzen der Integration nach Art. 23 GG werden hier näher bestimmt, z.T. freilich in zweifelhafter, mit dem Grundgesetz und dem Gemeinschaftsrecht kaum zu vereinbarender etatistischer Enge[13].

B. Internationale, supranationale und rechtsvergleichende Bezüge

4   In Art. 23 GG weist die Verfassung über sich selbst hinaus[14]; er stärkt deren Selbstverständnis als Grundordnung eines »kooperativen Verfassungsstaates«[15] und nimmt damit die Erkenntnis der Unzulänglichkeit einzelstaatlichen Wirkens, der »überstaatlichen Bedingtheit des Staates«[16] in sich auf und setzt sie um in die positive Entscheidung für die **Eingliederung** Deutschlands in die Europäische Union. Das Grundgesetz geht damit auf die Entwicklung zum kooperativen Völkerrecht ein, verknüpft das staatliche Verfassungsrecht unmittelbar mit dem der Europäischen Union und setzt für den Typus Integrationsklausel und den Wandel der Staatlichkeit neue Maßstäbe.

I. Der internationale Kontext der offenen Staatlichkeit

5   Die (integrations-)offene Staatlichkeit, die sich schon in der Präambel des Grundgesetzes, in Art. 24 I GG und jetzt in Art. 23 GG äußert[17], ist in engem Zusammenhang mit den **Zielen der Vereinten Nationen** zu sehen. Ausgehend vom Grundsatz der souveränen Gleichheit der Staaten fordert die Satzung der Vereinten Nationen die internationale Zusammenarbeit zur Festigung des Friedens, zur Lösung der wirtschaftlichen, sozialen, kulturellen und humanitären Probleme und zur Förderung der Achtung der Menschenrechte und Grundfreiheiten (Art. 1 Ziff. 2, 3 und Art. 2 Ziff. 1 SVN). Hierfür weist Art. 23 GG einen spezifisch europäischen Weg. Art. 23 GG ist daneben aber auch eine konkrete verfassungsrechtliche Antwort auf die in der Satzung des **Europarats** verankerte Zielsetzung, zwischen den europäischen Staaten eine engere Verbindung zu schaffen zur Festigung des Friedens auf der Grundlage der Gerechtigkeit, zur Verwirklichung der Ideale der persönlichen und politischen Freiheit und der Herrschaft des Rechtes, auf denen jede wahre Demokratie beruht, und zur Förderung des wirtschaftlichen und sozialen Fortschritts (Präambel u. Art. 1 Satzung des Europarats). Vom Europarat gingen die Impulse zur Gründung der Europäischen Gemeinschaften EGKS, EWG und EAG aus[18], über ihn führt heute der Weg zur Mit-

---

[12] BVerfGE 89, 155.
[13] Krit. zuletzt *M. Zuleeg*, ELRev. 1997, 19 (26ff.); *G. Hirsch*, NJW 1996, 2457 (2458ff.); s. auch *M. Fromont*, JZ 1995, 800ff.; *N. MacCormick*, JZ 1995, 797ff.; *I. Pernice*, Deutschland in der Europäischen Union, in: HStR VIII, § 191 Rn. 49ff.
[14] S. auch *Hesse*, Verfassungsrecht, Rn. 111.
[15] Zu Begriff und Konzept s. *P. Häberle*, Der kooperative Verfassungsstaat (1978), in: *ders.*, Verfassung als öffentlicher Prozeß, 2. Aufl. 1996, S. 407ff.
[16] Vgl. *W. v. Simson*, Die Souveränität im rechtlichen Verständnis der Gegenwart, 1965, S. 186ff.; *ders./J. Schwarze*, Europäische Integration und Grundgesetz, 1992, S. 31; *J. Schwarze*, EuR-Beiheft 1/1993, 39ff.; s. auch *P. Häberle/J. Schwarze/W. Graf Vitzthum*, Die überstaatliche Bedingtheit des Staates, 1993, insb. S. 41f.
[17] Grundlegend *K. Vogel*, Die Verfassungsentscheidung für eine internationale Zusammenarbeit, 1964, hier zit. aus *ders.*, in: P. Kirchhof (Hrsg.), Der offene Finanz- und Steuerstaat, 1991, S. 3ff. (36ff.). S. auch *Tomuschat* (Fn. 7), § 172 Rn. 2ff., 11ff., 37ff., der als Grundlage Art. 24–26 GG nennt. → Präambel Rn. 23f.
[18] Vgl. *Oppermann*, Europarecht, Rn. 55.

gliedschaft in der Europäischen Union[19]. Die hier verankerten Grundsätze von Freiheit und Demokratie, vor allem aber die in der **EMRK** von 1950 und in der **Europäischen Sozialcharta** von 1961 verbürgte Achtung der Grundfreiheiten und sozialen Rechte sind auch Leitlinie für die Auslegung und Anwendung des Art. 23 GG.

II. Europäisches Gemeinschaftsrecht

Die **Spezialregelung** der Integrationsgewalt in Art. 23 GG wurde durch den Fortschritt der Integration veranlaßt. Im schrittweisen Aufbau der Europäischen Union ist sie wegen der zunehmenden Kompetenzen und Bedeutung der EU/EG für die innerstaatlichen Rechtsordnungen[20] als Grundlage der Verwirklichung einer neuen Stufe der Integration (vgl. Abs. 1 der Präambel und Art. A [1 nF] II EUV) geschaffen worden[21]. Diese Änderung war freilich weder aus Gründen des Europäischen Gemeinschaftsrechts noch aus verfassungsrechtlichen Gründen unerläßlich[22]. Denn auch die im Vertrag von Maastricht begründete Union bleibt zunächst eine zwischenstaatliche Einrichtung iSd. Art. 24 I GG. Anlaß der Änderung des Grundgesetzes war indessen die mit ihrer Gründung bezweckte Dynamik der Europäischen Union, die aus der Sicht der Gemeinsamen Verfassungskommission (GVK), »mit zusätzlichen Kompetenzen ausgestattet, den Übergang von einer zwischenstaatlichen Einrichtung im Sinne des Artikels 24 Abs. 1 GG zu einer **eigenstaatlichen Einrichtung supranationaler Qualität** einleitet«[23].

6

Ob und in welchem Umfang die EU/EG selbst über eine **Integrationskompetenz** – etwa im Blick auf die zunehmende Konstitutionalisierung der Staatengemeinschaft[24] oder auf eine unmittelbare Anwendbarkeit des GATT/WTO-Rechts in der EU[25] – verfügt, ist noch weitgehend ungeklärt[26]. Eine ausdrückliche Integrationsklausel nach dem Modell des Art. 23 GG fehlt sowohl im EGV als auch im EUV. Die Anerkennung der unmittelbaren Wirksamkeit von Beschlüssen der im Rahmen von Assoziierungsabkommen nach Art. 238 (181 nF) EGV geschaffenen gemeinsamen Organe (Assozia-

7

---

[19] Dazu *I. Pernice*, Harmonization of Legislation in Federal Systems: Constitutional, Federal and Subsidiarity Aspects, in: ders. (Hrsg.), Harmonization of Legislation in Federal Systems, 1996, S. 9 ff. (29).
[20] Beeindruckt von der Prognose des ehemaligen Kommissionspräsidenten *J. Delors*, daß gegen Ende des Jahrhunderts rund 80% des Wirtschaftsrechts europarechtlich beeinflußt sein wird (EG-Bulletin Nr. 7/8, 1988, 124), zeigt sich sogar das BVerfG in E 89, 155 (173), freilich in der verkürzten Wiedergabe, daß dies schon heute so sei.
[21] Vgl. dazu den Bericht der GVK, Zur Sache 5/93, 37 ff.
[22] Ebenso *U. Everling*, DVBl. 1993, 936 (943), mwN. Anders *R. Scholz/H. Voscherau*, Vorwort zum Bericht der GVK, Zur Sache 5/93, 6; → Fn. 8. Im Bericht der GVK selbst, ebd., 37 f., wird als unumstritten notwendig nur die Änderung der Art. 28 I, 88 GG bezeichnet.
[23] Bericht der GVK, Zur Sache 5/93, 39 (Hervorhebung nur hier).
[24] S. dazu *B. Fassbender*, Columbia Journal of Transnational Law 1998, 529 ff.; weitere Nachw. → Art. 25 Fn. 16. Ein Beitritt der EU zur UNO ist freilich ebensowenig in Sicht wie eine Kompetenz der UNO, mit unmittelbarer Durchgriffswirkung für einzelne zu handeln (Ansätze freilich in den Resolutionen des Sicherheitsrates N° 827/93 und N° 955/94 über die Strafgerichte für das ehemalige Jugoslawien und Ruanda).
[25] Dazu *U. Petersmann*, EuZW 1997, 325 (328 ff.), mit Blick auf einen »»dualen Föderalismus« und eine multipolare Verfassungsstruktur«.
[26] S. dazu, bejahend, *C. Vedder*, Die Integrationskompetenz der EG in der Rechtsprechung des EuGH, in: GedS Grabitz, 1995, S. 795 ff. (812 ff.).

tionsräte) durch den EuGH[27] aber legt die Annahme einer solchen Kompetenz jedenfalls im Rahmen der Abkommen nach Art. 238 (181 nF) EGV nahe. Auch die Tatsache, daß unter Art. 228 (300 nF) III Unterabs. 2 EGV neben den Assoziierungsabkommen auch diejenigen Abkommen fallen, »die durch Einführung von Zusammenarbeitsverfahren einen besonderen institutionellen Rahmen schaffen«, sowie die Möglichkeit nach Art. 228 (300 nF) IV EGV, die Kommission zur Genehmigung von Organbeschlüssen im Rahmen von internationalen Abkommen zu ermächtigen[28], sprechen für eine gewisse Integrationskompetenz der EG/EU[29]. Art. 228 (300 nF) V u. VI EGV fordern allerdings für Abkommen, die das Primärrecht der EG betreffen, eine Vertragsänderung nach dem Verfahren des Art. N (48 nF) EUV[30]. Ohne diese kann eine Weiter-Übertragung von Hoheitsgewalt oder Entscheidungsbefugnissen der EG/EU an übergeordnete Einrichtungen nach dem Muster der Art. 23 und 24 I GG nicht in Betracht kommen.

III. Rechtsvergleichende Aspekte

1. Integrationsklauseln anderer (Mitglied-)Staaten

8   Weder in den Verfassungen der anderen Mitgliedstaaten noch außerhalb der gegenwärtigen Union fand die hinsichtlich Ziel, Bedingungen und Verfahren überaus detaillierte Regelung des Art. 23 GG ein Vorbild[31]. Nur die zum Beitritt Österreichs 1994 in die österr. Bundesverfassung eingefügten Art. 23a-f gehen hinsichtlich der internen Verfahren in Angelegenheiten der EU weiter ins Detail (→ Rn. 13f.). Während spezielle Integrationsklauseln bei der Gründung der Gemeinschaften z.T. überhaupt nicht vorhanden waren[32] – in Finnland[33] und, mangels einer geschriebenen Verfassung, in Großbritannien[34] »fehlen« sie bis heute –, sind die Verfassungen der übrigen Mitglied-

---

[27] S. EuGHE 1990, I-3461 (3501ff., 3504) – *Sevince*; EuGHE 1993, I-363 (387f.) – *Deutsche Shell*.
[28] Hierauf verweist *Vedder*, Integrationskompetenz (Fn. 26), S. 815ff.
[29] In diesem Sinne kann auch EuGHE 1991, I-6079 (6106) – *EWR I*, verstanden werden, wonach immerhin die Zuständigkeit zum Abschluß internationaler Abkommen auch die Fähigkeit umfaßt, sich einer dadurch geschaffenen Gerichtsbarkeit zu unterwerfen.
[30] Dies dürfte die Konsequenz aus der Rspr. sein, nach der durch Verträge weder »wesentliche Strukturelemente der Gemeinschaft« beeinträchtigt noch die »innere Verfassung der Gemeinschaft modifiziert« werden darf, vgl. EuGHE 1977, 741 (759) – *Stillegungsfonds*.
[31] S. den Überblick bei *U. Battis/D. Stefanou/D. T. Tsatsos*, Europäische Integration und nationales Verfassungsrecht: Ein vergleichender Überblick, in: dies. (Hrsg.), Europäische Integration und nationales Verfassungsrecht, 1995, S. 469ff.; *M. Fromont*, Le droit constitutionnel national et l'intégration européenne. Rapport Général, in: F.I.D.E. (Hrsg.), Le droit constitutionnel national et l'intégration européenne, 1996, S. 472ff.; *T. de Berranger*, Constitutions nationales et construction communautaire, 1995, S. 37ff.; *C. Chapuis*, Die Übertragung von Hoheitsrechten auf supranationale Organisationen, 1993; s. auch die jeweiligen Kapitel über den verfassungsrechtlichen und politischen Rahmen der mitgliedstaatlichen Verfassungen für die Mitwirkung in der Europäischen Union, in: J. Rideau (Hrsg.), Les Etats membres de l'Union Européenne, 1997; zusammenfassend: *I. Pernice*, Bestandssicherung der Verfassungen: Verfassungsrechtliche Mechanismen zur Wahrung der Verfassungsordnung, in: R. Bieber/P. Widmer (Hrsg.), Der europäische Verfassungsraum, 1995, S. 225ff. (233ff.).
[32] So etwa in Belgien, wo der betreffende Art. 25bis (inzw. Art. 34 der koordinierten Verf. von 1994) erst 1970 eingefügt wurde.
[33] Vgl. *K. Pohjolainen*, National constitutional law and European integration, in: F.I.D.E. (Hrsg.), Le droit constitutionnel national et l'intégration européenne, 1996, S. 399ff. (404, 406); s. auch *M. Scheinin/T. Ojanen*, Finland, in: Rideau (Hrsg.), Les Etats membres de l'Union Européenne, 1997, S. 185ff.
[34] S. zuletzt den Länderbericht von *P. Birkinshaw*, National Constitutional Law and European Inte-

staaten in diesem Punkt oft eher knapp und allgemein gehalten. Unterschiedlich ist schon die Terminologie zum **Gegenstand**: von Souveränitätsbeschränkungen bis hin zur Übertragung von Hoheitsgewalt oder ihrer Ausübung ist die Rede[35]; das gleiche gilt für das **Ziel**: Aufbau der oder Teilnahme in der Europäischen Union, Frieden, Gerechtigkeit, Zusammenarbeit[36]. Auch die **Träger der Befugnisse** werden unterschiedlich bezeichnet[37].

Von **konkreten Bedingungen** der Übertragung sprechen nur einige Verfassungen: Entsprechend dem deutschen Beispiel (Art. 23 I 1 2. Halbs. GG) setzt die Übertragung von Kompetenzen nach Kap. 10 §5 der schwedischen Verfassung die Wahrung der Menschenrechte voraus, mit einem Schutzniveau, das dem der Verfassung und dem der EMRK äquivalent ist[38]. Nach Art. 29 III der griechischen Verfassung muß für die Übertragung von Kompetenzen »ein wichtiges nationales Interesse« vorliegen und »die Menschenrechte und die Grundlagen der demokratischen Staatsordnung« dürfen nicht berührt werden. Die Verfassung Portugals verlangt in Art. 7 VI für die Übertragung die »Berücksichtigung des Subsidiaritätsprinzips« sowie die »Verwirklichung der wirtschaftlichen und sozialen Kohäsion«. Ansonsten werden nur die Freiwilligkeit, die Gleichstellung der beteiligten Staaten und/oder die Gegenseitigkeit gefordert[39].

Hinsichtlich der **Verfahrensanforderungen** variieren die einzelnen Verfassungen deutlich. Ursprünglich genügte zur Ratifikation der Verträge zur Gründung der Gemeinschaften bzw. zum Beitritt in Belgien, in Frankreich, in Italien, in den Niederlanden, in Großbritannien und in Portugal wie in Deutschland nach Art. 24 I GG ein **einfaches Gesetz**[40]. Belgien hat seine Bestimmungen durch die Verfassungsreform von

9

10

---

gration, in: F.I.D.E. (Hrsg.), Le droit constitutionnel national et l'intégration européenne, 1996, S. 440 ff. (433 ff., 452 f.).

[35] »Souveränitätsbeschränkungen« (Art. 11 II italienische Verf. von 1947; Abs. 15 Präambel französische Verf. von 1946. Art. 28 III griechische Verf. von 1975 spricht von »einer Einschränkung der Ausübung« seiner nationalen Souveränität«), Übertragung von Befugnissen, die nach der Verfassung den staatlichen Behörden oder Organen zustehen (Art. 67 I niederländische Verf. von 1956 bzw. Art. 92 niederländische Verf. von 1983; §20 I dänische Verf.), bzw. der Ausübung solcher Befugnisse (Art. 25bis der insofern 1970 geänderten belgischen Verf. von 1831, jetzt Art. 34 der koordinierten belgischen Verf. von 1993/94; Art. 49 bis der insofern 1956 geänderten luxemburgischen Verf. von 1868) bzw. der »aus der Verfassung abgeleiteter Kompetenzen« (Art. 93 spanische Verf. von 1978), oder konkreter von der Vereinbarung der »gemeinschaftliche(n) Ausübung der für den Aufbau der Europäischen Union erforderlichen Gewalten« (Art. 7 VI der insoweit 1992 geänderten portugiesischen Verf. von 1982). Ähnl. zur Teilnahme an der EG und der EU der insoweit ebenfalls 1992 geänderte Art. 88-1 französische Verf., »constituées d'Etats qui ont choisi librement, en vertu des traités qui les ont institués, d'exercer en commun certaines de leurs compétences«.

[36] Aufbau der EU (Art. 7 VI portugiesische Verf.), Mitwirkung an der EU (Art. 88-1 französische Verf., Kap. 10 §5 schwedische Verf., Art. 29 III 3 irische Verf.), Frieden und Gerechtigkeit (Art. 11 II italienische Verf.).

[37] Völkerrechtliche Einrichtungen (Art. 49 bis luxemburgische Verf.), zwischenstaatliche Behörden (§20 I dänische Verf.), internationale Organisation oder Institution (Art. 93 spanische Verf.).

[38] Vgl. *G. Lysén*, National constitutional law and European integration, in: F.I.D.E. (Hrsg.), Le droit constitutionnel national et l'intégration européenne, 1996, S. 427 ff. (431); *Fromont*, Droit constitutionnel national (Fn. 31), S. 488.

[39] Freiwilligkeit (Art. 88-1 französische Verf.); Gleichstellung der beteiligten Staaten (Art. 11 II italienische Verf.; Art. 28 III griechische Verf.; Art. 88-2 und 88-3 französische Verf.), Gegenseitigkeit (Art. 7 VI portugiesische Verf.; Art. 28 III griechische Verf.).

[40] Vgl. auch den Überblick bei *H. P. Ipsen*, Gemeinschaftsrecht (Fn. 7), Rn. 2/58 ff., 65, mit dem Hinweis auf die Ablehnung des Vorschlags eines Volksentscheids in Großbritannien. Zur Ratifikation

1993/94 verschärft[41]. In Spanien ist ein mit absoluter Mehrheit im Kongreß zu verabschiedendes **verfassungsausführendes Gesetz** notwendig. Eine **verfassungsändernde Mehrheit** verlangt die Verfassung in Luxemburg (3/4-Mehrheit) und Griechenland (3/5-Mehrheit)[42]. Wird in Dänemark die dafür vorgesehene **besondere Mehrheit** (5/6) im Parlament verfehlt, so bedarf es zusätzlich der Zustimmung von 50% der Wahlberechtigten in einem Referendum (§ 20 II dänische Verfassung). Die irische Verfassung sieht eine allgemeine Abgabe von Souveränitätsrechten nicht vor, so daß für jeden Schritt der Integration eine **spezifische Verfassungsänderung** nötig ist. Solche »amendments« wurden 1972 (Beitritt), 1987 (EEA) und 1992 (Maastricht) jeweils durch ein per Referendum gebilligtes Änderungsgesetz beschlossen (Art. 29 IV Nr. 3 Unterabs. 1–3 irische Verfassung). Im übrigen kann in einigen Mitgliedstaaten eine vorherige **explizite Änderung des Verfassungstexts** erforderlich sein, wenn der neue Vertragstext mit der geltenden Verfassung in Konflikt träte[43]. Ein fakultatives Referendum gibt es zudem in Spanien (Art. 92), Griechenland (Art. 44 II) und Luxemburg (Art. 51 VII).

11 Der **Beitritt neuer Mitgliedstaaten** bedeutet für diese einen besonders krassen verfassungsändernden Einschnitt. Demgemäß waren die Zustimmungsanforderungen in allen 1995 neu beigetretenen Staaten hoch. In Österreich wurde der Beitritt zur EU

---

auch des Maastrichter Vertrages durch einfaches Gesetz bei nahezu einhelliger Befürwortung durch alle politischen Kräfte in Italien s. *F. Astengo*, Italie, in: Rideau (Hrsg.), Les Etats membres de l'Union Européenne, 1997, S. 301 ff. (302 f.).

[41] Die beiden Kammern des Parlaments müssen ab Eröffnung der Verhandlungen zur Änderung der europäischen Verträge über diese informiert werden; vor Unterzeichnung des neuen Vertrags wird ihnen der Entwurf vorgelegt, vgl. Art. 168 der koordinierten Verf. Belgiens von 1994; dazu *G. Wils*, Europäische Integration und nationales Verfassungsrecht in Belgien, in: Battis/Tsatsos/Stefanou (Hrsg.), Europäische Integration und nationales Verfassungsrecht, 1995, S. 13 ff. (30 f.). Die Ratifikation des Vertrages bedarf zusätzlich der Zustimmung der drei Gemeinschaften und der drei Regionen, s. Art. 167 III iVm. Art. 121 belgische Verf. von 1994; dazu *F. Delpérée*, Belgique, in: Rideau (Hrsg.), Les Etats membres de l'Union Européenne, 1997, S. 69 ff. (73 f.).

[42] Art. 49bis iVm. Art. 37 II, 114 V luxemburgische Verf.; Art. 28 II und III griechische Verf. Das griechische Zustimmungsgesetz vom 10. 6. 1979 fußte auf Art. 28 insgesamt, weswegen die Frage offenblieb, ob eine absolute (Art. 28 II) oder eine 3/5-Mehrheit (Art. 28 III) erforderlich war; s. auch *G. Papadimitriou*, Europäische Integration und nationales Verfassungsrecht in Griechenland, in: Battis/Tsatsos/Stefanou (Hrsg.), Europäische Integration und nationales Verfassungsrecht, 1995, S. 149 ff. (155, 157), der die Bestimmungen offenbar als Einheit betrachtet.

[43] Vgl. insofern Art. 54 französische Verf.; dazu *de Berranger*, Constitutions (Fn. 31), S. 68 f., sowie Art. 94 spanische Verf. In Frankreich machte die Entscheidung des Conseil Constitutionnel Nr. 92–306 DC vom 9. 4. 1992 eine Änderung der Verfassung, nämlich eine Einfügung von Art. 88-I und 88-II, erforderlich; vgl. dazu *M. Fromont*, Europäische Integration und nationales Verfassungsrecht in Frankreich, in: Battis/Tsatsos/Stefanou (Hrsg.), Europäische Integration und nationales Verfassungsrecht, 1995, S. 127 ff. (133 f.); S. zudem die neue Entscheidung Nr. 97-394 DC vom 31. 12. 1997 zum Vertrag von Amsterdam, http://www.conseil-constitutionnel.fr/décisions/97/97394dc.htm, Rn. 6, und Le Monde vom 2. 1. 1998, S. 1, 6, 10. In Spanien hatte das Verfassungsgericht am 1. 7. 1992 aufgrund von Art. 95 I eine vorherige Änderung von Art. 13 II für erforderlich gehalten. Zu besonderen Verfahrensanforderungen bei Verfassungsabweichungen in den Niederlanden s. Art. 92 iVm. Art. 91 III niederländische Verf.; in Portugal: Art. 279 IV portugiesische Verf. Luxemburg verschob seine – erforderliche – Verfassungsrevision in diesen Punkten auf einen Zeitpunkt nach Ratifizierung des Vertrages (Frühjahr 1995), vgl. dazu die Entscheidung des Conseil d'Etat v. 26. 5. 1992 (avis 39.380), wonach es der vorherigen Änderung der Verfassung nicht bedurfte, *de Berranger*, Constitutions (Fn. 31), S. 57 f., und *S. Beissel Merten*, Luxembourg, in: Rideau (Hrsg.), Les Etats membres de l'Union Européenne, 1997, S. 337 ff. (340 f.).

nicht als Übertragung einzelner Hoheitsrechte nach Art. 9 II österr. Verfassung[44], sondern als **Gesamtänderung der Bundesverfassung** angesehen, für die es neben einer 2/3-Mehrheit im Nationalrat (1. Kammer) nach Art. 44 III auch einer Volksabstimmung bedurfte[45]. Zudem sah das Gesetz über den Beitritt Österreichs zur EU wegen der Einschränkung der Zuständigkeiten der Länder eine 2/3-Mehrheit im Bundesrat (2. Kammer) vor[46]. In **Schweden** existierte zwar die Möglichkeit der Übertragung von »Beschlußrechten« über den Erlaß von Vorschriften auf internationale Organisationen »in begrenztem Umfang«[47], für den Beitritt zur EU wurde diese Klausel indessen nicht als ausreichend angesehen. Eigens für die EU wurde daher ein neuer Absatz in § 5 des Kap. 10 der schwedischen Verfassung eingefügt, wonach das Parlament mit 4/5-Mehrheit oder im speziellen Verfahren für den Beschluß von Grundgesetzen[48] Beschlußrechte auf die EU übertragen kann. Ein konsultatives Referendum ging dem Reichstagsbeschluß voraus[49]. Der Beitritt **Finnlands** wurde nach den allgemeinen Vorschriften über die Ratifikation solcher völkerrechtlicher Verträge beschlossen, die mit der Verfassung unvereinbar sind (2/3-Mehrheit), verbunden mit einem konsultativen Referendum[50].

Trotz der Perspektive ihres Beitritts zur EU finden sich in den Verfassungen der Staaten **Mittel- und Osteuropas** kaum spezielle, der weitreichenden Änderungswirkung auf ihre Verfassungen entsprechende Integrationsklauseln[51]. Auch der neue Art. 90 der polnischen Verfassung von 1997 bleibt allgemein: Nach ihm können durch mit 2/3-Mehrheiten in Sejm und Senat genehmigte Verträge Kompetenzen von Staatsorganen bezüglich bestimmter Sachfragen auf internationale Organisationen oder Institutionen delegiert werden[52]. Nicht um Integrationsklauseln geht es in Estland, der Slowakei und Litauen, wenn hier nur vom Beitritt zu »Internationalen Organisationen oder Unionen« oder ähnlichem gesprochen wird[53]. Keine Öffnungsklauseln gibt es

12

---

[44] Vgl. *H. Schäffer*, DÖV 1994, 181 (183f., 186f.).

[45] Vgl. *P. Pernthaler*, Europäische Integration und nationales Verfassungsrecht in Österreich, in: Battis/Tsatsos/Stefanou (Hrsg.), Europäische Integration und nationales Verfassungsrecht, 1995, S. 437 ff. (444 ff.).

[46] EU-Beitritts-Bundesverfassungsgesetz, österr. BGBl. 1994/744; vgl. auch *P. Schultz*, Autriche, in: Rideau (Hrsg.), Les Etats membres de l'Union Européenne, 1997, S. 43 (44 ff.), mwN.; daß gleichwohl Schranken bestehen müßten, da »kein Staat … beim EG-Beitritt offenbar seine (nationale) *Verfassungsidentität* völlig zur Disposition gestellt« habe, betont *H. Schäffer*, DÖV 1994, 181 (183).

[47] Kap. 10 § 5 I 1 schwedische Verf.

[48] Vgl. Kap. 8 § 15 schwedische Verf., wonach zwei Beschlüsse des Parlaments zu fassen sind, zwischen denen eine Neuwahl liegen muß, sowie eine Volksabstimmung stattfindet, sofern 1/10 der Abgeordneten dies beantragt und 1/3 der Abgeordneten für den Antrag gestimmt haben.

[49] Vgl. im einzelnen *O. Ruin*, Suède, in: Rideau (Hrsg.), Les Etats membres de l'Union Européenne, 1997, S. 439 ff.

[50] Art. 69 I Gesetz über das Parlament, vgl. näher *Scheinin/Ojanen*, Finland (Fn. 33), S. 187 f.

[51] *Z. Kedzia*, Europäische Integration und nationales Verfassungsrecht der mit der Europäischen Union assoziierten Länder Mitteleuropas, in: Battis/Tsatsos/Stefanou (Hrsg.), Europäische Integration und nationales Verfassungsrecht, 1995, S. 541 ff. (559).

[52] Art. 90 polnische Verf. von 1997, Osteuroparecht 43 (1997), 227 (238); s. dazu die Empfehlungen bei *P. Häberle*, Die Verwaltung 28 (1995), 249 (252 ff.).

[53] So § 123 Ziff. 3 estnische Verf. von 1992, abgedr. in: G. Brunner (Hrsg.), Verfassungs- und Verwaltungsrecht der Staaten Osteuropas, Bd. III, Nordosteuropa (1996), Estland 1.1., S. 1 ff. (31). Noch zurückhaltender: Art. 7 slowakische Verf. von 1992, abgedr. ebd., Bd. I, Ostmitteleuropa (1997), Slowakien 1.1., S. 1 ff. (3): Recht auf Eintritt in einen Staatsverband mit anderen Staaten – allerdings nur,

schließlich in Tschechien, Ungarn, Slowenien, Bulgarien, Rumänien und Lettland. Umgekehrt finden sich in Verfassungen von Staaten ohne (unmittelbare) Beitrittsperspektive weiterreichende Klauseln, so in Kroatien, Mazedonien und vor allem Rußland[54].

2. Mitwirkung von Parlamenten, Ländern und Regionen bei der Setzung von Sekundärrecht

13   Wie schon immer in Dänemark[55] und durch Art. 23 II, III GG in Deutschland wurde in der Mehrheit der Mitgliedstaaten anläßlich der Ratifikation des Unionsvertrags von Maastricht der Einfluß der nationalen Parlamente auf die europäische Politik durch Informations- und Kontrollrechte erheblich gestärkt[56], bis hin zur Vertretung des Parla-

---

soweit das Recht auf Austritt unbeschränkt erhalten bleibt. S. auch Art. 136, 138 Nr. 5 litauische Verf. von 1992, abgedr. in JöR 44 (1996), 360 (375): Mitwirkung in internationalen Organisationen nur, soweit dies den Interessen und der Unabhängigkeit des Staates nicht widerspricht.

[54] Art. 133 II kroatische Verf. von 1990, abgedr. in JöR 45 (1997), 197 (211): Internationale Verträge, die verfassungsmäßige Hoheitsrechte auf eine internationale Organisation oder Gemeinschaft übertragen, bedürfen der 2/3-Mehrheit aller Parlamentsabgeordneten. Art. 120 mazedonische Verf. von 1991, abgedr. in JöR 45 (1997), 222 (235): Beitritt zur einer Union oder Gemeinschaft mit anderen Staaten bedarf der Zustimmung von 2/3 der Mitglieder des Parlaments und eines Referendums. Art. 79 russische Verf. von 1993, abgedr. in EuGRZ 1994, 519 (526): Übertragung von Hoheitsrechten auf zwischenstaatliche Unionen gemäß den betreffenden internationalen Verträgen, soweit dies nicht zu einer Einschränkung der Rechte und Freiheiten des Menschen und des Bürgers führt oder den Grundlagen der verfassungsmäßigen Ordnung der Russischen Föderation widerspricht. Mangels spezieller Verfahrensbestimmung dürfte die allgemeine Regelung der Art. 103 III, 105, 106 lit. d) eingreifen, wonach internationale Verträge der absoluten Mehrheit der Mitglieder der Staatsduma sowie des Föderationsrates bedürfen.

[55] Nach Art. 6 II des dänischen Beitrittsgesetzes v. 11.10. 1972 steht dem Parlament bzw. seinem Europa-Ausschuß eine unmittelbare Kontrolle über die Regierung hinsichtlich der im Rat zu vertretenden Positionen zu; der zuständige Fachminister im Rat darf von der vorher abgestimmten Strategie nicht ohne die Zustimmung des Europa-Ausschusses abweichen, zu den Einzelheiten vgl. *T. de Berranger*, Danemark, in: Rideau (Hrsg.), Les Etats membres de l'Union Européenne, 1997, S. 97ff. (123ff.).

[56] Vgl. etwa Art. 88–4 französische Verf. sowie die neuen Geschäftsordnungen der Assemblée Nationale (v. 18.11. 1992) und des Senats (v. 15.12. 1992), vgl. dazu *Fromont*, Droit constitutionnel national (Fn. 31), S. 489f.; s. auch *L. Dubouis*, France, in: Rideau (Hrsg.), Les Etats membres de l'Union Européenne, 1997, S. 215ff. (232f.), wonach die Resolutionen des Parlaments in der Praxis weitgehend Beachtung finden, so daß das Parlament bei der Ausarbeitung der Entscheidungen der Gemeinschaft tatsächlich beteiligt ist. S. auch Art. 166 lit. f), 200 I lit. i) portugiesische Verf. Zu Spanien s. das Gesetz n° 8/1994 v. 19.5. 1994 mit der Schaffung der »Gemischten Kommission für die Europäische Union«, die über alle normativen Vorschläge der Europäischen Kommission zu informieren ist und eine Plenardebatte in einer oder beiden Kammern in Anwesenheit der Regierung und einen Rechenschaftsbericht nach Beschlußfassung im Rat verlangen kann, dazu *L. Burgorgue Larsen*, Espagne, in: Rideau (Hrsg.), Les Etats membres de l'Union Européenne, 1997, S. 135ff. (164f.). Zur interinstitutionellen Vereinbarung informaler Informationsverfahren zwischen Regierung und Parlament seit 1991 in den Niederlanden vgl. *L. S. M. Besselink*, An Open Constitution and European Integration: The Kingdom of the Netherlands, in: F.I.D.E. (Hrsg.), Le droit constitutionnel national et l'intégration européenne, 1996, S. 361ff. (368f.); *B. de Witte*, Les Pays Bas, in: Rideau (Hrsg.), Les Etats membres de l'Union Européenne, 1997, S. 367ff. (381f.). Zur Unterrichtung der Kammern über alle Vorschläge der Kommission zu Normativakten in Belgien vgl. *Delpérée*, Belgique (Fn. 41), S. 86f. Zur Erklärung der britischen Regierung über die Stärkung der Rolle des Parlaments in Angelegenheiten der Gemeinschaft (Parlamentseröffnung 1996), vgl. *Birkinshaw*, National Constitutional Law (Fn. 34), S. 456; s. auch *P. Birkinshaw/D. Ashiagbor*, CMLRev. 33 (1996), 499 (504ff.). Ohne wesentliche Änderung: Italien, wo die Information des Parlaments über die Politik der EG auf dem Gesetz n° 183/1987 (legge

ments **direkt in Brüssel**, wie sie das finnische Recht vorsieht[57]. Am weitesten geht wohl die österreichische Regelung in Art. 23e der Verfassung. Sie sieht eine **Bindung des Fachministers** im Rat an die Stellungnahme des Nationalrats vor, wenn eine bundesgesetzliche Maßnahme erforderlich würde. Zusätzlich ist eine Bindung an die Stellungnahme des Bundesrates bei Vorhaben der EU[58] vorgesehen, die »zwingend durch ein Bundesverfassungsgesetz umzusetzen« sind und die Zuständigkeit der Länder beschränken[59]. Abweichungen sind »nur aus zwingenden außen- und integrationspolitischen Gründen«[60] zulässig; vorher ist der Nationalrat erneut zu befassen, nach dem Beschluß im Rat müssen sie gegenüber dem Nationalrat begründet werden. Auch der Fall, daß ein Rechtsakt der EG eine **Änderung des geltenden Bundesverfassungsrechts** bedeuten würde, ist geregelt. Der Minister kann von der Stellungnahme des Nationalrats nur abweichen, wenn dieser nach Neubefassung nicht in angemessener Frist widerspricht (Art. 23e III österreichische Verfassung). Damit wird die Möglichkeit einer materiellen Verfassungsänderung durch europäisches Sekundärrecht erstmals verfassungstextlich anerkannt; schwierig ist im Einzelfall die Frage, wann ein solcher verfassungsändernder Rechtsakt vorliegt[61]. Neben der förmlichen Beteiligungsrechte der Parlamente von großer Bedeutung sind die vielfältigen **informalen** Verbindungen der Parlamente mit den europäischen Institutionen[62], insbesondere die Treffen der Konferenz der (Vorsitzenden der Europa-Ausschüsse der) Parlamente (**COSAC**), die zweimal jährlich zusammentritt, um über die »wesentlichen Leitlinien« der Politik der EU und der Vorschläge der Kommission zu beraten[63].

Auch zur Stärkung der **Länder und Regionen** gegenüber der Zentralgewalt im Bereich der europäischen Integration gab der Unionsvertrag in einzelnen Mitgliedstaaten Anlaß. Nach der revidierten belgischen Verfassung von 1993/94 ist die Kompetenz zur Vertretung in europäischen Angelegenheiten zwischen dem Föderalstaat und den Regionen bzw. Gemeinschaften geteilt. Die konkrete Aufgabenverteilung und Vertretung im Rat wurde in einer Vereinbarung zwischen dem Föderalstaat und den Regio-

14

Pergola) beruht, vgl. *Astengo*, Italie (Fn. 40), S. 322 ff. S. auch den Vergleich Vereinigtes Königreich, Frankreich und Deutschland bei *P. A. Weber-Panariello*, Nationale Parlamente in der Europäischen Union, 1995.

[57] Vgl. §33a finnische Verf. (Finnische Regierungsform) und Kap. 4a des Gesetzes über das Parlament; zu den Verfahren im einzelnen: *Pohjolainen*, National constitutional law (Fn. 33), S. 407 ff., 410 ff.; *Scheinin/Ojanen*, Finland (Fn. 33), S. 188 ff., mit den einschlägigen Texten.

[58] Zum Begriff der »Vorhaben« vgl. *T. Öhlinger*, ZG 11 (1996), 57 (62 ff.), der dazu neben Richtlinien und Verordnungen der EG auch Änderungen des primären Gemeinschaftsrechts (frühzeitige Mitwirkung der Parlamente!), völkerrechtliche Verträge der EG und (trotz Art. 23f österr. Verf.) Beschlüsse im Rahmen der 2. und 3. Säule des EUV zählt.

[59] Krit. dazu *T. Öhlinger*, ZG 11 (1996) 57 (65 f.): »symbolischer Akt der Verfassungsgebung«.

[60] Zum Begriff und dem eventuellen Sanktionsverfahren nach Art. 142 II lit. e) österr. Verf.: *T. Öhlinger*, ZG 11 (1996), 57 (67 f.): Ahndung nur bei evidenten Mißbräuchen.

[61] Dazu *T. Öhlinger*, ZG 11 (1996), 57 (72 ff.).

[62] Im Sinne der Stärkung der Kontakte mit dem EP vgl. die Erklärung Nr. 13 (Zur Rolle der einzelstaatlichen Parlamente in der EU) in der Schlußakte zum Maastricht-Vertrag. S. nun das durch den Amsterdamer Vertrag dem EUV und dem EGV beigefügte Protokoll Nr. 9 über die Rolle der einzelstaatlichen Parlamente in der EU.

[63] »Conférences périodiques des Organismes Spécialisés dans les Affaires Communautaires« (COSAC), vgl. schon die Erklärung Nr. 14 (zur Konferenz der Parlamente) in der Schlußakte zum Maastricht-Vertrag. S. hierzu nunmehr das durch den Amsterdamer Vertrag dem EUV und dem EGV beigefügte Protokoll Nr. 9 über die Rolle der einzelstaatlichen Parlamente in der EU.

nen sowie Gemeinschaften vom 9.3.1994 festgelegt[64]. Eine ähnliche Verteilung der Kompetenzen ist in Art. 23d der österreichischen Verfassung vorgesehen. Den Ländern – und, soweit ihr eigener Wirkungskreis berührt wird, sogar den Gemeinden – ist zu allen sie interessierenden Fragen Gelegenheit zur Stellungnahme zu geben. Im Zuständigkeitsbereich der Länder ist der Bund an deren Stellungnahme gebunden, außer bei »zwingenden außen- und integrationspolitischen Gründen«. Einem Vertreter der Länder »kann« im Bereich der Länderzuständigkeit die Mitwirkung an der Willensbildung im Rat übertragen werden, freilich nur »in Abstimmung« mit dem zuständigen Bundesminister[65]. In Spanien beruht die Mitwirkung der autonomen Gemeinschaften auf Vereinbarungen der Konferenz für Europaangelegenheiten, in der schließlich 1994 eine Art. 23 V u. VI GG ähnliche Regelung getroffen wurde, freilich ohne die Möglichkeit der Vertretung der autonomen Gemeinschaften im Rat[66]. Die italienischen Regionen werden gemäß der »legge Pergola« von 1987 zweimal jährlich über die Positionen der Zentralregierung in Fragen der Europapolitik im Rahmen der Staat-Regionen-Konferenz informiert und zu diesen Positionen gehört, wobei die Stellungnahme jedoch keinerlei bindende Wirkung hat[67].

3. Verhältnis von Gemeinschaftsrecht und nationalem Recht

15 In allen Mitgliedstaaten der Gemeinschaft ist der vom EuGH 1964 im Urteil Costa/ENEL erstmals festgestellte **Vorrang des Gemeinschaftsrechts**[68] grundsätzlich anerkannt[69]. Die eindeutigste Lösung der Vorrangproblematik findet sich in Art. 29 III 4 irische Verfassung. Danach kann keine Bestimmung der Verfassung den Handlungen oder Maßnahmen der EG oder nationalen Maßnahmen, die in Erfüllung der Mitgliedschaftspflichten der EU oder EG ergehen, entgegengesetzt werden. Ohne ausdrückliche Anerkennung in der Verfassung, aber in der Sache ähnlich absolut ist der

---

[64] Vgl. Art. 167 I belgische Verf. iVm. Art. 81 des geänderten Spezialgesetzes vom 8.8.1980 sowie das zu deren Ausführung abgeschlossene Zusammenarbeitsabkommen zwischen dem Föderalstaat, den Gemeinschaften und den Regionen bezüglich der Vertretung des Königreiches Belgien im Ministerrat der Europäischen Union (incl. Anlagen); dazu *Fromont*, Droit constitutionnel national (Fn. 31), S. 495 f.; *Delpérée*, Belgique (Fn. 41), S. 76, 87 ff.

[65] Vgl. näher *Schulz*, Autriche (Fn. 46), S. 61 f. Zur Diskussion im Vorfeld des Beitritts im Blick auf die allgemeinere Regelung des Art. 10 österreichische Verf. s. auch *H. Schäffer*, DÖV 1994, 181 (190 ff.). Zum ganzen jetzt *J. Unterlecher*, Die Mitwirkung der Länder am EU-Willensbildungs-Prozeß, 1997.

[66] Vgl. im einzelnen *Burgorgue Larsen*, Espagne (Fn. 56), S. 165 ff., 168.

[67] Vgl. dazu *Astengo*, Italie (Fn. 40), S. 324 f.; *M. Chiti/L. Righi/R. Mastroianni*, The Italian Regions in Europe, in: J. J. Hesse (Hrsg.), Regionen in Europa, Bd. I, 1996, S. 151 ff.

[68] EuGHE 1964, 1251 (1269) – *Costa/ENEL*; st. Rspr., besonders »radikal« in: EuGHE 1978, 629 (644) – *Simmenthal II*; EuGHE 1990, I-2433 (2473 f.) – *Factortame*. Vgl. auch *M. Zuleeg*, Deutsches und europäisches Verwaltungsrecht – wechselseitige Einwirkungen, VVDStRL 53 (1994), S. 154 ff. (159 ff.), mwN. als Anwendungsvorrang (mit Verw. auf EuGHE 1991, I-297 [321] – *Nimz*).

[69] Überblick bei *W. Rothley*, Europa alla tedesca. Das Bundesverfassungsgericht, das Grundgesetz, die Gemeinschaft, in: F.I.D.E. (Hrsg.), Le droit constitutionnel national et l'intégration européenne, 1996, S. 22 ff. (36 ff.); zum Vorbehalt verfassungsrechtlicher Prüfung in Italien, Spanien und Belgien ebd. S. 40 ff. m. w. N. Für Spanien gilt dies allerdings bei Konflikten mit der Verfassung nur eingeschränkt: Der Konflikt wird als »infraconstitucional« bezeichnet, vgl. *A. Jiménez-Blanco Carillo de Albornoz*, Die Verwaltung 28 (1995), 225 (234 ff., 238).

Vorrang des Gemeinschaftsrechts in Belgien[70], in Großbritannien[71], in den Niederlanden[72], in Luxemburg[73], in Finnland[74] und, auf der Basis der monistischen Lehre, in Österreich anerkannt[75]. In Frankreich ist nur eine präventive Kontrolle der im Zuge der Integration geschlossenen Verträge durch den Conseil Constitutionnel zulässig; falls die Verfassungswidrigkeit nicht festgestellt wird, kann später die vorrangige Geltung des Gemeinschaftsrechts nicht mehr in Frage gestellt werden[76]. Dennoch wird in der französischen Doktrin der Vorrang der nationalen Verfassung als evident angesehen, freilich ohne Sanktionsmöglichkeit[77]. Auch in Spanien gibt es nur die präventive Kontrolle der Verträge durch das Verfassungsgericht, wobei die Praxis bei Konflikten zwischen Verfassung und Gemeinschaftsrecht unklar ist[78]. In Portugal wird angenommen, daß das Gemeinschaftsrecht grundsätzlich Vorrang hat, nicht jedoch gegenüber dem Kern der Verfassung[79].

---

[70] Vgl. *Wils*, Belgien (Fn. 41), S. 22 f., mit Verweis auf das Urteil des belgischen Kassationshofes v. 27. 5. 1971 – *Le Ski*, Cahiers de Droit Européen 1971, 561 ff. S. auch *L. Frieden*, Le droit constitutionnel national et l'intégration européenne, in: F.I.D.E. (Hrsg.), Le droit constitutionnel national et l'intégration européenne, 1996, S. 344 ff. (354 f.).

[71] Die Basis ist Sect. 2 (4) des European Communities Act von 1972, wobei nach der britischen Doktrin wegen der »supremacy of Parliament« ein Parlamentsgesetz dann Vorrang vor dem Gemeinschaftsrecht erhalten kann, wenn es dies ausdrücklich vorsieht. Vgl. dazu auch *J. Dutheil de la Rochère/M. Jarvis*, Royaume-Uni, in: Rideau (Hrsg.), Les Etats membres de l'Union Européenne, 1997, S. 409 ff. (433 ff.); *Birkinshaw*, National Constitutional Law (Fn. 34), S. 451 ff.

[72] S. hierzu Art. 93, 94 niederländische Verf., wobei diese für das Völkerrecht geltende Regelung nach h.L. auf die EG keine Anwendung findet, da das EG-Recht aus sich heraus absoluten Vorrang beansprucht, dazu *de Witte*, Pays Bas (Fn. 56), S. 387 ff. S. auch *Besselink*, Netherlands (Fn. 56), S. 373 f., 388 ff., 392 f.

[73] S. auch *Beissel Merten*, Luxembourg (Fn. 43), S. 364: » ... tout juge national se trouve ainsi, par une expèce de dédoublement fonctionnel, être également juge de droit communautaire, relevant pour cette qualité de l'ordre juridique communautaire«, wobei freilich ein Konflikt mit dem Verfassungsrecht noch nicht aufgetreten ist.

[74] *Pohjolainen*, National constitiutional law (Fn. 33), S. 416 ff.

[75] Vgl. dazu *Schultz*, Autriche (Fn. 46), S. 66 f.

[76] S. *Fromont*, Droit constitutionnel national (Fn. 31), S. 497; *de Berranger*, Constitutions (Fn. 31), S. 335, 337 f., mit Hinweis auf die zweimal am Veto des Senats gescheiterte Verfassungsrevision (1990, 1993) mit dem Vorschlag einer »exception d'inconstitutionnalité«, die einen Weg zur nachträglichen Kontrolle des Sekundärrechts eröffnet hätte (ebd., S. 131). Zum Vorrang s. auch *J. Gundel*, Die Einordnung des Gemeinschaftsrechts in die französische Rechtsordnung, 1977, S. 282 ff., 480 f.

[77] S. *de Berranger*, Constitutions (Fn. 31), S. 333 ff., 335: » ... dans touts les autres Etats membres, en l'absence de disposition contraire, le primat constitutionnel sur les traités est indiscutable«, und ebd., S. 339: » ... la soumission du droit communautaire au droit constitutionnel national est évidente, car c'est ce droit qui fournit le fondement juridique de l'engagement européen de l'Etat membre«.

[78] Vgl. *Burgorgue Larsen*, Espagne (Fn. 56), S. 182 f. Zugunsten eines Vorrangs der Verfassung: *A. Jiménez-Blanco Carillo de Albornoz*, Die Verwaltung 28 (1995), 225 (234, 238 f.).

[79] Vgl. die Liste der revisionsfesten Grundsätze in Art. 288 portugiesische Verf.; s. auch *F. de Quadros*, Europäische Integration und nationales Verfassungsrecht in Portugal, in: Battis/Tsatsos/Stefanou (Hrsg.), Europäische Integration und nationales Verfassungsrecht, 1995, S. 375 ff. (381 f.). Der Vorrang der Verfassung dürfte von der überwiegenden Meinung in Portugal angenommen werden, eine Stellungnahme des Verfassungsgerichts fehlt indessen bis heute; vgl. *J. Miranda*, Portugal, in: Rideau (Hrsg.), Les Etats membres de l'Union Européenne, 1997, S. 391 ff. (406 ff.).

C. Erläuterungen

I. Allgemeine Bedeutung der neuen Integrationsklausel

16 Art. 23 GG ist die innerstaatliche Konsequenz der weitreichenden, auf Art. 24 I GG gestützten Entwicklung der Europäischen Gemeinschaft bis 1993. In ihm findet die wachsende Erkenntnis ihren Niederschlag, daß die Konstituierung der Europäischen Gemeinschaft und ihre Fortentwicklung zur Europäischen Union über die völkerrechtliche Form hinaus in der Substanz **Verfassungsgebung** und **-änderung** ist[80]. Im Blick auf die europäische Ebene wird dies an der Verpflichtung der Integrationsgewalt auf die tragenden Prinzipien moderner Verfassungsstaatlichkeit sichtbar, wie sie die Struktursicherungsklausel festlegt (→ Rn. 47 ff.). Innerstaatlich macht die Unterwerfung der die Union konstituierenden und fortentwickelnden Akte mit ihren Rück- und Änderungswirkungen für das deutsche Verfassungsrecht unter die Bedingungen des Art. 79 II und III GG (→ Rn. 89 ff.) deutlich, daß das Verfassen der supranationalen Hoheitsgewalt auch vom Grundgesetz selbst als Verfassungsänderung gewertet wird. Daß in Österreich der Beitritt zur EU als »Gesamtänderung der Bundesverfassung« behandelt wurde (→ Rn. 11) ist nur die Konsequenz aus dieser für alle Mitgliedstaaten gleichermaßen gültigen Erkenntnis.

17 Art. 23 GG konkretisiert als neueingeführte **Grundnorm** des deutschen »Europaverfassungsrechts«[81] zusammen mit den anderen aus Anlaß der Ratifikation des Unionsvertrages eingeführten Bestimmungen (Art. 24 Ia, 28 I 3, 45, 50, 52 IIIa, 88 S. 2 GG), wie schon früher Art. 24 I GG, aber mit einer noch eindeutigeren Festlegung die in der Präambel vorgegebene **europäische Option** des Grundgesetzes[82] (→ Präambel Rn. 25 ff.). In ihm manifestiert sich die Abkehr des vom Grundgesetz konstituierten »offenen« Verfassungsstaates[83] vom klassischen Bild des Nationalstaats[84] und eine gewandelte Identität deutscher Staatlichkeit[85]. Diese prägende Offenheit ist dynamisch angelegt bis hin zur »Entwicklung« bzw. Wandlung des souveränen Nationalstaats in die Gliedstaatlichkeit in einem vereinten Europa (Präambel)[86]. Der Verfas-

---

[80] Vgl. auch die GVK, Zur Sache 5/93, 41 f., mit Verweis auf BVerfGE 58, 1 (36), danach bewirkt »jede Hoheitsrechtsübertragung einen Eingriff in und eine Änderung der verfassungsrechtlich festgelegten Zuständigkeitsordnung und damit materiell eine Verfassungsänderung«; s. auch schon die Feststellung von *H. P. Ipsen*, Bundesstaat in der Gemeinschaft (Fn. 7), S. 254: Die Integrationsverträge »bewirken auch eine ›Mutation‹ der Staatsverfassung des Mitgliedstaats«. Ähnlich *Nicolaysen*, Europarecht I, S. 30: »Vertragsschluß als Verfassungsgebung«; weitere Nachw. → Vorb. Rn. 25 Fn. 103; → Art. 79 I Rn. 15, 25.
[81] Vgl. näher *P. Häberle*, Europaprogramme neuerer Verfassungen und Verfassungsentwürfe – der Ausbau von nationalem »Europaverfassungsrecht«, in: FS Everling, 1995, S. 355 ff.
[82] Zum Begriff *Stern*, Staatsrecht I, S. 518.
[83] S. zuerst *K. Vogel*, Verfassungsentscheidung (Fn. 17); aus der neueren Lehre *Tomuschat* (Fn. 7), § 172, insb. Rn. 8 f.
[84] Vgl. schon *Stern*, Staatsrecht I, S. 516 f., auf Art. 24 GG bezogen; s. auch *R. Breuer*, NVwZ 1994, 417 ff.; *Pernice* (Fn. 13), § 191 Rn. 43 f.; *G. Nicolaysen*, Der Nationalstaat klassischer Prägung hat sich überlebt, in: FS Everling, 1995, S. 945 ff.
[85] Vgl. auch *H.-P. Schneider*, Die Europäische Union als Verfassungsstaat, in: FS Pernthaler, 1996, S. 44 ff. (45 ff.): »es geht darum, Staatlichkeit zu rekronstruieren«, wobei »wir es in Europa mit verschiedenen Ebenen von Verfassungsstaatlichkeit zu tun haben«, ebd., S. 47; *Mosler* (Fn. 10), § 175 Rn. 30: »Erosionserscheinungen der klassischen Staatlichkeit«. Zur gewandelten staatlichen Identität Deutschlands schon *I. Pernice*, Die Verwaltung 26 (1993), 449 (471 ff.).
[86] S. auch den Bericht der GVK, Zur Sache 5/93, 39, wonach die in Art. 23 GG intendierte Euro-

sungsstaat tritt »auf eine neue Entwicklungsstufe«[87]. Dabei verbürgt – ähnlich wie die für Länder und Gemeinden geltende Homogenitätsklausel des Art. 28 I GG – die bisher einzigartige, detaillierte Struktursicherungsklausel in Art. 23 I 1, 2. Halbs. GG die **Verfassungshomogenität**[88] mit der supranationalen Ebene (→ Rn. 47 ff.). Umgekehrt wirken die an die Mitgliedstaaten gerichteten, nach dem Amsterdamer Vertrag noch verstärkten und sanktionierbaren Homogenitätsanforderungen zu Grundrechtsschutz, Rechtsstaatlichkeit und Demokratie (Art. F I [6 nF] iVm. F.1 [7 nF] EUV und 236 [309 nF] EGV) auf das Grundgesetz bindend und sichernd zurück (→ Rn. 80)[89]. Verfassungstheoretisch bedarf der in Art. 23 und 24 I GG liegende Verzicht auf Ausschließlichkeit der deutschen Hoheitsgewalt auf deutschem Staatsgebiet ebenso noch der Klärung wie der Vorgang der originären Konstituierung[90] der supranationalen Verfassungsordnung der EU, in die sich die nationalen Rechtsordnungen einfügen und die ihrerseits integraler Bestandteil des für die Bürger der Mitgliedstaaten unmittelbar geltenden Rechts wird. In Abwandlung vom Begriff des »Staatenverbundes«, den das Bundesverfassungsgericht und ihm folgend ein großer Teil der Lehre zur staatstheoretischen Einordnung der EU verwendet[91], dürfte der Begriff **Verfassungsverbund**[92] der spezifischen Einbindung der nationalen Verfassungen im integrierten

---

päische Union den Übergang zu »einer eigenstaatlichen Einrichtung supranationaler Qualität einleitet«. Vgl. auch *S. Magiera*, Jura 1994, 1 (8), *D. H. Scheuing*, EuR-Beiheft 1/1997, 7 (19f., 24), mwN.

[87] Vgl. *J. Isensee*, Vorrang des Europarechts und deutsche Verfassungsvorbehalte – offener Dissens, in: FS Stern, 1997, S. 1239 ff. (1252), freilich nicht mit allen hier genannten Konsequenzen.

[88] Zum Begriff *H. P. Ipsen*, Über Verfassungshomogenität in der Europäischen Gemeinschaft, in: FS Dürig, 1990, S. 159 ff. S. auch *M. Heintzen*, EuR 1997, 1 (5 ff.). → Art. 28 Rn. 53 ff.

[89] Zur verfassungssichernden Qualität dieser Wechselwirkung vgl. *Pernice*, Bestandssicherung (Fn. 31), S. 262 ff. S. auch *M. Heintzen*, EuR 1997, 1 (6 ff.), der freilich eine Homogenitätsklausel iSd. Art. 28 GG, der inhaltliche Vorgaben für die Landesverfassungen aufrichtet, für »auf europäischer Ebene zur Zeit nicht denkbar« hält. S. dagegen die Art. F I (6 nF) und F. 1 (7 nF) EUV nach dem Vertrag von Amsterdam.

[90] S. auch *H. Hofmann*, Die Entwicklung des Grundgesetzes nach 1949, in: HStR I, § 7 Rn. 33, der von einer »aus Vertrag und Verzichten entspringenden autonomen Verfassung über der Verfassung mit originären und unmittelbar durchgreifenden kumulativ-konkurrierenden Zuständigkeiten« spricht.

[91] BVerfGE 89, 155; erläuternd dazu *P. Kirchhof*, Das Maastricht-Urteil des Bundesverfassungsgerichts, in: P. Hommelhoff/P. Kirchhof (Hrsg.), Der Staatenverbund der Europäischen Union, 1994, S. 11 ff. (12 f.); s. auch schon *ders.*, Der deutsche Staat im Prozeß der europäischen Integration, in: HStR VII, § 183 Rn. 38, 50 ff., und *ders.*, Europäische Einigung und der Verfassungsstaat der Bundesrepublik Deutschland, in: ders./H. Schäfer/H. Tietmeyer (Hrsg.), Europa als politische Idee und als rechtliche Form, 2. Aufl. 1994, S. 63 ff. (89, 92 ff.); → Rn. 21 Fn. 118. Grundlegend zum Rechtscharakter der EG: *H. Steiger*, Staatlichkeit und Überstaatlichkeit. Eine Untersuchung zur rechtlichen und politischen Stellung der Europäischen Gemeinschaften, 1966.

[92] Zum Begriff: *I. Pernice*, EuR 1996, 27 ff.; erstmals *ders*, Bestandssicherung (Fn. 31), S. 261 ff. S. auch *P. Häberle*, Gemeineuropäisches Verfassungsrecht, in: R. Bieber/P. Widmer (Hrsg.), Der europäische Verfassungsraum, 1995, S. 361 (396); *D. H. Scheuing*, EuR-Beiheft 1/1997, 7 (53 f.); *ders.*, Zur Europäisierung des deutschen Verfassungsrechts, in: K. F. Kreuzer/D. H. Scheuing/U. Sieber (Hrsg.), Die Europäisierung der mitgliedstaatlichen Rechtsordnungen in der Europäischen Union, 1997, S. 87 ff. (105); *R. Bieber*, Die Europäisierung des Verfassungsrechts, ebd., S. 71 ff. (93 ff.); *M. Heintzen*, EuR 1997, 1 (16); *R. Steinberg*, Landesverfassungsgerichtsbarkeit und Bundesrecht, in: H. Eichel/K. P. Möller (Hrsg.), 50 Jahre Verfassung des Landes Hessen, 1997, S. 356 ff. (360), in bezug auf den Bundesstaat. Zum entsprechenden Konzept des »multilevel constitutionalism« vgl. *I. Pernice*, Constitutional Law Implications for a State Participating in a Process of Regional Integration. German Constitution and »Multilevel Constitutionalism«, in: E. Riedel (Hrsg.), German Reports on Public Law. Presented to the XV. International Congress on Comparative Law, Bristol 26 July to 1 August 1998, 1998, S. 40 ff. (43).

Verfassungssystem der Union und der notwendigen (materiellen) Einheit des Rechts im so geschaffenen Mehrebenensystem politischer Verantwortung besser gerecht werden (→ Rn. 20).

1. Die europäische Option des Grundgesetzes

18 Art. 23 GG formuliert im Zusammenspiel mit der Präambel des Grundgesetzes eine **Staatszielbestimmung**[93]. »Die Verwirklichung des vereinten Europas erhält dadurch«, wie die GVK feststellt, »den Rang eines Staatszieles, auf das hinzuwirken der Bundesstaat in seiner Gesamtheit – also Bund und Länder – verpflichtet ist«[94]. Art. 23 GG macht damit klar, wie der Vorsatz des deutschen Volkes, »als gleichberechtigtes Glied in einem vereinten Europa dem Frieden der Welt zu dienen«[95], verwirklicht werden soll, und prägt das Bild der vom Grundgesetz gewollten Staatlichkeit mit: als **Gliedstaatlichkeit** im Blick auf die Zugehörigkeit zu einem vereinten Europa, dessen Aufbau nach Art. 24 I GG durch einfaches Gesetz ermöglicht wurde und jetzt nach Art. 23 GG über die Entwicklung der Europäischen Union vollendet werden soll.

19 Wenn sich das deutsche Volk also als Glied in einem vereinten Europa sehen will, kann der vom Grundgesetz verfaßte Staat nicht absolut, nicht allumfassend, nicht in jeder Hinsicht letztverantwortlich[96] sein; vielmehr ist die Eingliederung in eine europäische, überstaatliche Struktur ebenso im Grundgesetz angelegt wie die föderale Aufgliederung nach innen. Obwohl als Vollverfassung konzipiert, ist das Grundgesetz damit doch von Anfang an **latent Teilordnung** eines umfassenderen Gemeinwesens, das die Völker Europas gemeinsam gemäß ihrer verfassungsrechtlichen Verfahren schrittweise durch Übertragung von Hoheitsgewalt im Vertragswege konstituieren (→ Rn. 21).

2. Der Europäische Verfassungsverbund

20 Die europäischen Verträge konstituieren eine von den beteiligten Völkern begründete, originäre[97], autonome[98] und zur Staatsgewalt der Mitgliedstaaten komplementäre[99] Hoheitsgewalt, die mit deren staatlicher Organisation verschränkt ist[100], auf sie

---

[93] Vgl. den Berichte der GVK, Zur Sache 5/93, 40; s. auch *K.-P. Sommermann*, DÖV 1994, 596 (598ff.); *Badura*, Staatsziel Europäische Integration (Fn. 10), S. 887.
[94] Bericht der GVK, Zur Sache 5/93, 40.
[95] Vgl. näher dazu *Pernice* (Fn. 13), § 191 Rn. 3ff.
[96] Vgl. aber *Kirchhof* (Fn. 91), § 183 Rn. 30ff., 58ff.; *F. Ossenbühl*, DVBl. 1993, 629 (631).
[97] Vgl. auch *G. Hoffmann*, DÖV 1967, 433 (435); *P. Badura*, EuR-Beiheft 1/1994, 9 (10); *H. P. Ipsen*, Gemeinschaftsrecht (Fn. 7), Rn. 2/55; *Hofmann* (Fn. 90), § 7 Rn. 33; *C. Tomuschat*, in: BK, Art. 24 (Zweitbearbeitung 1981/85), Rn. 17, bezeichnet die Kennzeichnung der Hoheitsgewalt der EG als »originär« als »fast einhellige Meinung«; ebenso *A. Randelzhofer*, in: Maunz/Dürig, GG, Art. 24 I (1992), Rn. 55; *v. Simson/Schwarze*, Europäische Integration (Fn. 16), S. 25; *M. Zuleeg*, BB 1994, 581 (584); a.A. BVerfGE 89, 155 (190); *Kirchhof* (Fn. 91), § 183 Rn. 66ff.
[98] So schon EuGHE 1964, 1251 (1270) – *Costa/ENEL*, und ihm folgend BVerfGE 22, 293 (296). S. auch *Tomuschat* (Fn. 97), Art. 24 Rn. 17; *Isensee*, Vorrang (Fn. 87), S. 1239f.; *A. v. Bogdandy*, Skizzen einer Theorie der Gemeinschaftsverfassung, in: T. v. Danwitz u.a. (Hrsg.), Auf dem Wege zu einer Europäischen Staatlichkeit, 1993, S. 9ff. (14); a.A. *T. Schilling*, StWStP 7 (1996), 387 (392f.).
[99] Vgl. *Pernice* (Fn. 13), § 191 Rn. 25; s. auch *U. Everling*, DVBl. 1993, 936 (943): »wechselseitige Verflechtung und Abhängigkeit«; ebenso schon *H.-J. Blanke*, DÖV 1993, 412 (418).
[100] Vgl. auch BVerfGE 52, 187 (199ff.): »Mitgliedstaatliche Rechtsordnung und Gemeinschaftsrechtsordnung ... sind in vielfältiger Weise aufeinander bezogen, miteinander verschränkt und wechselseitigen Einwirkungen ... geöffnet«.

I. Allgemeine Bedeutung der neuen Integrationsklausel Art. 23

aufbaut, die staatlichen Organe für sich beansprucht und der Erfüllung derjenigen Aufgaben zu dienen bestimmt ist, die auf staatlicher Ebene nicht zureichend zu bewältigen sind[101]. Sie sind die durch einen konstitutiven, gemäß den jeweiligen Integrationsklauseln der Mitgliedstaaten vereinbarten Gesamtakt[102] begründete **Verfassung der Europäischen Union**[103], aber doch nur im Sinne einer »Komplementärverfassung«[104], die auf die staatlichen Verfassungen angewiesen ist, so wie diese auf sie[105]. Diese supranationale Verfassungsordnung findet ihre **Legitimationsbasis** bei den durch eine gemeinsame Verfassungskultur[106] verbundenen Völkern der Mitgliedstaaten, d.h. letztlich bei den **Unionsbürgern** iSd. Art. 8 (17 nF) EGV, für die sie unmittelbar Rechte und Pflichten begründet. So wie in Deutschland Bundesrecht und Landesrecht jeweils originäres, aus autonomen Rechtsquellen fließendes Recht darstellen, das je seine Legitimation von den Bürgern des Bundes bzw. des jeweiligen Landes bezieht, so ergänzt das Gemeinschaftsrecht das System des für jeden Bürger geltenden und durch ihn legitimierten Rechts[107]. Das Gebot der Gemeinschaftstreue (Art. 5 [10 nF] EGV), das die Organe beider Ebenen verpflichtende Gebot der Konkordanz[108], vor allem aber die Vorrangregel (→ Rn. 26) stellen sicher, daß in jedem Fall letztlich nur eine Regelung rechtlich verbindlich und durchsetzbar ist[109]. Hierin begründet sich die **materielle Einheit** von Gemeinschaftsrecht und innerstaatlichem Recht[110] als zwar formal autonomer[111], materiell aber vielfältig verschränkter und normativ verklam-

---

[101] S. im einzelnen *Pernice* (Fn. 13), § 191 Rn. 25 ff.

[102] Vgl. zum Begriff *H. P. Ipsen*, Gemeinschaftsrecht (Fn. 7), Rn. 2/21 ff.: Gesamtakt staatlicher Integrationsgewalt. Dem folgend *U. Everling*, DVBl. 1993, 936 (942); *Hesse*, Verfassungsrecht, Rn. 106; *Isensee*, Vorrang (Fn. 87), S. 1244.

[103] Zur Qualifizierung der Gemeinschaftsverträge als Verfassung vgl. BVerfGE 22, 293 (296); s. auch EuGHE 1977, 741 (759) – *Stillegungsfonds*, EuGHE 1986, 1339 (1365) – *Les Verts*, und EuGHE 1991, I-6079 (6102) – *EWR I*; dazu eingehend *M. Zuleeg*, BB 1994, 581 ff.; s. auch *ders.*, ELRev. 1997, 19 (19 f.); *H. P. Ipsen*, Gemeinschaftsrecht (Fn. 7), Rn. 2/33; *P. Badura*, Staatsziele und Garantien der Wirtschaftsverfassung in Deutschland und Europa, in: FS Stern, 1997, S. 409 ff. (411); *G. C. Rodríguez Iglesias*, EuGRZ 1996, 125 ff.; *I. Pernice*, NJW 1990, 2409 (2410 f.); *Nicolaysen*, Europarecht I, S. 30: »Vertragsschluß als Verfassungsgebung«; *C. Tomuschat*, DVBl. 1996, 1073 (1074), mwN.; unentschieden, aber letztlich wohl doch ebenso *Isensee*, Vorrang (Fn. 87), S. 1244, 1239 f. Kritisch *C. Koenig*, NVwZ 1996, 549 ff.; *D. Grimm*, JZ 1995, 581 ff.; *H. H. Rupp*, AöR 120 (1995), 269 ff.: mangels eines Aktes der verfassungsgebenden Gewalt; *T. Schilling*, StWStP 7 (1996), 387 (392 f.): »mangels autonomer Effektivität der Gemeinschaftsrechtsordnung«.

[104] Vgl. auch *J. A. Frowein*, EuR 1995, 315 (318): »Teilverfassung für die ausgegliederten Souveränitätsrechte«; *Badura*, Wirtschaftsverfassung (Fn. 103), S. 411: »rudimentäre Verfassung«; ähnl. *v. Bogdandy*, Gemeinschaftsverfassung (Fn. 98), S. 16, 26 f., der den »fragmentarischen Charakter« dieser Verfassung hervorhebt. Für *Hesse*, Verfassungsrecht, Rn. 106, werden umgekehrt »Verfassung und nationale Rechtsordnung zu einer europarechtlich überlagerten Teil-Grundordnung und Teil-Rechtsordnung«.

[105] Zum Aufeinanderangewiesensein von nationaler und EU-Verfassung s. *D. T. Tsatsos*, Bemerkungen zur Gegenwartsfunktion der Verfassung, in: R. Bieber/P. Widmer (Hrsg.), Der europäische Verfassungsraum, 1995, S. 57 ff. (66).

[106] Vgl. *M. Stolleis*, KritV 78 (1995), 275 (286 ff., 293 f.).

[107] Vgl. auch *J. Schwarze*, Die Europäische Dimension der Verfassungsrechts, in: FS Everling, 1995, S. 1355 ff. (1356): »neues europäisches Rechtssystem«.

[108] Vgl. schon BVerfGE 37, 271 (278); s. auch *J. Schwarze*, NJ 1994, 1 (5).

[109] A.A. *Isensee*, Vorrang (Fn. 87), S. 1265, für den »zwei Rechtsordnungen mit je eigenem Geltungsgrund nebeneinander« stehen, und die Lösung im Konflikt nur »praktisch« getroffen werden kann: »Die Lösung ist Sache der Macht« kann rechtlich nicht befriedigen.

[110] S. schon *I. Pernice*, Grundrechtsgehalte im Europäischen Gemeinschaftsrecht, 1979, S. 211 ff. (227); *ders.*, Diskussionsbeitrag, VVDStRL 53 (1994), S. 247; s. auch *T. Schilling*, Der Staat 29 (1990),

merter Rechtsordnungen[112]. Der »Rechtsverbund einer zwischenstaatlichen Gemeinschaft«[113] gründet sich auf diese Verbundenheit bzw. Einheit von Entscheidungssystem und materiellem Recht beider Ebenen. Bezogen auf die konstitutionelle Ebene bilden beide Systemebenen zusammen den **Europäischen Verfassungsverbund im Sinne eines »multilevel constitutionalism«**[114], ähnlich wie Grundgesetz und Landesverfassungen den »bundesstaatlichen Verfassungsverbund« ergeben[115]. Machen im Bundesstaat die Verfassung der Gliedstaaten und die der föderalen Ebene zusammen »erst die Verfassung des Gliedstaates aus«[116], so ergibt sich im Europäischen Verfassungsverbund der reale Inhalt des Grundgesetzes erst aus der **Gesamtschau** von Europarecht und Verfassungstext. Nur im Verbund von nationaler und europäischer Verfassungsebene wird die vom Bürger jeweils konstituierte, legitimierte und auf ihn wirkende Verfassungsordnung in vollem Umfang erkennbar als das, was ehedem die Fülle der legitimen Staatsgewalt war und heute auf die verschiedenen Ebenen öffentlicher Verantwortung verteilt ist. Er ist die Schritt für Schritt sich konsolidierende »**Verfassung Europas**«.

21   Damit werden gängige Attribute fragwürdig, die den Staat als solchen zu charakterisieren und von dem Phänomen der supranationalen Union[117] oder dem »Staatenverbund«[118] als (Noch-)Nicht-(Bundes-)Staat abzugrenzen suchen. Den allzuständigen Staat gibt es jedenfalls in der EU nicht (mehr). **Souveränität** kommt in diesem System weder den Mitgliedstaaten zu, noch der Gemeinschaft; sie befindet sich auch nicht zwischen beiden »in der Schwebe«[119]. Sie steht dem Volk zu, auf

---

161 (171f.): einheitlicher Normenkomplex; *P. M. Huber*, Recht der Europäischen Integration, 1996, § 9 Rn. 5, 12. Krit., aber wenig überzeugend: *M. F. Commichau*, Nationales Verfassungsrecht und europäische Gemeinschaftsverfassung, 1995, S. 87 f.: Daß »dem einzelnen Mitgliedstaat im Gegensatz zur Gemeinschaft Staatsqualität zukommt«, steht der einheitlichen Betrachtung beider Normenkomplexe für jeden Mitgliedstaat nicht entgegen.

[111] Grundlegend EuGHE 1964, 1251 (1270) – *Costa/ENEL*; BVerfGE 22, 293 (296).

[112] BVerfGE 73, 339 (384f.); vgl. auch *H. P. Ipsen*, EuR 1987, 195 (211): »System sich verschränkender Verfassungsstrukturen«.

[113] So BVerfGE 89, 155 (183). Vgl. auch schon *Kirchhof* (Fn. 91) § 183 Rn. 66: »Erfordernis eines europäischen Rechts- und Handlungsverbundes«.

[114] Näher dazu *I. Pernice*, EuR 1996, 27 ff.; weitere Nachw. → Fn. 92.

[115] Vgl. *Steinberg*, Landesverfassungsgerichtsbarkeit (Fn. 92), S. 360.

[116] So BVerfGE 1, 208 (232); krit. freilich *M. Nierhaus*, in: Sachs, GG, Art. 28 Rn. 3: »der – rätselhafte und nebulöse – Satz« → Art. 28 Rn. 50.

[117] Zum Begriff treffend *v. Bogdandy*, Gemeinschaftsverfassung (Fn. 98), S. 13 ff.

[118] So die Terminologie von *Kirchhof*, Europäische Integration (Fn. 91), § 183 Rn. 38, 54; ihm folgend BVerfGE 89, 155 (181, 184ff.); zur Diskussion s. *P. Hommelhoff/P. Kirchhof* (Hrsg.), Der Staatenverbund der Europäischen Union, 1994: zustimmend dort *H. Steinberger*, Anmerkungen zum Maastricht-Urteil des BVerfG, ebd., S. 25 (28); krit. insb. *U. Everling*, Diskussionsbeitrag, ebd., S. 61; *M. Hilf*, Die Europäische Union und die Eigenstaatlichkeit ihrer Mitgliedstaaten, ebd., S. 75 (76); s. auch *ders.*, integration 1994, 165 (167), sowie die Kritik bei *J. Schwarze*, NJ 1994, 1 (3), und *M. Heintzen*, EuR 1997, 1 (5, Fn. 20).

[119] So *H. Steinberger*, Aspekte der Rechtsprechung des Bundesverfassungsgerichts zum Verhältnis zwischen Europäischem Gemeinschaftsrecht und deutschem Recht, in: FS Doehring, 1989, S. 951 ff. (968); ihm folgend *H. P. Ipsen*, Die Bundesrepublik Deutschland in den Europäischen Gemeinschaften, in: HStR VII, § 181 Rn. 19; *T. Oppermann*, Zur Eigenart der Europäischen Union, in: P. Hommelhoff/P. Kirchhof (Hrsg.), Der Staatenverbund der Europäischen Union, 1994, S. 87 ff. (96); dagegen *J. Kokott*, AöR 119 (1994), 207 (232 f.): Das BVerfG hat sich die Entscheidung »im äußersten Konfliktfall drastischer ultra-vires-Akte der Gemeinschaft vorbehalten. Das ist Kriterium der Staatlichkeit der

I. Allgemeine Bedeutung der neuen Integrationsklausel **Art. 23**

die Ausübung politischer Herrschaft bezogen aber läßt sie sich in der EU nur als eine den verschiedenen politischen Handlungsebenen anvertraute[120], **geteilte Souveränität**[121] verstehen. Als Gliedstaaten[122] in der EU haben die Mitgliedstaaten wegen der unwiderruflichen Zuordnung bestimmter Aufgabenfelder an die EG auch ebensowenig wie diese eine **Kompetenz-Kompetenz**[123]. Sie sind schließlich trotz der Möglichkeit der Vertragsänderung nach Art. N (48 nF) EUV, aber gerade wegen der Bindung an das hier vorgesehene Verfahren[124], das die Beteiligung der Organe der EU und die Zustimmung der Völker aller Mitgliedstaaten gemäß ihren verfassungsrechtlichen Bestimmungen voraussetzt, entgegen der Meinung des Bundesverfassungsgerichtes **nicht »Herren der Verträge«**[125], zumal die Verträge Rechte und Be-

---

Bundesrepublik Deutschland«; krit. auch *Isensee*, Vorrang (Fn. 87), S. 1265. Das Bild stammt indessen aus der Bundesstaatslehre von Carl Schmitt (vgl. *C. Schmitt*, Verfassungslehre, 1928, S. 371 ff.) und paßt deswegen nicht, weil es nicht um eine unentschiedene Frage gehen kann, die zwischen zwei Personen erst im »Ausnahmezustand« (*ders.*, Politische Theologie. Vier Kapitel zur Lehre von der Souveränität, 1922, S. 9 ff.; dazu *H. Quaritsch*, Der Staat 35 (1996), 1 [11 ff.]), also durch Macht zu entscheiden ist, sondern nur um die juristische Frage der Trägerschaft bzw. des Subjekts der Legitimation deröffentlichen Gewalt im demokratischen Gemeinwesen. Dieses kann nur das Volk sein, und zwar nach der Logik des Systems je nach verfassungsmäßigen Zuständigkeiten geteilt, die Völker der Mitgliedstaaten bzw. als Legitimationssubjekt der umfassenderen Ebene der Unionsbürger (→ Rn. 155).

[120] Schon *Hamilton* hat die Staatenregierungen und die Bundesregierung jeweils nur als unterschiedliche Agenten und Treuhänder des Volkes zu verschiedenen Zwecken mit verschiedenen Rechten bezeichnet, vgl. *A. Hamilton/J. Madison/J. Jay*, Die Federalist Papers, 1787/88, Nr. 46, Übersetzung v. *B. Zehnpfennig*, 1993, S. 294; dazu *I. Pernice*, EuR 1996, 27 (31); s. auch *S. Oeter*, ZaöRV 55 (1995), 659 (674 f.).

[121] S. schon *I. Pernice*, EuR 1984, 126 (138); *ders.*, Diskussionsbeitrag, VVDStRL 50 (1991), S. 176, EuR 1996, 27 (30 f.), mwN., und Multilevel Constitutionalism (Fn. 92); ebenso *K. Doehring*, ZRP 1993, 98 ff.; *U. Everling*, DVBl. 1993, 936 (942 f.); *Hilf*, Eigenstaatlichkeit (Fn. 118), S. 79; *N. MacCormick*, ModLRev. 1993, 1 (16 ff.); *K. D. Bracher*, in: W. Weidenfeld (Hrsg.), Reform der Europäischen Union, 1995, S. 243 ff. (253): »Es bleibt bei der – nationalerseits wieder zunehmend verdächtigten – Feststellung von der modifizierten, ja ›geteilten Souveränität‹ … das heißt aber doch wohl: wechselseitig beschränkter Souveränität«. Treffend spricht auch *J. A. Frowein*, EuR 1995, 315 (318), von einer »Ausgliederung von Teilsouveränitäten«, die EU sei dabei die »Teilverfassung« für die ausgegliederten Souveränitätsrechte (ebd., S. 320); aufschlußreich mit historischen Hinweisen (*Tocqueville*, Debatte um das Wesen des Bundesstaats im deutschen Spätkonstitutionalismus, bis hin zu *Carl Schmitt*): *S. Oeter*, ZaöRV 55 (1995), 659 (664 ff., 685 ff.), mwN.; im Ansatz ebenso *Oppermann*, Eigenart der EU (Fn. 119), S. 95; vorsichtiger *H. Hofmann*, StWStP 6 (1995), 155 (165); a. A. *J. Isensee*, Integrationsziel Europastaat?, in: FS Everling, 1995, S. 567 ff. (576); *A. Schmitt Glaeser*, Grundgesetz und Europarecht als Elemente Europäischen Verfassungsrechts, 1996, S. 32 ff., 40.

[122] Vgl. auch *Hilf*, Eigenstaatlichkeit (Fn. 118), S. 78.

[123] Vgl. auch *J. A. Frowein*, EuR 1995, 315 (319); *I. Pernice*, EuR 1984, 126 (137 f.); *Jarass*/Pieroth, GG, Art. 23 Rn. 2; krit. auch *S. Oeter*, ZaöRV 55 (1995), 659 (677, 685 f.); *C. Tomuschat*, DVBl. 1996, 1073 (1076): »Der Bundesstaat zeigt durch seine Existenz und sein Funktionieren, daß die Innehabung der Fülle der Staatsgewalt und die Verantwortlichkeit für das umfassende Spektrum öffentlicher Verantwortlichkeit nicht zu den Wesensmerkmalen eines Staatswesens gehören kann«; a. A. *U. Di Fabio*, Der Staat 32 (1993), 191 (201 f.); BVerfGE 75, 223 (242); 89, 155 (181, 192, 195 ff., 197), mit dem Bemühen um die Feststellung, daß die EU keine Kompetenz-Kompetenz hat. Krit. zur unspezifischen Verwendung des Begriffs angesichts seiner Geschichte: *P. Lerche*, »Kompetenz-Kompetenz« und das Maastricht-Urteil des Bundesverfassungsgerichtes, in: FS Heymanns Verlag, 1995, S. 409 ff. (415 ff.); *K. Doehring*, Die nationale »Identität« der Mitgliedstaaten der Europäischen Union, in: FS Everling, 1995, S. 263 ff. (264 ff.).

[124] So die wohl h.M., vgl. *U. Everling*, Sind die Mitgliedstaaten der Europäischen Gemeinschaft noch Herren der Verträge?, in: FS Mosler, 1983, S. 173 ff. (188); *Herdegen*, Vertragliche Eingriffe (Fn. 10), S. 454, mwN.

[125] So aber BVerfGE 89, 155 (190); s. auch schon BVerfGE 75, 223 (242) – freilich noch mit dem

sitzstände der (Unions-)Bürger geschaffen haben, die zu respektieren sind[126]. Die Mitgliedstaaten sind, trotz formaler Verfassungsautonomie, nicht einmal mehr »Herren ihrer Verfassungen«[127]. Die Unionsbürger allein bilden in ihrer Gesamtheit, freilich organisiert als die Völker der Mitgliedstaaten und vermittelt durch ihre verfassungsmäßigen Organe und Verfahren in ihrem Zusammenwirken nach Art. N (48 nF) EUV letztlich die Konstituante, sie sind die Träger der **verfassungsändernden bzw. -gebenden Gewalt** im Europäischen Verfassungsverbund[128].

22 Bei der schrittweisen Konstituierung und demokratischen Konsolidierung der europäischen Verträge ist in bezug auf die EU und – auf der Kehrseite – ihre Mitgliedstaaten die **Verfassung als Prozeß**[129] zu verstehen. Was mit jedem neuen Vertrag, aber auch mit der Ausübung übertragener Zuständigkeiten durch Sekundärrecht an Kompetenzen auf die europäische Ebene verlagert, was umgekehrt durch Einräumung von immer weiteren Mitwirkungsrechten des Europäischen Parlaments an unmittelbarer demokratischer Legitimation für die Rechtsetzung der EG bewirkt wird, berührt die Teilverfassungen der Mitgliedstaaten und der EG wechselseitig, ist **Umverteilung von Verantwortung** im Mehrebenensystem, d.h. Verlagerung, Rücknahme und Zuordnung, Destitution und Konstitution von Herrschaftsmacht in einem. **Europäische Verfassungsgebung** und – mit ihr einhergehend – die Begründung und Definition des *pouvoir constituant* selbst[130] kann daher wegen des Verbundes der nationalen Verfassungen mit der supranationalen Ordnung kaum als ein einmaliger, autonomer, ja »revolutionärer« Akt verstanden werden[131], sondern nur als ein »Prozeß schleichender Ak-

---

wichtigen Zusatz »im Rahmen des Völkerrechts« – und ihm folgend die ganz h. M., vgl. etwa *H. Steinberger*, Der Verfassungsstaat als Glied einer europäischen Gemeinschaft, VVDStRL 50 (1991), S. 9ff. (16f.), mwN. zum Streitstand; ebenso *E. Klein*, Der Verfassungsstaat als Glied einer europäischen Gemeinschaft, VVDStRL 50 (1991), S. 56ff. (59). Krit. dagegen *J. A. Frowein*, ZaöRV 54 (1994), 1 (10f.), und schon *Everling*, Herren der Verträge (Fn. 124), S. 190; *ders.*, DVBl. 1993, 936 (942f.); *ders.*, Zur Stellung der Mitgliedstaaten der Europäischen Union als »Herren der Verträge«, in: FS Bernhardt, 1995, S. 1161ff.; *M. Heintzen*, EuR 1997, 1 (2). *S. Oeter*, ZaöRV 55 (1995), 659 (684f.), weist auf das »im Gesamtgefüge *in nuce* angelegte Element einer im Parlament verkörperten gesamteuropäischen Volkssouveränität« hin. Krit. auch *Doehring*, Nationale Identität (Fn. 123), S. 267: »Der einzelne ›Herr des Vertrages‹ muß sich den anderen Herren fügen; er kann mitwirken, aber kann nicht allein entscheiden«.

[126] So insb. *U. Everling*, DVBl. 1993, 936 (942).
[127] Näher dazu *Pernice*, Bestandssicherung (Fn. 31), S. 263; s. auch *Häberle*, Gemeineuropäisches Verfassungsrecht (Fn. 92), S. 396; → Rn. 28 ff.
[128] Vgl. schon *J. H. Kaiser*, Bewahrung und Veränderung demokratischer und rechtsstaatlicher Verfassungsstruktur in den internationalen Gemeinschaften, VVDStRL 23 (1996), S. 1 ff. (18, 28). Zu eng daher *Steinberger*, Verfassungsstaat (Fn. 125), S. 22: »Die verfassungsgebende Gewalt über die Gemeinschaft liegt nach wie vor bei den Mitgliedstaaten«; ebenso die wohl h.M., vgl. *M. Zuleeg*, ZEuP 1 (1993), 475 (477); *G. C. Rodríguez Iglesias*, EuGRZ 1996, 125 (130); *Herdegen*, Vertragliche Eingriffe (Fn. 10), S. 452. Von einer nach dem Grundgesetz verbotenen Revolution im Fall echter, autonomer Verfassungsgebung sprechen *T. Schilling*, StWStP 7 (1996), 387 (393, 397); *ders.*, AöR 116 (1991), 32 (66); *P. M. Huber*, StWStP 3 (1992), 349 (360ff.); *H. H. Rupp*, NJW 1993, 38 (39f.).
[129] Vgl. auch *J. A. Frowein*, EuR 1995, 315 (322): »Der Verfassungsprozeß der Gemeinschaft, der gleichzeitig Verfassungsprozeß der Mitgliedstaaten ist«.
[130] Vgl. *Steinberger*, Verfassungsstaat (Fn. 125), S. 23; *S. Oeter*, ZaöRV 55 (1995), 659 (683ff.).
[131] Vgl. aber *T. Schilling*, StWStP 7 (1996), 387 (397), der dies als verfassungswidrig bezeichnet, nur im Blick auf Art. 146 GG aber als »legalisierte Revolution«. Anders *P. Lerche*, Europäische Staatlichkeit und Identität des Grundgesetzes, in: FS Redeker, 1993, S. 131ff. (145f.); *H. Hofmann*, StWStP 6 (1995), 155 (160).

kumulation wichtiger Grundentscheidungen«[132]. Die Präambel des Unionsvertrags von Maastricht greift diese Konzeption auf, indem sie im ersten Absatz vom »Prozeß der europäischen Integration« spricht; ebenso ist Art. A (1 nF) II EUV zu verstehen, der den Vertrag als »neue Stufe bei der Verwirklichung einer immer engeren Union der Völker Europas« qualifiziert, und auch Art. 23 I GG legt sich mit den vorsichtigen Worten »Entwicklung der Europäischen Union« auf die **schrittweise** Verwirklichung des vereinten Europas fest. Daß in dem hierzu vorgesehenen Verfahren eine stärkere **unmittelbare demokratische Beteiligung** der Völker (nationale Referenden) bzw. der Unionsbürger (europäisches Referendum) zu fordern ist, als Art. N (48 nF) EUV sie derzeit vorsieht, liegt auf der Hand[133].

3. Föderales Prinzip und staatliche Identität

Das Grundgesetz fordert in Art. 23 I 1, 2. Halbs. GG, daß die Europäische Union »föderativen Grundsätzen« verpflichtet ist. Art. F I (6 III nF) EUV gebietet seinerseits, daß die Union die nationale Identität ihrer Mitgliedstaaten achtet. Art. A (1 nF) II EUV macht die Bürgernähe, Art. B (2 nF) II EUV, Art. 3 b (5 nF) EGV machen das Subsidiaritätsprinzip zum Maßstab des Handelns der Union. Zugleich wird als Ziel der Union die »Behauptung ihrer Identität auf internationaler Ebene« festgelegt (Art. B [2 nF] I 2. Anstrich EUV) und die volle Wahrung des gemeinschaftlichen Besitzstandes verbürgt (Art. B [2 nF] I 5. Anstrich EUV), womit die Geltung des Gemeinschaftsrechts mit den vom EuGH entwickelten Inhalten abgesegnet wird. Damit bildet die EU schon heute ein **föderales System**[134], in dem Herrschaftsgewalt von zwei Ebenen auf den Bürger durchgreift und entsprechend die nationale Identität und die Identität der Union nebeneinander verfassungsmäßig abgesichert sind. In bezug auf Deutschland ergänzt die supranationale Einbindung die binnenföderale Aufgliederung, so daß von einer »**dreistufigen föderalen Verfassung**« gesprochen werden kann[135], einem System, das mit der Vertretung der Regionen (Länder) und lokalen Gebietskörperschaften (Gemeinden) im Ausschuß der Regionen (Art. 198a [263 nF] ff. EGV) auch auf europäischer Ebene institutionell Anerkennung gefunden hat.

In seinen **Teilidentitäten**[136] ist jeder Bürger zugleich Gemeinde-, Landes-, Staats- und Unionsbürger[137]. Jede – relativ autonome – Ebene ist als eigenes vom Bürger

---

[132] So schon *Lerche*, Identität des GG (Fn. 131), S. 141 f.; s. auch *R. Bieber*, in: R. Wildenmann (Hrsg.), Staatswerdung Europas?, 1991, S. 393 ff. (403 ff., 408); *S. Oeter*, ZaöRV 55 (1995), 659 (689).
[133] S. dazu schon *Pernice* (Fn. 13), § 191 Rn. 72 f.; s. auch *R. Bieber*, Verfassungsgebung und Verfassungsänderung in der Europäischen Union, in: ders./P. Widmer (Hrsg.), Der europäische Verfassungsraum, 1995, S. 313 ff.; *P. M. Schmidhuber*, Föderalistische und demokratische Grundlagen des Europäischen Unionsrechts, in: FS Everling, 1995, S. 1265 ff. (1275), fordert die Mitbestimmung der »europäischen Abgeordneten in der öffentlichen Debatte über die künftige Verfassung der EU«.
[134] Vgl. auch *Pernice*, Harmonization (Fn. 19), S. 12 ff.
[135] *I. Pernice*, DVBl. 1993, 909 (921 ff.), mwN.; s. auch *Schmidhuber*, Grundlagen (Fn. 133), S. 1270: »Strukturell muß das föderalistische Prinzip nach oben und nach unten als *Einheit* betrachtet werden. Letztlich haben wir es mit einem dreistufigen Föderalismus zu tun«. Im Blick auf die Garantie der kommunalen Selbstverwaltung spricht *H.-P. Schneider*, EU als Verfassungsstaat (Fn. 85), S. 47 f., sogar von einem Vier-Ebenen-Modell.
[136] Vgl. auch *J. H. H. Weiler*, The Reformation of European Constitutionalism, in: K. F. Kreutzer/D. H. Scheuing/U. Sieber (Hrsg.), Die Europäisierung der mitgliedstaatlichen Rechtsordnungen in der Europäischen Union, 1997, S. 9 ff. (27 ff.).
[137] S. auch *I. Pernice*, EuR 1996, 27 (31); ähnl. *T. Evers*, FAZ Nr. 232 v. 7. 10. 1997, S. 12: »Einer Politik der mehrfachen Ebenen und Zentren entspricht eine vielfache politische Identität«.

durch Wahlen legitimiertes Rechts(erzeugungs)system mit unmittelbarer Wirkung für die jeweils betroffenen Bürger verfaßt. Vermittelnde und damit auch stabilisierende Funktion haben in diesem Gesamtsystem gegenüber dem grundsätzlichen Vorrang der höheren Ebene die Grundsätze der **Subsidiarität und Rücksichtnahme**[138], wie sie in der Struktursicherungsklausel des Art. 23 I 1, 2. Halbs. GG, aber auch in den Pflichten zur Bundes- bzw. Gemeinschaftstreue[139] und Solidarität (vgl. Art. 5 [10 nF] EGV) zum Ausdruck kommen.

25 Insofern ist die »**nationale Identität**« Deutschlands, wie sie auch durch Art. F I (6 III nF) EUV vor dem Zugriff der Union geschützt ist, die eines **Gliedstaats im föderalen System** der supranationalen Union[140], der seinerseits föderal aufgebaut ist, also untergliedert in Länder als originäre staatliche Einheiten[141], die wiederum von Verfassungs wegen die Autonomie der lokalen Ebene zu achten haben. Nach dem Grundsatz der Einheit der Verfassung, der auch die Präambel und Art. 23/24 GG einbezieht, kann so unter dem Gesichtspunkt der **Identität** weder aus Art. 79 III GG[142] noch gar aus Art. F I (6 III nF) EUV[143] eine Gewährleistung der souveränen Staatlichkeit Deutschlands abgeleitet werden. Garantiert ist freilich der Fortbestand der offenen Staatlichkeit (→ Rn. 17). Nationale Identität auch iSd. Art. F (6 I nF.) EUV kann mithin nur die Identität des in den Verfassungsverbund der EU integrierten Staates sein, wie er durch die nationale **Verfassung** in ihrer jeweiligen Tradition geprägt ist, d.h. durch seine jeweilige (selbst-)bestimmte **politische, soziale und geistige Kultur**[144].

4. Vorrang des Gemeinschaftsrechts und Kooperation der Gerichte

26 Art. 23 GG will eine **funktionsfähige Union** und steht deshalb nationalen Gerichtsentscheidungen entgegen, die die einheitliche Geltung oder Anwendung des Gemeinschaftsrechts in den Mitgliedstaaten in Frage stellen[145]. **Der vom EuGH** seit seiner Leitentscheidung Costa/ENEL unter dem Gesichtspunkte der notwendig einheitlichen Anwendung des Gemeinschaftsrechts und damit der Funktionsfähigkeit der Ge-

---

[138] Vgl. *I. Pernice*, DVBl. 1993, 909 (916); *C. Calliess*, AöR 121 (1996), 509 (532ff., mwN.); *A. Schmitt Glaeser*, Europäisches Verfassungsrecht (Fn. 121), S. 149f.

[139] Vgl. *H. Bauer*, Die Bundestreue, 1992, S. 210ff.; → Art. 20 (Bundesstaat) Rn. 26 ff. Zur Gemeinschaftstreue als Grundlage der Rücksichtnahmepflicht vgl. BVerfGE 89, 155 (184); 92, 203 (237); *A. Epiney*, EuR 1994, 301 (310ff.).

[140] → Rn. 23.

[141] So schon im Blick auf die zeitliche Priorität der Länder (vgl. Art. 144 I GG) zu Recht die st. Rspr. des Bundesverfassungsgerichts seit BVerfGE 1, 14 (34); 34, 342 (360f.); s. auch *P. Badura*, Die »Kunst der föderalen Form« – Der Bundesstaat in Europa und der Europäische Föderalismus, in: FS Lerche, 1993, S. 369ff. (371f.); → Art. 20 (Bundesstaat) Rn. 23f.; a.A. *Doehring*, Nationale Identität (Fn. 123), S. 267; auf Grund der zunehmenden Übertragung von Hoheitsrechten auf die EU hat *H.-P. Donoth*, Die Bundesländer in der Europäischen Union, 1996, S. 89ff., Zweifel an der langfristigen Aufrechterhaltung der Staatlichkeit der Länder.

[142] Anders vor allem *Kirchhof* (Fn. 91), § 183 Rn. 57: »Die Staatlichkeit Deutschlands steht ... nicht zur Disposition«; das Maastricht-Urteil (BVerfGE 89, 155) trifft zu dieser Frage indessen keine Aussage (→ Rn. 93). → Art. 79 III Rn. 96.

[143] Anders *Doehring*, Nationale Identität (Fn. 123), S. 268ff., der die Garantie der »nationalen Identität« darin sieht, daß den Mitgliedstaaten im Grundsatz »umfassende Kompetenz« und das Recht garantiert ist, daß »bei Mißachtung der Kompetenzabgrenzung der verletzte Staat die Bindung aufheben kann«.

[144] Vgl. *M. Hilf*, in: Grabitz/Hilf, EUV/EGV, Art. F EUV Rn. 9.

[145] Vgl. schon *C. Tomuschat*, EuR 1990, 340 (343); *G. Hirsch*, NJW 1996, 2457 (2463).

meinschaft in st. Rspr. begründete, im Urteil Simmenthal II quasi **absolut gesetzte Vorrang des Gemeinschaftsrechts**[146] wird allerdings vom Bundesverfassungsgericht und der h.M. nicht ohne Vorbehalt anerkannt.

Nachdem das **Bundesverfassungsgericht** anfänglich das Gemeinschaftsrecht konform mit der Rechtsprechung des EuGH als eigenständige Rechtsordnung und damit die Überprüfung von Akten der Gemeinschaft durch nationale Gerichte als grundsätzlich unzulässig angesehen hatte[147], nimmt es im Blick auf den **Schutz der Grundrechte** seit dem Solange I–Beschluß eine Überprüfung des Gemeinschaftsrechts am Maßstab der deutschen Grundrechte in Anspruch. Dieser **Vorbehalt** wurde im Solange II–Beschluß 1986 zwar im Blick auf den vom EuGH entwickelten, den deutschen Anforderungen genügenden »prätorischen Grundrechtsschutz«[148] entschärft, aber zugleich unter Rückgriff auf die völkerrechtliche Theorie dogmatisch untermauert[149]. Danach kommt dem Gemeinschaftsrecht grundsätzlich **Anwendungsvorrang** vor dem innerstaatlichen Recht aufgrund des im Zustimmungsgesetzes enthaltenen **Rechtsanwendungsbefehls** zu[150], dieser Vorrang kann aber, wie im Maastricht-Urteil präzisiert wird, verfassungsrechtlich nicht weiter gehen, als das mit diesem Gesetz akzeptierte »Integrationsprogramm« mit seinen Kompetenznormen vorsieht, zuläßt und zulassen darf: Hiernach gilt ein **doppelter Vorbehalt**: Einerseits sei eine innerstaatliche Bindungswirkung dort nicht mehr gegeben, wo die grundsätzlich zulässige Rechtsfortbildung[151] bei der Auslegung von Befugnisnormen zur »**Vertragserweiterung**« würde; »die deutschen Staatsorgane wären aus verfassungsrechtlichen Gründen gehindert, diese Rechtsakte in Deutschland anzuwenden«. Dementsprechend »prüft das Bundesverfassungsgericht, ob Rechtsakte der europäischen Einrichtungen und Organe

27

---

[146] EuGHE 1964, 1251 (1269ff.) – *Costa/ENEL*; s. auch EuGHE 1970, 1125 (1135) – *Internationale Handelsgesellschaft*; EuGHE 1978, 629 (643ff.) – *Simmenthal II*; EuGHE 1990, I-2433 (2473f.) – *Factortame*. Mittelbar ist der Vorrang des Gemeinschaftsrechts über Abs. 2 des durch den Amsterdamer Vertrag dem EGV beigefügten Protokolls Nr. 30 über die Anwendung der Grundsätze des Subsidiarität und der Verhältnismäßigkeit nun auch in das Vertragsrecht aufgenommen worden. Für einen uneingeschränkten Vorrang des Gemeinschaftsrechts. auch das Europäische Parlament in seiner Entschließung »Völkerrecht, Gemeinschaftsrecht und Verfassungsrecht der Mitgliedstaaten« vom 2.10.1997 (Bericht Alber, A4–278/97).
[147] Vgl. BVerfGE 22, 293 (296); 31, 145 (173).
[148] S. dazu *Pernice*, Grundrechtsgehalte (Fn. 110), S. 25ff.; zur weiteren Entwicklung *ders.*, in: Grabitz/Hilf, EUV/EGV, Art. 164 EGV (1995), Rn. 46ff.
[149] BVerfGE 73, 339 (383f.); ebenso BVerfGE 75, 223, und BVerfGE 89, 155 (184): »Im Zustimmungsgesetz ... ruht die demokratische Legitimation sowohl der Existenz der Staatengemeinschaft selbst als auch ihrer Befugnisse zu Mehrheitsentscheidungen« und »Die Wahrnehmung von Hoheitsgewalt ... gründet sich auf die Ermächtigungen souverän bleibender Staaten ...« (ebd., S. 186), sowie ebd., S. 187: »Text eines völkerrechtlichen Vertrages« und ebd., S. 190: »Staatenverbund, dessen Gemeinschaftsgewalt ... im deutschen Hoheitsbereich nur kraft des deutschen Rechtsanwendungsbefehls verbindlich wirken kann«; s. auch *Steinberger*, Verfassungsstaat (Fn. 125), S. 16ff.; krit. *H. P. Ipsen*, EuR 1987, 1 (5f.).
[150] S. insbesondere BVerfGE 73, 339 (374f.), sowie BVerfGE 75, 223 (240f.) – *Kloppenburg*-Beschluß. S. auch vorige Fn. Zur Figur des Anwendungsvorrangs, wonach die Gültigkeit der innerstaatlichen Norm im übrigen unberührt bleibt, s. schon *G. Hoffmann*, DÖV 1967, 433 (438ff.); s. auch *M. Zuleeg*, Deutsches und europäisches Verwaltungsrecht – wechselseitige Einwirkungen, VVDStRL 53 (1994), S. 154ff. (161ff.); aus der Rspr. vgl. EuGHE 1991, I–291 (321) – *Nimz*; BVerfGE 85, 191 (204).
[151] Vgl. grundlegend BVerfGE 75, 223 (240ff.), wo das Bundesverfassungsgericht die Frage der Grenzen der Rechtsfortbildungskompetenz des EuGH prüft und feststellt, daß diese auch bei der Rechtsprechung zur unmittelbaren Wirkung von Richtlinien der EG nicht überschritten sind.

sich in den Grenzen der ihnen eingeräumten Hoheitsrechte halten oder aus ihnen ausbrechen«[152]. Andererseits seien die Gewährleistungen des Grundgesetzes auch dann in Frage gestellt und daher das Bundesverfassungsgericht gefordert, wenn bei der Ausübung der übertragenen Hoheitsrechte der **Wesensgehalt der Grundrechte** durch Maßnahmen der EG berührt werde: Denn sie »betreffen die Grundrechtsberechtigten in Deutschland«[153], und insofern könne der auf deutschem Rechtsanwendungsbefehl beruhende Vorrang des Gemeinschaftsrechts nicht gelten. Wie schon im Solange II-Beschluß entschieden, behält sich das Bundesverfassungsgericht »eine generelle Gewährleistung der unabdingbaren Grundrechtsstandards« vor, und dies im Blick auf den vom EuGH gewährten Grundrechtsschutz »in einem ›**Kooperationsverhältnis**‹ zum Europäischen Gerichtshof«[154].

28   Das Maastricht-Urteil erfuhr heftige Kritik, insbesondere wegen der Gefährdung der **Funktionsfähigkeit** der Gemeinschaft im Falle einseitiger Kontrolle der Geltung von Gemeinschaftsrecht durch innerstaatliche Gerichte[155]. Die Voraussetzungen und vor allem die Verfahren für die Prüfung eventueller Bedenken durch das Bundesverfassungsgericht sind ungeklärt[156]. Schließlich verkennt das Urteil die **verfassungsrechtliche Grundlage** der Geltung des Gemeinschaftsrechts im innerstaatlichen Bereich, wenn es allein auf das Zustimmungsgesetz abhebt. Die Geltung beruht demgegenüber auf dem »definitiven Beitritt zu einer neuen Rechts(erzeugungs)gemeinschaft« gemäß Art. 24/23 GG[157]. Sie folgt aus der **originären**, von den Völkern der Mitgliedstaaten konstituierten, **verfaßten Hoheitsgewalt**, für die das Grundgesetz gezielt Raum gibt[158].

29   Im europäischen Verfassungsverbund kann die Lösung für die Frage des Vorrangs und damit auch der Letztentscheidung über die Bindung von Behörden und Gerich-

---

[152] BVerfGE 89, 155 (188, 209f.).
[153] Ebd., 175, in ausdrücklicher Abkehr von BVerfGE 58, 1 (27). → Art. 1 III Rn. 9.
[154] BVerfGE 89, 155 (175), Hervorhebung nur hier. Krit. insb. *U. Everling*, BVerfG und EuGH nach dem Maastricht-Urteil, in: GedS Grabitz, 1995, S. 57 ff. (61, 63 f., 69 ff.); *I. Pernice*, Einheit und Kooperation: Das Gemeinschaftsrecht im Lichte der Rechtsprechung von EuGH und nationalen Gerichten, ebd., S. 523 ff., 530. Zur Deutung des Ausdrucks »Kooperationsverhältnis« iS. gegenseitiger Rücksichtnahme – »als Ausweg aus einer juristischen Aporie« – s. *M. Heintzen*, AöR 119 (1994), 564 (583 ff.); weiterführend: *R. Streinz*, Das »Kooperationsverhältnis« zwischen Bundesverfassungsgericht und Europäischem Gerichtshof nach dem Maastricht-Urteil, in: FS Heymanns Verlag, 1995, S. 663 ff.
[155] Vgl. etwa *G. Hirsch*, NJW 1996, 2457 (2463 ff.); *Everling*, Maastricht-Urteil (Fn. 154), S. 71: »Erosion der Gemeinschaft ... entgegen dem Verfassungsgebot der Präambel und des Art. 23 GG«; *ders.*, integration 1994, 165 (171 f.); *H. Gersdorf*, DVBl. 1994, 674 (682 ff.); *Steinberger*, Maastricht-Urteil (Fn. 118), S. 33, nach dem das vom BVerfG »in Anspruch genommene Interpositionsrecht gegen Art. 164 EGV und die Pflicht zur Gemeinschaftstreue nach Art. 5 EGV« verstößt. Ähnl. *E. Klein*, Objektive Wirkungen von Richtlinien, in: GedS Grabitz, 1995, S. 271 ff. (280 ff.); s. auch *M. Fromont*, JZ 1995, 800 (802 f.); *K. M. Meessen*, NJW 1994, 549 (552 f.); *M. Zuleeg*, JZ 1994, 1 (3 f.); *H. P. Ipsen*, EuR 1994, 1 (9 f.); *T. Oppermann*, DVBl. 1994, 901 (906); *C. Tomuschat*, EuGRZ 1993, 489 (494); *Pernice* (Fn. 13), § 191 Rn. 59. Weitere Nachw. bei *D. Grimm*, ColJEL 3 (1997), 229 (237).
[156] Vgl. dazu *Streinz*, Kooperationsverhältnis (Fn. 154), S. 670 f.; *G. Hirsch*, NJW 1996, 2457 (2460 ff.); sehr weitgehend: *R. Zuck/C. Lenz*, NJW 1997, 1193 (1194 ff.), sowie die Vorlage des VG Frankfurt EuZW 1997, 182 (183 ff.).
[157] Vgl. *Scheuing*, Europäisierung (Fn. 92), S. 105.
[158] → Rn. 20. Anders *Randelzhofer* (Fn. 97), Art. 24 I Rn. 55 ff., der zwar die Begründung einer originären Hoheitsgewalt annimmt, aber doch im Übertragungsgesetz nach Art. 59 II GG und 24 I GG den Verzicht auf Ausübung eigener Hoheitsgewalt (Rn. 57 ff.) und den Anwendungsbefehl für das supranationale Recht (Rn. 62 ff.) als notwendige, eigens zu unterscheidende Elemente ansieht.

ten an eine Gemeinschaftsnorm[159] nur von zwei Prinzipien geleitet sein: Dem Grundsatz der **Funktionsfähigkeit der Gemeinschaft** und dem der **Rücksichtnahme im Sinne der Gemeinschaftstreue**[160]. Erstere zwingt zur Anerkennung des Vorrangs des Gemeinschaftsrechts, letztere beläßt den Mitgliedstaaten ein gemeinschaftsrechtlich begründetes »**Notrecht**« für den Fall, daß identitätsbestimmende (iSd. Art. F I [6 III] EUV) Verfassungsgrundsätze eines Mitgliedstaates evident und generell mißachtet und mit der Versagung der geforderten **Solidarität** das Fundament des Verfassungsverbundes selbst in Frage gestellt wird[161]. Wie nach Art. F. 1 (7 nF) EUV in der Fassung des Amsterdamer Vertrages eine Suspendierung der Rechte eines Mitgliedstaats beschlossen werden kann, wenn er die Grundsätze der Freiheit, der Demokratie, der Achtung der Menschenrechte und der Rechtsstaatlichkeit schwerwiegend und anhaltend verletzt, so muß umgekehrt als *ultima ratio* das Recht in Betracht gezogen werden, daß ein Mitgliedstaat unter bestimmten Voraussetzungen den **Vollzug von Rechtsakten suspendiert**, die die Grundlagen seiner Verfassung schwerwiegend beeinträchtigen und/oder »generell und offenkundig« außerhalb der Kompetenzgrenzen der EG liegen (»verfassungsrechtlicher Notstand«)[162]. In Anlehnung an den Rechtsgedanken der Art. 62 ff. WVK sollte dem indessen eine **prozedurale Rückkopplung** mit den Organen der EG vorgeschaltet sein, mittels welcher über den judiziellen Dialog nach Art. 177 (234 nF) EGV hinaus im Fall eines nicht befriedigenden Ergebnisses auch eine politische Konfliktlösung nötigenfalls im Europäischen Rat zu suchen wäre[163].

Konkret folgt hieraus, daß Behörden und Gerichte europäisches Recht mit Vorrang vor möglicherweise entgegenstehendem deutschen Recht anzuwenden haben. Dies schließt die »**Verwerfungskompetenz**« **der Verwaltung und der Gerichte** für gemeinschaftswidriges staatliches Recht ein[164]. Der Grund dafür ist die unmittelbar aus Art. 5 (10 nF) EGV folgende Pflicht der Mitgliedstaaten und aller ihrer Organe, dem Ge-

30

---

[159] S. dazu *M. Heintzen*, AöR 119 (1994), 564 ff.

[160] Vgl. Art. 5 (10) EGV, aus dem indirekt auch dieser Grundsatz abgeleitet wird; s. auch *Badura*, Föderale Form (Fn. 141), S. 382; *A. Schmitt Glaeser*, Europäisches Verfassungsrecht (Fn. 121), S. 149.

[161] Die von *S. Hobe*, EuZW 1997, 491 ff., unter dem Titel »Notwehr gegen Europa« diskutierten Fälle der (unzulässigen) Verweigerung gegenüber bindendem Recht der EG sind hier nicht betroffen.

[162] Vgl. schon *Pernice* (Fn. 13), § 191 Rn. 59, in Anlehnung an die Formulierung bei BVerfGE 73, 339 (387). S. auch *Scheuing*, Europäisierung (Fn. 92), S. 105: »Extremfallvorbehalt«.

[163] Zur grundlegenden Vorlagepflicht auch des BVerfG nach Art. 177 (234 nF) EGV s. etwa *Streinz*, Kooperationsverhältnis (Fn. 154), S. 674 ff. Die von *J. H. H. Weiler/U. R. Haltern*, Harvard International Law Journal 1996, 411 (447), vorgeschlagene Schaffung eines speziellen, aus Vertretern der nationalen Verfassungsgerichte und des EuGH zusammengesetzten Verfassungsrates, der in diesen Streitfällen das letzte Wort haben soll, führt nur zu einer Verdoppelung der Institutionen, würde jedoch die Legitimität der Entscheidung gegenüber derjenigen des EuGH nicht wesentlich erhöhen.

[164] Vgl. zur Verwerfungskompetenz der Verwaltung *M. Zuleeg*, Das Recht der Europäischen Gemeinschaften im innerstaatlichen Bereich, 1969, S. 215; *D. H. Scheuing*, EuR 1985, 229 (252 f.); *I. Pernice*, NVwZ 1990, 201 (202); *S. Kadelbach*, Der Einfluß des EG-Rechts auf das nationale Allgemeine Verwaltungsrecht, in: T. v. Danwitz u.a. (Hrsg.), Auf dem Weg zu einer Europäischen Staatlichkeit, 1993, S. 131 ff. (135); *J. Pietzcker*, Zur Nichtanwendung europarechtswidriger Gesetze seitens der Verwaltung, in: FS Everling, 1995, S. 1095 ff., mwN. zur Diskussion ebd., S. 1098 Fn. 8; *G. Ress/J. Ukrow*, Die Deutsche Verwaltung in der Europäischen Union, in: K. König/H. Siedentopf (Hrsg.), Öffentliche Verwaltung in Deutschland, 1996, S. 731 ff. (734 f.); *H. D. Jarass*, AöR 121 (1996), 173 (198); *R. Streinz*, Der Vollzug des Europäischen Gemeinschaftsrechts durch deutsche Staatsorgane, in: HStR VII, § 182 Rn. 64. Zur Verwerfungskompetenz der Gerichte: ebd., Rn. 72; s. auch schon BVerfGE 31, 145 (174 f.).

meinschaftsrecht zur **vollen Wirksamkeit** zu verhelfen[165]. Hinzu kommt die verfassungsmäßige Bindung von Gerichten und Verwaltung an **Gesetz und Recht** nach Art. 20 III GG, wozu wegen der Öffnung nach Art. 23/24 GG im europäischen Verfassungsverbund auch das Recht der EG gehört[166]. Wegen dieser Bindung und vor allem auch ihrer »doppelten Grundrechtsloyalität« nach Art. 1 III GG und EG-Recht[167] prüfen Verwaltung und Gerichte auch, ob **europäisches Recht**, das sie innerstaatlich zu vollziehen haben, gemäß den Kompetenzbestimmungen der EG zustande kam und mit den Grundrechten der Gemeinschaft[168] im Einklang steht[169]. Denn nur gültiges Gemeinschaftsrecht kann die Rechtssphäre der Unionsbürger in Deutschland gestalten. Ein Verwerfungsrecht gibt es jedoch insofern nicht[170]. Bei Zweifeln müssen die Gerichte die Frage nach Art. 177 (234 nF) EGV dem EuGH vorlegen[171] und können in Verbindung damit auch **einstweiligen Rechtsschutz** gewähren[172]. Die Grundrechte des Grundgesetzes kommen nur insoweit als Prüfungsmaßstab zum Ansatz, wie das Gemeinschaftsrecht den nationalen Stellen Entscheidungsspielräume beläßt[173]. Im übrigen ist die Bindung der nationalen Vollzugsbehörden, im Falle der Umsetzung von Richtlinien auch die Bindung des Gesetzgebers an die Grundrechte nach Art. 1 III GG insofern durch Art. 23/24 GG modifiziert, als der zwingende Normbefehl des Gemeinschaftsrechts vorgeht und über die Gültigkeit des EG-Rechts grundsätzlich allein der EuGH entscheidet[174].

31 Ist das Gericht nach der Vorlageentscheidung des EuGH weiterhin überzeugt, daß der vom EuGH bestätigte Rechtsakt den Wesensgehalt der deutschen Grundrechte verletzt oder jenseits der Grenzen der den Organen der EG eingeräumten Hoheits-

---

[165] Grundlegend EuGHE 1978, 629 (643 ff.) – *Simmenthal II*; für die Verwaltung vgl. auch EuGHE 1989, 1839 (1870 f.) – *Costanzo*, sowie zur Anwendung von nicht-umgesetzten Richtlinien durch Behörden: EuGHE 1995, I-2189 (2224) – *Großkrotzenburg*. S. im übrigen *A. v. Bogdandy*, in: Grabitz/Hilf, EUV/EGV, Art. 5 EGV (1994), Rn. 34 ff.

[166] A.A. aber *Randelzhofer* (Fn. 97), Art. 24 I Rn. 135, der eine Relativierung der Bindung nach Art. 20 III und 1 III GG durch Art. 24 I GG annimmt, freilich nur bis zu der Grenze, die dem Rechtsanwendungsbefehl selbst vom Grundgesetz gesetzt ist (ebd., Rn. 136 ff.).

[167] Vgl. schon *I. Pernice*, NJW 1990, 2409 (2417).

[168] Zum Bestand der vom EuGH prätorisch entwickelten Grundrechte der Gemeinschaft vgl. BVerfGE 73, 339 (378 ff.); s. auch *H.-W. Rengeling*, Grundrechtsschutz in der Europäischen Gemeinschaft, 1993; *Pernice* (Fn. 148), Art. 164 EGV Rn. 46 ff.

[169] S. auch *Streinz* (Fn. 164), § 182 Rn. 74.

[170] So ausdrücklich für innerstaatliche Gerichte, über den Wortlaut des Art. 177 (234 nF) EGV hinaus: EuGHE 1987, 4199 (4231 f.) – *Foto Frost*.

[171] Ein Wahlrecht zwischen der Vorlage nach Art. 177 (234 nF) EGV an den EuGH und einer Vorlage direkt an das Bundesverfassungsgericht nach Art. 100 I GG (so *D. Grimm*, ColJEL 3 [1997], 229 [241], mit Präferenz für letztere wegen des Warneffekts gegenüber dem EuGH) widerspricht der Vorlagepflicht nach Art. 177 (234 nF) EGV.

[172] Vgl. zur Zulässigkeit und den Bedingungen einstweiligen Rechtsschutzes EuGHE 1991, I-415 (451) – *Süderdithmarschen*, sowie EuGHE 1995, I-3761 (3787 ff.) – *Atlanta-Bananenmarkt*. Sofern es um die Anwendung von Härteregelungen des EG-Rechts durch die Kommission geht, gibt es einstweiligen Rechtsschutz nur durch den EuGH nach Art. 185 f. (242 f. nF) EGV, vgl. EuGHE 1996, I-6065 (6105) – *T. Port*. Zu den Grenzen einer aufschiebenden Wirkung im Falle von Klagen gegen den Durchführungsakt einer Verordnung s. allerdings EuGHE 1990, I-2879 (2903 ff.) – *Tafelwein*.

[173] Vgl. auch BVerfG (2. Kammer des Zweiten Senats) EuR 1989, 270 (273) – *Tabakrichtlinie*; dazu: *G. Nicolaysen*, EuR 1989, 215 (221 f.); s. auch *Streinz* (Fn. 164), § 182 Rn. 67, 75.

[174] Vgl. auch *C. Tomuschat*, EuR 1990, 340 (344 ff.); → Art. 1 III Rn. 13.

rechte liegt¹⁷⁵, so muß es analog Art. 100 I GG die Frage dem Bundesverfassungsgericht unterbreiten, wenn nachweisbar ist, daß die Überschreitung **schwerwiegend, evident und generell** ist, also eine die nationale Identität gefährdende Verfassungsverletzung im Widerspruch zur Rücksichtnahme- und Solidaritätspflicht aus Art. F I (6 III nF) EUV iVm. Art. 5 (10 nF) EGV darstellt¹⁷⁶. Das Bundesverfassungsgericht wird in diesen Fällen seinerseits als Ausdruck seiner **Kooperationspflicht** erneut den EuGH nach Art. 177 (234 nF) EGV anrufen und ggf. die besonderen Gründe für die Unanwendbarkeit des betreffenden Rechtsakts darlegen müssen. Bei unzureichender Antwort des EuGH könnte die Feststellung der Verfassungsverletzung in Betracht kommen, wobei freilich einer Nichtanwendung des betreffenden Rechtsakts durch die deutschen Behörden auf politischer Ebene ein **Schlichtungs- oder Schiedsverfahren** analog Art. 62 ff. WVK vorzuschalten wäre (→ Rn. 29).

II. Staatsziel »Vereintes Europa« (Art. 23 I 1, 1. Halbs. GG)

Die Präambel wie auch Art. 23 I 1 GG setzen als Ziel der Integration den Begriff »vereintes Europa« ein, ohne daß eine genauere Definition gegeben wird. Hinweise für das Verständnis geben der auf den Frieden bezogene Kontext und das in Art. 23 I 1 GG genannte Mittel für die Verwirklichung des Zieles: Deutschland soll einerseits als »Glied« in einem vereinten Europa dem **Frieden der Welt** dienen, und der Weg zu diesem vereinten Europa führt andererseits über die Entwicklung der Europäischen Union. Diese letztere Festlegung in Art. 23 I 1 GG enthält gegenüber der Offenheit der Formel der Präambel (→ Präambel Rn. 25 ff.) eine **erhebliche Einschränkung**, indem sie die Verwirklichung eines vereinten Europas etwa in der Form einer klassischen internationalen Organisation oder eines lose gefügten Staatenbundes ausschließt. Der Begriff des vereinten Europas ist weiter als der der **Europäischen Union**¹⁷⁷, diese kann und soll jedoch in jenes münden.

32

1. »Vereintes Europa« als offene Zielformel

Der Begriff des vereinten Europas in Art. 23 I 1 GG bleibt abgesehen von der genannten Eingrenzung eine offene Zielformel. Sie impliziert im Blick auf die Erfahrungen der ersten Jahrhunderthälfte die Überwindung der Spaltung Europas in feindliche Lager der Nationalstaaten. Sie intendiert Einheit und Frieden, also **Integration statt Konfrontation** oder auch Kooperation, Integration als einziges Mittel verläßlicher Friedenssicherung¹⁷⁸. Es geht, wie die GVK hervorhebt, über die wirtschaftliche Integration hinaus um die **politische Einigung Europas**, deren schrittweise Verwirklichung mit Art. 23 GG verfassungsrechtlich abgesichert wird¹⁷⁹.

33

---

¹⁷⁵ Vgl. BVerfGE 89, 155 (188).
¹⁷⁶ So auch *D. Grimm*, ColJEL 3 (1997), 229 (235), für den diese Voraussetzungen gegenwärtig allerdings nicht gegeben sind: »according to the German Constitutional Court, the conditions for such admissibility do not exist at the present time«.
¹⁷⁷ Vgl. auch *Scholz* (Fn. 8), Art. 23 Rn. 41.
¹⁷⁸ Vgl. auch aus den Materialien zu Art. 24 GG: JöR 1 (1951), S. 223; s. im übrigen *H. Mosler*, Die Europäische Integration aus der Sicht der Gründungsphase, in: FS Everling, 1995, S. 911 ff. (913 ff., 918 f.).
¹⁷⁹ Bericht der GVK, Zur Sache 5/93, 39 f.

a) Der Begriff »Europa«

34 Der Begriff Europa ist, wie in der Präambel, nicht auf die EU, sondern auf das **geographische Europa** bezogen. Staaten Asiens oder Afrikas können ebensowenig Mitglied im vereinten Europa sein wie diejenigen Amerikas oder Australiens. Problematisch könnte wegen der Ausdehnung nach Asien bzw. Kleinasien die Einbeziehung Rußlands oder der Türkei sein. Im Blick auf die Zugehörigkeit jedenfalls eines Teils dieser Staaten zum europäischen Kontinent ist das Problem jedoch weniger ein rechtliches als ein politisches. Im übrigen läßt Art. 23 I GG mit dem Begriff Europa offen, ob die Vereinigung auf einige oder auf **alle Staaten Europas** bezogen sein soll; niemand kann insofern die deutsche Unterstützung zum Beitritt weiterer Mitgliedstaaten einfordern[180].

b) Europäischer Bundesstaat?

35 Ob das Ziel des vereinten Europas über die supranationale Struktur der Europäischen Union die Perspektive eines europäischen Bundesstaates miteinschließt, ist umstritten[181]. Die Formulierung der Präambel, die die **Eingliederung** des Deutschen Volkes in ein vereintes Europa vorsieht, spricht dafür. Das Gebot der Wahrung der nationalen und staatlichen Einheit, wie es früher in der Präambel niedergelegt war[182], und die daraus abgeleitete Pflicht, »die Identität des deutschen Staatsvolkes zu erhalten«[183], passen auch für einen Gliedstaat Deutschland. Ebensowenig kann aus der **Struktursicherungsklausel** in Art. 23 I 1, 2. Halbs. GG ein Hindernis für die Entwicklung zur europäischen Bundesstaatlichkeit abgeleitet werden[184]; sie richtet sich als für die beteiligten deutschen Organe verbindliche Strukturvorgabe auf die **Entwicklung der EU** im Blick auf das vereinte Europa. Wenn das Ziel erreicht ist, ist ihr Sinn erfüllt, und sie bliebe das (glied-)staatliche Pendant der Aufbauprinzipien der Verfassung dieses Europas. Der Einwand, daß der **souveräne Nationalstaat** und damit eine **absolute Grenze** der Integration in Art. 79 III iVm. Art. 20 I GG abgesichert sei[185], ist eine *petitio principii* und verkennt den Kern der vom Grundgesetz selbst intendierten (integrations-)offenen, gewandelten Staatlichkeit[186]. Der Begriff der Staatlichkeit ist selbst of-

---

[180] S. auch *Scholz* (Fn. 8), Art. 23 Rn. 41f.
[181] Differenzierend mit Überblick zum Streitstand bei *Hilf*, Eigenstaatlichkeit (Fn. 118), S. 83ff.; dafür: *Stern*, Staatsrecht I, S. 521; *S. Magiera*, Jura 1994, 1 (8); *Scholz* (Fn. 8), Art. 23 Rn. 63 aE.; *Jarass/Pieroth*, GG, Art. 23 Rn. 14, der jedoch (wenig überzeugend) in Art. 23 GG keine ausreichende Grundlage für den Übergang zum Bundesstaat sieht, da die EU »ein bloßer Staatenverbund« sei. Dagegen insb.: *Isensee*, Integrationsziel (Fn. 121), S. 586ff.; *O. Rojahn*, in: v. Münch/Kunig, GG II, Art. 23 Rn. 11; *Randelzhofer* (Fn. 97), Art. 24 I Rn. 204; *Streinz* (Fn. 5), Art. 23 Rn. 84.
[182] S. dazu *Isensee*, Integrationsziel (Fn. 121), S. 586, der daraus ableitet, daß damit jedenfalls keine positive Antwort für die Bundesstaatlichkeit aus der Präambel ableitbar sei.
[183] BVerfGE 77, 137 (150).
[184] So *Isensee*, Integrationsziel (Fn. 121), S. 587.
[185] Ebd., S. 588f.; vgl. auch *Kirchhof* (Fn. 91), § 183 Rn. 57ff., 62: »Die Mitwirkung an einer Entstaatlichung der Bundesrepublik Deutschland ist vom Grundgesetz nicht gedeckt«; *R. Breuer*, NVwZ 1994, 417 (421, 423f.): »Andernfalls läge ein verfassungswidriger Einbruch in die absolute Tabuzone des Art. 79 III GG vor«; *U. Di Fabio*, Der Staat 32 (1993), 191 (206); *M. Herdegen*, EuGRZ 1992, 589 (590).
[186] Näher dazu *Pernice* (Fn. 13), § 191 Rn. 43ff.; s. etwa auch *D. Thürer*, Der Verfassungsstaat als Glied einer europäischen Gemeinschaft, VVDStRL 50 (1991), S. 97ff. (123): »Wandel der Staatlichkeit, des Begriffs und des Konzepts des Staates überhaupt«, mwN. → Rn. 17.

fen, er reicht bis zur Anerkennung der Bundesländer als originäre Staaten[187]. Ausgeschlossen durch das Grundgesetz ist lediglich die Auflösung der Staatlichkeit überhaupt in einem **europäischen Zentralstaat**[188], denn in diesem kann das deutsche Volk schwerlich ein »Glied« sein. Zudem stünde ein solcher Zentralstaat im Widerspruch zu den »föderativen« Grundsätzen, die Art. 23 I 1, 2. Halbs. GG fordert.

Das **Bundesverfassungsgericht** hat die Frage der Zulässigkeit eines europäischen Bundesstaates offen gelassen. Es begnügt sich mit der Feststellung, daß das Demokratieprinzip der Übertragung von Aufgaben und Befugnissen auf die EG Grenzen setze: Dem Bundestag müßten »Aufgaben und Befugnisse von substantiellem Gewicht verbleiben«. Dabei geht es dem Gericht offenbar darum festzustellen, daß Deutschland ein souveräner Staat bleibe und der Unionsvertrag von Maastricht »keinen sich auf ein europäisches Staatsvolk stützenden Staat« begründe[189]. Entscheidend aber ist, daß ein weiteres **Anwachsen der Aufgaben und Befugnisse** der Union durchaus ins Auge gefaßt wird, allerdings mit der Maßgabe, daß »die demokratischen Grundlagen der Union schritthaltend mit der Integration ausgebaut werden und auch im Fortgang der Integration in den Mitgliedstaaten eine lebendige Demokratie erhalten bleibt«[190]. Die verfassungsrechtliche Vorgabe ist damit nach dem Maastricht-Urteil nicht die Wahrung einer **abstrakten Staatlichkeit**, sondern die »Stärkung des demokratischen Prinzips« in der Union im Zuge weiterer Kompetenzübertragungen; die Union »wahrt« dabei, wie in Art. F I (6 I nF) EUV festgelegt ist, »die in den Mitgliedstaaten vorgefundenen demokratische Grundlagen und baut auf diesen auf«[191].

36

c) Offenheit und Dynamik der Europäischen Integration

Der Begriff des vereinten Europas impliziert freilich keineswegs das Ziel eines **europäischen Bundesstaates** als verbindliche Vorgabe[192]. Mit der Überwindung des deutschen Nationalstaats kann nicht seine Ersetzung durch ein europäisches Ab- oder Nachbild beabsichtigt sein[193]. Das Ziel blieb bewußt offen. Entscheidend ist die **Einigung, bei Wahrung der Vielfalt**[194], um des Friedens willen. Wenn die EU nach der Vorstellung der GVK den Weg zu »einer eigenstaatlichen Einrichtung supranationaler

37

---

[187] Vgl. BVerfGE 1, 14 (34), st. Rspr., zuletzt wohl BVerfGE 72, 330 (385 f.); s. auch *Stern*, Staatsrecht I, S. 644 f.; *J. Isensee*, Idee und Gestalt des Föderalismus unter dem Grundgesetz, in: HStR IV, § 98 Rn. 161 f.; daß den Ländern nicht die Staatlichkeit fehle, sondern »die autarke demokratische Souveränität«, betont *U. Di Fabio*, Der Staat 32 (1993), 191 (201); anders dagegen *Doehring*, Nationale Identität (Fn. 123), S. 267.
[188] Einhellige Auffassung: → Präambel Rn. 26 Fn. 67.
[189] BVerfGE 89, 155 (181, 188, 186).
[190] BVerfGE 89, 155 (186). Die Formulierungen machen auch deutlich, daß die Grenze der Kompetenzübertragung an die EG nach Art. 79 III GG aus der Sicht des Bundesverfassungsgerichts durchaus nicht erreicht ist; vgl. auch *Rojahn* (Fn. 181), Art. 23 Rn. 14, mwN. Anders wohl *P. M. Huber*, Maastricht – Ein Staatsstreich?, 1993, S. 48.
[191] BVerfGE 89, 155 (213).
[192] Ebenso *Jarass/Pieroth*, GG, Art. 23 Rn. 3.
[193] *Isensee*, Integrationsziel (Fn. 121), S. 590 f., spricht treffend von »Euro-Etatismus«, und »der Teufel des Nationalismus, von dem Europa ein Jahrhundert lang besessen war, muß nicht mit dem Beelzebub des Internationalismus ausgetrieben werden«.
[194] Vgl. auch *Isensee*, Integrationsziel (Fn. 121), S. 591: »Europas Identität besteht in seiner Vielgestalt«.

Qualität einleitet«[195], so wird gleichwohl die Intention deutlich, eine »**gestufte Staatlichkeit**«, also Staatlichkeit auf beiden Ebenen des föderalen Systems zu konzipieren, ohne die Konstruktion in herkömmliche Begrifflichkeiten einzuzwängen. Welche **Konsequenzen das Völkerrecht** aus der neuen Struktur auf Dauer ziehen wird, kann nicht Gegenstand einer Regelung im Grundgesetz sein.

38   Daß das **Grundgesetz** mit der Eingliederung Deutschlands in eine supranationale Struktur »eigenstaatlicher Qualität« sich nicht selbst aufzugeben bereit ist, läßt sich schon aus Art. 23 II–VII GG, aber auch aus den institutionellen Vorkehrungen in Art. 45, 52 III a und 88 S. 2 GG schließen. Es bleibt Grundlage und Orientierung im dynamischen Entwicklungsprozeß der Union, so wie die Verfassungen der anderen Mitgliedstaaten. Es stellt, wie diese, eine föderale **Basisverfassung im europäischen Verfassungsverbund** dar und ist für Bestand, Entwicklung und Funktionsfähigkeit der Europäischen Union unerläßlich (→ Rn. 20).

2. Mitwirkung bei der Entwicklung der Europäischen Union (Art. 23 I 1, 1. Halbs. GG)

39   Die Verwirklichung des vereinten Europas erfolgt nach Art. 23 I 1 GG im Wege der Entwicklung der Europäischen Union, woran die Bundesrepublik Deutschland mitzuwirken hat. Anders als Art. 24 I GG (»der Bund kann ...«) statuiert Art. 23 I 1 GG hiermit eine klare **Verpflichtung**, die sich an alle staatlichen Organe im Gesamtstaat Deutschland wendet. Als »Gegenstück« zur Solidaritätsverpflichtung aus Art. 5 (10 nF) EGV und über diese hinaus trägt Art. 23 I 1 GG der **Dynamik der Integration** Rechnung, wie sie auch in der Präambel und in Art. A (1 nF) EUV zum Ausdruck kommt[196], und legt die aktive Teilnahme Deutschlands daran verfassungskräftig fest.

a) Begriff der Europäischen Union

40   In Begriff und Sache ist Art. 23 I 1 GG auf den **Unionsvertrag von Maastricht** abgestimmt. Es geht konkret um »die« Europäische Union, so wie sie von jenem Vertrag konzipiert wurde[197], mitsamt dem darin aufgenommenen »gemeinschaftlichen Besitzstand« (vgl. Art. B [2 nF] 5. Anstrich EUV) und der im Vertrag angelegten dynamischen Entwicklung. Diese Entwicklungsperspektive bedeutet zugleich, daß der Begriff insofern offen ist, als das Grundgesetz die Union als ein **Instrument**, eine Zwischenstufe bei der Verwirklichung des vereinten Europa sieht[198]. In Art. 23 I 1 GG findet sich damit die konkrete normative und **institutionelle Verknüpfung** zwischen staatlicher Ebene und EU, die den europäischen Verfassungsverbund in bezug auf Deutschland verfassungsrechtlich absichert. Aus dieser klaren Festlegung folgt, daß weder die Auflösung der EU, noch ihre Ablösung durch eine andere EU, noch andere

---

[195] Bericht der GVK, Zur Sache 5/93, 39. Daß diese Eigenstaatlichkeit noch nicht erreicht ist, betont *Scholz* (Fn. 8), Art. 23 Rn. 11.
[196] Vgl. Abs. 1 der Präambel des EUV: »Prozeß der europäischen Integration«, und Abs. 11: »Prozeß der Schaffung einer immer engeren Union der Völker Europas«, sowie Abs. 12: »weitere Schritte, die getan werden müssen, um die europäische Integration voranzutreiben«.
[197] Anders *Scholz* (Fn. 8), Art. 23 Rn. 12, 42, nach dem insofern nur eine »unterverfassungsrechtliche« Konkretisierung vorliegt und auch eine andere Konstruktion als die konkrete EU unter Art. 23 I 1 GG fallen könnte.
[198] So auch *Rojahn* (Fn. 181), Art. 23 Rn. 10.

II. Staatsziel »Vereintes Europa« (Art. 23 I 1, 1. Halbs. GG)   Art. 23

Formen der Desintegration mit dem Gebot der »Entwicklung« der Europäischen Union vereinbar wären[199].

Die **Europäische Union**, auf die sich Art. 23 I 1 GG bezieht, ist nach ganz überwiegender Meinung **kein Staat**[200], im Schrifttum wird sie aber u.a. als »sehr staatsähnlich«[201] oder als »Quasi-Staat«[202] bezeichnet. Das Bundesverfassungsgericht nennt sie einen **Staatenverbund**[203], um so die Besonderheit der Union im Begriffsfeld zwischen Staatenbund und Bundesstaat auf einen (neuen) Begriff zu bringen[204]. Der Begriff ist praktisch ohne Erklärungswert[205], nicht mehr als ein »Formelkompromiß«[206] und »Ausdruck der Entscheidungsnot«[207], er trägt im übrigen der Bedeutung der Völker Europas, der Unionsbürger, auf die sich der Verfassungsverbund der Union letztlich gründet, nicht ausreichend Rechnung[208]. Mit dem Typusbegriff der »**supranationalen Union**«[209] kämen die Überwindung der Staatlichkeit und das einende Moment der neuen Organisationsstruktur besser zum Ausdruck.

41

Nach überwiegender Meinung kommt der **EU** mangels ausdrücklicher Zuerkennung entsprechend Art. 210 (281 nF) EGV **keine eigene Rechtspersönlichkeit** zu[210]. Da die völkerrechtlichen Voraussetzungen für die Anerkennung der Rechtssubjektivität jedoch gegeben sind, ist der Wille und das faktische Auftreten der Mitgliedstaaten entscheidend[211]. Wenn nach Art. J.14 (24 nF) EUV in der Neufassung des **Amsterdamer Vertrages** der Rat im Namen der Union Verträge mit Drittstaaten abschließen kann, so impliziert dies eine Rechtspersönlichkeit der EU. Eine entsprechende Praxis wird daher zwangsläufig die **Anerkennung der Rechtspersönlichkeit der EU** zur Folge haben. Dabei wird die Unterscheidung der (intergouvernementalen) EU von den mit ihr im EUV verbundenen supranationalen Europäischen Gemeinschaften (EGKS, EG

42

---

[199] Für *Scholz* (Fn. 8), Art. 23 Rn. 12, 27, dagegen ist die »Europäische Union im Sinne des EUV auch *nicht irreversibel*«; s. auch ebd., Rn. 44: »Keine institutionelle Unions-Gewährleistung«; → Rn. 45.

[200] So BVerfGE 89, 155 (181, 188); s. auch *Scholz* (Fn. 8), Art. 23 Rn. 11 mit zahlr. Nachw. in Fn. 7 u. 10; a. A., im Blick auf die Übertragung der Währungssouveränität, *M. Seidel*, EuR 1992, 125 (139).

[201] So *D. Murswiek*, Der Staat 32 (1993), 161 (179); ähnl. *H.-H. Rupp*, NJW 1993, 38 (40): »staatsähnliches Gemeinwesen«; nach *F. Ossenbühl*, DVBl. 1993, 629 (631), hat die Union »Dimensionen einer supranationalen Staatlichkeit erreicht«; *U. Di Fabio*, Der Staat 32 (1993), 191 (197), spricht von »Prästaatlichkeit der EG«.

[202] So *T. Schilling*, AöR 116 (1991), 32 (52).

[203] BVerfGE 89, 155 (181, 183 ff.).

[204] Vgl. *Kirchhof* (Fn. 91), § 183 Rn. 38, 50 ff.; s. auch *Scholz* (Fn. 8), Art. 23 Rn. 32. Krit. vor allem *H. P. Ipsen*, EuR 1994, 1 (8 f.).

[205] So *Scholz* (Fn. 8), Art. 23 Rn. 33 a.E.

[206] Vgl. *B. Kahl*, Der Staat 33 (1994), 241 (257).

[207] So *R. Breuer*, NVwZ 1994, 417 (424).

[208] Vgl. die Kritik bei *U. Everling*, integration 1994, 165 (167, 169); *ders.*, Diskussionsbeitrag (Fn. 118), S. 61; *Hilf*, Eigenstaatlichkeit (Fn. 118), S. 76; *Pernice* (Fn. 13), § 191 Rn. 65.

[209] So der Vorschlag bei *A. v. Bogdandy*, integration 1993, 210 (211); *ders.*, Gemeinschaftsverfassung (Fn. 132), S. 13 ff.

[210] Vgl. BVerfGE 89, 155 (195); *H. P. Ipsen*, EuR 1994, 1 (7); *Streinz*, Europarecht, Rn. 121b, mwN.; *C. Koenig/M. Pechstein*, Die Europäische Union, 1995, S. 20 ff.; anders *G. Ress*, JuS 1992, 985 (986); *J. A. Frowein*, Die Europäische Union mit WEU als Sicherheitssystem, in: FS Everling, 1995, S. 315 (323 f.), im Blick auf die Vereinbarung zwischen EU und WEU über deren verteidigungspolitische Einschaltung; s. auch *O. Dörr*, EuR 1995, 334 (337 ff., 343): partielle Völkerrechtssubjektivität »*in statu nascendi*«; *A. v. Bogdandy/M. Nettesheim*, NJW 1995, 2324 (2327): Rechtspersönlichkeit der EU und der EGen als Einheit, und *dies.*, EuR 1996, 3 (23 ff.). → Art. 19 III Rn. 39.

[211] Vgl. *I. Pernice*, ZEuP 1995, 177 (179); *A. v. Bogdandy/M. Nettesheim*, EuR 1996, 3 (25).

und EAG) schon deshalb verfließen, weil für sie alle dieselben Organe handeln (Art. C [3 nF] EUV) und die Differenzierung nicht nur Verwirrung bei den Vertragspartnern stiftete, sondern vor allem dem Ziel der Behauptung der **Identität der EU** auf internationaler Ebene (Art. B [2 nF] 2. Anstrich EUV) zuwiderliefe[212]. Diese **Einheit** hat ganz offensichtlich auch Art. 23 I GG im Auge, denn die Vorgaben der Struktursicherungsklausel (→ Rn. 47ff.) sind auf den supranationalen Kern der Union (EG, EGKS, EAG, vgl. Art. G, H und I [8, 9, 10 nF] EUV) gerichtet und gingen bei der EU im übrigen wegen ihres zwischenstaatlichen Charakters[213] praktisch ins Leere.

b) Gründung und Entwicklung der EU (Art. 23 I 1, 1. Halbs., 3 GG)

43 Die Entwicklung der EU setzt ihre Gründung voraus. Da die Vorschrift erst im Blick auf die **Ratifikation des Maastrichter Unionsvertrages** eingeführt wurde, legt Art. 23 I 3 GG für die Gründung mit dem Verweis auf Art. 79 II und III GG ausdrücklich die verfassungsrechtlichen Bindungen und Verfahrensmodalitäten fest. Mit der Ratifikation des Maastrichter Vertrages ist die Ermächtigung zur Gründung erschöpft[214]. Daß in der Vorschrift gleichwohl die »**Entwicklung**« der EU im Vordergrund steht, entspricht der im EUV angelegten Dynamik und macht deutlich, daß die Gründung der Union nur der Anfang einer fortschreitenden **politischen Integration** sein sollte. Dynamischer Ansatz in der Präambel und Art. A (1 nF) EUV einerseits und Entwicklungsgebot in Art. 23 I 1 GG andererseits sind miteinander in der Weise verbunden, daß die Verwirklichung eines vereinten Europas jedenfalls normativ auf europäischer und nationaler Verfassungsebene sichergestellt ist.

44 **Entwicklung** heißt in diesem Zusammenhang nicht nur die schrittweise Vervollständigung und Ergänzung der vertraglichen Grundlagen der EU, sondern auch die »interne« vertragsgerechte Anwendung und Entfaltung des jeweils vereinbarten Rechts im Sinne seiner vollen **praktischen Wirksamkeit** (»effet utile«)[215]. Beteiligt an der Entwicklung sind damit auf der verfassungsvertraglichen Ebene Bundesregierung, Bundestag und Bundesrat, auf der Ebene der Umsetzung und Anwendung des Primärrechts die im Rat der Union wirkenden Regierungsvertreter und auf der Vollzugsebene alle Behörden und Gerichte auf **Bundes- und Länderebene**[216], auch das Bundesverfassungsgericht.

c) Pflicht zur Mitwirkung in der EU

45 Die Verwirklichung des vereinten Europas ist nach Art. 23 I 1 GG nicht nur vages Ziel, verbunden mit politischem Ermessen hinsichtlich der Art und Weise des Vorgehens,

---

[212] Vgl. auch das eindringliche Votum für die »Einheitsthese« bei *A. v. Bogdandy/M. Nettesheim*, EuR 1996, 3 (12ff.).
[213] Dies betont BVerfGE 89, 155 (190): »Außerhalb der Europäischen Gemeinschaften bleibt die Zusammenarbeit intergouvernemental; dies gilt insbesondere für die Außen- und Sicherheitspolitik sowie für die Bereiche Justiz und Inneres«; s. auch ebd., S. 195: »Der Unions-Vertrag versteht hier (sc. Art. B) die Union ... als Bezeichnung für die gemeinsam handelnden Mitgliedstaaten«.
[214] Vgl. auch *Streinz* (Fn. 5), Art. 23 Rn. 71.
[215] Zum Begriff s. näher *Pernice* (Fn. 168), Art. 164 EGV Rn. 27, mwN.; *M. Nettesheim*, Der Grundsatz der einheitlichen Wirksamkeit des Gemeinschaftsrechts, in: GedS Grabitz, 1995, S. 447ff.; *R. Streinz*, Der »effet utile« in der Rechtsprechung des Gerichtshofs der Europäischen Gemeinschaften, in: FS Everling, 1995, S. 1491ff.; irreführend (mit mißglücktem Zitat) BVerfGE 89, 155 (210): »Vertragsauslegung im Sinne einer größtmöglichen Ausschöpfung der Gemeinschaftsbefugnisse«.
[216] S. auch *Scholz* (Fn. 8), Art. 23 Rn. 38.

sondern zwingende **verfassungsrechtliche Pflicht** zur Mitwirkung am Integrationsprozeß, die den Gesamtstaat Bundesrepublik Deutschland trifft, d.h. alle staatlichen Stellen in Bund und Ländern (→ Rn. 18). Durch sie wird nicht nur auf der Vollzugsebene die Bindung an Gesetz und Recht (Art. 20 III GG) konkretisiert, soweit es um zwingende Normen des Gemeinschaftsrecht geht, sondern sie schließt auch alle Handlungen aus, die zu einer Rückentwicklung oder Gefährdung der Integration führen, insbesondere etwa eine Mitwirkung an der **Auflösung** der EU[217] oder gar ein **einseitiger Austritt** Deutschlands[218].

Das Mitwirkungsgebot ist seiner Formulierung nach in vollem Umfang **justiziabel**. Da es sich um eine durch das Grundgesetz statuierte Verpflichtung handelt, ist es Sache des Bundesverfassungsgerichts, ihre Erfüllung durch die Verfassungsorgane zu überwachen. Verstöße auf Vollzugsebene sind von den jeweils zuständigen Gerichten zu beurteilen.

46

3. Verfassungshomogenität in der Europäischen Union (Art. 23 I 1, 2. Halbs. GG)

Art. 23 I 1, 2. Halbs. GG gibt spezifische materielle Bedingungen vor, welchen die zu verwirklichende Europäische Union genügen muß, und nimmt damit nur die zuständigen **deutschen Organe in die Pflicht**. Es sind die den Typus des Verfassungsstaates prägenden Grundsätze, erweitert um das für die Struktur der EU unverzichtbare föderale Prinzip und den hierbei als Leitlinie für die Aufgabenverteilung zwischen den verschiedenen Handlungsebenen wirkenden Grundsatz der Subsidiarität. Mit dieser »**Struktursicherungsklausel**« sucht das Grundgesetz zum einen das für das Funktionieren der Mehrebenenstruktur im europäischen Verfassungsverbund nötige Minimum an Verfassungshomogenität zwischen der staatlichen und der supranationalen Ebene herzustellen[219], vermeidet dabei aber mit den sehr allgemeinen Formulierungen zum anderen jede zu spezielle Festlegung, die den Spielraum möglicher Lösungen, die nur im **Zusammenwirken der Völker** der Mitgliedstaaten durch ihre Regierungen schrittweise durch Verhandlung und **Vertrag** gefunden werden können, übermäßig einengen würde.

47

Offengehalten ist auch hier die Frage, ob die EU die **Gestalt eines Staates** annehmen kann oder soll. Die in Art. 23 I 1 GG aufgezählten Grundsätze passen allerdings nur auf die Organisation öffentlicher Gewalt, wie sie herkömmlich den Staaten vorbehalten war. Die Struktursicherungsklausel setzt damit eine entsprechende Qualität der durch die EU ausgeübten Hoheitsgewalt voraus und bestätigt so den in der EG/EU gewählten und entwickelten Ansatz eines föderalen Systems »**gestufter Staatlichkeit**« im Verfassungsverbund (→ Rn. 20, 23 ff., 37).

48

---

[217] A.A. *Scholz* (Fn. 8), Art. 23 Rn. 12, 42, 44, für den es genügt, daß das »Grundziel einer ›Europäischen Union‹ gewahrt« bleibt.

[218] Unklar in BVerfGE 89, 155 (190), wonach die Mitgliedstaaten die »Zugehörigkeit« zur EU »letztlich durch einen gegenläufigen Akt auch wieder aufheben können«. S. auch ebd., S. 204, wo »beim Scheitern der Stabilitätsgemeinschaft« von »einer Lösung aus der Gemeinschaft« die Rede ist. Zur Unzulässigkeit des einseitigen Austritts dagegen etwa *J. A. Frowein*, EuR 1995, 315 (318, 320): »Verstoß gegen deutsches Verfassungsrecht«; ebenso *ders.*, ZaöRV 54 (1994), 1 (10 ff.).

[219] S. dazu auch *Isensee*, Vorrang (Fn. 87), S. 1249 ff.

a) Bedeutung der Struktursicherungsklausel

49 Normativ kommt der Struktursicherungsklausel damit eine **doppelte Bedeutung**[220] zu: Sie konkretisiert im Blick auf das Staatsziel »vereintes Europa« das Modell der EU und hat insofern eine **Appell- und Orientierungsfunktion** für alle politischen Kräfte, eine Festlegung, die sich (indirekt) auch nach »außen«, also an die Verhandlungspartner richtet. Für die deutschen Stellen, die zur Mitwirkung an der Entwicklung der EU verpflichtet sind, entfaltet sie darüber hinaus eine »**Verfassungspflicht**«[221], die ebenso wie das Mitwirkungsgebot des Art. 23 I 1, 1. Halbs. GG selbst auch **justiziabel** ist (→ Rn. 46).

50 Die Unbestimmtheit der Formulierungen hat jedoch zur Folge, daß die Überprüfung sich nur auf die Mißachtung der Grenzen des in ihnen gegebenen weiten **politischen Beurteilungs- und Verhandlungsspielraums** beziehen kann. Maßstab kann – trotz der deutlichen textlichen Anlehnung an Art. 79 III GG – nicht die jeweilige, durch das Bundesverfassungsgericht gefundene konkrete Bedeutung der genannten Grundsätze unter dem Grundgesetz sein[222]. Die EU ist kein Staat, schon deswegen sind die innerstaatlich entwickelten Grundsätze nur bedingt übertragbar[223]. Sie setzt sich vor allem aber aus Mitgliedstaaten zusammen, für die jeweils unterschiedliche Konzeptionen von Demokratie, Rechtsstaat etc. gelten. Daher sind die **Verfassungstraditionen** auch **der anderen Mitgliedstaaten** zu berücksichtigen: Die Maßstäbe des Art. 23 I 1, 2. Halbs. GG werden Elemente eines sich im europäischen Verfassungsverbund notwendig herausbildenden »gemeineuropäischen Verfassungsrechts«[224].

b) Demokratische Grundsätze

51 Die Europäische Union muß demokratischen Grundsätzen verpflichtet sein. Dieses Strukturmerkmal begegnet dem – trotz der Anerkennung des Demokratiegebots als grundlegendes Prinzip des Gemeinschaftsrecht[225] – vielfach erhobenen Vorwurf des

---

[220] Vgl. auch *Rojahn* (Fn. 181), Art. 23 Rn. 18: »nicht nur Verhaltensnorm (Handlungsmaßstab) der Integrationsgewalt, sondern auch Beurteilungsnorm (Urteilsmaßstab) zur Kontrolle«. *Streinz* (Fn. 5), Art. 23 Rn. 16f., mwN.

[221] So BVerfGE 89, 155 (211f.) in bezug auf das Subsidiaritätsprinzip.

[222] So aber *Scholz* (Fn. 8), Art. 23 Rn. 55. Nach ihm »verlängert« die Struktursicherungsklausel »den Geltungsanspruch jener innerstaatlichen (grundgesetzlichen) Konstitutionsprinzipien gleichsam auf die supranationale Ebene der Europäischen Union«. Er sieht in der Klausel wegen des Verweises auf Art. 79 III in Art. 23 I 3 GG demgemäß auch »eine mehr klarstellende als konstitutive Regelung«, verkennt aber, daß der Verweis die Grenze möglicher Änderungen des Grundgesetzes durch die Integration betrifft, die Struktursicherungsklausel aber die Verfassung der EU.

[223] Vgl. auch *Streinz* (Fn. 5), Art. 23 Rn. 22: »strukturangepaßte Grundsatzkongruenz«, mit zutreffendem Verweis auf BVerfGE 89, 155 (182). → Art. 20 (Demokratie) Rn. 31.

[224] Dazu grundlegend: *P. Häberle*, Europäische Rechtskultur, 1994, S. 33ff.; *ders.*, EuGRZ 1991, 261ff.; *ders.*, Gemeineuropäisches Verfassungsrecht (Fn. 92), S. 361ff. S. auch *Streinz* (Fn. 5), Art. 23 Rn. 21: »Anforderungen an die Ausübung von Herrschaftsgewalt, wie sie den Mitgliedstaaten der Europäischen Union und *gemeineuropäischer* Verfassungskultur gemeinsam sind«.

[225] Erstmals: EuGHE 1980, 3333 (3360) – *Roquette Frères*; neuerdings: EuGHE 1995, I-1827 (1851f.) – *Mautgebühren*; dazu *M. Zuleeg*, JZ 1993, 1069 (1070), u. *ders.*, Demokratie durch Rechtsprechung, in: L. Krämer/H.-W. Micklitz/K. Tonner (Hrsg.), Recht und diffuse Interessen in der Europäischen Rechtsordnung, 1997, S. 1ff. (4ff.); *A. Randelzhofer*, Zum behaupteten Demokratiedefizit der Europäischen Gemeinschaft, in: P. Hommelhoff/P. Kirchhof (Hrsg.), Der Staatenverbund der Europäischen Union, 1994, S. 39ff. (42ff.), der indessen feststellt, daß sich ein »übergeordnetes demo-

Demokratiedefizits der EU[226]. Es trägt der Frage Rechnung, wie sich im Geltungsbereich des Grundgesetzes »verfassungsmäßig« ausgeübte Hoheitsgewalt legitimiert, die nicht iSd. Art. 20 II 1 GG vom Staatsvolk der Bundesrepublik ausgeht[227]. Die Antwort kann, wie Art. 23 I 1 GG mit der Verpflichtung auf demokratische Grundsätze auch zwingend impliziert, nur in der Übertragung des Demokratieprinzips auf die europäische Ebene liegen, Demokratie verstanden im weiten Sinne der **Selbstbestimmung** der betroffenen Menschen, also der Legitimation von Herrschaft durch die Beherrschten im Sinne der klassischen Volkssouveränität[228]. In welchen Formen der institutionellen, funktionellen, sachlich-inhaltlichen und personellen Legitimation im einzelnen der Zurechnungszusammenhang zwischen Volk und staatlicher bzw. supranationaler Herrschaft hergestellt wird[229], ist offen, für die EG »strukturangepaßt« zu verstehen[230] und vom Grundgesetz auch für die EU nicht vorgegeben; entscheidend ist die **Effektivität von Verantwortlichkeit und Kontrolle**, ein bestimmtes Legitimationsniveau[231].

Im Blick auf die Struktur der EU und ihr Selbstverständnis als Union der Völker Europas (Art. A [1 nF] II EUV), deren Interessen in erster Linie durch ihre Regierungen, auf Unionsebene daneben unmittelbar durch ihre Vertreter im Europäischen Parlament artikuliert werden, muß auch die Legitimation »doppelgleisig«[232], d.h. auf **zwei** parallelen, sich gegenseitig ergänzenden **komplementären Legitimationssträngen** erfolgen[233]. Weil und solange der Schwerpunkt der politischen Verantwortung, vor allem für die Rechtsetzung, beim Rat, also dem Vertretungsorgan der Regierungen der Mitgliedstaaten liegt, muß die Legitimation **primär** über die Kontrolle der einzelnen Vertreter im Rat durch die nationalen Parlamente laufen[234]. Effektivitätsbedin-

52

---

kratisches Prinzip für die Europäische Gemeinschaft weder aus dem Völkerrecht noch aus dem Gemeinschaftsrecht« ergebe (ebd., S. 54, 46 Fn. 26: »Worthülse«).

[226] Vgl. *Häberle*, Europäische Rechtskultur (Fn. 224), S. 85; *ders.*, EuGRZ 1992, 429 (432): »das Skandalon der EG«; → Art. 20 (Demokratie) Rn. 37 ff., mwN. Dagegen BVerfGE 89, 155, und ihm folgend: *Randelzhofer*, Demokratiedefizit (Fn. 225), S. 53 f., 55; s. auch *W. Kluth*, Die demokratische Legitimation der Europäischen Union, 1995, S. 93 ff., 97, und schon *C.-D. Classen*, AöR 119 (1994), 238 (239); *I. Pernice*, Die Verwaltung 1993, 449 (451). Zur demokratischen Legitimation der Judikative der EG: *V. Epping*, Der Staat 36 (1997), 349 ff.

[227] So die Frage bei *Hofmann* (Fn. 90), § 7 Rn. 33. Zum Verbot einer »positiven demokratischen Kompetenz« in der Konsequenz: *Huber*, Staatsstreich (Fn. 190), S. 32 f., wegen der »Ausschließlichkeit nationalstaatlicher Legitimationsvermittlung«.

[228] Vgl. BVerfGE 83, 37 (50); 44, 125 (142): »Idee der Selbstbestimmung aller in Freiheit«. S. auch *H.-J. Cremer*, EuR 1995, 21 (23); *H. H. Klein*, Die Zukunft der Europäischen Union und die Identität ihrer Mitgliedstaaten – Zehn Thesen, in: GedS Kewenig, 1996, S. 103 ff. (107). → Art. 20 (Demokratie) Rn. 57 ff., 76 ff.

[229] Zur Terminologie BVerfGE 83, 60 (72). S. auch *E.-W. Böckenförde*, Demokratie als Verfassungsprinzip, in: HStR I, § 22 Rn. 14 ff.; *H. Dreier*, Jura 1997, 249 (256).

[230] Im Sinne von *Streinz* (Fn. 5), Art. 23 Rn. 22. S. auch BVerfGE 89, 155 (182 ff.); *H. H. Klein*, Zukunft der EU (Fn. 228), S. 105 f.; *Randelzhofer*, Demokratiedefizit (Fn. 225), S. 51 ff., 55. → Art. 20 (Demokratie) Rn. 39 ff.

[231] BVerfGE 83, 60 (72). Daß hier keine Defizite gegenüber dem den Mitgliedstaaten gemeinsamen Standard bestehen, zeigt *Kluth*, Legitimation (Fn. 226), S. 90 ff.

[232] So zutreffend *Streinz* (Fn. 5), Art. 23 Rn. 24. Vgl. auch *Rojahn* (Fn. 181), Art. 23 Rn. 23; in der Sache auch *C.-D. Classen*, AöR 119 (1994), 238 (246 ff., 250 ff.).

[233] Vgl. schon *I. Pernice*, Die Verwaltung 1989, 449 (483 ff.); s. auch BVerfGE 89, 155 (184 ff.).

[234] Vgl. Art. 23 II u. III GG (→ Rn. 95 ff.) sowie zu entsprechenden innerstaatlichen Vorkehrungen anderer Mitgliedstaaten → Rn. 13 f. S. auch die Protokollerklärungen Nr. 13 u. 14 zum Unionsvertrag von Maastricht über die Rolle und Zusammenarbeit der Parlamente in Fragen der EU.

gung dieser Kontrolle ist ein Höchstmaß an Information und **Transparenz**[235], die nur in der Wahrung der Funktionsfähigkeit des Rates als Organ der Verhandlung ihre Grenzen finden kann[236]. Angesichts der notwendigerweise zunehmend gepflegten **Mehrheitsentscheidung** im Rat werden die Grenzen dieser Legitimationsbasis sichtbar. Auch soweit Art. 23 V und VI GG eine maßgebliche Beteiligung der Länder durch den **Bundesrat** vorsehen, kann die Forderung nach demokratischer Abstützung der Ratsbeschlüsse in Deutschland nur sehr mittelbar eingelöst werden (→ Rn. 117).

53 Wegen dieser Defizite ist daneben eine **unmittelbare demokratische Legitimation** unerläßlich. Sie wird mehr und mehr durch das **Europäische Parlament** vermittelt, dessen Einfluß, wie vom Bundesverfassungsgericht gefordert[237], vor allem auf die Rechtsetzung der Gemeinschaft[238] wie auch auf die Investitur und Kontrolle der Kommission[239] schrittweise verstärkt wird. Das Europäische Parlament, 1979 zum ersten Male direkt gewählt[240], ist in erster Linie **Repräsentationsorgan der Völker** Europas und durchaus keine »Staatenversammlung«[241]. Nach dem Selbstverständnis der Europaparlamentarier, das sich auch in der Organisation der Fraktionen nach der politischen Ausrichtung der Abgeordneten statt nach ihrer Staatsangehörigkeit widerspiegelt[242], aber auch aufgrund der Direktwahl[243] und im Blick auf Art. 8 (17 nF) ff., 138a-e (191–195 nF) EGV wächst es vielmehr zum **Parlament der Unionsbürger** heran[244] und wird nach dem Unionsvertrag von Maastricht auch so gewertet[245]. Dies gilt

---

[235] Krit. etwa *S. Oeter*, ZaöRV 55 (1995), 659 (703); *M. Zuleeg*, JZ 1993, 1069 (1071); wegen des Mangels hieran speziell hinsichtlich Schengen II und der Europäischen Union: *D. Curtin/H. Meijers*, CMLRev. 32 (1995), 391 ff. S. aber jetzt Art. A (1 nF) II EUV: »Entscheidungen möglichst offen und möglichst bürgernah getroffen«. Entsprechend die Neufassung des Art. 151 (207 nF) III EGV.

[236] Vgl. zur Möglichkeit, Sitzungen des Rates über die Medien auszustrahlen, Art. 6 I der 1993 geänderten Geschäftsordnung des Rates (ABl. 1993 L 304/1). S. auch den Ratsbeschluß 93/731 über den Zugang der Öffentlichkeit zu Ratsdokumenten (ABl. 1993 L 340/43), dazu EuGHE 1995, II-2765 – *Carvel*, dazu *D. Kugelmann*, EuR 1996, 207 ff.; *C. Sobotta*, EuZW 1996, 157 ff. S. auch *M. Dreher*, EuZW 1996, 487 ff.

[237] Vgl. BVerfGE 89, 155 (184 f., 213).

[238] Vgl. Art. 138b (191 nF) EGV und die Verfahren nach Art. 189b (251 nF) (Mitentscheidung) und Art. 189c (252 nF) (Kooperationsverfahren) EGV, durch den Vertrag von Amsterdam im wesentlichen reduziert auf das (vereinfachte) Mitentscheidungsverfahren, dessen Anwendungsbereich zudem erheblich ausgedehnt wurde, so daß nun etwa 75% aller Rechtssetzungsakte nach diesem Verfahren erlassen werden; s. dazu und zu den Auswirkungen des Amsterdamer Vertrages auf das EP insgesamt, *E. Brok*, integration 1997, 211 (211 f.), und *D. Nickel*, ebd., 219 (220 ff.).

[239] Art. 158 (214 nF) EGV, wobei in der Fassung des Amsterdamer Vertrags auch die Benennung des Kommissionspräsidenten dem Zustimmungsvotum des EP unterworfen wird. S. auch den Mißtrauensantrag nach Art. 144 (201 nF) EGV, die Untersuchungsrechte nach Art. 138c (193 nF) EGV sowie die Institution des Bürgerbeauftragten, Art. 138e (195 nF) EGV.

[240] Akt zur Einführung allgemeiner unmittelbarer Wahlen der Abgeordneten der Versammlung, Neufassung gem. Art. 11 BeitrittsV 1994, abgedr. bei *T. Läufer*, in: Grabitz/Hilf, EUV/EGV, Art. 138 EGV (1995).

[241] S. aber *Isensee*, Integrationsziel (Fn. 121), S. 579; s. auch *Kirchhof*, Maastricht-Urteil (Fn. 91), S. 20: »lediglich eine europäische Versammlung«; anders etwa *Schmidhuber*, Grundlagen (Fn. 133), S. 1272: »*Direkte demokratische* Legitimation wird der Europäischen Union durch das Europäische Parlament vermittelt« – zur Legitimität des Europäischen Parlaments freilich krit. ebd., S. 1275 f.

[242] Vgl. Art. 29 I der Geschäftsordnung des EP. S. auch *T. Läufer*, in: Grabitz/Hilf, EUV/EGV, Art. 138a EGV (1995), Rn. 2, 5 f.

[243] → Fn. 240.

[244] Vgl. *S. Oeter*, ZaöRV 55 (1995), 659 (682 f.). Diese Perspektive unterstreicht auch BVerfGE 89, 155 (184 f.): »Repräsentation der Staatsvölker durch ein europäisches Parlament«. S. auch *H. H. Klein*, Zukunft der EU (Fn. 228), S. 107: Unionsbürgerschaft als Ausdruck der Rechtsbindung zwi-

II. Staatsziel »Vereintes Europa« (Art. 23 I 1, 1. Halbs. GG) Art. 23

trotz der bleibenden Disproportionalität der Verteilung der Parlamentssitze im Verhältnis zur Bevölkerungszahl des jeweiligen Mitgliedstaats[246] und trotz des Fehlens eines für alle Mitgliedstaaten geltenden einheitlichen Wahlrechts (Art. 138 III [190 IV nF] EGV)[247]. Ein gleiches und einheitliches Wahlrecht mag dem Idealtypus staatlicher Demokratie am ehesten entsprechen[248] und die Legitimationswirkung des Europäischen Parlaments stärken[249], kann aber für die EU nicht gefordert werden, solange sie Union der Völker Europas ist[250], nicht Staat[251].

Ein **europäisches Volk** mag im Sinne der alten deutschen Staatslehre nicht existieren[252]. Demokratie setzt aber ein »Volk« im nationalstaatlichen oder gar ethnischen Sinne nicht voraus[253]. Korrelatbegriff zur freiheitlich demokratischen Herrschaft ist der dauerhaft betroffene[254] und zugleich grundrechtlich geschützte Bürger in seinem Aktivstatus[255]. Voraussetzung ist nicht eine wie auch immer geartete Homogenität[256] 54

---

schen europäischer Hoheitsgewalt und den Staatsangehörigen der Mitgliedstaaten: »gemeinsames europäisches Indigenat« – Unionsbürger als »Mitinhaber der Gemeinschaftsgewalt«.
245 Vgl. insb. Art. 8b (19 nF) II EGV: EP-Wahlrecht für nicht zum (nationalen) »Volk« gehörige Unionsbürger; Art. 138c (193 nF) EGV: Untersuchungsausschüsse; Art. 8d (21 nF), 138d (194 nF), 138e (195 nF) EGV: Parlamentarisches Petitionsrecht, Bürgerbeauftragter im EP; Art. 138a (191 nF) EGV: Europäische politische Parteien, vgl. dazu *D. T. Tsatsos*, EuGRZ 1994, 43 (45), und *R. Stenzel*, EuR 1997, 174 ff.
246 Vgl. Art. 139 II (196 nF) EGV. Daraus ergibt sich aber, daß die These bei *Isensee*, Integrationsziel (Fn. 121), S. 579, »die politische Willensbildung gründe(t) auf der Gleichheit der Staaten, nicht auf der Gleichheit der Unionsbürger«, für das EP (noch) nicht paßt und auch nicht für den Rat (vgl. zur Stimmgewichtung im Rat Art. 148 [205 nF] II EGV).
247 Ein Tableau der unterschiedlichen Wahlverfahren findet sich bei *Läufer* (Fn. 242), Art. 138a EGV Rn. 29.
248 Vgl. die Kritik am Wahlverfahren und an der Sitzverteilung bisher bei *P. M. Huber*, StWStP 3 (1992), 349 (362 ff.).
249 So BVerfGE 89, 155 (186).
250 Näher hierzu *I. Pernice*, Die Verwaltung 26 (1993), 449 (481 f.); ebenso *C.-D. Classen*, AöR 119 (1994), 238 (248): »funktionsadäquat«, mwN.; *Scheuing*, Europäisierung (Fn. 92), S. 105; *H. H. Klein*, Zukunft der EU (Fn. 228), S. 105 f.: »Das auf der prinzipiellen Gleichheit aller beruhende nationaldemokratische Konzept versagt im multinationalen Verbund«.
251 In dieser Richtung wohl auch *P. M. Huber*, StWStP 3 (1992), 349 (371 f.), nach dem kein Problem besteht, solange dem EP nur eine »negative demokratische Kompetenz« zusteht, der Gleichheitssatz als Element des Demokratieprinzips jedoch verletzt ist, wenn es eine »positive demokratische Kompetenz« erhielte (was nach *Huber* ohnehin Art. 79 III GG verletzte, ebd., S. 359 ff.).
252 So die h.M., vgl. etwa *P. Kirchhof*, EuR-Beiheft 1/1991, 14; *R. Scholz*, Europäische Union – Voraussetzungen einer institutionellen Verfassungsordnung, in: L. Gerken (Hrsg.), Europa zwischen Ordnungswettbewerb und Harmonisierung, 1995, S. 113 ff. (116); *U. Di Fabio*, Der Staat 32 (1993), 191 (202 ff.); *Rojahn* (Fn. 181), Art. 23 Rn. 23. Krit. zur »no-demos-thesis« zu Recht *J. H. H. Weiler*, The State »über alles«, in: FS Everling, 1995, S. 1651 ff.; s. auch *S. Oeter*, ZaöRV 55 (1995), 659 (690 ff.), mwN.
253 S. die treffende Kritik an diesem Ansatz in BVerfGE 83, 37 (51 f.), bei *B.-O. Bryde*, StWStP 5 (1994), 305 (306 ff.). S. auch *U. Fastenrath*, EuR-Beiheft 1/1994, 101 (116 f.); *Zuleeg*, Demokratie (Fn. 225), S. 2 ff.
254 Zum insoweit gewandelten Volksbegriff s. *v. Simson/Schwarze*, Europäische Integration (Fn. 16), S. 12. S. aber → Art. 20 (Demokratie) Rn. 46.
255 S. schon *P. Häberle*, Diskussionsbeitrag, VVDStRL 33 (1975), S. 136: »Bürgerdemokratie«; vgl. auch *Kluth*, Legitimation (Fn. 226), S. 42 f., mwN.
256 In diesem Sinne aber BVerfGE 89, 155 (186); s. auch *Kluth*, Legitimation (Fn. 226), S. 49 ff.: »soziale Homogenität«. Dagegen zu Recht *U. Fastenrath*, EuR-Beiheft 1/1994, 101 (117); s. auch *I. Pernice*, AöR 120 (1995), 100 (103 ff.).

dieser Bürger, sondern neben dem Willen zur Integration ein sorgsam zu hütender Grundkonsens über die Grundrechte als Garantie von Pluralismus und Diversität[257]. Die europäische *civil society* als eine freie Assoziation von (Staats-)Bürgern[258] muß sich im Gleichlauf zur Verfassungsentwicklung der Union (→ Rn. 37) herausbilden, ebenso wie eine europäische öffentliche Meinung[259] und damit der **europaweite Diskurs** in dem Maße zur Entfaltung kommen, wie europäische, über das Europäische Parlament legitimierte Institutionen als Träger politischer Verantwortung sichtbar werden und sie – für den Bürger sicht- und zurechenbar – drängende politische Probleme »anpacken« und »lösen«[260]. Voraussetzung dafür ist weder eine gemeinsame Sprache[261] noch sind es »europäische Medien«[262], sondern die Fähigkeit, die Freiheit und der reale Wille zur Verständigung[263]. Medium können **politische Parteien auf europäischer Ebene** sein, wie sie Art. 138a (191 nF) EGV anspricht[264], aber zu recht nicht fordert oder gar etabliert. Ihre Bildung ist der freien gesellschaftlichen Entwicklung überlassen und wird Indikator sein für das wachsende Bewußtsein um die Bedeutung der europäischen Politik. Voraussetzung – und allein kohärent mit Art. 23 I 1 GG – ist freilich, daß insoweit auf der innerstaatlichen Ebene Diskriminierungen in bezug auf **politische Rechte von EG-Ausländern**[265] beseitigt werden.

55 Die klassische Idee der **Volkssouveränität** setzt nicht voraus, daß sich die Einzelnen

---

[257] Er ist Ausdruck der gemeinsamen politischen Kultur und Bedingung des Kommunikationszusammenhangs, der politischen Öffentlichkeit, die nach *J. Habermas*, Die Einbeziehung des Anderen, 1996, S. 185 ff., 189 ff., an die Stelle vorgegebener kollektiver Identität tritt: »ein intersubjektiv geteilter Kontext möglicher Verständigung«. Zum Verständnis des *demos* als Wertegemeinschaft d.h. als »a commitment to the shared values of the Union as expressed in its constituent documents, a commitment to the duties and rights of a civic society covering discrete areas of public life...«, vgl. *Weiler*, The State »über alles« (Fn. 252), S. 1685 ff., mit dem Gedanken der gleichzeitigen Zugehörigkeit »to two demoi, albeit based on different subjective factors of identification«.

[258] So *H. Hofmann*, StWStP 6 (1995), 155 (161); zur Bildung einer europäischen Bürgergesellschaft s. auch *B. Beutler*, KritJ 29 (1996), 52 (61 ff.); s. auch *Habermas*, Einbeziehung (Fn. 257), S. 183 f.

[259] Als »vorrechtliche Voraussetzung« demokratischer Legitimation gefordert von BVerfGE 89, 155 (185); s. dazu *I. Pernice*, Die Verwaltung 1989, 449 (479 f.); *H. H. Klein*, Zukunft der EU (Fn. 228), S. 205. Weitreichende (verfassungs-)politische Themen sind bereits heute Gegenstand eines europaweiten Diskurses, so die Verfassung der Union (seit dem dänischen Referendum), die Außenpolitik (Jugoslawien), die Einführung des Euro, ansatzweise die Umweltpolitik, die »Agenda 2000« (insb. Osterweiterung u. Finanzierung der EU) etc.

[260] Vgl. *Pernice* (Fn. 13), § 191 Rn. 51–55; s. auch *C.-D. Classen*, AöR 119 (1994), 238 (256 f.).

[261] So gefordert vor allem von *D. Grimm*, Der Spiegel Nr. 43/1992, S. 59; *F. Ossenbühl*, DVBl. 1993, 629 (634); *U. Di Fabio*, Der Staat 32 (1993), 191 (204); a. A. *C.-D. Classen*, AöR 119 (1994), 238 (256); *Kluth*, Legitimation (Fn. 226), S. 62. Krit. auch *C. Tomuschat*, DVBl. 1996, 1073 (1079), mwN. BVerfGE 89, 155 (185), fordert lediglich, daß »der wahlberechtigte Bürger mit der Hoheitsgewalt, der er unterworfen ist, in seiner Sprache kommunizieren kann«. Art. 8d (21 nF) EGV in der Fassung des Amsterdamer Vertrags wird dies sicherstellen.

[262] So offenbar *F. W. Scharpf*, StWStP 3 (1992), 293 (296 f.): »gemeinsame Medien und Träger der politischen Auseinandersetzung und Willensbildung«.

[263] Richtungweisend zur Konstitution eines europäischen Volkes durch Wahlen: *E. Grabitz*, DVBl. 1977, 786 (791 ff.).

[264] Vgl. dazu *D. T. Tsatsos*, EuGRZ 1994, 43 (45 ff.); s. auch *H. Hofmann*, StWStP 6 (1995), 155 (166), für den es mit dem Fehlen »europäisch agierender politischer Parteien« »an einer elementaren Voraussetzung« für die demokratische Legitimationsfähigkeit des Europäischen Parlaments mangelt.

[265] Vgl. etwa die Deutschenvorbehalte in Art. 8 I, 9 I, 11 I, 20 IV GG, § 2 III PartG: → Vorb. Rn. 74 f.; → Art. 11 Rn. 18.

schon vorher »als Volk oder Nation konstituiert haben«[266]. Wenn, wie das amerikanische Beispiel zeigt, sich ein selbständiger *pouvoir constituant* auch im Akt der Verfassungsgebung durch einen übergreifenden **europäischen Gesellschaftsvertrag** selbst begründen kann[267], so ist es in der EU der Prozeß der Verfassungskonsolidierung durch die schrittweise Kompetenz- und Legitimationsverlagerung, in dem sich die Unionsbürger als Träger der Volkssouveränität[268], besser: der »**Bürgersouveränität**« der Völker Europas in der europäischen *civil society* schrittweise als Legitimationsträger konstituieren (→ Rn. 54). Die Bezugnahme auf die **Völker Europas** in EU-Vertrag und EG-Vertrag spiegeln den föderal geprägten Aufbau der Union wider, der – seinerseits von Art. 23 I 1 GG gefordert – insofern in einem Spannungsverhältnis zum Demokratieprinzip steht.

Demokratische Verantwortlichkeit der Herrschaft i.S. eines *responsive government* setzt eine klare Zuordnung der Verantwortung voraus, die Transparenz der Entscheidungsprozesse (→ Fn. 235) und die Möglichkeit der Bürger, »mit der Hoheitsgewalt, der er unterworfen ist, in seiner Sprache kommunizieren zu können«[269]. Letzteres schließt aus, daß etwa im Falle der erneuten Erweiterung der EU die Zahl der **Amtssprachen** reduziert würde, um die Aufblähung des Sprachendienstes zu vermeiden. Ersteres zielt auf **Transparenz** und richtet sich gegen ein »System der organisierten Verantwortungslosigkeit«[270]. Dazu gehört nicht zuletzt eine Änderung des Wahlrechts in dem Sinne, daß jeder Abgeordnete mit einen Wahlkreis eine fest bestimmte Wählerschaft, eine »constituency« repräsentiert und dieser – bürgernah – verantwortlich ist[271]. 56

Der Weg der Legitimation über die nationalen Parlamente bleibt gangbar, solange der Rat als Angelpunkt eines **Konkordanzsystems** handeln kann[272], d.h. jede Regierung gleichermaßen Verantwortung für jeden Rechtsakt trägt und ihrem Parlament Rechenschaft schuldet. Im Blick auf die zunehmenden Möglichkeiten, ja bei Erweiterung der EU bald wegen der Notwendigkeit der Entscheidung mit **qualifizierter Mehrheit** im Rat läßt sich die Entscheidungsverantwortung aber nur noch schwer zuordnen, zumal wenn nicht transparent ist, wie der Vertreter jedes Mitgliedstaats im Rat argu- 57

---

[266] S. auch *Steinberger*, Verfassungsstaat (Fn. 125), S. 22 f.; krit. zur These, daß ohne ein europäisches Volk Demokratie in der EU nicht denkbar sei, mit guten Gründen auch S. *Oeter*, ZaöRV 55 (1995), 659 (690 ff.).
[267] Zum Bild der klassischen Vertragstheorie als Modell für die EG vgl. schon *I. Pernice*, NJW 1990, 2409 (2410 f.). Den Gedanken des europäischen Gesellschaftsvertrags entwickelt *J. H. H. Weiler*, »We will do. And Hearken.« Reflections on a Common Constitutional Law for the European Union, in: R. Bieber/P. Widmer (Hrsg.), Der europäische Verfassungsraum [1995], S. 413 ff. (439). S. auch *E. J. Mestmäcker*, Risse im europäischen contrat social, in: Veröff. der Hanns Martin Schleyer-Stiftung 48 (1997), S. 53 ff. (54); *P. Häberle*, Gemeineuropäisches Verfassungsrecht, 1997, S. 39.
[268] *Kluth*, Legitimation (Fn. 226), S. 42: »Der Unionsbürger als Legitimationssubjekt der Europäischen Union«, und ebd., S. 66: »Demokratie ohne Volk«.
[269] Vgl. BVerfGE 89, 155 (185). Die Kritik bei *J. Schwarze*, NJ 1994, 1 (4), dürfte auf einem Mißverständnis beruhen, da nicht eine gemeinsame Sprache gefordert wird. Vgl. dazu auch den durch den Amsterdamer Vertrag hinzugefügten Art. 8 d (21 nF) III EGV.
[270] Vgl. *S. Oeter*, ZaöRV 55 (1995), 659 (696), im Rückgriff auf *Max Weber*.
[271] In diesem Sinne zutreffend *C. Tomuschat*, DVBl. 1996, 1073 (1097 f.).
[272] S. etwa *P. Badura*, ZSR 1990, 115 (133); ihm folgend *Steinberger*, Verfassungsstaat (Fn. 125), S. 47; *S. Oeter*, ZaöRV 55 (1995), 659 (697, 699). S. auch *H. H. Klein*, Zukunft der EU (Fn. 228), S. 106.

mentiert und gestimmt hat[273]. Legitimation und Kontrolle können insofern eindeutig nur über das **Europäische Parlament** laufen, soweit ihm die Mitentscheidung eingeräumt ist. Insofern muß die Stärkung der Demokratie in der EU über die grundsätzliche Einräumung des Mitentscheidungsrechts des Parlaments und die Stärkung seiner Rolle bei der Investitur der Kommission erfolgen, so wie dies weitgehend im Amsterdamer Vertrag geschehen ist (s. Art. 214 [158 nF] EGV).

58 Freilich ist auch unter dem Aspekt der Demokratie der europäische Verfassungsverbund als **komplexes Mehrebenensystem** in seiner Gesamtheit zu betrachten[274]. Demokratie auf Unionsebene setzt Demokratie in den Mitgliedstaaten notwendig voraus[275]. Sie wirkt über die parlamentarische Kontrolle der Regierungsvertreter im Rat, selbst im Falle von Abstimmungsniederlagen, die nicht von der Mitverantwortung befreien. Abstimmungen finden jeweils nur am Ende eines langen Verhandlungsprozesses statt, an dem alle Minister teilnehmen und der ein Höchstmaß an Verträglichkeit des Ratsbeschlusses für alle Mitgliedstaaten sicherstellt. Exekutivische Verhandlungs- bzw. Konkordanzdemokratie im Rat und unmittelbare parlamentarische Verantwortlichkeit für die zu treffenden Entscheidungen sind damit notwendig sich ergänzende Elemente der föderalen Struktur, halten sie zusammen und verleihen den Entscheidungen auf europäischer Ebene **gemeinsam** demokratische Legitimation. Dabei ist freilich, schon wegen der Informations-, Integrations- und stärkeren Legitimationswirkung nach Möglichkeiten einer stärkeren **unmittelbar demokratischen Beteiligung der Unionsbürger** zu suchen, zumal wenn es um weitere Integrationsschritte[276] oder um grundlegende politische Orientierungen geht[277].

c) Rechtsstaatliche und soziale Grundsätze

59 Mit der Verpflichtung auf **rechtsstaatliche** Grundsätze legt Art. 23 I 1, 2. Halbs. GG die Entwicklung der EU auf einen Kerngehalt der *rule of law* fest, wie er in der Form der **Rechtsgemeinschaft**[278] durch die Verträge in der Auslegung durch den EuGH bereits angelegt ist: Dazu gehören die Respektierung der Grund- und Menschenrechte (→ Rn. 75 ff.), der Grundsatz der Rechtssicherheit, ein effektiver Rechtsschutz durch unabhängige Gerichte[279] und das rechtliche Gehör, die Bindung der öffentlichen Gewalt an die Verfassung, die Teilung bzw. Aufgliederung der Gewalten sowie die Bindung von Gerichten und Verwaltung an Gesetz und Recht[280]. Die Gemeinschaft zeichnet

---

[273] *H. Hofmann*, StWStP 6 (1995), 155 (166), sieht aus diesem Grund eine Legitimation über nationale Parlamente überhaupt als ausgeschlossen an.
[274] Vgl. auch *M. Zürn*, PVS 37 (1996), 27 (37).
[275] Ebenso *Rojahn* (Fn. 181), Art. 23 Rn. 23.
[276] Zur Demokratisierung des Vertragsänderungsverfahrens nach Art. N (48 nF) EUV s. schon *Pernice* (Fn. 13), § 191 Rn. 71 f.
[277] S. auch *M. Zürn*, PVS 37 (1996), 37 (49 f.): »europaweite Referenden«.
[278] *W. Hallstein*, Die Europäische Gemeinschaft, 5. Aufl. 1979, S. 49; *M. Zuleeg*, NJW 1994, 545 ff.; vgl. auch EuGHE 1991, I-6079 (6102) – *EWR II*, wonach der EWG-Vertrag, »obwohl er in der Form einer völkerrechtlichen Übereinkunft geschlossen wurde, nichtsdestoweniger die Verfassungsurkunde einer Rechtsgemeinschaft« darstellt; dazu im Blick auf den rechtlichen Zusammenhalt der EG *M. Zuleeg*, ZEuP 1993, 475 (486 f., 495).
[279] Vgl. dazu BVerfGE 58, 1 (41 ff.): Art. 164 (220 nF) EGV (hinsichtlich der EU einschränkend Art. L [46 nF] EUV).
[280] Vgl. insges. *Scholz* (Fn. 8), Art. 23 Rn. 59.

II. Staatsziel »Vereintes Europa« (Art. 23 I 1, 1. Halbs. GG)   Art. 23

sich dadurch aus, daß sie nur durch das Recht konstituiert[281], dem Recht unterworfen (Art. 164 [220 nF] EGV) und an die Handlungsformen des Rechts gebunden ist (Art. 3b [5 nF] I, 4 [7 nF] und 189 [249 nF] EGV).

Gefordert ist hinsichtlich der **Grund- und Menschenrechte** zwar keine katalogartige Fixierung[282], wohl aber eine im Ergebnis dem Grundgesetz im wesentlichen vergleichbare Gewährleistung, wie sie seit 1969 vom EuGH in seinem **prätorischen Ansatz** auf der Basis der allgemeinen Rechtsgrundsätze nach Art. 164 (220) EGV entwickelt wurde (→ Rn. 78). Besondere Bedeutung kommt dabei dem **Verhältnismäßigkeitsprinzip** zu[283], das jetzt in Art. 3b (5 nF) III EGV positiv verankert worden ist. Art. F (6 nF) II EUV greift den vom EuGH gewählten Ansatz auf und formuliert die Respektierung der Grundrechte als Verpflichtung der EU insgesamt, wobei der Mangel an Justiziabilität (Art. L [46 nF] EUV) im Amsterdamer Vertrag behoben wird[284]. **Rechtssicherheit** und **Vertrauensschutz** sind in st. Rspr. als allgemeine Grundsätze des Gemeinschaftsrechts anerkannt[285].   **60**

Die Garantie eines **effektiven Rechtsschutzes** ist eine »Grundsatznorm für die gesamte Rechtsordnung«[286]. Sie ist bei der Übertragung von Hoheitsrechten auf eine zwischenstaatliche Einrichtung zu beachten, freilich ist nicht erforderlich, daß das zu errichtende Rechtsschutzsystem »in Umfang und Wirksamkeit in jeder Hinsicht dem Rechtsschutzsystem gleichkommt, wie es in bezug auf Akte der deutschen öffentlichen Gewalt von Verfassungs wegen gewährleistet ist«; eine solche Forderung würde Deutschland »faktisch ›vertragsunfähig‹ machen«[287].   **61**

Besonders im Blick auf den Rechtsschutz ist der Charakter der EG als Verfassungsverbund von Bedeutung: Er ist als integriertes, auf die Gerichte der Mitgliedstaaten gestütztes **System der Kooperation** und des richterlichen Dialogs (Art. 177 [234 nF] EGV) ausgestaltet[288], in dem der EuGH und das EuG[289] ein wesentlicher Teil sind. Vom Bundesverfassungsgericht wurde der EuGH als »gesetzlicher Richter« iSd   **62**

---

[281] → Rn. 20. S. auch *Isensee*, Integrationsziel (Fn. 121), S. 580 f., für den freilich hierin ein Unterscheidungskriterium zum Staat liegt: »Dadurch, daß er eine Verfassung annimmt, unterwirft er sich der Herrschaft des Rechts. Die Union aber ist … ein Produkt des Vertragsrechts und nur lebensfähig durch Verträge«.

[282] So noch BVerfGE 37, 271 (285), wonach der Katalog zudem »von einem Parlament beschlossen« sein sollte.

[283] Vgl. schon *Pernice*, Grundrechtsgehalte (Fn. 110), S. 55 ff., 231 ff.; vgl. auch *J. Schwarze*, Europäisches Verwaltungsrecht, 1988, S. 661 ff., mwN.

[284] Vgl. die Einführung eines neuen lit. d) zu Art. L (46 nF) EUV: Zuständigkeit des EuGH für: »d) Art. F (6 nF) Absatz 2 in bezug auf Handlungen der Organe, sofern dem Gerichtshof die Zuständigkeit im Rahmen der Verträge zur Gründung der Europäischen Gemeinschaften und im Rahmen dieses Vertrages übertragen wird«.

[285] Vgl. im einzelnen *Schwarze*, Europäisches Verwaltungsrecht (Fn. 283), S. 911 ff.; *C.-D. Borchardt*, Der Grundsatz des Vertrauensschutzes im europäischen Gemeinschaftsrecht, 1988; zur Rechtssicherheit vgl. auch die Nachw. aus der Rechtsprechung bei *Pernice* (Fn. 148), Art. 164 EGV Rn. 89 f., speziell unter dem Aspekt des Rückwirkungsverbots, ebd., Rn. 91, des Bestimmtheitsgebots, ebd., Rn. 92, und des Vertrauensschutzes, ebd., Rn. 93 ff.

[286] BVerfGE 58, 1 (40), mit Verweis auf *von Mangoldt/Klein*, Das Bonner Grundgesetz, Bd. I, 2. Aufl. 1957, S. 542.

[287] BVerfGE 58, 1 (41).

[288] Vgl. im einzelnen *Pernice*, Kooperation (Fn. 155), S. 523 ff.; s. auch *ders.*, EuR 1996, 27 ff.

[289] Art. 168a EGV iVm. dem Ratsbeschluß 88/591 über die Errichtung eines Gerichts erster Instanz, ABl. 1988 L 319/1 (Sart. II, 220 b).

Art. 101 I 2 GG anerkannt[290]. Die Gewährleistung eines effektiven Rechtsschutzes ist im Anwendungsbereich des Gemeinschaftsrechts damit zunächst eine Forderung an die **innerstaatlichen Gerichte**[291], die für den Rechtsschutz gegenüber allen Akten des nationalen Vollzugs von Gemeinschaftsrecht[292] zuständig sind, dann aber auch an den **EuGH**. Diesem ist die letztverbindliche Auslegung sowie die Nichtigkeitserklärung von Akten des Gemeinschaftsrechts, also auch von Maßnahmen des direkten Vollzugs übertragen[293]. Das Gebot des effektiven Rechtsschutzes hat in seiner Rechtsprechung grundlegende Bedeutung erhalten[294]. Dazu gehört auch der Grundsatz des **rechtlichen Gehörs**, dessen Schutz durch den EuGH vor allem im Verwaltungsverfahren extensiv ausgebaut wurde[295].

63 Die **Verfassungsbindung** der öffentlichen Gewalt ist als Postulat des Rechtsstaatsprinzips nach Art. 23 I 1 GG von grundlegender Bedeutung für die EU. »Verfassung« kann hier nur das vertragliche Primärrecht sein (→ Rn. 20), wenn aus Art. 23 I 1 GG nicht die Forderung nach einer Verfassungsgebung ieS deduziert werden soll. Die ausdrückliche Bezugnahme auf die Entwicklung »der« Europäischen Union läßt indessen erkennen, daß mit Verfassung das **Primärrecht** gemeint sein muß. Positiv findet dieses rechtsstaatliche Gebot sein Gegenstück in Art. 3b (5 nF) I und 4 (7 nF) EGV. Art. 3b (5 nF) I EGV begrenzt das Handeln der Gemeinschaft auf die ihr zugewiesenen Befugnisse; Art. 4 (7 nF) EGV bestimmt die Organe, die jeweils nach Maßgabe der ihnen im Vertrag zugewiesenen Befugnisse handeln. Dabei sichert nach Art. 164 (220 nF) EGV der Gerichtshof die **Wahrung des Rechts** und überwacht die Rechtmäßigkeit der Handlungen der Organe u.a. im Blick auf Zuständigkeit und Vertragskonformität.

64 Die genannten Normen, insbesondere Art. 4 (7 nF) EGV sind zugleich Basis der Gewährleistung der **Gewaltenteilung**. Verlangt ist in Art. 23 I 1 GG nicht die strikte Trennung der drei Gewalten nach klassischem Muster. Auch für die Trias staatlicher Grundfunktionen nach Art. 20 II 2 GG gilt, daß es zwar um Machtverteilung, -mäßigung und gegenseitige Kontrolle geht[296]. Da staatliche Gewalt nicht vorgegeben, nicht ursprünglich real vorhanden ist, steht zunächst positiv die Konstituierung, Zuordnung und Balancierung von begrenzter Macht und Verantwortung[297] im Vordergrund. Kooperative Verwirklichung von Recht und die Herstellung politischer Einheit im **Zusammenwirken** der einzelnen Funktionsträger[298], Organadäquanz und Richtigkeits-

---

[290] Vgl. BVerfGE 73, 339 (366 ff.); s. auch ebd., S. 367: »funktionelle Verschränkung der Gerichtsbarkeit der Europäischen Gemeinschaften mit der Gerichtsbarkeit der Mitgliedstaaten«.

[291] Seitens des EuGH zum effektiven Rechtsschutz als grundrechtlichem Anspruch, abgeleitet aus Art. 6 und 13 EMRK: EuGHE 1986, 1651 (1682) – *Johnston*; weitere Nachw. bei *Pernice* (Fn. 148), Art. 164 EGV Rn. 87a.

[292] Vgl. im einzelnen *Streinz* (Fn. 164), § 182; s. auch *I. Pernice/S. Kadelbach*, DVBl. 1996, 1100 (1110 ff.).

[293] Grundlegend: EuGHE 1987, 4199 (4231) – *Foto Frost*.

[294] So etwa zum einstweiligen Rechtsschutz gegenüber Rechtsakten der Gemeinschaft: EuGHE 1991, I-415 (540 f.) – *Süderdithmarschen*. Zur Haftung im Falle der Verletzung von Gemeinschaftsrecht: EuGHE 1991, I-5357 (5414) – *Francovich*.

[295] Näher *Pernice* (Fn. 148), Art. 164 EGV Rn. 82 ff.

[296] Vgl. BVerfGE 3, 225 (247); 34, 52 (59).

[297] Vgl. *Hesse*, Verfassungsrecht, Rn. 475 ff., 482. Ihm folgend *E. Schmidt-Aßmann*, Der Rechtsstaat, in: HStR I, § 24 Rn. 50, mwN.

[298] In diesem Sinne der Begriff »kooperative Gewaltenteilung« bei *I. Pernice*, Billigkeit und Härteklauseln im öffentlichen Recht, 1991, S. 406 ff.; s. auch *R. Stettner*, JöR 35 (1986), 1 (9), mwN.

II. Staatsziel »Vereintes Europa« (Art. 23 I 1, 1. Halbs. GG) Art. 23

gewähr[299] sind die Stichworte, die die Gewalten(ver)teilung und Funktionenzuordnung prägen, auch in der EU.

So werden durch Art. 4 (7 nF) EGV und das übrige Primärrecht der EG Organe geschaffen und mit Befugnissen ausgestattet[300], die entsprechend der föderalen Struktur im europäischen Verfassungsverbund je eigene Aufgaben zugewiesen erhalten[301] und in ihrem Zusammenwirken Recht schaffen, entwickeln und durchsetzen. Durch den Rat als das zentrale Beschlußorgan der Rechtsetzung (Art. 189 [249 nF] ff. EGV), durch die Prärogative in der personellen Besetzung von Kommission und Gerichtshof, vor allem aber durch die grundsätzliche Ansiedlung des Vollzugs auf der nationale Ebene sind die Mitgliedstaaten organisatorisch und funktional eng in die Verfassung der Union eingeflochten. Das in den Gründungsverträgen so verfaßte **System horizontaler und vertikaler Funktionszuordnung** und Kontrolle folgt dem klassischen Schema der Gewaltenteilung nur hinsichtlich der unabhängigen Stellung der dritten Gewalt, ist im übrigen aber nicht im klassischen Sinne durchgeführt. »Strukturangepaßt« spricht der Gerichtshof daher vom Grundsatz des »**institutionellen Gleichgewichts**«, wenn er seine Aufgabe darin sieht, darüber zu wachen, »daß jedes Organ seine Befugnisse unter Beachtung der anderen Organe ausübt«[302]. Damit ist freilich nur ein Aspekt der Gewaltenteilung getroffen, deren freiheitssichernde und rationalisierende Funktion im europäischen Verfassungsverbund sowohl horizontal von der institutionellen als auch vertikal von der **föderalen Balance** (→ Rn. 69f.) abhängt.   65

Die **Bindung von Gerichten und Verwaltung an Recht und Gesetz** als Grundsatz, der Institutionen der EG und die Mitgliedstaaten verpflichtet, ist Bedingung und Grundlage des Funktionierens des von den Verträgen konstituierten gewaltenteiligen Steuerungssystems sowie des effektiven Schutzes der dem Einzelnen gewährten Rechte. Auf der Ebene der Gemeinschaft wurde der Grundsatz der **Gesetzmäßigkeit der Verwaltung** schon frühzeitig anerkannt[303]. Er erstreckt sich jedoch auch auf die für den Vollzug zuständigen Stellen der Mitgliedstaaten, die in Art. 5 (10 nF) EGV zur loyalen Erfüllung des Vertrags und des Sekundärrechts (Art. 189 [249 nF] EGV) verpflichtet sind. Hierüber zu wachen, ist Aufgabe von Kommission (Art. 155 [211 nF], 1. Anst. EGV) und Gerichtshof (Art. 169 [226nF] ff. EGV). Sie gewährleisten damit zugleich die einheitliche Anwendung des Gemeinschaftsrechts und damit den rechtlichen Zusammenhalt, die Einheit der Gemeinschaft[304].   66

---

[299] S. etwa BVerfGE 68, 1 (86).
[300] Für die Union sind entsprechend Art. C (3 nF) und E (5 nF) EUV heranzuziehen.
[301] Vgl. für das Europäische Parlament Art. 137 ff. (189 ff. nF), für den Rat Art. 145 ff. (202 ff. nF), Art. 155 ff. (211 ff. nF) für die Kommission und Art. 164 ff. (220 ff. nF) EGV für den Gerichtshof. S. auch Art. 188 a-c (246–248 nF) EGV: Rechnungshof, sowie Art. 198 a-c (263–265 nF) EGV: Ausschuß der Regionen.
[302] EuGHE 1990, I-2041 (2072f.) – *Tschernobyl*: »Die Verträge haben nämlich ein System der Zuständigkeitsverteilung zwischen den verschiedenen Organen der Gemeinschaft geschaffen, das jedem Organ seinen eigenen Auftrag innerhalb des institutionellen Gefüges der Gemeinschaft und bei der Erfüllung der dieser übertragenen Aufgaben zuweist« (ebd., Rn. 21). Zum Prinzip des institutionellen Gleichgewichts in bezug auf die Funktion des EuGH s. auch *W. Bernhardt*, Verfassungsprinzipien – Verfassungsgerichtsfunktionen – Verfassungsprozeßrecht im EWG-Vertrag, 1987, S. 86 ff.
[303] Vgl. im Zusammenhang von Rücknahme und Widerruf von Verwaltungsakten EuGHE 1961, 109 (172) – *SNUPAT*; weitere Nachw. bei *H. Lecheler*, Der Europäische Gerichtshof und die allgemeinen Rechtsgrundsätze, 1971, S. 56 ff., 82; im Verhältnis auch zu den der Verwaltung eingeräumten Entscheidungsspielräumen: *Schwarze*, Europäisches Verwaltungsrecht (Fn. 283), S. 193 ff.
[304] S. auch *M. Zuleeg*, NJW 1994, 545 (548 f.).

67 In ihrem konkreten Gehalt kaum bestimmbar sind die **sozialen Grundsätze**, denen die EU verpflichtet sein soll. Wie in Art. 20 I GG das Sozialstaatsprinzip zielt diese Verankerung der Sozialbindung auf die Ausgestaltung der Union auch als **Sozialunion**, ohne freilich hiermit justiziable Kriterien vorzugeben[305]. Es kann insbesondere nicht darum gehen, die in Art. 2 und 3 lit. i), 117 (136 nF) ff. EGV, möglicherweise auch in Art. 130a (158 nF) ff. EGV gegebenen Ansätze einer europäischen Sozialpolitik[306] verfassungskräftig festzuschreiben[307]. Unter dem Gesichtspunkt der Subsidiarität[308] muß der geforderte Ausbau der sozialen Dimension der Gemeinschaft die gewachsenen Sozialordnungen in den Mitgliedstaaten berücksichtigen. Nationale und mehr noch **regionale Vielfalt** etwa der Sozialversicherungs- oder -hilfesysteme oder die Autonomie der Sozialpartner ist auch ein Ausdruck unterschiedlicher politischer Kultur. Das Grundgesetz fordert insofern zwar die Einbeziehung der sozialen Dimension in die Gestaltung der Union und ihrer Politik – hierin liegt die grundsätzliche Bedeutung –, nicht jedoch eine zentralisierte Sozialpolitik oder gar Harmonisierung im Sozialbereich.

68 Ein erheblicher Schritt zum Ausbau der sozialen Dimension ist das **Protokoll Nr. 14 über die Sozialpolitik** zusammen mit dem entsprechenden Abkommen zwischen den Mitgliedstaaten (außer dem Vereinigten Königreich) in der Schlußakte zum Unionsvertrag von Maastricht, das nach dem Amsterdamer Vertrag nunmehr in den EG-Vertrag integriert wird[309]. Darüber hinaus wurde das Thema **Beschäftigung** nunmehr ausdrücklich zum Gegenstand der Gemeinschaftspolitik erhoben, freilich mehr als mitzuberücksichtigendes Ziel denn als konkrete Kompetenz der Organe der EG[310].

d) Föderative Grundsätze

69 Die Verpflichtung auf föderative Grundsätze richtet sich primär **gegen** jede Tendenz, die Europäische Union zu einem **Zentralstaat** zu entwickeln[311]. Gefordert ist eine **föderale Struktur der Union**, ein Aufbau also, in dem Staaten als Glieder in einer Einheit derart verbunden sind, daß die von den Bürgern her legitimierte und auf sie unmittelbar zurückwirkende politische Macht auf (mindestens) zwei Ebenen verteilt ist. Daß die Union die Form eines **Bundesstaates** annehme, ist weder gefordert noch ausgeschlossen[312]; es bleibt offen, welche Gestaltungsform aus der Vielfalt der Möglichkeiten gewählt wird. Gesichert ist der Fortbestand der Mitgliedstaaten als Staaten und ihrer relativen, d.h. nur gewissen Homogenitätsanforderungen (→ Rn. 80) unterworfenen Verfassungsautonomie und Identität. Art. F I (6 III nF) EUV ist das europäische

---

[305] Zur Europäischen Sozialunion: *J. Ringler*, Die Europäische Sozialunion, 1997. Vgl. auch *Scholz* (Fn. 8), Art. 23 Rn. 68.

[306] S. etwa *Schweitzer/Hummer*, Europarecht, S. 350 ff.; weitere Nachw. bei *Scholz* (Fn. 8), Art. 23 Rn. 68 Fn. 18.

[307] So muß der Verweis auf diese Vorschriften als Konkretisierung des Art. 23 I 1 GG bei *Rojahn* (Fn. 181), Art. 23 Rn. 36, sowie bei *Streinz* (Fn. 5), Art. 23 Rn. 30, verstanden werden.

[308] S. insb. *B. Kahil*, Europäisches Sozialrecht und Subsidiarität, 1996, S. 151 ff. → Rn. 71 ff.

[309] Vgl. die neugefaßten Art. 117 ff. (136 ff. nF) EGV.

[310] Art. 109n ff. (125 ff. nF) EGV in der Fassung des Amsterdamer Vertrages. Zu den beschäftigungspolitischen Beschlüssen des Europäischen Rates von Luxemburg (20./21. 11. 1997) krit. *H. Feldmann*, integration 1998, 43 ff.

[311] S. auch *Streinz* (Fn. 5), Art. 23 Rn. 34.

[312] S. auch *Scholz* (Fn. 8), Art. 23 Rn. 63, sowie → Rn. 35 ff.

Gegenstück dieser Verpflichtung³¹³, für Deutschland als Garantie einer doppelt föderal gestuften Staatlichkeit³¹⁴.

Die Struktursicherungsklausel bezieht sich ausschließlich auf den **Aufbau der Union** und dient daher allenfalls indirekt – unter dem Gesichtspunkt des Respekts der Verfassungsautonomie³¹⁵ – dem Schutz der föderalen Strukturen einzelner Mitgliedstaaten³¹⁶. Sie kann nicht als Vorgabe oder Verpflichtung für deren Gestaltung verstanden werden, weder als Gebot der Förderung des Regionalismus³¹⁷ noch gar als Gewährleistung der kommunalen Selbstverwaltung³¹⁸. Umgekehrt liegt es auf der Linie der »föderativen Grundsätze«, wenn in der Verfassung der Union auch **mitgliedstaatliche Binnenstrukturen** positiv berücksichtigt werden, etwa in Form des Ausschusses der Regionen (Art. 198a-c [263–265 nF] EGV), dessen Mitverantwortung und Mitwirkungsrecht im Gegenzug zum Verlust der Regionen bzw. der Länder und lokalen Gebietskörperschaften an ursprünglichen oder traditionell »örtlichen« Zuständigkeiten bis hin zu einer »dritten Kammer« entwickelt werden könnte³¹⁹.

70

e) Subsidiaritätsprinzip

Die EU soll dem Grundsatz der Subsidiarität verpflichtet sein. Dieser dem Grundgesetz sachlich nicht fremde³²⁰ und doch textlich neueingeführte Grundsatz wurde als Gerechtigkeitsprinzip³²¹ von der katholischen Soziallehre³²² entwickelt und diente der Legitimation für den Staat und seine begrenzten Aufgaben in der liberalen Staatslehre³²³. Er steuert die Kompetenz- und **Aufgabenallokation** im mehrstufigen sozialen

71

---

313 S. auch *Streinz* (Fn. 5), Art. 23 Rn. 35.
314 Näher dazu *I. Pernice*, DVBl. 1993, 909 (921 ff., 923).
315 S. auch *M. Hilf*, Europäische Union: Gefahr oder Chance für den Föderalismus in Deutschland, Österreich und der Schweiz?, VVDStRL 53 (1994), S. 7 ff. (17).
316 Zu weitgehend daher *Scholz* (Fn. 8), Art. 23 Rn. 62, nach dem Art. 23 I 1, Halbs. GG »ausschließlich auf die Achtung der bundesstaatlichen Struktur Deutschlands durch die Europäische Union und durch die anderen Mitgliedstaaten zu beziehen« ist. Ähnlich auch die amtl. Begründung, BT-Drs. 501/92, S. 13. Eine Auslegung im Sinne der doppelten Verpflichtung betreffend die Struktur der EU und die Wahrung des innerstaatlichen Föderalismus befürwortet *Randelzhofer* (Fn. 97), Art. 24 I Rn. 202.
317 Vgl. auch *Rojahn* (Fn. 181), Art. 23 Rn. 29.
318 So aber im Blick auf die Subsidiaritätsklausel *Scholz* (Fn. 8), Art. 23 Rn. 63, mit Verweis auf derartige Motive der GVK (vgl. Zur Sache 5/93, 40). → Art. 28 Rn. 30.
319 Vgl. dazu Abschnitt II 4. der Entschließung des Bundesrates zum Vertrag über die Europäische Union vom 18. 12. 1992, BR-Plenarprotokoll 650 vom 18. 12. 1992, S. 653 ff.; unter den gegenwärtigen Bedingungen skeptisch *I. Pernice*, DVBl. 1993, 909 (917 f.); *Hilf*, Föderalismus (Fn. 315), 16; *Rojahn* (Fn. 181), Art. 23 Rn. 29. Zu den neuesten Veränderungen durch den Amsterdamer Vertrag vgl. *O. Schmuck*, integration 1997, 228 (232).
320 Vgl. schon *J. Isensee*, Subsidiarität und Verfassungsrecht, 1968, und *S. U. Pieper*, Subsidiarität, 1993, S. 83 ff. Weitere Nachw. bei *P. Häberle*, AöR 119 (1994), 169 (171 Fn. 2). Gegen den Verfassungsrang schon BVerwGE 23, 304 (306 f.), und *Scholz* (Fn. 8), Art. 23 Rn. 66, mwN. Krit. zur *rechtlichen* Qualität des Grundsatzes vor Einführung des Art. 23 GG n. F. *H. Lecheler*, Das Subsidiaritätsprinzip. Strukturprinzip einer Europäischen Union, 1993, S. 46 ff.
321 Darauf weist besonders *P. Häberle*, AöR 119 (1994), 169 (191), hin.
322 S. die Enzyclica Quadragesimo Anno des Papstes Pius XI. (1931), abgedr. in *G. Gundlach*, Die sozialen Rundschreiben Leos XIII. und Pius XI., 3. Aufl. 1960, S. 113; dazu *Lecheler*, Subsidiarität (Fn. 320), S. 29 ff., mit zahlr. Nachw.; s. auch *P. Häberle*, AöR 119 (1994), 169 (190 ff.).
323 S. *Isensee*, Subsidiarität (Fn. 320), S. 44 ff.; vgl. auch *Lecheler*, Subsidiarität (Fn. 320), S. 33 ff.

bzw. politischen System, mit der grundsätzlichen Präferenz für die untere Ebene, besser: mit dem Vorzug für die kleinere und damit bürgernähere soziale Einheit[324]. Subsidiarität »reguliert das Verhältnis von institutionalisierter Staatlichkeit und verfaßter Freiheit«[325]. Das Prinzip der Subsidiarität zielt auf den Schutz der Autonomie des Individuums, dient also der organisatorischen Absicherung größtmöglicher **Freiheit und Selbstverantwortung** in der Gemeinschaft einerseits und trägt andererseits dem Angewiesensein jedes Bürgers auf die Gemeinschaft im sozialen Verband je nach Aufgabenumfang und Leistungsfähigkeit Rechnung: Der jeweils größere soziale Verband tritt ein, wenn der kleinere, bürgernähere nicht oder weniger wirksam zur Aufgabenbewältigung in der Lage ist[326]. Der Vorrang der kommunalen Zuständigkeit für örtliche Angelegenheiten (→ Art. 28 Rn. 103 f.), der Länderzuständigkeit für staatliche (Art. 30 GG) und der Bundes- bzw. nationalen Zuständigkeit für übergreifende Aufgaben (Art. B [2 nF] II EUV, 3b [5 nF] EGV) folgt ebenso aus dem Subsidiaritätsgedanken wie das Recht und die Pflicht des jeweils umfassenderen sozialen Verbands, (subsidiär) **unterstützend** die Bewältigung einer Aufgabe zu übernehmen[327], die den Rahmen und die Möglichkeiten der kleineren Einheit sprengt. **Solidarität**[328], gemeinsames Handeln, ja ein instrumenteller Charakter[329] der hierfür geschaffenen Institutionen sind damit Merkmale der Subsidiarität, ebenso wie der Vorrang der individuellen Autonomie bzw. der bürgernäheren Handlungsebene.

72 Dem Grundgesetz lassen sich **Kriterien der Subsidiarität**, die das Handeln der deutschen Stellen im Blick auf die EU stärker determinieren könnten, als sich dies aus dem kulturgeschichtlichen Hintergrund des Begriffs ergibt, unmittelbar nicht entnehmen. Die GVK weist nur auf Art. 3b (5 nF) EGV hin, wo das **gemeinschaftsrechtliche Subsidiaritätsprinzip**[330] umrissen wird, und stellt fest, daß der »Begriff der Subsidiarität die Bestandsgarantie der Selbstverwaltung in der Bundesrepublik Deutschland einschließt«[331]. Inwieweit der letzteren Feststellung normative Bedeutung zukommen kann, ist zweifelhaft; jedenfalls betrifft Art. 3b (5 nF) II EGV nur das Verhältnis von Gemeinschaft und Mitgliedstaaten, enthält aber für deren interne Strukturen keine Vorgaben. Besonders problematisch erscheint es schließlich, die Umsetzung der grundgesetzlichen Vorgabe im EG-Vertrag als Richtschnur für ihre Auslegung heran-

---

[324] Vgl. auch *Isensee*, Subsidiarität (Fn. 320), S. 223 ff. Gegen den Hierarchisierungsgedanken s. auch *P. Häberle*, AöR 119 (1994), 169 (185); *C. Calliess*, Subsidiaritäts- und Solidaritätsprinzip in der Europäischen Union, 1996, S. 26 f.: »Synonym für Bürgernähe«.
[325] Vgl. *P. Häberle*, AöR 119 (1994), 169 (183 ff., 185).
[326] Zu den Grundlagen s. auch *A. Riklin/G. Batliner* (Hrsg.), Subsidiarität, 1994.
[327] Vgl. *Calliess*, Subsidiarität und Solidarität (Fn. 324), S. 28 f.: »Prinzip der Hilfeleistungspflicht«.
[328] Richtungweisend zum Zusammenhang von Subsidiarität und Solidarität: *Calliess*, Subsidiarität und Solidarität (Fn. 324).
[329] S. hierzu in bezug auf die EG: *I. Pernice*, ColJEL 2 (1996), 403 (407 f.); *ders.* (Fn. 13), § 191 Rn. 21 ff.
[330] Vgl. dazu *R. v. Borries*, EuR 1994, 263 ff.; *W. Kahl*, AöR 118 (1993), 414 ff.; *P. Häberle*, AöR 119 (1994), 169 (170, mit zahlr. weiteren Nachw. in Fn. 1, 200 ff.); *Scholz* (Fn. 8), Art. 23 Rn. 66 (mwN. in Fn. 28); *K. Kinkel*, Das Subsidiaritätsprinzip in der Europäischen Union, in: FS Stern, 1997, S. 1287 ff.; *U. Everling*, Subsidiaritätsprinzip und »ausschließliches« Gemeinschaftsrecht – ein »faux problème« der Verfassungsauslegung, in: ebd., S. 1227 ff.; *R. Bieber*, Subsidiarität im Sinne des Vertrages über die Europäische Union, in: K. N. Nörr/T. Oppermann (Hrsg.), Subsidiarität: Idee und Wirklichkeit, 1997, S. 165 ff.; *M. Zuleeg*, Justiziabilität des Subsidiaritätsprinzips, in: ebd., S. 185 ff.; *C. Kirchner*, Constitutional Political Economy 8 (1997), 71 ff.
[331] Bericht der GVK, Zur Sache 5/93, 40.

II. Staatsziel »Vereintes Europa« (Art. 23 I 1, 1. Halbs. GG)   Art. 23

zuziehen. Dies würde nicht nur dazu führen, daß der Grundsatz primär als Ausübungsschranke für die der EG übertragenen nicht-ausschließlichen Kompetenzen Geltung hätte[332]. Es würde auch der Vorgabe des Grundgesetzes jede eigenständige Normativität nehmen. Ebensowenig kann das von den Staats- und Regierungschefs 1992 in Edinburgh vereinbarte »Gesamtkonzept für die Anwendung des Subsidiaritätsprinzips«, das als Protokoll zum Amsterdamer Vertrag verfassungsrechtlich verbindliche Leitlinie zur Anwendung durch die Organe der Union wird[333], Leitlinie für die Auslegung des Art. 23 I 1 GG sein. Bedeutung und Kriterien des vom Grundgesetz statuierten Prinzips können vielmehr nur aus dem kultur- und entstehungsgeschichtlichen Hintergrund und dem verfassungsrechtlichen Kontext gewonnen werden.

Im Lichte seiner Entstehungsgeschichte dient das Subsidiaritätsprinzip iSd. Art. 23 I 1 GG dem Schutz der staatlichen Befugnisse[334] und dabei vor allem auch der **Eigenständigkeit der Länder** sowie der **kommunalen Selbstverwaltung** gegenüber Gefährdungen und Erosionen, die von der Entwicklung der EU her drohen[335]. Es regelt damit in erster Linie (anders als Art. 3b [5 nF] EGV) die **Verteilung der Kompetenzen** im Verhältnis von EU und Mitgliedstaaten, in Deutschland unter Berücksichtigung der Bestandsgarantie für Länder und Gemeinden. Es betrifft also die **neue Übertragungen von Hoheitsrechten** und zwingt die dafür handelnden Organe zur gründlichen Prüfung und Begründung, inwieweit eine Aufgabe die Leistungsfähigkeit der nationalen (regionalen, lokalen) Ebene übersteigt und sinn- und wirkungsvoll nur auf supranationaler Ebene zu bewältigen ist. Trotz des beträchtlichen politischen Ermessens wird ein Übertragungsakt dann Art. 23 I 1 GG verletzen, wenn die Prüfung oder Darlegung dieser Notwendigkeit nicht oder nicht ausreichend erfolgt.   73

Das Subsidiaritätsprinzip bindet aber auch die Staatsorgane, die an der **Ausübung übertragener Hoheitsrechte** mitwirken, insbesondere die Mitglieder der Regierung, die im Rat an der Verhandlung und Beschlußfassung über die Rechtsetzung der EG beteiligt sind, darüber hinaus aber auch den Bundestag und über den Bundesrat die Länder, deren Stellungnahmen nach Art. 23 II–VII GG in den Rechtsetzungsprozeß miteinfließen. Für sie alle folgt aus Art. 23 I 1 GG die »Verfassungspflicht«, so das Bundesverfassungsgericht, »ihren Einfluß zugunsten einer strikten Handhabung des Art. 3b II (Art. 5 nF) EGV geltend zu machen«[336]. Indirekt werden insofern doch die Kriterien verfassungsrechtlich relevant, die auch auf deutsches Drängen vom Europäischen Rat als »**Gesamtkonzept für die Anwendung des Subsidiaritätsprinzips**« entwickelt und durch den Vertrag von Amsterdam verbindlich gemacht worden sind[337].   74

---

[332] So aber *Rojahn* (Fn. 181), Art. 23 Rn. 30 ff., der die künftige Bedeutung konsequent vor allem in der »präventiven Kontrolle supranationaler Kompetenzausübung« sieht (ebd., Rn. 31 a. E.). Ebenso *Streinz* (Fn. 5), Art. 23 Rn. 38, Schmidt-Bleibtreu/*Klein*, GG, Art. 23 Rn. 12, der sogar eine sehr weitgehende Kompetenz des BVerfG zur Überprüfung von EG-Rechtsakten auf die Vereinbarkeit mit dem Subsidiatritätsprinzip annimmt.

[333] Vgl. jetzt Protokoll Nr. 30 zum EGV über die Anwendung der Grundsätze der Subsidiarität und der Verhältnismäßigkeit; s. auch die dazugehörige 43. Erklärung in der Schlußakte des Amsterdamer Vertrages.

[334] Dies hebt BVerfGE 89, 155 (211), hervor.

[335] Vgl. BT-Drs. 12/3896, S. 17; s. auch *Streinz* (Fn. 5), Art. 23 Rn. 37.

[336] BVerfGE 89, 155 (211 f.).

[337] → Fn. 333. Zu den deutschen Bemühungen um das Subsidiaritätsprotokoll vgl. den Bericht über die Anhörung des Bundesrates und des Bundestages zum Subsidiaritätsprinzip in der Europäischen Union am 8. 5. 1996 von *H. G. Fischer*, DVBl. 1996, 1040 ff.; s. auch *M. Borchmann*, EuZW 1996, 641.

Zentral sind dabei vor allem **drei Kriterien**: Der transnationale Charakter des betroffenen Regelungsbereichs, die Unvereinbarkeit nationaler Maßnahmen mit den Anforderungen des Vertrags oder mit den Interessen der (anderen) Mitgliedstaaten oder deutliche Vorteile des Handelns auf Gemeinschaftsebene hinsichtlich Umfang und Wirkungen der Maßnahmen im Vergleich zum Handeln auf staatlicher Ebene[338]. Der Schutz der regionalen Ebene ist dagegen nicht Gegenstand des Art. 3b (5 nF) EGV, der sich nur auf das Verhältnis zwischen der EU und den Mitgliedstaaten bezieht[339]. Weitere und speziellere Kriterien dürften vom EuGH entwickelt werden[340], sie werden für die deutschen Staatsorgane verbindlich und damit indirekt auch für die Auslegung des Subsidiaritätsprinzips in Art. 23 I 1 GG von Bedeutung sein.

f) Vergleichbarer Grundrechtsschutz

75 Wenn Art. 23 I 1 GG für die Union einen »diesem Grundgesetz im wesentlichen vergleichbaren Grundrechtsschutz« fordert, so nimmt diese Klausel die **Rechtsprechung des Bundesverfassungsgerichts** auf, in der das Bestehen eines solchen Niveaus nach anfänglichen Bedenken[341] bestätigt wird[342]. Ein identischer Grundrechtsschutz kann mit Rücksicht auf die unterschiedlichen Grundrechtstraditionen in den Mitgliedstaaten der EU nicht gefordert sein, wenn Deutschland nicht integrationsunfähig sein soll. Weder nach Form und Verfahren, noch hinsichtlich der speziellen Inhalte einzelner Grundrechte, noch in bezug auf die Grenzen, insbesondere die Schrankendogmatik, und die Dimensionen der Grundrechte (→ Vorb. Rn. 43 ff.) kann das deutsche Vorbild für die EU alleiniger Maßstab sein. »Vergleichbarer« Grundrechtsschutz kann daher nur auf **funktionale Äquivalenz** zielen, auf eine Entsprechung der Kriterien für die Einzelfallabwägung individueller Grundrechtsinteressen gegen das Allgemeinwohl. Allerdings ist das europäische Gemeinwohl in Zielrichtung und Gewicht notwendig ein anderes, und es wird auch in anderen Verfahren, nämlich in denjenigen der europäischen Rechtsetzung unter Mitwirkung aller Mitgliedstaaten definiert. Daher kann an die Vergleichbarkeit der Ergebnisse nur ein **approximativer Maßstab** gestellt werden. Gefordert ist sinnvollerweise also nicht ein gleicher, sondern – eingeschränkt – nur ein »im wesentlichen vergleichbarer« Grundrechtsschutz.

76 Als Verpflichtung der deutschen Integrationsgewalt wie auch der Organe und Stellen, die die Entwicklung der EU mittragen und gestalten, konkretisiert die Grundrechtsklausel in Art. 23 I 1, 2. Halbs. GG zunächst lediglich die allgemeine Bindung, die sich für sie aus den Grundrechten in ihrer **objektiv-rechtlichen Dimension** (→

---

[338] Vgl. Ziff. 5 des durch den Amsterdamer Vertrag dem EGV beigefügten Protokolls Nr. 30 über die Anwendung der Grundsätze der Subsidiarität und der Verhältnismäßigkeit.

[339] So auch *J. Kokott*, European Public Law 1997, 607 (631). Anders *C. Calliess*, AöR 121 (1996), 509 ff.: Auslegung des Art. 3b (5 nF) EGV als »Grundsatz der größtmöglichen Berücksichtigung der Regionen«. Eine mittelbare Ausdehnung von Art. 3b (5 nF) EGV auch auf die deutschen Länder befürworten auch *Streinz* (Fn. 5), Art. 23 Rn 37; *Rojahn* (Fn. 181), Art. 23 Rn. 31; *G. Languth*, in: Lenz, EGV, Art. 3b EGV Rn. 10. Ebenso die Erklärung Deutschlands, Österreichs und Belgiens zur Subsidiarität in der Schlußakte des Amsterdamer Verlages.

[340] Substantielle Aussagen wurden im ersten Fall zur Subsidiarität, EuGH EuZW 1997, 436 (438) – *Einlagensicherungssysteme* (dazu *S. Wernicke*, ebd., S. 442), noch vermieden, sind aber in künftigen Fällen zu erwarten.

[341] Vgl. noch BVerfGE 37, 271 – *Solange I*.

[342] So insbesondere BVerfGE 73, 339 – *Solange II*, zurückhaltender wohl BVerfGE 89, 155 (174f.) – *Maastricht*.

II. Staatsziel »Vereintes Europa« (Art. 23 I 1, 1. Halbs. GG) Art. 23

Vorb. Rn. 43, 55 ff.) ergeben, einschließlich der grundrechtlichen Schutzpflichten: Ziele und Grundfreiheiten der EG sind als Ausdruck einer gemeinsamen leistungsstaatlichen Grundrechtspolitik der Mitgliedstaaten als Elemente ihrer kooperativen Grundrechtsverwirklichung zu verstehen[343]. Öffentliche Interessen der Gemeinschaft sind den Grundrechten daher im Ansatz nicht entgegengesetzt, sondern Versuch ihrer Effektivierung. Mit der im EG-Vertrag angelegten Wirtschafts- und Rechtsintegration geht die **Grundrechtsintegration**[344] einher – als Folge und Rückwirkung der Einigung der Mitgliedstaaten auf eine gemeinsame Wertbasis der Gemeinschaftspolitik in Form der Vertragsziele und Grundsätze und ihrer stetigen Konkretisierung bzw. Fortentwicklung. Sie erhält durch die Anwendung der Gemeinschaftsgrundrechte gegenüber Maßnahmen der Mitgliedstaaten im Anwendungsbereich des EG-Rechts[345] zusätzliche Impulse. Die Grundrechtsklausel konzentriert den schon aus dem objektiven Gehalt der Grundrechte selbst begründeten normativen Auftrag an die am Integrationsprozeß Beteiligten, indem sie speziell die Notwendigkeit eines vergleichbaren Schutzstandards für die Grundrechte fordert und damit für den (deutschen) Bürger Garantien, die dem unter dem Grundgesetz entwickelten Schutz »im wesentlichen« entsprechen.

Dies bedeutet nicht, daß darauf verzichtet werden könnte, in der künftigen EU die Grundrechte in ihrem **vollen Schutzgehalt** zu wahren. Vielmehr ist in der EU ein System materieller und prozessualer Gewährleistungen zu entwickeln, in dem Verletzungen von Grundrechten entsprechend der Gewährleistung im Grundgesetz verhindert werden oder korrigiert werden können. Die Verpflichtung aus Art. 23 I 1, 2. Halbs. GG geht weit über das hinaus[346], was das Bundesverfassungsgericht als die »generelle Gewährleistung der unabdingbaren Grundrechtsstandards« bezeichnet, wenn es die Schwelle des eigenen Einschreitens im Rahmen seines »**Kooperationsverhältnisses**« mit dem EuGH definiert[347] – freilich als *ultima ratio* und unter Verletzung des Vorrangprinzips (→ Rn. 26). Positiv für die Entwicklung der EU nach Art. 23 I 1 GG geboten ist ein »wirksamer Schutz der Grundrechte«[348], der freilich eigenen Strukturen und einer eigenen Dogmatik folgen kann. Im Zielhorizont schließt dies auch die Entwicklung der **objektiv-rechtlichen Dimension** der Grundrechte mit ein[349]. Art. 23 I

77

---

[343] Vgl. dazu *Pernice*, Grundrechtsgehalte (Fn. 110), S. 239 ff.
[344] Ebd., S. 209 ff.
[345] Vgl. schon *I. Pernice*, NJW 1990, 2409 (2416 f.); *T. Jürgensen/I. Schlünder*, AöR 121 (1996), 200 (207 ff.).
[346] A.A. *U. Everling*, DVBl. 1993, 936 (945), der eine restriktive Anslegung iSd. unabdingbaren Standards des BVerfG befürwortet. S. auch *Rojahn* (Fn. 181), Art. 23 Rn. 39.
[347] Vgl. BVerfGE 89, 155 (175), mit Verweis auf BVerfGE 73, 339 (387), wo die Schwelle dahin präzisiert wird, »daß der Gerichtshof bei seiner Auslegung die ... geltend gemachten Grundrechte *schlechthin und generell* nicht anzuerkennen oder zu schützen bereit und in der Lage ist und daß damit das vom Grundgesetz geforderte Ausmaß an Grundrechtsschutz auf der Ebene des Gemeinschaftsrechts *generell und offenkundig* unterschritten ist« (Hervorhebung nur hier).
[348] So BVerfGE 73, 339 (387), freilich dann im Blick auf das Eingreifen des Bundesverfassungsgerichts eingeschränkt auf den »unabdingbar gebotenen Grundrechtsschutz« und den »Wesensgehalt der Grundrechte«.
[349] Diese Seite kommt in der Rechtsprechung des EuGH freilich bislang kaum zum Tragen, vgl. *H. Gersdorf*, AöR 119 (1994), 400 (407 ff., 425 f.). Ein objektivrechtliches Verständnis deutet sich an bei der Auslegung des Begriffs der »zwingenden Erfordernisse« hinsichtlich des Grundsatzes des freien Warenverkehrs »im Lichte der allgemeinen Rechtsgrundsätze und insbesondere der Grundrechte« (Art. 10 EMRK) in EuGHE 1997, I–3689 (3717) – *Vereinigte Familiapress*.

1 GG bezieht sich diese Pflicht schließlich nicht allein auf die EG, sondern auf die **Europäische Union** und damit auch auf die Gemeinsame Außen- und Sicherheitspolitik (Art. J [11ff. nF] EUV) und auf die Zusammenarbeit in den Bereichen Inneres und Justiz (Art. K [29ff. nF] EUV). Eine europäische Hoheitsgewalt, die unmittelbar in Rechte Einzelner eingreifen könnte, wird hier zwar (noch) nicht begründet, die Grundrechtsklausel greift jedoch ein, sobald Abkommen, die hiernach geschlossen werden, Hoheitsrechte konstituieren[350]. Mit der Einbeziehung der Regelungen über den freien Verkehr von Personen aus Drittstaaten, über das Asylrecht und die Einwanderung in den EG-Vertrag unterwirft der Amsterdamer Vertrag einen großen Teil der Bereiche Inneres und Justiz dem Rechtsschutzsystem der EG und damit auch ihrem Grundrechtsschutz[351].

78   Daß trotz Fehlens eines geschriebenen Grundrechtskatalogs in der EG ein wirksamer Grundrechtsschutz durch den EuGH »prätorisch« auf der Basis der **allgemeinen Rechtsgrundsätze** entwickelt wurde[352], hat das Bundesverfassungsgericht 1986 in Abkehr von seiner früheren Auffassung bestätigt und ausführlich begründet[353]. Er beruht auf den gemeinsamen Verfassungstraditionen der Mitgliedstaaten, ist aber zunehmend auch an der EMRK orientiert[354]. Dieser Ansatz findet in Art. F (6 nF) II EUV Anerkennung durch das positive Vertragsrecht. Daß auch diese Bestimmung in Art. L (46 nF) EUV von der Jurisdiktion des EuGH ausgenommen ist, wird im Vertrag von Amsterdam korrigiert (Art. L [46 nF] lit. d) EUV). Wegen der wertsetzenden Bedeutung eines **Grundrechtskatalogs** und der Integrationswirkung, die von dem Prozeß seiner Aushandlung für alle Unionsbürger und der Beschlußfassung durch die politischen Organe ausgehen würde, dürfte der Katalog-Lösung gleichwohl im Lichte des Art. 23 I 1 GG sowohl gegenüber dem prätorischen Ansatz als auch gegenüber dem **Beitritt der Union zur EMRK**[355] der Vorzug zu geben sein[356]. Ein Katalog würde Berechenbarkeit, Trans-

---

[350] Vgl. etwa das Europol-Übereinkommen (ABl. 1995 C 316/1), dazu *M. Baldus*, ZRP 1997, 286 (288): Befugnis von Europol, über personenbezogene Daten zu verfügen (Art. 8 Europol-Übereinkommen) oder Streitentscheidungsbefugnis des Verwaltungsrats (Art. 29 I Nr. 21 Europol-Übereinkommen).

[351] Vgl. neuer Titel im EGV, Art. 73i ff. (Art. 61ff. nF) EGV.

[352] Aus dem umfangreichen Schrifttum vgl. etwa *H.-W. Rengeling*, Grundrechtsschutz in der Europäischen Gemeinschaft, 1993; *M. Zuleeg*, JZ 1994, 1ff.; *I. Pernice*, NJW 1990, 2409ff., und *ders*. (Fn. 148), Art. 164 EGV Rn. 42ff.; *J. Kokott*, AöR 121 (1996), 599ff.

[353] BVerfGE 73, 339 (376ff., 378ff.). Krit. in bezug auf die Anforderungen des Art F (6 nF) II EUV: *W. Pauly*, EuR 1998, 242 (254ff.).

[354] Vgl. EuGHE 1991, I-2925 – *ERT*; EuGHE 1996, I-1763 (1789) – *EMRK-Gutachten*, wonach der Konvention beim Grundrechtsschutz durch den EuGH »besondere Bedeutung« zukommt; vgl. dazu die Bspr. von *C. Vedder*, EuR 1996, 309ff. S. auch EuGHE 1997, I–3689 (3717) – *Vereinigte Familiapress*. Krit. mit dem Eindruck einer wachsenden Distanz des EuGH von der EMRK: *G. Ress*, Menschenrechte, europäisches Gemeinschaftsrecht und nationales Verfassungsrecht, in: FS Winkler, 1997, S. 897ff. (917ff.). → Vorb. Rn. 23.

[355] Zur Notwendigkeit einer Vertragsänderung hierfür vgl. EuGHE 1996, I-1763 (1789) – *EMRK-Gutachten*: Die damit verbundene »Änderung des Systems des Schutzes der Menschenrechte in der Gemeinschaft, die grundlegende institutionelle Auswirkungen sowohl auf die Gemeinschaft als auch auf die Mitgliedstaaten hätte, wäre von verfassungsrechtlicher (!) Dimension und ginge daher ihrem Wesen nach über die Grenzen des Artikels 235 hinaus«. Zu den entspr. Initiativen vgl. die Mitteilung der *Kommission* über den Beitritt der Gemeinschaft zur EMRK, SEK (90) 2087 endg., und die Entschließung des EP v. 18.1.1994, EuGRZ 1994, 191ff.; zum Problem etwa: *J. Iliopoulos-Strangas*, Der Beitritt der Europäischen Gemeinschaft zur Europäischen Menschenrechtskonvention aus der Sicht der Mitgliedstaaten, in: dies. (Hrsg.), Grundrechtsschutz im europäischen Raum, 1993, S. 343ff.; *R.*

parenz³⁵⁷ und damit die Rechtssicherheit im Grundrechtsschutz erhöhen, zugleich aber auch die Identifikation und damit den Zusammenhalt der Unionsbürger als **Wertegemeinschaft** und Grundlage der demokratischen Ordnung in der EU stärken.

Daß dies auch für die **Effektivität des Grundrechtsschutzes** in der EU unabdingbar sei, läßt sich nicht begründen. Wirkliche Defizite gegenüber dem deutschen Schutzniveau sind kaum nachzuweisen³⁵⁸. Daß in der Rechtsprechung das Schutzgut einzelner Freiheitsrechte nicht weiter definiert wird, beruht auf dem generell knappen Stil des EuGH³⁵⁹, erlaubt aber nicht die Feststellung eines strukturellen Defizits³⁶⁰. Auch im **Bananenstreit**³⁶¹ kann von einem solchen generellen Einbruch des bisherigen Schutzniveaus nicht ausgegangen werden³⁶², selbst wenn eine Grundrechtsverletzung nach deutschen Maßstäben vorläge. Durch die Anerkennung der Möglichkeit einstweiligen Rechtsschutzes in Verfahren nach Art. 175 (232 nF) EGV gegen die Kommission im Falle des Nichtgebrauchs grundrechtssichernder Härteklauseln einer Verordnung der EG³⁶³ wird der Bananenmarktverordnung Nr. 404/93 im übrigen die Spitze genommen, an der die Überzeugung vom ausreichenden Grundrechtschutz hätte zerbrechen können³⁶⁴.

g) Rückwirkung auf das nationale Recht

Die Strukturanforderungen, die Art. 23 I 1, 2. Halbs. GG an die EU stellt, sind nicht ohne Bedeutung für das Verfassungsrecht der Mitgliedstaaten. Basis für Demokratie, rechtsstaatliche, soziale Grundsätze und den wirksamen Schutz der Grundrechte ist im Verfassungsverbund der EU die Respektierung dieser Prinzipien **in allen Mitgliedstaaten**³⁶⁵. Auf sie baut die Union auf und in ihnen bzw. durch sie wird das Gemein-

79

80

Bernhardt, Probleme eines Beitritts der Europäischen Gemeinschaft zur Europäischen Menschenrechts-Konvention, in: FS Everling, 1995, S. 103 ff.; *Ress*, Menschenrechte (Fn. 354), S. 917ff.

³⁵⁶ S. dazu die Initiativen des EP, zuletzt in Titel VIII des Zweiten Berichts des Institutionellen Ausschusses über die Verfassung der Europäischen Union v. 9.2.1994 (Berichterstatter: *F. Hermann*, PE 203.601/endg., BT-Drs. 12/7074), dazu *M. Hilf*, integration 1994, 68 (76); s. auch *E. Chwolik-Lanfermann*, ZRP 1995, 126 (129f.); R. Bieber/K. de Gucht/K. Lenaerts/J. H. H. Weiler (Hrsg.), Au nom des peuples européens, 1996.

³⁵⁷ Zum Vorwurf eines Defizits insofern gegenüber dem Ansatz des EuGH: *R. Streinz*, Bundesverfassungsgerichtlicher Grundrechtsschutz und Europäische Integration, 1989, S. 425 ff.

³⁵⁸ S. indessen die Zweifel in bezug auf die Prüfdichte und das vom EuGH eingeräumte Ermessen bei *M. Nettesheim*, EuZW 1995, 106 (107), zu EuGHE 1994, I-5555 (5580f.). Vgl. auch *Streinz* (Fn. 5), Art. 23 Rn. 44; *J. Kokott*, AöR 121 (1996), 599 (638): »recht konturenarm«. Am deutlichsten *P. M. Huber*, EuZW 1997, 517 (520f.). Zum Problem jetzt engagiert: *P. Selmer*, Die Gewährleistung der unabdingbaren Grundrechtsstandards durch den EuGH, 1998, S. 118 ff., 151.

³⁵⁹ S. hierzu *U. Everling*, EuR 1994, 127ff.; *O. Due*, Pourquoi cette solution?, in: FS Everling, 1995, S. 273 ff.

³⁶⁰ So aber die Kritik bei *P. M. Huber*, EuZW 1997, 517 (521). S. dagegen *D. Grimm*, ColJEL 3 (1997), 229 (235), der einen »decisive step backwards« fordert.

³⁶¹ Vgl. dazu zuletzt: *P. M. Huber*, EuZW 1997, 517ff., mit zahlr. Nachw.

³⁶² Eine fundamentale Mißachtung der Grundrechte in diesem Fall sieht *U. Everling*, CMLRev. 33 (1996), 401 (413ff.): »Will Europe Slip on Bananas?«.

³⁶³ EuGHE 1996, I-6065 (6105), 61 – *T. Port*; dazu *M. Zuleeg*, NJW 1997, 1201 (1206).

³⁶⁴ S. dazu auch *I. Pernice*, EuZW 1997, 545.

³⁶⁵ Ähnl. *Rojahn* (Fn. 181), Art. 23 Rn. 20, der »unter den Mitgliedstaaten ein *Mindestmaß homogener Wertvorstellungen*« fordert. S. auch *Isensee*, Vorrang (Fn. 87), S. 1251: »Homogenitätskriterium, von dem die Beitrittsfähigkeit abhängt«. Nach *M. Zuleeg*, NJW 1994, 545 (548f.), kann »eine Rechtsgemeinschaft ... nur Staaten zusammenschließen, die sich der Rechtsstaatlichkeit verschrieben

schaftsrecht vollzogen. Deshalb greift Art. F I (6 I nF) EUV die Tatsache normativ auf, daß die Regierungssysteme der Mitgliedstaaten auf demokratischen Grundsätzen beruhen. Strenger ist das im Vertrag von Amsterdam eingeführte »**Homogenitätsregime**«: Nach Art. F I (6 I nF) EUV in der Fassung von Amsterdam bekennt sich die Union »zu den Grundsätzen der Freiheit, der Demokratie, der Achtung der Menschenrechte und Grundfreiheiten sowie der Rechtsstaatlichkeit; diese Grundsätze sind den Mitgliedstaaten gemeinsam«. Die neuen Art. Fa (7 nF) EUV und 236 (309 nF) EGV sehen als Mittel der Sanktion bei schwerwiegenden und anhaltenden Verletzungen dieser Grundsätze die Aussetzung »bestimmter Rechte« des betreffenden Mitgliedstaats vor, etwa seiner Stimmrechte im Rat. Im europäischen Verfassungsverbund wirken staatliche Struktursicherungsklauseln und unionsrechtliche Beitritts- und Mitgliedschaftsbedingungen **wechselseitig verfassungsstabilisierend**. Dies ist die klare Intention gegenüber neuen Mitgliedstaaten, aber zugleich auch eine nützliche Rückwirkung auf die Verfassungen der heutigen Mitglieder der Union – als sinnvolle Ergänzung des jeweiligen internen Systems der Bestandssicherung nationaler Verfassungen[366].

4. Integrationsverfahren nach Art. 23 I 2, 3 GG

81 Art. 23 I GG sieht in S. 2 und 3 **zwei spezielle Verfahren** für den Vollzug des Integrationsgebots vor, die gegenüber Art. 24 I GG gestuft strengere Anforderungen stellen, deren Anwendungsbereiche sich indessen zumindest zum Teil decken. Das übergreifende Mittel ist die Übertragung von Hoheitsrechten durch zustimmungsbedürftiges Gesetz (S. 2). Soweit es aber um die Begründung der Europäischen Union und vergleichbare, das Grundgesetz berührende Regelungen geht, bringt S. 3 zusätzlich die Anforderungen des Art. 79 II und III GG zur Anwendung. Inwieweit bei der weitreichenden Formulierung des S. 3 für die Integration durch Gesetz nach S. 2 noch ein eigenes Anwendungsfeld bleibt, ist umstritten. Art. 79 I 2 GG kommt selbst dann nicht zum Zuge, wenn der Union Kompetenzen im Bereich der **Verteidigung** übertragen werden (→ Art. 79 I Rn. 15).

a) Übertragung von Hoheitsrechten durch zustimmungsbedürftiges Bundesgesetz (Art. 23 I 2 GG)

82 Der Begriff der Übertragung von Hoheitsrechten in Art. 23 I 2 GG entspricht dem des Art. 24 I und Ia GG. Nach der Rechtsprechung des **Bundesverfassungsgerichts** darf er »nicht wörtlich genommen werden«; er bedeute, »daß der ausschließliche Herrschaftsanspruch der Bundesrepublik Deutschland im Geltungsbereich des Grundgesetzes zurückgenommen und der unmittelbaren Geltung und Anwendbarkeit eines Rechts aus anderer Quelle innerhalb des staatlichen Herrschaftsbereichs Raum gelassen wird«[367]. Diese Kennzeichnung trifft allerdings nur einen, wenn auch wichtigen

---

haben«. S. auch BVerfGE 94, 49 (89): »Gemäß Art. 23 Abs. 1 GG bleibt ... ein Mindestmaß« an Verfassungshomogenität zwischen den Mitgliedstaaten unabdingbar«.
[366] Näher dazu *Pernice*, Bestandssicherung (Fn. 31), S. 262 ff.
[367] Vgl. BVerfGE 37, 271 (279); ganz h.M., vgl. *Jarass*/Pieroth, GG, Art. 23 Rn. 4; *Streinz* (Fn. 5), Art. 23 Rn. 52 ff.; differenzierter: *Tomuschat* (Fn. 97), Art. 24 Rn. 14 ff.; rechtsvergleichend hierzu *Chapuis*, Übertragung von Hoheitsrechten (Fn. 31), S. 70 ff.

II. Staatsziel »Vereintes Europa« (Art. 23 I 1, 1. Halbs. GG)   Art. 23

Aspekt eines **komplexen Vorgangs**[368]. Nicht erfaßt ist zunächst, daß der »Übertragungsakt« mit der anderen »Quelle« des Rechts u.U. zugleich den **Träger der Hoheitsrechte**, d.h. die zwischenstaatliche Einrichtung (Art. 24 I GG) oder die EU (Art. 23 I 3 GG), erst **konstituiert**[369]. Dies ist nur im vertraglichen Zusammenwirken mit anderen Staaten bzw. ihren Völkern als »Gesamtakt« möglich[370]. In ihm fallen völkerrechtliche Vereinbarung und konstituierende Gesetz- bzw. Verfassungsgebung zusammen, und für diese Integrationshandlung ist Art. 23 I GG auch gegenüber Art. 59 II GG die **spezielle verfassungsrechtliche Grundlage**[371].

Der Begriff **Hoheitsrechte** meint öffentliche Gewalt, also umfassend die Kompetenz zur einseitigen verbindlichen Regelung oder – nach außen – zu bindenden Rechtsakten, wie sie traditionell den Organen des Staates zuerkannt wird[372] und mit der wegen der Öffnung nach Art. 23 I GG auch die EU ausgestattet werden kann: Es ist die Kompetenz zur ggf. auch sanktionsbewehrten Regelung durch alle Staatsfunktionen[373] im **Durchgriff**[374] gegenüber den Bürgern – in der Hand der EG – mit **Vorrang** vor jedem entgegenstehendem innerstaatlichen Recht[375]. »**Übertragung**« kann nicht als Akt der Delegation vom Staat zur EU verstanden werden, und auch das Bild der dinglichen Übertragung ist fehl am Platze. Es geht nicht um ein *transferre*, sondern um ein *conferre* von öffentlicher Gewalt[376], um die Begründung von Zuständigkeiten, die Zuordnung von Funktionsbereichen und Handlungsbefugnissen, welche z.T. vom Staat abgezogen werden, z.T. nur »potentiell« zur Staatsgewalt gehört haben[377], vielfach aber auch territorial und funktional über das Handlungsspektrum des einzelnen Mitgliedstaats hinausreichen und daher in sich neu sind[378]. 83

Übertragung heißt somit »Anvertrauen« von Hoheitsrechten und meint die **Schaf-** 84

---

[368] Ebenso *Stern*, Staatsrecht I, S. 523; s. auch *v. Simson/Schwarze*, Europäische Integration (Fn. 16), S. 24: »mehrschichtiges Phänomen«.

[369] Vgl. auch *Tomuschat* (Fn. 97), Art. 24 Rn. 15, der als erstes Element der Übertragung nennt: »Konstituierung eines autonomen Hoheitsträgers«.

[370] → Rn. 20f. Zu kurz greifen *v. Simson/Schwarze*, Europäische Integration (Fn. 16), S. 25, wenn sie nur vom »Einbringen zur gemeinsamen Ausübung« sprechen und dabei den gemeinsamen Schöpfungsakt vernachlässigen.

[371] Ebenso *R. Geiger*, JZ 1996, 1093 (1094, 1096); zu Art. 24 I GG vgl. *Stern*, Staatsrecht I, S. 533 ff.; auch *H. P. Ipsen*, Gemeinschaftsrecht (Fn. 7), Rn. 2/24–27, u. *ders.* (Fn. 119), § 181 Rn. 7, der dem Gesetz nach Art. 24 I GG »zugleich die Funktion parlamentarischer Kontrolle im Sinne des Art. 59 Abs. 1 S. 1 GG *und* der Staatlichkeits-Öffnung durch Hoheitsrechte-Übertragung« zuweist. Zwischen Übertragungsgesetz nach Art. 23/24 GG und Vertragsgesetz nach Art. 59 II GG unterscheidet dagegen, trotz des praktischen Zusammenfallens in einem Gesetz, die h.M., s. etwa *Streinz* (Fn. 5), Art. 23 Rn. 61; zu Art. 24 GG: *Randelzhofer* (Fn. 97), Art. 24 I Rn. 60 ff.; *Tomuschat* (Fn. 97), Art. 24 Rn. 28; *O. Rojahn*, in: v. Münch/Kunig, GG II, Art. 24 Rn. 32, mwN.

[372] In diesem Sinne *Mosler* (Fn. 10), § 175 Rn. 33: »Bestandteile staatlicher Hoheitsgewalt«.

[373] Ebenso *Scholz* (Fn. 8), Art. 23 Rn. 49: »Bcfugnisse aller drei Staatsgewalten«; s. auch *Streinz* (Fn. 5), Art. 23 Rn. 53.

[374] So zutreffend *Tomuschat* (Fn. 97), Art. 24 Rn. 15, 17; *Rojahn* (Fn. 371), Art. 24 Rn. 25. Zum Begriff des »Durchgriffs«, der die Supranationalität der Gemeinschaft von internationalen Organisationen abhebt, vgl. auch *Mosler* (Fn. 10), § 175 Rn. 19.

[375] So erstmals BVerfGE 31, 145 (173ff.); 73, 339 (375): Anwendungsvorrang gegenüber innerstaatlichem Recht; s. auch *Streinz* (Fn. 5), Art. 23 Rn. 59. → Rn. 26 ff.

[376] So schon *Tomuschat* (Fn. 97), Art. 24 Rn. 15, mwN.

[377] Vgl. *Mosler* (Fn. 10), § 175 Rn. 33.

[378] So etwa die Zuständigkeit zur Rechtsangleichung (Art. 99, 100, 100a [93, 94, 95 nF] EGV), zur Wettbewerbs- (Art. 85–87 [81–83 nF] EGV) und Beihilfenaufsicht (Art. 92ff. [87ff. nF] EGV) oder die Überwachungsbefugnisse der Kommission zur Haushaltslage in den Mitgliedstaaten (Art. 104c [104

fung und originäre Zuordnung von Kompetenz zu hoheitlichem Handeln mit unmittelbarer Rechts- und Vorrangwirkung, ihre Organisation und Kompetenzausstattung durch einen konstitutiven Gesamtakt der an der Gründung und Entwicklung der EU beteiligten Staaten bzw. ihrer Völker[379]. Im EG-Vertrag spiegelt sich dies im Prinzip der begrenzten Einzelzuweisung (Art. 3b I, 4 I [5 I, 7 I nF] EGV)[380] wider. Kehrseite ist die Rücknahme aktueller oder potentieller staatlicher Kompetenz[381], d.h. die Einschränkung öffentlicher Einfluß- und Gestaltungsbefugnisse[382]. Dies gilt auch für den **Unionsvertrag von Maastricht**, bei dem freilich im Blick auf die vielfach nur einschränkenden Präzisierungen zum EG-Vertrag sowie den intergouvernementalen Charakter der Gemeinsamen Außen- und Sicherheitspolitik und der Zusammenarbeit in den Bereichen Justiz und Inneres z.T. bezweifelt wird, ob eine Übertragung von Hoheitsrechten überhaupt stattgefunden hat[383]. Die **Stärkung des Europäischen Parlaments** durch die Einführung des Mitentscheidungsverfahrens nach Art. 189b (251 nF) EGV und der stufenweise Übergang der **Währungssouveränität** auf die EG mit seiner Automatik nach Art. 109l (123 nF) EGV sind indessen Anwendungsfälle des Art. 23 I 2 (und 3) GG, möge das Bundesverfassungsgericht auch – vertragswidrig – für den Übergang in die dritte Stufe der Währungsunion noch einen Parlamentsvorbehalt statuiert haben[384]. Der **Vertrag von Amsterdam** enthält erneut Regelungen zur Stärkung des Europäischen Parlaments und begründet u.a. neue Kompetenzen der EG im Bereich Justiz und Inneres[385]; er bedurfte schon deshalb der Zustimmung und Legitimation nach Art. 23 I GG in gleicher Weise wie der Vertrag von Maastricht. Keine Übertragung von Hoheitsrechten liegt jedoch vor im Falle des im Wege der Verordnung nach Art. 104c (104 nF) XIV 3 EGV, d.h. aufgrund einer bestehenden Befugnis der EG beschlossenen **Stabilitätspaktes**[386], ferner bei – freilich kaum zu erwarten den

---

nF] EGV); vgl. auch *Tomuschat* (Fn. 97), Art. 24 Rn. 15; *W. v. Simson*, Diskussionsbeitrag, VVDStRL 31 (1973), S. 129: »grenzüberschreitende Kompetenz, die neu geschaffen wird«.

[379] Prägend nach wie vor *H.P. Ipsen*, Gemeinschaftsrecht (Fn. 7), Rn. 2/24ff.; »Gesamtakt staatlicher Integrationsgewalt«. Ihm folgend: *Hesse*, Verfassungsrecht, Rn. 105 Fn. 33, 106. → Rn. 20f.

[380] Vgl. im einzelnen *H.D. Jarass*, AöR 121 (1996), 173 (174ff.), mwN.

[381] Vgl. auch *Rojahn* (Fn. 371), Art. 24 Rn. 28: »ändert die grundgesetzliche Zuständigkeitsordnung«, krit. zu recht gegenüber dem Gedanken der »Rücknahme des Ausschließlichkeitsanspruchs deutscher Staatsgewalt« (ebd., Rn. 27), den es im Grundgesetz wegen Art. 24 und 23 nicht gibt.

[382] In diesem weiten Sinne auch *S. Hölscheidt/T. Schotten*, DÖV 1995, 187 (191f.), die damit zu recht auch staatliche Einflußminderungen innerhalb der Institutionen etwa durch Änderung des Beschlußverfahrens einbeziehen.

[383] So *Rojahn* (Fn. 181), Art. 23 Rn. 44, mwN.

[384] Anders *Rojahn* (Fn. 181), Art. 23 Rn. 44, mit Verweis auf BVerfGE 89, 155 (203); dagegen ist der Übergang in die 3. Stufe und damit die Gründung der Europäischen Zentralbank so vorprogrammiert, daß (außer für Dänemark und das Vereinigte Königreich) eine konstitutive Entscheidung und interne Zustimmung in den Mitgliedstaaten nicht mehr erforderlich ist, vgl. insb. Art. 109e ff. (116ff. nF) EGV sowie die Protokolle Nr. 10–12 zum Maastrichter Vertrag (nach dem Amsterdamer Vertrag Protokolle Nr. 24–26 zum EGV), dazu auch *I. Pernice*, Das Ende der währungspolitischen Souveränität Deutschlands und das Maastricht-Urteil des BVerfG, in: FS Everling, 1995, S. 1057ff. (1065f.). Vgl. jetzt auch BVerfG NJW 1998, 1934 (1936f.)

[385] Vgl. etwa Art. 158 (214 nF) II EGV sowie die Ausdehnung der Mitentscheidungsrechte (z.B. in Art. 130s [175 nF] I, 188 (137 nF] II, 109r [129 nF] EGV) bzw. die neuen Vorschriften über Visa, Asyl und Einwanderung, Art. 73i ff. [61ff. nF] EGV.

[386] Vgl. dazu die Verordnungen (EG) Nr. 1466 und 1467/97 hat sowie die Empfehlung des Rates v. 7. Juli 1997, ABl. L 209/1, 6, 12; s. dazu *H.J. Hahn*, JZ 1997, 1133ff. Zur Problematik der Durchsetzung der Haushaltsdisziplin nach Art. 104c (104 nF) EGV vgl. schon *K. Stern*, Die Konvergenzkrite-

II. Staatsziel »Vereintes Europa« (Art. 23 I 1, 1. Halbs. GG)   Art. 23

– Änderungen des Unionsvertrags nur im Bereich der intergouvernementalen Zusammenarbeit[387] sowie bei der **Erweiterung der EU** nach Art. O (49 nF) EUV[388], es sei denn das Vertragswerk enthielte zugleich grundsätzliche Änderungen der Verfassungsstruktur der EU.

Zur Übertragung von Hoheitsrechten im Rahmen des Art. 23 I GG ist **nur der Bund** ermächtigt, eine entsprechende, die Länder betreffende (Neu-)Regelung findet sich für grenznachbarschaftliche Einrichtungen in Art. 24 Ia GG. Daraus folgt indessen nicht, daß nur Hoheitsrechte des Bundes übertragbar wären. Der Bund tritt vielmehr als Handlungsebene für **das deutsche Volk insgesamt** auf. Wie aus den Beteiligungsregelungen für die Länder in Abs. 3 bis 7 deutlich wird, ist Art. 23 GG Spezialgesetz auch gegenüber Art. 32 GG und erfaßt damit **Bundes- und Länderkompetenzen**[389]. 85

Die Übertragung erfolgt nach Art. 23 I 2 GG durch **einfaches Gesetz**. Die Regelung knüpft damit an Art. 24 I GG an, in dem trotz der materiell verfassungsändernden Wirkung bewußt auf erschwerende Bedingungen verzichtet wurde, um die Integration zu erleichtern[390]. Das Gesetz muß ein **förmliches Gesetz** sein[391], und es bedarf – anders als das Gesetz nach Art. 24 I GG[392] – wegen der gesamtstaatlichen Bedeutung der Übertragung[393] – stets der **Zustimmung des Bundesrates**, durch den die Länder »in Angelegenheiten der Europäischen Union« mitwirken (Art. 50 GG). Es verleiht der Übertragung **unmittelbare und zugleich föderal vermittelte demokratische Legitimation**, stützt den Übertragungsakt damit doppelt ab, in bezug auf Bund und Länder. Das Gesetz nach Art. 23 I 2 GG ist die Form der Mitwirkung des deutschen Volkes am Gesamtakt europäischer Verfassungsgebung (→ Rn. 20), in der der vertraglich fixierten Gründung oder Entwicklung der EU Wirksamkeit verliehen wird. Es als »Brücke«[394], als Transformationsakt oder »Rechtsanwendungsbefehl« für fremdes Recht in Deutschland anzusehen, wie vielfach aufgrund des völkerrechtlichen Ansatzes[395] ver- 86

---

rien des Vertrags von Maastricht und ihre Umsetzung in der bundesstaatlichen Finanzverfassung, in: FS Everling, 1995, S. 1469 ff. (1480 ff.).

[387] Hier käme Art. 59 II GG zum Zuge; a. A. aber *R. Geiger*, JZ 1996, 1093 (1096).

[388] Ebenso *S. Hölscheidt/T. Schotten*, DÖV 1995, 187 (192); a. A. *R. Geiger*, JZ 1996, 1093 (1097), der darin einen »Eingriff in den Hoheitsbereich der Mitgliedstaaten« sieht.

[389] Unstreitig, vgl. etwa *Scholz* (Fn. 8), Art. 23 Rn. 48.

[390] Vgl. JöR 1 (1951), S. 226 (*C. Schmid, Katz*), 228 (*Eberhard*); der Antrag der Deutschen Partei im Parlamentarischen Rat, Art. 79 II GG zur Anwendung kommen zu lassen, fand keine Zustimmung; s. auch *Tomuschat* (Fn. 97), Art. 24 Rn. 33; *Mosler* (Fn. 10), § 175 Rn. 2: »vereinfachtes Verfahren«.

[391] Vgl. zu Art. 24 I GG: *Tomuschat* (Fn. 97), Art. 24 Rn. 32.

[392] S. auch *Streinz* (Fn. 5), Art. 23 Rn. 60, 63, Art. 24 Rn. 24 f., der indessen im Blick auf den mit der Übertragung verbundenen völkerrechtlichen Vertrag Art. 59 II GG zur Anwendung bringt (Gesetz mit »Doppelfunktion«), so daß unter dessen Voraussetzungen die Zustimmung des Bundesrates erforderlich sein kann. Ebenso schon *Tomuschat* (Fn. 97), Art. 24 Rn. 28, 31; *Randelzhofer* (Fn. 97), Art. 24 I Rn. 60 ff.; *M. Zuleeg*, in: AK-GG, Art. 24 I Rn. 19.

[393] Zur Erläuterung durch die GVK vgl. *Scholz* (Fn. 8), Art. 23 Rn. 46. Einen indirekten »Kompetenz-kompensatorischen Effekt« sieht in diesem Zustimmungserfordernis darüber hinaus *Meißner*, Bundesländer und EG (Fn. 11), S. 245 ff.

[394] So aber *Kirchhof* (Fn. 91), § 183 Rn. 65, und *ders.*, Maastricht-Urteil (Fn. 91), S. 14: »Europarecht fließt also nur über die Brücke des nationalen Zustimmungsgesetzes nach Deutschland ein. Soweit diese Brücke dieses Recht nicht trägt, entfaltet es jedenfalls in Deutschland keine Rechtsverbindlichkeit«.

[395] S. insb. BVerfGE 73, 339 (375); 75, 223 (244); 89, 155 (183 f.); anders noch BVerfGE 22, 293 (296 f.); 31, 145 (173 ff.); 37, 271 (280); 58, 1 (28 ff.); zum völkerrechtlichen Ansatz des BVerfG s. *J. Kokott*, AöR 119 (1994), 207 (212 ff.).

treten wird, wird der Struktur der Europäischen Verfassung als materialer Einheit (→ Rn. 20) und den Funktionsbedingungen der EU nicht gerecht.

87 Das Maastricht-Urteil des Bundesverfassungsgerichts statuiert unter dem Gesichtspunkt des Parlamentsvorbehalts spezielle **Bestimmtheitsanforderungen** an das »Zustimmungsgesetz« und das mit ihm legitimierte **Integrationsprogramm**. Entscheidend sei, »daß die Mitgliedschaft der Bundesrepublik Deutschland und die daraus sich ergebenden Rechte und Pflichten – insbesondere auch das rechtsverbindliche unmittelbare Tätigwerden der Europäischen Gemeinschaften im innerstaatlichen Rechtsraum – für den Gesetzgeber voraussehbar im Vertrag umschrieben und durch ihn im Zustimmungsgesetz hinreichend bestimmbar normiert worden sind«[396]. Entgegen manchem Zweifel in der Literatur[397] ist das Gericht freilich nicht der Ansicht, daß der EU im Unionsvertrag von Maastricht eine (wenngleich auch nur »faktische«) Kompetenz-Kompetenz übertragen und damit die Bestimmtheitsanforderungen verletzt worden sind[398]. Die Notwendigkeit eines Mindestmaßes an Bestimmtheit ergibt sich dabei freilich weniger aus dem demokratischen Prinzip – soweit das Handeln der EU unmittelbar demokratisch legitimiert ist[399] – als aus den in Art. 23 I 1 GG geforderten **föderativen** Grundsätzen, die substanzielle Verantwortlichkeiten auch auf der staatlichen Ebene voraussetzen und damit eine hinreichend klare Zuständigkeitsabgrenzung und Machtbalance zwischen beiden Ebenen[400].

88 Aus dem Wort »**kann**« in Art. 23 I 2 GG folgt, daß die Übertragung von Hoheitsrechten durch Gesetz **nicht das einzige Mittel** der Mitwirkung Deutschlands bei der Entwicklung der Europäischen Union ist. Soweit eine Übertragung von Hoheitsrechten im engeren Sinne (→ Rn. 84) nicht vorliegt, sondern Entscheidungen auf der Unionsebene, die wegen ihrer europäischen Verfassungsrelevanz der Zustimmung der Mitgliedstaaten gemäß ihren verfassungsrechtlichen Vorschriften bedürfen (sog. **Evolutivklauseln**)[401], fehlt es im Grundgesetz an einer korrespondierenden Bestimmung[402]. Da die vom Rat einstimmig und idR. mit Zustimmung des Parlaments zu treffenden Bestimmungen sachlich eine Art **europäisches Verfassungsgesetz** darstellen und auch wenn mit ihnen eine Änderung des Grundgesetzes nicht bewirkt wird, genügen aber die Vorschriften des Art. 23 III GG und damit eine Stellungnahme des Bundestages und ihre Berücksichtigung durch die Bundesregierung im Rat nicht. Ebenso wie bei Abkommen über die Bedingungen für den **Beitritt neuer Mitgliedstaaten** und entsprechenden Anpassungen der Verträge nach Art. O (49 nF) II EUV liegt eine **analoge Anwendung** des

---

[396] BVerfGE 89, 155 (187f.).
[397] Vgl. etwa *U. Di Fabio*, Der Staat 32 (1993), 191 (195ff.).
[398] BVerfGE 89, 155 (1191ff.).
[399] In diesem Sinne BVerfGE 89, 155 (186); zur demokratischen Legitimation der EU → Rn. 51ff.
[400] Zur besonderen Funktion einer Verfassung insoweit aus historischer Sicht vgl. *M. Stolleis*, KritV 78 (1995), 275 (287).
[401] So etwa Art. 8e (22 nF) II EGV zur Unionsbürgerschaft, Art. 138 (190 nF) III EGV zum einheitlichen EP-Wahlrecht, Art. 201 (269 nF) II EGV zum System der Eigenmittel. Art. 100c VI EGV i.V.m. Art. K. 9 EUV zur Vergemeinschaftung der Asylpolitik dagegen ist ein Akt der Übertragung von Hoheitsgewalt. S. zu den »Evolutivklauseln« *Streinz* (Fn. 5), Art. 23 Rn. 73ff., der aber nur fragt, inwieweit hierfür Art. 23 I 3 GG und damit die Sperre des Art. 79 III GG gilt. *Scholz* (Fn. 8), Art. 23 Rn. 20, 73, 85, zählt zu den Evolutivklauseln auch Art. 235 (308 nF) EGV, übersieht dabei aber, daß es sich um eine ausdrücklich zugewiesene, wenn auch unbestimmt formulierte EG-Kompetenz handelt.
[402] S. auch *Rojahn* (Fn. 371), Art. 24 Rn. 49, der jedoch die verfassungsändernde Anwendung von Evolutivklauseln Art. 23 I 3 GG unterwerfen will, wofür zu recht nur Art. K. 9 iVm. Art. 100c EGV, K. 1 Nr. 1 EUV genannt werden (ebd., Rn. 50).

Art. 23 I 2 GG nahe. Der Verfassungs- (→ Rn. 20 ff., 55) und Unionsbezug der Maßnahmen rechtfertigt es, sie entsprechend der Übertragung von Hoheitsrechten nach der Spezialnorm des Art. 23 I 2 GG und nicht nach Art. 59 II GG zu behandeln.

b) Verfassungsändernde Integrationsakte (Art. 23 I 3 GG)

Art. 23 I 3 GG unterwirft besondere Integrationsgesetze nach S. 2, nämlich zunächst das Gesetz über die **Gründung der EU**, daneben aber auch weitere Integrationsakte dem besonderen Verfahren des Art. 79 II GG sowie der Schranke des Art. 79 III GG, nicht dagegen dem **Textänderungsgebot** des Art. 79 I GG[403]. Nach der Gründung der EU durch den Unionsvertrag von Maastricht[404] betrifft die Vorschrift nur noch Änderungen der »vertraglichen Grundlagen« des Unionsvertrages (nach Art. N [48 nF] EUV) sowie »vergleichbare Regelungen, durch die dieses Grundgesetz seinem Inhalt nach geändert oder ergänzt wird oder solche Änderungen oder Ergänzungen ermöglicht werden«. Der Relativsatz bezieht sich sinngemäß auch auf die Änderungen des Unionsvertrages, so daß diese nicht schon *per se* dem Verfahren der Verfassungsänderung unterworfen sind[405].

89

Fraglich ist, um was es sich bei den »**vergleichbare(n) Regelungen**« handelt. Scholz nennt »insbesondere« die Evolutivklauseln im EGV bzw. im EUV[406]. Dies trifft jedenfalls für diejenigen Vorschriften zu, die etwa eine Verlagerung von Kompetenzen im Bereich der Asyl- und Visapolitik und damit eine Übertragung von Hoheitsrechten auf die EG vorsehen (Art. K. 9 EUV, durch den Amsterdamer Vertrag aufgehoben)[407]. Beschlüsse über das System der Eigenmittel (Art. 201 [269 nF] II EGV), über ein einheitliches Wahlverfahren (Art. 138 III [190 IV nF] EGV) oder über neue Inhalte der Unionsbürgerschaft (Art. 8e [22 nF] EGV) fallen dagegen nur darunter, soweit eine **verfassungsändernde Wirkung** feststellbar ist. Art. 235 (308 nF) EGV gibt der EG eine autonome Kompetenz, für eine innerstaatliche Zustimmung in welchem Verfahren auch immer ist kein Raum[408]. Die bloße Stimmabgabe im Rat ist daher bei Handlungen nach Art. 235 (308 nF) EGV der »besonderen Ermächtigung durch verfassungsänderndes Gesetz« nach Art. 23 I 3 GG nicht unterworfen[409]. Denn es geht um **Ausübung übertragener Kompetenzen** (Art. 4 I [7 nF] EGV), der Rat konkretisiert damit im »Integrationsprogramm« jeweils schon angelegte und legitimierte Verfassungsänderungen. Wie alle Handlungsermächtigungen ist Art. 235 (308 nF) EGV also genauso wie viele andere Kompetenznormen im EG-Vertrag eine Regelung, durch deren Anwendung ggf. materielle Änderungen oder Ergänzungen des Grundgesetzes »ermöglicht werden« (Art. 23 I 3 GG), aber nicht neue Hoheitsgewalt übertragen wird.

90

---

[403] Vgl. dazu den Bericht der GVK, Zur Sache 5/93, 41: »... mit Rücksicht auf die damit verbundenen erheblichen rechtstechnischen Probleme«; vgl. auch *Scholz* (Fn. 8), Art. 23 Rn. 80. → Art. 79 I Rn. 25.
[404] Gesetz vom 28. 12. 1992, BGBl. 1992 II S. 1253.
[405] So schon mit Hinweis auf die Entstehungsgeschichte: *S. Hölscheidt/T. Schotten*, DÖV 1995, 187 (189).
[406] *Scholz* (Fn. 8), Art. 23 Rn. 85; ebenso *C. Schede*, Bundesrat und Europäische Union, 1994, S. 78 f.
[407] Ebenso *Rojahn* (Fn. 371), Art. 24 Rn. 50.
[408] Anders offenbar *Scholz* (Fn. 8), Art. 23 Rn. 85.
[409] So aber *P. Badura*, EuR-Beiheft 1/1994, 9 (14).

c) Abgrenzung zwischen Art. 23 I 2 und 3 GG

91 Da eine Übertragung von Hoheitsrechten regelmäßig eine **materielle Änderung** des Grundgesetzes mit sich bringt (→ Rn. 16), ist fraglich, ob für S. 2 überhaupt noch ein **eigener Anwendungsbereich** besteht[410]. Teilweise wird vertreten, daß S. 3 und damit Art. 79 II, III GG immer dann nicht zur Anwendung kommt, »wenn Hoheitsrechte übertragen werden, zu deren Übertragung das bereits geltende Vertragsrecht mit hinreichender Klarheit ermächtigt«[411]. Dabei ist nicht klar, inwiefern der EU-Vertrag solche Ermächtigungen enthalten sollte. Jedenfalls aber liegt schon in der Ermächtigung selbst die Übertragung der betreffenden Hoheitsrechte an die EG. Dies gilt auch für die sog. Evolutivklauseln[412]: Weder eine Regelung über einheitliche Wahlen (Art. 138 III [190 IV nF] EGV) noch ein Beschluß über ein neues System der Eigenmittel (Art. 201 [269 nF] EGV) oder gar ein Beschluß nach Art. 235 (308 nF) EGV impliziert eine Übertragung neuer Hoheitsrechte. Bei Art. 235 (308 nF) EGV bedarf es daher von vornherein keiner weiteren innerstaatlichen Entscheidung, für die anderen Beschlüsse fehlt es mangels Übertragung von Hoheitsgewalt iSd. Art. 23 I und 24 I GG und mangels eines Vertrages iSd. Art. 59 II GG überhaupt an einer Regelung des Beteiligungsverfahrens im Grundgesetz (→ Rn. 88).

92 Das Staatsziel Europäische Union fordert eine **restriktive Auslegung** des Art. 23 I 3 GG, der als »Abkehr von der bewußt weltoffenen Ausgestaltung des Art. 24 Abs. 1 GG« gewertet wird[413]. In diesem Sinne wird vertreten, daß S. 3 nur dann Anwendung finden solle, wenn der Übertragungsakt »über die Übertragung hinaus Verfassungsinhalte betrifft«[414]. Nach einer anderen Meinung greift er »Platz, wenn das in Aussicht genommene Gemeinschaftsrecht über die kompetenz- und verfahrensrechtlichen Verschiebungen hinaus auch materiellrechtliche Bestimmungen des Grundgesetzes antastet«[415]. Hiermit sind jedoch keine klaren Kriterien gegeben. Auszugehen ist **vom Zweck der Stufung**: Art. 23 GG soll die Integration nicht hindern oder erschweren, sondern der Verfassungsrelevanz von Hoheitsrechtsübertragungen verfahrensmäßig Rechnung tragen[416]. So muß die Anwendung des Art. 23 I 3 GG von der **Verfassungsintensität** des betreffenden Integrationsaktes abhängen: Nur soweit vom Grundgesetz ausdrücklich zugewiesene Kompetenzen verlagert (vgl. etwa Art. 88 GG), Rechte und Regelungen inhaltlich modifiziert (vgl. Art. 16a, 19 III GG) oder Grundsätze der Verfassung berührt werden (etwa Art. 20 II 1 i.V.m. Art. 28 I 3 GG)[417], findet gemäß

---

[410] Dies verneint im Blick auf die Rechtsprechung des BVerfG bereits die GVK in ihrem Bericht, Zur Sache 5/93, 41f.; ebenso *U. Everling*, DVBl. 1993, 936 (945), mit Verweis auf BVerfGE 58, 1 (35); s. auch *Randelzhofer* (Fn. 97), Art. 24 I Rn. 203; zum Streitstand *R. Breuer*, NVwZ 1994, 417 (423).

[411] So *Jarass*/Pieroth, GG, Art. 23 Rn. 10.

[412] In diesem Sinne wohl *D.H. Scheuing*, EuR-Beiheft 1/1997, 7 (22); a.A. *Scholz* (Fn. 8), Art. 23 Rn. 84ff., 86, mit Verweis auf Art. 138 III, 201, 235 (190 IV, 269, 308 nF) EGV. Dies dürfte der Auffassung des Rechtsausschusses des Bundestages bzw. des Bundestags-Sonderausschusses EU entsprechen, wonach »Art. 23 I 2 GG ... Hoheitsrechtsübertragungen bis zu der Grenze (erlaubt), wo aus verfassungsrechtlichen Gründen ein neuer Vertrag oder eine Änderung der vertraglichen Grundlagen nötig wäre«, vgl. BT-Drs. 12/3896, S. 14, 18 (zit. bei *Scholz*, aaO., Rn. 83).

[413] *D.H. Scheuing*, EuR-Beiheft 1/1997, 7 (22).

[414] So *Streinz*, Europarecht, Rn. 210c., der freilich nicht erklärt, auf welche Fälle dies anwendbar sein soll. Krit. auch *R. Breuer*, NVwZ 1994, 417 (423), mwN.

[415] So *Hufeld*, Verfassungsdurchbrechung (Fn. 6), S. 119; s. auch schon *R. Scholz*, NVwZ 1993, 817 (821f.).

[416] Vgl. auch *R. Geiger*, JZ 1996, 1093 (1097).

[417] Grundsatz der Volkssouveränität im Lichte von BVerfGE 83, 37 (50ff.).

Art. 23 I 3 GG das Verfahren nach Art. 79 II GG Anwendung, mit der absoluten Grenze des Art. 79 III GG. Im Falle lediglich mittelbarer, materieller Auswirkungen eines Integrationsaktes auf das Grundgesetz bleibt es dagegen beim einfachen, jetzt aber stets zustimmungsbedürftigen Gesetz nach Art. 23 I 2 GG.

d) Die Bestandssicherungsklausel (Art. 23 I 3 a.E. mit Art. 79 III GG)

Im Gegensatz zur Struktursicherungsklausel betrifft der Verweis auf Art. 79 III GG nicht den Aufbau und das Wirken der EU, sondern allein die **innerstaatliche Auswirkung** des Integrationsgesetzes nach Art. 23 I 3 GG, er betrifft die »Defensive des Grundgesetzes«[418]. Nicht beeinträchtigt werden dürfen die Gliederung des Bundes in Länder, deren grundsätzliche Mitwirkung bei der Gesetzgebung sowie die Grundsätze der Art. 1 und 20 GG. Insofern wird die vom Text des Art. 24 I GG her gesehen scheinbar bestehende Freistellung der Integrationsgewalt von den Bindungen der Ewigkeitsklausel des Art. 79 III GG im Einklang mit der Rechtsprechung des Bundesverfassungsgerichts korrigiert[419] und klargestellt, daß auch ein Integrationsgesetz wie jede andere Verfassungsänderung die Essentialia der Verfassung nicht angreifen darf.

93

Gegenüber der **Struktursicherungsklausel**, die im Blick auf die jeweiligen Rückwirkungen der Integrationsgesetze auf die innerstaatlichen Strukturen als verfassungstextliche Konkretisierung der Bindung aus Art. 79 III GG zu begreifen ist, umgekehrt aber auch der positiven Gestaltungsfreiheit der europäisch-kooperativen Verfassungsgebung mehr Raum läßt, ist die »**Bestandssicherungsklausel**« des Art. 23 I 3 a.E. i.V.m. Art. 79 III GG nur auf das Grundgesetz selbst und die durch dieses konstituierte, strukturierte und begrenzte Staatlichkeit bezogen. Die Kriterien entsprechen dabei denen, die auf förmliche Verfassungsänderungen nach Art. 79 II GG Anwendung finden (→ Art. 79 III Rn. 16 ff.). Ein Schutz für die »souveräne Staatlichkeit der Bundesrepublik« im klassischen Sinne des Nationalstaats[420] ist dem ebensowenig zu entnehmen (→ Rn. 21) wie ein Hindernis der Teilnahme Deutschlands in einem europäischen (Bundes-)Staat[421]. In dem Umfang aber, wie Menschenwürde, funktionsfähige Demokratie[422], Rechts- und Sozialstaat dies voraussetzen, ist eine **substantielle Staatlichkeit** Deutschlands als Glied in der EU ebenso wie der Länder[423] als Glieder im Bundesstaat durch die Ewigkeitsgarantie des Art. 79 III GG unverbrüchlich abgesichert. Die Mitwirkung der Länder bei der Gesetzgebung iSd. Art. 79 III GG wird, soweit es sich um

94

---

[418] Vgl. *R. Breuer*, NVwZ 1994, 417 (422), für den demgegenüber Art. 23 I 1 GG bei der »Offensive der Europäisierung« ansetzt. Vgl. auch *Rojahn* (Fn. 181), Art. 23 Rn. 52 mwN.

[419] Zu den Bindungen des Integrationsgesetzgebers – allerdings nicht ausdrücklich an Art. 79 III GG – s. erstmals BVerfGE 37, 271 (279f.), wonach an Art. 24 GG (!) »eine Änderung des Vertrages scheitert, die die Identität der geltenden Verfassung der Bundesrepublik Deutschland durch Einbruch in die sie konstituierenden Strukturen aufheben würde«, st. Rspr.

[420] So wohl *Randelzhofer* (Fn. 97), Art. 24 I Rn. 204; *Streinz* (Fn. 5), Art. 23 Rn. 84; s. auch *Scholz* (Fn. 8), Art. 23 Rn. 88, mwN., der aber die Staatlichkeit in einem europäischen Bundesstaat nicht für gefährdet hält (ebd., Rn. 63 a.E., unklar ebd., Rn. 91).

[421] Vgl. auch *C. Kirchner/J. Haas*, JZ 1993, 760 (762); *I. Pernice*, AöR 120 (1995), 100 (100f.), mwN. zum Streitstand; *D. H. Scheuing*, EuR-Beiheft 1/1997, 7 (23f.), mwN.; offengelassen in BVerfGE 89, 155 (188); → Rn. 35f.

[422] S. hierzu BVerfGE 89, 155 (186).

[423] Hierzu wohl *Randelzhofer* (Fn. 97), Art. 24 I Rn. 204: »Kernbereich der deutschen Bundesstaatlichkeit«; *Streinz* (Fn. 5), Art. 23 Rn. 84: »unentziehbarer Kern eigener Aufgaben als ›Hausgut‹«.

europäische Gesetzgebung⁴²⁴ handelt, durch die Vorschriften des Art. 23 II und IV–VII sowie Art. 50 GG geregelt.

III. Ausgleich des innerstaatlichen Kompetenzverlustes (Art. 23 II GG)

95 Art. 23 II GG zieht die **innerstaatliche Konsequenz** aus dem Verlust staatlicher Zuständigkeiten und dem Kompetenzzuwachs der EU im Verbund der Verfassungen auf Landes-, Bundes- und europäischer Ebene. Zum einen wird die demokratische Mitverantwortung des Bundestages für die Rechtsetzung der EU gestärkt, wie sie auch die Erklärung Nr. 13⁴²⁵ in der Schlußakte des Maastrichter Vertrages empfiehlt. Zum anderen wird die Mitwirkung der Länder an der Rechtsetzung der EU gestärkt und verfassungsrechtlich abgesichert, womit letztendlich vor allem dem Gebot des Art. 79 III GG auf Sicherung einer substantiellen Mitwirkung der Länder an der Gesetzgebung Rechnung getragen wird. Insofern legt Art. 23 II GG einen »**vertikalen Kompetenzausgleich**« für Bundestag und Länder verfassungskräftig⁴²⁶ fest, für letztere freilich wegen der Stellung des Bundesrates als Bundesorgan nur defizitär⁴²⁷. Er schafft zugleich einen »**funktionalen Kompetenzausgleich**« im Blick auf die Zuständigkeitseinbußen, die mit den umfassenden Befugnissen der Bundesregierung im Rahmen der EU für Bundestag und Länder einhergehen⁴²⁸. Er gibt dabei den Rahmen für die speziellen Normen des Art. 23 III bzw. IV-VI GG, die gem. Art. 23 III 3 bzw. VII GG durch zwei Ausführungsgesetze konkretisiert wurden⁴²⁹ und mit diesen an die Stelle der früheren, in den Zustimmungsgesetzen zum EWG-Vertrag bzw. zur EEA⁴³⁰ stufenweise erweiterten Mitwirkungsregelungen treten.

---

⁴²⁴ Nach wohl h.M. bezieht sich der Begriff Gesetzgebung in Art. 79 III GG nur auf die Gesetzgebung des Bundes (→ Art. 79 III Rn. 18).

⁴²⁵ Erklärung zur Rolle der einzelstaatlichen Parlamente in der Europäischen Union.

⁴²⁶ Vgl. auch *R. Lang*, Die Mitwirkungsrechte des Bundesrates und des Bundestages in Angelegenheiten der Europäischen Union gemäß Artikel 23 Abs. 2 bis 7 GG, 1997, S. 131ff., 136f.

⁴²⁷ Zu den Grenzen des Ausgleichs gerade durch den Bundesrat als Bundesorgan, das mit Mehrheit beschließt, vgl. *T. Stein*, Europäische Union: Gefahr oder Chance für den Föderalismus in Deutschland, Österreich und der Schweiz?, VVDStRL 53 (1994), S. 26ff. (37f.); *Streinz* (Fn. 5), Art. 23 Rn. 97; *J. Kokott*, European Public Law 1997, 607 (625); *I. Pernice*, DVBl. 1993, 909 (919f.); positiv hinsichtlich der Bundesratslösung: *Meißner*, Bundesländer und EG (Fn. 11), S. 243ff., in der Sache aber nur hinsichtlich Art. 23 VI GG (ebd., S. 264ff., 274); *Lang*, Mitwirkungsrechte (Fn. 426), S. 252ff., 257. Die Europaminister-Konferenz (EMK) konzentriert sich mehr auf die Gesamt-Koordinierung und beschäftigt sich nur vereinzelt mit konkreten EU-Vorhaben. Eine unmittelbare Beteiligung der Länder wird demgegenüber über Art. 23d österr. Verf. durch die Gelegenheit zur Stellungnahme der einzelnen Länder (Abs. 1) und durch die grds. Bindung des Bundes an eine einheitliche Stellungnahme der Länder (Abs. 2) angestrebt; s. zudem Art. 5, 6 der Vereinbarung zwischen Bund und den Ländern gemäß Art. 15a österr. Verf. (jetzt Art. 23d) über die Mitwirkungsrechte der Länder und Gemeinden in Angelegenheiten der europäischen Integration, österr. BGBl. 1992/775, vgl. dazu *H. Schambeck*, ÖJZ 1996, 521 (529).

⁴²⁸ S. hierzu *Scholz* (Fn. 8), Art. 23 Rn. 92. Unter dem Gesichtspunkt der Kompensation des Demokratiedefizits s. auch *Lang*, Mitwirkungsrechte (Fn. 426), S. 276, 279ff.

⁴²⁹ Gesetz über die Zusammenarbeit von Bundesregierung und Deutschem Bundestag in Angelegenheiten der Europäischen Union (EUZBBG, BGBl. 1993 I S. 311) bzw. Gesetz über die Zusammenarbeit von Bund und Ländern in Angelegenheiten der Europäischen Union (EUZBLG, BGBl. 1993 I S. 313); dazu *M. Brenner*, ThürVBl. 1993, 196ff.

⁴³⁰ S. Art. 2 ZustimmungsG zum EWG-Vertrag (BGBl. 1957 II S. 753) und Art. 2 III, IV ZustimmungsG zur EEA (BGBl. 1986 II S. 1102), dazu BVerfGE 92, 203 (231ff.); s. auch *G. Ress*, EuGRZ 1987, 361ff., und die umfangreiche Bibliographie bei *Scholz* (Fn. 8), Art. 23 Rn. 92 Fn. 5.

III. Ausgleich des innerstaatlichen Kompetenzverlustes (Art. 23 II GG) **Art. 23**

Organisationsrechtliches Gegenstück zu Art. 23 II GG ist für den Bundestag die 96
Einrichtung eines Ausschusses für Angelegenheiten der Europäischen Union (**Europa-Ausschuß**: Art. 45 GG)[431]. Die Möglichkeit, ihn zur Wahrnehmung der Rechte des
Bundestages gegenüber der Bundesregierung zu ermächtigen[432], entlastet den Bundestag und nimmt Rücksicht auf den Zeitdruck, unter dem der Bundestag in seiner
neuen Aufgabe häufig stehen wird[433]. Für den Bundesrat sieht Art. 52 IIIa GG die Einrichtung einer speziellen **Europakammer** vor, deren Beschlüsse als Beschlüsse des
Bundesrates gelten[434]. Beide Bundesorgane wurden damit für die effektive Wahrnehmung ihrer »europäischen« Aufgaben besonders ausgerüstet[435].

Diese organisatorische Konsequenz zeigt ebenso wie die materiellen Regeln über 97
die verstärkte Mitwirkung von Bundestag und Ländern in Angelegenheiten der EU
selbst, daß es bei den Fragen der Integration nicht mehr um klassische auswärtige Politik (vgl. Art. 32, 59 II GG) geht, sondern um ein Stück **europäischer Innenpolitik**[436].
Damit zieht das Grundgesetz die Konsequenz aus der unmittelbaren Geltung des von
der Gemeinschaft gesetzten Rechts in seinem Geltungsbereich jedenfalls in einen verfassungsrechtlich besonders geregelten Bereich und paßt sich den Strukturanforderungen des Verfassungsverbundes an. Soweit jetzt **innerstaatliche Angelegenheiten** in
Rechtsetzung und Politik »europäisch« geregelt werden, kann von Außenpolitik keine
Rede sein[437]. Die Anpassung stärkt die demokratische Legitimation[438] des deutschen
Beitrags zur europäischen Rechtsetzung und fördert »binnenseitig« die funktional-institutionelle Verflechtung der drei föderalen Handlungsebenen im europäischen
Verfassungsverbund.

1. »Angelegenheiten der Europäischen Union«

Der Begriff der Angelegenheiten der Europäischen Union ist weit zu fassen[439]. Er be- 98
trifft in erster Linie die **Rechtsetzung der Gemeinschaften (EG, EGKS, EAG)** einschließlich ihrer völkerrechtlichen Verträge, aber auch die Abkommen der Mitglied-

---

[431] Vgl. auch § 93a GOBT.
[432] S. dazu § 93a II GOBT: Ermächtigung zu »bestimmt bezeichneten Unionsvorlagen«; s. auch *R. Kabel*, Die Mitwirkung des deutschen Bundestages in Angelegenheiten der Europäischen Union, in: GedS Grabitz, 1995, S. 241 ff. (265 ff.).
[433] Vgl. den Bericht der GVK, Zur Sache 5/93, 48. Zur Besonderheit dieser Regelung im Blick auf die Rechte anderer Ausschüsse vgl. *M. Brenner*, ThürVBl. 1993, 196 (199 f.).
[434] S. auch §§ 45b-k GOBRat; zuständig ist die Kammer nach § 45d I »in Eilfällen oder bei zu wahrender Vertraulichkeit nach Zuweisung eines Beratungsgegenstandes«. Da in der bisherigen Praxis die Beratung und Beschlußfassung der EU-Vorhaben in den jeweiligen Fachausschüssen, im besonders wichtigen (regulären) EU-Ausschuß sowie im Plenum in aller Regel hinreichend schnell möglich war, ist die Europakammer bisher nur in sehr wenigen Fällen eingeschaltet worden.
[435] Krit. wegen der Überflutung mit Dokumenten *U. Everling*, DVBl. 1993, 936 (946).
[436] Ebenso *Streinz* (Fn. 5), Art. 23 Rn. 91; *Scholz* (Fn. 8), Art. 23 Rn. 90. Vgl. *Kabel*, Mitwirkung (Fn. 432), S. 246, mwN.; *M. Zuleeg*, Die Stellung des Landes Hessen in der Europäischen Union, in: H. Eichel/K.P. Möller (Hrsg.), 50 Jahre Verfassung des Landes Hessen, 1997, S. 383 ff. (388) mwN.
[437] Zur Abgrenzung der Zuständigkeit hierfür von der auswärtigen Gewalt in diesem Sinne vgl. auch *C. Rath*, Die »unionswärtige Gewalt« des Deutschen Bundestages. Zur verfassungsrechtlichen Legitimation des gemeinschaftlichen Rechtsetzungsprozesses, in: W. Steffani/U. Taysen (Hrsg.), Demokratie in Europa: Zur Rolle der Parlamente, 1995, S. 114 ff.
[438] So gefordert insb. von BVerfGE 89, 155 (184 ff.).
[439] Ebenso *Scholz* (Fn. 8), Art. 23 Rn. 111; *Rojahn* (Fn. 181), Art. 23 Rn. 56.

staaten untereinander (Art. 220 [293 nF] EGV)[440]. Hierfür sehen die Abs. 3–6 detaillierte Beteiligungsverfahren vor. Im Interesse einer wirksamen demokratischen und föderalen Kontrolle umfaßt er jedoch auch die **allgemeinen politischen Programme**, Zielvorstellungen und Maßnahmen, wie sie etwa nach Art. D (4 nF) EUV vom Europäischen Rat festzulegen sind. Ebenso sind konkrete Maßnahmen und Abkommen im Rahmen der Gemeinsamen Außen- und Sicherheitspolitik (**GASP**) sowie der Zusammenarbeit in den Bereichen Justiz und Inneres (**ZBJI**) nach Art. J (11 ff. nF) und K (29 ff. nF) EUV von der allgemeinen Mitwirkungsregel des Art. 23 II GG erfaßt[441]. Von zentraler Bedeutung sind ferner **Vertragsänderungen** nach Art. N (48 nF) EUV[442], die wegen ihrer Auswirkungen auf das innerstaatliche Verfassungsrecht in Bund und Ländern schon im Vorbereitungs- und Verhandlungsstadium intensiver Beteiligung der parlamentarischen Vertretung sowie der Länder bedürfen, ja eines breiten innerstaatlichen und europäischen Diskurses, wenn sie letztlich die Zustimmung von Bundestag und Bundesrat im Ratifikationsverfahren und Akzeptanz bei den Bürgern finden sollen.

2. Vertikaler und funktionaler Kompetenzausgleich

99 Zunehmend mit der Übertragung von Rechtsetzungszuständigkeiten von Bund und Ländern an die EG tritt die Bundesregierung an die Stelle von Bundestag und Bundesrat bzw. von Länderregierungen und Länderparlamenten. Art. 23 II GG soll demgegenüber – vertikal – durch den Grundsatz der Mitwirkung der Länder durch den Bundesrat die Kompetenzverschiebung zwischen den politischen Handlungsebenen (Länder/Bund/EU) und – funktional – durch die Beteiligung des Bundestages bei der Willensbildung der deutschen Vertreter im Rat den Kompetenzverlust des Parlaments ausgleichen[443]. Dies entspricht sowohl den Grundsätzen der **Demokratie** (Vermittlung demokratischer Legitimation der Beschlüsse des Rats über die parlamentarische Kontrolle der deutschen Vertreter im Rat)[444] und des **Föderalismus** (Wahrung einer substanziellen Mitverantwortung der Länder in Gebieten ihrer innerstaatlichen Zuständigkeit, Vertretung der verfassungsmäßigen Rechte der Länder durch den Bundesrat »als Sachwalter der Länder«)[445] als auch dem Gedanken der horizontalen und vertikalen **Gewaltenteilung** (Schranke exekutiver Machtkonzentration bei der Bundesregierung, Sicherung der föderalen Balance und Kontrolle des Bundes, → Rn. 65) im dreistufigen Verfassungsverbund. Volle Kompensation ist dagegen weder möglich[446], zumal was die Repräsentation der Länderinteressen durch den Bundesrat be-

---

[440] S. auch *I. Winkelmann*, DVBl. 1993, 1128 (1134 f.); *Rojahn* (Fn. 181), Art. 23 Rn. 56.

[441] S. insb. die Abkommen nach Art. K. 3 II lit. c EUV. Von diesem weiten Begriff gehen auch die Durchführungsgesetze (→ Fn. 429) aus, wenn § 11 EUZBLG den Bereich der GASP ausdrücklich von der Zusammenarbeit zwischen Bund und Ländern ausschließt. Zu einer extensiven Bestimmung des Begriffs der Angelegenheiten im Detail *Schede*, Bundestag und EU (Fn. 406), S. 94 ff.

[442] A.A. offenbar *Randelzhofer* (Fn. 97), Art. 24 I Rn. 205, nach dem Art. 23 I GG die *Begründung*, Abs. 2–7 dagegen die *Ausübung* der Kompetenzen der EG regeln.

[443] Vgl. schon *Steinberger*, Verfassungsstaat (Fn. 125), S. 39 f: »zunehmende Entparlamentarisierung des politischen Prozesses«; s. auch *Kabel*, Mitwirkung (Fn. 432), S. 245, mwN.; *Rath*, Unionswärtige Gewalt (Fn. 437), S. 128 f.

[444] Dies vor allem im Sinne der in BVerfGE 89, 155 (185 f., 191) aufgestellten Grundsätze; → Rn. 51 ff.

[445] Vgl. dazu, freilich im Blick auf die bis 1993 geltenden Regelungen: BVerfGE 92, 203 (230 ff.).

[446] Vgl. die krit. Bemerkung bei *Streinz* (Fn. 5), Art. 23 Rn. 97. S. auch *I. Pernice*, DVBl. 1993, 909 (919), im Blick auf die Kompliziertheit der Verfahren nach §§ 5, 6 EUZBLG.

III. Ausgleich des innerstaatlichen Kompetenzverlustes (Art. 23 II GG) **Art. 23**

trifft[447], noch angestrebt. So bleibt, abgesehen von der Sonderregelung des Art. 23 VI GG, die Repräsentation Deutschlands in und gegenüber der EU grundsätzlich Sache der Bundesregierung[448], sie wird aber in ein **Netz von Mitwirkungsrechten** eingebunden, das für den Bereich der auswärtigen Gewalt unbekannt[449], für die Kohärenz und Integration von Politik und Recht auf Landes-, Bundes- und Europaebene aber unerläßlich ist[450].

Die **Voraussetzungen, Arten und Verfahren der Mitwirkung** sind in Art. 23 III–VI GG detailliert geregelt[451]. Hier ist von der Stellungnahme des Bundestages zu »Rechtsetzungsakten« der EU (Abs. 3)[452] bzw. von der Beteiligung des Bundesrates an »Maßnahmen«, an denen er bei innerstaatlichem Vorgehen mitzuwirken hätte (Abs. 4), die Rede, wobei es sich ebenfalls nur um Rechtsetzungsmaßnahmen handeln kann[453]. Offen bleibt dagegen, wie sich die Mitwirkung von Bundestag und Bundesrat vollzieht, wenn die betreffenden Angelegenheiten der EU **keine Akte der Rechtsetzung** darstellen. Hierzu gehören z.B. Abkommen der Mitgliedstaaten nach Art. 220 (293 nF) EGV, Maßnahmen oder Abkommen im Rahmen der GASP und der ZBJI, Mitteilungen, Grün- und Weißbücher der Kommission bzw. die Entwürfe hierzu[454], aber auch Beschlüsse über Fördermaßnahmen und Empfehlungen etwa nach Art. 128 (151 nF) EGV (Kultur) oder Art. 129 (152 nF) EGV (Gesundheitswesen)[455]. Auch Vertragsänderungen nach Art. N (48 nF) EUV sind zwar »Angelegenheiten der Europäischen Union«, aber nicht Rechtsetzungsakte oder Maßnahmen iSd. Art. 23 IV GG, denen innerstaatliche Maßnahmen entsprechen könnten.

100

Was den **Bundestag** betrifft, dürften für diese Fälle die allgemeinen Regeln über die parlamentarische Kontrolle der Bundesregierung gelten: Die »Mitwirkung« besteht ggf. in einem Beschluß des Bundestages, dessen (Nicht-)Berücksichtigung die Regierung ihm gegenüber politisch zu verantworten hat. Die Möglichkeiten des **Bundesrates** dagegen sind noch beschränkter: Er kann zwar allgemeine Stellungnahmen formu-

101

---

[447] Hierfür werden Effizienzgesichtspunkte angeführt, vgl. etwa *K.-P. Sommermann*, LKV 1994, 382 (387); *Streinz* (Fn. 5), Art. 23 Rn. 97; andererseits aber sind Länderinteressen oft unterschiedlich (s. die häufig konkurrierenden Büros der Länder in Brüssel) – die Wahrung der Vielfalt ist gerade der Zweck der Länderkompetenz. Sie sind daher in ihrer Vielfalt durch Mehrheitsbeschlüsse im Bundesrat häufig nur unzureichend repräsentiert.

[448] Zu weitgehend *Scholz* (Fn. 8), Art. 23 Rn. 96 f., nach dem die »ausschließliche Zuständigkeit der Bundesregierung für die auswärtige Gewalt« unberührt bleibt, auch im Blick auf die »Integrationsgewalt«.

[449] S. auch *Rojahn* (Fn. 181), Art. 23 Rn. 59.

[450] Insofern kommt weder ein Vorbehalt »exekutivischer Eigenverantwortung« iSd. BVerfGE 68, 1 (87), noch ein Parlamentsvorbehalt zum Zuge, vgl. *Scholz* (Fn. 8), Art. 23 Rn. 98 ff., der indessen zu weitgehend von einer »prinzipiellen europapolitischen Prärogative der Bundesregierung« spricht, die eine restriktive Auslegung des Art. 23 II, III GG impliziere (ebd., Rn. 102).

[451] Krit. *U. Everling*, DVBl. 1993, 936 (945 f.).

[452] Vgl. auch § 5 EUZBBG: Stellungnahme nur zu Rechtsetzungsakten.

[453] Das EUZBLG spricht zwar durchweg von »Vorhaben«, ein Abkommen zwischen den Mitgliedstaaten oder eine Empfehlung des Rates findet jedoch keine innerstaatliche Entsprechung, an der der Bundesrat beteiligt wäre.

[454] Vgl. auch die Liste der Unionsvorlagen und Unionsdokumente in Anhang I der Verfahrensgrundsätze des Bundestags-Ausschusses für die Angelegenheiten der Europäischen Union v. 25. 10. 1995, wo auf Grün- und Weißbücher bzw. deren Entwürfe besonderen Wert gelegt wird.

[455] Dies gilt jedenfalls, soweit »Fördermaßnahmen« keine verbindlichen Regelung sind; zum Streitstand *G. Seidel/A. Beck*, Jura 1997, 393 (396), die auch Maßnahmen mit Regelungscharakter für zulässig halten.

lieren, eine Handhabe gegenüber der Bundesregierung bei Nichtbeachtung gibt es für ihn jedoch nicht. Da in den hier angesprochenen Bereichen die »europäische Zuständigkeit« der Bundesregierung indessen weder auf Kosten des Bundestages geht noch einen ausgleichungsbedürftigen Kompetenzverlust für die Länder darstellt, besteht hier für intensivere Mitwirkungsrechte des Bundestages oder des Bundesrates auch kein Anlaß[456].

3. Unterrichtungspflichten

102 Voraussetzung jeder effektiven Mitwirkung ist die vollständige und frühzeitige Information der Beteiligten über alle relevanten Tatsachen und Entwicklungen. Mit dem »frühestmöglichen« Zeitpunkt ist der Zeitpunkt des Bekanntwerdens bei der Bundesregierung und damit auch der Ständigen Vertretung Deutschlands bei der EU in Brüssel gemeint. Unerheblich ist, ob die Information offziell oder inoffiziell, durch eigene Initiative der Bundesregierung selbst oder routinemäßig von den europäischen Behörden erlangt wurde. Dies gilt vor allem für Erkenntnisse über **vorbereitende Arbeiten** der Kommission zu Verordnungs- oder Richtlinienvorschlägen, die in Fachausschüssen oder ad hoc-Gremien unter Beteiligung von Beamten aus den Ministerien stattfinden[457]. Die Informationspflicht umfaßt darüber hinaus die Initiativen von Bundesregierung, Bundesrat und Ländern sowie anderer Mitgliedstaaten, die für die Willensbildung des Rates bedeutsam sind. Schließlich gehört zur vollständigen Information des Bundestages die Information über die Reaktion der Unionsorgane auf seine Stellungnahme und den Verlauf der Verhandlungen[458].

103 Eine Pflicht der Bundesregierung zur **Beschaffung** bestimmter Informationen bei den europäischen Institutionen folgt aus Art. 23 II GG nicht[459]. Auch eine Pflicht zur Information über die **Willensbildung** innerhalb der Bundesregierung kann Art. 23 II GG nicht entnommen werden[460]. Die Vertraulichkeit dieses regierungsinternen Prozesses ist Bedingung ihrer Funktionsfähigkeit, sichert den Kernbereich exekutiver Eigenverantwortung und muß von externen Einflußnahmen frei bleiben[461]. Ihre (vorläu-

---

[456] Dieser wichtige Unterschied zu Akten der Rechtsetzung wird von auch *M. Brenner*, ThürVBl. 1993, 196 (201f.) nicht gesehen, wenn er um den Schutz der exekutivischen Natur der außenpolitischen Akte der Bundesregierung besorgt ist, ohne die Notwendigkeit des funktionellen und vertikalen Kompetenzausgleichs (→ Rn. 95) zu sehen.

[457] Vgl. auch *Lang*, Mitwirkungsrechte (Fn. 426), S. 290.

[458] Vgl. hierzu die Liste der Gegenstände der Unterrichtung nach §§ 3, 4 EUZBBG in den Verfahrensgrundsätzen des Bundestags-Europa-Ausschusses (Fn. 454); zur Unterrichtung des Bundesrates s. auch Abschnitt I der Vereinbarung zwischen der Bundesregierung und den Regierungen der Länder über die Zusammenarbeit in Angelegenheiten der EU in Ausführung von § 9 EUZBLG v. 29.10.1993 (BLV) (Bundesanzeiger 1993 Nr. 226/1993 S. 1425). Die Länder informieren sich darüber hinaus über die EU-Vorhaben durch ihre Länderbüros in Brüssel (s. § 8 EUZBLG), ihre Vertreter in EU-Gremien (s. Abschnitt IV BLV) sowie die gemeinsame Ländereinrichtung »Beobachter der Länder bei der Europäischen Union« (s. Abschnitt VIII. Nr. 5 BLV).

[459] Anders wohl *Jarass/Pieroth*, GG, Art. 23 Rn. 21; *Streinz* (Fn. 5), Art. 23 Rn. 93.

[460] S. auch *M. Brenner*, ThürVBl. 1993, 196 (200f.): keine »gläserne Bundesregierung«, und *Rojahn* (Fn. 181), Art. 23 Rn. 60, die die Pflicht zur Information zu recht auf die Ergebnisse der Willensbildung beschränken.

[461] In diesem Sinne schon BVerfGE 67, 100 (139); vgl. auch *M. Brenner*, ThürVBl. 1993, 196 (200f.), der § 4 S. 2 EUZBBG insofern für verfassungswidrig hält; s. auch *Scholz* (Fn. 8), Art. 23 Rn. 115.

figen) Ergebnisse sind aber gemäß dem Grundsatz der **Organtreue**[462] nach § 4 EUZBBG dem Bundestag, nach dem Grundsatz der **Bundestreue**[463] über den Bundesrat den Ländern zur Kenntnis zu geben: zur Förderung eines konstruktiven Dialogs zwischen allen beteiligten Organen.

IV. Beteiligung des Bundestages (Art. 23 III GG)

Art. 23 III GG konkretisiert das in Abs. 2 grundsätzlich verankerte Mitwirkungsrecht des Bundestages in bezug auf **Rechtsetzungsakte** der EU, d.h. insbesondere Verordnungen, Richtlinien und Entscheidungen der EG (Art. 189 [249 nF] EGV). Wegen ihrer allgemeinen Rechtswirkung sind auch die Entscheidungen des Rats nach Art. 109j (121 nF) EGV, insbes. die Bestätigung der Teilnehmer an der Europäischen **Währungsunion** nach Art. 109j (121 nF) IV EGV, als Akte der Rechtsetzung iSv. Art. 23 III GG zu betrachten. Rechtsakte der Europäischen Zentralbank (EZB) (vgl. Art. 108a [110 nF] EGV) fallen indessen nicht darunter, da in ihrem zentralen Entscheidungsgremium, dem EZB-Rat, keine Regierungsvertreter mitwirken und ein Einfluß der Parlamente der Unabhängigkeit der EZB zuwiderliefe[464].

104

Die Beteiligungsrechte des Bundestages sind auf eine »**Gelegenheit zur Stellungnahme**« beschränkt, welche die Bundesregierung bei den Verhandlungen im Rat »**berücksichtigt**«. Eine Verfassungspflicht zur Wahrnehmung der Beteiligungsrechte kann daraus nicht abgeleitet werden[465]; bei der Vielzahl von häufig rein technischen EU-Vorlagen würde sie den Bundestag völlig überfordern. Bereits aus der Wortwahl wird auch deutlich, daß die Position der Bundesregierung durch die Stellungnahme des Bundestages nicht rechtsverbindlich festgelegt wird[466], dem Bundestag das »innerstaatliche Letztentscheidungsrecht in EU-Angelegenheiten« also nicht gegeben ist[467]. Dies gilt auch für die Mitwirkung am Ratsbeschluß über die Teilnahme an der Währungsunion nach Art. 109j (121 nF) IV EGV[468]. Vielmehr liegt die **Entscheidungsver-**

105

---

[462] Vgl. dazu BVerfGE 89, 155 (191). Zum Grundsatz der Organtreue s. schon *W.-R. Schenke*, Die Verfassungsorgantreue, 1977; vgl. auch *Stern*, Staatsrecht I, S. 134f.; *Scholz* (Fn. 8), Art. 23 Rn. 108, jeweils mwN.

[463] S. dazu im europäischen Kontext BVerfGE 92, 203 (234ff.).

[464] Vgl. Art. 107, 106 III und 109a (108, 107 III, 112 nF) EGV sowie Art. 10ff. ESZB-Satzung. Zur Unabhängigkeit der EZB im Blick auf das Demokratieprinzip vgl. BVerfGE 89, 155 (207ff.). Auch BVerfG NJW 1998, 1934 (1936ff., 1938), fordert nur »politische Begleitung« der EZB.

[465] Ebenso *Scholz* (Fn. 8), Art. 23 Rn. 119. Anders *Streinz* (Fn. 5), Art. 23 Rn. 99, mit Verweis auf BVerfGE 89, 155 (191, 212), wo freilich nur die Pflicht der Verfassungsorgane nach Art. 23 I 1 GG zur Verteidigung des Subsidiaritätsprinzips hervorgehoben wird; s. auch *Jarass*/Pieroth, GG, Art. 23 Rn. 22.

[466] Vgl. auch *Randelzhofer* (Fn. 97), Art. 24 I Rn. 205, mwN.; *Scholz* (Fn. 8), Art. 23 Rn. 117; *R. Breuer*, NVwZ 1994, 417 (426); *Jarass*/Pieroth, GG, Art. 23 Rn. 23, 25; *Streinz* (Fn. 5), Art. 23 Rn. 101.

[467] Anders aber *Rath*, Unionswärtige Gewalt (Fn. 437), S. 138.

[468] Ebenso wohl BVerfG NJW 1998, 1934 (1937f.). Sowohl Ziff. 3 Abs. 4 der Erklärung des Bundestages vom 2.12.1992 (BT-Drs. 12/3906) als auch das betreffende Schreiben des Bundesministers der Finanzen an den Europa-Ausschuß des Bundestages vom 2.4.1993, in denen eine Bindung an ein »zustimmendes Votum« des Bundestages bekräftigt wird, können daher nur politische Bindungen bewirken, nicht aber rechtliche. Die rechtliche Bindung, ja die Konditionierung des Verhaltens des deutschen Vertreters im Rat überhaupt, stünde im Widerspruch zu Art. 23 III GG und vor allem zum vertraglich bereits festgelegten Eintritt in die dritte Stufe am 1.1.1999 für alle Staaten, die die Kriterien

antwortung bei der Bundesregierung[469], die sich mit der Stellungnahme des Bundestages zu befassen, sie in ihre Willensbildung und Verhandlungsstrategie einzubeziehen[470] und ihre Position gegenüber dem Bundestag letztlich politisch zu verantworten hat. Dazu gehört auch, daß die Kompromißbereitschaft des deutschen Vertreters im Rat davon abhängen muß, in welchem Maße die sich ggf. abzeichnende Lösung dem Votum des Bundestages widerspricht oder auch näherkommt. Eine stärkere rechtliche[471] Bindung würde nicht nur eine in bestimmten Fällen sogar maßgebliche Berücksichtigung der Stellungnahme des Bundesrates gemäß Art. 23 V 1, 2 GG ausschließen, sondern auch die Verhandlungsfähigkeit der Bundesregierung im Rat und damit die Funktionsfähigkeit des Rates als Beschlußorgan der EU in Frage stellen[472]. Die in Art. 23 III GG gefundene flexible »Mittellösung« schließt auch aus, daß die Bundesregierung in anderer Weise, etwa durch ein sog. **Mandatsgesetz**[473], auf eine bestimmte Position verbindlich festgelegt wird[474].

106 Wenn das EUZBBG[475] zum Begriff »berücksichtigen« eine vom Wortlaut des Grundgesetzes abweichende Regelung trifft und vorsieht, daß die Bundesregierung die Stellungnahme des Bundestages **ihren Verhandlungen zugrunde legt**, so steht das in Widerspruch zu Art. 23 III GG ebenso wie zu Art. 5 (10 nF) EGV[476]. Die bei Erlaß des Gesetzes offenbar vereinbarte Auslegung, wonach diese strengere Bindung nur für das erste Verhandlungsstadium gilt[477], ist ebenso unbefriedigend wie die Lösung einer einschränkenden oder verfassungskonformen Auslegung[478]. Es wäre widersinnig, wenn der deutsche Vertreter im Rat zunächst die Position des Bundestages vertreten müßte[479], in der Folge aber frei wäre, die ggf. entgegengesetzte Auffassung der Bundesregierung als deutsche Position zu verteidigen. Die »restriktive« Auslegung des Gesetzes widerspricht seinem klaren Wortlaut und kommt seiner Nichtanwendung

---

des Art. 109j (121 nF) I EGV erfüllen. S. dazu auch *D. König*, ZaöRV 54 (1994), 17 (41f.); *Pernice*, Das Ende der währungspolitischen Souveränität (Fn. 384), S. 1065f.

[469] So die h.M., vgl. etwa *Rojahn* (Fn. 181), Art. 23 Rn. 61; *Scholz* (Fn. 8), Art. 23 Rn. 117.

[470] Vgl. auch *Streinz* (Fn. 5), Art. 23 Rn. 101: »Befassungs-, Begründungs- und Sorgfaltspflicht«, mwN.

[471] S. *U. Di Fabio*, Der Staat 32 (1993), 191 (209f.), der aus verfassungsrechtlichen Gründen eine maßgebliche Berücksichtigung verlangt; dagegen *U. Everling*, DVBl. 1993, 936 (946), der dies als »vertragswidrig« bezeichnet.

[472] So auch die Kritik bei *U. Everling*, DVBl. 1993, 936 (946): Die Grundsätze der Effektivität des Gemeinschaftsrechts und der Gemeinschaftstreue seien verletzt.

[473] Vgl. den Vorschlag bei *Rath*, Unionswärtige Gewalt (Fn. 437), S. 138 ff.; s. auch *Scholz* (Fn. 8), Art. 23 Rn. 118.

[474] Zur Unterscheidung vom schlichten Parlamentsbeschluß, dessen »Fortentwicklung« und Aufwertung die Stellungnahme darstellt, vgl. *Lang*, Mitwirkungsrechte (Fn. 426), S. 314 ff.

[475] → Fn. 429.

[476] S. auch *J. Kokott*, DVBl. 1996, 937 (942): Widerspruch zum »Integrationsziel des Grundgesetzes und Art. 23«.

[477] So der Bundestags-Sonderausschuß »Europäische Union (Vertrag von Maastricht)« in: BT-Drs. 12/3896, S. 19. Ebenso *F. Möller/M. Limpert*, ZParl. 24 (1993), 21 (28f.); *T. Schotten*, VR 1993, 89 (91f.); *Lang*, Mitwirkungsrechte (Fn. 426), S. 308 ff.; krit. schon *R. Breuer*, NVwZ 1994, 417 (426): »juristisches Glasperlenspiel«.

[478] So *Scholz* (Fn. 8), Art. 23 Rn. 116; *Rojahn* (Fn. 181), Art. 23 Rn. 62; i.E. ebenso *J. Kokott*, DVBl. 1996, 937 (942), mwN.; *D.H. Scheuing*, EuR-Beiheft 1/1997, 7 (29, 35).

[479] Zum Verhältnis der hierin liegenden Pflicht, »fremdbestimmt zu handeln«, zur parlamentarischen Verantwortlichkeit der Regierung vgl. *M. Brenner*, ThürVBl. 1993, 196 (202): »ein verfassungsrechtliches Rätsel«.

V. Beteiligung der Länder durch den Bundesrat (Art. 23 IV–VII GG)

gleich[480]. Nur die Lösung der unmittelbaren Anwendung des Art. 23 III GG ist daher verfassungskonform.

Einen Schwerpunkt des Art. 23 GG bildet die verfassungsrechtliche Verankerung und differenzierte Ausgestaltung der **Mitwirkungsrechte der Länder** durch den Bundesrat in Angelegenheiten der EU[481]. Abs. 4 leitet diese Vorschriften ein und umschreibt den gegenständlichen Bereich der Beteiligung. Gegenüber den präziseren Differenzierungen in Abs. 5 und 6 hat er jedoch keinen eigenständigen Regelungsgehalt. Abs. 5 und 6 sehen dagegen **drei Stufen der Beteiligungsintensität vor,** je nachdem, ob die betreffende Maßnahme nur in die Interessensphäre der Länder (Abs. 5 S. 1), weitergehend in ihre Gesetzgebungsbefugnisse, die Einrichtung ihrer Behörden oder ihre Verwaltungsverfahren (Abs. 5 S. 2) oder sogar in ihre ausschließlichen Gesetzgebungsbefugnisse (Abs. 6) eingreift. Die Stellungnahme des Bundesrates ist hier entweder zu berücksichtigen bzw. maßgeblich zu berücksichtigen oder sogar unmittelbar von einem Vertreter der Länder in Wahrnehmung der Mitgliedschaftsrechte der Bundesrepublik insgesamt im Rat einzubringen. Wo der Bundesrat maßgeblichen Einfluß hat, gilt umgekehrt als Korrektiv, daß die »gesamtstaatliche Verantwortung des Bundes zu wahren« ist. Zudem werden der Bundesregierung in bestimmten Fällen besondere Beteiligungsrechte eingeräumt (Abs. 5 S. 3, Abs. 6 S. 2). Einzelheiten des Verfahrens sind im Ausführungsgesetz, dem Gesetz über die Zusammenarbeit von Bund und Ländern in Angelegenheiten der Europäischen Union (EUZBLG), sowie in der dieses Gesetz konkretisierenden Bund-Länder-Vereinbarung (BLV) geregelt[482]. Hier finden sich auch Bestimmungen über die Länderbüros in Brüssel (§ 8 EUZBLG) und über den gemeinsamen »Beobachter der Länder bei der EU« (Abschnitt 8 Nr. 5 BLV). Eine Beteiligung der Länderparlamente in Angelegenheiten der EU ist im Grundgesetz nicht vorgesehen[483].

107

1. Gegenständliche Abgrenzung der Ländermitwirkung (Art. 23 IV GG)

Aus Art. 23 IV GG ergibt sich, daß der Bundesrat und durch ihn die Länder (Art. 50 GG) mit Blick auf Art. 77 GG praktisch bei allen **Rechtsetzungsakten** der EU (→ Rn. 98, 104) nach den Vorschriften des Art. 23 V und VI GG zu beteiligen sind. Dabei können unter anderem auch Verträge der EU mit Drittstaaten **Maßnahmen** iSd. Art. 23 IV GG darstellen, wenn der Bundesrat an entsprechenden Verträgen der Bundesrepublik Deutschland über Art. 59 II GG mitzuwirken hätte. Das gleiche gilt für Maßnahmen, die innerstaatlich durch Rechtsverordnungen nach Art. 80 II GG erlassen werden könnten. Indem Art. 23 IV GG auch das ganze Gebiet der Länderzuständigkeit (Art. 30, 70 I, 83 ff. GG) der Mitwirkung des Bundesrates unterwirft, gibt es

108

---

[480] I.E. ebenso: *J. Kokott*, DVBl. 1996, 937 (942), mwN.; *D.H. Scheuing*, EuR-Beiheft 1/1997, 7 (35).
[481] S. dazu im einzelnen: *Lang*, Mitwirkungsrechte (Fn. 426), S. 130 ff.
[482] Für das EUZBLG → Fn. 429, für die Bund-Länder-Vereinbarung → Fn. 458.
[483] S. auch *D. H. Scheuing*, EuR-Beiheft 1/1997, 7 (31), der auf entsprechende Ansätze in einigen Länderverfassungen verweist.

praktisch keine Materie der Rechtsetzung auf EU-Ebene, bei der der Bundesrat nicht zu beteiligen ist[484].

2. Formen der Beteiligung des Bundesrates (Art. 23 V, VI GG)

109 Die Formen und die Intensität der Beteiligung des Bundesrates richten sich nach der Zuständigkeitsverteilung zwischen Bund und Ländern im Grundgesetz. So wie der Bundestag kann auch der Bundesrat zu jedem EU-Vorhaben eine **Stellungnahme** abgeben[485]. Hierzu muß die Regierung dem Bundesrat eine angemessene Frist einräumen (§ 3 EUZBLG). Weitere Modalitäten, die im Ausführungsgesetz zu Art. 23 IV-VI GG geregelt sind, so etwa die Verpflichtung, im Fall des Art. 23 V 2 GG (§ 5 II, III EUZBLG) **Einvernehmen** anzustreben, sind ein Versuch pragmatischer Handhabung der stellenweise unklaren Regelungen im Grundgesetz. Sie folgen aus dem Grundgesetz jedoch nicht unmittelbar und können daher nur insoweit zwingender Maßstab für das Verhalten von Bundesregierung und Bundesrat sein, als sie die grundgesetzlichen Vorgaben nicht modifizieren[486].

a) Berücksichtigung der Stellungnahme des Bundesrates (Art. 23 V 1 GG)

110 Nur zu berücksichtigen ist die Stellungnahme des Bundesrates im Bereich der **Gesetzgebungszuständigkeit des Bundes**. Dazu gehören die Materien ausschließlicher Bundesgesetzgebungszuständigkeit insbesondere nach Art. 73 GG, aber auch die konkurrierenden und Rahmenzuständigkeiten nach Art. 74, 74a und 75 GG, soweit die Voraussetzungen des Art. 72 II GG erfüllt sind[487], von der Kompetenz braucht noch kein Gebrauch gemacht worden zu sein[488]. Das Vorliegen eines Kommissionsvorschlags mag indizieren, daß die Voraussetzungen des Art. 72 II GG gegeben sind, kann aber die Einzelprüfung iS. eines »hypothetischen Kompetenztests«[489] nicht ersetzen[490]. Voraussetzung und Rechtfertigung für die Mitwirkung der Länder auch im Bereich ausschließlicher Zuständigkeit des Bundes ist, daß **Interessen der Länder** berührt werden. Dies wird regelmäßig der Fall sein, außer in Fragen der Gemeinsamen Außen- und Sicherheitspolitik der EU, für die § 11 EUZBLG die Anwendbarkeit des EUZBLG ausdrücklich ausschließt[491]. Die notwendige Darlegung, daß Interessen der Länder berührt sind, ist Sache des Bundesrates[492].

---

[484] Vgl. auch *Rojahn* (Fn. 181), Art. 23 Rn. 63; *Streinz* (Fn. 5), Art. 23 Rn. 103: »Beteiligung lückenlos«. Einen wesentlich weiteren Begriff der »Maßnahmen« (auch der Exekutive und Judikative) entwickelt *Schede*, Bundesrat und EU (Fn. 406), S. 106ff., 116f.

[485] Vgl. § 3 EUZBLG sowie, zum Verfahren, § 45a GOBRat.

[486] Für eine verfassungskonforme Auslegung insoweit: *Rojahn* (Fn. 181), Art. 23 Rn. 72; *Streinz* (Fn. 5), Art. 23 Rn. 110.

[487] So die h.M., vgl. *Rojahn* (Fn. 181), Art. 23 Rn. 65, mwN.; *Lang*, Mitwirkungsrechte (Fn. 426), S. 159ff. In dem Fall, daß in diesen Bereichen dennoch Ländergesetze bestehen, soll die Vorschrift nach *Schede*, Bundesrat und EU (Fn. 406), S. 127, nicht zum Zuge kommen. → Art. 72 Rn. 12ff.

[488] Zum Problem mit gleichem Ergebnis *Lang*, Mitwirkungsrechte (Fn. 426), S. 161ff., 169.

[489] So *Scholz* (Fn. 8), Art. 23 Rn. 126.

[490] Zu weitgehend *Streinz* (Fn. 5), Art. 23 Rn. 105.

[491] Von einem weiten, kaum sachlich bestimmten Begriff geht auch *Schede*, Bundesrat und EU (Fn. 406), S. 120ff., aus.

[492] A.A. *Schede*, Bundesrat und EU (Fn. 406), S. 122f.: Weder allein der Bundesrat noch die Bundesregierung seien zuständig, der empfohlene »Gang zum Gericht« (ebd., S. 123) ist keine praktisch brauchbare Lösung.

Wie in Art. 23 III GG bedeutet auch hier das Wort »**berücksichtigen**«, daß sich die Bundesregierung mit der Stellungnahme zu befassen, diese zu erörtern und in ihre Willensbildung für den Rat einzubeziehen und Abweichungen ggf. gegenüber dem Bundesrat zu rechtfertigen hat; es begründet jedoch keine rechtliche Bindung (→ Rn. 107). Die Verpflichtung zur Herstellung eines Einvernehmens mit dem Bundesrat geht insoweit, als ein Vorhaben auf **Art. 235 (309 nF) EGV** gestützt wird (§ 5 III EUZBLG)[493], über den Wortsinn des Art. 23 V 1 GG hinaus, führt im Fall des fortdauernden Dissenses zur Lähmung der Bundesregierung im Rat und kann daher keine Anwendung finden[494]. 111

b) Maßgebliche Berücksichtigung der Stellungnahme (Art. 23 V 2, 3 GG)

Maßgeblich zu berücksichtigen ist von der Bundesregierung die Auffassung des Bundesrates zu Vorhaben, die schwerpunktmäßig in den Bereich der **Gesetzgebungsbefugnisse der Länder** fallen (Art. 70, 72 I GG), die Einrichtung ihrer Behörden oder ihre Verwaltungsverfahren betreffen (Art. 23 V 2 GG)[495]. Im Bereich der konkurrierenden oder Rahmengesetzgebungskompetenz des Bundes (Art. 74, 74a, 75 GG) ist dies der Fall, wenn die Voraussetzungen **des Art. 72 II GG** nicht erfüllt sind[496]. Aus dem insoweit restriktiven Wortlaut des Art. 23 V 2 GG folgt, daß die hier intendierte engere Bindung der Bundesregierung lediglich eintritt, wenn die Zuständigkeiten der Länder nicht nur am Rande oder gleichgewichtig, sondern **im Schwerpunkt** betroffen sind, d.h. wenn die betreffende Materie »im Mittelpunkt des Vorhabens steht« oder, qualitativ betrachtet, »ganz überwiegend Regelungsgegenstand ist«[497]. Das Wort »**insoweit**« bestimmt, daß in dem Umfang, wie das Vorhaben (nebenbei) auch Bundeszuständigkeiten betrifft, es bei der bloßen Berücksichtigung der diesbzgl. Teile der Stellungnahme des Bundesrates iSd. Art. 23 V 1 GG bleibt[498]. 112

Die Pflicht zur **maßgeblichen Berücksichtigung** der Stellungnahme des Bundesrates impliziert eine strengere Bindung und den Vorrang vor der Stellungnahme des Bundestages[499]. Fraglich aber ist, wie weit diese Bindung an die Auffassung des Bundesrates im einzelnen geht. Nach einer Auffassung steht damit dem Bundesrat das »verbindliche Letztentscheidungsrecht« zu[500]. Die Gegenauffassung sieht in dem Begriff 113

---

[493] Vgl. dazu im einzelnen *Lang*, Mitwirkungsrechte (Fn. 426), S. 190 ff.
[494] Ebenso *Schede*, Bundesrat und EU (Fn. 406), S. 120, 153 ff., 157. Dabei spielt für die Frage der Beteiligung des Bundestages keine Rolle, ob die Bundesregierung der auf Art. 235 (308 nF) EGV gestützten Maßnahme zustimmt oder sie durch Stimmenthaltung mitträgt – dazu auch *Lang*, Mitwirkungsrechte (Fn. 426), S. 195 f. Der diesbzgl. Streit zwischen der Bundesregierung und dem Bundesrat (s. Protokollerklärung Nr. 2 zur BLV, → Fn. 458) ist daher bei der hier vorgenommenen Auslegung von § 5 III EUZBLG gegenstandslos.
[495] Zu den Begriffen vgl. Kommentierung zu Art. 84.
[496] Vgl. auch den Bericht der GVK, Zur Sache 5/93, 44 f.; ebenso *Scholz* (Fn. 8), Art. 23 Rn. 126, und Ziff. II.2 Abs. 2 der BLV (→ Fn. 458).
[497] So Ziff. II.2 Abs. 3 der BLV (→ Fn. 458). Vgl. auch *Scholz* (Fn. 8), Art. 23 Rn. 128; a.A. *P. Wilhelm*, BayVBl. 1992, 705 (709): »ein wesentlicher, ins Gewicht fallender Teil der Vorlage«.
[498] So der Bericht der GVK, Zur Sache 5/93, 45. Entsprechend § 5 II 1 a.E. EUZBLG: »im übrigen gilt Absatz 1«.
[499] S. auch *Lang*, Mitwirkungsrechte (Fn. 426), S. 316 ff., 321.
[500] So *Scholz* (Fn. 8), Art. 23 Rn. 127; *Lang*, Mitwirkungsrechte (Fn. 426), S. 179 f.; s. auch den Bericht der GVK, Zur Sache 5/93, 45; ähnl. die Auffassung des Bundestags-Sonderausschusses »Europäische Union (Vertrag von Maastricht)«, BT-Drs. 12/3896, S. 20; *Randelzhofer* (Fn. 97), Art. 24 I Rn. 208; *Schede*, Bundesrat und EU (Fn. 406), S. 132 ff.; *Meißner*, Bundesländer und EG (Fn. 11),

»berücksichtigen« keine Grundlage für diese »überdehnt(e)« Auslegung[501]. Tatsächlich impliziert die Formulierung, daß die **Verantwortung bei der Bundesregierung** bleibt und diese einen **politischen Handlungsspielraum** behält. Auch würde die Abstufung zu Art. 23 VI GG in ihr Gegenteil verkehrt: Wäre die Bundesregierung zwingend an die Auffassung des Bundesrates gebunden, so fehlte jede sachliche Begründung dafür, daß im Rat nicht schon im Fall des Art. 23 V 2 GG ein Vertreter der Länder die deutsche Seite vertritt. Bei einer solchen Auslegung von Art. 23 V 2 GG fehlte es der Bundesregierung sogar an der Einflußmöglichkeit, die ihr in Abs. 6 S. 2 durch die Pflicht zur Abstimmung zwischen Bundesrat und Regierung gegeben ist.

114 Aus der Qualifikation »maßgeblich« folgt indessen, daß die Auffassung des Bundesrates **Ziel und Richtung** der deutschen Position bestimmt. Dem muß die Bundesregierung fortlaufend Rechnung tragen, nicht nur in ihrer Willensbildung, sondern vor allem auch im Laufe der Verhandlungen im Rat. Will oder muß sie, etwa im Blick auf eine Paketlösung, von der in den **Richtlinien** des Bundesrates festgelegten Verhandlungsposition abweichen, so ist eine Rücksprache mit ihm geboten. Letztlich bleibt die Entscheidung jedoch in ihrer Hand. Sie hat unter Abwägung aller Interessen – auch der Verhandlungslage in benachbarten Sachgebieten – in Verfolgung des vom Bundesrat vorgegebenen Ziels die ihr als Regierung obliegende Gesamtverantwortung wahrzunehmen. Maßgeblich in diesem Sinne ist die festgelegte Position für die Bundesregierung auch dann, wenn nach § 5 II 3–5 EUZBLG ein **Einvernehmen** erzielt worden ist oder dieses durch einen Beschluß des Bundesrates mit 2/3-Mehrheit substituiert wurde[502]. Kommt im **Dissens-Fall** ein solcher Beschluß nicht zustande, so fehlt es an einer gesetzlichen Lösung. Würde die Regierung frei oder wäre sie nur noch der Bindung nach § 5 I EUZBLG unterworfen[503], so entzöge das Ausführungsgesetz dem Bundesrat ein Recht, das ihm nach der Verfassung zusteht; denn er entscheidet grundsätzlich mit einfacher Mehrheit (Art. 52 III 1 GG), und das Erfordernis einer qualifizierten Mehrheit würde die Entscheidungsfähigkeit des Bundesrates und damit seine Mitwirkungsrechte einschränken. Gemäß Art. 23 V 2 GG bewirkt daher schon der einfache Mehrheitsbeschluß im Bundesrat die strengere Bindung der Regierung im soeben dargestellten Sinne.

115 Diese Auslegung des Begriffs »maßgeblich« entspricht der inhaltlichen Maßgabe, daß dabei »**die gesamtstaatliche Verantwortung des Bundes** zu wahren« ist. In den Augen der GVK sind damit insbesondere die »außen-, verteidigungs- und integrationspolitisch zu bewertenden« Fragen gemeint[504], es können aber auch andere, den

---

S. 252 (s. aber ebd., S. 258); *M. Paul*, Die Mitwirkung der Bundesländer an der Rechtsetzung der Europäischen Gemeinschaften de lege lata und de lege ferenda, 1996, S. 52, freilich mit der Grenze der »Wahrung der gesamtstaatlichen Verantwortung« (→ Rn. 117); krit. *R. Breuer*, NVwZ 1994, 417 (427), mwN., der neben Effizienzbedenken bezüglich der Handlungsfähigkeit Deutschlands auch gemeinschaftsrechtliche Bedenken wegen der Verkürzung der Verhandlungs- und Kompromißmöglichkeiten im Rat äußert. S. auch die Kritik bei *Rojahn* (Fn. 181), Art. 23 Rn. 72, mwN.

[501] So *Streinz* (Fn. 5), Art. 23 Rn. 110. Ebenso *Rojahn* (Fn. 181), Art. 23 Rn. 72, mwN.; *Hilf*, Föderalismus (Fn. 315), S. 18, sieht darin einen Verstoß gegen Art. 32 GG, demgegenüber Art. 23 GG jedoch eine Spezialregelung darstellt.

[502] Für eine verfassungskonforme Auslegung des § 5 II 5 EUZBLG insoweit auch *Rojahn* (Fn. 181), Art. 23 Rn. 72: »maßgeblich« ist nicht gleichbedeutend mit »maßgebend«; *Streinz* (Fn. 5), Art. 23 Rn. 110.

[503] In dieser Richtung noch die Frage bei *I. Pernice*, DVBl. 1993, 909 (919).

[504] Bericht der GVK, Zur Sache 5/93, 45; s. ausdrücklich § 5 II 2 EUZBLG.

Staat Bundesrepublik Deutschland betreffende politische Interessen sein, insbesondere etwa die Widerspruchsfreiheit mit anderen Politiken oder Gesetzen des Bundes. Im Sinne der Organadäquanz und nach der Grundentscheidung des Art. 32 I GG ist diese Bewertung primär Sache der **Bundesregierung**, freilich unter der Kontrolle des Bundestages[505]. Diese Verantwortung für den Gesamtstaat ist die Rechtfertigung dafür, daß die Vertretung im Rat grundsätzlich ihr zukommt, ebenso wie diese Verantwortung der Grund für die vorsichtige Formulierung »berücksichtigen« in Art. 23 V 2 GG ist. Als Bundesorgan ist zwar auch der Bundesrat »originärer Mitträger der gesamtstaatlichen Verantwortung«[506]; die Mitwirkung der Länder »durch den Bundesrat« in Angelegenheiten der EU (vgl. Art. 50 GG) dient jedoch der Wahrung der Länderinteressen, die in der »gesamtstaatlichen Verantwortung« ihre Grenzen findet. Daraus ergibt sich eine **umgekehrte Berücksichtigungspflicht** für den Bundesrat hinsichtlich der von der Bundesregierung maßgeblich zu bestimmenden gesamtstaatlichen Interessen[507]. Das Verfahren des § 5 II 5 EUZBLG kann eine »prozedurale« Lösung[508] nicht bieten, da mit einer bindenden Entscheidung des Bundesrates aufgrund eines Gesetzes die verfassungsrechtlichen Prärogativen der Regierung nicht aufgehoben werden können. Übergreifende Interessen der Außen-, Verteidigungs- und auch Integrationspolitik müssen sich nach Sinn und Zweck der Klausel gegenüber der Länderauffassung in einem Einzelfall daher letztlich durchsetzen[509].

Art. 23 V 3 GG sucht die »Richtlinienkompetenz« des Bundesrates in den Materien der Länderzuständigkeit nach Art. 23 V 2 GG weiter zu begrenzen, soweit **finanzielle Interessen des Bundes** berührt sind[510]. Das Erfordernis der Zustimmung der Bundesregierung in diesen Fällen trägt ihrer haushaltsrechtlichen Verantwortung Rechnung und übernimmt den Gedanken des Art. 113 GG[511]. Praktisch zwingt diese Vorschrift dazu, daß insoweit über die Auffassung des Bundesrates, d.h. über Ziel und Richtung der deutschen Position im Rat (→ Rn. 114) ein **Einvernehmen** zwischen Regierung und Bundesrat herzustellen ist. Kommt ein solches Einvernehmen nicht zustande, so entfällt die Maßstabswirkung der Auffassung des Bundesrates im Blick auf die finanzwirksamen Aspekte[512], wobei die Bundesregierung nach dem Grundsatz der **Bundes- und Organtreue** verpflichtet ist, auf die Auffassung des Bundesrates im übrigen weitestmöglich Rücksicht zu nehmen.

116

---

[505] Zum Grundsatz vgl. BVerfGE 68, 1 (86ff.); s. auch BVerfGE 90, 286 (358): »Akte der auswärtigen Gewalt, die vom Tatbestand des Art. 59 Abs. 2 Satz 1 GG nicht erfaßt werden, sind grundsätzlich dem Kompetenzbereich der Regierung zugeordnet«.
[506] So der Bericht der GVK, Zur Sache 5/93, 45; vgl. auch *Scholz* (Fn. 8), Art. 23 Rn. 129.
[507] Vgl. auch *Lang*, Mitwirkungsrechte (Fn. 426), S. 187.
[508] So *R. Scholz*, NVwZ 1993, 817 (823); krit. dagegen *Paul*, Mitwirkung (Fn. 500), S. 53.
[509] Ebenso *Schede*, Bundesrat und EU (Fn. 406), S. 120, 139ff., 146f., der dabei auch auf die Grundwertung des Art. 23 I GG verweist (ebd., S. 143f.); vgl. auch *Paul*, Mitwirkung (Fn. 500), S. 53; *Lang*, Mitwirkungsrechte (Fn. 426), S. 188f.
[510] Erforderlich sind unmittelbare finanzielle Auswirkungen, da sonst das Mitwirkungsrecht des Bundesrates ausgehebelt werden könnte, vgl. auch *Paul*, Mitwirkung (Fn. 500), S. 54, mwN.
[511] Vgl. den Bericht der GVK, Zur Sache 5/93, 46; vgl. auch *Scholz* (Fn. 8), Art. 23 Rn. 130.
[512] Ähnl. *Schede*, Bundesrat und EU (Fn. 406), S. 151f.; unverständlich dagegen *Paul*, Mitwirkung (Fn. 500), S. 54f., der im Zustimmungserfordernis nur ein letztlich unerhebliches »Recht zum Einspruch« sieht.

c) **Vertreter der Länder im Rat der EU (Art. 23 VI GG)**

117 Art. 146 (203 nF) I EGV erlaubt seit dem Maastrichter Vertrag in Abkehr von der bisherigen Beschränkung auf Mitglieder der mitgliedstaatlichen Regierungen die Vertretung der Mitgliedstaaten im Rat allgemein durch Vertreter »**auf Ministerebene**« und damit auch durch einen Landesvertreter auf Ministerebene. Diese Möglichkeit nutzt Art. 23 VI GG, indem er vorsieht, daß im Bereich der ausschließlichen Gesetzgebungsbefugnisse der Länder die Vertretung Deutschlands im Rat auf einen vom Bundesrat benannten **Vertreter der Länder** übertragen werden soll. Diese besondere, von der Zuordnung der Außenkompetenz auf den Bund nach Art. 32 I GG abweichende[513], in der Logik des europäischen Verfassungsverbundes aber konsequente (→ Rn. 97) Regelung stößt indessen wegen der »Desorientierung der parlamentarischen Verantwortung« auf grundlegende Bedenken im Blick auf das durch Art. 79 III GG im Kern geschützte **Demokratieprinzip**[514]. Der »Vertreter der Länder«[515] kann nur seinem eigenen Landesparlament gegenüber verantwortlich sein, er ist indessen inhaltlich an die Beschlüsse des Bundesrates gebunden (§ 45i I GOBRat) und vertritt damit die Interessen aller Länder. Eine parlamentarische Verantwortlichkeit gegenüber dem Bundestag »mittelbar« über die parlamentarische Verantwortlichkeit der Bundesregierung für den »Übertragungsakt«, mit dem die Bundesregierung die Vertretung im Rat auf einen vom Bundesrat benannten Ländervertreter überträgt[516], zu konstruieren, erscheint gezwungen und befriedigt nicht, da dieser Akt rein formal ist und der Inhalt der Position vom Bundesrat bestimmt wird. Eine inhaltliche **demokratische Legitimation** der Position des Ländervertreters kann daher allenfalls durch die Kontrolle der Mitglieder des Bundesrates durch die Länderparlamente vermittelt werden. Fraglich ist, ob diese Lösung den Anforderungen genügt, die das Bundesverfassungsgericht an die Legitimation der Rechtsetzung der EG durch die nationalen Parlamente stellt (→ Rn. 36, 52).

118 Nach Art. 23 VI 1 GG setzt die Übertragung der Verhandlungsführung voraus, daß **ausschließliche Gesetzgebungsbefugnisse der Länder** betroffen sind. Dieser Begriff ist neu im Grundgesetz. Gemeint ist der – gegenüber Art. 23 V 2 GG engere – Bereich von Materien, für den keine Zuständigkeiten des Bundes begründet sind[517]. Zu nennen sind die klassischen Bereiche des Polizeirechts, des Bildungs- und Schulwesens sowie des Kommunalrechts[518]. Inwieweit auch »Gemengematerien«, die wie etwa die **Forschungspolitik** keine ausdrückliche Erwähnung im Grundgesetz finden, aber partiell etwa dem Hochschulwesen (Art. 75 Ia GG), partiell auch dem Recht der Wirt-

---

[513] S. insofern die Kritik bei *R. Breuer*, NVwZ 1994, 417 (428), mwN., der darin einen »system- und sachwidrigen Einbruch in die Bundeskompetenz für die Außen- und Europapolitik« sieht, es werde ein »Teil der auswärtigen Gewalt partikularisiert«. S. auch *M. Herdegen*, EuGRZ 1992, 589 (593); *E. Klein/A. Haratsch*, DÖV 1993, 785 (797).

[514] So zutreffend *R. Breuer*, NVwZ 1994, 417 (428); *J. Kokott*, European Public Law 1997, 607 (624); s. auch schon *P. Badura*, Thesen zur Verfassungsreform in Deutschland, in: FS Redeker, 1993, S. 121 ff. (126 f.); *Hilf*, Föderalismus (Fn. 315), S. 16; *D. H. Scheuing*, EuR-Beiheft 1/1997, 7 (29); *Streinz* (Fn. 5), Art. 23 Rn. 118, mwN.; vermittelnd *Rojahn* (Fn. 181), Art. 23 Rn. 76; *Lang*, Mitwirkungsrechte (Fn. 426), S. 246.

[515] Er tritt auf EU-Ebene als Vertreter der Bundesrepublik Deutschland auf, zum Problem vgl. *I. Pernice*, DVBl. 1993, 909 (917).

[516] So *Scholz* (Fn. 8), Art. 23 Rn. 138; ähnl. *Lang*, Mitwirkungsrechte (Fn. 426), S. 246.

[517] So der Bericht der GVK, Zur Sache 5/93, 46.

[518] Vgl. *Scholz* (Fn. 8), Art. 23 Rn. 135.

schaft (Art. 74 Nr. 11 GG) zuzuordnen und im Großforschungsbereich etwa schon aus der »Natur der Sache« eher übergreifend zu behandeln wären, zum Bereich ausschließlicher Länderkompetenz gehören, ist fraglich und im Einzelfall je nach der konkret zu regelnden Sachfrage zu beurteilen.

Voraussetzung ist zudem, daß ausschließliche Zuständigkeiten der Länder **im Schwerpunkt** (→ Rn. 112) betroffen sind. Dann vertritt der Ländervertreter die Bundesrepublik Deutschland aber nicht nur insoweit, sondern auch in bezug auf die Bereiche der in dem betreffenden Tagesordnungspunkt[519] nebenbei berührten Bundeskompetenzen[520]. Die Wahrnehmung der Rechte der Bundesrepublik Deutschland »**soll**« auf den Vertreter der Länder übertragen werden. Nach dem Verständnis der GVK folgt daraus eine **Übertragungspflicht**, soweit keine besonders, etwa durch die Gemeinschaftstreue nach Art. 5 (10 nF) EGV begründeten Ausnahmen vorliegen[521]. Gründe administrativer oder politischer Opportunität genügen nicht, da dies das Prinzip der Übertragung aushebeln könnte[522]. **Wahrnehmung der Rechte** bedeutet die selbstverantwortliche Führung der Verhandlungen zur Sache (Verhandlungsleitung), die Delegationsleitung bleibt bei einem Vertreter der Bundesregierung. Die Leitung der Ratsverhandlung als Vorsitz – falls Deutschland die Präsidentschaft innehat – gehört nicht dazu[523], sie ist stets Sache der Bundesregierung. Damit ist jedoch nicht ausgeschlossen, daß die Verhandlungen zur Sache unabhängig von der Sitzungsleitung und neben ihr von dem Vertreter der Länder geführt werden.

119

Die Verhandlungsvollmacht ist nach Art. 23 VI 2 GG dadurch begrenzt, daß die Wahrnehmung der Rechte unter **Beteiligung** und **in Abstimmung** mit der Bundesregierung erfolgen muß. »Beteiligung« soll bedeuten, daß der Ländervertreter zusammen mit einem Vertreter der Bundesregierung bzw. der Ständigen Vertretung bei der EU auftritt[524]. Dies ist in den normalen Ratssitzungen möglich, idR. nicht aber in beschränkten (»restraint«) Sitzungen bzw. bei Arbeitsessen, während derer im Falle schwieriger Verhandlungen oft erst ein Kompromiß ausgehandelt werden kann. Hier wird der Ländervertreter den Vortritt haben.

120

Inhaltlich und taktisch muß das Vorgehen des Ländervertreters stets **in Abstimmung** mit der Bundesregierung erfolgen. Daraus folgt zunächst, daß eine strenge Bindung des Ländervertreters an die Stellungnahme des Bundesrates, wie sie in § 45i GO-BRat vorgesehen ist, mit Art. 23 VI 2 GG unvereinbar ist. Was »Abstimmung« heißt, ist im übrigen unklar. Mit der Erklärung der GVK, daß es »weniger als Einvernehmen und mehr als Benehmen« bedeute[525], ist wenig gewonnen. Entscheidend ist der Zweck der Vorschrift: Es geht **praktisch** um die Nutzung der umfassenderen Verhandlungserfahrung der Bundesregierung in europäischen Gremien; es geht **politisch** um die Kohärenz der deutschen Verhandlungsstrategie im Kontext desselben Tagesord-

121

---

[519] Nur hierauf bezieht sich die Übertragung, vgl. auch *Scholz* (Fn. 8), Art. 23 Rn. 136.
[520] Dies ist die Intention der GVK, Zur Sache 5/93, 46.
[521] Bericht der GVK, Zur Sache 5/93, S. 46. S. auch *Rojahn* (Fn. 181), Art. 23 Rn. 74, mwN.
[522] Vgl. aber die Auffassung der Bundesregierung (BR-Drs. 501/92, S. 23); s. auch *Paul*, Mitwirkung (Fn. 500), S. 68. Eine von der »Wahrnehmung der gesamtstaatlichen Verantwortung« inspirierte vermittelnde Lösung schlägt *Schede*, Bundesrat und EU (Fn. 406), S. 164 ff., vor.
[523] Insofern zutreffend § 6 III EUZBLG.
[524] Vgl. *Rojahn* (Fn. 181), Art. 23 Rn. 75; auch *Scholz* (Fn. 8), Art. 23 Rn. 138.
[525] Ebenso *P. Wilhelm*, BayVBl. 1992, 705 (710); *S. Magiera*, Jura 1994, 1 (10); *Rojahn* (Fn. 181), Art. 23 Rn. 75.

nungspunktes etwa hinsichtlich der ggf. mitbetroffenen Bereiche der Bundeskompetenz, aber auch im Kontext mit parallel laufenden Verhandlungen zu anderen Themen im gleichen Gremium sowie im Rat überhaupt; es geht **rechtlich** schließlich um die Wahrung der **gesamtstaatlichen Verantwortung** nach Art. 23 VI 2 GG. Wenn die betreffende Bewertung gegenüber dem Bundesrat Sache der Regierung ist (→ Rn. 117), so gilt das nicht weniger gegenüber dem Vertreter der Länder, dem eine »originäre« außen- und europapolitische Zuständigkeit nicht zukommt und der seine Befugnisse nur aus dem Akt der Übertragung nach Art. 23 VI 1 GG von der Bundesregierung herleitet[526]. Damit impliziert »Abstimmung« zunächst die Pflicht zur Koordinierung der Verhandlungsstrategie mit der Bundesregierung. Bei fortdauernden Meinungsverschiedenheiten wird aber letztlich der Position der Bundesregierung entscheidendes Gewicht zukommen müssen. Die Bundesregierung kann die Übertragung der Verhandlungsführung an den Ländervertreter bei einem groben Mißbrauch der Verhandlungsposition oder der Gefahr für die gesamtstaatlichen Interessen zurücknehmen[527]. Sie muß dann aber ihrerseits im größtmöglichen Umfang dem vom Bundesrat festgelegten Interesse der Länder Rechnung tragen.

D. Verhältnis zu anderen GG-Bestimmungen

122 Art. 23 GG ist als neuer »Integrationshebel« Spezialnorm für Angelegenheiten der Europäischen Union gegenüber **Art. 24 I GG**. Beschränkungen der Hoheitsgewalt nach **Art. 24 II GG** werden bei Übertragungen notwendig miterfaßt, so daß Art. 23 GG diese Vorschrift konsumiert (→ Art. 24 Rn. 8). Auch zu **Art. 32 GG** liegt hinsichtlich der Bund-Länder-Zuständigkeiten ein Spezialitätsverhältnis vor, soweit im Bereich der europäischen Integration überhaupt noch von »Pflege der Beziehungen zu auswärtigen Staaten« gesprochen werden kann (→ Rn. 97). Im Anwendungsbereich des Art. 23 GG gilt damit, im Gegensatz zu der Rechtsauffassung der Länder, auch das **Lindauer Abkommen** nicht[528]. Schließlich bleibt auch für **Art. 59 II GG** neben Art. 23 GG kein Raum, denn das Gesetz nach Art. 23 I GG erfüllt die Funktion des Vertrags- und auch des Übertragungsgesetzes in einem und deckt das Bedürfnis demokratischer und föderaler Kontrolle des Integrationsakts voll ab[529].

---

[526] So *Scholz* (Fn. 8), Art. 23 Rn. 138 a.E.
[527] S. auch *Schede*, Bundesrat und EU (Fn. 406), S. 173.
[528] So auch *I. Winkelmann*, DVBl. 1993, 1128 (1133ff.); *Scholz* (Fn. 8), Art. 23 Rn. 142.
[529] Ebenso *R. Geiger*, JZ 1996, 1093 (1095f.).

Artikel 24 [Übertragung und Einschränkung von Hoheitsrechten]

(1) Der Bund kann durch Gesetz Hoheitsrechte auf zwischenstaatliche Einrichtungen übertragen.

(1a) Soweit die Länder für die Ausübung der staatlichen Befugnisse und die Erfüllung der staatlichen Aufgaben zuständig sind, können sie mit Zustimmung der Bundesregierung Hoheitsrechte auf grenznachbarschaftliche Einrichtungen übertragen.

(2) Der Bund kann sich zur Wahrung des Friedens einem System gegenseitiger kollektiver Sicherheit einordnen; er wird hierbei in die Beschränkungen seiner Hoheitsrechte einwilligen, die eine friedliche und dauerhafte Ordnung in Europa und zwischen den Völkern der Welt herbeiführen und sichern.

(3) Zur Regelung zwischenstaatlicher Streitigkeiten wird der Bund Vereinbarungen über eine allgemeine, umfassende, obligatorische, internationale Schiedsgerichtsbarkeit beitreten.

Literaturauswahl

Badura, Peter: Bewahrung und Veränderung demokratischer und rechtsstaatlicher Verfassungsstruktur in den internationalen Gemeinschaften, VVDStRL 23 (1966), S. 34–104.
Beck, Andreas: Die Übertragung von Hoheitsrechten auf kommunale grenznachbarschaftliche Einrichtungen. Ein Beitrag zur Dogmatik des Art. 24 Abs. 1a GG, 1995.
Beyerlin, Ulrich: Zur Übertragung von Hoheitsrechten im Kontext dezentraler grenzüberschreitender Zusammenarbeit. Ein Beitrag zu Art. 24 Abs. 1a Grundgesetz, in: ZaöRV 54 (1994), S. 587–613.
Doehring, Karl: Systeme kollektiver Sicherheit, in: HStR VII, § 177, S. 669–686.
Dörr, Oliver: Das Schengener Durchführungsabkommen – ein Fall des Art. 24 Abs. 1 GG, in: DÖV 1993, S. 696–705.
Grotefels, Susan: Die Novellierung des Art. 24 GG, in: DVBl. 1994, S. 785–792.
Halmes, Gregor: Rechtsgrundlagen für den regionalen Integrationsprozeß in Europa – Das neue »Karlsruher Übereinkommen« und die Weiterentwicklung des Rechts der grenzübergreifenden Zusammenarbeit –, in: DÖV 1996, S. 933–943.
Ipsen, Hans Peter: Europäisches Gemeinschaftsrecht, 1972.
Kaiser, Joseph H.: Bewahrung und Veränderung demokratischer und rechtsstaatlicher Verfassungsstruktur in den internationalen Gemeinschaften, VVDStRL 23 (1966), S. 1–33.
Kirchhof, Paul: Der deutsche Staat im Prozeß der europäischen Integration, in: HStR VII, § 183, S. 855–887.
Klein, Eckart: Der Verfassungsstaat als Glied einer europäischen Gemeinschaft, VVDStRL 50 (1991), S. 56–96.
Mosler, Hermann: Die Übertragung von Hoheitsgewalt, in: HStR VII, § 175, S. 599–646.
Mosler, Hermann: Das Grundgesetz und die internationale Streitschlichtung, in: HStR VII, § 179, S. 711–729.
Rixecker, Roland: Grenzüberschreitender Föderalismus – eine Vision der deutschen Verfassungsreform zu Artikel 24 Abs. 1 des Grundgesetzes, in: Kurt Bohr (Hrsg.), Föderalismus. Demokratische Struktur für Deutschland und Europa, 1992, S. 201–220.
Schwarze, Jürgen: Die Übertragung von Hoheitsrechten auf grenznachbarschaftliche Einrichtungen i.S.d. Art. 24 Ia GG, in: Festschrift für Ernst Benda, 1995, S. 311–335.
Stein, Thorsten/Kröninger, Holger: Bundeswehreinsatz im Rahmen von NATO-, WEU- bzw. VN-Militäraktionen, in: Jura 1995, S. 254–262.
Tomuschat, Christian: Die staatsrechtliche Entscheidung für die internationale Offenheit, in: HStR VII, § 172, S. 483–524.
Wolfrum, Rüdiger: Kontrolle der auswärtigen Gewalt, VVDStRL 56 (1997), S. 38–63.

Leitentscheidungen des Bundesverfassungsgerichts

BVerfGE 22, 293 (296) – EWG-Verordnungen; 31, 145 (173ff.) – Milchpulver; 37, 271 (279) – Solange I; 58, 1 (26) – Eurocontrol I; 59, 63 (85ff.) – Eurocontrol II; 68, 1 (89) – Atomwaffenstationierung; 73, 339 (374) – Solange II; 89, 155 (177) – Maastricht; 90, 286 (344) – Bundeswehreinsatz.

Gliederung

	Rn.
A. Herkunft, Entstehung, Entwicklung	1
I. Ideen- und verfassungsgeschichtliche Aspekte	1
II. Entstehung und Veränderung der Norm	3
B. Internationale, supranationale und rechtsvergleichende Bezüge	8
I. Internationale Bezüge	9
II. Supranationale Bezüge	11
III. Rechtsvergleichende Bezüge	12
C. Erläuterungen	14
I. Allgemeine Bedeutung	14
II. Übertragung von Hoheitsrechten auf zwischenstaatliche Einrichtungen (Art. 24 I GG)	16
1. Der Bund als Träger der Integrationsgewalt	17
2. Übertragung von Hoheitsrechten	18
3. Zwischenstaatliche Einrichtungen	24
4. Der Vorbehalt des Gesetzes	28
5. Bedingungen und Grenzen der Integrationsgewalt	32
a) Erforderlichkeit der Übertragung, Subsidiaritätsprinzip	34
b) Das Gebot der gleichberechtigten Mitwirkung	36
III. Übertragung von Befugnissen auf grenznachbarschaftliche Einrichtungen (Art. 24 Ia GG)	39
1. Übertragung von Hoheitsrechten	41
2. Der Zuständigkeitsbereich der Länder nach Art. 24 Ia GG	44
3. Grenznachbarschaftliche Einrichtungen	46
4. Zustimmung der Bundesregierung	49
IV. Einordnung in ein System gegenseitiger kollektiver Sicherheit (Art. 24 II GG)	50
1. System gegenseitiger kollektiver Sicherheit	54
2. Beschränkung der Hoheitsrechte des Bundes	59
3. Herbeiführung und Sicherung einer Friedensordnung in Europa und der Welt	65
4. Grenzen der Ermächtigung nach Art. 24 II GG	66
V. Beitritt zu einer internationalen Schiedsgerichtsbarkeit (Art. 24 III GG)	67
D. Verhältnis zu anderen GG-Bestimmungen	69

A. Herkunft, Entstehung, Entwicklung

I. Ideen- und verfassungsgeschichtliche Aspekte

1 Art. 24 GG ist Ausdruck der vom Grundgesetz konstituierten »**offenen Staatlichkeit**«[1] und neben Art. 9 II und 26 GG eine konkrete Umsetzung des in der Präambel verankerten grundlegenden **Staatsziels der internationalen Integration**[2] sowie des **Friedens-**

---

[1] Vgl. *K. Vogel*, Die Verfassungsentscheidung des Grundgesetzes für eine internationale Zusammenarbeit, 1964, S. 42; s. auch *C. Tomuschat*, Die staatsrechtliche Entscheidung für die internationale Offenheit, in: HStR VII, § 172 Rn. 2ff.

[2] Vgl. etwa *H. Mosler*, Die Übertragung von Hoheitsgewalt, in: HStR VII, § 175 Rn. 8.

gebots. Er ist ideen- und verfassungsgeschichtlich gesehen ein Novum[3], mag er auch von Immanuel Kants Lehre zum ewigen Frieden[4] und von Winston Churchills Vision von den United States of Europe (1947)[5] inspiriert sein[6]. Weder in der WRV noch in anderen deutschen Verfassungen oder Verfassungsentwürfen gab es vergleichbare Vorschriften[7]. Die Regelung beruht vielmehr auf den spezifischen **Erfahrungen des Zweiten Weltkrieges** und der unmittelbaren Nachkriegszeit sowie dem Willen, den deutschen Staat aus diesen Erfahrungen heraus fest in eine gemeinsame europäische und globale Nachkriegsordnung mit starken und mit Hoheitsrechten versehenen Institutionen einzubinden[8].

Die Neuregelung des Art. 24 Ia GG steht im Zeichen der **Aufwertung der Länder und Regionen** gegenüber der zunehmenden Hochzonung der Politik durch die Stärkung europäischen Ebene. Sie verkörpert zugleich aber auch den Gedanken der Öffnung der Staatlichkeit auf Länder-Ebene und führt den **Integrationsgedanken** konsequent fort, indem sie es ermöglicht, unerwünschte Wirkungen politischer Grenzen auf die Wirtschaft, die Infrastruktur und die Verwaltung auf der regionalen Ebene im Zuständigkeitsbereich der Länder zu verhindern.

2

II. Entstehung und Veränderung der Norm

Die Entwürfe zu Art. 24 I und II GG stammen vom Herrenchiemseer Verfassungskonvent[9]. Im Rahmen der Beratungen im Grundsatz- und Hauptausschuß des Parlamentarischen Rates wurden sie ergänzt und abgeändert, Art. 24 III GG wurde hinzugefügt[10]. Motiv und Ziel war es, die verfassungsrechtlichen Grundlagen für eine **starke Einbindung Deutschlands** in künftige europäische bzw. international-globale Strukturen zu schaffen, die zur Vermeidung neuer kriegerischer Auseinandersetzungen in Europa und zur Lösung der zahlreichen grenzüberschreitenden Probleme für erforderlich erachtet wurden[11]. Gedacht war schon damals u. a. an die Beteiligung Deutschlands an

3

---

[3] S. aber Abs. 15 der Präambel der französischen Verf. von 1946: »Unter dem Vorbehalt der Gegenseitigkeit stimmt Frankreich den zur Organisation und Verteidigung des Friedens notwendigen Einschränkungen seiner Souveränität zu« (über einen Verweis in der aktuellen französischen Verf. von 1958 auf die Präambel der Verf. von 1946 auch heute noch geltendes Recht).

[4] *I. Kant*, Zum ewigen Frieden. Ein philosophischer Entwurf, 1795, in W. Weischedel (Hrsg.), Immanuel Kant, Werkausgabe XI (1977), S. 193 ff., 208 f., mit dem Votum, die Staaten sollten jeder, »um seiner Sicherheit willen, von dem anderen fordern ..., mit ihm in eine, der bürgerlichen ähnliche, Verfassung zu treten, wo jedem sein Recht gesichert werden kann«, u. ebd., S. 211 f.: vom »Friedensbund (foedus pacificum)« über die Idee der »Föderalität, die sich allmählich über alle Staaten erstrecken soll«, zum »... Völkerstaat (civitas gentium), der zuletzt alle Völker der Erde befassen würde«. S. dazu auch *J. Habermas*, Die Einbeziehung des Anderen, 1996, S. 192 ff., 207 ff. → Art. 1 II Rn. 1.

[5] *W. Churchill* in der Züricher Rede vom 19.9.1946, in Auszügen in deutscher Übersetzung abgedruckt in: *C. Gasteyger*, Europa zwischen Spaltung und Einigung 1945–1993, 1994, S. 39f.

[6] Zur Motivationslage nach 1945 s. auch *Mosler* (Fn. 2), §175 Rn. 12.

[7] *v. Mangoldt/Klein*, GG, Art. 24 Anm. II 1; *A. Randelzhofer*, in: Maunz/Dürig, GG, Art. 24 I (1992), Rn. 1.

[8] Vgl. Herrenchiemseer Verfassungsentwurf, S. 23, abgedruckt in JöR 1 (1951), S. 222 f.; *R. Streinz*, in: Sachs, GG, Art. 24 Rn. 2; *Randelzhofer* (Fn. 7), Art. 24 I Rn. 1.

[9] Abgedruckt in JöR 1 (1951), S. 222.

[10] S. hierzu der Überblick von *H. v. Mangoldt*, Das Bonner Grundgesetz, 1. Aufl. 1953, Art. 24, S. 161 ff., und *E. Menzel*, in: BK, Art. 24 (Erstbearbeitung), S. 3 ff.

[11] Herrenchiemseer Verfassungsentwurf, S. 23, abgedruckt in JöR 1 (1951), S. 222 f.; ähnlich auch *Randelzhofer* (Fn. 7), Art. 24 I Rn. 1.

einer europäischen Kohlebergbaubehörde (s. die spätere EGKS) und an einer internationalen Flugverkehrsorganisation (s. heute das Flugsicherungssytem Eurocontrol) auf der Grundlage von Art 24 I GG[12]. Der Beitritt zu einem System gegenseitiger kollektiver Sicherheit, dessen Konturen damals erst in Ansätzen erkennbar waren[13], auf Basis des Art. 24 II GG sollte Deutschlands Sicherheitslage nach dem Verzicht auf »Krieg als Mittel der Politik« stabilisieren[14].

4   Umstritten war im Parlamentarischen Rat vor allem, welche **Mehrheiten** in Bundestag und Bundesrat für das **Übertragungsgesetz** nach Art. 24 I GG gelten sollten. Hier gab es zwei Vorstöße des Abg. Seebohm und seiner Fraktion der Demokratischen Partei, die zunächst eine verfassungsändernde Mehrheit für erforderlich hielten[15], später zumindest eine Zweidrittel-Mehrheit im Bundesrat forderten, da wegen der Möglichkeit der Übertragung auch von Kompetenzen der Länder im besonderen Maße Länderinteressen berührt seien[16]. Die Vorschläge und auch die Argumentationslinien, die 1992 bei der Schaffung von Art. 23 GG n.F. wiederkehrten (→ Art. 23 Rn. 2), stießen bei der Mehrheit des Parlamentarischen Rates auf Ablehnung: Zum einen stelle eine derartige Hoheitsübertragung keine Verfassungsänderung dar, wobei auf das »Vorbild« von Abs. 15 der Präambel der französischen Verfassung von 1946 verwiesen wurde[17]. Zum anderen sei im Herrenchiemseer Entwurf bewußt nur ein **einfaches Gesetz** gefordert worden, um die **Hoheitsübertragung möglichst einfach** zu gestalten[18].

5   **Art. 24 II GG** war nach dem Herrenchiemseer Entwurf zunächst nur auf eine »friedliche und dauerhafte Ordnung der *europäischen* Verhältnisse« ausgerichtet[19]. Trotz der Einwände der einflußreichen Abgeordneten v. Mangoldt (CDU) und Carlo Schmid (SPD), es sei vor dem Streben nach einem **globalen Sicherheitssystem** zunächst eine Konzentration auf Europa notwendig und wünschenswert[20], wurde in Art. 24 II GG schließlich auch die globale Perspektive aufgenommen.

6   Die Klausel zur **internationalen Schiedsgerichtsbarkeit** des Art. 24 III GG war im Entwurf des Herrenchiemseer Verfassungskonvents noch nicht enthalten; sie wurde erst im Parlamentarischen Rat auf Vorschlag des Abg. Eberhard eingefügt. Nach einem Streit über die Bindungswirkung der Entscheidungen dieser Schiedsgerichtsbarkeit[21] einigte man sich letztendlich auf die heute noch gültige Fassung. Art. 24 GG wurde vom Plenum des Parlamentarischen Rates mit der Unterstützung aller Fraktionen außer der KPD angenommen[22].

7   Art. 24 GG blieb **bis 1992 unverändert**. Abs. 1a wurde erst im Rahmen der Verfassungsrevision vor dem Zustimmungsgesetz zum Maastricht-Vertrag auf Vorschlag der

---

[12] S. die Ausführungen der Abg. *Carlo Schmid* und *Eberhard* im Rahmen der Beratungen des Grundsatzausschusses des Parlamentarischen Rates, JöR 1 (1951), S. 224.

[13] Der Abg. *v. Mangoldt* dachte hierbei im Hinblick auf die Ost-West-Spannungen beispielsweise an eine »Europa-Union«, JöR 1 (1951), S. 225. S. auch die späteren, gescheiterten Bestrebungen zur Schaffung einer Europäischen Verteidigungsgemeinschaft, vgl. *Oppermann*, Europarecht, Rn. 2054ff.

[14] Herrenchiemseer Verfassungskonvent, S. 23, abgedruckt in JöR 1 (1951), S. 223.

[15] Antrag des Abg. *Seebohm*, JöR 1 (1951), S. 226.

[16] Antrag der Fraktion der Demokratischen Partei, JöR 1 (1951), S. 228.

[17] So der Abg. *Eberhard*, JöR 1 (1951), S. 228.

[18] So der Abg. *Eberhard*, JöR 1 (1951), S. 228, und die Abg. *Carlo Schmid* sowie *Katz*, ebd., S. 226.

[19] JöR 1 (1951), S. 222.

[20] JöR 1 (1951), S. 225.

[21] JöR 1 (1951), S. 224f., 229.

[22] *Menzel* (Fn. 10), Art. 24 S. 6.

GVK eingefügt[23]. Die bereits existierende **grenzüberschreitende, inter-regionale Zusammenarbeit**, z.B. im Rahmen der Euregios/Euro-Regionen entlang den Grenzen zu den westeuropäischen Staaten, vor allem entlang der deutsch-niederländischen und deutsch-französischen Grenze, sollte damit verfassungsrechtlich abgesichert und ausbaufähig gemacht werden[24]. Zugleich wurde 1992 mit Art. 23 GG n.F. eine neue Rechtsgrundlage für die Gründung und Entwicklung der **Europäischen Union** in das Grundgesetz aufgenommen, die Art. 24 I GG seitdem in einem Großteil seines bisherigen Anwendungsbereichs, nämlich als Grundlage der europäischen Integration, verdrängt bzw. neuen Bindungen unterwirft (→ Rn. 11; → u. Art. 23 Rn. 16ff.).

B. Internationale, supranationale und rechtsvergleichende Bezüge

Als »Integrationshebel«[25] tritt damit Art. 23 GG seit der im Blick auf den Unionsvertrag von Maastricht erfolgten Verfassungsänderung an die Stelle des Art. 24 GG. Für die internationalen, supranationalen und rechtsvergleichenden Bezüge des Art. 24 I GG kann insofern auf die Ausführungen zu Art. 23 GG verwiesen werden (→ Art. 23 Rn. 4ff.). **Art. 24 Ia GG** ist ein bundesstaatliches Spezifikum. Mit ihm wird der »kooperative Verfassungsstaat«[26] Leitbild auch für die Länderebene, ohne daß dafür auf internationaler oder europäischer Ebene Pflichten, Vorbilder oder auch nur Parallelen erkennbar wären.

8

I. Internationale Bezüge

Soweit Art. 24 GG in Abs. 2 zur Wahrung des Friedens die Teilnahme an einem System gegenseitiger kollektiver Sicherheit ermöglicht, stellt er die innerstaatlichen Mittel zur Mitgliedschaft in den Vereinten Nationen und auch die Grundlage für ihre friedenssichernden Maßnahmen nach Art. 39ff. SVN zur Verfügung[27]. Damit richtete sich das Grundgesetz von Beginn an auf die in der **Satzung der Vereinten Nationen** für die Erfüllung ihres Friedensauftrags mitsamt dem Gewaltverbot des Art. 2 Ziff. 4 SVN vorausgesetzte **Beschränkung der Hoheitsrechte** aus[28], auch wenn ein Beitritt zu den Vereinten Nationen erst 1973 erfolgen konnte[29]. Auch eine **Übertragung von Hoheitsrechten** i.S.d. Art. 24 I GG ist in der Satzung der Vereinten Nationen angesprochen, soweit sie in Art. 43ff. SVN vorsieht, daß Mitgliedstaaten der Vereinten Nationen

9

---

[23] 38. GG-ÄnderungsG v. 21. 12. 1992, BGBl. I S. 2086.
[24] S. den Bericht der GVK, BT-Drs. 12/6000, S. 25. Inzwischen gibt es eine entsprechende Zusammenarbeit auch entlang der Grenzen zu den östlichen Nachbarn Polen und Tschechien, vgl. *H. Zschiederich/H. Sumpf*, Euroregion–Prüfstein auf dem Weg in die EU, Osteuropa-Wirtschaft 4 (1995), 255ff.
[25] *H.P. Ipsen*, Das Verhältnis des Rechts der Europäischen Gemeinschaften zum nationalen Recht, in: Aktuelle Fragen des Europäischen Gemeinschaftsrechts–Europarechtliches Kolloquium 1964, 1964, S. 1ff. (26).
[26] *P. Häberle*, Der kooperative Verfassungsstaat (1978), in: ders., Verfassung als öffentlicher Prozeß, 2. Aufl. 1996, S. 407ff.
[27] Vgl. dazu BVerfGE 90, 286 (344ff., 352f.), mit Hinweisen auf die Debatten im Parlamentarischen Rat, ebd., S. 347f.
[28] BVerfGE 90, 286 (346f., 349, 291f.).
[29] Gesetz v. 6. 6. 1973, BGBl. II S. 430; die Aufnahme erfolgte am 18. 9. 1973 zusammen mit der DDR.

nach Maßgabe von Sonderabkommen zur Erfüllung ihrer Aufgaben Streitkräfte zur Verfügung stellen, über deren Einsatz der Sicherheitsrat entscheidet (Art. 44 SVN). In diesem Sinne hat das Bundesverfassungsgericht auch die Zustimmung der Bundesregierung zum Einsatz von in Deutschland stationierten Mittelstreckenraketen im Rahmen der **NATO** als Fall des Art. 24 I GG angesehen, wobei diese als zwischenstaatliche Einrichtung qualifiziert wurde[30].

10   Auch die Option für die **internationale Schiedsgerichtsbarkeit** dürfte den Vorstellungen der Satzung der Vereinten Nationen folgen, die nicht nur die Staaten in Art. 2 Ziff. 3, 33 ff. SVN zur friedlichen Streiterledigung verpflichtet, sondern zur Klärung aller internationalen Rechtsstreitigkeiten mit dem IGH ein besonderes Gericht zur Verfügung stellt (Art. 92 ff. SVN)[31].

II. Supranationale Bezüge

11   Bei der Anwendung des Art. 24 I, Ia und II GG sind die Spezialregelung des Art. 23 GG und vor allem **die Einbindung Deutschlands in die EU** zu berücksichtigen. Daraus ergeben sich weitreichende Grenzen für die möglichen Gegenstände der Integration nach Art. 24 I und Ia GG sowie der Außenpolitik überhaupt (→ Art. 32 Rn. 12 f.). Neue Einrichtungen nach Art. 24 I GG sind innerhalb der EU, etwa wenn sie eine **besondere oder engere Integration** mit nur einigen Mitgliedstaaten anstreben, praktisch ausgeschlossen; hier geben die Flexibilitätsregeln nach dem Vertrag von Amsterdam (Art. 43 EUV nF., Art. 11 EGV nF.) den Weg vor. Sie eröffnen im Anwendungsbereich des EG-Vertrages die rechtlich sonst wegen Art. 5 (10 nF) EGV verschlossene Möglichkeit vorauseilender Integrationsschritte, die freilich nach Art. 23 GG zu beschließen wären. Die Vorschriften über die **Gemeinsame Sicherheits- und Außenpolitik** (GASP) in Art. J EUV, zumal in der durch den Amsterdamer Vertrag geänderten Fassung (Art. 11 ff. EUV nF.) schließen darüber hinaus jedes einseitig-unkoordinierte Vorgehen aus, so daß namentlich die Beteiligung an einer neuen **zwischenstaatlichen Einrichtung** auch außerhalb der Zuständigkeiten der EG und ggf. mit Drittstaaten nur nach Abstimmung im Rahmen der EU erfolgen kann (vgl. Art. J. 4 [17 nF.] EUV. Dies gilt, abgesehen von den Bindungen aus der Mitgliedschaft in der UNO sowie aus dem NATO- und dem WEU-Vertrag, auch und erst recht für die Einordnung in ein neues **System kollektiver Sicherheit** nach Art. 24 II GG.

III. Rechtsvergleichende Bezüge

12   Wie das Grundgesetz enthält die österreichische Bundesverfassung in Art. 9 II eine allgemeine Regelung zur **Übertragung von Hoheitsrechten** auf zwischenstaatliche Einrichtungen[32] und in Art. 23a-f spezielle Vorschriften für die Übertragung von Hoheitsrechten auf die EU. Eine eigenständige Vorschrift über die Teilnahme in **Systemen kollektiver Sicherheit** wie Art. 24 II GG findet sich in den Verfassungen anderer Staaten nicht. In den Verfassungen Belgiens und der Niederlande wird die Präsenz

---

[30] BVerfGE 68, 1 (89 ff., 93). Zur Problematik → Rn. 27, 62 f.
[31] Vgl. auch *H. Mosler*, Das Grundgesetz und die internationale Streitschlichtung, in: HStR VII, § 179 Rn. 1.
[32] S. dazu *S. Griller*, Die Übertragung von Hoheitsrechten auf zwischenstaatliche Einrichtungen. Eine Untersuchung zu Art. 9 Abs. 2 des Bundes-Verfassungsgesetzes, 1988.

fremder Truppen auf dem Staatsgebiet gesondert behandelt und einem Gesetzesvorbehalt unterworfen[33]. **Souveränitätsbeschränkungen**, die zur Organisation und Verteidigung des Friedens erforderlich sind, können in Frankreich, unter dem Vorbehalt der Gegenseitigkeit, nach Abs. 15 der Präambel der Verfassung von 1946[34] akzeptiert werden. Nach Art. 11 der italienischen Verfassung sind Souveränitätsbeschränkungen zugunsten einer Ordnung zulässig, die Frieden und Gerechtigkeit zwischen den Nationen gewährleistet. Ähnlich kann nach § 93 der norwegischen Verfassung die Ausübung staatlicher Befugnisse auf internationale Organisationen übertragen werden, um den internationalen Frieden und die internationale Sicherheit zu wahren. Noch allgemeiner ist Art. 93 der spanischen Verfassung, der die Übertragung von aus der Verfassung abgeleiteten Kompetenzen auf eine internationale Organisation oder Institution ermöglicht, wobei der Beitritt zur NATO nach Art. 94 der Verfassung wie ein normaler völkerrechtlicher Vertrag behandelt wurde[35].

Eine Forderung nach Beilegung internationaler Streitigkeiten durch internationale Gerichte enthält von den europäischen Verfassungen neben Art. 24 III GG nur Art. 29 II der Verfassung Irlands; allerdings geht diese Norm im Gegensatz zu Art. 24 III GG nicht so weit, daß der Beitritt zu einer internationalen Gerichtsbarkeit als rechtliche Pflicht der Staatsorgane ausgestaltet ist[36]. In anderen Staaten wird die Unterwerfung unter eine **internationale (Schieds-) Gerichtsbarkeit** als normaler Fall einer einseitigen Unterwerfungserklärung oder einer durch völkerrechtlichen Vertrag einzugehenden Verpflichtung behandelt. 13

C. Erläuterungen

I. Allgemeine Bedeutung

Art. 24 GG bleibt trotz der Ausgliederung der speziellen Regelung für die Europäische Union in Art. 23 GG die **Grundnorm der offenen Staatlichkeit**[37], indem er über die Bindung durch völkerrechtliche Verträge (Art. 59 II GG) hinaus und unabhängig von der Inkorporation bestehender völkerrechtlicher Normen in das deutsche Recht (Art. 25 GG) auf eine differenzierte Weise die Möglichkeit der **supra- und internationalen Integration** und damit der unmittelbaren Einwirkung über-nationaler, d.h. nicht allein durch das deutsche Volk legitimierter (Art. 20 II 1 GG) Hoheitsgewalt auf die in- 14

---

[33] Art. 185 belgische Verf., Art. 100 niederländische Verf., zur Kontroverse um die NATO-Raketenstationierung in den Niederlanden s. die Nachw. bei *C. Tomuschat*, BK, Art. 24 (Zweitb. 1981/85), Rn. 152.

[34] Über einen Verweis in der aktuellen französischen Verf. von 1958 auf die Präambel der Verf. von 1946 auch heute noch geltendes Recht; vgl. zuletzt: Décision n⁰ 97–394 DC v. 31. 12. 1997 – *Traité d'Amsterdam*, EuGRZ 1998, 27 ff. s. dazu *J. Gundel*, EuR 1998, 371 ff.

[35] Vgl. *Tomuschat* (Fn. 33), Art. 24 Rn. 156 f., mwN.

[36] *N. Wühler*, Die internationale Schiedsgerichtsbarkeit in der völkerrechtlichen Praxis der Bundesrepublik Deutschland, 1985, S. 47 Fn. 203. S. auch Art. 29 II der irischen Verf.: Irland bekräftigt sein Festhalten am Grundsatz der friedlichen Erledigung internationaler Streitfragen durch schiedsrichterliche oder richterliche Entscheidung auf internationaler Ebene.

[37] Zum Gedanken der offenen Staatlichkeit grundlegend *Vogel*, Verfassungsentscheidung (Fn. 1), S. 42; ihm folgend: BVerfGE 58, 1 (41); s. auch *Tomuschat* (Fn. 1), § 172 Rn. 1 ff., 37; *Stern*, Staatsrecht I, S. 516 ff.: »Abkehr von der Idee des geschlossenen Nationalstaats«. → Art. 23 Rn. 17.

nerstaatliche Rechtssphäre schafft[38]. Art. 24 GG geht auch insoweit über das Staatsziel der europäischen Integration[39] der Präambel des Grundgesetzes hinaus, als er in Abs. 2 mit dem **System kollektiver Sicherheit** ein spezielles Instrument der Wahrung des Friedens ins Auge faßt. Schließlich bedeutet die Option für eine allgemeine, umfassende, obligatorische und internationale **Schiedsgerichtsbarkeit** zur Regelung zwischenstaatlicher Streitigkeiten in Abs. 3 die Betonung einer klaren Absage an den Krieg als Mittel der Streiterledigung.

15   Das Festhalten an Art. 24 GG neben Art. 23 GG und seine Ergänzung durch Abs. 1a zeigen also, daß die Europäische Union nicht das einzige Instrument der kooperativen Bewältigung von Fragen darstellt, die über den Einfluß und die Kapazität des einzelnen Staates hinausgehen. Praktische Beispiele einer **sachlich begrenzten funktionellen Integration**, die auch über den europäischen Rahmen hinausgehen, finden sich insbesondere im Bereich der Sicherheitspolitik (UNO, NATO: → Rn. 54 ff.) und im Bereich übergreifender technischer Notwendigkeiten (so etwa das Flugsicherungssystem Eurocontrol). Soweit die betreffenden Hoheitsbefugnisse noch nicht an die EU übertragen sind, läßt sich eine solche sachbezogene »unmittelbare Integration« in zahlreichen Aufgabenfeldern der Politik denken. Wo die EU die betreffenden Kompetenzen bereits wahrnimmt, wäre die nach dem Grundgesetz mögliche Bildung **höherer Integrationsebenen** etwa im Zuge der **Globalisierung** (Weltmarkt, Kommunikation, Umweltschutz) allerdings nur mit ihrer Beteiligung zu realisieren, im Sinne einer gestuften oder »mittelbaren Integration« (→ Art. 23 Rn. 7).

II. Übertragung von Hoheitsrechten auf zwischenstaatliche Einrichtungen (Art. 24 I GG)

16   Art. 24 I GG ist die deutlichste, allgemeinste und zugleich intensivste Ausdrucksform des »kooperativen Verfassungsstaates«[40], indem er vom Absolutheitsanspruch des »allzuständigen« Staates abgeht und ihn für neuartige Mechanismen und **Systeme überstaatlicher Kooperation und Integration** öffnet. Im Kapitel II des Grundgesetzes, »Der Bund und die Länder«, angesiedelt, legt er zunächst fest, daß diese Integration Sache des Bundes ist, der als und für den Gesamtstaat handelt. Er gestattet sodann, Hoheitsrechte auf zwischenstaatliche Einrichtungen zu übertragen und legt schließlich die Form fest, in der dies zu geschehen hat: durch Gesetz. Nicht geregelt bleiben die – auch für die EU in Art. 23 GG nur teilweise gelösten – Streitfragen etwa über die Grenzen dieser Übertragungsbefugnis, die Beteiligungsrechte der Länder und das Verhältnis des jeweiligen Integrationsrechts zur innerstaatlichen Rechtsordnung.

1. Der Bund als Träger der Integrationsgewalt

17   Die Integrationsgewalt nach Art. 24 I GG ist dem Bund zugeordnet. Dies folgt aus der systematischen Stellung der Norm im Kapitel über Bund und Länder im Grundge-

---

[38] Vgl. BVerfGE 68, 1 (93), zur NATO, die später in BVerfGE 90, 286 (350f.), zugleich als System kollektiver Sicherheit iSd. Art. 24 II GG qualifiziert wird. → Rn. 55 ff.
[39] → Präambel Rn. 23 ff.; → Art. 23 Rn. 32 ff.
[40] Zum Konzept vgl. *Häberle*, Kooperativer Verfassungsstaat (Fn. 26), S. 407 ff.

setz⁴¹, wird umgekehrt durch die neu eingefügte Zuweisung einer parallelen Befugnis an die Länder in Abs. 1a bestätigt und entspricht dem Prinzip der einheitlichen Repräsentation nach außen, wie es auch in Art. 32 GG zum Ausdruck kommt⁴². **Der Bund handelt** für den Gesamtstaat des Grundgesetzes, **also für Bund und Länder**, unabhängig davon, in welchem Maße auch Kompetenzen der Länder berührt bzw. übertragen werden⁴³.

2. Übertragung von Hoheitsrechten

Der Begriff der **Hoheitsrechte** ist weit zu fassen. Unter ihn fallen alle Befugnisse zu einseitig verbindlichem Handeln gegenüber dem Bürger, d. h. zu jedem, einem Träger öffentlicher Gewalt vorbehaltenem Handeln nach innen und außen, d.h. auch im Verhältnis zu anderen Staaten. Gegenstand der Übertragung ist ein »vordem tatsächlich gegebenes oder rechtlich mögliches ausschließliches Herrschaftsrecht«⁴⁴. Gemeint sind nicht nur einzelne hoheitliche Befugnisse, sondern es können **ganze Funktionsbereiche** in die Hand der zwischenstaatlichen Einrichtung gelegt werden⁴⁵. Schon vom Begriff her ausgeschlossen ist indessen die »Entäußerung der Staatsgewalt im Ganzen«⁴⁶, wobei allerdings die in der Diskussion über die Beschränkung der Übertragung benutzten Begriffe der **Kompetenz-Kompetenz** oder der Souveränität⁴⁷ selbst fragwürdig sind und keine Kriterien zur Abgrenzung abgeben können⁴⁸. 18

»**Übertragen**« bedeutet im Kontext des Art. 24 I GG entgegen dem Wortlaut nicht die Delegation, nicht ein *transferre*, sondern ein *conferre*, also ein Begründen, ein Konstituieren von **originärer**⁴⁹ öffentlicher Gewalt⁵⁰, was auch die Möglichkeit der ge- 19

---

⁴¹ Vgl. schon *U. Scheuner*, Beitritt der Bundesrepublik zur Europäischen Verteidigungsgemeinschaft und Grundgesetz, in: Der Kampf um den Wehrbeitrag, Bd. II, 2. Halbbd., 1953, S. 94 ff. (138 f.).
⁴² Vgl. BVerfGE 2, 347 (378 f.); → Art. 32 Rn. 19.
⁴³ Vgl. auch *O. Rojahn*, in: v. Münch/Kunig, GG II, Art. 24 Rn. 23; zum Streitstand ausf. mit zahlr. Nachw. *Randelzhofer* (Fn. 7), Art. 24 I Rn. 37 ff.
⁴⁴ Vgl. BVerfGE 68, 1 (90), ablehnend daher hinsichtlich der Erlaubnis zur Stationierung amerikanischer Mittelstreckenwaffen auf deutschem Gebiet, bejahend dagegen zur Übertragung der Befugnis zur Erteilung des Einsatzbefehls (ebd. S. 91). Krit. zu diesem weiten Begriff *Tomuschat* (Fn. 33), Art. 24 Rn. 113a, 161; *Randelzhofer* (Fn. 7), Art. 24 I Rn. 41 f.
⁴⁵ Vgl. auch *Mosler* (Fn. 2), § 175 Rn. 33.
⁴⁶ Einhellige Auffassung, s. etwa *Mosler* (Fn. 2), § 175 Rn. 28.
⁴⁷ Verwendet von der wohl überwiegenden Meinung in der Rechtsprechung: vgl. zuletzt BVerfGE 89, 155 (181, 189 f., 194 ff.); aus der Lit. vgl. etwa *Mosler* (Fn. 2), § 175 Rn. 28.
⁴⁸ Vgl. auch *J. A. Frowein*, EuR 1996, 315 (319); *I. Pernice*, EuR 1984, 126 (137 f.); krit. auch *S. Oeter*, ZaöRV 55 (1995), 659 (677, 685 f.); *C. Tomuschat*, DVBl. 1996, 1073 (1076). → Art. 23 Rn. 21 mwN.
⁴⁹ Vgl. *Randelzhofer* (Fn. 7), Art. 24 I Rn. 55, der dies als die »so gut wie einhellige Ansicht« bezeichnet; zahlr. Nachw. dafür bei *Tomuschat* (Fn. 33), Art. 24 Rn. 17, der seinerseits sibyllinisch formuliert: »zugleich originär und abgeleitet«; *P. Badura*, Bewahrung und Veränderung demokratischer und rechtsstaatlicher Verfassungsstruktur in den internationalen Gemeinschaften, VVDStRL 23 (1966), S. 34 ff. (57); a.A. BVerfGE 89, 155 (190), sowie eine im Vordringen befindliche Auffassung, vgl. *P. Kirchhof*, Der deutsche Staat im Prozeß der europäischen Integration, in: HStR VII, § 183 Rn. 63 ff.
⁵⁰ So schon *Tomuschat* (Fn. 33), Art. 24 Rn. 15, im Anschluß an *E. Kaufmann*, Rechtsgutachten zum Vertrage über die Europäische Verteidigungsgemeinschaft und zum Deutschlandvertrage, in: Der Kampf um den Wehrbeitrag, Bd. II, 2. Halbbd., 1953, S. 42 ff. (55). S. auch *Stern*, Staatsrecht I, S. 523: »Schaffung einer neuen, eben supranationalen Hoheitsgewalt«; *Randelzhofer* (Fn. 7), Art. 24 I Rn. 55; *O. Dörr*, DÖV 1993, 696 (699); → Art. 23 Rn. 83.

meinsamen Schaffung solcher Zuständigkeiten und Hoheitsrechte beim neuen Rechtsträger einschließt, die (so) bislang in keinem der beteiligten Staaten bestanden.

20 Der Begriff der **Übertragung von Hoheitsrechten** in Art. 24 I GG ist damit nicht wörtlich zu nehmen. Es ist der **komplexe Vorgang**[51] der als »Gesamtakt«[52] der Völker aller beteiligten Staaten von ihnen gemeinsam bewirkten Konstituierung eines neuen, supranationalen Trägers öffentlicher Gewalt, d.h. des Vorgangs seiner Gründung, Organisation und seiner Ausstattung mit Kompetenzen zum hoheitlichen Rechtshandeln. Entscheidend ist die Kompetenz zum verbindlichen Handeln »**im Durchgriff**«[53], mit unmittelbarer Wirkung gegenüber dem Bürger, für das die Verfassung mit Art. 24 I GG die deutsche Rechtsordnung »öffnet«[54]. Kehrseite ist ggf. die Rücknahme aktueller oder potentieller innerstaatlicher Kompetenz[55], d.h. die Einschränkung der Einfluß- und Gestaltungsbefugnisse von Bund und Ländern[56].

21 Art. 24 I GG öffnet das Grundgesetz hiermit für eine erweiterte, **gestufte Verfassungsgebung**[57] letztlich durch die Völker, die den Vertrag, mit dem die zwischenstaatliche Einrichtung konstituiert wird, durch die sie verfassungsmäßig repräsentierenden Organe verhandeln und schließen. Im demokratischen Staat kann es nur das Volk sein, das Hoheitsrechte überträgt; wie ursprünglich nur dem Nationalstaat, so wird nach Art. 24 I GG auch der zwischenstaatlichen Einrichtung die Befugnis zur Ausübung öffentlicher Gewalt anvertraut, die *constituante* sind die Völker der beteiligten Staaten gemeinsam. Die supranationale Verfassungsgebung wirkt als **materielle Verfassungsänderung**[58] auf die nationalen Verfassungen zurück. Ergebnis ist ein gestufter **Verbund komplementärer Verfassungen**, ein Mehrebenensystem öffentlicher Gewalt mit jeweils sachbezogen begrenzten Kompetenzbereichen zur arbeitsteiligen Erfüllung der jeweils anvertrauten öffentlichen Aufgaben[59].

---

[51] Ebenso *Stern*, Staatsrecht I, S. 523. → Art. 23 Rn. 82.

[52] Richtungweisend *H. P. Ipsen*, Europäisches Gemeinschaftsrecht, 1972, Rn. 2/24 ff.: »Gesamtakt staatlicher Integrationsgewalt«. Ihm folgend: *Hesse*, Verfassungsrecht, Rn. 105 Fn. 33, 106; *Stern*, Staatsrecht I, S. 523; → Art. 23 Rn. 84.

[53] Vgl. *Tomuschat* (Fn. 33), Art. 24 Rn. 8: »Der Durchgriffseffekt als Wesensmerkmal der ›Übertragung von Hoheitsrechten‹«, mwN.; ebenso jetzt *T. Flint*, Die Übertragung von Hoheitsrechten. Zur Auslegung der Art. 23 Abs. 1 Satz 2 und 24 Abs. 1 GG, 1998, S. 148, 167 ff.; weiter die Auslegung in BVerfGE 68, 1 (94 ff.), wo der unmittelbare Durchgriff nicht für erforderlich gehalten wird.

[54] So BVerfGE 37, 271 (280), mit der treffenden Formulierung: »Art. 24 GG ermächtigt nicht eigentlich zur Übertragung von Hoheitsrechten, sondern öffnet die nationale Rechtsordnung ... derart, daß der ausschließliche Herrschaftsanspruch der Bundesrepublik Deutschland im Geltungsbereich des Grundgesetzes zurückgenommen und der unmittelbaren Geltung und Anwendbarkeit eines Rechts aus anderer Quelle innerhalb des staatlichen Herrschaftsbereichs Raum gelassen wird«; ebenso BVerfGE 58, 1 (28), und 73, 339 (374 f.), wonach freilich die unmittelbare Geltung erst aus »dem Rechtsanwendungsbefehl des Zustimmungsgesetzes« folgen soll (ebd., S. 375).

[55] Vgl. auch BVerfGE 68, 1 (90); *Rojahn* (Fn. 43), Art. 24 Rn. 27.

[56] In diesem weiten Sinne auch *S. Hölscheidt/T. Schotten*, DÖV 1995, 187 (191 f.), die damit zu Recht auch staatliche Einflußminderungen innerhalb der Institutionen etwa durch Änderung des Beschlußverfahrens einbeziehen.

[57] Daß es um Verfassungsgebung geht, hebt schon *J. H. Kaiser*, Bewahrung und Veränderung demokratischer und rechtsstaatlicher Verfassungsstruktur in der internationalen Gemeinschaft, VVDStRL 23 (1966), S. 1 ff. (18 f.), hervor; »im Kern« zustimmend *Stern*, Staatsrecht I, S. 524.

[58] So auch BVerfGE 58, 1 (34), einhellige Meinung, vgl. *Rojahn* (Fn. 43), Art. 24 Rn. 29, mwN.; *Mosler* (Fn. 2), § 175 Rn. 54; nicht ganz eindeutig: *Randelzhofer* (Fn. 7), Art. 24 I Rn. 10. → Art. 79 I Rn. 15, 25.

[59] Zum Konzept Verfassungsverbund näher → Art. 23 Rn. 20 ff.

Diese Bedeutung der Übertragung wirft die Frage auf, ob eine **Übertragung auf Zeit** 22
oder auch nur widerruflich erfolgen kann. Nach der Rechtsprechung kommt es nur
darauf an, daß ein ausschließliches Herrschaftsrecht zugunsten einer zwischenstaatlichen Einrichtung zurückgenommen wird, wobei der »Übertragungsakt eine unerläßliche Rechtsgrundlage für den Fall der aktuellen Inanspruchnahme dieser Hoheitsrechte darstellt«[60]. Je nach Art und Aufgabenbereich der Einrichtung wird indessen von der Notwendigkeit einer »gewissen Dauer und Festigkeit« auszugehen sein[61]. Einrichtungen eher technischer Art oder für begrenzte gemeinsame Verwaltungszwecke sind einer zeitlichen Begrenzung oder Kündigungsregelung eher zugänglich als Organisationen wirtschaftlicher oder politischer Integration, die den Rechtsstatus der Bürger umfassend verändern.

Entsprechend ist die Frage eines **actus contrarius** zu beurteilen: Sie ist im Lichte der 23
Präambel und der Grundentscheidungen der Verfassung (Friedensgebot, internationale Zusammenarbeit) zu beantworten. Seine konkrete Zulässigkeit bestimmt sich primär nach den Bestimmungen der »Verfassung« der jeweiligen Einrichtung selbst. Das gilt auch für das Verfahren: Wo durch die supranationale Ordnung unmittelbar der **Rechtsstatus der Bürger verändert** wird, kann dies grundsätzlich nur im Wege der hierfür vorgesehenen Verfahren oder durch einen erneuten »Gesamtakt« entsprechend Art. 24 I GG geändert oder rückgängig gemacht werden. Die bloße, **einseitige Rücknahme** oder Aufhebung des Zustimmungsgesetzes könnte weder die Auflösung der Einrichtung bewirken noch die Bindungen an das durch ihre Gründung und das von ihr geschaffene Recht lösen[62].

3. Zwischenstaatliche Einrichtungen

Die Übertragung von Hoheitsgewalt erfolgt nach Art. 24 I GG auf zwischenstaatliche 24
Einrichtungen. **Ausgeschlossen** sind damit schon begrifflich **fremde Staaten**[63] sowie **nicht-staatliche Einrichtungen**, also solche, die von privaten Personen gegründet wurden[64]. Zu den »Wesensmerkmalen« der zwischenstaatlichen Einrichtung gehört, »daß sie nicht dem Recht eines einzelnen Staates untersteht«[65]. Damit sind auch Körperschaften des öffentlichen Rechts eines Staates vom Anwendungsbereich des Art. 24 I GG ausgeschlossen[66]. Nach der Rechtsprechung kann eine zwischenstaatliche Einrichtung »nur durch völkerrechtlichen Vertrag, dessen Partner als Völkerrechtssubjekte anzusprechen sind, geschaffen werden«[67]. Es muß sich also um eine rechtsfähige **inter-, besser: supranationale Organisation**[68] bzw. zumindest um ein Or-

---

[60] BVerfGE 68, 1 (90ff., 94) zum Einsatzbefehl der in Deutschland stationierten Raketen.
[61] S. auch *Rojahn* (Fn. 43), Art. 24 Rn. 34.
[62] Völkerrechtlich folgt dies aus dem Rechtsgedanken der Art. 46 und 54ff. WVK, integrationsrechtlich aus der originären Hoheitsgewalt, die auf dem verfassungsgebenden Gesamtakt zur Gründung der Einrichtung beruht.
[63] Vgl. BVerfGE 68, 1 (91f.), dazu *Mosler* (Fn. 2), § 175 Rn. 38. S. auch *Jarass*/Pieroth, GG, Art. 24 Rn. 5; *K.T. Rauser*, Die Übertragung von Hoheitsrechten auf ausländische Staaten, 1991, insb. S. 246ff.
[64] Vgl. auch *Streinz* (Fn. 8), Art. 24 Rn. 20; *Rojahn* (Fn. 43), Art. 24 Rn. 17.
[65] BVerfGE 2, 347 (378).
[66] BVerfGE 2, 347 (377f.) unstreitig, s. etwa *Jarass*/Pieroth, GG, Art. 24 Rn. 5.
[67] BVerfGE 2, 347 (377).
[68] Einhellige Auffassung, vgl. *Mosler* (Fn. 2), § 175 Rn. 36; *Rojahn* (Fn. 43), Art. 24 Rn. 15; *Randelzhofer* (Fn. 7), Art. 24 I Rn. 44; *Streinz* (Fn. 8), Art. 24 Rn. 19.

gan einer solchen handeln[69]. Auch soweit die Organisation wegen ihrer Struktur und Kompetenzfülle **(bundes-)staatliche Züge** annimmt[70], liegt eine zwischenstaatliche Einrichtung iSd. Art. 24 I GG vor, jedoch greift für die Europäische Union seit 1992 Art. 23 GG als Spezialregelung ein. Eine über das vereinte Europa hinausgreifende (Bundes-)Staatlichkeit ist im Grundgesetz nicht angelegt.

25   Nicht jede internationale Organisation ist indessen als Einrichtung iSd. Art. 24 I GG zu qualifizieren. Erst durch die mit dem Akt der Gründung zusammenfallende Übertragung von Hoheitsrechten, durch die Ausstattung einer Organisation mit Durchgriffskompetenz, wird diese zur »zwischenstaatlichen Einrichtung«. **Originäre Hoheitsgewalt im Durchgriff** und damit Supranationalität ist ihr Qualitätsmerkmal[71]. Daß die Einrichtung im eigenen Namen öffentliche, traditionell hoheitliche Aufgaben wahrnimmt, genügt indessen nicht, denn dies kennzeichnet jede von Staaten gegründete internationale Organisation.

26   Art. 24 I GG ist unter Beachtung der aus Art. 23 GG und der Mitgliedschaft in der EU folgenden Grenzen (→ Rn. 11, 35) hinsichtlich der **territorialen Ausdehnung**, der Art und Zahl der **Mitglieder** sowie hinsichtlich des **Zwecks und der Aufgaben** der Einrichtung gänzlich offen. Mitglieder können neben Staaten auch internationale Organisationen sein, die Einrichtung kann europäisch, regional begrenzt, aber auch weltumspannend sein, zu den Zwecken kann jede öffentliche Aufgabe gehören, soweit das Friedensziel des Grundgesetzes nicht verletzt wird[72]. Nicht übertragen werden können jedoch die Staatsaufgaben insgesamt, da Deutschland dann nicht einmal mehr Gliedstaat iSd. Präambel sein könnte (→ Art. 79 III Rn. 46).

27   Als **zwischenstaatliche Einrichtung anerkannt** wurden bislang vom Bundesverfassungsgericht die **Europäischen Gemeinschaften**[73], die für Flugsicherung zuständige **Eurocontrol**[74], bevor diese Aufgabe renationalisiert wurde[75], und die **NATO**[76]. Dagegen werden mangels Durchgriffskompetenz die **Vereinten Nationen** nur als System

---

[69] Vgl. *Tomuschat* (Fn. 33), Art. 24 Rn. 41; *Randelzhofer* (Fn. 7), Art. 24 I Rn. 44; *Rojahn* (Fn. 43), Art. 24 Rn. 16, wobei z.T. nicht gesehen wird, daß ein Organ als solches nicht rechtsfähig sein kann.
[70] Das erscheint zumindest im Blick auf die in der Präambel des Grundgesetzes angesprochene Gliedstaatlichkeit Deutschlands (→ Art. 23 Rn. 18, 35 f.) nicht ausgeschlossen; a. A. *Rojahn* (Fn. 43), Art. 24 Rn. 18: kein europäischer Einheits- oder Bundesstaat; *Tomuschat* (Fn. 33), Art. 24 Rn. 46.
[71] S. auch *Tomuschat* (Fn. 33), Art. 24 Rn. 42; *Mosler* (Fn. 2), § 175 Rn. 37, mit Hinw. zur Entsprechung von Supranationalität und Durchgriffskompetenz, ebd., Rn. 17 f. S. auch – im Gegensatz zu BVerfGE 68, 1 (94) – BVerfGE 90, 286 (346 f.), vgl. → Fn. 77.
[72] Vgl. die Präambel, Art. 1 II, 9 II, 25 und 26 GG; s. auch *Randelzhofer* (Fn. 7), Art. 24 I Rn. 47.
[73] Für die EWG: BVerfGE 22, 293 (296), unstreitig.
[74] Vgl. BVerfGE 58, 1 (31); krit. *Tomuschat* (Fn. 33), Art. 24 Rn. 112.
[75] Vgl. das Protokoll zur Änderung des internationalen Übereinkommens zur Sicherung der Luftfahrt, v. 12. 2. 1981 (BGBl. 1984 II S. 71), und die Vereinbarung über Flugsicherungs-Streckengebühren v. 12. 2. 1981 (BGBl. 1984 II S. 109), beide in Kraft getreten am 1. 1. 1986, BGBl. 1986 II S. 409 bzw. 742: dazu ausführl. *Tomuschat* (Fn. 33), Art. 24 Rn. 112 a ff.; dagegen sehen *Randelzhofer* (Fn. 7), Art. 24 I Rn. 181, und *Rojahn* (Fn. 43), Art. 24 Rn. 36 a. E., eine Übertragung weiterhin als gegeben an, da Deutschland und die Benelux-Staaten Eurocontrol gem. Art. 2 ECV nF. mit der Flugsicherung beauftragt haben und Eurocontrol hoheitliche Weisungen unmittelbar an die Flugunternehmer erteilen kann (Art. 16 S. 2 des geänd. ECV nF.).
[76] So BVerfGE 68, 1, (93 ff.): »weithin unbestritten«, bestätigt in BVerfGE 77, 170 (232); krit. *Rojahn* (Fn. 43), Art. 24 Rn. 44, mwN.; *Randelzhofer* (Fn. 7), Art. 24 I Rn. 187; *Streinz* (Fn. 8), Art. 24 Rn. 34 ff.: »von der ganz h.M. verneint«; s. auch *Jarass*/Pieroth, GG, Art. 24 Rn. 6, für den schon wegen der vagen Ermächtigung keine Übertragung von Hoheitsrechten gegeben ist.

kollektiver Sicherheit iSd. Art. 24 II GG eingestuft[77]. Auch bei der **NATO** fehlt es indessen an der notwendigen Kompetenz zu hoheitlichem Handeln im Durchgriff auf den Bürger[78]. Sie fällt daher nach dem hier entwickelten Ansatz nicht unter Art. 24 I GG (→ Rn. 62 f.). Zu recht als Einrichtungen iSd. Art. 24 I GG betrachtet werden wegen ihrer Kompetenz zur Aufhebung von Urteilen staatlicher Gerichte die Berufungskammer der **Zentralkommission für die Rheinschiffahrt**[79], wegen ihrer Kontrollrechte gegenüber Herstellern spaltbaren Materials die **Europäische Kernenergie-Agentur**[80], wegen seiner Verwaltungs-, Rechtsprechungs- und hinsichtlich der Gebührenerhebung sogar auch Legislativfunktionen das **Europäische Patentamt**[81], wegen ihrer Kontroll- und Rechtsprechungsbefugnisse die **Internationale Meeresbodenbehörde** und der **Internationale Seegerichtshof** des Seerechtsübereinkommens[82] und, u.a. wegen seiner Entscheidungskompetenz hinsichtlich der Überwachung und Kontrollen an den Grenzen, der **Schengen-Exekutivausschuß**[83].

4. Der Vorbehalt des Gesetzes

Die Übertragung erfolgt nach Art. 24 I GG durch einfaches Gesetz. Dies gilt trotz ihrer verfassungsändernden Wirkung (→ Art. 79 I Rn. 15, 25) und dient nach dem Willen des Parlamentarischen Rates der Erleichterung der Integration[84]. Der **Vorbehalt des Gesetzes**[85] führt den Integrationsakt auf den Willen des Volkes zurück[86], das auf diese Weise »mit«-verfassungsgebend die mit den Repräsentanten der anderen beteiligten Völker vereinbarte zwischenstaatliche Einrichtung gründet und mit den vorgesehe-

28

---

[77] BVerfGE 90, 286 (346 f.), wonach die Teilnahme deutscher Streitkräfte an friedenssichernden Operationen nicht »dem System die Kompetenz zuweist, Hoheitsbefugnisse mit unmittelbarer Wirkung im innerstaatlichen Bereich auszuüben«. Anders wohl *Tomuschat* (Fn. 33), Art. 24 Rn. 114, der freilich einräumt, daß den VN »(bisher) keine Hoheitsrechte übertragen« worden sind.
[78] Vgl. *Tomuschat* (Fn. 33), Art. 24 Rn. 112 a; *Randelzhofer* (Fn. 7), Art. 24 I Rn 187; *Streinz* (Fn. 8), Art. 24 Rn. 35 f.: mangels »Durchgriff(s) als notwendige(m) Tatbestandsmerkmal«.
[79] Vgl. Art. 45bis der Mannheimer Rheinschiffahrtsakte v. 17. 10. 1868. Ähnlich die Moselkommission gemäß dem Vertrag über die Schiffbarmachung der Mosel v. 27. 10. 1956 (BGBl. 1956 II 1838); zu beidem *Tomuschat* (Fn. 33), Art. 24 Rn. 108 f.
[80] Vgl. *Randelzhofer* (Fn. 7), Art. 24 I Rn. 183.
[81] Vgl. *Randelzhofer* (Fn. 7), Art. 24 I Rn. 188 ff.
[82] So *Tomuschat* (Fn. 33), Art. 24 Rn. 117. Das Seerechtsübereinkommen (SRÜ) ist unter Modifikation des Teils XI über Bergbau auf dem Meeresboden (incl. der Vorschriften über die Meeresbodenbehörde) am 16. 11. 1994 in Kraft getreten, s. BGBl. 1994 II S. 1798 (SRÜ), BGBl. 1994 II S. 2566 (Übereinkommen zur Durchführung des Teils XI des SRÜ). Der Internationale Seegerichtshof hat seinen Sitz in Hamburg genommen. S. das Heidelberger Symposium zum Inkrafttreten des SRÜ, ZaöRV 55 (1995), 273 ff.
[83] So *Randelzhofer* (Fn. 7), Art. 24 I Rn. 192 f.; s. auch *O. Dörr*, DÖV 1993, 696 (700 ff.); unentschieden *Streinz* (Fn. 8), Art. 24 Rn. 33. In dem durch den Amsterdamer Vertrag dem EUV und dem EGV beigefügten Protokoll Nr. 2 zur Einbeziehung des *Schengen-Besitzstands* in den Rahmen der Europäischen Union – s. insb. Art. 1 I des Protokolls, wonach der Rat an die Stelle des Schengen-Exekutivausschusses tritt, die für die unmittelbare Anwendbarkeit notwendigen Maßnahmen erläßt und diese der Jurisdiktion des Gerichtshofs unterworfen werden –, wird in jedem Fall eine Übertragung zu sehen sein, hier freilich nun nach Art. 23 I GG.
[84] → Rn. 4; s. auch *Mosler* (Fn. 2), § 175 Rn. 54 ff.
[85] Vgl. auch BVerfGE 58, 1 (36).
[86] Nach *Rojahn* (Fn. 43), Art. 24 Rn. 30, »ruht im Übertragungsgesetz die *demokratische Legitimation*«; den Vorbehalt als »Ausprägung des dem Parlamentsvorbehalt zugrundeliegenden *Wesentlichkeitsgedankens*« zu sehen, führt indessen nicht weiter, eher wird die Regelung verwässert.

nen Kompetenzen ausstattet, womit die entsprechende Zuständigkeit der innerstaatlichen Stellen zurückgenommen wird[87]. Wegen dieser Verfassungsrelevanz ist der Gesetzesvorbehalt strikt auszulegen[88]: »Gesetz« bedeutet **förmliches Bundesgesetz**, eine Rechtsverordnung genügt auch im technischen Bereich nicht[89].

29 Das Gesetz begründet damit innerstaatlich die **demokratische Legitimation** der in der völkerrechtlichen Vereinbarung liegenden Übertragung[90]. Werden nicht nur punktuelle Kompetenzen begründet, sondern ganze Funktionsbereiche ehedem oder potentiell staatlichen Wirkens zur Aufgabenstellung der zwischenstaatlichen Einrichtung, so erstreckt sich die Legitimation auf das gesamte **Integrationsprogramm**, wie es in der »Verfassung« der Einrichtung festgelegt ist[91]. Diese muß aber den »künftigen Vollzugsverlauf hinreichend bestimmbar normiert« haben. Für **wesentliche Änderungen** bedarf es eines neuen Gesetzes[92]. Die Rechtsprechung stellt im Blick auf die nötigen Verhandlungen mit anderen Partnern »an die Bestimmtheit und Dichte« der Vertragsregelungen geringere Anforderungen als sonst im Bereich des Parlamentsvorbehalts[93]: je technisch-instrumentaler für die festgelegten Aufgaben die Ergänzung, desto eher ist ein zusätzliches Gesetz verzichtbar[94]. So wurden die Einführung einer Gebühreneinziehungskompetenz für Eurocontrol[95] und die Übertragung der Entscheidungskompetenz über den Einsatz der in Deutschland stationierten Mittelstreckenraketen im Rahmen der NATO auf den Präsidenten der USA durch formlose Zustimmung der Regierung[96] als vom jeweiligen Integrations- bzw. Bündnisprogramm gedeckt angesehen. Umgekehrt zieht das Maastricht-Urteil von 1993 die Grenzen enger, wenn es die zulässige und notwendige Auslegung der Verträge bzw. Rechtsfortbildung[97] von einer unzulässigen und damit die Mitgliedstaaten nicht mehr bindenden »**Vertragserweiterung**« abhebt[98].

30 Streitig ist, ob und wann das Gesetz der **Zustimmung des Bundesrates** bedarf. Nach

---

[87] Zum Konzept der Konstituierung zwischenstaatlicher Hoheitsgewalt → Rn. 19 ff.
[88] BVerfGE 58, 1 (35 f.), mit Verweis auf *Tomuschat* (Fn. 33), Art. 24 Rn. 32; a.A. noch *A. Ruppert*, Die Integrationsgewalt, 1969, S. 230.
[89] BVerfGE 58, 1 (36): »Sein Sinn ist es, einen solchen Vorgang, der das Funktions- und Machtverteilungsgefüge, wie es im Grundgesetz angelegt ist, verändert, nur mit förmlicher Zustimmung des Gesetzgebers ›durch Gesetz‹ zu gestatten, wenn schon eine förmliche Verfassungsänderung nach Art. 79 GG nicht gefordert ist«. Vgl. auch *Rojahn* (Fn. 43), Art. 24 Rn. 31.
[90] S. auch BVerfGE 58, 1 (35): »Durch sie (die Vereinbarungen) wurden Eurocontrol Hoheitsrechte im Sinne des Art. 24 Abs. 1 GG übertragen«, und: »Damit eine Übertragung von Hoheitsrechten innerstaatlich zu beachten ist, ist erforderlich, daß sie ›durch Gesetz‹ erfolgt«.
[91] Vgl. BVerfGE 58, 1 (36), mit Hinweis auf das Funktionieren einer solchen Einrichtung: »Dies geschieht typischerweise im Rahmen eines Integrations*prozesses*, in dessen zeitlichem Verlauf zahlreiche einzelne Vollzugsakte erforderlich sind, um den im Gründungsvertrag angestrebten Zustand herbeizuführen«.
[92] BVerfGE 58, 1 (36 f.); ebenso BVerfGE 68, 1 (98 f.); 89, 155 (187 f.).
[93] S. ausdrücklich BVerfGE 89, 155 (187).
[94] S. ausdrücklich BVerfGE 58, 1 (37 f.): »eng begrenzte technisch-instrumentale Ergänzung«.
[95] BVerfGE 58, 1 (37 ff.), wo die Entscheidung freilich daneben auf die Legitimation durch ein besonderes Gesetz gestützt ist (ebd., S. 39).
[96] Vgl. BVerfGE 68, 1 (91 ff., 98 f.), mit dem Hinweis, »daß der Präsident der Vereinigten Staaten von Amerika dadurch mit einer besonderen Bündnisfunktion betraut ist«; s. dazu *Mosler* (Fn. 2), § 175 Rn. 38 a.E.
[97] Vgl. insb. BVerfGE 75, 223 (240 ff., 242 ff.).
[98] BVerfGE 89, 155 (209 f.). Mit einer großzügigeren Bewertung der Grenzen zwischen Vertragsauslegung und -änderung s. aber BVerfGE 90, 286 (361 ff.).

einer Ansicht hat es eine »Doppelfunktion«, in ihm liege zugleich das regelmäßig notwendige Vertragsgesetz nach Art. 59 II GG, und daher sei unter den dort genannten Voraussetzungen auch eine Zustimmung des Bundesrates erforderlich[99]. Dagegen spricht indessen, daß Art. 24 I GG systematisch zwischen den Regelungen steht, die in Bezug auf die Organisation der Staatsgewalt das Verhältnis von Bund und Ländern klären, und weder einen Verweis auf Art. 59 II GG noch selbst ein Zustimmungsrecht des Bunderates vorsieht[100]. Art. 24 I GG ist damit als Spezialregelung gegenüber Art. 32 GG im Rahmen der Regelungen zur Verteilung der Macht zwischen dem Bund und den Ländern und als Grundlage supranationaler Verfassungsgebung durch Vertrag eine **Sonderregelung** auch gegenüber Art. 59 II GG. Die Zustimmung des Bundesrates zum Übertragungsgesetz ist also nicht nötig, aber möglich[101].

Soweit nach dem der zwischenstaatlichen Einrichtung zugrundeliegenden Recht **31** der **Austritt** oder die Auflösung der Einrichtung oder ihre Destitution zulässig sind (→ Rn. 23), bedürfen auch diese Akte eines Gesetzes nach Art. 24 I GG, welches die Zuordnung der betreffenden Hoheitsrechte und die Ablösung des Sekundärrechts legitimiert und regelt[102]. Daß das Integrationsgesetz nach Art. 24 I GG wegen seiner materiellen Wirkungen »Verfassungscharakter« hat, kann ebensogut für den *actus contrarius* gelten und zwingt nicht dazu, die Änderung oder Rücknahme Art. 79 II GG zu unterwerfen[103]. Gerade der Zweck, die Integration zu erleichtern (→ Rn. 4), spricht dafür, dem Gesetzgeber nach Art. 24 I GG **Flexibilität rundum** zu geben, die die Konstitution, Reorganisation und Destitution supranationaler Hoheitsgewalt gemäß den jeweiligen Bedingungen in gleicher Weise ermöglicht.

5. Bedingungen und Grenzen der Integrationsgewalt

Die **Art. 24 I GG »immanenten Grenzen«** schließen Übertragungen aus, »die die **32** Identität der geltenden Verfassung der Bundesrepublik Deutschland durch Einbruch in die sie konstituierenden Strukturen aufheben« würden[104]. Inwieweit dies die vom Bundesverfassungsgericht nicht ausdrücklich angesprochenen Grenzen der Verfas-

---

[99] Vgl. *Tomuschat* (Fn. 33), Art. 24 Rn. 18, 21, der indessen insofern eine Spezialregelung annimmt, als die Gesetzesform immer erforderlich sei. S. auch *M. Zuleeg*, in: AK-GG, Art. 24 I Rn. 19; *Streinz* (Fn. 8), Art. 24 Rn. 25; *Randelzhofer* (Fn. 7), Art. 24 I Rn. 66. *Rojahn* (Fn. 43), Art. 24 Rn. 32, nimmt zwar eine Doppelfunktion an, lehnt aber ein Zustimmungsrecht des Bundesrates ab (ebd., Rn. 33).

[100] Ebenso *Stern*, Staatsrecht I, S. 533 f., der zudem darauf hinweist, daß im Parlamentarischen Rat die Zustimmungsbedürftigkeit verworfen wurde. Nach *Mosler* (Fn. 2), § 175 Rn. 56, hat »das Gesetz im Ermächtigungsbereich des Art. 24 Abs. 1 GG dieselbe Bedeutung wie Zustimmungsgesetze zu völkerrechtlichen Verträgen nach Art. 59 Abs. 2 GG«.

[101] S. auch *Mosler* (Fn. 2), § 175 Rn. 56. Zur Diskussion s. *Randelzhofer* (Fn. 7), Art. 24 I Rn. 66. Das Gesetz zur EEA von 1986 (BGBl. II S. 1102) erging mit Zustimmung des Bundesrates; vgl. dazu *G. Ress*, EuGRZ 1987, 361 ff. S. auch die Neuregelung für die EU in Art. 23 I 2 GG: Danach ist eine Zustimmung des Bundesrates erforderlich.

[102] Vgl. auch *Tomuschat* (Fn. 33), Art. 24 Rn. 36; *R. Wolfrum*, Kontrolle der auswärtigen Gewalt, VVDStRL 56 (1997), S. 38 ff. (51); *Rojahn* (Fn. 43), Art. 24 Rn. 35: »aus der Funktion des Übertragungsgesetzes abgeleitet«; a. A. offenbar *M. Zuleeg*, JIR 16 (1973), 60 (79): Grds. für Austritt kein Gesetz nach Art. 59 II GG nötig, nur für einen Austritt aus der EG sei sogar ein Gesetz nach Art. 79 II GG erforderlich.

[103] So aber *H. P. Ipsen*, Gemeinschaftsrecht (Fn. 52), Rn. 2/19. Krit. dazu *Tomuschat* (Fn. 33), Art. 24 Rn. 36, mwN.

[104] So BVerfGE 37, 271 (279), st. Rspr., zuletzt BVerfGE 73, 339 (375 f.), mwN. Zur Rspr. des BVerfG und anderer Gerichte in Deutschland s. ausführlich *Randelzhofer* (Fn. 7), Art. 24 I Rn. 69 ff.

sungsänderung nach **Art. 79 III GG** sind[105], ob sie enger zu ziehen sind als diese[106] oder im Blick auf das Integrationsziel weiter[107], ist umstritten[108]. Da der wichtigste Fall, an dem der Streit sich entzündet hat, die EU, nunmehr in Art. 23 GG speziell geregelt ist, hat die Frage für Art. 24 GG an Bedeutung verloren. Zudem kann die **Struktursicherungsklausel** in Art. 23 I 1 GG über die explizite Bindung nach Art. 23 I 3 GG an Art. 79 III GG hinaus als Positivierung dessen verstanden werden, was als »immanente Grenze« auch des Art. 24 I GG gelten muß und dazu von der Rechtsprechung, insbesondere im Blick auf den unabdingbaren Schutz der **Grundrechte**[109] und auf die Gewährleistung eines **effektiven Rechtsschutzes**[110], entwickelt wurde (→ Art. 23 Rn. 61 ff., 75 ff.).

33 Für die Konstituierung von zwischenstaatlichen Einrichtungen bzw. die Übertragung von Hoheitsgewalt an sie gelten damit die Maßstäbe des **Art. 23 I 1 GG analog**. Speziell für den Restbereich des Art. 24 I GG besteht jedoch eine weitere Bindung des im Wort »kann« liegenden **Entschließungs- und Gestaltungsermessens** des Gesetzgebers nach Art. 24 I GG neben dem Prinzip der Gegenseitigkeit[111] unter drei Gesichtspunkten: dem Grundsatz der Erforderlichkeit oder Subsidiarität, dem Gebot der Gleichberechtigung und dem Gebot der notwendigen Mitwirkung (→ Rn. 34 ff.).

a) Erforderlichkeit der Übertragung, Subsidiaritätsprinzip

34 Zwischenstaatliche Integration ist seit der Ausgliederung des »Pflicht-Bereichs« Europäische Union in Art. 23 GG eine Option, die im **Ermessen** des nach Art. 24 I GG besonders ermächtigten Gesetzgebers steht. Er ist in der Ausübung dieses Ermessens indessen nicht frei. Unter den Gesichtspunkten der **grundrechtlich** gesicherten Selbstbestimmung des Einzelnen, der größtmöglichen Bürgernähe politischer Entscheidungen und damit des **Demokratie**gedankens, schließlich auch der Wahrung eines funktionsfähigen **Föderalismus** ist eine Übertragung von Hoheitsrechten nach Art. 24 I GG nur zulässig, wenn sie wegen der grenzüberschreitenden Dimension des Problems (Friedenssicherung, grenzüberschreitende Umweltprobleme, Verbrechensbekämpfung, internationaler Verkehr, Steuerung globaler Märkte, Ordnung der Kommunikationsdienstleistungen etc.) um der Effektivität der Wahrnehmung öffentlicher Aufgaben willen **erforderlich** ist. Integration ist kein Selbstzweck. Die mit ihr verbundene

---

[105] So *Rojahn* (Fn. 43), Art. 24 Rn. 50; *Stern*, Staatsrecht I, S. 535 ff.: »nach der Zielrichtung des Art. 79 Abs. 3 GG zweifelsfrei«, mwN.; *Tomuschat* (Fn. 33), Art. 24 Rn. 50 f., mwN.

[106] Vgl. etwa *P. M. Huber*, AöR 116 (1991), 210 (227 ff.); *Randelzhofer* (Fn. 7), Art. 24 I Rn. 100 ff., mit dem »materiellen Verfassungsbegriff« bzw. der Wesensgehaltsschranke der Grundrechte als Orientierung.

[107] S. etwa *H. P. Ipsen*, Gemeinschaftsrecht (Fn. 52), Rn. 2/37; *J. Isensee*, Vorrang des Europarechts und deutsche Verfassungsvorbehalte – offener Dissens, in: FS Stern, 1997, S. 1239 ff. (1248); *ders.*, Grundrechtsvoraussetzungen und Verfassungserwartungen an die Grundrechtsausübung, in: HStR V, § 115 Rn. 69. Gegen einen »schlichte(n)« Rückgriff auf Art. 79 III GG etwa *E. Klein*, Der Verfassungsstaat als Glied einer europäischen Gemeinschaft, VVDStRL 50 (1991), S. 56 ff. (69 ff.); vorsichtig auch *I. Pernice*, Die Verwaltung 26 (1993), 449 (471 f.).

[108] Zum Meinungsstreit ausführl. *Randelzhofer* (Fn. 7), Art. 24 I Rn. 84 ff.; s. auch *Rojahn* (Fn. 43), Art. 24 Rn. 50 f.

[109] Grundlegend mit der »Solange«-Formel: BVerfGE 37, 271 (280 ff.), umgekehrt in BVerfGE 73, 339 (376 ff.), und bestätigt und erweitert in BVerfGE 89, 155 (177 ff.).

[110] Vgl. BVerfGE 58, 1 (26 ff., 40 ff.); 59, 63 (89 ff.).

[111] S. dazu auch *Randelzhofer* (Fn. 7), Art. 24 I Rn. 51; *Tomuschat* (Fn. 33), Art. 24 Rn. 69.

Hochzonung von »Staats«-Aufgaben bedarf wegen des Entfremdungseffekts der besonderen Begründung. Der in Art. 23 I 1 GG in bezug auf die Struktur der EU jetzt positivierte Grundsatz der **Subsidiarität** (→ Art. 23 Rn. 71 ff.) verleiht diesen aus den Prinzipien der Verfassung begründeten Grenzen auch bei der Integrationsgewalt nach Art. 24 I GG Ausdruck.

Dabei folgt aus dem obligatorischen Charakter des Art. 23 GG gegenüber dem optionalen Charakter der Integration nach Art. 24 I GG zugleich der **Vorrang der Unionsebene** im Bereich ihrer Aufgabenstellung und Wirkungsmöglichkeiten vor der Übertragung von Hoheitsrechten an andere zwischenstaatliche Einrichtungen in Europa oder international. Die Pflicht zur Mitwirkung an der Entwicklung der EU schließt die Gründung alternativer Einrichtungen aus, soweit nicht eine spezifische Interessenlage bzw. ein regionaler oder technisch begrenzter Zweck die Sonderregelung rechtfertigen oder die Begründung neuer Kompetenzen der EU an der fehlenden Zustimmung aller Mitgliedstaaten scheitert[112]. 35

b) Das Gebot der gleichberechtigten Mitwirkung

Fraglich ist, ob das **Gestaltungsermessen** des Gesetzgebers nach Art. 24 I GG insoweit begrenzt ist, als Deutschland Hoheitsrechte nur auf Einrichtungen übertragen kann, in der es **gleichberechtigter Partner** und in deren Entscheidungsorganen es angemessen repräsentiert ist. Die Präambel des Grundgesetzes mit dem Passus »als gleichberechtigtes Glied in einem vereinten Europa« legt den Schluß nahe, daß eine gleichberechtigte Mitwirkung Deutschlands in der Einrichtung verlangt wird, jedenfalls in europäischen Organisationen[113]. Eine gleichberechtigte Mitwirkung ist aber auch im übrigen zu fordern, da ansonsten die Ausübung der Kompetenzen eine »Fremdherrschaft« darstellen würde und damit den Prinzipien der Volkssouveränität (→ Art. 20 [Demokratie] Rn. 76 ff.) und der Selbstbestimmung zuwider liefe. Eine Übertragung von Hoheitsrechten ist daher nur dann zulässig, wenn den deutschen Bürgern bzw. den sie repräsentierenden Organen »im Gegenzug« eine gleichberechtigte Beteiligung am Entscheidungsprozeß eingeräumt wird. 36

Die gleichberechtigte Mitwirkung entspricht zwar nach dem völkerrechtlichen Grundsatz der Staatengleichheit auch der generellen Übung in internationalen Organisationen[114]. Wie man insbesondere am UN-System erkennen kann, bedeutet dies jedoch nicht unbedingt, daß alle Mitglieder gleiche Mitwirkungsrechte genießen[115]. **Differenzierungen der Mitwirkungsrechte** sind grundsätzlich zulässig, sie müssen aber sachlich gerechtfertigt sein[116]. Die Repräsentation in den Organen und die Gewich- 37

---

[112] Durch die neuen Flexibiltätsregelungen des Amsterdamer Vertrages (Art. 5a [11 nF] EGV, K. 15f. [34f. nF] EUV) ist die Plausibilität dafür, wegen fehlender Übereinstimmung der EU-Mitgliedstaaten neue Integrationsmaßnahmen außerhalb des EU-Rahmens vorzunehmen, vermindert worden.
[113] Vgl. auch *Randelzhofer* (Fn. 7), Art. 24 I Rn. 50.
[114] *I. Seidl-Hohenveldern/G. Loibl*, Das Recht der Internationalen Organisationen einschließlich der Supranationalen Gemeinschaften, 6. Aufl. 1996, Rn. 1132; *E. Klein*, in: W. Graf Vitzthum (Hrsg.), Völkerrecht, 1997, 4. Abschnitt Rn. 75.
[115] Vgl. die Sonderrechte der ständigen Mitglieder des Sicherheitsrats nach Art. 23 I, 27 III SVN (Vetorecht).
[116] Grenze ist die willkürliche Benachteiligung: vgl. *Seidl-Hohenveldern/Loibl*, Internationale Organisationen (Fn. 114), Rn. 1133 ff.; *Tomuschat* (Fn. 33), Art. 24 Rn. 70. Speziell in bezug auf die UNO (krit.) *B. Fassbender*, UN Security Council Reform and the Right of Veto: A Constitutional Perspective, 1998, S. 63 ff., 287 ff.

tung der Stimmen kann proportional zu der Größe oder Bevölkerungszahl der Mitgliedstaaten im Sinne materieller Gleichheit unterschiedlich sein, ohne daß das Prinzip der gleichberechtigten Mitwirkung verletzt wäre.

38 Ein »förmliches Mitentscheidungsrecht«[117] i.S. einer Zustimmung zu jedem einzelnen Beschluß der Einrichtung ist nicht zu verlangen, der Ausschluß von **Mehrheitsentscheidungen** würde Deutschland entgegen dem Ziel von Art. 24 I GG weitgehend integrationsunfähig machen[118]. Ihre Legitimation muß im **Solidätszusammenhang** des Verfassungsverbundes begründbar sein, in dem Rücksichtnahme bei wechselnden Mehrheiten verbürgt ist. Doch wäre es mit dem Demokratieprinzip (Art. 20 I, II GG) unvereinbar, auf jeden legitimierenden Einfluß von deutscher Seite im Beschlußverfahren der Einrichtung zu verzichten. Insofern ist es bedenklich, wenn die zwischenstaatliche Einrichtung ihrerseits Organe eines Mitgliedstaats, gegenüber denen jede demokratische Kontrolle ausgeschlossen ist, mit der eigenverantwortlichen Wahrnehmung hoheitlicher Aufgaben betraut[119].

III. Übertragung von Befugnissen auf grenznachbarschaftliche Einrichtungen (Art. 24 Ia GG)

39 Art. 24 Ia GG ist die konsequente Fortführung des Grundgedankens der **offenen Staatlichkeit** im Bundesstaat, in bezug auf die Verteilung der Staatsgewalt zwischen Bund und Ländern das *suum cuique* für die Integrationsbefugnis und damit die Bestätigung des Vorrangs **effektiver Aufgabenerfüllung** und friedlicher Zusammenarbeit im kooperativen Verfassungsstaat vor dem Dogma staatlicher Ausschließlichkeit bei vielfach irrationalen Grenzverläufen. In Ergänzung zu Art. 32 III GG wertet er die **Eigenstaatlichkeit der Länder** auf[120], samt ihrer partiellen Völkerrechtsfähigkeit (→ Art. 32 Rn. 10). Der steigende Bedarf an (Rechtsformen) regionaler Zusammenarbeit[121], gefördert auch durch die EG-Programme INTERREG I und II[122] führte zu einer Öffnung der Staatlichkeit auf Länderebene für die bisher durch Art. 24 I GG aus-

---

[117] So BVerfGE 68, 1 (95).
[118] So für den Fall der EU: BVerfGE 89, 155 (183). Allgemein: *Tomuschat* (Fn. 33), Art. 24 Rn. 71. A. *Bleckmann*, Zur Funktion des Art. 24 GG, in: FS Doehring, 1989, S. 63 ff. (80), hält eine Hinnahme von Mehrheitsentscheidungen außerhalb der EG im Grundsatz für unzulässig.
[119] So aber die von BVerfGE 68, 1 (90 ff.), akzeptierte Übertragung der Entscheidung über den Einsatz der in Deutschland stationierten Mittelstreckenraketen auf den Präsidenten der USA als »Organ« der NATO trotz des Konsultationsverfahrens (s. dazu zustimmend *Rauser*, Übertragung auf ausländische Staaten [Fn. 63], S. 176 ff.). Dieselben Bedenken bestehen gegenüber BVerfGE 58, 1 (41 ff.): Zuständigkeit der belgischen Gerichte für den Rechtsschutz gegen Gebührenakte von Eurocontrol. Wegen der Mitgliedschaft Deutschlands in der IAO anders zu bewerten: BVerfGE 59, 63 (85 ff., 89 ff.): Betrauung des Verwaltungsgerichts der IAO als zuständiges Gericht für dienstrechtliche Streitigkeiten der Eurocontrol (vgl. Art. 92 der Beschäftigungsbedingungen Eurocontrol, abgedr. ebd., S. 67 f.).
[120] So insb. *R. Rixecker*, Grenzüberschreitender Föderalismus – eine Vision der deutschen Verfassungsreform zu Artikel 24 Abs. 1 des Grundgesetzes, in: K. Bohr (Hrsg.), Föderalismus. Demokratische Struktur für Deutschland und Europa, 1992, S. 201 ff. (209).
[121] S. auch die Begründung im Vorschlag der GVK, Zur Sache 5/93, 49.
[122] Gemeinschaftsinitiative im Rahmen der Strukturfonds zur Förderung der Zusammenarbeit über die innergemeinschaftlichen Grenzen hinweg (zuletzt Interreg II C: ABl. 1996 C 200/23); s. dazu *G. Halmes*, DÖV 1996, 933 (934, 943). Zur Entwicklung des »kooperativen Interregionalismus« s. schon F. Esterbauer/P. Pernthaler (Hrsg.), Europäischer Regionalismus am Wendepunkt – Bilanz und Ausblick, 1991; *U. Beyerlin*, ZaöRV 54 (1994), 587 ff.

III. Übertragung von Befugnissen   Art. 24

geschlossene[123] **regionale Integration** und rundet damit Art. 24 I GG sowie Art. 32 III GG ab.

Die Palette der ins Auge gefaßten **Gegenstände der Zusammenarbeit** benachbarter   40
europäischer Regionen reicht von der Schul- und Hochschulkooperation über die Polizei bis hin zur Abfall- und Abwasserentsorgung[124]. Eine Reihe bereits **bestehender Rahmenverträge**[125], in denen bis auf das Karlsruher Übereinkommen vom 23. 1. 1996 freilich Übertragungen von Hoheitsrechten noch nicht vorgesehen sind, läßt auf die Aktualität regionaler Kooperation schließen. Eine weniger weitreichende Parallelregelung zu Art. 24 Ia GG findet sich inzwischen in Frankreich[126].

1. Übertragung von Hoheitsrechten

Für Konzept, Verständnis und Bedingungen der **Übertragung von Hoheitsrechten** gel-   41
ten dieselben Grundsätze wie bei Art. 24 I GG[127]. Dabei enthält Art. 24 Ia GG nur eine Öffnungsklausel der (Bundes-) Staatlichkeit zugunsten eigener Integrationsinitiativen der Länder; er läßt offen, in welcher Weise die Übertragung von Hoheitsrechten erfolgen kann. Entgegen einem früheren Vorschlag[128] wurde die Klausel »durch Gesetz« im Text des Art. 24 Ia GG zu Recht fortgelassen. Dies zu regeln, ist Sache der Länder im Rahmen ihrer Verfassungsautonomie (→ Art. 28 Rn. 47 ff.).

Zur Hoheitsrechtsübertragung und insbesondere ihrer **Legitimation** genügt weder   42
die Zustimmung der Bundesregierung[129] noch ein einfaches Landesgesetz[130] noch ein Rahmenübereinkommen, das vom Land oder gar vom Bund geschlossen wurde[131]. Da mit ihr auf der Ebene der Länder Verschiebungen von Zuständigkeiten im Sinne materieller Verfassungsänderung erfolgen und die Bürger sonst einem von ihnen nicht legitimierten Hoheitsträger unterworfen würden, ist es Sache und nach Art. 28 I 1 GG auch Aufgabe des **Landesverfassungsgebers**, durch eine landesrechtliche **Parallelnorm zu Art. 24 I GG**[132] die Zuständigkeit (zumindest) des Gesetzgebers und die Bedingun-

---

[123] Vgl. auch *S. Grotefels*, DVBl. 1994, 785 (787).
[124] S. die Begründung im Vorschlag der GVK, Zur Sache 5/93, 49. Vgl. auch schon *Rixecker*, Grenzüberschreitender Föderalismus (Fn. 120), S. 212 ff.
[125] S. etwa das Europäische Rahmenübereinkommen über die grenzüberschreitende Zusammenarbeit zwischen Gebietskörperschaften (*Madrider Abkommen*) v. 21. 5. 1980, BGBl. 1981 II S. 965; dazu *U. Beyerlin*, Rechtsprobleme der lokalen grenzüberschreitenden Zusammenarbeit, 1988. S. auch das *Isselburg-Abkommen* v. 23. 5. 1991, das *Mainzer Abkommen* v. 8. 3. 1996 sowie das *Karlsruher Übereinkommen* v. 23. 1. 1996; zu allem *G. Halmes*, DÖV 1996, 933 ff., mwN.
[126] Loi d'orientation n° 92–125 (Loi »*Joxe/Marchand*« v. 6. 2. 1992) relative à l'administration territoriale de la République, Journal Officiel v. 8. 2. 1992, 2064, um die Möglichkeit der Übertragung auf ausländische Einrichtungen ergänzt durch die Loi d'orientation (Loi »*Pasqua*« v. 4. 2. 1995) pour l'aménagement et le développement du territoire, Journal Officiel v. 5. 2. 1995, 1973.
[127] Vgl. auch *Streinz* (Fn. 8), Art. 24 Rn. 38. → Rn. 18 ff.
[128] So der Vorschlag eines neuen Art. 24 IV GG der Kommission Verfassungsreform des Bundesrates, BR-Drs. 360/92, Rn. 3, 13 ff.
[129] So aber *S. Grotefels*, DVBl. 1994, 785 (790); *Randelzhofer* (Fn. 7), Art. 24 I Rn. 198.
[130] S. aber *U. Beyerlin*, ZaöRV 54 (1994), 587 (602); *J. Schwarze*, Die Übertragung von Hoheitsrechten auf grenznachbarliche Einrichtungen i.S.d. Art. 24 Ia GG, in: FS Benda, 1995, S. 311 ff. (320 f.), für den auch ein allgemeines Rahmengesetz genügt, in dem die Gemeinden zu interkommunalen Kooperationsverträgen ermächtigt werden. So wohl auch *Streinz* (Fn. 8), Art. 24 Rn. 132.
[131] Der Bund scheint jedoch davon auszugehen, daß ein von ihm abgeschlossenes Rahmenübereinkommen ausreicht, s. das Karlsruher Übereinkommen von 1996 (→ Fn. 125).
[132] Ein allgemeines Bekenntnis zur Zusammenarbeit mit anderen europäischen Regionen, wie in Art. 60 II 2 der saarländischen Verf. genügt nicht.

gen für die Konstituierung des Trägers der Hoheitsrechte, seine Kompetenzausstattung sowie ggf. den Rechtsschutz festzulegen[133].

43 Die Übertragung von Hoheitsrechten ist in Art. 24 Ia GG **den Ländern** eröffnet. Damit können weder der Bund für die Länder, etwa in der Form eines Rahmenübereinkommens[134], noch **Gemeinden oder Gemeindeverbände**, Kreise und Kreisverbände von sich aus nach Art. 24 Ia GG tätig werden[135]. Da auch die Befugnisse der kommunalen Ebene zur Zuständigkeit der Länder gehören, erstreckt sich Art. 24 Ia GG auch auf diese Ebene; jedoch ist für jede konkrete Hoheitsübertragung durch eine Gemeinde oder einen Gemeindeverband ein besonderes **Landesgesetz** erforderlich[136]. Eine spezielle oder gar nur allgemeine landesgesetzliche Ermächtigung der Kommunen zur Übertragung von Hoheitsgewalt[137] widerspricht dem Wortlaut des Art. 24 Ia GG.

2. Der Zuständigkeitsbereich der Länder nach Art. 24 Ia GG

44 Der sachliche Bereich, aus dem nach Art. 24 Ia GG die Übertragung von Hoheitsrechten auf grenznachbarschaftliche Einrichtungen durch die Länder zulässig ist, umfaßt den gesamten Bereich staatlicher Zuständigkeit, also nicht nur die **Ländergesetzgebung**, sondern vor allem auch die **Verwaltung und Rechtsprechung**[138]. Die Abgrenzung ergibt sich aus Art. 30, 70 ff., 83 ff. GG. Grenzüberschreitend zuständige Gerichte sind angesichts der bundesrechtlichen Regelung der Gerichtsverfassung jedoch nur für den Rechtsschutz gegen Akte der betreffenden Einrichtungen denkbar, hier aber auch notwendig[139].

45 Das Begriffspaar Aufgaben und Befugnisse in Art. 24 Ia GG ist nicht im Sinne des Polizei- und Ordnungsrechts, sondern als Bezeichnung der von den Ländern ausgeübten Wahrnehmung von Aufgaben des öffentlichen Lebens im allgemeinen Sinne von Art. 30 GG zu verstehen (→ Art. 30 Rn. 26 ff.).

3. Grenznachbarschaftliche Einrichtungen

46 Der Begriff der grenznachbarschaftlichen Einrichtung entspricht funktionsadäquat demjenigen der zwischenstaatlichen Einrichtung in Art. 24 I GG. Nur für diejenigen Länder ist Art. 24 Ia GG also von Bedeutung, die mit fremden Staaten eine **gemeinsame Grenze** haben[140]. Dabei ist eine Beschränkung auf EU-Mitgliedstaaten nicht gege-

---

[133] Vgl. auch schon *Rixecker*, Grenzüberschreitender Föderalismus (Fn. 120), S. 210; ähnl. *Streinz* (Fn. 8), Art. 24 Rn. 46; a.A. *Schwarze*, Übertragung (Fn. 130), S. 321.

[134] S. dazu die Problematik des Karlsruher Übereinkommens (→ Fn. 125), an dem die Länder nicht beteiligt sind; dazu *G. Halmes*, DÖV 1996, 933 (942).

[135] Ebenso *Rojahn* (Fn. 43), Art. 24 Rn. 81; *A. Beck*, Die Übertragung von Hoheitsrechten auf kommunale grenznachbarschaftliche Einrichtungen, 1995, S. 97 ff.; a.A. *Rixecker*, Grenzüberschreitender Föderalismus (Fn. 120), S. 210, der von einem beredten Schweigen ausgeht; ebenso *Schwarze*, Übertragung (Fn. 130), S. 319 f.

[136] In diesem Sinne auch *U. Beyerlin*, ZaöRV 54 (1994), 587 (603 f.), wobei es nicht um eine gesetzliche »Ermächtigung« der betreffenden Gemeinde(n) gehen kann, sondern die Übertragung selbst durch das Gesetz erfolgen muß.

[137] *Schwarze*, Übertragung (Fn. 130), S. 320, hält die Zulässigkeit »für unbestreitbar« und in allgemeiner Weise durch Gesetz für möglich.

[138] So auch *S. Grotefels*, DVBl. 1994, 785 (791 f.); enger wohl *U. Beyerlin*, ZaöRV 54 (1994), 587 (600).

[139] Vgl. zu Art. 19 IV GG insofern BVerfGE 58, 1 (40 ff.).

[140] Ebenso *S. Grotefels*, DVBl. 1994, 785 (790 f.); *Schwarze*, Übertragung (Fn. 130), S. 327 ff.; *U. Beyerlin*, ZaöRV 54 (1994), 587 (601).

ben. Dem Begriff der Grenznachbarschaft kann umgekehrt keine weitere lokale Einschränkung etwa auf grenzunmittelbare Bereiche entnommen werden[141].

Grenznachbarschaftliche Einrichtungen sind demnach mit eigener **Rechtspersönlichkeit** ausgestattete Träger öffentlicher Gewalt, die auf einer durch Gesetz legitimierten Vereinbarung zwischen dem Land und seinem ausländischen Partner beruhen. Dies gilt unabhängig davon, ob die andere Seite (partielle) Völkerrechtsfähigkeit besitzt oder nicht, wie etwa ein französisches Département oder eine niederländische Provinz[142]. Der Vertrag muß kein staats- oder völkerrechtlicher Vertrag sein, aber er muß als »Gesamtakt« die Einrichtung konstituieren und mit Hoheitsrechten ausstatten. 47

Streitig ist, ob Art. 24 Ia GG auch die **einseitige Übertragung** von Hoheitsrechten auf Einrichtungen eines Nachbarstaates deckt. Dies wird z.T. in Parallele zu Art. 24 I GG verneint[143], teilweise um der Effizienz und weitestmöglichen Anwendung der Vorschrift willen bejaht[144], dies gelegentlich aber nur unter der Voraussetzung, daß eine angemessene Teilhabe der deutschen Mitglieder am internen Entscheidungsprozeß der Einrichtung sichergestellt ist[145]. Nach den Grundsätzen der Demokratie kann demgegenüber nur diejenige Hoheitsgewalt als legitim angesehen werden, deren Träger und deren Ausübung von den (auch) betroffenen Bürgern her zumindest mittelbar legitimiert ist (→ Art. 23 Rn. 51). Daran fehlt es bei (autonomen) Einrichtungen fremder Staaten, wenn sie allein deren Recht und Rechtsaufsicht unterworfen sind und eine grundsätzlich **gleichberechtigte Mitwirkung** der deutschen Seite in der Beschlußfassung nicht gewährleistet ist[146]. Diese »Gemeinsamkeit« ist auch im Begriff »grenznachbarschaftlich« impliziert[147]. Einrichtungen aber, die diese Bedingungen erfüllen, sind regelmäßig zwischenstaatlich[148]. 48

4. Zustimmung der Bundesregierung

Die Zustimmung der Bundesregierung dient wie diejenige nach Art. 32 III GG der Wahrung der gesamtstaatlichen Belange der Bundesrepublik Deutschland[149]. Das Erfordernis dient insoweit der präventiven Kontrolle des Bundes über das außenwirksa- 49

---

[141] *Schwarze*, Übertragung (Fn. 130), S. 328; *Beck*, grenznachbarschaftliche Einrichtungen (Fn. 135), S. 109 f.; a. A. wohl Schmidt-Bleibtreu/*Klein*, GG, Art. 24 Rn. 3 e.

[142] Ebenso *U. Beyerlin*, ZaöRV 54 (1994), 587 (601 f.); *Schwarze*, Übertragung (Fn. 130), S. 322 ff.; Schmidt-Bleibtreu/*Klein*, GG, Art. 24 Rn. 3 e.

[143] So das Baden-Württembergische Staatsministerium, Landtags-Drs. 11/2777, S. 3, im Anschluß an BVerfGE 2, 347 (378), zit. nach *Schwarze*, Übertragung (Fn. 130), S. 329 Fn. 105.

[144] *C. Autexier*, Gemeinsame lothringisch-saarländische administrative Einrichtungen und Verfahrensweisen, 1993, S. 89 f.; *Schwarze*, Übertragung (Fn. 130), S. 330 ff. Für die Zulässigkeit der Übertragung auch schon vor Erlaß von Art. 24 Ia GG: *Rauser*, Übertragung auf ausländische Staaten (Fn. 63), S. 151 ff., 246 ff.

[145] *U. Beyerlin*, ZaöRV 54 (1994), 587 (606); ihm folgend *G. Halmes*, DÖV 1996, 933 (940 f.); *Streinz* (Fn. 8), Art. 24 Rn. 44.

[146] S. auch *T. Stein*, Europäische Union: Gefahr oder Chance für den Föderalismus in Deutschland, Österreich und der Schweiz?, VVDStRL 53 (1994), S. 26 ff. (43 f.).

[147] Vgl. auch *Rojahn* (Fn. 43), Art. 24 Rn. 83.

[148] Vgl. dazu den »Grenzüberschreitenden Örtlichen Zweckverband« als Einrichtung nach Art. 11–15 des Karlsruher Übereinkommens (→ Fn. 125), zitiert nach *G. Halmes*, DÖV 1996, 933 (940): »neue Rechtspersönlichkeit multinationalen Rechts«.

[149] So auch die Begründung im Vorschlag der GVK, Zur Sache 5/93, 49. Die Begründung weist auf den »notwendigen bundesstaatlichen Ausgleich« hin, BT-Drs. 12/3338, S. 10.

me Handeln der Länder[150]. Dabei ist der Bund grundsätzlich **zur Zustimmung verpflichtet**. Eine Verweigerung der Zustimmung oder ein nachträglicher Entzug der Zustimmung sind daher nur bei drohenden schweren Beeinträchtigungen der Interessen des Gesamtstaates zulässig. Die Darlegungslast liegt bei der Bundesregierung. Aus dem Grundsatz des **Bundestreue**[151] folgt die Pflicht zur vorherigen gemeinsamen Erörterung, so daß es dem Land ggf. ermöglicht wird, in der betreffenden Vereinbarung auf die vom Bund vorgetragenen Belange Rücksicht zu nehmen. Die Zustimmung ist Wirksamkeitsvoraussetzung des Übertragungsaktes nach Art. 24 Ia GG[152].

IV. Einordnung in ein System gegenseitiger kollektiver Sicherheit (Art. 24 II GG)

50 Das Grundgesetz enthält keinen generellen Verzicht auf Streitkräfte und ihren Einsatz, wohl aber stehen das Friedensziel in der Präambel, in Art. 26 und Art. 24 I wie II GG für eine Verfassungsentscheidung gegen ein einseitiges militärisches Vorgehen und für das **Zusammenwirken mit anderen Staaten**[153]. Mit der Ermächtigung zur Einordnung in ein »System gegenseitiger kollektiver Sicherheit« und der Einwilligung in die damit verbundene Beschränkung seiner Hoheitsrechte bildet Art. 24 II GG die Grundlage der **sicherheitspolitischen Kooperation** als vorrangiges Instrument zur Wahrung des Friedens in Europa und in der Welt. Er ist zugleich aber auch die verfassungsrechtliche Grundlage für den **Einsatz bewaffneter Streitkräfte** Deutschlands im Rahmen der betreffenden Systeme gegenseitiger kollektiver Sicherheit[154].

51 Die Ermächtigung zur Einordnung in ein System kollektiver Sicherheit steht grundsätzlich **neben der Integrationsermächtigung nach Art. 24 I GG**[155]. Ob die Sicherheitspolitik in eine zwischenstaatliche Einrichtung mit autonomen Hoheitsrechten integriert oder aber nur kooperativ organisiert wird, ist eine freie politische Entscheidung. Im Rahmen der jedoch unter Art. 23 GG fallenden Gemeinsamen Außen- und Sicherheitspolitik der EU (Art. J (11 ff. nF) EUV) mag – insbesondere im Hinblick auf die angedachte Integration der WEU – auch ein schrittweiser Übergang vom kooperativen zum integrierten System vollzogen werden[156]. Die Übertragung von Hoheitsrechten nach Art. 23 GG bzw., soweit außerhalb oder neben der EU noch möglich (→ Rn. 35), nach Art. 24 I GG schließt die Beschränkung von Hoheitsrechten nach Art. 24 II GG gegebenenfalls mit ein[157]. Der Unterschied wird im Urteil über die »out of

---

[150] Vgl. auch *S. Grotefels*, DVBl. 1994, 785 (792).
[151] Vgl. *H. Bauer*, Die Bundestreue, 1992, S. 346 ff. (gegenseitige Konsultationspflichten).
[152] So auch *Rojahn* (Fn. 43), Art. 24 Rn. 86.
[153] Ähnl. *G. Nolte*, ZaöRV 54 (1994), 95 (121).
[154] Dazu grundlegend BVerfGE 90, 286 (344 ff.).
[155] Für eine dogmatische Trennung von Übertragung und Beschränkung auch *K. Doehring*, Systeme kollektiver Sicherheit, in: HStR VII, § 177 Rn. 9. Anders *Tomuschat* (Fn. 33), Art. 24 Rn. 123: »Komplementarität«, mwN. Für die im »Kampf um den Wehrbeitrag« vielfach vertretene These der gleichzeitigen Anwendung von Art. 24 I u. II GG: *A. Randelzhofer*, in: Maunz/Dürig, GG, Art. 24 II (1992), Rn. 1 ff., der ebenfalls ein Komplementärverhältnis annimmt.
[156] S. auch die neuen Ansätze zu einer weiteren Integration im Bereich der Sicherheitspolitik, unter Einbeziehung der WEU, in Art. J.7 (17 nF) EUV. Überlegungen zu einem partiell engeren Zusammenwirken stellt insofern *L. Rielinger*, ZRP 1997, 400 ff., an.
[157] Vgl. auch BVerfGE 68, 1 (95 f.), wo offen gelassen wurde, ob die NATO »auch ein System gegenseitiger kollektiver Sicherheit« ist. In BVerfGE 90, 286 (350) wird die Frage der Alternativität nicht gestellt.

»area«-Einsätze der Bundeswehr damit gekennzeichnet, »daß die Teilnahme deutscher Streitkräfte an friedensichernden Operationen von Systemen gegenseitiger kollektiver Sicherheit deren Einordnung in ein solches Organisationssystem zur Folge hat, nicht aber dem System die Kompetenz zuweist, Hoheitsbefugnisse mit unmittelbarer Wirkung im innerstaatlichen Bereich auszuüben«[158].

Art. 24 II GG begründet **keine Verpflichtung** für den Bund, sich einem bestimmten System einzuordnen[159]; wohl aber ist ihm und dem Friedensgebot des Grundgesetzes zu entnehmen, daß der Weg über ein System gegenseitiger kollektiver Sicherheit gegenüber anderen Möglichkeiten der von der Verfassung vorgezeichnete und präferierte Weg der Sicherheitspolitik ist: Die Option für das System der kollektiven Sicherheit ist Teil der **Verfassungsentscheidung für die internationale Zusammenarbeit** im Sinne der offenen Staatlichkeit (→ Rn. 1) und ermessensleitende Richtschnur der Politik[160]. 52

Art. 24 II GG läßt als Element der Vorschriften über die Zuordnung von Staatsgewalt im integrationsoffenen Bundesstaat die **Modalitäten der Einordnung** und der damit zusammenhängenden Beschränkung der Hoheitsrechte offen: Er begründet, anders als Art. 23 I und 24 I GG, selbst **keinen Gesetzesvorbehalt**. Soweit aber, wie im Regelfall[161], die den Akt der Einordnung tragende **völkerrechtliche Vereinbarung** nach Art. 59 II GG ein politischer Vertrag ist, werden sie und mit ihr die implizierte Beschränkung der Hoheitsrechte durch das »einfache« **Vertragsgesetz**[162] demokratisch abgestützt[163]. Da Art. 24 II GG die Konstituierung eines neuen, autonomen, supranationalen Trägers von Hoheitsrechten gerade nicht erlaubt und es damit an entsprechenden materiell-verfassungsändernden Wirkungen des Einordnungsaktes fehlt[164], ist eine weiterreichende Legitimation nicht gefordert. 53

1. System gegenseitiger kollektiver Sicherheit

Der zentrale Begriff des Art. 24 II GG ist der des Systems gegenseitiger kollektiver Sicherheit[165]. Unstreitig fällt darunter die **UNO**[166], (noch) nicht dagegen die 1995 von der Konferenz zur Organisation mutierte **OSZE**[167]; sie hat sich zwar selbst zur Regio- 54

---

[158] BVerfGE 90, 286 (346f.); → Rn. 60.

[159] So auch *Rojahn* (Fn. 43), Art. 24 Rn. 87; *Randelzhofer* (Fn. 155), Art. 24 II Rn. 7f.; a.A. W. G. *Grewe*, Auswärtige Gewalt, in: HStR III, § 78 Rn. 77; *A. Bleckmann*, Grundgesetz und Völkerrecht, 1975, S. 231.

[160] Ähnl., aber noch vorsichtiger *Randelzhofer* (Fn. 155), Art. 24 II Rn. 6.

[161] Vgl. *Randelzhofer* (Fn. 155), Art. 24 II Rn. 24; *Streinz* (Fn. 8), Art. 24 Rn. 52: »immer«. Zum Begriff des politischen Vertrags → Art. 59 Rn. 29f.

[162] S. auch *Tomuschat* (Fn. 33), Art. 24 Rn. 148ff.: in der Regel Einspruchsgesetz; vgl. auch *Streinz* (Fn. 8), Art. 24 Rn. 52.

[163] Vgl. auch BVerfGE 90, 286 (351). Die Möglichkeit, daß Vorschriften des Grundgesetzes »berührt« werden, sieht dagegen *Doehring* (Fn. 155), § 177 Rn. 11, als Grund für den mehr als deklaratorischen Charakter des Art. 24 II GG.

[164] So insb. *Randelzhofer* (Fn. 155), Art. 24 II Rn. 25f. mwN.

[165] Zu Entstehungsgeschichte und völkerrechtlichem Hintergrund des Begriffs s. die ausführliche Darstellung bei *Tomuschat* (Fn. 33), Art. 24 Rn. 126ff.

[166] Vgl. etwa *Doehring* (Fn. 155), § 177 Rn. 6, 14ff.; *G. Gornig*, JZ 1993, 123 (126); *G. Nolte*, ZaöRV 54 (1994), 95 (111); *T. Stein/H. Kröninger*, Jura 1995, 254 (256).

[167] S. die Ergebnisse des Budapester Gipfels der KSZE von Dezember 1994, durch den die KSZE in OSZE umbenannt wurde, in: Bulletin der Bundesregierung Nr. 120 vom 23.12. 1994, 1097ff.; dazu *M. Sapiro*, AJIL 89 (1995), 633ff. mwN. Zu den Entwicklungen von 1990 bis heute s. auch *J. Bortloff*, Die Organisation für Sicherheit und Zusammenarbeit in Europa, 1996, S. 99ff.; *M. Wenig*, Möglichkeiten und Grenzen der Streitbeilegung ethnischer Konflikte durch die OSZE, 1996, S. 27ff.; *M. Sapiro*,

nalorganisation der UNO nach Kapitel VIII SVN und damit zu einem System gegenseitiger kollektiver Sicherheit erklärt[168], beruht aber nach wie vor fast durchgehend auf nur politisch, nicht aber rechtlich bindenden Vereinbarungen[169].

55 **Umstritten** ist aber – auch nach dem Urteil des Bundesverfassungsgerichts im Streit um die AWACS-Einsätze der Bundeswehr[170] –, ob **NATO** und **WEU** unter Art. 24 II GG[171], unter Art. 24 I GG oder unter keine dieser Normen fallen. Der Begriff des Systems gegenseitiger kollektiver Sicherheit umfaßt nach einer engeren Auslegung nur Systeme, die »die Friedenssicherung innerhalb des Systems herstellen« sollen[172], nach der überwiegenden, weiteren Auffassung dagegen auch diejenigen Systeme, die gegen Angriffe von außen gerichtet sind, also Systeme kollektiver Verteidigung[173].

56 Wenn, wie das Bundesverfassungsgericht wegen der Grundentscheidung für ein kooperatives Verteidigungskonzept (→ Rn. 50) zu recht ausführt, es das **ausdrückliche Regelungsziel** des Art. 24 II GG war, »ein staatenübergreifendes System der Friedenssicherung zu schaffen, das der Bundesrepublik Deutschland zudem die militärische Sicherheit geben sollte, die sie damals schon mangels eigener Streitkräfte nicht gewährleisten konnte«[174], dann ist eine Beschränkung auf nur nach innen gewandte Systeme sinnwidrig. Auf das Wort »**gegenseitig**« läßt sich diese restriktive Auffassung nicht stützen[175], denn Gegenseitigkeit liegt auch dann vor, wenn sich die Beteiligten »gegenseitig« Beistand gegen Angriffe Dritter versprechen[176]. Entscheidend ist, daß der Übernahme von Pflichten im System – nach innen wie nach außen – das **Recht auf Beistand** durch die anderen Vertragspartner gegenübersteht, »jeder Staat ... gleichzeitig Garant und Garantieempfänger« ist[177].

American Society of International Law Insight Nr. 15/1997: U.a. Einrichtung eines Sekretariats (inzw. in Wien, mit Büro in Prag) mit einem Generalsekretär, eines amtierenden Ratsvorsitzes, eines Ständigen Rates, eines Hohen Kommissars für nationale Minderheiten, eines Büros für demokratische Institutionen und Menschenrechte (in Warschau) und eines Konfliktverhütungszentrums (in Wien).

[168] Durch das Helsinki-Dokument »Herausforderungen des Wandels« von 1992, abgedruckt in: Bulletin der Bundesregierung Nr. 82 vom 23. Juli 1992, 777ff., s. dazu *Bortloff*, OSZE (Fn. 167), 414ff., *C. Walter*, Vereinte Nationen und Regionalorganisationen, 1996, S. 113.

[169] *Wenig*, OSZE (Fn. 167), S. 92ff., mwN, hält die OSZE trotz der fehlenden Rechtsverbindlichkeit der Gründungsdokumente für eine Regionalorganisation iSv. Kapitel VIII SVN, lehnt jedoch die Einstufung als ein System kollektiver Sicherheit ab, da eine mit rechtlich bindenden Weisungsrechten ausgestattete Zentralinstanz fehle, ebd., S. 311.; anders *U. Fastenrath*, FAZ v. 19.4.1994, 8, der schon in der KSZE ein System kollektiver Sicherheit »im weiteren Sinne« sah. *R. Wolfrum*, Deutschlands Mitgliedschaft in NATO, WEU und KSZE, in: HStR VIII, § 192 Rn. 48, hielt 1994 die damalige KSZE wegen des Fehlens hinreichend fester Strukturen noch nicht für eine Organisation iSd. Art. 24 GG.

[170] BVerfGE 90, 286 (344ff.); krit. etwa *T. Stein/H. Kröninger*, Jura 1995, 254 (260); *G. Schulze*, JR 1995, 98 (101f.).

[171] Dagegen *Doehring* (Fn. 155), § 177 Rn. 6, 13; dafür *D. Blumenwitz*, BayVBl. 1994, 641 (645). Zum Streit s. etwa *T. Stein/H. Kröninger*, Jura 1995, 254 (256) mwN.

[172] So *Doehring* (Fn. 155), § 177 Rn. 6; *R. Wolfrum*, Die Bundesrepublik Deutschland im Verteidigungsbündnis, in: HStR VII, § 176 Rn. 17; *G. Frank*, in: AK-GG, Art. 24 II Rn. 5.

[173] So BVerfGE 90, 286 (347ff.), mwN.; *Stern*, Staatsrecht I, S. 546f. *Grewe* (Fn. 159), § 77 Rn. 78; *Randelzhofer* (Fn. 155), Art. 24 II Rn. 20f.; *Streinz* (Fn. 8), Art. 24 Rn. 63; *Rojahn* (Fn. 43), Art. 24 Rn. 88; *Jarass*/Pieroth, GG, Art. 24 Rn 17; *F. Kirchhof*, Bundeswehr, in: HStR III, § 78 Rn. 21.

[174] So BVerfGE 90, 286 (348).

[175] S. aber *Wolfrum* (Fn. 172), § 176 Rn. 17, und *Doehring* (Fn. 155), § 177 Rn. 5, mwN.

[176] Ähnlich *F. Kirchhof* (Fn. 173), § 78 Rn. 21.

[177] BVerfGE 90, 286 (348f.); ihm folgend: *Randelzhofer* (Fn. 155), Art. 24 II Rn. 22f.; *Streinz* (Fn. 8), Art. 24 Rn. 64; *Rojahn* (Fn. 43), Art. 24 Rn. 88; Schmidt-Bleibtreu/*Klein*, GG, Art. 24 Rn. 4; *Jarass*/Pieroth, GG, Art. 24 Rn. 17; a.A. *Frank* (Fn. 172), Art. 24 II Rn. 6.

Der Begriff des Systems gegenseitiger kollektiver Sicherheit in Art. 24 II GG ist damit weit auszulegen. Er setzt eine zwischen mehreren Staaten durch Vertrag begründete Organisation mit festgefügten Strukturen und Verfahren, ein »**System**« gegenseitiger Rechtsbeziehungen zwischen den Beteiligten voraus, das auf das kollektive Ziel der Gewährleistung der **gemeinsamen** Sicherheit gerichtet und – entsprechend der Beschränkung nationaler Hoheitsrechte – mit den hierfür nötigen Entscheidungsbefugnissen ausgestattet ist. **Sicherheit** bedeutet primär die Freiheit von militärischer Bedrohung und Angriffen, Sicherheitspolitik richtet sich heute aber auch gegen die Gefahren des internationalen **Terrorismus** und der **organisierten Kriminalität**, ebenso wie gegen die Folgen von **Minderheitenkonflikten**, von **grenzüberschreitenden Umweltproblemen** etc. Auch hier verliert das herkömmliche Innen-/Außenschema an Aussagekraft[178]. 57

Art. 24 II GG spricht von »**einem**« System, ohne freilich die Einordnung in eine **Mehrzahl von Teilsystemen** mit unterschiedlicher Ausdehnung, Intensität und Zielrichtung (Sicherheitsgarantie nach innen bzw. gegen Bedrohungen von außen) auszuschließen. So kann die gleichzeitige Einordnung in die UNO, die NATO und die WEU auf Art. 24 II GG gestützt werden, soweit die Kohärenz zwischen diesen Organisationen gewährleistet, letztere also auch als (regionales) Subsystem im **Gesamtsystem der UNO** iSd. Kapitels VIII SVN konzipiert ist und funktioniert[179]. 58

2. Beschränkung der Hoheitsrechte des Bundes

Zwar ist die Teilnahme an Systemen gegenseitiger kollektiver Sicherheit in das Ermessen der Politik gestellt (Abs. 2, 1. Halbs., → Rn. 52). Hat sich die Politik aber für eine Teilnahme entschieden, besteht nach der Formulierung des Abs. 2, 2. Halbs. (»wird … einwilligen«) eine **Verpflichtung zur Einwilligung in Hoheitsbeschränkungen**[180], sofern solche zur Herstellung der Funktionsfähigkeit des Systems notwendig sind. 59

Indem er zur **Beschränkung von Hoheitsrechten** ermächtigt, greift Art. 24 II GG über das hinaus, was nach Art. 59 II GG möglich wäre[181]. Die Beschränkung ist aber ein *minus* gegenüber der Übertragung von Hoheitsrechten nach Art. 24 I GG, da mit ihr ein unmittelbarer **Durchgriff** des Systems gegenseitiger kollektiver Sicherheit auf den Bürger nicht eröffnet wird[182]. Ihren besonderen Sinn erhält die Vorschrift dadurch, daß die **Ausübung** der öffentlichen Gewalt im Bereich der Sicherheitspolitik der »souveränen« **Entscheidungsautonomie der Bundesrepublik Deutschland** und ih- 60

---

[178] Krit. schon *U. Fastenrath*, Kompetenzverteilung im Bereich der auswärtigen Gewalt, 1986, S. 62 ff.; s. auch *P. Häberle*, Aussprache zu: Kontrolle der auswärtigen Gewalt, VVDStRL 56 (1997), S. 106 f.; *I. Pernice*, ebd., S. 117 ff.; vorsichtiger, unter Betonung der Besonderheiten der auswärtigen Gewalt: *K. Hailbronner*, Kontrolle der auswärtigen Gewalt, VVDStRL 56 (1997), S. 7 ff. (9 ff.); weitergehend: *Wolfrum*, Kontrolle der auswärtigen Gewalt (Fn. 102), S. 39 ff., 43, nach dem »die traditionelle Unterscheidung zwischen Innen- und Außenpolitik verwischt wird«. → Art. 32 Rn. 18.

[179] BVerfGE 90, 286 (286 f., Leitsatz 6) bedient sich der Formel des »Zusammenwirkens von Sicherheitssystemen«. Zur Anerkennung der NATO und der WEU als komplementäre Regionalorganisation durch die UNO vgl. *G. Nolte*, ZaöRV 54 (1994), 95 (112 f.).

[180] Vgl. auch *Rojahn* (Fn. 43), Art. 24 Rn. 90: »Rechtspflicht«.

[181] Für eine nur deklaratorische Bedeutung von Art. 24 II GG etwa *Bleckmann*, Grundgesetz und Völkerrecht (Fn. 159), S. 230; *Tomuschat* (Fn. 33), Art. 24 Rn. 120 mwN, hat dagegen zumindest »Vorbehalte« (s. aber ebd., Rn. 156); vgl. auch *Doehring* (Fn. 155), § 177 Rn. 8 ff.; *Streinz* (Fn. 8), Art. 24 Rn. 65.

[182] Vgl. BVerfGE 90, 286 (346 f.); s. auch *Jarass/Pieroth*, GG, Art. 24 Rn. 18; → Rn. 20.

rer Organe **entzogen** und der Mitentscheidung bzw. Mitwirkung anderer, d.h. allgemein den Bindungen bzw. der Willensbildung eines Systems kollektiver Sicherheit unterworfen wird.

61 Eine Beschränkung von Hoheitsrechten bedarf einer völkerrechtlichen (Vertrags-)Grundlage, muß also **rechtsverbindlich** sein. Daher fällt die **OSZE** nicht unter Art. 24 II GG, solange der von einigen Seiten vorgeschlagene Weg ihrer förmlichen Gründung als internationale Organisation[183] nicht beschritten wurde[184].

62 Der Begriff der Beschränkung von Hoheitsrechten umfaßt auch die **Unterstellung deutscher Truppen unter die Befehlsgewalt eines Systems** gegenseitiger kollektiver Sicherheit, wie sie bereits in Friedenszeiten durch die Unterwerfung von Teilen der Bundeswehr (zB. AWACS-Luftaufklärungsflugzeuge, Kontingente der schnellen Eingreiftruppe) unter den NATO-Oberbefehl praktiziert wird[185]. Hierin liegt **keine Übertragung von Hoheitsrechten iSd. Art. 24 I GG**, da und solange nur truppeninterne Weisungs- und Befehlsrechte innerhalb des Systems verlagert, nicht aber Befugnisse zum Durchgriff auf die Rechtstellung der Bürger begründet werden[186]. Denn die Unterwerfung ist regelmäßig zur Sicherung der Funktionsfähigkeit zumindest der militärisch ausgerichteten Sicherheitssysteme notwendig und daher vom Sinn und Zweck der Norm gedeckt.

63 Im Rahmen des Art. 24 II GG kann auch die Zustimmung zur **Stationierung fremder Truppen oder Waffen** auf deutschem Boden erteilt werden (s. das NATO-Truppenstatut)[187]. Ebenso ist die Vereinbarung von **Rüstungsbeschränkungen** möglich[188]. Auch für die Einbindung der sicherheits- und verteidigungspolitischen Handlungsfreiheit in ein gemeinschaftliches Verfahren, wie in der Gemeinsamen Außen- und Sicherheitspolitik der EU angelegt[189], genügt grundsätzlich Art. 24 II GG; die GASP ist hingegen wegen der Einbindung in die EU der Spezialregelung des Art. 23 GG zuzuordnen.

64 Soweit dies im jeweiligen Vertrag vorgesehen ist, liegt nach der Rechtsprechung des Bundesverfassungsgerichts im Vertragsgesetz nach Art. 59 II GG auch die grundsätzliche Zustimmung zur Beteiligung deutscher Truppen ggf. unter fremdem Kommando an **friedenssichernden Maßnahmen** etwa nach Art. 39, 42 SVN[190]; der konkrete Einsatz der Truppen unterliegt jedoch der Zustimmung des Bundestages im Sinne eines

---

[183] Vgl. dazu *Wenig*, OSZE (Fn. 167), S. 303 ff.; *M. Sapiro*, AJIL 89 (1995), 631 (634).

[184] Die Budapester Beschlüsse von 1994 (→ Fn. 167), Kapitel I, Nr. 29, ließen ausdrücklich den Status der KSZE und ihrer Institutionen unberührt, vgl. dazu *M. Sapiro*, AJIL 89 (1995), 631 (636).

[185] Näheres dazu *F. Kirchhof* (Fn. 173), § 78, Rn. 22.

[186] Im Ergebnis ebenso *F. Kirchhof* (Fn. 173), § 78, Rn. 22; *Randelzhofer* (Fn. 7), Art. 24 I Rn. 187. Anders *Rojahn* (Fn. 43), Art. 24 Rn. 44, der in dem »Befehlsdurchgriff« einen möglichen Fall des Art. 24 I GG sieht.

[187] Vgl. auch *Tomuschat* (Fn. 33), Art. 24 Rn. 158; hinsichtlich der *Pershing*-Raketenstationierung abweichend von BVerfGE 68, 1 (89 ff.): *Rojahn* (Fn. 43), Art. 24 Rn. 89; *Grewe* (Fn. 159), § 77 Rn. 78; *Randelzhofer* (Fn. 155), Art. 24 II Rn. 37.

[188] So die im Rahmen der WEU vereinbarten Beschränkungen, vgl. die Protokolle Nr. II – IV, BGBl. 1966 II S. 262, 266, 274; vgl. dazu *K. Ipsen*, Rechtsgrundlagen und Institutionalisierung der atlantisch-westeuropäischen Verteidigung, 1967, S. 67 ff.; s. auch *Rojahn* (Fn. 43), Art. 24 Rn. 89.

[189] Vgl. Art. J. 4 (14 nF.) EUV bzw. die neuen Vorschriften gemäß dem Amsterdamer Vertrag (Art. J. 7 [17 nF] EUV).

[190] So für die NATO und WEU: BVerfGE 90, 286 (345); s. auch *Rojahn* (Fn. 43), Art. 24 Rn. 91 f., mwN; *Jarass*/Pieroth, GG, Art. 24 Rn. 18. Zu friedenssichernden Maßnahmen im Rahmen der UNO s. im einzelnen *M. Bothe*, in: B. Simma (Hrsg.), Charter of the United Nations, nach Art. 38 (Peacekeeping).

»konstitutiven Parlamentsvorbehalts«[191]. Förmliche Änderungen der Vertragsgrundlage bedürfen der erneuten Mitwirkung des Parlamentes nach Art. 59 II GG, Inhaltsänderungen durch eine neue »Interpretation« oder eine neue »Vertragspraxis« dagegen nicht[192], solange sie hinreichend im Vertrag abgesichert sind[193].

3. Herbeiführung und Sicherung einer Friedensordnung in Europa und der Welt

Nur in diejenigen Beschränkungen seiner Hoheitsrechte darf und muß der Bund nach Art. 24 II 2. Halbs. GG einwilligen, die »eine friedliche und dauerhafte Ordnung in Europa und zwischen den Völkern der Welt herbeiführen und sichern«. Die Vorschrift knüpft damit unmittelbar an die **Präambel des Grundgesetzes** an, konkretisiert diese als positives Gegenstück zu Art. 26 GG und erläutert damit zugleich auch die Begriffe »zur Wahrung des Friedens« und »Systeme gegenseitiger kollektiver Sicherheit« aus Art. 24 II 1. Halbs. GG. Unter dem Begriff »Friedensordnung in Europa und der Welt« kann heute nicht mehr nur die militärische Seite der Sicherheit verstanden werden. Erfaßt sind vielmehr auch Ordnungen präventiver Friedenssicherung, die sich den eventuellen Gefahren ökonomischer, sozialer oder ökologischer Ungleichgewichte widmen (→ Rn. 57).

65

4. Grenzen der Ermächtigung nach Art. 24 II GG

Bei der Frage nach den **Grenzen der Ermächtigung** nach Art. 24 II GG, etwa hinsichtlich der »Grundstrukturen der Verfassungsordnung«[194], ist zu berücksichtigen, daß Art. 24 II GG selbst eine Grundentscheidung der Verfassung darstellt. Anders als bei der Übertragung von Hoheitsrechten nach Art. 24 I GG kann die Hoheitsbeschränkung nach Art. 24 II GG im übrigen für die Bürger nicht zu einer unmittelbaren Rechtsbeeinträchtigung führen, so daß Gewährleistungen etwa iSd. Struktursicherungsklausel des Art. 23 I 1 GG außer Betracht bleiben können[195].

66

V. Beitritt zu einer internationalen Schiedsgerichtsbarkeit (Art. 24 III GG)

Die Verfassungsentscheidung für die Unterwerfung Deutschlands unter eine internationale Gerichtsbarkeit rundet das Bild der gewandelten Staatlichkeit ab. Art. 24 III GG läuft als **Verpflichtung der Bundesrepublik**[196] bislang insofern leer, als eine allgemeine, umfassende, obligatorische internationale Schiedsgerichtsbarkeit, zu der sie beitreten könnte, nicht existiert[197]. Der Begriff der Schiedsgerichtsbarkeit umfaßt zwar nach einhelliger Meinung auch eine internationale Gerichtsbarkeit[198]. Entscheidend ist die bindende Wirkung der Urteile[199]. Dennoch fällt die **Gerichtsbarkeit des**

67

---

[191] BVerfGE 90, 286 (381 ff.).
[192] BVerfGE 90, 286 (362 ff.).
[193] *Wolfrum*, Kontrolle (Fn. 102), S. 54 f.; → Art. 59 Rn. 43 f.
[194] So *Randelzhofer* (Fn. 155), Art. 24 II Rn. 42.
[195] Vgl. auch *Randelzhofer* (Fn. 155), Art. 24 II Rn. 42.
[196] Vgl. *Rojahn* (Fn. 43), Art. 24 Rn. 94.
[197] S. auch *A. Randelzhofer*, in: Maunz/Dürig, GG, Art. 24 III (1992), Rn. 15 f.
[198] Statt aller *Randelzhofer* (Fn. 197), Art. 24 III Rn. 8.
[199] Vgl. auch *Mosler* (Fn. 31), § 179 Rn. 9.

IGH nicht unmittelbar unter Art. 24 III GG, da sie wegen der Fakultativklausel des Art. 36 II IGH-Statut nicht obligatorisch ist[200].

68 Aus Art. 24 III GG folgt indessen für die zuständigen Organe nach wie vor eine Verfassungspflicht, um der Sicherung des Friedens willen auf den **Aufbau einer internationalen (Schieds-)Gerichtsbarkeit** hin-[201] oder jedenfalls an ihm mitzuwirken[202]. Ausdem Grundgedanken des Art. 24 III GG, der Präferenz friedlicher Streitbeilegung, der seinen Niederschlag auch in der Präambel, Art. 23, Art. 24 I, II und Art. 26 GG gefunden hat, folgt darüber hinaus eine Pflicht zur Unterwerfung unter die existierenden internationalen (Schieds-)Gerichtsbarkeiten (insbes. den IGH), soweit die jeweilige andere Streitpartei ebenfalls zur Unterwerfung bereit ist (Gegenseitigkeitsvorbehalt)[203].

D. Verhältnis zu anderen GG-Bestimmungen

69 Art. 24 GG ist gegenüber **Art. 23 GG** die allgemeinere Norm und wird daher von diesem in dessen Anwendungsbereich verdrängt (→ Rn. 7). Im Blick auf **Art. 32 GG** muß Art. 24 als eine spezielle Regelung der Kompetenzverteilung zwischen Bund und Ländern hinsichtlich der auswärtigen Beziehungen betrachtet werden (→ Rn. 17). Die generell in **Art. 59 II GG** geregelte Beteiligung der gesetzgebenden Körperschaften am Abschluß völkerrechtlicher Verträge wird für die Fälle der Integration nach Art. 24 I GG einer Spezialregelung unterworfen (→ Rn. 28 ff.), kommt mangels besonderer Bestimmungen in Art. 24 II und III GG in deren Anwendungsbereich jedoch regelmäßig zum Zuge.

70 Ein besonderes Problem stellt im Blick auf den möglichen **Einsatz der Bundeswehr** im Rahmen von zwischenstaatlichen Einrichtungen bzw. Systemen kollektiver Sicherheit das Verhältnis zwischen Art. 24 I und II GG einerseits und **Art. 87a II GG** andererseits dar[204]. Art. 24 GG kann nicht als »ausdrückliche« Regelung für den Einsatz der Streitkräfte bezeichnet werden. Nach überwiegender Auffassung wird umgekehrt die Tragweite des Art. 24 GG »als verfassungsrechtliche Grundlage für den Einsatz bewaffneter Streitkräfte im Rahmen eines Systems gegenseitiger kollektiver Sicherheit« aber auch nicht durch die später eingefügte Bestimmung des Art. 87a GG eingeschränkt[205]. **Art. 88 GG nF.** präzisiert die Bedingungen für die Übertragung der Aufgaben der Bundesbank auf die Europäische Zentralbank und steht damit in einem Komplementärverhältnis zu Art. 23 GG, d. h. außerhalb des Anwendungsbereichs des Art. 24 GG.

---

[200] Vgl. *Streinz* (Fn. 8), Art. 24 Rn. 87; *Randelzhofer* (Fn. 197), Art. 24 III Rn. 18.
[201] Ebenso *v. Mangoldt/Klein*, GG, Art. 24 Anm. V 4; *Rojahn* (Fn. 43), Art. 24 Rn. 99; a.A. *Streinz* (Fn. 8), Art. 24 Rn. 85.
[202] So *Tomuschat* (Fn. 33), Art. 24 Rn. 193, der von einer Staatszielbestimmung und einem »Frustrationsverbot« spricht.
[203] S. *Wühler*, Schiedsgerichtsbarkeit (Fn. 36), S. 48 ff., der dies für den IGH grds. bejaht, hinsichtlich sonstiger internationaler (Schieds-)Gerichtsbarkeiten aber nur eine Pflicht, der schiedsgerichtlichen Streitbeilegung großes Gewicht beizumessen, anerkennt. S. auch *Rojahn* (Fn. 43), Art. 24 Rn. 99; *Mosler* (Fn. 31), § 179 Rn. 35 f.
[204] Dazu *Streinz* (Fn. 8), Art. 24 Rn. 56 ff.
[205] BVerfGE 90, 286 (355 ff.); ebenso *Streinz* (Fn. 8), Art. 24 Rn. 58; *J. Kokott*, in: Sachs, GG, Art. 87a Rn. 13; *Randelzhofer* (Fn. 155), Art. 24 II Rn. 50 ff.; *G. Gornig*, JZ 1993, 123 (126 f.); krit. *T. Stein/H. Kröninger*, Jura 1995, 254 (260).

Artikel 25 [Völkerrecht als Bestandteil des Bundesrechts]

¹Die allgemeinen Regeln des Völkerrechtes sind Bestandteil des Bundesrechtes. ²Sie gehen den Gesetzen vor und erzeugen Rechte und Pflichten unmittelbar für die Bewohner des Bundesgebietes.

Literaturauswahl

Bleckmann, Albert: Der Grundsatz der Völkerrechtsfreundlichkeit, in: DÖV 1996, S. 137–146.
Bungert, Hartwin: Einwirkung und Rang von Völkerrecht im innerstaatlichen Rechtsraum, in: DÖV 1994, S. 797–806.
Doehring, Karl: Die allgemeinen Regeln des völkerrechtlichen Fremdenrechts und das deutsche Verfassungsrecht, 1963.
Geiger, Rudolf: Grundgesetz und Völkerrecht, 2. Aufl. 1994.
Hofmann, Rainer: Zur Bedeutung von Art. 25 GG für die Praxis deutscher Behörden und Gerichte, in: Festschrift für Wolfgang Zeidler II, 1987, S. 1885–1898.
Papadimitriu, Georgios: Die Stellung der allgemeinen Regeln des Völkerrechts im innerstaatlichen Recht, 1972.
Rudolf, Walter: Völkerrecht und deutsches Recht, 1967.
Steinberger, Helmut: Allgemeine Regeln des Völkerrechts, in: HStR VII, § 173, S. 525–570.
Wildhaber, Luzius/Breitenmoser, Stephan: The Relationship between Customary International Law and Municipal Law in Western European Countries, ZaöRV 48 (1988), S. 163–207.

Leitentscheidungen des Bundesverfassungsgerichts

BVerfGE 15, 25 (32ff.) – Jugoslawische Militärmission; 16, 27 (33ff.) – Iranische Botschaft; 18, 441 (448ff.) – AG in Zürich; 23, 288 (300ff.) – Kriegsfolgelasten; 46, 342 (362ff.) – Philippinische Botschaft; 75, 1 (18ff.) – Völkerrecht (ne bis in idem); 92, 277 (320ff.) – DDR-Spionage; 94, 315 (328ff.) – Zwangsarbeit; 95, 96 (128ff.) – Mauerschützen.

Gliederung

	Rn.
A. Herkunft, Entstehung, Entwicklung	1
I. Ideen- und verfassungsgeschichtliche Aspekte	1
II. Entstehung und Veränderung der Norm	3
B. Internationale, supranationale und rechtsvergleichende Bezüge	5
I. Die Selbstbindung der Weltrechtsgemeinschaft	5
II. Europäischer Verfassungsverbund und allgemeine Regeln des Völkerrechts	8
III. Rechtsvergleichende Aspekte	11
C. Erläuterungen	15
I. Allgemeine Bedeutung	15
II. Allgemeine Regeln des Völkerrechts (Art. 25 S. 1 GG)	17
1. Zwingendes Völkerrecht	18
2. Dispositives universelles Völkergewohnheitsrecht	19
3. Regionales Völkergewohnheitsrecht	20
4. Die allgemeinen Rechtsgrundsätze	22
III. Allgemeines Völkerrecht mit Vorrang gegenüber den Gesetzen (Art. 25 S. 2, 1. Halbs. GG)	23
IV. Rechte und Pflichten für die Bewohner des Bundesgebiets (Art. 25 S. 2, 2. Halbs. GG)	27
V. Einzelne Regeln des allgemeinen Völkerrechts	32
D. Verhältnis zu anderen GG-Bestimmungen	39

A. Herkunft, Entstehung, Entwicklung

I. Ideen- und verfassungsgeschichtliche Aspekte

1 Die Lehren zum **Verhältnis von Völkerrecht und Landesrecht** entwickelten sich in engem Zusammenhang mit dem autonomen Begriffs des Völkerrechts seit Beginn der Neuzeit. Am Anfang stand die Idee der Einheit der Rechtsordnung, wonach Völker- und Staatsrecht einem Kreise angehörten (Monismus)[1]. Hegel sah das **Völkerrecht als »äußeres Staatsrecht«**[2] und führte seine Geltung auf eine Selbstbindung der Staaten zurück (Monismus mit Primat des Staatsrechts). Demgegenüber vertrat der Holländer Krabbe in Anlehnung an die spätmittelalterlichen, christlichen Lehren der spanischen Gelehrten Vitoria und Suarez den **Primat des Völkerrechts**, wobei er in den staatlichen Rechtsordnungen nur Ausgliederungen der universalen Menschheitsordnung sah[3]. Erst im 20. Jahrhundert setzte sich im Anschluß an die Werke von Triepel[4] und Anzilotti[5] der Gedanke des **Dualismus** durch, wonach Völker- und Staatsrecht verschiedene Rechtsordnungen bildeten, weil sie verschiedenen Rechtsquellen entstammten und verschiedene Subjekte berechtigten und verpflichteten. Auf dem Boden dieser Lehre entstand der Satz, daß das allgemeine Völkerrecht nur Staaten untereinander binde, so daß es innerstaatlich nur verbindlich sei, wenn dieser eine solche Bindung durch Gesetz ausdrücklich anordne[6].

2 Vor diesem Hintergrund ist die **Vorgängerbestimmung zu Art. 25 GG in Art. 4 WRV** zu sehen (»Die allgemein anerkannten Regeln des Völkerrechts gelten als bindende Bestandteile des deutschen Reichsrechts«). Diese **verfassungsrechtliche Geltungsanordnung** von allgemeinem Völkerrecht im deutschen Recht war eine Reaktion auf den nach Ende des Ersten Weltkrieges von den Alliierten erhobenen Vorwurf der Mißachtung der Regeln des Völkerrechts in der Kriegszeit[7]. Ihre **Wirkung** wurde jedoch durch eine die Souveränität betonende Auslegung weitgehend **ausgehöhlt**. Als »allgemein anerkannte Regel des Völkerrechts« verstanden Rechtsprechung und Lehre nahezu einhellig nur diejenigen Grundsätze, welchen das Deutsche Reich selbst zugestimmt hatte[8]. Eine einmal erfolgte Anerkennung sollte zudem jederzeit durch späteres Reichsgesetz wieder zurückgenommen werden können, mit der Folge, daß ungeachtet des Art. 4 WRV die Normen des Völkerrechts für das staatliche Recht ihre Bindungswirkung verloren[9].

II. Entstehung und Veränderung der Norm

3 Angesichts der Mißachtung des Völkerrechts durch das nationalsozialistische Regime sollte die innerstaatliche Wirkkraft des allgemeinen Völkerrechts unter dem Grundge-

---

[1] Vgl. im einzelnen *P. Guggenheim*, Lehrbuch des Völkerrechts, 1948, S. 19 ff.
[2] *G.W.F. Hegel*, Grundlinien der Philosophie des Rechts (1821), § 333.
[3] Vgl. *Verdross/Simma*, Universelles Völkerrecht, § 72.
[4] *H. Triepel*, Völkerrecht und Landesrecht, 1899.
[5] *D. Anzilotti*, Il diritto internazionale nei giudizi interni, 1905; *ders.*, Lehrbuch des Völkerrechts, 1929, S. 36 ff.
[6] Vgl. dazu *G.A. Walz*, Völkerrecht und staatliches Recht, 1933, S. 297.
[7] *E. Menzel*, DÖV 1971, 528 (532).
[8] Vgl. *Anschütz*, WRV, Anm. 4 zu Art. 4 (S. 64 f.) m.w.N.
[9] Vgl. *F. Berber*, Lehrbuch des Völkerrechts Bd. 1, 1975, S. 100; *W. Pigorsch*, Die Einordnung völkerrechtlicher Normen in das Recht der Bundesrepublik Deutschland, 1959, S. 20 f.

setz gestärkt werden. Wie schon Art. 22 HChE verzichtete der **Parlamentarische Rat** – im Gegensatz zu einigen Landesverfassungsgebern[10] – auf das Tabestandsmerkmal der »anerkannten Regeln« in Art. 4 WRV. Die nunmehrige Geltungsanordnung für sämtliche »allgemeine Regeln« sollte einer restriktiven Anwendungspraxis wie der von Art. 4 WRV (→ Rn. 2) den Boden entziehen[11].

Eine bedeutsame Wortwahl traf der Parlamentarische Rat hinsichtlich der **Rangfrage**. Der Hauptausschuß des Rates hatte in zweiter Lesung auf Vorschlag des Redaktionsausschusses am 15. Dezember 1948 beschlossen, das allgemeine Völkerrecht »zum Bestandteil des Bundesverfassungsrechts« zu erklären, um dadurch den Vorrang der allgemeinen Völkerrechtsregeln gegenüber den Bundesgesetzen zum Ausdruck bringen zu können[12]. Demgegenüber beantragte der Abgeordnete v. Mangoldt, an dem in der früheren Fassung enthaltenen Ausdruck »**Bestandteil des Bundesrechts**« festzuhalten und hinzuzufügen, daß die Völkerrechtsregeln den Gesetzen vorgehen. Es gelte auszuschließen, daß die allgemeinen Völkerrechtsregeln durch verfassungsänderndes Gesetz abgeändert würden[13]. Infolge der Unterstützung durch den Abgeordneten v. Brentano wurde der Antrag angenommen. Wichtig dafür war seine Erklärung zum **klaren Primat des Völkerrechts** nach der vorgeschlagenen Fassung: »Das Völkerrecht geht unter allen Umständen dem Bundesrecht und dem Bundesverfassungsrecht vor«[14]. Die letztlich wenig geglückte Formulierung des Art. 25 GG war indessen der Grund für das spätere Mißverständnis in der Rechtsprechung, daß die allgemeinen Völkerrechtsregeln im Rang zwar über den Gesetzen, aber unterhalb der Verfassung stünden (→ Rn. 23 ff.).

4

B. Internationale, supranationale und rechtsvergleichende Bezüge

I. Die Selbstbindung der Weltrechtsgemeinschaft

Die Bedeutung der »allgemeinen Regeln des Völkerrechts« in Art. 25 GG ist im Lichte der Entwicklung des Völkerrechts vom Koordinations- oder Koexistenzrecht zum Kooperationsrecht[15], ja der **Konstitutionalisierung der Staatengemeinschaft**[16] zu klären.

5

---

[10] Vgl. Art. 84 Bay. Verf.; Art. 122 Brem. Verf.; dagegen stellt Art. 67 Hess. Verf. auf die »Regeln des Völkerrechts« ab.
[11] Dazu im Überblick JöR 1 (1951), S. 232. S. auch *E. Menzel,* in: BK, Art. 25 (Erstb.) I.1.
[12] JöR 1 (1951), S. 233.
[13] Abg. *v. Mangoldt* (CDU), JöR 1 (1951), S. 234 und Abg. *v. Brentano* (CDU), ebd., S. 235.
[14] Abg. *v. Brentano* (CDU), 57. Sitzung des Hauptausschusses v. 5.5. 1949, zitiert nach *Menzel* (Fn. 11), Art. 25, I.3.
[15] S. schon *Verdross/Simma,* Völkerrecht, §§ 40 ff., 52 ff.; s. auch *P. Häberle,* Der kooperative Verfassungsstaat (1978), in: ders. (Hrsg.), Verfassung als öffentlicher Prozeß, 2. Aufl. 1996, S. 407 ff. (419 ff.). Grundlegend: *W. Friedmann,* The Changing Structure of International Law, 1964; s. auch *A. Bleckmann,* Allgemeine Staats- und Völkerrechtslehre, 1995, insb. S. 737 ff.
[16] S. auch *Verdross/Simma,* Völkerrecht, §§ 75 ff.; zur Bedeutung der internationalen Gemeinschaft im modernen Völkerrecht *C. Tomuschat,* AVR 33 (1995), 1 ff.; *M. Weller,* The Reality of the Emerging Universal Constitutional Order, Cambridge Review of International Affairs 10 (1997), 40 (43 ff., 46 ff.); *D. Thürer,* Bundesverfassung und Völkerrecht, in: J.-F. Aubert u.a. (Hrsg.), Kommentar zur Bundesverfassung der Schweizerischen Eidgenossenschaft vom 29. Mai 1874, 1995, Rn. 4 ff.: »Verfassungsstrukturen der internationalen Gemeinschaft«; zuletzt *B. Fassbender,* UN Security Council Reform and the Right of Veto: A Constitutional Perspective, 1998; ders., Columbia Journal of Transnational Law 36 (1998), S. 529 ff. Die Entwicklung normativer Vorgaben der völkerrechtlichen

Die völkerrechtlichen Bindungen begrenzen die Handlungsfreiheit der Staaten zunächst nur nach außen. Zentral sind die Regeln des Völkergewohnheitsrechts über das Recht der Verträge, wie sie zum größten Teil in der WVK kodifiziert sind[17]. Jeder Staat ist danach zwar grundsätzlich frei, Verträge mit anderen Staaten zu schließen. Diese **Vertragsautonomie**, selbst ein völkerrechtlicher Grundsatz, findet jedoch ihre Grenzen in den materiell-rechtlich zwingenden Normen des Völkerrechts, im **ius cogens** (Art. 53 WVK)[18]. Verstößt ein Vertrag gegen eine Norm, des zwingenden Völkerrechts, so ist er nichtig. Den Charakter von ius cogens weisen zumindest das völkerrechtliche Gewaltverbot in Art. 2 Ziff. 4 SVN[19], das Selbstbestimmungsrecht der Völker nach Art. 1 Ziff. 2 SVN[20] und die elementaren Menschenrechte auf, wie etwa die Verbote des Genozids[21], der Sklaverei[22] und der Folter[23]. Ferner ist in Art. 103 SVN die Anerkennung eines zwingenden **völkerrechtlichen »ordre public«** zu sehen, wonach die Verpflichtungen aus der Charta Vorrang vor kollidierenden anderen vertraglichen Pflichten haben[24]. Auch regionale Systeme und bilaterale Verträge bringen Wertentscheidungen der Staaten zum Ausdruck, die sich am fundamentalen Überlebens- und Friedensinteresse der Menschheit orientieren[25].

6 Anders als für die **einfachen Regeln des Völkergewohnheitsrechts** (Art. 38 Ib IGH-Statut) und die **allgemein anerkannten Rechtsgrundsätze** (vgl. Art. 38 Ic IGH-Statut, z.B. das Gebot der *bona fides*[26]), für die weiterhin der völkerrechtliche Satz gilt, daß

Anerkennung neuer Staaten in Jugoslawien wird bereits als Beispiel des entstehenden europäischen »constitutionalism« gesehen, vgl. *R. Wedgewood*, International Security and the European Constitution, in: R. Bieber/P. Widmer (Hrsg.), Der europäische Verfassungsraum, 1995, S. 405 ff. (407, 411); die völkerrechtlichen Vorgaben für staatliche Verfassungen sieht auch *L. Henkin*, Elements of Constitutionalism, Occational Paper Series, Center for the Study of Human Rights, Columbia University, 1994, S. 5 ff. (mit Bezug auf die Allgemeine Menschenrechtserklärung von 1948).

[17] S. dazu IGH, IJC Reports 1971, 3 (47) – *Gutachten Namibia*.

[18] Grundlegend *S. Kadelbach*, Zwingende Normen des Völkerrechts, 1992.

[19] *R. Geiger*, Grundgesetz und Völkerrecht, 2. Aufl. 1994, S. 9. Der IGH hat bis dato nur darüber entscheiden müssen, ob Art. 2 Ziff. 4 SVN Völkergewohnheitsrecht abbildet und dies bejaht, vgl. IGH, ICJ Reports, 1986, 14 (98), §§ 184 ff. – *Nicaragua*.

[20] Zum Selbstbestimmungsrecht der Völker als Recht erga omnes vgl. IGH, ICJ Reports 1995, 4, 16, § 29 – *Ost-Timor*. Erga omnes-Pflichten wird ihrerseits der Charakter von *ius cogens* zuerkannt, vgl. *Geiger*, Grundgesetz und Völkerrecht (Fn. 19), S. 107.

[21] Zu den in der Genozidkonvention enthaltenen Prinzipien als »principles which are recognized by civilized states as binding on States even without any conventional obligation« vgl. IGH, ICJ Reports, 1951, 23. Die Pflichten aus der Konvention »to prevent and to punish the crime of genocide« werden jüngst als erga omnes-Pflichten qualifiziert, vgl. IGH, Case Concerning Application of the Convention on the Prevention and Punishment of the Crime of Genocide (Bosnia-Herzegovina v. Yugoslavia), Preliminary Objections, 11. 7. 1996, § 31.

[22] Der Interamerikanische Gerichtshof für Menschenrechte hat einen Vertrag von 1762 wegen seiner Bestimmungen zum Sklavenhandel für nichtig erklärt: »The treaty would be null and void because it contradicts the norms of ius cogens superveniens«, vgl. *Aloeboetoe et al., Reparation* (Art. 63 I of ACHR), Urt. v. 10. 9. 1993, Series C, No. 15, § 57.

[23] Vgl. *J. A. Frowein/R. Kühner*, ZaöRV 43 (1983), 537 (542) m.w.N.

[24] Vgl. *R. Bernhardt*, in: B. Simma (Hrsg.), Charta der Vereinten Nationen, 1991, Art. 103 Rn. 23; kritisch dagegen *E. Suy*, The Constitutional Character of Constituent Treaties of International Organizations and the Hierarchy of Norms, in: FS Bernhardt, 1995, S. 267 ff.

[25] S. auch die Präambel des Vertrages zwischen den USA und der früheren UdSSR von 1988 über nukleare Kurzstreckenwaffen, abgedr. in: ILM XXVII (1988), 84 ff.; dazu *J.A. Frowein*, Reactions by not directly affected States to Breaches of Public International Law, Recueil des cours 248 (1994-IV), 353 (360) m.w.N.

[26] Vgl. *Geiger*, Grundgesetz und Völkerrecht (Fn. 19), S. 83 m.w.N.

die innerstaatliche Art und Weise ihrer Einhaltung im Ermessen der Staaten liegt[27], wird für die Regeln des zwingenden Völkerrechts der Anspruch einer normativen Geltung im »innerstaatlichen« Bereich einschließlich der Verfassungsgebung zunehmend anerkannt[28]. Die auf Kapitel VII SVN gestützte Errichtung und Arbeit der **internationalen Strafgerichte** für Ruanda und Jugoslawien[29] bestätigt diesen grundlegenden Wandel, nach dem die Staaten nicht mehr (voll) die »Herren ihrer Verfassungen« sind. Der in einer Reihe neuer Verfassungen in Mittel- und Osteuropa angeordnete Vorrang des Völkerrechts[30] ist die Konsequenz und spiegelt insofern den »Stand der Technik« der modernen Verfassungsgebung wider.

Mag die Durchsetzung des internationalen »ordre public« durch kollektive Zwangsmaßnahmen des Sicherheitsrats oder Drittstaatsrepressalien[31] auch in der Praxis noch selektiv sein, so liegen die Folgen für deren **Geltung im nationalen Recht** schon auf der Hand: Wenn sich die Staaten einig sind, daß ihre ius cogens-widrigen Akte im Völkerrechtsraum keine Rechtswirkung entfalten, weil sie den Frieden und das Zusammenleben der Völker im unerträglichen Maße gefährden, so wäre es widersprüchlich, wenn sie dies nicht auch in ihrem internen Recht berücksichtigten. Nach dem Präventions- und Effektivitätsgedanken im Völkerrecht ist die Geltung der ius cogens-Regeln schon im Vorfeld, d.h. durch **Normen des innerstaatlichen Rechts** abzusichern. Dem entspricht die Entwicklung einer völkerrechtlichen Regel, wonach zwingende Normen des Völkerrechts zumindest **Verfassungsrang** im innerstaatlichen Recht beanspruchen[32].

7

II. Europäischer Verfassungsverbund und allgemeine Regeln des Völkerrechts

Im Recht der EU gibt es keine Vorschriften über das Verhältnis des Gemeinschaftsrechts zum Völkerrecht. Art. 228 (300 nF) EGV regelt nur das Verfahren zum Abschluß völkerrechtlicher Abkommen. Aus der Zuständigkeit des EuGH nach Art. 228 VI (300 VI nF) EGV, vor dem Abschluß internationaler Verträge Gutachten »über die Vereinbarkeit eines geplanten Abkommens mit diesem Vertrag« zu erstellen, kann zur Rangfrage nichts gefolgert werden; das Verfahren soll lediglich ein Auseinanderklaffen zwischen völkerrechtlicher Bindung der Gemeinschaft und ihrer eigenen Verfassung

8

---

[27] G. *Papadimitriu*, Die Stellung der allgemeinen Regeln des Völkerrechts im innerstaatlichen Recht, 1972, S. 30 m.w.N.
[28] Vgl. *Wedgewood*, International Security (Fn. 16), S. 410: »But with the new international regime of human rights law, and the international right to democratic governance, state authority is already limited«; s. auch M. *Weller*, Cambridge Review of International Affairs 10 (1997), 47ff., 52ff.
[29] Vgl. die Resolutionen des UN-Sicherheitsrats 827/1993 (Jugoslawien, dt. Übersetzung EA, 1994, D 89ff.) und 955/1994 (Ruanda). Zur Rechtsprechung des Jugoslawien-Gerichts: F. P. *King*/A.-M. *La Rosa*, EJIL 8 (1997), 123ff.; zum Ruanda-Gericht: D. *Shraga*/R. Z. *Zacklin*, EJIL 7 (1996), 501ff.; P. *Akhavan*, AJIL 90 (1996), 501ff. zum Konzept und den Vorarbeiten für ein allgemeines internationales Strafgericht und einen International Criminal Code s. K. *Ambos*, EJIL 8 (1997), 519ff.; C. K. *Hall*, AJIL 91 (1997), 187ff. Zu den neuesten Entwicklungen eines Strafgesetzbuches der Verbrechen gegen den Frieden und die Sicherheit der Menschheit s. C. *Tomuschat*, EuGRZ 1998, 1ff.
[30] Vgl. näher V. S. *Vereshchetin*, EJIL 7 (1996), 29 (32ff.). → Rn. 11ff.
[31] K. *Hailbronner*, AVR 30 (1992), 3ff.
[32] *Kadelbach*, Zwingendes Völkerrecht (Fn. 18), S. 340. S. *Hobe*/C. *Tietje*, AVR 32 (1994), 130 (137) gehen sogar davon aus, daß ein Verstoß gegen ius cogens zur Nichtigkeit innerstaatlichen Rechts führt, ohne daß die betreffende Rechtsordnung dies anerkennt.

vermeiden helfen[33]; ggf. notwendige Änderungen des Vertrags unterliegen nach Art. 228 (300 nF.) V EGV dem normalen Verfahren des Art. N (48 nF.) EUV. Umgekehrt lassen zahlreiche primärrechtliche Zielvorgaben für das Handeln der Gemeinschaft und die Praxis positiv erkennen, daß der **Grundsatz der Völkerrechtsfreundlichkeit** auch im Gemeinschaftsrecht gilt[34]. Nach Art. 130u II (177 II nF.) EGV etwa trägt die Entwicklungspolitik der EG dazu bei, »das allgemeine Ziel einer Fortentwicklung und Festigung der Demokratie und des Rechtsstaats sowie das Ziel der Wahrung der Menschenrechte und Grundfreiheiten zu verfolgen«. Dieser Auftrag knüpft an die Förderungspflicht der Menschenrechte aus Art. 55, 56 SVN an. Dem ist die EG mit der Aufnahme von **Menschenrechts- und Demokratieklauseln** in den Lomé-Vertrag von 1995 sowie in die Abkommen mit Staaten Lateinamerikas und Osteuropas seit Anfang der 90er Jahre nachgekommen[35]. Bei Verletzung von grundlegenden Menschenrechten kann die EG u.a. das betreffende Abkommen suspendieren[36] und damit gezielt die Durchsetzung völkerrechtlicher Mindestnormen fördern. Auch die **GASP** zielt auf »die Wahrung des Friedens und die Stärkung der internationalen Sicherheit entsprechend den Grundsätzen der Charta der Vereinten Nationen sowie den Prinzipien der Schlußakte von Helsinki und den Zielen der Charta von Paris« (Art. J.1 I Ziff. 3 [11 I Ziff. 3 nF] EUV).

9 Als **Völkerrechtssubjekt** (Art. 210 [281 nF] EGV) ist die Gemeinschaft an die allgemeinen Regeln des Völkerrechts gebunden[37]. So gelten für Abschluß und Inhalt ihrer Außenhandelsverträge und für einseitige Maßnahmen im Verhältnis zu Drittstaaten die oben genannten Grundsätze. Die Fischereipolitik der EG ist dem gewohnheitsrechtlichen Seerecht unterworfen[38]. Auch die Regeln des aktiven und passiven Gesandtschaftsrechts kommen gegenüber der Gemeinschaft und ihren Bediensteten zur Anwendung[39].

10 Ungeklärt ist dagegen die **gemeinschaftsinterne Wirkung** von allgemeinen Völkerrechtsregeln. Weder aus einer spezifischen Norm, noch aus dem Grundsatz der Völkerrechtsfreundlichkeit des Gemeinschaftsrechts kann eine Art. 25 GG vergleichbare Übernahme abgeleitet werden. Im Blick auf die materielle Einheit des Rechts im europäischen Verfassungsverbund (→ Art. 23 Rn. 20 ff.) kann jedoch angenommen werden, daß in der EG die allgemeinen Regeln des Völkerrechts als allgemeine Rechtsgrundsätze des Gemeinschaftsrechts[40] gelten, so wie sie in der Mehrzahl der Mitgliedstaaten Teil des innerstaatlichen Recht sind (→ Rn. 11 ff.). Zwischen den Mitgliedstaaten gilt

---

[33] St. Rspr.: EuGHE 1972, 1219 (1229) – *International Fruit Company*; EuGHE 1973, 1135 (1156) – *Schlüter*; EuGHE 1994, I-5039 (5072) – *Bananenmarktordnung*.
[34] Vgl. etwa Art. 228–234 EGV (300–307 nF); s. auch *U. Petersmann*, EuZW 1997, 325 (327), der vom »Grundsatz völkerrechtskonformer Integration« spricht.
[35] Zu den Typen von Menschenrechts- und Demokratieklauseln je nach Drittstaatsregion (AKP, Lateinamerika oder Osteuropa) sowie die Praxis der Gemeinschaft s. *F. Hoffmeister*, Menschenrechts- und Demokratieklauseln in vertraglichen Außenbeziehungen der Europäischen Gemeinschaft, 1998.
[36] EuGHE 1996, I-6177 (6217), Rn. 27.
[37] Ähnlich *Oppermann*, Europarecht, Rn. 1676, hinsichtlich der Grundrechte und -pflichten der Staaten.
[38] Vgl. zur Seerechts- und Schiffahrtspolitik der EG die Beiträge in AVR 32 (1994), 290 ff.
[39] *Oppermann*, Europarecht, Rn. 1679.
[40] Zur Legitimation und Herleitung allgemeiner Rechtsgrundsätze in der EG s. *I. Pernice*, in: Grabitz/Hilf, EGV/EUV, Art. 164 EGV Rn. 28, 46 ff. m.w.N.

im Anwendungsbereich des EG-Vertrags zwar grundsätzlich allein das EG-Recht[41]. **Völkerrechtliches ius cogens** können EG- und EU-Vertrag trotz ihres Verfassungscharakters aber nicht verdrängen, weder in den Beziehungen zwischen den Staaten[42], noch im Verhältnis zwischen der Gemeinschaft und den Unionsbürgern. Es steht zwingend **über dem Primärrecht**, während dem dispositiven Gewohnheitsrecht und den allgemeinen Rechtsgrundsätzen wie den Verträgen der EG ein Rang unter dem Primärrecht, aber über dem Sekundärrecht einzuräumen ist[43]. Bei der Anwendung des Gemeinschaftsrechts ist das Völkerrecht damit auch von den staatlichen Behörden zu beachten (Art. 228 [300 nF.] VII EGV analog). Über Inhalt und Auslegung entscheidet der EuGH (Art. 164 [220 nF.] EGV).

III. Rechtsvergleichende Aspekte

In den Verfassungen **kontinental-westeuropäischer Staaten** finden sich mehrheitlich Vorschriften zum Verhältnis von allgemeinem Völkerrecht und Landesrecht. So hat Österreich bereits seit 1920 ähnlich wie Art. 4 WRV durch Art. 9 österr. Verfassung den allgemein anerkannten Regeln des Völkerrechts den Rang von Bundesrecht verliehen. Irland erkennt die Völkerrechtsregeln »als Richtschnur für seine Beziehungen zu anderen Staaten« (Art. 29 III Verf. 1937) an. Nach Art. 10 Abs. 1 der italienischen Verfassung paßt sich die italienische Rechtsordnung den allgemein anerkannten Regeln des Völkerrechts an. Auch die Präambel der französischen Verfassung »betrachtet getreu ihren Überlieferungen die Regeln des Völkerrechts... als bindend« für die Republik. Die neuen Verfassungen Portugals (Art. 8 I) und Griechenlands (Art. 28 I) ordnen an, daß die allgemeinen Völkerrechtsregeln Bestandteil des Landesrechts sind. Die Verfassung von Spanien dagegen unterstellt lediglich den Abschluß, die Suspendierung und die Kündigung von völkerrechtlichen Verträgen den Regeln des allgemeinen Völkerrechts (Art. 96 I 2 Verf. 1978). Im übrigen gilt hier, wie auch in der Schweiz, in den Niederlanden, in Dänemark und Belgien das Völkerrecht innerstaatlich nur kraft Gewohnheitsrechts[44].

11

Dabei ist eine **Tendenz zur Aufwertung des Völkerrechts** spürbar. Nur in Griechenland wird der Vorrang der allgemeinen Völkerrechtsregeln vor den Gesetzen ausdrücklich angeordnet; auch ohne konkrete Norm gilt das aber in den Staaten Westeu-

12

---

[41] Vgl. auch *O. Jacot-Guillarmod*, Droit communautaire et droit international public, 1979, S. 41 ff.

[42] In diesem Sinne, freilich ohne Bezug auf den ius cogens-Charakter der Norm: EuGHE 1974, 1337 (1351) – *Van Duyn*, zur Einschränkung des Diskriminierungsverbots in Art. 48 (39 nF) EGV: »Andererseits besagt ein völkerrechtlicher Grundsatz, den der EWG-Vertrag in den Beziehungen der Mitgliedstaaten zueinander sicherlich nicht außer acht lassen wollte, daß ein Staat seinen eigenen Staatsangehörigen die Einreise in sein Hoheitsgebiet oder den Aufenthalt in diesem nicht versagen darf«. Krit. dazu aber *Jacot-Guillarmod*, Droit communautaire (Fn. 41), S. 44; *K.-M. Meessen*, CMLRev. 1976, 485 (486): »ill-conceived allusion to international law«.

[43] Zur Gleichstellung von Völkervertragsrecht und allgemeinem Völkerrecht im Gemeinschaftsrecht schon *K.-M. Meesen*, CMLRev. 1976, 485 (500); *U. Everling*, Sind die Mitgliedstaaten der Europäischen Gemeinschaft noch Herren der Verträge?, in: FS Mosler, 1983, S. 173 ff. (179); *Bleckmann*, Europarecht, Rn. 658, leitet die innergemeinschaftliche Wirkung des Völkergewohnheitsrechts aus dem »Grundsatz der strukturellen Kongruenz« ab, d. h. der Tatsache, daß seine innerstaatliche Wirkung in den Mitgliedstaaten verfassungsrechtlich durchgängig vorgesehen ist.

[44] *L. Wildhaber/S. Breitenmoser*, ZaöRV 48 (1988), 196 ff. Auch in der revidierten Verfassung von 1993/94 wird diese Frage nicht behandelt.

ropas allgemein[45]. In der Schweiz kann sogar eine Volksinitiative wegen Verstoßes gegen ius cogens für unzulässig erklärt werden, da zwingende Regeln des Völkerrechts einer Verfassungsrevision nicht zugänglich seien[46].

13   Anders ist die Entwicklung im **anglo-amerikanischen Recht**. Bereits im 18. Jahrhundert wurde in der angelsächsischen Völkerrechtspraxis die sog. Inkorporationslehre angewendet, die in der auf Blackstone zurückgehenden Formel »international law is part of the law of the land«[47] zum Ausdruck kommt. Seit 1867 gab es jedoch vermehrt Gerichtsentscheidungen, die im Sinne des Dualismus einen ausdrücklichen Transformationsakt forderten[48]. Wenngleich sich diese Tendenz im Ergebnis nicht durchsetzte, bleibt doch für England festzuhalten, daß das Völkergewohnheitsrecht jederzeit durch ein späteres britisches Gesetz wieder außer Kraft gesetzt werden kann, so daß es beim Vorrang von staatlichen Normen gegenüber dem Völkerrecht bleibt. Diese Praxis ist auch in anderen Ländern mit Common-Law-Tradition vorherrschend, so etwa in Südafrika[49], Indien und Australien[50]. Auch die USA folgen dieser restriktiven Auffassung[51], wenngleich in der modernen amerikanischen Völkerrechtslehre aus Verfassungsgründen zunehmend eine Bindung des Präsidenten, der Gerichte und des Kongresses an das Völkergewohnheitsrecht gefordert wird[52].

14   Nachdem in sozialistischer Zeit von den Staaten **Mittel- und Osteuropas** nur die DDR-Verfassung dem allgemeinen Völkerrecht innerstaatliche Geltung zugemessen hatte[53], wird dies in den neuen Verfassungen Ungarns (Art. 7 I 1), Sloweniens (Art. 8

---

[45] Vgl. etwa für Italien K. *Oellers-Frahm*, ZaöRV 34 (1974), 330 (341); für Frankreich L. *Wildhaber/S. Breitenmoser*, ZaöRV 48 (1988), 163 (190); für Portugal ebd., 194 ff.; für die Schweiz *J.P. Müller*, Handbuch der schweizerischen Aussenpolitik, 1975, S. 223 ff. (224); für die Niederlande *J. H. F. van Panhuys*, AJIL 47 (1953), 537 (556).

[46] Schweizerisches Bundesblatt 1994 III S. 1486 (1493 ff.), zur Unzulässigkeit der Volksinitiative von 1992 zur Abschaffung des Abschiebungsverbots von Ausländern in Länder, wo ihnen Gefahr für Leib und Leben droht. *Thürer*, Bundesverfassung (Fn. 16), Rn. 16, bezeichnet den Fall als »zukunftsweisend« für den Vorrang des »verfassungsrechtlichen Kerns des internationalen Systems« vor staatlichem Verfassungsrecht; ähnl. S. *Breitenmoser*, Rechtsstaatlichkeit in der Schweiz, in: R. Hofmann u.a. (Hrsg.), Rechtsstaatlichkeit in Europa, S. 41 ff. (74), der den Bundesrat Koller zitiert, wonach die Schweiz bei Annahme von ius cogens-widrigem Verfassungsrecht aufhören würde, ein Rechtsstaat zu sein.

[47] W. *Blackstone*, Commentaries on the laws of England, 1769, Book IV, Chap. 5, Nachdruck 1966, S. 67. Blackstone selbst spricht allerdings noch nicht von »International Law«, sondern vom »Law of Nations«.

[48] Vgl. *I. Brownlie*, Principles of Public International Law, 4. Aufl. 1990, S. 44 ff.

[49] S. Section 232 der südafrikanischen Verfassung v. 7. 2. 1997: »Customary International law forms part of the law in the Republic unless it is inconsistent with the constitution or an Act of Parliament«.

[50] Siehe dazu *Berber*, Völkerrecht (Fn. 9), S. 97.

[51] Vgl. *H. Bungert*, DÖV 1994, 797 ff.

[52] *L. Henkin*, Foreign Affairs and the Constitution, 2. Aufl. 1997, S. 245. Vgl. auch *J. Lobel*, AJIL 91 (1997), 556 (557 f.), aber ohne Hoffnung, daß die Praxis dem Postulat der Völkerrechtsgebundenheit folgen wird.

[53] Art. 8 DDR-Verfassung v. 6. 4. 1968 lautete: »Die allgemein anerkannten, dem Frieden und der friedlichen Zusammenarbeit der Völker dienenden Regeln des Völkerrechts sind für die Staatsmacht und jeden Bürger verbindlich«. Art. 91 ergänzte: »Die allgemein anerkannten Normen des Völkerrechts über die Bestrafung von Verbrechen gegen den Frieden, gegen die Menschlichkeit und von Kriegsverbrechen sind unmittelbar geltendes Recht. Verbrechen dieser Art unterliegen nicht der Verjährung«. Vgl. auch die jeweiligen Vorgängerbestimmungen in Art. 5, 135 DDR-Verfassung v. 7. 10. 1949.

S. 1 Verf. 1991), Estlands (Art. 3 I 2 Verf. 1992), Rußlands (Art. 15 IV S. 2 Verf. 1993) sowie Weißrußlands (Art. 8 Verf. 1996) ausdrücklich anerkannt[54]. In Bulgarien (Art. 24 Verf. 1991), Rumänien (Art. 10 Verf. 1991) und Litauen (Art. 135 I 1 Verf. 1992) soll die Außenpolitik in Übereinstimmung mit den allgemeinen Prinzipien des Völkerrechts betrieben werden. Makedonien (Art. 8 Ziff. 10 Verf. 1991) bezeichnet die Achtung vor diesen Regeln als grundlegenden Wert der verfassungsmäßigen Ordnung. Einige Verfassungen statten darüber hinaus internationale Menschenrechtsverträge mit Vorrang vor staatlichen Gesetzen aus[55]. Völkerrechtlichem ius cogens wurde der **Vorrang vor der Verfassung** durch das ungarische Verfassungsgericht eingeräumt[56].

C. Erläuterungen

I. Allgemeine Bedeutung

Art. 25 GG ist der Rechtsanwendungsbefehl für das allgemeine Völkerrecht im innerstaatlichen Bereich. Der hierin liegende »Akt der Unterwerfung«[57] manifestiert die (nach »außen«) offene[58], völkerrechtsfreundliche Grundeinstellung des Grundgesetzes[59]. Unabhängig vom Theorienstreit über das Verhältnis von Völkerrecht und staatlichem Recht[60] verbindet er beide Systeme zu einer rechtlichen Gesamtordnung[61], indem er in das für die vollziehende Gewalt ebenso wie für **den Richter nach Art. 20 III GG bindende »Recht«** die Regeln des allgemeinen Völkerrechts einbezieht. Als prozessuale Komplementärnorm ist dabei, wegen des Vorrangs (→ Rn. 23f.) sowie der relativen Unbestimmtheit und dem jeweils möglichen Wandel der betreffenden Normen[62], die **Vorlagepflicht nach Art. 100 II GG** im Blick auf die Rechtssicherheit und den Respekt vor dem demokratisch legitimierten Gesetzgeber von großer Bedeutung[63]. Jedenfalls in Zweifelsfällen wird mit ihr die Entscheidung über Bestehen und Inhalt einer gegebenenfalls das positive Gesetz verdrängenden Völkerrechtsnorm im konkreten Einzelfall dem Bundesverfassungsgericht vorbehalten.

15

---

[54] Vgl. *V.S. Vereshchetin*, EJIL 7 (1996), 29ff.
[55] Art. 20 II rumänische Verf. 1991, Art. 10 tschechische Verf. 1993, Art. 11 slowakische Verf. 1992, Art. 1 kroatisches Verfassungsgesetz über Menschen- und Minderheitenrechte 1991.
[56] Entscheidung Nr. 53/1993 (X.13), Bd. 3, 524ff., zit. in East-European Constitutional Review 3/4 (1993–1994), 7 (10). Vgl. hierzu *P. Sonnevend*, ZaöRV 57 (1997), 195ff.
[57] So *C. Tomuschat*, Die staatsrechtliche Entscheidung für die internationale Offenheit, in: HStR VII, § 172 Rn. 11.
[58] Vgl. *K. Vogel*, Die Verfassungsentscheidung für die internationale Zusammenarbeit, 1964, S. 42; s. auch *Tomuschat* (Fn. 57), § 172 Rn. 1, 3, 8ff.
[59] Vgl. BVerfGE 6, 309 (362), st. Rspr.; vgl. auch *H. Steinberger*, Allgemeine Regeln des Völkerrechts, in: HStR VII, § 173 Rn. 5; zu weitgehend in den Konsequenzen: *A. Bleckmann*, DÖV 1996, 137 (141ff.) → Präambel Rn. 23ff.
[60] Vgl. im Überblick etwa *Geiger*, Völkerrecht (Fn. 19) § 4; *Schweitzer*, Staatsrecht III, Rn. 24ff.
[61] Zur »Leitidee« *Thürer*, Bundesverfassung (Fn. 16), Rn. 3, wonach »Landesrecht und Völkerrecht in der modernen Welt sinnvollerweise nur noch als – z.T. sich ergänzende, über weite Strecken konvergierende, allenfalls aber auch divergierende – Teile einer rechtlichen Gesamtordnung richtig erfasst, interpretiert und fortentwickelt werden können«.
[62] Vgl. auch BVerfGE 23, 288 (316ff.).
[63] So auch *R. Hofmann*, ZaöRV 49 (1989), 41 (47).

16 Auch wenn Art. 25 GG weder die Systemfrage von **Monismus** oder **Dualismus**[64], noch den Streit zwischen **Transformations- und Vollzugslehre**[65] entscheidet – die Formulierung »sind Bestandteil des Bundesrechtes« kann sowohl als deklaratorische Bestätigung des Monismus als auch als Geltungsanordnung für sonst nicht innerstaatlich wirksames Völkerrecht im Sinne des Dualismus aufgefaßt werden –, hat sich das **Bundesverfassungsgericht** für die völkerrechtsfreundlichste Variante des Dualismus entschieden: »Art. 25 GG verschafft den allgemeinen Regeln des Völkerrechts Geltung in der Bundesrepublik Deutschland mit Vorrang vor den Gesetzen ... Sie (sc. die Geltungsanordnung) verändert aber nicht den Inhalt der Völkerrechtsregeln und der daraus etwa herzuleitenden Ansprüche, insbesondere nicht deren Adressaten«[66]. Aus dem **verfassungsrechtlichen Vollzugs- oder Rechtsanwendungsbefehl**[67] in Art. 25 GG folgt, daß auch Gültigkeit und Auslegung der betreffenden Regeln sich nach Völkerrecht bestimmen. Sie sind »als solche, mit ihrer jeweiligen völkerrechtlichen Tragweite Bestandteil des objektiven, im Hoheitsbereich der Bundesrepublik Deutschland geltenden Rechts«[68]. Auch für ihre Auslegung gelten die Maßstäbe des Völkerrechts[69]. Innerstaatlich wird lediglich entschieden, ob es sich überhaupt um eine »allgemeine« Regel des Völkerrechts i.S.d. Art. 25 GG handelt und ob sie unmittelbar Rechte und Pflichten für den Einzelnen begründet (Verifikationsverfahren nach Art. 100 II GG[70]).

II. Allgemeine Regeln des Völkerrechts (Art. 25 S. 1 GG)

17 Eine Regel des Völkerrechts ist jedenfalls »allgemein« i.S.d. Art. 25 GG, wenn sie auf die **Allgemeinheit der Völkerrechtssubjekte** bezogen ist[71]. Die speziell dem Völkergewohnheitsrecht im Blick auf die allgemeine Rechtsüberzeugung und den »in der täglichen Praxis erprobten und konsolidierten Konsens« eigene Ausgewogenheit wird als verfassungspolitische Rechtfertigung der Überordnung über das staatliche Recht angesehen[72]. Dabei genügt die Anerkennung durch die überwiegende Mehrheit der Staaten. Eine Anerkennung durch Deutschland ist nicht erforderlich[73], bei beständi-

---

[64] → Fn. 60.
[65] Zur (gemäßigten) Transformationslehre (wohl h.M.): *W. Rudolf*, Völkerrecht und deutsches Recht, 1967, S. 150 ff.; zur Vollzugstheorie s. insb. *K.J. Partsch*, Die Anwendung des Völkerrechts im innerstaatlichen Recht. Überprüfung der Transformationslehre, 1964, S. 13 ff. Zum Theorienstreit im einzelnen s. *Schweitzer*, Staatsrecht III, Rn. 418 ff.
[66] BVerfGE 27, 253 (274). Ähnlich BVerfGE 46, 342 (363, 403 ff.). Anders noch BVerfGE 1, 397 (411): »Geltung als innerstaatliches deutsches Recht ... (Transformation)«. Zur früheren Rechtsprechung ausführlich *Papadimitriu*, Regeln (Fn. 27), S. 63 ff.
[67] S. BVerfGE 46, 342 (363), wo vom »generellen Rechtsanwendungsbefehl« die Rede ist; s. auch *Steinberger* (Fn. 59), § 173 Rn. 28.
[68] BVerfGE 46, 342 (403 ff.).
[69] Vgl. auch *Steinberger* (Fn. 59), § 173 Rn. 7.
[70] S. dazu BVerfGE 23, 288 (317 ff.); *Schlaich*, Bundesverfassungsgericht, Rn. 157 ff.
[71] *Rudolf*, Völkerrecht (Fn. 65), S. 240.
[72] Vgl. *Tomuschat* (Fn. 57), § 172 Rn. 12, 19, der von Richtigkeitsgewähr und »Geschäftsgrundlage« spricht.
[73] BVerfGE 15, 25 (34); 16, 27 (33); 23, 288 (316 f.); krit. *Steinberger* (Fn. 59), § 173 Rn. 34, der »grundsätzlich« eine Anerkennung fordert.; ähnl. *R. Streinz* in: Sachs, GG, Art. 25 Rn. 25, der eine stillschweigende Anerkennung genügen läßt.

gem Widerspruch aber entfällt die Bindung[74]. **Verträge und (multilaterale) Konventionen** sind keine allgemeine Regeln des Völkerrechts[75]. Sie können allgemeine Regeln nicht schaffen[76], wohl aber abändern – soweit kein ius cogens entgegensteht[77] – oder auch kodifizieren.

1. Zwingendes Völkerrecht

Regeln des zwingenden Völkerrechts (→ Rn. 5) sind schon deshalb notwendig »allgemein«, weil einerseits ihre Geltung nach Art. 53 WVK die Annahme und Anerkennung durch die Staatengemeinschaft »in ihrer Gesamtheit« voraussetzt, andererseits alle Mitglieder der Staatengemeinschaft ihre Beachtung verlangen können[78]. Daß solche Normen grundsätzlich **von Art. 25 S. 1 GG erfaßt** und daher durch den Normgeber sowie bei der Auslegung und Anwendung des innerstaatlichen Rechts durch Verwaltung und Gerichte zu beachten sind, wurde vom Bundesverfassungsgericht anerkannt[79]. 18

2. Dispositives universelles Völkergewohnheitsrecht

Unstreitig sind auch die dispositiven Regeln des universellen Völkergewohnheitsrechts i.S.d. Art. 38 I lit. b IGH-Statut (→ Rn. 6) allgemeine Regeln des Völkerrechts i.S.d. Art. 25 GG[80]. Für ihre Annahme genügt der Nachweis einer von der *opinio iuris* getragenen, gefestigten Übung[81] der überwiegenden Mehrheit von Staaten[82]. Die Bindung besteht auch dann, wenn die fragliche Norm ohne Mitwirkung Deutschlands zustande gekommen ist (→ Rn. 5). Ein nach Art. 59 II GG zu ratifizierender Vertrag kann eine von dieser Regel **abweichende Regelung** vorsehen, wobei diese dann freilich nur zwischen den Vertragsstaaten und mit dem Rang eines einfachen Gesetzes (Art. 59 II GG) gilt. 19

3. Regionales Völkergewohnheitsrecht

Das **Merkmal der Allgemeinheit** der Regel schließt nach einer verbreiteten Auffassung die Anwendung von Art. 25 GG auf regionales Völkergewohnheitsrecht aus, da dieses sich nur an eine bestimmte Anzahl regional zusammengefaßter Staaten und nicht an die Allgemeinheit von Staaten richtet[83]. Auch das Bundesverfassungsgericht 20

---

[74] Vgl. BVerfGE 46, 342 (389) mit Verweis auf das IGH-Urteil zum norwegischen Fischereistreit, 1951, 131. Zur Figur des »persistant objector« s. auch *Steinberger* (Fn. 59), § 173 Rn. 35.
[75] S. *M. Zuleeg*, in: AK-GG, Art. 25 Rn. 25, der sich zu recht gegen den Versuch wendet, einen höheren Rang des Vertragsrechts aus dem Satz »*pacta sunt servanda*« herzuleiten.
[76] Vgl. *Steinberger* (Fn. 59), § 173 Rn. 30ff.
[77] Zu den Voraussetzungen vgl. BVerfGE 18, 441 (448ff.).
[78] So BVerfGE 18, 441 (449).
[79] BVerfGE 75, 1 (18ff., 20). Zustimmend *R. Hofmann*, Zur Bedeutung von Art. 25 GG für die Praxis deutscher Behörden und Gerichte, in: FS Zeidler II, 1987, S. 1884ff. (1889).
[80] BVerfGE 15, 25 (33).
[81] Vgl. BVerfGE 66, 39 (64); 68, 1 (83); 92, 377 (320).
[82] BVerfGE 15, 25 (34). BVerfGE 16, 27 (33) spricht von der »weitaus größeren Zahl der Staaten«.
[83] Vgl. *O. Rojahn*, in: v. Münch/Kunig, GG II, Art. 25 Rn. 7; *W.K. Geck*, Das Bundesverfassungsgericht und die allgemeinen Regeln der Völkerrechts, in: Festgabe BVerfG II, 1976, S. 125ff. (127f.); *Papadimitriu*, Regeln (Fn. 27), S. 73.

spricht von der »erforderlichen weltweiten Breite«[84]. Für regionales und partikulares Völkergewohnheitsrecht gäbe es dann im Grundgesetz keinen Vollzugsmodus, es sei denn über Verfassungsgewohnheitsrecht[85] oder in analoger Anwendung des Art. 25 GG[86]. Der Sinn und Zweck dieser Vorschrift, den Gleichklang zwischen dem allgemeinen Völkerrecht und dem innerstaatlichem Recht herzustellen[87], erfordert jedoch eine weite Auslegung. Entscheidend muß sein, daß die Norm von der **überwiegenden Zahl der sachlich** oder durch ihre besonderen Beziehungen oder gemeinsamen Interessen **räumlich abgrenzbar betroffenen Staaten** anerkannt und angewendet wird[88]. Solche Deutschland als Teil einer abgrenzbaren Gruppe bindenden Völkerrechtsregeln müssen auch innerstaatlich gelten. Insofern bezieht sich der Begriff »allgemein« nicht notwendig auf das universelle Völkerrecht[89], sondern auf sämtliche Völkerrechtsregeln, die für Deutschland sachlich oder räumlich als Gewohnheitsrecht relevant sind (Küstenstaaten, Industriestaaten).

21 Für die europäischen Staaten, die Mitglied des Europarats sind, dürfte das Kriterium räumlicher und sachlicher Abgrenzbarkeit erfüllt sein, so daß etwa **europäisches Völkergewohnheitsrecht** über Art. 25 S. 1 GG auch innerstaatlich Geltung beanspruchen kann. Als Indiz für das Bestehen eines solchen regionalen Konsenses dürften Garantien der EMRK, die der EGMR als Elemente eines »European Public Order« bezeichnet[90], im Einzelfall in Betracht kommen[91]. Entsprechend bezieht das Bundesverfassungsgericht auch die Normen der EMRK mit in die Prüfung ein, ob eine Regel i.S.d. Art. 25 GG gegeben ist[92].

---

[84] BVerfGE 75, 1 (26).
[85] So *W. Rudolf*, Die innerstaatliche Anwendung partikulären Völkerrechts, in: FS Verdross, 1971, S. 435ff. (441ff.); *ders.*, Völkerrecht (Fn. 65), S. 275ff.
[86] So *Zuleeg* (Fn. 75), Art. 25 Rn. 20.
[87] Vgl. auch *Steinberger* (Fn. 59), § 173 Rn. 5; *Streinz* (Fn. 73), Art. 25 Rn. 9, 26.
[88] Vgl. auch *Tomuschat* (Fn. 57), § 172 Rn. 13; *Steinberger* (Fn. 59), § 173 Rn. 28 f. m. w. N.; *Schweitzer*, Staatsrecht III, Rn. 481; *Streinz* (Fn. 73), Art. 25 Rn. 26. Nach *A. Bleckmann*, Grundgesetz und Völkerrecht, 1975, S. 291 umfaßt Art. 25 GG sämtliche Völkerrechtsregeln, die nicht Völkervertragsrecht sind, also auch regionales Völkerrecht.
[89] Nur noch von »einer allgemeinen, gefestigten Übung *zahlreicher* Staaten« spricht jetzt BVerfGE 95, 96 (129) (Hervorhebung nur hier).
[90] EGMR, A. 310, §§ 70, 75, 93 – *Loizidou*; vgl. auch EKMR, *Chrysostomos* v. Turkey, No. 15299/89, 15300/89, 15318/89, DR 68, 216. *F. De Quadros*, La Convention Européenne des Droits de l'Homme: un cas de ius cogens régional?, in: FS Bernhardt, 1995, S. 555ff. (562), ordnet die EMRK sogar als einen Fall des »regionalen ius cogens« ein.
[91] Vgl. *R. Uerpmann*, Die Europäische Menschenrechtskonvention und die deutsche Rechtsprechung, 1993, S. 59 f.
[92] BVerfGE 92, 277 (323), wo zur Frage, ob eine allgemeine Regel des Völkerrechts zur Behandlung von Spionen beigetretener Staaten besteht, auch der Gehalt von Art. 7 EMRK betrachtet wird. BVerfGE 74, 358 (370), spricht dagegen bei der Unschuldsvermutung nach Art. 6 II EMRK nur vom »Range eines Bundesgesetzes« und lehnt den »Rang von Verfassungsrecht« ausdrücklich ab. Gleichwohl sieht es »Inhalt und Entwicklungsstand« der EMRK für die »Auslegung des Grundgesetzes« und von Gesetzen, auch wenn sie später erlassen wurden, als verbindlich an, ebenso wie sogar die Rechtsprechung des EGMR »als Auslegungshilfe für die Bestimmung von Inhalt und Reichweite von Grundrechten und rechtsstaatlichen Grundsätzen des Grundgesetzes« dient. Hier deutet sich sogar ein Über-Verfassungsrang an.

4. Die allgemeinen Rechtsgrundsätze

In gleicher Weise wie das Völkergewohnheitsrecht fallen auch die allgemeinen Rechts- 22
grundsätze i.S.d. Art. 38 I lit. c IGH-Statut unter den Begriff der allgemeinen Regeln
des Völkerrechts nach Art. 25 GG[93]. Dabei handelt es sich um Grundsätze, die sich
übereinstimmend in den **Rechtsordnungen der Staaten** finden oder ihnen zugrunde
liegen und die auf den zwischenstaatlichen Verkehr **übertragbar** sind[94]. Durch sie wird
das innerstaatlich wirkende Völkergewohnheitsrecht ergänzt[95], sie haben nicht nur
die Funktion einer **Auslegungshilfe**, sondern auch selbständige Bedeutung als Regeln
i.S.d. Art. 25 S. 1 GG[96].

III. Allgemeines Völkerrecht mit Vorrang gegenüber den Gesetzen (Art. 25 S. 2, 1. Halbs. GG)

Art. 25 GG fügt die allgemeinen Regeln des Völkerrechts als solche (→ Rn. 15) in die 23
innerstaatliche Rechtsordnung ein; sie sind »Recht« i.S.d. Art. 20 III GG und gehören
zur verfassungsmäßigen Ordnung i.S.d. Art. 2 I GG[97]. Ihre Geltung als Bestandteil des
Bundesrechtes sichert ihnen den absoluten **Vorrang vor dem Landesrecht** (→ Art. 31
Rn. 18 ff., 32 ff.). Sie gehen nach Art. 25 S. 2, 1. Halbs. GG darüber hinaus »den Gesetzen« vor. Was das im Verhältnis zum Verfassungsrecht bedeutet, ist umstritten.

Wie die Entstehungsgeschichte verdeutlicht (→ Rn. 4), war hiermit ein Vorrang auch 24
vor verfassungsändernden Gesetzen intendiert. Dogmatisch gefaßt, führt die historische Auslegung zu der Annahme, daß die allgemeinen Völkerrechtsregeln entweder
zum Bestand der änderungsfesten Verfassungsprinzipien gehören oder eine Kategorie
von Normen mit **Überverfassungsrang** bilden.

Gegen beide Thesen werden **systematische Gegenargumente** vorgebracht. Ein
Überverfassungsrang sei abzulehnen, weil die Verfassung selbst die höchste Norm sei
und keine andere Norm mit höherem Rang ausstatten könne[98]; Art. 100 II GG lasse eine Überprüfung der Verfassung anhand von allgemeinen Regeln des Völkerrechts
nicht zu[99]. Die Zuordnung zu den änderungsfesten Prinzipien des Grundgesetzes
scheitere, weil die Regeln des Völkerrechts in Art. 79 III GG nicht genannt seien[100]. Im

---

[93] Allgemeine Auffassung, s. etwa BVerfGE 94, 315 (328); 95, 96 (129); vgl. auch *Zuleeg* (Fn. 75), Art. 25 Rn. 17; *Rojahn* (Fn. 83), Art. 25 Rn. 13.
[94] Vgl. etwa *Verdross/Simma*, Völkerrecht, §§ 597 ff., 602; *Steinberger* (Fn. 59), § 173 Rn. 18 m.w.N. Als Beispiele werden genannt: Treu und Glauben – so BVerfGE 16, 27 (63) –, die Rechtskraft u.a.
[95] Vgl. BVerfGE 23, 288 (317); ähnlich bereits BVerfGE 15, 25 (35).
[96] BVerfG (1. Kammer des Zweiten Senats) NJW 1988, 1462 (1463).
[97] BVerfGE 23, 288 (300); BVerfG (3. Kammer des Zweiten Senats) DtZ 1992, 216. → Art. 2 I Rn. 40.
[98] *Rudolf*, Völkerrecht (Fn. 65), S. 265 f., der immerhin darauf hinweist, daß ein Überverfassungs-rang theoretisch denkbar ist, wenn nämlich das Grundgesetz dem Monismus mit Primat des Völker-rechts folgte; s. auch *Papadimitriu*, Regeln (Fn. 27), S. 87; *Rojahn* (Fn. 83), Art. 25 Rn. 37.
[99] *Steinberger* (Fn. 59), § 173 Rn. 58 mit Fn. 157, wertet dies jedoch vorsichtigerweise nur als »In-diz« dafür, daß ein Überverfassungsrang der Völkerrechtsregeln ausgeschlossen sein sollte. Das Argument greift aber insofern nicht, als Art. 100 II GG diese Prüfungskompetenz auch in bezug auf Gesetze nicht anspricht. Sie steht den Gerichten allgemein zu (Art. 20 III GG: Bindung an Gesetz und **Recht**).
[100] *Geiger*, Völkerrecht (Fn. 19), S. 168; *Bleckmann*, Völkerrecht (Fn. 88), S. 294.

übrigen bereite selbst ein **Verfassungsrang**[101] Schwierigkeiten, da die Regeln entgegen Art. 79 I 1 GG in der Verfassung nicht textlich fixiert seien[102]. Aus diesen Gründen nimmt die überwiegende Lehre[103] mit der Rechtsprechung[104] an, daß die allgemeinen Völkerrechtsregeln insgesamt im **Rang unter der Verfassung**, aber über den einfachen Gesetzen stehen.

25   Im Lichte der neueren Entwicklungen des Völkerrechts und des ausländischen Verfassungsrechts (→ Rn. 5ff., 11ff.) dürfte indessen eine Differenzierung angebracht sein[105]. Während für alle Normen des **dispositiven Völkergewohnheitsrechts**, von dem bereits im Einvernehmen mit einem Partnerstaat abgewichen werden kann, ein Verfassungsrang angemessen ist[106], hat das *ius cogens* eine grundsätzlich andere Bedeutung. Das **zwingende Völkerrecht** ist in seiner völkerrechtlichen Geltung der Disposition der (einzelnen) Staaten entzogen. Seine internationale Durchsetzung nach Art. 53 WVK, nach Kap. VII SVN und – im Blick auf die Wirkung der aus ihm folgenden Pflichten *erga omnes* – im Wege der Repressalie durch andere Staaten[107] erfolgt ohne Ansehen des jeweiligen Verfassungsrechts und der »Souveränität« des verfassungsändernden Gesetzgebers. Diesen Normen innerstaatlich einen Rang unter der Verfassung einzuräumen, würde die Gefahr einer Völkerrechtsverletzung Deutschlands im Einzelfall in sich tragen. Folgerichtig wird das *ius cogens* in einigen Staaten zum änderungsfesten Kern der Verfassung gezählt (→ Rn. 11 f.). Entsprechend der Intention des Verfassungsgebers, den Gleichlauf zwischen völkerrechtlichen Verbindlichkeiten und ihrer innerstaatlichen Geltung zu bewirken (→ Rn. 3), ist daher nach Art. 25 GG der **verfassungsändernde Gesetzgeber an das zwingende Völkerrecht gebunden**.

26   Dies entspricht System und Bedeutung des Grundgesetzes: Daß sich das Grundgesetz durch den Vollzugsbefehl des Art. 25 GG selbst zu einer Bindung an höherrangiges Recht bekennt und insofern die Regel des Art. 79 I 1 GG relativiert, gehört zur **Identität** dieser **international offenen Verfassung** und findet eine Parallele im Vorrang des Gemeinschaftsrechts, der durch Art. 23, 24 GG legitimiert ist[108]. Mit der Bindung an das »Recht« nach Art. 20 III GG[109] ist über Art. 79 III GG die Achtung des Vorrangs zwingenden Völkerrechts vor einfachem Verfassungsrecht sichergestellt. Für die Nor-

---

[101] So etwa *Steinberger* (Fn. 59), § 173 Rn. 61 m.w.N. zum Streitstand ebd., Rn. 59 ff.
[102] *T. Maunz*, in: Maunz/Dürig, GG, Art. 25 (1964) Rn. 25. – Zum Verfassungsgewohnheitsrecht → Art. 79 I Rn. 38 f.
[103] *Maunz* (Fn. 102), Art. 25 Rn. 24; *C. Tomuschat*, ZaöRV 28 (1968), 63; *Papadimitriu*, Regeln (Fn. 27), S. 94; *Zuleeg* (Fn. 75), Art. 25 Rn. 23; *Rojahn* (Fn. 83), Art. 25 Rn. 37 m.w.N.
[104] Anfangs neigte das BVerfG noch zum Primat des Völkerrechts auch vor der Verfassung (BVerfGE 1, 208 [233]). Aber schon BVerfGE 6, 309 (363) spricht (ohne Begründung) davon, daß die allgemeinen Regeln Vorrang vor nationalen Gesetzen, nicht aber dem Verfassungsrecht hätten. Ebenso BVerfG (1. Kammer des Zweiten Senats) NJW 1988, 1462; ähnlich BVerwGE 55, 313: Selbst wenn eine Regel von Art. 25 GG erfaßt würde, stände sie im Rang nicht über der Verfassung.
[105] In dieser Richtung auch *Rojahn* (Fn. 83), Art. 25 Rn. 38; *K. Doehring*, Das Friedensgebot des Grundgesetzes, in: HStR VII, § 178 Rn. 23, hinsichtlich des Gewaltverbots.
[106] Vgl. auch *R. Herzog*, EuGRZ 1990, 483 (486) m.w.N.
[107] Vgl. hinsichtlich der Menschenrechte BVerfGE 94, 315 (330) m.w.N.; allg. zur Durchsetzung der völkerrechtlichen Pflichten erga omnes *J.A. Frowein*, Die Verpflichtungen erga omnes im Völkerrecht und ihre Durchsetzung, in: FS Mosler, 1983, S. 241 ff.
[108] Ähnl. *Steinberger* (Fn. 59), § 173 Rn. 61 mit Fn. 168.
[109] Ähnlich *A. Bleckmann*, DÖV 1996, 137 (140), der die Regeln des Völkerrechts als Teil des Rechtsstaatsprinzips identifiziert.

men und Verbote des *ius cogens* läßt sich auch kaum behaupten, ihnen fehle wie den allgemeinen Regeln des Völkerrechts häufig die Bestimmtheit[110]. Art. 26 GG nimmt die völkerrechtliche Wertung hinsichtlich des Gewaltverbots (vgl. Art. 2 Ziff. 4 SVN) auf und erklärt friedensgefährdende Handlungen nicht nur für verfassungswidrig, sondern verlangt darüber hinaus eine strafrechtliche Sanktion. Das Bundesverfassungsgericht hat eine Relativierung des strafrechtlichen Rückwirkungsverbots im Blick auf die Rechtfertigung »schwersten kriminellen Unrechts« angenommen, wenn »die in der Völkerrechtsgemeinschaft allgemein anerkannten Menschenrechte in schwerwiegender Weise mißachtet« werden[111]. Zwingendes Völkerrecht (Verbot der willkürlichen Tötung) kann damit dem Normbefehl der Verfassung (Art. 103 II GG) entgegengesetzt werden und beansprucht insofern einen höheren Rang.

IV. Rechte und Pflichten für die Bewohner des Bundesgebietes (Art. 25 S. 2, 2. Halbs. GG)

Nach Art. 25 S. 2, 2. Halbs. erzeugen die allgemeinen Regeln des Völkerrechts unmittelbar Rechte und Pflichten für die Bewohner des Bundesgebiets. »**Bewohner**« sind sowohl deutsche als auch sich in Deutschland aufhaltende ausländische Personen. Dabei kommt es nicht auf einen Wohnsitz an, sondern auf den **Geltungsbereich deutschen Rechts**[112], das inhaltlich um die Regeln des Völkerrechts angereichert ist. Auch Durchreisende und juristische Personen mit Sitz in Deutschland (→ Art. 19 III Rn. 31 ff., 35 ff.) sind daher von Art. 25 GG erfaßt[113].   27

Art. 25 S. 2 GG ordnet an, daß die allgemeinen Regeln des Völkerrechts **unmittelbar Rechte und Pflichten erzeugen**. Nach einer frühen Ansicht des Bundesverfassungsgerichts hat diese Norm lediglich **deklaratorischen Charakter**, weil die unmittelbare Anwendbarkeit bereits aus der Einreihung der allgemeinen Regeln in das Bundesrecht nach Satz 1 folge[114]. Demgegenüber wird in der Literatur vertreten, sie ordne einen **Adressatenwechsel** an. Da die Völkerrechtsregeln sich in der Regel nur an Staaten wendeten, bewirke erst diese Verfassungsvorschrift, daß sich auch Individuen auf einzelne Völkerrechtsregeln berufen könnten. So könnten Ausländer in Deutschland direkt die Einhaltung etwa des fremdenrechtlichen Mindeststandards einfordern, obwohl diese Regeln an sich nur Staatenpflichten gegenüber anderen Staaten begründeten, den Einzelnen also nur mittelbar durch etwaig ausgeübten diplomatischen Schutz seines Heimatstaates begünstigten[115].   28

Ziel des Art. 25 GG ist es, den allgemeinen Regeln des Völkerrechts unabhängig vom Verhalten des Gesetzgebers innerstaatlich **effektiv Geltung** zu verschaffen, wofür ggf. das Interesse der einzelnen und die ihren Rechtsschutz sichernden Gerichte   29

---

[110] So *Steinberger* (Fn. 59), § 173 Rn. 58, der deswegen nur Verfassungsrang des Völkergewohnheitsrechts annehmen will. Vgl. auch *Zuleeg* (Fn. 75), Art. 25 Rn. 22; *A. Bleckmann*, DÖV 1996, 137 (142).
[111] BVerfGE 95, 96 Leitsatz 3 (→ Fn. 92). Kritisch zum Urteil *H. Dreier*, JZ 1997, 421 (428, 431 ff.).
[112] Unstr., vgl. *Steinberger* (Fn. 59), § 173 Rn. 66; *Rojahn* (Fn. 83), Art. 25 Rn. 34.
[113] Ebenso *Rojahn* (Fn. 83), Art. 25 Rn. 34.
[114] BVerfGE 15, 25 (33). Später ließ das Gericht diese Frage ausdrücklich offen, vgl. BVerfGE 46, 343 (363). S. dazu *Streinz* (Fn. 73), Art. 25 Rn. 48: »wohl h.M.«.
[115] *K. Doehring*, Die allgemeinen Regeln des völkerrechtlichen Fremdenrechts und das deutsche Verfassungsrecht, 1963, S. 155 ff.; in diesem Sinne auch *Rojahn* (Fn. 83), Art. 25 Rn. 35.

für den Zweck der Durchsetzung des objektiven Rechts mobilisiert werden. Für die **völkerrechtlich als Individualrechte** anerkannten Regeln wie die Garantien fundamentaler Menschenrechte folgt dies aus Art. 25 S. 1 GG[116]. Dasselbe gilt etwa für die Normen des Völkerstrafrechts[117]. Insofern hat Art. 25 S. 2 GG lediglich eine Transparenzfunktion.

30 Wenn sich dagegen eine Regel ihrem völkerrechtlichen Inhalt nach nur an Staaten richtet, verleiht ihr Art. 25 S. 2 GG den Charakter eines **subjektiven Rechts bzw. einer Rechtspflicht**[118]. Die Regel kann folglich durch oder gegenüber dem einzelnen vor den innerstaatlichen Gerichten durchgesetzt werden, ungeachtet ihrer gesetzlichen Konkretisierung oder entgegenstehender Gesetze[119]. Hier wirkt Art. 25 S. 2 GG **konstitutiv**[120], sowohl hinsichtlich der Begründung subjektiver Rechte als Reflex der Verpflichtung der Staaten[121], als auch für Normen, die eine belastende Wirkung für den einzelnen haben[122]. Der Vorbehalt des Gesetzes steht dem nicht entgegen[123], da die nach Art. 25 GG übernommene Regel die fragliche Belastung legitimiert. Freilich dispensiert Art. 25 S. 2 GG nicht vom Gesetzesvorbehalt, wenn eine völkerrechtlichen Regel innerstaatlich mit einer weiteren Belastung kombiniert wird, etwa wenn einer Regel des Völkerstrafrechts ein konkreter Strafrahmen verliehen wird[124].

31 Ebenfalls der Effektivität der völkerrechtlichen Regeln dient es, daß die Betroffenen im Wege der **Verfassungsbeschwerde** eine Verletzung des Art. 2 I GG geltend machen können, soweit eine innerstaatliche, den Grundrechtsträger belastende Maßnahme einer Regel iSd. Art. 25 GG widerspricht[125].

---

[116] Vgl. etwa *Steinberger* (Fn. 59), § 173 Rn. 67 m.w.N.

[117] Vgl. *G. Dahm*, Zur Problematik des Völkerstrafrechts, 1956, S. 68; nachdem die einzelnen Tatbestände des Militärstrafrechtshofs von Nürnberg bereits als Gewohnheitsrecht eingestuft worden waren, ist dies für die Tatbestände des Jugoslawien-Tribunals und des Ruanda-Tribunals (→ Rn. 6) inzwischen unbestritten.

[118] BVerfGE 46, 343 (363), wonach sich ein Einzelner auch auf die staatengerichtete Regel als Bestandteil des deutschen Rechts »berufen« könne. S. auch *Steinberger* (Fn. 59), § 173 Rn. 69ff., mit dem Hinweis, daß es dabei nicht um eine inhaltliche Änderung der Norm gehen kann.

[119] Zu eng insofern BVerfGE 63, 343 (373ff.), hinsichtlich des völkerrechtlichen Verbots, auf fremdem Gebiet Hoheitsakte zu setzen, als nur dem Schutz der Souveränität dienende Norm, auf die sich der einzelne als objektives Recht berufen könne, die aber »keine subjektiven Rechte mit Verfassungsrang« begründe. S. auch die krit. Bemerkungen bei *Tomuschat* (Fn. 57), § 172 Rn. 16 mit Fn. 32, zu den Fällen völkerrechtswidriger Entführung von Personen (BVerfG [1. Kammer des Zweiten Senats] NJW 1986, 1427; BVerfG [3. Kammer des Zweiten Senats] NJW 1986, 3021).

[120] Vgl. auch *Tomuschat* (Fn. 57), § 172 Rn. 16.

[121] Daß dies für bestimmte (nur) an Staaten gerichtete Normen wegen der ansonsten bewirkten Inhaltsänderung nicht gelten kann, betont *Tomuschat* (Fn. 57), § 172 Rn. 16 (völkerrechtliches Interventionsverbot).

[122] S. etwa zum Vollstreckungsschutz für Botschaftskonten gegen Forderungen Privater BVerfGE 46, 343 (403ff.). Danach verpflichtet Art. 25 S. 2 GG den Einzelnen zwar nicht, eine Vollstreckungsklage zu unterlassen, aber die Norm hat die (objektive) Wirkung, daß er die Abweisung der Klage hinnehmen muß.

[123] S. aber *Steinberger* (Fn. 59), § 173 Rn. 68, 70, für dem der unmittelbaren Erzeugung von Individualpflichten rechtsstaatliche Bedenken gegenüberstehen. S. auch *Zuleeg* (Fn. 75), Art. 25 Rn. 30; *Streinz* (Fn. 73), Art. 25 Rn. 46; für *Rojahn* (Fn. 83), Art. 25 Rn. 36, sind diese »Rechte und Pflichten in der Regel imperfekt«.

[124] *Tomuschat* (Fn. 57), § 172 Rn. 16, freilich nur, soweit die Strafe nicht in der völkerrechtlichen Regel selbst normiert ist. Für strafrechtliche Sanktionen fordern dagegen *Steinberger* (Fn. 59), § 173 Rn. 68 und *Streinz* (Fn. 73), Art. 25 Rn. 49, immer ein innerstaatliches Gesetz.

[125] Vgl. BVerfGE 23, 288 (300); 66, 39 (64); BVerfG (Vorprüfungsausschuß) EuGRZ 1985, 654ff. –

V. Einzelne Regeln des allgemeinen Völkerrechts

Das »Konstitutionsprinzip des allgemeinen Völkerrechts«[126] der **souveränen Gleich-** 32 **heit der Staaten** (Art. 2 Ziff. 1 SVN) liegt der Anerkennung einer Reihe von Regeln nach Art. 25 GG zugrunde: Hierzu gehören hinsichtlich der **territorialen Souveränität** die Regeln über die Basislinie für die Bestimmung der seewärtigen Begrenzung des Küstenmeeres sowie der ausschließlichen Wirtschaftszonen[127]. Die **Staatenimmunität** wird gegenüber zivilrechtlichen Klagen nur hinsichtlich hoheitlicher Akte (*acta iure imperii*) anderer Staaten anerkannt, nicht aber für deren fiskalische Geschäfte (*acta iure gestionis*)[128]. Ein auf fiskalischem Handeln beruhender Titel darf aber nicht vollstreckt werden, wenn das Vollstreckungsvermögen der Deckung hoheitlicher Aufgaben dient[129]. Ausländischen **Gesandtschaftsgebäuden** und -gründstücken kommt insoweit Immunität zu, als dies für die Erfüllung der diplomatischen Funktionen notwendig ist[130]. Die Vollstreckung in Konten des rechtsfähigen Unternehmens eines fremden Staates ist indessen nicht ausgeschlossen, auch wenn dieses »treuhänderisch« für den Staat handelt[131]. Es gibt keine Regel, nach der sich **Spione** auf die Grundsätze der Staatenimmunität berufen können. Eine analoge Anwendung von Art. 31 HLKO auf DDR-Spione nach der Wiedervereinigung ist gewohnheitsrechtlich nicht geboten[132]. Kraft einer allgemeinen Regel des Völkerrechts unterliegen Hoheitsakte ausländischer Staaten in ihrem eigenen Hoheitsgebiet keiner Überprüfung durch deutsche Gerichte[133]. Die im anglo-amerikanischen Raum in Anspruch genommene »**Act of State**«-Doktrin bildet indessen mangels Anerkennung in der übrigen Welt keine allgemeine Regel des Völkerrechts[134]. **Völkerrechtswidrige ausländische Urteile** dürfen trotz der sonst gebotenen Achtung gegenüber fremden Rechtsordnungen in Deutschland wegen Art. 25 GG nicht anerkannt werden[135]. Hingegen besteht keine allgemeine Völkerrechtsregel, daß die Immunität von Regierungsmitgliedern die Existenz des betreffenden Staates überdaure, so daß ihre strafrechtliche Verfolgung dessen Souveränität nicht verletzen kann[136]. Auch eine Regel, wonach Deutschland verpflichtet wäre, die fortwirkende Immunität eines ehemals in der DDR akkreditierten Botschafters eines Drittstaates von strafrechtlicher Verfolgung zu beachten, wenn die

---

Pakelli; zuletzt BVerfGE 95, 96 (128 ff.); s. auch *Tomuschat* (Fn. 57), § 172 Rn. 18 m.w.N. → Art. 2 I Rn. 40.

[126] BVerfGE 46, 342 (344).
[127] Vgl. BVerfG (3. Kammer des Zweiten Senats) NVwZ-RR 1992, 521 (522).
[128] BVerfGE 16, 27 (33 ff., 64); allgemein zur Zwangsvollstreckung gegen einen fremden Staat BVerfGE 64, 1 (23 ff.).
[129] BVerfGE 46, 342 (343).
[130] BVerfGE 15, 25 (34 ff., 42 ff.).
[131] BVerfGE 64, 1 (22 ff.).
[132] BVerfGE 92, 277 (321 ff.).
[133] BVerfGE 46, 214 (219 ff.) hinsichtlich der griechischen Entscheidung über die Auslieferung eines Geiselnehmers; anders *Streinz* (Fn. 73), Art. 25 Rn. 56, und LG Hamburg AWD 1973, 163, und AWD 1974, 410.
[134] BVerfGE 95, 96 (129).
[135] OLG Frankfurt RIW/AWD 1980, 874 (876). Vgl. zur Anwendung völkerrechtswidrigen ausländischen Rechts in Deutschland *R. Hofmann*, ZaöRV 49 (1989), 41 ff.
[136] BVerfGE 95, 96 (130).

Strafverfolgung bereits vor der Wiedervereinigung nach bundesdeutschem Rechte möglich gewesen wäre, kann nicht nachgewiesen werden[137].

33   Aus der **Gebietshoheit** folgt das völkerrechtliche Verbot, Hoheitsakte ohne Zustimmung oder Duldung des betroffenen Staates auf fremdem Hoheitsgebiet zu setzen[138]. Die Überweisung von Mitteln zur Befriedigung von **Sozialansprüchen** an im Ausland lebende deutsche Staatsangehörige stellt aber keine verbotene Setzung von Hoheitsakten im Ausland dar[139].

34   Ein gem. Art. 25 GG zu beachtendes völkerrechtliches Gebot, die **Mehrstaatigkeit** zu verringern, gibt es nicht[140]. Die Achtung der Personalhoheit anderer Staaten verbietet es, daß deutsche Behörden **ausländische Pässe** einziehen[141]. Daß Ausländer zur Deckung von **Kriegsfolgelasten** herangezogen werden, widerspricht keiner Regel des Völkerrechts[142]. Ebensowenig existiert eine Norm des Gewohnheitsrechts, nach der **Entschädigungsregelungen** im Zusammenhang mit Kriegsfolgen nur im Rahmen von völkerrechtlichen Verträgen getroffen werden könnten[143].

35   Die Frage nach der völkerrechtlichen Zulässigkeit stellt sich auch, wenn deutsche Normen an **Sachverhalte mit ausländischen Elementen** anknüpfen. Im Blick auf das Willkürverbot bedarf es zugleich einer sinnvollen Anknüpfung an Vorgänge im Inland[144]. Kein Verstoß gegen den Grundsatz der Nichteinmischung (Art. 2 Ziff. 7 SVN) wird im **Weltrechtsprinzip** zur Verfolgung von Betäubungsmittelstraftaten (§ 6 Nr. 5 StGB) gesehen[145].

36   Im Bereich der **Menschenrechte** ist festgestellt worden, daß die Artikel der AEMR keine allgemeinen Regeln des Völkerrechts seien[146], was zumindest für die grundlegenden Menschenrechte (Art. 3–11 AEMR) nicht mehr dem Stand der Entwicklung entspricht (→ Rn. 5; → Vorb. Rn. 20, 22). Daß Art. 16 AEMR (**Recht auf Eheschließung**) keinen allgemeinen Grundsatz des Völkerrechts enthält, begegnet dagegen keinen Bedenken, da sich die islamischen Staaten gegenüber den dort genannten Vorstellungen sperren[147]. Obwohl die Anwendbarkeit der **EMRK** über Art. 25 GG in der Rechtsprechung ausdrücklich abgelehnt wurde[148], gelten die in ihr niedergelegten Rechte als Indiz für regionales Gewohnheitsrecht (→ Rn. 20).

37   Die Auslieferung an einen ausländischen Staat kann daran scheitern, daß dort der völkerrechtlich verbindliche **Mindeststandard für ein faires Verfahren nicht** eingehal-

---

[137] BVerfGE 96, 68 (86 ff.)
[138] BVerfGE 63, 343 (361, 373), freilich hier nur anerkannt als »ausschließlich staatsgerichtete, dem Schutz der Souveränität als solcher dienende Norm«.
[139] BSG NJW 1972, 1685.
[140] BVerwG DVBl. 1971, 861. Vgl. dagegen zu den völkerrechtlichen Verpflichtungen aus dem Europaratsabkommen über die Verringerung von Mehrstaatigkeit vom 6. 5. 1963 *N. Goes*, Mehrstaatigkeit in Deutschland, 1997, S. 89 ff., 94 ff.
[141] BayObLGZ 1971, 90 ff.; OVG Münster NJW 1972, 2199.
[142] BVerfGE 23, 288 (300 ff.).
[143] BVerfGE 94, 315 (331 ff.).
[144] BVerfGE 63, 343 (369).
[145] BGH JZ 1977, 67 ff.
[146] BVerwGE 5, 153 (160).
[147] KG Berlin NJW 1961, 2209 (2211). Zu erwägen wäre aber, ob es sich angesichts Art. 12 EMRK um regionales Völkergewohnheitsrecht handelt.
[148] BVerwGE 52, 313; KG Berlin FamRZ 1982, 95.

ten wird¹⁴⁹. Dies ist beispielsweise bei Abwesenheitsverfahren zu prüfen¹⁵⁰. Eine **drohende Todesstrafe** begründet für sich allein kein Auslieferungshindernis¹⁵¹. Ebensowenig besteht ein **Verbot der Doppelbestrafung** (*ne bis in idem*) im Range zwingenden Völkerrechts, das einer vertraglich vereinbarten Pflicht zur Auslieferung entgegenstehen könnte, wenn der um Auslieferung ersuchende Staat eine in einem Drittstaat verbüßte Strafe nicht anrechnet¹⁵². Ein Verstoß gegen eine allgemeine Regel des **humanitären Kriegsvölkerrechts** durch die Lagerung von für den Zweiteinsatz bestimmten chemischen Waffen in Deutschland ist jedenfalls dann nicht gegeben, wenn die Beschränkung ihres Einsatzes auf militärische Ziele nicht von vornherein ausgeschlossen ist¹⁵³.

Wird der **Schutz ausländischer Staatsangehöriger** unter den Vorbehalt der Gegenseitigkeit gestellt, so entspricht dies als gezielte Benachteiligung von Angehörigen bislang »unentschlossener« Staaten einem allgemeinen Satz des Völkerrechts, wonach jede Nation berechtigt ist, die Belange ihrer Angehörigen in fremden souveränen Staaten zu wahren¹⁵⁴. Überhaupt gelten Regeln des Wirtschaftsvölkerrechts, wie etwa das in Art. III GATT niedergelegte **Prinzip der Inländerbehandlung**, in der Regel nicht als allgemeine Grundsätze i.S.d. Art. 25 GG¹⁵⁵. Dagegen zeichnet sich im Bereich des **Umweltvölkerrechts** eine Entwicklung ab, die in Einschränkung des Territorialitätsprinzips eine Rücksichtnahme auf Umweltinteressen benachbarter Staaten ebenso wie auf globaler Ebene gebietet¹⁵⁶. **Die Rio-Erklärung** über Umwelt und Entwicklung von 1992¹⁵⁷, vor allem Prinzip 2 dürfte bereits einen internationalen Konsens über entsprechende Grundsätze widerspiegeln, die die künftige Praxis der Staaten zu leiten bestimmt sind. 38

D. Verhältnis zu anderen GG-Bestimmungen

Wie bereits in den Beratungen des Parlamentarischen Rates zum Ausdruck gebracht¹⁵⁸, wird Art. 25 GG durch die prozessuale Konnexbestimmung in **Art. 100 II GG** ergänzt. Dieses beim Bundesverfassungsgericht konzentrierte **Normverifikationsverfahren** verwehrt den Gerichten jedoch nicht, selbst die Anwendbarkeit von allgemeinen Regeln des Völkerrechts in Deutschland gem. Art. 25 GG anzunehmen, 39

---

¹⁴⁹ BVerfGE 59, 280 (283); BVerfGE 63, 332 (337); vgl. hierzu *R. Zöbeley*, NJW 1983, 1704ff.
¹⁵⁰ BVerfGE 59, 230 (280); BGHSt 20, 198.
¹⁵¹ BVerfGE 18, 112 (119ff.); 60, 348 (354). S. dagegen zum Verbot der Abschiebung nach Art. 3 EMRK etwa das Urt. des EGMR v. 15. 11. 1996 – *Chahal*, NVwZ 1997, 1093ff.
¹⁵² BVerfGE 75, 1 (20ff.).
¹⁵³ BVerfGE 77, 170 (233).
¹⁵⁴ BVerfGE 81, 208 (224). S. indessen EuGHE 1993, I-5145 (5181) – *Phil Collins*, wonach das Diskriminierungsverbot des Art. 6 (12 nF) EGV es einem EU-Mitgliedstaat verwehrt, Unionsbürgern das für Inländer bestehende Recht zu verweigern, den Vertrieb eines ohne Einwilligung des Urheberrechtsberechtigten hergestellten Tonträgers im Inland zu verbieten, wenn die Darstellung im Ausland stattgefunden hat.
¹⁵⁵ FG Hamburg EFG 1970, 196; FG München EFG 1970, 114.
¹⁵⁶ Zum Problem vgl. *Rojahn* (Fn. 83), Art. 25 Rn. 22 m.w.N.; zuletzt *M. Nettesheim*, AVR 34 (1996), 168 (202f.).
¹⁵⁷ UNCED Doc. A/Conf. 151/26 (Bd. I) v. 12. 8. 1992, S. 8ff.; abgedruckt auch in: ILM XXXI (1992), 874.
¹⁵⁸ JöR 1 (1951), S. 233.

40 Art. 25 GG bildet im Verbund mit der Präambel, Art. 1 II, Art. 23, 24 und 26 GG die Wertentscheidung des Grundgesetzes für eine internationale Offenheit ab. Das BVerfG hat hieraus schon früh den **Grundsatz der Völkerrechtsfreundlichkeit** abgeleitet[159]. Er besagt u.a., daß innerstaatliches Recht nicht nur verfassungskonform, sondern auch völkerrechtskonform auszulegen sind, bevor eine Verletzung einer allgemeinen Regel des Völkerrechts angenommen werden kann[160]. Zugleich gebietet der Grundsatz, fremde Rechtsordnungen und -anschauungen grundsätzlich zu achten[161].

41 Wie das Völkervertragsrecht in Deutschland zur Anwendung kommt, richtet sich nach **Art. 59 II GG**. Besteht eine dispositive Regel des Völkergewohnheitsrechts, die über Art. 25 GG angewendet werden müßte, so kann diese von einem von Deutschland geschlossenen Vertrag verdrängt werden, wenn dieser Sonderbestimmungen enthält. In diesem Fall läuft Art. 25 GG leer, und die innerstaatlichen Wirkungen des Vertrages sind gem. Art. 59 II GG zu bestimmen[162]. Dies gilt jedoch nicht, wenn die Regel des Gewohnheitsrechts *ius cogens*-Charakter hat – dann wäre der Vertrag schon völkerrechtlich nichtig – oder wenn der Vertrag die Regeln des Gewohnheitsrechts seinerseits kodifiziert. In letzterem Fall sind diese Regeln in ihrer Eigenschaft als Gewohnheitsrecht auch über Art. 25 GG in Deutschland anzuwenden.

---

[159] BVerfGE 6, 309 (362). Vgl. *A. Bleckmann*, DÖV 1996, 137ff.
[160] BVerfGE 75, 1 (19); *Steinberger* (Fn. 59), § 173 Rn. 56.
[161] BVerfGE 75, 1 (17).
[162] BVerfGE 18, 441 (448f.).

Artikel 26 [Verbot des Angriffskrieges]

(1) ¹Handlungen, die geeignet sind und in der Absicht vorgenommen werden, das friedliche Zusammenleben der Völker zu stören, insbesondere die Führung eines Angriffskrieges vorzubereiten, sind verfassungswidrig. ²Sie sind unter Strafe zu stellen.

(2) ¹Zur Kriegführung bestimmte Waffen dürfen nur mit Genehmigung der Bundesregierung hergestellt, befördert und in Verkehr gebracht werden. ²Das Nähere regelt ein Bundesgesetz.

Literaturauswahl

Beschorner, Jürgen: Die Ausfuhrkontrolle von Rüstungsgütern, in: ZVglRWiss 90 (1991), S. 262–297.
Doehring, Karl: Das Friedensgebot des Grundgesetzes, in: HStR VII, § 178, S. 687–709.
Epping, Volker: Grundgesetz und Kriegswaffenkontrolle, 1993.
Epping, Volker: Novellierungsbedarf im Bereich des Kriegswaffenexportrechts?, in: RIW 1996, S. 453–458.
Holthausen, Dieter: Der Verfassungsauftrag des Art. 26 Abs. 2 GG und die Ausfuhr von Kriegswaffen, in: JZ 1995, S. 284–290.
Holthausen, Dieter: Das Kriegswaffenexportrecht als Verfassungsauftrag des Art. 26 Abs. 2 GG, in: RIW 1997, S. 369–377.
Haas-Traeger, Evelyn: Sammeln für den Krieg, in: DÖV 1983, S. 105–110.
Münch, Ingo v.: Rechtsfragen der Raketenstationierung, in: NJW 1984, S. 577–582.
Stratman, Jürgen: Das grundgesetzliche Verbot friedensstörender Handlungen, Diss. jur. Würzburg 1971.
Weber, Albrecht: Nachrüstung und Grundgesetz, in: JZ 1984, S. 589–595.

Leitentscheidungen des Bundesverfassungsgerichts

BVerfGE 66, 39 (65) – Nachrüstung; 68, 1 (103) – Atomwaffenstationierung; 77, 170 (233f.) – Lagerung chemischer Waffen.

Gliederung

	Rn.
A. Herkunft, Entstehung, Entwicklung	1
I. Ideen- und verfassungsgeschichtliche Aspekte	1
II. Entstehung und Veränderung der Norm	3
B. Internationale, supranationale und rechtsvergleichende Bezüge	5
I. Internationale Abkommen	5
II. Supranationale Abkommen	9
III. Rechtsvergleichende Hinweise	12
C. Erläuterungen	13
I. Allgemeine Bedeutung	13
II. Verfassungswidrigkeit friedensstörender Handlungen (Art. 26 I GG)	14
1. Das Schutzgut des Art. 26 I GG	14
2. Friedensstörende Handlungen nach Art. 26 I 1 GG	16
a) Das Aggressionsverbot	16
b) Das Störungsverbot	17
3. Die Anordnung der Verfassungswidrigkeit und der Pönalisierungsauftrag in Art. 26 I 2 GG	19
III. Kontrolle der Kriegswaffen (Art. 26 II GG)	20
1. Der Rechtscharakter des Genehmigungsvorbehalts	20

2. Die genehmigungsbedürftigen Handlungen 22
    a) Das Herstellen von Kriegswaffen 24
    b) Das Befördern von Kriegswaffen 26
    c) Das Inverkehrbringen von Kriegswaffen 27
 3. Die Genehmigungsbehörde 28
D. Verhältnis zu anderen GG-Bestimmungen 29

A. Herkunft, Entstehung, Entwicklung

I. Ideen- und verfassungsgeschichtliche Aspekte

1   Nach der Präambel ihrer 1945 beschlossenen Satzung sind die Völker der Vereinten Nationen fest entschlossen, »künftige Geschlechter vor der Geißel des Krieges zu bewahren«. Einzelnen Staaten wird der Einsatz von Gewalt gegen andere Staaten nur im Rahmen des Selbstverteidigungsrechts gestattet (Art. 2 Ziff. 4, 51 SVN: → Rn. 5). Der im Entstehen begriffene **universale Konsens über die Ächtung des Angriffskrieges** als Mittel der internationalen Auseinandersetzung findet in den religiösen Lehren weiter Teile der Weltbevölkerung durchaus eine Stütze. Der Buddhismus lehrt traditionell den Gewaltverzicht; in der hinduistischen Tradition sticht der Beitrag von Mahatma Gandhi zur friedlichen Ablösung der britischen Kolonialherrschaft in Indien hervor. Der Islam kennt zwar die Institution des Heiligen Krieges (›gihad‹)[1], doch ist dieser traditionell an verschiedene Voraussetzungen geknüpft, die auch in der jüngeren innerislamischen Diskussion verstärkte Betonung finden. Die marxistische Lehre hielt den Krieg als Mittel des Klassenkampfes für zulässig; legitim war er nach der »Breschnew-Doktrin« auch zum Schutz der Werte des Sozialismus im befreundeten Ausland[2]. Darüber hinaus ist terroristische Gewalt in der Praxis »marxistischer« Bewegungen und Regierungen oft ein probates Mittel gewesen.

Komplex ist die Situation im **Christentum**: Hier wurde seit der Konstantinischen Wende im 4. Jh. mit der Lehre vom gerechten Krieg ein Ausgleich zwischen dem pazifistischen Friedensgebot Jesu (»Bergpredigt«) und der Staatsraison gesucht[3]. Nach der von Thomas v. Aquin (13. Jh.) im Anschluß an Augustinus systematisierten Doktrin durften legitime Autoritäten eine »iusta causa« verfolgen, insbesondere einen »bellum defensivum« (Verteidigungskrieg) oder »bellum punitivum« (Sanktionskrieg) führen, ohne gegen das 5. Gebot (»Du sollst nicht töten«; Ex. 20,13) zu verstoßen. Angesichts der gewaltsamen Kolonialisierung Amerikas führte der spanische Theologieprofessor Francesco de Vitoria (16. Jh.) als neues Element ein, daß ein Krieg verhältnismäßig sein und zuvor alle anderen Wege der Streitbelegung erschöpft sein müßten. Der Katholizismus der Moderne hat zu Anfang des 20. Jh. noch den unbedingten Gehorsam des Soldaten gegenüber der politischen Führung betont[4]

---

[1] Vgl. *C. Rajewski*, Der gerechte Krieg im Islam, in: Hessische Stiftung für Friedens- und Konfliktforschung (Hrsg.), Der gerechte Krieg. Christentum, Islam, Marxismus, 1980, S. 13 ff., zur Berufung auf den Dschihad in der Praxis zu Verteidigungs-, Verbreitungs-, Entkolonialisierungs- und anderen politischen Zwecken.

[2] Vgl. *E. Jahn*, Eine Kritik der sowjet-marxistischen Lehre vom »gerechten Krieg«, in: Hessische Stiftung (Fn. 1), S. 163 ff.

[3] Vgl. *P. Engelhardt*, Die Lehre vom »gerechten Krieg« in der vorreformatorischen und katholischen Tradition, in: Hessische Stiftung (Fn. 1), S. 72 ff.

[4] Dazu *Engelhardt*, Lehre (Fn. 3), S. 79.

und sich dann im 2. Vatikanischen Konzil von 1962–1965 darauf verständigt, im »Recht« auf eine sittlich erlaubte Verteidigung die Möglichkeit nuklearer Bewaffnung einzuschließen. Etwas vorsichtiger erkennen die deutschen Protestanten in ihren Heidelberger Thesen (1957/58) »die Beteiligung an dem Versuch, durch das Dasein von Atomwaffen einen Frieden in Freiheit zu sichern, als eine heute noch mögliche christliche Handlungsweise an« (These 8)[5].

Während sich die genannten Lehren primär auf das Recht zur Kriegsführung im zwischenstaatlichen Bereich beziehen, ist die Absicherung des internationalen Friedens durch ein **innerstaatliches Verbot**, friedensstörende Handlungen zu führen, vorzubereiten oder zuzulassen, eine Idee der Aufklärung. Nach **Kant** sollten sich die Staaten in einem Friedensbund u.a. darauf einigen, daß »stehende Heere (miles perpetuus) mit der Zeit ganz aufhören«, da sie andere Staaten »durch die Bereitschaft, immer dazu gerüstet zu sein, unaufhörlich mit Krieg bedrohten und dazu anreizten, sich einander in der Menge der Gerüsteten, die keine Grenzen kennt, zu übertreffen«[6]. Freiwillige, periodisch vorgenommene Wehrübungen der Staatsbürger, sich und ihr Vaterland dadurch gegen Angriffe von außen zu sichern, würden dagegen die Geschäftsgrundlage eines ewigen Friedensbundes nicht gefährden. Weder in den Verfassungen der deutschen Staaten im 19. Jahrhundert noch in der Reichsverfassung von 1871 oder in der Weimarer Reichsverfassung von 1919 lassen sich indessen Beschränkungen für den Einsatz militärischer Gewalt nach außen finden. Der Reichstag hat aber gemäß den Rüstungsbeschränkungen in Art. 168–172 des Versailler Friedensvertrags[7] die Herstellung von gewissen Kriegswaffen unter Strafe gestellt[8] und in den 20er Jahren die ersten Gesetze zur Beschränkung der Ein- und Ausfuhr von Rüstungsgütern geschaffen[9].

II. Entstehung und Veränderung der Norm

Die Erfahrungen des Zweiten Weltkriegs führten den Konvent von Herrenchiemsee dazu, die Friedensbemühungen Deutschlands erstmals auf verfassungsrechtlicher Ebene abzusichern[10]. Nach **Art. 26 HChE** waren »Handlungen, die mit der Absicht vorgenommen werden, das friedliche Zusammenleben der Völker zu stören, insbesondere die Führung eines Krieges vorzubereiten, unter Strafe zu stellen«. Da aber »ein Verteidigungskrieg nicht verboten sein dürfte«[11], ersetzte der Parlamentarische Rat die Worte »die Führung eines Krieges« durch »die Führung eines Angriffskrieges«. Eine weitere Frage war, ob es bei den fraglichen Handlungen auf die Eignung

---

[5] Vgl. *W. Lienemann*, Das Problem des gerechten Krieges im deutschen Protestantismus nach dem 2. Weltkrieg, in: Hessische Stiftung (Fn. 1), S. 125 ff.

[6] *I. Kant*, Zum ewigen Frieden. Ein philosophischer Entwurf (1795), Erster Abschnitt, 3. Artikel.

[7] RGBl. I 1919 S. 687.

[8] Gesetz Nr. 7034 v. 31. 8. 1919, RGBl. I S. 1530.

[9] Gesetz Nr. 7905 v. 22. 12. 1920 über die Ein- und Ausfuhr von Kriegsgerät, RGBl. I S. 2167, geändert durch Gesetz Nr. 8175 v. 26. 6. 1921, RGBl. I S. 767, und das Gesetz über Kriegsgerät v. 27. 7. 1927, RGBl. I S. 239. Die strikten Kontrollen wurden durch das Gesetz v. 6. 11. 1935 (RGBl. I S. 1337) vom NS-Gesetzgeber aufgehoben. Vgl. hierzu *K. Pottmeyer*, Kommentar zum Kriegswaffenkontrollgesetz, 1991, Einl. Rn. 2 ff.

[10] Vgl. JöR 1 (1951), S. 236.

[11] So der Abg. *v. Brentano*, JöR 1 (1951), S. 237. Der entgegengesetzten Auffassung des Abg. *Schmid*, jedwede Gewalt zur Austragung zwischenstaatlicher Konflikte auszuschließen, es sei denn zur kollektiven Selbstverteidigung aller Nationen, wurde nicht gefolgt (S. 237).

oder auf die Absicht zur Friedensstörung ankommen sollte. Der Rat einigte sich darauf, beide Voraussetzungen in die endgültige Fassung aufzunehmen[12]. Das Problem, ob friedensstörende Handlungen für verfassungswidrig zu erklären oder durch einfaches Gesetz unter Strafe zu stellen seien, wurde durch Kombination beider Rechtsfolgen gelöst[13].

4 Erst der Parlamentarische Rat beschloß, eine Vorschrift über die Kontrolle von Kriegswaffen einzufügen. **Art. 26 II GG** sollte ursprünglich »Kriegsgerät jeglicher Art« betreffen[14]. Um auszuschließen, daß auch Rohstoffe erfaßt würden, kam es aber zu der engeren Formulierung »zur Kriegsführung bestimmte Waffen«[15]. Der Vorschlag eines ausnahmslosen Waffenherstellungsverbots fand keine Zustimmung, da sonst sogar die Bewaffnung der Polizei unmöglich wäre[16]; so blieb es beim Genehmigungsvorbehalt zugunsten der Bundesregierung. Art. 26 II GG wurde **nicht geändert**. Dagegen kam es seit den 60er Jahren zu mehreren Novellierungen des zu seiner Ausführung ergangenen Kriegswaffenkontrollgesetzes (→ Rn. 20).

B. Internationale, supranationale und rechtsvergleichende Bezüge

I. Internationale Abkommen

5 Trotz mehrerer Ansätze in der Völkerrechtslehre, im Anschluß an Hugo Grotius[17] das herrschende Diktum des unbeschränkt erlaubten Krieges zurückzudrängen, bedurfte es der Greuel von zwei Weltkriegen, um im positiven Völkerrecht eine Wende herbeizuführen. Nach Art. 12, 15 Völkerbundssatzung von 1919 war Krieg nach Einhaltung eines gewissen Verfahrens noch gerechtfertigt[18]. Im Anschluß an Art. 1 des Briand-Kellog-Paktes von 1928[19] sieht **Art. 2 Ziff. 4 SVN** ein **umfassendes Verbot der Androhung und des Einsatzes militärischer Gewalt zwischen Staaten** vor[20]. Es bindet nicht nur die Mitglieder der Vereinten Nationen, sondern gilt nach der Rechtsprechung des Internationalen Gerichtshofs als Bestandteil des völkerrechtlichen Gewohnheitsrechts[21]. Außer im Vollzug von **Zwangsmaßnahmen des Sicherheitsrates** nach Kapitel VII SVN[22] dürfen Staaten Waffengewalt daher nur noch zur **individuellen oder kollektiven Selbstverteidigung** gegen einen **bewaffneten Angriff** einsetzen (Art. 51 SVN). Der Einsatz von Gewalt als Reaktion auf unterhalb dieser Schwelle verbleibende Völ-

---

[12] JöR 1 (1951), S. 236 ff.
[13] JöR 1 (1951), S. 239.
[14] JöR 1 (1951), S. 241.
[15] JöR 1 (1951), S. 241.
[16] So der Einwand des Abg. *v. Brentano*, JöR 1 (1951), S. 241.
[17] Vgl. *H. Grotius*, De iure belli ac pacis libri tres, 1625, L. III, c. III, dt. Übersetzung bei *W. Schätzel*, Drei Bücher vom Recht des Krieges und des Friedens, 1950, S. 439 ff. Vgl. zur sich an Grotius anschließenden Völkerrechtsdiskussion um das Gewaltverbot *K. Ipsen*, Völkerrecht, § 2 Rn. 47 ff.
[18] Nach dieser Vorschrift war jeder Krieg vor Durchführung eines friedlichen Streiterledigungsverfahrens sowie gegen einen ergangenen Schieds- oder Richterspruch, gegen einen einstimmig gefaßten Beschluß des Völkerbundrates oder gegen einen alle Ratsmitglieder umfassenden Mehrheitsbeschluß der Völkerbundversammlung verboten. Dazu *Verdross/Simma*, Völkerrecht, § 1337.
[19] RGBl. 1929 II S. 97 ff.
[20] Zum Umfang des Gewaltverbotes vgl. *A. Randelzhofer*, in: B. Simma (Hrsg.), Charta der Vereinten Nationen, 1991, Art. 2 Ziff. 4 Rn. 13 ff.
[21] Vgl. IGH, ICJ Rep. 1986, 14 (147), § 292 (4) (6) – *Nicaragua*.
[22] Vgl. hierzu die Kommentierung von *J. A. Frowein*, in: Simma, Charta (Fn. 20), Art. 39 ff.

kerrechtsbrüche anderer Staaten ist völkerrechtswidrig. Dies stellt die Deklaration über freundschaftliche Beziehungen der Staaten der Generalversammlung von 1970[23] mit dem Verbot der bewaffneten Repressalie klar. Als »indirekte« Gewalt ist auch die Unterstützung von irregulären Kräften, bewaffneten Banden oder Aufständischen auf dem Territorium eines anderen Staates verboten[24]. Art. 3 der **Aggressionsdefinition** der Generalversammlung von 1974 enthält eine Aufzählung von Akten, die illegal sind, wenn sie zeitlich zuerst begangen werden, außer im antikolonialen Befreiungskrieg eines Volkes, dem das Recht auf Selbstbestimmung, Freiheit und Unabhängigkeit gewaltsam entzogen worden ist (Art. 7)[25]. Darunter fallen die Invasion, die Bombardierung, die Blockade fremden Territoriums sowie der Beschuß von fremden Boden-, Luft- oder Seestreitkräften[26]. Die Staaten haben sich auch jeglicher **Angriffskriegspropaganda** zu enthalten[27] und – sofern sie dem Internationalen Pakt über bürgerliche und politische Rechte beigetreten sind – per Gesetz solche Propaganda unter Privaten zu verbieten (Art. 20 I IPbpR).

Neben diesen Völkerrechtsregeln zur Frage, ob kriegerische Handlungen überhaupt gegen einen anderen Staat ergriffen werden dürfen **(ius ad bellum)**, stehen Gebote und Verbote, wie der Einsatz von Gewalt zu gestalten ist **(ius in bello)**. Die grundlegenden Regeln etwa über die Behandlung von Kombattanten und der Bevölkerung im feindlichen Gebiet sind in den vier Genfer (Rot-Kreuz-)Konventionen von 1949 kodifiziert[28]. Zunehmend wichtiger werden darüber hinaus multilaterale Verträge, die den Besitz oder den Einsatz ganzer Waffenarten verbieten. Ein bloßes **Einsatzverbot** enthält das Genfer Protokoll von 1925 betreffend die Anwendung **von Giftgasen und bakteriologischen Mitteln**[29]. Es wird aber durch das Entwicklungs-, Herstellungs- und Lagerungsverbot gemäß der Konvention über das Verbot biologischer und toxischer Waffen von 1972[30] ergänzt. Den Einsatz von »umweltverändernden Techniken, die weiträumige, lang andauernde oder schwerwiegende Auswirkungen haben«, verbietet das **Umweltkriegsübereinkommen** von 1977[31]. Die Herstellung und der Besitz von **Atomwaffen** wird außer im österreichischen Staatsvertrag[32] in den Verträgen zur Gründung einer atomwaffenfreien Zone in Lateinamerika/Karibik (1967[33]), im Süd-

6

---

[23] Resolution 2625 (XXV) v. 24.10.1970, Annex, Prinzip 1, 6. Absatz.
[24] Resolution 2625 (XXV) v. 24.10.1970, Annex, Prinzip 1, 8. und 9. Absatz.
[25] Vgl. zur umstrittenen Zulässigkeit gewaltsamer Befreiungskriege D. Schindler, Die Grenzen des völkerrechtlichen Gewaltverbotes, in: BDGV 26 (1986), S. 11ff. (20ff.).
[26] Resolution 3314 (XXIX) v. 14.12.1974, Annex, Artikel 3.
[27] Resolution 2625 (XXV) v. 24.10.1970, Annex, Prinzip 1, Abs. 3.
[28] BGBl. 1954 II S. 783, 813, 839, 917ff.
[29] RGBl. 1929 II S. 173.
[30] BGBl. 1983 II S. 132. Vgl. M. Bothe, Das völkerrechtliche Verbot des Einsatzes chemischer und bakteriologischer Waffen, 1973, S. 38ff.
[31] BGBl. 1983 II S. 126. S. auch Art. 55 des Zusatzprotokolls zu den Genfer Abkommen v. 12. August 1949 über den Schutz der Opfer internationaler bewaffneter Konflikte v. 8.6.1977 (BGBl. 1990 II S. 1551): Schutz der natürlichen Umwelt.
[32] Staatsvertrag über die Wiederherstellung eines Unabhängigen und Demokratischen Österreich v. 15.5.1955.
[33] Vertrag von Tlatelolco v. 14.2.1967 und Zusatzprotokolle, ILM VI (1967), 521ff. Der Vertrag ist von Bolivien, Kolumbien, Costa Rica, Chile, Ekuador, El Salvador, Guatemala, Haiti, Honduras, Mexiko, Panama, Peru, Uruguay, Venezuela und Nicaragua ursprünglich gezeichnet. Die potentiellen Atommächte Brasilien und Argentinien sind ihm 1994 beigetreten.

pazifik (1986[34]), Südostasien (1995[35]) und in Afrika (1996[36]) untersagt. Letztere Verträge verbieten – ebenso wie der Antarktisvertrag von 1959 und der Weltraumvertrag von 1967 – auch Versuche mit und den Einsatz von Atomwaffen im jeweiligen Vertragsgebiet. Ein **globales Nuklearversuchsverbot** ist nunmehr im 1996 unterzeichneten, allerdings noch nicht in Kraft getretenen Testverbotsvertrag enthalten. Der im Jahre 1968 auf 25 Jahre geschlossene **Atomwaffensperrvertrag** ist im Jahre 1995 unbefristet verlängert worden[37]. Er erlaubt Nichtkernwaffenstaaten den Besitz von Nuklearstoffen nur zur friedlichen Nutzung und unter internationaler Kontrolle (Art. III). Weiter verbietet er die Annahme und Verbreitung von Nuklearwaffen durch die fünf Kernwaffenstaaten USA, Frankreich, Großbritannien, Rußland und China (Art. I, II). Der **Atomwaffeneinsatz** ist nur von den oben genannten regionalen »atomwaffenfreien Zonen« aus klar verboten. So hat der Internationale Gerichtshof im Jahre 1996 über die Legalität oder Illegalität des Einsatzes von Atomwaffen durch einen Staat »in an extreme circumstance of self-defence, in which its very survival would be at stake« keine Aussage treffen können[38]. Demgegenüber dürfen **chemische Waffen** seit dem Inkrafttreten des Chemiewaffenübereinkommen am 29.4.1997[39] weder entwickelt, hergestellt, gelagert noch jemals eingesetzt werden; bestehende Bestände (vor allem der dem Übereinkommen beigetretenen USA) sind zu vernichten.

7   Für Deutschland sind daneben die Pflichten aus dem Vertrag über die abschließende Regelung in bezug auf Deutschland (»**Zwei-plus-Vier-Vertrag**«)[40] vom 12.9.1990 von größter Bedeutung[41]. Neben einer fast wörtlichen Übernahme des Art. 26 I GG findet sich in Art. 2 des Vertrages die Versicherung der Bundesregierung und der Regierung der DDR, »daß vom deutschen Boden nur Frieden ausgehen wird«. Art. 3 I bekräftigt den im Jahre 1954 im Zusammenhang mit der Rückgewinnung der beschränkten Souveränität erklärten[42] Verzicht Deutschlands auf »**Herstellung und Besitz von und auf Verfügungsgewalt über atomare, biologische und chemische Waffen**«. Die Obergrenze für die Streitkräfte liegt nach Art. 3 II bei 370.000 Mann. Ver-

---

[34] Vertrag von Rarotonga v. 6.8.1985, ILM XXIV (1985), 1440ff. Diesem Vertrag gehören neben den Signatarstaaten Australien, Cook-Inseln, Fidschi, Kiribati, Neuseeland, Papua-Neuguinea, Tuvalu und West-Samoa auch Rußland und China an.

[35] Vertrag von Bangkok v. 15.12.1995 über die Südostasiatische atomwaffenfreie Zone, ILM XXXV (1996), 635ff. Gezeichnet haben Brunei, Kambodscha, Indonesien, Laos, Malaysia, Myanmar, Philippinen, Singapur, Thailand und Vietnam.

[36] Vertrag von Kairo v. 11.4.1996 zwischen den Staaten der Organisation der Afrikanischen Einheit (OAU), ILM XXXV (1996), 698ff. Die einzige Atommacht Afrikas, Südafrika, hat auf Anordnung des damaligen Präsidenten de Klerk die Vernichtung der bis dahin geheimgehaltenen sechs Atomwaffen abgeschlossen.

[37] Vertrag über die Nichtverbreitung v. Kernwaffen v. 1.7.1968, BGBl. 1974 II S. 785; zur Verlängerung vgl. *M. Dembinski*, Der Nichtverbreitungsvertrag, VN 1995, 114ff.

[38] IGH, Gutachten v. 8.7.1996 – *Nuklearwaffen*, ILM XXXV (1996), 814ff., § 97.

[39] Übereinkommen v. 13.1.1993 über das Verbot der Entwicklung, Herstellung, Lagerung und des Einsatzes chemischer Waffen und über die Vernichtung solcher Waffen, BGBl. 1994 II S. 806. Zum Inhalt siehe *C. Müller*, EA 1993, 327ff. Vgl. auch das deutsche Ausführungsgesetz v. 2.8.1994, BGBl. I S. 1954, die Ausführungsverordnung v. 20.11.1996, BGBl. I S. 1794, und die Erklärung der EU v. 29.4.1997 zum Inkrafttreten des Abkommens, Bulletin EU 4/1997, Ziff. 1.4.17.

[40] BGBl. 1990 II S. 1318.

[41] Dazu näher *D. Blumenwitz*, NJW 1990, 3041ff.; *D. Rauschning*, DVBl. 1990, 1275ff. → Präambel Rn. 58.

[42] Vgl. WEU-Vertrag und Protokoll Nr. III über die Rüstungskontrolle betreffend den Verzicht auf die Herstellung von A-, B- und C-Waffen v. 20.10.1954, BGBl. II 1955 S. 256, 269.

bindliche **Abrüstungsvorschriften** finden sich weiter in dem im November 1992 in Kraft getretenen Vertrag über konventionelle Streitkräfte in Europa[43].

Umgekehrt könnte die Einschränkung der Ein- und Ausfuhr von Kriegswaffen nach Art. 26 II GG mit den **Freihandelsprinzipien des GATT** in Konflikt geraten. Das Übereinkommen selbst sieht in Art. XXI b) ii) vor, daß die Vertragsparteien »beim Handel mit Waffen, Munition und Kriegsmaterial sowie bei dem mittelbar oder zur Versorgung von Streitkräften dienenden Handel mit anderen Waren oder Materialien« Maßnahmen treffen können, »die nach ihrer Auffassung zum Schutz ihrer wesentlichen Sicherheitsinteressen notwendig sind«. Art. 26 II GG dient dem Friedensziel (→ Rn. 13 ff.) und damit zumindest indirekt auch Sicherheitsinteressen. In der Praxis hat lange Zeit die auch von Deutschland beachtete **COCOM-Liste**, eine informelle Absprache westlicher Staaten, die Exporte sensibler Güter bestimmt[44]. Sie ist nach ihrer Auflösung im April 1994 von dem zwischen 28 Staaten vereinbarten **Wassenaar-Arrangement** vom Dezember 1995 ersetzt worden[45].

II. Supranationale Abkommen

Das **Europäische Gemeinschaftsrecht** ist vornehmlich im Rahmen des Art. 26 II GG von Bedeutung. Einfuhr- und Ausfuhrbeschränkungen für Kriegswaffen in bezug auf andere Mitgliedstaaten halten Art. 30, 34 (28, 29 nF) EGV nur stand, wenn sie aus Gründen der inneren oder äußeren Sicherheit nach Art. 36 (30 nF) EGV[46] oder gem. Art. 223 (296 nF) I b EGV[47] als Maßnahmen zur **Wahrung von Sicherheitsinteressen** gerechtfertigt werden können. Dies ist zumindest indirekter Zweck des Art. 26 II GG (→ Rn. 13 ff.). Nach Art. 223 (296 nF) I b EGV gerechtfertigte Maßnahmen dürfen jedoch die Wettbewerbsbedingungen im Gemeinsamen Markt nicht beeinträchtigen und sich nur auf Waren einer vom Rat im Jahr 1958 beschlossenen Liste[48] beziehen. Gegenüber **Drittstaaten** gilt gemäß der Verordnung 2603/69 der Grundsatz der Ausfuhrfreiheit[49], einzelstaatliche Beschränkungen sind aber aufgrund der Ausnahme des Art. 11 der Verordnung aus Gründen der öffentlichen Sicherheit etc. möglich[50].

Etwas anderes gilt aufgrund der nach Art. 113 (133 nF) EGV erlassenen Verordnung 3381/94 für Güter, die sowohl zivilen als auch militärischen Zielen zugeführt werden können (»**Dual-use**«-Verordnung)[51]. Die danach von einer gemeinsamen Liste erfaß-

---

[43] KSE I-Vertrag mit Zusatzvereinbarung, BGBl. 1992 II S. 1175, und Ausführungsgesetz v. 24. 1. 1992, BGBl. I S. 181.
[44] Vgl. *B. Großfeld/A. Junker*, Das CoCom im internationalen Wirtschaftsrecht, 1991; *S. Oeter*, RabelsZ 55 (1991), 436 ff.
[45] Vgl. *G. Werner*, AW-Prax 1996, 49 ff. Zur internationalen Waffenexportpraxis vgl. auch *H. Wulf*, EA 1992, 313 ff.
[46] Der EuGH hat anerkannt, daß der Begriff der »Sicherheit« in Art. 36 (30 nF.) EGV auch Aspekte der äußeren Sicherheit umfaßt, EuGHE 1991-I, 4621, Rn. 22 – Aimé Richardt.
[47] Vgl. *W. Hummer*, in: Grabitz/Hilf, EUV/EGV, Art. 223 (1989) Rn. 1 ff.
[48] Die Liste ist vertraulich. Angehörige der Mitgliedstaaten können bei Nachweis triftiger Gründe von ihrem Heimatstaat den Text erhalten, vgl. *P. Gilsdorf/P. J. Kuijper*, in: Groeben/Thiesing/Ehlermann, EWGV, Art. 223 Rn. 10.
[49] VO 2603/69 des Rates v. 20. 12. 1969 zur Festlegung einer gemeinsamen Ausfuhrregelung, ABl. 1969 L 334/25, geändert durch VO 3918/91, ABl. 1991 L 372/31.
[50] Vgl. EuGHE 1995, I-3189 (3222 ff.) – Werner.
[51] VO Nr. 3381/94 des Rates v. 19. 12. 1994 über eine Gemeinschaftsregelung der Ausfuhrkontrolle von Gütern mit doppeltem Verwendungszweck, ABl. 1994 L 367/1; geändert durch VO 837/95 v.

ten (Art. 3 I iVm. Anhang I des Beschlusses 94/942/GASP⁵²) oder der Herstellung von ABC-Waffen dienenden (Art. 4 I) Güter werden einer gemeinschaftsweiten Ausfuhrgenehmigungspflicht für Drittstaaten unterstellt. Da eine solche Genehmigung jeweils von dem Mitgliedstaat ausgestellt wird, in dem der Ausführer seine Niederlassung hat (Art. 7 I), und gemeinschaftsweit gilt (Art. 6 III), ersetzt sie die Genehmigung, die sonst nach dem deutschen Außenwirtschaftsgesetz bei einer Ausfuhr aus Deutschland nötig wäre (→ Rn. 17, 22). Dieses Gemeinschaftssystem ist als »**Mindeststandard**« bindend, hindert die Mitgliedstaaten indessen nicht, weitergehende Schutzmaßnahmen gegenüber solchen »dual-use«-Waren anzuwenden, die nicht auf der Liste stehen⁵³. Art. 3 II i.V.m. 5 I der VO ermächtigt sie, für solche Waren Genehmigungspflichten oder Verbote aufrechtzuerhalten bzw. neu einzuführen; darüber hinaus scheint eine Berufung auf die Schutzklausel des Art. 11 der Allgemeinen Ausfuhrverordnung von 1969⁵⁴ weiter möglich zu sein⁵⁵. Die Verschärfung der gemeinschaftlichen Kontrollen nach außen geht mit einer **Liberalisierung nach innen** einher. Die Verordnung läßt innergemeinschaftliche Kontrollen für solche Güter nur noch für eine Übergangszeit zu und strebt – dann mit verfassungsändernder Wirkung im Blick auf Art. 26 II GG – deren mittelfristige Abschaffung an (Art. 19ff., Präambel Ziff. 2)⁵⁶.

11   Auch die früher auf Art. 113 EWGV (Art. 133 EGV nF)⁵⁷, seit dem Inkrafttreten des Maastrichter Vertrages auf Art. 228a (Art. 301 nF) EGV⁵⁸ gestützten **Embargo-Verordnungen**, die ihrerseits verbindliche Beschlüsse des UN-Sicherheitsrates nach Art. 41, 25 SVN gegenüber Drittstaaten umsetzen⁵⁹, haben für Deutschland bindende Wirkung. Gemäß § 34 IV AWG ist ein Zuwiderhandeln gegen diese Verbote in Deutschland strafbar, daher bedarf es der Wiederholung der Embargobestimmungen in der Außenwirtschaftsverordnung (§§ 69a–n AWV) nicht mehr. Ist ein Mitgliedstaat der Gemeinschaft von »einer schwerwiegenden innerstaatlichen Störung der öffentlichen Ordnung«, einem »Kriegsfall« oder von einer »ernsten, eine Kriegsgefahr darstellenden internationalen Spannung« betroffen, kann er vom Vertrag abweichende Maßnahmen ergreifen, wenn er zuvor die anderen Mitgliedstaaten konsultiert (Art. 224 [297 nF] EGV)⁶⁰.

10.4. 1995, ABl. 1995 L 90/1. Vgl. dazu *T. Jestaedt/N. v. Behr*, EuZW 1995, 137ff.; s. auch *T. Marauhn*, ZaöRV 54 (1994), 779ff. und *U. Karpenstein*, Europäisches Exportkontrollrecht für Dual Use-Güter, 1998.

⁵² GASP-Beschluß 94/942/GASP v. 19.12. 1994, ABl. 1994 L 367/8ff.

⁵³ Vgl. zur Anpassung der deutschen Außenwirtschaftsverordnung an die Vorgaben der Verordnung *U. Eger*, »Dual-use«-Waren: Exportkontrolle und EG-Vertrag, 1996, S. 85ff.

⁵⁴ VO 2603/69 (Fn. 49).

⁵⁵ *P. Gilsdorf/P.J. Kuijper*, in: Groeben/Thiesing/Ehlermann, EWGV, Art. 224 Rn. 28.

⁵⁶ Vgl. auch GASP-Beschluß 97/633/GASP v. 22.9. 1997, ABl. 1997 L 266/1, wonach beim innergemeinschaftlichen Transfer für bestimmte Güter keine Einzelgenehmigungen mehr erforderlich sind.

⁵⁷ Vgl. *M. Schröder*, GYIL 23 (1980), 111ff.; *R. Kampf*, RIW 1989, 792ff.

⁵⁸ Vgl. *T. Stein*, Außenpolitisch motivierte (Wirtschafts-)Sanktionen der Europäischen Union – nach wie vor eine rechtliche Grauzone?, in: FS Bernhardt, 1995, S. 1129ff.

⁵⁹ Vgl. *S. Bohr*, EJIL 4 (1994), 256ff. und *S. Laubereau*, Zur Rechtmäßigkeit von Embargoverordnungen, 1997, S. 19ff.

⁶⁰ Vgl. *Gilsdorf/Kuijper* (Fn. 55), Art. 224 Rn. 1ff.

III. Rechtsvergleichende Hinweise

In **Westeuropa** kommt Art. 11 der italienischen Verfassung von 1947 mit seiner Absage an den Krieg »als Mittel des Angriffs auf die Freiheit anderer Völker und als Mittel zur Lösung internationaler Streitfragen« Art. 26 I GG am nächsten. Eine Parallele zu Art. 26 II GG findet sich nur[61] in Art. 41 II–IV der schweizerischen Verfassung, wonach Herstellung, Beschaffung, Vertrieb, Ein- und Ausfuhr der Bewilligung des Bundes bedürfen[62]. Andere europäische Verfassungstexte verzichten entweder ganz auf ein verfassungsrechtliches Kriegsverbot oder beschränken sich auf programmatische Friedensverbürgungen[63]. Gelegentlich findet sich der Auftrag an die Streitkräfte, (ausschließlich) die Souveränität zu garantieren und die territoriale Integrität zu verteidigen[64]. Wenn die Verfassung Luxemburgs neben einem Gebietstausch auch einen Gebietsanschluß durch Gesetz zuläßt[65], so kann diese doch nur auf einer friedlichen Transaktion beruhen. Die **mittel- und osteuropäischen Staaten** haben überwiegend Friedensklauseln in ihre neuen Verfassungen eingefügt. Am deutlichsten kommt der Verzicht auf den Krieg als Mittel für die Lösung internationaler Streitigkeiten in Art. 6 der ungarischen Verfassung zum Ausdruck[66]. Im übrigen spannt sich der Bogen von einem verfassungsrechtlichen Verbot der Anstiftung zum Krieg[67] bzw. der Kriegspropaganda[68] bis hin zu allgemein gehaltenen Friedensgeboten in den Präambeln[69]. Weiter als die grundgesetzliche Vorschrift reicht im **internationalen Vergleich** allein Art. 9 der japanischen Verfassung von 1946, der das Verbot jeglichen Krieges beinhaltet[70]. Umgekehrt bleibt das im zweiten Zusatzartikel der US-Verfassung verbürgte Grundrecht der US-Bürger »to keep and bear arms« weltweit – soweit ersichtlich – eine Ausnahme. Eine Art. 26 I GG entsprechende Vorschrift enthalten auch die **Landesverfassungen** von Berlin (Art. 30 I) und Hessen (Art. 69).

---

[61] Vgl. *S. Oeter*, ZaöRV 55 (1995), 907 (908), der Art. 26 II GG als im internationalen Vergleich »äußerst bemerkenswertes Unikum« bezeichnet.

[62] Vgl. hierzu die Entscheidung des Schweizerischen Bundesstrafgerichts (BGE 122, IV, 103) mit Besprechung von *U.H. Schneider*, EuZW 1997, 417.

[63] Art. 2 II griech. Verf., Art. 7 I, II port. Verf., Art. 29 I, II irische Verf.

[64] Art. 8 span. Verf., § 19 II dänische Verf.

[65] Art. 37 V luxemburgische Verf.

[66] Art. 6 I ungarische Verf. (von 1994) lautet: »Die Republik Ungarn lehnt den Krieg als Mittel der Lösung von Streitigkeiten zwischen Nationen ab und enthält sich der Anwendung von Gewalt bzw. der Androhung von Gewalt gegen die Unabhängigkeit oder territoriale Integrität anderer Staaten«. S. auch Art. 18 I weißrussischen Verf. (von 1994): »Im Rahmen ihrer Außenpolitik geht die Republik Belarus von ... dem Verbot der Gewalt und der Drohung mit Gewalt aus ...«.

[67] Art. 63 II slowenische Verf. (von 1992).

[68] Art. 135 II litauische Verf. (von 1992).

[69] Vgl. die Präambeln der georgischen Verf. (von 1995), der estnischen Verf. (von 1991) und der slowakischen Verf. (von 1992).

[70] Art. 9 japanische Verf. von 1946 lautet: »Von dem Wunsche nach einem auf Gerechtigkeit und Ordnung gegründeten internationalen Frieden beseelt, verzichtet das japanische Volk für immer auf den Krieg als souveränes Recht des Staates, ferner auf die Drohung mit oder die Anwendung von Gewalt als Mittel zur Regelung internationaler Streitigkeiten«.

C. Erläuterungen

I. Allgemeine Bedeutung

13   Art. 26 GG gibt dem **Friedensgebot des Grundgesetzes** neben der Präambel (»dem Frieden der Welt zu dienen«) und Art. 1 II GG (Menschenrechte »als Grundlage des Friedens in der Welt«) seinen konkretesten Ausdruck[71]. Das Verbot des Angriffskriegs in Art. 26 I GG setzt das **völkerrechtliche Gewaltverbot** (»Aggressionsverbot«: → Rn. 16) verfassungsrechtlich um. Es wird auf Handlungen, die geeignet sind und in der Absicht vorgenommen werden, das friedliche Zusammenleben der Völker zu stören (»Störungsverbot«, → Rn. 17 f.), erstreckt. Die Bedeutung des Verbots wird durch das verfassungsrechtliche Gebot der Pönalisierung unterstrichen (→ Rn. 18). Als Spezialregelung[72] sichert Art. 26 II GG die effektive Beachtung der Verbote in Absatz 1 schon im Vorfeld – Herstellung und Handel mit Kriegswaffen – durch einen umfassenden Genehmigungsvorbehalt (→ Rn. 20 ff.) ab.

II. Verfassungswidrigkeit friedensstörender Handlungen (Art. 26 I GG)

1. Das Schutzgut des Art. 26 I GG

14   Art. 26 GG schützt das »friedliche Zusammenleben der Völker«. Frieden meint hier aus Gründen der Klarheit bzw. Justiziabilität zunächst die **Abwesenheit militärischer Gewalt** (»negativer Friedensbegriff«)[73]. Dies gilt unbestritten im Verhältnis zwischen Staaten[74]. Da in einem Staat oft mehrere Völker leben (vgl. die Russische Föderation, Ex-Jugoslawien und zahlreiche afrikanische Staaten), erfaßt Art. 26 GG auch die Abwesenheit von organisierter und massiver Gewalt zwischen **Völkern in einem Staat**[75]. Die Mitwirkung Deutschlands an der Errichtung einer internationalen Friedensordnung dient nicht dem Schutz fremder Staaten als solchen, sondern der Verwirklichung des Anspruchs eines jeden Volkes auf eine friedliche und selbstbestimmte Entfaltung im Einklang mit dem **Selbstbestimmungsrecht der Völker** (Art. 1 Ziff. 2 SVN), das über Art. 25 GG in und für Deutschland verbindliches Recht ist (→ Art. 25 Rn. 5).

15   Das »friedliche Zusammenleben der Völker« erschöpft sich nicht in dem Verzicht auf militärische Gewalt. Es geht vielmehr, wie die Pönalisierung von anderen Störungshandlungen in Art. 26 I GG impliziert, um die **unverzichtbaren Bedingungen der**

---

[71] BVerfGE 47, 327 (382); *T. Maunz*, Die innerstaatliche Sicherung des äußeren Friedens durch das Grundgesetz der Bundesrepublik Deutschland, in: FS C. Schmitt I, 1968, S. 285 ff. (288); *K.-A. Hernekamp*, in: v. Münch/Kunig, GG II, Art. 26 Rn. 1 mwN. → Präambel Rn. 30 ff.

[72] *Maunz*, Innerstaatliche Sicherung (Fn. 71), S. 292; *V. Epping*, Grundgesetz und Kriegswaffenkontrolle, 1993, S. 38 mwN.

[73] So die h.M., vgl. *Hernekamp* (Fn. 71), Art. 26 Rn. 6 mwN.

[74] So BVerwG DÖV 1983, 118 (119 f.); BVerwG, Buchholz 11, Art. 26 GG Nr. 3; BVerwGE 16, 24 (31); *T. Maunz*, in: Maunz/Dürig, GG, Art. 26 (1964), Rn. 12.

[75] *Epping*, Kriegswaffenkontrolle (Fn. 72), S. 66 ff., 70; *Hernekamp* (Fn. 71), Art. 26 Rn. 23; *R. Streinz*, in: Sachs, GG, Art. 26 Rn. 12. Einschränkend *E. Haas-Traeger*, DÖV 1983, 105 (108), die die Beteiligung von Drittstaaten in dem Bürgerkrieg fordert. Implizit auch OVG Lüneburg NJW 1978, 390 (391), das die Unterstützung von chilenischen Widerstandskämpfern an Art. 26 GG mißt. Offengelassen bei *K. Doehring*, Das Friedensgebot des Grundgesetzes, in: HStR VII, § 178 Rn. 3: »delikate Frage«.

internationalen Friedensordnung im umfassenden Sinne[76]. Nach dem Entwurf der UN-Völkerrechtskommission über die Staatenverantwortlichkeit zählen hierzu alle jene Grundsätze, deren Verletzung als völkerrechtliche Verbrechen eingeordnet werden, das Gewaltverbot und das Selbstbestimmungsrecht der Völker ebenso wie die Sicherung der elementaren Menschenrechte und die Erhaltung der menschlichen Umwelt[77].

2. Friedensstörende Handlungen nach Art. 26 I 1 GG

a) Das Aggressionsverbot

Art. 26 I 1 GG verbietet die Vorbereitung eines Angriffskriegs. Dieses **Aggressionsverbot** verweist auf das völkerrechtliche Gewaltverbot, wie es in Art. 2 Ziff. 4 SVN und den konkretisierenden Resolutionen 2625 (XXV) und 3314 (XXIV) der UN-Generalversammlung seinen Ausdruck gefunden hat. Ein militärischer Erstschlag ist damit auch innerstaatlich verboten, während Maßnahmen im Rahmen des Selbstverteidigungsrechts zulässig sind (→ Rn. 5). Wann die Schwelle von der zulässigen **Verteidigungsvorbereitung** zur völkerrechtswidrigen Androhung von Gewalt und damit zu einer friedensstörenden Handlung nach Art. 26 I 1 GG überschritten ist, hängt von den Umständen des Einzelfalles ab. Mit Recht hat es das Bundesverfassungsgericht abgelehnt, die Lagerung von amerikanischen **Chemiewaffen** in Deutschland als Verstoß gegen Art. 26 I 1 GG zu werten, weil sie »im Fall gesteigerter internationaler Spannungen« zu einer völkerrechtswidrigen Drohung mit Gewalt würden, für die die Bundesrepublik Deutschland mitverantwortlich würde[78]. Eine Auslegung des Art. 26 GG als zwingende Pflicht, mögliche Völkerrechtsverletzungen der Bündnispartner auf deutschem Boden zu verhindern, würde Deutschland außenpolitisch praktisch handlungsunfähig machen[79]. Ähnlich ist die deutsche Mitwirkung an dem **NATO-Doppelbeschluß** vom 12. 12. 1979[80] zu bewerten[81]. Die Stationierung von amerikanischen Nuklearwaffen bewegte sich nach Ansicht des Bundesverfassungsgerichts noch im Rahmen der Selbstverteidigung durch Abschreckung[82]. Ein eventueller Verstoß gegen das über Art. 25 GG zu beachtende humanitäre Völkerrecht[83] (→ Rn. 6) durch den Einsatz von Atombomben auf dicht besiedelte Gebiete in den Staaten des ehemaligen Warschauer Paktes anstatt auf eingrenzbare militärische Ziele wäre vom amerikanischen Präsidenten zu verantworten gewesen. Die Eröffnung einer solchen Mißbrauchsmög-

16

---

[76] Vgl. auch *R. Geiger*, Grundgesetz und Völkerrecht, 2. Aufl. 1994, S. 367; *Streinz* (Fn. 75), Art. 26 Rn. 12.
[77] Report of the International Law Commission on the work of its twenty-eighth session (3. May – 23. July 1976), Doc. A/31/10, Yearbook ILC 1976 II, Part. 2, 1 (75 f.). Vgl. dazu *R. Hofmann*, ZaöRV 45 (1985), 195 ff.; *B. Simma*, International Crimes: Injury and Countermeasures. Comments on Part Two of the ILC Work on State Responsibility, in: J. Weiler/A. Cassese/M. Spinedi (Hrsg.), International Crimes of State, 1989, S. 283 ff.
[78] So die Argumentation der Beschwerdeführer, vgl. BVerfGE 77, 170 (182).
[79] BVerfGE 77, 170 (233 f.).
[80] Kommuniqué der Sondersitzung der Außen- und Verteidigungsminister der NATO am 12. 12. 1979 in Brüssel, abgedr. in I. v. Münch (Hrsg.), Abrüstung, Nachrüstung, Friedenssicherung, 1984, S. 73 ff.
[81] Vgl. detailliert *A. Weber*, JZ 1984, 589 ff.; *I. v. Münch*, NJW 1984, 577 ff.
[82] BVerfGE 66, 39 (65); 68, 1 (83 i.V.m. 21 f.); *I. v. Münch*, NJW 1984, 577 (581).
[83] Zutreffend *A. Weber*, JZ 1984, 589 (591 ff.).

lichkeit der in Deutschland gelagerten Waffen durch die USA ist nicht mit einer konkreten Gefährdungshandlung mit Angriffsabsichten gleichzusetzen. Daher war die Zustimmung zur Stationierung der amerikanischen Atomwaffen kein Verstoß gegen Art. 26 GG[84].

b) Das Störungsverbot

17 Friedensstörende Handlungen werden von Art. 26 I GG erfaßt, auch wenn sie unterhalb der Schwelle des Art. 2 Ziff. 4 SVN liegen[85]. Der Angriffskrieg ist in Art. 26 I 1 GG nur beispielhaft aufgeführt (»insbesondere«), und sein Schutzzweck geht über den »negativen« Frieden hinaus (→ Rn. 15). Da das völkerrechtliche Gewaltverbot als Gewohnheitsrecht schon nach Art. 25 GG zu beachten ist, wäre Art. 26 GG sonst weitgehend überflüssig. Sein »Mehrwert« bestünde dann allein darin, die Bestrafung dieser Handlungen zu fordern[86]. Das Aggressionsverbot wird damit ergänzt durch ein »**Störungsverbot**«[87], das an der abstrakten Störungsgeeignetheit[88] von Handlungen und der konkreten Störungsabsicht der Handelnden ansetzt. Als Verletzung des Störungsverbotes wird etwa die »geheime Aufrüstung«[89], eine »böswillige Krisenpolitik«[90] oder »eine exzessive und ihrer Art nach für die Verteidigung nicht erforderliche Aufrüstung«[91] genannt. Im Lichte der Einbindung Deutschlands in die Systeme der internationalen Friedenssicherung und -durchsetzung (→ Art. 24 Rn. 50ff.) bedarf dies der Präzisierung: Staatliche Maßnahmen verstoßen nur gegen Art. 26 I 1 GG, wenn sie über das zur Verteidigung und Erfüllung internationaler Aufgaben im Rahmen der NATO, der OSZE, der UNO und künftig ggf. der EU/WEU notwendige Maß deutlich hinausgehen und dabei **völkerrechtswidrigen Zielen** dienen. Verboten sind daher etwa Maßnahmen zur logistischen oder finanziellen Unterstützung eines Drittstaates oder einer Bürgerkriegspartei, wenn deren Einsatz von Gewalt völkerrechtswidrig ist[92]. Auch die Begehung von oder die Beihilfe zu **völkerrechtlichen Verbrechen** ist geeignet, den Völkerfrieden zu stören (→ Rn. 15). Wegen seiner negativen Formulierung folgt aus Art. 26 I 1 GG hingegen keine positive Pflicht zu einer »**Friedensförderungspoli-**

---

[84] BVerfGE 68, 1 (103); LG Ellwangen, Urteil v. 4. 5. 1987, Ns 76/85 3 KV 55/85, JURIS Nr. KORE51329100.
[85] *I. v. Münch*, NJW 1984, 577 (591) mwN., läßt die »strittige« Frage offen, ob Art. 26 I GG im Ergebnis über Art. 2 Ziff. 4 SVN hinausgeht.
[86] So *Doehring* (Fn. 75), § 178 Rn. 30, der den einzigen Mehrwert von Art. 26 GG in seiner Geltung gegenüber Individuen und dem Pönalisierungsauftrag des Abs. 1 S. 2 sieht.
[87] Vgl. die zutreffende Charakterisierung der beiden Elemente von Art. 26 GG als »Friedensgebot und Aggressionsverbot« durch das BVerwG NVwZ-RR 1992, 558 (560). Für eine Eigenständigkeit des Art. 26 GG gegenüber Art. 25 GG auch *G. Frank*, in: AK-GG, Art. 26 Rn. 8, der freilich mit dem positiven Friedensbegriff im Ergebnis zu weit ausgreift (ebd., Rn. 30ff.).
[88] So auch *Hernekamp* (Fn. 71), Art. 26 Rn. 5; *Frank* (Fn. 87), Art. 26 Rn. 16ff.
[89] JöR 1 (1951), S. 239.
[90] *Maunz* (Fn. 74), Art. 26 Rn. 12.
[91] *A. Bleckmann*, Grundgesetz und Völkerrecht, 1975, S. 234; ähnlich *Frank* (Fn. 87), Art. 26 Rn. 52, »Übermaß an Rüstung«.
[92] I.E. ebenso *Doehring* (Fn. 75), § 178 Rn. 34, der dies schon als Beihilfehandlung zur verbotenen Gewaltanwendung dem Gewaltverbot selbst unterstellen will. Weitergehend *Maunz* (Fn. 74), Art. 26 Rn. 29, der die Entsendung eines Freikorps in einen zwischenstaatlichen Krieg als verfassungswidrig einstuft, ohne auf die Völkerrechtswidrigkeit oder -mäßigkeit der Unterstützung abzustellen.

II. Verfassungswidrigkeit friedensstörender Handlungen (Art. 26 I GG)   **Art. 26**

tik«[93]. Ob die Bundesregierung eine Entspannungs- und Abrüstungspolitik betreibt, ist ihrer – letztlich durch die Wähler zu bestimmenden – Entscheidung überlassen[94].

Das Verbot des Art. 26 I GG verpflichtet nicht nur staatliche Organe, sondern bezieht sich auch auf friedensgefährdende **Handlungen Privater** auf deutschem Boden[95]. Deutsche im Ausland sind kraft der Personalhoheit erfaßt[96]. Allerdings muß hier in Rechnung gestellt werden, daß das Droh- und Vernichtungspotential von Einzelnen ohne Unterstützung des staatlichen Machtapparats wesentlich geringer ist. Daher werden Handlungen Privater von Art. 26 I GG nur verboten, wenn sie zu einer schwerwiegenden, ernsthaften und **nachhaltigen Beeinträchtigung** des friedlichen Zusammenlebens der Völker[97] (→ Rn. 14) zu führen geeignet sind. Dies ist bei Sammlungen für bewaffnete Organisationen grundsätzlich nicht der Fall, wenn sie räumlich-zeitlich beschränkt sind[98]. So kommt es nicht darauf an, ob damit ein völkerrechtlich zulässiger Befreiungskrieg unterstützt wird oder nicht[99]. Hingegen verbietet Art. 26 I GG Rechtsgeschäfte und Handlungen im **Außenwirtschaftsverkehr**, die friedensgefährdenden Zwecken dienen[100]. Das Ermessen der Genehmigungsbehörde für solche Ausfuhren nach § 7 I Nr. 2 AWG ist dabei auf Null reduziert[101], Zuwiderhandlungen sind nach § 34 I Nr. 2 AWG strafbar[102]. Art. 26 I 1 GG richtet sich auch gegen die massive Mitwirkung Deutscher an völkerrechtswidrigen Kriegshandlungen im Ausland als **Söldner**. Zu beachten ist schließlich die Ausstrahlungswirkung des Art. 26 GG auf andere Bereiche des öffentlichen Rechts: Weil zum Zwecke der Eindämmung von Gewalt die Ein-

18

---

[93] In diesem Sinne auch *Streinz* (Fn. 75), Art. 26 Rn. 24, nach dem Art. 26 GG Unterlassungen ebenso wie die bloße Billigung von Handlungen nicht verbietet.

[94] Zu weit *Frank* (Fn. 87), Art. 26 Rn. 54ff. (»Pflicht zur Bemühung um Abrüstung und Entspannung«). Zutreffend dagegen *E. Klein*, ZVglRWiss 77 (1978), 79ff. (83); *E. Benda*, AöR 109 (1984), 1 (10f.), der für einen weiten Ermessensspielraum der politischen Organe im Rahmen des Art. 26 I GG plädiert, und *Doehring* (Fn. 75), § 178 Rn. 32, der eine positive Pflicht als »substanzlos« ablehnt. Eine aktive Friedensförderungspflicht könnte allenfalls aus der Präambel abgeleitet werden. → Präambel Rn. 31f.

[95] Einhellige Meinung in Praxis und Literatur, vgl. BVerwG DÖV 1983, 118 (119); VG Berlin, Beschluß v. 31.1.1979, 1 A 397.78, JURIS Nr. BWRE12967900; *Maunz*, Innerstaatliche Sicherung (Fn. 71), S. 265ff. (268); *C. Gusy*, JZ 1982, 657 (659). Zur völkerrechtlichen Verpflichtung der Verfolgung ausländischer Täter für im Ausland begangene internationale Verbrechen vgl. *K. Bremer*, Nationale Strafverfolgung internationaler Verbrechen gegen das humanitäre Völkerrecht, Diss. jur. Frankfurt a. M., iE. 1998. Vom Wortlaut her schließt Art. 26 I 1 GG auch diese Fälle ein und begründet eine verfassungsrechtliche Verfolgungs- bzw. Auslieferungspflicht an die internationalen Strafgerichte.

[96] *Hernekamp* (Fn. 71), Art. 26 Rn. 10.

[97] BVerwG DÖV 1983, 118 (120) im Anschluß an *J. Stratmann*, Das grundgesetzliche Verbot friedensstörender Handlungen, 1971, S. 171ff.

[98] BVerwG DÖV 1983, 118 (121). Vgl. zu diesen Kriterien *E. Haas-Träger*, DÖV 1983, 105 (109f.).

[99] Anders das VG Berlin, Beschluß v. 31.1.1979, 1 A 397.78, JURIS Nr. BWRE12967900, das der ZANU (Befreiungsorganisation für Zimbabwe) attestierte, sich auf das Recht auf Selbstbestimmung berufen zu dürfen und mithin keinen Angriffskrieg zu führen.

[100] Zum Sonderfall des Kriegswaffenexports → Rn. 20ff.

[101] Vgl. BVerfG (2. Kammer des Zweiten Senats) NJW 1992, 2624f., das in den Zwecken des § 7 I Nr. 1 und 2 AWG »Staatsziele von staatspolitisch evident hohem Rang« sieht und »Schutzgüter, die in bereits vorhandenen Regelungen eine Parallele finden (Art. XXI GATT, Art. 223 EWGV, Art. 26 I GG)«. Ähnlich *Eger*, Dual Use (Fn. 53), S. 37, der einen Bezug von § 7 I Nr. 2 AWG zu Art. 26 I GG erkennt.

[102] Vgl. zur diesbezüglichen Änderung des § 34 AWG im Jahr 1990 *G. Dahlhoff*, NJW 1991, 208 (209ff.). Zur Bestimmtheit des Blankettatbestands in § 33 AWG s. BVerfG (2. Kammer des Zweiten Senats) NJW 1992, 2624.

übung von Kampfhandlungen gegen andere Menschen den Polizeibeamten und zur Verteidigung ausgebildeten Soldaten vorbehalten ist (Art. 12a, 26 GG), dürfte es gegen die öffentliche Ordnung verstoßen, sog. **Laserdromes** aufzustellen, in dem die Spieler mit einem maschinenpistolenähnlichen Laserzielgerät auf menschliche Gegenspieler schießen[103]. Die Meinungs- und Pressefreiheit aus Art. 5 I 1 GG findet in Art. 26 GG eine verfassungsimmanente Grenze, **Kriegspropaganda** steht damit zu Recht unter Strafe (§ 80a StGB)[104].

3. Die Anordnung der Verfassungswidrigkeit und der Pönalisierungsauftrag in Art. 26 I 2 GG

19 Nach der Entstehungsgeschichte soll in Art. 26 I GG mit der Synthese von Verfassungswidrigkeit und Pönalisierungsgebot für die friedensstörenden Handlungen »die in einer Verfassung stärkste Verurteilung eines Tuns« zum Ausdruck gebracht werden[105]. Das verfassungskräftige Verbot[106] bewirkt, daß friedensgefährdende Akte der öffentlichen Gewalt nichtig wären[107] und die Behörden auch ohne gesetzliche Strafandrohung berechtigt und verpflichtet sind, letztlich aufgrund der polizeirechtlichen Generalklausel entsprechende Handlungen Privater zu verhindern[108]. Dies gilt vor allem, soweit die Handlung bereits unter die Vorschriften der §§ 80, 80a und § 220a[109] StGB fällt, die den Pönalisierungsauftrag des Art. 26 I 2 GG nur teilweise umsetzen[110].

III. Kontrolle der Kriegswaffen (Art. 26 II GG)

1. Der Rechtscharakter des Genehmigungsvorbehalts

20 Nach Entstehungsgeschichte (→ Rn. 4)[111] und Wortlaut enthält Art. 26 II 1 GG ein **repressives Verbot mit Befreiungsvorbehalt**[112]. Erst die Genehmigung konstituiert die

---

[103] OVG Münster DVBl. 1996, 819.
[104] So auch *Hernekamp* (Fn. 71), Art. 26 Rn. 17; *Streinz* (Fn. 75), Art. 26 Rn. 16, und *C. Starck*, JZ 1983, 405 (413). Vgl. im einzelnen zu § 80a StGB *F. C. Schröder*, JZ 1969, 41 ff.; LG Köln NStZ 1981, 261.
[105] So der Abg. *Schmid*, JöR 1 (1951), S. 237.
[106] Vgl. etwa die Formulierung in BVerwG DÖV 1983, 118 (119): »Nach Art. 26 Abs. 1 Satz 1 sind Handlungen verfassungswidrig – also rechtswidrig und deswegen nicht erlaubt«.
[107] *Maunz* (Fn. 74), Art. 26 Rn. 4.
[108] Vgl. auch *Maunz*, Innerstaatliche Sicherung (Fn. 71), S. 286; *Hernekamp* (Fn. 71), Art. 26 Rn. 25; dagegen meint *C. Gusy*, JZ 1982, 657 (659), die Staatsmacht könne erst aufgrund eines konkretisierenden Gesetzes gegen friedensstörende Handlungen einschreiten.
[109] Das Verbot des Genozids ist durch das Zustimmungsgesetz zur UN-Genozidkonvention v. 9.8.1954 (BGBl. II S. 729) in das deutsche Recht aufgenommen worden. Da der Völkermord zweifelsohne von Art. 26 I GG verboten ist, kann § 220a StGB – auch – als Ausführungsgesetz i.S.d. Art. 26 I 2 GG angesehen werde; ähnlich *Hernekamp* (Fn. 71), Art. 26 Rn. 26, und *Streinz* (Fn. 75), Art. 26 Rn. 34.
[110] Nach ganz überwiegender Meinung greifen die §§ 80, 80a StGB zu kurz, weil sie nur die Vorbereitung eines Angriffskriegs, an dem die Bundesrepublik beteiligt ist, unter Strafe stellen. Der Pönalisierungsauftrag des Art. 26 I 2 GG bezieht sich aber auch auf andere friedensstörende Handlungen; vgl. *Doehring* (Fn. 75), § 178 Rn. 36; *Hernekamp* (Fn. 71), Art. 26 Rn. 26; *Streinz* (Fn. 75), Art. 26 Rn. 33; *V. Epping*, Der Staat 1992, 39 (40). Für ausreichend hält die Umsetzung des Art. 26 II 1 GG durch §§ 80, 80a StGB allein *Maunz* (Fn. 74), Art. 26 Rn. 37.
[111] Vgl. *J. Brauer*, Die strafrechtliche Behandlung genehmigungsfähigen, aber nicht genehmigten Verhaltens, 1988, S. 119; *Epping*, Kriegswaffenkontrolle (Fn. 72), S. 115 ff., insb. 119.
[112] So ausdrücklich *Hernekamp* (Fn. 71), Art. 26 Rn. 29; *Streinz* (Fn. 75), Art. 26 Rn. 45; *Frank*

III. Kontrolle der Kriegswaffen (Art. 26 II GG)

Rechtmäßigkeit der Handlung. Die Gegenmeinung[113] sieht in Art. 26 II 1 GG lediglich ein präventives Verbot mit Erlaubnisvorbehalt. Dann wäre ein nicht genehmigtes, aber genehmigungsfähiges Verhalten zwar formell rechtswidrig, aber materiell rechtmäßig – mit entsprechenden Auswirkungen zugunsten des Täters im Strafrecht[114]. Dies entspricht indessen weder dem Wortlaut noch dem Kontrollzweck des Art. 26 II 1 GG. Als Spezialgesetz zu Art. 26 I GG konkretisiert er die grundsätzliche Wertung, daß der **Umgang mit Kriegswaffen** potentiell friedensgefährdend und daher **sozialschädlich** ist[115]. Die Ausnahme, wenn etwa Kriegswaffen zu Aufgaben im Rahmen des NATO-Bündnisses oder zur Lieferung in spannungsfreie Gebiete zur Unterstützung der Verteidigung in anderen Ländern gebraucht werden, kann ihre Herstellung, Beförderung und das Inverkehrbringen sozialadäquat sein. Die Entscheidung liegt in der Verantwortung der Bundesregierung (→ Rn. 28). Dem entspricht die Ansicht der Bundesregierung in ihren »politischen Grundsätzen für den Export von Kriegswaffen und sonstigen Rüstungsgütern« v. 28.4.1982[116], wonach der Export von Kriegswaffen in Nicht-NATO-Länder nicht genehmigt wird, »es sei denn, daß auf Grund besonderer politischer Erwägungen Ausnahmen allgemeiner Art festgelegt werden oder im Einzelfall vitale Interessen der Bundesrepublik Deutschland für eine ausnahmsweise Genehmigung sprechen« (Ziff. II, Nr. 9)[117]. Art. 26 GG widerlegt die Freiheitsvermutung der Art. 2 I, 12 I und 14 GG, um dem Friedensgebot Wirkung zu verleihen.

Dem entspricht das zur Ausführung von Art. 26 II GG ergangene, seit seinem Inkrafttreten am 1.6.1961 sieben Mal novellierte **Kriegswaffenkontrollgesetz (KWKG)**[118]. § 6 I KWKG vermittelt keinen Anspruch auf Genehmigung bei Nichtvorliegen von Versagungsgründen, wie dies sonst aus Art. 2 I GG, 12 I GG, 14 I 1 GG für einen Waffenhersteller abzuleiten wäre[119] und nach § 3 I Außenwirtschaftsgesetz (AWG) der Fall ist[120]. Das Unwerturteil über nichtgenehmigte Handlungen wird in der Strafandrohung nach § 22a KWKG deutlich zum Ausdruck gebracht. Wenn der Ge-   21

(Fn. 87), Art. 26 Rn. 47. Wie hier wohl auch BVerwGE 61, 24 (31), das dem »Verbot mit Genehmigungsvorbehalt« entnimmt, »daß zur Kriegsführung bestimmte Waffen grundsätzlich nicht in die Hand von Privatpersonen gehören«.

[113] *G. Potrykus*, NJW 1963, 941 (942); *Pottmeyer*, KWKG (Fn. 9), Einl. Rn. 71ff.; unklar *Maunz* (Fn. 74), Art. 26 Rn. 42 (»Verbot mit Erlaubnisvorbehalt«).

[114] Vgl. *Pottmeyer*, KWKG (Fn. 9), Einl. Rn. 70; *Brauer*, Behandlung (Fn. 111), S. 44ff.

[115] Diesen Zusammenhang betonen auch *Streinz* (Fn. 75), Art. 26 Rn. 45, und *Frank* (Fn. 87), Art. 26 Rn. 44.

[116] Bulletin v. 5.5.1982, abg. bei *E. Hucko*, Außenwirtschaftsrecht-Kriegswaffenkontrollrecht, 1997, S. 236ff.

[117] Unzutreffend daher *Pottmeyer*, KWKG (Fn. 9), Einl. Rn. 78, und *Epping*, Kriegswaffenkontrolle (Fn. 72), S. 126, die aus der Zulässigkeit von Exporten in NATO-Länder (Ziff. I Nr. 1 der Grundsätze) die allgemeine Zulässigkeit von Exporten ableiten und damit Grundsatz und Ausnahme auf den Kopf stellen.

[118] Gesetz v. 20.4.1961, BGBl. I S. 444, neu bekanntgemacht durch Art. 4 des Gesetzes v. 5.11.1990, BGBl. I S. 2506. Zur Geschichte des KWKG vgl. *Pottmeyer*, KWKG (Fn. 9), Einl. Rn. 35ff.

[119] Auch *Hernekamp* (Fn. 71), Art. 26 Rn. 29, zieht hieraus den Schluß auf ein repressives Verbot mit Befreiungsvorbehalt. Die Gegenansicht (vgl. etwa *Epping*, Kriegswaffenkontrolle [Fn. 72], S. 122f., und *Pottmeyer*, KWKG [Fn. 9], Einl. Rn. 76), welche aus § 6 II KWKG folgert, die nicht in § 6 III KWKG verbotenen Handlungen seien grundsätzlich erlaubt, übersieht, daß diese nur dann rechtmäßig werden, wenn eine entsprechende im pflichtgemäßen Ermessen erteilte Genehmigung sie rechtfertigt.

[120] *J. Beschorner*, ZVglRWiss 90 (1991), 262 (289), verweist darauf, daß der Rechtsanspruch auf Erteilung der Exportgenehmigung in § 3 I AWG darauf beruht, daß Ausfuhren grundsätzlich volks-

setzgeber in §§ 17–22 KWKG die Sozialschädlichkeit des deutschen Umgangs mit ABC-Waffen (Ausnahme: NATO-Länder, § 16 KWKG) noch deutlicher (»ist verboten«) formuliert hat, so entspricht das der speziellen völkerrechtlichen Verpflichtung Deutschlands, diese Waffen ausnahmslos zu ächten (→ Rn. 6), erlaubt indessen nicht den Gegenschluß, daß das Verbot des Art. 26 II 1 GG weniger strikt zu verstehen sei[121].

2. Die genehmigungsbedürftigen Handlungen

22   **Zur Kriegführung bestimmte** Waffen sind im weitesten Sinne solche, die das »friedliche Zusammenleben der Völker« stören können (→ Rn. 14). Die Konkretisierung des unbestimmten Verfassungsbegriffs obliegt dem Gesetzgeber (Art. 26 II 2 GG). Dabei trifft den Staat im Blick auf den Zweck der Friedenssicherung eine Garantenpflicht, nach der auch in jedem Einzelfall die Bestimmung des Einsatzzweckes von Waffen von der Genehmigungsstelle, der Bundesregierung vorzunehmen ist und nicht dem jeweiligen Inhaber der tatsächlichen Gewalt überlassen werden kann[122]. Der Begriff der Kriegswaffe bedarf der Klärung primär für die Bestimmung des Konkretisierungsrahmens für den Gesetzgeber. Er umfaßt grundsätzlich alle Waffen, die objektiv bei der Kriegführung verwendet werden können, d.h. auch die »ambivalenten Waffen«. Das Kriterium der Eignung zur »großformatigen Gewaltanwendung«[123] ist ungeeignet und zu eng, da eine Vielzahl »kleiner« Waffen ebenso friedensstörend sein kann wie eine schwere Feuerwaffe[124]. Im übrigen ist der Begriff bewußt offen, damit dem technischen Wandel Rechnung getragen werden kann. So verzichtet auch § 1 I KWKG auf Definitionsversuche und verweist auf eine jeweils zu aktualisierende **Liste von genehmigungsbedürftigem Kriegsgerät** (§ 1 II KWKG). Daß diese Liste nur die zur Kriegführung »zwischen Staaten« bestimmten Waffen enthält[125], ist verfassungsrechtlich unbedenklich, da diese praktisch identisch sind mit jenen Waffen, die auch in Bürgerkriegen eingesetzt werden[126]. Im Rahmen des Art. 26 II 1 GG liegt es auch, die Ausfuhr von Einzelteilen zu verbieten, die selbst nicht auf der Liste erfaßt sind, aber »mit allgemein gebräuchlichen Werkzeugen ohne großen Arbeitsaufwand wieder (zu einer Kriegswaffe) zusammengefügt werden können« (»Baugruppentheorie«)[127]. Jeder Rechtsbetroffene kann sich mit einem Blick in die Liste versichern, daß er dem Strafrisiko ausgesetzt ist, wenn er Einzelteile befördert, die in ihrer Gesamtheit zur Kriegswaffen zusammengebaut werden können.

23   Waren, die sowohl ziviler als auch militärischer Nutzung dienen können (»**dual-use-Waren**«), fallen aus dem Anwendungsbereich sowohl des Art. 26 II 1 GG wie auch des

---

wirtschaftlich erwünscht sind. Weil dies beim Umgang mit Kriegswaffen nicht der Fall ist, fehlt eine vergleichbare Regelung in § 6 I KWKG.

[121] S. aber *Epping*, Kriegswaffenkontrolle (Fn. 72), S. 123 ff., der einen qualitativen Unterschied zwischen §§ 17–22 KWKG und §§ 2–4a KWKG erkennen will.

[122] *Epping*, Kriegswaffenkontrolle (Fn. 72), S. 72 ff., insb. 75, mit Verweis auf die Entwurfsbegründung zum KWKG, BT-Drs. 3/1589, S. 13; *S. Oeter*, ZaöRV 55 (1995), 907 (909).

[123] *Epping*, Kriegswaffenkontrolle (Fn. 72), S. 79 ff.

[124] I.E. ebenso: *Streinz* (Fn. 75), Art. 26 Rn. 39.

[125] S. aber *Epping*, Kriegswaffenkontrolle (Fn. 72), S. 82 und S. 235, These 1 b.

[126] *W. Hantke/D. Holthausen/E. Hucko*, NVwZ 1997, 1195 (1195).

[127] OLG Düsseldorf, NStZ 1987, 566, mit Zustimmung von *D. Holthausen*, NStZ 1988, 206 (208); kritisch *F. v. Burchard*, Das Umgehungsgeschäft beim Waffenexport in Drittländer aus strafrechtlicher Sicht, 1987, S. 173, und *Epping*, Kriegswaffenkontrolle (Fn. 72), S. 87 ff. (93), die das Bestimmtheitsgebot aus Art. 103 II GG verletzt sehen.

Kriegswaffenkontrollgesetzes heraus[128]. Denn sie werden erst durch die subjektive Bestimmung des Nutzers gefährlich, während die Kriegswaffeneigenschaft – wie gezeigt – objektiv feststehen muß, um das repressive Verbot zu rechtfertigen. Freilich kann für die Ausfuhr solcher »dual-use«-Waren das Störungsverbot aus Art. 26 I GG greifen (→ Rn. 17): Kann die Lieferung von zu militärischer Nutzung bestimmten Waren das friedliche Zusammenleben der Völker gefährden, so dürfen diese bei Strafandrohung nicht ausgeführt werden (§§ 7 I Nr. 2, II Nr. 1 b, Nr. 2 AWG, §§ 5, 5c AWV, § 34 I Nr. 2 AWG)[129].

a) Das Herstellen von Kriegswaffen

Der Herstellungsvorgang von technischem Gerät kann idealtypischerweise in die Etappen Forschung, Entwicklung und Produktion unterteilt werden. Der Genehmigungsvorbehalt gilt u.U. bereits für die erste Phase und begrenzt damit verfassungsimmanent die Wissenschaftsfreiheit nach Art. 5 III GG. Sinn und Zweck des Art. 26 II 1, 1. Alt. GG, die Herstellung von Kriegsgerät nur ausnahmsweise zuzulassen, führen zur Genehmigungspflicht auch von **Forschungsprojekten**, die auf die Entwicklung und Produktion einer zukünftigen Gattung von Kriegswaffen abzielen[130]. Grundlagenforschung kann dagegen entsprechend dem »dual-use«-Gedanken (→ Rn. 23) einer Genehmigungspflicht nicht unterworfen werden, selbst wenn ihre Ergebnisse der Entwicklung von Waffen(-systemen) nutzbar gemacht werden könnten. 24

Das Herstellen von Kriegswaffen **im Ausland** ist von Art. 26 II 1 GG nicht *per se* erfaßt. Jedoch wäre der Schutzzweck des Art. 26 GG (keine deutsche Beteiligung an Friedensstörungen[131]) gefährdet, wenn Deutsche unkontrolliert im Ausland Kriegswaffen herstellten. Im Ergebnis macht es keinen Unterschied, ob deutsche Staatsangehörige Waffen von Deutschland aus in Krisenregionen exportieren oder sie dort oder in Drittländern herstellen. Da die (verfassungsrechtliche oder gesetzliche) Anknüpfung an einen von Deutschen im Ausland begangenen Sachverhalt über das völkerrechtlich anerkannte aktive Personalitätsprinzip möglich ist[132], bestehen gegen diese Lesart des Art. 26 II 1 GG und die Ausführungsnorm des § 21 KWKG[133] auch keine Bedenken aus Art. 25 GG i.V.m. Art. 2 Ziff. 1 SVN. 25

---

[128] *Epping*, Kriegswaffenkontrolle (Fn. 72), S. 22; *Eger*, Dual Use (Fn. 53), S. 17, 20.
[129] *Eger*, Dual Use (Fn. 53), S. 71 ff.; zur europäischen Dimension eingebend *Karpenstein*, Dual Use-Güter (Fn. 51), passim. Zu der das friedliche Zusammenleben schützenden Strafnorm des § 34 I Nr. 2 AWG vgl. *G. Dahlhoff*, NJW 1991, 208 (209ff.).
[130] Ähnlich *Pottmeyer*, KWKG (Fn. 9), § 2 Rn. 37; *Epping*, Kriegswaffenkontrolle (Fn. 72), S. 132 ff.; *Frank* (Fn. 87), Art. 26 Rn. 48. Dagegen hält *Maunz* (Fn. 74), Art. 26 Rn. 48, eine Genehmigung erst »ab Stadium der Fertigung« für erforderlich. Vgl. auch BVerfGE 47, 327 (382), wonach sich die Pflicht aus § 6 HessUniG zur Mitteilung von Forschungsergebnissen, die bei verantwortungsloser Verwendung eine erhebliche Gefahr für das friedliche Zusammenleben der Menschen herbeiführen können, auf Art. 26 GG stützen kann.
[131] Ähnlich *Maunz* (Fn. 74), Art. 26 Rn. 19: »Die Bundesrepublik Deutschland soll in keiner Weise mit aggressiven Tendenzen in Verbindung gebracht werden«.
[132] BGH NJW 1951, 769 ff., und NJW 1969, 1542 ff.; *E. Rosswog*, Das Problem der Vereinbarkeit des aktiven und passiven Personalgrundsatzes mit dem Völkerrecht, 1965, S. 66 ff.; *D. Holthausen*, NJW 1991, 203 ff.
[133] Vgl. hierzu *D. Holthausen*, NJW 1992, 214 ff.

b) Das Befördern von Kriegswaffen

26 Nach Art. 26 II 1 2. Alt. GG ist auch das Befördern von Kriegswaffen von einem Ort zum anderen – außerhalb eines nach außen abgesicherten Produktionsgeländes – genehmigungsbedürftig. Nach einer restriktiven Lehre zu dieser Vorschrift und §3 III KWKG sollen im Blick auf das Territorialitätsprinzip damit nur innerdeutsche Beförderungsvorgänge bis zur Grenze erfaßt sein[134]. Anders als Art. 11 I GG enthält Art. 26 II 1 GG indessen keine Beschränkung auf das Bundesgebiet[135]. Auch ist es gerade der Zweck der Vorschrift, die Verbringung von Kriegswaffen in Staaten zu verhindern, wo sie zu völkerrechtswidrigen Zwecken eingesetzt werden können. Verboten ist die Tätigkeit des Beförderns als solche, wo immer sie stattfindet. Damit zielt Art. 26 II 1, 2. Alt. GG speziell auf den Export von Kriegswaffen über die Grenzen Deutschlands hinaus[136], und §3 III KWKG enthält notwendig in seiner Anknüpfung an die Beförderung[137] einen Ausfuhrtatbestand, wie dies in der Praxis seit langem anerkannt ist[138]. Daß der »Geltungsbereich des Grundgesetzes eine unter deutscher Verwaltungshoheit sich befindende Erstreckung des Beförderungsvorganges nur auf das Bundesgebiet« zuläßt[139], greift demgegenüber nicht durch. Schon eine vernünftige Anknüpfung des nationalen Rechts an Sachverhalte mit Auslandsbezug schließt einen Eingriff in fremde Souveränitätsrechte aus[140]. Die Regelung von Exporttatbeständen ist damit nach Art. 25 GG i.V.m. Art. 2 Ziff. 1 SVN unbedenklich, soweit es um Genehmigungen für Waffen geht, deren Ausfuhr »programmiert« ist[141]. Dieser Zusammenhang liegt auch den zahlreichen Ausfuhrtatbeständen nach dem Außenwirtschaftsgesetz (§§7 I, II Nr. 1 lit. a AWG) zugrunde[142].

---

[134] *Epping*, Kriegswaffenkontrolle (Fn. 72), S. 174ff., und *ders.*, RIW 1996, 453 (456f.). Ähnlich *Pottmeyer*, KWKG (Fn. 9), §3 Rn. 165, wonach ein Verstoß gegen das Interventionsverbot vorliegen solle, wenn »deutsche Behörden im Ausland Vorschriften über die Art und Weise der Beförderung und insbesondere deren Ziel machen würden«.

[135] Zur Problematik dieser Klausel → Art. 11 Rn. 15.

[136] Vgl. auch *Bleckmann*, GG und Völkerrecht (Fn. 91), S. 236; *E. Haas-Träger*, DÖV 1983, 105 (106); *J. Beschorner*, ZVglRWiss 90 (1991), 262 (269); *Hernekamp* (Fn. 71), Art. 26 Rn. 30. In diesem Sinne ausführlich *D. Holthausen*, JZ 1995, 284 (285ff.).

[137] §3 III KWKG lautet: »Kriegswaffen dürfen nur eingeführt, ausgeführt, durch das Bundesgebiet durchgeführt oder sonst in das Bundesgebiet oder aus dem Bundesgebiet verbracht werden, wenn die hierzu erforderliche Beförderung im Sinne des Absatzes 1 oder 2 genehmigt ist«.

[138] OLG Düsseldorf NStZ 1987, 565f.; LG Düsseldorf NStZ 1988, 231ff.; *D. Holthausen*, RIW 1987, 893ff.; *H.-D. Spohn*, DZWiR 1991, 263f.; *J. Beschorner*, ZVglRWiss 90 (1991), 262 (281).

[139] *Epping*, Kriegswaffenkontrolle (Fn. 72), S. 175.

[140] Vgl. StIGH, PCIJ Ser. A, No. 10, (1927), S. 18f., mit Anm. von *P. Kunig/R. Uerpmann*, Jura 1994, 186ff.

[141] *D. Holthausen*, JZ 1995, 284 (296), und *ders.*, RIW 1997, 369 (371), der zutreffend von einem »Inlandssachverhalt mit abschließendem Transportabschnitt außerhalb des Bundesgebietes« spricht.

[142] Insoweit widerspricht sich *Epping* selbst. Denn an anderer Stelle seiner Arbeit (Kriegswaffenkontrolle [Fn. 72], S. 70) heißt es, Art. 26 II GG umfasse den Export von Kriegswaffen an Bürgerkriegsparteien. Zudem geht er (S. 184) davon aus, daß der Export von Kriegswaffen dem AWG unterfalle (so zuletzt wieder RIW 1996, 453 [458]); würden seine Bedenken aus dem Territorialitätsprinzip gegenüber der Praxis zu §3 III KWKG stimmen, wäre aber auch eine solche Kontrolle völkerrechtswidrig. Dies ist angesichts der einhelligen Staatenpraxis, die Ausfuhr von gewissen Waren aus ihrem Gebiet zu kontrollieren, und manchmal hierzu sogar verpflichtet zu sein (Art. 228a [301 nF] EGV, Art. 41, 25 SVN), schlichtweg unhaltbar. Zurecht kritisch (»logischer Bruch«) auch *W. Hantke/D. Holthausen/E. Hucko*, NVwZ 1997, 1195 (1196).

c) Das Inverkehrbringen von Kriegswaffen

Inverkehrbringen iSd. Art. 26 II 1, 3. Alt. GG ist jedes Überlassen der Kriegswaffe an eine andere Person[143]. Vom Wortlaut erfaßt ist auch das bloße Sich-Entledigen der eigenen Verfügungsgewalt. Sinn und Zweck der Vorschrift ist die Verhinderung eines unkontrollierten Verkehrs von Kriegswaffen. Auch die Dereliktion, mag sie noch so unwahrscheinlich sein, unterfällt damit der Genehmigungspflicht[144]. Hauptanwendungsfall des Art. 26 II 1, 3. Alt. GG sind indessen gezielte Transaktionen von Kriegswaffen, die sie der deutschen Kontrolle entziehen, insbesondere also an Personen im Ausland[145].

3. Die Genehmigungsbehörde

Die genannten Handlungen sind von »der Bundesregierung« zu genehmigen. Damit ist das Bundeskabinett als Ganzes iSd. Art. 62 GG gemeint[146]. Jede einzelne Genehmigung muß ihr nicht nur formell als Urheber, sondern auch materiell zugerechnet werden können[147]. Die gesetzliche Delegation der Entscheidungsbefugnis auf den Bundesminister für Wirtschaft durch § 11 KWKG widerspricht Wortlaut und ratio des Art. 26 II 1 GG und ist verfassungswidrig[148]. Die bis dato erteilten Genehmigungen sind damit rechtswidrig, aber bestandskräftig. Eine Ressortzuweisung kann angesichts des klaren Wortlauts vom Gesetzgeber nicht vorgenommen werden. Auch die Übertragung der Entscheidungsbefugnis auf einen Minister ist im Blick auf die klare Zuweisung in Art. 26 II 1 GG fragwürdig[149].

D. Verhältnis zu anderen GG-Bestimmungen

Art. 26 GG ist zusammen mit der Präambel und Art. 25 GG Grundlage des Friedensgebotes des Grundgesetzes (→ Rn. 13). Das Aggressionsverbot in Art. 26 I GG deckt sich mit Art. 25 GG i.V.m. Art. 2 Ziff. 4 SVN (→ Rn. 16). Das Störungsverbot kann Einschränkungen der Meinungs- und Pressefreiheit des Art. 5 I GG und andere Grundrechtseingriffe rechtfertigen (→ Rn. 18). Art. 26 II GG begrenzt verfassungsimmanent die Wissenschaftsfreiheit (Art. 5 III GG), die Berufsfreiheit (Art. 12 GG) und das Eigentum (Art. 14 GG). Die Vorschrift gehört indessen nicht zu den änderungsfesten Prinzi-

---

[143] Vgl. auch § 2 II KWKG, sowie *Hernekamp* (Fn. 71), Art. 26 Rn. 30; *Streinz* (Fn. 75), Art. 26 Rn. 42.

[144] Vgl. aber *Epping*, Kriegswaffenkontrolle (Fn. 72), S. 209, der bemängelt, das KWKG erfasse nicht die von Art. 26 II 1 GG erfaßte Dereliktion.

[145] Ähnlich *Streinz* (Fn. 75), Art. 26 Rn. 44, der das Inverkehrbringen durch Deutsche im Ausland unter Art. 26 GG subsumiert, da die Kontrolle nicht allein objektbezogen ist. Vgl. auch *D. Holthausen*, JZ 1995, 284 (287 ff.). Zur Frage, ob reine Auslandstaten von Deutschen der Genehmigungspflicht unterliegen *K. Ipsen*, Kriegswaffenkontrolle und Auslandsgeschäft, in: FS Bernhardt, 1995, S. 1041 ff.

[146] *Epping*, Kriegswaffenkontrolle (Fn. 72), S. 210 ff., 223; *Maunz* (Fn. 74), Art. 26 Rn. 44. → Art. 62 Rn. 7 ff.

[147] Zu den Anforderungen an den Erlaß einer Rechtsverordnung durch die Bundesregierung als Kollegialorgan s. BVerfGE 91, 148. → Art. 62 Rn. 13 f.; → Art. 80 Rn. 36 ff.

[148] *Epping*, Kriegswaffenkontrolle (Fn. 72), S. 210 ff.; *Streinz* (Fn. 75), Art. 26 Rn. 46.

[149] Anders *Hernekamp* (Fn. 71), Art. 26 Rn. 29, und wohl auch *S. Oeter*, ZaöRV 55 (1995), 907 (911), der vor einer die Organisationsgewalt der Bundesregierung übermäßig einschränkenden Auslegung der Verfassung warnt. Wie hier *Maunz* (Fn. 74), Art. 26 Rn. 44; *Jarass/Pieroth*, GG, Art. 26 Rn. 6; *Epping*, Kriegswaffenkontrolle (Fn. 72), S. 223; *J. Beschorner*, ZVglRWiss 90 (1991), 262 (285).

pien des Art. 79 III GG und wurde trotz einer politischen Wünschbarkeit auch nicht »durch seine völkervertragsrechtliche Aufwertung in Art. 2 des Zwei-plus-Vier-Vertrages gegen Aufhebungstendenzen immun«[150]. Ratifizierte Verträge haben nur Gesetzeskraft. Auch der Versuch, Art. 26 GG »rangmäßig auf eine Stufe« mit den von Art. 79 III GG geschützten Grundprinzipien zu heben[151], scheitert an dem begrenzten Katalog der dort abgesicherten Vorschriften (→ Art. 79 III Rn. 16ff.). Das Aggressionsverbot in Art. 26 I GG ist allerdings infolge der zwingenden Geltung des entsprechenden Grundsatzes als völkerrechtliches *ius cogens* änderungsfest (→ Art. 25 Rn. 24ff), während das Störungsverbot des Art. 26 I GG und die Regelung des Art. 26 II GG mangels solcher völkerrechtlicher Absicherung der Möglichkeit der Verfassungsänderung unterliegen.

---

[150] *Hernekamp* (Fn. 71), Art. 26 Rn. 33.
[151] Vgl. *Frank* (Fn. 87), Art. 26 Rn. 31.

Artikel 27 [Handelsflotte]

Alle deutschen Kauffahrteischiffe bilden eine einheitliche Handelsflotte.

Literaturauswahl

Basedow, Jürgen: Billigflaggen, Zweitregister und Kollisionsrecht in der Deutschen Schiffahrtspolitik, in: Ulrich Drobnig/Jürgen Basedow/Rüdiger Wolfrum (Hrsg.), Recht der Flagge und »Billige Flaggen« – Neuere Entwicklungen im Internationalen Privatrecht und Völkerrecht, BDGV 31 (1990), S. 75–120.
Dörr, Dieter: Die deutsche Handelsflotte und das Grundgesetz, 1988.
Dörr, Dieter: Das Zweitregistergesetz, in: AVR 26 (1988), S. 366–386.
Erbguth, Wilfried: Die Zweitregisterentscheidung des BVerfG – BVerfG, NJW 1995, 2339, in: JuS 1996, S. 18–23.
v. Münch, Ingo: Der diplomatische Schutz für Schiffe, in: Recht über See, in: Festschrift für Rolf Stödter, 1979, S. 231–250.
Satow, Maria: Alle deutschen Kauffahrteischiffe bilden eine einheitliche Handelsflotte. Eine Untersuchung zu Art. 27 des Grundgesetzes der Bundesrepublik Deutschland, 1957.
Schiedermair, Hartmut/Dörr, Dieter: Der Schutz der deutschen Handelsflotte, 1984.
Wolfrum, Rüdiger: Recht der Flagge und »Billige Flaggen«. Neuere Entwicklungen im Völkerrecht, in: Ulrich Drobnig/Jürgen Basedow/Rüdiger Wolfrum (Hrsg.), Recht der Flagge und »Billige Flaggen« – Neuere Entwicklungen im Internationalen Privatrecht und Völkerrecht, BDGV 31 (1990), S. 121–147.

Leitentscheidung des Bundesverfassungsgerichts

BVerfGE 92, 26 (43) – Zweitregister.

Gliederung

	Rn.
A. Herkunft, Entstehung, Entwicklung	1
B. Internationale, supranationale und rechtsvergleichende Bezüge	3
C. Erläuterungen	6
I. Allgemeine Bedeutung	6
II. Die deutschen Kauffahrteischiffe	7
III. Die Einheitlichkeit der Handelsflotte	10
D. Verhältnis zu anderen GG-Bestimmungen	13

A. Herkunft, Entstehung, Entwicklung

Art. 27 GG steht in engem Zusammenhang mit dem **völkerrechtlichen Seerecht**, zu dessen Grundsätzen die Freiheit der Meere (H. Grotius)[1] und damit das Recht der Staaten gehört, Schiffe auszurüsten und unter eigener Flagge und Hoheit als ihre Flot- 1

---

[1] Zum klassischen Seerecht statt aller *W.G. Grewe,* Epochen der Völkerrechtsgeschichte, 1984, S. 300ff.; zum heutigen Stand: R. Bernhardt/W. Rudolf (Hrsg.), Die Schiffahrtsfreiheit im gegenwärtigen Völkerrecht, BDGV 15 (1975); vgl. auch Art. 90 des Seerechtsübereinkommens (SRÜ) von 1982: »Every State, whether coastal or land-locked, has the right to sail ships flying its flag on the high seas«.

te auf der hohen See verkehren zu lassen (**Flaggenhoheit**)[2]. Er hat seine Vorläufer in Art. 54 I der Reichsverfassung von 1871, wo freilich von »einheitlicher Handelsmarine« die Rede war, und in dem wortgleichen Art. 81 WRV. Ihr Zweck war es, die vor 1871 noch bestehenden **Handelsflotten der deutschen Länder** zu verschmelzen; sie waren auch Grundlage für die völkerrechtliche Vertretung der Belange dieser Flotte durch das Reich[3].

2   Art. 27 GG wurde vom **Parlamentarischen Rat** ohne weitere Erörterung erst am Schluß in den Text des Grundgesetzes eingefügt und verdankt seine Aufnahme letztlich der genannten Tradition[4]. Er soll nach der Begründung des Allgemeinen Redaktionsausschusses den Kauffahrteischiffen die Rechte sichern, »die nach den allgemeinen Regeln des Völkerrechts oder nach bestehenden Völkerrechtsverträgen eine nationale Handelsflotte besitzt«[5]. Änderungen oder eine Erweiterung etwa auf die deutsche Luftflotte sind bislang nicht erfolgt.

B. Internationale, supranationale und rechtsvergleichende Bezüge

3   Ergänzt durch das **FlaggenrechtsG** von 1951 (FlRG)[6] bildet Art. 27 GG das Pendant zu den völkerrechtlichen Normen über die Nationalität der Seeschiffe[7]. Nach allgemeinem Völkerrecht, das im Genfer Übereinkommen über die Hohe See von 1958 sowie im **Seerechtsübereinkommen** von 1982 (SRÜ)[8] insoweit kodifiziert worden ist, darf (und muß) jedes Schiff (nur) eine Flagge führen, wobei die Staatszugehörigkeit eines Schiffes auf seinem Recht auf Führung der betreffenden Flagge beruht (Art. 91 I 2, 92 SRÜ). Es ist ferner Sache jedes einzelnen Staates, die Voraussetzungen für die Staatszugehörigkeit seiner Seeschiffe, die Eintragung ins nationale Schiffsregister und das Recht, seine Flagge zu führen, festzulegen (Art. 91 I 1 SRÜ), sofern ein »*genuine link*« zwischen Staat und Schiff gegeben ist (Art. 91 I 3 SRÜ). Von Bedeutung ist dabei, daß mit der Vergabe der Flagge dem Flaggenstaat auf hoher See die Ausübung der Hoheitsgewalt (*jurisdiction*) über das Schiff und damit auch die Pflicht zugewiesen ist, u.a. für die Sicherheit der Schiffe und die Einhaltung der einschlägigen technischen, sozialen und umweltrechtlichen Regelungen betreffend Schiff und Besatzung Sorge zu

---

[2] Vgl. im einzelnen *D. Dörr*, Die deutsche Handelsflotte und das Grundgesetz, 1988, S. 69ff.; *W. Graf Vitzthum*, Raum, Umwelt und Wirtschaft im Völkerrecht, in: ders. (Hrsg.), Völkerrecht, 1997, 5. Abschnitt Rn. 62ff. (64); *I. Brownlie*, Principles of Public International Law, 4. Aufl. 1990, S. 233ff. S. auch Art. 6 I des Übereinkommens vom 29. 4. 1958 über die Hohe See und – wortgleich – Art. 91 SRÜ: »Every State shall fix the conditions for the grant of its nationality to ships, for the registration of ships in its territory, and for the right to fly its flag...«.

[3] Vgl. *R. Wolfrum*, in: BK, Art. 27 (Zweitb. 1988), Rn. 1; *W. Erbguth*, in: Sachs, GG, Art. 27 Rn. 2.

[4] So *Wolfrum* (Fn. 3), Art. 27 vor Rn. 1; *G. Hoog*, in: v. Münch/Kunig, GG II, Art. 27 Rn. 1.

[5] So der Allgemeine Redaktionsausschuß, Drs. Nr. 370 v. 13. 12. 1948, JöR 1 (1951), S. 243f.; krit. zu diesem Zweck wegen der Unmöglichkeit eines Einflusses auf das Völkerrecht: *Dörr*, Handelsflotte (Fn. 2), S. 1f. Zu den Hintergründen: ebd., S. 35ff. m.w.N.; ihm folgend: *Hoog* (Fn. 4), Art. 27 Rn. 1.

[6] BGBl. I S. 79, neu bekanntgemacht nach dem Gesetz zur Einführung eines zusätzlichen Registers für Seeschiffe unter der Bundesflagge im internationalen Verkehr (Internationales Seeschiffahrtsregister – ISR vom 23. 3. 1989, BGBl. I S. 550) am 4. 6. 1990, BGBl. I S. 1342.

[7] Vgl. dazu etwa *F.-M. Fay*, La nationalité des navires en temps de paix, in: Revue Générale de Droit International Privé 77 (1973), 1000ff.

[8] BGBl. 1994 II S. 1799.

tragen (Art. 94 SRÜ)⁹. Gegenüber den vom Völkerrecht gestellten Anforderungen bleibt der Text des Art. 27 GG indessen deutlich zurück, indem er nur an die Existenz **deutscher Kauffahrteischiffe** anknüpft und die Einheit der Handelsflotte betont.

Einflüsse des europäischen Gemeinschaftsrechts auf Art. 27 GG selbst sind *de lege lata* nicht ersichtlich. Die Einführung eines **europäischen Registers** für eine Flotte unter europäischer Flagge wäre wegen der fehlenden Staatsqualität der EU (→ Art. 23 Rn. 41) völkerrechtlich problematisch[10] und machte wegen des Vorrangs des Gemeinschaftsrechts Art. 27 GG gegenstandslos, soweit die deutschen Schiffe in diese Flotte integriert würden und die Einheit der deutschen Handelsflotte in jener aufginge. Zu berücksichtigen sind europarechtliche Vorgaben *de lege lata* indessen hinsichtlich des Flaggenrechts[11] und etwaiger Marktregulierungs-[12] oder Unterstützungsmaßnahmen für die deutsche Flotte[13].

Art. 27 GG findet in den **Verfassungen anderer Staaten**, soweit ersichtlich, keine Entsprechung.

C. Erläuterungen

I. Allgemeine Bedeutung

Art. 27 GG trifft eine Feststellung von geringer normativer Bedeutung. Seiner systematischen Stellung im Teil II des Grundgesetzes entsprechend liegt mit der Betonung der Einheitlichkeit der Handelsflotte der einzige normative Inhalt darin, daß den Ländern das Recht, einzelne **Länderflotten** zu bilden, nicht gegeben ist[14]. Indirekt folgt daraus, daß die Zuständigkeit des Bundes auf dem Gebiet der Staatszugehörigkeit von Schiffen und damit des Flaggenrechts als Teil des Rechts der Hochseeschiffahrt über Art. 74 Nr. 21 GG hinaus im Anwendungsbereich des Art. 27 GG (→ Rn. 7f.) nur eine ausschließliche sein kann[15]. Darüber hinaus regelt Art. 27 GG aber weder eine Kompetenzverteilung zwischen Bund und Ländern[16], noch begründet er Pflichten für den

---

⁹ Zur völkerrechtlichen Bedeutung der Flagge s. im einzelnen *R. Wolfrum*, Recht der Flagge und »Billige Flaggen«, in: U. Drobnig/J. Basedow/R. Wolfrum (Hrsg.), Recht der Flagge und »Billige Flaggen«, BDGV 31 (1990), S. 121 ff. (125 ff., 128 f.).

[10] Mit Ausnahme des Art. 93 SRÜ (Schiffe im Dienste der UNO) haben nur Staaten die Freiheiten und Rechte aus dem Übereinkommen. Zu erwägen wäre indessen eine Konstruktion, nach der die EG insoweit bei entsprechendem Kompetenzübergang die (Mitglied-) Staaten als Staaten i. S. d. Art. 86 ff. SRÜ substituiert (vgl. Art. 4 der Anlage IX zum SRÜ).

[11] Vgl. etwa im Blick auf Art. 52 (43 nF) ff. EGV: EuGHE 1991, I-3905 (3964 ff.) – *Factortame*. Danach dürfte etwa der Ausschluß von Schiffen EG-ausländischer Eigentümer, die eine Niederlassung in Deutschland haben (§ 1 FIRG) mit Art. 52 (43 nF) EGV unvereinbar sein.

[12] Zur Problematik und schrittweisen Öffnung der Kabotage (Reservierung der innerstaatlichen Linien ausschließlich für Schiffe des Flaggenstaats) innerhalb der EG vgl. *I. Pernice*, Offene Märkte und Wettbewerbsordnung der EG im Bereich der Seeschiffahrt, in: FS Deringer, 1993, S. 135 ff. (144 ff.).

[13] Zur beihilfenrechtlichen Problematik des Zweitregisters vgl. EuGHE 1993, I-887 (932 ff.). – *Sloman Neptun*, wo das Vorliegen einer Beihilfe i. S. d. Art. 92 (87 n.F.) EGV allerdings abgelehnt wird.

[14] So die einhellige Auffassung, vgl. *T. Maunz*, in: Maunz/Dürig, GG, Art. 27 (1966), Rn. 5; *Hoog* (Fn. 4), Art. 27 Rn. 2; *Erbguth* (Fn. 3), Art. 27 Rn. 2; *M. Bothe*, in: AK-GG, Art. 27 Rn. 1, mit dem Hinweis auf die fehlende Völkerrechtsfähigkeit der Länder (s. aber → Art. 32 Rn. 35).

[15] Anders *Maunz* (Fn. 14), Art. 27 Rn. 12: Bundeszuständigkeit »kraft Natur der Sache«. Zur Verteilung der Gesetzgebungs- und Verwaltungskompetenzen im einzelnen: *Dörr*, Handelsflotte (Fn. 2), S. 145 f.

[16] Vgl. auch Jarass/*Pieroth*, GG, Art. 27 Rn. 1; *Hoog* (Fn. 4), Art. 27 Rn. 3; *Maunz* (Fn. 14), Art. 27 Rn. 7; *Erbguth* (Fn. 3), Art. 27 Rn. 3.

einzelnen, wie etwa ein Verbot des **Ausflaggens**, d.h. des Flaggenwechsels[17]. Schließlich kann die Zuordnung aller deutschen Kauffahrteischiffe zu einer einheitlichen Handelsflotte weder als Einrichtungsgarantie[18] noch als verfassungsrechtliche Bestands- oder gar Schutzgarantie verstanden werden[19]. Art. 27 GG kann daher eher als historisches Relikt denn als »Grundsatznorm für das gesamte ... Seerecht« bezeichnet werden[20].

II. Die deutschen Kauffahrteischiffe

7   Unter den heute ungebräuchlichen, ursprünglich auf die im Eigentum der Handel treibenden Kaufleute selbst stehenden Schiffe beschränkten[21] Begriff der »Kauffahrteischiffe« fallen alle **kommerziellen Verkehrsdiensten auf See** gewidmeten Schiffe, also alle Handels- und Passagier-, Fähr-, Schlepp- und Versorgungsschiffe[22]. Zu weit und unbestimmt ist der Begriff »Seeschiffe«[23], da er eine Abgrenzung zutreffend nur zu Binnenschiffen, nicht aber zu militärischen Zwecken gewidmeten Schiffen sowie anderen hoheitlichen Zwecken dienenden (»Regierungs«-) Schiffen deutlich macht[24]. **Kriegs- und Staatsschiffe** unterliegen auch völkerrechtlich anderen Regeln[25]. Zu eng

---

[17] So aber, ohne weitere Begründung, *Maunz* (Fn. 14), Art. 27 Rn. 3, 25, der dabei die Deutschen-Eigenschaft des Schiffes mit der des Eigentümers identifiziert; dagegen zu Recht die ganz h.M., vgl. etwa *Dörr*, Handelsflotte (Fn. 2), S. 148f.; *Bothe* (Fn. 12), Art. 27 Rn. 3; *Erbguth* (Fn. 3), Art. 27 Rn. 4; Jarass/*Pieroth*, GG, Art. 27 Rn. 1: »für Private keine Bindungswirkungen«; *Hoog* (Fn. 4), Art. 27 Rn. 5; *Wolfrum* (Fn. 3), Art. 27 Rn. 6; vgl. allerdings die einfachgesetzliche Regelung eines grundsätzlichen Ausflaggverbotes bei Schiffseigentümern deutscher Staatsangehörigkeit mit Wohnsitz im Bundesgebiet nach § 6 FlRG (→ Rn. 8).

[18] So *H. Schiedermair/D. Dörr*, Der Schutz der deutschen Handelsflotte, 1984, S. 34ff.; *Dörr*, Handelsflotte (Fn. 2), S. 150ff., 163ff.; zustimmend *Hoog* (Fn. 4), Art. 27 Rn. 12.

[19] So *Schiedermair/Dörr*, Schutz (Fn. 18), S. 40ff., freilich unter Einräumung eines großen Ermessensspielraums; s. auch *Dörr*, Handelsflotte (Fn. 2), S. 172ff., 187ff., mit einem Votum für die »Pflicht zur Nachbesserung« bisher unzureichender Maßnahmen, ohne subjektive Rechtsansprüche (S. 178); s. auch *Hoog* (Fn. 4), Art. 27 Rn. 12. Ablehnend *J. Basedow*, Billigflaggen, Zweitregister und Kollisionsrecht in der Deutschen Schiffahrtspolitik, in: Drobnig/Basedow/Wolfrum, Recht der Flotte (Fn. 9), S. 75 (107f.); Jarass/*Pieroth*, GG, Art. 27 Rn. 1; *Erbguth* (Fn. 3), Art. 27 Rn. 8.

[20] So *v. Mangoldt/Klein*, GG, Art. 27 Anm. II 2b (S. 691); ihm folgend etwa *Hoog* (Fn. 4), Art. 27 Rn. 2; s. auch *Dörr*, Handelsflotte (Fn. 2), S. 2; wie hier: *Bothe* (Fn. 12), Art. 27 Rn. 5, der »mangels der praktischen Relevanz der Fragen« auf eine Kommentierung der Begriffe »deutsch« und »Kauffahrteischiffe« verzichtet.

[21] Vgl. im einzelnen *M. Satow*, Alle deutschen Kauffahrteischiffe bilden eine einheitliche Handelsflotte, 1957, S. 42f.

[22] In diesem Sinne *H.J. Abraham*, Das Seerecht, 4. Aufl. 1974, S. 43f.; *Hoog* (Fn. 4), Art. 27 Rn. 4; *Erbguth* (Fn. 3), Art. 27 Rn. 5.

[23] So *Satow*, Kauffahrteischiffe (Fn. 21), S. 42ff., 60ff., mit der Rückführung auf das Flaggenrecht nach dem FlRG.

[24] Daß diese ausgeschlossen sein sollen, ist auch für *Satow*, Kauffahrteischiffe (Fn. 21), S. 58, 60 klar: »Pendant zu Kriegs- oder Staatsschiff«.

[25] Vgl. etwa Art. 29ff., 95f. SRÜ: Definition, Rechte und Immunität von Kriegs- und Regierungsschiffen. Angriffe eines Staates auf Kriegsschiffe eines anderen Staates können als »bewaffneter Angriff« i.S.d. Art. 51 SVN das Selbstverteidigungsrecht auslösen, Angriffe auf Handelsschiffe nicht, vgl. dazu Art. 2 lit. d der »Agressionsdefinition« im Anhang zur Resolution der UN-Generalversammlung Nr. 3314 (XXIX) v. 14. 12. 1974; s. auch *A. Randelzhofer*, in: B. Simma (Hrsg.) Charta der Vereinten Nationen, 1991, Art. 51 Rn. 23 m.w.N., krit. freilich zur Unterscheidung zwischen militärischen und zivilen Schiffen ebd., Rn. 25.

ist umgekehrt der Begriff der Handelsschiffe[26], da hierunter Passagierschiffe kaum zu subsumieren wären, deren Ausschluß sich aber im Blick auf die Gleichartigkeit der Zwecke, Transporte über See im Sinne des internationalen Seeverkehrsrechts, kaum rechtfertigen ließe. Weder aus dem Wortlaut noch historisch läßt sich indessen begründen, daß auch **Fischerei- und Hilfsschiffe** unter den Begriff der Kauffahrteischiffe in Art. 27 GG fallen[27]. Daß sie flaggenrechtlich zusammen mit den anderen Schiffen einheitlich behandelt werden, ist damit nicht ausgeschlossen.

Deutsche Kauffahrteischiffe sind diejenigen, die durch das Recht, die deutsche Flagge zu führen, in Übereinstimmung mit den völkerrechtlichen Vorgaben (→ Rn. 3) dem deutschen Staat als zugehörig zu betrachten sind[28]. Das **Eigentum** an dem Schiff ist als solches nach Art. 27 GG nicht entscheidend[29]. Die Festlegung der Voraussetzungen für die Erteilung der Flagge, d.h. der Staatszugehörigkeit, ist vielmehr wie bei Art. 116 GG dem Gesetzgeber überlassen. Dabei sind freilich die Vorgaben des EG-Rechts zu beachten (→ Rn. 4). In §§ 1f. FlRG wird das Eigentum zum wesentlichen Anknüpfungspunkt gemacht. Für diejenigen Schiffe, deren Eigentümer Deutsche sind und in Deutschland ihren Wohnsitz haben, besteht nach § 6 I FlRG gar eine grundsätzliche Pflicht zur Führung der Bundesflagge. Im Eigentumsrecht liegt primär das »genuine link«, das völkerrechtlich Voraussetzung für die Verleihung der Flagge ist (Art. 91 I SRÜ; → Rn. 3).

8

Die **Bedeutung der Flagge** und damit der Staatszugehörigkeit geht aber weit über den normativen Gehalt des Art. 27 GG (Einheitlichkeit der Handelsflotte) hinaus. Auf sie gründen sich die völkerrechtlichen Freiheiten der Schiffahrt und die Unterwerfung unter die Kontrolle des Flaggenstaates (→ Rn. 3), das Recht und die Pflicht der deutschen Behörden zum **diplomatischen Schutz**[30] sowie wirtschaftlich fundamentale Rechte aus internationalen Abmachungen und Regelungen über den Zugang zur Ladung und damit zum europäischen und internationalen Seeverkehrsmarkt[31].

9

III. Die Einheitlichkeit der Handelsflotte

Wenn nur der Bundesgesetzgeber die Kriterien für das Recht zur Führung der deutschen Flagge festlegt, so ergibt sich daraus schon eine **formale Einheitlichkeit** der Handelsflotte[32]. Der Begriff der Einheitlichkeit impliziert zwar nicht eine organisatorische

10

---

[26] So *Maunz* (Fn. 14), Art. 27 Rn. 17, im weiteren Sinne aber ebd., Rn. 21: »Alle zum Erwerb durch die Seefahrt bestimmten deutschen Schiffe«.
[27] So aber *Abraham*, Seerecht (Fn. 22), S. 43f.; *Hoog* (Fn. 4), Art. 27 Rn. 4; im extensiven Sinne auch *Erbguth* (Fn. 3), Art. 27 Rn. 5; Jarass/*Pieroth*, GG, Art. 27 Rn. 1.
[28] Vgl. auch *Wolfrum* (Fn. 3), Art. 27 Rn. 3; *Hoog* (Fn. 4), Art. 27 Rn. 5; i.E. ebenso Jarass/*Pieroth*, GG, Art. 27 Rn. 1; *Erbguth* (Fn. 3), Art. 27 Rn. 6.
[29] Anders wohl *Maunz* (Fn. 14), Art. 27 Rn. 24.
[30] Vgl. *I. v. Münch*, Der diplomatische Schutz für Schiffe, in: FS Stödter, 1979, S. 231ff. (244ff.); s. auch *Wolfrum*, Recht der Flagge (Fn. 9), S. 128.
[31] S. dazu *Wolfrum*, Recht der Flagge (Fn. 9), S. 129f.; zur Aufhebung von Diskriminierungen in der Kabotage sowie im Blick auf die Linienkonferenzen vgl. *Pernice*, Offene Märkte (Fn. 12), S. 136f., 139ff., 144ff.
[32] Vgl. auch *Satow*, Kauffahrteischiffe (Fn. 21), S. 90ff., 94; *Hoog* (Fn. 4), Art. 27 Rn. 9: »Die Einheitlichkeit... ist nach außen durch die einheitliche Staatszugehörigkeit gegeben«; ihm folgend *Erbguth* (Fn. 3), Art. 27 Rn. 7.

Einheit etwa eines staatlichen Verkehrsunternehmens[33], wohl aber materiell das Recht auf **Gleichbehandlung** der unter deutscher Flagge fahrenden Schiffe. Das bedeutet einerseits Gleichheit der Rechte hinsichtlich des Zugangs zu innerstaatlichen (und europäischen → Rn. 9) Verkehrsmärkten, Häfen etc., andererseits aber auch die Anwendung gleicher Sicherheits-, Umwelt- und Sozialvorschriften auf alle deutschen Kauffahrteischiffe[34].

11 Die Einführung eines **Zweitregisters** für den internationalen Schiffsverkehr im Jahre 1989[35], mit dem die internationale Wettbewerbsfähigkeit der deutschen Flotte dadurch gesichert werden soll, daß es die Beschäftigung ausländischer Matrosen ohne Wohnsitz im Inland zur »Heimatheuer« ermöglicht, wird als mit Art. 27 GG vereinbar angesehen, da die in diesem Zweitregister eingetragenen Schiffe »Bestandteil der einheitlichen Handelsflotte« blieben[36]. Der materielle **Gleichheitsgehalt des Art. 27 GG** (→ Rn. 10) wird dabei indes noch nicht einmal angesprochen. Auch das Bundesverfassungsgericht behandelt in seiner Entscheidung, die das Gesetz teilweise wegen eines Verstoßes gegen Art. 9 III GG aufhebt, lediglich die Frage einer Ungleichbehandlung der betreffenden Seeleute[37].

12 Anders als nach Art. 3 I GG wird im Blick auf die Einheitlichkeit der Flotte die Privilegierung kaum damit zu rechtfertigen sein, daß die betreffenden Schiffe auf internationalen Routen verkehren und dem internationalen Wettbewerb sonst nicht standhalten können. Soll Art. 27 GG überhaupt einen **normativen Eigenwert** haben, so wäre die durch das Zweitregister bewirkte Aufspaltung der Flotte insofern kaum als zulässig zu betrachten.

D. Verhältnis zu anderen GG-Bestimmungen

13 Hinsichtlich seines **Gleichheitsgehalts** ist Art. 27 GG eine spezielle Regelung gegenüber Art. 3 I GG. Da es nicht um die Staatsangehörigkeit von Personen, sondern die **Staatszugehörigkeit** von Schiffen geht, steht er neben Art. 116 GG. Für die Interpretation der **Kompetenzvorschriften** nach Art. 70ff. GG kann Art. 27 GG als Auslegungshilfe herangezogen werden (→ Rn. 6).

---

[33] Einhellige Auffassung; vgl. schon *Satow*, Kauffahrteischiffe (Fn. 21), S. 94 m.w.N.; zuletzt *Erbguth* (Fn. 3), Art. 27 Rn. 7.
[34] Vgl. auch *Satow*, Kauffahrteischiffe (Fn. 21), S. 90ff., 94ff.; *Hoog* (Fn. 4), Art. 27 Rn. 10.
[35] Vgl. oben Fn. 6.
[36] So *Wolfrum* (Fn. 3), Art. 27 Rn. 3; *ders.*, Recht der Flagge (Fn. 9), S. 134; *D. Dörr*, AVR 26 (1988), 366 (383f.); *Hoog* (Fn. 4), Art. 27 Rn. 11; *Erbguth* (Fn. 3), Art. 27 Rn. 7; a.A. *W. Däubler*, Das zweite Schiffsregister, 1988, S. 33ff.
[37] BVerfGE 92, 26 (50ff.); s. dazu *W. Erbguth*, JuS 1996, 18 (21f.), der ebenfalls die Frage des Gleichheitsgehalts des Art. 27 GG nicht aufwirft.

Artikel 28 [Homogenitätsgebot; kommunale Selbstverwaltung]

(1) ¹Die verfassungsmäßige Ordnung in den Ländern muß den Grundsätzen des republikanischen, demokratischen und sozialen Rechtsstaates im Sinne dieses Grundgesetzes entsprechen. ²In den Ländern, Kreisen und Gemeinden muß das Volk eine Vertretung haben, die aus allgemeinen, unmittelbaren, freien, gleichen und geheimen Wahlen hervorgegangen ist. ³Bei Wahlen in Kreisen und Gemeinden sind auch Personen, die die Staatsangehörigkeit eines Mitgliedstaates der Europäischen Gemeinschaft besitzen, nach Maßgabe von Recht der Europäischen Gemeinschaft wahlberechtigt und wählbar. ⁴In Gemeinden kann an die Stelle einer gewählten Körperschaft die Gemeindeversammlung treten.

(2) ¹Den Gemeinden muß das Recht gewährleistet sein, alle Angelegenheiten der örtlichen Gemeinschaft im Rahmen der Gesetze in eigener Verantwortung zu regeln. ²Auch die Gemeindeverbände haben im Rahmen ihres gesetzlichen Aufgabenbereichs nach Maßgabe der Gesetze das Recht der Selbstverwaltung. ³Die Gewährleistung der Selbstverwaltung umfaßt auch die Grundlagen der finanziellen Eigenverantwortung; zu diesen Grundlagen gehört eine den Gemeinden mit Hebesatzrecht zustehende wirtschaftskraftbezogene Steuerquelle.

(3) Der Bund gewährleistet, daß die verfassungsmäßige Ordnung der Länder den Grundrechten und den Bestimmungen der Absätze 1 und 2 entspricht.

Literaturauswahl

Zu Art. 28 I GG

Bartlsperger, Richard: Das Verfassungsrecht der Länder in der gesamtstaatlichen Verfassungsordnung, in: HStR IV, § 96 (S. 457–478).
Böckenförde, Ernst-Wolfgang/Grawert, Rolf: Kollisionsfälle und Geltungsprobleme im Verhältnis von Bundesrecht und Landesverfassung, in: DÖV 1971, S. 119–127.
Boehl, Henner Jörg: Verfassunggebung im Bundesstaat. Ein Beitrag zur Verfassungslehre des Bundesstaates und der konstitutionellen Demokratie, 1997.
Dreier, Horst: Einheit und Vielfalt der Verfassungsordnungen im Bundesstaat, in: Karsten Schmidt (Hrsg.), Vielfalt des Rechts – Einheit der Rechtsordnung? Hamburger Ringvorlesung, 1994, S. 113–146.
Grawert, Rolf: Die Bedeutung gliedstaatlichen Verfassungsrechts in der Gegenwart, in: NJW 1987, S. 2329–2339.
Maunz, Theodor: Verfassungshomogenität von Bund und Ländern, in: HStR IV, § 95 (S. 443–456).
Rozek, Jochen: Das Grundgesetz als Prüfungs- und Entscheidungsmaßstab der Landesverfassungsgerichte. Zugleich ein Beitrag zum Phänomen der in die Landesverfassung hineinwirkenden Bundesverfassung, 1993.
Sachs, Michael: Das materielle Landesverfassungsrecht, in: Verfassungsstaatlichkeit. Festschrift für Klaus Stern zum 65. Geburtstag, 1997, S. 475–508.
Sacksofsky, Ute: Landesverfassungen und Grundgesetz, in: NVwZ 1993, S. 235–240.
Storr, Stefan: Verfassunggebung in den Ländern, 1995.
Vitzthum, Wolfgang Graf: Die Bedeutung gliedstaatlichen Verfassungsrechts in der Gegenwart, VVDStRL 46 (1988), S. 7–56.
Wahl, Rainer: Organisation kommunaler Aufgabenerfüllung im Spannungsfeld von Demokratie und Effizienz, in: Hans-Günter Henneke (Hrsg.), Organisation kommunaler Aufgabenerfüllung, 1998, S. 15–41.
Werner, Peter: Wesensmerkmale des Homogenitätsprinzips und ihre Ausgestaltung im Bonner Grundgesetz, 1967.

Siehe auch die Angaben zu Art. 31 GG.

Art. 28

Zu Art. 28 II GG

Blickle, Peter (Hrsg.): Theorien kommunaler Ordnung in Europa, 1996.

Blümel, Willi: Gemeinden und Kreise vor den öffentlichen Aufgaben der Gegenwart, VVDStRL 36 (1978), S. 171–275.

Burg, Peter: Freiherr vom Stein – europäische und nationale Aspekte der Reform von Staat und Gesellschaft zu Beginn des 19. Jahrhunderts, in: VerwArch. 86 (1995), S. 495–510.

Burmeister, Joachim: Verfassungstheoretische Neukonzeption der kommunalen Selbstverwaltungsgarantie, 1977.

Dilcher, Gerhard: Kommune und Bürgerschaft als politische Idee der mittelalterlichen Stadt, in: Iring Fetscher/Herfried Münkler (Hrsg.), Pipers Handbuch der politischen Ideen, Bd. 2, 1993, S. 311–350.

Ehlers, Dirk: Die Ergänzungs- und Ausgleichsaufgaben der Kreise und ihre Finanzierung, in: DVBl. 1997, S. 225–234.

Ehlers, Dirk: Rechtsprobleme der Kommunalwirtschaft, in: DVBl. 1998, S. 497–508.

Faber, Angela: Die Zukunft kommunaler Selbstverwaltung und der Gedanke der Subsidiarität in den Europäischen Gemeinschaften, in: DVBl. 1991, S. 1126–1135.

Forsthoff, Ernst: Um die kommunale Selbstverwaltung. Grundsätzliche Bemerkungen, in: ZfP 21 (1932), S. 248–267.

Frenz, Walter: Gemeindliche Selbstverwaltungsgarantie und Verhältnismäßigkeit, in: Die Verwaltung 28 (1995), S. 33–63.

Gern, Alfons: Deutsches Kommunalrecht, 2. Aufl. 1997.

Gönnenwein, Otto: Gemeinderecht, 1963.

Heffter, Heinrich: Die deutsche Selbstverwaltung im 19. Jahrhundert. Geschichte der Ideen und Institutionen, 2. Aufl. 1969.

Hendler, Reinhard: Das Prinzip Selbstverwaltung, in: HStR IV, § 106 (S. 1133–1169).

Henneke, Hans-Günter (Hrsg.): Aktuelle Entwicklungen der inneren Kommunalverfassung, 1996.

Henneke, Hans-Günter: Die Kommunen in der Finanzverfassung des Bundes und der Länder, 2. Aufl. 1998.

Henneke, Hans-Günter (Hrsg.): Organisation kommunaler Aufgabenerfüllung, 1998.

Hoffmann, Markus/Kromberg, Christian/Roth, Verena/Wiegand, Bodo (Hrsg.): Kommunale Selbstverwaltung im Spiegel von Verfassungsrecht und Verwaltungsrecht, 1995.

Hoppe, Werner: Probleme des verfassungsgerichtlichen Rechtsschutzes der kommunalen Selbstverwaltung, in: DVBl. 1995, S. 179–188.

Ipsen, Jörn: Schutzbereich der Selbstverwaltungsgarantie und Einwirkungsmöglichkeiten des Gesetzgebers, in: ZG 9 (1994), S. 194–212.

Kirchhof, Ferdinand: Empfehlen sich Maßnahmen, um in der Finanzverfassung Aufgaben- und Ausgabenverantwortung von Bund, Ländern und Gemeinden stärker zusammenzuführen?, Gutachten D zum 61. DJT, 1996.

Kirchhof, Ferdinand/Meyer, Hubert: Kommunaler Finanzausgleich im Flächenbundesland, 1996.

Knemeyer, Franz-Ludwig: Bayerisches Kommunalrecht, 9. Aufl. 1996.

Lange, Klaus: Die Entwicklung des kommunalen Selbstverwaltungsgedankens und seine Bedeutung in der Gegenwart, in: Festschrift für Werner Weber, 1974, S. 851–872.

Martini, Alexander: Gemeinden in Europa. Einwirken der Europäischen Gemeinschaft auf die deutschen Gemeinden und Schutz der kommunalen Selbstverwaltung im Gemeinschaftsrecht, 1992.

Matzerath, Horst: Nationalsozialismus und kommunale Selbstverwaltung, 1970.

Maurer, Hartmut: Verfassungsrechtliche Grundlagen der kommunalen Selbstverwaltung, in: DVBl. 1995, S. 1037–1046 (auch in: Friedrich Schoch [Hrsg.], Selbstverwaltung der Kreise in Deutschland, 1996, S. 1–24).

Müller, Wolfgang: Die Entscheidung des Grundgesetzes für die gemeindliche Selbstverwaltung im Rahmen der Europäischen Integration. Die Auswirkungen der Übertragung von Hoheitsrechten auf die Europäische Gemeinschaft gemäß Art. 24 Abs. 1 GG auf die Garantie der gemeindlichen Selbstverwaltung in Art. 28 Abs. 2 S. 1 GG, 1992.

Mutius, Albert von: Sind weitere rechtliche Maßnahmen zu empfehlen, um den notwendigen Handlungs- und Entfaltungsspielraum der kommunalen Selbstverwaltung zu gewährleisten?, Gutachten E zum 53. DJT, 1980.

Pagenkopf, Hans: Kommunalrecht, Bd. 1: Verfassungsrecht, 2. Aufl. 1975.

Schmidt-Aßmann, Eberhard: Kommunalrecht, in: ders., Bes. Verwaltungsrecht, S. 1–100.

Schmidt-Aßmann, Eberhard: Kommunen und örtliche Energieversorgung, in: Festschrift für Fritz Fabricius, 1989, S. 251–269.
Schmidt-Aßmann, Eberhard: Kommunale Selbstverwaltung »nach Rastede«, in: Festschrift für Horst Sendler, 1991, S. 121–138.
Schmidt-Aßmann, Eberhard: Perspektiven der Selbstverwaltung der Landkreise, in: DVBl. 1996, S. 533–542 (auch in: Friedrich Schoch [Hrsg.], Selbstverwaltung der Kreise in Deutschland, 1996, S. 75–98).
Schmidt-Eichstaedt, Gerd: Bundesgesetze und Gemeinden, 1981.
Schmidt-Jortzig, Edzard: Kommunalrecht, 1982.
Schoch, Friedrich: Zur Situation der kommunalen Selbstverwaltung nach der Rastede-Entscheidung des Bundesverfassungsgerichts, in: VerwArch. 81 (1990), S. 18–54.
Schoch, Friedrich: Aufgaben und Funktionen der Landkreise, in: DVBl. 1995, S. 1047–1056 (auch in: ders. [Hrsg.], Selbstverwaltung der Kreise in Deutschland, 1996, S. 25–55).
Schoch, Friedrich: Die aufsichtsbehördliche Genehmigung der Kreisumlage. Zur Verfassungsmäßigkeit des § 56 Abs. 3 KrO NW, 1995.
Schoch, Friedrich: Verfassungsrechtlicher Schutz der kommunalen Finanzautonomie, 1997.
Schoch, Friedrich/Wieland, Joachim: Finanzierungsverantwortung für gesetzgeberisch veranlaßte kommunale Aufgaben, 1995.
Schulze-Fielitz, Helmuth: Die kommunale Selbstverwaltung zwischen Diversifizierung und Einheit der Verwaltung, in: Hans-Günter Henneke (Hrsg.), Organisation kommunaler Aufgabenerfüllung, 1998, S. 223–261.
Stern, Klaus: Europäische Union und kommunale Selbstverwaltung, in: Michael Nierhaus (Hrsg.), Kommunale Selbstverwaltung. Europäische und Nationale Aspekte, 1996, S. 21–44.
Stolleis, Michael: Art. Selbstverwaltung, in: HRG IV, Sp. 1621–1625.
Unruh, Georg-Christoph von: Kommunale Selbstverwaltung – ein verpflichtendes Recht, in: BayVBl. 1996, S. 225–229.
Wendt, Rudolf: Finanzierungsverantwortung für gesetzgeberisch veranlaßte kommunale Aufgaben, in: Verfassungsstaatlichkeit. Festschrift für Klaus Stern zum 65. Geburtstag, 1997, S. 603–626.
Zimmermann-Wienhues, Sigrid von: Kommunale Selbstverwaltung in einer Europäischen Union. Deutsche Gemeinden und spanische ›municipios‹ im europäischen Integrationsprozeß, 1997.

Zu Art. 28 III GG

Bethge, Herbert: Die Grundrechtssicherung im föderativen Bereich, in: AöR 110 (1985), S. 169–218.
Frowein, Jochen A.: Die selbständige Bundesaufsicht nach dem Grundgesetz, 1961.

Leitentscheidungen des Bundesverfassungsgerichts

Zu Art. 28 I GG: BVerfGE 36, 342 (360ff.) – Niedersächsisches Landesbesoldungsgesetz; 83, 37 (50ff.) – Ausländerwahlrecht (Schleswig-Holstein); 83, 60 (71ff.) – Ausländerwahlrecht (Hamburg); 93, 37 (66) – Mitbestimmungsgesetz Schleswig-Holstein; 93, 373 (376f.) – Gemeinderat; 96, 345 (368f.) – Landesverfassungsgerichte.
Zu Art. 28 II GG: BVerfGE 45, 63 (78f.) – Stadtwerke Hameln; 50, 50 (50f., 55f.) – Laatzen; 52, 95 (109ff.) – Schleswig-Holsteinische Ämter; 59, 216 (226f.) – Söhlde; 61, 82 (100ff.) – Sasbach; 76, 107 (117ff.) – Landes-Raumordnungsprogramm Niedersachsen; 78, 331 (340f.) – Nordhorn; 79, 127 (143ff.) – Rastede; 86, 90 (107ff.) – Papenburg; 91, 70 (78, 81) – Isserstedt; 91, 228 (236ff.) – Gleichstellungsbeauftragte; 93, 373 (376f.) – Gemeinderat; 95, 1 (26f.) – Südumfahrung Stendal; BVerfG NJW 1998, 2341 (2344ff.) – Kommunale Verpackungssteuer.
Zu Art. 28 III GG: BVerfGE 8, 122 (131f.) – Volksbefragung Hessen.

Gliederung

	Rn.
A. Herkunft, Entstehung, Entwicklung	1
I. Ideen- und verfassungsgeschichtliche Aspekte	1
1. Homogenität im Bundesstaat (Art. 28 I GG)	1
2. Kommunale Selbstverwaltung (Art. 28 II GG)	7
3. Von der Garantie zur Gewährleistung (Art. 28 III GG)	16

Art. 28

II. Entstehung und Veränderung der Norm	19
1. Entstehung	19
a) Art. 28 I GG (Homogenität der Landesverfassungen)	20
b) Art. 28 II GG (Kommunale Selbstverwaltung)	21
c) Art. 28 III GG (Gewährleistung durch den Bund)	23
2. Veränderung	24
B. Internationale, supranationale und rechtsvergleichende Bezüge	27
I. Internationale Rechtsdokumente	27
II. Europäisches Gemeinschaftsrecht	28
1. Die Gemeinschaftsebene	28
a) Homogenitätsgebot (Art. 28 I GG)	28
b) Kommunale Selbstverwaltung (Art. 28 II GG)	29
2. Einwirkungen des Gemeinschaftsrechts auf Art. 28 GG	31
a) Homogenitätsgebot und kommunales Wahlrecht für EU-Bürger (Art. 28 I GG)	31
b) Kommunale Selbstverwaltung und gemeinschaftsrechtliche Vorgaben (Art. 28 II GG)	32
III. Rechtsvergleichende Hinweise	36
1. Europäische und außereuropäische Staaten	36
a) Homogenitätsgebot und Gewährleistung (Art. 28 I, III GG)	36
b) Kommunale Selbstverwaltung (Art. 28 II GG)	39
2. Deutsche Landesverfassungen	44
C. Erläuterungen	46
I. Art. 28 I GG (Homogenitätsgebot, Vorgaben für das Wahlrecht)	46
1. Verfassungsautonomie und Eigenstaatlichkeit der Länder	47
2. Homogenitätsgebot (Art. 28 I 1 GG)	53
a) Grundsätzliche Bedeutung, aktuelle Relevanz	53
b) Gewährleistung der Grundsätze von Republik, Demokratie, Sozialstaat, Rechtsstaat	57
3. Vorgaben für das Wahlrecht (Art. 28 I 2–3 GG)	65
a) Wahlrechtsgrundsätze (Art. 28 I 2 GG)	65
aa) Verstöße und Variationsmöglichkeiten	66
bb) Insbesondere: Gemeinde- und Kreisebene	68
b) Kommunales Wahlrecht für EG-Bürger (Art. 28 I 3 GG)	72
4. Rechtsfolgen bei Verletzung des Art. 28 I GG	76
5. Gemeindeversammlungen (Art. 28 I 4 GG)	78
II. Art. 28 II GG (Kommunale Selbstverwaltung)	79
1. Allgemeines	79
a) Kommunale Selbstverwaltung als Form dezentralisierter Demokratie	79
b) Gemeinden und Grundrechte	81
c) Schutzobjekt (Gemeinden, Gemeindeverbände) und Schutzumfang (Selbstverwaltungsangelegenheiten)	83
d) Art. 28 II GG und die Landesstaatsgewalt	86
aa) Art. 28 II GG als Durchgriffsnorm	86
bb) Vielfalt landesrechtlicher Ausgestaltung	87
cc) Kommunen als »Teil« des Landes und dritte Verwaltungsebene	88
e) Aktueller Befund; Entwicklungstendenzen	89
2. Garantieebenen der gemeindlichen Selbstverwaltung (Art. 28 II 1 GG)	92
a) Institutionelle Rechtssubjektsgarantie	93
b) Objektive Rechtsinstitutionsgarantie	95
c) Subjektive Rechtsstellungsgarantie	96
aa) Inhalt	96
bb) Anspruchsgegner	99
cc) Verfahren	101
3. Inhalt und Umfang der gemeindlichen Selbstverwaltung (Art. 28 II 1 GG)	103
a) Universalität (»alle Angelegenheiten der örtlichen Gemeinschaft«)	103

b) Eigenverantwortlichkeit (»in eigener Verantwortung zu regeln«) 106
c) Gesetzesvorbehalt (»im Rahmen der Gesetze«) 109
    aa) Gesetzesbegriff; Bundes- und Landesgesetze; Eingriff 109
    bb) Schranken des Gesetzesvorbehalts (Kernbereich; gemeindespezifisches
        Aufgabenverteilungsprinzip) 115
4. Insbesondere: die »Gemeindehoheiten« 121
    a) Gebietshoheit 122
    b) Organisationshoheit 124
    c) Personalhoheit 129
    d) Planungshoheit 130
    e) Finanzhoheit 132
    f) Rechtsetzungshoheit (Erlaß von Satzungen) 133
    g) Ausgewählte Problembereiche gemeindlicher Tätigkeit 136
        aa) Verteidigungs- und Außenpolitik 136
        bb) Energieversorgung 137
        cc) Umweltpolitik, insbes. Abfallpolitik 140
5. Insbesondere: Gewährleistung der finanziellen Eigenverantwortung
   (Art. 28 II 3 GG) 141
    a) Systematik der kommunalen Einnahmen 141
    b) Anspruch auf angemessene Finanzausstattung 145
        aa) Nach Landesverfassungsrecht 147
        bb) Nach Bundesverfassungsrecht 152
6. Gemeindeverbände (Art. 28 II 2 GG) 155
    a) Allgemeines 155
        aa) Begriff und Arten des Gemeindeverbandes 155
        bb) Schutzumfang (Selbstverwaltungsangelegenheiten) 158
        cc) Aktueller Befund 161
    b) Garantieebenen der Selbstverwaltung der Gemeindeverbände 163
        aa) Institutionelle Rechtssubjektsgarantie 163
        bb) Objektive Rechtsinstitutionsgarantie 164
        cc) Subjektive Rechtsstellungsgarantie 168
III. Art. 28 III GG (Gewährleistung durch den Bund) 169
    1. Inhalt der Gewährleistung 170
    2. Anspruch auf Einschreiten des Bundes? 175
D. Verhältnis zu anderen GG-Bestimmungen 176

A. Herkunft, Entstehung, Entwicklung

I. Ideen- und verfassungsgeschichtliche Aspekte

1. Homogenität im Bundesstaat (Art. 28 I GG)

Die Frage, inwieweit ein funktionierender Bund (verfassungs-)rechtliche oder zumindest soziale Homogenität seiner Glieder voraussetzt, wird seit dem **Ersten attischen Seebund** (ca. 477–404 v. Chr.) erörtert[1]. Man hebt die gemeinsame Sprache und Kultur ebenso hervor wie den athenischen Drang nach gleichmäßiger Einführung der Demokratie (→ Art. 20 [Demokratie] Rn. 1ff.) bei allen Bundesmitgliedern[2]. In der europäischen politischen Philosophie der Neuzeit wird namentlich auf die **spätgriechi-**

1

---

[1] Prominent *Aristoteles*, Politik IV, 10 (1296a 32ff.); V, 7 (1307b 21ff.); zum Seebund vgl. nur *J. Bleicken*, Die athenische Demokratie, 4. Aufl. 1995, S. 78ff., 319ff.
[2] *J.K. Davies*, Das klassische Griechenland und die Demokratie, 2. Aufl. 1985, S. 94ff.; *Bleicken*, Demokratie (Fn. 1), S. 68, 467ff. (demokratische Verfassung als »Exportartikel«, S. 469).

schen Bundesrepubliken[3] mit ihrer gestuft-repräsentativen Struktur zurückgegriffen, um die Möglichkeit republikanischer Ordnungen unter großflächigen Verhältnissen zu erweisen[4].

2 Fraglich und eher zweifelhaft ist hingegen der Vorbildcharakter des mannigfaltigen und stark ausgeprägten **Bündniswesen des Mittelalters**[5], wie man dies für die Städtebünde angenommen hat[6]. Da gerade in den großen Städtebünden (etwa im Rheinischen Bund von 1254) auch Fürsten Aufnahme finden[7], kann der bloße Stadtcharakter nicht als homogenitätsstiftend gelten. Soweit einzelne Bündnisse darüber hinaus die Wahrung der Autonomie gegenüber den Landesherren bzw. die Abwehr innerstädtischer Umsturzversuche zum Ziel haben[8], ist eher von übereinstimmender (politischer) Interessenlage als von rechtlicher Gleichgestimmtheit auszugehen.

3 Unter Bezugnahme auf die Antike formuliert für die Neuzeit erstmals ausdrücklich **Montesquieu**, daß der Staatenbund aus gleichartigen – vor allem republikanischen – Staaten bestehen muß[9]. Ähnliche Überlegungen finden sich später bei **John Stuart Mill**, der die Übereinstimmung in den politischen Institutionen für die erstrangige Bedingung des Funktionierens eines Bundes hält[10]. Von hier aus wird die Überzeugung, daß trotz der Verfassungsautonomie der Gliedstaaten ein Mindestmaß an Übereinstimmung sowohl zwischen den Gliedern untereinander als auch zwischen Gliedern und Bund notwendig ist, ebenso zum Gemeingut der Staats(rechts)lehre des 20. Jahrhunderts wie die Bezeichnung dieses Zustandes als **Homogenität**[11].

4 Der die deutsche Verfassungsgeschichte im 19. Jahrhundert prägende Dualismus von monarchischer und demokratischer Legitimität (→ Art. 20 [Demokratie] Rn. 16) findet in den Verfassungsdokumenten des **Deutschen Bundes** beredten Ausdruck in den konfligierenden normativen Vorgaben für die Verfassungen der Einzelstaaten: Art. 13 der Deutschen Bundesakte von 1815 mit der Ankündigung »landständischer Verfassungen« kontrastiert mit der Einschärfung des monarchischen Prinzips in

---

[3] Unter ihnen ist der Achäische Bund auf der Peloponnes der wohl bekannteste; vgl. zu diesem Komplex näher *A. Demandt*, Antike Staatsformen, 1995, S. 235 ff. m.w.N.

[4] Dazu m.w.N. *W. Nippel*, Republik, Kleinstaat, Bürgergemeinde. Der antike Stadtstaat in der neuzeitlichen Theorie, in: P. Blickle (Hrsg.), Theorien kommunaler Ordnung in Europa, 1996, S. 225 ff. (229 f.); besonders prominent die Bezugnahme in den »Federalist-Papers« von 1787/88 (z.B. 18. Artikel [*Madison*], abgedruckt in: A. u. W.P. Adams [Hrsg.], Hamilton/Madison/Jay. Die Federalist-Artikel, 1994, S. 99 ff. [102 ff.]).

[5] Dazu allgemein *Willoweit*, Verfassungsgeschichte, § 16 (S. 106 ff.); *H.-J. Becker*, Art. Städtebund, in: HRG IV, Sp. 1851 ff.

[6] *G. Dilcher*, Kommune und Bürgerschaft als politische Idee, in: I. Fetscher/H. Münkler (Hrsg.), Pipers Handbuch der politischen Ideen, Bd. 2, 1993, S. 311 ff. (321).

[7] *Willoweit*, Verfassungsgeschichte, § 16 I 2 (S. 107); *E. Isenmann*, Die deutsche Stadt im Spätmittelalter, 1988, S. 121; zum rheinischen Bund *E. Ennen*, Art. Rheinischer Bund von 1254, in: HRG IV, Sp. 1017 f.

[8] *Isenmann*, Stadt (Fn. 7), S. 121, 123; vgl. *E. Engel*, Städtebünde im Reich von 1226 bis 1314 – eine vergleichende Betrachtung, in: K. Fritze u.a. (Hrsg.), Bürgertum – Handelskapital – Städtebünde, 1975, S. 177 ff. (180 f., 189 f., 195 ff.).

[9] *Montesquieu*, Vom Geist der Gesetze (1748), IX, 1 u. 2; dazu *W. Gross*, DVBl. 1950, 5 (5); *Nippel*, Republik (Fn. 4), S. 229; vgl. auch die in Fn. 4 genannten »Federalist Papers«.

[10] *J.S. Mill*, Considerations on Representative Government (1861), dt. u. d. Titel: Betrachtungen über die repräsentative Demokratie, 1971, S. 249.

[11] Terminus etwa bei *Huber*, Verfassungsgeschichte, Bd. 1, S. 659, 661; aus dem Staatsrecht vgl. *C. Schmitt*, Verfassungslehre, 1928, S. 375 ff.; *H. Preuß*, Reich und Länder, 1928, S. 141; BVerfGE 9, 268 (279).

I. Ideen- und verfassungsgeschichtliche Aspekte   Art. 28

Art. 57 der Wiener Schlußakte von 1820, das diesem Staatenbund verbunden mit der Forderung nach äußerer wie innerer Ruhe und Sicherheit letztlich seine Gleichgestimmtheit vermittelte[12]. Die **Paulskirchenverfassung von 1849** bestimmt unter Aufnahme der Forderungen des Vormärz (→ Art. 20 [Demokratie] Rn. 16) in § 186 I, daß jeder deutsche Staat eine Verfassung mit Volksvertretung haben soll; § 195 bindet zudem eine Änderung der Regierungsform in einem Einzelstaat an die Zustimmung der Reichsgewalt[13]. Als wegweisend für Art. 28 III GG kann § 130 S. 2 gelten, wonach die Grundrechte »den Verfassungen der Einzelstaaten zur Norm dienen« (→ Rn. 173).

Die **Reichsverfassung von 1871** verzichtete ebenso wie die Urkunde für den Norddeutschen Bund von 1867 auf ausdrückliche Gewährleistungsvorschriften, setzte freilich in ihrer Präambel – in Fortsetzung des Deutschen Bundes – eine **faktische Homogenität** unter den monarchischen Staaten voraus[14]. Die These von der Homogenität »im dynastischen, nicht im parlamentarischen Sinne«[15] verdunkelt indes – ebenso wie der Wortlaut der Präambeln – die maßgebliche Mitwirkung der einzelstaatlichen Parlamente bei der Verfassunggebung[16] und die wichtige Rolle von Reichstag und Landtagen bei Gesetzgebung und Budgetbewilligung[17].   5

Art. 17 der **Weimarer Reichsverfassung** enthielt drei wesentliche Vorgaben für die Länder: eine »freistaatliche Verfassung«; Grundsätze der allgemeinen, gleichen, unmittelbaren und geheimen Wahl nach Verhältniswahlrecht; parlamentarische Abhängigkeit der Regierung. Damit war gleichermaßen die Abkehr vom monarchischen System wie die Ablehnung des Rätegedankens dokumentiert[18]. Praktische Bedeutung erlangte vornehmlich die bis ins einzelne gehende Festschreibung des Wahlrechts, während die Möglichkeit eines Zweikammersystems umstritten blieb.   6

---

[12] Eine in Art. 57 der Schlußakte namentlich erwähnte Ausnahme bleiben die freien Städte. Wie hier *E. Forsthoff*, Art. Deutsches Reich (III.), in: EvStL³, Sp. 561 ff. (576); *W. Gross*, DVBl. 1950, 5 (5); *K. Nieding*, Das Prinzip der Homogenität in den Verfassungen des Deutschen Reiches von 1849, 1871 und 1919 unter besonderer Berücksichtigung des Artikels 17 der geltenden Reichsverfassung, Diss. jur. Jena 1926, S. 31 f., 37; *Huber*, Verfassungsgeschichte, Bd. 1, S. 651 f.; *Willoweit*, Verfassungsgeschichte, § 30 II (S. 229 f.); *B. Grzeszick*, Vom Reich zur Bundesstaatsidee, 1996, S. 243.

[13] Dazu umfangreich *Nieding*, Homogenität (Fn. 12), S. 38 ff.; differenzierend *J.-D. Kühne*, Die Reichsverfassung der Paulskirche, 1985, S. 453 ff.

[14] *Nieding*, Homogenität (Fn. 12), S. 54 ff.; *W. Gross*, DVBl. 1950, 5 (5); *W. Graf Vitzthum*, Die Bedeutung gliedstaatlichen Verfassungsrechts in der Gegenwart, VVDStRL 46 (1988), S. 7 ff. (18).

[15] Zitat bei *K. Stern*, in: BK, Art. 28 (Zweitb. 1964), Rn. 12. Als Argument wird zumeist die maßgebliche Rolle des Bundesrates mit der faktischen Vetomöglichkeit der großen Monarchien angeführt; dazu *Huber*, Verfassungsgeschichte, Bd. 2, S. 859; *Schmitt*, Verfassungslehre (Fn. 11), S. 376 f.; *Preuß*, Reich und Länder (Fn. 11), S. 141 f.

[16] Dazu jetzt eingehend *H. Maurer*, Entstehung und Grundlagen der Reichsverfassung von 1871, in: FS Stern, 1997, S. 29 ff.

[17] Statt aller *J.-D. Kühne*, Volksvertretungen im monarchischen Konstitutionalismus (1814–1918), in: Schneider/Zeh, § 2 Rn. 1 ff.; *H. Dreier*, Der Kampf um das Budgetrecht als Kampf um die staatliche Steuerungsherrschaft – Zur Entwicklung des modernen Haushaltsrechts, in: W. Hoffmann-Riem/E. Schmidt-Aßmann (Hrsg.), Effizienz als Herausforderung an das Verwaltungsrecht, 1998, S. 59 ff. (69 ff.).

[18] Hierzu und zum folgenden *Anschütz*, WRV, Art. 17 Anm. 1 ff. (S. 130 ff.).

2. Kommunale Selbstverwaltung (Art. 28 II GG)

7 Von der ausgeprägten **Stadtkultur der griechisch-römischen Antike**[19] führen nur dünne Verbindungslinien zur modernen kommunalen Selbstverwaltung. Ungeachtet eines gewissen Überdauerns von Resten der spätrömischen Stadtorganisation verkümmern im Frühmittelalter auch die alten Römerstädte auf dem Boden des Reiches zu bloßen Siedlungsschwerpunkten innerhalb territorial oder personal bestimmter Herrschaftsgebilde[20]. Erst die **Stadtgründungswelle des hohen Mittelalters** führt zur Wiedergeburt der Stadt als selbständiger, autonomer Rechtspersönlichkeit[21], wie sie ohne Parallele im Islamischen oder Byzantinischen Reich ist[22]. Die rasch aufblühenden Städte werden zu einem entscheidenden **Rationalisierungsfaktor** für Herrschaft und Gesellschaft[23]. Gleichwohl sollte man sie nicht umstandslos als Wegbereiter moderner Staatlichkeit[24], als Urzellen demokratischer Ordnung[25] oder als Vorläufer der heutigen kommunalen Selbstverwaltung verbuchen. Dies im wesentlichen aus drei Gründen. Erstens ist für viele Neugründungen wie für ältere Marktorte noch lange Zeit eine fürstliche Stadthoheit typisch[26]. Auch dort aber, wo sich in antifeudaler Stoßrichtung die von Kaufmannsgilden geprägte genossenschaftliche Struktur auf der Basis von Schwureinigungen (*coniurationes*) durchsetzte[27] und zu einem an den oberitalienischen Städten orientierten relativ hohen Grad von bürgerlicher Freiheit und Autonomie führte, waren diese doch intern von hochselektiver Struktur. Und drittens kommt es im Laufe der weiteren geschichtlichen Entwicklung dazu, daß ein Großteil der Städte im Reichsgebiet der spätmittelalterlichen Landesherrschaft bzw. dem (früh-)neuzeitlichen Territorialstaat zum Opfer fällt[28]. Die verbleibenden Reichsstädte ent-

---

[19] Zur römischen Stadtverfassung *J. Bleicken*, Verfassungs- und Sozialgeschichte des Römischen Kaiserrechts, Bd. 1, 3. Aufl. 1989, S. 176 ff.; Bd. 2, 2. Aufl. 1981, S. 22 ff.; *G. Dulckeit/F. Schwarz/W. Waldstein*, Römische Rechtsgeschichte, 8. Aufl. 1989, § 36 IV 4 (S. 278 f.).

[20] *Willoweit*, Verfassungsgeschichte, § 9 III 3 (S. 60 f.); *H.J. Berman*, Recht und Revolution, 2. Aufl. 1991, S. 563 f.; *A. Angenendt*, Das Frühmittelalter, 1990, S. 148; zur »vorkommunalen Stadt« *G. Dilcher*, Rechtshistorische Aspekte des Stadtbegriffs, in: ders., Bürgerrecht und Stadtverfassung im europäischen Mittelalter, 1996, S. 67 ff. (84 ff.).

[21] Zu den Faktoren *M. Weber*, Wirtschaft und Gesellschaft, 5. Aufl. 1972, S. 741 ff.; *Berman*, Revolution (Fn. 20), S. 564 ff.; *A. Laufs*, Rechtsentwicklungen in Deutschland, 5. Aufl. 1996, S. 31 ff. m.w.N.; *Isenmann*, Stadt (Fn. 7), S. 26. Speziell zur Herausbildung der Rechtspersönlichkeit *Willoweit*, Verfassungsgeschichte, § 14 II 3 (S. 90).

[22] *Weber*, Wirtschaft (Fn. 21), S. 736 ff.; *Berman*, Revolution (Fn. 20), S. 569.

[23] Dazu *Weber*, Wirtschaft (Fn. 21), S. 815 ff.; *H. Hofmann*, Repräsentation, 2. Aufl. 1990, S. 202 ff.; *Dilcher*, Kommune (Fn. 6), S. 311 ff., 342 ff.; *K. Kroeschell*, Deutsche Rechtsgeschichte 1, 10. Aufl. 1992, S. 266.

[24] Vgl. *Hofmann*, Repräsentation (Fn. 23), S. 207 f. m.w.N.

[25] → Art. 20 (Demokratie) Rn. 3; dort auch Hinweise zum »Kommunalismus«, bei denen zu ergänzen wäre: P. Blickle (Hrsg.), Theorien kommunaler Ordnung in Europa, 1996.

[26] *Kroeschell*, Rechtsgeschichte (Fn. 23), S. 219 ff., 254; *Willoweit*, Verfassungsgeschichte, § 14 I 2 (S. 87 f.); *G. Droege*, Die Stellung der Städte, in: Dt. VerwGesch I, S. 177 ff. (177), dort S. 180 ff. Übersicht über die verschiedenen Typen.

[27] *Kroeschell*, Rechtsgeschichte (Fn. 23), S. 222; *Willoweit*, Verfassungsgeschichte, § 14 II 1 (S. 88 f.); *Droege*, Stellung (Fn. 26), S. 180; *Dilcher*, Kommune (Fn. 6), S. 314 ff.; speziell zum Eid *H. Planitz*, Die deutsche Stadt im Mittelalter (1954), 3. Aufl. 1973, S. 98 ff., 251 ff.

[28] *Willoweit*, Verfassungsgeschichte, §§ 13, 17 I, 18, 23 IV 2 (S. 78 ff., 112 f., 118 ff., 167); ders., Die Entwicklung und Verwaltung der spätmittelalterlichen Landesherrschaft, in: Dt. VerwGesch I, S. 66 ff. (76 f.); *Isenmann*, Stadt (Fn. 7), S. 26; zu Städteordnungen *G.-C. v. Unruh*, BayVBl. 1996, 225 (226). Vgl. schon *G. Meyer*, Lehrbuch des deutschen Staatsrechts, 1878, S. 272 f.

wickeln eine ausgeprägt oligarchische Herrschaftsstruktur und spielen für den Entwicklungsprozeß moderner Staatlichkeit ebensowenig eine Rolle wie für die spätere Wiederbelebung des Selbstverwaltungsgedankens (→ Rn. 9f.).

Die **Entwicklung der Dörfer** verläuft strukturell parallel zu der der Städte[29]. Hier im ländlichen Bereich wird auch der Begriff der **Gemeinde** geprägt, »ursprünglich [...] ein bestimmtes Gebiet, die Allmende, eine Gemarkung, an der eine Gruppe von Personen gemeinsame Rechte und Pflichten besaß«[30]. Ähnlich der Stadt bestimmen unterschiedliche Anteile genossenschaftlicher und obrigkeitlicher Elemente den Grad der Selbständigkeit der Dorfgemeinden[31], der insgesamt wohl bei freilich großen landschaftlichen Differenzen hinter dem der Kommunen zurückbleibt. Neben den Dörfern bilden sich vor allem in Preußen **landadelige Organisationsstrukturen**[32] heraus, die die Selbstverwaltung auf Kreisebene nachhaltig beeinflußt haben.

8

Nach der **Zerstörung** des genossenschaftlichen Stadtregiments **im Absolutismus**[33], der Gemeinden höchstens als privatrechtliche Korporationen, im übrigen aber als »reine Staatsanstalten«[34] begriff, kommt es in der Mitte des 18. Jahrhunderts zu einer Wiederentdeckung des Selbstverwaltungsgedankens im weiteren Sinne. Als geistige Väter dieser Entwicklung fungieren die **Physiokraten**, deren wohl bedeutendster deutscher Vertreter, Johann August Schlettwein, 1779 das Wort ›Selbstverwaltung‹ erstmals als staatswirtschaftliche Bezeichnung verwendet[35]. Selbstverwaltung ist in dieser vor allem in **Frankreich** vertretenen Konzeption primär eine Frage der effizienten Verwaltungsorganisation, der aber bereits das Moment einer inneren Bindung der Bürger an das Gemeinwesen zur Seite tritt[36]. Die in der Revolutionsverfassung von 1791 (Titel II, Art. 8, 9) vorgesehene großzügige Einräumung kommunaler

9

---

[29] *Kroeschell*, Rechtsgeschichte (Fn. 23), S. 211; *ders.*, Art. Dorf, in: HRG I, Sp. 764ff. (768ff.). Insofern trifft die Perspektive des Kommunalismus durchaus zu: *P. Blickle*, Kommunalismus, in: ders. (Hrsg.), Landgemeinde und Stadtgemeinde in Mitteleuropa, 1991, S. 5ff. (8ff.); allgemein zu Entstehung und Wandel der Dorfverfassung *ders.*, Deutsche Untertanen, 1980, S. 23ff.; *K.S. Bader*, Das mittelalterliche Dorf als Friedens- und Rechtsbereich, 1957; *H. Wunder*, Die bäuerliche Gemeinde in Deutschland, 1986, S. 63ff.; instruktiv und differenzierend *W. Rösener u.a.*, Art. Dorf, in: Lexikon des Mittelalters, Bd. 3, 1986, Sp. 1266ff.

[30] *E. Schmidt-Aßmann*, Kommunalrecht, in: ders., Bes. Verwaltungsrecht, S. 1ff., Rn. 3; *G.-C. v. Unruh*, BayVBl. 1996, 225 (226); zum Zusammenhang auch *E. Sachers*, Art. Allmende, in: HRG I, Sp. 108ff. (110f.); vorsichtiger *K.S. Bader*, Dorf (Fn. 29), III. Rechts-, Wirtschafts- und Sozialgeschichte, Sp. 1276f.

[31] *Willoweit*, Verfassungsgeschichte, § 14 IV (S. 91f.); *G. Droege*, Gemeindliche Selbstverwaltung und Grundherrschaft, in: Dt. VerwGesch I, S. 193ff. (194ff.) mit ausführlicher Schilderung der Situation in verschiedenen Gebieten.

[32] *H. Heffter*, Die Deutsche Selbstverwaltung im 19. Jahrhundert, 2. Aufl. 1969, S. 16ff.; *C. Engeli/W. Haus* (Hrsg.), Quellen zum modernen Gemeindeverfassungsrecht in Deutschland, 1975, S. 467; umfangreich *G.-C. v. Unruh*, Der Kreis, 1964, S. 18ff.

[33] *Willoweit*, Verfassungsgeschichte, § 23 II (S. 160); *E. Weis*, Art. Absolutismus, in: StL[7], Bd. 1, Sp. 38ff. (40); *C. Treffer*, Der Staat 35 (1996), 251 (252); *Schmidt-Aßmann*, Kommunalrecht (Fn. 30), Rn. 4; *Heffter*, Selbstverwaltung (Fn. 32), S. 30f.

[34] *O. Gönnenwein*, Gemeinderecht, 1963, S. 11.

[35] *J.A. Schlettwein*, Grundveste der Staaten oder die politische Ökonomie, 1779 (ND 1971), S. 587 (Schlettwein spricht hier freilich von der Selbstverwaltung von Kammergütern in Abgrenzung zu ihrer Verpachtung); vgl. *M. Stolleis*, Art. Selbstverwaltung, in: HRG IV, Sp. 1621 (1621); *D. Möller*, Art. Schlettwein, Johann August, in: HRG IV, Sp. 1439ff. (1439).

[36] *D. Schwab*, Die »Selbstverwaltungsidee« des Freiherrn vom Stein und ihre geistigen Grundlagen, 1971, S. 84ff.

Selbstverwaltungsrechte blieb im zentralistischen Frankreich Episode[37]; doch strahlte die Idee eines in Parallele zu den Grundrechten gedachten **pouvoir municipal** über die **Belgische Verfassung** von 1831 (Art. 31, 108) auf Deutschland (→ Rn. 12) aus[38].

10 Als Teil des umfassenden preußischen Reformwerkes nach der Niederlage gegen Napoleon stellt die auf seiner Nassauer Denkschrift beruhende **Städteordnung von 1808 des Freiherrn vom Stein**[39] einen wichtigen Meilenstein in der Entwicklung dar[40]. Ohne Verwendung des Terminus ›Selbstverwaltung‹[41] wird hier zum ersten Male der Grundsatz der Allzuständigkeit statuiert, allerdings durch eine umfassende staatliche Aufsicht[42] in Grenzen gehalten. Der Status des Aktivbürgers war an Grund- oder Gewerbebesitz geknüpft und den Männern vorbehalten[43]; die anderen Stadtbewohner waren Schutzverwandte ohne politische Mitwirkungsrechte. Steins zweifellos vorwärtsweisender und ganz vom dominanten Ziel der tätigen Mitwirkung des Bürgers am politischen Gemeinwesen geprägter Entwurf darf aber nicht als demokratisch-egalitäre Frühform kommunaler Selbstverwaltung heutigen Zuschnitts verbucht werden[44]. Mit ähnlichen Vorbehalten ist die Konzeption **Rudolf von Gneists** zu bewerten[45]. Ganz abgesehen von der fragwürdigen Idealisierung der englischen Praxis des ›selfgovernment‹ hätte dieses eine »extrem zensitäre personelle Teilhabereduktion«[46]

---

[37] Dazu eingehend *H. Hintze*, Staatseinheit und Föderalismus im alten Frankreich und in der Revolution, 1928, S. 231 ff., 470 ff.

[38] *Stolleis*, Selbstverwaltung (Fn. 35), Sp. 1622; *E. Becker*, Kommunale Selbstverwaltung, in: Die Grundrechte IV/2, S. 673 ff. (678, 684); *Heffter*, Selbstverwaltung (Fn. 32), S. 181.

[39] Darstellung und Würdigung dieses Reformwerkes bei *Heffter*, Selbstverwaltung (Fn. 32), S. 84 ff.; *Huber*, Verfassungsgeschichte, Bd. 1, S. 172 ff.; *G.-C. v. Unruh*, Preußen. A. Die Veränderungen der Preußischen Staatsverfassung durch Sozial- und Verwaltungsreformen, in: Dt. VerwGesch II, S. 399 ff.; umfangreich *Schwab*, Selbstverwaltungsidee (Fn. 36), S. 11 ff.

[40] An dieser epochalen Bedeutung besteht im Kern kein Zweifel: vgl. nur *Gönnenwein*, Gemeinderecht (Fn. 34), S. 12 f.; *F.-L. Knemeyer*, Bayerisches Kommunalrecht, 9. Aufl. 1996, Rn. 3; *R. Hendler*, Das Prinzip Selbstverwaltung, in: HStR IV, § 106 Rn. 2 ff.; *K. Stern*, Europäische Union und kommunale Selbstverwaltung, in: M. Nierhaus (Hrsg.), Kommunale Selbstverwaltung, 1996, S. 21 ff. (21). Nicht immer wird namentlich in der Lehrbuch-Literatur aber die tiefgreifende Differenz zur kommunalen Selbstverwaltung des 20. Jahrhunderts hinlänglich betont (dazu sogleich im Text). Abwägend wie hier *v. Unruh*, Preußen (Fn. 39), S. 424 f.: eher Frage der Rechtsstaatlichkeit als der Selbstverwaltung im modernen Sinne; *P. Burg*, VerwArch. 86 (1995), 495 (504).

[41] Zur Wortgeschichte vgl. insofern *Heffter*, Selbstverwaltung (Fn. 32), S. 265 f. – *Schwab*, Selbstverwaltungsidee (Fn. 36), S. 12 weist darauf hin, daß Stein selbst den Begriff bemerkenswerterweise kaum benutzt hat.

[42] Zu ihrem Umfang mit unterschiedlichen Einschätzungen *C. Treffer*, Der Staat 35 (1996), 251 (255 ff.): »Staatsinterventionismus« (S. 256); *v. Unruh*, Preußen (Fn. 39), S. 417 f.; *K.-J. Bieback*, Die öffentliche Körperschaft, 1976, S. 87 ff.

[43] *Heffter*, Selbstverwaltung (Fn. 32), S. 94 f.; *Gönnenwein*, Gemeinderecht (Fn. 34), S. 13; *P. Burg*, VerwArch. 86 (1995), 495 (503); im Vergleich zu früheren Verhältnissen lag aber hierin eine Erleichterung: *Huber*, Verfassungsgeschichte, Bd. 1, S. 174 f.; *v. Unruh*, Preußen (Fn. 39), S. 416 f.

[44] Richtig *E. Forsthoff*, ZfP 21 (1932), 248 (251 f.); *K. Lange*, Die Entwicklung des kommunalen Selbstverwaltungsgedankens und seine Bedeutung in der Gegenwart, in: FS Werner Weber, 1974, S. 851 ff. (851 f., 855); *Schwab*, Selbstverwaltungsidee (Fn. 36), S. 12 ff., 157 f.; *H.J. Wolff/O. Bachof*, Verwaltungsrecht II, 4. Aufl. 1976, § 80 III a 1 (S. 144); *Willoweit*, Verfassungsgeschichte, § 28 II 4 (S. 212 f.).

[45] *R. Gneist*, Selfgovernment, Communalverfassung und Verwaltungsgerichte in England, 3. Aufl. Berlin 1871. Zu seiner Sicht englischer Verhältnisse *E.J. Hahn*, Rudolf von Gneist 1816–1895, 1995, S. 85 ff.; vgl. fur die englische Doktrin namentlich *Mill*, Betrachtungen (Fn. 10), S. 225 ff.

[46] So *J.-D. Kühne*, AöR 122 (1997), 660 (660); zur Sache *Hahn*, Gneist (Fn. 45), S. 188. Deutlich *R. Gneist*, Der Rechtsstaat und die Verwaltungsgerichte in Deutschland, 2. Aufl. 1879, S. 318 ff. (»diesen

nach sich gezogen, für das Preußen des Jahres 1879 eine »Selbstverwaltung« durch ca. 5000 Amtsvorsteher. Gneist intendierte eine administrative Integration von Teilen der bürgerlichen Gesellschaft in den Staat[47], um »staatsgefährlichen Lehren und Parteibildungen« entgegenzuwirken[48]. Das von ihm favorisierte Ehrenamt diente der Integration des Bürgertums in den monarchischen Staat[49]. In dieser Sicht ist die Gemeinde primär Staatsorgan, das *selfgovernment* staatliche Auftragsverwaltung. Nicht von ungefähr formuliert Gneist erstmals den **Dualismus der Wirkungskreise**[50], indem er von »aufgetragenem« und »autonomem« Wirkungskreis spricht (→ Rn. 84).

Otto v. Gierke postuliert in seiner ganz anders gearteten **Genossenschaftslehre**[51] die »Anerkennung der originären Gemeindepersönlichkeit«[52]. Die Gemeinde ist dem Staat danach als lebendige Genossenschaft genauso vorgegeben wie der einzelne Mensch (→ Art. 19 III Rn. 4); sie kann vom Gesetz nicht geschaffen, sondern nur zur Kenntnis genommen werden. Auch der **eigene Wirkungskreis** ist danach wesensmäßig bestimmt als »alle Seiten des menschlichen Daseins, so weit es für ihre Durchführung […] nicht einer höheren Gemeinschaft bedarf«[53]. Scharf wendet sich Gierke gegen die »Zwitterstellung des Ortsvorstandes«, der neben den Selbstverwaltungsaufgaben auch die örtliche staatliche Verwaltung übernimmt; hierfür mag der Staat eigene Behörden schaffen[54]. Der Gemeinde gegenüber verbleibt ihm lediglich eine Rechtsaufsicht[55]. **11**

Die **tatsächliche Rechtslage im 19. Jahrhundert** ist durch große Zersplitterung (allein in Preußen mit besonderen Regelungen für West- und Ostprovinzen, Städten, Kreisen und Landgemeinden[56]) und Unübersichtlichkeit sowie durch unterschiedliche **12**

Fehler der Gleichheit«, S. 319); die Zahl von 5000 ebd., S. 293. Nach *H. Preuß*, Gemeinde, Staat, Reich als Gebietskörperschaften, 1889, S. 231 hat Gneist die staatliche Ernennung kommunaler Organe favorisiert und Abweichungen davon als »Concession an das soziale Prinzip der Wahlen« verstanden.

[47] *W. Hofmann*, in: Die Entwicklung der kommunalen Selbstverwaltung von 1848 bis 1918, in: HKWP I, § 6 S. 73; *G. Schmidt-Eichstaedt*, Die Verwaltung 8 (1975), 345 (348); *Bieback*, Körperschaft (Fn. 42), S. 267 ff.
[48] *Gneist*, Rechtsstaat (Fn. 46), S. 318. Nach *Hahn*, Gneist (Fn. 45), S. 189 sind damit namentlich Sozialisten und Katholiken gemeint.
[49] *Gneist*, Rechtsstaat (Fn. 46), S. 318 ff.; zu seiner »Staatsorientiertheit« *Lange*, Entwicklung (Fn. 44), S. 856; s. auch *Wolff/Bachof*, Verwaltungsrecht II (Fn. 44), § 80 IV b (S. 147 f.). Scharf *Heffter*, Selbstverwaltung (Fn. 32), S. 753, demzufolge Gneists »Dogma vom aristokratisch-ehrenamtlichen Selfgovernment kaum weniger dem Bismarckschen System diente als die positivistische Staatsrechtslehre Labands«.
[50] *Gneist*, Rechtsstaat (Fn. 46), S. 139; dazu *Preuß*, Gemeinde (Fn. 46), S. 228.
[51] *O. v. Gierke*, Das deutsche Genossenschaftsrecht, Bd. 1, 1868, S. 249 ff., 300 ff., 697 ff. (das nachfolgende Zitat S. 759). Dazu *Hendler* (Fn. 40), § 106 Rn. 9 m. w. N.
[52] *v. Gierke*, Genossenschaftsrecht (Fn. 51), S. 759.
[53] *v. Gierke*, Genossenschaftsrecht (Fn. 51), S. 762 ff. (Zitat S. 764); vgl. *Preuß*, Gemeinde (Fn. 46), S. 229; *H.-H. Dehmel*, Übertragener Wirkungskreis, Auftragsangelegenheiten und Pflichtaufgaben nach Weisung, 1970, S. 39 f. Kritisch *Bieback*, Körperschaft (Fn. 42), S. 443, der dem Staat dadurch keine Schranke gezogen sieht.
[54] *v. Gierke*, Genossenschaftsrecht (Fn. 51), S. 761; dazu *G.-C. v. Unruh*, Die normative Verfassung der kommunalen Selbstverwaltung, in: Dt. VerwGesch III, S. 560 ff. (562).
[55] *v. Gierke*, Genossenschaftsrecht (Fn. 51), S. 762 f.; kritisch *G.-C. v. Unruh*, BayVBl. 1996, 225 (227).
[56] Vgl. nur die revidierte Städteordnung von 1831 (Engeli/Haus, Quellen [Fn. 32], S. 180 ff.), die westfälische Landgemeindeordnung von 1841 (ebda., S. 257 ff.) und die Gemeindeordnung für die Rheinprovinz von 1845 (ebda., S. 281 ff.); *P. Burg*, VerwArch. 86 (1995), 495 (504 f.).

Tendenzen gekennzeichnet⁵⁷. In einigen süddeutschen Gemeindeordnungen prägt sich das liberale Verständnis der »Selbstverwaltung als Eigenbereich bürgerlicher Freiheit gegenüber dem monarchischen Beamtenstaat«⁵⁸ aus, wie sie namentlich von **v. Rotteck** entwickelt und naturrechtlich begründet wurde⁵⁹. Bestes Beispiel ist das von ihm als freiheitlichste Kommunalverfassung Europas gerühmte Badische Gemeindegesetz von 1831⁶⁰. Ihren prominentesten Ausdruck findet diese im Kern **grundrechtsanaloge Konzeption** in der **Paulskirchenverfassung von 1849**⁶¹, in deren § 184 jeder Gemeinde »als Grundrechte ihrer Verfassung« bestimmte Rechte garantiert werden. Die ähnlich inspirierte und auf Art. 105 der oktroyierten Verfassung von 1850 beruhende preußische Gemeindeordnung von 1850 scheitert an der Restauration; bereits die preußische Städteordnung von 1853⁶² unterstellt die Gemeinden wieder einer uneingeschränkten Staatswohlaufsicht (§ 77).

13 Die RV 1871 enthält keine normativen Vorgaben, so daß unterschiedlichste Kommunalverfassungen fortbestehen⁶³. Von Bedeutung sind die preußische Kreisordnung für die Ostprovinzen von 1872⁶⁴ sowie die **Landgemeindeordnung** von 1891, die die bis dahin fortbestehende Geltung der Bestimmungen des PrALR (§§ 18–86, 87–92 II 7) über Dorfgemeinen und Gutsherrschaften beendete⁶⁵. Insbesondere die erstgenannte ist symptomatisch für den zögerlichen Abschied von einer ständischen Zusammensetzung der Kreistage⁶⁶ hin zu einer paritätischen Beteiligung aller Bürger an der Selbstverwaltung. Die zeitgenössische Staatsrechtsdoktrin fand zu keiner präzisen und konsensfähigen Begriffsbestimmung der Selbstverwaltung⁶⁷.

14 In seinem **Entwurf zur Weimarer Reichsverfassung** hatte Hugo Preuß die Gemeinde als unterste, demokratisch legitimierte Ebene in einem dreistufigen Staatsaufbau vor-

---

⁵⁷ *G.-C. v. Unruh*, Ursprung und Entwicklung der kommunalen Selbstverwaltung im frühkonstitutionellen Zeitalter, in: HKWP I, § 5 S. 68; umfangreich zu den Gemeindeordnungen des Vormärz und der Revolutionszeit *Bieback*, Körperschaft (Fn. 42), S. 83 ff., S. 214 ff.

⁵⁸ *Lange*, Entwicklung (Fn. 44), S. 858.

⁵⁹ *C. v. Rotteck*, Art. Gemeinde, in: ders./C. Welcker, Staatslexikon, Bd. 6, 1. Aufl. 1838, S. 390 ff.; ders., Art. Gemeindeverfassung, a.a.O., S. 428 ff.; dazu *Stolleis*, Selbstverwaltung (Fn. 35), Sp. 1622; *Becker*, Selbstverwaltung (Fn. 38), S. 678 f.; *Lange*, Entwicklung (Fn. 44), S. 857 f.

⁶⁰ Engeli/Haus, Quellen (Fn. 32), S. 205 ff. (zur Einschätzung v. Rottecks sowie zum weiteren Schicksal des Gesetzes im Zeichen der Restauration S. 13, 206 f.); *Lange*, Entwicklung (Fn. 44), S. 858. Skeptischer bzgl. liberalen Einflusses *Becker*, Selbstverwaltung (Fn. 38), S. 683. Vgl. insgesamt *H. Ott*, Baden, in: Dt. VerwGesch II, S. 583 ff. (600 f.).

⁶¹ *Hofmann*, Entwicklung (Fn. 47), S. 72 f.; *Becker*, Selbstverwaltung (Fn. 38), S. 683 f.; *Lange*, Entwicklung (Fn. 44), S. 858 f.; detailliert *Kühne*, Reichsverfassung (Fn. 13), S. 433 ff.

⁶² Engeli/Haus, Quellen (Fn. 32), S. 370 ff.; die preußische Gemeindeordnung von 1850 abgedruckt ebd., S. 310 ff.

⁶³ *Hofmann*, Entwicklung (Fn. 47), S. 76. Überblick bei Engeli/Haus, Quellen (Fn. 32), Nr. 16 ff. u. S. 15 ff., 660; eingehend *v. Unruh*, Verfassung (Fn. 54), S. 560 ff. (zu kommunalen Verfassungstypen 562 ff., Aufstellung geltender Normen 573 ff.).

⁶⁴ Engeli/Haus, Quellen (Fn. 32), S. 467 ff.; dazu *Hofmann*, Entwicklung (Fn. 47), S. 77 ff.; *v. Unruh*, Verfassung (Fn. 54), S. 567 ff.; umfangreich *Heffter*, Selbstverwaltung (Fn. 32), S. 546 ff.

⁶⁵ Engeli/Haus, Quellen (Fn. 32), S. 540 ff.; dazu *C. Treffer*, Der Staat 35 (1996), 251 (260).

⁶⁶ Zur Zusammensetzung des Kreistages, insbesondere der Vertretung der »größeren ländlichen Grundbesitzer« siehe §§ 85 ff. der Kreisordnung; vgl. Engeli/Haus, Quellen (Fn. 32), S. 467 ff. (468 f.).

⁶⁷ So die Klage namentlich von *P. Laband*, Das Staatsrecht des Deutschen Reiches, Bd. 1, 5. Aufl. 1911, S. 102 ff. (Fn. 4) m.w.N, der sich Selbstverwaltung nur als übertragene Durchführung an sich dem Staat zustehender Hoheitsrechte vorstellen konnte (ebd., S. 103 f.); vgl. die verschiedenen Klassifizierungsversuche bei *Becker*, Selbstverwaltung (Fn. 38), S. 679 ff.; kritisch zu Labands Bestimmung *Preuß*, Gemeinde (Fn. 46), S. 222 f.; *Bieback*, Körperschaft (Fn. 42), S. 418 f.

gesehen und ihre Position auch gegen die Länder gesichert[68], an deren Widerstand das Konzept scheiterte[69]. Stattdessen wurde die kommunale Selbstverwaltung in **Art. 127 WRV** (»Gemeinden und Gemeindeverbände haben das Recht der Selbstverwaltung innerhalb der Schranken der Gesetze«) und damit im Grundrechtsabschnitt plaziert; schon insofern teilte sie die relative Schwäche der Grundrechte in der WRV (→ Vorb. Rn. 13). Carl Schmitt bezeichnete sie darüber noch hinausgehend (lediglich) als **institutionelle Garantie,** »die als solche immer etwas Umschriebenes und Umgrenztes, bestimmten Aufgaben und bestimmten Zwecken Dienendes ist«[70], worin ihm die herrschende Meinung der Weimarer Staatsrechtslehre folgte[71]. Sie folgte freilich auch der Judikatur des Staatsgerichtshofes, die der Garantie einige rechtliche Relevanz abgewann: der Gesetzgeber dürfe die kommunale Selbstverwaltung nur beschränken; sie aber nach Art. 127 WRV weder beseitigen noch »so beschränken und innerlich aushöhlen, daß sie nur noch ein Scheindasein führen kann«[72]. Diese Formel ist noch heute virulent (→ Rn. 90, 145). Insgesamt gelingt es der Weimarer Staatsrechtslehre aber nicht, eine überzeugende und geschlossene Theorie der Selbstverwaltung in der Demokratie zu formulieren[73]. Anhand des Gegensatzpaares von ›politischer‹ oder ›juristischer‹ Selbstverwaltung[74] faßt eine etatistisch-bürokratische Richtung Selbstverwaltung einseitig als »**unpolitische Verwaltung**« bzw. bloße Dezentralisation staatlicher Administration auf; ihre Ausweitung erscheint einseitig als Bedrohung der Staatsgewalt[75]. Eine eher an Gierkes Postulat der »Stadt als eines selbständigen Ge-

---

[68] § 12 Nr. 3–6 Entwurf I bzw. II zur WRV v. 3. bzw. 20.1.1919 (abgedruckt bei H. Triepel [Hrsg.], Quellensammlung zum deutschen Reichsstaatsrecht, 5. Aufl. 1931, S. 6ff. [7], 10ff. [11]); dazu *H. Preuß*, Denkschrift zum Entwurf des Allgemeinen Teils der Reichsverfassung vom 3. Januar 1919 (1919), in: ders., Staat, Recht und Freiheit, 1926 (Neudruck 1964), S. 368ff. (379, 382f.); vgl. *H. Matzerath*, Nationalsozialismus und kommunale Selbstverwaltung, 1970, S. 21; *Lange*, Entwicklung (Fn. 44), S. 860f.; *Stolleis*, Selbstverwaltung (Fn. 35), Sp. 1623f. – Bemerkenswert Preuß' Vorschlag, den Gemeinderäten qua Verfassung das Recht zur Bildung von **Untersuchungsausschüssen** einzuräumen (§ 12 Nr. 4 Entwurf II [a.a.O. S. 11]); → Rn. 70.

[69] *Preuß*, Reich und Länder (Fn. 11), S. 137ff.; *D. Rebentisch*, Die Selbstverwaltung in der Weimarer Zeit, in: HKWP I, § 7 S. 87; *Gusy*, Reichsverfassung, S. 232.

[70] *Schmitt*, Verfassungslehre (Fn. 11), S. 171. Vor heute noch virulenten Folgen dieses Verständnisses warnt *H. Maurer*, DVBl. 1995, 1037 (1042).

[71] Deutlich *Anschütz*, WRV, Art. 127 Anm. 1 Fn. 1. Umfangreiche Nachweise zur Diskussion in VVDStRL 2 (1925) mit Beiträgen von *F. Stier-Somlo*, *L. Köhler* und *H. Helfritz* (S. 122ff., 181ff., 223ff.). Überblick bei *H. Herzfeld*, Demokratie und Selbstverwaltung in der Weimarer Epoche, 1957, S. 32ff.; *E. Schmidt-Jortzig*, Die Einrichtungsgarantien der Verfassung, 1979, S. 13ff.; vgl. auch *Rebentisch*, Selbstverwaltung (Fn. 69), S. 87f.

[72] StGH RGZ 126, Anhang 14 (22f.) = H.-H. Lammers/W. Simons (Hrsg.), Die Rechtsprechung des Staatsgerichtshofs für das Deutsche Reich und des Reichsgerichts auf Grund Artikel 13 Absatz 2 der Reichsverfassung, Bd. II, 1930, S. 99ff. (100; vgl. 107); dazu *R. Thoma*, Die juristische Bedeutung der grundrechtlichen Sätze der Deutschen Reichsverfassung im allgemeinen, in: H.C. Nipperdey (Hrsg.), Die Grundrechte und Grundpflichten der Reichsverfassung, Bd. 1, 1929, S. 1ff. (21, 38); auch *Anschütz*, WRV, Art. 127 Anm. 2 (S. 583), der die praktische Bedeutung dieser Einschränkung aber als gering veranschlagt. S. ferner *J. Ipsen*, ZG 9 (1994), 194 (195).

[73] *Lange*, Entwicklung (Fn. 44), S. 861f.; *Gusy*, Reichsverfassung, S. 231f.; *F. Stier-Somlo*, Handbuch des kommunalen Verfassungsrechts in Preußen, Bd. 1, 2. Aufl. 1928, S. 19ff. m.w.N.; *K.G.A. Jeserich*, Kommunalverwaltung und Kommunalpolitik, in: Dt. VerwGesch IV, S. 487ff. (489ff.).

[74] *Stier-Somlo*, Handbuch (Fn. 73), S. 15ff.; *H. Peters*, Zentralisation und Dezentralisation, 1928, S. 22; *Matzerath*, Nationalsozialismus (Fn. 68), S. 24ff.

[75] Überblick bei *Matzerath*, Nationalsozialismus (Fn. 68), S. 25f.; *Herzfeld*, Demokratie (Fn. 71), S. 13, 36f. Deutlich *E. Forsthoff*, ZfP 21 (1932), 248 (250f.): »Kommunale Selbstverwaltung ist nur

meinwesens mit eigener Rechtspersönlichkeit« (→ Rn. 11) angelehnte genossenschaftlich-konservative Richtung betont zwar den politischen wie den **Gemeinschaftscharakter der Gemeinde**[76]. Beide Richtungen gewinnen aber letztlich kein rechtes Verhältnis zur Kommunalpraxis und -politik ihrer Zeit, insbesondere zur Rolle der Parteien[77]. Diese kommunale Praxis ist geprägt von vielfältigen Problemen, namentlich der notorischen und in der Wirtschaftskrise dramatisch verschärften Finanzkrise[78]. Die sich ausweitende **wirtschaftliche Tätigkeit** der Gemeinden erscheint unter dem Titel des »Munizipalsozialismus«[79]. Die Kommunalverfassungen werden einerseits stark mit **Elementen unmittelbarer Demokratie** angereichert[80], was andererseits aufgrund der dadurch hervorgerufenen Regierungsprobleme der repräsentativen Organe den Gesetzgeber zur Stärkung des »Gemeindeleiters« veranlaßt und in der Weimarer Spätzeit eine charakteristische **Neustrukturierung nach autoritären Mustern** nach sich zieht[81].

15   Nach der nationalsozialistischen Machtergreifung erfolgt neben der Gleichschaltung des Städtetages die Besetzung kommunaler Spitzenpositionen mit eigenen Parteigängern[82]. Die teilweise auf älteren Vorarbeiten beruhende **Deutsche Gemeindeordnung (DGO) von 1935**[83] bringt auch normativ die Neuordnung nach dem »**Führerprinzip**«[84], indem § 6 DGO den von der Partei berufenen Bürgermeister zum alleinigen Gemeindeleiter bestimmt. Die durch Mitwirkung ausgesuchter Personen im Ge-

---

sinnvoll, wenn (und solange) sie der Integration des Staates dient und eine andere, zu dieser Funktion geeignetere Verwaltungsform nicht denkbar und nicht zu verwirklichen ist.« ... »Die Frage ist die, ob nicht auch die Emanzipation der Kommunen einen Ansatz zur pluralistischen Auflösung des Staates [...] darstellt« (S. 263); vgl. *dens.*, Die Krise der Gemeindeverwaltung im heutigen Staat, 1932, S. 20, 59 ff.; *H. Peters*, Grenzen der kommunalen Selbstverwaltung in Preußen, 1926, S. 6 ff., 36 ff., 60; *ders.*, Zentralisation (Fn. 74), S. 24 ff.

[76] *A. Köttgen*, Die Krise der kommunalen Selbstverwaltung (1931), in: ders., Kommunale Selbstverwaltung zwischen Krise und Reform, 1968, S. 1 ff. (7 ff., 11 ff.; ausdrückliche Anerkennung der Selbstverwaltung als »Essentiale des Staatsaufbaus« in der Demokratie S. 32); *Matzerath*, Nationalsozialismus (Fn. 68), S. 26 ff.; *Herzfeld*, Demokratie (Fn. 71), S. 32 ff.

[77] *Forsthoff*, Krise (Fn. 75), S. 56 f., 61 f.; *Köttgen*, Krise (Fn. 76), S. 21 ff., 32 ff. (»Denaturierung der Demokratie in den Parteienstaat«, S. 32); dazu *Matzerath*, Nationalsozialismus (Fn. 68), S. 29 f.; *Rebentisch*, Selbstverwaltung (Fn. 69), S. 92 ff., 98 f.; *Lange*, Entwicklung (Fn. 44), S. 861.

[78] *E. Forsthoff*, ZfP 21 (1932), 248 (255 f.); *Matzerath*, Nationalsozialismus (Fn. 68), S. 23, 31; *Gusy*, Reichsverfassung, S. 234 f.; umfangreich *R. Voigt*, Die Auswirkungen des Finanzausgleichs zwischen Staat und Gemeinden auf die kommunale Selbstverwaltung von 1919 bis zur Gegenwart, 1975, S. 84 ff.; *Jeserich*, Kommunalverwaltung (Fn. 73), S. 511 ff.

[79] *E. Forsthoff*, ZfP 21 (1932), 248 (257 f.); *Matzerath*, Nationalsozialismus (Fn. 68), S. 23; vgl. *C. Treffer*, Der Staat 35 (1996), 251 (265 f.).

[80] Dazu umfangreich *J.H. Witte*, Unmittelbare Gemeindedemokratie der Weimarer Republik, 1997, mit positiver Gesamtwürdigung S. 231 ff.

[81] Vgl. etwa § 17 des preußischen Gesetzes über die vorläufige Regelung der Gemeindeverfassung der Hauptstadt Berlin vom 30. 3. 1931 (GS S. 39 [42]), wonach der Oberbürgermeister als »Führer der Verwaltung« die Verantwortung tragen sollte; dazu *Matzerath*, Nationalsozialismus (Fn. 68), S. 31 ff.; wie hier die Einschätzung von *Rebentisch*, Selbstverwaltung (Fn. 69), S. 100.

[82] *Matzerath*, Nationalsozialismus (Fn. 68), S. 61 ff., 98 ff.; *A. v. Mutius*, Kommunalverwaltung und Kommunalpolitik, in: Dt. VerwGesch IV, S. 1055 ff. (1062 ff.).

[83] Text bei Engeli/Haus, Quellen (Fn. 32), S. 676 ff.; vgl. dazu *Matzerath*, Nationalsozialismus (Fn. 68), S. 132 ff.; *v. Mutius*, Kommunalverwaltung (Fn. 82), S. 1070 ff.

[84] Umfangreich *Matzerath*, Nationalsozialismus (Fn. 68), S. 139, 141, 247 ff.; *Willoweit*, Verfassungsgeschichte, § 40 I, II 1 (S. 318 ff.). Zeitgenössisch *A. Köttgen*, Gemeinde und Staat (1939), in: ders., Selbstverwaltung (Fn. 76), S. 89 ff. (91 ff.).

meinderat vorgeblich garantierte »Fühlung« der Gemeinde mit allen Schichten der Bürgerschaft (§ 48 I DGO) hatte mit demokratischer Partizipation nichts gemein.

3. Von der Garantie zur Gewährleistung (Art. 28 III GG)

Die **Garantie** der ›Verfassung‹ im weitesten Sinne begegnet zunächst als **Institut des Völkerrechts**[85] und wandert im späten 18. Jahrhundert in das bundesstaatliche Verfassungsrecht ein. Gleichzeitig verschiebt sich damit ihre Schutzrichtung: an die Stelle der Abwehr äußerer Gefahren tritt die Sicherung gegen innere Verfassungsumwälzungen. In der Garantie der republikanischen Regierungsform der US-Einzelstaaten durch die Union (Art. IV Sec. 4 US-Verf.) stehen beide Elemente noch nebeneinander, erwähnt die Norm doch im gleichen Atemzug den Schutz gegen Invasionen.

16

In der **deutschen Verfassungsgeschichte** taucht der Gedanke der Garantie als Gewährleistung der Verfassungsordnung erstmals auf, als der Großherzog von Sachsen-Weimar dem Bundestag die Verfassung von 1816 mit der Bitte um Übernahme der Garantie vorlegt[86]. Im Anschluß an weitere derartige Ersuchen formuliert Art. 60 der Wiener Schlußakte das Recht des Bundes, die **Garantie einer landständischen Verfassung** zu übernehmen, sofern ein Bundesmitglied darum nachsucht. Da eine derartige Garantie sich im Zeichen der flächendeckenden monarchischen Restauration eher zugunsten der Landstände ausgewirkt hätte (→ Rn. 3), ist es nach 1820 freilich nur in einem Fall zur Garantie-Erklärung gekommen. Hinsichtlich ihrer Durchsetzung verweist die Garantie letzten Endes auf die Bundesexekution[87]. Die **Paulskirchenverfassung** enthält im Abschnitt über die »Gewähr der Verfassung« keine Vorschriften zur Garantie der Landesverfassungen, sondern läßt die Durchsetzung der §§ 186, 195 (→ Rn. 4) als Problem der Wahrung des Reichsfriedens (§ 54 Nr. 3) erscheinen[88].

17

Die Weimarer Reichsverfassung kennt keine dem Art. 28 III GG entsprechende Norm. Die Durchsetzung der Normativvorgaben des Art. 17 WRV tritt vielmehr als **Frage der Reichsaufsicht** in Erscheinung, wobei die Erfüllung der schriftlich fixierten Gebote der Reichsverfassung als Ausführung von Reichsrecht der **abhängigen**, die allgemeine Wahrung der Reichsinteressen der **selbständigen Aufsicht** unterliegen soll[89]. Für den Versuch der Konstruktion einer selbständigen Bundesaufsicht unter der Geltung des Grundgesetzes (→ Rn. 173) gibt diese Weimarer Diskussion allerdings weniger her als gemeinhin angenommen.

18

---

[85] Beispiele: Frankreich als Garantiemacht des Westfälischen Friedens 1648 (dazu *W.G. Grewe*, Epochen der Völkerrechtsgeschichte, 2. Aufl. 1988, S. 326); Garantie der Neutralität Belgiens durch die europäischen Großmächte 1839 (dazu *F. Berber*, Lehrbuch des Völkerrechts, Bd. III, 2. Aufl. 1977, S. 100f.). Umfangreich zur Garantie der deutschen Bundesakte durch die europäischen Großmächte *Huber*, Verfassungsgeschichte, Bd. 2, S. 675ff.

[86] Dazu und zum folgenden *Huber*, Verfassungsgeschichte, Bd. 1, S. 649ff.

[87] Art. 31 der Wiener Schlußakte i.V.m. der Exekutionsordnung vom 3. 8. 1820 (*Huber*, Dokumente, Bd. 1, S. 116f.). Vgl. dazu und zu den Grenzen des Eingriffs in die Landesverfassung *Huber*, Verfassungsgeschichte, Bd. 1, S. 637 mit Anwendungsbeispielen.

[88] *Kühne*, Reichsverfassung (Fn. 13), S. 453ff. sieht den Schwerpunkt der Regelungen insgesamt bei der »organisatorischen Sicherung der Freiheit des einzelnen« (455); zur Reichsexekution als Ausprägung des Grundrechtsschutzes a.a.O., S. 197f. Zur Reichsexekution *Huber*, Verfassungsgeschichte, Bd. 2, S. 839. → Art. 37 Rn. 1.

[89] So (in Anlehnung an *H. Triepel*, Die Reichsaufsicht, 1917, S. 370ff., 411ff.) *Anschütz*, WRV, Art. 15 Anm. 1 b (S. 113f.). *Anschütz* räumt aber ein, daß der Unterschied zwischen beiden Aufsichtsarten »überhaupt kein ausschließlicher« sei (S. 114 Fn. 1).

II. Entstehung und Veränderung der Norm

1. Entstehung

19 In Art. 28 GG sind mit Homogenitätsgebot und kommunaler Selbstverwaltung unterschiedliche Materien geregelt, die ursprünglich nicht in einer Bestimmung zusammengefaßt werden sollten[90]; gleichwohl bildet der gewaltenteilend-herrschaftsbegrenzende **Dezentralisationsgedanke** eine verbindende Klammer[91]. So war es erklärtes Ziel vor allem der USA, **föderale Strukturen** zu schaffen und die **kommunale Selbstverwaltung** zu stärken, um auf diese Weise zentralistische Machtstrukturen zu zerschlagen und Deutschland durch einen Wiederaufbau ›von unten nach oben‹ nachhaltig zu demokratisieren[92].

a) Art. 28 I GG (Homogenität der Landesverfassungen)

20 In Art. 29 HChE waren die Homogenitätsvorgaben für die Länder enumerativ aufgeführt[93]. Der Zuständigkeitsausschuß ging zunächst noch stärker ins Detail[94], während der Grundsatzausschuß sich nach eingehender Diskussion auf die **Bindung an Grundprinzipien** beschränkte, auch um den Eindruck eines Angriffs auf die Staatlichkeit der Länder zu vermeiden[95]. Der Gedanke, die Homogenitätsvorschrift sei ein »Grundrecht des Bundes gegenüber den Ländern« (Abg. Menzel), wurde im weiteren Verlauf der Beratung ebenso verworfen wie die Einräumung eines subjektiven Anspruchs des Bürgers auf Einhaltung der Homogenität (→ Rn. 175)[96]. Der Antrag von Heuss, die Länder auf das parlamentarische Regierungssystem festzulegen (→ Art. 20 [Demokratie] Rn. 18; → Art. 63 Rn. 8ff.), fand zuerst gegen den Widerstand Carlo Schmids Gefolgschaft, scheiterte aber ebenso wie eine wiederholte Einschärfung der Geltung der Grundrechte[97] in den Ländern letztlich im Redaktionsausschuß. Die Einfügung der »**verfassungsmäßigen Ordnung**« der Länder erfolgte, weil die Länder in ihrer Mehr-

---

[90] Entwurfsfassungen in Parl. Rat VII, S. 7, 44f., 99, 146f., 224, 350, 404f., 466f., 538, 577, 618. Vgl. insgesamt zur Entstehungsgeschichte *H. v. Mangoldt*, Das Bonner Grundgesetz, 1. Aufl. 1953, Art. 28 Anm. 1 (S. 174ff.).

[91] S. auch *Stern* (Fn. 15), Art. 28 Rn. 1.

[92] Vgl. das Dokument Decentralization of the Political Structure of Germany, Preliminary Report by the Special Advising Committee for Decentralization, US Group CC, 23 March 1945, abgedr. in: Vierteljahreshefte für Zeitgeschichte 24 (1976), 316ff. (319): »Any agency or function which, if decentralized, would promote the growth of or strengthen representative and local self-government should be decentralized« ; S. 320: »A minimum of central government ist necessary, but federalism and local self-government should be encouraged to the maximum in order to destroy the military potential of Germany and promote democracy [...] No zonal governmental unit should be established, but the political structure should be built upon the Laender [...] Local self-government should be promoted in the Gemeinde...«. Vgl. auch das Frankfurter Dokument I in Parl. Rat I, S. 31. Dazu *C. Engeli*, Neuanfänge der Selbstverwaltung nach 1945, in: HKWP I, § 9 S. 128f.; *B. Diestelkamp*, JuS 1981, 409 (410ff.); *Willoweit*, Verfassungsgeschichte, § 41 II 2ff. (S. 335ff.); *H. Maurer*, DVBl. 1995, 1037 (1037).

[93] Parl. Rat II, S. 523f., 584; JöR 1 (1951), S. 244ff.

[94] Parl. Rat III, S. 233ff., 415ff., 489ff.; JöR 1 (1951), S. 246f. (Dezentralisation der Polizei).

[95] Parl. Rat V/1, S. 303ff. (Sitzung v. 14.10.1948); Parl. Rat V/2, S. 536 (Sitzung v. 10.11.1948); zusammenfassend JöR 1 (1951), S. 250.

[96] Abg. *Menzel*, Parl. Rat III, S. 218; vgl. JöR 1 (1951), S. 246f.

[97] »Wiederholt«, weil sie sich bereits aus Art. 1 III GG ergibt: JöR 1 (1951), S. 250f.; das schien im Zuständigkeitsausschuß noch unklar (Parl. Rat III, S. 419). → Art. 1 III Rn. 23.

zahl 1948 noch nicht über geschriebene Verfassungen verfügten und einige vielleicht gar keine erhalten würden[98]. Aussagekräftiger Konsens bestand dahingehend, daß Abs. 1 der Vorschrift »ein Rechtssatz mit Wirkung für die Länder, die Verfassungsmäßigkeit eines Landesgesetzes« (→ Rn. 76) sei[99]. Die Erstreckung der Wahlgrundsätze auf Kreise und Gemeinden führte zu Bedenken wegen der bestehenden direkten Demokratie in »**Kleinstgemeinden**« und daher mittelbar zur Einfügung des heutigen Abs. 1 Satz 4, der erst in 3. Lesung des Hauptausschusses seine normtextlich weniger enge Endfassung erhielt[100].

b) Art. 28 II GG (Kommunale Selbstverwaltung)

Der Verfassungskonvent von Herrenchiemsee verzichtete auf Wunsch der Länder auf eine Regelung der kommunalen Selbstverwaltung[101]. Abg. Hoch (SPD) regte im Zuständigkeitsausschuß während der Debatte über die Homogenitätsvorschrift erstmals eine Sicherung der Gemeinden an[102]; nach längerer Untätigkeit des Ausschusses und einer **Intervention von Vertretern des Städtetages** schlug er folgende Formulierung vor: »Den Gemeinden und Gemeindeverbänden muß das Recht gewährleistet sein, alle Angelegenheiten der örtlichen Gemeinschaft im Rahmen der Gesetze in eigener Verantwortung zu regeln«[103]. Dabei ging er in Anknüpfung an die preußische Tradition von der Totalität bzw. **Universalität der gemeindlichen Aufgaben** aus[104], deren Reichweite in den Ausschüssen kontrovers diskutiert wurde[105]. Der Grundsatzausschuß wollte die Vorschrift zunächst ausdrücklich an die Länder richten und um eine Legaldefinition der Selbstverwaltung erweitern[106]; erstmals unterschied man inhaltlich zwischen Gemeinden und Gemeindeverbänden[107]. In Übereinstimmung mit den meisten bereits existierenden Landesverfassungen wurde die kommunale Selbstver-

21

---

[98] Die anschließende Diskussion im Hauptausschuß (Sitzung v. 18. 11. 1948) zu dieser Frage offenbarte unterschiedliche Begriffe von »Verfassung« und kann die heutige Auslegung nicht fixieren; gleiches gilt für die eher beiläufige Umformulierung zu »in den Ländern« (→ Rn. 54f., 76). Vgl. JöR 1 (1951), S. 251, 252; Parl. Rat VII, S. 146.
[99] Parl. Rat III, S. 416.
[100] JöR 1 (1951), S. 252f.; Parl. Rat VII, S. 146f., 224.
[101] So ausdrücklich Abg. *Suhr*, in: Parl. Rat V, S. 310; vgl. Parl. Rat II, S. 213, 357 sowie *W. Sörgel*, Konsensus und Interessen (1969), 2. Aufl 1985, S. 158, 161; *H. Faber*, in: AK-GG, Art. 28 Abs. 1 II, Abs. 2 Rn. 7. In Art. 11 Nr. 5 des bayerischen Entwurfs war eine dem heutigen Art. 28 II GG entsprechende Regelung noch vorgesehen: Parl. Rat I, S. 6.
[102] Sitzung v. 29. 9. 1948: Parl. Rat III, S. 239f.; JöR 1 (1951), S. 253.
[103] Sitzung v. 8. 10. 1948: Parl. Rat III, S. 413f.; JöR 1 (1951), S. 253; zur Intervention des Städtetages *Sörgel*, Konsensus (Fn. 101), S. 160ff.
[104] Für eine solche Anknüpfung an preußische Tradition auch *Stern*, Staatsrecht I, S. 412.
[105] Parl. Rat V/1, S. 308ff. (Grundsatzausschuß v. 14. 10. 1948), 313ff. (Grundsatzausschuß v. 15. 10. 1948); zusammenfassend JöR 1 (1951), S. 254ff.; *Faber* (Fn. 101), Art. 28 Abs. 1 II, Abs. 2 Rn. 9. Für *Schmid* war Universalität gleichbedeutend damit, »die Gemeinden in ganz anderer Weise als bisher zu allgemeinen Trägern der ersten Stufe der Obrigkeit zu machen« (Parl. Rat V/1, S. 309); *v. Mangoldt* war lediglich für die Garantie einer »gewissen Substanz« (ebd., S. 308).
[106] Parl. Rat V/1, S. 313: »Die Länder haben den Gemeinden und Gemeindeverbänden das Recht der Selbstverwaltung zu gewährleisten. Zum Wesen der Selbstverwaltung gehört, daß die Gemeinden alle Angelegenheiten der örtlichen Gemeinschaft in eigener Verantwortung zu regeln haben, soweit das Gesetz dem Lande oder einem der Gemeindeverbände nicht Aufgaben zuweist« (Koproduktion von *Heuss, v. Mangoldt und Schmid*).
[107] Parl. Rat V/2, S. 537; s. auch *Stern* (Fn. 15), Art. 28 (I. Entstehungsgeschichte), S. 4.

waltung einhellig als **institutionelle Garantie** und nicht als Grundrecht (→ Rn. 12, 14) ausgestaltet und aufgefaßt[108].

22 Diese Fassung des Grundsatzausschusses legte der Hauptausschuß zugrunde und brachte sie bereits in der 1. Lesung (18. 11. 1948) in die endgültige Form[109]. Ein zuvor eingebrachter **Antrag auf finanzielle Absicherung scheiterte** ebenso wie der Vorschlag, eine Zuweisung von neuen Aufgaben ausdrücklich an die Bereitstellung von Mitteln zu knüpfen[110] – beides läßt sich wohl mit der Rücksichtnahme auf die Interessen der Länder erklären[111].

c) Art. 28 III GG (Gewährleistung durch den Bund)

23 Bei den Beratungen stand hier mahnend der »Preußenschlag« von 1932[112] ebenso vor Augen wie die Entwicklung in der sowjetischen Besatzungszone[113]. Der Konvent von Herrenchiemsee strebte daher ausweislich der Begründung zu Art. 28 IV HChE (»Die Verfassungsmäßigkeit des staatlichen Lebens in den Ländern wird vom Bund gewährleistet«) eine **effektive Homogenität** an, die sich auch auf die Verfassungswirklichkeit erstrecken müsse[114]. Einen Genehmigungsvorbehalt für Änderungen der Landesverfassung nach Schweizer Muster (→ Rn. 37) lehnte der Entwurf ab und verwies für den Fall von Streitigkeiten ausdrücklich auf das Verfassungsgericht des Bundes (→ Rn. 174)[115]. Der Zuständigkeitsausschuß engte diese allgemeine Gewährleistung als »untragbar« (Abg. Laforet) durch Einfügung von »nach Maßgabe der Absätze 1–4« ein[116]; die **Ergänzung um die Grundrechte** erfolgte im Grundsatzausschuß[117]. Die Endfassung kam erst in der 3. Lesung im Hauptausschuß (9. 2. 1949) zustande[118] und ließ offen, ob die schließlich gewählte Formulierung »verfassungsmäßige Ordnung« im gleichen Maße wie »staatliches Leben« auch die **Verfassungswirklichkeit erfaßt**[119] und wie die Gewährleistung in der Praxis aussehen sollte. Der Grundsatzausschuß bewegte sich hier weg vom Vorrang der Verfassungsgerichtsbarkeit hin zu einer recht vagen Vorstellung von **Bundesexekution**[120].

---

[108] Parl. Rat III, S. 414 f.; vgl. *Faber* (Fn. 101), Art. 28 Abs. 1 II, 2 Rn. 8.
[109] JöR 1 (1951), S. 255 ff.; Parl. Rat VII, S. 99.
[110] JöR 1 (1951), S. 256; *Faber* (Fn. 101), Art. 28 Abs. 1 II, Abs. 2 Rn. 9; → Rn. 149 ff.
[111] Zu weiteren Defiziten bei den Beratungen *Faber* (Fn. 101), Art. 28 Abs. 1 II, Abs. 2 Rn. 14.
[112] Parl. Rat III, S. 424 ff.; JöR 1 (1951), S. 258. Zum Preußenschlag s. *Huber*, Dokumente, Bd. 4, S. 557 ff.; *ders.*, Verfassungsgeschichte, Bd. 7; S. 1015 ff.; knapp *Willoweit*, Verfassungsgeschichte, § 38 IV 2 (S. 310); jüngst *Gusy*, Reichsverfassung, S. 264 ff.
[113] Dazu Abg. *Suhr*, Parl. Rat V/1, S. 304; *v. Mangoldt*, ebda., S. 310; *Schmid*, Parl. Rat V/2, S. 538.; JöR 1 (1951), S. 258.
[114] Parl. Rat II, S. 524.
[115] Parl. Rat II, S. 524 f.; vgl. insofern Parl. Rat V/1, S. 314 und V/2, S. 538.
[116] Parl. Rat III, S. 425 f.; JöR 1 (1951), S. 258.
[117] Parl. Rat V/2, S. 539 f.; JöR 1 (1951), S. 259.
[118] Vgl. JöR 1 (1951), S. 259 ff.; vgl. oben Fn. 90.
[119] JöR 1 (1951), S. 260 f.
[120] Verfassungsgerichtsbarkeit nach *C. Schmid* »ein entsetzlich langes Verfahren« (Parl. Rat V/2, S. 540). Ein zwischenzeitlich aufgenommener ausdrücklicher Verweis auf den Bund-Länder-Streit wurde in der 3. Lesung des Hauptausschusses wieder gestrichen; JöR 1 (1951), S. 261 f.; vgl. Parl. Rat VII, S. 224, 405. – Zentrale Diskussion zur Bundesexekution: Parl. Rat V/2, S. 540 f.; vgl. JöR 1 (1951), S. 338.

2. Veränderung

Durch Gesetz vom 21.12.1992[121] wurde **Art. 28 I 3 GG eingefügt**, demzufolge auch EU-Bürger nach Maßgabe des Rechts der Europäischen Gemeinschaft an Wahlen in Kreisen und Gemeinden teilnehmen dürfen (→ Rn. 31, 73 ff.; → Art. 20 [Demokratie] Rn. 48). Diese Öffnungsklausel zur Anpassung des Verfassungstextes an die gemeinschaftsrechtliche Vorgabe (Art. 8b I [19 n.F.] EGV) berücksichtigt, daß das Bundesverfassungsgericht zuvor die Einführung des kommunalen Wahlrechts für Ausländer durch den Landesgesetzgeber für verfassungswidrig erklärt hatte[122]. Die Einfügung des Art. 28 I 3 GG sollte eine Kollision zwischen Gemeinschaftsrecht und Grundgesetz bzw. eine Verfassungswidrigkeit des innerstaatlichen Zustimmungsgesetzes zum Maastrichter Vertrag vermeiden[123].

24

Der **Normtext des Art. 28 II GG** blieb bis 1994 stabil; allerdings war eine erste nachhaltige Änderung der Verfassungswirklichkeit der kommunalen Selbstverwaltung bereits in der Finanzverfassungsreform 1955/56 durch die Festschreibung von Steuerzuweisungen an die Gemeinden in Art. 106 GG erfolgt[124]. Durch Gesetz vom 27.10. 1994 wurde in Art. 28 II GG als **neuer Satz 3 eingefügt**: »Die Gewährleistung der Selbstverwaltung umfaßt auch die Grundlagen der finanziellen Eigenverantwortung.«[125] Die Begründung wies auf die gestiegenen Belastungen der Gemeinden und Kreise bei der Erfüllung staatlicher Aufgaben und die gebotene Betonung der finanziellen Eigenverantwortung hin. Verfassungsrechtlich handelt es sich dabei um eine **bloße Klarstellung**[126]; sie blieb hinter den Erwartungen der betroffenen Gemeinden und Kreise deutlich zurück, da sie an deren Finanzausstattung nichts ändert und gerade die brennende **Frage der Finanzierungsverantwortung** bei der Aufgabenübertragung (→ Rn. 149 ff.) **offen** läßt[127].

25

Folgerichtig kam es 1997 zu einer **weiteren Änderung** im Zuge der Diskussion um die Abschaffung der Gewerbekapitalsteuer und im Zusammenhang mit der erneuten

26

---

[121] BGBl. I S. 2086. Das beruhte auf einem Vorschlag der GVK (BT-Drs. 12/6000, S. 16). Der weitergehende Antrag auf Einführung eines allgemeinen kommunalen Wahlrechts für Ausländer erreichte nicht die notwendige 2/3-Mehrheit (BT-Drs. 12/6000, S. 25 f., 97 f.); zu diesem Aspekt der Verfassungsreform *L. Menz*, VBlBW 1991, 401 (403); *R. Scholz*, NJW 1992, 2593 (2595); *ders.*, ZG 9 (1994), 1 (25); *U. Berlit*, JöR 44 (1996), 17 (81 f.).

[122] BVerfGE 83, 37; 83, 60. Zum (kryptischen) Hinweis des Gerichts, eine Verfassungsänderung dieses Inhalts scheitere nicht an Art. 79 III GG (E 83, 37 [59]): → Art. 20 (Demokratie) Rn. 48; dort auch w.N. zur kontroversen literarischen Diskussion. → Rn. 72.

[123] *K. Meyer-Teschendorf/H. Hofmann*, ZRP 1995, 290 (291), unter Hinweis auf BT-Drs. 12/3338, S. 11; kritisch zu diesem Beitrag *K. Engelken*, ZRP 1995, 393; vgl. *ders.*, NVwZ 1995, 432 (433); *ders.*, DÖV 1996, 737 (739); wie hier *D.H. Scheuing*, EuR-Beiheft 1/1997, 7 (Rn. 7, 45, 70, 92). → Art. 23 Rn. 92.

[124] BGBl. 1955 I, S. 817; 1956 I, S. 1077; dazu *Engeli*, Neuanfänge (Fn. 92), S. 130; *Voigt*, Auswirkungen (Fn. 78), S. 137 ff.; *H.-G. Henneke*, Kommunen in der Finanzverfassung des Bundes und der Länder, 2. Aufl. 1998, S. 28.

[125] BGBl. I S. 3146. Die Ergänzung beruht auf einem Vorschlag der Regierungsfraktionen und der SPD vom 20. 1. 1994 (BT-Drs. 12/6633, S. 2); dazu umfangreich und m.w.N. *R. Scholz*, in: Maunz/Dürig, GG, Art. 28 (1997), Rn. 84a.

[126] BT-Drs. 12/6633, S. 7: »Eine solche Verfassungsergänzung stellt keine konstitutive Neuerung dar«; s.a. *Scholz* (Fn. 125), Art. 28 Rn. 84a; *U. Berlit*, RuP 30 (1994), 194 (199); *ders.*, JöR 44 (1996), 17 (50 ff.).

[127] Dazu *H.-G. Henneke*, Die vorgebliche »Stärkung der kommunalen Selbstverwaltung« durch die Empfehlungen der Gemeinsamen Verfassungskommission aus der Sicht der Kreise – Kritische Anmerkungen und rechtspolitische Vorschläge, in: H.-G. Henneke/H. Maurer/F. Schoch (Hrsg.), Die Krei-

Änderung des Art. 106 GG. Ob der **an Art. 28 II 3 GG angefügte Halbs. 2**[128] tatsächlich der ursprünglichen Zielsetzung entspricht, die Gemeinden verfassungsrechtlich gegen eine kompensationslose Abschaffung der verbleibenden Gewerbeertragsteuer abzusichern, muß sich erst noch erweisen[129]. Es stimmt insofern skeptisch, daß bei den Beratungen im Vermittlungsausschuß parteiübergreifend die Formulierung von »wirtschaftsbezogen« in »wirtschaftskraftbezogen« mit der ausdrücklichen Erwägung abgeändert wurde, daß auf diese Weise die kommunale Finanzautonomie durch die Gewerbeertrag- *oder* aber eine andere an die Wirtschaftskraft der Gemeinde anknüpfende Steuer gewährleistet werden solle[130]. Die verfassungsästhetisch unbefriedigende Plazierung des Hebesatzrechts schließlich beruht auf einem Vorschlag des Bundesjustizministers im Vermittlungsausschuß. Die Frage der **Finanzierungsverantwortung** bleibt weiterhin offen und Gegenstand einer andauernden Reformdebatte (→ Rn. 149 ff.).

B. Internationale, supranationale und rechtsvergleichende Bezüge

I. Internationale Rechtsdokumente

27

Das internationale Recht verhält sich nicht näher zu den Fragen interner Homogenität von Bundesstaaten, da es nur den (Bundes-)Staat als Zurechnungsobjekt kennt[131]. Für die Gemeinden und Kreise ist indes mittlerweile die 1985 von den Mitgliedern des Europarates unterzeichnete **Europäische Charta der kommunalen Selbstverwaltung (EKC)** in Kraft getreten[132]. Sie will verschiedene Grundelemente der kommunalen Selbstverwaltung europaweit sichern, darunter (Art. 9) die hinreichende Finanzausstattung (→ Rn. 145 ff.)[133]. Als **multilateraler völkerrechtlicher Vertrag** bindet sie nur die Unterzeichnerstaaten. Selbst wenn es zukünftig gelingen sollte, die EKC in das Gemeinschaftsrecht zu inkorporieren[134], wäre damit eine Sicherung der kommunalen

---

se im Bundesstaat, 1994, S. 61 ff. (106 f., 129 ff.); *F. Kirchhof*, Empfehlen sich Maßnahmen, um in der Finanzverfassung Aufgaben- und Ausgabenverantwortung von Bund, Ländern und Gemeinden stärker zusammenzuführen?, Gutachten D zum 61. DJT, 1996, S. 89.

[128] Gesetz v. 20.10. 1997, BGBl. I S. 2470; vgl. zur Änderung *Henneke*, Finanzverfassung (Fn. 124), S. 30; *Scholz* (Fn. 125), Art. 28 Rn. 84a, 84d; *J. Hidien*, DVBl. 1998, 617 (618, 620 f.).

[129] So die Begründung zum Gesetzentwurf des Bundesrates in BR-Drs. 385/97; zweifelnd *H.-G. Henneke*, Der Landkreis 1997, 482 (486 f.); skeptisch auch *J. Hidien*, DVBl. 1998, 617 (620): »scheint den Gemeinden (…) mehr zu versprechen, als das Finanzrecht letztlich einlösen kann«.

[130] BT-Drs. 13/8348, S. 9, 15.

[131] Vgl. etwa *Verdross/Simma*, Völkerrecht, § 678: eine Regelung bezüglich der Vertragsschlußkompetenz von Gliedstaaten wurde in die VRK ausdrücklich nicht aufgenommen.

[132] Am 1.9. 1988 (vgl. Deutsches Zustimmungsgesetz v. 22.1. 1987: BGBl. II, S. 65; Bekanntmachung vom 15.6. 1988, BGBl. II, S. 653). Siehe *F.-L. Knemeyer*, DÖV 1988, 997 ff.; ders. (Hrsg.), Die Europäische Charta der kommunalen Selbstverwaltung, 1989; ferner *A. Galette*, Europäische Aspekte der kommunalen Selbstverwaltung. Zum Entwurf einer europäischen Kommunal-Charta der Europakonferenz der Gemeinden und Regionen, in: FG v. Unruh, 1983, S. 1077 ff.; *G.-C. v. Unruh*, BayVBl. 1993, 10 (11 f.).

[133] Für Relevanz der EKC hinsichtlich der Finanzstattung in Anlehnung an die Auslegung der EMRK *T. Marauhn*, Selbstverwaltungsgerechte und aufgabenangemessene Finanzausstattung kommunaler Gebietskörperschaften in Europa, in: M. Hoffmann u.a. (Hrsg.), Kommunale Selbstverwaltung im Spiegel von Verfassungsrecht und Verwaltungsrecht, 1995, S. 71 ff. (76 f.).

[134] Zu entsprechenden Vorschlägen Nachweise bei *H. Heberlein*, DVBl. 1994, 1213 (1218 m. Fn. 68).

Selbstverwaltung nach deutschem Standard auf europäischer Ebene noch nicht erreicht[135].

II. Europäisches Gemeinschaftsrecht

1. Die Gemeinschaftsebene

a) Homogenitätsgebot (Art. 28 I GG)

Nach überwiegender und richtiger Ansicht enthielten die Normen des primären-Rechts der Europäischen Union bislang **kein** dem deutschen Grundgesetz entsprechendes **Homogenitätsgebot**; ob sich durch das im Amsterdamer Vertrag vorgesehene Sicherungsverfahren (Art. F.1 [7 n.F.] EUV; → Art. 23 Rn. 80) daran etwas zu ändern vermag, scheint fraglich (→ Art. 20 [Demokratie] Rn. 29).

28

b) Kommunale Selbstverwaltung (Art. 28 II GG)

Das Gemeinschaftsrecht ist nicht nur »mit ›Landes-Blindheit‹ geschlagen«[136], sondern auch mit »**Kommunalblindheit**«[137]. Weder eine gemeinschaftsrechtliche Gewährleistung der kommunalen Selbstverwaltung noch eine binnenstaatlich wirkende Kompetenzfestlegung sind denkbar, weil das primäre EG-Recht sich an die Mitgliedstaaten richtet und deren innerstaatliche Kompetenzverteilung unberührt läßt[138]. Gemeinschaftsrechtliche Erwähnung fanden »Gebietskörperschaften« eher beiläufig in Art. 68 III a.F. EGV. Außerdem wurde durch den EUV ein **Ausschuß der Regionen (Art. 198a [263 n.F.] EGV)** konstituiert, der sich aus Vertretern der regionalen und lokalen Gebietskörperschaften zusammensetzt und von Rat, Kommission oder Parlament gehört werden kann (Art. 198c I, III [265 n.F.] EGV)[139]. Der Amsterdamer Ver-

29

---

[135] *G.-C. v. Unruh*, BayVBl. 1993, 10 (11); *H. Heberlein*, DVBl. 1994, 1213 (1219); *W. Löwer*, in: v. Münch/Kunig, GG II, Art. 28 Rn. 99; skeptisch auch *Stern*, Union (Fn. 40), S. 41ff.

[136] *H. P. Ipsen*, Als Bundesstaat in der Gemeinschaft, in: FS Hallstein, 1966, S. 248ff. (256).

[137] *A. Faber*, Europarechtliche Grenzen kommunaler Wirtschaftsförderung, 1992, S. 50; *dies.*, DVBl. 1991, 1126 (1132). Im Ergebnis ähnlich und mit umfangreichen Nachweisen *S. v. Zimmermann-Wienhues*, Kommunale Selbstverwaltung in einer europäischen Union, 1997, S. 239ff., 261f.

[138] *Bleckmann*, Europarecht, Rn. 441. *Oppermann*, Europarecht, Rn. 548 spricht vom »Prinzip der institutionellen Eigenständigkeit«. Vgl. zu diesem Grundsatz EuGHE 1971, 1107 (1116) – *International Fruit Company*. Demgegenüber wendet sich das Sekundärrecht der EG mittlerweile direkt an einzelne Verwaltungsbehörden der Mitgliedstaaten, dazu *T. v. Danwitz*, DVBl. 1998, 421 (422f.).

[139] Die Mitglieder werden vom Rat ernannt; das Auswahlverfahren regeln die Mitgliedsstaaten nach Maßgabe des Art. 198a III (263 III n.F.) EGV. Für die Bundesrepublik, auf die 24 der 189 Ausschußsitze entfallen, gilt insoweit das Gesetz über die Zusammenarbeit von Bund und Ländern in Angelegenheiten der Europäischen Union vom 12. 3. 1993 (BGBl. 1993 I, S. 313). Nach dessen § 14 stehen Gemeinden und Gemeindeverbänden ganze drei (!) der 24 Sitze zu. Zum Besetzungsverfahren und (zu Recht skeptisch) zum politischen Stellenwert des Ausschusses *R. v. Ameln*, DVBl. 1992, 477 (478); *H. Heberlein*, BayVBl. 1993, 676 (677f.); *ders.*, DVBl. 1994, 1213 (1215f.). Vgl. auch *U. Hoppe/G. Schulz*, Der Ausschuß der Regionen, in: F. U. Borkenhagen u.a. (Hrsg.), Die deutschen Länder in Europa, 1992, S. 17ff. (33ff.), und *A. Kleffner-Riedel*, Regionalausschuß und Subsidiaritätsprinzip – Die Stellung der deutschen Bundesländer nach dem Vertrag über die Europäische Union, 1993; *Stern*, Union (Fn. 40), S. 38ff. Umfangreich zu den europäischen Beteiligungsmöglichkeiten der Gemeinden *v. Zimmermann-Wienhues*, Selbstverwaltung (Fn. 137), S. 273ff.; speziell zum Ausschuß der Regionen S. 303ff. mit zutreffender Kritik an dessen Konzeption S. 343ff.

trag hat auch insoweit keine substantiellen Verbesserungen für die Kommunen gebracht[140].

30 Eine **Garantie der kommunalen Selbstverwaltung gibt es** de lege lata[141] **auf gemeinschaftsrechtlicher Ebene nicht**. Verschiedentliche Versuche, eine solche Ableitung vorzunehmen, vermögen nicht zu überzeugen. Zunächst gehört sie nicht zu den **allgemeinen Rechtsgrundsätzen** (→ Vorb. Rn. 23; → Art. 23 Rn. 59 ff.), die als ungeschriebenes Gemeinschaftsrecht gelten und die Mitgliedstaaten binden. Denn den meisten anderen Mitgliedern der Gemeinschaft ist eine derartige Garantie eher fremd (→ Rn. 39 ff.). Aus diesem Grund wird sie auch nicht mittelbar vom Demokratieprinzip, das zweifellos einen derartigen allgemeinen Rechtsgrundsatz darstellt (→ Art. 20 [Demokratie] Rn. 29), erfaßt[142]. Ein eigenständiger allgemeiner Rechtsgrundsatz der kommunalen Selbstverwaltung wiederum existiert nach fast einhelliger Auffassung nicht[143]. Ebensowenig zählt sie zu den essentiellen Verfassungsstrukturen der Mitgliedstaaten, auf die die Gemeinschaft entsprechend dem aus Art. 5 (10 n.F.) EGV abgeleiteten **Grundsatz der Gemeinschaftstreue** Rücksicht zu nehmen hat (Art. F I [6 n.F.] EUV)[144]. Das gemeinschaftsrechtliche **Subsidiaritätsprinzip** (Art. 3b [5 n.F.] EGV) schließlich bezieht sich nur auf das Verhältnis der Gemeinschaft zu den Mitgliedsstaaten, nicht jedoch auf deren innerstaatliche Organisation[145]. Auch durch ge-

---

[140] Angesichts dessen vom Regionalismus als einem »Strukturelement« zu sprechen, scheint überzogen; skeptisch etwa *F. Schoch*, NLT 1992, 20 (22, 25 f.); s. auch *C. Mecking*, EuR 1991, 196 ff. – Zu den mit Amsterdam verbundenen Hoffnungen der Kommunen *H. Heberlein*, BayVBl. 1996, 1 ff. (mit Reformvorschlägen für den Ausschuß S. 4 ff.). – Zum eingeschränkten Rechtsschutz der Kommunen in der Gemeinschaft *A. Gern*, NVwZ 1996, 532 ff.; → Rn. 35.

[141] Allerdings gibt es rechtspolitische Vorschläge, einen entsprechenden Verfassungsartikel einzuführen. Vgl. *J. Hofmann*, Verankerung der Grundvoraussetzungen kommunaler und regionaler Selbstverwaltung in einer Europäischen Verfassung, in: Knemeyer, EKC (Fn. 132), S. 211 ff. (220); auch *F. Cromme*, Verankerung der Grundvoraussetzungen kommunaler und regionaler Selbstverwaltung in einer europäischen Verfassung, ebd., S. 223 ff. (224). Danach soll eine kommunale und regionale Selbstverwaltung (im Rahmen der Gesetze) gewährleistet und von einer Kommunalverfassungsbeschwerde auf Gemeinschaftsebene ergänzt werden; zustimmend *H.-W. Rengeling*, DVBl. 1990, 893 (899 f.); *W. Frenz*, Kommunale Selbstverwaltung und europäische Integration, in: Hoffmann, Selbstverwaltung (Fn. 133), S. 9 ff. (26 f.). Nivellierungsbefürchtungen bei *H. Heberlein*, DVBl. 1994, 1213 (1219). Umfangreich zu politischen Forderungen und rechtlichen Möglichkeiten *v. Zimmermann-Wienhues*, Selbstverwaltung (Fn. 137), S. 262 ff.

[142] Denn es gibt eben demokratische Staaten, die die kommunale Selbstverwaltungsgarantie nach deutschem Muster nicht kennen. Vgl. *Faber*, Wirtschaftsförderung (Fn. 137), S. 51; *dies.*, DVBl. 1991, 1126 (1128); *H.-J. Blanke*, DVBl. 1993, 819 (824); *Löwer* (Fn. 135), Art. 28 Rn. 99. Die Gegenauffassung vertreten (ohne nähere Begründung) *M. Zuleeg*, Selbstverwaltung und Europäisches Gemeinschaftsrecht, in: FG v. Unruh, 1983, S. 91 ff. (93); *G. Seele*, Der Kreis aus europäischer Sicht, 1991, S. 57 f.; *H.-W. Rengeling*, DVBl. 1990, 893 (899).

[143] *Stern*, Union (Fn. 40), S. 34 ff.; *H. Heberlein*, BayVBl. 1993, 676 (677 f.); *ders.*, DVBl. 1994, 1213 (1219); *H.-J. Blanke*, DVBl. 1993, 819 (825 f.); *J. Kaltenborn*, Der Schutz der kommunalen Selbstverwaltung im Recht der Europäischen Union, 1996, S. 48 ff. Anders wohl nur *A. Martini*, Gemeinden in Europa, 1992, S. 187 ff., der dies zum einen mit einer rechtsvergleichenden Betrachtung der Rechtsordnungen in den Mitgliedstaaten begründet und sich zum anderen auf die EKC, Stellungnahmen der Gemeinschaftsorgane sowie Ziele und Struktur der Gemeinschaften beruft. Eine Zusammenfassung der Argumentation findet sich bei *A. Martini/W. Müller*, BayVBl. 1993, 161 (164 ff.).

[144] Das wird selbst von *Martini*, Gemeinden (Fn. 143), S. 139 f., eingeräumt. Ablehnend auch *H.-J. Blanke*, DVBl. 1993, 819 (825 f.); *v. Zimmermann-Wienhues*, Selbstverwaltung (Fn. 137), S. 243 f.; *Kaltenborn*, Schutz (Fn. 143), S. 70 ff.

[145] *H.-J. Blanke*, DVBl. 1993, 819 (825 f.); *H.D. Jarass*, EuGRZ 1994, 209 (213); *H. Heberlein*, DVBl. 1994, 1213 (1216 f.); *H.-W. Rengeling*, ZG 9 (1994), 277 (288 ff., 290).

genständliche Aufzählung des »Hausguts« der kommunalen Selbstverwaltungsangelegenheiten ist eine Konkretisierung des Subsidiaritätsprinzips nicht zu erreichen[146]. Schlußendlich läßt sich die kommunale Selbstverwaltung nicht über das in Art. 3b III (5 III n.F.) EGV enthaltene **Verhältnismäßigkeitsprinzip** auf der Ebene des Gemeinschaftsrechts verankern[147].

2. Einwirkungen des Gemeinschaftsrechts auf Art. 28 GG

a) Homogenitätsgebot und kommunales Wahlrecht für EU-Bürger (Art. 28 I GG)

Eine zunächst nur materielle Verfassungsänderung (→ Art. 79 I Rn. 15, 25) bewirkte Art. 8b I [19 n.F.] EGV, indem er den Unionsbürgern das **aktive und passive Wahlrecht bei Kommunalwahlen** gewährte. Durch Einfügung des Art. 28 I 3 GG (→ Rn. 24) wurde der Text des Grundgesetzes angepaßt[148], am 19.12.1994 wiederum gem. Art. 8b EGV die entsprechende Richtlinie 94/80 vom Rat verabschiedet[149]. Sie war von den Mitgliedstaaten bis zum 1.1.1996 umzusetzen. Die in Deutschland gem. Art. 30, 70 GG zuständigen Bundesländer sind dieser Verpflichtung mittlerweile nachgekommen[150]; ihre Regelungen haben verfassungsgerichtlicher Überprüfung standgehalten (→ Art. 20 [Demokratie] Rn. 48).

31

b) Kommunale Selbstverwaltung und gemeinschaftsrechtliche Vorgaben (Art. 28 II GG)

Die häufig geäußerte Befürchtung, Gemeinden und Kreise in Deutschland würden durch die europäische Integration massiven **Beschränkungen und Bedrohungen** ausgesetzt[151], bestätigt sich bei näherem Hinsehen kaum. Zwar wird im Beihilfeverbot (Art. 92 I [87 I n.F.] EGV) ein Entzug der freiwilligen Selbstverwaltungsangelegenheit »kommunale Wirtschaftsförderung« gesehen[152]; doch wirkt es nicht absolut und ver-

32

---

[146] So aber (in einer beiläufigen Äußerung) *Faber*, Wirtschaftsförderung (Fn. 137), S. 82 mit unzutreffender Berufung auf *M. Heintzen*, JZ 1991, 317 (320) Umfangreich und i.E. ablehnend *v. Zimmermann-Wienhues*, Selbstverwaltung (Fn. 137), S. 246 ff., 253 f.; mehr Sympathie für einen solchen Schutz bei *Stern*, Union (Fn. 40), S. 34 f.; *H. Heberlein*, NVwZ 1995, 1052 (1056). → Art. 23 Rn. 73.
[147] *H.-J. Blanke*, DVBl. 1993, 819 (825 f.); *v. Zimmermann-Wienhues*, Selbstverwaltung (Fn. 137), S. 258 ff.
[148] Vgl. *K. Meyer-Teschendorf/H. Hofmann*, ZRP 1995, 290 (291): »Art. 28 I 3 hat [...] keinen eigenen – konstitutiven – Regelungsgehalt«; zur ähnlichen Ansicht der Bundesregierung (nicht geboten, nur verfassungspolitisch angezeigt) *E. Klein/A. Haratsch*, DÖV 1993, 785 (788 f.). → Art. 79 I Rn. 15, 25.
[149] Ausführlich zum Inhalt der Richtlinie *L. Schrapper*, DVBl. 1995, 1167 ff.
[150] Die Änderungen finden sich teilweise in den Gemeindeordnungen (z.B. §§ 30 I, 39 II, 86 IV HessGemO) oder Gemeindewahlgesetzen (z.B. Art. 1 Bayerisches Gemeinde- und Landkreiswahlgesetz), teilweise auch in der Verfassung (Art. 72 I BWVerf.).
[151] Übersicht bei *P. Knopf*, DVBl. 1980, 106 (107 ff.); *W. Leitermann*, VR 1989, 185 ff.; *R. v. Ameln*, DVBl. 1992, 477 (479 ff.); *W. Frenz*, VerwArch. 86 (1995), 378 (389 ff., 394 ff.); *ders.*, Selbstverwaltung (Fn. 141), S. 26 (mit Forderung nach innerstaatlicher Kompensation).
[152] *Martini*, Gemeinden (Fn. 143), S. 60 ff.; *M. Seidel*, Europarechtliche Schranken der kommunalen Wirtschaftsförderung, in: D. Ehlers (Hrsg.), Kommunale Wirtschaftsförderung, 1990, S. 145 ff.; *T. Trautwein*, BayVBl. 1996, 230 ff. – Zum Begriff der Wirtschaftsförderung *Faber*, Wirtschaftsförderung (Fn. 137), S. 3 ff.; *S. große Siemer*, Die kommunale Wirtschaftsförderung und die Regionalpolitik der Europäischen Gemeinschaften, 1993, S. 6 ff.

sperrt den Kommunen nicht sämtliche Möglichkeiten in diesem Bereich[153]. Zudem gilt hier wie bei anderen Beschränkungen, von denen die Kommunen im Bereich des Privatrechts[154] oder als Hoheitsträger betroffen werden[155], daß derartige Reglementierungen durch den deutschen (Landes-)Gesetzgeber zweifelsohne möglich und zulässig gewesen wären. Da aber aufgrund Art. 23 (früher: Art. 24) GG Hoheitsübertragungen einschließlich von Gesetzgebungszuständigkeiten der Länder (→ Art. 23 Rn. 85) gestattet sind, entsteht insoweit kein besonderes Problem oder eine im Vergleich zu anderen Bereichen anders geartete Konstellation. Von daher spielt für die Bewertung auch keine Rolle, ob die gemeinschaftsrechtlichen Regelungen ausschließlich oder in spezifischer Weise die Kommunen betreffen[156].

33 So gilt zunächst einmal: was bei Anlegung innerstaatlicher Rechtsmaßstäbe zulässig wäre, wird durch den Umstand, daß die Normen aus dem EG-Recht stammen oder durch dieses veranlaßt sind, nicht unzulässig. Doch erfährt die Konstellation noch eine gewisse **Verschärfung durch den Vorrang des Gemeinschaftsrechts** (→ Vorb. Rn. 25; → Art. 23 Rn. 26 ff.; → Art. 31 Rn. 13 f.). Denn die nationalen Maßstäbe gelten ohnehin nicht gegenüber Gemeinschaftsrecht und dadurch bedingtem nationalen Folgerecht, welches die Verfassungsgarantie in spezifischer Weise überlagert. Seine Grenze findet dieser Vorrang nach der Rechtsprechung des Bundesverfassungsgerichts aus der Zeit vor Einfügung des Art. 23 GG im Zuge des Maastricht-Vertrages (→ Art. 23 Rn. 2 f.) in den identitätsverbürgenden Grundstrukturen des Grundgesetzes (→ Vorb. Rn. 25; → Art. 1 III Rn. 7; → Art. 23 Rn. 26 ff.); sie dürfte mittlerweile allein in Art. 23 GG und damit in der grundgesetzlichen Ewigkeitsklausel fixiert sein (→ Art. 79 III Rn. 8). Zu den solcherart exemten Bereichen einer Übertragung von Hoheitsrechten auf die supranationale Ebene zählt die **kommunale Selbstverwaltung** nicht: sie ist **nicht europafest** und steht der Übertragung nicht entgegen[157]. Weder erwähnt Art. 79 III GG, der im nunmehr einschlägigen Art. 23 I 3 GG explizit als Schranke für die Übertragung von Hoheitsrechten genannt wird (→ Art. 23 Rn. 93 f.), die gemeindliche Selbstverwaltung ausdrücklich; noch ist sie durch die für unabänderlich erklärten Grundsätze (→ Art. 79

---

[153] Vgl. dazu, welche Arten von Förderungsmaßnahmen vom Beihilfebegriff umfaßt werden, *Faber*, Wirtschaftsförderung (Fn. 137), S. 91 ff.; zum faktischen Einfluß der Regelung des Vergabewesens auf die kommunale Selbstverwaltung *D. J. Elverfeld*, Europäisches Recht und kommunales öffentliches Auftragswesen, 1992, S. 111 ff.
[154] So wird das Gemeindewirtschaftsrecht betroffen durch die Produkthaftungs-Richtlinie (ABl. 1985 L 210/29) oder die Verbraucherkredit-Richtlinie (ABl. 1987 L 42/48), durch gesellschaftsrechtliche Vorschriften über Offenlegung (Rl. 68/151/EWG, ABl. 1968 L 65/8), Jahresabschluß (Rl. 78/660/EWG, ABl. 1978 L 222/11) oder wettbewerbsrechtliche Normen im Hinblick auf die Versorgung mit leitungsgebundener Energie; vgl. hierzu *Martini*, Gemeinden (Fn. 143), S. 82 ff.
[155] Etwa durch gemeinschaftsrechtliche Normen über Personalauswahl oder Auftragsvergabe; zum letztgenannten Aspekt *D. Carl*, EuZW 1994, 173 ff.
[156] Das gilt etwa wegen des Regionalprinzips für die kommunalen Sparkassen (vgl. *Martini*, Gemeinden [Fn. 143], S. 117; *Stern*, Union [Fn. 40], S. 29 ff.); für Trinkwasserversorgung, Abwasserentsorgung und die Abfallwirtschaft (*Martini*, Gemeinden [Fn. 143], S. 125 ff.; *Zuleeg*, Selbstverwaltung [Fn. 142], S. 101; *H.-W. Rengeling*, ZG 9 [1994], 277 [282 f.]; ferner für die durch § 17 UVPG betroffene Bauplanungshoheit (*W. Hoppe*, NVwZ 1990, 816 [819]). Weitere Vorgaben bei *v. Zimmermann-Wienhues*, Selbstverwaltung (Fn. 137), S. 79 ff.
[157] *F. Schoch*, VerwArch. 81 (1990), 18 (51); *A. Faber*, DVBl. 1991, 1126 (1129 ff.); *H. Heberlein*, BayVBl. 1992, 417 (422); *Stern*, Union (Fn. 40), S. 31 f. – a. A. *H.-H. v. Hoerner*, Stadt und Gemeinde 1994, 80 ff.

III Rn. 21 ff., 29 ff.) mitgeschützt[158]. Unabhängig von der Frage, ob das Bundesverfassungsgericht neben Art. 23 I, 79 III GG auch weiterhin eine (nunmehr) zusätzliche Schranke in der »Grundstruktur der Verfassung« sehen wird, läßt sich in der Selbstverwaltungsgarantie ein derartiges unveränderbares, elementares Verfassungsprinzip nicht erblicken[159]. Auch die Auffassung, daß Art. 24 I (und folgerichtig auch Art. 23 I) GG durch die gemeindliche Selbstverwaltung beschränkt sei, was »aus der gleichrangigen Aufnahme beider Verfassungsentscheidungen in das eine innere Einheit bildende Grundgesetz«[160] resultiere, hat sich zu Recht nicht durchgesetzt (→ Art. 24 Rn. 32, 34).

Aus dem Vorrang des Gemeinschaftsrechts und der Überlagerung des deutschen Verfassungsrechts folgt, daß der Gesetzesvorbehalt des Art. 28 II GG (→ Rn. 109 ff.) auch das europäische Gemeinschaftsrecht umfaßt[161]. Dies hat nicht zur Konsequenz, daß das Gemeinschaftsrecht auch den verfassungsrechtlichen Schranken für rahmensetzendes deutsches Recht unterworfen wäre, die für Normen des Gemeinschaftsrechts auch dann nicht gelten, wenn sie unmittelbar in den Gemeinden anwendbar sind[162]. Vielmehr ist der nationale **Gesetzgeber**, der das Gemeinschaftsrecht umsetzt (z.B. durch das gemeinderelevante UVPG), und sind die deutschen **Behörden**, die es im Regelfall[163] ausführen, an die nationale Rechtsordnung ebenso wie an das EG-Recht gebunden (→ Art. 1 III Rn. 36 ff.; → Art. 20 [Rechtsstaat] Rn. 26 ff.). Soweit dieses Umsetzungsspielräume läßt, ist Art. 28 II GG bei deren Ausfüllung zu beachten. Gibt es aber definitiv Inhalte vor, die nach nationalem Recht nicht zulässig wären, so ist die Rechtsbindung entsprechend gelockert bzw. der Geltungsanspruch des nationalen (Verfassungs-)Rechts durch Art. 24, 23 I GG nicht anders als bei der Grundrechtsbindung (→ Art. 1 III Rn. 13) oder dem Anforderungsprofil demokratischer Legitimation (→ Art. 20 [Demokratie] Rn. 39) relativiert.

34

---

[158] So die ganz h.M.: *H.-J. Blanke*, DVBl. 1993, 819 (822); *A. Faber*, DVBl. 1991, 1126 (1131 f.); *W. Hoppe*, NVwZ 1990, 816 (818); *F. Schoch*, VerwArch. 81 (1990), 18 (51); *H. Siedentopf*, DÖV 1988, 981 (983 f.); *W. Spannowsky*, DVBl. 1991, 1120 (1123); *G.-C. v. Unruh*, BayVBl. 1993, 10 (11); *Stern*, Union (Fn. 40), S. 33. Eingehend hierzu *W. Müller*, Die Entscheidung des Grundgesetzes für die gemeindliche Selbstverwaltung im Rahmen der Europäischen Integration, 1992, S. 94 ff., mit fragwürdiger Einschränkung wegen der Bundesstaatlichkeit S. 164. – Rechtspolitischer Vorschlag zur Aufnahme der Selbstverwaltung in einen Art. 79 III GG n.F. bei *J.-K. Fromme*, ZRP 1992, 431 (433). Generell zur Unmöglichkeit einer solchen Ergänzung: → Art. 79 III Rn. 45, 47.

[159] *F. Schoch*, VerwArch. 81 (1990), 18 (51); *H.-J. Blanke*, DVBl. 1993, 819 (823); *H. Heberlein*, DVBl. 1994, 1213 (1220); *Stern*, Union (Fn. 40), S. 32 f.; *Kaltenborn*, Schutz (Fn. 143), S. 96 ff. Hingegen zählt *Müller*, Entscheidung (Fn. 158), S. 230 in zu pauschaler Weise zu diesen Schranken »bei folgerichtiger Fortführung der Rechtsprechung des Bundesverfassungsgerichts« auch die kommunale Selbstverwaltung »wegen ihrer herausragenden Bedeutung für die elementaren Verfassungsprinzipien der Art. 1, 20, 79 III GG und für die Grundgesetzordnung insgesamt«. Knappe Zusammenfassung der Argumente bei *A. Martini/W. Müller*, BayVBl. 1993, 161 (162). Ähnlich mit Betonung der demokratiekonstitutiven Bedeutung der kommunalen Selbstverwaltung *P.M. Mombaur/H.G. v. Lennep*, DÖV 1988, 988 (991).

[160] *Müller*, Entscheidung (Fn. 158), S. 268; zusammenfassend *A. Martini/W. Müller*, BayVBl. 1993, 161 (162 f.).

[161] So – allerdings ohne Begründung – *W. Spannowsky*, DVBl. 1991, 1120 (1123); *G. Seele*, Der Kreis aus europäischer Sicht, 1991, S. 57; *P.M. Mombaur/H.G. v. Lennep*, DÖV 1988, 988 (991); ansatzweise *Frenz*, Selbstverwaltung (Fn. 141), S. 10 f. – Dagegen *Faber*, Wirtschaftsförderung (Fn. 137), S. 75; *dies.*, DVBl. 1991, 1126 (1133); auch *Stern*, Union (Fn. 40), S. 32.

[162] *Faber*, Wirtschaftsförderung (Fn. 137), S. 76; *Stern*, Union (Fn. 40), S. 32 m.w.N.

[163] Ausnahmsweise findet ein Vollzug auf Gemeinschaftsebene statt, z.B. auf dem für die kommunale Selbstverwaltung besonders relevanten Gebiet der Beihilfenkontrolle; → Rn. 32.

35 Die eingeschränkten **Rechtsschutzmöglichkeiten** der Gemeinden gegen europarechtliche Ingerenzen komplettieren das Bild. Dem **EuGH** steht keine Art. 28 II GG entsprechende Norm des EG-Rechts als Prüfungsmaßstab zur Verfügung; das **Bundesverfassungsgericht** prüft die Anwendung von Gemeinschaftsrecht nach seiner Doktrin vom »Kooperationsverhältnis« (→ Art. 23 Rn. 27) nur im Hinblick auf einen integrationsfesten Kernbereich der Verfassung (→ Vorb. Rn. 24; → Art. 23 Rn. 93 ff.; → Art. 79 III Rn. 8), mithin nicht auf ihre Vereinbarkeit mit Art. 28 II GG. Entsprechend hat auch eine **Kommunalverfassungsbeschwerde** (Art. 93 I Nr. 4b GG; → Rn. 101) gegen das Integrationsgesetz wenig Aussicht auf Erfolg[164].

III. Rechtsvergleichende Hinweise

1. Europäische und außereuropäische Staaten

a) Homogenitätsgebot und Gewährleistung (Art. 28 I, III GG)

36 Die verfassungsrechtliche Stellung der Gliedstaaten in föderalen Systemen fällt »äußerst heterogen«[165] aus (→ Art. 20 [Bundesstaat] Rn. 15). Der Befund reicht von Gliedstaaten ohne eigenes formelles Verfassungsrecht (Art. 36 ff. der Verfassung Indiens) bis hin zu ausgeprägter Eigenstaatlichkeit (Schweizer Kantone). Das deutsche **Homogenitätssicherungsmodell** ist **singulär** und gewährt den Ländern vergleichsweise weitreichende Eigenständigkeit.

37 Explizite Homogenitätsvorschriften finden sich in den **USA** (Art. 4 Sec. IV US-Verf.), **Österreich** (Art. 95 ff. B-VG) und der **Schweiz** (Art. 6 BV). Die eidgenössische Bundesverfassung zeichnet sich durch die durchgreifende **Ausgestaltung des Garantieverfahrens** (Art. 6 I BV) im Sinne einer »präventiven Rechtskontrolle«[166] aus, wobei der von den Kantonen zu beachtende Katalog (Art. 6 II BV) sich von dem des Art. 28 I GG nur in der Schwerpunktsetzung unterscheidet[167].

38 Das **kommunale Wahlrecht für EU-Bürger** (→ Rn. 31, 73 ff.) ist mittlerweile auch in einem Großteil der übrigen EU-Staaten auf Verfassungsebene geregelt oder zumindest vorgesehen[168], so in Irland (Art. 16 I Nr. 2 Verf.), den Niederlanden (Art. 130 Verf.), Portugal (Art. 15 IV Verf.), Spanien (Art. 13 II Verf.), Frankreich (Art. 88–3 Verf.). Darüber hinaus räumen einige europäische Staaten (einzelne Schweizer Kantone, die nordischen Staaten untereinander, ehemalige Kolonialmächte wie Portugal

---

[164] Hingegen läßt sich nach *Müller*, Entscheidung (Fn. 158), S. 395, »die Begründetheit der kommunalen Verfassungsbeschwerde dann bejahen, wenn die konkrete Übertragung von Hoheitsrechten ... den Art. 28 II 1 GG verletzt, soweit er zu den Grenzen des Art. 24 I GG zählt und auch im Rahmen der europäischen Integration seine Schutzfunktion bewahrt«.

[165] *Vitzthum*, Verfassungsrecht (Fn. 14), S. 8.

[166] *P. Saladin*, in: J.-F. Aubert u.a. (Hrsg.), Kommentar zur Bundesverfassung der Schweizerischen Eidgenossenschaft, Art. 6 (1986), Rn. 34; zur Schweizer Rechtslage allgemein *P. Saladin*, ZSR 103 IV (1984), 431 (497 ff.); *P. Häberle*, JöR 34 (1985), 303 (334, 340 ff.).

[167] Auflistung aller Vorgaben bei *P. Saladin*, ZSR 103 IV (1984), 431 (498 f.) mit Hinweis auf die streitige Frage, ob Art. 6 BV lex specialis zum Prinzip ›Bundesrecht bricht Kantonsrecht‹ ist. → Art. 31 Rn. 16, 29 f.

[168] Rechtsvergleichend *G. Schnedl*, Das Ausländerwahlrecht – ein europäisches Gebot, 1995, S. 53 ff.; Bericht des Max-Planck-Instituts für ausländisches öffentliches Recht und Völkerrecht, in: J. Isensee/E. Schmidt-Jortzig (Hrsg.), Das Ausländerwahlrecht vor dem Bundesverfassungsgericht, 1993, S. 284 ff.

oder Großbritannien) auch Staatsangehörigen anderer Länder – teilweise auf Basis der Gegenseitigkeit – das Kommunal- oder sogar Parlamentswahlrecht ein[169].

b) **Kommunale Selbstverwaltung (Art. 28 II GG)**

Die Kommune als **Element des Verwaltungsaufbaus** ist europäisches Gemeingut (→ Rn. 7), wird aber nur selten als selbständige, dem Staat gegenüberstehende Rechtspersönlichkeit anerkannt, sondern zumeist mehr oder minder vollkommen in das hierarchische staatliche Verwaltungsgefüge eingegliedert[170]. Namentlich die deutschen Regelungen zur Finanzhoheit und zu Finanzgarantien (→ Rn. 44ff., 146ff.) stellen einen Sonderfall dar[171]. Auch die Selbstverwaltungsgarantie der **Kreise** (→ Rn. 155ff.) als höherer Kommunalverbände findet kaum Parallelen[172]. Umfang und Intensität der Selbstverwaltungsgarantie in Deutschland ist daher auch und gerade unter Berücksichtigung der Rechtsschutzmöglichkeiten (→ Rn. 101f.) besonders stark ausgeprägt. Die rechtsvergleichende Betrachtung hat in der bundesdeutschen Reformdiskussion (→ Rn. 91) eine Rolle gespielt[173]. 39

Die stärkste Verwandtschaft besteht noch zu Österreich und der Schweiz. In Art. 116 der Bundesverfassung (B-VG) **Österreichs** wird die Selbstverwaltung der Gemeinden als subjektives Recht wie als Institution[174] garantiert. Ihr Wesen liegt darin, eine Reihe von Verwaltungsaufgaben in eigener Verantwortung und frei von Weisungen zu besorgen (Art. 118 IV B-VG). Neben einem eigenen Wirkungsbereich (Art. 118 B-VG) nehmen die Gemeinden als sog. Verwaltungssprengel gleichzeitig übertragene Aufgaben der staatlichen Verwaltung wahr. In der **Schweiz** ist die Regelung des Kommunalrechts auf die Ebene von Bund und Kantonen verteilt; umstritten ist dabei, auf welcher Ebene die verfassungsrechtliche Garantie der Selbstverwaltung ressortiert[175]. In der Regel wird die Existenz eigenständiger kommunaler Aufgaben festgelegt, aber auf eine Inhaltsbestimmung verzichtet. Allerdings unterliegen Gemeinden der (kantonalen) Aufsicht, die sich nicht nur auf die Rechtmäßigkeit, sondern ausnahmsweise sogar auf die Zweckmäßigkeit bezieht[176]. Neben der **Bestandsgarantie**, die einige Kantone den vorhandenen Gemeinden oder ihrer Zahl gewähren, besteht nach – frei- 40

---

[169] Im einzelnen *Schnedl*, Ausländerwahlrecht (Fn. 168), S. 53 ff.
[170] Übersicht bei *M. Deubert/G. Legmann*, Rechtsgrundlagen kommunaler Selbstverwaltung und regionale Strukturen in Europa, 1989, S. 54 ff.; vgl. die Beiträge in H.-U. Erichsen/H. Hoppe/A. Leidinger (Hrsg.), Kommunalverfassungen in Europa, 1988; ferner *P. Blair*, DÖV 1988, 1002 ff.
[171] Umfangreicher Rechtsvergleich bei *Marauhn*, Finanzausstattung (Fn. 133), S. 82 ff.
[172] Rechtsvergleichend *G. Seele*, Der Landkreis 1991, 518 ff. (Gesamteinschätzung wie hier S. 520), 528 ff.
[173] S. nur die Beiträge in: G. Banner u.a. (Hrsg.), Kommunale Managementkonzepte in Europa, 1993.
[174] Hierzu *P. Oberndorfer*, Die Kommunalverfassung in Österreich, in: HKWP II, § 44, S. 537 ff.; zur Bedeutung der Selbstverwaltungsgarantie *R. Gack*, Die österreichische Kommunalverfassung, in: Erichsen/Hoppe/Leidinger, Kommunalverfassungen (Fn. 170), S. 51 ff. (S. 62 Hinweis auf die zurückhaltende Rechtsprechung des Verfassungsgerichtshofs bei Beschwerden gem. Art. 119a IX B-VG).
[175] Allgemein *J. Meylan*, Das Schweizerische Kommunalsystem, in: HKWP II, § 45, S. 560 ff.; *Y. Hangartner*, DVBl. 1985, 865 ff.; *ders.*, Die kommunale Selbstverwaltung in der Schweiz, in: Erichsen/Hoppe/Leidinger, Kommunalverfassungen (Fn. 170), S. 91 ff. Für eine Verortung im Bundesverfassungsrecht bei deutlicher Zurückhaltung hinsichtlich einzelner Vorgaben *P. Saladin*, ZSR 103 IV (1984), 431 (499, 502) m.N. zum Streitstand.
[176] Dies in besonderen Fällen, wenn ein übergeordnetes Interesse offensichtlich das örtliche überwiegt: *Meylan*, Kommunalsystem (Fn. 175), S. 570.

lich nicht einheitlicher – bundesgerichtlicher Rechtsprechung ein Recht auf Existenz und Bewahrung ihres Gebietes und eine Klagebefugnis im Falle seiner Verletzung[177].

41 Die Stellung der Gemeinden im übrigen Europa ist tendenziell schwächer ausgeprägt. Ungeachtet der Dezentralisierungsmaßnahmen von 1982/83 und der verfassungsrechtlichen Gewährleistung ihrer Selbstverwaltungsfreiheit (Art. 72 II frz. Verf.) bleiben die Gemeinden in **Frankreich** in den hierarchischen Staatsaufbau eingegliedert und unterliegen weitreichender Kontrolle; zudem werden etliche Verwaltungsaufgaben mit Blick auf die geringe Größe zahlreicher Gemeinden von interkommunalen Zusammenschlüssen, Stadt-Umland-Verbänden und den staatlichen Departements wahrgenommen[178]. Auch in **Belgien**, **Italien**, **Griechenland**, den **Niederlanden** und **Luxemburg** bleibt ungeachtet normtextlicher Verbürgung der Selbstverwaltung in den Verfassungen die Rechtsrealität von weitreichenden staatlichen Eingriffs- und Lenkungsmöglichkeiten geprägt[179].

42 Relativ stark und wohl auch effektiver als andernorts wurde die kommunale Selbstverwaltung in **Spanien** (Art. 137 Verf.) und in **Portugal** (Art. 237ff.) abgesichert[180]. Gleiches gilt von jeher für die **skandinavischen Länder**[181], wobei in Norwegen die verfassungsrechtliche Verankerung fehlt. In **Polen** wurde die gemeindliche Selbstverwaltung nach über vierzigjähriger Unterbrechung wieder eingeführt (Art. 70ff. Verf.)[182]. In **Großbritannien** und **Irland** hingegen ist die Kommunalverwaltung trotz der langen historischen Tradition des ›local government‹ (→ Rn. 10) Teil der Staatsverwaltung bei im einzelnen unterschiedlichen Organisationsstrukturen, aber ohne jede Sicherung gegenüber dem Parlament[183].

43 Ein vergleichbar heterogenes Bild ergibt sich außerhalb Europas. Deutsche Einflüsse lassen sich etwa in **Japan** feststellen, wo die Gemeinden Ende des letzten Jahrhunderts als nicht-autonomer Teil der Staatsverwaltung nach preußischem Vorbild geschaffen wurden[184]. Art. 92ff. der Nachkriegsverfassung von 1946 garantieren demgegenüber zwar die kommunale Selbstverwaltung, doch ist die Praxis von einem Quasi-Weisungsrecht staatlicher Behörden geprägt. Erst in den 90er Jahren läßt sich nun-

---

[177] *P. Saladin*, ZSR 103 IV (1984), 431 (502ff.) m.N. zum Wandel der Rechtsprechung.

[178] Hierzu *G. Püttner*, Kommunalverfassungen im westlichen Europa. A. Süd- und Osteuropa, in: HKWP II, § 46, S. 573f.; *U. Guian*, DÖV 1993, 608ff.; *B. Hofmann*, Die französischen Gebietskörperschaften in der Dezentralisierungsreform, 1995; *M. Fromont*, Die französische Kommunalverfassung, in: Erichsen/Hoppe/Leidinger, Kommunalverfassungen (Fn. 170), S. 81ff., 90.

[179] Vgl. den Bericht des Max-Planck-Instituts (Fn. 168), S. 291, 294, 306ff.; 313 m.w.N.

[180] *S. Wagner*, DVBl. 1986, 930ff.; *ders.*, Die spanische Gemeindeverwaltung, in: Erichsen/Hoppe/Leidinger, Kommunalverfassungen (Fn. 170), S. 120ff. (120f.). Rechtsvergleichend *J.-C. Pielow*, Autonomía Local in Spanien und kommunale Selbstverwaltung in Deutschland, 1993, sowie *v. Zimmermann-Wienhues*, Selbstverwaltung (Fn. 137), S. 24ff. Kurze Skizzierung im Bericht des Max-Planck-Instituts (Fn. 168), S. 318f. (Portugal), 331 (Spanien).

[181] *M. Borchmann*, Kommunalverfassungen im westlichen Europa. B. Nordeuropa, in: HKWP II, § 46, S. 576ff.; s. auch *T. Modeen*, Die Entwicklung der Kommunalverwaltung und des Kommunalrechts in den skandinavischen Staaten, 1988; Bericht des Max-Planck-Instituts (Fn. 168), S. 324ff. (Skandinavien). Speziell zu Finnland *P. Vataja*, Die Selbstverwaltung der Gemeinden in Finnland, in: Erichsen/Hoppe/Leidinger, Kommunalverfassungen (Fn. 170), S. 1ff. (3f.).

[182] *S. Piatek*, DÖV 1990, 717ff. Zur alten Rechtslage *P.R. Czechowski*, Die Lokalverwaltung in Polen, in: Erichsen/Hoppe/Leidinger, Kommunalverfassungen (Fn. 170), S. 135ff.

[183] Vgl. *N. Johnson*, DVBl. 1983, 250ff.; *ders.*, Die kommunale Selbstverwaltung in England, in: Erichsen/Hoppe/Leidinger, Kommunalverfassungen (Fn. 170), S. 19ff. (25ff.); *G. Treffer*, Britisches Kommunalrecht, 1988; Bericht des Max-Planck-Instituts (Fn. 168), S. 297f., 342.

[184] *S. Kisa/F.-L. Knemeyer*, DÖV 1990, 98ff.

mehr ein Trend in Richtung Dezentralisierung ausmachen[185]. In **Südkorea** scheint der kommunalen Selbstverwaltung indikatorische Funktion für den Demokratisierungsprozeß des Landes zuzukommen[186]. Während sich schließlich in der schwachen Stellung der kanadischen Gemeinden britisch-französische Traditionen spiegeln, hat in den **USA** jede Form dezentraler Verwaltung und damit auch kommunaler Selbstverwaltung eine traditionell starke Position inne[187]. Besonderes Interesse wecken in jüngerer Zeit direktdemokratische Elemente der US-Gemeindeverfassungen[188].

2. Deutsche Landesverfassungen

Die Verfassungen aller deutschen Flächenländer sichern das Institut der kommunalen Selbstverwaltung[189]. Teilweise garantieren sie darüber hinaus die **Finanzhoheit**[190], gewährleisten die Existenz von Gemeindeverbänden oder sehen neben der Kommunalverfassungsbeschwerde **weitere Rechtsschutzmöglichkeiten** wie etwa die Popularklage in Bayern (→ Rn. 62, 101) vor. Auch Art. 49 R-PVerf. stellt trotz seiner Plazierung im Grundrechtsteil der Landesverfassung nach mittlerweile gefestigter Anschauung keine **Grundrechts-**, sondern eine **Institutsgarantie** dar[191]. **44**

Die allgemein vorgesehene Möglichkeit der Übertragung staatlicher Aufgaben (→ Rn. 84, 111f.) wird häufig an eine **Kostenausgleichsregelung** gekoppelt[192], aus der die Rechtsprechung bislang zumeist keine bindenden Vorgaben an den Gesetzgeber hinsichtlich Art und Höhe der Kostenregelung hergeleitet hat (→ Rn. 147ff.). Die Verfassung von Sachsen-Anhalt problematisiert in Art. 88 II 2 die besondere Gefährdung der Selbstverwaltung durch Finanzzuweisungen an die Gemeinden[193]. **45**

---

[185] Y. *Narita*, Der Wandel der kommunalen Selbstverwaltung im Nachkriegsjapan und der Trend zu einer neuerlichen Dezentralisation, in: FS Stern, 1997, S. 211 ff. (220 ff.); vgl. H. *Shiono*, AfK 35 (1996), 304 ff.

[186] Umfangreich B. *Weiß*, Die Verwaltung 31 (1998), 103 (106 ff.).

[187] Hierzu G. *Treffer*, Amerikanisches Kommunalrecht, 1984; knapp E. *Harloff*, Wert und Bedeutung der Kommunalverwaltung außerhalb Europas, in: HKWP II, § 47, S. 590 ff. (599 f.).

[188] R. *Nickel*, Direkte Demokratie in den Gemeinden: Ein Vergleich amerikanischer und bundesdeutscher Konzepte kommunaler Selbstverwaltung, in: Hoffmann, Selbstverwaltung (Fn. 133), S. 145 ff.

[189] Art. 71 I, II BWVerf.; Art. 11 II 2, 83 I BayVerf.; Art. 97 I, II BrandenbVerf.; Art. 144 BremVerf.; Art. 137 I-III HessVerf.; Art. 72 I M-VVerf.; Art. 57 I NdsVerf.; Art. 78 I, II NWVerf.; Art. 49 I-III R-PVerf.; Art. 117 SaarlVerf.; Art. 82 II, 84 I SächsVerf.; Art. 87 I, II S-AVerf.; Art. 46 I, II S-HVerf.; Art. 91 I ThürVerf. Zum Verhältnis zur Gewährleistung im Grundgesetz: → Rn. 86.

[190] Etwa Art. 83 II 2 BayVerf. (hierzu BayVerfGH BayVBl. 1993, 177 [178 ff.]); s. auch Art. 97 III BrandenbVerf.; Art. 72 III M-VVerf.; Art. 57 IV, 58 NdsVerf.; Art. 78 III NWVerf.; Art. 49 II S-HVerf.; Art. 49 V R-PVerf.

[191] Für Grund- und Naturrechtscharakter noch A. *Süsterhenn*/H. *Schäfer*, Kommentar der Verfassung für Rheinland-Pfalz, 1950, Art. 49 Anm. 2 (S. 219); wie hier jetzt H. *Mengelkoch*, Gemeinderecht, in: R. Ley/H.P. Prümm (Hrsg.), Staats- und Verwaltungsrecht in Rheinland-Pfalz, 2. Aufl. 1990, S. 173 ff. (Rn. 21); VGH Rheinland-Pfalz AS 11, 73 (77 f.). Eindeutig naturrechtlich hingegen geprägt war Art. 43 II der vorläufigen Nds. Verf.; dazu H. *Faber*, Kommunalrecht, in: ders./H.-P. Schneider (Hrsg.), Niedersächsisches Staats- und Verwaltungsrecht, 1985, S. 225 ff. (241).

[192] So in Baden-Württemberg (Art. 71 III, 73), Bayern (Art. 83 III), Hessen (Art. 137), Niedersachsen (Art. 57 IV), Nordrhein-Westfalen (Art. 78 III) und Rheinland-Pfalz (Art. 49 V), Sachsen (Art. 85 I, II), Sachsen-Anhalt (Art. 87 III), Thüringen (Art. 93 I 1), Brandenburg (Art. 97 III), Mecklenburg-Vorpommern (Art. 72 III).

[193] Dazu H.-J. *Will*, KritV 76 (1993), 489 (496); A. *Reich*, Verfassung des Landes Sachsen-Anhalt, 1994, Art. 88 Rn. 3.

C. Erläuterungen

I. Art. 28 I GG (Homogenitätsgebot, Vorgaben für das Wahlrecht)

46 Art. 28 I GG sucht ein bestimmtes Maß an Einheitlichkeit der Verfassungsstrukturen von Bund und Ländern zu sichern, ohne die föderale Vielfalt zu gefährden (→ Art. 20 [Bundesstaat] Rn. 17). Dabei ergeben sich vor dem Hintergrund der Doktrin der Eigenstaatlichkeit der Länder mit Trennung der Verfassungsräume von Bund und Land einerseits, dem Zusammenspiel von Grundgesetz und Landesverfassung andererseits gewisse Konstruktionsprobleme (→ Rn. 47 ff.); auch über die systematische Bestimmung von Inhalt und Reichweite der Vorgaben und deren Fixierung im einzelnen besteht kein allgemeiner Konsens (→ Rn. 57 ff.).

1. Verfassungsautonomie und Eigenstaatlichkeit der Länder

47 Art. 28 I GG hat eine **Doppelfunktion**[194]: einerseits wird die Verfassungsautonomie der Länder ausdrücklich anerkannt, andererseits bestimmten Begrenzungen unterworfen. Nach der weithin akzeptierten Lesart des Bundesverfassungsgerichts folgt das Recht der Länder zur Verfassunggebung unmittelbar aus ihrer **Eigenstaatlichkeit**: »Das Eigentümliche des Bundesstaates ist, daß der Gesamtstaat Staatsqualität und die Gliedstaaten Staatsqualität besitzen. Das heißt aber, daß sowohl der Gesamtstaat als auch die Gliedstaaten je ihre eigene, von ihnen selbst bestimmte Verfassung besitzen. Und das wiederum heißt, daß die Gliedstaaten ebenso wie der Gesamtstaat in je eigener Verantwortung ihre Staatsfundamentalnormen artikulieren«[195]. Für die mit »eigener, nicht vom Bund abgeleiteter, sondern von ihm anerkannter Hoheitsmacht«[196] ausgestatteten Länder ist das Recht zur **Verfassunggebung** demnach **Signum ihrer Staatlichkeit**[197]. Mit der These von den **getrennten Verfassungsräumen**[198], derzufolge die Verfassungsbereiche und Verfassungsgerichte von Bund und Ländern grundsätz-

---

[194] *Stern* (Fn. 15), Art. 28 Rn. 13; Jarass/Pieroth, GG, Art. 28 Rn. 1; *H. Dreier*, Einheit und Vielfalt der Verfassungsordnungen im Bundesstaat, in: K. Schmidt (Hrsg.), Vielfalt des Rechts – Einheit der Rechtsordnung?, 1994, S. 113 ff. (121); *M. Nierhaus*, in: Sachs, GG, Art. 28 Rn. 6.

[195] BVerfGE 36, 342 (360 f.). Zu diesem zentralen Urteil eingehend *A. v. Mutius*, VerwArch. 66 (1975), 161 ff.; *P. Krause*, JuS 1975, 160 ff. – Die Lit. stimmt weitgehend zu: vgl. nur *Stern*, Staatsrecht I, S. 668 f.; *H. J. Boehl*, Verfassunggebung im Bundesstaat, 1997, S. 135, 164, 171; laut *Vitzthum*, Verfassungsrecht (Fn. 14), S. 24, bereits eine »kanonisierte Formel«. → Art. 20 (Bundesstaat) Rn. 23 f.

[196] BVerfGE 1, 14 (34); 60, 175 (207). Zur originären Staatsgewalt *Vitzthum*, Verfassungsrecht (Fn. 14), S. 24 ff.; *T. Maunz*, Staatlichkeit und Verfassungshoheit der Länder, in: HStR IV, § 94 Rn. 3 f.; *R. Bartlsperger*, Das Verfassungsrecht der Länder in der gesamtstaatlichen Verfassungsordnung, in: HStR IV, § 96 Rn. 3, 23; *J. Isensee*, Idee und Gestalt des Föderalismus im Grundgesetz, in: HStR IV, § 98 Rn. 64 ff. Zu notwendigen Einschränkungen: → Art. 20 (Bundesstaat) Rn. 26 ff.

[197] Vgl. *Vitzthum*, Verfassungsrecht (Fn. 14), S. 23 f.; *Isensee* (Fn. 196), § 98 Rn. 78; *Löwer* (Fn. 135), Art. 28 Rn. 2. – Weder erforderlich noch geboten ist es, das Recht der Länder zur Verfassunggebung aus der Kompetenzordnung (*M. Sachs*, DVBl. 1987, 857 [863]; *ders.*, ThürVBl. 1993, 121 [122]) oder direkt aus Art. 28 I GG (*M. Sachs*, Das materielle Landesverfassungsrecht, in: FS Stern, 1997, S. 475 ff. [497 f.]) abzuleiten.

[198] BVerfGE 4, 178 (189); 6, 376 (381 f.); 22, 267 (270); 36, 342 (357); 64, 301 (317); vgl. *Bartlsperger* (Fn. 196), § 96 Rn. 24; *R. Uerpmann*, Der Staat 35 (1996), 428 (428 m. Fn. 3 und 4); *Boehl*, Verfassunggebung (Fn. 195), S. 171, 183. – *R. Grawert*, NJW 1987, 2329 (2331) hält die These nur in institutioneller, nicht aber in funktioneller Hinsicht für zutreffend. – Jüngst BVerfGE 96, 345 (368): »In dem föderativ gestalteten Bundesstaat des Grundgesetzes stehen die Verfassungsbereiche des Bundes und der Länder grundsätzlich selbständig nebeneinander.«

I. Art. 28 I GG (Homogenitätsgebot, Vorgaben für das Wahlrecht) **Art. 28**

lich selbständig nebeneinander stehen, wird diese (indes zu relativierende: → Rn. 49f.) Eigenstaatlichkeit nochmals unterstrichen.

Die solcherart anerkannte Verfassungsautonomie begründet allerdings **keine Verpflichtung zur förmlichen Verfassunggebung**. Die Länder sind frei, sich eine geschriebene Verfassung(surkunde) zu geben, darauf zu verzichten oder sie auf ein Organisationsstatut zu beschränken[199]. Die »verfassungsmäßige Ordnung in den Ländern« meint also nicht das formelle, sondern das materielle Verfassungsrecht, das ganz oder partiell auf einfachgesetzlicher Ebene geregelt sein kann (→ Rn. 55). Freilich verfügen mittlerweile alle deutschen Bundesländer über geschriebene (Voll-)Verfassungen[200]. 48

Allerdings hat es mit dem Recht zur Setzung von Landesverfassungsrecht im Bundesstaat seine eigene Bewandtnis. Denn sowenig den Ländern trotz ihrer »Staatlichkeit« die tradierten Insignien nationaler Souveränität (eigene Streitkräfte, Währung, Steuer- und Gewaltmonopol, völkerrechtliche Subjektstellung) zustehen, sowenig stellt sich ihr Recht zur Verfassunggebung als nach Sieyes'schem Muster zu denkende, inhaltlich absolut freie, voraussetzungs- und bindungslose Urgewalt (→ Präambel Rn. 49) dar[201]. Staatlichkeit und Recht zur Verfassunggebung bestehen nur im Rahmen des bundesstaatlichen Gefüges (→ Art. 20 [Bundesstaat] Rn. 19, 23f.). Beides unterliegt daher von vornherein und neben den expliziten Anforderungen des Homogenitätsgebotes (→ Rn. 57ff.) mehrfachen **Bindungen und Beschränkungen**. Diese Besonderheit bringt der falsche Assoziationen vermeidende und von daher vorzugswürdige Terminus der **Verfassungsautonomie** besser zum Ausdruck als die – oft synonym gebrauchte – Rede von der »Verfassungshoheit«[202]. Neben dem Grundsatz »Bundesrecht bricht Landesrecht«, der auch – wenngleich nur in seltenen Fällen – das Landesverfassungsrecht ergreifen kann (→ Art. 31 Rn. 29f.), erwächst die stärkste Bindung 49

---

[199] *Bartlsperger* (Fn. 196), § 96 Rn. 27; *S. Storr*, Verfassunggebung in den Ländern, 1995, S. 178ff.; *Sachs*, Landesverfassungsrecht (Fn. 197), S. 489f., 498f. m.w.N.; a.A. *Löwer* (Fn. 135), Art. 28 Rn. 9: »objektive bundesverfassungsrechtliche Pflicht der Gliedstaaten, den Mindestbestand (Organisationsstatut) einer staatsgrundgesetzlich verfaßten Ordnung zu schaffen«.

[200] Bis auf Hamburg haben sich mittlerweile alle Bundesländer Verfassungen gegeben, die neben staatsorganisatorischen Regelungen auch Grundrechtsgewährleistungen enthalten (→ Vorb. Rn. 26). Zur Lage in den alten Ländern *M. Herdegen*, Strukturen und Institute des Verfassungsrechts der Länder, in: HStR IV, § 97 Rn. 4ff.; *M. Niedobitek*, Neuere Entwicklungen im Verfassungsrecht der deutschen Länder, 1994, S. 4, läßt die Frage nach einer Pflicht deswegen offenbleiben; zu den neuen Bundesländern *Badura*, Staatsrecht, D 75 (S. 295f.) m.w.N.; *C. Starck*, Die Verfassungen der neuen deutschen Länder, 1994; *ders.*, Die Verfassungen der neuen Länder, in: HStR IX, § 208 Rn. 18ff.; *P. Häberle*, JöR 41 (1993), 69ff.; *ders.*, JöR 42 (1994), 141ff.; *ders.*, JöR 43 (1995), 355ff.; *U. Berlit*, JöR 44 (1996), 17 (78ff.). – Erinnert sei daran, daß auch das Grundgesetz die klassische Verfassungsmaterie des Wahlsystems (nicht: der Wahlgrundsätze) offen läßt: vgl. *H. Dreier*, Jura 1997, 249 (253ff.).

[201] Richtig *U. Sacksofsky*, NVwZ 1993, 235 (235). Zur Stellung der Länder als Träger einer eingeschränkten verfassunggebenden Gewalt im Bundesstaat auch ausführlich *Storr*, Verfassunggebung (Fn. 199), S. 142ff., 166ff.; *Boehl*, Verfassunggebung (Fn. 195), S. 175ff., 223; vgl. noch *Isensee* (Fn. 196), § 98 Rn. 61, 79. → Art. 20 (Demokratie) Rn. 76.

[202] »Verfassungsautonomie«: BVerfGE 90, 60 (84); *Stern*, Staatsrecht I, S. 668; *C. Pestalozza*, NVwZ 1987, 744 (744, 748); *Jarass/Pieroth*, GG, Art. 28 Rn. 1; *Maunz* (Fn. 196), § 94 Rn. 25; *Sachs*, Landesverfassungsrecht (Fn. 197), S. 486. »Verfassungshoheit«: *M. Sachs*, DVBl. 1987, 857 (863); *H.-P. Schneider*, DÖV 1987, 749 (750f.); *Löwer* (Fn. 135), Art. 28 Rn. 4; BVerfGE 1, 14 (61) sieht in der Landesverfassunggebung immerhin den *pouvoir constituant* am Werke. Zahlreiche weitere Nachweise für beide Termini und ihre Verwendungsweisen bei *Boehl*, Verfassunggebung (Fn. 195), S. 171f. (dessen eigene Gegenüberstellung von »Parallelisierungs-Theorie« und »Differenz-Theorie« [S. 164ff.] vielleicht etwas überpointiert ist).

Art. 28 C. Erläuterungen

der Landesverfassung(gebung) aus den sog. **Durchgriffsnormen**, die unmittelbar alle staatliche Gewalt im Bund wie in den Ländern (und dort auch die verfassunggebende Gewalt) binden[203]. Die wichtigsten ihrer Art sind Art. 1 III GG i.V.m. den Grundrechten und grundrechtsgleichen Rechten (→ Art. 1 III Rn. 17, 23; → Art. 31 Rn. 22) und Art. 28 II GG (→ Rn. 86)[204]. Dazu zählt **nicht** – wie in Literatur und Rechtsprechung vereinzelt angenommen – **Art. 20 II, III GG**; das hätte zur Folge, Art. 28 I 1 GG als lediglich deklaratorische Vorschrift zu betrachten[205]. Entgegen einer in der verfassungsgerichtlichen Rechtsprechung verbreiteten Ansicht sind auch die **Kompetenznormen** des Grundgesetzes **nicht Teil des Landesverfassungsrechts**[206]; vielmehr liegt hier lediglich eine bindende Regelung auf Gesamtstaatsebene vor, ohne daß für eine parallele Regelung überhaupt Platz wäre[207]. Die grundgesetzliche Kompetenzordnung stellt auch keine weitere, neben Art. 28 I GG stehende Schranke für den Landesverfassunggeber dar, der sich ihretwegen solcher Materien nicht annehmen könnte; auftretende Kollisionsfälle sind über Art. 31 GG zu lösen (→ Art. 31 Rn. 29f.).

50   Neben den Durchgriffsnormen gehen Bundesverfassungsgericht und Teile der Literatur von der Existenz sog. **Bestandteilsnormen**[208] aus: das sind Bestimmungen des Grundgesetzes, die auf eine letztlich nie näher er- oder geklärte Art und Weise in die Verfassungen der Länder hineinwirken, damit Bestandteil des förmlichen (!) Landesverfassungsrechts und – wichtigste Folge – Prüfungsmaßstab für die Landesverfassungsgerichte werden. Diese vielfach auf Art. 21 GG bezogene, aber darauf nicht zwingend beschränkte Konstruktion ist **abzulehnen**[209]. Sie steht in offener Diskrepanz zur These von den getrennten Verfassungsräumen (→ Rn. 47), ignoriert den Wil-

---

[203] Dazu *P. Werner*, Wesensmerkmale des Homogenitätsprinzips und ihre Ausgestaltung im Bonner Grundgesetz, 1967, S. 63, 89ff., der von »Einwirkung« spricht (90); *R. Grawert*, NJW 1987, 2329 (2331: »verfassungsrechtliche Konkordanzmasse«); *J. Kersten*, DÖV 1993, 896 (897); *Nierhaus* (Fn. 194), Art. 28 Rn. 4.

[204] Nach allgemeiner, aber im einzelnen uneinheitlichen Auffassung treten weitere GG-Bestimmungen hinzu: *Vitzthum*, Verfassungsrecht (Fn. 14), S. 11 nennt insofern Art. 20 II, III, 21, 26, 34 GG; bei *Nierhaus* (Fn. 194), Art. 28 Rn. 4 sind es Art. 31, 142, 25, 33 V, 34, 80 I 2, 92, 97 GG; *Stern*, Staatsrecht I, S. 704 erwähnt zusätzlich Art. 20 II und III, 21, 25, 31, 34 GG; zum Begriff auch *C. Degenhart/ E. Sarcevic*, Landesstaatlichkeit im Rahmen bundesstaatlicher Rechtsordnung des Grundgesetzes, in: C. Degenhart/C. Meißner (Hrsg.), Handbuch der Verfassung des Freistaates Sachsen, 1997, § 3 Rn. 15.

[205] Richtig *J. Kersten*, DÖV 1993, 896 (901f.) m.w.N. In BVerfGE 90, 60 (86) wurde die Frage, ob die Länder auch durch Art. 20 III GG unmittelbar gebunden werden, ausdrücklich offen gelassen.

[206] So aber (mit der Folge, daß Landesverfassungsgerichte grundgesetzliche Zuständigkeiten abschließend als Vorfrage prüfen) etwa BVerfGE 60, 175 (206) (in Bestätigung von Hess StGH NJW 1982, 1141 [1141f.] = ESVGH 32, 20 [24]); hierzu kritisch *M. Sachs*, DÖV 1982, 595ff. Ähnlich BayVerfGHE n.F. 26, 28 (33f.); VerfGH NW NVwZ 1993, 57 (59).

[207] *Stern*, Staatsrecht I, S. 708; *J. Rozek*, Das Grundgesetz als Prüfungs- und Entscheidungsmaßstab der Landesverfassungsgerichte, 1993, S. 119ff.; *Löwer* (Fn. 135), Art. 28 Rn. 7; *Sachs*, Landesverfassungsrecht (Fn. 197), S. 488 Fn. 66 – alle m.w.N.

[208] Zu Art. 21 GG: BVerfGE 1, 208 (227), 4, 375 (378); 6, 367 (375); 27, 10 (17); 60, 53 (61); 66, 107 (114); zustimmend *Benda/Klein*, Verfassungsprozeßrecht, Rn. 1041; *W. Löwer*, Zuständigkeiten und Verfahren des Bundesverfassungsgerichts, in: HStR II, § 56 Rn. 126; *Pestalozza*, Verfassungsprozeßrecht, § 11 Rn. 15, 20 (S. 155, 157); *T. Maunz*, Verfassungshomogenität von Bund und Ländern, in: HStR IV, § 95 Rn. 15; kritisch *J. Kersten*, DÖV 1993, 896 (897f.) m.w.N.

[209] *Jarass/Pieroth*, GG, Art. 28 Rn. 1; *W. März*, Bundesrecht bricht Landesrecht, 1989, S. 180f.; *H. Maurer*, JuS 1992, 296 (297f.); *Sachs*, Landesverfassungsrecht (Fn. 197), S. 502 m.N. in Fn. 129; ausführlich *Rozek*, Grundgesetz (Fn. 207), S. 100ff., 157ff., 179ff.

len des Landesverfassunggebers[210] und führt zur Konstruktion derivativen, nämlich aus dem Grundgesetz abgeleiteten Landesverfassungsrechts, worin eine unzulässige Umgehung des Art. 28 I GG liegt[211]. Hinfällig wird damit auch die zumeist auf diese Konstellation bezogene und zu Recht als rätselhaft und nebulös empfundene Sentenz des Bundesverfassungsgerichts, wonach die Verfassung der Gliedstaaten eines Bundesstaates »nicht allein in der Landesverfassungsurkunde allein enthalten (sei), sondern in sie hinein (...) auch Bestimmungen der Bundesverfassung« wirkten und erst beide Elemente zusammen die Verfassung des Gliedstaates ausmachten[212].

Die Verfassungsautonomie unterfällt der »Ewigkeitsgarantie« (→ Art. 79 III Rn. 39) und läßt sich vom verfassungsändernden Gesetzgeber nicht beseitigen. Eine ohnehin nur hypothetische Verschärfung der Anforderungen des Art. 28 I GG würde rasch an die Grenze der Länder-Eigenstaatlichkeit stoßen und die Gefahr ihrer »Gleichschaltung« begründen; Lockerungen hingegen würden nicht nur den Charakter des Bundesstaates in den eines bloßen Staatenbundes verfälschen, sondern – bei richtigem Verständnis von der Reichweite und Intensität der verbindlichen Vorgaben (→ Rn. 57 ff.) – Art. 79 III GG berühren[213]. 51

In der **Einrichtung von Landesverfassungsgerichten** findet die Verfassungsautonomie der Länder einen wichtigen Ausdruck[214], zumal häufig erst diese der Landesverfassung eigenes Profil vermitteln[215]. **Prüfungsmaßstab** dieser Gerichte kann allerdings nur das formelle Landesverfassungsrecht sein; entgegen verbreiteter Auffassung zählen dazu weder die Bestandteilsnormen (→ Rn. 50) noch die Durchgriffsnormen (→ Rn. 49)[216]. Auch Art. 28 I GG selbst kommt nicht in Be- 52

---

[210] Zutreffend favorisiert daher *R. Grawert*, NJW 1987, 2329 (2330 f.) eine »systemimmanente Ausdeutung des Landesverfassungsrechts«, um die auftretenden Probleme zu lösen; wie hier auch *Niedobitek*, Entwicklungen (Fn. 200), S. 52 f.

[211] So *Vitzthum*, Verfassungsrecht (Fn. 14), S. 11, der freilich die skizzierte Rechtsprechung in concreto von diesem Vorwurf ausnimmt. Sachgerechte Ergebnisse lassen sich auch ohne Bestandteilstheorie erzielen: *Löwer* (Fn. 135), Art. 28 Rn. 7.

[212] Zitat: BVerfGE 1, 208 (232); Bezugnahme: BVerfGE 27, 44 (55); 66, 107 (114). Von »rätselhaft und nebulös« spricht *Nierhaus* (Fn. 194), Art. 28 Rn. 3 im Anschluß an *H. Bethge*, DÖV 1972, 336 (339). Kritisch zur zitierten Rechtsprechung *März*, Bundesrecht (Fn. 209), S. 180 f.; *Vitzthum*, Verfassungsrecht (Fn. 14), S. 11; zustimmend *Löwer* (Fn. 208), § 56 Rn. 126; *J. Kersten*, DÖV 1993, 896 (898); lediglich referierend *Boehl*, Verfassunggebung (Fn. 195), S. 183; skeptisch *H. Bethge*, AöR 119 (1985), 169 (197). Umfangreiche Nachweise bei *Rozek*, Grundgesetz (Fn. 207), S. 100 m. Fn. 197.

[213] Zum Problem *Stern* (Fn. 15), Art. 28 Rn. 29; *H.-U. Evers*, in: BK, Art. 79 III (Zweitb. 1982), Rn. 119; *Werner*, Homogenitätsprinzip (Fn. 203), S. 72 f.

[214] *R. Wahl*, AöR 112 (1987), 26 (28) sieht hierin die »Pointe«. – Die »Kompetenz« zur Errichtung von Landesverfassungsgerichten wird in Art. 100 III GG vorausgesetzt, wurzelt aber letztlich wieder in der Eigenstaatlichkeit der Länder: BVerfGE 96, 345 (368 f.); s. auch *Schlaich*, Bundesverfassungsgericht, Rn. 334b.

[215] *Isensee* (Fn. 196), § 98 Rn. 80: »Chance innovatorischer Auslegung«; *K. Stern*, Der Aufschwung der Landesverfassungsbeschwerde im wiedervereinigten Deutschland, in: FS BayVerfGH, 1997, S. 241 ff. (241 f., 246 f.); *ders.*, Einführung, in: C. Starck/K. Stern (Hrsg.), Landesverfassungsgerichtsbarkeit, 1983, Bd. I, S. 1 ff. (3 ff.); *D. Franke*, Verfassungsgerichtsbarkeit der Länder – Grenzen und Möglichkeiten, in: FS Mahrenholz, 1994, S. 923 ff. (930 f.); *Starck* (Fn. 200), § 208 Rn. 42 ff.

[216] Wie hier *Rozek*, Grundgesetz (Fn. 207), S. 57 f., 101 ff., 118 f.; *Löwer* (Fn. 135), Art. 28 Rn. 12; *Jarass/Pieroth*, GG, Art. 28 Rn. 1. Für eine Heranziehung von **Bestandteilsnormen** als Prüfungsmaßstab der Landesverfassungsgerichte etwa *Benda/Klein*, Verfassungsprozeßrecht, Rn. 1041; *H. Bethge*, Organstreitigkeiten des Landesverfassungsrechts, in: Starck/Stern, Landesverfassungsgerichtsbarkeit (Fn. 215), Bd. II, S. 17 ff. (30); *E. Friesenhahn*, Zur Zuständigkeitsabgrenzung zwischen Bundesverfassungsgerichtsbarkeit und Landesverfassungsgerichtsbarkeit, in: Festgabe BVerfG I, S. 748 ff. (760,

Art. 28 C. Erläuterungen

tracht[217]. Vielmehr hat das Landesverfassungsgericht gemäß Art. 100 I GG vorzulegen, wenn es einen landesrechtlichen Verstoß gegen das grundgesetzliche Homogenitätsgebot feststellt (bzw. nach Art. 100 III GG, wenn es aufgrund einer abweichenden Auslegung einen Verstoß verneinen möchte); denn Art. 28 I GG ist ausschließlich Prüfungsmaßstab für das Bundesverfassungsgericht. Im einzelnen ist hier freilich vieles streitig (→ Art. 31 Rn. 48).

2. Homogenitätsgebot (Art. 28 I 1 GG)

a) Grundsätzliche Bedeutung, aktuelle Relevanz

53 Art. 28 I GG balanciert die föderale Vielfalt und Eigenstaatlichkeit der Länder auf der einen, das Prinzip bündischer Einheit und die bundesstaatliche Geschlossenheit auf der anderen Seite aus. Verlangt wird ein »Mindestmaß an Homogenität«[218], **nicht** aber **Konformität** oder gar **Uniformität**[219]. Die Bestimmung will gewisse Gleichartigkeit von Bundesstaat und Ländern im Strukturellen, nicht bis ins Detail (→ Rn. 57, 64). Insofern hat man auch von »Gleichgestimmtheit«[220] gesprochen. Mit dieser **Struktursicherung** kommt der Norm zudem verfassungsschützende und konfliktverhütende Funktion zu[221].

54 Bei Art. 28 I GG handelt es sich um eine sog. **Normativbestimmung**[222]; damit soll gesagt sein, daß das Homogenitätsgebot im Unterschied zu den Durchgriffsnormen (→ Rn. 49) nicht unmittelbar in den Ländern verbindlich geltendes Recht setzt, sondern

---

797); ähnlich (freilich unter mißverständlichem Rückgriff auf Art. 28 I GG) *U. Hensgen*, Organisation, Zuständigkeiten und Verfahren des Verfassungsgerichtshofs von Rheinland-Pfalz, Diss. jur. Mainz 1986, S. 108; vgl. oben Fn. 208. **Durchgriffsnormen** als Prüfungsmaßstab der Landesverfassungsgerichte befürwortet ausdrücklich *K. Stern*, in: BK, Art. 100 (Zweitb. 1967) Rn. 271 (Anwendung »principaliter«); Art. 28 II GG zieht heran – wenn auch mit verschleiernder Begründung – ThürVerfGH ThürVBl. 1996, 209 (209f.); 1996, 281 (281). Noch weitergehend (prinzipiell unbeschränkter Prüfungsmaßstab der Landesverfassungsgerichte) *J. Burmeister*, Vorlagen an das Bundesverfassungsgericht nach Art. 100 Abs. 3 GG, in: Starck/Stern, Landesverfassungsgerichtsbarkeit (Fn. 215), Bd. II, S. 399ff. (452ff.).

[217] Eingehend *Rozek*, Grundgesetz (Fn. 207), S. 107ff., 118f.; wie hier auch *Löwer* (Fn. 135), Art. 28 Rn. 12. A.A. *Burmeister*, Vorlagen (Fn. 216), S. 429f.; *W. Schmidt*, AöR 87 (1962), 253 (280); wohl auch *C. Pestalozza*, NVwZ 1987, 744 (749 Fn. 64); vgl. dens., Verfassungsprozeßrecht, § 11 Rn. 15 (S. 155).

[218] BVerfGE 24, 367 (390); 36, 342 (361); 60, 175 (207f.); 90, 60 (85); vorher bereits »eine gewisse Homogenität«: BVerfGE 9, 268 (279); 27, 44 (56) – Von daher stammt die verbreitete Kurzcharakterisierung als »Homogenitätsgebot« (statt aller *Stern*, Staatsrecht I, S. 704ff.) oder »Homogenitätsprinzip« (s. nur *Maunz* [Fn. 208], § 95 Rn. 1ff.).

[219] BVerfGE 9, 268 (279); 41, 88 (119); 90, 60 (84f.). Vgl. *T. Maunz*, in: Maunz/Dürig, GG, Art. 28 (1977) Rn. 42; ders. (Fn. 208), § 95 Rn. 2; *Stern* (Fn. 15), Art. 28 Rn. 22, 42; *M. Bothe*, in: AK-GG, Art. 28 Abs. 1 I Rn. 4.

[220] *P. Lerche*, Föderalismus als nationales Ordnungsprinzip, VVDStRL 21 (1964), S. 66ff. (87); vgl. *Vitzthum*, Verfassungsrecht (Fn. 14), S. 28ff.

[221] *Bothe* (Fn. 219), Art. 28 Abs. 1 I Rn. 3 (Verhinderung des »Aufrollens« der Demokratie von den Ländern her); zur Konfliktvermeidung *W. Roters*, in: I. v. Münch (Hrsg.), GG-Kommentar, Bd. 2, 2. Aufl. 1983, Art. 28 Rn. 4; *Storr*, Verfassunggebung (Fn. 199), S. 170.

[222] Unspezifische Verwendung in BVerfGE 4, 178 (189). Zum Begriff etwa *Stern*, Staatsrecht I, S. 705f.; *J. Kersten*, DÖV 1993, 896 (898f.); *Löwer* (Fn. 135), Art. 28 Rn. 12f.; *Nierhaus* (Fn. 194), Art. 28 Rn. 1, 6. Hingegen spricht das Bundesverfassungsgericht an gleicher Stelle nicht von »Richtlinien«, wie *Nierhaus* (Fn. 194), Art. 28 Rn. 6 mit Fn. 19 angibt; der zitierte Verweis auf die genannte Entscheidung bei *J. Kersten*, DÖV 1993, 896 (898 m. Fn. 42) ist falsch; *Werner*, Homogenitätsprinzip

I. Art. 28 I GG (Homogenitätsgebot, Vorgaben für das Wahlrecht)   Art. 28

eine normative Vorgabe für die Länder darstellt. Das ist der Sinn der verbreiteten Formel, Art. 28 I GG gelte **nicht in den Ländern, sondern für die Länder**[223].

Gegenständlich bezieht sich das Gebot auf die »**verfassungsmäßige Ordnung**«. Diese im Grundgesetz sinnvariabel gebrauchte Wendung (→ Art. 2 I Rn. 38 ff.; → Art. 9 Rn. 52; → Art. 20 [Rechtsstaat] Rn. 76) darf hier nicht zu dem Schluß verleiten, es ginge nur um das formelle, in einer Verfassungsurkunde niedergelegte Recht[224]. Denn dann könnte – ganz abgesehen davon, daß das Grundgesetz den Ländern keine Pflicht zur formellen Verfassunggebung auferlegt (→ Rn. 48) – das Homogenitätsgebot dadurch unterlaufen werden, daß das Land ihm widersprechende Regelungen auf niederer Rechtsstufe außerhalb der Verfassung träfe. Umfaßt ist vielmehr **das gesamte Landesrecht**, sofern es zu den vorgegebenen Grundsätzen in Widerspruch geraten kann; so hat das Bundesverfassungsgericht mehrfach Landesgesetze an Art. 28 I GG scheitern lassen[225]. Auch für Geschäftsordnungen der Landesverfassungsorgane kann das relevant werden. Schließlich soll mit verfassungsmäßiger Ordnung nicht nur das geschriebene Recht (»law in the books«), sondern darüber hinaus die **Verfassungswirklichkeit**[226] gemeint sein. Dem liegt der richtige Gedanke zugrunde, daß bei signifikanten Verfassungsstörungen die Textlage häufig unverändert bleibt, das Verfassungsleben sich aber gerade davon ungeleitet entwickeln wird: hier muß man auf die eventuell fehlende tatsächliche Wirksamkeit der formell geltenden Regelungen abstellen und darf sich nicht mit dem reinen Normtext begnügen. Die Gewährleistungspflicht des Bundes (→ Rn. 170) greift nicht erst bei dessen signifikanter Veränderung.

Lange Zeit von nur geringer praktischer Relevanz[227], erlangte das Homogenitätsgebot **gesteigerte aktuelle Bedeutung** im Zusammenhang mit der Verfassunggebung in den neuen Bundesländern[228] und den dort gesetzten neuen Akzenten, z.B. der Stärkung von Oppositions- und parlamentarischen Minderheitsrechten, der Intensivierung plebiszitärer Elemente (→ Art. 20 [Demokratie] Rn. 55 f.) sowie der vermehrten Aufnahme von Staatszielen (→ Rn. 63). Überwiegend wird heute – nach phasenweise recht aufgeregter Diskussion – keine generelle Unvereinbarkeit mit dem Grundgesetz mehr angenommen, wiewohl sich einzelne Bestimmungen als durchaus prekär erweisen (→ Art. 31 Rn. 54). Vom Aufschwung des Landesverfas-

---

(Fn. 203), S. 42 ff., 59 ff. spricht von »Richtbegriffen«. »Richtlinie« bei *Anschütz*, WRV, Art. 17 Anm. 1 (S. 130); gern gebraucht wird auch das Bild vom »Rahmen« (*Stern* [Fn. 15], Art. 28 Rn. 14; *Maunz* [Fn. 219], Art. 28 Rn. 2), welches aber wegen der Rahmengesetzgebung falsche Vorstellungen zu wecken geeignet ist.

[223] BVerfGE 6, 104 (111); der Sache nach schon E 1, 208 (236). Aus der Literatur: *Stern* (Fn. 15), Art. 28 Rn. 14; *Friesenhahn*, Zuständigkeitsabgrenzung (Fn. 216), S. 760; *Rozek*, Grundgesetz (Fn. 207), S. 107 ff.; *J. Kersten*, DÖV 1993, 896 (898).

[224] Insofern übereinstimmend *Löwer* (Fn. 135), Art. 28 Rn. 11.

[225] BVerfGE 9, 268; 83, 37; 83, 60; 93, 37.

[226] Ganz h.M.: *Stern* (Fn. 15), Art. 28 Rn. 20; *H. Bethge*, AöR 110 (1985), 169 (174); *J. Kersten*, DÖV 1993, 896 (898); *Löwer* (Fn. 135), Art. 28 Rn. 11; *Nierhaus* (Fn. 194), Art. 28 Rn. 7. Die hier zuweilen gebrauchte Formel *Carl Schmitts* (Verfassungslehre, 1928, S. 4) vom »konkreten Gesamtzustand politischer Einheit und sozialer Ordnung« führt im gegebenen Kontext allerdings eher in die Irre.

[227] Zu den Gründen *K. Hesse*, Art. Bundesstaat, in: EvStL[3], Sp. 318 ff. (323, 326); s. auch *R. Grawert*, NJW 1987, 2329 (2330); *Maunz* (Fn. 196), § 94 Rn. 10.

[228] Dazu umfangreich K. Stern (Hrsg.), Deutsche Wiedervereinigung, Bd. III, Zur Entstehung von Landesverfassungen in den neuen Ländern der Bundesrepublik Deutschland, 1992; *Starck* (Fn. 200), § 208 Rn. 1 ff.; im Überblick *U. Sacksofsky*, NVwZ 1993, 235 ff.; *Schlaich*, Bundesverfassungsgericht, Rn. 334b ff.; vgl. oben Fn. 200.

sungsrechts und der Landesverfassungsgerichtsbarkeit blieben auch die alten Länder nicht unberührt[229].

b) Gewährleistung der Grundsätze von Republik, Demokratie, Sozialstaat, Rechtsstaat

57 Art. 28 I 1 GG verpflichtet die Länder lediglich auf die »**Grundsätze**« des republikanischen, demokratischen und sozialen Rechtsstaates und läßt ihnen ansonsten Spielraum. Innerhalb der gezogenen Grenzen können sie ihre verfassungsmäßige Ordnung frei gestalten[230]. Eine getreue Kopie der grundgesetzlichen Bestimmungen ist weder verlangt noch intendiert, Variationen und Ergänzungen sind daher möglich und im Grunde erwünscht[231]. Diese Grundsätze sind wegen des Korrespondenzverhältnisses zwischen Art. 20, 28 und 79 GG[232] **die gleichen wie** die über **Art. 79 III GG** gesicherten. Der Grund: »Nur was für den Bund unabdingbare Grundlage der Art und Form seiner politischen Existenz ist, kann und muß er auch seinen Gliedern vorschreiben. Soweit sie die verfassungsändernde Gesetzgebung des Bundes zu variieren und zu modifizieren vermag, steht das auch den Ländern frei. Denn solange der identitätsverbürgende Kern der Verfassung nicht angetastet wird, ist die Homogenität des Bundes nicht in Gefahr.«[233] Für die Länder ergeben sich daraus bezüglich der einzelnen Verfassungsprinzipien die folgenden **Vorgaben und Bindungen**.

58 Wegen der Sicherung des **republikanischen Prinzips** sind alle Formen einer Monarchie sowie jede andere zeitlich unbegrenzte Bestellung eines Staatsoberhauptes ausgeschlossen (→ Art. 20 [Republik] Rn. 15f.; → Art. 79 III Rn. 29). Eine Abwendung der Länder vom **Sozialstaatsprinzip** dürfte – abgesehen von ihrer politischen Unwahrscheinlichkeit – praktisch kaum realisierbar sein, da dessen Konkretisierung weitestgehend dem Gesetzgeber obliegt (→ Art. 20 [Sozialstaat] Rn. 30ff.) und insofern größtenteils der Bund zuständig ist; unverfügbar bleibt für die Länder der Kern des Sozialstaatsgedankens (→ Art. 79 III Rn. 38), die ohnehin bei der Normierung sozialer Staatsziele über die zurückhaltende Linie des Grundgesetzes hinausgehen (→ Rn. 63).

59 Die Grundsätze des **Demokratieprinzips** umfassen den fundamentalen Gedanken der Volkssouveränität als Herrschaftsform Freier und Gleicher, die Geltung der Mehrheitsregel, zeitliche Limitierung der Herrschaftsbefugnisse, freie politische Willensbildung und demokratische Legitimation allen Staatshandelns (→ Art. 20 [Demokratie] Rn. 64ff., 76ff., 104ff.); stets muß die Führungsrolle des Parlaments mit Rechtssetzungsprärogative und Budgetrecht (→ Art. 20 [Demokratie] Rn. 88ff., 109f.; → Art. 80

---

[229] Schleswig-Holstein und Niedersachsen wandelten ihre »vorläufigen« Verfassungen in endgültige um, Niedersachsen erweiterte die Kompetenzen seines Staatsgerichtshofes um die wichtige Kommunalverfassungsbeschwerde. Zur Verfassungsentwicklung in Bremen s. *P. Häberle*, JZ 1998, 57ff., zu Nordrhein-Westfalen *M. Sachs*, NWVBl. 1997, 161ff., zu Rheinland-Pfalz *C. Gusy/A. Müller*, JöR 45 (1997), 509ff.; zusammenfassend *Niedobitek*, Entwicklungen (Fn. 200), S. 7ff.; programmatisch J. Fuchs (Hrsg.), Landesverfassungsrecht im Umbruch, 1994. Zum »Aufschwung der Landesverfassungsbeschwerde im wiedervereinigten Deutschland« vgl. *Stern*, Aufschwung (Fn. 215), S. 241ff.
[230] BVerfGE 4, 178 (189); 64, 301 (317); 90, 60 (84f.); 96, 345 (368f.).
[231] Hierzu *Dreier*, Einheit (Fn. 194), S. 122f.
[232] Dazu *R. Herzog*, in: Maunz/Dürig, GG, Art. 20 II. Abschnitt (1980), Rn. 91ff.; *Evers* (Fn. 213), Art. 79 III Rn. 117, 118; *H. Hofmann*, Bundesstaatliche Spaltung des Demokratiebegriffs? (1985), in: ders., Verfassungsrechtliche Perspektiven, 1995, S. 146ff. (153ff.).
[233] *Hofmann*, Spaltung (Fn. 232), S. 157.

Rn. 17) sowie die Unabhängigkeit der gewählten Abgeordneten gewahrt bleiben[234]. Für den Wahlakt selbst trifft Art. 28 I 2 GG eine spezielle Aussage (→ Rn. 65 ff.). Die für eine demokratische Ordnung unentbehrlichen Grundrechte sind ohnehin bundesverfassungsrechtlich gewährleistet (→ Art. 1 III Rn. 23) und erfahren über Art. 31, 142 GG eine Sonderregelung (→ Art. 31 Rn. 29 f., 51 ff.).

Im Bereich des **Rechtsstaatsprinzips** sind für die Länder verbindlich: Gewaltenteilung[235], Vorrang der Verfassung, Vorrang und Vorbehalt des Gesetzes einschließlich des Parlamentsvorbehalts[236], ferner – wenn man es nicht direkt aus den Grundrechten ableitet – das Verhältnismäßigkeitsprinzip sowie Elemente des Vertrauensschutzes, der Bestimmtheit und Transparenz staatlichen Handelns (→ Art. 20 [Rechtsstaat] Rn. 167 ff., 117 ff., 129 ff., 134 ff., 165). Rechtsschutzmöglichkeiten sind über den in Grenzen modifizierbaren (→ Art. 79 III Rn. 44) Art. 19 IV GG, justizstaatliche Garantien über Art. 1 III GG sichergestellt.   60

Jenseits dieser bindenden Vorgaben verfügen die Länder über einen **beträchtlichen Spielraum**[237]. Sie dürfen die Verfassungsprinzipien anders konturieren und profilieren, als dies im Grundgesetz geschehen ist (→ Rn. 62); ferner können sie neue, dem Grundgesetz unbekannte Elemente etwa im Bereich der Staatszielbestimmungen aufnehmen (→ Rn. 63).   61

Die meisten (teils hypothetischen, teils realisierten) Variationsmöglichkeiten ergeben sich im Bereich der **Staatsorganisation**. Die Länder können das parlamentarische Regierungssystem, insbesondere den zentralen Vorgang der Bestellung und Abwahl der Regierung, abweichend vom Grundgesetz (etwa ohne konstruktives Mißtrauensvotum) regeln und tun dies auch in vielfältiger Weise[238]; selbst ein Übergang zum Präsidialsystem ist nach freilich nicht unbestrittener Ansicht möglich (→ Art. 79 III Rn. 35). Die Direktwahl des Ministerpräsidenten wäre auch ohne diesen Schritt zulässig[239]; seine Amtsperiode muß ferner nicht, wie in Art. 69 II GG vorgesehen, mit dem Zusammentritt des neuen Parlaments enden[240]. Die überwiegend praktizierte Verei-   62

---

[234] Zum letzten Punkt etwa: BremStGH NJW 1975, 635 (636); BremStGH NJW 1977, 2307 (2307 ff.); HambVerfG NJW 1998, 1054 (1055) – Entschädigungspflicht. Vgl. noch *P. Badura*, Die Stellung des Abgeordneten nach dem Grundgesetz und den Abgeordnetengesetzen in Bund und Ländern, in: Schneider/Zeh, § 15 Rn. 25 f., 74 ff.; *Starck* (Fn. 200), § 208 Rn. 25. Einzelfälle bei *I. v. Münch*, in: ders./Kunig, GG II, Art. 38 Rn. 78. → Art. 38 Rn. 142.
[235] BVerfGE 2, 307 (319). → Art. 20 (Rechtsstaat) Rn. 62 ff.
[236] BVerfGE 41, 251 (266); 90, 60 (85); BVerwGE 57, 130 (137 f.). → Art. 20 (Rechtsstaat) Rn. 74 ff., 83 ff., 95 ff., 107 ff.
[237] Allgemein, z.T. mit illustrierenden Beispielen: *Stern*, Staatsrecht I, S. 668; *Hofmann*, Spaltung (Fn. 232), S. 159 f.; *Herdegen* (Fn. 200), § 97 Rn. 16; *Dreier*, Einheit (Fn. 194), S. 122 ff.; *Boehl*, Verfassunggebung (Fn. 195), S. 205 f.; offengelassen bei *Niedobitek*, Entwicklungen (Fn. 200), S. 48 f. m.w.N.
[238] Überblick bei *Herdegen* (Fn. 200), § 97 Rn. 23 ff.; zu diesbezüglichen Neuerungen in den neuen Ländern *Starck* (Fn. 200), § 208 Rn. 23 ff. sowie *Storr*, Verfassunggebung (Fn. 199), S. 285 ff. Kritisch zur bundesweit einzigartigen Bindung des Ministerpräsidentenamtes an ein Landtagsmandat (Art. 52 I NWVerf.) *J. Brauneck*, ZParl. 26 (1995), 295 (297 ff.). Mindestanforderungen an die Kontrolle der Regierung durch das Parlament formuliert BremStGH NVwZ 1989, 953 (955); dazu *A. Rinken*, JöR 42 (1994), 325 (350 ff., 376 ff.).
[239] *Dreier*, Einheit (Fn. 194), S. 123; Jarass/Pieroth, GG, Art. 28 Rn. 3; rechtspolitischer Vorschlag in diese Richtung bei *H.H. v. Arnim*, ZRP 1998, 137 (146).
[240] BVerfGE 27, 44 (52, 55 f.). Nach Art. 37 I HambVerf. a.F. gab es das Institut des »Ewigen Senats« (dessen Amtszeit die Neuwahl des Parlaments überdauerte); allerdings ist im Zuge der Parlamentsreform (vgl. hierzu W. Hoffmann-Riem [Hrsg.], Bericht der Enquete-Kommission ›Parlamentsreform‹, 1993, S. 106) im Jahre 1996 (Hamb. GVBl. S. 131) eine Änderung der Norm erfolgt.

nigung der Ämter von Landes-Staatsoberhaupt und Regierungschef[241] ist ebenso zulässig wie die bislang nirgends vorgesehene Institutionalisierung eines »Landespräsidenten« als Außenrepräsentationsorgan in Analogie zum Amt des Bundespräsidenten[242]. Die Einrichtung einer Zweiten Kammer verstößt nicht gegen Art. 28 I GG, solange das Parlament eindeutig das Übergewicht behält[243]; auch die insbesondere in den älteren westdeutschen Landesverfassungen niedergelegten **Notverordnungsrechte der Regierung** halten sich noch im vom Grundgesetz gezogenen Rahmen[244]. Mit dem rein repräsentativen System des Grundgesetzes kontrastierende **Elemente direkter Demokratie** sind auf Länderebene ebenso weit verbreitet wie unter Homogenitätsgesichtspunkten unproblematisch (→ Art. 20 [Demokratie] Rn. 55, 100). Die Länder dürfen ferner die Ministeranklage[245] oder ein Selbstauflösungsrecht des Parlaments vorsehen, die Legislaturperiode gegenüber Art. 39 GG verkürzen oder um ein Jahr verlängern (→ Art. 20 [Demokratie] Rn. 69), aber kein »ruhendes Mandat« einführen (→ Rn. 66). Das Verfahren der Verfassungsänderung kann anders geregelt[246], eine Popularklage (vgl. Art. 98 S. 4 BayVerf.) zugelassen sein.

63 Die Länder können schließlich **Staatsziele** in ihre Verfassungen aufnehmen, die dem Grundgesetz fremd sind: dies war bis zur Einführung des Art. 20a GG im Bereich des Staatsziels Umweltschutz (→ Art. 20a Rn. 3, 18f.) und ist noch bei den **Kulturstaatsklauseln**[247] der Fall. Unschädlich sind auch die in nicht wenigen Landesverfassungen enthaltenen **sozialen Grundrechte** (→ Art. 20 [Sozialstaat] Rn. 14, 57), die ihrer Rechtsnatur nach ebenfalls zu den Staatszielbestimmungen zählen (→ Vorb. Rn. 42; → Art. 1 III Rn. 22), solange sie nicht – etwa wegen eines mit diesem Charakter nicht mehr vereinbaren Konkretionsgrades – mit Bundesrecht kollidieren (→ Art. 31 Rn. 29f., 59). Für »echte«, subjektive öffentliche Ansprüche des Individuums verbürgende Grundrechte wiederum ist nicht Art. 28 I GG[248], sondern die Kollisionsregelung der Art. 31, 142 GG einschlägig (→ Art. 31 Rn. 41, 51ff.). Hier ist auch die Frage nach

---

[241] Beispiele bei *Stern* (Fn. 15), Art. 28 Rn. 27; *Herdegen* (Fn. 200), § 97 Rn. 32ff.

[242] *Dreier*, Einheit (Fn. 194), S. 123; Jarass/*Pieroth*, GG, Art. 28 Rn. 3.

[243] Freilich wird der Bayerische Senat als einziges Exempel (Art. 34ff. BayVerf.) nach dem Volksentscheid vom 8.2.1998 spätestens bis 2000 abgeschafft; vgl. zuletzt umfangreich *P. Badura*, BayVBl. 1997, Beilage, Iff.; *J. Scholler*, Der bayerische Senat, 1997. Zustimmung zu einem eingeschränkten Zweikammermodell bei *Herdegen* (Fn. 200), § 97 Rn. 18.

[244] Derartige Ermächtigungen bestehen in Hessen (Art. 110), Niedersachsen (Art. 44), Nordrhein-Westfalen (Art. 60) und im Saarland (Art. 111f.). Zu den (namentlich) zeitlichen Grenzen dieser Ermächtigungen Jarass/*Pieroth*, GG, Art. 28 Rn. 2; *Herdegen* (Fn. 200), § 97 Rn. 47; für Zulässigkeit schon *v. Mangoldt*, Grundgesetz (Fn. 90), Art. 28 Anm. 2 (S. 179). Skeptischer *Stern*, Staatsrecht I, S. 706.

[245] Jarass/*Pieroth*, GG, Art. 28 Rn. 3; *Löwer* (Fn. 135), Art. 28 Rn. 15; Nachweise zu den Landesverfassungen bei *Herdegen* (Fn. 200), § 97 Rn. 30.

[246] → Art. 79 II Rn. 9. So war die alte Hamburger Regelung (Art. 51 a. F. HambVerf.) nicht verfassungswidrig, auch nicht die Möglichkeit formeller Verfassungsdurchbrechungen (→ Art. 79 I Rn. 9, 26). Zu den verschiedenen Verfahren *Bartlsperger* (Fn. 196), § 96 Rn. 10ff.; *Herdegen* (Fn. 200), § 97 Rn. 39.

[247] Art. 3 I BayVerf., Art. 2 I BrandenbVerf., Art. 1, 11 SächsVerf.; vgl. dazu *W. Erbguth/B. Wiegand*, DÖV 1992, 770 (779); *J. Isensee*, SächsVBl. 1994, 28 (34f.); *P. Häberle*, JöR 42 (1994), 149 (164f.); *C. Degenhart*, Die Staatszielbestimmungen der Sächsischen Verfassung, in: Degenhart/Meißner, Handbuch (Fn. 204), § 6 Rn. 32ff. m.w.N.

[248] Art. 28 I GG muß auch nicht bemüht werden, um den Fortbestand vom Grundgesetz abweichender Landesgrundrechte zu sichern (so aber *Vitzthum*, Verfassungsrecht [Fn. 14], S. 33). Für prinzipielle Trennung der Lösungskapazität von Art. 31 und Art. 28 I GG auch BVerfGE 36, 342 (362).

einem etwaigen Grundrechtsschutz für Gemeinden (→ Art. 19 III Rn. 43, 46; → Rn. 82) zu verorten.

Das **Bundesverfassungsgericht** hat die Verfassungsautonomie der Länder überwiegend geachtet und bewahrt[249], in letzter Zeit aber insbesondere bei der Geltung des Demokratieprinzips die **Grenzen eng gesteckt** und den Ländern recht detaillierte Ausmünzungen des Konzepts demokratischer Legitimation (→ Art. 20 [Demokratie] Rn. 104 ff.) als über Art. 28 I GG verbindlich vorgegeben[250]. Daß Art. 28 I GG nur »Grundsätze« absichert und diese mit denen des Art. 79 III GG identisch sind (→ Rn. 57), scheint bei dieser Judikatur nicht hinlänglich bedacht. 64

3. Vorgaben für das Wahlrecht (Art. 28 I 2–3 GG)

a) Wahlrechtsgrundsätze (Art. 28 I 2 GG)

Nach Art. 28 I 2 GG muß das Volk in den Ländern, Kreisen und Gemeinden eine Vertretung haben, die aus allgemeinen, unmittelbaren, freien, gleichen und geheimen Wahlen hervorgegangen ist. Mit der **Vertretung** des Volkes auf Landesebene meint das Grundgesetz die Landesparlamente, die im Mittelpunkt des institutionellen Entscheidungsprozesses stehen müssen; prinzipiell zulässige Elemente direkter Demokratie können das repräsentative System theoretisch wie praktisch nur ergänzen, nicht substituieren (→ Art. 20 [Demokratie] Rn. 88 ff., 97 ff.). **Volk** umfaßt wie in Art. 20 I GG nach h.M. das deutsche Staatsvolk (→ Art. 20 [Demokratie] Rn. 83 ff.). Für die Kommunen gelten in beiden Punkten Besonderheiten (→ Rn. 68, 73 ff.). Inhaltlich wird auf die in Art. 38 I 1 GG normierten Wahlrechtsgrundsätze Bezug genommen, die in dem dort normierten Umfang (→ Art. 38 Rn. 51 ff.) für Länder, Kreise und Gemeinden verbindlich sind. Für Wählbarkeitsbeschränkungen kommt vorrangig Art. 137 GG in Betracht[251]. Da nur **Wahlgrundsätze, nicht Wahlsystem** oder Wahlverfahren vorgegeben sind, ist keine schematische Übernahme des Bundeswahlrechts verlangt. Auch hier gibt es daher einen gewissen Ausgestaltungsspielraum. 65

aa) Verstöße und Variationsmöglichkeiten

Als **Verstöße** auf Landes- bzw. Kommunalebene gegen die Wahlgrundsätze des Art. 28 I 2 GG sind beispielhaft die folgenden zu nennen: Wahl bedeutet grundsätzlich das Vorliegen von Entscheidungsalternativen und Relevanz der Stimmabgabe; daher sind sog. Friedenswahlen unzulässig[252]. Gegen den Grundsatz der Allgemeinheit der Wahl verstößt ein Wahlvorschlagsmonopol für politische Parteien[253]. Die nachträgliche Benennung von Mandatsträgern oder die Veränderung der Reihenfolge der Nachrücker 66

---

[249] Die recht ausgreifenden Thesen in BVerfGE 40, 296 (319) wurden durch BVerfGE 64, 301 (318) wieder relativiert.
[250] Besonders kraß: BVerfGE 93, 37 (66); kritisch zum Urteil auch *T. v. Roetteken*, NVwZ 1996, 552 (552); *U. Battis/J. Kersten*, DÖV 1996, 584 (590 ff.); *A. Rinken*, KritV 79 (1996), 282 (307 f.); Zustimmung zum Bundesverfassungsgericht bei *A. v. Mutius*, Personalvertretungsrecht und Demokratieprinzip des Grundgesetzes, in: FS Kriele, 1997, S. 1119 ff. (1122 f.). Ob etwa das hochdifferenzierte Theorem von der **doppelten Mehrheit** (→ Art. 20 [Demokratie] Rn. 106 m. Fn. 280) ein für die Länder unaufgebbarer Grundsatz der Demokratie ist, darf bezweifelt werden.
[251] BVerfGE 58, 177 (191).
[252] BVerfGE 13, 1 (17 f.) – betr. Kommunalwahlen in Schleswig-Holstein.
[253] BVerfGE 11, 266 (271 ff.). – betr. Kommunalwahlen im Saarland.

ist mit der Unmittelbarkeit der Wahl unvereinbar[254]. Im Falle des »**ruhenden Mandats**«, wie es noch in den Verfassungen Bremens (Art. 108 II) und Hamburgs (Art. 38a) vorgesehen ist, liegt sowohl ein Verstoß gegen die Unmittelbarkeit wie die Gleichheit der Wahl vor[255]. Mit der Wahlrechtsgleichheit war auch die frühere bayerische (auf Regierungsbezirksebene bezogene) 10%-Klausel nicht mehr vereinbar[256].

67 Ansonsten sind **Abweichungen** von der bundesrechtlichen Ausgestaltung des Wahlverfahrens zulässig. Da nach h.M. auf Bundesebene ein Übergang vom Verhältniswahlrecht zum Mehrheitswahlrecht nicht ausgeschlossen wäre (→ Art. 20 [Demokratie] Rn. 91), steht diese Möglichkeit auch den Ländern offen. Die Länder können das Panaschieren oder Kumulieren einführen[257], die Briefwahl ausschließen[258] und vom Bundesrecht abweichende Unterschriftenquoren für Wahlvorschläge vorsehen[259]. Für das Umrechnungsverfahren von Stimmen auf Mandate im Rahmen des Verhältniswahlrechts kann das d'Hondtsche **Höchstzahlverfahren** ebenso zugrundegelegt werden wie das mathematische **Proportionalverfahren** nach Hare/Niemeyer oder das **Rangmaßzahlverfahren** nach Saint-Lague/Schepers[260]. Die Wahlrechtsprivilegierung der dänischen Minderheit in Schleswig-Holstein sowie der sorbischen in Brandenburg, auf deren Listen die 5%-Klausel keine Anwendung findet[261], stellt keine Abweichung vom bundesrechtlichen Modell, sondern eine Konkretisierung von § 6 VI 2 BWahlG dar. Aus der Bindung der Länder an die Wahlgrundsätze folgt nicht die Zulässigkeit einer bundesrechtlich angeordneten **terminlichen Koppelung** von Landtags- und Bundestagswahlen[262]; unbedenklich mit Blick

---

[254] BVerfGE 3, 45 (49ff.); 7, 77 (84ff.) – beide Entscheidungen zum schleswig-holsteinischen Kommunalwahlgesetz.

[255] So die ganz überwiegende Meinung in der Literatur: vgl. *Dreier*, Einheit (Fn. 194), S. 124f. m.w.N. und Darstellung der Problematik. Für Zulässigkeit freilich *K. David*, Verfassung der Freien und Hansestadt Hamburg, 1994, Art. 38a Rn. 21ff.

[256] Bedenken bei *Stern* (Fn. 15), Art. 28 Rn. 54; *Bothe* (Fn. 219), Art. 28 Abs. 1 I Rn. 9. Der BayVerfGH hielt diese Regelung (bis 1973: Art. 14 IV BayVerf., Art. 51 IV Bay. LandeswahlG; anders mit 5%-Klausel für den gesamten Freistaat jetzt Art. 14 IV BayVerf. n.F., Art. 41 IV Bay. LandeswahlG) für gerade noch mit der BayVerf. vereinbar; BayVerfGH n.F. 11, 127 (140ff.). Vgl. BVerfGE 1, 208 (256); 47, 253 (277).

[257] Übersicht über die verschiedenen Listensysteme bei *W. Schreiber*, Handbuch des Wahlrechts zum Deutschen Bundestag, 6. Aufl. 1998, § 27 BWahlG Rn. 12ff.; Synopse der Kommunalwahlgesetze der Bundesländer bei *A. Gern*, Deutsches Kommunalrecht, 2. Aufl. 1998, Rn. 324ff.; am Beispiel des bayerischen Kommunalwahlrechts etwa *G. Lissack*, Bayerisches Kommunalrecht, 1997, § 4 Rn. 63.

[258] BVerfGE 12, 139 (142f.); 15, 165 (167). Zustimmend *Stern* (Fn. 15), Art. 28 Rn. 54.

[259] BVerfGE 3, 383 (394ff.); 12, 132 (133f.); 12, 135 (137ff.); BayVerfGHE 13, 1 (8); *Bothe* (Fn. 219), Art. 28 Abs. 1 I Rn. 9. Zur Bindung durch den Gleichheitssatz: BVerfGE 12, 10 (27ff.).

[260] Vergleichende Nachweise zu den Verfahren bei *Stern*, Staatsrecht I, S. 297ff.; *Hans Meyer*, Wahlgrundsätze und Wahlverfahren, in: HStR II, § 38 Rn. 35f.; *Schreiber*, Handbuch (Fn. 257), § 6 BWahlG Rn. 6; *P. Kunth*, ZParl. 22 (1991), 297ff.; aus der Rechtsprechung etwa BayVerfGH BayVBl. 1992, 397 (398ff.); OVG NW NWVBl. 1996, 436 (437).

[261] § 3 I 2 S-H WahlG; § 3 I 2 Brandenb. LandeswahlG; dazu knapp *D. Murswiek*, Schutz der Minderheiten in Deutschland, in: HStR VIII, § 201 Rn. 30; für die Verfassungswidrigkeit solcher Begünstigungen *U. Hösch*, ThürVBl. 1996, 265 (269).

[262] *Stern*, Staatsrecht I, S. 710; *Nierhaus* (Fn. 194), Art. 28 Rn. 19; *T. Friedrich*, ZRP 1993, 363 (366); eine Koppelung beider Termine durch die *Landes*regierung hält für zulässig VerfGH R-P DVBl. 1984, 676 (677f.). Ebenfalls unzulässig hingegen wäre eine bundesrechtlich normierte Synchronisierung aller Landtagswahltermine: BVerfGE 1, 14 (34); *A. Haratsch*, DVBl. 1993, 1338 (1341f.). Verfassungspolitische Überlegungen in dieser Richtung bei *K. v. Beyme*, ZParl. 23 (1992), 339ff.

auf Art. 28 I 2 GG ist hingegen die Zusammenlegung von Kommunal- und Europawahl durch Landesorgane[263].

bb) Insbesondere: Gemeinde- und Kreisebene

Auf der Ebene von Gemeinden und Kreisen ergeben sich im Vergleich zur länderstaatlichen Ebene einige Besonderheiten. Zunächst entfällt gemäß Art. 28 I 3 GG die Beschränkung auf das deutsche **Volk** für Staatsangehörige eines Mitgliedstaates der EG (→ Rn. 31). Mit **Vertretung** sind hier die Repräsentativkörperschaften Gemeinderat (Stadtrat, Bürgerschaft o.ä.)[264] bzw. Kreistag gemeint[265]. Doch ist dadurch die Direktwahl weiterer Vertretungsorgane (Bürgermeister, Landräte) nicht ausgeschlossen (→ Rn. 91)[266]; auch sie »vertreten« die Bürger und handeln ebenso wie das kollektive Organ mit verpflichtend-repräsentativer Bindung für die Bürger, also nicht nur im Sinne einer bloß »zeremoniellen« Außenrepräsentation. Zu weit dürfte jedoch die Meinung gehen, Gemeinderat bzw. Kreistag müßten nicht kommunales Hauptorgan sein, sondern nur ein hinreichendes Mitspracherecht besitzen[267]. Umgekehrt ist die Direktwahl von Bürgermeister oder Landrat durch Art. 28 I 2 GG natürlich nicht geboten. Schließlich setzt die Garantie des Art. 28 I 2 GG der Einführung von nicht an den Gemeinderat (Kreistag) oder die direkt gewählte Spitze (Bürgermeister, Landrat) rückgebundenen Managementstrukturen etwa im Rahmen des »neuen Steuerungsmodells« (→ Rn. 91) Grenzen[268]. Sonstige Gemeindeverbände (→ Rn. 155 ff.), die keine kommunalen Gebietskörperschaften sind, müssen keine nach den Vorgaben des Art. 28 I 2 GG gewählte Vertretung haben, dürfen es aber[269]. Verfassungsrechtlich problematisch ist die als Kommunalaufsichtsmaßnahme (→ Rn. 107) vereinzelt vorgesehene Auflösung der Gemeindevertretung[270].

5%-Sperrklauseln sind auf Kommunalebene noch problematischer als auf Bun-

---

[263] BVerfG (3. Kammer des Zweiten Senats) NVwZ 1994, 893 (893f.).
[264] Vollständiger Überblick über die Terminologie bei *R. Stober*, Kommunalrecht in der Bundesrepublik Deutschland, 3. Aufl. 1996, § 14 II 1 (S. 183 f.).
[265] Das wird selten ausdrücklich thematisiert. Vgl. aber *A. Bovenschulte/A. Buß*, Plebiszitäre Bürgermeisterverfassungen, 1996, S. 82 ff., wo in Gegenüberstellung von direkt gewähltem Bürgermeister und Gemeindevertretung diese ausdrücklich als »einzig notwendiges und folglich Hauptorgan der Gemeinde« bezeichnet wird. Verschiedene Vertretungsbegriffe und Klarstellung, daß nur die Mitglieder von Gemeinderat und Kreistag von Art. 28 I 2 GG erfaßt seien, auch bei *Gönnenwein*, Gemeinderecht (Fn. 34), S. 342 f.
[266] Dazu jetzt umfangreich *Bovenschulte/Buß*, Bürgermeisterverfassungen (Fn. 265), insb. S. 76 ff.
[267] *Stern* (Fn. 15), Art. 28 Rn. 50; ihm zustimmend *Bothe* (Fn. 219), Art. 28 Abs. 1 I Rn. 8.
[268] Hier gilt gleiches wie auf der staatlichen Ebene. Vgl. *Dreier*, Budgetrecht (Fn. 17), S. 102 ff. m.w.N.; s. auch *L. Osterloh*, StWStP 8 (1997), 79 ff. Optimistischer *A. v. Mutius*, Neues Steuerungsmodell in der Kommunalverwaltung, in: FS Stern, 1997, S. 685 ff. (695 ff.). Plädoyer für eine Verknüpfung von Steuerungsmodell und direktdemokratischen Elementen bei *T. Klie/T. Meysen*, DÖV 1998, 452 (457 f.). Näher zu den Anforderungen an eine kommunale Neuorganisation aus dem Demokratieprinzip *R. Wahl*, Organisation kommunaler Aufgabenerfüllung im Spannungsfeld von Demokratie und Effizienz, in: H.-G. Henneke (Hrsg.), Organisation kommunaler Aufgabenerfüllung, 1998, S. 15 ff. (29 ff.); zur Problematik auch *H. Schulze-Fielitz*, Die kommunale Selbstverwaltung zwischen Diversifizierung und Einheit der Verwaltung, ebd., S. 223 ff. (242 f.).
[269] BVerfGE 52, 95 (110 ff.). – Schleswig-Holsteinische Ämter; dazu eingehend *H.-M. Steinger*, Amtsverfassung und Demokratieprinzip, 1997, S. 57 ff. Zum Status von Vertretern in der Versammlung eines Zweckverbands VG Würzburg BayVBl. 1998, 88 (89 f.).
[270] *Stern* (Fn. 15), Art. 28 Rn. 47; w.N. bei *Stober*, Kommunalrecht (Fn. 264), § 9 III 1 d ee (S. 153 Fn. 53).

des- oder Landesebene (→ Art. 38 Rn. 104), aber auch hier nach herrschender Auffassung zulässig[271]. Allerdings kann diese Beschränkung der Wahlrechtsgleichheit infolge von Änderungen der Aufgabenstruktur der Gemeindevertretungen verfassungswidrig werden[272]. Kommunalen Wählergruppen und Wählervereinigungen (sog. **Rathausparteien**[273]) muß eine chancengleiche Teilnahme an den Wahlen möglich sein, so daß sie etwa beim Erfordernis von Unterschriftenquoren für Wahlvorschläge gegenüber politischen Parteien nicht benachteiligt werden dürfen[274]. Aus dem Grundsatz der freien Wahl (→ Art. 38 Rn. 81 ff.) folgen Einschränkungen der kommunalen **Öffentlichkeitsarbeit** (→ Rn. 91) im Wahlkampf; Wahlempfehlungen zugunsten einer Partei oder eines Bewerbers verstoßen gegen die den Gemeinden durch Art. 28 I 2 GG auferlegte Neutralitätspflicht[275]; gleiches dürfte auch für Stellungnahmen zu Abstimmungen zumindest auf Landesebene gelten[276]. Kommunale Wählbarkeitsbeschränkungen werden durch Art. 137 I GG geregelt[277]. Das **Verbot der Annahme des errungenen Mandates** im Falle gleichzeitiger Mitgliedschaft geschiedener Ehegatten im Gemeinderat stellt – anders als im Falle einer bestehenden Ehe – keinen »zwingenden Grund« zur Einschränkung der Wahlrechtsgleichheit gemäß Art. 28 I 2 GG dar[278].

70 Umstritten ist, ob die **kommunalen Vertretungsorgane** (Gemeinderäte, Kreistage) als **Parlamente** angesehen und von daher der Legislative zugeordnet werden können. Das wird z.T. bejaht mit Hinweis auf die Entwicklung der Gemeindevertretung vom Exekutivausschuß zu einem echten Parlament sowie mit ihrer historischen Vorreiterrolle namentlich für die Anerkennung eines freien Mandats[279]. Die h.M. ord-

---

[271] BVerfGE 6, 104 (111 ff.); 11, 266 (277); 13, 243 (246 f.); zustimmend *Stern* (Fn. 15), Art. 28 Rn. 56; *Löwer* (Fn. 135), Art. 28 Rn. 23; zu Recht a.A. *Hamann/Lenz*, GG, Art. 28 Anm. B 4; *Meyer* (Fn. 260), § 38 Rn. 29; jüngst auch VerfGH Berlin JR 1998, 140 (142 f.) – Bezirksverordnetenversammlungen.

[272] Mit Blick auf die dem Gemeinderat entzogene Aufgabe der Wahl von Bürgermeister und Hauptverwaltungsbeamten (→ Rn. 91) hat demnach der VerfGH NW (NVwZ 1995, 579 [580 ff.]) eine Überprüfung der Sperrklausel zur Kommunalwahl 1999 für verfassungsrechtlich geboten erachtet.

[273] Hierzu grundlegend *W.W. Grundmann*, Die Rathausparteien, 1960; *T. Möller*, Die kommunalen Wählergemeinschaften in der Bundesrepublik Deutschland, 2. Aufl. 1985. Dazu, daß Rathausparteien nach herrschender Ansicht nicht unter den Parteienbegriff des Grundgesetzes fallen: → Art. 21 Rn. 36.

[274] BVerfGE 11, 266 (277); 12, 10 (27); 12, 135 (137 ff.); 13, 1 (16); BayVerfGHE 13, 1 (8); anders noch BVerwGE 8, 327 ff.

[275] BVerwG DVBl. 1997, 1276 (1277); BayVGH BayVBl. 1996, 145. Zur staatlichen Ebene: → Art. 20 (Demokratie) Rn. 79.

[276] Zutreffend BayVGH DVBl. 1991, 1003 (1003 f.), wonach den Gemeinden untersagt ist, ihren Bürgern in einem Volksentscheid über einen Gesetzentwurf ein bestimmtes Abstimmungsverhalten zu empfehlen, auch wenn der Gesetzentwurf gemeindeeigene Angelegenheiten betrifft. Weitergehend zugunsten der Gemeindeorgane nunmehr BayVerfGH BayVBl. 1994, 203 (206 f.); dazu mit Recht kritisch *M. Wittzack*, BayVBl. 1998, 37 (40). Auf Ortsebene, wo der Gemeinderat im Bürgerentscheid Partei ist, greift nur das »Sachlichkeitsgebot« (vgl. Art. 18a V BayGO); dazu *M. Wittzack*, ebd.

[277] BVerfGE 12, 73 (77 ff.).

[278] BVerfGE 93, 373 (377 ff.); noch weitergehend Sachs-AnhVerfG NVwZ-RR 1995, 457 (459 ff.); 464 (464 ff.). Kritisch zu den genannten Judikaten *K. Engelken*, DÖV 1996, 853 (860 ff.), der diese Rechtsprechung einerseits für inkonsequent hält und andererseits stärker auf Art. 137 I GG als Rechtfertigungsgrund abstellen will; für eine weiterreichende Verfassungswidrigkeit der Regelungen in Baden-Württemberg wiederum *H. Stintzing*, VBlBW 1998, 46 (51). Umfangreiche Rechtsprechungsanalyse bei *J. Oebbecke*, Die Verwaltung 31 (1998), 219 ff. (zur Ehegattenproblematik 231 ff.).

[279] Vgl. z.B. *Faber* (Fn. 101), Art. 28 Abs. 1 II, Abs. 2, Rn. 21, 25; *W. Frotscher*, ZParl. 7 (1976), 494

net indes die kommunalen Vertretungen unter Verneinung ihres Parlamentscharakters der Exekutive zu[280]. Letztlich ist der Streit um eine pauschale Etikettierung unfruchtbar, da sich aus ihr allein keine rechtlich relevanten Folgerungen ziehen lassen. Entscheidend kommt es vielmehr auf die konkrete Rechtsstellung der gewählten Vertreter an. Diese verfügen bei ihren Abstimmungen zwar über ein **freies Mandat**[281], das aber durch die Verschwiegenheits- und Treuepflichten sowie Mitwirkungsverbote eingeschränkt wird und die flankierenden Sicherungen der Indemnität und Immunität (→ Art. 46 Rn. 11, 24) nicht kennt. Der Gemeinderat (Kreistag) wiederum stellt wie das staatliche Parlament das wichtigste und zentrale Leitorgan der Gebietskörperschaft mit weitreichenden Zugriffsrechten dar[282] und ist richtiger Auffassung zufolge als »Volksvertretung« i.S. des Art. 17 GG Petitionsadressat (→ Art. 17 Rn. 26), doch fehlt hier angesichts der ihm obliegenden rechtsetzenden wie ausführenden Funktionen das Moment der Gewaltenteilung, also die zumindest prinzipielle Trennung von gesetzlicher Programmierung und programmierten Verwaltungshandeln. Freilich hindert dies nicht daran, in Ermangelung gesetzlicher Regelungen einzelne parlamentsrechtliche Grundsätze, etwa bei der repräsentativen Besetzung der Ausschüsse[283], auf die kommunale Ebene zu übertragen. Ein Recht zur Einrichtung von Untersuchungsausschüssen besteht freilich vorbehaltlich kommunalrechtlicher Sonderregeln nicht[284]. Auch für die Frage, ob kommunale Satzungen dem Vorbehalt des Gesetzes (→ Art. 20 [Rechtsstaat] Rn. 95ff.) genügen oder für Regelungen in diesem Bereich eine spezielle gesetzliche Grundlage nötig ist (→ Rn. 134), kann die Antwort nicht allein einer bejahten oder verneinten Parlamentseigenschaft der Kommunalvertretungen entnommen werden[285].

Durch die Vorgabe repräsentativer Strukturen werden **direktdemokratische Elemente auf Kommunalebene nicht ausgeschlossen**[286], wie sie mittlerweile in allen

71

---

(499); *B. Hoppe/R. Kleindiek*, VR 1992, 82 (83f.); ausführlich *Y. Ott*, Der Parlamentscharakter der Gemeindevertretung, 1994, S. 86ff., 214, 279ff. – Zuordnung zur Legislative auch (früher) in BVerfGE 21, 54 (62f.); 32, 346 (361).

[280] BVerfGE 65, 283 (289); 78, 344 (348); BVerwGE 90, 104 (104f.); *G. Wurzel*, Gemeinderat als Parlament?, 1975, S. 117f.; *Schmidt-Aßmann*, Kommunalrecht (Fn. 30), Rn. 59; *Lissack*, Kommunalrecht (Fn. 257), § 4 Rn. 54.

[281] Ausdrückliche Kennzeichnung in BVerwGE 90, 104 (104f.); *Lissack*, Kommunalrecht (Fn. 257), § 4 Rn. 56; eingehend *Ott*, Parlamentscharakter (Fn. 279), S. 233ff. Zur Einschränkung durch die Verschwiegenheitspflicht *R. Hahn*, VBlBW 1995, 425ff. – In BVerfGE 78, 344 (348) ist ausdrücklich vermerkt, daß für die Rechtsstellung des Kommunalvertreters eine dem Art. 38 I 2 GG entsprechende Vorschrift fehle.

[282] In der süddeutschen Kreisverfassung mit ihrem starken Landrat verschiebt sich dieses Bild etwas; vgl. *A. v. Mutius*, Kommunalrecht, 1996, Rn. 674 m.w.N. in Rn. 675f.

[283] BVerwGE 90, 104 (109); BayVerfGH NVwZ 1985, 823 (823f.); BayVGH BayVBl. 1993, 180 (181f.); Bad.-Württ.VGH VBlBW 1993, 296 (297f.); OVG Bremen NVwZ 1990, 1195 (1196); aus der Literatur *U. Bick*, Die Ratsfraktion, 1989, S. 32ff.; *J. Hellermann*, Jura 1995, 145 (148f.).

[284] VG Würzburg BayVBl. 1996, 377 (379); a.A. für das hessische Kommunalrecht *B. Hoppe/R. Kleindiek*, VR 1992, 82 (86f.).

[285] So aber *Ott*, Parlamentscharakter (Fn. 279), S. 160ff.

[286] Nur vereinzelt wurde dies angenommen: so etwa *A. v. Mutius*, Sind weitere rechtliche Maßnahmen zu empfehlen, um den notwendigen Handlungs- und Entfaltungsspielraum der kommunalen Selbstverwaltung zu gewährleisten?, Gutachten E zum 53. DJT, 1980, S. 212f., 226; *W. Blümel*, Gemeinden und Kreise vor den öffentlichen Aufgaben der Gegenwart, VVDStRL 36 (1978), S. 171ff. (228f.). Heute ist die Vereinbarkeit praktisch unbestritten: *E. Schmidt-Jortzig*, Kommunalrecht, 1982, Rn. 135; *ders.*, Erschwerung kommunaler Aufgabenerfüllung durch Personalvertretungsrecht,

Kommunalverfassungen der Flächenländer verankert sind (→ Rn. 91)[287]. Grenzen sind kommunalen Bürgeranträgen, Bürgerbegehren und Bürgerentscheiden weniger durch die kommunale Selbstverwaltung oder deren »Effektivität« als durch das Demokratieprinzip selbst gezogen[288]. Eine Verletzung der Selbstverwaltungsgarantie scheidet schon deshalb aus, weil die Gesamtheit der Bürger bei Abstimmungen nach richtiger Ansicht als Gemeindeorgan fungiert[289]. Besondere Schwierigkeiten ergeben sich bei der Einführung von partizipativen Formen auf **Kreisebene**, weil hier das »subtile Beziehungsgeflecht innerhalb des Gemeindeverbands«[290] empfindlich berührt werden kann.

b) Kommunales Wahlrecht für EG-Bürger (Art. 28 I 3 GG)

72 Volk meint in Art. 20 II 1 GG das deutsche Staatsvolk, so daß ein **Ausländerwahlrecht** auf Bundes- oder Landesebene **verfassungswidrig** ist (→ Art. 20 [Demokratie] Rn. 83f.). Nach h.M. gilt dies auch für die Wahlen auf Gemeinde- und Kreisebene, da kommunale Selbstverwaltung Ausübung mittelbarer Staatsgewalt sei und die erforderliche demokratische Legitimation nur von Deutschen i.S.d. Grundgesetzes vermittelt werden könne[291].

73 Eine **Ausnahme** sieht nunmehr vor dem Hintergrund von Art. 8, 8b (17, 19 n.F.) EGV der 1992 eingefügte (→ Rn. 24) **Art. 28 I 3 GG** vor. Danach verfügen Personen, die die Staatsangehörigkeit eines Mitgliedstaates der Europäischen Gemeinschaft besitzen, über das aktive und passive Kommunalwahlrecht, und zwar »nach Maßgabe

---

(Gleichstellungs-)Beauftragte und verstärkte Bürgerbeteiligung, in: H.-G. Henneke (Hrsg.), Stärkung der kommunalen Handlungs- und Entfaltungsspielräume, 1996, S. 97ff. (109); *Schmidt-Aßmann*, Kommunalrecht (Fn. 30), Rn. 91; *v. Mutius*, Kommunalrecht (Fn. 282), Rn. 614; *S. Muckel*, NVwZ 1997, 223 (227). Überblick zu den Möglichkeiten bei *F.-L. Knemeyer*, Bürgerbeteiligung und Kommunalpolitik, 2. Aufl. 1997, S. 165ff.; *W. Erbguth*, DÖV 1995, 793ff.; *M. Wehr*, BayVBl. 1996, 549ff.; *U. Schliesky*, DVBl. 1998, 169ff.

[287] Zuletzt 1997 im Saarland, *Knemeyer*, Bürgerbeteiligung (Fn. 286), S. 223; dort S. 165ff. auch Synopse und umfangreiche w.N.; vgl. noch *Stober*, Kommunalrecht (Fn. 264), § 8 I 3b cc (S. 121f.).

[288] Insofern nur in der auf das Demokratieprinzip abstellenden Hilfserwägung zutreffend BayVerfGH BayVBl. 1997, 622 (626f.); zustimmend zur Argumentation aus der Selbstverwaltungsgarantie aber *F.-L. Knemeyer*, DVBl. 1998, 113 (114); kritisch hingegen *O. Jung*, BayVBl. 1998, 225ff. Gegen ein verfassungsrelevantes Effektivitätskriterium *Schmidt-Jortzig*, Erschwerung (Fn. 286), S. 108f.

[289] Insofern zwar zutreffend, aber in der Sache nicht weiterführend die Überlegung des BayVerfGH BayVBl. 1997, 622 (626), der *Bürgerentscheid* sei kein Gemeindeorgan; dem zustimmend jedoch *U. Schliesky*, DVBl. 1998, 169 (170f.). Gegen eine Organstellung auch *M. Wehr*, BayVBl. 1996, 549 (552f.) m.w.N.; dafür VG Darmstadt NVwZ-RR 1995, 156 (157); offen *H.-G. Fischer*, DÖV 1996, 181 (183). Zum vergleichbaren Fall des **Landesvolkes als Staatsorgan** bei Volksbegehren und Volksentscheid *Herdegen* (Fn. 200), § 97 Rn. 12; *U.K. Preuß*, DVBl. 1985, 710 (711f.); *S. Przygode*, Die deutsche Rechtsprechung zur unmittelbaren Demokratie, 1995, S. 237. Letzterer betont zurecht den materiellrechtlichen Charakter dieser Organstellung, während die Gegenmeinung allein auf die prozessualen Konsequenzen im Sinne der Parteifähigkeit im Organstreitverfahren abstellt; vgl. für diese Sicht BVerfGE 60, 175 (200ff.).

[290] *E. Schmidt-Aßmann*, DVBl. 1996, 533 (538) mit diesbezüglichen Bedenken. Das BVerfG (3. Kammer des Zweiten Senats) DÖV 1994, 516 hat die Abwahl eines Landrats durch die Kreisbürger zugelassen.

[291] BVerfGE 83, 37 (53ff.); 83, 60 (71ff.); für die Literatur statt aller *H. Quaritsch*, Der grundrechtliche Status der Ausländer, in: HStR V, § 120 Rn. 93, 110. Eine Mindermeinung in der Literatur hält an der Zulässigkeit eines kommunalen Ausländerwahlrechts ohne Verfassungsänderung fest: *B.-O. Bryde*, StWStP 5 (1994), 305 (317ff.); *A. Rinken*, KritV 79 (1996), 282 (298f.); umfangreich *H. Rittstieg*, Wahlrecht für Ausländer, 1981.

I. Art. 28 I GG (Homogenitätsgebot, Vorgaben für das Wahlrecht) **Art. 28**

von Recht der Europäischen Gemeinschaft«. Damit wird neben den Vertragsbestimmungen auf die einschlägige EG-Richtlinie[292] Bezug genommen. Ihr zufolge sind alle allgemeinen und unmittelbaren Wahlen umfaßt, die darauf abzielen, die Mitglieder der Vertretungskörperschaft und gegebenenfalls den Leiter und die Mitglieder des Exekutivorgans einer »lokalen Gebietskörperschaft der Grundstufe« zu bestimmen; gemäß einem der Richtlinie beigefügten Anhang betrifft das in Deutschland Gemeinden und Kreise, kreisfreie Städte und Stadtkreise sowie die Bezirke in Hamburg und Berlin und die Stadtgemeinde in Bremen.

Gleichwohl sind die **EG-Bürger** den deutschen Wahlberechtigten **nicht in jeder Hinsicht gleichgestellt**. In Bayern und Sachsen werden die deutschen Wahlbürger von Amts wegen, die EG-Bürger hingegen nur auf Antrag in das Wählerverzeichnis eingetragen; ferner können diese hier nicht zum Bürgermeister oder Landrat gewählt werden[293]. Die Zulässigkeit dieser Einschränkungen bestimmt sich nicht nach nationalem, sondern nach EG-Recht. Art. 7 der Kommunalwahlrichtlinie setzt grundsätzlich einen Antrag auf Eintragung in das Wählerverzeichnis voraus; die Mitgliedstaaten, in denen keine Wahlpflicht besteht, können eine Eintragung von Amts wegen vorsehen, müssen dies aber nicht. Gemäß Art. 5 III der Richtlinie ist ein Ausschluß der EG-Wahlbürger von bestimmten Ämtern zulässig. Damit erweisen sich die genannten **Einschränkungen** als **europarechtskonform**[294]. 74

Umstritten ist, ob die Bundesländer auch die **Teilnahme** von EG-Bürgern an Abstimmungen, insbesondere **an Bürgerbegehren und -entscheiden**, vorsehen dürfen[295], wie dies etwa in Baden-Württemberg, Bayern und Hessen der Fall ist[296]. Dem klaren Wortlaut nach betreffen Art. 28 I 3 GG i.V.m. Art. 8b I (19 n.F.) EGV und der Kommunalwahlrechts-Richtlinie nur Wahlen, nicht »Abstimmungen« (zum Unterschied: → Art. 20 [Demokratie] Rn. 88ff., 93ff.). Obwohl Vorstöße, diese ausdrücklich einzubeziehen, erfolglos blieben[297], ist die Folgerung auf einen gewollten Ausschluß bei Bür- 75

---

[292] Rl. 94/80/EG, ABl. 1994 L 368/38; diese ist nunmehr von allen Bundesländern umgesetzt: *Gern*, Kommunalrecht (Fn. 257), Rn. 559.
[293] Art. 36 I 1 BayGLKrWahlG; §§ 49 I GemO, 45 I Sächs. LKrO; anders etwa Nordrhein-Westfalen, dazu *E. Kremer*, VR 1996, 145 (146). Nachweise zu allen Bundesländern bei *Gern*, Kommunalrecht (Fn. 257), Rn. 357ff.
[294] Bedenken hinsichtlich beider Einschränkungen bei *M. Wollenschläger/A. Schraml*, BayVBl. 1995, 385 (387f.); treffende Entgegnung: *K. Engelken*, BayVBl. 1996, 389ff.; zum passiven Wahlrecht jetzt auch VG Ansbach BayVBl. 1998, 346 (348f.).
[295] **Befürwortend**: *K. Engelken*, NVwZ 1995, 432ff.; *ders*, DÖV 1996, 737ff.; *C. Masson/R. Samper*, Bayerische Kommunalgesetze, Art. 18a BayGO (1995), Rn. 13. **Ablehnend**: *K. Meyer-Teschendorf/H. Hofmann*, ZRP 1995, 290ff., die allerdings eine entsprechende Verfassungsänderung (sowie ggf. eine Änderung des EGV) unter europapolitischen Aspekten befürworten (S. 292f.); *B. Burkholz*, DÖV 1995, 816ff.; *M. Wehr*, BayVBl. 1996, 549 (550). – Unentschieden *L. Schrapper*, DVBl. 1995, 1167 (1170f.).
[296] Art. 72 I BWVerf.; § 30 i.V.m. § 8b HessGemO; Art. 18a BayGO i.V.m. Art. 15 II BayGO, Art. 1 I BayGLKrWG.
[297] *K. Engelken*, DÖV 1996, 737 (740). *B. Burkholz*, DÖV 1995, 816 (818), weist darauf hin, daß Vertreter der SPD der Gemeinsamen Verfassungskommission einen Antrag vorgelegt hatten, demzufolge die vorgeschlagene Regelung des Art. 28 I 3 GG auch für Abstimmungen in Gemeinden und Kreisen entsprechend gelten sollte. Dieser Antrag gelangte ebensowenig zur Umsetzung wie der Änderungsvorschlag des Europäischen Parlaments, den Anwendungsbereich der Richtlinie auszudehnen auf »allgemeine, unmittelbare Abstimmungen, die bei den lokalen Körperschaften stattfinden« (zitiert nach *M. Wollenschläger/A. Schraml*, BayVBl. 1995, 385 [387 m. Fn. 27]).

gerbegehren und Bürgerentscheid nicht zwingend[298]. Andererseits läßt sich auch nicht annehmen, daß mit der Einfügung von Art. 28 I 3 GG der Volksbegriff modifiziert werde und den Ländern erweiterten Spielraum für die Beteiligung von Ausländern an der Ausübung von (mittelbarer) Staatsgewalt biete[299]. Entscheidend ist vielmehr die Überlegung, daß mit der europarechtsinduzierten Verfassungsänderung die demokratische Legitimation für die Kommunalebene in personaler Hinsicht erweitert werden sollte. Wenn diese Verbreiterung aber sogar die Wahl von Bürgermeistern und Landräten umfaßt, denen auch die Wahrnehmung der Aufgaben im übertragenen Wirkungskreis (→ Rn. 84), also rein staatlicher Natur, obliegt, dann ist es nur folgerichtig, die **Zulässigkeit der Beteiligung von EG-Bürgern** auch für Bürgerbegehren und Bürgerentscheide anzunehmen, welche ausschließlich den eigenen Wirkungskreis betreffen[300].

4. Rechtsfolgen bei Verletzung des Art. 28 I GG

76 Treten die »verfassungsmäßige Ordnung« (→ Rn. 55) oder die wahlrechtlichen Bestimmungen eines Landes (→ Rn. 65ff.) in Widerspruch zu den Vorgaben des Art. 28 I GG, so stellt sich die Frage nach der Rechtsfolge (Nichtigkeit, Unvereinbarkeit, Überlagerung o. a.). Als nahezu unangefochten kann wegen des Charakters als einer Normativbestimmung (→ Rn. 54) insoweit die Auffassung gelten, daß in diesem Fall nicht einfach Bundes(verfassungs)recht an die Stelle von Landes(verfassungs)recht tritt und es gleichsam substituiert[301]. Aus dem Grundsatz, daß Art. 28 I GG nur für die Länder, aber nicht in ihnen gilt (→ Rn. 54), ergibt sich aber wiederum **nicht** die gleichsam gegenläufige Folge, daß aus einem Verstoß gegen das grundgesetzliche Gebot **lediglich eine Unanwendbarkeit** der landesrechtlichen Regelungen und eine Pflicht der Länder zur Änderung und Anpassung ihres Rechts folge[302]. Zwar schont diese Konstruktion die Verfassungsautonomie der Länder und erschließt Art. 28 III GG einen weiten Anwendungsbereich; doch wird sie nicht nur mit der bundesrechtsstaatlich kaum akzeptablen Folge erkauft, daß das Homogenitätsgebot verletzende Normen des Landesrechts bis zu ihrer Aufhebung durch das Land oder Maßnahmen gemäß Art. 28 III, 37 GG in Kraft blieben[303], sondern widerspricht zugleich dem allgemeinen Grundsatz von der Nichtigkeit verfassungswidriger Normen. Mit der herrschenden und zutreffenden Auffassung ist daher von der **Nichtigkeit** des mit Art. 28 I GG unvereinbaren

---

[298] Insoweit noch übereinstimmend *B. Burkholz*, DÖV 1995, 816 (817); *K. Engelken*, NVwZ 1995, 432 (433); *M. Wehr*, BayVBl. 1996, 549 (550). – A.A. *K. Meyer-Teschendorf/H. Hofmann*, ZRP 1995, 290 (292): Art. 28 I 3 GG müsse als Ausnahmeregelung eng ausgelegt werden, so daß es dem Landesgesetzgeber nicht freistehe, Unionsbürgern das Recht auf Beteiligung an kommunalen Sachabstimmungen einzuräumen.

[299] Insofern richtig *B. Burkholz*, DÖV 1995, 816 (818); s. auch *K. Meyer-Teschendorf/H. Hofmann*, ZRP 1995, 290 (292).

[300] So auch *K. Engelken*, NVwZ 1995, 432 (435); *ders.*, DÖV 1996, 737 (738f.); *E. Kremer*, VR 1996, 145 (146f.).

[301] Für eine solche Substitution im Grunde nur *W. Schmidt*, AöR 87 (1962), 253 (280); für die h.M. siehe *E.-W. Böckenförde/R. Grawert*, DÖV 1971, 119 (126); *März*, Bundesrecht (Fn. 209), S. 190f.; *Dreier*, Einheit (Fn. 194), S. 125; *Nierhaus* (Fn. 194), Art. 28 Rn. 27.

[302] So *E.-W. Böckenförde/R. Grawert*, DÖV 1971, 119 (126); *v. Mangoldt*, Grundgesetz (Fn. 90), Art. 28 Anm. 4 (S. 181).

[303] *Werner*, Homogenitätsprinzip (Fn. 203), S. 76; *Rozek*, Grundgesetz (Fn. 207), S. 117; *Dreier*, Einheit (Fn. 194), S. 126.

Landesrechts auszugehen³⁰⁴. Zur Begründung dieses Ergebnisses zieht man zuweilen zusätzlich Art. 31 GG heran³⁰⁵. Doch dessen bedarf es nicht (→ Art. 31 Rn. 19, 30, 38, 58): vielmehr entfaltet **Art. 28 I GG** als negative Kompetenzvorschrift **selbstregulierende Wirkung**³⁰⁶, führt also selbst und unmittelbar zur Nichtigkeit der entgegenstehenden landesrechtlichen Norm, was auch der Judikatur des Bundesverfassungsgerichts (→ Rn. 55) entspricht.

Zumeist geht man davon aus, daß neben dem direkten Verstoß einer landesrechtlichen Norm gegen Art. 28 I GG eine **zweite Fallgruppe** existiert: wenn das Land es unterläßt, seine verfassungsmäßige Ordnung dem Mindeststandard des Art. 28 I GG anzupassen³⁰⁷. Mit Ausnahme des neuen Art. 28 I 3 GG (→ Rn. 24, 31) dürfte es sich um ein **Artefakt** handeln. Denn eine Konstellation, in der die verfassungsmäßige Ordnung im Land nicht zugleich die Nichtigkeit einschlägiger bestehender Regelungen nach sich zöge (und sei es nur, weil diese bestimmte Vorkehrungen nicht kennen), scheint angesichts der allgemeinen Normierungsdichte kaum vorstellbar. Man müßte sonst schon annehmen, daß sich im gesamten Landesrecht keine den Verfassungsprinzipien (→ Rn. 58 ff.) zuzuordnenden Aussagen fänden oder wahlrechtliche Regelungen komplett fehlten. Im übrigen trifft das Bundesverfassungsgericht, nicht anders als bei Entscheidungen über bundesrechtliche Normen, Übergangs- und Anwendungsregelungen, wenn infolge der Nichtigkeitserklärung einer Vorschrift ein Normvakuum oder eine ansonsten unklare Rechtslage drohte³⁰⁸. Allein beim Wahlrecht für EU-Bürger wäre denkbar, daß sich ein Land allen gebotenen Regelungen versagte und von daher eine Normsubstitution durch den Bund erforderlich würde; vermutlich würde aber auch hier das Bundesverfassungsgericht an die bestehenden (unvollständigen) Wahlvorschriften anknüpfen und mit Übergangsregeln arbeiten. Auf jeden Fall wäre in einer derartigen Konstellation Art. 31 GG wiederum unanwendbar; es träten vielmehr die **Rechtsfolgen aus Art. 28 III GG** (→ Rn. 174) ein³⁰⁹.

5. Gemeindeversammlungen (Art. 28 I 4 GG)

Art. 28 I 4 GG stellt nach gängiger Auffassung eines der wenigen im Grundgesetz vorgesehenen plebiszitären Elemente dar³¹⁰. Auf jeden Fall ist die Norm Indiz für die grundsätzliche Vereinbarkeit von Elementen unmittelbarer Bürgerentscheidung mit

---

³⁰⁴ *Stern* (Fn. 15), Art. 28 Rn. 14; *Dreier*, Einheit (Fn. 194), S. 126; *Nierhaus* (Fn. 194), Art. 28 Rn. 28; *Boehl*, Verfassunggebung (Fn. 195), S. 200. Anders noch *v. Mangoldt*, Grundgesetz (Fn. 90), Art. 28 Anm. 4: bloße Anfechtbarkeit.

³⁰⁵ *Roters* (Fn. 221), Art. 28 Rn. 13; *Maunz* (Fn. 219), Art. 28 Rn. 82; *Bartlsperger* (Fn. 196), § 96 Rn. 26 f.; dagegen deutlich *Werner*, Homogenitätsprinzip (Fn. 203), S. 76: »unsinnige Doppelung von Gebot und Verbot«.

³⁰⁶ *Werner*, Homogenitätsprinzip (Fn. 203), S. 76; *Bothe* (Fn. 219), Art. 28 Abs. 1 I Rn. 16; *März*, Bundesrecht (Fn. 209), S. 191; *Rozek*, Grundgesetz (Fn. 207), S. 116; *Dreier*, Einheit (Fn. 194), S. 126; *Löwer* (Fn. 135), Art. 28 Rn. 13; *Nierhaus* (Fn. 194), Art. 28 Rn. 28.

³⁰⁷ *Stern* (Fn. 15), Art. 28 Rn. 16; *Werner*, Homogenitätsprinzip (Fn. 203), S. 74; *Roters* (Fn. 221), Art. 28 Rn. 13. *Nierhaus* (Fn. 194), Art. 28 Rn. 25 meint in Fn. 55 sogar, beide Fälle seien »strikt zu unterscheiden«, ohne jedoch Beispiele zu geben.

³⁰⁸ Illustrativ BVerfGE 93, 37 (84 f.).

³⁰⁹ *Stern* (Fn. 15), Art. 28 Rn. 16; *Dreier*, Einheit (Fn. 194), S. 126 m. w. N.

³¹⁰ *Faber* (Fn. 101), Art. 28 Abs. 1 II, Abs. 2 Rn. 66; Jarass/*Pieroth*, GG, Art. 28 Rn. 4b; *Nierhaus* (Fn. 194), Art. 28 Rn. 20. Zu beachten bleibt, daß es hier nicht um einen Fall gesamtstaatlicher direkter Demokratie geht: → Art. 20 (Demokratie) Rn. 95 f.

dem Selbstverwaltungsmodell des Grundgesetzes (→ Rn. 71). Nach der im Parlamentarischen Rat ursprünglich vorgeschlagenen Formulierung bezieht sich die Norm auf »Kleinstgemeinden« (→ Rn. 20). Von den alten Bundesländern, die in ihren Gemeindeordnungen früher eine entsprechende Vorschrift enthielten (Baden-Württemberg, Hessen, Niedersachsen, Nordrhein-Westfalen, Schleswig-Holstein), hat zuletzt Schleswig-Holstein diese Möglichkeit im Jahre 1990 abgeschafft[311]. Mittlerweile ist **Brandenburg** das einzige Bundesland, in dem in Gemeinden mit bis zu 100 Einwohnern an die Stelle der Gemeindevertretung die aus den Gemeindebürgern bestehende Gemeindeversammlung tritt (§ 53 Brandenb. GO).

II. Art. 28 II GG (Kommunale Selbstverwaltung)

1. Allgemeines

a) Kommunale Selbstverwaltung als Form dezentralisierter Demokratie

79 Die Selbstverwaltungsgarantie des Art. 28 II GG macht in Abkehr von Vorstellungen namentlich des 19. Jahrhunderts (→ Rn. 12) deutlich, daß Gemeinden und (Land-)Kreise nicht in grundrechtsanaloger Position dem Staat gegenüberstehen, sondern selbst »**ein Stück ›Staat‹**«[312] darstellen; das macht bereits die Rubrizierung im 2. Abschnitt des Grundgesetzes (»Der Bund und die Länder«) deutlich. Die kommunalen Gebietskörperschaften bilden eine Hauptverwaltungsstufe im Bundestaat und sind insofern Teil der staatlichen Gewalt, allerdings dezentralisierter, mit eigener Rechtspersönlichkeit ausgestatteter Teil. Das kann man entgegen einer früher verbreiteten schroffen Gegenüberstellung von Staats- und Selbstverwaltung durchaus als mittelbare Staatsverwaltung[313] bezeichnen, wenn man sich der verfassungsrechtlich fundierten Besonderheiten der kommunalen »**Dezentralisierungsstufe**« bewußt bleibt[314]. Denn Wesen und Bedeutung der kommunalen Selbstverwaltung wären verfehlt, wenn man in ihr lediglich ein Moment vertikaler Gewaltenteilung oder gar nur ein Instrument zur effizienzsteigernden Aufgliederung der Verwaltungsorganisation sehen würde. Neben dem funktionalen Aspekt der Dezentralisation stützt sie sich heute (anders als früher: → Rn. 10, 14) vornehmlich auf die Verstärkung demokratischer Legitimation. Kommunale Selbstverwaltung ist nicht nur kein »Ausnahmetatbestand« gegenüber der Demokratie[315], sondern führt zu ihrer Intensivierung und Vervielfältigung[316]. Kommunen sind, um die Formulierung des Bundesverfassungsgerichts aufzu-

---

[311] Zur ursprünglichen Rechtslage nach 1949 *P. Krause*, Verfassungsrechtliche Möglichkeiten unmittelbarer Demokratie, in: HStR II, § 39 Rn. 24.

[312] BVerfGE 73, 118 (191); dazu *P. Badura*, BayVBl. 1989, 1 (5); *Schmidt-Aßmann*, Kommunalrecht (Fn. 30), Rn. 8. S. auch BVerfGE 83, 37 (54).

[313] *F. Schoch/J. Wieland*, Finanzierungsverantwortung für gesetzgeberisch veranlaßte kommunale Aufgaben, 1995, S. 64; *E. Forsthoff*, Lehrbuch des Verwaltungsrechts I, 10. Aufl. 1973, S. 470 ff.; *W. Rudolf*, Verwaltungsorganisation, in: Erichsen, Allg. Verwaltungsrecht, § 54 Rn. 16; unter Vorbehalt *Maurer*, Allg. Verwaltungsrecht, § 23 Rn. 1. Kritisch zu dieser Terminologie *Stern*, Staatsrecht I, S. 402; *Nierhaus* (Fn. 194), Art. 28 Rn. 32.

[314] *Hendler* (Fn. 40), § 106 Rn. 41 ff.

[315] Treffend *F. Wagener*, in: Kommunale Selbstverwaltung. Überprüfung einer politischen Idee – Ein Cappenberger Gespräch, 1984, S. 49 (Diskussionsbemerkung).

[316] Eingehende Begründung und Fundierung bei *U. Scheuner*, Zur Neubestimmung der kommunalen Selbstverwaltung (1973), in: ders., Staatstheorie und Staatsrecht, 1978, S. 567 ff. (572: Kommunen

greifen, ein Stück demokratischer Staatlichkeit, Ausdruck **gegliederter Demokratie**[317]. Auf der für Bund, Länder, Kreise und Gemeinden gleichen und gleichermaßen verbindlichen demokratischen Legitimationsgrundlage (Art. 28 I 2 GG) dient kommunale Selbstverwaltung der »Aktivierung der Beteiligten für ihre eigenen Angelegenheiten«[318] und damit dem Aufbau der Demokratie von unten nach oben (→ Art. 20 [Demokratie] Rn. 72, 119)[319].

Aus alledem wird die typische **Doppelrolle** kommunaler Selbstverwaltung deutlich: »Teil organisierter Staatlichkeit zwar, aber eben doch nicht in jenem engeren Sinn hierarchisch aufgebauter Entscheidungszüge, sondern als dezentralisiert-partizipative Verwaltung mit einem eigenen Legitimationssystem, das der Bürgernähe, Überschaubarkeit, Flexibilität und Spontaneität verbunden sein soll«[320]. Diese komplexe Struktur wird verfehlt, wo man ihre Elemente einseitig übersteigert: sei es qua Reduktion der Kommunen auf den Status entpolitisierter Staatsanstalten[321], sei es durch ihre Stilisierung zu »kleine(n) Republiken«[322]. Abgewiesen ist auch ein rein funktionales oder kompensatorisches Verständnis[323].

80

b) Gemeinden und Grundrechte

Das Grundgesetz hat sich gegen ein grundrechtsanaloges Verständnis der kommunalen Selbstverwaltung entschieden. **Art. 28 II GG ist kein Grundrecht**[324], sondern eine **institutionelle Garantie** (→ Vorb. Rn. 68) mit mehreren Elementen (→ Rn. 92). Die Norm kann auch nicht als »kollektive Erscheinungsform der politischen Grundrechte aller Gemeindebürger gedeutet werden«[325].

81

Hiervon zu trennen ist Frage nach der allgemeinen **Grundrechtsfähigkeit der Ge-**

82

---

als »Zentren selbständiger Initiative und dezentraler Entscheidung«); der Beitrag ist zuerst erschienen in: AfK 12 (1973), 1 ff.; vgl. auch *U. Scheuner*, Grundbegriffe der Selbstverwaltung, in: HKWP I, § 1 S. 14 f.

[317] So *G.-C. v. Unruh*, DVBl. 1975, 1 (2); aufgenommen in BVerfGE 52, 95 (111 f.); s. auch E 79, 127 (143, 148 ff.); *Schmidt-Aßmann*, Kommunalrecht (Fn. 30), Rn. 8; *Schoch/Wieland*, Finanzierungsverantwortung (Fn. 313), S. 60; *Knemeyer*, Kommunalrecht (Fn. 40), Rn. 8; *Stober*, Kommunalrecht (Fn. 264), § 8 I 1 (S. 116).

[318] BVerfGE 11, 266 (275); zur einheitlichen demokratischen Legitimationsgrundlage BVerfGE 83, 37 (54 f.); *Schoch/Wieland*, Finanzierungsverantwortung (Fn. 313), S. 61.

[319] Vgl. Art. 11 IV BayVerf. und unter Bezug hierauf BVerfGE 79, 127 (149); auch *Stern*, Staatsrecht I, S. 405 betont diesen demokratischen Zug neben dem der vertikalen Gewaltenteilung.

[320] *Schmidt-Aßmann*, Kommunalrecht (Fn. 30), Rn. 8; in der Sache ähnlich *K. Stern*, Die Verfassungsgarantie der kommunalen Selbstverwaltung, in: HKWP I, S. 204 ff. (204).

[321] *Forsthoff*, Verwaltungsrecht (Fn. 313), S. 470 ff. in Anknüpfung an: *dens.*, ZfP 21 (1932), 248 (254).

[322] *Faber* (Fn. 101), Art. 28 Abs. 1 II, Abs. 2, Rn. 25; diese Sicht hat Folgen etwa für die Frage, ob Gemeinderäte Parlamente sind: → Rn. 70.

[323] Repräsentativ *W. Roters*, Kommunale Mitwirkung an höherstufigen Entscheidungsprozessen, 1975, S. 190 ff.; *ders.* (Fn. 221), Art. 28 Rn. 39 ff., 70 ff.; *J. Burmeister*, Verfassungstheoretische Neukonzeption der kommunalen Selbstverwaltungsgarantie, 1977. Zur Kritik an diesen – von der Problemanalyse her sehr verdienstvollen – Ansätzen statt aller *Stern*, Staatsrecht I, S. 425 ff. m.w.N.; *Schmidt-Jortzig*, Kommunalrecht (Fn. 286), Rn. 498 ff.; *Stober*, Kommunalrecht (Fn. 264), § 7 II 1c cc (S. 70 ff.); knapp *Gern*, Kommunalrecht (Fn. 257), Rn. 62 a.E.

[324] BVerfGE 8, 256 (259); 8, 332 (359); *Stern* (Fn. 15), Art. 28 Rn. 67 ff.; *Maunz* (Fn. 219), Art. 28 Rn. 56; *Löwer* (Fn. 135), Art. 28 Rn. 39; kritisch *H. Maurer*, DVBl. 1995, 1037 (1041 f.).

[325] So treffend *Faber* (Fn. 101), Art. 28 Abs. 1 II, Abs. 2 Rn. 26; in der Sache auch BVerfGE 61, 82 (101 f.); *Löwer* (Fn. 135), Art. 28 Rn. 53; a.A. *R. Steinberg*, DVBl. 1982, 13 (19).

meinden. Als Teil der Staatsgewalt sind diese – abgesehen von der Generalausnahme der prozessualen Grundrechte (→ Art. 19 III Rn. 25) – prinzipiell grundrechtsgebunden, nicht grundrechtsberechtigt (→ Art. 1 III Rn. 43). Das gilt für hoheitliche wie für fiskalische Tätigkeiten[326]. Die davon punktuell abweichende bayerische Judikatur (→ Art. 19 III Rn. 43, 46) stellt ein prägnantes Beispiel für die Nutzung des den Ländern verbliebenen verfassungsrechtlichen Spielraums (→ Rn. 61) dar[327].

c) Schutzobjekt (Gemeinden, Gemeindeverbände) und Schutzumfang (Selbstverwaltungsangelegenheiten)

83 Geschützt werden durch Art. 28 II 1 GG zunächst die **Gemeinden**. Die Gemeinde ist nach dem von der Verfassung nicht definierten, sondern vorausgesetzten Begriff »ein auf personaler Mitgliedschaft zu einem bestimmten Gebiet beruhender Verband, der die Eigenschaft einer (rechtsfähigen) Körperschaft des öffentlichen Rechts besitzt«[328]. Für den Status einer Gemeinde kommt es weder auf Größe noch Verwaltungskraft oder illustrierende Bezeichnung (Dorf, Weiler, Bad, Flecken, Stadt etc.) an; auch die Unterscheidung zwischen kreisfreien und kreisangehörigen Städten ist ebenso wie weitere im Kommunalrecht der Länder anzutreffenden Unterteilungen nach Aufgabenbestand, Rechtsaufsicht o. ä. für die verfassungsrechtliche Garantie irrelevant[329]. Die so verstandene »**Einheitsgemeinde**« ist das »Bezugsobjekt, an die das Gemeinderecht seine Regelungen *standardmäßig* anknüpft«[330]. Diffizile Zuordnungsprobleme können sich in den Fällen von »Samtgemeinden« stellen, wenn der Ortsgemeinde kaum noch substantielle Selbstverwaltungsangelegenheiten verbleiben (→ Rn. 157). Unter Gemeindeverbänden i. S. d. Art. 28 II 2 GG versteht man vornehmlich die Landkreise (→ Rn. 156).

84 Art. 28 II GG garantiert die **Selbstverwaltung** der Gemeinden und Gemeindeverbände. Knüpft man an die traditionelle Unterscheidung zwischen Aufgaben des eigenen und des übertragenen Wirkungskreises an (sog. dualistisches Modell), wie sie in Bayern, Mecklenburg-Vorpommern, Niedersachsen, Rheinland-Pfalz, Saarland, Sachsen-Anhalt und Thüringen zugrundegelegt wird[331]; so sind damit die **Aufgaben des eigenen Wirkungskreises** erfaßt, der wiederum in freie und pflichtige Selbstverwaltungsaufgaben zerfällt. Die Aufgaben des übertragenen Wirkungskreises (»Auftragsangelegenheiten«) bleiben trotz Wahrnehmung durch die Kommunen ihrer

---

[326] BVerfGE 45, 63 (79); 61, 82 (100ff.); 75, 192 (195ff.); BVerwGE 100, 388 (391f.). Zum Streitstand in der Literatur *Stern*, Staatsrecht III/1, S. 1166ff.; *Löwer* (Fn. 135), Art. 28 Rn. 39; *Faber* (Fn. 101), Art. 28 Abs. 1 II, Abs. 2 Rn. 57; → Art. 14 Rn. 61f.

[327] BayVerfGHE 29, 105 (119ff.); 37, 101 (106); dazu *M. Jachmann*, BayVBl. 1998, 129ff. Kritisch *H. Bethge*, Selbstverwaltungsrecht zwischen Garantie und Freiheit, in: FG v. Unruh, 1983, S. 149ff. (160).

[328] *Stern* (Fn. 15), Art. 28 Rn. 80; s. auch *Wolff/Bachof/Stober*, Verwaltungsrecht II, § 85 Rn. 30; *Gern*, Kommunalrecht (Fn. 257), Rn. 105 m. w. N.; knapp BVerfGE 77, 288 (302).

[329] Dazu m. w. N. *Stern* (Fn. 15), Art. 28 Rn. 80; *Stober*, Kommunalrecht (Fn. 264), § 6 III 2a (S. 50ff.); *Gern*, Kommunalrecht (Fn. 257), Rn. 183ff.

[330] *Schmidt-Aßmann*, Kommunalrecht (Fn. 30), Rn. 50.

[331] Nachweise bei *J. Ipsen*, Niedersächsisches Kommunalrecht, 1989, S. 72ff.; *Stober*, Kommunalrecht (Fn. 264), § 4 IV 1 (S. 33 Fn. 23); *Schoch/Wieland*, Finanzierungsverantwortung (Fn. 313), S. 96ff.

Rechtssubstanz nach staatlich[332]. Im sog. monistischen Modell, dem die Länder Baden-Württemberg, Brandenburg, Hessen, Nordrhein-Westfalen, Sachsen und Schleswig-Holstein folgen[333] und das auf dem Weinheimer Entwurf von 1948 basiert[334], geht man von einem einheitlichen Oberbegriff der öffentlichen Aufgaben aus; hier kennt man (mit unterschiedlich weitreichenden Aufsichtsbefugnissen) **freie und pflichtige Selbstverwaltungsaufgaben** sowie Pflichtaufgaben zur Erfüllung nach Weisung. Der Streit um die Zuordnung der letztgenannten Kategorie[335] kann hier unbeachtet bleiben, da es sich insoweit wie beim übertragenen Wirkungskreis um Aufgaben handelt, die nicht dem Schutz des Art. 28 II GG unterfallen[336].

Durch Überbürdung von explizit als Selbstverwaltungsangelegenheiten qualifizierten Aufgaben, deren Erfüllung gesetzlich hochdetailliert geregelt wird, ist es in manchen Bereichen faktisch zu einer weitgehenden Nivellierung des Unterschieds zwischen pflichtigen Selbstverwaltungsangelegenheiten und Auftragsangelegenheiten bzw. Weisungsaufgaben gekommen, da die gesetzliche Feinsteuerung nicht weniger intensiv als die Fachaufsicht eingreift. Eine im Vordringen befindliche Ansicht will deshalb die überkommene Typologie um die Unterscheidung von **Selbstverwaltungsangelegenheiten im formellen und materiellen Sinne** erweitern, was Konsequenzen namentlich für die Aufgabenfinanzierung hat (→ Rn. 149 ff.)[337].

85

d) Art. 28 II GG und die Landesstaatsgewalt

aa) Art. 28 II GG als Durchgriffsnorm

Art. 28 II GG stellt nach richtiger, freilich nicht unbestrittener Auffassung im Unterschied zu Art. 28 I GG nicht lediglich eine Normativbestimmung dar (→ Rn. 54), sondern **zählt zu den** bundesverfassungsrechtlichen **Durchgriffsnormen**, bindet also Gesetzgebung, Verwaltung und Rechtsprechung im Bund wie in den Ländern ohne Transformationsakt als unmittelbar geltendes und anwendbares Recht[338] (→ Rn. 49). Damit

86

---

[332] *Schmidt-Aßmann*, Kommunalrecht (Fn. 30), Rn. 36; *E. Schmidt-Jortzig*, DÖV 1993, 973 (976 f.); a.A. *Knemeyer*, Kommunalrecht (Fn. 40), Rn. 136 ff.
[333] Nachweise bei *Stober*, Kommunalrecht (Fn. 264), § 4 IV 1 (S. 33 Fn. 21); *Schoch/Wieland*, Finanzierungsverantwortung (Fn. 313), S. 98 Fn. 331.
[334] Entwurf einer Deutschen Gemeindeordnung (verabschiedet 1948 in Weinheim), in: Engeli/Haus, Quellen (Fn. 32), S. 740 ff.; dazu *G. Schmidt-Eichstaedt*, Das System der kommunalen Aufgaben. B. Die Rechtsqualität der Kommunalaufgaben, in: HKWP III, § 48, S. 15 f.; zu Ausprägung und Differenzierungen *Schmidt-Aßmann*, Kommunalrecht (Fn. 30), Rn. 37 f.; *Dehmel*, Wirkungskreis (Fn. 53), S. 83 ff.
[335] *Stober*, Kommunalrecht (Fn. 264), § 4 IV 1 (S. 33 f. m.w.N.); umfangreich *Dehmel*, Wirkungskreis (Fn. 53), S. 90 ff.; *H. Vietmeier*, Die staatlichen Aufgaben der Kommunen und ihrer Organe, 1992, S. 71 ff.; *Gern*, Kommunalrecht (Fn. 257), Rn. 239.
[336] *Schoch/Wieland*, Finanzierungsverantwortung (Fn. 313), S. 98 (m.w.N. aus der Judikatur); *Gern*, Kommunalrecht (Fn. 257), Rn. 239 (m.w.N. aus der Literatur); einschränkend wohl *Schmidt-Aßmann*, Kommunalrecht (Fn. 30), Rn. 39. Nicht ausgeschlossen ist freilich, daß durch ein Übermaß an Auftragsangelegenheiten die Substanz des eigenen Wirkungskreises in Mitleidenschaft gezogen wird: → Rn. 112.
[337] Eingehend *Schoch/Wieland*, Finanzierungsverantwortung (Fn. 313), S. 99 ff.; *F. Schoch*, Der Lankreis 1994, 253 (255 f.); *H. Maurer*, Die Finanzgarantie der Landkreise zwischen Bund und Ländern, in: Henneke/Maurer/Schoch, Kreise (Fn. 127), S. 139 ff. (150, 160); ders., DVBl. 1995, 1037 (1046); als Unterscheidung aufgenommen etwa von *H. Meyer*, ZG 11 (1996), 165 (171). Zur tatsächlichen Entwicklung s. bereits *v. Mutius*, Maßnahmen (Fn. 286), S. 57 ff.
[338] Für unmittelbare Bindung schon BVerfGE 1, 167 (174 f.); hierfür spricht auch die Entstehungs-

wird aber Art. 28 II GG nicht Teil des Landesverfassungsrechts: vielmehr stehen die Garantien des Grundgesetzes und der Landesverfassungen selbständig nebeneinander (zu den Konsequenzen für den Prüfungsmaßstab der Landesverfassungsgerichte: → Rn. 101)[339]; die Landesgewalt ist an beide, der Bund nur an die des Grundgesetzes gebunden. Die Länder sind frei, über den grundgesetzlichen **Mindeststandard** hinaus den Garantiebereich der Selbstverwaltung auszudehnen, wovon sie durchgängig Gebrauch gemacht haben (→ Rn. 44f., 146ff.). Bleibt die tatsächliche Rechtslage in den Ländern hinter der bundesrechtlichen Garantie zurück, so stellt sich das Problem der Gewährleistung nach Art. 28 III GG (→ Rn. 169ff.); meist wird freilich ein unmittelbarer Verstoß durch eine Landesrechtsnorm vorliegen (→ Rn. 77). **Art. 31 GG** spielt insofern keine Rolle, da die Nichtigkeit unmittelbar aus Art. 28 II GG selbst folgt[340]; anders ist dies nur bei Verstößen des Landesverfassungsrechts gegen einfaches Bundesrecht (→ Art. 31 Rn. 29f., 59f.).

bb) Vielfalt landesrechtlicher Ausgestaltung

87 Art. 28 II GG stellt eine **rahmenartige Mindestgarantie** dar. Die Kompetenz zur näheren Ausgestaltung des Kommunalrechts liegt in Ermangelung einer ausdrücklichen Ermächtigung des Bundes[341] bei den Ländern, die über vielfältige Möglichkeiten der Konkretisierung und Modifizierung verfügen. Dementsprechend kennt das Landesrecht nicht unerhebliche Unterschiede bei der Aufgabentypologie (→ Rn. 84f.), der Regelung der Staatsaufsicht (→ Rn. 107) und der Finanzausstattung (→ Rn. 145ff.)[342], vor allem aber bei der sog. **inneren Kommunalverfassung**, also der Kreation und des Status der Organe sowie der ihnen zugewiesenen Aufgaben. In freilich wenig erhellender Terminologie gelten hier als modifizierungsfähige **Grundmodelle**[343]: Norddeut-

---

geschichte, da die zunächst geplante Verpflichtung der Länder auf verfassungsrechtliche Absicherung gestrichen wurde (→ Rn. 21f.). Wie hier die h.M.: *Stern,* Staatsrecht I, S. 704; *Vitzthum,* Verfassungsrecht (Fn. 14), S. 11; *Schmidt-Aßmann,* Kommunalrecht (Fn. 30), Rn. 9; *Nierhaus* (Fn. 194), Art. 28 Rn. 2, 33; *Rozek,* Grundgesetz (Fn. 207), S. 106 m. Fn. 224; *G. Püttner,* Kommunale Selbstverwaltung, in: HStR IV, § 107 Rn. 11. Für **Normativbestimmung** hingegen *Maunz* (Fn. 219), Art. 28 Rn. 17; *v. Mangoldt/Klein,* GG, Art. 28 Anm. IV 1 g (S. 710); *Bartlsperger* (Fn. 196), § 96 Rn. 28f.; *Löwer* (Fn. 135), Art. 28 Rn. 35f.

[339] *Stern* (Fn. 15), Art. 28 Rn. 178; *ders.,* Staatsrecht I, S. 419; *Schmidt-Aßmann,* Kommunalrecht (Fn. 30), Rn. 9, 31; *Löwer* (Fn. 135), Art. 28 Rn. 36; a.A. *W. Weber,* Staats- und Selbstverwaltung in der Gegenwart, 2. Aufl. 1967, S. 55, der von »einem einheitlichen Garantiesystem« ausgeht, »und zwar dem des Bonner Grundgesetzes«.

[340] Für Anwendung des Art. 31 GG etwa *Bartlsperger* (Fn. 196), § 96 Rn. 26; wie hier die h.M.: etwa *Löwer* (Fn. 135), Art. 28 Rn. 36. Nichtigkeit wegen Verstoßes setzt aber immer voraus, daß eine bundesverfassungskonforme Auslegung der betreffenden Landes(verfassungs)normen nicht möglich ist: zu solchen Fällen etwa VerfGH NW DÖV 1980, 691 (692); VerfG Brandenb. DVBl. 1994, 857 (858); zustimmend *Nierhaus* (Fn. 194), Art. 28 Rn. 58 m.w.N.

[341] Zur älteren Diskussionen um die Einführung einer Rahmengesetzgebungskompetenz des Bundes für das Kommunalverfassungsrecht *Faber* (Fn. 101), Art. 28 Abs. 1 II, Abs. 2 Rn. 71; *H. Pagenkopf,* Kommunalrecht, Bd. 1, 2. Aufl. 1975, S. 22f.

[342] Dazu etwa *H. Zimmermann,* Die Finanzen der Gemeinde. Anforderungen und Entwicklungslinien, in: W. Blümel/H. Hill (Hrsg.), Die Zukunft der kommunalen Selbstverwaltung, 1991, S. 113ff.; *Henneke,* Finanzverfassung (Fn. 124).

[343] S. näher *Schmidt-Jortzig,* Kommunalrecht (Fn. 286), Rn. 116ff.; *Ipsen,* Kommunalrecht (Fn. 331), S. 83; *Schmidt-Aßmann,* Kommunalrecht (Fn. 30), Rn. 55ff.; *Wolff/Bachof/Stober,* Verwaltungsrecht II, § 87 Rn. 44ff. (S. 102ff.); *Stober,* Kommunalrecht (Fn. 264), § 4 (S. 26ff.); *Gern,* Kommunalrecht (Fn. 257), Rn. 40ff.

sche Ratsverfassung, Süddeutsche (Gemeinde-)Ratsverfassung, Magistratsverfassung und (rheinische) Bürgermeisterverfassung. Sie unterscheiden sich in erster Linie hinsichtlich der Stellung von Gemeindeoberhaupt und Gemeindevertretung. Angesichts des eingetretenen »Siegeszugs« der Süddeutschen Ratsverfassung wird man künftig vielleicht eher zwischen Magistratsverfassung einerseits, dualer Rat-Bürgermeisterverfassung (mit einer Spitze oder deren zwei) andererseits differenzieren[344].

cc) Kommunen als »Teil« des Landes und dritte Verwaltungsebene

Im zweigliedrigen Bundesstaat des Grundgesetzes (→ Art. 20 [Bundesstaat] Rn. 20), der Aufgaben und Kompetenzen zwischen Bund und Ländern verteilt (→ Art. 30 Rn. 15 ff.), sind die Kommunen **staatsorganisationsrechtlich** als **Teil der Länder** einzustufen[345]. Nicht durchzusetzen vermochte sich die Idee von der »Dritten Säule«, nach deren staatsanalogem Verständnis Gemeinden prinzipiell gleichrangig neben Bund und Ländern stehen[346]. Hieraus folgt zunächst, daß es die Länder sind, die den Aufgabenkreis und den Wahrnehmungsmodus der Kommunen bestimmen; ein direkter Zugriff des Bundes auf Gemeinden und Kreise muß insofern die eng begrenzte Ausnahme bleiben (→ Rn. 113). Auf einem anderen Blatt steht, daß die Kommunen natürlich wie alle Rechtssubjekte auch an die allgemeinen, vom Bund kompetenzgemäß erlassenen Normen gebunden und nicht »exterritorial« sind[347]. Ferner ergeben sich Konsequenzen für die Finanzausstattung (→ Rn. 145 ff.) und die Aufsicht (→ Rn. 107). Diese staatsorganisationsrechtliche Zuordnung zu den Ländern schließt freilich nicht aus, die Kommunen neben der Bundes- und der Landesverwaltung als **dritte Verwaltungsebene** zu begreifen[348].

88

e) Aktueller Befund; Entwicklungstendenzen

Der heutige Zuschnitt der Gemeinden in den **alten Bundesländern** geht im wesentlichen auf die Gebietsreform in den siebziger Jahren zurück, die i.S.d. »Maßstabsvergrößerung« die Zahl der Gemeinden um etwa zwei Drittel (von ca. 24000 auf ca. 8500) verringerte[349]. Im Prozeß der deutschen Wiedervereinigung wurde ferner in

89

---

[344] *Stober*, Kommunalrecht (Fn. 264), § 4 III (S. 32); *F.-L. Knemeyer*, JuS 1998, 193 (194 f.); begrüßt von *Gern*, Kommunalrecht (Fn. 257), Rn. 45.
[345] H.M.: BVerfGE 39, 96 (109); 86, 148 (215); *Forsthoff*, Verwaltungsrecht (Fn. 313), S. 479; *Isensee* (Fn. 196), § 98 Rn. 166; *Schoch/Wieland*, Finanzierungsverantwortung (Fn. 313), S. 53, 94 m.w.N.; *Nierhaus* (Fn. 194), Art. 28 Rn. 31.
[346] *R. Groß*, Städte- und Gemeindebund 1973, 202 ff.; *H. Schmitt-Vockenhausen*, Die demokratische Gemeinde 1971, 1185 f.; *J. Fuchs*, Die Verwaltung 4 (1971), 385 ff. mit dem Reformvorhaben einer »Dritten Kammer« (392 ff.); zu solchen Plänen auch *Faber* (Fn. 101), Art. 28 Abs. 1 II, Abs. 2 Rn. 67. Erneut aufgegriffen von *J.-K. Fromme*, ZRP 1992, 431 (432) mit der Idee eines »Kommunalausschusses«. Kritisch *Isensee* (Fn. 196), § 98 Rn. 165, 167 f.; gegen die These von der »dritten Säule« (trotz Sympathie für eine Kommunalkammer) auch *H. Kremser*, Bundesverfassungsrechtliche Zulässigkeit von Landeskommunalkammern in Gestalt eines Zweikammersystems, in: Hoffmann, Selbstverwaltung (Fn. 133), S. 161 ff. (173 f.).
[347] BVerfGE 56, 298 (311); *Schoch/Wieland*, Finanzierungsverantwortung (Fn. 313), S. 65 f.
[348] *Schoch/Wieland*, Finanzierungsverantwortung (Fn. 313), S. 53, 59, 93.
[349] Vgl. *v. Mutius*, Maßnahmen (Fn. 286), S. 60 ff.; *Püttner* (Fn. 338), § 107 Rn. 40; *B. Stüer*, Funktionalreform und kommunale Selbstverwaltung, 1980; *W. Thieme/G. Prillwitz*, Durchführung und Ergebnisse der kommunalen Gebietsreform, 1981; konzise Zusammenfassung bei *R. Wahl*, Art. Gebietsreform, in: StL⁷, Bd. 2, Sp. 782 ff. (785 f.).

den **neuen Bundesländern** die kommunale Selbstverwaltung wieder eingeführt. Die DDR hatte sich zunächst in ihrer Verfassung von 1949 noch formal zur kommunalen Selbstverwaltung bekannt, in den späteren Verfassungen aber selbst den Begriff getilgt und die örtlichen Vertretungen zu Staatsorganen ohne Selbstverwaltungskompetenzen degradiert[350]. Am 17. 5. 1990 beschloß die Volkskammer das »Gesetz über die Selbstverwaltung der Gemeinden und Landkreise in der DDR (Kommunalverfassung)«[351], das zentrale Elemente der Gemeinde- und Landkreisordnungen der alten Bundesländer übernahm. Es wurde 1993/94 durch die Kommunalverfassungen der fünf neuen Bundesländer abgelöst[352]. Angesichts der geringen Größe der Kommunen[353] haben mittlerweile auch die neuen Ländern partiell eine – gegenüber dem westdeutschen Vorbild freilich sehr viel weniger einschneidende – Gemeinde- und Kreisgebietsreform durchgeführt[354].

90 Die **derzeitige Lage** der kommunalen Selbstverwaltung in Gesamtdeutschland ist geprägt durch gravierende rechtliche und faktische Veränderungen des Aufgabenbestandes. Die seit längerem beklagte »fortschreitende Aushöhlung der kommunalen Selbstverwaltung«[355] verdankt sich – nur scheinbar paradox – der Zunahme von Auftragsangelegenheiten[356] und pflichtigen Selbstverwaltungsaufgaben (→ Rn. 84): **Substanzverlust** folgt nicht aus Aufgabenentzug, sondern aus Aufgabenzuwachs ohne (finanzielle) Kompensation. Die Kommunen müssen insbesondere im sozialen Bereich vermehrt bundesgesetzlich zugewiesene Aufgaben erfüllen (→ Rn. 113); nicht zuletzt dadurch wird ihre **Finanzsituation** bedrohlich[357]. Abhilfe durch die verschiedenen Steuerreformvorhaben erscheint zweifelhaft (→ Rn. 25f.). Vor diesem Hintergrund konstatiert man erneut eine »Krise der kommunalen Selbstverwaltung« (→ Rn. 14)[358].

91 In spannungsreichem Wechselspiel mit diesem Befund findet gegenwärtig eine **kri-**

---

[350] Zur Verwaltungsstruktur der DDR *R. Bauer*, BayVBl. 1990, 263ff.

[351] GBl. DDR I S. 255. Zum ganzen näher *O. Bretzinger*, Die Kommunalverfassung der DDR, 1994.

[352] *F.-L. Knemeyer*, Aufbau kommunaler Selbstverwaltung in der DDR, 1990; *H.-J. Will*, KritV 76 (1993), 489ff.; *G. Hoffmann*, DÖV 1994, 621ff.; *H. Lühmann*, Die Wiederbelebung der kommunalen Selbstverwaltung in den neuen Ländern zwischen Kopie und Selbstbestimmung, in: Hoffmann, Selbstverwaltung (Fn. 133), S. 29ff.; als Einzelfallstudie jetzt *M. Nierhaus*, Die Neugestaltung der Kommunalverfassung im Land Brandenburg, in: ders., Selbstverwaltung (Fn. 40), S. 45ff.

[353] Von insgesamt etwa 7500 Gemeinden hatte fast die Hälfte weniger als 500 und nur 15 mehr als 100 000 Einwohner: vgl. *G. Schmidt-Eichstaedt*, DVBl. 1990, 848 (852); *Schmidt-Aßmann*, Kommunalrecht (Fn. 30), Rn. 6. Zur Reduzierung der Landkreise (von 189 auf 87) *Gern*, Kommunalrecht (Fn. 257), Rn. 212, 219 m.N.

[354] Näher *G. Schmidt-Eichstaedt*, AfK 31 (1992), 1 (3ff.); *F.-L. Knemeyer*, Die Verwaltung 26 (1993), 273 (279ff.); *W. Bernet*, LKV 1993, 393ff.; umfangreiche Nachweise bei *Gern*, Kommunalrecht (Fn. 257), Rn. 211, 219.

[355] So *Blümel*, Gemeinden (Fn. 286), S. 188; *Burmeister*, Neukonzeption (Fn. 323), S. 6; *v. Mutius*, Maßnahmen (Fn. 286), S. 57ff.; *H.-G. Henneke*, Einführung in die Thematik, in: ders., Stärkung (Fn. 286), S. 11ff. (13); differenziert *Ipsen*, Kommunalrecht (Fn. 331), S. 37f. Dagegen *Faber* (Fn. 101), Art. 28 Abs. 1 II, Abs. 2, Rn. 16ff.; *ders.*, Die Macht der Gemeinden, 1982 (mit Hinweis auf die Machtbasis der Gemeinden, ihre faktische Vetostellung, den geringen staatlichen Einfluß im Vollzugsbereich, den Informationsvorsprung etc.).

[356] Ihr Anteil am Gesamtvolumen der Aufgaben wird auf zwei Drittel (*Gern*, Kommunalrecht [Fn. 257], Rn. 237) bis über 80% geschätzt (*Knemeyer*, Kommunalrecht [Fn. 40], Rn. 137).

[357] Zum aktuellen Befund eindringlich *F. Schoch*, Verfassungsrechtlicher Schutz der kommunalen Finanzautonomie, 1997, S. 19f.; ältere Nachweise bei *R. Klein*, Kommunale Schuldenpolitik, 1977. Lösungsansatz bei *J. Oebbecke*, Die Verwaltung 29 (1996), 323ff.

[358] So bereits in den 30er Jahren *Köttgen*, Krise (Fn. 76) sowie *Forsthoff*, Krise (Fn. 75).

tische Revision der Kommunalverfassungen statt[359]. Neben dem bundesweiten Trend zur Direktwahl der Hauptverwaltungsbeamten nach dem süddeutschen Modell[360] läßt sich eine Wiederentdeckung plebiszitärer Elemente auf Gemeindeebene (→ Rn. 71) beobachten[361]. Effizienzüberlegungen haben andererseits zu verschiedenen organisatorischen Reformmodellen geführt, unter denen das »**neue Steuerungsmodell**«[362] herausragt. Parallel dazu läuft eine forcierte Privatisierung kommunaler Aufgaben (→ Rn. 127); zahlreiche Landesgesetzgeber haben ferner zu Öffnungs- oder Experimentierklauseln für das Kommunal- bzw. Kommunalhaushaltsrecht gegriffen[363]. Breiten Raum nehmen in der Diskussion schließlich die wirtschaftliche Betätigung (→ Rn. 126f.) und die **Öffentlichkeitsarbeit**[364] der Kommunen ein.

2. Garantieebenen der gemeindlichen Selbstverwaltung (Art. 28 II 1 GG)

Art. 28 II 1 GG wird ein differenziertes Schutzsystem entnommen. Einer von Klaus Stern geprägten und allgemein akzeptierten Unterscheidung zufolge[365] ist damit erstens die Existenz von Gemeinden garantiert (**institutionelle Rechtssubjektsgarantie**: → Rn. 93f.); zweitens umfaßt kommunale Selbstverwaltung gewisse inhaltliche Kernelemente eigenverantwortlicher Aufgabenerfüllung (**objektive Rechtsinstitutionsgarantie**: → Rn. 95, 103 ff.). Drittens schließlich steht den Gemeinden die Möglichkeit offen, gegen Eingriffe in ihre so geschützten Rechtspositionen auf dem Rechtsweg vorzugehen (**subjektive Rechtsstellungsgarantie**: → Rn. 96ff.).

92

---

[359] Aktueller Überblick über die Reformdiskussionen bei H.-G. Henneke (Hrsg.), Aktuelle Entwicklungen der inneren Kommunalverfassung, 1996; ders., DVBl. 1997, 1270ff.; *F. Erlenkämper*, NVwZ 1996, 534 (540ff.); *M. Wallerath*, VerwArch. 88 (1997), 1ff.; *v. Mutius*, Steuerungsmodell (Fn. 268), S. 686ff.; *H.-H. v. Arnim*, DVBl. 1997, 749ff. Zu einzelnen Ländern etwa *ders.*, DÖV 1992, 330ff. (Hessen); *W. Thieme*, DÖV 1997, 948ff. (Niedersachsen). Vgl. noch die Beiträge in J. Ipsen (Hrsg.), Kontinuität oder Reform – Die Gemeindeverfassung auf dem Prüfstand, 1990 sowie *A. Saipa*, DÖV 1991, 637ff.
[360] *Bovenschulte/Buß*, Bürgermeisterverfassungen (Fn. 265), S. 36ff. m.w.N.; *H.-H. v. Arnim*, DVBl. 1997, 749 (753ff., 760f.); *F.-L. Knemeyer*, JuS 1998, 193 (193) spricht von einer Funktion als »Leitverfassung«.
[361] *R. Hendler*, Vorzüge und Nachteile unmittelbarer Bürgerbeteiligung auf kommunaler Ebene, in: Henneke, Entwicklungen (Fn. 359), S. 101ff.; *H.-H. v. Arnim*, DVBl. 1997, 749 (758ff.); *S. Muckel*, NVwZ 1997, 223ff.; *Knemeyer*, Bürgerbeteiligung (Fn. 286).
[362] Kommunale Gemeinschaftsstelle für Verwaltungsvereinfachung (KGSt), Das Neue Steuerungsmodell, Bericht Nr. 5/1993; in Auszügen in: Henneke, Entwicklungen (Fn. 359), S. 151ff. Zur Diskussion *H.-H. v. Arnim*, DVBl. 1997, 749 (755f.); *G. Banner*, Kommunale Dienstleistungen zwischen Gemeinwohlauftrag, Bürgerschaft und Markt, in: Nierhaus, Selbstverwaltung (Fn. 40), S. 81ff. (90ff.); *v. Mutius*, Steuerungsmodell (Fn. 268), S. 685ff.; *T. Klie/T. Meysen*, DÖV 1998, 452ff., jeweils m.w.N.
[363] Dazu *B. Grzeszick*, Die Verwaltung 20 (1997), 547ff.; *C. Brüning*, DÖV 1997, 278ff.; vorsichtiger *R. Wendt*, Haushaltsrechtliche und gemeindewirtschaftliche Hemmnisse, in: Henneke, Stärkung (Fn. 286), S. 115ff. (120ff., 135f.). Vgl. auch *v. Mutius*, Steuerungsmodell (Fn. 268), S. 713ff. (alle m.w.N.).
[364] Dazu *F.-L. Knemeyer*, BayVBl. 1998, 33ff.; *M. Wittzack*, BayVBl. 1998, 37ff. sowie umfangreich *W. Porsch*, Warnungen und kritische Äußerungen als Mittel gemeindlicher Öffentlichkeitsarbeit, 1997, S. 38ff. u.ö.
[365] *Stern*, Staatsrecht I, S. 409; *ders.*, Verfassungsgarantie (Fn. 320), S. 205; dem folgend *Schmidt-Aßmann*, Kommunalrecht (Fn. 30), Rn. 9; *Löwer* (Fn. 135), Art. 28 Rn. 41ff.; *Nierhaus* (Fn. 194), Art. 28 Rn. 35ff.; *Jarass/Pieroth*, GG, Art. 28 Rn. 5a; *Schoch/Wieland*, Finanzierungsverantwortung (Fn. 313), S. 61f.

Art. 28

a) Institutionelle Rechtssubjektsgarantie

93 Art. 28 II 1 GG enthält zunächst die institutionelle Garantie der kommunalen Selbstverwaltung[366]. Gewährleistet ist, daß es Gemeinden (und Gemeindeverbände) als Bausteine der Verwaltungsorganisation überhaupt geben muß[367]. Sie dürfen vom Gesetzgeber weder zur Gänze abgeschafft noch durch unselbständige staatliche Verwaltungseinheiten ersetzt werden. »Nach geschichtlicher Entwicklung in Deutschland müssen sie außerdem Körperschaften des öffentlichen Rechts sein, nicht nur mitgliedschaftslose Anstalten des öffentlichen Rechts und keinesfalls Rechtssubjekte nur des Privatrechts«[368]. Art. 28 II GG betrifft als Garantie formaler Natur **das bloße »Ob« der Existenz** von Gemeinden und Gemeindeverbänden[369]. Teilweise werden aber bereits gewisse inhaltliche Ausprägungen wie ein Mindestmaß an garantierter Eigenorganschaftsbildung[370] (→ Rn. 124 ff.) oder die Gebietshoheit (→ Rn. 122 f.) und das Namensrecht (→ Rn. 123) hinzugezählt[371].

94 Der institutionelle Schutz ist kein individueller Schutz. Eine Bestandsgarantie von Existenz und Status der einzelnen Kommune ist damit nicht impliziert. Daher sind **Eingemeindungen**, Gemeindezusammenschlüsse oder auch Änderungen der Gemeindegrenzen **zulässig**[372]. Sie müssen allerdings bestimmten formellen und materiellen Voraussetzungen genügen (→ Rn. 122), so daß sich von einer beschränkt-individuellen Rechtssubjektsgarantie sprechen läßt[373]. Ein **Selbstauflösungsrecht** steht den Kommunen **nicht** zu[374].

b) Objektive Rechtsinstitutionsgarantie

95 Die objektive Rechtsinstitutionsgarantie stellt sicher, daß die kommunale Selbstverwaltung nicht bei formaler Aufrechterhaltung der gemeindlichen Einrichtungsebene verletzt, ausgehöhlt oder inhaltlich entwertet wird. Positiv geht es um in Art. 28 II GG ausdrücklich angesprochene Garantien materieller wie formeller Natur, um das »Was« und »Wie« bzw. das »Worin« der kommunalen Selbstverwaltung: die Gewähr-

---

[366] BVerfGE 1, 167 (173), 34, 9 (19); 38, 258 (278), 50, 50 (50); 56, 298 (312); 59, 216 (226); 79, 127 (143). *Maunz* (Fn. 219), Art. 28 Rn. 45; *Stern*, Staatsrecht I, S. 408; *ders.* (Fn. 15), Art. 28 Rn. 65. Bedenken bei *Faber* (Fn. 101), Art. 28 Abs. 1 II, Abs. 2 Rn. 26, sowie bei *F.-L. Knemeyer*, Die verfassungsrechtliche Gewährleistung des Selbstverwaltungsrechts der Gemeinden und Landkreise, in: FG v. Unruh, 1983, S. 209 ff. (218 ff.). Kritisch zur Annahme einer institutionellen Garantie auch *G.-J. Richter*, Verfassungsprobleme der kommunalen Funktionalreform, 1977, S. 62 ff.

[367] *Stern* (Fn. 15), Art. 28 Rn. 62: »zwingende organisatorische Grundentscheidung zugunsten eines Staatsaufbaus nach Gemeinden und Gemeindeverbänden«; s. auch *Schmidt-Aßmann*, Kommunalrecht (Fn. 30), Rn. 8.

[368] *Maunz* (Fn. 219), Art. 28 Rn. 54; ähnlich *Stern* (Fn. 15), Art. 28 Rn. 82; *Schmidt-Aßmann*, Kommunalrecht (Fn. 30), Rn. 10; *Löwer* (Fn. 135), Art. 28 Rn. 42.

[369] *Stern* (Fn. 15), Art. 28 Rn. 63. Vgl. auch *Löwer* (Fn. 135), Art. 28 Rn. 41.

[370] So *Stern* (Fn. 15), Art. 28 Rn. 82, der aber eine gewisse Überlagerung mit der objektiven Rechtsinstitutionsgarantie konzediert.

[371] Für die beiden letztgenannten *Schmidt-Aßmann*, Kommunalrecht (Fn. 30), Rn. 10, 12; für das Namensrecht auch *Löwer* (Fn. 135), Art. 28 Rn. 44 m.w.N.

[372] BVerfGE 50, 50 (50ff.); 50, 195 (203f.); 86, 90 (107); *Maunz* (Fn. 219), Art. 28 Rn. 45; *Löwer* (Fn. 135), Art. 28 Rn. 42; *Schmidt-Aßmann*, Kommunalrecht (Fn. 30), Rn. 10.

[373] So *Schmidt-Aßmann*, Kommunalrecht (Fn. 30), Rn. 11; zustimmend: *Löwer* (Fn. 135), Art. 28 Rn. 42; *Nierhaus* (Fn. 194), Art. 28 Rn. 36f.

[374] Allerdings gestattet in Einzelfällen das Landesrecht den Eintritt in eine andere Gemeinde: *Schmidt-Aßmann*, Kommunalrecht (Fn. 30), Rn. 11 Fn. 34.

leistung eigenverantwortlicher Erledigung aller Angelegenheiten der örtlichen Gemeinschaft, allerdings beides im Rahmen der Gesetze. Hier liegt der **Schwerpunkt des Art. 28 II GG**, weil damit das Wesen kommunaler Selbstverwaltung ausgesprochen ist. Daher erfahren deren einzelne Komponenten im folgenden eine nähere Darstellung: **Allzuständigkeit** (→ Rn. 103 ff.), **Eigenverantwortlichkeit** (→ Rn. 106 ff.) und **Gesetzesvorbehalt** (→ Rn. 109 ff.). Zugleich ergeben sich auf dieser Garantieebene die meisten Fragen nach der Vereinbarkeit bestimmter staatlicher Maßnahmen mit der Garantie der kommunalen Selbstverwaltung (etwa Aufgabenentzug, Aufgabenzuweisung i.V.m. finanziellen Belastungen; → Rn. 111 f., 149 ff.).

c) **Subjektive Rechtsstellungsgarantie**

aa) Inhalt

Gegen Beeinträchtigungen der institutionellen Rechtssubjektsgarantie und der objektiven Rechtsinstitutionsgarantie steht den Gemeinden Rechtsschutz zu: die Verfassung beläßt es »nicht bei einem objektiven Konstitutionsprinzip, sondern gewährt eine subjektive Rechtsstellung«[375]. Die kommunale Selbstverwaltungsgarantie ist »wehrfähig«. Wiewohl kein Grundrecht (→ Rn. 81), wird Art. 28 II GG bzw. die jeweils aus ihm folgende Rechtsposition als **subjektives Recht** i.S.d. § 42 II VwGO eingestuft[376]. Ob daneben auch Art. 19 IV GG greift, ist streitig[377]. 96

Gemeinden können **Beeinträchtigungen** ihres Selbstverwaltungsrechts auf dem Rechtsweg **abwehren**, ohne daß der Kernbereich der Gewährleistung betroffen sein muß (zum Umfang der gerichtlichen Kontrolle bei Eingriffen in den Randbereich → Rn. 120). Dagegen gewährt Art. 28 II 1 GG kein Abwehrrecht gegenüber Maßnahmen der Fachaufsicht im Bereich des übertragenen Wirkungskreises (→ Rn. 84, 107). 97

Die subjektive Rechtsstellung umfaßt nicht allein Abwehr von Eingriffen, sondern auch **positive** (Schutz- und Leistungs-) **Ansprüche**: etwa auf Anhörung (vgl. Art. 29 VII 3, VIII 2 GG); auf **gemeindefreundliches Verhalten**[378]; auf **Mitwirkung** bei staatlichen Planungsprozessen[379]. Das Mitwirkungsrecht kann als Anhörungs-, Vorschlags- oder Mitberatungsrecht bis hin zum Mitentscheidungsrecht ausgestaltet sein[380]. **For-** 98

---

[375] *Schmidt-Aßmann*, Kommunalrecht (Fn. 30), Rn. 24. Hierfür sprechen der Wortlaut des Art. 28 II GG (»Recht«, »Gewährleistung«) wie die Systematik des Grundgesetzes (Art. 93 I Nr. 4b GG). Vgl. *Pagenkopf*, Kommunalrecht (Fn. 341), S. 59 m.w.N.; *H. Maurer*, DVBl. 1995, 1037 (1042).

[376] Vgl. nur *R. Steinberg*, DVBl. 1982, 13 (17 ff.); *R. Wahl/P. Schütz*, in: Schoch/Schmidt-Aßmann/Pietzner, VwGO, § 42 Abs. 2 (1997), Rn. 104 ff.

[377] Dafür: *A. Köttgen*, Rechtsschutz der Gemeinde, in: H. Peters (Hrsg.), Handbuch der kommunalen Wissenschaft und Praxis, 1. Aufl., Bd. 1, 1956, § 27 S. 222 ff. (223); *Becker*, Selbstverwaltung (Fn. 38), S. 713; *Stern* (Fn. 15), Art. 28 Rn. 176. Dagegen: *E. Schmidt-Aßmann*, in: Maunz/Dürig, GG, Art. 19 IV (1985), Rn. 43; *Löwer* (Fn. 135), Art. 28 Rn. 41. → Art. 19 III Rn. 25; → Art. 19 IV Rn. 63 f.

[378] Grundlegend *L. Macher*, Der Grundsatz des gemeindefreundlichen Verhaltens, 1971; *Schmidt-Aßmann*, Kommunalrecht (Fn. 30), Rn. 25 zählt den Grundsatz wie auch die Mitwirkungsrechte zu den »Erstreckungsgarantien«.

[379] Umfangreiche Nachweise bei *Stern*, Staatsrecht I, S. 418 f.; *R. Steinberg*, JuS 1982, 578 (581 ff.); *W. Brohm*, DÖV 1989, 429 ff. Für das Kompensationsmodell von *Blümel*, Gemeinden (Fn. 286), S. 245 ff. sind Mitwirkungsrechte ein Ausgleich für Eingriffe; vgl. *H. Maurer*, DVBl. 1995, 1037 (1043 Fn. 60).

[380] *Löwer* (Fn. 135), Art. 28 Rn. 53, der diese Rechte der subjektiven Rechtsstellungsgarantie i.V.m. der objektiven Rechtsinstitutionsgarantie zuordnet; vgl. auch *Schmidt-Jortzig*, Kommunalrecht (Fn. 286), Rn. 502 ff. – *H. Maurer*, DVBl. 1995, 1037 (1043) nimmt als Mindestgehalt ein Recht zur Stellungnahme an.

melle Beteiligungsrechte** werden ergänzt durch den **materiellen Anspruch** auf Berücksichtigung der gemeindlichen Belange im jeweiligen Planungs- und Abwägungsprozeß[381]. Die Gemeinden haben danach einen Anspruch auf ermessensfehlerfreie Entscheidung über staatliche Fragen, die zugleich Selbstverwaltungsangelegenheiten berühren[382], dessen mögliche Verletzung der Gemeinde Klagebefugnis vermittelt[383]. Gesetzliche Ausgestaltungen derartiger Mitwirkungsbefugnisse finden sich insbesondere im Recht der Raumordnung und Landesplanung sowie im Fachplanungsrecht[384]. Andere als gemeindliche Belange (z.B. Grundrechte ihrer Bürger oder überörtliche Naturschutz- bzw. Denkmalschutzbelange) kann die Gemeinde freilich nicht geltend machen[385]. Auch kann sie aus dem **Schutz ihres Namens** (→ Rn. 93, 123) kein Recht ableiten, im Bereich hoheitlicher Kennzeichnung die Verwendung gerade ihres Namens durchzusetzen[386].

bb) Anspruchsgegner

99 Als Anspruchsgegner kommt naturgemäß der Staat in Gestalt des regelnden, ausgestaltenden und eingreifenden (Landes-, ausnahmsweise Bundes-) **Gesetzgebers** in Betracht; doch ist die Stoßrichtung des Art. 28 II GG nicht darauf beschränkt. Die Selbstverwaltungsgarantie bietet **Rundumschutz**. So können auch unzulässige Beeinträchtigungen durch andere Planungsträger[387] oder durch **Gemeindeverbände** (namentlich die Kreisumlage; → Rn. 166) abgewehrt werden[388]. Auch untereinander können sich Gemeinden schließlich auf Art. 28 II GG berufen, beispielsweise – gestützt auf § 2 II BauGB – gegen Planungsentscheidungen von **Nachbargemeinden** (→ Rn. 131).

100 Als staatsorganisationsrechtliche Kompetenznorm ermächtigt Art. 28 II GG nicht zu Eingriffen in die Grundrechte **Dritter**; »die Tatsache, daß eine Materie zu den Angelegenheiten der örtlichen Gemeinschaft gehört, ergibt […] noch kein eigenständiges Eingriffsmandat der Gemeinde in Rechtspositionen Privater«[389]. Folglich kann die

---

[381] *Löwer* (Fn. 135), Art. 28 Rn. 53; Rechtsprechungsübersicht bei *W. Blümel*, VerwArch. 84 (1993), 123 ff.
[382] BVerwGE 94, 333 (337 ff.) – Anordnungen der Straßenverkehrsbehörden zur geordneten städtebaulichen Entwicklung nach § 45 Ib 1 Nr. 5 StVO; BVerwG 100, 388 (392 ff.) – Autobahnplanung.
[383] BVerwGE 77, 128 (132 ff.) – Breitbandverkabelung; vgl. *Wahl/Schütz* (Fn. 376), § 42 Abs. 2 Rn. 269 ff.
[384] Zur Landesplanung: BVerfGE 76, 107 (122); *W. Erbguth*, Raumordnungs- und Landesplanungsrecht, 2. Aufl. 1992, Rn. 109 f.; *W. Brohm*, DÖV 1989, 429 (433 ff.). Zu den verschiedenen fachplanerischen Verfahren: BVerwGE 51, 6 (13 ff.); 56, 110 (134 ff.); 69, 256 (261); 74, 124 (132); 81, 95 (106 ff.); OVG Saarland DÖV 1987, 496 (496 f.); VGH Mannheim NVwZ 1990, 487 (490); *R. Steinberg*, Fachplanung, 1993, § 7 Rn. 71 ff. (S. 341 ff.).
[385] BVerfGE 61, 82 (102); BVerwGE 84, 209 (213); OVG Saarland UPR 1987, 228 (228 f.); HessVGH NVwZ 1986, 680 (682).
[386] Für Autobahnausfahrten OVG Koblenz NVwZ 1986, 1033 (1033); für Autokennzeichen HessVGH ESVGH 32, 124 (125); *Löwer* (Fn. 135), Art. 28 Rn. 44. Gemeinden steht aber Rechtsschutz gegenüber der nicht korrekten Verwendung ihres Gemeindenamens zu: BVerwGE 44, 351 (354 ff.).
[387] BVerfGE 56, 298 (317 f.); BVerwGE 81, 95 (106) – Militärflugplätze; 81, 111 (115 ff.) – Bundesbahn; BVerwG NVwZ 1987, 590 (591) – Post; BVerwG DÖV 1993, 826 (827) – Bahn; zum ganzen *Gern*, Kommunalrecht (Fn. 257), Rn. 170.
[388] *Faber* (Fn. 101), Art. 28 Abs. 1 II, Abs. 2 Rn. 47, bezeichnet dies als »Binnenwirkung der Selbstverwaltungsgarantie«; s.a. *Schmidt-Aßmann*, Kommunalrecht (Fn. 30), Rn. 9. Judikatur: OVG Koblenz DÖV 1994, 79 (80 ff.) – Grundsatz des selbstverwaltungsfreundlichen Verhaltens.
[389] *Schmidt-Aßmann*, Kommunalrecht (Fn. 30), Rn. 9; *ders.*, Kommunale Selbstverwaltung »nach Rastede«, in: FS Sendler, 1991, S. 121 ff. (131 f.). Ebenso *Stern* (Fn. 15), Art. 28 Rn. 72; *Löwer*

Wahrnehmung von Freiheitsrechten durch Private nicht als Zugriff auf gemeindliche Kompetenzen abgewehrt werden[390]. Umgekehrt hat der einzelne Bürger keinen Anspruch gegen die Gemeinde, von ihrem Selbstverwaltungsrecht Gebrauch zu machen; er kann sich nur an die Aufsichtsbehörde wenden[391]. Wenig sinnvoll erscheint auch die Konstruktion eines Interventionsanspruches gegen den Bund im Falle des Art. 28 III GG (→ Rn. 175).

cc) Verfahren

Als Rechtsdurchsetzungsinstrument steht Gemeinden (und Gemeindeverbänden: → Rn. 168) einmal die in Bundes- bzw. Landesverfassungsrecht[392] verankerte **Kommunalverfassungsbeschwerde** zur Verfügung. Die **Subsidiaritätsklausel** des Art. 93 I Nr. 4b GG zugunsten der Landesverfassungsgerichte[393] gewinnt ihre praktische Bedeutung daraus, daß ungeachtet der unmittelbaren Bindungswirkung des Art. 28 II GG den Verfassungsgerichten der Länder allein die Landesverfassung als Prüfungsmaßstab dient (→ Rn. 52, 86)[394]. Freilich gewähren einige Landesverfassungen Rechtsschutz nur gegen förmliche Gesetze, nicht gegen sonstige Maßnahmen, oder sehen andere Einschränkungen vor, so daß hinsichtlich des unmittelbaren Zugangs der Gemeinden zum Bundesverfassungsgericht ein recht unübersichtliches Bild entsteht[395]. In Bayern wird umgekehrt der Schutz gegen Gesetze den Gemeinden erst durch Einräumung der **Popularklage** (Art. 98 S. 4 BayVerf.) ermöglicht[396]. Im Verfahren einer aufgelösten Gemeinde um die Zulässigkeit ihrer Auflösung wird ihre Beteiligungsfähigkeit fingiert[397].

101

(Fn. 135), Art. 28 Rn. 40; *ders.*, Energieversorgung und gemeindliche Selbstverwaltung, in: J. Ipsen/P. Tettinger (Hrsg.), Zukunftsperspektiven der kommunalen Energieversorgung, 1992, S. 29 ff. (31 ff.); *W. Kluth*, Grenzen kommunaler Wettbewerbsteilnahme, Diss. jur. Münster 1988, S. 47 f.; *F. Ossenbühl*, DÖV 1992, 1 (8).

[390] So aber *Schmidt-Jortzig*, Kommunalrecht (Fn. 286), Rn. 523, der eine Parallele zur Problematik der Drittwirkung von Grundrechten sieht.

[391] *Maunz* (Fn. 219), Art. 28 Rn. 56.

[392] Art. 93 I Nr. 4b GG; Übersicht zu den Landesverfassungsnormen bei *Schmidt-Aßmann*, Kommunalrecht (Fn. 30), Rn. 31 m. Fn. 110 sowie umfangreich *Gern*, Kommunalrecht (Fn. 257), Rn. 840 ff. Vgl. noch *W. Hoppe*, DVBl. 1995, 179 ff.

[393] Unter diesem Aspekt ist das Bundesverfassungsgericht nur noch für Hessen und Schleswig-Holstein zuständig: *H. Maurer*, DVBl. 1995, 1037 (1041 Fn. 34).

[394] A.A. ThürVerfGH ThürVBl. 1996, 209 (209f.); 1996, 281 (281): Art. 28 II GG als »gemeindeutsche (...) Garantie« gelte auch in den Ländern; zurecht kritisch *S. Storr*, ThürVBl. 1997, 121 ff. Umgekehrt ist das Bundesverfassungsgericht auf das Grundgesetz beschränkt: BVerfGE 79, 127 (143 ff.); 83, 363 (381 ff.).

[395] Eine Beschränkung auf förmliche Gesetze findet sich etwa in Baden-Württemberg (Art. 76), Niedersachsen (Art. 54 Nr. 5) und Sachsen-Anhalt (Art. 75 Nr. 7); weitergehend hingegen (jeder Akt der Staatsgewalt) Thüringen (Art. 80 I Nr. 2). Das Bundesverfassungsgericht bezieht auch untergesetzliche Normen ein, soweit sie Außenwirkung gegenüber Gemeinden entfalten: BVerfGE 71, 25 (34); 76, 107 (114); 78, 331 (340). Eine Übersicht über die Zugangsberechtigung bei *Pestalozza*, Verfassungsprozeßrecht, § 12 Rn. 61; vgl. noch *H. Maurer*, DVBl. 1995, 1037 (1041 Fn. 34).

[396] Dazu *Knemeyer*, Kommunalrecht (Fn. 40), Rn. 16; *Lissack*, Kommunalrecht (Fn. 257), § 1 Rn. 123 ff. Zur Subsidiaritätsklausel insoweit BVerfG (1. Kammer des Zweiten Senats) NVwZ 1994, 58 (58 f.). Zur Ausklammerung der Gemeindeverbände BayVerfGHE n.F. 2, 143 (145, 162 ff.). → Rn. 168.

[397] BVerfGE 42, 345 (356); 86, 90 (106); BayVerfGHE n.F. 33, 37 (54); 39, 169 (173). SaarlVerfGH DÖV 1993, 910 (910 f.) lehnt die Anwendbarkeit dieses Grundsatzes für den Fall ab, daß eine ur-

102 Zudem steht den Gemeinden (und Gemeindeverbänden: → Rn. 168) der **Rechtsweg** offen, um Eingriffe abzuwehren; Ansprüche und Leistungen einzuklagen oder Mitwirkungsbefugnisse durchzusetzen. Art. 28 II GG und die entsprechenden Landesgarantien (sowie die mit Blick auf Art. 28 II GG drittschützende Beteiligungsnorm im jeweiligen Planungsrecht) begründen ihre **Klagebefugnis**[398].

3. Inhalt und Umfang der gemeindlichen Selbstverwaltung (Art. 28 II 1 GG)

a) Universalität (»alle Angelegenheiten der örtlichen Gemeinschaft«)

103 Zentrale materielle Ausprägung der objektiven Rechtsinstitutionsgarantie (→ Rn. 95) ist das Recht der Gemeinden zur Wahrnehmung aller »Angelegenheiten der örtlichen Gemeinschaft« (Grundsatz der **Universalität** oder **Allzuständigkeit**). Das Bundesverfassungsgericht versteht darunter in seiner grundlegenden Rastede-Entscheidung »diejenigen Bedürfnisse, die in der örtlichen Gemeinschaft wurzeln oder auf sie einen spezifischen Bezug haben, die also den Gemeindebürgern gerade als solchen gemeinsam sind, indem sie das Zusammenleben und -wohnen der Menschen in der (politischen) Gemeinde betreffen«[399]. Auf die **Leistungsfähigkeit** soll es danach **nicht** mehr ankommen[400]. Zählt eine Aufgabe zu den Angelegenheiten der örtlichen Gemeinschaft, ist der Gesetzgeber bei der Aufgabenverteilung durch Art. 28 II 1 GG beschränkt. Allerdings verfügt er bei der Aufgabenqualifizierung über einen gerichtlich nur begrenzt überprüfbaren Typisierungs- und Einschätzungsspielraum[401]. Aufgaben können den Gemeinden auf zweierlei Weise abhanden kommen: durch ihren überörtlichen Charakter und durch gesetzliche Regelung[402].

104 Einen fixen Katalog örtlicher Angelegenheiten der Gemeinden gibt es nicht (gleichwohl illustrativ Art. 83 I BayVerf.). Das Universalitätsprinzip wirkt vielmehr als eine (gesetzlich widerlegbare) **Zuständigkeitsvermutung**: »Zum Wesensgehalt der gemeindlichen Selbstverwaltung gehört kein gegenständlich bestimmter oder nach feststehenden Merkmalen bestimmbarer Aufgabenkatalog, wohl aber die Befugnis, sich

---

sprünglich einmal wirksam und rechtmäßig aufgelöste Gemeinde nachträglich versucht, die damit zunächst einwandfrei und unanfechtbar eingetretene Rechtsfolge wieder in Frage zu stellen.

[398] Statt aller *Wahl/Schütz* (Fn. 376), § 42 Abs. 2 Rn. 104ff., 269ff. m.w.N. aus der umfänglichen Judikatur.

[399] BVerfGE 79, 127 (152f.) – Rastede. Aus der umfangreichen Literatur zu dieser Entscheidung vgl. *T. Clemens*, NVwZ 1990, 834ff.; *Schmidt-Aßmann*, Rastede (Fn. 389), S. 121ff.; *F. Schoch*, VerwArch. 81 (1990), 18ff.; *H. Siedentopf*, Die Rastede-Entscheidung des Bundesverfassungsgerichts, 1990, S. 8ff.; *E. Schmidt-Jortzig*, DÖV 1993, 973ff.; *W. Frenz*, Die Verwaltung 28 (1995), 33ff. Zum Erfordernis des örtlichen Bezugs für das Tätigwerden der Gemeinde *K.-H. Kästner*, NVwZ 1992, 9 (13f.). Abgelehnt ist damit implizit die früher entwickelte, in der Literatur stets kritisch betrachtete Lehre vom funktionalen Selbstverwaltungsverständnis, die die Trennung zwischen örtlichen und überörtlichen Aufgaben negierte (→ Rn. 80).

[400] BVerfGE 79, 127 (152). Vgl. OVG Rheinl.-Pfalz DVBl. 1993, 894 (897f.); *M. Beckmann*, DVBl. 1990, 1193 (1197); *E. Schmidt-Jortzig*, DÖV 1993, 973 (974). Früher war gefordert worden, daß die jeweiligen Aufgaben »von dieser örtlichen Gemeinschaft eigenverantwortlich und selbständig bewältigt werden können« (BVerfGE 8, 122 [134]; 50, 195 [201]; 52, 95 [120]).

[401] BVerfGE 79, 137 (153f.); *Schmidt-Aßmann*, Kommunalrecht (Fn. 30), Rn. 17. Vgl. auch BVerfGE 91, 228 (241): Typisierungsspielraum bei organisatorischen Regelungen; ebenso NdsStGH DÖV 1996, 657 (658).

[402] *Püttner* (Fn. 338), § 107 Rn. 16. – Natürlich wird der überörtliche Charakter häufig durch Gesetz bestimmt werden.

aller Angelegenheiten der örtlichen Gemeinschaft, die nicht durch Gesetz bereits anderen Trägern öffentlicher Verwaltung übertragen sind, ohne besonderen Kompetenztitel anzunehmen«[403]. Gemeinden besitzen gewissermaßen ein **Aufgaben- und Funktionenerfindungsrecht**[404] in den allgemeinen, für staatliche Aufgabenwahrnehmung geltenden Grenzen (insbes. Vorrang und Vorbehalt des Gesetzes; → Art. 20 [Rechtsstaat] Rn. 83 ff., 93 ff.).

Das Merkmal der örtlichen Aufgaben wirft angesichts der Raum- und damit Gemeinderelevanz jedweder Verwaltungs- und Staatstätigkeit naturgemäß schwierige **Abgrenzungsprobleme** auf; zudem sind »Wanderungsprozesse« und »Gemengelagen« zu berücksichtigen[405]. Bei der Einordnung spielen Tradition und gängige Praxis ebenso eine Rolle wie die sachliche Angemessenheit der Aufgabenerledigung durch die Gemeinden[406]. Häufig wird eine definitive Zuordnung durch den Gesetzgeber vorgenommen werden, der dabei wiederum an bestimmte Regeln gebunden ist (→ Rn. 109 ff.). 105

b) **Eigenverantwortlichkeit (»in eigener Verantwortung zu regeln«)**

Die gemeindlichen Selbstverwaltungsaufgaben sind »in eigener Verantwortung« zu regeln. Eigenverantwortlichkeit bedeutet im Kern Weisungsfreiheit gegenüber staatlichen Institutionen, organisatorische Wahlmöglichkeiten und freie Alternativenwahl im Rahmen der Rechtsordnung, also Aufgabenerfüllung »ohne Weisung und Vormundschaft des Staates«[407]. Bei den **freiwilligen Selbstverwaltungsaufgaben** bezieht sich die Eigenverantwortlichkeit auf das ›Ob‹, ›Wie‹ und ›Wann‹[408], bei den pflichtigen nur noch auf die Art und Weise, nicht mehr auf die Entschließungsfreiheit. Je dichter und alle Modalitäten regelnd jedoch die gesetzlichen Vorgaben werden, wie dies namentlich im Sozialbereich der Fall ist, desto stärker wird die Eigenverantwortung auch ohne förmliches Weisungsrecht marginalisiert, so daß man von lediglich formellen 106

---

[403] BVerfGE 79, 127, 2. Ls.; vgl. dazu *Schmidt-Aßmann*, Kommunalrecht (Fn. 30), Rn. 18; *ders.*, Rastede (Fn. 389), S. 130 f.; *ders.*, Kommunen und örtliche Energieversorgung, in: FS Fabricius, 1989, S. 251 ff. (259 ff.); *F. Ossenbühl*, Vorrang und Vorbehalt des Gesetzes, in: HStR III, § 62 Rn. 57.
[404] *Faber* (Fn. 101), Art. 28 Abs. 1 II, Abs. 2 Rn. 35; *Schmidt-Jortzig*, Kommunalrecht (Fn. 286), Rn. 496; *Nierhaus* (Fn. 194), Art. 28 Rn. 42, 49. *Stern* (Fn. 15), Art. 28 Rn. 87 spricht vom »Recht zur Spontaneität«.
[405] *Schmidt-Aßmann*, Kommunalrecht (Fn. 30), Rn. 16; von »Wanderungsprozessen« spricht auch *Schmidt-Jortzig*, Kommunalrecht (Fn. 286), Rn. 491 ff.; ähnlich *Gern*, Kommunalrecht (Fn. 257), Rn. 59.
[406] Vgl. *Schmidt-Jortzig*, Kommunalrecht (Fn. 30), Rn. 466 ff.; *ders.*, DÖV 1989, 142 (145 f.); *Gern*, Kommunalrecht (Fn. 257), Rn. 60 f.; *Knemeyer*, Kommunalrecht (Fn. 40), Rn. 30, 122. Zu teilweise ähnlichen Ergebnissen führt hier Fabers »Problemraum«-Ansatz: *Faber* (Fn. 101), Art. 28 Abs. 1 II, Abs. 2 Rn. 23 ff. Kritisch speziell zum Abstellen auf traditionelle Zuordnungen hingegen *Stober*, Kommunalrecht (Fn. 264), § 7 II 1c bb (S. 68 f.).
[407] So die schon fast klassische Wendung von *Becker*, Selbstverwaltung (Fn. 38), S. 718; vgl. *Schmidt-Aßmann*, Kommunalrecht (Fn. 30), Rn. 19: »Freiheit von Zweckmäßigkeitsweisungen anderer Hoheitsträger«.
[408] *Lissack*, Kommunalrecht (Fn. 257), § 1 Rn. 57 f., 77 ff. spricht insofern vom ›modalen‹ Element. Plastisch VerfGH R-P DÖV 1983, 113 (113): Eigenverantwortlichkeit »als die grundsätzliche Entschließungsfreiheit der kommunalen Gemeinwesen, die ihrer Verbandskompetenz unterliegenden Aufgaben ohne staatliche Einflußnahme so zu erfüllen, wie dies – nach Maßgabe der Rechtsordnung – ihrem Gestaltungswillen entspricht«. Zur Gestaltungsfreiheit als maßgeblichem Punkt auch *Stern* (Fn. 15), Art. 28 Rn. 95; *Stober*, Kommunalrecht (Fn. 264), § 7 II 1 c ee (S. 73 f.).

Selbstverwaltungsaufgaben sprechen kann (→ Rn. 85). Gleiches gilt, wenn den Kommunen neue pflichtige Selbstverwaltungsaufgaben (→ Rn. 84, 111) auferlegt werden. Zudem wird die eigenverantwortliche Aufgabenwahrnehmung im Selbstverwaltungsbereich mittelbar beeinträchtigt durch **Zuweisung staatlicher Aufgaben** im übertragenen Wirkungskreis (Pflichtaufgaben zur Erfüllung nach Weisung; → Rn. 84, 112). In jedem Fall befürfen die Aufgabenzuweisungen einer gesetzlichen Grundlage (→ Rn. 110, 113).

107 Eigenverantwortlichkeit dispensiert nicht von Gesetzes- und Rechtsbindung, der die Kommunen als Träger hoheitlicher Gewalt schon gemäß Art. 20 III GG unterliegen (→ Art. 20 [Rechtsstaat] Rn. 86). So bildet die **Rechtsaufsicht** das notwendige »Correlat«[409] der Selbstverwaltung. Sie ist Sache der Länder. Eine Bundeskommunalaufsicht gibt es (auch im Bereich von Art. 84 III GG) nicht, jedoch kann das Land gegenüber dem Bund zu Kommunalaufsichtsmaßnahmen verpflichtet sein[410]. Eine besondere Form der (präventiven) Staatsaufsicht stellen Genehmigungs- und Betätigungsvorbehalte dar, die indes ausdrücklicher gesetzlicher Bestimmung bedürfen[411]. Maßnahmen der Rechtsaufsicht betreffen die Gemeinde als selbständiges Rechtssubjekt und unterliegen verwaltungsgerichtlicher Kontrolle. Anderes gilt nach überwiegender Ansicht für **fachaufsichtliche Maßnahmen** im Bereich des übertragenen Wirkungskreises (Auftragsangelegenheiten, Pflichtaufgaben zur Erfüllung nach Weisung), vor denen Art. 28 II GG allerdings ohnehin keinen Schutz gewährt[412].

108 Mit den **Regelungen**, die die Gemeinden gem. Art. 28 II 1 GG treffen können, sind diese nicht auf bestimmte Handlungs- oder Organisationsformen festgelegt[413]. Im Rahmen der Rechtsordnung können sie sich vielmehr der gesamten Palette rechtlicher Handlungsmöglichkeiten privat- wie öffentlichrechtlicher, bindender wie unverbind-

---

[409] So bereits *L. v. Stein*, Die Verwaltungslehre, Bd. 1, Abt. 2, 2. Aufl. 1869, Neudr. 1975, S. 69. Dieser Zusammenhang ist praktisch unbestritten: vgl. BVerfGE 6, 104 (118); 78, 331 (341); *Stern* (Fn. 15), Art. 28 Rn. 130; *Faber* (Fn. 101), Art. 28 Abs. 1 II, Abs. 2, Rn. 40; *Stober*, Kommunalrecht (Fn. 264), § 9 III 1a (S. 148f.); *Maurer*, Allg. Verwaltungsrecht, § 23 Rn. 45; *Löwer* (Fn. 135), Art. 28 Rn. 62 m.w.N.; *Gern*, Kommunalrecht (Fn. 257), Rn. 802. Zu Erscheinungsformen und Funktion staatlicher Aufsicht jetzt umfangreich *U. Lübking/K. Vogelsang*, Die Kommunalaufsicht, 1998; vgl. noch *R. Bracker*, Theorie und Praxis der Kommunalaufsicht, in: FG v. Unruh, 1983, S. 459ff.; *J. Ipsen*, Staatliche Ingerenzen und gemeindliche Selbstverwaltung, in: *ders./M.-C. Schinkel*, Aufsicht über die Städte – Kontrolle oder Kondominium?, 1986, S. 5ff.; *M.-C. Schinkel*, Gemeindliches Handeln zwischen Staatsaufsicht und gerichtlicher Kontrolle, ebda, S. 19ff.

[410] BVerfGE 8, 122 (138); *Stern* (Fn. 15), Art. 28 Rn. 133.

[411] *Stern* (Fn. 15), Art. 28 Rn. 137; *Löwer* (Fn. 135), Art. 28 Rn. 63; *Schmidt-Aßmann*, Kommunalrecht (Fn. 30), Rn. 46ff.; *Gern*, Kommunalrecht (Fn. 257), Rn. 803; *Stober*, Kommunalrecht (Fn. 264), § 9 III 3c (S. 159ff.); umfangreich *P.-P. Humpert*, Genehmigungsvorbehalte im Kommunalverfassungsrecht, 1990, S. 6, 165ff. Typologie nach gesetzlichen Ausprägungen bei *J. Salzwedel*, Staatsaufsicht in der Verwaltung, VVDStRL 22 (1965), S. 206ff. (243ff.). Grundsätzlich ablehnend (bezogen auf die nordrhein-westfälische Selbstverwaltungsgarantie) *L. Schrapper*, Kommunale Selbstverwaltungsgarantie und staatliches Genehmigungsrecht, 1992, S. 115ff., 144f. Zur Beratung als wichtigster Form präventiver Kommunalaufsicht BVerfGE 58, 177 (195).

[412] *Stern* (Fn. 15), Art. 28 Rn. 136; *Löwer* (Fn. 135), Art. 28 Rn. 64. Gleichwohl können Gemeinden klagen, wenn durch eine rechtswidrige Weisung ihr Selbstverwaltungsrecht verletzt wird; zu Details *E. Schmidt-Jortzig*, JuS 1979, 488ff.; *Schmidt-Aßmann*, Kommunalrecht (Fn. 30), Rn. 45; *Wahl/Schütz* [Fn. 376], § 42 Abs. 2 Rn. 106 m.w.N.; speziell zur Sonderaufsicht bei den Pflichtaufgaben zur Erfüllung nach Weisung *Gern*, Kommunalrecht (Fn. 257), Rn. 821, 824; *Stober*, Kommunalrecht (Fn. 264), § 9 III 2a (S. 156f.).

[413] BVerwGE 6, 247 (252); *Schmidt-Aßmann*, Kommunalrecht (Fn. 30), Rn. 19; *D. Ehlers*, Verwaltung in Privatrechtsform, 1984, S. 74ff.; *Nierhaus* (Fn. 194), Art. 28 Rn. 45.

licher, hoheitlicher oder leistender Art bedienen. Der Erlaß von allgemeinen Vorschriften (z.B. Satzungen: → Rn. 133f.) ist genauso abgedeckt wie die Entscheidung von Einzelfällen.

c) Gesetzesvorbehalt (»im Rahmen der Gesetze«)

aa) Gesetzesbegriff; Bundes- und Landesgesetze; Eingriff

Die kommunale Selbstverwaltung ist »im Rahmen der Gesetze« gewährleistet. **Gesetz** meint jede staatliche Außenrechtsnorm, förmliche Bundes- und Landesgesetze ebenso wie Rechtsverordnungen[414]; des weiteren Raumordnungsprogramme[415], Satzungen anderer Verwaltungsträger[416] und gewohnheitsrechtliche Regeln[417]. Nach allgemeinen Grundsätzen bedürfen wesentliche Fragen allerdings einer Regelung durch förmliches Gesetz (→ Art. 20 [Rechtsstaat] Rn. 103f.). Zum rahmensetzenden Recht i.S.d. Art. 28 II GG gehört auch das europäische Gemeinschaftsrecht (→ Rn. 34). Die für institutionelle Garantien typische Ausgestaltungsbefugnis des Gesetzgebers (→ Vorb. Rn. 68f.) wird praktisch als **Gesetzesvorbehalt** verstanden[418] und damit dem grundrechtlichen Verständnis angenähert (→ Vorb. 86f.). Trotz der Uneindeutigkeit von Wortlaut und Wortstellung besteht heute weitgehend Einigkeit darüber, daß der Gesetzesvorbehalt sich nicht nur auf das Merkmal der **Eigenverantwortlichkeit**, sondern auch auf die **Universalität** des Aufgabenkreises bezieht[419]: der Gesetzgeber darf »aufgabenentziehend und Eigenverantwortung begrenzend eingreifen«[420]. 109

Der Gesetzesvorbehalt ist in erster Linie an den **Landesgesetzgeber** adressiert. Er – und nicht der Bundesgesetzgeber, dem insofern engere Grenzen gesteckt sind (→ Rn. 113) – ist dazu aufgerufen, die Verteilung der Aufgaben (deren Entzug wie deren Übertragung) zu regeln sowie die Erfüllungsmodalität (→ Rn. 84) zu bestimmen; das folgt schon daraus, daß die Kommunen staatsorganisationsrechtlich den Ländern zugeordnet sind (→ Rn. 88). Als Kernproblem hat sich in jüngerer Zeit die Aufgabenzuweisung ohne ausreichende Finanzausstattung herauskristallisiert; ein etwaiger Anspruch auf finanzielle Kompensation (→ Rn. 149ff.) ist freilich insofern nachrangig, als 110

---

[414] BVerfGE 26, 228 (237); 56, 298 (309); 71, 25 (34).
[415] BVerfGE 76, 107 (114); für Gebietsentwicklungspläne VerfGH NW DVBl. 1995, 465 (466).
[416] Namentlich der Kreise: BVerwGE 101, 99 (111f.); dagegen *M. Heintzen*, Die Verwaltung 29 (1996), 17 (33f.); zustimmend Jarass/*Pieroth*, GG, Art. 28 Rn. 12.
[417] VerfGH NW DVBl. 1982, 1043 m. Anm. v. *W. Krebs* (1044f.); *Stern*, Staatsrecht I, S. 415; a.A. *Maunz* (Fn. 219), Art. 28 Rn. 51.
[418] So ausdrücklich BVerfGE 79, 127 (143); vgl. *Löwer* (Fn. 135), Art. 28 Rn. 59.
[419] BVerfGE 56, 298 (312); 79, 127 (143ff.); *Stern* (Fn. 15), Art. 28 Rn. 114; *Maunz* (Fn. 219), Art. 28 Rn. 51ff.; *Schmidt-Aßmann*, Kommunalrecht (Fn. 30), Rn. 20; *Löwer* (Fn. 135), Art. 28 Rn. 59. A.A. noch *Roters* (Fn. 221), Art. 28 Rn. 57; *Burmeister*, Neukonzeption (Fn. 323), S. 93f.; *v. Mutius*, Maßnahmen (Fn. 286), S. 37f. – *G. Schmidt-Eichstaedt*, Bundesgesetze und Gemeinden, 1981, S. 147, 162, *A. Janssen*, Über die Grenzen des legislativen Zugriffsrechts, 1991, S. 137, sowie *H.-G. Henneke*, ZG 9 (1994), 212 (242f.) wollen aus Art. 28 II GG ein sog. Unbestimmtheitsgebot herleiten, wonach der Gesetzgeber – um den Kommunen Gestaltungsmöglichkeiten offenzuhalten – nur zu rahmenrechtlichen Regelungen der Eigenverantwortung befugt sei.
[420] *Püttner* (Fn. 338), § 107 Rn. 19; dafür spricht schon die Entstehungsgeschichte der Norm (vgl. BVerfGE 79, 127 [145]). Außerdem wäre es sinnwidrig, Aufgaben zwar den Gemeinden belassen zu müssen, aber die Eigenverantwortlichkeit beliebig einschränken zu können (*Maunz* [Fn. 219], Art. 28 Rn. 52).

er die zunächst zu bejahende Frage nach der Zulässigkeit der jeweiligen Aufgabenübertragung voraussetzt[421].

111 Mit einer im Vordringen begriffenen Auffassung ist nicht nur der Aufgabenentzug, sondern auch die **Aufgabenübertragung** als rechtfertigungsbedürftiger **Eingriff** in die kommunale Selbstverwaltung zu qualifizieren[422]. Die Plausibilität dieses Ansatzes wird besonders deutlich, wenn der Gesetzgeber materiell staatliche Aufgaben den Kommunen als pflichtige Selbstverwaltungsaufgaben zuweist und insofern falsch »ausflaggt«[423], ohne auf die Fallgruppe der nur formellen Selbstverwaltungsaufgaben (→ Rn. 85) beschränkt zu sein. Die Rechtmäßigkeitsvoraussetzungen einer Aufgabenüberbürdung werden in Anlehnung an die Rechtsprechung zum Aufgabenentzug (→ Rn. 118) formuliert[424].

112 Eine darüber hinausgehende **mittelbare Beeinträchtigung** erfährt die kommunale Selbstverwaltung schließlich durch die Übertragung staatlicher Aufgaben (als Aufgaben im übertragenen Wirkungskreis bzw. als Weisungsaufgaben: → Rn. 84), wenn durch sie erhebliche Verwaltungskapazitäten gebunden werden und der verfügbare Raum für originäre Selbstverwaltungsangelegenheiten empfindlich geschmälert wird[425].

113 Dem **Bundesgesetzgeber** ist der Zugriff auf die Kommunen nicht vollständig verwehrt. Doch sind ihm wegen der Organisationshoheit der Länder **enge Grenzen** gesetzt. Regelungen, die in das kommunale Selbstverwaltungsrecht eingreifen, sind ihm nur gestattet, wenn das Grundgesetz dies ausnahmsweise bestimmt oder zuläßt[426]. Darüber hinausgehend kann der Bund die Kommunen nur dann in den Gesetzesvollzug einschalten, wenn es sich um eine **punktuelle Annexregelung** zu einer in die Bundeskompetenz fallenden Sachmaterie handelt und diese für den wirksamen Vollzug der Norm notwendig ist[427]. Für zulässig wurde demnach die bundesgesetzliche Nor-

---

[421] *R. Wendt*, Finanzierungsverantwortung für gesetzgeberisch veranlaßte kommunale Aufgaben, in: FS Stern, 1997, S. 603 ff. (610); *Schoch/Wieland*, Finanzierungsverantwortung (Fn. 313), S. 111 f.; *F. Hufen*, DÖV 1998, 276 (277).

[422] Verneint beispielsweise noch von NdsOVG NdsVBl. 1994, 18 (19); SaarlVerfGH NVwZ-RR 1995, 153 (153). Wie hier VerfGH NW DVBl. 1993, 197 (198); *Löwer* (Fn. 135), Art. 28 Rn. 54; *P.J. Tettinger*, Besonderes Verwaltungsrecht, 4. Aufl. 1995, Rn. 33b; *Schoch*, Schutz (Fn. 357), S. 116 ff.; *S. Petz*, DÖV 1991, 320 (323 ff.).

[423] Beispielsweise wurde den Gemeinden und Landkreisen die Unterbringung von Asylbewerbern (nach Asylbewerberleistungsgesetz) als pflichtige Selbstverwaltungsaufgabe auferlegt, obwohl es sich laut BVerwG NVwZ 1990, 1173 (1174) sowie BayVGH BayVBl. 1989, 370 (371 f.) um eine materielle Staatsaufgabe handelt; hierzu *F. Schoch*, Der Landkreis 1994, 253 (254); *H.-G. Henneke*, ZG 9 (1994), 212 (232); *Schoch/Wieland*, Finanzierungsverantwortung (Fn. 313), S. 100 f.; *H. Geiger*, BayVBl. 1995, 33 (34 ff.).

[424] VerfGH NW DVBl. 1993, 197 (198); DVBl. 1997, 483 (483 f.); *S. Petz*, DÖV 1991, 320 (325 ff.); *J. Ipsen*, ZG 9 (1994), 194 (206); *H.-G. Henneke*, ZG 9 (1994), 212 (236); ähnlich schon *Stern* (Fn. 15), Art. 28 Rn. 61. Knapper BVerfGE 83, 363 (384), wonach »zwingende Gründe des gemeinen Wohls« ausreichen.

[425] VerfGH NW DVBl. 1993, 197 (198); *S. Petz*, DÖV 1991, 320 (323 ff.); *Löwer* (Fn. 135), Art. 28 Rn. 55; *Schoch*, Schutz (Fn. 357), S. 118; *F. Kirchhof*, Gemeinden und Kreise in der bundesstaatlichen Verfassung, in: J. Ipsen (Hrsg.), Kommunale Aufgabenerfüllung im Zeichen der Finanzkrise, 1995, S. 53 ff. (55).

[426] BVerfGE 56, 298 (310); 88, 203 (332); *Schoch*, Schutz (Fn. 357), S. 122 f.; vorher bereits *Schmidt-Jortzig*, Kommunalrecht (Fn. 286), Rn. 110, 441 ff.

[427] BVerfGE 22, 180 (210); 77, 288 (299); *Stern* (Fn. 15), Art. 28 Rn. 117; *ders.*, Staatsrecht I, S. 415; *Wendt*, Finanzierungsverantwortung (Fn. 421), S. 610. Vgl. auch *Schmidt-Eichstaedt*, Bundes-

mierung der Bauleitplanung als gemeindliche Selbstverwaltungsaufgabe (§§ 1 III, 2 BauGB; → Rn. 130) erachtet[428]; nicht standhalten dürften diesem Erfordernis hingegen die Verpflichtung zur Schaffung von Kindergartenplätzen[429] sowie die bundesgesetzliche Übertragung der Sozialhilfeausgaben auf die Kreise[430]. Freilich wird in der Literatur wohl noch überwiegend in extensiver Auslegung des Art. 84 I GG die Zuständigkeitsbegründung der Kommunen als »Einrichtung oder Errichtung einer Behörde« angesehen[431].

Von Bedeutung für die Einschränkung der kommunalen Selbstverwaltungsgarantie durch den Gesetzesvorbehalt sind ferner (etwa bei Gebietsänderungen; → Rn. 122) **Anhörungsrechte** der Gemeinden, da der Gesetzgeber die tatsächlichen Grundlagen seiner Entscheidung durch rechtzeitige Einbeziehung der Gemeinden umfassend ermitteln muß[432]. **114**

bb) Schranken des Gesetzesvorbehalts (Kernbereich; gemeindespezifisches Aufgabenverteilungsprinzip)

Soll der Gesetzesvorbehalt nicht zur »Achillesferse«[433] der kommunalen Selbstverwaltung werden, so sind dem Zugriff des Gesetzgebers seinerseits Schranken zu setzen. Wegen der analogen Problemstruktur hatte man früher gern auf die zu den Grundrechten entwickelte Lehre von den »Schranken-Schranken« (→ Vorb. Rn. 91 ff.) zurückgegriffen[434]. Dem setzt das Bundesverfassungsgericht mit der Rastede-Entscheidung ein – nicht unangefochtenes – gestuftes Konzept entgegen: geschützt ist danach zunächst ein Kernbereich kommunaler Selbstverwaltung (→ Rn. 116 f.), in des- **115**

---

gesetze (Fn. 419), S. 21 ff., 43 ff., 85 ff.; schon *A. Köttgen*, Die Gemeinde und der Bundesgesetzgeber, 1957, S. 70 ff.

[428] BVerfGE 77, 288 (298 f.); umfangreich *C. Meis*, Verfassungsrechtliche Beziehungen zwischen Bund und Gemeinden, 1989, S. 46 ff.

[429] § 24 i.V.m. §§ 3 II 2, 2 I, 69 SGB VIII, hierzu *K. Waechter*, VerwArch. 85 (1994), 208 ff.; *H.-G. Henneke*, ZG 9 (1994), 212 (218 ff.); *Wendt*, Finanzierungsverantwortung (Fn. 421), S. 604 f. Für Verfassungswidrigkeit dieser Regelungen mangels einer Bundeskompetenz *J. Isensee*, DVBl. 1995, 1 (5 f.).

[430] Für Verfassungswidrigkeit wegen Verletzung der Organisationshoheit der Länder *Schoch/Wieland*, Finanzierungsverantwortung (Fn. 313), S. 123 f.; *dies.*, JZ 1995, 982 (987 ff.); ihnen zustimmend *Wendt*, Finanzierungsverantwortung (Fn. 421), S. 611; *R. Grote*, JZ 1996, 832 (840). Zum Problem noch *H.-G. Henneke*, ZG 9 (1994), 212 (217 f.); *J. Hofmann-Hoeppel*, Die (finanz-)verfassungsrechtliche Problematik des BSHG-Vollzugs durch kommunale Gebietskörperschaften, 1992; *K. Kemmer*, Die Leistungsnormen des BSHG und die gemeindliche Selbstverwaltungsgarantie, Diss. jur. Würzburg 1982.

[431] BVerfGE 75, 108 (150 f.); 77, 288 (299); *H.-P. Bull*, in: AK-GG, Art. 84 Rn. 10; *Jarass/Pieroth*, GG, Art. 84 Rn. 3; *Seifert/Hömig*, GG, Art. 84 Rn. 3; *A. Dittmann*, in: Sachs, GG, Art. 84 Rn. 12; *W. Blümel*, Verwaltungszuständigkeit, in: HStR IV, § 101 Rn. 31. A.A. *Schoch*, Schutz (Fn. 357), S. 123 f.; *ders./J. Wieland*, JZ 1995, 982 (986); kritisch auch *Wendt*, Finanzierungsverantwortung (Fn. 421), S. 611. Eigener Ansatz bei *P. Lerche*, Verfassungsfragen um Sozialhilfe und Jugendwohlfahrt, 1963, S. 70 ff.; *ders.*, in: Maunz/Dürig, GG, Art. 84 (1985) Rn. 27. Zum Streitstand *Löwer* (Fn. 135), Art. 28 Rn. 57 sowie umfangreich *Meis*, Beziehungen (Fn. 428), S. 18 ff.

[432] BVerfGE 86, 90 (107 ff.); *Stern*, Staatsrecht I, S. 411 mit Fn. 75; *Löwer* (Fn. 135), Art. 28 Rn. 42. Vgl. aber BVerwGE 97, 203 (211 ff.): kein Anhörungsrecht bei Festsetzung von Tiefflugzonen.

[433] *Schmidt-Aßmann*, Kommunalrecht (Fn. 30), Rn. 20.

[434] So etwa BVerfGE 58, 298 (312 f.); *Blümel*, Gemeinden (Fn. 286), S. 269 ff. m.w.N.; *Schmidt-Jortzig*, Kommunalrecht (Fn. 286), Rn. 486 f.; für eine Anlehnung an die Dreistufenlehre zur Berufsfreiheit (→ Art. 12 Rn. 101 ff.) *Ipsen*, Kommunalrecht (Fn. 331), S. 35 f.

sen Vorfeld das gemeindespezifische Aufgabenverteilungsprinzip zum Tragen kommt (→ Rn. 118 ff.).

116 Gesetzliche Einschränkungen der gemeindlichen Selbstverwaltungsgarantie müssen danach zunächst den **Kernbereich (bzw. Wesensgehalt) der Selbstverwaltungsgarantie** unangetastet lassen[435]. Diese Grenze ergibt sich nicht aus Art. 19 II GG, weil Art. 28 II GG kein Grundrecht (→ Rn. 81) ist[436]. Freilich ist ein Kernbestand an Aufgaben nicht exakt gegenständlich fixierbar[437]. Untauglich und mittlerweile aus der Diskussion verschwunden ist auch die sog. **Subtraktionsmethode** des Bundesverwaltungsgerichts[438]. Vielmehr ist bei der Bestimmung des Kernbereichs namentlich der historischen Entwicklung und den verschiedenen Erscheinungsformen der Selbstverwaltung Rechnung zu tragen[439].

117 Das Bundesverfassungsgericht zählt zum Kernbereich neben dem **Zugriffsrecht** auf gesetzlich nicht anderweitig zugewiesene Aufgaben (→ Rn. 103 ff.) den Grundsatz, daß Bestands- und Gebietsänderungen von Gemeinden nur aus Gründen des öffentlichen Wohls und nach **Anhörung** der betroffenen Gebietskörperschaften zulässig sind (→ Rn. 122)[440]. Außerdem verbieten sich im Kernbereich »Regelungen, die eine eigenständige organisatorische Gestaltungsfähigkeit der Kommunen im Ergebnis ersticken würden«[441]. Entsprechend muß zum geschützten Kernbereich auch eine **finanzielle Mindestausstattung** gerechnet werden (→ Rn. 145 ff.)[442].

118 Mit dem Kernbereich sind die Gemeinden nur vor besonders massiven Eingriffen geschützt. In seinem Vorfeld siedelt das Bundesverfassungsgericht daher das **gemeindespezifische materielle Aufgabenverteilungsprinzip** an, das zugunsten kreisangehöriger Gemeinden auch gegenüber Kreisen gilt (→ Rn. 167). Nach der hiermit etablierten

---

[435] Beide Begriffe werden synonym gebraucht, vgl. BVerfGE 79, 127 (143, 146). Gegen diese sog. Kernbereichslehre jetzt NdsStGH DÖV 1996, 657 (657): aus der Unterscheidung zwischen Kernbereich und dessen Vorfeld ließen sich »keine klaren Abgrenzungen gewinnen«. Kritisch auch *J. Ipsen*, ZG 9 (1994), 194 (197).

[436] BVerfGE 48, 64 (79); 58, 177 (189); *Maunz* (Fn. 219), Art. 28 Rn. 52; *Nierhaus* (Fn. 194), Art. 28 Rn. 34. – A.A. *v. Mangoldt/Klein*, GG, Art. 28 Anm. IV 1d; kritisch auch *H. Maurer*, DVBl. 1995, 1037 (1041f.). Für eine weitgehende Übernahme der Grundrechtsdogmatik *J. Ipsen*, ZG 9 (1994), 194 (211f.).

[437] BVerfGE 79, 127 (146). In der älteren Judikatur klangen teilweise noch gegenständliche Elemente an, vgl. E 1, 167 (178); offengelassen beispielsweise in E 56, 298 (312). Bei dieser Unbestimmtheit setzt die Kritik an.

[438] Sie findet sich in BVerwGE 6, 19 (25); 6, 342 (345f.). Kritisch dazu *Stern*, Staatsrecht I, S. 417; *Faber* (Fn. 101), Art. 28 Abs. 1 II, Abs. 2 Rn. 29f.; *F. Schoch*, VerwArch. 81 (1990), 18 (31); *Schmidt-Jortzig*, Einrichtungsgarantien (Fn. 71), S. 40f.; *Knemeyer*, Gewährleistung (Fn. 366), S. 212: »Salami-Taktik«. Ablehnend auch BVerfGE 79, 127 (148).

[439] St. Rspr.; vgl. BVerfGE 59, 216 (226); 76, 107 (118); 79, 127 (146). Vgl. auch *Maunz* (Fn. 219), Art. 28 Rn. 53; *Stern* (Fn. 15), Art. 28 Rn. 124.

[440] BVerfGE 86, 90 (1. und 2. Ls.). Daraus läßt sich aber wohl nicht entnehmen, daß geringfügige Verstöße gegen das Anhörungsgebot bereits eine Verletzung des Kernbereichs darstellen. Vgl. auch E 56, 298 (312ff.).

[441] BVerfGE 91, 228 (239).

[442] Offengelassen in BVerfGE 26, 172 (181); 71, 25 (37); 83, 363 (386). Vgl. aber E 1, 167 (175); 22, 180 (205), wo das Gericht feststellt, daß der Staat die finanzielle Basis der Gemeinden nicht in einem Umfange schmälern darf, daß dadurch die Gemeinden zur Erfüllung ihrer Aufgaben außerstande gesetzt werden. Für einen Anspruch auf finanzielle Mindestausstattung aus Art. 28 II GG gegenüber den Ländern: *H.-G. Henneke*, DÖV 1994, 1 (2); *W. Hoppe*, DVBl. 1992, 117 (118); *P. Kirchhof*, Die kommunale Finanzhoheit, in: HKWP VI, § 112 S. 13; *F. Schoch*, Der Landkreis 1994, 253 (257f.); *Schmidt-Jortzig*, Kommunalrecht (Fn. 286), Rn. 747f.

Regel-Ausnahme-Systematik dürfen Aufgaben mit örtlichem Bezug den Gemeinden nur dann entzogen werden, »wenn anders die ordnungsgemäße Aufgabenerfüllung nicht sicherzustellen wäre«, wobei Verwaltungvereinfachung oder Zuständigkeitskonzentrationen als Rechtfertigung ausscheiden und Gründe der Wirtschaftlichkeit und Sparsamkeit der öffentlichen Verwaltung den Aufgabenentzug nur in Fällen eines unverhältnismäßigen Kostenanstiegs rechtfertigen können[443]. Gleiches muß für die dem Aufgabenentzug vergleichbare Aufgabenverlagerung auf einen Zwangsverband gelten (→ Rn. 128). Die gebotene **Abwägung** des aufgabenentziehenden Gesetzgebers wird gerichtlich auf ihre **Vertretbarkeit** und nicht lediglich auf sachfremde Erwägungen hin geprüft; allerdings wird ihm bei der Qualifizierung einer Aufgabe als örtlich oder überörtlich eine gewisse Einschätzungsprärogative mit entsprechendem Typisierungsspielraum und Absicherung durch Rückübertragungsmöglichkeiten zugebilligt[444].

Das Aufgabenverteilungsprinzip soll zweifelsohne die **Funktion des Verhältnismäßigkeitsprinzips** wahrnehmen[445] und zum Ausdruck bringen, daß der Aufgabenentzug nicht in eine individuelle Freiheitssphäre eingreift, sondern das staatliche Organisationsgefüge betrifft, wofür die grundrechtlich gedeutete Figur des Verhältnismäßigkeitsprinzips außer Anwendung bleibt[446].

Freilich fragt sich, ob außerhalb des Bereichs der Aufgabenbestimmung, also bei **sonstigen Regelungen**, auf die Anwendung von Verhältnismäßigkeitsgrundsätzen verzichtet werden kann[447]. Für die Organisationshoheit der Gemeinden (→ Rn. 124 ff.) hat das Bundesverfassungsgericht insofern davon gesprochen, daß staatliche Regelungen die Gemeinden nicht aus ihrer Verantwortung verdrängen dürften und diesen nennenswerte organisatorische Befugnisse verbleiben müßten[448]. In der Sache kommt man damit dem Übermaßgedanken zumindest nahe. Gleiches gilt für den Vorschlag, ein allgemeines **gemeindebegünstigendes Vorrangprinzip** anzunehmen, das den eingreifenden oder ausgestaltenden Gesetzgeber an »Gründe des Gemeininteresses« bindet[449]. Unzweifelhaft in Geltung steht schließlich das allgemeine verfassungsrechtliche **Willkürverbot** (→ Vorb. Rn. 22; → Art. 3 Rn. 17 ff.).

119

120

---

[443] Hierzu und zu den folgenden Zitaten: BVerfGE 79, 127 (153). Das VerfG Brandenb. entnimmt Art. 28 II GG (unter Berufung auf BVerfGE 79, 127) ein Subsidiaritätsprinzip, das für die Aufgabenverteilung zwischen Kreisen und Gemeinden gelten soll, DVBl. 1994, 857 (857 ff.). Die Entscheidung betrifft § 26 I KreisneugliederungsG i.V.m. § 1 SparkassenG, der der beschwerdeführenden Gemeinde die Zuständigkeit für die bisher von ihr unterhaltene Sparkasse nimmt.

[444] BVerfGE 79, 127 (154). Das erlegt dem Gesetzgeber eine höhere Argumentationslast auf.

[445] Das Gericht »vermeidet […] geradezu peinlich genau die Verwendung der Begriffe ›Übermaßverbot‹ oder ›Verhältnismäßigkeit‹« (F. Schoch, VerwArch. 81 [1990], 18 [32 f.]); s. auch T. Clemens, NVwZ 1990, 834 (835, 840); Schmidt-Aßmann, Rastede (Fn. 389), S. 135 f. Umfangreich zur Frage der Anwendbarkeit des Verhältnismäßigkeitssatzes »nach Rastede« W. Frenz, Die Verwaltung 28 (1995), 33 ff.

[446] Gleichermaßen betont in BVerfGE 81, 310 (338) für das Verhältnis von Bund und Ländern. – Für die Anwendung des Verhältnismäßigkeitsprinzips dagegen NdsStGH DÖV 1996, 657 (657 ff.) – betr. Pflicht der Gemeinden zur Bestellung einer Frauenbeauftragten (→ Rn. 125); J. Kronisch, Aufgabenverlagerung und gemeindliche Aufgabengarantie, 1993, S. 68 ff. (Aufgabenverteilungsprinzip als Ausprägung des Übermaß- und Willkürverbotes); Nierhaus (Fn. 194), Art. 28 Rn. 56. → Vorb. Rn. 91 mit Fn. 361; → Art. 20 (Rechtsstaat) Rn. 176.

[447] Deren Anwendung wurde früher für selbstverständlich gehalten: vgl. Stern, Staatsrecht I, S. 415; BVerfGE 26, 228 (241); 56, 298 (313); 76, 107 (119 f.).

[448] BVerfGE 91, 228 (240); dazu U. Berlit, DVBl. 1995, 293 (294 f.).

[449] Vgl. Schmidt-Aßmann, Rastede (Fn. 389), S. 136 (insb. Fn. 85), der allenfalls »für eine gezielte Eingriffsregelung« eine analoge Anwendung des Verhältnismäßigkeitsprinzips in Betracht zieht.

4. Insbesondere: die »Gemeindehoheiten«

121 Mit den sog. **Gemeindehoheiten** (→ Rn. 122 ff.) werden nicht in abschließender Weise Selbstverwaltungsrechte aufgelistet, sondern lediglich typisierte Ausschnitte aus dem Gesamtumfang kommunaler Selbstverwaltung bezeichnet, die man teils den »örtlichen Angelegenheiten«, zumeist aber dem Merkmal der »Eigenverantwortlichkeit« zuordnet[450].

a) Gebietshoheit

122 Die Gebietshoheit umschreibt die Befugnis, im Gemeindegebiet Hoheitsgewalt gegen jedermann auszuüben (Territorialitätsprinzip)[451]. Da Art. 28 II GG nicht den Bestand der einzelnen Gemeinde, sondern nur den Bestand der Institution gewährleistet (→ Rn. 81, 93 f.), sind auf gesetzlicher Grundlage beruhende **Bestands- und Gebietsänderungen** möglich, jedoch nur aus Gründen des öffentlichen Wohls und nach Anhörung der Gemeinde zulässig: beides zählt zum Kernbereich der kommunalen Selbstverwaltung[452]. Die meisten Landesverfassungsgerichte (die in aller Regel wegen der Subsidiaritätsklausel in Art. 93 I Nr. 4b GG zur Entscheidung zuständig sind; → Rn. 101) spezifizieren das öffentliche Wohl, indem sie die »Systemgerechtigkeit« der Neugliederung verlangen und ein »Verbesserungsgebot« aufstellen[453]. Bei Korrekturen von Gebietsänderungen (**»Rück-Neugliederung«**) und Mehrfachänderungen ist zudem das Kontinuitätsinteresse der Betroffenen in der Abwägung zu berücksichtigen; in solchen Fällen trifft den Gesetzgeber eine erhöhte Darlegungslast[454].

123 Zur Selbstverwaltungsgarantie des Art. 28 II 1 GG, nicht aber zu dessen Kernbereich gehört das Recht zur Führung des einmal bestimmten **Gemeindenamens** (→ Rn. 93)[455]. Eine Änderung durch staatlichen Hoheitsakt ist – z.B. im Rahmen einer Gebietsreform – von daher möglich, allerdings nur nach vorheriger Anhörung und aus Gründen des Gemeinwohls[456].

b) Organisationshoheit

124 Die Organisationshoheit umschreibt die Befugnis der Gemeinden, Aufbau und Zusammenwirken ihrer Beschluß- und Vollzugsorgane sowie gemeindeinterner räumlicher Untergliederungen, gemeindeeigener Einrichtungen und Betriebe zu regeln[457].

---

[450] Zuordnung zur Eigenverantwortlichkeit etwa bei *Löwer* (Fn. 135), Art. 28 Rn. 61; *Nierhaus* (Fn. 194), Art. 28 Rn. 44; zu örtlichen Angelegenheiten *Jarass/Pieroth*, GG, Art. 28 Rn. 7. Von »Verdeutlichung des ... Aufgabenkreises« spricht *Schmidt-Aßmann*, Kommunalrecht (Fn. 30), Rn. 23.

[451] *Stern* (Fn. 15), Art. 28 Rn. 98; *Löwer* (Fn. 135), Art. 28 Rn. 66.

[452] St. Rspr.: BVerfGE 50, 50; 50, 195 (202); zusammenfassend und vertiefend E 86, 90 (107 ff.). Wegen des finalen Charakters der Neugliederung überprüft das Gericht die Gesetze nur auf offenkundige Fehler.

[453] BayVerfGH BayVBl. 1978, 497 (503): »Gesamtkonzept«; BrandenbVerfG LKV 1995, 37 (37 ff.); S-A VerfG LKV 1995, 75 (76 ff.); Anforderungen an die Anhörung formuliert eingehend SächsVerfGH LKV 1995, 115 (116 ff.); vgl. insges. *Roters* (Fn. 221), Art. 28 Rn. 34.

[454] BVerfGE 86, 90 (109 ff.); *Löwer* (Fn. 135), Art. 28 Rn. 43; *J. Ipsen*, ZG 9 (1994), 194 (198 ff.).

[455] BVerfGE 50, 195 (201); 59, 216 (225 ff.); *H. Winkelmann*, Das Recht der öffentlich-rechtlichen Namen und Bezeichnungen, 1984, S. 49 f.; *Schrapper*, Selbstverwaltungsgarantie (Fn. 411), S. 134 f.; *E. Pappermann*, DÖV 1980, 353 (353 f.). A.A. *Schmidt-Jortzig*, Kommunalrecht (Fn. 286), Rn. 53 Fn. 21.

[456] BVerfGE 59, 216 (227 ff.). Vgl. etwa Art. 2 II BayGO n.F.

[457] *Pagenkopf*, Kommunalrecht (Fn. 341), S. 68 ff.; eingehend *E. Schmidt-Jortzig*, Kommunale Or-

Sie erstreckt sich sowohl auf die eigenverantwortliche Wahrnehmung der örtlichen Angelegenheiten als auch auf die Erfüllung übertragener staatlicher Aufgaben[458]. Grenzen erwachsen hier aus vielfältigen staatlichen Regelungen. Ihnen steht der **Kernbereich** der Organisationshoheit nach der Rechtsprechung des Bundesverfassungsgerichts nur entgegen, wenn sie »eine eigenständige organisatorische Gestaltungsfähigkeit der Kommunen im Ergebnis ersticken würden«[459]. Im Vorfeld dieses Kernbereichs hingegen bedarf der Gesetzgeber im Unterschied zum Aufgabenentzug keiner »spezifischen Rechtfertigung" für organisatorische Vorgaben[460].

Die Organisationshoheit ist auf dieser Linie durch die Kommunalverfassungen der Länder gesetzlich weitgehend determiniert; hinzu kommen Vorschriften über die Einrichtung von Rechnungsprüfungsämtern (etwa § 117 NdsGO), die Bestellung von kommunalen **Frauenbeauftragten**[461], die Einrichtung von Ausländerbeiräten (etwa §§ 84 ff. HessGO). Ohnehin ist der verbleibende Gestaltungsspielraum im Bereich der inneren Kommunalverfassung gering. Auch die Neugestaltung der Kommunen nach dem »neuen Steuerungsmodell« (→ Rn. 91) ist nicht unter Berufung auf die Organisationshoheit von den Kommunen allein zu leisten[462].

125

Umfaßt von der Organisationshoheit ist die Wahl zwischen Formen der unmittelbaren und der **mittelbaren Kommunalverwaltung**; mittelbar kann die Kommune durch öffentlich-rechtliche und durch privatrechtlich organisierte Rechtsträger tätig werden[463]. Bei letzteren ist eine Beteiligung Privater möglich, bereitet aber Folgeprobleme (→ Art. 19 III Rn. 49). Die Formen des Privatrechts wählen Kommunen bevorzugt für ihre wirtschaftliche Betätigung; hier dürfen für rein **erwerbswirtschaftliche Betätigung** die Gemeindeordnungen einen »öffentlichen Zweck« fordern, der nicht allein aus der öffentlichen Verwendung der erzielten Gewinne folgt[464]. Auch an der Territo-

126

---

ganisationshoheit, 1979, S. 26 ff., 161 ff., 219 ff., 287 ff. (mit vielfältigen Differenzierungen); *Löwer* (Fn. 135), Art. 28 Rn. 70. Der Terminus begegnet bereits in BVerfGE 8, 256 (258).

[458] BVerfGE 83, 363 (382); 91, 228 (236, 241); schon vorher *Schmidt-Jortzig*, Organisationshoheit (Fn. 457), S. 187 ff.; *ders.*, Kommunalrecht (Fn. 286), Rn. 554; a.A. *Vietmeier*, Aufgaben (Fn. 335), S. 246 f. – Weisungen bei der Fremdverwaltung dürfen sich daher nur auf die Gestaltung des Verwaltungsverfahrens, nicht dagegen auf die interne Organisation der Aufgabenerledigung (Einsatz der personellen und sächlichen Mittel) beziehen.

[459] BVerfGE 91, 228 (239); Kritik bei *W. Frenz*, VerwArch. 86 (1995), 378 ff.; vgl. zu sonstigen Reaktionen aus dem Schrifttum Fn. 461.

[460] BVerfGE 91, 228 (228, 240).

[461] *K. Lange*, Kommunale Frauenbeauftragte, 1993, S. 68 f. verneint insofern bereits einen Eingriff. Die Rechtsprechung hält eine gesetzliche Verpflichtung der Gemeinden und Landkreise zur Bestellung einer Frauenbeauftragten für vereinbar mit der kommunalen Selbstverwaltungsgarantie, soweit es für kleinere Gemeinden eine Ausnahmeregelung gibt, BVerfGE 91, 228 (244) – Grenze: 10.000 Einwohner; NdsStGH DÖV 1996, 657 (657 ff.) – Grenze: 20.000 Einwohner; kritisch zum ganzen *F. Niebaum*, DÖV 1996, 900 (904); zustimmend *I.A. Mayer*, NVwZ 1995, 663 (664); skeptisch *Schmidt-Jortzig*, Erschwerung (Fn. 286), S. 107; *ders.*, Der Landkreis 1994, 11 (12 f.); abwägend *U. Berlit*, DVBl. 1995, 293 ff.; zur Diskussion auch *v. Mutius*, Kommunalrecht (Fn. 282), Rn. 227 ff. m.w.N.

[462] *v. Mutius*, Steuerungsmodell (Fn. 268), S. 694.

[463] Hierzu *W. Engel*, Grenzen und Formen der mittelbaren Kommunalverwaltung, 1981; *W. Krebs*, Verwaltungsorganisation, in: HStR III, § 69 Rn. 13; *P. Schoepke*, VBlBW 1995, 417 ff.; *Löwer* (Fn. 135), Art. 28 Rn. 70; ablehnend *T. Koch*, Der rechtliche Status kommunaler Unternehmen in Privatrechtsform, 1994, S. 24 ff., 92 ff.; *A. Schink*, Rechtsnachfolge bei Zuständigkeitsveränderungen in der öffentlichen Verwaltung, 1984, S. 24 f. Insgesamt kritisch zur These von der Wahlfreiheit der Kommunen *D. Ehlers*, DVBl. 1997, 137 (141) m.w.N.

[464] Dies betont zurecht *D. Ehlers*, DVBl. 1998, 497 (498 f.) m.w.N.; vgl. noch umfangreich *Kluth*, Wettbewerbsteilnahme (Fn. 389).

rialbindung der Gemeinden hinsichtlich ihrer wirtschaftlichen Betätigung wird man ungeachtet einiger Gegenstimmen festhalten müssen[465]. Noch weitgehend ungeklärt ist schließlich die Frage, in welchem Umfang bei der Wahl privater Rechtsformen Vorgaben des allgemeinen Wirtschaftsrechts einzuhalten sind[466]. In diesem Zusammenhang verdienen legislative Ansätze Beachtung, durch Schaffung eines **Kommunalunternehmens** als Anstalt des öffentlichen Rechts sowohl flexible als auch der Verantwortungsklarheit dienende Organisationsstrukturen bereitzustellen[467].

127 Welche Grenzen sich der Organisationshoheit im Fall der Privatisierung sonst noch stellen, kann als noch im Fluß befindliche Frage bezeichnet werden[468]; insofern wird man auf jeden Fall zwischen (formeller) **Organisations-** und (materieller) **Aufgabenprivatisierung** zu unterscheiden haben[469].

128 Ausdruck ihrer Organisationshoheit ist auch die Befugnis der Gemeinden, Aufgaben des eigenen oder des übertragenen Wirkungskreises im Zusammenwirken mit anderen Gemeinden wahrzunehmen (›**Kooperationshoheit**‹)[470]. Sie ist beispielsweise durch Zweckverbandsgesetze und durch Gesetze über die kommunale Zusammenarbeit ausgestaltet[471], aus denen sich freilich auch einzelne Kooperationsverbote ergeben können[472]. Eine gesetzlich verordnete Kooperation durch **Zwangsverbandsbildung** greift in die Organisationshoheit ein; sie bedarf einer rechtzeitigen Anhörung

---

[465] Nachweise zur Diskussion bei *H.-G. Henneke*, DVBl. 1997, 1270 (1275); *ders.*, DVBl. 1998, 685 (689f.); für eine (freilich eingeschränkte) Territorialbindung etwa *D. Ehlers*, DVBl. 1998, 497 (504); zum Ausnahmefall der gemeindeübergreifenden Zusammenarbeit *ders.*, DVBl. 1997, 137 (138f.).

[466] Hierzu umfangreich *R. Schäfer*, Mitbestimmung in kommunalen Eigengesellschaften, 1988. Vgl. noch *F.J. Säcker/J. Busche*, VerwArch. 83 (1992), 1ff.; *T. Koch*, DVBl. 1994, 667ff.; differenzierend *T. v. Danwitz*, AöR 120 (1995), 595 (619f.); *D. Ehlers*, Jura 1997, 180 (186); *ders.*, DVBl. 1998, 497 (502f., 505f.). → Art. 20 (Demokratie) Rn. 124ff.

[467] Positive Einschätzung etwa des neuen Art. 96 BayGO bei *D. Ehlers*, DVBl. 1998, 497 (506); ähnlich *Wahl*, Organisation (Fn. 268), S. 40; zu dieser Neuregelung umfangreich *F.-L. Knemeyer*, Das selbständige Kommunalunternehmen des Öffentlichen Rechts in Bayern, in: Henneke, Organisation (Fn. 268), S. 131ff. m.w.N.

[468] Kritisch zur derzeitigen Entwicklung *Schulze-Fielitz*, Selbstverwaltung (Fn. 268), S. 229f., 235ff.; zutreffende Kritik an einer »ökonomisch orientierte[n] Modernisierungsrhetorik« auch bei *Wahl*, Organisation (Fn. 268), S. 41. Zur Privatisierungsdebatte noch *J. Wieland*, Der Landkreis 1994, 259ff.; *ders.*, Kommunale Selbstverwaltung zwischen Privatisierung öffentlicher Aufgaben und Ausdehnung wirtschaftlicher Betätigung, in: Henneke, Stärkung (Fn. 286), S. 17ff.; w.N. zur »Diskussionswoge« bei *C. Gröpl*, Möglichkeiten und Grenzen der Privatisierung kommunaler Aufgaben, in: Hoffmann, Selbstverwaltung (Fn. 133), S. 99ff. (99).

[469] Vgl. *F. Schoch*, DVBl. 1994, 962ff.; *Wieland*, Selbstverwaltung (Fn. 468), S. 23ff. m.w.N.; *H. Bauer*, Privatisierung von Verwaltungsaufgaben, VVDStRL 54 (1995), S. 243ff.; *Gröpl*, Grenzen (Fn. 468), S. 102ff.

[470] BVerfG (1. Kammer des Zweiten Senats) NVwZ 1987, 123 (124); grundlegend *E. Schmidt-Jortzig*, Kooperationshoheit der Gemeinden und Gemeindeverbände bei Erfüllung ihrer Aufgaben, in: FG v. Unruh, 1983, S. 525ff.; s. auch *Gönnenwein*, Gemeinderecht (Fn. 34), S. 171; *Gern*, Kommunalrecht (Fn. 257), Rn. 922; a.A. *J. Oebbecke*, Zweckverbandsbildung und Selbstverwaltungsgarantie, 1982, S. 67ff., der in eine »Koalitionshoheit« nur in engen Grenzen anerkennt und auch den freiwilligen Zusammenschluß nur aufgrund Gesetzes für zulässig hält. Zu wirtschaftlicher Kooperation in Privatrechtsform *D. Ehlers*, DVBl. 1997, 137ff.

[471] Ausführlich zur Rechtslage in den einzelnen Bundesländern *Gern*, Kommunalrecht (Fn. 257), Rn. 918ff.

[472] Vgl. *H. Heberlein*, BayVBl. 1990, 268ff.; *H.-U. Erichsen*, Verfassungs- und verwaltungsrechtliche Möglichkeiten und Grenzen der Einbeziehung anderer Träger öffentlicher Verwaltung in die Erfüllung von Verwaltungsaufgaben, in: A. v. Mutius/E. Schmidt-Jortzig (Hrsg.), Probleme mehrstufiger Erfüllung von Verwaltungsaufgaben auf kommunaler Ebene, 1982, S. 3ff. (13ff.).

der betroffenen Gemeinden (z.B. Art. 17 II, 29 II BayKommZG) und ist nur zulässig, wenn sie aus Gemeinwohlgründen dringend geboten ist und dieser Zweck durch freiwillige gemeindliche Zusammenarbeit nicht erreicht werden kann[473]. Ferner ist sie beschränkt auf den Bereich der Pflichtaufgaben[474].

c) Personalhoheit

Die Personalhoheit[475] umfaßt im geschützten Kernbereich die **Dienstherrnfähigkeit** sowie das Recht zur **Auswahl** der Gemeindebediensteten, ferner die Entscheidung über die Schaffung von Stellen sowie über ihre haupt- oder ehrenamtliche Besetzung. Allerdings spannen Verfassungs- und Gesetzesrecht (Art. 33 GG, Bundes- und Landesbeamtengesetze, Kommunalordnungen, Laufbahnvorschriften, Besoldungs- und Personalvertretungsrecht etc.) ein engmaschiges Netz, das den Kommunen kaum Gestaltungsmöglichkeiten läßt[476]. Zulässig ist es z.B., die Auswahlbefugnis der Gemeinden bei der Einstellung von **Frauenbeauftragten** auf weibliche Bewerber zu beschränken[477].

129

d) Planungshoheit

Als Methode der Aufgabenerledigung, die der jeweiligen Sachkompetenz folgt, bezeichnet Planungshoheit die Befugnis der Gemeinden, bei der Erledigung ihrer Angelegenheiten »aufgrund von Analyse und Prognose erkennbarer Entwicklungen ein Konzept zu erarbeiten, das den einzelnen Verwaltungsvorgängen Rahmen und Ziel weist«[478]. Dazu zählen Geschäftsverteilungsregelungen ebenso wie Infrastrukturpläne. Der Schwerpunkt liegt freilich im Bereich der **Raumplanung (Bauleitplanung)** und der **Bodennutzung**; hinzu kommen einzelne Bereiche des Straßen- bzw. Straßenverkehrsrechts[479]. Anders als die Flächennutzungsplanung gehört die örtliche Bauleitplanung zum Kernbereich gemeindlicher Aufgaben[480]. Vorgaben für die Bauleitplanung (und Handlungsspielräume für gemeindliche Umweltpolitik) ergeben sich neben dem

130

---

[473] VerfGH NW DVBl. 1979, 668 (668f.) m. Anm. *G. Püttner* (670) zum verordnungsweisen Zusammenschluß mehrer Kommunen zu sog. Gebietsrechenzentren (»Computer-Regionen«).
[474] *Schmidt-Jortzig*, Kommunalrecht (Fn. 286), Rn. 395; *Löwer* (Fn. 135), Art. 28 Rn. 73. Diese Einschränkung findet sich nicht in allen Landesgesetzen (bedenklich daher § 22 I GkommGemNW; §§ 15 I 2, 21 III NdsZweckverbandsG; vgl. dagegen Art. 17 I, 29 I BayKommZG).
[475] Zum folgenden näher *H. Lecheler*, Die Personalhoheit der Gemeinden, in: FG v. Unruh, 1983, S. 541 ff.; s. auch *Schmidt-Aßmann*, Kommunalrecht (Fn. 30), Rn. 23; *Löwer* (Fn. 135), Art. 28 Rn. 67 ff.; *Gern*, Kommunalrecht (Fn. 257), Rn. 175f.
[476] Übersicht bei *J. Hintzen*, Das kommunale Dienstrecht, in: HKWP III, § 54 S. 217 ff.
[477] BVerfGE 91, 228 (245); NdsStGH DÖV 1996, 657 (659); → Rn. 125; → Art. 33 Rn. 42. Die Auswahlbefugnis wird ferner zulässigerweise eingeschränkt durch allgemeine Einstellungspflichten beispielsweise für Schwerbehinderte, Spätheimkehrer, Wiedergutmachungsberechtigte sowie durch Personal-Aufnahmepflichten im Rahmen kommunaler Neugliederungsmaßnahmen.
[478] *Schmidt-Aßmann*, Kommunalrecht (Fn. 30), Rn. 23.
[479] Neuerdings in der Diskussion: die Entscheidung über die Ausweisung von Anwohnerparkzonen gem. § 45 Ib S. 1 Nr. 2 StVO; dazu *C. Hillgruber*, VerwArch. 88 (1998), 93 (96f.).
[480] BVerfGE 56, 298 (317f.); *R. Steinberg*, JuS 1982, 578 (578f.); *Löwer* (Fn. 135), Art. 28 Rn. 75. Ausführlich *B. Widera*, Zur verfassungsrechtlichen Gewährleistung gemeindlicher Planungshoheit, 1985, S. 76ff. Gegen Zuordnung zum Kernbereich *T. Clemens*, NVwZ 1990, 834 (838). Er beruft sich auf die Rastede-Entscheidung (BVerfGE 79, 127), die sich allerdings zur Eigenverantwortlichkeit (deren Bestandteil die Planungshoheit ist) nicht äußert, sondern nur zum Aufgabenentzug. Vgl. zur Kernbereichsfrage auch *U. Battis*, in: ders./M. Krautzberger/R.-P. Löhr, BauGB, 4. Aufl. 1994, § 2 Rn. 4 m.N.

BauGB aus dem Immissionsschutzrecht[481], dem Bodenschutz- und dem Gewässerschutzrecht, dem Recht des Naturschutzes und der Landschaftspflege sowie dem Abfallrecht[482].

131 Das **interkommunale Abwägungs- und Abstimmungsgebot** (§ 2 II BauGB) ist Ausformung der gemeindlichen Planungshoheit; diese schließt das Recht ein, sich gegen Planungen anderer Kommunen zur Wehr zu setzen, die die eigene Planungshoheit verletzen[483]. Gemeindliche Belange sind ferner mit überörtlichen Bedürfnissen im Bereich der Raumordnung und Landesplanung in Ausgleich zu bringen[484]. Durch **Mitwirkungsbefugnisse** in den einschlägigen Verfahren (Gegenstromprinzip, § 1 III ROG) können Einschränkungen grundsätzlich kompensiert werden[485]. Eine Abwehr ist möglich, wenn es zur Kollision mit einer hinreichend konkretisierten gemeindlichen Planung kommt oder wesentliche Teile des Gemeindegebiets der gemeindlichen Planung ganz entzogen werden (→ Rn. 98, 102)[486].

e) Finanzhoheit

132 Die finanzielle Eigenverantwortung als wesentlichen Bestandteil kommunaler Selbstverwaltung bringt der Text des Art. 28 II GG mittlerweile klar zum Ausdruck (→ Rn. 25f.)[487]. **Finanzhoheit** bezeichnet die »Befugnis zu einer eigenverantwortlichen Einnahmen- und Ausgabenwirtschaft im Rahmen eines gesetzlich geordneten Haushaltswesens«[488] und umfaßt **Einnahmehoheit** wie **Ausgabenhoheit**. Zu ihr zählt auch das Recht, bei der Gestaltung von Gebühren oder finanziellen Fördermaßnahmen Gemeindebürger zu bevorzugen[489]. Von **Finanzautonomie** wird gesprochen, soweit die

---

[481] Das Immissionsschutzrecht läßt sich gerade durch bauplanungs- und bauordnungsrechtliche Instrumente verwirklichen: dazu *I. Kraft*, Immissionsschutz und Bauleitplanung, 1988, S. 59ff.; *V. v. Bomhard*, Immissionsschutz durch gemeindliches Verwaltungshandeln, 1996, S. 84ff. Nach BVerwGE 84, 236 (239ff.) haben die Gemeinden die Befugnis zum vorbeugenden Immissionsschutz über den vom BImSchG vorgegebenen Mindeststandard hinaus; sie sind dabei nicht an die Mittel der Bauleitplanung gebunden (hier konkret: Wirtschaftsförderung).

[482] Hierzu *T. Bunge*, Bauleitplanung, in: G. Lübbe-Wolff (Hrsg.), Umweltschutz durch kommunales Satzungsrecht, 2. Aufl. 1998, Rn. 1ff.

[483] BVerwGE 84, 209 (214ff.). Vgl. auch VerfGH NW DVBl. 1992, 710 (711ff.) zum Eingriff in die gemeindliche Planungshoheit durch die Darstellung des Standortes einer Mülldeponie in einem Gebietsentwicklungsplan auf dem Gebiet der Nachbargemeinde. Zusammenfassend *O. Reidt*, LKV 1994, 93ff.

[484] *E. Schmidt-Aßmann*, Grundfragen des Städtebaurechts, 1972, S. 153f.; *ders.*, VerwArch. 71 (1980), 117ff.; *H. Siedentopf*, Gemeindliche Selbstverwaltungsgarantie im Verhältnis zur Raumordnung und Landesplanung, 1977, S. 43ff.; *S. Langer*, VerwArch. 80 (1989), 352ff.; *E. Kremer*, DÖV 1997, 822ff.

[485] Zu den Anforderungen *M. Kilian/E. Müllers*, VerwArch. 89 (1998), 25 (56ff.) m.w.N.; nach *W. Labbé/H. Wölfel*, BayVBl. 1990, 161 (166ff.) genügt beispielsweise das gegenwärtige gesetzliche Instrumentarium zur Planung von Strommasten diesen Anforderungen nicht.

[486] BVerwGE 40, 323 (325ff.); 81, 95 (106ff.); 84, 209 (214f.); 90, 96 (100); BVerwG DÖV 1985, 113 (113f.) – Fachplanung nach § 36 BauGB. Vgl. noch VerfGH NW DVBl. 1992, 710 (711ff.) – Mülldeponie auf dem Gebiet der Nachbargemeinde; zu den Grenzen des Anspruchs OVG R-P DÖV 1993, 209 (210f.). Zusammenfassend *O. Reidt*, LKV 1994, 93ff.

[487] Zur Finanzhoheit als Bestandteil der Selbstverwaltungsgarantie nach Art. 28 II GG a.F. vgl. BVerfGE 52, 95 (117); 71, 25 (36); *J.E. Rosenschon*, Gemeindefinanzsystem und Selbstverwaltungsgarantie, 1980, S. 10ff.; *Hofmann-Hoeppel*, BSHG-Vollzug (Fn. 430), S. 118ff., 130ff.

[488] BVerfGE 26, 228 (244); 71, 26 (26).

[489] BVerwGE 104, 60 (65ff.) für einen Zuschuß zu den Gebühren der gemeindlichen Musikschule; vgl. *A. Gern*, VBlBW 1996, 201 (202).

Gemeinden (wie im Haushaltsplan, in der Ausübung ihres Steuererfindungsrechts und im Gebührenrecht) berechtigt sind, durch Normsetzung ihre Finanzwirtschaft zu gestalten[490]. Gefährdungen dieser Finanzhoheit ergeben sich vor allem aus der Finanzkrise der Gemeinden (→ Rn. 90, 145 ff.).

f) Rechtsetzungshoheit (Erlaß von Satzungen)

Vorzüglicher Ausweis des Selbstverwaltungscharakters und Mittel der Selbstorganisation (z. B. Hauptsatzung), der Eingriffs- und Leistungsverwaltung (z. B. Abgabensatzung, Anstaltsordnung) und der Planung (z. B. Haushaltsplan, Bebauungsplan) ist das Recht zum Erlaß von Satzungen[491]. Dagegen ist der einer gesetzlichen Ermächtigung bedürftige Erlaß von **Rechtsverordnungen** nicht von der Selbstverwaltungsgarantie erfaßt, sondern betrifft den Fremdverwaltungsbereich. Inwieweit die **Satzungshoheit zum Kernbereich** der Selbstverwaltung gehört, hat das Bundesverfassungsgericht ausdrücklich offengelassen[492]. Satzungen genießen nicht den gleichen Rang wie Bundes- oder Landesgesetze[493]; sie können zwar in funktionaler Hinsicht der Gesetzgebung gleichkommen, wenn ihr Inhalt generell-abstrakte Regelungen bildet (Abgabensatzungen), müssen dies aber nicht (Bebauungsplan). Unabhängig davon wird Satzungsgebung **materiell** als **Verwaltungstätigkeit** eingeordnet[494]. 133

Einigkeit herrscht darüber, daß der **Vorrang des Gesetzes** auch für Satzungen gilt[495] (→ Art. 20 [Rechtsstaat] Rn. 87). Für den **Vorbehalt des Gesetzes** ist zu differenzieren. Einerseits ist Art. 80 I GG mit seinen strengen Anforderungen auf Satzungen weder direkt noch analog anwendbar (→ Art. 80 Rn. 15). Andererseits reichen die allgemeinen Satzungsklauseln in den Gemeindeordnungen als Rechtsgrundlage nicht aus, wenn die konkreten Satzungen in Freiheit und Eigentum der Bürger eingreifen (z.B. Abgabensatzungen, strafbewehrte Satzungen): für diesen **klassischen Vorbehaltsbereich** bedarf es einer speziellen gesetzlichen Ermächtigung[496]. Doch wird der Satzungsbereich wegen der spezifischen demokratischen Eigenlegitimation der Kommunen nicht 134

---

[490] *Stern* (Fn. 15), Art. 28 Rn. 99. Die Terminologie ist nicht einheitlich: So differenziert beispielsweise *Kirchhof*, Finanzhoheit (Fn. 442), S. 10f., zwischen Ertrags-, Einnahme-, Rechtsetzungs-, Verwaltungs-, Haushalts- und Ausgabenhoheit, während *R. Grawert*, Kommunale Finanzhoheit und Steuerhoheit, in: FG v. Unruh, 1983, S. 587 ff. (587), unter dem Begriff der Finanzverantwortung Finanz-, Steuer-, Haushalts- und Ertragshoheit zusammenfassen will.

[491] Vgl. *E. Schmidt-Aßmann*, Die kommunale Rechtsetzungsbefugnis, in: HKWP II, § 53 B. S. 183 ff.; zu den einzelnen Satzungen *D. Hegele*, Satzungsrechtliche Gestaltungsfreiheit der Gemeinden, in: Hoffmann, Selbstverwaltung (Fn. 133), S. 122 ff. (129 ff.); *Gern*, Kommunalrecht (Fn. 257), Rn. 266 ff.

[492] BVerfG (Vorprüfungsausschuß) DVBl. 1982, 27 (28); für eine solche Zuordnung *J. Ipsen*, JZ 1990, 789 (790) m.w.N.

[493] So aber *Schmidt-Eichstaedt*, Bundesgesetze (Fn. 419), S. 202 ff.; ähnlich *B. Hoppe/R. Kleindiek*, VR 1992, 82 (83); wie hier *J. Ipsen*, JZ 1990, 789 (791) m.w.N.

[494] BVerfGE 65, 283 (289); 78, 344 (348); BVerwGE 90, 359 (361f.); *F. Ossenbühl*, Satzung, in: HStR III, § 66 Rn. 29; *Löwer* (Fn. 135), Art. 28 Rn. 78; *H. Maurer*, DÖV 1993, 184 (185); *Hegele*, Gestaltungsfreiheit (Fn. 491), S. 124. → Rn. 70.

[495] *Stern* (Fn. 15), Art. 28 Rn. 108; *Ossenbühl* (Fn. 494), § 66 Rn. 26; *Schmidt-Aßmann*, Kommunalrecht (Fn. 30), Rn. 95.

[496] BVerfGE 8, 274 (325); 9, 137 (149); BVerfG NJW 1998, 2341 (2341); BVerwGE 90, 359 (362f.); *Stern* (Fn. 15), Art. 28 Rn. 109; *H.-J. Friehe*, JuS 1979, 465 (470); *H. Bethge*, NVwZ 1983, 577 (579); *M. Weber*, BayVBl. 1998, 327 (328 ff.); kritisch *H. Maurer*, DÖV 1993, 184 (188f.). → Art. 1 III Rn. 43; → Art. 20 (Rechtsstaat) Rn. 95 ff.

Art. 28 C. Erläuterungen

in vollem Umfang von der Ausdehnung des Parlamentsvorbehalts erfaßt, so daß letztlich von einer »kommunalspezifische(n) Fassung der Gesetzesvorbehaltslehre« gesprochen werden kann[497].

135 Gemeinden können zum Satzungserlaß verpflichtet sein (z.B. Hauptsatzung); auch Anzeigepflichten und (punktuelle, nicht flächendeckende) Genehmigungsvorbehalte sind zulässig[498]. Eine allgemeine **Normverwerfungsbefugnis** übergeordneter Verwaltungsbehörden in bezug auf kommunale Satzungen steht diesen nicht zu[499].

g) Ausgewählte Problembereiche gemeindlicher Tätigkeit

aa) Verteidigungs- und Außenpolitik

136 Die **Verteidigungspolitik** ist grundsätzlich nicht Gemeindeangelegenheit. Bei der Erklärung des Gemeindegebiets zur **atomwaffenfreien Zone** verlangt das Bundesverwaltungsgericht daher, daß entsprechende Ratsbeschlüsse einen spezifischen örtlichen Bezug aufweisen, sich also nur auf eine Stationierung im Gemeindegebiet oder auf Unterstützungshandlungen von seiten der Gemeinde beziehe dürfen[500]. Auch »Vorsorgebeschlüsse« ohne konkreten Anlaß sollen dann zulässig sein[501]. Weniger umstrittene Erscheinungsformen sog. kommunaler **Außenpolitik** sind beispielsweise Städtepartnerschaften, die Betreuung von Projekten in Entwicklungsländern oder die Unterzeichnung internationaler Deklarationen[502]. Die Rechtsprechung bejaht einen Bezug zur örtlichen Gemeinschaft, wenn in der Maßnahme gleichzeitig das Engagement von Gemeindebürgern zum Ausdruck kommt[503]. Außerdem gewährleistet Art. 28 II GG den Gemeinden das Recht zur Eingehung interkommunaler Partnerschaften[504], wobei sie zwar nicht zur Homogenität mit staatlicher Außenpolitik, aber zur Rücksichtnahme verpflichtet sind[505]. Das umstrittene allgemeinpolitische **Äuße-**

---

[497] So *Schmidt-Aßmann*, Kommunalrecht (Fn. 30), Rn. 95.
[498] Vgl. *J. Ipsen*, JZ 1990, 789 (792); *P.-P. Humbert*, DVBl. 1990, 804ff.; *M. Weber*, BayVBl. 1998, 327 (331ff.) – alle m.w.N.
[499] Dazu BVerwGE 75, 142 (143ff.); *J. Pietzcker*, DVBl. 1986, 806ff.; *M. Hederich*, NdsVBl. 1997, 269 (270ff.); *Maurer*, Allg. Verwaltungsrecht, § 4 Rn. 47. → Art. 20 (Rechtsstaat) Rn. 90.
[500] BVerwGE 87, 228 (230ff.); 87, 237 (238ff.); BayVGH NVwZ-RR 1990, 211 (213); *Schmidt-Aßmann*, Kommunalrecht (Fn. 30), Rn. 15. Kritisch zur Begründung, aber im Ergebnis zustimmend *Löwer* (Fn. 135), Art. 28 Rn. 37. Vgl. auch *F. Schoch*, JuS 1991, 728ff.; *O. Seewald*, Die Verwaltung 25 (1992), 175 (198); *H. Heberlein*, DÖV 1991, 916ff.; *ders.*, Sächs.VBl. 1995, 273ff.; *H. Geiger*, BayVBl. 1995, 33 (34); *A. v. Komorowski*, Der Staat 37 (1998), 122 (123f.).
[501] BVerwGE 87, 228 (233ff.); a.A. BayVGH BayVBl. 1989, 14 (15f.). Andere Untergerichte wollten den Gemeinden ein Befassungsrecht gänzlich absprechen: VG Würzburg BayVBl. 1986, 50 (51).
[502] Hierzu *D. Blumenwitz*, Kommunale Außenpolitik, in: FG v. Unruh, 1983, S. 747ff.; *H. Heberlein*, Kommunale Außenpolitik als Rechtsproblem, 1988; *ders.*, Die Verwaltung 26 (1993), 211 (211f.); *E. Schmidt-Jortzig*, DÖV 1989, 142ff.; *M. v. Schwanenflügel*, Entwicklungszusammenarbeit als Aufgabe der Gemeinden und Kreise, 1993; *ders.*, DVBl. 1996, 491ff.; kritisch zum »Befassungsrecht« *Gern*, Kommunalrecht (Fn. 257), Rn. 67, und *M. Dauster*, NJW 1990, 1084 (1085f.).
[503] BVerfGE 11, 266 (275f.); BVerwGE 87, 237 (238); *E. Schmidt-Jortzig*, DÖV 1989, 142 (148f.).
[504] BVerwGE 87, 237 (238ff.) – Städtesolidarität zur Abschaffung von Atomwaffen; *H. Heberlein*, BayVBl. 1992, 417 (419ff.).
[505] *Löwer* (Fn. 135), Art. 28 Rn. 38. Abwägend zur Homogenitätspflicht auch *C. Tomuschat*, Der Verfassungsstaat im Geflecht der internationalen Beziehungen, VVDStRL 36 (1978), S. 7ff. (24f.). Zur Rücksichtnahmepflicht: *K. Meßerschmidt*, Die Verwaltung 23 (1990), 425 (446f.); *H. Heberlein*, BayVBl. 1992, 417 (421). Zur Einschränkung des Art. 28 II durch Art. 32 GG *M. Dauster*, NJW 1990, 1084 (1085f.). → Art. 32 Rn. 29.

rungsrecht der Gemeinderäte** stellt eine Facette der Diskussion um ihren Parlamentscharakter (→ Rn. 70) dar[506].

bb) Energieversorgung

Die Energieversorgung wurde als typische Aufgabe der Daseinsvorsorge[507] seit der zweiten Hälfte des 19. Jahrhunderts zunächst von den Städten übernommen, um im weiteren Verlauf vielfach auf überregionale Versorgungsunternehmen überzugehen; neuerdings wird sie wieder von den Gemeinden beansprucht[508]. Als problematisch erweisen sich hier die **Abgrenzung** der kommunalen **von der privatwirtschaftlichen Energieversorgung** sowie die Berechtigung der sog. Konzessionsverträge. 137

Umstritten ist zunächst, welche der einzelnen Aspekte der Energieversorgung überhaupt als **örtliche Angelegenheiten** zu betrachten sind und somit in den Schutzbereich des Art. 28 II GG fallen: Teilweise wird pauschal die Berechtigung der Gemeinde, Energieversorgung selbst zu betreiben, als dem Kernbereich zugehörig angesehen[509], während man überwiegend nach einzelnen Teilbereichen differenziert[510]. Die engste Auffassung lehnt auch die Einbeziehung der Energie*verteilung* als solcher ab[511]. 138

Kontrovers diskutiert wird weiterhin die Frage, **ob Art. 28 II GG als Zuständigkeitsnorm** für die gesamte Betätigung der Gemeinde auf dem Sektor der Energieversorgung gilt und somit auch die privatwirtschaftliche Betätigung der Gemeinden schützt, soweit diese örtlichen Bezug hat[512]. Dies lehnt man überwiegend mit der Begründung ab, Art. 28 II GG stelle nur ein **Aufgabenverteilungsprinzip der Staatsorganisation** dar (mit der Folge eines Abwehrrechts gegen ungerechtfertigte staatliche Eingriffe in die Kompetenzsphäre der Länder), nicht aber eine Verteilungsregel zwischen Staat und Wirtschaft[513]. Somit bleibe es bei dem **Vorrang der grundrechtlich geschützten Betätigung der Privatwirtschaft**; die Gemeinde könne nur bei einer gesetzlichen Ermächti- 139

---

[506] Zu diesem Zusammenhang *A. v. Komorowski*, Der Staat 37 (1998), 122 (133f.), der (143ff.) mit beachtlichen Argumenten für ein allgemeines Äußerungsrecht der kommunalen Volksvertretungen plädiert.
[507] BVerfG (3. Kammer des Ersten Senats) JZ 1990, 335 (335); *Roters* (Fn. 221), Art. 28 Rn. 42c; kritisch *Schmidt-Aßmann*, Kommunen (Fn. 403), S. 253; *J. Wieland/J. Hellermann*, DVBl. 1996, 401 (406).
[508] Umfangreicher historischer Überblick bei *W. Löwer*, Energieversorgung zwischen Staat, Gemeinde und Wirtschaft, 1989, S. 33ff. Vgl. für die aktuelle Entwicklung noch die Beiträge in Ipsen/Tettinger, Zukunftsperspektiven (Fn. 389); sowie *P. Becker/W. Zander*, AfK 35 (1996), 262ff.
[509] *R. Scholz*, Gemeindliche Gebietsreform und regionale Energieversorgung, 1977, S. 38; *J. Burmeister*, Die Zulässigkeit kommunaler Wirtschaftsbetätigung. A. Selbstverwaltungsgarantie und wirtschaftliche Betätigung der Kommunen, in: HKWP V, § 93, S. 32.
[510] *Schmidt-Aßmann*, Kommunen (Fn. 403), S. 258 f.: Energieerzeugung und -verteilung geschützt, Preis- und Vertragsrecht *res mixtae*, allgemeine Energiepolitik nicht im Schutzbereich; *G. Püttner*, DÖV 1990, 461 (463): Energieverteilung und Konzessionsverträge geschützt, Energieerzeugung nur unter Einschränkungen. Differenzierend auch *H. Lecheler*, NVwZ 1995, 8 (10).
[511] *W. Löwer*, DVBl. 1991, 132 (142); ähnlich *F. Ossenbühl*, DÖV 1992, 1 (9) mit Differenzierung nach alten und neuen Ländern.
[512] So *J. Wieland/J. Hellermann*, DVBl. 1996, 401 (408); ähnlich *W. Frenz*, Die Verwaltung 28 (1995), 33 (50); *G. Hermes*, Der Staat 31 (1992), 281 (294).
[513] *Schmidt-Aßmann*, Kommunen (Fn. 403), S. 261 ff.; *F. Ossenbühl*, DÖV 1992, 1 (7f.); *H. Lecheler*, NVwZ 1995, 8 (10); *Löwer* (Fn. 135), Art. 28 Rn. 40; *ders.*, DVBl. 1991, 132 (140 f.). → Rn. 100.

gung wirtschaftend mit Privaten in Konkurrenz treten[514]. In diesem Zusammenhang wird auch die Zulässigkeit des Verbots der ausschließlichen Konzessionsverträge diskutiert, das sowohl EG als auch Bundesgesetzgeber anstreben[515]. Eigene Probleme wirft weiterhin die verbreitete Tendenz zur Privatisierung[516] auf. Schließlich besteht ein Spannungsverhältnis zwischen der Bundeskompetenz für die Energieversorgung und der Länderkompetenz für das Kommunalrecht[517].

cc) Umweltpolitik, insbes. Abfallpolitik

140 Die Reichweite der kommunalen Satzungsautonomie im Bereich des Abfallrechts[518] wirft zahlreiche Einzelfragen auf; die Kommunen müssen einerseits vermeiden, sich mit ihren Satzungen in Widerspruch insbesondere zu bundesrechtlichen Regelungen zu setzen, andererseits die allgemeinen, namentlich grundrechtlichen Vorgaben beachten (→ Rn. 133f.). Konkret verstößt die Vorgabe eines mengenbezogenen Bemessungsmaßstabs nicht gegen Art. 28 II GG[519]. In abfallpolitischer Hinsicht wichtig ist die Frage, welche Abfälle von der kommunalen Entsorgung ausgeschlossen werden können (§ 3 III AbfG)[520]. Kommunale Satzungen können weiter **Trennungspflichten für Problemabfälle** begründen[521]. Eine kommunale Satzung zur **Erhebung einer Verpackungsteuer** war nach Auffassung des Bundesverwaltungsgerichts zulässig (→ Rn. 144)[522]. **Informationsverpflichtungen für Gewerbebetriebe** können wegen der Grundrechtsrelevanz nicht auf Grundlage der allgemeinen Satzungsautonomie normiert werden[523]; für Betretungs- und Überwachungsrechte ist außerdem das Grundrecht auf Unverletzlichkeit der Wohnung zu beachten (→ Art. 13 Rn. 48).

---

[514] *W. Löwer*, DVBl. 1991, 132 (141); *H. Lecheler*, NVwZ 1995, 8 (10); *V. Stern*, Vorrang für Private in der öffentlichen Energieversorgung, 1992; a.A. *J. Wieland*, Der Landkreis 1994, 259 (260f.); *ders./J. Hellermann*, DVBl. 1996, 401 (407).

[515] Dazu *J. Wieland/J. Hellermann*, DVBl. 1996, 401ff. mit Nachweisen zu den komplizierten europarechtlichen Ingerenzen (402f.).

[516] Dazu statt vieler *F. Schoch*, DÖV 1993, 377ff.; *Stern*, Vorrang (Fn. 514), S. 58ff.; *J. Wieland*, Der Landkreis 1994, 259ff.

[517] *H. Lecheler*, NVwZ 1995, 8 (10) plädiert für eine Lösung nach dem Prinzip der praktischen Konkordanz; anders *K. Stern*, Energierecht im Widerstreit zwischen Bundes- und Landeskompetenz, in: Bochumer Beiträge zum Berg- und Energierecht, Bd. 1, 1988, S. 17ff. (28): »Kompetenzprimat des Bundes für das Energierecht«; beide m.w.N.

[518] Siehe dazu *A. Schink*, Abfallwirtschaft, in: Henneke, Organisation (Fn. 359), S. 45ff.; *W. Köck/ M. v. Schwanenflügel*: Abfallvermeidung durch kommunale Verpackungsabgaben, 1990; *M. Deubert*, Kommunale Kompetenzen im Bereich der Abfallwirtschaft unter besonderer Berücksichtigung der Einweg-Problematik, 1992; *B. Haaß*, Handlungsspielräume gemeindlicher Umweltpolitik am Beipiel des Abfallrechts, 1992; *E. Abel-Lorenz/T. Brönneke/T. Schiller*, Abfallvermeidung. Handlungspotentiale der Kommunen, 1994; *H.-J. Papier*, VerwArch. 84 (1993), 417ff. (zu kommunalen Mehrwegkampagnen); *R. Schmidt*, JZ 1993, 1086ff. (1090ff. zu gemeindlichen Umweltkonzepten); umfangreich die Beiträge in Lübbe-Wolff, Umweltschutz (Fn. 482).

[519] BVerwG DVBl. 1994, 820 (820).

[520] *H.-W. Arndt/M. Köhler*, NJW 1993, 1945 (1948); *G. Hösel/H. Freiherr. v. Lersner*, Recht der Abfallbeseitigung des Bundes und der Länder, Bd. 1, 1992, Kz. 1130, Rn. 29.

[521] BayVGH NVwZ 1992, 1004 (1007). Zur Untersagung der Verwendung von Einweggeschirr und -besteck VGH Mannheim NVwZ 1994, 919 (919f.); BVerwG DVBl. 1997, 1118 (1118f.).

[522] BVerwGE 96, 272; vgl. jetzt aber BVerfG NJW 1998, 2341.

[523] BayVGH NVwZ 1992, 1004ff.

5. Insbesondere: Gewährleistung der finanziellen Eigenverantwortung (Art. 28 II 3 GG)

a) Systematik der kommunalen Einnahmen

Die **Finanzhoheit** der Gemeinden (→ Rn. 132) ist seit den Verfassungsreformen von 1994 und 1997 (→ Rn. 25f.) auch normtextlich verankert (Art. 28 II 3 GG). Die Finanzierung der Gemeinden erfolgt durch Anteile am Steueraufkommen (→ Rn. 142), Finanzzuweisungen von seiten der Länder und des Bundes (→ Rn. 143) sowie eigene Einnahmen (→ Rn. 144, 126f.)[524]. 141

Die Finanzverfassung des Grundgesetzes ordnet den Gemeinden seit 1997 (→ Rn. 26) in Art. 106 VI GG n.F. das **Aufkommen** von Grundsteuer und Gewerbeertragsteuer (vorher: »Realsteuern«) sowie – nach Maßgabe der Landesgesetzgebung – Gemeinden oder Gemeindeverbänden das der örtlichen Verbrauch- und Aufwandsteuern zu. Als »**wirtschaftskraftbezogene**« Steuer im Sinne des Art. 28 II 3 GG ist den Gemeinden damit nur die **Gewerbeertragsteuer garantiert** (vgl. die Hervorhebung des Hebesatzrechtes nach Art. 28 II 3, 106 VI 2 GG, § 16 I GewStG), freilich weder der Höhe nach noch institutionell[525]. Hinzu kommen nach Art. 106 III 1, V, Va GG n.F. Anteile am Aufkommen der Einkommen- und Umsatzsteuer. Schließlich sind Gemeinden und Gemeindeverbände gem. Art. 106 VII 1, 2 GG noch am Länderanteil der Gemeinschaftssteuern (Art. 106 III 1 GG) und – nach Maßgabe der Landesgesetzgebung – an den Landessteuern beteiligt. 142

Neben diesen zweckungebundenen Steueranteilen sind in Art. 104a (Finanzhilfen), Art. 106 IV 2 i.V.m. IX (Mehrbelastungsausgleich) und Art. 106 VIII GG (Sonderlastenausgleich)[526] **zweckgebundene Finanzzuweisungen** vorgesehen. Am horizontalen Finanzausgleich im Bundesstaat nehmen die Länder nur mittelbar teil (Art. 107 II 1 GG); Finanzzuweisungen an die Gemeinden regeln insofern die Landesfinanzausgleichsgesetze (→ Rn. 147)[527]. 143

Zur Erzielung eigener Einnahmen gewähren die Landesverfassungen bzw. Kommunalabgabengesetze den Gemeinden in der Mehrzahl auch ein **Steuererfindungsrecht**[528]. Dazu sind die Länder nach wohl h.M. durch Art. 28 II GG nicht verpflichtet[529]. Derartige gemeindliche Steuern müssen örtlich radiziert und dürfen bundesrechtlichen Steuern nicht gleichartig sein (vgl. Art. 105 IIa GG)[530]. Einer zusätzlichen 144

---

[524] Systematisierung der kommunalen Einnahmen bei *F. Zimmermann*, Das System der kommunalen Einnahmen und die Finanzierung der kommunalen Aufgaben in der Bundesrepublik Deutschland, 1988, S. 51 ff.

[525] Zur Lage nach der Neufassung *Henneke*, Finanzverfassung (Fn. 124), S. 102 ff.; *Scholz* (Fn. 125), Art. 28 Rn. 84d; *J. Hidien*, DVBl. 1998, 617 (620f.). Zur alten, im Ergebnis ähnlichen Rechtslage BVerfGE 26, 172 (184); 71, 28 (38); *Löwer* (Fn. 135), Art. 28 Rn. 91; *H. Hegelau*, Verfassungsrechtliche Vorgaben für eine Reform der Gemeindesteuern, 1990, S. 110 ff.

[526] Zu Art. 106 VIII GG *Hofmann-Hoeppel*, BSHG-Vollzug (Fn. 430), S. 145; *Meis*, Beziehungen (Fn. 428), S. 106 ff.; *F. Kirchhof*, DVBl. 1995, 1057 (1057).

[527] Zur Verfassungsmäßigkeit dieser Regelung mit Blick auf die Kommunen BVerfGE 86, 148 (213 ff.); hierzu *U. Häde*, DÖV 1993, 461 (463 ff.). Allgemein *ders.*, Finanzausgleich, 1996; F. Kirchhof/H. Meyer (Hrsg.), Kommunaler Finanzausgleich im Flächenbundesland, 1996.

[528] Nachweise bei *Gern*, Kommunalrecht (Fn. 257), Rn. 1041 ff.

[529] BayVerfGH BayVBl. 1992, 365 (366 ff.) für das bayerische Verfassungsrecht; *Gern*, Kommunalrecht (Fn. 257), Rn. 1040; *Löwer* (Fn. 135), Art. 28 Rn. 92; *Kirchhof*, Finanzhoheit (Fn. 442), S. 4; *H. Meyer*, ZG 11 (1996), 165 (168). A.A. *Schmidt-Jortzig*, Kommunalrecht (Fn. 286), Rn. 768.

[530] BVerfGE 40, 56 (61); 42, 38 (41); 44, 216 (224 ff.); 69, 174 (183 f.). Die Zweitwohnungsteuer

Sachkompetenz bedarf es zwar nicht, doch darf die Kommune die Regelungen des Sachgesetzgebers nicht konterkarieren[531].

b) Anspruch auf angemessene Finanzausstattung

145 Den Gemeinden muß als **Grundlage ihrer Handlungsfähigkeit** eine gewisse Finanzmasse zur Verfügung stehen, so daß sie sowohl ihre verschiedenen Pflichtaufgaben (→ Rn. 84) erfüllen als auch freiwillige Selbstverwaltungsaufgaben wahrnehmen können[532]; als Anhaltspunkt für eine Untergrenze wird in der Literatur mittlerweile ein »freie Spitze« von 5 bis 10 Prozent der insgesamt verfügbaren Mittel für freiwillige Aufgaben genannt[533]. Dieser Richtsatz verspricht effektiveren Schutz als die Formel der Judikatur, wonach erst bei einer »Aushöhlung« des Selbstverwaltungsrechts (→ Rn. 116 f.) eine Verletzung des Anspruchs auf angemessene Finanzausstattung vorliege[534].

146 **Verpflichtet** sind die **Länder**, die gem. Art. 106 VII 2 GG die Gesetzgebungskompetenz für den kommunalen **Finanzausgleich** besitzen[535], während der Bund seiner Gewährleistungspflicht zunächst durch die Ausgestaltung der Finanzverfassung genügt hat (→ Rn. 142 f., 154).

aa) Nach Landesverfassungsrecht

147 Die Landesverfassungen kennen zwei Grundtypen der kommunalen Finanzausstattung[536]: **Monistische Modelle**, die ohne Aufgabenbezug allein auf den wirtschaftskraftbezogenen Finanzausgleich abstellen[537], und **dualistische Modelle**, die darüber hinaus eine Pflicht zur Kostendeckung bei Aufgabenübertragung durch den Landesge-

---

verstieß nicht gegen dieses sog. Gleichartigkeitsverbot: BVerwGE 58, 230 (233 ff.); BVerfGE 65, 325 (349 ff.); BVerfG (3. Kammer des Zweiten Senats) NVwZ 1990, 356 (356); gleiches gilt für eine kommunale **Spielautomatensteuer**: BVerfG (3. Kammer des Zweiten Senats) NVwZ 1997, 573.

[531] BVerfG NJW 1998, 2341 (2344 ff.) zur Verfassungswidrigkeit einer kommunalen **Verpackungssteuer**; gegen deren Zulässigkeit schon *K.H. Friauf*, GewArch. 1996, 265 ff.; ebenso *Löwer* (Fn. 135), Art. 28 Rn. 92; anders noch BVerwGE 96, 272 (285 ff.).

[532] Insoweit allg. M.: *Stern*, Staatsrecht I, S. 422; *Löwer* (Fn. 135), Art. 28 Rn. 89, 91; *Schmidt-Aßmann*, Kommunalrecht (Fn. 30), Rn. 23; *Schmidt-Jortzig*, Kommunalrecht (Fn. 286), Rn. 748; *W. Hoppe*, DVBl. 1992, 117 ff.; *F. Schoch*, ZG 9 (1994), 246 (254); *H. Meyer*, ZG 11 (1996), 165 (166); *Wendt*, Finanzierungsverantwortung (Fn. 421), S. 609.

[533] *Schoch/Wieland*, Finanzierungsverantwortung (Fn. 313), S. 205; zustimmend *Wendt*, Finanzierungsverantwortung (Fn. 421), S. 625. Präzise *F. Hufen*, DÖV 1998, 276 (280): freie Grenze von 5% (dort auch w.N. zur tatsächlichen Situation).

[534] VerfGH NW DVBl. 1993, 1205 (1205); kritisch *Wendt*, Finanzierungsverantwortung (Fn. 421), S. 609 m.w.N.; *F. Schoch*, ZG 9 (1994), 246 (253 f.).

[535] BVerfGE 26, 172 (181); VerfGH NW DVBl. 1997, 483 (486); *Hofmann-Hoeppel*, BSHG-Vollzug (Fn. 430), S. 142; *W. Heun*, DVBl. 1996, 1020 (1026); *H. Meyer*, ZG 11 (1996), 165 (168); *Scholz* (Rn. 125), Art. 28 Rn. 84c.

[536] Dazu umfangreich, auch zum Verhältnis zu den Aufgabenstrukturen der Länder (→ Rn. 84) *Henneke*, Finanzverfassung (Fn. 124), S. 23 f., 71 ff., 125 ff.; *Schoch/Wieland*, Finanzierungsverantwortung (Fn. 313), S. 154 ff.; *H. Meyer*, ZG 11 (1996), 165 (169 f.); *J. Wieland*, Strukturvorgaben im Finanzverfassungsrecht der Länder zur Steuerung kommunaler Aufgabenerfüllung, in: H.-G. Henneke (Hrsg.), Steuerung der kommunalen Aufgabenerfüllung durch Finanz- und Haushaltsrecht, 1996, S. 43 ff. (46 ff.). In manchen Details fällt die Kategorisierung unterschiedlich aus.

[537] Art. 49 V R-PVerf.; Art. 137 V HessVerf.; dazu OVG Koblenz NVwZ-RR 1994, 395 (396); HessVGH NVwZ-RR 1994, 279 (282); *Wendt*, Finanzierungsverantwortung (Fn. 421), S. 620 f.;

setzgeber kennen. Letztere werden nochmals nach der näheren Ausformung dieser Kostendeckungspflicht anhand eines strikten oder relativen Konnexitätsprinzips[538] unterteilt.

148 In Haushaltspraxis und Rechtsprechung der Bundesländer herrscht ungeachtet dieser Normierungen ein **faktischer Finanzmonismus** mit eindeutiger Dominanz des Finanzausgleichs[539]: Bei dessen einfachgesetzlicher Ausgestaltung läßt die Judikatur den Ländern wiederum einen weiten Spielraum, erlaubt insbesondere die Rücksichtnahme auf die eigene Haushaltslage[540]. Das Finanzausgleichsgesetz muß lediglich dem »Harmonisierungsgebot« sowie dem »Nivellierungsverbot«[541] genügen und hat darüber hinaus die Gebote »interkommunaler Gleichbehandlung« sowie der »Systemgerechtigkeit« zu beachten[542]. Bei Einhaltung dieser Grundsätze können danach einzelne Aufgabenübertragungen nicht unter Berufung auf die Finanzhoheit abgewehrt werden[543].

149 Problematisch bleibt, ob und in welcher Form die Kommunen über diesen Finanzausgleich hinaus einen **Kostenausgleich** verlangen können, wenn ihnen neue Selbstwaltungs- oder Staatsaufgaben auferlegt werden (→ Rn. 111f.)[544]. Zwar sehen die landesverfassungsrechtlichen Regelungen nach dem dualistischen Modell vor, daß staatliche Aufgaben nur gegen Kostenerstattung zugewiesen werden dürfen (→ Rn. 44f., 147). Die überwiegende Rechtsprechung namentlich der Landesverfassungsgerichte entnimmt hieraus freilich keinen eigenständigen, konkret bezifferbaren Aufwendungsersatzanspruch, sondern läßt eine **Berücksichtigung** der entsprechenden Ausgaben **im allgemeinen Finanzausgleich** genügen (→ Rn. 148)[545].

150 Die jüngere Rechtsprechung des **Niedersächsischen Staatsgerichtshofes** hat hingegen der Landesverfassung eine **Finanzgarantie dualistischen Typs** entnommen, nach

---

Schoch/Wieland, Finanzierungsverantwortung (Fn. 313), S. 155f., 159. Eine noch allgemeiner gehaltene Garantenstellung des Landes findet sich in Bayern, im Saarland und in Schleswig-Holstein; vgl. *Henneke*, Finanzverfassung (Fn. 124), S. 23, 71ff.; *Schoch/Wieland*, a.a.O., S. 174f.

[538] Dazu näher *Henneke*, Finanzverfassung (Fn. 124), S. 72f.; *Schoch/Wieland*, Finanzierungsverantwortung (Fn. 313), S. 156ff., 161ff., 165ff.; *H. Meyer*, ZG 11 (1996), 165 (169, 171f.).

[539] *F. Kirchhof*, DVBl. 1998, 189 (190); vgl. zur Durchführung *H. Meyer*, ZG 11 (1996), 165 (172ff.).

[540] Dazu kritisch *H.-G. Henneke*, DÖV 1998, 330ff. m.w.N. und eigenem Ansatz einer »absolute(n) Untergrenze des kommunalen Finanzausgleichs« (335).

[541] Zum Nivellierungsverbot VerfGH NW DVBl. 1993, 1205 (1209). Ähnlich jetzt VerfGH R-P DÖV 1998, 505 (506ff.).

[542] Dazu *A. v. Mutius/H.-G. Henneke*, Kommunale Finanzausstattung und Verfassungsrecht, 1985, S. 92ff., 106ff., 142ff.; *W. Hoppe*, DVBl. 1992, 117ff.; *H. Meyer*, ZG 11 (1996), 165 (174); Reformvorschläge zur praktischen Umsetzung bei *T. Kuhn*, AfK 36 (1997), 309ff. m.w.N.

[543] BVerfG NVwZ 1987, 123 (123); BVerfGE 71, 25 (36f.); BayVerfGH BayVBl. 1993, 177 (178ff.).

[544] Hierzu *K. Waechter*, VerwArch. 85 (1994), 208ff.; *Löwer* (Fn. 135), Art. 28 Rn. 93; umfangreich *Schoch/Wieland*, Finanzierungsverantwortung (Fn. 313), S. 105ff.

[545] OVG NW DVBl. 1980, 763 (764f.); VerfGH NW DVBl. 1985, 685 (685ff.) m. Anm. *A. v. Mutius/H.-G. Henneke* (689ff.); VerfGH R-P DVBl. 1992, 981 (981); VerfGH NW DVBl. 1993, 197 (199f.); 1993, 1205 (1206ff.); s. dazu *D. Birk/M. Inhester*, DVBl. 1993, 1281ff.; *H.-G. Henneke*, DÖV 1994, 1ff.; *W. Heun*, DVBl. 1996, 1020 (1026f.); SächsVerfGH SächsVBl. 1994, 280 (284f.); dazu kritisch *Wieland*, Strukturvorgaben (Fn. 536), S. 48f.; BayVerfGH BayVBl. 1997, 303 (305ff., 336f.) und VerfGH NW DVBl. 1997, 483 (484) m. insoweit krit. Anm. *H.-G. Henneke*. Kritische Zusammenfassung dieser Landesverfassungsjudikatur bei *F. Schoch*, Finanzierungsverantwortung für gesetzgeberisch veranlaßte Ausgaben, in: Henneke, Stärkung (Fn. 286), S. 33ff. (48f.).

der zwischen der Kostenerstattung für die Übertragung staatlicher Aufgaben und dem allgemeinen Finanzausgleich streng getrennt werden muß[546]; insbesondere sei die Kostenerstattung finanzkraftunabhängig vorzunehmen[547].

151 Noch weitergehend wird in der **Literatur** die Auffassung vertreten, das **Konnexitätsprinzip** des Art. 104a I GG (→ Rn. 153) gelte als **allgemeine Lastenverteilungsregel** auch zwischen Ländern und Kommunen, was zumindest den *Landes*gesetzgeber verpflichte, die Kosten der von ihm übertragenen Aufgaben zu tragen[548]. Die nunmehr ausdrückliche Garantie der finanziellen Eigenverantwortung (→ Rn. 25f.) wird als Stärkung dieser letztgenannten Position gewertet[549].

bb) Nach Bundesverfassungsrecht

152 Auch bei **bundesgesetzlicher Aufgabenzuweisung** (→ Rn. 113) tragen gem. Art. 104a II, 83ff. GG die Länder die Verwaltungsverantwortung und folglich die Finanzierungslast, was zur drängenden, aber noch ungelösten **Frage nach einer Finanzierungsverantwortung des Bundes** führt[550].

153 Denn die Mehrzahl der Ansätze zur Begründung einer entsprechenden Verantwortung vermag nicht zu überzeugen. Als Überdehnung des Art. 104a I GG stellt sich zunächst die Auffassung dar, das darin verortete **Konnexitätsprinzip (Art. 104a I GG)** sei als allgemeine Lastenverteilungsregel nicht auf das Verhältnis Bund-Länder beschränkt, sondern gelte auch gegenüber den Kommunen, so daß Zweckausgaben für bundesgesetzlich zugewiesene Aufgaben auch vom Bund direkt auszugleichen seien[551]. Der Vergleich mit der Bundesauftragsverwaltung (Art. 85, 104a II, V GG) trägt nicht zuletzt deshalb nicht, weil es an einem entsprechenden Aufsichtsinstrumentarium des Bundes fehlt[552]. Systemwidrig wäre es schließlich, die in der Praxis weitgehend

---

[546] NdsStGH DVBl. 1995, 1175 (1175ff.); dazu zustimmend *H.-G. Henneke*, DVBl. 1995, 1179ff.; *K.-A. Schwarz*, NVwZ 1996, 554ff.; *Kirchhof*, Maßnahmen (Fn. 127), S. 92. Bestätigt durch NdsStGH DVBl. 1998, 185 (185ff.) m. zust. Anm. *F. Kirchhof* (189ff.); ebenfalls zustimmend *H.-G. Henneke*, NdsVBl. 1998, 25ff.; *ders.*, Der Landkreis 1998, 22ff.

[547] NdsStGH DVBl. 1995, 1175 (1177); StGH BW DVBl. 1994, 206 (207); *Wendt*, Finanzierungsverantwortung (Fn. 421), S. 623.

[548] *Schmidt-Jortzig*, Kommunalrecht (Fn. 286), Rn. 749 unter Berufung auf BVerfGE 26, 338 (390); *W. Hoppe*, DVBl. 1992, 117 (122f.); *Hofmann-Hoeppel*, BSHG-Vollzug (Fn. 430), S. 149f.; *v. Mutius*, Kommunalrecht (Fn. 282), Rn. 448 m.w.N.; eher kritisch *Schoch/Wieland*, Finanzierungsverantwortung (Fn. 313), S. 160.

[549] *U. Berlit*, RuP 30 (1994), 194 (200); vgl. *Kirchhof*, Maßnahmen (Fn. 127), S. 89; *Wendt*, Finanzierungsverantwortung (Fn. 421), S. 608; *Scholz* (Fn. 125), Art. 28 Rn. 84b; skeptisch *F. Schoch*, ZRP 1995, 387 (387).

[550] Eingehend *Schoch/Wieland*, Finanzierungsverantwortung (Fn. 313). Vgl. noch *Schoch*, Finanzierungsverantwortung (Fn. 545); *H.-G. Henneke*, DÖV 1996, 713ff.; *R. Grote*, JZ 1996, 832ff.; *F. Kirchhof*, Die Finanzierungsverantwortung für kommunale Aufgaben, in: Henneke, Steuerung (Fn. 536), S. 19ff.; *Wendt*, Finanzierungsverantwortung (Fn. 421). Zu verschiedenen älteren Lösungsansätzen *Henneke*, Finanzverfassung (Fn. 124), S. 76ff.

[551] *Hofmann-Hoeppel*, BSHG-Vollzug (Fn. 430), S. 118ff., 148ff.; *E. Schmidt-Jortzig*, Diskussionsbeitrag, VVDStRL 52 (1993), S. 163f.; nur *de constitutione ferenda F. Kirchhof*, Grundsätze der Finanzverfassung des vereinten Deutschland, VVDStRL 52 (1993), S. 71ff. (94, 110); *F. Schoch*, ZG 9 (1994), 246 (257f.). Ablehnend *W. Heun*, DVBl. 1996, 1020 (1026f.); *Wendt*, Finanzierungsverantwortung (Fn. 421), S. 613f.; *H. Meyer*, ZG 11 (1996), 165 (165).

[552] *Wendt*, Finanzierungsverantwortung (Fn. 421), S. 613f.; *F. Schoch*, ZRP 1995, 387 (389); *ders./Wieland*, Finanzierungsverantwortung (Fn. 313), S. 152f.; *R. Grote*, JZ 1996, 832 (833); *Löwer* (Fn. 135), Art. 28 Rn. 93 m.w.N.

leerlaufende Ermessens(!)vorschrift des Art. 104a III GG für **Geldleistungsgesetze** im Sinne einer allgemeinen Finanzierungsverantwortung des Bundes zu aktivieren⁵⁵³. Systemgerechter erscheint da der Vorschlag, »eine **(Bundes-)Teilverantwortung** für die Finanzausstattung der Gemeinden« unmittelbar aus Art. 28 II 3 GG herzuleiten⁵⁵⁴.

Letztlich sind die Verfechter einer unmittelbaren Bundes-Kostenübernahme damit auf den **Weg der Verfassungsreform** verwiesen, die Bundes- wie Landesebene umfassen müßte. Im Raum stehen hier verschiedene Entwürfe, die von einer grundsätzlichen (und vollständigen) Finanzierungsverantwortung des Bundes bis hin zu einer Einstandspflicht nur bei Volldetermination der Gesetzesausführung reichen⁵⁵⁵. 154

6. Gemeindeverbände (Art. 28 II 2 GG)

a) Allgemeines

aa) Begriff und Arten des Gemeindeverbandes

Unter den im Grundgesetz nicht näher definierten Gemeindeverbänden versteht das Bundesverfassungsgericht »kommunale Zusammenschlüsse, die entweder zur Wahrnehmung von Selbstverwaltungsaufgaben gebildete Gebietskörperschaften sind oder die diesen [...] nahekommen«⁵⁵⁶; die Literatur umschreibt sie als eine »Körperschaft kommunaler Art [...] die gebietlich über der Ortsgemeinde steht und deren Wirkungskreis nicht durch Zwecksetzung ad hoc begrenzt ist«⁵⁵⁷; ergänzend wird das Kriterium der **gebietsbezogenen universalen Zuweisung von Aufgaben** herangezogen⁵⁵⁸. Das eigentliche Proprium des Verbandes bleibt zumeist offen⁵⁵⁹. 155

Als Prototyp der in Art. 28 II 2 GG angesprochenen Gemeindeverbände gelten in Rechtsprechung und Literatur unumstritten die **Landkreise**⁵⁶⁰, bei denen freilich der Verbandscharakter kaum deutlich hervortritt. Eigentlich handelt es sich bei den Kreisen eher um maßstabsvergrößerte Gemeinden⁵⁶¹; das Verbandselement besteht im 156

---

⁵⁵³ Wie hier *F. Schoch*, ZRP 1995, 387 (389); *R. Grote*, JZ 1996, 832 (834); *Jarass/Pieroth*, GG, Art. 104a Rn. 7 m.w.N.
⁵⁵⁴ *Scholz* (Fn. 125), Art. 28 Rn. 84c: »gewisse Gewährleistungspflicht«.
⁵⁵⁵ *Henneke*, Finanzverfassung (Fn. 124), S. 77f.; *R. Grote*, JZ 1996, 832 (836ff.); skeptisch *W. Heun*, DVBl. 1996, 1020 (1026f.) sowie *U. Häde*, Finanzausgleich, 1996, S. 308f., die primär die Länder in der Verantwortung sehen. Reformvorschläge: 61. DJT (DVBl. 1996, 1248 [1248f.], dazu *B. Stüer*, DVBl. 1996, 1243 [1246f.]); *Kirchhof*, Maßnahmen (Fn. 127), S. 90ff., 98; *Schoch*, Schutz (Fn. 357), S. 219ff.; *ders.*, ZRP 1995, 387 (390f.); *Wendt*, Finanzierungsverantwortung (Fn. 421), S. 614ff. m.w.N. und Kritik.
⁵⁵⁶ BVerfGE 52, 95 (109) zur damaligen Landessatzung Schleswig-Holstein.
⁵⁵⁷ *Stern* (Fn. 15), Art. 28 Rn. 80; vgl. *Löwer* (Fn. 135), Art. 28 Rn. 83; *Jarass/Pieroth*, GG, Art. 28 Rn. 15. Umfangreich *W. Hoppe*, Die Begriffe Gebietskörperschaft und Gemeindeverband und der Rechtscharakter der nordrhein-westfälischen Landschaftsverbände, 1958, S. 34ff.
⁵⁵⁸ *H.-U. Erichsen*, NWVBl. 1995, 1 (3); *ders.*, Kommunalrecht des Landes Nordrhein-Westfalen, 1988, § 16 A 1.
⁵⁵⁹ Kritisch *Löwer* (Fn. 135), Art. 28 Rn. 83 (»Normtext ... gewissermaßen rätselhaft«); ebenso *Steinger*, Amtsverfassung (Fn. 269), S. 61. Zur Entbehrlichkeit des Elements einer »Verbindung« von Gemeinden *Maunz* (Fn. 219), Art. 28 Rn. 55; Ansatz zur Fruchtbarmachung des Verbandsbegriffs bei *E. Schmidt-Aßmann*, DVBl. 1996, 533 (535f.); → Rn. 71.
⁵⁶⁰ BVerfGE 52, 95 (112); 83, 363 (383); aus der Literatur statt aller *Stern* (Fn. 15), Art. 28 Rn. 80; *Schmidt-Aßmann*, Kommunalrecht (Fn. 30), Rn. 137; *Löwer* (Fn. 135), Art. 28 Rn. 83.
⁵⁶¹ Das wird selten problematisiert; etwa bei *Forsthoff*, Verwaltungsrecht (Fn. 313), S. 580; *Faber*, Kommunalrecht (Fn. 191), S. 269; *Schmidt-Aßmann*, Kommunalrecht (Fn. 30), Rn. 150.

Art. 28 C. Erläuterungen

Grunde allein in der Kreisumlage⁵⁶². Gleichwohl ist wegen der norminternen Relation zwischen Art. 28 I 2 GG und Art. 28 II 2 GG zwingend davon auszugehen, daß die in Abs. 1 ausdrücklich hervorgehobenen und mit strukturanaloger Legitimation versehenen Kreise in Abs. 2 als Gemeindeverbände angesprochen sind.

157 Welche Einheiten ferner unter den Verbandsbegriff fallen, ist nicht abschließend geklärt. In der Literatur werden (zumeist ohne nähere Begründung) genannt: **Bezirke**, **Verbandsgemeinden** (wie niedersächsische Samtgemeinden oder rheinland-pfälzische Verbandsgemeinden) und **Landschaftsverbände**⁵⁶³. Umstritten ist die Zusammenfassung zu sog. **Regionalkreisen**⁵⁶⁴. Nach einer anfechtbaren Entscheidung des Bundesverfassungsgerichts sollen die **Ämter** in Schleswig-Holstein nicht unter Art. 28 II 2 GG fallen⁵⁶⁵. Weitgehende Einigkeit herrscht wiederum darüber, daß **Zweckverbände** nicht erfaßt sind⁵⁶⁶.

bb) Schutzumfang (Selbstverwaltungsangelegenheiten)

158 Nach Art. 28 II 2 GG bedarf die Selbstverwaltungsgarantie der Gemeindeverbände der gesetzlichen Ausgestaltung, die nach der grundgesetzlichen Kompetenzverteilung dem für das Kommunalverfassungsrecht zuständigen **Landesgesetzgeber** obliegt⁵⁶⁷. Die Landesverfassungen können danach den Gemeindeverbänden auch einen Anspruch auf Zuweisung übergemeindlicher Aufgaben gewähren⁵⁶⁸.

159 Landkreise nehmen nach der typisierten landesgesetzlichen Ausgestaltung **freiwillige Selbstverwaltungsaufgaben, weisungsfreie Pflichtaufgaben und Auftragsangelegenheiten** (bzw. Pflichtaufgaben zur Erfüllung nach Weisung) wahr; der Unterschied zwischen Aufgabenmonismus und -dualismus (→ Rn. 84) setzt sich auf dieser Ebene fort⁵⁶⁹. Wesentlicher als die der Gemeinden wird die Tätigkeit der Kreise darüber hinaus von ihrer **Funktion als untere staatliche Verwaltungsbehörde** (deutlich an der Doppelstellung des süddeutschen Landrats) geprägt, wobei die grundsätzliche Scheidung dieser Staatsaufgaben von den Art. 28 II 2 GG unterfallenden Selbstverwaltungsangelegenheiten freilich in Einzelfällen verwischt wird⁵⁷⁰.

---

⁵⁶² Diesen Konnex zwischen Ausgleichsfunktion und Verbandscharakter stellt *E. Schmidt-Aßmann*, DVBl. 1996, 533 (535) heraus; ebenso *Faber*, Kommunalrecht (Fn. 191), S. 269.
⁵⁶³ Zusammenfassend *Jarass/Pieroth*, GG, Art. 28 Rn. 15; *Schmidt-Aßmann*, Kommunalrecht (Fn. 30), Rn. 153ff.; *B. Zielke*, Zwischengemeindliche Zusammenarbeit, 1993, S. 36ff., 87ff.; zu Landschaftsverbänden *H.-U. Erichsen*, NWVBl. 1995, 1 (3).
⁵⁶⁴ Für Zulässigkeit *A. Leidinger*, NWVBl. 1991, 325 (332); *F. Schoch*, DVBl. 1995, 1047 (1047); a. A. *R. Schnur*, Regionalkreise?, 1971, S. 47ff.; einschränkend *E. Schmidt-Aßmann*, DVBl. 1996, 533 (540), der aus der institutionellen Garantie ein Gebot der Überschaubarkeit herleitet und danach etwa Regionalkreise von der Größe der Regierungsbezirke für unzulässig hält.
⁵⁶⁵ BVerfGE 52, 95 (109) anhand der Landessatzung Schleswig-Holstein; vgl. *Steinger*, Amtsverfassung (Fn. 269), S. 62ff., 151f.
⁵⁶⁶ *Stern*, Staatsrecht I, S. 417 Fn. 111; *Löwer* (Fn. 135), Art. 28 Rn. 83; *Schmidt-Aßmann*, Kommunalrecht (Fn. 30), Rn. 150; a. A. für »manche Zweckverbände« *Maunz* (Fn. 219), Art. 28 Rn. 55, für alle *Anschütz*, WRV, Art. 127 Anm. 1 (S. 582).
⁵⁶⁷ Zur Kompetenzverteilung *Schoch/Wieland*, Finanzierungsverantwortung (Fn. 313), S. 114ff.; *Schmidt-Aßmann*, Rastede (Fn. 389), S. 129f.
⁵⁶⁸ *Stern* (Fn. 15), Art. 28 Rn. 168; *A. Köttgen*, Allgemeine Grundlagen der Gemeindeordnung, in: Peters, Handbuch (Fn. 377), § 23, S. 183ff. (190f.).
⁵⁶⁹ *F. Schoch*, DVBl. 1995, 1047 (1049 m.w.N.).
⁵⁷⁰ *E. Schmidt-Aßmann*, DVBl. 1996, 533 (536f.) zu § 54 LKrO BW (Mitwirkungsrechte des Kreis-

Drei Aufgabentypen werden bei den freiwilligen Selbstverwaltungsaufgaben herkömmlicherweise unterschieden[571]: (1) **Übergemeindliche** (kreisintegrale) Aufgaben (überörtliches Straßennetz, öffentlicher Personennahverkehr, Naturparks); (2) **ergänzende** (komplementäre) Aufgaben, die von den Gemeinden mangels Leistungsfähigkeit nicht wahrgenommen werden können (hier erfolgt keine statische Zuordnung, sondern eine Regelung in Abhängigkeit von der konkreten Aufgabe und der Leistungsfähigkeit der einzelnen kreisangehörigen Gemeinde [z. B. Alten- und Jugendheime, Volkshochschulen, Musikschulen]); (3) **ausgleichende** Aufgaben (finanzielle Zuwendungen und Verwaltungshilfen des Landkreises für einzelne Gemeinden, die in verschiedenen Kommunalordnungen ausdrücklich vorgesehen sind). Bei Übertragung von ihrem Wesen nach staatlichen Aufgaben als »Selbstverwaltungsangelegenheiten« auf den Kreis liegen nur **formelle Selbstverwaltungsangelegenheiten** vor (→ Rn. 85), die die Frage nach einer Pflicht des Staates zur Kostenübernahme nach sich ziehen (→ Rn. 149 ff.).

160

cc) Aktueller Befund

Die kreisliche Selbstverwaltung befindet sich nach verbreiteter Diagnose in einer »wenig komfortablen Lage«[572] zwischen Gemeinden und höherrangigen Verwaltungseinheiten[573]. Diskutiert wird eine stärkere **Regionalisierung** von Kreis- (und Gemeinde-)aufgaben, die über Regionalplanung und regionale Strukturpolitik hinausgeht und nicht nur mit Blick auf die Selbstverwaltungsgarantie (deren Schutz auch hier nicht allzu weit reichen dürfte[574]), sondern auch auf die **demokratische Legitimation** der noch nicht in Einzelheiten greifbaren Gremien problematisch ist (→ Art. 20 [Demokratie] Rn. 128 f.)[575]. Alternativ dazu wird vorgeschlagen, bestimmte Verwaltungsaufgaben in **neuartigen Formen kommunaler Zusammenarbeit** zu bewältigen[576]. Insbesondere in den ostdeutschen Bundesländern gibt es demgegenüber in verstärktem Umfang **Aufgabenprivilegierungen** zugunsten einzelner Gemeinden[577]. Schließ-

161

---

tags bei der staatlichen Verwaltung im Landkreis). Vgl. zur Doppelstellung noch *Stober*, Kommunalrecht (Fn. 264), § 7 III 2b (S. 95) m. w. N.

[571] Unterscheidung und Beispiele bei *F. Schoch*, DVBl. 1995, 1047 (1049); *A. Schink*, VerwArch. 81 (1990), 385 (410 f.); umfangreiche Darstellung bei *H.-G. Hennecke*, Aufgabenzuständigkeit im kreisangehörigen Raum, 1992, S. 36 ff. Kritik bei *Stober*, Kommunalrecht (Fn. 264), § 7 III 2a cc (S. 92 f.), der stattdessen eine Vierfachgliederung unter Ergänzung von »Gesamtaufgaben« vorschlägt.

[572] *F. Schoch*, in: ders. (Hrsg.), Selbstverwaltung der Kreise in Deutschland, 1996, S. V; vgl. auch *E. Schmidt-Aßmann*, DVBl. 1996, 533 (535), der ein »zu undifferenziertes Aufgabenwachstum« ausmacht.

[573] *F. Schoch*, DVBl. 1995, 1047 (1048 f.): »gleichsam ›eingeklemmt‹ zwischen die gemeindliche Selbstverwaltung und die regionale Aufgabenerfüllung«.

[574] So die zutreffende Einschätzung v. *F. Schoch*, NLT 1992, 20 (29).

[575] Ansätze einer begrifflichen und verfassungsrechtlichen Erfassung bei *F. Schoch*, Regionalisierungstendenzen in Europa und Nordrhein-Westfalen, 1994, S. 7 f., 15 ff.; vgl. schon *ders.*, NLT 1992, 20 (26 ff.); *A. Leidinger*, NWVBl. 1991, 325 ff. Treffend *E. Schmidt-Aßmann*, DVBl. 1996, 533 (539): »Passe-partout für diverse Ordnungsvorstellungen«.

[576] *H.-G. Hennecke*, DÖV 1994, 705 (711); zu »Städtenetzen« *E.-H. Ritter*, DÖV 1995, 393 ff.; *K. Brake*, AfK 36 (1997), 98 ff. Das Beispiel der interkommunalen Kooperation von Frankfurt und der Rhein-Main-Region erläutert *W. Heinz*, AfK 36 (1997), 73 ff.; zur »Hauptstadtregion Stuttgart« siehe die gleichnamige Arbeit von *S. Wolf* (1997).

[577] Dazu kritisch *H.-G. Hennecke*, DÖV 1994, 705 (711).

162 Ein weiterer Problemschwerpunkt liegt bei der **Finanzausstattung der Kreise** (zur Ausgabenverantwortung für bundes- oder landesgesetzlich veranlaßte Aufgaben: → Rn. 149ff.); namentlich die Höhe der Kreisumlage hat in den letzten Jahren zu einer Fülle von Verfahren geführt (→ Rn. 166). Vertreter des Landkreistages haben schließlich vor negativen Auswirkungen der 1997 erfolgten Änderung des Art. 28 II 3 GG (→ Rn. 26) für die Kreise gewarnt: Sie »nützt den Gemeinden in concreto nichts; den Kreisen schadet sie«[579].

b) Garantieebenen der Selbstverwaltung der Gemeindeverbände

aa) Institutionelle Rechtssubjektsgarantie

163 Der Gemeindeverband darf ebenso wie Gemeinden nur individuell, nicht institutionell beseitigt werden. Diese Gewährleistung **umfaßt keinen bestimmten Bestand an Gemeindeverbandstypen**[580], sondern läßt den Ländern insoweit staatsorganisatorischen Freiraum (→ Rn. 158f.). Wegen der Erwähnung in Art. 28 I 2 GG gehören zum Mindestbestand jedenfalls Kreise bzw. kreisähnliche Organisationen[581]. Der Gesetzgeber darf die Gemeindeverbände auch nicht aufgabenlos stellen[582].

bb) Objektive Rechtsinstitutionsgarantie

164 Den Gemeindeverbänden ist ebenso wie den Gemeinden die **eigenverantwortliche** Aufgabenerfüllung garantiert[583]. Hieraus folgt gleichzeitig die Garantie eines eigenen Wirkungskreises[584]. Im Gegensatz zur Allzuständigkeit der Gemeinden bedürfen Gemeindeverbände aber einer **gesetzlichen Aufgabenzuweisung**[585]; ihr Aufgabenbereich ist ›gesetzesgeformt‹, wobei es dem Gesetzgeber freisteht, ob er eine generelle oder eine enumerative Aufgabenzuweisung vornimmt[586]. Zugewiesen sind ihnen zum einen **überörtliche Aufgaben**, zum anderen ordnen die entsprechenden Landesgeset-

---

[578] Die gravierenden Unterschiede von gemeinwohlorientierter und gesetzesgebundener Selbstverwaltung und erwerbswirtschaftlichem Handeln betont zutreffend *J. Wieland*, NLT 1994, 18ff.; warnend vor einer schematischen Privatisierung *E. Schmidt-Aßmann*, DVBl. 1996, 533 (537f.).

[579] *H.-G. Henneke*, Der Landkreis 1997, 482 (487).

[580] *Stern* (Fn. 15), Art. 28 Rn. 81, 166; *ders.*, Staatsrecht I, S. 410; *Maunz* (Fn. 219), Art. 28 Rn. 45; *Löwer* (Fn. 135), Art. 28 Rn. 84.

[581] Ganz h.M.: vgl. *Stern*, Staatsrecht I, S. 410; *Löwer* (Fn. 135), Art. 28 Rn. 84; *Faber* (Fn. 101), Art. 28 Abs. 1 II, Abs. 2 Rn. 43; *Nierhaus* (Fn. 194), Art. 28 Rn. 63; *H. Maurer*, DVBl. 1995, 1037 (1045).

[582] *Stern* (Fn. 15), Art. 28 Rn. 169; *A. Schink*, VerwArch. 81 (1990), 385 (409) m.w.N.; *H. Maurer*, DVBl. 1995, 1037 (1046).

[583] Allg. Auffassung: BVerfGE 21, 117 (129); 83, 363 (383); *Stern* (Fn. 15), Art. 28 Rn. 173; *Nierhaus* (Fn. 194), Art. 28 Rn. 62; *F. Schoch*, Die aufsichtsbehördliche Genehmigung der Kreisumlage, 1995, S. 35.

[584] BVerfGE 83, 363 (383); *Löwer* (Fn. 135), Art. 28 Rn. 85; *Schoch*, Genehmigung (Fn. 583), S. 36f.

[585] BVerfGE 79, 127 (150f.); *Maunz* (Fn. 219), Art. 28 Rn. 60; *Faber* (Fn. 101), Art. 28 Abs. 1 II, Abs. 2, Rn. 43; *Löwer* (Fn. 135), Art. 28 Rn. 85; *T. Clemens*, NVwZ 1990, 834 (842).

[586] *F. Schoch*, DVBl. 1995, 1047 (1050f.); *Löwer* (Fn. 135), Art. 28 Rn. 87; *Stern* (Fn. 15), Art. 28 Rn. 168. Für eine spezialgesetzliche Aufgabenzuweisung *M. Beckmann*, DVBl. 1990, 1193 (1196f.); *E. Schmidt-Jortzig*, DÖV 1993, 973 (982).

ze den Kreisen in genereller Form **Aufgaben** zu, **die an sich zur örtlichen Gemeinschaft gehören**, aber die Leistungsfähigkeit der kreisangehörigen Gemeinden überfordern oder aus anderen Gründen der überörtlichen Wahrnehmung bedürfen.

Diese **Ergänzungs- oder Ausgleichsfunktion** der Kreise[587] scheint nicht im Einklang zu stehen mit der Aussage aus der Rastede-Entscheidung, daß mangelnde Verwaltungskraft der Gemeinden allein keinen Aufgabenentzug rechtfertige[588]. Der Widerspruch läßt sich jedoch auflösen, wenn man die Existenz einer derartigen Ergänzungs- und Ausgleichsfunktion von der gesetzlichen und überprüfbaren »Transformation« dieser Funktion in konkret wahrnehmbare Aufgaben trennt[589]. Die Angelegenheiten der örtlichen Gemeinschaft bleiben gemeindliche Aufgaben, auch wenn der Landkreis sie ergänzend wahrnimmt, und können bei entsprechender Leistungsfähigkeit wieder von der Gemeinde übernommen werden[590].

165

Aus der **Finanzhoheit** der Kreise, zu der die Ausgleichsfunktion flankierend hinzutritt, folgt die Befugnis zur Erhebung der **Kreisumlage**[591], die zwischen 45% und 60% der Gesamteinnahmen des Kreises ausmacht[592]. Die Erhebung der Kreisumlage bedarf einer gesetzlichen Grundlage; die Mehrzahl der Bundesländer sieht weiter vor, daß die Kreisumlage bzw. die Erhöhung des Satzes einer aufsichtsbehördlichen Genehmigung im Sinne einer reinen Rechtmäßigkeitskontrolle[593] bedarf[594]. Ein gerichtlich nur begrenzt überprüfbarer **Gestaltungsspielraum** besteht hinsichtlich der Über-

166

---

[587] Dazu jüngst umfangreich *D. Ehlers*, DVBl. 1997, 225ff.; *R. Wimmer*, NVwZ 1998, 28ff.; vgl. BVerwGE 101, 99 = JuS 1997, 461 m. Anm. v. *C. Brodersen*; BVerwG NVwZ 1998, 63; 1998, 66.

[588] BVerfGE 79, 127 (Ls. 4 u. S. 151ff.). In diesem Sinne *E. Schmidt-Jortzig*, DÖV 1993, 973 (982); *M. Beckmann*, DVBl. 1990, 1193 (1196); *F. Knöpfle*, BayVBl. 1994, 385 (387); *F. Erlenkämper*, NVwZ 1995, 649 (653); *R. Wimmer*, Administrative und finanzielle Unterstützung kreisangehöriger Gemeinden und Verbandsgemeinden durch die Landkreise in Rheinland-Pfalz, 1990, S. 26ff.; zur Diskussion *Henneke*, Aufgabenzuständigkeit (Fn. 571), S. 1ff., 47ff.

[589] BVerwGE 101, 99 (103ff.); OVG Schleswig DVBl. 1995, 469 (472f.); *F. Schoch*, DVBl. 1995, 1047 (1050); für eine Zulässigkeit auch *Püttner* (Fn. 338), § 107 Rn. 29; *D. Ehlers*, DVBl. 1997, 225 (226f.) m.w.N.

[590] *F. Schoch*, DVBl. 1995, 1047 (1050); OVG Schleswig DVBl. 1995, 469 (473); kritisch dazu *F.-L. Knemeyer*, NVwZ 1996, 29 (30f.); bestätigt durch BVerwGE 101, 99; dazu kritisch *R. Wimmer*, NVwZ 1998, 28 (28).

[591] OVG Schleswig DVBl. 1995, 469 (470); *Löwer* (Fn. 135), Art. 28 Rn. 87; *E. Schmidt-Jortzig*, DÖV 1993, 973 (982); *O. Dreher*, Steuereinnahmen für die Kreise, 1991, S. 161ff.; *A. Günther*, Probleme des Kreisfinanzsystems, 1980, S. 46ff.; *ders.*, Das Finanzsystem der Gemeindeverbände. B. Die Kreisumlage, in: HKWP VI, § 119 S. 366ff.; *A. v. Mutius/O. Dreher*, Reform der Kreisfinanzen, 1990, S. 52ff., 59ff.; *Henneke*, Aufgabenzuständigkeit (Fn. 571), S. 65ff.; *H. Meyer*, ZG 11 (1996), 165 (178ff.).

[592] *D. Ehlers*, DVBl. 1997, 225 (229: bundesweit 45%); *Schoch*, Genehmigung (Fn. 583), S. 14ff. (Nordrhein-Westfalen); *Dreher*, Steuereinnahmen (Fn. 591), S. 161ff. (Niedersachsen). Kreissteuern bestreiten derzeit maximal 1% der Gesamteinnahmen: *F. Kirchhof*, DVBl. 1995, 1057 (1058f. m.w.N.).

[593] Für reine Rechtmäßigkeitskontrolle OVG Münster DÖV 1990, 616 (617ff.); VerfGH NW NWVBl. 1996, 426 (427ff.); *H.-G. Henneke*, DÖV 1994, 705 (709). Kritisch zur Genehmigungspraxis unter diesem Gesichtspunkt *ders.*, Aufgabenzuständigkeit (Fn. 571), S. 79; *D. Ehlers*, DVBl. 1997, 225 (231).

[594] Beispielsweise wurde durch § 56 III KrO NW die bisherige allgemeine Genehmigungspflicht abgeschafft und stattdessen die Erhöhung des Umlagesatzes der Genehmigungspflicht unterworfen, hierzu umfangreich *Schoch*, Genehmigung (Fn. 583), S. 4ff., 75ff.; für Verfassungswidrigkeit der Norm *H. Lang*, DVBl. 1995, 657 (661ff.); als verfassungsgemäß bestätigt durch VerfGH NW NWVBl. 1996, 426.

nahme freiwilliger Aufgaben, der Intensität der Aufgabenwahrnehmung und der Festsetzung des konkreten Umlagesatzes[595]. Hierbei ist allerdings zu beachten, daß die Gemeinden zur Finanzierung von gemeindeverbandlichen Einrichtungen nur in dem Maße herangezogen werden dürfen, in dem ihnen diese Einrichtung zugute kommt[596]. Aus der Finanzhoheit der Gemeindeverbände ergibt sich auch ihre Befugnis, die ihnen angehörigen Gemeinden finanziell zu unterstützen[597].

167 **Schranken** für die gesetzliche Ausgestaltung bestehen in formeller und materieller Hinsicht: Zuständig ist grundsätzlich der Landesgesetzgeber[598] (Kompetenzschranke). Zwar gibt es keinen ›Wesensgehaltsschutz‹ für die Zuständigkeiten der Gemeindeverbände[599]; die Aufgaben dürfen aber nicht so präzise formuliert werden, »daß für eine eigenständige ›Selbst‹verwaltung kein Spielraum mehr bleibt«[600]. Die Garantie der gemeindlichen Selbstverwaltung ist wiederum als Schranke bei der Zuweisung örtlicher Angelegenheiten zu beachten (→ Rn. 118). Für Gebietsänderungen gelten die gleichen Schranken wie bei Gemeinden (→ Rn. 122).

cc) Subjektive Rechtsstellungsgarantie

168 Im Hinblick auf die »Wehrfähigkeit« ergeben sich keine grundlegenden Unterschiede zu der Stellung der Gemeinden (→ Rn. 96 ff.), wie etwa die Prozesse um die **Kreisreform in den neuen Bundesländern** (→ Rn. 89)[601] zeigen. Einzelne Abweichungen ergeben sich hinsichtlich des unmittelbaren Zugangs der Landkreise zum Bundesverfassungsgericht im Rahmen der Kommunalverfassungsbeschwerde (→ Rn. 101)[602].

III. Art. 28 III GG (Gewährleistung durch den Bund)

169 Art. 28 III GG gehört – ebenso wie Bundeszwang (→ Art. 37 Rn. 1, 6) und Bundesintervention (Art. 35 III, 87a IV, 91 II GG; → Art. 35 Rn. 26 f.) – zum überkommenen Repertoire bundesstaatlichen Verfassungsrechts, ist aber wie diese von geringer prakti-

---

[595] Wegen des gemeindespezifischen Aufgabenverteilungsprinzips (→ Rn. 118 f.) und des Vorrangs gemeindlicher Aufgabenwahrnehmung ist die Festsetzung der Kreisumlage insoweit überprüfbar, vgl. *Schoch*, Genehmigung (Fn. 583), S. 88 ff. Beschränkt ist die Überprüfbarkeit im Hinblick auf die Eigenverantwortlichkeit der kreislichen Aufgabenwahrnehmung, vgl. OVG Schleswig DVBl. 1995, 469 (472 ff.); *R. Kirchhof*, DÖV 1996, 1014 (1015). Umfangreich zur hochgezüchteten Fehlerjudikatur *D. Ehlers*. 1997, 225 (231 f.).
[596] OVG Münster DVBl. 1990, 170 (170).
[597] OVG Koblenz DÖV 1994, 79 (80 ff.); OVG Saarland DÖV 1994, 438 (438). Vgl. aber BayVGH BayVBl. 1993, 112 (113).
[598] *Stern* (Fn. 15), Art. 28 Rn. 171; *Löwer* (Fn. 135), Art. 28 Rn. 86; *Schmidt-Aßmann*, Rastede (Fn. 389), S. 129 f.; *F. Schoch*, DVBl. 1995, 1047 (1050); *ders.*, Genehmigung (Fn. 583), S. 37 f.
[599] *Stern* (Fn. 15), Art. 28 Rn. 169; *Nierhaus* (Fn. 194), Art. 28 Rn. 62; *Jarass/Pieroth*, GG, Art. 28 Rn. 15; *Schmidt-Aßmann*, Kommunalrecht (Fn. 30), Rn. 138; *Schoch*, Genehmigung (Fn. 583), S. 36 f.; a.A. *W. Cantner*, Wesen, Aufgaben, Kreiswirtschaftsrecht, Rechtsschutz, in: Peters, Handbuch (Fn. 377), § 53, S. 411 ff. (418).
[600] *Stern* (Fn. 15), Art. 28 Rn. 169.
[601] Dazu etwa BVerfG (1. Kammer des Zweiten Senats) DVBl. 1995, 286 (287) – Grenzen des Landes Berlin; BrandenbVerfG LKV 1995, 37 – Kreise Kyritz u. Pritzwalk; S-A VerfG LKV 1995, 75 – Landkreis Zeitz; SächsVerfGH LKV 1995, 115 – Landkreis Dresden-Meißen.
[602] Den bayerischen Kreisen ist z.B. die Popularklage versagt, so daß sie sich mit Beschwerden gegen Gesetze unmittelbar an das Bundesverfassungsgericht wenden müssen; statt aller *Pestalozza*, Verfassungsprozeßrecht, § 12 Rn. 63.

scher Bedeutung. Angesichts anderer (Rechts-)Schutzmöglichkeiten kommt ihm derzeit eher **Reservefunktionen** zu[603].

1. Inhalt der Gewährleistung

Art. 28 III GG formuliert ein **rechtlich bindendes Versprechen** des Bundes im Sinne einer Garantie (→ Rn. 16)[604]. Deren Schwerpunkt hat sich in historischer Perspektive vom Schutz der Bundesländer in Richtung einer **Kontrolle** ihrer Verfassung, von der Verpflichtung des Bundes hin zu seiner **Ermächtigung** verschoben[605]. Der im Vergleich mit Art. 37 GG engere Wortlaut (»gewährleistet« statt »kann«; → Art. 37 Rn. 12) macht freilich deutlich, daß dem Bund kein Entschließungsermessen zukommt; ist der Tatbestand einer Verletzung erfüllt, muß er einschreiten[606]. 170

Mit der Gewährleistung wird ungeachtet der den Entstehungsprozeß prägenden Divergenzen (→ Rn. 20, 23) und des unterschiedlichen Wortlauts genau wie in Abs. 1 die **Verfassungswirklichkeit** in den Ländern in den Blick genommen, (→ Rn. 55) genommen, also neben der geschriebenen Verfassung auch einfaches Landesrecht und die Rechtspraxis etwa auf kommunaler Ebene erfaßt[607]. 171

Die Gewährleistung zielt sowohl auf die Einhaltung der in Art. 28 I, II GG niedergelegten Grundsätze (→ Rn. 58ff., 86) als auch auf die Beachtung der **Grundrechte**. Doch hat deren durch die Paulskirchenverfassung vorgeprägte (→ Rn. 4) Erwähnung keine über die bereits durch Art. 1 III GG angeordnete umfassende Bindung auch der **Landesstaatsgewalt** (→ Rn. 49; → Art. 1 III Rn. 23) hinausgehende Bedeutung, zumal die Grundgesetzkonformität der Landesgrundrechte ohnehin durch Art. 31, 142 GG abschließend geregelt ist (→ Art. 31 Rn. 22, 51ff.). Insofern bekräftigt Art. 28 III GG also nur, was ohnehin gilt[608]. 172

Art. 28 III GG trifft keine Aussage darüber, **mit welchen Mitteln** und gegenüber welchem Landesorgan der Bund tätig werden soll[609]. Unzweifelhaft kommen in Betracht: Bundeszwang nach Art. 37 GG, Bundesintervention (Art. 35 III, 87a IV, 91 II GG), sowie unter den verfassungsgerichtlichen Verfahren vornehmlich Bund-Länder-Streit 173

---

[603] Statt aller *Stern*, Staatsrecht I, S. 712 Fn. 417: »noch niemals effektuiert« . A.A. *H. Bethge*, AöR 110 (1985), 169ff., der in Art. 28 III GG ein ergänzendes »Moment … *föderativen Grundrechtsschutzes*« sieht (172).

[604] *Stern* (Fn. 15), Art. 28 Rn. 183; *v. Mangoldt/Klein*, GG, Art. 28 Anm. V 2; *Nierhaus* (Fn. 194), Art. 28 Rn. 72; *Scholz* (Fn. 125), Art. 28 Rn. 85.

[605] Zu diesen verschiedenen Elementen der Garantie *v. Mangoldt/Klein*, GG, Art. 28 Anm. V 2; *Maunz* (Fn. 219), Art. 28 Rn. 86.

[606] BVerfGE 1, 14 (33); *J.A. Frowein*, Die selbständige Bundesaufsicht nach dem Grundgesetz, 1961, S. 66f.; *Maunz* (Fn. 219), Art. 28 Rn. 87; *Stern* (Fn. 15), Art. 28 Rn. 186; *H. Bethge*, AöR 110 (1985), 169 (176, 181); *Löwer* (Fn. 135), Art. 28 Rn. 101; *Nierhaus* (Fn. 194), Art. 28 Rn. 72.

[607] *Stern* (Fn. 15), Art. 28 Rn. 196f., 199. Zustimmend *Löwer* (Fn. 135), Art. 28 Rn. 11; *H. Bethge*, AöR 110 (1985), 169 (174f.). A.A. *v. Mangoldt/Klein*, GG, Art. 28 Anm. V 1.

[608] Wie hier *Maunz* (Fn. 208), § 95 Rn. 22; für das Landes*verfassungsrecht* auch *H. Bethge*, AöR 110 (1985), 169 (173). *Roters* (Fn. 221), Art. 28 Rn. 28f. sieht die Grundrechtskonformität des einfachen Landesrechts als Anwendungsfall des Art. 28 III GG an (s. aber: → Rn. 172). Die von *Löwer* (Fn. 135), Art. 28 Rn. 107 erwogene Restbedeutung (Fälle »flagranter bewußter und gewollter Verstöße gegen die Grundrechtsordnung« unabhängig von konkreten Grundrechtsverletzungen) mutet irreal an: entweder, die üblichen Mittel gegen Grundrechtsverletzungen (Rechtsweg, Bundesverfassungsgericht) reichen aus; tun sie es nicht, dürfte auch ein Eingreifen des Bundes nicht mehr helfen.

[609] *Stern* (Fn. 15), Art. 28 Rn. 198, 200. Einschränkend *v. Mangoldt/Klein*, Art. 28 Anm. V 1: Der Bund dürfe nach Art. 28 III GG nicht gegenüber den Gemeinden durchgreifen.

und abstrakte Normenkontrolle (Art. 93 I Nr. 2, 3 GG)[610]; faßt man ferner die Bundesaufsicht nach Art. 84 III, IV, 85 IV und 108 III GG darunter, muß man zur verfassungsmäßigen Ordnung eines Landes auch die Ausführung von Bundesrecht zählen[611]. Abzulehnen ist nach ganz h.M. die These, daß Art. 28 III GG als **Rechtsgrundlage einer selbständigen Bundesaufsicht** (→ Rn. 18) angesprochen werden könne[612]; auch kann der Bund im Garantiefall nicht Ländermaterien in die eigene Gesetzgebungszuständigkeit übernehmen[613].

174 Die **Auswahl** unter den zu Gebote stehenden Mitteln liegt zwar grundsätzlich im **Ermessen** des Bundes[614]. In der Verfassungspraxis hat sich die Anrufung des Bundesverfassungsgerichts freilich als gleichzeitig schonendere wie wirksamere und damit den föderalistischen Prinzipien entsprechende Maßnahme erwiesen; sofern nicht eine extreme Ausnahmelage etwa eine sofortige Bundesintervention erforderlich macht, ist die verfassungsgerichtliche Streitschlichtung geboten[615]. Ein vorgeschaltetes »Rügeverfahren« vergleichbar dem Vertragsverletzungsverfahren der EG (Art. 169 [226 n.F.] EGV) ist nicht vorgesehen.

2. Anspruch auf Einschreiten des Bundes?

175 Nach wie vor umstritten ist, ob sich Art. 28 III GG in einer objektiven Rechtsverpflichtung für den Bund erschöpft oder auch anderen Betroffenen (Ländern, Kommunen, Bürgern) ein subjektiv einklagbares Recht vermittelt. Für eine rein objektive Geltung werden Stellung und Zweck der Norm ins Feld geführt[616]. Entscheidend dürfte letztlich sein, daß sich der Weg über Art. 28 III GG als entbehrlich erweist, da den in Betracht kommenden Rechtsträgern Wege zur Verfügung stehen, die Nichteinhaltung der in Art. 28 III GG in Bezug genommenen Grundsätze unmittelbar prüfen zu lassen[617]. Befürchtet etwa ein **Land** eine Störung seiner Ordnung durch einen »Garantiefall« im Nachbarland, so versprechen ein Länderstreit nach Art. 93 I Nr. 4 2. Alt. GG bzw. ein Normenkontrollverfahren nach Art. 93 I Nr. 2 GG schnellere Abhilfe als die umständliche Konstruktion eines Anspruchs gegen den Bund und damit auf Einlei-

---

[610] *Stern* (Fn. 15), Art. 28 Rn. 201 m.w.N.; *Nierhaus* (Fn. 194), Art. 28 Rn. 74.

[611] BVerfGE 6, 309 (329); 8, 122 (130ff.). Gegen Einbeziehung der Bundesaufsicht auch: *v. Mangoldt/Klein*, GG, Art. 28 Anm. V 2a; *Stern* (Fn. 15), Art. 28 Rn. 200f.; *Löwer* (Fn. 135), Art. 28 Rn. 105; *Nierhaus* (Fn. 194), Art. 28 Rn. 74. Dafür: BVerfGE 3, 45 (49); *Jarass/Pieroth*, GG, Art. 28 Rn. 16; *M. Bothe*, in: AK-GG, Art. 28 Abs. 3 Rn. 2; *Maunz* (Fn. 208), § 95 Rn. 20; lt. *Blümel* (Fn. 431), § 101 Rn. 42 »ohne praktische Relevanz«.

[612] Für Art. 28 III GG als Grundlage einer derartigen Bundesaufsicht namentlich *G.A. Zinn*, DÖV 1950, 522 (524); *Frowein*, Bundesaufsicht (Fn. 606), S. 64ff.; dagegen BVerfGE 8, 122 (131f.); *v. Mangoldt/Klein*, GG, Art. 28 Anm. V 2a; *Stern*, Staatsrecht, S. 713f.; *Löwer* (Fn. 135), Art. 28 Rn. 104; *Isensee* (Fn. 196), § 98 Rn. 125; *Nierhaus* (Fn. 194), Art. 28 Rn. 74. Übersicht bei *K. Vogel*, »Selbständige Bundesaufsicht« nach dem Grundgesetz, besonders bei der Anwendung europäischen Rechts, in: FS Stern, 1997, S. 819ff. (821ff.). → Art. 37 Rn. 15.

[613] Diese eher hypothetische Möglichkeit schließen aus *P. Lerche*, Rechtsprobleme des Werbefernsehens, 1965, S. 41f.; *H. Bethge*, AöR 110 (1985), 169 (177); *Vitzthum*, Verfassungsrecht (Fn. 14), S. 11.

[614] BVerfGE 7, 367 (372); *Stern* (Fn. 15), Art. 28 Rn. 201; *Maunz* (Fn. 208), § 95 Rn. 20.

[615] In diesem Sinne auch *Löwer* (Fn. 135), Art. 28 Rn. 106.

[616] *Maunz* (Fn. 208), § 95 Rn. 21; *Isensee* (Fn. 196), § 98 Rn. 125 Fn. 316; zur Diskussion *Stern*, Staatsrecht I, S. 711f.

[617] Treffend *Löwer* (Fn. 135), Art. 28 Rn. 103.

tung eines weiteren Verfahrens⁶¹⁸. Die Selbstverwaltungsrechte von **Gemeinden und Gemeindeverbänden** sind in umfassender Weise »wehrfähig« (→ Rn. 101f.); neben gerichtliche Rechtsschutzmöglichkeiten treten spezifische Schutzmechanismen nach Art der landes- oder (subsidiär) bundesrechtlichen Kommunalverfassungsbeschwerde⁶¹⁹. Gegen einen Anspruch des **einzelnen Bürgers** schließlich spricht die Stellung des Art. 28 GG im Bund-Länder-Abschnitt des Grundgesetzes⁶²⁰; sein individuelles Interesse am Bestand der durch Art. 28 GG gewährleisteten Rechtsgüter ist im Falle eigener Betroffenheit durch gerichtlichen Rechtsschutz und letztlich im Wege der Verfassungsbeschwerde durchsetzbar (→ Art. 2 I Rn. 28).

D. Verhältnis zu anderen GG-Bestimmungen

Zur Gewährleistung von Homogenität zwischen Bund und Ländern wird Art. 28 I GG als Normativbestimmung (→ Rn. 54) ergänzt durch die **Durchgriffsnormen der Bundesverfassung** etwa in Art. 1 III, 21, 25, 28 II, 33, 34 GG (→ Rn. 49, 86), durch Einräumung von Ingerenzrechten an Bundesorgane (Art. 29 II, 35 III, 37, 91 GG), Anweisungen an die Landesstaatsgewalt (z.B. Art. 98 II–V GG), Zustimmungsvorbehalte (etwa Art. 32 III GG), Normen zur Wahrung der Rechtseinheit (Art. 100 III GG) sowie durch (subsidiären) Rückgriff auf Bundeseinrichtungen, z.B. Art. 93 I Nr. 4, 99 GG⁶²¹.

176

Inhaltlich steht Art. 28 I GG in einem spezifischen **Korrespondenzverhältnis zu Art. 20 I–III und 79 III GG** bzw. zu den darin garantierten Verfassungsprinzipien (→ Rn. 57, 58ff.; → Einf. Rn. 5, 10). Unter die Ewigkeitsgarantie fällt auch die dem Art. 28 I GG zugrundeliegende Verfassungsautonomie der Länder (→ Rn. 51; → Art. 79 III Rn. 39). Als *lex specialis* schließt das Homogenitätsgebot in dem von ihm eröffneten Freiraum **Art. 31 GG** aus (→ Rn. 49, 63; → Art. 31 Rn. 19, 30); bei einem Verstoß der Länder gegen die darin niedergelegten Grundsätze folgt die Nichtigkeit der Landesnormen unmittelbar aus Art. 28 I GG (→ Rn. 76; → Art. 31 Rn. 30).

177

Die Vorgaben für das Wahlrecht in Ländern und Kommunen stellen sich als Konkretisierungen des demokratischen Prinzips dar (→ Rn. 65). Im einzelnen verweist Art. 28 I 2 GG auf die Wahlrechtsgrundsätze des Art. 38 I GG (→ Rn. 65), während Art. 28 I 3 GG mit dem Wahlrecht für EU-Bürger der Öffnung des Grundgesetzes für die europäische Integration Ausdruck verleiht (→ Rn. 24, 31, 72ff.; → Art. 20 [Demokratie] Rn. 48; → Art. 23 Rn. 53f.; Art. 28 I 4 GG ist eines der seltenen Beispiele für (freilich auf die Gemeinde beschränkte) direktdemokratische Entscheidungsformen im

178

---

⁶¹⁸ Für einen Anspruch verfassungstreuer Länder aber *Stern* (Fn. 15), Art. 28 Rn. 191; ähnlich *Jarass/Pieroth*, GG, Art. 28 Rn. 16; *Bothe* (Fn. 611), Art. 28 Abs. 3 Rn. 1; *Maunz* (Fn. 219), Art. 28 Rn. 88; *H. Bethge*, AöR 110 (1985), 169 (179f.). Unentschieden *Nierhaus* (Fn. 194), Art. 28 Rn. 73; ablehnend *Frowein*, Bundesaufsicht (Fn. 606), S. 71.

⁶¹⁹ Für einen Anspruch der Gemeinden *Köttgen*, Gemeinde (Fn. 427), S. 17; *Frowein*, Bundesaufsicht (Fn. 606), S. 71; *Maunz* (Fn. 219), Art. 28 Rn. 89; *Jarass/Pieroth*, GG, Art. 28 Rn. 16. *Stern* (Fn. 15), Art. 28 Rn. 189 (vgl. *dens.*, Staatsrecht I, S. 419, 711f.) hält eine Anspruch zwar für gegeben, aber »mangels verfassungsgerichtlicher Generalklausel nicht durchsetzbar«; gegen einen subjektiven Anspruch außer den in Fn. 616 Genannten *Schmidt-Aßmann*, Kommunalrecht (Fn. 30), Rn. 31.

⁶²⁰ BVerfGE 1, 208 (236); 6, 104 (111). A.A. *Stern* (Fn. 15), Art. 28 Rn. 192; für einen Anspruch letztlich *H. Bethge*, AöR 110 (1985), 169 (180ff.).

⁶²¹ *Stern* (Fn. 15), Art. 28 Rn. 9; Zusammenstellung der homogenitätssichernden Vorschriften auch bei *Hesse*, Bundesstaat (Fn. 227), Sp. 322f.

Grundgesetz (→ Rn. 78; → Art. 20 [Demokratie] Rn. 96). Eine mögliche Einschränkung des Art. 28 I 2 GG folgt aus Art. 137 I GG (→ Rn. 65).

179 Die in Art. 28 II GG garantierte und mit unmittelbarer Wirkung gegen alle anderen Hoheitsträger (→ Rn. 99) versehene subjektive Rechtsstellung der Kommunen wird bundesverfassungsrechtlich abgesichert durch die **Kommunalverfassungsbeschwerde** gem. Art. 93 I Nr. 4b GG (→ Rn. 101). Die Finanzhoheit der Kommunen besteht innerhalb des von der **Finanzverfassung** vorgegebenen Rahmens (Art. 104a ff. GG; → Rn. 142); eine Spezialregelung für den Verteidigungsfall enthält diesbezüglich Art. 115c III GG. Ein besonderer Fall der Pflicht zur Anhörung der Gemeinden findet sich in Art. 29 VII 3, VIII 2 GG (→ Art. 29 Rn. 51). Die kommunale Selbstverwaltung fällt nicht unter die »Ewigkeitsgarantie« des Art. 79 III GG (→ Rn. 33).

180 Art. 28 III GG verweist hinsichtlich seiner praktischen Umsetzung auf Bundesintervention (→ Art. 35 Rn. 26f.; Art. 87a III, IV, 91 GG), Bundeszwang (→ Art. 37 Rn. 13) und die Anrufung des Bundesverfassungsgerichts (namentlich Art. 93 I Nr. 2, 3 GG).

Artikel 29 [Neugliederung des Bundesgebietes]

(1) ¹Das Bundesgebiet kann neu gegliedert werden, um zu gewährleisten, daß die Länder nach Größe und Leistungsfähigkeit die ihnen obliegenden Aufgaben wirksam erfüllen können. ²Dabei sind die landsmannschaftliche Verbundenheit, die geschichtlichen und kulturellen Zusammenhänge, die wirtschaftliche Zweckmäßigkeit sowie die Erfordernisse der Raumordnung und der Landesplanung zu berücksichtigen.

(2) ¹Maßnahmen zur Neugliederung des Bundesgebietes ergehen durch Bundesgesetz, das der Bestätigung durch Volksentscheid bedarf. ²Die betroffenen Länder sind zu hören.

(3) ¹Der Volksentscheid findet in den Ländern statt, aus deren Gebieten oder Gebietsteilen ein neues oder neu umgrenztes Land gebildet werden soll (betroffene Länder). ²Abzustimmen ist über die Frage, ob die betroffenen Länder wie bisher bestehenbleiben sollen oder ob das neue oder neu umgrenzte Land gebildet werden soll. ³Der Volksentscheid für die Bildung eines neuen oder neu umgrenzten Landes kommt zustande, wenn in dessen künftigem Gebiet und insgesamt in den Gebieten oder Gebietsteilen eines betroffenen Landes, deren Landeszugehörigkeit im gleichen Sinne geändert werden soll, jeweils eine Mehrheit der Änderung zustimmt. ⁴Er kommt nicht zustande, wenn im Gebiet eines der betroffenen Länder eine Mehrheit die Änderung ablehnt; die Ablehnung ist jedoch unbeachtlich, wenn in einem Gebietsteil, dessen Zugehörigkeit zu dem betroffenen Land geändert werden soll, eine Mehrheit von zwei Dritteln der Änderung zustimmt, es sei denn, daß im Gesamtgebiet des betroffenen Landes eine Mehrheit von zwei Dritteln die Änderung ablehnt.

(4) Wird in einem zusammenhängenden, abgegrenzten Siedlungs- und Wirtschaftsraum, dessen Teile in mehreren Ländern liegen und der mindestens eine Million Einwohner hat, von einem Zehntel der in ihm zum Bundestag Wahlberechtigten durch Volksbegehren gefordert, daß für diesen Raum eine einheitliche Landeszugehörigkeit herbeigeführt werde, so ist durch Bundesgesetz innerhalb von zwei Jahren entweder zu bestimmen, ob die Landeszugehörigkeit gemäß Absatz 2 geändert wird, oder daß in den betroffenen Ländern eine Volksbefragung stattfindet.

(5) ¹Die Volksbefragung ist darauf gerichtet festzustellen, ob eine in dem Gesetz vorzuschlagende Änderung der Landeszugehörigkeit Zustimmung findet. ²Das Gesetz kann verschiedene, jedoch nicht mehr als zwei Vorschläge der Volksbefragung vorlegen. ³Stimmt eine Mehrheit einer vorgeschlagenen Änderung der Landeszugehörigkeit zu, so ist durch Bundesgesetz innerhalb von zwei Jahren zu bestimmen, ob die Landeszugehörigkeit gemäß Absatz 2 geändert wird. ⁴Findet ein der Volksbefragung vorgelegter Vorschlag eine den Maßgaben des Absatzes 3 Satz 3 und 4 entsprechende Zustimmung, so ist innerhalb von zwei Jahren nach der Durchführung der Volksbefragung ein Bundesgesetz zur Bildung des vorgeschlagenen Landes zu erlassen, das der Bestätigung durch Volksentscheid nicht mehr bedarf.

(6) ¹Mehrheit im Volksentscheid und in der Volksbefragung ist die Mehrheit der abgegebenen Stimmen, wenn sie mindestens ein Viertel der zum Bundestag Wahlberechtigten umfaßt. ²Im übrigen wird das Nähere über Volksentscheid, Volksbegehren und Volksbefragung durch ein Bundesgesetz geregelt; dieses kann auch vorsehen, daß Volksbegehren innerhalb eines Zeitraumes von fünf Jahren nicht wiederholt werden können.

(7) ¹Sonstige Änderungen des Gebietsbestandes der Länder können durch Staatsverträge der beteiligten Länder oder durch Bundesgesetz mit Zustimmung des Bundesrates erfolgen, wenn das Gebiet, dessen Landeszugehörigkeit geändert werden soll, nicht mehr als 50 000 Einwohner hat. ²Das Nähere regelt ein Bundesgesetz, das der Zustimmung des Bundesrates und der Mehrheit der Mitglieder des Bundestages bedarf. ³Es muß die Anhörung der betroffenen Gemeinden und Kreise vorsehen.

(8) ¹Die Länder können eine Neugliederung für das jeweils von ihnen umfaßte Gebiet oder für Teilgebiete abweichend von den Vorschriften der Absätze 2 bis 7 durch Staatsvertrag regeln. ²Die betroffenen Gemeinden und Kreise sind zu hören. ³Der Staatsvertrag bedarf der Bestätigung durch Volksentscheid in jedem beteiligten Land. ⁴Betrifft der Staatsvertrag Teilgebiete der Länder, kann die Bestätigung auf Volksentscheide in diesen Teilgebieten beschränkt werden; Satz 5 zweiter Halbsatz findet keine Anwendung. ⁵Bei einem Volksentscheid entscheidet die Mehrheit der abgegebenen Stimmen, wenn sie mindestens ein Viertel der zum Bundestag Wahlberechtigten umfaßt; das Nähere regelt ein Bundesgesetz. ⁶Der Staatsvertrag bedarf der Zustimmung des Bundestages.

Literaturauswahl

Bachnick, Uwe: Die Verfassungsreformvorstellungen im nationalsozialistischen Deutschen Reich und ihre Verwirklichung, 1995.

Biewer, Ludwig: Reichsreformbestrebungen in der Weimarer Republik. Fragen zur Funktionalreform und zur Neugliederung im Südwesten des Deutschen Reiches, 1980.

Bovermann, Günter: Bundesländer oder Provinzen? Neugliederung als Angelpunkt, in: DÖV 1974, S. 6–8.

Engelken, Klaas: Neugliederung aufgrund von Volksbegehren nach Art. 29 Abs. 4 GG. Was kann das Volk fordern? Für welche Räume kommt ein Volksbegehren in Frage? in: BayVBl. 1995, S. 556–559.

Greulich, Susanne: Länderneugliederung nach dem Grundgesetz. Entwicklungsgeschichte und Diskussion der Länderneugliederungsoption nach dem Grundgesetz, 1995.

Häberle, Peter: Ein Zwischenruf zur föderalen Neugliederungsdiskussion in Deutschland – Gegen die Entleerung von Art. 29 Abs. 1 GG, in: Festschrift für Wolfgang Gitter, 1995, S. 315–330.

Hennings, Almuth: Der unerfüllte Verfassungsauftrag. Die Neugliederung des Bundesgebietes im Spannungsfeld politischer Interessengegensätze, 1983.

Hoppe, Werner/Schulte, Martin: Rechtliche Grundlagen und Grenzen für Staatsgebietsgrenzänderungen von neuen Bundesländern, in: DVBl. 1991, S. 1041–1048.

Jutzi, Siegfried: Demokratische und bundesstaatliche Probleme kleinerer Gebietsänderungen – Zur Auslegung von Art. 29 Abs. 7 und 8 GG, in: BayVBl. 1997, S. 97–99.

Klatt, Hartmut: Länder-Neugliederung: Eine staatspolitische Notwendigkeit, in: ZBR 1997, S. 137–149.

Meyer-Teschendorf, Klaus G.: Territoriale Neugliederung nicht nur durch Bundesgesetz, sondern auch durch Staatsvertrag, in: DÖV 1993, S. 889–895.

Püttner, Günter: Die Länderneugliederung als Problem der politischen Macht im Gesamtstaat, in: DÖV 1971, S. 540–541.

Rutz, Werner: Die Gliederung der Bundesrepublik Deutschland in Länder. Ein neues Gesamtkonzept für den Gebietsbestand nach 1990, 1995.

Sachverständigenausschuß (Luther-Ausschuß): Bundesminister des Innern (Hrsg.), Die Neugliederung des Bundesgebietes, Gutachten, 1955.

Sachverständigenkommission für die Neugliederung des Bundesgebiets (Ernst-Kommission): Bundesminister des Innern (Hrsg.), Vorschläge zur Neugliederung des Bundesgebiets gemäß Art. 29 des Grundgesetzes, 1973.

Timmer, Reinhard: Neugliederung des Bundesgebiets und künftige Entwicklungen des föderativen Systems, in: Festschrift für Werner Ernst, 1980, S. 463–500.

Leitentscheidungen des Bundesverfassungsgerichts

BVerfGE 5, 34 (38ff.) – Baden-Abstimmung; 13, 54 (73ff.) – Neugliederung Hessen; 49, 15 (19ff.) – Volksentscheid Oldenburg; 96, 139 (149ff.) – Volksbegehren Franken.

Gliederung   Rn.

A. Herkunft, Entstehung, Entwicklung 1
   I. Ideen- und verfassungsgeschichtliche Aspekte 1
   II. Entstehung und Veränderung der Norm 4
B. Internationale, supranationale und rechtsvergleichende Bezüge 7
   I. Völkerrechtliche Vorgaben 7
   II. Gemeinschaftsrechtliche Implikationen 8
   III. Rechtsvergleichende Hinweise 9
C. Erläuterungen 11
   I. Allgemeine Bedeutung 11
      1. Die Bundesstaatskomponente 12
      2. Die plebiszitär-demokratische Komponente 17
   II. Einzelne Problemkreise 19
      1. Neugliederungsgegenstand 19
      2. Handlungsermessen 22
      3. Neugliederungskriterien 25
         a) Neugliederungsziel (Art. 29 I 1 GG) 25
         b) Die ergänzenden Richtbegriffe (Art. 29 I 1, 2 GG) 29
      4. Neugliederungsverfahren 33
         a) Neugliederung durch Bundesgesetz (Art. 29 II, III GG) 34
         b) Volksbegehren und Volksbefragung (Art. 29 IV, V GG) 39
         c) Abstimmungsregeln (Art. 29 IV, VI GG) 45
         d) Sonstige Gebietsänderungen (Art. 29 VII GG) 47
         e) Neugliederung durch Staatsvertrag (Art. 29 VIII GG) 49
D. Verhältnis zu anderen GG-Bestimmungen 53

A. Herkunft, Entstehung, Entwicklung

I. Ideen- und verfassungsgeschichtliche Aspekte

Weder die Paulskirchenverfassung noch die Reichsverfassung von 1871 enthielten ein Pendant zu Art. 29 GG. Aufgrund der Diskrepanz zwischen Territorialstruktur und preußischer Dominanz wurde später in **Art. 18 WRV** eine Neugliederungsermächtigung des Reichsgesetzgebers verankert. Existenz und Grenzen der Gliedstaaten waren durch die Verfassung nicht mehr garantiert. Die Änderung der Länderstruktur bedurfte eines verfassungsändernden Reichsgesetzes, konnte damit aber auch gegen den Willen der betroffenen Länder erfolgen. Ausgerichtet war die Norm auf die Förderung der wirtschaftlichen und kulturellen Höchstleistung des Volkes. In der Praxis ist von ihr trotz zahlreicher Reformpläne insbesondere im Blick auf die zentrale Stellung Preußens wenig Gebrauch gemacht worden[1]. Im Dritten Reich kam es zu mehreren

---

[1] Vgl. im einzelnen *S. Greulich*, Länderneugliederung und Grundgesetz. Entwicklungsgeschichte und Diskussion der Länderneugliederungsoption nach dem Grundgesetz, 1995, S. 18ff. (22).

kleineren Änderungen, wobei die Zahl der Länder um zwei vermindert wurde[2]. Eine grundlegende Territorialreform scheiterte jedoch trotz der schrankenlosen Macht der NS-Regierung[3].

2   Die Aufteilung Deutschlands in Besatzungszonen und die auch formelle Auflösung Preußens 1947 brachte einen grundlegenden Wandel mit sich. Es entstanden 18 Länder, die bis auf Bayern, Hamburg und Bremen auf keine historische Kontinuität zurückblicken konnten (**Bindestrich-Länder**). Die Grenzziehung wurde maßgeblich durch den Zuschnitt der Besatzungszonen determiniert, die ihrerseits strategischen Gesichtspunkten gefolgt waren[4].

3   Die erste Verfassung der DDR (1949) baute noch auf den 1945 bzw. 1947 entstandenen Ländern auf, ermöglichte jedoch in Art. 110 eine Neugliederung in Anlehnung an Art. 18 WRV, die nie zustande kam. Stattdessen wurden die Länder 1952 faktisch aufgelöst[5]. Nach der Wende entschied sich die Volkskammer im Ländereinführungsgesetz (LEG) v. 22. 7. 1990[6] grundsätzlich für die Restauration der fünf alten Länder mit modifizierter Grenzziehung[7]. Art. 2 LEG machte Neugliederungen durch Republikgesetz und Staatsvertrag möglich[8]. Das Gesetz galt nach Anlage II Kap. II Sachgebiet A Abschnitt II EV i.V.m. Art. 143 II GG bis zum 31. 12. 1995 fort. Zwischen 1992 und 1994 haben die neuen Länder mehrfach von der Staatsvertragsoption Gebrauch gemacht und kleinere Gebietswechsel vorgenommen[9].

II. Entstehung und Veränderung der Norm

4   Wie schon bei der WRV war auch unter dem Grundgesetz die Neugliederungsthematik heftig umstritten. Im HChE gab es keine Einigung über eine Neugliederungsvorschrift[10], während im Gegensatz zu 1919 Einigkeit über die Erforderlichkeit einer baldigen Territorialreform herrschte[11]. Art. 29 GG war im Genehmigungsschreiben der Alliierten zum Grundgesetz[12] zunächst suspendiert worden. Erst mit dem Inkraftre-

---

[2] 1933 wurden die beiden Mecklenburg vereinigt, 1937 Lübeck und Teile von Oldenburg an Preußen angeschlossen und Groß-Hamburg gebildet, vgl. *Greulich*, Länderneugliederung (Fn. 1), S. 23 f., m.w.N.

[3] Zu den Projekten in der NS-Zeit *U. Bachnick*, Die Verfassungsreformvorstellungen im nationalsozialistischen Deutschen Reich und ihre Verwirklichung, 1995, S. 122–264; zur Diskussion in Weimar *L. Biewer*, Reichsreformbestrebungen in der Weimarer Republik. Fragen zur Funktionalreform und zur Neugliederung im Südwesten des Deutschen Reiches, 1980, passim.

[4] Näher *A. Hennings*, Der unerfüllte Verfassungsauftrag. Die Neugliederung des Bundesgebietes im Spannungsfeld politischer Interessengegensätze, 1983, S. 44.

[5] Zum genauen Zeitpunkt der Länderauflösung *D. Bayer*, DVBl. 1991, 1014 (1015).

[6] GBl. DDR 1990 I S. 955.

[7] Zu den einzelnen Ländermodellen für die DDR *Greulich*, Länderneugliederung (Fn. 1), S. 139 ff.; zu Vorschlägen für die Fusion alter und neuer Länder *H. Klatt*, VerwArch. 82 (1991), 430 (449 f.); vgl. auch *K. Blaschke*, APuZ B 27/90, S. 39 ff. (passim).

[8] Zum Verhältnis von LEG und Art. 29 GG *W. Hoppe/M. Schulte*, DVBl. 1991, 1041 (1041 ff., 1044).

[9] Näher *T. Maunz/R. Herzog/R. Scholz*, in: Maunz/Dürig, GG, Art. 29 (1996) Rn. 106a.

[10] JöR 1 (1951) S. 267; zur Diskussion im Verfassungskonvent *Greulich*, Länderneugliederung (Fn. 1), S. 30 f.

[11] *Greulich*, Länderneugliederung (Fn. 1), S. 32.

[12] Schreiben v. 12. 5. 1949, abgedruckt bei I. v. Münch (Hrsg.), Dokumente des geteilten Deutschland, 1968, S. 130.

ten des Generalvertrages[13] und der Aufhebung des Besatzungsstatuts wurde er anwendbar[14]. 1969 und 1976 erfolgten grundlegende Änderungen, wobei insbesondere der anfänglich für unabdingbar gehaltene, letztlich aber unrealisierte **Verfassungsauftrag zur Neugliederung** zurückgenommen wurde[15]. 1994 wurden die Geringfügigkeitsschwelle in Abs. 7 erhöht und die Möglichkeit der Neugliederung durch Staatsvertrag (Abs. 8) eingeführt. Die z. Zt. gültige Fassung von 1994 beruht auf den Vorschlägen der GVK[16].

In der **Praxis** hat Art. 29 GG bisher kaum Bedeutung erhalten[17]; insofern besteht eine beträchtliche Diskrepanz zu den Erwartungen der Neugliederungsbefürworter bzw. den Befürchtungen ihrer Gegner. Die Vereinigung **Baden-Württembergs** (1952) erfolgte nach Art. 118 GG[18], der Beitritt des Saarlandes (1957) und der in der früheren DDR gebildeten fünf neuen Bundesländer (1990) nach Art. 23 a. F. GG. Von zahlreichen kleineren, in die Kompetenz der Länder nach Abs. 7 fallenden Grenzkorrekturen abgesehen, verdienen der Erwähnung nur die Volksbegehren von 1956 in den Gebieten, die von Grenzänderungen ohne Volksabstimmung nach dem 8. 5. 1945 betroffen waren[19]. Die Bevölkerung in **Schaumburg-Lippe** und **Oldenburg** votierte 1975 für die Wiederherstellung der früheren Eigenstaatlichkeit[20]. Um die Zersplitterung Niedersachsens abzuwenden, bestätigte der Bund jedoch die bestehende Landeszugehörigkeit dieser Gebiete[21]. Diese Erfahrung war maßgeblich für die weitgehende Umgestaltung von Art. 29 GG im Jahre 1976.

5

Daneben gab und gibt es eine Fülle von Initiativen und Plänen[22]. Der Bundestagsausschuß für innergebietliche Neugliederung (sog. Euler-Ausschuß) befürwortete 1951 weitreichende Änderungen, drang aber nicht durch.[23] Der Luther-Ausschuß stellte in seinem Gutachten von 1955[24] keinen größeren Handlungsbedarf fest.

6

---

[13] Vertrag über die Beziehungen zwischen der Bundesrepublik Deutschland und den Drei Mächten v. 26. 5. 1952 i.d.F. v. 23. 10. 1954 (BGBl. 1955 II S. 305).
[14] Vgl. auch *Hennings*, Verfassungsauftrag (Fn. 4), S. 82; *P. Kunig*, in: v. Münch/Kunig, GG II, Art. 29 Rn. 3.
[15] Vgl. *J. Isensee*, Idee und Gestalt des Föderalismus im Grundgesetz, in: HStR IV, § 98 Rn. 25.
[16] 42. Gesetz zur Änderung des Grundgesetzes v. 27. 10. 1994 (BGBl. I S. 3146); zu weitergehenden Projekten des Bundesinnenministeriums *H. Albert*, Die Föderalismusdiskussion im Zuge der deutschen Einigung in: Bohr (Hrsg.), Föderalismus – Demokratische Struktur für Deutschland und Europa, 1992, S. 1 ff. (27 ff.), und *H. Klatt*, VerwArch. 82 (1991), 430 (447 ff.); kritisch zum Vorschlag des VE-Kuratoriums *P. Häberle*, Ein Zwischenruf zur föderalen Neugliederungsdiskussion in Deutschland – Gegen die Entleerung von Art. 29 Abs. 1 GG, in: FS Gitter, 1995, S. 315 ff. (323 ff.).
[17] Vgl. ausführlich *Greulich*, Länderneugliederung (Fn. 1), S. 43–169.
[18] Vereinigt wurden die Länder Baden, Württemberg-Baden und Württemberg-Hohenzollern, vgl. dazu auch BVerfGE 1, 14 – *Südweststaat*; vgl. die Kommentierung zu Art. 118.
[19] Vgl. das Gesetz über Volksbegehren und Volksentscheid v. 23. 12. 1955, BGBl. I S. 835.
[20] Zum Hergang der einzelnen Volksbegehren 1956 und den Volksentscheiden 1970/75 *Hennings*, Verfassungsauftrag (Fn. 4), S. 83 ff., 93 ff.
[21] Gesetz über die Regelung der Landeszugehörigkeit des Verwaltungsbezirkes Oldenburg und des Landkreises Schaumburg-Lippe v. 9. 1. 1976, BGBl. I S. 45.
[22] Zusammenfassend *Kunig* (Fn. 14), Art. 29 Rn. 4.
[23] *Greulich*, Länderneugliederung (Fn. 1), S. 44 f.
[24] *Sachverständigenausschuß (Luther-Ausschuß)*, Bundesminister des Innern (Hrsg.), Die Neugliederung des Bundesgebietes, Gutachten, 1955.

Schließlich befürwortete der Ernst-Bericht 1972/73[25] eine Reduzierung der Länderzahl auf fünf oder sechs. Dazu traten zahlreiche Vorstöße einzelner Landespolitiker[26]. Keiner dieser Pläne hatte Erfolg.

B. Internationale, supranationale und rechtsvergleichende Bezüge

I. Völkerrechtliche Vorgaben

7   Bei der Gestaltung der Binnengliederung unterliegen weder die Bundesrepublik noch die Länder völkerrechtlichen, insbesondere -vertraglichen Bindungen. Im Blick auf die originäre Staatsqualität der Länder (→ Art. 20 [Bundesstaat] Rn. 23; → Art. 28 Rn. 47 ff.) ist freilich die Frage nach der Bindung an das **Selbstbestimmungsrechts der Völker** nach Art. 25 GG aufgeworfen worden. Hintergrund war die Möglichkeit, den Willen der betroffenen Gebietsvölker durch Volksentscheid auf Bundesebene zu überspielen (Art. 29 IV GG i.d.F. 1949 bzw. Abs. 5 i.d.F. 1969). Das Bundesverfassungsgericht hat die Anwendbarkeit des Grundsatzes der Selbstbestimmung auf das Verhältnis zwischen den Bundesländern bejaht, für das zwischen Bund und Ländern aber verneint[27].

II. Gemeinschaftsrechtliche Implikationen

8   Auch das europäische Recht enthält grundsätzlich keine konkreten Vorgaben, beeinflußt jedoch zunehmend die Neugliederungsdiskussion. Der wachsende **Wettbewerb** mit anderen europäischen Regionen und der Druck zur Zusammenarbeit verleiht den Anforderungen an die Länderstruktur eine grenzüberschreitende Dimension[28]. Die Verlagerung auch von Länderkompetenzen auf die EG wirft die – freilich zwiespältige – Frage nach einer Stärkung der Länder durch die Vergrößerung der Territorialeinheiten auf[29]. Die **Ländermitwirkung** nach Art. 23 II, IV–VI GG und auf europäischer Ebene durch den Ausschuß der Regionen nach Art. 198a–c (263–265 n.F.) EGV erfordert effektive Verwaltungen, nicht aber notwendig große Gebietseinheiten. Dies gilt auch für den **Vollzug europäischen Rechts**: Innerstaatliche Schwierigkeiten entbinden nicht von den Pflichten aus Art. 5 (10 n.F.) und 189 (249 n.F.) EGV[30]. Daher sind Defizite ggf. nicht unter Berufung auf eine strukturelle Ineffizienz der hierfür

---

[25] *Sachverständigenkommission für die Neugliederung des Bundesgebiets* (*Ernst-Kommission*), Bundesminister des Innern (Hrsg.), Vorschläge zur Neugliederung des Bundesgebiets gemäß Art. 29 des Grundgesetzes, 1973.
[26] Dazu im einzelnen *R. Timmer*, Neugliederung des Bundesgebiets und künftige Entwicklungen des föderativen Systems, in: FS Ernst, 1980, S. 463 ff. (464f. [Fn. 8]).
[27] BVerfGE 1, 14 (51).
[28] *Häberle*, Zwischenruf (Fn. 16), S. 329; *W. Ernst*, DVBl. 1991, 1024 (1029); in diesem Sinne bereits der *Luther-Ausschuß* (Fn. 24), S. 24.
[29] *G. Kisker*, Die bundesstaatliche Ordnung vor den Herausforderungen der europäischen Integration (1949–1990), in: J. Huhn/P.-C. Witt (Hrsg.), Föderalismus in Deutschland. Tradition und gegenwärtige Probleme, 1992, S. 217 ff. (233); *H. Klatt*, ZBR 1997, 137 (149); dagegen *P. Bohley*, Chancen und Gefährdungen des Föderalismus, in: K. Bohr (Hrsg.), Föderalismus. Demokratische Struktur für Deutschland und Europa, 1992, S. 31 ff. (72f.), und *R. Kopp*, Föderalismus – demokratische Struktur für Deutschland und Europa, ebd., S. 16 ff.
[30] EuGHE 1976, 277 Rn. 14 – *Kommission/Italien*; vgl. auch *I. Pernice*, EuR 1994, 325 (329f.), m.w.N.

zuständigen Länder zu rechtfertigen. Bei der Auslegung der Kriterien des Art. 29 I GG kann die europäische Dimension demnach jedenfalls nicht unberücksichtigt bleiben (→ Rn. 25).

III. Rechtsvergleichende Hinweise

Indem Art. 29 GG dem Bund den Zugriff auf den territorialen Bestand der Länder gewährt, hebt sich der deutsche Föderalismus von nahezu allen anderen Bundesstaaten ab. Häufig ist eine Änderung der territorialen Gliederung an die **Zustimmung der betroffenen Gliedstaaten** gebunden, so etwa in der Schweiz (Art. 5 BV) und in den USA (Art. IV Abschn. 3 US-Verf.). Einige Bundesstaaten gewähren einen **qualifizierten Bestandsschutz**. So bedarf nach Art. 3 II der österreichischen Verfassung eine Änderung von Landesterritorium übereinstimmender (paktierter) Verfassungsgesetze von Bund und betroffenen Ländern. In Rußland ist die Änderung der Grenzen zwischen den Föderationssubjekten von der Bestätigung seitens des Föderationsrates abhängig (Art. 102 I lit. a russ. Verf.). In Brasilien ist die Fusion, Teilung, Auflösung und Grenzkorrektur zwischen den Gliedstaaten an ein positives Referendum der betroffenen Bevölkerung und an die Zustimmung des Kongresses in Gesetzesform geknüpft (Art. 18 § 3 brasilian. Verf.). Dagegen räumen die Art. 2 u. 3 der indischen Verfassung dem Unionsparlament, das nur durch Anhörungsrechte der betroffenen Staaten beschränkt wird, weitgehend freie Hand ein. In Belgien können die Sprachgebiete durch das Parlament neu zugeschnitten werden, wofür aber ein bestimmtes Quorum innerhalb der im Parlament vertretenen Volksgruppen erforderlich ist (Art. 4 III Verf.). 9

Bemerkenswert an den Verhältnissen gerade in den Staaten mit Bestandsschutz der Gliedstaaten ist, daß hier zwischen den Gliedstaaten ein weit größeres wirtschaftliches etc. Gefälle besteht als in Deutschland. Nach deutschen Maßstäben müßte etwa eine Neugliederung in den USA höchst dringlich sein[31]; das gleiche gilt für Kanada, Brasilien oder Rußland. Auch in der Schweiz besteht unter den Kantonen bei Bevölkerungszahl und -dichte ein größeres Gefälle als in Deutschland, die beiden flächenmäßig größten Kantone entsprechen von der Größe her einem kleineren deutschen Regierungsbezirk. Alle diese Staaten weisen also einen höheren Grad an »Leidensfähigkeit« auf, als Art. 29 GG implizit voraussetzt. 10

C. Erläuterungen

I. Allgemeine Bedeutung

Im Blick auf seine systematische Stellung ist Art. 29 GG zunächst für die **Konzeption des Bundesstaates** und die Stellung der Länder nach dem Grundgesetz von grundlegender Bedeutung: Aus ihm folgt, daß die Länder schon im Blick auf ihr Gebiet nicht als souveräne Staaten verstanden werden[32]. Umgekehrt lassen die kompensatorischen Regelungen über **Volks**entscheid, -begehren und -befragung erkennen, daß die jeweils 11

---

[31] Zu den Diskrepanzen in den USA näher *A.B. Gunlicks*, Die Vielfalt föderalistischer Erscheinungsformen in den USA, in: J.C. Traut (Hrsg.), Verfassung und Föderalismus Rußlands im internationalen Vergleich, 1995, S. 45 ff. (46 ff.).
[32] Vgl. die sibyllinische Formulierung in BVerfGE 13, 54 (74 f.): »Die gegenwärtig bestehenden Länder sind vollwertige Gliedstaaten der Bundesrepublik Deutschland«.

betroffene Bevölkerung als auf das entsprechende Landesgebiet bezogenes (Staats-)Volk begriffen und ihr im Sinne des **Selbstbestimmungsrechts**[33] eine gewisse Beteiligung hinsichtlich ihrer Landeszugehörigkeit zugestanden wird. Inwieweit diese Partizipationsformen Ausdruck **direkter Demokratie** sind und damit »Aufschluß über das Demokratiekonzept des GG« geben[34] oder aber lediglich als »Bevölkerungsentscheide« zu verstehen und dem Föderalismus zuzuordnen sind (→ Art. 20 [Demokratie] Rn. 95), ist streitig und eine Frage des – engeren oder weiteren, konkreten oder abstrakten – Demokratiebegriffs.

1. Die Bundesstaatskomponente

12   Wie die anderen Vorschriften im zweiten Abschnitt des GG behandelt Art. 29 GG das Bund-Länder-Verhältnis, hier in bezug auf die territoriale Gliederung. Zur Disposition gestellt wird nicht der Föderalismus als Organisationsprinzip, wohl aber der räumliche Zuschnitt und die Existenz der einzelnen Länder (»**stabiler Bundesstaat mit labilen Bundesländern**«[35]). Weder für die in der Präambel genannten bzw. für die in Art. 23 S. 1 a. F. GG aufgezählten Länder noch für künftige Neubildungen besteht eine Existenzgarantie[36]. Die in ihrer **Staatsqualität** wurzelnde **Gebietshoheit** der Länder wird hierdurch relativiert.

13   Art. 29 GG birgt in **föderalismustheoretischer** Hinsicht zahlreiche Probleme, die indes aufgrund der bisherigen Schattenexistenz dieser Norm nicht praxisrelevant geworden sind. Das Meinungsspektrum reicht von der Beschwörung einer Territorialreform als Existenzfrage des deutschen Föderalismus schlechthin[37] über das Beharren auf dem jetzigen Rechtszustand[38] bis zur grundlegenden Infragestellung der Vorschrift[39]. Sie spiegelt die dem GG zugrundeliegende **Spannung** zwischen dem **Bundesstaatsprinzip** als Gewährleistung von Vielfalt einerseits und dem zentralisierend wirkenden **Sozialstaatsprinzip** in Gestalt der »Einheitlichkeit der Lebensverhältnisse« (Art. 106 III 4 Nr. 2 GG, bis 1994 auch Art. 72 II Nr. 3 GG) andererseits wider. Besonders in den siebziger Jahren ist die Neugliederung als Allheilmittel für politische Defizite – etwa im Umweltschutz und der Raumordnung – gepriesen worden[40]. Bis heute

---

[33] BVerfGE 49, 14 (22), weist freilich die Berufung auf ein »als Grundrecht geschütztes ›Selbstbestimmungsrecht‹ mit dem Ziel, im Rahmen der Neugliederung des Bundesgebietes über die Zugehörigkeit zu einem bestimmten Bundesland selbst entscheiden oder auch nur maßgeblich mitbestimmen zu dürfen« zurück.

[34] So etwa *Kunig* (Fn. 14), Art. 29 Rn. 1, 6; *Jarass/Pieroth*, GG, Art. 29 Rn. 1; vgl. auch BVerfGE 49, 14 (21): »Ausdruck des Demokratieprinzips (Art. 20 Abs. 2 GG)«; *P. Krause*, Verfassungsrechtliche Möglichkeiten unmittelbarer Demokratie, in: HStR II, § 39 Rn. 14f.

[35] *v. Münch*, Staatsrecht I, Rn. 496; die häufig synonym gebrauchte Formel »labiler Bundesstaat« (BVerfGE 5, 34 [38]) paßt dagegen nicht, da nicht der Bundesstaat selbst, sondern nur der Bestand seiner einzelnen Glieder labil ist. Vgl. dagegen *Greulich*, Länderneugliederung (Fn. 1), S. 164, wonach seit der Reform 1976 Art. 29 GG »faktisch einen stabilen Bundesstaat« verkörpert → Art. 79 III Rn. 16.

[36] Vgl. BVerfGE 13, 54 (75): »Das Grundgesetz stellt allerdings den territorialen und personalen Bestand, ja die Existenz einzelner Länder zur Disposition der Bundesgewalt«; s. auch *H.-U. Evers*, in: BK, Art. 29 (Drittb. 1980), Rn. 28; *Isensee* (Fn. 15), § 98 Rn. 23.

[37] Stellvertretend die plastische Ausdrucksweise bei *Timmer*, Entwicklungen (Fn. 26), S. 485: »Ohne eine Länderneugliederung kann das föderative System auf Dauer nicht aufrechterhalten werden«.

[38] So *Häberle*, Zwischenruf (Fn. 16), S. 325.

[39] So *M. Bothe*, in: AK-GG, Art. 29 Rn. 7ff.

[40] Beispielhaft dafür *Timmer*, Entwicklungen (Fn. 26), S. 483.

stehen die Neugliederungspläne dabei überwiegend im Zeichen eines einseitig effizienzorientierten **Ökonomismus**, der die Länder vornehmlich als Träger der Wirtschaftsverwaltung wahrnimmt und die kulturelle Dimension weitgehend ausblendet[41]. Die Länder werden dadurch gelegentlich zu Verschiebeposten für beliebig austauschbare Reißbrettkonstruktionen degradiert[42].

Wirtschaftliche Zweckmäßigkeit ist nach Art. 29 I GG nur eines der Kriterien, die für die Neugliederung maßgeblich sind. Dies gilt vor allem im Zuge der **deutschen Einheit**, wo sich in besonderem Maße die Grenze dessen zeigt, was Art. 29 GG zu leisten vermag. Die Einheitlichkeit bzw. Gleichwertigkeit der Lebensverhältnisse wird auf unabsehbare Zeit in den neuen Ländern auch durch deren Fusion nicht erreicht werden können, so daß ein größeres Gefälle zwischen den Bundesländern hingenommen werden muß, als die Neugliederungsbefürworter vor 1990 zu akzeptieren bereit waren[43]. Der Prozeß der inneren Einheitsbildung muß auf die **Identität der dortigen Bürger** Rücksicht nehmen; angesichts des radikalen Umbruchs hat die jetzige Länderstruktur bislang einen psychologischen Halt geboten, deren Beseitigung für die Integration des Beitrittsgebietes eine erhebliche Belastung darstellen würde[44]. 14

Entschärft wird das Problem jedoch durch die Änderung des Art. 29 GG im Jahre 1976. Da das Votum des betroffenen Landesvolkes seither nicht mehr durch einen Volksentscheid auf Bundesebene (**Bundesoktroi**) überspielt werden kann[45], verfügt es nunmehr über ein Vetorecht. Dies kommt der Eigenstaatlichkeit und dem Selbstbestimmungsgedanken entgegen[46] und würdigt die Tatsache, daß Basis eines funktionsfähigen Föderalismus die Anerkennung **gewachsener politischer Einheiten** und Kultur ist und nicht eine verwaltungswissenschaftlich optimierte Organisationsstruktur[47]. 15

Entgegen den ursprünglichen Intentionen ist die **Rolle des Bundes** gering geblieben. Die zahlreichen Grenzkorrekturen[48] gingen nicht vom Bund aus, sondern von den betroffenen Ländern. Diese Tendenz hat sich mit der Einfügung der sog. Staatsvertragsoption in Abs. 8 bestätigt. Mit seinen engen Voraussetzungen hat Art. 29 GG eher **stabilisierend** gewirkt[49]. Da die Länder einen massiven Selbsterhaltungswillen unter Beweis stellen und für die politische Identifizierung nicht zuletzt im Beitrittsgebiet eine tragende Rolle spielen, spricht einiges dafür, daß Art. 29 GG auch in Zukunft ein Schattendasein fristen wird. 16

2. Die plebiszitär-demokratische Komponente

Mit Volksentscheid, -begehren und -befragung stehen für die Mitwirkung der betroffenen Bevölkerung nach Art. 29 GG drei Rechtsinstitute zur Verfügung, die zusammen 17

---

[41] Krit. insofern *Häberle*, Zwischenruf (Fn. 16), S. 318, der das kulturelle Element »in die Mitte des Art. 29 GG im ganzen« rücken will.
[42] Ein neueres Beispiel liefert *W. Rutz*, Die Gliederung der Bundesrepublik Deutschland in Länder. Ein neues Gesamtkonzept für den Gebietsstand nach 1990, 1995, S. 69ff., 73ff. u. 82ff., für sechs, acht oder auch 17 völlig neugeschnittene Einheiten.
[43] So schon *J.H. Hesse/W. Rentzsch*, StWStP 1 (1990), 562 (567).
[44] So auch *Häberle*, Zwischenruf (Fn. 16), S. 326.
[45] Vgl. noch Art. 29 IV Grundgesetz i.d.F. v. 1949 und Abs. 5 i.d.F. v. 1969.
[46] Dazu *H. Hofmann*, Die Entwicklung des Grundgesetzes nach 1949, in: HStR I, § 7 Rn. 72, wonach das Grundgesetz sich insoweit einer Bestandsgarantie für die bestehenden Länder nähere.
[47] Vgl. die kritischen Bemerkungen bei *Bothe* (Fn. 39), Art. 29 Rn. 9ff.
[48] Nachweise bei *Maunz/Herzog/Scholz* (Fn. 9), Art. 29 Rn. 17 (Fn. 15).
[49] Vgl. auch *Kunig* (Fn. 14), Art. 29 Rn. 2.

unter den Oberbegriff »Volksabstimmung« fallen[50], als »**Abstimmungen**« nach Art. 20 II GG aber nur bezeichnet werden können, wenn der hier verwendete Begriff »Volk« differenziert, dh. auf die jeweilige Handlungsebene und Betroffenheit bezogen verstanden wird[51]. Unabhängig davon gelten für alle drei Abstimmungsvarianten die Grundsätze des Art. 38 I GG analog[52].

18 **Volksentscheid** i.S.v. Art. 29 II GG ist die Abstimmung über einen konkreten Gesetzesbeschluß des Bundestages. Das Volk hat anders als nach der bis 1976 gültigen Fassung verbindlich das letzte Wort, aber keinen Einfluß auf Abstimmungsgegenstand und Fragestellung. Beim **Volksbegehren** (Art. 29 IV, V GG) erlegt das Volk den Staatsorganen die Behandlung – nicht aber die Befolgung – eines von ihm begehrten Neugliederungsantrags verbindlich auf. Die Partizipation erschöpft sich in dieser **Anstoßfunktion**[53]. Art. 29 IV GG gibt dem Volk jedoch kein Gesetzesinitiativrecht. Der in Art. 76 I GG abschließend aufgezählte Berechtigtenkreis wird nicht erweitert[54]. Ein Rechtsanspruch des Einzelnen auf Einleitung des legislativen Anschlußverfahrens besteht nicht[55]. Bei der **Volksbefragung** wird dem Volk eine konkrete Abstimmungsfrage zur Entscheidung vorgelegt, doch ist das Ergebnis (außer im Falle des Art. 29 V 4 GG: → Rn. 44) nicht verbindlich. Im wesentlichen erschöpft sich die Wirkung in einer »politischen Entscheidungshilfe« durch »Vorklärung der öffentlichen Meinung«[56] im Vorfeld der Entscheidung im Parlament.

II. Einzelne Problemkreise

1. Neugliederungsgegenstand

19 **Bundesgebiet** i.S.v. Art. 29 I GG ist das Territorium der Bundesrepublik Deutschland einschließlich der Küstengewässer. Der Festlandssockel und die Wirtschaftszonen in Nord- und Ostsee zählen nicht dazu[57].

20 **Neugliederung** bedeutet eine über kleinere Grenzkorrekturen hinausgehende Veränderung des Gebietsbestandes eines oder mehrerer Länder. Schon begrifflich sind Gebietsveränderungen nach Abs. 7 (»sonstige Änderungen des Gebietsbestandes der

---

[50] Dagegen fällt nach *Krause* (Fn. 34), § 39 Rn. 18, die Volksbefragung mangels Rechtsverbindlichkeit ihres Ergebnisses aus dem Begriff der Abstimmung heraus.

[51] In diesem Sinne wohl der Grundsatz in BVerfGE 83, 37 (52), hier freilich in bezug auf das Wahlrecht für Ausländer. Kritisch → Art. 20 (Demokratie) Rn. 95.

[52] BVerfGE 28, 220 (224); *Evers* (Fn. 36), Art. 29 Rn. 53.

[53] *Evers* (Fn. 36), Art. 29 Rn. 68; *T. Maunz/R. Herzog*, in: Maunz/Dürig, GG, Art. 29 (1977) Rn. 73. Von einigen Autoren wie *W. Erbguth*, in: Sachs, GG, Art. 29 Rn. 9; *Kunig* (Fn. 14), Art. 29 Rn. 7, und *Stern*, Staatsrecht II, 1980, S. 13, wird die Formel des BayVerfGH BayVBl. 1978, 334 (336) aufgegriffen, wonach das Volksbegehren »ein Antrag des Volkes an das Volk« sei. Hier wird verkannt, daß nach Art. 75 II BayVerf. der im Volksbegehren geforderte Gesetzentwurf auch Gegenstand eines Volksentscheids ist, der vom Landtag nicht abgeändert werden kann. Dies ist bei Art. 29 IV GG nicht der Fall.

[54] *J. Lücke*, in: Sachs, GG, Art. 76 Rn. 12; *Stern*, Staatsrecht I, S. 247; unklar, aber wohl a. A. *Erbguth* (Fn. 53), Art. 29 Rn. 9; *Kunig* (Fn. 14), Art. 29 Rn. 7.

[55] So BVerfGE 13, 54 (90), für die Volksbegehren nach Art. 29 II GG i.d.F. v. 1949; offengelassen in BVerfGE 49, 15 (21 ff.); krit. *Timmer*, Entwicklungen (Fn. 26), S. 490, in bezug auf Art. 29 GG a. F.; gegen die Zuerkennung subjektiver Rechte auch *Evers* (Fn. 36), Art. 29 Rn. 71; *Kunig* (Fn. 14), Art. 29 Rn. 42; *Stern*, Staatsrecht I, S. 246; *W. Graf Vitzthum*, Staatsgebiet, in: HStR I, § 16 Rn. 36 (Fn. 154).

[56] Begründung der BReg., BT-Drs. 7/4958, S. 8.

[57] *Erbguth* (Fn. 53), Art. 29 Rn. 12.

Länder«) keine Neugliederungsfälle. Der Gebietsverlust eines Landes muß mit dem Gewinn eines oder mehrerer anderer einhergehen; daher kann die **Bildung eines Bundesterritoriums** nicht auf Art. 29 GG gestützt werden[58]. Auch die Änderung der Außengrenzen der Bundesrepublik Deutschland ist nicht von dieser Norm erfaßt[59].

Für die Neugliederung kommen **fünf Anwendungsgebiete** in Betracht: Länderfusion, Länderaufteilung (auf andere bestehende oder noch zu gründende Länder), Länderspaltung (in zwei oder mehrere neue Länder), Übertragung einzelner Gebiete (oberhalb der Bagatellgrenze nach Abs. 7) und die Bildung eines neuen Landes aus Teilen bestehender Länder[60]. Diese Varianten sind untereinander beliebig kombinierbar. Allerdings ergibt sich schon aus dem Wortlaut von Art. 29 I GG (»die Länder«) sowie der Vorgabe nach Art. 79 III GG (»Gliederung des Bundes in Länder«), daß mindestens zwei Länder bestehenbleiben müssen. (str.; → Art. 79 III Rn. 16). Versuche, eine verfassungsrechtlich determinierte höhere Mindestzahl von Ländern festzulegen[61], finden dagegen im Grundgesetz keine Stütze, mögen sie auch in verfassungspolitischer Hinsicht vorzugswürdig sein[62].

2. Handlungsermessen

Bis 1976 enthielt Art. 29 I 1 GG (»Das Bundesgebiet ist [...] neu zu gliedern«) einen Gesetzgebungsauftrag[63]. Seitdem steht die Neugliederung im Ermessen des Gesetzgebers bzw. seit 1994 auch der neugliederungswilligen Länder. Eine **Ermessensreduktion auf Null**, die die Kann-Bestimmung in einen Handlungsauftrag umschlagen läßt[64], ist theoretisch denkbar, nach der bisherigen Praxis aber nicht naheliegend und käme nur für das »ob« des gesetzgeberischen Handelns in Betracht, nicht aber für das »wie«.

Das Ermessen ist an die in Art. 29 I GG genannten Vorgaben – seit dem Luther-Gutachten[65] als »**Richtbegriffe**«[66] bezeichnet – gebunden. Diese sind abschließend[67]. Dem Gesetzgeber kommt dabei ein weiter Beurteilungs- und Handlungsspielraum zu. Dennoch handelt es sich nicht um unverbindliche Programm-, sondern um bindende materielle Rechtssätze. Die Kriterien in Satz 1 können sich zu einem Verbot verdichten, wie in keinem Fall gegliedert werden darf[68].

Eine Neugliederung muß nicht *uno actu*, sondern kann in **mehreren Schritten** erfolgen[69]. Seit 1976 ist auch eine **Gesamtkonzeption** für das Bundesgebiet nicht mehr er-

---

[58] *Evers* (Fn. 36), Art. 29 Rn. 33; *Kunig* (Fn. 14), Art. 29 Rn. 14; *Vitzthum* (Fn. 55), § 16 Rn. 32.
[59] *Maunz/Herzog/Scholz* (Fn. 9), Art. 29 Rn. 15; *Evers* (Fn. 36), Art. 29 Rn. 32.
[60] Eine andere Einteilung findet sich bei *Maunz/Herzog/Scholz* (Fn. 9), Art. 29 Rn. 20.
[61] Für das Gebiet der alten Länder nimmt T. *Maunz*, Gleichheit der Gliedstaaten im Bundesstaat, in: FS Friedrich Klein, 1977, S. 311 ff. (313), zehn Länder als Untergrenze an; ähnlich *Isensee* (Fn. 15), § 98 Rn. 140, der zwar keine Mindestzahl angibt, aber die Beschränkung auf fünf oder sechs Länder als verfassungswidrig ansieht.
[62] Vgl. auch der *Luther*-Ausschuß (Fn. 24), S. 37, mit einem Plädoyer für mindestens sieben Länder.
[63] BVerfGE 5, 34 (39); 13, 54 (97).
[64] *Kunig* (Fn. 14), Art. 29 Rn. 10.
[65] *Luther*-Ausschuß (Fn. 24), S. 21.
[66] *Kunig* (Fn. 14), Art. 29 Rn. 20, spricht von »Zielbegriffen«.
[67] *Luther*-Ausschuß (Fn. 24), S. 23; *Maunz/Herzog* (Fn. 53), Art. 29 Rn. 26.
[68] *Evers* (Fn. 36), Art. 29 Rn. 37; *Maunz/Herzog/Scholz* (Fn. 9), Art. 29 Rn. 22.
[69] BVerfGE 5, 34 (39); zu den Einzelheiten des vorangegangenen Meinungsstreits vgl. *Greulich*, Länderneugliederung (Fn. 1), S. 50 f.

forderlich[70]. Die Änderung von Art. 29 I GG war von der Überlegung getragen, eine Neugliederung im Rahmen »eines längeren Gesamtprozesses«[71] zu ermöglichen, der nicht an ein starres Konzept »aus einem Guß« gebunden sein sollte.

3. Neugliederungskriterien

a) Neugliederungsziel (Art. 29 I 1 GG)

25 Art. 29 I GG gibt lediglich **ein obligatorisches Ziel** vor, nämlich die Gewährleistung einer effektiven Erfüllung von im Grundgesetz den Ländern übertragenen öffentlichen Aufgaben. Das Begriffspaar der Größe und Leistungsfähigkeit spiegelt die quantitative bzw. qualitative Dimension des Neugliederungszwecks wider, die Ausrichtung auf die Schaffung »starker« Länder. »**Größe**« bezieht sich sowohl auf die Fläche als auch auf die Bevölkerungszahl[72]. Das Grundgesetz gibt dabei keine absolute Einheits-, Mindest- oder Höchstgröße vor.[73] Der Maßstab erschließt sich aus den jeweiligen Gegebenheiten der als Gliederungsmasse vorgesehenen Gebiete.

26 Bei der **Leistungsfähigkeit** wird herkömmlich in Anlehnung an das Ernst-Gutachten[74] zwischen wirtschaftlicher, finanzieller, politischer und administrativer Leistungsfähigkeit unterschieden. Hinsichtlich der ökonomischen Aspekte ist nicht Autarkie verlangt, wohl aber die weitgehende Unabhängigkeit von externen Hilfeleistungen. Leistungsgefälle sollen möglichst innerhalb eines Landes, nicht zwischen den Ländern ausgeglichen werden[75]. Der Finanzausgleich ist kein Ersatz für Strukturdefizite. Unscharf ist die Unterscheidung nach **administrativem und politischem** Leistungsvermögen. Entscheidend abzustellen ist auf die Fähigkeit eines Landes, auf allen Ebenen (glied-)staatlichen Handelns gestalterisch tätig zu werden. Dabei kommt auch der wirksamen Interessenvertretung nach »außen« – vor allem auf Bundes- und EU-Ebene – Bedeutung zu. Die mangelnde Nutzung bestehender Kompetenzen kann Indiz sein für strukturelle Mängel hinsichtlich der personellen oder logistischen Handlungsbasis.

27 Die Begriffe der Größe und Leistungsfähigkeit sind eng miteinander verbunden und beeinflussen sich gegenseitig. Trotzdem haben sie je einen eigenen Gehalt: **Größe ist nicht gleich Leistungsfähigkeit**. Art. 29 GG ist keine Einbahnstraße zu immer größeren und weniger Ländern[76]. Allerdings steht Art. 29 GG der Bildung leistungsschwacher Miniaturstaaten entgegen[77]. Art. 29 GG setzt umgekehrt i.V.m. Art. 79 III GG der

---

[70] So die Begründung der BReg., BT-Drs. 7/4958, S. 7; ihm folgend *Erbguth* (Fn. 53), Art. 29 Rn. 35; *Vitzthum* (Fn. 55), § 16 Rn. 35; krit. *Kunig* (Fn. 14), Art. 29 Rn. 27; *Greulich*, Länderneugliederung (Fn. 1), S. 133; a.A. *Evers* (Fn. 36), Art. 29 Rn. 65, und *W. Ernst*, DVBl. 1991, 1024 (1031), die weiter eine Gesamtkonzeption verlangen.
[71] BT-Drs. 7/4958, S. 7.
[72] *Evers* (Fn. 36), Art. 29 Rn. 39; *Kunig* (Fn. 14), Art. 29 Rn. 16.
[73] Die *Ernst*-Kommission (Fn. 25), Tz. 134, hat hinsichtlich der Bevölkerungszahl an Nordrhein-Westfalen, hinsichtlich der Größe an Bayern Maß genommen und für die Bildung von fünf oder sechs Ländern (auf dem Gebiet der alten Länder) plädiert; dem folgen grundsätzlich auch sämtliche anderen Neugliederungsvorschläge.
[74] *Ernst*-Kommission (Fn. 25), Tz. 89.
[75] *Evers* (Fn. 36), Art. 29 Rn. 40.
[76] A.A. *Maunz/Herzog* (Fn. 53), Art. 29 Rn. 44, die von einem grundsätzlichen Verbot der Vermehrung der Länderzahl ausgehen.
[77] Die zur Zeit der Wende in der DDR vorgelegten Vorschläge, aus den bei Deutschland verbliebenen Resten Schlesiens bzw. Pommerns eigenständige Länder zu bilden oder Rostock bzw. Leipzig den Status von Stadtstaaten zu gewähren, wären daher jetzt vom Grundgesetz ausgeschlossen.

Bildung **übergroßer** bzw. **übermächtiger Länder** Grenzen, die die anderen nach Belieben dominieren und erdrücken könnten[78].

Die den Ländern obliegenden **Aufgaben** bestimmen sich zum einen nach der Kompetenzverteilung des Grundgesetzes, wobei mögliche Änderungen auch im Blick auf die EU (Art. 23 I GG) mit in Betracht zu ziehen sind[79]. Zum anderen sind die materiellen Vorgaben des Grundgesetzes mit zu berücksichtigen, wie sie insbesondere in den Verfassungsprinzipien (→ Einf. Art. 20 I–III Rn. 10) sowie im objektiven Gehalt der Grundrechte (→ Vorb. Rn. 55 ff.) zum Ausdruck kommen[80]. Ziel ist die **wirksame** Aufgabenerfüllung, nicht die optimale[81]. Dabei spielt die grenzüberschreitende Zusammenarbeit der Länder mit anderen Regionen eine an Gewicht zunehmende Rolle[82]. 28

b) Die ergänzenden Richtbegriffe (Art. 29 I 1, 2 GG)

Die Zielvorgabe in Art. 29 I 1 GG wird durch die Kriterien von Art. 29 I 2 GG konkretisiert. Im Konfliktfall sollen die Richtbegriffe zurücktreten[83]; aus dem Wort »dabei« ergibt sich indessen, daß die Richtbegriffe als Indikatoren für die Auslegung des Kriteriums »Leistungsfähigkeit« heranzuziehen sind. Der Ausdruck »**berücksichtigen**« impliziert nicht die rechtliche Bindung, sondern verlangt nur die ernsthafte Einstellung in den Abwägungsprozeß[84]. Im Blick auf mögliche Konflikte zwischen den einzelnen Richtbegriffen kommt dem Gesetzgeber bzw. den vertragschließenden Ländern ein **weiter Beurteilungsspielraum** zu. Gefordert ist eine wertende Gesamtschau unter Berücksichtung der jeweiligen regionalen Gegebenheiten[85]. Einteilungen der Kriterien nach den Begriffspaaren statisch-dynamisch und rational-emotional[86] bzw. subjektiv-objektiv[87] geben einen Anhaltspunkt über die Vielfalt dieses Kriterienstraußes, ohne aber für die Auslegung ausschlaggebend zu sein. 29

Die **landsmannschaftliche Verbundenheit** baut auf die traditionelle – durch den sozialen Wandel jedoch zunehmend verblassende[88] – stammesmäßige und mundartliche Gruppierung und daran anknüpfende Identifikation der Bevölkerung auf. Als besonderes Gegengewicht zur ökonomischen Effizienz ist auch das Kriterium der ge- 30

---

[78] Vgl. auch *Isensee* (Fn. 15), § 98 Rn. 140, unter Berufung auf das »historische Trauma« durch die preußische Hegemonialstellung. Die Bedenken des *Luther*-Ausschusses hinsichtlich Nordrhein-Westfalens, vgl. *Luther*-Ausschuß (Fn. 24), S. 84 u. 132, dürften dagegen unbegründet sein.

[79] A.A. *Maunz/Herzog* (Fn. 53), Art. 29 Rn. 41, deren Maßstab eines »Bundesstaatsmodells mit kräftigem föderalistischen Einschlag« jedoch mehr offenläßt als klärt; ihnen folgend *Erbguth* (Fn. 53), Art. 29 Rn. 21.

[80] *Hennings*, Verfassungsauftrag (Fn. 4), S. 150; *Kunig* (Fn. 14), Art. 29 Rn. 19.

[81] So aber *Vitzthum* (Fn. 55), § 16 Rn. 35.

[82] *v. Münch*, Staatsrecht I, Rn. 501; näher dazu *Häberle*, Zwischenruf (Fn. 16), S. 329.

[83] So für die Neufassung 1976 BT-Drs. 7/4958, S. 6; vgl. dazu *Greulich*, Länderneugliederung (Fn. 1), S. 49, m.w.N. zum Meinungsstreit vor der »Klarstellung«.

[84] Vgl. die Parallelen zum Bauplanungsrecht von *Erbguth* (Fn. 53), Art. 29 Rn. 14 ff.; s. auch → Art. 23 Rn. 111.

[85] Vgl. *Vitzthum* (Fn. 55), § 16 Rn. 35, nach dem diese Begriffe »nicht ohne Kenntnis des neuzugliedernden Gebiets operationalisierbar« und scheinbar »dehnbar und untereinander austauschbar« sind.

[86] Vgl. *v. Mangoldt/Klein*, GG, Art. 29 Anm. III 4b (S. 725).

[87] *Maunz/Herzog* (Fn. 53), Art. 29 Rn. 27; *Erbguth* (Fn. 53), Art. 29 Rn. 22; *Hennings*, Verfassungsauftrag (Fn. 4), S. 164, 169.

[88] Anders *Kunig* (Fn. 14), Art. 29 Rn. 21, der eine Rückbesinnung auf die regionalen Identitäten annimmt.

schichtlichen und kulturellen Zusammenhänge zu bewerten[89]. Der Hinweis auf die historische Dimension betrifft nicht nur die Zuordnung von Regionen in staatsorganisatorischer Hinsicht, im Blick auf die Entstehungsgeschichte ist auch eine gewisse Lebendigkeit der Erinnerung zu verlangen: Die bloße Berufung auf »Akten und Urkunden« sollte nicht ausreichen[90]. Den Verbindungen muß eine noch in die neuere Zeit prägende Wirkung zukommen[91], wobei die Anforderungen nicht zu hoch zu stellen sind. Zu weit geht es, dem Kriterium eine staatsbildende Kraft abzuverlagen[92].

31 Hinsichtlich der **kulturellen Zusammenhänge** ist ein weiter Kulturbegriff zugrundezulegen; zu ihm zählen u.a. Wissenschaft, Schulwesen, Kunst, Religion. Die Zusammenhänge ergeben sich weitgehend aus dem Einzugsgebiet kultureller Einrichtungen wie Theater, Universitäten, Bischofssitze[93]. Aber auch Elemente der Volkskultur wie Dialekte, Bräuche und Trachten können dem Begriff der kulturellen Zusammenhänge zugerechnet werden, soweit sie nicht im Begriff der landsmannschaftlichen Verbundenheit bereits aufgehen.

32 Die **wirtschaftliche Zweckmäßigkeit** ist im Sinne einer auf den Gesamtstaat bezogenen volkswirtschaftlichen Betrachtungsweise zu beurteilen, ähnlich Art. 109 II GG[94]. Weder die Bedürfnisse einzelner Interessengruppen und Wirtschaftszweige noch die der betroffenen Region sind allein maßgebend. Das Kriterium ist kaum zu trennen von dem der »Erfordernisse der Raumordnung und der Landesplanung«, das 1976 an die Stelle des »sozialen Gefüges« getreten ist. Es geht um das Ziel einer »gesunden Landesentwicklung«[95] zwecks Förderung des sozialen Ausgleichs zwischen den einzelnen miteinander verbundenen Regionen.

4. Neugliederungsverfahren

33 Die Verfahrensvorschriften gehören zu den detailliertesten des Grundgesetzes. Sie spiegeln das Bemühen des Verfassungsgebers wider, vor allem den Gegensatz von technokratischer und effizienter Entscheidungsfindung »von oben« gegenüber einem Maximum an Bürgerbeteiligung zum Ausgleich zu bringen und dabei den status quo gegen vorschnelle Veränderungen abzusichern.

a) Neugliederung durch Bundesgesetz (Art. 29 II, III GG)

34 Die Änderung der Territorialordnung steht unter dem Vorbehalt eines – formellen – Bundesgesetzes; es genügt weder ein schlichter Parlamentsbeschluß (anders in Abs. 8) noch ein entsprechendes Bund-Länder-Abkommen[96]. Bis auf den Volksentscheidvorbehalt und das Anhörungsrecht der Länder gelten die allgemeinen Regeln für das Gesetzgebungsverfahren. Die Regelungskompetenz beschränkt sich dabei nicht auf die

---

[89] In diesem Sinne *P. Häberle*, Kulturverfassungsrecht im Bundesstaat, 1980, S. 64 ff.; *Kunig* (Fn. 14), Art. 29 Rn. 23.
[90] Vgl. Sten. Prot. der 14. Sitzung des Grundsatzausschusses v. 26. 10. 1948, in: Schneider, GG-Dokumentation, Bd. 9, S. 107.
[91] So auch die *Ernst*-Kommission (Fn. 25), Tz. 85.
[92] So aber *Maunz/Herzog* (Fn. 53), Art. 29 Rn. 30.
[93] *Kunig* (Fn. 14), Art. 29 Rn. 23.
[94] *Luther*-Ausschuß (Fn. 24), S. 32; *Ernst*-Kommission (Fn. 25), Tz. 86.
[95] *Maunz/Herzog* (Fn. 53), Art. 29 Rn. 36 f.
[96] *Erbguth* (Fn. 53), Art. 29 Rn. 35; *Kunig* (Fn. 14), Art. 29 Rn. 26.

bloße Änderung der Landesgrenzen, sondern umgreift auch die Bewältigung der daran anknüpfenden Übergangsprobleme.

Trotz des mit der Änderung des Länderzuschnitts einhergehenden Eingriffs in den Kernbereich von Länderexistenzen hat der **Bundesrat** nur ein Einspruchsrecht[97]. Die Zustimmungsbedürftigkeit kann sich jedoch ergeben, wenn das Neugliederungsgesetz auch andere, zustimmungsbedürftige Materien mitregelt. Dagegen sieht Art. 29 II 2 GG ein Anhörungsrecht der betroffenen Länder vor. Grundgedanke ist ein konsensorientierter Dialog[98]. Dazu gehört, daß der Bund hinreichend und frühzeitig über sein Neugliederungsvorhaben informiert und die Länderstandpunkte angemessen in seine Erwägungen einbezieht[99]. Welches **Länderorgan** dieses Recht ausübt, beurteilt sich ausschließlich nach Landesverfassungsrecht[100]. Das Äußerungsrecht der Landesregierung im Bundesrat nach Art. 43 II 2 GG bleibt hiervon unberührt.

35

Das Zustandekommen (nicht nur das Inkrafttreten) des Neugliederungsgesetzes hängt vom positiven Ausgang eines **Volksentscheids** ab. Für das »Zustandekommen« des Volksentscheids verlangt Art. 29 III 3 GG zunächst die Zustimmung der Mehrheit in dem »neuen oder neu umgrenzten Land«. **Neu** ist das durch die Neugliederungsmaßnahme gebildete Land, **neu umgrenzt** ein zuvor schon bestehendes Land zuzüglich des anzugliedernden Gebiets oder Gebietsteils; auf das im Neugliederungsfall »amputierte« künftige Restland kommt es hier nicht an. Ferner muß eine Mehrheit in den Gebieten oder Gebietsteilen, deren Landeszugehörigkeit sich ändern soll (»Umgliederungsmasse«[101]) zustimmen. Bei der Umgliederung mehrerer räumlich getrennter Gebiete ist nicht auf das Ergebnis in den einzelnen Gebieten, sondern auf das Ergebnis »insgesamt« abzustellen (sog. Durchzählung)[102].

36

Die Neugliederung scheitert mit ihrer Ablehnung durch die Mehrheit in einem der von der Neugliederungsmaßnahme betroffenen Länder. Ob es sich dabei um ein aufnehmendes, ein abgebendes oder ein aufzulösendes Land handelt, spielt keine Rolle. Diese Ablehnung greift indessen nicht durch, wenn im umzugliedernden Gebietsteil eine Zweidrittelmehrheit zustimmt. Die von Art. 29 III 3 GG abweichende Wortwahl spricht dafür, dabei auf **jedes einzelne Gebietsstück** abzustellen, nicht aber auf die Gesamt-Umgliederungsmasse[103]. Wenn aber eine Zweidrittelmehrheit »im Gesamtgebiet des betroffenen Landes« die Neugliederung ablehnt, scheitert sie auch in diesem Fall. Betroffen ist hier allerdings nur das abgebende, nicht aber das aufnehmende Land[104]. Die frühere Möglichkeit, ein negatives Abstimmungsergebnis durch einen Volksentscheid auf Bundesebene zu überspielen, besteht seit 1976 nicht mehr.

37

---

[97] *Maunz/Herzog* (Fn. 53), Art. 29 Rn. 51.
[98] *Kunig* (Fn. 14), Art. 29 Rn. 32.
[99] *Maunz/Herzog* (Fn. 53), Art. 29 Rn. 54, verlangen eine Beteiligung bis zur Erstellung der endgültigen Kabinettsvorlage; ebenso *Evers* (Fn. 36), Art. 29 Rn. 66.
[100] A.A. *Maunz/Herzog* (Fn. 53), Art. 29 Rn. 53, wonach ein unmittelbares Beteiligungsrecht der Länderparlamente besteht; dagegen wie hier *Erbguth* (Fn. 53), Art. 29 Rn. 38; *Evers* (Fn. 36), Art. 29 Rn. 66; *Kunig* (Fn. 14), Art. 29 Rn. 30.
[101] *Kunig* (Fn. 14), Art. 29 Rn. 36; *Maunz/Herzog* (Fn. 53), Art. 29 Rn. 61.
[102] *Maunz/Herzog* (Fn. 53), Art. 29 Rn. 66; vgl. auch *Kunig* (Fn. 14), Art. 29 Rn. 36.
[103] *Evers* (Fn. 36), Art. 29 Rn. 58; a.A. *Maunz/Herzog* (Fn. 53), Art. 29 Rn. 68, wonach »Gebietsteil« i.S.d. Art. 29 III 4 Hs. 2 GG mit der Umgliederungsmasse nach Art. 29 III 3 GG identisch ist.
[104] *Evers* (Fn. 36), Art. 29 Rn. 58; *Kunig* (Fn. 14), Art. 29 Rn. 37.

38 Für die Abfassung der konkreten Abstimmungsfrage ist die Reihenfolge in Art. 29 III 2 GG verbindlich[105]. Die Voranstellung der Frage, ob der Ist-Zustand bestehenbleiben soll, gibt eine **Präferenz des Grundgesetzes für das Bestehende** zu erkennen. Das gilt auch für die neuen Länder, obwohl der Verfassungsgeber 1976 nur die Erhaltung der alten Länder im Blick hatte[106].

b) Volksbegehren und Volksbefragung (Art. 29 IV, V GG)

39 Für durch Ländergrenzen **geteilte Ballungsräume** mit mindestens einer Million Einwohnern enthalten die Art. 29 IV und V GG seit 1976 eine Sonderregelung, die eine Vereinigung in einem Land erleichtern soll. Die Vorschrift knüpft mit dem Kriterium »zusammenhängender, abgegrenzter Siedlungs- und Wirtschaftsraum« ausschließlich an **sozio-ökonomische Umstände** an und nimmt den Gedanken der Raumordnung und Landesplanung des Art. 29 I 2 GG wieder auf[107]. Der Ballungsraum muß nach innen eine herausragende Integrationsdichte aufweisen und sich dadurch nach außen von seinem Umland abheben; abzustellen ist dabei ua. auf das Maß der Verflechtung mit dem Umland und dem Umfang von Pendlerbewegungen[108].

40 Der Ballungsraum muß auf **zwei oder mehr Länder verteilt** sein[109]. Irrelevant ist, ob ein Verdichtungsraum gleichmäßig aufgeteilt ist; allerdings greift Abs. 4 nicht ein, wenn lediglich ein geringfügiger Teil eines Ballungsraums einem anderen Land angehört[110]. Jedenfalls ist Art. 29 IV GG nicht anwendbar, wenn das grenzübergreifende Gebiet unterhalb der Geringfügigkeitsschwelle nach Abs. 7 liegt.

41 Ob ein zulässiger Volksbegehrensgegenstand lediglich ein Votum für das »ob« einer Umgliederung oder auch eine konkrete gewünschte Landeszugehörigkeit enthalten muß, gibt Art. 29 IV GG nicht vor[111]. § 20 Nr. 2 des Gesetzes zu Art. 29 VI GG (→ Rn. 46) hat die zweite Lösung gewählt: Das Begehren kann sowohl in dem Anschluß des Gebiets an ein bestehendes Land als auch in der Bildung eines neuen Landes bestehen[112].

42 Wird das Quorum erfüllt, ist dem Bundesgesetzgeber **eine Frist von zwei Jahren** gesetzt, auf das Volksbegehrensergebnis legislativ zu reagieren. Sie ist keine Ausschlußfrist; ihre Überschreitung hat nicht die Verfassungswidrigkeit des verspäteten Gesetzes zur Folge, da der Bundesgesetzgeber in jedem Fall von sich aus nach Art. 29 II GG tätig werden kann[113]. Auch vermittelt die Handlungspflicht keinerlei subjektive Individualrechtspositionen[114].

43 Sachlich hat der Bundesgesetzgeber **drei Möglichkeiten**. Er kann eine **Neugliederung nach Abs. 2** vornehmen, ohne dabei an das Votum des Volksbegehrens gebunden

---

[105] *Maunz/Herzog* (Fn. 53), Art. 29 Rn. 69.
[106] Zweifelnd dagegen *Kunig* (Fn. 14), Art. 29 Rn. 58, der allerdings vom Stand von 1994/95 ausgeht.
[107] BVerfGE 96, 139 (149).
[108] Näher BVerfGE 96, 139 (149ff.), zur Region Franken, wo die Eigenschaft als Volksbegehrensraum verneint worden ist; entgegen *Kunig* (Fn. 14), Art. 29 Rn. 39, ist Art. 29 IV GG dementsprechend auch nicht auf die Lausitz anwendbar.
[109] *Maunz/Herzog* (Fn. 53), Art. 29 Rn. 76.
[110] So auch *Kunig* (Fn. 14), Art. 29 Rn. 39; *Evers* (Fn. 36), Art. 29 Rn. 62.
[111] *Evers* (Fn. 36), Art. 29 Rn. 68; *Maunz/Herzog* (Fn. 53), Art. 29 Rn. 80.
[112] In diesem Sinne trotz der Bedenken aus Art. 29 I GG *K. Engelken*, BayVBl. 1995, 556 (558).
[113] *Kunig* (Fn. 14), Art. 29 Rn. 42; *Maunz/Herzog* (Fn. 53), Art. 29 Rn. 85.
[114] BVerfGE 49, 15 (21f.).

zu sein; maßgeblich sind lediglich die Vorgaben aus Abs. 1. Werden sie verletzt, ist es ihm verwehrt, dem Volksbegehren zu folgen[115]. Das kann insbesondere dann der Fall sein, wenn das Begehren auf die Bildung eines neuen Landes gerichtet ist. Der Bundesgesetzgeber kann ferner die bestehende **Landeszugehörigkeit bestätigen**. Schließlich kann er eine **Volksbefragung** in den betroffenen Ländern ansetzen. Zulässiger Gegenstand ist der im die Befragung anordnenden Bundesgesetz enthaltene konkrete Vorschlag zur Änderung der Landeszugehörigkeit. Die Fragen sind so zu stellen, daß die Befragten zwischen dem Erhalt des status quo und einer Umgliederung wählen können. Das gilt auch für die in S. 2 ermöglichte Vorlage von zwei verschiedenen Vorschlägen zur Neugliederung; der Abstimmungsbürger hat dann die Wahl zwischen drei Möglichkeiten.

Im Falle einer **Volksbefragung** eröffnen sich je nach den erzielten Mehrheiten für das **Anschlußverfahren** wiederum erneut drei Rechtsfolge-Szenarien: Finden sich entsprechend den Vorgaben in Art. 29 III 3, 4 GG Mehrheiten zugunsten einer bestimmten Neugliederungsoption, ist der Bundesgesetzgeber zur Umsetzung dieses Neugliederungswunsches **verpflichtet**; da hier Volkswille und Bundesgesetzgeber übereinstimmen, bedarf das Gesetz keines Volksentscheids nach Abs. 2: die Volksbefragung wird zum **antizipierten Volksentscheid**. Wird eine Mehrheit nur für die vorgeschlagene Änderung der Landeszugehörigkeit erreicht, entscheidet der Bundesgesetzgeber nach Art. 29 V 3 GG, ob überhaupt neugegliedert werden soll. Dazu kann er deklaratorisch durch einfaches Gesetz (das mangels einer »Maßnahme« nach Abs. 2 keines Volksentscheids bedarf) den Ist-Zustand bekräftigen. Strittig ist, ob er im Falle einer Neugliederung an das Ergebnis der Befragung gebunden ist[116]. Dagegen spricht der Wortlaut, wonach der Bundesgesetzgeber nur »gemäß Absatz 2«, nicht aber gemäß dem Ergebnis der Volksbefragung oder dem angenommenen Vorschlag zu verfahren hat[117]. Da der Bevölkerung bei einer Neugliederung über den Volksentscheid nach Abs. 2 ohnehin das letzte Wort zukommt, wird der Gesetzgeber dem in der Befragung geäußerten Mehrheitswillen Rechnung tragen; für eine weitere Bindung des Gesetzgebers besteht kein Bedürfnis.

44

c) Abstimmungsregeln (Art. 29 IV, VI GG)

Für Volksentscheid und Volksbefragung ist nach Art. 29 VI 1 GG die **Mehrheit der abgegebenen Stimmen** (nicht der Wahl- oder Abstimmungsberechtigten) maßgeblich; daneben muß ein Quorum von einem Viertel der zum Bundestag (Art. 38 II GG) Wahlberechtigten erfüllt werden. Dies soll **Zufallsmehrheiten** vorbeugen, die bei einer geringen Beteiligung an der Abstimmung leicht vorkommen. Auch diese Anforderungen wirken sich stabilisierend zugunsten des status quo aus.

45

Art. 29 VI 2 GG gibt dem Bund die ausschließliche Zuständigkeit für die Regelung der Abstimmungsverfahren nach Art. 29 III–V GG. Die Regelung der **Anhörung** der Länder nach Art. 29 II GG ist von den Begriffen Volksentscheid, -begehren und -befragung nicht gedeckt, kann aber als Verfahrens-Annex vom Bund mitgeregelt werden, während dies für die Legaldefinition der Richtbegriffe nach Art. 29 I GG nicht gilt[118].

46

---

[115] *Maunz/Herzog* (Fn. 53), Art. 29 Rn. 88.
[116] In diesem Sinne *Maunz/Herzog* (Fn. 53), Art. 29 Rn. 96.
[117] *Erbguth* (Fn. 53), Art. 29 Rn. 58; *Kunig* (Fn. 14), Art. 29 Rn. 46; *Evers* (Fn. 36), Art. 29 Rn. 75.
[118] *Maunz/Herzog/Scholz* (Fn. 9), Art. 29 Rn. 101.

Das Gesetz ist nicht zustimmungspflichtig, anders als etwa das Gesetz nach Art. 29 VII GG, wo die Zustimmung des Bundesrates ausdrücklich vorgesehen ist; Art. 29 VI 2 GG verdrängt als abschließende Spezialregelung die allgemeinen Regeln[119]. Das Gesetz kann nach Art. 29 VI 2 Hs. 2 GG eine **Karenzregelung** vorsehen, wonach Volksbegehren innerhalb eines Zeitraums von (maximal) fünf Jahren nicht wiederholt werden können. Damit soll eine Perpetuierung der mit dem Neugliederungsverfahren verbundenen Unsicherheiten mit ihren negativen Auswirkungen auf die Staatsfunktionen der Länder verhindert und eine »Abkühlungsphase« ermöglicht werden. Von seiner Kompetenz hat der Bund mit dem Gesetz über das Verfahren bei Volksentscheid, Volksbegehren und Volksbefragung nach Art. 29 Abs. 6 des Grundgesetzes v. 30.7.1979[120] Gebrauch gemacht.

d) Sonstige Gebietsänderungen (Art. 29 VII GG)

47 Nach Art. 29 VII GG können Länder und Bundesgesetzgeber unter vereinfachten Voraussetzungen die Landeszugehörigkeit von Gebieten unterhalb der (1994 von 10 000 auf 50 000 Einwohner aufgestockten[121]) Geringfügigkeitsschwelle ändern[122]. Die Gestaltungsmöglichkeiten des Bundes sind erheblich reduziert: Die Länder können durch **Staatsvertrag** handeln, der anders als bei Abs. 8 keinem Zustimmungsvorbehalt des Bundes unterliegt. Der Bund kann entsprechende Gebietsänderungen durch Gesetz mit Zustimmung des Bundesrates auch selbst vornehmen. Daß allein aus der Reihenfolge der Nennung von Staatsvertrag und Bundesgesetz die Subsidiarität des Bundesgesetzes folge[123], überzeugt wegen der bloßen Alternative »oder« wenig[124].

48 Das **Ausführungsgesetz**[125] nach Art. 29 VII 2 GG erging mit Zustimmung des Bundesrates und der Mehrheit der Mitglieder des Bundestages (Art. 121 GG). Der Kreis der aus Art. 29 VII 3 GG unmittelbar Anhörungsberechtigten ist abschließend. Daß der Bevölkerung des Umgliederungsgebiets eine unmittelbare Beteiligung nicht gewährt wird, widerspricht der dem Neugliederungsverfahren im übrigen zugrundeliegenden Wertung[126].

e) Neugliederung durch Staatsvertrag (Art. 29 VIII GG)

49 Seit 1994 können die Länder gleichberechtigt neben dem vorher ausschließlich zuständigen Bund Neugliederungen durch Staatsvertrag vornehmen[127]. Die Änderung des Grundgesetzes stärkt die Autonomie der Länder. Der Wandel von der **Objekt- zur**

---

[119] So auch *Evers* (Fn. 36), Art. 29 Rn. 77; a.A. *Maunz/Herzog/Scholz* (Fn. 9), Art. 29 Rn. 103.
[120] BGBl. I S. 1317.
[121] Die Änderung erfolgte im Hinblick auf eine eventuelle Rückgliederung des 1945 zu Hessen geschlagenen sog. AKK-Gebiets nach Rheinland-Pfalz, vgl. *Maunz/Herzog/Scholz* (Fn. 9), Art. 29 Rn. 106; *S. Jutzi*, BayVBl. 1997, 97 (97).
[122] Vgl. die Liste der Gebietsänderungsverträge bis 1994 bei *Kunig* (Fn. 14), Art. 29 nach Rn. 60.
[123] So *Maunz/Herzog/Scholz* (Fn. 9), Art. 29 Rn. 100; *Isensee* (Fn. 15), § 98 Rn. 24; *K.G. Meyer-Teschendorf*, DÖV 1993, 889 (894).
[124] So auch *Erbguth* (Fn. 53), Art. 29 Rn. 64; *Kunig* (Fn. 14), Art. 29 Rn. 52.
[125] Gesetz über das Verfahren bei sonstigen Änderungen des Gebietsbestandes der Länder nach Art. 29 Abs. 7 des Grundgesetzes v. 30.7.1979, BGBl. I S. 1325.
[126] Kritisch unter Demokratiegesichtspunkten auch *Maunz/Herzog/Scholz* (Fn. 9), Art. 29 Rn. 106b.
[127] Zur Genese der Staatsvertragsoption *K.G. Meyer-Teschendorf*, DÖV 1993, 889 (892ff.).

Akteurrolle zeigt sich schon sprachlich in Art. 29 VIII 3 GG, wo nicht von »betroffenen«, sondern von »beteiligten« Ländern die Rede ist. Inhaltlich sind die Länder in gleichem Ausmaß an das Neugliederungsziel und die Ermessenskriterien nach Abs. 1 gebunden wie der Bund (→ Rn. 25 ff.).

Die in Abs. 2 bis 7 genannten Verfahrensvorschriften brauchen nicht beachtet zu werden. Abs. 8 ist abschließend. Für die Umgliederung nach Abs. 7 ist er nicht anwendbar[128]. Die **Staatsverträge** sind weder gegenüber der Bundeskompetenz nach Art. 29 II GG subsidiär, noch entfaltet ein laufendes oder schon abgeschlossenes Verfahren nach Art. 29 II–VI GG gegenüber einer staatsvertraglichen Regelung eine **Sperrwirkung**. Der Grundsatz der Bundestreue ändert daran nichts. Auch besteht keine Karenzzeit; eine analoge Anwendung von Art. 29 VI 2 Hs. 2 GG scheitert daran, daß nicht die Volksbegehren nach Abs. 4, sondern die Neugliederungsmaßnahmen des Bundes nach Abs. 2 den vergleichbaren Tatbestand bilden.

Art. 29 VIII GG statuiert die Pflicht, die betroffenen **Gemeinden und Kreise anzuhören**, unmittelbar. Die Bestimmung des Verfahrens und der zuständigen Organe obliegt den jeweiligen Landesgesetzgebern, kann aber auch in dem Staatsvertrag geregelt werden. Die Wirksamkeit des Staatsvertrags ist an die Zustimmung des Bundestages (→ Rn. 52) sowie an einen positiven **Volksentscheid** in jedem beteiligten Land gebunden. Der Volksentscheid kann auf die betroffenen Landesteile beschränkt werden (Art. 29 VIII 4 GG). Auf die Zustimmung der speziell von der Umgliederung betroffenen Bevölkerung kommt es anders als nach Art. 29 II–VI GG nicht notwendigerweise an[129]. Mehrheitsbegriff und Abstimmungsquorum sind mit den Vorgaben für den Volksentscheid nach Art. 29 II, VI 1 GG identisch, auch für die Abstimmung im Teilgebiet[130].

Nach Art. 29 VIII 5 Hs. 2 GG regelt der Bund das **Verfahren des Volksentscheids** in den beteiligten Ländern. Sehen die Länder eine Beschränkung der Abstimmung auf die Umgliederungsmasse vor, sind sie nach Art. 29 VIII 4 Hs. 2 GG selbst für die Verfahrensgestaltung zuständig. Über die **Zustimmung** nach Art. 29 VIII 6 GG entscheidet der Bundestag durch einfachen Beschluß. Er kann den Vertrag nur verwerfen oder annehmen, nicht aber ändern. Für eine stärkere Bundeskomponente besteht kein Bedürfnis, da der Bund von sich aus nach Art. 29 II GG handeln kann. Der Bundesrat hat überhaupt kein Beteiligungsrecht[131].

D. Verhältnis zu anderen GG-Bestimmungen

Die spezielle Regelung für den **südwestdeutschen** Raum in Art. 118 GG ist durch die Gründung des Landes Baden-Württemberg erfüllt und bei der Verfassungsreform 1994 lediglich als **verfassungsrechtliches Denkmal** beibehalten worden[132]. Art. 29 GG

---

[128] S. *Jutzi*, BayVBl. 1997, 97 (99).
[129] Kritisch zum Ausschluß eines Minderheitenschutzes für die Umgliederungsmasse *Erbguth* (Fn. 53), Art. 29 Rn. 70 f.
[130] *Maunz/Herzog/Scholz* (Rn. 9), Rn. 116; a.A. *Erbguth* (Fn. 53), Art. 29 Rn. 69, und *Kunig* (Fn. 14), Art. 29 Rn. 55, die ein Quorum bei Abstimmungen im Teilgebiet nicht für erforderlich halten, was im Wortlaut des Art. 29 VIII GG jedoch keine Stütze findet.
[131] Zu Vorschlägen, dem Bundesrat ein Mitwirkungsrecht zuzubilligen, s. *K.G. Meyer-Teschendorf*, DÖV 1993, 889 (893).
[132] *K.G. Meyer-Teschendorf*, DÖV 1993, 889 (891).

bleibt anwendbar¹³³. Auch durch die erleichternde Regelung des Art. 118a GG für den Raum **Berlin/Brandenburg** wird Art. 29 GG nicht verdrängt¹³⁴.

54 Zur Einebnung des Gefälles bei der Steuerkraft zwischen den Ländern steht die Neugliederung gleichberechtigt neben dem **Länderfinanzausgleich** nach Art. 107 II GG¹³⁵. Das Bundesverfassungsgericht hat anfangs betont, daß der Länderfinanzausgleich nicht der künstlichen Erhaltung lebensunfähiger Länder dienen dürfe¹³⁶; nach der Umbildung von Art. 29 GG in eine Ermessensvorschrift ist aber nicht mehr erkennbar, daß es von einem Rangverhältnis zwischen Art. 107 II GG und Art. 29 GG ausgeht¹³⁷.

---

¹³³ *Kunig* (Fn. 14), Art. 29 Rn. 9 und 56; vgl. auch BVerfGE 5, 34 (45); zur Diskussion der 50er Jahre über das Verhältnis beider Normen *Greulich*, Länderneugliederung (Fn. 1), S. 66 ff.
¹³⁴ *K.G. Meyer-Teschendorf*, DÖV 1993, 889 (894 f.).
¹³⁵ Näher *Timmer*, Entwicklungen (Fn. 26), S. 467 ff., und *P.F. Lutz*, StWStP 7 (1996), 137 (146 ff.), mit umfassenden Analysen der Zusammenhänge von Ausgleichszahlungen und Länderstruktur.
¹³⁶ BVerfGE 1, 117 (134).
¹³⁷ Vgl. BVerfGE 86, 148 (270), zur Frage von Bundeshilfen für die in einer Haushaltsnotlage befindlichen Länder Bremen und Saarland: »Schließlich ist auf die Möglichkeit hinzuweisen, das Bundesgebiet neu zu gliedern...«.

Artikel 30 [Kompetenzverteilung zwischen Bund und Ländern]

Die Ausübung der staatlichen Befugnisse und die Erfüllung der staatlichen Aufgaben ist Sache der Länder, soweit dieses Grundgesetz keine andere Regelung trifft oder zuläßt.

Literaturauswahl

Benz, Arthur: Neue Formen der Zusammenarbeit zwischen den Ländern, in: DÖV 1993, S. 85–95.
Bullinger, Martin: Ungeschriebene Kompetenzen im Bundesstaat, in: AöR 96 (1971), S. 239–285.
Jarass, Hans D.: Die Kompetenzverteilung zwischen der Europäischen Gemeinschaft und den Mitgliedstaaten, in: AöR 121 (1996), S. 170–220.
Kölbe, Josef: Zur Lehre von den – stillschweigend – zugelassenen Verwaltungszuständigkeiten des Bundes, in: DÖV 1963, S. 660–673.
Ossenbühl, Fritz (Hrsg.): Föderalismus und Regionalismus in Europa, 1990.
Pietzcker, Jost: Zuständigkeitsordnung und Kollisionsrecht im Bundesstaat, in: HStR IV, § 99, S. 693–721.
Stettner, Rupert: Grundfragen einer Kompetenzlehre, 1983.
Weber, Karl: Kriterien des Bundesstaates, 1980.
Wipfelder, Hans-Jürgen: Die Theoreme »Natur der Sache« und »Sachzusammenhang« als verfassungsrechtliche Zuordnungsbegriffe, in: DVBl. 1982, S. 477–486.

Leitentscheidungen des Bundesverfassungsgerichts

BVerfGE 3, 407 (421ff.) – Baugutachten; 12, 205 (244ff.) – 1. Rundfunkentscheidung (Deutschland-Fernsehen); 22, 180 (216f.) – Jugendhilfe; 36, 342 (360ff.) – Niedersächsisches Landesbesoldungsgesetz; 44, 125 (149ff.) – Öffentlichkeitsarbeit (der Bundesregierung); 55, 274 (318ff.) – Berufsausbildungsabgabe; 84, 133 (148ff.) – Warteschleife.

Gliederung

	Rn.
A. Herkunft, Entstehung, Entwicklung	1
I. Ideen- und verfassungsgeschichtliche Aspekte	1
II. Entstehung und Veränderung der Norm	7
B. Internationale, supranationale und rechtsvergleichende Bezüge	9
I. Internationale und supranationale Bezüge	9
II. Rechtsvergleichende Hinweise	11
C. Erläuterungen	15
I. Allgemeine Bedeutung	15
1. Art. 30 GG als allgemeine Kompetenzverteilungsregel	15
2. Zuständigkeitsvermutung zugunsten der Länder?	17
3. Materielle Kompetenzverteilung	18
4. Art. 30 GG als zwingendes Recht	20
5. Länderkoordinierung	23
6. Ausschließlichkeit der Kompetenzverteilung	24
7. Bindung an das Handeln der jeweils anderen Einheit	25
II. Staatliche Befugnisse und Aufgaben	26
III. Vorbehalt anderweitiger Regelung im Grundgesetz	30
1. Ausdrückliche Bundeskompetenzen	31
2. Ungeschriebene Bundeskompetenzen	32
3. Auf supranationale Einrichtungen übertragene Kompetenzen	36
D. Verhältnis zu anderen GG-Bestimmungen	37

A. Herkunft, Entstehung, Entwicklung

I. Ideen- und verfassungsgeschichtliche Aspekte

1 Ausgangspunkt der Idee der Bundesstaatlichkeit als staatsrechtliche Ausprägung des föderalen Prinzips ist die Pluralität der politischen Leitungsgewalt[1]; sie bedeutet primär Machtkontrolle[2], ermöglicht aber auch abgestufte Konfliktbewältigung[3], Effizienz und Optimierung politischen Handelns[4], bürgernahe Demokratie[5] und Sicherung von Freiheits- und Individualrechten[6] (→ Art. 20 [Bundesstaat] Rn. 16f.). Daraus ergibt sich als Kernstück jeder bundesstaatlichen Struktur die Verteilung der staatlichen Aufgaben und Kompetenzen zwischen Zentralgewalt und Gliedstaaten (→ Art. 70 Rn. 1): In der Kompetenzordnung äußert sich das »wie« der Verwirklichung der föderalen Idee[7]. Sie konkretisiert die »föderale Balance« zwischen gliedstaatlicher Selbständigkeit und zentraler Aufgabenwahrnehmung[8].

2 Erstmals entwickelte **Johannes Althusius** in seiner Schrift »Politica« im deutschen Sprachraum den Gedanken der koordinierten Erfüllung hoheitlicher Aufgaben auf verschiedenen Ebenen[9]. Ausgehend von seiner Sozialvertragslehre und der Idee der »Volkssouveränität« (→ Art. 20 [Demokratie] Rn. 23) gelangte er zum Prinzip einer vernunftrechtlich und theologisch begründeten **Subsidiarität** als Verteilungsmodus staatlicher Aufgaben auf ständische Partikulargewalt und staatliche Zentralgewalt[10].

3 Vor dem Hintergrund des durch den Westfälischen Frieden (1648) entstandenen lockeren Verbandes von über 300 Territorien nahm Ludolph Hugo in seiner Studie über den staatsrechtlichen Status der deutschen Gebiete von 1661[11] eine Kompetenzabgrenzung durch **Teilung der Majestätsrechte** zwischen dem Reich und den Territorien vor. Zuweisungskriterium war für ihn die Frage, welche Gewalt eine Aufgabe besser zu besorgen imstande sei[12] – ein dem Subsidiaritätsprinzip naher Ansatzpunkt[13]. Erheblich konkreter war der Zuordnungsmodus, der in den amerikanischen Federalist Papers 1787/88 vorgeschlagen wurde: Der Union sollten wenige, klar definierte Zuständigkeiten gegeben werden, während die den (Bundes-)Staaten verbleibenden Aufgaben zahlreich und inhaltlich unbestimmt seien[14].

---

[1] *Stern*, Staatsrecht I, S. 657.
[2] *Hesse*, Verfassungsrecht, Rn. 231, spricht von horizontaler Gewaltenteilung.
[3] *R. Zippelius*, Allgemeine Staatslehre, 12. Aufl. 1994, S. 369.
[4] *Hesse*, Verfassungsrecht, Rn. 233; *Zippelius*, Staatslehre (Fn. 3), S. 370, 373f.
[5] *O. Kimminich*, Der Bundesstaat, in: HStR I, § 26 Rn. 22 mwN.
[6] *Hesse*, Verfassungsrecht, Rn. 225.
[7] So schon *G. Anschütz*, Der deutsche Föderalismus in Vergangenheit, Gegenwart und Zukunft, VVDStRL 1 (1924), S. 11ff. (11).
[8] *K. Weber*, Kriterien des Bundesstaates, 1980, S. 90, weist richtigerweise darauf hin, daß angesichts moderner Verfassungspraxis geschriebene Verfassungen nur mehr bedingt als Spiegelbild des bundesstaatlichen Aufgabenverteilungsverhältnisses betrachtet werden können.
[9] *B. Grzeszick*, Vom Reich zur Bundesstaatsidee, 1996, S. 46f. mwN.; *P.J. Winters*, Johannes Althusius, in: M. Stolleis (Hrsg.), Staatsdenker in der frühen Neuzeit, 3. Aufl. 1995, S. 29ff. (37f.).
[10] *J. Althusius*, Politica, 1. Aufl. 1603 (Neudruck Aalen 1961), 4. Kapitel XVIII, § 91; vgl. dazu *Grzeszick*, Bundesstaatsidee (Fn. 9), S. 47 mwN.
[11] *L. Hugo*, Dissertatio de statu regionum Germaniae, 1661.
[12] *Hugo*, Dissertatio (Fn. 11), Cap. II, § 13.
[13] Vgl. *Weber*, Kriterien (Fn. 8), S. 43.
[14] G. Wills (Hrsg.), The Federalist Papers by Alexander Hamilton, James Madison and John Jay, New York 1982, Nr. 45 (S. 236ff.) und Nr. 23 (S. 112), mit der Aufzählung der Aufgaben der Bundes-

Auch in den frühen **deutschen bundesstaatlichen Verfassungen** werden einzelne Befugnisse positivrechtlich benannt und zugeteilt. Im Abschnitt II. (»Die Reichsgewalt«) der **Paulskirchenverfassung** vom 28. März 1849 waren die der Reichsgewalt obliegenden »Rechte« aufgeführt. Laut § 5 2. Halbs. sollten die deutschen Staaten alle der Reichsgewalt nicht ausdrücklich übertragenen staatlichen Hoheiten und Rechte behalten. Die Kompetenzverteilung wurde also durch die sog. »**Enumerationsmethode**« vorgenommen, wonach bestimmte Aufgaben einer Ebene zugewiesen werden, während alles, was nicht positivrechtlich dieser Ebene zugeordnet wird, bei der anderen verbleibt (Residualkompetenz). Diesem System folgen auch die Verfassung des Norddeutschen Bundes von 1867 und die **Reichsverfassung 1871**. Danach stand dem Reich das Recht der Gesetzgebung und der Verwaltung nur in den durch die Verfassung enumerierten Bereichen zu (vgl. Art. 2 ff. RV), während auf allen übrigen Gebieten die Kompetenz bei den Ländern verblieb[15].

Auch nach der **Weimarer Reichsverfassung** besaß das Reich nur die explizit aufgezählten Zuständigkeiten[16]. Allerdings ermächtigte Art. 14 WRV das Reich, durch einfaches Gesetz die Reichskompetenz zur Verwaltung und für die Rechtsprechung unbegrenzt auszudehnen[17]. Davon wurde alsbald u.a. durch Schaffung einer reichseigenen Steuer- und Finanzverwaltung mit eigenem Behördenaufbau Gebrauch gemacht, womit sich die in der Weimarer Reichsverfassung schon angelegten unitaristischen Züge in der Verfassungswirklichkeit noch verstärkten[18]. Das den letztlich durch Vertragsschluß konstituierten Bundesstaaten gemeinsame System der **begrenzten Kompetenzzuweisung** an die Bundesebene[19] wurde damit aber nicht durchbrochen.

Ein neueres Element in der Entwicklung der deutschen Bundesstaatlichkeit ist die Konstruktion der Kompetenzen »**kraft Sachzusammenhangs**« und kraft »**Natur der Sache**« als »ungeschriebene« Zuständigkeit des Bundes (Reiches)[20]. Unter der Reichsverfassung von 1871 und der WRV herrschte wohl Einigkeit darüber, daß diese Konstruktion gleichwohl als Ergebnis der Auslegung der jeweiligen Verfassungsbestimmungen angesehen wurde und nicht als Teil eines ungeschriebenen, überpositiven Rechts über den durch Auslegung ermittelten Sinngehalt hinaus[21]. Dieser Ansatz dürfte auch für das Verständnis der genannten Institute unter dem Grundgesetz von Bedeutung sein (→ Rn. 32 ff.). Die Gleichschaltung der Länder im **Dritten Reich**, insbesondere das Gesetz über den Neuaufbau des Reiches vom 30. Januar 1934, führte

---

ebene: Gemeinsame Verteidigung, Wahrung des öffentlichen Friedens und Schutz vor Angriffen von außen, Regelung des Handels zwischen den Staaten und mit Drittstaaten, Verantwortung für die auswärtigen Beziehungen.

[15] *Anschütz*, Föderalismus (Fn. 7), S. 12 ff.; *A. Haenel*, Deutsches Staatsrecht I, 1892, S. 233 ff.; *G. Meyer*, Lehrbuch des deutschen Staatsrechts, 2. Aufl. 1885, S. 195.
[16] *Anschütz*, WRV, Art. 6 Anm. 1 f. und Art. 12 Anm. 1 mwN.
[17] *Anschütz*, WRV, Art. 14 Anm. 1.
[18] *Anschütz*, Föderalismus (Fn. 7), S. 17 ff.
[19] Vgl. auch *Weber*, Kriterien (Fn. 8), S. 47.
[20] Zur Reichsverfassung von 1871 vgl.: *R. Smend*, Ungeschriebenes Verfassungsrecht im monarchischen Bundesstaat (1916), in: ders., Staatsrechtliche Abhandlungen und andere Aufsätze, 3. Aufl. 1994, S. 39 ff.; *H. Triepel*, Die Kompetenzen des Bundesstaats und die geschriebene Verfassung, in: FS Laband, Bd. II, 1908, S. 247 ff. (252). Zur Weimarer Reichsverfassung: *G. Lassar*, Die verfassungsrechtliche Ordnung der Zuständigkeiten, in: HdbDStR I, S. 301 ff. (304).
[21] *Triepel*, Kompetenzen (Fn. 20), S. 286 f.; *Anschütz*, WRV, Schlußbem. zu Art. 6–11; s. auch *M. Bullinger*, AöR 96 (1971), 237 (247); Jarass/Pieroth, GG, Art. 30 Rn. 5; anders: BVerfGE 12, 205 (225 ff.). → Art. 70 Rn. 3.

zur Aufhebung der bundesstaatlichen Ordnung und zur unumschränkten Machtkonzentration in den Händen der nationalsozialistischen Führung nach dem Prinzip des »völkischen Führerstaates«[22].

II. Entstehung und Veränderung der Norm

7 Auch wenn im **Parlamentarischen Rat** über die Aufnahme des bundesstaatlichen Strukturprinzips in das Grundgesetz, insbesondere in Reaktion auf den nationalsozialistischen Einheitsstaat und aufgrund des zeitlichen Vorsprungs der Länder vor dem Gesamtstaat[23], grundsätzlich Einigkeit bestand[24] (und aufgrund der Vorgaben der Besatzungsmächte auch bestehen mußte), divergierten doch die Meinungen über die konkrete Ausgestaltung, insbesondere über die **Kompetenzverteilung zwischen Bund und Ländern**, erheblich. Die Vorstellungen der Parteien reichten von einer eindeutigen Überordnung der Bundesgewalt über die Ländergewalten (SPD) bis hin zu Formen des konföderativen Zusammenschlusses (DP). Schließlich konnte sich die gegenüber Art. 30 HChE gekürzte Endfassung des Art. 30 GG gegen stärker an historischen Vorbildern, insbesondere an den Novemberverträgen von 1870 und an der Reichsverfassung von 1871, orientierten Vorschlägen[25] durchsetzen. Verworfen wurde auch ein Antrag, den »Grundsatz der staatsrechtlichen Trennung von Bund und Ländern« im Grundgesetz zu verankern, um deutlich zu machen, daß die Staatsqualität der Länder »ursprünglich« und die des Bundes abgeleitet ist[26]. Gegenüber Anträgen auf gänzliche Streichung[27] wurde Art. 30 GG mit dem Hinweis verteidigt, er sei »aus Gründen der Klarheit ... wichtig« und enthalte die »grundlegende Gestaltung des Bundesstaates«[28].

8 Der Wortlaut des Art. 30 GG wurde bisher nicht geändert. In der Verfassungswirklichkeit indes haben sich die Gewichte zwischen den Bundes- und den Länderkompetenzen erheblich verschoben. Entsprechend der Eigenart des Art. 30 GG als »Blankett-Norm«, deren Inhalt von Normen mitbestimmt wird, nach denen Aufgaben und Befugnisse auf andere Ebenen übertragen werden können, wirken die zahlreichen Erweiterungen der Bundeskompetenzen, insb. durch die Erweiterung der Kompetenzkataloge der Art. 73, 74, 75 GG, sowie die Übertragung von Hoheitsrechten auch der Länder auf zwischenstaatliche Einrichtungen (→ Art. 23 Rn. 81 ff., 85) als **materielle Änderungen** des Art. 30 GG.

---

[22] Vgl. etwa *J. Heckel*, RVBl. 1937, 61 ff., in Auszügen abgedruckt in: M. Hirsch/D. Majer/J. Meinck (Hrsg.), Recht, Verwaltung und Justiz im Nationalsozialismus, 1997, S. 144 ff.; *A. Schaefer*, Führergewalt statt Gewaltenteilung, in: E.-W. Böckenförde (Hrsg.), Staatsrecht und Staatslehre im Dritten Reich, 1985, S. 89 ff.

[23] Vgl. *H.-J. Vogel*, Die bundesstaatliche Ordnung des Grundgesetzes, in: HdbVerfR, § 22 Rn. 9.

[24] So schon für den Konvent auf Herrenchiemsee im Bericht über »Allgemeine Fragen« von Dr. Drexelius: »Einigkeit bestand darüber, daß eine Zuständigkeitsvermutung für die Länder gegeben ist«, in: Schneider, GG-Dokumentation, Bd. 10, S. 13. Zum Parl. Rat ebd., S. 16 ff.

[25] So insbesondere der Antrag vom 19.11.1948 des Abg. Dr. Seebohm (DP), JöR 1 (1951), S. 296.

[26] Antrag des Abg. Dr. Seebohm (DP) im Parl. Rat, in: Schneider, GG-Dokumentation, Bd 10, S. 27, 33, 34: »Alle Rechte, die durch das Grundgesetz nicht dem Bunde übertragen sind, verbleiben den Ländern«.

[27] Anträge der SPD-Fraktion v. 5.5.1949 und der Abg. Dr. Greve, Dr. Katz und Zinn v. 6.5.1949, in: Schneider, GG-Dokumentation, Bd 10, S. 41, zur Debatte ebd., S. 43 ff.

[28] Abg. Dr. Laforet (CSU), 9. Sitzung v. 6.5.1949, JöR 1 (1951), S. 295, 297.

B. Internationale, supranationale und rechtsvergleichende Bezüge

I. Internationale und supranationale Bezüge

Zunehmende zwischenstaatliche Verflechtungen[29] und der Prozeß der europäischen Integration rücken die internationale Dimension staatlicher Aufgabenwahrnehmung verstärkt ins Blickfeld[30]. Die Notwendigkeit vertraglicher Kooperation mit anderen Staaten macht die Aufgabenwahrnehmung zur **auswärtigen Angelegenheit** und damit grundsätzlich zur Sache des Bundes (→ Art. 32 Rn. 19, 40 ff.)[31], soweit sie nicht über Art. 23/24 GG ohnehin schon in die Zuständigkeit der EU übergegangen ist. Art. 30 GG verliert dadurch zum einen erheblich an Substanz, zum anderen betrifft die in ihm liegende Regel zunehmend auch die Frage des **legislativen oder administrativen Vollzugs** internationaler Abkommen oder europäischen Rechts[32]. Werden traditionell staatliche Aufgaben (und Befugnisse) durch kollektive Ordnungen und Organisationen auf internationaler Ebene wahrgenommen, so erfolgt die entsprechende Kompetenzzuweisung enumerativ, ähnlich wie in der bundesstaatlichen Kompetenzordnung. In der Bundesstaatslehre entwickelte Rechtsfiguren, wie etwa die Lehre von den mitgeschriebenen Kompetenzen (*implied powers*), finden auch im Völkerrecht Anerkennung[33].

9

Die Übernahme von Elementen der Bundesstaatenlehre ist besonders stark bei der **Europäischen Union**. Für diese ist das Enumerationsprinzip in Art. E (5 nF.) EUV, 4 I (7 I nF.) EGV und insbes. in Art. 3b I (5 I nF.) EGV niedergelegt: Nach dem sog. Grundsatz der begrenzten Einzelermächtigung darf die EG nur »innerhalb der Grenzen der ihr in diesem Vertrag zugewiesenen Befugnisse und gesetzten Ziele tätig« werden[34]. Die ergänzende Handlungsermächtigung des Art. 235 (308 nF.) EGV für die Verwirklichung der Vertragsziele sowie die »impliziten« Kompetenzen (implied powers) für Maßnahmen, zu deren Durchführung der Vertrag zwar nicht ausdrücklich ermächtigt, ohne die aber eine ausdrücklich zugewiesene Befugnis vernünftigerweise nicht ausgefüllt werden kann[35], runden das Kompetenzgefüge der EG ab. Dabei dienen die Grundsätze der **Subsidiarität und der Verhältnismäßigkeit** nach Art. B (2 nF.) II EUV

10

---

[29] S. auch *C. Tomuschat/R. Schmidt*, Der Verfassungsstaat im Geflecht der internationalen Beziehungen, VVDStRL 36 (1978), S. 8 ff., 66 ff.
[30] S. auch *D. Schindler*, Europäische Union, Gefahr oder Chance für den Föderalismus in Deutschland, Österreich und der Schweiz?, VVDStRL 53 (1994), S. 70 ff. (81), nach dem »für fast alle Sachfragen, die staatlich geregelt werden, Regelungen auf gleichzeitig mehreren Stufen der Staaten und der Staatengemeinschaft notwendig geworden sind«.
[31] Zu den auswärtigen Aktivitäten der Bundesländer indessen: *W. Graf Vitzthum*, AöR 115 (1990), 281 (297 ff.); → Art. 32 Rn. 36 ff.
[32] Vgl. dazu *R. Streinz*, Vollzug des Europäischen Gemeinschaftsrechts, in: HStR VII, § 182 Rn. 53 ff. Zu dem damit einhergehenden Kompetenzverlust der Länder vgl. *W. Graf Vitzthum*, AöR 110 (1990), 281 (285 ff., 289): »Kompetenzenteignung«, u. ebd., 296: »Brüsseler Sog«; s. auch *M. Gubelt*, in: v. Münch/Kunig, GG II, Art. 30 Rn. 3; *I. Pernice*, DVBl. 1993, 909 (910 ff.). Daß die legislativen Kompetenzen der Länder real bisher kaum berührt sind, zeigt indessen *M. Zuleeg*, Die Stellung des Landes Hessen in der Europäischen Union, in: FS 50 Jahre Verfassung des Landes Hessen, 1997, S. 383 ff. (398) mwN.
[33] Vgl. *H.D. Jarass*, AöR 121 (1996), 173 (176 f.); *O. Dörr*, EuZW 1996, 39 (40) mwN.
[34] Näher dazu *H.D. Jarass*, AöR 121 (1996), 173 (174 f.). → Art. 70 Rn. 9 f.
[35] EuGHE 1988, 5545 (5560); *A. v. Bogdandy/M. Nettesheim*, in: Grabitz/Hilf, EUV/EGV, Art. 3b EGV (1994) Rn. 9 f.; *O. Dörr*, EuZW 1996, 39 (39 f.).

und Art. 3b (5 nF.) II, III EGV als Kompetenzausübungsschranken zur Wahrung von Bürgernähe und Eigenstaatlichkeit der Mitgliedstaaten[36] und, mittelbar, auch der deutschen Länder (→ Art. 23 Rn. 71 ff.). Die der EG übertragenen Hoheitsrechte zeichnen sich durch den **Vorrang** und die **unmittelbare Durchgriffswirkung** (→ Art. 23 Rn. 26 ff., 83) der auf der Grundlage der Gemeinschaftsverträge ergehenden Rechtsakte im innerstaatlichen Bereich aus, sie sind quasi »vor die Klammer« der Kompetenzverteilung nach Art. 30 GG gezogen (→ Art. 70 Rn. 9). Im **europäischen Verfassungsverbund** erhält die föderale Aufteilung der »staatlichen Befugnisse« und »staatlichen Aufgaben« damit eine dritte Ebene (→ Art. 23 Rn. 20 ff.). Die Kompetenzzuweisungen an die EG unterscheiden sich von den statischen Kompetenzkatalogen des Grundgesetzes dadurch, daß sie funktional als Handlungsermächtigungen für die Verwirklichung bestimmter Ziele der Integration formuliert sind (→ Art. 70 Rn. 9 f.). Eine Reform in Richtung auf eine Kataloglösung wird diskutiert[37], würde aber dem spezifischen Charakter der Verträge als flexible Verfassung eines dynamischen Integrationsprozesses kaum gerecht[38].

II. Rechtsvergleichende Hinweise

11 Kompetenzverteilungssysteme – als Kernstück jeder bundesstaatlichen Struktur – findet man in **variationsreicher Ausprägung**. Regelmäßig ist die Kompetenzaufteilung zwischen dem Bundesstaat und den ihn bildenden Gliedstaaten durch die Bundesverfassung zwingend festgelegt. Ein besonders komplexes Kompetenzaufteilungssystem findet sich in Belgien: Die belgische Verfassung von 1994 stattet zum einen die Gemeinschaften (die niederländischsprachige, die französischsprachige und die deutschsprachige Gemeinschaft), zum andern die Regionen (Flandern, Wallonien und Brüssel-Hauptstadt) mit je eigenen Kompetenzen aus, nimmt also innerhalb des Gesamtstaates eine doppelte Unterteilung in Sprachgemeinschaften einerseits und Territorien andererseits vor[39]. Die Unionsverfassung Indiens sieht neben den Gliedstaaten Unionsgebiete vor, die direkt der Zentralgewalt unterstehen, und kann insofern nicht als eigentliches Zweiebenensystem bezeichnet werden[40].

12 Die Verteilung der Kompetenzen auf die verschiedenen Ebenen erfolgt durchweg durch positive Zuweisungen, wobei **drei Typen des Verteilungsmodus** unterschieden werden können: Einige Verfassungen weisen wie das Grundgesetz dem Bund bestimmte Kompetenzen zu, wobei im übrigen die **Regelzuständigkeit der Gliedstaaten** festgelegt ist[41]. Dabei wurde die Aufteilung in den USA durch den Supreme Court et-

---

[36] S. näher dazu *I. Pernice*, ColJEL 1996, 403 (407 ff.). S. auch *H.D. Jarass*, AöR 121 (1996), 173 (192 ff.).

[37] Vgl. etwa *W. Weidenfeld*, Die Kernpunkte der Reform, in: ders. (Hrsg.), Reform der Europäischen Union, 1994, S. 17 f.

[38] S. schon *I. Pernice*, ColJEL 1996, 403 (409).

[39] *L. Hardy de Beaulieu*, La Belgique est un état fédéral, in: F. Knipping (Hrsg.), Federal Conceptions in EU member states: Traditions and perspectives, 1994, S. 122 ff.

[40] Vgl. *S. Dayal*, The constitutional law of India, Allahabad 1981, S. 380 ff.; *G. Doeker*, Parlamentarische Bundesstaaten im commonwealth of nations: Kanada, Australien, Indien, Band I, 1980, S. 139 ff.; *G.N. Joshi*, Constitution of India, Delhi u.a. 1975, S. 214 ff.; *T.K. Tope*, Constitutional law of India, Lalbagh 1982, S. 146 ff.

[41] Art. I Abschnitt 8 iVm. X. Zusatzart. US-Verf. von 1787, mit der den Bundesrechtskatalog abschließenden »necessary and proper«-Klausel, wonach dem Bund das Recht zum Erlaß »aller zur Aus-

wa mit der »interstate commerce clause« aufgeweicht[42]. In der Schweiz werden auch »stillschweigende« Kompetenzen des Bundes anerkannt; zugleich aber geht man von der Lückenlosigkeit der Kompetenzverteilung aus, die eine kantonfreundliche Auslegung ausschließt[43]. In Österreich sind Übertragungen an den Bund außer in Art. 10–14 österr. Verfassung in zahlreichen einfachen Gesetzen vorgesehen[44].

Dem umgekehrten Schema folgen Kanada, Belgien und Südafrika. Nach der aus dem Constitution Act 1982 und dem Constitution Act 1867 zusammengesetzten kanadischen Verfassung[45], der belgischen Verfassung und der Übergangsverfassung von Südafrika von 1994[46] liegt jeweils die **Residualkompetenz bei der Zentralgewalt**, während die Zuständigkeiten der Untergliederungen enumerativ aufgelistet sind. Indien schließlich hat ein »**kombiniertes System**« gewählt. Hier sind sowohl die Kompetenzbereiche der Union als auch die der Staaten erschöpfend enumeriert[47]. 13

Im Gegensatz zum Modell des Grundgesetzes umfaßt die Trennung der Zuständigkeiten in den **USA** grundsätzlich **alle Funktionen**. Ein administrativer Vollzug von Bundesgesetzen durch die (Bundes-)Staaten wird ebenso kategorisch abgelehnt wie jede Art zweistufiger Rechtsetzung mit politischen Vorgaben der Bundesebene[48]. Was in Deutschland als Vorzug »funktionaler Gewaltenteilung« gewertet wird (→ Rn. 16), 14

übung der vorstehenden Kompetenzen (...) notwendigen und sachgemäßen Gesetze« zufällt; Art. 3 schweiz. Verf. von 1874; Art. 15 I österr. Verf. von 1928; Art. 73 russ. Verf. von 1993 weist die Ausübung »alle(r) Vollmachten der Staatsmacht«, soweit es sich nicht um ausschließliche (Art. 71) oder konkurrierende (Art. 72) Zuständigkeiten der Russischen Föderation handelt, den Subjekten der Russischen Föderation (gem. Art. 65: Republiken, Regionen, Gebiete, Städte mit föderaler Bedeutung und autonome Gebiete und Bezirke) zu; vgl. dazu *S. Alekseev/A. Sobak,* Die Verfassung Rußlands: Konzeption und Perspektiven, in: Jahrbuch des Ostrechts 1994, S. 375 ff.; *A.J. Koslow,* Das Recht der Nationen auf Selbstbestimmung und das Problem des Föderalismus in Rußland, in: J.C. Traut (Hrsg.), Verfassung und Föderalismus Rußlands im internationalen Vergleich, 1995, S. 239 ff.

[42] Vgl. *W. Brugger,* Einführung in das öffentliche Recht der USA, 1993, S. 33 f.; *D.P. Currie,* Die Verfassung der USA, 1988, S. 234 ff.; *P. Hay/R. D. Rotunda,* The United States Federal System, 1982, S. 31 ff.; *W. Jäger/W. Welz,* Das Regierungssystem der USA, 1995, S. 41 ff.

[43] *J.-F. Aubert,* Bundesstaatsrecht der Schweiz, Band I, 1991, Rn. 688; *K. Eichenberger,* Landesbericht Schweiz, in: F. Ossenbühl (Hrsg.), Föderalismus und Regionalismus in Europa, 1990, S. 17 ff.; *U. Häfelin/W. Haller,* Schweizerisches Bundesstaatsrecht, 4. Aufl. 1998, Rn. 262; *Weber,* Kriterien (Fn. 8), S. 91 ff.

[44] Vgl. etwa *P. Pernthaler,* Das föderalistische System Österreichs, in: J.C. Traut (Hrsg.), Verfassung und Föderalismus Rußlands im internationalen Vergleich, 1995, S. 65 ff.; *H. Schambeck,* Landesbericht Österreich, in: F. Ossenbühl (Hrsg.), Föderalismus und Regionalismus in Europa, 1990, S. 55 ff.; *R. Walter/H. Mayer,* Grundriß des österreichischen Bundesverfassungsrechts, 8. Aufl. 1996, S. 125 f.; *Weber,* Kriterien (Fn. 8), S. 98 ff.

[45] Zur gegenläufigen Verfassungswirklichkeit s. aber *S. Hobe,* JöR 42 (1994), 595 ff.; *P. W. Hogg,* Constitutional Law of Canada, 3. Aufl. 1992, S. 109 ff.; *P. Macklem,* Constitution of power in: P. Macklem/R.C.B. Risc/C.J. Rogerson/K.E. Swinton/J.D. Whyte (Hrsg.), Canadian Constitutional Law I, 1994, S. 79 ff.

[46] *U. Karpen,* JöR 45 (1996), 609 ff.

[47] In drei Listen im Anhang der indischen Verf. werden ausschließliche Kompetenzbereiche der Union und der (Bundes-)Staaten und ein Katalog der konkurrierenden Zuständigkeit aufgeführt; → Fn. 40.

[48] Vgl. *R. Briffault,* Paradoxes of Federalism, in: I. Pernice (Hrsg.), Harmonization of Legislation in Federal Systems, 1996, S. 47 ff. (51 ff.), mit Bezug vor allem auf die Entscheidung des Supreme Court in *New York v. United States,* 112 S.Ct. 2408 (1992), S. 2420 ff., und das Votum von Justice *O'Connor* in diesem Fall, 505 U.S., S. 188.

gilt in den USA als mit der föderalen Zuständigkeitsverteilung unvereinbares »commandeering«[49].

C. Erläuterungen

I. Allgemeine Bedeutung

1. Art. 30 GG als allgemeine Kompetenzverteilungsregel

15 Art. 30 GG enthält die allgemeine Regel für die Verteilung der Zuständigkeiten zwischen Bund und Ländern. **Grundsatz ist die Kompetenz der Länder**; nur soweit spezielle Zuweisungen an den Bund eingreifen, ist dieser zuständig[50]. Wird zuweilen von einer »Vermutung« zugunsten der Länderzuständigkeit gesprochen[51], so heißt das nur, daß für die Annahme einer Bundeskompetenz ein »Rechtfertigungszwang« im Blick auf eine klare Zuweisung der Kompetenz besteht[52]. Art. 30 GG ist damit »**grundlegend**« für das **bundesstaatliche System**[53]. Er hat jedoch einen nur geringen materiellen Regelungsgehalt, da für jede Staatsfunktion eine konkretisierende Spezialnorm vorgesehen ist: Art. 70 GG für die Gesetzgebung, Art. 83 GG für die Verwaltung und Art. 92ff. GG für die Gerichtsbarkeit. Die diesen Artikeln jeweils nachfolgenden Kataloge (Art. 72ff., 84ff., 93ff. GG) enthalten die entscheidenden Zuweisungen, aus denen sich die konkreten Kompetenzen ergeben. Daneben finden sich **Sonderregelungen** mit Kompetenzgehalt in Art. 23 und 24 GG für die europäische Integration und bestimmte Formen zwischenstaatlicher Kooperation, in Art. 29, 118, 118a GG für Neugliederungsfragen, in Art. 32 GG für die auswärtigen Beziehungen, in Art. 91a und b GG für bestimmte »Gemeinschaftsaufgaben« und in Art. 105 GG für die Steuergesetze. Insofern ist Art. 30 GG eher eine **Blankettnorm**, jedenfalls bleibt er als Grundsatznorm materiell doch nur Auffang- oder Residualklausel[54].

16 Art. 30 GG ist zusammen mit den ihn konkretisierenden Vorschriften zugleich ein Element der **funktionalen Gewaltenteilung**[55], indem im Verhältnis Bund-Länder der Vollzug auch der Bundesgesetze grundsätzlich den Ländern zugeordnet wird. Diese haben, »soweit die Verfassung nichts anderes bestimmt oder zuläßt, die umfassende

---

[49] Vgl. *Briffault*, Paradoxes (Fn. 488), S. 51f., der auf das weitere Beispiel des »Unfunded Mandates Reform Act« von 1995 hinweist; vgl. auch *I. Pernice*, ColJEL 1996, 403 (412ff.).

[50] Zum verfassungsrechtlichen Kompetenzbegriff (»Synonym für Befugnis«): → Art. 70 Rn. 17.

[51] Vgl. schon Abg. Dr. Laforet, Bericht im Parl. Rat, in: Schneider, GG-Dokumentation, Bd. 10, S. 48: »Die Vermutung spricht also in allen Gebieten und Fragen für die Zuständigkeit der Länder«. S. auch BVerfGE 26, 281 (297); 42, 20 (28); *Stern*, Staatsrecht I, S. 672, mwN.; *Gubelt* (Fn. 32), Art. 30 Rn. 1; krit. dagegen: *M. Bothe*, in: AK-GG, Art. 30 Rn. 11; *Jarass/Pieroth*, GG, Art. 30 Rn. 1; *J. Isensee*, Idee und Gestalt des Föderalismus im Grundgesetz, in: HStR IV, § 98 Rn. 119; *W. Erbguth*, in: Sachs, GG, Art. 30 Rn. 8. → Art. 70 Rn. 40 mwN. zum Meinungsstreit.

[52] Vgl. auch *Isensee* (Fn. 51), § 98 Rn. 119. Anders wohl *Bothe* (Fn. 51), Art. 30 Rn. 11: »Auslegungsregel« für die Kompetenznormen.

[53] BVerfGE 12, 205 (244); 36, 342 (365f.); vgl. auch *Jarass/Pieroth*, GG, Art. 30 Rn. 1.

[54] Vgl. etwa *J. Pietzcker*, Zuständigkeitsordnung und Kollisionsrecht im Bundesstaat, in: HStR IV, § 99 Rn. 8: »Residualkompetenz«; von Residualklausel spricht *Bothe* (Fn. 51), Art. 30 Rn. 10. Beispiel seiner Anwendung sind die Konkordate, vgl. BVerfGE 6, 309 (362); s. auch *Erbguth* (Fn. 51), Art. 30 Rn. 5. Problematisch ist es, wenn *Stern*, Staatsrecht I, S. 673, eine »lückenschließende Funktion« annimmt, denn das Zusammenspiel zwischen dem Grundsatz der Länderkompetenz und dem Katalog der Bundeszuständigkeiten läßt keine Lücke: → Art. 70 Rn. 40.

[55] Vgl. BVerfGE 55, 274 (318); *Jarass/Pieroth*, GG, Art. 30 Rn. 1.

Verwaltungszuständigkeit«[56]. Ähnliches gilt für die Rechtsprechung, die abgesehen von den obersten Gerichten Sache der Länder ist[57]. Dabei hat Art. 30 GG Bedeutung für die Bundesstaatlichkeit auch insofern, als er mit der grundsätzlichen Zuordnung der »staatlichen« Aufgaben und Befugnisse an die Länder Indikator ist für die **Staatlichkeit der Länder**[58]. Sie erhalten die »subsidiäre Allzuständigkeit«[59], die aber neben EG und Bund sowie im Blick auf die auch die Länder bindenden Grundrechte des Grundgesetzes (→ Art. 1 III Rn. 23) eben nur eine begrenzte sein kann.

2. Zuständigkeitsvermutung zugunsten der Länder?

Aus dem von Art. 30 statuierten Grundsatz-Ausnahmeverhältnis oder der in ihm liegenden »Vermutung« (→ Rn. 15) wird häufig die Regel einer **länderfreundlichen Auslegung** der Vorschriften über die Kompetenzverteilung abgeleitet[60]. Dies ist methodisch nicht zwingend[61]. Das vom Bundesverfassungsgericht aufgestellte Postulat einer »strikten Interpretation«[62] bedeutet indes nichts weiter, als daß eine erweiternde Auslegung der Kompetenzzuweisungen an den Bund nicht in Betracht und damit der Grundsatz der Länderzuständigkeit »funktionsgerecht« zur Geltung kommen soll[63]. Dabei ist auf den »**Schutzgehalt**« **des Art. 30 GG** zugunsten der Länderzuständigkeit[64] und die dahinter stehenden Wertungen der Bürgernähe und Transparenz staatlichen Handelns Rücksicht zu nehmen.

17

3. Materielle Kompetenzverteilung

Angesichts der Inanspruchnahme der konkurrierenden (Art. 74 GG) und Rahmengesetzgebungskompetenzen des Bundes (Art. 75 GG) sowie der Ausweitung der betreffenden Kataloge seit dem Inkrafttreten des Grundgesetzes (→ Art. 74 Rn. 2; → Art. 75 Rn. 2) bleiben den **Ländern Rechtsetzungskompetenzen** faktisch nur noch auf den Gebieten der Organisation staatlicher Gewalt im Lande[65], des Aufbaus und der Verfahren

18

---

[56] BVerfGE 55, 274 (318).
[57] S. aber Art. 96 IV, V GG. Vgl. auch *Stern*, Staatsrecht I, S. 672.
[58] Vgl. auch *Isensee* (Fn. 51), § 98 Rn. 64; *Erbguth* (Fn. 51), Art. 30 Rn. 2 ff., 5: Ländereigenstaatlichkeit nach Art. 30 bzw. aufgrund der bundesstaatlichen Ordnung. Zur Entstehungsgeschichte → Rn. 7. Zur Staatlichkeit der Länder s. etwa BVerfGE 36, 342 (360). → Art. 20 (Bundesstaat) Rn. 23 f.; → Art. 28 Rn. 47 ff.
[59] *Isensee* (Fn. 51), § 98 Rn. 64. Zur Problematik des Begriffes s. aber BVerfGE 79, 127 (147): Grundsatz der Allzuständigkeit als identitätsbestimmendes Merkmal der gemeindlichen Selbstverwaltung einerseits sowie in bezug auf die staatliche Kompetenz-Kompetenz andererseits. Vgl. schon den Abg. Dr. Schwalber (CSU) im Parl. Rat: »Nur was dem Bunde ausdrücklich durch das Grundgesetz überwiesen ist, soll diesem zustehen. Wir wollen weder Kompetenz-Kompetenz für den Bund noch für die Länder«, in: Schneider, GG-Dokumentation, Bd. 10, S. 42.
[60] BVerfGE 12, 205 (228 f.); 15, 1 (17); 37, 363 (405); 42, 20 (28); *Gubelt* (Fn. 32), Art. 30 Rn. 1; *Stern*, Staatsrecht I, S. 672; jeweils mwN.
[61] Vgl. auch *Erbguth* (Fn. 51), Art. 30 Rn. 9.
[62] St. Rspr., vgl. BVerfGE 12, 205 (228 f.); 42, 20 (28); 61, 149 (174); 75, 108 (150); krit. *H.-W. Rengeling*, Gesetzgebungszuständigkeit, in: HStR IV, § 100 Rn. 30, mwN.
[63] Vgl. auch *Bothe* (Fn. 51), Art. 30 Rn. 11; *Erbguth* (Fn. 51), Art. 30 Rn. 9; für eine sachgemäße und funktionsgerechte Auslegung der Kompetenzvorschriften auch Rengeling (Fn. 62), § 100 Rn. 30.
[64] Vgl. auch *Erbguth* (Fn. 51), Art. 30 Rn. 9, mwN.
[65] Vgl. BVerfGE 36, 342 (360 f.): abgeleitet »aus der Eigentümlichkeit des Bundesstaates« sei, daß »sowohl der Gesamtstaat als auch die Gliedstaaten je ihre eigene, von ihnen selbst bestimmte Verfassung besitzen«.

der Länderbehörden, des Kommunalrechts, des Kulturrechts (Medien, Schulen, etc.) des allgemeinen Sicherheitsrechts (Polizei- und Ordnungsrecht), des Bauordnungsrechts und wesentlicher Teile des Straßenrechts, des Umweltrechts und des Denkmalschutzes. Auch in diesen Bereichen ist immer häufiger eine **Anlehnung an bundesrechtliche Vorschriften** zu verzeichnen (sog. dynamische Verweisungen → Rn. 21). Durch die Zusammenarbeit und Abstimmung der Länder untereinander durch **Musterentwürfe** (z. B. Polizeirecht, Baurecht) werden zwar deren Kompetenzen nicht eingeschränkt, ihre Ausübung jedoch wird vereinheitlicht[66]. Demgegenüber beeinträchtigt bisher die Übertragung von Gesetzgebungskompetenzen auf die Europäische Union die Gesetzgebungsbefugnisse der Länder nur in geringem Maße[67]. Überlegungen zur Eindämmung der Gesetzgebungskompetenzverschiebung zu Lasten der Länder konzentrieren sich daher auf die **Rückverlagerung** von Bundesgesetzgebungskompetenzen auf die Länder[68].

19 Im Bereich der **Verwaltungskompetenzen** wird das Prinzip des Art. 30 GG nach Art. 83 ff. GG strenger durchgehalten und insbesondere durch die Zustimmungsregelung des Art. 84 I GG abgesichert. Art. 84 I GG soll »verhindern, daß ›Systemverschiebungen‹ im bundesstaatlichen Gefüge im Wege der einfachen Gesetzgebung herbeigeführt werden«[69]. Das Recht – und die Pflicht – zur Ausführung der Bundesgesetze »in eigener Verantwortung«[70] liegt demnach im Schwerpunkt entsprechend Art. 30, 83 GG **bei den Ländern**. Durch die Kompetenzen der EG in den Bereichen des Beihilfe- und Kartellrechts und der Fondsverwaltung werden Verwaltungskompetenzen der Länder kaum verdrängt. Der administrative Vollzug des Gemeinschaftsrechts ist sonst Sache der Mitgliedstaaten, wobei sich auch hier die innerstaatliche Kompetenzaufteilung nach Art. 83 ff. GG richtet[71].

4. Art. 30 GG als zwingendes Recht

20 Die durch Art. 30 GG iVm. den entsprechenden Sondervorschriften im Grundgesetz vorgenommene **Kompetenzverteilung ist zwingend**. Weder der Bund noch die Länder können – etwa durch Gesetz oder Vereinbarung – »über ihre im Grundgesetz festgelegten Kompetenzen verfügen«, insbesondere können sie nicht ihre Zuständigkeit auf die jeweils andere Seite oder eine gemeinsam geschaffene Einrichtung übertragen, soweit dies nicht der Kompetenzordnung des Grundgesetzes entspricht[72]. Dieser »allge-

---

[66] Weiterführend A. *Benz,* DÖV 1993, 85 ff.; Kompetenzverschiebungen von den Ländern auf die EU aber gibt es z.B. in einigen Bereichen des Rundfunkrechts.

[67] Vgl. *Zuleeg,* Stellung (Fn. 32), S. 398 mwN.

[68] Vgl. Standortbestimmung und Perspektiven der Landesparlamente – Entschließung der Konferenz der Präsidenten der deutschen Landesparlamente, ZParl. 14 (1983), 357 ff.; Sicherung der Länder-Eigenstaatlichkeit und Stärkung der Landesparlamente. Vorschläge einer von den Fraktionsvorsitzendenkonferenzen von CDU/CSU, SPD und FDP berufenen interfraktionellen Arbeitsgruppe, ZParl. 16 (1985), 179 ff.

[69] BVerfGE 37, 363 (384); 55, 274 (318 f.); 63, 1 (41): »Grundsatz eigenverantwortlicher Aufgabenwahrnehmung«, für Ausnahmen »bedarf es eines besonderen sachlichen Grundes«. Durch »einfache Gesetzgebung« bedeutet hier durch bloßes Einspruchsgesetz.

[70] BVerfGE 55, 274 (318).

[71] Vgl. exemplarisch für die Umweltpolitik Art. 130s (175 n. F.) IV EGV. S. auch *I. Pernice,* DVBl. 1993, 909 (911 f., 914 ff.); s. im einzelnen auch *ders./S. Kadelbach,* DVBl. 1996, 1100 (1102 ff.). *Streinz* (Fn. 32), § 182 Rn. 58 ff., nimmt für den direkten Vollzug eine analoge Anwendung an.

[72] BVerfGE 4, 115 (139); 32, 145 (156); 63, 1 (39); Schmidt-Bleibtreu/*Klein,* GG, Art. 30 Rn. 2a;

meine Verfassungsgrundsatz«[73] bedeutet, daß die Verteilung der Kompetenzen im Grundgesetz nicht nur die Rechte und Pflichten der einzelnen Kompetenzträger bestimmt, sondern auch eine **objektive Ordnung** begründet. Eine wichtige Ausnahme besteht im Bereich der ausschließlichen Gesetzgebungszuständigkeit nach Art. 71 GG sowie bei konkurrierenden Zuständigkeiten, wo der Bund durch sein Tätigwerden nicht nur nach Art. 72 I GG die Kompetenz der Länder ausschließen, sondern nach Art. 72 III GG auch wiederbegründen kann[74].

Eine Delegation von den **Ländern auf den Bund** widerspräche dagegen Art. 30 GG[75]. Dies betrifft auch die »dynamische Verweisung«, in denen ein Landesgesetz ein Bundesgesetz in seiner jeweils gültigen Fassung für anwendbar erklärt, wie dies etwa im Verwaltungsverfahrensrecht (vgl. z.B. § 1 I VwVfG Berlin), im Beamtenrecht, im Recht des öffentlichen Dienstes oder sogar im Kommunalabgabenrecht (s. z.B. § 12 Brandenburgisches Kommunalabgabengesetz) vorkommt[76]. Anders als bei der »statischen Verweisung« hat der zuständige Gesetzgeber hier keine Kontrolle über den jeweiligen Inhalt der Norm[77] und kann seine demokratische und föderale Verantwortung nicht wahrnehmen[78]. Der Landesgesetzgeber kann deswegen auch nicht indirekt dem Bundesgesetzgeber die Gestaltung von Landesrecht überlassen[79]. 21

Art. 30, 83 GG stehen der Einräumung von Mitentscheidungsrechten des Bundes bei der Landesverwaltung und umgekehrt grundsätzlich entgegen[80]. Ein **Verbot der Mischverwaltung**[81] folgt daraus jedoch **nicht**[82]. Auch gibt es »keinen allgemeinen verfassungsrechtlichen Grundsatz, wonach Verwaltungsaufgaben ausschließlich vom Bund oder von den Ländern wahrzunehmen sind, sofern nicht ausdrückliche verfassungsrechtliche Regeln etwas anderes zulassen«[83]. Art 91a, 91b GG zeigen dies ebenso, wie Art. 108 IV GG sowie die nach Art. 35 I GG gebotene **Rechts- und Amtshilfe**, die nicht auf einen Einzelfall beschränkt sein muß[84]. Auch die Inanspruchnahme eines 22

---

v. *Münch*, Staatsrecht I, Rn. 548; *Degenhart*, Staatsrecht I, Rn. 143; *Pietzcker* (Fn. 54), § 99 Rn. 18f.; *Erbguth* (Fn. 51), Art. 30 Rn. 11.

[73] BVerfGE 63, 1 (39).
[74] Für *Bothe* (Fn. 51), Art. 30 Rn. 22, ist die Delegation von Zuständigkeiten im Bereich der konkurrierenden Kompetenzen »selbstverständlich«.
[75] Ebenso *Bothe* (Fn. 51), Art. 30 Rn. 23.
[76] Vgl. auch EuGHE 1996, I-1653 (1678ff.), wonach eine allgemeine Verweisung auf den Vorrang abweichender Regelungen des Gemeinschaftsrechts (s. § 2 II AuslG) keine hinreichende Umsetzung von EG-Richtlinien darstellt.
[77] Zu dieser wesentlichen Unterscheidung BVerfGE 47, 285 (312ff., 315f.), mwN.
[78] Vgl. BVerfGE 67, 348 (363f.). → Art. 20 (Demokratie) Rn. 111.
[79] Die insofern nicht so klare, bei *Bothe* (Fn. 51), Art. 30 Rn. 23, und, ihm folgend, bei *Erbguth* (Fn. 51), Art. 30 Rn. 12, genannte Rechtsprechung (BVerfGE 47, 285; 67, 348) betrifft nur Verweisungen von Bundesrecht auf Landesgesetze.
[80] Besonders deutlich BVerfGE 39, 96 (120), zur Begrenzung des Art. 104a IV GG auf die Mitfinanzierung.
[81] Vgl. *Bothe* (Fn. 51), Art. 30 Rn. 24; *Erbguth* (Fn. 51), Art. 30 Rn. 13, beide mit Ausnahme für die »Betrauung«. In diesem Sinne auch noch BVerfGE 32, 145 (156); 41, 291 (311).
[82] Krit. schon BVerfGE 63, 1 (37ff.), mit zahlr. Nachw.; s. auch *Isensee* (Fn. 51), § 98 Rn. 179ff.; W. *Blümel*, Verwaltungszuständigkeit, in: HStR IV, § 101 Rn. 120ff., beide mwN. zum Meinungsstreit. S. auch Kommentierung zu Art. 83.
[83] BVerfGE 63, 1 (39).
[84] Vgl. auch BVerfGE 63, 1 (41); daß durch sie keine Kompetenzverschiebung erfolgt, betonen indessen *Erbguth* (Fn. 51), Art. 30 Rn. 13, und *Pietzcker* (Fn. 54), § 99 Rn. 21; näher: B. *Schlink*, Die Amtshilfe, 1982, S. 34. → Art. 35 Rn. 8.

anderen Verwaltungsträgers im Wege der **Organleihe** oder »**Betrauung**« führt nicht zu einer unzulässigen Kompetenzverschiebung – das entliehene Organ wird im Namen des Entleihers tätig und folglich in dessen Kompetenzwahrnehmung einbezogen[85]. Aus der **Schutzfunktion** des Art. 30 GG ergibt sich indessen zumindest, daß **kooperative Verwaltung** zwischen Bund und Ländern nicht direkt oder mittelbar, etwa durch entsprechende Vorbehalte bei Finanzhilfen (vgl. Art. 104a GG)[86], oktroyiert oder durch Verknappung der Mittel erzwungen sein darf. Die Delegation umfassender Verwaltungsaufgaben, vor allem auch der Ausführung von Landesgesetzen auf den Bund[87], findet zudem in Art. 30 GG unter dem Aspekt der **funktionellen Gewaltenteilung** (→ Rn. 16) eine **objektive Grenze**. Ausnahme ist etwa wegen Art. 32 GG die Übertragung einer aufgrund eines Landesgesetzes im Ausland zu treffenden Maßnahme auf die Konsularbehörden des Bundes[88].

5. Länderkoordinierung

23 Die **Koordination der Länder** untereinander durch Staatsverträge, wie den ZDF-Staatsvertrag[89], den ZVS-Staatsvertrag[90] oder sonstige Vereinbarungen etwa im Rahmen von Länderministerkonferenzen oder der Kultusministerkonferenz, ist von Art. 30 GG nicht direkt erfaßt. Diese »**Dritte Ebene**« hat zwar große Bedeutung in der Verfassungswirklichkeit[91], aber keine Grundlage im Verfassungstext. Die im Grundgesetz festgelegte Kompetenzaufteilung zwischen Bund und Ländern schließt Staatsverträge zwischen den Ländern zur effektiven Erfüllung ihrer Aufgaben in Bereichen, die das einzelne Land überforderten, mit ein[92], erlaubt aber **nicht** die Einrichtung einer **neuen staatlichen Ebene**[93]. Unzulässig ist insofern insbesondere die vertragliche Schaffung eines neuen »zwischenstaatlichen Hoheitsträgers«.

---

[85] Sie ist nach BVerfGE 63, 1 (41 ff.) zulässig, als »besonderer sachlicher Grund« (ebd., 41) genügen hiernach »verwaltungspraktische und -ökonomische Erwägungen« (ebd., 43); → Fn. 81. Restriktiver wohl *Pietzcker* (Fn. 54), § 99 Rn. 21, der die Organleihe wegen der »Aspekte der Mischverwaltung« auf Ausnahmefälle beschränken will.

[86] Vgl. dazu *Isensee* (Fn. 51), § 98 Rn. 185.

[87] Vgl. BVerfGE 12, 205 (221): »Organe des Bundes werden niemals zum hoheitlichen Vollzug von Landesrecht zuständig sein«; s. auch BVerfGE 21, 312 (325 f.): »schlechthin ausgeschlossen«.

[88] *Bothe* (Fn. 51), Art. 30 Rn. 25; *Erbguth* (Fn. 51), Art. 30 Rn. 13. Zur Problematik des Flurbereinigungsabkommens und zu Fragen der gesamtstaatlichen Repräsentation vgl. R. *Goroncy*, WissR 5 (1972), 135 (160); zum Lindauer Abkommen: → Art. 32 Rn. 43, 48; vgl. auch A. *Randelzhofer*, Domestic Law Procedures for Conclusion of International Agreement Transacted by the Executive in the Federal Republic of Germany, in: M. Bothe/R.E. Vinuesa (Hrsg.), International Law and Municipal Law, 1982, S. 145 ff. (148) mwN.

[89] Vgl. dazu BVerfGE 22, 299.

[90] Dazu BVerfGE 42, 103.

[91] Dazu den Überblick über die vielfältigen Formen von Gemeinschaftseinrichtungen der Länder: *Blümel*, Verwaltungszuständigkeit (Fn. 82), § 101 Rn. 167 ff.; weiterführend A. *Benz*, DÖV 1993, 85 ff.; F. *Ossenbühl*, Landesbericht Bundesrepublik Deutschland, in: ders. (Hrsg.), Föderalismus und Regionalismus in Europa, 1990, S. 120 ff. (140 ff.); J. *Pietzcker*, in: C. Starck (Hrsg.), Zusammenarbeit der Gliedstaaten im Bundesstaat, 1988, S. 17 ff., 21 f.; F.W. *Scharpf*, Der Bundesrat und die Kooperation der »Dritten Ebene«, in: Vierzig Jahre Bundesrat, 1989, S. 121 ff.

[92] Vgl. auch *Isensee* (Fn. 51), § 98 Rn. 175.

[93] Zutreffend kritisch gegenüber dem Begriff der »Dritten Ebene« daher *Isensee* (Fn. 51), § 98 Rn. 176, für den die bestehenden gemeinsamen Einrichtungen »im staatsrechtlichen Bereich der Länder« verbleiben.

6. Ausschließlichkeit der Kompetenzverteilung

Die Kompetenzverteilung nach Art. 30, 70 ff., 83 ff., 92 ff. GG ist **ausschließlich**, sie schließt Doppelzuständigkeiten aus, ist vollständig und lückenlos[94]. »Kompetenzfreie« Räume, etwa im Bereich des »schlicht-hoheitlichen« Handelns oder erwerbswirtschaftlicher bzw. fiskalischer Tätigkeit, sind nicht eröffnet[95], schon weil staatliches Handeln ohne Kompetenz ausgeschlossen ist (→ Rn. 26 ff.) und diese nach Art. 30 GG nur dem Bund oder den Ländern zugewiesen sein kann.

24

7. Bindung an das Handeln der jeweils anderen Einheit

Bund und Länder sind bei allem an kompetenzgerechtes Handeln der jeweils anderen Wirkungseinheit gebunden. Aus dem der **Bundestreue**[96] zu entnehmenden Gebot der Rücksichtnahme und dem verfassungsrechtlichen Prinzip der praktischen Konkordanz[97] ergibt sich, daß indessen die spezifische Aufgabenwahrnehmung der jeweils (mit-) betroffenen Seite zu beachten ist, d.h. zumindest der Kern des jeweils anderen Zuständigkeitsbereichs nicht berührt werden darf[98]. Hierin ist eine wichtige **Kompetenzausübungsschranke** zu sehen[99].

25

II. Staatliche Befugnisse und Aufgaben

Der Begriff der staatlichen Befugnisse und Aufgaben umschreibt die Gesamtheit der durch das Grundgesetz legitimierten **Tätigkeit öffentlicher Gewalt** durch die zuständigen Organe in den Funktionen Gesetzgebung, Verwaltung und Rechtsprechung[100]. In ihm verbindet sich eine aus der objektiven Grundrechtsdimension abgeleitete Leistungspflicht des Staates mit einer Beschränkung und Kontrolle staatlicher Macht[101]. Dabei ist die materielle Vorgabe sehr unbestimmt und offen, staatliche Aufgaben sind nicht von vornherein determiniert, vielmehr ist es die Fähigkeit des modernen Staates und Zweck seiner demokratischen Verfahren, den Wirkungskreis öffentlicher Gewalt zu definieren und seine Aufgaben selbst zu wählen[102] – freilich unter Beachtung eines zugleich legalisierenden Moments, nämlich der Beachtung der europa- und verfassungsrechtlichen Vorgaben und Grenzen[103]. In diesem Sinne ist die Formulierung des Bundesverfassungsgerichts zu verstehen, wenn der Staat sich mit einer Aufgabe befas-

26

---

[94] Vgl. auch *Isensee* (Fn. 51), § 98 Rn. 187 ff. → Fn. 54.
[95] Ebenso *R. Schmidt*, Öffentliches Wirtschaftsrecht, 1990, S. 527 f.; *M. Ronellenfitsch*, Wirtschaftliche Betätigung des Staates, in: HStR III, § 84 Rn. 3 f.; *Isensee* (Fn. 51), § 98 Rn. 192, hält sie »im modernen Steuerstaat« ohnehin für »anachronistisch«, sie werden auch deshalb »nicht von der Kompetenzordnung erfaßt«, weil sie »sich nicht in die rechtsstaatliche Ordnung der Grundrechte fügt«, mwN. zum Streitstand.
[96] Vgl. auch *H. Bauer*, Die Bundestreue, 1992, S. 303 ff., 355 f.
[97] *Hesse*, Verfassungsrecht, Rn. 72 mwN.
[98] BVerfGE 12, 205 (255 f.); *Bothe* (Fn. 51), Art. 30 Rn. 33; *Degenhart*, Staatsrecht I, Rn. 184 ff.; *Erbguth* (Fn. 51), Art. 30 Rn. 28; *Stern*, Staatsrecht I, S. 699.
[99] Ähnlich *C. Pestalozza*, DÖV 1972, 181 (188).
[100] Vgl. auch *Gubelt* (Fn. 32), Art. 30 Rn. 8.
[101] Zu sehr auf die Unterscheidung von Staat und Gesellschaft abstellend: *P. Kirchhof*, Mittel staatlichen Handelns, in: HStR III, § 59 Rn. 16 ff.
[102] So *J. Isensee*, Gemeinwohl und Staatsaufgaben im Verfassungsstaat, in: HStR III, § 57 Rn. 156.
[103] So zur Teilung und Veränderung der Souveränität angesichts der innerstaatlichen und europäischen Kompetenzordnung auch *Kirchhof* (Fn. 101), § 59 Rn. 20.

se, werde sie zu einer staatlichen[104]. Im Verfassungsstaat begründet die **Verfassung jede Staatlichkeit**, demnach kann es in ihm keine staatlichen Aufgaben und Befugnisse außerhalb der durch die Verfassung und gemäß ihren Bestimmungen begründeten geben[105]. Trotz der Problematik einer starren Unterscheidung zwischen Staat und Gesellschaft[106] gilt gleichwohl als verfassungsrechtliche Vorgabe das Verbot sowohl einer Verstaatlichung der Gesellschaft wie auch einer Vergesellschaftlichung des Staates[107]. Dabei ist die Definition der staatlichen Aufgaben angesichts zunehmender staatlicher Steuerungsprobleme und der damit notwendig werdenden Entwicklung veränderter Handlungsformen des Staates und stärkerer gesellschaftlicher Selbstregulierung in jüngster Zeit zunehmend zum verfassungsrechtlichen Problem geworden[108].

27 Im Rahmen des Art. 30 GG ist der Begriff der staatlichen Befugnisse und Aufgaben im Hinblick darauf bedeutsam, inwieweit ein Tätigwerden eines Hoheitsträgers unter die in Art. 30 GG normierte Kompetenzordnung fällt. Als Grundsatznorm der Kompetenzverteilung muß Art. 30 GG von einem **umfassenden Verständnis** der staatlichen Befugnisse und Aufgaben ausgehen. Erfaßt wird die Gesamtheit staatlicher Tätigkeit, gleich welcher Funktion sie zuzuordnen ist. Unerheblich ist auch, ob sie gesetzesakzessorisch ist oder gesetzesfrei[109], ob es um die Erfüllung öffentlicher Aufgaben in Form des öffentlichen Rechts oder des Privatrechts geht[110], um staatliche Eingriffe, ob um Gestaltung oder um Wahrnehmung von staatlichen **Fördermaßnahmen** (vgl. Art. 91a, 91b, 104a IV GG)[111].

28 Hinsichtlich schlichten Verwaltungshandelns werden jedenfalls öffentliche Warnungen sowie gezielte Öffentlichkeitsarbeit von Art. 30 GG[112] erfaßt. Auch nur »**anregende**«[113] und »**informelle**« Tätigkeiten[114] fallen unter Art. 30 GG, soweit sie offiziell ausgeübt werden[115]: Es ist nicht Sache des Bundes, auf die Gestaltung des Schulwe-

---

[104] BVerfGE 12, 205 (243).
[105] Vgl. auch *K. Hesse*, Verfassung und Verfassungsrecht, in: HdbVerfR, § 1 Rn. 27; anders wohl *Isensee* (Fn. 102), § 57 Rn. 41 ff.: »das verfassungsvorgegebene Konzept des Staates«.
[106] Vgl. dazu *Hesse*, Verfassungsrecht, Rn. 11; *ders.*, DÖV 1975, 437 ff., einerseits, und *H.H. Rupp*, Die Unterscheidung von Staat und Gesellschaft, in: HStR I, § 28, andererseits. S. auch *E.-W. Böckenförde*, Die Bedeutung der Unterscheidung von Staat und Gesellschaft im demokratischen Sozialstaat der Gegenwart, in: ders. (Hrsg.), Staat, Gesellschaft, Freiheit, 1976, S. 185 ff., und die Beiträge in: ders. (Hrsg.), Staat und Gesellschaft, 1976 → Art. 20 (Sozialstaat) Rn. 21 ff.
[107] Formulierung von *H. Ridder*, Zur verfassungsrechtlichen Stellung der Gewerkschaften im Sozialstaat nach dem Grundgesetz für die Bundesrepublik Deutschland, 1960, S. 14; vgl. auch *Rupp* (Fn. 106), § 28 Rn. 44; *Kirchhof* (Fn. 101), § 59 Rn. 17.
[108] Vgl. etwa: *M. Schmidt-Preuß*, Verwaltung und Verwaltungsrecht zwischen gesellschaftlicher Selbststeuerung und staatlicher Steuerung, VVDStRL 56 (1997), S. 160 ff. (169 ff.), mwN. Weiterführend *D. Grimm*, Der Wandel der Staatsaufgaben und die Krise des Rechtsstaats, in: ders. (Hrsg.), Wachsende Staatsaufgaben – Sinkende Steuerungsfähigkeit des Rechts, 1990, S. 291 ff., 297 mwN.; *ders.*, Die Zukunft der Verfassung, 1991, S. 411 ff.
[109] BVerfGE 12, 205 (244, 246 f.); 22, 180 (217); 39, 96 (109).
[110] BVerfGE 12, 205 (244 ff.); vgl. auch *Gubelt* (Fn. 32), Art. 30 Rn. 8; *Erbguth* (Fn. 51), Art. 30 Rn. 32.
[111] BVerfGE 22, 180 (216 f.); zu Art. 104a IV GG vgl. BVerfGE 86, 148 (263 ff.). S. auch *Gubelt* (Fn. 32), Art. 30 Rn. 7, mwN.
[112] Vgl. BVerfGE 44, 125 (149).
[113] BVerfGE 22, 180 (216): Anregungen der Bundesregierung auf dem Gebiet der Jugendhilfe sind »unter dem Gesichtspunkt des Art. 30 GG ohne Bedeutung«.
[114] Vgl. *Isensee* (Fn. 51), § 98 Rn. 195: »Bund und Länder haben insofern ein ›allgemein-politisches‹ Mandat«.
[115] Näher dazu *Pietzcker* (Rn. 54), § 99 Rn. 17, mwN.; ihm folgend *Erbguth* (Fn. 51), Art. 30 Rn. 32.

sens in den Ländern konkret Einfluß zu nehmen, auch nicht in politischen Reden, parlamentarischen Debatten oder Regierungsberichten[116].

Dasselbe gilt für sog. die »rein« **fiskalische und erwerbswirtschaftliche Betätigung** 29
der öffentlichen Hand, deren Zuordnung zu Art. 30 GG streitig ist[117]. Den Begriff
»staatlich« demjenigen der »öffentlichen Gewalt« in Art. 19 IV GG gleichzustellen[118],
ist wegen der anderen Zielrichtung des Art. 19 IV GG (→ Art. 19 IV Rn. 26ff.) wenig
überzeugend. **Fiskalische Hilfsgeschäfte** (→ Art. 1 III Rn. 49) sind an die Zwecke der
grundgesetzlich vorgesehenen Verwaltungstätigkeiten gebunden[119] und folgen daher
problemlos der hierfür geltenden Kompetenzzuweisung. **Erwerbswirtschaftliches
Handeln** (→ Art. 1 III Rn. 50) der öffentlichen Hand ist über die vom Grundgesetz vorgesehenen Finanzmonopole hinaus nur legitimiert, soweit es ausnahmsweise für öffentliche Zwecke unerläßlich ist[120]. Daß Bund und Länder nach Art. 135ff. GG Vermögen haben können, präjudiziert weder die Einordnung noch die Zulässigkeit eines
freien privatwirtschaftlichen Handelns der öffentlichen Hand.

III. Vorbehalt anderweitiger Regelung im Grundgesetz

Die grundsätzliche Kompetenzzuweisung an den Bund steht unter dem Vorbehalt ei- 30
ner anderweitigen Regelung, die das Grundgesetz trifft oder zuläßt. Das Wort »**trifft**«
muß im Sinne ausdrücklicher Zuweisung verstanden werden (→ Rn. 31). Die Alternative »**zuläßt**« impliziert zunächst, daß Vorschriften gemeint sind, die dem Bund zwar
eine Kompetenz nicht zuweisen, wohl aber die Möglichkeit einräumen, eine solche
Zuweisung vorzunehmen[121]. Da derartige Vorschriften praktisch kaum existieren
(vgl. Art. 90 III, 99 GG), wird der Begriff zT. auch als Legitimation für die Annahme
ungeschriebener Kompetenzen des Bundes aus der »Natur der Sache« oder »kraft
Sachzusammenhangs« gedeutet (→ Rn. 32ff.)[122]. Im übrigen dürfte in Art. 30 GG mit
dem Wort »zuläßt« auch ein Hinweis auf die Möglichkeiten der **Übertragung von Hoheitsrechten** nach Art. 23 und 24 I GG durch Bundesgesetz zu sehen sein, infolge derer eine weitere, zunehmend wichtige, Ausnahme vom Grundsatz der Länderzuständigkeit begründet werden kann (→ Rn. 36).

1. Ausdrückliche Bundeskompetenzen

Ausdrücklich im Text des Grundgesetzes begründete **Zuständigkeiten des Bundes** fin- 31
den sich für die **Gesetzgebung** insbesondere in den Katalogen der Art. 73, 74, 74a und

---

[116] S. aber *Isensee* (Fn. 51), § 98 Rn. 195.
[117] Dagegen: *Gubelt* (Fn. 32), Art. 30 Rn. 8; *Stern*, Staatsrecht II, S. 783. Dafür: *Bothe* (Fn. 51), Art. 30 Rn. 17; *Erbguth* (Fn. 51), Art. 30 Rn. 33; *Jarass/Pieroth*, GG, Art. 30 Rn. 3. Differenzierend *Pietzcker* (Fn. 54), § 99 Rn. 14.
[118] So *Gubelt* (Fn. 32), Art. 30 Rn. 8.
[119] Vgl. auch *Bothe* (Fn. 51), Art. 30 Rn. 17.
[120] Vgl. auch *Isensee* (Fn. 102), § 57 Rn. 172, mwN.; *P. Lerche*, in: Maunz/Dürig, GG, Art. 83 (1983) Rn. 42; *Jarass/Pieroth*, GG, Art. 30 Rn. 3; mit anderen Gründen: *Bothe* (Fn. 51), Art. 30 Rn. 17; → Fn. 95; aA. *Gubelt* (Fn. 32), Art. 30 Rn. 8, mwN.; s. auch → Art. 12 Rn. 73f.
[121] Vgl. *Bothe* (Fn. 51), Art. 30 Rn. 12; *Erbguth* (Fn. 51), Art. 30 Rn. 39, mwN. u. Verweis auf Art. 87 III GG.
[122] Vgl. *N. Achterberg*, AöR 86 (1961), 63 (88f.); *J. Kölbe*, DÖV 1963, 660 (663); *A. Voigt*, Ungeschriebenes Verfassungsrecht, VVDStRL 10 (1952), S. 33ff. (41); *Gubelt* (Fn. 32), Art. 30 Rn. 14, mwN.

75 GG, aber auch überall dort, wo weitere spezielle Regelungen des Bundesgesetzgebers vorgesehen sind, im Sinne von: »Das Nähere regelt ein Bundesgesetz«: Art. 4 III 2, 21 III, 23 I 2, 24 I, 26 II 2, 29 II, 38 III, 41 III, 45b, 48 III 3, 54 VII, 59 II, 93 II, 94 II 1, 95 III 2, 98 I, 105, 106 III, V u. VI, 107 I u. II, 108 I, II, IV u. V, 109 III u. IV, 114 II, 115 I u. II, 131, 134 IV, 135 V GG. Auch der Erlaß von Rahmenvorschriften zur Rechtsstellung der Richter in den Ländern nach Art. 98 III 2 GG gehört hierzu (→ Art. 70 Rn. 52 f.). Eine ausdrückliche **Bundeskompetenz für die Verwaltung** wird in Art. 87 ff. GG sowie in den Art. 32 I, 35 III, 91a, 91b, 104a III, 108, 120a GG angeordnet. In Art. 92 ff. GG sind Bundeskompetenzen für die **Rechtsprechung** normiert. Ist schließlich, wie etwa nach Art. 95 I, lediglich der »Bund« zuständig, so beurteilt sich die Frage, ob es sich um eine Gesetzgebungs- oder Verwaltungskompetenz handelt, nach den Regeln über den Vorbehalt des Gesetzes[123].

2. Ungeschriebene Bundeskompetenzen

32 An dem Ausdruck »zuläßt« hatte sich in der Frühzeit des Grundgesetzes eine Debatte über ungeschriebene Bundeszuständigkeiten, insbesondere aufgrund von Verfassungsgewohnheitsrecht, entfacht[124]. Sie als außerhalb des Grundgesetzes begründete Kompetenzen zu verstehen[125], stößt heute aber ganz überwiegend auf Ablehnung, schon im Blick auf den Wortlaut, der vom Zulassen durch »dieses Grundgesetz« ausgeht[126]. Nur soweit sie durch Auslegung von Bestimmungen des Grundgesetzes als »mitgeschrieben« begründet werden können, finden sie heute noch Anerkennung[127]. Dies entspricht der *implied powers*-Lehre, wie sie auch in anderen Rechtsordnungen gilt[128]. Das Bundesverfassungsgericht greift in jüngerer Zeit kaum mehr darauf zurück[129]; zur Schaffung der Voraussetzungen für den Beitritt der neuen Bundesländer nach Art. 23 GG aF. begründete es die Gesetzgebungskompetenz des Bundes aus der »Natur der Sache«[130].

33 Im Wege der Auslegung der Vorschriften des Grundgesetzes wird eine Kompetenz des Bundes »**kraft Natur der Sache**« allgemein angenommen, wenn »gewisse Sachgebiete, weil sie ihrer Natur nach eigenste, der partikularen Gesetzgebungszuständigkeit a priori entrückte Angelegenheiten (des Bundes) darstellen, (vom Bund) und nur von ihm geregelt werden können. (...) Die Folgerung aus der Natur der Sache muß begriffsnotwendig sein und eine bestimmte Lösung unter Ausschluß anderer Möglichkeiten sachgerechter Lösung zwingend fordern«[131]. Beispiele für die Bundeskompe-

---

[123] BVerfGE 24, 155 (167); *Erbguth* (Fn. 51), Art. 30 Rn. 36; Jarass/*Pieroth*, GG, Art. 30 Rn. 4. → Art. 20 (Rechtsstaat) Rn. 95 ff.
[124] Vgl. *C. Tomuschat*, Verfassungsgewohnheitsrecht?, 1972, S. 36 mwN.
[125] Anders wohl *M. Bullinger*, AöR 96 (1971), 237 (249 ff.).
[126] *Erbguth* (Fn. 51), Art. 30 Rn. 39; *Gubelt* (Fn. 32), Art. 30 Rn. 15; *Bothe* (Fn. 51), Art. 30 Rn. 13.
[127] Vgl. schon *J. Kölble*, DÖV 1963, 660 (663); *Stern*, Staatsrecht I, S. 676; *Pietzcker* (Fn. 54), § 99 Rn. 12; *Erbguth* (Fn. 51), Art. 30 Rn. 39; Jarass/*Pieroth*, GG, Art. 30 Rn. 5: »Jede Bundeskompetenz muß ihre Grundlage daher im geschriebenen Recht finden«.
[128] Vgl. auch *Stern*, Staatsrecht I, S. 676; *R. Stettner*, Grundfragen einer Kompetenzlehre, 1983, S. 426 f.; → Rn. 9 f.
[129] S. auch *Stettner*, Grundfragen (Fn. 128), S. 427. → Art. 70 Rn. 56.
[130] BVerfGE 84, 133 (148), bestätigt in BVerfGE 85, 360 (374), wo aber nur auf Art. 23 GG verwiesen wird.
[131] BVerfGE 11, 89 (99); 12, 205 (250); 22, 180 (217); 26, 246 (257); *W. Erbguth*, DVBl. 1988, 317 (324).

tenz kraft Natur der Sache sind die Raumordnung für das gesamte Bundesgebiet, Bestimmung des Sitzes der Bundesregierung sowie Festlegung der Wappen, Siegel und der Hymne des Bundes[132]. Die **Rechtschreibreform** wird, soweit sie im Blick auf ihre (schul-)rechtlichen Konsequenzen staatliche Aufgabe ist, wegen der eindeutigen kulturellen Implikationen trotz der einheitlichen Verpflichtung für Bürger und Organe von Bund und Ländern und, darüber hinaus, trotz der nötigen internationalen Abstimmung (Art. 32 GG) vom Bundesverfassungsgericht als Sache der Länder betrachtet und fällt damit nicht in die Bundeszuständigkeit »kraft Natur der Sache«[133].

Eine Bundeszuständigkeit **kraft Sachzusammenhangs** liegt vor, »wenn eine dem Bund zugewiesene Materie verständigerweise nicht geregelt werden kann, ohne daß zugleich eine nicht ausdrücklich zugewiesene andere Materie mitgeregelt wird, wenn also ein Übergreifen in eine nicht ausdrücklich zugewiesene Materie unerläßliche Voraussetzung ist für die Regelung einer der Bundesgesetzgebung zugewiesenen Materie«[134]. Die Kompetenz kraft Sachzusammenhangs ist also gekennzeichnet durch das unerläßliche Übergreifen in einen andersgearteten Sachbereich. Ein Beispiel ist etwa die Regelung der Lichtbild- und Fingerabdruckabnahme von Beschuldigten für Zwecke des Erkennungsdienstes (§ 81b 2. Alt. StPO), die kraft Sachzusammenhangs im Strafprozeßrecht mitgeregelt wurde, obwohl die polizeirechtliche Gefahrenabwehr Sache der Länder ist[135]. 34

Die **Annexkompetenz** als Variante des Sachzusammenhangs hingegen zieht lediglich Vorbereitungs- und Durchführungsfragen mit in dem Bund ausdrücklich zugewiesene Materien hinein. Sie liegt vor, wenn eine an sich nicht der Bundeskompetenz unterliegende Materie keine einheitliche und selbständige ist, wenn sie in notwendigem Zusammenhang mit einer der Zuständigkeit des Bundes unterliegenden Materie steht und deshalb als Annex jenes Gebietes angesehen werden kann[136]. Dies gilt etwa für die Regelung der Gefahrenabwehr als Annex eines bestimmten Sachbereiches, zB. des Witschaftsverwaltungsrechts (Gewerbeordnung) oder für das Gebühren- und Beitragsrecht als Annex zum entsprechend geltenden materiellen Recht (→ Art. 70 Rn. 64ff.). Entsprechend wurde die Einrichtung der **Bahnpolizei** als Element der Kompetenz des Bundes nach Art. 87 I 1 GG aF. für die Eisenbahnen angesehen[137]. Im Blick auf diese Tradition hielt das Bundesverfassungsgericht die Übertragung der Bahnpolizeiaufgaben auf den Bundesgrenzschutz nach Umwandlung der Deutschen Bundesbahn in eine Aktiengesellschaft gestützt auf die Bundesverwaltungskompetenz nach 35

---

[132] Hierzu näher *M. Bullinger,* AöR 96 (1971), 237 (241ff.); *Bothe* (Fn. 51), Art. 30 Rn. 13; *Stern,* Staatsrecht II, S. 612ff., *ders.* Staatsrecht I, S. 676f.; *Hesse,* Verfassungsrecht, Rn. 235ff.; *H.-J. Wipfelder,* DVBl. 1982, 477 (482). → Art. 22 Rn. 15f.; → Art. 70 Rn. 57ff.

[133] Vgl. BVerfG NJW 1998, 2515 (2519): »Herstellung von Einheitlichkeit verfassungsrechtlich im Wege der Selbstkoordinierung, durch Abstimmung mit dem Bund und durch Absprachen mit auswärtigen Staaten [...] auf der Grundlage des Art. 32 III GG«. Zum Problem: *W. Kopke,* Rechtschreibreform und Verfassungsrecht, 1995, S. 78f.; krit. zur staatlichen Regelungsbefugnis: *P. Häberle,* JZ 1996, 719f.; s. auch *O. R. Kissel,* NJW 1997, 1097 ff.; *J. Menzel,* NJW 1998, 1177 (1183); die Fragen wurden offengelassen von VG Berlin NJW 1998, 1243 (1246), m.w.N.

[134] BVerfGE 3, 407 (421); vgl. auch BVerfGE 11, 192 (199); 12, 1 (20); 12, 205 (237f.); 26, 246 (256).

[135] OVG Münster DÖV 1983, 603 (604); dazu auch *H. Dreier,* JZ 1987, 1009ff.; → Art. 70 Rn. 60ff., mit weiteren Beispielen ebd., Rn. 63.

[136] BVerfGE 8, 143 (148ff.); 22, 180 (209ff.); 65, 283 (289); 77, 288 (299); 88, 203 (331).

[137] Vgl. *Rengeling* (Fn. 62), § 100 Rn. 90; s. auch BVerfG NVwZ 1998, 495 (497), das sich auf das »Herkömmliche« und »Traditionelle« stützt.

Art. 87e I 1 GG für zulässig[138]. Mit der weiter zunehmenden Privatisierung des Bahnverkehrs jedoch dürfte die polizeiliche Sonderbehandlung dieses Verkehrssektors etwa gegenüber dem Straßenverkehr kaum mehr gerechtfertigt sein.

3. Auf supranationale Einrichtungen übertragene Kompetenzen

36 Das Grundgesetz läßt nach Art. 23 I und 24 I GG die Übertragung von Hoheitsrechten an die **Europäische Union** und an andere **zwischenstaatliche Einrichtungen** zu. Auch diese Übertragungsnormen sind »andere Regelung(en)« iSd. Art. 30 GG, die die Regelzuständigkeit der Länder einschränken. Da sie aber Bundes- und Länderkompetenzen betreffen, stehen sie auf einer anderen Ebene als Art. 70ff., 83ff. GG; sie sind quasi vor die Klammer gezogen (→ Rn. 10). Der frühere Streit um die Frage, ob Art. 24 I GG auch die Übertragung von Länderkompetenzen umfaßt (→ Art. 24 Rn. 17), kann daher schon aus dem so verstandenen Text des Art. 30 GG im bejahenden Sinne entschieden werden[139].

D. Verhältnis zu anderen GG-Bestimmungen

37 Art. 30 GG tritt als **Grundsatz- und Auffangnorm** gegenüber den Art. 70ff., 83ff. und 92ff. GG zurück, ebenso wie gegenüber allen anderen speziellen Kompetenzzuweisungen an den Bund. Er konkretisiert das **Bundesstaatsprinzip** (→ Art. 20 [Bundesstaat] Rn. 16) und entfaltet zusammen mit den speziellen Vorschriften über die Kompetenzverteilung eine umfassende **Sperrwirkung** gegenüber kompetenzwidrigem Handeln, so daß für Art. 31 GG kein Raum bleibt (→ Art. 31 Rn. 23ff.).

---

[138] BVerfE 97, 198 (218ff.).
[139] Zum Streitstand und anderen Lösungsversuchen vgl. *A. Randelzhofer*, in: Maunz/Dürig, GG, Art. 24 (1992) Rn. 37ff.

Artikel 31 [Vorrang des Bundesrechts]

Bundesrecht bricht Landesrecht.

Literaturauswahl

Barbey, Günther: Bundesrecht bricht Landesrecht, in: DÖV 1960, S. 566–575.
Böckenförde, Ernst-Wolfgang/Grawert, Rolf: Kollisionsfälle und Geltungsprobleme im Verhältnis von Bundesrecht und Landesverfassung, in: DÖV 1971, S. 119–127.
Boehl, Henner Jörg: Verfassunggebung im Bundesstaat. Ein Beitrag zur Verfassungslehre des Bundesstaates und der konstitutionellen Demokratie, 1997.
Dietlein, Johannes: Die Grundrechte in den Verfassungen der neuen Bundesländer – zugleich ein Beitrag zur Auslegung der Art. 31 und 142 GG, 1993.
Dreier, Horst: Einheit und Vielfalt der Verfassungsordnungen im Bundesstaat, in: Karsten Schmidt (Hrsg.), Vielfalt des Rechts – Einheit der Rechtsordnung?, 1994, S. 113–146.
Franke, Dietrich: Verfassungsgerichtsbarkeit der Länder – Grenzen und Möglichkeiten, in: Gegenrede. Festschrift für Ernst Gottfried Mahrenholz, 1994, S. 923–941.
Heckmann, Dirk: Geltungskraft und Geltungsverlust von Rechtsnormen. Elemente einer Theorie der autoritativen Normgeltungsbeendigung, 1997.
Jarass, Hans D.: Regelungsspielräume des Landesgesetzgebers im Bereich der konkurrierenden Gesetzgebung und in anderen Bereichen, in: NVwZ 1996, S. 1041–1047.
Jutzi, Siegfried: Landesverfassungsrecht und Bundesrecht. Kollisionslagen und Geltungsprobleme, exemplifiziert an sozialen und wirtschaftlichen Bestimmungen des Landesverfassungsrechts, 1982.
März, Wolfgang: Bundesrecht bricht Landesrecht. Eine staatsrechtliche Untersuchung zu Art. 31 des Grundgesetzes, 1989.
v. Olshausen, Henning: Landesverfassungsbeschwerde und Bundesrecht. Zur Geltung und prozessualen Aktualisierung von Landesgrundrechten im Bundesstaat des Grundgesetzes, 1980.
Pietzcker, Jost: Zuständigkeitsordnung und Kollisionsrecht im Bundesstaat, in: HStR IV, § 99 (S. 693–721).
Sachs, Michael: Das materielle Landesverfassungsrecht, in: Verfassungsstaatlichkeit. Festschrift für Klaus Stern zum 65. Geburtstag, 1997, S. 475–508.
Uerpmann, Robert: Landesrechtlicher Grundrechtsschutz und Kompetenzordnung, in: Der Staat 35 (1996), S. 428–440.
Vitzthum, Wolfgang Graf: Die Bedeutung gliedstaatlichen Verfassungsrechts in der Gegenwart, VVDStRL 46 (1988), S. 7–56.
Wiederin, Ewald: Bundesrecht und Landesrecht, 1995.

Siehe auch die Angaben zu Art. 28 I GG.

Leitentscheidungen des Bundesverfassungsgerichts

BVerfGE 26, 116 (135) – Besoldungsgesetz; 36, 342 (357 ff.) – Nds. Landesbesoldungsgesetz; 96, 345 (363 ff.) – Landesverfassungsgerichte.

Gliederung

	Rn.
A. Herkunft, Entstehung, Entwicklung	1
I. Ideen- und verfassungsgeschichtliche Aspekte	1
II. Entstehung und Veränderung der Norm	8
B. Internationale, supranationale und rechtsvergleichende Bezüge	11
I. Rang und Geltung internationalen Rechts	11
II. Vorrang europäischen Gemeinschaftsrechts	13
III. Rechtsvergleichende Hinweise	15

C. Erläuterungen		18
I. Allgemeine Bedeutung; Art. 31 GG als Rangordnungs- und Kollisionsnorm		18
II. Art. 31 GG im Regelungsgefüge des Grundgesetzes		21
1. Die Durchgriffsnorm des Art. 1 III GG		22
2. Sperrwirkung der Gesetzgebungszuständigkeiten des Bundes (Art. 70 ff. GG)		23
3. Sonderregelungen für Landesverfassungsrecht (Art. 28 I, 142 GG)		29
III. Art. 31 GG als Kollisionsnorm		31
1. Kollisionsfall (Widerspruch von Bundes- und Landesrecht)		32
a) Bundesrecht		32
b) Landesrecht		35
c) Normwiderspruch (insb. inhaltsgleiches Landesrecht)		36
2. Kollisionsfolge: das Merkmal »brechen«		43
3. Kollisonsfeststellung: Prozessuale Möglichkeiten		45
IV. Fallgruppen und Einzelfälle		50
1. Landesverfassungsrecht		51
a) Grundrechte		51
b) Insbesondere: Anwendung der Landesgrundrechte durch die Landesverfassungsgerichte		55
c) Staatsorganisation, Staatsziele		57
2. Doppelkompetenzen (im Rahmen der einfachen Gesetzgebung)		61
3. Weitere Fälle		62
D. Verhältnis zu anderen GG-Bestimmungen		65

A. Herkunft, Entstehung, Entwicklung

I. Ideen- und verfassungsgeschichtliche Aspekte

1   Als Grundnorm zur Regelung des Verhältnisses zwischen Gesamt- und Gliedstaat scheint Art. 31 GG in einprägsamer Kürze und Prägnanz der Form nach an **ältere deutsche Rechtssprichwörter** (»Stadtrecht bricht Landrecht«, »Landrecht bricht gemeines Recht«)[1] anzuknüpfen, ihnen aber zugleich einen strikt entgegengesetzten Inhalt zu geben und so den historischen Sieg des (nationalen) Territorialstaates über die partikularen Einheiten zu dokumentieren[2]. Diese etwas einfache Umkehrungsoptik täuscht in doppelter Hinsicht. Einmal dürften die erwähnten Parömien bereits ihrerseits ein Werk der gelehrten Jurisprudenz zum Zwecke der Ordnung des vorgefundenen heterogenen Rechtsstoffes sein[3] und nicht, wie gern angenommen, eine irgendwie »urtümliche« (germanische) Rechtsverfassung zum Ausdruck bringen. Zum zweiten geht es in den Rechtssprichwörtern wohl weniger um eine abstrakte Vorrangigkeit des engeren Verbandes gegenüber dem weiteren im Sinne einer gewissermaßen umgekehrten föderativen Hierarchie als um die Vorstellung einer größeren gegenständlichen Spezialität der dem engeren Rechtskreis entnommenen Rechtssätze: nicht also um eine Derogation nach der *lex superior*-Regel, sondern um den Vorrang der *lex spe-*

---

[1] E. Graf/M. Dietherr, Deutsche Rechtssprichwörter, 1869, S. 24 ff.; R. Schmidt-Wiegand, Deutsche Rechtsregeln und Rechtssprichwörter, 1996, S. 219 f.; W. März, Bundesrecht bricht Landesrecht, 1989, S. 25 ff.
[2] S. nur W. Ebel, Geschichte der Gesetzgebung in Deutschland, 2. Aufl. 1958, S. 21 (»genau entgegen der im modernen Staat gültigen Rangordnung der Rechtsquellen«).
[3] Vgl. A. Foth, Gelehrtes römisch-kanonisches Recht in deutschen Rechtssprichwörtern, 1971, S. 69 f. mit Hinweis auf Dig. 50, 17, 80.

*cialis*⁴. Es scheint kein Zufall, daß man hiermit auch den theoretisch unbestrittenen Vorrang des lokalen, städtischen Rechts gegenüber dem subsidiär geltenden, universalen *ius commune* im Rahmen der oberitalienischen Statutentheorie begründete⁵.

Der demgegenüber in Art. 31 GG zum Ausdruck kommende hierarchische Vorrang der höheren (Gebiets-)Einheit gegenüber Teilterritorien begegnet strukturell zum ersten Mal deutlich ausgeprägt in Lehren der hochmittelalterlichen Kirche, die sich einmal mehr als »Führer auf dem Weg zur Rationalität« (Max Weber) erweist. In bezug auf die unterschiedliche Autorität von Universalkonzilien und Partikular- oder Lokalsynoden formuliert **Bernold von Konstanz** († 1100) in einer Streitschrift gegen Heinrich IV. den Grundsatz, daß die von der umfassenderen Gemeinschaft herrührenden Normen denen der Teilkörper vorgehen⁶. Der **Vorrang der Universalkonzilien** wird zum Allgemeingut mittelalterlicher Kanonistik⁷. 2

Anders als die katholische Papstkirche des Mittelalters verfügte das **Heilige Römische Reich Deutscher Nation** nicht über eine zentralistisch-hierarchische Struktur. Für einen strukturell vergleichbaren klaren Vorrang des Reichsrechts gegenüber dem Land- oder Stadtrecht gab es hier keinen Raum. Das aus einem komplexen Rezeptionsprozeß⁸ resultierende **ius commune**, also das »gemeine Recht«, galt nicht als höheres und derogierendes, sondern nur als subsidiäres Recht. Wenn es sich dessenungeachtet gleichwohl weitestgehend durchsetzte, dann wegen seiner inhaltlichen Qualitäten, seiner Verbreitung durch die »gelehrten Juristen« in Verwaltung und Gericht sowie seiner prozeßstrategischen Vorzüge (partikulares Recht mußte »bewiesen« werden und war eng auszulegen). Nicht aufgrund der Stärke, sondern wegen der Schwäche der Reichsgewalt, dessen Machtvakuum es füllte, konnte sich das gemeine Recht machtvoll durchsetzen und praktisch eine Umkehrung der »eigentlichen« Normen- 3

---

⁴ Vgl. die einschlägigen lateinischen Parömien: *lex posterior generalis non derogat priori speciali* und *specialia generalibus derogant, non generalia specialibus* (zit. nach *D. Liebs*, Lateinische Rechtsregeln und Rechtssprichwörter, 1983, L 44, S 54).

⁵ *R. Schulze*, Art. Statutarrecht, in: HRG IV, Sp. 1922 ff. (*ius speciale*, partikulares Recht); s. auch *F. Wieacker*, Privatrechtsgeschichte der Neuzeit, 2. Aufl. 1967, S. 83 f., 138 ff.; *W. Trusen*, Römisches und partikuläres Recht in der Rezeptionszeit, in: FS Heinrich Lange, 1970, S. 97 ff.

⁶ *Bernold von Konstanz*, De vitanda excommunicatorum communione, de reconciliatione lapsorum et de conciliorum, canonum, decretorum, decretalium, ipsorumque pontificum romanorum auctoritate, in: J.-P. Migne (Hrsg.), Patrologia Latina CXLVIII (1853), Sp. 1181 ff. (1210): »Beato quoque Augustino asserente didicimus quod illa concilia quae per singulas regiones vel provincias fiunt, plenariorum conciliorum auctoritati, quae ex universo orbe Christiano fiunt, sine ullis ambagibus cedunt«. Zu Bernold s. *M. Grabmann*, Geschichte der scholastischen Methode, Bd. 1, 1909, S. 234 ff.; zum Hintergrund *U.-R. Blumenthal*, Der Investiturstreit, 1982, S. 124 ff.; *J. Laudage*, Gregorianische Reform und Investiturstreit, 1993, S. 34 ff., 45 ff., 96 ff.

⁷ Zur unmittelbaren Folgezeit *J.A. Brundage*, Medieval Canon Law, London/New York 1995, S. 39; *H.-J. Schmidt*, Reichs- und Nationalkonzilien, in: P. Landau/J. Müller (Hrsg.), Proceedings of the Ninth International Congress of Medieval Canon Law, Rom 1997, S. 305 ff. (309, 311 f. m.w.N.). Gesamtüberblick bei *P. Hinschius*, System des Katholischen Kirchenrechts, Bd. 3, 1883, S. 329 ff., 490 f. Das gilt im übrigen naturgemäß nur für das Verhältnis der Konzilien zueinander, nicht für die andere Konfliktlinie zwischen der Autorität des Papstes und den Konzilien.

⁸ Hierzu und zum folgenden aus der Fülle der Literatur *P. Koschaker*, Europa und das römische Recht (1947), 4. Aufl. 1966; *H. Krause*, Kaiserrecht und Reichsrecht, 1952; *Wieacker*, Privatrechtsgeschichte (Fn. 5), S. 97 ff.; *W. Trusen*, Anfänge des gelehrten Rechts in Deutschland, 1962; *H. Kiefner*, Art. Rezeption (privatrechtlich), in: HRG IV, Sp. 970 ff.; *M. Stolleis*, Art. Rezeption (öffentlichrechtlich), ebd., Sp. 984 ff.; *P.G. Stein*, Römisches Recht und Europa, 1996.

hierarchie mit ihrem Primat des je engeren Rechtskreises herbeiführen, so daß die Subsidiarität keine praktisch bedeutsame Geltungseinschränkung bewirkte.

4   Doch hier sowenig wie sonst fand sich ein formell gesicherter und klar ausgesprochener Vorrang des Reichsrechts[9]. Dies lag wiederum weniger an der Wirkungsmacht juristischer Konzeptionen nach Art der Statutentheorie (→ Rn. 1) als daran, daß sich die Entwicklung hin zu souveräner, frühneuzeitlicher Staatlichkeit in Deutschland auf der Ebene der Landesterritorien und nicht der des Reiches vollzog[10]. Wegen des zunehmenden faktischen Machtvorsprunges der Landesherrschaften einerseits, der reichsrechtlichen Ansprüche andererseits bildete sich in der langen und wechselvollen Geschichte des Alten Reiches eine von der jeweiligen historischen Kräftekonstellation bestimmte **Gemengelage von reichsrechtlichen Ansprüchen und landesrechtlichen Einschränkungen und Eigenrechten**, von Geltungsvorbehalten und Anwendungsmodifikationen heraus, wie sie etwa in den »salvatorischen Klauseln« plastischen Ausdruck fand[11]. Bis zum endgültigen Ende des Alten Reiches in den ersten Jahren des 19. Jahrhunderts war in der Staatspraxis weder für die Anwendung eines klaren föderativen Vorranges des Reichsrechts noch umgekehrt für eine eindeutige souveräne Abkoppelung der Landesherrschaften vom Reichsganzen Raum[12].

5   Gleichwohl wurde zumindest ansatzweise in der Reichspublizistik des 18. Jahrhunderts namentlich von **J.J. Moser** eine Derogation des Landesrechts durch das Reichsverfassungsrecht angenommen und sogar auf die Verfassungsurkunden der Territorien erstreckt[13]. **Pütter** suchte das Rangproblem eher als »föderative Kompetenzfrage«[14] zu lösen und maß dabei den Territorien – ungeachtet des explizit formulierten Vorrangs des kompetenzgedeckten Reichsrechts – den in praxi dominierenden Part als eigentlichen Trägern der Staatsgewalt zu[15]. Letztlich blieb die Rangfrage weitgehend ungeklärt, zumal die Jurisprudenz vorhandene Ansätze, das Reich als Bundesstaat zu begreifen, nicht aufnahm[16].

---

[9] Vgl. *R. Grawert*, Art. Gesetz, in: Geschichtliche Grundbegriffe, Bd. 2, 1975, S. 863 ff. (870 ff., 875 ff.); *A. Buschmann*, Art. Reichsgesetzgebung, in: HRG III, Sp. 581 ff. (587 ff.); *H. Mohnhaupt*, Verfassung I, in: *ders./D. Grimm*, Verfassung, 1995, S. 1 ff. (64 f., 93); *A. Wolf*, Gesetzgebung in Europa, 2. Aufl. 1996, S. 106 ff. mit umfangreichen Nachweisen.

[10] *H. Quaritsch*, Staat und Souveränität, 1970, S. 395 ff.; *ders.*, Art. Souveränität, in: HRG IV, Sp. 1714 ff. (1717 ff.); *D. Willoweit*, Rechtsgrundlagen der Territorialgewalt, 1975, S. 113 ff.; *ders.*, Verfassungsgeschichte, § 18 (S. 118 ff.), § 22 (S. 147 ff.); *R. Vierhaus*, Staaten und Stände, 1984, S. 26 ff.; *H. Dreier*, Art. Souveränität, in: StL[7], Bd. IV, Sp. 1203 ff. (1204 f.).

[11] Dazu *W. Sellert*, Art. Salvatorische Klausel, in: HRG III, Sp. 1280 ff.; *März*, Bundesrecht (Fn. 1), S. 46. Zum bekanntesten Beispiel vgl. *F.-C. Schröder*, Die Peinliche Gerichtsordnung Kaiser Karls V. (Carolina) von 1532, in: ders. (Hrsg.), Die Carolina, 1986, S. 305 ff. (315 ff.) mit stärkerer Betonung eines Vorrangs der Carolina.

[12] *C. Link*, Das Gesetz im späten Naturrecht, in: O. Behrends/C. Link (Hrsg.), Zum römischen und neuzeitlichen Gesetzesbegriff, 1987, S. 150 ff. (166 f.); resümierend *März*, Bundesrecht (Fn. 1), S. 48 ff., 50.

[13] *J.J. Moser*, Neues teutsches Staatsrecht, Bd. 13/2, 1769, S. 1183; Bd. 14, 1773, S. 9; *ders.*, Nebenstunden von Teutschen Staats-Sachen, Bd. 4, 1757, S. 506 ff., 566 f. – mit bezeichnender Bevorzugung einer möglichst geltungserhaltenden Auslegung von Reichs- und Landesrecht. Zu ihm *A. Laufs*, Johann Jacob Moser, in: M. Stolleis (Hrsg.), Staatsdenker in der frühen Neuzeit, 3. Aufl. 1995, S. 284 ff.; speziell zum hier interessierenden Punkt *B. Grzeszick*, Vom Reich zur Bundesstaatsidee, 1996, S. 74.

[14] *Grawert*, Gesetz (Fn. 9), S. 861; zu Pütter auch *Grzeszick*, Reich (Fn. 13), S. 82 ff.

[15] *M. Friedrich*, Geschichte der deutschen Staatsrechtswissenschaft, 1997, S. 129; *C. Link*, Johann Stephan Pütter, in: Stolleis, Staatsdenker (Fn. 13), S. 310 ff. (320).

[16] Eingehend *R. Koselleck*, Art. Bund, Bündnis, Föderalismus, Bundesstaat, in: Geschichtliche Grundbegriffe I, 1972, S. 582 ff. (627 ff.).

I. Ideen- und verfassungsgeschichtliche Aspekte   Art. 31

Der Vorrang des Bundes- bzw. Reichsrechts etabliert sich im 19. Jahrhundert. Noch 6
für den **Deutschen Bund** von 1815 ist dies aber umstritten[17]; erst die **Paulskirchenverfassung** traf insoweit in § 66 eine eindeutige Regelung: »Reichsgesetze gehen den Gesetzen der Einzelstaaten vor, insofern ihnen nicht ausdrücklich eine nur subsidiäre Geltung beigelegt ist.« Im Unterschied hierzu verknüpfte die Bismarcksche **Reichsverfassung 1871** den Vorranggedanken (Art. 2) noch einmal auf eine etwas umständlich anmutende Weise mit den Gesetzgebungszuständigkeiten (Art. 4)[18]. Das erklärt sich dadurch, daß angesichts des gerade erst vollzogenen Überganges vom Staatenbund zum Bundesstaat die Kompetenzbestimmungen in der Reichsverfassung allein noch nicht als ausreichende Grundlage für eine Derogation des Landesrechts angesehen wurden[19].

Zum unmittelbaren Vorbild für das Grundgesetz ist **Art. 13 I WRV** geworden 7
(»Reichsrecht bricht Landrecht«). Stärker noch als die bloße Textgestalt wirken **drei dogmatische Festlegungen der Weimarer Staatsrechtslehre**[20] nach, ohne die weder die Diskussionen im Parlamentarischen Rat (→ Rn. 8f.) noch die späteren Deutungsprobleme des Art. 31 GG erklärlich sind. Erstens verstand man den Vorrang als notwendige und natürliche **Folge der bundesstaatlichen Struktur** der Weimarer Republik[21]. Zweitens galt Art. 13 I WRV als **Sanktionsnorm**, durch welche erst die Nichtigkeit der mit Reichsrecht unvereinbaren Landesgesetze bewirkt wurde (→ Rn. 28)[22]. Eine direkte und alleinige Anwendung der Kompetenznormen kam auch deshalb nicht in Betracht, weil dies zu einer Überprüfbarkeit auch von kompetenzwidrigen Reichsgesetzen hätte führen müssen. Das aber war ausgeschlossen, weil die ganz h.M. ein entsprechendes allgemeines richterliches Prüfungsrecht (Überprüfung von Reichsgesetzen auf ihre Verfassungsmäßigkeit) ablehnte[23], Art. 13 II WRV auf die Überprüfung eines

---

[17] Für einen Vorrang *Huber*, Verfassungsgeschichte, Bd. 1, S. 599ff., 601f.; *Grzeszick*, Reich (Fn. 13), S. 235 m.w.N.; dagegen ausführlich *März*, Bundesrecht (Fn. 1), S. 50ff.

[18] Art. 2 Satz 1 lautete: »Innerhalb dieses Bundesgebietes übt das Reich das Recht der Gesetzgebung nach Maßgabe des Inhalts dieser Verfassung und mit der Wirkung aus, daß die Reichsgesetze den Landesgesetzen vorgehen.«

[19] Das änderte sich in der Folgezeit, indem sich Staatspraxis und Lehre vom Verfassungstext lösten und dem Vorrang dogmatische Konturen verliehen, die noch in Weimar und der Bundesrepublik fortwirkten (unmittelbarer Durchgriff auf Landesebene, Derogation statt bloßer Suspension). Dazu *März*, Bundesrecht (Fn. 1), S. 62ff.

[20] Zum folgenden eingehend *März*, Bundesrecht (Fn. 1), S. 68ff.; *E. Wiederin*, Bundesrecht und Landesrecht, 1995, S. 272ff.; besonders instruktiv *F. Fleiner/J. Lukas*, Bundesstaatliche und gliedstaatliche Rechtsordnung, VVDStRL 6 (1929), S. 2ff., 57ff. mit zahlreichen Diskussionsbeiträgen (u.a. von *Kelsen* und *Nawiasky*).

[21] *Anschütz*, WRV, Art. 13 Anm. 1 u. 2 (S. 101, 102): die Bestimmung ergebe sich aus der Souveränität des Reiches gegenüber den Ländern und sei »ebenso Voraussetzung wie Folge der Hoheit des Reiches über die Länder«; ähnlich *Giese*, WRV, Art. 13 Anm. 1 (S. 80), und *F. Stier-Somlo*, Deutsches Reichs- und Landesstaatsrecht I, 1924, S. 379. Dieser Gedanke (Überordnung des Bundesstaates über die Gliedstaaten als Merkmal des Bundesstaates) schon bei *Jellinek*, Allg. Staatslehre, S. 782. Dazu *März*, Bundesrecht (Fn. 1), S. 71; *Wiederin*, Bundesrecht (Fn. 20), S. 281f.

[22] Berichterstatter *Kahl*, in: Stenographische Protokolle der Nationalversammlung, 1919, S. 1207; *J. Lukas*, VVDStRL 6 (1929), S. 66 (Diskussion). *Giese*, WRV, Art. 13 Anm. 1 hielt eine Kollision auf dem Gebiet der ausschließlichen Gesetzgebung für ausgeschlossen und wollte Art. 13 WRV in erster Linie bei der konkurrierenden bzw. fakultativen Reichskompetenz zur Anwendung kommen lassen; ähnlich *H. Nawiasky*, VVDStRL 6 (1929), S. 63f. (Diskussion).

[23] Statt aller *Anschütz*, WRV, Art. 76 Anm. 1 (S. 401), Art. 102 Anm. 3 (S. 475f.). Dazu *H. Dreier*, JZ 1994, 741 (742f.); *ders.*, ZNR 20 (1998), 28 (40ff.); *Gusy*, Reichsverfassung, S. 216ff. - alle m.w.N. Zum Problemzusammenhang mit Art. 13 vgl. *Wiederin*, Bundesrecht (Fn. 20), S. 274f., 286f.

Landesgesetzes mit dem Reichsrecht beschränkte[24] und desgleichen eine Entscheidungskompetenz des Reichsgerichtshofes über Reichsgesetze in Anlehnung an Art. 19 WRV zurückwies. Konsequenterweise wurde von Anschütz u.a. akzeptiert, daß sich auch kompetenzwidriges Reichsrecht gegen entgegenstehendes Landesrecht durchzusetzen vermochte[25]; Kelsen sah hierin sogar den Kern des Satzes »Reichsrecht bricht Landrecht«[26]. Drittens schließlich war ganz herrschende und von Anschütz mit der »sperrenden« Kraft des Reichsgesetzes (→ Rn. 23ff.) begründete Auffassung, daß auch **inhaltsgleiches Landesrecht** gebrochen werde (→ Rn. 40f.)[27].

II. Entstehung und Veränderung der Norm

8   Bei den Beratungen zum Grundgesetz[28] herrschte von Anbeginn Einigkeit darüber, an die durch Art. 2 RV 1871, Art. 13 WRV gefestigte Verfassungstradition anzuknüpfen[29]. Art. 31 HChE hatte in Anlehnung an die RV 1871 formuliert: »Bundesrecht geht vor Landesrecht«, während der Allgemeine Redaktionsausschuß die sprachlich schärfere Weimarer Version bevorzugte (»Bundesrecht bricht Landesrecht«), die vom Hauptausschuß gebilligt und später nicht mehr geändert wurde. Der endgültige **Wortlaut lag** damit bereits sehr **früh fest**[30]. Mehrere Änderungsvorschläge des Abgeordneten Laforet (CSU), die insbesondere auf die Aufrechterhaltung gleichlautenden Landes(verfassungs)rechts zielten, blieben letztlich vergeblich[31], führten aber immerhin

---

[24] *Anschütz*, WRV, Art. 13 Anm. 3c, 7f (S. 104, 108); *Giese*, WRV, Art. 13 Anm. 2; *Stier-Somlo*, Reichs- und Landesstaatsrecht (Fn. 21), S. 381: »Es kann also nur reichsrechtswidriges Landesrecht, nicht reichsverfassungswidriges Reichsrecht für ungültig erklärt werden.«

[25] Vgl. zum Meinungsstand *Wiederin*, Bundesrecht (Fn. 20), S. 274f.

[26] *H. Kelsen*, Allgemeine Staatslehre, 1925, S. 221. Verfassungspolitisch opponierte er gegen eine solche Prävalenz des Bundes. Prägnant sein Diskussionsbeitrag (VVDStRL 6 [1929], S. 57): »Der Satz: Reichsrecht bricht Landesrecht steht mit dem Prinzip des Bundesstaates in Widerspruch, da durch ihn die Parität zwischen Bund und Gliedstaat in zentralistischem Sinne verschoben wird. Dadurch, daß ein Verfassungsgerichtshof eingesetzt wird, wird die Parität wiederhergestellt. (…) In Österreich gilt der Satz: Verfassungsmäßiges Bundesrecht geht verfassungswidrigem Landesrecht, verfassungsmäßiges Landesrecht geht verfassungswidrigem Bundesrecht vor.« Daraufhin sofort die Entgegnung von *G. Anschütz* (ebd., S. 65), an Art. 13 WRV dürfe nicht gerüttelt werden. Vgl. *Wiederin*, Bundesrecht (Fn. 20), S. 282f.

[27] *Anschütz*, WRV, Art. 13 Anm. 3 (S. 103f.); Einschränkung für Landesgrundrechte bei *Stier-Somlo*, Reichs- und Landesstaatsrecht (Fn. 21), S. 380; gegen die h.M. *A. Hensel*, Die Rangordnung der Rechtsquellen, in: HdbDStR II, S. 313ff. (321). Umfängliche Literaturnachweise bei *M. Sachs*, DÖV 1985, 469 (470 Fn. 15); s. auch *H. v. Olshausen*, Landesverfassungsbeschwerde und Bundesrecht, 1980, S. 110; *Wiederin*, Bundesrecht (Fn. 20), S. 275f.

[28] Zum folgenden näher: JöR 1 (1951), S. 298ff., 910ff.; Schneider, GG-Dokumentation, Bd. 10, S. 60ff.; *März*, Bundesrecht (Fn. 1), S. 76ff.; *Wiederin*, Bundesrecht (Fn. 20), S. 287ff.

[29] Vgl. *R. Bernhardt/U. Sacksofsky*, in: BK, Art. 31 (Drittb. 1998), Rn. 2; *H.-J. Vogel*, Die bundesstaatliche Ordnung des Grundgesetzes, in: HdbVerfR, § 22 Rn. 40.

[30] Nämlich in der ersten Lesung des Hauptausschusses v. 19. 11. 1948 (JöR 1 [1951], S. 298).

[31] Der entschiedene Föderalist *Wilhelm Laforet* hatte in der ersten Lesung im Hauptausschuß zunächst beantragt, Art. 31 auf »entgegenstehendes« Landesrecht zu beschränken, was namentlich *Carlo Schmid* für einen Pleonasmus hielt. Im Sitzungsprotokoll wurde daraufhin ausdrücklich vermerkt, daß sich Art. 31 GG **nur** auf **entgegenstehendes Landesrecht** beziehe. In der dritten Sitzung des Hauptausschusses (9. 2. 1949) stellte er den Antrag, zur Formulierung »Bundesrecht geht vor Landesrecht« zurückzukehren, der nach kontroverser Diskussion an den Fünferausschuß überwiesen wurde (JöR 1 [1951], S. 298ff.). In seiner schriftlichen Vorlage für das Plenum führte *v. Brentano* (CDU) dann unter expliziter Bezugnahme auf Anschütz' WRV-Kommentar aus, mit der Formulierung »brechen«

dazu, daß für die Landesgrundrechte eine besondere Regelung in Art. 142 GG geschaffen wurde[32].

Obwohl man bei den Verhandlungen gewissermaßen intuitiv wichtige Fragen anspach (Suspension oder Derogation, Erfassung inhaltsgleichen Landesrechts, »Sonderfall« Landesgrundrechte), ist ihr Wert für die Interpretation des Art. 31 GG eher gering zu veranschlagen. Insbesondere kann vom behaupteten »fest umrissenen Inhalt« der Norm keine Rede sein[33]. Denn die tieferen Problemschichten blieben weitgehend unerkannt oder doch unerörtert – dies nicht zuletzt deshalb, weil durch die fragwürdige Zuordnung von Kompetenz- und Vorrangfragen zu verschiedenen Abschnitten des Grundgesetzes[34] mit entsprechenden Folgen für die Zuständigkeitsabgrenzung in den Ausschüssen des Parlamentarischen Rates sachlich Zusammengehöriges auseinandergerissen wurde[35]. 9

Der **Text** des Art. 31 GG ist bislang **unverändert** geblieben. Ungeachtet dessen hat sich im Vergleich zu manchen überkommenen Fixierungen der Weimarer Staatsrechtslehre und den im Parlamentarischen Rat dominanten Vorstellungen seine **Interpretation** im Laufe der Zeit nicht unwesentlich **gewandelt** (→ Rn. 40f.)[36]. Aktualität erlangte die Norm im Zusammenhang mit den Verfassungen der neuen Bundesländer und der dadurch aufgeflammten Diskussion über das Verhältnis von Bundesrecht und Landesverfassungsrecht (→ Rn. 51ff.).[37] 10

---

werde **auch inhaltsgleiches Landesrecht erfaßt**. Ein daraufhin im Hauptausschuß von *Laforet* u.a. eingebrachter Antrag, »bricht« durch »geht vor« zu ersetzen, scheiterte dort am 5.5.1949 mit 10 gegen 11 Stimmen nur knapp und blieb auch tags darauf im Plenum erfolglos (Parl. Rat IX, S. 464; vgl. *Wiederin*, Bundesrecht [Fn. 20], S. 292f.).

[32] JöR 1 (1951), S. 911f. S. dazu näher die Kommentierung zu Art. 142 im dritten Band dieses Kommentars.

[33] So die vielzitierte Wendung von *v. Brentano* im Hauptausschuß des Parlamentarischen Rates (vgl. JöR 1 [1951] S. 300, 912). Hierauf stellt als »Entstehungsgeschichte« ausschließlich ab *P.M. Huber*, in: Sachs, GG, Art. 31 Rn. 1; treffend hingegen *März*, Bundesrecht (Fn. 1), S. 113f.; *Wiederin*, Bundesrecht (Fn. 20), S. 290ff. Gerade die Interventionen *Laforets* und die in Fn. 31 skizzierte Kontroverse zeigen, daß ein feststehender Inhalt nicht ohne weiteres fixiert werden konnte.

[34] Dieser Konnex war in Art. 5 des Bayerischen Entwurf für den Verfassungskonvent auf Herrenchiemsee festgehalten (Text in: Parl. Rat II, S. 4; zur Sache ebd., S. LVIIff.). Auch der CSU-Abgeordnete *Schwalber* verknüpfte im Plenum vom 9.7.1948 Kompetenz- und Kollisionsfrage (Parl. Rat IX, S. 95ff., 97f.; s. *Wiederin*, Bundesrecht [Fn. 20], S. 288f.).

[35] Dazu kritisch *März*, Bundesrecht (Fn. 1), S. 77, 80. Symptomatisch für die fehlende Synchronisation der gereizte Wortwechsel im Ausschuß für Zuständigkeitsabgrenzung (Parl. Rat III, S. 171f.); zu einer näheren Diskussion der sachlichen Fragen kam es hier nicht.

[36] Namentlich durch BVerfGE 36, 342; speziell dazu *A. v. Mutius*, VerwArch. 66 (1975), 161ff.; *P. Krause*, JuS 1975, 160ff.; ausführlich *März*, Bundesrecht (Fn. 1), S. 85ff., 93ff.; s. auch *W. Graf Vitzthum*, Die Bedeutung gliedstaatlichen Verfassungsrechts in der Gegenwart, VVDStRL 46 (1988), S. 7ff. (30); *H.J. Boehl*, Verfassunggebung im Bundesstaat, 1997, S. 187, der von »grundlegenden Revisionen in Rechtswissenschaft und Rechtsprechung« spricht.

[37] *J. Dietlein*, Die Grundrechte in den Verfassungen der neuen Bundesländer, 1993; *J. Kersten*, DÖV 1993, 896ff.; *U. Sacksofsky*, NVwZ 1993, 235ff.; *H. Dreier*, Einheit und Vielfalt der Verfassungsordnungen im Bundesstaat, in: Karsten Schmidt (Hrsg.), Vielfalt des Rechts – Einheit der Rechtsordnung?, 1994, S. 113ff. (121ff., 127ff.); *D. Heckmann*, Geltungskraft und Geltungsverlust von Rechtsnormen, 1997, S. 309ff.

B. Internationale, supranationale und rechtsvergleichende Bezüge

I. Rang und Geltung internationalen Rechts

11 Aus Art. 31 GG läßt sich kein allgemeiner Rechtssatz folgern, wonach das Recht der je höheren Einheit Vorrang genießen und die Völkerrechtsordnung pauschal nationalen Rechtsordnungen vorgehen würde. Vielmehr richtet sich die Geltung völkerrechtlicher Normen nach eigenen Anwendungsregeln[38]. Speziell für den Vorrang allgemeiner Regeln des Völkerrechts gemäß **Art. 25 GG** gilt, daß sich dieser auch gegenüber Landes(verfassungs)recht direkt aus Art. 25 GG selbst ergibt (→ Rn. 32) und es des Umweges über die Qualifikation als Bundesrecht i.V.m. Art. 31 GG nicht bedarf[39].

12 Ein neuer und bislang wenig beachteter Anwendungsbereich eröffnet sich für Art. 31 GG allerdings infolge der zunehmend an Bedeutung gewinnenden **EMRK**, die als einfaches Bundesrecht **entgegenstehendes Landesrecht** bricht (→ Vorb. Rn. 22 m.w.N.). Obgleich hier zumeist auch und zugleich eine Nichtigkeit des Landesrechts gemäß Art. 1 III GG vorliegen wird (→ Rn. 22), bleibt für die Ausnahmefälle mangelnder Deckungsgleichheit zwischen den Grundrechten des Grundgesetzes und den Gewährleistungen der EMRK ein Raum, in dem für konventionswidriges Landesrecht Art. 31 GG zu aktivieren ist[40].

II. Vorrang europäischen Gemeinschaftsrechts

13 Der allgemein akzeptierte Vorrang des europäischen Gemeinschaftsrechts[41] läßt sich **nicht in Anlehnung an Art. 31 GG** bestimmen. Isoliert ist die These geblieben, daß mitgliedstaatliches Recht durch Gemeinschaftsrecht »gebrochen« werde[42]. Vielmehr handelt es sich um einen bloßen **Anwendungsvorrang**[43], der das entgegenstehende

---

[38] Vgl. *R. Geiger*, Grundgesetz und Völkerrecht, 2. Aufl. 1994, § 33 III (S. 187f.); *C. Gloria*, in: Ipsen, Völkerrecht, § 73 V (S. 1081f.). → Art. 25 Rn. 5 ff.

[39] So aber die wohl überwiegende Meinung: vgl. Schmidt-Bleibtreu/*Klein*, GG, Art. 31 Rn. 2; *O. Rojahn*, in: v. Münch/Kunig, GG II, Art. 25 Rn. 42; *R. Streinz*, in: Sachs, GG, Art. 25 Rn. 86. Der hier vertretenen Position dürften jene Autoren zuzurechnen sein, die in Art. 25 GG eine »Durchgriffsnorm« (→ Rn. 22) sehen: *Stern*, Staatsrecht I, S. 704; *M. Nierhaus*, in: Sachs, GG, Art. 28 Rn. 4. → Art. 25 Rn. 23.

[40] Probe aufs Exempel: die Entscheidung zur Feuerschutzabgabe in Baden-Württemberg (EGMR NVwZ 1995, 365) vor der kurz darauf erfolgten Kursänderung in der bundesverfassungsgerichtlichen Judikatur (BVerfGE 92, 91). Auch eine Verfassungsbeschwerde in Karlsruhe gegen konventionswidriges Landesrecht kann über Art. 31 GG zum Erfolg führen. Vgl. *W. Bausback*, BayVBl. 1995, 737ff.; zum Konfliktfall zwischen EGMR und BVerfG ferner *R. Bernhardt*, EuGRZ 1996, 339ff.; *G. Ress*, EuGRZ 1996, 350ff.

[41] Aus der Fülle der Literatur *H.P. Ipsen*, Die Bundesrepublik Deutschland in den Europäischen Gemeinschaften, in: HStR VII, § 181 Rn. 57ff.; Nachweise zur gemeinschaftsrechtlichen und verfassungsrechtlichen Begründung dieses Vorranges bei *H. Bauer/W. Kahl*, JZ 1995, 1077 (1078f. m. Fn. 16). Weitere Ausführungen zum Vorrang und seinen Grenzen: → Vorb. Rn. 25; → Art. 1 III Rn. 5 ff.; → Art. 23 Rn. 26ff.

[42] So *E. Grabitz*, Gemeinschaftsrecht bricht nationales Recht, 1966; dagegen u.a. *Oppermann*, Europarecht, Rn. 527; *O. Rojahn*, in: v. Münch/Kunig, GG II, Art. 24 Rn. 72; *Streinz*, Europarecht, Rn. 182.

[43] *Streinz*, Europarecht, Rn. 172ff.; *Rojahn* (Fn. 42), Art. 24 Rn. 69ff.; *P.M. Huber*, Recht der Europäischen Integration, 1996, S. 121ff.; eingehend auch *T. Schilling*, Rang und Geltung von Normen in gestuften Rechtsordnungen, 1994, S. 426f., 432ff. – Problematisch wegen der anderen deutschen Begriffstradition die Kennzeichnung des Begriffs »Sperrwirkung« bei *Oppermann*, Europarecht, Rn. 540 als inhaltsgleich.

mitgliedstaatliche Recht nur supendiert, es zurücktreten läßt, aber nicht dessen Nichtigkeit bewirkt (→ Art. 23 Rn. 26 ff.). Es kann weiterhin auf rein innerstaatliche Sachverhalte und bei Außerkrafttreten des vorrangigen Gemeinschaftsrechts ohne weiteres wieder in vollem Umfang angewendet werden[44].

Der Vorrang des europäischen Gemeinschaftsrechts gilt für Bundes- und Landesrecht gleichermaßen. Die Gemeinschaft ist »mit ›Landes-Blindheit‹ geschlagen«[45], nimmt also die föderale Binnenstruktur Deutschlands nicht wahr (→ Art. 20 [Bundesstaat] Rn. 12 f.). Die innerstaatliche Bewältigung dieses Problems mit seinen Folgen etwa für die Kompetenzverteilung zwischen Bund und Ländern (→ Art. 70 Rn. 14 ff., 51) richtet sich wiederum nicht nach Art. 31 GG, sondern (nunmehr) nach dem Europaartikel des Grundgesetzes (→ Art. 23 Rn. 95 ff.).

III. Rechtsvergleichende Hinweise

Ein unterschiedlich ausgestalteter und nicht immer so drastisch formulierter Vorrang des Bundesrechts ist zumeist fester Bestandteil vergleichbarer föderaler Staaten, die oft eine enge Verzahnung mit den Kompetenznormen vornehmen. Besonders weit geht insofern die **Verfassung Österreichs**, der der Grundsatz »Bundesrecht bricht Landesrecht« fremd ist[46]; die Abgrenzung von Bundes- und Landesgesetzgebung wird hier allein über die Kompetenzvorschriften der Bundesverfassung (Art. 10 ff. BVG) vorgenommen. Im Überschneidungsbereich können Bundes- und Landesgesetze einander nach allgemeinen Kollisionsregeln, insb. dem Satz vom Vorrang der *lex posterior*, wechselseitig derogieren. Anerkannt ist jedoch der Vorrang von Bundesverfassungsrecht gegenüber Landesverfassungsrecht.

Zwar fehlt auch der **Schweizerischen Bundesverfassung** (BV) eine Art. 31 GG vergleichbare explizite Verfassungsnorm. Doch gilt nach ganz herrschender Auffassung gleichwohl der aus Art. 3, 6 BV i.V.m. Art. 2 der Übergangsbestimmungen (UeB) hergeleitete Satz »Bundesrecht bricht kantonales Recht«[47], wobei sich wie beim Grundgesetz das Problem der Koordinierung mit den Kompetenzvorschriften stellt[48]. Da die Schweiz keine Möglichkeit der verfassungsgerichtlichen Überprüfung formeller Bundesgesetze kennt, setzt sich hier anders als in Deutschland (→ Rn. 23) im Konfliktfall auch ein kompetenzwidriges Bundesgesetz gegenüber dem Kantonsrecht durch[49]. Die

---

[44] *Schweitzer*, Staatsrecht III, Rn. 49; *Streinz*, Europarecht, Rn. 200.
[45] *H.P. Ipsen*, Als Bundesstaat in der Gemeinschaft, in: FS Hallstein, 1966, S. 248 ff. (256).
[46] Hierzu und zum folgenden *R. Walter/H. Mayer*, Grundriß des österreichischen Bundesverfassungsrechts, 8. Aufl. 1996, Rn. 295 ff., 303; *Schilling*, Rang (Fn. 43), S. 425, 450; eingehend *Wiederin*, Bundesrecht (Fn. 20), S. 70 ff., 210 ff., 226 ff., 268 f.; *Bernhardt/Sacksofsky* (Fn. 29), Art. 31 Rn. 118 f. – Speziell zum Einfluß Kelsens (→ Rn. 7 m. Fn. 26) s. *F. Ermacora*, Die österreichische Bundesverfassung und Hans Kelsen, 1982; *N. Leser*, Hans Kelsen und die österreichische Bundesverfassung, in: Österreichische Parlamentarische Gesellschaft (Hrsg.), 75 Jahre Bundesverfassung, 1995, S. 789 ff.
[47] *F. Fleiner*, Schweizerisches Bundesstaatsrecht, 1923, S. 421 ff.; *M. Imboden*, Bundesrecht bricht kantonales Recht, 1940; *P. Saladin*, in: J.-F. Aubert u.a. (Hrsg.), Kommentar zu Bundesverfassung der Schweizerischen Eidgenossenschaft, Art. 2 UeB (1986), Rn. 5 ff.; *Bernhardt/Sacksofsky* (Fn. 29), Art. 31 Rn. 116 f.
[48] Dazu *M. Bothe*, Die Kompetenzstruktur des modernen Bundesstaates in rechtsvergleichender Sicht, 1977, S. 137 ff.; *P. Saladin*, in: Aubert, Kommentar (Fn. 47), Art. 3 (1986) Rn. 213. Eine Besonderheit stellt die in Art. 6 BV vorgesehene präventive Rechtskontrolle dar (→ Art. 28 Rn. 37).
[49] Statt aller *U. Häfelin/W. Haller*, Schweizerisches Bundesstaatsrecht, 4. Aufl. 1998, Rn. 377 ff. unter Hinweis auf Art. 113 III BV; *Saladin* (Fn. 47), Art. 2 UeB Rn. 19, 60; *ders.* (Fn. 48), Art. 3 Rn. 78.

US-Verfassung verbindet den Vorrang der Bundesgesetzgebung gemäß der »supremacy clause« mit einem normtextlich strikt fixierten Kompetenzkatalog[50], der sein Gegenstück in der Zuständigkeitsvermutung zugunsten der Einzelstaaten findet. Der hier der Sache nach vorhandene Vorrang des (kompetenzgemäßen) Bundesrechts wird in der strukturell vergleichbaren Verfassung von **Australien** explizit formuliert[51]; ähnliches gilt für **Indien**[52]. Als sehr komplex stellt sich die Lage in **Kanada** dar, wo Platz für einen Vorrang des Unionsrechts nur im Rahmen konkurrierender Kompetenzen bleibt[53]. Die Verfassung der **russischen Föderation** schließlich statuiert einen Vorrang bei ausschließlicher oder gemeinsamer Gesetzgebungskompetenz des Bundes, erkennt im Gegenzug aber ausdrücklich den Vorrang des kompetenzgemäßen Einzelstaatsgesetzes an[54].

17 In mehreren **Verfassungen der deutschen Bundesländer** finden sich gewissermaßen **spiegelbildliche Vorschriften** zu Art. 31 GG, die den Nachrang des Landesrechts aussprechen. Das traf z.B. auf alle fünf Landesverfassungen der Sowjetischen Besatzungszone zu[55], denen Art. 114 I der DDR-Verfassung von 1949 (»Gesamtdeutsches Recht geht dem Recht der Länder vor«) korrespondierte. Im Westen sahen die vorkonstitutionellen Verfassungen von Bremen (Art. 152), Rheinland-Pfalz (Art. 141) und in besonders prägnanter Weise von Hessen (Art. 153 II: »Künftiges Recht der Deutschen Republik bricht Landesrecht«) den Vorrang des Rechts des zu erwartenden Bundesstaates vor. Von den neuen Bundesländern hat nur **Brandenburg** – in der nach wohl richtiger Ansicht deklaratorischen Vorschrift des Art. 2 V der Verfassung[56] – den Vorrang des Grundgesetzes vor der Landesverfassung *und* die Bindung auch der Gesetzgebung an das Bundesrecht bestimmt.

---

[50] Vgl. zum folgenden *Bothe*, Kompetenzstruktur (Fn. 48), S. 143 ff.; *W. Brugger*, Einführung in das öffentliche Recht der USA, 1993, S. 34 ff., 56 ff. Zur »supremacy clause« und ihrer Beschränkung auf verfassungsmäßige Gesetze bereits *A. Hamilton* in den Federalist Papers Nr. 33 (abgedruckt in: A. u. W.P. Adams [Hrsg.], Hamilton/Madison/Jay. Die Federalist-Artikel, 1994, S. 183 ff. [186 ff.]).

[51] Art. 109 der Verfassung vom 9.7.1900: »When a law of a State is inconsistent with a law of the Commonwealth, the latter shall prevail, and the former, to the extent of inconsistency, be invalid.« Zu Australien s. *R. Cullen*, JöR 40 (1991/92), 723 ff.; *P.L. Münch*, Der Staat 35 (1996), 284 ff.

[52] Nach Art. 254 I der Verfassung Indiens von 1949 ist ein kompetenzwidriges Gesetz eines Einzelstaates im Umfang der Kollision nichtig; zur Interpretation *S.P.M. Bakshi*, in: Blaustein/Flanz, Constitutions, Bd. 8, India (1994), S. 187 f.

[53] Näher *Bothe*, Kompetenzstruktur (Fn. 48), S. 171 ff.; zu aktuellen Problemen *S. Hobe*, JöR 42 (1994), 595 ff.

[54] Art. 79 V der Verfassung der Russischen Föderation von 1993; zur praktischen Umsetzung etwa *W. Göckeritz*, ROW 1997, 298 (298 f.).

[55] Verfassungstexte in: *K. Schultes*, Der Aufbau der Landesverfassungen in der sowjetischen Besatzungszone, 1947.

[56] So *R. Scholz*, Die Pflicht der Länder zur Bundestreue, in: J. Rüttgers/E. Oswald (Hrsg.), Die Zukunft des Grundgesetzes, 1992, S. 15 ff. (19); *Bernhardt/Sacksofsky* (Fn. 29), Art. 31 Rn. 21 (mit treffendem Hinweis auf die prozessuale Dimension); a. A. *R. Uerpmann*, Der Staat 35 (1996), 428 (439), der aufgrund seines Gesamtansatzes der Norm konstitutive Bedeutung zuschreibt; ähnlich *M. Sachs*, Die Landesverfassung im Rahmen der bundesstaatlichen Rechts- und Verfassungsordnung, in: H. Simon/D. Franke/M. Sachs (Hrsg.), Handbuch der Verfassung des Landes Brandenburg, 1994, § 3 Rn. 26; noch weitergehend *U. Berlit*, ebd., § 9 Rn. 10: auf Art. 2 V der Verfassung ließe sich die Ansicht vom bloßen Anwendungsvorrang des Bundesrechts vor der Landesverfassung stützen; ähnlich *D. Franke*, Verfassungsgerichtsbarkeit der Länder – Grenzen und Möglichkeiten, in: FS Mahrenholz, 1994, S. 923 ff. (931 f.). – Die Verfassungen von Mecklenburg-Vorpommern (Art. 4) und Sachsen-Anhalt (Art. 2 IV) binden ihre Gesetzgebung unmittelbar nur an das Grundgesetz bzw. die verfassungsmäßige Ordnung.

C. Erläuterungen

I. Allgemeine Bedeutung; Art. 31 GG als Rangordnungs- und Kollisionsnorm

Art. 31 GG ist eine **Grundsatznorm** des föderalen Systems[57]. Sie bringt die prinzipielle Suprematie des Bundes im Bereich der Normsetzung zum Ausdruck und trifft insofern eine sogleich zu relativierende Aussage über die **Rangordnung** des Rechts im deutschen Bundesstaat[58]. Denn der »einschüchternde Wortlaut«[59] täuscht. Eine schematische Regelung der Normenhierarchie nach Art des Vorrangs von *lex superior, lex posterior* oder *lex specialis* läßt sich dem Art. 31 GG gerade nicht entnehmen[60]. Die Norm statuiert keinen bundesrechtlichen Vorrang um jeden Preis und unter allen Umständen. Vielmehr ist sie eingefügt in einen »Kranz homogenitätssichernder Vorschriften«[61] des Grundgesetzes (z.B. Art. 1 III, 28 I, 70ff. GG); erst aus der Gesamtschau dieser positivrechtlichen Verfassungsnormen (und nicht einem vorgeordneten theoretischen Konzept oder einer bestimmten Bundesstaatstheorie) ergibt sich die eigengeartete, weil mehrschichtige Strukturierung und Hierarchisierung des Normengefüges im deutschen Bundesstaat[62]. 18

Regelungsanspruch und Regelungsweite des Art. 31 GG sind also aus dem Zusammenspiel jener Normen zu ermitteln. Dabei erweist sich die Vorschrift als **Kollisionsnorm, nicht** als **Kompetenznorm**[63]. Ihr gehen aus unterschiedlichen Gründen und mit unterschiedlichen Folgen die Art. 1 III, 28 I, 70ff. GG vor (→ Rn. 21ff.), was gemeinhin mit ihrem Vorrang als *leges speciales* erklärt wird[64]. Jedenfalls greift Art. 31 GG prinzipiell erst, wenn ansonsten verfassungsgemäßes und namentlich kompetenzgemäßes Bundesrecht mit Landesrecht in Konflikt gerät. Es ist Aufgabe der Zuständigkeitsverteilung bei den Gesetzgebungskompetenzen, Kollisionen zu vermeiden (→ Rn. 23ff.). Anders als etwa in der Schweiz (→ Rn. 16) bricht daher in Deutschland kompetenzwidriges Bundesrecht nicht Landesrecht, sondern ist selbst wegen Verstoßes gegen die entsprechende GG-Norm nichtig (→ Rn. 23). Der Wortlaut des Art. 31 GG würde daher treffender, wenngleich noch immer nicht erschöpfend lauten: »**Kompetenzgemäßes Bundesrecht bricht entgegenstehendes kompetenzgemäßes Landesrecht**«[65]. 19

---

57 BVerfGE 36, 342 (362, 365). Die Literatur stimmt zu: vgl. nur *Stern*, Staatsrecht I, S. 719; *Vogel* (Fn. 29), § 22 Rn. 40; *M. Gubelt*, in: v. Münch/Kunig, GG II, Art. 31 Rn. 1; Jarass/Pieroth, GG, Art. 31 Rn. 1.
58 Die Bedeutung des Art. 31 als »Rangordnungsnorm« wird betont bei *v. Mangoldt/Klein*, GG, Art. 31, Anm. III 3; mißverständlich auch *T. Maunz*, in: Maunz/Dürig, GG, Art. 31 (1960), Rn. 1 (»Stufenfolge des Rechts«); zu allgemein *Huber* (Fn. 33), Art. 31 Rn. 3 (»Unterordnung des Landesrechts unter das Bundesrecht«); kritisch auch *Bernhardt/Sacksofsky* (Fn. 29), Art. 31 Rn. 11.
59 *U.W. Kasper*, Der Staat 31 (1992), 137. S. auch *J. Ipsen*, Staatsrecht I, Rn. 736: Art. 31 »verspricht mehr, als er bei näherem Hinsehen zu halten vermag«.
60 Dazu näher *Dreier*, Einheit (Fn. 37), S. 114ff., 118f.
61 *W. Roters*, in: I. v. Münch (Hrsg.), GG-Kommentar, Bd. 2, 2. Aufl. 1983, Art. 28 Rn. 4; s. auch *J. Kersten*, DÖV 1993, 896 (896, 898). → Art. 28 Rn. 49f.
62 *J. Pietzcker*, Zuständigkeitsordnung und Kollisionsrecht im Bundesstaat, in: HStR IV, § 99 Rn. 1, 24ff.; *Dreier*, Einheit (Fn. 37), S. 118ff. m.w.N.; *Boehl*, Verfassunggebung (Fn. 36), S. 186ff., 196ff.
63 Heute ganz h.M.: BVerfGE 26, 116 (135); 36, 342 (363); BVerfG (3. Kammer des Zweiten Senats) NJW 1996, 2497 (2498). Aus der Literatur etwa *Stern*, Staatsrecht I, S. 719f.; *M. Bothe*, in: AK-GG, Art. 31 Rn. 1; *Gubelt* (Fn. 57), Art. 31 Rn. 1; *Vogel* (Fn. 29), § 22 Rn. 41; *Huber* (Fn. 33), Art. 31 Rn. 2.
64 *Stern*, Staatsrecht I, S. 720; *Gubelt* (Fn. 57), Art. 31 Rn. 1; hingegen spricht *März*, Bundesrecht (Fn. 1), S. 109 von »Kollisionsvermeidungsnormen«. Die Frage kann hier dahinstehen. → Art. 71 Rn. 20.
65 In Anlehnung an *v. Münch*, Staatsrecht I, Rn. 580ff. Zu den Folgen im einzelnen: → Rn. 31ff.

20 Der Bereich, in dem Art. 31 GG entscheidende Wirkung zukommt, ist aufgrund dieser Vorgaben eher schmal geschnitten[66]; völlig irrelevant ist die Norm aber entgegen vereinzelten Stimmen in der Literatur[67] nicht, wie sich unschwer an einigen einschlägigen Konstellationen demonstrieren läßt (→ Rn. 54, 62 ff.). Andererseits muß Versuchen eine Absage erteilt werden, Art. 31 GG im Wege von **Neu- oder Uminterpretationen** gesteigerte Bedeutung zu verleihen. Weder wird durch ihn eine Bindung der Länder an die Ziele der Bundespolitik bewirkt[68] noch läßt sich die Norm als »vorläufige pauschale Streitentscheidungsregel zugunsten des Bundesrechts« begreifen[69]. Auch stellt sie keine Rechtsanwendungsnorm dar (→ Rn. 55 f.), wie man in Reaktion auf den Honecker-Beschluß des Berliner Verfassungsgerichtshofes gemeint hat[70]. Nur in mittelbarer Weise kann Art. 31 GG die Rechtsanwendung beeinflussen. Eine befriedigende Antwort auf den Konflikt von Bundesrecht und Landesverfassungsrecht läßt sich auch bei konsequenter Anwendung des herkömmlichen Verständnisses von Art. 31 GG finden (→ Rn. 51 ff.).

II. Art. 31 GG im Regelungsgefüge des Grundgesetzes

21 Die hier zugrundegelegte Position hat zur Folge, daß es in einer Reihe von Abstimmungs- und Abgrenzungsfragen zwischen Bundes- und Landesrecht des Art. 31 GG nicht bedarf, sondern die Lösung über andere GG-Bestimmungen erfolgt: vermittels der Durchgriffsnorm des Art. 1 III GG (→ Rn. 22), der verfassungsrechtlichen Gesetzgebungszuständigkeiten (→ Rn. 23 ff.) oder der Sonderregelungen für die Harmonisierung von Bundes- und Landesverfassungsrecht (→ Rn. 29 f.).

1. Die Durchgriffsnorm des Art. 1 III GG

22 Einen ersten »Filter« zur Ausscheidung von Kollisionsfällen bildet die Bindung der gesamten Landesstaatsgewalt an die Grundrechte des Grundgesetzes (→ Art. 1 III Rn. 17, 23). Denn diese tritt ohne weiteres unmittelbar, also im Sinne eines direkten Durchgriffs ein[71]. Bundesgrundrechten zuwiderlaufende Landesgesetze sind wegen

---

[66] *Gubelt* (Fn. 57), Art. 31 Rn. 2; *Jarass/Pieroth*, GG, Art. 31 Rn. 1; *Pietzcker* (Fn. 62), § 99 Rn. 31; *Schilling*, Rang (Fn. 43), S. 429; *Bernhardt/Sacksofsky* (Fn. 29), Art. 31 Rn. 29.
[67] *G. Wolf*, BayVBl. 1956, 238 (238 f.).
[68] *A. Bleckmann*, DÖV 1986, 125 (130); dagegen zurecht *Gubelt* (Fn. 57), Art. 31 Rn. 2, 4.
[69] *Wiederin*, Bundesrecht (Fn. 20), S. 358 ff., 391.
[70] *C. Starck*, JZ 1993, 231 (232); ähnlich *J. Gehb*, DÖV 1993, 470 (473); *J. Berkemann*, NVwZ 1993, 409 (415). Dagegen zurecht *C. Pestalozza*, NVwZ 1993, 340 (343 f.); *Gubelt* (Fn. 57), Art. 31 Rn. 4.
[71] Art. 1 III GG bildet damit den wichtigsten Anwendungsfall sog. Durchgriffsnormen, die ohne weitere Vermittlung Bundes- und Landesstaatsgewalt binden (als weitere werden Art. 25, 26, 33, 34 GG genannt). *Stern*, Staatsrecht I, S. 704 spricht insofern vom »direkten Durchgriff der Bundesverfassung auf die Länder«, *R. Grawert*, NJW 1987, 2329 (2331) von der »verfassungsrechtlichen Konkordanzmasse«, *März*, Bundesrecht (Fn. 1) S. 200 von »ganzheitliche(r) Wirkung«; s. ferner *Vitzthum*, Bedeutung (Fn. 36), S. 11, 33; *J. Kersten*, DÖV 1993, 896 (897); *Dreier*, Einheit (Fn. 37), S. 134; eingehend *P. Werner*, Wesensmerkmale des Homogenitätsprinzips und ihre Ausgestaltung im Bonner Grundgesetz, 1967, S. 63, 89 ff. – Von diesen Durchgriffsnormen zu unterscheiden ist die problematische »Bestandteilstheorie« (BVerfGE 1, 208 [227, 232]; 6, 367 [375]; 60, 53 [61]; 66, 107 [114] u. ö.), derzufolge Bestimmungen des Grundgesetzes wie Art. 21 GG ohne weiteres einen Bestandteil der Landesverfassungen bilden; gründliche Darstellung und Kritik bei *J. Rozek*, Das Grundgesetz als Prüfungs- und Entscheidungsmaßstab der Landesverfassungsgerichte, 1993, S. 157, 179 ff. Wie hier *Bernhardt/Sacksofsky* (Fn. 29), Art. 31 Rn. 88 ff. → Art. 28 Rn. 49 f.

Verstoßes gegen Art. 1 III GG i.V.m. dem einschlägigen Grundrecht nichtig, ohne daß es einer Transformation über Art. 31 GG bedürfte.

2. Sperrwirkung der Gesetzgebungszuständigkeiten des Bundes (Art. 70ff. GG)

Das Grundgesetz kennt im Unterschied etwa zu Österreich (→ Rn. 15) keine »echten« kumulativ konkurrierenden Gesetzgebungszuständigkeiten (→ Art. 72 Rn. 8). Daher sind hier nach heute ganz überwiegender Auffassung Normkompetenzkonflikte in erster Linie über die Gesetzgebungszuständigkeiten der Art. 70ff. GG zu lösen[72]: die **Kompetenzfrage ist der Kollisionsfrage vorgeordnet**[73]. Für die Kollisionsnorm des Art. 31 GG bleibt wegen der Sperrwirkung der Zuständigkeitsvorschriften kein Raum[74], soweit das Grundgesetz eine eindeutige Kompetenzzuweisung vorgenommen hat (→ Rn. 24ff.). **Kompetenzwidriges Landesrecht** ist allein aufgrund fehlender Zuständigkeit mit dem Grundgesetz unvereinbar und daher nichtig[75]; eines Rückgriffs auf Art. 31 GG bedarf es auch als Sanktionsvorschrift nicht (→ Rn. 28). Umgekehrt vermag **kompetenzwidriges Bundesrecht** entgegenstehendes Landesrecht nicht zu brechen; hier folgt aus dem Verstoß gegen Art. 30, 70 GG die Nichtigkeit des Bundesgesetzes, ohne daß Raum für eine Kollision und damit für die Anwendung von Art. 31 GG bliebe[76], der nur in sonstigen Problemfällen wie den »Doppelkompetenzen« von Belang sein kann (→ Rn. 29, 61).

Landesrecht auf dem Gebiet der **ausschließlichen Gesetzgebung** des Bundes (Art. 71, 73 GG)[77] ist nichtig, ohne daß es eines inhaltlichen Widerspruches überhaupt bedürfte[78]; werden die Ermächtigungsvorgaben des zweiten Halbsatzes (»wenn und soweit«) überschritten, so folgt die Nichtigkeit ebenfalls allein aus diesem Verstoß[79]. Gleiches gilt für den Fall vorkonstitutionellen Rechts gem. Art. 124 GG, der eine Lan-

---

[72] Näher *G. Barbey*, DÖV 1960, 566ff.; *März*, Bundesrecht (Fn. 1), S. 116f., 169f.; *Boehl*, Verfassunggebung (Fn. 36), S. 190ff. – Im Grundsatz herrscht darüber heute weitgehend Einigkeit: vgl. *E.-W. Böckenförde/R. Grawert*, DÖV 1971, 119 (122); *Gubelt* (Fn. 57), Art. 31 Rn. 17f.; *Jarass/Pieroth*, GG, Art. 31 Rn. 3; *J. Ipsen*, Staatsrecht I, Rn. 736ff.; *R. Uerpmann*, Der Staat 35 (1996), 428 (429); zu im einzelnen differierenden Positionen sowie der abweichenden Auffassung von *Maunz* und *Bernhardt*: → Rn. 28.

[73] *E.-W. Böckenförde/R. Grawert*, DÖV 1971, 119 (122); *R. Uerpmann*, Der Staat 35 (1996), 428 (434); *Boehl*, Verfassunggebung (Fn. 36), S. 191.

[74] Zur Sperrwirkung s. *März*, Bundesrecht (Fn. 1), S. 142ff.; *H.D. Jarass*, NVwZ 1996, 1041 (1042ff.). → Art. 71 Rn. 8ff. → Art. 72 Rn. 8, 22ff.

[75] Spätestens seit BVerfGE 36, 342 (364) ganz überwiegende Auffassung: Dort wurde betont, »daß nicht der Widerspruch mit einer Norm höheren Ranges in Gestalt einer bundesrechtlichen Regelung, sondern die Unvereinbarkeit mit der Kompetenzregel des Grundgesetzes, die Inkompetenz des Landesgesetzgebers zur Nichtigkeit seines Gesetzes führt.« Im Ergebnis gleich, aber mit Nennung des Art. 31 GG: BVerfGE 29, 11 (17); 31, 141 (145). Aus der Literatur: *P. Krause*, JuS 1975, 160 (162); *Bothe* (Fn. 63), Art. 31 Rn. 10; ausführlich *März*, Bundesrecht (Fn. 1), S. 119ff.; s. auch die Angaben in der nächsten Fn. – Zum hier angesprochenen Nichtigkeitsdogma statt aller *Schlaich*, Bundesverfassungsgericht, Rn. 126, 343ff. m.w.N.

[76] *Pietzcker* (Fn. 62), § 99 Rn. 26; *J. Ipsen*, Staatsrecht I, Rn. 737f.; *Wiederin*, Bundesrecht (Fn. 20), S. 313f.

[77] Hierzu zählen neben den in Art. 73 GG aufgeführten Fällen zahlreiche weitere grundgesetzliche Regelungen: → Art. 71 Rn. 7.

[78] Ganz überwiegende Auffassung: *Degenhart*, Staatsrecht I, Rn. 119; *Bothe* (Fn. 63), Art. 31 Rn. 11; *Jarass/Pieroth*, GG, Art. 31 Rn. 3; *März*, Bundesrecht (Fn. 1), S. 141ff. m.w.N. → Art. 71 Rn. 8.

[79] *März*, Bundesrecht (Fn. 1), S. 143f.; *Schilling*, Rang (Fn. 43), S. 430; *Wiederin*, Bundesrecht (Fn. 20), S. 312f.; a. A. *Bothe* (Fn. 63), Art. 31 Rn. 14.

Art. 31 C. Erläuterungen

deskompetenz ausschließt und über gleichwohl ergehendes Landesrecht selbst das Nichtigkeitsverdikt ausspricht[80]. Im Bereich der ausschließlichen Bundesgesetzgebungszuständigkeit gelangt Art. 31 GG also nicht zur Anwendung.

25 Auf die Heranziehung von Art. 31 GG ist im Ergebnis auch bei der **konkurrierenden Gesetzgebung** zu verzichten. Hat der Bund von seiner Kompetenz Gebrauch gemacht, so entfaltet sich die Sperrwirkung des **Art. 72 I GG** dahingehend, daß jedes – auch inhaltsgleiches – Landesrecht unwirksam wird und neues nicht erlassen werden kann[81]. Eines Rückgriffs auf Art. 31 GG bedarf es nach zutreffender und überwiegender Auffassung nicht[82] – auch nicht für den Fall, daß zum Zeitpunkt des Gebrauchmachens von der Bundeskompetenz bereits Landesrecht existiert[83]. Die Sperrwirkung erstreckt sich ferner auf vorkonstitutionelles Recht aus dem Bereich der konkurrierenden Gesetzgebung, das nach **Art. 125 GG** fortgilt. Die neugeschaffene Freigabebefugnis des **Art. 72 III GG** für Gesetze, für die eine Erforderlichkeit i.S.d. insofern geänderten Art. 72 II GG nicht mehr besteht (→ Art. 72 Rn. 30), stellt ihrerseits eine ausschließliche Bundeskompetenz (→ Rn. 23) dar: sie zieht ohne weiteres die Nichtigkeit von landesrechtlichen Regelungen nach sich, die ohne die bundesgesetzliche Freigabe erfolgen. Für mangels Freigabe unverändert weitergeltendes Bundesrecht tritt eine »versteinernd« wirkende Sperrwirkung besonderer Art ein, die wiederum für eine Anwendung des Art. 31 GG keinen Raum läßt. Gleiches gilt für **Art. 125a II 2 GG**. Macht der Bundesgesetzgeber hingegen von der Freigabemöglichkeit Gebrauch, so besteht das Bundesrecht zunächst weiter, doch kommt es auch jetzt nicht zur Kollision und damit zur Anwendung von Art. 31 GG: denn bis zur Freigabe konnte kein den gleichen Gegenstand betreffendes Landesgesetz ergehen, während ein danach erlassenes ohne weiteres das fortbestehende Bundesrecht kraft nun einsetzender Landeskompetenz vernichtet. Aus diesen Gründen kollidiert auch fortgeltendes Bundesrecht gem. **Art. 125a I, 1. Alt. GG** nicht mit möglichem Landesrecht gem. Art. 125a I 2 GG[84]. In den genannten Fällen gilt der Satz: **Landesrecht bricht Bundesrecht**. Daß hier **partielles Bundesrecht** (→ Art. 72 Rn. 30) entstehen kann, liegt in der Konsequenz der vom verfassungsändernden Gesetzgeber gewählten Konstruktion.

26 Für den Bereich der **Rahmengesetzgebung gem. Art. 75 GG** wird überwiegend angenommen, daß hier mangels Sperrwirkung Landesrecht, das den bundesrechtlich abgesteckten Rahmen überschreitet oder von unmittelbar geltenden Rahmenvorschrif-

---

[80] *März*, Bundesrecht (Fn. 1), S. 143 f.; *M. Kirn*, in: v. Münch/Kunig, GG III, Art. 124 Rn. 1; *P. Kunig*, ebd., Art. 71 Rn. 1; ohne Begründung lassen Art. 31 eingreifen: *T. Maunz*, in: Maunz/Dürig, GG, Art. 124 (1964), Rn. 5; *Jarass*/Pieroth, GG, Art. 124 Rn. 4; *C. Schulze*, in: Sachs, GG, Art. 124 Rn. 5.
[81] BVerfGE 36, 342 (363 f.); 67, 299 (328); 77, 288 (308); 85, 134 (142); *v. Mangoldt/Klein*, GG, Art. 31 Anm. III 9b; *Bothe* (Fn. 63), Art. 31 Rn. 21; H.D. Jarass, NVwZ 1996, 1041 (1043). → Art. 72 Rn. 8, 29.
[82] Eingehend *März*, Bundesrecht (Fn. 1), S. 144 ff. m.w.N.; so auch *P. Kunig*, in: v. Münch/ders., GG III, Art. 72 Rn. 10; *M. Bothe*, in: AK-GG, Art. 72 Rn. 2; Jarass/*Pieroth*, GG, Art. 72 Rn. 5; *Pietzcker* (Fn. 62), § 99 Rn. 26 f.; *C. Degenhart*, in: Sachs, GG, Art. 72 Rn. 30. So wohl im Kern auch BVerfGE 31, 141 (145); 29, 11 (17) – trotz argumentativ überflüssiger Nennung von Art. 31 GG in der letztgenannten Entscheidung. → Art. 72 Rn. 29.
[83] So aber *E.-W. Böckenförde/R. Grawert*, DÖV 1971, 119 (123); *Degenhart*, Staatsrecht I, Rn. 119; *J. Ipsen*, Staatsrecht I, Rn. 739; *Gubelt* (Fn. 57), Art. 31 Rn. 18; *R. Uerpmann*, Der Staat 35 (1996), 428 (436); unentschieden *Bothe* (Fn. 63), Art. 31 Rn. 12.
[84] S. zum Vorangegangenen auch *Heckmann*, Geltungskraft (Fn. 37), S. 300 ff.; *Bernhardt/Sacksofsky* (Fn. 29), Art. 31 Rn. 46 f.

ten abweicht, erst gemäß Art. 31 GG gebrochen werde[85]. Dem ist nicht zu folgen. Widersprechen landesrechtliche Ausführungsregelungen inhaltlich den bundesrechtlichen Rahmenvorgaben (→ Rn. 36 ff.), so ergibt sich deren Nichtigkeit unmittelbar aus dem Verstoß gegen Art. 75 III GG[86]. Soweit der Bund gemäß Art. 75 II GG in »Ausnahmefällen« unmittelbar geltendes Recht setzen darf, folgt die Nichtigkeit (wegen Art. 125a GG: noch) entgegenstehenden Landesrechts ebenfalls direkt aus der fehlenden gliedstaatlichen Regelungskompetenz[87]. Unnötig ist von daher auch der Rückgriff auf Art. 72 I GG[88]. Für Art. 125a I, 2. Alt., 125a II 3 GG gilt das zur konkurrierenden Gesetzgebung Gesagte (→ Rn. 25) entsprechend.

Auch im Bereich der **Grundsatzgesetzgebung** (Art. 91a II, 109 III GG) verbleibt für Art. 31 GG kein Raum, da grundsatzgesetzwidriges Landesrecht (ebenso wie derartiges Bundesrecht) unmittelbar gegen Art. 91a II 2, 109 III GG verstößt[89]. 27

Schließlich fungiert **Art. 31 GG** entgegen einer seinerzeit namentlich von Maunz vertretenen, heute nur noch selten anzutreffenden These[90] auch **nicht als Sanktionsnorm**, die erst die Nichtigkeit kompetenzwidrigen Landesrechts bewirkt. Denn verfassungswidrige und damit auch kompetenzwidrige Bundes- wie Landesgesetze sind eo ipso nichtig; einer Sonderregelung für das Bund-Länder-Verhältnis bedarf es nicht (→ Rn. 19, 23). Anders ließe sich im übrigen auch die Nichtigkeit von kompetenzwidrigem Bundesrecht kaum befriedigend erklären. Die von den Vertretern der Sanktionsthese für ihre Auffassung ins Feld geführten Konstellationen sind ohne eine solche kombinierende Heranziehung von Art. 31 GG lösbar: (1) Finden sich in der **Landesverfassung** Regelungen zu Bereichen, die in die Gesetzgebungskompetenz des Bundes fallen, so folgt deren Nichtigkeit nach hier vertretener Auffassung nicht aus einem Verstoß gegen Art. 70 ff. GG, sondern entweder aus Art. 28 I GG oder direkt aus Art. 31 GG (→ Rn. 29). (2) Der Fall des nach Art. 125 GG als Bundesrecht fortgeltenden vorkonstitutionellen Rechts, für dessen Änderung nach Art. 72 II GG a.F. keine Bundeskompetenz mehr besteht, ist nunmehr von Art. 72 III GG erfaßt (→ Rn. 25). Maunz' Auffassung, daß die Fortgeltung nicht an das Vorliegen der Voraussetzungen 28

---

[85] BVerfGE 32, 199 (232); 51, 77 (90); 66, 291 (310); 67, 1 (11); 80, 137 (153). Aus der Literatur: *T. Maunz*, in: Maunz/Dürig, GG, Art. 75 (1986) Rn. 15; *Bothe* (Fn. 63), Art. 31 Rn. 14; *J. Ipsen*, Staatsrecht I, Rn. 739 f.; *Jarass/Pieroth*, GG, Art. 75 Rn. 3 (jedenfalls bei unmittelbar geltenden Regelungen); *R. Uerpmann*, Der Staat 35 (1996), 428 (435).
[86] So auch *Pietzcker* (Fn. 62), § 99 Rn. 28; *Degenhart*, Staatsrecht I, Rn. 119; *Jarass/Pieroth*, GG, Art. 75 Rn. 3; *H.D. Jarass*, NVwZ 1996, 1041 (1047); *Bernhardt/Sacksofsky* (Fn. 29), Art. 31 Rn. 105 f.; eingehend *März*, Bundesrecht (Fn. 1), S. 157 ff.; *Wiederin*, Bundesrecht (Fn. 20), S. 320 ff.
[87] Wie hier *März*, Bundesrecht (Fn. 1), S. 159 f.; *Wiederin*, Bundesrecht (Fn. 20), S. 327 f. – Andere wollen hier wiederum auf Art. 31 GG abstellen: *Degenhart*, Staatsrecht I, Rn. 119; *Jarass/Pieroth*, GG, Art. 75 Rn. 3.
[88] So BVerfGE 87, 68 (69); 87, 95 (95); dagegen *B. Pieroth*, SächsVBl. 1993, 15 (17); *H.D. Jarass*, NVwZ 1996, 1041 (1047).
[89] Überzeugend *Wiederin*, Bundesrecht (Fn. 20), S. 328 ff., 333 f. (mit Darstellung und Analyse der Gegenpositionen); s. auch *W. Heun*, Staatshaushalt und Staatsleitung, 1989, S. 165 ff.
[90] So namentlich (in Auseinandersetzung mit der strikt entgegengesetzten Position von v. Mangoldt/Klein) *Maunz* (Fn. 58), Art. 31 Rn. 20 ff. (ihm prinzipiell zustimmend noch *R. Bernhardt*, in: BK, Art. 31 [Zweitb. 1964] Rn. 5); zu dieser Kontroverse ausführlich *G. Barbey*, DÖV 1960, 566 ff.; knapp zusammenfassend *Boehl*, Verfassunggebung (Fn. 36), S. 192 ff.; für den Fall rückwirkender Aufhebung ebenso *E.-W. Böckenförde/R. Grawert*, DÖV 1971, 119 (123); jüngst wieder *T. Maunz/H.-J. Papier*, Verfassungs- und Verfassungsprozeßrecht, in: W. Berg u.a. (Hrsg.), Staats- und Verwaltungsrecht in Bayern, 6. Aufl. 1996, S. 1 ff. (9 m. Rn. 20); für die Anwendung des Art. 31 GG zumindest bei »verbleibenden Normkollisionen« *Heckmann*, Geltungskraft (Fn. 37), S. 304. → Rn. 7.

des Art. 72 II GG a.F. gebunden war, führte im übrigen kurioserweise zu Bundesrecht, das niemand hätte ändern können[91]. Verlangt man hingegen das Vorliegen der Voraussetzungen von Art. 72 II GG a.F., ergibt sich die Bundeskompetenz einschließlich Sperrwirkung aus Art. 72 I GG. (3) Der Hinweis von Böckenförde und Grawert auf den »Parallelfall« des späteren Wegfalls der Ermächtigungsgrundlage für eine Rechtsverordnung (→ Art. 80 Rn. 42) verkennt die im Vergleich zur föderal geteilten Gesetzgebungsgewalt ganz andersgeartete Strukturierung des Verhältnisses von Legislative und Exekutive. Es bleibt also dabei: Macht der Bund von seiner konkurrierenden Gesetzgebungsbefugnis Gebrauch, so wird bis dato bestehendes Landesrecht allein dadurch nichtig (→ Rn. 25).

3. Sonderregelungen für Landesverfassungsrecht (Art. 28 I, 142 GG)

29 Für das Landesverfassungsrecht gilt die Abgrenzung der Art. 70 ff. GG prinzipiell nicht. Denn die Gesetzgebungszuständigkeiten erfassen nur das einfache Gesetzesrecht des Landes, nicht auch Landesverfassunggebung oder -änderung[92]. Etwaige Widersprüche zum Bundesrecht werden nicht als Kompetenz-, sondern als Kollisionsproblem eingestuft und demgemäß bereinigt. Das entspricht nach wie vor überwiegender[93], wenngleich stark bestrittener Auffassung[94]. Sie findet ihre Rechtfertigung in der besonderen Dignität des Landesverfassungsrechts als Ausdruck der verfassunggebenden Gewalt des Landesvolkes, also der Verfassungshoheit bzw. Verfassungsautonomie der Länder (→ Art. 28 Rn. 47 ff.). Regelungen der Staatsorganisation, Grundrechtsverbürgungen und programmatische Staatsziele gehören zum überlieferten und auch den Ländern zur Verfügung stehenden Verfassungsrepertoire. Während bei der **Staatsorganisation** eine klare Trennung von Bundes- und Landesorganen möglich sein und von daher zumeist schon keine Kollision (→ Rn. 57 f.) vorliegen wird[95], leuchtet

---

[91] *Maunz* (Fn. 58), Art. 31 Rn. 21 m. Fn. 3: der Bund hat keine Kompetenz, wohl aber die Länder, deren Gesetze indes an Art. 31 GG scheitern!

[92] Die früher von Sachs vertretene Auffassung, auch die Befugnis zur Setzung von Landesverfassungsrecht sei in Art. 70 ff. GG geregelt (*M. Sachs*, DVBl. 1987, 857 [863]; *ders.*, ThürVBl. 1993, 121 [122]), folge aber aus der »Natur der Sache«, war weder die herrschende noch in sich widerspruchsfrei (treffend *Boehl*, Verfassunggebung [Fn. 36], S. 206 ff. m. Fn. 496, 502); sie ist vom Autor mittlerweile de facto aufgegeben worden (*M. Sachs*, Das materielle Landesverfassungsrecht, in: FS Stern, 1997, S. 475 ff. [497 f.]). – Sachs' frühere Position ist von dem nachfolgenden Problem, ob bei Widersprüchen zwischen Bundesrecht und Landesverfassung Art. 70 ff. GG Anwendung finden, klar zu unterscheiden.

[93] Wie hier *v. Olshausen*, Landesverfassungsbeschwerde (Fn. 27), S. 157; *S. Jutzi*, Landesverfassungsrecht und Bundesrecht, 1982, S. 21; *Pietzcker* (Fn. 62), § 99 Rn. 35; *Dietlein*, Grundrechte (Fn. 37), S. 44 f., 48; *U. Sacksofsky*, NVwZ 1993, 235 (239); *Schilling*, Rang (Fn. 43), S. 255, 429; *M. Jachmann*, BayVBl. 1997, 321 (323 ff.); *Boehl*, Verfassunggebung (Fn. 36), S. 193 ff., 196 ff.; *Heckmann*, Geltungskraft (Fn. 37), S. 319; *Bernhardt/Sacksofsky* (Fn. 29), Art. 31 Rn. 17 ff. – Implizit auch BVerfGE 36, 342 (365 f.). Einschränkend unter Betonung der einfachgesetzlichen Umsetzungsmöglichkeiten *R. Wahl*, AöR 112 (1987), 26 (40 ff.) mit der Konzeption einer »aufgabenkonformen Teilung des materiellen Verfassungsrechts« (40).

[94] Für eine ausnahmslose Anwendung der Kompetenznormen: *Wiederin*, Bundesrecht (Fn. 20), S. 344 ff.; *Huber* (Fn. 33), Art. 31 Rn. 9; *R. Uerpmann*, Der Staat 35 (1996), 428 (431 ff.); *B. Lemhöfer*, NJW 1996, 1714 (1716 ff.), bei dem die Einschränkung für Grundrechte und Grundsatznormen etwas unklar bleibt; *März*, Bundesrecht (Fn. 1), S. 181 ff. nimmt scheinbar eine umfassende Bindung an die Kompetenznormen an, hält sie im folgenden aber nur für Programmsätze aufrecht; abwägend auch *H.-U. Gallwas*, JA 1981, 536 (539 f.): Art. 70 ff. GG anwendbar, aber durch Art. 28 I, 142 GG modifiziert.

[95] In Ausnahmefällen kann es auch im staatsorganisatorischen Bereich zu Konflikten kommen, etwa bei Indemnitätsfragen: → Rn. 58.

für die **Grundrechte** und für die ebenfalls einen gewissen Abstraktionsgrad aufweisenden **Staatsziele** ein, daß sie quer zu den einzelnen Kompetenztiteln liegen und sich nicht trennscharf bestimmten Sachmaterien zuordnen lassen; als den Ländern zur Verfügung stehender Regelungstypus sind Grundrechte in Art. 142 GG zudem ausdrücklich anerkannt. Demzufolge dürfen in der Landesverfassung Regelungen enthalten sein, die in Gestalt einfachgesetzlichen Landesrechts unmittelbar wegen Verstoßes gegen Art. 70 ff. GG (→ Rn. 23 ff.) nichtig wären[96]. Konkret bedeutet dies: die (formelle) Landesverfassung ist hinsichtlich der zu behandelnden Sachmaterien nicht von vornherein durch die Kompetenzabgrenzung der Art. 70 ff. GG exkludiert, sondern darf grundsätzlich auch für den Bereich der Bundeszuständigkeiten Aussagen treffen oder bundesrechtliche Regelungen inhaltsgleich wiederholen. Andererseits bietet aber das privilegierte Recht der Landesverfassunggebung keine Handhabe, die grundgesetzliche Verteilung der Zuständigkeiten durch Aufnahme kompetenzwidrigen einfachen Rechts in die Verfassungsurkunde zu unterlaufen: eine unmittelbare, konkrete, Pflichten und Rechte begründende und in Widerspruch zum Bundesrecht stehende Regelung ist und bleibt den Ländern verwehrt. Im Ergebnis gilt daher Gleiches wie bei kompetenzwidrigem einfachen Gesetzesrecht, doch ändert sich der Lösungsweg: an die Stelle der bei einfachem Recht probaten Kompetenzlösung (→ Rn. 19, 23 ff.) tritt im Falle des Landesverfassungsrechts die **Kollisionslösung**.

Gleichwohl greift bei unterschiedlichen Regelungen auch hier nicht sogleich Art. 31 GG ein. Vielmehr ist zu differenzieren. Als für die **Staatsorganisation** einschlägig und systematisch vorrangig erweist sich das grundgesetzliche Homogenitätsgebot, welches den Ländern einen gewissen Ausgestaltungsspielraum läßt (→ Art. 28 Rn. 62). Wird dieser nicht überschritten, gibt es keinen Konflikt; wird er es, folgt die Nichtigkeit unmittelbar aus Art. 28 I GG, ohne daß es eines Rückgriffs auf Art. 31 GG bedürfte. Bei den **Grundrechten** greift diese Norm erst unter den besonderen und ebenfalls vorrangig zu prüfenden Voraussetzungen des Art. 142 GG (→ Rn. 51 ff.). Des weiteren kommt Art. 31 GG (und nicht die Kompetenzordnung)[97] zum Tragen, wenn in der Landesverfassung außerhalb des Anwendungsbereiches von Art. 28 I , 142 GG liegende **Regelungen mit oder ohne Staatszielcharakter** getroffen werden, die aufgrund ihres Konkretisierungsgrades sonstigem Bundesrecht jeder Stufe zuwiderlaufen[98] (→ Rn. 59 f.).

30

---

[96] Beispiel: Träfe ein Bundesland in seiner Verfassung vom Bundesrecht abweichende, konkrete und verbindliche Regelungen über den Schutz der Zivilbevölkerung, so läge darin nach hier vertretener Auffassung kein unmittelbar zur Nichtigkeit führender Verstoß gegen Art. 73 Nr. 4 GG (so nur, wenn das Land diese Regelung in einem einfachen Landesgesetz vorsehen würde); die Bestimmung würde, weil gegen Bundesrecht verstoßend, durch Art. 31 GG gebrochen. – Wie hier *Pietzcker* (Fn. 62), § 99 Rn. 35; *Boehl*, Verfassunggebung (Fn. 36), S. 208; *Bernhardt/Sacksofsky* (Fn. 29), Art. 31 Rn. 20; a. A. *März*, Bundesrecht (Fn. 1), S. 183 f.: direkter Verstoß gegen Bundeskompetenzen auch bei Landesverfassungsrecht.

[97] → Art. 70 Rn. 44; s. auch *C. Degenhart*, in: Sachs, GG, Art. 70 Rn. 17.

[98] Beispiele: (1) Die Landesverfassung kann trotz Art. 74 I Nr. 20 GG Aussagen zum Tierschutz treffen (so z. B. Art. 32 ThürVerf., Art. 39 III 1 BrandenbVerf.). Doch darf sie den Regelungen des Bundes-Tierschutzgesetzes inhaltlich nicht widersprechen; andernfalls greift Art. 31 GG. (2) Die gleiche Folge tritt ein, wenn über Art. 20a GG hinausgehende Naturschutzklauseln der Landesverfassungen (→ Art. 20a Rn. 18 f.) den Regelungen des einfachen Bundesumweltrechts widersprechen; vgl. *H. Hofmann*, StWStP 6 (1995), 155 (163). (3) Richterrechtliche Regelungen über Amtsenthebung, Versetzung etc. in Art. 128 HessVerf. oder Art. 110 I 2 BrandenbVerf. sind wegen Art. 31 GG nichtig, sofern sie gegen das DRiG verstoßen. (4) Gleiches gilt, wenn eine Landesverfassung zum Urheberrecht etwas den einschlägigen bundesgesetzlichen Vorschriften (Art. 73 Nr. 9 GG) Entgegenstehendes regeln würde.

III. Art. 31 GG als Kollisionsnorm

31 Im verbleibenden Anwendungsbereich von Art. 31 GG als Kollisionsnorm (→ Rn. 19) bedarf der Klärung, was unter Bundes- und Landesrecht zu verstehen ist (→ Rn. 32ff.), unter welchen Bedingungen ein Widerspruch zwischen beiden vorliegt (→ Rn. 36ff.) und welche Rechtsfolgen das Merkmal »brechen« nach sich zieht (→ Rn. 43f.).

1. Kollisionsfall (Widerspruch von Bundes- und Landesrecht)

a) Bundesrecht

32 Art. 31 GG spricht schlicht von »Bundesrecht«[99]. Damit ist einer gängigen Formel gemäß das gesamte **von Organen des Bundes gesetzte Recht jeglicher Rangstufe** umfaßt: also namentlich das Grundgesetz selbst sowie einfache förmliche Gesetze und Rechtsverordnungen; hierzu zählen ferner die EMRK (→ Rn. 12) und die allgemeinen Regeln des Völkerrechts (→ Art. 25 Rn. 23; → Rn. 11). Bundesrecht jeder Stufe hat Vorrang vor Landesrecht jeder Stufe: eine Rechtsverordnung des Bundes kann also Landesverfassungsrecht brechen[100]. Nicht außenwirksame Normkomplexe wie Geschäftsordnungen von Bundesorganen (z.B. Bundestag, Bundesregierung) werden ebenso wie Satzungen bundesunmittelbarer Körperschaften des öffentlichen Rechts (etwa nach Art. 87 II, III GG) allerdings kaum mit Landesrecht kollidieren können[101]. **Vorkonstitutionelles Recht** wird nach den Regeln der Art. 124, 125 GG zu Bundesrecht; als solches kann **DDR-Recht** nach Art. 9 II-IV EV fortgelten.

33 Verwaltungsvorschriften[102], Einzelfallentscheidungen (weder der Exekutive noch der Judikative)[103] und Tarifverträge[104] sind **nicht umfaßt**. Auch Verträge zwischen

---

[99] Zum Begriff eingehend *W. Löwer*, Art. Bundesrecht, in: LdR Nr. 5/110 (1986), S. 1ff.; *Bernhardt/Sacksofsky* (Fn. 29), Art. 31 Rn. 31ff.; vgl. noch *Wolff/Bachof/Stober*, Verwaltungsrecht I, §§ 25f. (S. 262ff.); *Stern*, Staatsrecht I, S. 723ff.; *H. Schneider*, Gesetzgebung, 2. Aufl. 1991, Rn. 652.

[100] Gern gebrauchtes Beispiel: *Bernhardt* (Fn. 90), Art. 31 Rn. 11; *Maunz* (Fn. 58), Art. 31 Rn. 8; *Gubelt* (Fn. 57), Art. 31 Rn. 6; *Bothe* (Fn. 63), Art. 31 Rn. 3; *Huber* (Fn. 33), Art. 31 Rn. 4. Allgemein *v. Münch*, Staatsrecht I, Rn. 585: »Jedes kompetenzmäßig gesetzte Bundesrecht bricht jedes entgegenstehende Landesrecht«; *Pietzcker* (Fn. 62), § 99 Rn. 25.

[101] Denn hier fehlt es zumeist an einer echten Kollision (→ Rn. 36ff.). Für Satzungen ebenso *Gubelt* (Fn. 57), Art. 31 Rn. 7 → Art. 40 Rn. 17f.

[102] *Bernhardt/Sacksofsky* (Fn. 29), Art. 31 Rn. 34; *Jarass/Pieroth*, GG, Art. 31 Rn. 2; a.A. *Bothe* (Fn. 63), Art. 31 Rn. 16; *Huber* (Fn. 33), Art. 31 Rn. 4 m. Fn. 9 (für normkonkretisierende Verwaltungsvorschriften). – Verwaltungsvorschriften des Bundes gem. Art. 84 II, 85 II GG gehen solchen der Länder aufgrund dieser Normen, nicht wegen Art. 31 GG vor. Die Frage wird selten thematisiert: In der Sache wie hier BVerwGE 70, 127 (131) – Abstellen auf eine inhaltliche Begrenzung der Ermächtigung der Länder; allgemein für Vorrang *Jarass/Pieroth*, GG, Art. 84 Rn. 8; *A. Dittmann*, in: Sachs, GG, Art. 84 Rn. 22 stellt explizit auf Art. 31 GG ab; für Vorrang auch vor Landesgesetzen *P. Lerche*, in: Maunz/Dürig, GG, Art. 84 (1985), Rn. 86 u. Art. 85 (1987), Rn. 40 (Berufung auf Art. 31 offen mit leichter Präferenz: »in gleicher Weise, wie gemäß Art. 31«); deutlich abstellend auf Art. 31 GG *Bothe* (Fn. 63), Art. 31 Rn. 16f.

[103] Das wird zumeist explizit nur für Regierungs- und Verwaltungsakte gesagt: *Maunz* (Fn. 58), Art. 31 Rn. 7; *Pietzcker* (Fn. 62), § 99 Rn. 24; *Jarass/Pieroth*, GG, Art. 31 Rn. 2; *Huber* (Fn. 33), Art. 31 Rn. 4. Zur Nichtanwendung auf die Judikative: → Rn. 55f.

[104] Ganz h.M.: eingehend *Maunz* (Fn. 58), Art. 31 Rn. 10; s. auch *Gubelt* (Fn. 57), Art. 31 Rn. 9; BayVerfGHE 24, 72 (78); *M. Löwisch*, Grenzen der Tarifmacht, in: R. Richardi/O. Wlotzke (Hrsg.), Münchener Handbuch zum Arbeitsrecht, Bd. 3, 1993, § 252 Rn. 3.

Bund und Ländern und naturgemäß noch weniger solche zwischen den Ländern fallen nicht unter Bundesrecht[105].

Probleme bereitet die Zuordnung des **Gewohnheitsrechts** (→ Art. 70 Rn. 48)[106]. Bildet es sich im Bereich der Gesetzgebung des Bundes[107], ist entgegenstehendes Landesrecht mangels Kompetenz nichtig. Im anderen Falle (Ausbreitung im Bereich von Länderkompetenzen) kann der Landesgesetzgeber tätig werden und das Gewohnheitsrecht durch positives Recht ersetzen oder abschaffen, selbst wenn es bundesweit bestehen sollte. Beim **Richterrecht**, durch das Gewohnheitsrecht zumeist erst definitiv festgestellt wird, das aber sein eigentliches Anwendungsfeld jenseits dessen findet (→ Art. 20 [Demokratie] Rn. 131; → Art. 20 [Rechtsstaat] Rn. 92 ff.), gelten die gleichen Maßstäbe[108]. Einen schwierigen **Sonderfall** stellt die Gesetzeskraft von Entscheidungen des Bundesverfassungsgerichts gem. § 31 II BVerfGG dar[109]. 34

b) Landesrecht

Landesrecht umfaßt alle von Landesorganen erzeugten Rechtssätze: also die Landesverfassungen, einfache Landesgesetze, Rechtsverordnungen (auch solche, die aufgrund bundesgesetzlicher Ermächtigung [→ Art. 80 Rn. 40] erlassen werden)[110], Satzungen der zahlreichen Selbstverwaltungsträger (Körperschaften und zum Teil auch Anstalten des öffentlichen Rechts), namentlich der Gemeinden und Landkreise, die man auch insoweit den Ländern zurechnet (→ Art. 28 Rn. 88). Für Innenrecht (Geschäftsordnungen etc.) gilt das zum Bundesrecht Gesagte (→ Rn. 32). 35

c) Normwiderspruch (insb. inhaltsgleiches Landesrecht)

Nicht jedes Bundesrecht bricht Landesrecht. Es muß vielmehr eine Kollision von Rechtsnormen vorliegen, die kompetenzgemäß erlassen wurden (→ Rn. 19, 23 ff., 29 f.). Eine solche **Kollision** hat das Bundesverfassungsgericht wie folgt bestimmt: »die Kollisionsnorm hinweggedacht, müssen beide Normen auf *einen* Sachverhalt anwendbar sein und bei ihrer Anwendung zu verschiedenen Ergebnissen führen kön- 36

---

[105] Hierzu *Bothe* (Fn. 63), Art. 31 Rn. 24 ff.
[106] Dazu ferner *Wolff/Bachof/Stober*, Verwaltungsrecht I, § 25 IV (S. 268 ff.); *M. Reinhardt*, Konsistente Jurisdiktion, 1997, S. 142 ff.
[107] *Gubelt* (Fn. 57), Art. 31 Rn. 6 will auf den räumlichen Geltungsbereich abstellen; dagegen zurecht kritisch *Bothe* (Fn. 63), Art. 31 Rn. 6; unentschieden *Bernhardt* (Fn. 90), Art. 31 Rn. 17. Wie hier halten für entscheidend den Kompetenzbereich: *Jarass/Pieroth*, GG, Art. 70 Rn. 2; *Huber* (Fn. 33), Art. 31 Rn. 4. Kombination beider Kriterien bei *Stern*, Staatsrecht I, S. 723.
[108] Konkret: die Kreation des allgemeinen Persönlichkeitsrechtes als »sonstiges Recht« i.S.d. § 823 I BGB fällt unter Bundesrecht. Gewohnheitsrecht aus dem Bereich der Landeshoheit wiederum stellt der Grundsatz der Verwirkung im Bauordnungsrecht dar; dazu *Wolff/Bachof/Stober*, Verwaltungsrecht I, § 25 IV 3 (S. 270 m.w. Bsp.). Ausdrücklich für Richterrecht als Teil des Bundesrechts BAG NJW 1980, 1642 (1646); dazu kritisch *E. Picker*, JZ 1988, 1 (2); s. auch *D. Reuter*, JuS 1980, 766 (767) m.w.N. Hier wurde über Art. 31 GG das Aussperrungsverbot von Art. 29 V HessVerf. für nichtig erachtet: → Rn. 54.
[109] Für Orientierung am Rang der geprüften Norm *T. Maunz/H. Bethge*, in: Maunz/Schmidt-Bleibtreu/Ulsamer, BVerfGG, § 31 (1978/1993), Rn. 35; für grundsätzlichen Rang als Bundesrecht hingegen *Pestalozza*, Verfassungsprozeßrecht, § 20 Rn. 105. Letztlich führt das Wort von der »Gesetzes«kraft aber in die Irre, da das Gericht mit seiner Entscheidung weder zum Bundes- noch zum Landesgesetzgeber wird: treffend *Schlaich*, Bundesverfassungsgericht, Rn. 460.
[110] BVerfGE 18, 407 (414); *Stern*, Staatsrecht I, S. 723; *Pietzcker* (Fn. 62), § 99 Rn. 24; *Gubelt* (Fn. 57), Art. 31 Rn. 6.

nen«¹¹¹. Hieran orientiert sich auch die Literatur, die zum Teil unter Anknüpfung an das diesbezügliche Sondervotum von Willi Geiger zusätzliche Anforderungen stellt (→ Rn. 38f.).

37 Vor Bejahung eines Kollisionsfalles ist allerdings zunächst zu prüfen, ob sich durch kunstgerechte **Anwendung der tradierten Auslegungsregeln (canones)** eine Möglichkeit zur Harmonisierung der beiden miteinander konfrontierten Rechtsnormen (etwa durch Feststellung eines Spielraums für das Landesrecht oder dessen »bundesrechtskonforme« Auslegung, aber auch durch Feststellung einer landesrechtlichen Annexkompetenz zur Regelung einer bestimmten Materie)¹¹² ergibt. **Nicht** zurückzugreifen ist allerdings auf die Sätze von der **lex posterior** und der **lex specialis**: sie finden nur auf ein und derselben Rechtsebene Anwendung¹¹³.

38 Eine Kollision setzt die Anwendbarkeit zweier Rechtsnormen auf einen Sachverhalt (→ Rn. 36) und damit einen zumindest **teilidentischen Regelungsgegenstand**¹¹⁴ voraus. Daran fehlt es weitgehend bei der Staatsorganisation von Bund und Ländern (→ Art. 28 Rn. 62). Als klarstellend und in Grenzfällen hilfreich kann das weitergehende, von Geiger geforderte und in Teilen der Literatur übernommene **Erfordernis identischer Adressaten**¹¹⁵ angesehen werden.

39 Hingegen führt das Merkmal des inhaltlichen Widerspruchs kaum zu anderen Resultaten als die von der h.M. verlangten »verschiedenen Ergebnisse« (→ Rn. 32). Präziser ist hingegen die zustimmungswürdige Formel von den **unvereinbaren Normbefehlen**¹¹⁶. Ihr zufolge genügt es nicht, wenn das Landesrecht weiterreicht als das Bundesrecht oder hinter ihm zurückbleibt: vielmehr muß die Anwendung der einen Norm tatsächlich zu Ergebnissen führen, die mit denen bei Anwendung der anderen Norm inkompatibel sind¹¹⁷.

40 Von diesen Prämissen ausgehend, nimmt man mittlerweile in Abkehr von der Weimarer Lehre und der Auffassung des Parlamentarischen Rates (→ Rn. 7ff.) überwie-

---

¹¹¹ BVerfGE 36, 342 (363); vgl. BVerfG (3. Kammer des Zweiten Senats) NVwZ 1990, 356 (357). Die Literatur stimmt weitgehend zu: *Stern*, Staatsrecht I, S. 721; *Gubelt* (Fn. 57), Art. 31 Rn. 3; Schmidt-Bleibtreu/*Klein*, GG, Art. 31 Rn. 5.

¹¹² Vgl. *Bernhardt* (Fn. 90), Art. 31 Rn. 23; *Gubelt* (Fn. 57), Art. 31 Rn. 21; *Pietzcker* (Fn. 62), § 99 Rn. 32ff.; *Dreier*, Einheit (Fn. 37), S. 145; *Sachs*, Landesverfassungsrecht (Fn. 92), S. 503ff. – Mit der gebotenen Zurückhaltung lassen sich die Grundsätze über die verfassungskonforme Auslegung (→ Art. 1 III Rn. 61) heranziehen.

¹¹³ Für die *lex specialis* schon *Anschütz*, WRV, Art. 13 Anm. 2 (S. 102f.); s. auch *Pietzcker* (Fn. 62), § 99 Rn. 32. Für beide römischrechtlichen Parömien *Stern*, Staatsrecht I, S. 720; *Dreier*, Einheit (Fn. 37), S. 115ff., 118. Die Rechtsprechung des Bundesverfassungsgerichts zur Feststellungskompetenz der Gerichte für einen Verstoß förmlicher Landesgesetze gegen späteres Bundesrecht geht von daher fehl: → Rn. 47.

¹¹⁴ Treffend *Pietzcker* (Fn. 62), § 99 Rn. 33.

¹¹⁵ BVerfGE 36, 342 (369f.). – Sondervotum *Geiger*; *Bothe* (Fn. 63), Art. 31 Rn. 15; *Gubelt* (Fn. 57), Art. 31 Rn. 3.

¹¹⁶ *Pietzcker* (Fn. 62), § 99 Rn. 34; *Bernhardt/Sacksofsky* (Fn. 29), Art. 31 Rn. 53. – In diese Richtung auch BVerfG (3. Kammer des Zweiten Senats) NJW 1996, 2497 (2498), wenn in dem dort gegebenen Fall für die Kollision verlangt wird, daß die Bestimmungen des Aktienrechts die landesrechtlich vorgesehene Beendigung der Tätigkeit als Vorstand nach Annahme eines Abgeordnetenmandats verbieten; ähnlich jetzt BVerfGE 96, 345 (365).

¹¹⁷ Beispiel: Wenn ein Landesgrundrecht die Freiheitsentziehung durch die Polizei anders als Art. 104 II 3 GG für drei Tage zuläßt, ergeben sich für die Beamten keine unvereinbaren Normbefehle: der Konflikt wird schon durch Art. 1 III GG gelöst; vgl. *Pietzcker* (Fn. 62), § 99 Rn. 46.

gend an, daß **inhaltsgleiches Landesrecht nicht gebrochen** wird[118]. Das hat das Bundesverfassungsgericht für **gleichlautendes Landesverfassungsrecht** ausdrücklich anerkannt und insoweit mit dem gebotenen Respekt vor der Landesverfassung begründet[119], für sonstiges Landesrecht aber offengelassen[120]. Auch für dieses gilt aber richtiger Auffassung nach nichts anderes. Nur eine solche Betrachtungsweise wird dem Charakter des Art. 31 GG als Kollisionsnorm (→ Rn. 19) gerecht; sie greift aber wohlgemerkt erst bei Vorliegen einer Kollision und läßt die Sperrwirkung der Gesetzgebungskompetenzen unberührt (→ Rn. 23 ff.).

Gegen die hier vertretene Position verfängt auch der Hinweis auf Art. 142 GG und das damit verbundene systematische Argument nicht, die dort ausdrücklich angeordnete Aufrechterhaltung gleichlautender landesgrundrechtlicher Bestimmungen lasse sich nach dem Umkehrschluß nur so deuten, daß ansonsten anderes gelte, gleichlautendes Landesrecht also gebrochen werde[121]. Denn Art. 142 GG verdankt sich der im Parlamentarischen Rat vorherrschenden, aus Weimarer Zeiten stammenden Annahme, Reichsrecht breche auch inhaltsgleiches Landesrecht (→ Rn. 7 ff.). Diese Auffassung ist heute überwunden; sie wird anders als in Weimar auch nicht mehr für die Bewirkung der Folgen benötigt, die man heute mit der Sperrwirkung kompetenzgemäßen Bundesrechts erzielt. **Art. 142 GG** bestätigt daher für den speziellen Bereich der Grundrechte nur noch den allgemein geltenden Grundsatz, wonach inhaltsgleiches Landesrecht nicht gebrochen wird: die Bestimmung ist somit nicht mehr Ausnahme von der Regel, sondern **Ausdruck der Regel**[122]. 41

Auch führt die hier vertretene Auffassung nicht zu einer Einbuße an Rechtssicherheit[123], wenn man nur konsequent den Vorrang der Gesetzgebungskompetenzen beachtet (→ Rn. 23 ff.); zudem bietet Art. 31 GG selbst nur eine höchst trügerische Sicherheit. Die »Gefahr« divergierender Rechtsprechung[124] wiederum ist in erster Linie als Charakteristikum und Konsequenz föderativer Vielfalt sowie als Chance für die Entwicklung wichtiger Innovationsimpulse zu begreifen[125]. 42

---

[118] *Maunz* (Fn. 58), Art. 31 Rn. 14; *Bernhardt/Sacksofsky* (Fn. 29), Art. 31 Rn. 64 ff.; *Bothe* (Fn. 63), Art. 31 Rn. 20; *Gubelt* (Fn. 57), Art. 31 Rn. 23; *Jarass/Pieroth*, GG, Art. 31 Rn. 5; *Stern*, Staatsrecht I, S. 722 f.; *v. Münch*, Staatsrecht I, Rn. 582; *Degenhart*, Staatsrecht I, Rn. 119; *März*, Bundesrecht (Fn. 1), S. 195. A.A.: *C.-F. Menger*, VerwArch. 61 (1971), 75 (78); *v. Mangoldt/Klein*, GG, Art. 31 Anm. IV 3c; *Model/Müller*, GG, Art. 31 Rn. 4; *Huber* (Fn. 33), Art. 31 Rn. 11 f. (für jedes Landesrecht); *R. Uerpmann*, Der Staat 35 (1996), 428 (436 f.). Eigener Ansatz bei *E.-W. Böckenförde/R. Grawert*, DÖV 1971, 119 (124 f.): entscheidend sei der jeweilige Wille des Bundesgesetzgebers.

[119] BVerfGE 36, 342 (365 ff.); 40, 296 (327).

[120] Auch in der jüngsten Entscheidung: BVerfGE 96, 345 (364). Anders die Judikatur einiger Landes(verfassungs)gerichte: BayVerfGHE n.F. 23, 155 (164) unter Hinweis auf den »föderalistischen Aufbau der Bundesrepublik«; OVG Münster NVwZ 1996, 913 (914) ohne Begründung.

[121] *Huber* (Fn. 33), Art. 31 Rn. 12; *Wiederin*, Bundesrecht (Fn. 20), S. 372.

[122] So treffend *März*, Bundesrecht (Fn. 1), S. 195; s. auch *Dreier*, Einheit (Fn. 37), S. 128; *v. Münch*, Staatsrecht I, Rn. 588; *Wiederin*, Bundesrecht (Fn. 20), S. 370 ff.

[123] Zweites Argument von *Huber* (Fn. 33), Art. 31 Rn. 12.

[124] Drittes Argument von *Huber* (Fn. 33), Art. 31 Rn. 12.

[125] Eindringlich *J. Isensee*, VVDStRL 46 (1988), S. 123 (Diskussion); *ders.*, SächsVBl. 1994, 28 (32); Plädoyer für »mehr Gelassenheit« insofern bei *I. v. Münch*, Grundrechte im Bundesstaat, Bitburger Gespräche, Jahrbuch 1995/I, S. 61 ff. (70); s. auch *Dreier*, Einheit (Fn. 37), S. 136 ff. m.w.N.

2. Kollisionsfolge: das Merkmal »brechen«

43 Liegt ein echter Kollsionsfall vor (→ Rn. 32ff., 36ff.), wird das Landesrecht »gebrochen«, worunter man Unterschiedliches verstehen kann[126]. In Art. 31 GG ist damit die endgültige Beseitigung entgegenstehenden Landesrechts i.S. seiner **Derogation** (und nicht lediglich seiner Suspension) gemeint. Diese Folge betrifft bei Erlaß des Bundesrechts bereits bestehendes Landesrecht ebenso wie solches, das erst nachträglich zustandekommt. Gerhard Anschütz' zwar nicht ganz exakter, aber prägnanter und bereits klassischer Formulierung gemäß wirkt das Brechen des Landesrechts »**nach rückwärts als Aufhebung, nach vorwärts als Sperre**«[127].

44 Wichtigste Konsequenz dieser Nichtigkeitsfolge ist, daß das gebrochene **Landesrecht** auch nach Fortfall des entgegenstehenden Bundesrechts **nicht wieder auflebt**[128]: es »wird derogiert, nicht suspendiert«[129]. Für den Bereich betroffenen Landesverfassungsrechts gewinnt in jüngerer Zeit die These Anhänger, wonach hier aus Gründen möglichster Schonung des Verfassungsautonomie der Länder Art. 31 GG lediglich **Suspensionswirkung** entfalte[130]. Sie erweist sich indes letztlich als **nicht überzeugend**[131]. Denn erstens ist der Wortlaut eindeutig: Art. 31 GG differenziert nicht nach verschiedenen Arten von Landesrecht, zu dem auch die Landesverfassung gehört (→ Rn. 35). Zweitens ist erklärtes Ziel der Norm die Schaffung von Rechtsklarheit, der mit der eindeutigen Derogation besser gedient ist als mit der Schwebelage bei bloßer Suspension. Drittens wird dem Gedanken möglichster Schonung des Landes(verfassungs)rechts mit der Aufrechterhaltung inhaltsgleichen Landesrechts hinlänglich Rechnung getragen (→ Rn. 40ff.).

3. Kollisionsfeststellung: Prozessuale Möglichkeiten

45 Die materiellrechtliche Frage, ob Landesrecht durch Bundesrecht gebrochen wird, kann in verschiedenen (verfassungs)gerichtlichen Verfahren verbindlich beantwortet werden; neben den prozessualen Wegen ist dabei der Rang des jeweils in Rede stehenden Landesrechts von Bedeutung.

---

[126] BVerfGE 36, 342 (365); *Stern*, Staatsrecht I, S. 720.

[127] *Anschütz*, WRV, Art. 31 Anm. 3 (S. 103). Die Berufung auf diese Formel ist vielfältig: vgl. nur *Maunz* (Fn. 58), Art. 31 Rn. 7; *Stern*, Staatsrecht I, S. 721; *Vogel* (Fn. 29), § 22 Rn. 44; *Bernhardt/Sacksofsky* (Fn. 29), Art. 31 Rn. 57; kritisch hingegen *v. Mangoldt/Klein*, GG, Art. 31 Anm. IV 3b m.w.N. – Nicht ganz exakt ist die Formulierung deswegen, weil die »Sperre« nach vorwärts im übertragenen Sinne gemeint sein kann: denn auch hier wird zu brechendes, also gesetztes Landesrecht vorausgesetzt, so daß die Entstehung nicht schon ausgeschlossen ist: richtig *Wiederin*, Bundesrecht (Fn. 20), S. 273.

[128] *Maunz* (Fn. 58), Art. 31 Rn. 2; *Bernhardt* (Fn. 90), Art. 31 Rn. 29; *v. Mangoldt/Klein*, GG, Art. 31 Anm. IV 3d; *Gubelt* (Fn. 57), Art. 31 Rn. 20; *Jarass/Pieroth*, GG, Art. 31 Rn. 5; *Stern*, Staatsrecht I, S. 721; *Degenhart*, Staatsrecht I, Rn. 119; *Wiederin*, Bundesrecht (Fn. 20), S. 362ff.

[129] BVerfGE 29, 11 (17).

[130] So zuerst *v. Olshausen*, Landesverfassungsbeschwerde (Fn. 27), S. 125ff.; ihm bzw. seiner Position folgend *W. Erbguth/B. Wiegand*, DÖV 1992, 770 (778); *U. Sacksofsky*, NVwZ 1993, 235 (238f.); *U. Berlit*, KritJ 28 (1995), 269 (274, 277); *S. Endter*, EuGRZ 1995, 227 (228); *Bernhardt/Sacksofsky* (Fn. 29), Art. 31 Rn. 60ff.; wohl auch *Badura*, Staatsrecht, F 31 (S. 482).

[131] Wie hier außer den in Fn. 129 Genannten explizit: *Jutzi*, Landesverfassungsrecht (Fn. 93), S. 25ff.; *Pietzcker* (Fn. 62), § 99 Rn. 40; *Dietlein*, Grundrechte (Fn. 37), S. 56f.; *Sachs*, Landesverfassungsrecht (Fn. 92), S. 506.

Eine prinzipale Überprüfungsmöglichkeit für **Landesrecht jeder Stufe**[132] einschließlich der Landesverfassung bietet zunächst die abstrakte Normenkontrolle gem. Art. 93 I Nr. 2 GG; danach erklärt das Bundesverfassungsgericht dem Bundesrecht widersprechendes Landesrecht mit Gesetzeskraft für nichtig (§§ 31 II, 78, BVerfGG). Art. 93 I Nr. 3, 4 GG kommen nicht in Betracht, da diese Verfahren nur zur Feststellung einer Rechtsverletzung der Antragsteller, aber nicht zum Nichtigkeitsverdikt führen.

46

Des weiteren besteht die Verpflichtung aller Gerichte, die Vereinbarkeit (nachkonstitutioneller) **Landesgesetze**[133] einschließlich der **Landesverfassung** mit dem Grundgesetz oder sonstigem Bundesrecht einschließlich der EMRK[134] einer konkreten Normenkontrolle gem. Art. 100 I 2 GG zu unterwerfen. Abzulehnen ist allerdings die Rechtsprechung des Bundesverfassungsgerichts, wonach jeder Richter nach der *lex posterior*-Regel selbst entscheiden könne, ob ein ursprünglich einwandfreies Landesgesetz mit einem später erlassenen Bundesgesetz vereinbar sei[135]; denn hier wird verkannt, daß die *lex posterior*-Regel grundsätzlich nur auf eine Kollision gleichrangiger Rechtsnormen Anwendung findet[136].

47

Die **Divergenzvorlage** des Art. 100 III GG wird durch die konkrete Normenkontrolle nicht ausgeschlossen: die verlangte Abweichung bei der Auslegung des Grundgesetzes kann, da dieses für die vorlageberechtigten Landesverfassungsgerichte nicht Prüfungsmaßstab ist, nur in der unterschiedlichen Beurteilung der Gültigkeit landesverfassungsrechtlicher Bestimmungen mit Blick auf Art. 28, 31, 142 GG liegen[137]. Jeden-

48

---

[132] Statt aller *Schlaich*, Bundesverfassungsgericht, Rn. 118 ff.

[133] Obwohl in Art. 100 I 2 GG allgemein von Landesrecht die Rede ist, hält das Bundesverfassungsgericht in st. Rspr. wie auf Bundesebene auch nur förmliche Landesgesetze für vorlagefähig: BVerfGE 1, 184 (189 ff.); 1, 202 (206); 56, 1 (11); s. *Schlaich*, Bundesverfassungsgericht, Rn. 133; *W. Heun*, AöR 122 (1997), 610 (615).

[134] Für deren Einbeziehung *Benda/Klein*, Verfassungsprozeßrecht, Rn. 818; *P. Kirchhof*, EuGRZ 1994, 16 (30); *W. Bausback*, BayVBl. 1995, 737 (739).

[135] BVerfGE 10, 124 (128); 25, 142 (147); 60, 135 (153); 65, 359 (373); 71, 224 (227 f.). Zustimmend *Bernhardt* (Fn. 90), Art. 31 Rn. 31; *Benda/Klein*, Verfassungsprozeßrecht, Rn. 723; lediglich referierend *K. Stern*, in: BK, Art. 100 (Zweitb. 1967), Rn. 88 ff., 133; *H. Lechner/R. Zuck*, BVerfGG-Kommentar, 4. Aufl. 1996, vor § 80 Rn. 35, 46 f.; *Schlaich*, Bundesverfassungsgericht, Rn. 133 (m. Fn. 228), 153; *Jarass/Pieroth*, GG, Art. 100 Rn. 2.

[136] Die Vermengung von Superiorität und Posteriorität kritisiert auch *K.A. Bettermann*, Die konkrete Normenkontrolle und sonstige Gerichtsvorlagen, in: Festgabe BVerfG, Bd. I, S. 323 ff. (331 f.), hält aber die Judikatur im Ergebnis für zutreffend und erweitert sie noch (unter alleinigem Rückgriff auf die fragwürdige Prämisse, Art. 100 I GG ginge es wesentlich um den »Vorwurf« an den jeweiligen Normgeber, bestehendes höherrangiges Recht verletzt zu haben) auf weitere Fälle; dem folgend, daneben noch stärker auf die »formale Gleichberechtigung« von Superiorität und Posteriorität abstellend *G. Ulsamer*, in: Maunz/Schmidt-Bleibtreu/Ulsamer, BVerfGG, § 80 (1985), Rn. 27; § 80 (1978) Rn. 42, 70 ff. (Zitat Rn. 71), 85, 107. Ablehnend wie hier *Heckmann*, Geltungskraft (Fn. 37), S. 305 ff.; kritisch auch *W. Heun*, AöR 122 (1997), 610 (616). Speziell zum »Vorwurfs«-Argument zweifelnd *D. Ehlers*, in: Schoch/Schmidt-Aßmann/Pietzner, VwGO, Anh. § 40, Art. 100 Abs. 1 GG Rn. 5.

[137] Dazu *Stern* (Fn. 135), Art. 100 Rn. 304; *Pestalozza*, Verfassungsprozeßrecht, § 15 Rn. 1; ausdrücklich für Art. 28 I, II GG *Benda/Klein*, Verfassungsprozeßrecht, Rn. 1104 f.; w.N. bei *Dreier*, Einheit (Fn. 37), S. 130 (dort auch zur bislang umstrittenen Frage, ob die unterschiedliche Auslegung von inhaltsgleichen Bundes- und Landesgrundrechten die Pflicht zur Divergenzvorlage auslöst; dazu *J. Rühmann*, in: Umbach/Clemens, BVerfGG, § 85 Rn. 34 ff.; vorsichtig bejahend *Franke*, Verfassungsgerichtsbarkeit [Fn. 56], S. 938 f.; zurecht verneinend in der Tendenz BVerfG [1. Kammer des Ersten Senats] NVwZ 1994, 59 [60] = JuS 1994, 796 [*M. Sachs*]); vgl. jetzt aber die Fortentwicklung durch BVerfGE 96, 345 (372 f., 374 f.) und dazu die Kritik von *K.-E. Hain*, JZ 1998, 620 (622 ff.).

Art. 31

falls mittelbar kann es also hier zur Feststellung der Nichtigkeit einer landes(verfassungs)rechtlichen Norm kommen[138]. Hingegen ist **Art. 31 GG keine Kollisionsnorm für die Rechtsprechung** insbesondere der Landesverfassungsgerichte (→ Rn. 20, 55f.), sondern bestimmt lediglich das im Kollisionsfall obsiegende Recht[139].

49 Natürlichen und juristischen Personen, die durch bundesrechtswidrige **Landesgesetze** in ihren Bundesgrundrechten beeinträchtigt werden, steht ferner die Möglichkeit der Verfassungsbeschwerde zum Bundesverfassungsgericht zu (Art. 93 I Nr. 4a GG). **Untergesetzliche Landesrechtssätze** können hingegen von jedem Gericht auf ihre Übereinstimmung mit Bundesrecht geprüft werden, und zwar entweder mit Wirkung inter omnes im Rahmen des § 47 VwGO oder inzident in jedem Verfahren mit Wirkung inter partes[140].

IV. Fallgruppen und Einzelfälle

50 Wegen des hier vertretenen Verständnisses des Art. 31 GG als einer Kollisionsnorm und des sachlich-systematischen Vorranges der sperrenden Gesetzgebungszuständigkeiten gem. Art. 70ff. GG (→ Rn. 19, 23 ff.) erweist sich der Anwendungsbereich der Norm als recht schmal. In Betracht kommen einmal trotz der eigentlich intendierten nahtlosen Scheidung der Gesetzgebungskompetenzen von Bund und Ländern verbleibende Fälle von »Doppelkompetenzen« (→ Rn. 61), zum anderen die Verdrängung kollidierenden Landesverfassungsrechts (→ Rn. 51 ff.), da dieses mit der grundgesetzlichen Kompetenzordnung nicht sachgerecht zu erfassen ist und ihr daher auch nicht widersprechen kann (→ Rn. 29). Weitere Einzelfälle treten hinzu (→ Rn. 62 ff.).

1. Landesverfassungsrecht

a) Grundrechte

51 Für Landesgrundrechte erklärt Art. 142 GG, daß diese in Kraft bleiben, soweit sie mit den grundgesetzlichen Gewährleistungen übereinstimmen[141]. Im **Fall inhaltsgleicher Grundrechte** fehlt es also bereits an einer Kollision, wobei es für die Übereinstimmung nicht auf den Normtext, sondern auf sachliche Identität ankommt[142]. Nach mittlerweile gefestigter Auffassung bringt Art. 142 GG damit deklaratorisch einen allgemeinen Grundsatz zum Ausdruck (→ Rn. 41).

---

[138] Beispiel: BVerfGE 36, 342 (343), wo die landesrechtliche Norm Bestand hatte.
[139] Insofern zutreffend BerlVerfGH NJW 1994, 436 (437f.); ebenso *Pietzcker* (Fn. 62), § 99 Rn. 24; *C. Pestalozza*, NVwZ 1993, 340 (344f.); *Franke*, Verfassungsgerichtsbarkeit (Fn. 56), S. 935ff.; *Gubelt* (Fn. 57), Art. 31 Rn. 24; a.A. *C. Starck*, JZ 1993, 231 (232); *J. Gehb*, DÖV 1993, 470 (473f.); *J. Berkemann*, NVwZ 1993, 409 (415). Die Sicht des BerlVerfGH wurde jetzt bestätigt durch BVerfGE 96, 345 (364, 367f.).
[140] Vgl. *F. Hufen*, Verwaltungsprozeßrecht, 2. Aufl. 1996, § 19 Rn. 16ff.; *E. Bosch/J. Schmidt*, Praktische Einführung in das verwaltungsgerichtliche Verfahren, 6. Aufl. 1996, §§ 72ff. (S. 362ff.); eingehend *M. Gerhardt*, in: Schoch/Schmidt-Aßmann/Pietzner, VwGO-Kommentar, § 47 Rn. 7ff., 15ff.
[141] Die folgende Argumentation ist stark gerafft; für eine ausführlichere Darstellung muß auf die Kommentierung von Art. 142 GG in Bd. 3 dieses Kommentars verwiesen werden. Vgl. für die Grundposition einstweilen *Dreier*, Einheit (Fn. 37), S. 127ff.
[142] Eindeutig jetzt auch BVerfGE 96, 345 (364). Zu dieser Frage sowie zu der irrigen, früher verbreiteten Anschauung, im Falle inhaltlicher Gleichheit lägen nur unterschiedliche Sicherungen eines identischen Grundrechts vor: *Vitzthum*, Bedeutung (Fn. 36), S. 37; *März*, Bundesrecht (Fn. 1), S. 196f.; *Dreier*, Einheit (Fn. 37), S. 129f.; *J. Dietlein*, AöR 120 (1995), 1 (11ff. mit umfangreichen Nachweisen in Fn. 49f.).

Umstritten ist hingegen die **Bewertung abweichender landesgrundrechtlicher Gestaltungen**, wobei sich die Differenzen auf den personellen und sachlichen Schutzbereich (→ Vorb. Rn. 70 ff., 78 ff.) sowie auf die Einschränkungsmöglichkeiten (→ Vorb. Rn. 84 ff.) beziehen können. Nach wohl noch überwiegender Ansicht fallen insofern Mindergewährleistungen dem Art. 31 GG zum Opfer, während Mehrgewährleistungen unberührt bleiben[143]. Dieser Generaleinschätzung ist zu widersprechen. Denn nach richtiger Auffassung liegt bei **Mindergewährleistungen** gar keine Kollision vor, da es an einem Normenwiderspruch i.S. unvereinbarer Normbefehle (→ Rn. 39) mangelt[144]. Denn auch wenn die Landesverfassung nur ein Minus gegenüber dem Grundgesetz gewährt, schließt dies den weitergehenden Schutz der Bundesgrundrechte nicht aus, deren unmittelbare Geltung auch für die Landesstaatsgewalt Art. 1 III GG anordnet (→ Rn. 22). Zu einem Grundrechtsdefizit kommt es also nicht, so daß die entsprechenden **Landesgrundrechte nicht gebrochen** werden[145], sondern in Kraft und damit – dies die wichtigste Folge – Prüfungsmaßstab für die Landesverfassungsgerichte bleiben[146].

52

Als **problematisch** können sich hingegen Fälle der **Mehrgewährleistungen** erweisen[147]. Ganz allgemein gilt, daß Grundrechte des Grundgesetzes nicht lediglich einen landesrechtlich beliebig überbietbaren Mindeststandard, sondern zuweilen auch einen Höchststandard normieren, wenn ihnen Abwägungsentscheidungen des Verfassungsgebers zwischen verschiedenen Grundrechtsträgern zugrundeliegen[148]. Weitergehende Landesgrundrechte kollidieren dann nicht mit denen des Grundgesetzes, wenn sie allein im bipolaren Staat-Bürger-Verhältnis subjektive Abwehrrechte stärken[149]. Kollisionen sind aber immer dann denkbar, wenn die (landesgrundrechtliche) Einräumung einer Rechtsposition zugleich die Schmälerung einer bundesgrundrechtlichen Position nach sich zieht. Hier kommen die über die abwehrrechtliche Seite hinausgehenden objektiv-rechtlichen Dimensionen der Grundrechte (→ Vorb. Rn. 43 ff.) zur Geltung. Angesichts der hohen Normierungsdichte des bundesdeutschen Rechtssystems werden nur wenige Mehrgewährleistungen denkbar sein, die nicht zugleich eine Beschränkung grundrechtsgeschützter Positionen Dritter mit sich bringen[150]. So-

53

---

[143] Vgl. *E.-W. Böckenförde/R. Grawert*, DÖV 1971, 119 (120, 126); *Jutzi*, Landesverfassungsrecht (Fn. 93), S. 38, 59 f.; *Badura*, Staatsrecht, F 31 (S. 482 f.); *J. Dietlein*, Jura 1994, 57 (60); *I. v. Münch*, in: ders./Kunig, GG III, Art. 142 Rn. 7, 9; *J.-J. Riegler*, Konflikte zwischen Grundgesetz und Landesverfassungen, Diss. jur. Würzburg 1996, S. 113; w.N. bei *M. Sachs*, DÖV 1985, 469 (472 f.); *S. Storr*, Verfassunggebung in den Ländern, 1995, S. 233 ff.

[144] Vgl. insb. *Pietzcker* (Fn. 62), § 99 Rn. 45 ff.; *Dreier*, Einheit (Fn. 37), S. 132 ff. m.w.N.; *U. Berlit*, KritJ 28 (1995), 269 (274).

[145] So auch Jarass/*Pieroth*, Art. 142 Rn. 3; ferner neben den in Fn. 144 Genannten noch *H.-U. Gallwas*, JA 1981, 536 (540); *M. Sachs*, DÖV 1985, 469 (474 ff.); *März*, Bundesrecht (Fn. 1), S. 199 ff.; bestätigt durch BVerfGE 96, 345 (365 f.).

[146] Dazu jetzt ausdrücklich BVerfGE 96, 345 (368); vorher *Franke*, Verfassungsgerichtsbarkeit (Fn. 56), S. 930 f.

[147] Zum folgenden näher *Dreier*, Einheit (Fn. 37), S. 139 ff.

[148] Treffend *E.-W. Böckenförde/R. Grawert*, DÖV 1971, 119 (121).

[149] Genauer: es liegt wegen der unterschiedlichen Rechtsfolgebestimmungen zwar »eigentlich« ein Kollisionsfall vor, der aber nicht über Art. 31 GG gelöst wird. Zustimmung verdient der Ansatz von *Dietlein*, Grundrechte (Fn. 37), S. 51, der eine Bewältigung durch »teleologische Reduktion« vorschlägt; vgl. *Dreier*, Einheit (Fn. 37), S. 141 F. 136.

[150] *Pietzcker* (Fn. 62), § 99 Rn. 50; *Dreier*, Einheit (Fn. 37), S. 141 ff.; *H. Quaritsch*, Der grundrechtliche Status der Ausländer, in: HStR V, § 120 Rn. 5 ff.; allgemein *R. Wahl/J. Masing*, JZ 1990, 553 ff. –

fern diese verletzt werden, **bewirkt Art. 31 GG** die (Teil-)**Nichtigkeit** des Landesgrundrechts. Gleiches gilt bei Verstößen gegen einfaches Bundesrecht[151].

54 Um einige **Beispiele** für unzulässige Mehrgewährleistungen zu nennen: die (hypothetische) landesverfassungsrechtliche **Freigabe des Schwangerschaftsabbruches** würde gegen die aus Art. 1 I, 2 II GG abgeleitete grundrechtliche Schutzpflicht des Staates verstoßen. Das **Aussperrungsverbot** gem. Art. 29 I HessVerf. als Erweiterung der Handlungssphäre der Gewerkschaften kollidiert mit der bundesgrundrechtlichen Koalitionsfreiheit, die jedenfalls die suspensive Abwehraussperrung zuläßt (→ Art. 9 Rn. 79). Ebenfalls teilnichtig ist Art. 59 II HessVerf., sofern er Ausländern uneingeschränkt gleichen **Zugang zu Bildungseinrichtungen** gewährt, damit in absolut zulassungsbeschränkten Studiengängen die Chancen deutscher Staatsbürger vermindert und dadurch den aus Art. 12 GG folgenden subjektiv-rechtlichen Anspruch auf erschöpfende Nutzung der Ausbildungskapazitäten (→ Art. 12 Rn. 161 ff.) verletzt[152]. Der **Schutz nichtehelicher Lebensgemeinschaften** in der Verfassung Brandenburgs (Art. 26 II) stellt sich nur dann nicht als Verstoß gegen die objektiv-institutionelle Privilegierung von Ehe und Familie im Grundgesetz (→ Art. 2 I Rn. 49; → Art. 6 Rn. 29) dar, wenn man die Norm einschränkend als bloße Staatszielbestimmung auslegt[153]. Einer derartig restriktiven Auslegung bedarf auch die (wohl als Verstärkung des Wohnungsgrundrechts intendierte) Bestimmung zum **Mieterschutz** in Art. 47 II der Verfassung Brandenburgs[154]; ob sich indes die dort in Art. 19 V als Intensivierung der Pressefreiheit konzeptualisierte weite Fassung des **Zeugnisverweigerungsrechts** durch einschränkende Auslegung des Merkmals »rechtmäßige journalistische Tätigkeit« in Übereinstimmung mit den einschlägigen StPO-Normen bringen läßt, erscheint fraglich[155].

b) Insbesondere: Anwendung der Landesgrundrechte durch die Landesverfassungsgerichte

55 Schwierigkeiten bei der Auslegung der Art. 31, 142 GG illustriert die Auseinandersetzung um die Befugnis der Landesverfassungsgerichte, den durch die Grundrechte der Landesverfassungen gewährten Schutz auch bei der Überprüfung von Gerichtsentscheidungen zu aktualisieren, die in bundesrechtlich geordneten Verfahren ergangen sind[156]. Für Bewegung sorgte hier insbesondere die vielbeachtete **Rechtsprechung des**

Selbst scheinbar rein abwehrrechtliche Konstellationen (Einweisung in psychiatrisches Krankenhaus, Einschränkung des Eigentums) erweisen sich bei näherem Hinsehen als hochkomplexe, mehrdimensionale und ausgleichsbedürftige Grundrechtslagen.

[151] BVerfGE 1, 264 (280 f.); 96, 345 (365 f.); Jarass/*Pieroth*, GG, Art. 142 Rn. 3 m.w.N.; *v. Münch*, Grundrechte (Fn. 125), S. 74; a.A. wohl SächsVerfGH NJW 1996, 1736 (1737).

[152] Zutreffend VGH Kassel NVwZ 1988, 855 u. NVwZ 1989, 387; dazu *Dreier*, Einheit (Fn. 37), S. 142 ff. m.w.N.; bedenklich hingegen SaarlVerfGH NVwZ 1983, 604 (606).

[153] Für Derogation *J. Dietlein*, DtZ 1993, 136 ff.; *Storr*, Verfassunggebung (Fn. 143), S. 237 ff.; *Riegler*, Konflikte (Fn. 143), S. 187 ff.; gegen Verstoß *U. Sacksofsky*, NVwZ 1993, 235 (237); abwägend *M. Sachs*, Die Grundrechte der brandenburgischen Landesverfassung, in: Simon/Franke/Sachs, Handbuch (Fn. 56), § 5 Rn. 36.

[154] So die Interpretation des BrandenbVerfG NJ 1994, 414; dazu *v. Münch* (Fn. 143), Art. 142 Rn. 3; für Derogation *Riegler*, Konflikte (Fn. 143), S. 212 f.; dagegen *Berlit* (Fn. 56), § 9 Rn. 33.

[155] Zum Problem *J. Dietlein*, Jura 1994, 57 (61); *v. Münch* (Fn. 143), Art. 142 Rn. 2. Für Derogation *Riegler*, Konflikte (Fn. 143), S. 203 f.

[156] Dazu umfangreich *W. Berg*, Kassation gerichtlicher Urteile, die in bundesrechtlich geordneten

Berliner Verfassungsgerichtshofes, der sich auch das Sächsische Landesverfassungsgericht angeschlossen hat. Beide differenzieren zwischen dem vorrangigen Bundesrecht und seiner Anwendung durch Landesorgane, die der Überprüfung zumindest am Maßstab solcher Landesgrundrechte unterliege, die mit denen des Grundgesetzes inhaltsgleich sind[157]. Dem steht die **zurückhaltendere bayerische und hessische Linie** gegenüber, nach der Art. 31 GG einer Überprüfung der Auslegung oder Anwendung von Bundesrecht grundsätzlich widerstreitet[158]; der Bayerische Verfassungsgerichtshof macht freilich eine Ausnahme hinsichtlich der Überprüfung von Entscheidungen am Maßstab der **Verfahrens**grundrechte der Landesverfassung, soweit sie mit denen des Grundgesetzes inhaltsgleich sind[159].

Dieser Streit ist nunmehr durch die **Entscheidung des Zweiten Senats des Bundesverfassungsgerichts vom 15. 10. 1997** zur Kassationsbefugnis der Landesverfassungsgerichte vorerst im Sinne der Berliner bzw. sächsischen Rechtsprechung entschieden. Danach sind Gerichte der Länder bei der Anwendung von Bundesverfahrensrecht auch an die Grundrechte der Landesverfassung gebunden, soweit sie mit denen des Grundgesetzes inhaltsgleich sind (→ Rn. 40ff.)[160]. Diese Urteile unterliegen wiederum der **Überprüfung und Kassation durch das Landesverfassungsgericht**, soweit (1) in der Sache kein Bundesgericht entschieden hat und (2) der Vorbehalt der Subsidiarität auch für die Landesverfassungsbeschwerde gewahrt bleibt[161]; zur Wahrung der Rechtseinheit hat das Bundesverfassungsgericht überdies in an sich systemwidriger Weise (→ Rn. 48) den Anwendungsbereich der Divergenzvorlage nach Art. 100 III GG ausgedehnt und um die Bindung nach § 31 I BVerfGG ergänzt[162]. Die Entscheidung scheint zu einem nicht geringen Teil von Entlastungsabsichten geprägt. Ob die solcherart angestrebte **Verlagerung des Grundrechtsschutzes auf die Landesverfassungs-**

56

Verfahren ergangen sind, in: C. Starck/K. Stern (Hrsg.), Landesverfassungsgerichtsbarkeit, Bd. 2, 1983, S. 529ff.; *Franke*, Verfassungsgerichtsbarkeit (Fn. 56), S. 934ff.; *B. Lemhöfer*, NJW 1996, 1714ff.; *Bernhardt/Sacksofsky* (Fn. 29), Art. 31 Rn. 69ff.; knappe Zusammenfassung in BVerfGE 96, 345 (351ff.).

[157] BerlVerfGH NJW 1993, 513 (514); 1993, 515 (517) – *Honecker*; NJW 1994, 436 (437f.) – *Mielke*; NJW 1995, 1344 (1344f.); NJW 1996, 1738 (1739); SächsVerfGH NJW 1996, 1736 (1736f.); in dieser Richtung bereits SaarlVerfGH NVwZ 1983, 604 (605). Methodische Kritik an dieser Differenzierung bei *J. Rozek*, AöR 119 (1994), 451 (464ff.); *M. Jachmann*, BayVBl. 1997, 321 (323). Aus der umfangreichen Literatur zum **Honecker-Beschluß** *D. Wilke*, NJW 1993, 887ff.; *J. Gehb*, DÖV 1993, 470ff.; *C. Starck*, JZ 1993, 231ff.; *J. Berkemann*, NVwZ 1993, 409ff.; *M. Sachs*, ZfP 40 (1993), 121ff.; *ders.*, JuS 1994, 520ff.; *B. Lemhöfer*, NJW 1996, 1714ff. (alle überwiegend kritisch); *C. Pestalozza*, NVwZ 1993, 340ff.; *P. Kunig*, NJW 1994, 687ff.; *v. Münch* (Fn. 143), Art. 142 Rn. 15f. (in der Tendenz zustimmend) sowie *Dreier*, Einheit (Fn. 37), S. 145 m.w.N. in Fn. 162.

[158] HessStGH ESVGH 20, 5 (7f.); 31, 161 (164); 34, 12 (13ff.); 40, 1 (3); BayVerfGHE n.F. 22, 124 (125f.); 39, 9 (16); 44, 18 (20); zumindest dogmatisch bedenklich freilich die Ausnahme, die beide Gerichte für den Fall willkürlicher Entscheidungen machen, da diesen gar kein Recht, mithin auch kein Bundesrecht zugrundeliege; vgl. nur BayVerfGHE n.F. 44, 18 (20). Dazu *J. Rozek*, AöR 119 (1994), 451 (474ff.). Noch zurückhaltender BrandenbVerfG NJW 1995, 1018 (1019).

[159] BayVerfGH VerfGHE n.F. 43, 12 (17f.); 44, 18 (20); 47, 47 (51); 49, 67 (70f.).

[160] BVerfGE 96, 345 (365ff.); zur Kritik *K. Lange*, NJW 1998, 1278ff.; *K.-E. Hain*, JZ 1998, 620ff. Damit dürfte für die Vorschrift des § 44 II Rh.-Pf.VerfGHG, wonach die Verfassungsbeschwerde gegen die Anwendung von Bundesrecht durch Landesorgane nur bei Rüge einer Verletzung weitergehender Grundrechte der Landesverfassung zulässig ist, kein Raum mehr sein; vgl. zu der Vorschrift *J. Held*, NVwZ 1995, 534 (537).

[161] BVerfGE 96, 345 (371f.).

[162] BVerfGE 96, 345 (372ff.).

gerichte tatsächlich föderaler Vielfalt dient (→ Rn. 42) oder nicht eher eine Schwächung der Rechtseinheit nach sich zieht, erscheint mit Blick auf die letztlich über die Vorlagefrage hinausschießenden Ansichten des Sächsischen sowie die bekannte Vorlageabneigung des Berliner Verfassungsgerichtshofes fraglich[163].

c) Staatsorganisation, Staatsziele

57 Die die Staatsorganisation betreffenden Widersprüche zwischen den Vorgaben der Bundesverfassung und dem Landes(verfassungs)recht werden in erster Linie über das grundgesetzliche **Homogenitätsgebot** gelöst (→ Art. 28 Rn. 57 ff.). Hält sich die landesrechtliche Regelung im damit vorgegebenen Rahmen, gibt es keinen Konflikt zwischen Grundgesetz und Landesverfassung; tut sie es nicht, folgt ihre Nichtigkeit unmittelbar aus Art. 28 I GG.

58 Im übrigen wird ein echter Kollisionsfall (→ Rn. 36 ff.) selten vorliegen, weil man es in aller Regel mit unterschiedlichen Adressaten (des Bundes einer-, der Länder andererseits) zu tun hat. Zuweilen kann allerdings gerade fraglich sein, ob eine Regelung noch zur Materie »Staatsorganisation« oder zu einer bundesgesetzlichen Kompetenz gehört[164]: etwa wenn landesverfassungsrechtliche Regelungen mit **Bundesgesetzen** kollidieren, weil der gleiche Personenkreis unterschiedlichen Regelungen unterworfen wird. Schulbeispiel ist die Frage nach der Reichweite des § 36 StGB, der die Indemnitätsregelung des Art. 46 I GG wiederholt, während in den Landesverfassungen hierzu teilweise abweichende Regelungen bestehen. Richtiger Auffassung zufolge werden diese nicht durch Art. 31 GG gebrochen; vielmehr rezipiert § 36 StGB nur den von den Ländern für ihren Bereich im Rahmen des Art. 28 I GG vorgegebenen Garantieumfang der Indemnität der Landesabgeordneten[165].

59 **Staatsziele** und andere programmatische Aussagen der Landesverfassungen bleiben unbeschadet einer Gesetzgebungskompetenz des Bundes für den betreffenden Bereich bestehen, solange sie nicht in konkreter Weise Pflichten und Rechte statuieren, die den Bundesnormen zuwiderlaufen; in diesem Fall werden sie durch Art. 31 GG gebrochen (→ Rn. 30; → Art. 28 Rn. 63). An der grundsätzlichen Kompetenzordnung scheitern hingegen Landesnormen, die entsprechende »ungedeckte« Staatsziele auf einfachgesetzlicher Ebene oder darunter zu realisieren versuchten (→ Rn. 19, 23 ff., 29).

60 Für **sonstige Regelungen** in den Landesverfassungen gilt ebenso, daß sie nicht der Sperrwirkung der Gesetzgebungskompetenzen unterliegen (→ Rn. 29 f.), sondern im Falle eines Widerspruchs zu Bundesrecht jeder Stufe dem Nichtigkeitsverdikt des Art. 31 GG unterfallen.

---

[163] Charakteristisch die Ansicht im Vorlagebeschluß des SächsVerfGH NJW 1996, 1736 (1737), nach Art. 142 GG sei die Derogation von Landesgrundrechten durch einfaches Bundesrecht »unerwünscht«: → Rn. 53. Zutreffende Kritik an der unterlassenen Vorlage durch den BerlVerfGH im Honecker-Fall bei C. *Pestalozza*, NVwZ 1993, 340 (344). – Eine »Gleichschaltung« durch BVerfGE 96, 345 befürchtet K.-E. *Hain*, JZ 1998, 620 (621); ähnlich K. *Lange*, NJW 1998, 1278 (1280 f.).

[164] So *Pietzcker* (Fn. 62), § 99 Rn. 36; für das Beispiel der Indemnitätsvorschriften ebenso R. *Wolfrum*, DÖV 1982, 674 (679); anderer Ansatz bei E. *Friesenhahn*, DÖV 1981, 512 (517).

[165] Sehr str.: wie hier M. *Schröder*, Der Staat 21 (1982), 25 (42 ff.); H.-H. *Trute*, in: v. Münch/Kunig, GG II, Art. 46 Rn. 5. → Art. 46 Rn. 7.

2. Doppelkompetenzen (im Rahmen der einfachen Gesetzgebung)

Das Grundgesetz intendiert eine nahtlose Abgrenzung der **Gesetzgebungszuständig-** 61
keiten von Bund und Ländern unter Ausschluß echter kumulativer Doppelzuständigkeiten (→ Rn. 23). Gleichwohl sind **Überschneidungen**[166] nicht auszuschließen, wenn Bund und Land aufgrund verschiedener Kompetenztitel zur Regelung des gleichen Lebenssachbereichs ermächtigt sind[167]. Folgende **Konfliktfelder zwischen Bundes- und Landesgesetzen** haben sich dabei bislang herauskristallisiert: divergierende Verjährungsvorschriften nach Strafrecht und Presserecht[168]; die Abgrenzung von Gesellschaftsrecht und Kommunalrecht bzw. Landeswahlrecht[169]; die Trennungslinie zwischen Strafprozeß- und Polizeirecht[170]; unterschiedliche Regelungen von Kartellrecht und Rundfunkrecht[171] sowie von bundesrechtlichem Fachplanungs- und landesrechtlichem Bauordnungsrecht[172]. Auch die landesrechtliche »Kapitalgesellschaft des öffentlichen Rechts« bereitet in der bundesstaatlichen Kompetenzordnung Probleme[173]. Zur sachadäquaten Bewältigung derartiger Konfliktlagen taugt das Modell der **Kompetenzausübungsschranken** namentlich aus dem Gesichtspunkt der Bundestreue[174] letztlich ebensogut wie das **Gebot kompetentieller Rücksichtnahme**[175]. Zu unspezifisch erscheint hingegen die Berufung auf den Grundsatz der Verhältnismäßigkeit[176] und nicht überzeugend – weil zu zentralistisch – der Ansatz, dem Bund zur Lösung dieser Fälle eine Art Kompetenz-Kompetenz zuzusprechen[177]. Verbleibt es allerdings trotz aller Auslegungsbemühungen noch immer bei einer Unvereinbarkeit des Bundesrechts mit dem Landesrecht, so setzt sich letztlich wegen Art. 31 GG das Bundesrecht jeglicher Stufe durch[178].

---

[166] Hier sind nur echte Doppelkompetenzen i.S. jeweiliger Gesetzgebungskompetenzen von Bund und Ländern gemeint. Das Recht der Länder, in ihre Verfassungen Regelungen aus dem Zuständigkeitsbereich des Bundes aufzunehmen (→ Rn. 29), läßt sich höchstens in einem übertragenen Sinn als kumulative Doppelzuständigkeit bezeichnen (so etwa *Pietzcker* [Fn. 62], § 99 Rn. 29f.; weitergehend freilich *N. Vaulont*, Grundrechte und bundesstaatliches Homogenitätsprinzip, Diss. jur. Bonn 1968, S. 118ff. [124]).

[167] Dazu *C. Pestalozza*, DÖV 1972, 181 (189ff.); *ders.*, GG VIII, Art. 70 Rn. 80ff.; *P. Lerche*, JZ 1972, 468 (471); *W. Brohm*, DÖV 1983, 535 (527ff.).

[168] BVerfGE 7, 29 (38ff.); *P. Lerche*, JZ 1972, 468ff.; *M. Löffler/K.E. Wenzel*, Presserecht, 4. Aufl. 1997, § 24 Rn. 28ff.

[169] Zur gesellschaftsrechtlichen Problematik etwa *H. Dreier*, Hierarchische Verwaltung im demokratischen Staat, 1991, S. 261f. m.w.N.; eingehend *T. v. Danwitz*, AöR 120 (1995), 595 (609ff.). – Zum Konflikt mit landeswahlrechtlichen Bestimmungen vgl. BVerfG (3. Kammer des Zweiten Senats) NJW 1996, 2497 (2498).

[170] Vgl. *H. Dreier*, JZ 1987, 1009ff.; *H.-U. Paeffgen*, JZ 1991, 437 (441ff.).

[171] *H.D. Jarass*, Kartellrecht und Landesrundfunkrecht, 1991, S. 35ff.; *M. Bauer*, Öffentlich-rechtliche Rundfunkanstalten und Kartellrecht, 1993, S. 59ff.; *Pestalozza*, GG VIII, Art. 74 Rn. 1070ff. → Art. 74 Rn. 76.

[172] Dazu nur *W. Brohm*, DÖV 1983, 525ff.

[173] *F. Becker*, DÖV 1998, 97 (102ff.).

[174] *Jarass*, Kartellrecht (Fn. 171), S. 40f., 42, 45ff. (nicht ganz deutlich dabei die Idee eines eigenen Verfassungsauftrages zur Ländergesetzgebung S. 51). → Art. 70 Rn. 35ff.

[175] *W. Brohm*, DÖV 1983, 525 (528); *ders.*, NJW 1994, 281 (285f.).

[176] Zu Überlegungen in dieser Richtung *Jarass*, Kartellrecht (Fn. 171), S. 47ff. → Art. 70 Rn. 38.

[177] Zu dieser Konsequenz führte letzten Endes der Ansatz von *C. Pestalozza*, DÖV 1972, 181 (189ff.); zur Kritik umfangreich *Wiederin*, Bundesrecht (Fn. 20), S. 334ff.

[178] *Pestalozza*, GG VIII, Art. 70 Rn. 82, Art. 72 Rn. 252; *M. Bothe*, in: AK-GG, Art. 70 Rn. 24; *Jarass*, Kartellrecht (Fn. 171), S. 42, 50f.; nicht einschlägig insofern BVerfGE 61, 149 (204).

3. Weitere Fälle

62 Anwendungsfälle für Art. 31 GG hat die Judikatur des öfteren im Bereich des öffentlichen Dienst- und Organisationsrechts gesehen. Die Regelung von **Amtsbezeichnungen für Richter** im Hessischen Richterbesoldungsgesetz scheiterte, nachdem der Bund von seiner Kompetenz gem. Art. 72, 74 I Nr. 1 GG Gebrauch gemacht hatte[179]; in diesem Fall sowie bei der wegen § 39 S. 1 HRG unzulässigen **Mehrheitswahl zu den Hochschulgremien** gem. § 26 II 1 des schleswig-holsteinischen Hochschulgesetzes[180] folgte die Nichtigkeit bereits aus dem Verstoß gegen die Kompetenzordnung (→ Rn. 23 ff.), nicht (erst) aus Art. 31 GG. Auf dieser Linie hat das Bundesverfassungsgericht mittlerweile die Unvereinbarkeit der **Rechtswegvorschriften des sächsischen Richtergesetzes** mit Bundesrecht unmittelbar aus Art. 72 I GG hergeleitet[181]. Nichtig wegen Verstoßes gegen Art. 72 I GG war eine bauordnungsrechtliche Landesnorm, die im Widerspruch zu § 367 I Nr. 15 StGB a. F. eigene Strafvorschriften für das Bauen ohne Genehmigung enthielt[182].

63 Nach Art. 31 GG »verdrängen« § 43 I SGB I, § 44 BSHG die entsprechende Verfahrensvorschrift des Art. 41 BayKJHG[183]; umstritten ist, ob gleiches für § 39 VwGO im Verhältnis zum **Richtervorbehalt** des § 14 II 1 NdsGefAbwG gilt[184].

64 Verneint hat das Bundesverfassungsgericht die Nichtigkeit einer **Zweitwohnungssteuer** gem. Art. 31 GG, da deren Indexierung weder gegen das Währungsrecht noch gegen das Nominalwertprinzip verstoße[185]. Die lange Zeit in mehreren Bundesländern vorgesehene **kommunale Feuerwehrabgabe** für Männer verstieß nicht allein gegen Art. 3 III GG, sondern bereits gegen Art. 14 der im Range eines Bundesgesetzes geltenden EMRK (→ Vorb. Rn. 22) und wurde daher gemäß Art. 31 GG gebrochen[186]. Bei der umstrittenen Frage der **Bayerischen Abtreibungsgesetzgebung** kommt es hingegen wesentlich auf die Abgleichung der Kompetenzvorschriften und ihrer Einhaltung an[187].

D. Verhältnis zu anderen GG-Bestimmungen

65 Der Vorrang internationalen oder supranationalen Rechts bestimmt sich ausschließlich nach den dafür einschlägigen **Art. 23, 24, 25 GG** (→ Rn. 11, 13 f.). Die unmittelbare Grundrechtsbindung auch der Landesstaatsgewalt (→ **Art. 1 III** Rn. 23) läßt für die Anwendung von Art. 31 GG keinen Raum. Des Rückgriffs auf diese Norm bedarf es auch nicht, wenn Landesverfassungsrecht gegen das Homogenitätsgebot des **Art. 28 I GG** verstößt und bereits aus diesem Grunde nichtig ist (→ Rn. 30; → Art. 28 Rn. 76).

---

[179] BVerfGE 32, 199 (220); dazu Schmidt-Bleibtreu/*Klein*, GG, Art. 31 Rn. 7.
[180] BVerfGE 66, 291 (310); dazu *K. Hailbronner*, in: ders., HRG, § 39 (1987) Rn. 15 ff.
[181] BVerfGE 87, 68 (69); 87, 95 (95): Nichtvereinbarkeit mit Vorschriften des DRiG und des BRRG. Dazu *G. Schmidt-Räntsch/J. Schmidt-Räntsch*, Deutsches Richtergesetz, 5. Aufl. 1995, § 78 Rn. 2 ff.
[182] BVerfGE 29, 11 (17 f.), wo ebenfalls zusätzlich auf Art. 31 GG abgestellt wird.
[183] BayVGH BayVBl. 1995, 116 (116 f.).
[184] So VG Osnabrück NdsVBl. 1994, 64 (Vorlagebeschluß); dagegen *U. Berlit*, NdsVBl. 1995, 197 ff.
[185] BVerfG (3. Kammer des Zweiten Senats) NVwZ 1990, 356 (357).
[186] → Rn. 12. Zum tatsächlich sehr viel komplexeren Hergang: EGMR NVwZ 1995, 365; BVerfGE 92, 91; vgl. *W. Bausback*, BayVBl. 1995, 737 ff.; *A. Bleckmann*, EuGRZ 1995, 387 ff.
[187] Zu den Problemen *D. Seckler*, NJW 1996, 3049 ff.; *D. Oberlies*, ZRP 1997, 149 ff.

Die Kompetenzordnung gem. **Art. 70 ff. GG** (einschließlich der Überleitungsvorschriften, Art. 124 ff. GG) entfaltet umfassende Sperrwirkung, so daß Art. 31 GG nicht herangezogen werden muß (→ Rn. 23 ff.).

Artikel 32 [Auswärtige Beziehungen]

(1) Die Pflege der Beziehungen zu auswärtigen Staaten ist Sache des Bundes.

(2) Vor dem Abschlusse eines Vertrages, der die besonderen Verhältnisse eines Landes berührt, ist das Land rechtzeitig zu hören.

(3) Soweit die Länder für die Gesetzgebung zuständig sind, können sie mit Zustimmung der Bundesregierung mit auswärtigen Staaten Verträge abschließen.

Literaturauswahl

Bernhardt, Rudolf: Der Abschluß völkerrechtlicher Verträge im Bundesstaat, 1957.
Beyerlin, Ulrich: Rechtsprobleme der lokalen grenzüberschreitenden Zusammenarbeit, 1988.
Blumenwitz, Dieter: Der Schutz innerstaatlicher Rechtsgemeinschaften beim Abschluß völkerrechtlicher Verträge, 1972.
Bothe, Michael: Völkerrecht und Bundesstaat, in: Festschrift für Herrmann Mosler, 1983, S. 111–143.
Clostermeyer, Claus-Peter/Lehr, Stefan: Ländermitwirkung bei völkervertraglichem Handeln auf EU-Ebene, in: DÖV 1998, S. 148–154.
Ehrenzeller, Bernhard: Legislative Gewalt und Außenpolitik, 1993.
Fastenrath, Ulrich: Kompetenzverteilung im Bereich der auswärtigen Gewalt, 1986.
Grewe, Wilhelm G.: Auswärtige Gewalt, in: HStR III, § 77, S. 921–975.
Hailbronner, Kay: Kontrolle der auswärtigen Gewalt, VVDStRL 56 (1997), S. 7–37.
Mosler, Hermann: Die Auswärtige Gewalt im Verfassungssystem der Bundesrepublik Deutschland, in: Festschrift Carl Bilfinger, 1954, S. 243–299.
Reichel, Gerhard Hans: Die Auswärtige Gewalt nach dem Grundgesetz für die Bundesrepublik Deutschland vom 23. Mai 1949, 1967.
Stern, Klaus: Auswärtige Gewalt und Lindauer Abkommen, in: Festschrift Carl Heymanns Verlag, 1995, S. 251–270.
Tomuschat, Christian: Der Verfassungsstaat im Geflecht der internationalen Beziehungen, VVDStRL 36 (1978), S. 7–63.
Vitzthum, Wolfgang Graf: Der Föderalismus in der europäischen und internationalen Einbindung der Staaten, in: AöR 115 (1990), S. 281–304.
Wolfrum, Rüdiger: Kontrolle der auswärtigen Gewalt, VVDStRL 56 (1997), S. 38–66.

Leitentscheidungen des Bundesverfassungsgerichts

BVerfGE 2, 347 (368ff.) – Kehler Hafen; 6, 309 (362) – Reichskonkordat; 92, 203 (231f.) – EG-Fernsehrichtlinie; BVerfG NJW 1998, 2515 (2519f.) Rechtschreibreform.

Gliederung

	Rn.
A. Herkunft, Entstehung, Entwicklung	1
I. Ideen- und verfassungsgeschichtliche Aspekte	1
II. Entstehung und Veränderung der Norm	6
B. Internationale, supranationale und rechtsvergleichende Bezüge	9
I. Internationale Bezüge	9
II. Supranationale Aspekte	12
III. Rechtsvergleichende Hinweise	14
C. Erläuterungen	17
I. Allgemeine Bedeutung und »auswärtige Gewalt«	17
II. Pflege der Beziehungen zu auswärtigen Staaten (Art. 32 I GG)	21
1. Auswärtige Staaten	22

  2. Pflege der Beziehungen 25
  3. Einzelfragen 29
 III. Beteiligung besonders betroffener Länder (Art. 32 II GG) 31
  1. Besondere Verhältnisse eines Landes 32
  2. Rechtzeitige Anhörung 34
 IV. Vertragskompetenz der Länder (Art. 32 III GG) 35
  1. Verträge mit auswärtigen Staaten 36
  2. Länderzuständigkeit für die Gesetzgebung 40
  3. Zustimmung der Bundesregierung 45
D. Verhältnis zu anderen GG-Bestimmungen 47
Anhang: Text des Lindener Abkommens vom 14. November 1957 48

A. Herkunft, Entstehung, Entwicklung

I. Ideen- und verfassungsgeschichtliche Aspekte

Die Behandlung der Pflege der auswärtigen Beziehungen als besonderer Staatsfunktion hat ihre ideengeschichtlichen Wurzeln schon bei John Locke im Begriff der **federative power**. Diese war für ihn »die Gewalt über Krieg und Frieden, über Bündnisse und alle Abmachungen mit allen Personen und Gemeinschaften außerhalb des Staatswesens«[1], und er qualifizierte sie als von den Gesetzen nur als Richtschnur geleitete, primär vom Verhalten der Fremden abhängige Aufgabe, die »notwendigerweise der Klugheit und Weisheit derjenigen überlassen« werden mußte, »in deren Händen sie liegt, sie zum öffentlichen Wohl auszuüben«[2]. Auch Montesquieu hat sie schon in seiner Gewaltenteilungslehre besonders behandelt, für ihn war sie »die exekutive Befugnis in Sachen, die vom Völkerrecht abhängen« und damit dem Einfluß des Gesetzgebers entzogen sind[3]. In den Federalist Papers wird die »treaty-making power« zwar ebenfalls als »distinct department« bezeichnet, wegen der Gesetzeswirkung der Verträge aber gilt die Mitwirkung zumindest von Teilen des Gesetzgebers als unabdingbar[4]. Unter dem Begriff der **auswärtigen Gewalt** findet die Sonderstellung der Pflege der Beziehungen zu anderen Staaten als exekutive Gewalt bis heute[5] Anerkennung, wobei das zentrale Problem nicht die Besonderheit, sondern stets die Frage der Trä- **1**

---

[1] *J. Locke,* Two Treatises of Government (1689), Bd. II, Kap. 12, § 146, hier zit. nach *ders.,* Zwei Abhandlungen über die Regierung, 1977 (Hrsg.: W. Euchner), S. 292.
[2] *Locke,* Treatises (Fn. 1), § 147, S. 292.
[3] *Montesquieu,* De l'esprit des lois (1748), XI. Buch, 6. Kap., hier zit. nach *ders.,* Vom Geist der Gesetze, 1976, S. 212; daß es dabei um eine Unterart der vollziehenden Gewalt geht, hebt *U. Fastenrath,* Kompetenzverteilung im Bereich der auswärtigen Gewalt, 1986, S. 2 Fn. 10, hervor. S. auch *W. G. Grewe,* Auswärtige Gewalt, in: HStR III, § 77 Rn. 10. Anders die Folgerung bei *K. Stern,* Auswärtige Gewalt und Lindauer Abkommen, in: FS Heymanns Verlag, 1995, S. 251 ff. (252), der im Gedanken des Vollzugs von Völkerrechtssätzen einen »Bezug auch zur Legislative« sieht.
[4] Vgl. *A. Hamilton,* in: The Federalist Papers, 1787–1788, Nr. 75: »The power in question seems therefore a distinct department, and to belong properly neither to the legislative nor to the executive«.
[5] Zur Entwicklung vgl. *B. Ehrenzeller,* Legislative Gewalt und Außenpolitik, 1993, S. 173 ff.; *M.H. Müller,* Die innerstaatliche Umsetzung von einseitigen Maßnahmen der Auswärtigen Gewalt, 1994, S. 23 ff.; *Fastenrath,* Kompetenzverteilung (Fn. 3), S. 1 ff., freilich mit Verweis auf ein »Unbehagen« (ebd., S. 10). Zum Stand heute vgl. *K. Hailbronner,* Kontrolle der auswärtigen Gewalt, VVDStRL 56 (1997), S. 7 ff. (9 ff.); *R. Wolfrum,* Kontrolle der auswärtigen Gewalt, ebd., S. 38 ff. (39 ff.).

gerschaft bzw. parlamentarischen Kontrolle der auswärtigen Gewalt war[6]. Grundlage dieser speziellen Sicht ist das Bild des souveränen Nationalstaats als abgeschlossener »Körper«[7] oder »individuelles Subjekt«[8], die **Trennung von Innen und Außen**[9], wie sie auch im Dualismus von nationalem Recht und Völkerrecht ihre Entsprechung findet[10], heute aber zunehmend fragwürdig wird[11].

2 Ein besonderes Problem des **Bundesstaates** ist die Aufteilung der auswärtigen Gewalt zwischen Bund und Ländern. Die Federalist Papers sind hier im Gegensatz zum Konföderationsstatut der 1777 gegründeten Union souveräner Staaten kompromißlos zentralistisch[12]: Nationale Sicherheit, pünktliche und korrekte Erfüllung der Verträge, Kontinuität und beste Fähigkeiten bei Verhandlungen sowie die Verhütung von Korruption und Diskriminierung einzelner Staaten sind Gründe für die »joint agency« des Präsidenten und der 2/3-Mehrheit des Senats[13]. Die Beteiligung des Senats ist dabei nicht als föderale Kompensation artikuliert, so daß den Gliedstaaten jede Außenkompetenz abgesprochen wird[14].

3 Im **Deutschen Bund** von 1815 waren alle Gliedstaaten zwar völkerrechtlich handlungsfähig. Diese Kompetenz war jedoch beschränkt durch die Pflicht, die Sicherheit des Bundes oder einzelner Bundesstaaten durch auswärtige Vereinbarungen nicht zu gefährden[15]. Schon nach der **Paulskirchenverfassung** vom 28. März 1849 sollte die völkerrechtliche Vertretung Deutschlands und der einzelnen deutschen Staaten dagegen »ausschließlich« von der Reichsgewalt ausgeübt werden (§ 6 Satz 1); daneben fand aber auch noch eine Befugnis der einzelnen deutschen Regierungen Erwähnung, nicht nur untereinander, sondern auch mit nichtdeutschen Regierungen Verträge abzuschließen (§ 8), beschränkt freilich auf Gegenstände des Privatrechts, den nachbarlichen Verkehr und Polizeiangelegenheiten (§ 8 II). Diese Verträge waren der Reichs-

---

[6] Vgl. *Grewe* (Fn. 3), § 77 Rn. 9 ff., 19 ff.

[7] *Locke,* Treatises (Fn. 1), § 146 (S. 292).

[8] *G.W.F. Hegel,* Grundlinien der Philosophie des Rechts (1821), § 329.

[9] Vgl. *Hegel,* Grundlinien (Fn. 8), § 259, zur »Idee des Staats«, einerseits »als sich auf sich beziehender Organismus, *Verfassung* oder *inneres Staatsrecht*« und andererseits das »Verhältnis des einzelnen Staates zu anderen Staaten ... – *äußeres Staatsrecht*«.

[10] S. auch *Fastenrath,* Kompetenzverteilung (Fn. 3), S. 4 ff.

[11] Vgl. *Fastenrath,* Kompetenzverteilung (Fn. 3), S. 6 ff., 62 ff.; s. auch *P. Häberle,* Aussprache zu: Kontrolle der auswärtigen Gewalt, VVDStRL 56 (1997), S. 106 f., *I. Pernice,* ebd., S. 117 ff.; dagegen, unter Betonung der Besonderheiten der auswärtigen Gewalt: *Hailbronner,* Auswärtige Gewalt (Fn. 5), S. 9 ff. und Aussprache, ebd. S. 122; *Wolfrum,* Auswärtige Gewalt (Fn. 5), S. 39 ff., 43. → Rn. 18.

[12] Vgl. *Hamilton,* Federalist Papers (Fn. 4), Nr. 69 (S. 352): »exclusive possession by the Union of that part of the sovereign power, which relates to treaties«.

[13] S. *Hamilton,* Federalist Papers (Fn. 4), Nr. 66 (S. 339), Nr. 75 (S. 379): »intermixture of powers«; s. auch *J. Jay,* ebd., Nr. 4 (S. 10 ff.) und Nr. 4 (S. 14 ff., 17) zur Sicherheit; *ders.,* ebd., Nr. 3 (S. 11), sowie *Hamilton,* ebd., Nr. 22 (S. 103, 109 f.) zur Vertragstreue und dafür der Notwendigkeit einer einheitlichen Gerichtsbarkeit; ebd., Nr. 75 (S. 381): Kontinuität und »accurative and comprehensive knowledge of foreign politics«; *Jay,* ebd., Nr. 64 (S. 326 ff.) zur besten Qualifikation des Verhandlers und Gleichbehandlung der Staaten (S. 329); *Hamilton,* ebd., Nr. 75 (S. 380): Korruption.

[14] S. schon Justice *Sutherland* im Fall *U.S. v. Curtiss-Wright Export Corporation,* Supreme Court, 299 U.S. 304 (1936), wonach die auswärtige Gewalt direkt von der britischen Krone auf die Union übergegangen und deshalb grundsätzlich von den internen, ursprünglich den Einzelstaaten zustehenden und ihnen entzogenen, Befugnissen zu unterscheiden ist, vgl. *Ehrenzeller,* Legislative Gewalt (Fn. 5), S. 216 ff.

[15] Art. 11 III der Bundesakte, dessen Wirksamkeit allerdings bezweifelt wird, vgl. *Grewe* (Fn. 3), § 77 Rn. 20.

gewalt zur Kenntnisnahme und im Falle der Berührung von Reichsinteressen zur Bestätigung vorzulegen (§ 9).

Diese enumerative Aufzählung der Länderkompetenzen blieb einmalig: Die folgenden Verfassungen knüpfen an die jeweilige bundesstaatliche Kompetenzverteilung an. So wurde aus Art. 11 der **Reichsverfassung** von **1871** zur Außenvertretung des Reichs durch den Kaiser[16] indirekt die Begrenzung der föderalen Zuständigkeit gefolgert[17]: Nach Art. 11 III RV war zum Abschluß von Verträgen über Gegenstände, die nach Art. 4 RV in den Bereich der Reichsgesetzgebung fallen, die Zustimmung des Bundesrates nötig. Die völkerrechtliche Handlungsfähigkeit der Länder blieb begrenzt auf die (übrigen) Bereiche ihrer innerstaatlichen Zuständigkeit[18]. 4

Art. 78 der **Weimarer Reichsverfassung** führt die unitarisierende Tendenz auf Kosten der Eigenständigkeit der Länder fort und entspricht schon weitgehend Art. 32 GG. Nach Art. 78 I WRV ist die Pflege der Beziehungen zu auswärtigen Staaten sowie die Gesetzgebung über auswärtige Beziehungen ausschließlich Sache des Reichs. Die Länder konnten im Bereich ihrer Gesetzgebungszuständigkeit nur noch mit Zustimmung des Reiches Verträge mit auswärtigen Staaten abschließen (Art. 78 II WRV)[19]; zur Berücksichtigung der Interessen einzelner Länder im Bereich der Wirtschaftsbeziehungen und hinsichtlich ihrer Nachbarstaaten sah Art. 78 III WRV vor, daß das Reich im Einvernehmen mit ihnen die geeigneten Einrichtungen und Maßnahmen trifft. 5

II. Entstehung und Veränderung der Norm

Art. 32 GG folgt im wesentlichen dem Muster des Art. 78 WRV. Nach Art. 41 I HChE sollte die Zuständigkeit, Verträge mit auswärtigen Staaten zu schließen, zwar noch der Zuständigkeit zur Gesetzgebung folgen; der **Parlamentarische Rat** aber kehrte zur grundsätzlichen Zuweisung der auswärtigen Gewalt an die Zentralgewalt zurück und übertrug in Art. 41 I (jetzt Art. 32 GG) die Pflege der Beziehungen zu auswärtigen Staaten grundsätzlich auf den Bund. Der Abgeordnete v. Mangoldt hatte darauf hingewiesen, daß sonst ein wichtiger Teil von Staatsverträgen nicht erfaßt wäre, namentlich Bündnisse, der Beitritt zu Systemen kollektiver Sicherheit u.ä., die ihrer Natur nach nicht unter eine Gesetzgebungskompetenz des Bundes fielen. Unter Hinweis auf Art. 78 WRV schlug er deswegen eine Neuformulierung vor, die nahezu wortgetreu 6

---

[16] *G. Meyer/G. Anschütz*, Lehrbuch des deutschen Staatsrechts, 7. Aufl. 1919, S. 263: »Nur das Reich, nicht der Einzelstaat ist zuständig auf dem Gebiete der großen oder hohen Politik, das Reich allein ist Großmacht. In bezug auf die Regelung derjenigen völkerrechtlichen Beziehungen, welche mit gewissen Gebieten des inneren Staatslebens in unmittelbarer Verbindung stehen, verteilt sich die Kompetenz zwischen Reich und Einzelstaaten genau wie hinsichtlich der inneren Angelegenheiten selbst«.

[17] *Meyer/Anschütz*, Staatsrecht (Fn. 16), S. 262, 819 Anm. 14, wonach die Scheidelinie zwischen Gebieten der Reichsgesetzgebung und der Staatsgesetzgebung verläuft.

[18] Vgl. auch *Grewe* (Fn. 3), § 77 Rn. 23; diese Zuständigkeit wurde angenommen für kulturelle Angelegenheiten, die Förderung von Wissenschaft und Kunst oder auch für Auslieferungsangelegenheiten; die Teilnahme einzelner Ländervertreter bei Friedensverhandlungen konnte als autonome Entscheidung des allein kompetenten Kaisers über seine Vertretung gedeutet werden, *V. Bruns*, Sondervertretung deutscher Bundesstaaten bei den Friedensverhandlungen, 1918, S. 78ff.

[19] *J. Heckel*, AöR 46 (1924), 209 (217). Dabei erstreckten sich die Kompetenzen der Länder auf ihre ausschließliche und – solange ein Reichsgesetz fehlte – auf ihre konkurrierenden Gesetzgebungszuständigkeiten, vgl. *R. Bernhardt*, Der Abschluß völkerrechtlicher Verträge im Bundesstaat, 1957, S. 109f., 117ff.

Art. 32 I GG entspricht[20]. Damit wurde in Umkehrung der Vermutung des Art. 30 GG die auswärtige Zuständigkeit der Länder die Ausnahme[21].

7 Vereinbarungen der **Länder untereinander** sind weder in der Weimarer Reichsverfassung noch im Grundgesetz geregelt. Der im HChE noch vorgesehene Art. 40 GG (»Die Länder können über Gegenstände, die in ihren Aufgabenbereich fallen, Vereinbarungen mit anderen deutschen Ländern treffen«) wurde im Parlamentarischen Rat unter Hinweis darauf gestrichen, daß dies selbstverständlich sei[22].

8 Art. 32 GG besteht bis heute in seiner ursprünglichen Form fort. Die Auslegungsprobleme bezüglich der (konkurrierenden) Zuständigkeit des Bundes zum Abschluß völkerrechtlicher Verträge auch im Bereich ausschließlicher Länderzuständigkeiten (→ Rn. 42) wurden pragmatisch durch das **Lindauer Abkommen** gelöst (→ Rn. 43, 48). Weitergehende **Reformüberlegungen** der 70er Jahre und der GVK[23] blieben ohne Resultat[24]. Eine erhebliche **Einschränkung** hat Art. 32 GG durch die spezielle Regelung zur Mitwirkung der Länder in Angelegenheiten der Europäischen Union nach **Art. 23 IV–VII GG** erfahren (→ Art. 23 Rn. 107ff.). Die nach **Art. 24 Ia GG** jetzt den Ländern eröffnete besondere Möglichkeit, mit Zustimmung der Bundesregierung im Rahmen ihrer Zuständigkeit Hoheitsrechte auf **zwischenstaatliche Einrichtungen** zu übertragen, erweitert zwar die »außenpolitischen« Handlungsräume der Länder, greift jedoch in den Anwendungsbereich des Art. 32 GG nicht ein.

B. Internationale, supranationale und rechtsvergleichende Bezüge

I. Internationale Bezüge

9 **Staaten sind originäre Völkerrechtssubjekte**, ihre auswärtige Gewalt wird vorausgesetzt. Dies ergibt sich etwa für Verträge aus Art. 6f. VRK, wonach jeder Staat die Fähigkeit besitzt, Verträge zu schließen, und Staatsoberhäupter, Regierungschefs, Außenminister u.a. kraft Amtes als Vertreter ihres Staates angesehen werden. Dabei kann als Staat diejenige rechtliche Einheit gelten, als welche eine auf einem bestimmten Gebiet ansässige Gesamtheit von Menschen sich politisch organisiert und im Rechtsverkehr nach außen auftritt[25]. Wie die Vertretung nach außen organisiert ist, bleibt Sache jedes Staates.

10 Gängig ist die Unterscheidung zwischen souveränen Staaten und ihren Gliedstaaten. Die Völkerrechtssubjektivität letzterer wird von der des **Bundesstaates** abgelei-

---

[20] Schneider, GG-Dokumentation, Bd. 10, S. 149ff., 162.
[21] Vgl. *Bernhardt*, Völkerrechtliche Verträge (Fn. 19), S. 141ff.
[22] Schneider, GG-Dokumentation, Bd. 10, S. 176ff.
[23] Schlußbericht der Enquête-Kommission Verfassungsreform, BT-Drs. 7/5924 v. 9.12.1976, S. 228ff.; Bericht der GVK, Zur Sache 5/93, 52ff.
[24] *W. Feldmann*, Zur verfassungsrechtlichen Neuverteilung der Kompetenzen beim Abschluß völkerrechtlicher Verträge in der Bundesrepublik Deutschland, 1975.
[25] Zukunftsweisend *H. Mosler*, ZaöRV 36 (1976), 6 (16): Staat als der »je nach dem Grade der internationalen Verflechtung mehr oder weniger sich selbst genügende, intensivste Sozialverband«. Nach der h.L. baut der völkerrechtliche Staatsbegriff auf der Drei-Elementen-Lehre von *Jellinek*, Allg. Staatslehre, S. 394ff. (Staat als »die mit ursprünglicher Herrschermacht ausgerüstete Körperschaft eines seßhaften Volkes«, ebd., S. 433) auf, vgl. etwa *Verdross/Simma*, Völkerrecht, §§ 378ff.; *V. Epping*, in: K. Ipsen, Völkerrecht, 3. Aufl. 1990, S. 55ff.; *Schweitzer*, Staatsrecht III, Rn. 540; *Stern*, Staatsrecht I, S. 231.

tet[26], was indessen der Annahme widerspricht, daß die deutschen Länder ursprüngliche Hoheitsgewalt innehaben (→ Art. 20 [Bundesstaat] Rn. 19, 23 f.). Völkerrechtlich liegt es im Ermessen jedes Einzelstaates, sich als ein Bundesstaat zu konstituieren und über die völkerrechtliche Handlungsfähigkeit der Gliedstaaten zu entscheiden[27]. Hinzutreten muß die Anerkennung durch dritte Staaten, der dabei konstitutive Wirkung zukommt[28]. Deutschland ist zwar als Bundesstaat konstituiert, aber Art. 32 III GG hat den Ländern in Teilbereichen eine durch das Zustimmungsrecht der Bundesregierung begrenzte auswärtige Gewalt zuerkannt[29]. Die Anerkennung dieser **partiellen Völkerrechtsfähigkeit**[30] der Bundesländer ist in zahlreichen Verträgen mit anderen Staaten dokumentiert[31].

Im Zuge der Globalisierung und mit der zunehmenden Verflechtung der internationalen Beziehungen[32], vor allem mit der wachsenden Bedeutung **internationaler Organisationen** und **Regime** als Instrumente und Foren kooperativer Aufgabenbewältigung[33] wird nicht nur der Kreis der Partner »auswärtiger Beziehungen« erweitert (→ Rn. 21 f.), sondern auch Art und Inhalte der »Pflege« wandeln sich: An die Stelle des Abschlusses von Verträgen kann die Verhandlung und Mitwirkung an Beschlüssen internationaler Organe oder Vertragsstaatenkonferenzen treten, bei denen nicht nur die Anwendbarkeit des Art. 32 II und III GG fraglich ist, sondern sich auch die Frage stellt, ob von auswärtigen Beziehungen im klassischen Sinne überhaupt gesprochen werden kann. Traditionelle **Staatsaufgaben** wachsen über den Staat hinaus und sind nur noch **kooperativ** mit anderen Staaten zusammen zu bewältigen[34]. Das augenfälligste Instru-

11

---

[26] Vgl. etwa *R. Geiger*, Grundgesetz und Völkerrecht, 2. Aufl. 1994, S. 29 ff.; *Bernhardt*, Völkerrechtliche Verträge (Fn. 19), 1957, S. 18 ff.; *C. Grewe/H. Ruiz Fabri*, Droits constitutionnels européens, 1995, S. 298 ff.; s. auch schon *G. Jellinek*, Die Lehre von den Staatenverbindungen, 1882 (Nachdruck 1996), S. 36 ff., 46.

[27] Vgl. auch *Verdross/Simma*, Völkerrecht, § 395; *Stern*, Auswärtige Gewalt (Fn. 3), S. 254, m.w.N. Daher kann der Gesamtstaat durch eine Verfassungsänderung die derivative Völkerrechtssubjektivität des Gliedstaates auch zum Erlöschen bringen. Die Rücknahme bedingt jedoch nicht ipso facto die Auflösung aller vertraglichen Bindungen. Entsprechend den Prinzipien der völkerrechtlichen Staatensukzession folgt der Gesamtstaat dann in Rechte und Pflichten der Länder nach (a.A. *Geiger*, Grundgesetz und Völkerrecht [Fn. 26], S. 29 f.).

[28] *Geiger*, Grundgesetz und Völkerrecht (Fn. 26), S. 29 f.; *R. Jennings/A. Watts* (Hrsg.), Oppenheim's International Law, 9. Aufl. 1992, § 75; *Verdross/Simma*, Völkerrecht, § 395; vgl. auch *R. Dehousse*, Fédéralisme et relations internationales, 1991, S. 204 ff.

[29] Vgl. BVerfGE 2, 347 (369, 378 f.); s. auch *R. Streinz*, in: Sachs, GG, Art. 32 Rn. 6; → Rn. 35.

[30] Vgl. *W. Rudolf*, Federal States, EPIL II (1995), S. 362 ff.; Oppenheim's International Law (Fn. 28), § 75.

[31] Vgl. die Sammlung von *U. Beyerlin/Y. Lejeune*, Sammlung der internationalen Vereinbarungen der Länder der Bundesrepublik Deutschland, 1994.

[32] Vgl. dazu *C. Tomuschat*, Der Verfassungsstaat im Geflecht der internationalen Beziehungen, VVDStRL 36 (1978), S. 7 ff.

[33] Vgl. auch *I. Pernice*, ZaöRV 48 (1988), 229 (248 f.). Zur dogmatischen Entwicklung von Regimen (etwa der Wiener Konvention über den Schutz der Ozonschicht von 1985 mit dem Montrealer Protokoll [ABl. EG 1988 L 297] und dem Montrealer Protokoll zum Schutz der Ozonschicht) vgl. *P.-M. Dupuy*, Protection internationale de la couche d'ozone et spécificité relative des régimes speciaux de controle de l'application du Droit International, in: FS Hahn, 1997, S. 539 ff.; *E. Riedel*, Paradigmenwechsel im internationalen Umweltrecht, in: FS Roellecke, 1997, S. 245 ff. (261, 268); *S. Oeter*, Inspection in international law, NYIL 1998, i.E.

[34] Zu den Konsequenzen sogar für subnationale Strukturen vgl. *I. Duchacek*, Perforated Sovereignties: Towards a Typology of New Actors in International Relations, in: H. Michelman/P. Soldatos (Hrsg.), Federalism and International Relations, 1990, S. 1 ff. (6 ff.).

ment[35] dafür ist die Übertragung von Hoheitsrechten nach Art. 23 und 24 I GG, infolge derer im wesentlichen, »**innere**« **Angelegenheiten** jetzt durch die supranationalen Träger im »Durchgriff« auf den Bürger geregelt werden (→ Art. 24 Rn. 25). Art. 23 GG n.F. zieht daraus die Konsequenz, indem er für die Angelegenheiten der **Europäischen Union** eine spezielle Beteiligungsregelung für die Länder schafft (→ Art. 23 Rn. 107).

II. Supranationale Aspekte

12 Mit der Europäischen Integration wandelt sich nicht nur die Art der Beziehungen zu den anderen Mitgliedstaaten, sondern zunehmend verändern sich auch Gegenstand und Methode der Pflege der Beziehungen zu den Drittstaaten, z.T. grundlegend. Dies betrifft zum einen die Gesamtheit der auf die EU bezogenen Politik, die der Spezialregelung des Art. 23 GG unterfällt und im Blick auf ihre unmittelbare Wirkung für den Bürger als (europäische Dimension der) Innenpolitik zu betrachten ist[36]. Auf der anderen Seite betrifft es aber auch Bereiche, die in die ausschließliche oder konkurrierende auswärtige **Zuständigkeit der EG** fallen: (Außen-)Handelspolitik, Teile der Fischereipolitik und alle diejenigen (auswärtigen) Angelegenheiten, die bereits durch abschließende Regelungen der Gemeinschaft abgedeckt sind[37] bzw. in denen diese zur Rechtsetzung zuständig und ein gemeinsames Vorgehen beschlossen ist[38]. Hier tritt die Mitwirkung an der »**auswärtigen Gewalt**« **der EG**[39] im Rat nach den Verfahren der Art. 113, 228 (133, 300 n.F.) EGV und Art. 23 IV-VI GG an die Stelle der autonomen Außenpolitik; bei »gemischten Abkommen« kommt eine Pflicht zur Kooperation mit der Kommission hinzu[40]. Für die Bereiche, die nicht in die Zuständigkeit der EG fallen, sind gegenüber Drittstaaten die Pflichten zum **koordinierten Vorgehen** im Rahmen der Gemeinsamen Außen- und Sicherheitspolitik (**GASP**)[41] nach Art. J (11ff. n.F.) EUV und gegenüber den anderen Mitgliedstaaten die Pflichten aus Art. K (29ff.

---

[35] Vgl. näher dazu *I. Pernice,* Deutschland in der Europäischen Union, in: HStR VIII, § 191 Rn. 21ff.

[36] Vgl. auch *P. Häberle,* KritV 78 (1995), 298 (309); *J. Kokott,* DVBl. 1996, 937 (938); *R. Streinz,* in: Sachs, GG, Art. 23 Rn. 91; sowie → Art. 23 Rn. 97. Krit. *Wolfrum,* Auswärtige Gewalt (Fn. 5), S. 40, sowie *C.-P. Clostermeyer/S. Lehr,* DÖV 1998, 148 (151f.).

[37] Zur ausschließlichen Zuständigkeit der Gemeinschaft insoweit vgl. EuGHE 1971, 263 (274ff., 276) – *AETR;* 1993, I-1061 (1076ff.) – *ILO-Gutachten;* 1994, I-5267 (5395ff., 5411, 5416f.) – *WTO-Gutachten.*

[38] Vgl. EuGHE 1976, 1279 (1311ff.) – *Kramer;* 1977, 741 (755f.) – *Gutachten Stillegungsfonds.* Zu den »gemischten Verträgen«, bei denen EG/EU und Mitgliedstaaten nebeneinander Partei werden, vgl. etwa *K.D. Stein,* Der gemischte Vertrag im Recht der Außenbeziehungen der Europäischen Wirtschaftsgemeinschaft, 1986; dazu *I. Pernice,* ZaöRV 48 (1988), 583ff.; *C. Tomuschat,* How to handle parallel treaty-making powers of the member states and their territorial subdivisions, in: J.H.J. Bourgeois/J.-L. Dewost/M.-A. Gaiffe (Hrsg.), La Communauté européenne et les accords mixtes, 1997, S. 65ff.

[39] Vgl. dazu *C. Vedder,* Die auswärtige Gewalt der EG der Neun, 1980; *ders.,* in: Grabitz/Hilf, EUV/EGV, Art. 228 EGV Rn. 1ff.

[40] Vgl. EuGHE 1993, I-1061 (1078ff., 1983) – *ILO-Gutachten;* 1994, I-5267 (5395ff., 5419ff.) – *WTO-Gutachten.*

[41] Vgl. näher dazu mit einer Übersicht über die Maßnahmen der GASP bis 2/1997: *L. Münch,* EuR 1996, 415ff. Zur Reform durch den Amsterdamer Vertrag vgl. *E. Regelsberger/M. Joop,* Integration 1997, 255ff.

n.F.) EUV über die Zusammenarbeit in den Bereichen Justiz und Inneres (**ZBJI**)[42] zu beachten[43].

Je größer die **praktische Bedeutung** des gemeinschaftlichen und vor allem des gemeinsamen Vorgehens nach dem EG-Vertrag bzw. dem EU-Vertrag wird, desto mehr **nimmt** die Bedeutung des Art. 32 GG wegen der Sonderregelung zur Ländermitwirkung nach Art. 23 IV-VII GG **ab** (→ Art. 23 Rn. 107ff., zu den bis 1993 geltenden Regelungen vgl. BVerfGE 92, 203 [231f.]). Der Gegenstand der GASP ist grundsätzlich umfassend (Art. J.1 [11 n.F.] EUV: »alle Bereiche der Außen- und Sicherheitspolitik«), mag die Koordinierungs- und Abstimmungspflicht nach Art. J.2 I (16 n.F.) EUV auch nur auf Fragen »von allgemeiner Bedeutung« gerichtet sein[44]. Für **bilaterale Abkommen** mit auswärtigen Staaten zur Regelung der sie speziell betreffenden Interessen oder für grenznachbarschaftliche Verträge der Länder wird Art. 32 GG allerdings in jedem Falle Bedeutung behalten. 13

III. Rechtsvergleichende Hinweise

In der überwiegenden Zahl der bundesstaatlichen Verfassungen gibt es ausdrückliche Bestimmungen zur Verteilung der Kompetenzen im Bereich der auswärtigen Gewalt. Regelmäßig ist der **Zentralstaat handlungsbefugt**. Die Zuweisung auswärtiger Gewalt an die Gliedstaaten, wie sie außer in Deutschland etwa in Belgien, Österreich, der Schweiz, den Vereinigten Staaten und in Kanada vorgesehen ist, bleibt die Ausnahme[45]. 14

Am weitesten geht **Belgien**: die Gemeinschaften sind seit der Verfassungsreform von 1993 ermächtigt, in eigenem Namen Verträge über Materien abzuschließen, die in ihre ausschließliche Zuständigkeit fallen (Art. 167 § 3 i.V.m. Art. 127–130 der koordinierten Belgischen Verf.), d.h. im Bereich kultureller und personenbezogener Angelegenheiten[46]. Begrenzt wird diese Kompetenz nur durch ein spezifisches Koordinierungsverfahren in besonderen Fällen[47]. In **Österreich** haben die Länder innerhalb ihres selbständigen Wirkungsbereiches die Kompetenz, völkerrechtliche Verträge mit an Österreich angrenzenden Staaten oder deren Teilstaaten abzuschließen, Art. 16 Abs. 1 Österr. Verf.[48]. Ähnliches gilt für die **Schweiz**, wo die Bundeskompetenz zum Abschluß von Staatsverträgen nach Art. 8 Schweizer Verf. auch die innerstaatlich den 15

---

[42] Vgl. näher P.-C. Müller-Graff (Hrsg.), Europäische Zusammenarbeit in den Bereichen Justiz und Inneres, 1996. Bis auf die Strafjustiz und die polizeiliche Zusammenarbeit werden die Gebiete der bisherigen ZBJI durch den Amsterdamer Vertrag »vergemeinschaftet«: vgl. dazu R. Rupprecht, Integration 1997, 264ff.; und P.-C. Müller-Graff, Integration 1997, 271ff. (274ff.).

[43] Anders Stern, Auswärtige Gewalt (Fn. 3), S. 267f., der indessen außer Betracht läßt, daß gerade die GASP und die ZBJI tragende Pfeiler der EU darstellen.

[44] Vgl. auch I. Winckelmann, DVBl. 1993, 1128 (1132f.); krit. C.-P. Clostermeyer/S. Lehr, DÖV 1998, 148 (150), die zur Klärung ein neues Abkommen zwischen Bund und Ländern fordern (»Lindau II«), ebd. S. 153 f.

[45] Vgl. L. Wildhaber, Treaty-Making Power and Constitution, 1971, S. 278ff. Verfassungsvergleichend: H. Rumpf, Demokratie und Außenpolitik, in: FS Pfeiffer, 1965, S. 112ff.

[46] Zu Belgien vgl. ausführlich Y. Lejeune, Le droit fédéral belge des relations internationales, Revue Generale de Droit International Public 1994, 577ff.; vgl. auch die weitergehenden Mitwirkungsrechte der belgischen Gemeinschaften bezüglich der Europäischen Integration, ebd. 610ff.; → Art. 23 Rn. 14.

[47] Gesetz vom 5.5. 1993, Art. 2, Moniteur Belge v. 8.5. 1993, S. 1559.

[48] Vgl. S. Hammer, Länderstaatsverträge, 1992, S. 75ff.; M. Thaler, Die Vertragsschlußkompetenz der österreichischen Bundesländer, 1990.

Kantonen zufallenden Materien umfaßt[49] und die kantonale auswärtige Kompetenz auf Gegenstände des unmittelbaren nachbarlichen Verkehrs und der Polizei beschränkt ist (Art. 9, 10 Schweizer Verf.)[50]. In den **Vereinigten Staaten** ist allein der Union die Pflege der auswärtigen Beziehungen zugewiesen[51]; die Staaten können in keinem Falle politische Verträge schließen (»No State shall enter into any Treaty, Alliance, or Confederation«, Art. I, Abschnitt 10 [1] U.S.-Verf.). Dagegen können sie weniger bedeutsame Verträge (»Agreement or Compact«) mit anderen Staaten schließen, wenn der Kongreß zustimmt (Art. I, Abschnitt 10 [3] U.S.-Verf.)[52]. In **Kanada** bestehen demgegenüber weitgehendere Rechte der Provinzen auf internationalem Gebiet[53]. Soweit Gliedstaaten eine (beschränkte) auswärtige Kompetenz zugewiesen wurde, wird das einheitliche Auftreten des Gesamtstaates durch Konsultationsmechanismen sichergestellt. Leitbild ist dabei die »Bundestreue«[54].

16 Auch in unitarisch geprägten Ländern konnten die Regionen vereinzelt »auswärtige Befugnisse« erstreiten: So etwa in **Frankreich**, wo im Zuge der Dezentralisierung das Gesetz vom 2. 3. 1982 den Conseils régionaux die Kompetenz zu grenzüberschreitender Zusammenarbeit mit unmittelbar benachbarten »collectivités décentralisées étrangères« zuerkannt hat[55]. Die Autonomen Regionen in **Spanien** haben gegenüber der für die auswärtigen Angelegenheiten allein zuständigen Zentralgewalt (Art. 149 Spanische Verf.)[56] gewisse, ihre zugewiesenen Zuständigkeiten betreffende Beteiligungsrechte bei der Verhandlung von internationalen Verträgen, etwa einen Anspruch auf Information von Seiten des Staates. Die Regionen in **Italien** dagegen verfügen über keine Kompetenz in auswärtigen Angelegenheiten[57].

---

[49] Z.B. Doppelbesteuerungsabkommen, vgl. *U. Häfelin/W. Haller*, Schweizerisches Bundesstaatsrecht, 4. Aufl. 1993, Rn. 325 ff., 1037.

[50] *Häfelin/Haller*, Schweizerisches Bundesstaatsrecht (Fn. 49), Rn. 327 ff.

[51] Zur Begründung aus der Zuständigkeit der brit. Krone vgl. Supreme Court, *U.S. v. Curtiss-Wright Export Corporation*, 299 U.S. 304 (1936); s. dazu *Ehrenzeller*, Legislative Gewalt (Fn. 5), S. 216 ff.

[52] Vgl. im einzelnen *Bernhardt*, Völkerrechtliche Verträge (Fn. 19), S. 62 ff., 78, mit dem Hinweis, daß Verträge der Einzelstaaten in der Praxis ohne Bedeutung sind. S. auch *L. Henkin*, Foreign Affairs and the Constitution, 2. Aufl. 1996, S. 149 ff.; generell zu den theoretischen Konsequenzen: *Duchacek*, Perforated Sovereignties (Fn. 34), S. 1 ff.

[53] Vgl. *E.J. Feldman/L.G. Feldman*, Canada, in: Michelman/Soldatos, Federalism (Fn. 34), S. 176 ff.

[54] In Belgien »loyauté féderale«, Art. 143 Belgische Verf., vgl. *R. Ergec*, Le paysage institutionnel après la quatrième réforme de l'Etat, RBDI 1994, 17 (27); zu Ansätzen in Spanien: *A.H. Lafuente*, La actividad internacional de las comunidades autonomas y el principio de unidad de acción en el exterior, in: Ministerio de asuntos exteriores (Hrsg.), La celebración de tratados internacionales por España: problemas actuales, 1990, S. 147 ff.

[55] Gesetz Nr. 82–213 vom 2. März 1982, Art. 65 alin. 2., Juris-Classeur Périodique, 1982, 52393; bestätigend: Gesetz Nr. 92–125 vom 6. Februar 1992, Juris Classeur Périodique, 1992, 65373; vgl. allgemein zu Frankreich: B. Dolez/Y. Luchaire/A. Vantroys (Hrsg.), Les relations extérieures des régions françaises, 1992.

[56] Tribunal Constitucional, Sentencia 137/89 vom 20. 7. 1989, Colaboración entre Galicia y Dinamarca, Jurisprudencia Constitucional 1989, 741 (749).

[57] Corte Costituzionale, sent. n. 32 vom 18. Mai 1960; vgl. auch *V. Lippolis*, La Costituzione Italiana e la Formazione dei Trattati Internazionali, 1990, S. 255 ff.

C. Erläuterungen

I. Allgemeine Bedeutung und »auswärtige Gewalt«

Im Rahmen der Vorschriften über den föderalen Staatsaufbau der Bundesrepublik Deutschland regelt Art. 32 GG die Zusammenarbeit und Kompetenzverteilung zwischen Bund und Ländern hinsichtlich der Pflege der Beziehungen zu auswärtigen Staaten[58]. Die Vorschriften betreffen ausschließlich die **Verbandskompetenz** im Bereich der auswärtigen Beziehungen[59], während Art. 59 GG die Zuständigkeit der Organe (**Organkompetenz**) regelt. Danach vertritt der Bundespräsident die Bundesrepublik Deutschland völkerrechtlich[60] – was freilich nur in den Grenzen des Art. 32 GG gelten kann. Auch soweit der Bund handelt, haben im Bereich des Völkervertragsrechts der Bundestag und durch den Bundesrat die **Länder** (Art. 50 GG) **Mitwirkungsrechte** nach Maßgabe des Art. 59 II GG (→ Art. 59 Rn. 28 ff.). Ausschließlich dagegen ist dem Bund in Art. 73 Nr. 1 GG die Gesetzgebungskompetenz in »auswärtigen Angelegenheiten« zugeordnet, und der »Auswärtige Dienst« wird nach Art. 87 I 1 GG in bundeseigener Verwaltung mit eigenem Verwaltungsunterbau geführt.

17

Die Formen staatlichen grenzüberschreitenden Handelns werden vielfach unter dem seit A. Haenel (1892)[61] gebräuchlichen Begriff der »**auswärtigen Gewalt**« zusammengefaßt. Damit ist jedoch keine eigenständige, »vierte« Gewalt im System der Gewaltenteilung (Art. 20 II, III GG; → Art. 20 [Rechtsstaat] Rn. 64; → Art. 1 III Rn. 29) bezeichnet[62], sondern der Begriff umschreibt Kompetenzen, die einzelnen Verfassungsorganen in bezug auf ein internationales Handeln vom Grundgesetz zugewiesen sind[63]. Er wurde vom Grundgesetz nicht übernommen. Mit seinen Implikationen: Einheit des staatlichen Handelns nach außen, Unterscheidbarkeit und differenzierte rechtliche Behandlung der Staatstätigkeit im Innen- oder Außenbereich[64] etc., ist er eher irreführend[65]. Zumindest nach Art. 32 GG ist »staatliche« Außenpolitik z.T. de-

18

---

[58] S. auch *T. Maunz*, in: Maunz/Dürig, GG, Art. 32 (1961), Rn. 10.
[59] Nach *O. Rojahn*, in: v. Münch/Kunig, GG II, Art. 32 Rn. 1, liegt darin zugleich die Errichtung eines »kompetentiellen numerus clausus«, der nachgeordnete Körperschaften und Aufgabenträger von der Trägerschaft auswärtiger Gewalt ausschließt. S. auch *U. Beyerlin*, Rechtsprobleme der lokalen grenzüberschreitenden Zusammenarbeit, 1988, S. 225. Für den Bund wird das eher aus Art. 87 I 1 GG folgen.
[60] BVerfGE 1, 396 (414), er ist danach »Träger« der auswärtigen Gewalt. → Art. 59 Rn. 18 ff.
[61] *A. Haenel*, Deutsches Staatsrecht, Bd. 1, 1892, S. 531 ff.
[62] S. auch *Grewe* (Fn. 3), § 77 Rn. 6. *Rojahn* (Fn. 59), Art. 32 Rn. 2; *M. Zuleeg*, in: AK-GG, Art. 32 Rn. 3; *Maunz* (Fn. 58), Art. 32 Rn. 1.
[63] Vgl. etwa *Grewe* (Fn. 3), § 77 Rn. 7. Zum Begriff s. auch *H. Mosler*, Die auswärtige Gewalt im Verfassungssystem der Bundesrepublik Deutschland, in: FS Bilfinger, 1954, S. 243 ff. (246); *Rojahn* (Fn. 59), Art. 32 Rn. 3; ausführlich *Fastenrath*, Kompetenzverteilung (Fn. 3), S. 55 ff.
[64] Vgl. die Auffassung der Bundesregierung im Falle des Saarvertrags, wonach die Zustimmung nach Art. 59 II GG »einen Regierungsakt in der Form des Gesetzes, einen Akt der auswärtigen Gewalt« darstellt und »ein Vertragsgesetz ... seinem Wesen nach der Prüfung im Normenkontrollverfahren nicht zugänglich« ist, in: BVerfGE 4, 157 (161), dazu *G.H. Reichel*, Die Auswärtige Gewalt nach dem Grundgesetz für die Bundesrepublik Deutschland vom 23. Mai 1949, 1967, S. 32 f., m.w.N. aus der entgegengesetzten Rechtsprechung des Bundesverfassungsgerichts. Krit. auch *Tomuschat*, Verfassungsstaat (Fn. 32), S. 55 ff., m.w.N.
[65] Krit. auch *H. Mosler*, Die völkerrechtliche Wirkung bundesstaatlicher Verfassungen, in: FS Thoma, 1950, S. 129 ff. (149 m. Anm. 3); *W. Fiedler*, Auswärtige Gewalt und Verfassungsgewichtung, in: FS Schlochauer, 1981, S. 74 ff.

zentralisiert[66], teilweise ist sie nach Art. 23/24 GG in die Zuständigkeit der EU übertragen worden (→ Rn. 12). Eine Sonderbehandlung etwa im Blick auf die Grundrechtsbindung ist nicht gerechtfertigt[67]. Nach Art. 1 III GG binden etwa das Rechtsstaatsprinzip und die Grundrechte alle staatliche Gewalt gleichermaßen, auch die »auswärtige Gewalt«[68] (→ Art. 1 III Rn. 29 ff.). Die Außenpolitik hat immer Wirkungen auch nach innen[69]. Die Beschränkung des Begriffs der auswärtigen Gewalt auf rechtsförmliches Handeln[70] würde seine Problematik nicht beseitigen. Er kann unter dem Grundgesetz ohnehin nicht zu rechtlichen Konsequenzen führen, die sich nicht schon unmittelbar aus der Kompetenzverteilung des Grundgesetzes selbst ergeben, und hat keinen eigenen Erklärungswert[71]. Er ist daher verzichtbar.

19   Art. 32 GG enthält in Abs. 1 eine allgemeine Regelung und in Abs. 2 und 3 Sondervorschriften für Verträge mit auswärtigen Staaten[72]. Er sieht für seinen Anwendungsbereich, die »Beziehungen zu auswärtigen Staaten«, gegenüber Art. 30, 70 ff., 83 ff. GG als Spezialregelung[73] eine grundsätzliche **Umkehr der Kompetenzvermutung** zugunsten des Bundes vor[74]. Indem er die Kompetenz dem Bund zuweist und das Vertragsschlußrecht der Länder der Zustimmung der Bundesregierung unterwirft, trifft er zugleich eine **Grundentscheidung für das unitarische Auftreten** Deutschlands nach

---

[66] Vgl. dazu nur die Vielzahl der bei *Beyerlin/Lejeune*, Vereinbarungen (Fn. 31), aufgeführten Abkommen der Länder mit anderen Staaten und »Stellen« ohne Völkerrechtsfähigkeit. S. auch *Tomuschat*, Verfassungsstaat (Fn. 32), S. 23 ff., mit Hinweis auch auf die »kommunale Außenpolitik«, die nach BVerfGE 2, 347 (374), dadurch möglich wird, daß Art. 32 GG allein die Beziehungen zu anderen Völkerrechtssubjekten betrifft. Krit. auch *Rojahn* (Fn. 59), Art. 32 Rn. 4ff. → Rn. 29.

[67] Zur Kontroverse vgl. *Hailbronner*, Auswärtige Gewalt (Fn. 5), S. 14ff., 122; *C. Tomuschat*, Aussprache zu: Kontrolle der auswärtigen Gewalt, VVDStRL 56 (1997), S. 114; *I. Pernice*, ebd., S. 118.

[68] S. schon BVerfGE 4, 157 (169), wonach freilich die dem Grundgesetz nähere Lösung trotz Verfassungsverstoßes annehmbar sein kann. Zurückhaltend insb. wegen der daraus folgenden Kompetenz des Bundesverfassungsgerichts *Hailbronner*, Auswärtige Gewalt (Fn. 5), S. 14ff., m.w.N., gegen einen generellen »favor conventionis« freilich ebd., S. 27; zum Problem am Beispiel von Doppelbesteuerungsabkommen im Blick auf Art. 14 GG: *P. Kirchhof*, Aussprache zu: Kontrolle der Auswärtigen Gewalt, VVDStRL 56 (1997), S. 112; s. auch *C. Müller*, Die Menschenrechte als außenpolitisches Ziel, 1986, S. 148 f., mit Bezug auf die Wahrung der Identität des Verfassungsstaats.

[69] S. umgekehrt *Grewe* (Fn. 3), § 77 Rn. 6, der auf die internationale Relevanz der Innenpolitik hinweist. Ebenso schon *Fastenrath*, Kompetenzverteilung (Fn. 3), S. 62 ff. Für die »Überprüfung der traditionellen verfassungstheoretischen Vorstellung von einem ›innen‹ und ›außen‹ am Staat« auch *Rojahn* (Fn. 59), Art. 32 Rn. 6; *P. Häberle*, KritV 78 (1995), 298 (309); → Art. 59 Rn. 14ff.

[70] Dazu *Fastenrath*, Kompetenzverteilung (Fn. 3), S. 68 ff., 70, der entsprechend den Begriff der Pflege der Beziehungen zu auswärtigen Staaten in Art. 32 I GG auf völkerrechtsförmliches Handeln beschränkt, ebd., S. 83 ff.

[71] Entsprechend im Blick auf den »nun einmal fest etablierten Sprachgebrauch« die Definition bei *Grewe* (Fn. 3), § 77 Rn. 7: »die verfassungsmäßig verteilten Kompetenzen auf diesem Gebiete«; ähnl. *Streinz* (Fn. 29), Art. 32 Rn. 3, der ihn aus »Zweckmäßigkeitsgründen« als »Zusammenfassung aller staatlichen Kompetenzen, die sich auf die Teilnahme des Staates am völkerrechtlichen Verkehr beziehen, einschließlich der staatlichen Willensbildung, die dem Handeln in auswärtigen Angelegenheiten vorangeht«, beibehalten will. Dann kann Art. 32 GG aber keine die Kompetenzverteilung betreffende »abschließende Regelung für den Bereich der auswärtigen Gewalt« sein (s. aber ebd., Rn. 9). *Zuleeg* (Fn. 62), Art. 32 Rn. 6, will den Begriff mit »den Beziehungen zu auswärtigen Staaten gleichsetzen« und macht ihn damit überflüssig.

[72] Vgl. auch *Jarass*/Pieroth, GG, Art. 32 Rn. 1.

[73] In diesem Sinne wohl *Streinz* (Fn. 29), Art. 32 Rn. 8 f.

[74] Einhellige Auffassung, s. etwa *Maunz* (Fn. 58), Art. 32 Rn. 16; *Stern*, Auswärtige Gewalt (Fn. 3), S. 255.

außen[75]. Die Kohärenz der Außenpolitik zu wahren ist Aufgabe der Bundesregierung, die ihrerseits nach dem Gebot der Bundestreue (→ Art. 20 [Bundesstaat] Rn. 26 ff.) die eigenstaatliche Handlungsfreiheit der Länder auch in den Außenbeziehungen und die in Art. 32 III GG anerkannte **Völkerrechtsfähigkeit der Länder**[76] zu achten hat (→ Rn. 45). Die Koppelung der Vertragskompetenz der Länder nach Art. 32 III GG an die den Ländern nach Art. 30, 70 ff. GG zustehenden Zuständigkeiten für die Gesetzgebung macht schließlich deutlich, daß »innen« und »außen« zwar begrifflich, aber nicht sachlich zu trennen sind.

Das Bundesverwaltungsgericht folgert aus Art. 32 GG die Forderung nach hinreichender **außenpolitischer Handlungsfähigkeit** der Bundesrepublik Deutschland[77]. Derartige materielle Wirkungen, die in dem fraglichen Fall die Begrenzung der Pflicht des Bundes zur Gewährung **diplomatischen Schutzes** rechtfertigen sollten, betreffen jedoch nicht das Bund-Länder Verhältnis und können der Kompetenzverteilungsregel des Art. 32 GG nicht entnommen werden. Grenzen der Grundrechte auch im Blick auf das außenpolitische Ermessen[78] können sich nur aus den materiellen Grundentscheidungen der Verfassung, den Grundrechten und Staatszielbestimmungen des Grundgesetzes ergeben (→ Rn. 18, 26; → Vorb. Rn. 88). 20

II. Pflege der Beziehungen zu auswärtigen Staaten (Art. 32 I GG)

Die Grundentscheidung für die Bundeszuständigkeit in Art. 32 I GG wird in Anlehnung an den traditionellen Ansatz des Völkerrechts als Recht der Beziehungen zwischen souveränen Staaten verstanden[79]. Indessen ist dem **Wandel des Völkerrechts** und der Erfordernisse der internationalen Beziehungen Rechnung zu tragen[80], denen zufolge nicht nur die Subjekte des Völkerrechts vielgestaltiger geworden sind[81], sondern mit dem Impermeabilitätsdogma[82] auch die Monopolstellung der Staaten bei der Artikulierung von Gemeinwohlinteressen zweifelhaft geworden ist. Fraglich ist auch, inwieweit mit dem Bundesverfassungsgericht in Art. 32 I GG die Basis für die Betrachtung der auswärtigen Beziehungen als »Schutzgut, das in Obhut des Bundes steht«[83], gesehen werden und er ggf. die Einschränkung von Grundrechten rechtfertigen kann (→ Rn. 26). 21

---

[75] Vgl. BVerfGE 2, 347 (378 f.); *Grewe* (Fn. 3), § 77 Rn. 83. → Art. 59 Rn. 14.
[76] Zu dieser Bedeutung des Art. 32 III GG *Rojahn* (Fn. 59), Art. 32 Rn. 7; *Streinz* (Fn. 29), Art. 32 Rn. 6.
[77] BVerwG NJW 1989, 2208 (2209).
[78] Vgl. dazu im Parallelfall Rudolf Hess: BVerfGE 55, 349 (364 f.), wo auf Art. 32 GG zu Recht nicht zurückgegriffen wird.
[79] Vgl. *Geiger*, Grundgesetz und Völkerrecht (Fn. 26), S. 1, nach dem dies heute noch »im Kern« zutrifft.
[80] So auch das Votum von *Tomuschat*, Verfassungsstaat (Fn. 32), S. 16 ff., 21 ff.; → Art. 59 Rn. 7.
[81] Zu den Subjekten des Völkerrechts gehören heute auch internationale Organisationen sowie weitere »Wirkeinheiten«, etwa Gliedstaaten von Bundesstaaten, de facto-Regime, Befreiungsbewegungen, der Heilige Stuhl etc., vgl. *H. Mosler*, ZaöRV 36 (1976), 6 (15); *Geiger*, Grundgesetz und Völkerrecht (Fn. 26), S. 2; *Verdross/Simma*, Völkerrecht, §§ 375 ff.
[82] Zur Mediatisierung des Menschen im bzw. durch den souveränen Staat und ihrer Auflockerung vgl. *Verdross/Simma*, Völkerrecht, § 47; *Riedel*, Paradigmenwechsel (Fn. 33), S. 268. *O. Kimminich*, Einführung in das Völkerrecht, 6. Aufl. 1997, S. 96 f., 200 ff.
[83] BVerfG (2. Kammer des Zweiten Senats) NJW 1992, 2624.

1. Auswärtige Staaten

22 Der Dynamik der Entwicklung des Völkerrechts wird bereits mit der erweiternden Auslegung des Begriffs »auswärtige Staaten« Rechnung getragen. Heute umfaßt er nach allgemeiner Auffassung generell die **Subjekte des Völkerrechts**, d.h. auch internationale Organisationen[84], nach der Rechtsprechung des Bundesverfassungsgerichts dagegen nicht solche Körperschaften des öffentlichen Rechts, die allein dem innerstaatlichen Recht eines Staates unterliegen[85], und auch nicht den Heiligen Stuhl, obwohl er Völkerrechtssubjekt ist[86]. Vom Zweck her richtig scheint es auch, anerkannte Exilregierungen, de-facto-Regime, Befreiungsbewegungen und die Glieder föderaler Staaten zu den »auswärtigen Staaten« i.S.d. Art. 32 I GG zu zählen[87].

23 **Ausgeschlossen** vom Anwendungsbereich des Art. 32 GG sind damit ausländische Privatpersonen und juristische Personen, die dem Recht eines anderen Staates unterliegen, also etwa Gesellschaften, Vereine, Unternehmen oder NGOs[88]. Auch anerkannte Völkerrechtssubjekte, denen ein **staatlicher Charakter** nicht zukommt, so der Malteser Orden oder das Internationale Komitee vom Roten Kreuz[89], dürften ebenso wie der **Heilige Stuhl** die Voraussetzungen des Begriffs »Staaten« nicht mehr erfüllen[90]. Die Folge ist, daß Art. 32 GG für Beziehungen zu ihnen nicht gilt und, soweit eine Länderzuständigkeit besteht, die Länder ohne Zustimmung des Bundes Verträge mit ihnen schließen können[91].

24 Nicht unter den Begriff der »auswärtigen Staaten« fällt schließlich auch die **Europäische Gemeinschaft**. Sie ist weder »auswärtig« noch Staat (→ Art. 23 Rn. 35 ff., 41). Ihre Angelegenheiten sind jetzt ebenso wie die **GASP und die ZBJI** der Spezialregelung des Art. 23 GG unterworfen (→ Rn. 12 f.). Umgekehrt bleibt Art. 32 GG anwendbar auf die Beziehungen zu den anderen **Mitgliedstaaten der EU**[92], soweit eine Zuständigkeit der EG nicht begründet ist und die Verfahren der ZBJI nach Art. K (29 n.F.) ff. EUV nicht zur Anwendung kommen. Insofern gilt weiterhin das allgemeine Völkerrecht.

---

[84] Vgl. BVerfGE 1, 351 (366), wonach den Staaten »gewisse völkerrechtliche Organisationen gleichzustellen sind«; weitergehend BVerfGE 2, 347 (374): »Verträge mit Staatenverbindungen und zwischenstaatlichen oder supranationalen Staatengemeinschaftsorganen, soweit sie im Völkerrecht als handlungs- und pflichtfähige Rechtspersönlichkeiten anerkannt sind«.

[85] BVerfGE 2, 347 (374); krit. *Reichel*, Auswärtige Gewalt (Fn. 64), S. 156.

[86] BVerfGE 6, 309 (362), ohne Begründung; vgl. auch *R. Bernhardt*, Verfassungsrecht und völkerrechtliche Verträge, in: HStR VII, § 174 Rn. 20; *Rojahn* (Fn. 59), Art. 32 Rn. 12, m.w.N.; krit. *Zuleeg* (Fn. 62), Art. 32 Rn. 8.

[87] Vgl. auch *Zuleeg* (Fn. 62), Art. 32 Rn. 7; *Rojahn* (Fn. 59), Art. 32 Rn. 11, m.w.N.

[88] Ebenso auch *Rojahn* (Fn. 59), Art. 32 Rn. 13. Zum Problem vgl. *K. Ipsen*, Völkerrecht (Fn. 25), S. 92 f., 101 ff.

[89] Zu ihrer Qualifizierung als Völkerrechtssubjekte s. *Verdross/Simma*, Völkerrecht, §§ 376, 417 ff.

[90] Zum Erfordernis der Staatsähnlichkeit in der Rechtsprechung (vgl. oben, Fn. 84) zu Recht krit. *Rojahn* (Fn. 59) Art. 32 Rn. 11, da internationale Organisationen nicht staatsähnlich sind. Sie haben gleichwohl staatlichen Charakter, im Gegensatz zu den NGOs.

[91] So im Falle der Konkordate: BVerfGE 6, 309 (362).

[92] Weitergehend *P. Häberle*, Die Zukunft der Landesverfassung der Freien Hansestadt Bremen im Kontext Deutschlands und Europas, in: Bremische Bürgerschaft (Hrsg.), 50 Jahre Landesverfassung der Freien Hansestadt Bremen, 1997, S. 19 ff. (41): »Die EU-Staaten sind einander nicht mehr Ausland«; vgl. auch schon *ders.*, KritV 78 (1995), 298 (309).

2. Pflege der Beziehungen

Der Ausdruck »Pflege der Beziehungen« ist im weitesten Sinne zu verstehen. In Anlehnung an die Formulierung des Art. 78 I WRV wurde er gegen Ende der Beratungen des Parlamentarischen Rates anstelle der in Art. 41 I HChE vorgeschlagenen engeren, auf den Vertragsschluß mit auswärtigen Staaten im Rahmen der Gesetzgebungszuständigkeit des Bundes beschränkten Fassung eingeführt[93]. Dabei ging es jedoch vor allem um die Abkoppelung der Außenkompetenz von der Zuständigkeit des Bundes. Daß jetzt nicht mehr – wie in Art. 32 III GG – nur vom Abschluß von Verträgen die Rede und damit die Tragweite der Norm vom Wortlaut her erheblich erweitert ist, wurde nicht eigens erörtert[94]. Der Passus »Pflege der Beziehungen« meint zunächst die Anbahnung, die Verhandlung und den **Abschluß völkerrechtlicher Verträge** jeder Art, erfaßt aber darüber hinaus die gesamte auf die **Staatengemeinschaft und die Stellung Deutschlands in ihr** gerichtete Tätigkeit im weitesten Sinne[95].

25

Der Begriff »**Beziehungen**« bezeichnet ein Gegenseitigkeitsverhältnis oder einen Handlungszusammenhang, in dem das Verhalten des einen das Verhalten des oder der anderen beeinflussen kann[96]. Unter »**Pflege**« ist nicht ein fürsorglich schützendes Kümmern zu verstehen, sondern jede Einflußnahme in Wahrnehmung der allgemeinen Verantwortung[97], die Zuordnung sachlicher Kompetenz[98], deren inhaltliche Leitlinien sich aus der Präambel, den Grundrechten, den Art. 24 II u. III und Art. 26 GG ergeben. Hieraus und nicht aus der Kompetenznorm des Art. 32 I GG rechtfertigen sich ggf. **Grundrechtseinschränkungen** im außenpolitischen Interesse[99].

26

Damit fallen insbesondere **einseitige Akte** (Anerkennung von Staaten und Regierungen, Beitritt zu internationalen Organisationen, Klagen vor internationalen Gerichten, politische Stellungnahmen, Proteste, Verzichte, Embargo-Maßnahmen, Repressalien und Retorsionen, die Gewährung diplomatischen Schutzes, die Entsendung und Akkreditierung von Diplomaten etc.) ebenso wie **organisatorische und gestaltende Maßnahmen**, wie die Aufnahme diplomatischer und konsularischer Beziehungen unter Art. 32 I GG. In der Regel wird es zwar um ein **Handeln im Bereich der Völkerrechtsordnung** gehen. Ein »völkerrechtsförmliches« Handeln[100], ist jedoch nicht gefordert[101]. So fallen auch Grußbotschaften, Besuche und Reden im Ausland, soweit

27

---

[93] Antrag des Abgeordneten v. Mangoldt in der 48. Sitzung des Parlamentarischen Rates am 9.2.1948, vgl. Schneider, GG-Dokumentation, Bd. 10, S. 91, 162f.
[94] Vgl. Schneider, GG-Dokumentation, Bd. 10, S. 91.
[95] Enger noch der Begriff der »auswärtigen Angelegenheiten« in Art. 73 Nr. 1 GG nach BVerfGE 33, 52 (60): »Beziehungen, die sich aus der Stellung der Bundesrepublik als Völkerrechtssubjekt zu anderen Staaten ergeben«, womit freilich auch hier wie in Art. 32 GG internationale Organisationen nicht ausgeschlossen sein dürften.
[96] Vgl. *Fastenrath*, Kompetenzverteilung (Fn. 3), S. 18 ff., 83.
[97] S. auch *T. Stein*, Amtshilfe in auswärtigen Angelegenheiten, 1975, S. 15 f.; *M. Sachau*, Wehrhoheit und Auswärtige Gewalt, 1967, S. 169 f.; *Fastenrath*, Kompetenzverteilung (Fn. 3), S. 84.
[98] Vgl. zum Begriff der Kompetenz in diesem Sinne *R. Stettner*, Grundfragen einer Kompetenzlehre, 1983, S. 17, 254 ff.
[99] Anders BVerfG (2. Kammer des Zweiten Senats) NJW 1992, 2624, zum Fall der Exportbeschränkungen nach §§ 2 I, 3 III, 7 AWG.
[100] *Fastenrath*, Kompetenzverteilung (Fn. 3), S. 86 ff., 98 ff. mit Beispielen. Ebenso *Jarass*/Pieroth, GG, Art. 32 Rn. 2, 4.
[101] Krit. auch *Zuleeg* (Fn. 62), Art. 32 Rn. 6; *Grewe* (Fn. 3), § 77 Rn. 82f. Nach *Geiger*, Grundgesetz und Völkerrecht (Fn. 26), S. 122, geht es um die »nach außen gerichtete staatliche Tätigkeit, die völkerrechtlichen Beziehungen gestaltet, sowie die Handlungen, die diese Tätigkeit vorbereiten«.

damit die Bundesrepublik Deutschland offiziell repräsentiert wird, unter Art. 32 I GG[102] – sie können das Verhältnis zu einem anderen Staat nachhaltiger beeinflussen als ein Vertrag. Bei innerstaatlichen Handlungen, die eine Wirkung auf das Ausland nur als Reflex haben, kann indessen von einer »Pflege« der Beziehungen zu auswärtigen Staaten nicht gesprochen werden[103].

28 Zur Pflege der Beziehungen mit auswärtigen Staaten gehört auch die Rücksichtnahme auf **auswärtige Belange bei innerstaatlichen Verfahren und Entscheidungen**. So liegt es nicht nur in der Kompetenz der Bundesregierung, einer richterlichen Tätigkeit im Ausland (z.B. Zeugenvernehmungen, die Weiterleitung von Rechtshilfeersuchen) ggf. außenpolitische Bedenken entgegenzusetzen[104], sondern ihr steht auch die Beurteilung der außenpolitischen Interessen nach § 37 I Nr. 2 AuslG zu[105], ebenso wie die Geltendmachung der gesamtstaatlichen Verantwortung nach Art. 23 V und VI GG (→ Art. 23 Rn. 115).

3. Einzelfragen

29 Kontakte von deutschen Körperschaften des öffentlichen Rechts zu entsprechenden Einrichtungen in anderen Staaten fallen nach den oben genannten Kriterien (→ Rn. 22f.) nicht unter Art. 32 I GG. Dies gilt etwa für die sog. **kommunale Außenpolitik**, soweit sie auf örtliche Angelegenheiten beschränkt ist[106]. Voraussetzung ist weder eine gesetzliche Ermächtigung[107], noch bedarf es eines Rahmenvertrags mit dem betreffenden Staat[108], wohl aber ist nach dem Grundsatz der Bundestreue ggf. die Rücksichtnahme auf die Außenpolitik des Bundes zu fordern[109].

30 Entsprechendes gilt für die internationale **Kooperation zwischen Universitäten** und anderen Hochschulen[110], wobei Hochschulverträge im Rahmen des EG-Förderprogramms **Sokrates** in der betreffenden Entscheidung des Rates[111] eine besondere Grundlage finden. Die Kooperation öffentlich-rechtlicher **Rundfunkanstalten** ist eben-

---

[102] Anders aber *Fastenrath*, Kompetenzverteilung (Fn. 3), S. 85, 89.
[103] Zutreffend insofern *Fastenrath*, Kompetenzverteilung (Fn. 3), S. 86: »Lehre von der Unbeachtlichkeit der Reflexwirkungen«, m.w.N.
[104] BGH NJW 1983, 2769 (2770).
[105] BVerwGE 49, 36 (40); *C. Tomuschat*, Zur politischen Betätigung der Ausländer in der Bundesrepublik Deutschland, 1968, S. 40ff.
[106] Vgl. schon *Tomuschat*, Verfassungsstaat (Fn. 32), S. 24f., mit Verweis auf BVerfGE 2, 347 (374); *H. Heberlein*, Kommunale Außenpolitik als Rechtsproblem, 1989; *ders.*, NVwZ 1992, 543ff.; s. auch *Grewe* (Fn. 3), § 77 Rn. 83; *Rojahn* (Fn. 59), Art. 32 Rn. 65ff.; *Zuleeg* (Fn. 62), Art. 32 Rn. 26. Nicht zur »auswärtigen Gewalt« zählt sie auch *Beyerlin*, Zusammenarbeit (Fn. 59), S. 173ff., 457ff. (»dezentrale Sondererscheinung«). Zur Kategorie der kommunalen Außenpolitik s. schon *M. Bothe*, AöR 102 (1977), 68 (75); *J. Bauer/M. Hartwig*, NWVBl. 1994, 41 (43). → Art. 28 Rn. 136.
[107] Vgl. auch *Zuleeg* (Fn. 62), Art. 32 Rn. 26.
[108] A.A. *U. Beyerlin*, Grenzüberschreitende Zusammenarbeit benachbarter Gemeinden und auswärtige Gewalt, in: A. Dittmann/M. Kilian (Hrsg.), Kompetenzprobleme der Auswärtigen Gewalt, 1982, S. 109ff. (131).
[109] Ebenso *Zuleeg* (Fn. 62), Art. 32 Rn. 26, der zudem eine Einwirkungsmöglichkeit der Bundesregierung fordert. Noch weitergehend *Reichel*, Auswärtige Gewalt (Fn. 64), S. 155, der die Zustimmung der Bundesregierung nach Art. 32 III GG für erforderlich hält.
[110] Vgl. auch *Rojahn* (Fn. 59), Art. 32 Rn. 61; *Jarass*/Pieroth, GG, Art. 32 Rn. 3.
[111] Entscheidung 819/95/EU des Europäischen Parlaments und des Rats vom 14. März 1995 zur Einrichtung des Gemeinschaftsprogramms Sokrates, ABl. L 87 v. 20.4.1995, S. 10; vgl. früher: Beschluß des Rats 87/327/EWG vom 15. Juni 1987 über ein gemeinschaftliches Aktionsprogramm zur Förderung der Mobilität von Hochschulstudenten (Erasmus), ABl. L 166 v. 25.6.1987, S. 20.

sowenig wie die Ausstrahlung von **Rundfunksendungen** in das Ausland ein Fall des Art. 32 GG[112]. **Konkordate** sind zwar völkerrechtliche Verträge, die mit dem Heiligen Stuhl geschlossen werden. Dieser ist aber weder Staat noch staatsähnlich (→ Rn. 23), so daß Konkordate nicht unter Art. 32 I GG fallen[113].

III. Beteiligung besonders betroffener Länder (Art. 32 II GG)

Art. 32 II GG gewährleistet eine **partielle Kompensation** des mit der umfassenden Kompetenz des Bundes zum Abschluß völkerrechtlicher Verträge, die unbesehen der Gesetzgebungszuständigkeit[114] besteht, verbundenen Verlustes an Eigenstaatlichkeit der Länder. Anders als Art. 23 IV-VI GG beschränkt Art. 32 II GG die Mitwirkung jedoch auf das Land, dessen »besondere Verhältnisse« durch den betreffenden Vertrag berührt werden. Er gilt als spezifische Ausprägung des Prinzips der Bundestreue i.S.d. Pflicht zu länderfreundlichem Verhalten[115]. Es geht daher weniger um die Bundesstaatlichkeit generell als um die **individuelle Interessenregulierung** zugunsten des betroffenen Landes in einer konkreten Eingriffslage. Insoweit ergänzt Art. 32 II GG die allgemeine Mitwirkungsregelung nach Art. 59 II GG für den Fall der Sonderinteressen eines Landes, deren Wahrung durch die Anhörung schon **im Vorfeld des Vertragsschlusses** effektiver gewährleistet ist als ggf. im Verfahren der nachträglichen Zustimmung des Bundesrates zum Vertragsgesetz. 31

1. Besondere Verhältnisse eines Landes

Die »besonderen Verhältnisse« eines Landes sind dann berührt, wenn der völkerrechtliche Vertrag Verpflichtungen in bezug auf das **Gebiet, die Verfassung, die spezifische Rechtslage, wirtschaftliche Interessen oder die kulturelle Eigenart** eines Landes begründet[116]. Sind alle Länder grundsätzlich gleich betroffen, so ist ein Mitwirkungsrecht nach Art. 32 II GG nicht gegeben, und es bleibt bei der allgemeinen Regelung des Art. 59 II GG[117]. Dabei kommt es nicht auf die Intensität der Wirkung an[118], sondern die Besonderheit i.S.d. Art. 32 II GG bezieht sich auf die Verhältnisse in einem Land. Verträge etwa über **Fischereirechte** oder über die **Abgrenzung des Festlandsockels** der Nordsee berühren speziell die Interessen der Nordseeanliegerstaaten[119]. 32

Auch Verträge über **Gebietsänderungen oder Grenzberichtigungen** sind ein Fall des 33

---

[112] Zu letzterem ebenso *Rojahn* (Fn. 59), Art. 32 Rn. 26, mit Verweis auf den Streit um die verfassungsrechtliche Grundlage des Gesetzes über die Errichtung von Rundfunkanstalten des Bundesrechts v. 29. 11. 1960 (BGBl. I S. 862). S. auch *Fastenrath*, Kompetenzverteilung (Fn. 3), S. 99, auch zur Gesetzgebungskompetenz nach Art. 73 Nr. 1 GG und Verwaltungskompetenz nach Art. 87 III 1 GG, ebd. S. 177; a.A. *Zuleeg* (Fn. 62), Art. 32 Rn. 10.
[113] So insb. BVerfGE 6, 309 (362).
[114] Ebenso *Zuleeg* (Fn. 62), Art. 32 Rn. 20; *Jarass*/Pieroth, GG, Art. 32 Rn. 7; *Fastenrath*, Kompetenzverteilung (Fn. 3), S. 115 ff., 120–132; zum entstehungsgeschichtlichen Hintergrund → Rn. 6f.
[115] So *Stern*, Staatsrecht I, S. 693; *Geiger*, Grundgesetz und Völkerrecht (Fn. 26), S. 121 ff.
[116] Ähnl. *Bernhardt*, Völkerrechtliche Verträge (Fn. 19), S. 167 f.
[117] Vgl. auch *Zuleeg* (Fn. 62), Art. 32 Rn. 11; *Rojahn* (Fn. 59), Art. 32 Rn. 30; *Bernhardt*, Völkerrechtliche Verträge (Fn. 19), S. 167.
[118] So aber *Rojahn* (Fn. 59), Art. 32 Rn. 30: » ... stärker auswirkt«. Ebenso *Streinz* (Fn. 29), Art. 32 Rn. 43.
[119] Vgl. dazu R. *Dolzer*/G. *Papadimitriu*, ZaöRV 34 (1974), 503 (509).

Art. 32 II GG¹²⁰, wobei streitig ist, ob dafür jeweils eine Verfassungsänderung¹²¹ oder zumindest die Zustimmung des betroffenen Landes¹²² erforderlich ist. Weder der Wortlaut noch die Entstehungsgeschichte des Art. 32 II GG sprechen indessen für eine solche Einschränkung¹²³. Das Grundgesetz schützt einzelne Länder nicht vor Gebietsänderungen durch den Bund; selbst Art. 29 GG verlangt keine Zustimmung der betroffenen Länder¹²⁴. Art. 29 II u. III GG bringen mit dem Erfordernis des **Volksentscheids in den betroffenen Ländern** allerdings eine für das demokratische Prinzip im Bundesstaat zentrale Grundentscheidung für die Identität der Landesbürgerschaft zum Ausdruck (→ Art. 29 Rn. 11, 14, 30), die entsprechend auch bei Gebietsverträgen im Rahmen des Art. 32 II GG Anwendung finden muß. Gebietsverträge können somit nur nach Anhörung der betroffenen Länder (Art. 32 II GG) geschlossen und analog Art. 29 II u. III GG nach positivem Volksentscheid in diesen Ländern wirksam werden.

2. Rechtzeitige Anhörung

34 Anders als die nachträgliche Zustimmung nach Art. 59 II GG dient die Anhörung des betroffenen Landes nach Art. 32 II GG der Sicherung eines **effektiven Einflusses auf den Inhalt** des abzuschließenden Vertrages. »Rechtzeitig« angehört wird das Land somit dann, wenn seine Stellungnahme schon bei den **Verhandlungen** berücksichtigt werden kann; schon der Zeitpunkt der Paraphierung ist zu spät¹²⁵. Aus der Pflicht zur Anhörung folgt weder die Pflicht, die Stellungnahme in vollem Umfang in die Verhandlungen einzubringen, noch ein Anspruch des Landes etwa auf Teilnahme an den Verhandlungen¹²⁶. Wohl aber fordert Art. 32 II GG vom Sinn und Zweck her ebenso wie im Lichte der Bundestreue, daß sich die Bundesregierung mit der Stellungnahme sachlich **auseinandersetzt** und das Land später über die Gründe und den Umfang ihrer (Nicht-)**Berücksichtigung informiert**.

IV. Vertragskompetenz der Länder (Art. 32 III GG)

35 Art. 32 III GG bekräftigt die (partielle) **Völkerrechtssubjektivität** der Länder, begründet und begrenzt zugleich ihre Kompetenz zum Abschluß völkerrechtlicher Verträge auf den Bereich ihrer **Zuständigkeit zur Gesetzgebung** und unterwirft diese Kompe-

---

¹²⁰ Ebenso *Zuleeg* (Fn. 62), Art. 32 Rn. 11; *Streinz* (Fn. 29), Art. 32 Rn. 46; *Fastenrath*, Kompetenzverteilung (Fn. 3), S. 154ff.; s. auch für den Fall der Grenzberichtigungen: *Bernhardt*, Völkerrechtliche Verträge (Fn. 19), S. 196.

¹²¹ So *H. Kraus*, Der deutsche Richter und das Völkerrecht, in: FS Laun, 1953, S. 223ff. (224 Anm. 2); *K.H. Klein*, Die Übertragung von Hoheitsrechten, 1952, S. 26; für Gebietsänderungen auch *Bernhardt*, Völkerrechtliche Verträge (Fn. 19), S. 196f.

¹²² So etwa *Maunz* (Fn. 58), Art. 32 Rn. 23; *Reichel*, Auswärtige Gewalt (Fn. 64), S. 266f.; *Rojahn* (Fn. 59), Art. 32 Rn. 31, m.w.N.

¹²³ Vgl. auch *Fastenrath*, Kompetenzverteilung (Fn. 3), S. 155f.; ihm folgend *Streinz* (Fn. 29), Art. 32 Rn. 46.

¹²⁴ S. *Fastenrath*, Kompetenzverteilung (Fn. 3), S. 155, m.w.N.; vgl. auch *Zuleeg* (Fn. 62), Art. 32 Rn. 11. → Art. 29 Rn. 12, 35.

¹²⁵ Ebenso *Streinz* (Fn. 29), Art. 32 Rn. 45. Vgl. zur Entstehungsgeschichte: Schneider, GG-Dokumentation, Bd. 10, S. 125ff.; s. auch *Geiger*, Grundgesetz und Völkerrecht (Fn. 26), S. 121ff.; *Rojahn* (Fn. 59), Art. 32 Rn. 29; *Bernhardt*, Völkerrechtliche Verträge (Fn. 19), S. 167.

¹²⁶ S. auch *Zuleeg* (Fn. 62), Art. 32 Rn. 11; zum Verfahren: *W. Rudolf*, Mitwirkung der Landtage bei völkerrechtlichen Verträgen und bei der EG-Rechtsetzung, in: FS Carstens, 1984, S. 757ff. (766).

IV. Vertragskompetenz der Länder (Art. 32 III GG)

tenz schließlich einem konstitutiven **Zustimmungsvorbehalt** zugunsten des Bundes. Gegenüber der Kompetenzvermutung des Art. 32 I GG trägt Art. 32 III GG damit der Eigenstaatlichkeit der Länder im Außenverhältnis Rechnung, ohne umgekehrt die Notwendigkeit einer sachlich kohärenten Außenpolitik der Bundesrepublik Deutschland aus den Augen zu verlieren[127].

1. Verträge mit auswärtigen Staaten

Vom Wortlaut her gewährt Art. 32 III GG den Ländern nur das Recht zum Vertragsschluß mit auswärtigen Staaten. Der Begriff der **auswärtigen Staaten** umfaßt wie in Art. 32 I GG Völkerrechtssubjekte mit staatlichem Charakter (→ Rn. 21 f.). Andere »ausländische« Stellen, wie etwa öffentlich-rechtliche Körperschaften[128], Regionen und Gemeinden[129] im Ausland sowie der Heilige Stuhl[130], fallen nicht unter Art. 32 GG, so daß die allgemeine Kompetenzregelung des Art. 30 GG eingreift. Der Zustimmung nach Art. 32 III GG bedarf es insoweit nicht. Dasselbe gilt im **föderalen Innenverhältnis**, da weder die (anderen) Länder noch der Bund »auswärtig« sind[131].   36

Der Begriff der **Verträge** umfaßt nach einhelliger Auffassung auch Verwaltungsabkommen[132]. Die Kompetenz zum Abschluß impliziert ferner (kraft Sachzusammenhangs) das Recht, Möglichkeiten einer vertraglichen Kooperation zu **sondieren, Verhandlungen anzubahnen** und durchzuführen sowie die im Vertrag begründeten Beziehungen zu pflegen[133]. Zu den Verträgen i.S.d. Art. 32 III GG können auch informelle »politische« Absprachen und **»gentlemen's agreements«** gezählt werden[134]. Nicht jedoch kann Art. 32 III GG erweiternd dahingehend ausgelegt werden, daß den Ländern ganz allgemein die **Pflege der auswärtigen Beziehungen** und damit das Recht, einen auswärtigen Dienst aufzubauen, zuerkannt sei[135].   37

Die umfangreichen offiziellen Auslandskontakte der Länder in der Praxis[136] lassen sich angesichts der klaren Bundeszuständigkeit nach Art. 32 I GG auch nicht auf die »**Natur der Sache**« gründen[137] oder auf dem Wege einer restriktiven, auf völkerrechtsförmliche Akte beschränkten Auslegung des Art. 32 I GG der allgemeinen Zu-   38

---

[127] Vgl. auch *Zuleeg* (Fn. 62), Art. 32 Rn. 16: »einheitliche Außenpolitik«.
[128] Zum Kehler Hafen vgl. BVerfGE 2, 347 (374 f.).
[129] Vgl. auch *Rojahn* (Fn. 59), Art. 32 Rn. 61.
[130] Vgl. BVerfGE 6, 309 (362), wonach Konkordate nicht unter Art. 32 GG fallen.
[131] S. auch *Rojahn* (Fn. 59), Art. 32 Rn. 33, m.w.N.
[132] Vgl. BVerfGE 2, 347 (369 f.); *Streinz* (Fn. 29), Art. 32 Rn. 50; *Zuleeg* (Fn. 62), Art. 32 Rn. 14, m.w.N.
[133] S. auch *Zuleeg* (Fn. 62), Art. 32 Rn. 16, m.w.N.; *Rojahn* (Fn. 59), Art. 32 Rn. 59; *Streinz* (Fn. 29), Art. 32 Rn. 49.
[134] S. auch *Rojahn* (Fn. 59), Art. 32 Rn. 60. Beispiel könnte die »Wiener Absichtserklärung« zur Rechtschreibreform sein, die am 1. Juli 1996 vom Präsidenten der Kultusministerkonferenz für die Länder und vom Parlamentarischen Staatssekretär beim Bundesminister des Innern für den Bund unterzeichnet wurde, daneben von Österreich, der Schweiz, Belgien, Italien, Liechtenstein, Rumänien und Ungarn, vgl. dazu BVerfG NJW 1998, 2515 (2519): »Herstellung von Einheitlichkeit … im Wege der Selbstkoordinierung«.
[135] Ebenso *Rojahn* (Fn. 59), Art. 32 Rn. 56 ff., 58, m.w.N. zur Praxis der »Besuchsdiplomatie« und zum Streitstand; *Zuleeg* (Fn. 62), Art. 32 Rn. 22, m.w.N.; *Streinz* (Fn. 29), Art. 32 Rn. 51, 53.
[136] Vgl. die Übersicht bei *Fastenrath*, Kompetenzverteilung (Fn. 3), S. 188 ff., 193 ff.; s. auch *Rojahn* (Fn. 59), Art. 32 Rn. 57, m.w.N; *W. Graf Vitzthum*, AöR 115 (1990), 281 (297 ff.).
[137] So aber *Zuleeg* (Fn. 62), Art. 32 Rn. 23; *Streinz* (Fn. 29), Art. 32 Rn. 52; dagegen wie hier *Rojahn* (Fn. 59), Art. 32 Rn. 58.

ständigkeit der Länder nach Art. 30 GG zuordnen und damit legitimieren[138]. Die spezielle Regelung des Art. 23 VII GG i.V.m. § 8 EUZBLG, wonach die Errichtung von **Länderbüros in Brüssel** zugelassen wird[139], betrifft die Beteiligung der Länder in Angelegenheiten der Europäischen Union, wo es nicht (mehr) um Beziehungen zu »auswärtigen Staaten« geht (→ Art. 23 Rn. 12, 24). Die These, daß die auswärtigen Kontakte der Länder nach Art. 32 III GG nicht auf Verträge beschränkt sein sollen[140], findet hierin keine Stütze. Der Umstand, daß den Länderbüros in Brüssel ausdrücklich der diplomatische Status vorenthalten wird (§ 8 S. 2 EUZBLG), macht das gänzlich deutlich. Die Zulassung einer informellen Länderaußenpolitik ohne eine dem Zustimmungsvorbehalt nach Art. 32 III GG entsprechende Kontrolle würde auch dem Grundgedanken des Art. 32 GG, die **Kohärenz der Außenpolitik** sicherzustellen (→ Rn. 19), zuwiderlaufen. Soweit es sich nicht um »vertragsbezogene« Auslandskontakte im weiteren Sinne handelt, kann die genannte Praxis infolgedessen nur als auf einer **stillschweigenden Duldung** der Bundesregierung beruhend angesehen werden[141]. Daß die verfassungswidrige Staatspraxis Gewohnheitsrecht werden könnte[142], ist höchst zweifelhaft.

39 Ebensowenig, wie sie eine »**Nebenaußenpolitik**«[143] betreiben können, ist den Ländern nach Art. 32 III GG gestattet, »politische Verträge« i.S.d. Art. 59 II GG zu schließen oder politisch bedeutsamen **internationalen Organisationen** beizutreten[144]. Eine Sonderregelung der vertraglichen Außenbeziehungen für die Länder findet sich demgegenüber jetzt in Art. 24 Ia GG, wonach sie Hoheitsrechte auf **grenznachbarschaftliche** Einrichtungen übertragen und damit eine besonders **intensive Kooperation** mit den angrenzenden Staaten oder deren mehr oder weniger autonomen Untergliederungen begründen können (→ Art. 24 Rn. 44).

2. Länderzuständigkeit für die Gesetzgebung

40 Die Außenkompetenz der Länder ist nach Art. 32 III GG enger als die Übertragungskompetenz nach Art. 24 Ia GG (»staatliche Befugnisse«) auf die Gebiete ihrer Gesetzgebungskompetenz beschränkt. Dies schließt Verträge der Länder (außer im Fall des Art. 24 Ia GG) im Rahmen ihrer **Verwaltungskompetenz** im Vollzug von Bundesgeset-

---

[138] So *Fastenrath*, Kompetenzverteilung (Fn. 3), S. 195f., der insoweit nur eine Bindung an die Bundestreue annimmt. → Rn. 42.
[139] Dazu *Streinz* (Fn. 29), Art. 32 Rn. 52.
[140] So *Streinz* (Fn. 29), Art. 32 Rn. 52.
[141] Eine »Delegation von Bundeskompetenzen« fordert *Grewe* (Fn. 3), § 77 Rn. 83. Zu weitgehend auch *Reichel*, Auswärtige Gewalt (Fn. 64), S. 178, der eine Einwilligung oder »generelle Ermächtigung« in Betracht zieht; ähnl. *J. Kölble*, DÖV 1965, 145 (153); krit. dazu *Fastenrath*, Kompetenzverteilung (Fn. 3), S. 193f. Bemerkenswert auch der Hinweis bei *W. Graf Vitzthum*, AöR 115 (1990), 281 (289), das Auswärtige Amt dränge die Länder dazu, »Abschlüsse unterhalb der Vertragsschwelle zu tätigen«. *J. Isensee*, Idee und Gestalt des Föderalismus im Grundgesetz, in: HStR IV, § 98 Rn. 194, votiert für Art. 30 GG als Kompetenzgrundlage und für die Begrenzung durch das Gebot der Bundestreue.
[142] In dieser Richtung *Grewe* (Fn. 3), § 77 Rn. 83. Krit. schon gegenüber dem Institut des Verfassungsgewohnheitsrechts: *C. Tomuschat*, Verfassungsgewohnheitsrecht?, 1972. → Art. 79 I Rn. 38f.
[143] Vgl. *Grewe* (Fn. 3), § 77 Rn. 83.
[144] Vgl. auch *Zuleeg* (Fn. 62), Art. 32 Rn. 15; *Reichel*, Auswärtige Gewalt (Fn. 64), S. 249f.; *Bernhardt*, Völkerrechtliche Verträge (Fn. 19), S. 171f.; krit. *Fastenrath*, Kompetenzverteilung (Fn. 3), S. 153.

IV. Vertragskompetenz der Länder (Art. 32 III GG)

zen aus[145]. Für Abkommen, die auch diese Materien berühren, bietet sich die Lösung der »gemischten Abkommen« an, an denen der Bund neben den fraglichen Ländern beteiligt ist[146]. Die Gesetzgebungskompetenz der Länder bestimmt sich nach Art. 70 ff. GG. Auch im Rahmen der **ausschließlichen Bundeskompetenzen** nach Art. 71 und 73 GG und im Bereich der **konkurrierenden Gesetzgebung** nach Art. 74 und 74a GG sind die Länder insoweit zuständig, als der Bund noch nicht gehandelt hat oder die Ersetzung von Bundesrecht durch Ländergesetze nach Art. 72 III GG freigegeben ist[147].

Verträge, die ein Land im Bereich der konkurrierenden Kompetenz abgeschlossen hat, verlieren wegen **Art. 46 VRK** nicht allein dadurch ihre Wirksamkeit, daß der Bund seine Kompetenz innerstaatlich wahrnimmt; daß mit dem Erlaß eines Bundesgesetzes ggf. das Vertragsgesetz der Landes unwirksam wird, ist ohne Belang[148]. Die so entstehende Diskrepanz von völkerrechtlicher Verpflichtung und innerstaatlichem Zuständigkeitsmangel läßt sich durch einen entsprechenden Vorbehalt im Vertrag vermeiden, von dessen Existenz die Bundesregierung ihre Zustimmung nach Art. 32 III GG abhängig machen kann.

41

Nach wie vor streitig ist, ob die Vertragsschlußkompetenz der Länder im Bereich ihrer »**ausschließlichen**« Zuständigkeit zur Gesetzgebung ausschließlich ist (sog. föderalistische, süddeutsche Ansicht) oder ob der Bund auch insoweit nach Art. 32 I GG Verträge schließen und auch durchführen kann (sog. zentralistische, Berliner Lösung). Nach einer dritten Auslegung (sog. norddeutsche Lösung) hat der Bund die Abschlußkompetenz, während die Länder für die Durchführung sorgen[149]. Diese dritte Meinung stellt vor allem darauf ab, daß andernfalls die Länderzuständigkeit nach dem Grundgesetz durch völkerrechtliche Verträge des Bundes »beliebig« ausgehöhlt werden könnte[150]. Infolge der **Doppelwirkung des Vertragsgesetzes** (→ Art. 59 Rn. 47) ist dieses Auseinanderfallen von Vertragsabschluß und Vollzug jedoch nur schwer zu konstruie-

42

---

[145] Vgl. *Rojahn* (Fn. 59), Art. 32 Rn. 35; *Zuleeg* (Fn. 62), Art. 32 Rn. 14; für *Streinz* (Fn. 29), Art. 32 Rn. 59 f., sind dagegen Verwaltungsabkommen im Bereich der »formellen Gesetzgebungskompetenzen« der Länder mit Art. 84 I, 85 I GG vereinbar.

[146] Diese Lösung wurde für das Abkommen zwischen dem Land Nordrhein-Westfalen, dem Land Niedersachsen, der Bundesrepublik Deutschland und dem Königreich der Niederlande über grenzüberschreitende Zusammenarbeit zwischen den Gebietskörperschaften und anderen öffentlichen Stellen vom 23. Mai 1991 (GV.NW 1991, 530; Nds. GVBl. 1992, 69) gewählt: vgl. dazu *J. Bauer/M. Hartwig*, NWVBl. 1994, 41 ff., mit einem Überblick über die Diskussion der Kompetenzfrage am Beispiel dieses Abkommens ebd., S. 42 f., zur verfassungsrechtlichen Würdigung des »gemischten Abkommen« ebd., S. 47. Vgl. auch die Unterzeichnung der »Wiener Absichtserklärung« durch den Vertreter des Bundesministers des Innern neben dem Präsidenten der KMK; → Rn. 37 Fn. 134.

[147] Vgl. dazu *Streinz* (Fn. 29), Art. 32 Rn. 56.

[148] Ebenso *Maunz* (Fn. 58), Art. 32 Rn. 51 f.; a.A. *Rojahn* (Fn. 59), Art. 32 Rn. 32.

[149] Zum Streitstand ausführl. *Fastenrath*, Kompetenzverteilung (Fn. 3), S. 115 ff., mit einem Votum zugunsten einer umfassenden Vertragsschluß- und einer auf die Bundesgesetzgebung beschränkten Transformationskompetenz des Bundes nach Art. 32 I GG (norddeutsche Lösung, ebd., S. 136); ebenso *Streinz* (Fn. 29), Art. 32 Rn. 34, 36 ff.; *Zuleeg* (Fn. 62), Art. 32 Rn. 21; *Jarass/Pieroth*, GG, Art. 32 Rn. 7 u. 9. Dagegen, mit dem Votum für die föderalistische Lösung wegen der »Kongruenz der völkerrechtlichen und der innerstaatlichen Rechtslage«: *Rojahn* (Fn. 59), Art. 32 Rn. 41 ff., 45 ff.; s. schon *Maunz* (Fn. 58), Art. 32 Rn. 18, 29 ff. Für die »zentralistische« These: *Bernhardt* (Fn. 86), § 174 Rn. 17.

[150] So etwa *W. Weißauer*, Völkerrechtliche Verträge – Zusammenwirken von Bund und Ländern, in: FS Bengl, 1984, S. 149 ff. (152), m.w.N.; anders *Rojahn* (Fn. 59), Art. 32 Rn. 43 ff., der auf den »Mangel innerstaatlicher Ausführungsbefugnisse« abstellt.

ren[151]. Der Wortlaut sowie der Zweck des Art. 32 GG, daß zumindest im (Regel-)Falle gemeinsamer Interessen eine einheitliche Außenpolitik Deutschlands zu gewährleisten ist[152], sprechen für eine »**zentralistische**« Lösung, derzufolge der Bund nach Art. 32 I GG auch im Bereich der Gesetzgebungszuständigkeit der Länder Verträge schließen kann, nach dem Prinzip der Bundestreue beim Vertragsschluß aber auf die artikulierten Länderinteressen Rücksicht zu nehmen hat[153]. Art. 32 GG kehrt die Vermutung des Art. 30 GG um und gehört wie dieser zu den Grundsatzbestimmungen über die Verteilung der Kompetenzen im Bundesstaat. Allein aus dem Fehlen einer spezifischen Bundeskompetenz in Art. 70ff. GG kann daher eine Ausschließlichkeit der Länderkompetenz nicht folgen, aus der sich begründen ließe, daß der Bund dem vereinbarten Vertragsinhalt keine innerstaatliche Geltung verschaffen könnte. Soweit indessen über die innerstaatliche Geltung des Vertrags (als Gesetz) hinaus **Durchführungsmaßnahmen** geboten sind, richtet sich die Zuständigkeit dafür nach Art. 70ff. GG, wobei die Länder nach dem Grundsatz der Bundestreue zum Vollzug verpflichtet sind[154].

43   Mit dem **Lindauer Abkommen** vom 14. 11. 1957[155] (→ Rn. 48) haben sich Bund und Länder unbeschadet ihrer gegensätzlichen Rechtsauffassungen auf eine pragmatische Lösung verständigt, die der zentralistischen Auffassung nahe kommt[156]. Danach kann der Bund auch im Bereich der Länderzuständigkeit grundsätzlich Verträge abschließen und ihnen durch Gesetz nach Art. 59 II GG innerstaatliche Geltung verschaffen. Er soll die Länder jedoch frühzeitig von der Absicht eines Vertragsschlusses unterrichten, während der Verhandlungen ein Gremium von Ländervertretern konsultieren und, soweit ausschließliche Zuständigkeiten der Länder berührt werden, insbesondere bei Kulturabkommen, ihr Einverständnis einholen[157]. Im Gegenzug kann der Bund davon ausgehen, daß die Länder für die Durchführung des von ihm ratifizierten Vertrages sor-

---

[151] Daß das Vertragsgesetz den Vollzug nur anordnet, soweit der Bund die Gesetzgebungskompetenz hat – so *Fastenrath*, Kompetenzverteilung (Fn. 3), S. 136, unter Hinweis darauf, daß der Vertragstext als eigenständiger Bestandteil des Vertragsgesetzes anzusehen sei – ist weder mit dem Grundsatz der Rechtssicherheit vereinbar noch entspricht es der Praxis, für die es mit dem Vertragsgesetz nach Art. 59 II GG sein Bewenden hat. Gegen die Trennbarkeit von Abschluß- und Transformationskompetenz auch *Bernhardt* (Fn. 86), § 174 Rn. 17.

[152] Er ist nach *W. G. Grewe*, Die auswärtige Gewalt der Bundesrepublik, VVDStRL 12 (1954), S. 129ff. (171), die »raison d'être einer bundesstaatlichen Ordnung«.

[153] In diesem Sinne: *Bernhardt* (Fn. 86), § 174 Rn. 17. Das Einverständnis der Länder fordert Ziff. 3 des Lindauer Abkommens v. 14. 11. 1957, abgedr. → Rn. 48.

[154] Mit der Folge des Bundeszwangs als ultima ratio s. auch *Rojahn* (Fn. 59), Art. 32 Rn. 55; *F. Klein*, Bundesstaatsverträge und Landesstaatsgewalt, in: FS Maunz, 1971, S. 199ff. (216); *Stein*, Amtshilfe (Fn. 97), S. 11f.; *H.-W. Bayer*, Die Bundestreue, 1961, S. 108; *Schmidt-Bleibtreu/Klein*, GG, Art. 32 Rn. 18; differenzierend *H. Bauer*, Die Bundestreue, 1992, S. 325ff.; auch in bezug auf das EG-Recht *R. Streinz*, Der Vollzug des Europäischen Gemeinschaftsrechts durch deutsche Staatsorgane, in: HStR VII, § 182 Rn. 44f., m.w.N.

[155] Bulletin 1957, S. 1966; dazu *B. Hartung*, Die Praxis des Lindauer Abkommens, 1984, S. 19ff., 29ff., zur praktischen Funktion ebd., S. 79ff. (165), mit einer insgesamt positiven Bewertung. Zuletzt *Stern*, Auswärtige Gewalt (Fn. 3), S. 256ff. Zur Problematik im Blick auf die Außenbeziehungen (in) der EU: *C.-P. Clostermeyer/S. Lehr*, DÖV 1998, 148ff.

[156] Vgl. auch *Bernhardt* (Fn. 86), § 174 Rn. 17.

[157] S. auch *Stern*, Auswärtige Gewalt (Fn. 3), S. 261: »Zustimmung aller Länder«. Nach *W. Rudolf*, Die Bedeutung der Landesparlamente in Deutschland, in: D. Merten (Hrsg.), Die Stellung der Landesparlamente aus deutscher, österreichischer und spanischer Sicht, 1997, S. 55ff. (66), setzt die Einverständniserklärung der Länder, die Entscheidung der Landesparlamente durch Gesetz oder Beschluß voraus. Daß dies der Praxis bis 1984 nicht entspricht, stellt dagegen *Hartung*, Lindauer Abkommen (Fn. 155), S. 165, fest.

gen[158]. Zweifel an der rechtlichen Gültigkeit und Verfassungsmäßigkeit des Abkommens[159] greifen nicht durch, da mit dem Abkommen bei ausdrücklicher Aufrechterhaltung der divergierenden Rechtsstandpunkte weder Zuständigkeiten verlagert noch dem Bund durch die Soll-Vorschrift zum Einverständnis der Länder die Hände stärker gebunden werden als vom Prinzip der Bundestreue gefordert[160].

Nur in manchen Details abweichend ist in Art. 23 II, IV-VII GG die Beteiligung der Länder an der Willensbildung der Bundesregierung in Angelegenheiten der **Europäischen Union** geregelt (→ Art. 23 Rn. 107ff.)[161], wobei freilich an die Stelle des Einverständnisses aller Länder die Mehrheitsentscheidung im Bundesrat getreten ist[162]. Das hier speziell normierte Verfahren im Kompetenzbereich der EG tritt neben Art. 32 III GG und das Lindauer Abkommen und ersetzt sie dort, wo eine **europäische Zusammenarbeit** im Rahmen der **GASP** und der **ZBJI** vereinbart ist (→ Rn. 12).

44

3. Zustimmung der Bundesregierung

Die Zustimmung der Bundesregierung dient der präventiven Bundesaufsicht zur Gewährleistung einer kohärenten deutschen Außenpolitik[163] im **gesamtstaatlichen Interesse**[164]. Sie ist ein »Akt der Regierung im Sinne der Leitung der Staatsgeschäfte« gegenüber dem Land, nicht gegenüber dem ausländischen Vertragspartner[165]. Dabei verfügt die Bundesregierung über ein erhebliches **politisches Ermessen**[166]. Außer im Falle einer Verletzung von Bundesrecht darf sie aber im Blick auf die Grundentscheidung für eigene auswärtige Vertragsbeziehungen der Länder in Art. 32 III GG die Zustimmung nur verweigern, wenn das Kohärenzziel gefährdet ist, der Vertrag also **konkret im Widerspruch** zu einer außenpolitischen Festlegung oder Strategie steht, die in anderen Verträgen des Bundes oder der Länder oder in offiziellen Stellungnahmen der Bundesregierung bereits ihren Niederschlag gefunden hat[167]. Diese Grenze geht über das Verbot des Rechtsmißbrauchs[168] hinaus. Die Entscheidung der Bundesregierung ist zu begründen und verfassungsgerichtlich nachprüfbar[169].

45

---

[158] S. auch *Stern*, Auswärtige Gewalt (Fn. 3), S. 259.
[159] Vgl. dazu ausf. *Fastenrath*, Kompetenzverteilung (Fn. 3), S. 136ff., m.w.N.; *Rojahn* (Fn. 59), Art. 32 Rn. 53f.
[160] Vgl. auch mit unterschiedlicher Begründung: *Schweitzer*, Staatsrecht III, Rn. 129f.; *J. Bauer/M. Hartwig*, NWVBl. 1994, 41 (45f.); *Maunz* (Fn. 58), Art. 32 Rn. 45; *Stern*, Auswärtige Gewalt (Fn. 3), S. 265.
[161] S. auch *I. Winkelmann*, DVBl. 1993, 1128 (1131f.); *Stern*, Auswärtige Gewalt (Fn. 3), S. 266.
[162] *Stern*, Auswärtige Gewalt (Fn. 3), S. 266f.
[163] Näher *P. Seidel*, Die Zustimmung der Bundesregierung zu Verträgen der Bundesländer mit auswärtigen Staaten gemäß Art. 32 Abs. 3 GG, 1975, S. 140ff.
[164] Zu eng BVerfGE 2, 347 (370), wonach die Aufsicht verhüten soll, »daß Länderverträge den Bundesinteressen widerstreiten«, und sich die Bundesregierung »von den wohlerwogenen Interessen des Bundes leiten zu lassen« hat.
[165] Vgl. BVerfGE 2, 347 (370).
[166] S. auch *Rojahn* (Fn. 59), Art. 32 Rn. 39.
[167] Ähnl. *Weißauer*, Völkerrechtliche Verträge (Fn. 150), S. 157.
[168] In diesem Sinne jedoch nur: *Rojahn* (Fn. 59), Art. 32 Rn. 39. S. auch *Streinz* (Fn. 29), Art. 32 Rn. 62.
[169] Ebenso *Rojahn* (Fn. 59), Art. 32 Rn. 39; *Weißauer*, Völkerrechtliche Verträge (Fn. 150), S. 155f.; a.A. *Grewe*, Die auswärtige Gewalt der Bundesrepublik (Fn. 152), S. 178; *Bernhardt*, Völkerrechtliche Verträge (Fn. 19), S. 173; zum Streitstand bis zum Jahre 1972 vgl. *D. Blumenwitz*, Der Schutz innerstaatlicher Rechtsgemeinschaften beim Abschluß völkerrechtlicher Verträge, 1972, S. 92.

46 Aus dem Begriff Zustimmung folgt, daß ein wirksamer Vertragsschluß durch ein Land nur möglich ist, wenn die positive Entscheidung der Bundesregierung bereits vorliegt. Fehlt die Zustimmung, so wird der Vertrag **weder völkerrechtlich wirksam noch innerstaatlich vollziehbar**[170], da ein Bundesland für jeden Vertragspartner entsprechend dem Evidenzerfordernis des Art. 46 VRK ersichtlich nicht unbeschränkt völkerrechts- und damit vertragsfähig ist. Ob die **nachträgliche Zustimmung** den Mangel heilen kann[171], ist wegen der zwischenzeitlichen Rechtsunsicherheit fraglich, es sei denn, ein entsprechender Vorbehalt wäre ausdrücklich vereinbart.

D. Verhältnis zu anderen GG-Bestimmungen

47 Art. 32 GG ist gegenüber Art. 30 GG lex specialis (→ Rn. 18) und steht als Regelung der Verbandskompetenz neben Art. 59 GG, in dem völkerrechtlich nur die Vertretung des Bundes (Organkompetenz) geregelt ist (→ Rn. 17). Die »Integrationsgewalt«, ursprünglich als Teil der auswärtigen Gewalt begriffen[172], findet ihre spezifische Regelung in Art. 23 und 24 GG: Für die Europäische Union (GASP und ZBJI) gilt allein Art. 23 GG (→ 12 f.; → Art. 23 Rn. 2); Art. 24 GG ist vorrangige Sonderregelung, insofern er die Einbindung der Bundesrepublik Deutschland in Systeme kollektiver Sicherheit und obligatorischer Schiedsgerichtsbarkeit ermöglicht. Art. 24 Ia GG ermächtigt die Länder zur Übertragung von Hoheitsrechten auf grenznachbarschaftliche Einrichtungen (→ Art. 24 Rn. 39 ff.) und steht ebenfalls im Verhältnis der Spezialität zu Art. 32 GG.

48 Anhang: Text des Lindauer Abkommens vom 14. November 1957

»1. Der Bund und die Länder halten an ihren bekannten Rechtsauffassungen über die Abschluß- und Transformationskompetenz bei völkerrechtlichen Verträgen, die ausschließlich Kompetenzen der Länder berühren, fest.

2. Die Länder halten ein Entgegenkommen bei der Anwendung der Artikel 73 Ziff. 1 und 5 und 74 Ziff. 4 des Grundgesetzes für möglich:
Eine Zuständigkeit des Bundes könnte danach z. B. für
A. Konsularverträge,
B. Handels- und Schiffahrtsverträge, Niederlassungsverträge sowie Verträge über den Waren- und Zahlungsverkehr,
C. Verträge über den Beitritt zu oder die Gründung von internationalen Organisationen
auch insoweit anerkannt werden, als diese Verträge Bestimmungen enthalten, bei denen es zweifelhaft sein könnte, ob sie im Rahmen eines internationalen Vertrages unter die ausschließliche Landesgesetzgebung fallen, wenn diese Bestimmungen

---

[170] Vgl. auch *W. Rudolf*, Völkerrecht und deutsches Recht, 1967, S. 228f.; *Reichel*, Auswärtige Gewalt (Fn. 64), S. 168 ff.; *Rojahn* (Fn. 59), Art. 32 Rn. 40, m.w.N.; *Streinz* (Fn. 29), Art. 32 Rn. 63. Offengelassen, mit Hinw. auf den Streitstand im Völkerrecht: *E. Menzel*, in: BK, Art. 32 (Erstbearbeitung) Ziff. II. 6.

[171] So *Bernhardt*, Völkerrechtliche Verträge (Fn. 19), S. 173 Fn. 703, m.w.N.; ihm folgend *Rojahn* (Fn. 59), Art. 32 Rn. 39; *Streinz* (Fn. 29), Art. 32 Rn. 63, die eine schwebende Unwirksamkeit annehmen; s. auch *Stern*, Auswärtige Gewalt (Fn. 3), S. 256.

[172] Vgl. *Grewe* (Fn. 3), § 77 Rn. 68; vorsichtiger: *H. Mosler*, Die Übertragung von Hoheitsgewalt, in: HStR VII, § 175 Rn. 15: »Sonderform der Kompetenzregelung in auswärtigen Angelegenheiten«.

a) für solche Verträge typisch und in diesen Verträgen üblicherweise enthalten sind oder
b) einen untergeordneten Bestandteil des Vertrages bilden, dessen Schwerpunkt im übrigen zweifelsfrei im Bereich der Zuständigkeit des Bundes liegt.
Hierzu gehören Bestimmungen über Privilegien bei auswärtigen Staaten und internationalen Einrichtungen hinsichtlich des Steuer-, Polizei- und Enteignungsrechts (Immunitäten) sowie über die nähere Ausgestaltung der Rechte von Ausländern in Handels-, Schiffahrts- und Niederlassungsverträgen.

3. Beim Abschluß von Staatsverträgen, die nach Auffassung der Länder deren ausschließliche Kompetenzen berühren und nicht nach Ziffer 2 durch die Bundeskompetenz gedeckt sind, insbesondere also bei Kulturabkommen, wird wie folgt verfahren:
Soweit völkerrechtliche Verträge auf Gebieten der ausschließlichen Zuständigkeit der Länder eine Verpflichtung des Bundes oder der Länder begründen sollen, soll das Einverständnis der Länder herbeigeführt werden. Dieses Einverständnis soll vorliegen, bevor die Verpflichtung völkerrechtlich verbindlich wird. Falls die Bundesregierung einen solchen Vertrag dem Bundesrat gemäß Artikel 59 Abs. 2 GG zuleitet, wird sie die Länder spätestens zum gleichen Zeitpunkt um die Erteilung des Einverständnisses bitten.
Bei den in Absatz 1 Satz 2 genannten Verträgen sollen die Länder an den Vorbereitungen für den Abschluß möglichst frühzeitig, in jedem Fall rechtzeitig vor der endgültigen Festlegung des Vertragstextes beteiligt werden.

4. Es wird weiter vereinbart, daß bei Verträgen, welche wesentliche Interessen der Länder berühren, gleichgültig, ob sie die ausschließliche Kompetenz der Länder betreffen oder nicht
a) die Länder möglichst frühzeitig über den beabsichtigten Abschluß derartiger Verträge unterrichtet werden, damit sie rechtzeitig ihre Wünsche geltend machen können,
b) ein ständiges Gremium aus Vertretern der Länder gebildet wird, das als Gesprächspartner für das Auswärtige Amt oder die sonst zuständigen Fachressorts des Bundes im Zeitpunkt der Aushandlung internationaler Verträge zur Verfügung steht,
c) durch die Information dieses Gremiums und die von ihm abgegebenen Erklärungen die Vereinbarung nach Ziffer 3 nicht berührt wird.

5. Der Sonderfall des Artikel 32 Abs. 2 GG wird durch Ziffer 4 nicht erfaßt.«

Artikel 33 [Staatsbürgerliche Rechte- und Pflichtengleichheit; öffentlicher Dienst]

(1) Jeder Deutsche hat in jedem Lande die gleichen staatsbürgerlichen Rechte und Pflichten.

(2) Jeder Deutsche hat nach seiner Eignung, Befähigung und fachlichen Leistung gleichen Zugang zu jedem öffentlichen Amte.

(3) ¹Der Genuß bürgerlicher und staatsbürgerlicher Rechte, die Zulassung zu öffentlichen Ämtern sowie die im öffentlichen Dienste erworbenen Rechte sind unabhängig von dem religiösen Bekenntnis. ²Niemandem darf aus seiner Zugehörigkeit oder Nichtzugehörigkeit zu einem Bekenntnisse oder einer Weltanschauung ein Nachteil erwachsen.

(4) Die Ausübung hoheitsrechtlicher Befugnisse ist als ständige Aufgabe in der Regel Angehörigen des öffentlichen Dienstes zu übertragen, die in einem öffentlich-rechtlichen Dienst- und Treueverhältnis stehen.

(5) Das Recht des öffentlichen Dienstes ist unter Berücksichtigung der hergebrachten Grundsätze des Berufsbeamtentums zu regeln.

Literaturauswahl

Badura, Peter: Die hoheitlichen Aufgaben des Staates und die Verantwortung des Berufsbeamtentums, in: ZBR 1996, S. 321–327.
Battis, Ulrich: Berufsbeamtentum und Leistungsprinzip, in: ZBR 1996, S. 193–198.
Benndorf, Michael: Zur Bestimmung der »hoheitsrechtlichen Befugnisse« gemäß Art. 33 Abs. 4 GG, in: DVBl. 1981, S. 23–28.
Böhm, Monika: Besetzung von Spitzenpositionen auf Zeit, in: DÖV 1996, S. 403–409.
Büchner, Lutz Michael/Gramlich, Ludwig: Das Beamtenrecht im Internationalen, vor allem Europäischen Kontext, in: RiA 1992, S. 110–120.
Denninger, Erhard/Frankenberg, Günter: Grundsätze zur Reform des öffentlichen Dienstrechts, 1997.
Forsthoff, Ernst/v. Münch, Ingo/Schick, Walter/Thieme, Werner/Ule, Carl Hermann/Mayer, Franz: Verfassungsrechtliche Grenzen einer Reform des öffentlichen Dienstrechts, 1973.
Günther, Hellmuth: Führungsamt auf Zeit: unendliche Geschichte?, in: ZBR 1996, S. 65–82.
Günther, Norbert: Die Anpassung der Beamtenbesoldung an die allgemeinen wirtschaftlichen und finanziellen Verhältnisse, 1987.
Hattenhauer, Hans: Geschichte des deutschen Beamtentums, 2. Aufl. 1993.
Isensee, Josef: Öffentlicher Dienst, in: HdbVerfR, § 32, S. 1527–1577.
Kirchhof, Paul: Der Begriff der hoheitsrechtlichen Befugnisse in Artikel 33 Absatz IV des Grundgesetzes, Diss. jur. München 1968.
Laubinger, Hans-Werner: Gedanken zum Inhalt und zur Verwirklichung des Leistungsprinzips bei der Beförderung von Beamten, in: VerwArch. 83 (1992), S. 246–282.
Lecheler, Helmut: Die »hergebrachten Grundsätze des Berufsbeamtentums« in der Rechtsprechung des Bundesverfassungsgerichts und des Bundesverwaltungsgerichts, in: AöR 103 (1978), S. 349–382.
Lecheler, Helmut: Die Beamtenaufgaben nach dem Funktionsvorbehalt des GG, 1986.
Lecheler, Helmut: Der öffentliche Dienst, in: HStR III, § 72, S. 717–773.
Leisner, Walter: Beamtentum. Schriften zum Beamtenrecht und zur Entwicklung des öffentlichen Dienstes 1968–1991, hrsgg. von Josef Isensee, 1995.
Leuze, Dieter: Die politischen Pflichten des Beamten in Theorie und Praxis, in: DöD 1994, S. 125–136.
Magiera, Siegfried/Siedentopf, Heinrich: Das Recht des öffentlichen Dienstes in den Mitgliedstaaten der Europäischen Gemeinschaft, 1994.

Peine, Franz-Joseph: Der Funktionsvorbehalt des Berufsbeamtentums, in: Die Verwaltung 17 (1984), S. 415–438.
Priebe, Christoph: Die vorzeitige Beendigung des aktiven Beamtenstatus bei politischen Beamten und kommunalen Wahlbeamten, 1997.
Rudolf, Walter: Der öffentliche Dienst im Staat der Gegenwart, VVDStRL 37 (1979), S. 175–214.
Sachs, Michael: Besondere Gleichheitsgarantien, in: HStR V, § 126, S. 1017–1083.
Sachs, Michael: Zur Bedeutung der grundgesetzlichen Gleichheitssätze für das Recht des öffentlichen Dienstes, in: ZBR 1994, S. 133–143.
Schmidt-Aßmann, Eberhard: Leistungsgrundsatz des Art. 33 II GG und soziale Gesichtspunkte bei der Regelung des Zugangs zum Beamtenverhältnis, in: NJW 1980, S. 16–21.
Schnellenbach, Helmut: Konkurrenzen um Beförderungsämter – geklärte und ungeklärte Fragen, in: ZBR 1997, S. 169–179.
Summer, Rudolf: Die hergebrachten Grundsätze des Berufsbeamtentums – ein Torso, in: ZBR 1992, S. 1–6.
Thieme, Werner: Der öffentliche Dienst in der Verfassungsordnung des Grundgesetzes, 1961.
Thieme, Werner: Empfiehlt es sich, das Beamtenrecht unter Berücksichtigung der Wandlungen von Staat und Gesellschaft neu zu ordnen? Verhandlungen des 48. Deutschen Juristentages, 1970, Bd. I, Gutachten D.
Wagener, Frido: Der öffentliche Dienst im Staat der Gegenwart, VVDStRL 37 (1979), S. 215–260.
Will, Rosemarie: Das Bundesverfassungsgericht und der Elitenwechsel in Ostdeutschland, in: NJ 1997, S. 513–517.
Ziemske, Burkhardt: Öffentlicher Dienst zwischen Bewahrung und Umbruch, in: DÖV 1997, S. 605–613.

Leitentscheidungen des Bundesverfassungsgerichts

BVerfGE 3, 58 (73 ff.) – Verfassungsbeschwerde von Beamten; 8, 1 (11 ff.) – Teuerungszulage; 9, 268 (285 ff.) – Bremer Personalvertretung; 11, 203 (210 ff.) – Beförderungsschnitt (G 131); 38, 1 (11 ff.) – Richteramtsbezeichnungen; 39, 334 (346 ff.) – Extremistenbeschluß; 44, 249 (262 ff.) – Alimentationsprinzip; 70, 251 (265 ff.) – Schulleiter; 81, 363 (375 ff.) – »Beamtenbaby«; 88, 103 (113 ff.) – Streikeinsatz von Beamten; 92, 140 (150 ff.) – Sonderkündigung; 96, 189 (197 ff.) – Fink.

Gliederungsübersicht

	Rn.
A. Herkunft, Entstehung, Entwicklung	1
I. Ideen- und verfassungsgeschichtliche Aspekte	1
II. Entstehung und Veränderung der Norm	8
B. Internationale, supranationale und rechtsvergleichende Bezüge	17
I. Internationales Recht	17
II. Europäisches Gemeinschaftsrecht	19
III. Rechtsvergleichende Hinweise	23
C. Erläuterungen	26
I. Gleichheit der staatsbürgerlichen Rechte und Pflichten (Art. 33 I GG)	26
II. Gleicher Zugang zu öffentlichen Ämtern (Art. 33 II GG)	32
1. Allgemeine Bedeutung	32
2. Geltung für Deutsche	37
3. Begriff des öffentlichen Amtes	38
4. Eignung, Befähigung und fachliche Leistung	41
a) Bedeutung	41
b) Beurteilungskriterien und -verfahren	45
5. Sonstige Auswahlkriterien	47
a) Hilfskriterien bei gleicher Qualifikation	47
b) Durchbrechungen des Leistungsprinzips	49

      6. Rechtsschutz 50
  III. Verbot der Diskriminierung aus religiösen und weltanschaulichen Gründen
     (Art. 33 III GG) 51
  IV. Funktionsvorbehalt (Art. 33 IV GG) 53
      1. Allgemeine Bedeutung 53
      2. Der Funktionsvorbehalt als Beamtenvorbehalt 56
      3. Reichweite des Vorbehalts 57
         a) Hoheitsrechtliche Befugnisse 57
         b) Ständige Ausübung 61
         c) Zulässigkeit von Ausnahmen 62
  V. Garantie der hergebrachten Grundsätze des Berufsbeamtentums (Art. 33 V GG) 63
      1. Allgemeine Bedeutung 63
      2. Anwendungsbereich 67
      3. Inhalt der Gewährleistung 70
         a) Hergebrachte Grundsätze des Berufsbeamtentums – Allgemeines ... 70
         b) Berücksichtigungsgebot 74
         c) Hergebrachte Grundsätze im einzelnen 76
            aa) Regelung des Beamtenverhältnisses durch Gesetz, Streikverbot ... 76
            bb) Beamtenverhältnis als Treueverhältnis, Beamtenpflichten, Fürsorgepflicht
               des Dienstherrn 78
            cc) Alimentationsprinzip 80
            dd) Lebenszeitprinzip, amtsbezogene Rechte 81
            ee) Hauptberuflichkeit, Vollzeitlichkeit 85
            ff) Sonstiges 86
D. Verhältnis zu anderen GG-Bestimmungen 87

A. Herkunft, Entstehung, Entwicklung

I. Ideen- und verfassungsgeschichtliche Aspekte

1 Die historischen Vorläuferregelungen des **Art. 33 I GG** antworteten auf einen Regelungsbedarf, der auf der Existenz einer **Staatsangehörigkeit der Länder** beruhte. Die Frankfurter Paulskirchenverfassung, die Reichsverfassung von 1871 wie auch die Weimarer Reichsverfassung gingen von einer fortbestehenden Staatsangehörigkeit der Länder aus, die die Reichsstaatsangehörigkeit vermittelte[1]. Eine von der Landesangehörigkeit unabhängige Gleichheit der Rechte aller Deutschen in allen Bundesstaaten, unter Einschluß der die einzelstaatliche Ebene betreffenden Aktivbürgerrechte, war unter dieser Voraussetzung keine Selbstverständlichkeit. So gewährleistete die Frankfurter Paulskirchenverfassung allen Deutschen nur die Gleichbehandlung im »bürgerlichen, peinlichen und Prozeßrecht«[2] und schloß damit anderweitige an die Landesan-

---

[1] S. für die Frankfurter Reichsverfassung von 1849 deren Abschnitt VI Art. I, §§ 131 f.; für die späteren Reichsverfassungen → Art. 16 Rn. 4, 5.

[2] Abschnitt VI Art. I § 134 der Paulskirchenverfassung: »Kein deutscher Staat darf zwischen seinen Angehörigen und anderen Deutschen einen Unterschied im bürgerlichen, peinlichen und Proceß-Rechte machen, welcher die letzteren als Ausländer zurücksetzt.« § 132 S. 2 statuierte außerdem, daß jeder Deutsche die ihm kraft seines *Reichs*bürgerrechts zustehenden Rechte in jedem Lande ausüben könne. Besondere an die Landesangehörigkeit anknüpfende landesstaatsbürgerliche Rechte, die nicht allen Deutschen gleichermaßen zustanden, waren damit noch nicht ausgeschlossen.

gehörigkeit anknüpfende Differenzierungen der Rechtsstellung noch nicht aus. Auch die Reichsverfassung von 1871 enthielt noch keine solche Differenzierungen ausschließende unmittelbare Gewährleistung umfassender innerföderaler Rechtsgleichheit, sah aber in Art. 3 I ein »gemeinsames Indigenat« mit der Wirkung vor, daß der Angehörige eines jeden Bundesstaates in jedem anderen Bundesstaat unter anderem »zur Erlangung des Staatsbürgerrechts und zum Genusse aller sonstigen bürgerlichen Rechte unter denselben Voraussetzungen wie der Einheimische zuzulassen« sei[3]. Umfassende innerföderale Rechtsgleichheit statuierte explizit erst Art. 110 II WRV mit den Worten: »Jeder Deutsche hat in jedem Lande des Reiches die gleichen Rechte und Pflichten wie die Angehörigen des Landes selbst«. An diese Bestimmung knüpft Art. 33 I GG an.

Der Grundsatz des **gleichen Zugangs zu öffentlichen Ämtern (Art. 33 II GG)** mußte historisch zunächst gegen Vorrechte und Bevorzugungen des Adels[4] durchgesetzt werden. In Deutschland gehört er zu den Standardforderungen antiständestaatlicher und antiabsolutistischer Staatstheorie[5] und, als Rechtsgrundsatz, dem sich die tatsächlichen Verhältnisse nicht immer sogleich anpaßten, zu den das moderne Berufsbeamtentum prägenden bürgerlichen Errungenschaften des 19. Jahrhunderts. Ausdrückliche verfassungsrechtliche Festschreibungen finden sich bereits in den frühkonstitutionellen bzw. vormärzlichen Verfassungen[6]; später unter anderem in den preußischen Verfassungen von 1848 und 1850[7], in der Paulskirchenverfassung[8] und in Art. 128 I WRV. Zugleich sicherte Art. 128 II WRV erstmals ausdrücklich die beamtenrechtliche Gleichberechtigung der Frauen und damit auch den gleichen Ämterzugang für Frauen zu[9].

Auch das in Art. 33 III GG in mehreren Formulierungsvarianten ausgesprochene **Verbot der Benachteiligung aufgrund des Bekenntnisses** hat sich in Deutschland als politisches und philosophisches Postulat wie als Rechtsgrundsatz erst im Laufe des 19. Jahrhunderts allmählich und stufenweise durchgesetzt[10]. Die frühkonstitutionellen

---

[3] S. Art. 3 I RV. Nach herrschender Auffassung implizierte dies noch keineswegs ein Verbot von an die Landesstaatsangehörigkeit anknüpfenden Differenzierungen; s. statt vieler *H. Rauchalles*, Die deutsche Reichsverfassung, 1907, Art. 3 Anm. 10 m.w.N. Die vorgesehene gleiche Zulassung zur Erlangung des Staatsbürgerrechts implizierte auch noch nicht die unmittelbare Gleichheit der aktivbürgerlichen (»staatsbürgerlichen«) Rechte, sondern nur den Anspruch auf gleiche Zulassung zur Landesstaatsangehörigkeit als dem diese aktivbürgerlichen Rechte vermittelnden Status; s. *P. Zorn*, Das Staatsrecht des Deutschen Reiches, Bd. 1, 1895, S. 350f.

[4] Vgl. noch ALR II 9 §35: »Der Adel ist zu den Ehrenstellen im Staat, wozu er sich geschickt gemacht hat, vorzüglich berechtigt«; zur weiteren Entwicklung in Preußen *C.T. Perthes*, Der Staatsdienst in Preußen, 1838, S. 75ff. Zur Geschichte des gleichen Ämterzugangs auch *H. Hattenhauer*, Geschichte des deutschen Beamtentums, 2. Aufl. 1993, S. 114ff.

[5] S. z.B. *G.W.F. Hegel*, Grundlinien der Philosophie des Rechts (1821), §291; Ratschläge an die Fürsten, bei der Besetzung von Stellen nicht auf Herkunft, sondern auf Fähigkeiten zu sehen, sind in der Literatur schon Jahrhunderte zuvor verbreitet; s. *Hattenhauer*, Geschichte (Fn. 4), S. 106 m.w.N.

[6] S. z.B. Tit. IV §5 der Verfassungsurkunde für das Königreich Bayern (1818), §22 der Verfassungsurkunde für das Königreich Württemberg (1819), §34 der Verfassungsurkunde für das Königreich Sachsen (1831); ähnlich, allerdings beschränkt auf die einer der drei christlichen Konfessionen angehörenden Staatsbürger, §9 der Verfassungsurkunde für das Großherzogtum Baden (1818).

[7] Verfassungsurkunde für den preußischen Staat (1848) und Verfassungsurkunde für den preußischen Staat (1850), jeweils Art. 4 Satz 3.

[8] Verfassung des Deutschen Reichs (1849), Abschnitt VI Art. II, §137 Abs. 6.

[9] Zu diesbezüglichen Rückschlägen seit 1932 *Hattenhauer*, Geschichte (Fn. 4), S. 435f.

[10] Noch *Hegel*, Grundlinien (Fn. 5), Anm. zu §270, sah den Staat zwar nicht mehr berechtigt, sei-

süddeutschen Verfassungen gewährleisteten, der Deutschen Bundesakte folgend[11], unmittelbar nur den Angehörigen der (drei) christlichen Konfessionen gleiche Rechte[12]. Erst seit 1848 dominierte zunehmend das weiter reichende, keine christliche Konfession mehr voraussetzende Verbot bekenntnisabhängiger Rechtsunterschiede. Entsprechende Bestimmungen finden sich in der Paulskirchenverfassung[13] ebenso wie in den meisten seitdem erlassenen einzelstaatlichen Verfassungen[14]. Für den Norddeutschen Bund, mit späterer Wirkung auch für das Deutsche Reich, wurden durch Gesetz vom 3. Juli 1869 alle »noch bestehenden, aus der Verschiedenheit des religiösen Bekenntnisses hergeleiteten Beschränkungen der bürgerlichen und staatsbürgerlichen Rechte« aufgehoben. »Insbesondere«, so das Gesetz, »soll die Befähigung zur Theilnahme an der Gemeinde- und Landesvertretung und zur Bekleidung öffentlicher Aemter vom religiösen Bekenntniß unabhängig sein«[15]. Diese Grundsätze übernahm Art. 136 II WRV[16], an den Art. 33 III GG inhaltlich wie auch in der Formulierung anknüpft.

4   Der **Funktionsvorbehalt des Art. 33 IV GG** hat keine Vorläufer in älteren deutschen Verfassungen[17]. Die Frage, welche Funktionen im Staatsdienst den Einsatz von Beamten bzw. in ihrem Status besonders gesicherten Staatsdienern erfordern und welche nicht, hat allerdings die Entwicklung des modernen Beamtenrechts von Anfang an begleitet[18].

5   Art. 33 V GG spricht mit dem **Berufsbeamtentum** ein Leitbild an, das seine wesentlichen institutionellen Ausprägungen seit dem späten 18. Jahrhundert, zunächst in Abgrenzung von der älteren Institution des **Fürstendienstes**, erhalten hat[19]. Die für den modernen Staat konstitutive Unterscheidung der öffentlichen Angelegenheiten des Staates von den Privatangelegenheiten der Fürsten und regierenden Häuser[20] war

---

nen Bürgern ein bestimmtes Bekenntnis abzuverlangen, wohl aber berechtigt, gleiche Mitgliedschaftsrechte an die Bereitschaft zur Erfüllung der Pflichten gegen den Staat zu knüpfen, und verpflichtet, von »allen seinen Angehörigen zu fordern«, daß sie sich zu »irgendeiner« Kirchengemeinde halten.

[11] Deutsche Bundesakte (1815), Art. 16.
[12] S. Verfassungsurkunde für das Königreich Bayern (1818), Tit. IV § 9 Abs. 2; Verfassungsurkunde für das Großherzogtum Baden (1818), §§ 9 Abs. 1, 19; Verfassungsurkunde für das Königreich Württemberg (1819), § 27 Abs. 2; für die Folgezeit s. z.B. Verfassungsurkunde für das Großherzogtum Hessen (1820), Art. 20; Verfassung für das Kurfürstentum Hessen (1831), § 29.
[13] Abschnitt VI Art. V, § 146.
[14] S. statt vieler Verfassungsurkunde für den Preußischen Staat (1850), Art. 12 S. 2.
[15] Gesetz, betreffend die Gleichberechtigung der Konfessionen in bürgerlicher und staatsbürgerlicher Beziehung vom 3. Juli 1869, BGBl. 1869, S. 292.
[16] Art. 136 II WRV: »Der Genuß bürgerlicher und staatsbürgerlicher Rechte sowie die Zulassung zu öffentlichen Ämtern sind unabhängig von dem religiösen Bekenntnis«.
[17] S. aber für einschlägige, zum Teil schon vor dem Grundgesetz in Kraft getretene Regelungen auf der Ebene des Landesverfassungsrechts → Rn. 25 m. Fn. 113.
[18] Näher dazu *H. Gerber*, Entwicklung und Reform des Beamtenrechts, VVDStRL 7 (1932), S. 2ff. (40ff.).
[19] Zur Geschichte allgemein *Hattenhauer*, Geschichte (Fn. 4); *D. Willoweit*, Die Entwicklung des öffentlichen Dienstes, in: Dt. VerwGesch I, S. 346ff.; *W. Thiele*, Die Entwicklung des deutschen Berufsbeamtentums, 1981; *A. Lotz*, Geschichte des deutschen Beamtentums, 1914.
[20] Klassisch zu dieser seit dem Beginn der Neuzeit institutionell zunehmend ausgebildeten, in ihrer konstitutiven Bedeutung aber erst im 19. Jahrhundert auch theoretisch voll erfaßten Unterscheidung *G.W.F. Hegel*, Ständeschrift; *ders.*, Reichsverfassungsschrift; aus der staatsrechtlichen Literatur *W.E. Albrecht*, Besprechung der »Grundsätze des deutschen Staatsrechts« von R. Maurenbrecher, in: Göttingische gelehrte Anzeigen, 1837, S. 1489ff.

gegen Ende des 18. Jahrhunderts so weit gediehen, daß das **Preußische Allgemeine Landrecht (1794)** von **Staatsdienern** sprach und diese in erster Linie auf das Wohl des Staates verpflichtete[21]. Von den institutionellen Vorkehrungen, die zur funktionsgerechten Absicherung dieser Orientierung auf das öffentliche Wohl schon damals verbreitet für erforderlich gehalten wurden, enthielt das ALR aber nur Weniges[22]. Insbesondere fehlten Bestimmungen über die – beispielsweise von Kant entschieden geforderte – Besoldung und »lebenswierige Versorgung«[23]. Gegen die von Kant ebenso entschieden abgelehnte beliebige Entziehung einmal verliehener Ämter[24] war nur ein begrenzter verfahrensmäßiger Schutz vorgesehen[25]. Schutz gegen willkürliche Amtsentziehung oder zumindest gegen die finanziellen Folgen einer Amtsentziehung hatte allerdings schon durch das 18. Jahrhundert hindurch in vielen Fällen die reichsgerichtliche Rechtsprechung unter den privatrechtlichen Gesichtspunkten des Schutzes gegen Ehrverletzungen oder des Schutzes wohlerworbener Rechte gewährt[26].

Zur Verfestigung der Rechtsüberzeugung, daß die Position der Beamten eine dauerhaft gesicherte sein müsse, trug der **Reichsdeputationshauptschluß (1803)** mit einer großzügigen, Weiterbeschäftigung beim Nachfolgestaat oder Pensionierung sichernden Regelung zugunsten der Beamten der aufgelösten Territorien bei[27]. Einen Markstein der Beamtenrechtsgeschichte bildet die wenig später als Teil der Montgelasschen Reformen erlassene, von Nicolaus Thaddäus Gönner mitverfaßte bayrische »**Hauptlandespragmatik über die Dienstverhältnisse der Staatsdiener**« (1805)[28]. Diese gewährleistete den durch Anstellungsreskript zu bestellenden Staatsdienern eine in »Standes-« und »Dienstgehalt« unterteilte und hinsichtlich des Standesgehalts auch

6

---

[21] ALR II 10, »Von den Rechten und Pflichten der Diener des Staates«, s. §1, und II 20, 8. Abschnitt, »Von den Verbrechen der Diener des Staats«.

[22] S. aus ALR II 10 für die Auswahl der Civilbeamten nach »Geschicklichkeit« § 70; für Vorgaben gegen den Amtserwerb durch Bestechung §§ 72 f.; für die Festlegung verschiedener Beamtenpflichten §§ 86, 88, 92 f.; außerdem ALR II 20, 8. Abschnitt, §§ 323 ff.

[23] *I. Kant*, Metaphysik der Sitten, Rechtslehre (1797), A 190, 191.

[24] *I. Kant*, Metaphysik (Fn. 23), A 190.

[25] S. ALR II 10, §§ 98 ff.: Anhörung des Betroffenen und Entscheidungszuständigkeit des Staatsrates, für bestimmte Fälle zusätzlich Entscheidung durch den Landesherrn selbst. Zur Geschichte des preußischen Beamtenrechts im 19. Jahrhundert *Perthes*, Staatsdienst (Fn. 4); *F. Hartung*, Zur Geschichte des Beamtentums im 19. und 20. Jahrhundert, 1948; zur Entwicklung bis etwa zur Mitte des 17. Jahrhunderts s. *S. Isaacsohn*, Geschichte des Preußischen Beamtentums, 3 Bde., 1874 ff. (Nachdruck 1962); zur Beamten- und Beamtenrechtsgeschichte anderer deutscher Einzelstaaten *B. Wunder*, Privilegierung und Disziplinierung. Die Entstehung des Berufsbeamtentums in Bayern und Württemberg (1780–1825), 1978; *E. Geyer*, Die Entstehung und Ausgestaltung des bayerischen Staatsdienerrechts im 19. Jahrhundert, Diss. jur. Nürnberg 1911; *A. Rosenfeld*, Die Entstehung des Berufsbeamtentums im Stadtstaat Hamburg, 1984; *O. Fessler*, Die Entwicklung des sächsischen Staatsdienerrechts im 19. Jahrhundert, 1910; *A. Roth*, Die Rechtsverhältnisse der landesherrlichen Beamten in der Markgrafschaft Baden-Durlach im 18. Jahrhundert, 1906. S. auch, für Österreich, *W. Haindl*, Gehorsame Rebellen. Bürokratie und Beamte in Österreich 1780–1848, Wien 1991.

[26] S. dazu und zur weitgehenden praktischen Folgenlosigkeit dieser Rechtsprechung aufgrund von *privilegia de non appellando* und schlichter Nichtbeachtung *M. Oberle-Kahn*, Ursprünge des beamtenrechtlichen Lebenszeitprinzips, 1990, S. 18 ff., 30 f.; *K.S. Bader*, ZRG GA 65 (1947), 363 ff. Zu seit dem 17. Jahrhundert anzutreffenden Formen unmittelbarer Beschränkung des fürstlichen Kündigungsrechts z.B. durch Testamente *Wunder*, Privilegierung (Fn. 25), S. 44 ff.

[27] § 59, abgedruckt bei *Huber*, Dokumente, Bd. 1, S. 1 ff.

[28] Als Anhang abgedruckt bei *N.T. Gönner*, Der Staatsdienst aus dem Gesichtspunkt des Rechts und der Nationalökonomie betrachtet, 1808; zu dieser Pragmatik *Hattenhauer*, Geschichte (Fn. 4), S. 198 ff.; *M. Hamm*, ZBR 1998, 154 (156 f.).

für den Fall der ehrenhaften Entlassung unentziehbare Besoldung, außerdem Versorgung im Ruhestand (»Quiescenz«) sowie die Versorgung hinterbliebener Witwen und Waisen. An die in der bayerischen Dienstpragmatik vorgesehene Begründung des Beamtenverhältnisses durch Anstellungsreskript anknüpfend, entwickelte **Gönner** in einer 1808 erschienenen Monographie das Recht des Staatsdienstes aus dem Grundgedanken, daß das **Staatsdienstverhältnis rein öffentlich-rechtlicher** und, da seinem Inhalt nach nicht verhandelbar, **nicht vertraglicher Natur** sei[29]. Mit diesem Grundgedanken des Staatsdienstverhältnisses als eines der Privatautonomie entzogenen, allein nach den Notwendigkeiten des Staates zu bestimmenden Rechtsverhältnisses war der Gegensatz der sich herausbildenden neuen Institution des Beamtentums zu den Traditionen des Fürstendienertums – zu Willkür als bestimmendem Prinzip, zur personenbezogenen Pflichten- und Abhängigkeitsstellung des Bediensteten, zu »Diensthandel« (Ämterkauf)[30] und zum Verständnis des Amtes als Pfründe – auf den Punkt gebracht[31]. Die staatswissenschaftliche Literatur von **Hegel** über **Lorenz von Stein** und **Heinrich Albert Zachariä** bis zu **Georg Meyer**, die die weitere institutionelle Entwicklung im 19. Jahrhundert sowohl nachvollzog als auch mitprägte, baute auf dieser, noch über längere Zeit umstrittenen, konzeptionellen Grundlage auf[32]. Der bayerischen Dienstpragmatik folgten **weitere einzelstaatliche Beamtengesetze** von vielfach kodifikatorischem Zuschnitt[33]. Auf das neue Leitbild bezogene Regelungen und Regelungsaufträge, die allerdings häufig unbeachtet und unerfüllt blieben[34] finden sich auch in zahlreichen deutschen **Verfassungen des 19. Jahrhunderts**[35]. Uneinheitlich und, soweit nicht ausdrücklich geregelt, kontrovers blieb die Frage des Entlassungsrechts. Gerade aus der staatszentrierten, öffentlich-rechtlichen Konzeption des Beamtenverhältnisses folgte nach verbreiteter Auffassung, daß – vorbehaltlich ausdrücklich anderslautender Regelung – der Dienstherr das Recht haben müsse, Beamte nach Be-

---

[29] *Gönner*, Staatsdienst (Fn. 28), S. 83 ff. und Anhang (Kommentierung zu Abschnitt I der Dienstpragmatik), S. V; zur älteren Theoriegeschichte ausführlich *H. Rehm*, Die rechtliche Natur des Staatsdienstes nach deutschem Staatsrecht, 1885, S. 4 ff.

[30] Dazu K. Malettke (Hrsg.), Ämterkäuflichkeit: Aspekte sozialer Mobilität im europäischen Vergleich (17. und 18. Jahrhundert), 1980.

[31] Zum korrespondierenden Wandel des Beamtenbildes *H. Dreier*, Hierarchische Verwaltung im demokratischen Staat, 1991, S. 56 ff.

[32] *Hegel*, Grundlinien (Fn. 5), §§ 291 ff. (294 m. Anm.); *L. v. Stein*, Die Verwaltungslehre, 10 Bde., 1869 (1. Aufl. 1864), Neudruck 1975, Teil 1.1, S. 204 (240 f.); *H.A. Zachariä*, Deutsches Staats- und Bundesrecht, Bd. 2, 3. Aufl. 1867, S. 15 ff.; *G. Meyer*, Lehrbuch des deutschen Staatsrechts, 5. Aufl. 1899, S. 433 ff. Zu konkurrierenden Auffassungen über die Rechtsnatur des Beamtenverhältnisses im 19. Jahrhundert *Rehm*, Natur (Fn. 29), S. 85 ff. Daß im 19. Jahrhundert immer wieder mindestens unter anderem privatrechtliche Elemente des Beamtenverhältnisses ausgemacht, insbesondere Besoldungs- und Versorgungsansprüche des Beamten als privatrechtlich angesehen wurden, hängt u.a. mit Justitiabilitätsgesichtspunkten zusammen. Für die Begründung des Beamtenverhältnisses durch öffentlich-rechtlichen Vertrag noch im Jahre 1903 RGZ 53, 423 (427).

[33] Nachweise bei *Zachariä*, Staats- und Bundesrecht (Fn. 32), S. 21 ff. mit Fn. 15; vgl. auch *Hattenhauer*, Geschichte (Fn. 4), S. 259.

[34] Dazu statt vieler *K. Welcker*, Art. Staatsdienst, in: K. v. Rotteck/K. Welcker (Hrsg.), Staats-Lexikon, Bd. 13, 3. Aufl. 1865, S. 576 ff. (580 ff.).

[35] Besonders ausführlich z. B. in der Verfassungsurkunde für Württemberg (1819), §§ 43 ff.; weitere Nachweise bei *Zachariä*, Staats- und Bundesrecht (Fn. 32), S. 21 ff. mit Fn. 15. Sehr knapp und inhaltlich unspezifisch die Paulskirchenverfassung, § 67: »Die Anstellung der Reichsbeamten geht vom Reiche aus. Die Dienstpragmatik des Reiches wird ein Reichsgesetz feststellen«.

darfsgesichtspunkten unter Belassung von Pensionsansprüchen zu »dimittieren«[36]. Die im Laufe des Jahrhunderts zunehmende – wenn auch weiterhin umstrittene – Tendenz, über die Gewährleistung einer Pension im Entlassungsfall hinaus das Entlassungsrecht selbst rechtlich zu beschränken[37], wurde, den Erfordernissen der Gewaltenteilung im Konstitutionalismus entsprechend, damit begründet, daß die Gesetzestreue des Beamten der Absicherung gerade auch durch Unabhängigkeit gegenüber dem Landesherrn bedürfe[38]. Sie richtete sich außerdem gegen die mit mißbräuchlicher Ausübung des Entlassungsrechts verbundene Ausuferung der Pensionslasten[39]. Die Entwicklung auf den heutigen Rechtszustand hin setzte sich, wenn auch mit Brüchen[40], nach der Reichsgründung fort mit dem **Gesetz über die Rechtsverhältnisse der Reichsbeamten** (Reichsbeamtengesetz) vom 31.3.1873[41], das mit zwischenzeitlichen Änderungen und Ergänzungen bis 1937 in Geltung blieb.

Durch die Revolution von 1918 zunächst in Frage gestellt, erreichte die Beamtenschaft eine umso nachhaltigere institutionelle und individuelle Absicherung durch die **Weimarer Reichsverfassung**, die nicht nur eine Reihe von zentralen Grundsätzen für das Beamtenrecht festschrieb, sondern den Beamten in Art. 129 IV auch die Unverletzlichkeit ihrer »wohlerworbenen Rechte« garantierte[42]. Die Loyalitätsprobleme des damit definitiv in die Republik übernommenen Beamtentums der Kaiserzeit manifestierten sich in der Diskussion über die zuvor dem Monarchen geschuldete beam-

7

---

[36] So z.B. noch *Zachariä*, Staats- und Bundesrecht (Fn. 32), S. 67ff., 75ff.; a. A. gegen Ende des Jahrhunderts *Meyer*, Lehrbuch (Fn. 32), S. 489ff. (491).
[37] S. für das preußische Recht die Nachweise bei *Meyer*, Lehrbuch (Fn. 32), S. 490f. mit Fn. 8.
[38] S. statt vieler *v. Stein*, Verwaltungslehre (Fn. 32), S. 240f.
[39] Dazu statt vieler *Welcker*, Art. Staatsdienst (Fn. 34), S. 581f.
[40] Zum verbreiteten Rückfall des Beamtenrechts und der Staats- und Beamtenrechtslehre der zweiten Jahrhunderthälfte hinter die bis 1848 zunehmende liberale Tendenz, die Treue- und Gehorsamspflichten des Beamten primär auf Verfassung und Gesetze statt auf die Person des Staatsoberhauptes zu beziehen, und zum damit zusammenhängenden Rückzug des Gedankens einer Remonstrationspflicht s. *R. Summer*, ZBR 1992, 1 (3ff.).
[41] RGBl. S. 61.
[42] Art. 129 WRV: »Die Anstellung der Beamten erfolgt auf Lebenszeit, soweit nicht durch Gesetz etwas anderes bestimmt ist. Ruhegehalt und Hinterbliebenenversorgung werden gesetzlich geregelt. Die wohlerworbenen Rechte der Beamten sind unverletzlich. Für die vermögensrechtlichen Ansprüche der Beamten steht der Rechtsweg offen.
Die Beamten können nur unter den gesetzlich bestimmten Voraussetzungen und Formen vorläufig ihres Amtes enthoben, einstweilen oder endgültig in den Ruhestand oder in ein anderes Amt mit geringerem Gehalt versetzt werden.
Gegen jedes dienstliche Straferkenntnis muß ein Beschwerdeweg und die Möglichkeit eines Wiederaufnahmeverfahrens eröffnet sein. In die Nachweise über die Person des Beamten sind Eintragungen von ihm ungünstigen Tatsachen erst vorzunehmen, wenn dem Beamten Gelegenheit gegeben war, sich über sie zu äußern. Dem Beamten ist Einsicht in seine Personalnachweise zu gewähren.
Die Unverletzlichkeit der wohlerworbenen Rechte und die Offenhaltung des Rechtswegs für die vermögensrechtlichen Ansprüche werden besonders auch den Berufssoldaten gewährleistet. Im übrigen wird ihre Stellung durch Reichsgesetz geregelt.«
Art. 130 WRV: »Die Beamten sind Diener der Gesamtheit, nicht einer Partei.
Allen Beamten wird die Freiheit ihrer politischen Gesinnung und die Vereinigungsfreiheit gewährleistet.
Die Beamten erhalten nach näherer reichsgesetzlicher Bestimmung besondere Beamtenvertretungen.«
Für die in Art. 128 I und 136 II WRV verankerten Grundsätze → Rn. 2f. Zur Entstehungsgeschichte *Hattenhauer*, Geschichte (Fn. 4), S. 333ff.

tenrechtliche Treuepflicht, als deren Objekt nun die nationale Staatsidee ausgemacht wurde[43]. Dem Übergang in die **nationalsozialistische Diktatur** hatte die Beamtenschaft, die in der NSDAP schon seit 1930 überpräsentiert war, nichts entgegenzusetzen[44]. Die »Säuberung« der Beamtenschaft von »Nichtariern«, Kommunisten, Sozialdemokraten und anderen mißliebigen Elementen begann unmittelbar nach der Machtergreifung und wurde mit dem **Gesetz zur Wiederherstellung des Berufsbeamtentums** vom 7.4. 1933[45] auf eine der Form nach gesetzliche Grundlage gestellt. Die erfolgreiche Transformation des Beamtenapparats in ein Instrument der nationalsozialistischen Willkürherrschaft besiegelte 1937 das **Deutsche Beamtengesetz**[46].

II. Entstehung und Veränderung der Norm

8   In den Ausschüssen des Parlamentarischen Rates wurden die Entwurfsfassungen des heutigen **Art. 33 I GG** in der Annahme diskutiert, daß es neben der gesamtstaatlichen Staatsangehörigkeit bzw. der Deutscheneigenschaft eine **Landesangehörigkeit** geben und daher eine Gewährleistung nach dem Vorbild des Art. 110 II WRV (→ Rn. 1) zur Sicherung der von dieser Landesangehörigkeit unabhängigen staatsbürgerlichen Gleichheit aller Deutschen in allen Ländern erforderlich sein werde. Alle Entwurfsfassungen bis zur vorletzten (»Jeder Deutsche hat in jedem Lande die gleichen Rechte und Pflichten wie die Angehörigen des Landes selbst«) nahmen ausdrücklich auf die Landesangehörigkeit Bezug[47]. Daß mit der Umwandlung dieser vorletzten Entwurfsfassung in die abschließende, Gesetz gewordene Fassung eine Abkehr von den diesbezüglichen, die Funktion der Bestimmung betreffenden Prämissen verbunden gewesen wäre, ist aus den veröffentlichten Materialien nicht erkennbar[48].

9   In den Ausschußdiskussionen des heutigen **Abs. 2** war umstritten, ob eine solche Regelung angesichts der in der Entwurfsfassung des heutigen Art. 3 GG vorgesehenen Gleichheitsgewährleistungen überhaupt erforderlich sei. Die Befürworter der Bestimmung setzten sich, ohne daß konkrete Argumente für eine spezifische, über den Gleichheitsartikel hinausgehende Rechtsfolgenrelevanz vorgetragen worden wären, im Hauptausschuß mit knapper Mehrheit durch[49]. Aus den unterschiedlichen Entwurfsfassungen gestrichen wurden im Verlauf der Beratungen Klauseln, nach denen der gleiche Ämterzugang »im Rahmen der gesetzlichen Bestimmungen über die Vorbildung« bzw. »im Rahmen der gesetzlichen Bestimmungen« gewährleistet werden sollte, und die ursprünglich vorgesehene Qualifizierung des Kriteriums der Eignung durch das Adjektiv »charakterlich«[50].

10   Die Aufnahme des **Abs. 3** wurde erst am 2.5. 1949, wenige Tage vor Schluß der Be-

---

[43] A. *Köttgen*, Das deutsche Berufsbeamtentum und die parlamentarische Demokratie, 1928, S. 57ff. (74ff.).
[44] Vgl. *H. Mommsen*, Beamtentum im Dritten Reich, 1966, S. 13ff. (14, 21 u. passim).
[45] RGBl. I S. 175.
[46] Vom 26. Januar 1937, RAnz. Nr. 22 v. 28.1.1937.
[47] JöR 1 (1951), S. 306ff. (310).
[48] S. JöR 1 (1951), S. 310.
[49] JöR 1 (1951), S. 311f.
[50] JöR 1 (1951), S. 311f. (312); mit der Streichung der Rahmen-Klausel sollte die Möglichkeit der Privilegierung bestimmter Bildungsgänge, mit der Streichung des Adjektivs »charakterlich« die Fortsetzung damit historisch verbundener mißbräuchlicher Beurteilungstraditionen – als Beispiel wurden die Konduite-Listen der preußischen Armee genannt – unterbunden werden.

ratungen des Parlamentarischen Rates, vom Allgemeinen Redaktionsausschuß vorgeschlagen und im Hauptausschuß wie im Plenum ohne Erörterung beschlossen[51].

Der in **Abs. 4** verankerte **Funktionsvorbehalt** zugunsten des Berufsbeamtentums geht auf einen Vorschlag der CDU-Fraktion im Zuständigkeitsausschuß des Parlamentarischen Rates zurück. Zur Begründung wurde auf die »Verhältnisse im Osten« als Gegenbild verwiesen[52]. Grundsätzlichen Bedenken unter dem Gesichtspunkt, daß die Bestimmung zugunsten der Übernahme politisch belasteter Beamter ausgelegt werden könne, wurde der Hinweis auf die vorgesehene verfassungsrechtliche Absicherung der Entnazifizierungs- und Entmilitarisierungsbestimmungen (Art. 139 GG) entgegengehalten[53]. Die seitens der SPD-Fraktion zunächst prinzipiell geäußerte Skepsis im Hinblick darauf, daß eine Regelung wie die vorgeschlagene, bei aller unbestrittenen Wichtigkeit der angesprochenen Institution, zu weitgehende, zukunftshinderliche Bindungen schaffen werde[54], verlagerte sich im Verlauf der Beratungen in die Auseinandersetzung um Einzelheiten der Formulierung.

Umstritten war hier vor allem die **Umschreibung der dem Funktionsvorbehalt zu unterwerfenden Aufgaben**. Zur Diskussion standen die »staatlichen und gemeindlichen Daueraufgaben«, »Hoheitsaufgaben«, »dauernde Aufgaben in Ausübung öffentlicher Gewalt« und die »dauernde Ausübung hoheitlicher Aufgaben«, bis sich im Redaktionsausschuß die endgültige Fassung durchsetzte[55]. Der Abgeordnete Walter Strauß (CDU) begründete die Präferenz für den auf die »staatlichen und gemeindlichen Daueraufgaben« abstellenden Formulierungsvorschlag mit der Unklarheit des alternativ erwogenen Begriffs »Hoheitsaufgaben« und erinnerte an »die schwankende Rechtsprechung, die plötzlich die ganzen Postangelegenheiten als öffentlich-rechtliche Hoheitsangelegenheiten angesehen« habe; mit dem Abstellen auf »Daueraufgaben« solle demgegenüber deutlich gemacht werden, »daß nicht unbedingt bei den Ernährungsämtern, Wirtschaftsämtern und ähnlichen staatlichen Organen, die doch wahrscheinlich Hoheitsaufgaben ausüben, lebenslängliche Beamte sein müssen«[56]. Dem Einwand, daß das Wort »Daueraufgaben« für die gewünschte Abgrenzung nicht geeignet sei, weil auch das »Betreiben eines Elektrizitätswerks, eines Staatsbetriebs, eines gemeindlichen Eigenbetriebs« eine Daueraufgabe sei[57], begegnete Strauß, ohne den Einwender damit zufriedenzustellen, mit dem Hinweis, daß insoweit – auch für vergleichbare Bereiche wie »Eisenbahn und Post« – die vorgesehene Einschränkung des Funktionsvorbehalts durch das Wort »grundsätzlich« hinreichenden Spielraum offenlasse[58]. Als Kompromiß setzte sich im Zuständigkeitsausschuß die Formel »Dauernde Aufgaben in Ausübung öffentlicher Gewalt ...« durch[59]. Der Abgeordnete Wag-

---

[51] JöR 1 (1951), S. 313 f.
[52] Parl. Rat III, S. 496; JöR 1 (1951), S. 314.
[53] Parl. Rat III, S. 498; vgl. auch Parl. Rat III, S. 500; JöR 1 (1951), S. 315.
[54] S. die Äußerungen des Vorsitzenden *Wagner* (SPD), Parl. Rat III, S. 497; vgl. außerdem Parl. Rat III, S. 500.
[55] JöR 1 (1951), S. 314 ff.
[56] Parl. Rat III, S. 496; JöR 1 (1951), S. 315.
[57] Parl. Rat III, S. 496; JöR 1 (1951), S. 315 f.
[58] Parl. Rat III, S. 496; speziell mit Bezug auf die gemeindlichen Betriebe äußerte *Strauß*: »Das mag man den Gemeinden und dem Gemeindestatut überlassen, wie sie abgrenzen«. Der Abgeordnete *Wagner* (SPD) bezweifelte demgegenüber, daß allein das Wort »grundsätzlich« ausreichen werde, um den einvernehmlich für erforderlich gehaltenen Spielraum zu eröffnen. Vgl. auch Parl. Rat III, S. 541.
[59] JöR 1 (1951), S. 316.

ner (SPD) stellte dazu fest, daß damit »eine Einschränkung des Berufsbeamtentums eintreten« werde[60]. So sei beispielsweise das »Betreiben von Wirtschaftsbetrieben« keine Ausübung öffentlicher Gewalt[61]. Der Abgeordnete Reif (FDP) hob später im Grundsatzausschuß, dem Kontext nach zustimmend, hervor, daß der so formulierte Funktionsvorbehalt eine Reduzierung der Beamtenstellen um 90 Prozent bringen werde[62]. Auch seitens der CDU-Fraktion ging man davon aus, daß die Zahl der Berufsbeamten künftig »im Vergleich mit der Vergangenheit« beschränkt werden müsse[63]; der vorgeschlagene Funktionsvorbehalt solle nicht, wie befürchtet, zu einem erweiterten Verbeamtungszwang vor allem bei den Kommunen führen, sondern im Gegenteil »die Möglichkeit einer Verengung« bieten[64]. Im Grundsatzausschuß erläuterte v. Mangoldt (CDU): »Ausübung öffentlicher Gewalt liegt vor, wenn mit unwiderstehlicher Kraft die Staatsmacht dahinter steht. Das Wesen des Staates liegt darin, daß er mit unwiderstehlicher Kraft gebieten kann. Wo etwas derartiges ausgeübt wird, liegt öffentliche Gewalt vor«[65]. Die Umstellung auf die dem endgültigen Normtext entsprechende Umschreibung des Vorbehaltsbereichs begründete schließlich der Allgemeine Redaktionsausschuß wie folgt: »Man sollte nicht von der Ausübung öffentlicher Gewalt sprechen. Die Ausübung öffentlicher Gewalt geht weiter als die Ausübung von hoheitsrechtlichen Befugnissen. Hoheitsrechtliche Befugnisse im engeren Sinne werden ausgeübt, wenn der Staat oder eine öffentlich-rechtliche Körperschaft als »Obrigkeit« tätig wird. Nur insoweit aber sollte man verlangen, daß die ständige Ausübung solcher Aufgaben durch Beamte erfolgen muß.«[66]

13 In der Frage, ob die einvernehmlich gewollte Möglichkeit, ausnahmsweise auch im Vorbehaltsbereich **Nichtbeamte zu betrauen**, besser mit den Worten »grundsätzlich« oder »in der Regel« zu eröffnen sei, bestand im Zuständigkeitsausschuß Einigkeit darüber, daß »in der Regel« den größeren – nach Auffassung der CDU einen zu großen – Spielraum eröffne. Umstritten war vor allem, ob mit der Formulierung »in der Regel« in gleicher Weise wie mit »grundsätzlich« auch eine institutionelle Garantie des Berufsbeamtentums verbunden sei[67]. Gegen verschiedene Vorschläge, »grundsätzlich«

---

[60] JöR 1 (1951), S. 317; Parl. Rat III, S. 540.

[61] Auf den Einwurf des Stichworts »Anstalten!« erwiderte *Wagner* unwidersprochen: »Das ist ein gefährliches Wort. Auch wenn die öffentliche Hand derartige Unternehmungen hat, dann bleiben das Unternehmen mit einem privatwirtschaftlichen Charakter, darüber ist sich der Ausschuß einig«, Parl. Rat III, S. 541; verkürzte Wiedergabe in JöR 1 (1951), S. 317. Gestritten worden war auch über den Beispielsfall des Leiters eines u.a. für die Versorgung mit Säuglingsmilch zuständigen kommunalen Landgutes; der Streit darüber, ob der Leiter eines solchen Landgutes wegen dieser dem Bereich der Fürsorge zuzuordnenden Versorgungsaufgabe eine öffentliche Aufgabe wahrnehme und daher als Beamter einzustellen sei oder nicht, blieb ohne klares Ergebnis, Parl. Rat III, S. 501f.

[62] JöR 1 (1951), S. 319; Parl. Rat V/2, S. 796.

[63] So im Zuständigkeitsausschuß der Abgeordnete W. *Strauß* (CDU), Parl. Rat III, S. 497.

[64] Parl. Rat III, S. 502 – Äußerung des Abgeordneten W. *Strauß* (CDU); ebenso Parl. Rat III, S. 540 – Äußerungen der Abgeordneten W. *Strauß* (CDU) und *Seebohm* (DP).

[65] Parl. Rat V/2, S. 797; JöR 1 (1951), S. 320. Die Frage, ob nach der vorgeschlagenen Fassung Lehrer und Lehrerinnen weiter Beamte bleiben können, wurde von *v. Mangoldt* in diesem Zusammenhang bejaht; zu prüfen sei allerdings, ob das für jeden Studienrat oder nur für die Schulleiter gelte (Parl. Rat V/2, S. 797). Eindeutig keinen Verbeamtungszwang sah *v. Mangoldt* für Stenotypistinnen und Postschalterbeamte (Parl. Rat V/2, S. 798 und 799); die Auskunft zu den letzteren quittierte der Abgeordnete *Bergsträsser (SPD)* mit der Bemerkung: »Das ist sehr wichtig. Die sind alle überflüssig. Können durch Frauen ersetzt werden« (Parl. Rat V/2, S. 799).

[66] JöR 1 (1951), S. 323.

[67] Parl. Rat III, S. 543ff.; s. auch Parl. Rat III, S. 589ff. und JöR 1 (1951), S. 317f.

in Kombination mit besonderen Ausnahmevorbehalten für Ehrenbeamte und für gesetzlich bzw. durch funktionelle Erfordernisse bestimmte Dienstleistungen zu verwenden, setzte sich schließlich »in der Regel« durch. Im Zuständigkeitsausschuß wurde dazu abschließend festgestellt, man wolle damit »die Möglichkeit offenlassen, daß es eine Fülle von Beamten gibt, die nur ehrenamtlich tätig sind, und daß es auch gewisse Kategorien von Trägern dauernder Aufgaben in Ausübung öffentlicher Gewalt gibt, die man trotzdem nicht zu Beamten machen möchte, z.B. auf dem großen Gebiet der Fürsorge, der Wirtschaftsbetriebe, Verkehrsämter«[68].

Die ursprünglichen Entwurfsfassungen zu Abs. 4 sahen die Übertragung der Vorbehaltsaufgaben auf »**Berufsbeamte**« vor, »die in einem öffentlich-rechtlichen Dienst- und Treueverhältnis stehen«. Gegen den Vorschlag, den Ausdruck »Berufsbeamte« zu streichen, da er neben dem zweiten Teil der Formulierung eine Tautologie darstelle, plädierte der Abgeordnete Strauß auf Beibehaltung, da mit der Bestimmung das durch lebenslängliche Anstellung, Entlassung nur auf dem Disziplinarwege, Pension und Hinterbliebenenversorgung charakterisierte Institut des Berufsbeamtentums als solches gesichert werden solle und dieses daher im Normtext auch ausdrücklich benannt sein müsse[69]. Dieses Anliegen erledigte sich in der Folge durch die Hinzunahme des Abs. 5. 14

Die in **Abs. 5** getroffene Regelung kam im Parlamentarischen Rat erst in einem schon fortgeschrittenen Stadium der Beratungen zur Sprache. Die Funktion, das Berufsbeamtentum als Institution und damit auch die es prägenden Prinzipien verfassungsrechtlich abzusichern, war zunächst dem Funktionsvorbehalt des Abs. 4 zugedacht (→ Rn. 13). Zur 28. Sitzung des Grundsatzausschusses brachte dann aber, einen Vorschlag von Richard Thoma[70] aufgreifend, der Abgeordnete Höpker-Aschoff (FDP) den Antrag für eine gesonderte, an anderer Stelle als der Funktionsvorbehalt unterzubringende ausdrückliche Regelung ein: »Das Berufsbeamtentum bleibt erhalten. Seine hergebrachten Grundsätze sind verpflichtendes und beschränkendes Richtmaß aller gesetzlichen Regelung der Rechtsstellung der Berufsbeamten«[71]. Während v. Mangoldt die Auffassung vertrat, daß dieser Vorschlag eine weniger starke Garantie für das Berufsbeamtentum bedeute als der vom Ausschuß gleichzeitig diskutierte Funktionsvorbehalt[72], befürchtete umgekehrt der Abgeordnete Reif (FDP), daß die von Höpker-Aschoff vorgeschlagene Bestimmung als Festschreibung des gegebenen Zustandes verstanden und dadurch die nach dem Funktionsvorbehalt mögliche Reduzierung der Beamtenstellen konterkariert werden könnte[73]. Zugleich mit dem Antrag Höpker-Aschoff lag dem Grundsatzausschuß eine Eingabe des Deutschen Beamtenbundes vor, die sich auf die nähere Charakterisierung des Berufsbeamtentums im Zusammenhang mit dem Funktionsvorbehalt richtete; der Funktionsvorbehalt sollte danach bezogen werden auf Berufsbeamte, »die in einem öffentlich-rechtlichen Treueverhältnis 15

---

[68] Parl. Rat III, S. 536 ff., S. 646; JöR 1 (1951), S. 318 f. (319). Zum Problembereich Fürsorge s. auch bereits oben Fn. 61.
[69] JöR 1 (1951), S. 317.
[70] S. Parl. Rat V/1, S. 371, 379.
[71] JöR 1 (1951), S. 319; im Protokoll der Sitzung erscheint nur ein entsprechender Vorschlag des Abgeordneten *Heuss* (FDP); s. Parl. Rat V/2, S. 795.
[72] Parl. Rat V/2, S. 796.
[73] Parl. Rat V/2, S. 796; JöR 1 (1951), S. 319; zur mit dem Funktionsvorbehalt verbundenen Möglichkeit, die Verbeamtungspraxis über das vorgefundene Maß hinaus einzuschränken: → Rn. 12.

zu ihrem Dienstherren stehen und grundsätzlich auf Lebenszeit mit gesetzlich zu regelnder Alters- und Hinterbliebenenversorgung anzustellen sind. Für die vermögensrechtlichen Ansprüche der Beamten aus dem Dienstverhältnis steht ihnen der ordentliche Rechtsweg offen.«[74]. Der Grundsatzausschuß befürwortete schließlich, einem Antrag der SPD-Fraktion folgend, die Zusammenführung des Funktionsvorbehalts mit einer an Höpker-Aschoffs Vorschlag angelehnten Formulierung (»Den hergebrachten Grundsätzen des Berufsbeamtentums ist Rechnung zu tragen«) in zwei aufeinander folgenden Absätzen[75]. Im Hauptausschuß setzte sich eine leicht abweichende Formulierung durch: »Die hergebrachten Grundsätze über die Rechtsstellung der Berufsbeamten sind für die gesetzliche Regelung maßgebend.«[76]. Der Allgemeine Redaktionsausschuß schlug demgegenüber die Formulierung vor: »Das Recht des öffentlichen Dienstes ist unter Berücksichtigung der überlieferten Grundsätze zu regeln«. In einer Anmerkung zu diesem Vorschlag heißt es, die »Fassung des Hauptausschusses« wolle »sicherstellen, daß die traditionellen und institutionellen Grundzüge des seitherigen Berufsbeamtenrechts erhalten bleiben. Darüber hinaus haben sich aber auch auf dem Gebiete des Rechts der im öffentlichen Dienst stehenden Angestellten Grundsätze gebildet, die ebenfalls bei der Neuregelung des öffentlichen Dienstes Beachtung verdienen.«[77]. Die endgültige Fassung des Abs. 5 geht ebenfalls auf einen Vorschlag des Allgemeinen Redaktionsausschusses zurück[78].

16   Art. 33 GG ist **bisher nicht geändert** worden.

B. Internationale, supranationale und rechtsvergleichende Bezüge

I. Internationales Recht

17   Die in **Art. 33 I, IV und V GG** getroffenen Regelungen zur innerföderalen Rechtsgleichheit und zur Struktur des öffentlichen Dienstes sind in ihrem konkreten Inhalt völkerrechtlich zwar nur wenig präjudiziert. Sie liegen aber nicht außerhalb jedes völkerrechtlichen Zugriffs. So sind bei der Ausgestaltung des **öffentlichen Dienstrechts** – und daher gemäß dem Grundsatz völkerrechtskonformer Auslegung auch bei der Interpretation der »hergebrachten Grundsätze des Berufsbeamtentums« i.S.d. Art. 33 V GG – die völkergewohnheitsrechtlich anerkannten Menschenrechte und einschlägige völkervertragliche Rechtsgewährleistungen zu berücksichtigen[79]. Besondere praktische Bedeutung kommt dabei wegen des unbestrittenen subjektivrechtlichen Charakters der gewährleisteten Rechte und ihrer Einklagbarkeit vor dem Europäischen Gerichtshof für Menschenrechte (EGMR) der **Europäischen Menschenrechtskonvention**

---

[74] Parl. Rat V/2, S. 795; JöR 1 (1951), S. 319.
[75] JöR 1 (1951), S. 321.
[76] JöR 1 (1951), S. 322f.
[77] JöR 1 (1951), S. 323f.
[78] JöR 1 (1951), S. 324. Zur auch bereits im Herrenchiemseer Verfassungskonvent geführten Diskussion über verfassungsrechtliche Absicherungen des traditionellen Berufsbeamtentums W. *Sörgel*, Konsensus und Interessen, 1969, S. 125f.; zur eher reformorientierten, insoweit aber letztlich nicht erfolgreichen Beamtenpolitik der westlichen Besatzungsmächte R. *Morsey*, DÖV 1993, 1061 (1067ff.); U. *Reusch*, Beamtentum und Beamtenrecht in der Besatzungsära, in: C.A. Lückerath (Hrsg.), Berufsbeamtentum und Beamtenorganisationen, 1987, S. 53ff.
[79] Zu den menschenrechtlichen Gewährleistungen → Vorb. Rn. 19ff.

(EMRK)[80] zu. Die Gewährleistungen der EMRK sollen nach der Rechtsprechung des EGMR zwar nicht anwendbar oder jedenfalls nicht justitiabel sein, soweit es um Entscheidungen über die Einstellung von Beamten geht[81]. Sie gelten aber, wie der EGMR in einer neueren Entscheidung (Fall Vogt) bekräftigt hat, uneingeschränkt für einmal ernannte Beamte[82]. Die Entlassung einer Lehrerin wegen Verletzung der Pflicht zur Verfassungstreue verstößt nach dieser Entscheidung gegen Art. 10 und 11 EMRK (Meinungs- und Vereinigungsfreiheit), wenn der Vorwurf fehlender Verfassungstreue ohne weitere Berücksichtigung des persönlichen Verhaltens allein auf die Mitgliedschaft und Innehabung von Ämtern in einer als verfassungsfeindlich angesehenen, aber nicht verbotenen Partei gestützt wird[83]. Auch für das öffentliche Dienstrecht relevant sind die Europäische Sozialcharta (ESC)[84] sowie verschiedene Übereinkommen der Internationalen Arbeitsorganisation (ILO)[85]. Umstritten ist die Vereinbarkeit der deutschen Treuepflicht-Praxis mit dem ILO-Übereinkommen Nr. 111 über Diskriminierung in Beschäftigung und Beruf[86].

Die in **Art. 33 II und III GG** verankerten speziellen Gleichheitssätze sind in weitem Umfang unmittelbar auch völkerrechtlich unterfüttert. Ausdrückliche Festschreibungen des Rechts auf **gleichen Zugang zu öffentlichen Ämtern** finden sich in Art. 21 Nr. 2 AEMR und in Art. 25 c) IPbpR. Das Prinzip des gleichen Zugangs zu öffentlichen Ämtern ist im übrigen im Völkergewohnheits- und Völkervertragsrecht mindestens insoweit verankert, als die gewohnheits- und vertragsrechtlichen **Diskriminierungsverbote**[87] auch hinsichtlich des Zugangs zu öffentlichen Ämtern Geltung beanspruchen[88]. 18

II. Europäisches Gemeinschaftsrecht

Primäres und sekundäres Europäisches Gemeinschaftsrecht beschränken in verschiedenen Hinsichten die Freiheit der Mitgliedstaaten, den **Zugang zum öffentlichen Dienst** nach Belieben zu regeln, und wirken damit auf einen von Art. 33 GG erfaßten Regelungsbereich ein. 19

Die in Art. 48 I (39 I n.F.) EGV gewährleistete **Freizügigkeit der Arbeitnehmer** schließt grundsätzlich jede an mitgliedstaatliche Staatsangehörigkeiten anknüpfende Ungleichbehandlung im Hinblick auf Beschäftigungsverhältnisse aus[89], gilt aber nach 20

---

[80] Fundstelle im Abkürzungsverzeichnis.
[81] EGMR EuGRZ 1995, 590 (595f.); s. auch, weniger deutlich, EGMR EuGRZ 1986, 497 (504) und EGMR EuGRZ 1986, 509 (514). Der Gerichtshof hat mit dieser Rechtsauffassung den im Wege historischer Interpretation festgestellten Willen der Vertragsstaaten, keine Ansprüche auf Zugang zum öffentlichen Dienst zu schaffen, nicht nur extensiv interpretiert, sondern ihm auch Vorrang vor den expliziten Gewährleistungen der Konvention eingeräumt.
[82] EGMR EuGRZ 1995, 590 (595).
[83] EGMR EuGRZ 1995, 590 (595); dazu *U. Häde/M. Jachmann*, ZBR 1997, 8ff.; *R. Bernhardt*, EuGRZ 1996, 339 (340).
[84] BGBl. 1964 II, S. 1262; näher dazu *L.M. Büchner/L. Gramlich*, RiA 1992, 110 (112).
[85] Näher *K. Ganser-Hillgruber*, ZBR 1998, 15ff.; *L.M. Büchner/L. Gramlich*, RiA 1992, 110 (117f.).
[86] Für den Umgang der ILO mit entsprechenden Beschwerden s. *P. Voegeli*, Völkerrecht und »Berufsverbote« in der Bundesrepublik Deutschland 1976–1992, 1995.
[87] Dazu *M. Sachs*, Grenzen des Diskriminierungsverbotes, 1987, S. 160ff.
[88] S. aber zum insoweit eingeschränkten Geltungsanspruch der Gewährleistungen der EMRK: → Rn. 17.
[89] S. dazu, daß dies nicht nur für den Zugang zur Beschäftigung überhaupt, sondern auch für die Ausgestaltung eingegangener Beschäftigungsverhältnisse gilt, Art. 48 II und IIIc (39 II, IIIc n.F.) EGV

Abs. 4 nicht für die »Beschäftigung in der öffentlichen Verwaltung«. Während man in der Bundesrepublik überwiegend dazu neigt, diese **Ausnahmeklausel** kongruent zur vorherrschenden extensiven Interpretation des Art. 33 IV GG (→ Rn. 57) weit auszulegen und auf diese Weise den traditionell deutschen Staatsangehörigen vorbehaltenen Beamtenstatus in seinem gesamten nach h.M. von Art. 33 IV GG postulierten Einsatzbereich der Öffung für EG-Ausländer zu entziehen[90], hat sich auf der Ebene der EG eine engere Auslegung durchgesetzt. Nach Auffassung der Europäischen Kommission gehören zur öffentlichen Verwaltung i.S.d. Art. 48 IV (39 IV n.F.) EGV neben den Streitkräften, dem diplomatischen Dienst und den Regierungsfunktionen im engeren Sinne nur öffentliche Stellen mit der primären Funktion, »Rechtsakte« zu setzen, durchzusetzen, ihre Anwendung zu überwachen oder Aufsicht über nachgeordnete Stellen zu führen, nicht dagegen primär dienstleistende Stellen wie z.B. Einrichtungen des öffentlichen Verkehrs-, Kommunikations-, Gesundheits- und Bildungswesens[91]. Auch die Rechtsprechung des Gerichtshofs der Europäischen Gemeinschaften geht von einer entsprechend engen Interpretation aus[92]. So hat der Gerichtshof den Ausschluß einer britischen Staatsangehörigen vom baden-württembergischen Vorbereitungsdienst für das Lehramt an Gymnasien als nicht durch Art. 48 IV (39 IV n.F.) EGV gedeckt angesehen[93]. Der damit verbindlich interpretierten Rechtslage konnte die Bundesrepublik sich aus europarechtlicher Sicht auf zweierlei Weise anpassen: entweder durch generelle Beschränkung des Beamtenstatus auf die von der engen Auslegung des Art. 48 IV (39 IV n.F.) EGV erfaßten Bereiche – dies hätte eine entsprechende, gegenüber der bislang vorherrschenden Auffassung verengte Auslegung oder Änderung des Art. 33 IV GG vorausgesetzt[94] – oder durch mindestens partielle Aufgabe des traditionellen, in der Literatur z.T. als von Art. 33 V GG

---

sowie EuGHE 1974, 153 (162ff.) – *Sotgiu*; EuGHE 1986, 1725 (1739) – *Kommission/Französische Republik*. Zur Spezialität des in Art. 48 II verankerten Diskriminierungsverbots im Verhältnis zum allgemeinen Verbot staatsangehörigkeitsbezogener Diskriminierung aus Art. 6 (12 n.F.) EGV s. EuGH NVwZ 1994, 989 (989).

[90] *W. Loschelder*, ZBR 1991, 102 (102); *A. Meyer*, BayVBl. 1990, 97ff.; s. auch für die Annahme, die Abgrenzung des Bereichs der »öffentlichen Verwaltung« i.S.d. Art. 48 IV (39 IV n.F.) EGV sei nach dieser Norm dem nationalen Recht der Mitgliedstaaten überlassen, *H. Lecheler*, BayVBl. 1989, 417 (417).

[91] Kommissionsbeschluß 88/C 72/02, ABl. Nr. C 72/2 (72/3). Dazu näher *F. Schwidden*, RiA 1996, 166 (168ff.); *G.B. Müller*, RiA 1990, 53 (54); *I. Hochbaum*, ZBR 1989, 33ff.; *M. Metz*, Der Bayerische Bürgermeister 1989, 218ff.

[92] S. EuGHE 1980, 3881 (3900) – *Kommission/Königreich Belgien*; EuGHE 1986, 1725 (1738) – *Kommission/Französische Republik*; besonders deutlich EuGH NJW 1996, 3199 (3200) m.w.N.; zuletzt EuGH EuGRZ 1998, 218 (219) und EuGH EuGRZ 1998, 221 (222f.) m.w.N.; Erläuterungen und weitere Nachweise bei *H. Fabis*, Die Auswirkungen der Freizügigkeit gemäß Art. 48 EG-Vertrag auf Beschäftigungsverhältnisse im nationalen Recht, 1995, S. 282ff.; *J. Rösing*, Beamtenstatut und Europäische Gemeinschaften, 1994, S. 274ff.; *T. Schotten*, Die Auswirkungen des Europäischen Gemeinschaftsrechts auf den Zugang zum öffentlichen Dienst in der Bundesrepublik Deutschland, 1994, S. 72ff.; *T. Rieckhoff*, Die Entwicklung des Berufsbeamtentums in Europa, 1993, S. 108ff.; *H. Lecheler*, Die Interpretation des Art. 48 Abs. 4 EWGV und ihre Konsequenzen für den (nationalen) öffentlichen Dienst, 1990, S. 10ff.; *C. Hillgruber*, ZBR 1997, 1ff.; *F. Schwidden*, RiA 1996, 166 (170ff.); *A. Fischer/R. Strempel*, Jura 1995, 357 (359f.); *D. Dörr*, EuZW 1990, 565 (567); *I. Hochbaum*, ZBR 1989, 33 (34ff.); *U. Everling*, Die Rechtsprechung des Europäischen Gerichtshofes zur Freizügigkeit im öffentlichen Dienst, in: U. Battis (Hrsg.), Europäischer Binnenmarkt und nationaler öffentlicher Dienst, 1989, S. 23ff. (32ff.).

[93] EuGHE 1986, 2121ff. – *Lawrie-Blum*.

[94] → Rn. 57ff., 60; dafür *H. Edelman*, DöD 1994, 188ff. (189f.).

vorgegeben betrachteten Grundsatzes[95], daß nur Deutsche in das Beamtenverhältnis berufen werden können[96]. Der Bundesgesetzgeber hat sich für den beamtenrechtspolitisch weniger einschneidenden und legislatorisch leichter steuerbaren zweiten Weg entschieden und den Beamtenstatus im durch Art. 48 (39 n.F.) EGV vorgegebenen Bereich für EG-Ausländer geöffnet[97]. Soweit in einem Mitgliedstaat für die Besetzung von Stellen im öffentlichen Dienst, die nicht unter die Ausnahmeklausel fallen, eine Berücksichtigung der Dauer der bisherigen Tätigkeit im öffentlichen Dienst vorgesehen ist, verbietet Art. 48 (39 n.F.) EGV Unterscheidungen danach, ob die bisherige Tätigkeit im Dienst dieses oder eines anderen Mitgliedstaates ausgeübt wurde[98]. Einer protektionistischen laufbahnrechtlichen Privilegierung deutscher Bildungsabschlüsse steht über Art. 48 (39 n.F.) EGV hinaus auch europäisches Sekundärrecht entgegen[99].

Für Fragen der Gleichstellung von **Frauen im öffentlichen Dienst** sind Art. 119 (141 n.F.) EGV[100] und eine Reihe gleichstellungsbezogener Richtlinien der EG, insbesondere die Gleichbehandlungsrichtlinie[101] von Bedeutung. Dienstrechtliche Regelungen, nach denen bei gleicher Qualifikation Frauen in Bereichen, in denen sie unterrepräsentiert sind, automatisch Vorrang eingeräumt wird, sind nach der Entscheidung des Gerichtshofes der Europäischen Gemeinschaften im Fall Kalanke durch Art. 2 IV der Gleichbehandlungsrichtlinie, der Maßnahmen zur Förderung der Chancengleichheit ausdrücklich für zulässig erklärt, nicht mehr gedeckt und verstoßen daher gegen das Gleichbehandlungsgebot der Richtlinie[102]. Zulässig sind entsprechende Regelungen aber, wie der Gerichtshof inzwischen im Fall Marschall klargestellt hat, wenn sie wie im

21

---

[95] So *W. Loschelder*, ZBR 1991, 102 (109); *W. Thieme*, DÖV 1992, 129f. (129); *Rieckhoff*, Entwicklung (Fn. 92), S. 44ff. (46); ebenso wohl *H. Lecheler*, Nationaler öffentlicher Dienst und europäisches Freizügigkeitsrecht, in: Battis (Fn. 92), S. 127ff. (137); a.A. *P. Kunig*, in: v. Münch/Kunig, GG II, Art. 33 Rn. 63, Stichwort »Deutsche Staatsangehörigkeit«; *R. Summer*, ZBR 1993, 97 (98); *A. Weber/ H. Eschmann*, JuS 1992, 497 (502); *P. Müssig/K. Pohl*, RiA 1992, 53 (60); *H.J. Becker*, RiA 1991, 178 (181); differenzierend *Fabis*, Auswirkungen (Fn. 92), S. 345ff. (353f.).
[96] Der zunächst ebenfalls ins Auge gefaßte Weg, EG-Ausländer – unter Beibehaltung der Verbeamtungspraxis im übrigen – im Angestelltenverhältnis oder in neu zu schaffenden Sonderstatusverhältnissen zu beschäftigen, wäre mit dem aus Art. 48 II und III (39 II und III n.F.) EGV folgenden Differenzierungsverbot nicht vereinbar gewesen; s. *Fabis*, Auswirkungen (Fn. 92), S. 332ff. (342); *Rieckhoff*, Entwicklung (Fn. 92), S. 129f.; *R. Summer*, ZBR 1993, 97 (97 mit Fn. 3); *H. Edelman*, DÖD 1994, 188 (188); *B. Pieroth*, Der Zugang von EG-Bürgern zum deutschen Öffentlichen Dienst, in: H.G. Leser (Hrsg.), Aktuelle Entwicklungen des Rechts aus deutscher und französischer Sicht, 1993, S. 47ff. (54f.); speziell für die Beschäftigung von Rechtsreferendaren auch *L.H. Eriksen*, NVwZ 1995, 1061 (1064f.); a.A. noch BR-Drs. 178/88, S. 2f.
[97] S. § 4 I, II BRRG, § 7 I, II BBG, geändert durch Gesetz vom 20. 12. 1993, BGBl. I S. 2136. Zur Interpretation der Neufassung *L. Kathke*, ZBR 1994, 233ff.; für Folgefragen im Zusammenhang mit Art. 33 II GG → Rn. 37.
[98] EuGH ZBR 1995, 173.
[99] Zu den einschlägigen Richtlinien über die Anerkennung ausländischer Hochschulabschlüsse und beruflicher Befähigungsnachweise *G. Leibrock*, EuZW 1992, 465ff.
[100] → Art. 3 Rn. 11. Für die Anwendbarkeit auch auf den öffentlichen Dienst EuGHE 1997, 5281 (5281) – Anrechnung von Dienstzeiten bei Teilzeitarbeit; s. auch BAG ZBR 1997, 185ff. – Überstundenvergütung bei Teilzeitarbeit.
[101] Richtlinie des Rates vom 9. Februar 1976 (76/207/EWG), ABl. Nr. L 39/40 v. 14. 2. 1976; zur Anwendbarkeit im Bereich des öffentlichen Dienstes s. Art. 3 I der Richtlinie. Zur Bedeutung dieser Richtlinie allgemein und zu weiteren die Gleichstellung von Männern und Frauen betreffenden Richtlinien → Art. 3 Rn. 11.
[102] EuGHE 1995, 3051ff.; vgl. auch den Vorlagebeschluß BAGE 73, 269.

Fall des § 25 V 2 LBG NW durch eine Klausel abgemildert werden, die die Berücksichtigung von in der Person des männlichen Mitbewerbers liegenden überwiegenden Gründen zu dessen Gunsten vorsieht[103] (zur Frage der Vereinbarkeit mit Art. 33 II GG → Rn. 47).

22 Bedeutung für das öffentliche Dienstrecht der Mitgliedstaaten hat auch das **Europäische Sozialrecht**[104].

III. Rechtsvergleichende Hinweise

23 Allgemeine Gleichheitssätze gehören zum Gemeingut und zu den Kennzeichen moderner Verfassungen. Dem Art. 33 I GG vergleichbare, auf **innerföderale oder interregionale Gleichbehandlung** gerichtete Verfassungsbestimmungen sind dagegen, in Abhängigkeit von Verfassungsstrukturen und historischen Problemlagen, seltener; sie finden sich vor allem in Staaten mit ausgeprägt föderativem Charakter wie den USA[105] und der Schweiz[106]. Von den Verfassungen der EG-Mitgliedstaaten enthält die spanische eine entsprechende Gewährleistung[107]. Einige Parallelbestimmungen weist das Landesverfassungsrecht auf[108].

24 Die durch Art. 33 III GG in einigen besonderen Ausprägungen geschützte **Glaubens- und Bekenntnisfreiheit** gehört ebenfalls zu den konstitutiven Elementen moderner Verfassungsstaatlichkeit. Allgemeine Gewährleistungen dieser Freiheit finden sich dementsprechend auch in allen kodifizierten Verfassungen der EG-Mitgliedstaaten[109]. Gesonderte dem Inhalt des Art. 33 III GG entsprechende Gewährleistungen sind dagegen im internationalen Verfassungsvergleich nicht verbreitet[110]. Dem Art. 33 III 1 GG inhaltsgleiche oder inhaltsähnliche Bestimmungen gibt es in den Verfassungen mehrerer Bundesländer[111].

25 Regelungen mit Bezug auf den **öffentlichen Dienst** sind sowohl im Verfassungsrecht der Länder als auch im Verfassungsrecht anderer Staaten zahlreich anzutreffen. Etliche Landesverfassungen und mehrere Verfassungen von Mitgliedstaaten der EG ge-

---

[103] EuGH NJW 1997, 3429f.; dazu *A. Ott*, ZBR 1998, 121ff.; für die Zulässigkeit abgemilderter Bevorzugungsregeln bereits im Anschluß an die Kalanke-Entscheidung auch BVerwG NJ 1996, 603 (604); *U. Battis*, NJW 1996, 1034 (1034); *B. Holznagel/I. Schlünder*, Jura 1996, 519 (526f.); *F. Schwidden*, RiA 1996, 105 (110); *B. Graue*, RiA 1996, 80 (81f.); *J. Kahnert*, ZTR 1996, 8 (11); *E. Gurlit*, LKV 1997, 145 (146); a.a. OVG Münster NVwZ 1996, 494 (495); *M. Vachek*, JuS 1997, 410 (413); *H. Hofmann*, NVwZ 1996, 424 (427); *H.-W. Laubinger*, VerwArch. 87 (1996), 473 (515f.); *G. C. Burmeister*, PersV 1996, 145 (154); *M. Sachs*, in: H. Oetker/U. Preis (Hrsg.), Europäisches Arbeits- und Sozialrecht (EAS), Teil C, Stand 6/1996, RL 76/207/EWG, Art. 2, Anmerkung zu Nr. 11, S. 21 (22f.).

[104] Dazu i.e. *Rieckhoff*, Entwicklung (Fn. 92), S. 158ff. m.w.N.; zur Anwendbarkeit der EG-Wanderarbeitnehmer-Verordnung auf Beamte EuGHE 1994, 1101ff.

[105] Art. IV Sect. 2.1 US-Verf.

[106] Art. 43 II, IV schweiz. Verf.

[107] Art. 139 I span. Verf.

[108] Art. 8 bay. Verf.; Art. 3 II brandenbg. Verf.; Art. 8 I sachs.-anh. Verf.

[109] Art. 19 belg. Verf.; § 70 dän. Verf.; Präambel der frz. Verf. i.V.m. Art. 10 der frz. Erklärung der Menschen- und Bürgerrechte; Art. 13 griech. Verf.; Art. 44 II Nr. 1 ir. Verf.; Art. 3 ital. Verf.; Art. 19 lux. Verf.; Art. 1 niederl. Verf.; Art. 13 II, 41 portug. Verf.; Art. 14 span. Verf.; § 9 S. 1 finn. Verf.; Kap. 2 Art. 1 Nr. 6 schwed. Verf.; vgl. auch Art. 7 I österr. Verf.

[110] Von den Verfassungen der EG-Mitgliedstaaten weist nur die irische mit Art. 44 II Nr. 3 eine annähernd parallele Regelung auf.

[111] Art. 107 III, IV bay. Verf.; Art. 9 I meckl.-vorp. Verf. i.V.m. Art. 136 I WRV; Art. 8 II, 19 rh.-pf. Verf.; Art. 109 IV sächs. Verf. i.V.m. Art. 136 I WRV; Art. 32 V sachs.-anh. Verf. i.V.m. Art. 136 I WRV

währleisten in gleicher oder ähnlicher Weise wie Art. 33 II GG den **gleichen Zugang zu öffentlichen Ämtern**[112]. Eine dem verfassungsrechtlichen **Funktionsvorbehalt des Art. 33 IV GG** vergleichbare Verfassungsbestimmung kennt, von entsprechenden Regelungen verschiedener deutscher Landesverfassungen[113] abgesehen, innerhalb der EG nur Griechenland[114]. Die verfassungsrechtliche Garantie der **hergebrachten Grundsätze des Berufsbeamtentums** (Art. 33 V GG) ist, soweit ersichtlich, in dieser Form eine deutsche Singularität. Ausdrückliche institutionelle Garantien des Berufsbeamtentums finden sich auch in einzelnen Landesverfassungen[115]. Im europäischen Verfassungsvergleich kommen dem Art. 33 V GG inhaltlich wiederum die Regelungen der griechischen Verfassung am nächsten, die relativ umfassende und weitgehend der deutschen Tradition des Berufsbeamtentums entsprechende, u. a. den öffentlich-rechtlichen Charakter und die Lebenszeitlichkeit des Beamtenverhältnisses sowie die Treuepflicht betreffende Grundsätze des Beamtenrechts festschreiben[116], während sonst eher isolierte, sehr viel weniger oder überhaupt nicht institutionsprägende Bestimmungen zu Einzelfragen des öffentlichen Dienstes – Ernennung, Haftung, einzelne Rechte oder Pflichten, vereinzelt auch Amtsentziehung, u.ä. – und/oder Verweisungen auf den einfachen Gesetzgeber vorkommen[117].

C. Erläuterungen

I. Gleichheit der staatsbürgerlichen Rechte und Pflichten (Art. 33 I GG)

Art. 33 I statuiert ein nach Art. 93 I Nr. 4a GG verfassungsbeschwerdefähiges, insofern also **grundrechtsgleiches**[118], auf innerföderale Gleichbehandlung zielendes spezielles

26

---

[112] S. für das Verfassungsrecht der Länder Art. 94 II, 116 bay. Verf.; Art. 19 II berl. Verf.; Art. 128 brem. Verf.; Art. 59 I hambg. Verf.; Art. 134 hess. Verf.; Art. 71 I meckl.-vorp. Verf.; Art. 19 rh.-pf. Verf.; Art. 91 II sächs. Verf.; Art. 8 II sachs.-anh. Verf.; für das Verfassungsrecht der EG-Mitgliedstaaten § 86 finn. Verf.; Art. 6 S. 4 Erkl. der Menschen- und Bürgerrechte i.V.m. der Präambel der frz. Verf.; Art. 51 I ital. Verf.; Art. 3 niederl. Verf.; Art. 50 I portug. Verf.; Art. 23 II span. Verf.

[113] Art. 77 bad.-württ. Verf.; Art. 71 IV meckl.-vorp. Verf.; Art. 60 S. 1 nds. Verf.; Art. 125 rh.-pf. Verf.; Art. 113 saarl. Verf.; Art. 91 I sächs. Verf.; unspezifischer Art. 96 III brandenbg. Verf.; s. dagegen für ein einheitliches Arbeitsrecht auch im öffentlichen Dienst Art. 29 I, 135 hess. Verf.

[114] S. Art. 103 III griech. Verf., wonach – wie der Gegenschluß ergibt: ausschließlich – Planstellen von besonderem wissenschaftlichen sowie von technischem oder Hilfspersonal »privatrechtlich«, d.h. mit Nichtbeamten, besetzt werden dürfen.

[115] Art. 95 I 2 bay. Verf.; Art. 114 I saarl. Verf.; gegenteilig Art. 135 hess. Verf. (s.o. Fn. 113); für weitere das öffentliche Dienstrecht betreffende landesverfassungsrechtliche Einzelregelungen s. Art. 95 II–IV bay. Verf.; Art. 58, 59 hamb. Verf.; Art. 126–128 rh.-pf. Verf.; Art. 115 saarl. Verf.; Art. 119 sächs. Verf.; Art. 91 sachs.-anh. Verf.; Art. 31 schlesw.-holst. Verf.; Art. 96 thür. Verf. sowie die oben Fn. 112f. aufgeführten Regelungen.

[116] Art. 103f. griech. Verf.

[117] S. § 27 dän. Verf.; §§ 87–93 finn. Verf.; Art. 13 frz. Verf.; Art. 54 II, 97 II, 98 ital. Verf.; Art. 31, 35 luxemb. Verf.; Art. 109 niederl. Verf.; Art. 50 III, 271 portug. Verf.; Art. 103 III span. Verf.; Art. 7 II, 20 III, 59a österr. Verf.; Kap. 11, Art. 9 I, 10 schwed. Verf. Zum internationalen Vergleich der Dienstrechtssysteme s. *S. Magiera/H. Siedentopf*, Das Recht des öffentlichen Dienstes in den Mitgliedstaaten der Europäischen Gemeinschaft, 1994.

[118] S. für den »grundrechtsgleichen Charakter« des insoweit gleichgelagerten, ebenfalls die Gleichheit der staatsbürgerlichen Rechte betreffenden Art. 33 III 1 GG BVerfGE 79, 69 (75). → Vorb. Rn. 28.

Gleichheitsrecht[119]. Träger des Rechts sind nur **Deutsche** i.S.d. Art. 116 I GG. Wie bei der Mehrzahl der speziellen Gleichheitssätze besteht die Spezifizierung im Verhältnis zu Art. 3 I GG unter anderem darin, daß nähere Vorgaben hinsichtlich der Zulässigkeit oder Unzulässigkeit bestimmter Differenzierungskriterien gemacht werden. Art. 33 I GG schließt die Landeszugehörigkeit als Differenzierungskriterium in bezug auf den Bestand und die Reichweite staatsbürgerlicher Rechte und Pflichten in den Ländern aus[120]. Eine über dieses Differenzierungsverbot hinausreichende Bedeutung dahingehend, daß die durch Landesrecht bestimmten staatsbürgerlichen Rechte und Pflichten auch im übrigen – ihren sonstigen Voraussetzungen und ihrem Inhalt nach – in allen Ländern gleich ausgestaltet sein müßten, hat Art. 33 I GG nicht[121]. Ebensowenig gehört zum Gewährleistungsgehalt des Art. 33 I GG, daß bestimmte staatsbürgerliche Rechte in den Ländern überhaupt existieren[122].

27 Der Begriff der **staatsbürgerlichen Rechte und Pflichten** stammt aus älteren staatsrechtlichen Verhältnissen, die unterschiedliche, ihrem Rechtsgehalt nach abgestufte Formen der Zugehörigkeit zum Staat kannten, und bezeichnete hier die spezifischen Rechte und Pflichten des Vollbürgers, der nicht nur als Zugehöriger im Lande zu leben und zu arbeiten, sondern darüber hinaus aktiv, insbesondere durch Ausübung des Wahlrechts und gegebenenfalls als von anderen gewählter Mandatsträger, an der Staatswillensbildung mitzuwirken berechtigt war[123]. Diese dem Begriff der staatsbürgerlichen Rechte und Pflichten historisch zugrundeliegenden Differenzierungen existieren heute nicht mehr. Dem Wortlaut und dem Anliegen, die Bedeutungskontinuität der verwendeten Begriffe so weit wie möglich zu wahren, entspräche es unter diesen Umständen, als »staatsbürgerlich« die **exklusiv mit der Staatsangehörigkeit verknüpften Rechte und Pflichten** anzusehen. Die Bedeutung des auf Rechtsgleichheit in den Ländern zielenden Art. 33 I GG erschöpft sich nach diesem Verständnis darin, daß er, soweit es um die Rechtsstellung Deutscher geht, Differenzierungen in Anknüpfung an eine Landesstaatsangehörigkeit verbietet. Die Zulässigkeit von Differenzierungen, die an andere als staatsangehörigkeitsrechtliche Beziehungen zu einem Land anknüpfen, wäre folglich nicht nach Art. 33 I GG, sondern nach Art. 3 I GG oder, sofern sachlich einschlägig, nach anderen speziellen Gleichheitssätzen zu beurteilen. Diese Interpretation entspräche dem Problemkontext der historischen Vorläuferbe-

---

[119] Zur Spezialität des Art. 33 I GG im Verhältnis zum allgemeinen Gleichheitssatz s. statt vieler Jarass/*Pieroth*, GG, Art. 33 Rn. 1.
[120] *F. Matthey*, in: I. v. Münch (Hrsg.), Grundgesetz-Kommentar, Bd. 2, 2. Aufl. 1983, Art. 33 Rn. 9; ebenso in der Sache *H.-U. Gallwas*, Zur Aktualität des Prinzips bundesstaatlicher Gleichheit, in: FS Maunz, 1971, S. 103 ff. (103). Weniger deutlich BVerfGE 13, 54 (91). Zu der Frage, ob dies nur die staatsangehörigkeitsrechtliche Zugehörigkeit oder (auch) eine wie auch immer zu bestimmende sonstige Zugehörigkeit betrifft, → Rn. 27 ff.
[121] BVerfG (2. Kammer des Zweiten Senats) NVwZ 1993, 55 (56) – zu unterschiedlichen Voraussetzungen der Kommunalwahlberechtigung; *T. Maunz*, in: Maunz/Dürig, GG, Art. 33 (1966), Rn. 8.
[122] S. BVerfGE 13, 54 (91): »... daß diese Bestimmung den gleichen Genuß der staatsbürgerlichen Rechte für alle Deutschen in jedem Land garantiert, nicht aber Anspruch auf Einräumung irgendwelcher staatsbürgerlicher Rechte gibt.« Die im Text getroffene Feststellung schließt selbstverständlich nicht aus, daß verfassungsrechtliche Verpflichtungen der Länder, die die Einräumung bestimmter staatsbürgerlicher Rechte implizieren, sich aus anderen Bestimmungen als Art. 33 I GG ergeben können (z.B. Verpflichtung zur Schaffung einer Wahlberechtigung in den Kommunen aus Art. 28 I 2 GG; → Art. 28 Rn. 65).
[123] → Art. 16 Rn. 1 f.

I. Gleichheit der staatsbürgerlichen Rechte und Pflichten (Art. 33 I GG)

stimmungen[124]. Da neben der Staatsangehörigkeit im Bund bzw. dem Deutschenstatus eine gesonderte Landesstaatsangehörigkeit heute nicht mehr existiert[125], ist Art. 33 I GG nach dieser Auffassung nicht mehr von aktueller praktischer Bedeutung.

Die herrschende Auffassung neigt demgegenüber zu einer **extensiven Auslegung** des Begriffs der staatsbürgerlichen Rechte und Pflichten. Erfaßt sein sollen alle öffentlich-rechtlichen Rechte und Pflichten oder, in den Worten von T. Maunz, »das gesamte Rechtsverhältnis des Staatsbürgers zum Staat«[126]. Der zur Begründung herangezogene Art. 110 II WRV[127] stützt allerdings diese extensive Auslegung gerade nicht. Art. 110 II WRV spricht zwar ohne Beschränkung durch das Adjektiv »staatsbürgerlich« nur von »Rechten und Pflichten«, gewährleistet deren Gleichheit in den Ländern aber nicht *per se*, sondern schließt ausdrücklich nur die Landesangehörigkeit, d.h. die in der Weimarer Republik noch bestehende Staatsangehörigkeit in den Ländern, als Differenzierungskriterium aus (→ Rn. 1). Der Gesichtspunkt der historischen Kontinuität im Verhältnis zu Art. 110 II WRV spricht daher gerade nicht für die herrschende weite, sondern für die auch mit dem Wortlaut besser vereinbare enge Auslegung (→ Rn. 27). Das zentrale Problem der herrschenden extensiven Auslegung liegt aber nicht in ihrer grammatikalischen und historischen Unplausibilität, sondern darin, daß Art. 33 I GG, wenn man es ablehnt, das darin enthaltene Differenzierungsverbot auf Differenzierungen in Anknüpfung an die Landesstaatsangehörigkeit zu beschränken, überhaupt keinen erkennbaren und konsistent handhabbaren Maßstab für die Zulässigkeit oder Unzulässigkeit von Differenzierungen mehr enthält. Die herrschende Auffassung behilft sich mit Formulierungen, die das Problem nur verdecken: »Angehörige eines anderen Landes« dürften nicht schlechter behandelt werden als die Angehörigen des jeweils eigenen Landes, »Deutschen eines anderen Landes« seien in jedem Land die gleichen Rechte zu gewähren wie den jeweils dort »beheimateten« Deutschen, usw.[128]. Diese Umschreibungen sind nicht falsch. Ihre Bedeutung bleibt aber völlig unklar, weil der dabei vorausgesetzte, nach der extensiven Auslegung aber nicht mit der Landesstaatsangehörigkeit gleichzusetzende Status der Angehörigkeit oder Zugehörigkeit zu einem Land als ein einheitlich definierter Rechtsstatus gar nicht existiert[129]. Wohl existieren die unterschiedlichsten rechtlichen und faktischen

28

---

[124] → Rn. 1; zum Bezug der Vorläuferbestimmungen auf die Staatsangehörigkeit s. auch *M. Sachs*, Besondere Gleichheitsgarantien, in: HStR V, § 126 Rn. 109.

[125] → Art. 16 Rn. 33 m.w.N.

[126] *Maunz* (Fn. 121), Art. 33 Rn. 6; ebenso *ders.*, Die staatsbürgerliche Gleichheit, in: GS Peters, 1967, S. 558ff. (560); *H. Bethge*, AöR 110 (1985), 169 (210); *Kunig* (Fn. 95), Art. 33 Rn. 12; *U. Battis*, in: Sachs, GG, Art. 33 Rn. 15; etwas abweichend Jarass/*Pieroth*, GG, Art. 33 Rn. 2: erfaßt sei »das gesamte Rechtsverhältnis des Staatsbürgers zu seinem Staat«, nicht aber »grundrechtlich nicht erfaßte Rechtspositionen aufgrund Landesrechts«; enger *Bethge*, ebd., S. 169 (211): alle Rechte und Pflichten, die an die Landesstaatsbürgerschaft oder an Merkmale, »die Bestandteile einer potentiellen Landesstaatsbürgerschaft wären«, anknüpfen; für eine extensive, nicht auf Rechte, die an die Landesstaatsangehörigkeit anknüpfen, beschränkte Auslegung auch *Gallwas*, Aktualität (Fn. 120), S. 107 f.

[127] S. die wesentlich auf Art. 110 II WRV abstellende Interpretation bei *Maunz* (Fn. 121), Art. 33 Rn. 6; ähnlich *Gallwas*, Aktualität (Fn. 120), S. 108.

[128] S. für diese und ähnliche Formulierungen statt vieler *Gallwas*, Aktualität (Fn. 120), S. 103; *Matthey* (Fn. 120), Art. 33 Rn. 7; *H. Bethge*, AöR 110 (1985), 169 (211); Jarass/*Pieroth*, GG, Art. 33 Rn. 2.

[129] A.A. *Sachs* (Fn. 124), § 126 Rn. 110: Die Zugehörigkeit zum Staatsvolk der Länder folge von Grundgesetzes wegen dem Domizilprinzip; Differenzierungen nach der so bestimmten Landeszugehörigkeit seien allerdings nach Art. 33 I GG gerade *nicht* ausgeschlossen.

besonderen Beziehungen von Individuen zu einzelnen Ländern: man kann in einem Land geboren sein, seinen Wohnsitz haben, sich dort aufhalten oder zeitweise aufgehalten haben, durchgereist sein, dort Ausbildungsstätten besucht, Prüfungen abgelegt oder Steuern gezahlt haben, usw. Offensichtlich kommen nicht alle diese Beziehungstatbestände als Grundlage des von der herrschenden Auffassung als Landeszugehörigkeit o.ä. bezeichneten Status in Betracht. Es ist aber schwer einzusehen, weshalb und aufgrund welcher Kriterien von dieser Vielfalt möglicher besonderer Beziehungen zu einem Land einige nur eine im Falle der Verknüpfung mit spezifischen Rechtsfolgen an Art. 3 I GG zu messende einfache Differenz darstellen, andere dagegen eine im Hinblick auf Art. 33 I GG relevante, jede daran anknüpfende Ungleichbehandlung ausschließende »Zugehörigkeit« begründen sollen. Die herrschende Auffassung benennt denn auch keine landeszugehörigkeitsbegründenden Beziehungsmerkmale, an die, wie es dem Entscheidungsprogramm des Art. 33 I GG entspräche, prinzipiell nicht in rechts- oder pflichtenrelevanter Weise angeknüpft werden dürfte. Ob und welche Anknüpfungen zulässig sind, wird vielmehr von Fallgruppe zu Fallgruppe nach Gesichtspunkten der Sachangemessenheit beurteilt[130]. So darf etwa die durch einen **Wohnsitz** im Land begründete besondere Beziehung anerkanntermaßen nicht zur Voraussetzung des Zugangsrechts zu den Hochschulen des Landes[131], wohl aber zur Voraussetzung des Landtags- und Kommunalwahlrechts gemacht werden[132]. Wenn demnach in der Sache ohnehin nichts anderes als das flexible Entscheidungsprogramm des Art. 3 I GG, das sachangemessene Differenzierungen prinzipiell zuläßt, zum Tragen kommen soll, so spricht auch dies für die hier befürwortete enge Auslegung (→ Rn. 27).

29 Eine dritte, **textfernere Auffassung** löst sich von jeder Interpretation des Begriffs der staatsbürgerlichen Rechte und Pflichten und versteht Art. 33 I GG als »strikt verbindliches Verbot jeder Anknüpfung an dauerhafte personale Bindungen von Menschen an ein Land«, wobei aber auch hier die Bindung durch Wohnsitz nicht als eine im Sinne dieser Formel dauerhafte angesehen wird[133]. Für eine solche Emanzipation vom Wortlaut der Bestimmung bedürfte es aber zwingenderer historischer, systematischer oder teleologischer Gründe als diese Auslegung für sich in Anspruch nehmen kann.

30 In der **Rechtsprechung** ist eine eindeutige Festlegung auf eine dieser Interpretationen bislang nicht auszumachen. Die Feststellung des Bundesverfassungsgerichts, Art. 33 I GG garantiere »den gleichen Genuß der staatsbürgerlichen Rechte für alle Deutschen in jedem Land«[134], wiederholt nur in leicht abgewandelter Form den Wort-

---

[130] *Maunz* (Fn. 121), Art. 33 Rn. 7; *Jarass/Pieroth*, GG, Art. 33 Rn. 2.
[131] S. BVerfGE 33, 303 (351 ff.); zu dieser Entscheidung noch unten → Rn. 30. S. auch, für die Unzulässigkeit einer landesrechtlichen Regelung, die die Gewährung von Familiengründungsdarlehen vom längerfristig bestehenden Wohnsitz eines Ehepartners in dem betreffenden Land abhängig macht, *U. Fastenrath*, JZ 1987, 170 (176); für die Unzulässigkeit landesrechtlicher Regelungen, die Finanzhilfen für Privatschulen an den Wohnsitz der Schüler im betreffenden Land zu knüpfen, *F.-R. Jach*, DÖV 1995, 925 ff.
[132] *Jarass/Pieroth*, GG, Art. 33 Rn. 2; *Pieroth/Schlink*, Grundrechte, Rn. 472.
[133] *Sachs* (Fn. 124), § 126 Rn. 111, 113; als Beispiele für danach verbotene Anknüpfungsmerkmale werden Geburt im Land und Abstammung von Landesangehörigen genannt; zustimmend vom Boden der extensiven Auffassung aus und unter Einbeziehung des Wohnsitzes *Kunig* (Fn. 95), Art. 33 Rn. 12.
[134] BVerfGE 13, 54 (91); für den Zusammenhang → Fn. 122; ähnliche Formulierung in BVerfG (2. Kammer des Zweiten Senats) NVwZ 1993, 55 (56).

I. Gleichheit der staatsbürgerlichen Rechte und Pflichten (Art. 33 I GG)   **Art. 33**

laut der Bestimmung, ohne eine engere oder weitere Auslegung zu präjudizieren. Daß das Bundesverfassungsgericht das Recht, ein durch Wahl erworbenes **Kommunalmandat** auch anzutreten und auszuüben, zu den staatsbürgerlichen Rechten i.S.d. Art. 33 III 1 GG gerechnet hat[135], läßt ebenfalls keine Rückschlüsse auf eine engere oder weitere Interpretation des Abs. 1 zu[136]. Eher für die enge Auslegung spricht, daß das Bundesverfassungsgericht eine landesrechtliche Regelung, die hinsichtlich des **Hochschulzugangs** Studienbewerber mit Wohnsitz in dem betreffenden Land bevorzugte, ausschließlich an Art. 3 I GG i.V.m. Art. 12 I GG gemessen und nach diesen Bestimmungen verworfen, dagegen Art. 33 I GG, der nach der extensiveren Auslegung maßgebend wäre, unerörtert gelassen hat[137]. Der vom VG Hannover und weniger deutlich auch vom Bundesverwaltungsgericht auf Art. 33 I GG gestützten Rechtsauffassung, daß das **Beweiserhebungsrecht der Untersuchungsausschüsse eines Landes und die korrespondierende Zeugenpflicht** sich auch auf Personen außerhalb des jeweiligen Landeserstrecken[138], ist das Bundesverfassungsgericht in einer Kammerentscheidung im Ergebnis gefolgt, hat dafür aber wiederum nicht Art. 33 I GG, sondern die »Erfordernisse des parlamentarischen Prinzips« herangezogen[139]. Das Bundesverwaltungsgericht hat in verschiedenen Fällen, die die Übernahme von Bewerbern mit Wohnsitz in oder Ausbildungsabschlüssen aus anderen Ländern in den **öffentlichen Dienst** eines Landes betrafen, für die verfassungsrechtliche Beurteilung ohne Erwähnung des Art. 33 I GG allein auf Art. 33 II GG abgestellt[140]. Dies muß allerdings nicht notwendig auf einer zugrundegelegten engen Auslegung des Art. 33 I GG, sondern kann auch auf der Unterstellung eines Spezialitätsvorrangs des Art. 33 II GG oder auf der stillschweigenden Annahme beruhen, daß Art. 33 I GG auf behördliche Ermessensentscheidungen nicht anwendbar sei (→ Rn. 31). Eine landesrechtliche Regelung, nach der zur **Externen-Prüfung an den Fachhochschulen** nur Bewerber mit gesetzlichem Wohnsitz oder ständigem Aufenthalt in dem betreffenden Land zugelassen werden, hat das Bundesverwaltungsgericht an Art. 3 I, 3 III, 12 I und 33 I GG gemessen und gebilligt. Die genannten Bestimmungen sollen nach dieser Entscheidung die Bevorzu-

---

[135] BVerfGE 79, 69 (75).
[136] Das Kommunalwahlrecht war nach damaliger Rechtslage schon kraft Bundesrechts ein auch im engeren Sinne staatsbürgerliches, nämlich den Zugehörigkeitsstatus nach Art. 116 I GG voraussetzendes Recht.
[137] BVerfGE 33, 303 (351f.); kritisch zu dieser dogmatischen Anbindung *H. Bethge*, AöR 110 (1985), 169 (217); *F.-R. Jach*, DÖV 1995, 925ff. Zum Hochschulzugang s. auch → Rn. 28 mit Fn. 131.
[138] VG Hannover NJW 1988, 1928 (1929f.); BVerwG DÖV 1989, 76 (77). Art. 33 I GG wird hier als eine Norm erwähnt, in der »zum Ausdruck« komme, daß das Verhältnis der Länder untereinander und dementsprechend die Reichweite der Landesstaatsgewalt nicht nach völkerrechtlichen Grundsätzen zu beurteilen sei; auf diesen Grundsatz und nicht *unmittelbar* auf Art. 33 I stützt sich die Entscheidung. A.A. – gegen eine bundesweite Zeugenpflicht – ohne Bezugnahme auf Art. 33 I GG OVG Lüneburg DVBl. 1986, 476ff.
[139] BVerfG (2. Kammer des Ersten Senats) NVwZ 1994, 54 (55).
[140] BVerwGE 68, 109 (111ff.) – für die Unzulässigkeit der bayerischen Praxis, in die Auswahl für Stellenbesetzungen in der Finanzverwaltung ausschließlich Absolventen der letzten einschlägigen bayerischen Staatsprüfung einzubeziehen; BVerwGE 75, 133 (136) – ebenfalls für die Unzulässigkeit der Zurücksetzung von Bewerbern allein aufgrund dessen, daß die Laufbahnbefähigung nicht im jeweiligen Land erworben wurde; s. auch LAG Köln ZBR 1990, 333 – für die Unzulässigkeit eines Punkte-Bonus für »Landeskinder« im Einstellungsverfahren.

gung der Einwohner eines Landes nur dann ausschließen, wenn sie »zu einer Entwertung von Grundrechten ... führt und deren Wesensgehalt antastet«[141].

31 Umstritten ist, ob Art. 33 I GG Differenzierungen in Anknüpfung an eine – wie auch immer bestimmte – Landeszugehörigkeit auch in bezug auf Leistungen verbietet, die im **Ermessen** der Landesbehörden stehen. In der Literatur wird diese Frage teils im Hinblick auf den Wortlaut der Bestimmung (»Rechte«) verneint[142], teils aus teleologischen Gründen bejaht[143].

II. Gleicher Zugang zu öffentlichen Ämtern (Art. 33 II GG)

1. Allgemeine Bedeutung

32 Art. 33 II GG statuiert ein **grundrechtsgleiches, verfassungsbeschwerdefähiges Recht**[144] aller Deutschen auf gleichen Zugang zu allen öffentlichen Ämtern nach Maßgabe von Eignung, Befähigung und fachlicher Leistung. Gewährleistet ist damit, nicht nur im Interesse der einzelnen Träger des Rechts, sondern auch im Interesse institutioneller Funktions- und Leistungsfähigkeit, das Prinzip der Bestenauslese für den öffentlichen Dienst[145]. Da die inhaltlichen Anforderungen des Art. 33 II GG nur mit einer dafür geeigneten Ausgestaltung des Auswahlverfahrens für die Besetzung öffentlicher Ämter erfüllt werden können, umfaßt Art. 33 II GG auch einen individuellen Anspruch auf eine im Hinblick auf die inhaltlichen Entscheidungskriterien sachgerechte, faire Verfahrensgestaltung (sog. Bewerberverfahrensanspruch)[146].

33 Die **Maßgeblichkeit der Kriterien Eignung, Befähigung und fachliche Leistung** bedeutet nicht, daß der Rückgriff auf andere Auswahlkriterien prinzipiell ausgeschlossen sein soll[147]. Die Orientierung an den genannten Kriterien ist nur möglich und kann daher auch rechtlich nur geboten sein, soweit ihre Determinationskraft reicht. Läßt sich wegen gleicher Eignung, Befähigung und Leistung mehrerer Bewerber eine Entscheidung allein auf diese Kriterien nicht stützen, ist ergänzend die Heranziehung anderer Kriterien zulässig[148]. Den in Art. 33 II GG genannten Qualifikationskriterien ist,

---

[141] BVerwG NVwZ 1983, 223 (224); ebenso für Art. 33 I GG Jarass/*Pieroth*, GG, Art. 33 Rn. 2.
[142] *v. Mangoldt/Klein*, GG II, Art. 33 Anm. III.1.
[143] *Matthey* (Fn. 120), Art. 33 Rn. 9; für die wenig aufschlußreiche, da insoweit nicht explizite Rechtsprechung vgl. die Entscheidungen → Rn. 30 mit Fn. 134 ff.
[144] S. Art. 93 I Nr. 4a GG. → Vorb. Rn. 28.
[145] BVerfGE 56, 146 (163); vgl. auch BVerfGE 86, 169 (171); Jarass/*Pieroth*, GG, Art. 33 Rn. 4; *Kunig* (Fn. 95), Art. 33 Rn. 14; *Sachs* (Fn. 124), § 126 Rn. 144.
[146] Hess. VGH NVwZ-RR 1996, 279 (279); NVwZ-RR 1996, 339 (339) m.w.N.; allg. zu verfahrensrechtlichen Anforderungen an Auswahlentscheidungen *H. Schnellenbach*, ZBR 1997, 169 (170 ff.); *H.-W. Laubinger*, VerwArch. 83 (1992), 246 (270 ff.); → Rn. 46.
[147] So aber der Formulierung nach BVerwGE 89, 260 (265); VGH Kassel NVwZ-RR 1996, 279 (280); OVG Lüneburg NVwZ 1996, 479 (498); *Maunz* (Fn. 121), Art. 33 Rn. 16, 21; Jarass/*Pieroth*, GG, Art. 33 Rn. 4; *Pieroth/Schlink*, Grundrechte, Rn. 473; *J. Monhemius*, Beamtenrecht, 1995, Rn. 36 (S. 12); *Schotten*, Auswirkungen (Fn. 92), S. 17.
[148] So ausdrücklich BVerwG DVBl. 1994, 118 (119); BAGE 73, 269 (279); VGH Mannheim NJW 1996, 2525 (2526) m.w.N.; s. auch *H. Krüger*, Das Leistungsprinzip als Verfassungsgrundsatz, 1957, S. 5; für die Berücksichtigungsfähigkeit der Schwerbehinderteneigenschaft bei absolut gleicher Eignung BVerfGE 86, 244 (249 f.); aus der Literatur wie hier *Sachs* (Fn. 124), § 126 Rn. 145; *ders.*, ZBR 1994, 133 (134); *E. Schmidt-Aßmann*, NJW 1980, 16 (18); *U. Battis*, DVBl. 1991, 1165 (1167); *E. Benda*, Notwendigkeit und Möglichkeit positiver Aktionen zugunsten von Frauen im öffentlichen Dienst, Rechtsgutachten im Auftrag der Senatskanzlei – Leitstelle Gleichstellung der Frau – der Freien

II. Gleicher Zugang zu öffentlichen Ämtern (Art. 33 II GG)   Art. 33

mit anderen Worten, nicht mehr und nicht weniger als ein **absoluter (lexikalischer) Vorrang** vor anderen Auswahlgesichtspunkten eingeräumt.

Die Bedeutung des Art. 33 II GG erschöpft sich aber nicht in der Festschreibung dieses Vorrangs. Gewährleistet wird vielmehr der unter Berücksichtigung dieses Vorrangs **gleiche Zugang** zu öffentlichen Ämtern. Art. 33 GG stellt demnach auch die ergänzende Heranziehung anderer als der vorrangigen Qualifikationskriterien (→ Rn. 47f.) unter das Postulat der Gleichbehandlung. Der Maßstab ist insoweit derselbe wie bei Art. 3 I GG; mit Art. 33 II GG für den Bedarfsfall vereinbar ist (nur) die Anwendung **sachgerecht** differenzierender ergänzender Auswahlkriterien[149]. 34

Umstritten ist, ob Art. 33 II GG für alle **Stufen des Auswahlprozesses** Geltung beansprucht oder nicht. Nach der engeren Auffassung gilt Art. 33 II GG für die **Auswahl aus dem jeweils gegebenen Bewerberkreis** und nur für diese[150], nach der weiteren hat er dagegen Bedeutung auch schon für die **Rekrutierung der Bewerber**[151]. Träfe die engere Auffassung zu, dann schlösse Art. 33 II GG selbst gezielte sachwidrige Manipulationen im Stadium der Bewerberrekrutierung nicht aus. Mit der Funktion der Bestimmung, das Prinzip der Bestenauslese für den öffentlichen Dienst und damit dessen Funktions- und Leistungsfähigkeit zu gewährleisten (→ Rn. 32), ist nur die extensive Auffassung vereinbar. Gegen Art. 33 II GG verstoßen daher insbesondere alle Versuche, sachfremde, mit dem Leistungsprinzip nicht vereinbare Präferenzen für bestimmte Bewerber oder Bewerbergruppen durch entsprechende Strategien der Bewerberrekrutierung wie z.B. personenorientiert zugeschnittene Ausschreibungstexte zur Geltung zu bringen[152]. Daß Verstöße dieser Art oft schwer nachzuweisen sein mögen, steht auf einem anderen Blatt. Fraglich ist, ob Art. 33 II GG darüber hinaus die – einfachgesetzlich nur eingeschränkt vorgesehene[153] – **Ausschreibung** zu besetzender Stellen gebietet. Das Bundesverwaltungsgericht hat diese Frage pauschal verneint und die behördliche Informationspolitik im Zusammenhang mit der Bewerberrekrutierung damit, was die verfassungsrechtliche Seite angeht, praktisch ins Belieben gestellt[154]. In Teilen der Literatur wird eine grundsätzliche – Ausnahmen für einzelne 35

---

und Hansestadt Hamburg, 1986, S. 179ff. Speziell zur Berücksichtigung von Dienstalter und Lebensalter auch → Rn. 45, 47; zur Berücksichtigung des Geschlechts → Rn. 42, 47.

149 BVerwG DVBl. 1994, 118 (119); vgl. auch BAGE 73, 269 (279).

150 So *Maunz* (Fn. 121), Art. 33 Rn. 16. Noch enger und eindeutig abwegig VGH München NJW 1982, 786 (787). Die ebenfalls noch engere, an eine entsprechende Interpretation des Art. 128 I WRV anknüpfende ältere Auffassung, daß Art. 33 II GG nur ein Recht, sich zu bewerben, gewährleiste (dazu näher *Maunz*, ebd., m.w.N.) wird heute nicht mehr vertreten.

151 *Kunig* (Fn. 95), Art. 33 Rn. 18; *M. v. Hippel*, Gleicher Zugang zu öffentlichen Ämtern, 1972, S. 50ff.; *W. Thieme*, Zur Neuordnung des Berufungswesens, in: Wissenschaftsrecht, Wissenschaftsverwaltung, Wissenschaftsförderung – Sonderheft: Beiträge zum Hochschulrecht, Beiheft 4, April 1970, S. 230ff. (232f.). Daß bereits Ausschreibungen der verfassungsrechtlichen Beurteilung am Maßstab des Art. 33 II GG unterliegen, wird auch in BVerwGE 89, 260 (265, 269) ohne jede Problematisierung, also offenbar als selbstverständlich, vorausgesetzt.

152 Ebenso allg. für mißbräuchliche Rekrutierungsstrategien *Matthey* (Fn. 120), Art. 33 Rn. 16; s. auch OVG Lüneburg NVwZ-RR 1996, 677f. – zur Festlegung des Anforderungsprofils.

153 S. für die Bundesbeamten §§ 8 I 1, II BBG, 4 I, II BLV; die Ausschreibungspflicht nach § 8 I 1 BBG gilt nur für Eingangs-, nicht für Beförderungsstellen, s. § 23 BBG; BVerwGE 49, 232 (235); 56, 324 (327); zur Rechtslage nach Bundesrecht i.e. *H. Günther*, ZBR 1987, 321 (326ff.); weitere Nachweise für das oft noch restriktive Landesrecht bei *K.-H. Ladeur*, Jura 1992, 77 (81 mit Fn. 31); *H. Günther*, ZBR 1987, 321 (323).

154 BVerwGE 56, 324 (327); ebenso für Beförderungsämter bereits BVerwGE 49, 232 (242f.), s. dort S. 243: Art. 33 II schreibe zwar die »Wahrung des Leistungsgrundsatzes« vor, überlasse aber »die

Sonderbereiche nicht ausschließende – Ausschreibungspflicht aus Art. 33 II GG dagegen mit guten Gründen bejaht[155]. Was den näheren Inhalt dieser Pflicht angeht, muß allerdings differenziert bzw. präzisiert werden: eine Verpflichtung, die Bewerbungsmöglichkeit für jede offene Stelle jedem potentiellen Bewerber bundes- oder gar europaweit (→ Rn. 20) nahezubringen, wird man aus Art. 33 II GG bei funktionsbezogener und damit auch Effizienzgesichtspunkte einbeziehender Interpretation nicht ableiten können. Im Hinblick auf die institutionelle Funktion des Art. 33 II GG (→ Rn. 32) kommt es darauf an, über anstehende Stellenbesetzungen einen jeweils hinreichend großen, d.h. aller Wahrscheinlichkeit nach auch erstklassig qualifizierte Personen einschließenden Kreis potentieller Bewerber in einem Verfahren zu informieren, das jede sachwidrige Selektivität möglichst weitgehend ausschließt. Dieser Anforderung entspricht regelmäßig nur die öffentliche Ausschreibung. Bei untergeordneten Funktionen, für die nach der Größe der jeweiligen Behörde ein hinreichend großes Bewerberreservoir innerhalb der Behörde selbst vorhanden ist, dürfte aber auch die bloß behördeninterne Ausschreibung ausreichen[156].

36   Nach einer in Rechtsprechung und Literatur verbreiteten Formulierung gibt Art. 33 II GG keinen **Anspruch auf Übernahme** in ein öffentliches Amt[157]. Daran ist richtig, daß Art. 33 II GG weder Bevorzugungsansprüche für einzelne unter mehreren gleich qualifizierten Bewerbern noch einen Anspruch darauf enthält, daß freie Stellen überhaupt wiederbesetzt werden. Für den Fall, daß unter Berücksichtigung des den Behörden diesbezüglich eingeräumten Beurteilungsspielraums (→ Rn. 45) ein einzelner Stellenbewerber besser qualifiziert ist als alle anderen, beinhaltet Art. 33 II GG aber einen Anspruch dieses Bewerbers darauf, daß, wenn überhaupt irgendjemand, dann er die betreffende Stelle erhält[158].

Bestimmung der Mittel zur Wahrung dieses Grundsatzes dem Beamtengesetzgeber«; s. aber auch, mit anderer Tendenz, in rechtlicher Hinsicht jedoch undeutlich und widersprüchlich, BVerwGE 61, 325 (334). Für die Ableitung einer Rechtspflicht zu dienststelleninterner Ausschreibung aus personalvertretungsrechtlichen Bestimmungen, die ein Mitbestimmungsrecht bei Ausschreibungen vorsehen, s. BVerwGE 79, 101 (105 ff.). Eine erfolgte Ausschreibung hat nach herrschender Auffassung keine Bindungswirkung in dem Sinne, daß Nichtbesetzung auf der Grundlage dieser Ausschreibung bzw. Abbruch des Auswahlverfahrens und erneute Ausschreibung grundsätzlich unzulässig wären; s. für die Zulässigkeit bei Vorliegen eines sachlichen Grundes BVerwGE 101, 112 (115); *H. Günther*, DöD 1993, 162 (167) m.w.N.; a.A. OVG Lüneburg NVwZ-RR 1995, 276.

[155] S. die oben Fn. 151 Angeführten sowie *H.-W. Laubinger*, VerwArch. 83 (1992), 246 (268 ff.); *M. Wichmann*, Parteipolitische Patronage, 1986, S. 158 ff.; *J. Güssregen*, DöD 1973, 115 (117); ebenso wohl *Battis* (Fn. 126), Art. 33 Rn. 40; kritisch zur Rechtsprechung auch *H. Schnellenbach*, ZBR 1997, 169 (170); zumindest für Eingangsstellen ebenso *K.-H. Ladeur*, Jura 1992, 77 (81 ff.); *Kunig* (Fn. 95), Art. 33 Rn. 18, 34; dort sowie bei *Ladeur*, ebd., S. 81, auch zu in Betracht kommenden Ausnahmen; a.A. *Maunz* (Fn. 121), Art. 33 Rn. 20; *Jarass/Pieroth*, GG, Art. 33 Rn. 3; *V. Klinkhardt*, Dienstliche Beurteilungen, Beförderungsentscheidungen, Dienstpostenbewertungen, 3. Aufl. 1987, S. 106 f.

[156] So auch *H. Günther*, ZBR 1987, 321 (324 f.).

[157] S. statt vieler BVerfGE 39, 334 (354); BVerwGE 68, 109 (110); 75, 133 (135); BVerwG DVBl. 1986, 1156 (1157); BVerwG DVBl. 1994, 118 (119); ähnlich *Kunig* (Fn. 95), Art. 33 Rn. 18. Die Formel geht auf *Anschütz*, WRV, Art. 128 Anm. 2, zurück.

[158] BAGE 28, 62 (67); 53, 137 (149, 152); *Kunig* (Fn. 95), Art. 33 Rn. 32. Im Hinblick auf die genannten Voraussetzungen dürften allerdings Verpflichtungsurteile auf Einstellung grundsätzlich ausscheiden; s. SächsOVG SächsVBl. 1993, 278 ff. (279). Zum Rechtsschutz → Rn. 50.

2. Geltung für Deutsche

Art. 33 II GG räumt nur **Deutschen i.S.d. Art. 116 I GG** das Recht auf gleichen Zugang 37
zu öffentlichen Ämtern ein. Diese Beschränkung des personellen Gewährleistungsbereichs zwingt nicht zu dem Gegenschluß, daß die einfachgesetzliche Einräumung gleicher Zugangsrechte über den Kreis der aus Art. 33 II GG Berechtigten hinaus verboten sein soll[159]. Art. 33 II GG verstößt daher nicht gegen Art. 48 (39 n. F.) EGV (→ Rn. 20)[160]. Das von Art. 48 (39 n. F.) EGV geforderte gleiche Zugangsrecht der **Angehörigen anderer EG-Mitgliedstaaten** zum öffentlichen Dienst außerhalb des in Art. 48 IV (39 IV n. F.) EGV vorbehaltenen Bereichs ist, nachdem der Gesetzgeber den Beamtenstatus auch EG-Ausländern zugänglich gemacht hat (→ Rn. 20), durch §§ 8 I 2 BBG, 7 BRRG gesichert.

3. Begriff des öffentlichen Amtes

Im Hinblick auf die Funktion des Art. 33 II GG, die Leistungsfähigkeit des öffentlichen 38
Dienstes zu sichern, ist der Begriff des öffentlichen Amtes **weit auszulegen**. Nach herrschender Auffassung umfaßt er, von wenigen Ausnahmen abgesehen, den gesamten öffentlichen Dienst. Erfaßt ist nicht nur der unmittelbare Staatsdienst, sondern auch der öffentliche Dienst der Kommunen und anderer **juristischer Personen des öffentlichen Rechts mit Ausnahme der Kirchen**[161], nicht aber sog. **staatlich gebundene Berufe** wie z.B. der des Notars, der ungeachtet besonderer staatlicher Reglementierung nicht in einem Dienstverhältnis zum Staat ausgeübt wird (Ausnahme: das baden-württembergische Amtsnotariat)[162]. Abzulehnen ist auch die in Teilen der Literatur befürwortete Einbeziehung der Wahrnehmung öffentlicher Aufgaben durch **Beliehene**[163].

In dem bezeichneten institutionellen Anwendungsbereich gilt Art. 33 II GG, unab- 39
hängig vom Ausmaß der zeitlichen Inanspruchnahme, sowohl für **berufliche** als auch für **ehrenamtliche Funktionen**[164], für **Eingangs-** wie für **Beförderungsämter**[165], für **Ämter im statusrechtlichen** wie, mit Einschränkungen, für **Ämter im funktionellen**

---

[159] *Kunig* (Fn. 95), Art. 33 Rn. 19; *Fabis*, Auswirkungen (Fn. 92), S. 321 f.; *Rieckhoff*, Entwicklung (Fn. 92), S. 22 f. m.w. N.
[160] So aber *Schotten*, Auswirkungen (Fn. 92), S. 103 ff., 115.
[161] Jarass/*Pieroth*, GG, Art. 33 Rn. 5; *Kunig* (Fn. 95), Art. 33 Rn. 20, 22.
[162] BVerfGE 73, 280 (295) – betr. Notar (für den Sonderfall des baden-württembergischen Amtsnotariats s. *H. Schippel*, in: K. Seybold/H. Schippel (Hrsg.), Bundesnotarordnung, 6. Aufl. 1995, §§ 114, 115 Rn. 1 ff.); BVerfGE 73, 301 (315) – betr. öffentlich bestellte Vermessungsingenieure. S. auch BVerfGE 17, 371 (376 ff.); 54, 237 (246); Jarass/*Pieroth*, GG, Art. 33 Rn. 5; a.A. – für die Anwendbarkeit auf Notare – *Kunig* (Fn. 95), Art. 33 Rn. 20. S. aber dazu, daß staatlich gebundene Berufe nach Maßgabe ihrer »Nähe« zum öffentlichen Dienst »Sonderregelungen in Anlehnung an Art. 33 II GG«, d.h. weitergehenden Beschränkungen der Berufsfreiheit, unterliegen, BVerfGE 73, 301 (315) m.w. N. - st. Rspr.; daher z.B. für die verfassungsrechtliche Zulässigkeit der Statuierung einer Verfassungstreuepflicht für Notare entsprechend den für Beamte geltenden Grundsätzen BGHZ 73, 46 (48 f.).
[163] So auch *Battis* (Fn. 126), Art. 33 Rn. 25; für die Einbeziehung *Maunz* (Fn. 121), Art. 33 Rn. 13; *Matthey* (Fn. 120), Art. 33 Rn. 20; *Kunig* (Fn. 95), Art. 33 Rn. 20.
[164] S. statt vieler Jarass/*Pieroth*, GG, Art. 33 Rn. 5; *Kunig* (Fn. 95), Art. 33 Rn. 20 m.w. N.
[165] Schmidt-Bleibtreu/*Klein*, GG, Art. 33 Rn. 4; *Kunig* (Fn. 95), Art. 33 Rn. 14; *Battis* (Fn. 126), Art. 33 Rn. 26; BVerwGE 76, 243 (251).

Sinn (Dienstposten)¹⁶⁶ und nicht nur für **Beamten-**, sondern auch für **Angestellten- und Arbeiterstellen**¹⁶⁷. Unanwendbar, da durch den Vorrang des demokratischen Prinzips verdrängt, ist Art. 33 II GG nach verbreiteter, in dieser Allgemeinheit aber wohl nicht haltbarer Auffassung bei allen **durch Wahl zu besetzenden Ämtern**¹⁶⁸. Für die Beantwortung der Frage, unter welchen Voraussetzungen und in welchem Umfang öffentliche Ämter als Wahlämter ausgestaltet werden dürfen, enthält Art. 33 II GG keinen Maßstab¹⁶⁹.

40 Umstritten ist, ob und inwieweit Art. 33 II GG auch für den Zugang zu **Ausbildungsplätzen in der Hand öffentlicher Träger** gilt. Soweit es um die Zulassung zu Ausbildungen geht, die nicht in einem Dienstverhältnis absolviert werden und die mindestens unter anderem auf Berufe außerhalb des öffentlichen Dienstes vorbereiten, ist nicht Art. 33 II GG, sondern Art. 12 I GG einschlägig¹⁷⁰. Dasselbe wird z.T. auch für Ausbildungen außerhalb eines Dienstverhältnisses angenommen, die, wie z.B. die Ausbildung an Polizeischulen oder Verwaltungsakademien, ausschließlich der Vorbereitung auf öffentliche Ämter dienen¹⁷¹. Die Konsequenzen sowohl hinsichtlich der Zulassungskriterien als auch hinsichtlich der Möglichkeit von auf den staatlichen Bedarf bezogenen Zulassungsbeschränkungen sprechen hier aber eher für die vorherrschende Auffassung, die solche Ausbildungen dem Anwendungsbereich des Art. 33 II GG zurechnet¹⁷². Bei Ausbildungen, die in einem Dienstverhältnis absolviert werden, differenziert die wohl überwiegende Auffassung in ähnlicher Weise. Ist die Ausbildung, wie im Falle des juristischen Vorbereitungsdienstes, kraft Gesetzes und/oder nach Marktlage Voraussetzung für die Ausübung von Berufen (auch) außerhalb des öffentlichen Dienstes, so untersteht die Zulassung dem Regime des Art. 12 I GG; andernfalls ist Art. 33 II GG einschlägig¹⁷³. Soweit nach dem Ausgeführten Art. 33 II GG

---

¹⁶⁶ Für die nach vorherrschender Auffassung hinsichtlich der Besetzung von Dienstposten geltenden Einschränkungen OVG Schleswig NVwZ-RR 1995, 45 (46) m.w.N.; *H. Günther*, DöD 1993, 162 (164ff.); vgl. auch OVG Rheinland-Pfalz DöD 1997, 161 (162).

¹⁶⁷ BVerwGE 61, 325 (330); BAGE 28, 62 (66); 29, 247 (258, hier bereits nur noch implizit); BAG NJW 1989, 2562 (2563) – st. Rspr.; Jarass/*Pieroth*, GG, Art. 33 Rn. 5; *Schmidt-Bleibtreu/Klein*, GG, Art. 33 Rn. 5; *Kunig* (Fn. 95), Art. 33 Rn. 20; s. z.B. für Lehrbeauftragte BVerwGE 81, 212 (214ff.); a.A. *v. Hippel*, Zugang (Fn. 151), S. 95f.

¹⁶⁸ *Maunz* (Fn. 121), Art. 33 Rn. 14; *Kunig* (Fn. 95), Art. 33 Rn. 21; *Schmidt-Bleibtreu/Klein*, GG, Art. 33 Rn. 5; Jarass/*Pieroth*, GG, Art. 33 Rn. 5; *Battis* (Fn. 126), Art. 33 Rn. 25; *H. Goerlich*, LKV 1998, 46f.; speziell für kommunale Wahlbeamte OVG Schleswig NVwZ 1993, 1124f.; Sächs. VerfGH LKV 1997, 285 (286); *E. Schmidt-Aßmann*, NJW 1980, 16 (19); für die Unanwendbarkeit des Art. 33 II GG qua grundrechtsgleiches Individualrecht auf Parlamentsämter BVerfGE 6, 445 (448); für die Anwendbarkeit auf das Amt eines vom Richterwahlausschuß eines Landtages zu wählenden Richters BVerwG DöD 1998, 88 (89).

¹⁶⁹ Ebenso *Maunz* (Fn. 121), Art. 33 Rn. 14.

¹⁷⁰ *Kunig* (Fn. 95), Art. 33 Rn. 24; Schmidt-Bleibtreu/*Klein*, GG, Art. 33 Rn. 5; *Maunz* (Fn. 121), Art. 33 Rn. 15 (dort auch gegen die Praktikabilität der vereinzelt in Erwägung gezogenen Differenzierung nach individuellem Berufsziel); für den Hochschulzugang allgemein s. BVerfGE 33, 303 (331f.) – st. Rspr.

¹⁷¹ So *Matthey* (Fn. 120), Art. 33 Rn. 22.

¹⁷² So *Maunz* (Fn. 121), Art. 33 Rn. 15; *Kunig* (Fn. 95), Art. 33 Rn. 24; Schmidt-Bleibtreu/*Klein*, GG, Art. 33 Rn. 5.

¹⁷³ S. für die Beurteilung der Zulassung zum Referendardienst am Maßstab des Art. 12 I GG BVerfGE 39, 334 (372ff.); 46, 43 (52ff.); für den kraft Gesetzes in einem öffentlich-rechtlichen Dienstverhältnis zum Staat abzuleistenden Anwärterdienst als Notariatsassessor BVerfGE 73, 280 (294f.). Wie hier *Battis* (Fn. 126), Art. 33 Rn. 25; *Kunig* (Fn. 95), Art. 33 Rn. 24; *Maunz* (Fn. 121), Art. 33 Rn. 15. Dem Art. 12 I GG ausdrücklich auch Ausbildungen unterstellend, deren Abschluß für Berufe außer-

für Ausbildungen, die nur unter anderem auch auf den öffentlichen Dienst vorbereiten, nicht unmittelbar maßgebend ist, können und müssen allerdings **die Ziele des Art. 33 II GG auch bei der Anwendung des Art. 12 I GG berücksichtigt werden**[174]. Im Falle von Zulassungsbeschränkungen ist daher die Verteilung der Ausbildungsplätze nur sachgerecht im Sinne der Rechtsprechung zu Art. 12 I GG[175], wenn den Gesichtspunkten der Eignung, Befähigung und fachlichen Leistung dabei wesentliches Gewicht eingeräumt wird.

4. Eignung, Befähigung und fachliche Leistung

a) Bedeutung

Die Bedeutung der Begriffe Eignung, Befähigung und fachliche Leistung und das daraus folgende Verhältnis dieser Begriffe zueinander sind im einzelnen umstritten. Die bestehenden Meinungsverschiedenheiten beziehen sich allerdings nur auf die richtige Zuordnung anerkanntermaßen relevanter Qualifikationsgesichtspunkte zu dem einen oder anderen Begriff und sind insofern ohne praktische Bedeutung, da die in Art. 33 II GG genannten Auswahlkriterien, sofern man sie als komplementär begreift, **gleichrangig** nebeneinanderstehen[176]. Für die Anwendung aller drei Kriterien sind jeweils die **Anforderungen des konkret zu besetzenden Amtes** maßgebend[177]. Das Merkmal »**fachliche Leistung**« zielt nach überwiegender Auffassung auf die fachliche Bewährung in der Praxis, d.h. auf die in der Praxis bereits erbrachten fachlichen Leistungen, und spielt danach vor allem für Beförderungen und für die Einstellung von Quereinsteigern eine Rolle[178]. Teilweise werden aber darüber hinaus auch praxisbezogenes Leistungspotential bzw. in der Ausbildung erbrachte fachliche Lernleistungen unter den Begriff der fachlichen Leistung subsumiert[179]. Die vorherrschende Auffassung ordnet diese der **Befähigung** zu, unter der vor allem die durch Ausbildung, aber auch die auf sonstige Weise, z.B. durch berufliche oder sonstige Erfahrung, erworbenen fachlichen Kenntnisse und Fertigkeiten verstanden werden[180]. Der Begriff der **Eignung** wird in der Literatur wechselnd entweder als im Verhältnis zu den beiden anderen Merkmalsbegriffen komplementär oder als Oberbegriff verstanden, der neben der gesondert herausgestellten Befähigung und fachlichen Leistung auch die sonstigen im

41

---

halb des öffentlichen Dienstes nicht kraft Gesetzes, sondern am Markt kraft Nachfrage verlangt wird, BVerwGE 16, 241 (243, 245ff.); Schmidt-Bleibtreu/*Klein*, GG, Art. 33 Rn. 5; vgl. auch BAG NJW 1982, 2396 (2397). A.A. (für die Einschlägigkeit des Art. 12 I bei *allen* Ausbildungsverhältnissen im öffentlichen Dienst), *Matthey* (Fn. 120), Art. 33 Rn. 22.

[174] So auch *Matthey* (Fn. 120), Art. 33 Rn. 22; *Kunig* (Fn. 95), Art. 33 Rn. 24.

[175] S. BVerfGE 33, 303 (345ff.); 43, 291 (313ff.).

[176] *Kunig* (Fn. 95), Art. 33 Rn. 27; Schmidt-Bleibtreu/*Klein*, GG, Art. 33 Rn. 6; für den Vorrang der als prospektiv-prognostisch verstandenen Kriterien Eignung und Befähigung gegenüber dem als retrospektiv verstandenen Kriterium der fachlichen Leistung *H.-W. Laubinger*, VerwArch. 83 (1992), 246 (256ff., 263).

[177] *Kunig* (Fn. 95), Art. 33 Rn. 27.

[178] *Maunz* (Fn. 121), Art. 33 Rn. 19; *W. Fürst*, GK Öffentliches Dienstrecht, Bd. I, Teil 2a), K, § 8 BBG (Stand 1/96) Rn. 63f.; Schmidt-Bleibtreu/*Klein*, GG, Art. 33 Rn. 6.

[179] S. z.B. Jarass/*Pieroth*, GG, Art. 33 Rn. 4 (»Fachwissen, Fachkönnen und Bewährung im Fach«); s. auch *Kunig* (Fn. 95), Art. 33 Rn. 26.

[180] *Fürst* (Fn. 178), § 8 BBG Rn. 58; *Maunz* (Fn. 121), Art. 33 Rn. 19; *Matthey* (Fn. 120), Art. 33 Rn. 14; Schmidt-Bleibtreu/*Klein*, GG, Art. 33 Rn. 6; a.A. Jarass/*Pieroth*, GG, Art. 33 Rn. 4 (Befähigung bedeute »Begabung, Allgemeinwissen und Lebenserfahrung«).

Hinblick auf die Anforderungen des jeweilgen Amtes relevanten Persönlichkeitsmerkmale erfaßt[181]. Als eignungsrelevant können im Prinzip alle Eigenschaften (bei komplementärem Begriffsverständnis: alle nicht bereits unter die beiden anderen Qualifkationsmerkmale fallenden Eigenschaften) angesehen werden, auf die abzustellen generell oder nach den Erfordernissen des jeweiligen Amtes **sachgerecht** ist[182] – so z.B. Gesundheit, körperliche und psychische Belastbarkeit[183], Auffassungsgabe und sonstige intellektuelle Fähigkeiten, spezifische amtsbezogene Allgemeinkenntnisse[184], Entscheidungsfreude, Verläßlichkeit, Ehrlichkeit, Teamfähigkeit, Durchsetzungsfähigkeit, sonstige Fähigkeiten im Umgang mit Menschen[185] und die Bereitschaft zur Erfüllung aller mit dem Amt verbundenen Aufgaben[186]. Auch die Berücksichtigung persönlicher Beziehungen des Bewerbers zu den eventuellen Kollegen und Vorgesetzten ist nicht ausnahmslos sachwidrig[187].

42   Bei der Auslegung und Anwendung des Eignungsbegriffs sind die **Wertentscheidungen anderer Verfassungsnormen**, insbesondere die des **Art. 3 III GG**, zu berücksichtigen[188]. Die Diskriminierungsverbote des Art. 3 III GG dürfen nicht durch Verwendung der in Art. 3 III GG aufgeführten Eigenschaften als Eignungsmerkmale unterlaufen werden[189]. Ebenso wie Art. 3 III GG Anknüpfungen an diese Eigenschaften nicht ausnahmslos verbietet[190], ist allerdings auch ihre Eignungsrelevanz im Rahmen der Anwendung des Art. 33 II GG nicht ausnahmslos ausgeschlossen[191]. In Art. 3 III GG angeführte Eigenschaften dürfen als Eignungsmerkmal ausnahmsweise dann herangezogen werden, wenn aufgrund der besonderen Anforderungen eines bestimmten Amtes die generelle – nicht mehr der Verifizierung durch individuelle Prüfungen bedürftige – Aussage getroffen werden kann, daß Bewerber ohne die fragliche Eigenschaft ungeeignet sind, und besondere verfassungsrechtliche Gründe für die Schaffung des mit solchen Eignungsanforderungen verbundenen Amtes sprechen[192]. So kann z.B. das Ge-

---

[181] Im letzteren Sinne (Oberbegriff) ausdrücklich *Maunz* (Fn. 121), Art. 33 Rn. 19; ebenso BAGE 28, 63 (68); extensiv auch § 1 II BLV; für Deutungen im Sinne der Komplementarität dagegen *Matthey* (Fn. 120), Art. 33 Rn. 13 (»eher anlage-und entwicklungsbedingte Persönlichkeitsmerkmale«); ebenso wohl *Kunig* (Fn. 95), Art. 33 Rn. 26; *Battis* (Fn. 126), Art. 33 Rn. 28; Schmidt-Bleibtreu/*Klein*, GG, Art. 33 Rn. 6; Jarass/*Pieroth*, GG, Art. 33 Rn. 4. Für Überschneidung von Eignung und Befähigung *H.-W. Laubinger*, VerwArch. 83 (1992), 246 (255); vgl. auch Fn. 176.
[182] Zutreffend *Matthey* (Fn. 120), Art. 33 Rn. 13.
[183] BVerfGE 92, 140 (151: »Geeignet im Sinne von Art. 33 Abs. 2 GG ist nur, wer dem angestrebten Amt in körperlicher, psychischer und charakterlicher Hinsicht gewachsen ist«) – st. Rspr.; s. auch BVerwGE 11, 139 (142).
[184] S. z.B. für Ortskenntnisse BVerwG DÖV 1979, 793f. (793); für Deutschkenntnisse BVerfGE 39, 334 (368).
[185] Vgl. BVerfGE 4, 294 (297f.).
[186] S. für die Bereitschaft zur Durchführung von Schwangerschaftsabbrüchen BVerwGE 89, 260 (265ff.); allgemein zur angegebenen weiten Bedeutung des Eignungsbegriffs und für Konkretisierungen *G. Reimann*, DöD 1979, 241ff.; *Maunz* (Fn. 121), Art. 33 Rn. 19; *Matthey* (Fn. 120), Art. 33 Rn. 17; Schmidt-Bleibtreu/*Klein*, GG, Art. 33 Rn. 6.
[187] S. für die Berücksichtigung einer eheähnlichen Lebensgemeinschaft mit dem eventuellen Vorgesetzten als eignungsausschließend wegen des damit verbundenen innerdienstlichen Konfliktpotentials OVG Berlin NVwZ 1996, 500f.
[188] BVerwGE 61, 325 (330); *M. Sachs*, ZBR 1994, 133 (133).
[189] S. BVerwGE 61, 325 (330); s. auch BAGE 28, 63 (66).
[190] → Art. 3 Rn. 108ff.
[191] *Maunz* (Fn. 121), Art. 33 Rn. 19.
[192] Für die Feststellung, daß die Verfassung der beliebigen Schaffung von Ämtern mit beispielswei-

schlecht Eignungsmerkmal sein, wenn es um Aufgaben der körperlichen Durchsuchung geht, die im Hinblick auf Art. 1 I GG von Personen des gleichen Geschlechts durchgeführt werden sollen[193]. Auch das Amt der kommunalen Frauenbeauftragten kann aus Eignungsgründen Frauen vorbehalten bleiben[194]. Dasselbe hat das Bundesverfassungsgericht, heute nur noch schwer nachvollziehbar, für die Leitung einer Mädchenschule angenommen[195]. Schwangerschaft stellt keinen Eignungsmangel dar, der es rechtfertigt, die Berufung ins Beamtenverhältnis zurückzustellen[196]. **Homosexualität** kann nach Auffassung des Bundesverwaltungsgerichts mit Rücksicht auf diesbezügliche Intoleranzen bei den Soldaten als eignungsausschließend für eine Tätigkeit als Ausbilder in der Truppe angesehen werden[197]. Hier ist zu wenig beachtet, daß staatsgerichtete Gleichbehandlungsansprüche, auch soweit sie nicht durch Art. 3 III GG noch einmal besonders abgesichert sind, der beliebigen Verwendung faktisch vorgefundener Intoleranz Dritter als Rechtfertigung für Diskriminierungen Grenzen setzen. Ob und inwieweit die **Konfession** Eignungsmerkmal sein kann, ist umstritten. Die herrschende Auffassung zieht den verfassungsrechtlichen Spielraum hier eher zu weit. So soll an öffentlichen Bekenntnisschulen – nach neuerer Rechtsprechung dagegen nicht mehr an Gemeinschaftsschulen – die Konfession auch für nicht das Fach Religion unterrichtende Lehrer Eignungsmerkmal sein[198]. In keinem Fall kann die Zugehörigkeit zu einer bestimmten Religions- oder Weltanschauungsgemeinschaft als *eo ipso* die Eignung für öffentliche Ämter ausschließend angesehen werden; umgekehrt sind persönliche Überzeugungen allerdings nicht immer dann *eo ipso* eignungsirrelevant, wenn sie weltanschaulich-religiösen Charakter haben[199]. Die persönliche Identifikation mit einer Religionsgemeinschaft durch Festhalten an deren **Bekleidungsregeln** oder Bekleidungstraditionen (Kippa, Kopftuch, Turban) oder anderweitige Symbolisierung (etwa: Kreuz als Kettenanhänger) kann nicht als für sich genommen eignungs-

---

se geschlechtsspezifischen Eignungsanforderungen entgegensteht, s. auch *M. Sachs*, ZBR 1994, 133 (133f.).

[193] Vgl. *Maunz* (Fn. 121), Art. 33 Rn. 19; s. auch, zur Frage der Rechtfertigung geschlechtsbezogener Differenzierungen beim Zugang zu militärischen Laufbahnen durch Art. 12a IV 2 GG, BVerwG NJW 1996, 2173ff.; BVerfG (1. Kammer des Zweiten Senats) NJW 1998, 57; *U. Repkewitz*, NJW 1997, 506ff.

[194] Nds.StGH DÖV 1996, 657 (659); *K. Lange*, Kommunale Frauenbeauftragte, 1993, S. 109ff. (112); offenlassend BVerfGE 91, 228 (245); a.A. *A. v. Mutius*, Kommunalrecht, 1996, Rn. 232 → Art. 28 Rn. 129.

[195] BVerfGE 39, 334 (368); zustimmend *Battis* (Fn. 126), Art. 33 Rn. 37; *Maunz* (Fn. 121), Art. 33 Rn. 19; ablehnend *Pieroth/Schlink*, Grundrechte, Rn. 475; *M. Sachs*, ZBR 1994, 133 (133).

[196] BVerfGE 44, 211 (215).

[197] BVerwGE 86, 355 (356); BVerwG ZBR 1998, 181f.

[198] S. für Bekenntnisschulen BVerfGE 39, 334 (368); BVerwGE 17, 267 (269); 19, 252 (260); ebenso für Bekenntnisschulen und verneinend für Gemeinschaftsschulen BVerwGE 81, 22 (24f.); bejahend auch für Gemeinschaftsschulen noch BVerfGE 41, 29 (60); 41, 65 (87). Für die Unzulässigkeit konfessionsgebundener Ausschreibung einer Schulratsstelle BayVerfGH DÖV 1966, 715 (716). Allgemeiner zur Frage der Zulässigkeit konfessionsgebundener Staatsämter extensiv *v. Campenhausen*, GG XIV, Art. 136 WRV Rn. 17ff.; *Maunz* (Fn. 121), Art. 33 Rn. 30; restriktiv *U. Preuß*, in: AK-GG, Art. 140 Rn. 37; *M. Sachs*, ZBR 1994, 133 (136). Für den im Titel der Arbeit benannten Fall s. auch *W.H.J. Schachten*, Das konfessionell gebundene Staatsamt eines katholischen Universitätstheologen und die beamtenrechtliche Fürsorgepflicht des Staates im Bereich der Grundrechte, Diss. jur. Heidelberg 1988.

[199] Zu Fragen der Relevanz einer Mitgliedschaft in sog. »Neuen Religions- und Weltanschauungsgemeinschaften« s. *W. Cremer/T. Kelm*, NJW 1997, 832ff.; *dies.*, NJ 1997, 565ff.

ausschließend angesehen werden. Indem der Staat solche sichtbaren persönlichen Identifikationen seiner Beamten zuläßt, identifiziert er sich auch nicht in verfassungsrechtlich unzulässiger Weise selbst mit dem jeweiligen Bekenntnis[199a]. **Politische Überzeugungen** sind, wie auch die **Parteizugehörigkeit**, als solche zwar grundsätzlich nicht eignungsrelevant[200]. Was die Eignungserheblichkeit politischer Überzeugungen angeht, sind allerdings Differenzierungen unvermeidlich[201]. Je weniger ein Amt durch rein vollziehende und je mehr es durch politisch-gestaltende Aufgaben geprägt ist, desto mehr hängt die Eignung einer Person für dieses Amt auch von ihrer Fähigkeit ab, das politische Programm der politisch verantwortlichen Regierung nicht nur korrekt ausführend, sondern aktiv und konstruktiv mitgestaltend zu unterstützen. Es wäre unrealistisch, zu unterstellen oder zu postulieren, daß diese Fähigkeit von den eigenen politisch-programmatischen Überzeugungen des jeweiligen Amtsinhabers bzw. -bewerbers völlig unabhängig ist. Hier liegt auch die – nicht unumstrittene – verfassungsrechtliche Rechtfertigung für die Institution des jederzeit aus politischen Gründen in den einstweiligen Ruhestand versetzbaren **politischen Beamten** (§§ 31 BRRG, 36 BBG)[202].

43 Umstritten ist, inwieweit Ausnahmen vom Prinzip der Irrelevanz politischer Überzeugungen und Parteizugehörigkeiten auch unter dem Gesichtspunkt der **politischen Treuepflicht** bestehen. **Beamte** unterliegen nach der Rechtsprechung des Bundesverfassungsgerichts einer aus Art. 33 V GG folgenden politischen Treuepflicht, der zufolge ihnen unabhängig von der Art des Beamtenverhältnisses[203] und ohne Ansehung

---

[199a] S. aber für die – angesichts des nicht dem Schulträger zuzurechnenden, persönlichen Charakters der Bekleidungsentscheidung schwer nachvollziehbare – Annahme, daß die erkennbar religiös geprägte Kleidung eines Lehrers (hier: das Tragen »bhagwantypischer Rottöne«) die negative Bekenntnisfreiheit der Schüler und Erziehungsberechtigten beeinträchtigen könne, BVerwG NVwZ 1988, 937 (938); → Art. 4 Rn. 108 m.w.N.

[200] Für die Verfassungswidrigkeit der Ämterbesetzung nach parteipolitischen Gesichtspunkten (Ämterpatronage) *M. Wichmann*, Parteipolitische Patronage, 1986, S. 59 ff.; *H.H. v. Arnim*, Ämterpatronage und politische Parteien, 1980, S. 18 ff.; *Battis* (Fn. 126), Art. 33 Rn. 39; *Jarass/Pieroth*, GG, Art. 33 Rn. 4; *Kunig* (Fn. 95), Art. 33 Rn. 17, 28; *D. Grimm*, Politische Parteien, in: HdbVerfR, § 14 Rn. 66 ff. (68); *H. Lecheler*, Der öffentliche Dienst, in: HStR III, § 72 Rn. 104, 107 ff.; *M. Stolleis*, Parteienstaatlichkeit – Krisensymptome des demokratischen Verfassungsstaats?, VVDStRL 44 (1986), S. 7 ff. (25); *E. Schmidt-Aßmann*, NJW 1980, 16 (18); *D. Leuze*, DöD 1994, 125 (125 f., 132 ff.). Überblick über den Meinungsstand bei *Wichmann*, ebd., S. 80 ff., mit zahlreichen weiteren Nachweisen. Zur Empirie für die Bundesebene auch *C. Dreher*, Karrieren in der Bundesverwaltung, 1996, S. 476 ff.

[201] Dazu *J. Auf dem Hövel*, ZParl. 27 (1996), 82 ff.; *W.H. Lorig*, ZParl. 25 (1994), 94 ff., jeweils m.w.N., sowie die Nachweise in Fn. 202.

[202] Für politische Übereinstimmung und das davon abhängige Vertrauensverhältnis zur politischen Spitze als Eignungsmerkmal insoweit *Kunig* (Fn. 95), Art. 33 Rn. 17; *R. Herzog*, Verfassungsrechtliche Grundlagen des Parteienstaates, 1993, S. 33; *D. Kugele*, Der politische Beamte, 1978, S. 154 m.w.N. A.A. im Ergebnis *Sachs* (Fn. 124), § 126 Rn. 143; *ders.*, ZBR 1994, 133 (137); a.A. in der Begründung – für Rechtfertigung aus Art. 33 V GG – *Maunz* (Fn. 121), Art. 33 Rn. 19; → Rn. 49, 81.

[203] Zur Unabhängigkeit der politischen Treuepflicht und der dazu im folgenden dargestellten Grundsätze von der Art des Beamtenverhältnisses BVerfGE 39, 334 (355); BVerwGE 61, 176 (177); 62, 267 (271); 73, 263 (267); BVerwG NJW 1982, 784 (785). Ist ein Vorbereitungsdienst Voraussetzung auch für Berufe außerhalb des Staatsdienstes, muß im Hinblick auf Art. 12 I GG Bewerbern, die nach den Grundsätzen über die Treuepflicht nicht verbeamtet bzw. im Beamtenverhältnis belassen werden können, der Zugang zu diesen anderen Berufen dadurch offengehalten werden, daß entweder generell oder zumindest für die betreffenden Bewerber die Ableistung des Vorbereitungsdienstes in einem privatrechtlichen Dienstverhältnis vorgesehen bzw. ermöglicht wird, BVerfGE 39, 334 (371 ff.); ebenso, Art. 12 I und 33 II GG heranziehend, BAGE 53, 137 (143 ff.) m.w.N.; auch für solche privat-

der jeweiligen Funktion[204] nicht nur die Beachtung und Bereitschaft zur künftigen Beachtung der Verfassung und des einfachen Rechts abzuverlangen ist, sondern darüber hinaus eine positive Haltung zu Staat und Verfassung, eindeutige Distanzierung von verfassungsfeindlichen Gruppen und Bestrebungen und die Bereitschaft, jederzeit für die freiheitliche demokratische Grundordnung einzutreten[205]. Für die Erfüllung dieser Voraussetzungen muß jeder Bewerber, zur Überzeugung der Einstellungsbehörde, die Gewähr bieten; bei berechtigten Zweifeln hat die Einstellung zu unterbleiben[206]. Bereits eingestellte Beamte können nicht schon bei berechtigten Zweifeln an der Verfassungstreue, sondern erst dann entlassen werden, wenn ein »Minimum an Gewicht und an Evidenz der Pflichtverletzung« gegeben ist[207]. Als ein Indiz für fehlende Verfassungstreue soll dabei die Mitgliedschaft in einer als verfassungsfeindlich beurteilten Partei gelten können, und zwar auch dann, wenn diese Partei nicht verboten ist[208]. Die aktive Betätigung für eine derartige Partei stellt eine Verletzung der politischen Treuepflicht dar und rechtfertigt die Entlassung[209]. Mit funktionsbezogenen Abstufungen wendet die Rechtsprechung diese Grundsätze auch auf **privatrechtliche Beschäftigungsverhältnisse** im öffentlichen Dienst an[210]. Die verfassungsrechtliche Grundlage bildet insoweit nicht mehr Art. 33 V GG i.V.m. Art. 33 II GG, sondern ausschließlich Art. 33 II GG[211]. Die dargestellte Rechtsprechung zur politischen Treuepflicht ist in der Literatur vielfach auf Zustimmung[212], vielfach aber auch auf Kritik

---

rechtlichen Dienstverhältnisse besteht allerdings eine – wenn auch i.d.R. abgeschwächte – Anforderung der Verfassungstreue; → Fn. 210.

[204] Zur Funktionsunabhängigkeit des Inhalts der Treuepflicht des Beamten BVerfGE 39, 334 (355); BVerwGE 73, 263 (267).

[205] BVerfGE 39, 334 (346ff.); BVerwGE 61, 176 (177ff.); zum Begriff der freiheitlich demokratischen Grundordnung in diesem Zusammenhang BVerfGE 47, 330 (335); 61, 176 (178).

[206] BVerfGE 39, 334 (352); BVerwGE 61, 176 (179ff.); zu den Anforderungen an die diesbezügliche behördliche Sachverhaltsermittlung BVerfGE 39, 334 (356f.); insbesondere zur in den siebziger Jahren praktizierten umstrittenen sog. Regelanfrage beim Verfassungsschutz Schmidt-Bleibtreu/ *Klein*, GG, Art. 33 Rn. 22. Zu Beweislastfragen BVerfGE 39, 334 (352f.) – die Existenz einer Beweislast verneinend; ebenso BVerwG ZBR 1980, 89 (90); für materielle Beweislast des Dienstherrn dagegen BVerwGE 47, 330 (338); 47, 365 (375); zur Mitwirkungslast des Bewerbers BVerwGE 61, 176 (184). Aus der Literatur s. zur Beweislast statt vieler *H.-J. Schimke*, Der »Beurteilungsspielraum« der Einstellungsbehörde bei der Einstellung von »Radikalen« in den öffentlichen Dienst, Diss. jur. Münster 1980, S. 128ff.

[207] BVerfGE 39, 334 (350); s. auch BVerwGE 61, 176 (179); weniger deutlich BVerwGE 62, 267 (269ff.); s. auch die Nachweise in Fn. 209.

[208] BVerfGE 39, 334 (335, 359); BVerwGE 61, 176 (182); 73, 263 (266, 284); BVerwG NJW 1989, 2552 (2555).

[209] BVerwGE 76, 157 (165ff.); BVerwG NJW 1987, 2691ff.; BVerwG NJW 1989, 2554 (2557f.).

[210] Zur grundsätzlichen Treuepflicht auch der Angestellten BVerfGE 39, 334 (355); 46, 43 (52); zur gegenüber der politischen Treuepflicht des Beamten abgeschwächten Verfassungstreupflicht im privatrechtlich organisierten Vorbereitungsdienst BVerfGE 39, 334 (371ff.); zur abgeschwächten Treuepflicht eines im Angestelltenverhältnis beschäftigten Lehrbeauftragten BVerwGE 81, 212 (214ff.); BAGE 53, 137 (146f.). Zur Abstufung der Anforderungen an die Treuepflicht privatrechtlich Beschäftigter je nach Funktion BAGE 28, 63 (69ff.); 33, 43 (49); 53, 137 (146ff.); BAG NJW 1982, 2396 (2397); BAG NJW 1989, 2562 (2563), jeweils m.w.N. Speziell bei *Lehrern* ist nach diesen Entscheidungen zwar grundsätzlich im Angestelltenverhältnis das gleiche Maß an Verfassungstreue zu fordern wie im Beamtenverhältnis; abgeschwächte Anforderungen gelten insoweit aber für den Vorbereitungsdienst.

[211] Zur politischen Treuepflicht als Eignungsmerkmal i.S.d. Art. 33 II GG s. BAGE 28, 62 (68); 53, 137 (149).

[212] Im wesentlichen zustimmend *Lecheler* (Fn. 200), § 72 Rn. 96ff.; *K. Stern*, ZBR 1978, 381ff. (s.

gestoßen, die sich insbesondere gegen von der Tradition nicht gedeckte inhaltliche Überdehnungen der Treuepflicht, die damit zusammenhängende Untergewichtung des konkreten dienstlichen Verhaltens sowie der konkreten dienstlichen Aufgaben und/oder die zugrundeliegende restriktive Auslegung des Parteienprivilegs (→ Art. 21 Rn. 135 ff.) richtet[213]. Die Untergewichtung des konkreten dienstlichen Verhaltens hat auch der Europäische Gerichtshof für Menschenrechte beanstandet (→ Rn. 17).

44 Der Sonderkündigungstatbestand mangelnder persönlicher Eignung, den der Einigungsvertrag[214] für die aus dem **öffentlichen Dienst der früheren DDR** übernommenen Arbeitnehmer vorsieht, ist mit dem Grundgesetz vereinbar; unzulässig sind aber pauschale Schlüsse von einer im Dienst der DDR dem dortigen System erwiesenen üblichen Loyalität oder dort innegehabten Leitungsfunktionen auf mangelnde Eignung für den öffentlichen Dienst in der Bundesrepublik[215]. Auch die Anwendung des – ebenfalls verfassungskonformen – Sonderkündigungstatbestandes der Unzumutbarkeit einer Weiterbeschäftigung wegen früherer Tätigkeit für das Ministerium für Staatssicherheit der DDR[216] erfordert eine jeweils einzelfallbezogene Würdigung[217].

---

auch zuvor bereits *ders.*, Zur Verfassungstreue der Beamten, 1974); *ders.*, Staatsrecht I, S. 370 ff.; *G. Roellecke*, DÖV 1978, 457 (462 f.); *H.H. Klein*, Verfassungstreue und Schutz der Verfassung, VVDStRL 37 (1979), S. 53 ff. (83 ff.); *M. Kriele*, NJW 1979, 1 ff.; *R. Scholz*, ZBR 1982, 129 ff.; *K. Kröger*, ZRP 1982, 161 ff.; *W. Priepke*, DRiZ 1991, 4 ff.; *D. Leuze*, DöD 1994, 125 (129).

[213] S. *J. Esser*, JZ 1975, 555 (556 ff.); *B. Schlink*, Der Staat 15 (1976), 335 ff.; *R. Dreier*, Verfassung und Ideologie – Bemerkungen zum Radikalenproblem, in: FS Klein, 1977, S. 86 ff.; *H. Mommsen*, Beamtentum und demokratischer Verfassungsstaat, in: E. Brandt (Hrsg.), Die politische Treuepflicht. Rechtsquellen zur Geschichte des deutschen Berufsbeamtentums, 1976, S. 17 ff. (30 ff.); *G. Frankenberg*, KritJ 13 (1980), 276 ff.; *E.-W. Böckenförde*, Rechtsstaatliche politische Selbstverteidigung als Problem, in: E.-W. Böckenförde/C. Tomuschat/D.C. Umbach (Hrsg.), Extremisten und öffentlicher Dienst, 1981, S. 9 ff. (13 ff., 27 ff.); *F. Rottmann*, ZRP 1984, 97 ff.; *A. v. Brünneck*, Die politische Treupflicht des Beamten aus historischer Perspektive, in: *H. Zwirner*, Politische Treupflicht des Beamten, 1987, S. 11 ff. (41 f.); *H. Simon/H. Mommsen/P. Becker*, ZRP 1989, 175 ff.; *Battis* (Fn. 126), Art. 33 Rn. 35; kritisch gegen den Ausschluß funktionsbezogener Abstufungen der beamtenrechtlichen Treuepflicht, mit dem Versuch, die Rechtsprechung des Bundesverfassungsgerichts dementsprechend umzuinterpretieren, auch *H.-H. Schrader*, Rechtsbegriff und Rechtsentwicklung der Verfassungstreue im öffentlichen Dienst, 1985, 53 ff., 381 ff. (386). Zur weniger weitgehenden Konzeption der politischen Treupflicht unter der Weimarer Reichsverfassung s. auch *W. Runge*, Politik und Beamtentum im Parteienstaat, 1965, S. 104 f., 107 ff.; *Mommsen*, Beamtentum (s.o. in dieser Fn.), S. 24. Zur zeitweise sehr viel weitergehenden politischen Inanspruchnahme der Beamten in der Zeit vor der Weimarer Republik s. *H.-J. Rejewski*, Die Pflicht zur politischen Treue im preußischen Beamtenrecht (1850–1918), 1973.

[214] Anlage I Kapitel XIX Sachgebiet A Abschnitt III Nr. 1 Abs. 4 Nr. 1 EV.

[215] BVerfGE 92, 140 (151 ff.); 96, 152 (164 ff.); 96, 171 (182 ff.); 96, 205 (211 ff.); BVerfG ZBR 1998, 170 ff., 172 f.; 173 ff.; BVerfG (1. Kammer des Zweiten Senats) LKV 1998, 141 f.

[216] Anlage I Kapitel XIX Sachgebiet A Abschnitt III Nr. 1 Abs. 5 Nr. 2 EV.

[217] BVerfGE 96, 171 (187); 96, 189 (200); dazu und allg. zu den Sonderkündigungstatbeständen des Einigungsvertrages s. auch *R. Will*, NJ 1997, 513 ff.; *T. Lakies/M. Kutscha*, NZA 1995, 1079 ff.; *B. Schlink*, Vergangenheit als Zumutung? in: FS Böckenförde, 1995, S. 341 ff.; *P. Hantel*, NJ 1995, 169 ff.; *H. Goerlich*, Regimebelastung und Systemnähe, in: FS Gitter, 1995, S. 277 ff.; *A. Zeuner*, Zur Kündigung von Arbeitsverhältnissen des öffentlichen Dienstes in den neuen Bundesländern aus Gründen einer Vorbelastung, in: FS Thieme, 1993, S. 377 ff.; *L. Kathke*, ZBR 1992, 344 ff.; *B. Pieroth*, NJ 1992, 89 ff.; *U.R. Scholz*, BB 1991, 2515 ff.; *U. Battis*, NJ 1991, 89 ff.

b) Beurteilungskriterien und -verfahren

Für die Anwendung der Qualifikationsmerkmale des Art. 33 II GG wird den Behörden ein **Beurteilungsspielraum** zugestanden[218]. Die Auswahl, Kombination und Gewichtung der **Beurteilungsgrundlagen** ist verfassungsrechtlich nicht im einzelnen festgelegt. In Betracht kommen z.B. Prüfungsergebnisse[219] und Tests, spezielle berufliche Erfahrungen und Zusatzqualifikationen[220], dienstliche Beurteilungen[221] und Vorstellungsgespräche[222]. Als wesentliches Instrument systematischer Leistungsbewertung haben sich im öffentlichen Dienstrecht und in der Verwaltungspraxis die **dienstlichen Beurteilungen** herausgebildet[223]. Ihnen, insbesondere der letzten dienstlichen Beurteilung, wird dementsprechend bei Beförderungsämtern auch im Hinblick auf Art. 33 II GG besondere Bedeutung zugeschrieben[224]. Neben der dienstlichen Beurteilung kommt das **Dienstalter**, da ein dadurch etwa bedingter Qualifikationsvorsprung schon in der dienstlichen Beurteilung seinen Niederschlag finden muß[225], nicht mehr als zusätzliches, konkurrierendes Qualifikationskriterium, sondern nur als Hilfskriterium für die Auswahl zwischen gleich qualifizierten Bewerbern (→ Rn. 47) in Betracht[226]. Problematisch ist auch die von der Rechtsprechung aufgestellte, vor allem für Spitzenämter relevante Bevorzugungsregel zugunsten der in ihrer Laufbahn jeweils am weitesten fortgeschrittenen Bewerber[227], mit der dem Erfahrungsvorsprung dieser Bewerber ein schwerlich sachgerechtes prinzipielles Übergewicht im Verhältnis zu anderen

---

[218] BVerfGE 39, 334 (354); BVerwGE 61, 325 (330); 68, 109 (110); 86, 244 (246); BAGE 33, 43 (50f.); 39, 180 (186), jew. st. Rspr.; Jarass/Pieroth, GG, Art. 33 Rn. 4; Matthey (Fn. 120), Art. 33 Rn. 25; Maunz (Fn. 121), Art. 33 Rn. 20; J. Martens, ZBR 1992, 129ff. (130). Für die Möglichkeit der Selbstbindung durch Verwaltungsvorschriften in diesem Zusammenhang BVerwG DVBl. 1990, 867 (868).
[219] Hess.VGH ZBR 1994, 347 (349); Schmidt-Bleibtreu/Klein, GG, Art. 33 Rn. 6.
[220] Hess.VGH ZBR 1994, 347 (349); Schmidt-Bleibtreu/Klein, GG, Art. 33 Rn. 6.
[221] BVerwG DVBl. 1994, 112 (113).
[222] S. aber VGH Kassel ZBR 1994, 82f.; ein Vorstellungsgespräch kann danach, wenn es um die Besetzung eines Beförderungsdienstpostens geht, den Leistungs- und Eignungsvergleich anhand aktueller dienstlicher Beurteilungen nicht ersetzen. Zur Ermessensfehlerhaftigkeit einer allein auf ein Auswahlgespräch abstellenden Auswahlentscheidung auch OVG Münster NVwZ-RR 1995, 100 (100).
[223] Dazu und zu den einfachrechtlichen Rechtsgrundlagen Klinkhardt, Beurteilungen (Fn. 155), S. 10ff.; allg. zum Beurteilungswesen und seinen rechtlichen Grundlagen H. Schnellenbach, Die dienstliche Beurteilung der Beamten und der Richter, 2. Aufl. 1995; W. Rob, PersV 1993, 241ff. und 316ff.
[224] BVerwG DVBl. 1994, 112 (113) m.w.N. - st. Rspr.; J. Martens, ZBR 1992, 129 (130); H. Schnellenbach, ZBR 1997, 169 (172) m.w.N.; kritisch im Hinblick auf die gezielte Manipulierbarkeit dienstlicher Beurteilungen A. Riecker, ZBR 1997, 180ff. Für die Verpflichtung, auch eine erst im Entwurf vorliegende neue Beurteilung zu berücksichtigen und gegebenenfalls deren Fertigstellung abzuwarten, OVG Bremen NVwZ-RR 1989, 31f. Für Besonderheiten beim Vergleich dienstlicher Beurteilungen von Bewerbern aus unterschiedlichen Behörden Hess.VGH DöD 1997, 67 (68).
[225] So zutreffend Hess.VGH ZBR 1994, 344 (346).
[226] Für die Berücksichtigungsfähigkeit von Dienstalter und Lebensalter als ausschlaggebende Kriterien nur bei der Auswahl zwischen Bewerbern, die »nach Eignung, Leistung und Befähigung gleich beurteilt« sind, BVerwG DVBl. 1986, 1156 (1157); für Berücksichtigungsfähigkeit schon bei »im wesentlichen« gleicher Beurteilung BVerwGE 80, 123 (126); BVerwG DVBl. 1994, 118 (119). Eine im wesentlichen gleiche Beurteilung im Sinne dieser Rechtsprechung liegt jedenfalls dann nicht mehr vor, wenn Beurteilungen um eine »volle Notenstufe« differieren, BVerwG DVBl. 1994, 118 (119). Zur Frage, wann eine »im wesentlichen gleiche« Beurteilung vorliegt, auch H. Schnellenbach, ZBR 1997, 169 (176) m.w.N.
[227] S. Hess.VGH DVBl. 1988, 1072 (1073); Hess.VGH ZBR 1986, 205ff.

Eignungsindizien eingeräumt wird. Im Qualifikationsvergleich zwischen westdeutschen Bewerbern und Bewerbern mit **Berufserfahrung und/oder Ausbildung in der früheren DDR** ist eine generelle Bevorzugung der im Westen erworbenen Qualifikation weder geboten noch zulässig[228].

46 Wenn einerseits die für eine sachgerechte Bewerberauswahl notwendigen Spielräume offengehalten werden sollen und die Auswahl daher – von den Mindestanforderungen des Laufbahnrechts abgesehen – möglichst wenig durch formalisierte inhaltliche Vorgaben eingeschränkt werden darf, andererseits aber die sachfremde Nutzung der gegebenen Spielräume möglichst weitgehend ausgeschlossen werden muß, sind Vorkehrungen gegen den Einfluß sachfremder Gesichtspunkte in erster Linie auf der **Verfahrensebene** zu suchen. Zu den aus Art. 33 II GG ableitbaren Verfahrensanforderungen gehören die präzise Festlegung des Anforderungsprofils der zu besetzenden Stelle vor Eintritt in das Rekrutierungs- und Auswahlverfahren[229], im Regelfall die Ausschreibung der Stelle gemäß dem festgelegten Anforderungsprofil[230], die Orientierung der Auswahlentscheidung an dem festgelegten und ausgeschriebenen Profil[231] unter Heranziehung aller einschlägigen, insbesondere der sich aus vorhandenen Personalakten ergebenden, Erkenntnisquellen[232] sowie die schriftliche Fixierung der Gründe für die getroffene Auswahlentscheidung[233]. Werden Auswahlentscheidungen auf der Grundlage dienstlicher Beurteilungen getroffen, muß diesen ein sachgerechtes, hinreichende Differenzierung ermöglichendes Beurteilungssystem zugrundeliegen[234].

5. Sonstige Auswahlkriterien

a) Hilfskriterien bei gleicher Qualifikation

47 Für die Auswahl zwischen mehreren gleich qualifizierten Bewerbern kann auf **Hilfskriterien** zurückgegriffen werden[235]. Von gleicher Qualifikation kann dabei nur die Rede sein, wenn ein Qualifikationsvergleich auf hinreichend differenzierter und differenzierungsfähiger Grundlage stattgefunden hat. Das der Auswahlentscheidung zugrundegelegte System der Qualifikationsbeurteilung muß eine so differenzierte Einstufung ermöglichen, daß Auswahlentscheidungen in der Regel nach Qualifikation getroffen werden können, der **Rückgriff auf Hilfskriterien** also den **Ausnahmefall** bildet[236]. Dienstliche Beurteilungen, bei denen der weitaus größte Teil der Beurteilten mit den jeweiligen Bestbeurteilungen versehen ist, reichen daher als Qualifikationsmaßstab nicht aus[237] (s. dazu jetzt die Quotenvorgabe im 1997 eingefügten § 41a Bun-

---

[228] Näher dazu OVG Bautzen LKV 1994, 149f.; VG Potsdam NJ 1996, 495ff.; *Kunig* (Fn. 95), Art. 33 Rn. 31.
[229] VGH Kassel ZBR 1994, 347 (348).
[230] Dazu bereits → Rn. 35; zur gerichtlichen Überprüfung des Anforderungsprofils OVG Lüneburg NVwZ-RR 1996, 677f.
[231] Hess.VGH ZBR 1994, 347 (349); VGH München ZBR 1994, 350 (351).
[232] Hess.VGH DöD 1989, 378; Hess.VGH ZBR 1994, 347 (349).
[233] Hess.VGH ZBR 1994, 347 (348); s. aber zur Möglichkeit des Nachreichens im Verwaltungsprozeß Hess.VGH DöD 1997, 67f.; VGH Mannheim NJW 1996, 2525 (2527).
[234] Hess.VGH ZBR 1994, 344 (346); s. im einzelnen → Rn. 47.
[235] → Rn. 33 mit Fn. 148.
[236] Hess.VGH ZBR 1994, 344 (345f.); ZBR 1995, 109f.
[237] S. die Nachweise in Fn. 236.

II. Gleicher Zugang zu öffentlichen Ämtern (Art. 33 II GG)   Art. 33

deslaufbahnverordnung). Als sachgerecht anerkannte Hilfskriterien sind das **Dienstalter** und, mit Einschränkungen, das **Lebensalter**[238], das **Datum der letzten Fachprüfung**[239], aber auch **soziale Gesichtspunkte**[240]. Die **Religionszugehörigkeit** darf dagegen nicht als Hilfskriterium verwendet werden[241]. Weder mit Art. 33 II noch mit Art. 3 II und III GG oder sonstigem höherrangigen Recht prinzipiell unvereinbar, in Rechtsprechung und Literatur aber unter dem leicht irreführenden Stichwort »**Frauenquote**« heftig umstritten sind Bestimmungen, die, soweit es dem Abbau einer bereichsspezifischen Unterrepräsentation von **Frauen** dient, bei gleicher Qualifikation mehrerer Bewerber die regelmäßige Bevorzugung von Frauen vorsehen[242] (zur europarechtlichen Seite → Rn. 21). Eine durch den Förderungsauftrag des Art. 3 II 2 GG nicht mehr gedeckte – Spaltung erzeugende statt abbauende – Ungleichbehandlung zu Lasten von Männern müßte in derartigen Regelungen allerdings gesehen werden, wenn sie, wie ihre Gegner annehmen, dazu führen müßten oder könnten, daß in vielen Bereichen auf Jahre hinaus Männer überhaupt keine Chance auf Beförderung mehr hätten[243]. Bei Beachtung des Gebots hinreichend unterscheidungskräftiger, die Auswahlentscheidung im Regelfall determinierender Qualifikationsbeurteilung ist diese Konsequenz aber kaum zu befürchten. Eine übermäßige Blockierung von Ein- und Aufstiegschancen für Männer kann im übrigen – und muß gegebenenfalls – durch

---

[238] Für Dienstalter und Lebensalter allgemein BVerwGE 80, 123 (126); BVerwG DVBl. 1994, 118 (119); Hess.VGH ZBR 1994, 344 (346); ZBR 1995, 109 (109); für nur sehr eingeschränkte Berücksichtigungsfähigkeit des Lebensalters und der davon abhängigen Restdienstzeit dagegen zutreffend BVerwGE 86, 169 (175 ff.).

[239] Für das Datum der letzten Fachprüfung Hess.VGH ZBR 1995, 109 (109).

[240] S. für zulässige Bevorzugung Schwerbehinderter bei absolut gleicher Eignung BVerwGE 86, 244 (249 f.); vgl. auch → Rn. 49 mit Fn. 247; allg. *W. Leisner*, Das Leistungsprinzip, in: ders., Grundlagen des Berufsbeamtentums, 1971, S. 60 ff. (72) m.w.N.; s. aber für die Gegenauffassung, nach der die Verwendung von Hilfskriterien ohne jeden Leistungsbezug prinzipiell unzulässig ist, → Rn. 33 mit Fn. 147.

[241] BVerwGE 81, 22 (24 f.). Vgl. auch → Rn. 42.

[242] Für die Verfassungsmäßigkeit solcher Bevorzugungsregeln *S. Raasch*, Frauenquote und Männerrechte, 1991, S. 271 ff. (291) u. passim; *U. Sacksofsky*, Das Grundrecht auf Gleichberechtigung, 2. Aufl. 1996, S. 374 ff. (379); *U. Maidowski*, Umgekehrte Diskriminierung, 1989, S. 154 ff.; *V. Slupik*, Die Entscheidung des Grundgesetzes für Parität im Geschlechterverhältnis, 1988, S. 129 f.; *K. Garbe-Emden*, Gleichberechtigung durch Gesetz, Diss. jur. Hannover 1984, S. 157 ff.; *J. Kokott*, NJW 1995, 1049 (1051 f.); *C. Fuchsloch*, NVwZ 1991, 442 ff.; *I. Ebsen*, Jura 1990, 515 ff.; *H. Pfarr/C. Fuchsloch*, NJW 1988, 2201 ff.; *M. Eckertz-Höfer*, Frauen kommen ... Art. 3 Abs. 2 GG in Verbindung mit dem Sozialstaatsgebot, in: FS für Helmut Simon, 1987, S. 447 ff. (479); für Verfassungsmäßigkeit unter der Voraussetzung, daß eine Härteklausel oder eine sonstige Bevorzugungsautomatismen ausschließende Klausel vorgesehen ist, BAGE 73, 269 (276 ff., 286 f.); Hess.StGH ZBR 1997, 313 (316 ff.); OVG Lüneburg ZBR 1997, 188 (190 f.); *Benda*, Notwendigkeit (Fn. 148), S. 179 ff., 190 ff.; *F. Schwidden*, RiA 1996, 105 (107 f.); *U. Battis/A. Schulte-Trux/N. Weber*, DVBl. 1991, 1165 (1171, 1172 f.); bezogen auf Ausbildungsplätze offenbar auch BVerwG NJ 1996, 603 (604). A.A. (für Verfassungswidrigkeit) OVG Münster NVwZ 1991, S. 501 ff.; NVwZ 1996, 495 ff. – st. Rspr., und weitere Oberverwaltungsgerichte; Nachweise bei *A. Ott*, ZBR 1998, 121 (124 mit Fn. 24); Schmidt-Bleibtreu/Klein, GG, Art. 33 Rn. 7; *M. Jachmann*, ZBR 1996, 161 (163 ff.); *H.-W. Laubinger*, VerwArch. 87 (1996), 473 (520 ff.); *C. Starck*, JZ 1996, 197 (198 f.); *C. Burmeister*, PersV 1996, 145 (152 ff., 155 ff.); *Hans Hofmann*, NVwZ 1995, 662 f.; *A. Kruse*, DÖV 1991, 1002 ff.; *K.-H. Ladeur*, ZBR 1992, 39 (43 f.); *R. Stober*, ZBR 1989, 289 (292 ff.); *B. Kempen*, ZTR 1988, 287 (290, 292); *M. Sachs*, NJW 1989, 553 ff.; zurückhaltend auch *W. Schmitt Glaeser*, DÖV 1982, 381 (386 ff.). Zu rechtsphilosophischen Grundlagen der Quotendiskussion *S. Huster*, AöR 118 (1993), 109 ff.

[243] So OVG NW NVwZ 1991, 501 (503); *M. Sachs*, NVwZ 1991, 437 (441); *Hans Hofmann*, NVwZ 1995, 662 (663).

Kautelen verhindert werden, die einen »Korridor« für männliche Bewerber offenhalten[244].

48 Zu wenig geklärt und diskutiert ist bislang, ob und gegebenenfalls welche **verfahrensmäßigen Anforderungen** im Zusammenhang mit der Anwendung von Hilfskriterien aus Art. 33 II GG abzuleiten sind[245]. Im Hinblick auf Art. 3 III GG umstritten ist auch, ob die Verwendung eines dort aufgeführten Merkmals als Hilfskriterium, sofern man sie überhaupt für zulässig hält (→ Rn. 47), einer gesetzlichen Grundlage bedarf oder nicht[246].

b) Durchbrechungen des Leistungsprinzips

49 Eine Reihe von Gesetzen enthält zugunsten der Beschäftigung bestimmter als besonders schutz- und integrationsbedürftig angesehener Personengruppen Sonderregelungen, die mit Durchbrechungen des in Art. 33 II GG vorgesehenen Vorrangs der Auswahl nach Eignung, Befähigung und fachlicher Leistung verbunden sind[247]. Nach herrschender Auffassung rechtfertigt das **Sozialstaatsprinzip** derartige Regelungen[248].

---

[244] So auch *H.M. Pfarr/C. Fuchsloch*, NJW 1988, 2201 (2206).

[245] Für die Unzulässigkeit behördenspezifischer oder gar fallspezifischer Festlegung der Reihenfolge anzuwendender Hilfskriterien Hess.VGH ZBR 1994, 344 (346).

[246] Bejahend für Bevorzugungsregeln zugunsten von Frauen OVG Münster NJW 1989, 2560 (2561); *Benda*, Notwendigkeit (Fn. 148), S. 194 ff.; *I. Ebsen*, Jura 1990, 515 (522); *Eckertz-Höfer*, Frauen (Fn. 242), S. 472; *A. Kruse*, DÖV 1991, 1002 (1004); *Kunig* (Fn. 95), Art. 33 Rn. 34 (S. 478) m.w.N.; verneinend VG Bremen NJW 1988, 3224 (3227); *K. Lange*, NVwZ 1990, 135 ff.

[247] S. §§ 9, 10 Soldatenversorgungsgesetz i.d.F.d. Bekanntmachung v. 19.1.1995, BGBl. I S. 50; § 11a Arbeitsplatzschutzgesetz i.d.F.d. Bekanntmachung v. 14.4.1980, BGBl. I S. 425; zuletzt geändert durch Gesetz vom 15.12.1995, BGBl. I S. 1726; § 9 Bundespolizeibeamtengesetz i.d.F.d. Bekanntmachung durch Art. 1 des Gesetzes über die Personalstruktur des Bundesgrenzschutzes v. 3.6.1976, BGBl. I S. 1357. Inzwischen durch Zeitablauf bedeutungslos geworden sind die Wiedereinstellungsansprüche nach §§ 9 ff. des Gesetzes zur Wiedergutmachung nationalsozialistischen Unrechts für Angehörige des öffentlichen Dienstes (BWGÖD) i.d.F. v. 15.12.1965, BGBl. I S. 2073 und §§ 71e ff. des Gesetzes zur Regelung der Rechtsverhältnisse der unter Art. 131 GG fallenden Personen (G 131) i.d.F. v. 13.10.1965, BGBl. I S. 1686. Durch Gesetz vom 20.12.1991, BGBl. I S. 2317, aufgehoben wurde das Heimkehrergesetz v. 19.6.1950, BGBl. I S. 221, das in § 9a für Heimkehrer einen Anspruch auf bevorzugte Einstellung »bei Vorliegen entsprechender fachlicher Voraussetzungen« vorsah. Genannt werden als Beispiel einer durch das Sozialstaatsprinzip gerechtfertigten Durchbrechung des Leistungsprinzips häufig auch die Regelungen des Schwerbehindertengesetzes (§§ 5 ff. Schwerbehindertengesetz i.d.F.d. Bekanntmachung v. 26.8.1986, BGBl. I S. 1421, zul. geänd. durch Gesetz v. 16.12.1997, BGBl. I S. 2998). Höchstrichterlicher Rechtsprechung zufolge rechtfertigt das Schwerbehindertengesetz eine solche Durchbrechung aber gerade nicht, BVerwGE 86, 244 (249f.); s. auch OVG Münster DVBl. 1995, 207 (208); OVG Lüneburg Nds.VBl. 1995, 275f. Die in der Praxis zugrundegelegten Beurteilungsrichtlinien laufen z.T. allerdings sehr wohl auf Durchbrechungen des Leistungsgrundsatzes hinaus; s. für Beispiele die bei *Schnellenbach*, Beurteilung (Fn. 223), abgedruckten Regelungen, insb. S. 37 (42), 47 (50f.), 205 (205). Zur Verfassungsmäßigkeit der für öffentliche wie für private Arbeitgeber geltenden Pflichtplatzquote des Schwerbehindertengesetzes allg. (ohne Bezugnahme auf Art. 33 II GG) BVerfGE 57, 139 (158 ff.); allg. zu Verfassungsfragen der Schwerbehindertenförderung *F. Schwidden*, RiA 1997, 70 ff.

[248] *Kunig* (Fn. 95), Art. 33 Rn. 30; *Battis* (Fn. 126), Art. 33 Rn. 38; *Jarass/Pieroth*, GG, Art. 33 Rn. 6; *Maunz* (Fn. 121), Art. 33 Rn. 22; *E. Schmidt-Aßmann*, NJW 1980, 16 (19 ff.); *B. Kempen*, ZTR 1988, 287 (290); *K.-H. Ladeur*, Jura 1992, 77 (79); a.A. *Pieroth/Schlink*, Grundrechte, Rn. 476; kritisch auch *H. Goerlich*, ZBR 1989, 240 (242). Zur Vereinbarkeit des § 9a Heimkehrergesetz (s. dazu Fn. 247) mit Art. 33 II GG, da keine Abweichung vom Leistungsprinzip vorgesehen sei, BVerwGE 6, 347 (350). Für die Verfassungsmäßigkeit von Bevorzugungsregeln zugunsten von Bewerbern, die Wehrdienst geleistet haben, BGHZ 102, 6 (9f.); *J. Beyer*, ZBR 1997, 381f.; speziell für die bevorzugte

II. Gleicher Zugang zu öffentlichen Ämtern (Art. 33 II GG)

Daß für pauschale eignungsunabhängige **Quoten** und andere Sonderregelungen zugunsten ehemaliger Soldaten und Polizeivollzugsbeamte, wie sie das Soldatenversorgungsgesetz, das Arbeitsplatzschutzgesetz und das Bundespolizeibeamtengesetz vorsehen[249], das Sozialstaatsprinzip eine Rechtfertigung bieten kann, muß allerdings bezweifelt werden. In der Institution des **politischen Beamten** liegt entgegen einer in Teilen der Literatur vertretenen Auffassung keine Durchbrechung des Art. 33 II GG, die der Rechtfertigung durch andere Verfassungsnormen bedürfte[250].

6. Rechtsschutz

Aus Art. 33 II i.V.m. Art. 19 IV GG folgt, daß das Recht auf gleichen Zugang zu öffentlichen Ämtern effektiv einklagbar sein muß. Im Falle der unter Verstoß gegen Art. 33 II GG erfolgten **beamtenrechtlichen Ernennung** (Verleihung eines Amtes im statusrechtlichen Sinne) sind allerdings die Möglichkeiten der Rechtsdurchsetzung für einen dadurch rechtswidrig zurückgesetzten Bewerber insofern eingeschränkt, als er nach herrschender Auffassung nicht auf Rückgängigmachung der Ernennung des Konkurrenten und gegebenenfalls seine eigene Ernennung[251] klagen kann; die erfolgte Beamtenernennung ist nach herrschender Auffassung irreversibel[252]. Dies und nur dies ist mit der häufig anzutreffenden, mißverständlichen Feststellung gemeint, es gebe im Beamtenrecht keine **Konkurrentenklage**[253]. Im übrigen folgt aber aus Art. 33 II i.V.m. Art. 19 IV GG auch für den Fall der Konkurrenz um statusrechtliche Ämter im Sinne des Beamtenrechts, daß unterlegenen Bewerbern effektiver Rechtsschutz gewährt werden muß. Unter den Voraussetzungen der herrschenden Auffassung bedeutet dies, daß eine zur Wahrung der Rechte des unterlegenen Bewerbers ausreichende Klagemöglichkeit vor Ernennung des Konkurrenten bestehen muß. Das Bundesverfassungsgericht hat dementsprechend aus Art. 33 II i.V.m. Art. 19 IV GG die Verpflichtung des Dienstherrn abgeleitet, unterlegene Bewerber innerhalb einer ausreichenden Zeitspanne vor der Ernennung des Mitbewerbers vom Ausgang des Bewerbungsver-

50

Zulassung zum juristischen Vorbereitungsdienst OVG Hamburg MDR 1991, 84f.; a.A. *M. Schmidt*, ZBR 1997, 369 (374, 380) m.w.N.

[249] S. die Nachweise in Fn. 248.
[250] → Rn. 42.
[251] → Rn. 36.
[252] BVerfG (3. Kammer des Zweiten Senats) NJW 1990, 501f. (501); BVerwGE 80, 127 (130); BVerwG DVBl. 1989, 1150f. (1150); *Battis* (Fn. 126), Art. 33 Rn. 41; *B. Wittkowski*, NJW 1993, 817 (817f.); *C. Peter*, JuS 1992, 1042 (1043); ausführlich *O. Deinert*, RiA 1996, 5 (9f.); *U. Kernbach*, Die Rechtsschutzmöglichkeiten des unterlegenen Konkurrenten im beamtenrechtlichen Ernennungsverfahren, Diss. jur. Tübingen 1994, S. 89ff.; *J. Pogrzeba*, Konkurrentenklagen im Beamtenrecht?, Diss. jur. Mannheim 1983, S. 2ff., jeweils m.w.N. auch zur Gegenauffassung. Daß auch eine *zusätzliche* Ernennung des unterlegenen Bewerbers (ohne Rückgängigmachung der Ernennung des Konkurrenten) nicht einklagbar ist, folgt aus der haushaltsrechtlich vorgegebenen Bindung der Ernennungsmöglichkeit an die Existenz einer entsprechenden freien Planstelle, s. BVerwGE 80, 127 (130). Für die Annahme, daß die Frage der Anfechtbarkeit einer bereits erfolgten Ernennung mit der oben angegebenen Rechtsprechung noch nicht definitiv beantwortet sei, *M. Ronellenfitsch*, VerwArch. 82 (1991), 121 (139f.); kritisch zur h.M. auch *K. Füßer*, DÖV 1997, 816ff.
[253] Kritisch gegen diese Beschränkung des Begriffs der Konkurrentenklage auch *Kernbach*, Rechtsschutzmöglichkeiten (Fn. 252), S. 5ff.; *M. Ronellenfitsch*, VerwArch. 82 (1991), 121 (140f.). Ebenso mit klärenden Erläuterungen Schmidt-Bleibtreu/*Klein*, GG, Art. 33 Rn. 4. Für die ebenfalls verbreitete und sinnvolle unbefangene Verwendung des Ausdrucks »Konkurrentenklage« im vorliegenden Zusammenhang s. statt vieler *Kunig* (Fn. 95), Art. 33 Rn. 34, Stichwort »Konkurrentenklage«.

fahrens in Kenntnis zu setzen[254]. Diese Mitteilung, die nach herrschender Auffassung einen Verwaltungsakt darstellt[255], setzt den übergangenen Bewerber in die Lage, bis zum Eintritt der Unanfechtbarkeit der Mitteilung durch einen Antrag nach §123 VwGO vorläufigen Rechtsschutz gegen die Ernennung des Konkurrenten zu suchen[256]. Bis zur Entscheidung über den Antrag auf vorläufigen Rechtsschutz darf die Ernennung nicht erfolgen[257]. Eine Ernennung unter Verstoß gegen diese Grundsätze kann **Schadensersatzansprüche** auslösen[258]. Die nicht mit einer beamtenrechtlichen Ernennung verbundene bloße Übertragung eines höher bewerteten **Dienstpostens** (Amt im funktionellen Sinn) ist im Gegensatz zur Ernennung im Prinzip reversibel[259]. Hinsichtlich der Rechtsschutzmodalitäten ergeben sich daraus für den Fall der Dienstpostenkonkurrenz erhebliche Unterschiede zu den Fällen der Konkurrenz um Ämter im statusrechtlichen Sinn[260]. Der im Fall der Konkurrenz um **Angestellten- oder Arbeiterstellen** unter Verstoß gegen Art. 33 II GG zurückgesetzte Bewerber kann arbeitsgerichtlichen Rechtsschutz in Anspruch nehmen[261].

III. Verbot der Diskriminierung aus religiösen und weltanschaulichen Gründen (Art. 33 III GG)

51 Art. 33 III GG gewährleistet, ebenso wie die vorausgehenden Absätze, **grundrechtsgleiche, verfassungsbeschwerdefähige Rechte**[262]. Redaktionell, vor allem in systematischer Hinsicht, ist die Bestimmung verunglückt. Ihre einzelnen Teile stehen in unübersichtlichen Verhältnissen z.T. mehrfacher und nicht mit Konkretisierungsgewinn verbundener Spezialität zu verschiedenen anderen Bestimmungen des Grundgesetzes (Art. 3 III, 4 I und II, 33 II GG) und in einem Verhältnis weitgehender Redundanz zu Art. 140 GG[263].

52 Art. 33 III 1 GG statuiert, als eine Ausprägung der Bekenntnisfreiheit und des Grundsatzes der weltanschaulich-religiösen Neutralität des Staates (→ Art. 4 Rn. 121 ff.), die Unabhängigkeit bürgerlicher und staatsbürgerlicher Rechte sowie der

---

[254] BVerfG (3. Kammer des Zweiten Senats) NJW 1990, 501. Als ausreichende Zeitspanne wird ein Monat angesehen, s. *J. Martens*, ZBR 1992, 129 (131) m.w.N.
[255] BVerwGE 80, 127 (129); Hess.VGH DöD 1995, 256f. (256); a.A. *H.-U. Erichsen*, Jura 1994, 385 (387). Zu den im einzelnen umstrittenen Anforderungen an den Inhalt der Mitteilung und die Begründung der getroffenen Auswahlentscheidung *B. Wittkowski*, NVwZ 1995, 345 (346).
[256] *H. Schnellenbach*, ZBR 1997, 169. Zum Ausschluß einer Anordnung nach §123 VwGO nach Unanfechtbarkeit der Mitteilung Hess.VGH DöD 1995, 256f. (256); OVG NW RiA 1993, 156f. Zur Rechtsschutzform in der Hauptsache (Verpflichtungs- bzw. Bescheidungsklage) BVerwGE 80, 127 (129); *O. Deinert*, RiA 1996, 5 (7); *J. Martens*, ZBR 1992, 129 (132f.).
[257] VGH Kassel NVwZ 1994, 1231.
[258] S. für Amtshaftungsanspruch BGHZ 129, 226 (228ff.); für Schadensersatzanspruch nach §78 BremBG OVG Bremen NVwZ-RR 1989, 31f.; allg. zum Schadensersatz bei Verstoß gegen Art. 33 II GG BVerwGE 80, 123 (124f.); 102, 33 (35ff.); *H. Schnellenbach*, NVwZ 1989, 435f.; *H. Günther*, NVwZ 1989, 837ff.; *F. Wagner*, ZBR 1990, 120 (123f.); *Klinkhardt*, Beurteilung (Fn. 155), S. 156ff.
[259] BVerwG NVwZ 1985, 587 (588); BVerwG ZBR 1989, 281 (282); zur Frage der Anwendbarkeit des Art. 33 II GG auf die Vergabe von Dienstposten → Rn. 39 mit Fn. 166.
[260] S. im einzelnen *J. Martens*, ZBR 1992, 129 (134f.); *H. Schnellenbach*, DöD 1990, 153 (154f., 157); *H. Günther*, ZBR 1990, 284 (289ff.).
[261] S. dazu im einzelnen *S. Seitz*, Die arbeitsrechtliche Konkurrentenklage, 1995, S. 55ff.
[262] BVerfGE 79, 69 (75); s. Art. 93 I Nr. 4a GG. → Vorb. Rn. 28.
[263] S. dazu, daß aus dieser Redundanz keine irgendwie geartete »Verstärkung« abzuleiten ist, *Maunz* (Fn. 121), Art. 33 Rn. 24; *Kunig* (Fn. 95), Art. 33 Rn. 36.

III. Verbot der Diskriminierung (Art. 33 III GG) — Art. 33

Zulassung zu öffentlichen Ämtern vom religiösen Bekenntnis. Der anachronistische Doppelbegriff der **bürgerlichen und staatsbürgerlichen Rechte**[264] ist heute nach herrschender Auffassung extensiv, d.h. wohl so zu verstehen, daß alle Rechte darunter fallen[265]. Auf die Abgrenzung zwischen staatsbürgerlichen und bürgerlichen Rechten kommt es danach nicht mehr an. Das Bundesverfassungsgericht hat – vor der Änderung des Art. 28 I GG, mit der das aktive und passive Kommunalwahlrecht auf Unionsbürger ohne deutsche Staatsangehörigkeit ausgedehnt wurde (→ Art. 28 Rn. 24, 31, 73 ff.) – das Recht, ein durch Wahl erworbenes Kommunalmandat anzutreten und auszuüben, als staatsbürgerliches Recht i.S.d. Art. 33 III 1 GG qualifiziert, dessen Ausübung nach Art. 33 III 1 GG nicht von einer dem Berechtigten durch seine Glaubensüberzeugung verbotenen Eidesleistung abhängig gemacht werden dürfe[266]. Die von Art. 33 III 1 GG geforderte Indifferenz in bezug auf das **religiöse Bekenntnis** soll sich nach dieser Entscheidung nicht nur auf die Konfession im Sinne der Zugehörigkeit zu einer organisierten Glaubensgemeinschaft, sondern auf jede, auch die ganz individuelle, Glaubensüberzeugung und Gewissenshaltung beziehen[267]. Diese extensive Auslegung ist mit dem Wortlaut der Bestimmung nicht vereinbar[268] und im Hinblick darauf, daß die Gewährleistung auch für die Zulassung zu öffentlichen Ämtern gilt, auch aus systematischen Gründen nicht angebracht. Die **Zulassung zu öffentlichen Ämtern** ist gleichbedeutend mit dem Zugang zu öffentlichen Ämtern (Art. 33 II GG, → Rn. 32 ff.). Die Bekenntnisunabhängigkeit der Zulassung zu öffentlichen Ämtern schließt eignungshalber konfessionsgebundene öffentliche Ämter im Prinzip, aber nicht ausnahmslos aus (→ Rn. 42). Sie zwingt auch nicht dazu, Überzeugungen immer dann für eignungsirrelevant zu halten, wenn diese mit der Zugehörigkeit zu irgendeinem Bekenntnis zusammenhängen (→ Rn. 42). Ausnahmslos unzulässig ist die Heranziehung der Konfession als eignungsunabhängiges Hilfskriterium (→ Rn. 47) bei Auswahlentscheidungen für die Besetzung öffentlicher Ämter[269]. Das **Benachteiligungsverbot** des Satzes 2 folgt bereits aus Art. 4 I GG und hat, da die Bestimmung sich nicht einmal durch einen spezifischen Bereichsbezug von dem dort ohnehin Gewährleisteten abhebt, keine besondere praktische Bedeutung.

---

[264] Zum anachronistischen Charakter dieser Formel → Rn. 1, 27.
[265] *Matthey* (Fn. 120), Art. 33 Rn. 27; *Maunz* (Fn. 121), Art. 33 Rn. 26; s. dementsprechend BGHZ 56, 180 (191 f.: Unbeachtlichkeit eines ausländischen Eheverbots der Religionsverschiedenheit aufgrund von Art. 33 III GG und 140 GG i.V.m. Art. 136 I, II WRV); einschränkend (nur Rechtspositionen, die das Verhältnis des Bürgers zum Staat betreffen) *Kunig* (Fn. 95), Art. 33 Rn. 37.
[266] BVerfGE 79, 69 (75 f.); zulässig ist es, dem Gewählten als Voraussetzung des Mandatsantritts ein feierliches Versprechen der Erfüllung bestimmter Pflichten ohne Eidesform abzuverlangen, BVerfGE 79, 69 (76 f.).
[267] S. für das »individuell besondere« Bekenntnis BVerfGE 79, 69 (75); dort auch für die darüber noch hinausgehende Erstreckung auf Gewissenshaltungen: »... nicht aus Gründen verwehrt werden darf, die ... mit der in Art. 4 Abs. 1 GG geschützten Glaubens- und Gewissensfreiheit unvereinbar sind«. Ebenso *Maunz* (Fn. 121), Art. 33 Rn. 25; *M. Sachs*, ZBR 1994, 133 (135).
[268] Vgl. auch Art. 4 I GG, der zwischen religiösem und weltanschaulichem Bekenntnis unterscheidet.
[269] BVerwGE 81, 22 (25).

Art. 33

IV. Funktionsvorbehalt (Art. 33 IV GG)

1. Allgemeine Bedeutung

53 Art. 33 IV GG trifft eine Grundsatzentscheidung für die Wahrnehmung bestimmter öffentlicher Aufgaben durch Beamte (→ Rn. 56). Er behält, mit anderen Worten, bestimmte Funktionen im Grundsatz Beamten vor – daher die übliche Kurzbezeichnung der Bestimmung als »Funktionsvorbehalt« – und beinhaltet damit, insoweit durch Abs. 5 ergänzt, eine **institutionelle Garantie** des Beamtentums[270]. Abs. 4 gewährleistet in diesem Ergänzungsverhältnis die Existenz und einen **Mindest-Einsatzbereich**, Abs. 5 die Existenz und bestimmte Grundzüge der inhaltlichen Ausgestaltung des Beamtenstatus. Über die Gewährleistung eines Mindest-Einsatzbereichs für Beamte hinaus hat Art. 33 IV GG keine restriktive Bedeutung dahingehend, daß Beamte nur eingesetzt werden dürften, soweit sie nach dieser Bestimmung auch eingesetzt werden müssen. Abs. 4 beinhaltet also keinen dem Funktionsvorbehalt für Beamte komplementären Funktionsvorbehalt für Nichtbeamte[271]. Ob Art. 33 IV GG im Zusammenspiel mit Abs. 5 nichtsdestoweniger dazu zwingt, im Prinzip die **Zweispurigkeit des öffentlichen Dienstes**[272], d.h. die Beschäftigung der öffentlichen Bediensteten teils in beamtenrechtlichen und teils in privatrechtlichen Dienstverhältnissen als Angestellte oder Arbeiter, aufrechtzuerhalten, ist umstritten[273]. Praktisch ist diese Streitfrage gegenwärtig nicht mehr von Bedeutung, da im Rahmen des geltenden Verfassungsrechts eine Auflösung der Zweispurigkeit, wenn überhaupt, dann jedenfalls nur in Richtung auf die politisch heute undenkbare Beschäftigung aller öffentlichen Bediensteten in nach Abs. 5 ausgestalteten Beamtenverhältnissen zulässig wäre[274].

54 Ebenso wie Abs. 5 ist Abs. 4 **unmittelbar verbindlich**[275]. Einen dem institutionellen Gewährleistungsgehalt korrespondierenden **subjektivrechtlichen Gehalt** hat Art. 33 IV GG aber nach ganz herrschender Auffassung **nicht**[276]. Tatsächlich schließt die Offenheit der Bestimmung für Ausnahmen von dem festgelegten Grundsatz (→ Rn. 62) Subjektivierung in Gestalt individueller Verbeamtungsansprüche weitgehend aus.

---

[270] *Kunig* (Fn. 95), Art. 33 Rn. 39; *Battis* (Fn. 126), Art. 33 Rn. 45; *J. Isensee*, Öffentlicher Dienst, in: HdbVerfR, § 32 Rn. 8f., 51; *G.F. Schuppert*, in AK-GG, Art. 33 Abs. 4, 5 Rn. 6, 24; zur Entstehungsgeschichte → Rn. 15.

[271] *Maunz* (Fn. 121), Art. 33 Rn. 41; *Isensee* (Fn. 270), § 32 Rn. 54; *Kunig* (Fn. 95), Art. 33 Rn. 41, 51; *Schuppert* (Fn. 270), Art. 33 Abs. 4, 5 Rn. 38; *Schotten*, Auswirkungen (Fn. 92), S. 22f.; *G. Lehnguth*, ZBR 1991, 266 (270); a.A. Teile der älteren Literatur, s. *W. Otto*, ZBR 1956, 233 (236); *T. Quidde*, ZBR 1958, 229 (232).

[272] S. *J. Jung*, Die Zweispurigkeit des öffentlichen Dienstes, 1971.

[273] Bejahend *Jung*, Zweispurigkeit (Fn. 272), S. 112ff. (118) m.w.N.

[274] Vgl. aber noch → Rn. 55 mit Fn. 283.

[275] *Jung*, Zweispurigkeit (Fn. 272), S. 101ff., mit Nachweisen zur älteren Gegenauffassung; *G. Lehnguth*, ZBR 1991, 266 (268); *H. Lecheler*, Die Beamtenaufgaben nach dem Funktionsvorbehalt des GG, 1986, S. 9, 17; *F. Ossenbühl*, Eigensicherung und hoheitliche Gefahrenabwehr, 1981, S. 33; *Maunz* (Fn. 121), Art. 33 Rn. 40; Jarass/*Pieroth*, GG, Art. 33 Rn. 9; *U. Battis/H. Schlenga*, ZBR 1995, 253 (253f.) m.w.N.

[276] BVerfGE 6, 376 (385); BVerfG (1. Kammer des Zweiten Senats) NVwZ 1988, 523ff. (523); VGH Mannheim, NJW 1980, 1868ff. (1868); ebenso wohl (offenlassend, aber zugleich mit bestätigender Verweisung auf BVerfGE 6, 376 [385]): BVerfGE 35, 79 (147); aus der Literatur *Jung*, Zweispurigkeit (Fn. 272), S. 104; *Schuppert* (Fn. 270), Art. 33 Abs. 4, 5 Rn. 37; *Stern*, Staatsrecht I, S. 348; *Kunig* (Fn. 95), Art. 33 Rn. 39; *Maunz* (Fn. 121), Art. 33 Rn. 40; *Schmidt-Bleibtreu/Klein*, GG, Art. 33 Rn. 11; a.A. *Isensee* (Fn. 270), § 32 Rn. 52.

IV. Funktionsvorbehalt (Art. 33 IV GG) Art. 33

Vorgaben für die Gestaltung bestimmter einzelner Beschäftigungsverhältnisse können aufgrund dieser Offenheit aus Art. 33 IV GG kaum praxiswirksam abgeleitet werden[277]. Müßig ist aus demselben Grund die Frage, ob eine unter Verstoß gegen Art. 33 IV GG erfolgte Übertragung von Hoheitsaufgaben auf einen Nichtbeamten die von diesem erlassenen Hoheitsakte fehlerhaft macht[278].

Die hinsichtlich der Ableitbarkeit fallbezogener Konsequenzen **imperfekte Struktur** des Art. 33 IV GG (→ Rn. 54) ist gleichbedeutend mit **ungünstigen Durchsetzungsbedingungen**. In der Praxis wird über die Beschäftigung im Beamten- oder Angestelltenstatus vielfach nicht in Orientierung an dem für Einzelfälle nicht aussagekräftigen Art. 33 IV GG, sondern nach den Interessen der jeweiligen Stelleninhaber bzw. -bewerber oder anderen Opportunitätsgründen entschieden[279]. Zugleich hat der Unterschied zwischen Beamten- und Angestelltenstatus infolge fortgeschrittener wechselseitiger **Angleichung von Angestelltentarifrecht und Beamtenrecht** seit langem an praktischer Bedeutung verloren[280]. Dieser Bedeutungsschwund und die vielfach willkürliche Handhabung haben die Plausibilität des zweispurigen Systems geschwächt. Die verfassungsrechtlichen Grundlagen einschließende Reformbestrebungen zur Schaffung eines einheitlichen Dienstrechts[281] haben sich aber bislang nicht durchsetzen können. Daran hat sich auch im Zuge der Wiedervereinigung nichts geändert. Art. 20 II des **Einigungsvertrages** sieht vor, daß hoheitsrechtliche Befugnisse im Beitrittsgebiet so bald wie möglich Beamten zu übertragen sind[282]. Die gegenwärtig vorherrschenden Bestrebungen zur **Reform des öffentlichen Dienstes** richten sich weniger auf die Beseitigung der Zweispurigkeit[283] als auf eine Modernisierung des Beamtenrechts[284], die Ausschöpfung der nach Art. 33 IV GG bestehenden Möglichkeit,

---

[277] Sehr wohl möglich ist zwar die Feststellung, ob ein einzelner Dienstposten mit der Wahrnehmung hoheitsrechtlicher Aufgaben verbunden ist (so zutreffend *Lecheler* (Fn. 200), § 72 Rn. 26); diese Feststellung hat wegen der Regelstruktur des Art. 33 IV GG aber keine definitiv verpflichtenden Konsequenzen für die Ausgestaltung gerade des betreffenden einzelnen Arbeitsverhältnisses.

[278] Verneinend *H. Lenz*, in: Hamann/Lenz, GG, Art. 33 Anm. 4; für fallweise differenzierende Beantwortung ohne nähere Spezifizierung *Maunz* (Fn. 121), Art. 33 Rn. 40.

[279] *Isensee* (Fn. 270), § 32 Rn. 7; für eine empirische Untersuchung am Beispiel einer Bezirksregierung s. *O.-S. Költzow*, Verteilung von Dienstposten auf Beamte und Arbeitnehmer im öffentlichen Dienst, Diss. jur. Göttingen 1988. Daten zur Beschäftigung der verschiedenen Statusgruppen in verschiedenen Bereichen des öffentlichen Dienstes bei *Schuppert* (Fn. 270), Art. 33 Abs. 4, 5 Rn. 18 f.

[280] Dazu *Jung*, Zweispurigkeit (Fn. 272), S. 44 ff.; 181 ff.; *Schuppert* (Fn. 270), Art. 33 Abs. 4, 5 Rn. 21 f. m.w.N. Hervorgehoben wird in der Regel vor allem die weitgehende Anpassung des Angestelltentarifrechts an beamtenrechtliche Grundsätze (tarifrechtliche Unkündbarkeitsregelung, System der Vergütungsgruppen u.ä.); s. aber für erfolgte Anpassungen auch in umgekehrter Richtung *E. Geissler*, Strukturwandlungen des deutschen Beamtenrechts unter dem Einfluß arbeits- und tarifrechtlicher Vorstellungen, Diss. jur. Köln 1971.

[281] S. für moderate, weitgehend besitzstandswahrende Vereinheitlichungsvorschläge *Studienkommission für die Reform des öffentlichen Dienstrechts*, Bericht der Kommission, 1973, S. 141 ff.

[282] Näher dazu und allgemein zur Einführung des öffentlichen Dienstrechts in den neuen Bundesländern *U. Battis*, NJ 1991, 89 (90 ff.); *H.-J. Box*, LKV 1991, 87 (89 f.); *H.-D. Weiß*, ZBR 1991, 1 (24 ff.); *H. Lecheler*, ZBR 1991, 48 ff.; *B. Keller/F. Henneberger*, Gewerkschaftliche Monatshefte 1992, 331 ff., sowie → Rn. 44. Zur Regelung des Einigungsvertrages über die Arbeitsverhältnisse der bei abzuwickelnden Einrichtungen Beschäftigten BVerfGE 84, 133 ff.

[283] S. aber, längerfristig für ein einheitliches öffentliches Dienstrecht, Antrag der Abgeordneten Dr. Antje Vollmer, Oswald Metzger und der Fraktion BÜNDNIS 90/DIE GRÜNEN, BT-Drs. 13/2464, S. 5; für die entsprechende auf Landesebene von der Regierung Schleswig-Holsteins vertretene Position *H.P. Bull*, DÖV 1995, 592 (596) m.w.N.

[284] S. insb. Gesetz zur Reform des öffentlichen Dienstrechts vom 24. 2. 1997, BGBl. I S. 322; dazu

Nichtbeamte einzusetzen (→ Rn. 57 ff., 61 f.) und die Entfrachtung durch Privatisierungen. Der **Verlagerung von Staatsaufgaben auf Private** sind durch Art. 33 IV GG allerdings Grenzen gesetzt[285]. Die Übertragung öffentlicher Aufgaben, als öffentliche, auf Private zur selbständigen Wahrnehmung (**Beleihung**[286]) ist unzulässig, soweit die Verbeamtungspflicht nach Art. 33 IV GG reicht[287]. Eine andere Frage ist, ob Art. 33 IV GG auch der Umwandlung bislang öffentlicher Aufgaben in private, d.h. in Aufgaben, die ohne Inanspruchnahme der spezifisch hoheitsrechtlichen Befugnis zu einseitigverbindlicher Regelung von Privaten wahrgenommen werden sollen, eine Grenze setzt. Diese Frage ist zu verneinen[288]. Art. 33 IV GG bezieht sich auf den Modus der Erfüllung staatlicher Aufgaben, nicht auf deren Bestand.

2. Der Funktionsvorbehalt als Beamtenvorbehalt

56 Art. 33 IV GG behält die ständige Ausübung der dort bezeichneten Aufgaben für den Regelfall »**Angehörigen des öffentlichen Dienstes**« vor, »**die in einem öffentlich-rechtlichen Dienst- und Treueverhältnis stehen**«. Aus den im Parlamentarischen Rat geführten Diskussionen (→ Rn. 11 ff.) geht eindeutig hervor, und die Bezugnahme auf das beamtenrechtsspezifische öffentlich-rechtliche Dienst- und Treueverhältnis (→ Rn. 76, 78) macht auch im Wortlaut hinreichend deutlich, daß mit dieser Formulierung **Beamte**, und zwar Beamte im Sinne eines nach den Vorgaben des Abs. 5 auszugestaltenden Beamtenrechts, gemeint sind[289].

U. Battis, NJW 1997, 1033 ff.; *H. Schnellenbach*, NVwZ 1997, 521 ff.; *H.-B. Beus/K. Bredendiek*, ZBR 1997, 201 ff.; *H. Lecheler*, ZBR 1997, 206 ff.; allgemeiner zu Fragen der Dienstrechtsreform *E. Denninger/G. Frankenberg*, Grundsätze zur Reform des öffentlichen Dienstrechts, 1997, m.w.N.

[285] *Kunig* (Fn. 95), Art. 33 Rn. 42; *Isensee* (Fn. 270), § 32 Rn. 59; *H. Lecheler*, Grenzen für den Abbau von Staatsleistungen, 1989, S. 93 f.; *A. Krölls*, GewArch. 1995, 129 (135 f.); a.A. (nicht für grenzenlose Privatisierbarkeit, aber für die Irrelevanz des Art. 33 IV GG in diesem Zusammenhang) *F.-J. Peine*, Die Verwaltung 17 (1984), 415 (437). Zu Verfassungsfragen des Einsatzes von Beamten bei juristischen Personen des Privatrechts innerhalb und außerhalb der bestehenden verfassungsrechtlichen Sonderregelungen für Bahn und Post (Art. 143a I, 143b III GG) s. *H. Benz*, Die verfassungsrechtliche Zulässigkeit der Beleihung einer Aktiengesellschaft mit Dienstherrenbefugnissen, 1995; *R. Uerpmann*, Jura 1996, 79 (80 ff.); *U. Battis*, Beleihung anläßlich der Privatisierung der Postunternehmen, in: FS Raisch, 1995, S. 355 ff. (356 ff.); zu den dienstrechtlichen Regelungen im Zusammenhang mit der Bahnreform s. statt vieler *U. Lorenzen*, PersV 37 (1994), 145 ff.; für die Postreform II *ders.*, PersV 38 (1995), 99 ff.

[286] Für die prinzipielle Vereinbarkeit des Instituts der Beleihung mit Art. 33 IV GG s. BVerwGE 57, 55 (60) m.w.N.

[287] *E. Lindgen*, DöD 1972, 1 (6); für die zutreffende Feststellung, daß die Beleihung demgemäß zulässig ist, solange das von Art. 33 IV GG vorgegebene Regel-Ausnahme-Verhältnis gewahrt bleibt, *G. Nitz*, NZV 1998, 11 (15); *A. Krölls*, GewArch. 1997, 445 (449); *Battis*, Beleihung (Fn. 285), S. 359; *C. Degenhart*, Sächs.VBl. 1995, 1 (8); a.A. *M. Kutscha*, NJ 1997, 393 (395).

[288] *S. v. Heimburg*, Verwaltungsaufgaben und Private, 1982, S. 22 ff.; *H.P. Bull*, Die Staatsaufgaben nach dem Grundgesetz, 1973, S. 99 ff.; *R. Schmidt*, Rechtliche Möglichkeiten für Privatisierungen im Bereich der Deutschen Bundespost, in: FS Lerche, 1993, S. 965 ff. (977); *G. Püttner*, LKV 1994, 193 (194); *W. Erbguth*, UPR 1995, 369 (372); *R. Scholz*, NJW 1997, 14 (15); *K. Waechter*, NZV 1997, 329; *F.-J. Peine*, DÖV 1997, 353 (355 f.); a.A. *A. Krölls*, GewArch. 1997, 445 (451); *C.-D. Bracher*, Gefahrenabwehr durch Private, 1987, S. 139 ff.; *Lecheler*, Grenzen (Fn. 285), S. 93 f.; *ders.*, ZBR 1980, 69 (70 f.); *W. Leisner*, DVBl. 1978, 733 (735 f.); s. auch *W. Leisner*, Entstaatlichung und Berufsbeamtentum (1979), in: *ders.*, Beamtentum – Schriften zum Beamtenrecht und zur Entwicklung des öffentlichen Dienstes 1968–1991, 1995, S. 225 ff. (233 ff.); weniger deutlich *H. Lecheler*, Bay.VBl. 1994, 555 (557 f.).

[289] So auch die ganz h.M., s. Jarass/Pieroth, GG, Art. 33 Rn. 9; Schmidt-Bleibtreu/Klein, GG, Art. 33 Rn. 11; *Matthey* (Fn. 120), Art. 33 Rn. 32; *Schuppert* (Fn. 270), Art. 33 Abs. 4, 5 Rn. 4 ff., 12; *Maunz* (Fn. 121), Art. 33 Rn. 39; *Denninger/Frankenberg*, Grundsätze (Fn. 284), S. 14; *Isensee*

3. Reichweite des Vorbehalts

a) Hoheitsrechtliche Befugnisse

Regelmäßig Beamten zu übertragen ist nach Art. 33 IV GG die ständige Ausübung **hoheitsrechtlicher Befugnisse**. Die Auffassungen über die Bedeutung dieses Begriffs, und damit die Auffassungen über die Reichweite des Funktionsvorbehalts, decken sich nur in einem Kernbereich und gehen im übrigen weit auseinander. Selten ausdrücklich festgestellt[290], in der Regel aber stillschweigend vorausgesetzt wird, daß dem Regelungskontext nach nicht Befugnisse aller drei Staatsgewalten, sondern **exekutivische Befugnisse** gemeint sind. Unstreitig hoheitsrechtlicher Natur ist in diesem Bereich die Ausübung von Eingriffsbefugnissen, d.h. spezifisch die Tätigkeit der sogenannten **Eingriffsverwaltung**[291]. Weitgehende Übereinstimmung besteht auch darüber, daß privatrechtliche Geschäfte zur Deckung des sächlichen Eigenbedarfs der Hoheitsträger am Markt (sog. fiskalische Hilfsgeschäfte)[292], rein erwerbswirtschaftliche Tätigkeiten[293] und nicht entscheidungsprägende **Hilfstätigkeiten**[294] nicht erfaßt sind. Im übrigen lassen sich verschiedene Positionen unterscheiden: Die **weiteste Auffassung** identifiziert die Ausübung hoheitsrechtlicher Befugnisse mit der Erfüllung öffentlicher Aufgaben. Auf die Rechtsform des Verwaltungshandelns kommt es nach dieser Auffassung nicht an. Auch die Erfüllung von Aufgaben der Daseinsvorsorge in privatrechtlicher Handlungsform gilt danach als Ausübung hoheitsrechtlicher Befugnisse[295]. Eine zweite, **reduziert extensive Auffassung** sieht die Erfüllung öffentlicher Aufgaben dann und nur dann als Ausübung hoheitsrechtlicher Befugnisse an, wenn sie in den Formen des öffentlichen Rechts erfolgt. Ob und inwieweit auch die sogenannte Leistungsverwaltung dem Funktionsvorbehalt unterfällt, hängt danach von der Rechtsform ihres Handelns ab[296]. Auch eine Reihe von Autoren, die nicht auf die

57

(Fn. 270), §32 Rn. 51; *Lecheler* (Fn. 200), §72 Rn. 24; *U. Battis/H. D. Schlenga*, ZBR 1995, 253 (254) m.w.N.

[290] Vgl. *Maunz* (Fn. 121), Art. 33 Rn. 34.

[291] Zum diesbezüglichen Konsens *u. Battis/H.D. Schlenga*, ZBR 1995, 253 (256); *Maunz* (Fn. 121), Art. 33 Rn. 33; *W. Rudolf*, Der öffentliche Dienst im Staat der Gegenwart, VVDStRL 37 (1979), S. 175ff. (202).

[292] *Kunig* (Fn. 95), Art. 33 Rn. 49; *Jarass/Pieroth*, GG, Art. 33 Rn. 9; *Lecheler* (Fn. 200), §72 Rn. 28; *Rudolf*, Der öffentliche Dienst (Fn. 291), S. 202; *Maunz* (Fn. 121), Art. 33 Rn. 37.

[293] Nachweise wie in Fn. 292.

[294] *Kunig* (Fn. 95), Art. 33 Rn. 49; *Jarass/Pieroth*, GG, Art. 33 Rn. 9; *Isensee* (Fn. 270), §32 Rn. 56; *Lecheler* (Fn. 200), §72 Rn. 28; *Maunz* (Fn. 121), Art. 33 Rn. 36; *M. Benndorf*, DVBl. 1981, 23 (28); s. umgekehrt dazu, daß in den Bereichen, die im Prinzip als erfaßt gelten, nicht nur das unmittelbar außenwirksame Handeln, sondern auch die inhaltlich relevante intern entscheidungsvorbereitende Tätigkeit erfaßt ist, statt vieler *Jung*, Zweispurigkeit (Fn. 272), S. 120ff.; *Lecheler*, Beamtenaufgaben (Fn. 275), S. 25f.; *Schotten*, Auswirkungen (Fn. 92), S. 20f.

[295] *P. Kirchhof*, Der Begriff der hoheitsrechtlichen Befugnisse in Art. 33 Abs. IV des Grundgesetzes, Diss. jur. München 1968, S. 127 (zum zugrundeliegenden Kriterium der »Staatsdienstlichkeit« S. 117); *W. Leisner*, Der Beamte als Leistungsträger – Die Anwendbarkeit des beamtenrechtlichen Funktionsvorbehalts (Art. 33 Abs. IV GG) auf die Leistungsverwaltung, in: ders., Das Berufsbeamtentum im demokratischen Staat, 1975, S. 121ff. (126f.); *ders.*, Legitimation des Berufsbeamtentums aus der Aufgabenerfüllung, 1988, S. 52ff.; *Lecheler*, Beamtenaufgaben (Fn. 275), S. 35ff.; *ders.* (Fn. 200), §72 Rn. 26ff.; Schmidt-Bleibtreu/*Klein*, GG, Art. 33 Rn. 12; *Isensee* (Fn. 270), §32 Rn. 56ff.

[296] *P. Lerche*, Verbeamtung als Verfassungsauftrag?, 1973, S. 21f.; *Rudolf*, Der öffentliche Dienst (Fn. 291), S. 202ff.; *Maunz* (Fn. 121), Art. 33 Rn. 33; *Stern*, Staatsrecht I, S. 348f.; *E. Lindgen*, DöD 1972, 1 (3f.).

Rechtsform, sondern auf die Adäquanz der »Besonderheiten des Beamtenverhältnisses« abstellen, zielen damit im Ergebnis auf eine mittlere Lösung[297]. Die dritte, **enge Auffassung** stellt traditionell auf den eingreifenden Charakter der fraglichen Tätigkeit ab, schreibt also nur Eingriffsbefugnissen hoheitsrechlichen Charakter zu[298]. Dabei zieht ein Teil der Literatur die tradierte Unterscheidung von Eingriffs- und Leistungsverwaltung heran und sieht pauschal die traditionell so genannte Eingriffsverwaltung und nur diese als dem Funktionsvorbehalt unterworfen an[299]. Andere Autoren neigen dagegen eher dazu, die Qualifizierung staatlichen Handelns als eingreifend oder nicht eingreifend von einer nicht an diesen Schematismus der Verwaltungszweige gebundenen, differenzierteren Analyse abhängig zu machen[300]. Um eine Variante der engen Auffassung handelt es sich auch, wenn als hoheitsrechtlich die »notwendig staatlichen Aufgaben« qualifiziert werden[301].

58   Die Entstehungsgeschichte des Abs. 4 spricht für eine **enge Auffassung**[302]. Einen extensiven Verbeamtungszwang auszulösen, sollte erklärtermaßen nicht der Zweck des Funktionsvorbehalts sein. Im Parlamentarischen Rat bestand im Gegenteil ein parteiübergreifender Konsens dahingehend, daß es zu einer – im Vergleich zum Bisherigen – restriktiven Verbeamtungspraxis kommen müsse und werde[303]. Einigkeit bestand im Ergebnis insbesondere darüber, daß es keinen Zwang zum Einsatz von Beamten bei Bahn, Post und Betrieben der kommunalen Daseinsvorsorge geben sollte[304]. Um das gemeinte enge Verständnis so deutlich wie möglich zu machen, wurde der zur Umschreibung des Vorbehaltsbereichs ursprünglich vorgesehene, im Grundsatzausschuß bereits eng verstandene Begriff der »Ausübung öffentlicher Gewalt« im Zuständigkeitsausschuß ersetzt durch den explizit als nochmals enger qualifizierten Begriff der »hoheitsrechtlichen Befugnisse«[305]. Auch im Wortlaut war damit nach damaligem Verständnis eindeutig zum Ausdruck gebracht, daß nur die Ausübung der spezifisch staatlichen Befugnis zu einseitig verbindlicher, erforderlichenfalls mit Zwang durchsetzbarer Regelung erfaßt sein sollte. Teleologische Gründe, die eine extensivere Auslegung rechtfertigen könnten, sind nicht erkennbar. Das vom Verfassungsgeber mit

---

[297] *Kunig* (Fn. 95), Art. 33 Rn. 49; ebenso wohl in der Sache *P. Badura*, ZBR 1996, 321 (325 f.); *G. Lehnguth*, ZBR 1991, 266 (268 f.); *Battis* (Fn. 126), Art. 33 Rn. 55 ff. (57); vgl. auch *U. Battis/H.D. Schlenga*, ZBR 1995, 253 (255 ff.) m.w.N.

[298] S. die Nachweise in Fn. 299 und 300.

[299] *W. Thieme*, Der öffentliche Dienst in der Verfassungsordnung des Grundgesetzes, 1961, S. 57; *W. Benz*, Beamtenverhältnis und Arbeitsverhältnis, 1969, S. 152 ff.; *Jung*, Zweispurigkeit (Fn. 272), S. 132 (192); *F.-J. Peine*, Die Verwaltung 17 (1984), 415 (419 ff.).

[300] *Rieckhoff*, Entwicklung (Fn. 92), S. 25 ff.; ebenso zumindest in Teilen *M. Benndorf*, DVBl. 1981, 23 (26 ff.).

[301] *Schuppert* (Fn. 270), Art. 33 Abs. 4, 5 Rn. 34 ff.; ähnlich *Denninger/Frankenberg*, Grundsätze (Fn. 284), S. 16, die neben dem Kriterium der »Grundrechtsrelevanz« im Anschluß an *Schuppert* darauf abstellen, ob der Staat für die jeweilige Tätigkeit ein Wahrnehmungsmonopol beansprucht.

[302] Dazu näher auch *Rieckhoff*, Entwicklung (Fn. 92), S. 25 f.; *Jung*, Zweispurigkeit (Fn. 272), S. 136 ff., 140.

[303] → Rn. 12, 15. Dies wird gelegentlich auch von Anhängern der extensiven Auffassung eingeräumt; s. *Leisner*, Legitimation (Fn. 295), S. 40.

[304] → Rn. 12. In den Materialien diesbezüglich auffindbare Meinungsunterschiede betreffen nicht das Ergebnis, sondern nur den Ort, an dem die einvernehmlich gewünschte Restriktivität des Verbeamtungszwangs verankert gewünscht wurde (begriffliche Umschreibung des Vorbehaltsbereichs oder Aufweichungsklausel [»grundsätzlich« bzw. »in der Regel«]); → Rn. 12 f.

[305] → Rn. 12 am Ende.

IV. Funktionsvorbehalt (Art. 33 IV GG)

Art. 33 IV GG verfolgte *telos* war die Sicherung der Institution des Berufsbeamtentums durch Sicherung nicht eines maximalen, sondern eines Mindest-Einsatzbereichs. Es kann auch keine Rede davon sein, daß dieser den konkreten historischen Intentionen des Verfassungsgebers entsprechend eng bestimmte Einsatzbereich von einer Auszehrung bedroht wäre, die nach Kompensation durch extensivere Auslegung riefe[306]. Der Hinweis auf den ungeheuren Zuwachs staatlicher Aufgaben im Bereich der Umwelt- und Technikkontrolle im Zeitraum seit der Entstehung des Grundgesetzes sollte genügen, um die These zu widerlegen, daß der im engeren Sinne hoheitsrechtliche Kernbereich staatlicher Aufgaben seitdem im Schwinden begriffen und Art. 33 IV GG daher nur durch extensive Auslegung vor dem Versinken in institutionelle Bedeutungslosigkeit zu retten sei. Für die Zukunft dürfte als Folge zunehmender Privatisierung von Leistungsaufgaben und dadurch erzeugten neuen Aufsichtsbedarfs eher mit einem weiteren relativen Bedeutungszuwachs der auch bei enger Auslegung von Art. 33 IV GG erfaßten staatlichen Aufgaben zu rechnen sein.

Die demnach gebotene enge Auslegung zwingt allerdings weder dazu noch erlaubt sie es, die Reichweite des Funktionsvorbehalts strikt auf den Bereich der traditionell so genannten Eingriffsverwaltung zu beschränken. Eingreifende ist von leistender Staatstätigkeit in vielen Fällen schon bei mikroskopischer, einzelne Maßnahmen ins Auge fassender Betrachtung nicht ohne weiteres säuberlich zu trennen[307]. Erst recht genügt die für rechtsdogmatischen Unterscheidungsbedarf auch sonst unbrauchbare Dichotomisierung, die die Verwaltung Zweig für Zweig als insgesamt entweder Eingriffs- oder Leistungsverwaltung einzuordnen sucht, den Differenzierungsanforderungen des Art. 33 IV GG nicht[308]. Einseitig regelnde staatliche Entscheidungstätigkeiten, die die **Gewährung grundrechtswesentlicher Leistungen** betreffen (Beispiel: Sozialhilfe), sind nach heutigem Verständnis ungeachtet dessen, daß sie im Rahmen der traditionellen Dichotomie der Leistungsverwaltung zuzuordnen sein mögen, als eingriffsträchtig und damit als Ausübung hoheitsrechtlicher Befugnisse im Sinne des Art. 33 IV GG einzuordnen[309]. Von eben diesem Verständnis ging, wie die Behandlung mehrerer Beispielsfälle (Ernährungsämter, Zuteilung von Säuglingsmilch) zeigt, auch bereits die Diskussion im Parlamentarischen Rat aus[310]. Die in der Praxis häufige Zuweisung sowohl hoheitsrechtlicher als auch nicht-hoheitsrechtlicher Funktionen zu ein- und demselben Dienstposten(typ) wirft die Frage nach dem hoheitsrechtlichen Charakter solcher **gemischten Funktionen** auf. Im Parlamentarischen Rat, der diese

---

[306] So aber *Maunz* (Fn. 121), Art. 33 Rn. 33; kritisch dazu bereits *Jung*, Zweispurigkeit (Fn. 272), S. 139.
[307] Dazu im einzelnen G. *Lübbe-Wolff*, Die Grundrechte als Eingriffsabwehrrechte, 1988, S. 205 ff.
[308] Zutreffend *Lecheler*, Beamtenaufgaben (Fn. 275), S. 10; *Lerche*, Verbeamtung (Fn. 296), S. 24 ff.; *Kunig* (Fn. 95), Art. 33 Rn. 48; s. auch die in Fn. 300 im Sinne der differenzierend engen Auffassung Angeführten.
[309] So auch die in Fn. 300 im Sinne der differenzierend engen Auffassung Angeführten.
[310] → Rn. 12 mit Fn. 61. Die in der Nachkriegszeit für die Zuteilung von Lebensmitteln zuständigen Ernährungsämter wurden als Träger hoheitsrechtlicher Aufgaben angesehen, die aber wegen der voraussichtlich begrenzten Dauer der Aufgabe nicht dem Funktionsvorbehalt unterfallen sollten. Im Beispielsfall der Zuteilung von Säuglingsmilch – damals eine Angelegenheit von existenzieller Bedeutung – aus einem kommunalen Landgut blieb die Frage der Subsumtion der *Guts*leitung (!) unter Art. 33 IV GG nicht aufgrund von Zweifeln an der hoheitsrechtlichen Natur dieser Zuteilungsaufgabe offen, sondern aufgrund von Zweifeln wegen des insgesamt doch schwerpunktmäßig betrieblichen Charakters der Leistungsaufgabe.

Frage vor allem am Beispiel der Fürsorgerinnen diskutierte, scheint man sich darüber einig gewesen zu sein, daß kein Zwang ausgelöst werden sollte, Funktionen zu verbeamten, die zwar mit einzelnen hoheitsrechtlichen Befugnissen ausgestattet sind, bei denen die Ausübung solcher Befugnisse aber dem Gesamtbild der Tätigkeit nach nur eine untergeordnete Rolle spielt. Die Verbeamtung der Fürsorgerinnen sollte daher dem großzügig interpretierten Ausnahmevorbehalt (→ Rn. 62) unterfallen und damit ins politische Ermessen gestellt sein[311]. Diese Lösung ist dogmatisch konsequent. Daß es sich in den Fällen gemischter Funktionen, wenn auch eben nur unter anderem, um die Ausübung hoheitsrechtlicher Befugnisse handelt, ist nicht sinnvoll zu bestreiten. Dem Gesichtspunkt, daß Funktionen, die das Gesamtbild der jeweiligen Tätigkeit nicht prägen, auch nicht den Charakter des Dienstverhältnisses prägen müssen, kann aber sinnvoll und mit der notwendigen Flexibilität über den Ausnahmevorbehalt Rechnung getragen werden[312]. Nach diesen Grundsätzen ist auch die derzeit umstrittene Frage, ob Art. 33 IV GG für den **Lehrerberuf an öffentlichen Schulen und Hochschulen** die Verbeamtung als Regel fordert, zu beantworten und im Ergebnis zu verneinen[313]. Eine einschlägige Äußerung v. Mangoldts im Parlamentarischen Rat stützt dieses Ergebnis[314].

60 Aus den **europarechtlichen Vorgaben** für den Zugang der Unionsbürger zum öffentlichen Dienst der Mitgliedstaaten (→ Rn. 20) lassen sich keine zwingenden Schlüsse für die Interpretation des Begriffs der hoheitsrechtlichen Aufgaben oder des Art. 33 IV GG insgesamt ziehen[315].

b) Ständige Ausübung

61 Der Funktionsvorbehalt gilt nur für die ständige Ausübung hoheitsrechtlicher Befugnisse. Entstehungsgeschichtlich war dieser Einschränkung vor allem die Funktion zugedacht, **absehbar künftig wegfallende Hoheitsaufgaben**, wie sie in der Nachkriegs-

---

[311] → Rn. 13; vgl. auch Fn. 310.

[312] → Rn. 62. In der Literatur wird stattdessen z.T. angenommen, daß es sich bei gemischten Funktionen mit nur marginalen hoheitsrechtlichen Anteilen nicht um eine *ständige* Ausübung hoheitsrechtlicher Befugnisse handele; s. *Jung*, Zweispurigkeit (Fn. 272), S. 125 m.w.N.; a.A. (für uneingeschränkte Verbeamtungspflicht auch bei gemischten Funktionen): *Leisner*, Der Beamte (Fn. 295), S. 135 ff.

[313] Ebenso im Ergebnis *Denninger/Frankenberg*, Grundsätze (Fn. 284), S. 19 f.; *Schuppert* (Fn. 270), Art. 33 Abs. 4, 5 Rn. 38; *F.-J. Peine*, Die Verwaltung 17 (1984), 415 (437 f.); a.A. die vorherrschende Auffassung: *V. Epping*, ZBR 1997, 383 (386); *P. Badura*, ZBR 1996, 321 (326); *U. Battis/H.D. Schlenga*, ZBR 1995, 253 (256 f.); *Rieckhoff*, Entwicklung (Fn. 92), S. 39 ff.; *F. Ruland*, ZRP 1983, 278 (282); *M. Benndorf*, DVBl. 1981, 23 (27); *W. Leisner*, ZBR 1980, 361 (362 ff.); kritisch auch Schmidt-Bleibtreu/*Klein*, GG, Art. 33 Rn. 11; offenlassend VGH Mannheim NJW 1980, 1868.

[314] A.A. *U. Battis/H.D. Schlenga*, ZBR 1995, 253 (257); *v. Mangoldt* hat im Grundsatzausschuß des Parlamentarischen Rates bejahend auf die Frage geantwortet, ob nach der im Ausschuß diskutierten Fassung des Art. 33 IV GG Lehrer weiter Beamte bleiben *können*. Diese zweifellos richtige Antwort kann nicht in eine Stellungnahme zu der ganz anderen Frage umgemünzt werden, ob eine Verbeamtung nach Art. 33 IV GG geboten ist (zur Unzulässigkeit solcher Gegenschlüsse → Rn. 53). Selbst die gestellte Möglichkeitsfrage hat *v. Mangoldt* – dies unterschlägt die von der Gegenauffassung zitierte Wiedergabe in JöR 1 (1951), S. 320 – nur unter dem Vorbehalt bejaht, daß noch zu prüfen sei, ob die Bejahung für jeden Studienrat oder nur für die Schulleitung gelte; → Rn. 12 mit Fn. 65.

[315] A.A. LAG Hannover NVwZ 1995, 584 (586); s. aber dazu, daß zur Anpassung des deutschen öffentlichen Dienstrechts an die europarechtlichen Vorgaben aus europarechtlicher Sicht auch andere Wege als der über eine restriktive Auslegung des Art. 33 IV GG offenstanden, → Rn. 20.

zeit in besonders großem Umfang anfielen, auszuschließen[316]. Aufgaben von absehbar endlicher Dauer sind daher nach herrschender Auffassung auch dann keine ständigen, wenn die absehbare Dauer eine langjährige ist[317]. Die Ausübung hoheitsrechtlicher Befugnisse im **Vorbereitungsdienst** ist ebenfalls nicht als »ständige« zu qualifizieren[318]. Das Bundesverfassungsgericht hat darüber hinaus auch die zwar auf nicht absehbare Dauer angelegte, aber **diskontinuierlich** ausgeübte Indizierungstätigkeit der Bundesprüfstelle für jugendgefährdende Schriften als »zeitlich begrenzte« und daher nicht-ständige Aufgabenwahrnehmung angesehen[319].

c) Zulässigkeit von Ausnahmen

Die Ausübung ständiger hoheitsrechtlicher Aufgaben ist nach Art. 33 IV GG nur **in der Regel** Beamten zu übertragen. Im Prinzip ist es danach möglich, auch ständige Hoheitsaufgaben dauerhaft auf Nichtbeamte, d.h. entweder auf **nichtbeamtete Angehörige des öffentlichen Dienstes** oder auf nicht dem öffentlichen Dienst angehörende **Beliehene**, zu übertragen[320]. Der Gegenschluß aus dem Wortlaut ergibt, daß die Übertragung auf Nichtbeamte die **Ausnahme** bleiben muß[321]. Das bedeutet allerdings nicht, daß es sich nur um vereinzelte, einzelfallbezogene Ausnahmen handeln dürfte, bereichsspezifische Ausnahmeregelungen also unzulässig wären[322]. Für die Frage, ob der gebotene Ausnahmecharakter gewahrt ist, kann es auch nicht allein auf einen zahlenmäßigen Vergleich der überhaupt mit Hoheitsaufgaben befaßten Stellen ankommen. Entscheidend ist, wo das Schwergewicht hoheitlicher Tätigkeit liegt[323]. Der Ausnahmevorbehalt sollte ausweislich der Entstehungsgeschichte unter anderem dazu dienen, einen Verbeamtungszwang für Mischfunktionen zu vermeiden, bei denen die Ausübung hoheitsrechtlicher Funktionen zwar vorkommt, aber nur eine untergeordnete, nicht das Gesamtbild der betreffenden Tätigkeit prägende Rolle spielt (→ Rn. 13, 59). Die Wahrnehmung von in dieser Weise nur marginal hoheitsrechtlichen Funktionen durch Nichtbeamte höbe den Ausnahmecharakter der Betrauung auch dann nicht auf, wenn die Zahl der betreffenden nichtbeamteten Funktionsträger größer wäre als die Zahl der schwerpunktmäßig mit Hoheitsaufgaben betrauten Beamten. Zulässig ist die Betrauung von Nichtbeamten nach herrschender Auffassung im übrigen nur in »begründeten« Ausnahmefällen; sie bedarf danach, mit anderen Worten, der Recht-

62

---

[316] S. für die im Parlamentarischen Rat herangezogenen Beispiele der Ernährungs- und Wirtschaftsämter: → Rn. 12.

[317] S. dementsprechend für Wiedergutmachung und Lastenausgleich *Maunz* (Fn. 121), Art. 33 Rn. 42; *Rudolf*, Der öffentliche Dienst (Fn. 291), S. 204; allgemein Schmidt-Bleibtreu/*Klein*, GG, Art. 33 Rn. 11; *G. Lehnguth*, ZBR 1991, 266 (269).

[318] Für die Zulässigkeit von Regelungen, die einen generell nicht im Beamtenverhältnis zu absolvierenden Vorbereitungsdienst vorsehen, BVerfGE 39, 334 (372); kritisch dazu *H. Schnellenbach*, ZBR 1996, 327ff.

[319] BVerfGE 83, 130 (150).

[320] S. die Nachweise in Fn. 287.

[321] Unstreitig, s. BVerfGE 9, 268 (284); BVerwGE 57, 55 (59); Jarass/*Pieroth*, GG, Art. 33 Rn. 10; *Maunz* (Fn. 121), Art. 33 Rn. 42; *Jung*, Zweispurigkeit (Fn. 272), S. 125f.

[322] So aber *Isensee* (Fn. 270), § 32 Rn. 55; *Lerche*, Verbeamtung (Fn. 296), S. 51f.; *G. Lehnguth*, ZBR 1991, 266 (269f.).

[323] Ebenso wohl *Isensee* (Fn. 270), § 32 Rn. 53: Verfassungswidrig sei es, »wenn das Tarifpersonal im Hoheitsbereich die Beamten an Zahl *und Bedeutung*« (Hervorhebung G. L.-W.) überträfe und das dienstrechtliche Bild bestimmte.

fertigung durch einen **sachlichen Grund**[324]. Die einschränkende Kraft dieser Kautele ist ebenso gering wie ihre dogmatische Herkunft und nähere Bedeutung unklar. Einschränkende Bedeutung dahingehend, daß das Gebrauchmachen von der Ausnahmemöglichkeit auch in den Bereichen, für die sie entstehungsgeschichtlich besonders vorgesehen war[325] noch einer weiteren, zusätzlichen Rechtfertigung bedürfte, kommt ihr jedenfalls nicht zu.

V. Garantie der hergebrachten Grundsätze des Berufsbeamtentums (Art. 33 V GG)

1. Allgemeine Bedeutung

63   Der in Art. 33 V GG formulierte Regelungsauftrag[326] hat in Verbindung mit Abs. 4 die Bedeutung einer **institutionellen Garantie** des Berufsbeamtentums[327]. Rechtsprechung und herrschende Lehre haben ihm darüber hinaus auch die nach Wortlaut, Systematik und Entstehungsgeschichte nicht naheliegende Bedeutung einer **grundrechtsähnlichen Individualrechtsgarantie** zugeschrieben[328]. Jeder Beamte hat danach ein verfassungsbeschwerdefähiges subjektives Recht darauf, daß seine individuelle Rechtsstellung den Anforderungen des Art. 33 V GG entsprechend ausgestaltet wird. Die Rechtsprechung des Bundesverfassungsgerichts identifiziert dabei unzutreffend die unbestreitbare **unmittelbare Geltung**, d.h. die von einfachgesetzlicher Umsetzung des Regelungsauftrages unabhängige Rechtsverbindlichkeit, der Bestimmung mit ihrer Geltung als nicht nur objektives, sondern auch subjektives Recht[329]. Ungeachtet des angenommenen auch subjektivrechtlichen Charakters der Gewährleistung ist allerdings ein **Primat der institutionellen Funktion** in dem Sinne anerkannt, daß die Auslegung der Bestimmung sich an dieser institutionellen Funktion und nicht an den

---

[324] *Maunz* (Fn. 121), Art. 33 Rn. 42; *Schotten*, Auswirkungen (Fn. 92), S. 22; *Ossenbühl*, Eigensicherung (Fn. 275), S. 37ff., 42f.; *K. Waechter*, NZV 1997, 329 (330); *G. Lehnguth*, ZBR 1991, 266 (269); *E. Lindgen*, DöD 1972, 1 (7); ähnlich Jarass/*Pieroth*, GG, Art. 33 Rn. 9. Die in der Literatur z.T. als Beleg herangezogene Entscheidung BVerfGE 9, 268 (284) ist in bezug auf das Erfordernis eines sachlichen Grundes völlig unergiebig.

[325] Gemischte Funktionen mit nur marginal hoheitsrechtlichem Anteil, → Rn. 12f., 59. Daseinsvorsorge, soweit nicht schon aus dem Begriff der Ausübung hoheitsrechtlicher Befugnisse ausgeklammert, → Rn. 12f.

[326] Zum Auftragscharakter BVerfGE 15, 167 (196).

[327] Zur institutionellen Garantiefunktion des Abs. 5 siehe BVerfGE 3, 58 (137); 70, 69 (79) m.w.N. – st. Rspr.; zum Zusammenhang mit Abs. 4 → Rn. 53.

[328] Offenlassend noch BVerfGE 3, 58 (136); 3, 288 (333); 4, 205 (210); 4, 294 (295); 6, 376 (385); bejahend BVerfGE 8, 1 (11, 17); 8, 28 (35); 12, 81 (87); 64, 367 (375) – st. Rspr., in jüngeren Entscheidungen regelmäßig ohne explizite Bekräftigung vorausgesetzt (s. statt vieler: BVerfGE 81, 363 [375]); *Battis* (Fn. 126), Art. 33 Rn. 65; Schmidt-Bleibtreu/*Klein*, GG, Art. 33 Rn. 13; *Matthey* (Fn. 120), Art. 33 Rn. 40; *Stern*, Staatsrecht I, S. 351ff. Kritisch wie hier dagegen *Kunig* (Fn. 95), Art. 33 Rn. 55; Jarass/*Pieroth*, GG, Art. 33 Rn. 11; *Pieroth/Schlink*, Grundrechte, Rn. 1031; *Schuppert* (Fn. 270), Art. 33 Abs. 4, 5 Rn. 5; *Lecheler* (Fn. 200), § 72 Rn. 68. Zur gegen die herrschende Auffassung sprechenden Entstehungsgeschichte auch *G. Wacke*, Entstehungsgeschichte und Inhalt des Artikels 33 Absatz 5 des Grundgesetzes, in: Neues Beamtentum, hrsgg. vom Institut zur Förderung öffentlicher Angelegenheiten, 1951, S. 152ff. (161).

[329] BVerfGE 4, 205 (210); zur unmittelbaren Geltung auch BVerfGE 9, 268 (286); 15, 167 (195).

V. Garantie der hergebrachten Grundsätze (Art. 33 V GG)   Art. 33

individuellen Interessen des einzelnen Beamten oder Standesinteressen der Beamtenschaft zu orientieren hat[330].

Unumstritten ist dementsprechend, daß Art. 33 V GG nicht Besitzstände als solche zu sichern bestimmt ist. Art. 33 V GG schließt individuell nachteilige Veränderungen des Beamtenrechts nicht *per se* aus; dies ist der Sinn der Feststellung, **wohlerworbene Rechte** der Beamten seien durch diese Bestimmung nicht geschützt[331]. Geschützt ist, im Interesse der Allgemeinheit, die Existenz und Funktionsfähigkeit des Berufsbeamtentums als einer Institution, die die Aufgabe hat, »im politischen Kräftespiel eine stabile, gesetzestreue Verwaltung zu sichern«[332]. Rechtsprechung und Lehre haben *in abstracto* immer wieder betont, daß diese institutionelle Gewährleistung sich auf einen (bzw. den) **Kernbestand von Strukturprinzipien** beschränkt[333] und im übrigen einen **weiten Spielraum** für die Ausgestaltung und Fortentwicklung des Beamtenrechts läßt[334]. Nichtsdestoweniger hat eine extensive Auslegungspraxis Art. 33 V GG zum Instrument detaillierter Steuerung des einfachen Beamtenrechts gemacht[335]. Diese Entwicklung ist zunehmender Kritik ausgesetzt[336], durch bindende Entscheidungen des Bundesverfassungsgerichts aber in erheblichem Umfang festgeschrieben und daher ohne Selbstkorrektur des Gerichts oder Verfassungsänderung nur noch begrenzt umkehrbar.   **64**

Der Formulierung nach (»Das Recht ... ist ... zu regeln«) bezieht Abs. 5 sich auf die **Rechtssetzung**. Adressaten der Regelung sind danach die Legislative[337] und, soweit im Delegationswege zu einschlägiger außenwirksamer Rechtssetzung ermächtigt, Verordnungs- und Satzungsgeber[338]. Das Bundesverfassungsgericht hat dagegen angenommen, daß auch dienstrechtliche **Einzelentscheidungen** der Exekutive an Art. 33 V GG zu messen sind[339]. Unter der einmal aufgestellten Prämisse, daß Art. 33 V GG ungeachtet seiner anderslautenden Formulierung ein grundrechtsgleiches subjektives Recht vermittelt (→ Rn. 63), ist das jedenfalls insoweit konsequent, als es um die rich-   **65**

---

[330] BVerfGE 9, 268 (286): Das Grundgesetz wolle »nicht in erster Linie subjektive Rechte des Beamten schützen, sondern die Einrichtung des Berufsbeamtentums im Interesse der Allgemeinheit erhalten«; vgl. auch BVerfGE 8, 1 (11 f.); 11, 203 (215); 64, 367 (379). Die in BVerfGE 43, 154 (167 f.) postulierte Gleichrangigkeit von Regelungsauftrag und Individualrechtsgarantie steht in einem anderen Zusammenhang.

[331] BVerfGE 3, 58 (137); 8, 1 (11 f.); 70, 69 (79) m.w.N. – st. Rspr.; s. auch, gegen ein Verbot der gesetzlichen Schlechterstellung von Beamten (im Vergleich zum jeweiligen früheren Zustand), BVerfGE 15, 167 (198). Speziell zur Möglichkeit der Reduzierung finanzieller Leistungen → Rn. 80 mit Fn. 435. Zur Zulässigkeit der Anwendung neuer Wartestandsbestimmungen auf bereits im Dienst befindliche Beamte BVerfGE 8, 332 (350); BVerfG (3. Kammer des Zweiten Senats) NVwZ 1994, 473 (474).

[332] BVerfGE 64, 367 (379); 56, 146 (162) m.w.N. – st. Rspr.

[333] Dazu im einzelnen → Rn. 71 f.

[334] BVerfGE 76, 256 (295); 70, 69 (79); 11, 299 (303) m.w.N. – st. Rspr.

[335] → Rn. 70 ff.

[336] *Matthey* (Fn. 120), Art. 33 Rn. 41, 45; *Schuppert* (Fn. 270), Art. 33 Abs. 4, 5 Rn. 5, 74.

[337] BVerfGE 11, 203 (210) – st. Rspr.

[338] Für die – selbstverständliche – Bindung auch des Verordnungsgebers s. BVerfGE 11, 299 (303 f.).

[339] S., die Wahrnehmung der beamtenrechtlichen Fürsorgepflicht betreffend, BVerfGE 43, 154 (165 ff.); bestätigend BVerfGE 83, 89 (100); Bindungswirkung für die Exekutive in der Verwaltungspraxis unterstellend auch BVerfGE 44, 249 (262); zustimmend *Lecheler* (Fn. 200), § 72 Rn. 66; ablehnend das Sondervotum der Richter *Wand* und *Niebler* zu BVerfGE 43, 154; aaO., S. 177 ff.; kritisch auch *B. Bender*, DÖV 1977, 565 (566); *H.J. Becker*, RiA 1978, 14 (16 f.); *H. Schnellenbach*, ZBR 1981, 301 (303); *R. Summer*, ZBR 1992, 1 (1) m.w.N.

tige Anwendung von Rechtsnormen geht, mit denen der in Art. 33 V GG erteilte Regelungsauftrag erfüllt wird[340].

66 Soweit die hergebrachten Grundsätze des Berufsbeamtentums auch Pflichten und sonstige **Einschränkungen der Grundrechte** von Beamten zum Gegenstand haben, rechtfertigt Art. 33 V GG die betreffenden gesetzlichen Grundrechtseinschränkungen[341].

2. Anwendungsbereich

67 Gegenstand der Regelungsverpflichtung des Abs. 5 ist nicht das gesamte öffentliche Dienstrecht, sondern das **Beamtenrecht** als Teil des öffentlichen Dienstrechts[342]. Die in der Literatur vereinzelt vertretene Gegenauffassung[343] findet keinen Rückhalt in der Entstehungsgeschichte[344] und vernachlässigt den Zusammenhang zwischen Abs. 5 und dem vorausgehenden Abs. 4, aus dem deutlich hervorgeht, daß keine Verpflichtung geschaffen werden sollte, unabhängig von ihrer Funktion alle Angehörigen des öffentlichen Dienstes in nach den Traditionsgrundsätzen des Beamtentums ausgestalteten Rechtsverhältnissen zu beschäftigen.

68 Abs. 5 gilt sowohl für das Beamtenrecht des **Bundes** als auch für das der **Länder**[345]. Eingeschlossen sind damit die Beamten im Bereich der **mittelbaren Staatsverwaltung**[346] einschließlich der bei beliehenen Privaten eingesetzten Beamten[347], nicht aber Bedienstete der **Kirchen**[348] und Angehörige **freier Berufe**, die besonderen öffentlichen Bindungen unterliegen[349]. Auch **Minister-** und (in den Stadtstaaten) **Senatoren-**

---

[340] Zur Anerkennung grundrechtlicher Einforderbarkeit der richtigen Anwendung grundrechtsschützenden einfachen Rechts, soweit dieses der Erfüllung institutioneller und sonstiger einschlägiger verfassungsrechtlicher Regelungsaufträge dient, in der Rechtsprechung des Bundesverfassungsgerichts s. *Lübbe-Wolff*, Grundrechte (Fn. 307), S. 103 ff.

[341] Jarass/*Pieroth*, GG, Art. 33 Rn. 11; *Lecheler* (Fn. 200), §72 Rn. 69. Zur prinzipiellen Geltung der Grundrechte und des Gesetzesvorbehalts auch im Beamtenverhältnis s. statt vieler *Battis* (Fn. 126), Art. 33 Rn. 74 ff.; s. im einzelnen zur Meinungs- und politischen Betätigungsfreiheit des Beamten und deren zulässigen Beschränkungen → Rn. 78 mit Fn. 402. Zur Wissenschaftsfreiheit W. *Schrödter*, Die Wissenschaftsfreiheit des Beamten, 1974; → Vorb. Rn. 84; → Art. 1 III Rn. 47; → Art. 4 Rn. 107 ff.

[342] BVerfGE 3, 162 (186); 9, 268 (284f.); aus der Literatur s. statt vieler *Maunz* (Fn. 121), Art. 33 Rn. 46 ff. (48), sowie ausführlich *S. Hase*, Die Rechtswirksamkeit von Tarifverträgen im öffentlichen Dienst, Diss. jur. Mainz 1981, 12 ff. (16 ff.).

[343] *Schuppert* (Fn. 270), Art. 33 Abs. 4, 5 Rn. 40 ff.; *G. Wacke*, AöR 76 (1950/51), 385 (388); *Thieme*, Der öffentliche Dienst (Fn. 299), S. 35 ff.

[344] *Schuppert* (Fn. 270), Art. 33 Abs. 4, 5 Rn. 42, stützt sich auf die oben (→ Rn. 15) wiedergegebene Begründung zu einem Formulierungsvorschlag des Allgemeinen Redaktionsausschusses, die diesen Vorschlag dahingehend erläuterte, daß auch tradierte Grundsätze des Rechts der öffentlichen Angestellten einbezogen sein sollten. Der so erläuterte Formulierungsvorschlag verpflichtete aber auch nur auf die Berücksichtigung »der überlieferten Grundsätze«, nicht auf die der überlieferten Grundsätze *des Beamtentums*, und ist in dieser Fassung gerade *nicht* Gesetz geworden; seine Interpretation durch den Ausschuß gibt daher für die Interpretation der endgültigen Fassung nichts her.

[345] BVerfGE 4, 115 (135); 64, 367 (378).

[346] S. z.B. BVerfGE 7, 155 (163 ff.).

[347] Vgl. → Rn. 55 mit Fn. 285.

[348] BVerfG (Vorprüfungsausschuß) NJW 1980, 1041; Schmidt-Bleibtreu/*Klein*, GG, Art. 33 Rn. 13.

[349] S. für Kassenärzte und Kassenzahnärzte BVerfGE 11, 30 (39); 12, 144 (147); für Notare → Rn. 38; von der Geltung des Art. 33 V GG für Notare ausgehend BVerwG NVwZ 1989, 375 f. (376).

V. Garantie der hergebrachten Grundsätze des Berufsbeamtentums (Art. 33 V) **Art. 33**

ämter[350], der **Abgeordnetenstatus**[351] und die Rechtsverhältnisse der Mitglieder **kommunaler Vertretungskörperschaften**, auch wenn sie als Ehrenbeamtenverhältnisse ausgestaltet sind[352], fallen nicht in den Anwendungsbereich der Vorschrift. **Privatdozenten** sind als solche ebenfalls nicht Angehörige des öffentlichen Dienstes[353]. Von Art. 33 V GG erfaßt sein sollen nach herrschender Auffassung neben den Beamtenverhältnissen im engeren Sinn auch die Rechtsverhältnisse der **Richter**, soweit sich für sie hergebrachte Grundsätze nachweisen lassen[354], nicht dagegen die der **Berufssoldaten**[355]. In der Literatur findet sich, gestützt auf entsprechende mißverständliche Formulierungen des Bundesverfassungsgerichts, die Feststellung, Art. 33 V GG beziehe sich nur auf den **Lebenszeitbeamten**, nicht dagegen auf Zeitbeamte, Teilzeitbeamte, Wahlbeamte und Beamte auf Widerruf[356]. Diese Feststellung ist unzutreffend. Wäre sie richtig, liefe sie unter anderem darauf hinaus, daß das unstreitig zu den hergebrachten Grundsätzen des Berufsbeamtentums zählende Lebenszeitprinzip (→ Rn. 81 ff.) durch den Einsatz nicht-lebenszeitlicher Beamtenverhältnisse nach Belieben gegenstandslos gemacht werden könnte. Richtig ist allerdings, daß Art. 33 V GG nicht die ausnahmslose Ausgestaltung aller Beamtenverhältnisse als Lebenszeitverhältnisse gebietet (→ Rn. 81) und daß die Existenz der nicht-lebenszeitlichen Statustypen, anders als die des Lebenszeitbeamtenverhältnisses, von Art. 33 V GG nicht gewährleistet

---

[350] *Maunz* (Fn. 121), Art. 33 Rn. 51.
[351] S. z.B. für die Kommunalbeamten BVerfGE 76, 256 (341).
[352] BVerfGE 6, 376 (385).
[353] BVerwGE 55, 73 (80 f.).
[354] BVerfGE 12, 81 (87); 15, 298 (302) – st. Rspr.; die Einbeziehung ermöglicht u.a. Verfassungsbeschwerden der Richter wegen Verletzung ihrer richterlichen Unabhängigkeit. Zu den hergebrachten Grundsätzen des Richteramtsrechts, die sich von denen des (sonstigen) Berufsbeamtenrechts in Einzelheiten unterscheiden können; s. im einzelnen BVerfGE 12, 326 (334); 22, 387 (423 f.); 26, 72 (78); 26, 79 (96 ff.); 26, 141 (160 ff.); 32, 199 (223); 38, 1 (11 ff.); 38, 139 (151); 55, 372 (391 ff.) 56, 146 (162 ff.); BGH DöD 1996, 39 (42). Aus der Literatur s. statt vieler *Maunz* (Fn. 121), Art. 33 Rn. 51 m.w.N.; zur Richterbesoldung, ohne inhaltliche Auseinandersetzung mit Art. 33 V GG, auch BVerfGE 26, 100 (110 ff.); 26, 163 (169 ff.); 56, 87 (94 ff.).
[355] BVerfGE 3, 288 (334 f.); 31, 212 (221); *Maunz* (Fn. 121), Art. 33 Rn. 51 m.w.N. Die vermögensrechtlichen Ansprüche der Berufssoldaten werden dementsprechend nicht durch Art. 33 V GG, sondern durch Art. 14 GG geschützt; die Ausgestaltung der Besoldungs- und Versorgungsansprüche der Berufssoldaten muß danach aber, so hat das Bundesverfassungsgericht zunächst im Zusammenhang mit der Neuordnung des öffentlichen Dienstes gem. Art. 131 GG und später wenig plausibel auch außerhalb dieses Zusammenhangs entschieden, nach Grundsätzen erfolgen, die »aus den Grundlagen des öffentlich-rechtlichen Dienst- und Treueverhältnisses entsprechend den für Berufsbeamten geltenden und durch Art. 33 Abs. 5 GG gewährleisteten Grundsätzen entwickelt werden müssen«, BVerfGE 16, 94 (117); 44, 249 (281); 65, 141 (147); BVerwGE 66, 147 (149). S. auch zur politischen Treuepflicht der Berufssoldaten BVerwGE 83, 345 (348).
[356] *U. Battis*, Bundesbeamtengesetz. Kommentar, 1980, § 2 Anm. 2c bb, S. 12; für die zugrundeliegende mißverständliche Formulierung des Bundesverfassungsgerichts s. BVerfGE 44, 249 (262 f.); s. auch BVerfGE 71, 255 (268). Bereits die erstgenannte Entscheidung nimmt die irreführende Feststellung, die Einrichtung des »Zeitbeamten, des Teilzeitbeamten, des Beamten im Vorbereitungsdienst« sei »weder in Art. 33 Abs. 5 GG garantiert noch finden die Regelungen für sie in dieser Vorschrift eine verfassungsrechtliche Grenze« (BVerfGE 44, 249 [262 f.]), gleich im Anschluß teilweise wieder zurück: Gemeint sei, daß die genannten Beamtengruppen »von Verfassungs wegen nicht in ein Beamtenverhältnis berufen werden« müssen; »solange sie allerdings in einem Beamtenverhältnis stehen, gelten für sie die Grundsätze des Art. 33 Abs. 5 GG«. Diese letztere Feststellung allerdings ist wiederum unvereinbar mit den in derselben Entscheidung einige Seiten weiter aufgestellten Grundsätzen zur Reichweite des Alimentationsprinzips; → Rn. 80 mit Fn. 414.

wird[357]. Um dies und nicht mehr ging es in den fraglichen Entscheidungen des Bundesverfassungsgerichts[358]. Das Gericht ist dem irreführend formulierten Grundsatz denn auch im übrigen selbst nicht gefolgt[359] und hat Art. 33 V GG kontinuierlich auch bei anderen als Beamtenverhältnissen auf Lebenszeit zur Anwendung gebracht[360]. Vom Geltungsbereich des Abs. 5 auszunehmen sein dürften im Hinblick auf die vorausgesetzte Beruflichkeit (»Berufs«beamtentum) allerdings **Ehrenbeamte**[361].

69   Die Grenzen, die Art. 33 V GG der Ausgestaltung des Beamtenrechts setzt, gelten auch in bezug auf Beamte, die außerhalb des nach Art. 33 IV GG grundsätzlich Beamten vorbehaltenen Bereichs eingesetzt werden[362].

3. Inhalt der Gewährleistung

a) Hergebrachte Grundsätze des Berufsbeamtentums – Allgemeines

70   Abs. 5 spricht nicht von Sätzen des Beamtenrechts, sondern von Grundsätzen des (Berufs-)Beamtentums. Aus dieser Formulierung wie auch aus der Entstehungsgeschichte der Vorschrift (→ Rn. 15) geht hervor, daß die institutionelle Gewährleistung sich nicht auf beliebige Einzelheiten des Beamtenrechts, sondern auf das für die Institution des Berufsbeamtentums in den ihr zugedachten Funktionen **Fundamentale** – auf die zentralen, institutionsprägenden Prinzipien – bezieht. Nach Wortlaut und Entstehungsgeschichte hat die institutionelle Garantie dabei bewahrenden Charakter; sie beschränkt sich auf das »Hergebrachte«. Institutionell gewährleistet ist daher nicht alles, was aus den Funktionsidealen des Berufsbeamtentums an konkreten Ausgestaltungserfordernissen abgeleitet werden mag, sondern nur das insoweit auch **rechtlich Tradierte**. Was der institutionellen Garantie des Art. 33 V GG unterfallen soll, muß sich, mit anderen Worten, sowohl durch Fundamentalität als auch durch Traditionalität auszeichnen. Die Entartung des Art. 33 V GG zu einem Instrument verfassungsrechtlicher Detailsteuerung des Beamtenrechts (→ Rn. 72 ff.) beruht darauf, daß die Rechtsprechung das **kumulative Verhältnis** dieser beiden Anforderungen immer wieder aus den Augen verloren hat.

71   Das Bundesverfassungsgericht hat die hergebrachten Grundsätze des Berufsbeamtentums umschrieben als einen »Kernbestand von Strukturprinzipien ..., die allgemein oder doch ganz überwiegend und während eines längeren, Tradition bildenden Zeitraums, mindestens unter der Reichsverfassung von Weimar, als verbindlich aner-

---

[357] So auch die zutreffende Interpretation der zitierten Rechtsprechung bei *Isensee* (Fn. 270), § 32 Rn. 70.
[358] S. dazu Fn. 356.
[359] Für die ausdrückliche Feststellung, daß Art. 33 V GG »auch auf andere Beamtengruppen« als die der Lebenszeitbeamten Anwendung finden könne, s. BVerfG (3. Kammer des Zweiten Senats) DVBl. 1992, 1597 (1598).
[360] S. für Beamte auf Zeit BVerfGE 7, 155 (163 f.); 8, 332 (350 ff.); 70, 251 (265); für Beamte auf Zeit und Beamte auf Widerruf, »deren Beamtenverhältnis als Vorstufe zu einem Beamtenverhältnis auf Lebenszeit gedacht ist«, → Rn. 80. S. auch, zur Geltung der aus Art. 33 V GG abgeleiteten politischen Treuepflicht auch für Beamte im Vorbereitungsdienst und andere Nicht-Lebenszeitbeamte, → Rn. 43 m.w.N.
[361] Das Ehrenbeamtenverhältnis hat nicht beruflichen, sondern ehrenamtlichen Charakter, s. §§ 115 BRRG und 5 III, 177 BBG. Zur Erörterung ehrenamtlicher Tätigkeiten im Zusammenhang mit Art. 33 IV GG im Parlamentarischen Rat s. (die hier vertretene Auffassung stützend) → Rn. 13.
[362] Mißverständlich insoweit die Formulierung in BVerfGE 44, 249 (262). → Rn. 77 mit Fn. 391.

kannt und gewahrt worden sind«³⁶³. Die **besondere Relevanz der Weimarer Zeit** beruht auf der nur für diesen Teil der Tradition gegebenen und für deren Vorbildfähigkeit wesentlichen Gleichartigkeit der Staatsform³⁶⁴. In der zitierten Formel des Bundesverfassungsgerichts sind die Voraussetzungen der Fundamentalität (»Kernbestand von Strukturprinzipien«) und Traditionalität richtig und im richtigen, kumulativen Verhältnis zueinander (→ Rn. 70) enthalten. In diesem Sinne wird sie vielfach auch verstanden und angewendet³⁶⁵.

Sowohl in der Rechtsprechung als auch in der Literatur findet sich die Formel aber auch in einer äußerlich nur unwesentlich veränderten Variante: statt von »einem« ist bei sonst gleichbleibender Formulierung von »jenem« oder »dem« Kernbestand von Strukturprinzipien ... (usw.) die Rede³⁶⁶. Mit diesem Wechsel vom unbestimmten zum bestimmten Artikel bzw. zum bestimmenden Demonstrativpronomen wird die Formel, was das Verhältnis ihrer Bestandteile zueinander angeht, mehrdeutig. Sie kann in dieser Fassung so gelesen werden, und wird mehr oder weniger bewußt häufig in dem Sinne verstanden, daß die postulierte Geltung während eines längeren traditionsbildenden Zeitraums nicht mehr eine kumulative Voraussetzung neben der Zugehörigkeit zum Kernbestand, sondern definierendes Merkmal des institutionell geschützten Kernbestandes sein soll. Im Ergebnis muß danach, was durch Abs. 5 geschützt sein soll, nicht mehr als erstens traditionell und zweitens fundamental, sondern nur noch als traditionell erwiesen werden und gilt dann kraft Traditionalität auch als fundamental. Diesem mit Art. 33 V GG unvereinbaren **Verzicht auf Fundamentalität** als selbständige, unabhängig von Traditionalität definierte Anforderung verdankt z. B. die Klugheitsregel, daß Amtsbezeichnungen aussagefähig sein sollten, ihre Erhebung in den Rang eines hergebrachten Grundsatzes des Berufsbeamtentums³⁶⁷. 72

Sowohl das Fundamentalitäts- als auch das Traditionalitätserfordernis gehen außerdem häufig im Prozeß der **Abstraktion und Konkretisierung** unter. Der Verlust kommt dadurch zustande, daß aus tradiertem Beamtenrecht – gelegentlich auch nur aus tradierter Philosophie des Beamtentums – Grundsätze abstrahiert und dann die für richtig gehaltenen Schlußfolgerungen aus diesen Grundsätzen unabhängig davon, ob sie ihrerseits die Traditionalitäts- und Fundamentalitätsvoraussetzungen erfüllen, eben- 73

---

363 BVerfGE 8, 332 (343); 15, 167 (195f.); 46, 97 (117); 58, 68 (76f.); s. auch, bestätigend in abgekürzter Formulierung, BVerfGE 11, 203 (215); 43, 242 (278); 56, 146 (162); 64, 323 (351); 64, 367 (379); 67, 1 (12). Erst unter der Geltung des Grundgesetzes herausgebildete Grundsätze gehören nicht zum institutionell gewährleisteten Bestand; s. BVerfGE 58, 68 (77). Zur Bedeutung des Landesrechts für die Traditionsbildung BVerfGE 26, 72 (78).
364 Zur Bedeutung dieses Gesichtspunkts der Staatsformkompatibilität, den das Bundesverfassungsgericht wechselnd entweder in Zusammenhang mit der Bestimmung des Begriffs der »hergebrachten Grundsätze« oder bei der Bestimmung des Inhalts der Berücksichtigungspflicht zur Geltung bringt, s. BVerfGE 3, 58 (137); 7, 155 (162); 8, 1 (16); 9, 268 (286); 15, 167 (195); 43, 242 (278); 52, 303 (336); 56, 146 (162); zum nationalsozialistischen Beamtenrecht als Instrument der Diktatur (dem folglich keine für die Zwecke des Abs. 5 traditionsbildende Bedeutung zukommen kann) s. BVerfGE 3, 58 (113 ff.); 6, 132 (163 ff., 196 ff.).
365 *Schuppert* (Fn. 270), Art. 33 Abs. 4, 5 Rn. 60 ff.
366 BVerfGE 62, 374 (383); 71, 255 (268); 83, 89 (98); aus der Formulierung in BVerfGE 83, 89 (98) geht nicht eindeutig hervor, ob die formulierten Anforderungen Voraussetzungen für die Qualifizierung als »hergebrachter Grundsatz« oder Voraussetzungen dafür sein sollen, daß der Grundsatz strikt im Sinne einer Beachtenspflicht (nicht nur Berücksichtigungspflicht) geschützt ist (→ Rn. 74f.); Schmidt-Bleibtreu/*Klein*, GG, Art. 33 Rn. 13; *Isensee* (Fn. 270), §32 Rn. 63.
367 BVerfGE 62, 274 (383).

falls als hergebrachte Grundsätze oder jedenfalls als institutionell mitgewährleistet ausgegeben werden. Die Frage, ob Art. 33 V GG ein solches Vorgehen zuläßt, hat das Bundesverfassungsgericht in einer Entscheidung, die Ableitungen aus dem Prinzip der Fürsorgepflicht betraf, ausdrücklich bejaht[368], in einer anderen, dieselbe Materie betreffenden Entscheidung ebenso deutlich verneint[369]. In zahlreichen Entscheidungen ist das Gericht aber jedenfalls de facto in dieser Weise vorgegangen und hat so, von Prinzipien der dienstrechtlichen Zuständigkeitsordnung[370] über bestimmte Ausprägungen der politischen Treuepflicht[371] bis hin zu Einzelheiten des Besoldungs- und Versorgungsrechts[372] vieles als verfassungsrechtlich gewährleistet angesehen, was in der postulierten Ausformung entweder nicht traditionell oder nicht von fundamentaler, funktionswesentlicher institutioneller Bedeutung oder keines von beidem war und ist[373].

b) Berücksichtigungsgebot

74 Bei der Ausgestaltung des Beamtenrechts sind nach Abs. 5 die hergebrachten Grundsätze zu **berücksichtigen**. »Berücksichtigen« bedeutet, für sich genommen, nicht dasselbe wie »beachten«; bezogen auf Normbestände scheint eine Berücksichtigungspflicht gewisse Abweichungen zuzulassen und damit schwächer zu sein als eine Beachtenspflicht. Abs. 5 statuiert denn auch nach herrschender Auffassung im Prinzip etwas anderes, weniger weitgehendes als eine Pflicht zur Beachtung der hergebrachten Grundsätze des Berufsbeamtentums[374]. Das Bundesverfassungsgericht hat diese Interpretation allerdings nicht konsequent durchgehalten und Art. 33 V GG dann doch **Beachtenspflichten** entnommen, ohne aber die These, daß »berücksichtigen« im Rahmen des Abs. 5 etwas anderes bedeute als »beachten«, dabei aufzugeben[375]. Im Ergebnis führt das zu der Annahme einer Zweiteilung innerhalb der von Abs. 5 an sich erfaßten Traditionsbestände dergestalt, daß an einigen dieser Bestände strikt, an anderen weniger strikt festzuhalten ist. Den strikt gewährleisteten Bestand hat das Bundesverfassungsgericht in seiner neueren Rechtsprechung wie folgt umschrieben: »Zu den ... vom Gesetzgeber zu beachtenden und nicht nur zu berücksichtigenden hergebrachten Grundsätzen des Art. 33 V GG gehört nicht schon jede überlieferte Einzelregelung, sondern jener Kernbereich von Regelungen grundsätzlicher Art, die allgemein oder doch ganz überwiegend und während eines längeren, Tradition bildenden Zeitraums, mindestens unter der Reichsverfassung von Weimar als verbindlich anerkannt und gewahrt worden sind«[376]. Im einzelnen hat das Gericht das **Alimentationsprin-**

---

[368] BVerfGE 43, 154 (168).
[369] BVerfGE 46, 97 (117).
[370] S. BVerfGE 9, 268 (286f.): Ableitung der strikten Bindung von Beurteilungszuständigkeiten an das Hierarchieprinzip aus den Grundsätzen der Treue, Pflichterfüllung, Unparteilichkeit und des Gehorsams.
[371] → Rn. 43.
[372] → Rn. 80.
[373] Zur Kritik daran → Rn. 70.
[374] BVerfGE 3, 58 (137); 8, 1 (16); 11, 203 (215); 64, 367 (379) m. w. N.
[375] S. die Nachweise in den nachfolgenden Fußnoten. Kritisch zu dieser Rechtsprechung *Kunig* (Fn. 95), Art. 33 Rn. 59; *Battis* (Fn. 126), Art. 33 Rn. 67; *Rieckhoff*, Entwicklung, (Fn. 92) S. 42.
[376] BVerfGE 62, 374 (383); vgl. auch BVerfGE 71, 255 (268). S. dagegen, noch eher einen fließenden Übergang zwischen »berücksichtigen« und »beachten« und damit das Fehlen einer scharfen Unterscheidbarkeit und Gegensätzlichkeit unterstellend, die älteren Entscheidungen entstammende Re-

zip[377] (→ Rn. 80), die **Fürsorgepflicht**[378] (→ Rn. 79), den **Laufbahngrundsatz**[379], das **Leistungsprinzip**[380] (→ Rn. 86) und das Prinzip, daß dem Beamten eine **amtsangemessene Amtsbezeichnung** gebührt[381], ausdrücklich als nicht nur zu berücksichtigende, sondern zu beachtende Grundsätze bezeichnet und deutlich gemacht, daß diese Aufzählung nicht als abschließende zu verstehen ist[382].

An der oben wiedergegebenen abstrakten Umschreibung der Voraussetzungen einer strikten Beachtenspflicht fällt auf, daß für die Unterscheidung zwischen zu beachtenden und zu berücksichtigenden hergebrachten Grundsätzen genau die Kriterien herangezogen werden, die nach anderen Entscheidungen schon für die Bestimmung dessen heranzuziehen sind, was überhaupt ein hergebrachter Grundsatz ist (→ Rn. 71). Das ist unlogisch. Allerdings ist schwer erkennbar, wie eine Unterscheidung zwischen zu beachtenden und nur zu berücksichtigenden Grundsätzen anders als unter Rückgriff auf den Fundamentalitätsgesichtspunkt, der schon für die Qualifizierung als hergebrachter Grundsatz eine Rolle spielt, sinnvoll getroffen werden könnte. Die Unlogik der Unterscheidungskriterien ist insofern nur eine Konsequenz der Unlogik, die bereits darin liegt, daß im Anwendungsbereich einer Vorschrift, die allein zur Berücksichtigung bestimmter Grundsätze verpflichtet, zwischen nur zu berücksichtigenden und darüber hinaus auch zu beachtenden Grundsätzen unterschieden werden soll. Die eine wie die andere Unlogik sollte ersetzt werden durch die Einsicht, daß der unterstellte Bedeutungsunterschied zwischen »berücksichtigen« und »beachten« zwar bei isolierter Betrachtung der beiden Worte, nicht aber im konkreten Verwendungszusammenhang, nämlich in der Beziehung auf »Grundsätze« des Berufsbeamtentums, besteht. Grundsätze werden als Grundsätze, d.h. als oberhalb der Ebene einzelner, konkreter Rechtssätze angesiedelte Gestaltungsprinzipien für das Beamtenrecht, genau dann beachtet, wenn sie berücksichtigt werden. Dies erlaubt in bezug auf alle Grundsätze Abweichungen von den Einzelheiten der Ausgestaltung, die sie traditionell im einfachen Beamtenrecht erfahren haben[383], in keinem Fall aber Abweichungen, die den Grundsatz in seiner institutsprägenden Funktion als solchen aufheben würden[384].

---

gel, daß von der Bedeutung des einzelnen Grundsatzes »für die Institution des Berufsbeamtentums in der freiheitlichen rechts- und sozialstaatlichen Demokratie« abhänge, »in welcher Weise und in welchem Umfang er zu beachten ist« BVerfGE 8, 1 (16); 9, 268 (286); 64, 367 (379) m.w.N.

377 BVerfGE 8, 1 (16f.); 11, 203 (210); 76, 256 (298); 81, 363 (375) – st. Rspr.
378 BVerfGE 43, 154 (165); zu dieser Pflicht im einzelnen *H. Schnellenbach*, ZBR 1981, 301ff.
379 BVerfGE 62, 374 (383); vgl. auch BVerfGE 71, 255 (268).
380 BVerfGE 62, 374 (383); vgl. auch BVerfGE 71, 255 (268).
381 BVerfGE 62, 374 (383); vgl. auch BVerfGE 71, 255 (268).
382 In BVerfGE 62, 374 (383) werden die dort aufgeführten, im Vorausgegangenen (bei Fn. 377ff.) genannten Grundsätze als »neben anderen Strukturprinzipien« zu beachtende genannt.
383 Zur erweiterten Zulässigkeit von Abweichungen dort, wo Gesichtspunkte von Verfassungsrang für sie sprechen, allg. *Rieckhoff*, Entwicklung (Fn. 92), S. 43; speziell für den Fall gegenläufiger hergebrachter Grundsätze *Maunz* (Fn. 121), Art. 33 Rn. 60; *Schotten*, Auswirkungen (Fn. 92), S. 23.
384 Soweit in Rechtsprechung und Literatur Formulierungen anzutreffen sind, die die Möglichkeit einer vollständigen Beiseitesetzung einzelner hergebrachter Grundsätze nahelegen, betreffen sie den Fall kollidierender Grundsätze – s. *W. Grewe*, Inwieweit läßt Art. 33 Abs. 5 des Grundgesetzes eine Reform des Beamtenrechts zu? Referat D 3 zum 39. DJT, 1951, S. 16 – oder den Fall fehlender Systemkompatibilität eines tradierten Prinzips; s. BVerfGE 43, 242 (278). Zumindest im letzteren Fall handelt es sich nach der hier vertretenen Auffassung mangels Fundamentalität nicht mehr um einen hergebrachten Grundsatz i.S.v. Art. 33 V GG.

Art. 33

c) Hergebrachte Grundsätze im einzelnen

aa) Regelung des Beamtenverhältnisses durch Gesetz, Streikverbot

76 Der wohl grundlegendste hergebrachte Grundsatz des Berufsbeamtentums bezieht sich auf die Rechtsnatur des Beamtenverhältnisses: das Beamtenverhältnis hat **öffentlich-rechtlichen und nicht-vertraglichen Charakter** (→ Rn. 6); seine wesentlichen Inhalte sind nicht kraft Autonomie der Beteiligten, sondern **durch Gesetz** zu regeln[385]. Ergänzende Vereinbarungen sind damit im Prinzip, aber nicht ausnahmslos ausgeschlossen[386]. Zulässig sind insbesondere **personalvertretungsrechtliche Dienstvereinbarungen** zu Einzelheiten der Arbeitsbedingungen[387]. Gesetzgeberische Vorgaben für eine konsultative Beteiligung der Beamtenverbände in beamtenrechtlichen Gesetzgebungsverfahren[388] kollidieren nicht mit dem Prinzip gesetzlicher Ausgestaltung. Die Gewährung von Leistungsprämien oder Leistungszulagen ist, wenn die Rahmenbedingungen im übrigen gesetzlich oder auf gesetzlicher Grundlage verordnungsrechtlich festgelegt sind, nicht deshalb mit Art. 33 V GG unvereinbar, weil die Entscheidung, ob Leistungszulagen überhaupt vergeben werden, in das Ermessen des Dienstherrn gestellt ist[389].

77 Eine wesentliche Ausprägung des Grundsatzes, daß das Beamtenverhältnis nicht auf Autonomie beruht, und selbst ein hergebrachter Grundsatz des Berufsbeamten-

---

[385] S. für Besoldung und Versorgung BVerfGE 8, 1 (18); 8, 28 (35); 52, 303 (331); 81, 363 (386); für die Voraussetzungen der Beendigung der Beamtenverhältnisse und der Versetzung in den Wartestand BVerfGE 7, 155 (163); 8, 332 (352f.); a.A. unter Verweis auf RGZ 53, 423 (427) W. *Däubler*, ZTR 1997, 337. Zur Reichweite des Gesetzesvorbehalts im öffentlichen Dienstrecht allg. → Fn. 481.

[386] S. für Vereinbarungen über Umfang und Zuordnung des dienstlichen Aufgabenbereichs und die entsprechenden Dienstbezüge bei besonderen Beamtengruppen wie z.B. Hochschullehrern und leitenden Krankenhausärzten BVerfGE 52, 303 (331); BVerwGE 87, 319 (323); zum Erfordernis einer gesetzlichen Grundlage für Vereinbarungen BVerwGE 91, 200 (203). Die Entscheidung BVerfGE 52, 303 (331) versteigt sich unter Vernachlässigung des Fundamentalitätserfordernisses (→ Rn. 70) zu der Erwägung, entsprechende Vereinbarungsmöglichkeiten könnten ihrerseits einen hergebrachten Grundsatz des Berufsbeamtentums darstellen. Vgl. auch BVerfGE 43, 242 (277f.). Die Reichweite der bestehenden Ausnahmemöglichkeiten ist im einzelnen umstritten; s. dazu *H. Plander*, Die beamtenrechtliche Vereinbarungsautonomie, 1991, S. 134ff. u. passim; *W. Däubler*, ZTR 1997, 337ff., jeweils m.w.N. Nicht identisch mit der Frage der Spielräume für autonome Regelungen im Beamtenrecht ist die Frage der Reichweite des Parlamentsvorbehalts dort, wo im Prinzip eine Regelung auf gesetzlicher Grundlage gefordert ist; zu der letzteren Frage, beides nicht hinreichend unterscheidend, *Plander*, ebd., S. 136 mit Fn. 343, sowie → Rn. 87 mit Fn. 481.

[387] BVerfGE 9, 268 (285); zu Verfassungsfragen des Personalvertretungsrechts s. auch BVerfGE 60, 162ff.; 67, 369ff. (betr. Personalratswahlen); BVerfGE 91, 367ff. (betr. personalvertretungsrechtliches Gruppenprinzip); BVerfGE 93, 37ff. (betr. zulässige Reichweite der Mitwirkung des Personalrates); *F. Ossenbühl*, Grenzen der Mitbestimmung im öffentlichen Dienst, 1986; *W. Leisner*, Mitbestimmung im öffentlichen Dienst, 1970; *U. Battis*, NVwZ 1986, 884ff.; *W.R. Schenke*, JZ 1991, 581f.; *ders.*, JZ 1994, 1025ff.; *W. Thiele*, PersV 37 (1994), 529ff.; *U. Battis/J. Kersten*, DÖV 1996, 584ff.; *T. v. Roettecken*, NVwZ 1996, 552ff.; *D. Leuze*, DöD 1996, 103ff.; *G. Pfohl*, ZBR 1996, 82ff.; *W. Thiele*, DöD 1996, 121ff.; *F. Bieler*, DöD 1996, 52ff.; *D. Ehlers*, Jura 1997, 180 (183ff.).

[388] Zur einfachgesetzlich (§§ 94 BBG, 58 BRRG) vorgesehenen Beteiligung der Spitzenorganisationen der Beamtengewerkschaften an der Vorbereitung allgemeiner beamtenrechtlicher Regelungen *E. Benda/D.C. Umbach*, Der beamtenrechtliche Beteiligungsanspruch, 1995; *D.C. Umbach*, ZBR 1998, 8ff.; *U. Battis/H.D. Schlenga*, ZBR 1995, 195ff.; *M. Jachmann*, ZBR 1994, 165ff.; *W. Fürst*, ZBR 1989, 257ff.; *K. Fees*, ZBR 1963, 135ff.

[389] *K. Bredendiek/W. Meier*, NVwZ 1996, 444 (449); → Rn. 80.

tums ist das **Streikverbot** für Beamte³⁹⁰. Dieses Verbot gilt auch für die bei Privatunternehmen eingesetzten Beamten³⁹¹. Die im übrigen auch für Beamte geltende Koalitionsfreiheit (→ Art. 9 Rn. 62)³⁹² wird dadurch nicht unverhältnismäßig eingeschränkt. An die Stelle der Sicherung angemessener Arbeitsbedingungen durch das Streikrecht tritt für Beamte als funktionales Äquivalent die Sicherung durch das Alimentationsprinzip (→ Rn. 80) und die Fürsorgepflicht des Dienstherrn (→ Rn. 79). Die Unzulässigkeit von als kollektives Druckmittel eingesetzten Reduzierungen der Arbeitsleistung (»go slow«, »go sick«, oft auch irreführend als »Dienst nach Vorschrift« bezeichnet) folgt ebenfalls aus Art. 33 V GG³⁹³. Der Einsatz von Beamten auf Arbeitsplätzen, die vom Tarifpersonal bestreikt werden, bedarf, da er von wesentlicher Bedeutung für das Verhältnis zwischen den Arbeitskampfparteien ist, im Hinblick auf Art. 9 III GG einer gesetzlichen Grundlage³⁹⁴.

bb) Beamtenverhältnis als Treueverhältnis, Beamtenpflichten, Fürsorgepflicht des Dienstherrn

Zur traditionellen und institutsprägenden, in Art. 33 IV GG verbindlich fixierten Konzeption des Beamtenverhältnisses gehört seine Ausgestaltung als **Treueverhältnis**³⁹⁵. Der Treuebegriff zielt dabei nicht auf irgendeine dem Beamten abzuverlangende Einstellung oder Gefühlslage. Treueverhältnisse unterscheiden sich von anderen Rechtsverhältnissen dadurch, daß die Rechte und Pflichten der Beteiligten zwar in einem Verhältnis der Gegenseitigkeit, aber nicht in einem Verhältnis des **do ut des** im Sinne punktueller synallagmatischer Verknüpfung oder jederzeitiger Ausgewogenheit der wechselseitigen Kosten und Nutzen stehen³⁹⁶. Das Beamtenverhältnis muß demnach

78

---

³⁹⁰ BVerfGE 8, 1 (17); 44, 249 (264); aus der Literatur für die Unvereinbarkeit des Beamtenstreiks mit Art. 33 V GG statt vieler *J. Isensee*, Beamtenstreik. Zur rechtlichen Zulässigkeit des Dienstkampfes, 1971, S. 57 ff. u. passim; *I. v. Münch*, Rechtsgutachten zur Frage eines Streikrechts der Beamten, o.J. (Vorwortdatierung: November 1970), S. 45 ff.; *Leisner*, Grundlagen (Fn. 240), S. 11 f.; a.A. *W. Däubler*, Der Streik im öffentlichen Dienst, 2. Aufl. 1971, S. 105 ff., 135; *R. Hoffmann*, AöR 91 (1966), 141 ff.; *F. Schnapp*, DÖV 1973, 32 (35ff.); *T. Blanke*, AuR 1989, 1 (6ff.). Das Streikrecht der Angestellten und Arbeiter im öffentlichen Dienst wird von Art. 33 Abs. 4 und 5 nicht berührt, BVerfGE 88, 103 (114); es folgt allgemeinen arbeitsrechtlichen Grundsätzen.

³⁹¹ *U. Battis*, NJW 1996, 1034 (1035); *U. Lorenzen*, PersV 38 (1995), 99 (102); a.A. *K.-P. Schulz*, ZTR 1995, 438 (439ff.).

³⁹² S. BVerfGE 19, 303 (322); BVerwG NJW 1980, 1763 (1764); näher *G. Pfohl*, ZBR 1997, 78 (82f.); *W. Fürst*, ZBR 1989, 257 ff., jeweils m.w.N.

³⁹³ BGH JZ 1978, 239 ff. (240); BVerwGE 63, 293 (301); *J. Isensee*, JZ 1971, 73 ff.; *ders.* (Fn. 270), § 32 Rn. 65; *H.-D. Weiß*, ZBR 1973, 221 ff.; zur Pflichtwidrigkeit derartiger Maßnahmen auch *C. Viniol*, Dienst nach Vorschrift als vorschriftswidriger Dienst, Diss. jur. Tübingen 1975, S. 45 ff.; *K.A. Bettermann/H.-J. Papier*, Die Verwaltung 8 (1975), 23 (30ff.).

³⁹⁴ BVerfGE 88, 103 (113ff.); zu dieser Entscheidung *M. Jachmann*, ZBR 1994, 1ff.; kritisch *J. Isensee*, DZWir 1994, 309ff.; *C. Ehrich*, JuS 1994, 116 (120f.); für die Zulässigkeit des Streikeinsatzes von Beamten auch unabhängig von spezieller, gerade den Streikeinsatz betreffender einfachgesetzlicher Regelung zuvor BAG NJW 1986, 210ff.; BVerwGE 69, 208 (213ff.); *P. Badura*, in: *P. Badura/K. Stern*, Die Rechtmäßigkeit des Beamteneinsatzes beim Streik der Tarifkräfte, 1983, S. 1ff. (43, 49ff.); ebenso, mit differenzierenden Voraussetzungen, *K. Stern*, ebd. S. 53ff. (133ff.).

³⁹⁵ BVerfGE 61, 43 (56); 71, 39 (60) m.w.N. – st. Rspr.

³⁹⁶ S. für den Gedanken, daß das Beamtenverhältnis ein nicht vom Prinzip des *do ut des* geprägtes Verhältnis ist, BVerfGE 21, 329 (344); 44, 249 (264); 71, 39 (63); für die (keineswegs zwingende) Annahme, daß der Charakter als Treueverhältnis die generelle Zulässigkeit der Versetzung mit »oktroyiertem Dienstherrenwechsel« (s. § 18 II 1 BRRG n.F.) ausschließe, *H. Günther*, ZBR 1996, 299 (302).

unter anderem durch so verstandene Treuepflichten charakterisiert sein. Rechtsprechung und Lehre nehmen darüber hinaus an, daß aus dem herkömmlichen und verfassungsrechtlich vorgegebenen Charakter des Beamtenverhältnisses als Treueverhältnis die Existenz einer **allgemeinen Treuepflicht des Beamten** als hergebrachter Grundsatz des Berufsbeamtentums folgt[397]. Als deren Ausprägungen und zugleich wiederum als selbständige hergebrachte Grundsätze gelten die allgemeine Pflicht zur **Rücksichtnahme**[398] und die **politische Treuepflicht** (§§ 52 II BBG, 35 I 3 BRRG) in einer Ausformung, die in Teilen weder Fundamentalität noch Traditionalität (→ Rn. 70) aufweist[399]. Weitere als hergebrachte Grundsätze geltende Beamtenpflichten sind die **Gehorsamspflicht** (§§ 55 S. 2 BBG, 37 S. 2 BRRG)[400], die **Pflicht zu unparteiischer Amtsführung** (§§ 52 I BBG, 35 I 1, 2 BRRG)[401] und die Pflicht zur **Mäßigung** bei – im Prinzip zulässiger – außerdienstlicher politischer Betätigung (§§ 53 BBG, 35 II BRRG)[402]. Das Bundesverfassungsgericht hat außerdem auch die Pflicht zur **Amtsverschwiegenheit** (§§ 61 BBG, 39 BRRG) als hergebrachten Grundsatz eingestuft[403]. Die genannten »hergebrachten« Beamtenpflichten, denen die Literatur teilweise noch weitere hinzufügt[404], werden in Rechtsprechung und Literatur meist neben der allgemeinen Treuepflicht gesondert aufgeführt, haben aber selbst den Charakter von Treuepflichten im oben erläuterten Sinne[405].

79 Den hergebrachten Beamtenpflichten stehen im Rahmen des beamtenrechtlichen Treueverhältnisses Pflichten des Dienstherrn und korrespondierende Rechte des Beamten gegenüber. Als hergebrachter Grundsatz des Berufsbeamtentums ist neben der

---

[397] BVerfGE 3, 58 (157); 9, 268 (286); 43, 154 (165) – st. Rspr.; *H.-W. Laubinger*, Die Treuepflicht des Beamten im Wandel der Zeiten, in: FS Ule, 1977, S. 89 ff., 108; *H. Lecheler*, ZBR 1972, 228 ff.

[398] BVerfGE 3, 58 (157).

[399] Zur politischen Treuepflicht im einzelnen → Rn. 43.

[400] BVerfGE 9, 268 (286); BVerfG (1. Kammer des Zweiten Senats) DVBl. 1995, 192 (193); hier auch zur Verfassungsmäßigkeit der nur eingeschränkten Befreiung von der Gehorsamspflicht bei rechtswidrigen (einschließlich verfassungswidriger) Weisungen. Zur Remonstration → Fn. 404.

[401] BVerfGE 9, 268 (286); BVerfG-VPr. NVwZ 1994, 474; ebenso für die spezielle Ausprägung als Pflicht zur parteipolitischen Neutralität BVerwGE 90, 104 (110). Aus der Literatur s. statt vieler *G. Püttner*, Zur Neutralitätspflicht des Beamten, in: FS Ule, 1977, 383 ff. S. auch für die Pflicht zu *uneigennütziger* Amtsführung BVerwG NVwZ 1997, 589 (590).

[402] BVerfG (3. Kammer des zweiten Senats) NJW 1989, 93 f.; vgl. auch BVerwGE 84, 292 (294). Zur politischen Betätigungsfreiheit des Beamten qua Privatperson, die in Teilen der Literatur ebenfalls als hergebrachter Grundsatz des Berufsbeamtentums, von anderen dagegen als ausschließlich grundrechtlich radiziert angesehen wird, *J.A. Frowein*, Die politische Betätigung des Beamten, 1967, S. 11 u. passim; *J. Schmidt*, Politische Betätigungsfreiheit und dienstrechtliche Loyalitätspflicht, in: Öffentlicher Dienst und politischer Bereich, Vorträge und Diskussionsbeiträge der 35. Staatswissenschaftlichen Tagung der Hochschule für Verwaltungswissenschaften Speyer, 1967, 1968, S. 55 f.; *D. Leuze*, DöD 1994, 125 (130 ff.); zur Reichweite zulässiger Beschränkungen der Grundrechte des Beamten auch *R. Böttcher*, Die politische Treuepflicht der Beamten und Soldaten und die Grundrechte der Kommunikation, 1967, jeweils m.w.N.

[403] BVerfGE 28, 191 (200 f.); BVerwGE 66, 39 (42); *Isensee* (Fn. 270), § 32 Rn. 65.

[404] S. für die Pflicht zu achtungswürdigem Verhalten (§§ 54 S. 3 BBG, 36 S. 3 BRRG) *Isensee* (Fn. 270), § 32 Rn. 65; für die Remonstrationspflicht (§§ 56 II BBG, 38 II BRRG) *R. Summer*, ZBR 1992, 1 (3 ff.). Die Remonstrationspflicht steht zwar in einem funktionell wesentlichen Zusammenhang mit der durch das Lebenszeitprinzip und das Prinzip der Unentziehbarkeit statusrechtlicher Ämter (→ Rn. 82) gewährleisteten Unabhängigkeit des Beamten, weist aber nicht den zu fordernden traditionellen Charakter auf; s. auch, für die Einordnung als bloße Obliegenheit, *D. Felix*, Das Remonstrationsrecht und seine Bedeutung für den Rechtsschutz des Beamten, 1993, S. 145 ff.

[405] Für die Einordnung als »Treuepflichten im weitesten Sinne« auch *Isensee* (Fn. 270), § 32 Rn. 65.

Alimentationspflicht (→ Rn. 80) die **Fürsorgepflicht** des Dienstherrn anerkannt[406]. Das Bundesverfassungsgericht hat aus der Fürsorgepflicht eine verfassungsrechtliche Anhörungspflicht[407] sowie die verfassungsrechtliche Pflicht des Dienstherrn abgeleitet, »den Beamten gegen unberechtigte Anwürfe in Schutz zu nehmen, ihn entsprechend seiner Eignung und Leistung zu fördern« und »bei seinen Entscheidungen die wohlverstandenen Interessen des Beamten in gebührender Weise zu berücksichtigen«[408]. Die Pflicht des Dienstherrn, Vorkehrungen für eine ausreichende Versorgung des Beamten und seiner Familie im Krankheitsfall zu treffen, hat das Gericht sowohl der Fürsorge- als auch der Alimentationspflicht zugeordnet[409]. Seine Rechtsprechung zu der Frage, ob der Verfassungsrang von Konkretisierungen der Fürsorgepflicht voraussetzt, daß diese ihrerseits die Merkmale eines hergebrachten Grundsatzes aufweisen, ist widersprüchlich[410].

cc) Alimentationsprinzip

Dem Charakter des Beamtenverhältnisses als Treueverhältnis entspricht das Alimentationsprinzip[411]. Die Pflicht des Dienstherrn, den Beamten und seine Familie zu alimentieren, d.h. zu unterhalten, wird als Voraussetzung der rechtlichen und wirtschaftlichen Unabhängigkeit des Beamten und als Gegenleistung dafür, daß der Beamte sich mit seiner ganzen Person dem Dienst widmet[412], nicht aber als Entgelt für konkrete Dienste verstanden[413]. Das Alimentationsprinzip gilt für Lebenszeitbeamte, für Beamte auf Probe sowie für Beamte auf Zeit und Beamte auf Widerruf, sofern deren Beamtenverhältnis wie beim Beamten auf Probe »als Vorstufe für ein Beamtenverhältnis auf Lebenszeit gedacht ist«[414], nicht aber für Beamte im Vorbereitungsdienst[415]. Es verpflichtet den Dienstherrn, dem Beamten und seiner Familie –

80

---

[406] BVerfGE 3, 58 (157); 8, 322 (356); 9, 268 (286); 19, 76 (85); 43, 154 (165); 83, 89 (100). S. auch BVerfG (3. Kammer des Zweiten Senats) BayVBl. 1990, 207 (208). Aus der Literatur statt vieler *R. Summer*, ZBR 1998, 151 ff. m.w.N.

[407] BVerfGE 8, 332 (356 f.); s. auch BVerfGE 43, 154 (165) für die aus der Fürsorgepflicht des Dienstherrn folgende Verpflichtung, die »Prämissen einer Entlassung« nicht nur sorgfältig zu ermitteln, sondern auch mit dem Betroffenen »im einzelnen« zu erörtern.

[408] BVerfGE 43, 154 (165 f.); s. auch BVerwG DöD 1996, 36 ff. zum Verbot der Bloßstellung ohne rechtfertigenden Grund; BVerwGE 104, 55 (57 ff.) zur Frage einer Belehrungspflicht des Dienstherrn.

[409] BVerfGE 83, 89 (98, 100); tatsächlich läßt sich bei weitestem Verständnis der Fürsorgepflicht die Alimentationspflicht als deren wichtigste Ausprägung verstehen. Abweichende Interpretation des Verhältnisses von Fürsorge- und Alimentationspflicht in der kritischen Analyse der o.g. Entscheidung durch *K.-P. Pühler*, ZBR 1991, 129 (130 ff.).

[410] Verneinend für die aufgezählten Ausprägungen BVerfGE 43, 154 (165 f.); bejahend BVerfGE 46, 97 (117); → Rn. 73.

[411] Zu diesem Prinzip allgemein *N. Günther*, Die Anpassung der Beamtenbesoldung an die allgemeinen wirtschaftlichen und finanziellen Verhältnisse, 1987, S. 85 ff.; *G. Till*, Die Entwicklung des Alimentationsprinzips, 1979; *W. Thiele*, DVBl. 1981, 253 ff.; *ders.*, DöD 1993, 271 (273 ff.); zur Alimentationspflicht in Grenzsituationen wie U-Haft, Suspendierung u.ä. *M. Fleig*, DöD 1996, 127 ff.

[412] BVerfGE 16, 94 (116); 21, 329 (345); 37, 167 (179) – mit ausdrücklicher Bezeichnung als »Gegenleistung«; 39, 196 (200 f.); 44, 249 (264 f.); 70, 69 (80); 70, 251 (267); 71, 39 (59 f.); 76, 256 (316).

[413] BVerfGE 44, 249 (264); 55, 207 (241); 71, 39 (63); → Rn. 78. Der Anspruch auf angemessenen Unterhalt besteht daher unabhängig vom Umfang der geleisteten Arbeit insgesamt nur einmal, BVerfGE 55, 207 (238).

[414] BVerfGE 44, 249 (280), betr. Hochschuldozenten und wissenschaftliche Mitarbeiter der Besoldungsgruppe C 2.

[415] BVerfGE 33, 44 (50 f.); BVerfG (3. Kammer des Zweiten Senats) DVBl. 1992, 1597 f. (1598); BVerwG NVwZ 1989, 874 (875).

Art. 33

so die übliche Formulierung – einen **amtsangemessenen Lebensunterhalt** zu sichern[416]. Dies schließt die Pflicht zur **Versorgung im Ruhestand**[417] und zur **Versorgung der Hinterbliebenen** ein[418]. Veränderungen im System der Versorgungssicherung sind damit aber nicht ausgeschlossen. Zwar wäre nach ganz herrschender Auffassung eine Überleitung der Beamtenversorgung in das allgemeine Sozialversicherungssystem unzulässig[419]. Im übrigen ist aber entgegen verbreiteter Auffassung **nicht gewährleistet, daß die Beamtenversorgung beitragsfrei bleibt**; die diesbezügliche Tradition ist sehr viel jünger als das Alimentationsprinzip und hat im Gegensatz zu diesem keine im oben (→ Rn. 70) erläuterten Sinne fundamentale Bedeutung[420]. Auch der neu eingeführte § 14a BBesG[421] ist dementsprechend verfassungskonform[422]. Mit der Forderung der **Amtsangemessenheit** wird die Annahme zum Ausdruck gebracht, daß auch die durchgängige Differenzierung der Bezüge entsprechend der Ämterhierarchie zu den hergebrachten Grundsätzen des Berufsbeamtentums gehört[423]. Unzulässig ist eine Differenzierung der Bezüge nach den Vermögensverhältnissen und sonstigem privaten Einkommen des Beamten bzw. seiner Angehörigen[424], zulässig aber die Anrechnung von zur Existenzsicherung bestimmten Einkommen aus

---

[416] BVerfGE 8, 1 (14, 16ff.); 83, 89 (98) – st. Rspr.; zur Geltung der verfassungsrechtlichen Alimentationspflicht nur für dem Hausstand angehörende Ehegatten und Kinder BVerfGE 29, 1 (9); 70, 69 (82). Zur Einklagbarkeit und zum Erfordernis gesetzlicher Regelung → Rn. 76.

[417] Zum Anspruch auf Ruhegehalt als hergebrachtem Grundsatz des Berufsbeamtentums BVerfGE 3, 58 (160); 8, 1 (20); 79, 223 (231f.) m.w.N. – st. Rspr. Zum als hergebrachter Grundsatz angesehenen Prinzip der Bemessung des Ruhegehalts nach dem letzten innegehabten Amt BVerfGE 11, 203 (214); 76, 256 (324f.) m.w.N.; zur Zulässigkeit nicht ruhegehaltfähiger Bezüge BVerfGE 44, 227 (244f.); BVerfG (3. Kammer des Zweiten Senats) NVwZ 1991, 662 (663). Zur Mindestpension von 35% der ruhegehaltfähigen Dienstbezüge als ausreichender Erfüllung der Alimentationspflicht BVerfGE 7, 155 (169). Zur Dienstzeitabhängigkeit des Ruhegehalts BVerfGE 76, 256 (322). Zu verfassungsrechtlichen Fragen der Versorgung im Scheidungsfall BVerfG (3. Kammer des Zweiten Senats) NVwZ 1996, 584f. – betr. Verfassungsmäßigkeit des § 57 BeamtVG. Allg. zu Verfassungsfragen der Beamtenversorgung *Denninger/Frankenberg*, Grundsätze (Fn. 284), S. 51ff.; *F. Ruland*, NVwZ 1995, 417 (422ff.); *ders.*, ZBR 1983, 313ff.; *D. Merten*, ZBR 1995, 353ff.; *W. Fürst*, ZBR 1983, 319ff.

[418] Für die Hinterbliebenen folgt aus dem Alimentationsprinzip ein eigener, selbständiger Unterhaltsanspruch, s. BVerfGE 70, 69 (80f.) m.w.N. Zum hergebrachten Grundsatz angemessener Hinterbliebenenversorgung s. auch BVerfGE 3, 58 (153, 160); 21, 329 (345); 55, 207 (237) – st. Rspr.; zur Zulässigkeit der Kürzung des Witwengeldes bei besonders großem Altersunterschied BVerfGE 3, 58 (159); 31, 94 (98); zur Anrechnung anderweitiger Versorgungsansprüche der Witwe BVerfGE 25, 142 (148); zur Frage des Wiederauflebens von durch Wiederheirat der Witwe erloschenen Versorgungsansprüchen nach einem Scheitern der neuen Ehe BVerfGE 38, 187 (203ff.).

[419] BVerfGE 76, 256 (319); *F. Ruland*, NVwZ 1995, 417 (422) m.w.N.

[420] Näher dazu *Denninger/Frankenberg*, Grundsätze (Fn. 284), S. 54ff., m.w.N. auch zur Gegenauffassung.

[421] Eingeführt durch Versorgungsreformgesetz vom 29. Juni 1998, BGBl. I S. 1666.

[422] *B. Ziemske*, DÖV 1997, 605 (614); a.A. *H. Lecheler/L. Determann*, ZBR 1998, 1ff.; *F. v. Zezschwitz*, ZBR 1998, 115ff.

[423] BVerfGE 3, 58 (160); 4, 115 (135); 8, 1 (14); 61, 43 (57) m.w.N. – st. Rspr.; *Günther*, Anpassung (Fn. 411), S. 102ff. m.w.N. S. auch, für einen hergebrachten Grundsatz gleicher Besoldung bei vergleichbaren Dienstposten, BVerfGE 12, 326 (334). Gegen die Annahme eines hergebrachten Grundsatzes, nach dem bei Neuregelung der Besoldung stets diejenige Besoldungsgruppe zuzuweisen wäre, die im Vergleich zum früheren Recht der alten Besoldungsgruppe am ehesten entspricht, BVerfGE 56, 146 (162f.); zu Überleitungsfragen auch BVerfGE 64, 367 (385ff.).

[424] BVerfGE 21, 329 (347, 350); 55, 207 (239); 70, 69 (81); 83, 89 (106); s. aber BVerfGE 37, 167 (178f.) zur Anrechnung von Nebeneinkünften bei vorläufiger Dienstenthebung.

anderen öffentlichen Kassen[425] und die Anrechnung anderweitiger Einkommen, die durch Tätigkeiten während der Dauer einer Dienstunfähigkeit[426] oder im vorzeitigen Ruhestand aufgrund der vorzeitigen Zurruhesetzung[427] erzielt wurden. Nicht nur zulässig, sondern geboten sind, der Funktion und Tradition der beamtenrechtlichen Alimentation entsprechend, Differenzierungen nach **familiär bedingtem Bedarf**[428]. Das Bundesverfassungsgericht entnimmt Art. 33 V GG daher die Verpflichtung, die Bezüge so zu bemessen, daß Beamte der gleichen Besoldungsstufe sich ohne Rücksicht auf die Größe ihrer Familien annähernd das gleiche leisten können[429]. Von einem hergebrachten Grundsatz dieses Inhalts kann aber schon mangels entsprechender Tradition keine Rede sein[430]. Die Angemessenheit des Unterhalts, für die die Nettobezüge entscheidend sind[431], richtet sich im übrigen nach den **allgemeinen wirtschaftlichen und finanziellen Verhältnissen** und dem **allgemeinen Lebensstandard**[432]. Die auf der Grundlage des § 73 BBesG übergangsweise bestehenden Sonderregelungen für die Besoldung der Beamten in den **neuen Bundesländern** sind daher mit Art. 33 V GG vereinbar[433]. In Anpassung an die jeweiligen Verhältnisse können einerseits Erhöhungen der Bezüge geboten[434], andererseits aber auch Kürzungen für die Zukunft zulässig[435] sein. Die Ge-

---

[425] So BVerfGE 17, 337 (350f.); 55, 207 (239); 76, 256 (295ff., 298); BVerwGE 92, 41 (45) m.w.N.; *B.J. Fehn/K. Fehn*, VR 1997, 73ff.; s. auch, in etwas abweichender Umschreibung, BVerfGE 70, 69 (81); 44, 249 (268f.), sowie konkret zur Anrechenbarkeit bzw. Berücksichtigung von Kindergeld BVerfGE 81, 363 (379); bei Bezügen aus einem Beamtenverhältnis des Ehegatten BVerfGE 46, 97 (107). S. auch → Fn. 418.

[426] BVerwG ZBR 1997, 321f.

[427] BVerwG NVwZ 1998, 402f.

[428] Zur Tradition familienbezogener Bestandteile der Dienstbezüge in der Weimarer Republik s. statt vieler *A. Brand*, Das Beamtenrecht, 2. Aufl. 1926, S. 164ff. (§§ 50, 51); für die Zeit nach der Besoldungsreform 1927 *O.G. Fischbach*, Reichsbeamtengesetz (Kommentar), 1930, § 4 Rn. 5.

[429] BVerfGE 44, 249 (267f.); 81, 363 (376f.); BVerwG ZBR 1997, 16ff.; s. auch den BVerfGE 81, 363 zugrundeliegenden Vorlagebeschluß BVerwG NVwZ 1986, 479ff. sowie BVerfGE 49, 260 (273f.). Zu berücksichtigen sind dabei nur zum Haushalt gehörige Kinder, → Fn. 416. Der Familienbezug des Alimentationsanspruchs bedeutet nicht, daß ein selbständiger Anspruch auf Alimentation jedes Angehörigen bestünde; BVerfGE 70, 69 (80). S. auch, Gehaltsbestandteile nach früherem Besoldungsrecht betreffend, zu Kinderzuschlägen BVerfGE 29, 1 (8ff.); 31, 101 (108f.); zum familienstandsabhängigen Ortszuschlag BVerfGE 49, 260 (271ff.); 71, 39 (62) m.w.N.; zur Dauer der Berücksichtigung von Kindern BVerfGE 70, 69 (82). Scheidungsbedingtem Mehrbedarf muß nicht Rechnung getragen werden; vgl. BVerfG (3. Kammer des Zweiten Senats) NVwZ 1996, 584f. zur Verfassungsmäßigkeit von Besoldungskürzungen nach § 57 BeamtVG.

[430] Vgl. für die Weimarer Zeit *Brand*, Beamtenrecht (Fn. 428), S. 165 (§ 50 Rn. 2f.).

[431] BVerfGE 44, 249 (266); 81, 363 (376).

[432] BVerfGE 8, 1 (14); 71, 39 (63); *Günther*, Anpassung (Fn. 411), S. 101 u. passim. Zur Konkretisierung des Alimentationsprinzips nach den Zeitverhältnissen und allgemeinen Anschauungen s. auch BVerfGE 44, 249 (265f., betr. ein Minimum an »Lebenskomfort«); BVerfGE 58, 68 (77f., betr. Krankenversicherung); zur Krankenversicherung auch → Fn. 442.

[433] BVerwGE 101, 116 (121).

[434] BVerfGE 56, 353 (361f.).

[435] BVerfGE 3, 58 (160); 3, 288 (342); 76, 256 (310) m.w.N. – st. Rspr.; s. aber zur Unentziehbarkeit des Alimentationsanspruchs im Kern BVerfGE 16, 94 (112f.); 21, 329 (344f.); 44, 249 (281); 52, 303 (330); 53, 257 (307); allg. zu Rechtsfragen der Besoldungskürzung *D. Carl*, NVwZ 1989, 510ff.; zur Frage der Zulässigkeit von Besoldungskürzungen oder Abgaben, die der Kompensation des fehlenden Arbeitsplatzrisikos der Beamten dienen sollen, verneinend *M. Jachmann*, ZBR 1993, 133ff. Restriktiv – m.E. zu restriktiv – zur Zulässigkeit von Besoldungskürzungen unter dem Gesichtspunkt des Bestands- bzw. Vertrauensschutzes *R. Müller*, Der Bestandsschutz des Unterhaltsrechts der Beamten im Grundgesetz, 1997, S. 156ff.; *H. Lecheler*, ZBR 1990, 1ff.

währung von **Leistungsprämien** und **Leistungszulagen**[436] ist mit dem Alimentationsprinzip vereinbar, sofern angemessener Unterhalt weiterhin auch denjenigen geleistet wird, die keine Leistungszulage erhalten[437]. Auch gegen die erfolgten leistungsorientierten Umstrukturierungen des Systems der Gehaltsabstufung nach Dienstalter[438] sind verfassungsrechtliche Bedenken nicht anzumelden[439]. Die Regelung der Bezüge ist an den Gleichheitsgrundsatz gebunden[440]. Im übrigen hat das Bundesverfassungsgericht dem Gesetzgeber für die Beurteilung der Angemessenheit der Beamtenbezüge sowohl am Maßstab des Art. 33 V GG als auch an dem des Art. 3 I GG einen weiten Beurteilungsspielraum zugeschrieben[441]. Nicht zum von Art. 33 V GG geschützten Bestand gehören das gegenwärtige System der Beihilfegewährung[442], Dienstzeitprämien[443], das dreizehnte Monatsgehalt, Urlaubsgeld, Leistungszulagen, Vergütung für Überstunden, Zuschüsse zu Essenskosten[444] und Aufwandsentschädigungen für alle berufsbedingten Kosten[445]. Einer Rückforderung zuviel gezahlter Bezüge nach bereicherungsrechtlichen Grundsätzen steht Art. 33 V GG nicht entgegen[446]. Sofern das Alimentationsprinzip eine Besoldungskorrektur erforderlich macht, muß diese Korrektur für Beamte, die ihren Anspruch aus Art. 33 V GG nicht rechtzeitig gerichtlich geltend gemacht haben, nicht über das laufende Haushaltsjahr hinaus zurückwirkend erfolgen[447].

---

[436] S. die 1997 mit dem Gesetz zur Reform des öffentlichen Dienstrechts (dazu Fn. 284) eingeführte Verordnungsermächtigung in § 42a BBesG.

[437] Für die verfassungsrechtliche Zulässigkeit von Leistungszulagen *Denninger/Frankenberg*, Grundsätze (Fn. 284), S. 35f., 45; *G. Neeße*, Der Leistungsgrundsatz im öffentlichen Dienst, 1967, S. 52; *M. Böhm*, ZBR 1997, 101 (103f.); *U. Battis*, ZBR 1996, 193 (195f.); *P. Badura*, ZBR 1996, 321 (324); *H. Schnellenbach*, DVBl. 1995, 1153 (1155ff.); *R. Summer*, ZBR 1995, 125 (128); implizit billigend auch BVerfGE 44, 249 (263); a.A. *A. Wenger*, Leistungsanreize für Beamte in Form von individuellen Zulagen, Diss. jur. Tübingen 1995, S. 81ff. (102, 111); *H. Günther*, ZBR 1996, 65 (73f.); *W. Loschelder*, ZBR 1978, 133 (138); *N. Achterberg*, DVBl. 1977, 541 (546f.); *Krüger*, Leistungsprinzip (Fn. 148), S. 11f.; ablehnend auch *H. Lecheler*, ZBR 1996, 1 (5). S. auch oben bei Fn. 389.

[438] S. den ebenfalls 1997 (dazu Fn. 284) neu gefaßten § 27 BBesG.

[439] *H. Schnellenbach*, NVwZ 1997, 521 (524); *M. Böhm*, ZBR 1997, 101 (103f.); *U. Battis*, ZBR 1996, 193 (195f.); *R. Summer*, ZBR 1995, 125 (135f.); *Denninger/Frankenberg*, Grundsätze (Fn. 284), S. 36ff.; unter dem Vorbehalt der Folgenbeobachtung auch *B. Ziemske*, DÖV 1997, 605 (607).

[440] BVerfGE 3, 58 (144, 158); 71, 39 (50); 93, 386 (396f.); BVerfG ZBR 1997, 90f. – st. Rspr. Zur Zulässigkeit der Inkaufnahme von Unebenheiten, Friktionen und Härten, sofern die getroffene Regelung sich auf sachlich vertretbare Gründe stützt, BVerfGE 76, 256 (295); BVerfG (3. Kammer des Zweiten Senats) NVwZ 1996, 580 (580) m.w.N. – st. Rspr. Eine besoldungsrechtliche Heraushebung der ständigen Vertreter eines Dienststellenleiters gegenüber Inhabern entsprechender Ämter ohne Stellvertreterfunktion ist nicht geboten, BVerfGE 56, 146 (163).

[441] BVerfGE 8, 1 (22f.); 76, 256 (295) m.w.N. – st. Rspr. S. dazu, daß eine bestimmte Besoldungsstruktur und bestimmte Zahlungsmodalitäten nicht vorgegeben sind, BVerfGE 44, 249 (263); 49, 260 (271f.); 52, 303 (343).

[442] BVerfGE 83, 89, (98: die amtsangemessene Alimentation »muß von Verfassungs wegen lediglich die Kosten einer Krankenversicherung decken...«), m.w.N. – st. Rspr.; *M. Jachmann*, ZBR 1997, 342 (342).

[443] BVerfGE 64, 158 (169).

[444] Für all dies BVerfGE 44, 249 (263); Jarass/*Pieroth*, GG, Art. 33 Rn. 19.

[445] Dazu näher BVerwG DVBl. 1984, 431f. (431).

[446] BVerfGE 46, 97 (113).

[447] Dazu im einzelnen BVerfGE 81, 363 (383ff.).

dd) Lebenszeitprinzip, amtsbezogene Rechte

Zentrales Traditionsprinzip des Berufsbeamtentums ist das Prinzip der **Lebenszeit-** **81** **lichkeit** der Beamtenstellung[448]. Die dem Lebenszeitprinzip zugeschriebene zentrale Bedeutung beruht auf der damit verbundenen Sicherung einer gewissen Unabhängigkeit des Beamten[449], und zwar auch und gerade einer gewissen Unabhängigkeit von seinem Vorgesetzten, die ihn in die Lage versetzen soll, diesem gegenüber frei und selbstbewußt geltend zu machen, wozu Gesetzesgehorsam und Gemeinwohlorientierung nach seiner Überzeugung verpflichten[450]. Der Grundsatz, daß Beamte auf Lebenszeit anzustellen sind, hat allerdings historisch immer nur als Grundsatz, nicht als eine ausnahmslos für alle Beamtenverhältnisse geltende Regel existiert[451]. Dementsprechend ist auch gegenwärtig anerkannt, daß mit dem Lebenszeitprinzip nur der **Regeltypus** des Beamtenverhältnisses vorgegeben ist. Die Institutionen des **Beamtenverhältnisses auf Zeit, auf Probe** und **auf Widerruf** und des **politischen Beamten** gelten daher in ihrer gegenwärtigen Ausgestaltung als mit Art. 33 V GG vereinbar[452]. Bei der Regelung nicht lebenszeitlich ausgestalteter Beamtenverhältnisse ist der Gesetzgeber aber nicht an die gegenwärtig bestehenden Formtypen und deren Ausgestaltung gebunden[453].

Als eine Ausprägung des Lebenszeitprinzips hat das Bundesverfassungsgericht **82** auch den Grundsatz der **Unentziehbarkeit des statusrechtlichen Amtes** angesehen[454].

---

[448] BVerfGE 9, 268 (286); 71, 255 (268) m.w.N. – st. Rspr.; s. auch die Nachweise in den folgenden Fußnoten; vgl. zur Geschichte → Rn. 5f.
[449] BVerfGE 39, 196 (201); 44, 249 (265); 70, 69 (80). Allgemeiner zur Bedeutung der rechtlich und wirtschaftlich gesicherten Stellung des Berufsbeamten für die Gewährleistung einer stabilen und gesetzestreuen Verwaltung BVerfGE 7, 155 (162f.); 8, 1 (16); 11, 203 (216); 70, 251 (267).
[450] → Rn. 6 sowie *R. Summer*, ZBR 1992, 1 (3ff.); s. auch BVerfGE 70, 251 (267).
[451] S. zur Rechtslage unter der Weimarer Reichsverfassung Art. 104 I und 129 I WRV; zum einfachen Recht § 2 des Reichsbeamtengesetzes mit Kommentierung bei *Fischbach*, Reichsbeamtengesetz (Fn. 428), § 2 Anm. II.3, sowie *Brand*, Beamtenrecht (Fn. 428), S. 31ff. (§§ 8, 9).
[452] Zum kommunalen Wahlbeamten auf Zeit BVerfGE 7, 155 (163ff.); BVerfG (3. Kammer des Zweiten Senats) NVwZ 1994, 473 (474); BVerwGE 56, 163 (165); 81, 318 (322ff.); *C. Priebe*, Die vorzeitige Beendigung des aktiven Beamtenstatus bei politischen Beamten und kommunalen Wahlbeamten, 1997, S. 221ff.; s. auch, für die Versetzung von Kommunalbeamten in den Wartestand, BVerfGE 8, 332 (339ff.). Für die Vereinbarkeit der Institution des politischen Beamten mit Art. 33 V GG BVerfGE 7, 155 (166f.); 8, 332 (348ff.); BVerwGE 81, 318 (322); *Maunz* (Fn. 121), Art. 33 Rn. 65 (Zulässigkeit, sofern durch »im parlamentarischen Regierungssystem begründete vernünftige Erwägungen gerechtfertigt«); *Priebe*, aaO., S. 214ff. (mit Annahme einer Begründungspflicht bei Versetzung in den einstweiligen Ruhestand; s. S. 80ff.); *H. G. Steinkemper*, Amtsträger im Grenzbereich zwischen Regierung und Verwaltung, 1980, S. 190ff.; *R. Junker*, Beamtenstatus und Zeit, Diss. jur. Köln 1975, S. 25ff. (26f.); *R. Schunke*, Die politischen Beamten, Diss. jur. Saarbrücken 1973, 120ff. (130ff.); *S. Studenroth*, ZBR 1997, 212 (215); *K. Grünning*, VR 1988, 80 (86f.); *W. Thieme*, Der »politische Beamte« im Sinne des § 31 Beamtenrechtsrahmengesetz, in: Öffentlicher Dienst und politischer Bereich (Fn. 402), S. 148ff. (164); *G. Wacke*, AöR 91 (1966), 441 (444ff., 453f.); *G. Anders*, DÖV 1964, 109 (112); *W. Haubrichs*, ZBR 1964, 136 (136f.). Entgegen einer gelegentlich anzutreffenden mißverständlichen Formulierung ist die Existenz der Institution des politischen Beamten allerdings nicht ihrerseits durch Art. 33 V GG gewährleistet; so zutreffend *Isensee* (Fn. 270), § 32 Rn. 70; *Schunke*, aaO., S. 120ff.; *Steinkemper*, aaO., S. 190 m.w.N.; zur Frage der Vereinbarkeit mit Art. 33 II GG → Rn. 42.
[453] S. BVerfGE 7, 155 (164, 167); 8, 332 (342ff.); *R. Summer*, ZBR 1992, 1 (3).
[454] S. BVerfGE 70, 251 (267f.): »grundsätzlich lebenszeitige Übertragung« des funktionsentsprechenden statusrechtlichen Amtes; Unzulässigkeit der Entfernung aus dem Amt »aus beliebigem Anlaß«. Für die grundsätzliche, aber nicht ausnahmslose Unzulässigkeit der Entfernung aus dem Amt »nach freiem Ermessen politischer Gremien« s. auch bereits BVerfGE 7, 155 (163). Vgl. auch, die ver-

Dieser Grundsatz hat sowohl Tradition[455] als auch fundamentale Bedeutung. Ebenso wie in bezug auf das Prinzip der lebenszeitlichen Anstellung ist aber auch hier die verfassungsrechtliche Möglichkeit sachgerechter, insbesondere auf die verbesserte Realisierung des Leistungsprinzips (→ Rn. 32 ff., 86) zielender, Ausnahmen anzuerkennen. Die Vergabe von **Führungsämtern auf Zeit bzw. auf Probe** ist daher nicht prinzipiell unvereinbar mit Art. 33 V GG. So sind gegen die 1997 mit dem Gesetz zur Reform des öffentlichen Dienstrechts eingeführte Regelung, nach der Führungsämter zunächst nur für eine Probezeit von in der Regel zwei Jahren und erst danach im Bewährungsfalle auf Dauer übertragen werden bzw. nach Maßgabe des Landesrechts übertragen werden können[456], verfassungsrechtliche Bedenken nicht anzumelden[457]. Im Hinblick auf die Rechtsprechung des Bundesverfassungsgerichts[458] problematischer, im Ergebnis aber wohl ebenfalls verfassungsrechtlich haltbar sind Ausgestaltungen, nach denen – unter Beibehaltung der Absicherung des Beamten durch sein jeweiliges Basisamt – Leitungsämter wiederkehrend nur auf Zeit und ohne Anspruch auf Wiederübertragung im Bewährungsfall vergeben werden[459]. Fraglich ist, ob Grenzen, die der Übertragung von Ämtern auf Zeit durch das Prinzip der Unentziehbarkeit statusrechtlicher Ämter gezogen sind, auch für Regelungen nach dem sogenannten Zulagenmodell gelten, bei dem ohne Veränderung des statusrechtlichen Amtes nur ein höheres Amt im funktionellen Sinne (Dienstposten) auf Zeit übertragen wird und entsprechend höhere Bezüge per Zulage gewährt werden[460]. Nach Auffassung des Bundesverfassungsge-

---

fassungsrechtlichen Anforderungen im Falle einer Neuordnung des Besoldungssystems betreffend, BVerfGE 56, 146 (164).

[455] S. für die Geltung zu Beginn der Weimarer Zeit statt vieler *F. Wolffstieg*, Das Beamtenreichsrecht, 1921, S. 68 ff. Auf Reichsebene wurde er auch im Rahmen der Verordnung zur Herabminderung der Personalausgaben des Reichs (Personalabbau-Verordnung vom 27. Oktober 1923, RGBl. S. 999) beibehalten. Die preußische Personalabbau-Verordnung vom 8. 2. 1924, Preußische Gesetzessammlung S. 73 (§ 30), sah zwar ausdrücklich auch die Möglichkeit der Versetzung in ein »Amt« von geringerem Rang und planmäßigem Diensteinkommen vor; der Beamte sollte in diesem Fall aber sowohl die bisherige Amtsbezeichnung als auch das bisherige Diensteinkommen behalten.

[456] S. §§ 24a BBG, 12a BRRG; zum Dienstrechtsreformgesetz s. Fn. 284.

[457] *B. Ziemske*, DÖV 1997, 605 (610 f.); *H. Günther*, ZBR 1996, 65 (73); *U. Battis*, ZBR 1996, 193 (197); *W. Leisner*, ZBR 1996, 289 (297 ff.); *R. Summer*, ZBR 1995, 125 (133).

[458] → Fn. 454.

[459] Zulassung entsprechender landesrechtlicher Regelungen, allerdings mit zeitlicher Beschränkung der Übertragung auf maximal zehn Jahre und anschließender Soll-Übertragung auf Lebenszeit, jetzt in § 12b BRRG (eingeführt durch das Dienstrechtsreformgesetz 1997; dazu Fn. 284); für die Verfassungskonformität dieser Regelung *B. Ziemske*, DÖV 1997, 605 (610 f.); *U. Battis*, NJW 1997, 1033 (1034); *V. Neßler*, RiA 1997, 157 ff.; a.A. *R. Summer*, ZBR 1997, 119 ff.; *S. Studenroth*, ZBR 1997, 212 (217 ff.); Bedenken auch bei *H. Schnellenbach*, NVwZ 1997, 521 (522). Für die Zulässigkeit auch weitergehender Regelungen, die eine wiederkehrende Übertragung von Führungsämtern auf Zeit ohne die in § 12b BRRG vorgesehenen Beschränkungen zulassen (s. insbesondere § 194a LBG Nds.), *M. Böhm*, DÖV 1996, 403 (407 ff.); *W. Thieme*, Empfiehlt es sich, das Beamtenrecht unter Berücksichtigung der Wandlungen von Staat und Gesellschaft neu zu ordnen? Verhandlungen des 48. Deutschen Juristentages 1970, Gutachten D, S. 37 f.; *ders.*, DÖV 1987, S. 933 (938 ff.); s. auch bereits den Vorschlag einer Minderheit der Mitglieder der *Studienkommission für die Reform des öffentlichen Dienstrechts*, Bericht (Fn. 281), S. 240 f.; a.A. (für Verfassungswidrigkeit solcher weitergehender Lösungen) *H. Günther*, ZBR 1996, 65 (71 ff.); *U. Battis*, ZBR 1996, 193 (197 f.); *W. Leisner*, ZBR 1996, 289 ff.; *R. Summer*, ZBR 1997, 119 ff.; *ders.*, ZBR 1995, 125 (133 f.); *D. Leuze*, DöD 1994, 125 (134).

[460] S. zu diesem Modell, Verfassungskonformität bejahend, *W. Thieme*, DÖV 1987, 933 (934 ff.); *H. Siedentopf*, DÖV 1985, 1033 (1038 ff.); verneinend *M. Böhm*, DÖV 1996, 403 (405 f.); *C.H. Ule*, DVBl. 1986, 1029 ff.; *R. Summer*, DÖV 1986, 713 (716 f.).

richts steht einer dauerhaften **Trennung von (statusrechtlichem) Amt und Funktion** das Prinzip amtsangemessener Besoldung entgegen[461]. In jedem Fall wird man, soweit der Grundsatz der Unentziehbarkeit statusrechtlicher Ämter die Übertragung von Ämtern auf Zeit verbietet, auch analoge generelle Lösungen nach dem Zulagenmodell als unzulässig ansehen müssen.

Gesetzliche **Altersgrenzen** sind mit dem Lebenszeitprinzip vereinbar. Art. 33 V GG fordert weder eine auf ein bestimmtes Lebensalter gerichtete noch eine für alle Beamten einheitliche Festsetzung der Altersgrenze[462]. 83

Mit dem Prinzip der Unentziehbarkeit statusrechtlicher Ämter ist kein Recht des Beamten auf die unveränderte und ungeschmälerte Ausübung bestimmter Amtsgeschäfte, d.h. **kein Recht auf ein bestimmtes Amt im funktionellen Sinne**[463] verbunden. Dagegen hat das Bundesverfassungsgericht die früher offengelassene Frage, ob ein **Verbot unterwertiger Beschäftigung** als hergebrachter Grundsatz des Berufsbeamtentums besteht, inzwischen bejaht[464]. 84

ee) Hauptberuflichkeit, Vollzeitlichkeit

Als hergebrachter Grundsatz des Berufsbeamtentums gilt auch das Prinzip der **Hauptberuflichkeit und Vollzeitlichkeit** des Beamtenverhältnisses[465]. Die funktionale Bedeutung dieses Prinzips liegt darin, daß der Beamte im Interesse seiner Unabhängigkeit nicht genötigt sein soll, zum Erwerb seines Lebensunterhalts neben seinem Dienstherrn noch anderen Herren zu dienen. Insofern besteht ein Zusammenhang zwischen dem Prinzip der Hauptberuflichkeit und dem traditionellen Prinzip, daß die **Nebentätigkeit** von Beamten Beschränkungen, insbesondere in der Regel einer Genehmigungspflicht, unterliegt[466]. Die Tradition der Hauptberuflichkeit hat keine funktionswesentliche Bedeutung, soweit es um einen vom Beamten selbst angestrebten Gehaltsverzicht zugunsten verringerter Arbeitszeit geht. Freiwillige **Teilzeitarbeit** ohne Aufnahme einer zusätzlichen anderweitigen Erwerbstätigkeit kann daher ohne Verstoß gegen Art. 33 V GG auch ohne Bindung an besondere Ausnahmegründe zugelassen werden[467]. Obligatorische Teilzeitarbeit berührt dagegen die institutionell we- 85

---

[461] BVerfGE 70, 251 (267f.).

[462] BVerfGE 71, 255 (270); s. auch, zur Altersgrenze bei Hochschullehrern, BVerfGE 67, 1 (11ff., 14); bei hauptamtlichen Bürgermeistern BVerwG NVwZ 1997, 1207f.; allg. *G. Püttner*, DVBl. 1997, 259ff.

[463] BVerfGE 8, 332 (344f.); 43, 242 (282f.); 47, 327 (411); 52, 303 (354); 56, 146 (162); BVerwGE 89, 199 (201). Zur Vereinbarkeit von Umsetzungsmaßnahmen (»Rotation«), die der Korruptionsvorbeugung dienen sollen, mit Art. 33 V GG s. VG Frankfurt NVwZ 1989, 992f.

[464] Offenlassend BVerfGE 43, 242 (283); 47, 327 (411f.); 52, 303 (354f.); bejahend BVerfGE 70, 251 (266); ebenso BVerwGE 89, 199 (200).

[465] S. für die Hauptberuflichkeit BVerfGE 9, 268 (286); für die Pflicht des Beamten, »seine volle Arbeitskraft« dem Dienstherrn zur Verfügung zu stellen, BVerfGE 21, 329 (345); 44, 249 (264); 55, 207 (237); 61, 43 (56); 71, 39 (59f.) – st. Rspr.; für die nach Auffassung des Gerichts daraus folgende Zulässigkeit besoldungsrechtlicher Konsequenzen der Teilzeitarbeit, die über die rein anteilmäßige Kürzung hinausgehen, BVerfGE 71, 39 (65).

[466] Dazu BVerfGE 52, 303 (343); *U. Battis*, NVwZ 1998, 34f. m.w.N.; zu den verfassungsrechtlichen Fragen des Nebentätigkeitsrechts zahlreiche weitere Nachweise bei *W. Blümel/D. Scheven*, Nebentätigkeitsrecht des wissenschaftlichen und künstlerischen Personals, in: C. Flämig u.a. (Hrsg.), Handbuch des Wissenschaftsrechts, Bd. 1, 2. Aufl. 1996, S. 443ff.

[467] S. jetzt §§ 72a BBG, 44a BRRG. Wie hier *R. Summer*, ZBR 1992, 1 (1f.); *E. Körting*, LKV 1998, 41 (43); differenzierend *U. Battis/K.J. Grigoleit*, ZBR 1997, 237 (245f.) m.w.N.; a.A. (für Zulässigkeit

sentliche Funktion der Hauptberuflichkeitstradition und ist deshalb mit Art. 33 V GG nicht vereinbar[468]. Die **Arbeitszeit** der Beamten zu bestimmen ist Sache des Gesetzgebers[469]. Die Möglichkeit der Heraufsetzung ist hier nur durch die Fürsorgepflicht (→ Rn. 79) begrenzt.

ff) Sonstiges

86 Hergebrachte Grundsätze des Berufsbeamtentums sind das **Leistungsprinzip**[470] und, damit zusammenhängend, der Grundsatz, daß das Beamtenverhältnis eine geeignete **fachliche Vorbildung** voraussetzt[471]. Als Ausprägung des Leistungsprinzips gilt darüber hinaus auch das **Laufbahnprinzip**[472]. Einzelheiten des Laufbahnrechts wie z.B. die Abgrenzung der verschiedenen Laufbahnen voneinander sind aber durch Art. 33 V GG jedenfalls nicht bestimmt[473]. Auch entdifferenzierende Veränderungen, wie sie gegenwärtig im Hinblick auf eine laufbahnrechtliche Gleichstellung von Hochschul- und Fachhochschulabsolventen diskutiert werden, sind daher zulässig. Als hergebrachte Grundsätze des Berufsbeamtentums hat das Bundesverfassungsgericht auch angesehen, daß über Personalangelegenheiten des Beamten nur die ihm **vorgesetzten Dienstbehörden** entscheiden[474] und daß dem Beamten eine angemessene, in bezug auf seinen Tätigkeitszweig und seine Stellung in der Hierarchie hinreichend **aussagefähige Amtsbezeichnung** gebührt[475]. Daß die **deutsche Staatsangehörigkeit** Voraussetzung der Ernennung zum Beamten ist, gehört nicht zu den hergebrachten Grundsätzen[476]. Ebensowenig ist es ein hergebrachter Grundsatz, daß das Beamtenverhält-

---

der Teilzeitarbeit nur in Ausnahmefällen) *H. Lecheler*, ZBR 1997, 206 (209f.); *W. Thiele*, DöD 1997, 1 (3); ebenso, in der unzutreffenden Annahme, daß teilzeitbeschäftigte Beamte nicht ohne Verfassungsverstoß an der Aufnahme von Nebentätigkeiten gehindert werden können, *M. Benndorf*, Verfassungsrechtliche Zulässigkeit einer Teilzeitbeschäftigung von Beamten und Richtern, Diss. jur. Berlin 1980, S. 220ff. Wiederum anders (für die Vereinbarkeit extensiver Zulassung von Teilzeitarbeit mit Art. 33 V GG trotz unterstellter Unzulässigkeit eines Nebentätigkeitsverbots für Teilzeitbeschäftigte) *D.P. Brüning*, Teilzeitbeschäftigung und Leistungsfähigkeit des öffentlichen Dienstes, 1983, S. 32ff. (48).

[468] BVerwGE 82, 196 (199, 202ff.); *U. Battis*, NJW 1997, 1033 (1035) m.w.N.; *ders.*, ZBR 1991, 353 (356); *H. Schnellenbach*, NVwZ 1997, 521 (524); *H.-B. Beus/K. Bredendiek*, ZBR 1997, 201 (204); *P. Gola*, DöD 1996, 97 (98); *T. Haldenwang*, ZBR 1995, 61 (63); *R. Summer*, ZBR 1992, 1 (2); *H.J. Becker*, RiA 1991, 178 (183f.); a.A. *A. v. Mutius/B. Röh*, ZBR 1990, 365ff.; *C.H. Ule*, DVBl. 1989, 1160; *F. Ruland*, ZRP 1983, 278 (281); differenzierend *H. Lecheler*, ThürVbl. 1998, 25; *E. Körting*, LKV 1998, 41 (44f.).

[469] S. zur Entwicklung des Arbeitszeitrechts *E. Kremer*, Die Arbeitszeit des Beamten, 1988, passim; *ders.*, ZBR 1991, 204ff.; für die Möglichkeit der Delegation auf den Verordnungsgeber und zum verfassungsrechtlichen Rahmen für die inhaltliche Ausgestaltung BVerwG ZBR 1995, 146f.; BayVerfGH ZBR 1995, 379ff.; VerfGH Rh.-Pf. JZ 1997, 616 m. Anm. *H. v. Olshausen*.

[470] Allg. BVerfGE 56, 146 (163); 62, 374 (383); 64, 367 (379f.); 71, 255 (268) m.w.N.; *Neeße*, Leistungsgrundsatz (Fn. 437), S. 50ff.; *U. Battis*, ZBR 1996, 193 (195 u. passim); *H.-W. Laubinger*, VerwArch. 83 (1992), 246 (252f. u. passim); *H. Siedentopf*, Zum Leistungsprinzip im öffentlichen Dienst, in: P. Feuchte/M. Rommel/O. Rundel (Hrsg.), Initiative und Partnerschaft, 1990, S. 155ff. (159f.); *N. Achterberg*, DVBl. 1977, 541ff. Vgl. Art. 33 II GG; → Rn. 32ff.

[471] BVerfGE 9, 268 (286).

[472] BVerfGE 62, 374 (383); 64, 323 (351); 71, 255 (268); *Maunz* (Fn. 121), Art. 33 Rn. 67.

[473] BVerfGE 13, 356 (362).

[474] BVerfGE 9, 268 (287).

[475] BVerfGE 38, 1 (12); 43, 154 (167); 62, 374 (383); 64, 323 (352); ausführlich dazu *R. Summer*, PersV 36 (1993), 342ff.; zur Kritik → Rn. 72.

[476] → Rn. 20 mit Fn. 95.

nis durch Aushändigung einer **Ernennungsurkunde** begründet wird[477]. Im Zusammenhang mit dem **Disziplinarrecht** und dem **Amtsträgerstrafrecht** hat Art. 33 V GG bislang nur geringe praktische Bedeutung erlangt[478]. Einige Besonderheiten weist das hergebrachte Amtsrecht der **Hochschullehrer** und der **Richter** auf[479].

D. Verhältnis zu anderen GG-Bestimmungen

Art. 33 I GG ist ein spezielles Gleichheitsgrundrecht, das die Landesstaatsangehörigkeit als Differenzierungskriterium ausschließt (→ Rn. 26 ff.). **Art. 33 II GG** steht, soweit seine Vorgaben reichen, im Verhältnis der Spezialität zu Art. 3 I und II GG[480] und in einem modifizierenden Ergänzungsverhältnis zu Art. 12 I GG[481]. Hinsichtlich der bei gleicher Eignung, Befähigung und fachlicher Leistung anzuwendenden Auswahlkriterien enthält Art. 33 II GG nur die Vorgabe, daß der Ämterzugang insoweit gleich sein soll. Hier gelten die Maßstäbe des Art. 3 GG (→ Rn. 34, 47) sowie Art. 33 III 1 GG. Auf die vielfältigen Spezialitätsbeziehungen des **Art. 33 III GG** und seine weitgehende Redundanz im Verhältnis zu Art. 140 GG wurde oben (→ Rn. 51) bereits hingewiesen. **Art. 33 IV und V GG** stehen in engem Zusammenhang als Elemente der institutionellen Garantie des Berufsbeamtentums (→ Rn. 53, 63). Art. 33 V GG ist, soweit er vermögensrechtliche Ansprüche des Beamten schützt, speziell im Verhältnis zu Art. 14 GG[482]. Auch im Verhältnis zu allgemeinen Grundsätzen des rechtsstaatlichen Vertrauensschutzes und im Verhältnis zum Sozialstaatsprinzip wird Art. 33 V GG als

87

---

[477] BVerfGE 3, 255 (258 f.).
[478] S. BVerfGE 4, 205 (211) – kein Anspruch auf eine zweite Instanz in Dienststrafsachen; BVerfGE 7, 129 (144) – offenlassend, ob geltende Bestimmungen über teilweise Einbehaltung von Gehaltsbezügen einem hergebrachten Grundsatz des Disziplinarrechts entsprechen; BVerfGE 15, 105 (121) – kein hergebrachter Grundsatz der Verfolgungsverjährung im Disziplinarrecht; BVerfGE 37, 167 (178 f.) – kein prinzipielles Verbot der Anrechnung von Nebeneinkünften bei vorläufiger Dienstenthebung aus Art. 33 V GG. Zum Amtsträgerstrafrecht BVerfG (2. Kammer des Zweiten Senats) NJW 1995, 186 f. – kein strafrechtliches Privileg eingeschränkter Anwendbarkeit der allgemeinen Strafgesetze für Amtsträger.
[479] S. für Hochschullehrer allg. BVerfGE 3, 58 (141); V. *Epping*, ZBR 1997, 383 ff.; für die Bezüge der Emeriti BVerfGE 35, 23 (30 f.); für vereinbarte Rechtspositionen BVerfGE 43, 242 (277 ff.); 47, 327 (409 ff.); 52, 303 (330 f.); s. auch BVerfGE 35, 79 (146) – keine Einschlägigkeit des Art. 33 V GG für Mitwirkung der akademischen Selbstverwaltungsorgane in Personalangelegenheiten; BVerfGE 47, 327 (408 f.) – Zulässigkeit von Sondervoten des Hochschulpräsidenten. Für einen hergebrachten Grundsatz der Nichtversetzbarkeit von Hochschullehrern *H. Maurer*, DöD 1996, 153 (158 f.) m.w.N. Zum Richteramtsrecht s. die Nachweise in Fn. 354.
[480] → Rn. 34; zur Maßgeblichkeit der Wertentscheidungen des Art. 3 II und III GG und anderer Verfassungsbestimmungen für die Anwendung der Qualifikationskriterien des Art. 33 II GG → Rn. 42.
[481] S. BVerfGE 7, 377 (397 f.); 39, 334 (369); ebenso für Art. 33 GG insgesamt BVerfGE 73, 301 (315); 84, 133 (147); Art. 12 I GG gilt danach im Prinzip auch für den öffentlichen Dienst, Art. 33 II GG stellt eine nicht verdrängende, sondern ergänzende Spezialregelung dar; s. zuletzt BVerfGE 96, 205 (210 f.) sowie die weiteren oben Fn. 215, 217 aufgeführten Entscheidungen. Dies hat unter anderem die Konsequenz, daß die hinsichtlich des Zugangs zum öffentlichen Dienst wesentlichen Regelungen durch Gesetz zu treffen sind, s. BVerwGE 98, 324 (327).
[482] BVerfGE 3, 58 (153); 76, 256 (294); 80, 297 (308) m.w.N. – st. Rspr.; für Übereinstimmung hinsichtlich der Reichweite des Schutzes BVerfGE 16, 94 (115); 21, 329 (344 f.); 39, 196 (200). S. aber andererseits – inkonsequent – für die Möglichkeit des Rückgriffs auf Art. 14 I GG bei trotz sachgebietlicher Einschlägigkeit im Ergebnis nicht aus Art. 33 V GG zu gewährendem Schutz BVerfGE 35, 23 (31).

die für ihren Anwendungsbereich speziellere einschlägige Norm herangezogen[483]. Art. 33 IV und V GG gehören nicht zum nach Art. 79 III GG verfassungsänderungsfest gewährleisteten Normbestand[484].

---

[483] S. zum Vertrauensschutz BVerfGE 52, 303 (345) – die hier aus der älteren Rechtsprechung angeführten Belegstellen haben sämtlich keinen spezifischen Bezug zum allgemeinen rechtsstaatlichen Prinzip des Vertrauensschutzes; 67, 1 (14); bestätigend BVerfGE 71, 255 (272); zum Sozialstaatsprinzip BVerfGE 17, 337 (355); 58, 68 (78f.); für beides Jarass/*Pieroth*, GG, Art. 33 Rn. 12.

[484] S. statt vieler *E. Forsthoff*, Rechtsgutachten, in: ders. u.a. (Hrsg.), Verfassungsrechtliche Grenzen einer Reform des öffentlichen Dienstrechts, 1973, S. 17 ff. (39 f.); *F. Ruland*, ZRP 1983, 278 (279) m.w.N.; a.A. *H. Wiethe-Körprich*, Verfassungsfeste Elemente der Institution Berufsbeamtentum, Diss. jur. Regensburg 1974; *D. Merten*, Das Berufsbeamtentum als Element deutscher Rechtsstaatlichkeit, in: K. Lüder (Hrsg.), Staat und Verwaltung, 1997, S. 145 ff.

Artikel 34 [Haftung bei Amtspflichtverletzung]

¹Verletzt jemand in Ausübung eines ihm anvertrauten öffentlichen Amtes die ihm einem Dritten gegenüber obliegende Amtspflicht, so trifft die Verantwortlichkeit grundsätzlich den Staat oder die Körperschaft, in deren Dienst er steht. ²Bei Vorsatz oder grober Fahrlässigkeit bleibt der Rückgriff vorbehalten. ³Für den Anspruch auf Schadensersatz und für den Rückgriff darf der ordentliche Rechtsweg nicht ausgeschlossen werden.

Literaturauswahl

Bender, Bernd: Staatshaftungsrecht, 3. Aufl. 1981.
Böhm, Monika: Voraussetzungen einer Staatshaftung bei Verstößen gegen primäres Gemeinschaftsrecht, in: JZ 1997, S. 53–60.
Boujong, Karl Heinz: Zum Staatshaftungsrecht im Gebiet der früheren DDR, in: Festschrift für Konrad Gelzer, 1991, S. 273–292.
von Danwitz, Thomas: Die gemeinschaftsrechtliche Staatshaftung der Mitgliedstaaten, in: DVBl. 1997, S. 1–10.
Ehlers, Dirk: Die Weiterentwicklung des Staatshaftungsrecht durch das europäische Gemeinschaftsrecht, in: JZ 1996, S. 776–783.
Heidenhain, Martin: Amtshaftung und Entschädigung aus enteignungsgleichem Eingriff, 1965.
Ossenbühl, Fritz: Staatshaftungsrecht, 4. Aufl. 1991.
Papier, Hans-Jürgen: Staatshaftung, in: HStR VI, § 157 (S. 1353–1391).
Pfab, Susanne: Staatshaftung in Deutschland. Die Reformaufgabe und ihre Vorgaben in der rechtsstaatlichen Garantie des Artikel 34 Grundgesetz und durch die Erfordernisse des Gemeinschaftsrechts, Diss. jur. München 1997.
Rüfner, Wolfgang: Das Recht der öffentlich-rechtlichen Schadensersatz- und Entschädigungsleistungen, in: Hans-Uwe Erichsen (Hrsg.), Allgemeines Verwaltungsrecht, 10. Aufl. 1995, S. 581–681
Schoch, Friedrich: Amtshaftung, in: Jura 1988, S. 585–594, 648–653.
Steinberg, Rudolf/Lubberger, Andreas: Aufopferung – Enteignung und Staatshaftung, 1991.

Leitentscheidung des Bundesverfassungsgerichts

BVerfGE 61, 149 (174ff.) – Amtshaftung.

Gliederung

	Rn.
A. Herkunft, Entstehung, Entwicklung	1
I. Ideen- und verfassungsgeschichtliche Aspekte	1
II. Entstehung und Veränderung der Norm	7
B. Internationale, supranationale und rechtsvergleichende Bezüge	11
I. Internationales Recht	11
II. Europäisches Gemeinschaftsrecht	12
1. Haftung der Gemeinschaft	12
2. Haftung der Mitgliedstaaten aufgrund von EG-Recht	17
III. Rechtsvergleichende Hinweise	20
C. Erläuterungen	22
I. Allgemeine Bedeutung	22
1. Schutzgut	22
2. Aktueller Befund	24
II. Haftung des Staates bei Amtspflichtverletzung (Art. 34 S. 1 GG)	25

Art. 34
A. Herkunft, Entstehung, Entwicklung

1. Rechtsnatur des Art. 34 GG ... 25
2. Tatbestandsvoraussetzungen ... 26
   a) Amtswalter (»jemand«) ... 26
   b) Öffentliches Amt ... 28
   c) In Ausübung ... 30
   d) Amtspflicht ... 31
   e) Drittrichtung ... 34
3. Problemfälle ... 35
   a) Normatives Unrecht ... 35
   b) Judikatives Unrecht ... 37
4. Anforderungen an die Verletzungshandlung ... 38
   a) Kausale Schadensverursachung ... 38
   b) Rechtswidrigkeit und Verschulden ... 39
5. Anspruchsverpflichteter ... 40
6. Haftungsbeschränkungen ... 41
III. Rückgriff (Art. 34 S. 2 GG) ... 43
IV. Rechtsweg (Art. 34 S. 3 GG) ... 44

D. Verhältnis zu anderen GG-Bestimmungen ... 45

A. Herkunft, Entstehung, Entwicklung

I. Ideen- und verfassungsgeschichtliche Aspekte

1 Die Haftung des Staates für Schäden, die Amtsträger den Bürgern zufügen, ist in Deutschland seit dem **18. Jahrhundert** Gegenstand vielfältiger rechtswissenschaftlicher und rechtspolitischer Auseinandersetzungen. Zunächst galt der hoheitlich handelnde Staat als unrechtsunfähig (»the king can do no wrong«) und konnte deshalb nicht haftbar gemacht werden. Während der Staat als Fiskus in Privatrechtsbeziehungen zu seinen Bürgern eintreten konnte, kam für eine Haftung aus hoheitlichem Handeln nur der jeweilige Amtsträger persönlich als Zurechnungsobjekt in Betracht. Sein Dienstverhältnis zum Landesherrn galt nach römisch-rechtlichem Vorbild als **privatrechtlicher Mandatskontrakt**. Das hatte zur Konsequenz, daß ein Verhalten des Amtsträgers dem Staat nur dann zugerechnet werden konnte, wenn es sich im Rahmen der Gesetze hielt; andernfalls haftete der Amtsträger als Privatperson (»si excessit, privatus est«). §§ 88, 89 II. Teil, 10. Titel ALR waren normativer Ausdruck der **Mandatstheorie**[1].

2 Zwar setzte sich im **19. Jahrhundert** allmählich ein **öffentlich-rechtliches Verständnis des Beamtenverhältnisses** durch (→ Art. 33 Rn. 6), ohne daß sich jedoch an der persönlichen Haftung des Beamten etwas änderte[2]. Nach den damaligen Vorstellungen

---

[1] H. Zoepfl, Grundsätze des gemeinen deutschen Staatsrechts, Zweiter Theil, 5. Aufl. 1863, § 520, S. 802; vgl. ferner F. A. von der Becke, Von Staatsämtern und Staatsdienern, 1797, S. 173 ff.; F. Meisterlin, Die Verhältnisse der Staatsdiener nach rechtlichen Grundsätzen entwickelt, 1838, S. 80 ff.; H. Rehm, Die rechtliche Natur des Staatsdienstes nach deutschem Staatsrecht historisch-dogmatisch dargestellt, in: Hirths Annalen 1884, 565 ff.; 1885, 65 ff.
[2] R. v. Mohl, System der Präventiv-Justiz oder Rechts-Polizei, 1834, S. 552 ff.; Zoepfl, Grundsätze (Fn. 1), S. 798 ff.; H. A. Zachariä, ZgStW 19 (1863), 582 (619); J.C. Bluntschli, Verh.DJT, Band 6/I, 1865, S. 45 (49); L. v. Stein, Die Verwaltungslehre, Erster Theil, 1. Abth., Die vollziehende Gewalt, 2. Aufl. 1869, S. 369 f.; C. F. v. Gerber, Grundzüge eines Systems des Deutschen Staatsrechts, 2. Aufl. 1869, S. 207; E. Loening, Die Haftung des Staates aus rechtswidrigen Handlungen seiner Beamten

handelte der Beamte ohne Auftrag des Staates, wenn er seine Amtspflichten verletzte. Er trat »in den Privatstand« ein[3] und sollte »wie jeder andere Staatsbürger« für seine »individuelle Ungesetzlichkeit« haften[4]. Die persönliche Haftung des Beamten wurde zugleich als wirksamer »Schutz des Unterthan gegenüber der öffentlichen Gewalt« angesehen[5]. In diesem Sinne war schon im **Grundrechtskatalog der Paulskirchenverfassung** und in der **preußischen Verfassung von 1850** bestimmt worden, daß eine Klage gegen einen Beamten wegen Amtspflichtverletzung nicht von einer vorherigen behördlichen Genehmigung abhängig gemacht werden durfte[6]. Zwar wurde auf Juristentagen gefordert, daß der Staat für seine Beamten hafte[7]. Auch sprach sich v. Gierke nachdrücklich für eine zivilrechtliche Verbandshaftung des Staates im hoheitlichen Bereich aus[8]. Dennoch entschied sich der Gesetzgeber des **Bürgerlichen Gesetzbuchs** nach ausführlichen Diskussionen nur für eine **Organhaftung öffentlich-rechtlicher Körperschaften** im **privatrechtlichen Bereich** (§§ 89, 31 BGB) und hielt **daneben** an der persönlichen **Haftung des Beamten** (§ 839 BGB) fest, die entsprechend der Rechtstradition als nicht nur formell, sondern auch materiell privatrechtlich qualifiziert wurde. Die Begründung einer Staatshaftung im hoheitlichen Bereich hätte nach Auffassung der Mehrheit der am Gesetzgebungsverfahren Beteiligten die Gesetzgebungskompetenz des Reichs für die Regelung des Bürgerlichen Rechts überschritten und unzulässig in die Befugnisse der Bundesstaaten eingegriffen[9].

Noch vor Inkrafttreten des Bürgerlichen Gesetzbuchs schuf der Reichsgesetzgeber 1897 in **§ 12 Reichsgrundbuchordnung**[10] das Modell des Haftungsübergangs, das nach einiger Zeit in ganz Deutschland übernommen wurde. Im Gegensatz zur subsidiären Staatshaftung, die noch § 29 II der preußischen Grundbuchordnung vom 5. Mai 1872[11] vorgesehen hatte, wurde nunmehr die gegen den Beamten gerichtete privatrechtliche Forderung auf den Staat »übertragen«; genau genommen wird allerdings nicht die Forderung übertragen, sondern die **Passivlegitimation** für die gegen

3

---

nach Deutschem Privat- und Staatsrecht, in: FS Bluntschli, 1879, S. 96 ff. (107 f.); *O. v. Sarwey,* Das öffentliche Recht und die Verwaltungsrechtspflege, 1880, S. 302 ff.; *P. Laband,* Das Staatsrecht des Deutschen Reiches, Band I, 1. Aufl. 1876, S. 439 ff.; *G. Jellinek,* System der subjektiven öffentlichen Rechte, 2. Aufl. 1905, S. 243 f.

[3] *N.T. Gönner,* Der Staatsdienst 1808, S. 222.
[4] *v. Stein,* Verwaltungslehre (Fn. 2), S. 369.
[5] *O. Mayer,* Deutsches Verwaltungsrecht, Bd. I, 3. Aufl. 1924, S. 183.
[6] § 160 RVerf. vom 28. März 1849 und Art. 97 Preuß.Verf. vom 31. Januar 1850.
[7] Verh.DJT 1867, Band 6/III, 1868, S. 78 f., 80; Verh.DJT 1871, Band 9/III, 1871, S. 63.
[8] *O. v. Gierke,* Die Genossenschaftstheorie und die Deutsche Rechtsprechung, 1887, S. 794 ff.; ders., Deutsches Privatrecht, Band I, 1895, S. 476, 532.
[9] Siehe die Motive zu dem Entwurf eines Bürgerlichen Gesetzbuches für das Deutsche Reich, Band I, Allgemeiner Theil, 1888, S. 103; Band II, Recht der Schuldverhältnisse, 2. Aufl. 1896, S. 826; ferner die Zusammenstellung der gutachtlichen Äußerungen zu dem Entwurf eines Bürgerlichen Gesetzbuchs, 1890, Band I, S. 94; Band II, S. 419; Protokolle der Kommission für die zweite Lesung des Entwurfs des Bürgerlichen Gesetzbuchs, Band I, 1897, S. 607 ff., 611; Bericht der Reichstags-Kommission, Verhandlungen des Reichstags, IX. Legislaturperiode, IV. Session, Aktenstück Nr. 440, S. 1992 ff.; Verhandlungen des Reichstags, IX. Legislaturperiode, IV. Session, Band IV, S. 2855 ff.; dazu *H. Gehre,* Die Entwicklung der Amtshaftung in Deutschland seit dem 19. Jahrhundert, Diss. jur. Bonn 1958, S. 96 ff.; *M. Heidenhain,* Amtshaftung und Entschädigung aus enteignungsgleichem Eingriff, 1965, S. 33 f.; *H. Maurer,* Die Gesetzgebungskompetenz für das Staatshaftungsrecht, 1981, S. 24 ff.
[10] RGBl. S. 139.
[11] GS S. 446.

den Beamten gerichtete Forderung wird **dem Staat zugewiesen**[12]. Das amtspflichtwidrige Handeln des Beamten wird dem Staat nicht unmittelbar zugerechnet, zwischen dem Geschädigten und dem Staat wird nur mittelbar ein Rechtsverhältnis durch »Übertragung« der gegen den Beamten persönlich gerichteten Forderung auf den Staat begründet.

4   Schon zwei Jahre später folgten Bayern[13], Baden[14] und Württemberg[15] dem **Amtshaftungsmodell der Reichsgrundbuchordnung**. 1910 schlossen sich Preußen[16] und **das Reich**[17] an. Zum Ende des Kaiserreichs galt eine Amtshaftungsregelung auch in Anhalt, Braunschweig, Lübeck, Oldenburg, Sachsen-Coburg-Gotha, Reuß jüngere Linie und Waldeck[18]. Die **Bundesstaaten** nutzten den ihnen in Art. 77 EGBGB eingeräumten **Gestaltungsfreiraum**, um über § 839 BGB inhaltlich hinausgehendes materielles Staatshaftungsrecht zu schaffen. So wurde nach mehreren Landesgesetzen eine **unmittelbare Staatshaftung** in dem Fall begründet, daß der handelnde Beamte nicht in Anspruch genommen werden konnte, weil er sich im Zustand der Bewußtlosigkeit oder in einem die freie Willensbestimmung ausschließenden Zustand krankhafter Störung der Geistestätigkeit befunden hatte[19]. Manche Bundesstaaten wie Hessen[20], Sachsen-Weimar-Eisenach[21] und Schwarzburg-Sondershausen[22] befreiten den Beamten nicht von der persönlichen Haftung, sondern ließen die betroffene öffentlich-rechtliche Körperschaft nur wie einen Bürgen neben ihm haften. In Mecklenburg-Schwerin[23] und in Mecklenburg-Strelitz[24] bildete die **ausschließliche Eigenhaftung** des Beamten sogar den Regelfall, nur ausnahmsweise haftete auch der Staat.

5   Art. 131 WRV[25] führte dann zu einer **Rechtsvereinheitlichung** auf der Grundlage des Regelungsmodells der **Amtshaftung**. Nachdem die Vorschrift zunächst als bloßer Programmsatz verstanden worden war[26], setzte sich unter dem Einfluß der Rechtspre-

---

[12] *Heidenhain*, Amtshaftung (Fn. 9), S. 37 Fn. 24; vgl. auch *Gehre*, Entwicklung (Fn. 9), S. 97 ff.
[13] Art. 60 AGBGB vom 9. 6. 1899, Beilage zum GVBl. Nr. 28, S. 1.
[14] Art. 5 I AGBGB vom 17. 6. 1899, GVBl. S. 229.
[15] Art. 202 I AGBGB vom 28. 7. 1899, Reg.Bl. S. 423.
[16] Gesetz über die Haftung des Staates und anderer Verbände für Amtspflichtverletzungen von Beamten bei Ausübung öffentlicher Gewalt vom 1. 8. 1910, GS S. 691.
[17] Gesetz über die Haftung des Reichs für seine Beamten vom 22. 5. 1910, RGBl. S. 798.
[18] Siehe dazu die Nachweise bei *H. Delius*, Die Beamtenhaftpflichtgesetze des Reiches und der Länder, 3. Aufl. 1921, S. 39 ff.
[19] So schon Art. 61 I Bay. AGBGB (Fn. 13); und Art. 202 II Württ. AGBGB (Fn. 14); später auch § 1 III des Gesetzes für das Großherzogtum Oldenburg, betreffend die Haftung des Staates und anderer Verbände für Amtspflichtverletzungen der öffentlichen Gewalt vom 22. Dezember 1908, GBl. S. 1110; § 1 II des Preußischen Gesetzes (Fn. 16); § 1 II des anhaltischen Gesetzes vom 2. 4. 1910; GS. S. 475; § 1 II des lübeckischen Gesetzes über die Haftung des Staates und der Gemeinden für ihre Beamten vom 17. 2. 1912, GVBl. S. 86.
[20] Art. 78 I AGBGB vom 17. 7. 1899, Reg.Bl. S. 133.
[21] § 91 I AGBGB vom 5. 4. 1899, Reg.Bl. S. 123.
[22] Art. 19 I AGBGB vom 19. 7. 1899, GS S. 29.
[23] § 49 I Verordnung vom 9. 4. 1899 zur Ausführung des BGB, Reg.Bl. S. 57.
[24] § 48 I VO vom 9. 4. 1988 zur Ausführung des BGB, Off.Anz. S. 49.
[25] »(1) Verletzt ein Beamter in Ausübung der ihm anvertrauten öffentlichen Gewalt die ihm einem Dritten gegenüber obliegende Amtspflicht, so trifft die Verantwortlichkeit grundsätzlich den Staat oder die Körperschaft, in deren Dienste der Beamte steht. Der Rückgriff gegen den Beamten bleibt vorbehalten. Der ordentliche Rechtsweg darf nicht ausgeschlossen werden. (2) Die nähere Regelung liegt der zuständigen Gesetzgebung ob.«
[26] Siehe etwa *G. Anschütz*, Kommentar zur Reichsverfassung, 1. Aufl. 1921, Art. 131 Anm. 1.

chung des Reichsgerichts[27] ungeachtet des Regelungsvorbehalts zugunsten des zuständigen Gesetzgebers die Auffassung von der unmittelbaren Anwendbarkeit der Verfassungsvorschrift durch[28]. Abweichende landesrechtliche Regelungen, insbesondere zur Möglichkeit der direkten Inanspruchnahme des Amtsträgers, wurden nicht mehr angewandt. Die Amtshaftung galt als »ultima ratio des Rechtsstaats«[29]. Diese Einschätzung dürfte durch die Stellung von Art. 131 im Grundrechtsteil der Weimarer Reichsverfassung gefördert worden sein.

Die **Nationalsozialisten** ließen Art. 131 WRV formell unangetastet, ohne daß die Amtshaftung jedoch zwischen 1933 und 1945 in der Rechtswirklichkeit von Bedeutung gewesen wäre[30]. Die Norm wurde nach dem Zweiten Weltkrieg in Teilen Deutschlands durch **landesverfassungsrechtliche Vorschriften** wie Art. 108 BadVerf., Art. 97 BayVerf., Art. 97 Württ.-BadVerf. und Art. 136 HessVerf. schon vor der Verabschiedung des Grundgesetzes außer Kraft gesetzt, während sie in anderen deutschen Ländern erst durch Art. 34 GG abgelöst wurde. 6

II. Entstehung und Veränderung der Norm

Art. 120 HChE sah in Anlehnung an Art. 131 WRV eine **Haftung des Bundes für Amtspflichtverletzungen seiner Bediensteten** vor[31]. Begründet wurde der Vorschlag mit dem grundrechtsartigen Charakter der Vorschrift. Auch wurde zu erwägen gegeben, ob neben der Haftung des Bundes nicht die Haftung des Bediensteten selbst gegenüber dem Verletzten bestehen bleiben sollte, zumal in den Vereinigten Staaten von Amerika in der persönlichen Haftung eine Hauptsicherung gegen Amtsmißbrauch gesehen werde[32]. 7

Der **Parlamentarische Rat** hatte mit der Regelung der Amtshaftung erhebliche Schwierigkeiten, die weniger in inhaltlichen Differenzen als in einer **Unsicherheit** über die eigentliche Natur und den systematischen Standort der zu schaffenden Bestimmung begründet waren[33]. Umstritten war, ob der Amtshaftungsanspruch des Bürgers gegen den Staat »gleichsam als Grundrecht« und als wesentlicher Bestandteil des Rechtsstaatsprinzip im Grundrechtsteil der Verfassung verankert[34] oder nur die Voraussetzungen eines Rückgriffs des Dienstherrn gegen den Beamten im Grundgesetz 8

---

[27] RGZ 102, 166 (168); 391 (393); 103, 429 (430); 104, 291; 105, 334 (335); 106, 34 (35).
[28] Siehe etwa *Anschütz*, WRV, Art. 131 Anm. 1; *W. Jellinek*, Verwaltungsrecht, 3. Aufl. 1931, S. 321ff.; *F. Fleiner*, Institutionen des deutschen Verwaltungsrechts, 8. Aufl. 1928, S. 280ff.; vgl. ferner *F. Giese*, Die Verfassung des Deutschen Reiches, 8. Aufl. 1931, Art. 131 Anm. 3; *F. Poetzsch-Heffter*, Handkommentar der Reichsverfassung vom 11. August 1919, 3. Aufl. 1928, Art. 131 Anm. 4.
[29] *Jellinek*, Verwaltungsrecht (Fn. 28), S. 321.
[30] Vgl. etwa RGZ 167, 7; ferner *P. Dagtoglou*, in: BK, Art. 34 (Zweitbearb. 1970), Rn. 22.
[31] »(1) Verletzt ein Bediensteter des Bundes in Ausübung der ihm anvertrauten öffentlichen Gewalt seine Amtspflicht, so trifft die Schadensersatzpflicht ausschließlich den Bund. Dem Bund steht der Rückgriff gegen den Bediensteten zu, wenn diesen ein grobes Verschulden trifft. Der Schadensersatzanspruch gegen den Bund kann im ordentlichen Rechtsweg verfolgt werden.«
(2) Absatz 1 gilt entsprechend für Bedienstete einer bundesunmittelbaren Selbstverwaltung.« (= Parl. Rat II, S. 607).
[32] BerichtHCh, S. 52 (= Parl. Rat II, S. 565).
[33] Siehe JöR 1 (1951), S. 324ff.; zu den Entwurfsfassungen Parl. Rat VII, S. 5, 41f., 128, 192f., 225, 351, 408, 505.
[34] Parl. Rat, Zuständigkeitsausschuß, Sten. Prot. der 8. Sitzung vom 6. Oktober 1948, S. 4 und der 11. Sitzung vom 13. Oktober 1948, S. 85ff. (= Parl. Rat III, S. 325, 332, 479ff.).

geregelt werden sollten[35]. Erwogen wurde auch, in die Übergangsbestimmungen einen Verweis auf Art. 131 WRV aufzunehmen[36]. Schließlich beauftragte der Hauptausschuß des Parlamentarischen Rates den Zuständigkeitsausschuß, eine Regelung der Amtshaftung zu erarbeiten, die inhaltlich Art. 131 WRV entsprechen, diesen jedoch nicht in Bezug nehmen sollte[37]. Der Zuständigkeitsausschuß legte dem Hauptausschuß daraufhin eine dem heutigen Art. 34 GG entsprechende Formulierung der Amtshaftungsregelung vor, die mit 20 gegen 1 Stimme angenommen wurde[38]. Anträge auf Streichung der Vorschrift, die der gültigen Rechtsprechung entspreche und durch Gesetz geregelt werden könne[39], blieben letztlich erfolglos[40].

9 Die wechselvolle Entstehungsgeschichte des Art. 34 GG steht in einem bemerkenswerten Gegensatz zur **inhaltlichen Kontinuität** gegenüber Art. 131 WRV. Wie dieser will auch Art. 34 GG das Recht der Amtshaftung keineswegs abschließend regeln, sondern setzt die in § 839 BGB getroffenen Bestimmungen voraus. Die **zivilrechtlich begründete Verantwortlichkeit** wird **verfassungsrechtlich auf den Staat oder die zuständige Körperschaft übertragen**. Wie unter der Weimarer Reichsverfassung bleibt die nähere Regelung dem Gesetzgeber überlassen. Entsprechend der Auslegung des Art. 131 WRV durch die Rechtsprechung werden nicht nur Beamte im Sinne der Beamtengesetze, sondern alle Amtsträger erfaßt. Anders als Art. 131 I 2 WRV läßt Art. 34 S. 2 den **Rückgriff** allerdings nur bei Vorsatz oder grober Fahrlässigkeit zu. Auch das führt allerdings zu keiner Rechtsänderung, sondern übernimmt die Regelung der Beamtengesetze. Eine Klarstellung ist in Art. 34 S. 3 GG zu sehen, der den ordentlichen Rechtsweg ausdrücklich sowohl für den Anspruch auf Schadensersatz als auch für den Rückgriff eröffnet, während Art. 131 I 3 WRV nur allgemein den Ausschluß des ordentlichen Rechtswegs untersagt hatte[41].

10 In der Folgezeit wurde die Regelung der Staatshaftung immer mehr als reformbedürftig angesehen. Das fand und findet seinen Grund vor allem in dem Nebeneinander von mittelbarer Amtshaftung und unmittelbarer Haftung des Staates aus »aufopferungsgleichem« und »enteignungsgleichem« Eingriff (→ Art. 14 Rn. 127ff.), die alle in die Zuständigkeit der ordentlichen Gerichte fallen, während die Verwaltungsgerichtsbarkeit für verschuldensunabhängige Folgenbeseitigungsansprüche zuständig ist[42]. Eine von der Bundesregierung eingesetzte unabhängige Kommission empfahl 1973, Art. 34 GG als allgemeine Haftungsnorm für das von der öffentlichen Gewalt begange-

---

[35] Parl.Rat, Zuständigkeitsausschuß (Fn. 34), S. 1ff. (= Parl.Rat III, S. 324ff.).
[36] Parl.Rat, Grundsatzausschuß, Sten.Prot. der 26. Sitzung vom 30. November 1948, S. 5ff. (= Parl.Rat V, S. 792ff.).
[37] Parl.Rat, Hauptausschuß, Sten.Prot. der 18. Sitzung vom 4. Dezember 1948, S. 220ff.
[38] Parl.Rat, Hauptausschuß, Sten.Prot. der 27. Sitzung vom 15. Dezember 1948, S. 328 (= Parl.Rat VII, S. 225).
[39] Siehe die Aufzeichnung einer interfraktionellen Besprechung am 28. April 1949 von H. Troßmann, abgedruckt in: Schneider, GG-Dokumentation, Bd. 10, S. 608f.
[40] Protokoll einer interfraktionellen Besprechung am 3. Mai 1949, abgedruckt bei Schneider, GG-Dokumentation, Bd. 10, S. 610f.; Parl.Rat, Hauptausschuß, Sten.Prot. der 57. Sitzung vom 5. Mai 1949, S. 751; Parl.Rat, Plenum, Sten.Ber. der 9. Sitzung vom 6. Mai 1949, S. 181 (= Parl.Rat IX, S. 464).
[41] Vgl. dazu auch Parl.Rat, Schriftlicher Bericht zum Entwurf des Grundgesetzes für die Bundesrepublik Deutschland, erstattet von den Berichterstattern des Hauptausschusses, Anlage zum Sten.Ber. der 9. Sitzung vom 6. Mai 1949, S. 37f.
[42] Siehe dazu etwa N. *Luhmann*, Öffentlich-rechtliche Entschädigung rechtspolitisch betrachtet, 1965; Verh.DJT, Band II, L 144ff.

ne Unrecht auszugestalten und dem Bund zur näheren Regelung von Inhalt und Umfang der Haftung eine ausschließliche Gesetzgebungsbefugnis in einem neu zu schaffenden Art. 34 Abs. 2 GG einzuräumen[43]. In der Folgezeit unterblieb jedoch eine Änderung von Art. 34 GG. Das **1981** verabschiedete **Staatshaftungsgesetz**[44], das eine unmittelbare und primäre Staatshaftung für die Verletzung öffentlich-rechtlicher Pflichten vorsah, wurde vom Bundesverfassungsgericht mangels einer hinreichenden Gesetzgebungskompetenz des Bundes für verfassungswidrig und nichtig erklärt[45].

B. Internationale, supranationale und rechtsvergleichende Bezüge

I. Internationales Recht

Der Staat haftet nach Völkergewohnheitsrecht unter bestimmten Voraussetzungen **für das Handeln seiner Organe**[46]. Seit längerem arbeitet die **International Law Commission** (ILC) an einer **Kodifizierung** der Staatshaftung; sie hat umfangreiche Regelungsentwürfe vorgelegt[47]. Auch wenn man berücksichtigt, daß der Kodifikationsentwurf in manchen Punkten über das geltende Völkergewohnheitsrecht hinausgeht, läßt sich doch als **Voraussetzung** für eine Staatshaftung im völkerrechtlichen Sinne ein **völkerrechtswidriges, dem Staat zurechenbares Handeln** festhalten; ein solches Handeln löst die **Rechtsfolgen** einer **Wiedergutmachung** bzw. **Genugtuung** aus. Zurechenbar ist dem Staat nicht nur das Handeln seiner Organe (Art. 5–7 ILC-Entwurf), sondern auch das Handeln sonstiger natürlicher oder juristischer Personen in Ausübung öffentlicher Funktionen (Art. 8 ILC-Entwurf). Ein Handeln ist auch dann zurechenbar, wenn das betreffende Staatsorgan im Einzelfall seine nach innerstaatlichem Recht bestehende Kompetenzen überschritten oder weisungswidrig gehandelt hat (Art. 10 ILC-Entwurf). Die Pflicht, deren Verletzung zu der Zurechenbarkeit des Handelns hinzutreten muß, kann sich aus allen Quellen des Völkerrechts ergeben. In der Praxis kommen Verletzungen sowohl im Bereich des Fremdenrechts als etwa auch im Bereich des Umweltrechts[48] mit einer gewissen Häufigkeit vor. Eine Pflichtverletzung scheidet allerdings aus, wenn völkerrechtlich anerkannte **Rechtfertigungsgründe** wie Einwilligung (Art. 29 ILC-Entwurf), Repressalie (Art. 30 ILC-Entwurf), höhere Gewalt und Zufall (Art. 31 ILC-Entwurf), Notstand (Art. 32 ILC-Entwurf), Staatsnotstand (Art. 33 ILC-Entwurf) und Selbstverteidigung (Art. 34 ILC-Entwurf) eingreifen[49]. Wiedergutmachung als Rechtsfolge der völkerrechtlichen Staatshaftung kann als **Naturalrestitution** oder **Wertersatz** erfolgen. Für den Wertersatz ist der adäquat-kausal verursachte

11

---

[43] Reform des Staatshaftungsrechts, Kommissionsbericht, 1973, S. 11 und 68 f.
[44] Vom 26.06.1981, BGBl. I S. 553.
[45] BVerfGE 61, 149. → Rn. 24.
[46] *K. Ipsen*, Völkerrecht, 3. Aufl. 1990, § 36 (S. 508 ff.); *O. Kimminich*, Einführung in das Völkerrecht, 5. Aufl. 1993, S. 482 ff.; *I. Seidl-Hohenveldern*, Völkerrecht, 8. Aufl. 1994, Rn. 1658 ff., alle m.w.N.
[47] Näher dazu *S. Rosenne*, ILC's Draft Articles on State Responsibility, 1991; M. Spinedi/B. Simma (Hrsg.), United Nations Codification of State Responsibility, 1987; *J. Wolf*, ZaöRV 43 (1983), 481 ff.; *K. Zemanek*, Art. Responsibility of States, in: EPIL 10 (1987), 362 ff.
[48] Siehe dazu *O. Kimminich*, AVR 22 (1984), 241 ff.
[49] Zu diesen Rechtfertigungsgründen *P. Malanczuk*, Countermeasures and self-defence as circumstances precluding wrongfulness in the International Law Commissions draft articles on State responsibility in: M. Spinedi/B. Simma, Codification (Fn. 47), S. 197 ff. (199 ff.).

Schaden relevant, der auch entgangenen Gewinn umfaßt; Genugtuung kann durch eine ausdrückliche Verantwortungsübernahme des haftenden Staates sowie durch eine förmliche Erklärung des Bedauerns erfolgen[50].

II. Europäisches Gemeinschaftsrecht

1. Haftung der Gemeinschaft

12 Gemäß **Art. 215 (288 n.F.) II EGV** ersetzt die **Gemeinschaft** im Bereich der **außervertraglichen Haftung** »den durch ihre Organe oder Bediensteten in Ausübung ihrer Amtstätigkeit verursachten Schaden nach den allgemeinen Rechtsgrundsätzen, die den Rechtsordnungen der Mitgliedstaaten gemeinsam sind.« Für die persönliche Haftung der Bediensteten gegenüber der Gemeinschaft verweist Art. 215 (288 n.F.) III EGV auf die Vorschriften des Beamtenstatuts[51] und auf die individuellen Beschäftigungsbedingungen. Damit enthält der EG-Vertrag nur eine »**Rahmen- und Orientierungsregelung**«[52], die der Europäische Gerichtshof durch seine Rechtsprechung konkretisiert hat[53]. Ein Amtshaftungsanspruch gegenüber der Gemeinschaft **setzt** zunächst **das Handeln** eines ihrer **Organe** oder **Bediensteten voraus**. Organe der Gemeinschaft sind gemäß Art. 4 (7 n.F.) EGV das Parlament, der Rat, die Kommission und der Gerichtshof. Zu den Bediensteten zählen nicht nur die Beamten[54], sondern alle Beschäftigten. Das Handeln muß eine »unmittelbare innere Beziehung« zu den Aufgaben aufweisen, die von den Bediensteten und Organen wahrzunehmen sind, damit es **in Ausübung ihrer Amtstätigkeit** erfolgt[55]. Nicht nur administratives Organhandeln, sondern auch **normatives Handeln** von Rat und Kommission vermag einen Amtshaftungsanspruch zu begründen[56].

13 Anspruchsbegründend kann nur ein **rechtswidriges Handeln** sein. Diese Voraussetzung wird in Art. 215 (288 n.F.) II EGV nicht ausdrücklich erwähnt, sondern als selbstverständlich vorausgesetzt. Ausreichend ist nicht jede Rechtswidrigkeit, vielmehr muß eine **drittschützende Norm** verletzt sein[57]. Insoweit werden allerdings keine strengen Anforderungen gestellt. Vielmehr reicht es aus, daß eine Norm neben dem Interesse der Allgemeinheit reflexartig auch individuelle Interessen schützen soll; der Anspruchsteller muß in einer näheren Beziehung zu dem handelnden Organ stehen als die Allgemeinheit[58]. Bei **normativem Handeln** reicht die schlichte Rechtswidrig-

---

[50] Siehe dazu *Ipsen*, Völkerrecht (Fn. 46), § 36 Rn. 66 ff. (S. 528 f.).

[51] Vgl. dazu Art. 212 (283 n.F.) EGV; Art. 22 VO Nr. 31 (EWG), 11 (EAG) der Räte und zur Festlegung des Statuts der Beamten der Europäischen Gemeinschaft vom 18.12.1961, Abl. Nr. 45 vom 14.06.1962, S. 1393/62 sieht vor, daß der Beamte zum vollen oder teilweisen Ersatz des Schadens herangezogen werden kann, den die Gemeinschaften durch sein schwerwiegendes Verschulden in Ausübung oder anläßlich der Ausübung seines Amtes erlitten haben.

[52] *H.-P. Ipsen*, Europäisches Gemeinschaftsrecht, 1972, S. 538.

[53] *Oppermann*, Europarecht, Rn. 151.

[54] Vgl. Art. 1 I Beamtenstatut (Fn. 51), S. 1385/62.

[55] EuGHE 1969, 329 (330) – *Sayag-Leduc*; näher *Bleckmann*, Europarecht, Rn. 1028, S. 352; *E. Grabitz*, in: Grabitz/Hilf, EUV/EGV, Art. 215 (1990), Rn. 22 ff.

[56] EuGHE 1971, 975 (984 Rn. 11) – *Schöppenstedt*; siehe dazu *M. Herdegen*, Die Haftung der Europäischen Wirtschaftsgemeinschaft für fehlerhafte Rechtsetzungsakte, 1983.

[57] So schon zu Art. 40 EGKSV EuGHE 1961, 435 (469) – *Vloebergh*.

[58] EuGHE 1967, 331 (354 ff.) – *Kampffmeyer*; Nachweise der Rechtsprechung bei *Grabitz* (Fn. 55), Art. 215 Rn. 33.

keit allerdings zur Begründung eines Amtshaftungsanspruchs nicht aus. Vielmehr ist eine »**hinreichend qualifizierte Verletzung**« einer höherrangigen Rechtsnorm erforderlich, die dem Schutz des einzelnen dient, wenn Rechtsetzungsakte wirtschaftspolitische Entscheidungen betreffen[59]. Nur »ausnahmsweise und unter besonderen Umständen« wird ein Amtshaftungsanspruch eingeräumt, weil die Organe der Gemeinschaft bei wirtschaftspolitischen Entscheidungen über einen weiten Ermessensspielraum verfügen, der nicht durch die Möglichkeit von Schadensersatzklagen verkleinert werden soll[60]. Da fast alle Normen des Gemeinschaftsrechts im weitesten Sinne als wirtschaftspolitisch qualifiziert werden können, greift die Haftungseinschränkung regelmäßig bei Rechtsetzungsakten. Eine hinreichend qualifizierte Rechtsverletzung liegt vor, »wenn das handelnde Organ die Grenzen seiner Befugnisse offenkundig und erheblich überschritten hat«[61]. Erheblich ist eine Rechtsverletzung jedenfalls dann, wenn sie »eine begrenzte und klar umrissene Gruppe von Unternehmen« betrifft und einen Schaden verursacht, der über die normalen wirtschaftlichen Risiken hinausgeht[62]. Daneben wird auf die Bedeutung der verletzten Rechtsnorm und das Fehlen einer hinreichenden Begründung für das Verhalten der Gemeinschaftsorgane abgestellt[63]. Ein **Verschulden** ist für den Amtshaftungsanspruch aus Art. 215 (288 n.F.) II EGV und Art. 188 II EAGV nach neuerer Rechtsprechung **nicht erforderlich**[64].

Das rechtswidrige Handeln muß **für einen Schaden kausal** gewesen sein. Kausal sind Schäden, deren Eintritt nicht völlig außerhalb der Lebenswahrscheinlichkeit lag (**Adäquanztheorie**)[65]. Unter Schaden ist jeder Nachteil zu verstehen, den der Betroffene durch das rechtswidrige Handeln an seinem Vermögen oder an seinen sonstigen rechtlich geschützten Gütern erleidet; erfaßt wird auch der entgangene Gewinn[66]. 14

Der **Umfang des Schadens** wird mittels eines Vergleichs des tatsächlich bestehenden Zustandes mit dem Zustand berechnet, der ohne das schadenstiftende Ereignis eingetreten wäre[67]. Der Anspruch richtet sich grundsätzlich auf **Schadensersatz in Geld**. Nach neuerer Rechtsprechung setzt die Gewährung von Schadensersatz nicht voraus, daß zunächst Klage gemäß Art. 173, 175 EGV (230, 232 n.F.) erhoben worden ist[68]. 15

---

[59] EuGHE 1971, 975 (985) – *Schöppenstedt*; st. Rspr.
[60] EuGHE 1978, 1209 (1224) – *HNL*.
[61] EuGHE 1978, 1209 (1224f.) – *HNL*.
[62] EuGHE 1979, 2955 (2973) – *Ireks-Arkady*.
[63] Dazu *E. Grabitz*, Zur Haftung der Europäischen Gemeinschaften für normatives Unrecht, in: FS Kutscher, 1981, S. 215ff. (225ff.).
[64] Generalanwalt Capotorti, EuGHE 1978, 1209 (1232) – *HNL*; näher *P. Gilsdorf*, in: Groeben/Thiesing/Ehlermann, EWGV, Art. 215 Rn. 45ff.; *Grabitz* (Fn. 55), Art. 215 Rn. 45; Schweitzer/Hummer, Europarecht, S. 168; *J. Schwarze*, Europäisches Verwaltungsrecht, Band I, 1988, S. 498ff.; *R. Steinberg/A. Lubberger*, Aufopferung – Enteignung und Staatshaftung, 1991, S. 403f.; anders noch EuGHE 1963, 211 (239f.) – *Plaumann*; 1967, 385 (401) – *Becher*, zum Begriff des Amtsfehlers in Art. 34 EGKSV.
[65] EuGHE 1963, 619 (638f.) – *Aciéries du Temple*; Generalanwalt de Lamothe, EuGHE 1971, 325 (347) – *Lütticke*; Gilsdorf (Fn. 64), Art. 215 Rn. 61.
[66] EuGHE 1979, 2955 (2973f.) – *Ireks-Arkady*.
[67] EuGHE 1965, 1197 (1233f.) – *S.A. des Laminoirs*.
[68] EuGHE 1971, 325 (336) – *Lütticke*; 1971, 975 (984) – *Schöppenstedt*.

Uneinheitlich ist die Rechtsprechung zu der Frage, ob vorrangig nationale Schadensersatzansprüche geltend gemacht werden müssen[69].

16 Der **Verweis** auf das **Beamtenstatut in Art. 215 (288 n.F.) III EGV** bezieht sich auf Art. 22 dieses Statuts, wonach die persönliche Haftung eines Bediensteten ein schwerwiegendes Verschulden, d.h. Vorsatz oder grobe Fahrlässigkeit voraussetzt[70].

2. Haftung der Mitgliedstaaten aufgrund von EG-Recht

17 Wesentlich umstrittener als der Amtshaftungsanspruch aus Art. 215 (288 n.F.) II EGV gegen die Gemeinschaft sind die vom Europäischen Gerichtshof in den letzten Jahren entwickelten **Ansprüche aus gemeinschaftsrechtlich begründeter Haftung** der Mitgliedstaaten bei Verstößen gegen das Gemeinschaftsrecht. Eingeleitet wurde diese Rechtsprechung durch die weithin beachtete kontrovers diskutierte **Francovich-Entscheidung** aus dem Jahre 1991[71]. Nach dieser Entscheidung folgt aus dem Wesen der mit dem EWG-Vertrag geschaffenen Rechtsordnung der **Grundsatz einer Haftung des Staates für Schäden, die dem einzelnen durch dem Staat zurechenbare Verstöße gegen das Gemeinschaftsrecht entstehen.** Ohne eine derartige Haftung wäre die volle Wirksamkeit der gemeinschaftsrechtlichen Bestimmungen (effet utile) beeinträchtigt und der Schutz der durch sie begründeten Rechte gemindert[72]; weiter wird die Verpflichtung der Mitgliedstaaten zum Ersatz der genannten Schäden auf Artikel 5 (10 n.F.) EGV gestützt, demzufolge die Mitgliedstaaten alle geeigneten Maßnahmen allgemeiner oder besonderer Art zur Durchführung des Gemeinschaftsrechts zu treffen und folglich – nach Auffassung des Gerichtshofs – auch die rechtswidrigen Folgen eines Verstoßes gegen das Gemeinschaftsrecht zu beheben haben[73]. Verstößt ein Mitgliedstaat gegen seine Verpflichtung aus Art. 109 (111 n.F.) III EGV, alle erforderlichen Maßnahmen zur Erreichung des durch eine Richtlinie vorgeschriebenen Ziels zu erlassen, besteht unter bestimmten Voraussetzungen ein gemeinschaftsrechtlich gebotener Entschädigungsanspruch gegen den Mitgliedstaat (→ Rn. 18). Mangels einer gemeinschaftsrechtlichen Regelung des Haftungsanspruchs ist es Sache des Mitgliedstaats, die näheren Modalitäten des Schadensersatzes im Rahmen des nationalen Haftungsrechts zu bestimmen[74]. Die Voraussetzungen, von deren Erfüllung der Staatshaftungsanspruch abhängt, dürfen allerdings weder formell noch materiell für den Kläger ungünstiger sein als bei Staatshaftungsklagen nach nationalem Recht. Auch dürfen die Modalitäten des gemeinschaftsrechtlich gebotenen Haftungsanspruchs nicht so ausge-

---

[69] Dafür EuGHE 1972, 1005 (1016) – *Haegemann*; dagegen EuGHE 1973, 1055 (1070) – *Merkur*; vgl. dazu Generalanwalt Capotorti, EuGH 1979, 1081 (1098) – *Granaria*; *A. Deringer/J. Sedemund*, NJW 1979, 2435 (2437); *Grabitz* (Fn. 55), Art. 215 Rn. 52.

[70] Vgl. Fn. 51; *Gilsdorf* (Fn. 64), Art. 215 Rn. 93; *Grabitz* (Fn. 55), Art. 215 Rn. 58.

[71] EuGHE 1991, I–5357; dazu *S. Detterbeck*, VerwArch. 1994, 159ff.; *J. Geiger*, DVBl. 1993, 465ff.; *U. Häde*, BayVBl. 1992, 450ff.; *K. Hailbronner*, JZ 1992, 284ff.; *H.D. Jarass*, NJW 1994, 881ff.; *J. Karl*, RIW 1992, 440; *S. Kopp*, DÖV 1994, 201ff.; *M. Nettesheim*, DÖV 1992, 999ff.; *F. Ossenbühl*, DVBl. 1992, 993ff.; *S.U. Pieper*, NJW 1992, 2454ff.; *H.-J. Prieß*, NVwZ 1993, 118ff.; *S. Schlemmer-Schulte/J. Ukrow*, EuR 1992, 82ff.; *F. Schockweiler*, RTD eur. 28 (1992), 27; *D. Simon*, L'Actualité juridique–Droit administratif, 1993, 235; *R. Streinz*, EuZW 1993, 599ff.; *T. v. Danwitz*, JZ 1994, 335ff.; *M. Zuleeg*, JZ 1994, 1ff.

[72] Siehe dazu *M. Herdegen*, Europarecht, 1997, Rn. 199.

[73] EuGHE 1991, I–5357 (Rn. 28ff.).

[74] *T. v. Danwitz*, DVBl. 1997, 1 (5) spricht insoweit von einem Tatbestandstorso.

staltet sein, daß sie es praktisch unmöglich machen oder übermäßig erschweren, die Entschädigung zu erlangen[75].

Der Gerichtshof hat seine Ausführungen zur gemeinschaftsrechtlich begründeten Haftung der Mitgliedstaaten in mehreren Entscheidungen bestätigt und ergänzt[76]. Von besonderer Bedeutung ist in diesem Zusammenhang das Urteil **Brasserie du pêcheur/Factortame**, durch das der Gerichtshof ausdrücklich klargestellt hat, daß die gemeinschaftsrechtliche Haftung nicht ausgeschlossen ist, wenn der Verstoß eines Mitgliedstaats gegen Europarecht eine **unmittelbar anwendbare gemeinschaftsrechtliche Vorschrift** betrifft; insoweit soll der Entschädigungsanspruch »die notwendige Ergänzung der unmittelbaren Wirkung« darstellen[77]. Einer Haftung des Mitgliedstaats steht ebenfalls nicht entgegen, daß der zur Last gelegte Verstoß vom nationalen Gesetzgeber zu verantworten ist. Zur Begründung verweist der Gerichtshof auf das Völkerrecht, das einen Staat ebenfalls als Einheit betrachtet, ohne daß danach unterschieden wird, ob der schadensverursachende Verstoß der Legislative, der Judikative oder der Exekutive zuzurechnen ist[78]. Bezüglich der **Voraussetzungen des Haftungsanspruchs** bezieht sich der Gerichtshof auf seine **Rechtsprechung zur außervertraglichen Haftung der Gemeinschaft gemäß Art. 215 (288 n.F.) II EGV** (→ Rn. 12 ff.). Dementsprechend folgt aus dem Gemeinschaftsrecht ein Entschädigungsanspruch, wenn folgende drei Voraussetzungen erfüllt sind: der Mitgliedstaat muß **gegen eine Norm des Gemeinschaftsrechts verstoßen** haben, die bezweckt, dem einzelnen Rechte zu verleihen; dieser Verstoß muß **hinreichend qualifiziert** sein; schließlich muß zwischen dem Verstoß gegen die dem Staat obliegende Verpflichtung und dem den geschädigten Personen entstandenen Schaden ein **unmittelbarer Kausalzusammenhang** bestehen[79]. Bei Akten des Gesetzgebers, der regelmäßig über einen weiten Ermessensspielraum verfügt, ist ein hinreichend qualifizierter Verstoß gegen das Gemeinschaftsrecht dann gegeben, wenn ein Mitgliedstaat die seinem Ermessen gesetzten Grenzen »offenkundig und erheblich überschritten hat« (→ Rn. 13). Für einen hinreichend qualifizierten Verstoß kann aber auch die bloße Verletzung des Gemeinschaftsrechts genügen, wenn der Mitgliedstaat nicht zwischen verschiedenen gesetzgeberischen Möglichkeiten zu wählen hatte und über einen erheblich verringerten oder gar auf null reduzierten Gestaltungsspielraum verfügte[80]. In diesem Zusammenhang sind das Maß an Klarheit und Genauigkeit der verletzten Vorschrift, der Umfang des Ermessensspielraums, den die verletzte Vorschrift den nationalen oder Gemeinschaftsbehörden beläßt, die Frage, ob der Verstoß vorsätzlich oder nicht vorsätzlich begangen oder der Schaden vor-

---

[75] EuGHE 1991, I-5357 (Rn. 38 ff.); siehe zum ganzen auch *J. Ukrow*, Richterliche Rechtsfortbildung durch den EuGH, 1995, S. 273 ff.

[76] EuGHE 1993, I-6911 (Rn. 15 ff.) – *Wagner Miret*, 1996, I-1029 (Rn. 20 ff.) – *Brasserie du pêcheur/Factortame*; 1996, I-1631 (Rn. 37 ff.) – *British Telecom*; 1996, I-2553 (Rn. 23 ff.) – *Hedley Lomas*; 1996, I-4845 (Rn. 15 ff.) – *MP-Travel-Line*; 1996, I-5063 – *Denkavit*; 1997, I-4051 – *Maso*; in der deutschen Literatur ist vor allem der Fall MP-Travel-Line ausführlich diskutiert worden: *D. Ewert*, RIW 1993, 881 ff.; *E. Führich*, EuZW 1993, 725 ff.; *M. Huff*, EuZW 1993, 521 ff.; *D.-E. Khan*, NJW 1993, 2646 ff.; *S. Leible/O. Sosnitza*, MDR 1993, 1159 ff.; *M. Schimke*, EuZW 1993, 698 ff.; *R. Wittkowski*, NVwZ 1994, 326 ff.

[77] EuGHE 1996, I-1029 (Rn. 22) – *Brasserie du pêcheur/Factortame*.

[78] EuGHE 1996, I-1029 (Rn. 34) – *Brasserie du pêcheur/Factortame*; ebenso schon Generalanwalt *Tesauro* in seinen Schlußanträgen, EuGHE 1996, I-1029 (Nr. 38).

[79] EuGHE 1996, I-1029 (Rn. 51) – *Brasserie du pêcheur/Factortame*.

[80] EuGHE 1996, I-2553 (Rn. 28) – *Hedley Lomas*; 1996, I-4845 (Rn. 25) – *MP-Travel-Line*.

sätzlich oder nicht vorsätzlich zugefügt wurde, die Entschuldbarkeit oder Unentschuldbarkeit eines etwaigen Rechtsirrtums und eine mögliche Mitverursachung des Schadens durch das Verhalten eines Gemeinschaftsorgans zu beachten. Ein Verstoß gegen das Gemeinschaftsrecht ist dann offenkundig qualifiziert, wenn er trotz eines entsprechenden Urteils des Gerichtshofs fortbestanden hat. Die Entschädigung darf jedoch nicht davon abhängig gemacht werden, daß den staatlichen Amtsträger, dem der Vorwurf zuzurechnen ist, ein über den hinreichend qualifizierten Verstoß gegen das Gemeinschaftsrecht hinausgehendes **Verschulden** in Form von Vorsatz oder Fahrlässigkeit trifft[81]. Der Ersatz der Schäden, die dem einzelnen durch Verstöße gegen das Gemeinschaftsrecht entstehen, muß dem erlittenen Schaden **angemessen** sein, so daß ein effektiver Schutz der Rechte des einzelnen gewährleistet ist[82]. Hat etwa ein Mitgliedstaat eine Richtlinie verspätet umgesetzt, reicht eine rückwirkende, ordnungsgemäße und vollständige Anwendung der Maßnahmen zur Durchführung der Richtlinie aus, sofern die Begünstigten nicht das Vorliegen zusätzlicher Einbußen dartun, die ihnen dadurch entstanden sind, daß sie nicht rechtzeitig in den Genuß der durch die Richtlinie garantierten finanziellen Vergünstigungen gelangen konnten[83]. Berücksichtigt werden darf, ob sich der Geschädigte in angemessener Form um die Verhinderung des Schadenseintritts oder um die Begrenzung des Schadensumfangs bemüht hat, insbesondere rechtzeitig von allen ihm zur Verfügung stehenden Rechtsschutzmöglichkeiten Gebrauch gemacht hat[84].

19 Aus verfassungsrechtlicher Sicht ist durchaus zweifelhaft, ob die vom Gerichtshof in Anspruch genommene **Rechtsfortbildungskompetenz** gemeinschaftsrechtlich hinreichend begründet ist. Die Bundesregierung hat den Gerichtshof darauf hingewiesen, daß der Gemeinschaftsgesetzgeber keinen allgemeinen Haftungstatbestand für Verstöße gegen das Gemeinschaftsrecht begründen wollte. Vielmehr beschränke sich die Neufassung von Art. 171 (228 n.F.) EGV darauf, die Möglichkeit der Verhängung von Zwangsgeldern gegen Mitgliedstaaten zu eröffnen, die nicht die sich aus einem Urteil des Gerichtshofs ergebenden Konsequenzen zögen. Ein allgemeiner Entschädigungsanspruch könnte hingegen nur auf der Grundlage einer ausreichenden demokratischen Legitimation eingeführt werden, über die allein die zur Gemeinschaftsgesetzgebung berufenen Organe verfügten. Außerdem bedürfe die Begründung eines allgemeinen Entschädigungsanspruchs einer Vertragsänderung[85]. Der Gerichtshof beruft sich demgegenüber auf Art. 164 (220 n.F.) EGV, der ihm die Aufgabe überträgt, die Wahrung des Rechts bei der Auslegung und Anwendung des Vertrages zu sichern; soweit der Vertrag keine Vorschriften enthalte, die Folgen von Verstößen der Mitgliedstaaten gegen das Gemeinschaftsrecht ausdrücklich und genau regelten, müsse er nach allgemein anerkannten Auslegungsmethoden entscheiden, insbesondere indem er auf die

---

[81] EuGHE 1996, I-1029 (Rn. 55 ff. und 75 ff.) – *Brasserie du pêcheur/Factortame*.
[82] EuGHE 1996, I-1029 (Rn. 82) – *Brasserie du pêcheur/Factortame*.
[83] EuGHE 1997, I-4051 (Rn. 41 f.) – *Maso*.
[84] EuGHE 1996, I-1029 (Rn. 84 ff.) – *Brasserie du pêcheur/Factortame*; zur Reaktion der Literatur auf die Fortentwicklung der Rechtsprechung des EuGH siehe etwa *C.R. Beul*, EuZW 1996, 748 ff.; *M. Böhm*, JZ 1997, 53 ff.; *J. Bröhmer*, JuS 1997, 117 ff.; *P.P. Craig*, Law Quarterly Review 113 (1997), 67 ff.; *T. v. Danwitz*, DVBl. 1997, 1 ff.; *T. Jaag*, Schweizerische Zeitschrift für internationales und europäisches Recht 1996, 505, alle m.w.N.
[85] Siehe die Wiedergabe der Position der Bundesregierung im Sitzungsbericht des Berichterstatters C.G. Rodríguez Iglesias, EuGHE 1996, I-1029 (Nr. 32) – *Brasserie du pêcheur/Factortame*.

Grundprinzipien der Gemeinschaftsordnung und ggf. auf allgemeine Grundsätze zurückgreife, die den Rechtsordnungen der Mitgliedstaaten gemeinsam seien[86].

III. Rechtsvergleichende Hinweise

Nur **wenige europäische Verfassungen** enthalten eine **Regelung der Staatshaftung**: Art. 28 der italienischen Verfassung, Art. 22 der portugiesischen Verfassung, Art. 9 III, 106 II und 121 spanische Verfassung sowie Art. 23 österreichische Verfassung. In anderen Ländern finden sich Regelungen der Staatshaftung entweder im **Gesetzesrecht** oder sind **richterrechtlich entwickelt** worden[87].   20

In den **alten Bundesländern** enthalten nur Art. 97 der BayVerf., Art. 136 HessVerf. und Art. 128 der Rheinl.-PfälzVerf. Regelungen der Amtshaftung, die inhaltlich alle Art. 34 GG entsprechen. In den **neuen Ländern** gilt nach dem Einigungsvertrag[88] das **Staatshaftungsgesetz der Deutschen Demokratischen Republik**[89] mit einigen Änderungen fort. Die – zunächst überraschende – **Fortgeltung des Staatshaftungsrechts der DDR** soll eine Neuregelung des Rechtsgebiets in der Bundesrepublik dadurch befördern, die den Vertragspartnern des Einigungsvertrags rechtspolitisch wünschenswert erschien[90]. **Voraussetzung** der Staatshaftung in den neuen Ländern ist die **rechtswidrige Zufügung eines Schadens durch hoheitliche Tätigkeit**, ein Verschulden ist nicht erforderlich[91]. Im Gegensatz zu der in Art. 34 GG i.V.m. § 839 BGB statuierten Amtshaftung gilt in den neuen Ländern also eine **unmittelbare Staatshaftung**[92]. In der Folgezeit hat das Land **Sachsen-Anhalt** das alte Staatshaftungsgesetz der DDR in das Gesetz zur Regelung von Entschädigungsansprüchen im Land Sachsen-Anhalt überführt, das an einer unmittelbaren Staatshaftung festhält, die jedoch im wesentlichen auf eine gesetzliche Ausformung des enteignungsgleichen Eingriffs beschränkt ist[93]. **Brandenburg** hat sich mit kleineren Änderungen des DDR-Staatshaftungsrechts begnügt[94]; in **Sachsen** ist der Entwurf eines Gesetzes zur Aufhebung des Staatshaftungsgesetzes, den die Staatsregierung vorgelegt hatte[95], nicht verabschiedet worden[96].   21

---

[86] EuGHE 1996, I-1029 (Rn. 27) – *Brasserie du pêcheur/Factortame*; Zu Recht kritisch *T. v. Danwitz*, DVBl. 1997, 1 (2 f.); *R. Streinz*, EuZW 1996, 201 (202).

[87] Siehe zum ganzen *R. Fetzer*, Die Haftung des Staates für legislatives Unrecht, 1994, S. 191 ff.; vgl. auch *S. Pfab*, Staatshaftung in Deutschland, Diss. jur. München 1997, S. 172 ff.

[88] Art. 9 EV i.V.m. Anhang II, Kap. III Sachbereich B: Bürgerliches Recht, Abschnitt III.

[89] DDR GBl. 1969, S. 34.

[90] Vgl. BT-Drs. 11/7817 S. 63.

[91] Siehe dazu schon Akademie für Staats- und Rechtswissenschaft der DDR (Hrsg.), Verwaltungsrecht, 1979, S. 346 ff.; *Steinberg/Lubberger*, Aufopferung (Fn. 64), S. 393 ff.; *K.-H. Christoph*, NVwZ 1991, 536 ff.; *S. Lörler*, NVwZ 1990, 830 ff.; *F. Ossenbühl*, NJW 1991, 1201 ff.; BGH NJW 1994, 2684.

[92] Zu diesem Unterschied *K.H. Boujong*, Zum Staatshaftungsrecht im Gebiet der früheren DDR, in: FS Gelzer, 1991, S. 273 ff.; *S. Lörler*, DtZ 1992, 135 ff.; *H. Lühmann*, LKV 1991, 120 ff.

[93] *F. Schlotter*, LKV 1993, 248 (249).

[94] Art. 2 IV des Gesetzes zur Neuordnung der ordentlichen Gerichtsbarkeit und zur Ausführung der Gerichtsverfassungsgesetze im Land Brandenburg vom 14. Juni 1993, GVBl. I, S. 198.

[95] LT-Drs. 1/4472 v. 2. 3. 1994.

[96] Dazu *Pestalozza*, GG VIII, Art. 74 I Nr. 25 Rn. 1863; vgl. zum ganzen auch *H.J. Bonk*, in: Sachs, GG, Art. 34 Rn. 24 ff.

C. Erläuterungen

I. Allgemeine Bedeutung

1. Schutzgut

22 Art. 34 GG schützt vor den Folgen amtspflichtwidrigen Handelns. Die Gewährleistung steht in engem Zusammenhang mit dem **Rechtsstaatsprinzip** (Art. 20 III GG) und der grundrechtlichen **Rechtsschutzgarantie** (Art. 19 IV GG): Alle Staatsgewalten sind verpflichtet, rechtmäßig zu handeln, insbesondere für die Verwaltung gilt das **Gesetzmäßigkeitsprinzip** (→ Art. 20 [Rechtsstaat] Rn. 87 ff., 158 ff.). Verstößt die Verwaltung gegen dieses Prinzip und verletzt dadurch jemanden in seinen Rechten, so steht ihm als primärer Rechtsschutz der Rechtsweg offen. Reicht das nicht aus, um Schäden zu verhindern, und verletzt das rechtswidrige Handeln des betreffenden Amtsträgers zugleich die ihm einem Dritten gegenüber obliegende Amtspflicht, **sichert Art. 34 GG** mit der Zuweisung der Verantwortlichkeit an den **Staat** dem Geschädigten einen **zahlungsfähigen Schuldner** seines – einfachgesetzlich begründeten – Schadensersatzanspruchs.

23 Die in Art. 34 GG angeordnete Haftungsverlagerung vom Amtsträger auf den Staat ist **weder ein Grundrecht**[97] **noch** eine **institutionelle Garantie**[98]. Das Institut der auf die Eigenhaftung des Amtsträgers gegründeten und auf den Staat übergeleiteten Amtshaftung ist dem Gesetzgeber von der Verfassung nicht vorgegeben. Vielmehr kann er auch eine unmittelbare Staatshaftung oder eine andere Ausgestaltung des Rechts der Entschädigung begründen[99]. **Art. 34 GG** enthält nur eine **Mindestgarantie** zugunsten der durch die rechtswidrige Ausübung öffentlicher Gewalt Geschädigten, die der Gesetzgeber nicht unterschreiten darf[100].

2. Aktueller Befund

24 Gegenwärtig ist Art. 34 GG wieder Gegenstand von Reformüberlegungen. Nach dem Scheitern des Staatshaftungsgesetzes 1981 vor dem Bundesverfassungsgericht[101] (→ Rn. 10) hat eine gemeinsame Arbeitsgruppe von Bund und Ländern 1987 in einem Bericht verschiedene Modelle zur Neuregelung des Staatshaftungsrechts entwickelt[102]. Die **Gemeinsame Verfassungskommission** hat auf dem Gebiet des Staatshaftungs-

---

[97] Vgl. dazu BVerfGE 2, 336 (338); *B.-O. Bryde,* in: v. Münch/Kunig, GG II, Art. 34 Rn. 1; *Dagtoglou* (Fn. 30), Art. 34 Rn. 28; *H.-J. Papier,* in: Maunz/Dürig, GG, Art. 34 (1988), Rn. 13; *H. Rittstieg,* in: AK-GG, Art. 34 Rn. 9; *K.A. Bettermann,* Der Schutz der Grundrechte in der ordentlichen Gerichtsbarkeit, in: Die Grundrechte III/2, S. 779 ff. (853); *Stern,* Staatsrecht III/1, S. 378.

[98] BVerfGE 61, 149 (198 f.); *Bryde* (Fn. 97), Art. 34 Rn. 29; *Rittstieg* (Fn. 97), Art. 34 Rn. 7; a. A. *Bonk* (Fn. 96), Art. 34 Rn. 3; *Papier* (Fn. 97), Art. 34 Rn. 13.

[99] *Luhmann,* Entschädigung (Fn. 42), S. 205.

[100] BVerfGE 61, 149 (199); *Bryde* (Fn. 97), Art. 34 Rn. 29; *Dagtoglou* (Fn. 30), Art. 34 Rn. 31; *W. Leisner,* Gefährdungshaftung im öffentlichen Recht?, VVDStRL 20 (1963), S. 185 ff. (237); *P. Lerche,* JuS 1961, 237 (240 f.); *H.-J. Papier,* Staatshaftung, in: HStR VI, § 157 Rn. 16.

[101] BVerfGE 61, 149; zu den verfassungsrechtlichen Bedenken des Bundespräsidenten bei der Ausfertigung des Gesetzes siehe Bulletin vom 2. 7. 1981 Nr. 64, S. 545; ausführlich zum ganzen *Bonk* (Fn. 96), Art. 34 Rn. 19 ff.

[102] Bundesministerium der Justiz (Hrsg.), Zur Reform des Staatshaftungsrechts, Gemeinsame Arbeitsgruppe des Bundes und der Länder zur Neuregelung der Staatshaftung – Bericht, Modelle, Materialien –, 1987; vgl. ferner die Gesetzesvorschläge von Bayern aus dem Jahre 1989, BR-Drs. 644/89, und Hamburg aus dem Jahr 1990, BR-Drs. 632/90.

rechts ebenfalls einen dringenden Reformbedarf gesehen und vorgeschlagen, dem Bund die konkurrierende Gesetzgebungskompetenz für das Staatshaftungsrecht zu übertragen[103]. Der **verfassungsändernde Gesetzgeber** ist diesem Vorschlag mit der **Einfügung von Art. 74 I Nr. 25 und II GG** gefolgt. Damit sind die rechtlichen **Voraussetzungen für die bundesgesetzliche Einführung einer unmittelbaren Staatshaftung** geschaffen worden. Dennoch ist keinesfalls sicher, daß es in absehbarer Zeit zu einem entsprechenden Gesetz kommen wird, weil vor allem Länder und Kommunen bei einem Verzicht auf das Verschulden eines Amtsträgers als Haftungsvoraussetzung erhebliche finanzielle Zusatzbelastungen befürchten[104]. Möglicherweise wird erst der weitere Ausbau eines gemeinschaftsrechtlich fundierten Staatshaftungsrechts (→ Rn. 17 ff.) den Anstoß für eine Reform des nationalen Amtshaftungsrechts geben.

II. Haftung des Staates bei Amtspflichtverletzung (Art. 34 S. 1 GG)

1. Rechtsnatur des Art. 34 GG

Art. 34 GG weist die Verantwortlichkeit für Amtspflichtverletzungen, die jemand in Ausübung eines öffentlichen Amtes begeht, dem Staat oder der Anstellungskörperschaft zu. Im Blick auf die geschichtliche Entwicklung dieser Vorschrift sieht die **herrschende Meinung** in ihr **keine Anspruchs-**, sondern eine bloße **Zurechnungsnorm**, welche die gemäß § 839 BGB den handelnden Amtswalter persönlich treffende Schadensersatzverpflichtung im Sinne einer befreienden Schuldübernahme auf den Hoheitsträger verlagert[105]. Aus dogmatischen Gründen **dringt** jedoch in letzter Zeit **die Auffassung vor**, daß **Art. 34 GG** die eigentliche **Anspruchsnorm** darstellt, die durch § 839 **BGB nur konkretisiert** wird[106]. Auch die Position der Rechtsprechung, die lange § 839 BGB als haftungsbegründende und Art. 34 GG als haftungsverlagernde Norm qualifiziert hat[107], erscheint nach dem Grundsatzurteil des Bundesverfassungsgerichts aus dem Jahre 1982 nicht mehr selbstverständlich, in dem zwar die überkommene Terminologie wiederholt, zugleich jedoch ausdrücklich hervorgehoben wird, daß Art. 34 GG der Einführung einer unmittelbaren Staatshaftung nicht entgegensteht[108]. Der **Text des Art. 34 S. 1 GG** enthält denn auch keinerlei Hinweis auf eine Haftungsverlagerung oder eine befreiende Schuldübernahme, sondern **statuiert die haftungsrechtliche Verantwortlichkeit des Staates im Falle einer Amtspflichtverletzung**. Vor dem Hintergrund des § 839 BGB wirkt die Verfassungsvorschrift tatsächlich haftungsverlagernd. Schriebe das Gesetzesrecht hingegen eine unmittelbare Staatshaftung vor, ließe sich Art. 34 S. 1 GG zwanglos als haftungsbegründende Norm lesen. In jedem Fall gewährleistet die Verfassung, daß der Staat für Pflichtverletzungen seiner Amtswalter haftet.

---

[103] Bericht der GVK, BT-Drs. 12/6000, S. 116.
[104] *Bonk* (Fn. 96), Art. 34 Rn. 20; vgl. Bundesminister der Justiz, Rechtstatsächliche Erkenntnisse in Staatshaftungssachen, 1976.
[105] *Bryde* (Fn. 97), Art. 34 Rn. 11; *W. Jellinek*, JZ 1955, 147 (149); *F. Ossenbühl*, Staatshaftungsrecht, 4. Aufl. 1991, S. 10 f.; *Papier* (Fn. 97), Art. 34 Rn. 11; *Steinberg/Lubberger*, Aufopferung (Fn. 64), S. 259; *K. Windthorst*, JuS 1995, 791 (792).
[106] *Bonk* (Fn. 96), Art. 34 Rn. 53; *Dagtoglou* (Fn. 30), Art. 34 Rn. 43; *Maurer*, Allg. Verwaltungsrecht, § 25 Rn. 8 (S. 618); früher schon *K.A. Bettermann*, DÖV 1954, 299 ff.; *ders.*, JZ 1961, 482 f.
[107] BGHZ 1, 388 (391); 4, 10 (45); 5, 102 (104); 9, 65 (67); 13, 88 (92); 34, 99 (105); BVerwGE 13, 17 (23); BVerwG NJW 1963, 69 (70).
[108] BVerfGE 61, 149 (198 f.).

2. Tatbestandsvoraussetzungen

a) Amtswalter (»jemand«)

26 Art. 34 S. 1 GG stellt keine besonderen Anforderungen an die handelnde Person, sondern läßt es ausreichen, daß »jemand« in Ausübung eines ihm anvertrauten öffentlichen Amtes eine Amtspflicht verletzt[109]. Aus verfassungsrechtlicher Sicht ist der in Rechtsprechung und Literatur mit Blick auf § 839 BGB häufig verwandte Begriff »Beamter im haftungsrechtlichen Sinn«[110] verfehlt, entscheidend ist allein die **Ausübung eines öffentlichen Amtes**[111]. Ein öffentliches Amt können neben **Beamten im beamtenrechtlichen Sinne** auch **Angestellte oder Arbeiter im öffentlichen Dienst** und **Privatpersonen** ausüben[112]. **Minister**[113], **Mitglieder eines Gemeinderats**[114] oder eines **Kreistags**[115] stehen in einem besonderen öffentlich-rechtlichen Amtsverhältnis und üben deshalb ein ihnen anvertrautes öffentliches Amt im Sinne von Art. 34 S. 1 GG ebenso aus wie **Parlamentsabgeordnete**[116] oder **Mitglieder von Kollegialbehörden**[117].

27 Da Art. 34 S. 1 GG allein auf die Wahrnehmung hoheitlicher Aufgaben und nicht auf die Eingliederung des Handelnden in die Verwaltungsorganisation oder seine persönliche Rechtsstellung abhebt[118], können auch **Private** Amtspflichten verletzen. Das gilt nicht nur für **Beliehene**[119], sondern auch für **Verwaltungshelfer**, die im Auftrag der Verwaltung unselbständige Tätigkeiten wahrnehmen[120]. Das Verhalten eines Verwaltungshelfers ist als Ausübung eines öffentlichen Amtes zu qualifizieren, auch wenn ein anvertrauendes Gesetz nicht erlassen worden ist, weil auf das tatsächliche Handeln und nicht auf die rechtliche Zulässigkeit des Anvertrauens abgestellt wird[121]. Der Staat haftet auch dann nach Art. 34 S. 1 GG, wenn er einen **selbständigen Werk- oder Dienstunternehmer** zur Erfüllung seiner öffentlich-rechtlichen Pflichten einschaltet[122]. Die von der Zivilrechtsprechung früher vertretene **Werkzeugtheorie**, derzufolge die öffentliche Hand nur dann für das Handeln eines privaten Unternehmers haftete, wenn sie in so weitgehendem Maße auf die Durchführung von Arbeiten Einfluß ge-

---

[109] Demgegenüber knüpfte Art. 131 WRV ebenso wie § 839 BGB den Haftungsanspruch an das Handeln eines Beamten.
[110] So z.B. *Steinberg/Lubberger*, Aufopferung (Fn. 64), S. 262.
[111] *Maurer*, Allg. Verwaltungsrecht, § 25 Rn. 14 (S. 622f.).
[112] Siehe dazu näher *Ossenbühl*, Staatshaftungsrecht (Fn. 105), S. 12 ff. mit ausführlichen Nachweisen zu Rechtsprechung und Literatur.
[113] BGHZ 14, 319 (321); 63, 319.
[114] BGHZ 84, 292 (298f.); 106, 323 (330).
[115] BGHZ 11, 192 (197f.).
[116] Vgl. dazu OLG Hamburg DÖV 1971, 238 (239); *Bryde* (Fn. 97), Art. 34 Rn. 12; *P. Dagtoglou*, Ersatzpflicht des Staates bei legislativem Unrecht?, 1963, S. 46; *H. Dohnold*, DÖV 1991, 152 ff.
[117] *W. Rüfner*, in: Erichsen, Allg. Verwaltungsrecht, § 48 Rn. 14 (S. 592).
[118] So zutreffend *Maurer*, Allg. Verwaltungsrecht, § 25 Rn. 12 (S. 620f.).
[119] Z. B. Luftfahrzeugführer (§ 29 III LuftVG), Schiffskapitäne (§§ 75 I, 101, 106 SeemannsG), Jagdaufseher (§ 25 II BJagdG), Prüfingenieure für Baustatik (BVerwG DÖV 1972, 500; BVerwGE 57, 55 [58]); weitere Beispiele bei *Ossenbühl*, Staatshaftungsrecht (Fn. 105), S. 15 ff. → Art. 1 III Rn. 25.
[120] Z.B. Schülerlotsen, OLG Köln NJW 1968, 655 (656); weitere Beispiele bei *Steinberg/Lubberger*, Aufopferung (Fn. 64), S. 267f.
[121] Die im Gegensatz zur Auffassung von *W. Martens*, NJW 1970, 1029 ff. kein Gesetz voraussetzt, weil der Gesetzesvorbehalt für Bagatellfälle nicht greift, *F. Ossenbühl*, Die Erfüllung von Verwaltungsaufgaben durch Private, VVDStRL 29 (1971), S. 137 ff. (197f.); vgl. ferner *M. Zuleeg*, DÖV 1970, 627 ff. sowie *Bryde* (Fn. 97), Art. 34 Rn. 14 und *Papier* (Fn. 97), Art. 34 Rn. 97.
[122] *Papier* (Fn. 100), § 157 Rn. 21.

II. Haftung des Staates bei Amtspflichtverletzung (Art. 34 S. 1 GG)   **Art. 34**

nommen hatte, daß sie diese wie eigene gegen sich gelten lassen mußte[123], ist vom BGH 1993 **zugunsten einer differenzierteren Lösung aufgegeben** worden[124]: Danach ist auf die Sachnähe der übertragenen Tätigkeit zu der hoheitlich wahrgenommenen Aufgabe und auf den Grad der Einbindung des Unternehmers in den behördlichen Pflichtenkreis abzustellen. **Diese Differenzierung läßt sich** jedoch **aus Art. 34 S. 1 GG nicht ableiten**, der allein darauf abstellt, ob jemandem ein öffentliches Amt anvertraut worden ist. Der Staat darf sich der ihm dadurch übertragenen Verantwortung nicht durch die Einschaltung privater Unternehmen entziehen. Die Verankerung der Haftungsregelung des Art. 34 GG im Rechtstaatsprinzip und der enge Zusammenhang mit der Rechtsschutzgewährleistung (→ Rn. 22) schließen es aus, den Staat aus seiner Verantwortung zu entlassen, wenn er einen »Erfüllungsgehilfen« einschaltet und ihn dann möglichst wenig in seinen behördlichen Pflichtenkreis einbindet[125].

b) Öffentliches Amt

Voraussetzung der Haftung nach Art. 34 GG ist die Ausübung eines öffentlichen Amtes. Die **herrschende Meinung** setzt die Ausübung eines öffentlichen Amtes mit der **Ausübung öffentlicher Gewalt** gleich und hält damit ungeachtet der anderen Formulierung am Regelungsgehalt von Art. 131 WRV (→ Rn. 5) fest. **Voraussetzung der Haftung** nach Art. 34 S. 1 GG **ist damit eine hoheitsrechtliche bzw. öffentlich-rechtliche Tätigkeit**[126]. Diese Lehre gerät in Schwierigkeiten bei Realakten und im Bereich der sogenannten Zwei-Stufen-Theorie, wie sie etwa im Subventionsrecht vertreten wird[127].   28

Die herrschende Meinung kann sich zwar auf die geschichtliche Entwicklung des Amtshaftungsrechts berufen, **verkennt** jedoch, **daß Art. 34 S. 1 GG** mit dem Anknüpfen an die Ausübung eines öffentlichen Amtes **Raum für eine Fortentwicklung des Haftungsrechts läßt**, die dem Wandel der Handlungsformen der Verwaltung gerecht wird. Verwaltungshandeln vollzieht sich längst nicht mehr ausschließlich oder vorrangig in öffentlich-rechtlicher Form, sondern ist – gerade auch im Bereich der Leistungsverwaltung – zunehmend privatrechtlich oder rein tatsächlich zu qualifizieren. Es ist kein Grund ersichtlich, warum dieser **Wandel der Handlungsformen** den Staat im Gegensatz zum Wortlaut der Verfassung haftungsrechtlich begünstigen sollte. Im Bereich der Grundrechtsbindung hat sich längst die Auffassung durchgesetzt, daß die öffentliche Hand sich ihrer grundrechtlich begründeten Pflichten nicht durch die **Flucht ins Privatrecht** entziehen kann (→ Art. 1 III Rn. 48 ff.). Eine parallele Entwicklung im   29

---

[123] BGHZ 48, 98 (103); BGH NJW 1971, 2220 (2221); BGH NJW 1980, 1679; vgl. auch BGHZ 70, 212 (216).
[124] BGHZ 121, 161 (165 f.).
[125] Ebenso *Maurer*, Allg. Verwaltungsrecht, § 25 Rn. 13; *Ossenbühl*, Staatshaftungsrecht (Fn. 105), S. 21; *Papier* (Fn. 97), Art. 34 Rn. 99; *Steinberg/Lubberger*, Aufopferung (Fn. 64), S. 270; a. A. *Bryde* (Fn. 97), Art. 34 Rn. 15.
[126] *Bonk* (Fn. 96), Art. 34 Rn. 57 f.; *Bryde* (Fn. 97), Art. 34 Rn. 17; *Jarass*/Pieroth, GG, Art. 34 Rn. 6; *Maurer*, Allg. Verwaltungsrecht, § 25 Rn. 12; *Papier* (Fn. 97), Art. 34 Rn. 106 ff.; *Steinberg/Lubberger*, Aufopferung (Fn. 64), S. 262 f.; aus der neueren Zivilrechtsprechung etwa BGHZ 110, 253 (255).
[127] Siehe dazu etwa *Maurer*, Allg. Verwaltungsrecht, § 17 Rn. 12 ff. (S. 427 ff.) mit umfassenden Nachweisen; zu zahlreichen weiteren Abgrenzungsschwierigkeiten siehe die Aufzählung bei *Papier* (Fn. 97), Art. 34 Rn. 118 ff. sowie *Steinberg/Lubberger*, Aufopferung (Fn. 64), S. 263 ff. (»neutrale« Handlungen).

Staatshaftungsrecht ist längst überfällig[128]. Ausreichend für die Haftung des Staates ist, daß jemand als Amtswalter tätig wird, also ein öffentliches Amt ausübt, ohne daß es auf die Rechtsform des Handelns oder darauf ankommt, ob die Tätigkeit überhaupt als Rechtsakt einzuordnen ist.

c) In Ausübung

30 Zwischen der **schädigenden Handlung** und dem **öffentlichen Amt** des Handelnden muß ein **innerer Zusammenhang** bestehen[129]; ein Handeln »bei Gelegenheit« der Amtsausübung begründet keinen Haftungsanspruch gegenüber dem Staat[130]. Im Zweifel ist das Handeln eines Amtswalters dem Staat zuzurechnen[131].

d) Amtspflicht

31 Art. 34 S. 1 GG setzt voraus, daß der handelnde Amtswalter eine ihm obliegende Amtspflicht verletzt. Mit dieser Begrifflichkeit knüpft die Bestimmung an den geschichtlichen Ursprung des Haftungsanspruchs in der persönlichen Haftung des Beamten an. Die **herrschende Meinung** versteht diese Formulierung **streng im technischen Sinne der Pflichten des Beamten gegenüber seinem Dienstherrn**[132]. Das hat zur Konsequenz, daß ein rechtmäßiges Handeln wegen Verstoßes gegen eine Verwaltungsvorschrift oder Einzelweisung amtspflichtwidrig und umgekehrt ein rechtswidriges Amtshandeln in Befolgung einer innerdienstlichen Weisung amtspflichtgemäß sein kann.

32 Unter Amtspflicht im Sinne von Art. 34 S. 1 GG ist jedoch **nicht die interne Dienstpflicht** eines Beamten, **sondern die nach außen gerichtete Rechtspflicht jedes Amtswalters** zu verstehen. Wer ein öffentliches Amt ausübt, muß die Rechtsbindungen beachten, die sich aus dem Vorrang der Verfassung (→ Art. 1 III Rn. 1) und dem Gesetzmäßigkeitsprinzip (→ Art. 20 [Rechtsstaat] Rn. 83 ff.) ergeben. Nur diese Interpretation wird dem inneren Zusammenhang zwischen dem Rechtsstaatsprinzip, der Rechtsschutzgewährleistung und der verfassungskräftig statuierten Verantwortlichkeit des Staates für Pflichtverletzungen seiner Amtswalter (→ Rn. 22) gerecht. Im Rechtsstaat des Grundgesetzes sind der Staat und seine Einrichtungen verpflichtet, Verfassung, Gesetz und Recht zu beachten. Verstoßen sie gegen diese Pflicht und verletzen dadurch Individualrechte, gewähren die Gerichte Rechtsschutz. Soweit gerichtlicher Rechtsschutz den Eintritt von Schäden nicht verhindern kann, trifft die Verant-

---

[128] Siehe schon *R. Böhme*, Die Beschränkung der Amtshaftung auf die Hoheitsverwaltung, Diss. jur. Freiburg 1969, S. 158 ff.; *M. Schröder*, JuS 1969, 25 (26 f.); vgl. auch BGHZ 34, 99 (101); heute grundlegend *Ossenbühl*, Staatshaftungsrecht (Fn. 105), S. 26 f.

[129] *Bonk* (Fn. 96), Art. 34 Rn. 59; *Bryde* (Fn. 97), Art. 34 Rn. 19; *Dagtoglou* (Fn. 30), Art. 34 Rn. 99 ff.; *Papier* (Fn. 97), Art. 34 Rn. 140 f.; *Rittstieg* (Fn. 97), Art. 34 Rn. 15; *Ossenbühl*, Staatshaftungsrecht (Fn. 105), S. 24; vgl. *D. Coester-Waltjen*, Jura 1995, 368 (369).

[130] BGHZ 11, 181 (185 ff.): Polizist erschießt aus persönlichen Motiven während eines Streifengangs einen verfeindeten Nachbarn.

[131] So für den »Bummelstreik« von Fluglotsen BGHZ 69, 128 (132); vgl. ferner BGHZ 124, 15 (19) und BVerwGE 96, 45 (57).

[132] *Bryde* (Fn. 97), Art. 34 Rn. 20; *Maurer*, Allg. Verwaltungsrecht, § 25 Rn. 16 f. (S. 623 f.); *Papier* (Fn. 100), § 157 Rn. 31; *W. Rüfner*, in: Erichsen, Allg. Verwaltungsrecht, § 48 Rn. 15 (S. 592 f.); *Steinberg/Lubberger*, Aufopferung (Fn. 64), S. 280 ff.; aus der Zivilrechtsprechung BGHZ 28, 297 (301); BGH JZ 1977, 398 (399); BGH VersR 1985, 588; 1986, 372.

wortlichkeit nicht den einzelnen Amtswalter, sondern den Staat. Nur wenn man unter Amtspflichten im Sinne von Art. 34 S. 1 GG nicht interne Dienstpflichten, sondern nach außen gerichtete Rechtspflichten faßt[133], wird verständlich, daß Art. 34 S. 1 GG von Amtspflichten spricht, die einem Amtswalter einem Dritten gegenüber obliegen. Interne Dienstpflichten obliegen Amtswaltern nur gegenüber dem jeweiligen Dienstherrn, nicht gegenüber Außenstehenden.

Die **herrschende Meinung** kommt zum **gleichen Ergebnis**, indem sie von der grundsätzlichen Amtspflicht jedes Amtswalters ausgeht, die den Staat bindenden Rechtspflichten bei der Erfüllung seiner Aufgaben zu beachten[134]. Die Rechtsprechung hat neben dieser Pflicht in einer **reichen Kasuistik** eine große Vielfalt weiterer Amtspflichten entwickelt: Pflicht zu zuständigkeits- und verfahrensgemäßem Handeln[135], zu fehlerfreier Ermessensausübung[136], zur Schonung unbeteiligter Dritter[137], zur Beachtung des Verhältnismäßigkeitsprinzips[138], zur Erteilung richtiger, klarer und unmißverständlicher Auskünfte[139], zur fristgerechten Sachentscheidung[140], zu konsequentem Verhalten[141]. Diese Aufzählung ist keinesfalls abschließend[142]. Gelegentlich scheint es, als habe das Bemühen um ein als gerecht empfundenes Urteil bei der Kreation von Amtspflichten eine gewisse Rolle gespielt. Nach der hier vertretenen Auffassung ist allein entscheidend, ob der handelnde Amtswalter gegen eine Rechtspflicht verstoßen hat, die den Staat und seine Einrichtungen nach außen hin gebunden hat. Nur rechtswidriges Amtswalterhandeln kann eine haftungsrechtliche Verantwortlichkeit des Staates begründen. Letztlich lassen sich alle Amtspflichten im Sinne von Art. 34 S. 1 GG auf die **Pflicht zu rechtmäßigem Handeln** zurückführen.

e) Drittrichtung

Entsprechend dem Zweck der Staatshaftung, sekundären Rechtsschutz zu gewähren, begründet nicht die Verletzung jeder objektiven Amtspflicht, sondern **nur der Verstoß gegen Rechtspflichten, die dem Amtswalter einem Dritten gegenüber obliegen**, die Verantwortlichkeit des Staates. Insoweit besteht eine keinesfalls zufällige Parallele zu den Voraussetzungen eines subjektiven Rechts[143]: Der Staat wird grundsätzlich im öffentlichen Interesse tätig, ein subjektives Recht ebenso wie ein Anspruch aus Amtshaftung setzen voraus, daß eine objektiv bestehende Rechtspflicht auch den Interessen einzelner Bürger zu dienen bestimmt ist[144]. Zwischen der verletzten Amtspflicht

---

[133] *Papier* (Fn. 100), § 157 Rn. 32; *ders.* (Fn. 97), Art. 34 Rn. 146.
[134] *Bonk* (Fn. 96), Art. 34 Rn. 63; *Bryde* (Fn. 97), Art. 34 Rn. 20; *Dagtoglou* (Fn. 30), Art. 34 Rn. 110; *Maurer*, Allg. Verwaltungsrecht, § 25 Rn. 16 (S. 623); *Ossenbühl*, Staatshaftungsrecht (Fn. 105), S. 39 f.; aus der Zivilrechtsprechung BGHZ 16, 111 (113); 91, 243 (252).
[135] RGZ 140, 423 (428); BGHZ 65, 182 (188); 81, 21 (27); BGH NVwZ 1988, 283.
[136] RGZ 154, 201 (208); BGHZ 74, 144 (156); 75, 120 (124).
[137] BGHZ 12, 206.
[138] BGHZ 18, 366 (368); 55, 261 (266).
[139] BGH DÖV 1970, 680 (681); BGHZ 51, 30; BGH DVBl. 1986, 1103; BGH NJW 1990, 245 (246).
[140] BGHZ 15, 305 (311 ff.); BGH NVwZ 1990, 498.
[141] BVerwGE 35, 159 (163); BGH NVwZ-RR 1990, 553 (554).
[142] Siehe etwa die Kataloge bei *Ossenbühl*, Staatshaftungsrecht (Fn. 105), S. 40 ff. und *Steinberg/Lubberger*, Aufopferung (Fn. 64), S. 283 ff.
[143] *Maurer*, Allg. Verwaltungsrecht, § 25 Rn. 19 (S. 624 f.).
[144] *Maurer*, Allg. Verwaltungsrecht, § 8 Rn. 8 ff. (S. 152 ff.).

und dem geschädigten Dritten muß eine besondere Beziehung bestehen. Auch wenn diese besondere Beziehung besteht, wird die begünstigte Person keineswegs in allen ihren Belangen stets als Dritter im Sinne von Art. 34 S. 1 GG geschützt. Das ist vielmehr nur dann der Fall, wenn nach dem Schutzzweck der Amtspflicht »gerade das im Einzelfall berührte Interesse« geschützt werden soll[145]. Die Verantwortlichkeit des Staates ist folglich nur gegeben, wenn die **verletzte Amtspflicht** erstens **drittschützende Wirkung hat**, zweitens **der Geschädigte dem geschützten Personenkreis zuzurechnen ist** und drittens **das konkret betroffene Recht oder Rechtsgut von der Drittwirkung erfaßt wird**[146]. Auf dieser Grundlage hat die Rechtsprechung wiederum eine **umfangreiche Kasuistik** zur Drittrichtung von Amtspflichten entwickelt, die einer Systematisierung kaum zugänglich ist[147]. Eigentlich ist hier der Gesetzgeber gefordert, der die verfassungsrechtliche Vorgabe der Drittbezogenheit von Amtspflichten konkretisieren müßte, weil es sich um eine für den Rechtsschutz wesentliche Frage handelt. Immerhin steht außer Frage, daß es auch **absolute Amtspflichten** gibt, die gegenüber jedermann bestehen (z.B. die Pflicht, unerlaubte Handlungen zu unterlassen[148]). Darüber hinausgehende systematische Klarheit dürfte kaum zu erlangen sein, solange der Gesetzgeber sich darauf beschränkt, ihm unliebsame Gerichtsentscheidungen zu korrigieren[149], statt selbst der Rechtsprechung generelle Vorgaben zu machen[150].

3. Problemfälle

a) Normatives Unrecht

35 Normatives Unrecht soll nach der **Zivilrechtsprechung**[151] und den ihr folgenden Literaturstimmen[152] **nicht als Grundlage eines Amtshaftungsanspruchs** anerkannt werden, weil es am Drittbezug der Amtspflichten bei der Wahrnehmung gesetzgebnder Gewalt fehle. Nur für **Maßnahme- oder Einzelfallgesetze** soll etwas anderes gelten[153]. Auch in der **Bauleitplanung** werden drittbezogene Amtspflichten nunmehr anerkannt[154].

---

[145] BGHZ 56, 40 (45); 100, 313 (317f.); st. Rspr.
[146] *F. Schoch*, Jura 1988, 585 (590).
[147] *Ossenbühl*, Staatshaftungsrecht (Fn. 105), S. 48, sowie *G. Schwager-Wenz*, DVBl. 1993, 1171 (1181 ff.).
[148] BGHZ 69, 128 (138); 78, 274 (278); 97, 97 (102).
[149] So der Ausschluß des Drittbezugs der Aufsichtspflichten des Bundesaufsichtsamts für das Kreditwesen durch § 6 III KWG als Reaktion auf die Annahme eines Drittbezugs zugunsten der Einnahmegläubiger der Banken durch den BGH, BGHZ 74, 144; 75, 120; anders für stille Gesellschafter einer Bank BGHZ 90, 310.
[150] Nachweise der Rechtsprechung finden sich bei *Ossenbühl*, Staatshaftungsrecht (Fn. 105), S. 49 ff. und *Steinberg/Lubberger*, Aufopferung (Fn. 64), S. 293 ff.
[151] BGHZ 56, 40 (44); 84, 292 (300); 87, 321 (335); 100, 136; 102, 350; vgl. auch *H. Dohnold*, DÖV 1991, 152 ff.
[152] *K.H. Boujong*, Staatshaftung für legislatives und normatives Unrecht in der neueren Rechtsprechung des Bundesgerichtshofs, in: FS Geiger, 1989, S. 430 ff.; *Bryde* (Fn. 97), Art. 34 Rn. 27 f.; *Dagtoglou* (Fn. 30), Art. 34 Rn. 426 ff.; *Ossenbühl*, Staatshaftungsrecht (Fn. 105), S. 85 ff.; *F. Schoch*, Jura 1988, 585 (591 f.); *Steinberg/Lubberger*, Aufopferung (Fn. 64), S. 301 ff.
[153] *Bryde* (Fn. 97), Art. 34 Rn. 27; *Dagtoglou* (Fn. 30), Rn. 432; *M. Oldiges*, Der Staat 15 (1976), 381 (388); *Ossenbühl*, Staatshaftungsrecht (Fn. 105), S. 87 f.; *D.H. Scheuing*, Haftung für Gesetze, in: FS Bachof, 1984, S. 343 ff. (357); aus der Zivilrechtsprechung vgl. BGHZ 56, 40 (46); 84, 292 (300); 87, 321 (335).
[154] BGHZ 92, 34 (54); *Papier* (Fn. 97), Art. 34 Rn. 182 ff.; *F. Schoch*, Jura 1988, 585 (591 f.).

II. Haftung des Staates bei Amtspflichtverletzung (Art. 34 S. 1 GG)

Aus verfassungsrechtlicher Sicht ist **kein Grund ersichtlich, Art. 34 GG nicht** auch **auf normatives Unrecht anzuwenden** (zum Gemeinschaftsrecht → Rn. 13, 18). Wer staatliche Normen erläßt – sei es als Mitglied der Legislative, sei es als Mitglied der Exekutive –, übt ein öffentliches Amt aus (→ Rn. 26, 28f.). Dabei hat er als Amtspflichten die rechtlichen Bindungen zu beachten, denen die staatliche Normgebung in Deutschland nach der Verfassung und dem Gesetzesrecht (für Rechtsverordnungen und Satzungen) unterliegt. Da die Grundrechte Freiheit und Eigentum jedes einzelnen schützen sollen, obliegt die Pflicht zu ihrer Beachtung den an der Normgebung beteiligten Amtswaltern auch gegenüber Dritten im Sinne von Art. 34 S. 1 GG. Weil der durch das Grundgesetz konstituierte Rechtsstaat nicht nur gegen Akte der Exekutive (Art. 19 IV GG), sondern auch gegen von der Legislative erlassene Normen Rechtsschutz gewährt (Art. 93 I 4a, 100 I GG), entspricht die Gewährung von Haftungsansprüchen gegen den Staat bei normativem Unrecht auch der Eigenart des Art. 34 GG als Gewährleistung sekundären Rechtsschutzes. Im Gegensatz zur Auffassung der Rechtsprechung folgt aus der Abstraktheit normativer Regelungen zwar, daß die Normsetzung ausschließlich eine gegenüber der Allgemeinheit wahrgenommene Aufgabe darstellt. Das bedeutet jedoch keinesfalls, daß die Amtspflicht zur Beachtung der Grundrechte bei der Erfüllung dieser Aufgaben nicht auch gegenüber jedem einzelnen von der Norm Betroffenen besteht[155]. Daraus folgt allerdings nicht, daß von Verfassungs wegen jedes vom Bundesverfassungsgericht für verfassungswidrig erklärte Gesetz Amtshaftungsansprüche auslöst. Vielmehr ist es Aufgabe des Gesetzgebers, die weiteren Voraussetzungen für einen Schadensersatzanspruch bei legislativem Unrecht in dem durch Art. 34 GG vorgegebenen Rahmen zu konkretisieren. Es liegt nahe, einen Haftungsanspuch bei legislativem Unrecht verschuldensabhängig auszugestalten. In der Praxis würde das dazu führen, daß nur in außergewöhnlichen Fällen das Verhalten von Mitgliedern der Legislative die Verantwortlichkeit des Staates begründen könnte. In jedem Fall ist der Gesetzgeber zum Handeln verpflichtet[156].

b) Judikatives Unrecht

Art. 34 GG begründet **grundsätzlich auch die Verantwortlichkeit des Staates** für Amtspflichtverletzungen von Mitgliedern der Judikative. § 839 II BGB normiert mit dem sogenannten **Richterprivileg** allerdings eine weitreichende Haftungsbeschränkung; ein Beamter, der seine Amtspflicht bei einem Urteil in einer Rechtssache verletzt, ist für den daraus entstehenden Schaden nur dann verantwortlich, wenn die **Pflichtverletzung** in einer **Straftat** besteht[157]. Der Staat darf sich von Verfassungs wegen von der Verantwortlichkeit für judikatives Unrecht jedoch nur insoweit freistellen, wie das um der Erhaltung des Rechtsfriedens als Teil der Rechtssicherheit und damit des Rechtsstaatsprinzips (→ Art. 20 [Rechtsstaat] Rn. 134ff.) geboten ist. Insoweit enthält Art. 20 GG eine verfassungsimmanente Haftungsschranke.

---

[155] Im Ergebnis wie hier *H.H. v. Arnim*, Die Haftung der Bundesrepublik Deutschland für das Investitionshilfegesetz, 1986, S. 44ff., 46ff.; *Dagtoglou*, Ersatzpflicht (Fn. 116), S. 38ff.; *W.-R. Schenke*, DVBl. 1975, 121ff.; *ders./U. Guttenberg*, DÖV 1991, 945 (949ff.); *Scheuing*, Haftung (Fn. 153), S. 343ff.

[156] *Maurer*, Allg. Verwaltungsrecht, § 25 Rn. 52 (S. 645f.); zu § 5 II des gescheiterten Staatshaftungsgesetzes 1981 siehe *B. Bender*, Staatshaftungsrecht, 3. Aufl. 1981, Rn. 770ff. sowie *A. Schäfer/ H.J. Bonk*, Staatshaftungsgesetz, 1982, S. 380ff.

[157] Näher dazu *Ossenbühl*, Staatshaftungsrecht (Fn. 105), S. 83ff.; zu der vergleichbaren Vorschrift des § 5 I Staatshaftungsgesetz 1981 *Bender*, Staatshaftungsrecht (Fn. 156), Rn. 752ff.

4. Anforderungen an die Verletzungshandlung

a) Kausale Schadensverursachung

38 Mit **Verantwortlichkeit bezeichnet** Art. 34 S. 1 GG ausweislich der geschichtlichen Entwicklung der Amtshaftung (→ Rn. 1 ff.) sowie der Normgenese (→ Rn. 7 ff.) die **Pflicht zum Schadensersatz**. Implizit setzt ein verfassungsrechtlich begründeter Amtshaftungsanspruch folglich einen Schaden voraus, den ein Amtswalter durch seine Amtspflichtverletzung gegenüber einem Dritten verursacht haben muß. Der **Gesetzgeber** muß **konkretisieren**, welche Anforderungen an den Kausalzusammenhang zwischen Pflichtverletzung und Schadenseintritt zu stellen sind[158]. Wie der Schaden im einzelnen zu berechnen ist, muß ebenfalls der Gesetzgeber bestimmen. Er hat dabei jedoch zu beachten, daß Art. 34 GG mit der Statuierung der Verantwortlichkeit des Staates grundsätzlich den Ausgleich aller durch die Amtspflichtverletzung verursachten Nachteile gebietet[159].

b) Rechtswidrigkeit und Verschulden

39 Art. 34 GG äußert sich **nicht ausdrücklich** zu der Frage, ob die Verantwortlichkeit des Staates davon abhängt, daß den Amtswalter persönlich ein **Verschulden** trifft. Aus der geschichtlichen Entwicklung der Vorschrift (→ Rn. 7 ff.), insbesondere dem engen Bezug zu § 839 BGB, sowie aus Art. 34 S. 2 GG läßt sich jedoch ableiten, daß der Gesetzgeber von Verfassungs wegen nicht gehindert ist, die Verantwortlichkeit des Staates auf rechtswidrig-schuldhafte Amtspflichtverletzungen zu begrenzen. Dem Rechtsstaatsprinzip sowie dem Charakter von Art. 34 GG als Einrichtung sekundären Rechtsschutzes (→ Rn. 22) entspricht jedoch eine **verschuldensunabhängige Haftung** besser[160].

5. Anspruchsverpflichteter

40 Die Verantwortlichkeit trifft die **Dienstherrnkörperschaft**, d.h. diejenige öffentlich-rechtliche Körperschaft, die den Amtswalter in ihren Dienst gestellt und damit die Verantwortung für sein Handeln übernommen hat, auch die entsprechende Aufsicht ausüben kann und muß[161]. Fehlt ausnahmsweise eine Dienstherrnkörperschaft, weil etwa ein Beliehener oder Verwaltungshelfer oder sonst eine Privatperson gehandelt hat, trifft die Verantwortlichkeit die **öffentlich-rechtliche Körperschaft**, die dem Handelnden sein **Amt anvertraut** hat[162].

6. Haftungsbeschränkungen

41 Da Art. 34 S. 1 GG nur die grundsätzliche Verantwortlichkeit des Staates für Amtspflichtverletzungen anordnet (→ Rn. 23), **kann der Gesetzgeber** die **Haftung be-**

---

[158] Zur Adäquanztheorie der Zivilrechtsprechung BGHZ 96, 157 (171); ferner *Ossenbühl*, Staatshaftungsrecht (Fn. 105), S. 57 f.

[159] *Bonk* (Fn. 96), Art. 34 Rn. 78 f.

[160] *Bonk* (Fn. 96), Art. 34 Rn. 83; *Maurer*, Allg. Verwaltungsrecht, § 30 Rn. 23 (S. 787); vgl. *K. Windthorst*, JuS 1995, 892 (896); *D. Coester-Waltjen*, Jura 1995, 368 (370).

[161] *Papier* (Fn. 95), Art. 34 Rn. 281; *K. Windthorst/H.-D. Sproll*, Staatshaftungsrecht, 1994, S. 140 f.; *Ossenbühl*, Staatshaftungsrecht (Fn. 105), S. 93 ff.

[162] Zur sog. Anvertrauenstheorie BGHZ 53, 217 (219); 77, 11; 87, 202 (204); 99, 326 (330); vgl. ferner *Papier* (Fn. 97), Art. 34 Rn. 287; *Steinberg/Lubberger*, Aufopferung (Fn. 64), S. 318 ff.

schränken. Die Verfassung läßt Raum für Regelungen, die den Umfang der Haftungsübernahme modifizieren[163]. Haftungsbegrenzungen sind allerdings **nur in Ausnahmefällen** zulässig. Nach der Zivilrechtsprechung müssen gewichtige Gründe des öffentlichen Wohls für einen Haftungsausschluß sprechen, die Verhältnismäßigkeit muß gewahrt und dem Betroffenen muß der Haftungsausschluß zumutbar sein[164]. Aus öffentlich-rechtlicher Sicht ist die grundsätzliche Verantwortlichkeit des Staates im Sinne einer Vermutung zugunsten der Staatshaftung zu verstehen, die nur dadurch widerlegt werden kann, daß die Notwendigkeit einer Haftungsbeschränkung zum Schutz anderer Güter von Verfassungsrang nachgewiesen wird.

Den genannten Anforderungen wird die **Subsidiarität der Amtshaftung** im Falle nur **fahrlässiger Pflichtverletzung** gemäß § 839 I 2 BGB nicht gerecht, die sich unter dem Einfluß von Art. 34 GG vom Beamten- zum Fiskalprivileg entwickelt hat[165]. Der BGH schränkt deshalb in neuerer Rechtsprechung den Anwendungsbereich dieser Vorschrift zu Recht ein[166]. Grundsätzlich unbedenklich ist dagegen das **Richterspruchprivileg** in § 839 II BGB, das dem Rechtsfrieden und damit der Rechtssicherheit als Bestandteil des Rechtsstaatsprinzips (→ Art. 20 [Rechtsstaat] Rn. 138) dient. **Verfassungsrechtlich nicht zu beanstanden** ist auch **§ 839 III BGB**, demzufolge die Ersatzpflicht nicht eintritt, wenn es der Verletzte vorsätzlich oder fahrlässig unterlassen hat, den Schaden durch **Gebrauch eines Rechtsmittels** abzuwenden. Der Vorrang primären Rechtsschutzes ist Ausdruck der verfassungsrechtlichen Eigenart des Art. 34 GG als Einrichtung sekundären Rechtsschutzes (→ Rn. 22). Der früher in § 7 I RBHG geregelte Haftungsausschluß gegenüber Ausländern, der erhebliche verfassungsrechtliche Probleme aufwarf[167], ist durch die Neufassung der Vorschrift[168] auf eine Ermächtigung der Bundesregierung zum Erlaß einer Rechtsverordnung zurückgeführt worden; danach kann gegenüber Ausländern, die weder EU-Bürger sind noch einen Wohnsitz oder ständigen Aufenthalt in der Bundesrepublik haben, ein entsprechender Ausschluß angeordnet werden. Da die Bundesregierung von dieser Ermächtigung keinen Gebrauch gemacht hat und frühere landesrechtliche Regelungen beseitigt oder dem neu gefaßten § 7 RBHG angepaßt wurden, dürfte diese Haftungsbeschränkung ihre praktische Bedeutung verloren haben[169].

III. Rückgriff (Art. 34 S. 2 GG)

Art. 34 S. 2 GG begrenzt die Möglichkeit des Staates, sich für die ihm auferlegte Haftung durch Rückgriff bei dem handelnden Amtswalter schadlos zu halten, auf Fälle

---

[163] BVerfGE 61, 149 (199).
[164] BGHZ 25, 231 (237); 61, 7 (14); 62, 362 (367 ff.).
[165] *Bonk* (Fn. 96), Art. 34 Rn. 90; *K. Windthorst*, JuS 1995, 992 (993).
[166] BGH NJW 1977, 1238; BGHZ 70, 1; 79, 35; 85, 230; ferner BGH DVBl. 1993, 602; vgl. *K. Windthorst*, JuS 1995, 992 (993 f.) m.w.N.
[167] Siehe dazu auf der einen Seite *J.A. Frowein*, JZ 1964, 358 ff.; *Ossenbühl*, Staatshaftungsrecht (Fn. 105), S. 82 m.w.N. in Fn. 116; auf der anderen Seite BVerfG (3. Kammer des Zweiten Senats) NVwZ 1991, 661.
[168] § 7 RBHG i.d.F.v. 28.07. 1993, BGBl. I S. 1394.
[169] *Maurer*, Allg. Verwaltungsrecht, § 25 Rn. 36 (S. 627).

von **Vorsatz**[170] und **grober Fahrlässigkeit**[171]. Der Staat ist zum Rückgriff durch die Verfassung jedoch nicht gezwungen, sondern dürfte darauf – mit Blick auf seine Fürsorgepflicht (→ Art. 33 Rn. 79) – auch völlig verzichten[172].

IV. Rechtsweg (Art. 34 S. 3 GG)

44 Sowohl über den Amtshaftungsanspruch als auch über einen Rückgriffsanspruch entscheiden gemäß Art. 34 S. 3 GG die **ordentlichen Gerichte**[173]. Da die Streitigkeiten materiell öffentlich-rechtlich zu qualifizieren sind, ist die nur geschichtlich zu erklärende[174] Rechtswegzuweisung **überholt** und sollte bei einer Reform des Staatshaftungsrechts beseitigt werden. Die geltende Fassung führt nicht nur zu einer **Verdoppelung des Rechtsweges**[175]; auch verhindern **unterschiedliche Definitionen von Amtspflichten** durch Zivilgerichte auf der einen und Verwaltungsgerichte auf der anderen Seite einen einheitlichen Rechtsschutz auf primärer und sekundärer Stufe[176].

D. Verhältnis zu anderen GG-Bestimmungen

45 Als Ausfluß des Rechtsstaatsprinzips steht Art. 34 GG in engem Zusammenhang mit **Art. 20 GG**, als Institut sekundären Rechtsschutzes weist er enge Bezüge zu **Art. 19 IV GG** auf. Ein Komplementärverhältnis besteht **zu öffentlich-rechtlichen Entschädigungsansprüchen** aus **Enteignung** (→ Art. 14 Rn. 84ff.) und **Aufopferung** (→ Art. 14 Rn. 127ff.). Die Einschränkung des Rückgriffs in Art. 34 S. 2 GG (→ Rn. 43) ist Ausdruck des **beamtenrechtlichen Fürsorgeprinzips**, das zu den durch **Art. 33 V GG** geschützten Grundsätzen des Berufsbeamtentums gehört (→ Art. 33 Rn. 79). Art. 72 II i.V.m. Art. 74 I Nr. 25 und II GG gibt dem **Bund** die **Kompetenz**, die Staatshaftung durch Zustimmungsgesetze zu regeln (→ Art. 74 Rn. 111ff., 118).

---

[170] Vgl. dazu BGHZ 34, 375 (381).
[171] Vgl. dazu BGHZ 89, 153 (161).
[172] Vgl. jedoch etwa § 46 BRRG und § 78 BBG.
[173] Gemäß § 71 II Nr. 2 GVG in erster Instanz die Landgerichte.
[174] *K.A. Bettermann*, MDR 1953, 644 (646); *Dagtoglou* (Fn. 30), Art. 34 Rn. 365.
[175] *Jarass*/Pieroth, Art. 34 Rn. 13; *Steinberg/Lubberger*, Aufopferung (Fn. 64), S. 323; *K.A. Bettermann*, MDR 1953, 644 (646).
[176] *Bryde* (Fn. 97), Art. 34 Rn. 40 m.w.N.; *Papier* (Fn. 97), Art. 34 Rn. 301; *H.-J. Papier*, in: MüKo-BGB, § 839 Rn. 371f.; *Maurer*, Allg. Verwaltungsrecht, § 25 Rn. 47 (S. 603); *Windthorst/Sproll*, Staatshaftungsrecht (Fn. 161), S. 144f.

Artikel 35 [Rechts- und Amtshilfe; Hilfe in besonderen Gefahrenlagen und Notfällen]

(1) Alle Behörden des Bundes und der Länder leisten sich gegenseitig Rechts- und Amtshilfe.

(2) ¹Zur Aufrechterhaltung oder Wiederherstellung der öffentlichen Sicherheit oder Ordnung kann ein Land in Fällen von besonderer Bedeutung Kräfte und Einrichtungen des Bundesgrenzschutzes zur Unterstützung seiner Polizei anfordern, wenn die Polizei ohne diese Unterstützung eine Aufgabe nicht oder nur unter erheblichen Schwierigkeiten erfüllen könnte. ²Zur Hilfe bei einer Naturkatastrophe oder bei einem besonders schweren Unglücksfall kann ein Land Polizeikräfte anderer Länder, Kräfte und Einrichtungen anderer Verwaltungen sowie des Bundesgrenzschutzes und der Streitkräfte anfordern.

(3) ¹Gefährdet die Naturkatastrophe oder der Unglücksfall das Gebiet mehr als eines Landes, so kann die Bundesregierung, soweit es zur wirksamen Bekämpfung erforderlich ist, den Landesregierungen die Weisung erteilen, Polizeikräfte anderen Ländern zur Verfügung zu stellen, sowie Einheiten des Bundesgrenzschutzes und der Streitkräfte zur Unterstützung der Polizeikräfte einsetzen. ²Maßnahmen der Bundesregierung nach Satz 1 sind jederzeit auf Verlangen des Bundesrates, im übrigen unverzüglich nach Beseitigung der Gefahr aufzuheben.

Literaturauswahl

Berg, Klaus: Grenzen der Amtshilfe zwischen den Bundesländern. Zugleich ein Beitrag zu den Schranken der Vollstreckbarkeit von Pressebeschlagnahmeanordnungen im Bundesstaat, 1967.
Bull, Hans Peter: Datenschutz contra Amtshilfe, in: DÖV 1979, S. 689–696.
Dreher, Martin: Die Amtshilfe. Die Problematik der gegenseitigen behördlichen Unterstützungspflicht unter besonderer Berücksichtigung der Situation im Bundesstaat, 1959.
Klein, Eckart: Der innere Notstand, in: HStR VII, § 169, S. 387–414.
Meier, Gert: Europäische Amtshilfe – Ein Stützpfeiler des Europäischen Binnenmarktes, in: EuR 1989, S. 237–248.
Meyer-Teschendorf, Klaus G.: Die Amtshilfe, JuS 1981, S. 187–192.
Meyer-Teschendorf, Klaus G.: Das Rechts- und Amtshilfegebot des Art. 35 Abs. 1 GG: Antwort auf ein Föderalismusproblem, in: DÖV 1988, S. 901–907.
Robbers, Gerhard: Die Befugnisse der Bundeswehr im Katastrophenfall, in: DÖV 1989, S. 926–931.
Schlink, Bernhard: Die Amtshilfe. Ein Beitrag zu einer Lehre von der Gewaltenteilung in der Verwaltung, 1982.
Schnapp, Friedrich E.: Zum Anwendungsbereich der Amtshilfevorschriften, insbesondere im »ressortüberschreitenden« Amtshilfeverkehr, in: DVBl. 1987, S. 561–565.
Schnapp, Friedrich E./Friehe, Heinz-Josef: Prüfungskompetenz und Rechtsschutz bei Streitigkeiten über Amtshilfeverpflichtungen, in: NJW 1982, S. 1422–1430.
Scholz, Rupert/Pitschas, Rainer: Informationelle Selbstbestimmung und staatliche Informationsverantwortung, 1984.
Stein, Torsten: Amtshilfe in auswärtigen Angelegenheiten, 1975.
Wessel, Klaus: Verfassungs- und verfahrensrechtliche Probleme der Amtshilfe im Bundesstaat, 1983.

Leitentscheidungen des Bundesverfassungsgerichts

BVerfGE 27, 344 (350ff.) – Ehescheidungsakten; 63, 1 (32f.) – Bezirksschornsteinfeger; 65, 1 (45f.) – Volkszählung.

Gliederung Rn.

A. Herkunft, Entstehung, Entwicklung 1
    I. Ideen- und verfassungsgeschichtliche Aspekte 1
    II. Entstehung und Veränderung der Norm 4
B. Internationale, supranationale und rechtsvergleichende Bezüge 6
C. Erläuterungen 8
    I. Allgemeine Bedeutung 8
    II. Allgemeine Rechts- und Amtshilfe (Art. 35 I GG) 11
        1. Begriff und Gegenstände 11
        2. Berechtigte und verpflichtete Behörden 13
        3. Voraussetzungen, Verfahren, Umfang und Grenzen 15
    III. Hilfe in besonderen Gefahrenlagen und Notfällen (Art. 35 II, III GG) 20
        1. Hilfe zur Aufrechterhaltung der öffentlichen Sicherheit oder Ordnung
          (Art. 35 II 1 GG) 22
        2. Hilfe bei regionalen Notfällen (Art. 35 II 2 GG) 24
        3. Hilfe bei überregionalen Notfällen (Art. 35 III GG) 26
D. Verhältnis zu anderen GG-Bestimmungen 28

A. Herkunft, Entstehung, Entwicklung

I. Ideen- und verfassungsgeschichtliche Aspekte

1 Die in Art. 35 GG für alle Behörden des Bundes und der Länder geregelte Verpflichtung zu gegenseitiger Rechts- und Amtshilfe ist in den früheren deutschen Verfassungsurkunden ohne Vorbild[1], als Problem aber nicht ohne historische Tradition[2]. So finden sich schon im 19. Jahrhundert zwischen Mitgliedern des **Deutschen Bundes** Vereinbarungen über die gegenseitige Unterstützung ihrer Gerichte in Zivil- und Strafsachen[3]. Weitergehende Vorstöße zur Gewährleistung gegenseitiger Rechtshilfe unmittelbar durch den Deutschen Bund und durch Parallelgesetzgebung seiner Mitglieder hat es zwar gegeben, sie konnten sich aber nicht durchsetzen[4]. In die Zeit des deutschen Bundes fallen außerdem normative Regelungen über die innerstaatliche Verpflichtung von Behörden zu gegenseitiger Rechts- und Amtshilfe, die zudem teilweise auch ohne ausdrückliche Vorschrift als selbstverständlich angesehen wurde[5]. Ideengeschichtlich dokumentiert diese Entwicklung die doppelte Verwurzelung der

---

[1] *K.G. Meyer-Teschendorf*, JuS 1981, 187 (187): »Novum in der deutschen Verfassungsgeschichte«.

[2] Zu frühen gesetzlichen und vertraglichen Regelungen vgl. etwa *K. Berg*, Grenzen der Amtshilfe zwischen den Bundesländern, 1967, S. 55 ff. und *K. Wessel*, Verfassungs- und verfahrensrechtliche Probleme der Amtshilfe im Bundesstaat, 1983, S. 19 ff.

[3] *K.G. Meyer-Teschendorf*, DÖV 1988, 901 (903) m. exemplarischen Hinweis auf die 1841 zwischen der Königlich Preußischen und der Herzoglich Braunschweigischen Regierung getroffene »Übereinkunft zur Beförderung der Rechtspflege«.

[4] Dazu *K.G. Meyer-Teschendorf*, DÖV 1988, 901 (903 f.). S. zur Bedeutung des Vorstoßes im Deutschen Bund als Hintergrund für das Verständnis der späteren verfassungsrechtlichen Regelungen auch *B. Schlink*, Die Amtshilfe, 1982, S. 40.

[5] Vgl. etwa *Berg*, Amtshilfe (Fn. 2), S. 59 ff.; *Wessel*, Amtshilfe (Fn. 2), S. 21 f.; *H.P. Bull*, in: AK-GG, Art. 35 I Rn. 3 m. Hinweis u.a. auf eine preußische Verordnung von 1849.

Rechts-und Amtshilfe in (potentiell) bundesstaatlichen und binnenstaatlichen Problemlagen[6].

Mit Vorbildwirkung für die Verfassung des **Deutschen Reiches** von 1871[7] ermächtigte Art. 4 Nr. 11 der Verfassung des Norddeutschen Bundes 1867 den Bund u.a. zu gesetzlichen »Bestimmungen über die wechselseitige Vollstreckung von Erkenntnissen in Civilsachen und Erledigung von Requisitionen überhaupt«[8]; auf dieser Grundlage erging 1869 das Rechtshilfegesetz, das u.a. in Zivilsachen für alle Gerichte des Bundesgebiets die Verpflichtung zu gegenseitiger Rechtshilfe anordnete und wiederum auf spezifisch bundesstaatliche Traditionszusammenhänge der heutigen Rechts- und Amtshilfe aufmerksam macht[9]. Dies gilt auch für das spätere Reichsgesetz über Beistandsleistungen zwischen »Behörden verschiedener Bundesstaaten« u.a. auf dem Gebiet der Abgabeneinziehung[10]; beim Gerichtsverfassungsgesetz von 1877, das im Dreizehnten Titel für seinen Anwendungsbereich ebenfalls Vorschriften über die Rechtshilfe enthält, griffen die Gesetzgebungsbefugnisse des Reiches aus Art. 4 Nr. 13 RV für das gerichtliche Verfahren und Art. 4 Nr. 11 RV ergänzend ineinander[11]. Für die Rechts- und Amtshilfe innerhalb der Einzelstaaten war die Auffassung verbreitet, daß sich die Behörden einschließlich der Gerichte auch ohne ausdrückliche gesetzliche Anordnung gegenseitig Beistand zu leisten haben[12].

Ebenso wie die Reichsverfassung von 1871 enthielt auch die **Weimarer Reichsverfassung** noch keine Art. 35 GG entsprechende Regelung. Vielmehr knüpfte sie in Art. 7 Nr. 3 WRV an die Vorläuferregelung an und begründete für die »Amtshilfe zwischen Behörden« zusammen mit dem gerichtlichen Verfahren einschließlich des Strafvollzugs eine Gesetzgebungsbefugnis des Reichs. Einfach-gesetzlich blieb die Amtshilfe im Bundesstaat lückenhaft geregelt und bereitete in der Praxis Schwierigkeiten; jenseits einschlägiger Einzelbestimmungen sah mancher die »Verträge zwischen den einzelnen Ländern aus alter Zeit« als maßgebend an[13]. Im übrigen bejahte man die umstritten gebliebene Frage einer gesetzesunabhängigen allgemeinen Amtshilfepflicht oftmals unter Hinweis darauf, daß die Behörden Teile desselben einheitlichen Staates

---

[6] Vgl. *Bull* (Fn. 5), Art. 35 I Rn. 3f.; eingehend zum spezifischen Bundesstaatsbezug von Art. 35 I GG und seiner Vorläufer *Schlink*, Amtshilfe (Fn. 4), S. 34ff.

[7] Art. 4 Nr. 11 RV (RGBl. 1971 S. 63).

[8] Text bei *Huber*, Dokumente, Bd. 2, S. 272ff.

[9] Näheres bei *K.G. Meyer-Teschendorf*, DÖV 1988, 901 (903ff.).

[10] Gesetz über den Beistand bei Einziehung von Abgaben und Vollstreckung von Vermögensstrafen vom 9.6.1895 (RGBl. S. 256); das Gesetz stützte sich auf Art. 4 Nr. 11 RV. Zum Bundesstaatsbezug dieses Gesetzes s. *Schlink*, Amtshilfe (Fn. 4), S. 41 m. Hinweis auf die Begründung.

[11] *Schlink*, Amtshilfe (Fn. 4), S. 41.

[12] *Berg*, Amtshilfe (Fn. 2), S. 64ff.; *Wessel*, Amtshilfe (Fn. 2), S. 71ff.; *K.G. Meyer-Teschendorf*, DÖV 1988, 901 (904ff.); vgl. auch *Schlink*, Amtshilfe (Fn. 4), S. 42ff.; jeweils m. Hinweis auf die uneinheitlichen Begründungsansätze (Gewohnheitsrecht, althergebrachtes, allgemeines Recht, Grundsätze der Verwaltungsorganisation, Einheit der Staatsgewalt etc.).

[13] *H. Delius*, Art. Amtshilfe, in: F. Stier-Somlo/A. Elster (Hrsg.), Handwörterbuch der Rechtswissenschaft, Bd. 1, 1926, S. 132 (133). S. auch *Löwenthal*, RVBl./PrVBl. 1929, 11 (12f.), der darauf aufmerksam machte, daß eine Verpflichtung zwischen den Behörden verschiedener Länder nur bei gesetzlicher Regelung oder staatsvertraglicher Vereinbarung bestehe, und für eine umfassende reichsgesetzliche Regelung plädierte. Vgl. ferner *T. Stein*, Amtshilfe in auswärtigen Angelegenheiten, 1975, S. 79; s. aber auch ebenda, S. 80.

seien[14]; auch wurde eine Unterstützungspflicht der verschiedenen Behörden mitunter »zum Wesen jeder geordneten Staatsverwaltung« gerechnet und deshalb als »eigentlich selbstverständlich« angesehen[15]. Die frühzeitige Entföderalisierung (→ Art. 20 [Bundesstaat] Rn. 6) rückte während des **Nationalsozialismus** die Amtshilfe in ein anderes Licht; sie galt nunmehr auch ohne ausdrückliche Bestimmung oder Vereinbarung in allen Gebieten des Reiches[16]. Außerdem wurde gesetzlich eine Verpflichtung der öffentlichen Behörden zu Amts- und Rechtshilfe gegenüber Organen der NSDAP sowie der SA festgelegt[17].

II. Entstehung und Veränderung der Norm

4   In der Entstehungsgeschichte des Grundgesetzes war der heutige **Art. 35 I GG** kein zentraler Gegenstand von Kontroversen[18]. Der HChE begründete in knapper Auseinandersetzung mit der früheren Rechtslage (→ Rn. 3) die Regelung mit der Absicht, »sowohl eine besondere Gesetzgebung wie auch innerdeutsche Vereinbarungen der Länder entbehrlich zu machen, und zwar durch Ausdehnung der Amts- und Rechtshilfe auf alle Gebiete und Behörden«[19], und stellte sie systematisch in den Abschnitt über »Bund und Länder« sowie in das unmittelbare Umfeld von Vorschriften über das Staatsvertragsrecht ein; damit erweist sich Art. 35 I GG entstehungsgeschichtlich als Antwort auf ein Bundesstaatsproblem[20]. Weitergehende Regelungsgehalte u. a. über die Anerkennung von in einem Land vorgenommenen öffentlichen Beurkundungen und Beglaubigungen im ganzen Bundesgebiet waren zeitweise in der Diskussion, gingen in die Endfassung aber nicht ein.

5   In der weiteren Verfassungsentwicklung sind wiederholt **Ergänzungen bzw. Änderungen** der Norm zu verzeichnen, nämlich 1968 durch Anfügung von Art. 35 II und III GG[21], für die u. a. Erfahrungen der Hamburger Flutkatastrophe von 1962 den Anlaß gegeben haben[22], sowie 1972 durch die Neufassung des damaligen Art. 35 II GG[23], die erweiterte Einsatzmöglichkeiten des Bundesgrenzschutzes eröffnet[24].

---

[14] Vgl. *W. Jellinek*, Verwaltungsrecht, 3. Aufl., 1931, S. 15 zum Bestehen einer Amtshilfspflicht »zwischen Reichsbehörden untereinander, preußischen Behörden untereinander«.

[15] *Delius*, Amtshilfe (Fn. 13), S. 133; vgl. auch *K. Meyer-Teschendorf*, JuS 1981, 187 (187).

[16] *K. G. Meyer-Teschendorf*, DÖV 1988, 901 (906); *Berg*, Amtshilfe (Fn. 2), S. 66 f.; aus der zeitgenössischen Literatur vgl. zur Überwindung bundesstaatlicher Schwierigkeiten etwa *Naß*, RVBl. 1935, 949 (951 f.).

[17] § 6 des Gesetzes zur Sicherung der Einheit von Partei und Staat vom 1. 12. 1933 (RGBl. I S. 1016); vgl. dazu auch § 6 der Verordnung zur Durchführung des Gesetzes zur Sicherung der Einheit von Partei und Staat vom 29. 3. 1935 (RGBl. I S. 502).

[18] Kurzüberblicke: JöR 1 (1951), S. 330 f.; *U. Bachmann*, in: Schneider, GG-Dokumentation, Bd. 10, 1996, S. 621.

[19] Bericht über den Verfassungskonvent auf Herrenchiemsee vom 10. bis 23. August 1948, Darstellender Teil, Parl. Rat II, S. 504 ff. (529).

[20] *Schlink*, Amtshilfe (Fn. 4), S. 34 ff.; *ders.*, NVwZ 1986, 249 (250 f.); *K. G. Meyer-Teschendorf*, DÖV 1988, 901 (902).

[21] § 1 Nr. 8 des Siebzehnten Gesetzes zur Ergänzung des Grundgesetzes vom 14. 6. 1968 (BGBl. I S. 709). Zur Genese der Neuregelung, die ursprünglich bei Art. 91 GG erfolgen sollte, s. BT-Drs. V/1879, S. 3, 23 f.; V/2873, S. 9 f., 24; *C. Arndt*, DVBl. 1968, 729 ff.

[22] S. zum Hintergrund der Flutkatastrophe instruktiv *H. P. Bull*, DÖV 1997, 290 (291) sowie hierzu und zu fortbestehenden Problemen der Zuständigkeitsabgrenzung während der niedersächsischen Brandkatastrophe 1975 *M. Klückmann*, DÖV 1976, 333 (334) m. w. N.

[23] Art. I Nr. 1 des Einunddreißigsten Gesetzes zur Änderung des Grundgesetzes vom 28. 7. 1972 (BGBl. I S. 1305).

B. Internationale, supranationale und rechtsvergleichende Bezüge

Internationalisierung und Europäisierung rechtlich geregelter Lebenssachverhalte 6
bzw. Problemlagen haben aus politisch-rechtstatsächlicher Sicht seit langem ein Bedürfnis nach grenzüberschreitender Verwaltungszusammenarbeit geweckt, Rechts- und Amtshilfe zu einem über nationalstaatliche Grenzen hinausweisenden Anliegen gemacht. Auf **internationaler Ebene** erfolgt dieser Rechts- und Amtshilfeverkehr primär auf der Grundlage von völkerrechtlichen Vereinbarungen[25]; bestehen solche Vereinbarungen nicht, richtet er sich nach den Grundsätzen völkerrechtlicher Höflichkeit (»courtoisie«)[26]. Auf **supranationaler Ebene** fehlt eine umfassende allgemeine europäische Rechts- und Amtshilferegelung mit detaillierten Bestimmungen über Gegenstand, Voraussetzungen, Grenzen, Kosten etc. solcher Hilfeleistungen. Teilregelungen einer Rechts- und Amtshilfe finden sich jedoch etwa in Art. 89 (85 n.F.) EGV für die Wettbewerbsaufsicht und in Normen des Sekundärrechts; weitergehende (allerdings generelle) polizeiliche und justitielle Zusammenarbeit in Strafsachen ist in Titel VI EUV angelegt[27]. Im übrigen liefert Art. 5 (10 n.F.) EGV bzw. der Grundsatz der Gemeinschaftstreue (→ Art. 20 [Bundesstaat] Rn. 12f.) einen übergreifenden Ansatzpunkt zur Ableitung von Verpflichtungen zu gegenseitiger Rechts- und Amtshilfe zwischen den Mitgliedstaaten und den Gemeinschaftsorganen der EG (in deren Zuständigkeitsbereichen)[28]; das ist mit Entwicklungen im deutschen Recht vergleichbar, die die Amtshilfe auf den Gedanken der Bundestreue zurückführen[29].

Die **rechtsvergleichende Betrachtung** zeigt eine uneinheitliche Handhabung der 7
Rechts- und Amtshilfe auf Verfassungsebene. So sind etwa nach Art. 22 Bundesverfassungs-Gesetz der Republik Österreich alle »Organe des Bundes, der Länder und der Gemeinden ... im Rahmen ihres gesetzmäßigen Wirkungsbereiches zur wechselseitigen Hilfeleistung verpflichtet«, während in der Bundesverfassung der Schweizerischen Eidgenossenschaft eine entsprechende Regelung fehlt; in der Schweiz wird diese Lücke allerdings mitunter durch den Rückgriff auf die Bundestreue geschlossen[30].

---

[24] *M. Gubelt*, in: v. Münch/Kunig, GG II, Art. 35 Rn. 2.
[25] Vgl. dazu etwa *H.J. Bonk*, in: P. Stelkens/H.J. Bonk/M. Sachs, VwVfG, 5. Aufl., 1998, § 4 Rn. 16; *W. Clausen*, in: H.J. Knack u.a., VwVfG, 5. Aufl., 1996, § 4 Rn. 2.7; *Gubelt* (Fn. 24), Art. 35 Rn. 4; zu Übereinkommen im Verhältnis der Mitgliedstaaten des Europarats *H. Jellinek*, NVwZ 1982, 535 ff.; *V. Lohse*, VR 1982, 401 ff. Vgl. zu Problemen der Rechts- und Amtshilfe mit ausländischen Staaten auch *M. Schröder*, Zur Wirkkraft der Grundrechte bei Sachverhalten mit grenzüberschreitenden Elementen, in: FS Schlochauer, 1981, S. 137 ff. Speziell zur Verfassungsmäßigkeit des deutsch-österreichischen Rechtshilfevertrages vom 11.9.1970 s. BVerfGE 63, 343.
[26] BVerwG NJW 1984, 574 (574).
[27] Vgl. allgemein zur Rechts- und Amtshilfe etwa *G. Meier*, EuR 1989, 237 (238f.); *Nicolaysen*, Europarecht I, S. 74; zum EG-Amtshilfe-Gesetz s. etwa *B. Runge*, DB 1986, 191 ff. Zu Sonderformen der Zusammenarbeit etwa auf der Grundlage von Schengen I und II sowie hinsichtlich der Errichtung von Europol vgl. *H. Bäumler*, CR 1994, 487 ff. und *H. Nicolaus*, NVwZ 1996, 40 ff.
[28] EuGH NJW 1991, 2409 (2410); 1991, 2410 (2411); *W. Kahl*, in: C. Calliess/D. Kröger/M. Ruffert (Hrsg.), Kommentar zum EUV, 1998, i.E., Art. 10 ex 5 EGV, B.III, D m.w.N.
[29] Z.B. *N. Achterberg*, Deutschland nach 30 Jahren Grundgesetz, VVDStRL 38 (1980), S. 55 ff. (91f. Fn. 120); BVerwG DÖV 1973, 490 (491); Näheres bei *H. Bauer*, Die Bundestreue, 1992, S. 345 m.w.N.; zu Art. 35 II, III GG *D. Hömig*, in: Seifert/Hömig, GG, Art. 35 Rn. 1; *Stern*, Staatsrecht I, S. 719.
[30] Kritisch *P. Saladin*, ZSR 103 (1984), II 431 ff. (518).

C. Erläuterungen

I. Allgemeine Bedeutung

8 Art. 35 GG hat mehrere **Regelungsgegenstände**, nämlich die Verpflichtung der Behörden von Bund und Ländern zu gegenseitiger Amtshilfe (Art. 35 I GG) sowie spezielle Vorschriften über die Unterstützung eines Landes bzw. mehrerer Länder in besonderen Gefahrenlagen auf Anforderung durch ein Land (Art. 35 II GG) oder durch Direktive der Bundesregierung (Art. 35 III GG). Traditioneller Schwerpunkt ist die allgemeine Beistandspflicht von Bund und Ländern, die oftmals als Ausdruck der Einheit des Staates bzw. des Staatsorganismus gewertet wird[31]. Doch tritt diese Deutung zunehmend zurück[32] und statt dessen in Übereinstimmung mit den föderalen Wurzeln (→ Rn. 1ff., 4) der **Bundesstaatsbezug** in den Vordergrund[33]. In diesem Kontext ermächtigt und verpflichtet Art. 35 I GG grundsätzlich alle Behörden zu gegenseitiger Rechts- und Amtshilfe, fördert die Zusammenarbeit von Bund und Ländern und unterstützt auf diese Weise bundesstaatliche Integration; gegenüber der Zuständigkeitstrennung von Bund und Ländern trifft die Norm eine Sonderregelung. Daneben weist Art. 35 GG Bezüge zum **Rechtsstaatsprinzip** auf: unter gewaltenteilerisch-freiheitssicherndem Blickwinkel[34] wahrt er einerseits Distanz zu einheitsstaatlichen Begründungsansätzen der Amtshilfe[35] und ebnet andererseits den Weg für die Beschaffung von Informationen, die dazu beitragen, größtmögliche objektive Richtigkeit staatlicher Entscheidungen zu gewährleisten[36].

9 »Die gegenseitige Amts- und Rechtshilfe erscheint dem Außenstehenden als etwas Minimales, ist aber für die Gerichts- und Verwaltungspraxis von ungeheurer Bedeutung«[37]. Demgegenüber ist die **praktische Bedeutung** von Art. 35 II, III GG im Verwaltungsalltag schon allein wegen der tatbestandlichen Beschränkung auf besondere Ge-

---

[31] Z.B. *Badura*, Staatsrecht, S. 301; *Gubelt* (Fn. 24), Art. 35 Rn. 1; *G. Haverkate*, Die Einheit der Verwaltung als Rechtsproblem, VVDStRL 46 (1988), S. 217ff. (242f.); *S. Hentschel*, Die innerstaatliche Rechts- und Amtshilfe, 1957, S. 73ff.; *Hömig* (Fn. 29), Art. 35 Rn. 1; *T. Maunz*, in: Maunz/Dürig, GG, Art. 35 (1973), Rn. 5; *Model/Müller*, GG, Art. 35 Rn. 1; *R. Pietzner*, Art. Amtshilfe I, in: EvStL³, Sp. 50 (51); *R. Scholz/R. Pitschas*, Informationelle Selbstbestimmung und staatliche Informationsverantwortung, 1984, S. 117f.; *Stein*, Amtshilfe (Fn. 13), S. 77; *Stern*, Staatsrecht II, S. 788; *Wessel*, Amtshilfe (Fn. 2), S. 84ff.; vgl. auch BVerfGE 7, 183 (190: »Einheit des Staatsorganismus«); BVerwGE 38, 336 (340); 79, 339 (342).

[32] Zur Kritik der Rückführung auf die »Einheit des Staates« s. etwa *Bull* (Fn. 5), Art. 35 I Rn. 1f., 10; *E. Denninger*, JA 1980, 280 (283f.); *W. Erbguth*, in: Sachs, GG, Art. 35 Rn. 2; *Schlink*, Amtshilfe (Fn. 4), S. 62ff.; *F.E. Schnapp*, Grenzen der Amtshilfe in der Sozialversicherung, in: FS Wannagat, 1981, S. 449ff. (450ff.).

[33] Z.B. *Bull* (Fn. 5), Art. 35 I Rn. 4, 8ff.; *Erbguth* (Fn. 32), Art. 35 Rn. 1, 3; *Jarass/Pieroth*, GG, Art. 35 Rn. 1; *B. Schlink*, NVwZ 1986, 249 (250); vgl. auch *Gubelt* (Fn. 24), Art. 35 Rn. 1 und *J. Isensee*, Idee und Gestalt des Föderalismus im Grundgesetz, in: HStR IV, § 98 Rn. 229.

[34] Vgl. *Bull* (Fn. 5), Art. 35 I Rn. 3, 8ff.

[35] Nicht überzeugend *Wessel*, Amtshilfe (Fn. 2), S. 84ff. (insb. S. 100), der die Amtshilfe im Bundesstaat aus allgemeinen Prinzipien herleiten und Art. 35 I GG (unhistorisch) nur noch deklaratorische Bedeutung beimessen will; gegen *Wessel* auch *Bull* (Fn. 5), Art. 35 I Rn. 5 und *B. Schlink*, NVwZ 1986, 249 (250).

[36] *Erbguth* (Fn. 32), Art. 35 Rn. 4, allerdings mit weitergehenden Schlußfolgerungen für den Anwendungsbereich von Art. 35 I GG.

[37] So die Begründung des Bayerischen Vorschlags bezüglich der allgemeinen Amts- und Rechtshilfe durch *Kollmann* in der 1. Sitzung des Unterausschusses II des Herrenchiemseer Verfassungskonvents am 13.8. 1948; abgedruckt bei *Bachmann*, GG-Dokumentation (Fn. 18), S. 628.

fahrenlagen zahlenmäßig naturgemäß geringer, bei Eintritt solcher Gefahren aber umso gewichtiger[38]. Zusätzlichen Auftrieb hat die wissenschaftliche Beschäftigung mit der Amts- und Rechtshilfe durch die mit der modernen Datenverarbeitung einhergehenden neuartigen Gefahren für die Grundrechte erhalten[39].

Der **Anwendungsbereich** von Art. 35 GG ist auf das Verhältnis von Bundes- und Landesbehörden sowie von Behörden verschiedener Länder beschränkt, erfaßt also nicht die zwischen Bundesbehörden untereinander oder zwischen Behörden desselben Landes untereinander bestehenden Beziehungen. Dies ergibt sich für Art. 35 II, III GG mit den dort vorgenommenen Präzisierungen und Eingrenzungen bereits aus dem Wortlaut. Für Art. 35 I GG folgt der eingeschränkte Anwendungsbereich aus der Entstehungsgeschichte (→ Rn. 4), dem spezifischen Bundesstaatsbezug (→ Rn. 8) und der systematischen Stellung der Norm in dem Abschnitt »Der Bund und die Länder«[40]. 10

II. Allgemeine Rechts- und Amtshilfe (Art. 35 I GG)

1. Begriff und Gegenstände

Begrifflich werden Rechts- und Amtshilfe verbreitet danach unterschieden, ob es sich bei der um Unterstützung angegangenen Institution um ein Gericht oder um eine Behörde handelt; nach dieser Differenzierung erfaßt **Amtshilfe** Unterstützungsleistungen durch Behörden, **Rechtshilfe** hingegen solche durch Gerichte, und zwar nach wohl überwiegend vertretener Ansicht funktionell begrenzt auf spezifisch richterliche Handlungen[41]. Mangels unmittelbarer rechtspraktischer Konsequenzen ist für Art. 35 I GG eine exakte terminologische Abschichtung von Rechts- und Amtshilfe allerdings entbehrlich[42]. Nicht entbehrlich ist dagegen eine beide Institute umfassende **Begriffsbestimmung**: Rechts- und Amtshilfe meint den ergänzenden Beistand, den eine Behörde auf Ersuchen einer anderen Behörde leistet, um dieser die Durchführung ihrer öffentlichen Aufgaben zu ermöglichen oder zu erleichtern[43]. Damit verbinden sich 11

---

[38] S. etwa zu Einsatzfeldern von Art. 35 II GG *H. Klückmann*, DÖV 1976, 333 (334ff. – niedersächsische Brandkatastrophe); *G. Robbers*, DÖV 1989, 926 (926 – Schnee- und Hochwasserkatastrophen in Schleswig-Holstein) und *F. Ebel/P. Kunig*, Jura 1998, 113 (116 – Hochwasserkatastrophe an der Oder).

[39] Statt vieler *Gubelt* (Fn. 24), Art. 35 Rn. 2; → Rn. 18f.

[40] Im Ergebnis ebenso *Bull* (Fn. 5), Art. 35 I Rn. 9f.; *Jarass/Pieroth*, GG, Art. 35 Rn. 1; *Schlink*, Amtshilfe (Fn. 4), S. 34, 40; *Stern*, Staatsrecht II, S. 788f.; für eine Anwendung auch auf die bundes- und landesinternen Behördenbeziehungen hingegen *Erbguth* (Fn. 32), Art. 35 Rn. 5; *Gubelt* (Fn. 24), Art. 35 Rn. 1; *Isensee* (Fn. 33), § 98 Rn. 232; *v. Mangoldt/Klein*, GG, Art. 35 Anm. II.1; *Maunz* (Fn. 31), Art. 35 Rn. 9; *R. Wendt*, NWVBl. 1987, 33 (39). Speziell zu den Besonderheiten des parlamentarischen Kontrollrechts, die es ausschließen, die Beziehungen zwischen Bundestag und Bundesregierung mit dem Begriff der Amtshilfe zu beschreiben, s. BVerfGE 67, 100 (129).

[41] Vgl. zu den einzelnen Differenzierungsansätzen etwa *Berg*, Amtshilfe (Fn. 2), S. 38ff.; *M. Dreher*, Die Amtshilfe, 1959, S. 5ff.; *K.G. Meyer-Teschendorf*, JuS 1981, 187 (188); *Schlink*, Amtshilfe (Fn. 4), S. 43f.; *Wessel*, Amtshilfe (Fn. 2), S. 31ff.; *Bull* (Fn. 5), Art. 35 I Rn. 13, 16; *Erbguth* (Fn. 32), Art. 35 Rn. 10f.; *W. Rudolf*, Kooperation im Bundesstaat, in: HStR IV, § 105 Rn. 25; zu einfach-gesetzlichen Konkretisierungen s. § 4 I VwVfG und § 156 GVG.

[42] *Gubelt* (Fn. 24), Art. 35 Rn. 9; *Isensee* (Fn. 33), § 98 Rn. 228 Fn. 614; *Maunz* (Fn. 31), Art. 35 Rn. 9; *K.G. Meyer-Teschendorf*, JuS 1981, 187 (188).

[43] Vgl. BAGE 9, 324 (326); *Gubelt* (Fn. 24), Art. 35 Rn. 6; *v. Mangoldt/Klein*, GG, Art. 35 Anm. V.1; *Maunz* (Fn. 31), Art. 35 Rn. 1. Zum Behördenbegriff → Rn. 13.

mehrere **Abgrenzungen**. Als ergänzender Beistand ist Rechts- und Amtshilfe auf Unterstützungen im Einzelfall beschränkt; nicht von ihr erfaßt sind daher anderweitige organisationsrechtliche Verknüpfungen (z.B. Delegation, Mandat, Organleihe, weisungsgebundene und interne Behördenbeziehungen) sowie sonstige Formen regelmäßigen, nicht nur ausnahmsweisen und punktuellen Zusammenwirkens[44].

12   **Gegenstand** der Rechts- und Amtshilfe können sehr vielfältige Unterstützungsleistungen sein. Musterbeispiele dafür sind Auskunft, Akteneinsicht und -vorlage, Bereitstellung von Personal, Hilfsmitteln und Räumen, technische Hilfen und Erstattung von Gutachten, Vernehmungen und andere Ermittlungen sowie Vollstreckungshandlungen[45]. Bei der rechtlichen Beurteilung dieser Hilfeleistungen ist zwischen nur intern und extern wirkenden Maßnahmen zu unterscheiden (→ Rn. 18f.).

2. Berechtigte und verpflichtete Behörden

13   Zu Rechts- und Amtshilfe verpflichtet sind »alle Behörden«. Dabei zeigt bereits die Verknüpfung der Amtshilfe mit der Rechtshilfe, daß Art. 35 I GG den **Behördenbegriff** in einem spezifischen und über § 1 IV VwVfG hinausgehenden Sinn verwendet: Behörde ist jede Stelle, die unmittelbar staatliche Aufgaben wahrnimmt[46]. Dazu gehören neben den Verwaltungsbehörden auch die Gerichte[47] und Behörden der Gesetzgebung wie z.B. die Bundestagsverwaltung[48]; zu den Behörden im Sinne von Art. 35 I GG zählen auch die der Gemeinden, Gemeindeverbände und sonstiger juristischer Personen des öffentlichen Rechts, soweit sie Staatsgewalt ausüben[49]. Nicht dazu rechnen hingegen juristische Personen des Privatrechts[50], politische Parteien[51] und Kirchen[52]; Besonderheiten gelten aus Gründen des Grundrechtsschutzes für Rundfunkanstalten und Universitäten[53]. Für die Untersuchungsausschüsse des Bundestages ist Art. 44 III GG gegenüber Art. 35 I GG die speziellere Vorschrift (→ Art. 44 Rn. 51).

---

[44] Vgl. etwa *Gubelt* (Fn. 24), Art. 35 Rn. 6, 8 m.w.N.; *Stein*, Amtshilfe (Fn. 13), S. 84f.; mit ergänzender argumentativer Abstützung im Verständnis der Rechts- und Amtshilfe als Hilfeleistung zwischen Behörden unter Überwindung bestehender Kompetenz- und Zuständigkeitsgrenzen *Erbguth* (Fn. 32), Art. 35 Rn. 10; *Jarass/Pieroth*, GG, Art. 35 Rn. 4. Speziell zur Unterscheidung von Rechts- und Amtshilfe im Sinne von Art. 35 I GG und Organleihe s. BVerfGE 63, 1 (32f.).

[45] Vgl. *H.P. Bull*, DÖV 1979, 689 (693); *ders.* (Fn. 4), Art. 35 I Rn. 17; *Isensee* (Fn. 33), § 98 Rn. 228; *Schlink*, Amtshilfe (Fn. 4), S. 215f. m.w.N.

[46] *Gubelt* (Fn. 24), Art. 35 Rn. 3.

[47] BVerfGE 31, 43 (46).

[48] Z.B. *Erbguth* (Fn. 32), Art. 35 Rn. 6; zum Verhältnis von Bundestag und Bundesregierung → Fn. 40.

[49] Vgl. dazu und zum folgenden etwa *Stern*, Staatsrecht II, S. 788f.; speziell zur Bundesversicherungsanstalt für Angestellte BVerwGE 38, 336 (340).

[50] Soweit juristische Personen des Privatrechts oder Privatpersonen als Beliehene tätig sind, werden sie überwiegend vom Anwendungsbereich von Art. 35 I GG ausgenommen; so etwa *Dreher*, Amtshilfe (Fn. 41), S. 84ff.; *Bull* (Fn. 5), Art. 35 I Rn. 27; anders *Erbguth* (Fn. 32), Art. 35 Rn. 8, der die Unanwendbarkeit von Art. 35 I GG erst bei der bloßen Erfüllung öffentlicher Aufgaben durch Private annimmt und deshalb privatrechtlich organisierte Verwaltungsträger ebenso wie Verwaltungshelfer von der verfassungsrechtlichen Amtshilfeverpflichtung ausnimmt.

[51] BVerfGE 32, 333 (336).

[52] BVerwG DÖV 1972, 720 (721); *A. Hollerbach*, Der verfassungsrechtliche Schutz kirchlicher Organisationen, in: HStR VI, § 139 Rn. 31; *W. Rüfner*, Rechts- und Amtshilfe, in: HdbStKirchR[1], Bd. II, S. 839ff.; *B. Schlink*, Art. Amtshilfe II, in: EvStL[3], Sp. 54ff. mit Hinweisen auf Sonderlagen und w.N.

[53] *Gubelt* (Fn. 24), Art. 35 Rn. 3; *Jarass/Pieroth*, GG, Art. 35 Rn. 3; vgl. auch *Erbguth* (Fn. 32), Art. 35 Rn. 6.

II. Allgemeine Rechts- und Amtshilfe (Art. 35 I GG)   Art. 35

Die Formulierung »leisten sich gegenseitig« stellt klar, daß die Rechts- und Amtshilfe in einem auf Gleichordnung beruhenden **Rechtsverhältnis** geleistet wird[54]. Daher ist für die Rechts- und Amtshilfe die Stellung der ersuchten bzw. ersuchenden Behörde in der Verwaltungshierarchie ohne Bedeutung: auch Ober- und Mittelbehörden sind unteren Behörden gegenüber zur Amtshilfe verpflichtet, und die unteren Behörden sind nicht darauf verwiesen, bei Amtshilfeersuchen einen Dienstweg etwa über die jeweilige Aufsichtsbehörde einzuhalten. Dem Grunde nach folgt die **Verpflichtung der ersuchten Behörde zu Rechts- und Amtshilfe** unmittelbar aus Art. 35 I GG[55]; dieser Verpflichtung korrespondiert nach zwar umstrittener, aber zutreffender Ansicht ein **subjektives Recht der ersuchenden Behörde auf Unterstützung**[56]. Grundsätzlich nicht in ein konkretes Amtshilferechtsverhältnis einbezogen sind dagegen außenstehende Dritte wie unbeteiligte Behörden und Bürger; dementsprechend hat der Bürger prinzipiell keinen Anspruch darauf, daß eine Behörde um Amtshilfe ersucht oder die ersuchte Behörde Hilfe leistet[57]. Da Art. 35 I GG nicht zu Grundrechtseingriffen ermächtigt, können Individualrechtspositionen die Rechts- und Amtshilfe jedoch begrenzen (→ Rn. 18 f.); entsprechendes gilt für etwaige Übergriffe in die Zuständigkeit anderer staatlicher Stellen. Auch ermächtigt Art. 35 I GG Gebietskörperschaften nicht zu einem Tätigwerden außerhalb des Landes, in dem sie liegen[58].   14

3. Voraussetzungen, Verfahren, Umfang und Grenzen

Art. 35 I GG regelt die gegenseitige Rechts- und Amtshilfeverpflichtung aller Behörden von Bund und Ländern dem Grunde nach (→ Rn. 14), präzisiert im Wortlaut aber weder deren konkrete Voraussetzungen noch deren konkreten Umfang; dem trägt die verbreitete Kennzeichnung der Norm als **Rahmenvorschrift**[59] bzw. Grundsatzregelung Rechnung. Voraussetzungen, Verfahren, Umfang und Grenzen der Rechts- und Amtshilfe sind daher der verfassungsdirigierten gesetzgeberischen Ausgestaltung zu-   15

---

[54] Vgl. hierzu und zum folgenden *Erbguth* (Fn. 32), Art. 35 Rn. 13 f.; *Gubelt* (Fn. 24), Art. 35 Rn. 5.
[55] Vgl. BVerfGE 31, 43 (46); 42, 91 (95); *F.E. Schnapp/H.-J. Friehe*, NJW 1982, 1422 (1423); *Isensee* (Fn. 33), § 98 Rn. 233; *Jarass/Pieroth*, GG, Art. 35 Rn. 1.
[56] Einen aus Art. 35 I GG abzuleitenden Anspruch der ersuchenden Behörde gegenüber der ersuchten Behörde bejahen etwa BAGE 9, 325 (326); *Bull* (Fn. 5), Art. 35 I Rn. 30 und wohl auch *Erbguth* (Fn. 32), Art. 35 Rn. 14; einen entsprechenden einfach-rechtlichen Anspruch bejahen mit detaillierter Begründung *F.E. Schnapp/H.-J. Friehe*, NJW 1982, 1422 (1423 ff.); ferner etwa *Gubelt* (Fn. 24), Art. 35 Rn. 5 m.w.N.; dezidiert gegen die subjektiv-rechtliche Durchdringung der sog. organisatorischen Innenbeziehungen zwischen Verwaltungsträgern dagegen *R. Wendt*, NWVBl. 1987, 33 (39 f.). Allgemein zur längst überfälligen Reanimation subjektiver öffentlicher Rechte staatlicher Rechtsträger *H. Bauer*, DVBl. 1986, 208 ff. Zu den sich im Streitfall ergebenden Rechtsschutzfragen s. *F.E. Schnapp/H.-J. Friehe*, NJW 1982, 1422 (1425 ff., 1427 ff.); *Erbguth* (Fn. 32), Art. 35 Rn. 31 ff.
[57] *Erbguth* (Fn. 32), Art. 35 Rn. 26; *Maunz* (Fn. 31), Art. 35 Rn. 11; vgl. auch BFHE 96, 455 (456). Der Grundsatz gilt allerdings nicht lückenlos, weil beispielsweise in einem Strafverfahren ein Gericht wegen seiner Verpflichtung zur Sachaufklärung gehalten sein kann, Rechtshilfe zu beanspruchen.
[58] BGHZ 54, 157 (163); *Jarass/Pieroth*, GG, Art. 35 Rn. 1; differenzierend *Erbguth* (Fn. 32), Art. 35 Rn. 22.
[59] OLG Düsseldorf NJW 1957, 1037 (1037); ebenso oder ähnlich z.B. *G. Barbey*, Amtshilfe durch Informationshilfe und »Gesetzesvorbehalt«, in: FS Juristische Gesellschaft zu Berlin, 1984, S. 25 ff. (25); *Gubelt* (Fn. 24), Art. 35 Rn. 11; *Hömig* (Fn. 29), Art. 35 Rn. 4; *Jarass/Pieroth*, GG, Art. 35 Rn. 1; *D. Lorenz*, Art. Amts- und Rechtshilfe, in: StL[7], Bd. 1, Sp. 133 f.; *v. Mangoldt/Klein*, GG, Art. 35 Anm. II.4; *Pietzner*, Amtshilfe (Fn. 31), Sp. 52; *Schlink*, Amtshilfe (Fn. 4), S. 56, 146 (»Problem- und Verweisbegriff«); Schmidt-Bleibtreu/*Klein*, GG, Art. 35 Rn. 1; *Scholz/Pitschas*, Informationsverantwortung (Fn. 31), S. 117; *Stern*, Staatsrecht II, S. 789; BVerwGE 38, 336 (340); 50, 301 (310).

gänglich, die auch etwaige Konflikte mit gegenläufigen Verfassungsbelangen wie Geheimhaltungs- und Grundrechtsinteressen zu einem Ausgleich bringen kann[60]; Beispiele für rahmenausfüllendes Gesetzesrecht sind §§ 156ff. GVG, § 14 VwGO, § 27 BVerfGG, §§ 4ff. VwVfG, §§ 3ff. SGB X und §§ 111ff. AO[61].

16 Die Verpflichtung zu Rechts- und Amtshilfe setzt ein **Ersuchen** einer anderen Behörde voraus[62]. Denn staatsorganisationsrechtlich hat jede Behörde für ihren Aufgabenbereich eigenverantwortlich selbst zu prüfen, ob und inwieweit sie Hilfe benötigt, fremde Unterstützungsleistungen für zulässig und zweckmäßig erachtet, und von welcher anderen Behörde sie Hilfe anfordern will; andernfalls eröffnete sich die Möglichkeit des unaufgeforderten Hineinwirkens in fremde Aufgabenbereiche und damit Gefahr, bestehende Zuständigkeitsgrenzen zu überspielen, ganz abgesehen von den Kostenfolgen (→ Rn. 17) einer aufgedrängten Amtshilfe[63]. Unaufgeforderte Hilfen anderer Behörden sind dadurch allerdings nicht generell ausgeschlossen; die Befugnis zu einer solchen **Spontanhilfe** kann sich etwa aus öffentlich-rechtlicher Geschäftsführung ohne Auftrag ergeben[64]. **Weitere Voraussetzungen** der Rechts- und Amtshilfeverpflichtung sind, daß die ersuchende Behörde die angeforderte Hilfe aus rechtlichen oder tatsächlichen Gründen nicht selbst vornehmen kann[65], daß die ersuchende Behörde ihre Befugnisse nicht mittels der Amtshilfevorschriften erweitert[66] und daß die ersuchte Behörde rechtlich und tatsächlich in der Lage ist, die erbetene Hilfe zu erbringen[67]; insofern bestehen gewisse Überschneidungen mit den Grenzen der Rechts- und Amtshilfe (→ Rn. 18 f.).

17 Prozedural lassen sich bei der Rechts- und Amtshilfe **drei Verfahrensphasen** unterscheiden: das **Grundverfahren** der ersuchenden Behörde, die **Amtshilfehandlung** der ersuchten Behörde und die **Amtshilfeleistung** der ersuchten gegenüber der ersuchenden Behörde[68]. In all diesen Phasen ist nach Art. 20 III GG die Verfassungs- und Rechtsordnung zu beachten. Das gilt insb. auch für den konkreten **Umfang** der geschuldeten Rechts- und Amtshilfe, der sich Art. 35 I GG nicht entnehmen läßt; er rich-

---

[60] Vgl. etwa *Isensee* (Fn. 33), § 98 Rn. 233; *Pietzner*, Amtshilfe (Fn. 31), Sp. 52; *F.E. Schnapp*, NJW 1980, 2165 (2165f.).

[61] Weitere Beispiele u.a. bei *Schlink*, Amtshilfe (Fn. 4), S. 210 Fn. 24, 213 Fn. 36 und *F.E. Schnapp*, NJW 1980, 2165 (2165 Fn. 2).

[62] So die ganz überwiegende Ansicht; s. etwa BGHZ 34, 184 (187); *Dreher*, Amtshilfe (Fn. 41), S. 32 f.; *Erbguth* (Fn. 32), Art. 35 Rn. 15; *Gubelt* (Fn. 24), Art. 35 Rn. 7; *K.G. Meyer-Teschendorf*, JuS 1981, 187 (188f.); *Wessel*, Amtshilfe (Fn. 2), S. 45 f.; unentschieden Jarass/*Pieroth*, GG, Art. 35 Rn. 4; a.A. *Schlink*, Amtshilfe (Fn. 4), S. 220 f. Die hier vertretene Ansicht hat u.a. zur Folge, daß Mitteilungen einer Behörde an eine andere ohne ein besonderes oder generelles Ersuchen nicht durch Art. 35 I GG gerechtfertigt sind (BGHZ 34, 184 [187]).

[63] Vgl. *Dreher*, Amtshilfe (Fn. 41), S. 32 f.; *K.G. Meyer-Teschendorf*, JuS 1981, 187 (188f.).

[64] Vgl. dazu – teilweise mit ergänzenden Überlegungen zur prekären Anerkennung von Hilfeleistungen auf der Grundlage ungeschriebener Not- und Eilkompetenzen – *Erbguth* (Fn. 32), Art. 35 Rn. 16; *Isensee* (Fn. 33), § 98 Rn. 231; *K.G. Meyer-Teschendorf*, JuS 1981, 187 (189); weitergehend will *Gubelt* ([Fn. 24], Art. 35 Rn. 7) Spontanhilfe im grundrechtsneutralen Bereich generell ohne gesetzliche Rechtfertigung zulassen.

[65] Beispiele für rechtliche Hindernisse sind das Fehlen der örtlichen oder sachlichen Zuständigkeit, für tatsächliche Hindernisse fehlende Sachmittel oder doch wenigstens Unwirtschaftlichkeit der Selbstvornahme; vgl. *Gubelt* (Fn. 24), Art. 35 Rn. 7; *K.G. Meyer-Teschendorf*, JuS 1981, 187 (190).

[66] Näheres bei *K.G. Meyer-Teschendorf*, JuS 1981, 187 (190f.).

[67] Vgl. *Dreher*, Amtshilfe (Fn. 41), S. 97 f., 109f.; *Gubelt* (Fn. 24), Art. 35 Rn. 14; *F.E. Schnapp*, DVBl. 1987, 561 (562).

[68] Vgl. *F.E. Schnapp*, DVBl. 1987, 561 (561f.); *Gubelt* (Fn. 24), Art. 35 Rn. 11.

II. Allgemeine Rechts- und Amtshilfe (Art. 35 I GG)

tet sich nach dem konkreten Ersuchen und den die Rahmenvorschrift ausfüllenden gesetzlichen Normen[69]. Dort finden sich regelmäßig auch Regelungen über die **Verteilung der Kosten** der Rechts- und Amtshilfe, für die als Grundsatz angenommen wird, daß Gebühren nicht erhoben werden, Auslagen aber zu erstatten sind[70]; ob sich dieser Grundsatz im Hinblick auf die im Zuge der Verwaltungsreformbestrebungen zu verzeichnenden Budgetierungsvorstöße fortführen läßt, bleibt abzuwarten.

Herausragende Bedeutung besitzt die Verfassungs- und Rechtsbindung schließlich für die Bestimmung der **Grenzen** von Rechts- und Amtshilfe. Neben den sich aus dem Amtshilfeverhältnis selbst ergebenden Grenzen[71] ist insoweit namentlich die **Grundrechtsbindung** hervorzuheben. Rechts- und Amtshilfe ist zwar auch im Hinblick auf den Bürger grundsätzlich zulässig (→ Rn. 14). Doch befugt Art. 35 I GG nicht zu Grundrechtseingriffen; sofern mit Rechts- und Amtshilfe belastende Außenwirkung einhergeht, ist eine Abweichung von der gesetzlichen Aufgaben- und Befugnisordnung nur rechtmäßig, wenn eine gesetzliche Bestimmung eben dazu ermächtigt[72]. Mitunter ist deshalb davon die Rede, daß Art. 35 I GG nur die formelle Rechtsgrundlage der Rechts- und Amtshilfe darstelle[73]. Begrenzende Grundrechtspositionen ergeben sich vornehmlich aus Art. 2 I i.V.m., 1 I GG[74] (→ Rn. 19); denkbar ist aber auch die Heranziehung anderer Grundrechtsnormen wie etwa Art. 12 und 14 GG, wenn unternehmerische Geschäftsgeheimnisse Gegenstand der Rechts- und Amtshilfe sind[75]. Eingehendere Untersuchungen des verfassungsrechtlichen Problemfeldes haben den **amtshilferechtlichen Gesetzesvorbehalt** wie folgt formuliert: »Im Eingriffsbereich bedarf die Amtshilfe, wenn sie die sachliche Zuständigkeit betrifft, eines Spezialgesetzes, wenn die örtliche Zuständigkeit, eines Querschnittsgesetzes. Im Leistungsbereich und im Innenbereich bedarf sie, soweit die Bereiche gesetzlich geregelt sind, eines Querschnittsgesetzes, soweit sie nicht gesetzlich geregelt sind, keines Gesetzes. Dabei gilt, daß gesetzlich geregelt besonders der Leistungsbereich ist, gesetzlich nicht geregelt der Innenbereich«[76].

Besondere Aktualität haben der amtshilferechtliche Gesetzesvorbehalt sowie der amtshilfefeste Schutz gegen Datenweitergabe durch die zunehmende Bedeutung der elektronischen **Datenverarbeitung** und damit einhergehende Gefährdungspotentiale

---

[69] *Erbguth* (Fn. 32), Art. 35 Rn. 18; zum Rahmencharakter von Art. 35 I GG → Rn. 15 mit Fn. 58.
[70] BVerwG DÖV 1972, 720 (720f.); *Dreher*, Amtshilfe (Fn. 41), S. 129ff.; *Erbguth* (Fn. 32), Art. 35 Rn. 18; *Gubelt* (Fn. 24), Art. 35 Rn. 20; vgl. auch *Wessel*, Amtshilfe (Fn. 2), S. 177ff. und § 8 VwVfG; kritisch Schmidt-Bleibtreu/*Klein*, GG, Art. 35 Rn. 9.
[71] Insofern werden – teilweise in Anlehnung an § 5 II und III VwVfG – u.a. genannt: besondere Geheimhaltungspflichten, bessere Eignung der ersuchenden oder einer anderen Behörde zur Erfüllung der nachgesuchten Leistung, unverhältnismäßiger Aufwand für die Hilfeleistung und Gefährdung der Erfüllung eigener Aufgaben; vgl. etwa *Erbguth* (Fn. 32), Art. 35 Rn. 19f.; *Gubelt* (Fn. 24), Art. 35 Rn. 13ff.; *F. Steinbömer*, DVBl. 1981, 340ff.; jeweils m.w.N. Vgl. allgemein zur Geheimhaltung G. *Trantas*, Akteneinsicht und Geheimhaltung im Verwaltungsrecht, 1998.
[72] So *Bull* (Fn. 5), Art. 35 I Rn. 18; vgl. auch *Erbguth* (Fn. 32), Art. 35 Rn. 27 und *Schlink*, Amtshilfe (Fn. 4), S. 149ff.
[73] Vgl. BVerfGE 27, 344 (352); dazu *Bull* (Fn. 5), Art. 35 I Rn. 18.
[74] Vgl. BVerfGE 27, 344 (350ff.); BVerwGE 38, 336 (340); 50, 301 (310).
[75] Vgl. *B.-O. Bryde*, Die Einheit der Verwaltung als Rechtsproblem, VVDStRL 46 (1988), S. 181ff. (203) m.w.N.
[76] *Schlink*, Amtshilfe (Fn. 4), S. 155f.; zustimmend z.B. *Gubelt* (Fn. 24), Art. 35 Rn. 11 und Jarass/*Pieroth*, GG, Art. 35 Rn. 2; kritisch gegenüber Schlinks grundrechtlichem Ansatz *Barbey*, Amtshilfe (Fn. 59), S. 31ff.

für das **Recht auf informationelle Selbstbestimmung** (→ Art. 2 I Rn. 52, 57, 61, 64) erlangt[77]. Für die verfassungsrechtliche Behandlung dieser Problematik hat das Bundesverfassungsgericht im Volkszählungsurteil wichtige, allerdings nicht ganz eindeutige Eckpunkte gesetzt[78]. Danach fordert das Grundrecht auf informationelle Selbstbestimmung bei **personenbezogenen Daten**, die in nicht anonymisierter Form erhoben und verarbeitet werden, einen **amtshilfefesten Schutz** gegen zweckentfremdende Datenverwendung **durch Weitergabeverbote**[79]. Die Weitergabe personenbezogener Daten im Wege der Amtshilfe (sog. **Informationshilfe**) ist dadurch nicht generell ausgeschlossen[80]. Von manchen wird sie jedoch einem zum Totalvorbehalt verdichteten **Gesetzesvorbehalt** unterstellt[81], während andere den Bereich notwendiger gesetzlicher Regelung enger ziehen[82].

III. Hilfe in besonderen Gefahrenlagen und Notfällen (Art. 35 II, III GG)

20 Art. 35 II und III GG regeln die Hilfe durch Polizeikräfte anderer Länder, Kräfte und Einrichtungen anderer Verwaltungen, des Bundesgrenzschutzes und der Streitkräfte in besonderen Gefahrenlagen und Notfällen, deren Bewältigung die normalen Kapazitäten des betroffenen Landes bzw. der betroffenen Länder überfordert[83]. Beide Vorschriften behandeln **Sonderfälle bundesstaatlicher Hilfe**, haben aber gegenüber der allgemeinen Amtshilfe (→ Rn. 11 ff.) keinen abschließenden Charakter; daher können beispielsweise die Streitkräfte auch um schlichte Hilfstätigkeiten und technischen Hilfeleistungen nach Art. 35 I GG ersucht werden[84]. Die Regelungen sind dem **Recht des inneren Notstandes** zuzuordnen und stehen in engem Kontext zu Art. 91 GG[85].

21 Schlagwortartig verkürzt lassen sich **drei Tatbestände** unterscheiden: Hilfe zur Aufrechterhaltung der öffentlichen Sicherheit oder Ordnung (Art. 35 II 1 GG; → Rn. 22 f.), Hilfe bei regionalen Notfällen (Art. 35 II 2 GG; → Rn. 24 f.) und Hilfe bei überregiona-

---

[77] Vgl. zur Diskussion etwa *Barbey*, Amtshilfe (Fn. 59), S. 25 ff.; *E. Benda*, Privatsphäre und »Persönlichkeitsprofil«, in: FS Geiger, 1974, S. 23 ff.; *H.P. Bull*, DÖV 1979, 689 ff.; *E. Denninger*, ZRP 1981, 231 ff.; *H. Lisken*, NJW 1982, 1481 (1486 ff.); *B. Schlink*, NVwZ 1986, 249 ff.; *W. Schmidt*, ZRP 1979, 185 ff.; *S. Simitis*, NJW 1986, 2795 ff.; *W. Martens*, JR 1981, 353 (355 ff.); *D. Lehner*, Der Vorbehalt des Gesetzes für die Übermittlung von Informationen im Wege der Amtshilfe, 1996 m.w.N.

[78] BVerfGE 65, 1 (44 ff., 51 f., 61 ff.); vgl. auch E 27, 344 (350 ff.) – Ehescheidungsakten; 34, 205 (208 ff.) – Ehescheidungsakten; 56, 37 (53 – abweichende Meinung *Heußner*) – Konkursakten.

[79] BVerfGE 65, 1 (46).

[80] Dazu etwa *C.P. Wilde*, BayVBl. 1986, 230 (233). Vgl. auch BVerfGE 65, 1 (51 f., 61 ff.); offen geblieben ist in dieser Entscheidung u.a., ob die direkte Weiterleitung von zu statistischen Zwecken erhobenen personenbezogenen Daten »generell und selbst dann als unvereinbar mit dem Grundsatz der Trennung von Statistik und Vollzug zu beanstanden wäre, wenn der Gesetzgeber diese Weiterleitung ausdrücklich vorsähe«.

[81] So *Erbguth* (Fn. 32), Art. 35 Rn. 29 f.; vgl. auch *Bull* (Fn. 5), Art. 35 I Rn. 34 ff., 44 f.; *Schlink*, Amtshilfe (Fn. 4), S. 202 f.

[82] So mit unterschiedlichen Begründungen etwa *Bryde*, Einheit (Fn. 75), S. 204 f.; *Isensee* (Fn. 33), § 98 Rn. 233; *Scholz/Pitschas*, Informationsverantwortung (Fn. 31), S. 120 ff.

[83] *F. Hase*, in: AK-GG, Art. 35 II, III Rn. 2.

[84] *R. Jahn/N.K. Riedel*, DÖV 1988, 957 (957 f.) mit Hinweis u.a. auf die Beispiele Ernteinsatz und Einsatz technischer Rettungsmittel der Bundeswehr im zivilen Rettungswesen. Die allgemeinen Amtshilfemöglichkeiten der Streitkräfte sind freilich durch Art. 87a II GG beschränkt; dazu *R. Jahn/N.K. Riedel*, DÖV 1988, 957 (958 ff.) m.w.N.; *B. Reinemann*, VR 1995, 176.

[85] Zur anfänglich geplanten Einbindung der ursprünglichen Neuregelung bei Art. 91 GG → Fn. 21; zur Abgrenzung → Rn. 28.

len Notfällen (Art. 35 III GG; → Rn. 26f.). Die Hilfe erfolgt entweder auf Anforderung eines Landes (Art. 35 II GG) oder durch Direktive der Bundesregierung (Art. 35 III GG). Dabei löst die Anforderung eines Landes eine **grundsätzliche Verpflichtung** aus, ihr nachzukommen[86], auch wenn die Entscheidung bei der um Hilfe angegangenen Landesregierung bzw. Bundesregierung verbleibt. Aus Gründen der Bundestreue darf die Anforderung nämlich nicht ohne hinreichenden sachlichen Grund verweigert werden; eine Ausnahme ist deshalb nur etwa bei akutem dringendem Eigenbedarf anzuerkennen[87]. Im übrigen ist allen drei Tatbeständen gemeinsam, daß sich Maßnahmen nach Art. 35 II, III GG nicht gegen Arbeitskämpfe richten dürfen (Art. 9 III 3 GG; → Art. 9 Rn. 90). Auch stimmen Art. 35 II und III GG darin überein, daß sie keine Rechtsgrundlage für besondere Eingriffe in die Rechtssphäre der Bürger schaffen[88].

1. Hilfe zur Aufrechterhaltung der öffentlichen Sicherheit oder Ordnung (Art. 35 II 1 GG)

Die Anforderung von Hilfe nach Art. 35 II 1 GG setzt zunächst eine Gefährdung oder Störung der öffentlichen Sicherheit oder Ordnung voraus. Insoweit orientiert man sich gemeinhin an der entsprechenden Terminolgie des allgemeinen Polizeirechts, die den Begriff »öffentliche Sicherheit« als Schutz von Leben, Gesundheit, Freiheit, Ehre und Vermögen des Einzelnen sowie des Bestandes des Staates, seiner Einrichtungen und der gesamten Rechtsordnung deutet, den der »öffentlichen Ordnung« als die Gesamtheit derjenigen ungeschriebenen Regeln für das Verhalten des Einzelnen in der Öffentlichkeit, deren Beachtung nach den jeweils herrschenden Anschauungen als unerläßliche Voraussetzung eines geordneten Gemeinschaftslebens betrachtet wird[89]. Weitere **Voraussetzung** ist das Vorliegen eines Falles von besonderer Bedeutung; da dies regelmäßig von einer konkreten, wertenden Lageeinschätzung abhängt, ist den zuständigen Landesorganen diesbezüglich ein Beurteilungsspielraum zuzugestehen[90]. Aus denselben Gründen ist dem jeweiligen Land ein solcher Spielraum auch für die dritte Voraussetzung der Hilfeanforderung zuzubilligen, nämlich für Beurteilung der Frage, ob die eigene Polizei die Aufgabe ohne die Unterstützung nicht oder nur unter erheblichen Schwierigkeiten erfüllen könnte.

22

Rechtsfolge einer diesen Voraussetzungen genügenden Anforderung ist grundsätzlich die Pflicht (→ Rn. 21) zur Unterstützung der Polizei des anfordernden Landes »**Einrichtungen**«, d.h. sächliche Mittel wie z.B. Fahrzeuge, Gebäude und technische Gerätschaften, und »**Kräfte**«, d.h. Bedienstete, des Bundesgrenzschutzes zur Verfügung zu stellen. Letztere bleiben organisatorisch dem Bundesgrenzschutz zugeordnet, üben materiell aber Befugnisse des anfordernden Landes aus, sind also nur zu solchen Maßnahmen befugt, die auch das Einsatzland treffen könnte; dabei unterstehen sie der Weisungsbefugnis des Landes[91]. Die **Kosten** der Hilfeleistung

23

---

[86] BVerwG DÖV 1973, 490 (491); *Maunz* (Fn. 31), Art. 35 Rn. 17; *Jarass/Pieroth*, GG, Art. 35 Rn. 5; vgl. auch *Erbguth* (Fn. 32), Art. 35 Rn. 40.
[87] BT-Drs. V/2873, S. 10.
[88] *Hase* (Fn. 83), Art. 35 II, III Rn. 2 m.w.N.
[89] Vgl. statt vieler etwa *Gubelt* (Fn. 24), Art. 35 Rn. 22 und *Stern*, Staatsrecht II, S. 1468f.
[90] *Erbguth* (Fn. 32), Art. 35 Rn. 36; *Hase* (Fn. 83), Art. 35 II, III Rn. 3; *Jarass/Pieroth*, GG, Art. 35 Rn. 6.
[91] *Erbguth* (Fn. 32), Art. 35 Rn. 40; vgl. – zum Parallelproblem beim Einsatz der Bundeswehr im Katastrophenfall nach Art. 35 II 2 GG – auch *G. Robbers*, DÖV 1989, 926 (927ff.); zu Art. 35 II GG

werden grundsätzlich dem unterstützten Land auferlegt, das die Aufwendungen zu erstatten hat[92].

2. Hilfe bei regionalen Notfällen (Art. 35 II 2 GG)

24 Wie Art. 35 II 1 GG setzt auch die Anforderung von Hilfe nach Art. 35 II 2 GG voraus, daß das anfordernde Land nicht oder nur unter erheblichen Schwierigkeiten in der Lage ist, den Notfall ohne Unterstützung zu bewältigen[93] (→ Rn. 22); dies ist in Art. 35 II 2 GG zwar nicht ausdrücklich erwähnt, ergibt sich aber aus dem der Norm zugrundeliegenden Gedanken der Hilfeleistung. Weitere **Voraussetzung** ist – abweichend von Art. 35 II 1 GG – eine Naturkatastrophe oder ein besonders schwerer Unglücksfall; erstere hat ihre Ursache in einem Naturereignis, letzterer geht auf menschliches oder technisches Versagen zurück. Dementsprechend sind **Naturkatastrophen** unmittelbar drohende Gefahrenzustände oder Schädigungen von erheblichem Ausmaß, die durch Naturereignisse wie Erdbeben, Hochwasser, Eisgang, Unwetter, Wald- und Großbrände durch Selbstentzündung oder Blitze, Dürre oder Massenerkrankungen ausgelöst werden. **Besonders schwere Unglücksfälle** sind Schadensereignisse von großem Ausmaß und von Bedeutung für die Öffentlichkeit, die durch Unfälle, technisches oder menschliches Versagen ausgelöst oder von Dritten absichtlich herbeigeführt werden; dazu zählen z.B. schwere Verkehrsunfälle, schwere Flugzeug- oder Eisenbahnunglücke, Stromausfall mit Auswirkungen für lebenswichtige Einrichtungen, Großbrände durch Brandstiftung, Unfälle in Kernenergieanlagen und andere Unfälle mit Strahlenrisiko[94]. Nicht von Art. 35 II 2 GG erfaßt sind daher beispielsweise **Großdemonstrationen**[95]. Anders als bei Art. 35 II 1 GG können nicht nur Kräfte und Einrichtungen des Bundesgrenzschutzes zur Hilfe angefordert werden, sondern auch Polizeikräfte anderer Länder, Kräfte und Einrichtungen anderer Verwaltungen sowie der Streitkräfte. Die **Auswahl** unter diesen Hilfskräften und -einrichtungen trifft das anfordernde Land unter Berücksichtigung der Besonderheiten des jeweiligen Notfalles nach **pflichtgemäßem Ermessen**[96].

25 **Rechtsfolge** einer Anforderung, die diesen Voraussetzungen genügt, ist grundsätzlich die Pflicht (→ Rn. 21) zur Unterstützung des anfordernden Landes mit den entsprechenden Kräften und Einrichtungen (→ Rn. 23). Organisatorisch bleiben die zur Verfügung gestellten Kräfte Teil ihrer Herkunftsorganisation, nehmen jedoch Aufga-

---

anders BT-Drs. V/2873, S. 10, wonach das Weisungsrecht der zuständigen Bundes- und Landesorgane gegenüber den von ihnen zur Verfügung gestellten Vollzugskräften auch während der Hilfeleistung erhalten bleibt und ein einvernehmliches Zusammenwirken zwischen den Behörden des betroffenen Landes und den zur Verfügung gestellten Hilfskräften erforderlich sei.

[92] Vgl. *Erbguth* (Fn. 32), Art. 35 Rn. 46 mit ergänzendem Hinweis auf gegebenenfalls durch die Bundestreue gebotenen Ausnahmen; BVerwG DÖV 1973, 490 (491 f.); BayVBl. 1973, 328 mit kritischer Anm. *R. Schmitt*; *Gubelt* (Fn. 24), Art. 35 Rn. 28; Schmidt-Bleibtreu/*Klein*, GG, Art. 35 Rn. 11.

[93] *Erbguth* (Fn. 32), Art. 35 Rn. 38; *Gubelt* (Fn. 24), Art. 35 Rn. 25; *Hase* (Fn. 83), Art. 35 II, III Rn. 4; Jarass/*Pieroth*, GG, Art. 35 Rn. 7; speziell für die Anforderung des Bundesgrenzschutzes *H. Klückmann*, DÖV 1976, 333 (338).

[94] So die bei *R. Jahn/N.K. Riedel*, DÖV 1988, 957 (960 f.) mitgeteilten zitierten Begriffsbestimmungen.

[95] *R. Jahn/N.K. Riedel*, DÖV 1988, 957 (961); vgl. auch *Erbguth* (Fn. 32), Art. 35 Rn. 38; *Gubelt* (Fn. 24), Art. 35 Rn. 25.

[96] Z.B. *Gubelt* (Fn. 24), Art. 35 Rn. 26; *Hase* (Fn. 83), Art. 35 II, III Rn. 5; Jarass/*Pieroth*, GG, Art. 35 Rn. 7; *Stern*, Staatsrecht II, S. 1464.

ben des Anforderungslandes wahr, sind dabei an dessen Recht gebunden und unterstehen den Weisungen dieses Landes[97]. Die Kosten trägt das Einsatzland (→ Rn. 23).

3. Hilfe bei überregionalen Notfällen (Art. 35 III GG)

Als Modifikation der grundsätzlichen Zuständigkeit der Länder zur Gefahrenbekämpfung räumt Art. 35 III GG der Bundesregierung als Kollegium (→ Art. 62 Rn. 10ff.) nach Tatbestand und Umfang begrenzte Aktionsbefugnisse ein. **Voraussetzungen** für die eingreifende Hilfe der Bundesregierung sind das Vorliegen einer Naturkatastrophe oder eines besonders schweren Unglücksfalles (→ Rn. 24), der das Gebiet mehr als eines Landes gefährdet, und die Erforderlichkeit eines Tätigwerdens der Bundesregierung zur wirksamen Bekämpfung dieser Gefahr; letzteres ist dann anzunehmen, wenn die betroffenen Länder zur wirksamen Bekämpfung nicht fähig oder willens sind, und verdeutlicht den subsidiären Charakter der Bundesintervention[98].

26

In diesen Fällen ist die Bundesregierung nach pflichtgemäßem Ermessen berechtigt, die Landesregierungen anzuweisen, den betroffenen Ländern Polizeikräfte zur Verfügung zu stellen; Weisungsbefugnisse gegenüber den einzusetzenden Polizeikräften hat sie jedoch nicht[99]. Alternativ oder kumulativ dazu kann sie Einheiten des Bundesgrenzschutzes und der Streitkräfte zur Unterstützung der Polizeikräfte der betroffenen Länder einsetzen, und zwar gegebenfalls auch gegen den Willen dieser Länder. Bezüglich der weiteren **Rechtsfolgen** (organisationsrechtliche Stellung der eingesetzten Kräfte, Weisungsbefugnisse, Rechtsgrundlagen für das Tätigwerden der Kräfte, Kosten) gelten prinzipiell die bereits erwähnten Regeln (→ Rn. 23, 25); umstritten ist allerdings insb. die Weisungsbefugnis beim Einsatz von Bundesgrenzschutz und Bundeswehr, die dem Einsatzland teilweise wegen der Wahrnehmung einer Bundeszuständigkeit generell[100], teilweise wegen des unterstützenden Charakters aber auch nur für den Fall abgesprochen wird, in dem das Land zur wirksamen Bekämpfung der Gefahr weder fähig noch willens ist[101]. Die von der Bundesregierung nach Art. 35 III 1 GG getroffen Maßnahmen sind nach Beseitigung der Gefahr unverzüglich aufzuheben (Art. 35 III 2 GG); dies gilt auch bei irrtümlicher Annahme einer solchen Gefahr oder der anderen Tatbestandsvoraussetzungen. Außerdem ist einem **Aufhebungsverlangen** des Bundesrates (Art. 50 GG) jederzeit, also auch vor Beseitigung der Gefahr, zu entsprechen; diese Rechtsgestaltung dient dem Schutz der von den Maßnahmen betroffenen Länder.

27

---

[97] *E. Klein*, Der innere Notstand, in: HStR VII, § 169 Rn. 32; speziell für die Anforderung des Bundesgrenzschutzes *H. Klückmann*, DÖV 1976, 333 (339).

[98] *Stern*, Staatsrecht II, S. 1465.

[99] Die Befugnisse der Bundesregierung sind daher geringer als in den in Art. 91 II GG geregelten Fällen des inneren Notstandes; vgl. *N.-P. Kleiner*, DVBl. 1977, 240 (242).

[100] So *Klein* (Fn. 97), § 169 Rn. 34 m.w.N. und ergänzendem Hinweis auf eine Abstimmungspflicht zwischen der Einsatzleitung und der Polizeiführung des Einsatzlandes; *Erbguth* (Fn. 32), Art. 35 Rn. 41, 43; *Hase* (Fn. 83), Art. 35 II, III Rn. 8. S. dort auch die Ausführungen zu dem ähnlich gelagerten Problem des anzuwendenden Rechts. Anders *G. Robbers*, DÖV 1989, 926 (927ff.).

[101] So *Stern*, Staatsrecht II, S. 1466.

D. Verhältnis zu anderen GG-Bestimmungen

28 Als Element der **bundesstaatlichen Ordnung** weist Art. 35 GG auch Bezüge zum **Rechtsstaatsprinzip** auf (→ Rn. 8). Für Untersuchungsausschüsse des Bundestages ist die Verpflichtung von Gerichten und Verwaltungsbehörden zu Rechts- und Amtshilfe in **Art. 44 III GG** geregelt. Art. 35 III GG enthält konkrete Einzelberechtigungen von Bundesregierung und Bundesrat und ergänzt so deren Rechtsstellung nach **Art. 50ff. GG** bzw. **Art. 62ff. GG**. Bei Meinungsverschiedenheiten über die Hilfspflicht nach Art. 35 II GG oder über die Rechte der Bundesregierung nach Art. 35 III GG kann das Bundesverfassungsgericht angerufen werden (**Art. 93 I Nr. 4 GG**), das bei Eilbedürftigkeit eine einstweilige Anordnung erlassen kann[102]. Weigert sich eine Landesregierung, einer rechtmäßigen Weisung nach Art. 35 III 1 GG nachzukommen, so liegt ein Fall des **Art. 37 GG** vor[103]. **Art. 91 I GG** ist gegenüber Art. 35 I GG die speziellere Regelung, gegenüber Art. 35 II 1 GG spezieller beschränkt auf spezifisch verfassungsrelevante polizeiliche Gefahren[104]; Art. 35 II 2 GG erfaßt nur Fallkonstellationen regionaler Naturkatastrophen oder besonders schwerer Unglücksfälle. Entsprechendes gilt für das Verhältnis von **Art. 91 II GG** und **Art. 87a GG** zu Art. 35 III GG[105], das zudem weitere tatbestandliche Abweichungen aufweist. Grundrechtliche Konfliktlagen können sich insb. zwischen der allgemeinen Rechts- und Amtshilfe (Art. 35 I GG) und dem **Recht auf informationelle Selbstbestimmung** ergeben (→ Rn. 18 f.). Außerdem verbietet **Art. 9 III 3 GG** Maßnahmen nach Art. 35 II, III GG, die sich gegen Arbeitskämpfe richten (→ Rn. 21; → Art. 9 Rn. 90). Demgegenüber behält **Art. 11 II GG** unter den dort genannten Voraussetzungen Einschränkungen des Freizügigkeitsrechts u.a. zur Bekämpfung von Naturkatastrophen oder besonders schweren Unglücksfällen ausdrücklich vor (→ Art. 11 Rn. 25).

---

[102] *Gubelt* (Fn. 24), Art. 35 Rn. 32.
[103] *Stern*, Staatsrecht II, S. 1466.
[104] *K.-A. Hernekamp*, in: v. Münch/Kunig, GG III, Art. 91 Rn. 41.
[105] Vgl. *Gubelt* (Fn. 24), Art. 35 Rn. 2.

Artikel 36 [Personalstruktur der Bundesbehörden; Organisationsstruktur der Bundeswehr]

(1) ¹Bei den obersten Bundesbehörden sind Beamte aus allen Ländern in angemessenem Verhältnis zu verwenden. ²Die bei den übrigen Bundesbehörden beschäftigten Personen sollen in der Regel aus dem Lande genommen werden, in dem sie tätig sind.

(2) Die Wehrgesetze haben auch die Gliederung des Bundes in Länder und ihre besonderen landsmannschaftlichen Verhältnisse zu berücksichtigen.

Literaturauswahl

Didczuhn, Alexander-Chr.: Der Grundsatz der proportionalen föderalen Parität, 1990.
Grabendorff, Walter: Zur Frage der Auslegung des Art. 36 Bonner Grundgesetz, in: DÖV 1952, S. 301–303.
Klein, Wilfred: Zur heutigen Bedeutung des Artikels 36 Absatz 1 Satz 1 Grundgesetz, in: ZBR 1988, S. 126–128.
Schwidden, Frank: Der Anteil der Beamten aus den Ländern bei den obersten Bundesbehörden gemäß Art. 36 Grundgesetz, in: RiA 1994, S. 57–64.
Freiherr v. Stralenheim, Henning: Die Auslegung und Durchführung des Art. 36 GG, in: DÖV 1951, S. 628–631.

Leitentscheidungen des Bundesverfassungsgerichts

Diese liegen zu Art. 36 GG bislang nicht vor.

Gliederung

	Rn.
A. Herkunft, Entstehung, Entwicklung	1
I. Ideen- und verfassungsgeschichtliche Aspekte	1
II. Entstehung und Veränderung der Norm	2
B. Internationale, supranationale und rechtsvergleichende Bezüge	4
C. Erläuterungen	5
I. Allgemeine Bedeutung	5
II. Proportionale föderale Parität (Art. 36 I 1 GG)	6
III. Heimatprinzip (Art. 36 I 2 GG)	9
IV. Anforderungen an die Wehrgesetze (Art. 36 II GG)	10
D. Verhältnis zu anderen GG-Bestimmungen	11

A. Herkunft, Entstehung, Entwicklung

I. Ideen- und verfassungsgeschichtliche Aspekte

Vorläuferregelungen von Art. 36 GG finden sich bereits in der **Weimarer Republik**: Art. 16 WRV bestimmte in Satz 1, daß die mit der unmittelbaren Reichsverwaltung in den Ländern betrauten Beamten in der Regel Landesangehörige sein sollen, und in Satz 2, daß Beamte, Angestellte und Arbeiter der Reichsverwaltung – vorbehaltlich entgegenstehender dienstlicher Belange – auf ihren Wunsch in ihren Heimatgebieten zu verwenden sind[1]; außerdem war nach Art. 79 S. 2 WRV die Wehrverfassung unter

1

»Berücksichtigung der besonderen landsmannschaftlichen Eigenarten« reichsgesetzlich einheitlich zu regeln. Diese Normen verwirklichten u.a. das sog. Heimatprinzip, das in der zeitgenössischen Literatur aus Gründen des nationalpolitischen Interesses mitunter auf Kritik stieß[2]. Solche Vorschriften dienen föderalen Anliegen[3], erweitern die Sachkunde der Reichsverwaltung um spezifische Kenntnisse über die Verhältnisse in den Herkunftsländern der verwendeten Bediensteten und stärken das Vertrauen der Länder in die Reichsverwaltung[4]. Gleichwohl leitete man aus Art. 16 WRV keine subjektiven Rechte der Interessenten ab, weder der Länder noch der betroffenen Bediensteten[5]. Während des **Nationalsozialismus** war mit der frühzeitigen Entföderalisierung des Gemeinwesens (→ Art. 20 [Bundesstaat] Rn. 6) für das bisherige Verständnis der »Länderrepräsentation« in der Reichsverwaltung kein Raum mehr[6].

II. Entstehung und Veränderung der Norm

2 **Art. 43 I HChE** enthielt für Beamte und sonstige Bedienstete im Dienste des Bundes den Grundsatz der proportionalen föderalen Parität[7], das Heimatprinzip für die nicht bei den obersten Bundesbehörden beschäftigten Beamten und in **Art. 43 II HChE** eine ergänzende Regelung, wonach Beamte und sonstige Bedienstete des Bundes auf »ihren Wunsch ... in ihrem Heimatgebiet zu verwenden« sind, »wenn nicht Erfordernisse der Ausbildung oder des Dienstes entgegenstehen«[8]. Nach kontroverser Diskussion strich der **Parlamentarischen Rat** Art. 43 II, weil er »nicht verfassungswichtig« und seine »praktische Bedeutung gering« erschien[9]. Auch im übrigen war die Vorschrift umstritten, entging teilweise mit nur einer Stimme Mehrheit mehreren Streichungsanträgen[10] und wurde am Ende doch als Art. 36 GG angenommen.

3 Die ursprüngliche Fassung blieb ohne sachliche Änderung als Art. 36 I GG erhalten, als die Norm 1956 **um Art. 36 II GG ergänzt** wurde[11]. Die Ergänzung ging auf eine

---

[1] Vgl. dazu und zur Analyse der voraufgehenden Verfassungsepochen *A.-C. Didczuhn*, Der Grundsatz der proportionalen föderalen Parität, 1990, S. 95 ff. Nicht erfaßt waren von Art. 16 WRV die Reichtszentralbehörden (*Anschütz*, WRV, Art. 16 Anm. 3), deren Personalpolitik aber in der Verfassungspraxis ähnlich ausgerichtet war; dazu *Didczuhn*, a.a.O., S. 125 ff. Nicht ausdrücklich in die WRV aufgenommen war auch der Grundsatz der proportionalen föderalen Parität des heutigen Art. 36 I 1 GG, der der Staatspraxis der Weimarer Republik aber ebenfalls nicht fremd war; s. dazu *H. Frhr. v. Stralenheim*, DÖV 1951, 628 (628f.); *F. Schwidden*, RiA 1994, 57 (57), beide mit Hinweis auf eine »Bekanntmachung der Reichsregierung über den Beamtennachwuchs der obersten Reichsbehörden« von 1926.

[2] Deutliche Kritik bei *G. Anschütz*, Der deutsche Föderalismus in Vergangenheit, Gegenwart und Zukunft, VVDStRL 1 (1924), S. 11 ff. (20 f.).

[3] *Anschütz*, Föderalismus (Fn. 2), S. 20.

[4] Vgl. *U. Battis*, in: Sachs, GG, Art. 36 Rn. 1.

[5] *Anschütz*, WRV, Art. 16 Anm. 2.

[6] *Didczuhn*, Parität (Fn. 1), S. 131 f.

[7] Im Darstellenden Teil des Berichts ist hierzu ausgeführt, daß die Vorschrift »eigentlich etwas Selbstverständliches« ausspreche; ihre Aufnahme sei aber geboten, weil in der Vergangenheit nicht danach verfahren wurde (Parl. Rat II, S. 564).

[8] Parl. Rat II, S. 588; zu den Beratungen des Herrenchiemseer Verfassungskonvents s. JöR 1 (1951), S. 331 und *U. Bachmann/J. Kramer*, in: Schneider, GG-Dokumentation, Bd. 10, S. 665 ff.

[9] *Bachmann/Kramer*, GG-Dokumentation (Fn. 8), S. 684 ff.; JöR 1 (1951), S. 333 f.

[10] Die Anträge stützten sich u.a. auf Vereinfachungsüberlegungen und den Wunsch, »alles Überflüssige« zu streichen; Dokumentation bei *Bachmann/Kramer*, GG-Dokumentation (Fn. 8), S. 693 ff.

[11] Art. I Nr. 4 Gesetz zur Änderung des Grundgesetzes vom 19. 3. 1956 (BGBl. I S. 111).

Gesetzesinitiative zurück, die der Einordnung der Bundeswehr in den verfassungsmäßigen Aufbau des Staates diente, und orientiert sich an der Vorläuferregelung des Art. 79 S. 2 WRV (→ Rn. 2)[12]. In der weiteren **Verfassungsentwicklung** blieb Art. 36 GG bis heute unverändert. Der Vorstoß, Art. 36 I GG dahingehend zu ergänzen, daß – unter angemessener Berücksichtigung der Länder – auf »eine dezentrale Verteilung der Bundesbehörden und -institutionen sowie der europäischen und internationalen Behörden und Institutionen« zu achten ist[13], fand in der Gemeinsamen Verfassungskommission nicht die erforderliche Mehrheit[14]. Spezifische faktische Realisierungsprobleme wirft aus Gründen der Verfügbarkeit geeigneter Bewerber die **Einbeziehung der neuen Länder** in den föderalen Proporz auf[15].

B. Internationale, supranationale und rechtsvergleichende Bezüge

Die Berücksichtigung eines Nationalitätenproporzes in der Personalstruktur ist auch bei internationalen und supranationalen Organisationen anzutreffen[16]. So ist etwa nach Art. 101 III 2 der **Charta der Vereinten Nationen** (auch) der Umstand »gebührend zu berücksichtigen«, daß »es wichtig ist, die Auswahl der Bediensteten auf möglichst breiter geographischer Grundlage vorzunehmen«. Die nähere Präzisierung dieser Vorgabe erfolgt nach einem 1963 eingeführten differenzerten Mischsystem, das die wünschenswerte Quote für die geographische Verteilung auf die Kriterien Mitgliedschaft, Bevölkerungszahl und Beitragsleistung ausrichtet und in den Details seither mehrfach modifiziert wurde[17]. In ähnlicher Weise sieht im **Europäischen Gemeinschaftsrecht** Art. 27 des Beamtenstatuts[18] neben dem Leistungs- und Eignungsprinzip auch die geographische Zuordnung als Auswahlkriterium für Einstellungen vor; eine feste Quotenregelung verbindet sich damit freilich nicht[19]. **Rechtsvergleichend** werden Variationen des Grundsatzes proportionaler föderaler Parität etwa für die Zusammensetzung des belgischen Ministerrats sowie des schweizerischen Bundesrates angenommen[20]; im Landesverfassungsrecht findet sich eine auch sprachliche Parallele zur bundesstaatlichen Proporzklausel (Art. 36 I 1 GG) in Art. 91 Bad.-WürttVerf.

4

---

[12] Vgl. BT-Drs. II/124; II/2150, S. 3; s. zur damals kontroversen Beratung des landsmannschaftlichen Prinzips im Bundestagsplenum etwa 17. Sitzung am 26. 2. 1954 (Sten.Ber. S. 552 f.) und näher zur Entstehungsgeschichte E. *Jess*, in: BK, Art. 36 n.F. (1956), Anm. I.

[13] Unterrichtung durch die Kommission Verfassungsreform des Bundesrates, BR-Drs. 360/92, S. 6.

[14] BT-Drs. 12/6000, S. 43; den Antrag hatten die Länder Hamburg, Mecklenburg-Vorpommern und Schleswig-Holstein sowie die beiden Freistaaten Sachsen und Thüringen gestellt (BT-Drs. 12/6000, S. 157).

[15] Dazu F. *Schwidden*, RiA 1994, 57 (63f.); vgl. zum Problem des Vorhandenseins ausreichend qualifizierter Bewerber allgemein auch T. *Maunz*, in: Maunz/Dürig, GG, Art. 36 (1959), Rn. 5.

[16] Detaillierte Darstellung bei *Didczuhn*, Parität (Fn. 1), S. 3ff.

[17] Näheres bei *Didczuhn*, Parität (Fn. 1), S. 30ff., der ergänzend auf Unzulänglichkeiten in der Verwirklichung hinweist (a.a.O., S. 43ff.).

[18] Statut der Beamten der Europäischen Gemeinschaften, ABl. C 100/5 v. 28. 9. 1972.

[19] Vgl. *Didczuhn*, Parität (Fn. 1), S. 67ff.

[20] So M. *Bothe*, in: AK-GG, Art. 36 Rn. 1; wegen der Besonderheiten des Bundesrates (vgl. Art. 96 BV) ist die Vergleichbarkeit freilich begrenzt; vgl. Art. 99 II Belgische Verfassung.

C. Erläuterungen

I. Allgemeine Bedeutung

5 Art. 36 GG hat **drei Regelungsgegenstände**: den Grundsatz proportionaler Länderparität für die Personalstruktur oberster Bundesbehörden (Art. 36 I 1 GG), das sog. Heimatprinzip (Art. 36 I 2 GG) und bundesstaatliche Anforderungen an die Wehrgesetze (Art. 36 II GG). Zusammen mit anderen Vorschriften gestaltet die Norm vornehmlich die **bundesstaatliche Ordnung** des Grundgesetzes aus; Art. 36 II GG ist zugleich Teil der Wehrverfassung. Die Norm verfolgt das Anliegen, der Bundesverwaltung Kenntnisse der Beamten über die Verhältnisse in ihren Herkunftsländern zuzuführen[21] und das Vertrauen der Länder in die Bundesverwaltung zu stärken[22]. Art. 36 I, II GG enthalten für die **Länder** – nicht jedoch für die Bediensteten – **subjektive Rechte**, die in dem Verfahren nach Art. 93 I Nr. 3 GG vor dem Bundesverfassungsgericht durchsetzbar sind[23]; das folgt unmittelbar aus dem Wortlaut. Untersuchungen zur Handhabung des Länderproporzes in der **Verfassungspraxis** haben gewisse Umsetzungsdefizite aufgezeigt[24].

II. Proportionale föderale Parität (Art. 36 I 1 GG)

6 Dem Wortlauf nach findet der in Art. 36 I 1 GG geregelte Grundsatz der föderalen Parität nur auf **oberste Bundesbehörden** Anwendung, also auf oberste Verwaltungsbehörden des Bundes, die keinem Exekutivorgan unterstehen. Dazu gehören neben den Bundesministerien auch die sonstigen Bundeszentralbehörden wie z. B. Bundespräsidialamt, Bundeskanzleramt und Bundesrechnungshof. Auf die **Bundesoberbehörden** (z. B. Statistisches Bundesamt, Bundeskriminalamt, Umweltbundesamt), die zwar obersten Bundesbehörden nachgeordnet, aber für das gesamte Bundesgebiet zuständig sind, ist Art. 36 I 1 GG analog anzuwenden, weil andernfalls wegen des Heimatprinzips (→ Rn. 9) bei ihnen regelmäßig nur Personen aus dem Land verwendet wer-

---

[21] Vgl. *Battis* (Fn. 4), Art. 36 Rn. 2; *Bothe* (Fn. 20), Art. 36 Rn. 2.

[22] *H. Frhr. v. Stralenheim*, DÖV 1951, 628 (629); *W. Klein*, ZBR 1988, 126 (127). Die weitergehende Vorstellung, den Sinn des heutigen Art. 36 I 1 GG darin zu sehen, daß »die deutschen Stämme und Landschaften ... mit ihren besonderen Werten« in den Bundeszentralbehörden angemessen vertreten werden (*H. Frhr. v. Stralenheim*, DÖV 1951, 628 [629]), ist nicht unbestritten geblieben; zur Kritik s. *W. Grabendorff*, DÖV 1952, 301 (302), der statt dessen den Grundgedanken von Art. 36 GG darin sieht, das Dominieren der Beamten aus der Region, in der die meisten obersten Bundesbehörden ihren Sitz haben, zu vermeiden.

[23] Zu **Art. 36 I 1 GG** s. *Battis* (Fn. 4), Art. 36 Rn. 6; *Bothe* (Fn. 20), Art. 36 Rn. 8; *M. Gubelt*, in: v. Münch/Kunig, GG II, Art. 36 Rn. 2; Jarass/*Pieroth*, GG, Art. 36 Rn. 1; *v. Mangoldt/Klein*, GG, Art. 36 Anm. III.1.b; *Maunz* (Fn. 15), Art. 36 Rn. 4, der Art. 36 I und II GG zugleich als institutionelle Garantie des föderalistischen Aufbaus bezeichnet, was nicht überzeugt; Schmidt-Bleibtreu/*Klein*, GG, Art. 36 Rn. 1; *F. Schwidden*, RiA 1994, 57 (58). Zu **Art. 36 I 2 GG** s. etwa *Battis* (Fn. 4), Art. 36 Rn. 6; *Bothe* (Fn. 20), Art. 36 Rn. 8; *Gubelt*, a.a.O., Art. 36 Rn. 2. Zu **Art. 36 II GG** s. *Battis* (Fn. 4), Art. 36 Rn. 6; Jarass/*Pieroth*, GG, Art. 36 Rn. 1; Schmidt-Bleibtreu/*Klein*, GG, Art. 36 Rn. 8; lediglich Programmsatzcharakter nehmen hingegen an *Bothe* (Fn. 20), Art. 36 Rn. 9; *Gubelt*, a.a.O., Art. 36 Rn. 2, 10; *v. Mangoldt/Klein*, GG, Art. 36 Anm. IV.2. Weitergehende Überlegungen in Richtung auf eine Subjektivierung von Art. 36 I GG zugunsten der betroffenen Personen bei *Maunz* (Fn. 15), Art. 36 Rn. 4; dafür ließe sich bezüglich Art. 36 I 2 GG die umfassendere Motivationslage (→ Rn. 9) ins Feld führen.

[24] Vgl. *H. Frhr. v. Stralenheim*, DÖV 1951, 628 (628); *Didczuhn*, Parität (Fn. 1), S. 224 ff.; *W. Klein*, ZBR 1988, 126 ff.; *F. Schwidden*, RiA 1994, 57 (62 f.); speziell zu den neuen Ländern → Rn. 3.

den könnten, in dem die Behörde ihren Sitz hat, und dies der Regelungsintention von Art. 36 I 1 GG zuwider liefe[25]. Auf das Bundesverfassungsgericht und die obersten Gerichtshöfe (Art. 94, 95 GG) findet Art. 36 I 1 GG Anwendung, soweit sie keine Rechtsprechungsaufgaben wahrnehmen[26].

Art. 36 I 1 GG erfaßt nur **Beamte** mit Ausnahme der Beamten auf Widerruf, also nicht Angestellte und Arbeiter; nicht erfaßt sind außerdem die Bundesrichter, für die nach Art. 94, 95 II GG spezielle Wahl- bzw. Berufungsregelungen gelten, mag dabei in der Praxis auch landsmannschaftliche Ausgewogenheit angestrebt werden[27]. Die Formulierung »Beamte **aus allen Ländern**« meint nicht exklusiv Landesbeamte oder solche Personen, die die jeweilige Landesregierung als Beamte aus ihrem Land gelten läßt[28]. Vorangegangene Beschäftigung im öffentlichen Dienst eines Landes bietet allerdings den Vorteil, daß die Zuordnung des jeweiligen Beamten zu dem Land, in dem sich der dienstliche Sitz befand, regelmäßig keine Schwierigkeiten bereitet; bei sonstigen, also z.B. freien Bewerbern werden als Anhaltspunkte für die landsmannschaftliche Zuordnung langjähriger Wohnsitz, ausgeprägte Heimatbindungen des Elternhauses und Ort des Schulbesuches oder der Berufsausbildung herangezogen, die eine einzelfallbezogene Handhabung erlauben[29]. 7

Verwendung **in angemessenem Verhältnis** verlangt keine Quotierung, keine starre zahlenmäßige Bindung[30]. Gefordert ist vielmehr, daß der prozentuale Anteil der einzelnen Länder, bezogen auf die Einwohnerzahl, nicht zu stark über- oder unterschritten wird[31]. Dem genügt eine hinreichende Annäherung an das Verhältnis der Einwohner[32]. Außerdem setzt die Beachtung des Angemessenheitsgebots eine entsprechende Bewerberlage voraus[33]. Dazu gehört insb. auch die **Qualifikation der Bewerber**, weil Art. 36 I 1 GG die Rechte aus Art. 33 II GG nicht einschränkt und deshalb nur bei gleicher Qualifikation ergänzendes Entscheidungskriterium (→ Art. 33 Rn. 47 f.) sein kann[34]. 8

---

[25] Vgl. zum Vorstehenden *Battis* (Fn. 4), Art. 36 Rn. 7 f.; *R. Bergmann*, in: Seifert/Hömig, GG, Art. 36 Rn. 3; *Bothe* (Fn. 20), Art. 36 Rn. 4; *Gubelt* (Fn. 23), Art. 36 Rn. 4; Jarass/*Pieroth*, GG, Art. 36 Rn. 1; *Maunz* (Fn. 15), Art. 36 Rn. 2; Schmidt-Bleibtreu/*Klein*, GG, Art. 36 Rn. 4; *F. Schwidden*, RiA 1994, 57 (59); BMI, Rundschreiben v. 9.4.1952, GMBl. 1952, S. 75 f. (75).

[26] *Battis* (Fn. 4), Art. 36 Rn. 7; *Gubelt* (Fn. 23), Art. 36 Rn. 4; Jarass/*Pieroth*, GG, Art. 36 Rn. 1; *F. Schwidden*, RiA 1994, 57 (59 f.); a.A. *Didczuhn*, Parität (Fn. 1), S. 155 ff.; *Maunz* (Fn. 15), Art. 36 Rn. 2; Schmidt-Bleibtreu/*Klein*, GG, Art. 36 Rn. 4.

[27] Vgl. *Battis* (Fn. 4), Art. 36 Rn. 8; *Didczuhn*, Parität (Fn. 1), S. 166 ff.; *Gubelt* (Fn. 23), Art. 36 Rn. 5; *F. Schwidden*, RiA 1994, 57 (58 f.).

[28] Gemeint sind damit z.B. Assessoren, die noch nicht im Landesdienst angestellt waren, aber vom Land als ihm zugehörig anerkannt werden; zu dieser Interpretation s. *Maunz* (Fn. 15), Art. 36 Rn. 6. Dagegen *Gubelt* (Fn. 23), Art. 36 Rn. 6 mit zutreffendem Hinweis darauf, daß ansonsten die Personalhoheit der Bundesbehörden zu stark begrenzt würde; Jarass/*Pieroth*, GG, Art. 36 Rn. 1.

[29] Näheres bei *F. Schwidden*, RiA 1994, 57 (60 f.); BMI, Rundschreiben (Fn. 25), S. 75 f.

[30] *F. Schwidden*, RiA 1994, 57 (61).

[31] *H. Frhr. v. Stralenheim*, DÖV 1951, 628 (631); zum Bezugspunkt der Einwohnerzahlen s. BMI, Rundschreiben (Fn. 25), S. 75.

[32] *Bergmann* (Fn. 25), Art. 36 Rn. 3.

[33] *Bergmann* (Fn. 25), Art. 36 Rn. 4; *Gubelt* (Fn. 23), Art. 36 Rn. 6; *Maunz* (Fn. 15), Art. 36 Rn. 5.

[34] *Battis* (Fn. 4), Art. 36 Rn. 6; *Didczuhn*, Parität (Fn. 1), S. 216 ff.; *Bergmann* (Fn. 25), Art. 36 Rn. 4; *Gubelt* (Fn. 23), Art. 36 Rn. 10; Jarass/*Pieroth*, GG, Art. 36 Rn. 1; *F. Schwidden*, RiA 1994, 57 (62); differenzierend *M. Sachs*, Besondere Gleichheitsgarantien, in: HStR V, § 126 Rn. 146 mit Hinweis auf die notwendige Mindestqualifikation für das Amt; a.A. etwa *W. Grabendorff*, DÖV 1952, 301 (303: Art. 36 GG als Ausnahme von Art. 33 II GG); *W. Klein*, ZBR 1988, 126 (127) und *J. Isensee*, Idee und Gestalt des Föderalismus im Grundgesetz, in: HStR IV, § 98 Rn. 53.

III. Heimatprinzip (Art. 36 I 2 GG)

9 Zu den **übrigen Bundesbehörden**, auf die das Heimatprinzip bezogen ist, gehören alle Bundesmittelbehörden (z.B. Landesarbeitsämter) und unteren Bundesbehörden (z.B. Arbeitsämter) und nicht in den dreistufigen Verwaltungsaufbau eingeordnete Behörden wie etwa die Bundesprüfstellen. Abweichend von Art. 36 I 1 GG schließt der in Art. 36 I 2 GG verwendete Begriff »**beschäftigte Personen**« neben Beamten auch Angestellte und Arbeiter ein[35]. Nach dem Heimatprinzip soll dieser Personenkreis aus den Angehörigen des Landes (zur Zuordnung → Rn. 7) rekrutiert werden, in dem die erwähnten Bundesbehörden tätig sind; neben dem allgemeinen Normzweck (→ Rn. 5) waren für diese Regelung die leichtere Verständigung zwischen Behörden und Bevölkerung sowie der Schutz von öffentlichen Bediensteten gegen unbegründete Versetzungen motivierend[36]. Die beiden Formulierungen »sollen« und »in der Regel« lassen etwa bei entsprechenden dienstlichen Erfordernissen Abweichungen von dem Heimatprinzip zu und gestatten insgesamt eine eher flexible Personalgewinnung namentlich bei der Auswahl von Führungskräften[37]. Art. 36 I 2 GG enthält für den Fall gleicher Qualifikation eine ergänzende Sonderregelung zu Art. 33 II GG (→ Art. 33 Rn. 47 ff.)[38]. Im übrigen scheidet schon allein wegen des klaren Wortlauts die ausdehnende Anwendung von Art. 36 I 2 GG auf die Landesverwaltung aus[39].

IV. Anforderungen an die Wehrgesetze (Art. 36 II GG)

10 Art. 36 II GG enthält für die Wehrgesetzgebung die rechtlich verbindliche Direktive (→ Rn. 5) zur Berücksichtigung der Gliederung des Bundes in Länder und deren besonderer landsmannschaftlicher Verhältnisse. Diese Direktive bezieht sich auf die **gesamte Organisation und Verwaltung** der Streitkräfte, also nicht nur – wie Art. 36 I GG – auf die Personalstruktur. Sie fordert einerseits im Rahmen des militärisch Möglichen einen Aufbau der Territorialorganisationen der Bundeswehr und der Wehrverwaltung in Übereinstimmung mit den Ländergrenzen, andererseits eine landsmannschaftlich möglichst einheitliche Bildung und Führung der Truppen[40]. Abgeschwächt ist diese Direktive allerdings durch den Zusatz »auch«, der es dem Wehrgesetzgeber ermöglicht, neben den bundesstaatlichen Aspekten andere Gesichtspunkte zu berücksichtigen und zur Geltung zu bringen; das eröffnet einen weiten **gesetzgeberischen Gestaltungsspielraum**. Dem tragen die Wehrgesetze bei der Territorialorganisation (Wehrbereichskommandos, Wehrbereichsverwaltung, Kreiswehrersatzämter) Rechnung; außerdem ist die Bundeswehr unter Beachtung des regional unterschiedlichen Personalergänzungsbedarfs um eine möglichst heimatnahe Einberufung der Wehrpflichtigen bemüht[41].

---

[35] S. zum Vorstehenden etwa *Battis* (Fn. 4), Art. 36 Rn. 11f. und *Gubelt* (Fn. 23), Art. 36 Rn. 8.
[36] *Maunz* (Fn. 15), Art. 36 Rn. 3.
[37] Vgl. *Battis* (Fn. 4), Art. 36 Rn. 12.
[38] Dazu *Battis* (Fn. 4), Art. 36 Rn. 6; *Gubelt* (Fn. 23), Art. 36 Rn. 10; jeweils m.w.N.
[39] BVerwGE 68, 109 (113).
[40] *R. Jaeger*, BayVBl. 1956, 329 (329).
[41] Vgl. zum Vorstehenden *Battis* (Fn. 4), Art. 36 Rn. 13; *Bergmann* (Fn. 25), Art. 36 Rn. 6; *Gubelt* (Fn. 23), Art. 36 Rn. 8.

D. Verhältnis zu anderen GG-Bestimmungen

Art. 36 GG ist ein Element der **bundesstaatlichen Ordnung** des Grundgesetzes (→ Rn. 5), Art. 36 II GG zugleich Teil der **Wehrverfassung**. Art. 36 enthält Sonderregelungen zu **Art. 33 I GG**[42]; **Art. 33 II GG** wird durch Art. 36 I GG nicht verdrängt, aber in Fällen gleicher Qualifikation ergänzt (→ Rn. 8 f.).

11

---

[42] *Battis* (Fn. 4), Art. 36 Rn. 6; *Gubelt* (Fn. 23), Art. 36 Rn. 2, 10. → Art. 33 Rn. 26 ff.

Artikel 37 [Bundeszwang]

(1) Wenn ein Land die ihm nach dem Grundgesetze oder einem anderen Bundesgesetze obliegenden Bundespflichten nicht erfüllt, kann die Bundesregierung mit Zustimmung des Bundesrates die notwendigen Maßnahmen treffen, um das Land im Wege des Bundeszwanges zur Erfüllung seiner Pflichten anzuhalten.

(2) Zur Durchführung des Bundeszwanges hat die Bundesregierung oder ihr Beauftragter das Weisungsrecht gegenüber allen Ländern und ihren Behörden.

Literaturauswahl

Mombaur, Peter-Michael: Bundeszwang und Bundestreue, Diss. jur. Köln 1964.
Nölting, Stefan: Der Bundeszwang – Art. 37 des Grundgesetzes, Diss. jur. Göttingen 1956.
Pötschke, Horst-Dieter: Bundesaufsicht und Bundeszwang nach dem Grundgesetz, Diss. jur. Würzburg 1967.
Schäfer, Hans: Bundesaufsicht und Bundeszwang, in: AöR 78 (1952/53), S. 1–49.
Zinn, Georg August: Der Bund und die Länder, in: AöR 75 (1949), S. 291–306.

Leitentscheidungen des Bundesverfassungsgerichts

BVerfGE 3, 52 (57) – Weihnachtsgeld; 7, 367 (372) – Volksbefragung (Einstweilige Anordnung).

Gliederung

	Rn.
A. Herkunft Entstehung, Entwicklung	1
I. Ideen- und verfassungsgeschichtliche Aspekte	1
II. Entstehung und Veränderung der Norm	3
B. Internationale, supranationale und rechtsvergleichende Bezüge	4
C. Erläuterungen	5
I. Allgemeine Bedeutung	5
II. Voraussetzungen und Befugnisse des Bundeszwangs (Art. 37 I GG)	7
III. Weisungsrechte zur Durchführung des Bundeszwangs (Art. 37 II GG)	14
D. Verhältnis zu anderen GG-Bestimmungen	15

A. Herkunft Entstehung, Entwicklung

I. Ideen- und verfassungsgeschichtliche Aspekte

1 Als Vorläufer des heutigen Bundeszwanges ist die sog. **Reichsexekution** klassischer Regelungsgegenstand des deutschen Bundesstaatsrechts[1], dem bisweilen zentrale Bedeutung für die Konzeption des Verhältnisses zwischen Bund und Ländern beigemes-

---

[1] Zur vorangegangen Regelung der Bundesexekution im Deutschen Bund und deren praktischer Handhabung, die am Ende in die fehlgeschlagene Bundesexekution gegen Preußen mündete, s. *Huber*, Verfassungsgeschichte, Bd. 1, S. 634 ff.; *ders.*, Verfassungsgeschichte, Bd. 3, S. 531 ff.; zur Diskussion weiter zurückreichender Traditionslinien im Heiligen Römischen Reich Deutscher Nation vgl. *S. Nölting*, Der Bundeszwang – Art. 37 des Grundgesetzes, 1956, S. 5 ff. und *T. Maunz*, in: Maunz/Dürig, GG, Art. 37 (1960), Rn. 1. Siehe auch §§ 54 ff. Paulskirchenverfassung; vgl. dazu *Nölting*, a.a.O., S. 20 f.

sen wird. Demgemäß findet sich bereits in Art. 19 der **Reichsverfassung von 1871** eine entsprechende Regelung[2]. Danach konnten die Bundesglieder für den Fall, daß sie »ihre verfassungsmäßigen Bundespflichten nicht erfüllen, ... dazu im Wege der Exekution angehalten werden«; die Exekution war vom Bundesrat (→ Art. 50 Rn. 4) zu beschließen und vom Kaiser zu vollstrecken. Praktische Bedeutung hat diese Norm in der Verfassungswirklichkeit allerdings nicht erlangt, weil es in den fast fünfzig Geltungsjahren der Reichsverfassung zu keiner Reichsexekution kam[3].

Anders verhält es sich mit der Nachfolgeregelung in der **Weimarer Republik**. Art. 48 I WRV ermächtigte den Reichspräsidenten, ein Land, das »die ihm nach der Reichsverfassung oder den Reichsgesetzen obliegenden Pflichten nicht erfüllt, ... dazu mit Hilfe der bewaffneten Macht« anzuhalten; von auf diese Ermächtigung gestützten Maßnahmen war dem Reichstag unverzüglich Kenntnis zu geben; auf sein Verlangen waren die Maßnahmen außer Kraft zu setzen (Art. 48 III WRV). Obschon der Verfassungstext als Mittel der Reichsexekution ausdrücklich nur den Einsatz »bewaffneter Macht« nannte, waren auch andere Zwangsmittel wie die Ersatzvornahme auf Kosten des ungehorsamen Landes oder die Einbehaltung von Zahlungen, die das Reich dem Land schuldet, anerkannt. Begründet wurde dies mit dem Schluß *a majore ad minus*; ebenso hielt es die Staatsrechtslehre für zulässig, die Reichsexekution unter zwingenden Umständen bis zur Sequestration des betreffenden Landes und seiner Regierungsgewalt auszudehnen[4]. In den politisch zeitweise stark polarisierten und radikalisierten Konfrontationen im Reich-Länder-Verhältnis setzte das Reich die Zwangsmittel der Reichsexekution wiederholt ein, nämlich 1920 gegen die thüringischen Staaten und Sachsen-Gotha, 1923 gegen Sachsen und 1932 gegen Preußen[5]. Der letztgenannte Anwendungsfall ging unter dem Stichwort »Preußenschlag«[6] in die Geschichte ein und dokumentiert besonders anschaulich die damaligen politischen Spannungen. Sie mündeten am Ende in den **Nationalsozialismus**, der mit zahlreichen Entföderalisierungsmaßnahmen frühzeitig die überkommene bundesstaatliche Struktur (→ Art. 20 [Bundesstaat] Rn. 6) und damit auch die Grundlage der konventionellen Reichsexekution beseitigte.

II. Entstehung und Veränderung der Norm

Die heutige Ausgestaltung des Bundeszwangs weicht nach Voraussetzungen, Zuständigkeit, Verfahren und Zwangsbefugnissen von den früheren Regelungen der Reichs-

---

[2] Die Regelung lehnte sich an Art. 19 der Verfassung des Norddeutschen Bundes von 1867 (Text bei *Huber*, Dokumente, Bd. 2, S. 272 ff.) an, wich davon jedoch nicht unerheblich ab.

[3] *Nölting*, Bundeszwang (Fn. 1), S. 24; *H.-U. Evers*, in: BK, Art. 37 (Zweitb. 1967), Rn. 2.

[4] *G. Anschütz*, Die Reichsexekution, in: HdbDStR, Bd. 2, S. 377 ff. (379); *ders.*, WRV, Art. 48 Anm. 5 m.w.N.; *H. Schäfer*, AöR 78 (1952/53), 1 (5).

[5] Dazu *Anschütz*, Reichsexekution (Fn. 4), S. 380 (zu den drei erstgenannten Anwendungsfällen); *Huber*, Verfassungsgeschichte, Bd. 6, S. 741 ff.

[6] Dazu *Huber*, Verfassungsgeschichte, Bd. 7, S. 1120 ff.; *H. Grund*, »Preußenschlag« und Staatsgerichtshof im Jahre 1932, 1976; *J. Vetter*, Die Bundesstaatlichkeit in der Rechtsprechung des Staatsgerichtshofs der Weimarer Republik, 1979, S. 125 ff.; die anschließenden Entscheidung des StGH ist abgedruckt bei H.-H. Lammers/W. Simons (Hrsg.), Die Rechtsprechung des Staatsgerichtshofs für das Deutsche Reich und des Reichsgerichts auf Grund Artikel 13 Absatz 2 der Reichsverfassung, Bd. V, S. 30 ff.; das Verfahren dokumentiert in dem Stenogrammbericht »Preußen contra Reich vor dem Staatsgerichtshof«, 1933.

exekution erheblich ab[7]. Sie geht auf den – systematisch ursprünglich in den Abschnitt über die Ausführung der Bundesgesetze und die Bundesverwaltung eingestellten – **Art. 115 HChE** zurück[8], dessen Wortlaut bereits weitgehend dem des jetzigen Art. 37 GG entsprach. Im Laufe der **Verfassungsberatungen** ersatzlos gestrichen wurde allerdings die in Art. 115 I 2 HChE enthaltene Vorschrift, wonach die Zustimmung des Bundesrats der Mehrheit der gesetzlichen Stimmenzahl bedarf[9]. Weitere Beratungsschwerpunkte waren der Verzicht auf eine Regelung des Bundeszwangs, die systematische Stellung des Artikels, die Inhaltsbestimmung des Bundeszwangs, der Zusammenhang zwischen Bundeszwang und Bundesfinanzverwaltung sowie die Befugnis des Bundesverfassungsgerichts zur Entscheidung über das Vorliegen der Voraussetzungen des Bundeszwanges (vorherige Anhörung des Bundesverfassungsgerichts oder nachträgliche Prüfung durch das Gericht)[10]. Die schließlich verabschiedete Fassung von Art. 37 GG blieb in der weiteren **Verfassungsentwicklung** bis heute unverändert.

B. Internationale, supranationale und rechtsvergleichende Bezüge

4 Als spezifisch bundesstaatlicher Regelungsgegenstand ist der Bundeszwang im **inter- und supranationalen Recht** naturgemäß ohne direkte Entsprechung. Wie nicht zuletzt der Deutsche Bund zeigt (→ Fn. 1), sind allerdings in staatenbündischen Organisationsformen Exekutionsrechte anzutreffen. Auch kennt das europäische Gemeinschaftsrecht als Sanktion für fortwährende Vertragsverletzungen durch einen Mitgliedstaat u.a. die Verhängung von Zwangsgeldern[11], die freilich allenfalls sehr bedingt mit Verfahren und Instrumentarium des Bundeszwangs vergleichbar sind. Bei **rechtsvergleichender Betrachtung** erweist sich die in einem umfassenden Sinn verstandene Bundesexekution nicht als unverzichtbarer Bestandteil bundesstaatlicher Verfassungen[12]. Sie findet sich aber beispielsweise in der Schweiz[13]; demgegenüber ist

---

[7] *W. Erbguth*, in: Sachs, GG, Art. 37 Rn. 1; *Maunz* (Fn. 1), Art. 37 Rn. 1.
[8] Text in Parl. Rat II, S. 504ff. (606); im darstellenden Teil ist dazu ausgeführt, daß bei hartnäckiger Weigerung eines Landes, seine Bundespflichten zu erfüllen, gegebenenfalls Bundeszwang gegen das Land stattfinden muß (a.a.O., S. 564).
[9] *U. Bachmann/J. Kramer*, in: Schneider, GG-Dokumentation, Bd. 10, S. 781, 783f.; JöR 1 (1951), S. 339; s. dort auch zur vorhergehenden Änderung in »Mehrheit seiner Stimmen«. Nach Art. 52 III 1 GG erfolgt die Beschlußfassung des Bundesrates auch über die Zustimmung zu Maßnahmen nach Art. 37 I GG mit mindestens der Mehrheit seiner Stimmen.
[10] Näheres bei *U. Bachmann*, in: Schneider, GG-Dokumentation, Bd. 10, S. 706ff. m.w.N.; vgl. auch JöR 1 (1951), S. 334ff.
[11] Art. 171 II UAbs. 2f. (228 II UAbs. 2f. n.F.) EGV.
[12] S. dazu bereits *H. Kelsen*, Die Bundesexekution, in: Festgabe Fleiner, 1927, S. 127ff. (175ff.) m. Darstellung funktioneller Äquivalente wie Verfahren beim Verfassungsgerichtshof am Beispiel des BVG; vgl. dazu auch *L. Adamowich/H. Spanner*, Handbuch des österreichischen Verfassungsrechts, 5. Aufl., 1957, S. 155ff.; *R. Walter/H. Mayer*, Grundriß des österreichischen Bundesverfassungsrechts, 8. Aufl. 1996, Rn. 752f., 798; zu einzelnen Zwangsbefugnissen s. Art. 100, 146 BVG. Zur Diskussion über den Verzicht auf die Aufnahme des Bundeszwanges in das Grundgesetz s. Parl.Rat II, S. 504ff. (565); *Bachmann*, Grundgesetz (Fn. 10), S. 706f.; → Rn. 3.
[13] Art. 85 Nr. 8, 102 Nr. 2 Bundesverfassung der Schweizerischen Eidgenossenschaft; dazu näher *U. Häfelin/W. Haller*, Schweizerisches Bundesstaatsrecht, 4. Aufl., 1998, § 14; *Y. Hangartner*, Grundzüge des schweizerischen Staatsrechts, 1980, S. 89.

der Verfassung der USA ein spezielles Exekutionsinstitut fremd, was in der Praxis Exekutionsverfahren jedoch offenbar nicht ausgeschlossen hat[14].

C. Erläuterungen

I. Allgemeine Bedeutung

Regelungsgegenstände von Art. 37 GG sind zum einen Voraussetzungen und Befugnisse des Bundeszwangs (Art. 37 I GG) und zum anderen die Einräumung von Weisungsrechten zur Durchführung des Bundeszwangs (Art. 37 II GG). Die Norm ist ein Element der **bundesstaatlichen Ordnung** des Grundgesetzes. Sie dient der Wahrung der Gesamtverfassung[15] und soll dazu beitragen, die bundesstaatliche Ordnung gegenüber den Ländern aufrechtzuerhalten und zu sichern[16].

Anders als in der Weimarer Zeit (→ Rn. 3) ist der Bundeszwang in der **Verfassungspraxis** der Bundesrepublik Deutschland bislang noch nicht zur Anwendung gekommen. Mögliche Erklärungen dafür bieten die allgemeine politische Entwicklung seit 1949, namentlich Veränderungen im föderalen Stil des Umgangs von Bund und Ländern[17], ferner das hohe Maß an Unitarisierung und Homogenität, der Trend zum kooperativen Bundesstaat mit seinen Politikverflechtungen (→ Art. 20 [Bundesstaat] Rn. 18), vor allem aber die hohe Akzeptanz der bundesverfassungs- und bundesverwaltungsgerichtlichen Spruchpraxis, die viel Konfliktstoff abschöpft[18]. Aus diesen Gründen dürfte ein Einsatz des Bundeszwangs auch künftig entbehrlich und nicht zu erwarten sein. Das heißt allerdings nicht, daß Art. 37 GG bedeutungslos oder gar wegen jahrzehntelanger Nichtanwendung obsolet geworden wäre. Abgesehen davon, daß der Bundeszwang als »Knüppel im Sack«[19] bzw. »fleet in being« in der Vergangenheit mitunter als Drohmittel eingesetzt wurde[20], kommt ihm nämlich eine wichtige **Reserve- und Auffangfunktion** zu – etwa für Fallkonstellationen, in denen nach einer Änderung der bisherigen politischen Ambiance eines oder mehrere Länder den bundesstaatlichen Grundkonsens aufkündigten und eine gerichtliche Konfliktentscheidung nicht oder nicht rechtzeitig realisierbar wäre. Dafür ist Art. 37 GG eine Art Vorsorgenorm, deren Bedeutung freilich auch nicht überschätzt werden sollte[21].

---

[14] Vgl. *Nölting*, Bundeszwang (Fn. 1), S. 198 ff.; *Häfelin/Haller*, Bundesstaatsrecht (Fn. 13), § 14 Rn. 422 m. Hinweis darauf, daß z.B. 1957 Bundestruppen nach Arkansas gesandt wurden, um die bundesrechtlich vorgesehene Integration von schwarzen Kindern in den Schulen durchzusetzen; vgl. auch *M. Bothe*, Die Kompetenzstruktur des modernen Bundesstaates in rechtsvergleichender Sicht, 1977, S. 134, 136.
[15] BVerfGE 13, 54 (79).
[16] Statt vieler *M. Bothe*, in: AK-GG, Art. 37 Rn. 1; *Erbguth* (Fn. 7), Art. 37 Rn. 3; *M. Gubelt*, in: v. Münch/Kunig, GG II, Art. 37 Rn. 1; Schmidt-Bleibtreu/*Klein*, GG, Art. 37 Rn. 1; *D. Hömig*, in: Seifert/Hömig, GG, Art. 37 Rn. 1; zur fehlenden Ausrichtung auf den Schutz von einzelnen vgl. BVerwG NJW 1977, 118 (119).
[17] Vgl. etwa *H. Bauer*, Die Bundestreue, 1992, S. 268 f.
[18] Vgl. *Evers* (Fn. 3), Art. 37 Rn. 4; *Bothe* (Fn. 16), Art. 37 Rn. 9; *Gubelt* (Fn. 16), Art. 37 Rn. 1.
[19] So treffend *Erbguth* (Fn. 7), Art. 37 Rn. 3.
[20] *Evers* (Fn. 3), Art. 37 Rn. 4.
[21] Das gilt insb. für den Stellenwert in der Dogmatik des Bundesstaatsrechts, die – entgegen älteren Vorstellungen – nicht mehr überzeugend auf Bundeszwang (und Bundesaufsicht) fokussiert werden kann; vgl. dazu *Bauer*, Bundestreue (Fn. 17), S. 47 ff., 85 ff., 128 ff., 264 ff. → Art. 20 (Bundesstaat) Rn. 20 f.

II. Voraussetzungen und Befugnisse des Bundeszwangs (Art. 37 I GG)

7 Nach Art. 37 I GG setzt die Anordnung des Bundeszwangs voraus, daß ein Land (→ Rn. 8) die ihm nach dem Grundgesetz oder einem anderen Bundesgesetz (→ Rn. 10) obliegenden Bundespflichten (→ Rn. 9) nicht erfüllt und die Zustimmung des Bundesrates (→ Rn. 11) vorliegt. Bei Vorliegen dieser **Voraussetzungen** räumt die Vorschrift der Bundesregierung (→ Rn. 12) **Befugnisse** zur Durchführung des Bundeszwangs ein, die Art. 37 I GG selbst nicht detailliert präzisiert (→ Rn. 13).

8 Die Nichterfüllung der Bundespflichten muß durch ein **Land** erfolgen, also durch eines der in der Präambel aufgeführten Länder. Andere Rechtssubjekte wie Gemeinden, Gemeindeverbände und sonstige juristische Personen des öffentlichen Rechts können den Tatbestand von Art. 37 I GG daher nicht verwirklichen[22]. Doch kommt die Anordnung von Bundeszwang in Betracht, wenn sich ein Land mit dem Handeln solcher Rechtssubjekte identifiziert, seine Aufsichtspflicht gegenüber diesen nicht wahrnimmt und dadurch seine Bundespflichten verletzt[23]. Gegen Gerichtsentscheidungen ist Bundeszwang aus Gründen der richterlichen Unabhängigkeit (Art. 97 I GG) jedoch ausgeschlossen[24]. Dem Bund gegenüber handelt das Land durch seine Verfassungsorgane; deshalb ist regelmäßig auf deren Verhalten abzustellen[25].

9 Das Fehlverhalten des Landes, das in einem Tun oder Unterlassen bestehen kann[26], muß sich auf **Bundespflichten** beziehen. Das sind nur solche Pflichten, die Gegenstand des bundesstaatlichen Rechtsverhältnisses sind, also das Verhältnis zwischen Bund und Ländern sowie zwischen den Ländern untereinander betreffen[27], dem Land gegenüber dem Bund oder anderen Ländern obliegen. Daher scheidet für sich allein genommen die Nichterfüllung anderer Pflichten, die den Ländern gegenüber ihren Bürgern oder gegenüber ausländischen Staaten und deren Bürgern obliegen, als Gegenstand des Bundeszwangs aus[28]. Keinen pflichtbegründenden Charakter haben mangels Rechtsverbindlichkeit Verhaltensanregungen, die sich aus bloßen Hinweisen oder Empfehlungen ergeben[29].

10 Die jeweilige Bundespflicht muß sich aus dem **Grundgesetz** oder einem anderen **Bundesgesetz** ergeben. Zu diesen pflichtbegründenden Normen gehören beispielsweise Art. 28 I, 35, 51 I, 84, 85 und 104a ff. GG; nicht selten wird auch die Pflicht zur Beachtung bindender bundesverfassungsgerichtlicher Entscheidungen angeführt[30].

---

[22] *Evers* (Fn. 3), Art. 37 Rn. 19; *Gubelt* (Fn. 16), Art. 37 Rn. 3.
[23] Vgl. *Evers* (Fn. 3), Art. 37 Rn. 19; *Gubelt* (Fn. 16), Art. 37 Rn. 3; *Maunz* (Fn. 1), Art. 37 Rn. 12; Schmidt-Bleibtreu/*Klein*, GG, Art. 37 Rn. 3; vgl. auch BVerfGE 8, 122 (137ff.).
[24] *Erbguth* (Fn. 7), Art. 37 Rn. 7 m.w.N.
[25] Vgl. *Gubelt* (Fn. 16), Art. 37 Rn. 4; *Maunz* (Fn. 1), Art. 37 Rn. 13.
[26] Ohne Bedeutung ist, ob die Pflichten nicht, nur teilweise oder schlecht erfüllt sind und ob das Land ein Verschulden trifft oder nicht; andererseits genügt eine bloße Gefährdung der Pflichterfüllung nicht. Vgl. *Evers* (Fn. 3), Art. 37 Rn. 33f.; *Gubelt* (Fn. 16), Art. 37 Rn. 7; Jarass/*Pieroth*, GG, Art. 37 Rn. 2; *v. Mangoldt/Klein*, GG, Art. 37 Anm. III.3; *Maunz* (Fn. 1), Art. 37 Rn. 23ff.; *Stern*, Staatsrecht I, S. 715f.
[27] Vgl. Jarass/*Pieroth*, GG, Art. 37 Rn. 2; vgl. auch bereits *G.A. Zinn*, AöR 75 (1949), 291 (304).
[28] Vgl. *Erbguth* (Fn. 7), Art. 37 Rn. 8; *Evers* (Fn. 3), Art. 37 Rn. 27; *Gubelt* (Fn. 16), Art. 37 Rn. 5; Jarass/*Pieroth*, GG, Art. 37 Rn. 2; *Maunz* (Fn. 1), Art. 37 Rn. 16; teilweise a.A. *Bothe* (Fn. 16), Art. 37 Rn. 11.
[29] *Erbguth* (Fn. 7), Art. 37 Rn. 8; *Gubelt* (Fn. 16), Art. 37 Rn. 5; *Maunz* (Fn. 1), Art. 37 Rn. 20.
[30] Vgl. etwa die Zusammenstellung bei *P.-M. Mombaur*, Bundeszwang und Bundestreue, 1964, S. 32ff.; ferner *Evers* (Fn. 3), Art. 37 Rn. 28; *Gubelt* (Fn. 16), Art. 37 Rn. 6; *Stern*, Staatsrecht I, S. 715.

II. Voraussetzungen und Befugnisse des Bundeszwangs (Art. 37 I GG) **Art. 37**

Als pflichtenbegründende Rechtsquellen im Sinne von Art. 37 I GG auszuscheiden sind wegen des Wortlauts hingegen Bundesrechtsverordnungen, Bundesgewohnheitsrecht, ungeschriebenes Bundesrecht sowie intraföderative Staatsverträge und Verwaltungsabkommen[31], falls das in Frage stehende Recht nicht im Wege einer zulässigen Auslegung als Bestandteil des Grundgesetzes oder eines Bundesgesetzes angesehen werden kann[32]. Aus demselben Grund ist auch ein pauschaler Rückgriff auf die Bundestreue problematisch[33], die gleichwohl überwiegend zu den hier interessierenden Bundespflichten gezählt wird[34].

Vor der Anwendung des Bundeszwangs muß die **Zustimmung des Bundesrates** vorliegen. Sie ist Voraussetzung für die Verfassungsmäßigkeit; daher genügt eine nachträgliche Billigung nicht[35]. Die Zustimmung des Bundesrates bezieht sich auf die Feststellung der Tatbestandsvoraussetzungen (→ Rn. 8 ff.), die Durchführung des Bundeszwangs und die zu treffenden Maßnahmen; der Bundesrat besitzt bei der Beschlußfassung, die mit der Mehrheit seiner Stimmen erfolgt (Art. 52 III 1 GG), ein entsprechendes Prüfungs- und Entscheidungsrecht. Der Normtext ist insoweit zwar nicht ganz eindeutig; doch können nur auf diese Weise die von Art. 37 I GG intendierten Ziele erreicht werden: sachangemessene, eigenverantwortliche Entscheidung des Bundesrates, Schutz vor übereilten Handlungen und effektive Sicherung der bundesstaatlichen Ordnung auf breiter föderativer Grundlage[36]. Die Zustimmung des Bundesrates ist jederzeit widerruflich; Folge eines Widerrufs ist, daß das weitere Verfahren und bereits eingeleitete Maßnahmen einzustellen sind[37]. Abweichend von Art. 48 III WRV (→ Rn. 2) beteiligt Art. 37 I GG den **Bundestag** nicht an dem Bundeszwangsverfahren; die parlamentarische Verantwortung ist jedoch durch die üblichen, bis hin zum Mißtrauensvotum (Art. 67 GG) reichenden Kontrollrechte des Bundestags gegenüber der Bundesregierung sichergestellt.

Sind die Tatbestandsvoraussetzungen gegeben, legt Art. 37 I GG Anordnung und Durchführung des Bundeszwanges – mit dem Vorbehalt vorheriger und fortwährender Zustimmung des Bundesrates (→ Rn. 11) – in die Hände der **Bundesregierung** als

11

12

---

[31] *Erbguth* (Fn. 7), Art. 37 Rn. 8; *Gubelt* (Fn. 16), Art. 37 Rn. 6; *Jarass/Pieroth*, GG, Art. 37 Rn. 2; bezüglich der Rechtsverordnungen a.A. etwa *Bothe* (Fn. 16), Art. 37 Rn. 13; *Evers* (Fn. 3), Art. 37 Rn. 26; *Nölting*, Bundeszwang (Fn. 1), S. 40; dazu kritisch *Mombaur*, Bundeszwang (Fn. 30), S. 38 f., der zudem bezüglich des Gewohnheitsrechts differenziert (a.a.O., S. 39 ff.).
[32] *Maunz* (Fn. 1), Art. 37 Rn. 18; vgl. auch *Erbguth* (Fn. 7), Art. 37 Rn. 8; zur vertraglichen Konkretisierung von Bundespflichten s. *H.-D. Pötschke*, Bundesaufsicht und Bundeszwang nach dem Grundgesetz, Diss. jur. Würzburg 1967, S. 171.
[33] Zutreffende Bedenken bei Jarass/*Pieroth*, GG, Art. 37 Rn. 2.
[34] Z.B. *Erbguth* (Fn. 7), Art. 37 Rn. 8; *Gubelt* (Fn. 16), Art. 37 Rn. 6; *Maunz* (Fn. 1), Art. 37 Rn. 17; *Stern*, Staatsrecht I, S. 715; vgl. auch BVerfGE 3, 52 (57). Die hier angemeldeten Vorbehalte stützen sich zum einen auf die Rechtsgrundlagen der Bundestreue (dazu *Bauer*, Bundestreue [Fn. 17], S. 234 ff.), zum anderen auf den mittlerweile erreichten Stand an konkretisierenden Ausdifferenzierungen der Bundestreue (dazu *Bauer*, a.a.O., S. 325 ff.). Richtiger Ansicht nach wird zu differenzieren sein; danach bestehen keine Bedenken gegen die Anerkennung von Bundespflichten im Sinne von Art. 37 I GG, die etwa unter Heranziehung der Bundestreue im Wege der Auslegung (→ Art. 20 [Bundesstaat] Rn. 27) aus dem Grundgesetz oder anderen Bundesgesetzen ermittelt werden.
[35] *Gubelt* (Fn. 16), Art. 37 Rn. 17; *Maunz* (Fn. 1), Art. 37 Rn. 36; Schmidt-Bleibtreu/*Klein*, GG, Art. 37 Rn. 4.
[36] Vgl. zum Vorstehenden *Bothe* (Fn. 16), Art. 37 Rn. 17 ff.; *Erbguth* (Fn. 7), Art. 37 Rn. 18; *Gubelt* (Fn. 16), Art. 37 Rn. 17 ff.; *Maunz* (Fn. 1), Art. 37 Rn. 37 ff.; jeweils m.w.N. auch zu gegenteiligen Ansichten.
[37] Statt vieler *Bothe* (Fn. 16), Art. 37 Rn. 20; *Erbguth* (Fn. 7), Art. 37 Rn. 18.

Kollegialorgan (→ Art. 62 Rn. 10 ff.). Deren Vorgehen läßt sich in mehrere Abschnitte einteilen: Die Bundesregierung prüft zunächst, ob die **Tatbestandsvoraussetzungen** vorliegen. Die Feststellung der Tatbestandsverwirklichung trifft sie für sich grundsätzlich in eigener Verantwortung; insoweit enthält allerdings Art. 84 IV GG eine Sonderregelung, die bei der Ausführung von Bundesgesetzen als eigene Angelegenheit der Länder die Befugnis zur Feststellung einer Rechtsverletzung durch das Land dem Bundesrat zuweist. Führt die Überprüfung der Voraussetzungen zu einem positiven Ergebnis, so entscheidet die Bundesregierung in einem zweiten Schritt, »ob« aus ihrer Sicht Bundeszwang angewendet werden soll. Dabei räumt Art. 37 I GG mit der Formulierung »kann« einen Entscheidungsspielraum ein, der in Anlehnung an die verwaltungsrechtliche Terminologie bisweilen als **Entschließungsermessen** bezeichnet wird; dies eröffnet der Bundesregierung grundsätzlich auch die Möglichkeit, gänzlich untätig zu bleiben, sich auf politische Einflußnahme zu beschränken oder das Bundesverfassungsgericht in einem Verfahren nach Art. 93 I Nr. 3 GG anzurufen. Als Begrenzung des Entschließungsermessens findet sich oftmals der Hinweis auf das Übermaßverbot[38], dessen Heranziehung jedoch nicht unproblematisch ist, seitdem das Bundesverfassungsgericht diesen auf die individuelle Rechts- und Freiheitssphäre zugeschnittenen Grundsatz im kompetenzrechtlichen Bund-Länder-Verhältnis für unanwendbar erklärt hat[39]. Dies legt es nahe, die Grenzen an anderer Stelle, nämlich in dem Grundsatz bundesfreundlichen Verhaltens zu suchen[40]. Die Bundesregierung wird dadurch nicht etwa auf eine dem Bundeszwang vorgängige Klage vor dem Verfassungsgericht verwiesen[41]; doch können sich aus der Bundestreue beispielsweise Anhörungspflichten gegenüber dem betroffenen Land ergeben, die in Fällen der Eilbedürftigkeit allerdings entfallen[42]. Unabhängig von solchen rechtlichen Bindungen sollte der Bundeszwang aber jedenfalls aus politischen Gründen nur als *ultima ratio* eingesetzt werden[43]. Ist die Entscheidung für die Anwendung von Bundeszwang gefallen, schließen sich als nächster Schritt Überlegungen darüber an, »wie« gegen das Land vorzugehen ist. Für dieses sog. **Auswahlermessen** stellt Art. 37 I GG keine konkret benannten Handlungsalternativen bereit, sondern ermächtigt zur Anordnung der »notwendigen Maßnahmen« (→ Rn. 13). Immerhin grenzt der Verfassungstext dieses Ermessen mit dem Merkmal »notwendig«, einem an dieser Stelle expliziten Verweis auf Verhältnismäßigkeitsanforderungen[44], ein; das verbietet Überreaktionen und beschränkt das Auswahlermessen auf die zur Wahrung der bundesstaatlichen Ordnung angemessenen Mittel. Abgeschlossen wird das Vorgehen der Bundesregierung mit der Durchfüh-

---

[38] Vgl. dazu und zum Vorstehenden etwa *Erbguth* (Fn. 7), Art. 37 Rn. 11, 14 ff.; *Gubelt* (Fn. 16), Art. 37 Rn. 8 ff.; *Hömig* (Fn. 16), Art. 37 Rn. 5; *Maunz* (Fn. 1), Art. 37 Rn. 28 ff., 44; Schmidt-Bleibtreu/Klein, GG, Art. 37 Rn. 5; *Stern*, Staatsrecht I, S. 717.

[39] BVerfGE 81, 310 (338). → Art. 20 (Rechtsstaat), Rn. 176; → Art. 28 Rn. 119 f.

[40] Vgl. BVerfGE 81, 310 (337 f., 345 ff.).

[41] Vgl. dazu aber den auf das Verhältnismäßigkeitsprinzip gestützten Vorschlag von *Mombaur*, Bundeszwang (Fn. 30), S. 66 ff. (75).

[42] Vgl. BVerfGE 81, 310 (337 f., 345 ff.); 84, 25 (33); *Bauer*, Bundestreue (Fn. 17), S. 354; Überlegungen zu einer Ankündigungspflicht bei *Maunz* (Fn. 1), Art. 37 Rn. 35, allerdings unter Hinweis auf den Verhältnismäßigkeitsgrundsatz; a.A. *Evers* (Fn. 3), Art. 37 Rn. 69.

[43] *Erbguth* (Fn. 7), Art. 37 Rn. 2; *Evers* (Fn. 3), Art. 37 Rn. 69; *Maunz* (Fn. 1), Art. 37 Rn. 35; für eine rechtliche Deutung des Bundeszwangs als ultima ratio A. *Pfeiffer*, DÖV 1949, 263 (265).

[44] Z.B. *Bothe* (Fn. 16), Art. 37 Rn. 22; *Erbguth* (Fn. 7), Art. 37 Rn. 11, 17; *Gubelt* (Fn. 16), Art. 37 Rn. 12; Jarass/*Pieroth*, GG, Art. 37 Rn. 2; *Maunz* (Fn. 1), Art. 37 Rn. 44.

rung der angeordneten Maßnahme, die gegen das Land zu richten ist und sich nicht direkt gegen die Bevölkerung wenden darf[45].

Die zur Durchführung des Bundeszwangs zulässigen **Maßnahmen** sind in Art. 37 I GG nicht näher spezifiziert. Das läßt eine flexible, einzelfallbezogene Handhabung zu. Mangels konkreter Anwendungsfälle (→ Rn. 6) fehlt allerdings praktisches Anschauungsmaterial. Die Literatur diskutiert jedoch eine eine Reihe von zulässigen und unzulässigen Maßnahmen[46]. Danach kommen u.a. in Betracht: Befugnisse zur Einstellung von Finanzzuweisungen und Sperrung von Bundeszahlungen, zur Verweigerung der Erfüllung von sonstigen Bundesaufgaben gegenüber dem Land, zur Ersatzvornahme der unterlassenen Handlung durch Bundesorgane oder Dritte, zur Einsetzung eines Bundesbeauftragten mit allgemeiner oder spezieller Vollmacht und zur vorübergehenden, treuhänderischen Ausübung administrativer und legislativer Landesfunktionen durch den Bund. Demgegenüber bestehen **keine Befugnisse** u.a. zur Auflösung des Landes oder des Landtages, zur Amtsenthebung der Regierung, zum Einsatz der Bundeswehr, zu Eingriffen in die Unabhängigkeit der Judikative, zur Wahrnehmung des Stimmrechts des Landes im Bundesrat und zu Maßnahmen mit Strafwirkung oder irreversiblem Charakter. Bezüglich der **Kosten** des Bundeszwangs werden unterschiedliche Lösungen angeboten, die die Kostentragungspflicht teilweise dem Bund[47] und teilweise dem rechtsuntreuen Land auferlegen[48].

III. Weisungsrechte zur Durchführung des Bundeszwangs (Art. 37 II GG)

Das der Bundesregierung oder ihrem Beauftragten durch Art. 37 II GG eingeräumte Weisungsrecht dient der Durchführung des Bundeszwangs, ist selbst keine Maßnahme im Sinne von Art. 37 I GG und unterliegt deshalb nicht der Zustimmung des Bundesrates[49]. Es besteht nicht nur gegenüber dem Land, das im Wege des Bundeszwangs zur Erfüllung seiner Bundespflichten angehalten wird, sondern gegenüber allen Ländern und deren Behörden. Dementsprechend können beispielsweise die Länder, die nicht Adressaten des Bundeszwangs sind, zur Nichteinmischung, aber auch zur Hilfe oder zur Mitwirkung an der Isolierung des pflichtwidrig handelnden Landes angewiesen werden. Art. 37 II GG gestattet sowohl Einzelweisungen als auch allgemeine Weisungen.

---

[45] Statt vieler *Erbguth* (Fn. 7), Art. 37 Rn. 19 m.w.N. auch zu gegenteiligen Ansichten.
[46] Vgl. *Bothe* (Fn. 16), Art. 37 Rn. 23f.; *Erbguth* (Fn. 7), Art. 37 Rn. 12f.; *Gubelt* (Fn. 16), Art. 37 Rn. 13f.; Jarass/*Pieroth*, GG, Art. 37 Rn. 2; *Maunz* (Fn. 1), Art. 37 Rn. 52ff.; Schmidt-Bleibtreu/*Klein*, GG, Art. 37 Rn. 5; *Stern*, Staatsrecht I, S. 716f.
[47] So *Erbguth* (Fn. 7), Art. 37 Rn. 20; *Evers* (Fn. 3), Art. 37 Rn. 74; *Gubelt* (Fn. 16), Art. 37 Rn. 20; jeweils vorbehaltlich der Einsparung von Kosten durch das Land.
[48] So *Bothe* (Fn. 16), Art. 37 Rn. 26; *Maunz* (Fn. 1), Art. 37 Rn. 58; *Nölting*, Bundeszwang (Fn. 1), S. 188ff. unter Hinweis auf das Veranlasserprinzip; Schmidt-Bleibtreu/*Klein*, GG, Art. 37 Rn. 6.
[49] Das ist freilich nicht unumstritten; wie hier *Erbguth* (Fn. 7), Art. 37 Rn. 21; *Evers* (Fn. 3), Art. 37 Rn. 77; *Gubelt* (Fn. 16), Art. 37 Rn. 21; *Hömig* (Fn. 16), Art. 37 Rn. 8; anders *Bothe* (Fn. 16), Art. 37 Rn. 23f.; *Maunz* (Fn. 1), Art. 37 Rn. 55 und *Stern*, Staatsrecht I, S. 716, die das Recht aus Art. 37 II GG den Maßnahmen nach Art. 37 I GG zuordnen.

D. Verhältnis zu anderen GG-Bestimmungen

15 Art. 37 GG gibt der Bundesregierung keine besonderen Aufsichtsbefugnisse, sondern gestattet in Fällen, in denen das Verfahren der **Bundesaufsicht** nach Art. 84 III–V, 85 III, VI GG nicht die Abstellung festgestellter Mängel bewirkt, Vollstreckungsmaßnahmen; weit über den Anwendungsbereich der Bundesaufsicht nach Art. 84, 85 GG hinaus ermöglicht Art. 37 GG außerdem die Abwehr der Verletzung von Bundespflichten durch die Länder[50]. Gleichwohl ist Art. 37 GG nicht zur Begründung einer selbständigen Bundesaufsicht[51] geeignet. Vielmehr sind Bundeszwang und Bundesaufsicht zu unterscheiden; allerdings verdrängt die Feststellung einer Pflichtverletzung nach Art. 84 IV GG die Tatbestandsfeststellung nach Art. 37 I GG (→ Rn. 12).

16 Hält das betroffene Land die angeordnete Maßnahme des Bundeszwangs für verfassungswidrig, kann es nach Art. 93 I Nr. 3 GG das **Bundesverfassungsgericht** anrufen. Durch die Einleitung des Verfahrens nach Art. 93 I Nr. 3 GG ist die Bundesregierung aber nicht gehindert, das Verfahren nach Art. 37 GG weiterzubetreiben[52]; auch braucht die Bundesregierung nicht abzuwarten, ob das Land das Bundesverfassungsgericht anrufen und wie dieses gegebenenfalls entscheiden wird[53]. Die Bundesregierung kann, muß aber nicht zur Feststellung der Voraussetzungen von Art. 37 GG eine Entscheidung des Bundesverfassungsgerichts einholen[54]; das Gericht stellt es in ihr verfassungsgerichtlich nicht überprüfbares Ermessen, ob sie die Mittel des Bundeszwangs anwenden oder eine bundesverfassungsgerichtliche Entscheidung nach Art. 93 I Nr. 3 GG herbeiführen will[55].

17 **Art. 35 III, 91 II GG** enthalten abschließende Sonderregelungen zu Art. 37 GG für den Einsatz von Polizeikräften des betroffenen Landes und anderer Länder[56]. Auch im übrigen resultiert der Ausschluß einzelner Befugnisse zur Durchführung des Bundeszwangs (→ Rn. 13) oftmals aus anderweitigen Normen des Grundgesetzes – so etwa für den Einsatz der Bundeswehr aus **Art. 87a II GG**, für die Auflösung des Landes aus **Art. 29 GG**, für Eingriffe in die Rechtsprechung aus **Art. 20 III, 97 I GG** und für die Auflösung des Parlaments aus **Art. 20 II GG**. Zahlreiche Einzelfragen wirft schließlich das Verhältnis zur Gewährleistung nach **Art. 28 III GG** auf (→ Art. 28 Rn. 170ff., 180).

---

[50] *Erbguth* (Fn. 7), Art. 37 Rn. 4; *Evers* (Fn. 3), Art. 37 Rn. 8ff.; *Gubelt* (Fn. 16), Art. 37 Rn. 2; *Hömig* (Fn. 16), Art. 37 Rn. 1; *Maunz* (Fn. 1), Art. 37 Rn. 5; *H. Schäfer*, AöR 78 (1952/53), 1 (42f.).

[51] S. dazu *J. A. Frowein*, Die selbständige Bundesaufsicht nach dem Grundgesetz, 1961, S. 40ff.; ablehnend BVerfGE 6, 309 (329); 8, 122 (130f.); *Evers* (Fn. 3), Art. 37 Rn. 11ff. → Art. 28 Rn. 18, 173.

[52] *Evers* (Fn. 3), Art. 37 Rn. 38.

[53] Vgl. *Evers* (Fn. 3), Art. 37 Rn. 38ff.

[54] *Bothe* (Fn. 16), Art. 37 Rn. 15; *Evers* (Fn. 3), Art. 37 Rn. 38; zu den nebeneinander bestehenden Möglichkeiten einer Anrufung des Bundesverfassungsgerichts und des Vorgehens nach Art. 37 GG s. BVerfGE 3, 52 (57); für eine Verpflichtung zur vorherigen Anrufung des Gerichts jedoch *A. Pfeiffer*, DÖV 1949, 263 (265); dagegen *G. A. Zinn*, AöR 75 (1949), 291 (305).

[55] BVerfGE 7, 367 (372).

[56] *Gubelt* (Fn. 16), Art. 37 Rn. 14, 21f. m.w.N. auch zur gegenteiligen Ansicht.

Artikel 38 [Wahlrechtsgrundsätze; Abgeordnete]

(1) ¹Die Abgeordneten des Deutschen Bundestages werden in allgemeiner, unmittelbarer, freier, gleicher und geheimer Wahl gewählt. ²Sie sind Vertreter des ganzen Volkes, an Aufträge und Weisungen nicht gebunden und nur ihrem Gewissen unterworfen.

(2) Wahlberechtigt ist, wer das achtzehnte Lebensjahr vollendet hat; wählbar ist, wer das Alter erreicht hat, mit dem die Volljährigkeit eintritt.

(3) Das Nähere bestimmt ein Bundesgesetz.

Literaturauswahl

Badura, Peter: Über Wahlen, in: AöR 97 (1972), S. 1–11.
Becht, Ernst: Die 5%-Klausel im Wahlrecht. Garant für ein funktionierendes parlamentarisches Regierungssystem, 1990.
Blischke, Werner: Ungeschriebene Regeln im Deutschen Bundestag, in: Festschrift für Helmut Schellknecht, 1984, S. 55–74.
Brenner, Michael: Die Entwicklung des Wahlrechts und der Grundsatz der Wahlrechtsgleichheit im wiedervereinigten Deutschland, in: AöR 116 (1991), S. 537–587.
Dellmann, Hansjörg: Fraktionsstatus als geschäftsordnungsmäßige Voraussetzung für die Ausübung parlamentarischer Rechte, in: DÖV 1976, S. 153–157.
Demmler, Wolfgang: Der Abgeordnete im Parlament der Fraktionen, 1994.
Dreier, Horst: Regelungsform und Regelungsinhalt des autonomen Parlamentsrechts, in: JZ 1990, S. 310–321.
Dreier, Horst: Das Demokratieprinzip des Grundgesetzes, in: Jura 1997, S. 249–257.
Edinger, Florian: Wahl und Besetzung parlamentarischer Gremien. Präsidium, Ältestenrat, Ausschüsse, 1992.
Erichsen, Hans-Uwe: Die Wahlrechtsgrundsätze des Grundgesetzes, in: Jura 1983, S. 635–647.
Erichsen, Hans-Uwe: Wahlsysteme, in: Jura 1984, S. 22–34.
Frowein, Jochen A.: Die Rechtsprechung des Bundesverfassungsgerichts zum Wahlrecht, in: AöR 99 (1974), S. 72–110.
Gramlich, Ludwig: Allgemeines Wahlrecht – in Grenzen?, in: JA 1986, S. 129–139.
Häberle, Peter: Freiheit, Gleichheit und Öffentlichkeit des Abgeordnetenstatus, in: ders., Kommentierte Verfassungsrechtsprechung, 1979, S. 215–232.
Hagelstein, Bilfried: Die Rechtsstellung der Fraktionen im Deutschen Parlamentswesen, 1992.
Hauenschild, Wolf-Dieter: Wesen und Rechtsnatur der parlamentarischen Fraktionen, 1968.
Henke, Wilhelm: Das demokratische Amt der Parlamentsmitglieder, in: DVBl. 1973, S. 553–560.
Hösch, Ulrich, Anmerkungen zur 5%-Klausel des § 6 Abs. 6 Satz 1 BWahlG, in: ThürVBl. 1996, S. 265–269.
Hofmann, Hasso/Dreier, Horst: Repräsentation, Mehrheitsprinzip und Minderheitenschutz, in: Schneider/Zeh, § 5, S. 165–197.
Kassing, Reinhold: Das Recht der Abgeordnetengruppe, 1988.
Kasten, Hans-Hermann: Ausschußorganisation und Ausschußrückruf, 1983.
Kretschmer, Gerald: Fraktionen. Parteien im Parlament, 2. Aufl. 1992.
Kürschner, Jörg: Die Statusrechte des fraktionslosen Abgeordneten, 1984.
Lenz, Christofer: Die Wahlrechtsgleichheit und das Bundesverfassungsgericht, in: AöR 121 (1996), S. 337–358.
Linck, Joachim: Fraktionsstatus als geschäftsordnungsmäßige Voraussetzung für die Ausübung parlamentarischer Rechte, in: DÖV 1975, S. 689–694.
Linck, Joachim: Sperrklauseln im Wahlrecht, in: Jura 1986, S. 460–465.
Martin, Helmut: Staatliche Fraktionsfinanzierung in Rheinland-Pfalz, 1995.
Meyer, Hans: Wahlsystem und Verfassungsordnung, 1973.
Meyer, Hans: Das parlamentarische Regierungssystem des Grundgesetzes, VVDStRL 33 (1975), S. 69–119.

Meyer, Hans: Das fehlfinanzierte Parlament, in: Peter Michael Huber/Wilhelm Mößle/Martin Stock (Hrsg.), Zur Lage der parlamentarischen Demokratie, 1995, S. 17–70.
Morlok, Martin: Parlamentarisches Geschäftsordnungsrecht zwischen Abgeordnetenrechten und politischer Praxis, in: JZ 1989, S. 1035–1047.
Müller, Christoph: Das imperative und freie Mandat. Überlegungen zur Lehre von der Repräsentation des Volkes, 1966.
Nicolaus, Helmut: Die Krise des Bundestagswahlrechts, in: StWStP 8 (1997), S. 531–561.
Nicolaus, Helmut: Demokratie, Verhältniswahl & Überhangmandate. Eine Studie zum Wahlverfassungsrecht, 1995.
Nohlen, Dieter: Wahlrecht und Parteiensystem, 1990.
Pauly, Walter: Das Wahlrecht in der neueren Rechtsprechung des Bundesverfassungsgerichts, in: AöR 123 (1998), S. 232–285.
Scherer, Joachim: Fraktionsgleichheit und Geschäftsordnungskompetenz des Bundestags, in: AöR 112 (1987), S. 189–214.
Schmidt, Walter: Chancengleichheit der Fraktionen unter dem Grundgesetz, in: Der Staat 9 (1970), S. 481–500.
Schneider, Georg Christoph: Die Finanzierung der Parlamentsfraktionen als staatliche Aufgabe. Eine verfassungsrechtliche Untersuchung unter besonderer Berücksichtigung der aktuellen Fraktionsgesetzgebung, 1997.
Schreiber, Wolfgang: Handbuch des Wahlrechts zum Deutschen Bundestag, 6. Aufl. 1998.
Schröder, Meinhard: Grundlagen und Anwendungsbereich des Parlamentsrechts. Zur Übertragbarkeit parlamentsrechtlicher Grundsätze auf Selbstverwaltungsorgane, insbesondere in der Kommunal- und Hochschulverwaltung, 1979.
Schulze-Fielitz, Helmuth: Theorie und Praxis parlamentarischer Gesetzgebung, 1988.
Schulze-Fielitz, Helmuth: Der Fraktionslose im Bundestag, in: DÖV 1989, S. 829–838.
Trute, Hans-Heinrich: Der fraktionslose Abgeordnete, in: Jura 1990, S. 184–192.
Tsatsos, Dimitris T.: Mandatsverlust bei Verlust der Parteimitgliedschaft?, in: DÖV 1971, S. 253–256.
Wefelmeier, Christian: Repräsentation und Abgeordnetenmandat. Zur aktuellen Bedeutung des Art. 38 Abs. 1 Satz 2 GG, 1991.
Ziekow, Jan: Der Status der fraktionslosen Abgeordneten, in: JuS 1991, S. 28–34.

Leitentscheidungen des Bundesverfassungsgerichts

BVerfGE 1, 208 (230ff.) – 7,5%-Sperrklausel; 4, 370 (373f.) – Mandatsrelevanz; 5, 85 (392) – KPD-Verbot; 7, 63 (67ff.) – Listenwahl; 7, 77 (84ff.) – Platzerhalt-Mandat; 10, 4 (10ff.) – Redezeit; 11, 266 (270ff.) – Wählervereinigung; 21, 200 (204ff.) – Briefwahl I; 36, 139 (141ff.) – Wahlrecht Auslandsdeutscher; 38, 326 (336ff.) – Passives Wahlrecht; 47, 253 (268ff.) – Gemeindeparlamente (Nordrhein-Westfalen); 51, 222 (232) – 5%-Klausel; 59, 119 (123ff.) – Briefwahl II; 60, 374 (378ff.) – Redefreiheit und Ordnungsrecht; 70, 324 (352ff.) – Haushaltskontrolle der Nachrichtendienste; 78, 350 (357) – § 10b EStG; 79, 169 (170ff.) – Überhangmandate I; 80, 188 (208ff.) – Wüppesahl; 82, 322 (337ff.) – Gesamtdeutsche Wahl; 83, 37 (50ff.) – Ausländerwahlrecht (Schleswig-Holstein); 84, 304 (317ff.) – PDS/Linke Liste; 89, 155 (182ff.) – Maastricht; 89, 243 (250ff.) – Kandidatenaufstellung; 89, 291 (300ff.) – Wahlprüfungsverfahren; 95, 335 (348ff.) –Überhangmandate II; 95, 408 (417ff.) – Grundmandatsklausel; 96, 264 (278ff.) – Fraktions- und Gruppenstatus; 97, 317 (322ff.) – Überhang-Nachrücker; 97, 408 (414f.) – Gysi.

Gliederung

	Rn.
A. Herkunft, Entstehung, Entwicklung	1
I. Ideen- und verfassungsgeschichtliche Aspekte	1
1. Volksvertretung	1
2. Wahlrecht	8
II. Entstehung und Veränderung der Norm	13

Art. 38

B. Internationale, supranationale und rechtsvergleichende Bezüge 17
   I. Parlament und Abgeordnete 17
      1. Europäisches Gemeinschaftsrecht 17
      2. Rechtsvergleichende Hinweise 18
   II. Wahlrecht 21
      1. Wahlrechtsgrundsätze 21
         a) Europäisches Gemeinschaftsrecht 21
         b) Rechtsvergleichende Hinweise 22
      2. Wahlberechtigung 24

C. Erläuterungen 27
   I. Bundestag 27
      1. Funktion 27
         a) Grundlagen 27
         b) Repräsentation 31
         c) Rechtssetzung 37
         d) Wahlfunktion 40
         e) Kontrollfunktion 41
      2. Der Bundestag als Institution 46
   II. Wahlrecht (Art. 38 I 1, II, III GG) 51
      1. Bedeutung und Grundsätze (Art. 38 I 1 GG) 51
         a) Funktion 51
         b) Träger und rechtstechnische Bedeutung der Wahlrechtsgrundsätze 59
         c) Anwendungsbereich 60
         d) Einschränkbarkeit 61
      2. Allgemeinheit der Wahl 64
         a) Zweck und Inhalt 64
         b) Einschränkungen und ihre Rechtfertigung 68
      3. Unmittelbarkeit der Wahl 74
      4. Freiheit der Wahl 81
      5. Gleichheit der Wahl 92
         a) Zweck und Anwendungsbereich 92
         b) Inhalt 95
         c) Einschränkungen und ihre Rechtfertigung 98
      6. Geheimheit der Wahl 109
      7. Wahlberechtigung (Art. 38 II GG) 114
      8. Gesetzliche Ausgestaltung (Art. 38 III GG) 120
   III. Abgeordnetenstatus (Art. 38 I 2 GG) 122
      1. Funktion und Status 122
         a) Funktion als Volksvertreter 122
         b) Status der Freiheit, der Gleichheit und der Öffentlichkeit 126
         c) Begründung und Beendigung des Status 131
      2. Der Status der Freiheit 136
         a) Funktion des freien Mandats 136
         b) Weisungs- und Instruktionsfreiheit 140
         c) Parlamentarische Informations- und Teilnahmerechte 143
         d) Rechtfertigung von Beeinträchtigungen 145
      3. Der Status der Gleichheit 152
      4. Der Status der Öffentlichkeit 158
      5. Die Fraktion 161
         a) Funktion 161
         b) Rechtsstellung und parlamentarische Befugnisse 164
         c) Mitgliedschaft und innere Organisation 172
      6. Rechtsschutz 178

D. Verhältnis zu anderen GG-Bestimmungen 179

A. Herkunft, Entstehung, Entwicklung

I. Ideen- und verfassungsgeschichtliche Aspekte

1. Volksvertretung

1   Die Geschichte der Parlamente im modernen Sinne reicht weniger weit zurück als die Verwendung des Wortes »Parlament«[1]. Dennoch läßt sich der Beginn der historischen Entwicklung zum modernen Parlament in der Geschichte zurückverfolgen[2]. Dies setzt freilich voraus, daß der Blick zunächst nicht vorrangig auf die Funktion der Demokratieverwirklichung und eine Repräsentation nach modernen Maßstäben gerichtet wird, sondern auch die zentrale Stellung im Gemeinwesen und seine Dominanz im Rechtssystem als Wesenszüge eines Parlaments betrachtet werden[3].

2   Als älteste parlamentarische Demokratie gilt wegen seiner historischen Kontinuität das englische Regierungssystem. In **England**[4] wurde der Rat der Könige (Magnum Consilium) etwa seit der Mitte des 13. Jahrhunderts als »Parliament« bezeichnet. Nachdem die Magna Charta von 1215 die Erhebung neuer Steuern und Abgaben von der Zustimmung des allgemeinen Rates – bestehend aus Lehensträgern, später auch Abgesandten des einfacheren Adels und Vertretern der Städte –, dem »Parliament«, abhängig machte, entwickelte sich das englische Zweikammersystem[5]. Seit 1340 wurden üblicherweise Gesetzentwürfe als Petitionen der Commons an die Könige eingebracht und erhielten durch deren Zustimmung Gesetzeskraft. Nach dem englischen Bürgerkrieg und der Glorious Revolution (1688/89) konnten die englischen Monarchen nur noch mit Zustimmung des Parlaments regieren. Die Minister waren dem Parlament gegenüber verantwortlich. Die Bill of Rights (1689) weitete die Rechte des englischen Parlaments aus. Sie gewährte freie Wahlen, den regelmäßigen Zusammentritt des Parlaments, sein Recht, Gesetze aufzuheben, und knüpfte die Unterhaltung eines stehenden Heeres zu Friedenszeiten an die Zustimmung des Parlaments. England wurde zum Vorbild der konstitutionellen Bewegung. Diese Entwicklung ist freilich nur bedingt als Vorläufer moderner Volksvertretung zu werten, da sich die Repräsentation schon mangels eines allgemeinen Wahlrechts nicht auf das Volk als Gesamtheit bezog. Im 18. Jahrhundert entwickelte sich in England schließlich das **parlamentarische Regierungssystem**. Das Ministerium wechselte mit der Mehrheit im Parlament.

---

[1] *Achterberg*, Parlamentsrecht, S. 16 ff.; s. im einzelnen die Darstellung m. w. N. bei *H. Boldt*, Art. Parlament, parlamentarische Regierung, Parlamentarismus, in: Geschichtliche Grundbegriffe, Bd. 4, 1978, S. 649 ff.

[2] Einen Überblick geben die Texte in: H. Rausch (Hrsg.), Die geschichtlichen Grundlagen der modernen Volksvertretung, Bd. 1 (1980), Bd. 2 (1974), und K. Bosl (Hrsg.), Der moderne Parlamentarismus und seine Grundlagen in der ständischen Repräsentation, 1977. Weitere Nachweise bei *Achterberg*, Parlamentsrecht, S. 16 ff.

[3] *P. Moraw*, Hoftag und Reichstag von den Anfängen im Mittelalter bis 1806, in: Schneider/Zeh, § 1 Rn. 148; s. auch *U. Scheuner*, Das repräsentative Prinzip in der modernen Demokratie, in: K. Kluxen (Hrsg.), Parlamentarismus, 1976, S. 361 ff. (364 f.).

[4] Zur englischen Parlamentsgeschichte *J. Hatschek*, Englisches Staatsrecht, Bd. I, 1905, S. 232 ff.; *ders.*, Englische Verfassungsgeschichte, 1913, S. 203 ff.; *H. M. Cam*, Theorie und Praxis der Repräsentation im mittelalterlichen England, in: Rausch, Grundlagen (Fn. 2), Bd. 1, S. 325 ff. und *K. Kluxen*, Die geistesgeschichtlichen Grundlagen des englischen Parlamentarismus, ebd., S. 507 ff.

[5] Der Modus tenendi parliamentum, eine Streitschrift gegen die Macht des Oberhauses aus dem Jahre 1321, und das Statute of York von 1322 behandeln das noch ungeteilte, aus Lords und Commons zusammengesetzte Parlament als feste Verfassungseinrichtung.

In **Frankreich**[6] bildete sich ebenfalls im 13. Jahrhundert durch Ausdifferenzierung der Justizsachen aus der *curia regis* das »parlement«. Es stellte einen ständigen Appellationsgerichtshof mit Sitz in Paris dar. Auch die obersten Provinzgerichte trugen diesen Namen. Aus seiner Kompetenz, königliche Erlasse zu registrieren, entwickelte sich seit dem 14. Jahrhundert der Brauch, diese zuvor auch zu debattieren[7]. Die Generalstände waren Vertretungskörperschaften altständischen Typs, die einen allmählichen Bedeutungsverlust erlitten[8]. Zum vorerst letzten Male vor der Revolution wurden sie 1614 einberufen. Die Französische Revolution begann am 17. Juni 1789 damit, daß sich die Vertreter des Dritten Standes zur **Nationalversammlung** erklärten und damit beanspruchten, die gesamte Nation zu vertreten. Damit verbunden war die Ablehnung des imperativen Mandats und der Übergang zum freien Mandat[9]. Der Abbé Sieyes griff den Repräsentationsgedanken auf, der in der Revolutionsverfassung von 1791 seinen Ausdruck fand[10]. Die Volksvertretung wurde als die stärkste der staatlichen Gewalten ausgestaltet. Das späte 18. Jahrhundert sieht damit einen neuen Schub für die Ausprägung des Repräsentationsprinzips. Als Vordenker ist insbesondere John Locke zu nennen (→ Art. 20 [Demokratie] Rn. 7). Jedoch erwächst dem Gedanken der Repräsentation in Jean-Jacques Rousseau in dieser Zeit auch einer der schärfsten Kritiker (→ Art. 20 [Demokratie] Rn. 9)[11]. 3

Erstmaligen Eingang in eine moderne Verfassung findet der Repräsentationsgedanke in den **Vereinigten Staaten von Amerika** im Jahre 1787. Die amerikanische Unabhängigkeitserklärung von 1776 und die Verfassung von 1787 sind geprägt von den Lehren John Lockes und der Gewaltenteilungslehre Montesquieus. Im Gegensatz zum englischen parlamentarischen Regierungssystem führte die amerikanische Verfassung eine striktere Trennung der Gewalten ein und ergänzte diese um den Föderalismus als Element einer weiteren: vertikale Gewaltenteilung im Flächenstaat[12]. Die Abgeordneten der Zweiten Kammer wurden »representatives« genannt. 4

In **Deutschland** gab es altständische Vertretungskörperschaften auf Reichsebene wie in den Territorien[13]. Nach der Französischen Revolution kommt es zur Konfrontation der altständischen mit der modernen Konzeption[14]. Im territorialstaatlichen 5

---

[6] Dazu *R. Holtzmann*, Französische Verfassungsgeschichte, 1910; *H.L. Rudolff*, ZgStW 62 (1906), 597ff.
[7] *Boldt*, Parlament (Fn. 1), S. 649f.
[8] Dazu im Vergleich mit dem englischen Parlament *R. Fawtier*, Das englische Parlament und die französischen Generalstände im Mittelalter, in: Rausch, Grundlagen (Fn. 2), Bd. 1, S. 346ff.
[9] Dazu *C. Müller*, Das imperative und freie Mandat, 1966, S. 161ff.
[10] S. dazu *K. Loewenstein*, Volk und Parlament nach der Staatstheorie der französischen Nationalversammlung von 1789, 1922; → Art. 20 (Demokratie) Rn. 10.
[11] Vgl. *Achterberg*, Parlamentsrecht, S. 19.
[12] *A.P. Grimes*, American Political Thought, 1955; *J. Heideking*, Die Verfassung vor dem Richterstuhl – Vorgeschichte und Ratifizierung der amerikanischen Verfassung 1787–1791, 1988.
[13] *Moraw* (Fn. 3), §1, passim; *G. Oestreich*, Zur parlamentarischen Arbeitsweise der deutschen Reichstage unter Karl V. (1519–1556), sowie *ders.*, Ständetum und Staatsbildung in Deutschland, in: Rausch, Grundlagen (Fn. 2), Bd. 2, S. 242ff. und 47ff.; vgl. auch die Beiträge von *H. Helbig*, Königtum und Ständeversammlung in Deutschland am Ende des Mittelalters, sowie *ders.*, Fürsten und Landstände im Westen des Reiches im Übergang vom Mittelalter zur Neuzeit und *F.L. Carsten*, Die deutschen Landstände und der Aufstieg der Fürsten, jeweils in: Rausch, Grundlagen (Fn. 2), Bd. 2, S. 94ff., 123ff. und 315ff.
[14] Auf den Begriff gebracht von *F. Gentz*, Über den Unterschied zwischen den landständischen und den Repräsentativ-Verfassungen, 1819, abgedr. bei J.L. Klüber/K.T. Welcker (Hrsg.), Wichtige Urkun-

Deutschland findet sich das Repräsentationsprinzip einhergehend mit der Auflösung der Stände und dem Aufstieg des Bürgertums bereits in den frühen süddeutschen Verfassungen; die Abgeordneten wurden durch den Treueschwur in Abkehr vom imperativen Mandat altständischer Verfassungen auch auf das Wohl des gesamten Landes verpflichtet[15]. Als erstes gesamtdeutsches Parlament kann nicht das im wesentlichen noch aus Mitgliedern deutscher Ständeversammlungen gebildete »Vorparlament«, wohl aber die **Nationalversammlung von 1848** gelten. Das in dessen Verfassungsentwurf als Kammer des Reichstages enthaltene »Volkshaus« hätte Parlamentscharakter[16] aufgewiesen: Es bestand aus von allen volljährigen Männern allgemein und gleich gewählten Abgeordneten, wobei auf 50 000 Einwohner ein Mandat entfiel. Die **Paulskirchenverfassung** von 1849 sah in § 113 die eidliche Bindung der Abgeordneten an die Verfassung vor. Gemäß § 93 waren die Abgeordneten solche des deutschen Volkes und konnten gemäß § 96 durch Instruktionen nicht gebunden werden. In Art. 83 der **preußischen Verfassung** von 1848 und in Art. 82 der preußischen Verfassung von 1850 findet sich bereits annähernd die aus dem Grundgesetz bekannte Formulierung, nach der die Abgeordneten Vertreter des ganzen Volkes sind, nach freier Überzeugung abstimmen und an Aufträge nicht gebunden sind. Die preußische Verfassung von 1850 sah als letzte Ausprägung des landständischen Zweikammersystems ein Herrenhaus und ein Abgeordnetenhaus vor; nur letzteres setzte sich aus von Wahlmännern gewählten Mitgliedern zusammen. Die Wahlmänner wurden nach einem dreiklassigen Steuerzensuswahlrecht gewählt; die besitzenden Schichten waren demnach überrepräsentiert. Die Verfassung des **Norddeutschen Bundes** von 1867 sowie die insoweit wortlautidentische **Reichsverfassung von 1871** sahen in Art. 29 vor, daß die Abgeordneten Vertreter des ganzen Volkes, jedoch an Aufträge und Instruktionen nicht gebunden sind[17]. Die Gewissensbindung der heutigen Vorschrift fehlte, wurde aber durch die **WRV** in Art. 21 aufgenommen[18].

6   Auch wenn der Repräsentationsgedanke sich seit dem frühen 19. Jahrhundert praktisch in allen Verfassungen wiederfindet, so gewinnt er seine moderne Ausprägung und sein aktuelles Verständnis letztlich erst durch die Einführung des allgemeinen und gleichen Wahlrechts nach dem Ersten Weltkrieg (→ Art. 20 [Demokratie] Rn. 17). Mit dem Reichstag der Weimarer Reichsverfassung erlangte erstmals ein deutsches Parlament Einfluß auf die Regierungsbildung. Gemäß Art. 54 WRV bedurften Reichskanzler und Reichsminister des Vertrauens des Reichstags. Die WRV relati-

---

den für den Rechtszustand der deutschen Nation, 1845, S. 220 ff.; s. weiter H. *Brandt*, Landständische Repräsentation im deutschen Vormärz, 1968; *P.M. Ehrle*, Volksvertretung im Vormärz, Teil 1 u. 2, 1979.

[15] Vgl. etwa die Verfassung Bayerns (1818), Titel VII § 25; vgl. auch die Verfassung Badens (1819) und die Verfassung Württembergs (1819), insb. § 155. Als gegenläufiges Beispiel s. die Verfassung des Großherzogtums Hessen (1820), § 88. In der Verfassung Kurhessens (1831), § 74, taucht schließlich erstmals in einer deutschen Verfassung die Verpflichtung des Abgeordneten, sein Mandat nur nach eigener Überzeugung wahrzunehmen, als ausdrückliche Grundlage seiner Tätigkeit auf.

[16] So die Wertung bei *Achterberg*, Parlamentsrecht, S. 24 f. m. w. N.; vgl. auch *Huber*, Verfassungsgeschichte, Bd. 2, S. 829 ff.; ausführlich zu jener Epoche M. *Botzenhart*, Deutscher Parlamentarismus in der Revolutionszeit 1848–1850, 1977. Zur Paulskirchenverfassung s. auch *J.-D. Kühne*, Die Reichsverfassung der Paulskirche, 2. Aufl. 1998.

[17] Der Deutsche Reichstag von 1871 beruht als erstes nationales Parlament auf einem allgemeinen Wahlrecht, ohne allerdings die Frauen zu berücksichtigen.

[18] Dazu *Gusy*, Reichsverfassung, S. 126 f.

vierte den parlamentarischen Einfluß durch ein plebiszitär legitimiertes Staatsoberhaupt mit Regierungsmitverantwortung[19].

Die institutionsgeschichtliche Entwicklung war eingebettet in eine Auseinandersetzung mit dem Gedanken der **Repräsentation**[20]. Die ideengeschichtliche Entwicklung des Repräsentationsgedankens zeichnet sich durch Funktionsbetonungen aus, die jeweils zur Favorisierung entsprechender Konzeptionen geführt haben. Diese sind jeweils vor dem Hintergrund der jeweiligen gesellschaftlichen Realitäten, teils auch tagespolitischer Absichten und strategischer Optionen zu sehen (→ Art. 20 [Demokratie] Rn. 21). Das Verständnis des **Parlaments** und seiner Funktion im Rahmen eines repräsentativen Systems unterlag vielfältigen Wandlungen. Es entstand als eine Vertretung der Untertanen, die sich Mitwirkungsbefugnisse und damit Vetopositionen bei der Ausübung der staatlichen Gewalt erkämpften. Während in England Parlament und Monarch früh zusammengedacht wurden (»*King in Parliament*«), wurden die deutschen Landstände und Landtage als dem – monarchisch bestimmten – Staat gegenüberstehend verstanden. Unter dem Einfluß des Gedankens der Volkssouveränität gewann der Begriff der Volksvertretung Bedeutung und deutete einen Verständniswandel an. Das Parlament als Staatsorgan ist eine vergleichsweise späte Konzeption, zumal in seiner Funktion als Volksvertretung[21]. 7

2. Wahlrecht

Das Wahlrecht, sowohl das aktive als auch das passive, erfuhr in seiner Geschichte[22] nach anfänglicher hochgradiger Selektivität eine **ständige Verbreiterung seiner Basis**. Nach der Bayerischen Verfassung von 1818 mußte für das aktive wie das passive Wahlrecht noch ein Bündel von Kriterien erfüllt sein. Titel IV, § 12 setzte ein Mindestalter von 30 Jahren, einen Mindestzensus sowie die Zugehörigkeit zu einer der drei christlichen Konfessionen (→ Art. 4 Rn. 8) voraus. Ausgeschlossen waren neben den Frauen die unteren Schichten, Straftäter und Angehörige anderer Bekenntnisse, insbesondere die seit Jahrhunderten ansässigen Juden. Außerdem bestand das Wahlrecht nur innerhalb des jeweiligen Standes. Die Bedingungen für das Wahlrecht erlaubten nur ca. 10–15% der Bevölkerung die Teilnahme an den Wahlen[23], was aber schon ein Mehrfaches der frühen englischen Quoten darstellte. In den verschiedenen **Verfassungen des Vormärz** finden sich im wesentlichen dieselben Kriterien in unterschiedlichen Ausprägungen. Das Wahlrecht entsprach nicht immer den Grundsätzen der Unmittelbarkeit und der Geheimheit der Wahl[24]. Erst das Revolutionsjahr 1848 brachte hier ei- 8

---

[19] Zum Ganzen *Gusy*, Reichsverfassung, S. 98 ff.
[20] Dazu umfassend H. *Hofmann*, Repräsentation, 2. Aufl. 1990; s. weiter H. Rausch (Hrsg.), Zur Theorie und Geschichte der Repräsentation und Repräsentativverfassung, 1968; G. *Leibholz*, Das Wesen der Repräsentation und der Gestaltwandel der Demokratie im 20. Jahrhundert, 1929; in Anwendung auf den Parlamentarismus H. *Hofmann*/H. *Dreier*, Repräsentation, Mehrheitsprinzip und Minderheitenschutz, in: Schneider/Zeh, § 5 Rn. 1 ff., 21 ff.
[21] Dazu jetzt C. *Schönberger*, Das Parlament im Anstaltsstaat, 1997.
[22] Zur geschichtlichen Entwicklung des Wahlrechts in Deutschland vgl. F.R. *Klein*, Die Entwicklung der Wahlrechtsgrundsätze bei Parlamentswahlen in Deutschland, Diss. Freiburg 1954; H. *Fenske*, Wahlrecht und Parteiensystem, 1972; vgl. für England W.R. *Anson*, Law and Custom of the Constitution, Part I, Parliament, 1886, Neudruck 1970, S. 89.
[23] H. *Boldt*, Deutsche Verfassungsgeschichte, Bd. 2, 1993, S. 80.
[24] So sah das badische Wahlgesetz vom 23. 12. 1818 eine geheime Wahl vor; im Gegensatz dazu be-

ne Ausweitung des Wahlrechts, die Frauen waren weiterhin ausgeschlossen[25]. Im **Königreich Hannover** bestand nach § 92 der Verfassung von 1840 die einzige nachweisbare **Wahlpflicht** in einem deutschen Staat.

9 Die **Preußische Verfassung** von 1848, die auf einem Zweikammersystem beruhte, sah die erste Kammer gemäß Art. 65 noch als Kammer der Provinzialvertretungen an. Das passive Wahlrecht bestand hier ab 40 Jahren; der zu Wählende mußte im Vollbesitz seiner staatsbürgerlichen Rechte und seit mindestens fünf Jahren Staatsbürger sein. Durch die Revision von 1850 wurde die Provinzialkammer allerdings zum Oberhaus des Adels umgestaltet[26]. An der Wahl zur zweiten Kammer konnte sich jeder, der im Vollbesitz der staatsbürgerlichen Rechte war, ab einem Alter von 24 Jahren beteiligen[27]. Das passive Wahlrecht bestand jedoch erst ab dem 30. Lebensjahr und der Innehabung der Staatsangehörigkeit seit mindestens einem Jahr[28]. Zur gleichen Zeit trat jedoch auch das **Dreiklassenwahlrecht** nach Steuerzensus[29] in Kraft, das zu einer extremen Ungleichbehandlung der unteren Gesellschaftsschichten führte. Nicht nur diese Ungleichheit prägte das preußische Wahlsystem, sondern es sah des weiteren weder Unmittelbarkeit noch Geheimheit der Wahl vor; immerhin war es als allgemeines Männerwahlrecht ausgestaltet.

10 Die **Paulskirchenverfassung** überließ nach § 94 den gesamten Bereich des Wahlrechts bis auf die Bestimmung der Wahlperiode einem zu schaffenden Reichsgesetz. Die Verfassung des Norddeutschen Bundes von 1867 und die auch insoweit identische **Reichsverfassung von 1871** sahen in Art. 20 allgemeine, direkte und geheime Wahlen vor. Nach § 1 des Wahlgesetzes des Norddeutschen Bundes von 1867 hatte jeder unbescholtene Bürger ab 25 Jahren das Wahlrecht, ausgeschlossen waren Bankrotteure sowie die Empfänger von Armenunterstützung.

11 In **Art. 22 WRV** wurde das Wahlrecht explizit ausgeweitet. Aktives und passives Wahlrecht wurden an die Vollendung des 20. Lebensjahres geknüpft, ausdrücklich wurde das **Frauenwahlrecht** festgeschrieben[30]. Auch wurde explizit das **Verhältniswahlrecht**[31] in Art. 22 WRV niedergelegt, ein Punkt, der wohl insbesondere auf die Erfahrungen der Sozialdemokratie im Kaiserreich zurückzuführen sein dürfte, da keine andere Partei derart vieler Stimmen zum Gewinn eines Mandates bedurfte wie sie. Selbst in der Wahl von 1912, als die Sozialdemokraten stärkste Fraktion wurden, wirkte das Kandidatenwahlrecht sich negativ für sie aus. In der Weimarer Republik führte das Verhältniswahlsystem jedoch zu einer Zersplitterung des Parteiensystems, was die Schaffung stabiler Mehrheiten erschwerte.

12 Der Wahlprinzipienkanon des Art. 38 II GG fand sich mit Ausnahme der Freiheit

---

stimmten die Wahlgesetze Bayerns und Württembergs ausdrücklich die Abgabe unterzeichneter Stimmzettel.

[25] *Kühne*, Reichsverfassung (Fn. 16), S. 410 ff.
[26] Art. 68 PrVerf. (1850).
[27] Art. 70 PrVerf. (1848); Art. 67 PrVerf. (1850).
[28] Art. 74 PrVerf. (1848); Art. 71 PrVerf. (1850).
[29] *Huber*, Verfassungsgeschichte, Bd. 3, S. 85 ff.
[30] Zur geschichtlichen Entwicklung des Frauenwahlrechts vgl. *K. Eulers*, Frauen im Wahlrecht, 1991, S. 19 ff.; zum internationalen Vergleich der Einführung des Frauenwahlrechts s. die Übersicht bei *D. Nohlen*, Wahlrecht und Parteiensystem, 2. Aufl. 1990, S. 33; allgemein zur geschichtlichen Entwicklung der Frauenbewegung s. *O. Dann*, Gleichheit und Gleichberechtigung, 1980, S. 236 ff.
[31] Dazu *Nohlen*, Wahlrecht (Fn. 30), S. 185 ff.

der Wahl bereits in Art. 22 WRV, die Freiheit der Wahl wurde jedoch durch Art. 125 WRV gewährleistet.

II. Entstehung und Veränderung der Norm

In Art. 45 II, III HChE war zunächst ein Festbestand von 400 nebst 30 Berliner Abgeordneten vorgesehen. Für beitretende Länder sollten weitere Sitze geschaffen werden[32]. Auf eine feste Anzahl wurde jedoch, da diese umstritten war, im weiteren verzichtet. Im **Parlamentarischen Rat** wurden zunächst die Wahlgrundsätze des Art. 22 I WRV wieder aufgegriffen, als neues Element die in der WRV separat normierte (→ Rn. 12) Freiheit der Wahl zusätzlich in den Katalog aufgenommen, was insbesondere auf den Erfahrungen mit der nationalsozialistischen Diktatur beruhte[33]. Die Frage nach dem konkreten Wahlsystem wurde offengelassen. Im Vergleich zu den Vorschriften der WRV für das aktive und passive Wahlrecht hatte der HChE in Art. 45 das Wahlrecht wieder eingegrenzt; das passive Wahlrecht sollte wieder auf diejenigen, die das 25. Lebensjahr vollendet, das aktive Wahlrecht auf die, die das 21. Lebensjahr vollendet hatten, begrenzt werden[34]. Lediglich der KPD-Abgeordnete Renner befürwortete im Parlamentarischen Rat, das aktive Wahlrecht bereits ab dem 18., das passive ab dem 21. Geburtstag festzuschreiben[35].

13

Sehr strittig war die Aufnahme einer die **5%-Sperrklausel** ermöglichenden Vorschrift in die Verfassung. Die Aufnahme wurde insbesondere deshalb befürwortet, da allgemein davon ausgegangen wurde, daß eine solche einfachgesetzlich eingeführte Sperrklausel ohne verfassungsrechtliche Grundlage verfassungswidrig sei. Aufgrund der vorgetragenen Bedenken, die insbesondere einen Verstoß gegen die Wahlgleichheit sahen, wurde die Sperrklausel mit knapper Mehrheit schließlich abgelehnt[36].

14

Die deutsche Wiedervereinigung führte für die erste gesamtdeutsche Wahl zu der Notwendigkeit zweier getrennter Gebiete, auf die sich jeweils die Sperrklausel bezog[37]. Heute gilt deshalb wieder eine einheitliche Sperrklausel für das gesamte Wahlgebiet.

15

Art. 38 GG wurde bislang einmal **geändert.** Durch das 27. Änderungsgesetz vom 31.07. 1970 wurde in Absatz 2 das aktive Wahlrecht von 21 auf 18 Jahre herabgesetzt. Hinsichtlich des passiven Wahlrechts wurde auf den Eintritt der Volljährigkeit Bezug genommen[38]. Das Auseinanderfallen von aktivem und passivem Wahlrechtsalter wurde durch die Herabsetzung des Volljähigkeitsalters auf die Vollendung des 18. Lebensjahres in § 2 BGB im Jahre 1974 beendet.

16

---

[32] JöR 1 (1951), S. 349.
[33] *I. v. Münch*, in: v. Münch/Kunig, GG II, Art. 38 Rn. 30; wohl auch *J.A. Frowein*, AöR 99 (1974), 72 (103).
[34] Vgl. JöR 1 (1951), S. 349ff.
[35] JöR 1 (1951), S. 352.
[36] JöR 1 (1951), S. 352. Zur späteren Entstehung der Sperrklausel *H. Meier*, Wahlsystem und Verfassungsordnung, 1973, S. 25ff.
[37] Vgl. dazu BVerfGE 82, 322 (342). Zur ersten gesamtdeutschen Wahl *M. Brenner*, AöR 116 (1991), 537ff.
[38] Zur Divergenz von aktivem und passivem Wahlrecht zwischen 1949 und 1974 die Übersicht bei *H. Ménudier*, Parteien und Wahlen, 1986, S. 36.

B. Internationale, supranationale und rechtsvergleichende Bezüge

I. Parlament und Abgeordnete

1. Europäisches Gemeinschaftsrecht

17 Nach Art. 137 (189 n.F.) EGV besteht das Europäische Parlament aus **Vertretern der Völker**. Im Gegensatz zu Art. 38 I 2 GG wird im Europäischen Parlament damit kein »europäisches Volk«, das es als solches wohl auch nicht gibt, repräsentiert, sondern es werden die einzelnen Nationen in der jeweiligen nationalen Gruppe im Parlament vertreten[39] (→ Art. 20 [Demokratie] Rn. 32). Gleichwohl ist ein erster Schritt[40] in die Richtung einer Repräsentation auf europäischer Ebene gegangen worden[41]. Die Abgeordneten selbst sind an Aufträge und Weisungen nicht gebunden[42].

2. Rechtsvergleichende Hinweise

18 Die Verfassungen der Mitgliedstaaten der Europäischen Union sehen nahezu durchgängig das Prinzip der **Repräsentation** explizit vor[43], denn es entscheiden jeweils die Parlamente für das Volk[44].

19 Die Mehrheit der Verfassungen bestimmt, daß die **Abgeordneten** Vertreter des ganzen Volkes sind[45]. Die Freiheit des Abgeordneten von externen Bindungen ist ebenfalls gemeineuropäisches[46] Rechtsgut[47].

20 In den neuen Verfassungen der jungen Demokratien **Osteuropas** ist das Repräsentationsprinzip ebenfalls nahezu durchgehend ausdrücklich verankert. Besonders in der Litauischen Verfassung wird seine Bedeutung plastisch[48]. Art. 104 I der Polnischen

---

[39] *I. Pernice*, Die Verwaltung 1993, 449 (483); *A. Schmitt Glaeser*, Grundgesetz und Europarecht als Elemente Europäischen Verfassungsrechts, 1996, S. 210.

[40] Es handelt sich um einen ersten Schritt, denn das Parlament kann nur dann mitsprechen, wenn es der EG-Vertrag vorsieht; ein Parlamentsprimat wie in Art. 80 I 2 GG ist europarechtlich nicht vorgesehen; vgl. *T. v. Danwitz*, Verwaltungsrechtliches System und Europäische Integration, 1996, S. 167; zum bestehenden Demokratiedefizit auch nach »Maastricht« vgl. *P. Häberle*, Europäische Rechtskultur, 1994, S. 85, 276.

[41] Vgl. *G. Haverkate*, Verfassungslehre, 1992, S. 351; *K.M. Meessen*, NJW 1994, 549 (552).

[42] Art. 4 I 2 des Aktes zur Einführung allgemeiner unmittelbarer Wahlen der Abgeordneten des Europäischen Parlaments (Akt EP-Wahl) zum Status des Abgeordneten; *R. Fleuter*, Mandat und Status des Abgeordneten im Europäischen Parlament, 1991, S. 104 ff.; *W. Läufer*, in: Grabitz/Hilf, EGV, Art. 138 (1995), Rn. 30 ff.

[43] *P.M. Huber*, Die Rolle des Demokratieprinzips im europäischen Integrationsprozeß, in: T. Ellwein u.a. (Hrsg.), Jahrbuch zur Staats- und Verwaltungswissenschaft, Bd. 6 (1992/1993), S. 179 ff. (179); zu Durchbrechungen durch Volksentscheide s. §§ 20 II 2, 42 Verfassung Dänemarks; Art. 11, 89 II 2, III 1 Verfassung Frankreichs; Art. 44 II Verfassung Griechenlands; Art. 71 S. 2, 75, 132 II, 138 II, III Verfassung Italiens; Art. 27, 46 II, 47 Verfassung Irlands; Art. 118 Verfassung Portugals; Art. 23 I, 87 III, 92, 167 III, 168 III Verfassung Spaniens. → Art. 20 (Demokratie) Rn. 54.

[44] Keine explizite Verankerung hat das Repräsentationsprinzip in der Verfassung Schwedens gefunden. Alten Vorstellungen verhaftet bleibt Art. 16 II Verfassung Irlands, wonach die Parlamentsmitglieder gesetzlich bestimmte Wahlkreise vertreten.

[45] Z.B. Art. 42 Verfassung Belgiens; Art. 50 Verfassung der Niederlande; Art. 152 III Verfassung Portugals und Art. 66 I Verfassung Spaniens.

[46] Zum Begriff *Häberle*, Rechtskultur (Fn. 40), S. 37 f.

[47] S. etwa für Griechenland Art. 60 I; Frankreich Art. 27 I; Österreich Art. 56; Dänemark § 56; Italien Art. 67; Luxemburg Art. 50 II.

[48] Art. 55 und 59 sehen ausdrücklich die Repräsentation des Volkes vor. Art. 59 garantiert darüber

Verfassung⁴⁹ verzichtet auf die Gewissensformulierung, macht dafür aber ausdrücklich deutlich, daß die Abgeordneten keinem *recall* unterworfen sind. Der Sache nach ist auch in der Tschechischen Verfassung die Freiheit des Abgeordneten enthalten⁵⁰. Ebenfalls auf die Gewissensformulierung verzichtet Art. 82 der Slowenischen Verfassung, während Art. 62 der Mazedonischen Verfassung⁵¹ einen Ausschluß der Bindung an Aufträge und Weisungen nicht enthält.

II. Wahlrecht

1. Wahlrechtsgrundsätze

a) Europäisches Gemeinschaftsrecht

Art. 138 III (190 I, IV n.F.) EGV definiert für die Wahlen zum Europäischen Parlament nur allgemeine und unmittelbare Wahlen; weitere Wahlrechtsgrundsätze werden nicht festgeschrieben⁵². Die Wahlrechtsgleichheit im Sinne einer **Erfolgswertgleichheit fehlt**⁵³, da die Mitgliedstaaten mit unterschiedlicher Mächtigkeit im Europäischen Parlament vertreten sind⁵⁴ und nach unterschiedlichen Wahlsystemen wählen, die jeweils die nationalen Parlamente festlegen.

21

b) Rechtsvergleichende Hinweise

Die **Wahlrechtsgrundsätze** des Art. 38 I 1 GG gehören zum Standardrepertoire der modernen westlichen Demokratien⁵⁵. So finden sich in den meisten europäischen Verfassungen Normen zur Allgemeinheit⁵⁶, Unmittelbarkeit⁵⁷, Gleichheit⁵⁸, Geheimheit⁵⁹ und Freiheit⁶⁰. In den westlichen Industriestaaten existieren Mehrheits-, Verhältnis- und Mischwahlsysteme⁶¹. Die Freiheit der Wahl ist nicht gemein-

22

---

hinaus die Freiheit des Abgeordneten von externen Zwängen; ähnlich die Verfassungen der Slowakischen Republik und Bulgariens.

⁴⁹ Abgedruckt in: JöR 43 (1995), 247 ff.

⁵⁰ Vgl. Art. 26 der Verfassung, wonach die Abgeordneten ihr Mandat im Einklang mit ihrem Gelöbnis ausüben und an Weisungen nicht gebunden sind.

⁵¹ Abgedruckt in: JöR 45 (1997), 181 ff.

⁵² Zur Wahl zum Europäischen Parlament s. *C. Lenz*, Ein einheitliches Verfahren für die Wahl zum Europäischen Parlament, 1995; *Nohlen*, Wahlrecht (Fn. 30), S. 234 ff.

⁵³ Art. 8 Akt EP-Wahl (Fn. 42) regelt immerhin, daß jeder Wähler nur eine Stimme besitzt; zur Problematik der Gleichheit der Wahl zum Europäischen Parlament vgl. *Huber*, Rolle (Fn. 43), S. 199 ff.

⁵⁴ Vgl. Art. 2 Akt EP-Wahl (Fn. 42); Art. 190 II EGV n.F.

⁵⁵ Eine Übersicht über die Wahlsysteme von Großbritannien, Frankreich, Deutschland und Spanien bei *Nohlen*, Wahlrecht (Fn. 30), S. 139 ff.

⁵⁶ Belgien (Art. 61 II); Dänemark (§ 31 I); Griechenland (Art. 51 IV); Italien (Art. 56 S. 1) und Luxemburg (Art. 51 V).

⁵⁷ Belgien (Art. 61 I); Dänemark (§ 31 I); Frankreich (Art. 24 II); Griechenland (Art. 51 III); Luxemburg (Art. 51 III); Niederlande (Art. 54 I); Österreich (Art. 26 I); Portugal (Art. 116 I); Schweden (Kapitel 3 § 1).

⁵⁸ Belgien (Art. 61 II); Irland (Art. 16 I Nr. 4); Italien (Art. 48 II); Österreich (Art. 26 I 1).

⁵⁹ Belgien (Art. 62 III 1); Dänemark (§ 31 I); Griechenland (Art. 51 III); Irland (Art. 16 I Nr. 4); Italien (Art. 48 II); Niederlande (Art. 53 II); Österreich (Art. 26 I 1); Portugal (Art. 116 I); Schweden (Kapitel 3 § 1).

⁶⁰ Italien (Art. 48 II) und Schweden (Kapitel 3 § 1).

⁶¹ Dazu *Nohlen*, Wahlrecht (Fn. 30), S. 131 ff.

europäisch⁶². In den neuen Demokratien **Osteuropas** sowie den Staaten auf dem Boden des ehemaligen Jugoslawiens wurden die Wahlgrundsätze ebenfalls weitgehend festgeschrieben; zum Teil wird auch das Wahlsystem in den Verfassungen bestimmt⁶³.

23 Die **Landesverfassungen** zeichnen sich in ihren wahl- und mandatsrechtlichen Regelungen durch große Vielfalt aus; gleichwohl werden sie mehrheitlich ihrer Bindung aus Art. 28 I GG (→ Rn. 60, 179; → Art. 28 Rn. 59, 66f.) gerecht⁶⁴. Zulässig ist etwa die Privilegierung nationaler Minderheiten (→ Rn. 105); als prekär stellt sich hingegen das »ruhende Mandat« in Bremen und Hamburg dar (→ Rn. 79).

2. Wahlberechtigung

24 Hinsichtlich der Wahlberechtigung wird zwischen aktiver und passiver Wahlberechtigung, besonderen Ausschlußgründen, etwa geistigen Gebrechen, und Inkompatibilitätsvorschriften differenziert; diese werden in den einzelnen nationalen Wahlsystemen unterschiedlich geregelt.

25 **Europarechtliche Regelungen** finden sich nur zur Frage der Inkompatibilität⁶⁵. Die nur fragmentarische Regelung ist auch konsequent, da das eigentliche Wahlrecht in die Hand der nationalen Gesetzgeber gelegt ist (→ Rn. 21).

26 Das **aktive Wahlrecht** wird mit Vollendung des 18.⁶⁶, aber vereinzelt auch mit Vollendung des 19.⁶⁷ oder 21.⁶⁸ Lebensjahres gewährleistet. Das **passive Wahlrecht** gewährt Slowenien mit der Vollendung des 18. Lebensjahres am frühesten⁶⁹; in anderen europäischen Staaten wird die Wählbarkeit mit Vollendung des 21.⁷⁰ oder 25.⁷¹ Le-

---

⁶² Eine zum Teil strafbewehrte Wahlpflicht besteht in: Belgien (Art. 62 III); Griechenland (Art. 51 V); Portugal (Art. 49 II) und Italien (Art. 48 II 2).

⁶³ So ist die Wahl ausdrücklich allgemein, geheim, gleich und direkt gemäß Art. 96 II Verfassung Polens; Art. 30 III Verfassung der Slowakei; Art. 80 Verfassung Sloweniens; Art. 62 Verfassung Mazedoniens; Art. 60 Verfassung Estlands (ohne Gleichheit); Art. 55 Verfassung Litauens und Art. 18 Verfassung Tschechiens (ohne Geheimheit). Ausdrücklich für das Verhältniswahlrecht haben sich Polen in Art. 96 II und die Tschechische Republik in Art. 18 ihrer Verfassungen entschieden, ebenso der Verfassungsvorschlag für Bosnien-Herzegowina in Art. 3 (abgedruckt in: JöR 45 [1997], 293ff.).

⁶⁴ Dazu mit umfangreichen Nachweisen zu den einschlägigen Normen *P. Badura*, Die Stellung des Abgeordneten nach dem Grundgesetz und den Abgeordnetengesetzen in Bund und Ländern, in: Schneider/Zeh, § 15 Rn. 25f., 74ff.; *M. Herdegen*, Institute des Verfassungsrechts der Länder, in: HStR IV, § 97 Rn. 17ff., 26; *C. Starck*, Die Verfassungen der neuen Länder, in: HStR IX, § 208 Rn. 23ff.; Einzelfälle bei *v. Münch* (Fn. 33), Art. 38 Rn. 78.

⁶⁵ Art. 5 und 6 Akt EP-Wahl (Fn. 42); s. dazu *Fleuter*, Mandat (Fn. 42), S. 106f.

⁶⁶ Belgien (Art. 61 I); Finnland (§ 11); Irland (Art. 16 I Nr. 2); Luxemburg (Art. 52 I Nr. 2); Niederlande (Art. 54 I); Portugal (Art. 49 I); Schweden (Kapitel 3 § 2); Polen (Art. 95); Estland (Art. 57); Litauen (Art. 34); Tschechien (Art. 18) und Slowenien (Art. 43). Italien rekurriert auf die Volljährigkeit (Art. 48 I) und Dänemark überläßt das Wahlalter der Bestimmung durch Volksentscheid (§ 29 II).

⁶⁷ Art. 26 I Verfassung Österreichs.

⁶⁸ Art. 74 II Verfassung der Slowakischen Republik.

⁶⁹ Art. 43 Verfassung Sloweniens.

⁷⁰ Art. 64 Nr. 3 Verfassung Belgiens; Art. 16 I Verfassung Irlands; Art. 52 II Nr. 3 Verfassung Luxemburgs; Art. 26 IV Verfassung Österreichs; Art. 95 Verfassung Polens; Art. 60 Verfassung Estlands; für die Abgeordnetenkammer Art. 18 Verfassung Tschechiens (für die Senatswahlen ist die Vollendung des 40. Lebensjahres erforderlich) und Art. 74 II Verfassung der Slowakei.

⁷¹ Art. 55 I Verfassung Griechenlands; Art. 56 S. 3 Verfassung Italiens; Art. 56 Verfassung Litauens.

bensjahres erreicht[72]. Viele Verfassungen regeln auch **Ausschluß-**[73] und **Inkompatibilitätsvorschriften**[74].

C. Erläuterungen

I. Bundestag

1. Funktion

a) Grundlagen

Der Bundestag ist die **Volksvertretung** und als solche im Zeichen der Volkssouveränität (→ Art. 20 [Demokratie] Rn. 76 ff., 88) das **zentrale Staatsorgan** der Bundesrepublik Deutschland. Das Volk als Quelle und Träger der Staatsgewalt äußert sich im Bereich des Bundes – sieht man von den randständigen Art. 29, 118, 118a GG ab – unmittelbar nur in der Wahl zum Bundestag, woraus ein demokratischer Legitimitätsvorrang dieses Staatsorganes erwächst. Daraus folgt nicht ein Legitimitätsmangel anderer Staatsorgane, aber die Notwendigkeit, die Volksvertretung bei der Begründung der Legitimation aller staatlichen Gewalt zu beteiligen. In dieser Ausgestaltung des Verfassungsorgans Bundestag liegt zugleich ein Bekenntnis des Grundgesetzes zu einer **repräsentativen Demokratie**[75]; das Volk als Souverän herrscht nicht unmittelbar, sondern wird vom Parlament repräsentiert. Nach Art. 20 II 1 GG muß jedes Staatsorgan und alles Staatshandeln um seiner Legitimation willen auf das Volk, d.h. institutionspraktisch auf das Parlament, zurückführbar sein (→ Art. 20 [Demokratie] Rn. 104 ff.)[76].

27

Die dem Bundestag vom Grundgesetz übertragenen Aufgaben lassen sich nach mehreren **Funktionen** ordnen. Diese Funktionsbeschreibungen haben keine rechtliche Relevanz, sie sind vielmehr Hilfskonstruktionen, die sich immer am Verfassungstext rechtfertigen müssen, sich aber seit langem bewährt haben[77] und das Verfassungsrechtsdenken anleiten können. Die maßgeblichen Funktionen des Parlaments sind also dem Grundgesetz zu entnehmen. Dieses kennt allerdings keine ausdrückliche Bestimmung über die Funktionen des Bundestages[78]. Aus den einzelnen Vorschriften über Aufgaben und Befugnisse lassen sich die wesentlichen Funktionen des Bundestages konstruieren. Dabei ist die konkrete Bedeutung einzelner Bestimmungen aus dem Gesamtzusammenhang der Verfassung zu erschließen, insbesondere den Eigenarten eines parlamentarischen Regierungssystems und dem differenzierten Zusammenspiel

28

---

[72] § 30 der Verfassung Dänemarks verweist auf die Regelungen zum aktiven Wahlrecht (§ 29 II).
[73] Dänemark (§§ 29 I, 30 I); Griechenland (Art. 51 III 2); Irland (Art. 16 I Nr. 1); Italien (Art. 48 II); Luxemburg (Art. 52 I Nr. 2, II Nr. 2); Niederlande (Art. 54 II); Österreich (Art. 26 V); Portugal (Art. 49 I) und Spanien (Art. 68 V 1).
[74] Griechenland (Art. 56, 57 I); Portugal (Art. 153); Spanien (Art. 70 I); ausdrücklich gegen eine Inkompatibilität von Landesbeamten § 30 II Verfassung Dänemarks.
[75] Vgl. *Achterberg/Schulte*, GG VI, Art. 38 Rn. 8 f.; dazu auch *W. Henke*, DVBl. 1973, 553 ff.
[76] BVerfGE 44, 125 (138 f.); 83, 60 (71 f.); 93, 37 (66 f.). Angesichts des föderalen Staatsaufbaus gewährleistet Art. 28 I GG, daß die Staatsgewalt auch in den Ländern demokratisch legitimiert ist; → Art. 28 Rn. 59, 65 ff.
[77] Vorbildhaft wirkt die klassische Aufgabenbeschreibung durch *W. Bagehot*, The English Constitution, 1867, Neudruck 1978, S. 151 ff.
[78] *S. Magiera*, in: Sachs, GG, Art. 38 Rn. 4; *Stern*, Staatsrecht II, S. 40 f.

von Minderheit und Mehrheit im Parlament sowie zwischen Parlament und Regierung.

29 Die **Grundfunktion** des Bundestages ist mit seiner Stellung als Volksvertretung beschrieben: Für alle Einzelbefugnisse grundlegend ist die **Repräsentationsfunktion**. Der Bundestag repräsentiert das Volk und bildet dadurch die Legitimationsgrundlage aller staatlichen Gewalt. Auf Bundesebene ist damit der Bundestag Ausgangspunkt der Delegation staatlicher Zuständigkeiten und der Begründung von Verantwortungszusammenhängen. Das Parlament kann staatliche Befugnisse an Funktionsträger delegieren, indem es diese wählt und so Legitimation auf sie überträgt. Für die Ausübung dieser übertragenen Befugnisse bleibt der Bundestag gegenüber dem Volk verantwortlich. Seinerseits kontrolliert der Bundestag die von ihm Ermächtigten für das Volk. Die Repräsentationsfunktion hat damit zwei Stoßrichtungen: **Legitimation und Kontrolle**. Die im Grundgesetz an verschiedenen Stellen erwähnten Aufgaben und Befugnisse des Bundestags lassen sich unter diesen beiden Gesichtspunkten zusammenfassen (→ Rn. 31 ff.).

30 Die **Form** der parlamentarischen Willensbildung ist für die Herausarbeitung unterschiedlicher Parlamentsfunktionen wenig ergiebig[79].

b) Repräsentation

31 Als Volksvertretung repräsentiert der Bundestag das deutsche Volk (→ Art. 20 [Demokratie] Rn. 78, 88). »Repräsentation« macht die Vielzahl der Bürger politisch handlungs- und entscheidungsfähig. Mit dem traditionsreichen Begriff[80] ist letztlich die Tatsache gemeint, daß es der Organisation bedarf, wenn das Volk die Ausübung der staatlichen Machtbefugnisse bestimmen soll. Die Organisationsmodelle und Verfahrensformen, die dem Volk die maßgebliche Bestimmungsmacht über die staatliche Gewalt verschaffen sollen, können variieren, der Organisation bedarf es aber immer. Damit besteht kein kategorialer Unterschied zwischen repräsentativer und unmittelbarer Demokratie (→ Art. 20 [Demokratie] Rn. 78)[81], auch letztere bedarf der organisatorischen Ausgestaltung. Die Repräsentation des Volkes beinhaltet zum einen das Handeln für das Volk und zum anderen die Verantwortlichkeit gegenüber dem Volk. So wird zu Recht auch von **Volksvertretung** gesprochen[82]. Dabei meint »Vertretung« des Volkes nicht die Figur des bürgerlichen Rechts; anders als dort besteht gerade kein Weisungsverhältnis zwischen den Vertretenen und den Vertretern. Vielmehr handelt es sich um einen eigenständigen verfassungsrechtlichen Begriff[83], der abgeleitet wird

---

[79] Zur Einteilung entsprechend der Form vgl. *P. Laband*, Das Staatsrecht des deutschen Reiches, Bd. 1, 5. Aufl. 1911, Neudruck 1964, S. 299; kritisch wie hier auch *Magiera* (Fn. 78), Art. 38 Rn. 22; *Stern*, Staatsrecht II, S. 48.

[80] Als Überblick m.w.N. *Hofmann/Dreier* (Fn. 20), § 5 Rn. 1ff., 21ff.; s. auch *W. Henke*, DVBl. 1973, 553 (554ff.); *Hofmann*, Repräsentation (Fn. 20); *Leibholz*, Wesen (Fn. 20); Rausch, Theorie (Fn. 20); *M. Schröder*, Grundlagen und Anwendungsbereich des Parlamentsrechts, 1979, S. 140f.; *C. Wefelmeier*, Repräsentation und Abgeordnetenmandat, 1991, S. 55ff.

[81] Anders aber *Magiera* (Fn. 78), Art. 38 Rn. 6; *T. Maunz*, in: Maunz/Dürig, GG, Art. 38 (1991), Rn. 1f.; *Stern*, Staatsrecht II, S. 37.

[82] Zum Bundestag als Volksvertretung BVerfGE 80, 188 (217f.).

[83] *Magiera* (Fn. 78), Art. 38 Rn. 15; auch *Maunz* (Fn. 81), Art. 38 Rn. 1; *Schröder*, Grundlagen (Fn. 80), S. 275; letztlich nicht anders *H. Meyer*, Die Stellung der Parlamente in der Verfassungsordnung des Grundgesetzes, in: Schneider/Zeh, § 4 Rn. 1.

von den Abgeordneten des Bundestages, die in Art. 38 I 2 GG als weisungsunabhängige Vertreter des ganzen Volkes begriffen werden (→ Rn. 136).

Dieses Vertreterverhältnis impliziert das Prinzip der parlamentarischen **Öffentlichkeit**[84], wie es in Art. 42 I 1 GG ausformuliert ist (→ Art. 42 Rn. 14ff., 20f.). Die Vertretenen müssen über das Handeln der Vertreter informiert sein, sollen sie diese kontrollieren und beeinflussen können. Aber auch dort, wo die Abgeordneten Kontrollaufgaben wahrnehmen, handeln sie letztlich für das Volk, so daß auch diese Kontrollaktivitäten öffentlich sein sollen (→ Art. 44 Rn. 41). Weil der Bundestag für das Volk steht und für dieses entscheidet, dient er auch als »Forum der Nation«, er erörtert die Angelegenheiten, welche die Gemeinschaft interessieren. Insofern kommt ihm eine wichtige Thematisierungsfunktion[85] in der politischen Öffentlichkeit zu. Die Öffentlichkeit ist eine – in der Demokratie notwendige (→ Art. 20 [Demokratie] Rn. 73) – Wirkdimension des Parlaments, welche die Einzelfunktionen erst erfüllbar macht, sie ist aber nicht als selbständige Funktion des Parlaments zu verstehen[86]. 32

Der Bundestag ist als einziges Staatsorgan unmittelbar vom Volk legitimiert und besitzt damit insofern ein weitgehendes **Legitimationsmonopol**, als die Legitimation der von anderen staatlichen Stellen ausgeübten Staatsgewalt eine von ihm abgeleitete ist. Die Formel von der Notwendigkeit einer »ununterbrochenen Legitimationskette«, die über den Bundestag auf das Volk zurückreicht[87], bringt dies zum Ausdruck. Aus diesem Legitimitätsvorsprung erklärt sich eine bevorzugte Stellung des Bundestages, die ihn als »**demokratisches Zentralorgan**« erscheinen läßt. Das bedeutet konkret, daß alle **wesentlichen Entscheidungen** in seine Hand gelegt sind, insbesondere nicht von der Exekutive allein getroffen werden können (→ Art. 20 [Demokratie] Rn. 104ff., 109ff.). 33

Der **Vorbehalt des Gesetzes**[88] ist der klassische verfassungsrechtliche Begriff zur Sicherung der Befugnisse des Parlaments und seiner Bestimmungsmöglichkeiten. Die Form des Gesetzes wird von Verfassungs wegen für eine ganze Reihe von Entscheidungen gefordert, bei denen das Parlament eine maßgebliche Rolle spielen soll. Dies ist gesichert durch den Stand der Doktrin und auch der Verfassungstexte für Grundrechtseingriffe (→ Vorb. Rn. 89)[89]. Der Primat des Parlaments wird weiter dadurch gesichert, daß nach Art. 110 II GG der Haushalt durch Gesetz festgestellt wird und Verträge auf dem Gebiet der auswärtigen Beziehungen nach Art. 59 II GG der Zustimmung in der Form eines Gesetzes bedürfen. Weitere »Parlamentsschutznormen« ver- 34

---

[84] *L. Kißler*, Die Öffentlichkeitsfunktion des Deutschen Bundestages, 1976.
[85] Speziell für die Opposition vgl. *M. Sebaldt*, Die Thematisierungsfunktion der Opposition, 1992; kritisch, ob die Thematisierungsfunktion eine eigenständige Aufgabe der Opposition ist, *K. Stüwe*, Die Opposition im Bundestag und das Bundesverfassungsgericht, 1996, S. 33.
[86] So aber *H.H. Klein*, Aufgaben des Bundestages, in: HStR II, § 40 Rn. 39f.; *H.-P. Schneider*, in: AK-GG, Art. 38 Rn. 12.
[87] BVerfGE 47, 253 (275); *E.-W. Böckenförde*, Demokratie als Verfassungsprinzip, in: HStR I, § 22 Rn. 11ff.; *C. Waigel*, Die Unabhängigkeit der Europäischen Zentralbank gemessen am Kriterium demokratischer Legitimation, 1998, S. 136ff.
[88] S. dazu *F. Ossenbühl*, Vorrang und Vorbehalt des Gesetzes, in: HStR III, § 62 Rn. 7ff.; *B. Löhning*, Der Vorbehalt des Gesetzes im Schulverhältnis, 1974; *M. Kloepfer*, JZ 1984, 685ff.; *C.-E. Eberle*, DÖV 1984, 485ff.; *J. Staupe*, Parlamentsvorbehalt und Delegationsbefugnis, 1986; → Art. 20 (Rechtsstaat) Rn. 95ff.
[89] Zum grundrechtlichen Gesetzesvorbehalt *W. Krebs*, Vorbehalt des Gesetzes und Grundrechte, 1975; *T. Wülfing*, Grundrechtlicher Gesetzesvorbehalt und Grundrechtsschranken, 1981; zuletzt *C. Bumke*, Der Grundrechtsvorbehalt, 1998.

langen nicht ein förmliches Gesetz. Das ist beispielsweise der Fall beim klassischen *ius belli ac pacis*, siehe Art. 115a I, 115l II, III GG. Man spricht dann auch bisweilen vom schlichten **Parlamentsvorbehalt**[90], freilich ist die Terminologie hier uneinheitlich[91]. Solche einfachen Beteiligungen des Parlaments sind auch ohne die Durchführung eines Gesetzgebungsverfahrens in verschiedener Weise möglich. Die sogenannte **konstitutive Zustimmung** des Bundestages, wie sie für den Einsatz der Streitkräfte entwickelt wurde[92], erschöpft nicht die Mitwirkungsmöglichkeiten und notwendigen Beteiligungen des Bundestages. Bei der Bestimmung der nicht ausdrücklich normierten gebotenen Zustimmung des Bundestages sind die Kompetenzen der anderen Staatsorgane zu achten[93]. Insbesondere im Bereich der Außenpolitik anerkennt das Bundesverfassungsgericht ein Initiativrecht und einen **Entscheidungsspielraum der Exekutive**[94]. Wann das Parlament mit einer Sache befaßt werden muß, ergibt sich aus der Wesentlichkeitstheorie[95]. Ein Entscheidungsmonopol hat das Parlament daher nicht[96].

35 Bei all diesen Mitwirkungsrechten des Bundestages, zumal denen, die ein Gesetz fordern, dient die Beteiligung des Parlaments nicht nur einer abstrakten Verleihung von Legitimation. Vielmehr zeitigt das parlamentarische Verfahren selbst wesentliche Wirkungen: dazu trägt seine Öffentlichkeit ebenso bei wie die Berücksichtigung des in der Gesellschaft vorhandenen Wertefundus im Parlament. Das parlamentarische Verfahren, auch soweit es auf Kompromisse zielt[97], fördert selbst das Gemeinwohl und bewirkt materielle Legitimation durch Verfahren[98].

36 Dem Schutz der maßgeblichen Rolle des Parlaments dient schließlich das **Verbot parlamentsfreier Räume**, also von Bereichen, die dem bestimmenden Einfluß und der Kontrolle der Volksvertretung entzogen sind[99]. Der Bundestag kann Äußerungen der Staatsgewalten nur legitimieren, wenn er sie inhaltlich bestimmen oder jedenfalls wesentlich beeinflussen kann. Seine maßgebliche Rolle auf den verschiedensten Gebieten kann zusammenfassend umschrieben werden als diejenige der Wahrnehmung der

---

[90] Der Begriff erscheint erstmals bei *P. Häberle*, DVBl. 1972, 909 (912, Fn. 49), zugleich in: *ders.*, Kommentierte Verfassungsrechtsprechung, 1979, S. 138 ff. (148); → Art. 20 (Rechtsstaat) Rn. 107 ff.

[91] Zum einen meint der Begriff die Verzichtbarkeit eines Gesetzgebungsverfahrens, zum anderen das Gegenteil, ein Delegationsverbot; s. dazu *Staupe*, Parlamentsvorbehalt (Fn. 88), S. 27 ff.; *Ossenbühl* (Fn. 88), § 62 Rn. 7 ff., 38 ff.; *M. Kloepfer*, JZ 1984, 685 (692 ff.): für die Ablösung vom Gesetzesvorbehalt. Kritisch zu diesem Verzicht auf das Gesetzgebungsverfahren *H. Schulze-Fielitz*, Theorie und Praxis parlamentarischer Gesetzgebung, 1988, S. 176.

[92] BVerfGE 89, 38 (46); 90, 286 (383 ff.).

[93] S. BVerfGE 49, 89 (124 ff.): aus dem »Vorrang des Parlaments« lasse sich kein »alle konkreten Kompetenzzuordnungen« überspielender Auslegungsgrundsatz herleiten; s. weiter BVerfGE 68, 1 (108 f.).

[94] BVerfGE 68, 1 (86 f.); 90, 286 (388); zur Präponderanz des Verfassungsrechts vgl. auch *R. Herzog*, in: Maunz/Dürig, GG, Art. 20 II (1980) Rn. 77; → Art. 59 Rn. 14 ff.

[95] BVerfGE 49, 89 (126 f.); 84, 212 (226); im Schrifttum etwa *G. Kisker*, NJW 1977, 1313 (1317 ff.); *D. Umbach*, Das Wesentliche an der Wesentlichkeitstheorie, in: FS Faller, 1984, S. 111 ff.; *Staupe*, Parlamentsvorbehalt (Fn. 88), S. 103 ff.; *Schulze-Fielitz*, Gesetzgebung (Fn. 91), S. 169 ff.

[96] BVerfGE 49, 89 (185); → Art. 20 (Rechtsstaat) Rn. 114.

[97] *Schulze-Fielitz*, Gesetzgebung (Fn. 91), S. 404 ff.

[98] Vgl. *Schulze-Fielitz*, Gesetzgebung (Fn. 91), S. 206 ff.

[99] S. dazu die Darstellung bei *J. Oebbecke*, Weisungs- und unterrichtungsfreie Räume in der Verwaltung, 1986 m.w.N.; *P. Füßlein*, Ministerialfreie Verwaltung, 1972; *E. Klein*, Die verfassungsrechtliche Problematik des ministerialfreien Raumes, 1974. Zur Anwendung auf eine unabhängige Notenbank s. *Waigel*, Unabhängigkeit (Fn. 87); → Art. 20 (Demokratie) Rn. 116.

»Gesamtaufgabe **demokratischer Gesamtleitung**, Willensbildung und Kontrolle«[100]; das Wort von der »Gesamtaufgabe« weist hin auf den Zusammenhang der einzelnen Funktionen des Bundestags, der lediglich zu analytischen Zwecken in Aspekte aufgefächert wird.

c) Rechtssetzung

Die Setzung verbindlichen Rechts ist eine wesentliche Erscheinungsform der Staatsgewalt und damit in besonderem Maße der demokratischen Legitimation bedürftig. Nach demokratischer Tradition ist die Rechtssetzung dabei entweder der Volksvertretung vorbehalten oder wird gar unmittelbar vom Volk im Wege der Volksgesetzgebung ausgeübt (→ Art. 20 [Demokratie] Rn. 93 ff.). Dementsprechend ist – angesichts des Fehlens von Ausführungsbestimmungen für Abstimmungen i.S.v. Art. 20 II GG im Rahmen der Volksgesetzgebung – der Bundestag das **Hauptorgan der Gesetzgebung**[101]. Neben der Bundesregierung und dem Bundesrat hat er das Recht zur Gesetzgebungsinitiative (Art. 76 I GG), vor allem beschließt er die Bundesgesetze (Art. 77 I, siehe auch Art. 78 GG). Dies schließt auch die verfassungsändernde Gesetzgebung nach Art. 79 GG ein.

37

Mit der Gesetzgebungsmacht hat der Bundestag ein entscheidendes gesellschaftliches Steuerungsinstrument in der Hand, dem sich über die Budgethoheit (→ Rn. 34) ein zweites maßgebliches Steuerungsinstrument zur Seite gesellt[102]. Nimmt man die anderen Fälle eines **Vorbehaltes des Gesetzes** (→ Rn. 34) hinzu, so wird der Bundestag als das normativ fixierte Machtzentrum erkennbar. Über den **Vorrang des Gesetzes** (→ Art. 20 [Rechtsstaat] Rn. 88 ff.)[103] gewinnt der Bundestag bestimmenden Einfluß auf Rechtsprechung (Art. 20 III, 97 I GG) und Verwaltung (Art. 20 III GG).

38

Auch wenn der Bundestag das wichtigste Organ der Rechtssetzung ist, so genießt er **kein Rechtssetzungsmonopol**. Neben die im Bundesstaat selbstverständlichen Rechtssetzungsbefugnisse der Landesparlamente tritt die Rechtssetzung der Exekutive und diejenige durch die Organe der Selbstverwaltung. Die Ermächtigung der Exekutive bedarf auf Bundesebene nach Art. 80 I GG der ausdrücklichen Ermächtigung durch ein Gesetz, wobei die Präzisionsanforderungen des Grundgesetzes an dieses Gesetz sicherstellen sollen, daß der Bundestag die wesentlichen Entscheidungen selbst trifft[104]. Die Bestimmung wirkt insofern als Delegationssperre[105]. Die Rechtssetzung

39

---

[100] *Hesse*, Verfassungsrecht, Rn. 572; häufig wird auch von der Funktion des Bundestages gesprochen, an der Staatsleitung mitzuwirken, vgl. *S. Magiera*, Parlament und Staatsleitung in der Verfassungsordnung des Grundgesetzes, 1979; *W. Mößle*, Regierungsfunktionen des Parlaments, 1986; s. bereits *E. Friesenhahn*, Parlament und Regierung im modernen Staat, VVDStRL 16 (1958), S. 9 ff. (37 ff.).
[101] *Magiera* (Fn. 78), Art. 38 Rn. 27.
[102] Vgl. zu Recht und Geld als entscheidenden Steuerungsmitteln des Wohlfahrtsstaats *N. Luhmann*, Politische Theorie im Wohlfahrtsstaat, 1981, S. 94 ff.
[103] Dazu *C. Gusy*, JuS 1983, 189 ff.; *Ossenbühl* (Fn. 88), § 62 Rn. 1 ff.; *J. Pietzcker*, JuS 1979, 710 ff.
[104] Zur Sicherung der Rolle des Bundestags s. *B. Busch*, Das Verhältnis des Art. 80 I 2 GG zum Gesetzes- und Parlamentsvorbehalt, 1992; *Staupe*, Parlamentsvorbehalt (Fn. 88), S. 143 ff.; *H. Hofmann*, Verfassungsrechtliche Sicherung der parlamentarischen Demokratie (1986), in: ders., Verfassungsrechtliche Perspektiven, 1995, S. 129 ff. (129 f.); *G. Nolte*, AöR 118 (1993), 378 (399); *W. Cremer*, AöR 122 (1997), 248 ff.
[105] *J. Lücke*, in: Sachs, GG, Art. 80 Rn. 3, 20; → Art. 20 (Demokratie) Rn. 110; → Art. 80 Rn. 12.

im Bereich des europäischen Gemeinschaftsrechts kann vom Bundestag nach Art. 23 III GG beeinflußt werden (→ Art. 23 Rn. 104 ff.).

d) Wahlfunktion

40 Die legitimierende Funktion des Bundestages zeigt sich deutlich in den Akten, durch welche er Positionen staatlicher Gewaltausübung besetzt. Er überträgt – durch Wahl – ihm vom Volk verliehene Legitimation auf Amtswalter, die in Wahrung ihrer Kompetenzen weitere Amtsinhaber ermächtigen können. Auf diese Weise wird eine »Legitimationskette« geschmiedet bis zum Beamten der ausführenden Behörde (→ Art. 20 [Demokratie] Rn. 104 ff.). Mit Abstand am wichtigsten ist diese **Kreationsfunktion** des Bundestages bei der Bildung der Bundesregierung. Der Bundestag wählt den Bundeskanzler (Art. 63 GG), nicht aber die Bundesminister, die auf Vorschlag des Kanzlers vom Bundespräsidenten ernannt werden (Art. 64 I GG)[106]. Die Bundesminister üben ihrerseits die Leitungsgewalt in ihrem Ressort aus, haben ein Weisungsrecht gegenüber nachgeordneten Behörden und bestimmen über die Besetzung von Positionen und verlängern damit die Legitimationskette. Für ihr Ressort tragen sie nach Art. 65 S. 2 GG gegenüber dem Bundestag auch die Verantwortung[107]. Der Bundestag ist weiter beteiligt an der Wahl des Bundespräsidenten (Art. 54 GG) und wählt die Hälfte der Mitglieder des Bundesverfassungsgerichtes (Art. 94 I 2 GG). Auch an der Wahl der Richter der obersten Gerichtshöfe des Bundes wirkt der Bundestag nach Art. 95 II GG mit – mit einem föderalen Korrektiv, der Mitwirkung des Bundesrates. Schließlich entsendet der Bundestag Abgeordnete in Gremien der internationalen Zusammenarbeit (etwa der WEU oder der NATO)[108] und in verschiedene Aufsichtsgremien und Beiräte[109]. Eine besondere Qualität hat die Bestimmung der eigenen Organe und Hilfsorgane im Rahmen der ihm eingeräumten Autonomie (→ Art. 40 Rn. 5, 22 ff.).

e) Kontrollfunktion

41 Dem letztlich vom Volk durch den Bundestag vermittelten Charakter der staatlichen Gewalt entspricht es, daß die staatlichen Amtswalter und ihre Aktivitäten auch der Kontrolle des Volkes und seiner Vertretung unterliegen. Der Kontrollzugriff des Bundestages erfaßt dabei den gesamten Bereich der von ihm – in Abgrenzung zu den staatlichen Befugnissen der Länder – legitimierten Staatstätigkeit. Es besteht **Gleichumfänglichkeit** der legitimierten Staatlichkeit und der parlamentarischen Kontrollunterworfenheit. Das bedeutet konkret, daß es keine Bereiche gibt, die dem parlamentarischen Kontrollzugriff entzogen sind (→ Art. 44 Rn. 26); anderes gilt nur für die verfassungsrechtlich statuierte Unabhängigkeit der Bundesbank. Weiter ist auf die Unabhängigkeit der Richter (Art. 97 GG) und die Funktionsbedingungen der anderen Staatsorgane Rücksicht zu nehmen (→ Art. 20 [Demokratie] Rn. 123; → Art. 44 Rn. 25 f.).

42 Grundlage jeglicher Kontrolle ist Information. Werden die Informationen dem kon-

---

[106] Zur Regierungsbildung vgl. *W. Zeh*, Parlamentarisches Verfahren, in: HStR II, § 43 Rn. 21 ff.
[107] *H. Dreier*, Hierarchische Verwaltung im demokratischen Staat, 1991, S. 131 ff.
[108] S. die Darstellung bei *M. Schweitzer*, Europarat, WEU, NATO, Europäisches Parlament, in: Schneider/Zeh, § 61.
[109] S. dazu *W. Zeh*, Gliederung und Organe des Bundestages, in: HStR II, § 42 Rn. 58 ff.; zum aktuellen Stand vgl. das Amtliche Handbuch des Deutschen Bundestages, Abschnitt III.

trollierenden Bundestag durch die Regierung vermittelt, etwa durch Inanspruchnahme des Zitierrechts nach Art. 43 I GG (→ Art. 43 Rn. 8), so spricht man von **Fremdinformation**; Rechte auf **Selbstinformation** geben dem Bundestag die Möglichkeit, sich selbst eine eigene Anschauung von den Informationsgrundlagen zu bilden[110].

Das **Kontrollinstrumentarium**[111] ist nur unvollständig im Grundgesetz ausformuliert, eingehender hingegen in der Geschäftsordnung des Bundestages. Ausdrückliche Erwähnung im Grundgesetz finden das Zitierrecht (Art. 43 I GG), das parlamentarische Untersuchungsrecht (Art. 44, 45a II GG), das Petitionsuntersuchungsrecht (Art. 45c GG) sowie die Installierung eines Wehrbeauftragten des Bundestages durch Art. 45b GG, welche Vorkehrung ausdrücklich als »Ausübung der parlamentarischen Kontrolle« vom Grundgesetz bezeichnet wird. Das Recht der Abgeordneten, Fragen zu stellen und hierauf Antworten zu erhalten, ist in verschiedener Ausprägung, etwa als **Interpellationsrecht** (→ Art. 43 Rn. 12), anerkannt[112], aber freilich nicht ganz unbestritten (→ Rn. 144)[113]. In der Geschäftsordnung sind diese Fragerechte in §§ 100ff. geregelt. Bemerkenswerterweise spricht das Grundgesetz in den Fällen, in denen es dem Bundestag ausdrücklich ein Wahlrecht zuerkennt (Bundeskanzler, Bundespräsident, Bundesrichter), dem Bundestag auch jeweils ein spezielles, freilich an besondere Voraussetzungen geknüpftes Sanktionsinstrument zu: das Mißtrauensvotum nach Art. 67 GG, die Präsidentenanklage nach Art. 61 GG und die Richteranklage nach Art. 98 II GG.

43

Die Kontrollfunktion hat zwei Ausprägungen, die in ihrer tatsächlichen Anwendung nicht immer scharf voneinander zu unterscheiden sind. Einmal überprüft die Kontrolle **nachträglich** das Handeln einer selbständig entscheidenden anderen Instanz, die dem Kontrolleur Rechenschaft schuldet[114]. Zum anderen umfaßt »Kontrolle« in einem weiten Sinne auch die Einflußnahme auf das Verhalten der kontrollierten Instanz[115]. Angesichts der herausragenden Stellung des Bundestags im politischen Willensbildungsprozeß ist eine **mitwirkende**, das Regierungshandeln beeinflussende **Kontrolle** nötig und zulässig[116]. Eine solche einflußnehmende Kontrolle verlangt

44

---

[110] Zur Entgegensetzung von Fremd- und Selbstinformation vgl. *H.-P. Schneider*, AöR 99 (1974), 628ff.; *H.-W. Meier*, Zitier- und Zutrittsrecht im parlamentarischen Regierungssystem, 1982, S. 90ff. → Art. 44 Rn. 8.

[111] S. dazu die ausführliche Darstellung bei *Achterberg*, Parlamentsrecht, S. 439ff.; *Klein* (Fn. 86), § 40 Rn. 33ff.; *Stern*, Staatsrecht II, S. 51ff.; zum Kontrollverfahren vgl. *W. Krebs*, Kontrolle in staatlichen Entscheidungsprozessen, 1984, S. 155ff.

[112] *Badura*, (Fn. 64), § 15 Rn. 40; *Achterberg/Schulte*, GG VI, Art. 38 Rn. 88, Art. 43 Rn. 16f.; *K. Abmeier*, Die parlamentarischen Befugnisse des Abgeordneten des Deutschen Bundestages nach dem Grundgesetz, 1984, S. 164ff.; *H. Weis*, DVBl. 1988, 268 (270f.); *Stern*, Staatsrecht II, S. 55ff.; *S. Magiera*, Rechte des Bundestages und seiner Mitglieder gegenüber der Regierung, in: Schneider/Zeh, § 52 Rn. 55; *Klein* (Fn. 86), § 40 Rn. 35; BVerfGE 13, 123 (125); 57, 1 (5); 67, 100 (129); 70, 324 (255); 80, 188 (218); s. auch E 84, 304 (321f.); besonders prägnant VerfGH NW DVBl. 1994, 48 (49f.).

[113] *H.-P. Schneider*, in: AK-GG, Art. 43 Rn. 6; *M. Schröder*, in: BK, Art. 43 (Zweitb. 1978), Rn. 15; *R. Herzog*, in: Maunz/Dürig, GG, Art. 62 (1984), Rn. 102; *Achterberg*, Parlamentsrecht, S. 163.

[114] Vgl. *U. Scheuner*, Die Kontrolle der Staatsmacht im demokratischen Staat, 1977, S. 26.

[115] Diese Bedeutung entspricht dem englischen »control«. S. zum Aspekt der Steuerung des Kontrollierten *Krebs*, Kontrolle (Fn. 111), S. 31ff.; zur Anwendung dieses weiten Kontrollbegriffs auf die parlamentarische Kontrolle *Schulze-Fielitz*, Gesetzgebung (Fn. 91), S. 292 m.w.N.

[116] Dazu *W. Kewenig*, Staatsrechtliche Probleme parlamentarischer Mitregierung am Beispiel der Arbeit der Bundestagsausschüsse, 1970, S. 30ff.; *Magiera*, Parlament (Fn. 100), S. 262ff.; *ders.* (Fn. 78), Art. 38 Rn. 36; *Klein* (Fn. 86), § 40 Rn. 32; eine Mitregierung des Parlaments befürchtet *H.-P. Schneider*, Das parlamentarische System, in: HdbVerfR, § 13 Rn. 97.

rechtzeitige Information und Beteiligung[117]. Ausdrückliche **Mitwirkungsrechte** des Bundestages kennt das Grundgesetz in verschiedener Form, sei es durch die Notwendigkeit eines Gesetzes (Art. 59 II 1, 110 II, 115 I GG), sei es durch das Erfordernis eines einfachen Parlamentsbeschlusses, so für die Feststellung des Verteidigungsfalles (Art. 115a I GG) oder dessen Beendigung (Art. 115l II GG) oder den sonstigen Einsatz bewaffneter Streitkräfte[118]. Darüber hinaus hat die Praxis weitere Mitwirkungsvorbehalte des Bundestages entwickelt, so den Zustimmungsvorbehalt bei Rechtsverordnungen[119]. Auch die Ausschüsse kennen Mitwirkungsrechte[120].

45 Die Kontrolle durch den Bundestag wird immer auch stellvertretend für das Volk wahrgenommen und hat deswegen vor dem Volk zu erfolgen[121]. Dies bedeutet, daß die Kontrolltätigkeit **öffentlich** ist und auf Veröffentlichung zielt. Die Öffentlichkeit des Parlamentsgeschehens (→ Art. 42 Rn. 20ff.) hat unter Kontrollgesichtspunkten besondere Bedeutung. Dies auch in der Hinsicht, daß die möglicherweise an das Kontrollergebnis anknüpfenden Sanktionen im Regelfall politischer Natur sind, nicht rechtlicher. Ein Reputationsverlust in der Öffentlichkeit derjenigen politischen Gruppierung, welcher der Fehler zugerechnet wird, ist die maßgebliche Sanktionsdrohung. Weil im parlamentarischen System regelmäßig die Mehrheit zusammen mit der Regierung handelt, ist eine effektive Wahrnehmung der Kontrollrechte generell nur zu erwarten, wenn diese auch der **Minderheit** offenstehen[122].

2. Der Bundestag als Institution

46 Der Bundestag ist ein Organ der Bundesrepublik Deutschland als einer juristischen Person des öffentlichen Rechts[123]. Er wird auch als **oberstes Bundesorgan** (Art. 93 I Nr. 1 i.V.m. § 63 BVerfGG) und als **Verfassungsorgan** (§ 1 I BVerfGG) bezeichnet. Er ist eines der »besonderen Organe« nach Art. 20 II 2 GG und in das vom Grundgesetz normierte gewaltenteilende Funktionenverhältnis dieser Organe zueinander eingeordnet, nicht aber genießt er schlechthin eine Vorrangstellung[124]. Schließlich bezeichnet Art. 59 II 1 GG den Bundestag auch als **Körperschaft**. Gemeint ist damit aber nicht der technische Status einer Körperschaft des öffentlichen Rechts[125], sondern es wird lediglich die Tat-

---

[117] S. für den Bereich der auswärtigen Angelegenheiten BVerfGE 90, 286 (357).

[118] BVerfGE 90, 286 (381ff.).

[119] S. etwa § 3 I UVPG; zu solchen Mitwirkungsbefugnissen bei der Rechtsverordnung *F. Ossenbühl*, Rechtsverordnung, in: HStR III, § 64 Rn. 50ff., mit einer Übersicht über verschiedene Formen der Mitwirkung; *K. Grupp*, DVBl. 1974, 177ff. → Art. 80 Rn. 25f.

[120] So etwa qualifizierte Sperrvermerke oder Zustimmungsvorbehalte im Haushaltsrecht zur Verwirklichung der Haushaltsgewalt des Bundestages, zum Ganzen *E. Moeser*, Die Beteiligung des Bundestages an der staatlichen Haushaltsgewalt, 1978, hier besonders S. 163ff., 173ff.

[121] Zur Fundierung der Kontrolle in der »auftraggebenden Gesamtheit« *U. Scheuner*, Verantwortung und Kontrolle in der demokratischen Verfassungsordnung, in: FS G. Müller, 1970, S. 379ff. (380); zur Betonung des Volkes als Bezugspunkt der Kontrolle *K.-U. Meyn*, Kontrolle als Verfassungsprinzip, 1982, S. 280ff.

[122] Dazu *H.-P. Schneider*, Die parlamentarische Opposition im Verfassungsrecht der Bundesrepublik Deutschland, Bd. 1, 1974, S. 236ff.; *ders.* (Fn. 116), § 13 Rn. 98ff.; *Stüwe*, Opposition (Fn. 85), S. 35ff.; *Klein* (Fn. 86), § 40 Rn. 31. → Art. 44 Rn. 9f.

[123] *H. Steiger*, Organisatorische Grundlagen des parlamentarischen Regierungssystems, 1973, S. 50ff.; *Stern*, Staatsrecht II, S. 41; *Magiera* (Fn. 78), Art. 38 Rn. 12; zum Organbegriff *H.J. Wolff*, Verwaltungsrecht II, 3. Aufl. 1970, S. 42ff.

[124] BVerfGE 49, 89 (124ff.).

[125] *Maunz* (Fn. 81), Art. 38 Rn. 7; *Schneider* (Fn. 86), Art. 38 Rn. 6; *Magiera* (Fn. 78), Art. 38 Rn. 15.

sache zum Ausdruck gebracht, daß es sich um ein Kollegialorgan handelt[126]. Der Bundestag ist teilrechtsfähig, denn er besitzt verfassungsunmittelbar u.a. die Geschäftsordnungs- und die Organisationsautonomie (→ Art. 40 Rn. 6ff., 22ff.) und die Beteiligtenfähigkeit im verfassungsgerichtlichen Verfahren (siehe Art. 93 I Nr. 1 GG).

Der Bundestag besteht aus einer Vielzahl von Mitgliedern und stellt ein **Kollegialorgan** dar; dies prägt seine Arbeitsweise (→ Rn. 146ff.). Seine **Größe** ist nicht im Grundgesetz, sondern – auf der Grundlage von Art. 38 III GG – im Bundeswahlgesetz (§ 1) geregelt. Bei der Bestimmung der Zahl der Abgeordneten ist der Gesetzgeber an verfassungsrechtliche Vorgaben gebunden. Im Interesse der Arbeitsfähigkeit ist die Zahl der Abgeordneten zu begrenzen, andererseits kann der Bundestag seiner Repräsentationsfunktion (→ Rn. 29, 31ff.) für das Volk nur dann genügen, wenn er hinreichend groß ist, um in Gestalt seiner Mitglieder auch einigermaßen das erforderliche Wertberücksichtigungspotential für die pluralistisch strukturierte Gesellschaft der Bundesrepublik zu haben. Im Bundestag müssen also nach Möglichkeit alle wesentlichen politischen Grundströmungen vertreten sein können. Bei der Abwägung zwischen diesen gegenläufigen Zielen hat der Gesetzgeber einen Gestaltungsspielraum.

47

Der Bundestag ist gegliedert in das **Plenum** und seine **Ausschüsse**. Hinzu treten weitere Gremien und Einrichtungen wie etwa der Wehrbeauftragte (Art. 45b GG) und die nach § 56 GOBT gebildeten Enquêtekommissionen[127]. Die interne Organisation kann vom Bundestag kraft seiner **Organisationsautonomie** (→ Art. 40 Rn. 22) nach selbst definierten Bedürfnissen gewählt werden[128]. Einige organisatorische Untergliederungen hat das Grundgesetz vorgegeben, so die Einrichtung des Präsidenten und des Präsidiums (Art. 40 GG), besondere Ausschüsse für Angelegenheiten der Europäischen Union, für auswärtige Angelegenheiten, für Verteidigung und für das Petitionswesen (Art. 45 bis 45c GG), außerdem die Möglichkeit zu Untersuchungsausschüssen (Art. 44 GG)[129]. Die **Bundestagsverwaltung**[130] ist lediglich eine Hilfseinrichtung, die die Arbeit des Bundestagspräsidenten unterstützt und über seinen wissenschaftlichen Dienst auch der parlamenarischen Arbeit zugute kommt. Keine Untergliederungen des Bundestages und damit auch keine Organe oder Unterorgane sind die Fraktionen[131], weil sie ihre Rechte nicht vom Parlament als Ganzem ableiten, sondern von den Abgeordneten (→ Rn. 164f.). Bei der Bestimmung seines **Verfahrens** genießt der Bundestag die Geschäftsordnungsautonomie (→ Art. 40 Rn. 6ff.).

48

Art. 38 I 1 GG verwendet die Bezeichnung »Deutscher Bundestag«. In der Praxis dient dies als offizieller **Name**, jedoch ist – wie im Grundgesetz auch, dessen dritter Abschnitt mit »Der Bundestag« überschrieben ist – die bloße Benennung »Bundestag« gebräuchlich[132], so auch durch den Bundestag selbst[133]. Unterschiedliche Rechtsfolgen werden an die beiden Bezeichnungen nicht geknüpft.

49

---

[126] Zum Kollegialprinzip im Parlamentsrecht *Schröder*, Grundlagen (Fn. 80), S. 304 ff.
[127] → Rn. 154.
[128] S. BVerfGE 70, 324 (360 f.); 80, 188 (219); zur Besetzung der Untergliederungen des Bundestags s. *F. Edinger*, Wahl und Besetzung parlamentarischer Gremien, 1992, S. 163 ff.
[129] Zu weiteren Einrichtungen → Art. 40 Rn. 23 ff.
[130] Hierzu *Zeh* (Fn. 109), § 42 Rn. 34 f.
[131] So aber *Schneider* (Fn. 86), Art. 38 Rn. 6.
[132] *Stern*, Staatsrecht II, S. 40 f.
[133] S. z.B. die Selbstbezeichnung in der GOBT, etwa § 1 I, anders aber die Betitelung »Geschäftsordnung des Deutschen Bundestages«, in: BGBl. I 1995 S. 1246; ähnlich im Gesetz über die Zusam-

50 Der Bundestag und seine Abgeordneten sind staatsfinanziert (→ Art. 48 Rn. 18 ff.). Dies ist im Grundsatz zu begrüßen, da so alle sozialen Schichten im Bundestag vertreten sein können. Die Höhe dieser Finanzierung im einzelnen ist jedoch nicht unproblematisch[134].

II. Wahlrecht (Art. 38 I 1, II, III GG)

1. Bedeutung und Grundsätze (Art. 38 I 1 GG)

a) Funktion

51 Die Wahl zum Bundestag ist (auf Bundesebene) der grundlegende Legitimationsmodus der staatlichen Gewalt – weil die Wahl der Volksvertretung das wichtigste Mittel der Einflußnahme des Volkes auf die staatliche Willensbildung ist. Da der Volkswille praktisch nur in der Wahl – die sachliche Dimension der Volkssouveränität ist vom Grundgesetz nur schwach ausgestaltet worden (→ Rn. 27; → Art. 20 [Demokratie] Rn. 78, 93 ff.) – unmittelbar rechtsverbindlich zum Ausdruck kommt, ist die Wahl das **zentrale Verfahren** der demokratischen Willensbildung. Durch die Wahl wird die politische Willensbildung des Volkes überführt in den Bereich der staatlichen Entscheidungsfindung. Der staatliche Bereich öffnet sich mit der Einrichtung eines Parlaments und dessen Besetzung durch Wahlen für die gesellschaftliche Einflußnahme, der Bundestag erweist sich so betrachtet als eine Input-Struktur des politischen Systems und die Bundestagswahl als Aktivierung dieser Struktur.

52 Der Begriff der **Wahl** meint eine Abstimmung, durch die eine oder mehrere Personen aus einem größeren Kreis von Kandidaten ausgelesen werden[135]. Er umfaßt den gesamten Wahlvorgang, von der Erfassung der Wahlberechtigten über die Aufstellung der Bewerber bis hin zur Stimmabgabe – dem eigentlichen Wahlvorgang – und der Auszählung der abgegebenen Stimmen nebst der Feststellung des Wahlergebnisses[136].

53 Mit der Wahl des Bundestages werden verschiedene **Ziele** verfolgt. Über die demokratische Wahl wird politische Einheit hergestellt, indem die »**integrative Repräsentanz**«[137] in Gestalt einer entscheidungsfähigen Volksvertretung konstituiert wird. Deren Funktionsfähigkeit ist ein eigenes Ziel der Wahl[138]. Als Akt der Volkssouveränität werden politische Präferenzen im Wahlvolk transformiert in institutionalisierte politische Macht. Dies geschieht durch die Bestimmung der personellen Zusammensetzung des Parlaments, die sich vor allen Dingen an den politischen Parteien orientiert: Die Wahlentscheidung legt für die kommende Wahlperiode das Ergebnis des Parteienwettbewerbs fest. Die in der Realität parlamentarischer Demokratien parteipolitisch

---

menarbeit von Bundesregierung und Deutschem Bundestag in Angelegenheiten der Europäischen Union, dem Ausführungsgesetz zu Art. 23 III GG, wo wiederum im Text nur vom »Bundestag« die Rede ist – im Widerspruch zur Überschrift.

[134] Dazu *H. Meyer*, Das fehlfinanzierte Parlament, in: P.M. Huber/W. Mößle/M. Stock (Hrsg.), Zur Lage der parlamentarischen Demokratie, 1995, S. 17 ff., 26 ff. → Art. 21 Rn. 45, 66 ff.; → Art. 48 Rn. 20 ff.

[135] Vgl. BVerfGE 47, 253 (276).

[136] *H. Meyer*, Demokratische Wahl und Wahlsystem, in: HStR II, § 37 Rn. 17; Jarass/*Pieroth*, GG, Art. 38 Rn. 2. → Art. 41 Rn. 8; → Art. 20 (Demokratie) Rn. 83 ff.

[137] BVerfGE 95, 408 (420). Zur Integrationsfunktion der Wahl vgl. auch BVerfGE 6, 84 (92 f.); 51, 222 (236); 71, 81 (97); 95, 408 (418 f.).

[138] BVerfGE 4, 31 (40); 51, 222 (236); 82, 322 (338); 95, 335 (369); 95, 408 (418).

geprägte Zusammensetzung des Parlaments ist der maßgebliche Ausdruck der politischen Präferenzbildung im Volk. Die Kräfteverteilung im Parlament bestimmt mittelbar auch die personelle Besetzung der Regierung und weiterer politischer Machtpositionen. Zugleich ist – ergänzt und vermittelt durch innerparteiliche Nominierungs- und Auswahlprozesse – die Wahl auch ein wichtiges Element bei der politischen Elitenselektion[139].

Durch die Gewährleistung eines Mehrparteiensystems (→ Art. 21 Rn. 26) in Verbindung mit der Beschickung des Parlaments aufgrund miteinander konkurrierender Wahlvorschläge etabliert das Grundgesetz eine **Wettbewerbsdemokratie** (→ Art. 21 Rn. 26, 72). Das Wahlrecht ist damit **Wettbewerbsrecht**. 54

Die Wahlrechtsgrundsätze ziehen daraus Konsequenzen: Der offene Zugang zum Wettbewerb wird durch die Allgemeinheit der Wahl gewährleistet; die Chancengleichheit wird durch die Gleichheit der Wahl gesichert; die Freiheit der Wahl schützt vor der staatlichen Beeinflussung und trägt damit zur Chancengleichheit der bisherigen Opposition bei. Diesem Ziel dient auch die gebotene **formale Handhabung** des Wahlrechts, um die Gefahr gezielter Ungleichbehandlungen möglichst klein zu halten[140]; schließlich dient die pluralistische Besetzung der Wahlorgane (§ 9 II 4 BWahlG) der Sicherung der Neutralität des Staates und der Chancengleichheit der Wettbewerber dadurch, daß sie sich wechselseitig kontrollieren können. Die Öffentlichkeit des Wahlverfahrens dient der allgemeinen Kontrolle dieses fundamentalen Legitimationsvorgangs. 55

Die **Wahlrechtsgrundsätze** dienen der Erfüllung der Wahlfunktionen. Sie sichern die Anbindung des Repräsentativorgans an das Volk und gewährleisten so die staatslegitimierende Bedeutung der Wahl. Die einzelnen Wahlrechtsgrundsätze sind **Spezifizierungen der Volkssouveränität** (→ Art. 20 [Demokratie] Rn. 76 ff.) in einzelnen Hinsichten. Ihre Idee zielt darauf, im Einklang mit der Quod-omnes-tangit-Formel (→ Art. 20 [Demokratie] Rn. 5) alle diejenigen, die von der staatlichen Herrschaftsausübung betroffen sind, diese auch bestimmen und damit legitimieren zu lassen: Das Volk in seiner Gesamtheit (Allgemeinheit der Wahl) soll selbst (Unmittelbarkeit der Wahl) und in allen Teilen gleichermaßen (Gleichheit der Wahl) die politische Bestimmungsmacht frei, d.h. ungestört durch andere (und deswegen geheim) ausüben können. Diese politische **Bestimmungsmacht** des Volkes ist in ihrem **materiellen** Gehalt verfassungsrechtlich geschützt, das Wahlrecht darf deswegen nicht zu einer leeren Form herabgewürdigt werden durch eine zu weitgehende Verlagerung von Kompetenzen weg vom Bundestag hin auf supranationale Einrichtungen[141]. Auch wenn diese Grenze angesichts von Art. 23 I GG nicht eng zu ziehen ist (→ Art. 20 [Demokratie] Rn. 50; → Art. 23 Rn. 25, 51 ff.), so ist doch ein inhaltliches Verständnis des Wahlrechts als eines politischen Rechtes auf Einflußnahme festzuhalten. 56

In soziologischer Betrachtungsweise tragen die Wahlrechtsgrundsätze zur Ausdifferenzierung des politischen Systems aus den sonstigen gesellschaftlichen Zusammenhängen bei[142]. Das bedeutet, daß die staatlichen Institutionen der Herstellung binden- 57

---

[139] Vgl. *Meyer* (Fn. 136), § 37 Rn. 9.
[140] Vgl. für das Parteienrecht → Art. 21 Rn. 26.
[141] BVerfGE 89, 155 (171 f.); kritisch zu dieser Entscheidung *K.M. Meessen*, NJW 1994, 549 (551 f.); *C. Tomuschat*, EuGRZ 1993, 489 (494).
[142] Zum folgenden *N. Luhmann*, Grundrechte als Institution, 1965, S. 136 ff., insb. S. 148 ff., 158 ff.; *ders.*, Kölner Zeitschrift für Soziologie und Sozialpsychologie 20 (1968), 705 ff.

der Entscheidungen von der Anbindung an andere, etwa religiöse, familiäre oder wirtschaftliche Verpflichtungen befreit und nur dem rechtlichen Programm unterstellt werden; zugleich wird ihre maßgebliche Programmierung durch den Gesetzgeber in den Wahlen als ihrem Ursprung von gesellschaftlichen Loyalitäten und Machtbeziehungen freigestellt. Insbesondere die Gleichheit der Wahl soll die Neutralisierung gesellschaftlicher Umstände für den institutionalisierten politischen Input-Prozeß bewirken. Die Idee des »one man, one vote« wird zu einer mit dem Wahlrecht ausgestatteten Staatsbürgerrolle verdichtet, die von anderen gesellschaftlichen Rollen und Abhängigkeiten freigestellt wird[143]. Dies trägt bei zur Entstehung einer eigenständigen politischen Sphäre, auf die sich eine politische Öffentlichkeit bezieht, die ihre eigenen Gründe und Relevanzen hat.

58 Das Grundgesetz hat keine ausdrückliche Entscheidung für ein **Wahlsystem**[144] getroffen. Das Zusammenspiel der Wahlrechtsgrundsätze begrenzt aber die Freiheit des Gesetzgebers bei der Ausgestaltung des Wahlrechts; insbesondere die Gleichheit der Wahl (→ Rn. 92) engt den Wahlgesetzgeber ein[145]. Angesichts dessen formuliert das Bundesverfassungsgericht zu Unrecht, der Gesetzgeber sei bei der Entscheidung über das Wahlsystem als solches frei und nur bei der jeweiligen Ausgestaltung des gewählten Systems an die Wahlrechtsgrundsätze gebunden (→ Art. 20 [Demokratie] Rn. 91)[146].

b) Träger und rechtstechnische Bedeutung der Wahlrechtsgrundsätze

59 **Träger** der von den Wahlrechtsgrundsätzen gewährleisteten Rechte sind alle wahlberechtigten Deutschen als Wähler oder Wahlbewerber, aber auch politische Parteien und ggf. Wählervereinigungen[147] als Proponenten von Listen[148]. Die Wahlrechtsgrundsätze vermitteln diesen Berechtigten **subjektive Rechte**, die ausweislich von Art. 93 I Nr. 4a GG auch mit der Verfassungsbeschwerde durchgesetzt werden können. Den Parteien steht das Organstreitverfahren offen[149]. Beim Rechtsschutz gegen Wahlrechtsverletzungen ist das Monopol des Wahlprüfungsverfahrens auf den Ausspruch mandatserheblicher Fehlerfolgen zu beachten (→ Art. 41 Rn. 10 ff.). Die Wahl-

---

[143] Vgl. bereits *S. Rokkan*, Europäisches Archiv für Soziologie 2 (1961), 132 ff.; *ders.*, The Comparative Study of Political Participation, in: A. Ranney (Hrsg.), Essays on the Behavioral Study of Politics, 1962, S. 47 ff., insb. 66 ff.

[144] Zur Kritik an diesem Begriff *H. Meyer*, Wahlsystem und Verfassungsordnung, 1973, S. 152 ff.

[145] Vgl. *Meyer* (Fn. 136), § 37 Rn. 31, 35 f.; zu den Wahlrechtsgrundsätzen vgl. auch *ders.*, DÖV 1970, 691 (693); *ders.*, Wahlgrundsätze und Wahlverfahren, in: HStR II, § 38 Rn. 46 ff.

[146] S. etwa BVerfGE 1, 208 (246 ff.); 6, 84 (90); 34, 81 (99); 95, 335 (349); so auch *H.-U. Erichsen*, Jura 1983, 635 (643); *ders.*, Jura 1984, 22 (26); *W. Pauly*, AöR 123 (1998), 232 (234); unentschlossen *J.A. Frowein*, AöR 99 (1974), 72 (94); kritisch zu dieser These auch *Meyer* (Fn. 136), § 37 Rn. 31 ff.

[147] Die Beschränkung der Einreichungsmöglichkeiten für Landeslisten auf Parteien (sog. Listenprivileg) durch § 27 BWahlG ist nicht verfassungsgeboten, vgl. für Einzelkandidaturen BVerfGE 41, 399 (399 f., 417), vgl. demgegenüber zur Rechtfertigung des Listenprivilegs in unbefriedigender Knappheit BVerfGE 5, 77 (82); 46, 196 (199). Für den kommunalen Bereich ist das Privileg der Parteien verfassungswidrig: BVerfGE 11, 266 (273 ff.); zur Chancengleichheit zwischen Wählervereinigungen und politischen Parteien *A. Kißlinger*, Das Recht auf politische Chancengleichheit, 1998, S. 148 ff.

[148] BVerfGE 1, 208 (242); 4, 27 (30); 6, 84 (91); 51, 222 (233); 60, 162 (167); 82, 322 (336); 95, 408 (417).

[149] So die st. Rspr., BVerfGE 1, 208 (223 ff.); 4, 27 (27 ff., insb. 30 f.); 51, 222 (233); 84, 290 (299). Zur Kritik → Art. 21 Rn. 48 mit Fn. 170. Zum dahinterstehenden Verständnis der Parteien als Verfassungsorgane → Art. 21 Rn. 24.

II. Wahlrecht (Art. 38 I 1, II, III GG)   **Art. 38**

rechtsgrundsätze sind zugleich **objektive Rechtsprinzipien** und sichern die staatskonstituierende demokratische Wahl. Als Konsequenz aus dem Demokratieprinzip sind sie **unverzichtbar**. Praktisch wird dies jedenfalls für die Geheimheit der Wahl (→ Rn. 109 ff.). Die Wahlfreiheit hingegen umfaßt auch das Recht, nicht zur Wahl zu gehen, die Nichtausübung des Wahlrechts stellt keinen Verzicht auf dieses dar.

c) Anwendungsbereich

Die Wahlrechtsgrundsätze erfassen das Wahlverfahren in seiner ganzen Erstreckung (→ Rn. 52), dazu zählt auch das innerparteiliche Verfahren der Kandidatenaufstellung, das – im Zusammenspiel mit Art. 21 I 3 GG – demokratischen Anforderungen genügen muß[150]. Als Konkretisierungen des Demokratieprinzips sind die Wahlrechtsgrundsätze **Rechtsprinzipien**, die sich auf die staatlichen Wahlen in den Ländern und im kommunalen Bereich[151] erstrecken (→ Art. 28 Rn. 65 ff.), aber sich auch auswirken auf Wahlen im Bereich der Sozialversicherung, der Personalvertretung und der Arbeitnehmerkammern[152]. Unmittelbar erfassen die Grundsätze des Art. 38 I 1 GG aber nur die Wahlen zum Bundestag. Der Landesgesetzgeber kann dort, wo es zu Kollisionen zwischen den einzelnen Grundsätzen kommt, bei der Ausformung des Wahlrechts anders gewichten als der Bundesgesetzgeber. Unmittelbar erstreckt sich der Verfassungsanspruch auch nicht auf den europäischen Bereich[153]. Personalratswahlen und erst recht Wahlen in privaten Vereinen stehen nicht unter den Grundsätzen des Art. 38 I 1 GG, weil das zu legitimierende Organ keine hoheitlichen Befugnisse besitzt.

60

d) Einschränkbarkeit

Die Wahlrechtsgrundsätze sind nach Art. 38 I 1 GG vorbehaltlos gewährleistet. Art. 38 III GG enthält keinen Gesetzesvorbehalt, sondern stellt lediglich die Begründung einer ausschließlichen Gesetzgebungskompetenz für die Wahl zum Bundestag dar[154]. Eine Einschränkung kann mithin nur gemäß dem allgemeinen Grundsatz der Einheit der Verfassung[155] dadurch gerechtfertigt werden, daß sie in Fällen der Kollision mit einer anderen **verfassungsrechtlich geschützten Position** unabdingbar ist, um beiden konkurrierenden Rechtswerten zur möglichsten Entfaltung zu verhelfen. Es ist also »praktische Konkordanz«[156] herzustellen. Dogmatisch unscharf ist die vom Bun-

61

---

[150] S. die Konkretisierungen in § 17 PartG und § 21 BWahlG. Zum Ganzen BVerfGE 89, 243 (251 ff.); HambVerfG DVBl. 1993, 1071 ff. → Art. 21 Rn. 121.
[151] Dazu *J. Oebbecke*, Die Verwaltung 31 (1998), 219 ff.
[152] BVerfGE 13, 54 (91 f.); 51, 222 (234); 60, 162 (167); 71, 81 (94 f.); BVerwG NVwZ 1986, 756; *P. Badura*, in: BK, Anh. z. Art. 38 (Zweitb. 1966), Rn. 5; der Sache nach auch BayVerfGH BayVBl. 1985, 625 ff.
[153] In diese Richtung BVerfGE 51, 222 (225 ff.); offengelassen BVerfG (3. Kammer des Zweiten Senats) NJW 1995, 2216; a.A. *C. Lenz*, NJW 1996, 1328 f.; für eine Analogie *D. Murswiek*, JZ 1979, 48 (49).
[154] Jarass/*Pieroth*, GG, Art. 38 Rn. 21; *v. Münch* (Fn. 33), Art. 38 Rn. 81; wohl auch *W. Schreiber*, Handbuch des Wahlrechts zum deutschen Bundestag, 6. Aufl. 1998, Einf. Ziff. I 3.
[155] BVerfGE 1, 14 (32); 19, 206 (220); 30, 1 (19); 49, 24 (56), st. Rspr.; dazu *Hesse*, Verfassungsrecht, Rn. 20, 71; ausf. *H. Ehmke*, Prinzipien der Verfassungsinterpretation, VVDStRL 20 (1963), S. 61 ff. (77 ff.).
[156] BVerfGE 95, 335 (403) m.w.N.; allgemein *Hesse*, Verfassungsrecht, Rn. 72; s. auch *P. Lerche*, Inhalt und Schranken der Freiheitsrechte, in: HStR V, § 122 Rn. 3 ff.: nach beiden Seiten möglichst schonender Ausgleich. Vgl. weiter BVerfGE 28, 243 (260 f.); 67, 213 (228); 93, 1 (21).

desverfassungsgericht verwendete Formel von den »zwingenden Gründen«, die für eine Einschränkung sprechen müßten[157]. Vor allen Dingen zu kritisieren ist die Freigabe des Kreises möglicher Einschränkungsgründe durch den Verzicht auf Gründe von Verfassungsrang. Verfassungsrechtlich schon gar nicht haltbar sind nur traditional gerechtfertigte Einschränkungen[158].

62 Eine Reihe von **Verfassungsbestimmungen** läßt ausdrücklich ihre Einschränkung zu, so Art. 38 I 2 GG mit der Festlegung eines Wahlalters, Art. 55 I und 94 I 2 GG als Indemnitätsvorschriften sowie Art. 137 GG mit der Beschränkbarkeit der Wählbarkeit von Angehörigen des öffentlichen Dienstes[159]. Welche anderen Gründe eine Einschränkung tragen können, ist im Detail zu erörtern. Unproblematisch ist vom Ansatz her die Beschränkung eines Wahlrechtsgrundsatzes im Interesse eines anderen. Die Wahlrechtsgrundsätze können nicht immer »in voller Reinheit verwirklicht werden«[160]. Dem Gesetzgeber eröffnet sich aus dem Zwang zur Ausbalancierung der verschiedenen Wahlrechtsgrundsätze ein **Gestaltungsspielraum**, der nach der Rechtsprechung sogar »ein weiter« ist[161]. Soll die disziplinierende Wirkung der Einschränkbarkeit nur kraft kollidierenden Verfassungsrechts erhalten bleiben, ist die aprioristische Behauptung eines großen Spielraums jedoch unangemessen, die Weite des Gestaltungsraumes ergibt sich aus der jeweiligen Fallkonstellation. Für diesen Gedanken spricht auch die Pflicht des Wahlgesetzgebers, »für eine bestmögliche Sicherung und Gewährleistung der Wahlrechtsgrundsätze zu sorgen«, woraus eine Pflicht erwächst, die Praxis zu überprüfen und ggf. die getroffene Regelung nachzubessern[162].

63 **Verletzungen der Wahlrechtsgrundsätze** werden von der Rechtsordnung in verschiedener Weise geahndet, so drückt sich die objektiv-rechtliche Bedeutung im strafrechtlichen Schutz nach §§ 105 ff. StGB aus. Die Sonderstellung des Wahlprüfungsverfahrens ist zu beachten (→ Art. 41 Rn. 10 ff.).

2. Allgemeinheit der Wahl

a) Zweck und Inhalt

64 Der **Zweck** der Allgemeinheit der Wahl liegt wie bei allen Wahlrechtsgrundsätzen in der Realisierung der Volkssouveränität. Ihr besonderer Beitrag besteht in der Gewährleistung der politischen Einflußchancen des gesamten Volkes – ungeachtet der sozialen Schichtung, der Gruppenzugehörigkeit oder sonstiger möglicher Differenzierungsmerkmale[163]. Kein Teil der Bevölkerung soll von der politischen Einflußnahme ausgeschlossen sein[164]. Die Allgemeinheit der Wahl bezeichnet damit auch den Endpunkt des historischen Ausweitungsprozesses des Wahlrechts. Damit wird zugleich ei-

---

[157] Vgl. BVerfGE 1, 208 (249); 4, 375 (382 f.); 14, 121 (133); 34, 160 (163); 36, 139 (141); 93, 373 (377); 95, 335(376).
[158] So aber BVerfGE 36, 139 (141 f.); 67, 146 (148); kritisch *Meyer* (Fn. 145), § 38 Rn. 3, 9.
[159] Zur Einschränkbarkeit aus innerkirchlichen Gründen nach Art. 140 GG i.V.m. Art. 137 III WRV s. BVerfGE 42, 312 (340 f.).
[160] BVerfGE 3, 19 (24 f.); 59, 119 (124), dort ging es um die Beeinträchtigung der Geheimheit der Wahl durch die Briefwahl, die ihrerseits aber die Allgemeinheit der Wahl angesichts verschiedener Hindernisse, zur Wahl zu gehen, befördert.
[161] BVerfGE 59, 119 (124 f.).
[162] BVerfGE 59, 119 (127).
[163] Vgl. BVerfGE 15, 165 (166 f.); 36, 139 (141); 58, 202 (205).
[164] *Meyer* (Fn. 145), § 38 Rn. 1.

ne **Staatsbürgerrolle** gewährleistet, die gegenüber den verschiedensten Eigenschaften der gesellschaftlichen Zugehörigkeit isoliert ist und die Gleichberechtigung aller Angehörigen des Volkes als Bürger sichert. Die Allgemeinheit der Wahl ist insofern auch ein Unterfall der Wahlrechtsgleichheit[165].

Die Allgemeinheit der Wahl gilt für das **aktive** wie für das **passive** Wahlrecht[166]. Der Grundsatz verbietet es, hoheitliche Hürden zu errichten, die es einzelnen Bürgern oder bestimmten Gruppen unmöglich machen oder vergleichsweise erschweren, von ihrem Wahlrecht Gebrauch zu machen. Die auch **objektiv-rechtliche** Qualität wirkt sich im Sinne einer Ausstrahlungswirkung aus, so daß privatrechtlich begründete Verpflichtungen, das Wahlrecht nicht auszuüben, nichtig sind[167]. 65

Der Gesetzgeber ist im Ergebnis nicht verpflichtet, faktische Schwierigkeiten, tatsächlich das Wahlrecht auszuüben, zu beseitigen. Zu denken ist insbesondere an Krankheit und Auslandsaufenthalte. Zwar gibt es gute Gründe für eine solche Pflicht zur Realisierungshilfe[168]; durch die **Möglichkeit der Briefwahl** können diese Hindernisse überwunden werden. Die Briefwahl gefährdet ihrerseits die Geheimheit und die Höchstpersönlichkeit der Wahl und hebt die Einheitlichkeit des Wahlzeitpunktes auf[169]. Zwischen diesen gegenläufigen verfassungsrechtlichen Direktiven gewinnt der Gesetzgeber die Möglichkeit, die Briefwahl einzuführen, ohne dazu verpflichtet zu sein[170]. Die Briefwahl[171] hat sich bewährt, Anzeichen für eine Verletzung der Geheimhaltung und Freiheit der Wahl in größerem Umfang sind nicht ersichtlich, so daß damit mehr für als gegen die Möglichkeit der Briefwahl spricht[172]. Um möglichst allen Bürgern tatsächlich den Wahlgang zu ermöglichen, besteht eine Präferenz für einen Sonn- oder Feiertag als Wahltag (→ Art. 39 Rn. 15)[173]. 66

Wie alle Wahlrechtsgrundsätze erfaßt auch die Allgemeinheit das gesamte Wahlverfahren, unter Einschluß des **Wahlvorschlagsrechts**[174]. 67

b) Einschränkungen und ihre Rechtfertigung

Die Allgemeinheit der Wahl kann zum Schutz anderer Rechtsgüter mit Verfassungsrang eingeschränkt werden (→ Rn. 61). Ausdrücklich ist die Wahlberechtigung durch Art. 38 II GG an das **Wahlalter** des vollendeten 18. Lebensjahres gebunden (→ Rn. 116). Weiter begründen verschiedene **Inkompatibilitätsvorschriften** des Grundgesetzes (→ Rn. 134) zwar keine Ineligibilität, aber die Pflicht zur Entscheidung zwischen der Annahme der Wahl und der Beibehaltung eines inkompatiblen Amtes. 68

---

[165] *H.-U. Erichsen*, Jura 1983, 635 (637); Jarass/*Pieroth*, GG, Art. 38 Rn. 5.
[166] *Meyer* (Fn. 145), § 38 Rn. 9; *Magiera* (Fn. 78), Art. 38 Rn. 80; s. auch die fraglose Gleichsetzung in BVerfGE 40, 296 (317).
[167] *Achterberg/Schulte*, GG VI, Art. 38 Rn. 126; Jarass/*Pieroth*, GG, Art. 38 Rn. 15; *v. Münch* (Fn. 33), Art. 38 Rn. 38.
[168] S. *J.A. Frowein*, AöR 99 (1974), 72 (101f.); *v. Münch* (Fn. 33), Art. 38 Rn. 20.
[169] *Meyer* (Fn. 145), § 38 Rn. 9.
[170] BVerfGE 12, 139 (142); 15, 165 (167).
[171] § 36 BWahlG.
[172] Vgl. BVerfGE 21, 200 (205ff.); s. auch zur Schutzpflicht für die Geheimheit und Freiheit der Wahl BVerfGE 59, 119 (127).
[173] So noch Art. 22 I 2 WRV; *v. Münch* (Fn. 33), Art. 38 Rn. 20; *P. Weides*, Bestimmung des Wahltages von Parlamentswahlen, in: FS Carstens, 1984, S. 933ff. (940).
[174] BVerfGE 11, 266 (277); 11, 351 (364); 12, 10 (27); 60, 162 (167); *v. Münch* (Fn. 33), Art. 38 Rn. 22; *Meyer* (Fn. 145), § 38 Rn. 10.

69   **Formale Zulassungshürden** für die Eintragung ins Wählerverzeichnis oder der Besitz eines Wahlscheines sind zulässig[175] und sogar geboten, weil dadurch sichergestellt werden kann, daß alle Bürger darin gleich behandelt werden, nur einmal zur Wahl zu gehen. Die Erfüllung solcher formaler Voraussetzungen ist allen Wählern gleichermaßen möglich und diskriminiert nicht[176].

70   Auch wenn keine Bestimmung im Grundgesetz die Wohnsitznahme im Bundesgebiet verlangt oder zur Voraussetzung für die Ausübung des Wahlrechts macht, darf doch die **Seßhaftigkeit im Bundesgebiet** zur Voraussetzung für die Ausübung des Wahlrechts erhoben werden[177]. Dafür spricht neben der Notwendigkeit, eine doppelte Ausübung des Wahlrechts verwaltungspraktisch verhindern zu können, auch die Erwägung, daß die Ausübung des Wahlrechts eine gewisse Vertrautheit mit den Verhältnissen in der Bundesrepublik und die Teilnahme an der politischen Kommunikation voraussetzt[178]. Angesichts der tatsächlichen Internationalisierung des Lebenszuschnitts nicht nur eines kleinen Kreises der Bevölkerung ist die Erweiterung des Wahlrechts für Deutsche im Ausland (§ 12 II, IV BWahlG) im Sinne einer realistischen Anwendung des Verfassungsrechts begrüßenswert[179]. Das Erfordernis, mindestens seit drei Monaten in der Bundesrepublik eine Wohnung innezuhaben oder sich gewöhnlich aufzuhalten (§ 12 I 2 BWahlG), ist verfassungsrechtlich nicht zu beanstanden, wiederum um eine mehrfache Wahlberechtigung sicher auszuschließen und (bei Zuzug aus dem Ausland) eine Vertrautheit mit den Verhältnissen voraussetzen zu können[180]. Bei mehreren Wohnsitzen ist für das aktive wie das passive Wahlrecht auf die tatsächlichen Verhältnisse abzustellen, nicht auf melderechtliche Fiktionen[181].

71   Als Ausdruck der Volkssouveränität ist das Wahlrecht auf die Angehörigen des **Deutschen Volkes** (→ Art. 20 [Demokratie] Rn. 83 ff.) begrenzt[182]. Diese Begrenzung auf Deutsche rechtfertigt sich aus dem Umstand, daß Ausländer sich der Gesetzesunterworfenheit in Deutschland durch Wegzug entziehen können[183]. Die Beschränkung gilt gleichermaßen für Bürger der Europäischen Union[184]. Zwar wirkt Europarecht

---

[175] *H.-U. Erichsen,* Jura 1983, 635 (637); *Maunz* (Fn. 81), Art. 38 Rn. 40.

[176] *H.-U. Erichsen,* Jura 1983, 635 (637); *Maunz* (Fn. 81), Art. 38 Rn. 40.

[177] BVerfGE 36, 139 (142 ff.); 58, 202 (205); BVerfG (3. Kammer des Zweiten Senats) NJW 1991, 689 (690) – mit freilich fragwürdiger Begründung aus der Tradition (»seit jeher«).

[178] BVerfG (3. Kammer des Zweiten Senats) NJW 1991, 689 (690).

[179] Zweifel an der 10-Jahresfrist des § 12 II Nr. 3 BWahlG a. F. äußert *Meyer* (Fn. 145), § 38 Rn. 3. Die Frist wurde erweitert auf 25 Jahre durch Gesetz v. 23. 4. 1998 (BGBl. I S. 706).

[180] S. zum Problem BVerfG (2. Kammer des Zweiten Senats) NVwZ 1993, 55 (56); die verwaltungsorganisatorische Notwendigkeit der Drei-Monatsfrist bezweifelt *Schreiber,* Wahlrecht (Fn. 154), § 12 Rn. 13; skeptisch auch *Meyer* (Fn. 145), § 38 Rn. 2.

[181] So ThürVerfGH NJW 1998, 525 ff.; dazu kritisch *W. Schreiber,* NJW 1998, 492 ff.; grundsätzlich zum Problem *L. Gramlich,* DVBl. 1985, 425 ff.; s. auch *E. Röper,* DÖV 1974, 838 ff.

[182] BVerfGE 83, 37 (50); 83, 60 (71); *H.-U. Erichsen,* Jura 1983, 635 (637 f.); *K. Ipsen/V. Epping,* JuS 1991, 1022 (1027); *B. Kämper,* ZRP 1989, 96 ff.; *C. Starck,* Grundrechtliche und demokratische Freiheitsidee, in: HStR II, § 29 Rn. 41; *H. Quaritsch,* DÖV 1981, 1 (2 ff.); a.A. *H. Hasenritter,* VR 1981, 14 (15); *M. Zuleeg,* Juristische Streitpunkte zum Kommunalwahlrecht für Ausländer, in: K. Sieveking/K. Barwig u. a. (Hrsg.), Das Kommunalwahlrecht für Ausländer, 1989, S. 113 ff. (116 f.); kritisch auch *Schneider* (Fn. 86), Art. 38 Rn. 57; *B.-O. Bryde,* JZ 1989, 257 ff. Jedenfalls ist die Einschränkung der Wählbarkeit auf diejenigen, die seit mindestens einem Jahr den Status als Deutscher haben (§ 15 I 1 BWahlG), verfassungsrechtlich nicht haltbar; ebenso *Meyer* (Fn. 145), § 38 Rn. 9.

[183] *U. Spies,* JuS 1992, 1036 (1038).

[184] BVerfGE 83, 60 (71); zum Kommunalwahlrecht für Ausländer vgl. auch *U. Karpen,* NJW 1989, 1012 (1015); zur Frage, ob Bürger der Europäischen Union *de lege ferenda* zu den Wahlen zugelassen

auf das nationale Verfassungsrecht ein (→ Vorb. Rn. 25; → Art. 23 Rn. 26 ff.), Art. 8a (18 n.F.) EGV beschränkt das Wahlrecht jedoch ausdrücklich auf die Kommunalwahl[185].

Weitere Beschränkungen des Wahlrechts sind aus der Geschichte übernommen, aber kaum zu rechtfertigen. Aufgrund **geistiger Gebrechen** kann das Wahlrecht ausgeschlossen werden, wenn es an der Geschäftsfähigkeit fehlt (§ 13 Nrn. 2, 3 BWahlG)[186]. Aus Gründen der Rechtssicherheit ist für den Ausschluß vom Wahlrecht aus solchen Gründen ein Richterspruch zu fordern. Dem Wahlvorsteher im Wahllokal ist es also verwehrt, einen dem Anschein nach nicht zurechnungsfähigen Wähler von der Wahl auszuschließen, wenn dieser im Wählerverzeichnis aufgeführt ist. **Höchstaltersgrenzen** sind unzulässig, wie der Rückschluß aus Art. 38 II GG ergibt[187]. Nach dem Gesetz kann das Wahlrecht auch wegen **staatsbürgerlicher Mängel** durch Richterspruch entzogen werden (§§ 13 Nr. 1, 15 II Nr. 2 BWahlG, §§ 45, 92a, 101, 108c, 109i StGB). Die verfassungsrechtliche Beurteilung muß differenzieren zwischen dem Verlust der Wählbarkeit und des Stimmrechts aufgrund der Verurteilung wegen eines Verbrechens zu einer Freiheitsstrafe von mindestens einem Jahr (§ 45 I StGB) und dem Verlust von Stimmrecht und Wählbarkeit durch Richterspruch als Nebenfolge einer Freiheitsstrafe wegen einer Straftat aus dem Bereich der Staatsschutzdelikte[188]. Der Schutz der verfassungsrechtlich gewährleisteten Wahlen ebenso wie der Schutz des demokratischen Rechtsstaates und die Sicherheit des Staats nach außen rechtfertigen Einschränkungen des Wahlrechts bei denjenigen, die wegen Delikten gegen diese Verfassungsrechtsgüter bestraft wurden. Der Ausschluß von der Wählbarkeit wegen einer sonstigen Straftat ist nicht durch ein Verfassungsrechtsgut gefordert und damit nicht haltbar[189].

Das **Wahlvorschlagsrecht**, also die förmliche Anmeldung einer Wahlbewerbung, darf nicht auf politische Parteien beschränkt werden[190]. Die Parteien haben kein Nominierungsmonopol. Das **Listenprivileg** der Parteien nach § 27 BWahlG ist nicht unproblematisch[191], aber verfassungsrechtlich haltbar, angesichts dessen, daß einerseits

---

werden könnten, vgl. verneinend *B.-O. Bryde*, JZ 1989, 257 (258 ff.); *Meyer* (Fn. 145), § 38 Rn. 6, 8; *H. Rittstieg*, Ausländerwahlrecht – Eine Nachlese, in: K. Barwig/G. Brinkmann u. a. (Hrsg.), Vom Ausländer zum Bürger, 1994, S. 365 ff. (369); bejahend *F. Ruland*, JuS 1975, 9 (11 ff.).

[185] Hierzu *M. Kaufmann*, ZG 1998, 25 ff. → Art. 28 Rn. 31, 72 ff.

[186] BVerfGE 36, 139 (141 f.); *Meyer* (Fn. 145), § 38 Rn. 3; *Magiera* (Fn. 78), Art. 38 Rn. 81.

[187] *L. Gramlich*, JA 1986, 129 (132 f.). Für die Wahl zu Exekutivorganen kann anderes gelten, BVerfG (3. Kammer des Zweiten Senats) DVBl. 1994, 43 f.

[188] Ohne Problematisierung – und ohne Differenzierung – hält diese Einschränkung für zulässig BVerfGE 36, 139 (141 f.). S. weiter *Magiera* (Fn. 78), Art. 38 Rn. 81; *v. Münch* (Fn. 33), Art. 38 Rn. 16; *Schreiber*, Wahlrecht (Fn. 154), § 12 Rn. 7.

[189] Ebenso, darüber hinaus kritisch gegenüber allen strafrechtlich begründeten Ausschlüssen vom Wahlrecht, *Meyer* (Fn. 145), § 38 Rn. 9. Allein das Ansehen des Parlaments könnte für die Fernhaltung von Straftätern sprechen. Dieser Größe ist aber ohne nähere Qualifizierung schwerlich Verfassungsrang zuzuerkennen. Daß die Dauer des Verlustes des Wahlrechts erst vom Tage der Verbüßung der Freiheitsstrafe an gerechnet wird (§ 45 II StGB), verstößt gegen die grundrechtlich gebotene Wahrung der Resozialisierungschance (→ Art. 1 I Rn. 84; → Art. 2 I Rn. 54).

[190] BVerfGE 11, 351 (361 f.); 41, 399 (417); 47, 253 (282). Die Parteien »wirken« nach Art. 21 I 1 GG bei der politischen Willensbildung nur »mit«, genießen keine Monopolstellung (→ Art. 21 Rn. 25). Um der Offenhaltung des politischen Prozesses willen, auch unter dem Gesichtspunkt der Offenhaltung der Konkurrenz für Gruppierungen, die sich erst im Erfolgsfall möglicherweise als Partei konstituieren, ist dies geboten.

[191] Für verfassungswidrig gehalten von *Achterberg/Schulte*, GG VI, Art. 38 Rn. 121; *v. Münch* (Fn. 33), Art. 38 Rn. 22; *R. Mußgnug*, JR 1976, 353 ff.

die Aufstellung und Propagierung einer Landesliste eine erhebliche organisatorische Kraft voraussetzt, andererseits Organisationen den Parteistatus unschwer erlangen können: Das maßgebliche Kriterium ist das Ziel einer Parlamentsrepräsentanz (→ Art. 21 Rn. 28 ff.). Die Alternative zu parteigetragenen Landeslisten wären Landeslisten von Organisationen, die nicht dem Parteienrecht – auch nicht Art. 21 I 3 GG – unterliegen[192].

3. Unmittelbarkeit der Wahl

74 Die unmittelbare Wahl hat den **Zweck**, den Einfluß des Volkes auf die personelle Zusammensetzung des Parlamentes zu sichern und den Einfluß anderer Kräfte auszuschalten. Damit soll das Wahlverfahren auch dem Wähler eine rationale Entscheidung ermöglichen, indem es ihm *ex ante* erkennbar macht, wie sich die eigene Stimmabgabe auf Erfolg oder Mißerfolg der Wahlbewerber auswirken kann[193]. Das Volk soll das »letzte Wort« bei der Auswahl der Kandidaten haben[194].

75 Nach dem Grundsatz der unmittelbaren Wahl darf sich die personelle Zusammensetzung des Parlaments nur bemessen nach der Wahlentscheidung der Bürger, allenfalls modifiziert durch die negative Entscheidung eines Gewählten, sei es, daß er sein Mandat nicht annimmt, sei es, daß er später darauf verzichtet[195]. Der Gewählte ist keine Instanz, die zwischen die Wähler und die Zusammensetzung des Parlamentes tritt, überdies ist es wenig sinnvoll, einen Unwilligen zum Volksvertreter zu haben. Zwischen die Entscheidung der Wähler und die Zusammensetzung des Parlaments darf **keine weitere Willensentscheidung** treten[196]. Damit ist ein Wahlmännersystem ausgeschlossen[197]. Darin erschöpft sich die Bedeutung der Unmittelbarkeit aber nicht. Hinsichtlich des aktiven Wahlrechts ist eine Vertretung bei der Wahl unzulässig: Das Wahlrecht muß **höchstpersönlich** ausgeübt werden[198].

76 Ausgeschlossen ist ein Wahlrecht, in dem entgegen Art. 38 I 1 GG nicht »die Abgeordneten« gewählt werden, sondern nur Parteien[199]. Trotz der verfassungsrechtlichen Anerkennung der Parteien in Art. 21 GG bleibt die Wahl zum Bundestag eine Personenwahl[200]. Der unverzichtbaren Rolle der Parteien (→ Art. 21 Rn. 19 ff.) kann Rechnung getragen werden in Gestalt der **Listenwahl**. Der Einfluß der Parteien erstreckt sich hier auf die Besetzung und die Reihenfolge der Liste. **Offene Listen**, bei denen die Wähler Kandidaten von einer anderen Liste übernehmen können, oder **ungebundene Listen**, bei denen die Wähler die Reihenfolge der Bewerber innerhalb der Parteiliste verändern können, sind mit der Unmittelbarkeit ohne weiteres zu vereinbaren. Auch die **starre Liste**[201] beeinträchtigt nicht die Unmittelbarkeit der Wahl, weil durch die Fi-

---

[192] Ebenso *Meyer* (Fn. 145), § 38 Rn. 10.
[193] Zu diesem Gesichtspunkt BVerfGE 95, 335 (350).
[194] BVerfGE 3, 45 (49 f.); 7, 63 (68).
[195] Zur Unschädlichkeit einer solchen Entscheidung des Gewählten BVerfGE 3, 45 (50).
[196] BayStGH BayGVBl. 1930, 77 (87 f.); *G. Leibholz*, Die Reform des Wahlrechts, VVDStRL 7 (1932), S. 159 ff. (167 ff.); BVerfGE 3, 45 (50); 7, 63 (68); 21, 355 (356); 47, 253 (279 f.).
[197] BVerfGE 7, 63 (68); 47, 253 (279); *Achterberg/Schulte*, GG VI, Art. 38 Rn. 122; *H.-U. Erichsen*, Jura 1983, 635 (639).
[198] *Maunz* (Fn. 81), Art. 38 Rn. 32; *v. Münch* (Fn. 33), Art. 38 Rn. 64.
[199] BVerfGE 95, 335 (349).
[200] BVerfGE 7, 63 (68); 95, 335 (349).
[201] Von einer solchen spricht man dann, wenn die Kandidaten in einer unveränderbaren Reihenfolge nominiert sind.

xierung der Reihenfolge vor der Wahlhandlung ein Einfluß der Partei nach dem Wahlakt ausgeschlossen ist[202]. Die Praxis, auf den Stimmzetteln nur die ersten Bewerber einer jeden Liste aufzuführen (§ 45 I 2 BWahlO) ist akzeptabel, solange die öffentliche Bekanntmachung durch den Landeswahlleiter (§ 28 III BWahlG) alle Listenkandidaten enthält[203]. Ein **nachträgliches Auffüllen** der Liste ist ebenso unzulässig[204] wie ihre **nachträgliche Abänderung** oder die Streichung einzelner Bewerber[205].

Das sogenannte **Rotationsprinzip** ist auch unter dem Blickwinkel der Unmittelbarkeit der Wahl problematisch[206]. Durch den verabredeten Rücktritt von Abgeordneten zur Hälfte der Wahlperiode zugunsten nachrückender anderer Bewerber wird die Wahlentscheidung des Wählers geändert, und zwar nicht aufgrund von nach der Wahl eintretenden Umständen, sondern wegen einer bereits im vorhinein gefaßten Abrede. Mit der Unmittelbarkeit ist eine solche Rotationspraxis nur vereinbar, wenn der Wähler bei seiner Wahlentscheidung diese Selbstfestlegung kennt[207]. 77

Problematisch ist, daß nach § 48 I 2 BWahlG beim **Nachrücken** aus der Landesliste diejenigen Bewerber unberücksichtigt bleiben, die seit der Aufstellung der Liste aus dieser Partei ausgeschieden sind. Hier gilt es, verschiedene Arten des Verlustes der Parteimitgliedschaft zu unterscheiden. Beim **freiwilligen Austritt** ist diese Regelung zu billigen[208]. Vor dem Erwerb des Abgeordnetenstatus ist zum Schutz der Erwartungen der Wähler der Parteicharakter der Liste der dominierende Aspekt; bei Abgeordneten geht aber die Freiheit des Mandats nach Art. 38 I 2 GG (→ Rn. 136 ff.) vor. Die Vorschrift dient der Abwehr von Bewerbern, die sich nach der Wahl von ihrer Partei abwenden und gleichwohl für sie ins Parlament einrücken wollen. Die Austrittsentscheidung während der Schwebezeit ist einem Mandatsverzicht gleichzustellen, sie tangiert nicht die Unmittelbarkeit[209]. Auch bei der Anwendung auf einen **Parteiausschluß** ist die Regelung des § 48 I 2 BWahlG verfassungsmäßig[210]. Zwar wirkt sich in diesem Fall die Ausschlußentscheidung der Partei auf die Zusammensetzung des Bundestages aus, diese Durchbrechung des Unmittelbarkeitsgrundsatzes ist aber durch Art. 21 GG gerechtfertigt: Es ist den Wählern wie einer Partei nicht zuzumuten, ihr einen Bewerber zuzurechnen, der mittlerweile nicht mehr ihr programmatisches Selbstverständnis teilt oder das notwendige Minimum an Kooperationsbereitschaft zeigt. Daß ein Aus- 78

---

[202] BVerfGE 3, 45 (51); 7, 63 (69); 21, 355 (356); 47, 253 (283); *v. Münch* (Fn. 33), Art. 38 Rn. 25 f.; a.A. *H.-J. Rinck*, JZ 1958, 193 (195), der aber im Ergebnis die starre Liste über Art. 21 GG rechtfertigt.
[203] BVerfGE 47, 253 (280 f.).
[204] BVerfGE 3, 45 (51); *v. Münch* (Fn. 33), Art. 38 Rn. 26; *Schneider* (Fn. 86), Art. 38 Rn. 46.
[205] BVerfGE 7, 77 (85); *Schneider* (Fn. 86), Art. 38 Rn. 46; *Achterberg/Schulte*, GG VI, Art. 38 Rn. 122; *v. Münch* (Fn. 33), Art. 38 Rn. 26.
[206] Zum Aspekt der Freiheit des Abgeordneten → Rn. 132; zum Aspekt der Dauer der Wahlperiode → Art. 39 Rn. 19.
[207] Für ohne weiteres vereinbar mit dem Grundsatz der Unmittelbarkeit halten die Rotation NdsStGH NJW 1985, 2319 (2320) und *v. Münch* (Fn. 33), Art. 38 Rn. 27.
[208] *Badura* (Fn. 152), Anh. z. Art. 38 Rn. 15; *v. Münch* (Fn. 33), Art. 38 Rn. 28; *Magiera* (Fn. 78), Art. 38 Rn. 84; undifferenziert billigt diese Klausel BVerfG 7, 63 (72) mit unzutreffender Begründung, die auf notwendige Voraussetzungen für die Übernahme des Abgeordnetenmandats abhebt, vgl. zur Kritik *J.A. Frowein*, AöR 99 (1974), 72 (103). A.A. *H.-U. Erichsen*, Jura 1983, 635 (640); Bedenken, bereits die »Mandatsanwartschaft« eines Ersatzbewerbers mit dem Verlust der Parteimitgliedschaft verloren zu geben, bei *Schneider* (Fn. 86), Art. 38 Rn. 46.
[209] Mit dieser Begründung *Meyer* (Fn. 145), § 38 Rn. 12.
[210] A.A. *H.-U. Erichsen*, Jura 1983, 635 (640); *O. Uhlitz*, DÖV 1957, 468 (469); *Jarass/Pieroth*, GG, Art. 38 Rn. 12.

schluß tatsächlich nur in diesen Fällen und nicht willkürlich erfolgt, wird durch die gesetzliche Bindung an § 10 IV, V PartG und die gerichtliche Nachprüfbarkeit dieser Entscheidung gewährleistet (→ Art. 21 Rn. 128, 134)[211]. Beim Abgeordneten ist auch der Parteiausschluß mandatsunschädlich (→ Rn. 132). Gesetzlich nicht bedacht sind **Parteispaltung** und **-neugründung**[212]. Diese Fälle sind wegen des Momentes der selbstbestimmten Veränderungen der Ausgangslage wie ein freiwilliger Austritt zu behandeln.

79 Das sogenannte **ruhende Mandat**, wonach das Abgeordnetenmandat während der Amtszeit eines Abgeordneten als Minister ruht und für diese Zeit ein Nachrücker für ihn ins Parlament kommt, ist unzulässig, weil der Minister durch Rücktritt – oder Bundeskanzler durch dessen Entlassung – über die Fortdauer des Mandats des Nachfolgers entscheidet[213].

80 Auch der Grundsatz der Unmittelbarkeit ist zum Schutz anderer Verfassungswerte **Einschränkungen** zugänglich. **Behinderte** oder des Lesens unkundige Wähler können sich nach § 33 II BWahlG eines Helfers bedienen[214]. Die Einschaltung einer solchen Hilfsperson ist gerechtfertigt, weil sie die Ausübung des Wahlrechts der behinderten Bürger erst ermöglicht und damit die Allgemeinheit der Wahl stärkt. Gleiches gilt auch für die Gefahren, welche die **Briefwahl** für die Höchstpersönlichkeit (und die Geheimheit) der Wahl begründen[215].

4. Freiheit der Wahl

81 Der spezifische Beitrag der Freiheit der Wahl zur Realisierung der Volkssouveränität liegt in der Sicherung des ungehinderten Ausdrucks der Präferenzen der Wähler. Deren Auffassungen sollen sich in den Wahlentscheidungen ungehindert von Zwang oder Machtausübung niederschlagen können. Andernfalls brächte das Wahlergebnis nicht die Stimme des Volkes zur Geltung, sondern derjenigen, die Macht ausüben konnten. Bereits begrifflich wird »Wahl« mit der Freiheit, zwischen mehreren Möglichkeiten entscheiden zu können, verbunden[216]. Nur eine freie Wahl kann auch legitimierend wirken[217] und damit eine wesentliche Wahlfunktion (→ Rn. 51) erfüllen. Das wichtigste Instrument zur Sicherung der Freiheit der Wahl ist die Geheimheit der Wahl (→ Rn. 109ff.); beide sind funktionell miteinander verbunden[218]. Auch wenn die Geheimheit der Wahl gesichert ist, behält die Wahlfreiheit ihre Bedeutung, weil sie über den Akt der Stimmabgabe hinaus weitere Wirkungen entfaltet, nämlich für die vorgelagerten Phasen des Wahlverfahrens und den Kontext der Wahlentscheidungen.

82 Die Freiheit der Wahl bedeutet zunächst, daß die Stimmabgabe ohne Zwang oder

---

[211] Wie hier *v. Münch* (Fn. 33), Art. 38 Rn. 29; dazu auch *W. Schreiber*, DÖV 1976, 734 (737ff.).
[212] Dazu auch *Meyer* (Fn. 145), § 38 Rn. 12, freilich ohne Festlegung.
[213] HessStGH NJW 1977, 2065 (2066); *T. Dress*, Das ruhende Mandat, Diss. jur. Hamburg 1985, S. 102ff.; *E.L. Nell*, JZ 1975, 519 (520); → Art. 28 Rn. 66.
[214] S. weiter § 57 BWahlO und bei der Briefwahl § 36 II BWahlG, § 66 III 2, 3 BWahlO.
[215] Zur Verfassungsmäßigkeit der Briefwahl BVerfGE 21, 200 (204f.); 59, 119 (125ff.); beachte die Pflicht zur Beobachtung der Handhabung der Briefwahl: → Rn. 113.
[216] »Möglichkeit des Aussuchens unter mehreren«, *J.* und *W. Grimm*, Deutsches Wörterbuch, Bd. 27, 1922, Sp. 507f.; BVerfGE 47, 253 (283); s. auch die Aufladung des Begriffs der Wahl in BVerfGE 89, 243 (252f.); *v. Münch* (Fn. 33), Art. 38 Rn. 30.
[217] BVerfGE 44, 125 (139); 73, 40 (85).
[218] BVerfGE 5, 85 (232).

sonstige unzulässige Beeinflussung bleibt[219]. Darüber hinaus gewährleistet die Wahlfreiheit auch eine materielle Freiheit in dem Sinne, daß das Wahlverfahren Entscheidungsmöglichkeiten des Wählers offenhält, so daß eine Auswahlfreiheit besteht[220]. **Listenvereinigungen** sind zulässig (→ Rn. 105), solange dem Wähler noch Auswahlmöglichkeiten bleiben[221].

83 Die gesetzliche Einführung einer **Wahlpflicht** ist unzulässig[222]. Die Freiheit der Wahl umfaßt auch die Möglichkeit, von diesem Recht keinen Gebrauch zu machen (→ Vorb. Rn. 48); da der Bürger sich jedenfalls in der Wahlkabine der Stimme enthalten könnte, wäre es unverhältnismäßig, ihn gleichwohl zum Wahlgang zu zwingen. Einer Verfassungsänderung stünde jedoch Art. 79 III GG nicht entgegen[223].

84 Die Wahl ist nur dann tatsächlich frei, wenn auch die frühen Phasen vom Grundsatz der Wahlfreiheit gedeckt sind. Sie umfaßt auch das Recht, **Wahlvorschläge** zu machen[224] und damit Einfluß auf die Wahlbewerber zu nehmen. Ein Monopol der Parteien auf die Nominierung von Bewerbern wäre verfassungswidrig[225]. Auch bei der **Kandidatenaufstellung** – unter Einschluß des innerparteilichen Bereichs[226] – muß die Wahlrechtsfreiheit beachtet werden[227]. Innerparteilich müssen mehrere Bewerber zur Auswahl stehen können, freie Wahlvorschläge möglich sein, konkurrierende Listenvorschläge zur Abstimmung gestellt werden können. Überdies muß der Versammlungsablauf demokratischen Mindestgeboten entsprechen[228].

85 Komplement des Wahlvorschlagsrechts ist das Recht, selbst zur Wahl zu kandidieren und im Erfolgsfalle die Wahl auch anzunehmen, das man als **passive Wahlrechtsfreiheit** bezeichnen kann[229]. Unter dem Gesichtspunkt einer »**Scheinkandidatur**« darf niemand von der Bewerbung ausgeschlossen werden, eine Prüfung der Ernsthaftigkeit der Kandidatur ist den Wahlorganen untersagt[230]. Die freie Kandidatur wird durch begleitende Rechtsvorschriften auch im gesellschaftlichen Bereich abgesichert[231]

86 Die Freiheit der Wahl deckt zunächst sowohl die mehrfache Kandidatur von Wahlbewerbern wie auch das »**Doppelauftreten** von Parteien und Wählervereinigungen« unter verschiedenen Namen. Ihm steht jedoch die Wahlrechtsgleichheit entgegen. In diesem Konflikt der Wahlrechtsgrundsätze ist der Gesetzgeber zu einer Regelung be-

---

[219] BVerfGE 7, 63 (69f.); 47, 253 (282f.); 66, 369 (380); 95, 335 (350).
[220] Dazu BVerfGE 47, 253 (282f.); 95, 335 (350).
[221] S. auch *Schneider* (Fn. 86), Art. 38 Rn. 47: Verfassungsauftrag zur Personal- und Sachalternative.
[222] *H. Dreier*, Jura 1997, 249 (254); *W. Frenz*, ZRP 1994, 91ff.; Jarass/*Pieroth*, GG, Art. 38 Rn. 9; *Magiera* (Fn. 78), Art. 38 Rn. 85; a.A. *Schneider* (Fn. 86), Art. 38 Rn. 48; *Maunz* (Fn. 81), Art. 38 Rn. 32.
[223] *H. Dreier*, Jura 1997, 249 (254).
[224] BVerfGE 41, 399 (417); 47, 253 (282); 89, 243 (251); *v. Münch* (Fn. 33), Art. 38 Rn. 43.
[225] BVerfGE 41, 399 (416f.); 47, 253 (282). Für die Landeslisten aber → Rn. 100.
[226] BVerfGE 89, 243 (251f.).
[227] BVerfGE 47, 253 (283); 89, 243 (251f.); HambVerfG DVBl. 1993, 1070 (1071f.) mit Anm. *U. Karpen*, 1077 (hier 1078f.); *P.M. Huber*, DÖV 1991, 229 (230).
[228] BVerfGE 89, 243 (250ff., hier 260): ausreichende Redezeit für Bewerber – allerdings mit nicht restlos überzeugender Ableitung aus dem Begriff der Wahl; HambVerfG DVBl. 1993, 1070 (1071f.). → Art. 21 Rn. 121.
[229] Vgl. *Achterberg/Schulte*, GG VI, Art. 38 Rn. 124; *Maunz* (Fn. 81), Art. 38 Rn. 47.
[230] Vgl. im kommunalen Bereich VGH Kassel DVBl. 1980, 66 (67f.); OVG Koblenz NVwZ-RR 1992, 255.
[231] S. §§ 2f. AbgG. → Art. 48 Rn. 9ff., 13ff.

fugt. Ein gesetzliches Verbot des Doppelauftretens ist daher zulässig[232]. Geboten ist ein solches Verbot aber nicht[233], weil der Gesetzgeber auch der Wahlrechtsfreiheit den Vorzug geben darf.

87 Wegen Verfassungswidrigkeit **verbotene Parteien** und ihre Ersatzorganisationen (→ Art. 21 Rn. 147; S. 33 PartG) sind von der Wahlbeteiligung ausgeschlossen[234].

88 Um auch tatsächliche Wahlfreiheit möglichst zu gewährleisten, wird der Schutz dieses Rechts auch auf den **Kontext** des eigentlichen Wahlverfahrens erstreckt und bezieht thematisch **Wahlbeeinflussungen** mit untunlichen Mitteln ein. Die Willensbildung im gesellschaftlichen Kommunikationsprozeß wird also gegen unzulässige Einflußnahme auf die Willensbildung des Wählers geschützt[235]. Unzulässige kommunikative Einflußnahme kann vor allem von staatlicher Seite her erfolgen. Die **Öffentlichkeitsarbeit der Regierung** ist insofern problematisch, als eine parlamentarische Regierung immer parteigetragen ist und ihre Mitglieder immer auch für ihre Partei stehen, sie bei der Öffentlichkeitsarbeit aber – anders als die Oppositionsparteien – auf Haushaltsmittel zurückgreifen können und als amtliche Verlautbarung einen Aufmerksamkeitsvorsprung, vielleicht sogar einen Glaubwürdigkeitsvorsprung genießen[236]. Nicht nur unter dem Gesichtspunkt der Gleichheit[237], sondern auch unter dem der Freiheit sind solche amtlichen Aktivitäten kritisch zu betrachten. Öffentlichkeitsarbeit amtlicher Stellen ist allerdings grundsätzlich zulässig, sogar notwendig[238]. Zwischen der gebotenen Neutralität der staatlichen Organe, die durch Achtung der Chancengleichheit der Parteien den politischen Kommunikationsprozeß der Gesellschaft als einen freien zu erhalten haben, einerseits und der zulässigen Informationstätigkeit andererseits muß eine – schwierige – Abgrenzung getroffen werden. Maßgebend für den Verlauf dieser Grenze ist die Einwirkung auf die Wahl. »Zulässige Öffentlichkeitsarbeit findet ... dort ihre Grenze, wo die Wahlwerbung beginnt«[239]. Zeitlich ist die Regierung (ebenso sonstige amtliche Stellen) zu besonderer **Zurückhaltung in der Vorwahlzeit** verpflichtet[240]. Inhaltlich ist die amtliche Öffentlichkeitsarbeit gehalten, wettbewerbsneutral zu sein und sich möglichst sachlich zu präsentieren[241].

---

[232] BVerwG NVwZ 1992, 489f.; BayVerfGH DÖV 1993, 954ff.; *H. Büchner*, BayVBl. 1990, 321 (322); *T. Dickert*, BayVBl. 1990, 326 (329ff.).
[233] So aber *v. Münch* (Fn. 33), Art. 38 Rn. 44.
[234] Zur zeitlichen Komponente von Verbotsurteilen vgl. *H. Meier*, Parteiverbote und demokratische Republik, 1993, S. 219ff.; der Verfassungsentwurf des VE-Kuratoriums regelt den Ausschluß von der Wahl explizit in Art. 21 IV, S. 134.
[235] Vgl. BVerfGE 44, 125 (139): freier und offener Prozeß der Meinungsbildung. Grundlage hierfür ist allerdings auch die politische Chancengleichheit.
[236] *E. Kempen* hält daher eine exekutivische Werbung außerhalb des Parlaments für unzulässig: *ders.*, Grundgesetz, amtliche Öffentlichkeitsarbeit und politische Willensbildung, 1975, S. 260.
[237] BVerfGE 44, 125 (144ff.); 63, 230 (243); → Art. 21 Rn. 90.
[238] BVerfGE 44, 125 (147f.); 63, 230 (242f.); VerfGH NW NVwZ 1992, 467 (467); *F. Schürmann*, Öffentlichkeitsarbeit der Bundesregierung, 1992, S. 125ff.
[239] BVerfGE 63, 230 (243).
[240] BVerfGE 44, 125 (151ff.); 63, 230 (244f.).
[241] BVerfGE 44, 125 (149ff.); 63, 230 (244). Für Einzelheiten weitere Nachweise s. *v. Münch* (Fn. 33), Art. 38 Rn. 38; *H.D. Jarass*, NJW 1981, 193 (194f. – Wahrheitstreue); *Schürmann*, Öffentlichkeitsarbeit (Fn. 238), S. 307ff., 312f., 362ff.; SaarlVerfGH NJW 1980, 2181 (2182). Die Abgrenzung des noch Erlaubten vom Verbotenen bleibt auch angesichts der anerkannten Gesichtspunkte schwierig. Die Verlockung, den staatlichen Apparat für parteipolitische Zwecke einzusetzen, besteht unvermindert. Beachtlich deswegen der Vorschlag von *Meyer* (Fn. 145), § 38 Rn. 16, Öffentlichkeitsarbeit

Wahlbeeinflussung durch Privatpersonen ist grundsätzlich zulässig. Der politische 89
Willensbildungsprozeß setzt geradezu voraus, daß die Bürger einander von ihren Auffassungen zu überzeugen suchen. Schon aus Gründen der grundrechtlichen Freiheit darf der Meinungskampf nicht eingeschränkt werden, die Wahlfreiheit gibt kein Instrument der Zensur von Wahlpropaganda ab[242]. **Geschenke** von Wahlbewerbern an potentielle Wähler sind zulässig, soweit sie nicht den Tatbestand der Wählerbestechung nach § 108 StGB erfüllen. Aufmerksamkeiten von geringem Wert[243], die nach der Lebenserfahrung keine Verpflichtung des Empfängers begründen, sind unbedenklich[244]. Die Wahlwerbung der **Parteien** ist durch die Kombination von einschlägigem Grundrecht, meist Art. 5 I GG, und Art. 21 I GG besonders geschützt[245].

Unternehmer, **Arbeitgeber** und **Gewerkschaften** dürfen für eine bestimmte politi- 90
sche Richtung im Rahmen der gesetzlichen Grenzen werben[246]. Problematisch wird allerdings der mehr oder weniger verhohlene Hinweis auf den Einsatz wirtschaftlicher Macht, so die Drohung mit der Entlassung[247]. Der Ausspruch einer **Kündigung** wegen des Wahlverhaltens wird kaum möglich sein, weil wegen des Wahlgeheimnisses der Arbeitgeber die Wahlentscheidung nicht kennen kann, es sei denn, der Arbeitnehmer hat seine Wahlentscheidung freiwillig offenbart. In diesem Fall ist eine Kündigung wegen der Einwirkung der Wahlrechtsfreiheit nichtig[248]. Anderes mag für Mitarbeiter mit tendenztragender Rolle bei einer Tendenzorganisation – im Extrem bei einer politischen Partei – gelten[249]. Einflußnahme durch Religionsgesellschaften, sogenannte **Kanzelwerbung**, ist zulässig[250] und durch Art. 4 I, II GG und Art. 140 GG i.V.m. Art. 137 III WRV[251] abgesichert, und zwar auch dann, wenn die Religionsgesellschaft den Status einer öffentlich-rechtlichen Körperschaft hat[252]. **Presseorgane** dürfen sich im Wahlkampf engagieren[253], im Normalfall unterliegen sie auch keiner Pflicht, Wahlwerbeanzeigen anzunehmen (→ Art. 21 Rn. 94).

Von privaten Unternehmen durchgeführte **Meinungsumfragen** und ihre Veröffentli- 91

---

der Regierung (von Notfällen abgesehen) während einer bestimmten Frist vor der Wahl völlig zu untersagen. Zur Dichte verfassungsgerichtlicher Kontrolle s. *D. Murswiek*, DÖV 1982, 529ff.

[242] *v. Münch* (Fn. 33), Art. 38 Rn. 36; *Stern*, Staatsrecht I, S. 314. Allenfalls die allgemeinen Gesetze nach Art. 5 II GG setzen der Wahlpropaganda Grenzen. Hierzu zählen die Gesetze zum Schutz der Wahlfreiheit nach §§ 108ff. StGB.

[243] Man denke an Schneidebrettchen oder Kugelschreiber.

[244] So Beschluß des Bundestages im Wahlprüfungsverfahren vom 10.03.1966, zit. nach BVerfGE 21, 196 (197); das Gericht selbst hat die Frage der Verletzung der Wahlfreiheit in diesem Fall offengelassen und sich auf die fehlende Mandatsrelevanz zurückgezogen (198f.), dazu kritisch *J.A. Frowein*, AöR 99 (1974), 72 (104).

[245] → Art. 21 Rn. 49ff., 59. S. weiter speziell für den Wahlkampf *C.J. Walther*, Wahlkampfrecht, 1989, S. 63ff.; s. auch *H.-U. Erichsen*, Jura 1983, 635 (640).

[246] Dazu BVerfGE 42, 133 (139).

[247] S. zu einem solchen Fall BVerfGE 66, 369ff.; dazu *T.L. Oppermann*, JuS 1985, 519ff.; *Meyer* (Fn. 145), § 38 Rn. 17.

[248] *v. Münch* (Fn. 33), Art. 38 Rn. 42; Jarass/Pieroth, GG, Art. 38 Rn. 15.

[249] Dazu *v. Münch* (Fn. 33), Art. 38 Rn. 42.

[250] BVerwGE 18, 14 (17); zum Problem s. weiter OVG Münster JZ 1962, 767ff. mit Anm. *H. Ridder* (771ff.); *F. Pitzer*, DVBl. 1963, 118f.; *H.H. Klein*, DÖV 1967, 615 (620ff.).

[251] Zur Unterscheidung → Art. 4 Rn. 68ff.

[252] Mit diesem Status ist nicht die Inkorporation in den Staat verbunden, BVerfGE 19, 129 (133f.); 42, 312 (321f.); 53, 366 (387); 70, 138 (160f.); → Art. 19 III Rn. 42.

[253] Vgl. BVerfGE 37, 84 (91).

chung sind zulässig[254]. Diese Informationen sind wichtige Entscheidungsgrundlagen für Bürger[255] (wie für Wahlbewerber), die Freiheit der Wahlentscheidungen selbst wird von ihnen nicht tangiert. Die Manipulationsmöglichkeit ist bei ihnen nicht größer als bei anderen Informationen[256].

5. Gleichheit der Wahl

a) Zweck und Anwendungsbereich

92 Die Gleichheit des Wahlrechts soll als Instrument zur Verwirklichung der Volkssouveränität das ganze Volk gleichermaßen – ungeachtet seiner internen Heterogenität – an der Bestimmung der Politik partizipieren lassen. Darin findet der egalitäre Grundzug der Demokratie (→ Art. 20 [Demokratie] Rn. 59) operationalen Ausdruck. Damit als Staatsbürger alle gleich sind, werden für diese Rolle die gesellschaftlichen Unterschiede neutralisiert (→ Rn. 57). Das gleiche Wahlrecht verschafft dem Bundestag als Volksvertretung erst die Repräsentativität in der Zusammensetzung und damit eine grundlegende Qualität für seine Funktionserfüllung, auch für die Integrationswirkung dieses zentralen Staatsorgans. In der Wettbewerbsdemokratie des Grundgesetzes (→ Rn. 27) kommt der Wahlrechtsgleichheit als eines Anwendungsfalles des Rechts auf politische Chancengleichheit[257] weiter eine wesentliche Rolle für die Konstituierung eines **fairen Wettbewerbs** zu. Die am Ausgangspunkt des Legitimationszusammenhangs (→ Rn. 27) angesiedelte Wahlrechtsgleichheit ist damit legitimationskritisch. Die Gleichheit der Wahl ist der am häufigsten streitig in Anspruch genommene Wahlrechtsgrundsatz[258].

93 Der **Anwendungsbereich** der Wahlrechtsgleichheit erstreckt sich von vornherein nur auf die Wahlberechtigten und schließt an die Allgemeinheit der Wahl an[259]. Er umfaßt zum einen das gesamte **Wahlverfahren** in allen seinen Stadien (→ Rn. 62, 60), zum anderen aber, wie die Freiheit der Wahl, auch den **Kontext wettbewerblich relevanten Verhaltens**, also das »Vorfeld der politischen Willensbildung«[260]. Allerdings ist die Wahlrechtsgleichheit nicht grenzenlos in den gesamten Bereich der Parteienkonkurrenz auszuweiten, sondern nur dort, wo ein noch greifbarer Zusammenhang mit der Wahl besteht. Darüber hinaus ist die Chancengleichheit der Parteien (→ Art. 21 Rn. 72ff.) einschlägig[261].

---

[254] Dazu *J. Neeff*, JZ 1971, 16ff.; *R.P. Dach*, ZParl. 28 (1997), 229ff.; *C.H. Dumrath*, Rechtsprobleme von Wahlprognosen kurz vor der Wahl, Diss. jur. Frankfurt 1986; diskussionsanstoßend W. Hennis, Meinungsforschung und repräsentative Demokratie, 1957; zum Einfluß von Wahlumfragen auf das Wählerverhalten *F. Brettschneider*, Wahlumfragen, 1991, S. 107ff.

[255] *H. Ridder*, JZ 1962, 771 (772); für die Veröffentlichung von Wahlprognosen gilt dasselbe: s. *R.P. Dach*, ZParl. 28 (1997), 229ff.

[256] Überdies verpflichten Vorschriften des Rundfunkrechts dazu, bei der Veröffentlichung von Meinungsumfragen ihre Basis anzugeben, s. z.B. §12 LRG NW.

[257] Dazu *Kißlinger*, Chancengleichheit (Fn. 147), S. 91ff.

[258] *Meyer* (Fn. 145), §38 Rn. 21; *v. Münch* (Fn. 33), Art. 38 Rn. 45; *Achterberg/Schulte*, GG VI, Art. 38 Rn. 128.

[259] *v. Münch* (Fn. 33), Art. 38 Rn. 46; *H.-U. Erichsen*, Jura 1983, 635 (642).

[260] BVerfGE 8, 51 (68); 14, 121 (132); 69, 92 (107); *Achterberg/Schulte*, GG VI, Art. 38 Rn. 129; *Magiera* (Fn. 78), Art. 38 Rn. 91; *Meyer* (Fn. 145), §38 Rn. 25.

[261] Ebenso *v. Münch* (Fn. 33), Art. 38 Rn. 47; *Jarass/Pieroth*, GG, Art. 38 Rn. 6.

Die Wahlrechtsgleichheit erfaßt das aktive wie das passive Wahlrecht und auch das 94
Wahlvorschlagsrecht. **Träger** des Rechts sind dementsprechend die Wähler, die Wahlbewerber und diejenigen, die Wahlvorschläge einreichen können, nach § 18 I BWahlG also auch die politischen Parteien[262].

b) Inhalt

Die Wahlgleichheit sichert jedenfalls jedem Wähler den gleichen numerischen Einfluß 95
bei der Besetzung des Parlaments zu: **gleicher Zählwert der Stimmen**. Jeder Stimme muß weiter bei der Umrechnung in Mandate das gleiche Gewicht zukommen: **gleicher Erfolgswert**[263]. Bei genauer Betrachtung hängt die mandatsverschaffende Kraft einer Stimme vom Wahlsystem ab, im Mehrheitswahlsystem kommen allerdings diejenigen Stimmen, die in einem Wahlkreis für die unterlegenen Kandidaten abgegeben wurden, überhaupt nicht zur Geltung. Das Bundesverfassungsgericht schränkt deswegen den Inhalt der Wahlrechtsgleichheit bei der Mehrheitswahl ein auf den gleichen Zählwert[264]. Diese Abschwächung des gleichen Erfolgswertes jeder Stimme ist problematisch, bildet die Umsetzung in Mandate doch den eigentlichen Zweck der Wahl[265]. Wenn die Mandatsverschaffungsmacht den Kern des Stimmrechts darstellt, wird die Abschwächung der Forderung nach gleichem Erfolgswert fragwürdig. Ein Mehrheitswahlrecht begegnet dann verfassungsrechtlichen Zweifeln. Es entspricht der Idee der repräsentativen Volksvertretung, daß die relative Stimmverteilung im Wahlvolk sich im Parlament abbildet[266]. Im Zusammenspiel mit der Volkssouveränität und deren repräsentativen Gehalten begründet die Wahlrechtsgleichheit eine **Vermutung zugunsten des Verhältniswahlrechts**[267]. Abschwächungen des Verhältniswahlrechts sind zwar zulässig, allerdings unter den Rechtfertigungsvoraussetzungen einer Einschränkung der Wahlrechtsgrundsätze (→ Rn. 61). Elemente der Mehrheitswahl können als »mehrheitsbildendes Wahlsystem« zur Erzielung eines arbeitsfähigen Parlamentes gerechtfertigt werden, die Mehrheitswahl ist aber keine von vornherein gleichberechtigte Alternative zur Verhältniswahl.

Die Wahlrechtsgleichheit ist eine **formale Gleichheit**[268]. Die Formalität des Gleich- 96

---

[262] Vgl. dazu BVerfGE 1, 208 (237, 242); 6, 84 (91); 6, 273 (280); 24, 300 (340f.); 41, 399 (413); 47, 43 (55); 82, 322 (336); speziell für Parteien auch 92, 80 (91).
[263] Vgl. nur Jarass/*Pieroth*, GG, Art. 38 Rn. 6; *v. Münch* (Fn. 33), Art. 38 Rn. 45.
[264] BVerfGE 1, 208 (244); 13, 127 (129); 47, 253 (277); s. auch 95, 335 (353), tragende Auffassung, st.Rspr. S. weiter *Schneider* (Fn. 86), Art. 38 Rn. 49; *Magiera* (Fn. 78), Art. 38 Rn. 90; nach anderer Konstruktion soll beim Mehrheitswahlrecht nur die gleiche Erfolgschance geschützt sein, so *C. Lenz*, AöR 121 (1996), 337 (355ff.); ähnlich auch BVerfGE 95, 335 (353, 371), wonach im Mehrheitswahlrecht es auf eine ex-ante-Betrachtung für den Erfolgswert ankommt. Zur Unterscheidung von Zählwert und Erfolgschance *W. Pauly*, AöR 123 (1998), 232 (246ff.). Im Ergebnis ebenso wie *C. Lenz*, AöR 121 (1996), 337 (355ff.), allerdings mit anderem Ansatz, *H.-U. Erichsen*, Jura 1983, 635 (642f.); *ders.*, Jura 1984, 22 (26).
[265] *Meyer* (Fn. 145), § 38 Rn. 25.
[266] Zu den Wahlsystemen, ihren Voraussetzungen und Auswirkungen m.w.N. *Meyer* (Fn. 136), § 37 Rn. 25ff.; ausführlicher *ders.*, Wahlsystem (Fn. 144), passim, hier besonders S. 99ff., 111ff., unter Betonung der veränderten Rolle der politischen Parteien, deren relative Stärke im Parlament jetzt das maßgebliche Ergebnis der Wahlentscheidung ist.
[267] Vgl. *Hofmann/Dreier* (Fn. 20), § 5 Rn. 32ff.; *R. Bakker*, ZRP 1994, 457ff.; *U. Mager/R. Uerpmann*, DVBl. 1995, 273 (276f.); *H. Dreier*, Jura 1997, 249 (253f.); *H. Nicolaus*, ZRP 1997, 185 (186f.); *Meyer* (Fn. 136), § 37 Rn. 31ff., insb. Rn. 35f. → Art. 20 (Demokratie) Rn. 91.
[268] BVerfGE 11, 266 (272); 34, 81 (98f.); 82, 322 (377); 95, 335 (353); 95, 408 (417), st.Rspr.; vgl.

heitssatzes und ihre strenge Praktizierung ist auch ein Gebot, das sich aus dem Funktionszusammenhang der Wahl als eines Wettbewerbsverfahrens ergibt[269]. Die Wahlrechtsgleichheit ist (damit) von Art. 3 I GG abzuheben[270], sie bildet einen **besonderen Gleichheitssatz**[271]. Die Strenge des Gleichheitssatzes bedeutet, daß Beeinträchtigungen besonders rechtfertigungsbedürftig sind. Das Bundesverfassungsgericht spricht insofern von einem »besonders zwingenden Grund«[272]. Gegenüber dieser unscharfen Formel ist darauf zu bestehen, daß nur mit der Wahlgleichheit kollidierende Verfassungsrechtsgüter eine Beeinträchtigung zu rechtfertigen vermögen (→ Rn. 61).

97 Im weiteren Schutzbereich der Wahlrechtsgleichheit, im »Vorfeld der politischen Willensbildung« (→ Rn. 93), gilt es – auch im Übergang zur allgemeinen Parteiengleichheit – Besonderheiten zu berücksichtigen. Dort, wo es um Handlungsmöglichkeiten der Parteien geht, ist der Gleichheitssatz strikt zu praktizieren. Im Bereich der **staatlichen Leistungen** gilt die sogenannte **abgestufte Chancengleichheit**, welche sich letztlich an den hinter einer Partei stehenden Bürgern orientiert (→ Art. 21 Rn. 74f.). Maßnahmen **amtlicher Öffentlichkeitsarbeit** berühren – im Wirkungszusammenhang von Freiheit und Gleichheit – neben der wahlrechtlichen Freiheit auch die Wahlrechtsgleichheit. Der Staat ist hier zu strikter Neutralität und damit zur Wahrung der Chancengleichheit verpflichtet (→ Rn. 88). **Private** sind im gesellschaftlichen Kommunikationsprozeß nicht auf Gleichbehandlung von Wahlbewerbern und politischen Parteien verpflichtet, dürfen sich vielmehr parteiisch engagieren (→ Rn. 89). Private **Rundfunksender** unterliegen allerdings Einschränkungen[273].

c) Einschränkungen und ihre Rechtfertigung

98 Die Wahlrechtsgleichheit darf nur durch andere Verfassungswerte beeinträchtigt werden (→ Rn. 91, 95)[274].

99 Das Grundgesetz schreibt kein **Wahlsystem** vor[275]. Der Gesetzgeber hat es nach Art. 38 III GG auszugestalten. Dabei stellen die Wahlrechtsgrundsätze inhaltliche Direktiven dar, die den Raum des Möglichen einerseits begrenzen, andererseits wegen interner Konflikte[276], die der Gesetzgeber eher in der einen oder der anderen Rich-

---

weiter *Achterberg/Schulte*, GG VI, Art. 38 Rn. 128; *H.H. v. Arnim*, DÖV 1984, 85ff.; *Magiera* (Fn. 78), Art. 38 Rn. 90, 92; *Meyer* (Fn. 145), § 38 Rn. 21, 23f.; *v. Münch* (Fn. 33), Art. 38 Rn. 50; *W. Pauly*, AöR 123 (1998), 232 (250); *H.-J. Rinck*, DVBl. 1958, 221 (222f.).

[269] Vgl. für die Chancengleichheit der Parteien → Art. 21 Rn. 77ff.
[270] Anders *W. Pauly*, AöR 123 (1998), 232 (250), der den allgemeinen Gleichheitssatz im Wahlrecht ebenfalls streng und formal handhaben möchte.
[271] *E. Becht*, Die 5-% Klausel im Wahlrecht, 1990, S. 60ff.; *Jarass/Pieroth*, GG, Art. 38 Rn. 7; *Meyer* (Fn. 145), § 38 Rn. 23f. mit kritischen Hinweisen zur Begründungspraxis des Bundesverfassungsgerichts; *M. Sachs*, Besondere Gleichheitsgarantien, in: HStR V, § 126 Rn. 136; *v. Münch* (Fn. 33), Art. 38 Rn. 48. Anders das BVerfG in st.Rspr.: »Anwendungsfall des allgemeinen Gleichheitssatzes«, E 1, 208 (242); allerdings finden sich variierende Formulierungen, s. etwa E 4, 375 (382) »… insofern hat er (der Gleichheitssatz im Wahlrecht) eine selbständige Entwicklung genommen«. Vgl. auch E 41, 399 (413); ebenso *W. Pauly*, AöR 123 (1998), 232 (250).
[272] BVerfGE 1, 208 (225); 14, 121 (133); 95, 335 (376f.); 95, 408 (417f.), st.Rspr.
[273] Etwa § 19 II LRG NW; § 21 I LRG Sachsen-Anhalt; zur gesetzlichen Verpflichtung, Wahlwerbesendungen der Parteien auszustrahlen → Art. 21 Rn. 95. Zur Pflicht von Presseorganen zur Veröffentlichung von Wahlwerbeanzeigen → Art. 21 Rn. 94.
[274] BVerfGE 69, 92 (106); kritisch *W. Pauly*, AöR 123 (1998), 232 (252f.).
[275] BVerfGE 6, 104 (111); 95, 335 (349).
[276] S. etwa BVerfGE 3, 19 (24); s. auch E 59, 119 (125).

II. Wahlrecht (Art. 38 I 1, II, III GG)

tung lösen kann, den Spielraum des Gesetzgebers vergrößern[277]. Dies bedeutet nicht, daß der Gesetzgeber frei sei, die Wahl zum Deutschen Bundestag als Mehrheits- oder Verhältniswahl zu gestalten, wie das Bundesverfassungsgericht in ständiger Rechtsprechung formuliert[278], eingeschränkt jeweils nur durch eine Bindung an die Eigenarten des jeweiligen Wahlsystems[279]. Vielmehr ist, auch angesichts der verfassungsrechtlich anerkannten Rolle der Parteien bei den Wahlen **grundsätzlich** ein **Proportionalsystem** vom Grundgesetz nahegelegt[280]. Nur so bringt die Zusammensetzung des Bundestages die wesentlichen politischen Strömungen im Volk zum Ausdruck, nur so ist die legitimierende Wirkung der Wahl und der gleiche Erfolgswert jeder Stimme gesichert. Allerdings darf das gegenläufige Ziel eines handlungsfähigen Parlamentes zu **Modifizierungen** führen[281]. Von der Wahlrechtsgleichheit her gesehen stellt ein Parlament, in dem eine Gruppierung voraussichtlich eine deutliche Mehrheit haben wird, ein sogenanntes externes Ziel dar, das Einschränkungen der Gleichheit rechtfertigt, allerdings unter den Bedingungen der Verhältnismäßigkeit[282].

Bei der **Kandidatenaufstellung** im innerparteilichen Bereich sind **Quotenregelungen** zugunsten bestimmter Gruppen im Ansatz von der Tendenzfreiheit der Parteien gedeckt (→ Art. 21 Rn. 131)[283]. Bei der **Wahlzulassung** ist das **Listenprivileg** zugunsten der politischen Partei nach § 27 BWahlG verfassungsgemäß (→ Rn. 73). Auch die **Unterschriftsquoren** nach §§ 20 II 2, III, 27 I i.V.m. 18 II BWahlG, die nur für Wahlvorschläge von in der Vergangenheit wenig erfolgreichen Parteien und für Wahlvorschläge, die überhaupt nicht von Parteien eingereicht werden, gelten, stellen zwar eine Ungleichbehandlung dar, diese ist aber gerechtfertigt[284]. Die Nichtzulassung nicht ernsthafter oder von vornherein aussichtsloser Bewerber entlastet den Stimmzettel und damit den Wähler von »information overload« und erleichtert ihm so eine rationale Entscheidung[285], wirkt Irrtümern der Wähler über die Identität der zur Wahl stehenden Parteien sowie Fehlern bei der Stimmauszählung entgegen. Angesichts der – verglichen mit der für einen Wahlerfolg nötigen Anzahl von Stimmen – niedrigen Zahl der geforderten Unterschriften ist diese Einschränkung auch verhältnismäßig[286]. Die

100

---

[277] BVerfGE 3, 19 (24); 59, 119 (124); 95, 335 (349ff.), st.Rspr.
[278] Zuletzt BVerfGE 95, 335 (349), tragende Auffassung.
[279] Vgl. die Argumentation in BVerfGE 95, 335 (352ff.).
[280] *R. Bakker*, ZRP 1994, 457ff.; *Meyer* (Fn. 136), § 37 Rn. 31; *ders.*, Wahlsystem (Fn. 144), S. 192 ff.
[281] Vgl. zu dieser Zielstruktur BVerfGE 95, 335 (369). Zum Ganzen auch *Meyer* (Fn. 136), § 37 insb. Rn. 31 ff.
[282] Vgl. dazu *S. Huster*, Rechte und Ziele, 1993, S. 155 ff., 225 ff., zur Anwendung auf das Wahlrecht S. 366 ff.
[283] Vgl. zur Frauenquote kontrovers *I. Ebsen*, Verbindliche Quotenregelungen für Frauen und Männer in Parteistatuten, 1988; *Eulers*, Frauen (Fn. 30), S. 144 ff.; *Achterberg/Schulte*, GG VI, Art. 38 Rn. 148ff.; *K. Lange*, NJW 1988, 1174ff.; *E.V. Heyen*, DÖV 1989, 649ff.; *B. v. Nieding*, NVwZ 1994, 1171ff.; *J. Oebbecke*, JZ 1988, 176ff.
[284] BVerfGE 3, 19 (27); 3, 383 (392ff.); 4, 375 (382); 60, 162 (167f.); 71, 81 (96f.); 82, 353 (364); BayVerfGH BayVBl. 1995, 624 (625f.); *Badura* (Fn. 152), Anh. z. Art. 38 Rn. 21; *E.G. Mahrenholz*, Wahlgleichheit im parlamentarischen Parteienstaat der Bundesrepublik, Diss. jur. Göttingen 1957, S. 83 ff.; a.A. *Achterberg/Schulte*, GG VI, Art. 38 Rn. 146; *J.A. Frowein*, AöR 99 (1974), 72 (97f.); zum Ganzen ausführlich *J. Lege*, Unterschriftsquoren zwischen Parteienstaat und Selbstverwaltung, 1996.
[285] Zu diesem Gesichtspunkt BVerfGE 95, 335 (350).
[286] Der vom Bundesverfassungsgericht angeführte weitere Grund, der Stimmenzersplitterung entgegenzuwirken, so BVerfGE 3, 383 (393), ist hingegen nicht zu akzeptieren. Stimmenzersplitterung an sich ist kein zu verhinderndes Übel, dazu *Lege*, Unterschriftsquoren (Fn. 284), S. 28 ff., noch ist ange-

Anzeigepflicht nach § 18 II BWahlG ist hingegen eine nicht gerechtfertigte Ungleichbehandlung bislang nicht erfolgreicher Parteien[287].

101 Die **Reihenfolge** der Wahlbewerber und der Parteien **auf den Stimmzetteln** beeinflußt zwar tatsächlich das Wahlverhalten und behandelt die Bewerber ungleich, eine Reihenfolge ist aber unabdingbar; die von § 30 III BWahlG genannten Kriterien sind akzeptabel[288], zumal sie objektiven Charakter haben. **Starre Listen** schränken zwar die Auswahlfreiheit der Wähler ein und begünstigen die Bewerber auf den vorderen Plätzen, die Wahlrechtsgleichheit ist damit aber nicht beeinträchtigt, weil die für die Liste abgegebenen Stimmen denselben Zählwert besitzen[289]. Von den Bewerbern her betrachtet ist die Reihung ebenfalls nicht zu beanstanden, weil diese in einem demokratischen Verfahren festgelegt wurde und die Bewerber in die Reihenfolge eingewilligt haben[290].

102 Die **Einteilung der Wahlkreise** und ihre Größe beeinflußt – in Abhängigkeit vom Wahlsystem – möglicherweise erheblich die Wahlchancen. Im geltenden System der sogenannten personalisierten Verhältniswahl (→ Rn. 121) kommt es aber letztlich auf die Zahl der insgesamt für eine Partei abgegebenen Stimmen an, so daß der Zuschnitt im Sinne einer absichtsvollen »Wahlkreisgeometrie«[291] wenig bedeutsam ist[292]. Der **Erfolgswert der Erststimme** hängt aber von der Größe des Wahlkreises ab. In einem kleinen Wahlkreis genügen schon wesentlich weniger Stimmen zur Wahl als in einem großen. Zu Recht ist deswegen auf eine möglichst gleiche Größe der Wahlkreise zu achten (s. § 3 BWahlG, insbes. Abs. II 3 Nr. 2). Die bisher tolerierte Abweichung in Höhe von einem Drittel der durchschnittlichen Bevölkerung eines Wahlkreises[293] ist deutlich zu hoch[294]. Sie kann dazu führen, daß – wenn die Toleranzgrenze einmal nach oben, im anderen Wahlkreis nach unten ausgeschöpft wird – in einem Wahlkreis für den Wahlerfolg mehr als doppelt so viele Stimmen nötig sind, wie in einem anderen. Auch für das Entstehen von Überhangmandaten (→ Rn. 107) ist die unterschiedliche Wahlkreisgröße mitursächlich[295].

103 Wählerstimmen sollen letztlich die personelle und zugleich die wesentlich nach Parteizugehörigkeit organisierte politische Zusammensetzung des Parlaments bestimmen. Dazu muß die Stimmverteilung umgesetzt werden in Parlamentssitze. Dieses **Mandatsverteilungsverfahren** soll möglichst die Proportionalität zwischen Stimmverteilung und Mandatsverteilung bewirken. Die Abbildung der Stimmenanteile auf die Parlamentssitze stellt ein Problem dar, weil keine Bruchteilsmandate vergeben werden

---

sichts der 5%-Klausel ein Vorgehen gegen Parteien, die im Verdacht der völligen Aussichtslosigkeit stehen, zum Zweck die Mehrheitsbildung im Parlament nötig, vgl. insoweit *J.A. Frowein*, AöR 99 (1974), 72 (97f.); *Meyer* (Fn. 145), § 38 Rn. 39.

[287] Vgl. zur Kritik unter Hinweis auf den Ursprung dieser Regelungen in der Zeit vor Erlaß des Parteiengesetzes *Meyer* (Fn. 145), § 38 Rn. 39.

[288] Vgl. HessStGH NVwZ-RR 1993, 654 (657); *Schreiber*, Wahlrecht (Fn. 154), § 30 Rn. 8; Bedenkenswert der Vorschlag, das Los entscheiden zu lassen, so *v. Münch* (Fn. 33), Art. 38 Rn. 44.

[289] BVerfGE 7, 63 (70f.); 41, 399 (417); 47, 253 (283).

[290] BVerfGE 7, 63 (71); *Schneider* (Fn. 86), Art. 38 Rn. 50.

[291] Vgl. etwa das Beispiel bei *Nohlen*, Wahlrecht (Fn. 30), S. 62 ff.; auch *G. Genssler*, Das d'Hondtsche und andere Sitzverteilungsverfahren aus mathematischer und verfassungsrechtlicher Sicht, 1984, S. 267.

[292] Vgl. BVerfGE 13, 127 (128f.).

[293] BVerfGE 16, 130 (141).

[294] Ebenso jetzt BVerfGE 95, 355 (365).

[295] BVerfGE 16, 130 (139f.); 79, 169 (171); 95, 335 (345f., 359, 363).

dürfen[296]. Zu seiner Lösung stehen verschiedene mathematische Verfahren zur Verfügung[297], die neben der möglichen Proportionalität auch die Erhaltung einer Mehrheit[298] der Wählerstimmen in einer Mehrheit der Mandate zu gewährleisten haben[299]. Die Aufgabe ist nicht ideal zu lösen, jedes Verteilungsverfahren weist Verzerrungen auf. Das Höchstzahlverfahren nach d'Hondt, das stärkere Parteien begünstigt, ist ebenso verfassungsmäßig[300] wie das Verfahren nach Hare/Niemeyer (s. §6 II, nebst Korrektur in §6 III BWahlG)[301].

Die **5%-Sperrklausel** ist nach Rechtsprechung und überwiegender Ansicht eine zulässige gleichheitswidrige Beschränkung des Erfolgswertes[302], die gerechtfertigt wird durch den Verfassungswert der Arbeitsfähigkeit des Parlaments. Eine zu große Zahl von Parteien im Parlament beeinträchtigte dessen Entscheidungsfähigkeit[303]. Dieser Zweck kann eine Sperrklausel rechtfertigen, allerdings nur in einer Höhe, die mit den Geboten der Verhältnismäßigkeit im Einklang steht[304]. Ob zur Verhinderung einer Parteienzersplitterung, die die Arbeitsfähigkeit des Bundestages wesentlich beeinträchtigte, ein Minimum von 5% der Stimmen erforderlich ist, wird zu Recht bezweifelt[305]. Wahlrechtsbestimmungen, die über die 5%-Klausel hinausgehen, sind ganz besonders rechtfertigungsbedürftig[306]. Das Urteil über die Zulässigkeit einer Sperrklausel ist hauptsächlich ein solches über die Erforderlichkeit dieses Instruments und damit von den tatsächlichen Umständen abhängig, die immer wieder neu erhoben und gewürdigt werden müssen[307]. So wurden zu Recht bei der ersten gesamtdeutschen Wahl andere Regelungen für notwendig erachtet[308]. Zur Milderung des Eingriffs

104

---

[296] S. aber den Vorschlag von *Meyer*, Wahlsystem (Fn. 144), S. 169. Dies widerspräche der Gleichheit der Abgeordneten (→ Rn. 152 ff.) und wäre auch mit dem Gebot der geheimen Wahl im Parlament unverträglich.

[297] Dazu *P. Kunth*, ZParl. 22 (1991), 297 ff. m.w.N.; s. weiter *H. Rühle*, ZParl. 9 (1978), 405 ff.; *E. Bomsdorf*, ZParl. 18 (1987), 221 ff.; *E. Fengler*, ZParl. 29 (1998), 561 ff.; *G. Genssler*, Sitzverteilungsverfahren (Fn. 291), S. 123 ff., 231 ff.; *P.F. Müller*, Das Wahlsystem, 1959, S. 66 ff.

[298] Ob diese Forderung ein Verfassungsgebot darstellt, wird ausdrücklich offengelassen in BVerwG NVwZ 1982, 34 (35). Ihr wird entsprochen durch §6 III BWahlG.

[299] Hierzu *P. Kunth*, ZParl. 22 (1991), 297 (300).

[300] BVerfGE 6, 130 (144); *v. Münch* (Fn. 33), Art. 38 Rn. 53; *Schneider* (Fn. 86), Art. 38 Rn. 50.

[301] Vgl. dazu BVerfGE 34, 81 (100f.), die dort konkret geprüften Bestimmungen des Landtagswahlrechts Rheinland-Pfalz verstießen aber wegen einer über 5% hinausgehenden Sperrwirkung gegen die Verfassung, BVerfGE 34, 81 (101f.); *Meyer* (Fn. 145), §38 Rn. 36; *v. Münch* (Fn. 33), Art. 38 Rn. 53. Zum Vergleich beider Verteilungsverfahren BVerwG NVwZ 1982, 34 (34f.).

[302] BVerfGE 1, 208 (248f.); 4, 31 (40); 34, 81 (99); 82, 322 (338); 95, 408 (419f.), st. Rspr.; *H.-U. Erichsen*, Jura 1983, 635 (643); *J. Linck*, Jura 1986, 460 ff.; *Badura* (Fn. 152), Anh. z. Art. 38 Rn. 11; *Schneider* (Fn. 86), Art. 38 Rn. 50; *M. Brenner*, AöR 116 (1991), 537 (580 ff.) m.w.N.; zur Problematik des §2 VI EuWG s. *D. Murswiek*, JZ 1979, S. 48 ff.

[303] Vgl. dazu *W. Pauly*, AöR 123 (1998), 232 (254).

[304] BVerfGE 6, 84 (94); 51, 222 (238); *Huster*, Rechte (Fn. 282), S. 368 f.; *U. Hösch*, ThürVBl. 1996, 265 (267).

[305] *Becht*, Klausel (Fn. 271), S. 121 f.; *M. Brenner*, AöR 116 (1991), 537 (583 ff.); *W. Frotscher*, DVBl. 1985, 917 (926 f.); *U. Hösch*, ThürVBl. 1996, 265 (267); *Meyer* (Fn. 145), §38 Rn. 27; *ders.*, Wahlsystem (Fn. 144), S. 225 ff.; *Achterberg/Schulte*, GG VI, Art. 38 Rn. 140; *M. Antoni*, ZParl. 11 (1980), 93 (97 ff.); *H. Dreier*, Jura 1997, 249 (255).

[306] BVerfGE 1, 208 (256 f.); 4, 31 (40); 34, 81 (101); 51, 222 (237); 82, 322 (338); 95, 408 (419).

[307] Beachte dazu BVerfGE 1, 208 (256) – »im gegenwärtigen Zeitpunkt«; 82, 322 (338f.) – »nicht ein für allemal abstrakt beurteilt werden kann«.

[308] BVerfGE 82, 322 (339 ff.); s. auch E 82, 353 (365 ff.); *M. Brenner*, AöR 116 (1991), 537 ff.; *H. Weiss*, AöR 116 (1991), 1 (20 ff.).

in die Wahlrechtsgleichheit wurde der Vorschlag einer **Eventualstimme** gemacht[309]. Ob dies an der Bedingungsfeindlichkeit der Stimmabgabe scheitern muß[310], ist nicht apodiktisch festzustellen, weil die Bedingungsfeindlichkeit selbst nicht unbefragbar ist. Für sie spricht aber, daß andernfalls das Wahlrecht komplizierter würde und die Fehlerwahrscheinlichkeit bei der Stimmabgabe wie bei der Auszählung sich erhöhte. Bei der Wahl als dem Massenverfahren par excellence[311], das zudem unter Zeitdruck steht, hat dessen Einfachheit rechtlichen Eigenwert.

105 **Ausnahmen** von der Sperrklausel **zugunsten nationaler Minderheiten** sind unzulässig, weil deren Schutz im Grundgesetz nicht vorgesehen ist und damit als Differenzierungsgrund im Wahlrecht ausscheidet[312]. Anderes gilt im Landeswahlrecht dort, wo die Landesverfassungen den Schutz nationaler Minderheiten kennen[313]. Anders als die Zusammenarbeit von Parteien in Form einer Listenvereinigung[314] sind **Listenverbindungen** von Parteien, die als reine Zählgemeinschaft die 5%-Hürde überwinden möchten, unzulässig, weil der Erfolgswert der für eine solche Listenverbindung abgegebenen Stimmen größer ist als der für unverbundene Parteien[315]. Sie stellen eine manipulationsanfällige Umgehung der 5%-Klausel dar und führten auch zu dem skurrilen Ergebnis, daß eine Stimme für eine der verbundenen Parteien gleichzeitig einer anderen Partei des Verbundes zugute kommt. Unzulässig ist auch das »Huckepack-Verfahren«, bei dem eine große Partei einer kleineren Wahlkreise überläßt[316], damit diese über die Grundmandatsklausel in den Bundestag einziehen kann.

106 Die **Grundmandatsklausel** nach § 6 VI BWahlG stellt eine verfassungswidrige Beeinträchtigung der Wahlrechtsgleichheit dar[317]. Es gibt keine Gründe von Verfassungsrang dafür, eine Partei, deren Anhängerschaft lokal konzentriert ist, zu bevorzugen. Bundesweit gestreute Stimmen haben den gleichen Erfolgswert wie lokal konzentrierte. Das Bundesverfassungsgericht billigt hingegen die Grundmandatsregelung[318]. Als eine Rücknahme des durch die 5%-Klausel erfolgten Eingriffs in die Wahlrechtsgleichheit werde damit ein anderes Wahlziel, nämlich eine Integration des Volkes im Bundestag, verfolgt. Dabei wird auch auf die Tradition verwiesen[319]. Die Tradition ist kein verfassungsrechtlicher Grund – es kann auch verfassungswidrige Traditionen geben[320]. Die größere Integrationskraft – die auf die Bundesrepublik ins-

---

[309] *J. Linck*, DÖV 1984, 884ff.
[310] So *v. Münch* (Fn.33), Art.38 Rn.53.
[311] Vgl. dazu *Meyer* (Fn.136), §37 Rn.17.
[312] *U. Hösch*, ThürVBl. 1996, 265 (269); zweifelnd auch *J. Linck*, Jura 1986, 460 (465); *Schreiber*, Wahlrecht (Fn.154), §6 Rn.24. Für die Zulässigkeit aber BVerfGE 6, 77 (83); 6, 84 (97); *J.A. Frowein*, AöR 99 (1974), 72 (92f.); *Maunz* (Fn.81), Art.38 Rn.50; *v. Münch* (Fn.33), Art.38 Rn.53. Eine Erleichterung ist aber nicht geboten, so BVerfGE 4, 31 (42).
[313] S. die Aufzählung bei *D. Murswiek*, Schutz der Minderheiten in Deutschland, in: HStR VIII, §201 Rn.23.
[314] Dazu BVerfGE 82, 322 (346, 350); → Rn.82.
[315] BVerfGE 82, 322 (345f.); *v. Münch* (Fn.33), Art.38 Rn.53.
[316] *R. Wahl*, NJW 1990, 2585 (2591); *Achterberg/Schulte*, GG VI, Art.38 Rn.135.
[317] *W. Hoppe*, DVBl. 1995, 265ff. m.w.N.; *Meyer*, Wahlsystem (Fn.144), S.236ff.; *ders.* (Fn.145), §38 Rn.30; *H.-U. Erichsen*, Jura 1984, 22 (31f.); *J.A. Frowein*, AöR 99 (1974), 62 (92ff.); *R. Wahl*, NJW 1990, 2585 (2591); *H.-J. Rink*, DVBl. 1958, 221 (226); *G. Roth*, NJW 1994, 3269 (3270f.); *K.-H. Seifert*, Bundeswahlrecht, 3. Aufl. 1976, §6 BWahlG Rn.27.
[318] BVerfGE 6, 84 (96); 95, 408 (421f.); ebenso *Schneider* (Fn.86), Art.38 Rn.50.
[319] BVerfGE 95, 408 (423).
[320] *M. Morlok*, JZ 1989, 1035 (1041); auch *U. Hösch*, ThürVBl. 1996, 265 (269); zu traditio-

gesamt zu beziehen ist – einer Partei mit erfolgreichen Wahlkreiskandidaten bleibt eine unbewiesene Behauptung.

Überhangmandate sind nach wie vor als verfassungsrechtlich zulässig umstritten[321]. Für die Vereinbarkeit von Überhangmandaten mit der Verfassung wird die Freiheit des Gesetzgebers bei der Festlegung des Wahlsystems ins Feld geführt, die auch die Konsequenzen solcher Entscheidungen decke[322]. Nach hier vertretener Auffassung ist der Gesetzgeber auch bei der Festlegung des Wahlsystems an die Wahlrechtsgleichheit gebunden (→ Rn. 95); damit stellen nicht kompensierte Überhangmandate eine rechtfertigungsbedürftige Durchbrechung der Wahlrechtsgleichheit dar. Verfassungswerte, die Überhangmandate ohne Ausgleich rechtfertigten, sind jedoch nicht ersichtlich[323]; insbesondere verlangt das Persönlichkeitsmoment des geltenden Wahlrechts nicht, daß durch Mehrheitswahl erworbene Mandate ausgleichslos bleiben und damit die Erfolgswertgleichheit der Stimmen beeinträchtigen[324], zumal die sogenannten Überhangmandate gar nicht durch Persönlichkeitswahl gewonnene Mandate sind, sondern zusätzliche Listenmandate zur Zahl der durch das Proportionalsystem errungenen Sitze (§ 6 V 2 BWahlG). Sie sind unabhängig von ihrer Anzahl verfassungswidrig. Dieser Verfassungsverstoß könnte durch Ausgleichsmandate, die Einführung einer Bundesliste[325] oder durch eine Verrechnung innerhalb der bundesweit verbundenen Landeslisten einer Partei vermieden werden[326].

107

Im »Kontext wettbewerblich relevanten Verhaltens« außerhalb des Wahlverfahrens (→ Rn. 88, 93) sind staatliche Leistungen nach dem Konzept der **abgestuften Chancengleichheit** (→ Rn. 97; → Art. 21 Rn. 84 ff.) zulässig, ja geboten. Staatliche Leistungen, etwa **Rundfunksendezeiten** zu Wahlwerbezwecken für die Parteien[327] dürfen die »vorgefundene Wettbewerbslage«[328] nicht verändern. Eben weil der politische Wettbewerb, der in Wahlen ein verbindliches Ergebnis findet, Unterschiede zeitigen soll, dürfen diese Unterschiede nicht staatlich nivelliert werden. Darin kommt die letztlich **individuelle Radizierung** der politischen Chancengleichheit[329] und ihres Teilgebietes der Wahlrechtsgleichheit zum Ausdruck. Demgemäß ist auch die Staffelung der staat-

108

---

naler Argumentation grundsätzlich *A. Blankenagel*, Tradition und Verfassung, 1987, insb. S. 89 ff., 158 ff.

[321] S. die Vier-zu-Vier-Entscheidung des Bundesverfassungsgerichts zu §§ 6 V 2, 7 III 2 i.V.m. 6 V 2 BWahlG: BVerfGE 95, 335 (349 ff. einerseits, 367 ff. andererseits). Für die Zulässigkeit des Anfalls von Überhangmandaten, ohne daß es zu einem Proportionalausgleich kommt, BVerfGE 7, 63 (74 f.); 16, 130 (140); 79, 169 (171 f.) – allerdings »nur in engen Grenzen«; das Bundesverfassungsgericht führt die Zahl der Überhangmandate beim Ausscheiden eines Wahlkreisabgeordneten eines Landes mit Überhangmandaten aus dem Bundestag zurück, weil kein Listenkandidat nachrückt; vgl. BVerfGE 97, 317 (328 f.). Aus der Literatur für die Zulässigkeit von Überhangmandaten *U. Mager/R. Uerpmann*, DVBl. 1995, 273 ff.; weiter *W. Pauly*, AöR 123 (1998), 232 (244 ff., 262 ff.); *Schreiber*, Wahlrecht (Fn. 154), § 1 Rn. 23 c. Gegen die Verfassungsmäßigkeit *Meyer* (Fn. 145), § 38 Rn. 31 ff.; s. weiter *J. Ipsen*, JA 1987, 232 (235); *Achterberg/Schulte*, GG VI, Art. 38 Rn. 143; *H. Nicolaus*, StWStP 8 (1997), 531 (534 ff.); *K. Unterpaul*, NJW 1994, 3267 ff., hält nur die große Zahl der Überhangmandate der Wahl 1994 für verfassungswidrig.

[322] S. etwa *W. Pauly*, AöR 123 (1998), 232 (266).

[323] Vgl. *H. Nicolaus*, Demokratie, Verhältniswahl & Überhangmandate, 1995, S. 151 ff.

[324] S. dazu BVerfGE 95, 335 (392 ff.), nicht tragende Auffassung.

[325] Vgl. dazu *K. Schwarz*, DÖV 1962, 373 (376 ff.).

[326] Dazu BVerfGE 95, 335 (400 ff.).

[327] → Art. 21 Rn. 95 m.w.N.

[328] Zu diesem Topos BVerfGE 24, 300 (344); 78, 350 (358); 85, 264 (297).

[329] → Art. 21 Rn. 74 ff.

lichen Leistungen an die Parteien nach deren Wahlerfolg (§ 18 I, III PartG) nicht zu beanstanden. Um der Chancengleichheit von Einzelbewerbern willen müssen diese Zahlungen ergänzt werden um solche für Einzelbewerber, was durch § 49b BWahlG geschieht[330].

6. Geheimheit der Wahl

109 Die Geheimheit der Wahl dient dem **Schutz der Freiheit der Wahl**. Im Gegensatz zu den anderen Wahlrechtsgrundsätzen trägt sie nur mittelbar zur Verwirklichung der Volkssouveränität bei, sie ist aber ein ebenso notwendiges wie wirksames Instrument zum Schutz der politischen Bestimmung gegen staatlichen Zwang und gesellschaftliche Zumutungen. Die Abschirmung der Stimmabgabe macht die Wahlentscheidung des einzelnen für andere unerkennbar und entzieht sie damit unmittelbarer Beeinflußbarkeit. Damit neutralisiert sie gesellschaftliche Machtpotentiale und trägt entscheidend zur Wahlrechtsgleichheit angesichts gesellschaftlicher Unterschiede bei. Gerade im Schnittpunkt unterschiedlicher Erwartungen gewinnt das Wahlgeheimnis seine funktionale Bedeutung. Das Institut des Wahlgeheimnisses zielt damit nicht nur gegen den Zugriff der Staatsgewalt auf die Prozesse, die sie selbst legitimieren sollen, sondern auch gegen gesellschaftliche Einbindungen[331]. Das Zusammenspiel von Allgemeinheit, Gleichheit und Geheimheit der Wahl profiliert die Staatsbürgerrolle und in Sonderheit diejenige des Wählers gegenüber anderen Rollen (→ Rn. 57, 64). Auch schützt die Verborgenheit der Wahlentscheidung den Abgeordneten vor (Gegenleistungs-)Forderungen seiner Wähler[332] und stärkt damit das freie Mandat.

110 Zu Recht ist deswegen die geheime Wahl nicht nur als **subjektives Recht**, sondern auch als eine Einrichtung[333] des **objektiven Rechts**[334] ausgestaltet. Ein Bündel von Rechtsvorschriften soll dafür sorgen, daß die Wahlentscheidung tatsächlich niemand anderem aus eigener Anschauung kenntlich wird. So ist das Wahlgeheimnis in dem Sinne unverzichtbar, daß die Verdeckung des Akts der Stimmabgabe vor anderen eine **Pflicht** des Wählers darstellt[335]. Der Schutz des Wahlgeheimnisses ist strafbewehrt (§ 107c StGB). Schließlich verpflichtet der Grundsatz zu verfahrensrechtlichen und materiellen Vorkehrungen (z.B. Wahlkabinen) für die Gewährleistung des Wahlgeheimnisses[336].

111 Die geheime Wahl verlangt, daß die Stimmabgabe des Wählers keinem anderen

---

[330] Veranlaßt durch BVerfGE 41, 399 (412ff.).

[331] Dazu *S. Rokkan*, Europäisches Archiv für Soziologie II (1961), 132ff.; *Luhmann*, Grundrechte (Fn. 142), S. 159.; *ders.*, Legitimation durch Verfahren, 2. Aufl. 1975, S. 159f.

[332] *Schneider* (Fn. 86), Art. 38 Rn. 51; *Magiera* (Fn. 78), Art. 38 Rn. 97. S. auch BVerfGE 5, 85 (232); s. dazu auch *G. Tullock*, On Voting, 1998, S. 83.

[333] Dies kann durchaus auch im technischen Sinne der Einrichtungsgarantie (→ Vorb. Rn. 68) verstanden werden, wohl nicht zufällig wird der Ausdruck im Zusammenhang mit der Wahlfreiheit wiederholt, s. etwa *J.A. Frowein*, AöR 99 (1974), 72 (105); *Schreiber*, Wahlrecht (Fn. 154), § 1 Rn. 24.

[334] Deutlich wird dies bei *Maunz* (Fn. 81), Art. 38 Rn. 54; *Meyer* (Fn. 145), § 38 Rn. 13; *Schreiber*, Wahlrecht (Fn. 154), § 1 Rn. 24 a.E.; s. auch *Achterberg/Schulte*, GG VI, Art. 38 Rn. 154.

[335] *H.-U. Erichsen*, Jura 1985, 635 (645); *Stern*, Staatsrecht I, S. 314f.; *Meyer* (Fn. 145), § 38 Rn. 13; *v. Münch* (Fn. 33), Art. 38 Rn. 57; *Schneider* (Fn. 86), Art. 38 Rn. 51.

[336] Diesen Verpflichtungen kommen nach §§ 33 I, 34 I, 35 II BWahlG und §§ 50 I, 51, 53, 56 I, 2, 6 Nr. 4, Nr. 5 BWahlO.

kenntlich wird³³⁷. Der konkrete Wähler darf nicht identifizierbar sein. Eine Offenbarung durch den Wähler beeinträchtigt die Geheimheit der Wahl nicht³³⁸, weil andere den Wahrheitsgehalt einer solchen Aussage nicht prüfen können.

Der **Anwendungsbereich** umfaßt den Akt der Stimmabgabe und auch die Vorphasen des Wahlverfahrens³³⁹. Von staatlicher Seite darf das Wahlverhalten individueller Wähler weder vor noch nach der Wahl erforscht werden³⁴⁰, auch dann, wenn die Verweigerung der Antwort sanktionslos bliebe³⁴¹. Beweisaufnahmen über eine Wahlentscheidung sind unzulässig³⁴². Die amtliche Wahlforschung ist zulässig, sofern sichergestellt ist, daß der konkrete Wähler nicht ermittelt werden kann. Vom Schutzzweck her (→ Rn. 109) richtet sich das Wahlgeheimnis nicht nur gegen den Staat, sondern auch gegen **Private**³⁴³. Ihnen ist jede Möglichkeit zur Eigeninformation über fremdes Wahlverhalten untersagt. Befragungen, auch systematische Wählerumfragen, sind zulässig, ebenso die sogenannten Wahlnachfragen, weil die Beweismöglichkeit fehlt. Zur Vermeidung sozialen Drucks ist eine Befragung über das Wahlverhalten in einem Abhängigkeitsverhältnis untersagt³⁴⁴. Eine Verpflichtung, über seine Wahlentscheidung Auskunft zu geben, ist gemäß § 134 BGB nichtig³⁴⁵. 112

Beeinträchtigungen der Geheimheit der Wahl können durch andere Verfassungswerte gerechtfertigt sein (→ Rn. 61). Praktisch wichtig ist die ordentliche Durchführung des Wahlverfahrens unter Wahrung der Wahlrechtsgrundsätze. Zur Vermeidung eines mehrfachen Wahlgangs durch eine Person und des darin liegenden Verstoßes gegen die Wahlrechtsgleichheit ist der **Vermerk im Wählerverzeichnis** über die Tatsache der Stimmabgabe eines Wählers zulässig (s. §§ 57 IV 3, 58 BWahlO)³⁴⁶. Die Namen der Nichtwähler dürfen nicht weitergegeben werden³⁴⁷. Zwar wird durch das **Unterschriftenquorum** des § 20 II 2 BWahlG³⁴⁸ das öffentliche Bekenntnis von Wählern zu einem Wahlvorschlag verlangt, allerdings bleibt die Überprüfung, ob dieses Bekenntnis mit dem tatsächlichen Wahlverhalten übereinstimmt, ausgeschlossen. Diese Beeinträchtigung ist jedenfalls deshalb gerechtfertigt, weil es zur praktischen Durchführung der Wahl und zum Schutz der rationalen Entscheidung des Wählers zulässig ist, vollkommen aussichtslose Bewerber vom Stimmzettel fernzuhalten (→ Rn. 100). Entsprechendes gilt auch bei der **Briefwahl** und der **Stimmabgabe mit Hilfe von Vertrau-** 113

---

³³⁷ *H.-U. Erichsen*, Jura 1983, 635 (645); *Schneider* (Fn. 86), Art. 38 Rn. 51; *Achterberg/Schulte*, GG VI, Art. 38 Rn. 154; *Stern*, Staatsrecht I, S. 314.
³³⁸ *Meyer* (Fn. 145), § 38 Rn. 13; *v. Münch* (Fn. 33), Art. 38 Rn. 57; *H.-U. Erichsen*, Jura 1983, 635 (645).
³³⁹ BVerfGE 4, 375 (386f.); 12, 33 (35f.); 12, 135 (139); ausdrücklich offengelassen in: BVerfGE 3, 19 (31f.). S. weiter *Schneider* (Fn. 86), Art. 38 Rn. 51; *Meyer* (Fn. 145), Art. 38 Rn. 14.
³⁴⁰ Anders für freiwillige Wählerbefragungen *Schneider* (Fn. 86), Art. 38 Rn. 52.
³⁴¹ *v. Münch* (Fn. 33), Art. 38 Rn. 56.
³⁴² BVerwGE 49, 75 (76); BGH JZ 1981, 103; *Jarass/Pieroth*, GG, Art. 38 Rn. 16; *v. Münch* (Fn. 33), Art. 38 Rn. 55; a. A. *Seifert/Hömig*, GG, Art. 38 Rn. 33.
³⁴³ *Maunz* (Fn. 81), Art. 38 Rn. 54; *v. Münch* (Fn. 33), Art. 38 Rn. 56; *Jarass/Pieroth*, GG, Art. 38 Rn. 17; *Schneider* (Fn. 86), Art. 38 Rn. 51 mit Fn. 75.
³⁴⁴ *v. Münch* (Fn. 33), Art. 38 Rn. 56.
³⁴⁵ *Maunz* (Fn. 81), Art. 38 Rn. 54.
³⁴⁶ *v. Münch* (Fn. 33), Art. 38 Rn. 62; *Schneider* (Fn. 86), Art. 38 Rn. 52; *Magiera* (Fn. 78), Art. 38 Rn. 98.
³⁴⁷ *Maunz* (Fn. 81), Art. 58 Rn. 54; *Schneider* (Fn. 86), Art. 38 Rn. 52; *Schreiber*, Wahlrecht (Fn. 154), § 1 Rn. 24.
³⁴⁸ Ebenso nach § 27 I 2 BWahlG.

enspersonen (§§ 33 II, 36 II BWahlG)[349]. Zwar wird hier die Geheimheit durchbrochen oder mindestens gefährdet, jedoch die Allgemeinheit der Wahl befördert (→ Rn. 80). In dieser Situation widerstreitender Wahlrechtsgrundsätze durfte der Gesetzgeber eine Entscheidung zu Lasten der Geheimheit treffen. Er muß jedoch so weit als möglich die Geheimheit schützen und dazu die Praxis überprüfen und ggf. die bestehenden Vorschriften nachbessern[350].

7. Wahlberechtigung (Art. 38 II GG)

114 Art. 38 I 1 und II GG begründen das Wahlrecht als das subjektive öffentliche Recht[351], an der Wahl des Bundestages teilzunehmen und so Gestaltungsmacht auszuüben[352]. Die demokratische Mitwirkung an der Bestimmung und der Legitimation der Staatsgewalt ist eine wesentliche Konsequenz des Demokratieprinzips (→ Art. 20 [Demokratie] Rn. 58 ff.), es ist dessen subjektiv-rechtliches Komplement. Im Wahlrecht wird die Verheißung der Volkssouveränität (Art. 20 II 1 GG) konkret. Das Wahlrecht sichert den status activus des Bürgers als Teil des Staatsorganvolkes[353]. Es wird zu Recht als »politisches Grundrecht« bezeichnet[354] und bildet den Kern der Staatsbürgerrolle[355].

115 Das Wahlrecht gewährleistet dem einzelnen die Einhaltung der verschiedenen Wahlrechtsgrundsätze[356]. Es ist ein **höchstpersönliches Recht**, das heißt unveräußerlich, nicht übertragbar und nicht verzichtbar[357]. Mit dem Text des Grundgesetzes ist die Wahlberechtigung als das aktive Wahlrecht (Hs. 1) von der Wählbarkeit als dem passiven Wahlrecht (Hs. 2) abzuheben. Die unterschiedlichen Formulierungen gehen darauf zurück, daß früher das aktive und das passive Wahlrecht in unterschiedlichem Alter erworben wurde[358].

116 Die **Wahlberechtigung** meint das Recht zu wählen. Das umfaßt die Stimmabgabe im Wahllokal, aber auch das Wahlvorschlagsrecht[359]. Der Kreis der Träger dieses Rechts wird vom Grundsatz der Allgemeinheit der Wahl (→ Rn. 64 ff.) rechtlich bestimmt. Der eigenständige Gehalt von Art. 38 II liegt in der Festlegung des **Wahlalters**. Historisch ist ein Prozeß der kontinuierlichen Herabsetzung des Wahlalters zu beobachten (→ Rn. 9 ff.). Das 18. Lebensjahr ist entsprechend §§ 187 II 2, 188 II 2. Alt. BGB am Geburtstag bereits um 00.00 Uhr vollendet. Kraft dieser Verfassungsentscheidung

---

[349] BVerfGE 21, 200 (204f.); *H.-U. Erichsen*, Jura 1985, 635 (645); *Magiera* (Fn. 78), Art. 38 Rn. 98; *v. Münch* (Fn. 33), Art. 38 Rn. 59f.; *Schneider* (Fn. 86), Art. 38 Rn. 52; a.A. *H. Klüber*, DÖV 1958, 249 (250f.); kritisch auch *Maunz* (Fn. 81), Art. 38 Rn. 54; *Achterberg/Schulte*, GG VI, Art. 38 Rn. 156; *Meyer* (Fn. 145), § 38 Rn. 14.

[350] BVerfGE 59, 119 (127).

[351] BVerfGE 4, 17 (30).

[352] BVerfGE 89, 155 (171 f.), mit Blick auf eine Entleerung der Bedeutung des Wahlrechts durch Verlagerung von Aufgaben des Bundestages auf Einrichtungen der Europäischen Union.

[353] Vgl. BVerfGE 83, 60 (71).

[354] BVerfGE 1, 208 (242).

[355] Vgl. zu den »staatsbürgerlichen« Grundrechten in Ausfüllung des status activus *M. Sachs*, in: Stern, Staatsrecht III/1, S. 466 ff. → Vorb. Rn. 38, 41.

[356] BVerfGE 89, 155 (171).

[357] *Schneider* (Fn. 86), Art. 38 Rn. 54; *Magiera* (Fn. 78), Art. 38 Rn. 100.

[358] S. dazu *Schneider* (Fn. 86), Art. 38 Rn. 56; dies ist in vielen Staaten noch so: → Rn. 26.

[359] Es hat in §§ 18 I, 20 III BWahlG eine Ausformung gefunden.

kommt ein Minderjährigenwahlrecht³⁶⁰ oder die Wahrnehmung des Stimmrechts durch die Vertreter von Minderjährigen nicht in Betracht. Ein Familienwahlrecht ist daher *de constitutione lata* unzulässig³⁶¹.

Einschränkungen des Wahlrechts sind bei geistigen Gebrechen zulässig (→ Rn. 72), was insofern auch zum Gehalt von Art. 38 II GG gehört, als die Festsetzung des Wahlalters auf 18 Jahre Bezug auf die geistige Reife nach bürgerlichem Recht nimmt³⁶². 117

Die Wahlberechtigung als das **passive Wahlrecht** besteht in dem Recht, zum Bundestagsabgeordneten gewählt werden zu können. Es schließt das Recht ein, eine Wahl annehmen oder ablehnen zu können. 118

Die Inanspruchnahme des passiven Wahlrechts ist für **Strafgefangene** nicht möglich, weil sie die Justizvollzugsanstalt nicht verlassen dürfen und so gehindert sind, ihr Amt anzutreten. Ihnen ist die Ausübung des Wahlkampfs versagt. Die einschlägigen Bestimmungen des Strafvollzugsgesetzes, nach denen Ausgang und Urlaub zum Zweck der Kandidatur nicht gewährt werden müssen, sind verfassungsgemäß³⁶³. Auf Verfassungsebene ist diese Einschränkung durch die Voraussetzung des Instituts der Freiheitsstrafe (Art. 104 GG) gerechtfertigt³⁶⁴. Auch Art. 48 I GG begründet kein Recht auf Wahlvorbereitungsurlaub (→ Art. 48 Rn. 11). 119

8. Gesetzliche Ausgestaltung (Art. 38 III GG)

Art. 38 III GG ist **kein Gesetzesvorbehalt** (→ Rn. 61), sondern eine **Kompetenznorm**³⁶⁵. Zugleich stellt die Norm einen Gesetzgebungsauftrag zur Ausformung der Materien der vorangehenden Absätze dar³⁶⁶. Hinsichtlich des Wahlrechts wurde dem durch das Bundeswahlgesetz und die Bundeswahlordnung nebst der Bundeswahlgeräteordnung entsprochen, für die Rechtsverhältnisse der Abgeordneten geschah dies durch das Abgeordnetengesetz. 120

Bei der Ausgestaltung ist der Gesetzgeber an die verfassungsrechtlichen Vorgaben gebunden, aus Konflikten zwischen den unterschiedlichen Wahlrechtsgrundsätzen ergibt sich ein weiter **Gestaltungsspielraum** des Gesetzgebers³⁶⁷. Ausdruck dessen ist die Entscheidung für die sogenannte **personalisierte Verhältniswahl**³⁶⁸. Dabei handelt 121

---

³⁶⁰ *R. Mußgnug*, Das Wahlrecht für Minderjährige auf dem Prüfstand des Verfassungsrechts, in: FS Roellecke, 1997, S. 165 ff.; *M. Pechstein*, FuR 1991, 142 ff.; *T. Spies*, Die Schranken des allgemeinen Wahlrechts in Deutschland, Diss. jur. München 1975, S. 47 ff.
³⁶¹ S. dazu die Vorschläge von *K. Löw*, FuR 1993, 25 (27), mit dem Hinweis auf den Sinn einer Verfassungsänderung; auch *H. Hattenhauer*, JZ 1996, 9 (15 f.); im partikularen Kirchenrecht gibt es inzwischen ein Familienwahlrecht, s. *A. Post*, ZRP 1996, 377 ff.
³⁶² *Mußgnug*, Wahlrecht (Fn. 360), S. 175 ff.; für den Entzug des Wahlrechts wegen staatsbürgerlicher Mängel: → Rn. 72.
³⁶³ BVerfG (Vorprüfungsausschuß) NStZ 1982, 83; OLG Celle NStZ 1981, 78; zur Wahrnehmung des passiven Wahlrechts durch Strafgefangene s. *J. Jekewitz*, GA 1981, 433 ff.; *v. Münch* (Fn. 33), Art. 38 Rn. 17.
³⁶⁴ Vgl. auch BVerfGE 33, 1 (11).
³⁶⁵ *v. Münch* (Fn. 33), Art. 38 Rn. 81.
³⁶⁶ *Maunz* (Fn. 81), Art. 38 Rn. 71; *Magiera* (Fn. 78), Art. 38 Rn. 114.
³⁶⁷ BVerfGE 59, 119 (124 f.); → Rn. 62.
³⁶⁸ Dazu *Achterberg/Schulte*, GG VI, Art. 38 Rn. 160 ff.; *Mahrenholz*, Wahlgleichheit (Fn. 284), S. 8 f.; *Nohlen*, Wahlrecht (Fn. 30), S. 191 f.

Art. 38

es sich um ein Verhältniswahlsystem, das um Elemente der Mehrheitswahl angereichert ist[369].

III. Abgeordnetenstatus (Art. 38 I 2 GG)

1. Funktion und Status

a) Funktion als Volksvertreter

122 Die Abgeordneten bilden die Elementareinheiten des Bundestages. Sie nehmen die Aufgaben der **Repräsentation** (→ Rn. 29ff.) wahr und erfüllen letztlich die verschiedenen Funktionen des Bundestages (→ Rn. 28ff.). Im Verfassungstext kommt dies in der Bezeichnung der Abgeordneten als »Vertreter des ganzen Volkes« zum Ausdruck. Sie bringen die Interessen und Auffassungen des Volkes in den demokratischen Eingabestrukturen der staatlichen Institutionen, vorrangig im Parlament, zur Geltung, bestimmen entsprechend dieser Präferenzen die Inhalte der Politik und legitimieren damit die staatliche Gewalt. Die Tätigkeit der Abgeordneten ist inhaltlich deutlich von den **politischen Parteien** geprägt und äußerlich von diesen organisiert, im Parlament vor allem durch die Fraktionen (→ Rn. 161ff.)[370]. Entsprechend Art. 21 I 1 GG wirken die Parteien an der politischen Willensbildung des Volkes mit und bringen dessen politische Ziele in die staatlichen Institutionen zur verbindlichen Entscheidung ein. Demgemäß ist die parlamentarische Tätigkeit auch zu verstehen als Aktivität der Parteien und ihrer Repräsentanten (→ Art. 21 Rn. 29, 36). Eine realistische Betrachtung des Parlaments hat dies zu berücksichtigen.

123 Die Volksvertretung wird erst von der Gesamtheit der Abgeordneten gebildet: **Gesamtrepräsentation**[371]. Nicht der einzelne Abgeordnete ist bereits ein Vertreter des ganzen Volkes[372], sondern die Gesamtheit der Abgeordneten vertritt das Volk als Ganzes. Sie sind damit nicht Vertreter partikularer Gruppen, auch nicht ihrer Partei und ebenfalls nicht der Bürger ihres Wahlkreises oder ihrer Wähler[373]. Die Abgeordneten haben im Bundestag für das gesamte vertretene Volk gleichermaßen zu entscheiden, und sie sind allen gegenüber gleichermaßen verantwortlich.

124 Daraus erklärt sich auch das **freie Mandat**. Trotz ihrer Einbindung in Parteien und ihren Verpflichtungen gegenüber Partialinteressen sollen die Abgeordneten frei sein

---

[369] S. dazu weiter *Meyer* (Fn. 136), § 37 Rn. 31ff.; *ders.* (Fn. 145), § 38 Rn. 46ff.; *H.-U. Erichsen*, Jura 1984, 22ff.; *W. Pauly*, AöR 123 (1998), 232 (234ff.).

[370] Hierzu die Schilderung von *H. Sendler*, NJW 1985, 1425ff.; aus diesem Befund hat *G. Leibholz* seine bekannten, freilich deutlich zu weit gehenden Konsequenzen gezogen, s. Der Strukturwandel der modernen Demokratie, in: *ders.*, Strukturprobleme der modernen Demokratie, Neuausgabe 1974, S. 78ff. (86ff., 93ff.); zum ganzen Problemkreis *Achterberg*, Parlamentsrecht, S. 82ff. m.w.N.

[371] BVerfGE 44, 308 (316); 56, 396 (405); 70, 324 (367) – Sondervotum *Mahrenholz*; 80, 188 (218); 84, 304 (321); s. auch E 96, 264 (278). Aus der Literatur *J. Hatschek*, Das Parlamentsrecht des deutschen Reiches, 1915, S. 568ff., zur geschichtlichen Entwicklung; im funktionalen Zusammenhang mit dem freien Mandat *Müller*, Mandat (Fn. 9), S. 144ff., 212f., *passim*; *H. Dreier*, AöR 113 (1988), 450 (456ff., 464ff.); *M. Morlok*, JZ 1989, 1035 (1037f.); *Schneider* (Fn. 86), Art. 38 Rn. 18.

[372] *H. Meyer*, Das parlamentarische Regierungssystem des Grundgesetzes, VVDStRL 33 (1975), S. 69ff. (93); *H. Dreier*, AöR 113 (1988), 450 (464ff.); *Schneider* (Fn. 86), Art. 38 Rn. 18; *Magiera* (Fn. 78), Art. 38 Rn. 45; *ders.*, Parlament (Fn. 100), S. 145; a.A. *W. Demmler*, Der Abgeordnete im Parlament der Fraktionen, 1994, S. 84ff.

[373] *Hatschek*, Parlamentsrecht (Fn. 371), 568ff.; *Stern*, Staatsrecht I, S. 1069; *Schneider* (Fn. 86), Art. 38 Rn. 18; *Badura* (Fn. 152), Art. 38 Rn. 49; *v. Münch* (Fn. 33), Art. 38 Rn. 67.

für eine Interpretation des Gemeinwohls nach ihren Vorstellungen und für entsprechendes Handeln. Die Leistungsfähigkeit des Bundestages als Volksvertretung hängt damit ab von einer starken Stellung des einzelnen Abgeordneten.

Die Erfüllung der Rechtssetzungs- und der Wahlfunktion des Bundestages geschieht durch Entscheidungen, zu welchen die Abgeordneten mittels der Mehrheitsregel (→ Art. 42 Rn. 31 ff.) gelangen. Mehrheiten müssen aber immer erst durch Kompromißbildung zwischen den Abgeordneten hergestellt werden[374], auch innerhalb einer Fraktion. Für den Reichtum dieser Kompromisse ist es wichtig, daß möglichst viele Abgeordnete ihn beeinflussen können. Schließlich wird die Kontrollfunktion von den Abgeordneten in ihrer Verschiedenartigkeit wahrgenommen.

b) Status der Freiheit, der Gleichheit und der Öffentlichkeit

Zur Sicherung dieser Rolle der Abgeordneten bei der Erfüllung der Funktionen des Bundestages ist diesen ein dreifältiger Status verfassungsrechtlich garantiert worden: Die Abgeordneten sind Träger von Rechten und Pflichten, die sich konzeptionell fassen lassen als ein Status der Freiheit, der Gleichheit und der Öffentlichkeit[375].

Der Status der **Freiheit** (→ Rn. 136 ff.) soll sicherstellen, daß der Prozeß der parlamentarischen Willensbildung einerseits frei von staatlicher Beeinträchtigung ist, damit die Abgeordneten ihre gesellschaftlichen und politischen Präferenzen zum rechtlich relevanten Ausdruck bringen und so die staatliche Gewalt erst legitimieren können, weil anders das Parlament als Akklamationsorgan der Regierung fungierte. Zugleich soll die Freiheit der Abgeordneten diese von allen partikularen Verpflichtungen freistellen und in die Lage versetzen, im Interesse des Gemeinwohls Kompromisse mit anderen Positionen einzugehen, Interessen zurückzustellen, neue Aufgaben anzugehen. Sie hält den Abgeordneten jedenfalls potentiell frei, sich von anderen und neuen Faktoren beeinflussen zu lassen. Die Responsivität des Parlaments und seine Lernfähigkeit werden dadurch entscheidend gefördert, daß die Abgeordneten nicht durch Parteien vollständig mediatisiert oder durch Loyalitäten zu Interessengruppen immobilisiert werden können.

Die **Gleichheit** der Abgeordneten gründet darin, daß erst alle Abgeordneten in ihrer Verschiedenartigkeit zusammengenommen das Volk repräsentieren können, daß die unterschiedlichen Ideen und die Interessen in der Vielzahl der Abgeordneten eine Chance finden sollen, in den parlamentarischen Willensbildungsprozeß eingebracht zu werden. Die Chancen der Repräsentation des Volkes im Bundestag werden durch die gleichen Mitwirkungsmöglichkeiten aller Abgeordneten an Beratung und Entscheidung gesichert. Die Garantien der Freiheit und der Gleichheit stützen einander: Freiheit durch Gleichheit[376]! Eben weil der einzelne Abgeordnete dieselben Möglich-

---

[374] Dazu (am Beispiel der Gesetzgebung) *Schulze-Fielitz*, Gesetzgebung (Fn. 91), S. 404 ff., als Bedingung für die Mehrheitsentscheidung S. 432 f.

[375] In Parallelisierung zum von *Hesse* entwickelten Status der Parteien (→ Art. 21 Rn. 46 ff.) herausgearbeitet von *P. Häberle*, Freiheit, Gleichheit und Öffentlichkeit des Abgeordnetenstatus – BVerfGE 40, 296, in: ders., Kommentierte Verfassungsrechtsprechung, 1979, S. 215 ff., zuerst in NJW 1976, 537 ff.; *ders.*, Verfassungsrechtlicher Abgeordnetenstatus und Grunddiätenbesteuerung in der egalitären Demokratie, in: *ders.*, Verfassung als öffentlicher Prozeß, 2. Aufl. 1996, S. 503 ff. (505 ff.). Vgl. dazu weiter *Schneider* (Fn. 86), Art. 38 Rn. 19; *M. Morlok*, JZ 1989, 1035 (1037 f.).

[376] *Häberle*, Freiheit (Fn. 375), S. 220.

129 Die **Öffentlichkeitsgehalte** des Rechts der Abgeordneten entsprechen deren Vertreterstellung. Das Volk, für das im Parlament gehandelt wird, soll über das Verhalten der Abgeordneten und über das parlamentarische Geschehen informiert sein können[377].

130 Die Entsprechung der drei Status der Parteien (→ Art. 21 Rn. 46ff.) und der Abgeordneten ist zum einen Konsequenz dessen, daß beide eine **Transformationsfunktion** haben: Sie sammeln und strukturieren die politischen Auffassungen der Bevölkerung und versuchen, sie in staatliche Entscheidungen umzusetzen (→ Art. 21 Rn. 22f.)[378]. Die zweite Gemeinsamkeit besteht darin, daß beide in einen pluralistischen Wettbewerb eingestellt sind, der um die Gunst des Volkes geführt wird; daraus folgen die Notwendigkeiten einer Gewährleistung von Chancengleichheit und Öffentlichkeit[379]. Im Zusammenspiel dieser drei Status formt das Grundgesetz eine rechtlich **starke Stellung des Abgeordneten** aus[380]. Dies ermöglicht eine personale Profilierung, auf die politische Hoffnungen projiziert und mit der politische Einflußchancen verbunden werden können. Im Gegenzug wächst die persönliche Verantwortlichkeit des einzelnen Abgeordneten vor der Öffentlichkeit.

c) Begründung und Beendigung des Status

131 Die Rechte und Pflichten als Abgeordneter beginnen nicht schon mit der Wahl, sondern frühestens mit deren Annahme beim zuständigen Wahlleiter oder deren Fingierung[381]. Die Abgeordnetenstellung bezieht sich immer auf eine Legislaturperiode[382]. Die Wahlperiode beginnt mit dem Zusammentritt des neu gewählten Bundestages (→ Art. 39 Rn. 13). Erst zu diesem Zeitpunkt rückt der Gewählte, auch wenn er die Wahl bereits vorher angenommen hatte[383], in die Stellung eines Abgeordneten ein. Liegt die Annahme der Wahl vor dem Zusammentritt des (neuen) Bundestages, so hat der Wahlbewerber eine Anwartschaft auf sein Mandat inne, weil es ihm nicht mehr genommen werden kann[384].

132 Das **Ende** der Mitgliedschaft im Bundestag tritt ein durch Tod des Abgeordneten, mit dem Ablauf der Wahlperiode oder dem Zusammentritt eines neuen nach Auflösung des vorherigen Bundestages (Art. 39 Rn. 14), bei Ungültigkeit der Wahl, bei Neufeststellung des Wahlergebnisses, bei Wegfall einer Wählbarkeitsvoraussetzung[385] (→ Rn. 70ff.), bei Verzicht oder nach § 46 I Nr. 5, IV BWahlG. Über mandatserhebliche Folgen von Wahlfehlern wird im Wahlprüfungsverfahren entschieden (→ Art. 41

---

[377] Zum parlamentarischen Öffentlichkeitsprinzip als Element der Repräsentativverfassung → Art. 42 Rn. 20ff. Für den Abgeordnetenstatus *Häberle*, Freiheit (Fn. 375), S. 215ff.

[378] Deswegen sind die Fraktionen und das Parlamentsrecht allgemein von einer Ambivalenz zwischen Staat und Gesellschaft gekennzeichnet. → Art. 21 Rn. 22.

[379] *P. Häberle*, Freiheit (Fn. 375), S. 228.

[380] Im Zusammenhang des Parlamentsrechts wird vom Grundgesetz nur der Abgeordnete, nicht die Fraktion erwähnt.

[381] BVerfGE 2, 300 (304).

[382] Vgl. zum Zweck dieser Periodisierung → Art. 39 Rn. 10.

[383] Für die Ausgestaltung im einzelnen s. § 45 BWahlG.

[384] *H.-P. Schneider*, in: AK-GG, Art. 39 Rn. 12; Jarass/*Pieroth*, GG, Art. 38 Rn. 23; a.A. *G. Kretschmer*, in: BK, Art. 39 (Zweitb. 1979), Rn. 34.

[385] Zu einem solchen Fall BVerfGE 5, 2 (6ff.).

III. Abgeordnetenstatus (Art. 38 I 2 GG)

Rn. 10). Der Verzicht ist gegenüber dem Präsidenten des Deutschen Bundestages oder einem Notar[386] zur Niederschrift zu erklären und unwiderruflich. Die gesetzlichen Bestimmungen über den Mandatsverlust bei **Parteiverbot** sind umstritten[387]. Von diesen Gründen abgesehen, ist der Bestand der **Mitgliedschaft** im Bundestag **geschützt**. Insbesondere ist der Verlust der Parteimitgliedschaft nicht mit dem Verlust des Mandats verbunden (→ Rn. 141f., 150). Das **Rotationsprinzip** als Partei- oder Fraktionsbeschluß bindet den Abgeordneten nicht; auch der »freiwillige« Verzicht wird gegen Mißbrauch geschützt. Eine Motivkontrolle beim Verzicht eines Abgeordneten ist dem Bundestagspräsidenten jedoch untersagt[388].

Der Abgeordnete ist Inhaber eines öffentlichen **Amtes** (Art. 48 II GG)[389]. Die mit dieser Position verbundenen Rechte sind Funktionsgarantien für den Bundestag als Volksvertretung[390]. Dieses Amt begründet einen verfassungsrechtlichen Status eigener Art[391]. Die Abgeordnetenrechte schützen die Amtstätigkeit, nicht die Privatperson, weshalb sich die Abgeordneten im Rahmen ihrer Amtstätigkeit nicht auf die Grundrechte berufen können[392]. 133

Zur Vermeidung von Kollisionen mit der Wahrnehmung anderer Ämter bestehen **Inkompatibilitäten**, vor allem zum Schutz der Gewaltenteilung[393]. So ist ausdrücklich die Unvereinbarkeit des parlamentarischen Mandats mit dem Amt des Bundespräsidenten (Art. 55 I GG) und der Tätigkeit als Richter am Bundesverfassungsgericht (Art. 94 I 3 GG) statuiert. Auch der Wehrbeauftragte ist nach § 14 III WBeauftrG von der gleichzeitigen Mitgliedschaft im Parlament ausgeschlossen. Auf gesetzlicher Grundlage können nach Art. 137 GG weitere Inkompatibilitäten bestimmt werden[394]. Mitglieder des Bundesrates sind von der gleichzeitigen Mitgliedschaft im Bundestag ausgeschlossen (§ 2 GOBR), was wegen der föderalen Gewaltenteilung geboten ist[395]. Gleiches gilt für Landtagsabgeordnete, die über die Landesregierung einen Einwir- 134

---

[386] S. im einzelnen § 46 III BWahlG.
[387] Zu dieser Rechtsfolge BVerfGE 2, 1 (71 ff.); für die Verfassungsmäßigkeit dieser Regelung *H.H. Klein*, Status des Abgeordneten, in: HStR II, § 41 Rn. 19; *Schneider* (Fn. 86), Art. 38 Rn. 21; *Achterberg*, Parlamentsrecht, S. 257f.; *Stern*, Staatsrecht I, S. 1075; *Magiera* (Fn. 78), Art. 38 Rn. 55. Die Gegenmeinung betont die Unabhängigkeit des parlamentarischen Mandats von der Parteimitgliedschaft: *Hesse*, Verfassungsrecht, Rn. 601; *D. Grimm*, Politische Parteien, HdbVerfR, § 14 Rn. 56. → Art. 21 Rn. 147 m.w.N.
[388] Zum Rotationsprinzip kontrovers *K. Dicke/T. Stoll*, ZParl. 16 (1985), 451 (456ff.); *M. Möller/C. Pawlita/U.F.H. Rühl/F. Steinmeier*, DuR 1984, 367ff.; *Klein* (Fn. 387), § 41 Rn. 18; *Schneider* (Fn. 86), Art. 38 Rn. 31a; *N. Achterberg*, JA 1984, 9 (16); → Art. 39 Rn. 19.
[389] BVerfGE 40, 296 (314); dazu weiter *Klein* (Fn. 387), § 41 Rn. 1; *Demmler*, Abgeordnete (Fn. 372), S. 50ff.; *Schröder*, Grundlagen (Fn. 80), S. 288ff., in Abgrenzung zum traditionellen beamtenrechtlichen Amtsbegriff.
[390] *A. Greifeld*, Der Staat 23 (1984), 501 (503); *M. Morlok*, JZ 1989, 1035 (1037).
[391] BVerfGE 4, 144 (149); 20, 56 (103); 60, 374 (379f.); *Magiera* (Fn. 78), Art. 38 Rn. 53.
[392] BVerfGE 6, 445 (447ff.); *Demmler*, Abgeordnete (Fn. 372), S. 41ff.
[393] *D.T. Tsatsos* spricht hier von einer »funktionsgerechten Funktionsausübung«, in: *ders.*, Die parlamentarische Betätigung von öffentlichen Bediensteten, 1970, S. 156.
[394] Zur Inanspruchnahme dieser Ermächtigung s. u.a. §§ 5ff. AbgG, §§ 7a, 33 II, III BRRG, §§ 4 I, 17a, 21 II Nr. 2, 36 II, 121 DRiG; dazu *J. Henkel*, Amt und Mandat, 1977, S. 9ff.; *Tsatsos*, Betätigung (Fn. 393), S. 116ff.
[395] *Magiera* (Fn. 78), Art. 38 Rn. 57; *K.J. Partsch/W. Genzer*, AöR 76 (1950/51), S. 186ff.; anklingend bei *D.T. Tsatsos*, Unvereinbarkeit zwischen Mandat und anderen Funktionen, in: Schneider/Zeh, § 23 Rn. 64.

kungsweg auf Mitglieder des Bundesrates haben[396]. Die gleichzeitige Mitgliedschaft im Europäischen Parlament hingegen ist zulässig, weil sich Bundestag und Europäisches Parlament nicht gegenseitig beschränken und kontrollieren und nicht arbeitsteilig zusammenwirken[397].

135 In klassisch parlamentarischer Weise miteinander vereinbar sind das Mandat eines Bundestagsabgeordneten und die Zugehörigkeit zur Bundesregierung[398], das Grundgesetz selbst geht in Art. 53a I 2 GG hiervon aus[399]. Die Kritik hieran stützt sich auf die Gewaltenteilung[400], verkennt aber einerseits, daß Gewaltenkontrolle heute in der Regel von den parlamentarischen Minderheiten ausgeübt wird (→ Art. 44 Rn. 10), und andererseits, daß es sich um eine gefestigte Tradition des parlamentarischen Regierungssystems handelt[401].

2. Der Status der Freiheit

a) Funktion des freien Mandats

136 Die Position des Abgeordneten ist mit einer Reihe von Rechten und Gewährleistungen versehen, welche die freie Wahrnehmung des Mandates absichern. Dabei geht es einmal um den Schutz des Mandates gegen Verlust und zwangsweise Einflußnahme auf die Art seiner Ausübung (→ Rn. 140 ff.), sodann um die Gewährleistung parlamentarischer Handlungsmöglichkeiten (→ Rn. 143 ff.). Die rechtlichen Sicherungen der Stellung und der Handlungsmöglichkeiten des Abgeordneten sollen die demokratische Einflußnahme auf die staatliche Entscheidungsfindung von Einflüssen der Inhaber der staatlichen Ämter abschirmen[402]. Der Abgeordnetenstatus sichert wesentlich auch die Freiheit gegenüber **gesellschaftlicher Inpflichtnahme** unter Einschluß derjenigen durch die eigene Partei. Der Abgeordnete wird als eigenständig entscheidender Akteur des parlamentarischen Handelns geschützt, die Freiheit des Mandats gibt ihm die Möglichkeit, sich nicht zum Funktionär einer Gruppierung machen zu lassen. Diese Freistellung soll den Abgeordneten offenhalten für immer neue und andere Beein-

---

[396] Dies ist nicht unbestritten, wie hier *Tsatsos* (Fn. 395), § 23 Rn. 64; a.A. *Klein* (Fn. 387), § 41 Rn. 27; *R. Wagner*, Die Zulässigkeit des parlamentarischen Doppelmandats, 1986, S. 46 ff.; BVerfGE 42, 312 (327) hält die Zulässigkeit und Angemessenheit einer Untersagungsregelung für auf der Hand liegend.

[397] S. Art. 5 des Beschlusses des Rates vom 20.09.1976, Abl. der EG 1976 Nr. L 278/5, zuletzt geändert durch Beschluß des Rates vom 11.01.1995, Abl. der EG 1995 Nr. L 1; zweifelnd *Magiera* (Fn. 78), Art. 38 Rn. 57; wie hier Jarass/*Pieroth*, GG, Art. 38 Rn. 25; der Sache nach auch *H.-J. Vonderbeck*, ZParl. 10 (1979), 213 ff.

[398] *R. Herzog*, in: Maunz/Dürig, GG, Art. 66 (1984) Rn. 33 ff.; Jarass/*Pieroth*, GG, Art. 38 Rn. 25; *Magiera* (Fn. 78), Art. 38 Rn. 57; *Schneider* (Fn. 86), Art. 38 Rn. 20.

[399] *Herzog* (Fn. 398), Art. 66 Rn. 36; *E. Schmidt-Jortzig*, ZStW 130 (1974), 123 (125).

[400] *Meyer* (Fn. 83), § 4 Rn. 29 ff., insb. Rn. 33; früher schon *A. Dittmann*, ZRP 1978, 52 ff., mit dem Argument, das Abgeordnetenmandat sei eine Vollzeitbeschäftigung geworden, so BVerfGE 40, 296 (314), womit sich die Inkompatibilität aus Art. 66 GG ergebe.

[401] Zu diesem Verhältnis von Gewaltenteilung und Parlamentarismus s. *Schröder*, Grundlagen (Fn. 80), S. 319 f.; zum Problem aus verfassungsrechtlicher und politikwissenschaftlicher Sicht s. die Beiträge in: D.T. Tsatsos (Hrsg.), Die Vereinbarkeit von parlamentarischem Mandat und Regierungsamt in der Parteiendemokratie, 1996.

[402] Die Konstellation entspricht derjenigen bei der staatlichen Öffentlichkeitsarbeit im Wahlkampf: → Rn. 88.

flussungen, denen er sich öffnen möchte[403]. Die Freiheit des Mandats für die heterogen zusammengesetzte Gruppe der Abgeordneten soll die Volksvertretung mit einem leistungsfähigen Wertberücksichtigungspotential ausstatten, soll die Responsivität des Parlaments gegenüber den Bedürfnissen der Bevölkerung wachhalten und sie nicht einschränken durch die Verpflichtung gegenüber einzelnen Interessengruppen oder ihrer Partei.

Das Verhältnis zwischen dem Volk und seinen Repräsentanten ist nicht das einer Vertretung im Rechtssinne (→ Rn. 31), sondern einer zukunftsgerichteten Verantwortlichkeit für eine Politik im Interesse des Volkes. Nicht die Vollziehung von Aufträgen ist Aufgabe der Abgeordneten, sondern das Erkennen von Problemen und das Finden und Durchsetzen von Lösungen hierfür. Das **freie Mandat** steht damit im Gegensatz zum imperativen oder sonst gebundenen Mandat[404]. 137

Tatsächlich werden die Abgeordneten in ihrer Wahrnehmung und in ihrer Wertung von ihren **parteipolitischen** Zugehörigkeiten und **Loyalitäten** beeinflußt und mitbestimmt[405]. Das ist vor Art. 21 I 1 GG nicht zu beanstanden. Das freie Mandat hat keinen Antiparteienaffekt, gibt den Parlamentariern aber die rechtliche Möglichkeit eigenständigen Urteilens und Handelns. Die geschützte Position als Abgeordneter fördert damit in Partei und Fraktion das Austragen von Konflikten, die interne Demokratie[406], und steigert so die Wahrnehmungsfähigkeit der Volksvertretung insgesamt für in der Gesellschaft vorhandene Anliegen. Zwischen Art. 38 I 2 und Art. 21 GG gibt es also keine grundsätzliche Spannung[407]. Die Einbindung in Partei und Fraktion ist regelmäßig nützlich, ja unverzichtbar, aber nicht verpflichtend und nicht, jedenfalls nicht mehr in Einzelfragen, alternativlos. Daher haben die Abgeordneten sogar ein **Assoziationsrecht**[408]. Versuche, die Parteibezogenheit der Abgeordneten in Konzepten wie denen vom »rahmengebundenen Mandat«[409] oder vom »generellen Mandat«[410] gerecht zu werden, verkennen die grundsätzliche **Zukunftsbezogenheit** als Rechtfertigung des freien Mandats. Zugespitzt formuliert: Nicht »Wähleraufträge« aus der Vergangenheit motivieren die Abgeordnetentätigkeit, sondern deren Zukunftsverantwortung im Blick auf ihre künftigen Wahlchancen. 138

Schließlich ist das freie Mandat unverzichtbar für ein handlungsfähiges Beschlußorgan[411]. Kompromisse sind bei gebundenen Vertretern nicht möglich. Ebensowenig könnten sie auf neue Probleme zugehen, für die sie nicht instruiert waren, und auf Zusammenhänge in der Sache eingehen, an die ihre Instruktoren möglicherweise nicht 139

---

[403] S. zu diesem Zusammenhang *A. Greifeld*, Volksentscheid durch Parlamente, 1983, S. 70 f.
[404] S. in historischer Herausarbeitung *Müller*, Mandat (Fn. 9); für einen Überblick *Stern*, Staatsrecht I, S. 1069 ff.; *Wefelmeier*, Repräsentation (Fn. 80), S. 138 ff., 147 ff., jeweils m. w. N.
[405] *Wefelmeier*, Repräsentation (Fn. 80), S. 138.
[406] *Hesse*, Verfassungsrecht, Rn. 600 ff.; *M. Stolleis*, Parteienstaatlichkeit – Krisensymptome des demokratischen Verfassungsstaates?, VVDStRL 44 (1986), S. 7 ff. (16); *Hofmann*, Sicherungen (Fn. 104), S. 142.
[407] So aber eine früher unter dem Einfluß *Leibholz'* verbreitete Auffassung, s. etwa BVerfGE 2, 1 (72): »unvereinbar«.
[408] BVerfGE 43, 142 (149) für Fraktionen; 70, 324 (354); 80, 188 (218); 84, 304 (322 f.); 96, 264 (278): ausdrücklich zu Gruppen. Für die Herleitung wurde früher Art. 21 GG bemüht, BVerfGE 10, 4 (14); 43, 142 (148); 70, 324 (350); s. außerdem Sondervotum *Kruis* zu BVerfGE 80, 188 (241).
[409] *N. Achterberg*, Das rahmengebundene Mandat, 1975.
[410] *T. Oppermann*, Das parlamentarische Regierungssystem des Grundgesetzes, VVDStRL 33 (1975), S. 7 ff. (51 ff.).
[411] So das zentrale Ergebnis von *Müller*, Mandat (Fn. 9).

gedacht haben. Dem einzelnen Abgeordneten wächst aus dieser Freiheit das Recht zu, seine Abgeordnetenrolle nach eigenem Selbstverständnis zu interpretieren[412]. Auch die Arbeitsgebiete kann er selbst festlegen, denn rechtlich ist der Status von einer grundsätzlichen Allzuständigkeit geprägt. Diese Vielfalt bei den Abgeordneten stärkt das Parlament als Ganzes.

b) Weisungs- und Instruktionsfreiheit

140   Die Freiheit der Abgeordneten hat ihren plastischen Ausdruck darin gefunden, daß sie »**nicht an Aufträge und Weisungen gebunden** sind«. Die Begriffe werden gleichbedeutend benutzt[413]. Entscheidend ist, daß der Abgeordnete keiner rechtlichen Verpflichtung, gleich welcher Art, unterliegt. Für die Ausübung seines Mandats ist nur sein eigener Entschluß maßgeblich. Er unterliegt keiner Begründungspflicht. Der Hinweis auf sein Gewissen genügt allemal[414]. Gleichwohl bestehende Verpflichtungen eines Abgeordneten sind rechtlich unwirksam (§ 134 BGB)[415]. Im Vorhinein ausgestellte Mandatsverzichtserklärungen sind ebenso nichtig[416] wie für den Fall des Parteiaustritts unter Mitnahme des Mandats hinterlegte Schuldscheine[417], gleichfalls Stimmkaufverträge[418]. Auch strafrechtlich wird die Freiheit des Abgeordneten geschützt durch ein spezielles Nötigungsverbot in § 106 I Nr. 2a StGB und die Strafbarkeit der Abgeordnetenbestechung nach § 108e StGB[419]. Parteitagsbeschlüsse sind keine verpflichtenden Instruktionen[420]; jede Art eines **imperativen Mandates** ist ausgeschlossen. Die alleinige Verpflichtung auf das eigene **Gewissen** ist als Freistellung von allen Fremdbindungen zu verstehen. Die Gewissensunterworfenheit ist eine positive Formulierung der Ungebundenheit[421]. Die Freiheit der Entscheidung ist nicht auf Gewissensfragen i.S. sittlicher Grundfragen reduziert, sondern besteht bei allen Entscheidungen[422]. Die Bezugnahme auf das Gewissen verstärkt die Freistellung des Amtsinhabers von Aufträgen und Weisungen. Die Nichtinstruiertheit der Amtsführung wird geschützt, nicht die Person des Amtswalters wie in Art. 4 GG[423].

141   Die alleinige Gewissensunterworfenheit entbindet nicht von der Beachtung der Rechtsordnung[424]. Die Freiheit des Mandats wird vor allem auch geschützt durch dessen **Unentziehbarkeit**. Neben den gesetzlichen Verlustgründen (→ Rn. 32), die ihrer-

---

[412] *M. Morlok*, Selbstverständnis als Rechtskriterium, 1993, S. 56f.
[413] *v. Münch* (Fn. 33), Art. 38 Rn. 74; *Magiera* (Fn. 78), Art. 38 Rn. 47 mit Fn. 130; *Schneider* (Fn. 86), Art. 38 Rn. 29; Jarass/*Pieroth*, GG, Art. 38 Rn. 26.
[414] Dazu *Schneider* (Fn. 86), Art. 38 Rn. 30; *Badura* (Fn. 112), § 15 Rn. 11.
[415] *v. Münch* (Fn. 33), Art. 38 Rn. 75; Jarass/*Pieroth*, GG, Art. 38 Rn. 26f.; *Schneider* (Fn. 86), Art. 38 Rn. 29; *Magiera* (Fn. 78), Art. 38 Rn. 47; *Achterberg/Schulte*, GG VI, Art. 38 Rn. 40.
[416] BVerfGE 2, 1 (74).
[417] Dazu LG Braunschweig DVBl. 1970, 591 (592); *v. Münch* (Fn. 33), Art. 38 Rn. 78; *Magiera* (Fn. 78), Art. 38 Rn. 48.
[418] *K.M. Meessen*, Beraterverträge und freies Mandat, in: FS Scheuner, 1973, S. 431ff.; freilich gibt es hier die Schwierigkeit, vorgeschobene Beratungsverhältnisse von tatsächlichen zu unterscheiden.
[419] S. dazu *S. Barton*, NJW 1994, 1098ff.
[420] S. dazu NdsStGH NJW 1985, 2319f.
[421] *Schneider* (Fn. 86), Art. 38 Rn. 30; *Wefelmeier*, Repräsentation (Fn. 80), S. 166f.
[422] Ähnlich *Demmler*, Abgeordnete (Fn. 372), S. 123.
[423] Dazu *E. v. Heyen*, Der Staat 25 (1986), 35ff.; ebenso *Starck*, GG I, Art. 4 Rn. 35. → Art. 4 Rn. 60.
[424] *Maunz* (Fn. 81), Art. 38 Rn. 17; *Achterberg/Schulte*, GG VI, Art. 38 Rn. 39; *v. Münch* (Fn. 33), Art. 38 Rn. 77; Jarass/*Pieroth*, GG, Art. 38 Rn. 26; *Schneider* (Fn. 86), Art. 38 Rn. 30.

seits durch Verfassungsgüter gerechtfertigt sind, gibt es keine weiteren und dürfen keine weiteren eingeführt werden. Insbesondere der Verlust der Mitgliedschaft in Partei oder Fraktion ist nicht mit einem Mandatsverlust verbunden. Innerparteiliche und innerfraktionelle Auseinandersetzungen bleiben ohne Mandatsrelevanz (→ Rn. 150).

Der Status der Freiheit wird ergänzt um separat normierte Rechte, die an der Person des Abgeordneten ansetzen, aber die ungestörte Amtsausübung schützen oder erleichtern sollen: die Indemnität (→ Art. 46 Rn. 9ff.), die Immunität (→ Art. 46 Rn. 21ff.), das Zeugnisverweigerungsrecht (→ Art. 47 Rn. 6ff.), das Beschlagnahmeverbot (→ Art. 47 Rn. 10ff.), das Recht auf Wahlvorbereitungsurlaub (→ Art. 48 Rn. 9ff.) – bereits als Schutz der Kandidatur –, das Behinderungsverbot (→ Art. 48 Rn. 7ff.), der Beförderungsanspruch (→ Art. 48 Rn. 14) und der Anspruch auf Alimentation und Amtsausstattung (→ Art. 48 Rn. 11ff.). Diese Rechte sichern die Freiheit des Abgeordneten an erwiesenermaßen prekären Stellen ab und gewährleisten die tatsächliche Grundlage für die Unabhängigkeit der Abgeordneten. 142

c) Parlamentarische Informations- und Teilnahmerechte

Der Bundestag ist körperschaftlich organisiert, die Mitwirkungsrechte des Abgeordneten sind daher Mitgliedschaftsrechte. Der Abgeordnete hat das Recht, an allen Spielarten des parlamentarischen Prozesses teilzuhaben. Er darf an den Verhandlungen des Plenums, aber auch an Sitzungen von Ausschüssen, denen er nicht angehört, **teilnehmen**, es sei denn, der Bundestag beschließt ausdrücklich anderes (§ 69 II GOBT). Dies ist Ausdruck der parlamentarischen Allzuständigkeit des Abgeordneten. Er darf an den Beschlußfassungen mitwirken und sein **Stimmrecht** ausüben[425]. Auch Selbstbetroffenheit bewirkt kein Abstimmungshindernis[426]. Anders als im Bereich der Exekutive[427] sind »**Entscheidungen in eigener Sache**«[428] zulässig[429]. Gerade die besonders eklatanten Fälle der Beschlußfassung über Diäten und Parteienfinanzierung kennen mit Art. 48 III und 21 III GG eine verfassungsrechtliche Verankerung solcher Entscheidungen. Auch die Verabschiedung der Geschäftsordnung ist eine Entscheidung in eigener Sache und genießt als solche ausdrücklichen Schutz (→ Art. 41 Rn. 6ff.). »Entscheidungen in eigener Sache« sind geradezu ein strukturprägendes Kennzeichen parlamentarischer Demokratie[430]. Die besonders heiklen Entscheidungen sind diejenigen, in denen die Parlamentsmitglieder gleichgerichtete Interessen haben, so daß ein Kontrolldefizit besteht. Solche Defizite könnten dadurch vermieden werden, daß bei ihnen auch an andere Interessen angeknüpft wird als diejenigen der Abgeordneten[431]. 143

---

[425] BVerfGE 10, 4 (12); 70, 324 (355); 80, 188 (218); s. auch E 84, 304 (321).
[426] *Magiera* (Fn. 78), Art. 38 Rn. 61; *N. Achterberg*, AöR 109 (1984), 505ff.
[427] S. etwa §§ 20f. VwVfG, § 31 GO NW, Art. 49 BayGO.
[428] BVerfGE 40, 296 (327); zur Problematik *H.-P. Schneider*, JbRSozRTh. 13 (1988), S. 327ff.; *H.H. Rupp*, ZG 7 (1992), 285ff.; *H.-J. Vogel*, ZG 7 (1992), 293ff.; *H.H. v. Arnim*, Fetter Bauch regiert nicht gern, 1997, S. 307ff.; beachte auch *N. Achterberg*, AöR 109 (1984), 505ff. und *Hildegard Krüger*, DVBl. 1964, 220f.
[429] Anders *W. Henke*, in: BK, Art. 21 (Drittb. 1991), Rn. 321f.: rechtsstaatswidrig.
[430] S. bereits *J. Madison*, The Federalist Papers (1787/88), Nr. 10.
[431] Die Anbindung an die Beamtenbesoldung erscheint insofern vorteilhaft. Dagegen spricht die Forderung, die Entscheidung jeweils öffentlich zu vertreten, so BVerfGE 40, 296 (316). Zu Diätenentscheidungen → Art. 48 Rn. 32.

144 Das **Rederecht** ist als unverzichtbar zur Wahrnehmung parlamentarischer Aufgaben anerkannt[432], die Redefreiheit im Parlament unterfällt nicht Art. 5 I GG[433] (→ Rn. 133). Zur Erwirkung von Entscheidungen steht dem Abgeordneten ein **Initiativrecht** in Gestalt von Antrags- und Wahlvorschlagsrechten zu[434]. Zum Teil bedürfen die Initiativrechte der Unterstützung durch eine Mehrzahl von Abgeordneten (→ Rn. 149). Der Abgeordnete darf sich selbst zur Wahl stellen[435]. Zur Ausübung seiner verschiedenen Funktionen, nicht zuletzt der Kontrollfunktion (→ Rn. 41 ff.), benötigt der Bundestag Informationen. Die Abgeordneten verfügen über ein **Frage- und Informationsrecht**, dem eine Antwortpflicht der Regierung entspricht[436]. Zur Funktionserfüllung des Bundestages sind die einzelnen Abgeordneten Träger dieses Rechts[437].

d) Rechtfertigung von Beeinträchtigungen

145 Die Freiheit des Abgeordneten kann begrenzt werden, allerdings nur durch andere Rechtsgüter von Verfassungsrang. Unabhängig vom Vorliegen eines solchen rechtfertigenden Grundes muß die Einschränkung in einem Rechtssatz fixiert sein. Für die Abgeordnetenrechte gilt eine Ausnahme vom Grundsatz des Vorbehalts des Gesetzes ein. Dieser Grundsatz war das Instrument, um Eingriffe in die Rechtssphäre des Bürgers nur aufgrund einer Billigung der Volksvertretung zuzulassen. Ein Eingriff in Abgeordnetenrechte ist auch aufgrund der **Geschäftsordnung** zulässig, weil bei ihr Setzer der Norm und Adressaten identisch sind (→ Art. 40 Rn. 9), dem Postulat der Selbstbestimmung also unmittelbar entsprochen wird. Selbst Eingriffe in die Grundrechte von Abgeordneten sind auf dieser Grundlage möglich[438]. Eine Beeinträchtigung des Abgeordnetenstatus, auch im innerparlamentarischen Bereich, kann ebenso durch Gesetz statuiert werden (→ Art. 40 Rn. 15 f.). Der Gesetzgeber hat von der hierfür bestehenden Gesetzgebungskompetenz aus Art. 38 III GG Gebrauch gemacht und das Abgeordnetengesetz erlassen.

146 Als materiellrechtlicher **Rechtfertigungsgrund** kommen in erster Linie die **gleichen Rechte anderer Abgeordneter** zum Tragen[439]. Da im Parlament Gleichberechtigte zusammenwirken, kollidieren häufig deren Rechte. Paradigmatisch hierfür ist das Rede-

---

[432] BVerfGE 10, 4 (12); 60, 364 (379 f.); 80, 188 (218); BayVerfGH NVwZ-RR 1998, 409 ff.; *J. C. Besch*, Rederecht und Redeordnung, in: Schneider/Zeh, § 33; *Magiera* (Fn. 78), Art. 38 Rn. 63; *Abmeier*, Befugnisse (Fn. 112), S. 132 ff.; *Klein* (Fn. 387), § 41 Rn. 31.

[433] BVerfGE 60, 374 (380).

[434] BVerfGE 80, 188 (218 f.); 84, 304 (328); *H.-J. Schreiner*, Geschäftsordnungsrechtliche Befugnisse des Abgeordneten, in: Schneider/Zeh, § 18 Rn. 4 ff.; *H.-J. Vonderbeck*, ZParl. 14 (1983), 311 (333 ff.); *Klein* (Fn. 387), § 41 Rn. 33.

[435] BVerfGE 70, 324 (354).

[436] Ausdrücklich VerfGH NW DVBl. 1994, 48 (50); vgl. auch BVerfGE 13, 123 (125); 57, 1 (5). Für einen Anspruch auf inhaltliche Beantwortung der Fragen *Badura* (Fn. 112), § 15 Rn. 40; *Klein* (Fn. 387), § 41 Rn. 32; *H. Weis*, DVBl. 1988, 368 (370 f.); *Abmeier*, Befugnisse (Fn. 112), S. 184; *D.G. Bodenheim*, Kollision parlamentarischer Kontrollrechte, 1979, S. 42; *Demmler*, Abgeordnete (Fn. 372), S. 435 ff., insb. S. 438 ff.

[437] Vgl. zu dieser Ableitung VerfGH NW DVBl. 1984, 48 (49 f.); *H. Weis*, DVBl. 1988, 268 (270 f.); *Demmler*, Abgeordnete (Fn. 372), S. 435 ff.; *B. Burkholz*, VerwArch. 84 (1993), 203 (220).

[438] Das gilt für die Offenbarungspflichten der Abgeordneten, welche die Verhaltensregeln des Bundestags (Anlage 1 zur GOBT) statuieren.

[439] Vgl. BVerfGE 80, 188 (218 f.); 84, 304 (321).

recht, das um der Arbeitsfähigkeit willen insgesamt zeitlich zu begrenzen und unter den Abgeordneten zu verteilen ist[440].

Ein benachbarter Rechtsgrund zur Einschränkung der Rechte des einzelnen liegt in der **Funktionsfähigkeit** des Bundestages. Die »Funktionsfähigkeit« des Bundestages ist ein Begriff von unscharfem Inhalt, weil es unterschiedliche Konzeptionen des »guten Funktionierens« geben kann[441]. Gleichwohl dürfen im Interesse eines sachgerechten Beratungsganges und der Entscheidungsfähigkeit des Parlaments insgesamt – auch in überschaubarer Zeit – die Rechte des einzelnen Abgeordneten gleichfalls eingeschränkt werden[442]. 147

Die Einschränkbarkeit der Abgeordnetenrechte ist aber ihrerseits begrenzt. Jeder Abgeordnete muß befähigt bleiben, effektiv an den Verhandlungen und Entscheidungen des Bundestages mitwirken zu können[443]. Den Ausgleich zwischen diesen Belangen trifft aufgrund seiner **Geschäftsordnungsautonomie** (→ Art. 40 Rn. 6ff.) der Bundestag. Er kann sich einer bestimmten Konzeption der parlamentarischen Arbeit verschreiben und diese den Geschäftsordnungsregeln zugrunde legen. Daraus ergibt sich ein **Gestaltungsspielraum** des Parlaments bei der Ausgestaltung der Abgeordnetenrechte (→ Art. 40 Rn. 7). So orientiert sich der Bundestag an einem Modell, das den Fraktionen tragende Bedeutung für seine Arbeit zumißt[444]. 148

Aus Gründen der Entscheidungsfähigkeit des Parlaments ist es zulässig, bestimmte Mitwirkungsrechte, insbesondere Initiativrechte, an eine Mindestzahl sie tragender Abgeordneter zu knüpfen. Solche **Quoren** konzentrieren die knappe Aufmerksamkeit auf Anträge, die nicht von vornherein völlig aussichtslos sind. Praktisch bedeutsam ist das in § 76 I GOBT geregelte Quorum der Fraktionsstärke. Dieses darf nicht auf solche parlamentarischen Befugnisse angewendet werden, die für den einzelnen Abgeordneten unabdingbar sind (→ Rn. 153). Auch Abgeordnetengruppen gleicher politischer Richtung, die sich zusammengeschlossen haben, ohne Fraktionsstärke zu erreichen, müssen zur effektiven gemeinsamen Arbeit befähigt sein (→ Rn. 154). **Disziplinarmaßnahmen** zur Aufrechterhaltung der parlamentarischen Ordnung bis hin zum Ausschluß aus der Sitzung sind zulässig, wenn dies zur Gewährleistung der Arbeitsfähigkeit nötig ist[445]. Ob ein Ausschluß auch ohne vorherigen Ordnungsruf (§ 38 I 1 GOBT) verhältnismäßig ist, ist ebenso fraglich wie der Ausschluß bis zur Dauer von dreißig Sitzungstagen (§ 38 I 3 GOBT)[446]. **Präsenzpflichten** (§ 13 II GOBT) der Abgeordneten in Plenum und Ausschüssen sind zur Erhaltung der Funktionsfähigkeit des Parlaments als Volksvertretung zulässig[447]. Auch die Integrität und die Vertrauenswürdigkeit des Parlaments selbst können als rechtfertigungsfähige Güter eine Kollegialenquête tra- 149

---

[440] Dazu BVerfGE 10, 4 (13ff.).
[441] Dazu *M. Morlok*, JZ 1989, 1035 (1041).
[442] Dazu BVerfGE 80, 188 (219); 84, 304 (321f.); 96, 264 (278f.); zu diesem Verfassungsgut s. auch BVerfGE 95, 335 (366); 95, 408 (421f.).
[443] BVerfGE 44, 308 (316); 80, 188 (219); 84, 304 (321f.); 96, 264 (279).
[444] BVerfGE 10, 4 (12ff.); 70, 324 (355); 80, 188 (219f.); 84, 304 (321ff.); 96, 264 (278f.).
[445] Dazu BVerfGE 60, 374 (380ff.); *J. Bücker*, Das Parlamentarische Ordnungsrecht, in: Schneider/Zeh, § 34 Rn. 10ff.; *L.-A. Versteyl*, NJW 1983, 379 (379ff.); zur Ordnungsbefugnis des Präsidenten → Art. 40 Rn. 24.
[446] Zum letzteren ebenso *M. Brandt/D. Gosewinkel*, ZRP 1986, 33 (36f.); Jarass/*Pieroth*, GG, Art. 40 Rn. 10.
[447] BVerfGE 44, 308 (315ff.); 56, 396 (405); s. § 14 AbgG zur Kürzung der Kostenpauschale wegen Abwesenheit.

gen⁴⁴⁸. Dem gleichen Zweck dienen auch die **Verhaltensregeln** für Abgeordnete (Anlage 1 zur GOBT aufgrund von § 44a AbgG und § 18 GOBT). Diese Pflicht zur Offenlegung von sogenannten Interessenverknüpfungen (geschäftliche Interessen, Beraterverträge u. ä.) ist auch vom Status der Öffentlichkeit der Abgeordneten gerechtfertigt: Das Volk soll wissen, in welche Loyalitätskonflikte ein Abgeordneter kommen mag (→ Rn. 159).

150 Maßnahmen der Fraktion (Fraktionsdisziplin) dürfen nicht die Statusrechte der Abgeordneten verletzen (→ Rn. 177). Sanktionen der **Partei** sind nach Maßgabe des Parteienrechts (→ Art. 21 Rn. 58, 128, 133) zulässig, bleiben aber ohne rechtliche Wirkung für den Abgeordnetenstatus. Die Mitgliedschaft im Bundestag und in einer Partei sind voneinander unabhängig (→ Rn. 132, 141 f.). An den Verlust der Parteimitgliedschaft (sei es durch Austritt, sei es durch Ausschluß) darf wegen der Freiheit des Abgeordneten nicht der Mandatsverlust geknüpft werden⁴⁴⁹. Die Drohung mit oder die tatsächliche Verweigerung der erneuten Aufstellung greifen ohnehin nicht in den Abgeordnetenstatus ein, der von vornherein auf die Wahlperiode beschränkt ist. Es gibt keinen Anspruch auf Wiederwahl oder Wiederkandidatur.

151 Eine verfassungskräftige Gegenposition zum Abgeordnetenstatus bildet auch die **Arbeitsfähigkeit anderer Verfassungsorgane**. So darf die Inanspruchnahme des Fragerechts nicht zu einem die Regierungsarbeit erheblich beeinträchtigenden Arbeitsaufwand führen. Auch erwächst aus diesem Gesichtspunkt ein zeitlicher Spielraum für die Erteilung der Antwort⁴⁵⁰. Erfordernissen des **Geheimnisschutzes** ist Rechnung zu tragen; dabei dient die Geheimschutzordnung des Bundestages dem Schutz von Staatsgeheimnissen⁴⁵¹. Der Geheimnisschutz darf nicht gegen das Parlament verwirklicht werden (→ Art. 44 Rn. 41, 47)⁴⁵². Der Ausschluß eines Abgeordneten aus Geheimschutzgründen bedarf konkreter Anhaltspunkte in seiner Person, das Fernhalten einer ganzen Fraktion stellt eine verfassungswidrige Beeinträchtigung der parlamentarischen Handlungsmöglichkeiten ihrer Mitglieder dar⁴⁵³. Das **Rederecht** der nach Art. 43 II GG Privilegierten kann das der Abgeordneten einschränken⁴⁵⁴. Schließlich können **Grundrechte** Privater eine Grenze der Abgeordnetenrechte bilden⁴⁵⁵. Wegen

---

⁴⁴⁸ BVerfGE 77, 1 (44); 94, 351 (367); zur Würde des Parlaments als eigenständigem Wert vgl. auch *G. Leibholz*, Die Repräsentation in der Demokratie, 1973, S. 171 f.; *M. Brandt/D. Gosewinkel*, ZRP 1986, 33 (36); *R. Stock*, ZRP 1995, 286 (286 ff.).

⁴⁴⁹ Zu dieser Diskussion, die sich an Parteiwechslern in den 1970er Jahren entzündete, s. *Henke* (Fn. 429), Art. 21 Rn. 104 ff. m.N.; *ders.*, DVBl. 1973, 553 ff.; s. weiter *Badura* (Fn. 112), § 15 Rn. 82 ff.; *D.T. Tsatsos/M. Morlok*, Parteienrecht, 1982, S. 204 ff.; für die Gegenmeinung *F.F. Siegfried*, ZRP 1971, 9 ff.

⁴⁵⁰ VerfGH NW DVBl. 1994, 48 (50 f.).

⁴⁵¹ *K. Schulte*, Volksvertreter als Geheimnisträger, 1987, S. 16 ff.; zu den Regelungen der Geheimschutzordnung *U. Rösch*, Geheimhaltung in der Demokratie, Diss. jur. Jena 1997, S. 120 ff.

⁴⁵² Problematisch insofern die Proklamation einer der Regierungsgewalt anvertrauten Verantwortung für solche Geheimnisse: BVerfGE 70, 324 (359). Anders aber BVerfGE 67, 100 (135 f.): gemeinsame Zuständigkeit für den Schutz der öffentlichen Interessen. S. auch BVerfGE 70, 324 (372) – Sondervotum *Mahrenholz*: Geheimschutz gerade nicht durch den Ausschluß von Abgeordneten.

⁴⁵³ Anders aber BVerfGE 70, 324 (358 ff.), s. dazu die Kritik in den Sondervoten der Richter *Mahrenholz* 366 (372 ff.) und *Böckenförde* 380 (382 ff.); s. weiter *H. Dreier*, JZ 1990, 310 (320 f.).

⁴⁵⁴ Dazu und zur gleichheitswahrenden Praxis gegenüber der Opposition → Art. 43 Rn. 23 ff.

⁴⁵⁵ S. etwa Grenzen der Antwortpflicht auf Abgeordnetenfragen aus Gründen des Datenschutzes, dazu *B. Burgholz*, VerwArch. 84 (1993), 203 ff.; zur Geheimsphäre des Bürgers *Rösch*, Geheimhaltung (Fn. 451), S. 107 ff.

der durch Art. 140 GG i.V.m. Art. 137 III WRV geschützten **Integrität des kirchlichen Amtes** ist eine Beurlaubung kirchlicher Bediensteter während der Dauer des Mandats oder auch das grundsätzliche Verbot der Übernahme eines Mandats zulässig[456].

3. Der Status der Gleichheit

Weil nur die Gesamtheit der Abgeordneten die Volksvertretung darstellt (→ Rn. 123), müssen alle Abgeordneten über die **gleichen Mitgliedschaftsrechte** verfügen können[457]. Dies führt zu einer formalen Gleichstellung aller Abgeordneten[458] unabhängig davon, ob sie ihr Mandat als Wahlkreis- oder als Listenkandidat errungen haben. Auch der Wettbewerbscharakter der politischen Arbeit (→ Rn. 163) verlangt Chancengleichheit. Der Status der Gleichheit enthält die umfassende Befugnis jedes Abgeordneten, an den Verhandlungen und Beschlußfassungen des Bundestages mitzuwirken[459]. Das Recht auf Gleichbehandlung erstreckt sich in seinem Anwendungsbereich auf den ganzen parlamentarischen Arbeitsbereich, somit auch auf die Ausschüsse. Wird dort wichtige Parlamentsarbeit geleistet, so muß auch die Repräsentation dorthin »vorverlagert« werden[460].

152

Sämtliche Abgeordnete genießen die verschiedenen Inhalte des Status der Freiheit; beim **fraktionslosen Abgeordneten** treten sie besonders deutlich hervor[461]: Das gleiche Mitwirkungsrecht der Abgeordneten umfaßt das Rederecht, daher ist eine eigene Redezeit neben den Fraktionskontingenten vorzusehen[462]. Die Bemessung der Redezeit für Fraktionslose hat »fair und loyal«[463] zu erfolgen, unter Berücksichtigung der tatsächlichen Umstände. Das Recht zur **Gesetzesinitiative** gehört nicht zum Minimum der Rechte eines einzelnen Abgeordneten; es ist ausreichend, daß (im Rahmen der zweiten Lesung nach § 82 I 2 GOBT) jeder Abgeordnete Änderungsanträge stellen kann[464]. Das Fragerecht, das seine Bedeutung vor allem im Rahmen der Kontrollfunktion des Parlaments hat, steht jedem einzelnen Abgeordneten zu (→ Rn. 41ff.)[465]. Einzelheiten, insbesondere die Häufigkeit der Inanspruchnahme dieses Rechts, können von der Geschäftsordnung ausgestaltet werden. Auch ein fraktionsloser Abgeordneter hat Anspruch darauf, in einem Ausschuß mit Rede-, Antrags- und Stimmrecht mitzuwirken[466]. Die Möglichkeit eines einzelnen Abgeordneten, die Tagesordnung mit-

153

---

[456] BVerfGE 42, 312 (326ff.).
[457] BVerfGE 80, 188 (217ff.); 84, 304 (321f.); 96, 264 (278).
[458] BVerfGE 40, 296 (317f.); 80, 188 (220f.); 93, 195 (204).
[459] BVerfGE 70, 324 (355).
[460] BVerfGE 44, 308 (319); s. weiter zu diesem Prinzip *H. Dreier*, JZ 1990, 310 (317ff.); *M. Morlok*, JZ 1989, 1035 (1038); *H. Schulze-Fielitz*, DÖV 1989, 829 (833); *J. Kürschner*, Die Statusrechte des fraktionslosen Abgeordneten, 1984, S. 136f.
[461] Dazu BVerfGE 80, 188 (217ff., 221ff.); zu dieser Entscheidung *H. Dreier*, JZ 1990, 310ff.; *M. Morlok*, JZ 1989, 1035ff.; *H. Schulze-Fielitz*, DÖV 1989, 829ff.; *H.-H. Trute*, Jura 1990, 184ff.; *J. Ziekow*, JuS 1991, 28ff.; *S. Hölscheidt*, DVBl. 1989, 291ff.; früher schon *Abmeier*, Befugnisse (Fn. 112), S. 25ff., 76ff.; *Kürschner*, Statusrechte (Fn. 460), S. 80ff.
[462] Dazu BVerfGE 80, 188 (228f.); *Demmler*, Abgeordnete (Fn. 372), S. 482ff.
[463] BVerfGE 1, 144 (149); 80, 188 (229).
[464] Dazu *Demmler*, Abgeordnete (Fn. 372), S. 329ff. (383f.).
[465] Zur Unentziehbarkeit *Demmler*, Abgeordnete (Fn. 372), S. 440ff.
[466] BVerfGE 80, 188 (224ff.), führt das Ungetüm des im Ausschuß stimmrechtslosen fraktionslosen Abgeordneten ein. Angesichts der Bedeutung der Ausschußarbeit kann dem nicht gefolgt werden, schon deswegen nicht, weil der dafür rechtfertigende Grund, die Abbildung der Mehrheitsverhältnisse des Plenums in den Ausschuß, auch anders erreicht werden kann und die Beschränkung für fraktions-

zubestimmen, muß sich im kollegialen Parlament auf ein individuelles Antragsrecht beschränken; ein solches ist ihm aber zuzuerkennen[467]. Sofern die finanzielle Ausstattung der Fraktionen mit Haushaltmitteln ihren Mitgliedern Vorteile verschafft, sind diese bei fraktionslosen Abgeordneten auszugleichen[468].

154 Um die Vorteile parlamentarischer Zusammenarbeit zu genießen, können sich Abgeordnete einer Partei, welche die in der Geschäftsordnung bestimmte Mindeststärke für eine Fraktion (§ 10 I GOBT) nicht erreichen, zu sogenannten **Gruppen** zusammenschließen. Dies ist vom Assoziationsrecht gedeckt (→ Rn. 138). Die Gruppen haben einen grundsätzlichen Anspruch auf Gleichbehandlung mit den Fraktionen, der sich aus dem Gleichbehandlungsrecht der Abgeordneten herleitet. Dies ist zu beachten, wenn aus Gründen der Funktionstüchtigkeit des Bundestages bestimmte parlamentarische Rechte an den Fraktionsstatus geknüpft werden. Auch Gruppen müssen als solche zu effektiver parlamentarischer Mitwirkung in der Lage sein. Das ist im Grundsatz anerkannt[469], in Details umstritten. So haben auch Gruppen das parlamentarische Initiativrecht für Gesetzentwürfe und alle Anträge[470]. Bei der **Ausschußbesetzung** müssen die Gruppen entsprechend ihrer Stärke nach dem angewendeten Proportionalverfahren berücksichtigt werden, ihre Abgeordneten in den Ausschüssen sind gleichberechtigt[471]. Entgegen der Rechtsprechung[472] haben Gruppen, die in den Fachausschüssen regulär vertreten sind, auch einen Anspruch auf ein **Grundmandat** in Enquêtekommissionen und in einem Untersuchungsausschuß. Untersuchungsausschüsse sind als wichtigste Kontrollorgane bereits von der Verfassung als Instrument der parlamentarischen Minderheit angelegt (→ Art. 44 Rn. 9f.). Dem Gegengrund, eine begrenzte Größe der Ausschüsse und die Spiegelbildlichkeit der Zusammensetzung von Plenum und Ausschuß zu erhalten, kann durch ein die Plenarmehrheit auch im Ausschuß sicherndes Ausgleichsmandat entsprochen werden (→ Art. 44 Rn. 37). Für die explorierende und vorbereitende Arbeit der Enquêtekommissionen ist eine Lockerung der strikten Proportionalität hinnehmbar: Weil nicht die Effektivität der parlamentarischen Beschlußfassung betroffen ist, kommt den Gegengründen zu einer Gleichbehandlung der Gruppe geringeres Gewicht zu[473]. Umgekehrt ist es beim Vermittlungsausschuß: Dieser darf wegen der entscheidenden Bedeutung der Erfolgsbedingungen im Parlament nur durch Fraktionen besetzt werden[474]. Beim **Gemeinsamen Ausschuß** sprechen die besseren Gründe für eine obligatorische Mitwirkung einer Gruppe[475]. Der Einfluß kleinerer Gruppierungen bei der Steuerung des Ablaufs

---

lose Abgeordnete damit unverhältnismäßig ist. Zur Kritik s. E 80, 188 (238ff.) – Sondervotum *Mahrenholz*; *M. Morlok*, JZ 1989, 1035 (1040); *H. Schulze-Fielitz*, DÖV 1989, 829 (833), dort auch eine Darstellung der Rechte fraktionsloser Abgeordneter in anderen Ländern, 831f.; *H.-H. Trute*, Jura 1990, 184 (189ff.); *J. Ziekow*, JuS 1991, 28 (31f.).

[467] *Demmler*, Abgeordnete (Fn. 372), S. 468ff.
[468] BVerfGE 80, 188 (231f.).
[469] BVerfGE 84, 304 (322f.); s. weiter *F. Kassing*, Das Recht der Abgeordnetengruppe, 1988.
[470] Offengelassen in BVerfGE 84, 304 (328f.), im Hinblick auf diese Praxis.
[471] BVerfGE 84, 304 (322f., 327f.); *Kassing*, Abgeordnetengruppe (Fn. 469), S. 41f.
[472] BVerfGE 84, 304 (332f.); 96, 264 (281f.).
[473] Anders aber BVerfGE 80, 188 (230); 96, 264 (282).
[474] BVerfGE 84, 304 (333); 96, 264 (282ff.).
[475] Das BVerfG war in dieser Frage gespalten, E 84, 304 (334ff. einerseits, 337ff. andererseits); dazu *M. Morlok*, DVBl. 1991, 998 (1000f.).

der parlamentarischen Arbeit darf begrenzt gehalten werden[476], weil hier Selektionsentscheidungen getroffen werden müssen. Ein Antragsrecht dürfte aber geboten sein, weil es die Mehrheitsentscheidung nicht behindert[477]. Bei der Vergabe der **Redezeit** ist dem Gruppencharakter insofern Rechnung zu tragen, als ein Redner für eine Gruppe auch die Meinung anderer Abgeordneter zum Ausdruck bringt[478]. In diesen wie in anderen Fragen kommt es auf eine faire und loyale Anwendung der Geschäftsordnung gegenüber allen Mitgliedern des Parlaments an[479]. Rechtsfragen gehen hier über in solche der Verfassungskultur[480]. Auch Gruppen haben einen Anspruch auf Finanzierung ihrer Arbeit, sofern auch Fraktionen eine solche Ausstattung erhalten[481].

Um es allen Abgeordneten zu ermöglichen, sich tatsächlich voll ihrem Mandat zu widmen, ist eine Gleichbehandlung bei der **Alimentierung** der Abgeordneten geboten[482], eine Ausnahme ist nur anzuerkennen für den Parlamentspräsidenten und seine Stellvertreter[483] sowie für Fraktionsvorsitzende[484]. 155

Der Status der Gleichheit erfaßt in nicht parlamentsspezifischen Fragen auch das Verhältnis zum Bürger, weshalb die Gleichheit der Besteuerung auch für die Diäten gelten muß[485]. Die frühere Privilegierung der Beamten unter den Abgeordneten, wonach sie für die Dauer der Parlamentsmitgliedschaft Ruhegehalt bezogen, war verfassungswidrig[486]. Die Demokratie ist auch im Hinblick auf die Abgeordneten privilegienfeindlich[487]. 156

Die **Rechtfertigung von Beeinträchtigungen** des Status der Gleichheit verlangt eine konkurrierende Verfassungsrechtsposition. Daher ist eine besondere Behandlung der Präsidiumsmitglieder möglich (Art. 40 GG)[488]. 157

4. Der Status der Öffentlichkeit

Als Vertreter des Volkes müssen die Abgeordneten auch vor dem Volk handeln. Sie sind eingestellt in den Zusammenhang von Legitimation und Kontrolle (→ Rn. 29), der auch im ersten Glied der Legitimationskette zwischen dem legitimierenden Volk und seinen Repräsentanten besteht. Das Amt des Abgeordneten ist daher in einem spezifischen Sinne ein »**öffentliches Amt**«[489]. Es unterliegt dem allgemeinen demokrati- 158

---

[476] BVerfGE 84, 304 (330f.).
[477] Anders für Geschäftsordnungsanträge BVerfGE 84, 304 (330f.); zur Unterscheidung zwischen Strukturentscheidungen und dem Ablauf des parlamentarischen Geschäftsganges selbst *M. Morlok*, DVBl. 1991, 998 (1000).
[478] BVerfGE 80, 188 (228); 96, 264 (297).
[479] BVerfGE 1, 144 (149); 80, 188 (219); 84, 304 (332).
[480] *H. Schulze-Fielitz*, DÖV 1989, 829 (837).
[481] BVerfGE 84, 304 (324); auch *Kassing*, Abgeordnetengruppe (Fn. 469), S. 48f.; *H. Martin*, Staatliche Fraktionsfinanzierung in Rheinland-Pfalz, 1995, S. 105.
[482] BVerfGE 40, 296 (316ff.); → Art. 48 Rn. 18ff.
[483] BVerfGE 40, 296 (318).
[484] HambVerfG NJW 1998, 1054 (1055ff.) – in Abgrenzung von BVerfGE 40, 296 (318); zugleich auch unter Berücksichtigung der Hamburger Besonderheit des »Feierabendparlaments«. Dazu kritisch *V. Bahnsen*, NJW 1998, 1041f.
[485] BVerfGE 40, 296 (328); dazu *Häberle*, Freiheit (Fn. 375), S. 220; *ders.*, Abgeordnetenstatus (Fn. 375), S. 513ff.
[486] BVerfGE 40, 296 (321ff.).
[487] BVerfGE 40, 296 (317); dazu *Häberle*, Abgeordnetenstatus (Fn. 375), S. 514.
[488] Zur Frage der Alimentierung → Rn. 155.
[489] BVerfGE 40, 296 (314); dazu *Häberle*, Freiheit (Fn. 375), S. 221; zum Teil wird in Abgrenzung

schen Öffentlichkeitsgebot (→ Art. 20 [Demokratie] Rn. 72ff.). Die Verhandlungsöffentlichkeit (→ Art. 42 Rn. 20ff.) ist ein Teilgehalt des Status der Öffentlichkeit der Abgeordneten. Die Öffentlichkeitsunterworfenheit der Abgeordneten ist eine Parallele zu derjenigen der Parteien (→ Art. 21 Rn. 105ff.). Schließlich sind Abgeordnete nicht nur Objekte, sondern auch Subjekte der Öffentlichkeit: Das auf Wählerwirkung zielende politische Handeln ist immer auch Darstellung für die Öffentlichkeit. Von daher sind die rechtlichen Selbstdarstellungschancen der Gleichheit verpflichtet; ebenso ist Öffentlichkeitsarbeit der Regierung im Hinblick auf Wahlchancen problematisch (→ Rn. 88, 97).

159 Der Status der Öffentlichkeit des Abgeordneten[490] begründet **Pflichten** und Verbote. Zur Vermeidung unerwünschter finanzieller Abhängigkeiten bestehen **Offenlegungspflichten**[491] für Abgeordnete, um »für die Ausübung des Mandats bedeutsame Interessenverknüpfungen« erkennen zu können. Davon erfaßt werden auch Umstände aus der persönlichen Sphäre des Abgeordneten, die – potentiell – mandatserheblich sein können. Sie sind in nicht unproblematischer Weise positiviert worden[492]. Über Beruf, wirtschaftliche und andere Tätigkeiten, Einkünfte und Kapitalbeteiligungen muß berichtet werden – allerdings nur gegenüber dem Präsidenten, was die Öffentlichkeit gerade uninformiert läßt. Aufgrund der Öffentlichkeitsunterworfenheit des Abgeordnetenstatus ist über die Diäten jeweils durch Gesetz, d.h. »vor den Augen der Öffentlichkeit« zu entscheiden[493].

160 **Grenzen** der Öffentlichkeit können durch gegenläufige Verfassungswerte gezogen sein, so die Notwendigkeit des Geheimnisschutzes und die Grundrechte der Abgeordneten und betroffener Dritter[494].

5. Die Fraktion

a) Funktion

161 Die Fraktionen sind die bestimmenden Handlungseinheiten des Bundestages und damit »**notwendige Einrichtungen des Verfassungslebens**«[495]. Sie steuern den äußeren Ablauf des parlamentarischen Geschehens und sichern damit seine Funktionsfähigkeit[496]. Indem sie als Vereinigungen von Abgeordneten gleicher politischer Grundüberzeugungen[497] die parlamentarische Aufgabenbewältigung arbeitsteilig organisie-

---

zum Beamtenrecht von einem öffentlichen Amt sui generis gesprochen, s. *Schröder*, Grundlagen (Fn. 80), S. 288ff.

[490] Vgl. dazu *Häberle*, Freiheit (Fn. 375), S. 221f.

[491] Zum Verfassungsgebot auf Offenlegung s. auch *Meessen*, Beraterverträge (Fn. 418), S. 450f.

[492] Aufgrund von §44a AbgG und §18 GOBT hat der Bundestag Verhaltensregeln beschlossen, Anl. 1 GOBT. Dazu *A. Herbertz*, Verhaltensregeln für die Mitglieder des Deutschen Bundestages, Diss. jur. Jena 1998, S. 182ff.; BVerfGE 40, 296 (316f., 327).

[493] → Art. 48 Rn. 32.

[494] Etwa der Geschäftspartner von Abgeordneten, deren Daten durch die Verhaltensrichtlinien weitergegeben werden; dazu *Herbertz*, Verhaltensregeln (Fn. 492), S. 263ff.

[495] BVerfGE 10, 4 (14); 20, 56 (104); 43, 142 (147); 84, 304 (324).

[496] *Zeh* (Fn. 109), §42 Rn. 6; BayVerfGH BayVBl. 1976, 431 (433f.); *Meyer*, Parlament (Fn. 134), S. 35f.; *E. Schmidt-Jortzig/F. Hansen*, NVwZ 1994, 1145 (1146); *K.-H. Kasten*, Ausschußorganisation und Ausschußrückruf, 1983, S. 146ff.; *G.C. Schneider*, Die Finanzierung der Parlamentsfraktionen als staatliche Aufgabe, 1997, S. 54ff.

[497] S. die Definition in §10 I 1 GOBT; weiter etwa *W.-D. Hauenschild*, Wesen und Rechtsnatur der parlamentarischen Fraktionen, 1968, S. 14; *Achterberg*, Parlamentsrecht, S. 274; *Stern*, Staatsrecht I,

ren, prägen sie diese auch inhaltlich und rationalisieren sie. Zugleich wirken sie integrierend zwischen den verschiedenen Fachpolitiken[498]. Die Fraktionen binden die Vielzahl der Abgeordneten in eine überschaubare Zahl von politischen Alternativen ein, bauen Mehrheiten auf und wirken binnendisziplinierend.

Die **Mitgliedschaftsmotivation** des einzelnen Abgeordneten besteht zunächst darin, der enormen Komplexität der parlamentarischen Arbeit arbeitsteilig entgegentreten zu können[499]. Er kann die Hilfsdienste seiner Fraktion in Anspruch nehmen, informale politische Kontakte auf der Basis gemeinsamer Überzeugungen entwickeln[500] und politischen Einfluß dadurch ausüben, daß andere im arbeitsteiligen System auf ihn angewiesen sind[501].

162

All dies ist überformt von der gemeinsamen politischen Programmatik. Die Fraktionen fungieren im politischen Sinne als »**Parteien im Parlament**«[502], bilden die Spitze der parteipolitischen Einflußnahme auf die staatliche Willensbildung und tragen die politische Substanz in den Bundestag; zugleich wird permanent die Parteienkonkurrenz fortgesetzt. Parlamentarische Arbeit ist Handeln unter Wettbewerbsbedingungen (→ Rn. 152). Für den Bürger machen die Fraktionen die Sacharbeit der politischen Parteien recht eigentlich sichtbar.

163

b) Rechtsstellung und parlamentarische Befugnisse

Fraktionen sind Vereinigungen von Abgeordneten und leiten als solche ihre Rechte von den Abgeordneten her[503]. »Wesen und Rechtsnatur der parlamentarischen Fraktion« sind damit entdramatisiert[504], der »**Fraktionsstatus**« ist ein Bündel von letztlich im Abgeordnetenstatus wurzelnden Rechten[505]. Die Fraktionen leben nach Parlamentsrecht, nicht nach Parteienrecht[506]. Mangels originärer Fraktionsrechte ist die Gefahr der Mediatisierung des Abgeordneten durch seine Fraktion begrenzt, weil diese im Ansatz über keine parlamentarischen Befugnisse verfügt, die nicht auch ihm zustehen. Wenn die Geschäftsordnung den Fraktionen einzelne parlamentarische Mög-

164

S. 806; zur funktionellen Bedeutung der politischen Homogenität *Demmler*, Abgeordnete (Fn. 372), S. 211 ff.

[498] S. dazu G. *Kretschmer*, Fraktionen, 2. Aufl. 1992, S. 109; *Demmler*, Abgeordnete (Fn. 372), S. 173 ff.; vgl. auch die anschauliche Schilderung bei F. *Schäfer*, Der Bundestag, 4. Aufl. 1982, S. 147 ff.

[499] W. *Ismayr*, Der deutsche Bundestag, 1992, S. 40 f.; C. *Arndt*, Fraktion und Abgeordneter, in: Schneider/Zeh, § 21 Rn. 5; *Schulze-Fielitz*, Gesetzgebung (Fn. 91), S. 349 ff.

[500] Dazu etwa J.C. *Waalke*/W. *Eulau*/W. *Buchanan*/L.C. *Ferguson*, The Legislative System, 1962, S. 135 ff.

[501] S. zu diesem Aspekt *Demmler*, Abgeordnete (Fn. 372), S. 158 ff.

[502] W. *Schmidt*, Der Staat 9 (1970), S. 481 (488 f.); *Demmler*, Abgeordnete (Fn. 372), S. 180 ff.

[503] BVerfGE 80, 188 (219 f.); 84, 304 (322); zu dieser Konstruktion und möglichen Alternativen M. *Morlok*, JZ 1989, 1035 (1038 f.); *Demmler*, Abgeordnete (Fn. 372), S. 261 ff.

[504] So *Hauenschild*, Fraktionen (Fn. 497).

[505] M. *Morlok*, DVBl. 1991, 998 (999). Die Selbständigkeit der Fraktionen kann auf der Ebene des Verfassungsrechts nicht mit Argumenten aus der GOBT begründet werden, so aber *Schneider*, Finanzierung (Fn. 496), S. 46 ff.

[506] *Henke* (Fn. 429), Art. 21 Rn. 123; *Magiera* (Fn. 78), Art. 38 Rn. 67; *Schneider* (Fn. 86), Art. 38 Rn. 35; *Schneider*, Finanzierung (Fn. 496), S. 44 ff. Die Bedeutung von Art. 21 GG tritt damit zurück; anders die frühere Rechtsprechung BVerfGE 10, 4 (14); 70, 342 (350 f., siehe aber 362 f.); BVerfGE 80, 188 (241) – Sondervotum *Kruis*. Diese juristische Aussage ändert nichts am obigen (→ Rn. 163) Befund, wonach die Fraktionen die Speerspitzen der Parteien sind. Dieser Doppelcharakter ist kennzeichnend für die politischen Inputstrukturen (→ Rn. 130).

lichkeiten allein zuerkennt, so ist dies eine begründungspflichtige Einschränkung des Abgeordnetenstatus[507].

165 Die Rückführung der Fraktionsrechte auf den Abgeordnetenstatus mildert das Gleichheitsproblem, das für Vereinigungen von Abgeordneten besteht, die nicht die **Fraktionsstärke**[508] erreichen. Solchen Gruppen enthält die Geschäftsordnung zwar verschiedene parlamentarische Befugnisse vor, dies ist aber jeweils rechtfertigungsbedürftig unter Beachtung des Gebots der Erforderlichkeit im Hinblick auf den erhofften Gewinn an Arbeitsfähigkeit des Parlaments. Die Entscheidung, welche parlamentarischen Handlungsmöglichkeiten nur Fraktionen, welche auch Gruppen und welche jedem Abgeordneten in die Hand gegeben werden, ist eine solche des autonomen Parlamentsrechts und nicht vollständig verfassungsrechtlich determiniert.

166 Die Festlegung der **Fraktionsstärke** bei 5% der Mitglieder des Hauses ist von Verfassungs wegen nicht zu beanstanden, vor allem im Hinblick auf die für alle Abgeordneten gesicherten gleichen Mitwirkungsbefugnisse[509]. Eine Mindestgröße ist sachlich gerechtfertigt, um die fraktionstypischen Leistungen (→ Rn. 161) erbringen zu können, die einen besonderen Status rechtfertigen[510]. Aus dem Wahlrecht kann nichts für die innerparlamentarische Fraktionsgröße gefolgert werden, insbesondere ist der Einzug einer parteipolitisch homogenen Gruppierung in den Bundestag nicht zwingend mit der Erlangung des Fraktionsstatus verbunden[511]. Die Unabhängigkeit des Parlamentsrechts gegenüber dem Wahlrecht entspricht dem Eigengewicht des Verfassungsorgans Bundestag.

167 Zwischen den Fraktionen gilt das **Gleichbehandlungsgebot**[512]. Die nähere Ausgestaltung trifft die Geschäftsordnung. Danach wird die Redezeit der einzelnen Fraktionen[513], unabhängig vom Problem fraktionsloser Abgeordneter (→ Rn. 153), im Ältestenrat vereinbart (§ 35 I 1 GOBT)[514]. Die Gleichbehandlung wird ergänzt um das in der Repräsentationsfunktion (→ Rn. 122) wurzelnde **Proportionalitätsprinzip**, wonach Verteilungsentscheidungen gemäß der Mitgliederstärke der Fraktionen getroffen werden.

168 Vereinigungen von Abgeordneten unterhalb der Fraktionsstärke, auf die beim angewendeten Verteilungsschlüssel Ausschußsitze entfallen, müssen als **Gruppen** im Sinne der Geschäftsordnung (§ 10 IV GOBT) anerkannt werden[515]. Welche parlamentarischen Rechte einer Gruppe von Verfassungs wegen zuzuerkennen sind, ist für jede Problematik getrennt zu beurteilen (→ Rn. 154). Die angesichts der weitgehenden Verlagerung der Sacharbeit des Bundestages in die Ausschüsse (→ Rn. 152) wichtige

---

[507] Vgl. *M. Morlok*, DVBl. 1991, 998 (999).
[508] Nach § 10 I 1 GOBT können nur Vereinigungen von mindestens 5% der Mitglieder des Bundestages eine Fraktion gründen.
[509] BVerfGE 83, 304 (326); 96, 264 (279); *Magiera* (Fn. 78), Art. 38 Rn. 68; *Stern*, Staatsrecht I, S. 1027f. m.w.N.; *W. Schmidt*, Der Staat 9 (1970), 481 (495); anders *U. Hösch*, ThürVBl. 1996, 265 (268); ausführlich zum Problem *Demmler*, Abgeordnete (Fn. 372), S. 219ff. m.w.N.
[510] *Demmler*, Abgeordnete (Fn. 372), S. 223f.
[511] BVerfGE 84, 304 (324f.); 96, 264 (279f.); *Demmler*, Abgeordnete (Fn. 372), S. 188ff.; für die Gegenmeinung etwa *W. Schmidt*, Der Staat 9 (1970), 488ff.
[512] BVerfGE 93, 195 (203f.); dazu *J. Scherer*, AöR 112 (1987), 189ff.
[513] Zur Dauer der Redezeit BayVerfGH NVwZ-RR 1998, 409 (410f.).
[514] Dazu *Besch* (Fn. 432), § 33 Rn. 51; *H.-R. Lipphardt*, Die kontingentierte Debatte, 1976, S. 11ff.
[515] BVerfGE 84, 304 (323f.).

III. Abgeordnetenstatus (Art. 38 I 2 GG)   Art. 38

Mitwirkungsmöglichkeit in den Ausschüssen kommt jedenfalls Fraktionen wie einzelnen Abgeordneten und Gruppen gleichermaßen zu.

Das Recht zur **Fraktionenbildung** ist im Abgeordnetenstatus mit enthalten (→ Rn. 138). Angesichts der wichtigen Funktionen der Fraktionen ist es zulässig, den Fraktionsstatus an die Voraussetzungen der **Tendenzreinheit** zu knüpfen. Die Relevanz der politischen Homogenität für die Fraktionsarbeit[516] (§ 10 I 2 GOBT) rechtfertigt dies[517]. Die Tendenzqualität der Fraktionen ist auch arbeitsrechtlich erheblich: Sie sind Tendenzträger im Sinne von § 118 BetrVG[518]. Mittlerweile ist durch den Gesetzgeber (§ 46 AbgG) konstitutiv geklärt, daß die Fraktionen rechtsfähig und vor Gericht parteifähig sind.   **169**

Über die **Beendigung der Rechtsstellung** enthält § 54 AbgG Bestimmungen. Als von den Abgeordneten abgeleitete Größe unterliegen sie dem Diskontinuitätsprinzip (→ Art. 39 Rn. 20 ff.), so daß mit dem Ende der Wahlperiode ihre Rechtsstellung entfällt (§ 54 I Nr. 1 AbgG). Es findet aber keine Liquidation statt, wenn sich nach Beginn der neuen Wahlperiode eine Nachfolgefraktion der selben Partei konstituiert. Diese tritt die Rechtsnachfolge an (§ 54 VII AbgG).   **170**

Angesichts ihrer Eigenschaft als »ständige Gliederungen« des Parlaments, die der »organisierten Staatlichkeit eingefügt« sind[519], ist eine **Finanzierung** aus dem Bundeshaushalt zulässig[520]. Die Rechtfertigung liegt darin, daß ihre Tätigkeit die Arbeit des Bundestages befördert[521]. Deshalb dürfen Fraktionsmittel nicht für Parteiaktivitäten verwendet werden (§ 50 IV AbgG). Hierbei bestehen Abgrenzungsprobleme und die Gefahr einer mißbräuchlichen Verwendung für Parteiarbeit[522]; dies besonders im Blick auf § 47 III AbgG, wonach die Fraktionen auch zur Öffentlichkeitsarbeit berechtigt sind[523]. Die Zulässigkeit haushaltsfinanzierter Öffentlichkeitsarbeit der Fraktionen ist von den Aufgaben her, die die Fraktionsfinanzierung rechtfertigen, zweifelhaft[524]. Die Fraktionszuschüsse sind für die der parlamentarischen Koordination die-   **171**

---

[516] *Demmler*, Abgeordnete (Fn. 372), S. 210 ff.
[517] *Demmler*, Abgeordnete (Fn. 372), S. 214 ff.
[518] ArbG Bonn NJW 1988, 511 f.
[519] BVerfGE 20, 56 (104); 62, 194 (202); 70, 324 (350 f.); 80, 188 (231).
[520] BVerfGE 80, 188 (231). Zur Fraktionsfinanzierung jetzt ausführlich *Schneider*, Fraktionsfinanzierung (Fn. 496); *Martin*, Fraktionsfinanzierung (Fn. 481), S. 39 ff.; *Meyer*, Parlament (Fn. 134), S. 32 ff.; s. jetzt § 50 AbgG.
[521] Dazu *Schneider*, Finanzierung (Fn. 496), S. 71 ff.; *Martin*, Fraktionsfinanzierung (Fn. 481), S. 47 ff.
[522] Dazu etwa *H. H. v. Arnim*, Der Staat als Beute, 1993, 286 ff.; *ders.*, Staat ohne Diener, aktualisierte Ausgabe 1995, S. 95. Angesichts verschiedener möglicher Nebenwege der Parteienfinanzierung (→ Art. 21 Rn. 102 ff.) und der darin liegenden Möglichkeit, die rechtlichen Bestimmungen zur Parteienfinanzierung zu umgehen, empfiehlt sich eine breit ansetzende Betrachtungsweise unter dem Konzept der »Politikfinanzierung«, dazu. D. T. Tsatsos (Hrsg.), Politikfinanzierung in Deutschland und Europa, 1997; zum Konzept der Politikfinanzierung dort *M. Morlok*, Thesen zu Einzelaspekten der Politikfinanzierung, S. 77 ff.; für eine Aufstellung der Zahlungen an die Fraktionen des Bundestages aus Bundesmitteln von 1950 bis 1992 s. *C. Landfried*, Politikwissenschaftliche Aspekte der Politikfinanzierung, ebd., S. 61 ff. (75).
[523] *M. Morlok*, NJW 1995, 29 (31); zur Kontrolle der Verwendung der Haushaltsmittel und zur Öffentlichkeitsarbeit *U. Müller*, NJW 1990, 2046 ff.
[524] Gegen eine staatsfinanzierte Öffentlichkeitsarbeit der Fraktion *Meyer*, Parlament (Fn. 134), S. 36 f.; die Gegenansicht vertreten *Martin*, Fraktionsfinanzierung (Fn. 481), S. 73 ff.; *Schneider*, Finanzierung (Fn. 496), S. 161 ff.

nende Arbeit bestimmt[525] und insoweit zweckgebunden. Diese Zweckbestimmung erlaubt eine Beschränkung der Höhe des Fraktionszuschusses und im Ansatz auch die gebotene Kontrolle durch den Rechnungshof[526]. Eine Zweckentfremdung von Fraktionsmitteln für die allgemeine Parteiarbeit ist auch wegen der Chancengleichheit gegenüber den Parteien, die nicht im Bundestag vertreten sind, problematisch. Eine opulente Ausstattung der Fraktionen hat **Rückwirkungen** auf die **innerparteiliche Demokratie**. Gegenüber dem demokratischen Parteiaufbau von unten her gewinnt die üppig ausgestattete Fraktion ein möglicherweise übermächtiges Gewicht[527].

c) Mitgliedschaft und innere Organisation

172 Fraktionen sind freiwillige Zusammenschlüsse, deren Mitgliedschaft entweder durch Mitwirkung am Gründungsakt oder durch späteren Beitritt erworben wird. Der Beitritt und als actus contrarius der Austritt sind von der Freiheit des Abgeordneten umfaßt. Parteirechtlich kann, bei Strafe von Parteisanktionen, die Mitwirkung von Mandatsträgern in der Fraktion der eigenen Partei verlangt werden. Spiegelbildlich dazu besteht bei übereinstimmender Parteimitgliedschaft ein Anspruch auf Fraktionsaufnahme, soweit keine Ausschlußgründe vorliegen[528]. Verfassungswidrig wäre die Begründung einer Fraktionsmitgliedschaft aller Abgeordneten derselben Partei durch die Geschäftsordnung.

173 Fraktionen sind **Tendenzorganisationen** und von daher berechtigt, auf Tendenzreinheit zu achten. Abgeordnete, die mit der Grundlinie der Partei nicht mehr übereinstimmen, müssen nicht aufgenommen werden oder können »aus wichtigem Grund«[529] ausgeschlossen werden. Zur Bestimmung dessen, was einen »wichtigen Grund« darstellt, empfiehlt sich eine Orientierung an §10 IV PartG (→ Art. 21 Rn. 128). Schutzgüter auf seiten der Fraktion sind die Überzeugungshomogenität, ihre organisatorische Funktionsfähigkeit, aber auch ihre Wettbewerbsfähigkeit in Konkurrenz mit anderen. Zur rechtsstaatlich gebotenen Verhinderung von willkürlichen Entscheidungen ist eine Fixierung möglicher Ausschlußgründe und des beim Ausschluß einzuhaltenden Verfahrens in der Fraktionssatzung geboten. Eine gerichtliche Kontrolle ist nicht von vornherein ausgeschlossen, aber nur mit reduzierter Kontrollintensität möglich; wieder kann der Parteiausschluß als Vorbild dienen (→ Art. 21 Rn. 134f.). An den (freiwilligen oder unfreiwilligen) Verlust der Parteimitgliedschaft schließt sich nicht *ex lege* der Verlust der Fraktionsmitgliedschaft an, auch wenn dies erhebliche Indizwirkung für das Vorliegen eines Ausschlußgrundes hat[530]. Es bedarf

---

[525] BVerfGE 80, 188 (231).
[526] *C. Jäger/R. Bresch*, ZParl. 22 (1991), 204ff.; zur Rechnungshofskontrolle auch *Schneider*, Finanzierung (Fn. 496), S. 183ff.; *Martin*, Fraktionsfinanzierung (Fn. 481), S. 116ff.
[527] Zu diesem Problem *Morlok*, Thesen (Fn. 522), S. 98ff.
[528] A.A. *Stern*, Staatsrecht I, S. 1030; *H.-W. Arndt/M. Schweitzer*, ZParl. 7 (1976), 76 (82). Zur Parallele des Parteibeitritts → Art. 21 Rn. 127.
[529] *Arndt* (Fn. 499), §21 Rn. 24; *Stern*, Staatsrecht I, S. 1029f.; *K.-H. Rothe*, DVBl. 1988, 382 (385); *D. Grimm*, Parteien und Parlament, in: Schneider/Zeh, §6 Rn. 25; *Kasten*, Ausschußorganisation (Fn. 496), S. 164; *Demmler*, Abgeordnete (Fn. 372), S. 247ff. m.w.N.
[530] *Klein* (Fn. 387), §41 Fn. 16; *Magiera* (Fn. 78), Art. 38 Rn. 51; *Henke* (Fn. 429), Art. 21 Rn. 139f.; *Grimm* (Fn. 529), §6 Rn. 26ff.; *Kasten*, Ausschußorganisation (Fn. 496), S. 164f.; *Badura* (Fn. 152), Art. 38 Rn. 78; *H. Sendler*, NJW 1985, 1425 (1429); umfassende Darstellung bei *B. Hagelstein*, Die Rechtsstellung der Fraktionen im deutschen Parlamentswesen, 1992, S. 179ff.

einer eigenen Entscheidung der Fraktion. Umgekehrt folgt aus dem Ausschluß aus der Fraktion ebenfalls nichts Zwingendes für die Parteimitgliedschaft.

Die Mitgliedschaft in einer Fraktion ist neutral gegenüber der Fortdauer des Mandats. Austritt oder Ausschluß aus der Fraktion führen nicht zum Mandatsverlust (→ Rn. 141). **174**

Der **Ausschußrückruf** eines Abgeordneten, der mit der politischen Linie der Fraktion nicht mehr übereinstimmt oder in sonstiger Weise die Zusammenarbeit beeinträchtigt, ist möglich. Die Fraktion hat ein Recht darauf, daß sie im Ausschuß nur von Abgeordneten vertreten wird, die tatsächlich die Linie der Fraktion vertreten und das Vertrauen der anderen Fraktionsmitglieder genießen[531]. Als Kehrseite der Besetzung der Ausschüsse durch die Fraktionen (§§ 12, 57 GOBT) ist gemäß dem »Delegationscharakter«[532] der Ausschußmitgliedschaft mit dem Verlust der Fraktionszugehörigkeit die Abberufbarkeit aus dem Ausschuß verbunden[533]. **175**

Die Fraktion ist auf die **innere Demokratie** verpflichtet. Angesichts ihrer zentralen Rolle im parlamentarischen Geschehen verlangt das allgemeine Demokratieprinzip, daß diese wichtigen Größen ebenfalls demokratisch organisiert sind[534]. Gerade die Erfüllung ihrer Funktionen innerhalb der Volksvertretung verlangt, daß die Fraktionen intern offen sind für vielfältige Anregungen und Überzeugungen. Art. 21 I 3 GG ist demgegenüber nicht unmittelbar einschlägig[535]. **176**

Eine effektive parlamentarische Arbeit und eine wirksame Selbstdarstellung gegenüber dem Publikum der Wähler verlangt eine gewisse Einheitlichkeit des Vorgehens der Mitglieder einer Fraktion. Die Vorteile organisierten Zusammenwirkens stellen sich nur dann ein, wenn die Kooperationsverpflichtungen auch erfüllt werden. Dies beschneidet notwendigerweise die Handlungsfreiheit der einzelnen Abgeordneten. Mit dem Beitritt zu einer Fraktion sind Loyalitätspflichten verbunden, die zur **Fraktionsdisziplin** gerinnen[536]. Die Mitglieder der Fraktion an diese Erfordernisse zu mahnen und ggf. auch mit Druck oder informalen Sanktionen auf sie einzuwirken, ist verfassungsrechtlich nicht zu beanstanden[537], solange der Rechtsstatus des Abgeordneten davon nicht berührt wird. Der Entschluß zur Mitarbeit in einer Fraktion gründet sich auf erhoffte Vorteile tatsächlicher Art, wofür der Abgeordnete eine Beschränkung bei der Ausübung der ihm rechtlich zustehenden Handlungsmöglichkeiten in Kauf nimmt. Solange die Maßnahmen der Fraktionsdisziplin sich in dieser Dimension der tatsächlichen Vor- und Nachteile bewegen, ist es Sache des Abgeordne- **177**

---

[531] Daher ist die Ausschußbesetzung auch ein autonomer Vorgang in den Fraktionen; s. *Kasten*, Ausschußorganisation (Fn. 496), S. 56.
[532] *B. Dechamps*, Macht und Arbeit der Ausschüsse, 1954, S. 135, 153 und öfter.
[533] BVerfGE 80, 188 (233f.); *H. Sendler*, NJW 1985, 1425 (1429); *Magiera* (Fn. 78), Art. 38 Rn. 51; zwingend ist der Ausschußrückruf freilich nicht, s. *Wefelmeier*, Repräsentation (Fn. 80), S. 176 f.; a. A. *D. Birk*, NJW 1988, 2521 (2523); *Achterberg/Schulte*, GG VI, Art. 38 Rn. 42ff. Zum Problemkreis umfassend *Kasten*, Ausschußorganisation (Fn. 496), S. 167ff., 186f.; *J. Weiler*, DÖV 1973, 231 (232ff.); *J. Kürschner*, Die Statusrechte der fraktionslosen Abgeordneten, 1984, 87ff. m.w.N.
[534] S. jetzt ausdrücklich § 48 I AbgG.
[535] So aber *J. Kürschner*, DÖV 1995, 16 (19f.).
[536] S. dazu *Badura* (Fn. 152), Art. 38 Rn. 78; *Schneider* (Fn. 86), Art. 38 Rn. 37; *Klein* (Fn. 387), Art. 41 Rn. 14; *Kasten*, Ausschußorganisation (Fn. 496), S. 153ff.; *Jarass/Pieroth*, GG, Art. 38 Rn. 28; *v. Münch* (Fn. 33), Art. 38 Rn. 78; *Stern*, Staatsrecht I, 1075f.
[537] S. die Nachweise in der vorangehenden Fußnote; vgl. weiter BVerfGE 10, 4 (14); 38, 258 (277). A. A. *Achterberg/Schulte*, GG VI, Art. 38 Rn. 41.

ten, eine individuelle Kosten-Nutzen-Bilanz darüber zu ziehen. Unzulässig und unwirksam ist eine rechtliche Einwirkung auf den Abgeordneten, um ihn zu einem bestimmten Verhalten im Zusammenhang mit seinem Mandat zu bewegen[538]. Man spricht hier von **Fraktionszwang**. Solche Maßnahmen verstoßen gegen das freie Mandat[539]. Der Entzug von Fraktionsämtern in Zukunft und auch die Abberufung aus einem Ausschuß (→ Rn. 175) als Maßnahme der Fraktionsdisziplin ist aber zulässig. Im Ergebnis wirken Maßnahmen der Fraktionsdisziplin damit nur, solange der betroffene Abgeordnete sie akzeptiert.

6. Rechtsschutz

178 Eine Verletzung seiner Statusrechte kann der Abgeordnete im Wege des Organstreitverfahrens nach Art. 93 I Nr. 1 GG geltend machen[540]. Dieses Verfahren steht auch den **Fraktionen und Gruppen** zur Verteidigung ihrer Rechte offen[541]. Fraktionen können darüber hinaus im eigenen Namen – als Prozeßstandschafter – auch Rechte geltend machen, die dem Bundestag zustehen[542]. Andernfalls könnten Verletzungen der Rechte des Bundestages nicht gerügt werden, wenn die Regierungsfraktionen sich damit abfinden. Dem einzelnen Abgeordneten steht eine solche Prozeßstandschaft nicht zu, er muß in eigenen Rechten wenigstens mitbetroffen sein[543].

D. Verhältnis zu anderen GG-Bestimmungen

179 Art. 38 GG bedeutet eine Spezifizierung des Demokratieprinzips aus **Art. 20 II GG**, dessen Prinzipien seinerseits über Art. 28 I GG für die Länder und Gemeinden verbindlich gemacht werden. Die konkrete Gestalt des politischen Prozesses, der in der parlamentarischen Repräsentanz einen Schwerpunkt hat, wird von der Gewährleistung des Parteiwesens in **Art. 21 GG** mit bestimmt, ohne daß diese Norm die Gehalte des Art. 38 GG konkret veränderte. Art. 38 I GG benennt mit dem Bundestag das Zentralorgan der parlamentarischen Demokratie, das in **Art. 39 ff. GG** weitere Ausformung erfährt. Gleiches gilt für die Regelung der Stellung der Abgeordneten, die in **Art. 46 ff. GG** ergänzt wird. **Art. 41 GG** ist eine Spezialvorschrift für die Behandlung von Wahlfehlern. Die Beziehungen des Bundestages zu den sonstigen Verfassungsorganen werden in den jenen Organen gewidmeten Bestimmungen näher ausgeformt, gleiches gilt für die Wahrnehmung der Funktionen des Bundestages. **Art. 53a** i.V.m. **Art. 115e GG** hält die Möglichkeit bereit, im Verteidigungsfalle den gemeinsamen Ausschuß als Notparlament zu installieren.

---

[538] Zu dieser Unterscheidung von faktischer und rechtlicher Bindung s. *Wefelmeier*, Repräsentation (Fn. 80), S. 162.
[539] Unstrittig, s. etwa BVerfGE 10, 1 (15); *Klein* (Fn. 387), § 41 Rn. 13; *v. Münch* (Fn. 33), Art. 38 Rn. 78; *Badura* (Fn. 152), Art. 38 Rn. 77; *Stern*, Staatsrecht I, S. 1075.
[540] BVerfGE 2, 143 (164); 90, 286 (342); 97, 408 (414); st.Rspr.
[541] BVerfGE 1, 351 (359); 90, 286 (336) – Fraktionen; E 84, 304 (317f.); 96, 264 (278) – Gruppen; zum Rechtsschutz im Fraktionsrecht s. *S. Kürschner*, JuS 1996, 306ff.
[542] BVerfGE 2, 143 (165); 90, 286 (336), st.Rspr.
[543] Vgl. BVerfGE 70, 324 (354); 80, 188 (212ff.).

Artikel 39 [Wahlperiode und Zusammentritt]

(1) ¹Der Bundestag wird vorbehaltlich der nachfolgenden Bestimmungen auf vier Jahre gewählt. ²Seine Wahlperiode endet mit dem Zusammentritt eines neuen Bundestages. ³Die Neuwahl findet frühestens sechsundvierzig, spätestens achtundvierzig Monate nach Beginn der Wahlperiode statt. ⁴Im Falle einer Auflösung des Bundestages findet die Neuwahl innerhalb von sechzig Tagen statt.

(2) Der Bundestag tritt spätestens am dreißigsten Tage nach der Wahl zusammen.

(3) ¹Der Bundestag bestimmt den Schluß und den Wiederbeginn seiner Sitzungen. ²Der Präsident des Bundestages kann ihn früher einberufen. ³Er ist hierzu verpflichtet, wenn ein Drittel der Mitglieder, der Bundespräsident oder der Bundeskanzler es verlangen.

Literaturauswahl

Belz, Reiner: Die Diskontinuität der Parlamente, Diss. jur. Tübingen 1968.
Fuchs-Wissemann, Hans: Funktion und Berechnung der Zeiträume und Fristen des Art. 39 GG, in: DÖV 1990, S. 694–698.
Hilf, Meinhard: Durchbrechung der Diskontinuität der parlamentarischen Tätigkeit, in: ZaöRV 27 (1967), S. 742–759.
Hömig, Dieter/Stoltenberg, Klaus: Probleme der sachlichen Diskontinuität, in: DÖV 1973, S. 689–694.
Jekewitz, Jürgen: Der Grundsatz der Diskontinuität der Parlamentsarbeit im Staatsrecht der Neuzeit und seine Bedeutung unter der parlamentarischen Demokratie des Grundgesetzes, 1977.
Klein, Eckart/Giegerich, Thomas: Grenzen des Ermessens bei der Bestimmung des Wahltages, in: AöR 112 (1987), S. 544–584.
Kremer, Klemens (Hrsg.): Parlamentsauflösung, 1974.
Leinemann, Wolfgang: Die parlamentarische Diskontinuität und ihre Wirkungen im Gesetzgebungsverfahren, in: JZ 1973, S. 618–623.
Maasen, Hermann: Zur Einschränkung des Grundsatzes der Diskontinuität, in: Festschrift für Hubert Schorn, 1966, S. 69–83.
Neubauer, Frank: Neuwahlen und Grundgesetz, in: DÖV 1973, S. 597–599.
Scheuner, Ulrich: Vom Nutzen der Diskontinuität zwischen Legislaturperioden, in: DÖV 1965, S. 510–513.
Versteyl, Ludger-Anselm: Wider den Grundsatz der Diskontinuität der Parlamente, in: DVBl. 1973, S. 161–167.
Versteyl, Ludger-Anselm: Beginn und Ende der Wahlperiode, Erwerb und Verlust des Mandats, in: Schneider/Zeh, § 14, S. 467–476.
Weides, Peter: Bestimmung des Wahltages von Parlamentswahlen, in: Festschrift für Karl Carstens, 1984, S. 933–951.
Zeh, Wolfgang: Bundestagsauflösung und Neuwahlen, in: Der Staat 22 (1983), S. 1–20.

Leitentscheidungen des Bundesverfassungsgerichts

BVerfGE 1, 14 (33 ff.) – Südweststaat; 62, 1 (32 ff.) – Bundestagsauflösung.

Gliederung

	Rn.
A. Herkunft, Entstehung, Entwicklung	1
I. Ideen- und verfassungsgeschichtliche Aspekte	1
II. Entstehung und Veränderung der Norm	5

B. Internationale, supranationale und rechtsvergleichende Bezüge 7
C. Erläuterungen 10
   I. Wahlperiode (Art. 39 I GG) 10
      1. Sinn und Zweck 10
      2. Begriffliche Abgrenzung 11
      3. Dauer der Wahlperiode (Art. 39 I 1 GG) 12
      4. Beginn und Ende der Wahlperiode 13
      5. Diskontinuität 20
      6. Zeitpunkt der Neuwahl 24
   II. Zusammentritt (Art. 39 II GG) 25
   III. Sitzungen des Bundestages (Art. 39 III GG) 27
D. Verhältnis zu anderen GG-Bestimmungen 30

A. Herkunft, Entstehung, Entwicklung

I. Ideen- und verfassungsgeschichtliche Aspekte

1 Die parlamentsrechtlichen Vorschriften des Grundgesetzes zeigen noch deutliche Züge ihrer Formierungsepoche. Zunächst altständische, später repräsentative Vertreterversammlungen standen oft konflikthaft einem Monarchen gegenüber, dem sie sukzessive Mitbestimmungsrechte abrangen. Die **Einberufung** der Mitbestimmungsgremien war anfänglich das **Recht des Monarchen**[1]. Mit der Etablierung der Vertreterversammlung gewann diese zunehmend **Selbstversammlungs- und Selbstorganisationsrechte**[2].

2 Die frühen Formen von Vertreterversammlungen wurden in unregelmäßigen Abständen nach aktuellem Anlaß einberufen. In England bildete sich ein Schutz vor der Auflösung durch den König heraus[3]. Mit der Etablierung repräsentativer Deutungen von Vertretungskörperschaften gewann auch die Notwendigkeit periodischer Neuwahlen Anerkennung: Herrschaft ist nur legitimiert auf Zeit[4] (→ Art. 20 [Demokratie] Rn. 69). Als Instrument der Gewaltenteilung fungierte dabei das **Auflösungsrecht des Monarchen**[5].

3 Die erste Verfassung auf deutschem Boden, die eine repräsentative Volksvertretung vorsah, war die des **Königreichs Westfalen** (1807). Sie sprach in Art. 32 dem König das Recht zu, die Stände zu berufen, zu versammeln, zu vertagen, zu schließen und aufzulösen. Alle drei Jahre sollte ein Drittel der 100 Mitglieder (Art. 29) neu gewählt werden (Art. 30). Im **Vormärz** enthielten einzelne Verfassungen deutscher Staaten repräsentative Regelungen, in denen Dauer, Beginn und Ende der Wahlperiode wie auch

---

[1] S. die Darstellung aus der Umbruchzeit: *F. Schmitthenner*, Grundlinien des allgemeinen oder idealen Staatsrechtes, 1845 (Neudruck 1966), S. 149, 235; vgl. weiter *H. Boldt*, Deutsche Verfassungsgeschichte, Bd. 2, 2. Aufl. 1993, S. 86.
[2] *Boldt*, Verfassungsgeschichte (Fn. 1), S. 86.
[3] *J. Hatschek*, Englisches Staatsrecht unter Berücksichtigung der für Schottland und Irland geltenden Sonderheiten, 1905, 1. Bd., Die Verfassung, S. 334f.
[4] *U. Scheuner*, DÖV 1965, 510 (511 ff.); *H. Hofmann/H. Dreier*, Repräsentation, Mehrheitsprinzip und Minderheitenschutz, in: Schneider/Zeh, § 5 Rn. 28 m.w.N.
[5] Zur Dogmengeschichte der Parlamentsauflösung anhand des französischen Materials *K. Loewenstein*, Volk und Parlament, 1922 (Neudruck 1964), S. 234ff.

Erwerb und Verlust der Mandate festgeschrieben waren[6]. Die **Paulskirchenverfassung** bestimmte eine erste Wahlperiode des Reichstages von vier, sodann von drei Jahren (§ 94). Die Rechte über die Einberufung und Vertagung teilten sich Reichstag und Reichsoberhaupt (§§ 104, 109). Das Ende der Sitzungsperiode wurde vom Reichsoberhaupt bestimmt (§ 108), dem auch ein Auflösungsrecht zustand (§ 106). Entsprechende Regelungen enthielt die **Verfassung des Deutschen Reichs von 1871**[7].

Die **Weimarer Reichsverfassung** kannte eine starre Wahlperiode von vier Jahren mit einem spätesten Termin der Neuwahl nach ihrem Ablauf (Art. 23 I). Der Reichstag wiederum mußte sich spätestens am 30. Tage danach konstituieren (Art. 23 II). Schluß der Tagung und der Tag des Wiederzusammentritts lagen in der Hand des Reichstages (Art. 24 II). Der Reichspräsident besaß ein Auflösungsrecht (Art. 25 I).

II. Entstehung und Veränderung der Norm

Grundlage der Beratungen des **Parlamentarischen Rates** waren die Art. 48 (Dauer), 49 (Beginn und Ende) und 56 (Selbstversammlungsrecht) des **Herrenchiemseer Entwurfs**. Die Beratungen im Parlamentarischen Rat führten zu verschiedenen Neufassungen, die aber sachlich keine Änderungen von Bedeutung enthielten[8]. Der Parlamentarische Rat beschloß, den Bundestag als permanent tagendes Verfassungsorgan einzurichten, weshalb Art. 39 GG nur noch den Begriff der Wahlperiode, nicht aber mehr denjenigen der Tagung, der Sitzungsperiode und der Session enthält[9].

Aus Anlaß der Auflösung des 6. Bundestages wurde die verfassungspolitische Diskussion zu Art. 39 GG, insbesondere zur Einführung eines Selbstauflösungsrechts[10], wiederbelebt[11]. Von den verschiedenen Vorschlägen wurde mit der 33. **Grundgesetzänderung**[12] einer verwirklicht: Durch die Flexibilisierung der Wahlperiode bis zu drei Monaten wurde die parlamentslose Zeit beseitigt (→ Rn. 14)[13]. Die Absicht, im Interesse einer möglichst breiten Wahlbeteiligung eine Kollision des Wahltermins mit den Sommerferien zu vermeiden, führte schließlich **1998** zur Verschiebung der Fristen in Art. 39 I 3 GG um jeweils einen Monat sowie zur klarstellenden Anpassung des Art. 39 I 1 GG; die Änderung tritt mit Zusammentritt des 14. Bundestages in Kraft[14].

---

[6] *L.-A. Versteyl*, Beginn und Ende der Wahlperiode, Erwerb und Verlust des Mandats, in: Schneider/Zeh, § 14 Rn. 3. So etwa: §§ 3, 6 ff. Verf. Sachsen-Weimar-Eisenach 1816; §§ 127 ff. Verf. Württemberg 1819; §§ 82, 116 ff. Verf. Hannover 1833.

[7] S. Art. 12 f.: Berufung, Vertagung und Schließung; Art. 24 f.: Legislaturperiode und Auflösung des Reichstags; ausführlich s. *J. Jekewitz*, Der Grundsatz der Diskontinuität der Parlamentsarbeit im Staatsrecht der Neuzeit und seine Bedeutung unter der parlamentarischen Demokratie des Grundgesetzes, 1977, S. 103 ff.

[8] JöR 1 (1951), S. 356 ff.; Parl.Rat VII, S. 154.

[9] Parl.Rat VII, S. 154, Anm. zu Art. 48; JöR 1 (1951), S. 356 ff.

[10] S. dazu den Schlußbericht der Enquete-Kommission Verfassungsreform, BT-Drs. 7/5924, S. 34; *W. Zeh*, Der Staat 22 (1983), 1 (18).

[11] *Achterberg*, Parlamentsrecht, S. 207 m.w.N.; *Achterberg/Schulte*, GG VI, Art. 39 Rn. 10; *S. Magiera*, in: Sachs, GG, Art. 39 Rn. 10; *H.-P. Schneider*, in: AK-GG, Art. 39 Rn. 16.

[12] 33. Gesetz zur Änderung des GG v. 23.8. 1976 (BGBl. I S. 2381).

[13] *Achterberg*, Parlamentsrecht, S. 203.

[14] 46. Gesetz zur Änderung des GG v. 16.07. 1998 (BGBl. I S. 1822); zu den Motiven BT-Drs. 13/9393 sowie BR-Drs. 476/98.

B. Internationale, supranationale und rechtsvergleichende Bezüge

7   In den Verfassungen demokratischer Staaten werden neben periodisch stattfindenden Wahlen zu den Parlamenten[15] regelmäßig das Selbstversammlungsrecht[16], oft auch ein Selbstauflösungsrecht[17] gewährleistet. Daneben findet sich die Möglichkeit der Auflösung durch das Staatsoberhaupt[18].

8   Die fünfjährige Wahlperiode der Abgeordneten des **Europäischen Parlaments** ergibt sich aus Art. 138 III (190 III n.F.) EGV in Verbindung mit Art. 3 des Aktes zur Einführung allgemeiner, unmittelbarer Wahlen der Abgeordneten der Versammlung von 1976 (siehe aber auch Art. 138 III [190 IV n.F.] EGV).

9   Auch die **Landesverfassungen** enthalten die typischen Elemente wie die Dauer der Wahlperiode[19] und das Selbstversammlungsrecht. Im Gegensatz zum Grundgesetz ist in fast allen Landesverfassungen das **Selbstauflösungsrecht**[20] (→ Rn. 17) verankert.

C. Erläuterungen

I. Wahlperiode (Art. 39 I GG)

1. Sinn und Zweck

10 Unter dem Prinzip der Volkssouveränität (→ Art. 20 [Demokratie] Rn. 76 ff.) muß die Volksvertretung regelmäßig neu legitimiert werden[21]. Die Befugnis zur **Herrschaft** wird nur **auf Zeit** (→ Art. 20 [Demokratie] Rn. 69 m. w. N.) verliehen. Die regelmäßige Neuwahl sichert den Einfluß des Volkes auf seine Repräsentanten. Wahlen geben Sanktionsmöglichkeiten für das bisherige Handeln der Abgeordneten und ermöglichen es dem Volk, neue – gegenüber der letzten Wahl veränderte – Prioritäten zur politischen Geltung zu bringen. Erst die Neuwahl in überschaubarer Zeit hält die Abgeordneten auch während der Wahlperiode in der Furcht des Herrn: des Volks als Souverän[22]. Regelmäßige Neuwahlen in nicht zu langen Abständen sind also konstitutiv für die Verantwortlichkeit der Abgeordneten gegenüber dem Volk. Diese Aspekte der Volkssouveränität sind als Elemente der Grundsätze des Art. 20 GG gemäß Art. 79 III GG einer Verfassungsänderung entzogen (→ Art. 79 III Rn. 31). Verändert werden kann hingegen die konkrete Ausgestaltung des Prinzips der Volkssouveränität. Damit der Einfluß des Volkes auch tatsächlich wirksam werden kann, darf die **Dauer der Wahlperiode** nicht zu lang bemessen sein. Das Gedächtnis der Wähler für die Leistungen der Gewählten darf nicht überstrapaziert werden; außerdem werden Urteilsbildungen durch die Fülle der Erfahrungen mit den Gewählten über eine lange Zeit zu

---

[15] Z.B. Art. 65 Belgien; Art. 24, 25 Frankreich; Art. 56 Luxemburg; Art. 174, 177 Portugal; Art. 9a Israel; Abschnitt II Nr. 10 Lettland; Art. 98 Polen.
[16] Z.B. Art. 28, 29 Frankreich; Art. 72 Luxemburg; Art. 176 Portugal; Art. 9 Israel; Abschnitt II Nr. 12, 13 Lettland.
[17] Z.B. Art. 56 Luxemburg; Art. 175 Portugal.
[18] Z.B. Art. 46 Belgien; Art. 73 Luxemburg; Art. 98 III Polen.
[19] Neben Nordrhein-Westfalen (Art. 35) und sieben weiteren Landesverfassungen hat Bayern 1998 durch Volksentscheid vom 08.02.1998 die fünfjährige Wahlperiode niedergeschrieben (Art. 16 I BayVerf.).
[20] S. z.B. Nordrhein-Westfalen Art. 35; Hessen Art. 80; Thüringen Art. 50 II Nr. 1.
[21] BVerfGE 13, 54 (91); 18, 125 (139); 18, 151 (154); 44, 125 (139); 77, 1 (40).
[22] Vgl. BVerfGE 44, 125 (139).

schwierig. Ein weiterer Grund für die Begrenzung der Wahlperiode liegt in der Möglichkeit, veränderte Prioritäten (auch angesichts gewandelter Umstände) im Parlament wirksam werden zu lassen. Auch eine veränderte Zusammensetzung der Aktivbürgerschaft muß ihren Niederschlag finden: Soll das Parlament tatsächlich vom Volk legitimiert sein, muß das zu einem gegebenen Zeitpunkt tatsächlich existierende Volk auch das Parlament bestimmt haben. Die Festlegung der Wahlperiode in Art. 39 I 1 GG dient diesem Zweck. Gegenläufig zur zeitlichen Begrenzung der Wahlperiode im Interesse der Einflußmöglichkeiten der Wähler ist der Gesichtspunkt der Arbeitsfähigkeit des Parlaments zu beachten[23]. Die Abgeordneten benötigen, so sie neu im Bundestag sind, eine Zeit der Einarbeitung; erfahrungsgemäß ist das Ende der Wahlperiode von Wahlkampfaktivitäten überlagert. Die Regelwahlperiode von vier Jahren trifft eine Festlegung, die im Lichte der Volkssouveränität wie auch der effektiven Arbeitsmöglichkeiten des Verfassungsorgans Bundestag nicht zu beanstanden ist[24]. Eine Verlängerung über fünf Jahre hinaus dürfte mit dem Grundsatz der Volkssouveränität nicht mehr im Einklang stehen (→ Art. 20 [Demokratie] Rn. 69).

2. Begriffliche Abgrenzung

Der Begriff der »**Wahlperiode**«[25] umfaßt den Zeitraum, für den ein Parlament unmittelbar durch das Volk gewählt wird, d.h. zur Wahrnehmung seiner verfassungsmäßigen Aufgaben in einer bestimmten personellen Zusammensetzung berufen ist[26]. Neben diesem Begriff, der schon in Art. 27 WRV verankert ist, wird synonym der Begriff der **Legislaturperiode** verwandt[27]. Er ist in seinem Funktionsbezug enger als der der Wahlperiode und vernachlässigt weitere dem Parlament obliegende Aufgaben (→ Art. 38 Rn. 27 ff.). Anders als seine Vorgänger ist der Bundestag ein permanent tagendes Organ (→ Rn. 5, 23). Er hat sich freilich einen eigenen Rhythmus gegeben, in dem sich die Parlamentarier zu sog. Sitzungswochen (im Gegensatz zu sitzungsfreien Wochen) versammeln. Dieser Einteilung fehlt jede verfassungsrechtliche Relevanz, sie ist allein innerorganisatorischer Natur. 11

3. Dauer der Wahlperiode (Art. 39 I 1 GG)

Die Regeldauer der Wahlperiode beträgt vier Jahre. Infolge der mit Wirkung ab der 14. Legislaturperiode in Kraft getretenen Grundgesetzänderung kann sich die Wahlperiode bei einer Neuwahl des Bundestages im 48. Monat der ablaufenden Wahlperiode je nach Zeitpunkt des Zusammentritts des neuen Bundestages (Art. 39 II GG) auf bis zu 49 Monate verlängern. Dies ist eine **Obergrenze**, sie bezieht sich auf den Ablauf einer Wahlperiode und vernachlässigt die Möglichkeit der vorzeitigen Beendigung. Das **Ende** der bisherigen und der **Beginn** der neuen Wahlperiode **fallen** in jedem Fall zeitlich **zusammen**. 12

---

[23] Dazu BVerfGE 62, 1 (32, 44).
[24] Schlußbericht der Enquete-Kommission Verfassungsreform, BT-Drs. 7/5924, S. 34; *Hesse*, Verfassungsrecht, Rn. 153, 583; *Achterberg/Schulte*, GG VI, Art. 39 Rn. 4; *Schneider* (Fn. 11), Art. 39 Rn. 5.
[25] Zur Begriffserläuterung *L.-A. Versteyl*, in: v. Münch/Kunig, GG II, Art. 39 Rn. 7 m.w.N.
[26] *Schneider* (Fn. 11), Art. 39 Rn. 4; *T. Maunz/H. H. Klein*, in: Maunz/Dürig, GG, Art. 39 (1997) Rn. 1.
[27] *Stern*, Staatsrecht II, S. 69; *G. Kretschmer*, in: BK, Art. 39 (Zweitb. 1979) Rn. 4; *Versteyl* (Fn. 25), Art. 39 Rn. 7 m.w.N.

4. Beginn und Ende der Wahlperiode

13 Das Grundgesetz legt den **Beginn** der Wahlperiode nicht ausdrücklich fest[28]. Aus Art. 39 I 2 GG ergibt sich, daß der Beginn der Wahlperiode der Zeitpunkt des **ersten Zusammentritts** eines neugewählten Bundestages ist[29]. Nur die erstmalige Versammlung der Abgeordneten nach einer Wahl wird als »Zusammentritt« bezeichnet[30]. Ganz exakt beginnt die Wahlperiode mit der Eröffnungserklärung des Alterspräsidenten des Bundestages[31]. Die konstituierende Sitzung wirkt nicht auf den Tagesbeginn zurück[32]. Damit existieren am Tage der Konstituierung des neuen Bundestages zwei Bundestage, wenn auch hintereinander. Sollte der neugewählte Bundestag an der Durchführung der festgelegten konstituierenden Sitzung verhindert sein, so besteht der bisherige Bundestag bis zum Ablauf der Wahlperiode fort (→ Rn. 26). Zwar kann der neugewählte Bundestag sofort nach der Wahl zur konstituierenden Sitzung einberufen werden, zweckmäßigerweise wird aber abgewartet, bis alle Abgeordneten ihre Wahl ausdrücklich oder konkludent (§ 45 S. 2 BWahlG) angenommen haben[33]. Vor Beginn der Wahlperiode wird aus Gründen der Arbeitsökonomie die Konstituierung der neuen Fraktionen abgewartet[34].

14 Entsprechend dem Zweck der Norm, die Volkssouveränität mit ihrem aktuellen Inhalt zu sichern, wird durch den **Zusammentritt des neugewählten Bundestages** in seiner konstituierenden Sitzung das Ende der Wahlperiode bewirkt. Die Beendigung durch den Zusammentritt des neugewählten Bundestages läßt **keine parlamentslose Zeit** mehr entstehen[35]. Auch bei einer vorzeitigen Auflösung des Bundestages (Art. 39 I 4 GG) wird das **Ende** der Wahlperiode erst durch die **konstituierende Sitzung** des neuen Bundestages markiert, nicht aber bereits durch die Auflösungsentscheidung des Bundespräsidenten gemäß Art. 63 IV 3 oder 68 I 1 GG. Die Vokabel »Auflösung« führt insofern in die Irre, als nicht die Existenz des alten Bundestages beendet wird; vielmehr handelt es sich zunächst nur um die verbindliche Anordnung von Neuwahlen, die erst die Beendigung der Legislaturperiode nach sich zieht. Der alte Bundestag ist nach der Auflösungsanordnung noch existent und arbeitsfähig. Nach der Logik jener Auflösungsbestimmungen ist er aber der Möglichkeit beraubt, einen neuen Bundeskanzler zu wählen (→ Art. 68 Rn. 22); die Entscheidung des Bundespräsidenten versperrt dies[36]. Mit dem Ende der Wahlperiode – aber auch erst dann, nicht bereits

---

[28] *E. Klein/T. Giegerich*, AöR 112 (1987), 544 (546); *P. Weides/M. Kremke*, NJW 1990, 1888 (1888); *W. Schreiber*, Handbuch des Wahlrechts, 6. Aufl. 1998, § 16 Rn. 3; *Achterberg/Schulte*, GG VI, Art. 39 Rn. 1.

[29] *E. Klein/T. Giegerich*, AöR 112 (1987), 544 (546); *Achterberg/Schulte*, GG VI, Art. 39 Rn. 1; *Jarass/Pieroth*, GG, Art. 39 Rn. 2; *Schneider* (Fn. 11), Art. 39 Rn. 12; *E. Klein*, in: Schmidt-Bleibtreu/Klein, GG, Art. 39 Rn. 1; *Kretschmer* (Fn. 27), Art. 39 Rn. 16.

[30] *Schneider* (Fn. 11), Art. 39 Rn. 12, 18; *Maunz/Klein* (Fn. 26), Art. 39 Rn. 40.

[31] *Schneider* (Fn. 11), Art. 39 Rn. 12; *Kretschmer* (Fn. 27), Art. 39 Rn. 7.

[32] *E. Klein/T. Giegerich*, AöR 112 (1987), 544 (546); *P. Weides/M. Kremke*, NJW 1990, 1888 (1888); *Schreiber* (Fn. 28), § 16 Rn. 3; *Achterberg/Schulte*, GG VI, Art. 39 Rn. 1; *Schneider* (Fn. 11), Art. 39 Rn. 12; *Kretschmer* (Fn. 27), Art. 39 Rn. 7.

[33] *Schreiber* (Fn. 28), § 45 Rn. 8; *Kretschmer* (Fn. 27), Art. 39 Rn. 20.

[34] *Ritzel/Bücker*, § 1 GOBT Anm. 1e; *Kretschmer* (Fn. 27), Art. 39 Rn. 20.

[35] Anders die frühere Rechtslage, unter der es besonderer Regelungen für die Zeit zwischen den Wahlperioden bedurfte, s. Art. 45, 45a I 2, 49 GG a.F.

[36] Strittig: wie hier *Schneider* (Fn. 11), Art. 39 Rn. 15; *Magiera* (Fn. 11), Art. 39 Rn. 9; wenn die Aktivierung des Bundespräsidenten in seiner »Reservefunktion« erfolgt ist, treten die Normalfunktionen zurück, so *Jekewitz*, Grundsatz (Fn. 7), S. 256 f. m.w.N.; *Maunz/Klein* (Fn. 26), Art. 39 Rn. 90; a.A. *J.*

mit der Auflösungsentscheidung – entfallen das Abgeordnetenmandat der Mitglieder des alten Bundestages und deren spezifische Rechte und Pflichten[37] (→ Art. 38 Rn. 132).

Art. 39 I 3 GG legt für die **Neuwahl** keinen konkreten **Termin** fest, sondern bestimmt eine Zeitspanne, die einen Spielraum eröffnet, so daß die Regelwahlperiode von vier Jahren um maximal zwei Monate verkürzt bzw. maximal einen Monat verlängert werden kann[38]. **15**

Die **Verlängerung der laufenden Wahlperiode** ist unzulässig. Sie stellt eine der Volkssouveränität zuwiderlaufende Selbstermächtigung dar[39]. Zu einer Verlängerung der Wahlperiode kann es nach **Art. 115h I 1 GG** im Verteidigungsfall kommen. Verfassungspolitische Bedenken[40], die sich daraus speisen, daß in einer Krise die Unzufriedenheit der Bevölkerung nach einer Ausdrucksmöglichkeit verlangen mag, wiegen weniger schwer als die Sicherung der Funktionsfähigkeit der Staatsorgane[41] und auch die Gewährleistung ordnungsgemäßer Wahlen, was im Verteidigungsfalle kaum möglich ist. **16**

Das Grundgesetz kennt **kein Selbstauflösungsrecht**[42] des Bundestages. Gleichwohl können durch das verabredete Scheitern einer »Vertrauensfrage« oder den Rücktritt des Bundeskanzlers, dem sich abredegemäß keine Neuwahl eines Bundeskanzlers anschließt, vorzeitige Neuwahlen erreicht werden. Der 1983 gegangene Weg über die Vertrauensfrage wurde seinerzeit intensiv diskutiert (→ Art. 68 Rn. 14).[43] **17**

Die **Verkürzung der laufenden Wahlperiode** durch den Bundestag selbst ist auch nicht im Wege der Verfassungsänderung zulässig[44]. In der Sache stellte sie ein dem Bundestag nicht zustehendes »Selbstauflösungsrecht« dar. Mit der Wahl wird für die Dauer einer Wahlperiode der Auftrag erteilt, politische Verantwortung zu übernehmen. **18**

Ipsen, Staatsrecht I, Rn. 374; Die Entscheidungsmacht des Präsidenten sei durch die Entscheidungsfähigkeit der regierenden Organe »auflösend bedingt«, so *M.L. Lippert,* Bestellung und Abberufung des Regierungschefs und ihre funktionale Bedeutung für das parlamentarische Regierungssystem, 1973, S. 64.
[37] *Jekewitz,* Grundsatz (Fn. 7), S. 256 f. m.w.N.; *Schneider* (Fn. 11), Art. 39 Rn. 14.
[38] *Schneider* (Fn. 11), Art. 39 Rn. 11. Zu rechtspolitischen Fragen der Wahltermine im Bundesstaat: *K. v. Beyme,* ZParl. 23 (1992), 339 ff.
[39] BVerfGE 1, 14 (33); s. a. 18, 151 (154); *Achterberg/Schulte,* GG VI, Art. 39 Rn. 4; *Kretschmer* (Fn. 27), Art. 39 Rn. 14; im Ergebnis so auch *Klein* (Fn. 29), Art. 39 Rn. 6; *P. Weides,* Bestimmung des Wahltages von Parlamentswahlen, in: FS Carstens, 1984, S. 933 ff. (947 f.). Aus diesem Grund folgte die Änderung 1998 (→ Rn. 6) erst mit Wirkung für die 14. Legislaturperiode; vgl. BT-Drs. 13/9393.
[40] *R. Herzog,* in: Maunz/Dürig, GG, Art. 115h (1969) Rn. 10; *G. Frank,* in: AK-GG, Abschn. X a. Rn. 119; *Achterberg/Schulte,* GG VI, Art. 39 Rn. 11.
[41] *D. Rauschning,* in: BK, Art. 115h (1974) Rn. 3; *Kretschmer* (Fn. 27), Art. 39 Rn. 15.
[42] Grundlegend zum Problem *D.C. Umbach,* Parlamentsauflösung in Deutschland, 1989. Für die Länderverfassungen: → Rn. 9.
[43] *H. Maurer,* DÖV 1982, 1001 ff.; *M. Schröder,* JZ 1982, 786 ff.; *G. Püttner,* NJW 1983, 15 ff.; *W.-R. Schenke,* NJW 1982, 2521 ff.; *Maunz/Klein* (Fn. 26), Art. 39 Rn. 83 f.; *R. Herzog,* in: Maunz/Dürig, GG, Art. 68 (1984) Rn. 69 f. m.w.N.; *W. Zeh,* Der Staat 22 (1983), 1 ff. – Das Bundesverfassungsgericht hat ihn gebilligt, BVerfGE 62, 1 ff. Zur Problematik 1972: *H.-P. Schneider,* JZ 1973, 652 (653); *H.P. Bull,* ZRP 1972, 201 (203); *B. Tiemann,* JZ 1972, 510 (511); *W. Blischke,* Der Staat 5 (1973), 65 (68); *G. Kretschmer,* Wege der Parlamentsauflösung nach deutschem Bundes- und Landesrecht, in: K. Kremer (Hrsg.), Parlamentsauflösung, 1974, S. 1 ff.; *W. Zeh,* Der Staat 22 (1983), 1 ff.; *Achterberg/Schulte,* GG VI, Art. 39 Rn. 5 m.w.N.; *Magiera* (Fn. 11), Art. 39 Rn. 8 f.; Schlußbericht der Enquete-Kommission Verfassungsreform, BT-Drs. 7/5924, S. 34.
[44] *Weides,* Bestimmung (Fn. 39), S. 947 f.; a. A. *F. Neubauer,* DÖV 1973, 597 (598).

19 Nach der Dauer der Wahlperiode richtet sich auch die Dauer des Mandats. Das sog. **Rotationsprinzip**[45], wonach die Abgeordneten verabredungsgemäß durch Verzicht (§ 46 I 4 BWahlG) ihre Mandatsperiode verkürzen, ist damit nicht zu vereinbaren. Eine andere Frage ist die, inwieweit eine konkrete Verzichtserklärung eines Abgeordneten auf die ihr zugrundeliegenden Beweggründe vom Bundestagspräsidenten überprüft werden darf und kann. Falls nicht außergewöhnliche Umstände vorliegen, steht Art. 38 I 2 GG einer solchen Motivforschung entgegen[46].

5. Diskontinuität

20 Nach Neuwahlen setzt sich das parlamentarische Geschehen gegenüber der vorangegangenen Wahlperiode ab. Dies wird »Diskontinuität« genannt und stellt eine Spezifizierung des Gedankens der »Herrschaft auf Zeit« dar (→ Rn. 2, 10). Ihr **Zweck** ist es, den neugebildeten und in der veränderten Zusammensetzung des Bundestags zum Ausdruck gekommenen Volkswillen gegenüber der vorangegangenen Artikulation des Volkswillens zu schützen. Die Arbeit des neugewählten Parlaments soll nicht durch Entscheidungen seines Vorgängers belastet sein.

21 Der **Anwendungsbereich** der Diskontinuität ist in Ansehung ihres Zweckes zu **beschränken** auf Angelegenheiten der politischen Willensbildung. Der gesamte Beratungs- und Entscheidungsgang des Parlaments soll sich an der letzten Äußerung des Volkswillens orientieren und nicht beeinträchtigt werden durch organisatorische, prozedurale oder inhaltliche Festlegungen auf mittlerweile überholter Legitimationsgrundlage. Die Diskontinuität zeitigt grundsätzlich nur organinterne Wirkungen und spielt keine Rolle für das Verhältnis zwischen den Verfassungsorganen.

22 Die Unterbrechung der parlamentarischen Arbeit hat eine personelle, eine institutionelle und eine sachliche Dimension. Die **personelle Diskontinuität** bedeutet, daß mit dem Ende der Wahlperiode das Mandat der bisherigen Abgeordneten erlischt. Als **institutionelle Diskontinuität** wird der Umstand bezeichnet, daß alle Gremien des Bundestages, deren Einrichtung und personelle Zusammensetzung auf einer Entscheidung des Bundestags beruhen, erlöschen, so alle nichtpflichtigen Ausschüsse, auch parlamentarische Untersuchungsausschüsse und Enquete-Kommissionen[47]. Personelle und institutionelle Diskontinuität werden auch als »funktionelle Diskontinuität« bezeichnet. Die **sachliche** (oder »materielle«) **Diskontinuität** bewirkt, daß mit dem Ende der Wahlperiode des alten Bundestages alle eingebrachten Beschlußvorlagen (siehe dazu §§ 75f. GOBT) als erledigt gelten[48], § 125 GOBT, ausgenommen die

---

[45] Aus der Diskussion: *K. Dicke/T. Stoll*, ZParl. 16 (1985), 451 ff. m.w.N.; *D. Jung*, DÖV 1984, 197 ff.; *Versteyl* (Fn. 25), Art. 39 Rn. 24 m.w.N.; *Achterberg/Schulte*, GG VI, Art. 39 Rn. 19 ff.; NdsStGH NJW 1985, 2319 ff. mit Anm. *H.H. Rupp*.

[46] *H. Hofmann*, Verfassungsrechtliche Sicherungen der parlamentarischen Demokratie (1985), in: ders., Verfassungsrechtliche Perspektiven, 1995, S. 129 ff. (142); *Achterberg/Schulte*, GG VI, Art. 39 Rn. 22; *K. Dicke/T. Stoll*, ZParl. 16 (1985), 451 (454); a. A. *Maunz/Klein* (Fn. 26), Art. 39 Rn. 27. → Art. 38 Rn. 132.

[47] Nicht erfaßt sind die obligatorischen Ausschüsse, so die nach Art. 45a, 45c, 95 II GG, die lediglich personell erneuert werden, aber institutionell perennierend sind.

[48] Ausführlich hierzu *Jekewitz*, Grundsatz (Fn. 7), S. 15f. m.w.N.; *R. Belz*, Die Diskontinuität der Parlamente, Diss. jur. Tübingen 1968, S. 62, 68; ferner *H. Maassen*, Zur Einschränkung des Grundsatzes der Diskontinuität, in: FS Schorn, 1966, S. 68 ff.; *D. Hömig/K. Stoltenberg*, DÖV 1973, 689 ff.; *M. Hilf*, ZaöRV 27 (1967), 742 ff.; insb. zu den Auswirkungen auf Gesetzesvorlagen vgl. *W. Leinemann*, JZ 1973, 618 ff.; für Haushaltsentwürfe *L.-A. Versteyl*, DVBl. 1973, 161 ff.

Petitionen (→ Art. 45c Rn. 16). Soll die parlamentarische Arbeit daran anknüpfen, müssen die Vorlagen neu eingebracht werden. Die materielle Diskontinuität ist entsprechend ihrer Wurzel in der Periodizität des Bundestages beschränkt auf dessen Sphäre und erfaßt nicht Abschnitte von Gesetzgebungsverfahren in anderen Verfassungsorganen (Bundesregierung, Bundesrat oder Bundespräsident).

Die Diskontinuität umgreift von ihrer Zweckrichtung her nur die politischen und die damit verbundenen organisatorischen Gehalte des parlamentarischen Geschehens, nicht aber die Institution des Bundestages als solche. Der Diskontinuität der Arbeit im Parlament steht die sog. »**Organidentität**«[49] oder »**Organkontinuität**« des Bundestages im Verhältnis zu anderen Rechtssubjekten gegenüber. Diese Rechtsverhältnisse werden vom Ende der Wahlperiode nicht beeinträchtigt[50]. Dies gilt auch für Prozeßhandlungen[51]. Die Möglichkeiten objektiver **Rechtskontrolle** und des subjektiven **Rechtsschutzes im Organstreitverfahren** werden nicht beeinträchtigt. Nach anderer (wohl überwiegender) Auffassung[52] fällt in Organstreitverfahren, an denen auf mindestens einer Seite ein der Diskontinuität unterliegendes Rechtssubjekt beteiligt ist, mit dem Ende der Wahlperiode die Beteiligtenfähigkeit weg und damit die Zulässigkeit des Verfahrens. Das weitet die Diskontinuität zweckwidrig aus. Die Klärung der Rechtslage und der Schutz subjektiver Rechte gegenüber Beeinträchtigungen durch ein anderes Verfassungsorgan ist unabhängig von den in der konkreten personellen Zusammensetzung des Parlaments zum Ausdruck kommenden politischen Präferenzen. Dies ist anerkannt für das Verfahren der **abstrakten Normenkontrolle**, das vom Bundesverfassungsgericht als »objektives Verfahren«[53] verstanden und damit sowohl der ausschließlichen Disposition der Antragsteller entzogen[54] als auch von deren Fortexistenz unabhängig wird. Auch für das **Organstreitverfahren** von Abgeordneten hat das Bundesverfassungsgericht keinen Einfluß der Diskontinuität auf einen anhängig gemachten Verfassungsstreit gesehen[55]. Richtigerweise bleibt deswegen ein anhängig gemachtes Organstreitverfahren unberührt von der Diskontinuität. Dies begegnet auch deswegen keinen Bedenken, weil es nur auf ein Urteil feststellenden Charakters zielt (§ 67 BVerfGG) und keine Gestaltungswirkung entfaltet. Jedenfalls muß die Diskontinuität in Rechtsschutzfragen unbeachtlich sein, weil es andernfalls angesichts der langen Verfahrensdauer beim Bundesverfassungsgericht zu gravierenden Rechts-

---

[49] Vgl. BVerfGE 4, 144 (152): »... die Identität einer gesetzgebenden Körperschaft durch die Neuwahl ihrer Mitglieder nicht berührt wird«; ebenso *Schneider* (Fn. 11), Art. 39 Rn. 9; *Magiera* (Fn. 11), Art. 39 Rn. 14f.; *Stern*, Staatsrecht II, S. 68; *Kretschmer* (Fn. 27), Art. 39 Rn. 10; *H. Steiger*, Organisatorische Grundlagen des parlamentarischen Regierungssystems, 1973, S. 57; *J. Jekewitz*, JöR 27 (1978), 75 (82).

[50] *Magiera* (Fn. 11), Art. 39 Rn. 14; *Schneider* (Fn. 11), Art. 39 Rn. 9; Jarass/*Pieroth*, GG, Art. 39 Rn. 4.

[51] BVerfGE 79, 311 (327) für einen Antrag im Normenkontrollverfahren; dazu *Maunz/Klein* (Fn. 26), Art. 39 Rn. 51.

[52] *J. Jekewitz*, JöR 27 (1978), 75 (141); *Achterberg*, Parlamentsrecht, S. 212; *Achterberg/Schulte*, GG VI, Art. 39 Rn. 15; *W. Löwer*, Zuständigkeit und Verfahren des Bundesverfassungsgerichts, in: HStR II, § 56 Rn. 12.

[53] BVerfGE 1, 208 (219); 52, 63 (80); 79, 311 (326f.) st. Rspr.; *S. Stuth*, in: Umbach/Clemens, § 76 Rn. 10; *Schlaich*, Bundesverfassungsgericht, Rn. 115; *Benda/Klein*, Verfassungsprozeßrecht, Rn. 643.

[54] BVerfGE 1, 14 (31); 79, 311 (327); *Stuth* (Fn. 52), § 76 Rn. 11; *Schlaich*, Bundesverfassungsgericht, Rn. 115; *Benda/Klein*, Verfassungsprozeßrecht, Rn. 644.

[55] BVerfGE 4, 144 (152); dort betraf die Diskontinuität sowohl den antragstellenden Abgeordneten als auch das Parlament als Antragsgegner!

schutzlücken käme: Rechtsschutz in Organstreitverfahren unter Beteiligung von der Diskontinuität unterliegenden Beteiligten fände in der zweiten Hälfte der Legislaturperiode nicht mehr statt[56].

6. Zeitpunkt der Neuwahl

24 Der Zeitpunkt der Neuwahl wird analog §§ 187 ff. BGB berechnet. Da die fristenauslösende Sitzung (§ 187 I BGB) üblicherweise nicht an einem Samstag stattfindet, kommt es nicht zur Anwendung des § 193 BGB; dessen Heranziehung muß jedenfalls ausscheiden, weil dies die Wahlperiode verlängern könnte. Der Zeitpunkt der Neuwahl wird gem. § 16 BWahlG vom Bundespräsidenten festgesetzt. Die Fristberechnung[57] ist von Bedeutung, da eine zu früh stattfindende Wahl ungültig, eine zu spät durchgeführte Wahl zwar verfassungswidrig, aber gleichwohl gültig ist, weil andernfalls die laufende Wahlperiode unzulässigerweise verlängert würde.

II. Zusammentritt (Art. 39 II GG)

25 Die 30-Tage-Frist des Art. 39 II GG wird entsprechend §§ 187 I und 188 I BGB berechnet. Der Präsident des vorhergehenden Bundestages beruft den neuen Bundestag ein (§ 1 I GOBT). Der darin liegende Verstoß gegen die Diskontinuität wird gewohnheitsrechtlich toleriert[58]. Die Leitung der konstituierenden Sitzung obliegt dann aber dem neuen Alterspräsidenten (§ 1 II GOBT). Art. 39 III 3 GG ist nicht entsprechend auf den Zusammentritt nach Absatz 2 anwendbar, weil dies Einfluß auf Beginn und Ende der Wahlperiode verschaffte[59].

26 Der neue Bundestag ist verpflichtet, spätestens am 30. Tag nach der Wahl zusammenzutreten. Verzögert sich der Zusammentritt über 30 Tage hinaus, liegt er aber noch innerhalb der Wahlperiode des alten Bundestages, so ist dies zwar verfassungswidrig, beeinträchtigt aber nicht seine Konstituierung. Versammelt sich der Bundestag nicht innerhalb der Höchstdauer der Wahlperiode – aus welchen Gründen auch immer –, tritt gleichwohl keine »parlamentslose Zeit« ein. In Ansehung des Art. 39 I GG kommt dem bisherigen Bundestag eine »Notkompetenz« zu[60].

III. Sitzungen des Bundestages (Art. 39 III GG)

27 Das Parlament beruft sich selbst ein, indem es den Beginn und Schluß seiner Sitzungen bestimmt. Eine Einschränkung findet sich am Beginn der Wahlperiode[61]. Das

---

[56] Gegen die herrschende Auffassung auch *Pestalozza*, Verfassungsprozeßrecht, S. 118, Fn. 141. Die entgegengesetzte Auffassung hat, soweit ersichtlich, die Rechtsschutzproblematik bislang nicht angesprochen und begnügt sich mit einer mechanischen Übertragung der Diskontinuität auf Rechtsschutzfragen.

[57] Ausführlich hierzu *H. Fuchs-Wissemann*, DÖV 1990, 694 (696 ff.).

[58] *Achterberg/Schulte*, GG VI, Art. 39 Rn. 23; *Schneider* (Fn. 11), Art. 39 Rn. 18; *Kretschmer* (Fn. 27), Art. 39 Rn. 24; *Maunz/Klein* (Fn. 26), Art. 39 Rn. 42.

[59] *Kretschmer* (Fn. 27), Art. 39 Rn. 22; *Magiera* (Fn. 11), Art. 39 Rn. 21; *Maunz/Klein* (Fn. 26), Art. 39 Rn. 43.

[60] A.A. *Schneider* (Fn. 11), Art. 39 Rn. 19: der bisherige Bundestag könne Funktionen nicht wahrnehmen; dies erscheint inkonsequent, wenn es keine parlamentslose Zeit gibt.

[61] Zur Einschränkung des Selbstversammlungsrechts bei der konstituierenden Sitzung → Rn. 25. Vertiefend: *Maunz/Klein* (Fn. 26), Art. 39 Rn. 42, 66; *Schneider* (Fn. 11), Art. 39 Rn. 18.

Selbstversammlungsrecht[62] ist Bestandteil der Parlamentsautonomie, die ihrerseits aus der Volkssouveränität (→ Art. 20 [Demokratie] Rn. 76 ff.; → Art. 40 Rn. 5) folgt[63]. Der **Bundeskanzler** kann ein Einberufungsverlangen stellen, weil er als Vertrauensperson des Bundestages in der Lage sein muß, jederzeit notwendige Entscheidungen herbeizuführen oder ihm seine Sicht darzulegen[64]. Das Einberufungsverlangen des **Bundespräsidenten** ist ein Anwendungsfall seiner Reservefunktion und soll den Bundestag zum Tätigwerden anhalten.

Sitzungen i.S.d. Art. 39 III 1 GG sind die Zeitabschnitte, in denen der Bundestag zu Beratungen zusammentritt[65]. Sie werden fortlaufend numeriert und durch den Schluß der Sitzung (sog. Vertagung) i.S.v. Art. 39 III 1 GG unterbrochen[66]. 28

Vorschriften über den **Sitzungsort**[67] sind weder im Grundgesetz noch in der GOBT enthalten. Er wird von denjenigen festgelegt, die auch über den Zeitpunkt der neuen Sitzung bestimmen. 29

D. Verhältnis zu anderen GG-Bestimmungen

Die Bestimmungen über die Wahlperiode sind Spezifizierungen des zeitlichen Gehalts der **Volkssouveränität** und des **Demokratieprinzips** nach Art. 20 II 1 GG. Art. 69 II GG formuliert eine weitere Folgerung dieser Grundsätze[68] und nimmt auf Art. 39 I 2, II GG Bezug. Eine Ausnahme von der strengen Limitierung der Wahlperiode enthält für den Verteidigungsfall **Art. 115h I 1 GG**. Das Selbstversammlungsrecht ergänzt die Parlamentsautonomie nach **Art. 40 GG**. Die Rechte des Bundespräsidenten sind Konsequenz seiner Kompetenzen nach **Art. 63 IV 3, 68 I 1 GG**, das des Bundeskanzlers entspricht der parlamentarismustypischen Abhängigkeit der Regierung vom Parlament (**Art. 63, 67, 68 GG**) und den damit verbundenen Einwirkungsmöglichkeiten der Regierung auf den Bundestag, wie sie in **Art. 43 II GG** normiert sind. 30

---

[62] *Achterberg*, Parlamentsrecht, S. 598 f.; *J.-D. Kühne*, Volksvertretungen im monarchischen Konstitutionalismus (1814–1918), in: Schneider/Zeh, § 2 Rn. 100; *Achterberg/Schulte*, GG VI, Art. 39 Rn. 24.
[63] *Schneider* (Fn. 11), Art. 39 Rn. 20.
[64] *Achterberg*, Parlamentsrecht, S. 598 f., Fn. 9; *Kretschmer* (Fn. 27), Art. 39 Rn. 50.
[65] *Achterberg*, Parlamentsrecht, S. 598 f., Fn. 9; *Kretschmer* (Fn. 27), Art. 39 Rn. 5; *Maunz/Klein* (Fn. 26), Art. 39 Rn. 4; *Achterberg/Schulte*, GG VI, Art. 39 Rn. 25; Jarass/*Pieroth*, GG, Art. 39 Rn. 6.
[66] *Jarass/Pieroth*, GG, Art. 39 Rn. 6; *Achterberg/Schulte*, GG VI, Art. 3 Rn. 25.
[67] Zur Diskussion: Deutscher Bundestag (Hrsg.), Berlin/Bonn, die Debatte, 1991; H. Herlef (Hrsg.), Das Berlin-Bonn-Gesetz, eine Dokumentation, 1994.
[68] Zum Problem der Abhängigkeit der Existenz der Regierung von der Wahlperiode mangels einer Art. 69 II GG entsprechenden Verfassungsvorschrift BVerfGE 27, 44 (52 ff.). Kritisch dazu: *P. Häberle*, JZ 1969, 613 (614 f.); *P. Krause*, DÖV 1975, 401 ff.; a.A. für das Saarland: *W. Knies*, JuS 1974, 420 ff.

Artikel 40 [Bundestagspräsident; Geschäftsordnung]

(1) ¹Der Bundestag wählt seinen Präsidenten, dessen Stellvertreter und die Schriftführer. ²Er gibt sich eine Geschäftsordnung.

(2) ¹Der Präsident übt das Hausrecht und die Polizeigewalt im Gebäude des Bundestages aus. ²Ohne seine Genehmigung darf in den Räumen des Bundestages keine Durchsuchung oder Beschlagnahme stattfinden.

Literaturauswahl

Arndt, Klaus Friedrich: Parlamentarische Geschäftsordnungsautonomie und autonomes Parlamentsrecht, 1966.
Bollmann, Gerhard: Verfassungsrechtliche Grundlagen und allgemeine verfassungsrechtliche Grenzen des Selbstorganisationsrechts des Bundestages, 1992.
Bücker, Joseph: Das Parlamentsrecht in der Hierarchie der Rechtsnormen, in: ZParl. 17 (1986), S. 324–333.
Dreier, Horst: Regelungsform und Regelungsinhalt des autonomen Parlamentsrechts, in: JZ 1990, S. 310–321.
Edinger, Florian: Wahl und Besetzung parlamentarischer Gremien, 1992.
Freund, Hanskarl: Änderung des Verhaltensrechts für Mitglieder des Deutschen Bundestages, in: DÖV 1987, S. 435–440.
Haug, Volker: Bindungsprobleme und Rechtsnatur parlamentarischer Geschäftsordnungen, 1994.
Kasten, Hans-Hermann: Plenarvorbehalt und Ausschußfunktion, in: DÖV 1985, S. 222–226.
Köhler, Gerd Michael: Die Polizeigewalt des Parlamentspräsidenten im deutschen Staatsrecht, in: DVBl. 1992, S. 1577–1585.
Kretschmer, Gerald: Geschäftsordnungen deutscher Volksvertretungen, in: Schneider/Zeh, § 9, S. 291–331.
Kühnreich, Mathias: Das Selbstorganisationsrecht des Deutschen Bundestages unter besonderer Berücksichtigung des Hauptstadtbeschlusses, 1997.
Morlok, Martin: Parlamentarisches Geschäftsordnungsrecht zwischen Abgeordnetenrechten und politischer Praxis, in: JZ 1989, S. 1035–1047.
Pietzcker, Jost: Schichten des Parlamentsrechts: Verfassung, Gesetze und Geschäftsordnung, in: Schneider/Zeh, § 10, S. 333–357.
Röper, Erich: Parlamentarische Ordnungsmaßnahmen gegenüber Regierungsmitgliedern, in: ZParl. 22 (1991), S. 189–196.
Scherer, Joachim: Fraktionsgleichheit und Geschäftsordnungskompetenz des Bundestages, in: AöR 112 (1987), S. 189–214.
Schröder, Meinhard: Grenzen der Gestaltungsfreiheit bei der Festlegung des Beratungsmodus, in: Jura 1987, S. 469–475.
Schulze-Fielitz, Helmuth: Der Fraktionslose im Bundestag: Einer gegen alle? in: DÖV 1989, S. 829–838.
Schulze-Fielitz, Helmuth: Parlamentsbrauch, Gewohnheitsrecht, Observanz, in: Schneider/Zeh, § 11, S. 359–393.
Schwerin, Thomas: Der Deutsche Bundestag als Geschäftsordnungsgeber. Reichweite, Form und Funktion des Selbstorganisationsrechts nach Art. 40 Abs. 1 S. 2 GG, 1998.

Leitentscheidungen des Bundesverfassungsgerichts

BVerfGE 1, 144 (148 ff.) – Geschäftsordnungsautonomie; 10, 4 (10 ff.) – Redezeit; 44, 308 (313 ff.) – Beschlußfähigkeit; 60, 374 (378 ff.) – Redefreiheit und Ordnungsrecht; 70, 324 (354 ff.) – Haushaltskontrolle der Nachrichtendienste; 80, 188 (217 ff.) – Wüppesahl; 84, 304 (321 ff.) – PDS/Linke Liste; 96, 264 (278 ff.) – Fraktions- und Gruppenstatus.

Gliederung Rn.

A. Herkunft, Entstehung, Entwicklung 1
   I. Ideen- und verfassungsgeschichtliche Aspekte 1
   II. Entstehung und Veränderung der Norm 3

B. Internationale, supranationale und rechtsvergleichende Bezüge 4

C. Erläuterungen 5
   I. Parlamentsautonomie 5
   II. Geschäftsordnungsautonomie (Art. 40 I 2 GG) 6
     1. Zweck und Gegenstandsbereich 6
     2. Erlaß und Handhabung der Geschäftsordnung 9
     3. Personeller Anwendungsbereich 12
     4. Gesetz als mögliche Regelungsform 15
     5. Rang und Rechtsnatur 17
     6. Gerichtliche Kontrolle von Geschäftsordnungsrecht 19
   III. Organisationsautonomie (Art. 40 I 1 GG) 22
     1. Organisationsautonomie und Organstellung der Untergliederungen .. 22
     2. Bildung und Zuständigkeit der Untergliederungen 23
       a) Parlamentspräsident 23
       b) Präsidium, Schriftführer und Ältestenrat 25
       c) Ausschüsse 28
       d) Fraktionen 32
   IV. Räumliche Integrität des Bundestags (Art. 40 II GG) 34
     1. Hausrecht und Polizeigewalt (Art. 40 II 1 GG) 34
     2. Genehmigungserfordernis für Durchsuchungen und Beschlagnahmen
       (Art. 40 II 2 GG) 37

D. Verhältnis zu anderen GG-Bestimmungen 38

A. Herkunft, Entstehung, Entwicklung

I. Ideen- und verfassungsgeschichtliche Aspekte

Die **Parlamentsautonomie** (→ Rn. 5), also die institutionelle Unabhängigkeit des Parlaments von der Exekutive und seine Eigenverantwortlichkeit bei der Regelung innerer Angelegenheiten, wurzelt im konstitutionellen Denken. Später als in England und Frankreich[1] entwickelte sie sich in Deutschland im Ringen der monarchischen Exekutive um den Erhalt eines größtmöglichen Einflusses auf die Parlamente erst mit dem Aufkommen von Repräsentativverfassungen zu Beginn des 19. Jahrhunderts[2].   **1**

---

[1] In England wurde der Machtkampf zwischen Parlament und Monarchen bereits im 17. Jh. ausgefochten; vgl. *H. Rösch*, Wesen und Rechtsnatur der parlamentarischen Geschäftsordnung, Diss. jur. Tübingen 1934, S. 7 ff.; *J. Redlich*, Recht und Technik des Englischen Parlamentarismus, 1905; *K. Haagen*, Die Rechtsnatur der parlamentarischen Geschäftsordnung, 1929, S. 5 ff.; in Frankreich verfügte die Nationalversammlung von 1789 bereits über – später aber wieder eingeschränkte – Autonomie; hierzu *Rösch*, ebd., S. 15 ff.; *Haagen*, ebd., S. 8 ff.

[2] Geschäftsordnungsrechtliche Regelungen entstanden zwar schon in der Zeit der Landstände, deren Existenz allein bedeutete aber noch keine Geschäftsordnungsautonomie: vgl. *J.L. Klüber*, Öffentliches Recht des Teutschen Bundes und der Bundesstaaten, 1840 (Neudruck 1975), S. 455 f.; *K.F. Arndt*, Parlamentarische Geschäftsordnungsautonomie und autonomes Parlamentsrecht, 1966, S. 18 ff.; *G. Kretschmer*, Geschäftsordnungen deutscher Volksvertretungen, in: Schneider/Zeh, § 9 Rn. 3 ff. m.w.N.; H. Boldt (Hrsg.), Reich und Länder, 1987, S. 263 f., 279 ff. m.w.N.

2 Erste verfassungsrechtliche Fixierungen von Organisation, Verfahren und Disziplin als wesentliche Aspekte der Parlamentsautonomie erfolgten in der **Paulskirchenverfassung** und in der **Verfassungsurkunde für den Preußischen Staat**[3]. Die zuletzt genannte Regelung wurde später in die Verfassungen des **Norddeutschen Bundes** und des **Deutschen Reiches** übernommen[4]. Darin wurde die parlamentarische Geschäftsordnungsautonomie[5] gewährleistet; das Selbstversammlungsrecht und die Polizeigewalt in ihren Gebäuden hatten die preußischen Kammern und der Reichstag jedoch nicht[6]. Eine umfassende Anerkennung fanden diese Parlamentsrechte erst in der **Weimarer Reichsverfassung**[7].

II. Entstehung und Veränderung der Norm

3 Die Fassung des Art. 40 GG entspricht weitgehend den Regelungen von Art. 27 2 RV 1871 und Art. 26, 28 1, 38 II WRV[8], an die sich auch die Art. 50, 52 HChE anlehnten. Diese durchliefen die Sitzungen des **Parlamentarischen Rates** und seiner Ausschüsse unproblematisch und fast unbeanstandet[9]. Die Möglichkeit, sich bei der Formulierung stark an der Tradition zu orientieren, zeugt davon, daß sich konkreter Inhalt und Zielrichtung der Geschäftsordnungsautonomie erst im Zusammenhang mit den rechtlichen und tatsächlichen Umständen ergeben[10]. Seit ihrem Erlaß blieb die Norm **unverändert**.

B. Internationale, supranationale und rechtsvergleichende Bezüge

4 Die maßgeblichen Aspekte der Parlamentsautonomie – selbständige Regelung von innerer Organisation und Geschäftsgang – sind allgemein kennzeichnend für repräsentativ-demokratische Verfassungen[11,12], wenngleich der verfassungsrechtliche Rahmen

---

[3] §§ 116 1, 110, 114 der Paulskirchenverfassung; vgl. hierzu *J. D. Kühne*, Die Reichsverfassung der Paulskirche, 1985, S. 57 f.; Art. 77 I 2 der Verfassungsurkunde für den Preußischen Staat vom 5. 12. 1848; vgl. außerdem Art. 78 I 2 der Verfassungsurkunde für den Preußischen Staat vom 31. 1. 1850.

[4] Art. 27 Satz 2 der Verfassung des Norddeutschen Bundes vom 17. 4. 1867; Art. 27 Satz 2 der Verfassung des Deutschen Reiches vom 16. 4. 1871.

[5] Zur historischen Entwicklung des Geschäftsordnungsrechts siehe *J. Hatschek*, Das Parlamentsrecht des Deutschen Reiches, Band I, 1915 (Neudruck 1973), insb. S. 62 ff.; *Arndt*, Geschäftsordnungsautonomie (Fn. 2), S. 19 ff. m. w. N.; einen Überblick gibt *Kretschmer* (Fn. 2), § 9 Rn. 7 ff.

[6] *Arndt*, Geschäftsordnungsautonomie (Fn. 2), S. 34.

[7] Art. 26, 28 Satz 1, 38 II WRV. Zum Parlamentsrecht der Weimarer Zeit vgl. *K. Perels*, Geschäftsgang und Geschäftsformen, in: HdbDStR, Bd. 1, § 40 (S. 449 ff.); *ders.*, Geschäftsgang, Geschäftsformen, Rechtsstellung der Mitglieder, ebd., § 55 (S. 642 ff.).

[8] Die Regelung des Art. 33 IV WRV, wonach Regierungsmitglieder der Ordnungsgewalt des Parlamentspräsidenten unterstehen, wurde nicht übernommen; vgl. insoweit aber → Rn. 4 Fn. 13.

[9] Der zunächst als eigenständiger Artikel konzipierte Satz »Der Bundestag gibt sich eine Geschäftsordnung« (Art. 52 HChE) wurde in Art. 40 I GG eingefügt und das Wort »eine« (Geschäftsordnung) durch »seine« ersetzt; vgl. JöR 1 (1951), S. 359 f. m. w. N.

[10] Vgl. *Kretschmer* (Fn. 2), § 9 Rn. 1 ff., 32.

[11] Vgl. etwa Belgien Art. 52, 60; Frankreich Art. 25; Italien Art. 63, 64; Japan Art. 58; Lettland Art. 16, 21; Österreich Art. 30; Polen Art. 110, 112. Vgl. außerdem z. B. Art. 140 I, 142 I (Art. 197 Satz 1, 199 Satz 1 n. F.) EGV; → Art. 28 Rn. 59.

[12] Für die Landesverfassungen siehe etwa Bayern Art. 20, 21; Mecklenburg-Vorpommern Art. 29; Niedersachsen Art. 18, 21; Nordrhein-Westfalen Art. 38, 39; Sachsen-Anhalt Art. 46, 49; Thüringen Art. 57.

unterschiedlich weit gesteckt ist[13]. Die ausdrückliche Regelung des Schutzes der parlamentarischen Arbeit in räumlicher Hinsicht bildet dagegen eine Besonderheit deutscher Verfassungen. Im übrigen sind Verständnis und Ausgestaltung der Parlamentsautonomie durch die jeweilige historische Entwicklung der Staaten geprägt[14].

C. Erläuterungen

I. Parlamentsautonomie

Art. 40 GG bildet das Kernstück der sog. Parlamentsautonomie. Sie ist Ausdruck der in Art. 20 II GG verankerten Prinzipien der **Volkssouveränität** und der **Gewaltenteilung** und soll Unabhängigkeit und Selbständigkeit der Volksvertretung gewährleisten[15]. Das Selbstbestimmungsrecht umfaßt mehrere Bereiche: Wesentlich ist die Befugnis des Bundestages, seine innere **Organisation** und seinen **Geschäftsgang** eigenverantwortlich zu regeln (Art. 40 I, 39 III GG); nach außen wird die Parlamentsautonomie ergänzt durch den Schutz vor Eingriffen der Exekutive oder Judikative in den räumlichen Bereich (Art. 40 II GG) und den Schutz des personellen Bestandes (Art. 41, 46 GG).

5

II. Geschäftsordnungsautonomie (Art. 40 I 2 GG)

1. Zweck und Gegenstandsbereich

Ihren praktisch wichtigsten Ausdruck findet die Parlamentsautonomie in der **Geschäftsordnungsautonomie**[16]. Sie gewährleistet, daß der Bundestag seine Arbeitsformen und Verfahren eigenverantwortlich gestalten kann. Damit dient sie zwei Zielen: erstens dem Schutz des Bundestages vor Einmischung anderer Verfassungsorgane und damit der **unbeeinflußten Verwirklichung des Volkswillens**; weiterhin der **Funktionalität** der innerparlamentarischen Regelungen, indem sie deren Gestaltung den daran unmittelbar Beteiligten überläßt. Die Gestaltungsbefugnis begründet auch die hohe Anpassungsfähigkeit der Institution Parlament gegenüber sich wandelnden politisch-gesellschaftlichen Kontexten. Der Regelungsbereich der Geschäftsordnung bestimmt sich dabei weitgehend aus den Aufgaben, die **traditionell** als autonome Parlamentsangelegenheiten gelten und prinzipiell auch vom Grundgesetz diesem Bereich zugewie-

6

---

[13] Unterschiedlich weitgehend sind z.B. die Vorgaben für Ausschüsse (Frankreich Art. 43) oder Beschlußfassung (Griechenland Art. 70 II; Niederlande Art. 67). Entsprechendes gilt für die Landesverfassungen, z.B. unterstellen einige Verfassungen Regierungsmitglieder der Ordnungsgewalt des Parlamentspräsidenten (etwa Hamburg Art. 23 II 2; Niedersachsen Art. 10 II 3; Rheinland-Pfalz Art. 89 IV; Sachsen Art. 49 II 2; Sachsen-Anhalt Art. 52 II 3) oder sehen als Regelungsinstrument für Geschäftsordnungsfragen auch das Gesetz vor (Saarland Art. 70 I; Bremen Art. 106); vgl. zu den Landesverfassungen auch *J. Pietzcker*, Schichten des Parlamentsrechts: Verfassung, Gesetze und Geschäftsordnung, in: Schneider/Zeh, § 10 Rn. 8; *V. Haug*, Bindungsprobleme und Rechtsnatur parlamentarischer Geschäftsordnungen, 1994, passim; *E. Röper*, ZParl. 15 (1984), 529ff.

[14] So umfaßt die Parlamentsautonomie in England etwa auch die Regelung außerparlamentarischer Angelegenheiten, vgl. *Pietzcker* (Fn. 13), § 10 Rn. 3.

[15] *H.-P. Schneider*, in: AK-GG, Art. 40 Rn. 2; Schmidt-Bleibtreu/*Klein*, GG, Art. 40 Rn. 1; vgl. auch BVerfGE 44, 308 (314); 70, 324 (360f.).

[16] BVerfGE 44, 308 (315); 80, 188 (218f.); 84, 304 (321f.); *R.P. Dach*, in: BK, Art. 40 (Zweitb. 1996) Rn. 16.

sen werden[17]. Zu nennen sind die **Selbstorganisation**, der **Geschäftsgang**[18] und die **Disziplin** im Parlament[19]. Zu den Organisationsfragen zählen die Gliederung des Parlaments in Fraktionen und Ausschüsse und deren nähere Gestaltung; prozedural geht es etwa um Antragsbefugnisse und Redezeiten. Zur Gewährleistung eines disziplinierten Sitzungsablaufs übt der Präsident die parlamentarische **Ordnungsgewalt** aus (§ 7 I GOBT).

7 Die Geschäftsordnungsautonomie bedeutet allerdings **keine völlige Gestaltungsfreiheit**; vielmehr ist der Bundestag an verschiedene Verfassungsentscheidungen gebunden[20]. So bilden die Art. 39 II, 39 III, 40 I 1, 40 II, 42 I, 42 II, 121 GG sowie Art. 44, 45a, 45c GG zugleich **Grenzen** der Gestaltungsmacht des Bundestages. Außerdem werden der Geschäftsordnungsautonomie durch den Abgeordnetenstatus (→ Art. 38 Rn. 145ff.) Grenzen gezogen. Daraus ergibt sich auch das Gebot der innerparlamentarischen Chancengleichheit[21]. Als Gegengesichtspunkt von Verfassungsrang ist aber die Entscheidungsfähigkeit des Bundestages zu berücksichtigen, die auch die demokratische Möglichkeit der Mehrheit umfaßt, sich durchzusetzen[22]. In diesem Rahmen verbleibt dem Bundestag ein weiter **Gestaltungsspielraum**.

8 Das parlamentarische Leben gestaltet sich nicht primär nach rechtlichen, sondern politischen Maßstäben, was in zahlreichen ungeschriebenen Regelungen zum Ausdruck kommt[23]. Teilweise kommt diesen Rechtscharakter zu, teilweise gelten sie als bloße Konventionen[24]. Nach dem Grad der Verbindlichkeit[25] unterscheidet man sog. **parlamentarisches Gewohnheitsrecht** und bloßen **Parlamentsbrauch**[26]. Erforderlich auch für parlamentarisches Gewohnheitsrecht ist die Anwendung über einen langen Zeitraum in der gemeinsamen Überzeugung der Richtigkeit und rechtlichen Verbindlichkeit[27]. Dagegen handelt es sich beim Fehlen einer solchen Richtigkeitsüberzeu-

---

[17] BVerfGE 1, 144 (148); 80, 188 (219); Schmidt-Bleibtreu/*Klein*, Art. 40 Rn. 8. Zur Flexibilität des Parlaments bemerkt *W. I. Jennings*, »daß das Geheimnis der ewigen Jugend eines Parlaments in der Fähigkeit liegt, die Technik seines Verfahrens jeweils der Entwicklung anzupassen, so daß sie den Problemen neuer Generationen gerecht wird«: zit. nach *C. J. Friedrich*, Der Verfassungsstaat der Neuzeit, 1953, S. 350.

[18] Die Geschäftsordnungsautonomie (Art. 40 I 2 GG) umfaßt Organisation *und* Verfahren; die Organisation wird zur besseren Übersichtlichkeit unter »Organisationsautonomie« (→ Rn. 22ff.) behandelt; vgl. *G. Bollmann*, Verfassungsrechtliche Grundlagen und allgemeine verfassungsrechtliche Grenzen des Selbstorganisationsrechts des Bundestages, 1992, S. 28; *Arndt*, Geschäftsordnungsautonomie (Fn. 2), S. 68; a. A. *T. Maunz*, in: Maunz/Dürig, GG, Art. 40 (1960), Rn. 2.

[19] Jarass/*Pieroth*, GG, Art. 40 Rn. 5; Schmidt-Bleibtreu/*Klein* Art. 40 Rn. 6.

[20] *Bollmann*, Grundlagen (Fn. 18), S. 29; *Pietzcker* (Fn. 13), § 10 Rn. 6, 7; *H. Schulze-Fielitz*, Parlamentsbrauch, Gewohnheitsrecht, Observanz, in: Schneider/Zeh, § 11 Rn. 1.

[21] Vgl. BVerfGE 10, 4 (16); 44, 308 (315ff.); 80, 188 (220f.); 84, 304 (322f.); 96, 264 (279); vgl. *Schneider* (Fn. 15), Art. 40 Rn. 9; *Dach* (Fn. 16), Art. 40 Rn. 26; *Stern*, Staatsrecht I, S. 972.

[22] *Dach* (Fn. 16), Art. 40 Rn. 26; s. a. Jarass/*Pieroth*, GG, Art. 40 Rn. 5; *Schneider* (Fn. 15), Art. 40 Rn. 11; *Maunz* (Fn. 18), Art. 40 Rn. 20.

[23] Dazu *Schulze-Fielitz* (Fn. 20), § 11, insb. Rn. 3, 19f.; *ders.*, Der informale Verfassungsstaat, 1984.

[24] *Schulze-Fielitz* (Fn. 20), § 11 Rn. 4.

[25] *H. Steiger*, Organisatorische Grundlagen des parlamentarischen Regierungssytems, 1973, S. 48; *Achterberg*, Parlamentsrecht, S. 67; *Schneider* (Fn. 15), Art. 40 Rn. 12; *Bollmann*, Grundlagen (Fn. 18), S. 138.

[26] *Bollmann*, Grundlagen (Fn. 18), S. 138. Terminologie und Abgrenzung hinsichtlich des ungeschriebenen Parlamentsrechts sind allerdings uneinheitlich, so wird teilweise zwischen Gewohnheitsrecht und Observanz unterschieden, was aber zu keiner größeren Klarheit verhilft; in diesem Sinne auch *Achterberg/Schulte*, GG VI, Art. 40 Rn. 50; vgl. weiter *Schulze-Fielitz* (Fn. 20), § 11 Rn. 11f., 14.

[27] *Schneider* (Fn. 15), Art. 40 Rn. 12; vgl. *Schulze-Fielitz* (Fn. 20), § 11 Rn. 8.

gung um Parlamentsbrauch, der nichtrechtlicher Natur ist, aber einen politischen Verbindlichkeitsanspruch erhebt[28]. Ob es sich bei einer Regel um Gewohnheitsrecht handelt, wird im Einzelfall nach § 127 GOBT vom Bundestagspräsidenten oder vom Geschäftsordnungsausschuß, tatsächlich aber meist vom Ältestenrat festgestellt. Die Anerkennung als Gewohnheitsrecht bleibt die Ausnahme; regelmäßig wird eine rechtliche Bindung dort, wo eine schriftliche Fassung nicht erfolgt, auch nicht gewollt sein[29].

2. Erlaß und Handhabung der Geschäftsordnung

Eine Besonderheit des Geschäftsordnungsrechts liegt darin, daß **Geber, Anwender und Adressat** der Norm **identisch** sind. Bei sonstigen Rechtsnormen besteht der demokratischen Idee nach eine solche Übereinstimmung zwar auch, bleibt aber im repräsentativen System eine nur gedachte[30]. Diese Besonderheit ermöglicht eine vergleichsweise flexible Handhabung der Geschäftsordnung[31]. Für ihre Setzung ist ein einfacher innerparlamentarischer Rechtsakt ausreichend, sofern darin eine auf den Erlaß gerichtete Willenserklärung des Plenums zum Ausdruck kommt[32]. Wegen des beschränkten Adressatenkreises wird die Geschäftsordnung nur bekanntgemacht, eine förmliche Verkündung ist nicht erforderlich[33]. Ihre Geltung unterliegt der **Diskontinuität**, ist also beschränkt auf die Wahlperiode des jeweiligen Bundestages[34]. Bis zum Zusammentritt des neuen Bundestages bleibt die alte Geschäftsordnung in Kraft[35]. In der Praxis wird die Geschäftsordnung des alten vom neuen Bundestag auf seiner konstituierenden Sitzung (→ Art. 39 Rn. 13, 25) übernommen[36]. 9

Auslegungszweifel bei der Anwendung der Geschäftsordnung werden im Einzelfall durch den Bundestagspräsidenten ad hoc entschieden, § 127 I 1 GOBT. Über den Einzelfall hinausgehende Auslegungsfragen werden vom Ausschuß für Wahlprüfung, Immunität und Geschäftsordnungsfragen behandelt; maßgeblich bleibt aber letztlich immer das Plenum, das vom Präsidenten, einem Ausschuß, einem Viertel seiner Mitglieder oder von mindestens 5% aller Abgeordneten angerufen werden kann, § 127 I 2 GOBT. Bei der Auslegung sind parlamentarische Tradition und Praxis zu berücksichtigen, wie sie sich durch die historische und politische Entwicklung geformt haben[37]. **Änderungen** der Geschäftsordnung, also die abstrakte Neuregelung von Geschäftsordnungsbestimmungen, können mit einfacher Mehrheit (Art. 42 II 1 GG) vorgenommen werden, die Befugnis dazu wird von der Ermächtigung zum Erlaß umfaßt[38]. Dar- 10

---

[28] *Schulze-Fielitz* (Fn. 20), § 11 Rn. 14f.; *Schneider* (Fn. 15), Art. 40 Rn. 12; *Achterberg/Schulte*, GG VI, Art. 40 Rn. 51.
[29] W. *Zeh*, Parlamentarisches Verfahren, in: HStR II, § 43 Rn. 12; Beispiele für Gewohnheitsrecht bei *Schulze-Fielitz* (Fn. 20), § 11 Rn. 10; sehr anschaulich *Dach* (Fn. 16), Art. 40 Rn. 18.
[30] *Dach* (Fn. 16), Art. 40 Rn. 17; *Pietzcker* (Fn. 13), § 10 Rn. 2.
[31] Vgl. *Dach* (Fn. 16), Art. 40 Rn. 33. Es ergeben sich hieraus allerdings Fragen für den persönlichen Anwendungsbereich. → Rn. 12.
[32] *Achterberg/Schulte*, GG VI, Art. 40 Rn. 54.
[33] *Achterberg/Schulte*, GG VI, Art. 40 Rn. 19.
[34] *Achterberg*, Parlamentsrecht, S. 329f.; *Arndt*, Geschäftsordnungsautonomie (Fn. 2), S. 129ff.; Schmidt-Bleibtreu/*Klein*, GG, Art. 40 Rn. 6. → Art. 39 Rn. 20ff.
[35] Vgl. *Achterberg/Schulte*, GG VI, Art. 40 Rn. 55.
[36] *Kretschmer* (Fn. 2), § 9 Rn. 125; vgl. dazu BVerfGE 1, 144 (148).
[37] BVerfGE 1, 144 (148f.).
[38] Anders die Regelung in Art. 32 I 2 der Verfassung von Baden-Württemberg, wonach Geschäftsordnungsänderungen einer 2/3-Mehrheit bedürfen.

über hinaus eröffnet § 126 GOBT die Möglichkeit, im **Einzelfall** mit einer Zweidrittelmehrheit der anwesenden Mitglieder des Bundestages von einer Bestimmung **abzuweichen**. Dies gilt auch für ungeschriebene Parlamentsregeln, falls ihr Rechtscharakter bejaht wird[39].

11   Aus der relativ geringen Stabilität der Geschäftsordnung folgt, daß sie keine gegen Abweichungen gesicherten Rechtspositionen (insbesondere der Minderheiten) begründet. Solche ergeben sich nur aus der Verfassung, die damit auch die Änderungsmöglichkeiten begrenzt. Die parlamentarische Rechts- und Praxislage ist immer Ausdruck der sich austarierenden Kräfteverhältnisse und Interessenlagen innerhalb des Bundestages[40]. Zugleich setzt konstruktive parlamentarische Arbeit einen breiten **Konsens in Verfahrensfragen** voraus. Dieser wird auch oft zu erzielen sein, zumal die Möglichkeit eines Wechsels der Mehrheitsverhältnisse einkalkuliert werden muß.

3. Personeller Anwendungsbereich

12   Aus der Ermächtigung zur Regelung der eigenen Angelegenheiten ergibt sich als Kehrseite die Beschränkung der Rechtswirkungen der Geschäftsordnung. Dies gilt vor allem für die Adressatenkreise: Gegenüber der **Allgemeinheit** kann die Geschäftsordnung wegen ihres innenrechtlichen Charakters keine Bindung begründen[41]. Außer Frage steht ihre Verbindlichkeit dagegen für die **Abgeordneten** als Angehörige des für die Geschäftsordnungsgebung zuständigen Personenverbandes[42].

13   Rechtliche Maßnahmen gegenüber **Zuhörern** lassen sich nach überwiegender Ansicht nicht auf die Geschäftsordnung, sondern nur auf das Hausrecht aus Art. 40 II 1 GG stützen[43]. Das Hausrecht, das sich gegen unzulässige Handlungen auf dem gesamten Bundestagsgelände richtet (→ Rn. 34), ist jedoch auf die Regelung eines funktionsgerechten Sitzungsablaufs nicht zugeschnitten. Zutreffender ist daher darauf abzustellen, daß mit der Teilnahme am parlamentarischen Geschehen zugleich die **Geltung der Geschäftsordnung** (Art. 40 I 2 GG) anerkannt wird. So läßt sich zwanglos auch die Verbindlichkeit parlamentarischer Regeln für Bürger im Rahmen von Anhörungen oder als Sachverständige in Enquete-Kommissionen erklären (§§ 70, 74 GOBT).

14   Weiter hält die h.M. eine Bindung der **Mitglieder der Bundesregierung und des Bundesrates** an die Geschäftsordnung für ausgeschlossen[44]. Auch ihnen gegenüber

---

[39] *Schulze-Fielitz* (Fn. 20), § 11 Rn. 7; vgl. *Schneider* (Fn. 15), Art. 40 Rn. 12.
[40] *Schulze-Fielitz* (Fn. 20), § 11 Rn. 3; *Dach* (Fn. 16), Art. 40 Rn. 28.
[41] Zur Beachtlichkeit von Geschäftsordnungsverstößen für Bürger → Rn. 21.
[42] Zum Problem der Zulässigkeit von Verhaltensregeln, die in die persönliche Sphäre der Abgeordneten hineinreichen, vgl. §§ 14, 44a AbgG; außerdem BVerfGE 40, 296 (319); *H. Troßmann*, Parlamentsrecht des Deutschen Bundestages, 1977, § 22 GOBT Rn. 5; *H. Freund*, DÖV 1987, 435ff.; *A. Herbertz*, Verhaltensregeln für die Mitglieder des Deutschen Bundestages, Diss. jur. Jena 1998; *T. Schwerin*, Der Deutsche Bundestag als Geschäftsordnungsgeber, 1998, S. 51 ff.
[43] So etwa *Achterberg*, Parlamentsrecht (Fn. 25), S. 652; *Arndt*, Geschäftsordnungsautonomie (Fn. 2), S. 119; *J. Bücker*, Das parlamentarische Ordnungsrecht, in: Schneider/Zeh, § 34 Rn. 53; *G. Kretschmer*, ZParl. 17 (1986), 334 (341); *Zeh* (Fn. 29), § 43 Rn. 38; *Dach* (Fn. 16), Art. 40 Rn. 35. § 41 GOBT wird demgemäß als Konkretisierung des Hausrechts verstanden.
[44] Vgl. BVerfGE 1, 144 (148); *H. Lechner/K. Hülshoff*, Parlament und Regierung, 1953, S. 180; *Ritzel/Bücker*, Anm. 2 Vorb. §§ 36–41 GOBT (1983), Anm. I d) bb) § 41 GOBT (1983); *S. Magiera*, Rechte des Bundestages und seiner Mitglieder gegenüber der Regierung, in: Schneider/Zeh, § 52 Rn. 37; *Stern*, Staatsrecht II, S. 84. Zur Verfassungsgeschichte *Huber*, Verfassungsgeschichte, Bd. 3, S. 311 f., 897.

ließen sich Ordnungs- und Sitzungsbefugnisse des Präsidenten nur beschränkt auf das Hausrecht stützen, da dieses vom jederzeitigen Zutritts- und Rederecht nach Art. 43 II GG[45] begrenzt werde[46]. Dessen Ausübung werde rechtlich nur durch die äußerste Grenze des Mißbrauchsverbots beschränkt[47]. Dieses Verständnis der Rechte der Privilegierten vermag angesichts der grundgesetzlichen Konzeption des parlamentarischen Regierungssystems nicht zu überzeugen, das durch die Gegenüberstellung von Regierung und Mehrheitsfraktionen auf der einen und der Opposition auf der anderen Seite geprägt ist[48]. Eine konstruktive Zusammenarbeit des Bundestages mit anderen Verfassungsorganen ist aufgrund vielfältiger Berührungspunkte unabdingbar (→ Art. 43 Rn. 25)[49]. Demgemäß ist der **Geltungsbereich** der Geschäftsordnung nicht nur personell, sondern **funktional** zu bestimmen: Die durch Art. 40 I 2 GG intendierte Ordnung des parlamentarischen Geschehens bildet den Rahmen, in dem die Privilegierten ihr Zutritts- und Rederecht ausüben können; Art. 43 II GG bestimmt das »ob«, nicht das »wie« dieser Rechte[50]. Die priviligierten Redner bewegen sich insoweit im innerparlamentarischen Bereich und bleiben in ihren Gastrollen gleichsam der Regie des Theaters, in dem sie auftreten, unterworfen[51]. Dieses Ergebnis entspricht auch dem Grundsatz der Verfassungsorgantreue[52] und steht im Einklang mit der deutschen Parlamentstradition (→ Rn. 3).

4. Gesetz als mögliche Regelungsform

Regelungen, die Fragen des im Parlament anzuwendenden Verfahrens oder der internen Aufgabenverteilung berühren, finden sich auch in **förmlichen Gesetzen** (z.B. § 14 AbgG, § 23a II, III ParteienG, § 3 BannmeilenG und § 6 BVerfGG)[53]. Ein Gesetz eröffnet jedoch Mitwirkungsmöglichkeiten von Bundesregierung (Initiativrecht), Bundespräsident (Ausfertigung, evtl. Prüfungsrecht) und Bundesrat (auch im Falle eines Einspruchsgesetzes, vgl. Art. 77 IV GG), welche die Geschäftsordnungsautonomie relativieren. Zudem bindet eine gesetzliche Regelung auch spätere Bundestage und beeinträchtigt die Diskontinuität[54]. Unproblematisch ist dies, wo die Gesetzesform auf eine verfassungsrechtliche Ermächtigung gestützt werden kann (z.B. Art. 10 II 2, 45 b 2, 45 c II, 41 III GG). Weiter steht die Gesetzesform dort außer Frage, wo nicht nur Abge-

15

---

[45] Vgl. § 43 GOBT.
[46] *Dach* (Fn. 16), Art. 40 Rn. 82, 88; *Troßmann*, Parlamentsrecht (Fn. 42), § 45 GOBT a.F. Rn. 4.
[47] Vgl. BVerfGE 10, 4 (18).
[48] *M. Schröder*, Rechte der Regierung im Bundestag, in: Schneider/Zeh, § 53 Rn. 3; *W. Zeh*, Gliederung und Organe des Bundestages, in: HStR II, § 42 Rn. 31; instruktiv *Haug*, Bindungsprobleme (Fn. 13), S. 116 ff., 122.
[49] Dem entspricht die parlamentarische Praxis, Redebeiträge der Regierung auf das Redezeitkontingent der Mehrheitsfraktionen und Beiträge aus dem Bundesrat je nach politischer Führung des Landes einer Fraktion anzurechnen. → Art. 43 Rn. 25 Fn. 73.
[50] *Haug*, Bindungsprobleme (Fn. 13), S. 118 ff.; vgl. *H. Troßmann*, JöR 28 (1979), 1 (42); im Ergebnis ähnlich *K.-H. Rothaug*, Die Leitungskompetenz des Bundestages, 1979, S. 69; *Schulze-Fielitz* (Fn. 20), § 11 Rn. 71; *Schwerin*, Geschäftsordnungsgeber (Fn. 42), S. 113 ff.
[51] → Art. 43 Rn. 23 ff.
[52] Vgl. hierzu *W.-R. Schenke*, Die Verfassungsorgantreue, 1977, S. 96 ff.; *M. Kühnreich*, Das Selbstorganisationsrecht des Deutschen Bundestages unter besonderer Berücksichtigung des Hauptstadtbeschlusses, 1997, S. 76.
[53] Ausführlich dazu *J. Bücker*, ZParl. 17 (1986), 324 (325 ff.).
[54] *Arndt*, Geschäftsordnungsautonomie (Fn. 2), S. 124; vgl. auch *Pietzcker* (Fn. 13), § 10 Rn. 14.

ordnete, sondern auch andere Rechtssubjekte berechtigt oder verpflichtet werden sollen, da durch die Geschäftsordnung eine solche externe Wirkung nicht erreicht werden kann[55].

16 Für die verbleibenden Fälle wird vertreten, aus Art. 40 I 2 GG resultiere nicht nur das Recht des Bundestages, seine Angelegenheiten in der Geschäftsordnung zu regeln, sondern auch die Pflicht, sich dieser Regelungsform zu bedienen[56]. Nur so bleibe der Bundestag Herr im eigenen Hause[57]. Das Bundesverfassungsgericht hat dagegen angenommen, Organisations- und Verfahrensgesetze seien ausnahmsweise dann zulässig, wenn sie nicht der Zustimmung des Bundesrates bedürfen, der Kern der Geschäftsordnungsautonomie nicht berührt wird und außerdem gewichtige Gründe für ein Gesetz sprechen[58]. Dem ist zuzustimmen. Denn einerseits wiegt die Unabhängigkeit des Parlaments im Rahmen des verfassungsrechtlichen Gefüges der Bundesrepublik nicht mehr so schwer wie in konstitutioneller Frontstellung[59]. Andererseits ist eine Grenzziehung zwischen der Regelungsmaterie von Gesetzen und Verfahrens- und Organisationsfragen nicht trennscharf möglich; insoweit kann der enge sachliche Zusammenhang eines Gesetzes mit innerparlamentarischen Gesichtspunkten für eine einheitliche Regelung sprechen[60]. Wegen der beachtlichen Bedenken gilt es allerdings, bei der Wahl der Gesetzesform im Einzelfall deren Vorteile gegen denkbare Nachteile abzuwägen[61].

5. Rang und Rechtsnatur

17 **Die Stellung** der Geschäftsordnung **in der Hierarchie der Rechtsnormen**, ist umstritten, vor allem das Verhältnis zum einfachen Gesetzesrecht. Für eine **Nachrangigkeit** der Geschäftsordnung sprechen ihre leichtere Änderbarkeit und ihre relative Schwäche hinsichtlich Bindungsumfang und Bindungsdauer[62]. Die Auffassung, das Verhältnis von Geschäftsordnungsrecht und Gesetz stelle kein Rang-, sondern allein ein Kompetenzproblem dar[63], kann angesichts der Möglichkeit, innerparlamentarische Fragen auch durch Gesetz zu regeln (→ Rn. 15 f.), nicht befriedigen[64]. Ungeachtet der prakti-

---

[55] Hierzu *J. Bücker*, ZParl. 17 (1986), 324 (326 ff.); *Pietzcker* (Fn. 13), § 10 Rn. 9 ff.
[56] Sondervoten zu BVerfGE 70, 324 ff. von *E.G. Mahrenholz*, BVerfGE 70, 366 ff. und *E.-W. Böckenförde*, BVerfGE 70, 380 ff.; siehe *Achterberg/Schulte*, GG VI, Art. 40 Rn. 46; *Steiger*, Regierungssystem (Fn. 25), S. 45; *H. Troßmann*, JöR 28 (1979), 1 (45); *Jarass/Pieroth*, GG, Art. 40 Rn. 6; *Bollmann*, Grundlagen (Fn. 18), S. 184 f. m.w.N.
[57] Sondervotum zu BVerfGE 70, 324 ff. von *E.G. Mahrenholz*, BVerfGE 70, 366 (377 ff.).
[58] BVerfGE 60, 374 (379); 70, 324 (361); vgl. dazu aber die beachtlichen Gegengründe in den Sondervoten von *E.G. Mahrenholz*, BVerfGE 70, 366 (376 ff.) und *E.-W. Böckenförde*, BVerfGE 70, 380 (386 ff.).
[59] *Kretschmer* (Fn. 2), § 9 Rn. 32, 41.
[60] Vgl. *Zeh* (Fn. 29), § 43 Rn. 11; *J. Bücker*, ZParl. 17 (1986), 324 (329); *M. Schröder*, Jura 1987, 469 (473); *Dach* (Fn. 16), Art. 40 Rn. 32; differenzierend *Pietzcker* (Fn. 13), § 10 Rn. 15 ff.
[61] Nach ausführlicher Diskussion im Ergebnis ebenso *Kühnreich*, Selbstorganisationsrecht (Fn. 52), S. 120 ff., 143.
[62] *Kühnreich*, Selbstorganisationsrecht (Fn. 52), S. 80 ff., 85.
[63] So *Achterberg/Schulte*, GG VI, Art. 40 Rn. 40 ff.; *H. Dreier*, JZ 1990, 310 (313); *Bollmann*, Grundlagen (Fn. 18), S. 187; Sondervotum von *E.G. Mahrenholz* zu BVerfGE 70, 324 ff. in BVerfGE 70, 366 (377); *Steiger*, Regierungssystem (Fn. 25), S. 44 f.
[64] Vgl. zur Möglichkeit von Kollisionsfällen auch *Kühnreich*, Selbstorganisationsrecht (Fn. 52), S. 80 f.; *J. Bücker*, ZParl. 17 (1986), 324 (326 ff.).

schen Bedeutung des Geschäftsordnungsrechts steht dieses im Rang daher auch einfachen Gesetzen nach[65].

Eine stark umstrittene Frage ist die nach der **Rechtsnatur** der Geschäftsordnung[66]. Die Einordnungsvorschläge reichen von gemischter Rechts- und Verwaltungsverordnung[67], öffentlich-rechtlicher Vereinbarung[68] über die Qualifikation als parlamentarisches Innenrecht[69] hin zur autonomen Satzung[70]. Als anerkannt darf jedoch gelten, daß den Geschäftsordnungsbestimmungen überhaupt Rechtssatzcharakter zukommt[71]. Im übrigen ist eine Zuordnung nirgendwo zwanglos möglich[72]. Demzufolge sollte man die Geschäftsordnung des Bundestages schlicht als **eigenen Regelungstypus** anerkennen[73]. Die wohl noch überwiegende Einordnung als autonome Satzung betont die Selbständigkeit des Parlaments bei der Regelung seiner Angelegenheiten[74].

18

6. Gerichtliche Kontrolle von Geschäftsordnungsrecht

Die **Regelungen der Geschäftsordnung**[75] selbst unterliegen der abstrakten Normenkontrolle gem. Art. 93 I Nr. 2 GG und im Organstreitverfahren nach Art. 93 I Nr. 1 GG der Überprüfung darauf, ob sie verfassungsmäßig begründete Rechte eines Antragstellers verletzen[76]. Die Kontrolle ist wegen des geschäftsordnungsrechtlichen Gestaltungsspielraums beschränkt auf die Einhaltung der Verfassung; Zweckmäßigkeitserwägungen bleiben außer Betracht[77].

19

Für die Rüge von **Verstößen gegen die Geschäftsordnung** kommt nur ein Organ-

20

---

[65] So BVerfGE 1, 144 (148); *Dach* (Fn. 16), Art. 40 Rn. 29; *Haug*, Bindungsprobleme (Fn. 13), S. 52 f.; *L.-A. Versteyl*, in: v. Münch/Kunig, GG II, Art. 40 Rn. 18; *Pietzcker* (Fn. 13), § 10 Rn. 41; *C. Arndt*, Parlamentarische Kontrolle der Nachrichtendienste, in: Schneider/Zeh, § 50 Rn. 4; *Maunz* (Fn. 18), Art. 40 Rn. 22; *Schneider* (Fn. 15), Art. 40 Rn. 10; *Kretschmer* (Fn. 2), § 9 Rn. 42; Jarass/Pieroth, GG, Art. 40 Rn. 5.

[66] Zum Streitstand s. *Achterberg*, Parlamentsrecht, S. 38 ff.; *Arndt*, Geschäftsordnungsautonomie (Fn. 2), S. 136 ff.; *Kretschmer* (Fn. 2), § 9 Rn. 43 ff.; *Pietzcker* (Fn. 13), § 10 Rn. 38; *Achterberg/Schulte*, GG VI, Art. 40 Rn. 33 ff.; alle m.w.N.

[67] *G. Jellinek*, Das System der subjektiven öffentlichen Rechte, 1905, S. 169; *F. Giese*, Das Grundgesetz für die Bundesrepublik Deutschland, 4. Aufl. 1955, Art. 40 Anm. 3.

[68] *H. v. Brentano*, Die Rechtsstellung des Parlamentspräsidenten nach deutschem Verfassungs- und Geschäftsordnungsrecht, 1930, S. 11.

[69] *N. Achterberg*, Grundzüge des Parlamentsrechts, 1971, S. 49; *ders.*, Parlamentsrecht, S. 59.

[70] So schon *P. Laband*, Das Staatsrecht des Deutschen Reiches, Bd. 1, 5. Aufl. 1911, S. 344 f.; BVerfGE 1, 144 (148); *Schneider* (Fn. 15), Art. 40 Rn. 10; *E. Röper*, ZParl. 15 (1984), 529 (532); *J. Bücker*, ZParl. 17 (1986), 324 (329); *Maunz* (Fn. 18), Art. 40 Rn. 21; Schmidt-Bleibtreu/*Klein*, GG, Art. 40 Rn. 6; weitere Nachweise insb. bei *Arndt*, Geschäftsordnungsautonomie (Fn. 2), S. 138 ff.; *Stern*, Staatsrecht II, S. 82.

[71] Anders früher *Hatscheck*, Parlamentsrecht (Fn. 5), S. 42 ff.; kritisch auch *Arndt*, Geschäftsordnungsautonomie (Fn. 2), S. 162 ff.; wie hier *Achterberg/Schulte*, GG VI, Art. 40 Rn. 21; *Pietzcker* (Fn. 13), § 10 Rn. 39; *Kretschmer* (Fn. 2), § 9 Rn. 45.

[72] Kritisch zu den Einordnungsbemühungen *Maunz* (Fn. 18), Art. 40 Rn. 21; *Dach* (Fn. 16), Art. 40 Rn. 21.

[73] *Kretschmer* (Fn. 2), § 9 Rn. 53; *Kühnreich*, Selbstorganisationsrecht (Fn. 52), S. 62 ff., 90 f.

[74] → Fn. 70.

[75] Ausführlich zum Ganzen *G. Theodossis*, Gerichtskontrolle der parlamentarischen Geschäftsordnungen in Griechenland, Frankreich und der Bundesrepublik Deutschland, 1996.

[76] Das BVerfG hat klar konstatiert, daß eine Geschäftsordnungsvorschrift eine Maßnahme i.S.v. § 64 I BVerfGG darstellen kann: BVerfGE 80, 188 (209).

[77] BVerfGE 80, 188 (220); 84, 304 (322); *Pietzcker* (Fn. 13), § 10 Rn. 45.

Art. 40 C. Erläuterungen

21 streitverfahren in Betracht. Hier kommt es darauf an, ob der Geschäftsordnungsverstoß zugleich eine Verletzung verfassungsmäßig eingeräumter Rechte darstellt[78].

21 Für die Beurteilung der **unter Verstoß gegen die Geschäftsordnung zustandegekommenen Entscheidungen** ist zwischen solchen mit Außenwirkung und bloß intern wirkenden Beschlüssen zu differenzieren. **Entscheidungen mit Außenwirkung** (vor allem Gesetzesbeschlüsse) sind grundsätzlich aus Gründen der Rechtssicherheit unabhängig von Geschäftsordnungsverstößen. Dritte können nämlich in den parlamentsinternen Bereich nur schwer Einblick gewinnen. Zugleich dient die Geschäftsordnung aber der Ausgestaltung und Gewährleistung eines **demokratischen Willensbildungsprozesses**, dessen Ergebnis in hohem Maße vom Gang des Verfahrens abhängig ist[79]. Erscheint ein solches Verfahren wegen eines schwerwiegenden Geschäftsordnungsverstoßes als nicht mehr gesichert, kann dieser deshalb zur **Ungültigkeit eines Beschlusses** führen, auch ohne daß zugleich ein Verfassungsverstoß vorliegt[80]. Entsprechendes gilt aufgrund der normativen Steuerungsfunktion der Geschäftsordnung für Entscheidungen im parlamentarischen **Innenbereich**, zumal hier dem Aspekt der Rechtssicherheit weniger Bedeutung zukommt[81].

III. Organisationsautonomie (Art. 40 I 1 GG)

1. Organisationsautonomie und Organstellung der Untergliederungen

22 Aufgrund der Geschäftsordnungsautonomie (→ Rn. 6) kann sich der Bundestag die für die Erfüllung seiner Aufgaben erforderlichen Einrichtungen schaffen (**Organisationsautonomie**) und seine Leitungspersonen und -gremien wählen. Art. 40 I 1 GG regelt die innere Organisation nur bruchstückhaft[82], daneben sehen Verfassung (vgl. Art. 44, 45a, 45b, 45c, 53a I GG) und Geschäftsordnung weitere Untergliederungen vor. Soweit diese selber entscheiden und nicht nur vorbereitend für das Plenum tätig werden, werden sie als Organe[83] bzw. Hilfs- oder Unterorgane[84] des Bundestages charakterisiert, deren Handeln diesem unmittelbar zugerechnet wird[85].

---

[78] BVerfGE 60, 374 (380f.); *Pietzcker* (Fn. 13), § 10 Rn. 47; *Achterberg/Schulte*, GG IV, Art. 40 Rn. 61; *Zeh* (Fn. 29), § 43 Rn. 7.

[79] Zur Bedeutung von Verfahrensfehlern allgemein *H.-J.Mengel*, Gesetzgebung und Verfahren, 1997, insb. S. 295 ff., 326 ff.; *M. Morlok*, Die Folgen von Verfahrensfehlern am Beispiel von kommunalen Satzungen, 1988, S. 181 ff.; zur Gesetzgebung *H. Schulze-Fielitz*, Theorie und Praxis parlamentarischer Gesetzgebung, 1988, S. 177 ff., zur Rationalitätssicherung durch Verfahren s. ebd. S. 454 ff.

[80] So auch *Haug*, Bindungsprobleme (Fn. 13), S. 144 f.; ähnlich *Schneider* (Fn. 15), Art. 40 Rn. 10; *Versteyl* (Fn. 65), Art. 40 Rn. 18; a.A. *Maunz* (Fn. 18), Art. 40 Rn. 23; *E.-W. Böckenförde*, Die Organisationsgewalt im Bereich der Regierung, 1964, S. 126; *Stern*, Staatsrecht II, S. 84; *Achterberg/Schulte*, GG VI, Art. 40 Rn. 61; vgl. auch BVerfGE 1, 144 (151); 29, 221 (234).

[81] Vgl. *Haug*, Bindungsprobleme (Fn. 13), S. 146; a.A. aber *Pietzcker* (Fn. 13), § 10 Rn. 43.

[82] Die Fassung des Art. 40 I 1 GG hat historische Ursachen, siehe dazu *Bollmann*, Grundlagen (Fn. 18), S. 27 f.

[83] Zum Begriff des Organs siehe *H.J. Wolff/O. Bachof*, Verwaltungsrecht II, 4. Auflage, 1976, § 74. Anzumerken ist im übrigen, daß grds. nur juristische Personen Organe haben können, der Bundestag aber keine juristische Person, sondern selbst Organ der Bundesrepublik Deutschland ist. Insoweit ist jedoch die Teilrechtsfähigkeit des Bundestages als ausreichend zu erachten. Dazu BVerfGE 1, 144 (152); *Maunz* (Fn. 18), Art. 40 Rn. 4, 5; *Bollmann*, Grundlagen (Fn. 18), S. 35 Fn. 49 f.

[84] *Schneider* (Fn. 8), Art. 40 Rn. 3; Jarass/*Pieroth*, GG, Art. 40 Rn. 2.

[85] Für die Parteifähigkeit im Rahmen des Art. 93 I Nr. 1 GG ist ausreichend, daß es sich um ständig vorhandene Gliederungen des Bundestages handelt, auf die Organqualität kommt es insoweit nicht an; vgl. BVerfGE 2, 143 (160).

2. Bildung und Zuständigkeit der Untergliederungen

a) Parlamentspräsident

Der Parlamentspräsident wird gem. §§ 1, 2 GOBT in geheimer Wahl bestimmt. Einer alten Praxis gemäß wird er von der größten Fraktion gestellt[86]. Eine **Abwahl** des Präsidenten während seiner Amtszeit ist entsprechend demokratischen Grundsätzen möglich[87]. Da § 2 I 1 GOBT die Wahl allerdings für die gesamte Wahlperiode vorsieht, wird man hierfür eine Zweidrittelmehrheit entsprechend § 126 GOBT verlangen müssen[88].

23

Die Aufgabe des Präsidenten liegt darin, Würde und Rechte des Bundestages zu wahren und dessen Arbeit zu fördern. Dabei ist er zu einer politisch neutralen und unparteiischen Amtsführung verpflichtet, § 7 I 2 GOBT; als **Personifizierung des Parlaments** hat er dieses in seiner Gesamtheit zu vertreten[89]. Im übrigen lassen sich seine zahlreichen Einzelbefugnisse[90] in vier Bereiche gliedern. Zunächst ist der Präsident für den gerichtlichen und außergerichtlichen Rechtsverkehr des Bundestages zuständig (§§ 7 I 1, III 1 GOBT): **Vertretungsbefugnis**. Weiter ist der Präsident zuständig für die Vollziehung des Haushaltsplanes und die Wahrnehmung dienstrechtlicher und verwaltungstechnischer Aufgaben, §§ 7 I 1, III 2, IV, V GOBT: **Geschäftsführungsbefugnis**[91]. Bei den Aufgaben während der Plenarsitzungen ist schließlich zu differenzieren zwischen Leitungs- und Ordnungsbefugnissen. Zu den **Leitungsbefugnissen** zählen etwa das Recht zur Einberufung des Parlaments, zur Sitzungseröffnung und -leitung und zur Auslegung der Geschäftsordnung im Einzelfall, §§ 21–28, 46, 48 III, 51 II, 120, 127 I GOBT[92]. Die Sitzungsleitung unterliegt keiner Diskussion, da Autorität und Ansehen von Präsident und Parlament in der Öffentlichkeit hierdurch untergraben werden könnten[93]. Die **Ordnungsbefugnis**[94] des Präsidenten umfaßt Maßnahmen zur Gewährleistung eines effektiven und störungsfreien Sitzungsablaufs, §§ 35 III, 36 ff., 119 II GOBT[95]. Der Präsident hat insoweit Einwirkungsmöglichkeiten auf Red-

24

---

[86] Dazu *K.-U. Meyn*, JZ 1977, 167 ff.; Jarass/*Pieroth*, GG, Art. 40 Rn. 1; Schmidt-Bleibtreu/*Klein*, GG, Art. 40 Rn. 3; diese Übung findet eine Stütze in § 7 VI GOBT. Zur Frage, ob dies bereits Gewohnheitsrecht ist, bejahend *Achterberg*, Parlamentsrecht, S. 190 f.; kritisch *Schulze-Fielitz* (Fn. 20), § 11 Rn. 72.

[87] So auch *Maunz* (Fn. 18), Art. 40 Rn. 10; *Versteyl* (Fn. 65), Art. 40 Rn. 4; *Schneider* (Fn. 15), Art. 40 Rn. 5; *S. Magiera*, in: Sachs, GG, Art. 40 Rn. 5; Jarass/*Pieroth*, GG, Art. 40 Rn. 1; dagegen aber *Ritzel/Bücker*, Anm. I. 1. 3) § 2 GOBT (1995); *Dach* (Fn. 16), Art. 40 Rn. 48 f.; *Achterberg*, Parlamentsrecht, S. 213; *J. Bücker*, Präsident und Präsidium, in: Schneider/Zeh, § 27 Rn. 2; *H. Steiger*, Selbstorganisation und Ämterbesetzung, in: Schneider/Zeh, § 25 Rn. 8; *O. Uhlitz*, AöR 87 (1962), 296 ff.

[88] So zutreffend *Magiera* (Fn. 87), Art. 40 Rn. 5.

[89] Vgl. dazu BVerfGE 1, 114 (116); 1, 144 (156); 27, 152 (157); 80, 188 (227).

[90] Eine Übersicht bei *Bücker* (Fn. 87), § 27 Rn. 7 ff.

[91] Der Präsident ist oberste Dienstbehörde der Bundestagsbeamten, vgl. auch § 176 BBG. Umfassend zur Bundestagsverwaltung *P. Schindler*, Die Verwaltung des Bundestages, in: Schneider/Zeh, § 29.

[92] Umfassend zur Leitungsbefugnis des Präsidenten *Rothaug*, Leitungskompetenz (Fn. 50), passim.

[93] *Achterberg/Schulte*, GG VI, Art. 40 Rn. 4; *Bücker* (Fn. 87), § 27 Rn. 29.

[94] Auch als Ordnungs- oder Sitzungsgewalt bezeichnet, vgl. etwa *Schneider* (Fn. 15), Art. 40 Rn. 15.

[95] Vgl. *H.-A. Roll*, ZParl. 17 (1986), 313 (317); ausführlich zum parlamentarischen Ordnungsrecht *Bücker* (Fn. 43), § 34 Rn. 10 ff.; *L.-A. Versteyl*, NJW 1983, 379 (379 ff.).

ner, die teilnehmenden Abgeordneten und auf Zuhörer[96]. Schließlich ist der Präsident Inhaber des Hausrechts und der Polizeigewalt, Art. 40 II GG (→ Rn. 34 f.).

b) Präsidium, Schriftführer und Ältestenrat

25 Das **Präsidium** des Bundestages besteht aus dem Präsidenten und seinen Stellvertretern, die wie der Präsident selbst in der ersten Sitzung des Bundestages gewählt werden, §§ 2 I 1, 5 GOBT. Jede Fraktion muß im Präsidium durch mindestens einen Vizepräsidenten vertreten sein, § 2 I 2 GOBT. Die Zahl der Stellvertreter insgesamt wird durch Vereinbarung der Fraktionen bestimmt[97]. **Aufgaben** des Präsidiums sind in der Geschäftsordnung nur vereinzelt geregelt, §§ 7, 8 GOBT sowie §§ 1, 8 der Verhaltensregeln für Mitglieder des Deutschen Bundestages (Anlage 1 zur GOBT). Wichtiger als die schriftlich fixierten Aufgaben ist die praktische **Beratungs- und Schlichtungsfunktion** und die Klärung administrativer Fragen[98]. Hauptaufgabe der **Stellvertreter** ist es, den Präsidenten bei der Sitzungsleitung zu vertreten, §§ 8, 7 IV GOBT. Sie sind von Amts wegen Mitglieder des Ältestenrates, § 6 I 1 GOBT.

26 Die vom Bundestag gewählten **Schriftführer** haben vor allem die Aufgabe, den amtierenden Präsidenten bei der Sitzungsleitung zu unterstützen; pro Sitzung werden diesem jeweils zwei Schriftführer beigeordnet, die zusammen mit ihm den **Sitzungsvorstand** bilden, §§ 8, 9 GOBT.

27 Der **Ältestenrat**[99] dient als Koordinations- und Lenkungsgremium; insbesondere soll er eine Verständigung zwischen den Fraktionen über die Besetzung der Vorsitzendenposition in den Ausschüssen sowie über die parlamentarischen Abläufe herbeiführen, §§ 6 II, 20 I, 35 I GOBT. Er ist aber grds. **kein Beschlußorgan**; kommt es zu keiner Einigung oder wird ein Vorschlag vom Bundestag nicht angenommen, beschließt das Plenum hierüber[100]. Der Ältestenrat setzt sich zusammen aus dem **Präsidium sowie weiteren 23 Mitgliedern**, die gemäß §§ 6, 12 GOBT von den Fraktionen entsprechend ihrer Stärke benannt werden. Sofern Gruppen gemäß § 10 IV GOBT bestehen, entsenden diese derzeit jeweils ein Mitglied in den Ältestenrat[101]. Die Gruppen erhalten somit Gelegenheit, ihre Vorstellungen einzubringen, für interfraktionelle Vereinbarungen wird allerdings der Konsens allein der Fraktionen als ausreichend erachtet[102].

---

[96] Aufzählung der verschiedenen Ordnungsmittel bei *Schneider* (Fn. 15), Art. 40 Rn. 15; vgl. *Zeh* (Fn. 29), § 43 Rn. 36; zu der Reichweite und den unterschiedlichen rechtlichen Grundlagen der Ordnungsgewalt gegenüber den verschiedenen Adressatenkreisen → Rn. 12 ff.

[97] *Ritzel/Bücker*, Anm. I. 2. a) § 2 GOBT (1983); Schmidt-Bleibtreu/*Klein*, GG, Art. 40 Rn. 3.

[98] Vgl. *Bücker*, § 27 Rn. 28 f.; *Dach* (Fn. 16), Art. 40 Rn. 119, 120.

[99] Instruktiv zum Ganzen H.-A. *Roll*, Der Ältestenrat, in: Schneider/Zeh, § 28 Rn. 5 ff.

[100] Vgl. Schmidt-Bleibtreu/*Klein*, GG, Art. 40 Rn. 4; *Dach* (Fn. 16), Art. 40 Rn. 128, 129; ausführlich *Roll* (Fn. 99), § 28 Rn. 20 ff. Als Beschlußorgan wird der Ältestenrat nur selten tätig, etwa bei der Aufstellung des Haushaltsvoranschlags, vgl. § 6 III GOBT.

[101] Siehe den Status-Beschluß des 13. Bundestages, BT-Drs. 13/684, Nr. 2 c.

[102] Vgl. BVerfGE 84, 304 (326 ff.); 96, 264 (280). Entgegen dem BVerfG gebührt den Gruppen jedoch ein Repräsentant mit den gleichen Rechten wie den Fraktionsvertretern. Auch die organisatorisch-prozedurale Strukturierung der parlamentarischen Arbeit wird vom Prinzip gleichberechtigter parlamentarischer Mitwirkung erfaßt. Allgemein zur Bedeutung interfraktioneller Vereinbarungen *Schwerin* (Fn. 42), S. 266 ff.

c) **Ausschüsse**

Der überwiegende Teil der inhaltlichen Arbeit des Bundestages, auch der Exekutivkontrolle, wird nicht im Plenum, sondern in den Ausschüssen geleistet[103]. Grundlage für ihre Bildung sind Bestimmungen teils der Verfassung (Art. 44, 45, 45a, 45c GG), teils der einfachen Gesetze[104], im übrigen der Geschäftsordnung, §§ 54ff. GOBT. Schreiben Verfassung, Gesetz oder Geschäftsordnung[105] ihre Einrichtung nicht ausdrücklich vor, ist der Bundestag insofern frei. Zu den freiwilligen Ausschüssen gehören **Sonderausschüsse**, die für einzelne Angelegenheiten eingerichtet werden und mit Erfüllung ihrer Aufgabe enden, und **ständige Ausschüsse**[106], § 54 I GOBT.

Die Aufgaben der Ausschüsse werden durch § 62 I 2 GOBT dahingehend charakterisiert, daß sie als **vorbereitende** Beschlußorgane für den Bundestag Empfehlungen erarbeiten[107]. Praktisch findet jedoch die Herstellung der Entscheidungen fast ausschließlich in den Ausschüssen statt, während in den Plenarsitzungen deren Darstellung und die Information der Öffentlichkeit im Vordergrund stehen[108]. Durch die weitgehende **Vorwegnahme des Entscheidungsprozesses**[109] in den Ausschüssen hat ihre **Besetzung** besondere Bedeutung: Mit der Verlagerung der Entscheidungsfindung wird auch die **Repräsentationsfunktion** der Volksvertretung auf die Ausschüsse verlagert; ebenso erstreckt sich nach dem Prinzip der **Chancengleichheit der Abgeordneten** (→ Art. 38 Rn. 128) deren Recht auf Partizipation an der Willensbildung auf die Mitwirkung in den Ausschüssen[110]. Dies gilt auch für fraktionslose Abgeordnete[111]. Dem entspricht im Ansatz die Regelung des § 12 GOBT, also die Ausschußbesetzung gemäß den Fraktionsstärken; die Ausschüsse müssen sich als verkleinerte Abbilder des Plenums darstellen[112]. Da Verkleinerung notwendig zur **Vergröberung** der Abbildung führt, ist eine Abwägung erforderlich zwischen Proportionalität und Repräsentativi-

---

[103] *Zeh* (Fn. 48), § 42 Rn. 40, 40f.; → Art. 43 Rn. 9 Fn. 23.
[104] § 3 WahlPG – Wahlprüfungsausschuß; § 6 BVerfGG – Wahlausschuß; Gremium gemäß § 9 G 10; Parlamentarische Kontrollkommission gemäß § 1 des Gesetzes über die Kontrolle nachrichtendienstlicher Tätigkeiten des Bundes; Vertrauensgremium gemäß § 10a BHO; zur Vertiefung siehe *H. Frost*, AöR 95 (1970), 38 (52ff.); *F. Edinger*, Wahl und Besetzung parlamentarischer Gremien, 1992, S. 216 ff.
[105] Vgl. §§ 96, 112, 114, 129, GOBT.
[106] Näher hierzu *H. Frost*, AöR 95 (1970), 38 (53); *Steiger*, Regierungssystem (Fn. 25), S. 121 ff.; vgl. auch *Achterberg/Schulte*, GG VI, Art. 40 Rn. 16. Die ständigen »Fachausschüsse« bilden der Zahl nach den Hauptteil der Bundestagsausschüsse, sie sind größtenteils den Ressorts der Bundesregierung zugeordnet und sind für die Behandlung von Gesetzesvorlagen zuständig; *Zeh* (Fn. 48), § 42 Rn. 42; *Edinger*, Wahl (Fn. 104), S. 187.
[107] Diese müssen sich grds. auf die überwiesenen Vorlagen beziehen, allerdings kommt den Ausschüssen auch ein beschränktes Selbstbefassungsrecht zu, § 62 I 3 GOBT; vgl. BVerfGE 1, 144 (152).
[108] *H. Dreier*, JZ 1990, 310 (318); *Zeh* (Fn. 48), § 42 Rn. 40; *Edinger*, Wahl (Fn. 104), S. 186.
[109] Zu weitergehenden Entscheidungsbefugnissen vgl. § 62 I 4 GOBT. Zur Übertragung von Kompetenzen des Bundestages auf Ausschüsse auch BVerfGE 44, 308 (318f.); 70, 324 (363); 80, 188 (221); *W. Berg*, Der Staat 9 (1970), 21 ff.; *H.-H. Kasten*, DÖV 1985, 222 ff.
[110] Dazu BVerfGE 44, 308 (316); 56, 396 (405); 70, 324 (363); 80, 188 (217f.); 84, 304 (321).
[111] Fraktionslosen Abgeordneten in Ausschüssen Mitwirkungsmöglichkeiten, aber kein Stimmrecht einzuräumen (§ 57 I 2 GOBT) erscheint fragwürdig. So aber BVerfGE 80, 188 (244ff.); kritisch hierzu das Sondervotum von *E.G. Mahrenholz* in BVerfGE 80, 235 (237); *M. Morlok*, JZ 1989, 1035 (1040ff.); *H. Schulze-Fielitz*, DÖV 1989, 829 ff.; vgl. auch *H.-H. Trute*, Jura 1990, 184 ff.; *J. Ziekow*, JuS 1991, 28 ff.
[112] Vgl. BVerfGE 80, 188 (222); 84, 304 (323 f.).

tät. Hierfür sind Größe der Gremien und Besetzungssystem[113] maßgeblich, deren Bestimmung aufgrund seiner Geschäftsordnungsautonomie dem Bundestag (§ 57 I 1 GOBT) obliegt. Unter dem Aspekt der Arbeits- und Funktionsfähigkeit kommt ihm insoweit ein »Organisationsermessen« zu[114]. Laut Bundesverfassungsgericht kann daher bei der Ausschußbesetzung ausnahmsweise eine Fraktion vernachlässigt werden, sofern dies für die Arbeitsfähigkeit oder aufgrund der Besonderheiten des Verhandlungsgegenstandes (Geheimschutz) als notwendig erachtet wird[115]. Diese Auffassung trägt dem Postulat möglichst vollständiger Repräsentation in den Gremien als Ausfluß der Volkssouveränität zu wenig Rechnung, das den Gestaltungsspielraum des Parlaments begrenzt. Der Aspekt der Proportionalität wird hier von dem einer umfassenden Repräsentation überwogen, solange – ggf. durch Ausgleichsmandate – gewährleistet bleibt, daß die Mehrheit im Plenum auch über die Mehrheit in den Ausschüssen verfügt. Daher ist eine Berücksichtigung von Minderheitsfraktionen in **allen Ausschüssen** zu verlangen[116]. Für Gruppen (§ 10 IV GOBT) ist eine Repräsentation jedenfalls in Untersuchungsausschüssen zu verlangen, da solche Oppositionsmeinungen in besonderem Maße Rechnung tragen müssen.

30 Die **Verteilung der Vorsitzendenpositionen** in den **Ausschüssen** und die Bestimmung der übrigen Mitglieder regeln die §§ 58, 6 II 2, 12, 57 II GOBT. Die Ausschußsitzungen erfolgen gemäß § 69 I 1 GOBT grundsätzlich nicht öffentlich; allerdings sind Ausnahmen möglich, vgl. §§ 69 II, 70 GOBT (→ Art. 42 Rn. 24f.).

31 Der Bundestag kann zur Bearbeitung umfangreicher und komplexer Sachgebiete **Enquête-Kommissionen** einsetzen (§ 56 GOBT), die sich, anders als Ausschüsse, nicht nur aus Abgeordneten, sondern auch aus externen Sachverständigen zusammensetzen.

d) Fraktionen

32 Der Zusammenschluß in Fraktionen bildet ein **wesentliches Gliederungsprinzip** des Bundestages. Die Rechte der Fraktionen leiten sich aus den Rechten der Abgeordneten ab, die sich zu Fraktionen zusammenschließen[117] (→ Art. 38 Rn. 164ff.). Gleichwohl stellen sie sich faktisch als Repräsentationsinstanzen der Parteien dar: als **Parteien im Parlament**. Durch sie vollzieht sich die Transformation der gesellschaftlichen Willensbildung in staatliches Handeln[118]. Die Fraktionen bewirken Handlungsfähig-

---

[113] Siehe hierzu *W. Zeh*, Das Ausschußsystem im Bundestag, in: Schneider/Zeh, § 39 Rn. 15f.; *ders.*, (Fn. 48), § 42 Rn. 46; *Edinger*, Wahl (Fn. 104), 323ff.; *H.-P. Schneider*, ZParl. 1 (1970), 442ff.

[114] Siehe hierzu *H. Dreier*, JZ 1990, 310 (318f.); vgl. BVerfGE 80, 188 (219f.); 96, 264 (278f.).

[115] BVerfGE 70, 324 (364); vgl. auch BayVerfGH BayVBl. 1989, 173 (174). Dagegen aber mit guten Gründen die Sondervoten von *E.G. Mahrenholz*, BVerfGE 70, 366 (367ff.) und *E.-W. Böckenförde*, BVerfGE 70, 380 (381ff.); s. a. *W.W. Schmidt*, DÖV 1986, 236ff.

[116] Zutreffend *H. Dreier*, JZ 1990, 310 (316ff.); im Ergebnis ebenso *Schneider* (Fn. 15), Art. 40 Rn. 8; *Zeh* (Fn. 48), § 42 Rn. 47; *K.-H. Hohm*, NJW 1985, 408 (411); vgl. auch *H. Meyer*, Die Stellung der Parlamente in der Verfassungsordnung des Grundgesetzes, in: Schneider/Zeh, § 4 Rn. 108ff.; anders aber BVerfGE 84, 304 (324); 96, 264 (280); Jarass/*Pieroth*, GG, Art. 40 Rn. 3b; *Magiera* (Fn. 87), Art. 40 Rn. 17.

[117] BVerfGE 10, 4 (14); 80, 188 (219); 84, 304 (322); gegen BVerfGE 80, 188 aber das Sondervotum von *K. Kruis*, BVerfGE 80, 241 (241f.). Zur Debatte um Anerkennung der Fraktionen und Befugnisse einzelner Abgeordneter *E. Schütt-Wetschky*, Grundfragen parlamentarischer Demokratie: Klassisch-altliberaler Typ und Gruppentyp, 1984.

[118] Weil die Fraktionen den Bundestag nicht in seiner Gesamtheit repräsentieren und ihre Rechte

keit durch Meinungsbündelung, zudem ist fraktionsinterne **Arbeitsteilung** unabweisbare Voraussetzung für die Bewältigung der zu behandelnden Komplexität[119].

Dementsprechend stellt der Bundestag bei der Regelung von Organisation und Verfahren in hohem Maße auf die Fraktionen ab. Bei der Ausgestaltung des Fraktionsstatus kommt ihm ein Gestaltungsspielraum zu[120]. Insoweit ist die Festlegung einer **Fraktionsmindeststärke** (§ 10 I GOBT) und eine Beschränkung von Gruppen (§ 10 IV GOBT) und fraktionslosen Abgeordneten bei Initiativ- und Rederechten zur Straffung der parlamentarischen Arbeit gerechtfertigt[121]. Allerdings trägt der Bundestag für eine solche Beschränkung von Abgeordnetenrechten die **Argumentationslast**[122].

IV. Räumliche Integrität des Bundestages (Art. 40 II GG)

1. Hausrecht und Polizeigewalt (Art. 40 II 1 GG)

Nach Art. 40 II 1 GG, § 7 II 1 GOBT übt der Präsident in den Parlamentsgebäuden das Hausrecht und die Polizeigewalt aus. Diese Bestimmungen dienen dem Schutz der parlamentarischen Arbeit gegen Störungen von außen. Das **Hausrecht** wird überwiegend auf das Eigentum und die daraus folgenden Benutzungsrechte des Bundestages an seinen Räumlichkeiten gestützt[123]. Zutreffender erscheint eine originär öffentlich-rechtliche Herleitung aus der Befugnis des Bundestages, seine ordnungsgemäße Funktionserfüllung zu sichern[124]. Der Präsident ist insoweit dafür zuständig, die Gebäude und Grundstücke des Bundestags für diesen zu verwalten sowie eine Hausordnung zu erlassen (§ 7 II GOBT) und für deren Durchsetzung zu sorgen. Verstöße gegen entsprechende Maßnahmen stellen Ordnungswidrigkeiten i.S.v. § 112 OWiG dar; wer entgegen einer Verweisung des Präsidenten im Bundestag verweilt, begeht Hausfriedensbruch gemäß § 123 StGB.

Die **Polizeigewalt** verleiht dem Präsidenten alle hoheitlichen Befugnisse der allgemeinen Polizeibehörden[125]. Im Bereich des Bundestages ist zugleich jede andere Polizeigewalt ausgeschlossen[126]. Auf **Ersuchen** des Präsidenten sind die örtlichen Polizei-

---

von den Abgeordneten ableiten, sind sie keine Organe des Parlaments: so auch BVerfGE 62, 194 (202); 84, 304 (322); *Maunz* (Fn. 18), Art. 40 Rn. 14 m.w.N.; a. A. *Jarass/Pieroth*, GG, Art. 40 Rn. 4; *Schneider* (Fn. 15), Art. 40 Rn. 3; *J. Scherer*, AöR 112 (1987), 189 (197ff.) m.w.N. Zur parlamentarischen Praxis vgl. *F. Schäfer*, Der Bundestag, 1982, S. 135ff.; *K. v. Beyme*, Der Gesetzgeber, 1997, S. 130ff.; *W. Ismayr*, Der Deutsche Bundestag, 1992, S. 37ff., 83ff.

[119] Vgl. *H. Dreier*, JZ 1990, 310 (318). Zum historischen Zusammenhang von Parteien und Fraktionsbildung → Art. 21 Rn. 4.

[120] Die Regelung der Fraktionsrechte kann in der Geschäftsordnung nur für den parlamentsinternen Bereich erfolgen; Bestimmungen mit Außenwirkung müssen durch Gesetz getroffen werden, vgl. insoweit §§ 45ff. AbgG; hierzu *M. Morlok*, NJW 1995, 29ff.

[121] BVerfGE 84, 304 (321ff.); 96, 264 (278f.); *Dach* (Fn. 16), Art. 40 Rn. 142f.; zur Mitwirkung fraktionsloser Abgeordneter in Ausschüssen → Rn. 29 Fn. 111.

[122] Vgl. BVerfGE 84, 304 (321ff.); 93, 109 (204); 96, 264 (278).

[123] Fiskalischen Charakter des Hausrechts nehmen an etwa *Achterberg/Schulte*, GG VI, Art. 40 Rn. 63; Schmidt-Bleibtreu/*Klein*, GG (Fn. 15), Art. 40 Rn. 10; *Versteyl* (Fn. 65), Art. 40 Rn. 23; differenzierend *Jarass/Pieroth*, GG, Art. 40 Rn. 9f.

[124] Vgl. zum öffentlich-rechtlichen Hausrecht zur Sicherung der Aufgabenerfüllung *Maurer*, Allg. Verwaltungsrecht, § 3 Rn. 24; *Wolff/Bachof/Stober*, Verwaltungsrecht I, § 22 Rn. 51.

[125] *Schneider* (Fn. 15), Art. 40 Rn. 14; *Achterberg/Schulte*, GG VI, Art. 40 Rn. 64.

[126] Schmidt-Bleibtreu/*Klein*, GG, Art. 40 Rn. 10; *Schneider* (Fn. 15), Art. 40 Rn. 14; vgl. aber *Stern*, Staatsrecht II, S. 85.

behörden jedoch verpflichtet, diesem **Amtshilfe** zu leisten. Insoweit sind die tätig werdenden Beamten den **Weisungen des Präsidenten unterworfen**, dem entsprechende Maßnahmen rechtlich zuzurechnen sind[127]. Eine Ausnahme vom Grundsatz, daß die Polizei ohne ein Ersuchen zum Betreten des Bundestagsgeländes weder verpflichtet noch berechtigt ist, kommt nur in Notfällen in Betracht. Richtschnur ist, daß Störungen der parlamentarischen Tätigkeit durch den einschreitenden Hoheitsträger ausgeschlossen sind[128]. Zur Durchsetzung seiner sich aus Hausrecht und Polizeigewalt ergebenden Befugnisse kann sich der Präsident eines eigenen **Ordnungsdienstes** bedienen, der weisungsbefugt und berechtigt ist, seine Anordnungen auch durch unmittelbaren Zwang durchzusetzen[129].

36 Hausrecht und Polizeigewalt erstrecken sich auf die **Gebäude des Bundestages**, d.h. auf das Bundeshaus in Bonn einschließlich seiner Nebengebäude ebenso wie auf das Berliner Reichstagsgelände; nicht aber automatisch auf jeden Ort, an dem ein Ausschuß tagt. Sofern dies nämlich an Orten geschieht, die nicht dem Bundestag zuzurechnen sind (etwa bei Ortsbesichtigungen), wäre ein Ausschluß der allgemeinen polizeilichen Zuständigkeit bedenklich[130]. Außerdem sind solche Räumlichkeiten nicht ohne weiteres zu den Gebäuden des Bundestages zu rechnen, die von Abgeordneten oder Fraktionen eigenmächtig angemietet oder bezogen werden, sei es auch für parlamentarische Zwecke[131].

2. Genehmigungserfordernis für Durchsuchungen und Beschlagnahmungen (Art. 40 II 2 GG)

37 Eine Durchsuchung oder Beschlagnahme darf in den Gebäuden des Bundestages nicht ohne vorherige Genehmigung des Präsidenten erfolgen, § 184 BGB findet keine Anwendung[132]. Auf die Genehmigung kann weder der Präsident noch ein betroffener Abgeordneter verzichten[133]. Sie ist erforderlich für **Durchsuchungen** (§§ 94 ff. StPO) und **Beschlagnahmungen** (§§ 102 ff. StPO) sowie entsprechende Eingriffe aufgrund anderer Rechtsgrundlagen, vor allem nach polizeirechtlichen Regelungen[134]. Festnahmen und Verhaftungen (§§ 112 ff. StPO) werden dagegen bereits von Art. 46 II-IV GG erfaßt[135]. Ergänzt wird der räumliche Schutz des Bundestages durch § 106 a StGB und § 16 VersG i.V.m. dem Bannmeilengesetz v. 28. 5. 1969.

---

[127] *Versteyl* (Fn. 65), Art. 40 Rn. 24.
[128] So zutreffend *Dach* (Fn. 16), Art. 40 Rn. 106; ähnlich *Versteyl* (Fn. 65), Art. 40 Rn. 26; *Schneider* (Fn. 15), Art. 40 Rn. 16; a.A. *Troßmann*, Parlamentsrecht (Fn. 42), § 7 GOBT Rn. 38; *Maunz* (Fn. 18), Art. 40 Rn. 26; Jarass/*Pieroth*, GG, Art. 40 Rn. 9.
[129] Vgl. § 6 HausO BT v. 11. 6. 1975; abgedruckt bei *Ritzel/Bücker*, Anlage zu § 7 II GOBT (1995).
[130] Siehe hierzu *Dach* (Fn. 16), Art. 40 Rn. 101; weiter aber *Achterberg/Schulte*, GG VI, Art. 40 Rn. 62; *Maunz* (Fn. 18), Art. 40 Fn. 27; *Versteyl* (Fn. 65), Art. 40 Rn. 26. Anderes gilt allerdings für den Zusammentritt der Bundesversammlung gemäß Art. 54 IV GG i.V.m. § 8 des Gesetzes über die Wahl des Bundespräsidenten v. 25. 4. 1959, wonach die entsprechenden Vorschriften der GOBT analog anwendbar sind; vgl. insoweit § 7 II GOBT.
[131] *Dach* (Fn. 16), Art. 40 Rn. 100; *Versteyl* (Fn. 65), Art. 40 Rn. 28.
[132] *Maunz* (Fn. 18), Art. 40 Rn. 31; Schmidt-Bleibtreu/*Klein* GG, Art. 40 Rn. 10.
[133] *Schneider* (Fn. 15), Art. 40 Rn. 16; Jarass/*Pieroth*, GG, Art. 40 Rn. 11; anders *G.M. Köhler*, DVBl. 1992, 1577 (1581).
[134] Vgl. Schmidt-Bleibtreu/*Klein* GG, Art. 40 Rn. 10; *Versteyl* (Fn. 65), Art. 40 Rn. 29.
[135] *Magiera* (Fn. 87), Art. 40 Rn. 33; Jarass/*Pieroth*, GG, Art. 40 Rn. 11; a.A. *Schneider* (Fn. 15), Art. 40 Rn. 16; näher dazu *Achterberg*, Parlamentsrecht, S. 126 m.w.N. → Art. 46 Rn. 26 ff.

D. Verhältnis zu anderen GG-Bestimmungen

Die Parlamentsautonomie des Bundestages wird begrenzt durch eine Reihe von Verfassungsbestimmungen: So müssen die Abgeordnetenrechte aus Art. 38 I 2 GG und diverse Vorgaben für das Verfahren (Art. 42, 121, 39 I, 41, 43 II, 76, 79 II, 77 IV, 81, 110 III GG) und die Organisation (44 I, 45a, 45c, 45b, 10 II 2 GG) beachtet werden. Zu nennen sind ferner diejenigen Vorschriften, die Kompetenzen und Aufgaben des Bundestages in Hinblick auf andere Verfassungsorgane betreffen (Art. 54 IV 2, 56 S. 1, 61 I, 63, 67 I, II, 53a I, 94 I, 95 II, 93 I Nr. 2 GG). Ergänzt wird die externe Parlamentsautonomie schließlich durch Art. 39 III, 46 II-IV GG.

Artikel 41 [Wahlprüfung; Mandatsprüfung]

(1) ¹Die Wahlprüfung ist Sache des Bundestages. ²Er entscheidet auch, ob ein Abgeordneter des Bundestages die Mitgliedschaft verloren hat.
(2) Gegen die Entscheidung des Bundestages ist die Beschwerde an das Bundesverfassungsgericht zulässig.
(3) Das Nähere regelt ein Bundesgesetz.

Literaturauswahl

von Heyl, Arnulf: Wahlfreiheit und Wahlprüfung, 1975.
Hüfler, Thomas: Wahlfehler und ihre materielle Würdigung, Diss. jur. Berlin 1979.
Karpenstein, Peter: Die Wahlprüfung und ihre verfassungsrechtlichen Grundlagen, Diss. jur. Mainz 1962.
Koenig, Christian: Mandatsrelevanz und Sanktionen im verfassungsrechtlichen Wahlbeschwerdeverfahren, in: ZParl. 25 (1994), S. 241–253.
Kretschmer, Gerald: Wahlprüfung, in: Schneider/Zeh, § 13, S. 441–465.
Lang, Heinrich: Subjektiver Rechtsschutz im Wahlprüfungsverfahren, 1997.
Loschelder, Hansjörg: Das aktive Wahlrecht und die Rechtsweggarantie des Artikels 19 Absatz 4 GG, Diss. jur. Münster 1968.
Olschewski, Bernd-Dietrich: Wahlprüfung und subjektiver Wahlrechtsschutz, 1970.
Schmitt-Vockenhausen, Hermann: Die Wahlprüfung in Bund und Ländern unter Einbeziehung Österreichs und der Schweiz, 1969.
Schreiber, Wolfgang: Handbuch des Wahlrechts zum Deutschen Bundestag. Kommentar zum Bundeswahlgesetz, 6. Aufl. 1998.
Seifert, Karl-Heinz: Bundeswahlrecht, 3. Aufl. 1976.

Leitentscheidungen des Bundesverfassungsgerichts

BVerfGE 4, 370 (372ff.) – Mandatsrelevanz; 40, 11 (29ff.) – Wahlprüfung; 85, 148 (157ff.) – Wahlprüfungsumfang; 89, 291 (299ff.) – Wahlprüfungsverfahren.

Gliederung

	Rn.
A. Herkunft, Entstehung, Entwicklung	1
I. Ideen- und verfassungsgeschichtliche Aspekte	1
II. Entstehung und Veränderung der Norm	4
B. Internationale, supranationale und rechtsvergleichende Bezüge	5
C. Erläuterungen	6
I. Wahl- und Mandatsprüfung durch den Bundestag (Art. 41 I GG)	6
1. Wahlprüfung (Art. 41 I 1 GG)	7
a) Sinn und Zweck	7
b) Gegenstand	8
c) Abgrenzung zu sonstigen Rechtsbehelfen	10
d) Das Wahlprüfungsverfahren	13
e) Materielles Wahlprüfungsrecht	14
2. Mandatsprüfung (Art. 41 I 2 GG)	20
II. Beschwerde zum Bundesverfassungsgericht (Art. 41 II GG)	22
III. Nähere Regelung durch Bundesgesetz (Art. 41 III GG)	23
D. Verhältnis zu anderen GG-Bestimmungen	24

A. Herkunft, Entstehung, Entwicklung

I. Ideen- und verfassungsgeschichtliche Aspekte

Die altständischen Vertretungen und auch der Reichstag des alten Reiches kannten eine Prüfung der Legitimation ihrer Mitglieder in Gestalt einer Prüfung ihrer Vollmachten[1]. Diese Prüfung beschränkte sich aber auf die formale Seite. Aus dieser Legitimationsprüfung entwickelte sich die Prüfung der Korrektheit der Wahlen zu den und der Rechtmäßigkeit der Mitgliedschaft in den Vertretungskörperschaften. Die englische Entwicklung[2] ging dabei voraus, entwand dem König diese Prüfungen und legte sie in die Hand des Unterhauses selbst – allerdings wurde dieses Recht parteilich ausgeübt[3]. Einfluß auf die deutsche Entwicklung nahmen die amerikanische Verfassung[4] und vor allem die französische Theorie und Praxis[5]. Dort war schon 1789 bei der Einberufung der Generalstände der Kampf um »vérification des pouvoirs« entbrannt, in dem die Lehre vom pouvoir constituant ausgefochten wurde. Das Recht der **Wahlprüfung** wurde als unveräußerliches **Element der Volkssouveränität** verstanden[6]. 1

In den frühkonstitutionalistischen Verfassungen Deutschlands gab es verschiedenartige Regelungen[7]. Die Wahlprüfung oblag entweder der Regierung oder einem landständischen Ausschuß, Regierung und Landtagsvorstand gemeinsam[8], zunehmend aber wurde sie als Recht der **Selbstprüfung des Parlaments** ausgestaltet[9]. Die Wahlprüfung war auch nach § 112 **Paulskirchenverfassung** und Art. 27 **RV 1871** Sache des Parlaments. Die englische Entwicklung war mittlerweile von der Entscheidung in eigener Sache wieder abgegangen und hatte die Wahlprüfung einem Wahlprüfungsgericht überantwortet[10]. 2

Art. 31 WRV behielt die Tradition der Selbstentscheidung durch das Parlament bei, verband sie aber mit der anderen Tradition der Prüfung durch ein Gericht[11]. Der »Mit- 3

---

[1] *J. Hatschek*, Das Parlamentsrecht des Deutschen Reiches, 1. Teil, 1915, S. 395 ff.; *J. Ruszoly*, Der Staat 21 (1982), 203 (206 f.).

[2] *Hatschek*, Parlamentsrecht (Fn. 1), S. 420 ff.

[3] *Hatschek*, Parlamentsrecht (Fn. 1), S. 426 ff.

[4] Art. 1 Sec. 5 I macht jedes Haus zum »Judge of the Elections, Returns and Qualifications of its own Members«.

[5] Dazu *Hatschek*, Parlamentsrecht (Fn. 1), S. 399 ff. Zum Einfluß auf die deutsche Entwicklung s.a. *A. v. Heyl*, Wahlfreiheit und Wahlprüfung, 1975, S. 48 f.

[6] Mit zeitgenössischen Nachweisen *Hatschek*, Parlamentsrecht (Fn. 1), hier besonders S. 406. Die Wahlprüfung ist in Frankreich dem Parlament übertragen worden durch Art. 31 des Gesetzes vom 13. Juni 1791.

[7] Zum Folgenden *P.M. Ehrle*, Volksvertretung im Vormärz, 1979, Teil 2, S. 752 ff. mit Einzelnachweisen.

[8] So nach §§ 48 ff. i.V.m. § 58 der Verfassung von Sachsen–Weimar–Eisenach 1816.

[9] Siehe etwa § 41 Baden 1818; § 160 IV Württemberg 1819; § 10 des Wahlgesetzes Sachsen von 1831; dazu *Hatschek*, Parlamentsrecht (Fn. 1), S. 396 ff.; *M. Botzenhart*, Deutscher Parlamentarismus in der Revolutionszeit 1848–1850, 1977, S. 464 ff.

[10] Dazu *Hatschek*, Parlamentsrecht (Fn. 1), S. 428 ff., 441 ff.; *H. Schmitt-Vockenhausen*, Die Wahlprüfung in Bund und Ländern unter Einbeziehung Österreichs und der Schweiz, 1969, S. 5.

[11] Ihr war § 9 Verfassung Elsaß-Lothringen 1911 vorangegangen. Auch in Deutschland war die Entscheidung des Parlaments als Entscheidung in eigener Sache kritisiert worden, siehe *M. von Seydel*, Gutachten für den 19. Deutschen Juristentag, Bd. 1, 1888, S. 130 ff. Zur rechtspolitischen Diskussion um die Jahrhundertwende *Hatschek*, Parlamentsrecht (Fn. 1), S. 485 ff.

telweg«[12] sah ein »Wahlprüfungsgericht« beim Reichstag vor, das aus Mitgliedern des Reichstags und des Reichsverwaltungsgerichts bestand.

II. Entstehung und Veränderung der Norm

4 Die Heranziehung beider Modelle ist – in veränderter Form – auch für das Grundgesetz prägend geworden: in Gestalt einer Kombination von parlamentarischer Selbstprüfung und Entscheidung durch ein unabhängiges Gericht. **Art. 51 HChE** sah vor, die ausschließlich als Mandatslegitimationsprüfung verstandene Wahlprüfung der Entscheidungsgewalt des Bundestages zu unterwerfen und nur im Streitfall über die Gültigkeit der Wahl im ganzen die Anrufung des Bundesverfassungsgerichts zu ermöglichen[13]. Vorschläge während der Beratungen im Parlamentarischen Rat, zur Klärung von nicht auf die Wahl im ganzen bezogenen Einzelfragen ein Wahlprüfungsgericht einzusetzen, wurden unter Hinweis auf die Stellung des Bundestages als eines der Hauptorgane des Staates abgelehnt[14]. Nach mehreren Debatten über den Umfang des Prüfungsrechts des Bundesverfassungsgerichts[15] sowie darüber, ob die Gründe aufgeführt werden sollten, die zum Verlust der Abgeordneteneigenschaft führen könnten[16], wurde schließlich nach textlichen Änderungen das Beschwerdemodell eingeführt, das am 9. 2. 1949 vom Hauptausschuß in dritter Lesung beschlossen wurde und den Text der bis heute gültigen Fassung von Art. 41 GG fixierte[17].

B. Internationale, supranationale und rechtsvergleichende Bezüge

5 Die Regelungen in den ausländischen Verfassungen und den deutschen Ländern halten sich an die in der geschichtlichen Entwicklung sichtbar gewordenen Möglichkeiten. Sie übertragen entweder die Entscheidung auf das Parlament[18] oder auf ein (eigens eingerichtetes oder bereits bestehendes) Gericht[19]. Die deutsche Kombinationslösung, die auch Eingang in zahlreiche Landesverfassungen gefunden hat[20], ist, soweit ersichtlich, eine Besonderheit geblieben. Nach § 26 Europawahlgesetz obliegt auch die Prüfung der Wahlen zum **Europäischen Parlament** dem Bundestag und dem Bundesverfassungsgericht.

---

[12] *Anschütz*, WRV, Art. 31 Anm. 1.
[13] *H.-P. Schneider*, in: AK-GG, Art. 41 Rn. 1.
[14] *H. Rechenberg*, in: BK, Art. 41 (Zweitb. 1978), S. 3 unter Hinweis auf OrgA, 6. Sitz. v. 24. 9. 1948, Sten.Prot. S. 49.
[15] OrgA, 11. Sitz. v. 07. 10. 1948, Sten.Prot. S. 64, 66ff.; *Rechenberg* (Fn. 14), Art. 41 S. 4.
[16] OrgA, 11. Sitz. v. 07. 10. 1948, Sten.Prot. S. 76ff.; *Rechenberg* (Fn. 14), Art. 41 S. 5.
[17] Siehe jetzt aber für Reformüberlegungen: Bundesministerium der Justiz (Hrsg.), Entlastung des Bundesverfassungsgerichts, Bericht der Kommission, 1998, S. 119ff., insb. S. 122ff.
[18] So z.B. Belgien (Art. 48); Dänemark (§ 33); Italien (Art. 66); Portugal (Art. 225 II lit. c); Schweden (Kapitel 3 § 11); Albanien (Art. 20); Lettland (Art. 18). S. im einzelnen auch die Darstellung bei R. Wolfrum/G. Schuster (Hrsg.), Verfahren der Kandidatenaufstellung und der Wahlprüfung im europäischen Vergleich, 1994.
[19] So etwa Griechenland (Art. 58); Luxemburg (Art. 57 S. 1); Niederlande (Art. 58); Spanien (Art. 70 II); Bulgarien (Art. 66); Polen (1997: Art. 101); s.a. Hessen (Art. 78).
[20] Baden-Württemberg (Art. 31); Niedersachsen (Art. 5); Nordrhein-Westfalen (Art. 33); Saarland (Art. 75); Hamburg (Art. 9, 65 III Nr. 5); Bayern (Art. 33, 63); Rheinland-Pfalz (Art. 82).

C. Erläuterungen

I. Wahl- und Mandatsprüfung durch den Bundestag (Art. 41 I GG)

Das Wahlprüfungsrecht des Bundestages umfaßt die Kontrolle der Wahlen zum Deutschen Bundestag gemäß Art. 41 I 1 GG (**Wahlprüfung**) sowie die Überprüfung des nachträglichen Verlustes der Mitgliedschaft im Bundestag nach Art. 41 I 2 GG (**Mandatsprüfung**), herkömmlich auch als Wahlprüfung im engeren (Art. 41 I 1) und im weiteren Sinne (Art. 41 I 2) bezeichnet[21]. Die Wahl- und Mandatsprüfung ist eine Rechtskontrolle[22], ohne jedoch Rechtsprechung im formellen und materiellen Sinne zu sein[23]. 6

1. Wahlprüfung (Art. 41 I 1 GG)

a) Sinn und Zweck

Die Wahlprüfung ist vom Grundsatz der Volkssouveränität (→ Art. 20 [Demokratie] Rn. 76ff.) her zu verstehen. Sie sichert die ordnungsgemäße Durchführung der Wahlen als des maßgeblichen Legitimationsmodus (→ Art. 38 Rn. 51) und die korrekte Zusammensetzung des Bundestages[24] als des zentralen Verfassungsorgans, von dem aus die Legitimation der weiteren Staatsorgane erfolgt. Sie dient damit der Gewährleistung des – gemessen am Wahlrecht – ordnungsgemäßen personellen Ausdrucks des Volkswillens am Beginn der Legitimationskette und läßt sich als ein spezifisches **Sicherungsinstrument der Volkssouveränität** begreifen. Von diesem Zweck her dient sie dem Schutz des **objektiven Wahlrechts** und ist auch hierauf begrenzt. Demgemäß schränkt die **Mandatsrelevanz** (→ Rn. 18) eines Wahlfehlers den Gegenstandsbereich der Wahlprüfung ein[25]. Trotz der Bedenken, die gegen eine solche Verengung der Wahlprüfung vorzubringen sind[26], ist hieran festzuhalten: Die Prüfung des legitimationssichernden Massenverfahrens der Wahl muß in überschaubarer Zeit (»Zügigkeitsgebot«[27]) zu einem überzeugenden Ergebnis gebracht werden können. Den Defi- 7

---

[21] *T. Maunz*, in: Maunz/Dürig, GG, Art. 41 (1960), Rn. 1 m.w.N. Für die begrifflichen Unterscheidungen vgl. *G. Kretschmer*, Wahlprüfung, in: Schneider/Zeh, § 13 Rn. 4.
[22] *Rechenberg* (Fn. 14), Art. 41 Rn. 3; *S. Magiera*, in: Sachs, GG, Art. 43 Rn. 14; *Kretschmer* (Fn. 21), § 13 Rn. 3; *L.-A. Versteyl*, in: v. Münch/Kunig, GG II, Art. 41 Rn. 1.
[23] S. hierzu *Achterberg/Schulte*, GG VI, Art. 41 Rn. 51ff., insb. Rn. 53; a. A. *Maunz* (Fn. 21), Art. 41 Rn. 12, 15. Der Streit um die Rechtsnatur wurde in der Auseinandersetzung um die Ansiedelung des Wahlprüfungsrechts beim Parlament oder bei einem Gericht geführt, dazu *Hatschek*, Parlamentsrecht (Fn. 1), S. 481ff.; *Achterberg*, Parlamentsrecht, S. 186f. Die Entscheidung in der Frage des Rechtsprechungscharakters ist aber nicht zwangsläufig mit einer bestimmten Ausgestaltung des Wahlprüfungsverfahrens verknüpft.
[24] BVerfGE 4, 370 (372f.); 85, 148 (158f.); 89, 291 (304), st. Rspr.
[25] BVerfGE 4, 370 (372f.); 40, 11 (29); 48, 271 (280); 59, 119 (123); 85, 148 (158f.); 89, 291 (304), st. Rspr.; *B.-D. Olschewski*, Wahlprüfung und subjektiver Wahlrechtsschutz, 1970, S. 43ff., insb. S. 86ff.; *v. Heyl*, Wahlfreiheit (Fn. 5), S. 205; *Kretschmer* (Fn. 21), § 13 Rn. 57; *Versteyl* (Fn. 22), Art. 41 Rn. 3; *Maunz* (Fn. 21), Art. 41 Rn. 6, 28; *W. Schreiber*, Handbuch des Wahlrechts zum Deutschen Bundestag, 6. Aufl. 1998, § 49 Rn. 11; *P. Karpenstein*, Die Wahlprüfung und ihre verfassungsrechtlichen Grundlagen, Diss. jur. Mainz 1968, S. 25f.
[26] Hierzu *Schneider* (Fn. 13), Art. 41 Rn. 2ff.; *K.-H. Seifert*, Bundeswahlrecht, 3. Aufl. 1976, S. 397ff. m.w.N.
[27] *W. Hoppe*, DVBl. 1996, 344 (344). Vgl. weiter BVerfGE 21, 359 (361); 85, 148 (159); *Magiera* (Fn. 22), Art. 41 Rn. 7. Kritisch zur gegenwärtigen Praxis *W. Hoppe*, DVBl. 1996, 344 (344ff.); *H.*

ziten des solchermaßen eng gefaßten Wahlprüfungsverfahrens[28] ist zu steuern durch die Möglichkeit, anderweitig Rechtsschutz zu erlangen[29] (→ Rn. 10ff.). Das Wahlprüfungsverfahren selbst ist aber nicht um weitere Zwecke anzureichern. Es hat nicht die Funktion, das Wahlrecht an sich zu wahren, was auch bedeutete, mandatsirrelevante Rechtsverstöße zu berücksichtigen[30]. Die Begrenzung der Wahlprüfung ist im Interesse der kontinuierlichen Arbeitsfähigkeit des Parlaments geboten und auch vom Verhältnismäßigkeitsgrundsatz getragen[31]. Sie ist ein spezifisches Instrument der parlamentarischen Selbstkontrolle[32], dessen Ausrichtung auf die Konstituierung des Bundestages es rechtfertigt, sie in den Bereich der Parlamentsautonomie (→ Art. 40 Rn. 5) zu legen, freilich durch die Kontrolle des Bundesverfassungsgerichts nach Art. 41 II GG eingeschränkt[33].

b) Gegenstand

8 Art. 41 I 1 GG enthält keine Begriffsbestimmung der »Wahlprüfung«. Lediglich § 1 I des Wahlprüfungsgesetzes (WahlPG) konkretisiert, daß es sich um die Entscheidung »über die Gültigkeit der Wahlen zum Bundestag« handelt. In diesem umfassenden Sinn ist Gegenstand der Wahlprüfung die Gesamtheit der Wahlvorgänge zum Bundestag[34]. Erfaßt sind damit Entscheidungen und Maßnahmen, die **sachlich** Bestandteil des aus Wahlvorbereitung, öffentlicher Wahlhandlung und Wahlergebnisfeststellung bestehenden Wahlverfahrens sind und in **personeller** Hinsicht von Wahlorganen, Parteien und Wählervereinigungen herrühren[35]. In Abgrenzung von Handlungen bloß anläßlich des Wahlverfahrens stellt § 49 BWahlG dies klar mit der Formulierung: »Entscheidungen und Maßnahmen, die sich unmittelbar auf das Wahlverfahren beziehen, können nur mit den in diesem Gesetz und in der Bundeswahlordnung vorgesehenen Rechtsbehelfen sowie im Wahlprüfungsverfahren angefochten werden«.[36] **Zeitlich** ist das Wahlprüfungsverfahren auf durchgeführte Wahlen vor Ablauf der betreffenden

---

Meyer, KritV 77 (1994), 312 (353ff.); jetzt auch Bundesministerium der Justiz, Entlastung (Fn. 17), S. 120f.

[28] Dazu *S. Koch*, Das Wahlzulassungsverfahren der Bundestagswahl, Diss. jur. Jena 1998, S. 23ff.

[29] So die vorherrschende Auffassung in der Literatur: *Magiera* (Fn. 22), Art. 41 Rn. 7; *Schneider* (Fn. 13), Art. 41 Rn. 15; *H. Meyer*, Wahlgrundsätze und Wahlverfahren, in: HStR II, § 38 Rn. 65f.; *Rechenberg* (Fn. 14), Art. 41 Rn. 12f.; *Kretschmer* (Fn. 21), § 13 Rn. 47.

[30] So aber *H. Lang*, Subjektiver Rechtsschutz im Wahlprüfungsverfahren, 1997, S. 201ff., insb. S. 253ff.; *Schneider* (Fn. 13), Art. 41 Rn. 2ff.; *Achterberg/Schulte*, GG VI, Art. 41 Rn. 10; *T. Kuhl/P. Unruh*, DVBl. 94, 1391 (1396ff.); *K.-H. Seifert*, DÖV 1967, 231 (236); *C. Koenig*, ZParl. 25 (1994), 241 (247); *Koch*, Wahlzulassungsverfahren (Fn. 28), S. 17ff., 23ff.

[31] Dazu *v. Heyl*, Wahlfreiheit (Fn. 5), S. 202f., 205f.; *Olschewski*, Wahlprüfung (Fn. 25), S. 69f.; *T. Hüfler*, Wahlfehler und ihre materielle Würdigung, Diss. jur. Berlin 1979, S. 27ff.; *Maunz* (Fn. 21), Art. 41 Rn. 28; *Versteyl* (Fn. 22), Art. 41 Rn. 3, 50; *Kretschmer* (Fn. 21), § 13 Rn. 57; *Schreiber*, Wahlrecht (Fn. 25), § 49 Rn. 11. Demgegenüber eine Sanktionsfunktion, wenn auch durch den Verhältnismäßigkeitsgrundsatz eingeschränkt, bejahend *Schneider* (Fn. 13), Art. 41 Rn. 3, 5 und *Achterberg/Schulte*, GG VI, Art. 41 Rn. 10.

[32] *Olschewski*, Wahlprüfung (Fn. 25), S. 67f.

[33] *Magiera* (Fn. 22), Art. 41 Rn. 1; *Schneider* (Fn. 13), Art. 41 Rn. 2; *Achterberg/Schulte*, GG VI, Art. 41 Rn. 15; *Olschewski*, Wahlprüfung (Fn. 25), S. 67f.

[34] *Olschewski*, Wahlprüfung (Fn. 25), S. 32; *Maunz* (Fn. 21), Art. 41 Rn. 5.

[35] Ausführlich dazu *Rechenberg* (Fn. 14), Art. 41 Rn. 6ff.

[36] Freilich ist davon zu unterscheiden die Frage, ob das Wahlprüfungsverfahren insoweit auch einen Rechtswegausschluß beinhaltet: → Rn. 10ff.

Legislaturperiode beschränkt[37]. In **territorialer** Hinsicht ist Entscheidungsgegenstand, ob die durchgeführte Wahl ganz oder für ein Land, einen Wahlkreis oder einen Wahlbezirk gültig ist.

Zeitlich wie inhaltlich ist die Wahlprüfung von der staatlichen Zulassung der Kandidaten vor der Wahl abzugrenzen[38]. Abstimmungen i.S.v. Art. 20 II 2 GG (→ Art. 20 [Demokratie] Rn. 93ff.) werden nicht von Art. 41 GG erfaßt[39].

9

c) Abgrenzung zu sonstigen Rechtsbehelfen

Im Wahlprüfungsverfahren – und nur in diesem – wird über die Gültigkeit der Wahl entschieden: Es genießt ein **Monopol** auf den Ausspruch **mandatserheblicher Fehlerfolgen**[40]. Die Gültigkeit der Wahl betreffen dabei nur solche Entscheidungen und Maßnahmen, die selbst Bestandteil des Wahlverfahrens sind, also in unmittelbarem Zusammenhang mit der Wahl stehen (§ 49 BWahlG). Mangels Überprüfbarkeit der die Wahl nur **mittelbar** beeinflussenden Handlungen[41] nach Art. 41 I 1 GG müssen angesichts **Art. 19 IV GG** andere Rechtsschutzmöglichkeiten offenstehen. Insoweit ist der Verwaltungsrechtsweg nach § 40 I 1 VwGO eröffnet[42].

10

Der in § 49 BWahlG für alle in unmittelbarem Zusammenhang mit der Wahl stehende Maßnahmen und Entscheidungen enthaltene Ausschluß anderer als der dort vorgesehenen[43] Rechtsschutzmöglichkeiten stellt eine verfassungsrechtlich **unzulässige Rechtswegversagung** dar[44]. Art. 19 IV GG garantiert dem Inhaber subjektiver Rechte einen lückenlosen Rechtsschutz gegen Akte staatlicher Gewalt (→ Art. 19 IV Rn. 31ff., 40). Angesichts der Beschränkung des Wahlprüfungsverfahrens auf die bereits durchgeführte Wahl muß es zur Gewährleistung eines effektiven, nämlich rechtswahrenden Rechtsschutzes möglich sein, subjektive Rechte, z.B. die Eintragung ins Wählerverzeichnis, bereits **im Vorfeld der Wahl** gerichtlich durchzusetzen[45].

11

---

[37] *Magiera* (Fn. 22), Art. 41 Rn. 2.
[38] Dazu jetzt *Koch*, Wahlzulassungsverfahren (Fn. 28).
[39] Vgl. statt vieler *Achterberg/Schulte*, GG VI, Art. 41 Rn. 9 m.w.N.
[40] Das dürfte auch die – nicht erklärte – ratio sein, ein Organstreitverfahren der Partei Bündnis 90/Die Grünen wegen Verletzung der Wahlrechtsgleichheit mit kaum überzeugender Begründung als verfristet scheitern zu lassen: BVerfGE 92, 80 (86ff.).
[41] So etwa die Nichtgewährung von Sendezeiten im öffentlich-rechtlichen Rundfunk für Wahlwerbung oder die unrechtmäßige Verwendung staatlicher Mittel zu Wahlkampfzwecken. Dazu und zu weiteren Fällen s. *Seifert*, Bundeswahlrecht (Fn. 26), BWG § 49 Rn. 7; *Schreiber*, Wahlrecht (Fn. 25), § 49 Rn. 6ff.
[42] So auch BVerwGE 51, 69 (71ff.). Entgegen in der Literatur vereinzelt vertretener Auffassungen, so z.B. *Schreiber*, Wahlrecht (Fn. 25), § 49 Rn. 2, handelt es sich bei Konflikten im Wahlverfahren nicht um Streitigkeiten verfassungsrechtlicher Art; so auch *Meyer* (Fn. 29), § 38 Rn. 64.
[43] Neben der Wahlprüfung sind hiernach nur die eine verwaltungsinterne Kontrolle beinhaltenden Rechtsbehelfe des BWahlG und der BWahlO zugelassen.
[44] Wie hier *Olschewski*, Wahlprüfung (Fn. 25), S. 151; *H. Loschelder*, Das aktive Wahlrecht und die Rechtsschutzgarantie des Artikels 19 Absatz 4 GG, Diss. jur. Münster 1968, S. 102. Vgl. auch *Magiera* (Fn. 22), Art. 41 Rn. 7, der eine Rechtswegvorenthaltung als nicht gerechtfertigt bezeichnet. *Versteyl* (Fn. 22), Art. 41 Rn. 17 und *Schneider* (Fn. 13), Art. 41 Rn. 15, plädieren angesichts Art. 19 IV GG für eine verfassungskonforme Auslegung des § 49 BWahlG; anders aber BVerfGE 34, 81 (94); 66, 232 (234); 74, 96 (101); *Schreiber*, Wahlrecht (Fn. 25), § 49 Rn. 5. Ausführlich zum Streitstand *Rechenberg* (Fn. 14), Art. 41 Rn. 12.
[45] *Olschewski*, Wahlprüfung (Fn. 25), S. 151ff.; *Meyer* (Fn. 29), § 38 Rn. 65; *Jarass/Pieroth*, GG, Art. 41 Rn. 4. Für wünschenswert hält dies jetzt auch Bundesministerium der Justiz (Hrsg.), Entlastung (Fn. 17), S. 121.

12   Die zweckorientierte enge Auslegung des Wahlprüfungsverfahrens als auf die Korrektur mandatsrelevanter Rechtsverstöße beschränkt (→ Rn. 7) muß im Lichte von Art. 19 IV GG weiterhin dadurch kompensiert werden, daß für die im Wahlprüfungsverfahren ausgeschlossenen mandatsirrelevanten Verletzungen subjektiver Rechte auch **nach Durchführung der Wahl** andere Rechtsschutzmöglichkeiten eröffnet werden[46]. Angesichts dessen, daß sich an der konkreten Zusammensetzung des Bundestages auch ohne Rechtsverletzung nichts ändert, kann die Gewährung von Rechtsschutz allerdings nicht zum Ergebnis haben, daß der Bestand der Wahl in Frage gestellt wird[47]. Ein nachträgliches Rechtsschutzverfahren außerhalb des Wahlprüfungsverfahrens ist deshalb – den unverzichtbaren Rechtsschutzmindeststandard aber gewährend[48] – auf eine die Rechtsverletzung feststellende gerichtliche Entscheidung beschränkt[49]. Das hierfür erforderliche Rechtsschutzbedürfnis folgt aus dem sog. Rehabilitierungsinteresse[50], wobei es letztlich um eine symbolische Rechtsverteidigung geht: Wesentliche Rechte dürfen um der Behauptung des Rechts willen nicht sanktionslos verletzt werden[51]. Soweit der Schutz subjektiver Rechte nicht Gegenstand der Wahlprüfung ist, wird auch die Verfassungsbeschwerde nicht durch Art. 41 I GG verdrängt[52].

d) Das Wahlprüfungsverfahren

13   Das Wahlprüfungsverfahren[53] ist geregelt im **Wahlprüfungsgesetz**, das in § 1 I die Erstzuständigkeit des Bundestages festlegt. Nach dem in § 2 I WahlPG statuierten **Anfechtungsprinzip**[54] werden Bundestagswahlen nur überprüft, wenn und soweit ein Einspruch erhoben wird. Die Einspruchsberechtigung ergibt sich aus § 2 II WahlPG[55]. Das weitere Verfahren wird nach der Offizialmaxime im Amtsbetrieb durch den Bundestag als »Herr des Verfahrens«[56] fortgeführt. Der Einspruch ist gem. § 2 III, IV WahlPG zu begründen; die Begründung muß substantiiert sein, d.h. den durch glaubhaft ge-

---

[46] *W.-R. Schenke*, in: BK, Art. 19 Abs. 4 (Zweitb. 1982), Rn. 245; *Schneider* (Fn. 13), Art. 41 Rn. 15; *Lang*, Rechtsschutz (Fn. 30), S. 178, der allerdings die Gewährung subjektiven Rechtsschutzes im Wahlprüfungsverfahren selbst bejaht; so auch *T.L. Oppermann*, JuS 1985, 519 (520 f.).

[47] So auch *Lang*, Rechtsschutz (Fn. 30), S. 329 ff.; *Magiera* (Fn. 22), Art. 41 Rn. 7; *Achterberg/Schulte*, GG VI, Art. 41 Rn. 13 f.

[48] Dazu *E. Schmidt-Aßmann*, in: Maunz/Dürig, GG, Art. 19 Abs. 4 (1985), Rn. 280, 288.

[49] So auch *Schenke* (Fn. 46), Art. 19 Abs. 4 Rn. 245; *Schneider* (Fn. 13), Art. 41 Rn. 15.; *Meyer* (Fn. 29), § 38 Rn. 66; i.E. auch *Olschewski*, Wahlprüfung (Fn. 25), S. 166, der allerdings vorrangig auf die Durchsetzung subjektiver Rechte bereits vor der Wahl abstellt.

[50] Vgl. auch *Olschewski*, Wahlprüfung (Fn. 25), S. 166; a. A. *K.-H. Seifert*, DÖV 1953, 365 (366 ff.), der einen Verstoß gegen Art. 19 IV GG wegen des generell fehlenden Rechtsschutzbedürfnisses verneint.

[51] Es geht also um die Bekräftigung der normgemäßen Erwartung und den Schutz künftiger Erwartungsbildung; dazu *M. Morlok*, Die Folgen von Verfahrensfehlern am Beispiel von kommunalen Satzungen, 1988, S. 85 ff.

[52] Vgl. *Meyer* (Fn. 29), § 38 Rn. 66; *Magiera* (Fn. 22), Art. 41 Rn. 7 m.w.N.

[53] Kritisch zur gegenwärtigen Ausgestaltung und Handhabung *W. Hoppe*, DVBl. 1996, 344 ff.; *H. Meyer*, KritV 77 (1994), 312 (353 ff.).

[54] Demgegenüber erfolgte in der Weimarer Zeit von Amts wegen (Offizialprinzip) eine inhaltlich vollständige Überprüfung (Totalitätsprinzip), vgl. *Seifert*, Bundeswahlrecht (Fn. 26), Art. 41 Rn. 10; *Kretschmer* (Fn. 21), § 13 Rn. 31.

[55] Zum Kreis der Einspruchsberechtigten siehe *Seifert*, Bundeswahlrecht (Fn. 26), WahlPG § 2 Anm. 2.

[56] *Seifert*, Bundeswahlrecht (Fn. 26), WahlPG § 2 Anm. 1.

machte Tatsachen dargestellten wahlfehlerhaften Tatbestand erkennen lassen[57]. Der Einspruch ist innerhalb von zwei Monaten[58] nach Bekanntmachung des Wahlergebnisses beim Bundestag einzureichen. Dessen Entscheidung wird durch den Ausschuß für Wahlprüfung, Immunität und Geschäftsordnung vorbereitet[59]. Nach geheimer Beratung (§ 10 I WahlPG) ist dem Bundestag ein Entscheidungsvorschlag (§ 11 WahlPG)[60] zuzuleiten, der spätestens drei Tage vor der Beratung im Bundestag an sämtliche Abgeordnete zu verteilen ist (§ 12 WahlPG). Diesen kann der Bundestag nur annehmen oder ablehnen[61]. Bei Ablehnung gilt er als an den Ausschuß zurückverwiesen (§ 13 I 2 WahlPG); nach abermaliger Vorlage kann das Plenum ohne erneute Aussprache entscheiden[62]. Der Bundestag entscheidet durch Beschluß mit einfacher Mehrheit, der den Beteiligten mit Rechtsmittelbelehrung[63] zuzustellen ist (§ 13 WahlPG).

e) Materielles Wahlprüfungsrecht

Das materielle Wahlprüfungsrecht hat keine nähere gesetzliche Ausgestaltung erfahren, sondern wurde in weiten Teilen durch Rechtsprechung und Literatur entwickelt. Es umfaßt Fragen des Umfangs der Prüfungskompetenz, der Wahlfehler sowie der Fehlerfolgen[64]. Die **Prüfungskompetenz** erstreckt sich auf die Einhaltung aller gesetzlichen Wahlvorgaben, insbesondere der Bestimmungen für das Wahlverfahren im BWahlG und in der BWahlO, aber auch der Wahlgrundsätze des Art. 38 I 2 GG sowie aller anderen Gesetze, die unmittelbar wahlbezogene Regelungen enthalten, so §§ 107 ff. StGB und § 17 PartG[65].

14

Im Prüfungsumfang ist der Bundestag auf die **Anwendung des geltenden Rechts** beschränkt. Aus dem Gewaltenteilungsgrundsatz folgt, daß der Bundestag, soweit er

15

---

[57] BVerfGE 40, 11 (30 ff.); 59, 119 (124); 79, 50 (50); zur Verfassungsmäßigkeit dieses Erfordernisses BVerfGE 85, 148 (159).
[58] Die Fristberechnung erfolgt gem. § 9 WahlPG entsprechend den Vorschriften der ZPO. Eine Wiedereinsetzung in den vorigen Stand kommt verschuldensunabhängig nicht in Betracht, so auch OVG Münster, OVGE 21, 332 (339); BayVGH BayVBl. 1968, 68 (68). Nicht fristgebunden ist lediglich der Einspruch des Präsidenten des Bundestages bei Zweifeln über die Wählbarkeit eines Abgeordneten (§ 14 WahlPG).
[59] Zunächst in nicht öffentlicher (Umkehrschluß aus § 8 WahlPG) Vorprüfungsverhandlung (§§ 3, 5 WahlPG) und anschließend unter Einhaltung der Ladungsfristen (§ 6 II, IV WahlPG) in mündlicher öffentlicher Verhandlung (§ 8 I WahlPG). Der Abgeordnete, dessen Wahl zur Prüfung steht, ist von der Beratung und Beschlußfassung ausgeschlossen (§ 17 WahlPG). Des weiteren räumt § 128 GOBT dem Ausschuß ein Initiativrecht ein, aufgrund dessen er sich auch mit nicht zu seinem Geschäftsbereich gehörenden Fragen des materiellen Wahlrechts befassen und Empfehlungen aussprechen kann; dazu *Ritzel/Bücker*, GOBT § 128.
[60] Tenor des Beschlusses ist die Zurückweisung des Einspruchs oder die Ungültigkeit der Wahl verbunden mit den sich daraus ergebenden Folgen bezogen auf den Wahlakt als solchen, das Stimmergebnis oder den Mandatserwerb: vgl. *Rechenberg* (Fn. 14), Art. 41 Rn. 44; *Seifert*, Bundeswahlrecht (Fn. 26), WahlPG § 12 Anm. 1 ff.
[61] Unzulässig ist eine Anweisung des Bundestages an den Prüfungsausschuß, einen dem Plenum genehmen Antrag auszuarbeiten und vorzulegen: *Seifert*, Bundeswahlrecht (Fn. 26), WahlPG § 13 Anm. 5.
[62] *Versteyl* (Fn. 22), Art. 41 Rn. 31.
[63] Rechtsmittel ist nach § 18 WahlPG die innerhalb eines Monats einzulegende Beschwerde an das Bundesverfassungsgericht.
[64] *Kretschmer* (Fn. 21), § 13 Rn. 52.
[65] Vgl. *Magiera* (Fn. 22), Art. 41 Rn. 14.

Wahlrechtsvorschriften für verfassungswidrig hält, nur zu einer ex nunc wirkenden **Gesetzesänderung** befugt ist. Eine Prüfungs- und gegebenenfalls Vorlagebefugnis in (analoger) Anwendung des Art. 100 I GG steht dem Bundestag nicht zu, da er nicht als Gericht (→ Rn. 6), sondern selbstprüfend in Ausübung seiner Autonomie (→ Rn. 7) tätig wird[66].

16 Der Bundestag überprüft inhaltlich, ob **Wahlfehler**, d.h. Verstöße gegen zwingende Wahlrechtsvorschriften, bei der Vorbereitung, Durchführung und Ergebnisermittlung der Bundestagswahl vorliegen[67]. Rechtsprechung und Lehre haben hierzu eine umfangreiche Kasuistik entwickelt[68].

17 Werden Wahlfehler festgestellt, führen diese nicht zwangsläufig zur Ungültigkeit der Wahl, weder teilweise geschweige denn im ganzen. Vielmehr ist zu klären, ob der festgestellte Verstoß Fehlerfolgen zeitigt und welcher Art diese sind. Die Zumessung der Fehlerfolgen hat ein erhebliches verfassungsrechtliches Interesse am **Bestand des gewählten Bundestages** zu berücksichtigen: um die neue Legitimation der Staatsgewalt zu erhalten, ein beratungs- und entscheidungsfähiges Parlament und in der Folge eine handlungsfähige Regierung sicherzustellen. Das materielle Wahlprüfungsrecht ist insoweit ein klassisches Feld der **Fehlerfolgenbegrenzung**[69]. Die Balancierung zwischen dem Bestandsinteresse und dem gleich wichtigen Gebot, den legitimationsspendenden Wahlvorgang fehlerfrei zu halten, erfolgt durch die Anwendung des Prinzips der **Verhältnismäßigkeit**[70].

18 Kann ein Wahlfehler nicht zweifelsfrei nachgewiesen werden, spricht eine Vermutung für die Gültigkeit der Wahl[71]. Eine mögliche **Berichtigung** des Wahlergebnisses hat Vorrang vor der Ungültigkeitserklärung[72]. Kommt dies nicht in Betracht, hängt die Ungültigkeit von der **Mandatsrelevanz** des Wahlfehlers ab[73]. Nach dem Konzept der **potentiellen Kausalität**[74] kommt es darauf an, ob die Rechtsverletzung sich möglicherweise auf die Mandatsvergabe ausgewirkt hat. Mit welcher Wahrscheinlichkeit ein Wahlfehler mandatserheblich sein muß, ist ungeklärt[75].

---

[66] Das hat die mißliche Konsequenz, daß eine Wahlanfechtung, die sich darauf stützt, bestimmte Wahlrechtsnormen seien verfassungswidrig, in der Phase beim Bundestag gar nicht inhaltlich geprüft wird, der wahlfehlerhafte Tatbestand aber auch in dieser Hinsicht umfassend vorzutragen ist; dazu *W. Hoppe*, DVBl. 1996, 344 (345f.); *H. Meyer*, KritV 77 (1994), 312 (360); *Versteyl* (Fn. 22), Art. 41 Rn. 21ff.; *Schneider* (Fn. 13), Art. 41 Rn. 2; *Achterberg/Schulte*, GG VI, Art. 41 Rn. 34ff.; *R. Lippold*, DVBl. 1987, 933ff.; a.A. *Seifert*, Bundeswahlrecht (Fn. 26), S. 414 m.w.N.

[67] *Kretschmer* (Fn. 21), § 13 Rn. 54; *Schneider* (Fn. 13), Art. 41 Rn. 9; *Hüfler*, Wahlfehler (Fn. 31), S. 12f.

[68] So z.B. die rechtswidrige Zurückweisung von Wahlvorschlägen sowie deren vorschriftswidrige Zulassung, verbotene staatliche Wahlbeeinflussung oder die Wahl eines nicht wählbaren Bewerbers. Dazu und zu weiteren Fällen ausführlich *Hüfler*, Wahlfehler (Fn. 31), S. 37ff.; *Rechenberg* (Fn. 14), Art. 41 Rn. 21ff.; *Seifert*, Bundeswahlrecht (Fn. 26), S. 402ff.

[69] *Morlok*, Verfahrensfehler (Fn. 51), S. 146.

[70] *v. Heyl*, Wahlfreiheit (Fn. 5), S. 202f., 205f.; *Maunz* (Fn. 21), Art. 41 Rn. 28; *Versteyl* (Fn. 22), Art. 41 Rn. 12; *Kretschmer* (Fn. 21), § 13 Rn. 57.

[71] *Rechenberg* (Fn. 14), Art. 41 Rn. 24, 29; *Schneider* (Fn. 13), Art. 41 Rn. 5; *Karpenstein*, Wahlprüfung (Fn. 25), S. 80ff.

[72] Vgl. *Rechenberg* (Fn. 14), Art. 41 Rn. 24, 29; *Schneider* (Fn. 13), Art. 41 Rn. 13; *Schreiber*, Wahlrecht (Fn. 25), § 49 Rn. 13.

[73] BVerfGE 4, 370 (373f.); 35, 300 (301ff.); 66, 369 (378); 89, 291 (304), st. Rspr.; *v. Heyl*, Wahlfreiheit (Fn. 5), S. 84ff., 114ff., 205f.; *Olschewski*, Wahlprüfung (Fn. 25), S. 43ff.

[74] Dazu *Morlok*, Verfahrensfehler (Fn. 51), S. 190ff.

[75] Das BVerfG wendet einen Maßstab der praktischen Wahrscheinlichkeit an: »nicht nur eine theo-

Liegt ein nicht zu berichtigender mandatsrelevanter Wahlfehler vor, gebietet der **19**
Verhältnismäßigkeitsgrundsatz, den Eingriff in den Bestand der Wahl nur so weit gehen zu lassen, wie es der festgestellte Wahlfehler verlangt[76]. In diesem Sinne ordnet § 44 I BWahlG als Fehlerfolge die Wiederholungswahl begrenzt auf die territoriale Reichweite der Ungültigkeitserklärung an[77]. Kann ausnahmsweise durch eine Wiederholungswahl der Fehler nicht beseitigt werden, findet eine solche (mangels Geeignetheit) nicht statt[78].

2. Mandatsprüfung (Art. 41 I 2 GG)

Mit »Mandatsprüfung« wird die kontinuierliche Kontrolle der ordnungsgemäßen Zu- **20**
sammensetzung des Parlaments unabhängig von der vorgängigen Durchführung einer Wahl bezeichnet. Ihr **Zweck** liegt darin, den **Fortbestand** parlamentarischer Legitimation zu gewährleisten[79].

Gegenstand der Mandatsprüfung ist der nachträgliche Verlust des zunächst gültig **21**
erworbenen Mandats[80]. Das **Verfahren** hierbei entspricht im wesentlichen dem Wahlprüfungsverfahren (→ Rn. 13), ist jedoch, mit Ausnahme der Fälle, in denen der Ältestenrat oder der Bundestagspräsident entscheiden, nicht fristgebunden (§ 15 WahlPG). Die Entscheidung ergeht von Amts wegen (§ 47 III 2 BWahlG). Sie ist konstitutiv und wirkt ex nunc[81]. Der Abgeordnete behält seine Rechte und Pflichten aus dem Mandat bis zur Rechtskraft der Entscheidung (§§ 47 II BWahlG, 16 I WahlPG), er kann aber von der Teilnahme an den Arbeiten des Bundestages ausgeschlossen werden (§ 16 I, II WahlPG). Nähere Bestimmungen, insbesondere auch **Verlustgründe**[82], enthalten die §§ 46 ff. BWahlG. Die Mandatsprüfung unterliegt der **Diskontinuität** (→ Art. 39 Rn. 20 ff.) und ist hinfällig, wenn vor Ende der Wahlperiode keine Entscheidung getroffen wurde[83].

II. Beschwerde zum Bundesverfassungsgericht (Art. 41 II GG)

Für die Beschwerde an das Bundesverfassungsgericht gelten, unabhängig von ihrer **22**
Rechtsnatur[84], die Vorschriften des BVerfGG, insbesondere die §§ 13 Nr. 3, 48 (§ 18

---

retische Möglichkeit«, vielmehr »eine nach der allgemeinen Lebenserfahrung konkrete und nicht ganz fernliegende«, BVerfGE 89, 291 (304). Ausführlich dazu *C. Koenig*, ZParl. 25 (1994), 241 (245 f.); *Rechenberg* (Fn. 14), Art. 41 Rn. 29; *Karpenstein*, Wahlprüfung (Fn. 25), S. 79 f., 86 ff.; *Seifert*, Bundeswahlrecht (Fn. 26), S. 400 m.w.N.

[76] Vgl. *Rechenberg* (Fn. 14), Art. 41 Rn. 30; *Schneider* (Fn. 13), Art. 41 Rn. 5; *v. Heyl*, Wahlfreiheit (Fn. 5), S. 224 ff.

[77] Dazu im einzelnen *Schreiber*, Wahlrecht (Fn. 25), § 44 Rn. 1 ff.

[78] Solche Fälle werden allerdings kaum auftreten. Zu denken ist etwa an den zwischenzeitlichen Verlust der Wählbarkeit eines zuvor benachteiligten Kandidaten, dazu *v. Heyl*, Wahlfreiheit (Fn. 5), S. 224 ff.; s. a. *Rechenberg* (Fn. 14), Art. 41 Rn. 30; *Schneider* (Fn. 13), Art. 41 Rn. 5.

[79] *Kretschmer* (Fn. 21), § 13 Rn. 39.

[80] Zur Abgrenzung von der i.d.R. mittelbar durch Art. 41 I 1 GG erfaßten Mandatserwerbsprüfung vgl. *Kretschmer* (Fn. 21), § 13 Rn. 40.

[81] *Schneider* (Fn. 13), Art. 41 Rn. 18.

[82] Die Aufzählung in § 46 I BWahlG ist nicht abschließend. Hinzu kommen Verlustgründe wie der Tod des Abgeordneten oder die Übernahme inkompatibler Ämter; dazu *Rechenberg* (Fn. 14), Art. 41 Rn. 50 m.w.N.; *Achterberg/Schulte*, GG VI, Art. 41 Rn. 48.

[83] *Versteyl* (Fn. 22), Art. 41 Rn. 40 m.w.N.

[84] Zur Einordnung *Schneider* (Fn. 13), Art. 41 Rn. 19 m.w.N.; *Rechenberg* (Fn. 14), Art. 41 Rn. 46.

WahlPG). **Gegenstand** des Beschwerdeverfahrens ist ausschließlich die Entscheidung des Bundestages über den Wahleinspruch (§ 48 I BVerfGG). Nicht beachtlich sind jedoch Verfahrensverstöße des Bundestages im Wahlprüfungsverfahren, soweit sie der Entscheidung nicht ihre Grundlage entziehen[85]. Neuer Sachvortrag zum Wahleinspruch ist präkludiert[86]. Beschwerdeberechtigt sind: der Abgeordnete, dessen Mitgliedschaft bestritten ist; ein Wahlberechtigter, dessen Einspruch vom Bundestag verworfen worden ist, wenn ihm mindestens einhundert Wahlberechtigte beitreten; eine Fraktion oder eine Minderheit des Bundestages, die wenigstens ein Zehntel der gesetzlichen Mitgliederzahl umfaßt. Die Beschwerde ist ebenso wie der Wahleinspruch innerhalb von zwei Monaten (§ 48 II BVerfGG) schriftlich mit substantiierter Begründung[87] zu erheben. Eine besondere »Beschwer« ist nicht erforderlich[88]. Inhaltlich prüft das Bundesverfassungsgericht die Beschwerde nur auf solche Wahlfehler, die für die Sitzverteilung von Einfluß gewesen sein können (»Mandatsrelevanz«: → Rn. 7, 18).

III. Nähere Regelung durch Bundesgesetz (Art. 41 III GG)

23 Das in Ausführung des Auftrags aus Art. 41 III GG ergangene **Wahlprüfungsgesetz** regelt in §§ 1 ff. für die Wahlprüfung und §§ 15 ff. für die Mandatsprüfung ebenso wie §§ 13 Nr. 3, 48 BVerfGG für die Beschwerde ausschließlich Verfahrensfragen. Ob hierdurch der Verfassungsauftrag erfüllt wurde[89], ist zu bezweifeln, da es keinerlei gesetzliche Fixierung des materiellen Wahlprüfungsrechts gibt[90].

D. Verhältnis zu anderen GG-Bestimmungen

24 Die Wahlprüfungsbestimmungen sind Spezialregelungen zur Durchsetzung der Wahlrechtsgrundsätze aus **Art. 38 I 1 GG** (→ Rn. 14; → Art. 38 Rn. 51 ff.). Art. 41 III GG ergänzt **Art. 38 III GG**. Die Ausgestaltung nimmt Rücksicht auf die Parlamentsautonomie (**Art. 40 GG**). Art. 41 GG wird teilweise eine Einschränkung von **Art. 19 IV GG** entnommen (→ Rn. 10 ff.). Im Verhältnis zu **Art. 21 GG** können sich Abgrenzungsprobleme zwischen der Vorphase des staatlichen Wahlverfahrens und dem rein innerparteilichen Geschehen ergeben[91].

---

[85] BVerfGE 89, 291 (299 f.); a.A. *Achterberg/Schulte*, GG VI, Art. 41 Rn. 56, und *Rechenberg* (Fn. 14), Art. 41 Rn. 48, die eine Überprüfung des Wahlprüfungsverfahrens gänzlich ausschließen.
[86] *Achterberg/Schulte*, GG VI, Art. 41 Rn. 56; *Schneider* (Fn. 13), Art. 41 Rn. 20; *Rechenberg* (Fn. 14), Art. 41 Rn. 47 f.
[87] Vgl. *J. Ockermann*, NVwZ 1991, 1150 (1151).
[88] *Rechenberg* (Fn. 14), Art. 41 Rn. 47; *Achterberg/Schulte*, GG VI, Art. 41 Rn. 55; *Schneider* (Fn. 13), Art. 41 Rn. 19, verlangt allerdings zumindest ein allgemeines Rechtsschutzinteresse.
[89] So *Maunz* (Fn. 21), Art. 41 Rn. 20; *Kretschmer* (Fn. 21), § 13 Rn. 68; wohl auch *Magiera* (Fn. 22), Art. 41 Rn. 20.
[90] Dazu *Versteyl* (Fn. 22), Art. 41 Rn. 51; *Schneider* (Fn. 13), Art. 41 Rn. 21. Weitergehende Regelungen zumindest für wünschenswert halten *Achterberg/Schulte*, GG VI, Art. 41 Rn. 58; *Rechenberg* (Fn. 14), Art. 41 Rn. 47 f.
[91] Hierzu BVerfGE 89, 243 (251 ff.).

Artikel 42 [Öffentlichkeit der Sitzungen; Mehrheitsprinzip]

(1) ¹Der Bundestag verhandelt öffentlich. ²Auf Antrag eines Zehntels seiner Mitglieder oder auf Antrag der Bundesregierung kann mit Zweidrittelmehrheit die Öffentlichkeit ausgeschlossen werden. ³Über den Antrag wird in nichtöffentlicher Sitzung entschieden.

(2) ¹Zu einem Beschlusse des Bundestages ist die Mehrheit der abgegebenen Stimmen erforderlich, soweit dieses Grundgesetz nichts anderes bestimmt. ²Für die vom Bundestage vorzunehmenden Wahlen kann die Geschäftsordnung Ausnahmen zulassen.

(3) Wahrheitsgetreue Berichte über die öffentlichen Sitzungen des Bundestages und seiner Ausschüsse bleiben von jeder Verantwortlichkeit frei.

Literaturauswahl

Binder, Reinhart: Die »Öffentlichkeit« nach Art. 42 Abs. 1 Satz 1, 44 Abs. 1 Satz 1 GG und das Recht der Massenmedien zur Berichterstattung, in: DVBl. 1985, S. 1112–1119.
Dieterich, Roland: Die Funktion der Öffentlichkeit der Parlamentsverhandlungen im Strukturwandel des Parlamentarismus, Diss. jur. Tübingen 1970.
Dreier, Horst: Das Majoritätsprinzip im demokratischen Verfassungsstaat, in: ZParl. 17 (1986), S. 94–118.
Häberle, Peter: Öffentlichkeit und Verfassung (1969), in: ders., Verfassung als öffentlicher Prozeß, 2. Aufl. 1996, S. 225–245.
Hett, Hans-Jürgen: Die Öffentlichkeitsfunktion der Parlamentsverhandlungen, das Grundrecht der Informationsfreiheit und Informationspflichten der Exekutive, 1987.
Heun, Werner: Das Mehrheitsprinzip in der Demokratie, 1983.
Hofmann, Hasso/Dreier, Horst: Repräsentation, Mehrheitsprinzip und Minderheitenschutz, in: Schneider/Zeh, § 5, S. 165–197.
Jekewitz, Jürgen: Parlamentsausschüsse und Ausschußberichterstattung, in: Der Staat 25 (1986), S. 399–424.
Kemmler, Klaus: Die Abstimmungsmethode des Deutschen Bundestages, Diss. jur. Tübingen 1969.
Kißler, Leo: Die Öffentlichkeitsfunktion des Deutschen Bundestages, 1976.
Kißler, Leo: Parlamentsöffentlichkeit: Transparenz und Artikulation, in: Schneider/Zeh, § 36, S. 993–1020.
Linck, Joachim: Die Öffentlichkeit der Parlamentsausschüsse aus verfassungsrechtlicher und rechtspolitischer Sicht, in: DÖV 1973, S. 513–520.
Linck, Joachim: Die Parlamentsöffentlichkeit, in: ZParl. 23 (1992), S. 673–708.
Martens, Wolfgang: Öffentlich als Rechtsbegriff, 1969.
Martenson, Sten: Parlament, Öffentlichkeit und Medien, in: Schneider/Zeh, § 8, S. 261–288.
Mayntz, Gregor: Die Fernsehberichterstattung über den Deutschen Bundestag. Eine Bilanz, in: ZParl. 24 (1993), S. 351–366.
Oberreuter, Heinrich (Hrsg.): Wahrheit statt Mehrheit?, 1986.
Scheuner, Ulrich: Das Mehrheitsprinzip in der Demokratie, 1973.
Smend, Rudolf: Zum Problem des Öffentlichen und der Öffentlichkeit, in: Gedächtnisschrift für Walter Jellinek, 1955, S. 11–20.
Steffani, Winfried: Mehrheitsentscheidungen und Minderheiten in der pluralistischen Verfassungsdemokratie, in: ZParl. 17 (1986), S. 569–586.
Steiger, Heinhard: Organisatorische Grundlagen des parlamentarischen Regierungssystems, 1973.

Leitentscheidung des Bundesverfassungsgerichts

BVerfGE 70, 324 (354 ff.) – Haushaltskontrolle der Nachrichtendienste.

Gliederung Rn.

A. Herkunft, Entstehung, Entwicklung 1
    I. Parlamentarisches Öffentlichkeitsprinzip 2
        1. Ideen- und verfassungsgeschichtliche Aspekte 2
        2. Entstehung und Veränderung der Norm 9
    II. Parlamentarisches Mehrheitsprinzip 10
        1. Ideen- und verfassungsgeschichtliche Aspekte 10
        2. Entstehung und Veränderung der Norm 13
B. Internationale, supranationale und rechtsvergleichende Bezüge 14
    I. Parlamentarisches Öffentlichkeitsprinzip 14
    II. Parlamentarisches Mehrheitsprinzip 18
C. Erläuterungen 20
    I. Öffentlichkeit der Verhandlungen (Art. 42 I GG) 20
        1. Sinn und Zweck 20
        2. Anwendungsbereich 22
        3. Inhalt 26
        4. Ausschluß der Öffentlichkeit (Art. 42 I 2, 3 GG) 29
    II. Parlamentarisches Mehrheitsprinzip (Art. 42 II GG) 31
        1. Sinn und Zweck 31
        2. Anwendungsbereich 32
        3. Inhalt 34
        4. Besondere Mehrheitserfordernisse 36
    III. Verantwortungsfreiheit von Berichten (Art. 42 III GG) 40
D. Verhältnis zu anderen GG-Bestimmungen 45

A. Herkunft, Entstehung, Entwicklung

1 Art. 42 GG enthält zwei wesentliche Rechtsgedanken: Einerseits das Prinzip der Öffentlichkeit parlamentarischer Verhandlungen mitsamt dem ihm zuzuordnenden Rechtssatz der Sanktionsfreistellung wahrheitsgetreuer Berichte darüber, andererseits die Regel der Entscheidung mit Mehrheit. Sie haben unterschiedliche, wenngleich aufeinander bezogene ideen- und verfassungsgeschichtliche Wurzeln.

I. Parlamentarisches Öffentlichkeitsprinzip

1. Ideen- und verfassungsgeschichtliche Aspekte

2 Die Öffentlichkeit parlamentarischer Verhandlungen setzte sich mit der Herausbildung repräsentativer Entscheidungsgremien durch. Die von den Deputierten Vertretenen müssen über deren Handlungen und Beweggründe Bescheid wissen können. Dies gilt um so mehr, wenn die Vertreter ein freies Mandat innehaben und das gesamte Volk, nicht nur einen Teil, repräsentieren[1]. Nur so können die Vertreter beanspruchen, für die Vertretenen zu handeln, nur so können sich die Vertretenen dessen versichern. Tatsächlich haben die Generalstände zu Beginn der französischen Revolution

---

[1] Siehe am Beispiel der französischen Entwicklung im Juni 1789 *C. Müller*, Das imperative und freie Mandat, 1966, S. 176 ff.

denn auch die Öffentlichkeit ihrer Verhandlungen beschlossen[2]. Hinzu treten weitere Vorteile, die man sich von der Beobachtung der parlamentarischen Debatte versprach, so die **Bildung** des Publikums und die Entwicklung eines rationalisierten öffentlichen Interesses[3], die Schaffung eines höheren Gemeingeistes und damit auch eine Stärkung der Identifikation mit dem Gemeinwesen[4].

Das Vertrauen in die Öffentlichkeit ist aufklärerisches Gedankengut auf naturrechtlicher Grundlage[5]. Alle Menschen sind zur Urteilsbildung berufen, zur Vernunft befähigt und bilden einen kritischen Maßstab jeder Autorität, so auch der staatlichen. Insbesondere bei **Kant** wird Publizität zum Anspruch an das Recht, ohne jene es keine Gerechtigkeit geben kann: »Alle auf das Recht anderer Menschen bezogenen Handlungen, deren Maxime sich nicht mit der Publizität verträgt, sind unrecht«[6]. Von daher gewinnt die Publizität der Rechtsetzung inhaltliche Bedeutung als Garant der Gerechtigkeit[7].

Vor diesem geistesgeschichtlichen Hintergrund hat sich in der Verfassungsgeschichte seit Anfang des 19. Jahrhunderts die Öffentlichkeit zu einem gemeineuropäischen Rechtsgrundsatz entwickelt[8]. Allerdings gab es verschiedene Versuche, die Öffentlichkeit der Landstände in den Staaten des Deutschen Bundes einzuschränken[9].

In der frühen Parlamentsgeschichte, also der **Englands**, wurde die Öffentlichkeit der Verhandlungen keineswegs gewährleistet. Obgleich seit 1547 das Commons Journal geführt wurde[10], galt es bis 1771 als **breach of privilege**, parlamentarische Verhandlungen zu veröffentlichen; zugleich war die Anwesenheit aller Nichtangehörigen und Nichtmitarbeiter des Parlaments bis 1845 untersagt[11]. Die **US-amerikanische Verfassung** von 1787 kennt ebenfalls noch keine Öffentlichkeit der Debatten in den beiden Häusern, wenngleich Art. I sec. 5 cl. 2 nach englischem Vorbild die Führung eines offiziellen »journal« vorsieht, das »from time to time« publiziert werden soll.

Früheste formelle Anerkennung fand der Grundsatz der Öffentlichkeit in Titel 3 Kapitel 3 sec. II Art. 1 der **französischen Verfassung** von **1791**. Die positive Verankerung wurde auch in den folgenden Verfassungstexten beibehalten. 1819 legte Frankreich gesetzlich die Freistellung offizieller und privater Berichterstattung, soweit sie wahrheitsgetreu und gutgläubig erfolgte, von jeglicher Sanktion fest[12]. Die später durch die

---

[2] Vgl. dazu *P. Gaxotte*, La révolution francaise, 1975, S. 104f. Der Deputierte *Volney* formulierte denkwürdig: »Tous les citoyens étaient non seulement nos frères, mais nos maitres …«.

[3] Vgl. etwa *G.W.F. Hegel*, Grundlinien der Philosophie des Rechts, 1821, §315 nebst Zusatz.

[4] Vgl. *J. Habermas*, Strukturwandel der Öffentlichkeit, 4. Aufl. 1961, S. 114.

[5] Dazu etwa *L. Hölscher*, Öffentlichkeit, in: O. Brunner u. a. (Hrsg.), Geschichtliche Grundbegriffe, Bd. 4, 1978, S. 413 ff. (438).

[6] *I. Kant*, Zum ewigen Frieden, 1795, Anhang, A 92f.

[7] Vgl. auch *J.G. Fichte*, Grundlage des Naturrechts nach Prinzipien der Wissenschaftslehre, 2. Aufl. 1922, S. 165: »… müssen alle Verhandlungen der Staatsgewalt, mit allen Umständen und Gründen der Entscheidung, ohne Ausnahme, die höchste Publizität haben«.

[8] *H. Steiger*, Studium Generale 23 (1970), 710 (710).

[9] Die Gegenbewegung ging aber nicht einseitig von den herrschenden Monarchen aus. So weigerten sich die Landstände des Großherzogtums Sachsen-Weimar-Eisenach, dem Vorschlag des Großherzogs, die Öffentlichkeit der Debatten einzuführen, zu entsprechen. Vgl. hierzu *J.L. Klüber*, Öffentliches Recht des Teutschen Bundes und der Bundesstaaten, 1840, S. 456 Fn. i.

[10] *J. Hatschek*, Das englische Staatsrecht, Bd. I, 1904, S. 418.

[11] *J. Redlich*, Recht und Technik des englischen Parlamentarismus, 1905, S. 280ff.; *H. Steiger*, Studium Generale 23 (1970), 710 (710).

[12] Hierzu *L. Kißler*, Die Öffentlichkeitsfunktion des Deutschen Bundestages, 1976, S. 301.

Konstitution von 1852 eingeführte ausschließlich amtliche Parlamentsberichterstattung wurde jedoch in Angleichung an die englische Rechtslage nach und nach aufgegeben.

7 **Die frühen deutschen Verfassungen** kennen die Öffentlichkeit der Verhandlungen nur teilweise und sehen oft weitreichende Ausschlußmöglichkeiten für die Öffentlichkeit vor[13]. Ab 1848 setzte sich das Öffentlichkeitsprinzip durch. In § 111 der **Paulskirchenverfassung** von 1849 war sie ebenso vorgesehen wie in Art. 78 der oktroyierten Preußischen Verfassung von 1848. Die Regelung wurde 1850 als Art. 78 unverändert in die revidierte Preußische Verfassung übernommen. Art. 22 **RV** und Art. 29 **WRV** sahen das Publizitätsprinzip ebenfalls vor.

8 Die Preußische Verfassung von 1850 erweitert die **Freiheit** der parlamentarischen Rede auch auf den **Berichterstatter**. Die diesbezügliche Regelung des § 38 des preußischen Pressegesetzes vom 12.5.1851[14], die nahezu wortgleich mit dem heutigen Art. 42 III GG ist, gehört seither zum deutschen Verfassungsgut und findet sich in beinahe allen deutschen Verfassungen, so in Art. 22 Verfassung des Norddeutschen Bundes von 1867, in Art. 22 **RV** und Art. 30 **WRV**. Auch in der einzigen »neuen« Verfassung der Hohenzollernzeit, der des »Reichslandes« Elsaß-Lothringen, findet sich der Rechtsgrundsatz wieder[15]. Lediglich Art. 22 II Bayerische Verfassung (1946) macht eine Ausnahme. Hier bleibt die Berichterstattung über ehrverletzende Verleumdungen strafbar.

2. Entstehung und Veränderung der Norm

9 Die **Publizitätsbestimmung** wurde vom Parlamentarischen Rat ohne Veränderungen aus Art. 53 HChE übernommen und war gänzlich unstrittig[16]. Lediglich der Begriff der Wahrheit in Art. 42 III GG war Gegenstand parlamentarischer Diskussion. Letztlich setzte sich die Ansicht durch, nach der auf einen **objektiven Wahrheitsbegriff** abzustellen ist[17].

---

[13] § 78 I Badische Verfassung (1818) sieht ebenso wie §§ 167, 168 Württembergische Verfassung (1819) die Öffentlichkeit parlamentarischer Verhandlungen vor, für deren Ausschluß allerdings unterschiedliche Mehrheitserfordernisse galten; dagegen statuieren Art. 99, 100 der Verfassung des Großherzogtums Hessen (1820) grundsätzlich nur eine druckweise Veröffentlichung der Debatten, wobei den Kammern aber das Recht zur Herstellung der Öffentlichkeit zustand; § 77 Kurhessische Verfassung (1831) erhob die Öffentlichkeit zur Regel; § 115 Verfassung des Königreichs Hannover (1833) ordnet wiederum die Bekanntmachung der Verhandlungen der preußischen Provinzialstände durch Druckerzeugnisse an.
[14] Dazu RGSt 18, 207 (210).
[15] § 15 Elsaß-Lothringische Verfassung (1911).
[16] JöR 1 (1951), S. 363.
[17] Die Privilegierung wahrheitsgetreuer Berichterstattung sollte dem Abgeordneten *Löwenthal* zufolge, anders als das Reichsgericht, nicht nur auf wortgetreue, vollständige Berichte beschränkt sein. Der Abgeordnete *Renner* wollte auf den Begriff »wahrheitsgetreu« gänzlich verzichten. Er ging von einem subjektiven Wahrheitsbegriff aus, während der Abgeordnete *Schönfelder* Wahrheit als relativen Begriff bezeichnete. *Carlo Schmid* wies dies jedoch zurück, es sei vielmehr auf einen objektiven Wahrheitsbegriff abzustellen, ansonsten würden strafbare Bemerkungen, die allein vom Berichterstatter geäußert werden, straffrei gestellt. S. JöR 1 (1951), S. 364f.

II. Parlamentarisches Mehrheitsprinzip

1. Ideen- und verfassungsgeschichtliche Aspekte

Das **parlamentarische Mehrheitsprinzip** (→ Art. 20 [Demokratie] Rn. 63 ff.) ist insbesondere ideengeschichtlich weiter zurückzuverfolgen als das Öffentlichkeitsprinzip. So verfügt das Majoritätsprinzip über eine **lange vormoderne Tradition**[18]. Allerdings gewinnt das Majoritätsprinzip seine herausragende Bedeutung mit dem gleichzeitigen Aufstieg des Repräsentationsprinzips[19] (→ Art. 38 Rn. 7). Seit dem 19. Jahrhundert jedenfalls ist das Mehrheitsprinzip **europäisches Gemeingut**[20].

In den **landständischen deutschen Verfassungen** gilt das Mehrheitsprinzip wie im Reichstag des heiligen Römischen Reiches zuvor nur eingeschränkt[21]: zwar innerhalb der Kollegien bzw. Kammern, diese mußten jedoch Übereinstimmung herstellen[22].

Die **Paulskirchenverfassung** verlangte das Vorhandensein einer einfachen Mehrheit. Art. 28 **RV** sah die Notwendigkeit einer absoluten Mehrheit vor, wie schon die Preußischen Verfassungen von 1848 und 1850. Art. 32 **WRV** entsprach weitgehend der heutigen Regelung.

2. Entstehung und Veränderung der Norm

Die heutige Fassung des Art. 42 II GG entspricht, abgesehen von geringfügigen, vor allem redaktionellen Änderungen, im wesentlichen Art. 54 I **HChE**. Weder Art. 54 I 3 HChE, der die anteilige Ausschußbesetzung regelte, noch Art. 54 II HChE, der die Festlegung der **Beschlußfähigkeit** der Geschäftsordnung überließ, wurden übernommen[23]. Insbesondere das Fehlen einer Beschlußfähigkeitsbestimmung war im Parlamentarischen Rat nicht unumstritten. Der Arbeitsfähigkeit des Parlamentes wurde letztlich der Vorrang eingeräumt[24].

B. Internationale, supranationale und rechtsvergleichende Bezüge

I. Parlamentarisches Öffentlichkeitsprinzip

Die Öffentlichkeit parlamentarischer Verhandlungen gehört heute zum Standardrepertoire parlamentarischer Verfassungen, findet sich ihrer Natur nach aber nur dort, wo es Parlamente gibt, das heißt im innerstaatlichen Bereich oder beim Europäischen Parlament. Immerhin hat das Publizitätsprinzip in das internationale Recht durch das

---

[18] Zur vormodernen Geschichte des Majoritätsprinzips vgl. insbesondere *H. Dreier*, ZParl. 17 (1986), 94 ff.; *O. v. Gierke*, Schmollers Jahrbuch 39 (1915), 565 (565 ff.); *U. Scheuner*, Das Mehrheitsprinzip in der Demokratie, 1973, S. 8 ff.
[19] *Scheuner*, Mehrheitsprinzip (Fn. 18), S. 10.
[20] *Scheuner*, Mehrheitsprinzip (Fn. 18), S. 12.
[21] Siehe etwa *O. v. Gierke*, Schmollers Jahrbuch 39 (1915), 565 (569 f.).
[22] Für den Fall fehlender Übereinstimmung wurden nach § 61 Badische Verfassung (1818) die Stimmen beider Kammern zusammengezählt und auf die absolute Mehrheit abgestellt. Ein kompliziertes Verständigungsverfahren gab es in §§ 177 ff. Württembergische Verfassung (1819).
[23] JöR 1 (1951), S. 363.
[24] Die Abgeordneten *Selbert* und *Dehler* stellten Anträge auf Einfügung einer solchen Bestimmung. Der Abgeordnete *Lehr* jedoch fürchtete um die Arbeitsfähigkeit des Parlaments und setzte sich letztlich mit seiner Argumentation durch. S. JöR 1 (1951), S. 363 f.

Friedensabkommen von Dayton vom 14.12.1995 ebenfalls Eingang gefunden. In Art. 12 des Verfassungsvorschlags des Vertrags findet sich eine entsprechende Regelung. Art. 143 (200 n.F.) **EGV** bestimmt nur für die Erörterung des von der Kommission vorzulegenden Gesamtberichts die Öffentlichkeit der Sitzungen des Europäischen Parlaments. Die grundsätzliche Öffentlichkeit aller Sitzungen ist aber in Art. 104 GOEP festgelegt, überdies legt Art. 142 (199 II n.F.) EGV die Veröffentlichung der Verhandlungsniederschriften (nach Maßgabe der GOEP) fest.

15 In den meisten[25] Verfassungen **europäischer Staaten** ist die Öffentlichkeit der parlamentarischen Verhandlungen ebenso vorgesehen wie in der deutschen. Jedoch finden sich abweichende Regelungen zum Ausschluß der Öffentlichkeit[26].

16 In sämtlichen Verfassungen der **deutschen Länder** findet sich das Öffentlichkeitsprinzip[27]. Zum Ausschluß der Öffentlichkeit ist stets eine Zweidrittelmehrheit erforderlich, einzig die Antragsvoraussetzungen differieren im Detail.

17 Art. 42 III GG stellt wohl – trotz seines englischen Ursprungs[28] – eine genuin deutsche Regelung dar, die sich so in keiner der hier angeführten ausländischen Verfassungen findet.

II. Parlamentarisches Mehrheitsprinzip

18 Nach Art. 141 (198 I n.F.) EGV entscheidet das Europäische Parlament mit Mehrheit. Das Mehrheitsprinzip gehört zum Standardrepertoire moderner parlamentarischer Demokratien, wenngleich für Beschlüsse verschiedene Mehrheiten verlangt werden[29]. In den meisten[30] Verfassungen europäischer Staaten sind zugleich **Beschlußfähigkeitsquoren** vorgesehen, die die Anwesenheit von mindestens einem Drittel[31] oder der Hälfte[32] der Abgeordneten verlangen. Die irische Verfassung[33] verweist für die Festlegung eines Quorums auf die Geschäftsordnung und entspricht damit der deutschen Rechtslage.

---

[25] In der Slowenischen und Litauischen Verfassung finden sich keine Publizitätsbestimmungen.
[26] Bei differierenden Antragsvoraussetzungen statuieren die Verfassungen unterschiedliche Mehrheitserfordernisse. Zwei-Drittel-Mehrheit: Irland (Art. 15 VIII); Lettland (Art. 22); Estland (Art. 32). Absolute Mehrheit: Spanien (Art. 80), soweit die GO keine Regelung enthält; Belgien (Art. 47 III); Polen (Art. 12). Einfache Mehrheit: Griechenland (Art. 66), allerdings mit der Besonderheit, daß die Mehrheitsentscheidung nach der Debatte zu bestätigen oder mit der Anordnung der öffentlichen Wiederholung aufzuheben ist; Dänemark (Art. 49); Frankreich (Art. 33); Niederlande (Art. 66 II, III). Luxemburg (Art. 61) überläßt die Festlegung von Publizitätsausnahmen der GO.
[27] So in Baden-Württemberg (Art. 33 I); Bayern (Art. 22 I); Brandenburg (Art. 64 II); Hessen (Art. 89); Mecklenburg-Vorpommern (Art. 31); Nordrhein-Westfalen (Art. 42); Sachsen (Art. 48 I); Sachsen-Anhalt (Art. 50); Thüringen (Art. 60).
[28] *J. Hatschek*, Deutsches und Preußisches Staatsrecht, Bd. I, 2. Aufl. 1930, S. 564 ff.; *J. Jekewitz*, Der Staat 25 (1986), 399 (401).
[29] Absolute Mehrheit: Belgien (Art. 53 I); Griechenland (Art. 67); Luxemburg (Art. 62). Einfache Mehrheit: Irland (Art. 15 XI); Italien (Art. 64 III); Niederlande (Art. 67 II); Spanien (Art. 79 II); Slowenien (Art. 86); Litauen (Art. 69 II); Tschechische Republik (Art. 39); Slowakei (Art. 84 II); Estland (Art. 73) und Polen (Art. 13). Portugal (Art. 178b) legt nur für die Wahl des Parlamentspräsidenten das Erfordernis einer absoluten Mehrheit fest. Frankreich enthält sich jeglicher Regelung.
[30] Keine Quoren kennen die Slowenische Verfassung und die Litauische Verfassung.
[31] Tschechien (Art. 39).
[32] Belgien (Art. 53 III); Dänemark (§ 50); Italien (Art. 64 III); Niederlande (Art. 67 I); Luxemburg (Art. 62); Spanien (Art. 79 I); Lettland (Art. 23); Slowakei (Art. 84); Polen (Art. 13); Estland (Art. 70).
[33] Art. 15 XI.

Alle Verfassungen der deutschen **Länder** kennen das Mehrheitsprinzip[34]. Auch Beschlußfähigkeitsquoren sind überwiegend vorgesehen[35].

19

C. Erläuterungen

I. Öffentlichkeit der Verhandlungen (Art. 42 I GG)

1. Sinn und Zweck

Die Öffentlichkeit parlamentarischer Verhandlungen ist ein notwendiges Begleitelement der repräsentativen Regierungsform[36]. Wenn im Zeichen der **Volkssouveränität** (→ Art. 20 [Demokratie] Rn. 76ff.) Herrschaft durch Vertreter ausgeübt wird, so haben die Vertretenen Anspruch darauf, über deren Aktivitäten und ihre Gründe informiert zu sein. Die Parlamentsöffentlichkeit ist notwendige Voraussetzung der Kontrollrechte des Volkes als Souverän[37]. Sie gewährleistet die »**Oberaufsicht des Publikums**«[38] und sichert den Einfluß der Wähler – als Publikum – auf die Gewählten durch die öffentliche Meinung. Damit ist ein kontinuierlicher **öffentlicher Diskussionszusammenhang** angesprochen zwischen den Repräsentanten und den Repräsentierten wie auch innerhalb dieser beiden Gruppierungen; er hat in der parlamentarischen Verhandlung nur seine repräsentative Spitze[39]. Funktional steht die Öffentlichkeit der Verhandlung der Repräsentanten im engen Zusammenhang mit dem freien Mandat und der Gesamtrepräsentation der Wählerschaft[40]. Zur Verwirklichung dieses Ziels dient die Öffentlichkeit der Herstellung und Beförderung der Kommunikation zwischen Repräsentanten und Repräsentierten[41]. Sie ist Voraussetzung für die in einer pluralistischen Gesellschaft und in einem beeinflußbaren Staat unverzichtbare Herausarbeitung und Artikulation von Interessen und Überzeugungen, sie klärt Konfliktlinien, ermöglicht Kompromisse und ist unerläßlich für die Legitimität des staatlichen Entscheidungsver-

20

---

[34] Baden-Württemberg (Art. 33 II); Bayern (Art. 23 I); Brandenburg (Art. 65); Hessen (Art. 88); Mecklenburg-Vorpommern (Art. 32 I); Nordrhein-Westfalen (Art. 44 II); Sachsen (Art. 48 III); Sachsen-Anhalt (Art. 51 I); Thüringen (Art. 61 II).

[35] So in Baden-Württemberg (Art. 33 II); Bayern (Art. 23 II); Mecklenburg-Vorpommern (Art. 32 III); Nordrhein-Westfalen (Art. 44 I); Sachsen (Art. 48 II); Sachsen-Anhalt (Art. 51 II); Thüringen (Art. 61 I).

[36] *F.P. Guizot*, Historie des origines du gouvernement représentatif en Europe, 1851, Bd. 1, S. 104: »... le caractère le plus essentiel du gouvernement représentatif«, Bd. 2, S. 15; *R. Smend*, Zum Problem des Öffentlichen und der Öffentlichkeit, in: GS Jellinek, 1955, S. 11ff. (16); *H. Hofmann/H. Dreier*, Repräsentation, Mehrheitsprinzip und Minderheitenschutz, in: Schneider/Zeh, § 5 Rn. 18 a.E.

[37] Zur idealtypischen Konstruktion *J. Dewey*, The Public and Its Problems, 1954, S. 34f., 76f.

[38] *J. Bentham*, Taktik oder Theorie des Geschäftsganges in deliberierenden Volksständeversammlungen, 1817, S. 10; s. weiter *Guizot*, Historie, Bd. 2 (Fn. 36), S. 15f.; *Habermas*, Strukturwandel (Fn. 4), S. 113f. m.w.N. Zur Kontrolle der Wähler und zur Oberaufsicht s. auch *Hegel*, Grundlinien (Fn. 3), § 314, sowie zum Gesamtzusammenhang der öffentlichen Diskussion § 315: »Die Eröffnung dieser Gelegenheit von Kenntnissen hat eine allgemeine Seite, daß so die öffentliche Meinung zu wahrhaften Gedanken und zur Einsicht in den Zustand und Begriff des Staates und dessen Angelegenheiten und damit erst zu einer Fähigkeit, darüber vernünftiger zu urteilen, kommt«.

[39] S. dazu bereits *C.T. Welcker*, Art. Öffentlichkeit, in: C. v. Rotteck/C.T. Welcker, Staatslexikon, Bd. 12, 1841, S. 252ff. (270ff.).

[40] Siehe am Beispiel der französischen Entwicklung im Juni 1789 *Müller*, Mandat (Fn. 1), S. 176ff.

[41] *Kißler*, Öffentlichkeitsfunktion (Fn. 12), S. 296f.

fahrens⁴². Sie steigert so die Qualität und damit auch die Akzeptanz staatlichen Entscheidens. Insoweit bedarf es der Transparenz der politischen Entscheidungen zur Erhaltung des für das Funktionieren einer parlamentarischen Demokratie unerläßlichen Vertrauens des Souveräns⁴³. Die Öffentlichkeit der parlamentarischen Auseinandersetzung und Entscheidungssuche ist ein wesentliches Element der staatlichen Demokratie⁴⁴ und des Parlamentarismus⁴⁵ und als solches von der Ewigkeitsgarantie des Art. 79 III GG umfaßt⁴⁶.

21 Angesichts steigender Komplexität der zu bewältigenden Probleme gewinnt die Öffentlichkeit neue Relevanz: Unverständlichkeit schürt Mißtrauen. Öffentlichkeit und Transparenz sind mehr denn je Voraussetzungen gelingender parlamentarischer Demokratie. Verständlichkeit des parlamentarischen Geschehens wird damit zum Verfassungsgebot⁴⁷. Art. 42 I GG gewährleistet nicht nur die formelle, sondern auch die **materielle Öffentlichkeit** der Debatten, woraus letztlich folgt, daß die Verhandlungen transparent, nachvollziehbar und einsichtig sein sollen⁴⁸. Dem Beobachter müssen die Argumente deutlich und verständlich werden, um ihm eine eigene Meinungsbildung über das zu lösende Problem zu ermöglichen⁴⁹.

2. Anwendungsbereich

22 Unter den durch Art. 42 I GG dem Öffentlichkeitsgebot unterstellten Verhandlungen des Bundestages werden zunächst die **Plenarsitzungen** des Bundestages verstanden⁵⁰. Erfaßt wird dabei nicht nur die Debatte, sondern die gesamte Tätigkeit des Plenums vom Beginn bis zum Schluß einer Sitzung⁵¹ unter Einschluß der Anträge, der Beantwortung von Anfragen als auch persönlicher Erklärungen. »Verhandeln« ist damit in einem weiten, den **gesamten Prozeß der Entscheidungsfindung** im Plenum umfassenden Sinne zu verstehen⁵².

23 Das Öffentlichkeitsgebot bezieht sich unmittelbar aber nur auf die **Zugänglichkeit des parlamentarischen Geschehens**, will dieses selbst jedoch nicht regeln. Dessen Regulierung ist Gegenstand der parlamentarischen Geschäftsordnungsautonomie⁵³ (→ Art. 40 Rn. 6 f.). Insofern ist die Frage geheimer Abstimmungen und Wahlen nicht unmittelbar von Art. 42 I GG her zu beantworten. Die Norm wirkt aber auf das Ge-

---

⁴² Vgl. auch *Kißler*, Öffentlichkeitsfunktion (Fn. 12), S. 296 f.; *J. Linck*, ZParl. 23 (1992), 673 (674).
⁴³ BVerfGE 40, 296 (327).
⁴⁴ *P. Häberle*, Öffentlichkeit und Verfassung (1969), in: ders., Verfassung als öffentlicher Prozeß, 2. Aufl. 1996, S. 225 ff.; ders., Struktur und Funktion der Öffentlichkeit im demokratischen Staat, in: ders., Die Verfassung des Pluralismus, 1980, S. 126 ff.; → Art. 20 (Demokratie) Rn. 73.
⁴⁵ BVerfGE 70, 324 (355); 84, 304 (329); *J. Linck*, ZParl. 23 (1992), 673 (673).
⁴⁶ → Art. 79 III Rn. 34; *S. Magiera*, in: Sachs, GG, Art. 42 Rn. 1; *H. Schneider*, in: AK-GG, Art. 42 Rn. 2.
⁴⁷ *Kißler*, Öffentlichkeitsfunktion (Fn. 12), S. 297.
⁴⁸ *Achterberg/Schulte*, GG VI, Art. 42 Rn. 2; *Achterberg*, Parlamentsrecht, S. 562.
⁴⁹ *Achterberg/Schulte*, GG VI, Art. 42 Rn. 2. Zur Relevanz materieller Öffentlichkeit – insbesondere bei Entscheidungen in eigener Sache (→ Art. 38 Rn. 143) – BVerfGE 40, 296 (327).
⁵⁰ *L. Kißler*, Parlamentsöffentlichkeit: Transparenz und Artikulation, in: Schneider/Zeh, § 36 Rn. 39; *L.-A. Versteyl*, in: v. Münch/Kunig, GG II, Art. 42 Rn. 2; *Achterberg/Schulte*, GG VI, Art. 42 Rn. 3; *Jarass/Pieroth*, GG, Art. 42 Rn. 1; *Magiera* (Fn. 46), Art. 42 Rn. 1.
⁵¹ *Jarass/Pieroth*, GG, Art. 42 Rn. 1; *Schneider* (Fn. 46), Art. 42 Rn. 3.
⁵² BVerfGE 10, 4 (12); 89, 291 (303); *Versteyl* (Fn. 50), Art. 42 Rn. 6.; *Magiera* (Fn. 46), Art. 42 Rn. 4.
⁵³ Vgl. *M. Morlok*, JZ 1989, 1035 (1040).

schäftsordnungsrecht in der Weise ein, daß dieses durch konträr wirkende Regelungen das Öffentlichkeitsgebot faktisch nicht unterlaufen darf. Im Einklang damit kennt die Geschäftsordnung des Bundestages **keine geheimen Abstimmungen**, die nicht nur verfassungspolitisch[54], sondern auch verfassungsrechtlich bedenklich wären[55]. Eine Ausnahme wird für **geheime Wahlen** gemacht, die zulässig sind[56]. Sie wird gerechtfertigt als Maßnahme zum Schutz des freien Mandats aus Art. 38 I 2 GG, weil der auf dem Abgeordneten lastende Geschlossenheitsdruck bei Personalentscheidungen höher ist als bei Sachabstimmungen. Von der geheimen Wahl und der geheimen Abstimmung sind die nichtöffentliche Wahl und die nichtöffentliche Abstimmung zu unterscheiden[57].

Die Tätigkeit in den **Ausschüssen** des Deutschen Bundestages ist nach bisheriger Praxis und überwiegender Auffassung nicht vom Öffentlichkeitsverlangen des Art. 42 I GG erfaßt[58]. Die grundsätzliche Nichtöffentlichkeit der Ausschußsitzungen soll für ein freieres Redeverhalten der Abgeordneten sorgen, insbesondere das tastende Erkunden von Kompromißpotentialen ermöglichen, und der Verlagerung wichtiger Diskussionen in informelle Zirkel entgegenwirken[59]. Demgegenüber ist zu sehen, daß der Bundestag die Vielfalt seiner Aufgaben unter Ausnutzung der Vorteile der Arbeitsteilung bewältigt, indem er seine Arbeit in erheblichem Umfang in die Ausschüsse verlagert[60]. Dort werden die Entscheidungen des Bundestages sachlich hergestellt, im Plenum in der Regel lediglich dargestellt. Zwar unterliegen die Verhandlungen der Ausschüsse – vorbehaltlich anderweitiger verfassungsrechtlicher (Art. 44 I 1 GG) oder gesetzlicher (§ 8 WahlPrüfG) Regelung – der durch Art. 40 I 2 GG statuierten Geschäftsordnungsautonomie[61]. Die in § 69 I 1 GOBT vorgesehene grundsätzliche Nichtöffentlichkeit[62] der Ausschußsitzungen ist jedoch verfassungsrechtlich nicht haltbar[63]. Angesichts dessen, daß in den Ausschüssen maßgeblich parlamentarische

24

---

[54] So aber *Magiera* (Fn. 46), Art. 42 Rn. 4; *Schneider* (Fn. 46), Art. 42 Rn. 3.
[55] *B. Pieroth*, JuS 1991, 89 (93f.); Jarass/*Pieroth*, GG, Art. 42 Rn. 1: ausgeschlossen kraft Verfassungsgewohnheitsrechts; a.A. *E. Röper*, ZParl. 11 (1980), 503 (506ff.).
[56] *Versteyl* (Fn. 50), Art. 42 Rn. 9; *T. Maunz*, in: Maunz/Dürig, GG, Art. 42 (1960), Rn. 5; *Schneider* (Fn. 46), Art. 42 Rn. 3; *Achterberg/Schulte*, GG VI, Art. 42 Rn. 3; *Magiera* (Fn. 46), Art. 42 Rn. 4; Jarass/*Pieroth*, GG, Art. 42 Rn. 1; *B. Pieroth*, JuS 1991, 89 (93f.).
[57] *Magiera* (Fn. 46), Art. 42 Rn. 4; *Maunz* (Fn. 56), Art. 42 Rn. 4.
[58] BVerfGE 1, 144 (152); *Achterberg/Schulte*, GG VI, Art. 42 Rn. 10; Jarass/*Pieroth*, GG, Art. 42 Rn. 1; *Schneider* (Fn. 46), Art. 42 Rn. 5.
[59] Zur Funktion nichtöffentlicher Sitzungen: *N. Luhmann*, Legitimation durch Verfahren, 1969, S. 189f.; *J. Jekewitz*, Der Staat 25 (1986), 399 (417ff.); *W. Ismayr*, Der Deutsche Bundestag, 1992, S. 356ff.; vgl. auch *H. Schmitt-Vockenhausen*, Durchgangsstation und sonst nichts?, in: E. Hübner (Hrsg.), Der Bundestag von innen gesehen, 1969, S. 137ff. (148); *H. Apel*, Der Deutsche Parlamentarismus, 1968, S. 147ff.; *R. Dieterich*, Die Funktion der Öffentlichkeit der Parlamentsverhandlungen im Strukturwandel des Parlamentarismus, Diss. jur. Tübingen 1970, S. 105f.
[60] BVerfGE 80, 188 (221f.); zur Praxis der Ausschußberatungen s. *H. Schulze-Fielitz*, Theorie und Praxis parlamentarischer Gesetzgebung, 1988, S. 304ff.; vgl. auch *J. Linck*, DÖV 1973, 513 (517); → Art. 40 Rn. 28f.; → Art. 43 Rn. 9.
[61] *H. Steiger*, Organisatorische Grundlagen des parlamentarischen Regierungssystems, 1973, S. 141.
[62] Für Ausnahmen s. §§ 69 I 2, 70 GOBT.
[63] Eine breitere Öffentlichkeit der Ausschußsitzungen fordern auch *H. Meyer*, Das parlamentarische Regierungssystem des Grundgesetzes, VVDStRL 33 (1975), S. 69ff. (117); *K. Carstens*, ZParl. 6 (1975), 93 (109); *H. Oberreuter*, ZParl. 6 (1975), 77 (90ff.); *J. Linck*, DÖV 1973, 513 (517); *ders.*, ZParl. 23 (1992), 673 (698f.); *K.-H. Mattern*, Grundlinien des Parlaments, 1969, S. 64, 83; *Versteyl* (Fn. 50), Art. 42 Rn. 5; *Schneider* (Fn. 46), Art. 42 Rn. 5.

Arbeit geleistet wird, kommt eine realitätsgerechte Verfassungsinterpretation dazu, das Öffentlichkeitsgebot auch auf die Ausschüsse zu erstrecken. Die normativen Vorgaben für das parlamentarische Geschehen müssen überall dort gelten, wo wesentliche Arbeit geleistet wird[64]. Die Herstellung für das gesamte Volk repräsentativer parlamentarischer Entscheidungen darf nicht allein einem engen Kreis von in den Ausschüssen tätigen Spezialisten überlassen werden, ohne die entscheidungslegitimierende Kommunikation mit dem Volk als Souverän herzustellen[65]. Dafür spricht auch die Gleichbehandlung von Plenum und Ausschüssen in Art. 42 III GG. Den Notwendigkeiten informaler Beratungen wird in der Praxis in und zwischen den Fraktionsarbeitskreisen entsprochen. Tatsächlich kennen die Parlamente Bayerns und Berlins seit langem die Ausschußöffentlichkeit, ohne daß dies zu bekannt gewordenen Beeinträchtigungen der Arbeit geführt hätte[66].

25 Das Öffentlichkeitsgebot gilt **nur für das parlamentarische Geschehen** selbst, nicht für dessen Ablauforganisation. Insbesondere der Ältestenrat ist als der Selbstorganisation des Parlaments im Rahmen der Parlamentsautonomie unterstelltes Gremium davon auszunehmen; dasselbe hat für das Bundestagspräsidium zu gelten. Fraktionssitzungen sind keine Versammlungen des Bundestages oder eines ihn in seiner Gesamtheit repräsentierenden Gremiums.

3. Inhalt

26 Das Öffentlichkeitsgebot verlangt die ungehinderte Zugangsmöglichkeit zu den Verhandlungen für jedermann[67]. Öffentlichkeit meint allgemein die Zugänglichkeit – unabhängig von jeder fachlichen Qualifikation. Bei Kapazitätsproblemen sind Einschränkungen zulässig (etwa die Ausgabe kostenloser Eintrittskarten), soweit die Chancengleichheit der Zugangsberechtigten gewahrt bleibt[68]. Jedoch ist das Parlament zur Schaffung von Zuhörerkapazitäten verpflichtet, wobei ihm ein recht freies Ermessen zukommt.

27 Von dieser **Sitzungsöffentlichkeit** zu unterscheiden ist die **Berichterstattungsöffentlichkeit**, die die amtliche und nichtamtliche Berichterstattung über die Verhandlungen gewährleistet[69]. Praktisch beinhaltet sie die Zugangsmöglichkeit für die Medien. Im Hinblick darauf, daß heute die Massenmedien erst die eigentliche Öffentlichkeit der

---

[64] Die Ausschüsse sind deswegen »in die Repräsentation des Volkes durch das Parlament einbezogen«: BVerfGE 80, 188 (222); vgl. *M. Morlok*, JZ 1989, 1035 (1040); *H. Dreier*, JZ 1990, 310 (317ff.); konsequenterweise bezieht Art. 43 I, II GG auch die Ausschüsse ein.

[65] Vgl. dazu *N. Luhmann*, Öffentliche Meinung, in: *ders.*, Politische Planung, 1971, S. 9ff. (21ff.); a. A. *W. Martens*, Öffentlich als Rechtsbegriff, 1969, S. 69, der die vertrauliche Expertendiskussion in Ausschüssen als einzig sachgerecht bezeichnet. Zur Frage des defizitären Informationsflusses in der Praxis s. *S. Martenson*, Parlament, Öffentlichkeit und Medien, in: Schneider/Zeh, § 8 Rn. 19ff.

[66] Vgl. hierzu *H.-J. Hett*, Die Öffentlichkeit der Parlamentsverhandlungen, das Grundrecht der Informationsfreiheit und Informationspflichten der Exekutive, 1987, S. 198f. m.w.N., der allerdings selbst einen »Mittelweg zwischen der Öffentlichkeit der Ausschußsitzungen und der Öffentlichkeitsarbeit in der jetzigen Form« befürwortet.

[67] *Versteyl* (Fn. 50), Art. 42 Rn. 8; *Jarass/Pieroth*, GG, Art. 42 Rn. 1; *Achterberg/Schulte*, GG VI, Art. 42 Rn. 3; *J. Linck*, DÖV 1973, 513 (514); *Maunz* (Fn. 56), Art. 42 Rn. 3.

[68] *Versteyl* (Fn. 50), Art. 42 Rn. 8; *Achterberg/Schulte*, GG VI, Art. 42 Rn. 3.

[69] *Achterberg/Schulte*, GG VI, Art. 42 Rn. 8; *Kißler*, Öffentlichkeitsfunktion (Fn. 12), S. 320ff.

I. Öffentlichkeit der Verhandlungen (Art. 42 I GG)

Verhandlungen herstellen[70], indem sie durch moderne Kommunikationsmittel einer breiten Öffentlichkeit die Möglichkeit der Kenntnisnahme von den Parlamentsverhandlungen bieten[71], ist Art. 42 I GG eine Verpflichtung des Bundestages zu entnehmen, vorbehaltlich der tatsächlichen Möglichkeiten den Massenmedien Zugang zu verschaffen[72]. Allerdings darf die Öffentlichkeit nicht auf die Berichterstattungsöffentlichkeit reduziert werden: es gibt kein Monopol für berufsmäßige Informationsvermittler. Die allgemeine Zugangsmöglichkeit muß erhalten bleiben.

Ein Mangel an vorgeschriebener Öffentlichkeit kann nicht folgenlos bleiben. Auch wenn die Öffentlichkeit der Verhandlungen keinen Beitrag zur inhaltlichen Qualität der getroffenen Entscheidungen leistet, so ermöglicht sie die Kontrolle der Abgeordneten und legitimiert damit erst deren Arbeit. Ihr kommt verfassungsrechtlicher Eigenwert zu[73]. Auch ohne ausdrückliche Fehlerfolgenvorschrift steht der die Legitimität des staatlichen Entscheidungsverfahrens bezweckende Gehalt des Öffentlichkeitsprinzips (→ Rn. 20) einer Reduzierung auf eine bloße Ordnungsvorschrift entgegen[74]. Eine **Verletzung des Öffentlichkeitsgebots** muß Fehlerfolgen zeitigen. Einzig in Betracht kommende Fehlerfolge ist indes die Nichtigkeit des Beschlusses[75]. 28

4. Ausschluß der Öffentlichkeit (Art. 42 I 2, 3 GG)

Art. 42 I 2 GG sieht vor, daß die Öffentlichkeit unter besonderen Voraussetzungen ausgeschlossen werden kann. Hierzu bedarf es eines ordnungsgemäßen **Antrags** von mindestens einem Zehntel der Abgeordneten oder der Bundesregierung. Beratung und Abstimmung über den Ausschlußantrag erfolgen bereits in nichtöffentlicher Sitzung[76]. Der Antrag muß nicht eingehend begründet werden, weil der Zweck des Ausschlusses durch eine solche zunichte gemacht würde[77] und der Ausschließungsbeschluß selbst keiner Begründung bedarf. Wegen der überragenden Bedeutung des Öffentlichkeitsprinzips ist aber eine kursorische Begründung zu verlangen, die den Zweck der Geheimhaltung nicht illusorisch macht, jedoch erkennen läßt, ob tragfähige Gründe vorliegen[78]. Zur Annahme des Ausschlußantrages genügt eine Zweidrittelmehrheit der anwesenden Abgeordneten[79]. 29

---

[70] *H.-U. Jerschke*, Öffentlichkeitspflicht der Exekutive und Informationsrecht der Presse, 1971, S. 56 ff.; *Versteyl* (Fn. 50), Art. 42 Rn. 8; *Magiera* (Fn. 46), Art. 42 Rn. 4.

[71] Zur Entwicklung und statistischen Bestandsaufnahme der Parlamentsberichterstattung in den Medien s. *G. Mayntz*, ZParl. 24 (1993), 351 ff.

[72] Vgl. dazu auch *R. Binder*, DVBl. 1985, 1112 (1115); *Jerschke*, Öffentlichkeitspflicht (Fn. 70), 1971, S. 57 f.; *Kißler*, Öffentlichkeitsfunktion (Fn. 12), S. 315 f.; a.A. *Maunz* (Fn. 56), Art. 42 Rn. 4, und *Martens*, Öffentlich (Fn. 65), S. 70, die den Medienzugang als nicht von der Garantie des Art. 42 I GG erfaßt betrachten.

[73] Zu unterschiedlichen Arten von Verfahrensbestimmungen s. *M. Morlok*, Die Folgen von Verfahrensfehlern am Beispiel von kommunalen Satzungen, 1988, S. 118 ff.

[74] A.A. *Achterberg/Schulte*, GG VI, Art. 42 Rn. 6; *Achterberg*, Parlamentsrecht, S. 566.

[75] So auch *Kißler*, Öffentlichkeitsfunktion (Fn. 12), S. 314; *Dieterich*, Funktion (Fn. 59), S. 113; *K. Perels*, AöR 15 (1900), 548 (564); *M. v. Seydel*, Commentar zur Verfassungsurkunde für das Deutsche Reich, 2. Aufl. 1879, S. 199.

[76] *Magiera* (Fn. 46), Art. 42 Rn. 6; *Versteyl* (Fn. 50), Art. 42 Rn. 15.

[77] *Magiera* (Fn. 46), Art. 42 Rn. 6; *Maunz* (Fn. 56), Art. 42 Rn. 10 f.

[78] *J. Linck*, ZParl. 23 (1992), 673 (687); *Versteyl* (Fn. 50), Art. 42 Rn. 10; a.A. *Achterberg/Schulte*, GG VI, Art. 42 Rn. 18; *Magiera* (Fn. 46), Art. 42 Rn. 5; *Jarass/Pieroth*, GG, Art. 42 Rn. 2.

[79] *Achterberg/Schulte*, GG VI, Art. 42 Rn. 19; *Magiera* (Fn. 46), Art. 42 Rn. 6; *Schneider* (Fn. 46), Art. 42 Rn. 9; *J. Linck*, ZParl. 23 (1992), 673 (687); *Ritzel/Bücker*, GOBT § 19 Anm. 2 f.

30 Vom Ausschluß sind alle betroffen, die kein eigenes Recht zur Teilnahme an den Verhandlungen des Bundestages haben: dies sind die Bundestagsabgeordneten und die nach Art. 43 II GG Zutrittsberechtigten[80]. Der Ausschluß kann auch für nur einzelne Teile einer Debatte vorgenommen werden[81]. Ein Ausschluß einzelner Gruppen von Zuhörern, soweit sie sich an Hausrecht und Ordnungsgewalt halten, widerspricht der von Art. 42 I 2 GG verfolgten Absicht qualifikationsunabhängiger Zugangsberechtigung und stellte eine unzulässige Diskriminierung dar[82].

II. Parlamentarisches Mehrheitsprinzip (Art. 42 II GG)

1. Sinn und Zweck

31 Das Mehrheitsprinzip ist ein Strukturelement der freiheitlich-demokratischen Grundordnung und insofern von herausragender Bedeutung für das Staatswesen der Bundesrepublik (→ Art. 20 [Demokratie] Rn. 63 ff.). Es ist als parlamentarische Entscheidungsregel eine Ausprägung des Demokratieprinzips des Art. 20 I, II GG[83]. Letztlich gibt es keine tragfähige Alternative zum Mehrheitsprinzip, da nur dies die Entscheidungsfähigkeit erhält und gleichzeitig dem Gebot gleicher Teilhaber aller an Herrschaftsakten entspricht[84].

2. Anwendungsbereich

32 **Beschluß** i.S.d. Art. 42 II GG meint die verbindliche Entscheidung des Parlaments als Abschluß eines Willensbildungsprozesses, gleichviel, worum es geht. Der Begriff umfaßt alle möglichen parlamentarischen Akte. Dazu zählen die Rechtswirkung entfaltenden Parlamentsentscheidungen wie Gesetzgebungsbeschlüsse, Wahlen, die Einsetzung von Ausschüssen und die Zitierung nach Art. 43 I GG, aber auch alle anderen Meinungskundgaben des Parlaments ohne rechtlich verbindliche Wirkung wie die sog. einfachen oder schlichten Parlamentsbeschlüsse[85]. Auch die Entscheidungen des Bun-

---

[80] Jarass/*Pieroth*, GG, Art. 42 Rn. 2; *Schneider* (Fn. 46), Art. 42 Rn. 9; *Maunz* (Fn. 56), Art. 42 Rn. 12; *Magiera* (Fn. 46), Art. 42 Rn. 7; *Versteyl* (Fn. 50), Art. 42 Rn. 14.

[81] Achterberg/*Schulte*, GG VI, Art. 42 Rn. 21; *Schneider* (Fn. 46), Art. 42 Rn. 9; *Maunz* (Fn. 56), Art. 42 Rn. 13; Jarass/*Pieroth*, GG, Art. 42 Rn. 2.

[82] Vgl. auch *J. Linck*, ZParl. 23 (1992), 673 (695); *Versteyl* (Fn. 50), Art. 42 Rn. 14; *Magiera* (Fn. 46), Art. 42 Rn. 7. Für die Zulässigkeit eines Ausschlusses einzelner Teile der Öffentlichkeit in den Grenzen des Willkürverbots sprechen sich aus: Achterberg/*Schulte*, GG VI, Art. 42 Rn. 21; *Maunz* (Fn. 56), Art. 42 Rn. 13; Jarass/*Pieroth*, GG, Art. 42 Rn. 2.

[83] BVerfGE 1, 299 (315); 29, 154 (165); *W. Steffani*, ZParl. 17 (1986), 569 (574 f.); *W. Westphal*, Zukunftsgestaltung als Parlamentsaufgabe: Entscheidungsnot und Entscheidungszwang, in: H. Oberreuter (Hrsg.), Wahrheit statt Mehrheit?, 1986, S. 11 ff. (15); Achterberg/*Schulte*, GG VI, Art. 42 Rn. 25.

[84] *W. Heun*, Das Mehrheitsprinzip in der Demokratie, 1983, S. 79 ff., insb. S. 96, 101; *H. Oberreuter*, Abgesang auf einen Verfassungstyp? Aktuelle Herausforderungen und Mißverständnisse der parlamentarischen Demokratie, in: ders., Wahrheit (Fn. 83), S. 23 ff. (28). Zu verschiedenen Begründungen: → Art. 20 (Demokratie) Rn. 64 ff.

[85] *K. Kemmler*, Die Abstimmungsmethode des Deutschen Bundestages, Diss. jur. Tübingen 1969, S. 111; *Magiera* (Fn. 46), Art. 42 Rn. 8; *Maunz* (Fn. 56), Art. 42 Rn. 14; *Schneider* (Fn. 46), Art. 42 Rn. 13; *Versteyl* (Fn. 50), Art. 42 Rn. 16.

II. Parlamentarisches Mehrheitsprinzip (Art. 42 II GG)   **Art. 42**

destages über Entschließungsanträge sind Beschlüsse in diesem Sinne, selbst wenn sie keine Bindungswirkung entfalten[86].

Keine Aussage trifft das Grundgesetz über die **Beschlußfähigkeit** des Bundestages; diese ist in § 45 GOBT geregelt. Sie ist gegeben, wenn mehr als die Hälfte der Mitglieder im Sitzungssaal präsent ist[87]. Weil ein wesentlicher Teil der Arbeit des Bundestages in den Ausschüssen erledigt wird (→ Rn. 24), kommt eine so hohe Präsenz im Plenum häufig nicht zustande. Um die Beschlußfähigkeit zu erhalten, wird diese solange fingiert, bis auf Antrag die Beschlußunfähigkeit festgestellt wird. Ein Beschluß bedarf daher zwar der grundsätzlichen Mitwirkung aller Abgeordneten[88], für das wirksame Zustandekommen eines Gesetzes genügt jedoch die Anwesenheit auch einer nur geringen Zahl von Abgeordneten[89]. 33

3. Inhalt

Der Mehrheitsbegriff des Art. 42 II GG meint die Abstimmungsmehrheit oder **einfache Mehrheit**[90]. Sie ist die **Regelmehrheit** des Grundgesetzes und als solche gegeben, wenn mindestens eine Ja-Stimme mehr als Nein-Stimmen abgegeben wurden, während bei Stimmengleichheit der Antrag als abgelehnt gilt[91]. Die Stimmenthaltung kann mangels tatsächlicher Meinungsäußerung weder als Ablehnung eines Antrages[92] noch als Zustimmung zur Entscheidung der existierenden Mehrheit gewertet werden. Es ist vielmehr das willentliche Nichtbekunden einer Meinung, das als solches bei der Stimmauszählung eben auch unberücksichtigt zu bleiben hat. Gleiches gilt für ungültige Stimmen. 34

Das Mehrheitsprinzip beinhaltet zwar das Recht der Mehrheit, sich im Parlament durchzusetzen und auch die Minderheit zu binden, nicht aber die Pflicht der Minderheit, die Auffassung der Mehrheit zu übernehmen[93]. 35

4. Besondere Mehrheitserfordernisse

Nach Art. 42 II 1 GG genügt grundsätzlich für eine Entscheidung die einfache Mehrheit. **Art. 42 II 2 GG** läßt hiervon abweichende Regelungen durch die Geschäftsordnung für die vom Bundestag vorzunehmenden Wahlen zu[94], also für Personalentscheidungen[95]. Die Ausnahme gilt nicht für die Fälle, für die grundgesetzlich besondere Mehrheitserfordernisse statuiert sind, etwa die Wahl des Bundeskanzlers nach Art. 63 36

---

[86] So zu Recht *K.-A. Sellmann*, Der schlichte Parlamentsbeschluß, 1966, S. 53, 68.
[87] *Versteyl* (Fn. 50), Art. 42 Rn. 18; *Achterberg/Schulte*, GG VI, Art. 42 Rn. 33; *Schneider* (Fn. 46), Art. 42 Rn. 13.
[88] BVerfGE 44, 308 (316).
[89] BVerfGE 44, 308 (321).
[90] Vgl. dazu *Kemmler*, Abstimmungsmethode (Fn. 85), S. 111; *N. Achterberg*, DVBl. 1980, 512 (518). Zu besonderen Mehrheitserfordernissen → Rn. 36 ff.
[91] *Versteyl* (Fn. 50), Art. 42 Rn. 20; *Magiera* (Fn. 46), Art. 42 Rn. 10.
[92] *Heun*, Mehrheitsprinzip (Fn. 84), S. 107; anders aber *Versteyl* (Fn. 50), Art. 42 Rn. 21.
[93] BVerfGE 2, 143 (172); *Sondervotum* BVerfGE 70, 366 (368 f.); vgl. auch *W. Steffani*, ZParl. 17 (1986), 569 (579).
[94] Davon wird z. B. Gebrauch gemacht bei der Wahl des Bundestagspräsidenten und seiner Stellvertreter, s. insb. § 2 II 4 GOBT: Losentscheid bei Stimmengleichheit.
[95] Nicht erfaßt ist die »Auswahl« des Sitzes einer Bundesbehörde nach § 50 GOBT. *Magiera* (Fn. 46), Art. 42 Rn. 15; *Maunz* (Fn. 56), Art. 42 Rn. 27; *Jarass/Pieroth*, GG, Art. 42 Rn. 5; a.A. *Schneider* (Fn. 46), Art. 42 Rn. 15.

GG. Sie bezieht sich allein auf die Regelmehrheit nach Art. 42 II 1, 1. HS GG, nicht aber auf verfassungstextlich positivierte Abweichungen i. S. d. Art. 42 II 1, 2. HS GG[96].

37 Eine andere Mehrheit als die Regelmehrheit statuiert das Grundgesetz selbst in einer Reihe von Bestimmungen. Die höchsten Anforderungen, nämlich die einer **Mehrheit von zwei Dritteln der Mitglieder des Bundestages** (Art. 121) werden dabei gemäß Art. 61 I 3 GG für die Anklage des Bundespräsidenten und für eine Grundgesetzänderung (→ Art. 79 II Rn. 15 f.) gestellt. **Absolute Mehrheiten** werden verlangt gemäß Art. 29 VII GG für Gebietsänderungen der Länder, gemäß Art. 63 II, III GG für den ersten und zweiten Wahlgang bei der Bundeskanzlerwahl, gemäß Art. 67 I 1 GG für das konstruktive Mißtrauensvotum, gemäß Art. 68 I 1 GG im Falle der Vertrauensfrage des Kanzlers, gemäß Art. 77 IV 1 GG für die Zurückweisung eines qualifizierten Einspruchs des Bundesrates, gemäß Art. 80a III 2 GG für die Aufhebung eines Beschlusses eines internationalen Organs im Spannungsfalle und gemäß Art. 87 III 2 GG für die Errichtung bundeseigener Mittel- und Unterbehörden. Einer Mehrheit von **zwei Dritteln der abstimmenden Abgeordneten** bedarf es gemäß Art. 42 I 2 GG für den Ausschluß der Öffentlichkeit und gemäß Art. 80a I 2 GG für die Feststellung des Spannungsfalles; ebenso im Falle des Art. 77 IV 2 GG, hier aber mindestens der Mehrheit der Mitglieder des Bundestages. Besondere Regeln gelten gemäß Art. 115a bis Art. 115i GG für die Feststellung des Verteidigungsfalles und im **Verteidigungsfall**.

38 Von der Abstimmungsmehrheit i. S. d. Art. 42 II GG zu unterscheiden ist die **Mehrheit der anwesenden Mitglieder**, die in §§ 80 II, 81 I, 84b, 126 GOBT vorgesehen ist, sowie die **Mehrheit der Mitglieder des Bundestages** i. S. d. Art. 121 GG.

39 Da es sich bei den **Minderheitenrechten**, wie etwa der Einsetzung eines Untersuchungsausschusses (→ Art. 44 Rn. 10, 34) oder dem Antrag auf Einberufung einer Sitzung des Bundestages, nur um Antragsrechte handelt, denen zu entsprechen ist, liegen insoweit keine »Beschlüsse« des Bundestages i. S. d. Art. 42 II GG vor, so daß diese keine Durchbrechungen des hier festgeschriebenen Mehrheitsprinzips darstellen.

III. Verantwortungsfreiheit von Berichten (Art. 42 III GG)

40 **Zweck** des Art. 42 III GG ist die Sicherung der freien Kommunikation des Parlaments mit dem Volk als Souverän[97] und der öffentlichen Kommunikation über das parlamentarische Geschehen. Die Vorschrift soll eine ungehinderte, wahrheitsgetreue, vollständige Berichterstattung aus dem Parlament ermöglichen; sie ist ein Sicherungselement für die freie Bildung der öffentlichen Meinung[98]. Sie dient der Gewährleistung der Berichterstattungsöffentlichkeit (→ Rn. 27) und hilft die Sitzungsöffentlichkeit (→ Rn. 26) tatsächlich zu verwirklichen. Art. 42 III GG formt eine Komplementärgarantie zu Art. 42 I GG aus, die durch die Pressefreiheit verstärkt[99] und die Indemni-

---

[96] Die Auffassung, daß nur erschwerende, nicht aber erleichternde Abweichungen zulässig sind, die mit Hinweis auf den zwingenden Charakter des Verfassungsrechts begründet wird – so etwa *Schneider* (Fn. 46), Art. 42 Rn. 15; *Magiera* (Fn. 46), Art. 42 Rn. 15 m. w. N. –, ist bei dieser Lesart der Ausnahmemöglichkeit nach Art. 42 II 2 GG gegenstandslos.
[97] *Magiera* (Fn. 46), Art. 42 Rn. 16; *Maunz* (Fn. 56), Art. 42 Rn. 28; *Achterberg/Schulte*, GG VI, Art. 42 Rn. 56.
[98] *Schneider* (Fn. 46), Art. 42 Rn. 16; *Maunz* (Fn. 56), Art. 42 Rn. 28.
[99] Zum Zusammenhang zwischen Öffentlichkeitsgeboten für die Staatsgewalt und der Pressefreiheit s. bereits *Guizot*, Historie, Bd. 2 (Fn. 36), S. 15.

III. Verantwortungsfreiheit von Berichten (Art. 42 III GG)   **Art. 42**

tät der Abgeordneten (→ Art. 46 Rn. 9 ff.) ergänzt wird[100]. Art. 42 III GG hat insoweit grundrechtsähnlichen Charakter[101], ist aber auch im Öffentlichkeitsprinzip verortet und weist von daher Parlamentsbezug auf[102]. Die tatsächliche Bedeutung der Vorschrift ist ihrem Anwendungsbereich entsprechend begrenzt, zumal stets auf Art. 5 I GG zurückgegriffen werden kann.

Ein **Bericht** ist eine »erzählende Darstellung eines historischen Vorganges in seinem wesentlichen Verlauf«[103]. In den Anwendungsbereich des Art. 42 III GG fallen somit nicht nur Wiedergaben der Stenographischen Berichte, sondern auch eigenständige Darstellungen des parlamentarischen Geschehens, und zwar in allen Medien[104]. Nicht erfaßt sind persönliche Bemerkungen, Bewertungen, Schlußfolgerungen und Kommentare des Berichterstatters, soweit sie dem Bericht seinen Charakter als solchen nehmen und ihn als Meinungsäußerung erscheinen lassen[105]. Für derartige Darstellungen tritt jedoch der Schutz des Art. 5 I GG ein. Andererseits ist bei der Zuordnung Vorsicht geboten, da Art. 5 I GG[106], anders als Art. 42 III GG, keinen absoluten Schutz bietet.   41

Das Privileg des Art. 42 III GG bezieht sich nur auf Berichte über die öffentlichen Sitzungen des Bundestages, und zwar im gesamten dargestellten Umfang (→ Rn. 22). Auch erfaßt sind Berichte über Ausschußsitzungen, dies auch nach Auffassung der noch h.M., die Ausschußsitzungen nicht am Öffentlichkeitsgebot des Art. 42 I GG teilhaben läßt[107] (→ Rn. 24). Der Anwendungsbereich des Art. 42 III GG wird durch die §§ 36, 37 StGB auf die Bundesversammlung ausgedehnt.   42

Die bereits im Parlamentarischen Rat umstrittene (→ Rn. 9) Abgrenzung von »**wahrheitsgetreu**« und »nicht wahrheitsgetreu« ist problematisch. Einen Bericht als wahrheitsgetreu zu definieren, wenn er »das gesamte Geschehen oder einen in sich abgeschlossenen Teil richtig und vollständig wiedergibt«[108], verschiebt die Abgrenzungsproblematik lediglich in die Definition der Begriffe Richtigkeit und Vollständigkeit. Handhabbare Abgrenzungskriterien bieten im Sinne einer Negativdefinition durch Rechtsprechung und Lehre bereits hinreichend konkretisierte Gegenbegriffe wie »Fälschung«, »Entstellung« und »irreführende Auslassung«[109]. Jedenfalls nicht privilegiert sind bewußte Fehldarstellungen.   43

Die eigenständige Bedeutung des Art. 42 III GG gegenüber Art. 5 I, II GG liegt darin, daß auch beleidigende und verleumderische Äußerungen von Abgeordneten ge-   44

---

[100] *Versteyl* (Fn. 50), Art. 42 Rn. 27.
[101] *Schneider* (Fn. 46), Art. 42 Rn. 16; vgl. auch *Magiera* (Fn. 46), Art. 42 Rn. 16; *Achterberg/Schulte*, GG VI, Art. 42 Rn. 56.
[102] Ausschließlich Parlamentsbezug annehmend *Hatschek*, Staatsrecht (Fn. 28), S. 581 f., 585 ff.; *Maunz* (Fn. 56), Art. 42 Rn. 28.
[103] RGSt 18, 207 (210).
[104] *Schneider* (Fn. 46), Art. 42 Rn. 17; *Maunz* (Fn. 56), Art. 42 Rn. 29 f.; *Magiera* (Fn. 46), Art. 42 Rn. 17.
[105] *Schneider* (Fn. 46), Art. 42 Rn. 17; *Maunz* (Fn. 56), Art. 42 Rn. 29 f.; *Magiera* (Fn. 46), Art. 42 Rn. 17; a.A. *Versteyl* (Fn. 50), Art. 42 Rn. 29.
[106] Zur Schwierigkeit der Abgrenzung von Meinungen und Tatsachen → Art. 5 I, II Rn. 44 ff.
[107] Vgl. *Maunz* (Fn. 56), Art. 42 Rn. 31.
[108] Diese Ansicht beruht letztlich auf RGSt 18, 207 (207 ff.), und dem diesem Urteil folgenden Schrifttum in der Weimarer Republik, s. *Anschütz*, WRV, S. 209; *Maunz* (Fn. 56), Art. 42 Rn. 33; *Magiera* (Fn. 46), Art. 42 Rn. 18.
[109] Vgl. aber die abweichende Regelung in Art. 22 II der Verfassung Bayerns: Ausnahme für »die Wiedergabe von Ehrverletzungen«.

genüber anderen Abgeordneten oder Dritten als solche berichtet werden können, ohne irgendeine Verantwortlichkeit des Berichterstatters auszulösen[110]. Rechtsfolge des Eingreifens der Garantie ist Sanktionslosigkeit für alle Berichte, die dem Wahrheitskriterium entsprechen. Weder strafrechtliche, dienstrechtliche, zivilrechtliche, presserechtliche noch sonstige Sanktionen dürfen als Folge der Berichterstattung verhängt werden[111]. Die Indemnität (→ Art. 46 Rn. 9 ff.) schützt den Abgeordneten selbst.

D. Verhältnis zu anderen GG-Bestimmungen

45 Das für die Demokratie fundamentale Öffentlichkeitsprinzip ist im Grundgesetz nur in Art. 42 I, 44 I und 52 III 2 sowie in Art. 21 I 4 GG ausformuliert worden, hat seine Wurzel aber im Demokratieprinzip (→ Art. 20 [Demokratie] Rn. 73). Es wird durch die Gewährleistungen der Kommunikationsgrundrechte abgesichert, die in Art. 43 III GG eine spezifische Bekräftigung und in Art. 46 I GG eine Ergänzung erfahren.

46 Auch das Mehrheitsprinzip ist demokratisches Hauptelement und begegnet dementsprechend in zahlreichen weiteren Grundgesetzbestimmungen, welche gegenüber der Regelmehrheit des Art. 42 II 1 GG Abweichendes bestimmen (→ Rn. 36 ff.).

---

[110] Vgl. auch *Schneider* (Fn. 46), Art. 42 Rn. 18; → Art. 5 I, II Rn. 243.
[111] *Magiera* (Fn. 46), Art. 42 Rn. 20.

Artikel 43 [Zitier-, Zutritts- und Rederecht]

(1) Der Bundestag und seine Ausschüsse können die Anwesenheit jedes Mitgliedes der Bundesregierung verlangen.

(2) ¹Die Mitglieder des Bundesrates und der Bundesregierung sowie ihre Beauftragten haben zu allen Sitzungen des Bundestages und seiner Ausschüsse Zutritt. ²Sie müssen jederzeit gehört werden.

Literaturauswahl

Besch, Johann: Rederecht und Redeordnung, in: Schneider/Zeh, § 33, S. 939–959.
Bodenheim, Dieter G.: Kollision parlamentarischer Kontrollrechte, 1979.
Einem, Joachim von: Die Auskunftspflicht der Regierung gegenüber dem Parlament, Diss. jur. Göttingen 1977.
Fauser, Bernd: Die Stellung der Regierungsmitglieder und ihrer Vertreter im Parlament, Diss. jur. Bonn 1973.
Hölscheidt, Sven: Frage und Antwort im Parlament, 1992.
Lipphardt, Hans-Rudolf: Die kontingentierte Debatte, 1976.
Magiera, Siegfried: Rechte des Bundestages und seiner Mitglieder gegenüber der Regierung, in: Schneider/Zeh, § 52, S. 1421–1446.
Maiwald, Christian: Berichtpflichten gegenüber dem Deutschen Bundestag, 1993.
Meier, Heinz-Wilhelm: Zitier- und Zutrittsrecht im parlamentarischen Regierungssystem, 1982.
Röper, Erich: Parlamentarische Ordnungsmaßnahmen gegenüber Regierungsmitgliedern, in: ZParl. 22 (1991), S. 189–196.
Schönfeld, Gert: Das Zitier-, Zutritts- und Rederecht des Art. 43 Grundgesetz, Diss. jur. Berlin 1973.
Schröder, Meinhard: Rechte der Regierung im Bundestag, in: Schneider/Zeh, § 53, S. 1447–1455.
Vogelsang, Klaus: Die Verpflichtung der Bundesregierung zur Antwort auf parlamentarische Anfragen, in: ZRP 1988, S. 5–10.
Vonderbeck, Hans-Josef: Parlamentarische Informations- und Redebefugnisse, 1981.
Weis, Hubert: Parlamentarisches Fragerecht und Antwortpflicht der Regierung, in: DVBl. 1988, S. 268–273.

Leitentscheidung des Bundesverfassungsgerichts

BVerfGE 10, 4 (5ff.) – Redezeit.

Gliederung

	Rn.
A. Herkunft, Entstehung, Entwicklung	1
I. Ideen- und verfassungsgeschichtliche Aspekte	1
II. Entstehung und Veränderung der Norm	6
B. Internationale, supranationale und rechtsvergleichende Bezüge	7
C. Erläuterungen	8
I. Zitierrecht (Art. 43 I GG)	8
1. Zweck	8
2. Träger und Adressaten	9
3. Inhalt und Grenzen	11
4. Durchsetzbarkeit	16
II. Zutrittsrecht (Art. 43 II 1 GG)	17
1. Zweck	17
2. Träger und Adressaten	18

      3. Inhalt und Grenzen 20
  III. Rederecht (Art. 43 II 2 GG) 21
      1. Zweck 21
      2. Träger und Adressaten 22
      3. Inhalt und Grenzen 23

D. Verhältnis zu anderen GG-Bestimmungen 26

A. Herkunft, Entstehung, Entwicklung

I. Ideen- und verfassungsgeschichtliche Aspekte

1 Während (alt-)ständische Versammlungen unter Ausschluß des Monarchen berieten[1], wurde es mit der zunehmenden Konstitutionalisierung und der damit einhergehenden Erweiterung der Rechte der Vertreterversammlungen notwendig, die Volksvertretung und die in zunehmende Abhängigkeit hiervon kommende Regierung in systematischen Kontakt zu bringen. Zum einen sollte ein **Zutrittsrecht** und ein damit verbundenes **Rederecht** der Minister es diesen erlauben, ihren Standpunkt gegenüber der Volksvertretung zur Geltung zu bringen. Zum anderen entstand ein Bedürfnis nach Kontrolle der Regierung, das auch durch die **Herbeirufung** der Minister befriedigt werden sollte[2].

2 Insbesondere die Regelungen in Frankreich[3] und in Belgien[4] hatten einen nachhaltigen Einfluß auf die deutsche Verfassungsentwicklung. Zutritts- und Rederecht ebenso wie das Herbeirufungsrecht entstanden mit der Herausbildung der Verantwortlichkeit der Regierung.

3 Regelungen zum **Zutritts- und Rederecht** finden sich in nahezu allen frühkonstitutionellen deutschen Verfassungen[5]. Zutritts- und redeberechtigt waren regelmäßig nicht nur die zuständigen **Minister**, sie konnten sich auch von anderen »Staatsdienern« begleiten lassen[6]. Das hatte allerdings zur Folge, daß sich der Kreis der Verantwortlichen verwischte. Art. 9 S. 1 der **Reichsverfassung 1871** begründete entsprechend der Bundesstaatlichkeit des Reiches ein Zutritts- und Rederecht für die **Mitglieder des Bundesrates**. In der Praxis nahmen jedoch sowohl der Reichskanzler als auch seine Stellvertreter das Zutrittsrecht ebenfalls in Anspruch.

4 Einen eigenständigen Anspruch auf Herbeirufung von Ministern **(Zitierrecht)** sah

---

    [1] *F. Hartung*, Deutsche Verfassungsgeschichte, 7. Aufl. 1959, S. 38.
    [2] Einen Überblick zur geschichtlichen Entwicklung geben *H.-W. Meier*, Zitier- und Zutrittsrecht im parlamentarischen Regierungssystem, 1982, S. 58ff.; *G. Schönfeld*, Das Zitier-, Zutritts- und Rederecht des Art. 43 GG, Diss. jur. Berlin 1973, S. 11ff.
    [3] Erste Regelungen zum Zutritts- und einem beschränkten Rederecht finden sich in Titel III Kapitel III Abschnitt IV Art. 10 der Constitution von 1791; vgl. auch Art. 54 der Charte Constitutionelle vom 4./18. Juni 1814, abgedruckt in: *S. Kaiser*, Französische Verfassungsgeschichte von 1789, 1852; zum Zitierrecht vgl. Art. 75–77 der republikanischen Verfassung von 1795.
    [4] Art. 88 der belgischen Verfassung von 1831; dazu *Meier*, Zitierrecht (Fn. 2), S. 60.
    [5] So z.B. § 169 Verfassung Württemberg von 1819, § 114 Grundgesetz Königreich Hannover von 1833; s. später dann auch § 121 Paulskirchenverfassung; weitere Angaben bei: *Schönfeld*, Zitierrecht (Fn. 2), S. 11.
    [6] So § 169 Verfassung Württemberg von 1819: und zwar von solchen, welche »den vorliegenden Gegenstand besonders bearbeitet haben, oder sonst vorzügliche Kenntnis davon besitzen«.

erstmals[7] § 122 **Paulskirchenverfassung** vor, sogar nebst einer Pflicht zur Auskunftserteilung. Zum ersten Mal Bestandteil einer in Kraft getretenen deutschen Verfassung wurde das Zitierrecht in **Art. 60 II der Preußischen Verfassung von 1850**; es blieb im preußischen Budgetkonflikt aber umstritten und war nicht durchsetzbar[8].

Auch wenn weder die Verfassung des Norddeutschen Bundes noch die Reichsverfassung von 1871 ein Zitierrecht enthielten, so erkannte die Regierung doch faktisch eine letztlich der politischen Ministerverantwortlichkeit entspringende Verpflichtung an, im Reichstag zu erscheinen, um Rede und Antwort zu stehen – allerdings nur, wenn sie es für richtig erachtete[9].

Art. 33 WRV faßte die Bestimmungen über Zutritts-, Rede- und Zitierrecht in einer Norm zusammen und stellte das Zitierrecht an die Spitze der Norm (Abs. 1). Der Anwendungsbereich dieser Rechte wurde auf die Ausschüsse erstreckt, auch die Vertreter der Länder waren zutritts- und redeberechtigt. Das Rederecht war beschränkt auf den »Gegenstande der Verhandlung«. Neu war die ausdrückliche Unterwerfung der im Parlament anwesenden Regierungsmitglieder unter die Ordnungsgewalt des Parlaments in Abs. 4. 5

II. Entstehung und Veränderung der Norm

Art. 55 HChE übernahm die Regelungen des Art. 33 WRV zum Zutritts-, Rede- und Zitierrecht nahezu inhaltsgleich. Lediglich die Bestimmungen über die Ordnungsgewalt wurden ausgenommen. Zudem wurde das Entsendungsrecht der Länder (Art. 33 II 2 WRV) zu einem Zutrittsrecht für die Mitglieder des Bundesrates. Der **Parlamentarische Rat** fügte Art. 55 HChE ohne Diskussion als Art. 43 I in das Grundgesetz ein. Nur Art. 55 II HChE wurde geringfügig modifiziert[10]. Der Normtext blieb seither unverändert. 6

B. Internationale, supranationale und rechtsvergleichende Bezüge

Die in Art. 43 GG normierten Zitier-, Zutritts- und Rederechte sind fester Bestandteil einer parlamentarischen Ordnung. Sie finden sich in vergleichbaren Verfassungen. Die europäischen Verfassungen kennen das Zutritts- und Redererecht durchgängig[11]. Das Zitierrecht ist nicht immer geregelt[12]. 7

---

[7] Bereits vorher hatte die Staatsrechtslehre einen Anspruch auf Herbeirufung des Ministers zur Aufklärung über die zu seinem Wirkungskreis gehörenden Gegenstände anerkannt, siehe *F. Schmitthenner*, Grundlinien des allgemeinen oder idealen Staatsrechts, 1845 (Neudruck 1966), S. 590.

[8] *Meier*, Zitierrecht (Fn. 2), S. 70f.

[9] *Meier*, Zitierrecht (Fn. 2), S. 77f.; *Huber*, Verfassungsgeschichte, Band 3, S. 901f.

[10] Zur Klarstellung, daß das Rederecht auch außerhalb der Tages- und Redeordnung in Anspruch genommen werden kann, verzichtete man auf den Zusatz »während der Beratung« und ließ es bei dem Wort »jederzeit« bewenden. Außerdem wurde auf Vorschlag des Redaktionsausschusses die Formulierung »die von ihnen bestellten Beauftragten« durch »ihre Beauftragten« ersetzt; vgl. *M. Schröder*, in: BK, Art. 43 (Zweitb. 1982), S. 3f.

[11] So z.B. Griechenland Art. 66 Abs. 2, 3; Niederlande Art. 69; Belgien Art. 100; Luxemburg Art. 80; Spanien Art. 110; Polen Art. 115 II; vgl. auch den (älteren) Überblick bei *Meier*, Zitierrecht (Fn. 2), S. 191f.

[12] Enthalten ist es etwa in Art. 64 IV 1 Verfassung Italien oder in Art. 38 II Verfassung Tschechien, nicht aber in der französischen Verfassung.

Auch **Art. 140 II, III (197 II, III n.F.) EGV** ermöglicht die Beteiligung der Kommission an den Sitzungen des Europäischen Parlamentes und begründet ein Fragerecht des Parlamentes und seiner Mitglieder[13]. Dem Rat wird nach Abs. 4 ein Anhörungsrecht eingeräumt. Weiterhin enthalten sämtliche **Landesverfassungen** der Bundesrepublik Deutschland Regelungen, die im wesentlichen dieselbe Ausgestaltung haben wie Art. 43 GG[14].

C. Erläuterungen

I. Zitierrecht (Art. 43 I GG)

1. Zweck

8 Art. 43 I GG regelt das Recht des Parlamentes und seiner Ausschüsse zur Herbeirufung von Regierungsmitgliedern. Dieses sogenannte »Zitier-« oder »Zitierungsrecht« ist ein Instrument zur Realisierung der **parlamentarischen Verantwortlichkeit** der Regierung gegenüber dem Parlament[15]. Es dient als **Kontrollrecht**, wobei »Kontrolle« auch im weiten, dem Angelsächsischen entlehnten Sinne von Steuerung und Einflußnahme gemeint ist[16]. Das Zitierrecht ist damit ein Ausdruck der **Ministerverantwortlichkeit**[17]. Diese Verantwortlichkeit ist dabei vor allem im politischen Sinne zu verstehen und dementsprechend mit politischen Sanktionen[18] bewehrt: dem Entzug des Vertrauens. Das Bestehen auf rechtlichen Sanktionen trifft nicht den Funktionsmodus heutiger parlamentarischer Regierungsformen. Die Herbeirufung verfolgt entweder das Ziel, der Regierung die Auffassung des Parlamentes zu Ohren zu bringen[19], oder eine Stellungnahme eines Ministers herbeizuführen und so ein Informationsbedürfnis des Parlamentes zu befriedigen. Weil die Informationen dem Bundestag durch die Regierung vermittelt werden, räumt Art. 43 I GG ein Recht auf **»Fremdinformation«** ein[20]. Dem stehen die weitergehenden Rechte auf **Selbstinformation** zur Seite[21].

---

[13] Dazu *T. Läufer*, in: Grabitz/Hilf, EGV, Art. 140 (1995), Rn. 1 ff.

[14] Vgl. z.B. Baden-Württemberg Art. 34; Bayern Art. 24; Hamburg Art. 23; Hessen Art. 91; Mecklenburg-Vorpommern Art. 38 ff.; Nordrhein-Westfalen Art. 45; Sachsen Art. 49 ff., 62; Thüringen Art. 66 ff. Vgl. auch den Überblick über die Regelungen in den Landesverfassungen bei *S. Hölscheidt*, DÖV 1993, 593 (594 ff.) und *Meier*, Zitierrecht (Fn. 2), S. 188 f.

[15] *Achterberg/Schulte*, GG VI, Art. 43 Rn. 1; *H.-P. Schneider*, in: AK-GG, Art. 43 Rn. 2 m.w.N.

[16] Zur Entfaltung eines solchen Begriffs von »Kontrolle«, der insbesondere durch Mitwirkung auf die Beeinflussung des Entscheidungsergebnisses zielt, *H. Schulze-Fielitz*, Theorie und Praxis parlamentarischer Gesetzgebung, 1988, S. 292 ff. m.w.N.; zum Steuerungsaspekt vor allem *W. Krebs*, Kontrolle in staatlichen Entscheidungsprozessen, 1984, S. 31 ff.; zur »Kontrolle durch Zusammenwirken« *K.-U. Meyn*, Kontrolle als Verfassungsprinzip, 1982, S. 173 ff.

[17] Dazu *K. Kröger*, Die Ministerverantwortlichkeit in der Verfassungsordnung der Bundesrepublik Deutschland, 1972, S. 5 ff. m.w.N.; *P. Badura*, ZParl. 11 (1980), 573 ff.; siehe auch *Schönfeld*, Zitierrecht (Fn. 2), S. 53 ff.

[18] Anders, auf rechtliche Sanktionen abhebend, *T. Maunz*, in: Maunz/Dürig, GG, Art. 43 (1960), Rn. 9.

[19] Zu dieser Funktion *U. Thaysen*, ZParl. 5 (1974), 459 (465 ff.).

[20] Zu Fremd- und Selbstinformation vgl. *H.-P. Schneider*, AöR 99 (1974), 628 ff.; *Meier*, Zitierrecht (Fn. 2), S. 90 ff.; → Art. 44 Rn. 11.

[21] So das Enquete-Recht des Art. 44 GG, das Informationsrecht des Petitionsausschusses nach Art. 45c in Verbindung mit 17 GG wie auch die Institution des Wehrbeauftragten nach Art. 45b GG.

2. Träger und Adressaten

Mit »**Bundestag**« ist (wie auch sonst) das Plenum gemeint, das über die Ausübung seines Rechtes mit einfacher Mehrheit beschließt[22]. Die Erweiterung auf die **Ausschüsse** trägt der Tatsache Rechnung, daß ein wesentlicher Teil der Beratungsarbeit des Bundestages dort geschieht[23]. Zu den Ausschüssen i.S.v. Art. 43 I GG zählen sowohl die vom Grundgesetz vorgesehenen als auch die sonstigen durch Beschluß des Plenums eingerichteten[24]. Diese sind auch dann zur Herbeirufung befugt, wenn sie sich mit ihnen nicht vom Plenum überwiesenen Angelegenheiten befassen, sondern mit solchen, die sie im Rahmen ihres Geschäftsbereiches selbst aufgegriffen haben[25]. Den **Unterausschüssen** (§ 55 GOBT) steht das Zitierrecht nicht zu, weil Art. 43 I GG als Berechtigte nur den Bundestag und seine Ausschüsse, nicht aber deren Untergliederungen nennt, die aufgrund der Geschäftsordnungsautonomie geschaffen worden sind[26]. Umstritten ist, ob **Enquête-Kommissionen** nach § 56 GOBT das Zitierrecht zusteht. Entgegen einer Auffassung, die sich darauf stützt, daß ihnen auch Nicht-Abgeordnete angehören[27], ist den Enquete-Kommissionen das Herbeirufungsrecht zuzuerkennen[28]. Als spezielles Instrument der parlamentarischen Sachstandsenquete ist es schon von deren Aufgabenbereich her gerechtfertigt, auch ihnen das Zitierrecht zuzubilligen[29]. Auch dem **Vermittlungsausschuß** kommt das Herbeirufungsrecht zu[30], weil er sich als gemischter Ausschuß einerseits auf Art. 43 I GG und andererseits auf Art. 53 I GG stützen kann. Falls der **Gemeinsame Ausschuß** gemäß Art. 53a, 115e I GG aktiviert wird, kann er das Zitierrecht wahrnehmen, da er in diesem Falle die Rechte des Bundestages und des Bundesrates wahrnimmt[31]. Im Frieden hat er jedenfalls nach Art. 53a II 1 GG ein Herbeirufungs- und Informationsrecht bezüglich der dort erwähnten Planungen (→ Art. 53a Rn. 14 f.)[32]. Der **Ältestenrat** hat kein Herbeirufungsrecht, da er

---

[22] *Maunz* (Fn. 18), Art. 43 Rn. 2; *Jarass/Pieroth*, GG, Art. 43 Rn. 1; *Schneider* (Fn. 15), Art. 43 Rn. 4.
[23] BVerfGE 80, 188 (224); *W. Ismayr*, Der Deutsche Bundestag, 1992, S. 184 ff.; *K. v. Beyme*, Der Gesetzgeber, 1997, S. 188 ff.; *Schulze-Fielitz*, Theorie (Fn. 16), S. 304 ff.; *M. Morlok*, JZ 1989, 1035 (1040 f.) m.w.N.; *H. Dreier*, JZ 1990, 310 (317 ff.).
[24] *Maunz* (Fn. 18), Art. 43 Rn. 3; *Achterberg/Schulte*, GG VI, Art. 43 Rn. 21; *Schneider* (Fn. 15), Art. 43 Rn. 4.
[25] Vgl. zu dieser früher streitigen Frage die Ausführungen bei *Maunz* (Fn. 18), Art. 43 Rn. 3.
[26] *Schneider* (Fn. 15), Art. 43 Rn. 4; *Achterberg/Schulte*, GG VI, Art. 43 Rn. 21; *Schröder* (Fn. 10), Art. 43 Rn. 27; a.A. *L.-A. Versteyl*, in: v. Münch/Kunig, GG II, Art. 43 Rn. 7; *S. Magiera*, Rechte des Bundestages und seiner Mitglieder gegenüber der Regierung, in: Schneider/Zeh, § 52 Rn. 5; *ders.*, in: Sachs, GG, Art. 43 Rn. 3.
[27] *Achterberg/Schulte*, GG VI, Art. 43 Rn. 22; *H. Trossmann*, Parlamentsrecht des Deutschen Bundestages, 1977, § 74a GOBT a.F. Rn. 15; *Versteyl* (Fn. 26), Art. 43 Rn. 9.
[28] So die überwiegende Literatur, s. *G. Kretschmer*, DVBl. 1986, 923 (927 f.); *Schneider* (Fn. 15), Art. 43 Rn. 4; *Schröder* (Fn. 10), Art. 43 Rn. 29 f.; *Magiera* (Fn. 26), Art. 43 Rn. 3; *ders.* (Fn. 26), § 52 Rn. 6.
[29] *Schneider* (Fn. 15), Art. 43 Rn. 4.
[30] *Schneider* (Fn. 15), Art. 43 Rn. 4; *Maunz* (Fn. 18), Art. 43 Rn. 4; *Achterberg/Schulte*, GG VI, Art. 43 Rn. 23; *Schröder* (Fn. 10), Art. 43 Rn. 31; *Jarass/Pieroth*, GG, Art. 43 Rn. 1; *Magiera* (Fn. 26), Art. 43 Rn. 3; *ders.* (Fn. 26), § 52 Rn. 6; *Achterberg*, Parlamentsrecht, S. 463; *Meier*, Zitierrecht (Fn. 2), S. 123; *Stern*, Staatsrecht II, S. 53 f., 177.
[31] *Schröder* (Fn. 10), Art. 43 Rn. 31a; *Achterberg/Schulte*, GG VI, Art. 43 Rn. 24; *Schönfeld*, Zitierrecht (Fn. 2), S. 121.
[32] *Jarass/Pieroth*, GG, Art. 53a Rn. 3; *Schönfeld*, Zitierrecht (Fn. 2), S. 120 f.

bloß ein Gremium für die Selbstverwaltung des Parlamentes ist[33]. Auch den **Fraktionen** steht ein derartiges Recht nicht zu, weil sie keine organisatorische Einheit des Parlamentes selbst sind.

10 **Adressat des Zitierrechts** ist jedes Mitglied der Bundesregierung. Als Schlüsselfigur der Regierung (Art. 63, 64 I, 65 S. 1, 67 GG) und Träger der Gesamtverantwortung kommt der Herbeirufung des **Bundeskanzlers** besondere Bedeutung zu. Unproblematisch ist auch die Zitierung des nach seinem Ressort für den Beratungsgegenstand **zuständigen Ministers**. In Anbetracht dessen, daß der Zitierte Rede und Antwort stehen muß (→ Rn. 11, 15), wird die Rechenschaftspflicht nach einer Auffassung begrenzt auf den jeweils zuständigen Minister[34]. Angesichts des Wortlauts, der keine Beschränkung nach Zuständigkeit vorsieht, sachlich vor allem wegen der häufigen Zuständigkeit mehrerer Ressorts und des Kollegialprinzips (Art. 65 S. 3 GG), können grundsätzlich alle Minister zitiert werden[35]. Jedenfalls kann jeder Minister herbeigerufen werden, um ihm bestimmte Ansichten des Parlamentes oder eines Ausschusses zur Kenntnis zu bringen.

3. Inhalt und Grenzen

11 Das zitierte Regierungsmitglied hat die **Pflicht, persönlich zu erscheinen**, weil Art. 43 I GG im Gegensatz zu Absatz 2 die Entsendung eines Beauftragten gerade nicht zuläßt. In der Praxis werden jedoch häufig parlamentarische Staatssekretäre als Vertreter akzeptiert, obwohl es hierfür keine rechtliche Grundlage gibt. Die Anwesenheitspflicht beschränkt sich auf die Beratungsgegenstände, zu denen das Regierungsmitglied herbeigerufen wurde. Der parlamentarischen Legitimation der Regierung entspricht eine Verantwortlichkeit und Kontrollunterworfenheit, der nicht genügt wird, wenn ein Regierungsmitglied nur stumm dabeisitzt[36]. Richtigerweise wird Art. 43 I GG die Verpflichtung entnommen, **Rede und Antwort** zu stehen[37].

12 Das Zitierrecht ist aber **nicht** mit dem Frage- oder **Interpellationsrecht** gleichzustellen[38]; es deckt sich vielmehr nur mit einem schmalen Ausschnitt aus dessen Gesamtbereich[39]. Das Interpellationsrecht als Fragerecht der Abgeordneten gegenüber der Regierung war ursprünglich nur auf große Anfragen bezogen, ist aber inzwischen auf

---

[33] *H.-A. Roll*, Der Ältestenrat, in: Schneider/Zeh, § 28 Rn. 20 ff.; *F. Edinger*, Wahlen und Besetzung parlamentarischer Gremien, 1992, S. 178 ff.

[34] *Schneider* (Fn. 15), Art. 43 Rn. 5; *Schröder* (Fn. 10), Art. 43 Rn. 33 m.w.N.

[35] *B. Fauser*, Die Stellung der Regierungsmitglieder und ihrer Vertreter im Parlament, Diss. jur. Bonn 1973, S. 106 ff.; *Achterberg/Schulte*, GG VI, Art. 43 Rn. 27 m.w.N.

[36] So bereits *Anschütz*, WRV, Art. 33 Anm. 1.

[37] *Schröder* (Fn. 10), Art. 43 Rn. 42 ff.; *Achterberg/Schulte*, GG VI, Art. 43 Rn. 13; *Jarass/Pieroth*, GG, Art. 43 Rn. 2; *Schneider* (Fn. 15), Art. 43 Rn. 3; *Maunz* (Fn. 18), Art. 43 Rn. 8; *K. Vogelsang*, ZRP 1988, 5 (7); *C. Maiwald*, Berichtspflichten gegenüber dem Bundestag, 1993, S. 139 ff.; *H. Weis*, DVBl. 1988, 268 (269); *S. Hölscheidt*, Frage und Antwort im Parlament, 1992, S. 18 ff.; a.A. *Achterberg*, Parlamentsrecht, S. 462 f.; *Meier*, Zitierrecht (Fn. 2), S. 134 ff.

[38] *Schneider* (Fn. 15), Art. 43 Rn. 6; *Jarass/Pieroth*, GG, Art. 43 Rn. 2; *Achterberg/Schulte*, GG VI, Art. 43 Rn. 6 f.; *Magiera* (Fn. 26), Art. 43 Rn. 1 f.; *D.G. Bodenheim*, Kollision parlamentarischer Kontrollrechte, 1979, S. 23 ff.; *J. Hatschek*, Das Interpellationsrecht im Rahmen der modernen Ministerverantwortlichkeit, 1909, S. 137, 155 f.; a.A. *Stern*, Staatsrecht II, S. 55 f., der von einer Fortentwicklung des Zitierrechts spricht.

[39] Zum Interpellationsrecht ausführlich *S. Morscher*, Die parlamentarische Interpellation, 1973; *Hatschek*, Interpellationsrecht (Fn. 38); zur Begrifflichkeit siehe auch *Bodenheim*, Kontrollrechte (Fn. 38), S. 12 f.

kleine und mündliche Anfragen ausgedehnt[40]. Es wendet sich an die Regierung als Kollegium und ist unabhängig von der Präsenz ihrer Mitglieder im Parlament. Es ist als **Minderheitenrecht** ausgestaltet und wurzelt im Abgeordnetenstatus (→ Art. 38 Rn. 43, 144).

Da Art. 43 I GG als **Mehrheitsbefugnis** auf einen Konflikt zwischen Regierung und Parlamentsmehrheit abstellt, der für das parlamentarische System eher untypisch ist, kommt ihm lediglich eine **Reservefunktion** zu[41]. In der Praxis sind bisher auch nur wenige erfolgreiche Anträge nach Art. 43 I GG gestellt worden[42]. 13

Die **persönliche Anwesenheitspflicht** des Zitierten findet eine **Schranke** in der persönlichen Unzumutbarkeit, so etwa bei Erkrankung. Bei sonstigen Hindernissen sind in Anlehnung an § 51 II 1 StPO Grund und voraussichtliche Dauer der Verhinderung gegen die Dringlichkeit der parlamentarischen Beratung und die Bedeutung des Zitieranlasses abzuwägen[43]. Liegt eine genügende Entschuldigung vor, so muß das Parlament darüber entscheiden, ob es das entschuldigte Regierungsmitglied zu einem späteren Zeitpunkt erneut zitieren will oder sich mit einem angebotenen Vertreter begnügt. 14

Auch die **Antwortpflicht**[44] des Herbeigerufenen unterliegt gewissen **Einschränkungen**. Unter strengen Voraussetzungen gibt es ausnahmsweise ein Antwortverweigerungsrecht – jedenfalls im Plenum – so aus Rücksicht auf Belange des Geheimschutzes[45], der Funktionsfähigkeit der Regierung als eigenständige Entscheidungsträgerin[46], des allgemeinen Persönlichkeitsrechts[47] und sonstiger grundrechtlich geschützter Privatinteressen. 15

4. Durchsetzbarkeit

Zu einem Herbeirufungsantrag berechtigt sind nach § 42 GOBT eine Fraktion oder 5 % der anwesenden Mitglieder des Bundestages[48]. Als Geschäftsordnungsantrag ist er vorrangig zu behandeln, Vertagung oder Übergang zur Tagesordnung sind unzulässig. Über den Antrag entscheidet der Bundestag mit **einfacher Mehrheit** der abgegebenen Stimmen. Als förmliche **parlamentarische Sanktion** des Nichterscheinens kommen ein Mißbilligungsbeschluß oder gar ein **Mißtrauensvotum** nach Art. 67 GG in Betracht. Die Mißachtung eines Herbeirufungsbeschlusses verletzt aber auch das Recht 16

---

[40] S. dazu §§ 100ff. GOBT; weiter etwa *Schröder* (Fn. 10), Art. 43 Rn. 3.
[41] *Schröder* (Fn. 10), Art. 43 Rn. 24; *Jarass/Pieroth*, GG, Art. 43 Rn. 1; *Schneider* (Fn. 15), Art. 43 Rn. 2; *Fauser*, Stellung (Fn. 35), S. 117.
[42] Vgl. die Übersicht bei *Meier*, Zitierrecht (Fn. 2), S. 203; *U. Thaysen*, ZParl. 5 (1974), 459ff.; zur Statistik *P. Schindler*, ZParl. 26 (1995), 551 (563).
[43] *Schönfeld*, Zitierrecht (Fn. 2), S. 67ff.; *Schröder* (Fn. 10), Art. 43 Rn. 41; *Achterberg/Schulte*, GG VI, Art. 43 Rn. 10.
[44] → Rn. 11.
[45] *Maunz* (Fn. 18), Art. 43 Rn. 8; *Achterberg/Schulte*, GG VI, Art. 43 Rn. 14; *Schneider* (Fn. 15), Art. 43 Rn. 3; *J. v. Einem*, Die Auskunftspflicht der Regierung gegenüber dem Parlament, 1977, S. 183ff.; a.A. *Schröder* (Fn. 10), Art. 43 Rn. 43a; *K. Vogelsang*, ZRP 1988, 5 (7).
[46] *Achterberg/Schulte*, GG VI, Art. 43 Rn. 14; *K. Vogelsang*, ZRP 1988, 5 (7f.).
[47] Dazu ausführlich *K. Vogelsang*, ZRP 1988, 5 (7f.); *H.-J. Vonderbeck*, Parlamentarische Informations- und Redebefugnisse, 1981, S. 21.
[48] *Schneider* (Fn. 15), Art. 43 Rn. 4; *A. Roll/A. Rüttger*, ZParl. 11 (1980), 484 (490f.). Parlamentarischen Gruppen (§ 10 IV GOBT) braucht dieses Recht nicht eingeräumt zu werden, so BVerfGE 84, 304 (331); *Ritzel/Bücker*, Anm. a zu § 42 GOBT.

II. Zutrittsrecht (Art. 43 II 1 GG)

1. Zweck

17 Das Zutrittsrecht räumt die Befugnis ein, sich unmittelbar über alle Sitzungsinhalte der maßgeblichen Gremien des Bundestages zu unterrichten[49]. Ebenso wie das Rederecht nach Art. 43 II 2 GG bildet es ein notwendiges Instrument der **Zusammenarbeit zum gemeinen Besten** zwischen den aus Gesichtspunkten der Gewaltenteilung und der Bundesstaatlichkeit separierten Verfassungsorganen[50]. Während für das Zutrittsrecht der Regierung die im heutigen Parlamentarismus typische Verbundenheit mit der Parlamentsmehrheit eine wichtige raison d'être darstellt[51], stehen beim Bundesrat die bundesstaatliche Aufgliederung und die Notwendigkeit ihrer Reintegration im Vordergrund.

2. Träger und Adressaten

18 Träger des Rechts sind zum einen die **Mitglieder des Bundesrates** (Art. 51 I GG). Sie können auch für ihr Land auftreten[52]. Nach Art. 51 I 1 GG sind das Angehörige der Landeskabinette mit Sitz und Stimme (→ Art. 51 Rn. 11 ff.). Deren Stellvertreter können das Zutrittsrecht nur dann und solange ausüben, soweit sie die Vertretungsfunktion tatsächlich wahrnehmen. Für die **Beauftragten** von Bundesratsmitgliedern besteht keine Qualifikationsvoraussetzung[53]. Es genügt die Beauftragung durch jeweils ein Mitglied; doch ist auch die Beauftragung durch den Bundesrat insgesamt zulässig[54]. Das Zutrittsrecht des Beauftragten kann somit nicht an das Erfordernis einer Ermächtigung geknüpft werden, für oder gegen den Bundesrat Erklärungen abgeben oder Auskünfte erteilen zu können[55]. Der Beauftragte handelt nur an Stelle und auf Weisung des Auftraggebers, kann also sowohl im Interesse des Bundesrates als auch eines einzelnen Landes die Teilnahme an der Sitzung begehren. In der Parlamentspraxis nehmen an den Plenarsitzungen nur Mitglieder des Bundesrates oder deren Stellvertreter teil, während in die Ausschüsse überwiegend Beamte entsandt werden. Neben den **Mitgliedern der Bundesregierung** genießen auch deren **Beauftragte** das Zutrittsrecht. Auch

---

[49] Siehe auch §§ 20 II und 61 III GOBT.
[50] *Schröder* (Fn. 10), Art. 43 Rn. 43; *Schneider* (Fn. 15), Art. 43 Rn. 8; *Schönfeld*, Zitierrecht (Fn. 2), S. 109 ff.; *A. Schüle*, Die Informationspflicht der Bundesregierung gegenüber dem Bundesrat, in: FS Bilfinger, 1954, S. 441 ff. (451 f.).
[51] *Schneider* (Fn. 15), Art. 43 Rn. 8.
[52] *Schröder* (Fn. 10), Art. 43 Rn. 55; *H.-J. Vonderbeck*, DÖV 1976, 555 ff.; *D. Wilke/B. Schulte*, Der Bundestag als Forum des Bundesrates, in: Gedächtnisschrift für Friedrich Klein, 1977, S. 574 ff. (599 ff.); noch immer bedeutsam *R. v. Mohl*, Das deutsche Staatsrecht, 1873, S. 448 ff.
[53] *Schneider* (Fn. 15), Art. 43 Rn. 10 m.w.N.
[54] *Schröder* (Fn. 10), Art. 43 Rn. 65; *Maunz* (Fn. 18), Art. 43 Rn. 15; *Schönfeld*, Zitierrecht (Fn. 2), S. 95.
[55] *Schneider* (Fn. 15), Art. 43 Rn. 10; *Schröder* (Fn. 10), Art. 43 Rn. 62, 65; *H.-J. Vonderbeck*, DÖV 1976, 555 (558); a.A. *Maunz* (Fn. 18), Art. 43 Rn. 12; s. auch die Darstellung bei *Achterberg/Schulte*, GG VI, Art. 43 Rn. 38, wo eine Qualifikation eines Beauftragten wegen des Vorliegens einer Antwortpflicht verlangt wird. Die Antwortpflicht betrifft jedoch nur Regierungsmitglieder und nicht sämtliche Zutrittsberechtigte.

hier reicht eine Beauftragung durch einen Bundesminister aus, nach dessen Weisung der Beauftragte zu handeln hat[56]. In der Praxis erscheint im Plenum meist der Minister selbst oder sein Parlamentarischer Staatssekretär, während in den Ausschüssen zumeist der Abteilungsleiter oder der zuständige Referent anwesend ist[57].

Adressaten des Zutrittsrechts sind die gleichen Gremien, die das Zitierrecht innehaben (→ Rn. 9). Insofern korrespondiert Absatz 1 mit Absatz 2[58]. Allerdings ist der unterschiedliche funktionale Gehalt, den das Recht für die Bundesregierung und den Bundesrat hat, zu beachten.

3. Inhalt und Grenzen

Obwohl das Zutrittsrecht zu den Ausschüssen dem Text nach keinen Beschränkungen unterliegt, wird dies für **Kontrollgremien** kritisch gesehen, und zwar für nichtöffentliche Sitzungen eines **Untersuchungs-**, des **Petitions-, Wahlprüfungs-** oder **Rechnungsprüfungsausschusses**[59]. Die Arbeit dieser Kontrollgremien kann durch die Anwesenheit der zu Kontrollierenden beeinträchtigt werden, jedenfalls wenn diese zur Unzeit, etwa bei der Entwicklung der Kontrollstrategie, anwesend sind. In diesem Sinne ist eine funktionssichernde Restriktion des Zutrittsrechts angezeigt[60]. Mit dem Bundesverfassungsgericht[61] ist aus Gründen des Geheimschutzes eine weitere Grenze dadurch zu ziehen, daß bei Sitzungen über geheimzuhaltende Inhalte der Zutritt auf je ein Mitglied oder einen Beauftragten der Zutrittsberechtigten begrenzt wird[62].

III. Rederecht (Art. 43 II 2 GG)

1. Zweck

Aus den gleichen Zwecken des funktionellen Zusammenwirkens der Verfassungsorgane, die hinter dem Zutrittsrecht stehen, wird dieses ergänzt durch das Rederecht, auch »**Anhörungsrecht**« genannt. Über die Selbstinformation hinaus gibt es die Möglichkeit einer **Einflußnahme durch Information:** die Sichtweise der vom Parlament abhängigen Regierung diesem deutlich vor Augen zu stellen oder aber die Anliegen des Bundesrates und der Länder in den Beratungsgang des Bundestages einzubringen. Das Recht, reden zu dürfen, begründet gewissermaßen eine **Zwangsinformation** des Parlamentes. Die Berechtigten haben eine Rolle als **aktiver Gast**.

---

[56] *Fauser*, Stellung (Fn. 35), S. 27 ff.; *Schneider* (Fn. 15), Art. 43 Rn. 10.
[57] *M. Schröder*, Rechte der Regierung im Bundestag, in: Schneider/Zeh, § 53 Rn. 8; *Schönfeld*, Zitierrecht (Fn. 2), S. 107.
[58] *Maunz* (Fn. 18), Art. 43 Rn. 10; *Achterberg/Schulte*, GG VI, Art. 43 Rn. 32 f.
[59] Vgl. dazu *Schröder* (Fn. 10), Art. 43 Rn. 73 ff.; *Schneider* (Fn. 15), Art. 43 Rn. 12; *Magiera* (Fn. 26), Art. 43 Rn. 10; *P. Groß/R. Groß*, JR 1963, 335 (336); a.A. *Achterberg/Schulte*, GG VI, Art. 43 Rn. 43 ff.; *S. Queng*, JuS 1998, 610 (612 f.).
[60] Die Enquête-Kommission Verfassungsreform des Deutschen Bundestages vertritt für die internen Beratungen eines Untersuchungsausschusses eine generelle Einschränkbarkeit des Anwesenheits- und Rederechts für alle aus Art. 43 II GG Berechtigten, während für die Beweisaufnahme und andere Sitzungen nur der Ausschluß einzelner Personen zulässig sein soll, Schlußbericht BT-Drs. 7/5924, S. 55 f.
[61] BVerfGE 74, 7 (8 f.).
[62] Ebenso *Magiera* (Fn. 26), Art. 43 Rn. 10. Vgl. zu dieser Problematik den Schlußbericht der Enquête-Kommission Verfassungsreform (Fn. 60), S. 55 f.

2. Träger und Adressaten

22 Auch wenn das Anhörungsrecht im Absatz über die Zutrittsberechtigten geregelt ist, so kommt es nicht nur diesen zu, sondern auch nach Art. 43 I GG herbeigerufenen Regierungsmitgliedern[63].

3. Inhalt und Grenzen

23 Wenn die Berechtigten **jederzeit** gehört werden müssen, so unterliegen sie dem Wortlaut nach keinerlei zeitlichen Beschränkungen. Grenzen ergeben sich jedoch aus den Notwendigkeiten eines ordnungsgemäßen Sitzungsablaufs (→ Rn. 24). Die Wortmeldung eines Anhörungsberechtigten unterbricht nicht den Redner, sondern nur die Rednerliste[64]. Das Rederecht erlaubt keine Intervention in die laufenden Beiträge der Abgeordneten und keine Zwischenfragen. Das Recht der privilegierten Gäste ist auf Meinungsbeiträge beschränkt, umfaßt kein Recht auf Mitgestaltung des Beratungs- und Entscheidungsganges, insbesondere also kein Antragsrecht. Nur Mitgliedern der Volksvertretung steht ein solches zu, von der Ausnahme des Art. 76 I GG abgesehen. Das Rederecht endet bei Unterbrechungen und nach Schließung der Sitzung[65]. Der Redeberechtigte kann außerhalb der Tagesordnung sprechen[66]. Der **Inhalt der Äußerungen** muß sich nicht auf den jeweiligen Beratungsgegenstand beziehen[67]. Mitglieder des Bundesrates dürfen nicht nur für ihr Organ, sondern auch für ihre Länder sprechen. Eine Einschränkung auf bundespolitische Interessen ist bei realistischer Betrachtungsweise ebensowenig sinnvoll und durchführbar wie ein Ausschluß parteipolitischer Themen[68].

24 Die **Grenzen** des jederzeitigen Rederechts liegen zunächst in den Grundregeln der Redeordnung, wonach niemand das Wort ergreifen darf, bevor der Parlamentspräsident in Ausübung seiner Leitungsbefugnis (→ Art. 40 Rn. 24) es ihm erteilt hat. Auch der Inhalt der Äußerungen und die Redezeit unterliegen einem Mißbrauchsverbot, das zum Tragen kommt, wenn die Redezeit für sachfremde Ziele und übermäßig in Anspruch genommen wird, etwa um die Opposition von bevorzugten Fernsehzeiten fernzuhalten[69].

25 Für die **Redezeit** besteht darüber hinaus die Gefahr, daß angesichts der Verbundenheit von Regierung und Bundestagsmehrheit das Fehlen einer zeitlichen Beschränkung der privilegierten Redner die Opposition benachteiligen kann. Im Hinblick darauf, daß die Regierung nicht nur Exponent der Parlamentsmehrheit sei, hielt das Bundesverfassungsgericht eine Anrechnung der Redezeit der Regierungsmitglieder auf

---

[63] *Achterberg/Schulte*, GG VI, Art. 43 Rn. 61; *Maunz* (Fn. 18), Art. 43 Rn. 19; *Meier*, Zitierrecht (Fn. 2), S. 175; *Schönfeld*, Zitierrecht (Fn. 2), S. 166.

[64] *Schröder* (Fn. 57), § 53 Rn. 17 m.w.N.

[65] *Meier*, Zitierrecht (Fn. 2), S. 175 f.; *Schröder* (Fn. 57), § 53 Rn. 18; *Schneider* (Fn. 15), Art. 43 Rn. 13.

[66] BVerfGE 10, 4 (17).

[67] *Schröder* (Fn. 10), Art. 43 Rn. 94; *Achterberg/Schulte*, GG VI, Art. 43 Rn. 64; *J.C. Besch*, Rederecht und Redeordnung, in: Schneider/Zeh, § 33 Rn. 17; *Schröder* (Fn. 57), § 53 Rn. 18.

[68] *H. Hablitzel*, BayVBl. 1979, 39 (44 f.) m.w.N.; *W. Steffani*, ZParl. 7 (1976), 322 (324 ff.); a.A. *Wilke/Schulte*, Bundestag (Fn. 52), S. 608 ff. *C. Arndt*, ZParl. 7 (1976), 317 (319 ff.).

[69] BVerfGE 10, 4 (18); *H.-R. Lipphardt*, Die kontingentierte Debatte, 1976, S. 49 ff.; *Schneider* (Fn. 15), Art. 43 Rn. 14; *Achterberg/Schulte*, GG VI, Art. 43 Rn. 70; *Fauser*, Stellung (Fn. 35), S. 33; *Schröder* (Fn. 57), § 53 Rn. 21; *E. Röper*, ZParl. 22 (1991), 189 (190 ff.).

diejenige der Mehrheit oder eine entsprechende Verlängerung der Redezeit der Opposition nicht für geboten[70]. Der Hinweis auf die eigenständige Rolle der Spitze der Exekutive erschöpft aber nicht die relevanten verfassungsrechtlichen Positionen, weshalb die Entscheidung des Bundesverfassungsgerichts zu Recht auf Kritik gestoßen ist[71]. Neben der eigenständigen Stellung der Regierung und der bundesstaatlichen Rolle des Bundesrates ist auch das Erfordernis einer Verteilung des Redekontingents proportional zur Sitzverteilung im Parlament zu beachten. Soll das Parlament seine Rolle als Volksvertretung angemessen wahrnehmen können, müssen alle Auffassungen entsprechend ihrer Resonanz beim Wähler zum Ausdruck kommen können, was den Status der Gleichheit aller Abgeordneten begründet (→ Art. 38 Rn. 128, 152 ff.). Der verfassungsrechtlich gebotene Ausgleich dieser Positionen wird weder durch ein unbegrenztes und nicht anzurechnendes Rederecht der Regierungsmitglieder noch durch eine zwingende vollständige Anrechnung der Redezeit der Privilegierten erreicht. Eine verfassungsrechtlich tragbare und sachgerechte Lösung dieses Prinzipienkonflikts obliegt dem Bundestag im Rahmen seiner Geschäftsordnungsautonomie (→ Art. 40 Rn. 6 ff.)[72]. In der Praxis ist es zu einer akzeptablen Verständigung gekommen[73]. Solche Regelungen sind im Ansatz verfassungsrechtlich geboten.

D. Verhältnis zu anderen GG-Bestimmungen

Zitier- und Interpellationsrecht sind Teilausprägungen der **parlamentarischen Verantwortlichkeit** der Regierung und stehen im Zusammenhang mit denjenigen Normen, die diese begründen und ausgestalten, also mit Art. 62 ff. GG und mit den anderen **Kontrollrechten des Parlamentes**, so dem Fragerecht der Abgeordneten (→ Art. 38 Rn. 43, 144) und dem Enquête-Recht des Bundestages gem. Art. 44 GG. Hinzuzurechnen sind auch die Einrichtungen des Wehrbeauftragten (Art. 45b GG) und des Petitionsausschusses (Art. 45c GG). Fundiert sind die Abhängigkeit der Regierung vom Parlament und die daraus resultierenden Kontrollrechte des Bundestages in der Volkssouveränität und dem Demokratieprinzip gem. **Art. 20 I, II GG**. Fragen und Antworten haben nach Art. 1 III GG die **Grundrechte** der Bürger zu wahren. Nach **Art. 53a II 2 GG** beeinträchtigt der gemeinsame Ausschuß das Zitierrecht des Bundestages nicht. 26

Zutritts- und Rederecht sollen die Zusammenarbeit der verschiedenen Verfassungsorgane optimieren. Sie setzen insofern die Bestimmungen über den Status und die Aufgaben der Bundesregierung und des Bundesrates (Art. 62 ff., 50 ff. GG) voraus. Eine entsprechende Regelung für das Verhältnis der Bundesregierung zum Bundesrat findet sich in **Art. 53 GG**. Zutritts- und Rederecht schränken die Geschäftsordnungsautonomie des Bundestages **(Art. 40 I 2 GG)** und die Leitungsgewalt seines Präsidenten **(Art. 40 I 1, II 1 GG)** ein. 27

---

[70] BVerfGE 10, 4 (17 ff.).
[71] *Lipphardt*, Debatte (Fn. 69), S. 73, 77, 90 ff.; *Schönfeld*, Zitierrecht (Fn. 2), S. 178 ff.; *Schneider* (Fn. 15), Art. 43 Rn. 16; *Schröder* (Fn. 10), Art. 43 Rn. 100.
[72] Insoweit unterliegen auch die Bundesratsmitglieder dem Binnenrecht des Bundestages, da sie sich durch die Wahrnehmung des Rederechts im Bundestag dessen innerer Ordnung unterwerfen.
[73] S. §§ 28 I 2, 2. HS, 35 II, 44 GOBT, siehe dazu weiter *Besch* (Fn. 67), § 33 Rn. 29 m.w.N.; *Magiera* (Fn. 26), Art. 43 Rn. 15; *Schneider* (Fn. 15), Art. 43 Rn. 16.

Artikel 44 [Untersuchungsausschüsse]

(1) ¹Der Bundestag hat das Recht und auf Antrag eines Viertels seiner Mitglieder die Pflicht, einen Untersuchungsausschuß einzusetzen, der in öffentlicher Verhandlung die erforderlichen Beweise erhebt. ²Die Öffentlichkeit kann ausgeschlossen werden.

(2) ¹Auf Beweiserhebungen finden die Vorschriften über den Strafprozeß sinngemäß Anwendung. ²Das Brief-, Post- und Fernmeldegeheimnis bleibt unberührt.

(3) Gerichte und Verwaltungsbehörden sind zur Rechts- und Amtshilfe verpflichtet.

(4) ¹Die Beschlüsse der Untersuchungsausschüsse sind der richterlichen Erörterung entzogen. ²In der Würdigung und Beurteilung des der Untersuchung zugrunde liegenden Sachverhalts sind die Gerichte frei.

Literaturauswahl

Bachmann, Ulrich / Schneider, Hans-Peter (Hrsg.): Zwischen Aufklärung und politischem Kampf, 1988.

Beckedorf, Ingo: Das Untersuchungsrecht des Europäischen Parlaments, 1995.

Böckenförde, Ernst-Wolfgang: Parlamentarische Untersuchungsausschüsse und kommunale Selbstverwaltung, in: AöR 103 (1978), S. 1–42.

Damkowski, Wulf (Hrsg.): Der parlamentarische Untersuchungsausschuß, 1987.

Di Fabio, Udo: Rechtsschutz im parlamentarischen Untersuchungsverfahren, 1988.

Ehmke, Horst: Empfiehlt es sich, Funktion, Struktur und Verfahren der parlamentarischen Untersuchungsausschüsse grundlegend zu ändern?, Verh. des 45. DJT 1964, Bd. II: Referate und Diskussionsbeiträge, S. E 7–51, 1965.

Engels, Dieter: Parlamentarische Untersuchungsausschüsse, 2. Aufl. 1991.

Frey, Burkhard: Parlamentarische Kontrolle und Untersuchungsrecht, 1992.

Friedrich, Klaus-Dieter: Der parlamentarische Untersuchungsausschuß, Diss. jur. Mannheim 1990.

Gascard, Johannes Rainer: Das parlamentarische Untersuchungsrecht in rechtsvergleichender Sicht, Diss. jur. Kiel 1966.

Hake, Andreas: Zur Aktenvorlagepflicht öffentlich-rechtlicher Kreditinstitute gegenüber Untersuchungsausschüssen des nordrhein-westfälischen Landtages, in: AöR 113 (1988), S. 424–449.

Hilf, Meinhard: Untersuchungsausschüsse vor den Gerichten. Zur neueren Rechtsprechung zum Recht der Untersuchungsausschüsse, in: NVwZ 1987, S. 537–545.

Kipke, Rüdiger: Die Untersuchungsausschüsse des Deutschen Bundestages, 1985.

Köhler, Marc: Umfang und Grenzen des parlamentarischen Untersuchungsrechts gegenüber Privaten, 1996.

Masing, Johannes: Parlamentarische Untersuchungen privater Sachverhalte, 1998.

Müller-Boysen, Ulrike: Die Rechtsstellung des Betroffenen vor dem parlamentarischen Untersuchungsausschuß, 1980.

Partsch, Karl Josef: Empfiehlt es sich, Funktion, Struktur und Verfahren der parlamentarischen Untersuchungsausschüsse grundlegend zu ändern?, Verh. des 45. DJT 1964, Bd. I: Gutachten Teil 3, 1964.

Richter, Werner: Privatpersonen im Parlamentarischen Untersuchungsausschuß, 1991.

Schleich, Albrecht: Das parlamentarische Untersuchungsrecht des Bundestages, 1985.

Schmidt-Hartmann, Achim: Schutz der Minderheit im parlamentarischen Untersuchungsverfahren, 1994.

Scholz, Rupert: Parlamentarischer Untersuchungsausschuß und Steuergeheimnis, in: AöR 105 (1980), S. 564–622.

Schröder, Meinhard: Empfiehlt sich eine gesetzliche Neuordnung der Rechte und Pflichten parlamentarischer Untersuchungsausschüsse?, Verh. des 57. DJT 1988, Bd. I: Gutachten, Teil E, 1988.

Simons, Wolfgang: Das parlamentarische Untersuchungsrecht im Bundesstaat, 1991.

Steffani, Winfried: Die Untersuchungsausschüsse des Preußischen Landtages zur Zeit der Weimarer Republik, 1960.

Art. 44

Stern, Klaus: Die Kompetenz der Untersuchungsausschüsse nach Artikel 44 Grundgesetz im Verhältnis zur Exekutive unter besonderer Berücksichtigung des Steuergeheimnisses, in: AöR 109 (1984), S. 199–303.
Studenroth, Stefan: Die parlamentarische Untersuchung privater Bereiche, 1992.
Thaysen, Uwe/Schüttemeyer, Suzanne S. (Hrsg.): Bedarf das Recht der parlamentarischen Untersuchungsausschüsse einer Reform?, 1988.
Ziemske, Burkhard: Das parlamentarische Untersuchungsrecht in England – Vorbild einer deutschen Reform?, 1991.

Leitentscheidungen des Bundesverfassungsgerichts

BVerfGE 49, 70 (77 ff.) – Untersuchungsgegenstand; 67, 100 (127 ff.) – Flick-Untersuchungsausschuß; 76, 363 (381 ff.) – Lappas; 77, 1 (38 ff.) – Neue Heimat; 96, 264 (278 ff.) – Fraktions- und Gruppenstatus.

Gliederung

	Rn.
A. Herkunft, Entstehung, Entwicklung	1
I. Ideen- und verfassungsgeschichtliche Aspekte	1
II. Entstehung und Veränderung der Norm	4
B. Internationale, supranationale und rechtsvergleichende Bezüge	5
I. Europäisches Gemeinschaftsrecht	5
II. Rechtsvergleichende Hinweise	6
C. Erläuterungen	8
I. Grundlagen	8
1. Funktion und Leitprinzipien	8
2. Staatsorganisationsrechtliche Stellung	14
II. Zuständigkeit und Grenzen des parlamentarischen Untersuchungsrechts	18
1. Gegenstandsbereich	18
2. Schranken	21
a) Bundesstaatsprinzip	22
b) Gewaltenteilungsprinzip	25
c) Grundrechte	28
d) Reichweite des Untersuchungsauftrages	31
e) Abgeordnetenrechte	32
f) Diskontinuitätsprinzip	33
III. Verfahren	34
1. Einsetzung (Art. 44 I 1 GG)	34
2. Untersuchungsverfahren (Art. 44 I 2, II, III GG)	39
a) Grundlagen	39
b) Grundsatz der öffentlichen Verhandlung (Art. 44 I 2 GG)	41
c) Beweiserhebung (Art. 44 II GG)	43
d) Rechts- und Amtshilfe (Art. 44 III GG)	51
3. Abschluß	52
IV. Rechtsschutz und Verhältnis zur Gerichtsbarkeit (Art. 44 IV GG)	54
D. Verhältnis zu anderen GG-Bestimmungen	59

A. Herkunft, Entstehung, Entwicklung

I. Ideen- und verfassungsgeschichtliche Aspekte

1 Untersuchungsrechte der Parlamente entstanden im Zuge ihrer der Monarchie abgerungenen Teilhabe an der politischen Macht als Teil ihrer Kontrollbefugnisse. Ursprüngliche Aufgabe des **englischen Parlaments** war lediglich, die das Land ruinierende Finanzpolitik der Krone durch Kontrolle und Veto zu zügeln. Nach frühen Wurzeln – 1340 wurden im Mutterland des Parlamentarismus erstmalig »Select Committees« eingesetzt[1] – verfestigten sich die Konturen parlamentarischer Untersuchungsinstitutionen erst in den Verfassungskämpfen Ende des 17. Jahrhunderts[2]. Die strikte Trennung von Exekutive und Legislative im präsidentiellen Regierungssystem der **Vereinigten Staaten**[3] verhinderte die Entwicklung eines systematischen Kontrollsystems zwischen den Staatsgewalten. Unter Berufung auf die »implied powers-Theorie« betrieb der Kongreß »legislative investigations«. Deren Rechtmäßigkeit bestätigte der Supreme Court, welcher auch die Grenzen der Einzelbefugnisse vorgab, erst 1927[4]. In **Frankreich** folgte der Revolution von 1789 eine Kompetenzkonzentration auf die Legislative, woraus sich ein unbestrittenes Untersuchungsrecht entwickelte. Der Vorstellung des Vertreters eines ungeteilten Souveräns gemäß[5] gestaltete man die Verfahren, um unsachlichen Parteienhader zu vermeiden.

2 In die **deutschen Verfassungen** des 19. Jahrhunderts fand das parlamentarische Untersuchungsrecht als Beschwerde- oder Anzeigerecht der Volksvertretung gegenüber der Regierung für den Fall von Mißbräuchen und Mängeln in Rechtspflege und Verwaltung Eingang; ausdrücklich erwähnt werden Ausschüsse »zur Anstellung von Untersuchungen« zum ersten Mal 1816[6]. In der monarchisch geprägten Ära der Restauration blieb jedoch das Untersuchungsrecht mangels Festschreibung einzelner Rechte als Handlungsgrundlage ohne nennenswerte praktische Auswirkungen. § 99 der **Paulskirchenverfassung** statuierte dann das selbständige Recht des Parlaments zur »Erhebung von Thatsachen". Nach der Revolution von 1848 fand sich das Untersuchungsrecht in den Territorialverfassungen[7], erlangte indes mangels Ausführungsbe-

---

[1] Dazu schon: RGZ 104, 423 (432); *J. Hatschek*, Englisches Staatsrecht, Bd. 1, 1905, S. 409, 413ff., 558ff.; *J. Redlich*, Technik des englischen Parlamentarismus, 1905, S. 469; *W. Steffani*, Parlamentarische und präsidentielle Demokratie, 1979, S. 182f., 188ff.; eine entwicklungsgeschichtliche Gegenüberstellung zu den Royal Commissions und den Departmental Committees bei *dems.*, Die Untersuchungsausschüsse des Preußischen Landtages zur Zeit der Weimarer Republik, 1960, S. 19ff.; *ders.*, PVS 1 (1960), 153ff.; umfassend *B. Ziemske*, Das parlamentarische Untersuchungsrecht in England – Vorbild einer deutschen Reform?, 1991.

[2] Die Bill of Rights (1689) stärkte das Parlament auch durch die Zurückdrängung der Royal Committees zugunsten der Select Committees, so *Steffani*, Untersuchungsausschüsse (Fn. 1), S. 21 m.w.N.

[3] Dazu umfangreich *Steffani*, Untersuchungsausschüsse (Fn. 1), S. 26ff. m.w.N.

[4] Mc Grain v. Daugherty, 273 U.S. 135 (1927), wodurch die einschränkende Auffassung aus Kilbourne v. Thompson, 103 U.S. 168 (1880) aufgehoben wurde; vgl. *E. Fraenkel*, ZfP 1 (1954), 99 (126ff.); ferner *G.R. Stone et al.*, Constitutional Law, 3. Aufl. 1996, S. 1480ff.

[5] Zum Ganzen *J. Barthélemy*, Essai sur le travail parlementaire et le système des commissions, 1934; *Steffani*, Untersuchungsausschüsse (Fn. 1), S. 34ff. m.w.N.

[6] §§ 91f. Verfassung Sachsen-Weimar-Eisenach; später § 93 Verfassung Kurhessen (1831): Mischung aus Frage- und Untersuchungsrecht.

[7] Vgl. u.a. die Verfassungen von Schleswig-Holstein (1848), § 73; Gotha (1849), § 67; Waldeck-Pyrmont (1849), § 66; Hamburg (1849/50), Art. 51. Hierzu *F. Biedermann*, Die Untersuchungsausschüsse im deutschen Staatsrecht, Diss. jur. Magdeburg 1929, S. 25ff.

stimmungen keine Bedeutung. Die Bemühungen, in Art. 32 der Reichsverfassung von 1871 ein Untersuchungsrecht des Reichstages einzufügen, blieben erfolglos[8]. Das weitgehende staatliche Machtmonopol von Monarch und Reichskanzler mußte durch ein präzise definiertes Untersuchungsrecht Akzeptanzverluste befürchten. Aufgrund eines jeweils besonderen Gesetzesbeschlusses kam es trotzdem zur Bildung von Untersuchungskommissionen[9]. Die Befugnisse des Parlaments hingen allein von der freiwilligen Kooperationsbereitschaft der Exekutive ab. Ein wirksames Untersuchungsrecht war erst nach einer Parlamentarisierung der Regierung möglich.

Mit dem Zusammenbruch des Kaiserreichs 1918 wurde das Parlament zum Zentrum der politischen Macht. Die gesicherte Möglichkeit der Kontrolle gegenüber der Verwaltung stellte dabei die »grundlegende Vorbedingung« für die maßgebende Rolle des Parlaments, für eine »Steigerung der positiven Leistungen des Parlaments als Staatsorgan« dar[10]. Das Mittel der Enquête war nach **Max Weber** das entscheidende für die Kontrolle der Verwaltung[11]. Weber verwies auf die **Öffentlichkeit** als wesentliche Wirkkomponente parlamentarischer Kontrolle[12] und auf die Notwendigkeit, das Enquêterecht als **Minoritätsrecht** auszugestalten[13]. Diese Anregungen gingen ein in Art. 34 **WRV**[14], wonach ein Fünftel der Reichstagsmitglieder das Recht hatte, den Untersuchungsausschuß zu erzwingen, der öffentlich verhandelt und die Beweise erhebt, die der Ausschuß »oder die Antragsteller« für erforderlich erachten.

3

II. Entstehung und Veränderung der Norm

Der **Parlamentarische Rat** übernahm die Regelung des Art. 34 WRV, schwächte jedoch die Minderheitsposition, indem es nunmehr eines Viertels der Mitglieder des Bundestages zur Einsetzung bedurfte[15]. Als Argument diente der Mißbrauch des Rechts, der in der Weimarer Republik die Arbeitsfähigkeit von Parlament und Regierung eingeschränkt habe[16]. Die in Art. 57 HChE vorgesehene Möglichkeit der Anru-

4

---

[8] Vgl. *H.H. Lammers*, Parlamentarische Untersuchungsausschüsse, in: HdbDStR, Bd. 2, S. 454ff. (456); *A. Schmidt-Hartmann*, Schutz der Minderheit im parlamentarischen Untersuchungsverfahren, 1994, S. 11 f. In den Jahren 1891 und 1913 scheiterten Anträge der Sozialdemokraten, das Enquêterecht in die Verfassung aufzunehmen.

[9] *K. Heck*, Das parlamentarische Untersuchungsrecht, 1925, S. 11. Diese eher administrativen Enquêten litten unter der Willfährigkeit gegenüber der Exekutive und nutzten die Informationsgewinnung fast ausschließlich für Regierungsmaßnahmen. Trotz teilweiser Mitarbeit von Abgeordneten lassen sie sich nicht als parlamentarische Untersuchungsausschüsse bezeichnen; s. *J. Masing*, Parlamentarische Untersuchungen privater Sachverhalte, 1998, S. 13.

[10] *M. Weber*, Parlament und Regierung im neugeordneten Deutschland (1918), in: ders., Gesammelte politische Schriften, 4. Aufl. 1980, S. 306ff., 339ff., hier besonders 354; *B. Frey*, Parlamentarische Kontrolle und Untersuchungsrecht, 1992, S. 96f., 105.

[11] *Weber*, Parlament (Fn. 10), S. 353ff.

[12] *Weber*, Parlament (Fn. 10), S. 351ff., s. etwa 353, 355, 357, 359.

[13] *Weber*, Parlament (Fn. 10), S. 359.

[14] Zur Rolle Max Webers bei der Modernisierung des Untersuchungsrechts: *Frey*, Kontrolle (Fn. 10), S. 99ff.; *Masing*, Untersuchungen (Fn. 9), S. 44ff. Zur Verfassungspraxis *Gusy*, Reichsverfassung, S. 138 f.

[15] Umfassend hierzu: *Masing*, Untersuchungen (Fn. 9), S. 63ff., s.a. *H. Rechenberg*, in: BK (Zweitb.) 1978), Art. 44 S. 3ff.; *K.-D. Friedrich*, Der parlamentarische Untersuchungsausschuß, Diss. jur. Mannheim 1991, S. 29ff.

[16] JöR 1 (1951), S. 366f. Ein weitergehender Antrag, das Einsetzungsrecht auf ein Drittel zu beschränken, scheiterte: JöR 1 (1951), S. 367.

fung des Bundesverfassungsgerichtes für den Fall, daß Mindestverfahrensgrundsätze nicht eingehalten würden, wurde gestrichen[17]. Dafür wurde später Absatz 4 eingefügt[18]. Umstritten war, inwiefern ein Untersuchungsausschuß auszusetzen ist, wenn ein Gericht über dieselbe Sache verhandelt. Dies wurde bewußt offengelassen[19]. Bis heute blieb der Text unverändert[20].

B. Internationale, supranationale und rechtsvergleichende Bezüge

I. Europäisches Gemeinschaftsrecht

5   Für das **Europäische Parlament** regelt Art. 138c[21] **(193 n.F.) EGV** die Einsetzung von Untersuchungsausschüssen auf Antrag eines Viertels seiner Mitglieder; dennoch ist das Untersuchungsrecht nach dem Wortlaut kein Minderheitenrecht[22]. Damit wurde die bereits bestehende Praxis, die das Europaparlament zuvor aus seinem Selbstorganisationsrecht (Art. 142 I [199 I n. F.] EGV) geschöpft hatte, positiviert[23]. Verfahrensdetails enthält ein auf Grundlage von Art. 138c III (193 III n.F.) EGV angenommener Beschluß von Parlament, Rat und Kommission (UA-Beschluß)[24]. Bemerkenswert ist, daß ein gerichtliches Verfahren, das mit den behaupteten Sachverhalten befaßt ist, der Einsetzung eines Untersuchungsausschusses entgegensteht (Art. 138c I a.E. [193 I n.F.] EGV, Art. 2 III UA-Beschluß). Dies gilt auch für Verfahren vor nationalen Gerichten[25]. Eine unmittelbare Sanktionierung der Nichtbefolgung einer Vorladung ist aber nicht vorgesehen. Art. 138c (193 n.F.) EGV ist gemessen an Art. 44 GG nicht nur schwächer, sondern auch unpräziser. Regelungen zu den Gegenständen der Absätze

---

[17] Parl. Rat II, S. 396f. Daß man aus damaliger Sicht eine Verfassungsvorschrift für solche Ausnahmefälle als unangemessen betrachtete – so die heutige Interpretation bei *K.-H. Kästner*, NJW 1990, 2649 (2653) – entspricht nicht dem knappen Abstimmungsergebnis von 10 gegen 9 Stimmen. Art. 57 V HChE ließ als Sanktion nur die Feststellung der Rechtswidrigkeit, nicht die Kassation des Beschlusses zu.
[18] Nach mehrmaliger Ablehnung im Hauptausschuß wurde er erst auf Vorschlag des Fünferausschusses ohne Gegenstimme bestätigt. Die Beratungen hierzu thematisierten nicht die Justiziabilität, sondern den Einfluß auf bzw. durch parallele gerichtliche Verfahren; vgl. Parlamentarischer Rat, Verh. des Hauptausschusses, Bonn 1948/49, S. 15ff., 393, 632.
[19] JöR 1 (1951), S. 367.
[20] Zu den Bemühungen der Gemeinsamen Verfassungskommission: BT-Drs. 12/6000, 92f.; *R. Sannwald*, ZParl. 25 (1994), 15 (28).
[21] Eingefügt durch den Maastrichter Vertrag über die Europäische Union und am 1.11.1993 in Kraft getreten. Dazu *I. Beckedorf*, Das Untersuchungsrecht des Europäischen Parlaments, 1995, insb. S. 297ff.; jüngst an den Beispielen der Untersuchungen zu BSE und zum gemeinschaftlichen Versandverfahren *ders.*, EuR 1997, 237ff.
[22] »Das Europäische Parlament kann ... die Einsetzung ... beschließen.« Für die Auslegung als Muß-Bestimmung *Beckedorf*, Untersuchungsrecht (Fn. 21), S. 337ff.
[23] Im Rahmen seiner allgemeinen Kontrollfunktion aus Art. 137 (189 n.F.) EGV stützte man sich auf die Geschäftsordnung, vgl. zuletzt Art. 109 III GOEP i.d.F. von 1987. Das Untersuchungsrecht konnte außerdem als ein allgemeiner Rechtsgrundsatz der Verfassungsüberlieferungen der Mitgliedstaaten verstanden werden und so als ungeschriebenes Prinzip auf Gemeinschaftsebene Anwendung finden.
[24] Anlage VIII der GOEP, ABl. 1995 Nr. L 113 vom 19.4.1995, S. 1ff. Zur rechtlichen Einordnung dieses interinstitutionellen Beschlusses *Beckedorf*, Untersuchungsrecht (Fn. 21), S. 306ff.
[25] *T. Läufer*, in: Grabitz/Hilf, EGV, Art. 138c (1995), Rn. 3; *Beckedorf*, Untersuchungsrecht (Fn. 21), S. 325ff.

2–4 des Art. 44 GG fehlen. Das Untersuchungsrecht findet keine Anwendung im Rahmen der gemeinsamen Außen- und Sicherheitspolitik (GASP) und der Zusammenarbeit in der Justiz und Innenpolitik (ZJIP)[26]. Ein weitergefaßtes Untersuchungsrecht besitzt der Bürgerbeauftragte nach Art. 138e (195 n.F.) EGV.

II. Rechtsvergleichende Hinweise

Obwohl allgemein faktisch praktizierter Standard[27], sind die Grundlagen des parlamentarischen Enquêterechts nicht in allen Verfassungen parlamentarischer Demokratien festgeschrieben[28]. Ein **Minderheitenrecht** formulieren in Europa nur Griechenland, Portugal, Tschechien, Slowenien und Mazedonien[29], allesamt Staaten, die sich seit den siebziger Jahren nach der Befreiung aus Diktaturen neue Verfassungen gaben. **Rechte der Untersuchungsausschüsse**, also etwa Beweiserhebungsrecht oder die Anforderung von Amtshilfe, werden häufiger benannt[30]. Noch der älteren Verfassungsstruktur, ähnlich der Preußens von 1850 (→ Rn. 2), entsprechen die Vorschriften der Beneluxstaaten, die den Parlamenten lediglich das Enquêterecht zugestehen, eine weitere Ausgestaltung aber dem einfachen Gesetz überlassen[31]. Art. 32 Tschechische Verfassung ordnet ausdrücklich die **Inkompatibilität** der Ausschußmitgliedschaft mit einem Regierungsamt an.

6

In den **deutschen Landesverfassungen** spiegeln sich die in der Bundesrepublik bezüglich der Rechte der Untersuchungsausschüsse bestehenden Auseinandersetzungen wider: Spätere Positivierungen nehmen Erfahrungen von Rechtsprechung und Wissenschaft auf[32]. Eine **Veränderung des Antragsthemas durch die Mehrheit** schließt die Brandenburgische Regelung aus[33]. Das Recht der **Beweiserhebung** wurde in allen neuen Verfassungen der Antragsminderheit eingeräumt. In der Sächsischen Verfassung wurde das Untersuchungsrecht jedoch ausdrücklich auf den Bereich begrenzt, der nicht in den »**Kernbereich der Exekutive**« (→ Rn. 26) fällt[34]. Nur zwei der neuen Länder haben die Einschränkung des Grundgesetzes beim **Antragsrecht** nachvollzogen, die notwendige Antragsminderheit ist meist auf ein Fünftel der Mitglieder des Landta-

7

---

[26] Abgeleitet aus dem Prinzip der begrenzten Einzelermächtigung; weiter ist nach Art. J 11 I und K 8 I (28I, 41I n.F.) EUV Art. 138c (193 n.F.) EGV nicht anwendbar. Mit beachtlichen Argumenten einschränkender *Beckedorf*, Untersuchungsrecht (Fn. 21), S. 331 ff.

[27] Ausf. Erläuterung und Gegenüberstellung für das Untersuchungsrecht in den Mitgliedstaaten der EU *Beckedorf*, Untersuchungsrecht (Fn. 21), S. 33 ff.

[28] Ausdrücklich erwähnt in Dänemark § 51, Griechenland Art. 68; Italien Art. 82; Österreich Art. 53; Spanien Art. 76; Polen Art. 111; Tschechien Art. 30; Slowenien Art. 93; Lettland Art. 26 sowie Mazedonien Art. 76. Keine Regelungen enthält u.a. die Verfassung von Frankreich, wobei hier Verfassungsgewohnheitsrecht gilt (ein 1914 erlassenes und 1950 neugefaßtes Gesetz positivierte dies, dazu *Barthélemy*, Essai [Fn. 5], S. 243 ff.; *Steffani*, Untersuchungsausschüsse [Fn. 1], S. 34 ff., 40 f.).

[29] Die erforderliche Antragsminderheit variiert zwischen einem Fünftel und einem Drittel; s. Art. 68 II Verfassung Griechenland; 159c, 181 IV Verfassung Portugal; Art. 30 Verfassung der Tschechischen Republik; Art. 93 Verfassung Slowenien; Art. 76 Verfassung Mazedonien.

[30] Vgl. die Verfassungen von Dänemark § 51; Italien Art. 82; Österreich Art. 53 III; Portugal Art. 181 V; Spanien Art. 76; Polen Art. 11 und Slowenien Art. 93.

[31] Vgl. die Verfassungen von Belgien Art. 56, der Niederlande Art. 70 und Luxemburg Art. 64.

[32] Dies im Sinne der Textstufenanalyse von *P. Häberle*, Textstufen als Entwicklungswege des Verfassungsstaates, in: ders., Rechtsvergleichung im Kraftfeld des Verfassungsstaates, 1992, S. 3 ff.

[33] Art. 72 I 3; ähnlich auch Art. 54 II 2 Verfassung Sachsen-Anhalt.

[34] Art. 54 IV Verfassung Sachsen.

ges abgesenkt worden[35]. Einige Verfassungen regeln **Enquêtekommissionen** unter Beteiligung von Sachverständigen[36].

C. Erläuterungen

I. Grundlagen

1. Funktion und Leitprinzipien

8   Der Untersuchungsausschuß ist ein **spezifisches Instrument parlamentarischer Kontrolle**. Im parlamentarischen Regierungssystem leitet die Regierung und damit die übrige Exekutive ihre Legitimation von der Volksvertretung ab (→ Art. 20 [Demokratie] Rn. 106, 113 ff.; → Art. 38 Rn. 29, 33); sie ist im grundsätzlich gleichen Umfang aber auch der Kontrolle des Parlaments unterworfen: Gleichauf von Legitimation und Kontrollunterworfenheit (→ Art. 38 Rn. 41). Die parlamentarische Verantwortlichkeit der Regierung kann nur verwirklicht werden, wenn eine ständige effektive parlamentarische Kontrolle gesichert ist[37]. Die Regierung als »informierte Gewalt« hat die verfassungsrechtliche Verpflichtung, den Abgeordneten die zur Ausübung ihres Mandats erforderlichen Informationen zu verschaffen[38]. Im Normalfall – in dem das Verhältnis des Parlaments zur Regierung von Vertrauen getragen ist – dienen Fragerechte der Abgeordneten und Antwortpflichten der Regierung (→ Art. 38 Rn. 144; → Art. 43 Rn. 8) der Versorgung des Parlaments mit den für die Kontrolle notwendigen Informationen. Bei einer gestörten Vertrauensbeziehung hat das Parlament das **Recht zur Selbstinformation**. Über die Kontrollfunktion des Parlaments hinaus dient die Informationsbesorgung auch der Erfüllung der weiteren Parlamentsfunktionen (→ Art. 38 Rn. 28 ff.), etwa der Gesetzgebung.

9   Parlamentarische Kontrolle zielt in erster Linie auf politische Sanktionen, nicht auf Sanktionen rechtlicher Natur. Demgemäß hat auch das schärfste Kontrollinstrument[39], der Untersuchungsausschuß, vor allem Bedeutung als **politisch-propagandistisches Kampfmittel** im Wettbewerb mit dem parteipolitischen Gegner[40]. Realistisch betrachtet zielt ein Untersuchungsausschuß, der ein vermutetes Fehlverhalten auf seiten des politischen Gegners aufklären will, auf Wirkung in der Öffentlichkeit: Beabsichtigt ist ein Vertrauens- und Ansehensverlust des politischen Gegners. Aus Furcht vor solchen Wirkungen zieht die betroffene Gruppierung dann oft auch selbst Konsequenzen aus einem Mißstand. Hieraus ergeben sich **drei Leitprinzipien**, welche das

---

[35] Nur die Verfassungen von Mecklenburg-Vorpommern Art. 34 I und Sachsen-Anhalt Art. 54 I fordern ein 25%iges Quorum. Ansonsten genügt ein Fünftel als Antragsminderheit. S. die Verfassungen von Thüringen Art. 64 I, Brandenburg Art. 72 I und Sachsen Art. 54 I.

[36] Vgl. die Verfassungen von Sachsen-Anhalt Art. 55 und Brandenburg Art. 73 sowie jüngst Hamburg (Art. 25a) und Bayern (Art. 25a).

[37] S. dazu nochmals *Weber*, Parlament (Fn. 10), S. 354 f.

[38] BVerfGE 57, 1 (5); 67, 100 (129); *P. Badura*, Die Stellung des Abgeordneten, in: Schneider/Zeh, § 15 Rn. 40; *S. Magiera*, Rechte des Bundestages und seiner Mitglieder, in: Schneider/Zeh, § 52 Rn. 56; *J. Linck*, DÖV 1983, 957 (958).

[39] *J. Vetter*, Die Parlamentsausschüsse im Verfassungssystem der Bundesrepublik Deutschland, 1986, S. 112 spricht von dem »schwersten Geschütz« parlamentarischer Kontrolltätigkeit.

[40] Dazu *C. Germis*, Parlamentarische Untersuchungsausschüsse und politischer Skandal, 1988, S. 55 ff. Vgl. auch die Darstellung und Analyse der Untersuchungsausschüsse der 1.–9. Wahlperiode bei *R. Kipke*, Die Untersuchungsausschüsse des Deutschen Bundestages, 1985, S. 117 ff.

parlamentarische Untersuchungsrecht des Grundgesetzes strukturieren: Es ist um seiner Wirksamkeit willen ausgestaltet als (1) ein **Minderheitenrecht** und als (2) Recht auf **Selbstinformation**; letztlich (3) zielt es auf die demokratische **Öffentlichkeit**. Auch über ihren positivierten Anwendungsbereich hinaus prägen diese Prinzipien von Verfassungs wegen das Recht der parlamentarischen Untersuchungsausschüsse.

In der parlamentarischen Demokratie wird die Regierung von der Parlamentsmajorität getragen. Nach der politischen Logik ist es die **Minderheit**, die als Opposition das parlamentarische Wächteramt ausübt[41]. Zur wirksamen Erfüllung dieser Aufgabe[42] – ggf. auch gegen den Widerstand der Mehrheit – bedarf es als Ausnahme zum demokratischen Mehrheitsprinzip der Gewährleistung von Minderheitenrechten. Über das positiv formulierte Recht einer Minderheit auf Einsetzung eines Untersuchungsausschusses hinaus ist deswegen dieser Minderheit auch im Verfahren eines Untersuchungsausschusses die maßgebliche Gestaltungsmacht zuzuerkennen[43].

Gegenüber der Regierung befindet sich das Parlament in einem **strukturellen Informationsdefizit**[44]. Die Informationen, derer das Parlament für die Erfüllung seiner Aufgaben bedarf, sind ihm von der Regierung als dafür ausgestattetes Verfassungsorgan zur Verfügung zu stellen[45]. Ausnahmsweise aber steht dem Parlament das Recht zur **Selbstinformation** zu. Hiervon wird normalerweise dann Gebrauch gemacht, wenn ein vermuteter Mißstand besonderes politisches Gewicht hat, wenn ein Verdacht gegen Mitglieder der Regierung besteht, auf deren Angaben man sich in dieser Sache nicht verlassen möchte; aber in der praktischen Politik auch dann, wenn Indizien auf Mißstände hinweisen, die sich für öffentlichkeitswirksame politische Vorwürfe eignen. Mittels des Untersuchungsausschusses kann sich das Parlament – nötigenfalls unter Einsatz von Zwangsmaßnahmen – eine eigene Anschauung von den existierenden Beweismitteln machen und ist damit nicht auf die Beurteilung durch die Exekutive angewiesen[46].

Im Rahmen des Untersuchungsrechts kommt dem **Öffentlichkeitsgrundsatz** als allgemeinem parlamentarischen Prinzip[47] eine besondere Funktion zu: Erst durch die Veröffentlichung bekannt gewordener Mißstände gewinnt das parlamentarische Untersuchungsrecht Effizienz[48]. In der Einwirkung auf die öffentliche Meinung liegt das wesentliche Sanktionspotential einer parlamentarischen Untersuchung. Dieser faktische Befund wird von der normativen Lage bestätigt. In der repräsentativen Demo-

---

[41] BVerfGE 49, 70 (85f.); *H. Hofmann/H. Dreier*, Repräsentation, Mehrheitsprinzip und Minderheitenschutz, in: Schneider/Zeh, § 5 Rn. 60ff., 68.

[42] Zu den Aufgaben der Opposition *H.-P. Schneider*, Die parlamentarische Opposition, Bd. 1, 1974, S. 32ff., 46ff., 180ff., 299ff.; VerfG Sachsen-Anhalt LKV 1998, 101ff.; *S. Haberland*, Die verfassungsrechtliche Bedeutung der Opposition nach dem Grundgesetz, 1995, S. 39ff.; zur Theorie der Opposition *N. Luhmann*, ZfP 36 (1989), 13ff.; zur historischen Entwicklung *K. Kluxen*, Das Problem der politischen Opposition, 1956; *W. Jäger*, Politische Partei und parlamentarische Opposition, 1971. → Art. 20 (Demokratie) Rn. 56, 71.

[43] S. § 12 II IPA-Entwurf; vgl. die Gesetze über das Verfahren von Untersuchungsausschüssen in verschiedenen Ländern s. etwa §§ 13 II, 24 I 3, 5, 25 III Verfassung Nordrhein-Westfalen; S. dazu: *Schmidt-Hartmann*, Schutz (Fn. 8), S. 31ff.; *Haberland*, Bedeutung (Fn. 42), S. 93ff.

[44] *U. Di Fabio*, Der Staat 29 (1990), 599 (612f.).

[45] So *Magiera* (Fn. 38), § 52 Rn. 55 m.w.N.; *U. Di Fabio*, Der Staat 29 (1990), 599 (612).

[46] *U. Di Fabio*, Der Staat 29 (1990), 599 (612); *J. Masing*, Der Staat 27 (1988), 273 (281); *J. Kölble*, DVBl. 1964, 701 (701f.).

[47] → Art. 20 (Demokratie) Rn. 72f.; → Art. 42 Rn. 20.

[48] *R. Binder*, DVBl. 1985, 1112 (1117).

kratie vertritt das Parlament den Bürger auch bei der Ausübung der Kontrolle über die von ihm legitimierte Regierung. Die parlamentarischen Kontrollrechte werden letztlich für den Bürger eingesetzt, weshalb auch der Bürger über die Ergebnisse parlamentarischer Kontrollaktivitäten informiert werden muß. In der Öffentlichkeit der Untersuchung wird ein Stück Volkssouveränität (→ Art. 20 [Demokratie] Rn. 76 ff.) hergestellt. Der Inschutznahme der Regierung durch die Ausschußmehrheit wird hinsichtlich der Beweiserhebung und Beweiswürdigung eine externe Rechtfertigungskontrolle auferlegt[49]; auch Eifer und Form der Untersuchung müssen von denjenigen, die sie betreiben, öffentlich vertreten werden.

13 Als Instrument, das politische Folgen intendiert[50], zielt das Untersuchungsrecht auf die Öffentlichkeit, beschwört in dieser Hinsicht insofern aber auch **Gefahren** herauf, als die grundrechtsgeschützte Privatsphäre von Bürgern berührt wird. Schon mit der Einbringung des Einsetzungsantrages wird eine Verdächtigung ausgesprochen, die als Tatsache in der Öffentlichkeit kursiert. In der »öffentlichen Erinnerung« bleibt weniger das Untersuchungsergebnis als vielmehr die Eröffnung des Verfahrens haften. Gerade wegen der Öffentlichkeitswirkung ist deswegen der Untersuchungsgegenstand sorgfältig zu bestimmen und sind die Rechte eventuell betroffener Privater (→ Rn. 20, 31) zu achten. Letztlich bedarf es aber über rechtliche Regelungen hinaus der Maßstäbe der politischen Kultur, um das parlamentarische Enquêterecht wirksam zu erhalten und zugleich möglicherweise tangierte Privatinteressen zu schonen.

2. Staatsorganisationsrechtliche Stellung

14 Untersuchungsausschüsse sind vom Bundestag eingesetzte, mit hoheitlichen Befugnissen ausgestattete Gremien aus mehreren Abgeordneten mit der Aufgabe, durch Ermittlung und Bewertung von Tatsachen Beschlüsse des Bundestages vorzubereiten. Auch wenn ein Untersuchungsausschuß öffentliche Gewalt ausübt[51], so bleibt er ein Gremium des Parlaments und stellt **keine Behörde** dar[52].

15 Der **Bundestag** selbst ist **Träger** des Untersuchungsrechts, er übt es in eigenem Namen durch den Untersuchungsausschuß aus[53]. Dieser ist Unterorgan mit besonderen Befugnissen, die dem Plenum selbst nicht zustehen[54]. Die eigenständigen Befugnisse zur Wahrnehmung des Enquêterechts schließen die **Selbstentscheidungskompetenz**

---

[49] *F. Rotter*, PVS 20 (1979), 111 (121).
[50] Im Unterschied zur Gerichtsbarkeit, was sich in Art. 44 IV GG niederschlägt. → Rn. 54 ff.
[51] BVerfGE 76, 363 (387); 77, 1 (46); → Art. 1 III Rn. 38.
[52] Die Verfahrensordnung des VwVfG ist nicht unmittelbar anwendbar: *U. Di Fabio*, Rechtsschutz im parlamentarischen Untersuchungsverfahren, 1988, S. 68 ff.; *H.-P. Schneider*, in: AK-GG, Art. 44 Rn. 16 mit dem Argument, daß sonst die Vorschrift des Art. 44 III GG überflüssig wäre; anders BVerfG (2. Kammer des Ersten Senats) NVwZ 1994, 54 (55); OVG Berlin DVBl. 1970, 293 (294); so auch *H. Bäumler*, DVBl. 1978, 291 (296); *S. Magiera*, in: Sachs, GG, Art. 44 Rn. 2; Jarass/Pieroth, GG, Art. 44 Rn. 1.
[53] *T. Maunz*, in: Maunz/Dürig, GG, Art. 44 (1960), Rn. 9 f.
[54] Von »Hilfsorgan« sprechen BVerfGE 67, 100 (123); 77, 1 (41); *Rechenberg* (Fn. 15), Art. 44 Rn. 10; *U. Keßler*, AöR 88 (1963), 313 (313 f.); unentschieden *Maunz* (Fn. 53), Art. 44 Rn. 3, 10; *W. Löwer*, Jura 1985, 358 (361 f.): »Unter- (oder Hilfs-)organ«. Wegen eigenständiger Befugnisse als »Organteil« oder »Teil-Verfassungsorgan« eingeordnet von *A. Schleich*, Das parlamentarische Untersuchungsrecht des Bundestages, 1985, S. 13 m.w.N.; *Achterberg/Schulte*, GG VI, Art. 44 Rn. 78 f.; an der Benennung hängt nichts. → Art. 40 Rn. 22.

als »**Herr des Verfahrens**« ein[55]. Untersuchungsausschüsse fallen unter die nichtständigen Sonder- oder ad-hoc-Ausschüsse, die nur aus besonderem Anlaß eingesetzt werden.

Nach ihrem Gegenstand werden verschiedene Arten unterschieden[56]. Das Handeln von Regierung und Verwaltung prüfen **Kontroll- oder Mißstandsenquêten**. Sie bilden die häufigste Variante[57]. Die **Gesetzgebungsenquêten** zur längerfristigen Vorbereitung legislativer Vorhaben sind seit Einführung der dafür geeigneteren Enquête-Kommissionen[58] praktisch bedeutungslos geworden. In parlamentsinternen Angelegenheiten wie der Tätigkeit parlamentarischer Organe und dem Verhalten von Abgeordneten ermitteln **Kollegialenquêten**[59]. Für Untersuchungsausschüsse, die versuchen, Mißstände in nichtstaatlichen Bereichen des öffentlichen Lebens aufzuklären, findet sich auch die Bezeichnung **Skandalenquêten**[60]. Diese Ordnungsleistung der Literatur hat lediglich deskriptiven Charakter und entbehrt jeglicher rechtlicher Erheblichkeit[61]. 16

Mangels einer ausführenden Bestimmung[62] ist **Art. 44 GG alleinige Rechtsgrundlage**. In der Praxis werden regelmäßig der Arbeit eines Untersuchungsausschusses die **IPA-Regeln**[63] zugrundegelegt. Deren Bindungswirkung steht dabei unter einem doppelten Vorbehalt: Sie darf geltendem Recht nicht widersprechen, und ihre Anwendung muß nach übereinstimmender Auffassung des Ausschusses unbedenklich sein[64]. Die IPA-Regeln bilden kein Gewohnheitsrecht[65]. Das parlamentarische Unterorgan schafft sich mit den IPA-Regeln lediglich eine die Geschäftsordnung des Bundestages fakultativ ergänzende Verfahrensordnung, die deren Rechtscharakter als parlamentarisches Innenrecht teilt[66]. 17

---

[55] *W. Steffani*, PVS 1 (1960), 153 (165); *R. Scholz*, AöR 105 (1980), 591 (604ff.); *K. Stern*, AöR 109 (1984), 199 (225ff.).

[56] *Achterberg/Schulte*, GG VI, Art. 44 Rn. 9.

[57] P. Schindler (Hrsg.), Datenhandbücher zur Geschichte des Deutschen Bundestages, zuletzt 1983–1991, Kap. 8.7; Übersicht bei *L.-A. Versteyl*, in: v. Münch/Kunig, GG II, Art. 44 nach Rn. 57.

[58] Zu den Enquête-Kommissionen s. § 56 GOBT; *G. Kretschmer*, DVBl. 1986, 923ff.; *W. Hoffmann-Riem/U. Ramcke*, Enquête-Kommissionen, in: Schneider/Zeh, § 47 m.w.N.

[59] Beispiele bei *K.J. Partsch*, Empfiehlt es sich, Funktion, Struktur und Verfahren der parlamentarischen Untersuchungsausschüsse grundlegend zu ändern?, Verh. des 45. DJT, Bd. I/3, 1964, S. 21f.

[60] Als zulässig betrachtet von BVerfGE 76, 363 (381f.); *E.-W. Böckenförde*, AöR 103 (1978), 1 (11); *J. Kölble*, DVBl. 1964, 701 (702). → Rn. 20, 28ff.

[61] Zur Fruchtlosigkeit, durch eine Taxinomie der Untersuchungszwecke Kompetenzen bestimmen zu können, s. *Di Fabio*, Rechtsschutz (Fn. 52), S. 22; *K. Stern*, AöR 109 (1984), 199 (225f.); *M. Hilf*, NVwZ 1987, 537 (538); *W. Becker*, DÖV 1964, 505 (507).

[62] Gesetze über Untersuchungsausschüsse beschlossen auf Landesebene Bayern (1970); Berlin (1970); Saarland – im Gesetz über den Landtag (1973); Baden-Württemberg (1976); Bremen (1982); Nordrhein-Westfalen (1984); Rheinland-Pfalz (1990); Brandenburg (1991); Thüringen (1991); Sachsen (1991); Sachsen-Anhalt (1992). Vgl. auch die Synopse in: U. Thaysen/S.S. Schüttemeyer (Hrsg.), Bedarf das Recht der Untersuchungsausschüsse einer Reform?, 1988, S. 241ff. Eine Aufzählung der Reformvorschläge bei *Versteyl* (Fn. 57), Art. 44 Rn. 39f.

[63] Entwurf eines Gesetzes über Einsetzung und Verfahren von Untersuchungsausschüssen des Bundestages v. 14.5.1969, BT-Drucks. V/4209. Dieser ging aus der Arbeit der 1962 konstituierten Innerparlamentarischen Arbeitsgemeinschaft (IPA) hervor und wurde nicht als Gesetz verabschiedet.

[64] *M. Schröder*, Untersuchungsausschüsse, in: Schneider/Zeh, § 46 Rn. 12; BT-Drs. 10/6779 Tz. 1.

[65] So aber VGH Kassel NVwZ-RR 1996, 683 (684). Gegen die »opinio juris« sprechen aber der Vorbehalt und die bewußte Nichtverabschiedung des Gesetzes.

[66] BVerwG NVwZ 1993, 60 (61); OVG Münster NVwZ 1987, 606 (607); *Achterberg/Schulte*, GG VI, Art. 44 Rn. 125; *M. Hilf*, NVwZ 1987, 537 (540). → Art. 40 Rn. 18.

II. Zuständigkeit und Grenzen des parlamentarischen Untersuchungsrechts

1. Gegenstandsbereich

18 Als **Unterorgan des Bundestages** ist einem Untersuchungsausschuß der Zuständigkeitsrahmen gesetzt, in dem der Bundestag selbst steht. Dies wird mit der sogenannten **Korollartheorie**[67] ausgedrückt, wonach der aus dem einschlägigen Verfassungsbestimmungen abzuleitende Zuständigkeitsbereich des Bundestages und seine Enquêtekompetenz sich decken. Daraus ergibt sich ein weiter möglicher Untersuchungsbereich. Hieran wird historisch begründete Kritik geübt[68], weil das Untersuchungsrecht ursprünglich als reine Exekutivkontrolle konzipiert worden war[69]. In den Verfassungstext ist diese Einschränkung aber gerade nicht aufgenommen worden[70]. Im Wege systematischer Argumentation wird aus der Verhinderung von Übergriffen auf andere Gewalten ebenfalls eine eingeschränkte Zuständigkeit abgeleitet[71].

19 Entgegen solchen Bemühungen ist an einem **weiten Zuständigkeitsbereich** des parlamentarischen Untersuchungsrechts festzuhalten. Die Volksvertretung ist nicht mehr (wie im Konstitutionalismus) auf eine nur reagierende Rolle gegenüber der eigentlich handelnden Exekutive beschränkt, vielmehr ist sie das **zentrale Staatsorgan**, das – in den Grenzen der bundesstaatlichen Kompetenzverteilung – umfassend zur politischen Willensbildung und Beschlußfassung zuständig ist (→ Art. 20 [Demokratie] Rn. 88, 109 f.). In Wahrnehmung seiner Repräsentationsfunktion darf das Parlament in der Gesellschaft diskutierte Themen aufgreifen, politisch zuspitzen und wertend zu ihnen Stellung nehmen[72]. Eine wirksame Wahrnehmung der verschiedenen Parlamentsfunktionen (→ Art. 38 Rn. 28 ff.) fordert ggf. eine eigenständige Informationsmöglichkeit[73]. Besondere Bedeutung kommt aber der Kontrollbefugnis des Parlaments gegenüber Regierung und Verwaltung zum Zwecke der Einforderung politischer Verantwortlichkeit (→ Art. 65 Rn. 38 ff.) zu[74].

20 Gegenüber **Privaten** besteht keine solche politische Kontrollbefugnis mangels einer

---

[67] Sie geht zurück auf *E. Zweig*, ZfP 6 (1913), 265 (265 f.). Zu ihrem Inhalt aus zeitgeschichtlicher Sicht *Masing*, Untersuchungen (Fn. 9), S. 18 ff.

[68] Systematisch aufbereiteter Diskussionsstand zum Folgenden bei *Friedrich*, Untersuchungsausschuß (Fn. 15), S. 65 ff.

[69] S. etwa »…, wenn die Gesetzlichkeit oder Lauterkeit von Regierungs- oder Verwaltungsmaßnahmen des Reiches angezweifelt wird…«, so § 52 I 1 des Preußischen Entwurfes, Deutscher Reichsstaatsanzeiger, Nr. 15, 20. 1. 1919, Erste Beilage; für die Verhandlungen zur WRV s. die Darstellung bei *M. Köhler*, Umfang und Grenzen des parlamentarischen Untersuchungsrechts gegenüber Privaten im nichtöffentlichen Bereich, 1996, S. 31 ff.

[70] Vgl. § 52 des ersten Entwurfs der Weimarer Reichsverfassung, dazu BVerfGE 77, 1 (45 f.); *Heck*, Untersuchungsrecht (Fn. 9), S. 14; *Di Fabio*, Rechtsschutz (Fn. 52), S. 28; zweifelnd *Masing*, Untersuchungen (Fn. 9), S. 46 ff., 59 f. Vgl. auch den Bericht des Verfassungsausschusses der Ministerpräsidenten-Konferenz der Westlichen Besatzungszonen, Darstellender Teil, S. 36 f.; BVerfGE 77, 1 (45 f.); *Di Fabio*, Rechtsschutz (Fn. 52), S. 30; *Masing*, Untersuchungen (Fn. 9), S. 64 f.

[71] *J. Masing*, Der Staat 27 (1988), 273 (282); *J.R. Gascard*, Das parlamentarische Untersuchungsrecht in rechtsvergleichender Sicht, Diss. jur. Kiel 1990, S. 77 ff. m.w.N.

[72] *Di Fabio*, Rechtsschutz (Fn. 52), S. 39; *S. Magiera*, Parlament und Staatsleitung in der Verfassungsordnung des Grundgesetzes, 1979, S. 232 ff.

[73] HessStGH, ESVGH 17, 1 (15 f.).

[74] BVerfGE 49, 70 (85); 77, 1 (43); *P. Kunig*, Jura 1993, 220 (222 f.). Ähnlich schon früher die Vertreter einer Generalkompetenz, vgl. *W. Lewald*, AöR 44 (1923), 269 (292 f.); *R. Smend*, Verfassung und Verfassungsrecht (1928), in: ders., Staatsrechtliche Abhandlungen, 2. Aufl. 1968, S. 119 ff. (245 f.); *E. Fraenkel*, ZfP 1 (1954), 99 (126 ff.).

entsprechenden Verantwortlichkeit[75]. Anders als dem staatlichen Hoheitsträger ist dem Privaten die Handlungsfreiheit nicht zur gemeinwohlfördernden Ausübung leihweise übertragen, sondern um ihrer selbst willen anerkannt (→ Vorb. Rn 34). Die Gesetzmäßigkeit des Handelns Privater wird ausschließlich von Exekutive und Judikative kontrolliert[76]. Die Enquêtekompetenz umfaßt damit jedenfalls **keine rein privatgerichteten Enquêten**[77]. Der privat-gesellschaftliche Bereich kann nur mittelbar Gegenstand einer parlamentarischen Untersuchung werden[78], wenn er tauglicher Gegenstand parlamentarischer Befassung ist. Wann im Einzelfall eine Untersuchung bei Privaten zulässig ist, ist angesichts des weiten Befassungsrechts des Parlaments keine Frage der Enquêtekompetenz, sondern eine solche der Schranken der Enquêtebefugnisse[79].

2. Schranken

Beschränkungen des parlamentarischen Untersuchungsrechts ergeben sich unter zwei Aspekten. Zum einen folgt aus der **negativen Seite der Korollartheorie** eine gegenständliche Begrenzung der Untersuchungsausschüsse als Unterorgane des Bundestages auf den verfassungsrechtlich festgelegten Wirkungskreis des Parlaments[80]. Zum anderen ergeben sich **selbständige Schranken** des Untersuchungsrechts. Auch eine noch so begrenzte Aufgabenstellung kann eine Kollision mit (Grund-)Rechten Dritter nicht ausschließen[81].

21

a) Bundesstaatsprinzip

Untersuchungsausschüsse des Bundestages dürfen sich nicht mit Vorgängen befassen, die ausschließlich Sache der Länder sind. Ausgeschlossen werden damit Gesetzgebungsenquêten im Kompetenzbereich der Länder. Im Bereich der **Verwaltungskontrolle** ist ein Untersuchungsausschuß des Bundestags unproblematisch im Bereich der bundeseigenen Verwaltung[82]. Beim Vollzug der Bundesgesetze durch die Länder (Art. 83ff. GG) ist zulässiger Untersuchungsgegenstand die (ordnungsgemäße) Ausübung der Bundesaufsicht. Die mittelbare Untersuchung von Aktivitäten der Länderverwaltung ist damit zulässig[83]; ihre Intensität variiert nach Maßgabe der beim Bund verbleibenden Einwirkungsmöglichkeiten[84].

22

---

[75] *J. Masing*, Der Staat 27 (1988), 273 (283). Für eine Ermächtigung, »sofern ein erkennbarer politischer Bezug besteht«, *Di Fabio*, Rechtsschutz (Fn. 52), S. 40; vgl. *M. Hilf*, NVwZ 1987, 537 (538).
[76] *S. Studenroth*, Die parlamentarische Untersuchung privater Bereiche, 1992, S. 126; *J. Masing*, Der Staat 27 (1988), 273 (282).
[77] *Masing*, Untersuchungen (Fn. 9), S. 220ff., 329ff.
[78] *Studenroth*, Untersuchung (Fn. 76), S. 142ff.
[79] So auch mit der Begründung, die Korollartheorie sei nicht einschränkend auszulegen: *Köhler*, Umfang (Fn. 69), S. 79f.; *H. Steinberger*, Rechtsgutachten zum Untersuchungsauftrag BT-Drs. 11/1683, in: BT-Drs. 11/7800, Anlage 7, 1181 (1186ff.); *Maunz* (Fn. 53), Art. 44 Rn. 3f.; *E.-W. Böckenförde*, AöR 103 (1978), 1 (10); *W. Richter*, Privatpersonen im parlamentarischen Untersuchungsausschuß, 1991, S. 27ff.
[80] BVerfGE 1, 14 (32ff.); 77, 1 (44).
[81] *A. Hake*, AöR 113 (1988), 424 (441).
[82] *W. Simons*, Das parlamentarische Untersuchungsrecht im Bundesstaat, 1991, S. 101ff.
[83] Ausf. *Achterberg/Schulte*, GG VI, Art. 44 Rn. 36ff.; *Maunz* (Fn. 53), Art. 44 Rn. 16; *M. Schröder*, Empfiehlt sich eine gesetzliche Neuordnung der Rechte und Pflichten parlamentarischer Untersuchungsausschüsse?, in: 57. DJT, Bd. 1, 1988, E 31; *Schleich*, Untersuchungsrecht (Fn. 54), S. 77.
[84] *Friedrich*, Untersuchungsausschuß (Fn. 15), S. 133; *F. Arloth*, NJW 1987, 808 (809).

Art. 44 C. Erläuterungen

23 Auch im Bereich des **Landesvollzuges von Landesgesetzen** bestehen Ingerenzrechte und damit ein grundsätzliches Untersuchungsrecht des Bundes wegen der Homogenitätsklausel des Art. 28 I 1 GG (→ Art. 28 Rn. 55) und der Bindung des Landes an das Bundesrecht gem. Art. 20 III GG. Zudem ist das Land Adressat der Bundestreuepflicht (→ Art. 20 [Bundesstaat] Rn. 26 ff.). Auf diesen Feldern besteht die Möglichkeit einer Enquête zur Aufklärung des Umgangs der Bundesregierung mit ihren Rechten aus Art. 37 GG – unter zwangsläufig mittelbarem Einbezug der ursächlichen Ländermaterie[85].

24 Keine Befugnis für eine Enquête des Bundestags ergibt sich aus Art. 28 III GG[86]; diese Norm weist nur eine Aufgabe zu, begründet keine Befugnis (→ Art. 28 Rn. 170, 173)[87]. Ein Untersuchungsrecht des Bundestages kann nicht aus seiner Stellung als »Forum der deutschen Nation[88], oder aus einem gesamtstaatlichen Interesse[89] gefolgert werden. Letzteres widerspricht der eindeutigen Kompetenzverteilung zwischen Bund und Ländern[90]. Der kommunale Bereich ist der staatlichen Aufsicht durch die Länder unterworfen und damit einer Enquête des Bundestages verschlossen[91].

b) Gewaltenteilungsprinzip

25 Auch das Gewaltenteilungsprinzip (→ Art. 20 [Rechtsstaat] Rn. 62 ff.) begrenzt das parlamentarische Enquêterecht, obschon dieses gerade auch auf Vorgänge im Bereich der anderen Gewalten zielt. Die gebotene Rücksichtnahme auf die anderen Gewalten verlangt, daß ein Untersuchungsausschuß deren Fähigkeit zur Erfüllung ihrer Funktionen nicht gravierend beeinträchtigen darf.

26 Für Untersuchungen gegenüber der Exekutive wurde dies auf die Formel vom zu achtenden **Kernbereich der Exekutive** gebracht: Die Funktionentrennung begründe einen grundsätzlich unausforschbaren Initiativ-, Beratungs- und Handlungsbereich der Exekutive[92]. Diese Lehre begegnet freilich **Bedenken**. Das Kontrollrecht des Parlaments bezieht sich ganz wesentlich auf Verwaltung und Regierung. Das Zusammenspiel der Gewalten nach dem Grundgesetz umfaßt die legitimatorische Abhängigkeit

---

[85] *Schleich*, Untersuchungsrecht (Fn. 54), S. 77; *Steinberger*, Rechtsgutachten (Fn. 79) S. 1188.
[86] So aber *Schleich*, Untersuchungsrecht (Fn. 54), S. 76.
[87] Vgl. BVerfGE 6, 309 (329); 8, 122 (131); *Achterberg/Schulte*, GG VI, Art. 44 Rn. 36 ff.
[88] So aber *J. Kölble*, DVBl. 1964, 701 (703).
[89] So aber LG Frankfurt NJW 1987, 787 (788); dazu vorsichtiger BVerfGE 77, 1 (59); richtig *Schröder*, Neuordnung (Fn. 83), E 32: Auch privat(wirtschaftliches) Verhalten ist kompetenzrechtlich relevant und fällt nicht prinzipiell wegen vorgeblicher gesamtstaatlicher Interessen in die Bundeszuständigkeit.
[90] So auch *Schleich*, Untersuchungsrecht (Fn. 54), S. 76.
[91] Zur Kontrolle der Kommunen durch die Untersuchungsausschüsse der Länder: W. *Blümel/M. Ronellenfitsch*, Parlamentarische Untersuchungsausschüsse und kommunale Selbstverwaltung, 1978, insb. S. 69 ff.; *E.-W. Böckenförde*, AöR 103 (1978), 1 (19 ff.).
[92] BVerfGE 67, 100 (139); viel zu weitgehend HmbgVerfG DÖV 1973, 745 (746 f.); vgl. zu dieser Rechtsfigur: *Magiera*, Parlament (Fn. 72), S. 321; *R. Scholz*, AöR 105 (1980), 564 (598); *T. Kuhl*, Der Kernbereich der Exekutive, 1993; *F.E. Schnapp*, Der Verwaltungsvorbehalt, VVDStRL 43 (1985), S. 172 ff. (181 ff.); V. *Busse*, DÖV 1989, 45 ff.; s. a. als Positivierungsvorschlag § 4 I 3 des Entwurfes eines brandenburgischen Akteneinsichtsrechtsgesetzes der Landesregierung (AERG), Drs. 2/4417; eher abl.: StGH Bremen DVBl. 1989, 453 (454 ff.), dazu *D. Engels*, Jura 1990, 71 ff.; *M. Hilf*, NVwZ 1987, 537 (539); *H. Maurer*, Der Verwaltungsvorbehalt, VVDStRL 43 (1985), S. 135 ff. (149 ff.); *J. Linck*, DÖV 1988, 264 (265); W. *Löwer*, Jura 1985, 358 (363 ff.); *Masing*, Untersuchungen (Fn. 9), S. 92 ff., 322 ff.; *U. Rösch*, Geheimnisschutz in der Demokratie, Diss. jur. Jena 1997, S. 183 ff. → Art. 64 Rn. 22 f.

der Regierung vom Vertrauen des Parlaments und damit auch ihre Kontrollunterworfenheit. Ein Bereich »exekutiver Eigenverantwortung«[93] begegnet von daher systematischen Einwänden. Nicht zuletzt ist die Formel mit der Gefahr mißbräuchlicher Inanspruchnahme belastet. Deswegen ist sie jedenfalls nur restriktiv zu handhaben. Allein funktionelle Hemmnisse, die zur Arbeitsunfähigkeit des kontrollierten Organs führen, rechtfertigen eine Verweigerung der Kontrolle. Diese Grenze leitet sich aus dem Verbot ab, Handlungen oder Hoheitsakte vorzunehmen, die anderen Staatsorganen zugewiesen sind. Folglich darf kein Kompetenzübergriff stattfinden, der anstehende Entscheidungen blockiert[94]. Keinesfalls dürfen sich nachgeordnete Verwaltungsbereiche der Kontrolle entziehen, da dies die Einlösung der politischen Verantwortlichkeit der Regierung zunichte machte. Die besseren Gründe sprechen deswegen dafür, den sogenannten »Kernbereich der Exekutive« nicht als gegenständliche Grenze des Enquêterechts anzusehen, sondern als Gesichtspunkt der Rücksichtnahme auf die Handlungsbedingungen der Exekutive, die ggf. durch Maßnahmen des Geheimschutzes zu sichern sind, nicht durch Exemtion von der Kontrolle. Die grundsätzliche Rolle der verschiedenen Gewalten darf freilich nicht beeinträchtigt werden. **Ständige Untersuchungsausschüsse** zur Überwachung von Exekutive oder Judikative sind daher **unzulässig**[95]. Eine entscheidungsbegleitende Kontrolle darf die Handlungsfähigkeit von Judikative und Exekutive nicht durch vorbeugende Beobachtung minimieren[96].

Im **Justizbereich** verwehrt Art. 97 GG die Überprüfung rechtsprechender Tätigkeit[97]. Gerichtliche Verfahren sind auch nach ihrem Abschluß kontrollresistent. 27

c) Grundrechte

Untersuchungsausschüsse üben hoheitliche Gewalt aus und sind damit an die Grundrechte – einschlägig ist insbesondere das Recht auf informationelle Selbstbestimmung (→ Art. 2 I Rn. 52) – gebunden (→ Art. 1 III Rn. 38)[98]. Dies bezieht sich auf die Einleitung eines Untersuchungsverfahrens zu einem bestimmten Gegenstand wie auf Einzelfragen der Beweiserhebung[99]. Eine **vorgelagerte Begrenzung** ist geboten, weil dem Einsetzungsbeschluß eine besondere Öffentlichkeitswirkung zukommt (→ Rn. 13, 28

---

[93] So BVerfGE 67, 100 (139); *R. Scholz*, AöR 105 (1980), 564 (598).
[94] *E.-W. Böckenförde*, AöR 103 (1978), 1 (16f.); *R. Scholz*, AöR 105 (1980), 564 (597f.).
[95] *Schleich*, Untersuchungsrecht (Fn. 54), S. 56ff.; *E.-W. Böckenförde*, AöR 103 (1978), 1 (17f.); *Heck*, Untersuchungsrecht (Fn. 9), S. 40. Ein solcher Einsetzungsantrag wäre nicht hinreichend bestimmt: so *Friedrich*, Untersuchungsausschuß (Fn. 15), S. 83ff.; a.A. *B. Cordes*, Das Recht der Untersuchungsausschüsse des Bundestages, Diss. jur. Münster 1958, S. 50ff.; *H. Thieme*, Das Verhältnis der parlamentarischen Untersuchungsausschüsse zur Exekutive, Diss. jur. Göttingen 1983, S. 105ff. In Anlehnung an Art. 45a GG sei jedenfalls eine permanente Kontrolle interner Parlamentsvorgänge zu erlauben: so *P. Köchling*, Verfassungsrechtliche Fragen, in: W. Damkowski (Hrsg.), Der parlamentarische Untersuchungsausschuß, 1987, S. 23ff. (29); *Maunz* (Fn. 53), Art. 44 Rn. 17.
[96] Zur Beschränkung auf eine ex-post-Kontrolle *Friedrich*, Untersuchungsausschuß (Fn. 15), S. 86f. m.w.N.; *Masing*, Untersuchungen (Fn. 9), S. 309ff. verlangt Verantwortungsreife im Einzelfall; BVerfGE 67, 100 (139) spricht von einer lediglich »grundsätzlichen« Begrenzung.
[97] *Schleich*, Untersuchungsrecht (Fn. 54), S. 59; *W.-R. Schenke*, JZ 1988, 805 (810); *Friedrich*, Untersuchungsausschuß (Fn. 15), S. 138f.; ausdrücklich gegen Urteilsschelten *G. Kisker*, NJW 1981, 889 (890ff.).
[98] BVerfGE 67, 100 (142); 76, 363 (387); 77, 1 (46); *Schröder* (Fn. 64), § 46 Rn. 23; *Magiera* (Fn. 52), Art. 44 Rn. 10.
[99] BVerfG (2. Kammer des Ersten Senats) NVwZ 1994, 54 (55).

35f.). Soweit grundrechtlich geschützte Bereiche von einem Untersuchungsausschuß untersucht werden, ist dies als Grundrechtseingriff rechtfertigungsbedürftig (→ Vorb. Rn. 84ff.). Insbesondere bedarf es eines **öffentlichen Interesses** an der Untersuchung der Privatsphäre eines Bürgers[100]. Diese Notwendigkeit ist das »**rechtsstaatliche Komplement** zur Erweiterung des Gegenstandsbereiches parlamentarischer Untersuchungen und zur inzwischen medial gewordenen Öffentlichkeit«[101]. Das öffentliche Interesse wird dabei als konkretisierungsbedürftiger unbestimmter Rechtsbegriff verstanden[102], wobei den Antragstellern ein Einschätzungsermessen zusteht[103].

29 Umstritten ist, ob das öffentliche Interesse am Untersuchungsgegenstand normativer oder faktischer Art zu sein hat[104]. Ein **faktisches** öffentliches **Interesse** allein kann den Kontrollzugriff des Untersuchungsausschusses nicht begründen, weil es allein durch die Tatsache eines entsprechenden Antrages regelmäßig indiziert sein dürfte und damit keine selektive Bedeutung hat[105]. Ein hinreichendes öffentliches Interesse ist jedenfalls dann gegeben, wenn eine **öffentlich-rechtliche Norm** betroffen ist, die eine besondere Verpflichtung des Privaten gegenüber dem Staat begründet[106]. Nur dann besteht die rechtsstaatlich unverzichtbare Voraussehbarkeit einer möglichen Enquête, ist auch die Frage, ob ein öffentliches Interesse gegeben ist, gerichtlich überprüfbar[107]. Eine überzeugende Möglichkeit, ein öffentliches Interesse zu begründen, hebt darauf ab, daß das mögliche Ergebnis der Untersuchung rechtliche, grundsätzlich die Allgemeinheit betreffende Konsequenzen zeitigen muß.

30 Eine weitere einschränkende Voraussetzung für eine privatgerichtete parlamentarische Untersuchung ist der **konkrete Anlaß**[108]. Dieser liegt vor, wenn es um die Vorbereitung rechtsverbindlicher Beschlüsse oder um die auf tatsächliche Anhaltspunkte[109] gestützte Kontrolle staatlichen Handelns geht. Eine privatgerichtete Untersuchung ist also verdachtsakzessorisch. Die zwangsbewehrte Informationserhebung zur Vorbereitung schlichter Parlamentsbeschlüsse ist unzulässig, weil unverhältnismäßig. Das Interesse muß an einem konkreten, nicht austauschbaren Individuum bestehen; allgemeine Erhebungen für **statistische Informationen** sind **unstatthaft**[110]. Kann die ge-

---

[100] *Achterberg/Schulte*, GG VI, Art. 44 Rn. 25f.; a.A. *D. Engels*, Parlamentarische Untersuchungsausschüsse, 2. Aufl. 1991, S. 59.
[101] *E.-W. Böckenförde*, AöR 103 (1978), 1 (15).
[102] *Achterberg/Schulte*, GG VI, Art. 44 Rn. 25; BayVerfGHE 38, 165 (177); zu Verwendungsweisen und -aspekten allgemein *P. Häberle*, Öffentliches Interesse als juristisches Problem, 1970.
[103] *Schneider* (Fn. 52), Art. 44 Rn. 11.
[104] Dazu *E.-W. Böckenförde*, AöR 103 (1978), 1 (14f.); *J. Vetter*, DÖV 1987, 426 (430); *Di Fabio*, Rechtsschutz (Fn. 52), S. 42f.
[105] *E.-W. Böckenförde*, AöR 103 (1978), 1 (14).
[106] *Richter*, Privatpersonen (Fn. 79), S. 42. In allen bisherigen Fällen bestanden solche besonderen rechtliche Bindungen, s.a. *Richter*, Privatpersonen (Fn. 79), S. 18f.
[107] *E.-W. Böckenförde*, AöR 103 (1978), 1 (16). Angesichts des dichten Geflechts von Förderungsvorschriften ist ein großer Teil der Privatwirtschaft besonderen öffentlich-rechtlichen Verpflichtungen unterworfen: so *Köhler*, Umfang (Fn. 69), S. 96.
[108] So *Schröder*, Neuordnung (Fn. 83), E 21.
[109] So BayVerfGH BayVBl. 1994, 463ff., wohl auch *O. Depenheuer/G. Winands*, ZRP 1988, 258 (262); abl. *D. Weingärtner*, ZRP 1991, 232 (232). Die Feststellung des Vorliegens eines tatsachengestützten Anlasses für eine parlamentarische Enquête, die primär auf die politische Bewertung von Tatsachen abzielt, kann selbst wiederum auch nur politische Entscheidung sein.
[110] Stehen andere geeignete Beweismittel zur Verfügung, fehlt es mit Blick auf die Verhältnismäßigkeit an der Erforderlichkeit. Vgl. *R. Scholz*, AöR 105 (1980), 564 (620); *Studenroth*, Untersuchung (Fn. 76), S. 151f.

wünschte Aufklärung auch mit Hilfe der Exekutive nicht erreicht werden, entfällt das Erfordernis der Verdachtsakzessorietät.

d) Reichweite des Untersuchungsauftrages

Der Gegenstand der Untersuchung ist begrenzt durch den Einsetzungsbeschluß. Er muß klar und eindeutig[111] bereits im Antrag[112] umschrieben sein. Ein dem Ausschuß überlassenes Selbstbefassungsrecht wäre eine verfassungswidrige Delegation von Kompetenzen des Plenums[113], welches aber letztverantwortlicher Träger des Untersuchungsrechts ist[114]. Auch der Grundrechtsschutz Privater verlangt die Bestimmtheit des Untersuchungsauftrages. Allerdings dürfen die Präzisionsansprüche auch nicht überspannt werden[115], weil vor Durchführung einer Untersuchung das, was für den Untersuchungszweck erheblich ist, nur umschrieben, nicht detailliert aufgelistet werden kann. Der Einsetzungsbeschluß soll ein in überschaubarer Zeit durchführbares Arbeitsprogramm vorgeben[116]. 31

e) Abgeordnetenrechte

Wegen der Freiheit des Abgeordneten nach Art. 38 I 2 GG ist die Zulässigkeit von sogenannten **Kollegialenquêten**, also solchen, welche sich gegen Abgeordnete richten, nicht unproblematisch[117]. Die Gefahr der politischen Instrumentalisierung liegt nicht fern. Unter dem Gesichtspunkt der **Ansehenswahrung** des Parlaments ist die Zulässigkeit aber grundsätzlich zu bejahen. Eine Untersuchung, die nicht dieses Ziel verfolgt, verstößt gegen das freie Mandat. Eine Überprüfung des Verhaltens von Abgeordneten vor ihrer Wahl ist regelmäßig ausgeschlossen[118]. 32

f) Diskontinuitätsprinzip

Wegen der Diskontinuität (→ Art. 39 Rn. 20 ff.) endet die Einsetzung eines Untersuchungsausschusses zeitlich mit Ablauf der Legislaturperiode. Der neue Bundestag kann eine neue Enquête zum selben Thema installieren, welche die Teilergebnisse ih- 33

---

[111] So schon StGH RGZ 104, 423 (430); vgl. HessStGH ESVGH 17, 1 (17f.); BayVerfGH BayVBl. 1977, 597 (600f.); BayVerfGHE 38, 165 (175f.); *Schneider* (Fn. 52), Art. 44 Rn. 6; *Steinberger*, Rechtsgutachten (Fn. 79), S. 1201 ff.; *Achterberg/Schulte*, GG VI, Art. 44 Rn. 30 ff. m.w.N.
[112] BWStGH ESVGH 27, 1 (5ff.); BayVerfGHE 38, 165 (175f.) m.w.N.; AG Bonn NJW 1989, 1101 (1102); *Achterberg/Schulte*, GG VI, Art. 44 Rn. 31 ff.
[113] Angedeutet in BVerfGE 88, 63 (68).
[114] Vgl. auch BVerfGE 67, 100 (125).
[115] Vgl. *H.-P. Schneider*, JA 1977, 407, (411), der eine »stufenweise Konkretisierung« durch den Einsetzungsbeschluß genügen läßt. Kritisch dazu *Achterberg/Schulte*, GG VI, Art. 44 Rn. 33 f. Durch nachträgliche Akzentverschiebung einer Mißstandsenquête zu einer Gesetzgebungsenquête können föderale Begrenzungen überwunden werden. Dies ist nicht schlechthin rechtswidrig; die Rechtmäßigkeit richtet sich nach dem Einsetzungsbeschluß, dazu LG Bonn NJW 1987, 790 (791); LG Frankfurt NJW 1987, 787 ff.
[116] *Schneider* (Fn. 52), Art. 44 Rn. 6.
[117] Dazu *H. Ehmke*, Referat, Verh. des 45. DJT 1964, Bd. 2, E 7 (14ff.); *C.-J. v. Heydebeck*, Referat, Verh. des 45. DJT 1964 Bd. 2, E 64 (66f.); *R. Stock*, ZRP 1995, 286ff.
[118] Ein ausnahmebegründender Umstand wurde für den Übergang von der Diktatur zur Demokratie angenommen; so die Bewertung der Rechtmäßigkeit des § 44b AbgG durch BVerfGE 94, 351 (366ff.), wo es um allgemeine Untersuchungsrechte gegenüber Abgeordneten im Rahmen der Parlamentsautonomie ging. Krit. *R. Stock*, ZRP 1995, 286ff. Vgl. jetzt BVerfGE 97, 408 (414f.).

rer Vorgängerin verwerten darf[119], wobei frühere Beweiserhebungen beigezogen und im Wege des Urkundenbeweises verwertet werden können[120]. In dieser Konstellation gelten gerichtliche Entscheidungen bezüglich des Ursprungsausschusses, die erst nach einer Neukonstituierung des Bundestages ergehen, auch in den neuen Rechtsverhältnissen (→ Art. 39 Rn. 21, 23). Rechtsfragen, die unabhängig von der personellen Zusammensetzung des Bundestages mit gleichem Inhalt zu entscheiden sind, tangieren den Diskoniniutätsgrundsatz nicht. Das Ende der Legislaturperiode wirkt sich damit nach hier vertretener Auffassung nicht auf ein anhängiges Organstreitverfahren aus[121].

III. Verfahren

1. Einsetzung (Art. 44 I 1 GG)

34 Wird ein Untersuchungsausschuß auf Antrag der Mehrheit eingesetzt, so spricht man von einer **Mehrheitsenquête**. Das Recht, einen Untersuchungsausschuß herbeizuführen, ist durch Art. 44 I 1 GG aber zugleich als wichtiges **Minderheitenrecht** (→ Rn. 10) ausgeformt worden. Auf den rechtlich zulässigen **Antrag** einer qualifizierten Minderheit[122] von einem Viertel der gesetzlichen Mitgliederzahl i.S.v. Art. 121 GG ist der Bundestag verpflichtet, einen Untersuchungsausschuß einzusetzen. Diesem Verlangen hat der Bundestag unverzüglich nachzukommen, d.h. der Antrag muß auf die Tagesordnung der nächsten Sitzung gesetzt werden[123]. Die Notwendigkeit eines formellen Plenarbeschlusses ist umstritten[124]. Die Praxis bedient sich häufig eines vereinfachten Verfahrens, wonach der Präsident, falls sich kein Widerspruch gegen den gestellten Antrag erhebt, den Einsetzungsbeschluß feststellt[125]. In dieser Vorgehensweise kommt zum Ausdruck, daß die Mehrheit nur einen recht begrenzten Entscheidungsspielraum hat, der sich auf Fragen der Verfassungsmäßigkeit des Antrags beschränkt; einem rechtmäßigen Antrag muß sie zustimmen. Im Interesse eines effektiven Minderheitenschutzes spricht überdies eine **Vermutung** für dessen rechtliche **Zulässigkeit**, anders nur bei offensichtlich verfassungswidrigen Untersuchungsaufträgen[126]. Verweigert die Mehrheit die Einsetzung, so ist dies zu begründen[127]. Ein ursprünglich mit verfassungswidrigem Inhalt beschlossener Untersuchungsauftrag kann

---

[119] *Friedrich*, Untersuchungsausschuß (Fn. 15), S. 110.
[120] *Engels*, Untersuchungsausschüsse (Fn. 100), S. 165.
[121] S. dazu die präzise Problematisierung bei *J. Jekewitz*, DÖV 1976, 657 (659ff.), der aber zu einem anderen Ergebnis kommt. Zum ganzen m.w.N. → Art. 39 Rn. 23.
[122] *Troßmann*, Parlamentsrecht, § 63 a.F. Rn. 6; »absolutes Minderheitenrecht«: *Achterberg/Schulte*, GG VI, Art. 42 Rn. 47. → Art. 42 Rn. 36ff. »Das Recht, Untersuchungsausschüsse einzusetzen, ist weniger das Recht, die Ausschüsse einzusetzen, als (vielmehr) das Recht, durch die eingesetzten Ausschüsse Untersuchungen vorzunehmen.«: *F. Poetzsch-Heffter*, Handkommentar der Reichsverfassung, 3. Aufl. 1928, Art. 34 Rn. 2.
[123] Dazu *Maunz* (Fn. 53), Art. 44 Rn. 37; *Jarass/Pieroth*, Art. 44 Rn. 5; *Magiera* (Fn. 52), Art. 44 Rn. 14.
[124] Ausführlich zur Diskussion HessStGH ESVGH 17, 1ff. m.w.N.; *Engels*, Untersuchungsausschüsse (Fn. 100), S. 53ff.; *ders.*, Die Rechtsprechung zum Recht der parlamentarischen Untersuchungsausschüsse, in: Thaysen/Schüttemeyer, Recht (Fn. 62), S. 205ff. (215f.).
[125] S. etwa BT Plenarprotokoll 12/179, S. 15439 A, B.
[126] BayVerfGH BayVBl. 1977, 597ff.; *R. Scholz*, AöR 105 (1980), 564 (599); *Achterberg/Schulte*, GG VI, Art. 44 Rn. 88f.
[127] *Schröder* (Fn. 64), § 46 Rn. 21; *Magiera* (Fn. 52), Art. 44 Rn. 14; *Jarass/Pieroth*, Art. 44 Rn. 5; a.A. BayVerfGHE 38, 165 (183f.).

zur Fehlerbeseitigung verändert und dem Bundestag erneut zur Beschlußfassung vorgelegt werden[128].

Im **Einsetzungsantrag** muß der **Untersuchungsgegenstand** hinreichend genau beschrieben sein[129]. Bei ungenügender Bestimmtheit kann der Bundestag mit gebotener Begründung den Einsetzungsbeschluß wegen Verfassungswidrigkeit verweigern[130]. Die Mehrheit ist nicht verpflichtet, an der genaueren Bestimmung eines Minderheitsantrages mitzuwirken[131]. 35

Die Mehrheit darf gegen die Einsetzungsminderheit den Untersuchungsgegenstand weder thematisch verengen noch wesentlich erweitern[132]. Letzteres deswegen, weil ein zu breites Untersuchungsfeld die Untersuchung erschwert, zu Verzögerungen führen kann und damit die Wirksamkeit des Untersuchungsausschusses als Kontrollinstrument – die Effektivität politischer Kontrolle ist abhängig von der Aktualität des Themas – in Frage stellen kann[133]. Von diesem Grundsatz der **Themenhoheit** der Antragsminderheit läßt das Bundesverfassungsgericht **Ausnahmen** unter restriktiven Bedingungen zu: so seien Zusatzfragen zulässig, wenn diese offensichtlich erforderlich für ein umfassendes, wirklichkeitsgetreueres Bild des angeblichen Mißstandes sind[134]. Der Untersuchungsgegenstand muß aber im Kern unverändert bleiben. Wegen der Unschärfe dieser Kriterien und der darin liegenden Mißbrauchsgefahr ist dieser Auffassung mit großer Zurückhaltung zu begegnen[135]. Änderungen seitens der Antragssteller sind vor den Beratungen über den Schlußbericht möglich, weil sie auch einen neuen Einsetzungsantrag stellen könnten. 36

Als Unterorgan des Bundestages besteht ein Untersuchungsausschuß nur aus Abgeordneten[136]. Seine **Zusammensetzung** bemißt sich nach dem Stärkeverhältnis der Fraktionen (§ 12 Satz 1 GOBT)[137]. Die Mehrheitsverhältnisse im Plenum werden damit auf den Untersuchungsausschuß abgebildet, so daß sich dort wie bei der Einsetzung im Plenum das Problem des gebotenen Minderheitenschutzes stellt. Fraktionslose Abgeordnete genießen die gleichen parlamentarischen Mitwirkungsrechte[138] (→ Art. 38 Rn. 153); Zusammenschlüsse solcher Abgeordneter gewinnen in dem Umfang Sitze, wie es ihrer Größe unter Anwendung des jeweiligen Wahlverfahrens entspricht[139]. Wegen der großen Bedeutung der Ausschußarbeit generell (→ Art. 38 Rn. 152 a. E.; → Art. 40 Rn. 28 f.) und der besonderen Bedeutung eines Untersuchungsausschusses für die Wahrnehmung der Kontrollfunktion des Bundestages (→ 37

---

[128] BVerfGE 83, 175 (180); dazu *Versteyl* (Fn. 57), Art. 44 Rn. 4, 12.
[129] → Rn. 31.
[130] *Schneider* (Fn. 52), Art. 44 Rn. 12.
[131] Aus der Ablehnung folgt keine Pflicht zur Konkretisierungshilfe, BWStGH ESVGH 27, 1 (5 ff.); BayVerfGHE 38, 165 (183 f.).
[132] BVerfGE 49, 70 (85 ff.; dort Darstellung von Literatur und Rechtsprechung, auch für die Zeit der WRV, 79 ff.); BayVerfGH BayVBl. 1977, 597 ff.
[133] BVerfGE 49, 70 (86).
[134] BVerfGE 49, 70 (87 f.); s.a. § 2 IV IPA-Entwurf (Fn. 63).
[135] Vgl. zu Kritik *W. Hempfer*, ZParl. 10 (1979), 295 (302); *Achterberg/Schulte*, GG VI, Art. 44 Rn. 91.
[136] Anders bei Enquête-Kommissionen nach § 56 GOBT, wo auch Sachverständige Mitglieder sind.
[137] So auch § 5 I des Mustergesetzentwurfs der Konferenz der Präsidenten der deutschen Länderparlamente vom Oktober 1972, ZParl. 3 (1972), 427 ff. Die Zusammensetzung wird seit 1970 berechnet nach Hare/Niemeyer, dazu *H.-P. Schneider*, ZParl. 1 (1970), 44 ff.
[138] BVerfGE 80, 188 (217 f.); 84, 304 (321); 96, 264 (278).
[139] BVerfGE 84, 304 (322 f., 332 f.); s.a. BVerfGE 96, 264 (280).

Art. 38 Rn. 41 ff.) spricht vieles dafür, daß Fraktionen und Abgeordnetenzusammenschlüsse mit Gruppenstatus[140] Anspruch auf ein **Grundmandat** (→ Art. 40 Rn. 29), also auf mindestens ein Mandat in einem Untersuchungsausschuß haben[141]. Das dagegen ins Feld geführte Argument, die Arbeitsfähigkeit des Bundestages verlange in den Ausschüssen die gleichen Mehrheitsverhältnisse wie im Plenum, um die Anschlußfähigkeit der Ausschußergebnisse für die Plenararbeit sicherzustellen[142], spricht nicht zwingend gegen ein Grundmandat, weil in den Fällen, in denen ein solches zu einer Mehrheit der oppositionellen Gruppierungen im Untersuchungsausschuß führte, die Überzahl der Plenarmehrheit auch im Ausschuß durch **Ausgleichsmandate** sichergestellt werden kann. Die darin liegende Beeinträchtigung der Proportionalität wiegt weniger schwer als der gänzliche Ausschluß einer Gruppe aus einem Untersuchungsausschuß, jedenfalls in einem Parlament, dessen politische Fronten nach parteipolitischer Zugehörigkeit bestimmt werden. Die Größe des Gremiums veränderte sich dadurch nicht wesentlich. Aus Gründen der Arbeitsfähigkeit sollte die Zahl der Ausschußmitglieder relativ klein sein[143].

38 Der **Vorsitzende** und sein Stellvertreter werden ebenfalls nach dem Grundsatz des § 12 Satz 1 GOBT bestimmt[144]. Sie gehören in der Parlamentspraxis verschiedenen Fraktionen an, wobei alternierend die Mehrheit und die Opposition die Position des Vorsitzenden besetzen[145]. Die Abwahl des Vorsitzenden ist grundsätzlich möglich[146], rührt aber an den Arbeitskonsens eines Untersuchungsausschusses. Die **Mitglieder** werden von den Fraktionen (§§ 12 S. 1, 57 II GOBT) benannt. Auch die Tatsache, daß ein Untersuchungsausschuß öffentliche Gewalt ausübt, macht eine Wahl durch das Plenum[147] aus Gründen der demokratischen Legitimation nicht erforderlich[148]. Der **Rückruf** eines Abgeordneten gegen dessen Willen ist wegen der tragenden Rolle der Fraktionen zulässig, erst recht beim Ausscheiden aus der Fraktion[149]. Von der Mitwirkung **ausgeschlossen** sind zur Vermeidung von Interessenkollisionen und im Interesse einer objektiven Aufklärung Abgeordnete, die am zu untersuchenden Sachverhalt beteiligt waren[150]. Stellt sich eine solche Verwicklung erst im Laufe der Ausschußarbeit heraus, so haben diese Abgeordneten auszuscheiden[151].

---

[140] Dazu § 10 IV GOBT.
[141] Anders aber BVerfGE 96, 264 (281f.).
[142] BVerfGE 80, 188 (221f.); 84, 304 (323); 96, 264 (283).
[143] In der Praxis hat sie sich bei 11 Mitgliedern eingependelt: *Engels*, Untersuchungsausschüsse (Fn. 100), S. 63.
[144] S. §§ 58, 6 II 2, 12 S. GOBT. Zu Beginn der konstituierenden Sitzung führt der Bundestagspräsident oder einer seiner Stellvertreter den Vorsitz und leitet die förmliche – weil einvernehmlich im Ältestenrat nach dem von Saint Lague/Schepers entwickelten Proporzverfahren abgesprochene – Wahl des Ausschußvorsitzenden; dazu *Engels*, Untersuchungsausschüsse (Fn. 100), S. 63ff. Beachte dazu BVerfGE 96, 264 (282f.), wonach es in der Geschäftsordnungsautonomie des Parlaments liegt, das Proportionalverfahren zu wählen.
[145] S. dazu § 3 IPA-Entwurf (Fn. 63); *Engels*, Untersuchungsausschüsse (Fn. 100), S. 66.
[146] Dazu m.w.N. *Achterberg/Schulte*, GG VI, Art. 44 Rn. 96.
[147] So die Rechtslage in Nordrhein-Westfalen, § 4 I 1 Gesetz über Untersuchungsausschüsse.
[148] BVerfGE 77, 1 (40ff.); kritisch dazu *Achterberg/Schulte*, GG VI, Art. 44 Rn. 99, Fn. 244.
[149] S. für Ausschüsse allgemein BVerfGE 80, 188 (223f.); *M. Morlok*, JZ 1989, 1035 (1042). Zum Ganzen → Art. 38 Rn. 175.
[150] *Rechenberg* (Fn. 15), Art. 44 Rn. 19; *Schneider* (Fn. 52), Art. 44 Rn. 13; *Magiera* (Fn. 52), Art. 44 Rn. 16.
[151] § 5 IPA-Entwurf (Fn. 63) legt das Verfahren des Ausscheidens fest, wonach letztlich der Aus-

2. Untersuchungsverfahren (Art. 44 I 2, II, III GG)

a) Grundlagen

39 Mangels eines Ausführungsgesetzes muß sich die Durchführung eines parlamentarischen Untersuchungsverfahrens unmittelbar an den Verfassungsbestimmungen, am Einsetzungsbeschluß und ggf. an den dadurch adoptierten IPA-Regeln orientieren. Dieser Rahmen läßt Raum für die Entfaltung der **Verfahrensautonomie** des Ausschusses. Bei der Klärung von Zweifelsfragen kommen die drei Leitprinzipien (→ Rn. 9) zur Geltung: Das Untersuchungsverfahren hat sicherzustellen, daß das Recht auf **Selbstinformation** des Bundestages realisiert wird, es muß dem Charakter als **Minderheitenrecht** gerecht werden und zielt auf Information der **Öffentlichkeit**.

40 Der Grundsatz der **Unmittelbarkeit** der Beweiserhebung sichert das Recht auf **Selbstinformation** (→ Rn. 11) und verhindert, daß die Beweismittel dem Parlament durch eine andere Gewalt vermittelt werden. Nicht ausgeschlossen wird dadurch, daß ein Untersuchungsausschuß arbeitsteilig vorgeht, etwa einen Unterausschuß mit bestimmten Beweisaufnahmen beauftragt oder Teile der Beweisaufnahme durch Gerichte und Behörden im Wege der Rechts- und Amtshilfe durchführen läßt[152]. Die **Rechtsgrundlage** für die Erhebung der Beweise liegt in **Art. 44 I 1 GG**[153], nicht erst in Art. 44 II 1 oder gar im Hinblick auf die Aktenvorlage in Art. 44 III GG. Die Ausübung der Befugnis aus Art. 44 I 1 GG wird dabei modifiziert durch die sinngemäße Anwendung der strafprozessualen Vorschriften nach **Art. 44 II 1 GG**. Diese Norm hat Doppelcharakter: Einerseits geben die Bestimmungen der StPO einem Untersuchungsausschuß Zwangsmittel zur Beschaffung von Beweismitteln an die Hand, andererseits stellen sie den Informationsverschaffungsanspruch unter rechtsstaatliche Kautelen, insbesondere alle Zwangsmaßnahmen unter Richtervorbehalt[154]. Der Untersuchungsausschuß erhebt die nach seinem Dafürhalten notwendigen Beweise und betreibt das Untersuchungsprogramm von Amts wegen. Die Arbeit eines Untersuchungsausschusses wird unterstützt durch die in Art. 44 III GG statuierte Pflicht zur **Rechts- und Amtshilfe** (→ Rn. 51).

b) Grundsatz der öffentlichen Verhandlung (Art. 44 I 2 GG)

41 Das allgemeine Öffentlichkeitsgebot des Art. 42 II GG (→ Art. 42 Rn. 20f.) gilt auch für einen Untersuchungsausschuß. Es ist wesentlich für die – politische – Wirksamkeit seiner Arbeit (→ Rn. 12). Allerdings kann auch hier die Öffentlichkeit ausgeschlossen werden; dafür genügt im Unterschied zu Art. 42 I 1 GG die einfache Mehrheit[155]. Da-

---

schuß selbst mit 2/3-Mehrheit entscheidet. § 58 I StPO stellt einen verfassungsrechtlich tragfähigen Grund für eine Abweichung vom Grundsatz der Fraktionsgleichheit dar, wonach ein Ausschußmitglied, das auch als Zeuge vernommen werden soll, zeitweilig von der Mitarbeit ausgeschlossen werden kann: BVerfGE 93, 195 (205ff.).

[152] *Schneider* (Fn. 52), Art. 44 Rn. 15; *Maunz* (Fn. 53), Art. 44 Rn. 47; s.a. *Anschütz*, WRV, Art. 34 Anm. 8 (S. 221f.). → Art. 35 Rn. 13.
[153] BVerfGE 67, 100 (128f., 133); 76, 363 (387); *A. Hake*, AöR 113 (1988), 424 (425f.); *Jarass/Pieroth*, GG, Art. 44 Rn. 7.
[154] Vgl. zu diesem Aspekt BVerfGE 77, 1 (51).
[155] Zur Erleichterung des Ausschlusses der Öffentlichkeit in der geschichtlichen Entwicklung s. BVerfGE 67, 100 (136f.); *Achterberg/Schulte*, GG VI, Art. 44 Rn. 108; tatsächlich wird über die Anwendung von § 8 III IPA-Entwurf eine 2/3-Mehrheit praktiziert, wohl auch aus Gründen des Minderheitenschutzes.

neben sind die strafprozessualen Vorschriften und damit auch die §§ 171a, b, 172 GVG wegen der Verschiedenheit der Intentionen eines Strafverfahrens und eines parlamentarischen Untersuchungsverfahrens nicht unmittelbar anwendbar[156], wenngleich das Abwägungsprogramm darin zutreffend umschrieben wird. Der Ausschuß ist »**Herr über die Öffentlichkeit seiner Verhandlungen**«[157]. Ein Ausschluß der Öffentlichkeit kommt vor allem in Betracht zum Schutz grundrechtlich gewährleisteter Privatinteressen (→ Rn. 28 ff., 50) und zur Wahrung öffentlicher Geheimhaltungsinteressen. Die darüber hinausgehende Anwendung der Geheimschutzvorschriften[158] soll der Bundesregierung ermöglichen, geheimes Material an den Untersuchungsausschuß zu übermitteln, ohne ihrerseits die Pflicht zur Geheimhaltung zu verletzen[159]. Der Schutz staatlicher Geheimnisse ist grundsätzlich kein Grund, einem Untersuchungsausschuß Unterlagen vorzuenthalten: Geheimschutz ist nicht gegen das, sondern mit dem Parlament zu realisieren[160]. Der Öffentlichkeitsausschluß und Geheimschutzmaßnahmen können also sonst bestehende Hindernisse für den Zugriff auf Informationen durch einen Untersuchungsausschuß aus dem Weg räumen[161].

42 Der Ausschluß der Öffentlichkeit betrifft – entsprechend der Reichweite der parlamentarischen Öffentlichkeit (→ Art. 42 Rn. 30) – alle Personen, die kein eigenes Teilnahmerecht haben; ein solches steht neben den Mitgliedern des Untersuchungsausschusses nach Maßgabe von § 69 II GOBT auch den anderen Mitgliedern des Bundestages und den **Zutrittsberechtigten** nach **Art. 43 II GG** (→ Art. 43 Rn. 18) zu. Bei Mißstandsenquêten ist das Zutrittsrecht für von der Untersuchung Betroffene und ihre Beauftragten einzuschränken[162], andernfalls kontrollieren die Kontrollierten die Kontrolleure[163]. Die Rechtfertigung für diese Einschränkung von Art. 43 II GG ist konstruktiv über den Gedanken der praktischen Konkordanz[164] zu erreichen: Die Zutrittsberechtigung darf nicht die Funktionsfähigkeit eines Untersuchungsausschusses beeinträchtigen. Verfassungspolitisch vorzugswürdig ist die ausdrückliche Nichtanwendbarkeit des Zutrittsrechts für Untersuchungsausschüsse[165]. Eine weitere Be-

---

[156] So *J. Linck*, ZRP 1987, 11 (15 f.); *Achterberg/Schulte*, GG VI, Art. 44 Rn. 109 f.; anders die h. M.: *Rechenberg* (Fn. 15), Art. 44 Rn. 22; *Maunz* (Fn. 53), Art. 44 Rn. 49; *Magiera* (Fn. 52), Art. 44 Rn. 19; *R. Scholz*, AöR 105 (1980), 564 (588 f.).
[157] BVerfGE 67, 100 (137).
[158] S. die Geheimschutzordnung des Deutschen Bundestages vom 26. 04. 1975, BGBl. I S. 992, Anlage 3 zur GOBT.
[159] BVerfGE 67, 100 (137).
[160] *J. Linck*, ZRP 1987, 11 (16 ff.); *M. Schröder*, Aktuelle Fragen des Geheimnisschutzes bei der Heranziehung von Akten in parlamentarischen Untersuchungsverfahren, in: Gesellschaft für Rechtspolitik-FG, 1984, S. 401 ff.; *H. Dreier*, JZ 1990, 310 (319 f.); *Rösch*, Geheimhaltung (Fn. 92), S. 122.
[161] Das Ermessen bleibt mit der Bestimmung des Geheimhaltungsgrades jedoch beim Ausschuß (§ 7 II GOBT); so auch *K. Stern*, AöR 109 (1984), 199 (293 f.).
[162] Immer noch instruktiv *R. Pietzner*, JR 1969, 43 ff.; s. a. *M. Schröder*, in: BK, Art. 43 (Zweitb. 1978), Rn. 73 ff.; *Achterberg/Schulte*, GG VI, Art. 43 Rn. 44 ff., Art. 44 Rn. 113; *H.-P. Schneider*, in: AK-GG, Art. 43 Rn. 12; *S. Magiera*, in: Sachs, GG, Art. 43 Rn. 10; → Art. 43 Rn. 20; a. A. *Maunz* (Fn. 53), Art. 44 Rn. 46; *Rechenberg* (Fn. 15), Art. 44 Rn. 21. Vgl. auch § 9 IPA-Entwurf (Fn. 63).
[163] *Schröder* (Fn. 162), Art. 43 Rn. 73 ff.; *Achterberg/Schulte*, GG VI, Art. 44 Rn. 113.
[164] *Hesse*, Verfassungsrecht, Rn. 72; → Art. 2 II Rn. 35.
[165] So etwa in Art. 45 III Verfassung Nordrhein-Westfalen, ebenso Art. 23 I 2 Verfassung Hamburg; Art. 23 III Verfassung Niedersachsen; Art. 52 III Verfassung Sachsen-Anhalt; Art. 49 III Verfassung Sachsen; Art. 66 II 3 Verfassung Thüringen.

schränkung auf einen Repräsentanten der Zutrittsberechtigten ist aus Gründen des Geheimschutzes hinzunehmen[166].

c) Beweiserhebung (Art. 44 II GG)

Mit der Beweiserhebung durch den Untersuchungsausschuß verwirklicht das Parlament sein Recht auf Selbstinformation (→ Rn. 11). Die selbstbestimmte Beweiserhebung gehört zum Kern des parlamentarischen Untersuchungsrechts und ist unmittelbar in Art. 44 I GG enthalten (→ Rn. 40)[167]. »Beweiserhebung« bezeichnet den Vorgang der Verschaffung der Informationsgrundlagen für die Aufklärungsarbeit des Ausschusses. Er wird durch **Beweisbeschlüsse** des Untersuchungsausschusses gesteuert. Diese werden zwar mit Mehrheit getroffen, doch muß bei einer Minderheitenenquête effektive Aufklärungsarbeit auch gegen den Widerstand der Mehrheit möglich sein. Deswegen kommt der Vertretung der Einsetzungsminderheit im Untersuchungsausschuß auch ein Beweisantragsrecht zu[168], dem die Mehrheit stattgeben muß, sofern der Beweisantrag rechtmäßig ist[169]. Über die »Erforderlichkeit«[170] befindet der Ausschuß bzw. die berechtigte Minderheit im Ausschuß.

43

Die **sinngemäße Anwendung** der **Vorschriften** über den **Strafprozeß**[171] in Art. 44 II GG bezieht sich nur auf die Modalitäten der Beweiserhebung, d.h. den Prozeß der Beweisverschaffung und Beweissicherung[172] (→ Rn. 40). Zweck dieser Verweisung ist, das Beweisverschaffungsrecht mit Zwangsmitteln zu bewehren[173], zugleich aber auch, Betroffene zu schützen (→ Rn. 45). Die Heranziehung des Strafprozeßrechts erfolgt nur insofern, als dies mit dem vom Strafverfahren deutlich unterschiedenen Zweck eines Untersuchungsausschusses vereinbar ist. Dort geht es um die staatliche Verhängung von Strafen, hier um die Aufklärung von Sachverhalten im Interesse politischer Handlungsmöglichkeiten und vor allem der öffentlichen Konstituierung politischer Verantwortlichkeit[174]. Die für eine effektive parlamentarische Kontrolle[175] ggf. not-

44

---

[166] BVerfGE 74, 7 (8f.); dazu Stellungnahme des Bundesrates v. 19.12.1986, BR-Drs. 597/86.
[167] S. nur für die Aktenvorlage *Partsch*, Funktion (Fn.59), S.126f.; *Schneider* (Fn.52), Art.44 Rn.16a; *J. Vetter*, DÖV 1986, 590 (597).
[168] *W. Gollwitzer*, Die sinngemäße Anwendung der StPO bei der Beweiserhebung parlamentarischer Untersuchungsausschüsse, in: FS Dünnebier, 1982, S.327ff. (345); *Schleich*, Untersuchungsrecht (Fn.54), S.85; *Magiera* (Fn.52), Art.44 Rn.21; *Schneider* (Fn.52), Art.44 Rn.5.; *Jarass/Pieroth*, GG, Art.44 Rn.7; grundsätzlich auch BVerfGE 49, 70 (86f.). § 12 II IPA-Regeln (Fn.63) verleiht den Initiatoren oder einem Viertel der Mitglieder ein Beweisantragsrecht. Für die Gesetze der Länder z.B. § 13 II Gesetz über Untersuchungsausschüsse Nordrhein-Westfalen.
[169] *Schneider* (Fn.52), Art.44 Rn.5; Jarass/Pieroth, GG, Art.44 Rn.7; Achterberg/Schulte, GG VI, Art.44 Rn.166f. mit einer »Vermutung zugunsten der Erforderlichkeit eines Minderheitsantrages«; *Magiera* (Fn.52), Art.44 Rn.21.
[170] *Versteyl* (Fn.57), Art.44 Rn.27.
[171] Insgesamt dazu *C. Schachtel*, Die sinngemäße Anwendung der Strafprozeßordnung auf das Verfahren der Untersuchungsausschüsse, Diss. jur. Heidelberg 1927; *Gollwitzer*, Anwendung (Fn.168), S.327ff.
[172] Zur Frage der Weite des Begriffsverständnisses *E. Kaufmann*, Untersuchungsausschuß und Staatsgerichtshof, 1920, S.29; *Heck*, Untersuchungsrecht (Fn.9), S.54; *Schleich*, Untersuchungsrecht (Fn.54), S.21; *Maunz* (Fn.53), Art.44 Rn.49.
[173] BVerfGE 77, 1 (48).
[174] Zur Diskussion um die Bedeutung der Verweisung *E.-W. Böckenförde*, AöR 103 (1978), 1 (37); *Achterberg/Schulte*, GG VI, Art.44 Rn.118ff., jeweils m.w.N.
[175] BVerfGE 67, 100 (130).

wendige Beibringung der erforderlichen Beweise durch den **Einsatz sämtlicher Zwangsmittel** ist nach beantragter richterlicher Entscheidung[176] zulässig[177].

45 **Die Stellung des Betroffenen** ist gemäß der Intention des Verfahrens – als sanktionslose Sachverhaltsaufklärung – nicht gesondert geregelt[178]. Die Annahme einer öffentlich-rechtlichen Auskunftspflicht sui generis[179] vermeidet eine frühzeitige Diskriminierung[180], behindert die Untersuchung nicht durch Aussageverweigerungen der wichtigsten Informationsträger[181] und eine daran anschließende gerichtliche Auseinandersetzung um die Unterscheidung zwischen Zeugen und Betroffenen[182]. Andererseits ist nicht zu verkennen, daß Personen, denen die Aufmerksamkeit einer Skandalenquête gilt, sich in einer einem Beschuldigten ähnlichen Zwangslage[183] befinden und die öffentliche Aufmerksamkeit für die Kritik an ihrem Verhalten schwerwiegende Auswirkungen hat[184]. Für Betroffene gelten jedenfalls unmittelbar dem Rechtsstaatsprinzip zu entnehmende prozedurale Mindestgarantien, die zum Teil im Strafprozeßrecht positiviert sind. Dazu zählen ein Aussageverweigerungsrecht entsprechend § 55 StPO[185], die Vereidigungsfreiheit entsprechend § 60 Nr. 2 StPO und die Gelegenheit zur Äußerung über den entscheidungserheblichen Sachverhalt[186]. Die Beachtlichkeit der Grundrechte der Beteiligten bleibt unberührt (→ Rn. 28 ff.).

46 Alle natürlichen und juristischen Personen unterliegen der durch die grundrechtli-

---

[176] Zwangsmaßnahmen stehen wegen ihrer Grundrechtsrelevanz unter Richtervorbehalt, vgl. StGH Bremen DÖV 1970, 386 ff.; *M. Hilf*, NVwZ 1987, 537 (544); *C. Lässig*, DÖV 1976, 727 (728 f.); *Gollwitzer*, Anwendung (Fn. 168), S. 340; a. A. *G. Dickersbach*, in: G. Geller/K. Kleinrahm (Hrsg.), Die Verfassung des Landes Nordrhein-Westfalen, Art. 41 (1982) Anm. 11 c) bb); Überblick bei *Di Fabio*, Rechtsschutz (Fn. 52), S. 117 ff. Bei der Beugehaft s. Art. 104 II GG.

[177] Zur Beugehaft BVerfGE 76, 363 (383 ff.); LG Bonn NJW 1987, 790 ff.; AG Bonn, Beschl. v. 19. 10. 1986 – 50 Gs 1150/86; zum Ordnungsgeld VG Hamburg NJW 1987, 1568 ff.; zur zwangsweisen Vorführung OVG Lüneburg DÖV 1986, 210 ff. Diese Zwangsmittel sind nicht auf Behörden und juristische Personen des öffentlichen Rechts anwendbar, s. a. *A. Hake*, AöR 113 (1988), 424 (449).

[178] Vgl. aber § 18 I Nr. 4, II, III IPA-Entwurf (Fn. 63). Anders in Großbritannien, »wo das Parlament ursprünglich selbst ein Gerichtshof war«, so *Kaufmann*, Untersuchungsausschuß (Fn. 172), S. 61. Dennoch liegt hier ein eigenständiger Schwerpunkt jüngerer Debatten, s. *Richter*, Privatpersonen (Fn. 79); *B. K. Buchholz*, Der Betroffene im parlamentarischen Untersuchungsausschuß, 1990, S. 59 ff.; *U. Müller-Boysen*, Die Rechtsstellung des Betroffenen vor dem parlamentarischen Untersuchungsausschuß, 1990; *Köhler*, Umfang (Fn. 69), S. 113 ff.

[179] *J. Jekewitz*, Diskussionsbeitrag, Verhandlungen des 57. DJT, Bd. 2, Teil M, 1988, S. 180; *H.-P. Schneider*, Referat, in: 57. DJT, Bd. 2, M 54 ff. (84).

[180] *M. Langner*, Podiumsbeitrag, in: Thaysen/Schüttemeyer, Recht (Fn. 62), S. 55 ff. (58).

[181] *Schröder*, Neuordnung (Fn. 83), E 48 f.; *C. Arndt*, Diskussionsbeitrag, in: Verhandlungen des 57. DJT, Bd. 2, Teil M, 1988, S. 183.

[182] Eine Analyse anhand der Gesetze und Gesetzesentwürfe bei *Schröder*, Neuordnung (Fn. 83), E 49 ff.; *W. Zeh*, DÖV 1988, 701 (705).

[183] *W. Gollwitzer*, BayVBl. 1982, 417 (418); *Müller-Boysen*, Rechtsstellung (Fn. 178), S. 154.

[184] *W. Damkowski*, Der aktuelle Regelungsbedarf im Recht der parlamentarischen Untersuchungsausschüsse, in: Thaysen/Schüttemeyer, Untersuchungsausschüsse (Fn. 62), S. 138 ff. (146).

[185] Berechtigte in diesem Sinne sind Personen, die im Verdacht der Beteiligung an einer Straftat stehen, deren Aufklärung zum Gegenstand der Untersuchung zu rechnen ist, so BGH NJW 1960, 1960 (1962); *Schleich*, Untersuchungsrecht (Fn. 54), S. 53; *Müller-Boysen*, Rechtsstellung (Fn. 178), S. 117; *Di Fabio*, Rechtsschutz (Fn. 52), S. 48 f.

[186] OVG NW NVwZ 1987, 606 (607); *Di Fabio*, Rechtsschutz (Fn. 52), S. 63 ff.; *W. Gollwitzer*, BayVBl. 1982, 417 (423); *I. Beckedorf*, ZParl. 20 (1989), 35 (42 f.); *Müller-Boysen*, Rechtsstellung (Fn. 178), S. 63 ff., der zusätzlich für ein Beweisantragsrecht des Betroffenen plädiert (S. 85), was freilich nicht mit der Autonomie des Ausschusses vereinbar ist.

chen und strafprozeßrechtlichen Verweigerungsrechte[187] begrenzten **Zeugnis- und Auskunftspflicht**. Eine Aussagegenehmigung für Richter und Beamte nach § 54 StPO, § 62 BBG und § 7 I BMinG muß erteilt werden[188], weil der Schutzzweck der Genehmigungspflichtigkeit von Verfassungs wegen nicht gegen die parlamentarische Kontrolle zielen darf und jedenfalls durch Geheimschutzmaßnahmen ebenfalls erreicht werden kann.

Sächlichen Beweismitteln[189], **insbesondere Akten**, kommt gegenüber dem Zeugenbeweis ein erhöhter Beweiswert zu: »weil das Gedächtnis von Zeugen aus mancherlei Gründen unergiebig werden kann«[190]. Der Anspruch auf Aktenvorlage gegen die Exekutive, der in Art. 44 I GG enthalten ist[191] (→ Rn. 40), ist nicht durch die Annahme eines exekutivischen Arkanbereiches zu verkürzen (→ Rn. 26). Den Notwendigkeiten eines im Einzelfall bestehenden Schutzes von Staatsgeheimnissen kann durch Vorkehrungen für den **Geheimnisschutz** genügt werden[192]. Besteht Streit zwischen der Exekutive und dem Untersuchungsausschuß oder dessen Minderheit darüber, ob ein Sachverhalt des Geheimschutzes bedarf, so kann im verfassungsgerichtlich gebilligten[193] **Vorsitzendenverfahren**[194] darüber befunden werden. Hiernach prüfen Vorsitzender und Stellvertreter, die unterschiedlichen politischen Lagern angehören, die Stichhaltigkeit der vorgetragenen Zurückhaltungsgründe. Vermag die Regierung die beiden Vorsitzenden nicht von der Entbehrlichkeit der angeforderten Akten oder dem reklamierten Geheimhaltungsgrad zu überzeugen, so sind die angeforderten Akten herauszugeben. Das Vorsitzendenverfahren ist kein Mittel, um dem Untersuchungsausschuß Akten zu verweigern. Nur die Mitwirkung des Untersuchungsausschusses, hier auch gerade der Einsetzungsminderheit, wird dem Selbstinformationsrecht des Parlaments und dem Charakter als Kontrollinstrument der Minderheit gerecht. Aus beiden Gründen muß allgemein bei Maßnahmen zur Beschränkung des Informationszugriffs des Untersuchungsausschusses sowohl der Ausschuß als dort auch ein Repräsentant der Einsetzungsminderheit mitwirken. Der Geheimschutz ist nicht allein der Exekutive

---

[187] §§ 52 ff. StPO (Zeugnisverweigerungsrecht der Angehörigen, der Berufsgeheimnisträger und der Berufshelfer); § 55 StPO (Selbstbezichtigung); § 68 StPO (Gefährdung des Zeugen oder Dritter); nicht einschlägig sind § 384 ZPO, §§ 93, 404 AktG und § 85 GmbHG; dazu insgesamt BVerfGE 76, 363 (387).

[188] Das allgemeine Dienstgeheimnis gilt schon für Mitteilungen im dienstlichen Verkehr nicht und kann nicht das mit Verfassungsrang ausgestattete Untersuchungsrecht begrenzen, so *A. Hake*, AöR 113 (1988), 424 (431 f.). Für ein enges Verständnis der §§ 54, 96 StPO und zu ihrem Verhältnis zueinander: *U. Keßler*, AöR 88 (1963), 313 (317 ff.); ähnlich *D. Dreher*, Beamte und Regierungsmitglieder vor Untersuchungsausschüssen, in: U. Bachmann/H.-P. Schneider (Hrsg.), Zwischen Aufklärung und politischem Kampf, 1988, S. 97 ff. (100 ff.); zu restriktiv gegenüber dem Recht auf Selbstinformation *R. Scholz*, AöR 105 (1980), 564 (612 f.): Die Fürsorgepflicht des Dienstherrn gestatte nicht ein Auskunftsverlangen des Ausschusses gegenüber unteren Behörden. Die kompetenzgerechte Kontrolle durch die jeweils oberste Dienstbehörde bleibe vorgeschaltet.

[189] Eine entstehungsgeschichtliche Analyse der Aktenvorlage bei *A. Olschewski*, Verweigerung der Herausgabe von Akten an parlamentarische Untersuchungsausschüsse aus Gründen des Staatswohls, in: Bachmann/Schneider, Aufklärung (Fn. 188), S. 67 ff.

[190] BVerfGE 67, 100 (132); 77, 1 (48).

[191] Für eine Ableitung aus Art. 44 III GG: *W. Löwer*, DVBl. 1984, 757 (759 ff.); *K. Stern*, AöR 109 (1984), 199 (243); OLG Köln NJW 1985, 336 (336). → Rn. 40.

[192] BVerfGE 67, 100 (138); *U. Keßler*, AöR 88 (1963), 313 (324 f.); *H. Fenk*, ZBR 1971, 41 (51 f.); *H. Ehmke*, DÖV 1956, 417 (420).

[193] BVerfGE 67, 100 (138 f.).

[194] Krit. dazu *M. Schröder*, ZParl. 15 (1984), 473 (478); *W. Löwer*, Jura 1985, 358 (365).

Art. 44

anzuvertrauen[195]. Gleiches wie zu § 54 StPO gilt für **§ 96 StPO**. Die Gesichtspunkte des öffentlichen Interesses, die hinter dieser Norm stehen, sind im Einzelfall anzuerkennen, ihnen ist aber durch Maßnahmen des Geheimschutzes zu entsprechen[196].

48 **Gerichtsakten**, die gerichtliche Verfahren beinhalten, sind im Wege der Amtshilfe nach Art. 44 III GG beizuziehen[197].

49 Zur wirksamen Wahrnehmung der Rechte bezüglich der sächlichen Beweismittel stehen ebenfalls geeignete Zwangsmittel zur Verfügung, die beim zuständigen Amtsgericht zu beantragen sind[198]. Anders als bisher praktiziert[199], hat der die **Beschlagnahme** oder eine **Durchsuchung** anordnende Richter nicht die Verfassungsmäßigkeit der Enquête und die konkrete Beweiserheblichkeit der Schriftstücke zu prüfen, sondern ist wegen Art. 44 IV 1 GG auf die Prüfung von unmittelbar durch die zwangsweise Beweiserhebung erfolgenden Grundrechtsverletzungen beschränkt (→ Rn. 28 ff., 50). Bei Gefahr im Verzuge kann der Ausschuß selbst – vorläufig – entsprechend §§ 98, 105 StPO die Beschlagnahme oder eine Untersuchung anordnen[200].

50 Bei den Zwangsmaßnahmen der Beweiserhebung sind **Grundrechte der Bürger** zu achten, insbesondere die Verhältnismäßigkeit der Eingriffe zu wahren. Die Schutzwürdigkeit des **Steuergeheimnisses**[201] richtet sich, soweit es grundrechtlich definiert wird (Art. 2 I i.V.m. Art. 1 I GG), nach den Vorgaben für die Beeinträchtigung von Grundrechten (→ Rn. 28 ff.). Die Verhältnismäßigkeit wird ggf. durch Geheimschutz gewahrt (→ Rn. 41)[202]. Das **zwingende öffentliche Interesse** in § 30 IV Nr. 5 c AO ist in diesem Sinne auszulegen[203]. **Art. 44 II 2 GG** verbietet dem Ausschuß jeglichen Eingriff in das Brief-, Post- und Fernmeldegeheimnis[204]. Die Verfassung gewichtet dieses Grundrecht höher als das Untersuchungsinteresse des Parlaments. Daraus folgt die Nichtanwendbarkeit der §§ 99 ff. StPO[205].

---

[195] Vgl. zur notwendigen Beteiligung beider Gewalten *Rösch*, Geheimhaltung (Fn. 92), S. 245 ff.
[196] Ebenso *Schneider* (Fn. 52), Art. 44 Rn. 16a; a.A. *M. Schröder*, ZParl. 15 (1984), 473 (478). Formal – aber nicht unbedingt inhaltlich – zieht BVerfGE 67, 100 (139 f.) § 96 StPO heran.
[197] *Achterberg/Schulte*, GG VI, Art. 44 Rn. 154.
[198] Der Verweis auf die StPO umfaßt auch Maßnahmen, die der Vorbereitung der Beweiserhebung dienen, also auch §§ 94 ff., 103 StPO. Bestätigt durch BVerfGE 77, 1 (39 f.); BVerfG (Vorprüfungsausschuß) NJW 1984, 2276 (2277); StGH Bremen DÖV 1970, 386; so auch *Friedrich*, Untersuchungsausschuß (Fn. 15), S. 172 ff.; *Di Fabio*, Rechtsschutz (Fn. 52), S. 49 ff., 59; schon früher *J. Hatschek*, Deutsches und preußisches Staatsrecht, Bd. 1, 1922, S. 614 f.; *Lammers*, Untersuchungsausschüsse (Fn. 8), S. 471 f. m.w.N. Zur ablehnenden Diskussion seit der Weimarer Republik: *Anschütz*, WRV, Art. 34 Anm. 8b; *W. Rosenberg*, Gutachten über die Frage der Abänderung der Bestimmungen über parlamentarische Untersuchungsausschüsse, Verh. des 34. DJT (1926) Bd. 1, S. 3 ff. (19); noch vertreten von *Rechenberg* (Fn. 15), Art. 44 Rn. 29; *Maunz* (Fn. 53), Art. 44 Rn. 59; *N. Pfander*, NJW 1970, 314 ff.
[199] BVerfGE 77, 1 (39); LG Bonn NJW 1989, 1101 ff.; a.A. LG Frankfurt NJW 1987, 787 (789); einschränkender *Di Fabio*, Rechtsschutz (Fn. 52), S. 140 f. Auch bei Gefahr im Verzug besteht dieses Verfahrenserfordernis.
[200] *W. Damkowski*, ZRP 1988, 340 (342); s.a. dazu BVerfGE 77, 1 (52); *Magiera* (Fn. 52), Art. 44 Rn. 24. Offengelassen bei *Schröder* (Fn. 64), § 46 Rn. 40.
[201] Dazu BVerfGE 67, 100 (142); *Schleich*, Untersuchungsrecht (Fn. 54), S. 3 m.w.N.; *E. Benda*, DStZ 1984, 159 (163); ders., DStR 1984, 351 (354); *A. Hake*, AöR 113 (1988), 424 ff.
[202] FG München NVwZ 1994, 100 (104).
[203] Vgl. *R. Scholz*, AöR 105 (1980), 565 (568 ff.); *K. Stern*, AöR 109 (1984), 199 (260 ff.).
[204] *Achterberg/Schulte*, GG VI, Art. 44 Rn. 177; *Rechenberg* (Fn. 15), Art. 44 Rn. 28; *Versteyl* (Fn. 57), Art. 44 Rn. 34; *Jarass/Pieroth*, GG, Art. 44 Rn. 7. → Art. 10 Rn. 41.
[205] Anders eine Gegenmeinung, die in Art. 44 II 2 GG lediglich eine deklaratorische Wiederholung von Art. 10 GG einschließlich dessen Gesetzgebungsvorbehaltes sieht, so *R. Scholz*, AöR 105 (1980), 565 (607); *Schneider* (Fn. 52), Art. 44 Rn. 15.

d) Rechts- und Amtshilfe (Art. 44 III GG)

Die Zuordnung des Aktenvorlagerechts zum Beweiserhebungsrecht gemäß Art. 44 I 1 GG (→ Rn. 40) reduziert die Bedeutung der Amtshilfe auf die Kooperation mit der gleichzeitig ermittelnden Staatsanwaltschaft und anderen Untersuchungsausschüssen oder Behörden, die nicht unmittelbar von der Untersuchung des Ausschusses betroffen werden[206]. Eine entsprechende Anwendung der §§ 4ff. VwVfG ist hilfreich[207]. Die Versagungstatbestände des § 5 II VwVfG bilden aber keine eigenständige Grenze für die Befugnisse eines Untersuchungsausschusses[208]. Nicht das Recht der Amtshilfe und dort angesiedelte Gemeinwohlklauseln sind einschlägig, sondern die Grenzen des parlamentarischen Untersuchungsrechts selbst (→ Rn. 21 ff.; → Art. 35 Rn. 13, 20). Des weiteren ist die Vernehmung von Zeugen und Sachverständigen im Wege der Rechts- und Amtshilfe zulässig[209].

3. Abschluß

Die Arbeit eines Untersuchungsausschusses endet mit seiner Auflösung durch Bundestagsbeschluß[210], mit Ablauf der Wahlperiode (→ Rn. 33) oder durch die Erreichung des Verfahrenszieles. Bei letzterem wird der Bundestag in einem Bericht über die Aufklärung und Bewertung der im Untersuchungsauftrag bezeichneten Tatsachenkomplexe unterrichtet. Die Schließung der Beweisaufnahme bei einer Minderheitsenquete darf nicht gegen den Willen der Viertelminderheit erfolgen, da sonst die Effektivität als Minderheiteninstrument gefährdet wäre[211].

Bei der Erstellung des **Abschlußberichts** kollidieren oft die Ansichten und Interessen von Minderheit und Mehrheit hinsichtlich der Bewertung der Beweisergebnisse und der auszusprechenden Empfehlung. Der Abschlußbericht der Mehrheit kann durch **Sondervoten** jedes Ausschußmitgliedes, die Bestandteil des Berichtes sind, ergänzt werden[212]. Der vorgelegte Bericht wird im Plenum beraten, worauf der Bundestag regelmäßig der Empfehlung folgt, den Bericht zur Kenntnis zu nehmen.

IV. Rechtsschutz und Verhältnis zur Gerichtsbarkeit (Art. 44 IV GG)

Art. 44 IV GG entzieht die Beschlüsse der Untersuchungsausschüsse der richterlichen Erörterung. Dies ist eine **Ausnahme** von der Rechtsschutzgarantie des **Art. 19 IV GG**.

---

[206] *B. Berthy*, Informationsbeschaffung und -weitergabe durch Untersuchungsausschüsse, in: Damkowski, Untersuchungsausschuß (Fn. 95), S. 32ff. (40).
[207] *Achterberg/Schulte*, GG VI, Art. 44 Rn. 186f.; *W. Damkowski*, Verbesserungsvorschläge, in: ders., Untersuchungsausschuß (Fn. 95), S. 149ff. (155).
[208] Anders *Achterberg/Schulte*, GG VI, Art. 44 Rn. 186f.
[209] *Gollwitzer*, Anwendung (Fn. 168), S. 333. In den Gesetzen und Entwürfen zu den Untersuchungsausschüssen findet sich unter der Überschrift »Rechts- und Amtshilfe« vorwiegend diese Alternative. Vgl. u.a.: Verfassung Saarland, Art. 79 III; UA-Gesetze von Baden-Württemberg, § 21; Bremen, § 12; Nordrhein-Westfalen, § 22; IPA-Entwurf, § 14; Musterentwurf der Präsidenten der Deutschen Länderparlamente (1972), §§ 22f.; Entwurf des Bundestages (1985), § 20.
[210] Hierbei muß die jeweilige Einsetzungsminderheit quantitativ – d.h. ohne Rücksicht auf die konkreten Personen – überstimmt werden. Dazu *Engels*, Untersuchungsausschüsse (Fn. 100), S. 165; *P. Köchling*, Verfassungsrechtliche Fragen von der Einsetzung bis zur Beendigung des Untersuchungsausschusses, in: Damkowski, Untersuchungsausschuß (Fn. 95), S. 23ff. (31).
[211] *Engels*, Untersuchungsausschüsse (Fn. 100), S. 165.
[212] Vgl. § 23 2 IPA-Regeln (Fn. 63); dazu *Engels*, Untersuchungsausschüsse (Fn. 100), S. 168ff.

Nach ganz vorherrschender Auffassung[213] findet diese Bestimmung nur Anwendung auf verfahrensabschließende Beschlüsse, insbesondere Abschlußberichte der Untersuchungsausschüsse einschließlich ihrer Sondervoten. Nicht herangezogen wird die Norm für Fragen des Rechtsschutzes gegen sonstige Maßnahmen eines Untersuchungsausschusses, wenngleich der Wortlaut auch dies deckte.

55 Zum Schutz von Rechten Betroffener wird in der Rechtspraxis durchaus gerichtlicher **Rechtsschutz gegen** Maßnahmen in einem **Untersuchungsverfahren** gewährt und damit die Entscheidung von Art. 44 IV GG nicht beachtet. Gegen Maßnahmen eines Untersuchungsausschusses selbst, so die Ladung als Zeuge oder die Anordnung der Herausgabe von Akten, wird der Verwaltungsrechtsweg nach § 40 VwGO für eröffnet erachtet[214]. Gegen die richterliche Anordnung von Zwangsmaßnahmen hält man die Beschwerde nach §§ 304 ff. StPO für gegeben[215]. Letztlich kann ein Bürger Verfassungsbeschwerde erheben. Bei Streitigkeiten zwischen dem Untersuchungsausschuß oder der Einsetzungsminderheit[216] und der Regierung steht das Organstreitverfahren bereit.

56 Diese Praxis begegnet erheblichen **Bedenken**. Die Multiplizierung des Rechtsweges ist für den Bürger unübersichtlich und wirft das Problem einander möglicherweise widersprechender Entscheidungen auf. Die Befassung von Verwaltungsgerichten, vor allem aber des Amtsrichters, ist funktionell unangemessen. Die Zuweisung zur ordentlichen Gerichtsbarkeit widerspricht dem Prinzip einer fachlichen Spezialisierung der Gerichte. Gemessen an den Maßstäben des GVG, wonach je nach Gewicht eines Rechtsstreits der Einzelrichter oder ein kollegialer Spruchkörper zuständig ist, erscheint die praktizierte Zuständigkeit des Einzelrichters für Entscheidungen über Verfahren eines Untersuchungsausschusses untragbar. Die Möglichkeit zu verschiedenen, zeitaufwendigen gerichtlichen Verfahren gefährdet wegen der Diskontinuität (→ Rn. 33) die Durchführung eines Untersuchungsverfahrens[217]. Grundsätzlich besteht die Gefahr, daß die von Art. 44 I und IV GG in den Bereich der Parlamentsautonomie

---

[213] Statt vieler und m.w.N. *D. Kortekamp/R. Steffens*, Rechtsschutz gegen Abschlußberichte von Untersuchungsausschüssen, in: Bachmann/Schneider, Aufklärung (Fn. 188), S. 107 ff.; *Schneider* (Fn. 52), Art. 44 Rn. 10; *Rechenberg* (Fn. 15), Art. 44 Rn. 32; *Maunz* (Fn. 53), Art. 44 Rn. 63; *M. Hilf*, NVwZ 1987, 537 (543); siehe aber kritische Auseinandersetzungen bei *K.-H. Kästner*, NJW 1990, 2649 (2652 ff.); *R. Klenke*, NVwZ 1995, 644 (646 f.); *W.-R. Schenke*, JZ 1988, 805 (817); *Di Fabio*, Rechtsschutz (Fn. 52), S. 92 ff.

[214] Im Einzelfall gelten Sonderzuweisungen zu anderen Fachgerichten, so zu den Finanzgerichten beim Streit um die direkte Vorlage persönlicher Steuerakten durch Finanzbehörden: FG Hamburg NVwZ 1986, 598 ff.; dazu *Schröder*, Neuordnung (Fn. 83), E 89. Allerdings Zuständigkeit der Verwaltungsgerichte bei einer Herausgabe durch Justizbehörden, VG Mainz NVwZ 1986, 589 ff.; OVG Koblenz NVwZ 1986, 575 f. – *Schröder*, Neuordnung (Fn. 83), E 33 ff. hält den Verwaltungsrechtsweg für Individuen gegen den Einsetzungsbeschluß für gegeben, wenn darin hinreichend erkennbar wird, »welche Personen in die Untersuchung hineingezogen werden«.

[215] LG Frankfurt NJW 1987, 787 ff.; LG Frankfurt NJW 1987, 790; LG Bonn NJW 1987, 790 ff.; *Di Fabio*, Rechtsschutz (Fn. 52), S. 117 ff., 123 f.; *F. Ossenbühl*, Rechtsschutz im parlamentarischen Untersuchungsverfahren, in: GedS Martens, 1987, S. 177 ff. (192 f.); *M. Hilf*, NVwZ 1987, 537 (544).

[216] Für ein Recht der Ausschußminderheit BVerfGE 67, 100 (123 ff.), das hierbei allerdings auf die Gefährdung des Untersuchungsauftrages und damit auf die Einsetzungsminderheit rekurriert; *Schröder*, Neuordnung (Fn. 83), E 115 ff.; *Schmidt-Hartmann*, Schutz (Fn. 6), S. 145 ff., jedoch ohne die Rechte der Ausschußminderheit herzuleiten. A.A. *Achterberg/Schulte*, GG VI, Art. 44 Rn. 173 ff.

[217] Vgl. *Ossenbühl*, Rechtsschutz (Fn. 215), S. 195; *W.-R. Schenke*, JZ 1988, 805 (817); *K.-H. Kästner*, NJW 1990, 2649 (2655); *R. Klenke*, NVwZ 1995, 644 (647). Das Beweisverfahren des Ausschusses »Neue Heimat« führte zu 24 Gerichtsverfahren, siehe BT-Drs. 10/6779 Tz. 1.

IV. Rechtsschutz und Verhältnis zur Gerichtsbarkeit (Art. 44 IV GG)   Art. 44

gelegte Durchführung eines Untersuchungsverfahrens in die Abhängigkeit der Gerichte gerät. Deswegen ist deutlicher als bisher darauf zu achten, daß das Parlament, das sich historisch von exekutivischen Bevormundungen emanzipiert hat, nicht jetzt durch die Gerichte in seinem Untersuchungsrecht untunlich eingeschränkt wird.

Bei der Detailbestimmung, welche Kontrollrechte Gerichten einzuräumen sind und welche Einschätzungsprärogative einem Untersuchungsausschuß zuzugestehen ist, gilt es, die verschiedenen Funktionen der Gerichte und des parlamentarischen Untersuchungsrechts zu beachten. Das Enquêterecht ist in erster Linie ein politisches Instrument, das auf politische Wirkungen zielt, nicht auf rechtliche. Daraus ergibt sich die Möglichkeit, **gerichtlichen Rechtsschutz** gegen Akte eines Untersuchungsausschusses **einzuschränken**, wofür Art. 44 IV GG die verfassungsrechtlichen Grundlagen bietet. Damit soll keinem neuen justizfreien Hoheitsakt[218] in Gestalt eines justizfreien Parlamentsaktes das Wort geredet werden. Ein Untersuchungsausschuß ist rechtsgebunden. In Fragen der Einschätzung und bei Auslegungsspielräumen ist aber die Kompetenz des Parlaments gegenüber derjenigen der Gerichte zu stärken. Solange es an der wünschenswerten Ausgestaltung durch den Gesetzgeber fehlt[219], können die mißlichsten Konsequenzen der gegenwärtigen gerichtlichen Praxis interpretatorisch vermieden werden. Am weitesten reicht der Vorschlag, den Rechtsschutz gegen Akte eines Untersuchungsausschusses beim Bundesverfassungsgericht zu konzentrieren[220]. Das kann dadurch geschehen, daß der Streit um die Rechtmäßigkeit von Maßnahmen eines Untersuchungsausschusses auch dann als »verfassungsrechtliche Streitigkeit« i.S.v. § 40 I VwGO angesehen wird, wenn er von einem Bürger rechtshängig gemacht wird[221]. Kann man sich nicht zu diesem Schritt verstehen, so sind jedenfalls die Entscheidungen über Akte eines Untersuchungsausschusses bei der Verwaltungsgerichtsbarkeit zu konzentrieren. Dies ist dadurch möglich, daß man die sinngemäße **Anwendung der Vorschriften über den Strafprozeß beschränkt**. Die Aktivierung der strafprozeduralen Beschwerdevorschriften ist nicht vereinbar mit dem Gedanken des Art. 44 IV 1 GG und der Eigenständigkeit des parlamentarischen Enquêterechts[222]. Die Heranziehung der StPO betrifft nach dieser Lesart nur die möglichen Maßnahmen der Beweiserhebung und die Voraussetzungen für Zwangsmaßnahmen, nicht die Zuständigkeit für die Entscheidung darüber, ebensowenig die Rechtsbehelfe. Zur Wahrung der Eigenständigkeit des Untersuchungsausschusses bei der Verfolgung seiner spezifischen Beweiszwecke ist die **gerichtliche Kontrollkompetenz** auf Rechtsmittel eines Bürgers hin **einzuschränken**: Kontrollmaßstab sind nur diejenigen Rechtssätze, die unmittelbar dem Bürger ein subjektives Recht geben, insbesondere also die Grundrechte. Nicht Gegenstand der Kontrolle im Verhältnis zu Privaten ist die Rechtmäßigkeit der Einsetzung des Ausschusses und die Ausgestaltung seines Untersuchungsauftrages an sich, konkret die Zuständigkeit des Bundes und damit des Bundes-

57

---

[218] So aber *Maunz* (Fn. 53), Art. 44 Rn. 65. Zu deren Unhaltbarkeit: → Art. 1 III Rn. 45 f.; → Art. 19 IV Rn. 39.
[219] *R. Klenke*, NVwZ 1995, 644 (649); *K.-H. Kästner*, NJW 1990, 2649 (2657).
[220] *K.-H. Kästner*, NJW 1990, 2649 (2657f.).
[221] Zum Diskussionsstand *Di Fabio*, Rechtsschutz (Fn. 52), S. 102 ff.; s.a. *R. Klenke*, NVwZ 1995, 644 (647f.); s. a. *Ossenbühl*, Rechtsschutz (Fn. 215), S. 190 f.
[222] Ebenso *K.-H. Kästner*, NJW 1990, 2649 (2657). Anders aber die bestehende Praxis, so etwa OLG Köln NJW 1995, 336 und die vorherrschende Auffassung, siehe dazu *Di Fabio*, Rechtsschutz (Fn. 52), S. 128 ff.

tages²²³. Anders als sonst bei Überprüfungen am Maßstab eines Grundrechts wird also nicht die Rechtmäßigkeit des Eingriffsaktes in jeder Hinsicht geprüft, die mittelbare Heranziehung von Sätzen des objektiven Rechts unterbleibt.

58 Parallele Verfahren vor einem Untersuchungsausschuß und einem Gericht stören sich rechtlich nicht, weil sie unterschiedliche Ziele verfolgen²²⁴. Praktische Schwierigkeiten im Verhältnis der beiden Verfahren zueinander sind durch rechtshilfliche Kooperation zu bewältigen (→ Rn. 51). Die Ermittlungsergebnisse eines Untersuchungsausschusses sind für gerichtliche Verfahren gemäß **Art. 44 IV 2 GG** in keiner Weise präjudiziell. Der Abschlußbericht selbst ist von gerichtlicher Kontrolle ausgenommen²²⁵.

D. Verhältnis zu anderen GG-Bestimmungen

59 Das Enquêterecht des Parlaments ist eingestellt in das Insgesamt der sonstigen verfassungsrechtlichen Regelungen, welche die Grenze für das Aktivitätsfeld eines Untersuchungsausschusses des Bundestages darstellen (→ Rn. 21 ff.). So muß ein Untersuchungsausschuß die **Grundrechte** betroffener Bürger ebenso achten wie die Abgeordnetenfreiheit nach **Art. 38 I 2 GG**. Die Zuständigkeitsverteilung zwischen Bund und Ländern beschränkt den möglichen Gegenstandsbereich (→ Rn. 22 f.). Die **Gewaltenteilung** verlangt Rücksicht auf die Funktionsbedingungen anderer Gewalten und ihre Verfassungsorgane (→ Rn. 25 ff.). Ausweislich von Art. 44 IV 1 GG besteht eine Ausnahme gegenüber **Art. 19 IV GG** (→ Rn. 54). Begrenzt wird das Untersuchungsrecht weiter durch die **Kirchenfreiheit** aus Art. 140 GG in Verbindung mit Art. 137 III WRV²²⁶. Gegenüber anderen Kontrollrechten, insbesondere dem Fragerecht (→ Art. 38 Rn. 43, 144; → Art. 43 Rn. 8, 11), ist das Enquêterecht insofern stärker, als es ein Recht auf Selbstinformation gibt. Art. 44 I 2 ist lex specialis gegenüber **Art. 42 I 2 GG**. Gegenüber Art. 44 I ist **Art. 45a II und III GG** die speziellere Regelung, da nur der Verteidigungsausschuß Enquêten auf dem Gebiet der Verteidigung durchführen kann.

---

²²³ Anders aber – ein abschreckendes Beispiel – AG Bonn NJW 1989, 1101 f.
²²⁴ Ebenso m.w.N. *Achterberg/Schulte*, GG VI, Art. 44 Rn. 15 ff.; *Rechenberg* (Fn. 15), Art. 44 Rn. 32; *Magiera* (Fn. 52), Art. 44 Rn. 29.
²²⁵ Einschränkend aber *Achterberg/Schulte*, GG VI, Art. 44 Rn. 190. Beachte auch den Vorschlag, Betroffenen ein Recht auf Gegendarstellung einzuräumen, 57. DJT, Beschluß Nr. 30, M. 252 f.
²²⁶ *C. Link/H. de Wall*, JZ 1992, 1152 ff.

Artikel 45 [Ausschuß für Angelegenheiten der Europäischen Union]

¹Der Bundestag bestellt einen Ausschuß für die Angelegenheiten der Europäischen Union. ²Er kann ihn ermächtigen, die Rechte des Bundestages gemäß Artikel 23 gegenüber der Bundesregierung wahrzunehmen.

Literaturauswahl

Brenner, Michael: Das Gesetz über die Zusammenarbeit von Bundesregierung und Deutschem Bundestag in Angelegenheiten der Europäischen Union, in: ThürVBl. 1993, S. 196–203.
Hölscheidt, Sven/Schotten, Thomas: Der Unionsausschuß des Deutschen Bundestages – Gestaltungsprobleme, in: Integration 1994, S. 230–233.
Kabel, Rudolf: Die Mitwirkung des Deutschen Bundestages in Angelegenheiten der Europäischen Union, in: Gedächtnisschrift für Eberhard Grabitz, 1995, S. 241–270.
Lang, Ruth: Die Mitwirkungsrechte des Bundesrates und des Bundestages in Angelegenheiten der Europäischen Union gemäß Art. 23 Abs. 2 bis 7 GG, 1997.
Weber-Panariello, Philippe A.: Nationale Parlamente in der Europäischen Union. Eine rechtsvergleichende Studie zur Beteiligung nationaler Parlamente an der innerstaatlichen Willensbildung in angelegenheiten der Europäischen Union im Vereinigten Königreich, Frankreich und der Bundesrepublik Deutschland, 1995.

Leitentscheidungen des Bundesverfassungsgerichts

Diese liegen zu Art. 45 GG bislang nicht vor.

Gliederung Rn.

A. Herkunft, Entstehung, Entwicklung	1
B. Supranationale und rechtsvergleichende Bezüge	3
C. Erläuterungen	5
I. Primärverantwortung für die europäische Integration (Art. 45 S. 1 GG)	6
II. Delegation der Kontrollfunktion (Art. 45 S. 2 GG)	8
III. Öffentlichkeits- und Transparenzdefizit	11
D. Verhältnis zu anderen GG-Bestimmungen	12

A. Herkunft, Entstehung, Entwicklung

Art. 45 GG hatte bis 1976 die Einrichtung des »Ständigen Ausschusses« zum Gegenstand. An die durch das 33. ÄndG[1] freigewordene Stelle wurde im Zusammenhang mit dem Abschluß des Unionsvertrags von Maastricht auf Vorschlag der GVK durch das 38. ÄndG vom 21.12.1992[2] die heute geltende Bestimmung über den Ausschuß für die Angelegenheiten der Europäischen Union in das Grundgesetz eingefügt. Dieser Ausschuß soll die Informations- und Mitwirkungsrechte des Bundestages institutionell absichern. Seine besondere Bedeutung für den weiteren europäischen Integrationsprozeß wird durch die Wahl des Art. 45 GG statt einer Ergänzung des Art. 45a

1

---

[1] BGBl. 1976 I S. 2381.
[2] BGBl. 1992 I S. 2086.

Ingolf Pernice

GG zum Ausdruck gebracht³. Ziel ist es vor allem, den Bundestag in die Lage zu versetzen, auf die Vielzahl der Vorlagen, zu denen der Bundestag nach Art. 23 III GG Stellung nehmen soll, rasch und angemessen zu reagieren⁴. Die mit der Verlagerung der Regelungszuständigkeiten von der staatlichen auf die europäische Ebene verbundene »Entparlamentarisierung« des politischen Prozesses⁵ soll kompensatorisch aufgefangen werden (→ Art. 23 Rn. 95 f., 99 ff.)⁶.

2   Die Verbindung zwischen Bundestag und Europäischem Parlament und damit auch eine Mitwirkung in europäischen Angelegenheiten war ursprünglich durch das **Doppelmandat** der Abgeordneten nach Art. 138 EWGV sichergestellt. Seit der ersten Direktwahl zum Europäischen Parlament 1979 ist das Doppelmandat zwar noch möglich, heute ist jedoch kein Mitglied des Bundestages zugleich auch Abgeordneter im Europäischen Parlament. Für die Behandlung der europäischen Fragen wurde 1979 vom Ältestenrat eine Kommission eingerichtet, die ihrerseits die Einsetzung der **Europa-Kommission des Bundestages** im Jahre 1983 initiierte. Sie war als Enquête-Kommission mit 11 Bundestagsabgeordneten und 11 Mitgliedern des Europäischen Parlaments ohne Stimmrecht besetzt. Diese wurde in der 11. Wahlperiode durch einen Unterausschuß für Fragen der EG des Auswärtigen Ausschusses ersetzt, bis schließlich 1991 in der 12. Wahlperiode ein vollwertiger »ständiger« Ausschuß nach § 54 I GOBT, der »**EG-Ausschuß**« gebildet wurde, in dem 33 Abgeordnete des Bundestages mit 11 Mitgliedern des Europäischen Parlaments zusammenarbeiteten. Daneben wurde speziell für die Ratifikation des Unionsvertrags von Maastricht ein **Sonderausschuß »Europäische Union (Vertrag von Maastricht)«** eingesetzt. Nach Einführung des Art. 45 GG trat zu Beginn der 13. Wahlperiode am 14. 12. 1994 der »**EU-Ausschuß**« an die Stelle des EG-Ausschusses. Zugleich wurde § 93 GOBT geändert und § 93a GOBT eingefügt⁷.

B. Supranationale und rechtsvergleichende Bezüge

3   Der EU-Ausschuß nach Art. 45 GG ist innerstaatlich neben der Grundregelung des Art. 23 II und III GG die institutionelle Antwort auf den trotz der wachsenden Bedeutung des Europäischen Parlaments verbleibenden **Bedarf an demokratischer Legitimation und Kontrolle** der Politik der EU durch die nationalen Parlamente⁸. Unmittelbar europarechtlich gefordert ist freilich weder die Mitwirkung des Bundestages in

---

³ So der Bericht der GVK, Zur Sache 5/93, S. 47. Vgl. auch *R. Scholz*, in: Maunz/Dürig, GG, Art. 46 (1996), Rn. 1.

⁴ Vgl. auch *S. Hölscheidt/T. Schotten*, Integration 1994, 230, mit dem Hinweis, daß es sich um rund 600 Vorlagen jährlich handele. Mit Hinweis auf den Zeitdruck s. auch den Bericht der GVK in: Zur Sache 5/93, S. 48, sowie *R. Lang*, Die Mitwirkungsrechte des Bundesrates und des Bundestages in Angelegenheiten der Europäischen Union nach Artikel 23 Abs. 2 bis 7 GG, 1997, S. 293 f.

⁵ Vgl. *H. Steinberger*, Der Verfassungsstaat als Glied einer europäischen Gemeinschaft, VVDStRL 50 (1991), S. 9 ff. (39 f.); vgl. auch *R. Kabel*, Die Mitwirkung des Deutschen Bundestages in Angelegenheiten der Europäischen Union, GedS Grabitz, 1995, S. 241 ff. (245 f.).

⁶ Vgl. auch *Lang*, Mitwirkungsrechte (Fn. 4), S. 279 f.

⁷ BGBl. 1995 I S. 11. Zur Entwicklung vgl. im einzelnen: *S. Hölscheidt*, KritV 77 (1994), 405 (416 ff.); *J. Bila/U. Gehlen/H. Groos/B. Hasenjäger*, Der Ausschuß für die Angelegenheiten der Europäischen Union des Deutschen Bundestages, 2. Aufl. 1998, S. 3 ff.; s. auch schon *Kabel*, Mitwirkung (Fn. 5), S. 248 ff.

⁸ Vgl. dazu BVerfGE 89, 155 (182 ff.); *I. Pernice*, Die Verwaltung 26 (1993), 449 (465 ff.).

Angelegenheiten der Europäischen Union noch gar die Einrichtung eines speziellen Ausschusses dafür. Immerhin sieht eine Erklärung zum Unionsvertrag von Maastricht Maßnahmen vor, die auf eine **größere Beteiligung der einzelstaatlichen Parlamente** an den Tätigkeiten der Europäischen Union zielen, und ein Protokoll zum EU-Vertrag nach dem Vertrag von Amsterdam verpflichtet zur Übermittlung aller Konsultationsdokumente der Kommission an die Parlamente der Mitgliedstaaten sowie der Kommissionsvorschläge an die Regierungen zur Weiterleitung an ihr jeweiliges Parlament[9]. Hier wird auch eine **Mindestfrist von 6 Wochen** zwischen dem Zeitpunkt, an dem die Kommission ihren Vorschlag in allen Sprachfassungen unterbreitet, und der Beschlußfassung des Rates festgelegt. Außer in begründeten Dringlichkeitsfällen soll damit gewährleistet werden, daß die Parlamente auch die tatsächliche Möglichkeit zur Stellungnahme haben.

Art. 45 GG entsprechende ausdrückliche Bestimmungen über Parlamentsausschüsse für die Behandlung der Angelegenheiten der Europäischen Union finden sich nur in Art. 23e V der **österreichischen Verfassung**, wonach grundsätzlich der Hauptausschuß des Nationalrates zuständig ist, durch Bundesgesetz über die Geschäftsordnung jedoch auch ein eigener ständiger Unterausschuß oder der Nationalrat für zuständig erklärt werden kann. Im übrigen ist die Mitwirkung der Parlamente durch Gesetz, in den Geschäftsordnungen, durch interinstitutionelle Vereinbarungen oder durch andere informale Akte geregelt, in denen z.T. auch die Zuständigkeit eines besonderen Ausschusses vorgesehen ist[10]. 4

C. Erläuterungen

Art. 45 GG ist nach seiner Formulierung ebenso wie Art. 45a und 45c GG **zwingend**[11]. Er verpflichtet den Bundestag zur Konstituierung eines Ausschusses für Angelegenheiten der Europäischen Union als ständige Einrichtung und gibt diesem damit **Verfassungsrang**[12]. Durch Satz 2 erhält der EU-Ausschuß – als »staatsrechtliche Novität«[13] – 5

---

[9] Erklärung Nr. 13 in der Schlußakte der Regierungskonferenz von Maastricht; vgl. auch die Erklärung Nr. 14, ebd., zur Konferenz der Parlamente; Protokoll Nr. 9 zum EU-Vertrag nach Amsterdam.

[10] Vgl. etwa Art. 6 II des dänischen Beitrittsgesetzes v. 11.10.1972; Kap. 4a des finnischen Parlamentary Act, dazu *K. Pohjolainen*, National Constitutional Law and European Integration, in: F.I.D.E. (Hrsg.), Le droit constitutionnel national et l'intégration européenne, 1996, S. 399ff. (410f.). Im Vereinigten Königreich erfolgt das vor jeder bindenden Entscheidung im Ministerrat erforderliche »EC-scrutiny« durch das vorbereitende »Select Committee on European Legislation« und zwei für die Debatte von Europaangelegenheiten primär zuständige »European Standing Committees« im House of Commons und das »Select Committee on the European Communities« im House of Lords, kein Ausschuß hat jedoch das formelle Recht, anstelle des Plenums selbst Stellungnahmen gegenüber der Regierung abzugeben, vgl. eingehend *P.A. Weber-Panariello*, Nationale Parlamente in der Europäischen Union, 1995, S. 46ff. Zur Rolle der trotz der Einführung eines Rechts zur (unverbindlichen) Stellungnahme des Senats und der Nationalversammlung durch Art. 88–4 franz. Verf. deutlich schwächeren »Délégations pour l'Union européenne« beider Häuser in Frankreich s. ebd., S. 143ff., 162f.; vgl. im übrigen → Art. 23 Rn. 13.

[11] Vgl. auch *Kabel*, Mitwirkung (Fn. 5), S. 255; *Jarass/Pieroth*, GG, Art. 45 Rn. 1; *S. Hölscheidt/T. Schotten*, Integration 1994, 230 (231); *S. Magiera*, in: Sachs, GG, Art. 45 Rn. 1: »Pflichtausschuß«; *Lang*, Mitwirkungsrechte (Fn. 4), S. 295ff.

[12] Ebenso: *Bila/Gehlen/Groos/Hasenjäger*, Ausschuß (Fn. 7), S. 9; *Scholz* (Fn. 3), Art. 46 Rn. 1.

[13] Vgl. *P. Badura*, Das Staatsziel »Europäische Integration«, in: FS Schambeck, 1994, S. 887ff. (901).

Ingolf Pernice

darüber hinaus gegenüber anderen Ausschüssen dadurch eine **privilegierte Stellung**, daß er vom Bundestag ermächtigt werden kann, unter bestimmten Voraussetzungen anstelle des Plenums selbst Stellungnahmen gegenüber der Bundesregierung abzugeben[14]. Art. 45 S. 2 GG eröffnet insofern ein weites Ermessen des Bundestages; weder muß er den Ausschuß ermächtigen, noch ist ausgeschlossen, daß er sich den Selbsteintritt im Einzelfalle vorbehält[15] oder eine Stellungnahme des Ausschusses ändert[16]: Er bleibt »Herr des Verfahrens«[17].

I. Primärverantwortung für die europäische Integration (Art. 45 S. 1 GG)

6   Der Begriff der **Angelegenheiten der Europäischen Union** folgt der Terminologie des Art. 23 II GG und erfaßt alle drei Säulen der EU, einschließlich der Verfahren zur Änderung der Verträge und zum Beitritt neuer Mitgliedstaaten (→ Art. 23 Rn. 98). Gemeint sind damit im weitesten Sinne sämtliche Tätigkeiten der Europäischen Gemeinschaften, die Aktionen im Rahmen der Gemeinsamen Außen- und Sicherheitspolitik (GASP) sowie die Zusammenarbeit in den Bereichen Justiz und Inneres (ZBJI)[18]. Indem Art. 45 GG die Angelegenheiten der Europäischen Union einem gesonderten ständigen Ausschuß zuordnet und damit dem Ausschuß für auswärtige Angelegenheiten entzieht[19], stützt er die These, daß es sich bei den europäischen Angelegenheiten nicht (mehr) um Außenpolitik, sondern um eine besondere Dimension der allgemeinen Politik, um die Teilnahme an der Gestaltung der **Innenpolitik im europäischen Verfassungsverbund** handelt (→ Art. 23 Rn. 97).

7   Zu bestimmen ist, welche **Zuständigkeiten** dem EU-Ausschuß zukommen. Dem Wortlaut nach und dem System des Art. 45a GG folgend zielt Art. 45 GG auf eine Art Fachausschuß für die europäische Integration hin[20], dessen Zuständigkeit diejenige anderer Ausschüsse ausschließt[21]. Angesichts der wachsenden Breite der vom Gemeinschaftsrecht erfaßten Gegenstände würden umgekehrt letztere ihrer Aufgaben zunehmend entledigt und ihre fachliche Kompetenz bliebe ungenutzt, während der

---

[14] Vgl. auch *Magiera* (Fn. 11), Art. 45 Rn. 3; *Kabel*, Mitwirkung (Fn. 5), S. 247. *M. Brenner*, ThürVBl. 1993, 196 (199), folgert daraus den Willen, die Rolle des Bundestages in europäischen Angelegenheiten zu stärken. Anders wohl *Scholz* (Fn. 3), Art. 46 Rn. 5, der von einem »gleichen Status« ausgeht; zu den Besonderheiten gleichwohl ebd., Rn. 7.

[15] Ebenso Jarass/*Pieroth*, GG, Art. 45 Rn. 2: »Rückholrecht«. S. auch *Lang*, Mitwirkungsrechte (Fn. 4), S. 298; *Scholz* (Fn. 3), Art. 46 Rn. 6.

[16] *Scholz* (Fn. 3), Art. 46 Rn. 6.

[17] So der Bericht der GVK, in: Zur Sache 5/93, S. 48; s. auch *Lang*, Mitwirkungsrechte (Fn. 4), S. 298.

[18] Der Vertrag von Amsterdam integriert dabei weite Teile dieser Bereiche in den EG-Vertrag (Art. 61–69 nF EGV); der »Schengen-Besitzstand« wird der ZBJI (künftig: Bestimmungen über die polizeiliche und justizielle Zusammenarbeit in Strafsachen) bzw. später dem supranationalen Handeln der EG zugeordnet, vgl. Art. 2 I des Protokolls Nr. 2 zur Einbeziehung des Schengen-Besitzstands in den Rahmen der Europäischen Union, nach dem die Verträge und Beschlüsse von Schengen (Definition des Besitzstands im Anhang zum Protokoll) durch Festlegung der entsprechenden Rechtsgrundlagen je nach Sachgebiet in das Recht der EG bzw. der EU eingepaßt, zunächst jedoch als Recht iSd. Titels VI EUV betrachtet werden.

[19] Vgl. auch *Magiera* (Fn. 11), Art. 45a Rn. 4.

[20] In diesem Sinne *Bila/Gehlen/Groos/Hasenjäger*, Ausschuß (Fn. 7), S. 19. S. auch *Weber-Panariello*, Nationale Parlamente (Fn. 10), S. 279ff.

[21] Von einer solchen Ausgestaltung wegen der Querschnittsfunktion jedoch abratend: *Scholz* (Fn. 3), Art. 46 Rn. 9.

EU-Ausschuß fachlich und kapazitätsmäßig überfordert sein könnte[22]. Wegen der zunehmenden Bedeutung der GASP (→ Art. 32 Rn. 12f.) wäre insbesondere auch die Abgrenzung der Zuständigkeiten zum Ausschuß für auswärtige Angelegenheiten (Art. 45a I GG) problematisch. Nach Sinn und Zweck (→ Rn. 1), vor allem aber im Blick auf die besondere Befugnis nach Satz 2 dürfte Art. 45 GG also dahingehend zu verstehen sein, daß dem EU-Ausschuß primär die Aufgabe der auf spezifische Kenntnisse des europäischen Kontextes gestützten effektiven **demokratischen Steuerung und Kontrolle der Bundesregierung** bei der Rechtsetzung der EU zukommen soll. Damit erfüllt er zugleich eine Querschnittsaufgabe, die eine sachliche Mitwirkung der Fachausschüsse im jeweils gegebenen Zeitrahmen nicht ausschließt, sondern voraussetzt. Er hat vom Ansatz her damit nicht nur eine Informations- und Koordinierungsfunktion[23], etwa als »Clearing-Stelle«[24], sondern die **Primärverantwortung** für die Mitwirkung des Bundestages nach Art. 23 II und III GG, soweit nicht das Plenum selbst handelt. Dem entspricht die Lösung, die nach § 45a GOBR für den Bundesrat gefunden wurde. Die Regelung in § 93 GOBT dagegen, wonach einerseits alle Ausschüsse ein »Zugriffsrecht« auf europäische Vorlagen haben und dem Bundestag selbst Beschlußempfehlungen zuleiten können (§ 93 II GOBT)[25], andererseits die dem EU-Ausschuß zugeleiteten Vorlagen von dessen Vorsitzenden im Einvernehmen mit dem Präsidenten an die zuständigen Fachausschüsse überwiesen werden (§ 93 III GOBT), wird dem Grundgedanken des Art. 45 GG nur im Blick auf die Koordinierungsfunktion gerecht[26].

II. Delegation der Kontrollfunktion (Art. 45 S. 2 GG)

Seine besondere Prägung erhält der EU-Ausschuß durch die in Art. 45 S. 2 GG gegebene Möglichkeit, vom Bundestag zur **Wahrnehmung seiner Rechte nach Art. 23 GG** gegenüber der Bundesregierung **ermächtigt** zu werden. Das Grundgesetz läßt offen, ob diese Ermächtigung allgemein sein oder sich nur auf einzelne Materien oder gar Vorlagen erstrecken darf[27]. Dem Zweck entsprechend liegt eine allgemeine Ermächtigung für die Dauer der Wahlperiode näher als die punktuelle Ermächtigung für einzelne Vorlagen ad hoc. Diese letztere Lösung wurde jedoch in § 93a II GOBT gewählt, womit der Sachbehandlung einer EG-Vorlage ein zusätzlicher Verfahrensschritt vorgelagert und damit die von Art. 45 GG intendierte Beschleunigungs- und Effizienzwirkung verfehlt wird. Zur Begründung für die restriktive Handhabung wird der »Ausnahmecharakter der Delegationsmöglichkeit von Befugnissen des Plenums auf einen Ausschuß« angeführt[28]; Wortlaut und Sinn des Art. 45 S. 2 GG sprechen gegen das gewählte Verfahren.

8

Der im Blick auf seine »**Querschnittsfunktion**« mit 39 Mitgliedern des Bundestages und 11 nicht stimmberechtigten Abgeordneten des Europäischen Parlaments **größte**

9

---

[22] Ähnl. *S. Hölscheidt/T. Schotten*, Integration 1994, 230 (232); *Kabel*, Mitwirkung (Fn. 5), S. 264.
[23] So erwägt *Kabel*, Mitwirkung (Fn. 5), S. 264, den »Unionsausschuß als eine Art Koordinierungsausschuß auszugestalten«.
[24] Vgl. auch *Lang*, Mitwirkungsrechte (Fn. 4), S. 303.
[25] Vgl. *Bila/Gehlen/Groos/Hasenjäger*, Ausschuß (Fn. 7), S. 11.
[26] Krit. zur bisherigen Praxis auch *Lang*, Mitwirkungsrechte (Fn. 4), S. 305f.
[27] *Scholz* (Fn. 3), Art. 46 Rn. 6.
[28] Vgl. *Kabel*, Mitwirkung (Fn. 5), S. 265; *S. Hölscheidt/T. Schotten*, Integration 1994, 230 (232).

Ausschuß, der wegen der parallelen Zugehörigkeit der Mehrzahl seiner Mitglieder zu den Fachausschüssen die nötige Qualifikation aufweist und zur Vermeidung von Kollisionen auch zu einem besonderen Zeitpunkt tagt[29], kann damit seine spezifische Aufgabe nicht erfüllen. Bis März 1998 wurde der Ausschuß nicht ein einziges Mal nach Art. 45 S. 2 GG ermächtigt[30]. Wird er zudem sachlich allenfalls zur Mitberatung von Vorlagen herangezogen und federführend nur in Grundfragen der Integration wie etwa zur Änderung der Verträge tätig[31], so läßt sich eine Ermächtigung zur Stellungnahme nach Art. 45 S. 2 GG und damit die Verfassungsänderung selbst[32] kaum legitimieren[33].

10 Nach § 93a III 2 GOBT hat der EU-Ausschuß **generell** das **Recht zur Stellungnahme**, wenn keiner der beteiligten Fachausschüsse widerspricht[34]. Trotz der Regelung für den Fall des Dissenses insbesondere in Eilfällen (§ 93a III 3 und 4 GOBT) ist auch dieses Verfahren zu schwerfällig, um dem Zweck des Art. 45 GG gerecht zu werden. Die äußerst geringe Zahl der bislang tatsächlich erfolgten Stellungnahmen[35] wirft die Frage auf, ob der Bundestag mit §§ 93 und 93a GOBT seiner Verpflichtung nach Art. 45 GG tatsächlich nachgekommen ist. Die Informationsfunktion allein kann eine solche Institution nicht rechtfertigen. Den Zweck der effizienten demokratischen Kontrolle der EU-Rechtsetzung kann der Ausschuß in seiner gegenwärtigen Form nicht erreichen[36].

III. Öffentlichkeits- und Transparenzdefizit

11 Besonders im Fall einer Ermächtigung des EU-Ausschusses zur unmittelbaren Stellungnahme gegenüber der Bundesregierung stellt sich auch die Frage der **Öffentlichkeit der Ausschußsitzungen**. Art. 45 GG trifft hierüber keine Regelung. Auf demokratische Transparenz kann angesichts des in Art. 42 I 1 GG festgelegten Grundsatzes der Öffentlichkeit bei Ausschüssen gegenüber dem Bürger indessen nur verzichtet werden, soweit das öffentlich tagende Plenum die letzte Verantwortung für den jeweiligen Beschluß des Bundestages übernimmt[37]. Andernfalls wird die für die parlamentari-

---

[29] S. auch *Bila/Gehlen/Groos/Hasenjäger*, Ausschuß (Fn. 7), S. 15.

[30] *Bila/Gehlen/Groos/Hasenjäger*, Ausschuß (Fn. 7), S. 26: »Das Verfahren hat sich damit in der täglichen Arbeit als nicht praktikabel erwiesen«.

[31] So im wesentlichen die bisherige Praxis, vgl. *Bila/Gehlen/Groos/Hasenjäger*, Ausschuß (Fn. 7), S. 33 ff., wonach die Änderung der Verträge, die Erweiterung und das Finanzierungssystem der EU die Schwerpunkte der bisherigen Tätigkeit bildeten, während die Fachausschüsse »die in ihren Zuständigkeitsbereich fallenden Gesetzesvorhaben der EU abschließend« beraten, d. h. ohne mitberatende Beteiligung des EU-Ausschusses.

[32] Zum Erfordernis der Verfassungsänderung allein wegen dieser Ermächtigung *M. Brenner*, ThürVBl. 1993, 196 (199).

[33] Krit. auch *S. Hölscheidt/T. Schotten*, Integration 1994, 230 (232).

[34] Vgl. zu den Modalitäten § 7 der Grundsätze des Ausschusses für die Angelegenheiten der Europäischen Union über die Behandlung der ihm gemäß § 93 GOBT zugeleiteten Unionsvorlagen v. 25. Oktober 1995, abgedr. in: *Bila/Gehlen/Groos/Hasenjäger*, Ausschuß (Fn. 7), S. 59 ff.

[35] Nach *Bila/Gehlen/Groos/Hasenjäger*, Ausschuß (Fn. 7), S. 27 ff., gab es nicht mehr als drei Stellungnahmen im Zeitraum 1994–1998 (Betrugsbekämpfung, Beobachtungsstelle für Rassismus und Fremdenfeindlichkeit, Rolle der nationalen Parlamente und COSAC).

[36] Nach *Lang*, Mitwirkungsrechte (Fn. 4), S. 305, ist »von den übrigen Fachausschüssen die Intention, die mit der verfassungsrechtlichen Verankerung des Europaausschusses verbunden war, völlig verdrängt worden«.

[37] Demgemäß sah der SPD-Entwurf zu § 93a GOBT die Öffentlichkeit der Ausschußsitzungen als Regel vor, vgl. BT-Drs. 12/7823 v. 10. 6. 1994; dazu *Weber-Panariello*, Nationale Parlamente (Fn. 10), S. 277 ff., 280 f.

sche Demokratie zentrale Öffentlichkeitsfunktion des Parlaments (→ Art. 20 [Demokratie] Rn. 73) mißachtet[38]. § 10 der Grundsätze des Ausschusses für die Angelegenheiten der Europäischen Union über die Behandlung der ihm gemäß § 93 GOBT zugeleiteten Unionsvorlagen v. 25.10.1995[39] gibt dem Vorsitzenden des Ausschusses das Recht, »den Europaausschuß für die Schlußberatung dieser Verhandlungsgegenstände zu einer öffentlichen Sitzung einzuberufen, falls nicht eine Fraktion im Europaausschuß widerspricht...«. Obwohl der Ausschuß Stellungnahmen nach § 93a III 2 GOBT bereits abgegeben hat (→ Rn. 10) fand diese Vorschrift bislang keine Anwendung[40]. Nicht nur die Konsistenz mit den Forderungen nach Transparenz und Öffentlichkeit im Beschlußverfahren des Ministerrates[41], sondern auch das **Demokratieprinzip** und seine Konkretisierung in Art. 42 GG fordern indessen eine zwingende Vorschrift über die Öffentlichkeit der Ausschußberatungen in den Fällen der Ermächtigung nach Art. 45 S. 2 GG. Die Öffentlichkeit muß die Regel sein, ihr Ausschluß kann entsprechend Art. 42 I 2, 3 GG zugelassen werden.

D. Verhältnis zu anderen GG-Bestimmungen

Art. 45 GG steht selbständig neben Art. 45a GG, er geht jedoch – soweit europäische Angelegenheiten als »auswärtig« betrachtet werden und jedenfalls im Bereich der GASP – als **Spezialregelung** den Bestimmungen über den auswärtigen Ausschuß in Art. 45a I GG vor. Der Verteidigungsausschuß (Art. 45a GG), die Untersuchungsausschüsse (Art. 44 GG) und der Petitionsausschuß (Art. 45c GG) bleiben indessen unberührt. Der EU-Ausschuß des Bundestages wird in Status und Funktion durch die Mitwirkungsbefugnisse des Bundesrates nach Art. 23 IV-VI GG iVm. Art. 50 und 52 IIIa GG (Europakammer des Bundesrates) nicht berührt. Dabei ist die Stellungnahme des Bundesrates im Falle des Art. 23 V 2 GG »maßgeblich« (→ Art. 23 Rn. 105)[42]; im Falle der Wahrnehmung der Rechte des Bundes durch einen Vertreter der Länder nach Art. 23 VI GG hat dieser anstelle der Bundesregierung auch die Stellungnahme des Bundestages bzw. seines EU-Ausschusses zu berücksichtigen.

12

---

[38] Vgl. die Bedenken bei *Weber-Panariello*, Nationale Parlamente (Fn. 10), S. 286 f.; *H.-H. Klein*, Die Europäische Union und ihr demokratisches Defizit, in: FS Remmers, 1995, S. 195 ff. (203); zurecht krit. auch *Magiera* (Fn. 11), Art. 45 Rn. 7, der eine Gleichstellung mit den Untersuchungsausschüssen fordert.
[39] Vgl. oben, Fn. 34.
[40] So *Bila/Gehlen/Groos/Hasenjäger*, Ausschuß (Fn. 7), S. 41.
[41] Vgl. den Hinweis bei *Magiera* (Fn. 11), Art. 45 Rn. 7.
[42] Zur Problematik des Zusammenspiels von Bundesregierung, Bundesrat und Bundestag s. auch *Scholz* (Fn. 3), Art. 46 Rn. 3, mwN.

Artikel 45a [Ausschuß für auswärtige Angelegenheiten; Verteidigungsausschuß]

(1) Der Bundestag bestellt einen Ausschuß für auswärtige Angelegenheiten und einen Ausschuß für Verteidigung.

(2) ¹Der Ausschuß für Verteidigung hat auch die Rechte eines Untersuchungsausschusses. ²Auf Antrag eines Viertels seiner Mitglieder hat er die Pflicht, eine Angelegenheit zum Gegenstand seiner Untersuchung zu machen.

(3) Artikel 44 Abs. 1 findet auf dem Gebiet der Verteidigung keine Anwendung.

Literaturauswahl

Berg, Hans-Joachim: Der Verteidigungsausschuß des Deutschen Bundestages, 1982.
Busch, Eckart: Zur parlamentarischen Kontrolle der Streitkräfte, in: NZWehrR 25 (1983), S. 81–90.
Hucko, Elmar: Der parlamentarische Untersuchungsausschuß auf dem Gebiet der Verteidigung, in: ZParl. 10 (1979), S. 304–311.
Patz, Günther: Parlamentarische Kontrolle der Außenpolitik. Fallstudien zur politischen Bedeutung des Auswärtigen Ausschusses des Deutschen Bundestages, 1976.
Schweitzer, Carl Christoph: Der Auswärtige Ausschuß des Deutschen Bundestages im außenpolitischen Entscheidungssystem, in: APuZ, B 19/1980, S. 3–24.
Weichert, Jürgen C.: Der Ausschuß für Auswärtige Angelegenheiten, in: Außenpolitik 11 (1960), S. 618–627.
Willms, Gerd: Parlamentarische Kontrolle und Wehrverfassung, Diss. jur. Göttingen 1961.

Leitentscheidungen des Bundesverfassungsgerichts

BVerfGE 67, 100 (127 ff.) – Flick-Untersuchungsausschuß; 90, 286 (385) – Bundeswehreinsatz.

Gliederung

	Rn.
A. Herkunft, Entstehung, Entwicklung	1
B. Internationale, supranationale und rechtsvergleichende Bezüge	2
C. Erläuterungen	3
I. Allgemeine Bedeutung	3
II. Bestellung der Ausschüsse	4
III. Aufgaben und Befugnisse der Ausschüsse	5
IV. Der Verteidigungsausschuß als Untersuchungsausschuß (Art. 45a II, III GG)	8
D. Verhältnis zu anderen GG-Bestimmungen	10

A. Herkunft, Entstehung, Entwicklung

1 Sowohl die auswärtigen Beziehungen als auch das Militär waren im **Konstitutionalismus der unmittelbaren parlamentarischen Kontrolle entzogen**, so daß diese Bereiche allenfalls mit Hilfe des Budgetrechts parlamentarisch kontrolliert werden konnten[1]. Abgesehen von dem praktisch kaum bedeutsamen Ausschuß für auswärtige Angelegenheiten des Bundesrates gem. Art. 8 III RVerf. 1871[2] wurde ein Auswärtiger Aus-

---

[1] Vgl. *Huber*, Verfassungsgeschichte I, S. 350.
[2] Dazu *Huber*, Verfassungsgeschichte III, S. 931.

schuß überhaupt erst aufgrund der Regelung des Art. 35 WRV im Reichstag eingerichtet[3]. Schon vor der Verabschiedung des Art. 45a GG gab es allerdings unter dem Grundgesetz Vorläufer des Auswärtigen Ausschusses[4] und des Verteidigungsausschusses[5]. Art. 45a GG wurde erst **1956 durch die Wehrnovelle** in das Grundgesetz eingefügt[6], wobei der Regierungsentwurf eine entsprechende Ergänzung noch nicht enthielt. Sie wurde vielmehr erst durch den Ausschuß für Fragen der Europäischen Sicherheit vorgenommen und dann nach Streichung der vorgesehenen Nichtöffentlichkeit der Sitzungen und der Delegationsmöglichkeit auf einen Unterausschuß in der endgültigen Fassung verabschiedet[7], die nur noch einmal 1976 durch die Streichung des Art. 45a I 2 GG (»Die beiden Ausschüsse werden auch zwischen zwei Wahlperioden tätig«) modifiziert wurde[8].

B. Internationale, supranationale und rechtsvergleichende Bezüge

Die Einbindung in die Europäische Union und in die NATO berühren die Aufgabenstellung der beiden Ausschüsse, aber nicht ihre institutionelle Stellung. Im übrigen entspricht die Einrichtung der beiden Ausschüsse internationalen Gepflogenheiten parlamentarischer Kontrolle der Exekutive. Ihre Einrichtung beruht allerdings selten auf verfassungsrechtlicher Normierung, sondern meist auf einer Regelung durch Gesetz und Geschäftsordnung[9]. Beide Ausschüsse gelten regelmäßig als einflußreich und genießen hohes Prestige[10].

2

---

[3] Zu seinen Aufgaben *Anschütz*, WRV, S. 224f.; zur Kontrolle der Reichswehr s. *H.-J. Berg*, Der Verteidigungsausschuß des Deutschen Bundestages, 1982, S. 25f.

[4] »Ausschuß für das Besatzungsstatut und auswärtige Angelegenheiten« (BT-Drs. I/45), seit 3.6. 1953 »Ausschuß für auswärtige Angelegenheiten« (BT-Drs. I/4149).

[5] Ab 1952 bestand der (Sonder-) »Ausschuß zur Mitberatung des EVG-Vertrages und der damit zusammenhängenden Fragen«, der zu Beginn der 2. Legislaturperiode in »Ausschuß für Fragen der europäischen Sicherheit« umbenannt wurde (Sten.Ber. II/11672).

[6] 7. Gesetz zur Änderung des GG v. 19. 3. 1956, (BGBl. I S. 111); zur Entstehung der Wehrverfassung im ganzen s. die Vorbemerkungen vor Art. 115a im dritten Band dieses Kommentars.

[7] Zur Entstehungsgeschichte eingehend *Berg*, Verteidigungsausschuß (Fn. 3), S. 33ff.; *W. Berg*, in: BK, Art. 45a GG (Erstb. 1986), Anm. I 2.

[8] Im Zusammenhang mit der Neufassung des Art. 39 GG durch das 33. ÄnderungsG v. 23. 8. 1976 (BGBl. I S. 2381) → Art. 39 Rn. 6.

[9] Nur in Finnland (Art. 40 Reichstagsordnung) und Schweden (Kap. 10, Art. 7 Regierungsform) finden die Auswärtigen Ausschüsse einen verfassungsrechtlichen Anhaltspunkt. Zur Einrichtung dieser Ausschüsse in Großbritannien vgl. *S. A. Walkland*, ZParl. 12 (1981), 461ff.

[10] Zu den einflußreichen Ausschüssen des amerikanischen Kongresses: *J. M. McCormick*, Decision-Making in the Foreign Affairs and Foreign Relations Committees, in: R. B. Ripley/J. Lindsay, Congress Resurgent: Foreign and Defense Policy on Capitol Hill, 1993, S. 115ff.; *C. Deering*, Decision Making in the Armed Services Committees, ebd., S. 155ff. jeweils m. w. N.

C. Erläuterungen

I. Allgemeine Bedeutung

3 Grundsätzlich liegt die Einrichtung von Ausschüssen im Rahmen der Autonomie des Parlaments und ist daher vornehmlich in der Geschäftsordnung geregelt[11]. In Abkehr von dieser Grundregel erhebt Art. 45a I GG die beiden Gremien zu **verfassungsunmittelbaren**[12] **Pflichtausschüssen**[13]. Sie bleiben aber Hilfsorgane des Parlaments und erlangen nicht etwa den Status eines Verfassungsorgans[14]. Die verfassungsrechtliche Verankerung wirkt als institutioneller und kompetentieller Bestandsschutz und sichert die beiden Ausschüsse daher auch gegen einen sachwidrigen Entzug, eine Aushöhlung ihrer Kompetenzen oder eine Zusammenlegung[15]. Eine Kooperation, selbst durch gemeinsame Unterausschüsse, wird dadurch freilich nicht ausgeschlossen[16]. Als Pflichtausschüsse gehören die beiden Gremien zu den sog. **ständigen Ausschüssen** im Gegensatz zu den Sonderausschüssen[17]. Obwohl die Führung der Außenpolitik in erster Linie bei der Regierung liegt, genießt der Auswärtige Ausschuß hohes Ansehen bei den Parlamentariern[18]. Das Prestige des Verteidigungsausschusses gründet sich schon auf die Bedeutung der Wehrpolitik und der Wehrausgaben[19].

II. Bestellung der Ausschüsse

4 Infolge der zwingend vorgeschriebenen Existenz der beiden Ausschüsse ist das Bestellungsverfahren an sich auf die Bestimmung der jeweiligen Mitgliederzahl und ihre Besetzung beschränkt. Formal im Widerspruch dazu »setzt« der Bundestag die beiden Ausschüsse jedoch regelmäßig »ein«[20]. Das Plenum bestellt die Ausschußmitglieder und ihre Stellvertreter durch Wahl, wobei den Fraktionen gem. §§ 12, 57 GOBT nach Maßgabe des Rangmaßzahlverfahrens das personelle Bestimmungsrecht zukommt[21].

---

[11] §§ 54 ff. GOBT; das war schon die Praxis des Reichstages, vgl. *K. Perels*, Geschäftsgang und Geschäftsformen, in: HdbDStR I, S. 449 ff. (449 f., 454 f.).

[12] *Berg*, Verteidigungsausschuß (Fn. 3), S. 103; *Berg* (Fn. 7), Art. 45a Rn. 9.

[13] *H. H. Klein*, in: Maunz/Dürig, GG, Art. 45a (1996), Rn. 12; *K.-A. Hernekamp*, in: v. Münch/Kunig, GG II, Art. 45a Rn. 2; *Stern*, Staatsrecht II, S. 92; *v. Mangoldt/Klein*, GG, Art. 45a Anm. II 3.; »obligatorische Ausschüsse« *K.-A. Versteyl*, in: I. v. Münch, Grundgesetz Kommentar, Bd. 2, 2. Aufl. 1983, Art. 43 Rn. 4; vgl. auch § 54 II GOBT.

[14] Vgl. für Untersuchungsausschüsse BVerfGE 67, 100 (123 f.); ferner *S. Magiera*, in: Sachs, GG, Art. 45a Rn. 2.; *Berg* (Fn. 7), Art. 45a Rn. 25.

[15] *Klein* (Fn. 13), Art. 45a Rn. 12; *Hernekamp* (Fn. 13), Art. 45a Rn. 2; *Achterberg/Schulte*, GG VI, Art. 45a Rn. 12.

[16] Vgl. § 55 IV GOBT; *Hernekamp* (Fn. 13), Art. 45a Rn. 2.

[17] § 54 I GOBT; zur nicht unproblematischen Begrifflichkeit vgl. *Achterberg*, Parlamentsrecht, S. 134 f.

[18] Zum Prestige und zur politischen Bedeutung vgl. *J. C. Weichert*, Außenpolitik 11 (1960), 618 ff.; *C.-C. Schweitzer*, APuZ B 19 (1980), 3 ff.; sowie die Fallstudien in *G. Patz*, Parlamentarische Kontrolle der Außenpolitik, 1976.

[19] Vgl. hierzu *Berg*, Verteidigungsausschuß (Fn. 3), S. 152 ff., 175 ff.

[20] *Berg* (Fn. 7), Art. 45a Rn. 73; *Berg*, Verteidigungsausschuß (Fn. 3), S. 103 ff.; *E. Busch*, NZWehrR 25 (1983), 81 (85); a.A. *Achterberg*, Parlamentsrecht, S. 193.

[21] Dazu im einzelnen *H. Troßmann/A. Roll*, Parlamentsrecht des Deutschen Bundestages, 1981, § 57 Rn. 1; zur Bestimmung des Ausschußvorsitzenden *Achterberg/Schulte*, GG VI, Art. 45a Rn. 15.

Bei Ausscheiden des Ausschußmitglieds aus der Fraktion besteht ein Rückrufrecht[22]. Ein Fraktionsmitglied kann demgegenüber gegen seinen Willen allenfalls in besonders begründeten Fällen zurückgerufen werden[23]. Im übrigen sind beide Gremien geschlossene Ausschüsse gem. § 69 II GOBT[24].

III. Aufgaben und Befugnisse der Ausschüsse

Der Aufgabenbereich des Auswärtigen Ausschusses ist grundsätzlich deckungsgleich mit dem Begriff der auswärtigen Angelegenheiten des Art. 73 Nr. 1 GG[25], so daß jedenfalls diejenigen Beziehungen, die sich aus der Stellung der Bundesrepublik als Völkerrechtssubjekt zu anderen Staaten und Völkerrechtssubjekten ergeben[26], Gegenstand der Beratungen sein können. Die begriffliche Übereinstimmung mit Art. 73 Nr. 1 GG bedeutet freilich keine Beschränkung auf den Bereich der Gesetzgebung. Die Aufgabe erstreckt sich vielmehr auf die Kontrolle der gesamten Tätigkeit der Exekutive in diesem Bereich[27]. Politisch entspricht der Geschäfts- und Aufgabenbereich des Ausschusses dem des Auswärtigen Amtes, was dem Sinn der von der Gesetzgebungs- und Kontrollfunktion des Parlaments geforderten Symmetrie zwischen (Fach-)Ressortkompetenzen und (Fach-)Ausschußkompetenz entspricht[28]. Die Kompetenzen müssen sich innerhalb der (Kontroll-)Befugnisse des Bundestages halten. Dies kann wegen des parlamentarischen Regierungssystems und des Budgetrechts jedoch keine Beschränkung auf die Befugnisse des Art. 59 II GG beinhalten und damit die politische Gestaltung der außenpolitischen Beziehungen über Art. 59 II GG hinaus nicht aus den Beratungen ausschließen[29]. Die **Kontrollaufgaben** können im voraus, etwa durch die Ausgabenbewilligungen, begleitend durch die parlamentarischen Informationsrechte und nachwirkend durch eine Durchführungskontrolle wahrgenommen werden[30]. Die parlamentarische **Kontrollkompetenz** ist insoweit entgegen der Rechtsprechung[31] nicht auf eine nachträgliche Kontrolle begrenzt[32].

Der **Geschäftsbereich** des Verteidigungsausschusses umfaßt nur die **militärische Verteidigung** einschließlich der militärischen Abwehr (MAD), der Bundeswehrverwaltung, des Wehrersatz- und Wehrbeschaffungswesens und der Bundeswehrhochschulen, nicht jedoch die zivile Verteidigung und das Zivildienstwesen. Das folgt sowohl aus dem von Art. 17a II, 73 Nr. 1, 87b II 1 GG abweichenden Wortlaut[33] als auch

---

[22] Vgl. BVerfGE 80, 188 (221 ff.).
[23] *Berg* (Fn. 7), Art. 45a Rn. 103; *Achterberg/Schulte*, GG VI, Art. 38 Rn. 44 ff. m.w.N.
[24] Vgl. *Troßmann/Roll*, Parlamentsrecht (Fn. 21), § 69 Rn. 2.
[25] *T. Maunz*, in: Maunz/Dürig, GG, Art. 73 (1988), Rn. 29; *Hernekamp* (Fn. 13), Art. 45a Rn. 4; kritisch *Berg* (Fn. 7), Art. 45a Rn. 111, dessen Position aber nicht ganz klar wird.
[26] BVerfGE 33, 52 (60); *Magiera* (Fn. 14), Art. 45a Rn. 4; die Beziehungen zur DDR gehörten nach h. M. nicht dazu, vgl. nur *Achterberg/Schulte*, GG VI, Art. 45a Rn. 18 m.w.N.
[27] *Magiera* (Fn. 14), Art. 45a Rn. 5.
[28] *Hernekamp* (Fn. 13), Art. 45a Rn. 2; *Achterberg/Schulte*, GG VI, Art. 45a Rn. 21; s. a. *Berg* (Fn. 7), Art. 45a Rn. 111.
[29] So aber *Berg* (Fn. 7), Art. 45a Rn. 113; *Achterberg/Schulte*, GG VI, Art. 45a Rn. 19.
[30] Zutreffend *Hernekamp* (Fn. 13), Art. 45a Rn. 4.
[31] BVerfGE 67, 100 (139); BayVerfGH NVwZ 1986, 822 (824).
[32] *W. Krebs*, Kontrolle in staatlichen Entscheidungsprozessen, 1984, S. 151 ff.; *W. Heun*, Staatshaushalt und Staatsleitung, 1989, S. 108 Fn. 110, 500 Fn. 71.
[33] H. M.: *v. Mangoldt/Klein*, GG, Art. 45a, Anm. III, 4; *Klein* (Fn. 13), Art. 45a Rn. 21; *G. Hahnenfeld*, NJW 1963, 2145 (2146); *Hernekamp* (Fn. 13), Art. 45a Rn. 6; *Berg* (Fn. 7), Art. 45a Rn. 115; *Achterberg/Schulte*, GG VI, Art. 45a Rn. 20.

aus der funktionalen Symmetrie zu den Fachressorts, da die beiden letzteren Aufgaben bei anderen Ministerien ressortieren[34]. In Haushaltsfragen kommt dem Verteidigungsausschuß, wie allen Fachausschüssen, im wesentlichen nur das Recht zur gutachterlichen Stellungnahme gem. § 95 I GOBT zu[35], er wird aber auch bei militärischen Beschaffungsvorhaben informell herangezogen[36].

7   Noch stärker als beim Auswärtigen Ausschuß kann das parlamentarische Auskunftsrecht des Verteidigungsausschusses durch die **Geheimhaltungsinteressen** der Regierung beschränkt werden. Die erforderliche Abwägung zwischen den gegenläufigen Interessen muß freilich die Ausschöpfung aller parlamentarischen Geheimhaltungsmöglichkeiten (vgl. §§ 16 ff., 69, 73 GOBT, GeheimSchutzO, Anl. 3 zur GOBT) zugrundelegen[37]. Der Geheimnisschutz kann darüber hinaus die ohnehin nur im Rahmen der §§ 62, 63 I, 66 GOBT bestehende Berichtspflicht gegenüber dem Plenum einschränken[38].

IV. Der Verteidigungsausschuß als Untersuchungsausschuß (Art. 45a II, III GG)

8   Abweichend von Art. 44 I GG i.V.m. § 54 GOBT besitzt der Verteidigungsausschuß die Rechte eines Untersuchungsausschusses aufgrund des Art. 45a II 1 GG bereits unmittelbar von Verfassungs wegen und bedarf insofern nicht der formellen Einsetzung durch das Plenum. Die Wahrnehmung dieser Rechte des Ausschusses setzt im Einzelfall eine **förmliche Konstituierung als Untersuchungsausschuß** voraus[39], die aufgrund eines einfachen Mehrheitsbeschlusses des Verteidigungsausschusses oder eines qualifizierten Minderheitsbeschlusses gem. Art 45a II 2 GG erfolgt[40]. Daher ist der Verteidigungsausschuß genau besehen kein »Daueruntersuchungsausschuß«[41]. Für diese

---

[34] Vgl. LuftSchG, KatSG, SicherstellungsG sowie § 2 ZDG; zur Kontrollaufgabe vgl. auch BVerwG ZBR 1981, 107.
[35] Kritisch dazu *Berg*, Verteidigungsausschuß (Fn. 3), S. 203 ff.; *Berg* (Fn. 7), Art. 45a Rn. 137, 142; *Achterberg/Schulte*, GG VI, Art. 45a Rn. 21.
[36] *Berg*, Verteidigungsausschuß (Fn. 3), S. 186; *Heun*, Staatshaushalt (Fn. 32), S. 458 f.
[37] Vgl. BVerfGE 67, 100 (135 f.); *Hernekamp* (Rn. 13), Art. 45a Rn. 7; *Berg* (Fn. 7), Art. 45a Rn. 151 ff., 172 ff.; *Berg*, Verteidigungsausschuß (Fn. 3), S. 138 ff.
[38] *Hernekamp* (Fn. 13), Art. 45a Rn. 7; *Berg* (Fn. 7), Art. 45a Rn. 248 f.; *M. Oldiges*, Wehrrecht und Zivilverteidigungsrecht, in: N. Achterberg/G. Püttner, Besonderes Verwaltungsrecht, Bd. II, 1992, Rn. 1124 ff. (Rn. 1162); pauschal a.A. *W. Martens*, Grundgesetz und Wehrverfassung, 1961, S. 8. Beispiel: BT-Drs. 12/5338.
[39] *G. Willms*, Parlamentarische Kontrolle und Wehrverfassung, Diss. jur. Göttingen 1961, S. 35; *Klein* (Fn. 13), Art. 45a Rn. 35; *Hernekamp* (Fn. 13), Art. 45a GG Rn. 8; *G. Frank* in: AK-GG, Art. 45a GG Rn. 44; *Berg* (Fn. 7), Art. 45a (II) Rn. 220 ff.; *Achterberg/Schulte*, GG VI, Art. 45a Rn. 30; *Magiera* (Fn. 14), Art. 45a Rn. 7; »Förmlicher Einleitungsbeschluß«. So auch *Oldiges*, Wehrrecht (Fn. 38), Rn. 1162. Jüngstes Beispiel: Konstituierung am 14. 1. 1998 durch Beschluß vom 12. 12. 1997; zur Zulässigkeit der Bildung von Unterausschüssen *Klein* (Fn. 13), Art. 45a Rn. 49 f.
[40] Es reicht der Minderheitsbeschluß aus, der Antrag muß noch nicht das Quorum erfüllen, wohl h. M.: *Hernekamp* (Fn. 13), Art. 45a Rn. 8; *Berg*, Verteidigungsausschuß (Fn. 3), S. 229 f. m.w.N.; *Berg* (Fn. 7), Art. 45a Rn. 229 ff. m.w.N.; *Achterberg/Schulte*, GG VI, Art. 45a Rn. 33; a.A. *G. Hahnenfeld*, NJW 1963, 2145 (2146); *T. Maunz*, in: Maunz/Dürig, GG, Art. 44 (1960), Rn. 33; *Willms*, Kontrolle (Fn. 39), S. 41.
[41] So mißverständlich einige Stellungnahmen im Rechtsausschuß, Nachweis in: *Berg* (Fn. 7), Art. 45a Anm. I 2b; sowie *v. Mangoldt/Klein*, GG, Art. 45a, Anm. III, 3 c; kritisch zur Behinderung der übrigen Ausschußarbeit durch die Tätigkeit als Untersuchungsausschuß *Klein* (Fn. 13), Art. 45a Rn. 47.

Rechte gelten im übrigen die allgemeinen Regeln und Schranken für Untersuchungsausschüsse gem Art. 44 GG.

Art. 45a III GG begründet ein **Untersuchungsmonopol** des Verteidigungsausschusses, indem er durch den Ausschuß des Art. 44 I GG dem Plenum in Verteidigungsfragen eine eigenständige Untersuchungsinitiative versperrt[42]. Das gilt auch für solche Untersuchungsaufträge, die nur teilweise in das Monopol fallen[43], jedoch wegen des rechtsstaatlichen Verbots einer Selbstkontrolle nicht für Fälle, in denen der Verteidigungsausschuß selbst oder einzelne seiner Mitglieder Untersuchungsgegenstand sind, wie etwa bei Korruptionsvorwürfen[44]. Das Enquêtemonopol befreit den Ausschuß nicht von seiner **Berichtspflicht** gegenüber dem Plenum[45]. Im übrigen sind die Untersuchungen im Gegensatz zu Art. 44 I GG ausnahmslos nicht-öffentlich durchzuführen[46].

D. Verhältnis zu anderen GG-Bestimmungen

Gegenüber dem Wehrbeauftragten (**Art. 45b GG**) besitzt der Verteidigungsausschuß die vorrangige Zuständigkeit und ein Weisungsrecht, das dem des Plenums vorgeht; der Wehrbeauftragte ist jedoch in der Ausübung seiner Tätigkeit als selbständiges Kontrollorgan weisungsunabhängig[47]. Die Befugnisse des Gemeinsamen Ausschusses (**Art. 53a GG**) berühren die Kompetenzen des Auswärtigen Ausschusses und des Verteidigungsausschusses weder im Spannungs- noch im Verteidigungsfall (**Art. 80a, 115a GG**). Seine Tätigkeit als Ersatzorgan des Plenums (**Art. 115e I, 115l I GG**) erfordert in diesen Fällen auch keine Neukonstituierung der weiter bestehenden Ausschüsse[48].

---

[42] *Klein* (Fn. 13), Art. 45a Rn. 39; *Hernekamp* (Fn. 13), Art. 45a Rn. 10; *Berg* (Fn. 7), Art. 45a Rn. 210 m.w.N.; *Achterberg/Schulte*, GG VI, Art. 45a Rn. 35; a. A. *Jarass/Pieroth*, GG, Art. 45a Rn. 1; praktisch hat der Bundestag im Fall des Untersuchungsausschusses zur HS-30 Affäre dagegen verstoßen, s. *E. Busch*, NZWehrR 25 (1983), 81 (89).

[43] *R. Schick*, Wehrwissenschaftliche Rundschau 1968, 1 (10); *Berg*, Verteidigungsausschuß (Fn. 3), S. 221 f.; *Berg* (Fn. 7), Art. 45a Rn. 211 ff.; *Achterberg/Schulte*, GG VI, Art. 45a Rn. 36.

[44] *Hernekamp* (Fn. 13), Art. 45a Rn. 10; *Achterberg/Schulte*, GG VI, Art. 45a Rn. 37; a.A. *R. Schick*, Wehrwissenschaftliche Rundschau 1968, 1 (9).

[45] *Hamann/Lenz*, GG, Art. 45a, Erl.; *Martens*, Grundgesetz (Fn. 38), S. 177; *Berg*, Verteidigungsausschuß (Fn. 3), S. 244 f.; *Achterberg/Schulte*, GG VI, Art. 45a Rn. 42; *Magiera* (Fn. 14), Art. 45a Rn. 8; *Klein* (Fn. 13), Art. 45a Rn. 43; a.A. *G. Dürig*, in: Maunz/Dürig, GG, Art. 45a (1960) Rn. 10; *Hernekamp* (Fn. 13), Art. 45a Rn. 10; *Stern*, Staatsrecht II, S. 92; *Willms*, Kontrolle (Fn. 39), S. 70.

[46] *Klein* (Fn. 13), Art. 45a Rn. 45; *Hernekamp* (Fn. 13), Art. 45a Rn. 10; *Achterberg/Schulte*, GG VI, Art. 45a Rn. 39; a.A. Schmidt-Bleibtreu/*Klein*, GG, Art. 45a Rn. 3; vgl. auch *Berg* (Fn. 7), Art. 45a Rn. 236 ff. der insoweit zwischen Beweisaufnahme und Beratung differenziert; zum Problem vgl. a. *E. Hucko*, ZParl. 10 (1979), 304 (306 ff.).

[47] Vgl. *K.-A. Hernekamp*, in: v. Münch/Kunig, GG II, Art. 45b Rn. 19 f.; *Achterberg/Schulte*, GG VI, Art. 45a Rn. 23 ff.; → Art. 45b Rn. 12 ff.

[48] *Hernekamp* (Fn. 13), Art. 45a Rn. 11.

Art. 45b

Artikel 45b [Wehrbeauftragter]

¹Zum Schutz der Grundrechte und als Hilfsorgan des Bundestages bei der Ausübung der parlamentarischen Kontrolle wird ein Wehrbeauftragter des Bundestages berufen. ²Das Nähere regelt ein Bundesgesetz.

Literaturauswahl

Busch, Eckart: Das Amt des Wehrbeauftragten des Deutschen Bundestages, 1969.
Busch, Eckart: Der Wehrbeauftragte des Bundestages, in: Schneider/Zeh, § 51, S. 1393–1419.
Erbel, Günter: Parlament und Wehrbeauftragter in der Verfassungsentwicklung der Bundesrepublik Deutschland, in: Der Staat 14 (1975), S. 347–370.
Hartenstein, Frank-Helmut: Der Wehrbeauftragte des Deutschen Bundestages, 1977.
Klenner, Jochen: Der Wehrbeauftragte als Kontrollinstitution des Deutschen Bundestages, in: NZWehrR 10 (1968), S. 81–94.
Maurer, Hartmut: Wehrbeauftragter und Parlament, 1965.
Müser, Andreas: Wehrbeauftragter und Gewaltenteilung, 1976.
Oertel, Julius E.: Der Wehrbeauftragte des Deutschen Bundestages und sein Verhältnis zum Parlament, Diss. jur. Bonn 1979.
Vogt, Wolfgang R.: Militär und Demokratie, 1972.

Leitentscheidungen des Bundesverfassungsgerichts

Diese liegen zu Art. 45b GG bislang nicht vor.

Gliederung

	Rn.
A. Herkunft, Entstehung, Entwicklung	1
B. Internationale, supranationale und rechtsvergleichende Bezüge	2
C. Erläuterungen	3
I. Allgemeine Bedeutung	3
II. Die Rechtsstellung des Wehrbeauftragten	4
1. Organ des Bundestages	4
2. Amtsverhältnis	5
3. Wahl und Amtsdauer	6
III. Aufgaben und Befugnisse	8
1. Aufgaben und Kompetenzbereich	8
2. Verhältnis zu Bundestag und Verteidigungsausschuß	12
a) Handeln auf Weisung	13
b) Handeln aufgrund eigener Entscheidung	16
3. Amtsbefugnisse	18
4. Berichterstattung	19
D. Verhältnis zu anderen GG-Bestimmungen	20

A. Herkunft, Entstehung, Entwicklung

1 Das Amt des Wehrbeauftragten ist in der deutschen Verfassungsgeschichte ohne Vorbild. Bei der Aufnahme des Art. 45b in das Grundgesetz durch das 7. Änderungsgesetz vom 19. 3. 1956[1] hat man sich vielmehr an dem **schwedischen »Militie-Ombudsman«**

---

[1] BGBl. I S. 111.

orientiert². Der Wehrbeauftragte wurde anstelle eines zunächst erwogenen besonderen Mißtrauensvotums gegen den Verteidigungsminister³ auf Initiative der Opposition⁴ im Rahmen der Beratungen des Ausschusses für Fragen der europäischen Sicherheit eingefügt und gegen Bedenken der CDU/CSU als Ausgleich für den Verzicht der SPD auf das Mißtrauensvotum im Zuge der Wehrnovelle⁵ verfassungsrechtlich verankert. Die Norm des Art. 45b GG ist seitdem unberührt geblieben, das aufgrund des Art. 45b GG ergangene »Gesetz über den Wehrbeauftragten des Bundes« vom 26.6. 1957⁶ ist jedoch ersetzt worden durch das grundlegend neugefaßte Gesetz vom 16.6. 1982⁷.

B. Internationale, supranationale und rechtsvergleichende Bezüge

Nachdem das schwedische Vorbild 1968 durch die Zusammenlegung mit dem Justitie-Ombudsman in eine einheitliche Institution umgewandelt worden ist⁸, ist der deutsche Wehrbeauftragte die **weltweit einzige Institution** seiner Art⁹. Demgegenüber gibt es jedoch zahlreiche verschiedene Ausprägungen eines Ombudsmans, der als Institution seit den sechziger Jahren zunehmende Verbreitung gefunden hat¹⁰. Im übrigen bleibt die Institution des Wehrbeauftragten von europarechtlichen Einwirkungen unbeeinflußt. Die Eingliederung in die NATO begrenzt die Kontrollzuständigkeit des Wehrbeauftragten nur insoweit, als operative Führungsmaßnahmen ausländischer Vorgesetzter bei einer Unterstellung deutscher Soldaten nicht Kontrollgegenstand sein können¹¹.

2

C. Erläuterungen

I. Allgemeine Bedeutung

Als wesentlicher **Bestandteil der Wehrverfassung** dient die Einrichtung des Wehrbeauftragten vor allem der Verstärkung parlamentarischer Kontrolle über die Streitkräfte¹², zugleich aber auch der Integration der Streitkräfte in das demokratische System¹³. Der Wehrbeauftragte ist daher sowohl **Kontrollinstrument des Parlaments** (→

3

---

² Vgl. dazu *G. Hahn*, AöR 84 (1959), 377ff.
³ Vgl. Sten.Ber. II/132. Sitzung, S. 6820ff.
⁴ Vgl. BT-Drs. II/2150, S. 3.
⁵ *E. Busch*, Das Amt des Wehrbeauftragten des Deutschen Bundestages, 1969, S. 69ff.; ders., in: BK, Art. 45b (Zweitb. 1984), I (Entstehungsgeschichte); *A. Müser*, Wehrbeauftragter und Gewaltenteilung, 1976, S. 44ff.
⁶ BGBl. I S. 652.
⁷ BGBl. I S. 677; dazu *P. Wolf*, NZWehrR 24 (1982), 8ff., 46ff., 92ff.; zuletzt geändert durch G. vom 30.3.1990, BGBl. I S. 599 (WBeauftrG); dazu *E. Busch*, ZG 7 (1992), 71ff.
⁸ Vgl. jetzt Kap. 12 § 6 Verf. von 1974; dazu *N. Stiernquist*, JöR 26 (1977), 315 (364).
⁹ Vergleichbar ansonsten nur noch der australische Defence Force Ombudsman.
¹⁰ Überblicke bei *M.A. Hadi*, Revue Internationale des Sciences Administratives 1977, 334ff.; *E. Busch*, in: BK, Art. 45b (Erstb. 1981), III (Rechtsvergleichende Hinweise); *G.E. Caiden*, International Handbook of the Ombudsman, 2 Bde., 1983.
¹¹ *K.A. Klang*, NZWehrR 28 (1986), 103 (107ff.).
¹² BVerfGE 90, 286 (385).
¹³ Vgl. BT-Drs. II/2150, S. 3.

Art. 38 Rn. 43) als auch **Beschwerdeinstanz und Vertrauensperson der Streitkräfte** und damit Mittler zwischen den Streitkräften einerseits sowie Staat und Gesellschaft andererseits[14]. Schließlich soll durch die Einrichtung des Wehrbeauftragten die durch die Konzepte der Inneren Führung[15] und des Staatsbürgers in Uniform[16] gekennzeichnete innere Struktur der Bundeswehr institutionell abgesichert werden. Nach anfänglichen Schwierigkeiten[17] ist der Wehrbeauftragte heute eine weitgehend unangefochtene Einrichtung[18].

II. Die Rechtsstellung des Wehrbeauftragten

1. Organ des Bundestages

4   Der Wortlaut des Art. 45b GG (»Zum Schutz der Grundrechte und als Hilfsorgan des Bundestages«) legt zunächst die Annahme einer Doppelfunktion des Wehrbeauftragten nahe. Danach ist zwischen dem Grundrechtsschutz und der Kontrolltätigkeit als Hilfsorgan zu unterscheiden, woraus zusätzlich auf eine Doppelstellung als selbständiges Organ und abhängiges Hilfsorgan geschlossen worden ist[19]. Demgegenüber sieht die herrschende Meinung den Wehrbeauftragten zu Recht **in seinem gesamten Funktionsbereich als Organ des Bundestages an**[20]. Nach Wortlaut (»Wehrbeauftragter des Bundestages«), systematischer Stellung und Zweck des Art. 45b GG ist der Wehrbeauftragte dem Bundestag als Kontrollorgan zugeordnet. Anders als § 2 WBeauftrG 1957 bringt § 1 I WBeauftrG 1982 dies nunmehr deutlich zum Ausdruck[21]. Die Aufgabe der Grundrechtsüberwachung ist zutreffend als verfassungsrechtlich festgelegter Dauerauftrag im Gegensatz zu den in den übrigen Fällen speziellen Auftragserteilungen durch den Bundestag zu verstehen[22]. Insofern sind auch Differenzierungen zwi-

---

[14] Vgl. *Busch*, Amt (Fn. 5), S. 28 ff.; *ders*. (Fn. 5), Art. 45b Rn. 20 ff.; *G. Erbel*, Der Staat 14 (1975), 347 (353).

[15] § 1 III 1 WBeauftrG; *W. R. Vogt*, Militär und Demokratie, 1972, S. 24 ff.; *Busch* (Fn. 5), Art. 45b Rn. 22, 71 ff.; *F.-H. Hartenstein*, Der Wehrbeauftragte des Deutschen Bundestages, 1977, S. 136 ff.; zum Konzept der Inneren Führung vgl. hier nur *W. Graf Baudissin*, Soldat für den Frieden, 1969, S. 117 ff.; *G.-G. v. Ilsemann*, Die innere Führung in den Streitkräften, 1981; D. Walz (Hrsg.), Drei Jahrzehnte Innere Führung, 1987; *W. Brunkow*, NZwehrR 12 (1970), 10 ff.

[16] → Art. 17a Rn. 1.

[17] *G. Moritz*, Bundeswehrverwaltung 1974, 25 ff.; *J. Klenner*, NZWehrR 10 (1968), 81 (92 ff.); vgl. auch die empirischen Untersuchungen von *Vogt*, Militär (Fn. 15), S. 112 ff.; *J. E. Oertel*, Der Wehrbeauftagte des Deutschen Bundestages und sein Verhältnis zum Parlament, Diss. jur. Bonn 1979, S. 212 ff.

[18] *K.-A. Hernekamp*, in: v. Münch/Kunig, GG II, Art. 45b Rn. 2; kritisch: *W. Frhr. v. Bredow*, Blätter für deutsche und internationale Politik 13 (1968), 821 ff.; *Vogt*, Militär (Fn. 15), S. 195 ff., 204 ff.

[19] *C. H. Ule*, JZ 1957, 422 ff.; *v. Mangoldt/Klein*, GG, Art. 45b, Anm. III, 2; *Hamann/Lenz*, GG, Art. 45b, Erl.; *H. J. Wolff/O. Bachof*, Verwaltungsrecht II, 4. Aufl. 1976, § 75 I e 2 b (S. 68).

[20] *G. Dürig*, in: Maunz/Dürig, GG, Art. 45b (1960), Rn. 5 ff.; *W. Martens*, Grundgesetz und Wehrverfassung, 1961, S. 183 ff.; *G. Willms*, Parlamentarische Kontrolle und Wehrverfassung, Diss. jur. Göttingen 1961, S. 100 ff.; *Busch* (Fn. 5), Art. 45b Rn. 35 ff.; *Achterberg/Schulte*, GG VI, Art. 45b Rn. 8 ff.; *Müser*, Wehrbeauftragter (Fn. 5), S. 54 ff.; *Stern*, Staatsrecht II, S. 94; *G. Frank*, in: AK-GG, hinter Art. 87 Rn. 53; *F. Kirchhof*, Bundeswehr, in: HStR III, § 78 Rn. 19; *M. Oldiges*, Wehrrecht und Zivilverteidigungsrecht, in: N. Achterberg/G. Püttner, Besonderes Verwaltungsrecht Bd. II, 1992, Rn. 1124 ff. (1163); *S. Magiera*, in: Sachs, GG, Art. 45b Rn. 3.

[21] Vgl. auch *Busch* (Fn. 5), Art. 45b Rn. 34a, 48a; *Hartenstein*, Wehrbeauftragte (Fn. 15), S. 73 ff.; kritisch demgegenüber *Hernekamp* (Fn. 18), Art. 45b Rn. 9.

[22] So zuerst *Dürig* (Fn. 20), Art. 45b Rn. 7; dem folgend *Busch* (Fn. 5), Art. 45b Rn. 36; *Achterberg/Schulte*, GG VI, Art. 45b Rn. 10.

schen funktioneller und organisatorischer Stellung[23] oder Tätigkeiten als selbständiges und unselbständiges Organ[24] verfehlt. Das schließt die einfachgesetzliche Einräumung einer gewissen Selbständigkeit (§ 5 II WBeauftrG) und eigenständiger Initiative (§ 1 III WBeauftrG) nicht aus.

2. Amtsverhältnis

Das einfachgesetzlich geregelte Amtsverhältnis des Wehrbeauftragten ist an das der Bundesminister angelehnt. Dementsprechend steht der Wehrbeauftragte gem. § 15 WBeauftrG in einem **öffentlich-rechtlichen Amtsverhältnis** zum Bund[25]. Der Wehrbeauftragte hat seinen Sitz beim Bundestag (§ 16 I WBeauftrG)[26], untersteht aber nicht mehr der Dienstaufsicht des Bundestagspräsidenten[27]. Im übrigen ist der Wehrbeauftragte gem. § 16 II WBeauftrG Vorgesetzter der ihm beigegebenen Beschäftigten[28].

3. Wahl und Amtsdauer

Der Wehrbeauftragte wird vom Bundestag auf Vorschlag des Verteidigungsausschusses, einer Fraktion oder einer Abgeordnetengruppe in Fraktionsstärke ohne Aussprache mit verdeckten Stimmzetteln (§ 49 GOBT) mit absoluter Mehrheit[29] gem. § 13 WBeauftrG/§ 113 GOBT gewählt. Die **Wählbarkeit** ist an die aktive Wahlberechtigung zum Bundestag, die deutsche Staatsangehörigkeit sowie die Vollendung des 35. Lebensjahres geknüpft. Das zusätzliche Erfordernis einer mindestens einjährigen Wehrdienstleistung ist 1990 aufgegeben worden[30], so daß nunmehr uneingeschränkt **auch Frauen wählbar sind**[31].

Die **Amtszeit** beträgt fünf Jahre – unabhängig von den Wahlperioden des Bundestages[32]. Eine Wiederwahl ist unbegrenzt möglich (§ 14 II WBeauftrG). Das Amtsverhältnis beginnt mit der Ernennung durch den Bundespräsidenten (§ 15 I, II WBeauftrG) und endet gem. § 15 III WBeauftrG, wenn nicht durch Tod, Abberufung oder Entlassung auf Verlangen, unmittelbar mit Ablauf der Amtsperiode und nicht mehr mit der Ernennung des Nachfolgers (so noch § 15 III Nr. 1 WBeauftrG 1957). Obwohl nicht zuletzt wegen der Notwendigkeit des Grundrechtsschutzes eine verfassungsrechtliche Pflicht zur sofortigen Bestellung eines Wehrbeauftragten besteht[33], ergibt

---

[23] *H. Maurer*, Wehrbeauftragter und Parlament, 1965, S. 19ff.; *J. Klenner*, NZWehrR 1968, 82 (84); *G. Brunner*, Kontrolle in Deutschland, 1972, S. 182; kritisch *Busch* (Fn. 5), Art. 45b Rn. 51 ff.
[24] *Hernekamp* (Fn. 18), Art. 45b Rn. 6; kritisch dazu *Busch* (Fn. 5), Art. 45b Rn. 55.
[25] *Achterberg*, Parlamentsrecht, S. 198f.; *Maurer*, Wehrbeauftragter (Fn. 23), S. 25f.; *Achterberg/Schulte*, GG VI, Art. 45b Rn. 14f.
[26] Konkretisiert durch Organisationserlaß des Bundestagspräsidenten v. 25. 6. 1982.
[27] So noch § 16 I 1 WBeauftrG 1957; kritisch dazu *Dürig* (Fn. 20), Art. 45b Rn. 14.
[28] I. S. v. § 3 II 2 BBG, nicht Dienstvorgesetzter i. S. v. § 3 II 1 BBG; *Achterberg/Schulte*, GG VI, Art. 45b Rn. 32.
[29] Rechtspolitische Kritik mit Plädoyer für eine Zweidrittelmehrheit bei *Dürig* (Fn. 20), Art. 45b Rn. 12 Fn. 2; kritisch auch *Stern*, Staatsrecht II, S. 94.
[30] Novelle vom 30. 3. 1990 (BGBl. I S. 599).
[31] Da Frauen eine Wehrdienstleistung möglich war (s. § 1 III SoldG), waren sie prinzipiell auch zuvor wählbar; a. A. noch *Dürig* (Fn. 20), Art. 45b Rn. 12.
[32] Zu diesem Element der Kontinuität *E. Busch*, Der Wehrbeauftragte des Bundestages, in: Schneider/Zeh, § 51 Rn. 19.
[33] *Hernekamp* (Fn. 18), Art. 45b Rn. 10.

sich nunmehr das **Risiko einer Vakanz**, das durch die Vertretungsregelung des § 17 WBeauftrG nicht vollständig aufgefangen wird[34]. Insbesondere steht dem leitenden Beamten, dem im Fall der Vakanz und der Verhinderung die Vertretung obliegt, das wichtige Inspektionsrecht gem. § 3 Nr. 4 WBeauftrG allenfalls nach drei Monaten zu[35].

III. Aufgaben und Befugnisse

1. Aufgaben und Kompetenzbereich

8   Art. 45b GG weist dem Wehrbeauftragten die übergreifende **Aufgabe der parlamentarischen Kontrolle** im Bereich der militärischen Verteidigung verfassungsrechtlich zu. Im Begriff der parlamentarischen Kontrolle liegt beschlossen, daß die Kompetenzen des Wehrbeauftragten nur soweit reichen wie die Kontrollkompetenzen des Bundestages[36]. Das gilt im Hinblick auf die durch das Bundesstaatsprinzip[37] ebenso wie durch den Grundsatz der Gewaltenteilung[38] gezogenen Grenzen. Darüber hinaus ist der **Kontrollbereich** des Wehrbeauftragten sachlich auf den gesamten Bereich **der militärischen Verteidigung beschränkt**[39]. Das ergibt sich schon aus der Bezeichnung als Wehrbeauftragter. Damit sind sowohl der zivile Ersatzdienst[40] als auch die zivile Verteidigung[41], nicht dagegen die Bundeswehrverwaltung[42] der Kontrolle des Wehrbeauftragten verschlossen. Allerdings ist der Zuständigkeitsbereich nicht völlig deckungsgleich mit dem Geschäftsbereich des Bundesministers für Verteidigung[43]. Personell erfaßt die parlamentarische Kontrolle die **Soldaten, aber auch zivile Bedienstete und Reservisten**[44].

9   Die parlamentarische Kontrolle stellt die übergreifende Aufgabe des Wehrbeauftragten dar. Die gesamte Tätigkeit des Wehrbeauftragten ist parlamentarische Kon-

---

[34] Kritisch zum Vakanzrisiko *Hernekamp* (Fn. 18), Art. 45b Rn. 15; *Busch* (Fn. 5), Art. 45b Rn. 358a; *Achterberg/Schulte*, GG VI, Art. 45b Rn. 26; anders die Begründung zur Neuregelung: BT-Drs. 9/419, S. 8.

[35] Nach § 17 II WBeauftrG kann insoweit der Verteidigungsausschuß den Vertreter ermächtigen; zur Vertretungsregelung näher *E. Busch*, DÖV 1970, 331 ff.; *ders.* (Fn. 5), Art. 45b Rn. 385 ff.; zu Recht kritisch zur Kann-Regelung *Hernekamp* (Fn. 18), Art. 45b Rn. 16.

[36] *G. Moritz*, NZWehrR 18 (1976), 41 (45); *Busch* (Fn. 5), Art. 45b Rn. 121; *Achterberg/Schulte*, GG VI, Art. 45b Rn. 69, 75.

[37] Die Kontrollbefugnis umfaßt insoweit aber auch die mittelbaren Einwirkungen aufgrund der Aufsichtsbefugnisse des Bundes, vgl. *Busch* (Fn. 5), Art. 45b Rn. 125; *Hartenstein*, Wehrbeauftragte (Fn. 15), S. 85; *Achterberg/Schulte*, GG VI, Art. 45b Rn. 69.

[38] *Hartenstein*, Wehrbeauftragte (Fn. 15), S. 79 ff.

[39] *Achterberg/Schulte*, GG VI, Art. 45b Rn. 70: »thematische Begrenzung«; vgl. a. *Hartenstein*, Wehrbeauftragte (Fn. 15), S. 86 ff.

[40] *Hernekamp* (Fn. 18), Art. 45b Rn. 10; *Dürig* (Fn. 20), Art. 45b Rn. 17; a. A. *Hamann/Lenz*, GG, Art. 45b, Erl.; *v. Mangoldt/Klein*, GG, Art. 45b Anm. IV, 1 b.

[41] *Hernekamp* (Fn. 18), Art. 45b Rn. 10.

[42] *Martens*, Grundgesetz (Fn. 20), S. 178; *Hartenstein*, Wehrbeauftragte (Fn. 15), S. 87; *Busch* (Fn. 5), Art. 45b Rn. 126; *Achterberg/Schulte*, GG VI, Art. 45b Rn. 71.

[43] *Busch* (Fn. 5), Art. 45b Rn. 124 ff.; *Achterberg/Schulte*, GG VI, Art. 45b Rn. 71; a. A. *Hernekamp* (Fn. 18), Art. 45b Rn. 10.

[44] *G. Moritz*, NZWehrR 18 (1976), 41 (47); *Hartenstein*, Wehrbeauftragte (Fn. 15), S. 106 f.; *Busch* (Fn. 5), Art. 45b Rn. 127; *Achterberg/Schulte*, GG VI, Art. 45b Rn. 72; dagegen fallen die Angehörigen der ehemaligen DDR-Grenztruppen nicht in die Zuständigkeit des Wehrbeauftragten, s. *R. Thiemann*, NZWehrR 35 (1993), 147 (155); *Hernekamp* (Fn. 18), Art. 45b Rn. 10.

III. Aufgaben und Befugnisse — Art. 45b

trolle⁴⁵. Der Schutz der Grundrechte und der Grundsätze der Inneren Führung sind Teilbereiche des parlamentarischen Kontrollauftrags, die von Art. 45b GG unmittelbar und durch § 1 III WBeauftrG konkretisiert zum Dauerauftrag erhoben werden⁴⁶.

Schon aufgrund der Formulierung des Art. 45b GG kommt der Aufgabe des Grundrechtsschutzes hervorgehobene Bedeutung zu. Das der Bundeswehr zugrundeliegende Verständnis der Soldaten als **Staatsbürger in Uniform** und die **prinzipielle Geltung der Grundrechte** im Wehrdienstverhältnis⁴⁷ bilden die Grundlage dieser Aufgabe des Wehrbeauftragten. Unter Grundrechten sind sowohl die Grundrechte der Art. 1–19 GG als auch die grundrechtsgleichen Rechte im Sinne des Art. 93 I Nr. 4a GG zu verstehen⁴⁸. Die Beschränkung des Schutzes auf »Grundrechte der Soldaten« gem. § 1 III WBeauftrG ist die gerechtfertigte Konkretisierung des Zwecks des Grundrechtsschutzes durch den Wehrbeauftragten, der die grundrechtlichen Gefahren des eigentlichen Wehrdienstes ausgleichen soll⁴⁹. Für Reservisten kommt es auf den Zeitpunkt des gerügten Vorgangs während des Wehrdienstes oder von Wehrübungen, nicht auf den Zeitpunkt der Eingabe an⁵⁰. Außerdem fallen sonstige Beschwerden von Reservisten und ungedienten Wehrpflichtigen in den Bereich der allgemeinen parlamentarischen Kontrolle⁵¹. **10**

Der durch § 1 III WBeauftrG ebenfalls dem Wehrbeauftragten übertragene Schutz der »**Grundsätze der Inneren Führung**« ist auch ein Ausschnitt des übergreifenden parlamentarischen Kontrollauftrags⁵². Dieses Reformkonzept moderner soldatischer Menschenführung⁵³ verfügt begrifflich »trotz seiner Schlüsselfunktion für das Binnengefüge einer Armee und ungeachtet zahlreicher Definitionsversuche über keine scharfen Konturen«⁵⁴. Obwohl es teilweise als unbestimmter Rechtsbegriff angesehen wird⁵⁵, spricht mehr für eine Charakterisierung als vornehmlich politische Kategorie⁵⁶. Als Teilelement politischer Kontrolle liegt die Definitionskompetenz beim Bundestag und damit auch untergeordnet beim Wehrbeauftragten⁵⁷. Durch die Beschränkung auf den Schutz der »Grundsätze« der Inneren Führung wird die Kompetenz des **11**

---

⁴⁵ Das folgt aus der allgemeinen Funktionsbestimmung des Wehrbeauftragten als Organ des Bundestages → Rn. 4; s. auch *Achterberg/Schulte*, GG VI, Art. 45b Rn. 74.

⁴⁶ → Rn. 4.

⁴⁷ → Art. 17a Rn. 4; im vorliegenden Zusammenhang auch *Hartenstein*, Wehrbeauftragte (Fn. 15), S. 129; *Maurer*, Wehrbeauftragter (Fn. 23), S. 15.

⁴⁸ *Hartenstein*, Wehrbeauftragte (Fn. 15), S. 131 f.; *P. Lerche*, Die Grundrechte der Soldaten, in: Die Grundrechte IV/1, S. 447 ff. (529 Fn. 294); *Achterberg/Schulte*, GG VI, Art. 45b Rn. 77; → Vorb. Rn. 27; → Art. 1 III Rn. 15 ff.

⁴⁹ *Hernekamp* (Fn. 18), Art. 45b Rn. 25; vgl. auch *C.H. Ule*, JZ 1957, 422 (429); auch die Grundrechtsgefährdung einbeziehend *Frank* (Fn. 20), hinter Art. 87 Rn. 50.

⁵⁰ *Hernekamp* (Fn. 18), Art. 45b Rn. 25.

⁵¹ → Rn. 9.

⁵² *Achterberg/Schulte*, GG VI, Art. 45b Rn. 79.

⁵³ Näher *Busch* (Fn. 5), Art. 45b Rn. 86 ff.; vgl. auch BT-Drs. 13/10000, S. 37; → Rn. 3.

⁵⁴ *Hernekamp* (Fn. 18), Art. 45b Rn. 26.

⁵⁵ W. *Brunkow*, NZWehrR 12 (1970), 10 ff.; *P. Wolf*, NZWehrR 24 (1982), 8 (18); BT-Drs. 7/334, S. 16; *Achterberg/Schulte*, GG VI, Art. 45b Rn. 80.

⁵⁶ Zutreffend *G. Moritz*, NZWehrR 16 (1974), 161 (163 ff.); *Busch* (Fn. 5), Art. 45b Rn. 74 ff.; unentschieden *Hernekamp* (Fn. 18), Art. 45b Rn. 26.

⁵⁷ Vgl. *Hernekamp* (Fn. 18), Art. 45b Rn. 26; in der Sache hat die Dienstvorschrift des Bundesministers für Verteidigung »Hilfen für die Innere Führung« (ZDV 10/1) die Konkretisierungsaufgabe wahrgenommen; s. auch Weißbuch 1973/74, Rn. 186.

Wehrbeauftragten von vornherein auf die Verletzung und Gefährdung der wesentlichen Prinzipien der Inneren Führung konzentriert[58].

2. Verhältnis zu Bundestag und Verteidigungsausschuß

12 Nach Maßgabe der einfachgesetzlichen Ausgestaltung der Tätigkeit des Wehrbeauftragten kann dieser entweder gem. § 1 II WBeauftrG auf Weisung des Bundestages oder des Verteidigungsausschusses sowie gem. § 1 III WBeauftrG aufgrund eigener Entscheidung tätig werden.

a) Handeln auf Weisung

13 Das **Weisungsrecht des Bundestages** konkretisiert die Hilfsorgan-Funktion des Wehrbeauftragten. Das doppelte Weisungsrecht wirft aber zugleich die Frage des Vorrangs der Weisungsbefugnisse auf, da der Gesetzgeber sich den verfassungsrechtlichen Bedenken gegen das Weisungsrecht des Bundestages[59] zu Recht nicht angeschlossen hat[60]. Der Wehrbeauftragte ist Organ des Bundestages und neben dem Verteidigungsausschuß als Instrument parlamentarischer Kontrolle eingerichtet worden. Andererseits muß sich auch der Wehrbeauftragte in das Gefüge der parlamentarischen Kontrolle des Verteidigungsbereichs des Grundgesetzes einfügen, und dieses konzentriert die Kontrollkompetenzen durch Art. 45a GG vornehmlich beim Verteidigungsausschuß. Dementsprechend sieht § 1 II 2 WBeauftrG eine **Weisungssperre** für das Plenum vor, wenn der Verteidigungsausschuß den Vorgang zum Gegenstand seiner eigenen Beratung macht. Beratung ist allerdings nicht bloß als eine Befassung i.S.d. § 62 I 3 GOBT, sondern als inhaltliche Willensbildung zu verstehen[61]. Aus systematischen Gründen muß auch eine Weisung des Verteidigungsausschusses eine entsprechende Sperrwirkung entfalten[62], so daß sich der Verteidigungsausschuß jederzeit zum Herr des Verfahrens machen kann. Diese **Vorrangwirkung** will vor allem Doppeluntersuchungen vermeiden und eine Aushöhlung des Untersuchungsmonopols des Verteidigungsausschusses nach Art. 45a III GG verhindern[63].

14 Gem. § 1 II 1 WBeauftrG dürfen Weisungen nur die Prüfung »bestimmter Vorgänge« betreffen[64]. Unzulässig sind negative Weisungen[65]. Eine »Ablenkung« des Wehrbeauftragten durch Weisungen wird nur bei offensichtlichem Mißbrauch als unzulässig angesehen werden können. Außerdem bezieht sich die Weisungsunterworfenheit

---

[58] *Hernekamp* (Fn. 18), Art. 45b Rn. 28; zum Verhältnis zwischen Grundrechtsschutz und Grundsätzen der Inneren Führung *Busch* (Fn. 5), Art. 45b Rn. 70, 137.
[59] BT-Drs. 9/419, S. 2f., 6 im Anschluß an *Hartenstein*, Wehrbeauftragte (Fn. 15), S. 93ff.; s. a. *P. Wolf*, NZWehrR 24 (1982), 8 (12f.); *G. Erbel*, Der Staat 14 (1975), 347 (361).
[60] BT-Drs. 9/1367; 9/1407; 9/1441; vgl. auch *Busch* (Fn. 5), Art. 45b Rn. 175; *Achterberg/Schulte*, GG VI, Art. 45b Rn. 38.
[61] BT-Drs. 9/419, S. 6; *P. Wolf*, NZWehrR 24 (1982), 8 (14); *Hernekamp* (Fn. 18), Art. 45b Rn. 19.
[62] Die Sperrwirkung sogar darauf beschränkend *Hernekamp* (Fn. 18), Art. 45b Rn. 19; eine Sperrwirkung verneint *Frank* (Fn. 20), hinter Art. 87 Rn. 55.
[63] Vgl. BT-Drs. 9/419, S. 6; *Busch* (Fn. 5), Art. 45b Rn. 195ff. m.w.N.; *P. Wolf*, NZWehrR 20 (1978), 121ff.; zum Untersuchungsmonopol → Art. 45a Rn. 9.
[64] *Hernekamp* (Fn. 18), Art. 45b Rn. 20.
[65] *C.H. Ule*, JZ 1957, 422 (426); *H. Brinkers*, DVBl. 1968, 417 (417); *Achterberg/Schulte*, GG VI, Art. 45b Rn. 43.

des Wehrbeauftragten nur darauf, ob der Wehrbeauftragte tätig wird. In Vorgehensweise, Kontrollverfahren und Ergebnissen ist der Wehrbeauftragte gem. § 5 II WBeauftrG weisungsfrei[66].

In der Praxis spielen Weisungen nur eine untergeordnete Rolle. Der Bundestag hat bislang von seinem Weisungsrecht gar keinen[67], der Verteidigungsausschuß nur wenige Male Gebrauch gemacht[68]. Aufgrund eines Beschlusses des Verteidigungsausschusses vom 13. 4. 1967[69] ist ein erleichtertes Weisungsverfahren eingeführt worden, wonach eine Weisung als erteilt gilt, wenn auf eine entsprechende Information durch den Wehrbeauftragten hin nicht binnen vier Wochen ein Viertel der Ausschußmitglieder die Erörterung des Vorgangs im Verteidigungsausschuß verlangt hat. 15

b) Handeln aufgrund eigener Entscheidung

Soweit dem Wehrbeauftragten Umstände bekannt werden, die auf eine Verletzung von Grundrechten der Soldaten oder der Grundsätze der Inneren Führung schließen lassen, kann er gem. § 1 III WBeauftrG »nach pflichtgemäßem Ermessen auf Grund seiner Entscheidung« tätig werden. Das **Handeln aufgrund eigener Entscheidung** wird freilich durch das positive Weisungsrecht und die Sperrwirkung des Befassungsrechts des Verteidigungsausschusses begrenzt[70]. 16

Der Wehrbeauftragte kann hier nicht nur auf Verdacht tätig werden, sondern bedarf konkreter Anhaltspunkte, wie sich auch aus der Formulierung des § 1 III WBeauftrG ergibt[71]. Als Erkenntnisquellen für Umstände, die ein Tätigwerden des Wehrbeauftragten rechtfertigen, dienen sein Inspektionsrecht gem. § 3 Nr. 4 WBeauftrG, Mitteilungen von Mitgliedern des Bundestages, **vor allem** aber Beschwerden von Soldaten, da der Wehrbeauftragte weitgehend als spezielle **Petitionsinstanz** wirkt[72]. Hier liegt sogar tatsächlich eine Hauptaufgabe[73]. 17

3. Amtsbefugnisse

Die Amtsbefugnisse des Wehrbeauftragten leiten sich aus der politischen Kontrollkompetenz des Bundestages ab und enthalten deshalb keine Gestaltungs- oder Weisungsrechte gegenüber der Exekutive[74]. Die Amtsbefugnisse sind einfachgesetzlich 18

---

[66] *Busch* (Fn. 5), Art. 45b Rn. 170; *G. Erbel*, Der Staat 14 (1975), 347 (361); *Achterberg/Schulte*, GG VI, Art. 45b Rn. 37.
[67] *P. Schindler*, Datenhandbuch zur Geschichte des Deutschen Bundestages 1980–1987, 1988, S. 815.
[68] *Schindler*, Datenhandbuch (Fn. 67), S. 815; *Busch* (Fn. 5), Art. 45b Rn. 177.
[69] Vgl. BT-Drs. V/1641, S. 10; vgl. dazu *R. Kreutzer*, DÖV 1977, 165 f.; *P. Wolf*, DÖV 1977, 592 ff.
[70] *Achterberg/Schulte*, GG VI, Art. 45b Rn. 41 f.; kritisch zu dieser Beschränkung der Eigenständigkeit des Wehrbeauftragten *Hernekamp* (Fn. 18), Art. 45b Rn. 23; a. A. *Frank* (Fn. 20), hinter Art. 87 Rn. 55; vgl. auch generell *Hartenstein*, Wehrbeauftragte (Fn. 15), S. 111 ff.; → Rn. 13.
[71] *Hernekamp* (Fn. 18), Art. 45b Rn. 29.
[72] *Hernekamp* (Fn. 18), Art. 45b Rn. 30 f.; *Achterberg/Schulte*, GG VI, Art. 45b Rn. 84 f.; *Hartenstein*, Wehrbeauftragte (Fn. 15), S. 162 ff.; *Busch* (Fn. 32), § 51 Rn. 35 ff.; vgl. ferner *G. Moritz*, NZWehrR 17 (1975), 201 ff.
[73] → Rn. 20; vgl. auch die statistische Übersicht in: BT-Drs. 13/7100, S. 52.
[74] *Dürig* (Fn. 20), Art. 45b Rn. 16; *Hernekamp* (Fn. 18), Art. 45b Rn. 32; *Busch* (Fn. 5), Art. 45b Rn. 251 m. w. N.; *Achterberg/Schulte*, GG VI, Art. 45b Rn. 87; kritisch dazu *C. H. Ule*, JZ 1957, 422 (427); *v. Mangoldt/Klein*, GG, Art. 45b Anm. IV, 2 c.

durch § 3 WBeauftrG konkretisiert worden und umfassen[75] ein allgemeines Auskunfts- und Akteneinsichtsrecht[76], das Recht zur Anhörung von Zeugen und Sachverständigen bei Weisungen nach § 1 II WBeauftrG und Eingaben[77], das wichtige freie Inspektionsrecht[78], das Recht, Berichte anzufordern, die Möglichkeit, Straf- und Disziplinarverfahren oder die Regelung einer Angelegenheit anzuregen, sowie schließlich das Recht auf Anwesenheit bei Straf- und Disziplinarverfahren[79].

4. Berichterstattung

19 Die Wirkungsmöglichkeiten des Wehrbeauftragten beruhen vornehmlich auf seinen Berichtsbefugnissen, die auch in die Öffentlichkeit hineinwirken[80]. Das Hauptgewicht liegt auf dem schriftlichen jährlichen Gesamtbericht für den Bundestag gem. § 2 I WBeauftrG[81], in die gleiche Richtung wirken aber auch die schriftlichen oder mündlichen[82] Einzelberichte, die der Wehrbeauftragte gem. § 2 III WBeauftrG für den jeweiligen Auftraggeber oder nach eigenem Ermessen gem. § 2 II WBeauftrG erstattet[83]. Im Anschluß an die sog. Heye-Krise 1964[84] sind die Öffentlichkeitswirkungen insofern verstärkt worden, als gem. § 114 I GOBT bereits eine Fraktion oder 5% der Abgeordneten einen Bericht auf die Tagesordnung setzen können und andernfalls zumindest der Verteidigungsausschuß gem. § 114 II GOBT an das Plenum Bericht zu erstatten hat. Inzwischen finden jedenfalls über den Jahresbericht regelmäßig Plenardebatten statt[85]. Eine Flucht an die Öffentlichkeit am Parlament vorbei und außerhalb der Berichtsbefugnisse dürfte jedoch unzulässig sein[86].

D. Verhältnis zu anderen GG-Bestimmungen

20 Durch §§ 7ff. WBeauftrG ist der Wehrbeauftragte in Ergänzung zum Petitionsrecht nach Art. 17 GG zusätzlich zur **Petitionsinstanz** erhoben worden[87]. Diese neben die

---

[75] Vgl. im einzelnen *Busch* (Fn. 5), Art. 45b Rn. 253ff.; *Achterberg/Schulte*, GG VI, Art. 45b Rn. 88ff.
[76] Soweit keine zwingenden Geheimhaltungsgründe entgegenstehen gem. § 3 Nr. 1 Satz 2 WBeauftrG; dazu auch *Busch* (Fn. 5), Art. 45b Rn. 255f.; *Achterberg/Schulte*, GG VI, Art. 45b Rn. 89.
[77] Allerdings ohne entsprechende Aussagepflichten oder Zwangsmittel.
[78] Zur Vertretungsregelung → Rn. 7.
[79] Der Wehrbeauftragte ist jedoch nicht Verfahrensbeteiligter: BVerwG NJW 1973, 1059f.
[80] »Hauptwaffe«, so *Hernekamp* (Fn. 18), Art. 45b Rn. 33.
[81] Vgl. dazu *Busch* (Fn. 32), § 51 Rn. 43ff.; zu den Jahresberichten 1959–75: *Müser*, Wehrbeauftragter (Fn. 5), S. 140ff.; Jahresbericht 1997 in BT-Drs. 13/10 000 mit Verzeichnis aller Jahresberichte seit 1959.
[82] *Achterberg/Schulte*, GG VI, Art. 45b Rn. 60.
[83] Zu den verschiedenen Berichten vgl. ausführlich *Achterberg/Schulte*, GG VI, Art. 45b Rn. 51ff.
[84] Der seinerzeitige Wehrbeauftragte *Heye* hatte am Parlament vorbei seine Auffassungen in die Öffentlichkeit getragen, eingehend dazu *Busch* (Fn. 5), Art. 45b Rn. 226ff. m. w. N.; *Oertel*, Wehrbeauftragte (Fn. 17), S. 165ff.
[85] Vgl. *Schindler*, Datenhandbuch (Fn. 67), S. 815ff.; zur Worterteilung und Herbeirufung des Wehrbeauftragten s. § 115 GOBT.
[86] *Dürig* (Fn. 20), Art. 45b Rn. 21; *Busch* (Fn. 5), Art. 45b Rn. 225; *Achterberg/Schulte*, GG VI, Art. 45b Rn. 66; eine Rüge parlamentarischen Boykotts zulassend dagegen *Hernekamp* (Fn. 18), Art. 45b Rn. 35.
[87] *Hartenstein*, Wehrbeauftragte (Fn. 15), S. 164f.

Kontrollfunktion tretende **Rechtsschutzfunktion**[88] kompensiert partiell den Ausschluß des Sammelpetitionsrechts gem. Art. 17a I GG durch § 1 IV WBO. Darüber hinaus kann er anders als der Petitionsausschuß gem. Art. 45c GG aus eigener Initiative tätig werden und auch dadurch die Grundrechte der Soldaten schützen[89].

---

[88] *Achterberg/Schulte*, GG VI, Art. 45b Rn. 84.
[89] *P. Wolf*, NZWehrR 24 (1982), 8 (16); *Achterberg/Schulte*, GG VI, Art. 45b Rn. 85; zur Koordination von Petitionsausschuß und Wehrbeauftragten s. ebd., Rn. 86.

Art. 45c

Artikel 45c [Petitionsausschuß]

(1) Der Bundestag bestellt einen Petitionsausschuß, dem die Behandlung der nach Artikel 17 an den Bundestag gerichteten Bitten und Beschwerden obliegt.

(2) Die Befugnisse des Ausschusses zur Überprüfung von Beschwerden regelt ein Bundesgesetz.

Literaturauswahl

Betz, Helmut: Petitionsrecht und Petitionsverfahren, in: Festschrift für Hans Hanisch, 1994, S. 13–27.
Burmeister, Joachim: Das Petitionsrecht, in: HStR II, § 32 (S. 73–102).
van Heiß, Günter: Grundsätze des Petitionsausschusses des Deutschen Bundestages über die Behandlung von Bitten und Beschwerden (Verfahrensgrundsätze), Erläuterungen, unveröffentlichtes Typoskript, 1993.
Pietzner, Rainer: Petitionsausschuß und Plenum, 1974.
Schick, Rupert: Petitionen, 3. Aufl., 1996.
Schmitt-Vockenhausen, Monika: Verfassungsrechtliche Probleme der Behandlung von Petitionen durch den Bundestag nach Artikel 17 GG, 1979.
Graf Vitzthum, Wolfgang: Petitionsrecht und Volksvertretung, 1985.
Graf Vitzthum, Wolfgang/März, Wolfgang: Der Petitionsausschuß, in: Schneider/Zeh, § 45 (S. 1221–1244).
Würtenberger, Thomas: Massenpetitionen als Ausdruck politischer Diskrepanzen zwischen Repräsentanten und Repräsentierten, in: ZParl. 18 (1987), S. 383–394.

Leitentscheidungen des Bundesverfassungsgerichts

BVerfGE 2, 225 (229ff.) – Petitionsbescheid; BVerfG, 1 BvR 444/78, unveröffentlichter Beschluß des Ersten Senats (Dreierausschuß) vom 13. 7. 1981 – Vorprüfung; BVerfG (3. Kammer des Ersten Senats) DVBl. 1993, S. 32f. – Begründungspflicht bei Petitionsbescheiden.

Gliederung

	Rn.
A. Herkunft, Entstehung, Entwicklung	1
I. Ideen- und verfassungsgeschichtliche Aspekte	1
II. Entstehung und Veränderung der Norm	3
B. Internationale, supranationale und rechtsvergleichende Bezüge	6
C. Erläuterungen	9
I. Allgemeine Bedeutung	9
1. Regelungsgegenstand	9
2. Aktueller Befund	11
II. Verfassungsrechtliche Stellung und Organisation	14
III. Aufgaben und Befugnisse	17
1. Aufgaben	17
2. Befugnisse	20
IV. Verfahren und Erledigungsarten	23
D. Verhältnis zu anderen GG-Bestimmungen	26

A. Herkunft, Entstehung, Entwicklung

I. Ideen- und verfassungsgeschichtliche Aspekte

Als mit Verfassungsrang ausgestattete Institution besitzt der Petitionsausschuß des Bundestages in der deutschen Verfassungsgeschichte **keine rechtshistorische Tradition**. Obschon erst 1975 in das Grundgesetz aufgenommen (→ Rn. 3f.), ist er deshalb aber nicht völlig »geschichtslos«. Bereits im ausgehenden Mittelalter setzten nämlich die Reichstage zur Erledigung der damaligen Bitten und Beschwerden[1] Kommissionen ein, die einerseits den gesamten Reichstag von der Beschäftigung mit Privat- und Nebensachen entlasten und andererseits namentlich bei schwierigeren Problemen die Herbeiführung einer sachgerechten Lösung durch kleinere Gremien erleichtern sollten[2]; später etablierte sich zeitweise ein besonderer Supplikationsausschuß als feste Institution[3]. 1

Die **Verfassung des Deutschen Reiches von 1871** erwähnte zwar in Art. 23 ein Petitionsüberweisungsrecht, enthielt jedoch keine spezifischen Aussagen über einen Petitionsausschuß. Allerdings sah die Geschäftsordnung für den Reichstag »nach Maßgabe des sich herausstellenden Bedürfnisses« die Möglichkeit der Wahl einer Petitionskommission vor und regelte zudem einige organisations- wie verfahrensrechtliche Aspekte dieser Kommission[4]. Ähnlich gestaltete sich die Rechtslage in der **Weimarer Republik**: Während auf Verfassungsebene neben dem Petitionsrecht in gewissem Umfang allgemein auch das Recht der Ausschüsse normiert war[5], fanden sich die besonderen Regelungen über den Petitionsausschuß in der Geschäftsordnung für den Reichstag[6]; dort war – zusammen mit organisations- und verfahrensrechtlichen Vorgaben – die Einsetzung eines Petitionsausschusses als ständiger Ausschuß vorgeschrieben[7]. 2

II. Entstehung und Veränderung der Norm

Die Bundesrepublik Deutschland folgt anfangs in wesentlichen Punkten der **Tradition geschäftsordnungsrechtlicher Ausgestaltung**[8]. Unzulänglichkeiten des damaligen parlamentarischen Petitionsverfahrens[9] führten jedoch schon in den 60er Jahren zu einer 3

---

[1] → Art. 17 Rn. 2f.
[2] *H. Neuhaus*, Reichstag und Supplikationsausschuß, 1977, S. 148.
[3] *Neuhaus*, Reichstag (Fn. 2), S. 148ff.; vgl. auch *H. Neuhaus*, Art. Supplikationsausschuß, in: HRG V, Sp. 92ff. (94), der den Petitionsausschuß als »spätneuzeitliche Parallele« zum Supplikationsausschuß bezeichnet.
[4] §§ 26, 28, 35, 50 GO; Text bei *Huber*, Dokumente, Bd. 2, S. 423ff. Näher zur verfahrensmäßigen Ausgestaltung und zu den sich in der Praxis herausbildenden Kategorien der Petitionsentscheidungen *H.-J. Vonderbeck*, ZParl. 6 (1975), 178 (180) unter Hinweis auf Vorläufervorschriften in der GO des Preußischen Abgeordnetenhauses.
[5] Art. 33ff., 126 WRV.
[6] Bekanntmachung der am 12. 12. 1923 angenommenen Geschäftsordnung für den Reichstag vom 17. 2. 1923 (RGBl. II S. 101).
[7] §§ 26ff., 63ff. GO; Näheres hierzu und zu den Fortentwicklungen gegenüber der GO des alten Reichstags bei *H.-J. Vonderbeck*, ZParl. 6 (1975), 178 (181f.).
[8] Vgl. §§ 60ff., 112f., 126 GOBT vom 28. 1. 1952 (BGBl. II S. 389).
[9] Zu lange Bearbeitungszeiten für Petitionen, unzureichende Ausstattung des Petitionsausschusses mit Rechten und sonstigen Möglichkeiten, um seine Aufgaben ordnungsgemäß zu erfüllen (unzulängliche Auskunftsrechte, fehlende Aktenvorlage- bzw. Akteneinsichtsrechte, weitgehend verwehrte

weit ausgreifenden **Reformdiskussion**[10], die als politische Alternative bzw. Ergänzung auch die Einrichtung eines Ombudsman nach skandinavischem Vorbild[11] einbezog, am Ende aber nicht realisierte[12] und statt dessen eine Verstärkung der Rechtsstellung des Petitionsausschusses favorisierte. Nach mehreren erfolglosen Vorstößen in früheren Legislaturperioden[13] mündeten die Reformbestrebungen während der 7. Wahlperiode in die verfassungsrechtliche Verankerung des Petitionsausschusses und eine – ohne Grundgesetzänderung nicht erreichbare[14] – Erweiterung seiner Befugnisse.

4   Der schließlich **als Kompromiß in das Grundgesetz eingefügte Art. 45c GG** geht auf einen von den Fraktionen der SPD, CDU/CSU und FDP gemeinsam und zusammen mit dem Entwurf eines einfachen Gesetzes über die Befugnisse des Petitionsausschusses[15] eingebrachten Gesetzentwurf[16] zurück, der trotz vorheriger interfraktioneller Abstimmung im Gesetzgebungsverfahren weder gänzlich unverändert noch unangefochten blieb. Obschon die Verbesserung des Petitionswesens als Zielsetzung von den beteiligten Akteuren begrüßt und dementsprechend die verfassungsrechtliche Absicherung des Petitionsausschusses unverändert als Art. 45c I GG beschlossen wurde, erfuhr die ursprüngliche Entwurfsfassung von Art. 45c II GG auf Vorschlag der beratenden Ausschüsse eine Änderung, die ausweislich der Begründung freilich nur der Kürzung und Straffung der Formulierung diente[17]. Gewichtiger ist bezüglich Art. 45c II GG die Anrufung des Vermittlungsausschusses durch den Bundesrat, in der es – wenn auch im Ergebnis ohne Erfolg[18] – als »verfassungspolitisch nicht vertretbar und

---

Möglichkeiten eigener Sachaufklärung etc.); s. zu diesen und anderen Kritikpunkten den Zwischenbericht der Enquete-Kommission für Fragen der Verfassungsreform, BT-Drs. VI/3829, S. 29ff.

[10] Zu der knapp anderthalb Jahrzehnte dauernden parlamentarischen Diskussion s. die zusammenfassenden Überblicke bei *W. Banse*, ZParl. 4 (1973), 171ff. und *T. Würtenberger*, in: BK, Art. 45c (1995), Rn. 1ff., jeweils m.w.N. Speziell zur Reformdiskussion auf Länderebene vgl. *S. Mielke*, ZParl. 2 (1971), 419ff.

[11] Vgl. zusammenfassend zu der auch nach der Verfassungsänderung fortgeführten Diskussion über das Ombudsman-Modell etwa *Achterberg/Schulte*, GG VI, Art. 45c Rn. 5ff.; *Würtenberger* (Fn. 10), Art. 45c Rn. 2f., 39ff. sowie allgemein zu Bedeutung und Verbreitung dieses Modells *R. Pietzner*, Ombudsman, in: EvStL³, Sp. 2311ff.; *U. Kempf/M. Mille*, ZParl. 23 (1992), 29ff.

[12] S. zur Diskussion und zum ablehnenden Votum der Enquete-Kommission Verfassungsreform deren Zwischenbericht (BT-Drs. VI/3829, S. 33ff. [34]) und deren Schlußbericht (BT-Drs. 7/5924, S. 63f. [64]); vgl. dazu auch *N. Achterberg*, DÖV 1977, 548 (553f.).

[13] Zu den aus unterschiedlichen Gründen erfolglos gebliebenen Gesetzesinitiativen in der 5. und 6. Wahlperiode s. *Würtenberger* (Fn. 10), Art. 45c Rn. 4ff.

[14] Begründung des Gesetzentwurfs zur Einfügung von Art. 45c in das Grundgesetz, BT-Drs. 7/580, S. 4 unter Hinweis auf einen früheren Bericht des Rechtsausschusses (BT-Drs. V/4514, S. 4) und den Zwischenbericht der Enquete-Kommission für Fragen der Verfassungsreform (BT-Drs. VI/3829, S. 31).

[15] Entwurf eines Gesetzes über die Befugnisse des Petitionsausschusses des Deutschen Bundestages (Gesetz nach Artikel 45c des Grundgesetzes) vom 17. 5. 1973 (BT-Drs. 7/581). Zu den Änderungsvorschlägen nach den Ausschußberatungen s. Bericht und Antrag des Ausschusses für Wahlprüfung, Immunität und Geschäftsordnung vom 20. 2. 1975, BT-Drs. 7/3252.

[16] Entwurf eines Gesetzes zur Änderung des Grundgesetzes (Artikel 45c) vom 17. 5. 1973 (BT-Drs. 7/580).

[17] Die ursprüngliche Fassung lautet: »(2) Bei der Überprüfung von Beschwerden wird der Ausschuß als parlamentarisches Kontrollorgan tätig. Das Nähere regelt ein Bundesgesetz.« (BT-Drs. 7/580, S. 3). Zu den Motiven für die spätere Änderung s. Bericht und Antrag des Rechtsausschusses vom 30. 1. 1975, BT-Drs. 7/3195, S. 3.

[18] Nach dem Einigungsvorschlag des Vermittlungsausschusses wird sowohl die vom Bundestag beschlossene Fassung von Art. 45c GG als auch das Gesetz nach Art. 45c GG bestätigt (BT-Drs. 7/3548, 7/3549); zur Zustimmung des Bundesrates am 30. 5. 1975 s. BR-Drs. 324/75, 325/75.

in verfassungssystematischer Hinsicht bedenklich« eingestuft wurde, »durch eine unbestimmte Generalklausel die Ausgestaltung der Befugnisse des Petitionsausschusses ganz dem einfachen Gesetzgeber zu überlassen«[19]. Im übrigen dokumentieren die Beratungen mancherlei Stichworte, die sich später in der Kritik wiederfinden und Ansatzpunkte für erneute Reformvorschläge liefern[20]. Vorerst aber fügte das 32. Gesetz zur Änderung des Grundgesetzes Art. 45c GG in die Verfassung ein[21]. Institution und Befugnisse des Petitionsausschusses waren damit auf ein neues verfassungsrechtliches Fundament gestellt, das durch das fast zeitgleich ergangene, in Art. 45c II GG vorgesehene Gesetz über die Befugnisse des Petitionsausschusses des Deutschen Bundestages (Gesetz nach Art. 45c GG)[22] sowie anschließende Änderungen der GOBT einfachrechtlich konkretisiert und ergänzt wurde[23].

In der weiteren **Verfassungsentwicklung** blieb der Normtext von Art. 45c GG unverändert. Ebenso unverändert ist die Thematik aber bis heute »in Bewegung«. Kritik, Verbesserungs- und Ergänzungsvorschläge konzentrieren sich insb. auf die Ausdehnung der Befugnisse aus Art. 45c II GG auch auf »Bitten«[24], die Einrichtung von Anhörungsrechten und -pflichten bei Massen- und Sammelpetitionen[25], die Festschreibung von Ausschußrechten im Grundgesetz[26], den Ausbau der Möglichkeiten einer persönlichen Begegnung zwischen Petitionsausschuß und Petenten[27], die zusätzliche Einführung eines Bürgerbeauftragten[28] und anderes mehr[29], ohne jedoch bislang zu normativ faßbaren Ergebnissen geführt zu haben.   5

B. Internationale, supranationale und rechtsvergleichende Bezüge

Mangels den nationalen Parlamenten vergleichbarer Institutionen stellen sich im **internationalen Recht** die spezifischen Probleme eines parlamentarischen Petitionsausschusses naturgemäß nicht, zumal die Gewährleistung des Petitionsrechts dort ohnehin nur schwach ausgeprägt ist[30]. Immerhin ist aber auch im Völkerrecht im Zusam-   6

---

[19] BT-Drs. 7/3495, S. 1 mit entsprechenden Präzisierungsvorschlägen; zur gleichzeitigen Anrufung des Vermittlungsausschusses wegen des Petitionsgesetzes s. BT-Drs. 7/3496.
[20] So insb. der Ombudsman bzw. Bürgerbeauftragte und die Erstreckung der Befugnisse aus Art. 45c II GG auch auf »Bitten«; vgl. BT-Drs. 7/580, 7/3195.
[21] Gesetz vom 15. 7. 1975 (BGBl. I S. 1901).
[22] Gesetz vom 19. 7. 1975 (BGBl. I S. 1921).
[23] Bekanntmachung der Neufassung der GOBT vom 2. 7. 1980 (BGBl. I S. 1237); dazu *M. Schmitt-Vockenhausen*, NJW 1981, 737f.
[24] Vgl. dazu etwa die von der Fraktion BÜNDNIS 90/DIE GRÜNEN eingebrachten Gesetzentwürfe zur Ergänzung von Art. 45c II GG und des Gesetzes nach Art. 45c GG (BT-Drs. 13/3570, 13/3571).
[25] VE-Kuratorium zu Art. 45c II GG; vgl. auch Bericht der Gemeinsamen Verfassungskommission, BT-Drs. 12/6000, S. 93f.
[26] VE-Kuratorium zu Art. 45c III GG.
[27] BT-Drs. 10/3600, S. 14.
[28] S. dazu den Anfang 1996 von der Fraktion BÜNDNIS 90/DIE GRÜNEN eingebrachten Entwurf eines Bürgerbeauftragtengesetzes (BT-Drs. 13/3578).
[29] S. etwa zur Einrichtung eines Minderheitenvotums den Antrag der Fraktion BÜNDNIS 90/DIE GRÜNEN zur Änderung der GOBT (BT-Drs. 13/3572); vgl. ferner *W. Graf Vitzthum/W. März*, Der Petitionsausschuß, in: Schneider/Zeh, § 45 Rn. 45ff. Vgl. im übrigen zu Kritik und Reformvorschlägen auch *S. Beck/K.A. Klang*, ZParl. 17 (1986), 49 (58ff.); *P. Scholz*, ZParl. 17 (1986), 448ff.; *K. Wittrock*, DÖV 1987, 1102 (1103f.).
[30] → Art. 17 Rn. 9.

menhang mit der Behandlung von Petitionen bisweilen die Bildung besonderer Ausschüsse mit Entlastungsfunktion zu beobachten[31].

7   Im **Europäischen Gemeinschaftsrecht** ist mittlerweile zwar das Petitionsrecht beim Europäischen Parlament zu einem Unionsbürgerrecht ausgebaut (Art. 8d, 138d [21, 194 n. F.] EGV)[32], der Petitionsausschuß jedoch nicht in den Verträgen, sondern lediglich in der GO des Europäischen Parlaments geregelt[33]. Durch die nur geschäftsordnungsrechtliche Regelung ergeben sich im Vergleich mit dem deutschen Recht Befugnisdefizite[34], die allerdings teilweise durch eine interinstitutionelle Vereinbarung zwischen Parlament, Rat und Kommission »abgefangen« werden[35]. Neben der bislang eher geringen Anzahl der Petitionen zum Europäischen Parlament[36] ist für das Europäische Gemeinschaftsrecht außerdem die ergänzende Einrichtung eines Ombudsman (Art. 8d, 138e [21, 195 n. F.] EGV) erwähnenswert, die mancherlei Abstimmungsprobleme mit sich bringt[37]. Die Petitionsausschüsse des Europäischen Parlaments und des Deutschen Bundestages sind rechtlich wie institutionell auf unterschiedlichen Ebenen angesiedelt, weshalb **wechselseitige Einwirkungen** der jeweiligen normativen Regelungen schwer vorstellbar sind. Eine »Zusammenarbeit« etwa durch parallele Vorstöße der beiden Ausschüsse in geeigneten Fällen, die wegen der zunehmenden Europäisierung rechtlicher Problemlagen künftig vermehrt auftreten werden, ist dadurch freilich nicht ausgeschlossen (→ Rn. 13). Im übrigen sind wechselseitig ausgehende Impulse für potentielle Rechtsänderungen denkbar – so etwa für die Stärkung der Befugnisse des europäischen Petitionsausschusses nach deutschem Vorbild oder umgekehrt für die Einführung eines deutschen Ombudsman nach dem europäischen Modell.

8   **Rechtsvergleichend** sind Regelungen über den Petitionsausschuß sowohl auf der

---

[31] So etwa für die Behandlung von Petitionen in Treuhandgebieten; vgl. dazu *R. Geiger*, in: B. Simma (Hrsg.), The Charter of the United Nations, A Commentary, 1994, Art. 87 Rn. 12.

[32] S. dazu und zu den Unterschieden gegenüber der deutschen Regelung etwa *H. Betz*, Petitionsrecht und Petitionsverfahren, in: FS Hanisch, 1994, S. 13 ff.; *E. Marias*, ELRev. 19 (1994), 169 ff.; → Art. 17 Rn. 10. Vgl. ferner Art. 20c EGKSV, Art. 107c EAGV. Zur Regelung vor der Änderung des EGV vgl. *H. Surrel*, Revue du Marché Commun 1980, 219 ff.

[33] Danach wird der Petitionsausschuß als ständiger Ausschuß gebildet (Art. 135 Nr. 1 GOEP i.V.m. Anlage VI Nr. XX); Regelungen über Organisation und Verfahren finden sich in Art. 135 ff., 156 ff. GO-EP. Vgl. zum Verfahren des Petitionsausschusses näher *Betz*, Petitionsrecht (Fn. 32), S. 18 ff.

[34] *Betz*, Petitionsrecht (Fn. 32), S. 24 f.; zu den Unzulänglichkeiten der früheren deutschen geschäftsordnungsrechtlichen Regelung → Rn. 3 mit Fn. 9.

[35] So durch den Art. 157 Nr. 3 GOEP ergänzenden Briefwechsel zwischen den Präsidenten des Parlaments, des Rates und der Kommission vom 12.4.1989 (ABl. vom 16.5.1989, Nr. C 120/90), in dem sich in weichen Formulierungen die Kommission zur Auskunftserteilung gegenüber dem Parlament verpflichtet und die Mitgliedstaaten unter Hinweis auf den Grundsatz der Gemeinschaftstreue an ihre gegenseitige Verpflichtung zur loyalen Zusammenarbeit mit den Gemeinschaftsorganen erinnert werden; ein Akteneinsichtsrecht und ein Zutrittsrecht zu den Einrichtungen der Kommission werden dem Parlament in diesem Briefwechsel freilich nicht eingeräumt.

[36] Nach der bei *E. Marias*, ELRev. 19 (1994), 169 (182) mitgeteilten Statistik steigen die Eingangszahlen von 20 in der parlamentarischen Sitzungsperiode 1977/78 auf 900 in der Periode 1992/93 kontinuierlich an (zu den wesentlich höheren Vergleichszahlen für die Bundesrepublik Deutschland → Rn. 12). Die zahlenmäßig nach wie vor geringen Petitionseingänge dürfen freilich nicht den Blick dafür verstellen, daß es sich zum Teil um Sammelpetitionen mit ganz beträchtlichen Unterschriftslisten handelt; so wurde etwa eine Petition gegen Tierversuche von 2,5 Millionen Petenten unterzeichnet (*E. Marias*, ELRev. 19 [1994], 169 [183]).

[37] Dazu etwa *Betz*, Petitionsrecht (Fn. 32), S. 21 ff.; *E. Marias*, ELRev. 19 (1994), 169 (181 f.); jeweils m.w.N.

Ebene der Verfassung[38] als auch lediglich auf der Ebene der Geschäftsordnung[39] nachweisbar; mitunter findet sich im ausländischen Verfassungsrecht ergänzend die Einrichtung eines Ombudsman[40]. In den deutschen Ländern sehen die Verfassungen ganz überwiegend[41] Petitionsausschüsse vor[42]; die landesverfassungsrechtliche Gestaltung weicht allerdings teilweise erheblich vom Bundesverfassungsrecht ab, und zwar insb. durch die bereits in der Verfassung erfolgende Aus- bzw. Vorformung der Befugnisse des Petitionsausschusses[43]. Auch im übrigen ist bundesstaatliche Vielfalt unübersehbar: So enthalten etwa die Verfassung von Berlin[44] »eine Art Recht des Selbstpetitionierens für jedes Mitglied des Petitionsausschusses«[45] und die Verfassung des Landes Mecklenburg-Vorpommern zusätzlich zum parlamentarischen Petitionswesen die Institution eines Bürgerbeauftragten[46].

C. Erläuterungen

I. Allgemeine Bedeutung

1. Regelungsgegenstand

Art. 45c GG verankert den Petitionsausschuß im Grundgesetz und sieht für die Befugnisse des Ausschusses eine bundesgesetzliche Regelung vor. Gegenüber der ursprünglich in wesentlichen Teilen nur geschäftsordnungsrechtlichen Ausgestaltung (→ Rn. 3) ist dies eine deutliche **Aufwertung**, die nicht zuletzt dem Bedeutungszuwachs des parlamentarischen Petitionswesens in der Verfassungswirklichkeit (→ Rn. 12) Rechnung trägt; der in Abgeordnetenkreisen lange Zeit »eher als Bewährungsschauplatz für Parlamentsneulinge«[47] empfundene Petitionsausschuß hat dadurch ein anderes Gewicht erhalten. Außerdem ermöglicht Art. 45c GG die **Ausstattung des Petitionsausschusses**

9

---

[38] Art. 181 III Verfassung der Republik Portugal.
[39] So in Österreich; vgl. §§ 100ff. GO des Nationalrats. Zur niederländischen Regelung s. *K. Riezebos*, ZParl. 23 (1992), 16ff.
[40] → Art. 17 Rn. 11.
[41] Abweichend aber insb. die Regelung im Land Niedersachsen; dort werden bei der Behandlung von Petitionen die Fachausschüsse eingeschaltet (vgl. Art. 26 NdsVerf.). Im Freistaat Bayern und im Land Hessen ist das Petitionsverfahrensrecht in den Geschäftsordnungen der Landtage geregelt (*R. Schick*, Petitionen, 3. Aufl., 1996, S. 128, 130, 134).
[42] Art. 35a Bad.-WürttVerf.; Art. 46 BerlVerf.; Art. 71 BrandenbVerf.; Art. 105 V BremVerf.; Art. 25b, c HambVerf.; Art. 35 Meckl.-VorpVerf.; Art. 41a Nordrh.-WestfVerf.; Art. 90a Rheinl.-PfälzVerf.; Art. 78 SaarlVerf.; Art. 53 SächsVerf.; Art. 61 Sachs.-AnhVerf.; Art. 19 Schl.-HolstVerf.; Art. 65 ThürVerf. Zur Praxis auf Landesebene s. etwa für Baden-Württemberg *W. Hempfer*, Das Petitionsrecht in der parlamentarischen Praxis, in: FS v. Simson, 1983, S. 69ff., für Bayern *S. Klasen*, Das Petitionsrecht zum Bayerischen Landtag – eine Ombudsman-Einrichtung, 1991 sowie für Niedersachsen und Nordrhein-Westfalen *T. Wawzik*, ZParl. 20 (1989), 72.
[43] So etwa Art. 71 II BrandenbVerf.; Art. 35 II Meckl.-VorpVerf.; Art. 90a Rheinl.-PfälzVerf.; anders aber z.B. Art. 53 SächsVerf. Speziell zu den gegenüber der grundgesetzlichen Regelung erweiterten Informationsrechten des Petitionsausschusses der Bremischen Bürgerschaft nach Art. 105 V BremVerf. s. BremStGH NVwZ-RR 1997, 145.
[44] Art. 46 BerlVerf.
[45] *R. Luster*, ZParl. 2 (1971), 15 (16).
[46] Art. 36 Meckl.-VorpVerf.; vgl. auch U. Kempf/H. Uppendahl (Hrsg.), Ein deutscher Ombudsman, 1986, insb. zum einfach-gesetzlich eingerichteten Bürgerbeauftragten in Rheinland-Pfalz.
[47] *K.-A. Hernekamp*, in: v. Münch/Kunig, GG II, Art. 45c Rn. 19.

mit erweiterten Befugnissen, wie sie nach der alten Rechtslage nicht erreichbar schien[48].

10 Gleichwohl normiert Art. 45c GG Aufgaben und Befugnisse des Petitionsausschusses nur in den **Grundzügen**[49], die durch das Gesetz nach Art. 45c GG konkretisiert und ausgeformt werden. Weitere Regelungen enthalten §§ 108 ff. GOBT und die auf der Grundlage von § 110 I GOBT erstellten »Grundsätze des Petitionsausschusses über die Behandlung von Bitten und Beschwerden (Verfahrensgrundsätze)«[50].

2. Aktueller Befund

11 Wie andere Ausschüsse[51] hat auch der Petitionsausschuß traditionell Entlastungsfunktion für das Parlament, das die »tägliche Flut von Bürgereingaben arbeitsmäßig gar nicht bewältigen« könnte[52]. Seine Tätigkeit trägt zudem zur Beschleunigung von Petitionsverfahren und so im Falle erfolgreicher Petitionen auch zur schnelleren und wirksameren Hilfe für den Petenten bei[53]. Daraus ergeben sich Rückwirkungen auf Art. 17 GG, die gelegentlich als »grundrechtseffektuierend«[54] bezeichnet werden und das parlamentarische Petitionsverfahren mit der **Funktionenvielfalt** des Petitionsrechts[55] verknüpfen[56]: Interessen- und Rechtsschutzfunktion, Integrations- und Partizipationsfunktion, Artikulations- und Informationsfunktion mit Anstoßeffekten für Kontrolle und Innovation, nicht zuletzt Gnaden- und »Purgationsfunktion des ›Herzausschüttenkönnens‹«[57]. Namentlich die **Impulse für parlamentarische Kontrolle, für Innovation und Optimierung politischer Entscheidungen** spielen dabei eine wichtige Rolle. Mit einer vielzitierten Wendung läßt sich das Petitionswesen deshalb auch als **»soziales Frühwarnsystem«**[58] kennzeichnen, das auf tatsächliche oder vermeintliche Fehlentwicklungen ebenso wie auf gesellschaftliche Veränderungen aufmerksam macht, zum Nachdenken über Korrekturen und Neuerungen anregt.

12 In der **Verfassungswirklichkeit** haben die beim Bundestag eingereichten Petitionen

---

[48] → Rn. 3 mit Fn. 14.

[49] Zu an dem Gewaltenteilungsgrundsatz, der parlamentarischen Geschäftsordnungsautonomie und dem Verfassungsvorbehalt für die Regelung von Interorganbeziehungen ansetzenden Bedenken gegen Art. 45c GG s. *Würtenberger* (Fn. 10), Art. 45c Rn. 65 ff.; vgl. auch bereits *G. Dürig*, in: Maunz/Dürig, GG, Art. 45c (1976), Rn. 3.

[50] Abgedruckt als Anlage 10 zu BT-Drs. 13/8000; s. dazu die Erläuterungen für die Praxis von *G. van Heiß*, Grundsätze des Petitionsausschusses über die Behandlung von Bitten und Beschwerden (Verfahrensgrundsätze), Typoskript 1993. Vgl. ergänzend zu Anhörungen vor dem Petitionsausschuß auch § 110 III GOBT i.V.m. § 70 I GOBT und dazu *C. Stöhr*, ZParl. 20 (1989), 87 ff.

[51] Vgl. BVerfGE 80, 188 (222 f.); 84, 304 (323); *W. Zeh*, Gliederung und Organe des Bundestages, in: HStR II, § 42 Rn. 40 f.

[52] *R. Pietzner*, Petitionsausschuß und Plenum, 1974, S. 15 f.

[53] *Dürig* (Fn. 49), Art. 45c Rn. 4.

[54] Vgl. *W. Graf Vitzthum*, Petitionsrecht und Volksvertretung, 1985, S. 30 ff.; *Würtenberger* (Fn. 10), Art. 45c Rn. 16.

[55] → Art. 17 Rn. 7, 12.

[56] Vgl. zum Folgenden vor allem *Würtenberger* (Fn. 10), Art. 45c Rn. 15 ff., der zusätzlich die Legitimationsfunktion sowie die Bedeutung des parlamentarischen Petitionsverfahrens als prozedurale Garantie des Rechtsstaatsprinzips hervorhebt; ferner mit unterschiedlichen Akzentuierungen *Achterberg/Schulte*, GG VI, Art. 45c Rn. 1 ff.; *E. Stein*, in: AK-GG, Art. 45c Rn. 2 f.; *Graf Vitzthum/März* (Fn. 29), § 45 Rn. 13, 20 ff. sowie näher → Art. 17 Rn. 12 m.w.N.

[57] *G. Dürig*, in: Maunz/Dürig, GG, Art. 17 (1960), Rn. 1.

[58] Zwischenbericht der Enquete-Kommission für Fragen der Verfassungsreform, BT-Drs. VI/3829, S. 29; vgl. auch *T. Würtenberger*, ZParl. 18 (1987), 383 (388); BremStGH NVwZ-RR 1997, 145 (146).

beträchtlichen und seit der Wiedervereinigung überproportional angestiegenen⁵⁹ Umfang erreicht. Während für 1980 noch 10.735 Neueingänge zu verzeichnen waren und sich die Eingangszahlen in den anschließenden Jahren in dem »Korridor« zwischen gut 11.000 und knapp 14.000 bewegten, ist für die Zeit nach der Wiedervereinigung ein sprunghafter Anstieg zu beobachten, der 1992 mit knapp 24.000 Eingaben eine »Spitze« erreichte; 1995 wurden 21.291 Neueingänge registriert⁶⁰. Die Gegenstände der Petitionen sind thematisch breit gefächert. Sie reichen von den »kleinen Sorgen und Nöten« bis hin zu den »großen Themen der Zeit«⁶¹; bei einer Analyse der Petitionsinhalte unter dem Gesichtspunkt der Ressortzuständigkeit der Bundesministerien ist das Bundesministerium für Arbeit und Sozialordnung »Spitzenreiter«⁶². Aus politisch-rechtstatsächlicher Sicht ist zudem von Interesse, daß sich mit auf die Beeinflussung der »öffentlichen Meinung« angelegten Massen- und Sammelpetitionen die Hoffnung verbindet, das Parlament zur breiten- und öffentlichkeitswirksamen Auseinandersetzung mit der Kritik, den Ideen und Anregungen der Petenten zu zwingen⁶³. Alles in allem wird daher mit einiger Berechtigung »von einer **Renaissance des Petitionsrechts** in den letzten Jahren« gesprochen⁶⁴ – ein Trend, der auch in den anhaltenden Bemühungen um eine normative Fortentwicklung (→ Rn. 5) erkennbar ist.

Eine wirklichkeitsorientierte Befundnahme bliebe unvollständig, zeigte sie nicht wenigstens kurz auch **Arbeitsbeziehungen des Petitionsausschusses zu vergleichbaren Einrichtungen** auf. Ausweislich der Ausschußberichte gehören dazu beispielsweise Kontakte mit den Petitionsausschüssen der Länder und die »Zusammenarbeit auf internationaler Ebene«, namentlich mit dem Petitionsausschuß des Europäischen Parlaments⁶⁵. Sie dienen nicht nur dem wechselseitigen Erfahrungsaustausch, sondern erleichtern auch Harmonisierungsbestrebungen. Und bei Problemlagen mit »europäischem Bezug« kann das »Zusammenwirken« der Petitionsausschüsse des Bundestages und des Europäischen Parlaments zu einer schnelleren und wirksameren Hilfe für den Bürger führen, also letztlich zu einer effektiveren Realisierung des Petitionsgrundrechts⁶⁶. Daneben erbringen die erwähnten Kontakte durch Informationstrans-

13

---

⁵⁹ Dazu und zu möglichen Erklärungsansätzen → Art. 17 Rn. 16; *Schick*, Petitionen (Fn. 41), S. 60, 126. Zwischenzeitlich hat sich das Verhältnis der jeweils auf eine Million Einwohner berechneten Petitionseingänge aus den alten und neuen Ländern leicht angenähert (vgl. BT-Drs. 13/1415, S. 6, 67). Doch sind auch 1995 die Unterschiede auffallend groß: Während auf eine Million Einwohner in den alten Ländern 221 Eingaben entfallen, beträgt diese Zahl in den neuen Ländern 410; bezogen auf die Gesamtzahl der Bevölkerung wenden sich die Bürger aus den neuen Ländern also knapp doppelt so häufig an den Petitionsausschuß wie diejenigen aus den alten Ländern (Bericht des Petitionsausschusses, BT-Drs. 13/4498, S. 6, 69). Für 1996 ist mit einem Verhältnis von 189:331 eine weitere Annäherung zu verzeichnen; s. Bericht des Petitionsausschusses, BT-Drs. 13/8000, S. 6, 64.
⁶⁰ Anlage 1 zu BT-Drs. 13/4498, S. 65; 1996 sind die Eingänge auf 17.914 zurückgegangen (Anlage 1 zu BT-Drs. 13/8000, S. 64); zur Erledigungspraxis → Rn. 25.
⁶¹ → Art. 17 Rn. 15.
⁶² *Schick*, Petitionen (Fn. 41), S. 72 f.; zu den teilweise abweichenden inhaltlichen Schwerpunkten parlamentarischer Petitionen auf Landesebene vgl. *G. Blaser/B. Kuckuck*, BWVPr 1984, 194 (194).
⁶³ Vgl. *T. Würtenberger*, ZParl. 18 (1987), 383 (387 f.); → Art. 17 Rn. 15.
⁶⁴ *Schick*, Petitionen (Fn. 41), S. 5; Hervorhebung hinzugefügt.
⁶⁵ BT-Drs. 13/1415, S. 9; 13/4498, S. 9 f.; 13/8000, S. 10.
⁶⁶ Ein anschauliches Beispiel für eine solche (eher unkonventionelle) »Zangenbewegung« aus dem Bereich des Scheidungsrechts, das trotz aller Fortschritte der Rechtsvereinheitlichung noch immer zu unbefriedigenden Friktionen führt, findet sich bei *Schick*, Petitionen (Fn. 41), S. 151 ff. m.w.H. insb. zum Rentenrecht.

fer Unterstützungsleistungen für den Aufbau von Bürgerrechtseinrichtungen in den mittel-osteuropäischen Staaten.

II. Verfassungsrechtliche Stellung und Organisation

14 Die Einsetzung des Petitionsausschusses ist durch Art. 45c GG zwingend für die Dauer der Wahlperiode vorgeschrieben[67] und somit der Geschäftsordnungsautonomie des Parlaments[68] entzogen. Der Petitionsausschuß ist daher neben den Ausschüssen für Angelegenheiten der Europäischen Union (Art. 45), für auswärtige Angelegenheiten und für Verteidigung (Art. 45a GG) ein weiterer **ständiger Pflichtausschuß** des Bundestages. Als Einrichtung des Bundestages ist er kein eigenständiges Verfassungsorgan und wird dementsprechend grundsätzlich nur vorbereitend und unterstützend für den Bundestag tätig[69]. Eine gewisse **Sonderstellung** wird ihm allerdings wegen der ihm von Verfassungs wegen eingeräumten Aufgaben und Befugnisse zugeschrieben[70], zu denen die ausschließliche Zuständigkeit für die Behandlung parlamentarischer Petitionen und die Befugnisse zur Überprüfung von an den Bundestag gerichteter Beschwerden zählen[71].

15 Obgleich der Petitionsausschuß unmittelbar verfassungsrechtlich institutionalisiert ist, bestimmt der Bundestag **Stärke und Zusammensetzung** des Ausschusses nach §§ 54 II, 57, 12 GOBT[72]. In der Vergangenheit schwankte die Mitgliederzahl zwischen 25 und 33; in der laufenden 13. Legislaturperiode hat der Petitionsausschuß 32 ordentliche und 32 stellvertretende Mitglieder, die sich nach dem Verhältnis der Stärke der Fraktionen zusammensetzen[73] und von den Fraktionen benannt wurden (§ 57 II GOBT). Die **Besetzung des Ausschußvorsitzes** (§ 58 GOBT) aus den Reihen der Opposition hat sich zwar noch nicht zu einem ständig beachteten Parlamentsbrauch entwickelt[74], wäre aber insb. wegen der Kontrollfunktion des parlamentarischen Peti-

---

[67] Der Verpflichtung des Bundestages zur Bestellung eines Petitionsausschusses korrespondiert ein Recht des Bürgers, das aus Art. 17 GG i.V.m. Art. 45c GG hergeleitet wird. Aus dem Zusammenspiel dieser Normen läßt sich nämlich folgern, daß Art. 17 GG auch das Recht umfaßt, daß die Entscheidung über Petitionen von dem sachlich zuständigen Bundestagsausschuß vorbereitet wird. S. dazu *Hernekamp* (Fn. 47), Art. 45c Rn. 4; *Würtenberger* (Fn. 10), Art. 45c Rn. 44; *W. Graf Vitzthum/W. März*, JZ 1985, 809 (813); *dies.* (Fn. 29), § 45 Rn. 26; *Graf Vitzthum*, Petitionsrecht (Fn. 54), S. 72f. m.w.N.
[68] Vgl. Art. 40 I 2 GG; § 54 GOBT.
[69] S. *Magiera*, in: Sachs, GG, Art. 45c Rn. 2, der zutreffend darauf hinweist, daß es im übrigen auf Bezeichnungen wie »Organ«, »Unterorgan« und »Hilfsorgan« nicht ankommt; vgl. auch *ders.*, a.a.O., Art. 38 Rn. 16, Art. 40 Rn. 4. Hinsichtlich der Möglichkeit, eigene Rechte geltend machen zu können, ist der rein terminologische Streit letztlich ohne Erkenntniswert; vgl. *Stern*, Staatsrecht II, S. 86f. m.w.N. Zu Begriff und Rechtsnatur ständiger Ausschüsse s. *Achterberg*, Parlamentsrecht, S. 134ff.
[70] *Achterberg/Schulte*, GG VI, Art. 45c Rn. 9ff.; *Magiera* (Fn. 69), Art. 45c Rn. 1; *Stern*, Staatsrecht II, S. 93f.
[71] In letzterem wird mitunter eine Annäherung des Petitionsausschusses an einen Untersuchungsausschuß nach Art. 44 GG gesehen; so etwa *Achterberg/Schulte*, GG VI, Art. 45c Rn. 9ff.; *H. Troßmann*, Parlamentsrecht des Deutschen Bundestages, 1977, § 112 Rn. 14.4; vgl. auch *H. Seidel*, Das Petitionsrecht, 1972, S. 63; zu den gleichwohl bestehenden Unterschieden zwischen Petitions- und Untersuchungsausschuß s. *Graf Vitzthum*, Petitionsrecht (Fn. 54), S. 73 mit Fn. 219.
[72] Vgl. Schmidt-Bleibtreu/*Klein*, GG, Art. 45c Rn. 2; *Würtenberger* (Fn. 10), Art. 45c Rn. 43.
[73] *Schick*, Petitionen (Fn. 41), S. 43; zur anfänglichen Zusammensetzung in der 13. Wahlperiode s. BT-Drs. 13/1415, Anlage 3.
[74] *Graf Vitzthum/März* (Fn. 29), § 45 Rn. 2; *Schick*, Petitionen (Fn. 41), S. 44ff.; in der laufenden 13. Wahlperiode hat die Abgeordnete *C. Nickels* (BÜNDNIS 90/DIE GRÜNEN) den Vorsitz inne. Vgl.

tionsverfahrens (→ Rn. 11) als Auswahlmaxime begrüßenswert. Zur Vorbereitung und Unterstützung seiner Tätigkeit ist dem Petitionsausschuß ein sog. **Ausschußdienst** zugeordnet[75]. Der Ausschußdienst ist eine Unterabteilung für Petitionen und Eingaben, die zur Abteilung Wissenschaftliche Dienste der Bundestagsverwaltung gehört; in ihm sind derzeit rund 80 Mitarbeiter tätig.

Während der Petitionsausschuß selbst zusammen mit dem Bundestag mit dem Ablauf der Wahlperiode seine Tätigkeit beendet, gilt der **Grundsatz der Diskontinuität** nicht für unerledigte Petitionen, die von dem Petitionsausschuß der nachfolgenden Wahlperiode weiter bearbeitet werden (§ 125 GOBT)[76]. **16**

III. Aufgaben und Befugnisse

1. Aufgaben

Mit der »Behandlung der nach Art. 17 GG an den Bundestag gerichteten Bitten und Beschwerden« knüpft die **Aufgabenzuweisung** an den Petitionsausschuß in Art. 45c I GG an den Regelungsgegenstand des Petitionsgrundrechts an[77]. Diese Aufgabenzuweisung ist exklusiv, begründet also für den Ausschuß ein **verfassungsrechtliches Monopol**, das der Disposition durch die GOBT entzogen ist[78]; einer Regelung durch die GOBT ist der Petitionsausschuß nur insoweit zugänglich, als seine verfassungsrechtlich (und anderweitig gesetzlich) geregelte Rechtsstellung davon unberührt bleibt – so beispielsweise bezüglich der Zusammensetzung (→ Rn. 15). **17**

Der für die Abgrenzung der Aufgaben des Petitionsausschusses wichtige Begriff »**Behandlung**« läßt seinem Wortlaut nach eine Deutung zu, die über die Vorbereitung der Entscheidung über eine Petition hinaus auch die Entscheidung selbst einschließt. Unter Hinweis auf die Entstehungsgeschichte, den parlamentarischen Sprachgebrauch und die Parlamentspraxis (vgl. § 112 I GOBT) wird unter »Behandlung« jedoch oftmals die **parlamentarische Tätigkeit zur Erarbeitung von Beschlußvorlagen** verstanden[79]. Eine weitergehende, bislang nicht praktizierte[80] Delegation der Ent- **18**

---

ferner allgemein zum Parlamentsbrauch H. *Schulze-Fielitz*, Parlamentsbrauch, Gewohnheitsrecht, Observanz, in: Schneider/Zeh, § 11.
[75] Dazu und zum Folgenden *van Heiß*, Verfahrensgrundsätze (Fn. 50), Nr. 7 Rn. 1; *Schick*, Petitionen (Fn. 41), S. 51 ff.; *Graf Vitzthum/März* (Fn. 29), § 45 Rn. 27; zur Organisation siehe die Übersicht in Anlage 4 zu BT-Drs. 13/8000.
[76] *Magiera* (Fn. 69), Art. 45c Rn. 6.
[77] Hinsichtlich Grundrechtsberechtigung, Petitionsbegriff, Zulässigkeitsvoraussetzungen einer Petition, Gewährleistungsgehalt etc. kann daher grundsätzlich auf die Ausführungen zu Art. 17 GG verwiesen werden (→ Art. 17 Rn. 17 ff.). S. zu diesen Aspekten auch insb. Nr. 1 bis 4 der Verfahrensgrundsätze (BT-Drs. 13/8000, Anlage 10) und dazu die Erläuterungen von *van Heiß*, Verfahrensgrundsätze (Fn. 50), die eine mitunter sehr flexible Praxis aufzeigen.
[78] *Achterberg/Schulte*, GG VI, Art. 45c Rn. 9, 12 f.; *Hernekamp* (Fn. 47), Art. 45c Rn. 10; *Magiera* (Fn. 69), Art. 45c Rn. 7; *Würtenberger* (Fn. 10), Art. 45c Rn. 92.
[79] *Hernekamp* (Fn. 47), Art. 45c Rn. 9; *Magiera* (Fn. 69), Art. 45c Rn. 8; *Stein* (Fn. 56), Art. 45c Rn. 7; *Troßmann*, Parlamentsrecht (Fn. 71), § 112 Rn. 10 unter Hinweis auf BT-Drs. 7/3252, S. 2; vgl. auch *Würtenberger* (Fn. 10), Art. 45c Rn. 56 und Rn. 117 ff.; weitergehend *Achterberg/Schulte*, GG VI, Art. 45c Rn. 11, 13, 31 ff.; *Stern*, Staatsrecht II, S. 93.
[80] In der Praxis führt freilich die Vielzahl der Petitionen dazu, daß die in einer Sammelübersicht vorgelegten Beschlußempfehlungen des Petitionsausschusses vom Plenum in aller Regel ohne nähere inhaltliche Beschäftigung pauschal übernommen werden.

scheidungsbefugnis vom Parlamentsplenum auf den Petitionsausschuß wäre allenfalls im Wege eines Parlamentsgesetzes möglich[81].

19   Die Aufgabenzuweisung ist auf die **an den Bundestag gerichteten Petitionen** beschränkt. Dazu gehören nicht nur die unmittelbar an den Bundestag adressierten Petitionen, sondern auch diejenigen, die an ihn auftragsgemäß oder zuständigkeitshalber von anderen parlamentarischen Einrichtungen, Abgeordneten oder sonstigen Stellen weitergereicht werden[82]. Inhaltlich können diese Petitionen im Rahmen der verfassungsrechtlichen **Zuständigkeiten des Bundes** ein Verhalten in den Bereichen von Legislative, Exekutive oder Judikative betreffen, wobei bezüglich der Abhilfemöglichkeiten allerdings mancherlei Einschränkungen zu beachten sind – so etwa für Petitionen, die auf einen unzulässigen Eingriff in die richterliche Unabhängigkeit zielen[83].

2. Befugnisse

20   Bei der Bearbeitung und Bescheidung von Petitionen verfügt das Parlament über ein **grundgesetzliches Informationsrecht**. Dieses Petitionsinformationsrecht ist auf Verfassungsebene zwar nicht ausdrücklich geregelt, wird in einem gewissen Mindestumfang aber überwiegend aus Art. 17 GG hergeleitet[84]; ergänzend läßt sich auf Art. 45c GG verweisen, dem das Bundesverfassungsgericht »unmittelbar« die »grundsätzliche Verpflichtung der Exekutive zur Zusammenarbeit mit dem Parlament bei der Behandlung von Bitten und Beschwerden« entnimmt[85]. Es eröffnet dem Parlament die Möglichkeit, sich über die der Petition zugrundeliegenden Sachverhalte zu informieren und von der Bundesregierung oder dem zuständigen Bundesminister die für die Petitionserledigung erforderlichen Auskünfte einzufordern; entsprechendes gilt für der Bundesregierung nicht verantwortliche Behörden, deren Tätigkeit in den Zuständigkeitsbereich des Bundestages als Petitionsadressat fällt.

21   Ähnlich wie dieses Informationsrecht ist auch das **grundgesetzliche Petitionsüberweisungsrecht** nicht ausdrücklich geregelt, im Ergebnis jedoch anerkannt[86]. Es gibt

---

[81] Vgl. *Achterberg/Schulte*, GG VI, Art. 45c Rn. 31 ff.; *Magiera* (Fn. 69), Art. 45c Rn. 9; *Würtenberger* (Fn. 10), Art. 45c Rn. 118 f.; anders *Dürig* (Fn. 49), Art. 45c Rn. 10 und *D. Rohlf*, JZ 1976, 359 (359, 363), die eine Regelung durch die GOBT genügen lassen wollen.

[82] *Hernekamp* (Fn. 47), Art. 45c Rn. 5; *Magiera* (Fn. 69), Art. 45c Rn. 5; *Stein* (Fn. 56), Art. 45c Rn. 5.

[83] Näheres bei *Würtenberger* (Fn. 10), Art. 45c Rn. 47 ff.; zur Handhabung der Zuständigkeitsfragen in der Praxis s. Nr. 5 Verfahrensgrundsätze und dazu die Erläuterungen von *van Heiß*, Verfahrensgrundsätze (Fn. 50). Vgl. zur Unterscheidung der Zuständigkeit des Bundestages für die Petitionsbehandlung (sog. Befassungskompetenz) und seiner Zuständigkeit zur Abhilfe (sog. materielle Abhilfekompetenz) *Graf Vitzthum*, Petitionsrecht (Fn. 54), S. 44.

[84] Vgl. dazu und zum Folgenden etwa *Achterberg/Schulte*, GG VI, Art. 45c Rn. 50 ff.; *Dürig* (Fn. 57), Art. 17 Rn. 75; *Graf Vitzthum*, Petitionsrecht (Fn. 54), S. 56 ff.; *W. Graf Vitzthum/W. März*, Petitionsausschüsse in Bund und Ländern, in: Kempf/Uppendahl (Fn. 46), S. 209 ff. (218); *dies.*, JZ 1985, 809 (814); *Würtenberger* (Fn. 10), Art. 45c Rn. 126; BremStGH NVwZ-RR 1997, 145; teilweise wird auf Art. 43 I GG (so etwa *Troßmann*, Parlamentsrecht [Fn. 71], § 112 Rn. 11; mit Recht kritisch gegenüber diesem Begründungsansatz *H. Hablitzel*, BayVBl. 1986, 97 [101 f.]) und wohl auch auf Art. 35 GG (*P. Dagtoglou*, in: BK, Art. 17 [Zweitb. 1967], Rn. 97) abgestellt. S. ferner Nr. 6.1 Verfahrensgrundsätze (BT-Drs. 13/8000, Anlage 10) und dazu die Erläuterungen von *van Heiß*, Verfahrensgrundsätze (Fn. 50).

[85] BVerfGE 67, 100 (129).

[86] Wie das Petitionsinformationsrecht wird überwiegend auch das Petitionsüberweisungsrecht aus Art. 17 GG abgeleitet bzw. als notwendiger Bestandteil, Annex, sich aus der »Natur der Sache« erge-

dem Parlament die Befugnis, der Bundesregierung oder dem zuständigen Bundesminister eine Petition unter Beifügung der eigenen Auffassung mit der Bitte um Erledigung[87] zuzuleiten; gleiches gilt wiederum für die soeben erwähnten Behörden (→ Rn. 20). Namentlich bei einer Überweisung von Petitionen zur Berücksichtigung oder zur Erwägung (→ Rn. 25) ist der Adressat nicht verpflichtet, dem Ersuchen in der Sache zu entsprechen; denn insoweit hat das Ersuchen lediglich politischen Charakter. Der Adressat ist jedoch rechtlich zur Prüfung verpflichtet und gehalten, den Bundestag über die Erledigung des Ersuchens zu unterrichten; das Parlament wird dadurch über den Erfolg seiner Petitionsüberweisung informiert und kann gegebenfalls mit geeigneten Maßnahmen »nachfassen«[88].

Während es bei der Bearbeitung von Bitten bei den allgemeinen Befugnissen bleibt, besitzt der Petitionsausschuß **zur Überprüfung von Beschwerden erweiterte einfachrechtliche Befugnisse**, die sich aus dem auf der Grundlage von Art. 45c II GG ergangenen Gesetz[89], dem sog. Befugnisgesetz, ergeben. Damit reagierte der Gesetzgeber auf Unzulänglichkeiten der bis dahin geltenden Rechtslage (→ Rn. 3f., 9) durch die Einrichtung erweiterter Sachaufklärungsmöglichkeiten. Die nach diesem Gesetz allein dem Petitionsausschuß zustehenden Befugnisse beschränken sich auf die Überprüfung von **Beschwerden**, die in Abgrenzung zu Petitionen in Form einer »Bitte« verstanden werden als »Beanstandungen, die sich gegen ein Handeln oder Unterlassen von staatlichen Organen, Behörden oder sonstigen Einrichtungen wenden, die öffentliche Aufgaben wahrnehmen«[90]. Inhaltlich betreffen die erweiterten **Befugnisse nach dem Befugnisgesetz** Rechte auf Aktenvorlage, Auskunft und Zutritt gegenüber der Bundesregierung und den Behörden des Bundes sowie den bundesunmittelbaren Körperschaften, Anstalten und Stiftungen des öffentlichen Rechts in dem Umfang, in dem sie der Aufsicht der Bundesregierung unterstehen, Begrenzungen dieser Rechte aus zwingenden Geheimhaltungsgründen, das Recht zur Anhörung von Petenten, Zeugen und Sachverständigen (allerdings ohne Zwangsmittel), die Möglichkeit, die Ausübung der Befugnisse im Einzelfall auf eines oder mehrere Mitglieder des Ausschusses zu übertragen und schließlich das Recht auf Amtshilfe durch Gerichte und Verwaltungsbehörden[91].

22

---

bendes oder »mitgeschriebenes« Element des Petitionsgrundrechts angesehen. Vgl. dazu und zum Folgenden etwa *Achterberg/Schulte*, GG VI, Art. 45c Rn. 54f.; *J. Burmeister*, Das Petitionsrecht, in: HStR II, § 32 Rn. 54f.; *Dagtoglou* (Fn. 84), Art. 17 Rn. 113; *Dürig* (Fn. 57), Art. 17 Rn. 73; *H. Hablitzel*, BayVBl. 1986, 97 (98f.); *Magiera* (Fn. 69), Art. 45c Rn. 10; *Stein* (Fn. 56), Art. 45c Rn. 10; *Graf Vitzthum*, Petitionsrecht (Fn. 54), S. 63ff.; jeweils m.w.N.

[87] Etwa zur Berücksichtigung, zur Erwägung, als Material etc. → Rn. 25.
[88] Vgl. *Würtenberger* (Fn. 10), Art. 45c Rn. 124 m.w.N.
[89] → Fn. 22.
[90] So Nr. 2.1 III Verfahrensgrundsätze; s. dort auch die Definition für »Bitten« in Nr. 2.1 II und dazu die Erläuterungen bei *van Heiß*, Verfahrensgrundsätze (Fn. 50). Im Schrifttum wird oftmals die »Beanstandung eines konkreten staatlichen Verhaltens, das abgestellt oder geändert werden soll«, stärker akzentuiert; vgl. etwa *Hernekamp* (Fn. 47), Art. 45c Rn. 12; *Magiera* (Fn. 69), Art. 45c Rn. 4; *Würtenberger* (Fn. 10), Art. 45c Rn. 128ff. Demgegenüber ist nach Ansicht von *Burmeister* (Fn. 86), § 32 Rn. 51 mit Fn. 105, der den im Befugnisgesetz festgeschriebenen Rechten (unzutreffend) offenbar nur deklaratorische Bedeutung beimißt, die Unterscheidung zwischen »Bitten« und »Beschwerden« gekünstelt und letztlich obsolet; mit der Entstehungsgeschichte, dem Normtext und der Verfassungspraxis kann diese Einschätzung freilich nicht in Übereinstimmung gebracht werden.
[91] §§ 1 bis 7 Befugnisgesetz; Näheres dazu etwa bei *Achterberg/Schulte*, GG VI, Art. 45c Rn. 57ff.; *Dürig* (Fn. 49), Art. 45c Rn. 23ff.; *Würtenberger* (Fn. 10), Art. 45c Rn. 138ff., 166ff., 173ff.

IV. Verfahren und Erledigungsarten

23 Der **Ablauf des Petitionsverfahrens** ist im Grundgesetz nicht ausdrücklich geregelt und im Befugnisgesetz nur bezüglich der erweiterten Befugnisse des Petitionsausschusses bei der Behandlung von Beschwerden (→ Rn. 22). Die detaillierten Regelungen über das Verfahren finden sich in §§ 108ff. GOBT und in den Verfahrensgrundsätzen[92]. Danach lassen sich unter Berücksichtigung ergänzender Übungen im wesentlichen folgende **Verfahrensschritte** unterscheiden[93]: (1) Entgegennahme und Registrierung, (2) Eingangsbestätigung an den Petenten, (3) Vorprüfung und Überweisung durch den Ausschußdienst, (4) Beratung und Prüfung im Petitionsausschuß, (5) Berichterstattung mit Beschlußempfehlung in einer Sammelübersicht an das Bundestagsplenum, (6) Beschluß des Bundestages über die Petitionserledigung, (7) Erledigungsmitteilung an den Petenten[94].

24 Gegen diese Verfahrensgestaltung wurden bezüglich der Tätigkeit des Ausschußdienstes[95] wiederholt **verfassungsrechtliche Bedenken** angemeldet[96], weil diese Verwaltungsstelle bei der Vorprüfung befugt sei, in bestimmten Fallkategorien ohne Beteiligung des Ausschusses abschließende Entscheidungen zu treffen. Das Bundesverfassungsgericht hielt diese dem Ausschußdienst eingeräumten Befugnisse für unbedenklich, wenn sich bei Petitionen, die kraft zwingenden Rechts ausschließlich negativ beschieden werden können, der Petitionsausschuß mit dem streitigen Petitionstypus vorab generell befaßt und dem Ausschußdienst klare Anweisungen für die Bescheidung derartiger Eingaben gegeben hat[97], wenn die Entscheidung des Ausschuß-

---

[92] → Fn. 50.

[93] Näheres zur Verfahrensgestaltung mit teilweise abweichender Gliederung der Verfahrensschritte etwa bei *Achterberg/Schulte*, GG VI, Art. 45c Rn. 12ff. und *Würtenberger* (Fn. 10), Art. 45c Rn. 78ff.

[94] Zur Begründungspflicht für die Erledigungsmitteilung s. § 112 III GOBT; zu den verfassungsrechtlichen Anforderungen an den Inhalt der Erledigungsmitteilung s. BVerfGE 2, 225 (230); BVerfG (3. Kammer des Ersten Senats) DVBl. 1993, 32; → Art. 17 Rn. 28.

[95] Zur organisatorischen Stellung des Ausschußdienstes → Rn. 15.

[96] Vgl. zur Diskussion etwa *Burmeister* (Fn. 86), § 32 Rn. 58; *Hernekamp* (Fn. 47), Art. 45c Rn. 5; *Pietzner*, Petitionsausschuß (Fn. 52), S. 23f.; *H.-A. Roll*, ZParl. 13 (1982), 21 (22ff.); *M. Schmitt-Vokkenhausen*, Verfassungsrechtliche Probleme der Behandlung von Petitionen durch den Bundestag nach Artikel 17 GG, 1979, S. 96ff.; *dies.*, DVBl. 1980, 522 (523ff.).

[97] BVerfG, 1 BvR 444/78, unveröffentlichter Beschluß des Ersten Senats (Dreierausschuß) vom 13.7.1981. Die Gründe haben folgenden Wortlaut: »Art. 17 GG ist nicht verletzt. Erheblichen verfassungsrechtlichen Bedenken unterliegt zwar die Auffassung des Bundesverwaltungsgerichts, der Petitionsausschuß des Deutschen Bundestages sei berechtigt gewesen, die ihm auf Grund von Art. 17 GG obliegende Prüfungs- und Bescheidungspflicht auf die Zentralstelle für Petitionen und Eingaben zu delegieren. Im Ergebnis ist die vom Beschwerdeführer angegriffene Verfahrensweise bei Behandlung seiner Eingabe verfassungsrechtlich gleichwohl nicht zu beanstanden. Art und Weise der Erledigung von Petitionen stehen grundsätzlich im parlamentarischen Ermessen. Innerhalb der durch Art. 17 GG gezogenen Grenzen kann die Ausübung dieses Ermessens namentlich auch von der Erwägung beeinflußt werden, die ohnedies schon bestehende Arbeitsüberlastung des Parlaments in diesem Bereich sei möglichst gering zu halten; dies umso mehr, als in Anbetracht der großen Zahl beim Bundestag eingehender Petitionen sachgemäße und zugleich zeitgerechte Bearbeitung ohne Beteiligung von Hilfspersonen nicht möglich ist. Geht es – wie hier – um Petitionen, deren Sachprüfung oder gar Erledigung im Sinne der Wünsche des Petenten dem Parlament aus verfassungsrechtlichen Gründen von vornherein verwehrt ist und die deshalb kraft zwingenden Rechts ausschließlich dahin beschieden werden können, der Petition sei nicht abzuhelfen, wäre es bloßer Formalismus, auf einer verfassungsrechtlichen Verpflichtung des Petitionsausschusses oder des Plenums zur Prüfung jeder einzelnen Eingabe dieser Art zu bestehen; den Anforderungen des Art. 17 GG ist unter diesen besonderen Umständen schon dann genügt, wenn sich der Petitionsausschuß

dienstes also auf eindeutige Fälle beschränkt ist und nach detaillierten Anweisungen des Petitionsausschusses in dessen Auftrag erfolgt. Im Hinblick darauf, daß der Ausschußdienst im Rahmen der Vorprüfung neben Nicht-Petitionen in gewissem Umfang auch wiederholende (erneute) Petitionen (Nr. 7.4 Verfahrensgrundsätze) und unter den Voraussetzungen von Nr. 7.10 Verfahrensgrundsätze offensichtlich erfolglose Petitionen aussondern könne, sind wegen einer Verkürzung des Grundrechts aus Art. 17 GG die verfassungsrechtlichen Vorbehalte allerdings nicht ganz verstummt[98].

Als **Erledigungsarten** für das Verfahren im Petitionsausschuß haben sich insb. folgende Beschlußempfehlungen herausgebildet[99]:

– Überweisung der Petition an die Bundesregierung »zur Berücksichtigung«, weil das Anliegen des Petenten begründet und Abhilfe notwendig ist;

– Überweisung der Petition an die Bundesregierung »zur Erwägung«, weil die Eingabe zu dem Ersuchen Anlaß gibt, das Anliegen noch einmal zu überprüfen und nach Möglichkeiten der Abhilfe zu suchen;

– Überweisung der Petition an die Bundesregierung »als Material«, um beispielsweise zu erreichen, daß die Eingabe in die Vorbereitung von Gesetzentwürfen, Verordnungen etc. einbezogen wird;

– schlichte Überweisung der Petition an die Bundesregierung, um sie auf die Begründung des Beschlusses des Bundestages hinzuweisen oder um sie auf das Anliegen des Petenten besonders aufmerksam zu machen;

– Kenntnisgabe der Petition an die Fraktionen (z.B. als Anregung für eine parlamentarische Initiative);

– Zuleitung der Petition an das Europäische Parlament, weil dessen Zuständigkeit berührt ist;

– Abschluß des Verfahrens, etwa weil dem Anliegen des Petenten entsprochen wurde oder nicht entsprochen werden kann, weil das Verhalten der Verwaltung nicht zu beanstanden ist oder weil die Eingabe inhaltlich nicht behandelt werden kann.

Von den im Berichtszeitraum 1995 inhaltlich geprüften Petitionen[100] wurden an die Bundesregierung 0,15% zur Berücksichtigung, 2,67% zur Erwägung, 6,21% als Material und 0,42% ohne Zusatz überwiesen; den Fraktionen des Bundestages zur Kenntnis zugeleitet wurden 1,11%. Bei 13,81% der Petitionen wurde dem Anliegen

25

---

mit dem streitigen Petitionstypus generell und vorab befaßt und der Zentralstelle – wie hier – Anweisungen für die Bescheidung derartiger Eingaben gibt, die klar sind und zumal dann ohne Schwierigkeiten auch im Einzelfall angewandt werden können, wenn die beauftragte Stelle mit rechtlich geschultem Personal besetzt ist« (der damaligen »Zentralstelle« entspricht heute der Ausschußdienst); dazu *H.-A. Roll*, ZParl. 13 (1982), 21 (22ff.). Dem Beschluß zustimmend z.B. *Jarass/ Pieroth*, GG, Art. 45c Rn. 1.

[98] *Achterberg/Schulte*, GG VI, Art. 45c Rn. 19ff. (m.w.N. auf die ältere Literatur), die gegenüber der derzeitigen Ausgestaltung zudem eine gesetzliche Grundlage fordern; vgl. auch *Würtenberger* (Fn. 10), Art. 45c Rn. 84ff.

[99] Die im Text nachfolgende Aufzählung hat keinen abschließenden Charakter. Vgl. zu ihr und zu weiteren Arten der Erledigung Nr. 8.1 i.V.m. Nr. 7.14f. Verfahrensgrundsätze und dazu die Erläuterungen von *van Heiß*, Verfahrensgrundsätze (Fn. 50); ferner *Würtenberger* (Fn. 10), Art. 45c Rn. 100ff. sowie zu den früheren Formen von Beschlußempfehlungen *Burmeister* (Fn. 86), § 32 Rn. 54; *W. Graf Vitzthum/W. März*, JZ 1985, 809 (814).

[100] Angaben nach Anlage 1 zu BT-Drs. 13/4498, S. 70; zu den Vergleichszahlen für 1996 s. Anlage 1 zu BT-Drs. 13/8000, S. 65.

entsprochen, bei 36,32% dagegen nicht entsprochen; 38,33% haben sich auf andere Weise (Rat, Auskunft, Verweisung, Materialübersendung usw.) erledigt.

D. Verhältnis zu anderen GG-Bestimmungen

26 Für die an den Bundestag gerichteten Petitionen erhöht Art. 45c GG die Effektivität des Petitionsgrundrechts aus **Art. 17 GG**, übernimmt mit diesem[101] komplementär zu **Art. 19 IV GG** teilweise Rechtsschutzaufgaben und läßt sich so als ein Bestandteil der prozeduralen Garantien des **Rechtsstaatsprinzips** begreifen[102]. Vor allem im Hinblick auf »politische Petitionen« werden bisweilen Bezüge zum **Demokratieprinzip** hergestellt, die Art. 17, 45c GG jedoch nicht zu einem plebiszitär-demokratischen Element des Grundgesetzes machen[103]. Unter dem Aspekt der Funktionenordnung (Gewaltenteilung) fügen sich namentlich die parlamentarischen Kontrollbefugnisse des Petitionsausschusses in die »**checks and balances of powers**« ein[104].

27 Art. 45c GG läßt die besonderen Befugnisse des Wehrbeauftragten (**Art. 45b GG**) unberührt[105]. Die Koordination zwischen Wehrbeauftragtem und Petitionsausschuß regeln Verfahrensgrundsätze über die Zusammenarbeit zwischen dem Petitionsausschuß und dem Wehrbeauftragten des Deutschen Bundestages[106]. Der Petitionsausschuß hat das **Interpellationsrecht**: → Art. 43 Rn. 12.

28 Die Ausübung der Rechte des Petitionsausschusses kann in die **Grundrechte Dritter**, in Sonderheit in das Recht auf »informationelle Selbstbestimmung«[107] eingreifen[108]; dementsprechend können sich einzelne grundrechtsrelevante Maßnahmen des Petitionsausschusses unter Beachtung des Verhältnismäßigkeitsgrundsatzes als verfassungsrechtlich unzulässig erweisen[109].

---

[101] → Art. 17 Rn. 44.
[102] Vgl. *Würtenberger* (Fn. 10), Art. 45c Rn. 24, 29f. Zu den jenseits spezifischer Interpretationsfragen von Art. 45c GG liegenden, vielfältigen Fragen verfassungs- und verwaltungsgerichtlichen Rechtsschutzes s. etwa *ders.*, a.a.O., Rn. 176ff. und *Achterberg/Schulte*, GG VI, Art. 45c Rn. 44ff.
[103] → Art. 17 Rn. 47.
[104] Vgl. *W. Graf Vitzthum/W. März*, JZ 1985, 809 (813).
[105] § 108 I 2 GOBT; vgl. auch *Hernekamp* (Fn. 47), Art. 45c Rn. 18 und zu Koordinierungsaufgaben *Würtenberger* (Fn. 10), Art. 45c Rn. 63.
[106] Anlage zu Nr. 7.6 der Verfahrensgrundsätze (BT-Drs. 13/8000, S. 92).
[107] Vgl. BVerfGE 65, 1 (43); → Art. 2 I Rn. 52.
[108] → Art. 17 Rn. 46.
[109] Vgl. *Achterberg/Schulte*, GG VI, Art. 45c Rn. 59.

Artikel 46 [Indemnität und Immunität]

(1) ¹Ein Abgeordneter darf zu keiner Zeit wegen seiner Abstimmung oder wegen einer Äußerung, die er im Bundestage oder in einem seiner Ausschüsse getan hat, gerichtlich oder dienstlich verfolgt oder sonst außerhalb des Bundestages zur Verantwortung gezogen werden. ²Dies gilt nicht für verleumderische Beleidigungen.

(2) Wegen einer mit Strafe bedrohten Handlung darf ein Abgeordneter nur mit Genehmigung des Bundestages zur Verantwortung gezogen oder verhaftet werden, es sei denn, daß er bei Begehung der Tat oder im Laufe des folgenden Tages festgenommen wird.

(3) Die Genehmigung des Bundestages ist ferner bei jeder anderen Beschränkung der persönlichen Freiheit eines Abgeordneten oder zur Einleitung eines Verfahrens gegen einen Abgeordneten gemäß Artikel 18 erforderlich.

(4) Jedes Strafverfahren und jedes Verfahren gemäß Artikel 18 gegen einen Abgeordneten, jede Haft und jede sonstige Beschränkung seiner persönlichen Freiheit sind auf Verlangen des Bundestages auszusetzen.

Literaturauswahl

Bornemann, Roland: Die Immunität der Abgeordneten im Disziplinarverfahren, in: DÖV 1986, S. 93–98.
Butzer, Hermann: Immunität im demokratischen Rechtsstaat, 1991.
Erbguth, Wilfried/Stollmann Frank: Der praktische Fall – Öffentliches Recht: Anfrage mit Nebenwirkungen, in: JuS 1993, S. 488–493.
Graul, Eva: Indemnitätsschutz für Regierungsmitglieder?, in: NJW 1991, S. 1717–1719.
Härth, Wolfgang: Die Rede- und Abstimmungsfreiheit der Parlamentsabgeordneten in der Bundesrepublik Deutschland, 1983.
Klein, Hans Hugo: Indemnität und Immunität, in: Schneider/Zeh, § 17, S. 555–592.
Schultz-Bleis, Christian: Die parlamentarische Immunität der Mitglieder des Europäischen Parlaments, 1995.
Schulz, Andrea: Neue Variationen über ein Thema: Abgeordnetenimmunität und Zwangsmaßnahmen im strafrechtlichen Ermittlungsverfahren, in: DÖV 1991, S. 448–455.
Wild, Michael: Der Elefant im Porzellanladen: Parlamentarische Redebeiträge vor den Zivilgerichten, in: ZParl. 29 (1998), S. 317–322.
Wolfslast, Gabriele: Immunität und Hauptverhandlung im Strafverfahren, in: NStZ 1987, S. 433–436.
Wurbs, Richard: Regelungsprobleme der Immunität und der Indemnität in der parlamentarischen Praxis, 1988.

Leitentscheidungen des Bundesverfassungsgerichts

Diese liegen zu Art. 46 GG bislang nicht vor.

Gliederung

	Rn.
A. Herkunft, Entstehung, Entwicklung	1
B. Internationale, supranationale und rechtsvergleichende Bezüge	4
C. Erläuterungen	8
I. Allgemeine Bedeutung	8
II. Indemnität (Art. 46 I GG)	9
1. Begriff, Schutzzweck, Rechtsnatur	9
2. Schutzumfang (Art. 46 I 1, 1. Halbsatz GG)	11

	a) Persönlicher Geltungsbereich		11
	b) Sachlicher Geltungsbereich		13
	3. Art und Rechtsfolgen des Verfolgungsschutzes (Art. 46 I 1, 2. Halbsatz GG)		18
III.	Immunität (Art. 46 II-IV GG)		21
	1. Begriff, Schutzzweck, Rechtsnatur		21
	2. Schutzumfang (Art. 46 II-IV GG)		24
	a) Persönlicher Geltungsbereich		24
	b) Schutz vor Strafverfolgung (Art. 46 II GG)		26
	c) Schutz vor anderen Freiheitsbeschränkungen und vor dem Verwirkungsverfahren (Art. 46 III GG)		32
	3. Die Verfahrensrechte des Bundestages		36
	a) Die Genehmigung von Strafverfolgung, Freiheitsbeschränkungen oder Verwirkungsverfahren (Art. 46 II, III GG)		36
	b) Das Reklamationsrecht (Art. 46 IV GG)		41
D.	Verhältnis zu anderen GG-Bestimmungen		44

A. Herkunft, Entstehung, Entwicklung

1 Der **Schutz der Parlamentsabgeordneten** vor Verfolgung wegen ihrer parlamentarischen Tätigkeit (Indemnität) **wurzelt in** der **Tradition des englischen Parlamentarismus**[1] und wurde als Privileg zur Redefreiheit zuerst in Sektion 9 der Bill of Rights (1689) festgelegt; parallel und unabhängig davon entwickelte sich der Genehmigungsvorbehalt des Parlaments bei sonstiger Strafverfolgung von Abgeordneten (Immunität) im englischen Parlamentsrecht seit etwa 1400[2]. An diese Rechtslage knüpfte auch die amerikanische Verfassung an (Art. I Abschnitt 6 Verf. von 1787)[3]. In Frankreich beanspruchte die Nationalversammlung von 1789 stets die Unverletzlichkeit der Delegierten i.S.v. Indemnität und Immunität, wie sie in ihrem Beschluß vom 26. 6. 1790 und in Section V, Art. 7 und 8 der französischen Verfassung von 1791 ihren Niederschlag fand[4]. Über Art. 44 und 45 der europaweit vorbildgebenden belgischen Verfassung von 1831 und in Anknüpfung an einzelne Verfassungen der deutschen Einzelstaaten[5] gehörten Indemnität und Immunität seit § 120 bzw. §§ 117–119 der Paulskirchenverfassung zu den »klassischen« Bestandteilen der Verfassungen des Konstitutionalismus (vgl. Art. 30 bzw. 31 RV von 1871)[6]; später erstreckten Art. 36 WRV den In-

---

[1] *H.H. Klein*, Indemnität und Immunität, in: Schneider/Zeh, § 17 Rn. 9ff.; *W. Härth*, Die Rede- und Abstimmungsfreiheit der Parlamentsabgeordneten in der Bundesrepublik Deutschland, 1983, S. 26ff.; *S. Magiera*, in: BK, Art. 46 (Zweitb. 1981), Rn. 6ff.; *J. Linden*, Historische, rechtstheoretische und pragmatisch-politische Rechtfertigung der Indemnität in der parlamentarischen Demokratie der Bundesrepublik Deutschland und im Rechtsvergleich mit anderen Verfassungen, Diss. jur. Köln 1978, S. 5ff.; *W.M. Ibert*, Die berufliche Immunität der Abgeordneten, 1933, S. 3ff.

[2] Vgl. ausf. *H. Butzer*, Immunität im demokratischen Rechtsstaat, 1991, S. 34ff.

[3] *Klein* (Fn. 1), § 17 Rn. 10; *Härth*, Rede- und Abstimmungsfreiheit (Fn. 1), S. 28f.

[4] *Klein* (Fn. 1), § 17 Rn. 11; *Magiera* (Fn. 1), Art. 46 Rn. 8; ausf. *Härth*, Rede- und Abstimmungsfreiheit (Fn. 1), S. 31f.; *Butzer*, Immunität (Fn. 2), S. 41ff.; *Linden*, Rechtfertigung (Fn. 1), S. 4f., 13ff.; *Ibert*, Immunität (Fn. 1), S. 14ff.

[5] *Klein* (Fn. 1), § 17 Rn. 12ff.; *Magiera* (Fn. 1), Art. 46 Rn. 9ff.; ausf. *Härth*, Rede- und Abstimmungsfreiheit (Fn. 1), S. 35ff.; *Butzer*, Immunität (Fn. 2), S. 47ff.; *Linden*, Rechtfertigung (Fn. 1), S. 19f., 24ff.; *W.-E. Ahrens*, Immunität von Abgeordneten, 1970, S. 25.

[6] Vgl. *Klein* (Fn. 1), § 17 Rn. 17f.; *H.-P. Schneider*, in: AK-GG, Art. 46 Rn. 1; *P. Bockelmann*, Die Unverfolgbarkeit der Abgeordneten nach deutschem Immunitätsrecht, 1951, S. 9ff.; *Ibert*, Immunität (Fn. 1), S. 34ff.

demnitätsschutz und Art. 37 WRV die Immunität auch auf die Mitglieder der Landtage.

Ideengeschichtlich lassen sich Indemnität und Immunität mit dem Gedanken der Repräsentation i.S.d. freien Mandats[7] (→ Art. 38 Rn. 5, 124) und mit dem Schutz der Ersten Gewalt verbinden, wie sie Montesquieu in England beobachtete und für Kontinentaleuropa theoretisch nachhaltig untermauerte. 2

Art. 46 GG wurde **im Parlamentarischen Rat einmütig** und ohne große Diskussion **beraten** und in Übernahme bestehender Vorbilder formuliert[8]: Er faßt die Regelungen der Art. 36 und 37 WRV unter Beschränkung auf den Bundestag und unter Erstreckung auf die gesamte Wahlperiode zusammen; neu wurden verleumderische Beleidigungen vom Indemnitätsschutz ausgeschlossen und das Verfahren nach Art. 18 GG in den Immunitätsschutz einbezogen. Die Norm ist bislang nicht geändert worden. 3

B. Internationale, supranationale und rechtsvergleichende Bezüge

Indemnität und Immunität sind weltweit verbreitete Formen des Schutzes von Abgeordneten, die auch für Gremien wie die Parlamentarische Versammlung des Europarats (Art. 40 I der Satzung des Europarats) in den entsprechenden internationalen Abkommen normiert sind. **Im Recht der EU** verweist Art. 4 II DWA[9] bzw. Art. 3 I GOEP **für die Mitglieder des Europäischen Parlaments** deklaratorisch auf Vorrechte und Befreiungen nach dem »Protokoll über die Vorrechte und Befreiung der Europäischen Gemeinschaften« vom 8. 4. 1965[10]: Danach gelten für sie Indemnität (Art. 9) und Immunität (Art. 10). Ihnen steht »im Hoheitsgebiet ihres eigenen Staates die den Parlamentsmitgliedern zuerkannte Unverletzlichkeit zu« (lit. a), während sie im Hoheitsgebiet jedes anderen Mitgliedstaats nach gemeinschaftlichen Maßstäben »weder festgehalten noch verhaftet werden« dürfen (lit. b)[11]; das gilt nicht bei »Ergreifung auf frischer Tat«. 4

Dementsprechend **räumt** auch **das deutsche Recht den Europaabgeordneten Indemnität und Immunität ein** (§ 5 EuAbgG)[12], wobei der Umfang der Indemnität sich nach dem Grundgesetz bestimmt (§ 5 I 2 EuAbgG). Das Europäische Parlament muß bei sei- 5

---

[7] Vgl. nur *H. Hofmann/H. Dreier*, Repräsentation, Mehrheitsprinzip und Minderheitenschutz, in: Schneider/Zeh, § 5 Rn. 38 ff.; ausf. *C. Wefelmeier*, Repräsentation und Abgeordnetenmandat, 1990; s. auch *Bockelmann*, Unverfolgbarkeit (Fn. 6), S. 17 ff.

[8] JöR 1 (1951), S. 371 ff.; *Schneider* (Fn. 6), Art. 46 Rn. 1; ausf. *Magiera* (Fn. 1), Art. 46 Abschnitt I; *W. Pfeifer*, Die parlamentarische Immunität, Diss. jur. Würzburg 1951, S. 39 ff.

[9] Akt zur Einführung allgemeiner unmittelbarer Wahlen der Abgeordneten der Versammlung vom 20. 9. 1976, ABl. EG Nr. L 278 vom 8. 10. 1976, S. 5 = BGBl. 1977 II, S. 733.

[10] ABl. EG Nr. 152 vom 13. 7. 1967, S. 13 = BGBl. II, S. 1454 i.d.F. der Bek. vom 15. 1. 1986, BGBl. II, S. 422; s. ausf. *C. Schultz-Bleis*, Die parlamentarische Immunität der Mitglieder des Europäischen Parlaments, 1995, S. 19 ff.; Europäisches Parlament, Generaldirektion Wissenschaft (Hrsg.), Die parlamentarische Immunität in den Mitgliedstaaten der Europäischen Gemeinschaft und im Europäischen Parlament, 1993, S. 113 ff. (S. 131: zwischen 1979 und Ende 1992 führten von 67 Anträgen mitgliedstaatlicher Behörden auf Aufhebung der Immunität nur 13 zur Aufhebung); s. auch *R. Fleuter*, Mandat und Status des Abgeordneten im Europäischen Parlament, 1991, S. 108 ff.; *Klein* (Fn. 1), § 17 Rn. 66.

[11] Vgl. EuGHE 1986, 2392 (2398) – Schlußantrag Generalanwalt Darmon; ausf. *Schultz-Bleis*, Immunität (Fn. 10), S. 40 ff.

[12] Krit. zur Existenzberechtigung *H. Sieglerschmidt*, EuGRZ 1986, 445 (452); s. auch ausf. pro und contra *Schultz-Bleis*, Immunität (Fn. 10), S. 47 ff., 54 ff., 58 f.

nen Immunitätsentscheidungen gem. Art. 5 GOEP das Immunitätsrecht des jeweiligen Mitgliedstaats des Abgeordneten zugrundelegen[13]. Weicht die Auslegung des EP von der mitgliedstaatlichen Praxis (bzw. der Auffassung der antragstellenden deutschen Staatsanwaltschaft) ab[14], so geht die Auffassung des EP aus Gründen des Rechtsanwendungsvorrangs vor. Die Staatsanwaltschaft muß ggf. eine gerichtliche Klärung beim EuGH anstreben; dabei kann aber nur der Mitgliedstaat Nichtigkeitsklage erheben[15].

6   Für die meisten europäischen Verfassungsstaaten in der EU ist eine verfassungsrechtliche Ausgestaltung des Status der Parlamentsabgeordneten typisch. Abgesehen von Finnland[16] und vom Vereinigten Königreich[17] haben alle **anderen Mitgliedstaaten der Europäischen Gemeinschaft** Indemnität und Immunität verfassungsrechtlich **kodifiziert**, von Art. 58, 59 Verf. Belgien bis Art. 71 Verf. Spanien; allerdings ist ihre Reichweite unterschiedlich[18]. Indemnität und Immunität waren und sind auch in den Verfassungen der ost- und der außereuropäischen Staaten, d.h. in großen Teilen der Welt bekannt[19].

7   Alle **Landesverfassungen** der Bundesrepublik enthalten Indemnitäts- und Immunitätsregeln (z.B. Art. 27, 28 Verf. Bayern; Art. 47, 48 Verf. Nordrhein-Westfalen) mit nicht zu vernachlässigenden Unterschieden[20], z.B. der Möglichkeit der Delegation der parlamentarischen Immunitätsentscheidung an einen Landtagsausschuß (Art. 48 IV 2 Verf. Nordrhein-Westfalen; Art. 94 IV Verf. Rheinland-Pfalz; Art. 55 IV Verf. Thüringen) oder der Reduzierung des Immunitätsschutzes auf eine nachträgliche Reklamationsmöglichkeit (Art. 58 Verf. Brandenburg).

C. Erläuterungen

I. Allgemeine Bedeutung

8   Art. 46 GG gilt dem Schutz der Bundestagsabgeordneten vor (Straf-)Verfolgung und **konkretisiert** den **verfassungsrechtlichen Status der einzelnen Abgeordneten**[21] im Blick auf ihre äußere Stellung (→ Art. 38 Rn. 127, 136 ff.): Durch Indemnität (Art. 46 I

---

[13] *R. Bieber*, EuR 1981, 124 (131); ausf. *Schultz-Bleis*, Immunität (Fn. 10), S. 29 ff.; zu den Immunitätsunterschieden in Europa s. *T. Läufer*, in: Grabitz/Hilf, EGV, Art. 138 Rn. 31.

[14] Krit. *Schultz-Bleis*, Immunität (Fn. 10), S. 30 f., 72 ff., 119 ff.; *H. Sieglerschmidt*, EuGRZ 1986, 445 (447 ff.).

[15] Dazu *Schultz-Bleis*, Immunität (Fn. 10), S. 150 ff.

[16] S. aber §§ 13, 14 der Parlamentsordnung, dazu: Europäisches Parlament, Generaldirektion Wissenschaft (Hrsg.), Die parlamentarische Immunität in den Mitgliedstaaten der Europäischen Union und im Europäischen Parlament, 1996, S. 21 ff.

[17] S. näher *Schultz-Bleis*, Immunität (Fn. 10), S. 83 f.; Generaldirektion (Hrsg.), Immunität (Fn. 10), S. 89 ff.

[18] Vgl. *Klein* (Fn. 1), § 17 Rn. 57 ff.; zur Immunität ausf. Generaldirektion (Hrsg.), Immunität (Fn. 16), S. 11 ff., 41 ff.; *Schultz-Bleis*, Immunität (Fn. 10), S. 77 ff.; Generaldirektion (Hrsg.), Immunität (Fn. 10), S. 10 ff.; *H. Sieglerschmidt*, EuGRZ 1986, 445 (452).

[19] *Linden*, Rechtfertigung (Fn. 1), S. 119 ff., 122 ff.; ausf. *Pfeifer*, Immunität (Fn. 8), S. 223 ff., 234 ff.; s. z.B. RussVerfG EuGRZ 1997, 583 ff.

[20] *Klein* (Fn. 1), § 17 Rn. 2 f.; *Härth*, Rede- und Abstimmungsfreiheit (Fn. 1), S. 80 ff.; zum Verhältnis zu § 36 StGB vgl. ausf. *Magiera* (Fn. 1), Art. 46 Rn. 28 ff.

[21] Jarass/*Pieroth*, GG, Art. 46 Rn. 1; *S. Magiera*, in: Sachs, GG, Art. 46 Rn. 1; *ders.* (Fn. 1), Art. 46 Rn. 1, 15; *H.-H. Trute*, in: v. Münch/Kunig, GG II, Art. 46 Rn. 1, 22 f.; *R. Wurbs*, Regelungsprobleme der Immunität und der Indemnität in der parlamentarischen Praxis, 1988, S. 15; *P. Häberle*, NJW 1976, 537 (539); s. auch *H. Bethge*, Art. Abgeordneter, in: StL⁷, Bd. 1, Sp. 9 ff. (11 f.).

GG; → Rn. 9ff.) und Immunität (Art. 46 II–IV GG; → Rn. 21ff.) soll die subjektive Freiheit ihrer parlamentarischen Tätigkeit vor Beeinträchtigungen geschützt und zugleich objektiv-institutionell die Freiheit der Diskussionen und Abstimmungen im Parlament[22], dessen repräsentative Zusammensetzung und **Arbeits- und Funktionsfähigkeit gesichert** werden[23]. Die Aufgabenerfüllung von Bundestag und seinen Mitgliedern soll vor sachwidrigen Einflußnahmen anderer Gewalten geschützt werden[24], zunehmend auch vor dem »Kesseltreiben« gegen einzelne Abgeordnete unter den Bedingungen der Mediengesellschaft[25]. Im Unterschied zur **Indemnität**, die primär den einzelnen Abgeordneten schützt, dient die **Immunität** primär objektiv der Institution Bundestag; darin gründen unterschiedliche Rechtsfolgen.

II. Indemnität (Art. 46 I GG)

1. Begriff, Schutzzweck, Rechtsnatur

Art. 46 I GG gewährleistet **Indemnität** (von lat. indemnitas: Schadloshaltung), also die außerparlamentarische **Verantwortungsfreiheit des Bundestagsabgeordneten für seine innerparlamentarische Tätigkeit**[26]: Abgeordnete dürfen für ihre Abstimmungen und Äußerungen im Bundestag nicht zur Verantwortung gezogen werden, sofern es sich nicht um verleumderische Beleidigungen (→ Rn. 14) handelt. Zweck der Indemnität ist der Schutz der Redefreiheit der Abgeordneten und die Gewährleistung offener parlamentarischer Diskussionen[27]. 9

Soweit die Indemnität vor Strafverfolgung schützt, handelt es sich strafrechtsdogmatisch um einen persönlichen **Strafausschließungsgrund**, der Tatbestandsmäßigkeit, Rechtswidrigkeit und Schuld nicht beseitigt[28], im sonstigen einfachen Recht um ein spezielles Verfahrenshindernis i.S. eines **persönlichen Verfolgungsausschlußgrundes**[29]. In jedem Falle kann der einzelne Abgeordnete sich gegenüber Staatsakten, die ihn wegen seiner parlamentarischen Handlungen zur Verantwortung ziehen wollen, auf Art. 46 I GG berufen[30]. 10

---

[22] Vgl. z.B. StGH Bremen DVBl. 1967, 622 (625); *Wurbs*, Regelungsprobleme (Fn. 21), S. 25ff., 88f.; *Achterberg/Schulte*, GG VI, Art. 46 Rn. 3.
[23] *Magiera* (Fn. 21), Art. 46 Rn. 1; *Trute* (Fn. 21), Art. 46 Rn. 1f., 4, 22, 40; *Schneider* (Fn. 6), Art. 46 Rn. 2, 10; *Klein* (Fn. 1), § 17 Rn. 20f., 39; krit. R. *Bornemann*, DÖV 1986, 93 (94f.).
[24] *Trute* (Fn. 21), Art. 46 Rn. 1, 4, 23; Schmidt-Bleibtreu/*Klein*, GG, Art. 46 Rn. 1; *Magiera* (Fn. 1), Art. 46 Rn. 16; T. *Maunz*, in: Maunz/Dürig, GG, Art. 46 (1960), Rn. 1.
[25] Vgl. F. *Schäfer*, Der Bundestag, 4. Aufl. 1982, S. 172; s. auch *Klein* (Fn. 1), § 17 Rn. 68.
[26] *Magiera* (Fn. 21), Art. 46 Rn. 1; *ders.* (Fn. 1), Art. 46 Rn. 3; *Trute* (Fn. 21), Art. 46 Rn. 4; *Schneider* (Fn. 6), Art. 46 Rn. 2; *Klein* (Fn. 1), § 17 Rn. 19.
[27] Jarass/*Pieroth*, GG, Art. 46 Rn. 2; *Klein* (Fn. 1), § 17 Rn. 69; *Maunz* (Fn. 24), Art. 46 Rn. 6.
[28] Jarass/*Pieroth*, GG, Art. 46 Rn. 4; *Achterberg/Schulte*, GG VI, Art. 46 Rn. 4; *Schneider* (Fn. 6), Art. 46 Rn. 3; H.-J. *Rinck*, JZ 1961, 248 (250); *Maunz* (Fn. 24), Art. 46 Rn. 22; a.A. E. *Helle*, NJW 1961, 1896 (1900): Rechtfertigungsgrund; *Trute* (Fn. 21), Art. 46 Rn. 18; W. *Erbguth/F. Stollmann*, JuS 1993, 488 (488): Verfahrenshindernis.
[29] So *Magiera* (Fn. 21), Art. 46 Rn. 10; *ders.* (Fn. 1), Art. 46 Rn. 53; ähnlich *Schneider* (Fn. 6), Art. 46 Rn. 3; Jarass/*Pieroth*, GG, Art. 46 Rn. 4; *Klein* (Fn. 1), § 17 Rn. 20.
[30] *Trute* (Fn. 21), Art. 46 Rn. 19; *Klein* (Fn. 1), § 17 Rn. 21.

Art. 46 C. Erläuterungen

2. Schutzumfang (Art. 46 I 1, 1. Halbsatz GG)

a) Persönlicher Geltungsbereich

11 Der Schutz der **Indemnität** gilt **für Abgeordnete des Bundestages**[31] (und aufgrund gesetzlicher Anordnung für Mitglieder der Bundesversammlung[32] und Abgeordnete des Europäischen Parlaments, → Rn. 5), **nicht** aber **für andere Amtsinhaber** wie Bundespräsident (vgl. Art. 60 IV GG), Mitglieder der Bundesregierung[33], des Bundesrates[34], außerparlamentarische Mitglieder von (gemischten) Bundestagsausschüssen[35], Landtagsabgeordnete, Parlamentsbeauftragte oder Sachverständige, die sich in öffentlichen Anhörungen im Bundestag äußern[36], sofern diese nicht zugleich Bundestagsabgeordnete sind[37]. Selbst wenn sie es sind, entfällt der Indemnitätsschutz, wenn der betreffende Bundestagsabgeordnete als sonstiger Amtsträger auftritt, z.B. als Regierungsmitglied bei Beantwortung einer parlamentarischen Anfrage[38].

12 Der Abgeordnete wird **vom Erwerb des Mandats** mit Beginn der Wahlperiode **an**[39] **für immer** geschützt. Er verliert den Schutz nie, auch nicht nach der Beendigung des Mandats[40]. Weder kann der Bundestag die Indemnität durch Beschluß aufheben[41], noch kann der Abgeordnete auf sie verzichten[42].

b) Sachlicher Geltungsbereich

13 Der Abgeordnete darf sachlich **nur wegen Abstimmungen oder Äußerungen** während seiner Amtszeit als Mitglied des Bundestages[43] nicht verfolgt werden. Mit Abstimmungen sind hier begrifflich – anders als sonst im Grundgesetz (→ Art. 20 [Demokratie] Rn. 93) – sowohl Personal- als auch Sachentscheidungen gemeint[44]. Auf die Modalitäten (Probeabstimmungen, Umlaufverfahren) kommt es nicht an[45]. Der weiterge-

---

[31] *Trute* (Fn. 21), Art. 46 Rn. 5; *Achterberg/Schulte*, GG VI, Art. 46 Rn. 5; *Schneider* (Fn. 6), Art. 46 Rn. 4; *Magiera* (Fn. 1), Art. 46 Rn. 25; *Maunz* (Fn. 24), Art. 46 Rn. 7.
[32] Vgl. § 7 des Gesetzes über die Wahl des Bundespräsidenten durch die Bundesversammlung vom 25. 4. 1959 (BGBl. I, S. 230).
[33] *Trute* (Fn. 21), Art. 46 Rn. 7; *Achterberg/Schulte*, GG VI, Art. 46 Rn. 8; *K.A. Bettermann*, DVBl. 1965, 886 (886); a.A. *H.-U. Geck*, Die Fragestunde im Deutschen Bundestag, 1986, S. 125f.; *G. Witte-Wegmann*, DVBl. 1974, 866 (868ff.).
[34] *Klein* (Fn. 1), § 17 Rn. 22; *Schneider* (Fn. 6), Art. 46 Rn. 5; *Magiera* (Fn. 1), Art. 46 Rn. 33.
[35] *Jarass/Pieroth*, GG, Art. 46 Rn. 1; *Schneider* (Fn. 6), Art. 46 Rn. 5.
[36] BGH NJW 1981, 2117 (2117f.); *Achterberg/Schulte*, GG VI, Art. 46 Rn. 9.
[37] *Klein* (Fn. 1), § 17 Rn. 22; *Härth*, Rede- und Abstimmungsfreiheit (Fn. 1), S. 113; *Magiera* (Fn. 1), Art. 46 Rn. 31; ausf. *W.A. Kewenig/S. Magiera*, ZParl. 12 (1981), 223 (229ff.); zu Petenten i.S. von Art. 17 GG vgl. OLG Düsseldorf NVwZ 1983, 502 (502).
[38] OVG NW DVBl. 1967, 51 (53); *Jarass/Pieroth*, GG, Art. 46 Rn. 1; *Magiera* (Fn. 21), Art. 46 Rn. 2; *Maunz* (Fn. 24), Art. 46 Rn. 8; weitergehend *E. Graul*, NJW 1991, 1717 (1718).
[39] Z.B. *Klein* (Fn. 1), § 17 Rn. 37; *Magiera* (Fn. 1), Art. 46 Rn. 49; *Maunz* (Fn. 24), Art. 46 Rn. 9; a.A. *L.-A. Versteyl*, Beginn und Ende der Wahlperiode, Erwerb und Verlust des Mandats, in: Schneider/Zeh, § 14 Rn. 28: ab Konstituierung des Parlaments. → Art. 38 Rn. 131.
[40] BVerwGE 83, 1 (15f.); *Magiera* (Fn. 21), Art. 46 Rn. 7; *Trute* (Fn. 21), Art. 46 Rn. 8.
[41] *Magiera* (Fn. 21), Art. 46 Rn. 7; *ders.* (Fn. 1), Art. 46 Rn. 54; *Achterberg/Schulte*, GG VI, Art. 46 Rn. 7; *Schneider* (Fn. 6), Art. 46 Rn. 3; *Maunz* (Fn. 24), Art. 46 Rn. 6.
[42] *Jarass/Pieroth*, GG, Art. 46 Rn. 3; *Magiera* (Fn. 21), Art. 46 Rn. 7.
[43] Dazu §§ 45ff. BWahlG; *Trute* (Fn. 21), Art. 46 Rn. 6; *Achterberg/Schulte*, GG VI, Art. 46 Rn. 6.
[44] *Jarass/Pieroth*, GG, Art. 46 Rn. 1; *Magiera* (Fn. 21), Art. 46 Rn. 3; *ders.* (Fn. 1), Art. 46 Rn. 34; *Achterberg/Schulte*, GG VI, Art. 46 Rn. 12; *Klein* (Fn. 1), § 17 Rn. 23.
[45] *Trute* (Fn. 21), Art. 46 Rn. 9; *Härth*, Rede- und Abstimmungsfreiheit (Fn. 1), S. 121f.

hende Begriff der Äußerungen zielt auf mündliche, schriftliche oder konkludente Meinungsäußerungen und Tatsachenbehauptungen im weitesten Sinne[46]; Abstimmungen sind nur ein Unterfall der Äußerungen[47].

Keine Äußerungen i.S. von Art. 46 I GG sind ausdrücklich verleumderische Beleidigungen (Art. 46 I 2 GG; §§ 103, 187, 187a II StGB): Sie werden schon tatbestandlich nicht vom Schutz der Äußerungen umfaßt[48]. Das gilt ebenso für Tätlichkeiten[49] und reine Privatgespräche[50]. Eine strafrechtliche Verfolgung setzt aber die Aufhebung der Immunität durch den Bundestag voraus[51] (→ Rn. 36ff.). **14**

Geschützt sind nur Äußerungen, die **im Bundestag oder in einem seiner Ausschüsse** gefallen sind, unabhängig von Ort, Zweck und Modalitäten der Sitzung[52]. Gemeint ist die Gesamtheit der Erscheinungsformen parlamentarischer Selbstorganisation im Kontext parlamentarischer Verhandlungen[53], wie sie kraft Geschäftsordnungskompetenz (Art. 40 I 2 GG) als Form der Bundestagsarbeit vorgesehen sind[54]: Plenum, Bundestagspräsidium, Ältestenrat, Ausschüsse einschließlich der gemischten Ausschüsse (z.B. Richterwahlausschuß) und Enquete-Kommissionen[55], aber auch Fraktionen (und ihre Untergliederungen wie Fraktionsvorstände und Fraktionsarbeitskreise)[56], weil der Bundestag heutzutage nur als ein »Fraktionenparlament« funktionsfähig sein kann[57]. **15**

Nicht geschützt sind originäre **Äußerungen außerhalb des Bundestages**, etwa auf Partei- und Wahlveranstaltungen[58] (es sei denn, es handelte sich um wörtliche Zitate von parlamentarischen Äußerungen[59]) und Äußerungen, die erst nach Ende der Mitgliedschaft im Bundestag gefallen sind[60]. **16**

---

[46] *Trute* (Fn. 21), Art. 46 Rn. 10; *W. Erbguth/F. Stollmann*, JuS 1993, 488 (489f.); *Klein* (Fn. 1), § 17 Rn. 24; *M. Schröder*, Der Staat 21 (1982), 25 (38ff.); *Magiera* (Fn. 1), Art. 46 Rn. 35.
[47] So *Jarass/Pieroth*, GG, Art. 46 Rn. 2; *Schneider* (Fn. 6), Art. 46 Rn. 6.
[48] Vgl. etwa OLG Hamburg, Beschluß vom 8.4.1997, Az. 7 W 26/97, unv., mit krit. Anm. *M. Wild*, ZParl. 29 (1998), 317ff.; *Klein* (Fn. 1), § 17 Rn. 26.
[49] BVerwGE 83, 1 (16); *Achterberg/Schulte*, GG VI, Art. 46 Rn. 10.
[50] *Klein* (Fn. 1), § 17 Rn. 27; *Härth*, Rede- und Abstimmungsfreiheit (Fn. 1), S. 124.
[51] *Magiera* (Fn. 1), Art. 46 Rn. 51.
[52] *Magiera* (Fn. 21), Art. 46 Rn. 4; *Trute* (Fn. 21), Art. 46 Rn. 9, 11; *Klein* (Fn. 1), § 17 Rn. 29.
[53] *Trute* (Fn. 21), Art. 46 Rn. 11; *E. Friesenhahn*, DÖV 1981, 512 (513f.).
[54] Ausf. *Achterberg/Schulte*, GG VI, Art. 46 Rn. 14f.; *Magiera* (Fn. 1), Art. 46 Rn. 36ff.
[55] *Magiera* (Fn. 21), Art. 46 Rn. 4; *Trute* (Fn. 21), Art. 46 Rn. 12f.; *Schneider* (Fn. 6), Art. 46 Rn. 7; *Klein* (Fn. 1), § 17 Rn. 30ff.; *Achterberg*, Parlamentsrecht, S. 241; *L.-A. Versteyl*, ZParl. 6 (1975), 290 (292); a.A. *Maunz* (Fn. 24), Art. 46 Rn. 15.
[56] *Achterberg/Schulte*, GG VI, Art. 46 Rn. 16 m.w.N.; *Schneider* (Fn. 6), Art. 46 Rn. 7; *Magiera* (Fn. 1), Art. 46 Rn. 41; a.A. Schmidt-Bleibtreu/*Klein*, GG, Art. 46 Rn. 4.
[57] Vgl. BVerfGE 84, 304 (322ff.); 80, 188 (219f.); *H. Dreier*, JZ 1990, 310 (317ff.); *H.-H. Trute*, Jura 1990, 184 (185); *H. Schulze-Fielitz*, DÖV 1989, 829 (830, 834); *M. Morlok*, JZ 1989, 1035 (1036ff.).
[58] BGH NJW 1982, 2246 (2246); OLG München BayVBl. 1975, 54 (54f.); *Trute* (Fn. 21), Art. 46 Rn. 11, 14; *Achterberg/Schulte*, GG VI, Art. 46 Rn. 17; *Klein* (Fn. 1), § 17 Rn. 34; *Wurbs*, Regelungsprobleme (Fn. 21), S. 94ff.; *M. Schröder*, Der Staat 21 (1982), 25 (41).
[59] BGHZ 75, 384 (387f.); *Magiera* (Fn. 1), Art. 46 Rn. 42; *W.A. Kewenig/S. Magiera*, ZParl. 12 (1981), 223 (226ff.); *Klein* (Fn. 1), § 17 Rn. 27; *D. Jung*, JuS 1983, 431 (433).
[60] *Magiera* (Fn. 21), Art. 46 Rn. 6; s. auch *Achterberg/Schulte*, GG VI, Art. 46 Rn. 7.

17 **Schriftliche Anfragen** können mit Einreichung beim Bundestagspräsidenten[61], mit dessen Weiterleitung an die Bundesregierung[62], mit ihrer Veröffentlichung[63] oder ihrer Beantwortung[64] als Äußerung »im Bundestag« getan sein. Da der Schutz nicht vom Verhalten Dritter oder vom Zufall abhängig sein sollte, wird er schon mit dem Eingang der Anfrage beim Bundestagspräsidenten einsetzen müssen; das gilt **entsprechend** für **andere schriftliche Äußerungen** (z.B. Anträge), sobald der Abgeordnete sie in den dafür vorgesehenen Geschäftsgang gegeben hat[65], nicht aber zwingend auch für eine *sofortige* (außerparlamentarische) Presseveröffentlichung durch den Abgeordneten[66].

3. Art und Rechtsfolgen des Verfolgungsschutzes (Art. 46 I 1, 2. Halbsatz GG)

18 Der Indemnitätsschutz verbietet **jede** außerparlamentarische staatliche **Maßnahme**, die den Abgeordneten beeinträchtigt[67]. Gemeint sind alle Maßnahmen **der staatlichen** (z.B. Straf-, Ehren-, Zivil-)**Gerichtsbarkeit**, also etwa auch Entscheidungen über zivilrechtlichen Schadensersatz[68], Unterlassungen[69], Widerruf und Vollstreckung[70], über disziplinarische oder polizeiliche Maßnahmen[71], **oder** solche **der Exekutive**, mit denen Abgeordnete zur Verantwortung gezogen werden können, z.B. von Polizei, Staatsanwaltschaft, Gerichtsvollzieher, Verfassungsschutzämtern, auch bei Maßnahmen nur interner oder tatsächlicher Natur[72].

19 Art. 46 GG schützt den Abgeordneten nur gegen Beeinträchtigungen von außen. **Maßnahmen des Bundestagspräsidenten** etwa im Rahmen seiner Ordnungsbefugnisse (→ Art. 40 Rn. 24) werden **nicht erfaßt**[73], ebensowenig Maßnahmen von Ausschußvorsitzenden[74], Fraktionen[75], politische Sanktionen durch den Wähler, Abgeordneten-

---

[61] So z.B. *W. Erbguth/F. Stollmann*, JuS 1993, 488 (490f.); *Achterberg/Schulte*, GG VI, Art. 46 Rn. 20; *Geck*, Fragestunde (Fn. 33), S. 124; *G. Witte-Wegmann*, DVBl. 1974, 866 (870). Zur Einreichung beim Fraktionssekretariat *J. Bücker*, Aktuelle Fragen der Immunität und Indemnität, in: FS Blischke, 1982, S. 45 ff. (58 f.).

[62] *Jarass/Pieroth*, GG, Art. 46 Rn. 2; s. auch *W. Meyer-Hesemann*, DÖV 1981, 288 (290).

[63] So z.B. *Jarass/Pieroth*, GG, Art. 46 Rn. 2; *Schmidt-Bleibtreu/Klein*, GG, Art. 46 Rn. 4; *M. Schröder*, Der Staat 21 (1982), 25 (40f.); *H.-A. Roll*, NJW 1980, 1439 (1440).

[64] So BGHZ 75, 384 (388f.); krit. *D. Jung*, JuS 1983, 431 (433); *K. Warnecke*, ZParl. 11 (1980), 540 (541f.).

[65] So auch *Magiera* (Fn. 21), Art. 46 Rn. 5; *Achterberg/Schulte*, GG VI, Art. 46 Rn. 20; *W.A. Kewenig/S. Magiera*, ZParl. 12 (1981), 223 (228); *E. Friesenhahn*, DÖV 1981, 512 (518).

[66] H.M., z.B. BGHZ 75, 384 (389); *W. Erbguth/F. Stollmann*, JuS 1993, 488 (491f.); *K. Mang*, BayVBl. 1980, 550 (552); a.A. *W. Meyer-Hesemann*, DÖV 1981, 288 (289f.); *E. Röper*, DVBl. 1980, 563 ff.

[67] Vgl. *Achterberg/Schulte*, GG VI, Art. 46 Rn. 21 ff.; *Klein* (Fn. 1), § 17 Rn. 35; *Härth*, Rede- und Abstimmungsfreiheit (Fn. 1), S. 124ff.; *Maunz* (Fn. 24), Art. 46 Rn. 18f.

[68] *Trute* (Fn. 21), Art. 46 Rn. 16; *M. Schröder*, Der Staat 21 (1982), 25 (34ff.); *Magiera* (Fn. 1), Art. 46 Rn. 43; a.A. *F. Ruland*, Der Staat 14 (1975), 457 (479ff.).

[69] Z.B. OLG Karlsruhe NJW 1956, 1840 (1840); *W. Erbguth/F. Stollmann*, JuS 1993, 488 (489); zur möglichen Zuständigkeit der Verwaltungsgerichte *M. Wild*, ZParl. 29 (1998), 317 (318ff.).

[70] Vgl. OLG Karlsruhe NJW 1956, 1840 (1840); a.A. LG Koblenz NJW 1961, 125.

[71] *Trute* (Fn. 21), Art. 46 Rn. 17; *Achterberg/Schulte*, GG VI, Art. 46 Rn. 23 m.w.N.; zum Sühneverfahren vor dem Schiedsmann *K. Drischler*, SchsZtg 1978, 167 ff.

[72] *Jarass/Pieroth*, GG, Art. 46 Rn. 4; *Schneider* (Fn. 6), Art. 46 Rn. 8.

[73] *Magiera* (Fn. 21), Art. 46 Rn. 9; *Härth*, Rede- und Abstimmungsfreiheit (Fn. 1), S. 135 ff.

[74] *Achterberg/Schulte*, GG VI, Art. 46 Rn. 27; *U. Bernzen*, ZParl. 8 (1977), 36 (39ff.).

[75] *Achterberg/Schulte*, GG VI, Art. 46 Rn. 28; *Härth*, Rede- und Abstimmungsfreiheit (Fn. 1), S. 127f.

überprüfungen auf frühere »Stasi«-Mitarbeit durch den Bundestag[76], oder die Strafbarkeit der Abgeordnetenbestechung (§ 108e StGB) wegen unlauterer Abreden im Vorfeld der Abstimmung[77].

Der Indemnitätsschutz richtet sich seinem Sinn nach nur gegen staatliche Sanktionen, **nicht** aber gegen **Maßnahmen von Privaten**[78], also z.B. nicht gegen Parteiausschlußverfahren[79], Vertragskündigungen oder gesellschaftlichen Boykott[80]; solche können aber nach Art. 38 I 2, 48 II GG unzulässig sein (→ Rn. 44). 20

III. Immunität (Art. 46 II–IV GG)

1. Begriff, Schutzzweck, Rechtsnatur

Immunität (von lat. immunitas: Freisein von Leistungen) ist die **Freiheit** des Abgeordneten **von** allen **staatlichen Verfolgungsmaßnahmen**, z.B. Strafverfolgung, Strafvollstreckung und Freiheitsbeschränkungen, die die parlamentarische Tätigkeit als Abgeordneter behindern könnten, indem solche Maßnahmen im Regelfall eine Genehmigung des Parlaments voraussetzen[81]. 21

Die Immunität des Abgeordneten **soll** weniger dem Ansehen oder der Souveränität des Bundestages[82] als **der** Sicherung der **Funktionsfähigkeit des Bundestages dienen**[83]. Die gegenüber dem 19. Jahrhundert gewandelte Gefahrenlage für die Parlamentsarbeit hat diesen Zweck weithin erledigt[84], wie auch die großzügige Bundestagspraxis bei der Aufhebung der Immunität belegt. 22

Der Rechtsnatur nach ist die Immunität ein **höchstpersönliches Verfahrenshindernis**[85]; Verfolgungsmaßnahmen gegen Beteiligte, die nicht Abgeordnete sind, bleiben unberührt[86]. Das einzelne MdB kann sich auf sein Recht zur Immunität berufen[87], aber nicht darauf verzichten[88], weil es um die Arbeitsfähigkeit des Bundestages geht; nur dieser kann die Immunität aufheben (→ Rn. 36). 23

---

[76] *Trute* (Fn. 21), Art. 46 Rn. 15; *J. Vetter*, ZParl. 24 (1993), 211 (215f.).
[77] *Trute* (Fn. 21), Art. 46 Rn. 16; *H. Tröndle*, StGB, 48. Aufl. 1997, § 108e Rn. 12.
[78] H.M., z.B. *Klein* (Fn. 1), § 17 Rn. 36; anders *Achterberg/Schulte*, GG VI, Art. 46 Rn. 24.
[79] *Achterberg/Schulte*, GG VI, Art. 46 Rn. 24; a.A. *Magiera* (Fn. 21), Art. 46 Rn. 8; Schmidt-Bleibtreu/*Klein*, GG, Art. 46 Rn. 12; *Maunz* (Fn. 24), Art. 46 Rn. 20.
[80] *Magiera* (Fn. 21), Art. 46 Rn. 8; *Trute* (Fn. 21), Art. 46 Rn. 17; *Klein* (Fn. 1), § 17 Rn. 36; a.A. *Achterberg*, Parlamentsrecht, S. 241; *ders./Schulte*, GG VI, Art. 46 Rn. 24.
[81] Vgl. *Trute* (Fn. 21), Art. 46 Rn. 21; *Schneider* (Fn. 6), Art. 46 Rn. 9; *Magiera* (Fn. 1), Art. 46 Rn. 5; *Maunz* (Fn. 24), Art. 46 Rn. 4, 24; s. auch *Pfeifer*, Immunität (Fn. 8), S. 4ff.
[82] Abl. z.B. *Magiera* (Fn. 1), Art. 46 Rn. 18f.; a.A. z.B. *G. Wolfslast*, NStZ 1987, 433 (435f.).
[83] *Magiera* (Fn. 1), Art. 46 Rn. 15f., 20; *Achterberg/Schulte*, GG VI, Art. 46 Rn. 31; *Klein* (Fn. 1), § 17 Rn. 68; krit. *R. Bornemann*, DÖV 1986, 93 (94f.); ausf. *Butzer*, Immunität (Fn. 2), S. 66ff., 164ff.; *Achterberg*, Parlamentsrecht, S. 246ff.
[84] So z.B. *H. Jendral*, Immunität – noch zeitgemäß?, 1993, S. 126ff.; *Ahrens*, Immunität (Fn. 5), S. 97ff.; *W.R. Beyer*, Immunität als Privileg, 1966, S. 59 u.ö.
[85] *Jarass/Pieroth*, GG, Art. 46 Rn. 6; *Klein* (Fn. 1), § 17 Rn. 38; *Magiera* (Fn. 1), Art. 46 Rn. 106; zu strafprozeßrechtlichen Folgerungen *G. Wolfslast*, NStZ 1987, 433ff.
[86] *Magiera* (Fn. 21), Art. 46 Rn. 11; *Maunz* (Fn. 24), Art. 46 Rn. 36.
[87] *Trute* (Fn. 21), Art. 46 Rn. 23; *Klein* (Fn. 1), § 17 Rn. 39.
[88] *Magiera* (Fn. 21), Art. 46 Rn. 12; *ders.* (Fn. 1), Art. 46 Rn. 96, 107; *Trute* (Fn. 21), Art. 46 Rn. 23; *Klein* (Fn. 1), § 17 Rn. 39; *Stern*, Staatsrecht I, S. 1062; *Maunz* (Fn. 24), Art. 46 Rn. 27.

Art. 46

2. Schutzumfang (Art. 46 II–IV GG)

a) Persönlicher Geltungsbereich

24 Der Schutz der **Immunität** gilt **für Abgeordnete des Deutschen Bundestages**[89], ergänzend für den Bundespräsidenten (Art. 60 IV GG), für die deutschen Mitglieder des Europäischen Parlaments (→ Rn. 5) und für die Mitglieder der Bundesversammlung[90]. Der Schutz gilt nicht für eine KG, deren Kommanditist MdB ist[91], oder eine Rechtsanwaltssozietät mit einem Abgeordneten als Anwalt, wenn sich das Verfahren nicht gegen den Abgeordneten richtet[92].

25 Der **Schutz** gilt **nur für die Dauer des Mandats**[93], nach dessen Ablauf eine Strafverfolgung wieder möglich wird. Während der Dauer des Immunitätsschutzes ruht die Verfolgungs- und Vollstreckungsverjährung (§§ 78b, 79a StGB)[94].

b) Schutz vor Strafverfolgung (Art. 46 II GG)

26 Ein Bundestagsabgeordneter darf wegen einer Straftat **grundsätzlich nicht ohne vorherige Genehmigung** des Bundestages (→ Rn. 36) **zur Verantwortung gezogen** oder verhaftet werden (Art. 46 II GG). Der Schutz vor Verfolgung wegen einer mit Strafe bedrohten Handlung zielt auf **strafbare Handlungen** in einem sehr weiten Sinne: neben Kriminalstrafen einschließlich der Maßnahmen der Besserung und Sicherung[95] auch Sanktionen des Ordnungswidrigkeitenrechts[96], des Disziplinar- und des Standesrechts[97]. Auf den Zeitpunkt der strafbaren Handlung schon vor Mandatserwerb (sog. mitgebrachte Verfahren) oder während der Mandatszeit kommt es nicht an[98].

27 **Ausgenommen** sind nur **Beugemaßnahmen** sowie wegen ihres Bagatellcharakters **gebührenpflichtige Verwarnungen**[99]. Weil auch ein engeres Verständnis die Funk-

---

[89] Jarass/Pieroth, GG, Art. 46 Rn. 5; Trute (Fn. 21), Art. 46 Rn. 27; Schneider (Fn. 6), Art. 46 Rn. 11; Magiera (Fn. 1), Art. 46 Rn. 55; ausf. Butzer, Immunität (Fn. 2), S. 168 ff.
[90] § 7 des Gesetzes vom 25. 4. 1959 (Fn. 32); Klein (Fn. 1), § 17 Rn. 40; → Art. 54 Rn. 32.
[91] LG Arnsberg BB 1974, 1134.
[92] LG Kiel NVwZ 1994, 96 (97); BVerfG (2. Kammer des Ersten Senats) NVwZ 1994, 54 (56).
[93] BGH NJW 1992, 701 (701 f.); Magiera (Fn. 21), Art. 46 Rn. 12; Jarass/Pieroth, GG, Art. 46 Rn. 5; Trute (Fn. 21), Art. 46 Rn. 27; Klein (Fn. 1), § 17 Rn. 51; Maunz (Fn. 24), Art. 46 Rn. 37.
[94] BGHSt 20, 248 (249 ff.); Magiera (Fn. 21), Art. 46 Rn. 12; Jarass/Pieroth, GG, Art. 46 Rn. 5.
[95] Butzer, Immunität (Fn. 2), S. 171 ff.; Klein (Fn. 1), § 17 Rn. 41.
[96] Trute (Fn. 21), Art. 46 Rn. 24; Butzer, Immunität (Fn. 2), S. 175 ff.; Klein (Fn. 1), § 17 Rn. 43; Schneider (Fn. 6), Art. 46 Rn. 12; a.A. OLG Düsseldorf NJW 1989, 2207; OLG Köln NJW 1988, 1606; E. Göhler, NStZ 1988, 65 (65); Schmidt-Bleibtreu/Klein, GG, Art. 46 Rn. 8, und die Bundestagspraxis, vgl. Nr. 2 b des Beschlusses in Anlage 7 zur GOBT.
[97] RGSt 23, 184 (193); BayDStH BDHE 1, 184 (185 f.); BVerfGE 42, 312 (328); Jarass/Pieroth, GG, Art. 46 Rn. 6; Magiera (Fn. 21), Art. 46 Rn. 14; ders. (Fn. 1), Art. 46 Rn. 63; Trute (Fn. 21), Art. 46 Rn. 25; Achterberg/Schulte, GG VI, Art. 46 Rn. 35 ff.; Butzer, Immunität (Fn. 2), S. 185 ff., 193 f.; Klein (Fn. 1), § 17 Rn. 42; K. Kemper, DÖV 1985, 880 ff.; a.A. BVerwGE 83, 1 (8 f.); R. Bornemann, DÖV 1986, 93 (95 f.); Schmidt-Bleibtreu/Klein, GG, Art. 46 Rn. 8.
[98] Magiera (Fn. 21), Art. 46 Rn. 12; Trute (Fn. 21), Art. 46 Rn. 27; Butzer, Immunität (Fn. 2), S. 285 ff.; Klein (Fn. 1), § 17 Rn. 48; Schneider (Fn. 6), Art. 46 Rn. 10; Maunz (Fn. 24), Art. 46 Rn. 51; a.A. früher OLG Celle JZ 1953, 564 (564) m. zust. Anm. P. Bockelmann, S. 565.
[99] Magiera (Fn. 21), Art. 46 Rn. 14; ders. (Fn. 1), Art. 46 Rn. 64; Jarass/Pieroth, GG, Art. 46 Rn. 6; Klein (Fn. 1), § 17 Rn. 44; Schneider (Fn. 6), Art. 46 Rn. 12.

tionsfähigkeit des Bundestages kaum berührt[100], tendiert die Praxis der Genehmigungserteilung zu einer großzügigen Handhabung.

Art. 46 II GG gewährt **Schutz gegen jede** Form einer strafgerichtlichen oder behördlichen **Untersuchung**[101] **mit dem Ziel einer (Straf-)Verfolgung** bzw. einer entsprechenden Sanktion, z.B. durch Polizei, Staatsanwaltschaft oder die für disziplinar-, berufs- und ehrengerichtliche Ermittlungen zuständigen Behörden[102]. 28

Keine Verfolgungsmaßnahmen sind: die Entgegennahme von Anzeigen; Ermittlungen mit dem Ziel der Feststellung, ob eine Verfolgungsgenehmigung des Bundestages einzuholen ist[103]; die Einstellung offensichtlich unzulässiger und unbegründeter Verfahren[104]; strafrechtliche Ermittlungen gegen Dritte, durch die der Abgeordnete betroffen wird[105]; parlamentarische Maßnahmen[106] wie z.B. die Überprüfung von Abgeordneten auf »Stasi«-Mitarbeit durch einen Untersuchungsausschuß[107]; auch zivilrechtliche Klagen, selbst wenn sie an eine mit Strafe bedrohte Handlung anknüpfen[108], einschließlich Vollstreckungsmaßnahmen[109], die keine Freiheitsbeschränkungen sind (zu diesen → Rn. 32ff.). 29

Als **genehmigungsbedürftige Verhaftung** i.S. von Art. 46 II GG sind (wie auch aus Art. 46 III GG folgt, → Rn. 32f.) nur solche **Freiheitsentziehungen** anzusehen, die wegen einer mit Strafe bedrohten Handlung erfolgen. Dazu gehören vor allem die **Untersuchungshaft** nach §§ 112ff. StPO[110] **und Festnahmen** i.S. von § 127 II StPO[111], aber auch die Sistierung zum Zwecke der Blutentnahme (§ 81a StPO)[112] oder erkennungsdienstlicher Maßnahmen (§ 81b StPO)[113]. 30

Festnahmen und Verhaftungen von Abgeordneten sind **ohne eine Genehmigung** des Bundestages **nur bei Begehung der Tat**, also »auf frischer Tat« i.S. von §§ 127 I, 104 I StPO, **oder im Laufe des folgenden Tages** (bis 24.00 Uhr) **zulässig**[114]. Gemeint sind Zufallsfestnahmen und Festnahmen, die ohne weitere Ermittlungen möglich sind, etwa weil die Voraussetzungen der Festnahme eines Haftbefehls in Form eines dringenden Tatverdachts offenkundig vorliegen[115]; das gilt auch für jede sonstige Frei- 31

---

[100] Vgl. *R. Bornemann*, DÖV 1986, 93 (94f.); *Stern*, Staatsrecht I, S. 1058, 1061; fundamentale Kritik bei *Beyer*, Immunität (Fn. 84), S. 80ff., passim; zur Anti-Kritik Nachweise in Fn. 83.
[101] *Jarass/Pieroth*, GG, Art. 46 Rn. 6; *Magiera* (Fn. 21), Art. 46 Rn. 15; *ders.* (Fn. 1), Art. 46 Rn. 65ff.; *Butzer*, Immunität (Fn. 2), S. 203ff.; vgl. schon RGSt 23, 184 (193); 24, 205 (209).
[102] *Trute* (Fn. 21), Art. 46 Rn. 33; *Klein* (Fn. 1), § 17 Rn. 45; *Maunz* (Fn. 24), Art. 46 Rn. 41f.; zu Privatklagen *Magiera* (Fn. 1), Art. 46 Rn. 69; *Maunz* (Fn. 24), Art. 46 Rn. 45.
[103] *Trute* (Fn. 21), Art. 46 Rn. 33; *Butzer*, Immunität (Fn. 2), S. 206ff.
[104] *Jarass/Pieroth*, GG, Art. 46 Rn. 6; *Magiera* (Fn. 1), Art. 46 Rn. 67.
[105] *Jarass/Pieroth*, GG, Art. 46 Rn. 6; *Seifert/Hömig*, GG, Art. 46 Rn. 3.
[106] *Jarass/Pieroth*, GG, Art. 46 Rn. 6; *Trute* (Fn. 21), Art. 46 Rn. 23.
[107] Vgl. *J. Vetter*, ZParl. 24 (1993), 211 (216ff.); implizit BVerfGE 94, 351 (366ff.).
[108] Vgl. OLG Hamburg, Beschluß vom 8.4.1997, Az. 7 W 26/97, unv.; *Magiera* (Fn. 21), Art. 46 Rn. 15; *Trute* (Fn. 21), Art. 46 Rn. 24; *Butzer*, Immunität (Fn. 2), S. 194ff.
[109] BGHZ 75, 384 (385f.); *Maunz* (Fn. 24), Art. 46 Rn. 47f.
[110] *Jarass/Pieroth*, GG, Art. 46 Rn. 6; *Magiera* (Fn. 21), Art. 46 Rn. 16; *ders.* (Fn. 1), Art. 46 Rn. 71; *Klein* (Fn. 1), § 17 Rn. 46; *Schneider* (Fn. 6), Art. 46 Rn. 13.
[111] *Trute* (Fn. 21), Art. 46 Rn. 34; *Butzer*, Immunität (Fn. 2), S. 211ff.
[112] OLG Bremen NJW 1966, 743 (744); OLG Oldenburg NJW 1966, 1764 (1766).
[113] *Achterberg/Schulte*, GG VI, Art. 46 Rn. 53; *Schneider* (Fn. 6), Art. 46 Rn. 13.
[114] Vgl. *Magiera* (Fn. 21), Art. 46 Rn. 17; *Trute* (Fn. 21), Art. 46 Rn. 35; *Butzer*, Immunität (Fn. 2), S. 214ff.; *Schneider* (Fn. 6), Art. 46 Rn. 13; *Maunz* (Fn. 24), Art. 46 Rn. 53.
[115] *Jarass/Pieroth*, GG, Art. 46 Rn. 7; *Magiera* (Fn. 21), Art. 46 Rn. 18; *ders.* (Fn. 1), Art. 46 Rn. 72; *Schneider* (Fn. 6), Art. 46 Rn. 13.

heitsentziehung im Zusammenhang mit einem Untersuchungsverfahren wegen einer mit Strafe bedrohten Handlung[116], aber nie für präventiv-polizeiliche Maßnahmen. Hauptanwendungsfälle sind Sicherungsmaßnahmen bei Verkehrsdelikten (z.B. Entnahme einer Blutprobe; Durchführung erkennungsdienstlicher Maßnahmen)[117]. Maßnahmen, die nicht mit einer Festnahme verbunden sind (z.B. die Wegnahme eines Führerscheins), sind stets auch ohne vorherige Genehmigung des Bundestages zulässig[118]. Zulässige Festnahmen machen eine Genehmigung des nachfolgenden Untersuchungsverfahrens (auch bei zwischenzeitlicher Freilassung[119]), nicht aber der Vollstreckung einer etwaigen Freiheitsstrafe entbehrlich[120].

c) Schutz vor anderen Freiheitsbeschränkungen und vor dem Verwirkungsverfahren (Art. 46 III GG)

32 Der **Schutz der Immunität** erstreckt sich (über die von Absatz 2 im Zusammenhang mit Maßnahmen der Strafverfolgung erfaßten Freiheitsbeschränkungen hinaus) auf **alle sonstigen Beschränkungen der persönlichen Freiheit** eines Abgeordneten (insbesondere auch aufgrund präventiv-polizeilicher Maßnahmen) **sowie** auf die Freiheit vor einem **Verwirkungsverfahren nach Art. 18 GG**[121].

33 **Beschränkungen der persönlichen Freiheit** sind wie bei Art. 2 II 2, 104 GG (→ Art. 2 II Rn. 60, 62f.) alle staatlichen Maßnahmen, die die körperliche Bewegungsfreiheit des Abgeordneten für eine gewisse Mindestdauer durch **Freiheitsentziehungen** aufheben (z.B. Freiheitsstrafvollzug, Ordnungshaft, Unterbringung in einer geschlossenen Anstalt, Ersatzzwangshaft, Polizeigewahrsam, persönlicher Arrest) **oder** durch kurzfristige **Freiheitsbeschränkungen** beeinträchtigen (z.B. durch Aufenthaltsbeschränkungen, Sistierungen, Durchsuchungen der Person, unmittelbaren Zwang in Vollstreckung hoheitlicher Gebote, zwangsweise Unterbringungen)[122], ggf. auch aufgrund zivilrechtlicher Vollstreckung[123].

34 **Keine Freiheitsbeschränkungen** sind sonstige staatliche Zwangsmaßnahmen (z.B. Ladung als Zeuge, Anordnung persönlichen Erscheinens als Prozeßpartei, Festsetzung einer Haftstrafe[124], Vollstreckung von anderen als [Ersatz-]Freiheitsstrafen)[125]. Erst recht ist die Erstreckung durch analoge Anwendung auf Durchsuchungen von

---

[116] So *Trute* (Fn. 21), Art. 46 Rn. 35, unter Verweis auf OLG Bremen NJW 1966, 743 (744); OLG Oldenburg NJW 1966, 1764; *Klein* (Fn. 1), § 17 Rn. 47.
[117] *Butzer*, Immunität (Fn. 2), S. 215; *Schneider* (Fn. 6), Art. 46 Rn. 13.
[118] OLG Bremen NJW 1966, 743 (744); OLG Oldenburg NJW 1966, 1764 (1765); *Magiera* (Fn. 21), Art. 46 Rn. 18; *ders.* (Fn. 1), Art. 46 Rn. 75; *Achterberg/Schulte*, GG VI, Art. 46 Rn. 53.
[119] *Trute* (Fn. 21), Art. 46 Rn. 35; *Achterberg/Schulte*, GG VI, Art. 46 Rn. 54.
[120] *Butzer*, Immunität (Fn. 2), S. 225ff.; *Maunz* (Fn. 24), Art. 46 Rn. 54.
[121] *Trute* (Fn. 21), Art. 46 Rn. 36; *Achterberg/Schulte*, GG VI, Art. 46 Rn. 56; *Magiera* (Fn. 1), Art. 46 Rn. 76ff.; ausf. *Butzer*, Immunität (Fn. 2), S. 233ff.
[122] Vgl. *Magiera* (Fn. 21), Art. 46 Rn. 23; *Butzer*, Immunität (Fn. 2), S. 236ff.; *Schneider* (Fn. 6), Art. 46 Rn. 14; *K.-H. Rosen*, ZRP 1974, 80 (81); *Maunz* (Fn. 24), Art. 46 Rn. 49, 56f.
[123] *Jarass/Pieroth*, GG, Art. 46 Rn. 9; *Butzer*, Immunität (Fn. 2), S. 200ff.; a.A. *Magiera* (Fn. 21), Art. 46 Rn. 24; *Klein* (Fn. 1), § 17 Rn. 49; offen lassend BGHZ 75, 384 (385): »allenfalls«.
[124] Vgl. zur Anordnung als Freiheitsbeeinträchtigung *Klein* (Fn. 1), § 17 Rn. 49; zweifelnd *Jarass/Pieroth*, GG, Art. 46 Rn. 9; a.A. z.T. die Bundestagspraxis, vgl. Nr. 14a der Anlage 6 zur GOBT und *Bücker*, Fragen (Fn. 61), S. 50.
[125] *Magiera* (Fn. 21), Art. 46 Rn. 24; *ders.* (Fn. 1), Art. 46 Rn. 81; *Klein* (Fn. 1), § 17 Rn. 49; *Butzer*, Immunität (Fn. 2), S. 250ff.; s. auch *Bockelmann*, Unverfolgbarkeit (Fn. 6), S. 61.

Räumen, Beschlagnahmen[126] oder die Überwachung des Fernmeldeverkehrs[127] aus sprachlichen, systematischen und historischen Gründen abzulehnen[128], zumal in diesen Fällen im Regelfall Art. 46 II GG eingreift[129].

Der **Immunitätsschutz** gilt **auch für die Einleitung des Verfahrens** zur Feststellung der Verwirkung von Grundrechten **nach Art. 18 GG** vor dem Bundesverfassungsgericht; es beginnt mit der Antragstellung (§ 36 BVerfGG)[130]. Die notwendigen Ermittlungen davor sind ohne Genehmigung zulässig[131]. 35

3. Die Verfahrensrechte des Bundestages

a) Die Genehmigung von Strafverfolgung, Freiheitsbeschränkungen oder Verwirkungsverfahren (Art. 46 II, III GG)

Die Immunität des Abgeordneten kann jeweils für ein bestimmtes Verfahren auf Antrag der zuständigen staatlichen Stellen[132] (z.B. der Staatsanwaltschaft) durch Entscheidung des Bundestages zum Zwecke der Strafverfolgung (Art. 46 II GG) bzw. der anderen Freiheitsbeschränkungen oder des Verfahrens nach Art. 18 GG (Art. 46 III GG) aufgehoben werden. Die **Genehmigungsentscheidung** als ein Recht des Bundestages[133] hat das Recht auf Immunität des einzelnen Abgeordneten mitzuberücksichtigen[134]. Sie muß **durch ausdrückliche vorherige Zustimmung des Plenums** erfolgen[135]; dabei darf der betroffene Abgeordnete nach allgemeinen parlamentarischen Grundsätzen in eigener Sache mitstimmen[136]. Die Genehmigung gilt längstens für die Dauer der Wahlperiode und ist in Konsequenz des Diskontinuitätsgrundsatzes (→ Art. 39 Rn. 20 ff.) bei einer Wiederwahl des Abgeordneten in jedem Falle neu zu erteilen[137]. Der Bundestag war in den ersten elf Wahlperioden mit 690 Immunitätsfällen (davon 315 betr. Verkehrsdelikte) befaßt; er hat in 516 Fällen (= 75%), darunter in 313 Verkehrsfällen, die Immunität aufgehoben[138]. 36

---

[126] Dafür *Butzer*, Immunität (Fn. 2), S. 252 ff.; *Wurbs*, Regelungsprobleme (Fn. 21), S. 34 f.
[127] Dafür *H.-U. Borchert*, DÖV 1992, 58 (59 f.); wohl auch *Trute* (Fn. 21), Art. 46 Rn. 36.
[128] *Jarass/Pieroth*, GG, Art. 46 Rn. 9; *Magiera* (Fn. 1), Art. 46 Rn. 82; *Maunz* (Fn. 24), Art. 46 Rn. 58; anders die BT-Praxis (→ Rn. 37); *Butzer*, Immunität (Fn. 2), S. 235 ff., 252 ff.
[129] Vgl. *Magiera* (Fn. 21), Art. 46 Rn. 24; *Achterberg/Schulte*, GG VI, Art. 46 Rn. 57.
[130] *Jarass/Pieroth*, GG, Art. 46 Rn. 9; *Magiera* (Fn. 21), Art. 46 Rn. 25; *ders.* (Fn. 1), Art. 46 Rn. 83; *Butzer*, Immunität (Fn. 2), S. 279 f.; *Schneider* (Fn. 6), Art. 46 Rn. 15.
[131] *Magiera* (Fn. 21), Art. 46 Rn. 25; *Trute* (Fn. 21), Art. 46 Rn. 38; *Achterberg/Schulte*, GG VI, Art. 46 Rn. 58; *Maunz* (Fn. 24), Art. 46 Rn. 59.
[132] Zu diesen s. *Schmidt-Bleibtreu/Klein*, GG, Art. 46 Rn. 9; *Achterberg/Schulte*, GG VI, Art. 46 Rn. 43; *Klein* (Fn. 1), § 17 Rn. 55; *Magiera* (Fn. 1), Art. 46 Rn. 95.
[133] Vgl. *Badura*, Staatsrecht, E 30; *Achterberg/Schulte*, GG VI, Art. 46 Rn. 32; *Maunz* (Fn. 24), Art. 46 Rn. 27; ausf. *Butzer*, Immunität (Fn. 2), S. 86 ff., 105 ff.
[134] *Trute* (Fn. 21), Art. 46 Rn. 23, 29; → Rn. 23.
[135] *Magiera* (Fn. 21), Art. 46 Rn. 50; *Trute* (Fn. 21), Art. 46 Rn. 28; *Achterberg/Schulte*, GG VI, Art. 46 Rn. 42; *Schneider* (Fn. 6), Art. 46 Rn. 16; *Maunz* (Fn. 24), Art. 46 Rn. 60 f.
[136] Vgl. *Achterberg/Schulte*, GG VI, Art. 46 Rn. 49; *Butzer*, Immunität (Fn. 2), S. 342 f.; *N. Achterberg*, AöR 109 (1984), 505 (505 f.); a.A. etwa *Magiera* (Fn. 1), Art. 46 Rn. 93; *Maunz* (Fn. 24), Art. 46 Rn. 64; ausf. *K. Abmeier*, Die parlamentarischen Befugnisse des Abgeordneten des Deutschen Bundestages nach dem Grundgesetz, 1984, S. 96 ff.
[137] *Trute* (Fn. 21), Art. 46 Rn. 31; *Achterberg/Schulte*, GG VI, Art. 46 Rn. 50; *Maunz* (Fn. 24), Art. 46 Rn. 70; *Bücker*, Fragen (Fn. 61), S. 53 f.
[138] Statistische Daten bei *P. Schindler* (Bearb.), Datenhandbuch zur Geschichte des Deutschen

37 Die Genehmigungsentscheidung steht **im pflichtgemäßen Ermessen** des Bundestages[139] und erfolgt nach Maßgabe von Beschlußempfehlungen des Ausschusses für Wahlprüfung, Immunität und Geschäftsordnung im Rahmen von »Grundsätzen in Immunitätsangelegenheiten«[140] (§ 107 i.V.m. Anlage 6 GOBT)[141]. Der Bundestag kann die Genehmigung zu Beginn der Wahlperiode generell für inländische Ermittlungsverfahren[142] wegen bestimmter Straftaten gegen alle seine Mitglieder erteilen[143], bestimmte Straftaten ausnehmen (z.B. Beleidigungen politischen Charakters, vgl. Nr. 1 des Beschlusses in Anlage 7 und Nr. 5 der Anlage 6 zur GOBT) oder jeweils für bestimmte Fallgruppen (z.B. Strafverfolgung, Verhaftung, Beschränkungen der persönlichen Freiheit) spezifizieren[144]. Ohne nähere Spezifizierung impliziert die Aufhebung der Immunität die Genehmigung entsprechender räumlicher Durchsuchungsmaßnahmen[145]; anders sieht der Bundestag in Durchsuchungen Freiheitsbeschränkungen, die einer Genehmigung in jedem Einzelfall bedürfen (vgl. Nr. 2c des Beschlusses in Anlage 7 zur GOBT).

38 Soweit in der Praxis des Bundestages das Plenum den **Immunitätsausschuß bei Verkehrsdelikten** zu »Vorentscheidungen« mit Zwei-Drittel-Mehrheit **ermächtigt**, die als Entscheidungen des Bundestages gelten[146], hält sich das im Rahmen der Selbstorganisationskompetenz des Bundestages (→ Art. 40 Rn. 28 ff.), sofern dem Plenum grundsätzlich eine nachträgliche Korrekturmöglichkeit verbleibt[147]; diese darf aber nicht an den Parlamentspräsidenten delegiert werden[148].

39 Die **Notwendigkeit der Entscheidung durch das Bundestagsplenum** verursacht bei Durchsuchungen einen mehrmonatigen Vorbereitungs- und Geheimhaltungsaufwand, damit zwischen Ausschußberatung und -empfehlung, Plenumsbeschluß und (z.B.) der Durchsuchung vor Ort möglichst weniger als eine halbe Stunde liegt, so daß der betreffende Abgeordnete die beantragten Maßnahmen nicht unterlaufen kann, zumal bei ihnen gemäß Beschluß des Bundestages von 1987 ein weiterer Abgeordneter – im Regelfall aus der Fraktion des Betroffenen – anwesend sein soll (vgl. Nr. 5 der

---

Bundestages 1949 bis 1982, 1983, S. 906; *ders.*, Datenhandbuch zur Geschichte des Deutschen Bundestages 1983 bis 1991, 1994, S. 1181; zur Länderpraxis *Ahrens*, Immunität (Fn. 5), S. 48 ff.

[139] *Jarass/Pieroth*, GG, Art. 46 Rn. 8; *Magiera* (Fn. 1), Art. 46 Rn. 99; *Trute* (Fn. 21), Art. 46 Rn. 29; *Achterberg/Schulte*, GG VI, Art. 46 Rn. 47; *Maunz* (Fn. 24), Art. 46 Rn. 65.

[140] Zu ihnen *H. Butzer*, ZParl. 24 (1993), 384 ff.; *ders.*, Immunität (Fn. 2), S. 130 ff.

[141] *Magiera* (Fn. 21), Art. 46 Rn. 19; ausf. zur BT-Praxis *Butzer*, Immunität (Fn. 2), S. 126 ff., 335 ff.; zur Zulässigkeit einer gesetzlichen Regelung *Maunz* (Fn. 24), Art. 46 Rn. 77 f.

[142] Zu Auslandsstrafverfahren *W. Härth*, NStZ 1987, 109 f.; a.A. *W. Walter*, NStZ 1987, 396 ff.

[143] *Jarass/Pieroth*, GG, Art. 46 Rn. 8; *Klein* (Fn. 1), § 17 Rn. 53; *Magiera* (Fn. 1), Art. 46 Rn. 92; *Wurbs*, Regelungsprobleme (Fn. 21), S. 38 ff.; *O. Ranft*, ZRP 1981, 271 ff.; zu den Gründen *Bücker*, Fragen (Fn. 61), S. 47 ff.; krit. *Trute* (Fn. 21), Art. 46 Rn. 29.

[144] Vgl. *Magiera* (Fn. 21), Art. 46 Rn. 21; *ders.* (Fn. 1), Art. 46 Rn. 100; *Klein* (Fn. 1), § 17 Rn. 56; *Schneider* (Fn. 6), Art. 46 Rn. 16; *Maunz* (Fn. 24), Art. 46 Rn. 67 f.

[145] Vgl. *K.-H. Rosen*, ZRP 1974, 80 (81); *R. Elf*, NStZ 1994, 375; a.A. *J. Bücker*, ZRP 1975, 23 f.

[146] Zweifelnd *Magiera* (Fn. 21), Art. 46 Rn. 20; ausf. *ders.* (Fn. 1), Art. 46 Rn. 91; *Trute* (Fn. 21), Art. 46 Rn. 30; vgl. *Achterberg/Schulte*, GG VI, Art. 46 Rn. 46; *Klein* (Fn. 1), § 17 Rn. 54; *Schneider* (Fn. 6), Art. 46 Rn. 16; *H. Steiger*, Organisatorische Grundlagen des parlamentarischen Regierungssystems, 1973, S. 139 f.; *Maunz* (Fn. 24), Art. 46 Rn. 61.

[147] *A. Schulz*, DÖV 1991, 448 (449 f.); *W. Berg*, Der Staat 9 (1970), 21 (35 f.); a.A. *Klein* (Fn. 1), § 17 Rn. 54; ausf. *A. Kreuzer*, Der Staat 7 (1968), 183 (203 ff.).

[148] So aber die Praxis einiger Länder, vgl. *A. Schulz*, DÖV 1991, 448 (452 ff.); krit. auch *Butzer*, Immunität (Fn. 2), S. 384; s. auch *O. Ranft*, ZRP 1981, 271 (277). → Rn. 7.

III. Immunität (Art. 46 II–IV GG) **Art. 46**

Anlage 7 zur GOBT)[149]. Eine Entscheidungsdelegation an den Immunitätsausschuß[150] ist mit Art. 46 GG unvereinbar[151]; geboten ist eine Verfassungsänderung.

Der betroffene **Abgeordnete hat** einen **Anspruch auf fehlerfreie Ermessensentscheidung**[152]: Er muß vorher angehört werden (und kann ggf. auch Anträge – auch auf Aufhebung seiner Immunität[153] – stellen), wenn eine Strafverfolgung dadurch nicht faktisch verhindert zu werden droht[154]. Er kann eine Verletzung ggf. im Organstreitverfahren nach Art. 93 I Nr. 1 GG geltend machen[155]. Verweigert der Bundestag die Genehmigung, ist das Verfahren einzustellen[156]. **40**

b) Das Reklamationsrecht (Art. 46 IV GG)

Der **Bundestag hat** nach Art. 46 IV GG das **Recht**, in jedem denkbaren Verfahren nach Art. 46 II GG oder Art. 46 III GG die **Aussetzung des Verfahrens** (nur) für die Dauer der Wahlperiode **zu verlangen** (sog. Anforderungs- oder Reklamationsrecht). Dieses Recht gilt unabhängig davon, ob der Bundestag eine Genehmigung erteilt hat oder nicht, und ob eine Genehmigung erforderlich war oder nicht (wie im Fall des Art. 46 II, 2. HS GG)[157], oder ob das Verfahren ohnehin von Amts wegen auszusetzen war (z.B. bei mitgebrachten Verfahren, → Rn. 26). Er hat von diesem Recht zum einzigen Male 1997 Gebrauch gemacht[158]. **41**

Das **Reklamationsrecht sichert den Immunitätsschutz** zusätzlich ab. Der Bundestag kann auf eine Aussetzung verzichten, auch wenn Verfolgungsmaßnahmen ohne seine Genehmigung stattgefunden haben[159] und er die Genehmigung entsprechend seiner Praxis ohnehin erteilt hätte, oder wenn der betroffene Abgeordnete und der Bundestag ein gemeinsames Interesse haben, den Verstoß gegen die Immunität ungerügt zu lassen. **42**

Rechtsfolge der Reklamation ist das sofortige Ruhen der jeweiligen Verfahren, ggf. unter Freilassung des Abgeordneten, bis zur Beendigung des Mandats. Die Vollstreckung aus einem rechtskräftigen Urteil ist gehemmt. **43**

---

[149] Vgl. näher *Butzer*, Immunität (Fn. 2), S. 376ff.
[150] Dafür z.B. *R. Elf*, NStZ 1994, 375; *H.-U. Borchert*, DÖV 1992, 58 (60); *Butzer*, Immunität (Fn. 2), S. 381ff., 384; *Wurbs*, Regelungsprobleme (Fn. 21), S. 83.
[151] *Trute* (Fn. 21), Art. 46 Rn. 37, 40. – Zum Landesverfassungsrecht → Rn. 7.
[152] *Jarass/Pieroth*, GG, Art. 46 Rn. 8; *Magiera* (Fn. 1), Art. 46 Rn. 103, 107; *Trute* (Fn. 21), Art. 46 Rn. 32; *Klein* (Fn. 1), § 17 Rn. 52; *Schneider* (Fn. 6), Art. 46 Rn. 16; *Maunz* (Fn. 24), Art. 46 Rn. 71; s. auch BayVGHE 1, 38 (42); 19, 1 (3ff.); a.A. *Achterberg/Schulte*, GG VI, Art. 46 Rn. 51; zur Auslegungsprärogative des Parlaments *Butzer*, Immunität (Fn. 2), S. 106ff.
[153] *Trute* (Fn. 21), Art. 46 Rn. 30; *Ahrens*, Immunität (Fn. 5), S. 35; *Bockelmann*, Unverfolgbarkeit (Fn. 6), S. 35; a.A. *Magiera* (Fn. 1), Art. 46 Rn. 96; *Maunz* (Fn. 24), Art. 46 Rn. 63.
[154] Vgl. *Trute* (Fn. 21), Art. 46 Rn. 30; enger *Achterberg/Schulte*, GG VI, Art. 46 Rn. 44, 49.
[155] *Magiera* (Fn. 21), Art. 46 Rn. 21; *ders.* (Fn. 1), Art. 46 Rn. 103; *Trute* (Fn. 21), Art. 46 Rn. 32; *Klein* (Fn. 1), § 17 Rn. 52; a.A. *Achterberg/Schulte*, GG VI, Art. 46 Rn. 51.
[156] *Maunz* (Fn. 24), Art. 46 Rn. 69.
[157] BayVGHE 11, 146 (155); OLG Bremen NJW 1966, 743 (745); *Jarass/Pieroth*, GG, Art. 46 Rn. 10; *Magiera* (Fn. 21), Art. 46 Rn. 26; *Achterberg/Schulte*, GG VI, Art. 46 Rn. 59; *Maunz* (Fn. 24), Art. 46 Rn. 74; ausf. *Butzer*, Immunität (Fn. 2), S. 280ff.
[158] Vgl. BT-Drs. 13/9045 vom 13. 11. 1997 betr. MdB *Riedl*.
[159] Zu Folgen der Nichtbeachtung der Immunität *Butzer*, Immunität (Fn. 2), S. 385ff.

D. Verhältnis zu anderen GG-Bestimmungen

44 **Soweit** der spezifische **Schutz von Art. 46 GG nicht greift,** kann entweder das Hinderungsverbot des **Art. 48 II GG als lex specialis oder** aber der allgemeine Schutz der Mandatsfreiheit durch **Art. 38 I 2 GG** Anwendung finden[160]. Die Frage des Mandatsverlustes nach einem Parteiverbot wird nicht von Art. 46 III, sondern von Art. 38 I 2, 21 II GG beantwortet (→ Art. 21 Rn. 147; → Art. 38 Rn. 132)[161]. Nicht nach Art. 46 I GG geschützte Äußerungen im Rahmen der Parlamentsberichterstattung können nach Art. 42 III GG geschützt sein[162]. Art. 46 GG gehört nicht zu jenen Grundsätzen i.S.v. Art. 28 I 1 GG, von denen die Länder nicht abweichen dürften[163].

---

[160] *Magiera* (Fn. 21), Art. 46 Rn. 8; *ders.* (Fn. 1), Art. 46 Rn. 46.
[161] Vgl. *Trute* (Fn. 21), Art. 46 Rn. 38; *Butzer*, Immunität (Fn. 2), S. 279f., jeweils m.w.N.
[162] *Magiera* (Fn. 21), Art. 46 Rn. 5.
[163] *R. Wolfrum*, DÖV 1982, 674 (679); a.A. *E. Friesenhahn*, DÖV 1981, 512 (517f.). Zu §36 StGB *Härth*, Rede- und Abstimmungsfreiheit (Fn. 1), S. 98ff.; → Art. 28 Rn. 59, 62; → Art. 31 Rn. 58.

Artikel 47 [Zeugnisverweigerungsrecht und Beschlagnahmeverbot]

¹Die Abgeordneten sind berechtigt, über Personen, die ihnen in ihrer Eigenschaft als Abgeordnete oder denen sie in dieser Eigenschaft Tatsachen anvertraut haben, sowie über diese Tatsachen selbst das Zeugnis zu verweigern. ²Soweit dieses Zeugnisverweigerungsrecht reicht, ist die Beschlagnahme von Schriftstücken unzulässig.

Literaturauswahl

Borchert, Hans-Ulrich: Der Abgeordnete des Deutschen Bundestages im G 10-Verfahren, in: DÖV 1992, S. 58–62.
Dach, R. Peter: Zur Kontrolle von Abgeordnetenpost durch den Verfassungsschutz, in: ZRP 1992, S. 1–4.
Gabrian, Karl: Das Zeugnisverweigerungsrecht der Abgeordneten, Diss. jur. Köln 1953.
Schulte, Klaus: Volksvertreter als Geheimnisträger, 1987.
Werle, Gerhard: Schutz von Vertrauensverhältnissen bei der strafprozessualen Fernmeldeüberwachung, in: JZ 1991, S. 482–488.

Leitentscheidungen des Bundesverfassungsgerichts

Diese liegen zu Art. 47 GG bislang nicht vor.

Gliederung

		Rn.
A.	Herkunft, Entstehung, Entwicklung	1
B.	Internationale, supranationale und rechtsvergleichende Bezüge	2
C.	Erläuterungen	4
	I. Allgemeine Bedeutung	4
	II. Zeugnisverweigerungsrecht (Art. 47 S. 1 GG)	6
	III. Beschlagnahmeverbot (Art. 47 S. 2 GG)	10
D.	Verhältnis zu anderen GG-Bestimmungen	13

A. Herkunft, Entstehung, Entwicklung

Das **Zeugnisverweigerungsrecht** für Abgeordnete ist namentlich in England **aus dem Recht der parlamentarischen Redefreiheit entwickelt** worden[1] und darüber hinaus auch in der Redefreiheit gemäß Art. I Abschnitt 6 der US-Verfassung von 1787 verankert[2]. Es läßt sich ideengeschichtlich außer aus der Redefreiheit, aus der es auch in Frankreich und Belgien (1884) entwickelt wurde[3], auch aus dem freien Mandat ableiten (→ Art. 38 Rn. 5). Trotzdem haben die deutschen Verfassungen des 19. Jahrhun- 1

---

[1] S. näher *K. Gabrian,* Das Zeugnisverweigerungsrecht der Abgeordneten, Diss. jur. Köln 1953, S. 11 ff.; → Art. 46 Rn. 1.
[2] *J. Linden,* Historische, rechtstheoretische und pragmatisch-politische Rechtfertigung der Indemnität in der parlamentarischen Demokratie der Bundesrepublik Deutschland und im Rechtsvergleich mit anderen Verfassungen, Diss. jur. Köln 1978, S. 11 f., unter Berufung auf *W. M. Ibert,* Die berufliche Immunität der Abgeordneten, 1933, S. 13.
[3] Vgl. *D. C. Umbach,* in: BK, Art. 47 (Zweitbearbeitung 1989), Rn. 38, 39; *Gabrian,* Zeugnisverweigerungsrecht (Fn. 1), S. 17 ff. bzw. 22 ff.

derts ein solches Recht nicht kodifiziert. Gleichwohl forderte der Reichstag für die Reichsverfassung von 1871 eine ähnliche Regelung des Zeugnisverweigerungsrechts für Abgeordnete, wie sie damals im Strafprozeßrecht schon für Geistliche, Rechtsanwälte und Ärzte im Blick auf ihr Berufsgeheimnis bestand[4]. Diese Forderung verdichtete sich 1917 zu einem Gesetzesentwurf zur Änderung der RV 1871, dessen Inhalt aber erst später unter Rückgriff auf diesen Entwurf und den Ausschußbericht dazu als Art. 38 I WRV erstmals geltendes Verfassungsrecht wurde[5]. Art. 47 GG hat (Art. 61 HChE folgend) diese Regelung weithin inhaltsgleich und ohne nähere Diskussion im Parlamentarischen Rat übernommen[6]; sie ist seither unverändert geblieben.

B. Internationale, supranationale und rechtsvergleichende Bezüge

2 Im internationalen Vergleich läßt sich ein ausdrücklich normiertes Zeugnisverweigerungsrecht für Abgeordnete nur selten feststellen. Mangels Abkommens über die nähere Bezeichnung der Vorrechte und Immunitäten gemäß Art. 40 II der Satzung des Europarats haben die Mitglieder der Parlamentarischen Versammlung des Europarats kein Zeugnisverweigerungsrecht. Auch für **Abgeordnete des Europäischen Parlaments** ist das Zeugnisverweigerungsrecht nicht europarechtlich[7], sondern durch § 6 EuAbgG eingeräumt[8]; eine gewohnheitsrechtliche Ableitung auf europäischer Ebene dürfte an den unterschiedlichen Verfassungslagen in den Mitgliedstaaten scheitern[9].

3 Ein Zeugnisverweigerungsrecht für Abgeordnete ist **auf verfassungsrechtlicher Ebene** nur **in einzelnen Staaten der EU** normiert (Art. 61 III Verf. Griechenland; Art. 15 X Verf. Irland; Art. 161 I Verf. Portugal)[10]; in England ist es ein Parlamentsprivileg[11]. Demgegenüber enthalten **in Deutschland** ausnahmslos **alle Landesverfassungen** eigenständige Regelungen eines Zeugnisverweigerungsrechts für Abgeordnete (z.B. Art. 29 Verf. Bayern; Art. 49 Verf. Nordrhein-Westfalen)[12], das Art. 39 S. 2 Verf. Baden-Württemberg ausdrücklich auf ihre Mitarbeiter erstreckt. Einige kennen darüber hinaus punktuelle Verschwiegenheitspflichten (z.B. Art. 83 II Verf. Bremen; Art. 85 I 2 Verf. Saarland).

---

[4] *K. Schulte*, Volksvertreter als Geheimnisträger, 1987, S. 43; ausf. *Gabrian*, Zeugnisverweigerungsrecht (Fn. 1), S. 47 ff.; *A. Graf zu Dohna*, Redefreiheit, Immunität und Zeugnisverweigerungsrecht, in: HdbDStR I, 1930, S. 439 ff. (446 f.).

[5] *Anschütz*, WRV, Art. 38 Anm. 1; *Gabrian*, Zeugnisverweigerungsrecht (Fn. 1), S. 59 ff.

[6] Vgl. JöR 1 (1951), S. 375; *H.-P. Schneider*, in: AK-GG, Art. 47 Rn. 1; *Schulte*, Volksvertreter (Fn. 4), S. 45 ff.

[7] Vgl. *C. Schultz-Bleis*, Die parlamentarische Immunität der Mitglieder des Europäischen Parlaments, 1995, S. 25 f.; *R. Fleuter*, Mandat und Status des Abgeordneten im Europäischen Parlament, 1991, S. 116 f.; s. auch *R. Bieber*, EuR 1981, 124 (132).

[8] Für Anwendbarkeit dieses Zeugnisverweigerungsrechts vor deutschen Gerichten auch für alle anderen Mitglieder des EP *Umbach* (Fn. 3), Art. 47 Rn. 43; *R. Bieber*, in: H. v. d. Groeben/J. Thiesing/C.-D. Ehlermann, Kommentar zum EWG-Vertrag, 5. Aufl. 1997, Anhang zu Art. 138, Art. 4 DWA Rn. 30; s. auch *H. Sieglerschmidt*, EuGRZ 1986, 445 (451 f.).

[9] *Umbach* (Fn. 3), Art. 47 Rn. 42.

[10] *Umbach* (Fn. 3), Art. 47 Rn. 40; zu deren begrenzten Geltungsumfang Rn. 41.

[11] *Umbach* (Fn. 3), Art. 47 Rn. 37, 40.

[12] Nw. bei *H.-H. Trute*, in: v. Münch/Kunig, GG II, Art. 47 Rn. 3; zum Vergleich mit Art. 47 GG *Schulte*, Volksvertreter (Fn. 4), S. 59 ff.

C. Erläuterungen

I. Allgemeine Bedeutung

Art. 47 GG verleiht den Abgeordneten ein **Zeugnisverweigerungsrecht und** normiert ein ergänzendes **Beschlagnahmeverbot**; er konkretisiert (wie Art. 46 und 48 GG) nach außen die in Art. 38 I 2 GG allgemein gewährleistete verfassungsrechtliche Stellung des Abgeordneten (→ Art. 38 Rn. 127, 136 ff.).

4

Der **Schutzzweck des Art. 47 GG** zielt auf die ungestörte Kommunikation zwischen Abgeordneten und Bürgern und will insoweit ein Vertrauensverhältnis zwischen ihnen ermöglichen[13]. Art. 47 GG dient dem freien Mandat i.S. der Unabhängigkeit, Entscheidungsfreiheit und -fähigkeit des Abgeordneten[14] und fördert mittelbar die Arbeits- und Funktionsfähigkeit des Parlaments im Blick auf seine Aufgaben zur Kontrolle und zu offener demokratischer Willensbildung[15].

5

II. Zeugnisverweigerungsrecht (Art. 47 S. 1 GG)

Das Zeugnisverweigerungsrecht steht ausdrücklich nur den **Abgeordneten des Bundestages** i.S. eines parlamentarischen Berufsgeheimnisses[16] zu[17], nicht Regierungsmitgliedern ohne Abgeordnetenmandat, Mitgliedern des Bundesrates, dem Bundespräsidenten (vgl. Art. 60 IV GG) oder dritten Informanten, schon damit diese sich nicht durch Information des Abgeordneten ihrer Zeugnispflicht entziehen können[18]. Nach Sinn und Zweck der Regelung muß das Zeugnisverweigerungsrecht **auch für die Mitarbeiter der Abgeordneten** (Sekretärinnen, Assistenten, Referenten, Praktikanten usw.) gelten[19], freilich nur akzessorisch, wenn der Abgeordnete selbst sich auf das Zeugnisverweigerungsrecht beruft[20]. Es umfaßt die während der Mandats anvertrauten Tatsachen, wirkt aber **zeitlich unbegrenzt** über die Dauer des Mandats des Abgeordneten hinaus[21] und endet erst mit dessen Tod[22], selbst wenn Abgeordnete ihr Mandat verlieren, etwa wenn ihre Partei für verfassungswidrig erklärt wird (§ 46 I Nr. 5 BWahlG)[23].

6

---

[13] Vgl. *Jarass/Pieroth*, GG, Art. 47 Rn. 1; *S. Magiera*, in: Sachs, GG, Art. 47 Rn. 1; *Trute* (Fn. 12), Art. 47 Rn. 2; *R.P. Dach*, ZRP 1992, 1 (2 f.); *P. Badura*, Die Stellung des Abgeordneten nach dem Grundgesetz und den Abgeordnetengesetzen in Bund und Ländern, in: Schneider/Zeh, § 15 Rn. 61.

[14] *Achterberg/Schulte*, GG VI, Art. 47 Rn. 2; *Schneider* (Fn. 6), Art. 47 Rn. 2; *Umbach* (Fn. 3), Art. 47 Rn. 4; *T. Maunz*, in: Maunz/Dürig, GG, Art. 47 (1960), Rn. 2.

[15] *Jarass/Pieroth*, GG, Art. 47 Rn. 1; *Magiera* (Fn. 13), Art. 47 Rn. 1; *Trute* (Fn. 12), Art. 47 Rn. 2; *Schneider* (Fn. 6), Art. 47 Rn. 2.

[16] Vgl. *Maunz* (Fn. 14), Art. 47 Rn. 1; *v. Mangoldt/Klein*, GG, Art. 47 Anm. III 1.

[17] *Jarass/Pieroth*, GG, Art. 47 Rn. 2; *Magiera* (Fn. 13), Art. 47 Rn. 2; *Trute* (Fn. 12), Art. 47 Rn. 3; ebenso Mitgliedern der Bundesversammlung, so § 7 des Gesetzes über die Wahl des Bundespräsidenten durch die Bundesversammlung vom 25. 4. 1959 (BGBl. I, S. 2312).

[18] *Achterberg/Schulte*, GG VI, Art. 47 Rn. 5; *Schneider* (Fn. 6), Art. 47 Rn. 3.

[19] *Magiera* (Fn. 13), Art. 47 Rn. 2; *Achterberg/Schulte*, GG VI, Art. 47 Rn. 4; *Schneider* (Fn. 6), Art. 47 Rn. 3; *Maunz* (Fn. 14), Art. 47 Rn. 8; grdl. *A. Heitzer*, NJW 1952, 89 (89 f.).

[20] *Trute* (Fn. 12), Art. 47 Rn. 3; *Umbach* (Fn. 3), Art. 47 Rn. 6.

[21] *Jarass/Pieroth*, GG, Art. 47 Rn. 2; *Magiera* (Fn. 13), Art. 47 Rn. 5; *Achterberg/Schulte*, GG VI, Art. 47 Rn. 9; *Umbach* (Fn. 3), Art. 47 Rn. 7.

[22] *Trute* (Fn. 12), Art. 47 Rn. 5; *Schneider* (Fn. 6), Art. 47 Rn. 4.

[23] *Trute* (Fn. 12), Art. 47 Rn. 5; s. auch *H. Dahs*, in: Löwe-Rosenberg, StPO, 24. Aufl. 1988, § 53 Rn. 34.

7 Art. 47 S. 1 GG verleiht dem Abgeordneten **ein individuelles subjektives Recht zur Zeugnisverweigerung**, über dessen Wahrnehmung nur er und nicht der Bundestag disponieren kann[24]. Auch ein Informant oder Adressat des Abgeordneten hat insoweit keine Rechtsmacht über diesen[25], etwa durch Entbindung des Abgeordneten von seiner Geheimhaltungspflicht. Der Abgeordnete ist nicht zur Zeugnisverweigerung verpflichtet[26], soll aber nicht von vornherein generell auf sein Zeugnisverweigerungsrecht verzichten dürfen[27]. Andere durch Rechtsnorm (vgl. z.B. § 17 GOBT i.V.m. Anlage 3 zur GOBT; § 353b II StGB) oder Vertrag begründete Verschwiegenheitspflichten bleiben unberührt[28].

8 Das Zeugnisverweigerungsrecht bezieht sich **inhaltlich** auf die Identität der **Personen**, die den Abgeordneten informiert haben (Informanten) oder die der Abgeordnete informiert hat (Adressaten) und auf die anvertrauten **Tatsachen** und die Modalitäten der Mitteilung, sofern sie einen Rückschluß auf ihren Inhalt zulassen[29]. Tatsachen sind anvertraut, wenn sie vertraulich mitgeteilt wurden, selbst wenn es sich um (objektiv) nicht vertrauliche Tatsachen handelt[30]. Die Tatsachen müssen dem Abgeordneten in dieser Eigenschaft anvertraut worden sein, d.h. in einem unmittelbaren Zusammenhang mit seiner parlamentarischen Tätigkeit stehen[31] und sich nicht nur auf rein private oder geschäftliche Angelegenheiten beziehen[32].

9 Das **Zeugnisverweigerungsrecht gilt** verfassungsunmittelbar für alle Zeugnispflichten **in gerichtlichen und behördlichen Verfahren**, unabhängig von einer deklaratorischen Wiederholung in Verfahrensgesetzen (wie z.B. in § 53 I Nr. 4 StPO)[33]. Über das Vorliegen seiner Voraussetzungen, die der Abgeordnete glaubhaft machen muß[34], entscheidet die staatliche Stelle, der gegenüber er sich auf das Recht beruft. Rechtsfolge der Zeugnisverweigerung ist, daß Gerichte und Behörden keine Sanktionen daran knüpfen dürfen[35].

---

[24] *Trute* (Fn. 12), Art. 47 Rn. 2; Schmidt-Bleibtreu/*Klein*, GG, Art. 47 Rn. 1; *R.P. Dach*, ZRP 1992, 1 (4); *D. Nolte*, MDR 1989, 514 (514f.); *Maunz* (Fn. 14), Art. 47 Rn. 3, 5.
[25] Jarass/*Pieroth*, GG, Art. 47 Rn. 2; *Schneider* (Fn. 6), Art. 47 Rn. 3; *Umbach* (Fn. 3), Art. 47 Rn. 5; *Schulte*, Volksvertreter (Fn. 4), S. 170ff.; anders *Maunz* (Fn. 14), Art. 47 Rn. 6.
[26] *Trute* (Fn. 12), Art. 47 Rn. 4; *D. Nolte*, MDR 1985, 514 (515); *Umbach* (Fn. 3), Art. 47 Rn. 4; *N. Achterberg*, Parlamentsrecht, 1984, S. 261; ausf. *Schulte*, Volksvertreter (Fn. 4), S. 13ff.
[27] *Magiera* (Fn. 13), Art. 47 Rn. 3; *Trute* (Fn. 12), Art. 47 Rn. 4; *Achterberg/Schulte*, GG VI, Art. 47 Rn. 3; *Schneider* (Fn. 6), Art. 47 Rn. 4; *Maunz* (Fn. 14), Art. 47 Rn. 4.
[28] *Umbach* (Fn. 3), Art. 47 Rn. 11f.; *Schulte*, Volksvertreter (Fn. 4), S. 21ff.
[29] *Trute* (Fn. 12), Art. 47 Rn. 6; *Achterberg/Schulte*, GG VI, Art. 47 Rn. 6.
[30] *Magiera* (Fn. 13), Art. 47 Rn. 4; ausf. *Schulte*, Volksvertreter (Fn. 4), S. 90ff.
[31] Jarass/*Pieroth*, GG, Art. 47 Rn. 2; Schmidt-Bleibtreu/*Klein*, GG, Art. 47 Rn. 3; *Trute* (Fn. 12), Art. 47 Rn. 7; *Achterberg/Schulte*, GG VI, Art. 47 Rn. 7; *Maunz* (Fn. 14), Art. 47 Rn. 11.
[32] *Magiera* (Fn. 13), Art. 47 Rn. 4; *Umbach* (Fn. 3), Art. 47 Rn. 8; *Schneider* (Fn. 6), Art. 47 Rn. 5; *Maunz* (Fn. 14), Art. 47 Rn. 10.
[33] *Magiera* (Fn. 13), Art. 47 Rn. 5; *Trute* (Fn. 12), Art. 47 Rn. 9; *Achterberg/Schulte*, GG VI, Art. 47 Rn. 8; *Umbach* (Fn. 3), Art. 47 Rn. 16ff.; *R. Wolfrum*, DÖV 1982, 674 (675).
[34] *Trute* (Fn. 12), Art. 47 Rn. 8; *Umbach* (Fn. 3), Art. 47 Rn. 17; *Schneider* (Fn. 6), Art. 47 Rn. 5; *Schulte*, Volksvertreter (Fn. 4), S. 49ff.; *Maunz* (Fn. 14), Art. 47 Rn. 13.
[35] Jarass/*Pieroth*, GG, Art. 47 Rn. 2.

III. Beschlagnahmeverbot (Art. 47 S. 2 GG)

Art. 47 S. 2 GG verbietet die Beschlagnahme von Schriftstücken in dem Umfang, in dem das Zeugnisverweigerungsrecht reicht: Dieses **akzessorische Beschlagnahmeverbot soll** eine **Umgehung des Zeugnisverweigerungsrechts verhindern**: statt des Zeugenbeweises würde ansonsten Urkundenbeweis ermöglicht[36]. 10

Schutzgegenstand sind nur Schriftstücke als **vergegenständlichte Mitteilungen**, ohne daß es auf Art und Material der Aufzeichnung ankommt; erfaßt sind neben Urkunden, Druck- und Handschriftstücken, Kopien[37] z.B. auch Ton-, Bild- und elektronische digitalisierte Datenträger[38]. Unzulässig ist die Beschlagnahme von Schriftstücken, die den Anforderungen des Art. 47 S. 1 GG entsprechen, d.h. den Abgeordneten (oder ihren Mitarbeitern, → Rn. 6) **anvertraut** worden sind (→ Rn. 8). Sie müssen sich zudem **im Gewahrsam** des Abgeordneten (oder seiner Mitarbeiter) befinden[39], wie sich aus Wortlaut, Entstehungsgeschichte und systematisch aus der Beschränkung des Zeugnisverweigerungsrechts auf den Abgeordneten ergibt, und schließlich **beweismittelfähig** i.S. der Ersetzung eines Zeugenbeweises sein[40]. Schriftstücke, die als solche unmittelbar Gegenstand eines Strafverfahrens gegen den Abgeordneten sind (z.B. bei Urkundenfälschung, Hehlerei), können aber beschlagnahmt werden, sofern das mit den sonstigen verfassungsrechtlichen Anforderungen aus Art. 40 II 2, 46 II GG vereinbar ist[41]. 11

Das **Beschlagnahmeverbot gilt nicht nur für strafprozeßrechtliche Beschlagnahmen** i.e.S. (§ 94 II StPO), sondern nach seinem Sinn und Zweck **auch für präventiv-polizeiliche Beschlagnahmen und Sicherstellungen** und sonstige Hoheitsmaßnahmen, die eine zwangsweise Wegnahme intendieren[42], etwa die Herausgabeerzwingung (§ 95 StPO), Durchsuchungen (§§ 102ff. StPO)[43], Briefkontrollen[44] (z.B. aufgrund Art. 1 § 2 II 3–5 G 10) und »Zufallsfunde« anläßlich anderweitiger Durchsuchungen[45]. Eine Beschlagnahme liegt bereits in einem sehr kurzfristigen Eingriff z.B. durch Anhalten, Öffnen und Lesen eines Briefes[46]. Deshalb ist Art. 47 S. 2 GG angesichts gewandelter technischer Möglichkeiten analog auf Vorgänge anzuwenden, die funktional äquivalent zur Beschlagnahme wirken wie z.B. das Anfertigen von Kopien, die Erstellung von Duplikaten elektronischer Datenträger oder technische Überwachungsmaßnah- 12

---

[36] *Magiera* (Fn. 13), Art. 47 Rn. 6; *Trute* (Fn. 12), Art. 47 Rn. 10; *Umbach* (Fn. 3), Art. 47 Rn. 24f.; *Schneider* (Fn. 6), Art. 47 Rn. 6; *Maunz* (Fn. 14), Art. 47 Rn. 18.
[37] S. etwa *Achterberg/Schulte*, GG VI, Art. 47 Rn. 11; *Schneider* (Fn. 6), Art. 47 Rn. 7.
[38] *Jarass/Pieroth*, GG, Art. 47 Rn. 3; *Magiera* (Fn. 13), Art. 47 Rn. 8; *Trute* (Fn. 12), Art. 47 Rn. 12; *Umbach* (Fn. 3), Art. 47 Rn. 27; a.A. noch *Maunz* (Fn. 14), Art. 47 Rn. 17.
[39] *Magiera* (Fn. 13), Art. 47 Rn. 8; *Trute* (Fn. 12), Art. 47 Rn. 13; *Schmidt-Bleibtreu/Klein*, GG, Art. 47 Rn. 4; *Achterberg/Schulte*, GG VI, Art. 47 Rn. 12; *G. Werle*, JZ 1991, 482 (486f.); *Schneider* (Fn. 6), Art. 47 Rn. 7; *Maunz* (Fn. 14), Art. 47 Rn. 22; a.A. *R.P. Dach*, ZRP 1992, 1 (2ff.); *H.-U. Borchert*, DÖV 1992, 58 (61); *Umbach* (Fn. 3), Art. 47 Rn. 28.
[40] *Trute* (Fn. 12), Art. 47 Rn. 14; *Schneider* (Fn. 6), Art. 47 Rn. 8.
[41] *Jarass/Pieroth*, GG, Art. 47 Rn. 3; *Magiera* (Fn. 13), Art. 47 Rn. 8; *Achterberg/Schulte*, GG VI, Art. 47 Rn. 13; *Schneider* (Fn. 6), Art. 47 Rn. 8; *Maunz* (Fn. 14), Art. 47 Rn. 20.
[42] *Trute* (Fn. 12), Art. 47 Rn. 15; *H.-U. Borchert*, DÖV 1992, 58 (60f.).
[43] *Jarass/Pieroth*, GG, Art. 47 Rn. 3; *Schmidt-Bleibtreu/Klein*, GG, Art. 47 Rn. 4; *Schneider* (Fn. 6), Art. 47 Rn. 6; *Maunz* (Fn. 14), Art. 47 Rn. 15f.
[44] *Jarass/Pieroth*, GG, Art. 47 Rn. 3; *H.-U. Borchert*, DÖV 1992, 58 (61); *R.P. Dach*, ZRP 1992, 1ff.; s. auch *R. Riegel*, RiA 1992, 168 (173f.).
[45] *Magiera* (Fn. 13), Art. 47 Rn. 7; *Achterberg/Schulte*, GG VI, Art. 47 Rn. 10f.
[46] So *R.P. Dach*, ZRP 1992, 1 (1); wohl auch *Schneider* (Fn. 6), Art. 47 Rn. 6.

men⁴⁷. Rechtsfolgen einer Verletzung des Art. 47 S. 2 GG sind die Pflicht zur Rückgabe und ein Verwertungsverbot⁴⁸.

D. Verhältnis zu anderen GG-Bestimmungen

13 Soweit Art. 47 GG unanwendbar ist, kann sich ein Schutz des Abgeordneten gegen Beschlagnahmen aus Art. 46 II, 40 II 2 GG ergeben⁴⁹. Das Zeugnisverweigerungsrecht gilt auch gegenüber Untersuchungsausschüssen nach Art. 44 GG⁵⁰.

---

⁴⁷ *Trute* (Fn. 12), Art. 47 Rn. 15, 17 m.w.N.; s. näher *M. Maiwald*, in: AK-StPO, § 100a Rn. 12.
⁴⁸ *Trute* (Fn. 12), Art. 47 Rn. 16; *G. Schäfer*, in: Löwe-Rosenberg, StPO (Fn. 23), § 97 Rn. 103 ff.; *K. Amelung*, in: AK-StPO, § 97 Rn. 34.
⁴⁹ Vgl. zum Verhältnis von Art. 47 S. 2 GG zu Art. 46 II GG *Umbach* (Fn. 3), Art. 47 Rn. 29 f.
⁵⁰ Ausf. *Umbach* (Fn. 3), Art. 47 Rn. 21 m.w.N.

Artikel 48 [Urlaubsanspruch; Behinderungsverbot; Entschädigungs- und Beförderungsanspruch]

(1) Wer sich um einen Sitz im Bundestage bewirbt, hat Anspruch auf den zur Vorbereitung seiner Wahl erforderlichen Urlaub.

(2) [1]Niemand darf gehindert werden, das Amt eines Abgeordneten zu übernehmen und auszuüben. [2]Eine Kündigung oder Entlassung aus diesem Grunde ist unzulässig.

(3) [1]Die Abgeordneten haben Anspruch auf eine angemessene, ihre Unabhängigkeit sichernde Entschädigung. [2]Sie haben das Recht der freien Benutzung aller staatlichen Verkehrsmittel. [3]Das Nähere regelt ein Bundesgesetz.

Literaturauswahl

von Arnim, Hans Herbert: Entschädigung und Amtsausstattung, in: Schneider/Zeh, § 16, S. 523–553.
von Arnim, Hans Herbert: Die Partei, der Abgeordnete und das Geld, 1996.
Determann, Lothar: Verfassungsrechtliche Vorgaben für die Entschädigung von Abgeordneten, in: BayVBl. 1997, S. 385–394.
Feuchte, Paul: Zur Geschichte und Auslegung des Behinderungsverbots in Art. 48 Abs. 2 des Grundgesetzes, in: AöR 111 (1986), S. 325–358.
Fischer, Annette: Abgeordnetendiäten und staatliche Fraktionsfinanzierung in den fünf neuen Bundesländern, 1995.
Grundmann, Martin: Zur Altersentschädigung für Abgeordnete, in: DÖV 1994, S. 329–335.
Medding, Josef: Der Wahlvorbereitungsurlaub eines Bewerbers um einen Sitz im Deutschen Bundestag, in: VR 1990, S. 161–169.
Medding, Josef: Das Verbot der Abgeordnetenbehinderung nach Art. 48 Abs. 2 GG, in: DÖV 1991, S. 494–500.
Meyer, Dirk: Zur Diätenfrage – Zielsetzungen und Gestaltungshinweise aus ökonomischer Sicht, in: Jahrbuch für Wirtschaftswissenschaften 47 (1996), S. 324–343.
Meyer, Hans: Das fehlfinanzierte Parlament, in: KritV 76 (1995), S. 216–257.
Spoerhase, Detlef: Probleme des grundgesetzlichen Verbots der Abgeordnetenbehinderung (Artikel 48, Absatz 1 und 2 GG), Diss. jur. Saarbrücken 1980.
Welti, Felix: Die soziale Sicherung der Abgeordneten des Deutschen Bundestages, der Landtage und der deutschen Abgeordneten im Europäischen Parlament, 1998.

Leitentscheidungen des Bundesverfassungsgerichts

BVerfGE 40, 296 (310ff.) – Abgeordnetendiäten; 42, 312 (326ff.) – Abgeordnetenmandat; 76, 256 (341ff.) – Beamtenversorgung.

Gliederung

	Rn.
A. Herkunft, Entstehung, Entwicklung	1
B. Internationale, supranationale und rechtsvergleichende Bezüge	4
C. Erläuterungen	7
I. Allgemeine Bedeutung	7
II. Urlaubsanspruch (Art. 48 I GG)	9
III. Behinderungsverbot (Art. 48 II GG)	13
IV. Entschädigungs- und Beförderungsanspruch (Art. 48 III GG)	18
1. Entschädigungsanspruch: Alimentation und Amtsausstattung (Art. 48 III 1 GG)	20
2. Beförderungsanspruch: Benutzung staatlicher Verkehrsmittel (Art. 48 III 2 GG)	30
3. Abgeordnetengesetzgebung (Art. 48 III 3 GG)	31
D. Verhältnis zu anderen GG-Bestimmungen	36

A. Herkunft, Entstehung, Entwicklung

1 Die in Art. 48 GG normierten Rechte entstammen unterschiedlichen Verfassungsepochen[1]. Der **Anspruch auf Entschädigung** (Art. 48 III GG) kann auf die **längste Tradition** zurückblicken. Schon Art. I, Abschnitt 6 der US-Verfassung von 1787 sah eine Entschädigung für Abgeordnete vor. Einem solchen Anspruch liegt das Leitbild des ehrenamtlich tätigen Abgeordneten zugrunde, der für seine parlamentarische Tätigkeit eine Aufwandsentschädigung in Form von Tagegeld (»Diäten«) und Reisekosten erhält[2]. Doch war schon 1830 in den Beratungen der europaweit vorbildgebenden belgischen Verfassung umstritten, ob Abgeordneten nicht ein Gehalt zu gewähren sei; durchgesetzt hat sich in Deutschland die Gegenauffassung[3], nachdem auf Reichsebene zunächst ein Besoldungsverbot für Abgeordnete in Art. 32 RV 1871 als Korrektiv gegen die Allgemeinheit der Wahl zugunsten solcher Mandatsträger gewirkt hatte, deren wirtschaftliche Existenz unabhängig von dem Mandat gesichert war[4]; erst 1916 wurde die Reichsverfassung i.S. der Zulässigkeit einer (Aufwands-)Entschädigung geändert[5]. Auch Art. 40 WRV verstand den Entschädigungsanspruch als bloße Aufwandsentschädigung[6]; nur der Beförderungsanspruch galt nun nicht mehr nur für die Sitzungsperiode, sondern für die gesamte Wahlperiode. **Art. 63 HChE** und Art. 48 III GG haben diese Regelungen mit redaktionellen Modifikationen übernommen[7]. Ein Versuch, durch Änderung des Art. 48 III GG die Entschädigungshöhe für Abgeordnete an die Besoldung von Bundesrichtern zu koppeln, scheiterte 1995 am Bundesrat[8].

2 Der **Urlaubsanspruch** zur Wahlvorbereitung (Art. 48 I GG) wurde **erstmals in Art. 39 II WRV** normiert[9] und unter Verallgemeinerung seiner damals auf Beamte und Wehrmachtsangehörige beschränkten Geltung von Art. 62 II HChE übernommen; die Auseinandersetzung im Parlamentarischen Rat, ob der Urlaub bezahlt oder unbezahlt sein solle, blieb ausdrücklich unentschieden[10].

3 Ohne Vorbild in Reichsverfassungen, die nur Urlaubsregelungen für Beamte zur Mandatsbewerbung kannten (Art. 21 RV 1871), ist das **Behinderungsverbot** (Art. 48 II GG), das der Organisationsausschuß des Parlamentarischen Rates in Anlehnung an

---

[1] *H.-P. Schneider*, in: AK-GG, Art. 48 Rn. 1. Ausf. jetzt *F. Welti*, Die soziale Sicherung der Abgeordneten des Deutschen Bundestages, der Landtage und der deutschen Abgeordneten im Europäischen Parlament, 1998, S. 92 ff., 130 ff., 133 ff.

[2] Vgl. *H.-H. Trute*, in: v. Münch/Kunig, GG II, Art. 48 Rn. 17; ausf. *F.J. Hospach*, Diäten in Deutschland, Diss. jur. Tübingen 1992; *J.-D. Kühne*, Volksvertretungen im monarchischen Konstitutionalismus (1814–1918), in: Schneider/Zeh, § 2 Rn. 65 ff.; *H.H. v. Arnim*, in: BK, Art. 48 (Zweitb. 1980), Rn. 54 ff.

[3] Vgl. *v. Arnim* (Fn. 2), Art. 48 Rn. 55 ff.; *Hospach*, Diäten (Fn. 2), S. 16 ff., 57 ff.

[4] Vgl. *Hospach*, Diäten (Fn. 2), S. 161 ff., 171 ff., 200 ff.; *H.H. v. Arnim*, Entschädigung und Amtsausstattung, in: Schneider/Zeh, § 16 Rn. 7; *J. Hatschek*, Das Parlamentsrecht des Deutschen Reiches, 1. Teil, 1915, S. 610 f.; s. auch *G. Stricker*, Normative Grundlagen der Politikfinanzierung, in: D.T. Tsatsos (Hrsg.), Politikfinanzierung in Deutschland und in Europa, 1997, S. 48 ff. (48 f.).

[5] *v. Arnim* (Fn. 2), Art. 48 Rn. 59; *Hospach*, Diäten (Fn. 2), S. 233 ff.

[6] *Anschütz*, WRV, Art. 40 Anm. 2; *v. Arnim* (Fn. 2), Art. 48 Rn. 61.

[7] S. näher JöR 1 (1951), S. 375 ff.; *v. Arnim* (Fn. 2), Art. 48 Abschnitt I.

[8] S. näher *Welti*, Sicherung (Fn. 1), S. 158 ff.; *L. Determann*, BayVBl. 1997, 385 (391 f.); *H.H. v. Arnim*, Die Partei, der Abgeordnete und das Geld, 1996, S. 332 ff.; s. auch *ders.*, »Der Staat sind wir«, 1995; *J. Linck*, ZParl. 26 (1995), 683 ff.; *G. Scheu*, FAZ vom 6. 10. 1995, S. 10 f.

[9] *Anschütz*, WRV, Art. 39 Anm. 5; *D. Spoerhase*, Probleme des grundgesetzlichen Verbots der Abgeordnetenbehinderung (Artikel 48, Absatz 1 und 2 GG), Diss. jur. Saarbrücken 1980, S. 15 ff.

[10] *Schneider* (Fn. 1), Art. 48 Rn. 1; JöR 1 (1951), S. 377.

Art. 69 I Verf. Baden 1947 neu aufnahm; dabei war die Zumutbarkeit des Kündigungsschutzes für private Unternehmen lange umstritten[11].

B. Internationale, supranationale und rechtsvergleichende Bezüge

Die **Rechtsstellung der Abgeordneten des Europäischen Parlaments** ist im Detail nicht im Primärrecht der Gemeinschaft geregelt, sondern im Recht der Mitgliedstaaten. Eine europarechtliche Kompetenz ergibt sich aus Art. 13 i.V.m. 4 DWA, doch hat sich der Rat der Europäischen Union bislang nicht auf ein kommunitäres Recht der Abgeordneten einigen können[12]. Seit dem Amsterdamer Vertrag fordert nun Art. 190 V EGV n. F. ein eigenständiges Statusrecht der Europaabgeordneten. Bislang gewährleisten im deutschen Recht (parallel zu Art. 48 I, II GG) die §§ 4, 8 EuAbgG einen Anspruch auf (unbezahlten) **Wahlvorbereitungsurlaub** und § 3 I, III 1 EuAbgG ein **Behinderungsverbot**[13]. Die **Entschädigung** der Europaabgeordneten wird jeweils von den Mitgliedstaaten bezahlt und ist den jeweiligen mitgliedstaatlichen Zentralparlamenten gleichgestellt (vgl. §§ 9 ff. EuAbgG); hinzu treten Aufwandsentschädigungen auf der Grundlage von Art. 22 GOEP[14]. Dies alles führt zu erheblichen Unterschieden bei der finanziellen Entschädigung für die Mitglieder des EP[15]. Als Besonderheit ist bemerkenswert, daß 508 von 518 Abgeordneten des EP sich zur Transparenz von Nebentätigkeiten und Nebeneinkünften verpflichtet haben[16].

4

Auch in den 15 Staaten der EU normieren drei Verfassungen einen **Anspruch auf Urlaub** zur Wahlvorbereitung (z.B. Art. 4 Verf. Niederlande), vier ein **Behinderungsverbot** (z.B. § 30 II Verf. Dänemark) und zehn eine Regelung betr. eine **Entschädigung für die Abgeordneten** (z.B. Art. 66 I, V, 71 Verf. Belgien) – wobei zwei Verfassungen die Parlamentspräsidenten besonders hervorheben (z.B. Art. 15 IX Nr. 2 Verf. Irland) und fünf den Anspruch auf **Benutzung staatlicher Verkehrsmittel** (z.B. Art. 63 II Verf. Griechenland).

5

Von den 16 Verfassungen der Länder der Bundesrepublik kennen neun einen **Urlaubsanspruch** zur Wahlvorbereitung (z.B. Art. 29 I Verf. Baden-Württemberg), elf ein **Behinderungsverbot** (z.B. zuletzt Art. 13 III Verf. Hamburg 1996), 14 einen **Anspruch auf angemessene**, die Unabhängigkeit sichernde **Entschädigung** (z.B. Art. 31 Verf. Bayern; zuletzt Art. 13 I Verf. Hamburg 1996) und sieben einen **Beförderungsanspruch** (z.B. Art. 50 Verf. Nordrhein-Westfalen). Art. 54 II Verf. Thüringen koppelt die Höhe der Entschädigung an die Entwicklung der allgemeinen Lebenshaltungskosten[17].

6

---

[11] Vgl. JöR 1 (1951), S. 376 f.; *P. Feuchte*, AöR 111 (1986), 325 (333 ff.; zur Entwicklung im 19. Jahrhundert S. 326 ff.); *Schneider* (Fn. 1), Art. 48 Rn. 1.
[12] *R. Bieber*, EuR 1981, 124 (126 f.; 133 f.); zum DWA → Art. 46 Rn. 4.
[13] Vgl. auch *R. Fleuter*, Mandat und Status des Abgeordneten im Europäischen Parlament, 1991, S. 104 f.
[14] *R. Bieber*, EuR 1981, 124 (134 ff.).
[15] Vgl. auch *F. Jacobs/R. Corbett/M. Shackleton*, The European Parliament, 3. Aufl. 1995, S. 46; *Fleuter*, Mandat (Fn. 13), S. 120 ff.
[16] *Jacobs u.a.*, Parliament (Fn. 15), S. 48.
[17] S. *L. Determann*, BayVBl. 1997, 385 (392); *P.M. Huber*, ThürVBl. 1995, 80 ff.; *J. Linck*, ThürVBl. 1995, 104 ff.; *ders.*, ZParl. 26 (1995), 372 ff.; *A. Fischer*, Abgeordnetendiäten und staatliche Fraktionsfinanzierung in den fünf neuen Bundesländern, 1995, S. 236 ff.

C. Erläuterungen

I. Allgemeine Bedeutung

7   Art. 48 GG konkretisiert die Rechtsstellung des Bundestagsabgeordneten[18] i.S. eines Status der Freiheit, Gleichheit und Öffentlichkeit[19] und **bündelt drei heterogene** individuelle **Rechtsansprüche**. Absatz 1 gewährleistet einen leistungsrechtlichen **Urlaubsanspruch** des Bewerbers um ein Bundestagsmandat für die Wahlkampfzeit, und Absatz 2 gibt einen abwehrrechtlichen **Anspruch** darauf, nicht nur bei der Bewerbung, sondern auch **bei Übernahme des Mandats nicht** durch rechtliche Nachteile oder einen Arbeitsplatzverlust unangemessen **behindert zu werden**; beide Ansprüche stärken die Rechtsstellung gegenüber privaten Dritten im Interesse des passiven Wahlrechts[20]. Art. 48 III GG sichert demgegenüber durch »leistungsrechtliche« Ansprüche gegen den Staat den wirtschaftlichen **Lebensunterhalt** des Abgeordneten während des Mandats. Mittelbar tragen diese Regelungen auch zur Funktionsfähigkeit des Parlaments bei, indem sie eine sozial einseitige Zusammensetzung des Parlaments zu verhindern suchen[21].

8   Während Rechtskonflikte um Urlaubsanspruch und Behinderungsverbot in der Praxis eher von untergeordneter Bedeutung sind, **verknüpfen sich mit dem Entschädigungsanspruch aktuelle Grundsatzfragen der parlamentarischen Demokratie**: der Wandel des Parlamentariers zum Berufspolitiker[22], die gewandelte Wertschätzung von Politikern[23] oder die Probleme von gesetzgeberischen Entscheidungen in eigener Sache (→ Rn. 31). Auseinandersetzungen um Diätenerhöhungen spiegeln Rang und Akzeptanz der parlamentarischen Demokratie wider.

II. Urlaubsanspruch (Art. 48 I GG)

9   Der Bewerber um ein Bundestagsmandat hat einen verfassungsunmittelbaren **Anspruch auf** den zur Vorbereitung seiner Wahl erforderlichen **Urlaub**, wenn er passiv wahlberechtigt ist und seine Bewerbung personell und zeitlich ernsthaft ist[24], z.B. wenn er in einen Wahlvorschlag als Wahlkreis- oder Listenbewerber aufgenommen worden ist (§§ 20, 27 BWahlG) oder die konkrete objektivierbare Aussicht besteht, in einen solchen Wahlvorschlag aufgenommen zu werden[25].

---

[18] *v. Arnim* (Fn. 2), Art. 48 Rn. 4ff., 49; *H. Bethge*, Art. Abgeordneter, in: StL⁷, Bd. 1, Sp. 9ff. (12f.).
[19] *P. Häberle*, NJW 1976, 537 (538f.); *ders.*, Verfassungsrechtlicher Abgeordnetenstatus und Grunddiätenbesteuerung in der egalitären Demokratie (BVerfGE 40, 296), in: ders., Verfassung als öffentlicher Prozeß, 2. Aufl. 1996, S. 503ff. (505ff.). → Art. 38 Rn. 126ff.
[20] *Jarass/Pieroth*, GG, Art. 48 Rn. 1; *v. Arnim* (Fn. 2), Art. 48 Rn. 3, 18, 30.
[21] *Trute* (Fn. 2), Art. 48 Rn. 1ff., 18; *T. Maunz*, in: Maunz/Dürig, GG, Art. 48 (1976), Rn. 15.
[22] Vgl. näher *K. v. Beyme*, Die politische Klasse im Parteienstaat, 1994, S. 120ff.; *K. Burmeister*, Die Professionalisierung der Politik, 1993, S. 46ff., 106ff.; *K. Hesse*, Art. Abgeordneter, in: EvStL³, Sp. 11ff. (13f.).
[23] *Burmeister*, Professionalisierung (Fn. 22), S. 120ff.; zum Selbstverständnis der Abgeordneten ausf. *W.J. Patzelt*, ZParl. 27 (1996), 462ff.
[24] *Jarass/Pieroth*, GG, Art. 48 Rn. 2; *S. Magiera*, in: Sachs, GG, Art. 48 Rn. 3; *Trute* (Fn. 2), Art. 48 Rn. 4; *J. Medding*, VR 1990, 161 (161f.); *v. Arnim* (Fn. 2), Art. 48 Rn. 19.
[25] So *Magiera* (Fn. 24), Art. 48 Rn. 3; *Achterberg/Schulte*, GG VI, Art. 48 Rn. 1f.; *Schneider* (Fn. 1), Art. 48 Rn. 3; *v. Arnim* (Fn. 2), Art. 48 Rn. 19; *Maunz* (Fn. 21), Art. 48 Rn. 2; zu Parteilosen VG Köln DÖV 1972, 356 (357); *Trute* (Fn. 2), Art. 48 Rn. 4; *Spoerhase*, Probleme (Fn. 9), S. 65.

Urlaub meint die Freistellung von privatrechtlichen oder öffentlich-rechtlichen Dienstverpflichtungen gegenüber Dritten[26]. **Urlaubsberechtigt** sind daher nur **unselbständig Beschäftigte**[27] einschließlich solcher Arbeitnehmer, die in einer religiösen Gemeinschaft oder einem ideell ausgerichteten Verband tätig sind[28], arbeitnehmerähnlich Beschäftigte (§ 12a TVG) sowie Beamte, Richter und Soldaten (vgl. §§ 33 I BRRG, 89 II 2 BBG, 36 I DRiG, 25 I, 28 VI SG; s.a. 12 III WPflG).

10

Nicht anspruchsberechtigt sind Selbständige[29], Strafgefangene[30] und Untersuchungshäftlinge, Sozialhilfeempfänger mit gemeinnütziger Arbeitsgelegenheit (§ 19 III BSHG)[31] oder Werkvertragsverpflichtete[32]. Art. 48 I GG gilt allein der Abhängigkeit in Erwerbsverhältnissen, nicht sonstigen Hinderungsgründen[33].

11

Art und Umfang des zweckgebundenen **Urlaubs** richten sich nach der Inanspruchnahme des Bewerbers unabhängig von den Interessen des anspruchsverpflichteten Arbeits- bzw. Dienstberechtigten[34]. Ein bis zwei Monate vor dem Wahltag (§ 3 S. 1 AbgG) reichen praktisch aus[35], zumal der Anspruch sich (wie bei § 3 S. 2 AbgG) nur auf unbezahlten Urlaub erstreckt[36]; darin soll sich die Ernsthaftigkeit einer Bewerbung zeigen[37]. Der Urlaub muß beantragt, gewährt und bei Ablehnung ggf. gerichtlich erstritten werden[38]; Art. 48 I GG rechtfertigt kein eigenmächtiges Fernbleiben aus Wahlkampfgründen[39].

12

III. Behinderungsverbot (Art. 48 II GG)

Art. 48 II GG gewährt einen **Abwehranspruch** sowohl gegenüber der öffentlichen Gewalt als auch gegenüber privaten Dritten[40] für jeden, der das Amt eines Bundestagsabgeordneten übernehmen oder ausüben will, also nicht nur **gewählte Abgeordnete**,

13

---

[26] *Magiera* (Fn. 24), Art. 48 Rn. 4; Schmidt-Bleibtreu/*Klein*, GG, Art. 48 Rn. 5.
[27] *Magiera* (Fn. 24), Art. 48 Rn. 4; *Trute* (Fn. 2), Art. 48 Rn. 5; ausf. *Achterberg/Schulte*, GG VI, Art. 48 Rn. 4ff.; *J. Medding*, VR 1990, 161 (162ff.).
[28] *Achterberg/Schulte*, GG VI, Art. 48 Rn. 6; *J. Medding*, VR 1990, 161 (163).
[29] BGHZ 94, 248 (255); Jarass/*Pieroth*, GG, Art. 48 Rn. 2; *Magiera* (Fn. 24), Art. 48 Rn. 4.
[30] BVerfG (Vorprüfungsausschuß) NVwZ 1982, 96; *Trute* (Fn. 2), Art. 48 Rn. 6; *J. Jekewitz*, GA 1981, 433 (440); *v. Arnim* (Fn. 2), Art. 48 Rn. 17; a.A. *Schneider* (Fn. 1), Art. 48 Rn. 2.
[31] *Trute* (Fn. 2), Art. 48 Rn. 6; a.A. *Achterberg/Schulte*, GG VI, Art. 48 Rn. 9.
[32] Jarass/*Pieroth*, GG, Art. 48 Rn. 2; *Achterberg/Schulte*, GG VI, Art. 48 Rn. 9.
[33] BVerfG (Vorprüfungsausschuß) NVwZ 1982, 96; *Trute* (Fn. 2), Art. 48 Rn. 6; a.A. für Arbeitslose gegenüber dem Arbeitsamt *Achterberg/Schulte*, GG VI, Art. 48 Rn. 4.
[34] *Magiera* (Fn. 24), Art. 48 Rn. 4; *Achterberg/Schulte*, GG VI, Art. 48 Rn. 12; *Schneider* (Fn. 1), Art. 48 Rn. 4; *v. Arnim* (Fn. 2), Art. 48 Rn. 21; *Maunz* (Fn. 21), Art. 48 Rn. 3.
[35] *Achterberg/Schulte*, GG VI, Art. 48 Rn. 13; *v. Arnim* (Fn. 2), Art. 48 Rn. 22.
[36] Jarass/*Pieroth*, GG, Art. 48 Rn. 2; *Trute* (Fn. 2), Art. 48 Rn. 8; krit. *Schneider* (Fn. 1), Art. 48 Rn. 5; *v. Arnim* (Fn. 2), Art. 48 Rn. 26f.; anders *G. Sadtler*, Die Bedeutung des Art. 48 GG und des Art. 160 Weimarer Verfassung für das Arbeitsrecht, 1968, S. 60ff.
[37] Vgl. *Magiera* (Fn. 24), Art. 48 Rn. 5; zur Zulässigkeit abweichender Vereinbarungen *P. Dobberahn*, NZA 1994, 396 (398); *U. Berger-Delhey*, PersV 1994, 241 (243).
[38] *Magiera* (Fn. 24), Art. 48 Rn. 5; *Trute* (Fn. 2), Art. 48 Rn. 10; *J. Medding*, VR 1990, 161 (167f.); *v. Arnim* (Fn. 2), Art. 48 Rn. 23, 25; *Maunz* (Fn. 21), Art. 48 Rn. 5.
[39] Vgl. *Achterberg/Schulte*, GG VI, Art. 48 Rn. 20ff.; *W. Dütz*, DB 1976, 1428, 1480 (1483); z.T. a.A. *Spoerhase*, Probleme (Fn. 9), S. 87ff.
[40] Vgl. BVerfGE 42, 312 (328); *Magiera* (Fn. 24), Art. 48 Rn. 7; *Schneider* (Fn. 1), Art. 48 Rn. 8; *v. Arnim* (Fn. 2), Art. 48 Rn. 3, 30.

sondern auch **Bewerber i.S. von Art. 48 I GG**[41] von der Aufstellung als Wahlbewerber (→ Rn. 9) an (so auch § 2 III 3 AbgG); Sinn und Zweck gebieten eine begrenzte Fortwirkung des Schutzes über das zeitliche Ende des Abgeordnetenmandats hinaus (so auch § 2 III 4 AbgG: um ein Jahr)[42].

14 Das **Benachteiligungsverbot** des Art. 48 II 1 GG verbietet jede Schlechterstellung, die ihren Grund allein in der Mandatsübernahme oder -ausübung hat, also etwa auch Versetzungen, Zuweisung anderer Tätigkeiten, Beförderungsstops, Arbeitszeitdiskriminierungen u.a.[43]. Als Behinderung wird teilweise[44] in einem weiten Sinne jede Handlung verstanden, die unabhängig von ihrer Intention die Mandatsausübung unvermeidlicherweise als tatsächliche Folge beeinträchtigt. Demgegenüber muß nach herrschender Auffassung das Verhalten intentional auf eine Behinderung gerichtet sein[45], um die Übernahme oder Ausübung des Mandats zu erschweren oder unmöglich zu machen. Daran fehlt es, wenn Bezüge wegen Fernbleiben vom Dienst ohne Beurlaubung nicht bezahlt werden[46] oder Beamte wegen Verstoßes gegen ihre Treuepflicht aufgrund einer Kandidatur für »verfassungsfeindliche« Parteien disziplinarisch belangt werden[47]. Diese engere Auffassung ist Konsequenz aus der Aufwertung des Abgeordneten zum vollalimentierten Berufstätigen[48], kann aber u.U. zu Schutzlücken bei freiberuflich Tätigen führen; teilweise wird daher weniger einschränkend darauf abgestellt, ob vernünftige, d.h. nicht diskriminierende Gründe für eine getroffene Regelung oder Maßnahme fehlen[49].

15 **Kündigungen und Entlassungen** (Art. 48 II 2 GG) sind **beispielhaft**[50] **hervorgehobene** Erscheinungsformen der **Behinderungen** i.S. der Gesamtheit der Formen unfreiwilligen Ausscheidens aus einem Dienst- oder Arbeitsverhältnis[51], um dem erhöhten Schutzbedürfnis unselbständig Beschäftigter Rechnung zu tragen[52]. Schon die Androhung solcher Maßnahmen ist unzulässig[53], doch müssen sie wegen der Annahme oder

---

[41] LAG Hessen NJW 1976, 1655 (1655f.); *Trute* (Fn. 2), Art. 48 Rn. 11; *J. Medding*, DÖV 1991, 494 (495); *Achterberg/Schulte*, GG VI, Art. 48 Rn. 15f., 27, 33, 35f.; *v. Arnim* (Fn. 2), Art. 48 Rn. 33; etwas anders *Magiera* (Fn. 24), Art. 48 Rn. 8.

[42] *Jarass/Pieroth*, GG, Art. 48 Rn. 3; *Magiera* (Fn. 24), Art. 48 Rn. 8; a.A. *J. Medding*, DÖV 1991, 494 (496f.); allg. zum Zweck *P. Feuchte*, AöR 111 (1986), 325 (342ff.); zur Ausformung in § 2 AbgG *P. Badura*, Die Stellung des Abgeordneten nach dem Grundgesetz und den Abgeordnetengesetzen in Bund und Ländern, in: Schneider/Zeh, § 15 Rn. 68.

[43] *Trute* (Fn. 2), Art. 48 Rn. 14; *J. Medding*, DÖV 1991, 494 (500); *Achterberg/Schulte*, GG VI, Art. 48 Rn. 36; *Schneider* (Fn. 1), Art. 48 Rn. 8; *Welti*, Sicherung (Fn. 1), S. 110 ff.

[44] So BGHZ 43, 384 (387); *Maunz* (Fn. 21), Art. 48 Rn. 8; *Welti*, Sicherung (Fn. 1), S. 110 ff.

[45] BVerfGE 42, 312 (329); BVerwGE 73, 263 (282); 76, 157 (170); 86, 211 (216); OVG NW NVwZ-RR 1989, 375; BGHZ 94, 248 (251); *J. Müller*, NVwZ 1994, 120 (121f.); *J. Medding*, DÖV 1991, 494 (498f.); *Achterberg/Schulte*, GG VI, Art. 48 Rn. 28; *Badura* (Fn. 42), § 15 Rn. 70; *P. Feuchte*, AöR 111 (1986), 325 (339, 358); *D. Jung*, DÖV 1984, 197 (199f.); *J. Jekewitz*, GA 1981, 433 (441).

[46] BVerwGE 86, 211 (216f.); *Jarass/Pieroth*, GG, Art. 48 Rn. 4; *Magiera* (Fn. 24), Art. 48 Rn. 14; *P. Dobberahn*, NZA 1994, 396 (397); *U. Berger-Delhey*, PersV 1994, 241 (242f.).

[47] So BVerwGE 73, 263 (282); 76, 157 (170); implizit a.A. EGMR NJW 1996, 375 (376ff. – Rn. 52ff.) – *Dorothea Vogt*; s. auch BVerwGE 86, 99 (118).

[48] *Magiera* (Fn. 24), Art. 48 Rn. 10; *v. Arnim* (Fn. 2), Art. 48 Rn. 34.

[49] *Trute* (Fn. 2), Art. 48 Rn. 12; *J.-D. Kühne*, ZParl. 17 (1986), 347 (350f., 358f.).

[50] Vgl. BVerfGE 42, 312 (328); *Trute* (Fn. 2), Art. 48 Rn. 13; *v. Arnim* (Fn. 2), Art. 48 Rn. 32.

[51] *Jarass/Pieroth*, GG, Art. 48 Rn. 4; *U. Berger-Delhey*, PersV 1994, 241ff.; *Achterberg/Schulte*, GG VI, Art. 48 Rn. 30; s. auch *P. Dobberahn*, NZA 1994, 396ff.; *Sadtler*, Bedeutung (Fn. 36), S. 65ff.

[52] Vgl. BGHZ 94, 248 (255); *Magiera* (Fn. 24), Art. 48 Rn. 12.

[53] *Achterberg/Schulte*, GG VI, Art. 48 Rn. 36; *Schneider* (Fn. 1), Art. 48 Rn. 7.

Ausübung des Mandats, nicht aus anderen Gründen erfolgen (vgl. § 2 III 1 AbgG)[54]. Keine Kündigung i.S.v. Art. 48 II 2 GG soll die Kündigung von Gesellschaftsverträgen freiberuflich Tätiger sein[55], die aber gegen das allgemeine Behinderungsverbot des Art. 48 II 1 GG verstoßen kann[56].

Art. 48 II GG **verbietet keine Behinderungen aus verfassungsrechtlich zulässigen Gründen**[57], z.B. Inkompatibilitätsregeln (Beschränkungen der Wählbarkeit nach Art. 38 II oder 137 I GG[58]; Ausschluß von Doppelmandaten in Bundestag und Landtag oder dem Europäischen Parlament, weil schon ein Mandat den Abgeordneten voll ausfüllt[59]; kirchliche Unvereinbarkeitsvorschriften[60]; nicht aber Unvereinbarkeitsregelungen aus wirtschaftlichen Gründen[61]). Zulässig sind auch der fehlende Versicherungsschutz in der Arbeitslosenversicherung[62] oder gesetzliche Regelungen wie Kürzungen von Diäten bei einem Doppelmandat[63].

16

Art. 48 II GG gibt dem betroffenen Abgeordneten einen **Unterlassungsanspruch** gegen den, der ihn beeinträchtigt. **Zivilrechtliche Willenserklärungen**, die gegen Art. 48 II GG verstoßen, sind **nichtig** (§ 134 BGB)[64] und führen u.U. zu Schadensersatzforderungen (§ 823 II BGB)[65]. **Gesetzliche Regelungen** ohne verfassungsrechtliche Rechtfertigung sind ebenso **nichtig** wie **sonstige Verstöße** von Staatsakten gegen Art. 48 II GG **unwirksam** bzw. anfechtbar sind[66].

17

---

[54] BAGE 77, 184 (187f.); *Magiera* (Fn. 24), Art. 48 Rn. 13; *Achterberg/Schulte*, GG VI, Art. 48 Rn. 31; *J. Medding*, DÖV 1991, 494 (499); *Spoerhase*, Probleme (Fn. 9), S. 120.

[55] So BGHZ 94, 248 (252ff.) für Art. 17 II 1 Verf. Niedersachsen a.F.; *P. Feuchte*, AöR 111 (1986), 325 (349ff.); *U. Bertermann*, BB 1967, 270ff.; krit. *Welti*, Sicherung (Fn. 1), S. 104ff.; *Trute* (Fn. 2), Art. 48 Rn. 13; *Schneider* (Fn. 1), Art. 48 Rn. 6; *v. Arnim* (Fn. 2), Art. 48 Rn. 38; *J.-D. Kühne*, ZParl. 17 (1986), 347ff.; s. auch *H. Konzen*, AcP 172 (1972), 317ff.

[56] So *Magiera* (Fn. 24), Art. 48 Rn. 12; zur Vereinbarkeit von Mandat und Anwaltsberuf BGH DÖV 1979, 444 m. Anm. *R. Zuck*, S. 446ff.; *G. Kretschmer*, ZParl. 11 (1980), 527ff.

[57] BVerfGE 42, 312 (326); *Magiera* (Fn. 24), Art. 48 Rn. 14; *Trute* (Fn. 2), Art. 48 Rn. 15; Schmidt-Bleibtreu/*Klein*, GG, Art. 48 Rn. 6; *v. Arnim* (Fn. 2), Art. 48 Rn. 39 ff. – Zur Zulässigkeit des »Rotationsprinzips« der »Grünen« zu Beginn der 80er Jahre *K.-H. Hohm/T. Rauschenberg*, NJW 1984, 1657 (1663) einerseits, *D. Jung*, DÖV 1984, 197 (200f.) andererseits.

[58] Ausf. *Achterberg/Schulte*, GG VI, Art. 48 Rn. 37ff.; *Schneider* (Fn. 1), Art. 48 Rn. 9; *Maunz* (Fn. 21), Art. 48 Rn. 11 f.; s. auch *J. Grünert*, VR 1992, 413 (414ff.).

[59] BVerfGE 42, 312 (327); Jarass/*Pieroth*, GG, Art. 48 Rn. 5; *v. Arnim* (Fn. 2), Art. 48 Rn. 44f.

[60] BVerfGE 42, 312 (326ff.); *v. Arnim* (Fn. 2), Art. 48 Rn. 46; *L.-A. Versteyl*, ZParl. 11 (1980), 518ff.; *H. Goerlich*, Der Staat 18 (1979), 102 (118ff.); *U. Steiner*, Der Staat 14 (1975), 491ff.; s. auch *N. Müller-Plantenberg/U. Schenkel*, SächsVBl. 1994, 66, 91ff.

[61] BGHZ 72, 70 (75); Jarass/*Pieroth*, GG, Art. 48 Rn. 5; a.A. *v. Arnim* (Fn. 2), Art. 48 Rn. 47f.; *C. Richter*, Lobbyismus und Abgeordnetenbestechung, 1997, S. 158ff., 190ff.; zweifelnd *Magiera* (Fn. 24), Art. 48 Rn. 15; *Schneider* (Fn. 1), Art. 48 Rn. 9.

[62] BSG MDR 1990, 471 (472); *K. Berlinger*, Arbeit und Beruf 1990, 123.

[63] Vgl. BVerfGE 4, 144 (154ff.); 18, 172 (181f.); *v. Arnim* (Fn. 2), Art. 48 Rn. 42.

[64] BGHZ 43, 384 (387); Jarass/*Pieroth*, GG, Art. 48 Rn. 5; *Magiera* (Fn. 24), Art. 48 Rn. 7; *Trute* (Fn. 2), Art. 48 Rn. 15; *Schneider* (Fn. 1), Art. 48 Rn. 8; *Maunz* (Fn. 21), Art. 48 Rn. 9.

[65] Jarass/*Pieroth*, GG, Art. 48 Rn. 5; *Magiera* (Fn. 24), Art. 48 Rn. 7; s. auch *Achterberg/Schulte*, GG VI, Art. 48 Rn. 41ff.; *Maunz* (Fn. 21), Art. 48 Rn. 9.

[66] Verfassungsprozeßrechtlich ist der Anspruch durch Verfassungsbeschwerde durchzusetzen, so *Schneider* (Fn. 1), Art. 48 Rn. 8.

IV. Entschädigungs- und Beförderungsanspruch (Art. 48 III GG)

18 Der Anspruch der Abgeordneten auf angemessene, ihre Unabhängigkeit sichernde Entschädigung (Art. 48 III 1 GG) ist die **verfassungsrechtliche Grundlage für das Recht der Diäten**. Die Inanspruchnahme des einzelnen Abgeordneten durch die Pflichten aus einem Bundestagsmandat haben im Laufe der Jahrzehnte das Mandat zur Hauptbeschäftigung der Abgeordneten werden lassen[67], neben der eine gewöhnliche Berufsausübung nur begrenzt möglich ist[68]. Dadurch hat die Entschädigung eine veränderte Bedeutung gewonnen[69], Art. 48 III GG einen weithin anerkannten Verfassungswandel (→ Art. 79 I Rn. 37) erfahren.

19 Ansprüche aus Art. 48 III GG gelten **für alle Abgeordneten des Bundestages** in gleicher Weise (grundsätzlich) für die Dauer des Mandats; sie wollen die wirtschaftliche Unabhängigkeit des Abgeordneten und damit seine Entschließungsfreiheit sichern, im Verhältnis zur öffentlichen Gewalt wie zu gesellschaftlichen Machtgruppen, besonders auch zur eigenen Partei bzw. Fraktion[70]. Der Abgeordnete soll vor Zumutungen bewahrt werden, die bei politischen Entscheidungen seine eigenen wirtschaftlichen Partialinteressen dominieren lassen; eine angemessene Entschädigung dient so auch dem Demokratieprinzip[71].

1. Entschädigungsanspruch: Alimentation und Amtsausstattung (Art. 48 III 1 GG)

20 Der **Entschädigungsanspruch** umfaßt **zwei** rechtlich strikt zu unterscheidende **Formen**[72]: eine zu versteuernde **Entschädigung mit Alimentationscharakter** und eine steuerfreie Aufwandsentschädigung i.S. einer **Amtsausstattung**. Aus dem tatsächlichen Wandel der Funktionen der Abgeordneten hat die Rechtsprechung anfangs gefolgert, daß nur noch eine Entschädigung i.S. einer Vollalimentation angemessen ist[73], später aber keine verfassungsrechtliche Pflicht zur dauernden Vollalimentation angenommen[74]: Der Diätengesetzgeber hat einen breiten Spielraum bei der Festlegung des Umfangs der Entschädigung[75].

---

[67] BVerfGE 40, 296 (312f.); *Magiera* (Fn. 24), Art. 48 Rn. 18; *Trute* (Fn. 2), Art. 48 Rn. 22; *C. Grimm*, Mandat als Beruf, in: Bitburger Gespräche, Jahrbuch 1993/2, 1993, S. 159ff.

[68] Vgl. BVerfGE 40, 296 (312f., 315f.); 32, 157 (164); 76, 256 (342); BayVerfGH DVBl. 1983, 706 (707f.); *v. Arnim* (Fn. 2), Art. 48 Rn. 50f.

[69] Ausf. *v. Arnim* (Fn. 2), Art. 48 Rn. 76ff., 80ff.; s. auch *Maunz* (Fn. 21), Art. 48 Rn. 16; krit. *L. Determann*, BayVBl. 1997, 385 (388f.).

[70] Vgl. BVerfGE 20, 56 (103); 4, 144 (150); 32, 157 (164); 40, 296 (310ff.); *Magiera* (Fn. 24), Art. 48 Rn. 17; *Trute* (Fn. 2), Art. 48 Rn. 18; *Achterberg/Schulte*, GG VI, Art. 48 Rn. 44; *Schneider* (Fn. 1), Art. 48 Rn. 10; *v. Arnim* (Fn. 2), Art. 48 Rn. 5ff., 10, 101. → Art. 38 Rn. 127.

[71] *v. Arnim* (Fn. 4), § 16 Rn. 9f.

[72] Vgl. *v. Arnim* (Fn. 4), § 16 Rn. 44f.; *ders.* (Fn. 2), Art. 48 Rn. 97.

[73] So BVerfGE 40, 296 (310f.); s. bereits BVerfGE 32, 157 (164f.); krit. etwa *L. Determann*, BayVBl. 1997, 385 (388f., 392); *Schneider* (Fn. 1), Art. 48 Rn. 11f.; s. schon *P. Häberle*, NJW 1976, 537 (538); *C.F. Menger*, VerwArch. 67 (1976), 303 (311ff.).

[74] So BVerfGE 76, 256 (341f.); 40, 330 (338f.) – *Sondervotum Seuffert*; *Jarass/Pieroth*, GG, Art. 48 Rn. 6; *Magiera* (Fn. 24), Art. 48 Rn. 19; *Achterberg/Schulte*, GG VI, Art. 48 Rn. 49; *v. Arnim* (Fn. 4), § 16 Rn. 19f.; anders *Fischer*, Abgeordnetendiäten (Fn. 17), S. 28f.

[75] BVerfGE 76, 256 (342); *Trute* (Fn. 2), Art. 48 Rn. 19; *H.H. Rupp*, ZG 7 (1992), 285 (288); *Achterberg/Schulte*, GG VI, Art. 48 Rn. 53; *Schmidt-Bleibtreu/Klein*, GG, Art. 48 Rn. 10; *v. Arnim* (Fn. 4), § 16 Rn. 46; zur Zulässigkeit einer Teilalimentation *Jarass/Pieroth*, GG, Art. 48 Rn. 6; *Trute* (Fn. 2), Art. 48 Rn. 23; *Schneider* (Fn. 1), Art. 48 Rn. 12; ausf. *O. Behrend*, DÖV 1982, 774ff.; s. auch *M. Kloepfer*, DVBl. 1979, 378ff.

IV. Entschädigungs- und Beförderungsanspruch (Art. 48 III GG)

Geboten ist eine »**angemessene**« **Entschädigung**, die über eine bloße Aufwandsentschädigung hinaus als **Alimentation i.S. eines Einkommens aus der Staatskasse** zu gewähren ist[76], so daß der Abgeordnete während der Dauer des Mandats eine ausreichende wirtschaftliche Lebensgrundlage hat, ihm und seiner Familie eine entsprechende Lebensführung auch ohne ein ggf. entfallendes berufliches Einkommen möglich ist[77], und die Bezahlung der Bedeutung des durch Volkswahl demokratisch legitimierten Amtes entspricht[78]. Deshalb ist eine zu enge Anlehnung an das Beamtenrecht unzulässig[79]. 21

Die nähere **Bestimmung des Angemessenen** ist wegen der Schwierigkeiten der Ermittlung von Einkommensgerechtigkeit[80] und der spezifischen Einmaligkeit des Abgeordnetenberufs[81] sehr problemgeladen. Nach dem **Grundsatz der Gleichheit** des Abgeordneten (→ Art. 38 Rn. 152 ff.) muß der Leistungsumfang jedermann eine Abgeordnetentätigkeit unabhängig von Geschlecht, Beruf, Alter und Lebenssituation ermöglichen[82]. Im einzelnen muß die Entschädigung für jeden Abgeordneten bei der Grundentschädigung gleich hoch sein[83]; ausnahmsweise läßt sich eine Ungleichbehandlung vor allem zugunsten von Bundestagspräsident und seinen Stellvertretern oder Fraktionsvorsitzenden (und sei es nur der Oppositionsfraktionen) rechtfertigen[84]. Zulässig ist stets eine höhere Aufwandsentschädigung für Abgeordnete mit besonderen Funktionen[85]. 22

Zum Schutz der **Freiheit des Abgeordneten** (→ Art. 38 Rn. 136 ff.) muß die Höhe der Alimentation den Abgeordneten einerseits vom Druck befreien, aus wirtschaftlichen Gründen Interessenbindungen etwa in Form von Beraterverträgen ohne eigentliche Dienstleistungen außer der parlamentarischen Interessenwahrung einzugehen[86], andererseits von der Gefahr, bei weit überdurchschnittlichen Mandatseinkommen von Partei und Fraktion abhängig zu werden[87]. 23

Aus dem **Status der Öffentlichkeit** des Abgeordneten (→ Art. 38 Rn. 158 ff.) folgt eine Alimentation, die eine Zusammensetzung des Parlaments gewährleistet, die als eine Repräsentation des ganzen Volkes und seiner verschiedenen Gruppen, Interessen 24

---

[76] *Trute* (Fn. 2), Art. 48 Rn. 22, 26; *v. Arnim* (Fn. 2), Art. 48 Rn. 100 ff.
[77] BVerfGE 40, 296 (316); Jarass/*Pieroth*, GG, Art. 48 Rn. 7; *Magiera* (Fn. 24), Art. 48 Rn. 20.
[78] BVerfGE 40, 296 (315); *Trute* (Fn. 2), Art. 48 Rn. 24; *v. Arnim* (Fn. 2), Art. 48 Rn. 98, 105 f.
[79] BVerfGE 40, 296 (316); 76, 256 (341 ff.); *Trute* (Fn. 2), Art. 48 Rn. 26.
[80] Dazu ausf. *E. v. Hippel*, KritV 80 (1997), 159 (168 f.); *O. Kissel*, Vom gerechten Lohn des Bundestagsabgeordneten, in: FS Zeuner, 1994, S. 79 ff.
[81] Vgl. *Trute* (Fn. 2), Art. 48 Rn. 19; *E. Eyermann*, ZRP 1992, 201 (202); ausf. zu Angemessenheitskriterien *Welti*, Sicherung (Fn. 1), S. 150 ff.; *Fischer*, Abgeordnetendiäten (Fn. 17), S. 40 ff., 52 ff.; *v. Beyme*, Klasse (Fn. 22), S. 138 ff.; *v. Arnim* (Fn. 2), Art. 48 Rn. 106 ff.
[82] *Trute* (Fn. 2), Art. 48 Rn. 20.
[83] BVerfGE 40, 296 (317 f.); BayVerfGH BayVBl. 1992, 304 (305); *v. Arnim* (Fn. 2), Art. 48 Rn. 120 ff.; krit. *L. Determann*, BayVBl. 1997, 385 (387); *D. Meyer*, Jahrbuch für Wirtschaftswissenschaften 47 (1996), 324 (333 f.); *J. Linck*, ZParl. 7 (1976), 54 (57 ff.).
[84] S. näher BVerfGE 40, 296 (318); HbgVerfGH NJW 1998, 1054 (1055 ff.); *Welti*, Sicherung (Fn. 1), S. 207 ff.; *Trute* (Fn. 2), Art. 48 Rn. 25; *Schneider* (Fn. 1), Art. 48 Rn. 13; ausf. Kritik bei *C. C. Müller-York/C. Irrgang*, ZParl. 29 (1998), 295 (303 ff.); *Fischer*, Abgeordnetendiäten (Fn. 17), S. 69 ff., 77 ff.; zu Ausschußvorsitzenden *v. Arnim* (Fn. 2), Art. 48 Rn. 123; s. auch *V. Bahnsen*, NJW 1998, 1041 ff.; *Maunz* (Fn. 21), Art. 48 Rn. 25; für strikte Gleichbehandlung *H. Meyer*, KritV 76 (1995), 216 (251 ff.); unentschieden *v. Arnim*, Partei (Fn. 8), S. 261 ff.
[85] Vgl. BVerfGE 40, 296 (318, 327 f.); *Fischer*, Abgeordnetendiäten (Fn. 17), S. 125 ff.
[86] BVerfGE 40, 296 (319); *Trute* (Fn. 2), Art. 48 Rn. 21.
[87] *L. Determann*, BayVBl. 1997, 385 (387); *Schneider* (Fn. 1), Art. 48 Rn. 12.

und Ansichten angesehen werden kann[88], und eine öffentliche parlamentarische Entscheidungsfindung des Angemessenen (zu Folgerungen → Rn. 31f.).

25 Die **Diäten dienen nicht der Mitfinanzierung der politischen Parteien** oder der Fraktionen[89]; entsprechende hohe Abgaben eines jeden Abgeordneten einer Fraktion an seine Partei oder Fraktion[90] sind nicht per se verfassungswidrig[91], indizieren aber eine unangemessene Höhe der Entschädigung.

26 Art. 48 III GG **erlaubt** auch eine **begrenzte Altersversorgung** als Annex der Besoldung[92] **und** die Berücksichtigung einer begrenzten zeitlichen Fortwirkung nach Ende des Mandats i.S. eines **Übergangsgeldes**[93].

27 Das Gebot der Gleichbehandlung aus Art. 3 I GG fordert, daß das **Einkommen der Abgeordneten** in Form der Grundentschädigung wie jedes andere Einkommen **zu versteuern** ist[94], anders als der Ersatz für wirklich entstandenen, sachlich angemessenen Aufwand i.S. der Amtsausstattung[95] (→ Rn. 29).

28 Grundsätzlich sind **zusätzliche Einkommen neben** den **Diäten erlaubt**; 1992 waren ca. 30% der Bundestagsabgeordneten in einem Zweitberuf tätig[96], ohne daß die Verhaltensregeln des Bundestages (vgl. Anlage 1 zur GOBT) zu Transparenz von doppelten Einnahmequellen und ggf. Interessenkonflikten führen würden[97]. Verfassungsrechtlich unzulässig sind aber Modalitäten wie Bezüge aus einem Beratungsrechtsverhältnis, in dem der Abgeordnete sich zu einem bestimmten politischen Verhalten verpflichtet[98]; die Weiterzahlung von Beamtengehältern an Beamte, die Diäten erhalten[99] (vgl. §§ 5 ff. AbgG); die vollständige Nichtanrechnung der Abgeordnetenentschä-

---

[88] Vgl. *Trute* (Fn. 2), Art. 48 Rn. 18, 20; *Häberle*, Abgeordnetenstatus (Fn. 19), S. 517 f.
[89] *Magiera* (Fn. 24), Art. 48 Rn. 20; s. auch *G.C. Schneider*, Die Finanzierung der Parlamentsfraktionen als staatliche Aufgabe, 1997, S. 76 f., 151 ff.
[90] Zur Praxis *v. Arnim*, Partei (Fn. 8), S. 312 ff.; *G. Bannas*, FAZ vom 13.11.1995, S. 5; *G. Wewer*, Plädoyer für eine integrierende Sichtweise von Parteien-Finanzen und Abgeordneten-Alimentierung, in: ders. (Hrsg.), Parteienfinanzierung und politischer Wettbewerb, 1990, S. 420 ff. (430 ff.); *M. Mardini*, Die Finanzierung der Parlamentsfraktionen durch staatliche Mittel und Beiträge der Abgeordneten, 1990.
[91] So aber *B. Becker*, ZParl. 27 (1996), 377 ff.; *v. Arnim* (Fn. 4), § 16 Rn. 99; *ders.* (Fn. 2), Art. 48 Rn. 215; *R. Stober*, ZRP 1983, 209 (212); *H. Klatt*, ZParl. 7 (1976), 61 (64); s. auch zur Kritik *H. Meyer*, KritV 78 (1995), 216 (242 ff.); *Fischer*, Abgeordnetendiäten (Fn. 17), S. 167 f.
[92] BVerfGE 32, 157 (165); 40, 296 (311); *M. Grundmann*, DÖV 1994, 329 (330); ausf. *v. Arnim* (Fn. 2), Art. 48 Rn. 128 ff.
[93] *v. Arnim* (Fn. 2), Art. 48 Rn. 126; *Fischer*, Abgeordnetendiäten (Fn. 17), S. 85 ff.
[94] BVerfGE 40, 296 (327 f.); *Jarass/Pieroth*, GG, Art. 48 Rn. 7; *Magiera* (Fn. 24), Art. 48 Rn. 21; *Trute* (Fn. 2), Art. 48 Rn. 27; *H.H. v. Arnim*, DB 1972, 889 ff.; *ders.* (Fn. 4), § 16 Rn. 61 ff.
[95] BVerfGE 40, 296 (328); *Trute* (Fn. 2), Art. 48 Rn. 27.
[96] Vgl. Bericht und Empfehlungen der Unabhängigen Kommission zur Überprüfung des Abgeordnetenrechts vom 3.6.1993, BT-Drs. 12/5020, S. 83.
[97] Krit. *E. v. Hippel*, KritV 80 (1997), 159 (169); *D. Pohl*, ZParl. 26 (1995), 385 ff.; *H. Freund*, DÖV 1987, 435 ff.; *Richter*, Lobbyismus (Fn. 61), S. 50 ff.; ausf. *Welti*, Sicherung (Fn. 1), S. 281 f.; zur Gefahr der Abgeordnetenkorruption *H.H. v. Arnim*, JZ 1990, 1014 ff.
[98] Vgl. BVerfGE 40, 296 (318 f.); 42, 312 (328); *Trute* (Fn. 2), Art. 48 Rn. 21; *Badura* (Fn. 42), § 15 Rn. 71; *v. Arnim* (Fn. 4), § 16 Rn. 72 ff.; ausf. *ders.* (Fn. 2), Art. 48 Rn. 146 ff.; *K.M. Meessen*, Beraterverträge und freies Mandat, in: FS Scheuner, 1973, S. 431 ff.
[99] BVerfGE 40, 296 (321 f.); *v. Arnim* (Fn. 4), § 16 Rn. 65 ff.; *ders.* (Fn. 2), Art. 48 Rn. 134 ff.

digung auf andere Bezüge aus öffentlichen Kassen[100] (vgl. § 29 AbgG), nicht aber auf sonstige Bezüge[101].

Soweit zur Alimentation eine Amtsausstattung als **Aufwandsentschädigung** hinzutritt, gilt z.T. Abweichendes: Sie ist steuerfrei, muß sachlich angemessen, bei pauschalierender Bemessung am tatsächlichen Aufwand orientiert sein[102] und darf deshalb zwischen Abgeordneten differenzieren[103]. 29

2. Beförderungsanspruch: Benutzung staatlicher Verkehrsmittel (Art. 48 III 2 GG)

Der Anspruch auf freie **Benutzung aller staatlichen Verkehrsmittel** (Art. 48 III 2 GG) konkretisiert einen **Teil der Aufwandsentschädigung**. Er erstreckt sich nur auf staatliche Verkehrsmittel des Bundes, nicht der Länder, der Gemeinden oder Privater[104]. Die Staatlichkeit von Verkehrsmitteln bestimmt sich nicht nach der rechtlichen Organisationsform[105], sondern nach dem rechtlichen Einfluß des Bundes: Art. 48 III 2 GG verliert gegenüber privatisierten Bahn- und Fluggesellschaften seine verfassungsunmittelbare Grundlage, wenn der staatliche Anteil an den Gesellschaften unter 25 v.H. beträgt; er besteht daher nur noch für Eisenbahnen des Bundes (vgl. § 16 I AbgG). Der Beförderungsanspruch ist auf die Mandatsausübung im Bundesgebiet beschränkt[106]. 30

3. Abgeordnetengesetzgebung (Art. 48 III 3 GG)

Art. 48 III 3 GG sieht eine **nähere Regelung durch Bundesgesetz** vor. Die Abgeordneten entscheiden insoweit **in eigener Sache**[107], regelmäßig mit hohem Konsens, ohne direkte Kontrolle und damit mißbrauchsanfällig[108]. Deshalb hat die Rechtsprechung zur Stärkung demokratischer Kontrolle durch das Gesetzgebungsverfahren den Grundsatz entwickelt, daß der Bundestag selbst, im Plenum (also öffentlich, für die Allgemeinheit transparent und verständlich) und ausdrücklich über die Bemessung der Diäten entscheiden muß[109]. 31

---

[100] BVerfGE 40, 296 (329f.); *Magiera* (Fn. 24), Art. 48 Rn. 22; *Fischer*, Abgeordnetendiäten (Fn. 17), S. 111 ff.; ausf. *v. Arnim* (Fn. 2), Art. 48 Rn. 157 ff.; anders BVerfGE 76, 256 (341 ff.); *Trute* (Fn. 2), Art. 48 Rn. 26; s. auch *J. Grünert*, VR 1992, 413 ff.; *Welti*, Sicherung (Fn. 1), S. 210 ff.
[101] BVerfGE 76, 256 (341 ff.); BVerwG NJW 1990, 462 (463); anders beim Übergangsgeld *Fischer*, Abgeordnetendiäten (Fn. 17), S. 88 ff.
[102] BVerfGE 40, 296 (328); Schmidt-Bleibtreu/*Klein*, GG, Art. 48 Rn. 8.
[103] Ausf. *v. Arnim* (Fn. 2), Art. 48 Rn. 175 ff., 207 ff.
[104] Jarass/*Pieroth*, GG, Art. 48 Rn. 8; *Trute* (Fn. 2), Art. 48 Rn. 30; *Achterberg/Schulte*, GG VI, Art. 48 Rn. 55; *Schneider* (Fn. 1), Art. 48 Rn. 14; *Maunz* (Fn. 21), Art. 48 Rn. 32.
[105] *Magiera* (Fn. 24), Art. 48 Rn. 25; *v. Arnim* (Fn. 2), Art. 48 Rn. 194.
[106] So Jarass/*Pieroth*, GG, Art. 48 Rn. 8; *Achterberg/Schulte*, GG VI, Art. 48 Rn. 57.
[107] BVerfGE 40, 296 (327); *v. Arnim* (Fn. 2), Art. 48 Rn. 85. → Art. 38 Rn. 143.
[108] Vgl. z.B. *Trute* (Fn. 2), Art. 48 Rn. 28, 29, 36; *H.H. Rupp*, ZG 7 (1992), 285 (286); *v. Arnim* (Fn. 4), § 16 Rn. 28 ff.; *Stern*, Staatsrecht I, S. 1065 ff.; s. auch *Welti*, Sicherung (Fn. 1), S. 184 ff.; *Fischer*, Abgeordnetendiäten (Fn. 17), S. 17 ff.; *H.-P. Schneider*, Gesetzgeber in eigener Sache, in: D. Grimm/W. Maihofer (Hrsg.), Gesetzgebungstheorie und Rechtspolitik, 1988, S. 327 ff.
[109] BVerfGE 40, 296 (316f., 327); *v. Arnim* (Fn. 4), § 16 Rn. 33 ff.; *ders.* (Fn. 2), Art. 48 Rn. 88 ff.; *P. Häberle*, NJW 1976, 537 (540); krit. BVerfGE 40, 330 (349 ff.) – *Sondervotum Seuffert*; *Schneider*, Finanzierung (Fn. 89), S. 80 ff.

32 **Diätenentscheidungen** müssen deshalb **ausdrücklich begründet** werden; dazu kann eine beratende unabhängige Sachverständigenkommission sinnvoll sein[110]. Auch sind automatische Gleitklauseln unzulässig, die die Bemessung der Entschädigung relativ an andere Einkommen etwa von Beamten oder an Lebenshaltungsindices koppeln[111], aber auch gestaffelte Erhöhungen für mehrere Jahre in einem Gesetz[112], weil sie die ggf. jährliche öffentliche Neubegründung von Diätenerhöhungen unterlaufen. Die Delegation der Entscheidungen an eine unabhängige Kommission[113] oder Dynamisierungsklauseln verlangten eine Verfassungsänderung[114]. Diese Einschränkungen des Gesetzgebers durch die Rechtsprechung lassen sich funktionell-rechtlich nur durch die Ausnahmesituation rechtfertigen, daß die Entscheidungen der Abgeordneten in eigener Sache sonst keinen wirksamen Kontrollen unterliegen[115].

33 Das **Abgeordnetengesetz**[116] hat sich in enger Anlehnung an das Leitbild der Beamtenbesoldung[117] **für eine Vollalimentation** entschieden: eine monatliche Grundentschädigung von (ab 1. 4. 1998) 12.350,- DM (§ 11 AbgG), ein Übergangsgeld in Höhe der monatlichen Grundentschädigung für jedes Jahr der Mitgliedschaft im Bundestag, aber unter Anrechnung anderweitiger Bezüge (§ 18 AbgG), eine Alters-, Invaliditäts- und Hinterbliebenenversorgung (§§ 19ff. AbgG) sowie Beihilfen in Krankheits-, Geburts- und Todesfällen (§§ 27ff. AbgG)[118]. Namentlich die Ansprüche der ausgeschiedenen Abgeordneten und ihrer Hinterbliebenen dürften jedenfalls nicht durchweg verfassungsrechtlich geboten sein[119]; ihre Ausgestaltung wird z.T. als verfassungswidrig angesehen[120].

34 Hinzu kommen **Aufwandsentschädigungen in Geld**: als Amtsausstattung eine Kostenpauschale für die durch das Mandat veranlaßten Aufwendungen, insbesondere für Büros am Sitz des Bundestages und außerhalb (im Wahlkreis), für Mehraufwendungen am Sitz des Bundestages und Fahrtkosten (§ 12 II AbgG) in Höhe von z.Zt.

---

[110] *Trute* (Fn. 2), Art. 48 Rn. 29; *v. Arnim* (Fn. 4), § 16 Rn. 42; *ders.* (Fn. 2), Art. 48 Rn. 90, 92; krit. *L. Determann*, BayVBl. 1997, 385 (388; 389f.); vgl. z.B. Bericht (Fn. 96), S. 8ff.

[111] BVerfGE 40, 296 (316f.); *Schneider* (Fn. 1), Art. 48 Rn. 12; *v. Arnim* (Fn. 2), Art. 48 Rn. 93.

[112] *L. Determann*, BayVBl. 1997, 385 (388); *C. Pestalozza*, NJW 1987, 818ff.

[113] Dafür *W. Henke*, in: BK, Art. 21 (Drittb. 1991), Rn. 322; *ders.*, Der Staat 31 (1992), 98 (104f.); *H.-J. Vogel*, ZG 7 (1992), 293 (300f.); krit. *Fischer*, Abgeordnetendiäten (Fn. 17), S. 229ff.; *H.H. Rupp*, ZG 7 (1992), 285 (289ff.); *E. Eyermann*, ZRP 1992, 201 (201f.).

[114] Zum Scheitern entsprechender verfassungspolitischer Vorstöße *R. Sannwald*, ZParl. 25 (1994), 15 (24ff.); *A. Meyer*, Aus Politik und Zeitgeschichte B 52–53/93, S. 44ff.

[115] Vgl. *P. Häberle*, NJW 1976, 537 (542f.); *v. Arnim* (Fn. 4), § 16 Rn. 1, 22, 40ff.; *ders.* (Fn. 2), Art. 48 Rn. 94f.; krit. *ders.*, Partei (Fn. 8), S. 400ff.; s. auch *Schneider* (Fn. 1), Art. 48 Rn. 15. – Für strenge Beachtung parlamentarischer Fristen *v. Arnim*, Partei (Fn. 8), S. 381f.

[116] Vom 18. 2. 1977 (BGBl. I, S. 297), s. *J. Henkel*, DÖV 1977, 350ff.; *R. Kabel*, ZParl. 8 (1977), 3ff.; *Badura* (Fn. 42), § 15 Rn. 91ff.; *Häberle*, Abgeordnetenstatus (Fn. 19), S. 521ff.; zuletzt geändert am 19. 6. 1996 (BGBl. I, S. 843), s. *H.H. v. Arnim*, NJW 1996, 1233ff.; *ders.*, Das neue Abgeordnetengesetz, 1997; *L. Determann*, BayVBl. 1997, 385 (391f.).

[117] Krit. *Trute* (Fn. 2), Art. 48 Rn. 33; *Schneider* (Fn. 1), Art. 48 Rn. 13.

[118] S. näher *v. Arnim* (Fn. 4), § 16 Rn. 46ff.; umfassend *Welti*, Sicherung (Fn. 1), S. 203ff., 268ff., 292ff., 339ff., 344ff. sowie S. 215ff.; vgl. auch *Achterberg*, Parlamentsrecht, S. 270ff.; zur Berücksichtigung im Unterhaltsrecht *H.-A. Roll*, FamRZ 1980, 111f.

[119] BVerfGE 40, 296 (330); *Jarass/Pieroth*, GG, Art. 48 Rn. 6; *Schneider* (Fn. 1), Art. 48 Rn. 15; zu Reformmöglichkeiten *Welti*, Sicherung (Fn. 1), S. 332ff.; *M. Grundmann*, DÖV 1994, 329 (331ff.).

[120] *v. Arnim*, Partei (Fn. 8), S. 256ff.; *ders.* (Fn. 2), Art. 48 Rn. 127, 165ff.; zuletzt *ders.*, Diener vieler Herren, 1998, S. 127ff.; *J.-D. Kühne*, ZParl. 17 (1986), 347 (356); s. auch *L. Determann*, BayVBl. 1997, 385 (393).

6.344,- DM, und zusätzlich die Aufwendungen für die Beschäftigung von Mitarbeitern gegen Nachweis (§ 12 III AbgG)[121] bis höchstens 14.235,- DM monatlich. Der **Beförderungsanspruch** wird als Recht der freien Benutzung der Deutschen Bahn AG konkretisiert, unabhängig davon, ob der Abgeordnete in Ausübung seines Mandats reist (§ 16 I 1 AbgG). Fahrtkosten innerhalb des Bundesgebiets gelten als durch die Kostenpauschale abgegolten (§ 12 II Nr. 3 AbgG); zusätzlich werden Flug- und Schlafwagenkosten (§ 16 I 2 AbgG) und Fahrtkosten bei Auslandsdienstreisen (§ 17 AbgG) erstattet.

Gegen Entscheidungen des Bundestagspräsidenten als Verwaltungsbehörde über Entschädigungsangelegenheiten ist der **Verwaltungsrechtsweg** gegeben[122], ggf. durch Anfechtungsklage. Gegen die rechtliche Ausgestaltung seines Status als Abgeordneter kann dieser im Wege des Organstreits vorgehen[123].   35

D. Verhältnis zu anderen GG-Bestimmungen

Art. 48 I GG[124], **Art. 48 II GG**[125] und **Art. 48 III 1 GG**[126] sollen zu den »Essentialien« des demokratischen Prinzips gehören und insoweit **über Art. 28 I 1 GG auch für die Länder** gelten; damit wird das Gewicht von Art. 48 GG überbetont, die Kontrollkompetenz des Bundesverfassungsgerichts zu weit zu Lasten der Landesverfassungsgerichte ausgedehnt.   36

---

[121] Krit. zu den Mißbrauchsmöglichkeiten *H. Meyer*, KritV 78 (1995), 216 (246ff.); *W. Stolz*, ZRP 1992, 372 (374f.); krit. zu Art und Höhe der Pauschalen *Trute* (Fn. 2), Art. 48 Rn. 34; ausf. *v. Arnim*, Partei (Fn. 8), S. 271ff.; *ders.* (Fn. 4), § 16 Rn. 91ff.; *ders.* (Fn. 2), Art. 48 Rn. 175ff.; zur ökonomischen Zweckmäßigkeit vgl. *D. Meyer*, Jb. f. Wirtschaftswissenschaften 47 (1996), 324 (331ff.); *ders.*, PVS 39 (1998), 329ff.; *H.H. v. Arnim*, PVS 39 (1998), 345ff.; zur fehlenden gesetzlichen Regelung vgl. VerfGH NW NVwZ 1996, 164 (165); *L. Determann*, BayVBl. 1997, 385 (391).
[122] BVerwG NVwZ 1992, 173 (174); NJW 1990, 462 (462); *Trute* (Fn. 2), Art. 48 Rn. 35.
[123] BVerfGE 4, 144 (147ff.); 64, 301 (312ff.).
[124] *Schneider* (Fn. 1), Art. 48 Rn. 2, unter Verweis auf BremStGH NJW 1975, 635 (636).
[125] *Schneider* (Fn. 1), Art. 48 Rn. 6; *v. Arnim* (Fn. 2), Art. 48 Rn. 12; *Welti*, Sicherung (Fn. 1), S. 100ff.
[126] So BVerfGE 40, 296 (319); *Schneider* (Fn. 1), Art. 48 Rn. 10; offen lassend BVerfGE 64, 301 (318); s. auch *Trute* (Fn. 2), Art. 48 Rn. 16; *v. Arnim* (Fn. 4), § 16 Rn. 23ff., 47; *ders.* (Fn. 2), Art. 48 Rn. 11ff., 84 m. ausf. Nw.

IV. Der Bundesrat

Artikel 50 [Aufgaben]

Durch den Bundesrat wirken die Länder bei der Gesetzgebung und Verwaltung des Bundes und in Angelegenheiten der Europäischen Union mit.

Literaturauswahl

Badura, Peter: Schlußbericht: Der Bundesrat in der Verfassungsordnung, in: Bundesrat (Hrsg.), Vierzig Jahre Bundesrat, 1989, S. 317–335.
Blanke, Hermann-Josef: Der Bundesrat im Verfassungsgefüge des Grundgesetzes, in: Jura 1995, S. 57–66.
Erichsen, Hans-Uwe: Verfassungsrechtsgeschichtliche Prolegomena zur Bestimmung von Standort und Funktion des Bundesrates, in: Bundesrat (Hrsg.), Der Bundesrat als Verfassungsorgan und politische Kraft, 1974, S. 9–33.
Eschenburg, Theodor: Bundesrat – Reichsrat – Bundesrat, Verfassungsvorstellungen und Verfassungswirklichkeit, in: Bundesrat (Hrsg.), Der Bundesrat als Verfassungsorgan und politische Kraft, 1974, S. 35–62.
Frowein, Jochen Abr.: Bundesrat, Länder und europäische Einigung, in: Bundesrat (Hrsg.), Vierzig Jahre Bundesrat, 1989, S. 285–302.
Herzog, Roman: Stellung des Bundesrates im demokratischen Bundesstaat, in: HStR II, § 44 (S. 467–488).
Herzog, Roman: Aufgaben des Bundesrates, in: HStR II, § 45 (S. 489–503).
Klein, Hans H.: Der Bundesrat der Bundesrepublik Deutschland – die »Zweite Kammer«, in: AöR 108 (1983), S. 329–370.
Klein, Hans H.: Die Legitimation des Bundesrates und sein Verhältnis zu den Landesparlamenten und Landesregierungen, in: Bundesrat (Hrsg.), Vierzig Jahre Bundesrat, 1989, S. 95–111.
Limberger, Gerhard: Die Kompetenzen des Bundesrates und ihre Inanspruchnahme, 1982.
Maurer, Hartmut: Der Bundesrat im Verfassungsgefüge der Bundesrepublik Deutschland, in: Festschrift für Günther Winkler, 1997, S. 615–637.
Morsey, Rudolf: Die Entstehung des Bundesrates im Parlamentarischen Rat, in: Bundesrat (Hrsg.), Der Bundesrat als Verfassungsorgan und politische Kraft, 1974, S. 63–77.
Oppermann, Thomas: Bundesrat und auswärtige Gewalt, in: Bundesrat (Hrsg.), Der Bundesrat als Verfassungsorgan und politische Kraft, 1974, S. 299–332.
Oschatz, Georg-Berndt/Risse, Horst: Die Bundesregierung an der Kette der Länder?, in: DÖV 1995, S. 437–452.
Posser, Diether: Der Bundesrat und seine Bedeutung, in: HdbVerfR, § 24 (S. 1145–1198).
Reuter, Konrad: Praxishandbuch Bundesrat, 1991.
Schäfer, Hans: Der Bundesrat, 1955.
Scholl, Udo: Der Bundesrat in der deutschen Verfassungsentwicklung, 1982.
Wyduckel, Dieter: Der Bundesrat als Zweite Kammer, in: DÖV 1989, S. 181–192.
Ziller, Gerhard/Oschatz, Georg-Berndt: Der Bundesrat, 9. Aufl., 1993.

Siehe auch die Angaben zu Art. 51–53 GG.

Leitentscheidungen des Bundesverfassungsgerichts

BVerfGE 1, 76 (79) – Steuerverwaltung; 1, 299 (310f.) – Wohnungsbauförderung; 8, 104 (120f.) – Volksbefragung; 8, 274 (296f.) – Preisgesetz; 28, 66 (79f.) – Postgebühren; 37, 363 (380ff.) – Bundesrat; 92, 203 (232ff.) – EG-Fernsehrichtlinie.

Gliederung

	Rn.
A. Herkunft, Entstehung, Entwicklung	1
I. Ideen- und verfassungsgeschichtliche Aspekte	1
II. Entstehung und Veränderung der Norm	7
B. Internationale, supranationale und rechtsvergleichende Bezüge	10
C. Erläuterungen	14
I. Allgemeine Bedeutung	14
II. Verfassungsrechtliche Stellung	17
III. Aufgaben und Befugnisse	21
1. Mitwirkung bei der Gesetzgebung	23
2. Mitwirkung bei der Verwaltung	25
3. Mitwirkung in Angelegenheiten der Europäischen Union	29
D. Verhältnis zu anderen GG-Bestimmungen	31

A. Herkunft, Entstehung, Entwicklung

I. Ideen- und verfassungsgeschichtliche Aspekte

Die historischen Traditionslinien des Bundesrates werden nicht selten bis zu den **Reichstagen des Heiligen Römischen Reiches** zurückverfolgt, und zwar insb. bis zu dem seit 1663 als ständige Einrichtung etablierten Gesandtenkongreß (»ewiger Reichstag«), in dem die Reichsstände vertreten waren und der mit dem Reich 1806 sein Ende gefunden hatte[1]. Doch handelt es sich dabei allenfalls um einen **vorbundesstaatlichen Vorläufer** des heutigen Bundesrates, der auf die institutionalisierte Beteiligung partikularer bzw. territorialer Interessen an der politischen Entscheidungsfindung auf gesamtdeutscher Ebene aufmerksam macht[2]; denn die Reichstage sind wegen der eigengearteten Verfassungs- und Ordnungsstrukturen des Deutschen Reiches mit den Institutionen der bundesstaatlichen Ordnung des Grundgesetzes nur sehr bedingt vergleichbar[3].

Ähnliches gilt für die – oftmals auch als »Bundestag« bezeichnete[4] – **Bundesversammlung des Deutschen Bundes** (1815–1866). Sie besorgte als permanenter Kongreß von Bevollmächtigten der Verbündeten die Angelegenheiten des Bundes[5], diente der Organisation und Durchsetzung bestimmter gemeinsamer Interessen der Mitglie-

1

2

---

[1] So z.B. *D. Blumenwitz*, in: BK, Vorbem. z. Art. 50–53 (Zweitb. 1978), Rn. 1; *J. Jekewitz*, in: AK-GG, vor Art. 50 Rn. 2; *H. Maurer*, Der Bundesrat im Verfassungsgefüge der Bundesrepublik Deutschland, in: FS Winkler, 1997, S. 615 ff. (625 f.); *G. Robbers*, in: Sachs, GG, Art. 50 Rn. 1; *K. Reuter*, Praxishandbuch Bundesrat, 1991, S. 52 ff. m. w. N.; vgl. auch *H. Schäfer*, Der Bundesrat, 1955, S. 17 ff.; *U. Scholl*, Der Bundesrat in der deutschen Verfassungsentwicklung, 1982, S. 15 ff.

[2] Vgl. *Robbers* (Fn. 1), Art. 50 Rn. 1.

[3] Ähnliche Vorbehalte bei *D. Posser*, Der Bundesrat und seine Bedeutung, in: HdbVerfR, § 24 Rn. 3. Vgl. ferner allgemein zur problematischen Einordnung des Heiligen Römischen Reiches in die Kategorie des Bundesstaates *A. Randelzhofer*, Völkerrechtliche Aspekte des Heiligen Römischen Reiches nach 1648, 1967, S. 67 ff. und – mit zusätzlichen Hinweisen zum Parallelproblem hinsichtlich des Deutschen Bundes – *O. Kimminich*, Der Bundesstaat, in: HStR I, § 26 Rn. 25 ff. sowie *H. Bauer*, Die Bundestreue, 1992, S. 35 f. → Art. 20 (Bundesstaat) Rn. 1 f.

[4] Vgl. etwa Art. 8 Wiener Schlußakte (1820); Text bei *Huber*, Dokumente, Bd. 1, S. 91 ff.

[5] Vgl. Art. 6 f. Deutsche Bundesakte (1815); Text bei *Huber*, Dokumente, Bd. 1, S. 84 ff.

der und mag deshalb als Vorläufer des Bundesrates angeführt werden[6]; dies ändert aber nichts daran, daß der Deutsche Bund als »völkerrechtlicher Verein«[7] jedenfalls nach heute gängigem Verständnis als Staatenbund und nicht als Bundesstaat einzustufen ist[8]. Auch die vielfach als Bundesratsvorgänger erwähnte **Versammlung der »Conferenz-Bevollmächtigten«** der Mitgliedstaaten des 1833 gegründeten **Deutschen Zollvereins** beruhte auf einer rein völkerrechtlichen Grundlage[9]. Die etwas pathetische Deutung des Bundesrates als »Verfassungserbgut«[10] aus einer bis in das Mittelalter zurückreichenden »Generationenabfolge«[11] darf daher nicht mißverstanden werden; verfassungsrechtsgeschichtlich liegt keine ungebrochene Kontinuität vor[12], auch wenn einzelne Strukturelemente älterer Organbildungen Modell- oder gar Vorbildcharakter für spätere Verfassungsdebatten und Rechtsentwicklungen entfaltet haben[13].

3 Als ein Element spezifisch bundesstaatlicher Ordnung sah hingegen die 1849 beschlossene **Paulskirchenverfassung** mit dem **Staatenhaus** eine aus den Vertretern der deutschen Staaten zusammengesetzte Einrichtung vor[14], die gemeinsam mit dem aus den Abgeordneten des Volkes bestehenden Volkshaus den Reichstag bilden sollte; für Reichstagsbeschlüsse war nach der Verfassung die Übereinstimmung beider Häuser erforderlich[15]. Obschon die Paulskirchenverfassung letztlich scheiterte[16], wirkte die in ihr enthaltene Konzeption des Staatenhauses ideengeschichtlich auf die Beratungen späterer Verfassungen ein[17].

4 Die **Verfassung des Deutschen Reiches von 1871** ging bei der Gestaltung des Bundesrates[18] und dessen Einfügung in eine nunmehr bundesstaatliche Ordnung (mit monarchisch-bündischer Einfärbung) allerdings andere Wege. In Anlehnung an das Organisationsmuster des Norddeutschen Bundes[19] orientierte sie sich teilweise an vorbundesstaatlichen Vorläufern[20] und strebte zudem einen Ausgleich der damaligen

---

[6] Z.B. *H.-U. Erichsen*, Verfassungsrechtsgeschichtliche Prolegomena zur Bestimmung von Standort und Funktion des Bundesrates, in: Bundesrat (Hrsg.), Der Bundesrat als Verfassungsorgan und politische Kraft, 1974, S. 9 ff. (12 ff., 31 ff.); *Blumenwitz* (Fn. 1), Vorbem. z. Art. 50–53 Rn. 1 ff.; *Jekewitz* (Fn. 1), vor Art. 50 Rn. 2; *Posser* (Fn. 3), § 24 Rn. 3.

[7] Art. 1 Wiener Schlußakte (Fn. 4).

[8] Dazu statt vieler *Kimminich* (Fn. 3), § 26 Rn. 29.

[9] S. dazu und zu der 1867 erfolgten Ersetzung der Generalkonferenz durch den »Zollbundesrat«, dem ein »Zollparlament« zur Seite gestellt wurde, etwa *Erichsen*, Prolegomena (Fn. 6), S. 16 ff.; *Reuter*, Bundesrat (Fn. 1), S. 56 f.

[10] Vgl. *O. Becker*, Bismarcks Ringen um Deutschlands Gestaltung, 1958, S. 249.

[11] So *Reuter*, Bundesrat (Fn. 1), S. 52.

[12] Prekär daher *Robbers* (Fn. 1), Art. 50 Rn. 1: »in der Sache wie dem Namen nach ... ein Kontinuum der deutschen Geschichte«.

[13] → Rn. 4, 7.

[14] Die Mitglieder des Staatenhauses sollten je zur Hälfte durch die Regierungen und die Volksvertretungen der einzelnen Länder ernannt werden und durch Instruktionen nicht gebunden sein (§§ 88, 96 Paulskirchenverfassung; Text bei *Huber*, Dokumente, Bd. 1, S. 375 ff.). S. dazu und zu weiteren Reformprojekten aus der Zeit des Deutschen Bundes *Reuter*, Bundesrat (Fn. 1), S. 57 ff.

[15] §§ 85 ff. Paulskirchenverfassung.

[16] Dazu *Huber*, Verfassungsgeschichte, Bd. 2, S. 842 ff.

[17] → Art. 51 Rn. 2, 5.

[18] Art. 6 ff. Reichsverfassung (RGBl. 1871 S. 63).

[19] S. dazu und zum Folgenden etwa *Blumenwitz* (Fn. 1), Vorbem. z. Art. 50–53 Rn. 5 ff.; *Erichsen*, Prolegomena (Fn. 6), S. 18 ff.; *Jekewitz* (Fn. 1), vor Art. 50 Rn. 3; *Posser* (Fn. 3), §24 Rn. 6; *Reuter*, Bundesrat (Fn. 1), S. 59 ff.

[20] Instruktiv *T. Eschenburg*, Bundesrat – Reichsrat – Bundesrat, in: Bundesrat (Hrsg.), Der Bundesrat als Verfassungsorgan und politische Kraft, 1974, S. 35 ff. (38 ff.).

Konflikte zwischen den Zielen der Herstellung nationaler Einheit, der weitgehenden Achtung einzelstaatlicher Souveränität, der Anerkennung gesamtstaatlicher Aufgaben und Befugnisse, der Wahrung monarchischer Vorstellungen und der Einräumung demokratischer Mitwirkungsbefugnisse an. Unter den gegebenen staatsrechtlichen und politischen Verhältnissen führte dies normativ zu einer – später noch ausgebauten[21] – starken Stellung des aus Bevollmächtigten der Bundesmitglieder zusammengesetzten Bundesrates im Verfassungstext. Sie kann schon rein äußerlich daran abgelesen werden, daß die Regelungen über den **Bundesrat** in der Verfassung noch vor denen über den Kaiser und denen über den Reichstag rangieren[22]. Der Bundesrat war bis hin zu einem absoluten Vetorecht im Gesetzgebungsprozeß an der Gesetzgebung des Reiches beteiligt[23], er konnte mit Zustimmung des Kaisers den Reichstag während einer laufenden Legislaturperiode auflösen[24], er besaß Aufgaben im Bereich der Exekutive, das Letztentscheidungsrecht im Rahmen der Reichsaufsicht[25], und ihm waren einzelne Rechtsprechungsfunktionen übertragen[26].

Nach dem Zusammenbruch der Monarchie am Ende des Ersten Weltkrieges geriet mit der alten bundesstaatlichen Ordnung auch die überkommene Konzeption des Bundesrates unter politischen Druck. Vorstöße, den überlieferten monarchischen Bundesstaat in einen dezentralisierten demokratischen Einheitsstaat zu überführen, haben sich damals jedoch ebensowenig durchgesetzt wie der Plan, in Anlehnung an die Paulskirchenverfassung (→ Rn. 3) ein »Staatenhaus« mit von den Landesparlamenten gewählten Mitgliedern zu schaffen[27]. Statt dessen wurde in Fortführung eines als Nachfolger des früheren Bundesrates bereits im Vorfeld der neuen Verfassung errichteten »Staatenausschusses«[28], in dem die Einzelstaaten durch Regierungsbeauftragte vertreten waren, in der **Weimarer Republik** »zur Vertretung der deutschen Länder bei der Gesetzgebung und Verwaltung des Reichs« der **Reichsrat** gebildet, der sich aus Mitgliedern der Landesregierungen zusammensetzte[29]. Im Vergleich mit ihrer Vorgängerin baute die Weimarer Reichsverfassung die Aufgaben und Befugnisse des Reichs zu Lasten der Länder erheblich aus[30] und beschnitt zugleich die verfassungs-

5

---

[21] Durch § 3 Gesetz über die Ermächtigung des Bundesrats zu wirtschaftlichen Maßnahmen und über die Verlängerung der Fristen des Wechsel- und Scheckrechts im Falle kriegerischer Ereignisse vom 4. 8. 1914 (RGBl. S. 327) wurde der Bundesrat ermächtigt, unter Ausschaltung des Parlaments »während der Zeit des Krieges diejenigen gesetzlichen Maßnahmen anzuordnen, welche sich zur Abwehr wirtschaftlicher Schädigungen als notwendig erweisen«.

[22] In der Staatspraxis wurden die damit verbundenen verfassungsrechtlichen Möglichkeiten von den Mitgliedern des Bundesrates freilich nicht voll ausgeschöpft; vgl. dazu *Reuter*, Bundesrat (Fn. 1), S. 62 ff. Vielmehr verlor der Bundesrat in der politischen Praxis zugunsten des Reichstages zunehmend an Bedeutung; dazu etwa *M. Rauh*, Die Parlamentarisierung des Deutschen Reiches, 1977, S. 17 ff.

[23] Vgl. Art. 5, 7 I Nr. 1 Reichsverfassung.

[24] Art. 24 Reichsverfassung.

[25] Art. 19 Reichsverfassung.

[26] Vgl. Art. 76 Reichsverfassung.

[27] Vgl. dazu und zum Folgenden etwa *Huber*, Verfassungsgeschichte, Bd. 5, S. 1181 f.; *Erichsen*, Prolegomena (Fn. 6), S. 25 ff.; *Reuter*, Bundesrat (Fn. 1), S. 67 ff.; ferner *Blumenwitz* (Fn. 1), Vorbem. z. Art. 50–53 Rn. 12 ff.; *Jekewitz* (Fn. 1), vor Art. 50 Rn. 4; *Posser* (Fn. 3), § 24 Rn. 7 f.

[28] Gesetz über die vorläufige Reichsgewalt vom 10. 2. 1919 (RGBl. S. 169); zu den Aufgaben des Staatenausschusses im Rahmen der Gesetzgebung s. *Huber*, Verfassungsgeschichte, Bd. 5, S. 1079.

[29] S. dazu und zu Ausnahmen bezüglich der preußischen Provinzialverwaltungen Art. 60 ff. WRV vom 11. 8. 1919 (RGBl. S. 1383); allgemein zum Reichsrat *G.-J. Rose*, Der Reichsrat der Weimarer Republik, 1964.

[30] Zur unitarischen Gestaltung des Reich-Länder-Verhältnisses vgl. etwa *R. Thoma*, Das Reich als

rechtliche Stellung des Reichsrates[31]. Abgesehen von dem ihm verbliebenen Initiativrecht[32] war der Reichsrat im Bereich der Gesetzgebung auf eine bloße Mitwirkung[33] ohne echtes Vetorecht beschränkt; Einsprüche des Reichsrates gegenüber den vom Reichstag beschlossenen Gesetzen konnten überwunden werden[34]. Und auch im übrigen waren seine Aufgaben gegenüber denjenigen des früheren Bundesrates beschränkt[35]. Diese Aufgabeneinbußen und namentlich die verfassungsrechtliche Gewichtverschiebung hin zu dem als Verkörperung der Volkssouveränität angesehenen Reichstag ist wiederum auch rein äußerlich unübersehbar: in der Reihung der obersten Reichsorgane behandelt die Verfassung den Reichsrat nach Reichstag, Reichspräsident und Reichsregierung erst an vierter Stelle[36].

6   Im Zuge der »Entföderalisierung« der staatlichen Ordnung[37] durch den **Nationalsozialismus** blieben die Länder 1933 zwar erhalten. Sie wurden jedoch institutionell grundlegend umgeformt und mit der Perspektive auf die Schaffung einheitsstaatlicher Strukturen als eigenständige politische Macht- und potentielle dezentrale Widerstandszentren ausgeschaltet. Wichtige Marksteine dieser Entwicklung waren die beiden Gleichschaltungsgesetze aus dem Jahr 1933[38], das »Gesetz über den Neuaufbau des Reichs« vom 30. Januar 1934[39] sowie das »Gesetz über die Aufhebung des Reichsrats« vom 14. Februar 1934[40], das in § 1 den Reichsrat förmlich aufhob und in § 2 lapidar feststellte: »Die Mitwirkung des Reichsrats in Rechtsetzung und Verwaltung fällt fort«.

II. Entstehung und Veränderung der Norm

7   Bei der **Neuordnung des deutschen Gemeinwesens nach dem Zweiten Weltkrieg** wurden frühzeitig die Weichen für die Wiederherstellung einer bundesstaatlichen

---

Bundesstaat, in: HdbDStR, Bd. 1, S. 169 ff. (180); *H. Schneider*, Die Reichsverfassung vom 11. 8. 1919, in: HStR I, § 3 Rn. 23 ff.

[31] Dazu z. B. *Stern*, Staatsrecht II, S. 114 ff.; aus der zeitgenössischen Literatur etwa *C. Bilfinger*, Bedeutung und Zusammensetzung (des Reichsrates), in: HdbDStR, Bd. 1, S. 545 ff.

[32] Art. 69 II WRV.

[33] Formell bedurfte die Einbringung von Gesetzesvorlagen der Reichsregierung zwar der »Zustimmung des Reichsrats«, deren Fehlen die Gesetzesinitiative jedoch nicht verhindern konnte (Art. 69 WRV).

[34] Art. 74 WRV; zur Sonderregelung für Verfassungsänderungen s. Art. 76 WRV und zur sog. »vereinfachten Gesetzgebung« *C. Bilfinger*, Zuständigkeit und Verfahren (des Reichsrates), in: HdbDStR, Bd. 1, S. 559 ff. (560).

[35] Vgl. *Bilfinger*, Zuständigkeit (Fn. 34), S. 562 ff.; *Reuter*, Bundesrat (Fn. 1), S. 71 f.

[36] Vgl. ergänzend zur uneinheitlich eingeschätzten Bedeutung des Reichsrates in der Verfassungswirklichkeit einerseits *E. Deuerlein*, Föderalismus, 1972, S. 266 (»eine auf deklamatorische Übungen beschränkte föderative Verfassungsattrappe ... ohne politische Wirksamkeit«) und andererseits – überzeugend – *Bilfinger*, Bedeutung (Fn. 31), S. 548 f.; *Eschenburg*, Bundesrat (Fn. 20), S. 49 (trotz »verminderter Befugnisse ... wachsendes Ansehen«); *Reuter*, Bundesrat (Fn. 1), S. 73 f.; *Stern*, Staatsrecht II, S. 116 (»durchaus nicht einflußlos«).

[37] S. dazu und zum Folgenden etwa *R. Grawert*, Die nationalsozialistische Herrschaft, in: HStR I, § 4 Rn. 11 ff.

[38] Vorläufiges Gesetz zur Gleichschaltung der Länder mit dem Reich vom 31. 3. 1933 (RGBl. I S. 153); Zweites Gesetz zur Gleichschaltung der Länder mit dem Reich vom 7. 4. 1933 (RGBl. I S. 173).

[39] RGBl. I S. 75.

[40] RGBl. I S. 89.

II. Entstehung und Veränderung der Norm — Art. 50

Ordnung[41] gestellt: Zum einen hatten die westlichen Alliierten im ersten der sog. »Frankfurter Dokumente« vom 1. Juli 1948 der Verfassunggebenden Versammlung vorgegeben, eine demokratische Verfassung auszuarbeiten, »die für die beteiligten Länder eine Regierungsform des föderalistischen Typs schafft, die ... die Rechte der beteiligten Länder schützt«[42]. Zum anderen war die Schaffung föderaler Strukturen nach den Erfahrungen des nationalsozialistisch-zentralistischen Staates auch ein deutsches Anliegen[43]. In der Grundsatzentscheidung für eine bundesstaatliche Ordnung stimmten die Vorstellungen der westlichen Besatzungsmächte und die nationalen Intentionen überein[44]. Über den Bundesrat ist damit allerdings noch keine Aussage getroffen.

In den **Verfassungsberatungen** gehörte der dem Bundesrat gewidmete Abschnitt nach einer vielzitierten Äußerung »zu den umstrittensten Teilen des Grundgesetzes«[45]. Normativer Schauplatz der Kontroversen, auf die unterschiedliche Konzeptionen früherer Modelle der Länderbeteiligung und Erfahrungen des ausländischen Bundesstaatsrechts einwirkten[46], war jedoch – sieht man von der Bezeichnung ab – nicht der heutige Art. 50 GG; umstritten waren vielmehr vor allem die Zusammensetzung des Bundesrates[47], seine Aufgaben bei der Gesetzgebung[48] und das Stimmenverhältnis[49]. Das prinzipielle verfassungspolitische Bedürfnis nach einer neben dem Parlament bestehenden »Kammer«, durch die »das Element Land« zur Geltung kommt, stand hingegen außer Streit. Dementsprechend geht die heutige Fassung von Art. 50 GG mit geringfügigen Modifikationen im Parlamentarischen Rat auf den Herrenchiemseer Verfassungsentwurf zurück; weitergehende Änderungsanträge haben sich im Parlamentarischen Rat nicht durchgesetzt[50]. 8

In der weiteren **Verfassungsentwicklung** wurde der Wortlaut von Art. 50 GG bislang nur durch die Einfügung des Mitwirkungsrechts des Bundesrates in Angelegenheiten der Europäischen Union[51] geändert (→ Rn. 12, 29 f.); außerdem sind mehrere Veränderungen des normativen Umfeldes zu verzeichnen[52]. Weitergehende Reform- 9

---

[41] Zu »überzonalen Institutionen« der Länder in der Zeit von 1945 bis 1949 (Länderrat etc.) s. *Blumenwitz* (Fn. 1), Vorbem. z. Art. 50–53 Rn. 19 und *Reuter*, Bundesrat (Fn. 1), S. 74 ff.
[42] Text in Parl. Rat, Bd. 1, S. 30 ff. (31).
[43] Z.B. *R. Mußgnug*, Zustandekommen des Grundgesetzes und Entstehen der Bundesrepublik Deutschland, in: HStR I, § 6 Rn. 71; *Bauer*, Bundestreue (Fn. 3), S. 111 f. m.w.N.
[44] *Jekewitz* (Fn. 1), vor Art. 50 Rn. 6; *R. Morsey*, Die Entstehung des Bundesrates im Parlamentarischen Rat, in: Bundesrat (Hrsg.), Der Bundesrat als Verfassungsorgan und politische Kraft, 1974, S. 63 ff. (65 f.); → Art. 20 (Bundesstaat) Rn. 7.
[45] *H. v. Mangoldt*, Das Bonner Grundgesetz, 1. Aufl., 1953, S. 262.
[46] Vgl. etwa die Darstellung in JöR 1 (1951), S. 379 ff.; *Morsey*, Entstehung (Fn. 44), S. 65 ff.; *Blumenwitz* (Fn. 1), Vorbem. z. Art. 50–53 Rn. 20 ff.; zur Diskussion des Herrenchiemseer Verfassungskonvents s. Parl. Rat, Bd. 2, S. 69 f., 83 ff., 128 ff.
[47] Bundesrats- oder Senatsmodell → Art. 51 Rn. 5.
[48] Zum Verhältnis zum Bundestag → Rn. 23.
[49] Insb. Berechnung der Stimmenzahl → Art. 51 Rn. 5.
[50] Vgl. *Morsey*, Entstehung (Fn. 44), S. 75 ff.; *Reuter*, Bundesrat (Fn. 1), S. 85 f.
[51] Art. 1 Nr. 5 Gesetz zur Änderung des Grundgesetzes vom 21.12.1992 (BGBl. I S. 2086).
[52] So etwa durch die Einfügung zusätzlicher Aufgaben im Zuge der Einführung der Notstandsverfassung (1968), die Änderung von Art. 51 II GG im Zusammenhang mit der Wiedervereinigung (1990) und die Einfügung von Art. 23, 52 IIIa GG im Zusammenhang mit der Ratifizierung des EUV (1992).

überlegungen hat es zwar immer wieder gegeben[53]; sie haben sich bisher aber nicht in einer Verfassungsänderung niedergeschlagen.

B. Internationale, supranationale und rechtsvergleichende Bezüge

10 Die zunehmende Verflechtung des Verfassungsstaates in internationalen Beziehungen[54] hat das Bedürfnis nach außenpolitischer Kooperation und Koordination über den Aufgabenbereich der Regierung hinaus ausgedehnt. Trotz wiederholter Vorstöße ist die Präsenz des Bundesrates als Akteur auf **internationaler Ebene** jedoch eher schwach ausgeprägt[55]. Neben Kontakten, die der Information und dem wechselseitigen Erfahrungsaustausch dienen, findet sich aber immerhin eine ständige Mitwirkung des Bundesrates in der Nordatlantischen Versammlung, einer Konferenz von Parlamentariern der NATO-Mitgliedstaaten, für die der Bundesrat ein Drittel der Mitglieder der deutschen Delegation stellt[56].

11 Schon allein mangels Bundesstaatlichkeit[57] ist auf der **Ebene der Europäischen Union** kein »Parallelorgan« zum Bundesrat anzutreffen, obgleich hinsichtlich der Zusammensetzung aus Vertretern der Mitgliedstaaten auf Ministerebene[58] der Rat der Europäischen Union freilich nur allenfalls ansatzweise vergleichbare Strukturen aufweist. Als Forum zur Vertretung regionaler wie lokaler Belange und damit (auch) von Länderinteressen sehen Art. 198a ff. (263 ff. n. F.) EGV den **Ausschuß der Regionen**[59] vor, der beratende Aufgaben hat[60]; die Einrichtung dieses Ausschusses trägt insb. (auch) dem deutschen Verständnis des föderalen Prinzips Rechnung[61]. Außerdem unterhält der Bundesrat in seinem Sekretariat eine **Verbindungsstelle zum Europäischen**

---

[53] Vgl. zur Diskussion etwa die grundsätzliche Beschäftigung mit Zusammensetzung und Aufgaben des Bundesrates im Schlußbericht der Enquete-Kommission Verfassungsreform, BT-Drs. 7/5924, S. 95 ff. (mit Sondervoten S. 102 ff.) und dazu *W. Knies*, DÖV 1977, 575 ff. sowie den Vorstoß zur Stärkung der Landesparlamente im Zusammenhang mit Gesetzesinitiativen VE-Kuratorium zu Art. 50 II GG (mit Erläuterung auf S. 54); ferner *Jekewitz* (Fn. 1), vor Art. 50 Rn. 12. Zu den sich aus Art. 79 III GG für Reformen ergebenden Grenzen → Rn. 32; → Art. 51 Rn. 25; → Art. 79 III Rn. 18 ff.

[54] S. allgemein zum »Verfassungsstaat im Geflecht der internationalen Beziehungen« *C. Tomuschat* und *R. Schmidt*, VVDStRL 36 (1978), S. 7 ff., 65 ff.; → Art. 79 III Rn. 18 ff.

[55] Vgl. dazu und zum Folgenden *G. Jaspert*, Der Bundesrat in internationalen parlamentarischen Gremien, in: R. Hrbek (Hrsg.), Miterlebt – Mitgestaltet, 1989, S. 405 ff.; *G. Ziller/G.-B. Oschatz*, Der Bundesrat, 9. Aufl. 1993, S. 105 ff.; vgl. ergänzend zur Teilhabe des Bundesrates an den auswärtigen Beziehungen der Bundesrepublik Deutschland auch *T. Oppermann*, Bundesrat und auswärtige Gewalt, in: Bundesrat (Hrsg.), Der Bundesrat als Verfassungsorgan und politische Kraft, 1974, S. 299 ff. sowie *F. Klein*, JZ 1971, 752 ff. und *J. A. Frowein*, JuS 1972, 241 ff.

[56] *Ziller/Oschatz*, Bundesrat (Fn. 55), S. 107 ff.

[57] Zur umstrittenen Deutung der Europäischen Union als »Staatenverbund« s. BVerfGE 89, 155 (181, 184 ff.). → Art. 23 Rn. 35 f.

[58] Art. 146 (203 u. F.) EGV.

[59] Nach Art. 198a I (263 I n.F.) EGV wird der Ausschuß aus »Vertretern der regionalen und lokalen Gebietskörperschaften« gebildet. Zur Zusammensetzung → Art. 51 Rn. 7.

[60] Der Ausschuß ist Hilfsorgan von Rat und Kommission (Art. 4 II [7 II n.F.] EGV).

[61] Vgl. *R. Geiger*, EG-Vertrag, Kommentar, 2. Aufl., 1995, Art. 198a Rn. 1. Zur Vorgeschichte des Ausschusses der Regionen und zum Einfluß der deutschen Länder auf dessen Einrichtung s. *R. Theissen*, Der Ausschuß der Regionen (Art. 198a-c EG-Vertrag), 1996, S. 59 ff. und *W. C. Deckart*, Die deutschen Ländern nach Maastricht, in: H. Hierl (Hrsg.), Europa der Regionen, 1995, S. 170 ff. (170 f.); ferner allgemein C. Tomuschat (Hrsg.), Mitsprache der dritten Ebene in der europäischen Integration: Der Ausschuß der Regionen, 1995.

B. Internationale, supranationale und rechtsvergleichende Bezüge   Art. 50

Parlament, die dem Informationsaustausch dient, Kontakte zwischen den Mitgliedern des Europäischen Parlaments und des Bundesrates herstellen und gemeinsame Begegnungen vorbereiten soll[62]. Dem Meinungs- und Erfahrungsaustausch dienen auch mehr **informelle Kontakte** (Besuchsreisen, Teilnahme an Tagungen, Symposien und Konferenzen etc.), die der Bundesrat namentlich zu parlamentarischen Einrichtungen über die Mitgliedstaaten der Europäischen Union hinaus im europäischen Raum pflegt[63].

Die 1992 im Zusammenhang mit der Ratifizierung des Vertrages von Maastricht eingefügte[64] Mitwirkung »in Angelegenheiten der Europäischen Union« kann als handgreiflicher Ausdruck der mittlerweile an vielen Stellen des Grundgesetzes zu beobachtenden **Europäisierung des** (deutschen) **Staatsorganisationsrechts** gewertet werden, die auf eine Empfehlung der Gemeinsamen Verfassungskommission zurückgeht[65]. Nach den Vorstellungen der Kommission soll diese »Erweiterung«[66] der Aufgaben des Bundesrates die »effektive und verantwortungsvolle Wahrnehmung seiner Mitwirkungsrechte«[67] in der weiteren europäischen Integration sicherstellen (→ Rn. 29f.). Zur Wahrung der Länderrechte wie des Einflusses der Landesparlamente in diesem Prozeß finden sich entsprechende Bemühungen auf Landesebene – so etwa durch die Einrichtung von Europaausschüssen der Landesparlamente und – im exekutiven Bereich – von Ministerien für Europaangelegenheiten[68], die Schaffung von EG-Referenten in den Landesministerien, durch Aus- und Fortbildungsmaßnahmen und die Entsendung von Landesbeamten in die Kommission[69]. Zu weiteren Vorstößen, die Belange der Länder wirksam geltend zu machen und zu wahren (Einrichtung der sog. Länderbeobachter, Unterhaltung von Länderbüros in Brüssel und Konstituierung der Europaministerkonferenz etc.): → Art. 23 Rn. 102, 107.

12

Aus rechtsvergleichender Sicht existiert in vielen Staaten neben der vom gesamten Volk gewählten ersten eine weitere, anders zusammengesetzte Kammer[70]. Dabei handelt es sich nicht notwendig um Vertretungen von Gliedstaaten in einem Gesamtstaat, weil auch einige Einheitsstaaten zweite Kammern kennen, die sich beispielsweise im

13

---

[62] Dazu etwa *A. Pfitzer*, Der Bundesrat, 4. Aufl., 1995, S. 101f.; *Ziller/Oschatz*, Bundesrat (Fn. 55), S. 107.
[63] Vgl. *Ziller/Oschatz*, Bundesrat (Fn. 55), S. 105.
[64] Fn. 51.
[65] Beschlußempfehlung und Bericht des Sonderausschusses »Europäische Union (Vertrag von Maastricht)« (BT-Drs. 12/3896, S. 17, 21); vgl. auch Bericht der Gemeinsamen Verfassungskommission, BT-Drs. 12/6000, S. 16, 24f.
[66] Vgl. BT-Drs. 12/6000, S. 25; dazu kritisch *W. Krebs*, in: v. Münch/Kunig, GG II, Art. 50 Rn. 12 unter Hinweis darauf, daß es sich um keine »neuartige Funktion« handle, weil auch diese Mitwirkung in den Formen der Staatsfunktionen »Gesetzgebung« und »Verwaltung« erfolge.
[67] BT-Drs. 12/6000, S. 25.
[68] S. zu den Europaausschüssen *D. Fechtner*, VR 1992, 157 (158) und zu den mit anderen Sachgebieten kombinierten sog. »Europaministerien« *K. Zumschlinge/A. Sierigk*, Die Verwaltung 27 (1994), 525 (538).
[69] *D. Fechtner*, VR 1992, 157 (158).
[70] *A. Bleckmann*, Staatsrecht I – Staatsorganisationsrecht, 1993, S. 815; s. zum Vergleich mit Zweikammersystemen im Ausland *K. v. Beyme*, Die Funktionen des Bundesrates, in: Bundesrat (Hrsg.), Der Bundesrat als Verfassungsorgan und politische Kraft, 1974, S. 365 ff. und zur Problematik der Deutung des Bundesrates als »zweite Kammer« → Rn. 21. Demgegenüber besteht das Parlament beispielsweise in Dänemark, Griechenland und Portugal nur aus einer Kammer (§§ 28 ff. Verfassung des Königreiches Dänemark; Art. 26, 51 ff. Verfassung der Republik Griechenland; Art. 150 ff. Verfassung der Republik Portugal).

wesentlichen aus Vertretern der Regionen[71] zusammensetzen, die Gebietskörperschaften vertreten[72] oder in ihrer Zusammensetzung auf andere Weise von der ersten Kammer unterscheiden[73]. Unter spezifisch bundesstaatlichem Blickwinkel finden sich Paralleleinrichtungen etwa in Belgien, Österreich, in der Schweiz und in den USA[74]. In ihrer Gesamtheit weichen all diese Institutionen allerdings nicht nur in der Benennung (Senat, Ständerat etc.) voneinander ab, sondern auch hinsichtlich ihrer Struktur, ihrer Aufgaben, ihrer Zusammensetzung und ihres politischen Gewichts[75]. Der Bundesrat der Bundesrepublik Deutschland hat deshalb letztlich ein »unverwechselbares Profil«[76].

C. Erläuterungen

I. Allgemeine Bedeutung

14   Art. 50 GG errichtet den Bundesrat als Organ[77], durch das »die Länder bei der Gesetzgebung und Verwaltung des Bundes und in Angelegenheiten der Europäischen Union« mitwirken, und konkretisiert damit die in Art. 20 I GG festgeschriebene bundesstaatliche Ordnung der Bundesrepublik Deutschland[78] (→ Art. 20 [Bundesstaat] Rn. 16). Für die Existenz des Bundesrates[79] und die prinzipielle Aufgabenzuordnung[80] hat der **Regelungsgehalt** von Art. 50 GG daher konstitutive Bedeu-

---

[71] So der italienische Senat (Art. 57 ff. Verfassung der Republik Italien); vgl. dazu *S. Mattarella*, AöR 108 (1983), 370 ff. Vgl. ferner etwa Art. 66, 69 Verfassung des Königreiches Spanien.

[72] So der französische Senat (Art. 24 Verfassung der Republik Frankreich); vgl. dazu *R. Grote*, Das Regierungssystem der V. französischen Republik, 1995, S. 70 ff. und passim.

[73] Ein plakatives Beispiel ist das britische Oberhaus, das demokratisch nicht legitimiert ist und sich überwiegend aus dem alten Adelsstand zusammensetzt; dazu etwa *S. Schüttemeyer/R. Sturm*, ZParl. 23 (1992), 517 (521). Zu Besonderheiten auf Länderebene s. die Regelungen in Art. 34 ff. BayVerf. über den bayerischen Senat (bis zum 1. 1. 2000), der als Vertretung der sozialen, kulturellen, wirtschaftlichen und gemeindlichen Körperschaften konzipiert ist und sich im übrigen auch funktionell deutlich abhebt.

[74] Art. 67 ff. der belgischen Verfassung; Art. 34 ff. Verfassung der Bundesrepublik Österreich (vgl. dazu *H. Schambeck*, JöR 26 [1977], 215 ff.); Art. 80 ff. Bundesverfassung der Schweizerischen Eidgenossenschaft (vgl. dazu *G. Schmid*, ZParl. 8 [1977], 334 ff.; rechtsvergleichend *M. Heger*, Deutscher Bundesrat und Schweizer Ständerat, 1990); Art. I Verfassung der Vereinigten Staaten von Amerika (vgl. dazu *W. Brugger*, Einführung in das öffentliche Recht der USA, 1993, S. 30 f.); weitere, allerdings zwischenzeitlich teilweise überholte rechtsvergleichende Hinweise bei *D. Blumenwitz*, in: BK, Art. 50 (Zweitb. 1987), S. 43 ff. Vgl. auch *M. Bothe*, Die Kompetenzstruktur des modernen Bundesstaates in rechtsvergleichender Sicht, 1977, S. 84 m.w.N. und *Stern*, Staatsrecht I, S. 726 f.

[75] Vgl. *Stern*, Staatsrecht I, S. 726 f.; *ders.*, Staatsrecht II, S. 111 ff.

[76] *Pfitzer*, Bundesrat (Fn. 62), S. 13; ähnlich *Eschenburg*, Bundesrat (Fn. 20), S. 42 (»in seiner Art ein einzigartiges Organ in der Welt«); *Maurer*, Bundesrat (Fn. 1), S. 616 (»weltweit einmaliges Gepräge«); *v. Münch*, Staatsrecht I, Rn. 729 (»Unikum«).

[77] Näher zur verfassungsrechtlichen Stellung → Rn. 17 ff. und zur Kontinuität (»permanentes Organ«) → Art. 51 Rn. 9.

[78] *J. Jekewitz*, in: AK-GG, Art. 50 Rn. 1.

[79] *Robbers* (Fn. 1), Art. 50 Rn. 8.

[80] Vgl. *R. Herzog*, Aufgaben des Bundesrates, in: HStR II, § 45 Rn. 1 ff. Dabei ist der Normtext streng genommen unvollständig, zumindest aber ungenau, weil das GG dem Bundesrat über die in Art. 50 GG genannten Aufgaben hinaus auch Befugnisse in anderweitigen Aufgabenbereichen (z.B. bei der Wahl von Richtern des Bundesverfassungsgerichts [Art. 94 I GG]) zuweist; s. dazu *Herzog*, a.a.O., Rn. 2 und *T. Maunz/R. Scholz*, in: Maunz/Dürig, GG, Art. 50 (1996), Rn. 12, 23.

tung⁸¹. Im übrigen ist Art. 50 GG seinerseits auf Konkretisierung angelegt, weil er »nur grundsätzlich die besondere Funktion des Bundesrates als eines Verfassungsorgans des Bundes« umreißt⁸². Diese Konkretisierung findet sich teilweise in Art. 51–53 GG, teilweise in grundgesetzlichen Normen außerhalb des IV. Abschnitts⁸³ und – soweit dies verfassungsrechtlich unbedenklich ist⁸⁴ – teilweise auch im einfachen Gesetzesrecht⁸⁵. Konkrete Einzelbefugnisse lassen sich deshalb aus Art. 50 GG nicht herleiten. Immerhin ist aber klargestellt, daß die Länder nicht an Stelle des Bundesrates handeln können, soweit diesem durch das Grundgesetz Aufgaben und Befugnisse zugewiesen sind⁸⁶.

Gegenüber anfänglicher Skepsis⁸⁷ überwiegt als **aktueller Befund** heute die Einschätzung, daß sich der Bundesrat bewährt hat. In ihm ist die föderale Einheit eines staatlichen Pluralismus wirksam institutionalisiert, er genießt in der Bevölkerung hohes Ansehen, und durch eine von Anbeginn nicht restriktive, sondern extensive Handhabung seiner Zuständigkeiten hat er sich »beachtlichen Einfluß auf die Staatsführung zu sichern gewußt«⁸⁸. Besonders eindrucksvoll zeigt sich das politische Gewicht des Bundesrates im Bereich der Bundesgesetzgebung, in dem seine Bedeutung im Vergleich mit den ursprünglichen Erwartungen und den Anfangsjahren der Bundesrepublik Deutschland schon rein statistisch beträchtlich zugenommen hat⁸⁹. Auch wenn solche Statistiken nur sehr begrenzten Erkenntniswert haben⁹⁰, so stehen sie doch

15

---

⁸¹ Die uneinheitlichen Schlußfolgerungen, die bisweilen aus der Reihung der Staatsorgane für die Rangordnung gezogen werden (vgl. *Blumenwitz* [Fn. 74], Art. 50 Rn. 2; *Robbers* [Fn. 1], Art. 50 Rn. 10; *Stern*, Staatsrecht II, S. 125: nach dem Bundestag an zweiter Stelle; anders *Jekewitz* [Fn. 77], Art. 50 Rn. 1 [dritter Rang nach Bundesvolk und Bundestag]), sind rechtlich ohne Bedeutung (*Reuter*, Bundesrat [Fn. 1], S. 89; *Krebs* [Fn. 66], Art. 50 Rn. 4).

⁸² BVerfGE 1, 299 (311).

⁸³ → Rn. 23 ff., 25 ff., 29 ff.

⁸⁴ Ausdrückliche Vorschriften des Grundgesetzes oder ihrer Natur nach nicht beschränkbare Zuständigkeiten dürfen nicht entgegenstehen (BVerfGE 1, 299 [311]; Jarass/*Pieroth*, GG, Art. 50 Rn. 2).

⁸⁵ *Krebs* (Fn. 66), Art. 50 Rn. 2. Beispiele für die einfach-gesetzliche Zuweisung von Rechten finden sich in § 43 I BVerfGG (Antragsrecht in Parteiverbotsverfahren) und in § 149 GVG (Mitwirkung bei der Ernennung des Generalbundesanwalts und der Bundesanwälte).

⁸⁶ BVerfGE 1, 299 (311).

⁸⁷ Vgl. zur älteren Diskussion über die politische Bedeutung des Bundesrates etwa *Stern*, Staatsrecht II, S. 127 ff.

⁸⁸ So zusammenfassend *H.-J. Blanke*, Jura 1995, 57 (66) m.w.N. Instruktiv sind auch die vom Bundesrat anläßlich seiner besonderen oder »runden Geburtstage« herausgegebenen Darstellungen: 10 Jahre Bundesrat, o.J. (1959); Der Bundesrat 1949–1969, 1969; Der Bundesrat als Verfassungsorgan und politische Kraft, 1974; 30 Jahre Bundesrat, 1949–1979, 1979; Vierzig Jahre Bundesrat, 1989.

⁸⁹ Der Anteil der mit Zustimmungsformel verkündeten Gesetze, bei denen der Bundesrat die stärkste Stellung im Gesetzgebungsverfahren besitzt, ist von 41,8% in der 1. auf 66,9% in der bisherigen 13. Legislaturperiode (Stand: 19. 7. 1996) des Bundestages angestiegen (Bundesrat [Hrsg.], Handbuch des Bundesrates für das Geschäftsjahr 1996/97, 1997, S. 286). Hauptsache für diese Verschiebung ist bekanntlich vor allem die zunehmende Zahl von die Zustimmungsbedürftigkeit auslösenden Regelungen des Verwaltungsverfahrens nach Art. 84 I GG (dazu etwa *F. Ossenbühl*, Zustimmung und Verantwortung des Bundesrates beim Erlaß von Bundesgesetzen, in: FS Jahrreiß, 1974, S. 161 ff. [162 f.]; *P. Lerche*, Zustimmungsgesetze, in: Bundesrat [Hrsg.], Vierzig Jahre Bundesrat, 1989, S. 183 ff.); außerdem wird sie auf eine extensive Auslegung der Zustimmungsbedürftigkeit begründenden Regelungen zurückgeführt (dazu *Maurer*, Bundesrat [Fn. 1], S. 621). Vgl. im übrigen zur Tätigkeit des Bundesrates auch die weiteren statistischen Angaben im Bundesratshandbuch, a.a.O., S. 283 ff.

⁹⁰ Darauf machte frühzeitig u.a. *R. Herzog*, Der Einfluß des Bundesrates auf die Gesetzgebung und Verwaltung des Bundes seit 1949, in: Bundesrat (Hrsg.), Der Bundesrat als Verfassungsorgan und politische Kraft, 1974, S. 235 ff. (237 ff.) mit Recht aufmerksam.

stellvertretend für die allgemeinere Beobachtung, daß der Bundesrat im Verlauf der Entwicklung **zunehmendes Gewicht für die Bundespolitik** erlangt hat, »wesentlich bedeutender als bei der Beratung und Verabschiedung des Grundgesetzes angenommen«[91].

16 Der Bedeutungszuwachs ist nicht zuletzt Ergebnis der seit langem[92] konstatierten **Unitarisierungstendenzen**, die sich vor allem in einer Verlagerung von Gesetzgebungsbefugnissen auf den Bund niedergeschlagen und damit zwangsläufig die Mitwirkung des Bundesrates verstärkt haben[93]. In diesem Prozeß haben die Länder gleichsam als eine Art »Kompensation«[94] für verlorengegangene Gestaltungsmöglichkeiten der Landesparlamente an Einfluß auf die Bundesgesetzgebung durch den Bundesrat über ihre Regierungsvertreter gewonnen – mit entsprechenden Konsequenzen für Machtverschiebungen von der Legislative auf die Exekutive in der Wirklichkeit des Landesverfassungsrechts[95]. Ein anschauliches Beispiel dafür liefern die zur »Kompensation« bundesstaatlicher »Erosionen«[96] im Zuge der fortschreitenden europäischen Integration geschaffenen Vorkehrungen zum Schutz der Länderbelange, an deren vorläufigem Endpunkt Art. 23 GG[97] mit einem »Bundesratsverfahren« steht. (→ Art. 23 Rn. 107).

II. Verfassungsrechtliche Stellung

17 Die Einrichtung und die Begründung der wesentlichen Zuständigkeiten des Bundesrates erfolgen unmittelbar durch das Grundgesetz; der Bundesrat ist daher ein Verfassungsorgan, und zwar – trotz des auf die Mitwirkung »der Länder« ausgerichteten Normtextes – ein **Verfassungsorgan des Bundes**[98], ein »oberstes Bundesorgan«[99], keine Gemeinschaftseinrichtung der Länder, auch kein Organ der Länder, weder »Länderrat« noch

---

[91] *P. Badura*, Schlußbericht: Der Bundesrat in der Verfassungsordnung, in: Bundesrat (Hrsg.), Vierzig Jahre Bundesrat, 1989, S. 317 ff. (335); ähnlich *Posser* (Fn. 3), § 24 Rn. 15.

[92] Dazu frühzeitig vor allem *K. Hesse*, Der unitarische Bundesstaat, 1962, insb. S. 22; aus jüngerer Zeit etwa *M. Brenner*, DÖV 1992, 903 (905 f.); *Maurer*, Bundesrat (Fn. 1), S. 621.

[93] *Posser* (Fn. 3), § 24 Rn. 15. Ob mittlerweile ergriffene Maßnahmen wie etwa die Neufassung der sog. Bedürfnisklausel (Art. 72 II GG) in Verbindung mit der Einfügung von Nr. 2a in Art. 93 I GG die erhoffte Gegensteuerung bewirken, bleibt abzuwarten. → Art. 72 Rn. 5.

[94] Grundsätzlich zur »Kompetenz- und Rechtskompensation« *E. Klein*, DVBl. 1981, 661 ff. und vor dem Hintergrund der europäischen Integration unter spezifisch bundesstaatlichem Blickwinkel *K. Kruis*, Variationen zum Thema Kompetenzkompensation, in: FS Willi Geiger, 1989, S. 155 ff.; vgl. auch *I. Pernice*, DVBl. 1993, 909 (920). In Wahrheit handelt es sich freilich um eine sehr zweifelhafte Kompensation, weil der Bundesrat als Bundesorgan den Machtzuwachs des Bundes nicht reduziert und die über den Bundesrat vermittelte Mitwirkung der Länder nur ein unvollkommener Ausgleich für verlorengegangene Autonomie ist.

[95] *H. Eicher*, Der Machtverlust der Landesparlamente, 1988, insb. S. 76 ff.; *I. Pernice*, DVBl. 1993, 909 (920).

[96] *M. Schröder*, JöR 35 (1986), 83 ff.

[97] In Verbindung mit dem Gesetz über die Zusammenarbeit von Bund und Ländern in Angelegenheiten der Europäischen Union vom 12. 3. 1993 (BGBl. I S. 313) und der nach § 9 dieses Gesetzes getroffenen Vereinbarung (Text in: Bundesrat [Hrsg.], Handbuch [Fn. 89], S. 168 ff.).

[98] *J. Ipsen*, Staatsrecht I, Rn. 275; *v. Münch*, Staatsrecht I, Rn. 726; *Reuter*, Bundesrat (Fn. 1), S. 89; *Robbers* (Fn. 1), Art. 50 Rn. 5; *Stern*, Staatsrecht II, S. 124; BVerfGE 1, 299 (311); 8, 104 (120). Näheres zu Organisation und Verfahren: Kommentierung zu Art. 51–53.

[99] Im Sinne von Art. 93 I Nr. 1 GG; §§ 13 Nr. 5, 63 BVerfGG.

II. Verfassungsrechtliche Stellung **Art. 50**

»Länderkammer«[100]. Das hat mehrere Konsequenzen: Zum einen sind die vom Bundesrat wahrzunehmenden Aufgaben ausschließlich solche des Bundes mit der weiteren Folge, daß auch die Entscheidungen des Bundesrates dem Bund und nicht den Ländern zuzurechnen sind[101]. Zum anderen ist der Bundesrat im Verhältnis zu anderen Bundesorganen nicht – wie verschiedentlich angenommen[102] – Adressat des Grundsatzes der Bundestreue, sondern des Grundsatzes der Organtreue[103], der die Bundesorgane zu wechselseitiger Rücksichtnahme verpflichtet[104]. Als Organ des Bundes ist der Bundesrat schließlich – drittens – gehalten, nicht nur föderale Belange zur Geltung zu bringen[105], sondern auch die bundesstaatliche Gesamtverantwortung des Bundes zu wahren[106].

Obschon Bundesorgan, hebt sich der Bundesrat von den anderen obersten Verfassungsorganen des Bundes (Bundespräsident, Bundestag, Bundesversammlung, Bundesregierung und Bundesverfassungsgericht), die grundsätzlich unitarisch organisiert sind[107], durch seinen föderalen Charakter signifikant ab. Er ist Konkretisierung der **bundesstaatlichen Ordnung** (→ Rn. 14), »föderatives Bundesorgan«[108], durch das die Länder an Bundesangelegenheiten mitwirken und in den Bund eingebunden sind, auch wenn Art. 51 I GG nicht die Länder, sondern die dazu bestellten Mitglieder der Landesregierungen zu Mitgliedern des Bundesrates erklärt[109]. Die gegenüber den unitarischen Verfassungsorganen andersartige **demokratische Legitimation** wird mitunter als prekär empfunden[110]; doch ist darin kein entscheidendes Legitimationsdefizit zu erkennen, weil der Bundesrat als Einrichtung unmittelbar durch die Verfassung, also durch die verfassunggebende Gewalt des Bundesvolkes (→ Präambel Rn. 37 ff., 49 ff.) legitimiert ist und die Bundesratsmitglieder in ihren Ländern der parlamentarischen Verantwortung unterliegen[111]. Als Bundesorgan ist der Bundesrat ein **Element horizontaler Gewaltenteilung**, die mit der die bundesstaatliche Ordnung des Grund-

18

---

[100] *Posser* (Fn. 3), § 24 Rn. 13; *D. Wyduckel*, DÖV 1989, 181 (190).
[101] *Blumenwitz* (Fn. 74), Art. 50 Rn. 3; *Krebs* (Fn. 66), Art. 50 Rn. 5.
[102] Dazu *K. Lange*, Die Legitimationskrise des Bundesrates, in: FS Stein, 1983, S. 181 ff. (189 f.); *Bauer*, Bundestreue (Fn. 3), S. 295 f. m. w. N.
[103] Dazu allgemein *W.-R. Schenke*, Die Verfassungsorgantreue, 1977; zur Spruchpraxis s. etwa BVerfGE 89, 155 (191, 203); 90, 286 (337 f.); s. neuerdings auch *A. Voßkuhle*, NJW 1997, 2216 (2217).
[104] *H. Schneider*, Der Niedergang des Gesetzgebungsverfahrens, in: FS G. Müller, 1970, S. 421 ff. (422 f.); *Krebs* (Fn. 66), Art. 50 Rn. 4; *Robbers* (Fn. 1), Art. 50 Rn. 6; *Stern*, Staatsrecht I, S. 134 f., 731; vgl. auch *R. Herzog*, in: Maunz/Dürig, GG, Art. 20 IV. (1980), Rn. 65.
[105] Vgl. BVerfGE 13, 54 (77).
[106] *Blumenwitz* (Fn. 74), Art. 50 Rn. 3; *Krebs* (Fn. 66), Art. 50 Rn. 5.
[107] Dazu *R. Herzog*, Stellung des Bundesrates im demokratischen Bundesstaat, in: HStR II, § 44 Rn. 1.
[108] BVerfGE 8, 104 (120).
[109] *Herzog* (Fn. 107), § 44 Rn. 3 spricht insofern von einer »gewissen Inkonsequenz« des Grundgesetzes.
[110] Vgl. *E.-W. Böckenförde*, Sozialer Bundesstaat und parlamentarische Demokratie, in: FS Friedrich Schäfer, 1980, S. 182 ff. (190); *Jekewitz* (Fn. 1), vor Art. 50 Rn. 11.
[111] *H. H. Klein*, Die Legitimation des Bundesrates und sein Verhältnis zu den Landesparlamenten und Landesregierungen, in: Bundesrat (Hrsg.), Vierzig Jahre Bundesrat, 1989, S. 95 ff. (102 ff.); *Maurer*, Bundesrat (Fn. 1), S. 636 f.; *Robbers* (Fn. 1), Art. 50 Rn. 15; kritisch gegenüber der Legitimation über die parlamentarische Verantwortung in den Ländern *C. Möllers*, Der parlamentarische Bundesstaat – Das vergessene Spannungsverhältnis von Parlament, Demokratie und Bundesstaat, in: J. Aulehner u. a. (Hrsg.), Föderalismus – Auflösung oder Zukunft der Staatlichkeit?, 1997, S. 81 ff. (102 f.).

gesetzes kennzeichnenden vertikalen Gewaltenteilung verknüpft ist[112]. Bei einer Gesamtbetrachtung liegt der Bundesrat daher im Überschneidungsbereich von drei tragenden Strukturprinzipien des Grundgesetzes: des bundesstaatlichen, des demokratischen und des rechtsstaatlichen Prinzips[113].

19 Parteipolitisch motivierte Bundesratsbeschlüsse sind dadurch nicht von vornherein ausgeschlossen[114]. Gewiß sieht das Grundgesetz für den Bundesrat keine parteipolitische Gliederung vor. Doch hat die namentlich vor dem Hintergrund unterschiedlicher parteipolitischer Mehrheitsverhältnisse in Bundesrat und Bundestag[115] lange Zeit unter dem plakativen Stichwort »**Parteienbundesstaat**« geführte Debatte[116] gezeigt, daß sich ein generelles Verbot parteipolitischer Verbundenheit[117] bei der Beschlußfassung im Bundesrat nicht verifizieren läßt; vielmehr ist es für den Bundesrat charakteristisch, daß in ihm – auch mit Blick auf seine gewaltenteilende Funktion – andere Kräftegruppierungen entstehen können als im Bundestag[118], ganz abgesehen davon, daß parteipolitische Orientierung im Bundesrat deutlich weniger stark ausgeprägt ist als im Bundestag[119]. Im Schrifttum ist der durch den Bundesrat vermittelte parteipolitische Einfluß auf die Bundespolitik deshalb inzwischen verfassungsrechtlich weithin akzeptiert[120].

20 Im Bundesrat ist die Mitwirkung der Länder gebündelt, jedoch nicht abschließend erfaßt[121]. Eine **Länderbeteiligung außerhalb des Bundesrates** sowie ein Zusammenwirken von Bund und Ländern ist grundgesetzlich wie einfach-rechtlich teilweise ausdrücklich geregelt[122] und erfolgt zudem oftmals auf informellen Wegen[123]. Auch sind

---

[112] *Hesse*, Verfassungsrecht, Rn. 231 f.; *W.-R. Schenke*, JuS 1989, 698 (701 f.); *Maurer*, Bundesrat (Fn. 1), S. 631 f.; vgl. auch *Degenhart*, Staatsrecht I, Rn. 93 und *U. Fastenrath*, JuS 1986, 194 (197, 200); a. A. etwa *Möllers*, Bundesstaat (Fn. 111), S. 108; Vorbehalte auch bei *Stern*, Staatsrecht II, S. 123.

[113] *Klein*, Legitimation (Fn. 111), S. 105.

[114] *Krebs* (Fn. 66), Art. 50 Rn. 6.

[115] Komprimierter Überblick bei *Posser* (Fn. 3), § 24 Rn. 108 ff.

[116] Z.B. *R. Herzog*, BayVBl. 1966, 181 ff.; *H. Laufer*, Der Bundesrat, 1972, S. 21 ff.; *ders.*, ZParl. 1 (1970), 318 ff.; *H.H. Klein*, DÖV 1971, 325 ff.; *G. Jahn*, ZParl. 7 (1976), 291 ff.; *F.K. Fromme*, ZRP 1976, 201 ff.; *H. Hablitzel*, BayVBl. 1979, 1 ff., 39 ff.; *H. Abromeit*, ZParl. 13 (1982), 462 ff.; *Maurer*, Bundesrat (Fn. 1), S. 633 ff.

[117] In diesem Sinne aber wohl *T. Maunz*, Die Rechtsstellung der Mandatsträger im Bundesrat, in: Bundesrat (Hrsg.), Der Bundesrat als Verfassungsorgan und politische Kraft, 1974, S. 193 ff. (209 f.); *ders.*, in: Maunz/Dürig, GG, Art. 50 (1982), Rn. 25.

[118] Vgl. *Hesse*, Verfassungsrecht, Rn. 614.

[119] Vgl. etwa *H. Herles*, Der Stil von Bundesrat und Bundestag. Kammerton und Schaubühne, in: Bundesrat (Hrsg.), Vierzig Jahre Bundesrat, 1989, S. 231 ff. (236 ff.); *R. Herzog*, Erfahrungen mit dem Bundesrat, in: R. Hrbek (Hrsg.), Miterlebt – Mitgestaltet, 1989, S. 224 ff. (234 ff.); *Ziller/Oschatz*, Bundesrat (Fn. 55), S. 113 ff.

[120] *Blumenwitz* (Fn. 74), Art. 50 Rn. 57, der als äußerste Grenze die Verfassungsorgantreue erwähnt; *Krebs* (Fn. 66), Art. 50 Rn. 6; Schmidt-Bleibtreu/*Klein*, GG, Art. 50 Rn. 8 m. w. N.; *Robbers* (Fn. 1), Art. 50 Rn. 16 mit ergänzendem Hinweis darauf, daß eine überzeugende Abgrenzung von Politik und Parteipolitik ohnehin kaum möglich erscheint.

[121] S. dazu und zum Folgenden an dieser Stelle nur *Blumenwitz* (Fn. 74), Art. 50 Rn. 14 ff.; *Krebs* (Fn. 66), Art. 50 Rn. 8 f.; *Maunz/Scholz* (Fn. 80), Art. 50 Rn. 10 f.; *Robbers* (Fn. 1), Art. 50 Rn. 17; → Art. 20 (Bundesstaat) Rn. 16, 18.

[122] S. z. B. Art. 32 II, 54 III, 91a, 91b, 95 II GG. Zu einfach-rechtlichen Regelungen s. z. B. § 51 HGrG; § 18 StabG; § 51a BImSchG; zu Zulässigkeit und Grenzen bundesgesetzlicher Formen der Einflußnahme der Länder auf die Bildung des Bundeswillens vgl. BVerfGE 1, 299 (311).

[123] Dazu etwa *H. Laufer*, Das föderative System der Bundesrepublik Deutschland, 1992, S. 168 ff.; *W. Rudolf*, Kooperation im Bundesstaat, in: HStR IV, § 105 Rn. 29 f.; speziell zur Länderkooperation s. etwa *M. Brenner*, DÖV 1992, 903 (906).

jenseits des Bundesrates stattfindende **Selbstkoordinierungen der Länder** untereinander verbreitet und haben etwa in Gestalt von Ministerpräsidenten- und Ressortministerkonferenzen eine lange Tradition[124].

III. Aufgaben und Befugnisse

Die Aufgaben des Bundesrates sind in Art. 50 GG nur sehr allgemein umschrieben (→ Rn. 14); weiterführende Konkretisierungen lassen sich jedoch den Befugnissen entnehmen, die dem Bundesrat außerhalb von Art. 50 GG zugeordnet sind[125]. Dabei haben die dem Bundesrat im Gesetzgebungsverfahren eingeräumten Rechte immer wieder Anlaß zu der Frage gegeben, ob es sich bei ihm um eine »**Zweite Kammer**« handelt[126]. Vom Bundesverfassungsgericht wurde dies unter Hinweis auf die Verkündungsformel für Gesetze und die grundgesetzliche Ausgestaltung der Mitwirkung des Bundesrates im Gesetzgebungsverfahren verneint[127]. Demgegenüber wird der Bundesrat in der Literatur gelegentlich als »Zweite Kammer« qualifiziert, freilich oftmals mit erläuternden Zusätzen[128]. Rechtliche Konsequenzen ergeben sich daraus jedoch nicht[129], ganz abgesehen davon, daß der Bundesrat jenseits seiner Mitwirkungsbefugnisse bei der Gesetzgebung auch solche etwa im exekutivischen Bereich besitzt, weshalb er mitunter auch als »Organ sui generis« bezeichnet wird[130].

21

Die in Art. 50 GG geregelte »**Mitwirkung**« durch den Bundesrat legt die Beteiligung der Länder an Entscheidungsprozessen des Bundes nur grundsätzlich fest und besagt noch nichts über deren Ausgestaltung im einzelnen; die notwendigen Konkretisierungen finden sich außerhalb von Art. 50 GG[131]. Im Schrifttum wurden sie wiederholt nach teilweise unterschiedlichen Ordnungskriterien zusammengestellt und systematisiert[132]. Bei einer Orientierung am Normtext lassen sich die wichtigeren Einzelberechtigungen[133] in folgende Gruppen einteilen:

22

---

[124] Näheres etwa bei *Krebs* (Fn. 66), Art. 50 Rn. 9 m.w.N. und *Maunz/Scholz* (Fn. 80), Art. 50 Rn. 11.

[125] *Herzog* (Fn. 80), § 45 Rn. 3; vgl. auch *Maurer*, Bundesrat (Fn. 1), S. 620.

[126] Vgl. zur Diskussion etwa *H.H. Klein*, AöR 108 (1983), 329 ff.; *v. Münch*, Staatsrecht I, Rn. 727 ff.; *R.W. Schmitt*, BayVBl. 1974, 685 ff.; *D. Wyduckel*, DÖV 1989, 181 ff.; vgl. auch *H. Schulze-Fielitz*, Theorie und Praxis parlamentarischer Gesetzgebung, 1988, S. 361: faktisch eine Zweite Kammer. Zum Begriff des Zweikammersystems s. *R. Herzog*, Art. Zweikammersystem, in: EvStL³, Sp. 4109 ff.

[127] BVerfGE 37, 363 (380 f.): Der Bundesrat ist »nicht eine zweite Kammer eines einheitlichen Gesetzgebungsorgans, die gleichwertig mit der ›ersten Kammer‹ entscheidend am Gesetzgebungsverfahren beteiligt wäre« (mit Hinweis auf *E. Friesenhahn*, Die Rechtsentwicklung hinsichtlich der Zustimmungsbedürftigkeit von Gesetzen und Verordnungen des Bundes, in: Bundesrat [Hrsg.], Der Bundesrat als Verfassungsorgan und politische Kraft, 1974, S. 251 ff.); dazu *H.H. Klein*, ZParl. 5 (1974), 485 ff. und *H. Schäfer*, DVBl. 1975, 96 ff. (101 ff.).

[128] Vgl. etwa *H.-J. Vonderbeck*, Der Bundesrat – ein Teil des Parlaments der Bundesrepublik Deutschland?, 1964, S. 110 (»nichtparlamentarische Zweite Kammer«); *D. Wyduckel*, DÖV 1989, 181 (182, 191: »faktisch die Stellung einer parlamentarischen Zweiten Kammer«).

[129] *Blumenwitz* (Fn. 74), Art. 50 Rn. 6; *Herzog* (Fn. 107), § 44 Rn. 29; *Krebs* (Fn. 66), Art. 50 Rn. 7.

[130] *Stern*, Staatsrecht I, S. 743 f.; *ders.*, Staatsrecht II, S. 126 f.

[131] → Rn. 14, 21.

[132] Vgl. etwa *H. Voß*, DVBl. 1965, 102 ff., 141 ff.; *Posser* (Fn. 3), § 24 Rn. 17 ff., 47 ff., 60 ff., 65; *Blumenwitz* (Fn. 74), Art. 50 Rn. 17 ff.; *Herzog* (Fn. 80), § 45 Rn. 3, 5 ff.; *Maunz/Scholz* (Fn. 80), Art. 50 Rn. 12 ff.

[133] Die nachfolgende Zusammenstellung hat keinen abschließenden Charakter.

Art. 50

1. Mitwirkung bei der Gesetzgebung

23 Die Einflußnahme auf die Gesetzgebung bezieht sich zunächst auf das in Art. 76–78 GG geregelte **ordentliche Gesetzgebungsverfahren**, in dem der Bundesrat neben Bundesregierung und Bundestag das Initiativrecht (Art. 76 I GG) besitzt; bei Gesetzesvorlagen der Bundesregierung ist er zur Stellungnahme berechtigt (Art. 76 II GG). Gegen Gesetzesbeschlüsse des Bundestages kann er den Vermittlungsausschuß anrufen (Art. 77 II GG) und unter den Voraussetzungen von Art. 77 III GG Einspruch einlegen, der jedoch vom Bundestag zurückgewiesen werden kann (Art. 77 IV GG); und bei zustimmungsbedürftigen[134] Gesetzen kann der Bundesrat seine Zustimmung erteilen oder verweigern (vgl. Art. 77 IIa, 78 GG). Demnach wirkt er »immer in irgendeiner Form beim Zustandekommen eines Gesetzes«[135] mit[136]. Ergänzend ist außerdem das Zutritts- und Rederecht bei Sitzungen des Bundestages und seiner Ausschüsse zu erwähnen (Art. 43 II GG).

24 Im **Gesetzgebungsnotstand** richtet sich die Beteiligung des Bundesrates an der Gesetzgebung nach Art. 81 GG; für den **Verteidigungsfall** enthalten Art. 115a ff. GG in Verbindung mit Art. 53a GG Sonderregelungen. **Verfassungsänderungen** setzen neben der Zustimmung von zwei Dritteln der Mitglieder des Bundestages auch die Zustimmung von zwei Dritteln der Stimmen des Bundesrates voraus (Art. 79 II GG).

2. Mitwirkung bei der Verwaltung

25 Die Beteiligung an der Verwaltung betrifft zunächst **Rechtsverordnungen**, für die der Bundesrat unter den Voraussetzungen und nach Maßgabe von Art. 80 GG Initiativ- und Zustimmungsrechte besitzt[137]. Bezüglich des Erlasses von allgemeinen **Verwaltungsvorschriften** finden sich Beteiligungsrechte in Art. 84 II, 85 II, 108 VII und 129 I GG, bezüglich des Erlasses von **Geschäftsordnungen** in Art. 53a I, 77 II 2 und 115d II 4 GG[138].

26 Im Bereich der **Landesverwaltung unter Bundesaufsicht** obliegt dem Bundesrat im sog. Mängelrügeverfahren die Feststellung, ob ein Land das Recht verletzt hat[139]. Maßnahmen des – bislang noch nicht praktisch gewordenen – **Bundeszwanges** setzen die vorherige Zustimmung des Bundesrates voraus (Art. 37 I GG). Und in **Notstandsfällen** sind Anordnungen der Bundesregierung auf Verlangen des Bundesrates jeder-

---

[134] Die Zustimmungsbedürftigkeit muß im GG angeordnet sein (sog. Enumerationsprinzip); vgl. dazu etwa den Katalog der Zustimmungsgesetze bei *F. Ossenbühl*, AöR 99 (1974), 369 (373 ff.); *Maunz/Scholz* (Fn. 80), Art. 50 Rn. 15. Nach der ursprünglichen Konzeption des GG handelt es sich zumeist um Materien, die den Interessenbereich der Länder besonders stark berühren (BVerfGE 1, 76 [79]; 37, 363 [381]); in der Verfassungswirklichkeit ist die als Ausnahme gedachte Zustimmungsbedürftigkeit mittlerweile allerdings bei der Mehrzahl der Gesetze gegeben (→ Rn. 15 mit Fn. 89). Zur Katalogisierung der die Zustimmungsbedürftigkeit auslösenden GG-Normen s. *G. Limberger*, Die Kompetenzen des Bundesrates und ihre Inanspruchnahme, 1982, S. 46 f.

[135] BVerfGE 28, 66 (79); ähnlich BVerfGE 8, 274 (296).

[136] Speziell zur Problematik der Beteiligung des Bundesrates an Ratifikationsgesetzen zu völkerrechtlichen Verträgen vgl. *Oppermann*, Bundesrat (Fn. 55), S. 299 ff.; *Posser* (Fn. 3), § 24 Rn. 41 ff.

[137] Speziell zum neuen Initiativrecht bei Rechtsverordnungen s. *G. Müller-Brandeck-Bocquet*, Die Verwaltung 29 (1996), 143 (150 f.) sowie zu ersten Erfahrungen mit diesem Recht *J. Jekewitz*, ZRP 1995, 248 ff. Zu weiteren Beteiligungen in Verfahren der Verordnungsgebung vgl. etwa Art. 109 IV 3, 119, 129 I GG.

[138] Zur Geschäftsordnungsautonomie → Art. 52 Rn. 19.

[139] Art. 84 IV 1 GG; vgl. zu weiteren Verfahrensrechten des Bundesrates im Rahmen der Bundesaufsicht auch Art. 84 III 3 GG.

zeit aufzuheben (Art. 91 II GG; vgl. auch Art. 87a IV GG). Ebenso verhält es sich bei Maßnahmen der **Katastrophenhilfe** nach Art. 35 III GG.

Daneben besitzt der Bundesrat **Kreationsrechte** und **Mitwirkungsbefugnisse bei Personalentscheidungen** des Bundes. So wird nach Art. 94 I GG die Hälfte der Mitglieder des Bundesverfassungsgerichts von ihm gewählt, und gem. § 51 I Nr. 3 HGrG bzw. § 18 StabG bestimmt er die Vertreter der Kommunen im Finanzplanungsrat bzw. im Konjunkturrat; außerdem entsendet er Mitglieder in anderweitige Einrichtungen (vgl. § 13 GOBR) wie etwa in die Verwaltungsräte der Deutschen Genossenschaftsbank und der Kreditanstalt für Wiederaufbau sowie in den Rundfunkrat der »Deutschen Welle«[140]. Die Mitentgegennahme des Amtseides des Bundespräsidenten (Art. 56 GG) und die Vertretung des Bundespräsidenten durch den Präsidenten des Bundesrates (Art. 57 GG) lassen sich als Ausprägungen der »**Teilhabe an gesamtstaatlicher Repräsentation**«[141] verstehen. 27

Der **Kontrolle** durch den Bundesrat dienen die Verpflichtung der Bundesregierung, den Bundesrat über die Führung der Geschäfte auf dem laufenden zu halten, und das Zitierungsrecht (Art. 53 GG) ebenso wie weitere Informations- (z.B. Art. 91a V GG) und Beteiligungsrechte[142]. Außerdem besitzt der Bundesrat Antragsbefugnisse für bestimmte Verfahren (z.B. Art. 61 I, 93 I Nr. 1 und 2a GG) und Beteiligungsrechte in Verfahren vor dem Bundesverfassungsgericht[143]. 28

3. Mitwirkung in Angelegenheiten der Europäischen Union

Gemeinsam mit Art. 23 GG klärt die 1992 erfolgte Aufnahme der Mitwirkung »in Angelegenheiten der Europäischen Union«[144] die während der Geltung des EEAG umstrittene Frage[145], ob die **Länderbeteiligung** in diesem Bereich **über den Bundesrat** organisiert werden darf[146]. Inhaltlich entspricht die Neufassung der Formulierung in Art. 23 II 1 GG, wonach in »Angelegenheiten der Europäischen Union ... durch den Bundesrat die Länder« mitwirken[147]. Über die konkrete Ausgestaltung der Mitwirkung sind damit allerdings noch keine Aussagen getroffen. 29

---

[140] Bundesrat (Hrsg.), Handbuch (Fn. 89). S. 267ff.
[141] *Jekewitz* (Fn. 77), Art. 50 Rn. 6; speziell zur Vertretung des Bundespräsidenten durch den Bundesratspräsidenten s. *R. Pitschas*, Der Staat 12 (1973), 183 ff.
[142] Z.B. Entgegennahme der Haushaltsrechnung des Bundesfinanzministers und des Berichts des Bundesrechnungshofes (Art. 114 GG); zu weiteren einfach-gesetzlich geregelten Informationsrechten im finanz- und haushaltswirtschaftlichen Bereich s. etwa § 10 BHO.
[143] §§ 65, 69, 77, 82, 83 II, 85 II, 88, 94 IV und V BVerfGG.
[144] → Rn. 9, 12.
[145] S. zu dieser Diskussion etwa *G. Ress*, EuGRZ 1986, 549 (557ff.); *W. Rudolf*, Die deutschen Bundesländer und die Europäischen Gemeinschaften nach der Einheitlichen Europäischen Akte, in: FS Partsch, 1989, S. 357ff. (367ff.); *ders.*, Das akzeptierte Grundgesetz, Europa und die Länder, in: FS Dürig, 1990, S. 145ff. (S. 156f.); *ders.*, Die Bundesländer und die europäische Einigung, in: D. Merten (Hrsg.), Föderalismus und europäische Gemeinschaften, 2. Aufl., 1993, S. 263ff. (272); *J.A. Frowein*, Bundesrat, Länder und europäische Einigung, in: Bundesrat (Hrsg.), Vierzig Jahre Bundesrat, 1989, S. 285ff. (291ff.); *Badura*, Schlußbericht (Fn. 91), S. 330f.; *H. Bethge*, Die Rolle der Länder im deutschen Bundesstaat und ihre rechtlichen Einflußmöglichkeiten auf die nationale Gemeinschaftspolitik, in: H.A. Kremer (Hrsg.), Die Bundesrepublik Deutschland und das Königreich Spanien, 1989, S. 22ff. (S. 43ff.); im nachhinein klärend BVerfGE 92, 203 (233ff.).
[146] *G.-B. Oschatz/H. Risse*, DÖV 1995, 437 (441f.); vgl. auch *H.-J. Blanke*, Jura 1995, 57 (63).
[147] Vgl. Jarass/*Pieroth*, GG, Art. 50 Rn. 5 (lediglich »wiederholender« Charakter); *Robbers* (Fn. 1), Art. 50 Rn. 44 (»nämlicher Inhalt«); *K.-P. Sommermann*, LKV 1994, 382 (386).

30 Sie finden sich in Art. 23 I 2 und 3, II 2, IV–VI GG, dem auf der Grundlage von Art. 23 VII GG ergangenen Gesetz und der hierzu getroffenen Vereinbarung[148]. Dort ist für die Beteiligung des Bundesrates ein abgestuftes System an Mitwirkungsrechten festgelegt[149]. Beispiele für diese **konkreten Einzelbefugnisse** sind das Informationsrecht (Art. 23 II 2 GG), die Beteiligung an der Willensbildung des Bundes (Art. 23 IV–VI GG) und die Benennung eines Vertreters der Länder, auf den unter den Voraussetzungen von Art. 23 VI GG die Wahrnehmung der der Bundesrepublik Deutschland als Mitgliedstaat der Europäischen Union zustehenden Rechte übertragen werden soll.

D. Verhältnis zu anderen GG-Bestimmungen

31 Art. 50 GG hat für den Bundesrat nur begrenzte konstitutive Bedeutung und ist auf an anderer Stelle erfolgende Konkretisierung angelegt (→ Rn. 14). Neben einzelnen Befugnissen finden sich wichtige **organisations- und verfahrensrechtliche Konkretisierungen** in Art. 51–53 GG; im übrigen sind zahlreiche **Einzelberechtigungen** des Bundesrates **an vielen anderen Stellen des Grundgesetzes** ausgewiesen (→ Rn. 14, 21 ff.). Bei einer Gesamtbetrachtung liegt der Bundesrat im Überschneidungsbereich des **bundesstaatlichen**, des **demokratischen** und des **rechtsstaatlichen Prinzips** (→ Rn. 18).

32 Art. 79 III GG schützt neben dem Bundesstaatsprinzip nur »die grundsätzliche Mitwirkung der Länder bei der Gesetzgebung«. Demgemäß ist die jenseits der Gesetzgebung liegende Mitwirkung der Länder weder bei der Verwaltung des Bundes noch in Angelegenheiten der Europäischen Union einer **Verfassungsänderung** entzogen; selbst die konkrete Ausgestaltung der Beteiligung an der Bundesgesetzgebung ist einer Änderung zugänglich[150] (→ Art. 79 III Rn. 18 ff.), wobei allerdings die Mitwirkung der Länder nicht auf eine bloß formale Beteiligung ohne sachliche Einflußmöglichkeiten reduziert werden darf[151]. Ebenfalls nicht verfassungsänderungsfest sind die gegenwärtige organisatorische Form und Gestaltung (→ Art. 51 Rn. 25).

---

[148] → Fn. 97.
[149] *G.-B. Oschatz/H. Risse*, DÖV 1995, 437 ff. Näheres → Art. 23 Rn. 107 ff.
[150] Vgl. dazu und zum Folgenden *H.-U. Evers*, in: BK, Art. 79 III (Zweitb. 1982), Rn. 217 ff.; *Krebs* (Fn. 66), Art. 50 Rn. 3; *Maunz/Scholz* (Fn. 80), Art. 50 Rn. 9; *Reuter*, Bundesrat (Fn. 1), S. 98 f.; *H. Ridder*, in: AK-GG, Art. 79 Rn. 32; *Robbers* (Fn. 1), Art. 50 Rn. 3; *Schmidt-Bleibtreu/Klein*, GG, Art. 79 Rn. 11.
[151] *K. Hesse*, AöR 98 (1973), 1 (19); wesentlich »enger« *J. Harbich*, Der Bundesstaat und seine Unantastbarkeit, 1965, S. 130 ff., wonach die »Grundstruktur« des Bundesrates durch Art. 79 III GG geschützt ist.

Artikel 51 [Mitgliedschaft; Stimmenzahl und Stimmabgabe]

(1) ¹Der Bundesrat besteht aus Mitgliedern der Regierungen der Länder, die sie bestellen und abberufen. ²Sie können durch andere Mitglieder ihrer Regierungen vertreten werden.

(2) Jedes Land hat mindestens drei Stimmen, Länder mit mehr als zwei Millionen Einwohnern haben vier, Länder mit mehr als sechs Millionen Einwohnern fünf, Länder mit mehr als sieben Millionen Einwohnern sechs Stimmen.

(3) ¹Jedes Land kann so viele Mitglieder entsenden, wie es Stimmen hat. ²Die Stimmen eines Landes können nur einheitlich und nur durch anwesende Mitglieder oder deren Vertreter abgegeben werden.

Literaturauswahl

Bandorf, Wolf-Rüdiger: Das Stimmverhalten im Bundesrat als Gegenstand von Koalitionsvereinbarungen, in: ZRP 1977, S. 81–84.
Deecke, Carsten: Verfassungsrechtliche Anforderungen an die Stimmenverteilung im Bundesrat, 1998.
Herzog, Roman: Zusammensetzung und Verfahren des Bundesrates, in: HStR II, § 46 (S. 505–522).
Kratsch, Otger: Verfassungsrechtliche Probleme einer Mitwirkung der Landesparlamente an Bundesratsangelegenheiten, in: DÖV 1975, S. 109–116.
Maunz, Theodor: Die Rechtsstellung der Mandatsträger im Bundesrat, in: Bundesrat (Hrsg.), Der Bundesrat als Verfassungsorgan und politische Kraft, 1974, S. 193–211.
Paptistella, Gertrud: Mitgliedschaft, Stimmverhältnis und Stimmabgabe im Bundesrat, in: APF 1998, S. 5–8.
Scholz, Rupert: Landesparlamente und Bundesrat, in: Festschrift für Karl Carstens, Bd. 2, 1984, S. 831–851.
Tsatsos, Dimitris: Die Unzulässigkeit der Kumulation von Bundestags- und Bundesratsmandat, 1965.

S. auch die Angaben zu Art. 50, 52, 53 GG.

Leitentscheidung des Bundesverfassungsgerichts

BVerfGE 8, 104 (120f.) – Volksbefragung.

Siehe auch die Angaben zu Art. 50 GG.

Gliederung

	Rn.
A. Herkunft, Entstehung, Entwicklung	1
I. Ideen- und verfassungsgeschichtliche Aspekte	1
II. Entstehung und Veränderung der Norm	5
B. Internationale, supranationale und rechtsvergleichende Bezüge	7
C. Erläuterungen	9
I. Allgemeine Bedeutung	9
II. Mitgliedschaft (Art. 51 I GG)	11
III. Stimmenzahl und Stimmenverteilung (Art. 51 II GG)	19
IV. Stimmabgabe (Art. 51 III GG)	21
D. Verhältnis zu anderen GG-Bestimmungen	25

A. Herkunft, Entstehung, Entwicklung

I. Ideen- und verfassungsgeschichtliche Aspekte

1   Mit den Regelungen über die Mitgliedschaft, die Stimmenzahl und -verteilung sowie die Stimmabgabe enthält Art. 51 GG **organisations- und verfahrensrechtliche Konkretisierungen** (→ Art. 50 Rn. 14) der Zusammensetzung und »Binnenordnung« des Bundesrates. Alle drei Regelungsgegenstände haben in der verfassungsrechtsgeschichtlichen Entwicklung[1] Tradition:

2   Dabei treten hinsichtlich der **Mitgliedschaft** insb. zwei Grundtypen hervor, nämlich das Senats- und das Ratsmodell. Während beim **Senatsmodell** die Mitglieder des föderalen Organs unmittelbar vom Volk gewählt werden, werden sie beim **Ratsmodell** von den Landesregierungen bestellt[2]. Eine gewisse Mischform der Modelle[3] sah § 88 **Paulskirchenverfassung** mit dem Staatenhaus vor, dessen Mitglieder je zur Hälfte durch die Regierungen und die Volksvertretung der einzelnen Staaten ernannt werden und weisungsunabhängig sein sollten[4]. Demgegenüber orientierte sich die **Verfassung des Deutschen Reiches von 1871** in Anlehnung an die Staatsorganisation des Norddeutschen Bundes, später auch die **Verfassung der Weimarer Republik** an dem Bundesratsmodell[5] mit (überwiegend[6]) weisungsgebundenen Vertretern der Bundesmitglieder des Bundes bzw. Mitgliedern der Landesregierungen.

3   Die Festlegung der **Stimmenzahl** und der **Stimmenverteilung** im föderalen Organ kann sich an unterschiedlichen Modellen orientieren. Sie kann entweder bundesstaatliche Gleichheit anstreben und jedem Land eine gleich große Zahl von Stimmen einräumen oder das »Gewicht« der einzelnen Länder (Größe, Bevölkerungszahl, politische Bedeutung, Wirtschaftskraft etc.) berücksichtigen und ihnen eine abgestufte Stimmenzahl zuweisen[7]. Letzteres, also die Stimmenstaffelung, entspricht der deutschen Entwicklung. So regelte bereits § 87 **Paulskirchenverfassung** unter Orientierung an der politischen Bedeutung[8] der Einzelstaaten die konkrete Aufteilung der Gesamt-

---

[1] Dazu allgemein → Art. 50 Rn. 3 ff.
[2] S. zu den beiden Modellen etwa *Stern*, Staatsrecht I, S. 728; *ders.*, Staatsrecht II, S. 112; jeweils unter Hinweis auf zwei weitere Modelle, nämlich das Modell »mittelbarer Repräsentation«, bei dem die Mitglieder durch die Volksvertretungen der Gliedstaaten gewählt werden, und das »Ernennungsmodell«, bei dem die Mitglieder vom Staatsoberhaupt auf Zeit ernannt werden. Terminologie und Modellbeschreibungen sind nicht ganz einheitlich; vgl. etwa *T. Maunz*, in: Maunz/Dürig, GG, Art. 50 (1982), Rn. 4, der der sog. »Senatslösung« auch solche föderalen Organe zuordnet, deren Mitglieder von den Landesparlamenten gewählt werden.
[3] Es handelte sich um eine Verbindung des Ratsmodells mit dem Modell »mittelbarer Repräsentation« (s. Fn. 2).
[4] → Art. 50 Rn. 3 mit Fn. 14.
[5] Art. 6 Reichsverfassung (1871); Art. 63 WRV; vgl. dazu etwa *K. Reuter*, Praxishandbuch Bundesrat, 1991, S. 59 ff. → Art. 50 Rn. 4 f.
[6] Im Reichsrat waren die Vertreter der preußischen Provinzialverwaltungen nicht an Weisungen der Regierung gebunden (vgl. Art. 63 I 2 WRV). Das »freie Stimmrecht« dieser Vertreter wurde später als Beispiel für »Ländervertreter senatorialen Typs« in der deutschen Verfassungsgeschichte angeführt; vgl. den Diskussionsbeitrag von *A. Süsterhenn* in der Plenarsitzung des Herrenchiemseer Verfassungskonvents am 12. 8. 1948 (Parl. Rat II, S. 148).
[7] Dazu etwa *K. Reuter*, Der Bundesrat als Parlament der Länderregierungen, in: Schneider/Zeh, § 56 Rn. 26 ff.; *Stern*, Staatsrecht II, S. 139 f.
[8] Bei der Stimmenverteilung wurde eine Gemengelage unterschiedlicher Faktoren (Bevölkerung, Fläche, historische und politische Bedeutung etc.) wirksam; vgl. *K. Behnke*, Die Gleichheit der Länder im deutschen Bundesstaat, 1926 (Nachdruck 1995), S. 71 f.

zahl von 192 Mitgliedern des Staatenhauses auf die einzelnen Staaten. Wiederum in Anlehnung an den Norddeutschen Bund verteilte auch Art. 6 der **Reichsverfassung von 1871** die insgesamt 58 Stimmen im Bundesrat nach konkreten Zahlen, für deren Festlegung vor allem die politische und wirtschaftliche Bedeutung der einzelnen Bundesmitglieder für den Gesamtstaat maßgebend war[9]. Die **Weimarer Verfassung** hielt am Grundsatz der Stimmenstaffelung fest, brach aber mit der Tradition der konkreten Stimmenzahlausweisung[10]. Danach hatte jedes Land mindestens eine Stimme; im übrigen wurden die Stimmenanteile nunmehr abstrakt nach Maßgabe der Einwohnerzahlen berechnet, wobei allerdings kein Land durch mehr als zwei Fünftel aller Stimmen vertreten sein durfte[11].

Was schließlich die **Stimmabgabe** betrifft, so schrieb Art. 6 der **Reichsverfassung von 1871** im Anschluß an die Regelung des Norddeutschen Bundes[12] für jedes Land die einheitliche Stimmabgabe vor. Im Reichsrat der **Weimarer Republik** galt hingegen das im übrigen vom Bundesrat übernommene Gebot der einheitlichen Stimmabgabe für die Vertreter der preußischen Provinzialverwaltungen nicht[13].

II. Entstehung und Veränderung der Norm

Während im Vorfeld des Grundgesetzes die Weichen frühzeitig für die Wiederherstellung einer bundesstaatlichen Ordnung gestellt waren und auch über die Notwendigkeit eines föderalen Organs Einverständnis bestand[14], blieb die konkrete Ausgestaltung dieses Organs in den **Verfassungsberatungen** lange Zeit umstritten. In der zum Teil quer durch die parteipolitischen Gruppierungen geführten Kontroverse kristallisierten sich in dem hier interessierenden Zusammenhang vor allem zwei Brennpunkte[15] heraus: Umstritten war erstens die unter dem Stichwort »**Bundesrats- oder Senatsprinzip**« erörterte Grundsatzfrage der Zusammensetzung aus weisungsgebundenen Mitgliedern der Landesregierungen oder aus unabhängigen, von den Landtagen oder direkt vom Volk zu wählenden Senatoren einschließlich kombinatorischer Mischmodelle. Meinungsverschiedenheiten bestanden zweitens über die Anzahl der den einzelnen Ländern zuzuordnenden Mitglieder; in der Auseinandersetzung über das **Stimmenverhältnis** sprach sich ein Teil für die gleiche Mitgliederzahl aller Länder aus, weil zu einem echten Föderativsystem die gleiche Repräsentation gehöre, während andere dafür plädierten, ohne obere Stimmenbegrenzung bei der Stimmenbe-

---

[9] Nach Ansicht von *Behnke*, Gleichheit (Fn. 8), S. 75, beruhte der Maßstab nur auf »einer ungefähren Schätzung« und entbehrte »jeder Genauigkeit«. S. ferner *E. Busch*, ZG 5 (1990), 307 (325), wonach Einwohnerzahl, Fläche, wirtschaftliche Leistungsfähigkeit, politische Bedeutung und historische Aspekte eine Rolle spielten.
[10] Die Regelung der WRV schließt an den Staatenausschuß von 1919 (→ Art. 50 Rn. 5 mit Fn. 28) an; bereits dort bestimmte sich die Stimmenzahl entsprechend der Bevölkerungsgröße des jeweiligen Landes nach einem besonderen, erstmalig abstrakten Berechnungsmodus (*W. Apelt*, DJZ 1919, 206 [206]).
[11] Art. 61 WRV in Verbindung mit dem Gesetz über die Vertretung der Länder im Reichsrat vom 24.3. 1921 (RGBl. S. 440).
[12] *Reuter*, Bundesrat (Fn. 5), S. 60.
[13] *Reuter*, Bundesrat (Fn. 5), S. 69f. m.w.N.
[14] S. dazu und zum Folgenden → Art. 50 Rn. 7f. m.w.N. sowie *Reuter*, Bundesrat (Fn. 5), S. 207ff.
[15] Zu dem weiteren Diskussionsschwerpunkt der Festlegung der Aufgaben und Befugnisse des Bundesrates, insb. der Festlegung des Verhältnisses zum Bundestag → Art. 50 Rn. 8.

rechnung allein auf die Bevölkerungszahl abzustellen, und wieder andere die Stimmenstaffelung nicht allein rein arithmetisch auf die Bevölkerungszahl ausrichten wollten. Nachdem der Herrenchiemseer Entwurf noch alternative Vorschläge für ein Bundesrats- und ein Senatssystem unterbreitet hatte[16], einigte man sich im Parlamentarischen Rat nach langwierigen Debatten schließlich auf die bis heute in wesentlichen Grundzügen unverändert gebliebene Konzeption eines Bundesratsmodells[17].

6 Im Zuge der **Wiedervereinigung** wurde allerdings der Wortlaut von Art. 51 II GG »beitrittsbedingt« geändert[18]. Abgesehen von geringfügigen sprachlichen Glättungen wurde damals zusätzlich zu der bis dahin geltenden Stimmenstaffelung die Kategorie der »Länder mit mehr als sieben Millionen Einwohnern« eingeführt und für diese die Zahl der Stimmen von bislang fünf auf sechs erhöht. Damit soll sichergestellt werden, daß die größeren Länder nicht unverhältnismäßig an Stimmengewicht einbüßen und auch künftig nicht mit einer Zwei-Drittel-Mehrheit überstimmt werden können[19].

B. Internationale, supranationale und rechtsvergleichende Bezüge

7 Da der Bundesrat eine spezifisch bundesstaatliche Einrichtung ist, lassen sich auf **inter- und supranationaler Ebene** naturgemäß keine »Parallelorgane« ausmachen[20]. Der im **europäischen Gemeinschaftsrecht** als Institution (auch) zur Vertretung von Länderbelangen errichtete **Ausschuß der Regionen** (→ Art. 50 Rn. 11) setzt sich aus 222 Mitgliedern zusammen, von denen auf die einzelnen Mitgliedstaaten nach ihrer Größe[21] unterschiedliche, konkret festgelegte Anteile entfallen; die Bundesrepublik Deutschland entsendet 24 Mitglieder (Art. 198a II [263 II n. F.] EGV). Die Ausschußmitglieder sind weisungsungebunden, üben ihre Tätigkeit »in voller Unabhängigkeit zum allgemeinen Wohl der Gemeinschaft aus« und werden vom Rat auf Vorschlag der jeweiligen Mitgliedstaaten durch einstimmigen Beschluß für die Dauer von vier Jahren ernannt (Art. 198a III–IV [263 III–IV n. F.] EGV). Die deutschen Mitglieder werden von den Ländern benannt und von der Bundesregierung dem Rat vorgeschlagen[22].

8 Im **Verfassungsvergleich** zeigt sich, daß Zusammensetzung, Stimmenzahl und Stimmenverteilung für die weiteren Kammern (→ Art. 50 Rn. 13) sehr unterschiedlich ge-

---

[16] Art. 65 ff. HChE.
[17] Vgl. zur Kontroverse »Bundesrats- oder Senatsprinzip« JöR 1 (1951), S. 387. Die damaligen Auseinandersetzungen wurden später in Reformdiskussionen neu belebt; vgl. etwa Schlußbericht der Enquete-Kommission Verfassungsreform, BT-Drs. 7/5924, S. 95 ff., der freilich im wesentlichen für die Beibehaltung der bisherigen Konzeption eintritt. Die Änderungsanregungen zu Art. 51 GG in VE-Kuratorium, S. 117 beschränken sich auf Formulierungen zur Frauengleichstellung.
[18] Einigungsvertragsgesetz vom 23. 9. 1990 (BGBl. II S. 885) in Verbindung mit Art. 4 Nr. 3 EV; zu Vor- und Entstehungsgeschichte der Neuregelung s. *E. Busch*, ZG 5 (1990), 307 (308 ff.) und *Reuter*, Bundesrat (Fn. 5), S. 234 f.
[19] *V. Busse*, DÖV 1991, 345 (350); *E. Klein*, DÖV 1991, 569 (573); *H. Weis*, AöR 116 (1991), 1 (28); *E. Busch*, ZG 5 (1990), 307 (317); kritisch *H. Meyer*, KritV 76 (1993), 399 (414 ff.).
[20] → Art. 50 Rn. 11.
[21] *R. Geiger*, EG-Vertrag, Kommentar, 2. Aufl., 1995, Art. 198a Rn. 3; kritisch *K. Hasselbach*, Der Ausschuß der Regionen in der Europäischen Union, 1996, S. 110 f.
[22] Dabei haben die Länder ein Beteiligungsverfahren für die Kommunen zu regeln, das sichert, daß diese auf Vorschlag der kommunalen Spitzenverbände mit drei gewählten Vertretern im Ausschuß der Regionen vertreten sind (§ 14 EUZBLG). Zur Benennung der Mitglieder durch die anderen Mitgliedstaaten s. *Hasselbach*, Ausschuß der Regionen (Fn. 21), S. 115 ff.

regelt sind. So setzt sich etwa in den USA der Senat aus zwei Senatoren eines jeden Staates zusammen, wobei jeder Senator eine Stimme besitzt; bis 1913 wurden die Senatoren nach dem sog. mittelbaren Repräsentationsprinzip[23] von der gesetzgebenden Körperschaft der Gliedstaaten gewählt, seither nach dem sog. Senatsprinzip unmittelbar durch das Volk[24]. In Österreich richtet sich die Zahl der auf die einzelnen Länder entfallenden Mitglieder des Bundesrates unter Garantie einer Mindestvertretung von drei Mitgliedern nach einem an der Bürgerzahl ausgerichteten Proporz; gewählt werden die Mitglieder von den Landtagen[25]. Nach Art. 80 Bundesverfassung der Schweizerischen Eidgenossenschaft besteht der Ständerat aus 44 Abgeordneten der Kantone, wobei jeder Kanton zwei Abgeordnete wählt, in den geteilten Kantonen jeder Landesteil einen Abgeordneten[26].

C. Erläuterungen

I. Allgemeine Bedeutung

Art. 51 GG hat **drei Regelungsgegenstände**: Mitgliedschaft, Stimmenzahl und -verteilung, Stimmabgabe. Durch sie wird das »Bundesratsprinzip« des Grundgesetzes in wesentlichen Teilen ausgeformt. Neben der – aus deutscher Sicht – traditionellen Stimmenstaffelung und dem Gebot der einheitlichen Stimmabgabe (Art. 51 II, III GG) ist vor allem Art. 51 I GG von übergeordneter Bedeutung. Die dort geregelte Zusammensetzung aus von den Landesregierungen bestellten Mitgliedern macht den Bundesrat nämlich zu einem »permanenten«[27] bzw. **»ewigen Organ«**[28]. Anders als etwa für den Bundestag (Art. 39 I GG) sind für ihn keine Wahlperioden vorgesehen. Die personelle Erneuerung erfolgt mehr oder weniger kontinuierlich durch das Ausscheiden bisheriger und die Bestellung neuer Mitglieder durch die Regierungen der Länder etwa nach einzelnen Landtagswahlen oder anderen politischen Ereignissen, die zu einer veränderten Zusammensetzung der jeweiligen Landesregierung geführt haben[29]. Rechtlich hat diese Gestaltung zur Folge, daß für die Tätigkeit des Bundesrates der für den Bundestag geltende (→ Art. 39 Rn. 22) **Grundsatz der sachlichen Diskontinuität keine Anwendung** findet[30].

9

Obschon der Bundesrat anfangs gelegentlich als »Fehlkonstruktion«[31] bezeichnet

10

---

[23] → Fn. 2.
[24] Vgl. Art. I Section 3 der Verfassung der Vereinigten Staaten von Amerika von 1787 und den 1913 in Kraft getretenen Zusatzartikel 17.
[25] Art. 34 f. Verfassung der Bundesrepublik Österreich.
[26] S. ergänzend etwa zur Entwicklung in Kanada *S. Schüttemeyer/R. Sturm*, ZParl. 23 (1992), 517 (525 f.).
[27] Z.B. *R. Herzog*, Zusammensetzung und Verfahren des Bundesrates, in: HStR II, § 46 Rn. 6.
[28] Z.B. *Reuter* (Fn. 7), § 56 Rn. 20.
[29] Statt vieler *W. Krebs*, in: v. Münch/Kunig, GG II, Art. 51 Rn. 5 und *Reuter* (Fn. 7), § 56 Rn. 20 ff., die ergänzend darauf hinweisen, daß die Kontinuität der Arbeit des Bundesrates auch rein äußerlich in der Durchnumerierung der Sitzungen des Plenums und seiner Ausschüsse zum Ausdruck kommt.
[30] *Herzog* (Fn. 27), § 46 Rn. 6; Jarass/Pieroth, GG, Art. 51 Rn. 2; *H. Maurer*, Der Bundesrat im Verfassungsgefüge der Bundesrepublik Deutschland, in: FS Winkler, 1997, S. 615 ff. (619); *D. Posser*, Der Bundesrat und seine Bedeutung, in: HdbVerfR, § 24 Rn. 14; *Stern*, Staatsrecht II, S. 125 sowie die Nachw. in Fn. 29.
[31] *E. Friesenhahn*, Parlament und Regierung im modernen Staat, VVDStRL 16 (1958), S. 9 ff. (50) u.a. unter Hinweis auf die Zusammensetzung aus Vertretern der Regierungen der Länder.

wurde und auch später immer wieder Reformüberlegungen angestellt wurden[32], dürfte als **aktueller Befund** die Einschätzung vorherrschen, daß sich die in Art. 51 GG enthaltenen Konstruktionselemente in der Staatspraxis im wesentlichen bewährt haben[33].

II. Mitgliedschaft (Art. 51 I GG)

11 Der Bundesrat setzt sich aus »Mitgliedern der Landesregierungen«[34] zusammen, nicht aus den Ländern[35]. Die **Mitgliedschaft der »Mitglieder der Regierungen der Länder«** stellt bereits der Wortlaut von Art. 51 I 1 GG unmißverständlich klar[36], vor allem aber die darin enthaltene sprachliche Abkehr von Art. 63 I 1 WRV[37]; zusätzlich läßt sie sich durch systematische Überlegungen absichern[38]. Die in Art. 51 III 2 GG vorgeschriebene einheitliche Stimmabgabe ändert daran nichts; sie vermag allenfalls faktisch, nicht aber rechtlich eine Annäherung an eine Mitgliedschaft der Länder[39] zu bewirken.

12 Die Mitgliedschaft im Bundesrat ist nach Art. 51 I 1 GG an zwei **Voraussetzungen** gebunden: Erstens muß die zu bestellende Person **Mitglied der jeweiligen Landesregierung** sein, also mit Sitz und Stimme der bestellenden Landesregierung angehören[40]. Diese Mitgliedschaft in der Landesregierung, zu der auch eine nur geschäftsführende Landesregierung gehört[41], bestimmt sich nach dem Landesverfassungsrecht[42]. Während in den Freistaaten Bayern und Sachsen auch die Staatssekretäre zur Landesregierung zählen[43] und in Baden-Württemberg auch Staatsräte und Staatssekretäre Stimmrecht in der Landesregierung haben können[44], sind in den übrigen Flächenstaaten nur die Ministerpräsidenten und Minister[45] und in den Stadtstaaten die (Ersten

---

[32] → Rn. 5 mit Fn. 17.

[33] Vgl. dazu etwa die zusammenfassende Würdigung von *Krebs* (Fn. 29), Art. 51 Rn. 16; ferner → Rn. 5 mit Fn. 17.

[34] BVerfGE 8, 104 (120); in der Sache ebenso *R. Scholz*, Landesparlamente und Bundesrat, in: FS Carstens, 1984, S. 831 ff. (840); *G. Paptistella*, APF 1998, 5 (6).

[35] Für die Mitgliedschaft der Länder aber *Maurer*, Bundesrat (Fn. 30), S. 617 f.; *v. Mangoldt/Klein*, GG, Art. 50 Anm. III.1; *Reuter* (Fn. 7), § 56 Rn. 2 ff.; *ders.*, Bundesrat (Fn. 5), S. 219; *U. Scholl*, Der Bundesrat in der deutschen Verfassungsentwicklung, 1982, S. 42; *A. Hanikel*, Die Organisation des Bundesrats, 1990, S. 81 ff.

[36] *Herzog* (Fn. 27), § 46 Rn. 1; vgl. aber auch *Stern*, Staatsrecht II, S. 134, wonach das Wort »bestehen« noch »jede Deutung« zulasse.

[37] *Krebs* (Fn. 29), Art. 51 Rn. 2.

[38] *T. Maunz*, in: Maunz/Dürig, GG, Art. 51 (1991), Rn. 5.

[39] Vgl. *Stern*, Staatsrecht II, S. 136; *D. Blumenwitz*, in: BK, Art. 51 (Zweitb. 1987), Rn. 1.

[40] *J. Jekewitz*, in: AK-GG, Art. 51 Rn. 2; *Blumenwitz* (Fn. 39), Art. 51 Rn. 8; a.A. *T. Maunz*, Die Rechtsstellung der Mandatsträger im Bundesrat, in: Bundesrat (Hrsg.), Der Bundesrat als Verfassungsorgan und politische Kraft, 1974, S. 193 ff. (199), der es für zulässig hält, daß eine Landesregierung Mitglieder einer anderen Landesregierung bestellt; s. aber auch *ders.* (Fn. 38), Art. 51 Rn. 7, 9.

[41] *Blumenwitz* (Fn. 39), Art. 51 Rn. 8 m.w.N.

[42] *Herzog* (Fn. 27), § 46 Rn. 3; *Jekewitz* (Fn. 40), Art. 51 Rn. 3; *Maunz*, Rechtsstellung (Fn. 40), S. 197.

[43] Art. 43 II, 50 II 2 BayVerf.; Art. 59 II SächsVerf.

[44] Art. 45 II 2, 4 Bad.-WürttVerf.

[45] Art. 82 BrandenbVerf.; Art. 100 HessVerf.; Art. 41 II Meckl.-VorpVerf.; Art. 28 II NdsVerf.; Art. 51 Nordrh.-WestfVerf.; Art. 98 I Rheinl.-PfälzVerf.; Art. 86 SaarlVerf.; Art. 64 I Sachs.-AnhVerf.; Art. 26 Schl.-HolstVerf.; Art. 70 II ThürVerf.

II. Mitgliedschaft (Art. 51 I GG)   Art. 51

bzw. Regierenden) Bürgermeister und Senatoren[46] Mitglieder der Landesregierung. Derzeit sind die »Regierungschefs« der Länder bzw. Stadtstaaten und daneben ganz überwiegend Minister bzw. Senatoren Mitglieder des Bundesrates[47].

Die Bundesratsmitgliedschaft setzt zweitens die **Bestellung durch die Landesregierung** voraus. Der Bestellungsakt hat konstitutive Wirkung[48], wobei die Landesregierungen zur Bestellung von wenigstens einem Mitglied durch das Grundgesetz verpflichtet sind[49]. Die Ausgestaltung eines solchen Bestellungsakts ist durch das Grundgesetz nicht vorgegeben; es bleibt daher grundsätzlich den Ländern überlassen, intern das Bestellungsverfahren zu regeln[50]. Verfassungsrechtlich unzulässig wäre es jedoch, dabei dem Landesparlament anstelle der Landesregierung die Entscheidung über die Bestellung zu überlassen, weil dies zu einer Annäherung an das vom Grundgesetz nicht verwirklichte »Senatsprinzip« führte[51]. Diesbezüglich sind aus der Rechtspraxis bisher allerdings keine Streitigkeiten bekannt geworden. Statt dessen wird aus der Verfassungspraxis mitgeteilt, daß die Landesregierungen seit langem dazu übergegangen seien, alle Mitglieder der Landesregierung als Mitglieder des Bundesrates zu benennen – die »Regierungschefs« und einen Teil der übrigen Kabinettsmitglieder entsprechend der Stimmenzahl des Landes als ordentliche Mitglieder und die restlichen Regierungsmitglieder als stellvertretende Mitglieder des Bundesrates[52].   13

Als actus contrarius zur Bestellung ist die **Abberufung** eines Bundesratsmitglieds durch die Landesregierung für die Beendigung der Mitgliedschaft ebenfalls konstitutiv[53]. **Weitere Beendigungsgründe** der Mitgliedschaft sind das Ausscheiden aus der Landesregierung, der Fristablauf bei einer nach Landesrecht befristeten Mitgliedschaft, der Tod des Mitglieds und auch der Verzicht des Betroffenen auf seine Bundesratsmitgliedschaft[54]; dagegen hat ein bloßer Ressortwechsel innerhalb einer Landesregierung keinen Einfluß auf die Mitgliedschaft im Bundesrat[55].   14

---

[46] Art. 55 II BerlVerf.; Art. 107 BremVerf.; Art. 33 I, II HambVerf.

[47] Eine Ausnahme bildet die Landesregierung von Baden-Württemberg, die einen Staatssekretär als Bundesratsmitglied bestellt hat; vgl. Bundesrat (Hrsg.), Handbuch des Bundesrates für das Geschäftsjahr 1996/97, 1997, S. 188 ff.

[48] Die in § 1 GOBR vorgesehene Mitteilung an den Bundesratspräsidenten hat nur deklaratorische Bedeutung (*Blumenwitz* [Fn. 39], Art. 51 Rn. 10 m. w. N.).

[49] Teilweise wird allerdings angenommen, daß die Landesregierungen die den Ländern nach Art. 51 II, III GG zustehende Anzahl von Mitgliedern bestellen müssen; so etwa *Blumenwitz* (Fn. 39), Art. 51 Rn. 10; *Maunz* (Fn. 38), Art. 51 Rn. 14. Demgegenüber ist jedoch darauf hinzuweisen, daß Art. 51 III 1 GG als »Kann-Vorschrift« ausgestaltet ist und deshalb keine Pflicht zur Bestellung einer der Stimmenzahl entsprechenden Mitgliederzahl besteht; außerdem muß es in der bundesstaatlichen Ordnung des Grundgesetzes den Ländern überlassen bleiben zu entscheiden, ob und in welchem Umfang sie über die Erfüllung bundesstaatlicher Mindestanforderungen hinaus auf den Gesamtstaat Einfluß nehmen wollen. Im Ergebnis wie hier etwa Jarass/*Pieroth*, GG, Art. 51 Rn. 2; *Krebs* (Fn. 29), Art. 51 Rn. 4; *Reuter*, Bundesrat (Fn. 5), S. 218; *G. Robbers*, in: Sachs, GG, Art. 51 Rn. 5.

[50] *Blumenwitz* (Fn. 39), Art. 51 Rn. 9.

[51] Näheres dazu bei *Maunz*, Rechtsstellung (Fn. 40), S. 198; vgl. auch *Stern*, Staatsrecht II, S. 161.

[52] *Reuter* (Fn. 7), § 56 Rn. 18; s. auch Bundesrat (Hrsg.), Handbuch (Fn. 47), S. 188.

[53] *Reuter* (Fn. 7), § 56 Rn. 14, der in Rn. 18 ergänzend darauf hinweist, daß Abberufungen in der Praxis bislang nicht zu verzeichnen waren.

[54] Vgl. *Hanikel*, Organisation (Fn. 35), S. 126 f.; *Blumenwitz* (Fn. 39), Art. 51 Rn. 13; *Reuter*, Bundesrat (Fn. 5), S. 228 f.; *Robbers* (Fn. 49), Art. 51 Rn. 2; demgegenüber hält *Maunz* (Fn. 38), Art. 51 Rn. 11 mit Fn. 2 einen isolierten Verzicht auf die Bundesratsmitgliedschaft für unzulässig.

[55] Schmidt-Bleibtreu/*Klein*, GG, Art. 51 Rn. 3.

Art. 51 C. Erläuterungen

15 Anders als in den Ausschüssen (→ Art. 52 Rn. 23 ff.) können die ordentlichen Mitglieder im Bundesrat nur durch andere Mitglieder ihrer Regierungen vertreten werden (Art. 51 I 2 GG). Hinsichtlich dieser **Vertretungsregelung** ist umstritten, ob die Stellvertreter schon auf Grund ihrer Amtsstellung ohne besonderen Bestellungsakt »geborene« stellvertretende Bundesratsmitglieder sind[56] oder auch für sie das Erfordernis eines konstitutiven Bestellungsakts gilt[57]; praktische Bedeutung hat diese Kontroverse derzeit nicht, weil alle Mitglieder der Landesregierungen entweder als ordentliche oder stellvertretende Bundesratsmitglieder bestellt sind[58]. Die Stellvertreter besitzen die gleichen Rechte und Pflichten wie die ordentlichen Mitglieder des Bundesrates; demgemäß stellt § 46 GOBR ausdrücklich klar, daß auch die Stellvertreter Mitglieder des Bundesrates und seiner Ausschüsse im Sinne der GOBR sind.

16 Die **Rechtsstellung der Bundesratsmitglieder**[59] ist im Grundgesetz nur teilweise ausdrücklich geregelt. Art. 43 II GG normiert für sie ein Zutritts- und Rederecht im Bundestag[60], und nach Art. 93 I Nr. 1 GG sind sie im Organstreitverfahren beteiligtenfähig. Hinzu kommen Mitwirkungsrechte im Bundesrat, die im Grundgesetz zwar nicht explizit normiert, dort aber vorausgesetzt sind und teilweise in der GOBR ausgeformt werden[61]. Bei ihrem **Abstimmungsverhalten** im Bundesrat sind die Mitglieder **weisungsgebunden**; anders als die Mitglieder des Bundestages (Art. 38 I 2 GG) besitzen sie also kein freies Mandat[62]. Dies ergibt sich aus der Abberufungsmöglichkeit (Art. 51 I 1 GG) und dem Gebot der einheitlichen Stimmabgabe (Art. 51 III 2 GG) sowie aus einem Rückschluß aus Art. 53a I 3, 77 II 3 GG, die als Ausnahmevorschriften für die Mitglieder des Bundesrates im Gemeinsamen Ausschuß bzw. im Vermittlungsausschuß eine Weisungsgebundenheit ausschließen. (→ Art. 53a Rn. 11; → Art. 77 Rn. 19).

17 Die Mitgliedschaft im Bundesrat ist nach Art. 55, 94 I 3 GG inkompatibel mit dem Amt des Bundespräsidenten und der Zugehörigkeit zum Bundesverfassungsgericht. In Art. 66 GG, § 4 BMinG ist außerdem **Inkompatibilität** mit den Ämtern des Bundeskanzlers und der Bundesminister angeordnet. Ganz überwiegend wird darüber hinaus

---

[56] So *Herzog* (Fn. 27), § 46 Rn. 4; *Maunz*, Rechtsstellung (Fn. 40), S. 200; *ders.* (Fn. 38), Art. 51 Rn. 12; *Jarass/Pieroth*, GG, Art. 51 Rn. 2.

[57] So zutreffend z.B. *Blumenwitz* (Fn. 39), Art. 51 Rn. 11; *Hanikel*, Organisation (Fn. 35), S. 127 f.; *Krebs* (Fn. 29), Art. 51 Rn. 6; *Scholl*, Verfassungsentwicklung (Fn. 35), S. 52 f.; *Stern*, Staatsrecht II, S. 135.

[58] Bundesrat (Hrsg.), Handbuch (Fn. 47), S. 188; → Rn. 13.

[59] S. dazu etwa *Hanikel*, Organisation (Fn. 35), S. 114 ff., 128 ff.; *Krebs* (Fn. 29), Art. 51 Rn. 7 ff.; *Maunz* (Fn. 38), Art. 51 Rn. 14 ff.; *Reuter*, Bundesrat (Fn. 5), S. 245 ff.; *ders.* (Fn. 7), § 56 Rn. 46 ff.; *Robbers* (Fn. 49), Art. 51 Rn. 8 ff.; *Stern*, Staatsrecht II, S. 161 ff.

[60] Dazu eingehender C. *Arndt*, ZParl. 7 (1976), 317 ff.; H. *Hablitzel*, BayVBl. 1979, 1 ff., 39 ff.; W. *Steffani*, ZParl. 7 (1976), 322 ff.; D. *Wilke/B. Schulte*, Der Bundestag als Forum des Bundesrates, in: GS F. Klein, 1977, S. 574 ff.; *dies.*, ZParl. 8 (1977), 413 ff. Beauftragte können diese Rechte ebenfalls wahrnehmen, wobei das beauftragende Organ selbst entscheiden kann, wer Beauftragter ist; dazu H.-J. *Vonderbeck*, DÖV 1976, 555 (557).

[61] Vgl. etwa §§ 4 (Ausweise, Fahrkarten), 19 (Fragerecht), 40 (Recht der Teilnahme an Verhandlungen der Ausschüsse und Unterausschüsse) GOBR. Auf einfach-gesetzlicher Ebene enthalten Sondervorschriften für Bundesratsmitglieder u.a. §§ 382 II, 402 ZPO, §§ 50 I, 72 StPO, §§ 90b, 105, 106, 106b StGB. S. zum Ganzen eingehender *Reuter*, Bundesrat (Fn. 5), S. 251 ff.

[62] Z.B. *Krebs* (Fn. 29), Art. 51 Rn. 8; *Maunz* (Fn. 38), Art. 51 Rn. 15 ff.; G. *Paptistella*, APF 1998, 5 (7); s. zur Weisungsgebundenheit bei der Stimmabgabe und zu den Rechtsfolgen weisungswidriger Stimmabgabe auch → Rn. 23.

auch ein grundgesetzliches **Verbot der Doppelmitgliedschaft in Bundesrat und Bundestag** angenommen[63], das durch unterbundesverfassungsrechtliche Normen in § 2 GOBR und in einigen Landesverfassungen ausdrücklich geregelt ist[64]. Begründet wird dies vor allem mit dem Konkurrenz- und Kontrollverhältnis von Bundesrat und Bundestag. Bei gleichzeitiger Mitgliedschaft in Bundesrat und Bundestag sei eine unabhängige Willensbildung innerhalb der Organe und damit eine effektive Kontrolle gefährdet; die Inkompatibilität ergebe sich deshalb bereits aus ungeschriebenem Verfassungsrecht. Unbestritten geblieben ist diese Argumentation freilich nicht[65]. Die Kritik macht insb. das Gebot einer einschränkenden Auslegung von Inkompatibilitätsvorschriften geltend, weist darauf hin, daß angesichts der ausdrücklichen Inkompatibilitätsregelungen im Grundgesetz das Fehlen entsprechender Normen für die Doppelmitgliedschaft in Bundesrat und Bundestag zumal unter Berücksichtigung der historischen Entwicklung nicht belanglos sei, daß auch bei Bundesregierung und Bundestag trotz des zwischen diesen beiden Organen bestehenden Kontrollverhältnisses nicht von einem bundesverfassungsrechtlichen Verbot der Doppelmitgliedschaft ausgegangen werde und zudem etwaige Interessenkollisionen anderweitig »entstört« werden könnten. Daher sei eine Inkompatibilität zwischen der Mitgliedschaft in Bundesrat und Bundestag vom Grundgesetz nicht zwingend vorgegeben (→ Art. 66 Rn. 17 ff.).

Im Gegensatz zu den Mitgliedern des Bundestages (Art. 46, 47 GG) genießen die Bundesratsmitglieder weder **Immunität** noch **Indemnität**; auch ist ihnen kein **Zeugnisverweigerungsrecht** eingeräumt[66]. Diese Rechtslage geht auf eine bewußte Entscheidung des Parlamentarischen Rates zurück[67], wird verfassungspolitisch heute jedoch zum Teil als unbefriedigend empfunden[68]. **18**

III. Stimmenzahl und Stimmenverteilung (Art. 51 II GG)

In Anlehnung an die deutsche Verfassungstradition (→ Rn. 3, 5 f.) orientiert sich Art. 51 II GG an dem Grundgedanken einer »abgestuften Gleichheit« der Länder[69] und macht die **Stimmenzahl** der einzelnen Länder von der Anzahl der jeweiligen »Einwohner«, zu denen auch Ausländer und Staatenlose gerechnet werden[70], abhängig. Für die Berechnung sind nach § 27 GOBR die Ergebnisse der amtlichen Bevölkerungsfortschreibung maßgebend, sofern nicht die Ergebnisse einer amtlichen Volkszählung vorliegen. Danach beträgt die Gesamtstimmenzahl[71] derzeit 69 Stimmen. **19**

---

[63] *D. Tsatsos*, Die Unzulässigkeit der Kumulation von Bundestags- und Bundesratsmandat, 1965; *K. J. Partsch/W. E. Genzer*, AöR 76 (1950/51), 186 ff.; *Blumenwitz* (Fn. 39), Art. 51 Rn. 23; *Jarass/Pieroth*, GG, Art. 51 Rn. 3; *Jekewitz* (Fn. 40), Art. 51 Rn. 6; *Stern*, Staatsrecht II, S. 161 f.
[64] Art. 41 III Meckl.-VorpVerf.; Art. 28 III NdsVerf.; Art. 64 IV Nordrh.-WestfVerf.; Art. 64 II Sachs.-AnhVerf.
[65] S. zur Kritik insb. *Krebs* (Fn. 29), Art. 51 Rn. 10 m. w. N.; zweifelnd, im Ergebnis allerdings unentschieden *Robbers* (Fn. 49), Art. 51 Rn. 6.
[66] Eingehender *Reuter*, Bundesrat (Fn. 5), S. 252 f. m. w. N. → Art. 46 Rn. 11; → Art. 47 Rn. 6.
[67] Vgl. JöR 1 (1951), S. 381.
[68] Vgl. zur rechtspolitischen Diskussion etwa *Krebs* (Fn. 29), Art. 51 Rn. 9; *Reuter*, Bundesrat (Fn. 5), S. 252 f. m. w. N.
[69] Vgl. *Krebs* (Fn. 29), Art. 51 Rn. 12.
[70] *Reuter*, Bundesrat (Fn. 5), S. 235; *Robbers* (Fn. 49), Art. 51 Rn. 12.
[71] Von den insgesamt 69 Stimmen entfallen auf Baden-Württemberg, Bayern, Niedersachsen und Nordrhein-Westfalen je sechs, auf Hessen fünf, auf Berlin, Brandenburg, Rheinland-Pfalz, Sachsen, Sachsen-Anhalt, Schleswig-Holstein und Thüringen je vier sowie auf Bremen, Hamburg,

20 Die auf den ersten Blick eher unscheinbare Norm hat sich in jüngerer Zeit politisch wie rechtlich als außerordentlich brisant erwiesen. Vor dem Hintergrund des »hessischen ›Einwohner-Sprungs‹«[72], der Anfang 1996 zu einer Veränderung der (partei-)politischen Mehrheitsverhältnisse im Bundesrat führte[73], wird nämlich neuerdings die **Einbeziehung von Ausländern** bei der Berechnung der Einwohnerzahlen (→ Rn. 19) für **verfassungswidrig** gehalten, weil sie gegen den Grundsatz der Volkssouveränität (→ Art. 20 [Demokratie] Rn. 58ff., 76ff.) und gegen das Prinzip demokratischer Gleichheit verstoße[74]. Doch zeigt eine genauere Normanalyse, daß bei der Berechnung des Stimmenverhältnisses im Bundesrat das Demokratieprinzip durch das bundesstaatliche Prinzip überlagert ist; gegen die Berücksichtigung von Ausländern ist daher in der Sache verfassungsrechtlich nichts zu erinnern[75]. **Verfassungsrechtlich prekäre Problemfelder der bisherigen Praxis der Stimmenverteilung** liegen hingegen an anderer Stelle, nämlich insb. bei der fehlenden gesetzlichen Regelung des Einwohnerbegriffs und des Verfahrens zur Ermittlung der Einwohnerzahlen[76]. Denn der Verfassungstext trifft keine Aussage dazu, (1) wer (2) zu welchem Zeitpunkt (3) an Hand welcher Erhebungen oder Unterlagen (4) in welchem Verfahren die Berechnung der Einwohnerzahlen verbindlich vorzunehmen und (5) in welcher Form die daraus zu ziehenden Konsequenzen festzustellen bzw. zu veröffentlichen hat; oder anders: Organisation und Verfahren der Stimmenzuordnung sind auf Verfassungsebene nicht ausdrücklich geregelt. Dieser Befund legt es jedenfalls verfassungspolitisch nahe, unter Hinweis auf die Wesentlichkeitsrechtsprechung dafür wenigstens in den Grundzügen eine Regelung durch den parlamentarischen Gesetzgeber zu fordern; die derzeit auf § 27 GOBR gestützte Praxis genügt dieser Forderung nicht.

IV. Stimmabgabe (Art. 51 III GG)

21 Wegen der Einstellung in Art. 51 III GG und der daraus resultierenden systematischen Verknüpfung mit der Stimmabgabe bezieht sich das in Art. 51 III 1 GG geregelte **Entsendungsrecht** – anders als das Recht zur Bestellung der Bundesratsmitglieder (Art. 51 I 1 GG) – auf einzelne Sitzungen des Bundesrates[77]. Für die Stimmabgabe ist es ausrei-

---

Mecklenburg-Vorpommern und das Saarland je drei Stimmen (Bundesrat [Hrsg.], Handbuch [Fn. 47], S. 188).

[72] *C. Deecke*, Verfassungsrechtliche Anforderungen an die Stimmenverteilung im Bundesrat, 1998, S. 18.

[73] Im Januar 1996 wurden für Hessen rund 5.000 Einwohner mehr als im Vormonat gezählt. Dadurch erhöhte sich die Bevölkerungszahl Hessens auf 6.000.669 Einwohner mit der Folge, daß Hessen statt der bisher vier nunmehr fünf Stimmen im Bundesrat besitzt, und zwar mit Auswirkungen auf die (partei-)politischen Mehrheitsverhältnisse: Durch die zusätzliche Stimme Hessens ging die Mehrheit auf die von SPD alleine oder zusammen mit Bündnis 90/Die Grünen »regierten« Länder über. Zu alledem eingehender *Deecke*, Stimmenverteilung (Fn. 72), S. 18ff.

[74] So *T. Maunz/R. Scholz*, in: Maunz/Dürig, GG, Art. 51 (1996), Rn. 3; aus ähnlichen Erwägungen forderte bereits in der Weimarer Republik *C. Bilfinger*, Bedeutung und Zusammensetzung (des Reichsrats), in: HdbDStR, Bd. I, S. 545ff. (555f.) eine »Remedur« der damaligen Regelung. S. zur aktuellen Kontroverse auch *G. Paptistella*, APF 1998, 5 (7).

[75] Näheres bei *Deecke*, Stimmenverteilung (Fn. 72), insb. S. 71ff., 92ff., 146.

[76] Dazu eingehend *Deecke*, Stimmenverteilung (Fn. 72), S. 134ff., 138ff. unter Hinweis auf die unzureichende geschäftsordnungsrechtliche Regelung.

[77] *Jarass/Pieroth*, GG, Art. 51 Rn. 5; *Jekewitz* (Fn. 40), Art. 51 Rn. 9; *Robbers* (Fn. 49), Art. 51 Rn. 14; a.A. *Maunz* (Fn. 38), Art. 51 Rn. 14.

chend, wenn ein ordentliches oder stellvertretendes Bundesratsmitglied **anwesend**[78] ist, das alle Stimmen seines Landes als sog. Stimmführer abgibt[79]; ausgeschlossen ist dagegen, daß die Stimmen eines Landes durch ein Bundesratsmitglied eines anderen Landes als Vertreter abgegeben werden[80].

Art. 51 III 2 GG gebietet eine **ländereinheitliche Stimmabgabe**, d.h. alle Stimmen eines Landes müssen gleichlautend abgegeben werden: Ja, Nein oder Enthaltung[81]. Ein Stimmensplitting ist daher ebenso unzulässig wie die Stimmenthaltung einzelner Mitglieder eines Landes[82]. Werden die Stimmen eines Landes gleichwohl uneinheitlich abgegeben, ist die Stimmabgabe ungültig[83]. Insoweit sind differenzierende Lösungen[84] wegen des klaren Wortlauts ausgeschlossen[85]. 22

Obgleich das Grundgesetz die **Weisungsgebundenheit der Bundesratsmitglieder** nicht ausdrücklich regelt, sind sie weisungsgebunden[86]. Weisungsbefugt sind die jeweiligen **Landesregierungen**, die zur Ausübung dieser Befugnis allerdings nicht verpflichtet sind[87]. Die Zuständigkeit der Landesregierung macht Instruktionen der Bundesratsmitglieder durch das Landesparlament oder gar das Landesvolk (Volksabstimmung) unzulässig[88]. Die parlamentarische Verantwortlichkeit der Landesregierungen gegenüber ihren Landesparlamenten für das Stimmverhalten im Bundesrat bleibt davon freilich unberührt[89]. 23

In der Verfassungspraxis sind in den Ländern **Koalitionsvereinbarungen** über das Abstimmungsverhalten im Bundesrat verbreitet[90]. Sofern sie nicht konkrete Festlegungen für bestimmte Gesetzgebungsvorhaben enthalten, sehen sie für Fälle unausräumbarer Meinungsverschiedenheiten zwischen den Koalitionspartnern vor, daß 24

---

[78] Schriftliche oder mit den Mitteln der Telekommunikation vorgenommene Stimmabgaben sind daher unzulässig; vgl. etwa *Scholl*, Verfassungsentwicklung (Fn. 35), S. 55; *Reuter*, Bundesrat (Fn. 5), S. 237.
[79] Z.B. *Blumenwitz* (Fn. 39), Art. 51 Rn. 30 mit Hinweis auf die gewohnheitsrechtliche Anerkennung dieses Verhaltens.
[80] *Maunz*, Rechtsstellung (Fn. 40), S. 208.
[81] *Reuter*, Bundesrat (Fn. 5), S. 236; zumindest mißverständlich Jarass/*Pieroth*, GG, Art. 51 Rn. 6: »Stimmenthaltungen sind unzulässig«.
[82] Z.B. *Blumenwitz* (Fn. 39), Art. 51 Rn. 29; *Krebs* (Fn. 29), Art. 51 Rn. 13.
[83] Z.B. Jarass/*Pieroth*, GG, Art. 51 Rn. 6; *Jekewitz* (Fn. 40), Art. 51 Rn. 10.
[84] S. dazu etwa *Stern*, Staatsrecht II, S. 137, der bei ungleicher Stimmabgabe die Stimme des Kabinettsvorsitzenden für ausschlaggebend halten will, und *v. Mangoldt/Klein*, GG, Art. 51 Anm. III.4 b, wonach eine Wiederholung der Stimmabgabe möglich sein soll; unentschieden *Blumenwitz* (Fn. 39), Art. 51 Rn. 29.
[85] Wie hier Jarass/*Pieroth*, GG, Art. 51 Rn. 6; *Krebs* (Fn. 29), Art. 51 Rn. 13; *Robbers* (Fn. 49), Art. 51 Rn. 14.
[86] BVerfGE 8, 104 (120f.); s. aus der Literatur statt vieler *Reuter*, Bundesrat (Fn. 5), S. 239f.; zur Begründung → Rn. 16. Weisungswidrige Stimmabgaben sind allerdings gültig (*Blumenwitz* [Fn. 39], Art. 51 Rn. 16; Jarass/*Pieroth*, GG, Art. 51 Rn. 6).
[87] *Blumenwitz* (Fn. 39), Art. 51 Rn. 16.
[88] Vgl. BVerfGE 8, 104 (120f.); StGH Bad.-Württ. ESVGH 36, 161 (163); *Maunz* (Fn. 38), Art. 51 Rn. 18; *Scholz*, Landesparlamente (Fn. 34), S. 839ff.; *O. Kratzsch*, DÖV 1975, 109 (111f.); *Maurer*, Bundesrat (Fn. 30), S. 618f.; a.A. *H.-W. Arndt*, VBlBW 1986, 416 (418 – kritisch zu StGH Bad.-Württ., a.a.O.); *v. Mangoldt/Klein*, GG, Art. 51 Anm. IV.3 b; differenzierend *Stern*, Staatsrecht II, S. 138f.
[89] BVerfGE 8, 104 (121); *J. Linck*, DVBl. 1974, 861 (863).
[90] Vgl. etwa *Posser* (Fn. 30), § 24 Rn. 71ff.; *Reuter*, Bundesrat (Fn. 5), S. 119f. Fn. 14.

sich das Land mit seinen Stimmen im Bundesrat enthält[91], neuerdings auch einen mit einer Rotation gekoppelten Losentscheid[92]. Stuft man solche Koalitionsvereinbarungen nicht ohnehin als unverbindlich ein[93], so sind sie jedenfalls verfassungsrechtlich unzulässig, wenn sie generell die Entscheidungsmöglichkeit der Landesregierung ausschließen[94]. Dagegen wird die Verständigung auf politische Vorgaben für bestimmte Projekte und Gesetzgebungsvorhaben als zulässig angesehen, weil dadurch das Entscheidungsrecht der Landesregierung nicht aufgehoben wird und solche Vereinbarungen politische Bestandsvoraussetzungen koalitionsgebildeter Landesregierungen sind[95]; auch im übrigen sind die konventionellen »Bundesratsklauseln« im Schrifttum heute überwiegend akzeptiert[96].

D. Verhältnis zu anderen GG-Bestimmungen

25   Zusammen mit **Art. 52, 53 GG** konkretisiert Art. 51 GG den in **Art. 50 GG** nur grundsätzlich konturierten Bundesrat (→ Art. 50 Rn. 14) durch organisations- und verfahrensrechtliche Ausgestaltung (Mitgliedschaft, Stimmenzahl und -verteilung, Stimmabgabe). Die Rechtsstellung der Bundesratsmitglieder ist weder in Art. 51 GG noch im IV. Abschnitt des Grundgesetzes abschließend geregelt; vielmehr finden sich dazu wichtigere weitere Aussagen z.B. in **Art. 43 II, 53a I 3, 77 II 3, 93 I Nr. 1 GG** (→ Rn. 16). Als Konkretisierung von Art. 50 GG weist auch Art. 51 GG Bezüge zum **bundesstaatlichen**, **demokratischen** und **rechtsstaatlichen Prinzip** des Grundgesetzes (→ Art. 50 Rn. 31) auf. Die Ausgestaltung des Bundesrats durch Art. 51 GG ist durch **Art. 79 III GG** einer Verfassungsänderung nicht entzogen[97]; tiefgreifende strukturelle Änderungen sind in der derzeitigen verfassungspolitischen Ambiance und im Hinblick auf die hierfür benötigte Mehrheit auch von zwei Dritteln der Stimmen des Bundesrates → Art. 79 II Rn. 17) allerdings kaum zu erwarten.

---

[91] Dabei wirkt die Stimmenthaltung wie eine Nein-Stimme, weil der Bundesrat nach Art. 52 III 1 GG seine Beschlüsse mit mindestens der Mehrheit seiner Stimmen faßt.

[92] So das »Wechselstimmverfahren« nach der Mainzer Bundesratsklausel in der Koalitionsvereinbarung von SPD und F.D.P.; dazu *S. Jutzi*, ZRP 1996, 380 ff. und *R. Zuck*, NJW 1997, 297 ff.

[93] *Blumenwitz* (Fn. 39), Art. 51 Rn. 16; vgl. allgemein auch *H. Schulze-Fielitz*, JA 1992, 332 (334 ff.) m.w.N.

[94] *Reuter*, Bundesrat (Fn. 5), S. 242.

[95] Vgl. *Robbers* (Fn. 49), Art. 51 Rn. 11.

[96] Vgl. *W.-R. Bandorf*, ZRP 1977, 81 (83 f.); *Posser* (Fn. 30), § 24 Rn. 71; zur bundes- und landesverfassungsrechtlichen Problematik speziell der »Mainzer Klausel« s. *S. Jutzi*, ZRP 1996, 380 (383 ff.); vgl. dazu auch *R. Zuck*, NJW 1997, 297 ff.

[97] Vgl. *Reuter*, Bundesrat (Fn. 5), S. 98 f., der allerdings eine aus Senatoren mit freiem Mandat gebildete Körperschaft anstelle des Bundesrates mit Art. 79 III GG für »schwerlich vereinbar« hält; für die verfassungsrechtliche Zulässigkeit der Umwandlung des föderativen Organs in einen Senat *A. Elgeti*, Inhalt und Grenzen der Föderativklausel des Art. 79 III GG, 1968, S. 69 ff. → Art. 50 Rn. 31; → Art. 79 III Rn. 19.

Artikel 52 [Organisation und Verfahren]

(1) Der Bundesrat wählt seinen Präsidenten auf ein Jahr.

(2) ¹Der Präsident beruft den Bundesrat ein. ²Er hat ihn einzuberufen, wenn die Vertreter von mindestens zwei Ländern oder die Bundesregierung es verlangen.

(3) ¹Der Bundesrat faßt seine Beschlüsse mit mindestens der Mehrheit seiner Stimmen. ²Er gibt sich eine Geschäftsordnung. ³Er verhandelt öffentlich. ⁴Die Öffentlichkeit kann ausgeschlossen werden.

(3a) Für Angelegenheiten der Europäischen Union kann der Bundesrat eine Europakammer bilden, deren Beschlüsse als Beschlüsse des Bundesrates gelten; Artikel 51 Abs. 2 und 3 Satz 2 gilt entsprechend.

(4) Den Ausschüssen des Bundesrates können andere Mitglieder oder Beauftragte der Regierungen der Länder angehören.

Literaturauswahl

Hanikel, Andreas: Die Organisation des Bundesrates, 1991.
Pfitzer, Albert: Die Organisation des Bundesrates, in: Bundesrat (Hrsg.), Der Bundesrat als Verfassungsorgan und politische Kraft, 1974, S. 173–191.
Schütz, Hans-Joachim: Die EG-Kammer – Delegationsbefugnis und Geschäftsordnungsautonomie des Bundesrates, in: NJW 1989, S. 2160–2165.

S. auch die Angaben zu Art. 50, 51, 53 GG.

Leitentscheidungen des Bundesverfassungsgerichts

Siehe die Angaben zu Art. 50 GG.

Gliederung

	Rn.
A. Herkunft, Entstehung, Entwicklung	1
I. Ideen- und verfassungsgeschichtliche Aspekte	1
II. Entstehung und Veränderung der Norm	6
B. Internationale, supranationale und rechtsvergleichende Bezüge	8
C. Erläuterungen	11
I. Allgemeine Bedeutung	11
II. Wahl des Bundesratspräsidenten und Amtsdauer (Art. 52 I GG)	12
III. Einberufung des Bundesrates (Art. 52 II GG)	17
IV. Mehrheit, Geschäftsordnung, Öffentlichkeit (Art. 52 III GG)	18
V. Europakammer (Art. 52 IIIa GG)	21
VI. Bundesratsausschüsse (Art. 52 IV GG)	23
D. Verhältnis zu anderen GG-Bestimmungen	26

A. Herkunft, Entstehung, Entwicklung

I. Ideen- und verfassungsgeschichtliche Aspekte

1 Ähnlich wie Art. 51 GG (→ Art. 51 Rn. 1) enthält auch Art. 52 GG **organisations- und verfahrensrechtliche Konkretisierungen** (→ Art. 50 Rn. 14) für den Bundesrat. Sie beschäftigen sich mit der Wahl des Bundesratspräsidenten, der Einberufung des Bundesrats, der Beschlußfassung, der GO, dem Öffentlichkeitsgrundsatz, der Europakammer und den Bundesratsausschüssen. Mit Ausnahme der erst nachträglich in das Grundgesetz aufgenommenen Europakammer (→ Rn. 7, 9, 21f.) haben all diese Regelungsgegenstände in der verfassungsrechtsgeschichtlichen Entwicklung[1] Tradition:

2 Im Gegensatz zu § 110 Paulskirchenverfassung[2], wonach das Staatenhaus seinen **Präsidenten** selbst **wählen** sollte, stand nach Art. 15 der Reichsverfassung von 1871 der Vorsitz im Bundesrat dem Reichskanzler zu, der vom Kaiser zu ernennen war. Im Reichsrat der Weimarer Republik führte ein Mitglied der Reichsregierung den Vorsitz (Art. 65 WRV).

3 Für die Sitzungen des aus »Staatenhaus« und »Volkshaus« bestehenden Reichstages enthielt die Paulskirchenverfassung vergleichsweise detailliertere Regelungen. Danach sollte etwa bei der **Einberufung** vom Reichsoberhaupt die Zeit der Zusammenkunft angegeben werden; auch war die Möglichkeit vom Reichsoberhaupt einzuberufender außerordentlicher Sitzungen des Reichstages vorgesehen[3]. Nach Art. 12ff. der Reichsverfassung von 1871 stand es dem Kaiser zu, den Bundesrat zu berufen, zu eröffnen, zu vertagen und zu schließen; die alljährliche Einberufung des Bundesrates war jedoch vorgeschrieben, und eine Einberufung mußte erfolgen, sobald dies von einem Drittel der Stimmenzahl verlangt wurde. Für die Einberufung des Reichsrats der Weimarer Republik war die Reichsregierung zuständig, die auf Verlangen von einem Drittel seiner Mitglieder zur Einberufung verpflichtet war (Art. 64 WRV).

4 Zur **Beschlußfassung** im Staatenhaus war die Teilnahme wenigstens der Hälfte der gesetzlichen Mitgliederzahl und die einfache Mehrheit erforderlich; das Recht, sich selbst eine **Geschäftsordnung** zu geben, wurde ausdrücklich anerkannt, und für die Sitzungen war der **Öffentlichkeitsgrundsatz** vorgeschrieben, gleichzeitig aber die Option für vertrauliche Sitzungen eröffnet (§§ 98, 111, 116 Paulskirchenverfassung). Nach der Reichsverfassung von 1871 erfolgte die Beschlußfassung im Bundesrat grundsätzlich mit einfacher Mehrheit, wobei im Falle der Stimmengleichheit die (preußische) Präsidialstimme den Ausschlag gab (Art. 7 III); Vorschlags- und Vortragsrechte der Bundesglieder waren in Art. 7 II geregelt. Bei Abstimmungen des Reichsrats der Weimarer Republik entschied die einfache Mehrheit; der Reichsrat tagte in seinen Vollsitzungen öffentlich und regelte seinen Geschäftsgang durch eine Geschäftsordnung, nach deren Maßgabe u. a. die Öffentlichkeit für einzelne Beratungsgegenstände ausgeschlossen werden konnte (Art. 66 WRV).

5 Ausdrückliche Regelungen über **Ausschüsse** finden sich zunächst in Art. 8 der Reichsverfassung von 1871; danach waren für bestimmte Materien dauernde Aus-

---

[1] Dazu allgemein → Art. 50 Rn. 3ff.
[2] → Art. 50 Rn. 3.
[3] § 104 Paulskirchenverfassung; vgl. im übrigen zu Auflösung, Vertagung und Bestimmung des Endes der Sitzungsperioden §§ 105ff. Paulskirchenverfassung.

schüsse zu bilden, in denen außer dem Präsidium jeweils mindestens vier Bundesstaaten vertreten waren, die abweichend von der Stimmengewichtung im »Plenum« jeweils nur eine Stimme besaßen. Art. 62 WRV sah für den Reichsrat die Bildung von Ausschüssen vor, in denen, wiederum abweichend von dem Stimmenverhältnis im Plenum, kein Land mehr als eine Stimme führte.

II. Entstehung und Veränderung der Norm

Sowohl im Verfassungskonvent von Herrenchiemsee als auch im Parlamentarischen Rat wurden die Regelungsgegenstände des späteren Art. 52 GG (→ Rn. 1) zum Teil kontrovers diskutiert und redaktionell wiederholt umformuliert[4]. Hervorzuheben sind einige der in den **Verfassungsberatungen** erörterten Alternativen für die Bestimmung des Bundesratspräsidenten, nämlich erstens die Wahl aus der Mitte des Bundesrates für die Dauer eines Jahres, wobei eine sofortige Wiederwahl unzulässig sein sollte, zweitens die Zuwahl des Bundesratspräsidenten für die Dauer von drei Jahren[5] und schließlich drittens die auf die WRV (→ Rn. 2) zurückgehende Lösung, den Vorsitz im Bundesrat dem Bundeskanzler oder seinem Stellvertreter ohne Stimmrecht zu übertragen. Die Ablehnung der letztgenannten Alternative geht u.a. auf die Überlegung zurück, daß ein so wichtiges Organ wie der Bundesrat die Autonomie haben müsse, seinen Präsidenten selbst zu bestimmen[6]. Vor diesem Hintergrund und im Vergleich mit den »Vorläufernormen« (→ Rn. 2ff.) zeigt die Regelung, auf die man sich am Ende verständigte, daß Art. 52 GG die »Autonomie des Bundesrates« besonders akzentuiert[7].

6

Die Einzelregelungen von Art. 52 GG blieben in der weiteren **Verfassungsentwicklung** unverändert, wurden aber Ende 1992[8] um Art. 52 IIIa GG ergänzt, der dem Bundesrat die Befugnis einräumt, für Angelegenheiten der Europäischen Union eine Europakammer zu bilden. Wie die Änderung von Art. 50 GG[9] geht auch die Einfügung von Art. 52 IIIa GG auf eine Empfehlung der Gemeinsamen Verfassungskommission[10] zurück, die auf die Schaffung der »institutionellen Voraussetzungen für eine effektive und verantwortungsvolle Wahrnehmung« der Mitwirkungsrechte des Bundesrates zielte (→ Rn. 21 f.).

7

---

[4] Vgl. die Darstellung in JöR 1 (1951), S. 391 ff. sowie *D. Blumenwitz*, in: BK, Art. 52 (Zweitb. 1987), S. 3 f. und *K. Reuter*, Praxishandbuch Bundesrat, 1991, S. 262 ff.

[5] Nach diesem Vorschlag hätte der Bundesratspräsident im Bundesrat kein Land mehr vertreten dürfen; eine Mitgliedschaft in der Bundes- oder Landesregierung wäre ebenso wie eine Stellung als Bundesbeamter ausgeschlossen gewesen. Der Vorschlag wurde von der Überlegung getragen, der Bundesratspräsident solle eine vom Einzelinteresse seines Landes losgelöste Persönlichkeit sein und nicht durch das Mißtrauensvotum seines heimischen Parlaments gestürzt werden können. Vgl. Parl.Rat II, S. 593 und JöR 1 (1951), S. 391.

[6] Dazu *Reuter*, Bundesrat (Fn. 4), S. 263 f.

[7] So *W. Krebs*, in: v. Münch/Kunig, GG II, Art. 52 Rn. 1.

[8] Art. 1 Nr. 6 Gesetz zur Änderung des Grundgesetzes vom 21. 12. 1992 (BGBl. I S. 2086).

[9] → Art. 50 Rn. 8, 12, 29 f.

[10] Beschlußempfehlung und Bericht des Sonderausschusses »Europäische Union (Vertrag von Maastricht)« (BT-Drs. 12/3896, S. 17, 21); vgl. auch Bericht der Gemeinsamen Verfassungskommission, BT-Drs. 12/6000, S. 16, 25.

B. Internationale, supranationale und rechtsvergleichende Bezüge

8 Die in Art. 52 GG enthaltenen organisations- und verfahrensrechtlichen Normierungen beziehen sich auf eine bundesstaatliche Ordnung und sind schon allein aus diesem Grund im **inter- und supranationalen Recht** ohne »Parallele«[11]. Für den – strukturell freilich allenfalls ansatzweise vergleichbaren (→ Art. 50 Rn. 11) – Rat trifft das **Europäische Gemeinschaftsrecht** jedoch Regelungen über den turnusmäßigen Vorsitz[12], die Beschlußfassung, die GO, den Ausschuß der Ständigen Vertreter und ähnliches[13]. Der **Ausschuß der Regionen**[14] wählt aus seiner Mitte seinen Präsidenten und sein Präsidium auf zwei Jahre; er gibt sich eine GO, und er wird von seinem Präsidenten auf Antrag des Rates oder der Kommission einberufen, kann aber auch von sich aus zusammentreten (Art. 198b [264 n. F.] EGV).

9 Ähnlich wie die Änderung von Art. 50 GG[15] kann auch die Einfügung von Art. 52 IIIa GG als Ausdruck der **Europäisierung des deutschen Verfassungsrechts** gewertet werden. Die dort eröffnete und in der Staatspraxis auch verwirklichte[16] Möglichkeit der Bildung einer Europakammer als (zweites) Beschlußgremium des Bundesrates wurde zur effektiven Wahrnehmung der dem Bundesrat in Angelegenheiten der Europäischen Union zustehenden Mitwirkungsbefugnisse für notwendig erachtet (→ Rn. 7, 21 f.).

10 Bei einer **rechtsvergleichenden Betrachtung** sind im Zusammenhang mit den weiteren Kammern (→ Art. 50 Rn. 13) Aussagen über Präsidentschaft bzw. Vorsitz, Einberufung, Beschlußfassung, GO, Verfahrensgrundsätze (Öffentlichkeit) und Ausschüsse auch in ausländischen Verfassungstexten anzutreffen[17], allerdings mit teilweise von den in Art. 52 GG getroffenen Regelungen abweichender Ausrichtung.

C. Erläuterungen

I. Allgemeine Bedeutung

11 Zusammen mit Art. 51 GG gestalten die **Regelungsgegenstände** von Art. 52 GG Organisation und Verfahren des Bundesrates in wesentlichen Teilen mit stets **aktueller Bedeutung**[18] aus. In der Praxis hat sich die bei einem historischen Vergleich

---

[11] → Art. 50 Rn. 10 f.
[12] Art. 146 (203 n. F.) EGV.
[13] Art. 146 ff. (203 ff. n. F.) EGV.
[14] → Art. 50 Rn. 11; 51 Rn. 7.
[15] → Art. 50 Rn. 12.
[16] §§ 45b ff. GOBR.
[17] Vgl. etwa Art. I Section 3, 5 Verfassung der Vereinigten Staaten von Amerika; Art. 82 Bundesverfassung der Schweizerischen Eidgenossenschaft; Art. 36 f. Verfassung der Bundesrepublik Österreich; in Belgien unterliegen Senat und Abgeordnetenhaus insofern identischen Bestimmungen (Art. 44, 47, 52 f., 60).
[18] Im Vergleich mit dem Plenum, das von Beginn der 11. Wahlperiode des Bundestages (1987) bis zum 19. 7. 1996 128 Sitzungen abhielt, und den Ausschüssen, die im selben Zeitraum 1.712 Sitzungen abhielten, fällt freilich auf, daß die Europakammer (Art. 52 IIIa GG) bzw. deren Vorläufer (Kammer für Vorlagen der Europäischen Gemeinschaften) während dieser Zeit nur zu acht Sitzungen zusammentrat; von den insgesamt 1.844 der dem Bundesrat in diesem Zeitraum zugeleiteten und von ihm beratenen Vorlagen der EG bzw. EU wurden lediglich 42 in der EG-Kammer bzw. Europakammer be-

im Grundgesetz erfolgte Verstärkung (→ Rn. 6) des Selbstorganisationsrechts bewährt[19].

II. Wahl des Bundesratspräsidenten und Amtsdauer (Art. 52 I GG)

Art. 52 I GG beschränkt seinem Wortlaut nach die **Wählbarkeit** für das Amt des Bundesratspräsidenten nicht auf Bundesratsmitglieder. Daraus wird mitunter gefolgert, daß auch die Wahl von Nichtmitgliedern (»Zuwahl von außen«) verfassungsrechtlich zulässig sei[20]. Unter Berufung auf die Entstehungsgeschichte (→ Rn. 6) geht man jedoch ganz überwiegend zutreffend davon aus, daß die Wahl des Bundesratspräsidenten »aus der Mitte« des Bundesrates zu erfolgen hat, also nur ein **Bundesratsmitglied** zum Präsidenten gewählt werden kann[21]. Die in § 5 I GOBR ausdrücklich auf Bundesratsmitglieder beschränkte Wählbarkeit ist daher verfassungskonform.

Die **Wahl** erfolgt durch den Bundesrat; gewählt ist, wer mindestens die Mehrheit der Stimmen erhält (Art. 52 III 1 GG). In der Verfassungswirklichkeit haben sich die Ministerpräsidenten der Länder am 30. 8. 1950 im sog. **Königsteiner Abkommen**[22] darauf verständigt, den Bundesratspräsidenten in jährlichem Wechsel aus dem Kreis der Regierungschefs der Länder zu wählen. Der Turnus beginnt mit dem Regierungschef des einwohnerreichsten Landes; an ihn schließen sich in absteigender Reihenfolge die Regierungschefs der Länder mit der jeweils nächstkleineren Bevölkerungszahl an. Diesem **Rotationsprinzip** ist die Praxis der bisherigen »Wahlen« gefolgt[23]; die Wahl des Bundesratspräsidenten wurde dadurch (partei-)politischen Erwägungen und Auseinandersetzungen entzogen, und es konnte eine Gleichbehandlung aller Länder bei der Besetzung des protokollarisch hochrangigen Amtes erreicht werden[24].

Die **Amtsdauer** beträgt ein Jahr[25]; eine Wiederwahl ist nach dem Grundgesetz zwar

---

handelt (Bundesrat [Hrsg.], Handbuch des Bundesrates für das Geschäftsjahr 1996/97, 1997, S. 283, 290). Diese Zahlen lassen eine eher geringe praktische Bedeutung der Europakammer vermuten; eine mögliche Erklärung dafür liefert § 45d GOBR, der die Zuständigkeit der Europakammer auf Eilfälle und Fälle zu wahrender Vertraulichkeit beschränkt.

[19] *Krebs* (Fn. 7), Art. 52 Rn. 18.
[20] Diese Auffassung findet sich vor allem in der älteren Literatur (z.B. *W. Grewe*, DRZ 1949, 349 [352]), vereinzelt aber auch noch im jüngeren Schrifttum (*Reuter*, Bundesrat [Fn. 4], S. 268 f.). Folge hiervon wäre u.a., daß ein zum Bundesratspräsidenten gewähltes Bundesratsmitglied beim Ausscheiden aus dem Landeskabinett (etwa im Falle eines Regierungswechsels oder eines Rücktritts) zwar die Mitgliedschaft im Bundesrat verlöre, aber bis zum Ende des Amtsjahres weiterhin Bundesratspräsident bleiben könnte (so konsequent *Reuter*, a.a.O., S. 269). Außerdem wäre § 5 GOBR mit Art. 52 I GG nicht zu vereinbaren.
[21] Vgl. aus der älteren Literatur etwa *H. Schäfer*, Der Bundesrat, 1955, S. 44 f.; aus späterer Zeit etwa *A. Pfitzer*, Die Organisation des Bundesrates, in: Bundesrat (Hrsg.), Der Bundesrat als Verfassungsorgan und politische Kraft, 1974, S. 173 ff. (181); *Blumenwitz* (Fn. 4), Art. 52 Rn. 16; *G. Robbers*, in: Sachs, GG, Art. 52 Rn. 3.
[22] Das »Abkommen« ist urkundlich nicht fixiert. Es ergibt sich lediglich aus dem Stenographischen Bericht über die damalige Ministerpräsidentenkonferenz in Königstein/Taunus. Der Inhalt des Abkommens ist zusammen mit späteren Modifikationen teilweise wiedergegeben bei *Reuter*, Bundesrat (Fn. 4), S. 332 f.
[23] S. dazu und zu den wenigen Fällen geringfügiger Verschiebungen *Reuter*, Bundesrat (Fn. 4), S. 333 f.
[24] Vgl. *Pfitzer*, Organisation (Fn. 21), S. 182; *J. Jekewitz*, in: AK-GG, Art. 52 Rn. 2 spricht deshalb von einem »Ritualcharakter« der Wahlen.
[25] § 3 GOBR legt den Beginn des Geschäftsjahres auf den 1. 11. und dessen Ende auf den 31. 10. des folgenden Jahres fest.

zulässig, wird nach dem Königsteiner Abkommen (→ Rn. 13) aber nicht praktiziert. Zu einer **vorzeitigen Beendigung** der Präsidentschaft können der Tod des Amtsinhabers, die Amtsniederlegung und das Ausscheiden aus der Landesregierung führen[26], nicht jedoch die Veränderung der Position des Amtsinhabers innerhalb der Landesregierung[27], solange die Mitgliedschaft im Bundesrat bestehen bleibt[28]. In Fällen der vorzeitigen Beendigung des Amtes erfolgt eine **Neuwahl**, die nach § 5 II GOBR innerhalb von vier Wochen stattfinden soll[29].

15 Die **Rechte und Pflichten des Bundesratspräsidenten** sind im Grundgesetz nur sehr unvollständig geregelt. Dazu gehören die Einberufung des Bundesrates (Art. 52 II GG) und die Vertretung des Bundespräsidenten (Art. 57 GG). Weitergehenden Aufschluß liefert die GOBR, die dem Bundesratspräsidenten u.a. die Vorbereitung und Leitung der Sitzungen des Bundesrates (§§ 15 II, 20 I), die Überweisung von Vorlagen an Ausschüsse und die Europakammer (§§ 36 I, 45a I, 45d IV) sowie die Vertretung der Bundesrepublik Deutschland in allen Angelegenheiten des Bundesrates (§ 6 I 1) zuordnet[30].

16 Nach § 6 GOBR bildet der Bundesratspräsident zusammen mit den ebenfalls für ein Jahr gewählten drei Vizepräsidenten das **Präsidium**, bei dem ein Ständiger Beirat besteht, dem Bevollmächtigte der Länder angehören und der insb. beratende Aufgaben hat (§ 9 GOBR). Die Vizepräsidenten vertreten den Präsidenten im Falle seiner Verhinderung oder bei vorzeitiger Amtsbeendigung und haben außerdem beratende Funktionen, teilweise aber auch Entscheidungsbefugnisse (§§ 7, 8 GOBR).

III. Einberufung des Bundesrates (Art. 52 II GG)

17 Die Einberufung des Bundesrates obliegt dem Bundesratspräsidenten und steht grundsätzlich in dessen Ermessen (Art. 52 II 1 GG)[31]. Eine **Verpflichtung zur Einberufung** besteht jedoch, wenn die Vertreter von mindestens zwei Ländern oder die Bundesregierung die Einberufung verlangen (Art. 52 II 2 GG). § 15 I GOBR will das Ermessen des Bundesratspräsidenten weiter einschränken und ihn bereits dann »unverzüglich« zur Einberufung verpflichten, »wenn ein Land ... es verlangt«. Im Hinblick auf den eindeutigen Wortlaut des Grundgesetzes ist diese **geschäftsordnungsrechtliche Einschränkung der Befugnisse des Bundesratspräsidenten** verfassungsrechtlich höchst prekär[32], mögen auch Aspekte des föderativen Minderheitenschutzes politisch

---

[26] Statt vieler *Blumenwitz* (Fn. 4), Art. 52 Rn. 7. Hinsichtlich des Ausscheidens aus der Landesregierung ist dies allerdings umstritten (→ Fn. 20).
[27] Etwa ein Wechsel von der Position des Ministerpräsidenten in ein Ministeramt.
[28] Die Präsidentschaft setzt verfassungsrechtlich neben der Wahl nämlich nur die Mitgliedschaft im Bundesrat zwingend voraus; s. dazu statt vieler *Krebs* (Fn. 7), Art. 52 Rn. 3 m.w.N. auch zur gegenteiligen Ansicht.
[29] Für den Neugewählten gilt die in Art. 52 I GG vorgeschriebene einjährige Amtszeit, nicht etwa nur die Zeit bis zum Ablauf der bisherigen Amtsperiode (so aber etwa *Reuter*, Bundesrat [F. 4], S. 337f.); dem neugewählten Präsidenten bleibt die vorzeitige Amtsniederlegung nach Ablauf der eigentlichen Amtszeit seines Vorgängers jedoch unbenommen (so zutreffend *Krebs* [Fn. 7], Art. 52 Rn. 3 m.w.N.).
[30] S. ergänzend die Zusammenstellung etwa bei *Blumenwitz* (Fn. 4), Art. 52 Rn. 20ff.
[31] Vgl. *Blumenwitz* (Fn. 4), Art. 52 Rn. 20; *T. Maunz*, in: Maunz/Dürig, GG, Art. 52 (1961), Rn. 18.
[32] Deshalb wird die Regelung mit guten Gründen von Jarass/*Pieroth*, GG, Art. 52 Rn. 2; *Maunz* (Fn. 31), Art. 52 Rn. 18 und *Schäfer*, Bundesrat (Fn. 21), S. 46 als verfassungswidrig eingestuft.

für die Einberufung auch schon auf Wunsch nur eines Landes sprechen[33]. In der Praxis finden die Sitzungen des Bundesrates in der Regel alle drei Wochen statt, unterbrochen durch Pausen in Winter, Frühjahr und Sommer[34]; Sondersitzungen sind dagegen selten[35].

IV. Mehrheit, Geschäftsordnung, Öffentlichkeit (Art. 52 III GG)

Nach Art. 52 III 1 GG bedürfen Beschlüsse des Bundesrates mindestens der Mehrheit seiner Stimmen, also der **absoluten Mehrheit** von derzeit 35 der insgesamt 69 Stimmen (→ Art. 51 Rn. 19); Stimmenthaltungen werden dadurch wie Gegenstimmen gewertet[36]. Eine von der absoluten Mehrheit abweichende **Zwei-Drittel-Mehrheit** fordern Art. 61 I 3 GG für die Anklage des Bundespräsidenten und Art. 79 II GG für Grundgesetzänderungen. Besonderheiten ergeben sich außerdem, wenn der Bundesrat mit einer Mehrheit von zwei Dritteln seiner Stimmen den Einspruch gegen ein Einspruchsgesetz beschlossen hat, weil dann der Bundestag den Einspruch ebenfalls nur mit einer Mehrheit von zwei Dritteln, mindestens der Mehrheit der Mitglieder des Bundestages überwinden kann (Art. 77 IV GG). Art. 52 III 1 GG enthält indirekt auch eine Regelung der **Beschlußfähigkeit** des Bundesrates, da diese fehlt, wenn die geforderte Stimmenzahl nicht mehr vertreten ist[37]. 18

Die auf der Grundlage von Art. 52 III 2 GG erlassene **Geschäftsordnung**[38] ergänzt die grundgesetzlichen Vorschriften über die Organisation des Bundesrates und regelt dessen Verfahren sowie dessen innere Angelegenheiten. Unabhängig von den Kontroversen über die Rechtsnatur der GOBR[39] werden durch sie grundsätzlich weder andere Bundesorgane[40] noch sonstige Außenstehende gebunden[41]; in personeller Hinsicht 19

---

[33] Mit diesem Argument für die Verfassungsmäßigkeit der Regelung etwa *F. Münch*, AöR 80 (1955/56), 240 (241); *Blumenwitz* (Fn. 4), Art. 52 Rn. 20; *Jekewitz* (Fn. 24), Art. 52 Rn. 4; *v. Mangoldt/Klein*, GG, Art. 52 Anm. IV.2 a; *Reuter*, Bundesrat (Fn. 4), S. 271, 392; (wohl) unentschieden: *Krebs* (Fn. 7), Art. 52 Rn. 6. *P. Füßlein*, in: Seifert/Hömig, GG, Art. 52 Rn. 3 stellt zur Begründung der Verfassungsmäßigkeit auf »Sinn und Zweck des Satzes 2« ab, ohne diesen auch nur ansatzweise darzulegen. Von Schmidt-Bleibtreu/*Klein*, GG, Art. 52 Rn. 7 wird die Regelung als verfassungsmäßig angesehen, »weil sie den einzelnen Ländern mehr Rechte gibt als nach Art. 52 GG vorgeschrieben sind« und dabei übersehen, daß gleichzeitig die Verpflichtung des Bundesratspräsidenten verschärft wird. *Robbers* (Fn. 21), Art. 52 Rn. 10 greift für die Begründung der Verfassungsmäßigkeit auf die Geschäftsordnungsautonomie zurück, die freilich durch Art. 52 II 2 GG gerade beschränkt ist.

[34] Vgl. etwa zum Terminplan für 1997 Bundesrat (Hrsg.), Handbuch (Fn. 18), S. 7.

[35] *Jekewitz* (Fn. 24), Art. 52 Rn. 4.

[36] Die absolute Mehrheit ist nur bei Beschlüssen des Plenums und der Europakammer erforderlich; in den Ausschüssen (→ Rn. 23 ff.) genügt die einfache Mehrheit.

[37] *Jarass/Pieroth*, GG, Art. 52 Rn. 5 m. w. N. Zur früheren Deutung von Art. 52 III 1 GG nur als Regelung der Beschlußfähigkeit s. *Reuter*, Bundesrat (Fn. 4), S. 271 f.

[38] GOBR vom 1. 7. 1966 (BGBl. I S. 437), in der Neufassung vom 26. 11. 1993 (BGBl. I S. 2007), zuletzt geändert am 25. 11. 1994 (BGBl. I S. 3736).

[39] Die Debatte verläuft parallel zu der entsprechenden Diskussion hinsichtlich der GOBT. Vgl. allgemein *Achterberg*, Parlamentsrecht, S. 38 ff.; *G. Kretschmer*, Geschäftsordnungen deutscher Volksvertretungen, in: Schneider/Zeh, § 9 Rn. 43 ff.; speziell zur GOBR *Blumenwitz* (Fn. 4), Art. 52 Rn. 2; *A. Hanikel*, Die Organisation des Bundesrates, 1991, S. 33 ff. Mittlerweile ist die Einstufung als »autonome Satzung« wohl überwiegend akzeptiert, auch wenn dies begrifflich unglücklich ist, weil der Bundesrat keine Selbstverwaltungskörperschaft ist; → Art. 40 Rn. 17 f.

[40] Eine Ausnahme bildet die Bundesregierung, wenn sie von ihren Rechten aus Art. 53 GG Gebrauch macht; vgl. *Krebs* (Fn. 7), Art. 52 Rn. 8.

[41] *Blumenwitz* (Fn. 4), Art. 52 Rn. 2 f.

erfaßt sie also die ordentlichen und stellvertretenden Mitglieder des Bundesrates und seiner Ausschüsse sowie alle sonstigen Vertreter und Sitzungsbeauftragten der Länderregierungen im Plenum und in den Ausschüssen[42]. Die GOBR steht im **Rang** unter dem Grundgesetz und dem förmlichen Bundesgesetz[43]; insoweit ist die Geschäftsordnungsautonomie des Bundesrates beschränkt[44]. Da der Bundesrat ein permanentes Bundesorgan ist (→ Art. 51 Rn. 9), hängt die zeitliche Geltung der GOBR nicht von Wahlperioden ab und ist unbeschränkt, dabei aber selbstverständlich jederzeit einer Änderung zugänglich[45]. Im übrigen bedürfen Abweichungen von den Vorschriften der GOBR im Einzelfall nach § 48 GOBR eines einstimmigen Beschlusses des Bundesrates. Auch ein unter Verstoß gegen die GOBR zustandegekommener Beschluß ist wirksam, soweit nicht gleichzeitig gegen höherrangiges Recht verstoßen wurde[46].

20 Der **Grundsatz der Öffentlichkeit** (Art. 52 III 3 und 4 GG) bezieht sich nur auf Sitzungen des Plenums und der Europakammer[47], nicht dagegen auf Ausschüsse[48]. Er stellt den freien und gleichen Zugang für jedermann im Rahmen der zur Verfügung stehenden Raumverhältnisse sicher[49], ermöglicht aber nur die passive Teilnahme, nicht die aktive Sitzungsbeteiligung[50]. Über den Ausschluß der Öffentlichkeit (Art. 52 III 4 GG) berät und beschließt der Bundesrat nach § 17 GOBR in nichtöffentlicher Sitzung.

V. Europakammer (Art. 52 IIIa GG)

21 Die dem Bundesrat in Art. 52 IIIa GG eingeräumte Befugnis zur Bildung einer Europakammer (→ Rn. 7, 9) wurde in das Grundgesetz aufgenommen, nachdem wiederholt verfassungsrechtliche Bedenken[51] gegenüber der bis dahin lediglich auf der Grundlage der damaligen GOBR[52] geschaffenen Kammer für Vorlagen der Europäischen Gemeinschaften (EG-Kammer) geäußert worden waren. Von der **fakultativ ausgestalteten Befugnis zur Errichtung einer Europakammer** hat der Bundesrat in §§ 45b ff. GOBR Gebrauch gemacht. Die Einrichtung der Europakammer wurde notwendig, weil der »Arbeitsrhythmus der EU-Organe« dem (normalen) »Entschei-

---

[42] Z.B. *Blumenwitz* (Fn. 4), Art. 52 Rn. 3; *Reuter*, Bundesrat (Fn. 4), S. 277.
[43] Vgl. zur GOBT BVerfGE 1, 144 (148); 44, 308 (315) und zur diesbezüglichen Kontroverse über das Verhältnis von Gesetz und GO etwa *H. Dreier*, JZ 1990, 310 (313ff.).
[44] Allerdings darf der Bundestag seine Befugnisse in der Gesetzgebung nicht dazu gebrauchen, in die dem Bundesrat verfassungsunmittelbar eingeräumte Autonomie einzugreifen, wenn er dazu nicht besonders ermächtigt ist; s. *Reuter*, Bundesrat (Fn. 4), S. 278f.
[45] *Maunz* (Fn. 31), Art. 52 Rn. 15.
[46] *Blumenwitz* (Fn. 4), Art. 52 Rn. 3; *Reuter*, Bundesrat (Fn. 4), S. 280.
[47] Die Regelung in § 45f I 1 GOBR dürfte verfassungsrechtlich geboten sein, weil die Europakammer nach Art. 52 IIIa GG ein Beschlußgremium ist; vgl. *Krebs* (Fn. 7), Art. 52 Rn. 9 (»verfassungsrechtlich zwingend«).
[48] *Reuter*, Bundesrat (Fn. 4), S. 280.
[49] *Reuter*, Bundesrat (Fn. 4), S. 280f.; *Krebs* (Fn. 7), Art. 52 Rn. 9 m.w.N.
[50] *Blumenwitz* (Fn. 4), Art. 52 Rn. 6; *Maunz* (Fn. 31), Art. 52 Rn. 25.
[51] S. dazu etwa *J. A. Frowein*, Bundesrat, Länder und europäische Einigung, in: Bundesrat (Hrsg.), Vierzig Jahre Bundesrat, 1989, S. 285ff. (296f.); *D. Merten*, Die Beteiligung der Bundesländer an der Setzung europäischen Gemeinschaftsrechts, in: M. Kloepfer u.a. (Hrsg.), Die Bedeutung der Europäischen Gemeinschaften für das deutsche Recht und die deutsche Gerichtsbarkeit, 1989, S. 31ff. (47ff.); *H.-J. Schütz*, NJW 1989, 2160ff.
[52] Neufassung der GOBR vom 10. 6. 1988 (BGBl. I S. 857).

dungsablauf beim Bundesrat nicht angepaßt«[53] ist; von ihr verspricht man sich insb. rechtzeitige Einwirkungen auf den innerstaatlichen Entscheidungsprozeß in Angelegenheiten der Europäischen Union. (→ Art. 23 Rn. 107 ff.)

Die Europakammer ist neben dem Plenum ein **zweites Beschlußgremium**[54], weil ihre Beschlüsse nach Art. 52 IIIa GG als Beschlüsse des Bundesrates gelten; im Gegensatz zur Arbeit der Ausschüsse (→ Rn. 23 f.) hat die Tätigkeit der Europakammer also nicht nur vorbereitenden Charakter. **Mitglieder der Europakammer** können nur Mitglieder des Bundesrates (→ Art. 51 Rn. 11 ff.) sein[55], die **Stimmengewichtung** in der Europakammer muß mit der des Bundesratsplenums (→ Art. 51 Rn. 19) übereinstimmen, und wie dort (→ Art. 51 Rn. 21 f.) gelten auch in der Europakammer bei der **Stimmabgabe** die Gebote der Anwesenheit und der ländereinheitlichen Stimmabgabe; all dies folgt unmittelbar aus der Verweisung in Art. 52 IIIa GG auf Art. 52 II, III 2 GG. Wegen des dort fehlenden Verweises auch auf Art. 51 III 1 GG fällt es im Rahmen der verfassungsrechtlich vorgegebenen Mindest- und Höchstzahlen in die Geschäftsordnungsautonomie des Bundesrates, die **Zahl der Bundesratsmitglieder in der Europakammer** zu bestimmen[56]. In § 45b II GOBR ist dies geschehen: Danach entsendet jedes Land ein Bundesratsmitglied als Mitglied in die Europakammer; die übrigen Bundesratsmitglieder sind stellvertretende Mitglieder der Europakammer. Mangels eines Rückverweises auf Art. 52 III 3, 4 GG läßt sich dem Wortlaut von Art. 52 IIIa GG nicht entnehmen, ob der **Öffentlichkeitsgrundsatz** (→ Rn. 20) von Verfassungs wegen auch für die Europakammer gilt. Gleichwohl dürfte dies zu bejahen sein, weil die Europakammer Beschlußfunktionen wahrnimmt[57]; dementsprechend schreibt § 45f GOBR auf Geschäftsordnungsebene für die Europakammer grundsätzlich eine öffentliche Verhandlung vor.

22

VI. Bundesratsausschüsse (Art. 52 IV GG)

Im Gegensatz zum Bundestag besteht für den Bundesrat keine Pflicht, sondern nur ein **Recht, Ausschüsse einzusetzen** (Art. 52 IV GG)[58]. Die Ausschüsse haben als Hilfsorgane die Aufgabe, die Stellungnahmen und Beschlüsse des Bundesrates vorzuberaten und vorzubereiten[59]. Obschon ihre Vorarbeiten und Beschlüsse keinerlei rechtliche Bindungswirkung entfalten[60], kommt ihnen in der Verfassungswirklichkeit eine nicht

23

---

[53] Bundesrat (Hrsg.), Handbuch (Fn. 18), S. 17; vgl. zur Notwendigkeit rascher und flexibler Stellungnahmen im Hinblick auf anstehende Entscheidungen im Rat auch *M. Hilf*, Europäische Union: Gefahr oder Chance für den Föderalismus in Deutschland, Österreich und der Schweiz?, VVDStRL 53 (1994), S. 7 ff. (18 f.).

[54] Der Bundesrat wird dadurch aus seiner Zuständigkeit zur Mitwirkung in Angelegenheiten der EU nicht verdrängt. Da die Einrichtung der Europakammer fakultativ ist, kann sie vom Bundesrat auch wieder aufgelöst werden, ihre Zuständigkeit (derzeit: Eilfälle und Fälle zu wahrender Vertraulichkeit; vgl. § 45d I GOBR) kann anders zugeschnitten werden, und die Zuweisung einer Angelegenheit an die Europakammer steht bis zu deren Beschlußfassung einer Beschlußfassung durch den Bundesrat nicht entgegen. S. zum Ganzen *Krebs* (Fn. 7), Art. 52 Rn. 12.

[55] Daher ist in der Europakammer – anders als im Ausschuß für Fragen der EU – eine Beteiligung von Beauftragten der Landesregierungen an der Beschlußfassung unzulässig. Insoweit kommt auch keine Analogie zu Art. 52 IV GG in Betracht; vgl. dazu *I. Pernice*, DVBl. 1993, 909 (920 mit Fn. 145).

[56] *Krebs* (Fn. 7), Art. 52 Rn. 13.

[57] → Rn. 20 mit Fn. 47.

[58] Z. B. *Jekewitz* (Fn. 24), Art. 52 Rn. 6; *Robbers* (Fn. 21), Art. 52 Rn. 18.

[59] Statt vieler *Maunz* (Fn. 31), Art. 52 Rn. 9.

[60] *Krebs* (Fn. 7), Art. 52 Rn. 14.

Art. 52   D. Verhältnis zu anderen GG-Bestimmungen

zu unterschätzende, faktisch oftmals bereits weichenstellende **Bedeutung** zu, weil die Beratungen im Plenum regelmäßig auf der Grundlage der Ausschußarbeit erfolgen[61].

24   Der Bundesrat hat derzeit nach § 11 I 1 GOBR sechzehn **ständige Ausschüsse** gebildet[62]. Daneben wurden in der Vergangenheit mehrfach nichtständige **Sonderausschüsse** nach § 11 I 2 GOBR eingesetzt[63]. Nicht abschließend geklärt ist die bislang noch nicht praxisrelevant gewordene Frage, ob der Bundesrat Untersuchungsausschüsse bilden darf[64]; ein solcher Ausschuß hätte jedenfalls keine Befugnisse nach Art. 44 GG[65].

25   Für die **Ausschußbesetzung** findet Art. 51 I 1 GG keine Anwendung, weil nach Art. 52 IV GG den Ausschüssen neben den Bundesratsmitgliedern auch »Beauftragte« der Länderregierungen, also vor allem Ministerialbeamte angehören können. In jedem Ausschuß ist jedes Land durch ein Bundesratsmitglied oder einen Beauftragten vertreten (§ 11 II GOBR). In der Praxis sind meist Regierungsmitglieder ordentliche Mitglieder[66] in einem Ausschuß, die allerdings häufig durch Beauftragte vertreten werden[67]; nur in den sog. politischen Ausschüssen (Auswärtige Angelegenheiten, Verteidigung) nehmen in der Regel die Regierungschefs selbst teil[68]. Die **Ausschußvorsitzenden** werden gemäß § 12 I GOBR aus dem Kreis der Ausschußmitglieder vom Bundesrat gewählt; für die sog. politischen Ausschüsse hat sich in der Praxis jedoch ein turnusmäßiger jährlicher Wechsel entsprechend dem Königsteiner Abkommen (→ Rn. 13) eingespielt[69].

D. Verhältnis zu anderen GG-Bestimmungen

26   Zusammen mit **Art. 51, 53 GG** konkretisiert Art. 52 GG den in **Art. 50 GG** nur grundsätzlich konturierten Bundesrat (→ Art. 50 Rn. 14) durch organisations- und verfahrensrechtliche Ausgestaltung (Wahl des Bundesratspräsidenten, Einberufung des Bundesrats, Beschlußfassung, GO, Öffentlichkeitsgrundsatz, Europakammer, Bundesratsausschüssen) und weist als Konkretisierung von Art. 50 GG wie dieser (→ Art. 50 Rn. 31) Bezüge zum **bundesstaatlichen**, **demokratischen** und **rechtsstaatlichen Prinzip**

---

[61] Vgl. etwa *R. Herzog*, Zusammensetzung und Verfahren des Bundesrates, in: HStR II, § 46 Rn. 15; *Maunz* (Fn. 31), Art. 52 Rn. 9; zurückhaltender *Jekewitz* (Fn. 24), Art. 52 Rn. 6.

[62] Dabei handelt es sich um die Ausschüsse für (1) Arbeit und Sozialpolitik, (2) Auswärtige Angelegenheiten, (3) Fragen der Europäischen Union, (4) Familie und Senioren, (5) Frauen und Jugend, (6) Innere Angelegenheiten, (7) Kulturfragen, (8) Städtebau, Wohnungswesen und Raumordnung, (9) Umwelt, Naturschutz und Reaktorsicherheit, (10) Verkehr und Post, (11) Verteidigung sowie um (12) den Agrarausschuß, (13) den Finanzausschuß, (14) den Gesundheitsausschuß, (15) den Rechtsausschuß und (16) den Wirtschaftsausschuß (Bundesrat [Hrsg.], Handbuch [Fn. 18], S. 18).

[63] *Pfitzer*, Organisation (Fn. 21), S. 187; *Reuter*, Bundesrat (Fn. 4), S. 364 f.

[64] Bejahend z. B. *Herzog* (Fn. 61), § 46 Rn. 15 (»wahrscheinlich zu bejahen«); *Robbers* (Fn. 21), Art. 52 Rn. 18; ablehnend etwa *v. Mangoldt/Klein*, GG, Art. 52 Anm. III.4.a; wohl auch *Stern*, Staatsrecht II, S. 159 f.; differenzierend *Maunz* (Fn. 31), Art. 52 Rn. 9 mit Fn. 2; unentschieden *Jarass/Pieroth*, GG, Art. 52 Rn. 4.

[65] Vgl. neben der in Fn. 64 nachgewiesenen Literatur *Krebs* (Fn. 7), Art. 52 Rn. 15 m. w. N.

[66] Eine Ausnahme bildet etwa zur Zeit die Vertretung Mecklenburg-Vorpommerns und Sachsen-Anhalts im Ausschuß für Frauen und Jugend durch Staatssekretärinnen (Bundesrat [Hrsg.], Handbuch [Fn. 18], S. 238 f.).

[67] *Reuter*, Bundesrat (Fn. 4), S. 282.

[68] *Pfitzer*, Organisation (Fn. 21), S. 188; Bundesrat (Hrsg.), Handbuch (Fn. 18), S. 230 f., 254 f.

[69] Vgl. *Blumenwitz* (Fn. 4), Art. 52 Rn. 31.

des Grundgesetzes auf. Bei einer Gesamtbetrachtung regelt Art. 52 GG die von ihm erfaßten Materien auf der Verfassungsebene nicht erschöpfend – so finden sich etwa zusätzliche grundgesetzliche Aussagen zu den Aufgaben des Bundesratspräsidenten in **Art. 57 GG** und zu den für bestimmte Beschlüsse erforderlichen Mehrheiten in **Art. 61 I 3, 79 II GG** (→ Rn. 18). Die Europakammer (Art. 52 IIIa GG) soll es dem Bundesrat ermöglichen und erleichtern, die ihm in **Art. 23 IV–VI GG** eingeräumten Mitwirkungsbefugnisse effektiv wahrzunehmen; sie steht in einer gewissen Parallele zu **Art. 45 GG**.

Artikel 53 [Beteiligungsrechte und -pflichten der Bundesregierung]

¹Die Mitglieder der Bundesregierung haben das Recht und auf Verlangen die Pflicht, an den Verhandlungen des Bundesrates und seiner Ausschüsse teilzunehmen. ²Sie müssen jederzeit gehört werden. ³Der Bundesrat ist von der Bundesregierung über die Führung der Geschäfte auf dem Laufenden zu halten.

Literaturauswahl

Frowein, Jochen Abr.: Bemerkungen zu den Beziehungen des Bundesrates zu Bundestag, Bundesregierung und Bundespräsident, in: Bundesrat (Hrsg.), Der Bundesrat als Verfassungsorgan und politische Kraft, 1974, S. 115–126.

Herzog, Roman: Die Beziehungen des Bundesrates zu Bundestag und Bundesregierung (insbesondere die Information nach Art. 53 Satz 3 GG), in: Bundesrat (Hrsg.), Vierzig Jahre Bundesrat, 1989, S. 167–178.

Konow, Gerhard: Das Fragerecht der Landesregierungen im Bundesrat, in: DÖV 1969, S. 318–324.

Schüle, Adolf: Die Informationspflicht der Bundesregierung gegenüber dem Bundesrat, in: Festschrift Carl Bilfinger, 1954, S. 441–471.

S. auch die Angaben zu Art. 50–52 GG.

Leitentscheidungen des Bundesverfassungsgerichts

Siehe die Angaben zu Art. 50 GG.

Gliederung

	Rn.
A. Herkunft, Entstehung, Entwicklung	1
B. Internationale, supranationale und rechtsvergleichende Bezüge	3
C. Erläuterungen	5
I. Allgemeine Bedeutung	5
II. Teilnahmerecht und -pflicht (Art. 53 Satz 1 GG)	7
III. Anhörungsrecht (Art. 53 Satz 2 GG)	9
IV. Pflicht zu kontinuierlicher Unterrichtung (Art. 53 Satz 3 GG)	10
D. Verhältnis zu anderen GG-Bestimmungen	12

A. Herkunft, Entstehung, Entwicklung

1 Die in Art. 53 GG geregelten Beteiligungsrechte und -pflichten der Bundesregierung haben in der verfassungsrechtsgeschichtlichen Entwicklung[1] eine gewisse, wenn auch keineswegs durchgängige Tradition. So sah schon 1849 die **Paulskirchenverfassung** das Recht der Reichsminister vor, den Verhandlungen beider Häuser des Reichstages, also auch des Staatenhauses (→ Art. 50 Rn. 3), beizuwohnen und jederzeit von denselben gehört zu werden; außerdem sollten die Reichsminister verpflichtet sein, »auf Verlangen jedes der beiden Häuser des Reichstages in demselben zu erscheinen und Auskunft zu erteilen«[2]. Nach der gänzlich anders konzipierten **Reichsverfassung von 1871** stand

---

[1] Dazu allgemein → Art. 50 Rn. 3 ff.
[2] §§ 121 f. Paulskirchenverfassung; Text bei *Huber*, Dokumente, Bd. 1, S. 375 ff.

dem Reichskanzler der Vorsitz im Bundesrat und die Leitung der Geschäfte zu[3]; 1918 wurde zusätzlich immerhin wenigstens die Regelung eingefügt, daß der Reichskanzler und sein Stellvertreter für ihre Amtsführung dem Bundesrat und dem Reichstag verantwortlich sind[4]. Erst in der **Weimarer Republik** wurde allerdings im deutschen Verfassungsrecht neben der Zuweisung des Reichsratsvorsitzes an ein Mitglied der Reichsregierung rechtsverbindlich das Recht und auf Verlangen die Pflicht der Regierungsmitglieder, an den Verhandlungen des Reichsrats und seiner Ausschüsse teilzunehmen, festgeschrieben[5]. Außerdem mußten die Mitglieder der Reichsregierung während der Beratung auf Verlangen jederzeit gehört werden (Art. 65 WRV); auch hatte die Reichsregierung im Reichsrat ein Antragsrecht (Art. 66 WRV). Die Reichsministerien mußten den Reichsrat über die Führung der Reichsgeschäfte auf dem laufenden halten, und zu Beratungen über wichtige Gegenstände sollten von den Reichsministerien die zuständigen Ausschüsse des Reichsrats zugezogen werden (Art. 67 WRV).

In den **Verfassungsberatungen** übernahm der Parlamentarische Rat inhaltlich in wesentlichen Punkten Art. 73 HChE in der »Bundesratsvariante«; weitergehende Überlegungen wurden insb. zu einem Antragsrecht des Bundeskanzlers im Bundesrat und zur Hinzuziehung der zuständigen Bundesratsausschüsse durch die Bundesminister zur Beratung über wichtige Gegenstände angestellt, am Ende aber nicht verwirklicht[6]. In der weiteren **Verfassungsentwicklung** blieb der Wortlaut von Art. 53 GG bis heute unverändert.

2

B. Internationale, supranationale und rechtsvergleichende Bezüge

Art. 53 GG regelt im Kern gegenseitige Informationsrechte und -pflichten von Bundesrat und Bundesregierung, die auf eine bundesstaatliche Ordnung bezogen sind und Möglichkeiten zu Einwirkung, Einflußnahme und Kontrolle eröffnen[7]. Mangels vergleichbarer Einrichtungen im **inter- und supranationalen Recht** finden sich dort keine »Parallelnormen«. Bezüge zum internationalen und europäischen Recht weist Art. 53 GG allerdings dann auf, wenn diesen Regelungsmaterien zuzuordnende Fragen zum Gegenstand der Information gemacht werden.

3

Aus **verfassungsvergleichender** Sicht stellt sich wechselseitige Information zwischen dem föderativen Organ und der Regierung als allgemeines Problem bundesstaatlicher Ordnungen dar. Dementsprechend enthält etwa die österreichische Verfassung eine Regelung[8], die inhaltlich Art. 53 S. 1 und 2 GG nahe kommt. Die nur einen Teilaspekt von Art. 53 GG betreffende Informationspflicht der Regierung gegenüber dem föderativen Organ findet sich beispielsweise in den Verfassungen der Schweiz und der Vereinigten Staaten[9].

4

---

[3] Art. 15 Reichsverfassung (RGBl. 1871 S. 63); → Art. 52 Rn. 2.
[4] Gesetz zur Abänderung der Reichsverfassung vom 28. 10. 1918 (RGBl. S. 1274).
[5] Art. 65 WRV (RGBl. 1919 S. 1383).
[6] Vgl. JöR 1 (1951), S. 396 f.; *D. Blumenwitz*, in: BK, Art. 53 (Zweitb. 1987), S. 3; *K. Reuter*, Praxishandbuch Bundesrat, 1991, S. 288 f.
[7] *Reuter*, Bundesrat (Fn. 6), S. 289.
[8] Art. 75 Verfassung der Bundesrepublik Österreich; ähnlich jetzt Art. 100 der belgischen Verfassung.
[9] Art. 102 Nr. 16 Bundesverfassung der Schweizerischen Eidgenossenschaft; Art. II Section 3 Verfassung der Vereinigten Staaten von Amerika.

C. Erläuterungen

I. Allgemeine Bedeutung

5 In Art. 53 GG wird das Rechtsverhältnis zwischen Bundesrat und Bundesregierung durch die Normierung von Rechten und Pflichten bezüglich der Teilnahme von Regierungsmitgliedern an Bundesratsverhandlungen, der Anhörung von Regierungsmitgliedern im Bundesrat und der Unterrichtung des Bundesrates durch die Bundesregierung geregelt. Diese **Regelungsgegenstände** zielen im Kern auf wechselseitige Information als Grundlage für Meinungsbildung, Entscheidungsfindung, Mitwirkung, Einwirkung, Einflußnahme und Kontrolle[10]; einfachrechtlich werden sie teilweise durch die GOBR und die GGO präzisiert[11]. Für das Verhältnis des Bundesrates zum Bundestag enthält Art. 43 II GG eine Parallele, die jedoch ihrem Wortlaut nach und auch inhaltlich keinen völlig identischen Regelungsgehalt aufweist (→ Art. 43 Rn. 18)[12].

6 Die **aktuelle Bedeutung** von Art. 53 GG in der Verfassungspraxis wird für die dort geregelten Einzelberechtigungen und -verpflichtungen unterschiedlich eingeschätzt: Während eine förmliche Zitierung von Regierungsmitgliedern bislang, soweit ersichtlich, noch nie beschlossen wurde und der Bundesrat von seinem Fragerecht im Plenum (anders als in den Ausschüssen) nur sehr zurückhaltenden Gebrauch macht, nehmen an den Plenarsitzungen regelmäßig Bundesminister und an den Ausschußsitzungen mehrere Vertreter der beteiligten Bundesressorts teil; die laufende Unterrichtung des Bundesrates durch die Bundesregierung nach Art. 53 S. 3 GG wird in der Praxis mitunter als unzureichend eingeschätzt[13]. Letzteres ist allerdings durch den Informationsfluß über anderweitige Kanäle faktisch abgeschwächt[14]. Ob man vor diesem Hinter-

---

[10] → Rn. 3; s. speziell zur »Kontrollfunktion« als Hintergrund von Art. 53 GG auch *R. Herzog*, Aufgaben des Bundesrates, in: HStR II, § 45 Rn. 35; *W. Krebs*, in: v. Münch/Kunig, GG II, Art. 53 Rn. 1. Zur Heranziehung von Art. 53 GG zur Begründung allgemeiner Informationspflichten der Regierung gegenüber dem Parlament vgl. *J. Linck*, DÖV 1983, 957 (960f.) m.w.N.

[11] Insb. §§ 9 III, 18f., 40, 45g GOBR; § 16 GGO II.

[12] Die »Verhandlungen« (Art. 53 S. 1 GG) werden gegenüber den »Sitzungen« (Art. 43 II 1) zumeist als der umfassendere Begriff verstanden; vgl. etwa *Blumenwitz* (Fn. 6), Art. 53 Rn. 4; *Jarass/Pieroth*, GG, Art. 53 Rn. 1; *T. Maunz*, in: Maunz/Dürig, GG, Art. 53 (1961), Rn. 3; *G. Robbers*, in: Sachs, GG, Art. 53 Rn. 4; a. A. *J. Jekewitz*, in: AK-GG, Art. 53 Rn. 1; *Reuter*, Bundesrat (Fn. 6), S. 291. Daneben steht das Zutritts- und Rederecht nach Art. 43 II GG auch den »Beauftragten« zu. Im praktischen Ergebnis keine Unterschiede begründen hingegen die Formulierungen »Zutritt« (Art. 43 II 1 GG) einerseits und »Teilnahme« (Art. 53 S. 1 GG) andererseits (*Maunz*, a.a.O., Rn. 4).

[13] S. zum sog. »Zitierrecht« *G. Ziller/G.-B. Oschatz*, Der Bundesrat, 9. Aufl., 1993, S. 92f.; *Reuter*, Bundesrat (Fn. 6), S. 294; zum Fragerecht *D. Posser*, Der Bundesrat und seine Bedeutung, in: HdbVerfR, § 24 Rn. 92ff.; *Ziller/Oschatz*, a.a.O., S. 96f., die darauf hinweisen, daß in den Ausschüssen ein »laufendes Gespräch« mit den Vertretern der Bundesregierung stattfinde; zur Teilnahme von Mitgliedern bzw. Beauftragten der Bundesregierung *Ziller/Oschatz*, a.a.O., S. 92ff.; zur Unterrichtungspflicht nach Art. 53 S. 3 GG *Reuter*, a.a.O., S. 300, 308ff.; *Ziller/Oschatz*, a.a.O., S. 94ff.

[14] In der Praxis hat sich ein dichtes Geflecht von »Informationsbahnen« außerhalb des Bundesrates entwickelt. Dazu gehören u.a. unmittelbare Arbeitsbeziehungen zwischen den Ministerialverwaltungen des Bundes und der Länder, Fachministerkonferenzen, an denen die jeweils zuständigen Minister des Bundes und der Länder teilnehmen, Besprechungen des Bundeskanzlers mit den Ministerpräsidenten der Länder, auch Parteizirkel und persönliche Verbindungen; vgl. dazu näher etwa *J.A. Frowein*, Bemerkungen zu den Beziehungen des Bundesrates zu Bundestag, Bundesregierung und Bundespräsident, in: Bundesrat (Hrsg.), Der Bundesrat als Verfassungsorgan und politische Kraft, 1974, S. 115ff. (121ff.); *R. Herzog*, Die Beziehungen des Bundesrates zu Bundestag und Bundesregierung (insbesondere die Information nach Art. 53 Satz 3 GG), in: Bundesrat (Hrsg.), Vierzig Jahre Bundesrat,

grund den Einzelregelungen von Art. 53 GG »überwiegend symbolische Funktion« zusprechen[15] oder sie als »Kardinalnorm des parlamentarischen Kontaktes zwischen dem zentralen Bundesexekutivorgan und dem föderativen Organ«[16] bezeichnen sollte, mag dahinstehen; jedenfalls haben sie eine »wichtige Reservefunktion«, wenn die wünschenswerte Staatspraxis eines reibungslosen Verfahrensablaufs zwischen Bundesregierung und Bundesrat gestört sein sollte[17].

II. Teilnahmerecht und -pflicht (Art. 53 Satz 1 GG)

Inhaber des **Rechts zur Teilnahme** an den Verhandlungen des Bundesrates und seiner Ausschüsse sind nach Art. 53 S. 1 GG die **Mitglieder der Bundesregierung**, also der Bundeskanzler und die Bundesminister (Art. 62 GG)[18]. Zumindest unter Berücksichtigung des Anhörungsrechts (Art. 53 S. 2 GG) beschränkt sich das Teilnahmerecht nicht auf eine rein passive Beteiligung, sondern schließt die **aktive Mitarbeit** ein[19]. Im direkten Vergleich mit der in Art. 43 II GG verwendeten Terminologie (»Sitzungen«) wird der Begriff **»Verhandlungen«** zumeist umfassender dahingehend gedeutet, daß von ihm nicht nur die öffentlichen und nichtöffentlichen Sitzungen, sondern auch Vor- und Nachbereitungsphasen erfaßt werden[20]. Das Teilnahmerecht erstreckt sich auf die Verhandlungen des Plenums (»Bundesrat«) und der **»Ausschüsse«**, zu denen teilweise auch der Vermittlungsausschuß (Art. 77 II GG) gezählt wird[21], was wegen der Formulierung »seiner Ausschüsse« (Art. 53 S. 1 GG) und Art. 52 IV GG jedoch nicht zwingend ist[22]. Dagegen ist für die **Europakammer** (→ Art. 52 Rn. 21 f.) ein Teilnahmerecht anzuerkennen. Zwar ist die Europakammer weder »Ausschuß« im Sinne von Art. 52 IV GG noch der gemeinhin mit dem Plenum gleichgesetzte »Bundesrat« im Sinne von Art. 53 S. 1 GG[23]; sie nimmt aber Beschlußfunktionen des Bundesrates und damit Aufgaben wahr,

7

1989, S. 167 ff. (173 ff.); *Reuter*, Bundesrat (Fn. 6), S. 310 f.; *Ziller/Oschatz*, Bundesrat (Fn. 13), S. 96; vgl. auch → Art. 50 Rn. 19 f. Verfassungsrechtlich erscheinen diese »Ersatzinformationsstränge« auf den ersten Blick prekär, weil nach dem Text des Grundgesetzes der Bundesrat als solcher von der Bundesregierung auf dem laufenden zu halten ist; doch ist es dem Bundesrat unbenommen, seine Informationsrechte durchzusetzen (vgl. *Herzog*, a.a.O., S. 174), und zwar bis hin zu verfassungsgerichtlichen Mitteln (Durchsetzung im Organstreitverfahren nach Art. 93 I Nr. 1 GG).

[15] Vgl. *Krebs* (Fn. 10), Art. 53 Rn. 8.
[16] So eine vielzitierte Formulierung von *H.U. Scupin* in: BK, Art. 53 (Erstb. 1950), Erl. II 1. Mit Recht hat *A. Schüle*, Die Informationspflicht der Bundesregierung gegenüber dem Bundesrat, in: FS Bilfinger, 1954, S. 441 ff. (443 mit Fn. 4, 451 mit Fn. 22) frühzeitig darauf hingewiesen, daß es sich dabei um keinen parlamentarischen Kontakt handelt.
[17] *Krebs* (Fn. 10), Art. 53 Rn. 8.
[18] Der Bundesrat hat im Rahmen seiner Geschäftsordnungsautonomie den Kreis der Berechtigten für das Plenum in § 18 GOBR u.a. auf die Staatssekretäre und in § 40 GOBR für die Ausschüsse sowie in § 45g GOBR für die Europakammer u.a. auf Beauftragte der Bundesregierung erweitert.
[19] Die Kontroverse über die Deutung des Begriffs »Teilnahme« im Sinne eines bloßen Zutrittsrechts, also eines Rechts zur lediglich passiven Teilnahme, oder im Sinne eines Rechts zur aktiven Mitarbeit ist jedenfalls wegen des in Satz 2 eingeräumten Rederechts praktisch bedeutungslos (*Reuter*, Bundesrat [Fn. 6], S. 292).
[20] S. dazu und insb. auch zu den Sitzungen des Ständigen Beirats (§ 9 GOBR; → Art. 52 Rn. 16) die Nachw. in Fn. 12.
[21] So *Blumenwitz* (Fn. 6), Art. 53 Rn. 3; *Maunz* (Fn. 12), Art. 53 Rn. 2; *Robbers* (Fn. 12), Art. 53 Rn. 4; jeweils unter Hinweis auf das bei den Ausschüssen sowohl des Bundesrates (Art. 53 S. 1 GG) als auch des Bundestages (Art. 43 II 1 GG) bestehende Teilnahmerecht der Bundesregierung.
[22] So *Krebs* (Fn. 10), Art. 53 Rn. 3.
[23] Die Europakammer ist personell anders zusammengesetzt und funktional nur in einem

Art. 53

die über diejenigen eines Ausschusses hinausgehen. Dies rechtfertigt es, das Teilnahmerecht auf die Europakammer zu erstrecken – sei es im Wege der Zuordnung zu den »Ausschüssen« im Sinne von Art. 53 S. 1 GG, sei es im Wege der Analogie[24].

8 Eine **Teilnahmepflicht** der Mitglieder der Bundesregierung besteht, wenn dies »verlangt« wird. Dieser Verpflichtung korrespondiert das sog. »**Zitierrecht**« (Herbeirufungsrecht), das dem Bundesrat, seinen Ausschüssen[25] und der Europakammer (→ Rn. 7) zusteht. Das »Verlangen« wird durch Beschluß des jeweiligen Gremiums festgestellt, der von jedem seiner Mitglieder beantragt werden kann[26]. Die Teilnahmepflicht umfaßt neben der Pflicht zum **persönlichen Erscheinen** die Pflicht zur **Auskunftserteilung** bzw. Beantwortung von verfassungsrechtlich zulässigen Fragen[27], also »Rede und Antwort zu stehen«. Eine förmliche Zitierung war bislang allerdings noch nicht erforderlich, weil dem Wunsch auf persönliche Teilnahme auch ohne förmliche Aufforderung entsprochen und das Fragerecht[28] gegenüber Anwesenden vom Bundesrat nur sehr zurückhaltend ausgeübt wurde (→ Rn. 6).

III. Anhörungsrecht (Art. 53 Satz 2 GG)

9 Art. 53 S. 2 GG räumt den Mitgliedern der Bundesregierung ein Anhörungsrecht ein, dem eine Anhörungspflicht des Bundesrates, seiner Ausschüsse und der Europakammer (→ Rn. 7) entspricht. Dieses **Rederecht** kann »jederzeit« ausgeübt werden, also in Durchbrechung der Tagesordnung und der Rednerliste[29]. Es ist aber durch das Mißbrauchsverbot beschränkt[30], darf also insb. nicht zur Verhinderung von Beratungen und Entscheidungen des Bundesrates oder zur Verfolgung sonstiger sachfremder Ziele eingesetzt werden[31].

IV. Pflicht zu kontinuierlicher Unterrichtung (Art. 53 Satz 3 GG)

10 Auch ohne ausdrückliches »Verlangen« (Art. 53 S. 1 GG) obliegt der Bundesregierung nach Art. 53 S. 3 GG eine Pflicht zu kontinuierlicher Unterrichtung des Bundesrates[32].

---

beschränkten Bereich, nämlich in Angelegenheiten der Europäischen Union, tätig. → Art. 52 Rn. 22.

[24] § 45g GOBR eröffnet u.a. den Mitgliedern und Beauftragten der Bundesregierung das Teilnahmerecht. Zum Teilnahmerecht an den Verhandlungen der früheren EG-Kammer (→ Art. 52 Rn. 21) s. *Reuter*, Bundesrat (Fn. 6), S. 291.
[25] *Blumenwitz* (Fn. 6), Art. 53 Rn. 8; *Reuter*, Bundesrat (Fn. 6), S. 294.
[26] *Reuter*, Bundesrat (Fn. 6), S. 294.
[27] Letzteres ist allerdings umstritten. Näheres dazu bei *Reuter*, Bundesrat (Fn. 6), S. 294 ff. m.w.N.; *Krebs* (Fn. 10), Art. 53 Rn. 5; speziell zur Frage eines selbständigen Fragerechts der einzelnen Landesregierungen s. G. *Konow*, DÖV 1969, 318 (321 ff.).
[28] Vgl. § 19 GOBR.
[29] Z.B. *Jekewitz* (Fn. 12), Art. 53 Rn. 4; H. *Schäfer*, Der Bundesrat, 1955, S. 58.
[30] Statt vieler *Blumenwitz* (Fn. 6), Art. 53 Rn. 5.
[31] Vgl. z.B. *Jekewitz* (Fn. 12), Art. 53 Rn. 4; *Robbers* (Fn. 12), Art. 53 Rn. 5.
[32] Die beiden Rechte aus Art. 53 S. 1 GG und Art. 53 S. 3 GG stehen nebeneinander (*Maunz* [Fn. 12], Art. 53 Rn. 12). Der Unterrichtungspflicht der Bundesregierung korrespondiert ein Recht des Bundesrates, nicht etwa der Länder oder Ländervertreter (*Maunz*, a.a.O., Rn. 13); sie besteht also in einem Rechtsverhältnis zwischen Bundesorganen. Daher sind immer wieder anzutreffende Assoziationen, die die Unterrichtungspflicht nach Art. 53 S. 3 GG mit dem Grundsatz bundesfreundlichen Verhaltens in Verbindung bringen (so frühzeitig *Schüle*, Informationspflicht [Fn. 16], S. 452; vgl. auch *Jekewitz* [Fn. 12], Art. 53 Rn. 5; *Reuter*, Bundesrat [Fn. 6], S. 307; unter Hinweis auf den subsidiären

Dieser Pflicht entspricht ein **Informationsanspruch** des Bundesrates, dem die Bundesregierung ohne besondere Aufforderung nachkommen muß: die Bundesregierung hat den Bundesrat regelmäßig und rechtzeitig zu unterrichten[33]. Sie kann sich dabei auf Benachrichtigungen, Mitteilungen, Auskünfte, Hinweise etc. beschränken; denn **Information** verpflichtet weder zur Abstimmung noch zur Konsultation, die über die bloße Unterrichtung hinaus gemeinsame Beratung, wechselseitigen Gedankenaustausch etc. einforderte[34]. Die Unterrichtung kann mangels entgegenstehender Vorgaben des Grundgesetzes schriftlich oder mündlich geschehen und erfolgt in der Praxis in beschränktem Umfang vornehmlich im Ständigen Beirat[35].

Gegenstand der Unterrichtungspflicht ist die »**Führung der Geschäfte**«. Dazu wird alles gerechnet, »was die staatsleitende Tätigkeit der Bundesregierung einschließlich der Ministerialverwaltung ausmacht: die Vorhaben auf dem Gebiet der Gesetz- und Verordnungsgebung sowie der Verwaltung ebenso wie ... die allgemeine politische Lage, die Außenpolitik und die Verteidigungsangelegenheiten«; die Informationspflicht ist allerdings beschränkt, wenn im Einzelfall ein sachlich begründetes Informationsinteresse des Bundesrates ausgeschlossen werden kann[36]. 11

D. Verhältnis zu anderen GG-Bestimmungen

Zusammen mit **Art. 51, 52 GG** konkretisiert Art. 53 GG die in **Art. 50 GG** nur grundsätzlich konturierte Stellung des Bundesrates im Verfassungsgefüge[37] durch die Ausgestaltung der »Informationsbeziehungen« zur Bundesregierung und weist als Konkretisierung von Art. 50 GG wie dieser (→ Art. 50 Rn. 31) Bezüge zum **bundesstaatlichen**, **demokratischen** und **rechtsstaatlichen Prinzip** des Grundgesetzes auf. Die »Informationsverhältnisse« zu anderen Bundesorganen, in die der Bundesrat verfassungsrechtlich eingebunden ist, sind in Art. 53 GG nicht abschließend geregelt; weitere wichtige Regelungen finden sich in **Art. 23 II 2, 43 II, 114 GG** sowie – vermittelt über die »Bundesratsbank« – in **Art. 53a II 1 GG**[38]. All diese »Informationsbeziehungen« schaffen wesentliche Voraussetzungen für die Meinungsbildung und Entscheidungsfindung im Bundesrat sowie für dessen effektive Mitwirkung, Einwirkung, Einflußnahme und Kontrolle in der bundesstaatlichen Ordnung des Grundgesetzes (→ Rn. 5). 12

Charakter der Bundestreue kritisch *J.A. Frowein*, Bundesrat, Länder und europäische Einigung, in: Bundesrat [Hrsg.], Vierzig Jahre Bundesrat, 1989, S. 285 ff. [S. 292]), verfehlt (*H. Bauer*, Die Bundestreue, 1992, S. 295 f.). Statt dessen läßt sich Art. 53 GG als Beispiel für eine Konkretisierung des mit dem Rechtsgrundsatz der Verfassungsorgantreue verfolgten Anliegens verstehen (so *W.-R. Schenke*, Die Verfassungsorgantreue, 1977, S. 35 f.; vgl. allgemein zur Verfassungsorgantreue auch *A. Voßkuhle*, NJW 1997, 2216 [insb. 2217]).

[33] *Posser* (Fn. 13), § 24 Rn. 90.
[34] Dazu *Schüle*, Informationspflicht (Fn. 16), S. 454 f.; *Blumenwitz* (Fn. 6), Art. 53 Rn. 14; *Posser* (Fn. 13), § 24 Rn. 90; vgl. zu den Unterschieden zwischen Information und Konsultation auch *Bauer*, Bundestreue (Fn. 32), S. 346 f.
[35] Vgl. *Ziller/Oschatz*, Bundesrat (Fn. 13), S. 95; zum beschränkten Informationswert dieser Unterrichtung s. *Reuter*, Bundesrat (Fn. 6), S. 309 f.; zu weiteren »Informationswegen« → Rn. 6 mit Fn. 14; zum Ständigen Beirat → Art. 52 Rn. 16.
[36] Näheres zum Ganzen bei *Reuter*, Bundesrat (Fn. 6), S. 304 m. w. N. auch zu engeren Eingrenzungen in der Literatur.
[37] → Art. 50 Rn. 14.
[38] Vgl. *Herzog* (Fn. 10), § 45 Rn. 36.

IVa. Gemeinsamer Ausschuß

Artikel 53a [Zusammensetzung; Verfahren]

(1) ¹Der Gemeinsame Ausschuß besteht zu zwei Dritteln aus Abgeordneten des Bundestages, zu einem Drittel aus Mitgliedern des Bundesrates. ²Die Abgeordneten werden vom Bundestage entsprechend dem Stärkeverhältnis der Fraktionen bestimmt; sie dürfen nicht der Bundesregierung angehören. ³Jedes Land wird durch ein von ihm bestelltes Mitglied des Bundesrates vertreten; diese Mitglieder sind nicht an Weisungen gebunden. ⁴Die Bildung des Gemeinsamen Ausschusses und sein Verfahren werden durch eine Geschäftsordnung geregelt, die vom Bundestage zu beschließen ist und der Zustimmung des Bundesrates bedarf.

(2) ¹Die Bundesregierung hat den Gemeinsamen Ausschuß über ihre Planungen für den Verteidigungsfall zu unterrichten. ²Die Rechte des Bundestages und seiner Ausschüsse nach Artikel 43 Abs. 1 bleiben unberührt.

Literaturauswahl

Amann, Hermann: Verfassungsrechtliche Probleme des Gemeinsamen Ausschusses nach Art. 53a Abs. 1 GG, 1971.
Delbrück, Jost: Kritische Bemerkungen zur Geschäftsordnung des Gemeinsamen Ausschusses, in: DÖV 1970, S. 229–234.
Emmelius, Hans Hermann: Der Gemeinsame Ausschuß, in: D. Sterzel (Hrsg.), Kritik der Notstandsgesetze, 1968, S. 118–160.
Evers, Hans Ulrich: Die perfekte Notstandsverfassung, in: AöR 91 (1966), S. 1–36, 193–222.
Fritz, Gernot: Handlungsbereich und Tätigkeitsdauer des Gemeinsamen Ausschusses im Verteidigungsfall, in: BayVBl. 1983, S. 72–76.
Schäfer, Hans: Die lückenhafte Notstandsverfassung, in: AöR 93 (1968), S. 37–80.
Schick, Rupert: Der Gemeinsame Ausschuß, in: Schneider/Zeh, § 58, S. 1579–1597.
Twenhöven, Jörg: Die Stellung der Legislative im Staatsnotstand, Diss. jur. Fribourg 1972.

Leitentscheidung des Bundesverfassungsgerichts

BVerfGE 84, 304 (334ff.) – PDS/Linke Liste.

Gliederung

	Rn.
A. Herkunft, Entstehung, Entwicklung	1
B. Internationale, supranationale und rechtsvergleichende Bezüge	3
C. Erläuterungen	4
I. Allgemeine Bedeutung	4
II. Die Stellung des Gemeinsamen Ausschusses	5
III. Die Zusammensetzung des Gemeinsamen Ausschusses	6
1. Die Mitglieder des Bundestages	7
2. Die Mitglieder des Bundesrates	9
IV. Bildung und Verfahren des Gemeinsamen Ausschusses	13
V. Unterrichtung durch die Bundesregierung (Art. 53a II GG)	14
D. Verhältnis zu anderen GG-Bestimmungen	16

A. Herkunft, Entstehung, Entwicklung

Die Bildung eines je zur Hälfte aus Bundestag und Bundesrat zusammengesetzten Notstandsgremiums ist in der vorliegenden Form eine **Erfindung des Grundgesetzes**. Nach herkömmlicher, bis in die Weimarer Zeit nahezu unbestrittener Auffassung ist der Notstand »die Stunde der Exekutive«[1]. Die Idee eines eigenständigen parlamentarischen Notstandsgremiums, das ein Gegengewicht zur Exekutive bilden kann, ist erst in Verfassungssystemen denkbar, in denen ein Parlament maßgebliche Kompetenzen besitzt[2]. Der Gedanke eines **parlamentarischen Ausschusses mit Notstandsvollmachten** kommt daher nicht zufällig erstmals im England des 17. Jahrhunderts bei James Harrington auf[3]. Verfassungsgeschichtlich findet der Gemeinsame Ausschuß zuerst im landständischen Ausschuß der Kurhessischen Verfassung von 1831[4], später im Zustimmungsrecht des Ständigen Ausschusses zu Notverordnungen der Regierung nach der Preußischen Verfassung von 1920[5] sowie schließlich in einigen Länderverfassungen[6] Vorbilder.

Der heutige Art. 53a GG wurde erst durch das **17. Gesetz zur Ergänzung des Grundgesetzes vom 24.6.1968** eingeführt[7]. Bereits in der Diskussion zu Art. 111 HChE war jedoch überlegt worden, das Notverordnungsrecht an die Zustimmung eines Hauptausschusses des Bundestages neben der Zustimmung des Bundesrates zu binden[8]. Der erste Regierungsentwurf einer Notstandsverfassung sah eine derartige Institution jedoch nicht vor[9]. Der Vorschlag eines Notstandsausschusses wurde vielmehr erstmals im Gesetzentwurf des Bundesrates in die Beratungen eingebracht[10]. Die heutige Bezeichnung wurde schließlich vom Rechtsausschuß des Bundestages eingeführt[11], während Ausgestaltung und Kompetenzen des Gemeinsamen Ausschusses noch später nach verschiedenen Wendungen[12] und nach einer einmaligen provisori-

---

[1] Vgl. bereits die Konzentration der Notstandsbefugnisse bei den preußischen Oberpräsidenten durch die Instruktion vom 31.12. 1825 (GS 1826, S. 1ff.); zur Weimarer Notstandskonzeption *E. R. Huber*, Zur Lehre vom Verfassungsnotstand in der Staatstheorie der Weimarer Zeit, in: ders., Bewahrung und Wandlung, 1975, S. 193ff.; von der »Stunde der Exekutive« sprach noch der 1. Regierungsentwurf zur Notstandsverfassung 1960 (Schröder-Entwurf), BT-Drs. III/1800.

[2] Das römische Dezemvirat mit seinen Notstandsbefugnissen kann daher nur begrenzt als Vorläufer gelten, vgl. dazu nur *T. Mommsen*, Römisches Staatsrecht, Bd. II/1, 3. Aufl. 1887 (Neudruck o.J.), S. 702f.

[3] *J. Harrington*, The Oceana and other Works, 1771 (Neudruck 1963), S. 593; zur geschichtlichen Entwicklung s. *J. Seifert*, Der Notstandsausschuß, 1968, S. 27ff.

[4] § 95 II 2 Verf. von Kurhessen 1831.

[5] Art. 55 Preuß.Verf. 1920, der freilich praktisch durch Art. 48 IV WRV überlagert wurde, aber auch Vorbild für einen gescheiterten Entwurf zur Änderung der WRV war, s. dazu *Seifert*, Notstandsausschuß (Fn. 3), S. 31f. m.w.N.

[6] Art. 110 Hess. Verf. v. 1946; Art. 35 II i. V.m. 12 Nds. Verf. v. 1951; Art. 60 II Nordrh.-Westf. Verf.

[7] BGBl. I S. 709.

[8] Bericht über den Verfassungskonvent, S. 48.

[9] BT-Drs. III/1800.

[10] BT-Drs. III/1800, S. 6f.

[11] BT-Drs. IV/3494, S. 2 sowie *zu* BT-Drs. IV/3494, S. 8.

[12] Zum weiteren Verlauf vgl. näher *J. Delbrück/S. Hobe*, in: BK, Art. 53a (Zweitb. 1997), Rn. 1; zum weiteren politischen Hintergrund s. a. *Seifert*, Notstandsausschuß (Fn. 3), S. 42ff.; zur Entstehungsgeschichte vgl. a. *H.H. Emmelius*, Der Gemeinsame Ausschuß, in: D. Sterzel (Hrsg.), Kritik der Notstandsgesetze, 1968, S. 118ff.

schen Bildung eines solchen Ausschusses [13] endgültig in der abschließenden Vorlage festgelegt wurden[14].

B. Internationale, supranationale und rechtsvergleichende Bezüge

3 Neben den historischen Vorläufern fand der Verfassungsgesetzgeber auch in einigen wenigen ausländischen Verfassungen ähnliche Gremien vor. So gab es in der **Tschechoslowakischen Verfassung von 1920** einen Parlamentsausschuß mit Notstandsbefugnissen[15] und seit 1965 in **Schweden** in Gestalt der sog. Kriegsdelegation[16] eine vergleichbare Institution. Im übrigen wird die Institution des Gemeinsamen Ausschusses als solche durch Europarecht oder internationales Recht nicht berührt.

C. Erläuterungen

I. Allgemeine Bedeutung

4 Die Schaffung des Gemeinsamen Ausschusses ist aus der Überlegung geboren, daß im Falle des äußeren Notstands der Bundestag unter Umständen nicht rechtzeitig zusammentreten kann und nicht funktionsfähig ist, andererseits jedoch nicht die gesamte staatliche Machtfülle bei der Exekutive bzw. der Bundesregierung konzentriert sein soll[17]. Das Gremium soll folglich ein Minimum an parlamentarischer Beratungsstruktur mit einem Maximum an Schnelligkeit des Zusammentretens und rascher Entscheidungsfindung kombinieren[18]. Ob der Gemeinsame Ausschuß im Ernstfall die ihm zugedachten umfassenden parlamentarischen Gesetzgebungs- und Kontrollfunktionen wird in vollem Umfang ausfüllen können, erscheint im Hinblick auf seine Größe und Zusammensetzung zumindest zweifelhaft[19]. Das Selbstversammlungsrecht von Bundestag und Bundesrat bleibt ohnehin unberührt; diese Organe können ferner alle Maßnahmen des Gemeinsamen Ausschusses jederzeit aufheben (Art. 115l I GG) und damit seine Tätigkeit auch beenden. Der Gemeinsame Ausschuß ist **ausschließlich Ersatzorgan**[20]. Die Furcht vor einer Ausschaltung des Parlaments durch ein Notverordnungsrecht der Exekutive i.S.d. Art. 48 WRV, dessen Bedeutung für den Untergang der Weimarer Republik ohnehin weit überschätzt wird[21], hat den Verfassungsgesetzgeber zu dieser Konstruktion verführt, die auch wegen der Trennung der Regelungen

---

[13] Im Rahmen der NATO-Übung »Fallex 66« wurde ein solcher Gemeinsamer Ausschuß schon gebildet, s. 5. WP., Sten. Prot., S. 3167 D.
[14] BT-Drs. V/2873, S. 10 f.
[15] § 54 Tschechoslowakische Verf. v. 29. 2. 1920; dazu *Seifert*, Notstandsausschuß (Fn. 3), S. 36 ff.
[16] Zunächst § 50 II, III Regierungsform v. 26. 3. 1965 (abgedruckt in: *H. Walter*, ZaöRV 26 [1966], 68 [81 f.]); jetzt Kap. 13, §§ 2, 3 Schwed. Regierungsform v. 1. 1. 1975; weitere Beispiele bei *J. Twenhöven*, Die Stellung der Legislative im Staatsnotstand, Diss. jur. Fribourg 1972, S. 97 ff.
[17] *R. Herzog*, in: Maunz/Dürig, GG, Art. 53a (1971), Rn. 2.
[18] Vgl. a. *Herzog* (Fn. 17), Art. 53 a Rn. 2; *S. Hendrichs*, in: I. v. Münch, Grundgesetz-Kommentar, Bd. 2, 2. Aufl. 1983, Art. 53a Rn. 2.
[19] Vgl. a. *Delbrück/Hobe* (Fn. 12), Art. 53a Rn. 4; *Hendrichs* (Fn. 18), Art. 53a Rn. 30; die Kritik relativierend jetzt *W. Krebs*, in: v. Münch/Kunig, GG II, Art. 53a Rn. 22.
[20] *G. Frank*, in: AK-GG, Abschn. Xa, Rn. 68; *H. U. Evers*, AöR 91 (1966), 1 (5); zur Subsidiarität s. insb. auch *G. Fritz*, BayVBl. 1983, 72 ff.
[21] *Delbrück/Hobe* (Fn. 12), Art. 53a Rn. 5.

über das Organ (Art. 53a GG) und seine Kompetenzen (Art. 115a II, 115e GG) verfassungssystematisch wenig geglückt ist[22].

II. Die Stellung des Gemeinsamen Ausschusses

Der Gemeinsame Ausschuß wird zu Recht überwiegend als ein **selbständiges oberstes Bundesorgan** bzw. **Verfassungsorgan** angesehen[23]. Dies ergibt sich schon aus Art. 115a II GG, der dem Ausschuß nicht nur die Rechte, sondern auch die Stellung von Bundestag und Bundesrat im Verteidigungsfall zuweist. Dafür spricht außerdem die systematische Stellung des Art. 53a GG in der Verfassung sowie der eindeutige Wille des historischen Verfassungsgesetzgebers[24]. Diese Stellung ist auch für Friedenszeiten zu bejahen, da er währenddessen bereits über Befugnisse zur Vorbereitung seiner Tätigkeit im Notstandsfall verfügt[25] und anders als der Bundestag nicht dem Grundsatz der Diskontinuität[26] unterliegt. Gem. Art. 93 I Nr. 1 GG ist der Gemeinsame Ausschuß daher möglicher **Verfahrensbeteiligter im Organstreitverfahren**[27]. Die verfassungsrechtliche Stellung kommt in der eher nichtssagenden Bezeichnung als Gemeinsamer Ausschuß nur unzureichend zum Ausdruck. Die Bezeichnung als **Notparlament** ist nicht nur plastischer[28], sondern hätte seine Stellung und Funktion klarer hervorgehoben[29].

5

III. Die Zusammensetzung des Gemeinsamen Ausschusses

Aus dem Zusammenspiel von Art. 53a I 1 GG, der das Verhältnis zwischen Bundestags- und Bundesratsmitgliedern mit 2:1 festlegt, und Art. 53a I 3 GG, wonach jedes Bundesland durch ein Bundesratsmitglied vertreten wird, ergibt sich unmittelbar Größe und **Zusammensetzung** des Gemeinsamen Ausschusses: **32 Bundestags- und 16 Bundesratsmitglieder**[30].

6

1. Die Mitglieder des Bundestages

Im Unterschied zur Besetzung der Parlamentsausschüsse gem. §§ 12, 57 II GOBT, wonach die Fraktionen die auf sie entfallenden Mitglieder benennen, besitzen die **Frak-

7

---

[22] Zur Kritik vgl. auch *H. Schäfer*, AöR 93 (1968), 37 (59 ff.).
[23] BVerfGE 84, 304 (335); *Herzog* (Fn. 17), Art. 53a Rn. 8 ff.; *Delbrück/Hobe* (Fn. 12), Art. 53a Rn. 6; *Krebs* (Fn. 19), Art. 53a Rn. 2; *Stern*, Staatsrecht II, S. 169 f.; *G. Robbers*, in: Sachs, GG, Art. 53a Rn. 2; Schmidt-Bleibtreu/*Klein*, GG, Art. 53a Rn. 2; eingehend *H. Amann*, Verfassungsrechtliche Probleme des Gemeinsamen Ausschusses nach Art. 53a Abs. 1 GG, 1971, S. 18 ff.
[24] BT-Drs. *zu* IV/3494, S. 8; BT-Drs. V/1879, S. 15, 20.
[25] *Herzog* (Fn. 17), Art. 53a Rn. 10.
[26] *Stern*, Staatsrecht II, S. 170; *Hendrichs* (Fn. 18), Art. 53a Rn. 7; vgl. § 2 I 1 GOGA.
[27] *Herzog* (Fn. 17), Art. 53a Rn. 10; *Krebs* (Fn. 19), Art. 53a Rn. 6.
[28] *Herzog* (Fn. 17), Art. 53a Rn. 2.
[29] Vgl. bereits BT-Drs. V/2130, S. 6 f.; *Delbrück/Hobe* (Fn. 12), Art. 53a Rn. 6; *Hendrichs* (Fn. 18), Art. 53a Rn. 6.; *R. Schick*, Der Gemeinsame Ausschuß, in: Schneider/Zeh, § 58 Rn. 10 ff.; kritisch zu den Begriffsalternativen *Krebs* (Fn. 19), Art. 53a Rn. 6.
[30] Durch die Wiedervereinigung hat sich die Zahl von 33 auf 48 Mitglieder erhöht, s. jetzt § 1 I GOGA n. F.

tionen bei der Besetzung des Gemeinsamen Ausschusses **nur das Vorschlagsrecht**[31], die verbindliche Bestellung der einzelnen vorgeschlagenen Bundestagsmitglieder verbleibt jedoch gem. Art. 53a I 2 GG in der alleinigen Entscheidungskompetenz des Bundestages, der insoweit nur an das Stärkeverhältnis, nicht an die Einzelvorschläge der Fraktionen gebunden ist[32]. An diesem problematischen Bestellungsmodus wird man wegen des Wortlauts des Art. 53a I 2 GG nicht vorbeikommen. Da der Fraktionsstatus nicht in der Verfassung, sondern durch die Geschäftsordnung des Bundestages festgelegt wird[33], birgt die Regelung des Art. 53a I 2 GG in sich die Gefahr einer Manipulation durch die Parlamentsmehrheit. Demokratieprinzip, Repräsentationsgedanke und der gleiche Abgeordnetenstatus verbieten indes eine beliebige Festsetzung der Fraktionsstärke[34]. Andererseits verlangt Art. 53a I 2 GG nicht, unabhängig vom Fraktionsstatus alle im Bundestag vorhandenen politischen Formationen in das Proportionalverfahren einzubeziehen[35]. Angesichts des Wortlauts wird man Art. 53a I 2 GG auch keine verfassungsrechtliche Festschreibung des inzwischen zugunsten des Rangmaßzahlverfahrens aufgegebenen d'Hondtschen Höchstzahlverfahrens entnehmen können[36]. Die Besetzung erfolgt daher durch (Mehrheits-)Beschluß gem. Art. 42 II GG, § 2 I GeschOGA. Die Bestellung der Stellvertreter erfolgt nach den gleichen Grundsätzen gem. §§ 1 II, 2 I GeschOGA. Die von den Fraktionen gem. § 5 II 2 GeschOGA angegebene Reihenfolge der Stellvertreter ist nur maßgebend, wenn sie vom Bundestag in seinem allein verbindlichen Mehrheitsbeschluß übernommen worden ist[37]. Das in § 1 III GeschOGA vorgesehene Nachrückverfahren für weitere Stellvertreter ist nach zutreffender allgemeiner Auffassung wegen eines Verstoßes gegen Art. 53a I 2 GG verfassungswidrig, da die verbindliche Entscheidung des Bundestages zwingend vorgeschrieben ist[38]. Ansonsten haben die Stellvertreter gem. § 5 I GeschOGA die gleichen Rechte und Pflichten (Präsenzpflicht) wie die Mitglieder, das Stimm- und Antragsrecht steht ihnen freilich nur im Vertretungsfall zu.

8 Nach der ausdrücklichen Regelung des Art. 53a I 2 GG sind die **Mitgliedschaft im Gemeinsamen Ausschuß und die Angehörigkeit zur Bundesregierung unvereinbar**. Dadurch sollen für den Verteidigungsfall ein Minimum an Gewaltenteilung und die Kontrollfunktion bewahrt werden[39]. Zur Bundesregierung zählen aufgrund § 1 II des Gesetzes über die Rechtsverhältnisse der Parlamentarischen Staatssekretäre vom 24. 7. 1974 auch die Parlamentarischen Staatssekretäre, da sie Regierungsfunktionen

---

[31] § 2 I 2 GeschOGA; nur in seltenen Fällen wird sich das unterschiedliche Bestellungsrecht auch praktisch auswirken.

[32] *Herzog* (Fn. 17), Art. 53a Rn. 13; *Delbrück/Hobe* (Fn. 12), Art. 53a Rn. 11; *Krebs* (Fn. 19), Art. 53a Rn. 8; *Stern*, Staatsrecht II, S. 175; a. A. *Emmelius*, Ausschuß (Fn. 12), S. 133, der eine Bindung an die Fraktionsvorschläge annimmt; vermittelnd *Frank* (Fn. 20), Abschn. Xa Rn. 68.

[33] BVerfGE 84, 304 (335) faßt Art. 53a GG insoweit als dynamische Verweisung auf; Gegenauffassung bei *Krebs* (Fn. 19), Art. 53a Rn. 9 f.; sowie die *abweichende Meinung* in BVerfGE 84, 304 (337 ff.).

[34] Vgl. auch *Delbrück/Hobe* (Fn. 12), Art. 53a Rn. 9; *Stern*, Staatsrecht II, S. 175 f.; *Emmelius* (Fn. 12), Ausschuß S. 134; *C. O. Lenz*, Notstandsverfassung des GG, 1971, Art. 53a Rn. 6.

[35] BVerfGE 84, 304 (337 ff.) - *abw*. Meinung; *Krebs* (Fn. 19), Art. 53a Rn. 9 f.; *Schick*, Ausschuß (Fn. 29), S. 1585 f.

[36] Wohl h. M.: *Stern*, Staatsrecht II, S. 175; *Hendrichs* (Fn. 18), Art. 53a Rn. 12; *Frank* (Fn. 20), Abschn. Xa Rn. 69; a. A. *Herzog* (Fn. 17), Art. 53a Rn. 15.

[37] *Hendrichs* (Fn. 18), Art. 53a Rn. 10.

[38] *Herzog* (Fn. 17), Art. 53a Rn. 29; *Stern*, Staatsrecht II, S. 173; *Krebs* (Fn. 19), Art. 53a Rn. 8; a. A. jetzt *Robbers* (Fn. 23), Art. 53a Rn. 7.

[39] *Herzog* (Fn. 17), Art. 53a Rn. 16; *Krebs* (Fn. 19), Art. 53a Rn. 11.

wahrnehmen. Außer dieser einzigen Einschränkung bei der Auswahl der Abgeordneten, die in den Gemeinsamen Ausschuß entsandt werden, bleibt ihre Rechtsstellung als Abgeordnete unberührt[40].

2. Die Mitglieder des Bundesrats

Jedes Land[41] **entsendet (nur) einen Vertreter** in den Gemeinsamen Ausschuß, so daß die Regelung über das ungleiche Stimmgewicht des Art. 51 II GG keine Anwendung findet. Nach dem Wortlaut des Art. 53a I 3 GG müssen die jeweiligen Vertreter der Länder Mitglieder des Bundesrates i.S.d. Art. 51 I 1 GG sein. Nach § 4 I 1 GeschOGA und allgemeiner Auffassung reicht jedoch auch eine stellvertretende Mitgliedschaft gem. Art. 51 I 2 GG aus[42], da sich deren Rechtsstellung nicht von derjenigen der ordentlichen Mitglieder unterscheidet und die Mitgliedschaft in den Landesregierungen das maßgebende Kriterium ist.

9

Der Entsendungsmodus wird von Art. 53a I 3 GG nicht explizit festgelegt. Da die entsandten Ländervertreter Mitglieder des Bundesrates sein müssen und anders als beim Bundestag nicht der Bundesrat als ganzer entsendungsberechtigt ist, gilt nach allgemeiner Überzeugung für die **Entsendung der Ländervertreter Art. 51 I GG entsprechend**[43], so daß allein die Landesregierungen berechtigt sind, ihre Vertreter zu bestimmen.

10

Während Art. 53a I 2 GG für Bundestagsmitglieder explizit die **Inkompatibilität mit Ämtern in der Bundesregierung** vorschreibt, fehlt eine entsprechende Regelung für die Bundesratsmitglieder. Die Inkompatibilität ergibt sich für die Bundesratsmitglieder jedoch daraus, daß gem. Art. 66 GG, § 4 BMinG ein Mitglied der Bundesregierung nicht gleichzeitig Mitglied einer Landesregierung sein darf[44]. Insofern sind die Mitglieder des Bundestages und des Bundesrates im Gemeinsamen Ausschuß gleichgestellt. Auch im übrigen sind die Bundesrats- und die Bundestagsvertreter im Hinblick auf ihre Rechtsstellung gleichberechtigt[45]. Für die Bundesratsmitglieder wird dies durch Art. 53a I 3 GG hinsichtlich ihrer Weisungsfreiheit geregelt, da die Ländervertreter im Bundesrat ansonsten grundsätzlich weisungsabhängig sind[46]. Neben der Garantie gleicher Rechtsstellung für die Bundesratsmitglieder ist die **Weisungsunabhängigkeit** auch Voraussetzung rascher und flexibler Entscheidungsfindung[47]. Im übrigen läßt sich die Gleichheit der Rechtsstellung mittelbar aus Art. 115e I GG schließen, da die Rechte des Gemeinsamen Ausschusses einheitlich wahrgenommen werden[48]. Folglich stehen den Vertretern des Bundesrates wie denen des Bundestages

11

---

[40] Art. 38 I 2, 46, 47, 48 GG; s. *Herzog* (Fn. 17), Art. 53a Rn. 17; *Delbrück/Hobe* (Fn. 12), Art. 53a Rn. 12; zur überholten Berlinproblematik *dies.*, ebd., Rn. 20; *Herzog* (Fn. 17), Art. 53a Rn. 31f.

[41] Zur insoweit ebenfalls überholten Berlinproblematik *Hendrichs* (Fn. 18), Art. 53a Rn. 16; sowie die Nachweise in Fn. 40.

[42] *Herzog* (Fn. 17), Art. 53a Rn. 20; *Delbrück/Hobe* (Fn. 12), Art. 53a Rn. 15; *Krebs* (Fn. 19), Art. 53a Rn. 12.

[43] *Herzog* (Fn. 17), Art. 53a Rn. 19; *Delbrück/Hobe* (Fn. 12), Art. 53a Rn. 15; *Krebs* (Fn. 19), Art. 53a Rn. 12.

[44] *Herzog* (Fn. 17), Art. 53a Rn. 21; *Krebs* (Fn. 19), Art. 53a Rn. 15.

[45] *Herzog* (Fn. 17), Art. 53a Rn. 22; *Stern*, Staatsrecht II, S. 167; *Krebs* (Fn. 19), Art. 53a Rn. 16.

[46] *Herzog* (Fn. 17), Art. 53a Rn. 23; *Krebs* (Fn. 19), Art. 53a Rn. 14.

[47] Teilweise kritisch dazu *Delbrück/Hobe* (Fn. 12), Art. 53a Rn. 17ff.

[48] *Krebs* (Fn. 19), Art. 53a Rn. 16.

das Recht der Immunität und alle weiteren Abgeordneten-Privilegien zu[49]. Bundestags- und Bundesratsmitglieder tagen daher gemeinsam und stimmen gemeinsam ab. Die Redewendung von einer Bundestags- und einer Bundesratsbank[50] weckt insofern allenfalls irreführende Vorstellungen.

12   Gegen die Zusammenfassung von Bundestag und Bundesrat zu einem einheitlichen Organ[51] und vor allem gegen die einheitliche, gleichberechtigte und unabhängige Entscheidungsfindung sind **rechtsstaatliche und bundesstaatliche Bedenken** erhoben und sogar ein Verstoß gegen Art. 79 III GG erwogen worden [52]. Derartige Bedenken sind jedoch **unbegründet**. Art. 79 III GG garantiert nur die grundsätzliche Mitwirkung der Länder an der Bundesgesetzgebung und legt keine bestimmte Beteiligung fest. Darüber hinaus werden die Mitwirkungsrechte der Länder im Gemeinsamen Ausschuß nur zeitlich und sachlich begrenzt eingeschränkt, sogar durch die Beteiligung an allen Gesetzgebungsvorhaben mit vollem Stimmrecht partiell erweitert, so daß sich das Übergewicht des Bundestages überhaupt nur bei Zustimmungsgesetzen auswirken kann[53]. Die teilweise geforderte Abstimmung nach »Bänken« steigert demgegenüber die gegenseitige Kontrolle nicht und könnte allenfalls die rasche und effektive Arbeit des Gemeinsamen Ausschusses behindern[54].

IV. Bildung und Verfahren des Gemeinsamen Ausschusses

13   Bildung und Verfahren des Gemeinsamen Ausschusses werden im wesentlichen nicht von der Verfassung selbst geregelt, sondern bleiben gem. Art. 53a I 4 GG der Regelung durch eine Geschäftsordnung überlassen, die eine nur den Gemeinsamen Ausschuß bindende Satzung ist. In Abweichung zu anderen Geschäftsordnungen wird die **Geschäftsordnung des Gemeinsamen Ausschusses** jedoch nicht kraft eigener Geschäftsordnungsautonomie, sondern vom Bundestag mit Zustimmung des Bundesrates erlassen[55]. Nur unter den Voraussetzungen des Art. 115e I GG kann der Gemeinsame Ausschuß die Geschäftsordnung selbst ändern, da die Einschränkungen des Art. 115e II GG insoweit nicht greifen[56]. Die Geschäftsordnung enthält teilweise weitreichende Regelungen[57], wie insbesondere über die Beteiligung der Fraktionen[58], die Präsenz-

---

[49] *Herzog* (Fn. 17), Art. 53a Rn. 24; *Krebs* (Fn. 19), Art. 53a Rn. 16, 11.
[50] So insb. *Herzog* (Fn. 17), Art. 53a Rn. 12ff.; weitere Nachweise unten Fn. 54.
[51] Hier wird gelegentlich von einem Einkammersystem gesprochen *Herzog* (Fn. 17), Art. 53a Rn. 24, 40; *Stern*, Staatsrecht II, S. 167.
[52] *Emmelius*, Ausschuß (Fn. 12), S. 156ff.; *H. H. Holz*, Blätter für deutsche und internationale Politik 11 (1966), 608 (609f.); vgl. auch *R. Herzog*, in Maunz/Dürig, GG, Art. 115e (1969), Rn. 8; *L.-A. Versteyl*, in: v. Münch/Kunig, GG III, Art. 115e Rn. 6.
[53] Im Ergebnis übereinstimmend *Herzog* (Fn. 17), Art. 53a Rn. 25; *Stern*, Staatsrecht II, S. 167; *Hendrichs* (Fn. 18), Art. 53a Rn. 8; *Delbrück/Hobe* (Fn. 12), Art. 53a Rn. 25 f.; *H. U. Evers*, AöR 91 (1966), 1 (6 f.); *Robbers* (Fn. 23), Art. 53a Rn. 10.
[54] *Stern*, Staatsrecht II, S. 167 gegen *Herzog* (Fn. 52), Art. 115e Rn. 8; *Versteyl* (Fn. 52), Art. 115e Rn. 6; *Seifert*, Notstandsausschuß (Fn. 3), S. 65ff.
[55] Geschäftsordnung v. 23. 7. 1969 (BGBl. I S. 1102), zuletzt geändert am 20. 7. 1993 (BGBl. I S. 1500)
[56] *Robbers* (Fn. 23), Art. 53a Rn. 12.
[57] Vgl. im einzelnen kritisch *J. Delbrück*, DÖV 1970, 229ff.; *Hendrichs* (Fn. 18), Art. 53a Rn. 26 i. V. m. 11; *Schick* (Fn. 29), § 58 Rn. 46.
[58] → Rn 7.

pflicht (§ 6)⁵⁹, und die Nichtöffentlichkeit der Sitzungen (§ 10)⁶⁰. Durch die Verfassung und damit vorrangig gegenüber der Geschäftsordnung wird demgegenüber vor allem der Zeitpunkt der Bildung festgelegt, da sich aus Art. 53a GG ergibt, daß der Ausschuß bereits in Friedenszeiten zu bilden ist, auch wenn seine Aufgaben erst im Verteidigungsfall wahrzunehmen sind⁶¹. Außerdem schreibt das Grundgesetz in Art. 115a II, 115e und 115h II GG für bestimmte Entscheidungen qualifizierte Mehrheiten vor⁶². Im übrigen werden Bildung und Verfahren durch die Geschäftsordnung des Gemeinsamen Ausschusses ausgefüllt, die ihrerseits für verbleibende Lücken auf die Geschäftsordnung des Bundestages verweist (§ 18).

V. Unterrichtung durch die Bundesregierung (Art. 53a II GG)

Art. 53a II GG normiert eine umfassende Informationspflicht der Bundesregierung. Wie die Formulierung »Planungen für den Verteidigungsfall« erkennen läßt, begründet Art. 53a II GG **nicht erst für den Verteidigungsfall**, sondern **bereits in Friedenszeiten** eine **Informationspflicht**⁶³. Die Unterrichtungspflicht ist umfassend und erstreckt sich auf das gesamte Gebiet der militärischen und zivilen Verteidigung und schließt alle Absichten und Planspiele der Regierung ein⁶⁴. Art. 53a II GG verlangt eine regelmäßige Unterrichtung auch ohne ausdrückliches Verlangen des Gemeinsamen Ausschusses in Parallele zu Art. 53 Satz 3 GG⁶⁵. Gem. § 8 II GeschOGA ist eine Information mindestens zweimal jährlich zu erteilen, und die Bundesregierung muß ferner gem. § 11 II GeschOGA auf Beschluß des Gemeinsamen Ausschusses an allen seinen Sitzungen teilnehmen⁶⁶. Umgekehrt besitzen die Mitglieder der Bundesregierung Zutrittsrecht⁶⁷. Der Gemeinsame Ausschuß kann gegebenenfalls seine Informationsrechte im Organstreitverfahren durchsetzen⁶⁸.

14

Art. 53a II 2 GG bestimmt ausdrücklich, daß die **Informationsrechte** des Gemeinsamen Ausschusses **die Rechte des Bundestages und seiner Ausschüsse unberührt** lassen. Das gilt in Friedenszeiten wie im Verteidigungsfall. Dadurch soll vor allem der Bundesregierung verwehrt werden, entsprechende Informationen durch Unterrichtung des Gemeinsamen Ausschusses dem Bundestag vorzuenthalten⁶⁹. Im Umkehrschluß aus Art. 53a II 2 GG gilt ferner, daß sich die Bundesregierung gegenüber ent-

15

---

⁵⁹ Dazu eingehender *Herzog* (Fn. 17), Art. 53a Rn. 46ff.
⁶⁰ Näher *Herzog* (Fn. 17), Art. 53a Rn. 48ff.; *Achterberg*, Parlamentsrecht, S. 549; kritisch *J. Delbrück*, in: BK, Art. 115e (Erstb. 1969), Rn. 61f.; *ders.*, DÖV 1970, 229 (233f.); *Emmelius*, Ausschuß (Fn. 12), S. 137ff.; *Schick* (Fn. 29), § 58 Rn. 28ff. *Frank* (Fn. 20), Abschn. Xa Rn. 72.; vgl. a. *Twenhöven*, Stellung (Fn. 16), S. 143ff.
⁶¹ *Delbrück/Hobe* (Fn. 12), Art. 53a Rn. 22; *Hendrichs* (Fn. 18), Art. 53a Rn. 24.
⁶² Dazu a. *Delbrück/Hobe* (Fn. 12), Art. 53a Rn. 23f.
⁶³ *Herzog* (Fn. 17), Art. 53a Rn. 60.
⁶⁴ *Herzog* (Fn. 17), Art. 53a Rn. 62; *Stern*, Staatsrecht II, S. 177; *Krebs* (Fn. 19), Art. 53a Rn. 20.
⁶⁵ *Herzog* (Fn. 17), Art. 53a Rn. 61; *Stern*, Staatsrecht II, S. 170; *Hendrichs* (Fn. 18), Art. 53a Rn. 27.
⁶⁶ Insofern besitzt der ›Gemeinsame Ausschuß‹ bereits in Friedenszeiten das Zitierrecht: *Schmidt-Bleibtreu/Klein*, GG, Art. 43 Rn. 5; *Robbers* (Fn. 23), Art. 53a Rn. 16; a.A. *M. Schröder*, in: BK, Art. 43 (Zweitb. 1978), Rn. 31 a.
⁶⁷ *Schmidt-Bleibtreu/Klein*, GG, Art. 43 Rn. 8; *Schröder* (Fn. 66), Art. 43 Rn. 69; *Robbers* (Fn. 23), Art. 53a Rn. 17.
⁶⁸ *Herzog* (Fn. 17), Art. 53a Rn. 64; → Rn. 5.
⁶⁹ *Amann*, Probleme (Fn. 23), S. 46ff. *Krebs* (Fn. 19), Art. 53a Rn. 21; *Delbrück/Hobe* (Fn. 12), Art. 53a Rn. 32; *J. Linck*, DÖV 1983, 957 (961).

sprechenden Informationsersuchen des Bundestages nicht auf ihr Geheimhaltungsinteresse berufen darf, was eine Berücksichtigung dieser Geheimhaltungsinteressen durch entsprechende Sicherheitsvorkehrungen des Parlaments (Nichtöffentlichkeit, Befassung nur des Verteidigungsausschusses) nicht ausschließt[70].

D. Verhältnis zu anderen GG-Bestimmungen

16 Art. 53a GG hat nur die Institution, Organisation und Verfahren des Gemeinsamen Ausschusses zum Gegenstand. Seine **Kompetenzen** sind dagegen in **Art. 115a II, 115e GG** geregelt.

---

[70] *Herzog* (Fn. 17), Art. 53a Rn. 66; *Hendrichs* (Fn. 18), Art. 53a Rn. 28.

V. Der Bundespräsident

Artikel 54 [Wahl; Amtsdauer; Bundesversammlung]

(1) ¹Der Bundespräsident wird ohne Aussprache von der Bundesversammlung gewählt. ²Wählbar ist jeder Deutsche, der das Wahlrecht zum Bundestage besitzt und das vierzigste Lebensjahr vollendet hat.

(2) ¹Das Amt des Bundespräsidenten dauert fünf Jahre. ²Anschließende Wiederwahl ist nur einmal zulässig.

(3) Die Bundesversammlung besteht aus den Mitgliedern des Bundestages und einer gleichen Anzahl von Mitgliedern, die von den Volksvertretungen der Länder nach den Grundsätzen der Verhältniswahl gewählt werden.

(4) ¹Die Bundesversammlung tritt spätestens dreißig Tage vor Ablauf der Amtszeit des Bundespräsidenten, bei vorzeitiger Beendigung spätestens dreißig Tage nach diesem Zeitpunkt zusammen. ²Sie wird von dem Präsidenten des Bundestages einberufen.

(5) Nach Ablauf der Wahlperiode beginnt die Frist des Absatzes 4 Satz 1 mit dem ersten Zusammentritt des Bundestages.

(6) ¹Gewählt ist, wer die Stimmen der Mehrheit der Mitglieder der Bundesversammlung erhält. ²Wird diese Mehrheit in zwei Wahlgängen von keinem Bewerber erreicht, so ist gewählt, wer in einem weiteren Wahlgang die meisten Stimmen auf sich vereinigt.

(7) Das Nähere regelt ein Bundesgesetz.

Literaturauswahl

Braun, Beate: Die Bundesversammlung, 1993.
Butzer, Hermann: Der Bundespräsident und sein Präsidialamt, in: VerwArch. 82 (1991), S. 497–525.
Doehring, Karl: Der »pouvoir neutre« und das Grundgesetz, in: Der Staat 3 (1964), S. 201–219.
Henke, Wilhelm: Die Bundesrepublik ohne Staatsoberhaupt, in: DVBl. 1966, S. 723–729.
Herzog, Roman: Bundespräsident und Bundesverfassungsgericht, in: Festschrift für Karl Carstens, Bd. 2, 1984, S. 600–611.
Hoffmann, Hans: Die Einsetzung der deutschen Staatsoberhäupter, in: Verwaltungsrundschau 1990, S. 196–201.
Jülich, Christian: Die Wahl des Bundespräsidenten, in: DÖV 1969, S. 92–97.
Kaltefleiter, Werner: Die Funktionen des Staatsoberhauptes in der parlamentarischen Demokratie, 1970.
Kimminich, Otto: Das Staatsoberhaupt in der parlamentarischen Demokratie, VVDStRL 25 (1967), S. 2–94.
Kunig, Philip: Der Bundespräsident, in: Jura 1994, S. 217–222.
Maurer, Hartmut: Hat der Bundespräsident ein politisches Mitspracherecht?, in: DÖV 1966, S. 665–675.
Schlaich, Klaus: Die Bundesversammlung und die Wahl des Bundespräsidenten, in: HStR II, § 47 (S. 523–528).
Schlaich, Klaus: Der Status des Bundespräsidenten, in: HStR II, § 48 (S. 529–540).
Schlaich, Klaus: Die Funktion des Bundespräsidenten im Verfassungsgefüge, in: HStR II, § 49 (S. 541–584).
Scheuner, Ulrich: Das Amt des Bundespräsidenten als Aufgabe verfassungsrechtlicher Gestaltung, 1966.
Steiner, Wolfgang: Die innerstaatliche Repräsentation und Vertretung der Bundesrepublik durch den Bundespräsidenten, 1970.

Tomuschat, Christian: Präsidialsystem und Demokratie, in: Festschrift für Karl Carstens, Bd. 2, 1984, S. 911–932.

von Unruh, Georg-Christoph: Die Stellung des »Staatsoberhauptes« im deutschen Verfassungsrecht, in: Verwaltungsrundschau 1980, S. 217–221.

Leitentscheidung des Bundesverfassungsgerichts

BVerfGE 62, 1 (34ff., 40ff.) – Bundestagsauflösung.

Gliederung Rn.

A. Herkunft, Entstehung, Entwicklung 1
    I. Ideen- und verfassungsgeschichtliche Aspekte 1
    II. Entstehung und Veränderung der Norm 4
B. Internationale, supranationale und rechtsvergleichende Bezüge 6
    I. Internationales Recht und Europäische Union 6
    II. Verfassungsvergleichende Hinweise 8
C. Erläuterungen 13
    I. Die Stellung des Bundespräsidenten im Verfassungsgefüge 13
        1. Der Bundespräsident als Staatsoberhaupt 14
            a) Grundlage und Grenzen der Repräsentationsfunktion 15
            b) Repräsentant von Bund und Ländern? 17
        2. Verfassungsrechtliche Kompetenzen 18
            a) Geschriebene Kompetenzen 19
            b) Ungeschriebene Kompetenzen 20
        3. Charakteristika der Präsidialfunktion 21
            a) »Staatsnotar« 22
            b) »Pouvoir neutre«? 23
            c) Politischer »Mediator« 25
            d) »Hüter der Verfassung«? 27
        4. Integrationsfunktion 28
    II. Die Wahl des Bundespräsidenten durch die Bundesversammlung 30
        1. Die Bundesversammlung 31
        2. Wählbarkeit 33
        3. Das Wahlverfahren 34
    III. Das Amtsverhältnis des Bundespräsidenten 37
D. Verhältnis zu anderen GG-Bestimmungen 41

A. Herkunft, Entstehung, Entwicklung

I. Ideen- und verfassungsgeschichtliche Aspekte

1 Historisch gesehen hat der Bundespräsident formal die Stellung, die dem Monarchen im nachmittelalterlichen Territorialstaat zukam: Er verkörpert die **Einheit des Staates**, ist sein höchster Repräsentant. Bei Jean Bodin freilich war der Monarch des Absolutismus auch materiell oberster Herrscher im Staat, Ausdruck der staatlichen Souveränität in seiner Person selbst. Einziger übergeordneter Bezugspunkt war die letztlich nicht überprüfbare göttliche Legitimation[1]. Noch in der Präambel der »oktroyierten« Ver-

---

[1] »Wer sich gegen den König wendet, versündigt sich an Gott, dessen Abbild auf Erden der Fürst ist«, *J. Bodin*, Über den Staat (1583), I. 10, in der dt. Übersetzung nach der Reclam-Ausgabe 1976, S. 39.

fassung für den Preußischen Staat vom 31. 1. 1850 fand die Idee der **Fürstensouveränität** Ausdruck: »Wir Friedrich Wilhelm, von Gottes Gnaden, König von Preußen ... thun kund und fügen zu wissen, daß wir ... die Verfassung ... endgültig festgestellt haben«[2].

Dagegen stand die maßgeblich von Jean-Jacques Rousseau und John Locke geprägte Idee der Volkssouveränität (→ Art. 20 [Demokratie] Rn. 7, 9, 76 ff.), wie sie von den Völkern Europas seit der ›glorious revolution‹ von 1689 sowie der französischen wie amerikanischen Revolution in der Realität zunehmend eingefordert wurde. So lebte die **konstitutionelle Monarchie** im Spannungsfeld zwischen dem demokratischen Konzept der Volks- und dem monarchischen Konzept der Fürstensouveränität. Dieser Dualismus prägte die »paktierten Verfassungen«[3] ebenso wie den Verfassungsentwurf der Frankfurter Paulskirche von 1849: Ein regierender deutscher Fürst sollte hier qua Beschluß der Volksvertreter[4] zum erblichen Reichsoberhaupt werden (§§ 68 ff.). Entsprechend kürte die Verfassung des Deutschen Reiches von 1871 den König von Preußen zum »Deutschen Kaiser« (Art. 11 I)[5]. Der Kaiser bestimmte die Zusammensetzung der Exekutive durch die Ernennung des Reichskanzlers (Art. 15 I) und der Reichsbeamten (Art. 18 I) und repräsentierte den obrigkeitlichen Staat gegenüber den Untertanen, die als Bürger die Zusammensetzung der Legislative bestimmten[6].

Mit der effektiven Verwirklichung des demokratischen Prinzips in der **Weimarer Reichsverfassung** von 1919 wandelte sich auch die Funktion des Staatsoberhauptes: Nach Art. 41 WRV wurde der Reichspräsident direkt vom Volk gewählt. Als »plebiszitäres Staatsoberhaupt«[7] vertrat er das Volk neben dem Reichstag, zu dem er als Teil der »doppelköpfigen Exekutive«[8] ein Gegengewicht bilden sollte. Die Reichsverfassung stattete ihn hierzu mit weitreichenden Kompetenzen aus: Der Reichspräsident ernannte die Reichsregierung (Art. 53 WRV)[9], konnte den Reichstag auflösen (Art. 25 I WRV), Volksentscheide über vom Reichstag beschlossene Gesetze herbeiführen (Art. 73 I WRV) und im Rahmen der »Diktaturgewalt«[10] des Art. 48 WRV Notverordnungen erlassen. Die starke Stellung des Reichspräsidenten half in den verantwortungsvollen Händen Friedrich Eberts, die Krise des Jahres 1923 zu überwinden[11], för-

---

[2] *G. Dürig/W. Rudolf,* Texte zur deutschen Verfassungsgeschichte, 3. Aufl. 1996, S. 135; zur verfassungsrechtlichen Stellung der Kaiser und Könige im Mittelalter vgl. *G.-C. v. Unruh,* VR 1980, 217 (217); zur Praxis ihrer Einsetzung *H. Hofmann,* VR 1990, 196 ff.

[3] *P. Häberle,* AöR 112 (1987), 54 (61).

[4] Am 29. 3. 1849 wählte die Nationalversammlung den preußischen König Friedrich Wilhelm IV. zum Kaiser, der die Kaiserkrone jedoch ablehnte; vgl. *O. Kimminich,* Deutsche Verfassungsgeschichte, 2. Aufl. 1987, S. 359.

[5] Die genaue Bezeichnung war bis zuletzt umstritten; der Verfassungsentwurf der Paulskirche hatte in vorsichtiger Anlehnung an die Idee der Volkssouveränität in § 70 den Titel »Kaiser der Deutschen« vorgesehen; zur Terminologie *T. Fleiner-Gerster,* Allgemeine Staatslehre, 2. Aufl. 1995, S. 252.

[6] Anders als in der Weimarer Republik oder heute in Frankreich konnte der Reichstag die Regierung nicht durch ein Mißtrauensvotum stürzen; zum »Repräsentationsdualismus« in der konstitutionellen Monarchie vgl. *O. Kimminich,* Das Staatsoberhaupt in der parlamentarischen Demokratie, VVDStRL 25 (1967), S. 2 ff. (50 ff.).

[7] *Anschütz,* WRV, Art. 41 ff. Einl. (S. 243).

[8] *Fleiner-Gerster,* Staatslehre (Fn. 5), S. 239.

[9] Diese konnte jedoch, anders als im Präsidialsystem der USA, vom Parlament zum Rücktritt gezwungen werden (Art. 54 WRV).

[10] *Anschütz,* WRV, Art. 48 Anm. 6 (S. 275).

[11] Die Währungsreform vom November 1923 wurde aufgrund eines parlamentarischen Ermächtigungsgesetzes von der Reichsregierung (RGBl. 1923 I S. 953) und im Wege der Notverordnung nach Art. 48 II 1 vom Reichspräsidenten (u.a. RGBl. 1923 I S. 1086) umgesetzt.

derte bei den politischen Verhältnissen der frühen dreißiger Jahre letztlich aber das Scheitern der Weimarer Republik[12].

II. Entstehung und Veränderung der Norm

4 Die Stellung des Bundespräsidenten im Verfassungsgefüge des Grundgesetzes basiert maßgeblich auf den Erfahrungen der deutschen Verfassungsgeschichte, insbesondere der Weimarer Zeit. Die geringe Kompetenzfülle und relative Machtlosigkeit des Bundespräsidenten beruht auf der bewußten **Abkehr von der starken Stellung des Weimarer Reichspräsidenten**[13]. Dem entsprechen der Verzicht auf seine Direktwahl wohl ebenso wie die unstrittige Begrenzung der Amtszeit auf fünf Jahre und die einmalige Wiederwahl[14]. Im Parlamentarischen Rat wurde mit Blick auf das Besatzungsstatut und die deutsche Teilung sogar ein (vorläufiger) Verzicht auf das Amt eines Bundespräsidenten oder eine Kollegialpräsidentschaft erwogen[15].

5 Hinsichtlich der Wahl des Bundespräsidenten bestand über die Beteiligung von Bundestag und Ländern weitgehend Einigkeit. Während der HChE in Art. 75 Variante I eine Wahl durch »übereinstimmenden Beschluß des Bundestages und des Bundesrates« vorsah, verständigte sich der Parlamentarische Rat auf die Einrichtung einer **Bundesversammlung**[16]. Die Entscheidung, daß nicht der Bundesrat, sondern Vertreter der Länderparlamente entsprechend Art. 54 III GG beteiligt sein sollten, wurde damit begründet, daß die nach dem Grundsatz der Verhältniswahl in die Bundesversammlung gewählten Landesvertreter ihre Länder in ihrer Vielfalt eher repräsentierten als die nur von der jeweiligen Mehrheit getragenen Landesregierungen[17].

B. Internationale, supranationale und rechtsvergleichende Bezüge

I. Internationales Recht und Europäische Union

6 Die Funktion des Bundespräsidenten als Staatsoberhaupt ist im **internationalen Recht** primär wegen seiner völkerrechtlichen Vertretungsfunktion von Bedeutung (→ Art. 59 Rn. 19 ff.). Nach Art. 7 II WVK wird das Staatsoberhaupt kraft Amtes als Vertreter seines Staates angesehen, nach Art. 14 WÜD ist die Beglaubigung von Missionschefs der Klassen 1 und 2 dem Staatsoberhaupt vorbehalten. Aus dieser protokollarischen Bedeutung folgt indessen nichts für die sachlichen Kompetenzen, deren Umfang sich ausschließlich aus den innerstaatlichen Verfassungen ergeben. Parallelen zur Funktion des Staatsoberhauptes auf völkerrechtlicher Ebene bestehen derzeit kaum, können sich aber schrittweise mit einer zunehmenden **Konstitutionalisierung der Staatengemeinschaft** (→ Art. 59 Rn. 7) herausbilden. So ist etwa der Generalsekretär der UNO nach Art. 97 ff. SVN zwar nicht ausdrücklich mit Repräsentativaufgaben nach außen betraut, in der Praxis aber vertritt er die UNO völkerrechtlich. Er handelt

---

[12] *G. Mann*, Deutsche Geschichte des 19. und 20. Jahrhunderts, 1966, S. 767 ff.
[13] *Stern*, Staatsrecht II, S. 196; *C. Jülich*, DÖV 1969, 92 (93).
[14] JöR 1 (1951), S. 399, 406.
[15] JöR 1 (1951), S. 398.
[16] Vorschlag des Abg. Dr. *Becker*, JöR 1 (1951), S. 400.
[17] JöR 1 (1951), S. 403.

Abkommen für sie aus und schließt sie ab. Daneben nimmt er wichtige politische Funktionen für sie wahr (vgl. Art. 99 SVN)[18].

Die **Außenvertretung der Europäischen Union** ist zwischen Ratsvorsitz und Kommission geteilt, je nachdem, ob im Rahmen der nach wie vor intergouvernemental strukturierten Gemeinsamen Außen- und Sicherheitspolitik (GASP) gehandelt wird oder im Zuständigkeitsbereich der EG. Nach Art. J.8 I (18 I n.F.) EUV liegt die Vertretung der EU, aufgrund einstimmiger Ermächtigung durch den Rat auch für die Verhandlung und den Abschluß völkerrechtlicher Verträge (Art. J.14 [24 n.F.] EUV), beim »Vorsitz«, d.h. je nach Handlungsebene dem Regierungschef, Minister oder Delegationsleiter des Mitgliedstaates, der die **Ratspräsidentschaft** wahrnimmt. Insofern ist Deutschland wegen des politischen Charakters der Aufgaben durch die Bundesregierung und nicht durch den Bundespräsidenten vertreten. Der **Generalsekretär des Rates** hat zwar nach dem Vertrag von Amsterdam die »Aufgabe eines hohen Vertreters für die Gemeinsame Außen- und Sicherheitspolitik« (Art. J.8 III [18 III n.F.] EUV), unterstützt aber nur den Vorsitz und kann ihn nicht ersetzen. Immerhin kann er zur Führung des politischen Dialogs mit Dritten beauftragt werden (Art. J.16 [26 n.F.] EUV). Die **Europäische Gemeinschaft** dagegen wird von der **Kommission** vertreten (Art. 155 [211 n.F.], 229 [302 n.F.] EGV); nach Ermächtigung durch den Rat, gemäß den von ihm im »Mandat« festgelegten Richtlinien und im Benehmen mit den hierzu bestellten Ausschüssen des Rats, führt sie die Verhandlungen. Der Abschluß von Verträgen ist jedoch dem Rat vorbehalten (Art. 228 [300 n.F.] EGV). Dabei kommt der Kommission politisch entsprechend dem Kompetenzzuwachs der EG eine bedeutende Rolle zu, vor allem als Repräsentant der Gemeinschaft in internationalen Organisationen und Regimen[19]; so nahm der **Präsident der Kommission** auf gleicher Ebene wie die Staats- und Regierungschefs 1992 an der UN-Konferenz für Umwelt und Entwicklung in Rio de Janeiro teil.

II. Verfassungsvergleichende Hinweise

Das Präsidialsystem der Verfassung der **USA** räumt dem auf vier Jahre gewählten Präsidenten eine zentrale Stellung ein: Er ist die Spitze der Exekutive[20], führt die Regierungsgeschäfte ohne notwendige parlamentarische Unterstützung und hat den Oberbefehl über die Streitkräfte. Im Sinne einer strengen Gewaltentrennung besitzt er jedoch keine Möglichkeit, das Repräsentantenhaus oder den Senat aufzulösen, so daß in der Gesetzgebungspraxis ein politischer Ausgleich zwischen Legislative und Exekutive gesucht werden muß.

Ähnlich stark ist die Stellung des Staatspräsidenten im gemischt **parlamentarisch-präsidialen** System der **französischen Verfassung** der V. Republik. Er wird vom Volk direkt für sieben Jahre gewählt (Art. 6 seit 1962), ernennt den Premierminister (Art. 8 I) und leitet die Kabinettssitzungen (Art. 9), benötigt dabei aber doch eine parlamen-

---

[18] Vgl. *W. Fiedler*, in: B. Simma (Hrsg.), Charta der Vereinten Nationen, Kommentar, 1991, Art. 98 Rn. 24, 54ff., Art. 99 Rn. 1ff.

[19] Auf dieser Basis zum Streit um die Stimmrechte in der FAO: EuGHE 1996, I–1469 (1498ff., insbes. Rn. 7); vgl. auch *I. Pernice*, EuR 1991, 273 (276). → Art. 32 Rn. 12f.

[20] Art. II Section II Satz 1 der Verfassung der USA von 1787/89: »The executive power shall be vested in a President of the United States of America«.

tarische Mehrheit[21]. Soweit er diese besitzt, kann er die Regierungsgeschäfte weitgehend bestimmen; hat das Volk sie ihm verweigert (»Kohabitation«[22]), sind seine Kompetenzen im wesentlichen auf die Außenpolitik begrenzt. Die Stellung des Präsidenten der **Russischen Föderation** ist hieran angelehnt, freilich sind seine Kompetenzen umfangreicher[23].

10 Im **parlamentarischen Regierungssystem**, wie es in den meisten Ländern Europas ausgeformt ist, entsprechen die Kompetenzen des Staatsoberhauptes in etwa der Regelung im Grundgesetz. Sie beschränken sich im wesentlichen auf formell-protokollarische Mitwirkungs- und Vermittlungsfunktionen sowie die politische Repräsentation des Staates. Die **einheitsstiftende Funktion** des dem politischen Tagesgeschehen entrückten Staatspräsidenten legt die italienische Verfassung ausdrücklich fest: »Der Präsident der Republik ist Oberhaupt des Staates und repräsentiert die Einheit der Nation«[24]. In parlamentarischen Systemen wird der Staatspräsident regelmäßig nicht direkt durch das Volk gewählt. Noch schwächer ist die Stellung des Bundespräsidenten in der **Schweiz**[25].

11 Die Rolle der Monarchen in den **parlamentarischen Monarchien** Europas[26] und Japans entspricht der Stellung der Staatspräsidenten in parlamentarischen Verfassungen. So bestimmt die japanische Verfassung die Integrationsfunktion des Kaisers ausdrücklich und stellt dabei klar, daß die Erbmonarchie (Art. 2) nur historisch Ausdruck der Fürstensouveränität ist, heute ihre Legitimität jedoch vom demokratischen Prinzip der Volkssouveränität herleitet: »Der Kaiser ist das Symbol des Staates und der Einheit des Volkes, er leitet seine Stellung vom Willen des Volkes ab, von dem alle souveräne Gewalt ausgeht«[27].

12 Die Verfassungen der **deutschen Bundesländer** kennen keine über der Regierung stehende Vertretung des Landes[28]. Nach der Verfassung des Freistaats Bayern ist die Staatsregierung die »oberste leitende und vollziehende Behörde des Staates«[29]. Der Regierende Bürgermeister Berlins »vertritt Berlin nach außen«[30].

---

[21] Vgl. die Möglichkeit des parlamentarischen Mißtrauensvotums gegen den Premierminister nach Art. 49, auf das der Präsident – einmal jährlich – mit der Auflösung der Nationalversammlung reagieren kann (Art. 12).

[22] Zur »Kohabitation« *R. Grote,* Das Regierungssystem der V. französischen Republik, 1995, S. 339 ff.

[23] Im einzelnen Art. 80 ff. der Verfassung der Russischen Föderation vom 12.12.1993, abgedruckt in: A. P. Blaustein/G. H. Flanz (Hrsg.), Constitutions of the Countries of the World, Bd. XVI, S. 22 ff.

[24] Art. 87 S. 1 der Verfassung der Republik Italien vom 27.12.1947.

[25] Art. 98 Abs. 1 der Bundesverfassung der schweizerischen Eidgenossenschaft vom 29.5.1874: »Den Vorsitz im Bundesrat führt der Bundespräsident, welcher (...) aus den Mitgliedern desselben für die Dauer eines Jahres gewählt wird«, zitiert nach Blaustein/Flanz, Constitutions (Fn. 23), Bd. XIX, S. 64 ff.

[26] Allgemein *P. Häberle,* Monarchische Strukturen und Funktionen in europäischen Verfassungssytemen – eine vergleichende Textstufenanalyse (1994), in: ders., Europäische Rechtskultur, 1997, S. 365 ff.

[27] Art. 1 der japanischen Verfassung vom 3.5.1947, zitiert nach Blaustein/Flanz, Constitutions (Fn. 23), Bd. IX, S. 15, eigene Übersetzung; ähnlich Art. 1 II der Verfassung des Königreichs Spanien sowie Art. 33 der belgischen Verfassung.

[28] *O. Kimminich,* in: BK, Vorbem. zu Art. 54–61 (1968), Rn. 47 ff.; *v. Mangoldt/Klein,* GG, Bd. II/2, S. 1061. Zur Einführung eines »Landespräsidenten« → Art. 28 Rn. 62.

[29] Art. 43 I der Verfassung des Freistaats Bayern vom 2.12.1946.

[30] Art. 58 I 1 der Verfassung von Berlin vom 23.11.1995.

C. Erläuterungen

I. Die Stellung des Bundespräsidenten im Verfassungsgefüge

Nur eine **Gesamtschau des Grundgesetzes** erlaubt eine Bestimmung von Stellung und Funktion des Bundespräsidenten, wobei die Vorschriften über die Wahl und sein Amt im 5. Abschnitt des Grundgesetzes im Mittelpunkt stehen. Regelungen des Verhältnisses zu anderen Verfassungsorganen finden sich aber auch an anderer Stelle. Weitaus mehr als andere Bereiche des Verfassungsrechts ist die verfassungsrechtliche Stellung des Bundespräsidenten dabei von der **Amtsführung** insbesondere der ersten Bundespräsidenten[31] sowie von allgemeinen staatstheoretischen Vorstellungen[32] geprägt.

13

1. Der Bundespräsident als Staatsoberhaupt

Letzteres gilt schon für den Begriff des »Staatsoberhaupts«. Er entstammt der Allgemeinen Staatslehre[33] und entspricht völkerrechtlicher Tradition, ist aber kein Rechtsbegriff des Grundgesetzes[34]. Die **Funktion des Bundespräsidenten** als Staatsoberhaupt kann aus der Bezeichnung »Präsident« abgeleitet werden[35], ergibt sich aber vor allem aus den ihm zugewiesenen Kompetenzen. Er ist Verfassungs- und oberstes Bundesorgan[36], aber keine Behörde[37]; er ist demokratisch gewählt (→ Rn. 30), aber **nicht politisch verantwortlich**[38]. Er ist von Weisungen anderer Organe unabhängig und unterliegt keinerlei Aufsicht[39], doch bleibt die (Eides-)Pflicht, die Verfassung und die Bundesgesetze zu wahren und zu verteidigen (→ Art. 56 Rn. 8f.; → Art. 61 Rn. 7, 14). Bezeichnung und Funktionen als Repräsentant des Gesamtstaates und damit der Einheit des Bundes entsprechen der Staatsform Deutschlands als **Republik**[40].

14

a) Grundlage und Grenzen der Repräsentationsfunktion

Art. 59 I GG sieht die **völkerrechtliche Vertretung** des Bundes durch den Bundespräsidenten vor (→ Art. 59 Rn. 19ff.). Nach innen bedarf es dieser Repräsentation nicht, die Vertretung des Bundes als juristischer Person obliegt in erster Linie der Bundesregierung[41]. Gleichwohl wird angenommen, daß der Bundespräsident eine **innerstaatliche Repräsentationsfunktion** habe[42]. Dies findet im Normtext des Grundgesetzes allerdings keine ausdrückliche Stütze[43]. Vor dem Hintergrund des Wandels des Staatsver-

15

---

[31] K. *Schlaich*, Die Funktionen des Bundespräsidenten im Verfassungsgefüge, in: HStR II, § 49 Rn. 1f.
[32] *Kimminich* (Fn. 28), Vorbem. zu Art. 54–61 Rn. 1ff.
[33] Vgl. auch P. *Kunig*, Jura 1994, 217 (221); *Fleiner-Gerster*, Staatslehre (Fn. 5), S. 204ff.
[34] P. *Kunig*, Jura 1994, 217 (221).
[35] *Stern*, Staatsrecht II, S. 202.
[36] Vgl. auch Jarass/*Pieroth*, GG, Art. 54 Rn. 1.
[37] v. *Mangoldt/Klein*, GG, Bd. II/2, S. 1063.
[38] Vgl. auch v. *Mangoldt/Klein*, GG, Bd. II/2, S. 1065f.
[39] Vgl. *Hesse*, Verfassungsrecht, Rn. 657.
[40] v. *Mangoldt/Klein*, GG, Bd. II/2, S. 1059; → Art. 20 (Republik) Rn. 22.
[41] Vgl. §§ 68, 71 I Nr. 1 BVerfGG; soweit es bei Bund-Länder-Streitigkeiten um die Verletzung von Rechten anderer Verfassungsorgane des Bundes geht, kommt auch eine Vertretung des Bundes etwa durch den Bundestag in Betracht, *Pestalozza*, Verfassungsprozeßrecht, § 9 Rn. 9.
[42] R. *Herzog*, in: Maunz/Dürig, GG, Art. 54 (1986), Rn. 7; *Stern*, Staatsrecht II, S. 218.
[43] Vgl. auch *Schlaich* (Fn. 31), § 49 Rn. 91: »keine Kategorie des Grundgesetzes«.

ständnisses vom monarchischen Konzept der Fürstensouveränität hin zum demokratischen Prinzip der Volkssouveränität (→ Rn. 1) wird die Idee einer innerstaatlichen Repräsentation des Staates »gegenüber« den Staatsbürgern als den Trägern der Staatsgewalt fragwürdig[44]. Staat und Volk können nicht auseinanderdividiert und einander entgegengesetzt werden. Einer Repräsentation des Staates bedarf es dem Volk gegenüber nicht. Als »Staat« tritt dem Bürger das im Einzelfall zuständige Organ gegenüber. Insofern hat der Bundespräsident **keine Kompetenz**. Als Verkörperung dessen, was die Staatsbürger in ihrer pluralistischen Vielfalt, aber auch die Länder und die gewaltenteilig organisierten Institutionen der Verfassung eint, repräsentiert der Bundespräsident durch seine Existenz und Handlungen demnach nicht den Staat »gegenüber« dem Volk oder den Bürgern und ist schon gar nicht »Oberhaupt«[45] im Sinne einer Subordination, sondern Ausdruck und vor allem Faktor ihrer durch das Grundgesetz begründeten und immer neu zu schaffenden Einheit (→ Rn. 28f.)[46].

16 Insofern ist der Bundespräsident ebenso wie der Bundestag (Art. 38 I 2 GG) sowie andere Verfassungsorgane Repräsentant des Staatsvolks als Ursprung jeder staatlichen Gewalt[47]. Eine materiell übergeordnete Bedeutung kommt dem Bundespräsidenten, trotz einer gewissen **symbolischen Erhabenheit** (→ Art. 60 Rn. 15), mangels erheblicher eigener Befugnisse nicht zu. Im Verhältnis zu den anderen Verfassungsorganen ist er nur »**protokollarisch höchstes Staatsorgan**«[48], von diesen funktional abgesondert und deshalb nicht Teil der Exekutive, er ist eigenständiges, aber »unselbständiges Staatsoberhaupt«[49].

b) Repräsentant von Bund und Ländern?

17 Im Blick auf die Beschränkung der Repräsentation nach außen unergiebig ist die Frage, ob der Bundespräsident den Bund oder die Bundesrepublik (als der vom Bund zu unterscheidenden Gesamtheit von Bund und Ländern[50]) repräsentiert[51]. Unzweifelhaft ist der Bundespräsident, ebenso wie der Bundesrat, ein Organ der Bundesebene[52] und repräsentiert dasjenige, was die Bundesbürger als Staatsbürger der Bundesrepublik eint. Was speziell die **regionale Identität** etwa der Bayern in Abgrenzung zur Identität der Hessen oder Sachsen dabei neben der gemeinsamen Identität als Bundesbürger ausmacht, kann und soll der Bundespräsident nicht repräsentieren, ebensowenig wie die einzelnen **Länder im Außenverhältnis** (→ Art. 32 Rn. 19, 35ff.). Gemäß

---

[44] Nachdrücklich *Kimminich* (Fn. 28), Vorbem. zu Art. 54–61 Rn. 5, 14f.; vgl. auch *W. Henke*, DVBl. 1966, 723 (727): »die unbewältigte Monarchie«.

[45] Gegen die Qualifizierung des Bundespräsidenten als Staatsoberhaupt *W. Henke*, DVBl. 1966, 723 (726); krit. auch *P. Kunig*, Jura 1994, 217 (221). *Schlaich* (Fn. 31), § 49 Rn. 91 ff. zieht den republikanischen Begriff des »Präsidenten« dem Begriff des »Staatsoberhaupts« vor.

[46] Problematisch auch der Ansatz, demzufolge der Bundespräsident »den Staat sichtbar« mache, also seine Existenz repräsentiere: vgl. *M. Nierhaus*, in: Sachs, GG, Art. 54 Rn. 6f., im Anschluß an *H. Maurer*, DÖV 1966, 665 (667).

[47] Die Repräsentationsfunktion ist hier freilich nur mittelbar (→ Rn. 32); aA mangels unmittelbarer Volkswahl: *Kimminich* (Fn. 28), Vorbem. zu Art. 54–61 Rn. 15. → Art. 38 Rn. 31 ff.

[48] *v. Mangoldt/Klein*, GG, Bd. II/2, S. 1059.

[49] *Herzog* (Fn. 42), Art. 54 Rn. 6; zustimmend *Stern*, Staatsrecht II, S. 210.

[50] Zur letztlich hierin liegenden Frage nach dem »dreigliedrigen Bundesstaat« *O. Kimminich*, Der Bundesstaat, in: HStR I, § 26 Rn. 15; *Herzog* (Fn. 42), Art. 54 Rn. 15. → Art. 20 (Bundesstaat) Rn. 20.

[51] *Herzog* (Fn. 42), Art. 54 Rn. 15.

[52] *Herzog* (Fn. 42), Art. 54 Rn. 15.

dem Konzept einer »gestuften Identität«[53], das jeden einzelnen Staatsbürger komplementär zugleich als Landesbürger, Bundesbürger und jetzt auch Unionsbürger (→ Art. 23 Rn. 24) begreift, repräsentiert der Bundespräsident somit die neben der Vielfalt regionaler Identitäten bestehende verfassungsrechtliche Verbundenheit der Bundesbürger und -länder und damit die **Bundesebene**. Die Beteiligung von Vertretern der Länderparlamente in der Bundesversammlung (→ Rn. 33) bekräftigt diese zentral integrative Funktion im Blick auf die föderale Teilung demokratisch legitimierter Befugnisse im Bundesstaat.

2. Verfassungsrechtliche Kompetenzen

Der Bundespräsident hat eine Vielzahl von Kompetenzen, die jedoch nur zum Teil aus dem Text des Grundgesetzes ersichtlich sind. Neben den geschriebenen Kompetenzen (→ Rn. 19) werden ihm auch eine Reihe ungeschriebener Zuständigkeiten (→ Rn. 20) zuerkannt, die sich nach h.M. aus der Natur der Sache ergeben[54]. 18

a) Geschriebene Kompetenzen

Wichtige, mit Ausnahme von Art. 63 IV 3 Alt. 2, 68 I GG (→ Rn. 25) regelmäßig freilich nur formale Mitwirkungsrechte besitzt der Bundespräsident bei einer Vielzahl von Tätigkeiten, die die Staatsorganisation der Bundesrepublik in der Verfassungswirklichkeit prägen. In der **Reihenfolge der Grundgesetzartikel** handelt es sich um folgende Zuständigkeiten: 19
– Verlangen nach Einberufung des Bundestages (Art. 39 III 3 GG);
– Völkerrechtliche Vertretung des Bundes (Art. 59 I GG);
– Ernennung und Entlassung der Bundesrichter, Bundesbeamten, Offiziere und Unteroffiziere (Art. 60 I GG);
– Ausübung des Begnadigungsrechts für den Bund (Art. 60 II GG);
– Unterbreitung des ersten Wahlvorschlags für das Amt des Bundeskanzlers (Art. 63 I GG) und Ernennung des gewählten Bundeskanzlers (Art. 63 II 2, IV 2 und 3 Alt. 1 GG);
– Auflösung des Bundestages unter den Voraussetzungen des Art. 63 IV 3 Alt. 2 GG oder nach Verweigerung des Vertrauens gemäß Art. 68 I GG;
– Ernennung und Entlassung der Bundesminister (Art. 64 I GG);
– Genehmigung der Geschäftsordnung der Bundesregierung (Art. 65 S. 4 GG);
– Ersuchen des Bundeskanzlers oder eines Bundesministers um Weiterführung der Amtsgeschäfte (Art. 69 III GG);
– Erklärung des Gesetzgebungsnotstands (Art. 81 I GG);
– Ausfertigung und Verkündung der Bundesgesetze (Art. 82 I 1 GG);
– Anrufung des Bundesverfassungsgerichts im Rahmen eines Organstreitverfahrens nach Art. 93 I Nr. 1 GG;
– Kompetenzen im Verteidigungsfall (Art. 115a III 1, IV, V GG).

---

[53] *E. Denninger*, JZ 1995, 585 (586).
[54] Vgl. auch Jarass/*Pieroth*, GG, Art. 54 Rn. 2, m.w.N.; a.A. *J. Jekewitz*, AK-GG, Art. 54 Rn. 16, der aber eine Zuweisung durch Gesetz im Rahmen der Verfassung für möglich hält.

b) Ungeschriebene Kompetenzen

20 Hinsichtlich der Festlegung von Staatssymbolen wie Flaggen und Bundeswappen[55] sowie der Verleihung von Orden, Titeln und Ehrenzeichen[56] wird bisweilen eine ungeschriebene Kompetenz des Bundespräsidenten aus der »**Natur der Sache**« angenommen[57]. Soweit eine Verbandskompetenz des Bundes kraft »Natur der Sache« anerkannt ist, löst sich die Streitfrage[58] einer ungeschriebenen Organkompetenz des Bundespräsidenten durch **Kompetenzzuweisung** an den Bundespräsidenten durch einfaches Bundesgesetz[59]. Befugnisse zu rechtlich bedeutsamen Handlungen dürften darüber hinaus nicht in Betracht kommen. So wäre auch die Ersetzung der gesetzlich nicht geregelten Nationalhymne[60] durch den Bundespräsidenten ohne Beteiligung des Bundestages ausgeschlossen.

3. Charakteristika der Präsidialfunktion

21 Die verfassungsrechtlichen Kompetenzen des Bundespräsidenten prägen sein Verhältnis zu den anderen Verfassungsorganen und charakterisieren damit seinen besonderen Status. Im Zusammenspiel der verschiedenen Bundesorgane lassen sich seine Aufgaben schematisch vier Topoi zuordnen.

a) »Staatsnotar«

22 Bei der Ausfertigung von Gesetzen (Art. 82 GG), der Ernennung des gewählten Bundeskanzlers sowie der vorgeschlagenen Bundesminister (Art. 63, 64 GG) und auch bei der Ernennung und Entlassung von Bundesrichtern, Bundesbeamten, Offizieren (Art. 60 I GG), Parlamentarischen Staatssekretären[61] und der Richter am Bundesverfassungsgericht[62] hängt die Rechtswirksamkeit des von anderen Staatsorganen beschlossenen Akts von der urkundlichen Festlegung durch den Bundespräsidenten ab. Durch diese Beurkundungsfunktion wird den jeweiligen Beschlüssen der anderen Staatsorgane die »›Weihe‹ des Präsidialakts« verliehen[63]. Der teils als nicht sehr

---

[55] Anordnung des Bundespräsidenten »auf Vorschlag der Bundesregierung« über die deutschen Flaggen vom 13.11.1996 (BGBl. I S.1729). → Art.22 Rn.15.

[56] Gesetz über Titel und Ehrenzeichen vom 26.7.1956 (BGBl. I S.844 [1957], zuletzt geändert durch den EV vom 31.8.1990, BGBl. II S.889, 910). → Art.22 Rn.17.

[57] *Herzog* (Fn.42), Art.54 Rn.69: »ungeschriebene Prärogativrechte des Staatsoberhauptes«; *Stern*, Staatsrecht II, S.218: »offenbar als verfassungsrechtlich selbstverständlich vorausgesetzt«.

[58] *Kimminich* (Fn.28), Vorbem. Art.54–61 Rn.22; umfassender Nachweis der Diskussion bei *C. Tomuschat*, Verfassungsgewohnheitsrecht?, 1972, S.34 Fn.35.

[59] *Kimminich* (Fn.28), Vorbem. Art.54–61 Rn.22; neben dem erwähnten Gesetz über Titel und Ehrenzeichen (→ Fn.56) finden sich weitere Zuweisungen etwa im BWahlG, ausführlich *Herzog* (Fn.42), Art.54 Rn.72.

[60] Das »Lied der Deutschen« wurde auf Vorschlag des Bundeskanzlers im Schreiben vom 29.4.1952 durch Antwortschreiben des Bundespräsidenten vom 3.5.1952 als deutsche Nationalhymne eingeführt bzw. bestätigt; in der Weimarer Republik geschah dies durch Verordnung des Reichspräsidenten vom 11.8.1922, vgl. dazu *Stern*, Staatsrecht I, S.281. → Art.22 Rn.16.

[61] Siehe §§2, 4 des Gesetzes über die Rechtsverhältnisse der Parlamentarischen Staatssekretäre vom 24. Juli 1974.

[62] §10 BVerfGG.

[63] *Stern*, Staatsrecht II, S.229.

glücklich empfundene⁶⁴ Begriff des »**Staatsnotar**s«⁶⁵ kennzeichnet diese Funktion des Bundespräsidenten jedoch zutreffend⁶⁶, soweit aus ihm keine Schlußfolgerungen hinsichtlich der **Prüfungskompetenz** des Bundespräsidenten gezogen werden: Ihr Umfang, insbesondere ob sie sich neben der formellen auch auf die materielle Rechtmäßigkeit des fraglichen Aktes erstreckt oder ob der Bundespräsident bei der Beamtenernennung ein »Ermessen« hat⁶⁷, kann nicht allgemein, sondern muß im Blick auf die jeweilige Kompetenznorm geklärt werden⁶⁸. Allgemein stehen sich hier die Verfassungsbindung des Bundespräsidenten und funktionellrechtlich die Grenzen seiner Zuständigkeit im Verhältnis zum Bundesverfassungsgericht und zur politischen und rechtlichen Eigenverantwortung der anderen Bundesorgane gegenüber (→ Art. 82 Rn. 12 ff.; → Art. 60 Rn. 20).

b) »Pouvoir neutre«?

23 Anders als der amerikanische oder der französische Präsident (→ Rn. 8, 9) hat der Bundespräsident **keine gubernativen Befugnisse**. Zur Bundesregierung gehört er schon wegen der eindeutigen Normierung des Art. 62 GG nicht. Auch die früher kontrovers diskutierte Frage der Teilnahme des Bundespräsidenten an den Bundeskabinettssitzungen⁶⁹ wird heute nicht mehr erörtert⁷⁰. Nach Art. 65 GG bestimmt der Bundeskanzler die Richtlinien der Politik, während Anordnungen und Verfügungen des Bundespräsidenten nach Art. 58 GG zu ihrer Gültigkeit der Gegenzeichnung bedürfen. Der Bundespräsident ist insoweit »**kein regierender Präsident**«⁷¹.

24 Dem entspricht die von Parteiinteressen und anderen Einflüssen abgehobene Stellung, allgemein die **Verfassungsmaxime der größtmöglichen Neutralität** des Bundespräsidenten⁷². Sie betrifft primär die Streitigkeiten der Parteien in der Tagespolitik⁷³, steht einem politisch-moralischen Eintreten des Bundespräsidenten im Sinne seiner grundlegenden Integrationsfunktion (→ Rn. 28 f.) aber nicht entgegen⁷⁴. Der hierfür

---

64 *R. Herzog*, Allgemeine Staatslehre, 1971, S. 287; *Nierhaus* (Fn. 46), Art. 54 Rn. 5: »abwertende Mißdeutung des Amtes«.
65 *T. Eschenburg*, Staat und Gesellschaft in Deutschland, 2. Aufl. 1956, S. 647; *Herzog*, Staatslehre (Fn. 64), S. 287.
66 *Stern*, Staatsrecht II, S. 229, weist darauf hin, daß auch der Notar nicht nur mechanisch seine Unterschrift unter fremden Willen setzt, sondern auch berät und prüft und im übrigen im Interesse der Rechtssicherheit eine verantwortungsvolle Tätigkeit wahrnimmt.
67 So BVerwGE 52, 33 (40 f.) hinsichtlich der Versetzung eines Beamten des Auswärtigen Dienstes in den einstweiligen Ruhestand.
68 Allgemein hierzu *Stern*, Staatsrecht II, S. 229 ff.; *Nierhaus* (Fn. 46), Art. 54 Rn. 9 ff.; *Herzog* (Fn. 42), Art. 54 Rn. 75 ff.
69 *v. Mangoldt/Klein*, GG, Bd. II/2, S. 1065; *Herzog* (Fn. 42), Art. 54 Rn. 19.
70 Die GOBReg sieht sie auch nicht vor; diese Nichtteilnahme ist nach *R. Herzog* verfassungsrechtlich nicht determiniert, *Herzog* (Fn. 42), Art. 54 Rn. 11; eine Teilnahme regelt Art. 9 der französischen Verfassung (→ Rn. 8); dies entsprach auch der gängigen Auslegung des Art. 55 WRV, *Anschütz*, WRV, Art. 55 Anm. 1 (S. 325).
71 *Stern*, Staatsrecht II, S. 211.
72 *Kimminich* (Fn. 28), Vorbem. Art. 54–61 Rn. 16–20: »neutrale Gewalt«; *Herzog* (Fn. 42), Art. 54 Rn. 90: »größtmögliche Neutralität«; *Schlaich* (Fn. 31), § 49 Rn. 82: »Leitbild der Neutralität«.
73 *Herzog* (Fn. 42), Art. 54 Rn. 90.
74 »Gewiß stehen die eigentlichen Entscheidungen in der parlamentarischen Demokratie des GG überwiegend Bundestag und Bundesregierung zu. Aber der Bundespräsident ist damit noch lange kein politisches Nichts, und daß er *unpolitisch* sein müßte (was auch immer man sich darunter vorstellen mag), ist aus dem GG jedenfalls *nicht* zu belegen«, so *Herzog* (Fn. 42), Art. 54 Rn. 96.

bisweilen verwandte Begriff der »**pouvoir neutre**«[75] ist wegen seiner einprägsamen Deutlichkeit zwar attraktiv; da er aber von Benjamin Constant im Hinblick auf den konstitutionellen Monarchen des 19. Jahrhunderts geprägt wurde[76], ist er wegen der damit verknüpften staatstheoretischen Konzepte problematisch und nicht geeignet, das grundgesetzliche Konzept der Neutralität des Bundespräsidenten zu beschreiben[77]: Der Bundespräsident ist neutral, aber keine »Gewalt«.

c) Politischer »Mediator«

25 Die Neutralität qualifiziert den Präsidenten dagegen in besonderer Weise als politischen **Vermittler in Zeiten unklarer politischer Mehrheitsverhältnisse**, etwa wenn sich in einem neugewähltem Bundestag keine Mehrheit für die Wahl eines Bundeskanzlers zusammenfindet (Art. 63 IV GG), der Bundestag einem Bundeskanzler das Vertrauen verweigert (Art. 68 I GG) oder im Falle des Gesetzgebungsnotstandes (Art. 81 GG). In allen Fällen überläßt das Grundgesetz dem Bundespräsidenten eine politische Ermessensentscheidung[78], hier, ob Neuwahlen stattfinden sollen oder nicht[79], dort, ob ein Gesetz auch ohne Zustimmung des Bundestages zustande kommt (→ Art. 81 Rn. 7). Er hat dabei, wie das Bundesverfassungsgericht zur **Bundestagsauflösung** feststellt, die Rolle einer »neutralen Entscheidungsinstanz«, wobei er nicht nur zu prüfen hat, ob das Verfahren den verfassungsrechtlichen Erfordernissen entspricht; er hat vielmehr auch »die politische Leitentscheidung zu treffen, ob die Auflösung des Bundestages... mit all ihren politischen Folgen sinnvoll ist und von ihm politisch vertreten werden kann«[80].

26 Anders als die »Diktaturgewalt« der Weimarer Reichsverfassung (→ Rn. 3) ermöglichen diese Befugnisse jedoch **keine Übernahme der Regierungstätigkeit** durch den Bundespräsidenten, sondern verpflichten ihn, durch verantwortungsvolle Entscheidungen und Einwirkung auf die politischen Entscheidungsträger in Bundestag und Bundesrat auf die Gewährleistung einer handlungsfähigen Regierung hinzuwirken[81]. Seine Rolle entspricht dem Leitbild eines Mittlers, Schlichters und ehrlichen Maklers[82]. Als selbst nicht regierende, vor allem bei unklaren Mehrheitsverhältnissen vermittelnde Instanz ist der Bundespräsident politischer »**Mediator**«.

---

[75] *v. Mangoldt/Klein*, GG, Bd. II/2, S. 1067; *U. Hemmrich*, in: v. Münch/Kunig, GG II, Art. 54 Rn. 2; auch der HChE verwandte den Begriff, *Kimminich* (Fn. 28), Vorbem. Art. 54–61 Rn. 20.

[76] Zusammenfassend zur Lehre Constants: *C. Schmitt*, Der Hüter der Verfassung, 1931, S. 131 f.; *K. Doehring*, Der Staat 3 (1964), 201 ff.

[77] *Kimminich* (Fn. 28), Vorbem. Art. 54–61 Rn. 20; *Herzog* (Fn. 42), Art. 54 Rn. 91; *Schlaich* (Fn. 31), § 49 Rn. 86; *Nierhaus* (Fn. 64), Art. 54 Rn. 5.

[78] Vgl. BVerfGE 62, 1 (35).

[79] *Herzog* (Fn. 42), Art. 54 Rn. 86: »freies politisches Ermessen«; BVerfG 62, 1 (35) spricht hinsichtlich Art. 68 I GG vom »pflichtgemäßen Ermessen des Bundespräsidenten«.

[80] BVerfGE 62, 1 (35, 50).

[81] *W. Kaltefleiter*, Die Funktionen des Staatsoberhauptes in der parlamentarischen Demokratie, 1970, S. 239 ff.; *Schlaich* (Fn. 31), § 49 Rn. 58 spricht insoweit von der »politischen Reservefunktion« des Bundespräsidenten.

[82] *v. Mangoldt/Klein*, GG, Bd. II/2, S. 1067.

I. Die Stellung des Bundespräsidenten im Verfassungsgefüge **Art. 54**

d) »Hüter der Verfassung«?

Zumindest terminologisch auf der Basis des staatstheoretischen Ansatzes Carl 27
Schmitts wird bisweilen die Frage diskutiert, ob der Bundespräsident auch »**Hüter der
Verfassung**«[83] sei[84]. Unbestritten ist, daß die im Kontext der Weimarer Reichsverfassung entwickelten Lehren angesichts der geringen Kompetenzfülle des Bundespräsidenten allenfalls in Einzelaspekten[85], etwa bei der Frage eines materiellen Prüfungsrechts[86], auf den Bundespräsidenten Anwendung finden können. Angesichts der Prärogative der Gerichte ist der Bundespräsident allenfalls »Mit-Hüter der Verfassung«[87]. Insofern kann seine politisch-moralische Verantwortung indessen bei der vorgängigen Kontrolle offensichtlicher Verfassungsverletzungen durch die von ihm auszufertigenden Rechtsakte etwa in staatsstreichähnlichen Krisensituationen von großer Bedeutung sein, nicht zuletzt als Leitbild im Blick auf Art. 20 IV GG[88].

4. Integrationsfunktion

Besondere Bedeutung kommt dem Bundespräsidenten als Integrationsfaktor zu[89]. 28
Dazu trägt die Förderung des Zusammenwirkens anderer Verfassungsorgane ebenso
bei wie die **politische Integration** der Bürger durch die Sichtbarmachung ihrer Gemeinsamkeiten über die pluralistischen Differenzen zur Tagespolitik hinaus[90]. Als
»Mediator« (→ Rn. 25 f.) bei unklaren politischen Mehrheitsverhältnissen und bei der
völkerrechtlichen Vertretung des Bundes handelt der Bundespräsident formal aufgrund rechtlich begründeter und begrenzter Kompetenzen. Darüber hinaus besitzt er
jedoch ein großes politisch-moralisches Gewicht, er wirkt durch die Autorität seines
Amtes[91] und vor allem **kraft seiner Persönlichkeit** in Reden und Auftritten[92], in denen
er seine Meinung kundtut, mahnt, warnt und ermuntert[93].

Dem Bundespräsidenten kommt insoweit die Aufgabe zu, die »**Einheit der Plurali-** 29
tät«[94] zu repräsentieren und zu fördern. Dabei geht es primär nicht um den Staat als

---

[83] *C. Schmitt*, AöR 55 (1929), 161 ff.; *ders.*, Hüter (Fn. 76), S. 131 ff.
[84] So *Herzog* (Fn. 42), Art. 54 Rn. 78, 100: »in einer ganz anderen Weise, als für den Weimarer Reichspräsidenten postuliert wurde«.
[85] *Kimminich* (Fn. 28), Vorbem. Art. 54–61 Rn. 19; *Hemmrich* (Fn. 75), Art. 54 Rn. 2.
[86] *Herzog* (Fn. 42), Art. 54 Rn. 78; *Schlaich* (Fn. 31), § 49 Rn. 59.
[87] *Nierhaus* (Fn. 46), Art. 54 Rn. 5; s. auch *Stern*, Staatsrecht II, S. 236; *Kimminich*, Staatsoberhaupt (Fn. 6), S. 85.
[88] *Herzog* (Fn. 42), Art. 54 Rn. 78 f., 100; zur »rechtlichen Reservefunktion« im »Ernstfall ... gravierende(r) Verfassungskrise«: *Schlaich* (Fn. 31), § 49 Rn. 59.
[89] *Schlaich* (Fn. 31), § 49 Rn. 55 »Integrationsfunktion«; *v. Mangoldt/Klein*, GG, Bd. II/2, S. 1067 »neutral-integrierend«; *Stern*, Staatsrecht II, S. 198: »integrative Funktion«; *Herzog* (Fn. 42), Art. 54 Rn. 13 »*integratives* Verfassungsorgan«; allgemein *R. Smend*, Verfassung und Verfassungsrecht (1928), in: ders., Staatsrechtliche Abhandlungen, 3. Aufl. 1994, S. 119 ff. (136): »Integration als grundlegender Lebensvorgang des Staats« sowie »Persönliche Integration« (S. 142 ff.).
[90] *v. Mangoldt/Klein*, GG, Bd. II/2, S. 1067: »symbolhaft zusammenfassende Verkörperung (Integration) des Staatsganzen«; *Schlaich* (Fn. 31), § 49 Rn. 53: »Personifizierung des Gemeinwesens«; *Hesse*, Verfassungsrecht, Rn. 656: »Sichtbarmachung und Erhaltung staatlicher Einheit«.
[91] *Herzog* (Fn. 42), Art. 54 Rn. 99 verweist auf die Bedeutung der Amtsautorität, die der jeweilige Bundespräsident infolge der Amtsführung seiner Vorgänger genießt.
[92] *Schlaich* (Fn. 31), § 49 Rn. 53.
[93] *Herzog* (Fn. 42), Art. 54 Rn. 93.
[94] *Schlaich* (Fn. 31), § 49 Rn. 56 bei ausdrücklicher Abgrenzung von der Formulierung »Einheit *trotz* Pluralität« (Fn. 95).

übergeordnetes Ganzes⁹⁵, sondern um einen grundlegenden Werte- und Verfahrenskonsens, der die Freiheit zum Anderen, den Pluralismus mit einschließt, also um die Betonung derjenigen Gemeinsamkeiten, die den Staatsbürgern im Wandel der gesellschaftlichen Strukturen gemein sind⁹⁶. Aus der Perspektive der Bürger ist der Bundespräsident als Verkörperung des die Bürger in ihrer Pluralität einenden Grundkonsenses Vorbild und geistiger »Prototyp des Staatsbürgers«⁹⁷.

II. Die Wahl des Bundespräsidenten durch die Bundesversammlung

30 Regelungsgegenstand von Art. 54 GG sind die Voraussetzungen und das Verfahren der Wahl des Bundespräsidenten durch die Bundesversammlung sowie die Amtsdauer und die Frage der Wiederwahl. Einzelheiten des Wahlvorgangs sind im Gesetz über die Wahl des Bundespräsidenten (WahlGBPräs)⁹⁸ geregelt, das der Bundestag aufgrund der Ermächtigung des Art. 54 VII GG beschlossen hat.

1. Die Bundesversammlung

31 Die **Bundesversammlung** ist oberstes Verfassungs- und Bundesorgan⁹⁹ und hat einzig die Aufgabe, den Bundespräsidenten zu wählen. Die Schaffung eines exklusiven Kreationsorgans für die Wahl des Bundespräsidenten betont dessen besondere Bedeutung als protokollarisch höchstes Staatsorgan (→ Rn. 16) sowie seine tagespolitische Neutralität (→ Rn. 24)¹⁰⁰.

32 Die **Zusammensetzung** der Bundesversammlung richtet sich nach Art. 54 III GG i.V.m. §§ 2–7 WahlGBPräs: Neben sämtlichen Mitgliedern des Bundestages¹⁰¹ gehören der Bundesversammlung eine entsprechende Zahl von Mitgliedern an, die von den Volksvertretungen der Länder nach den Grundsätzen der Verhältniswahl¹⁰² gewählt werden. Die Zahl der von jedem Landesparlament zu wählenden Mitglieder wird von der Bundesregierung festgelegt und richtet sich proportional nach der Einwohnerzahl der Bundesländer¹⁰³. Wählbar sind nicht nur die Mitglieder der Landes-

---

⁹⁵ Das Konzept der »Einheit *trotz* Pluralität«, vgl. *Herzog* (Fn. 42), Art. 54 Rn. 7 unter Verweis auf *Schmitt*, Hüter (Fn. 76), S. 136, unterstreicht statt dessen das vom Reichspräsidenten vermeintlich verkörperte »mehr« der Staatsnation gegenüber der im Parlament widergespiegelten Pluralität der Gesellschaft: *Schmitt*, Hüter (Fn. 76), S. 73ff., 141ff.
⁹⁶ Allgemein zur staatstheoretischen Einordung dieser Konzeption *Smend*, Verfassung und Verfassungsrecht (Fn. 89), S. 127ff.; *Schlaich* (Fn. 31), § 49 Rn. 56 m.w.N.
⁹⁷ Die Wechselwirkung zwischen Bürgern und die Integration fördernden Persönlichkeiten betont *Rudolf Smend* unter Zurückweisung einer »passiven Führerideologie«: Die »Geführten« werden zum Gruppenleben angeregt, aber erleben dieses Leben alsbald als ihr eigenes, »in dessen Erleben der Führer nicht alleinige Kraft und sie selbst nicht passiv Geschobene, sondern in dem sie selbst lebendig und die Führer Lebensform der sozial und geistig in ihnen lebendig und aktiv Werdenden sind«, vgl. *Smend*, Verfassung und Verfassungsrecht (Fn. 89), S. 143.
⁹⁸ Gesetz über die Wahl des Bundespräsidenten durch die Bundesversammlung vom 25.4.1959 (BGBl. I S. 230, geändert durch Gesetz vom 24.6.1975, BGBl. I S. 1593); zum Wahlverfahren vor Erlaß des Gesetzes *B. Braun*, Die Bundesversammlung, 1993, S. 110ff.
⁹⁹ *Stern*, Staatsrecht II, S. 179; *Hemmrich* (Fn. 75), Art. 54 Rn. 5.
¹⁰⁰ *Herzog* (Fn. 42), Art. 54 Rn. 28.
¹⁰¹ Siehe im einzelnen, etwa zu den Überhangmandaten: → Art. 38 Rn. 47, 107.
¹⁰² Wahl durch die Landesparlamente aufgrund von Vorschlagslisten gemäß dem Höchstzahlverfahren nach d'Hondt (§ 4 WahlGBPräs).
¹⁰³ Ohne Berücksichtigung von Einwohnern ohne deutsche Staatsangehörigkeit (§ 2 I WahlGB-

parlamente, sondern jeder, der zum Bundestag wählbar ist[104]. Die Rechtsstellung der Mitglieder der Bundesversammlung entspricht im wesentlichen der von Bundestagsabgeordneten[105]. Die Bundesversammlung tritt nach Art. 54 IV 1 GG spätestens dreißig Tage vor Ablauf der Amtszeit des amtierenden Bundespräsidenten zusammen. Sie wird vom Präsidenten des Bundestages einberufen und geleitet (Art. 54 IV 2 GG; § 8 S. 1 WahlGBPräs). Dieser bestimmt auch Ort und Zeit des Zusammentritts[106] und übt bei Störungen das Ordnungsrecht und die Polizeigewalt aus[107].

2. Wählbarkeit

Bundespräsident kann nach Art. 54 I 2 GG jeder Deutsche[108] werden, der das aktive und passive Wahlrecht zum Bundestag besitzt[109] und das vierzigste Lebensjahr vollendet hat. Weitere Wählbarkeitsvoraussetzungen bestehen nicht. Eine anschließende **Wiederwahl** ist gemäß Art. 54 II 2 GG nur einmal zulässig, was dem Wortlaut nach eine spätere, sich nicht unmittelbar an zwei Amtszeiten anschließende Wiederwahl nicht ausschließt[110]. 33

3. Das Wahlverfahren

Wahlvorschläge für die Wahl des Bundespräsidenten kann jedes Mitglied der Bundesversammlung schriftlich beim Bundestagspräsidenten einreichen, der die Wählbarkeit des Vorgeschlagenen prüft. Dem Vorschlag ist eine schriftliche Zustimmungserklärung des Vorgeschlagenen beizufügen. Bei neuen Wahlgängen sind neue Wahlvorschläge zulässig (§ 9 I u. II WahlGBPräs). 34

Die **Wahl** erfolgt mit verdeckten, amtlichen Stimmzetteln (§ 9 III WahlGBPräs) und findet nach Art. 54 I 1 GG ohne Aussprache statt, damit negative Auswirkungen einer öffentlichen Personaldebatte auf die Integrationsfunktion (→ Rn. 28 f.) des künftigen Bundespräsidenten vermieden werden[111]. Diese *ratio* steht auch Debatten und Absprachen der Parteien im Vorfeld der Wahl entgegen[112], in der Praxis dagegen sind gerade diese Grundlage der Wahl[113]. Trotzdem soll wegen des Demokratieprinzips die Bundesversammlung öffentlich tagen[114]. Da aber eine Aussprache ausgeschlossen und 35

Präs); siehe zur Zahl der pro Bundesland für die Bundespräsidentenwahl des Jahres 1994 zu wählenden Mitglieder die Bekanntmachung der Bundesregierung vom 29.12. 1993 (BGBl. I S. 71 [1994]); die zehnte Bundesversammlung des Jahres 1994 hatte insgesamt 1324 Mitglieder (a.a.O.).

[104] § 3 WahlGBPräs; zur Wählbarkeit zum Bundestag § 15 BWahlG.
[105] Nach § 7 WahlGBPräs finden die Art. 46, 47 und 48 II GG entsprechende Anwendung; nach § 12 WahlGBPräs erhalten sie eine finanzielle Aufwandsentschädigung; vgl. näher *Braun*, Bundesversammlung (Fn. 98), S. 109.
[106] § 1 WahlGBPräs; zur früher problematischen Ortsfrage *Herzog* (Fn. 42), Art. 54 Rn. 38; zur Zeitfrage bei vorzeitigem Rücktritt *C. Jülich*, DÖV 1969, 92 (96).
[107] *Nierhaus* (Fn. 46), Art. 54 Rn. 27.
[108] → Art. 16 Rn. 29 ff.; ferner Kommentierung zu Art. 116 I GG.
[109] Art. 38 II GG, §§ 12, 13 BWahlG.
[110] S. auch *v. Mangoldt/Klein*, GG, Bd. II/2, S. 1085; *Herzog* (Fn. 42), Art. 54 Rn. 23; *Nierhaus* (Fn. 46), Art. 54 Rn. 31, m.w.N. zum Streitstand.
[111] *Herzog* (Fn. 42), Art. 54 Rn. 40.
[112] *Nierhaus* (Fn. 46), Art. 54 Rn. 27.
[113] Vgl. auch *Jekewitz* (Fn. 54), Art. 54 Rn. 12: »Die Bestimmung... geht deshalb ins Leere«.
[114] *Hemmrich* (Fn. 75), Art. 54 Rn. 18; *Nierhaus* (Fn. 46), Art. 54 Rn. 27; *Jarass/Pieroth*, GG, Art. 54 Rn. 4.

die Wahl selbst geheim ist, liegt die Frage nach dem tieferen Sinn der Öffentlichkeit nahe. Im **ersten** sowie gegebenenfalls im **zweiten Wahlgang** ist gewählt, wer die Mehrheit der Stimmen der Mitglieder der Bundesversammlung, also die absolute Mehrheit erhält (Art. 54 VI 1 GG), wobei es auf die Zahl der anwesenden oder abstimmenden Mitglieder nicht ankommt, solange die erforderliche absolute Mehrheit der Stimmberechtigten erreicht wird[115]. Falls in den ersten beiden Wahlgängen kein Kandidat die erforderliche Mehrheit erreicht, entscheidet nach Art. 54 VI 2 GG im **dritten Wahlgang** die einfache Mehrheit der abgegebenen Stimmen: Gewählt ist dann, wer die meisten Stimmen auf sich vereint[116]. Im Sonderfall einer Stimmengleichheit im dritten Wahlgang entscheidet ein vierter, nötigenfalls ein weiterer Wahlgang und nicht etwa das Los[117].

36 Gemäß § 9 IV WahlGBPräs teilt der Bundestagspräsident dem Gewählten die Wahl mit und fordert ihn zur **Annahme** binnen zwei Tagen auf. Soweit diese innerhalb der Frist nicht erfolgt, gilt die Wahl als abgelehnt. Erst nach der Annahme kann der Bundestagspräsident die Bundesversammlung auflösen (§ 9 IV, V WahlGBPräs).

III. Das Amtsverhältnis des Bundespräsidenten

37 Das Amtsverhältnis des Bundespräsidenten bestimmt sich aus Art. 54 GG, aus einer analogen Anwendung der Bestimmungen für andere Verfassungsorgane sowie aus einzelnen einfachgesetzlichen Konkretisierungen.

38 Die **Amtsdauer** beträgt fünf Jahre (Art. 54 II 1 GG) und ist damit um ein Jahr länger als die Wahlperiode des Bundestages. Sie beginnt mit dem Ablauf der Amtszeit des Vorgängers, soweit die erforderliche Annahmeerklärung vorliegt (§ 10 WahlGBPräs). Ein vorzeitiges Ende der Amtszeit tritt bei Tod, Rücktritt[118], Amtsverlust im Verfahren nach Art. 61 GG oder bei Verlust der Wählbarkeit[119] ein; bis zur Neuwahl übernimmt in einem solchen Fall der Bundesratspräsident nach Art. 57 GG die Befugnisse des Bundespräsidenten. Im Verteidigungsfall verlängert sich eine ablaufende Amtszeit nach Art. 115h I 2 GG.

39 Die persönliche Rechtsstellung des Bundespräsidenten ist weder in der Verfassung noch einfachgesetzlich speziell geregelt. Er ist nicht Beamter. Wie die Bundesminister nach § 1 Bundesministergesetz steht er in einem besonderen **öffentlich-rechtlichen Amtsverhältnis**[120]. Seine Amtsbezüge werden jährlich neu im Haushaltsplan festgelegt[121]. Die Ruhebezüge regelt das Gesetz über die Ruhebezüge des Bundespräsidenten[122]. Die Immunitätsregelung des Art. 46 II–IV GG findet auf den Bundespräsiden-

---

[115] *Stern*, Staatsrecht II, S. 186.

[116] Bei den bisherigen Bundespräsidentenwahlen fand 1969 bei der Wahl *Gustav Heinemanns* sowie 1994 bei der Wahl *Roman Herzogs* ein dritter Wahlgang statt.

[117] *Herzog* (Fn. 42), Art. 54 Rn. 45; *Hemmrich* (Fn. 75), Art. 54 Rn. 18; einen Losentscheid hatte der Parlamentarische Rat ursprünglich vorgesehen: *Stern*, Staatsrecht II, S. 186.

[118] Näher *Herzog* (Fn. 42), Art. 54 Rn. 59.

[119] *K. Schlaich*, Der Status des Bundespräsidenten, in: HStR II, § 48 Rn. 15.

[120] *Herzog* (Fn. 42), Art. 54 Rn. 61; *Stern*, Staatsrecht II, S. 216, m.w.N.; vgl. auch das Gesetz über die Ruhebezüge des Bundespräsidenten vom 17. 6. 1953 (BGBl. I S. 406).

[121] *Schlaich* (Fn. 119), § 48 Rn. 13. Der Bundespräsident erhält 10/9 des Gehalts des Bundeskanzlers, vgl. *Herzog* (Fn. 42), Art. 54 Fn. 25; *Stern*, Staatsrecht II, S. 216, der u.a. auf Titel 42101 des Haushaltsplans verweist.

[122] Vgl. Fn. 120.

ten nach Art. 60 IV GG entsprechende Anwendung, Inkompatibilitäten regelt Art. 55 GG[123].

Bei der Erfüllung seiner Aufgaben steht dem Bundespräsidenten das **Bundespräsidialamt** zur Verfügung, das verwaltungsrechtlich eine selbständige[124] **oberste Bundesbehörde**[125] ist. An seiner Spitze steht im Range eines Staatssekretärs der »Chef des Bundespräsidialamts«; unterhalb der Leitungsebene gliedert sich das Amt in die Abteilungen »Inland« und »Ausland«[126]. 40

D. Verhältnis zu anderen GG-Bestimmungen

Konflikte oder Überschneidungen mit anderen Bestimmungen des Grundgesetzes sind nicht ersichtlich. Insofern fügt sich Art. 54 GG problemlos in die Bestimmungen des organisatorischen Teils des Grundgesetzes ein. 41

---

[123] Siehe im einzelnen: → Art. 46 Rn. 24; → Art. 60 Rn. 29 f.; → Art. 55 Rn. 6 ff.
[124] *Schlaich* (Fn. 119), § 48 Rn. 14.
[125] *Kimminich* (Fn. 28), Vorbem. Art. 54–61 Rn. 36; *v. Mangoldt/Klein*, GG, Bd. II/2, S. 1065.
[126] Im einzelnen H. *Butzer*, VerwArch. 82 (1991), 497 (512).

Artikel 55 [Inkompatibilitäten; Berufs- und Gewerbeverbot]

(1) Der Bundespräsident darf weder der Regierung noch einer gesetzgebenden Körperschaft des Bundes oder eines Landes angehören.

(2) Der Bundespräsident darf kein anderes besoldetes Amt, kein Gewerbe und keinen Beruf ausüben und weder der Leitung noch dem Aufsichtsrate eines auf Erwerb gerichteten Unternehmens angehören.

Literaturauswahl

Hömig, Dieter: Designierter Bundespräsident und Mitgliedschaft in der Bundesregierung, in: DÖV 1974, S. 798–802.
Tsatsos, Dimitris: Inkompatibilität zwischen dem Bundespräsidentenamt und dem parlamentarischen Mandat, in: DÖV 1965, S. 597–604.

Siehe auch die Angaben zu Art. 54 GG.

Leitentscheidung des Bundesverfassungsgerichts

BVerfGE 89, 359 (362) – Herzog.

Gliederung

A. Herkunft, Entstehung, Entwicklung	1
B. Internationale, supranationale und rechtsvergleichende Bezüge	4
C. Erläuterungen	5
I. Politische Inkompatibilitäten (Art. 55 I GG)	6
II. Berufliche Inkompatibilitäten (Art. 55 II GG)	8
III. Wirkungen	9
D. Verhältnis zu anderen GG-Bestimmungen	11

A. Herkunft, Entstehung, Entwicklung

1 In der konstitutionellen Monarchie des 19. Jahrhunderts wirkte die Idee der **Fürstensouveränität** (→ Art. 54 Rn. 1) fort, und es gab keine mit Art. 55 GG vergleichbaren Inkompatibilitätsregelungen. Das »landesherrliche Kirchenregiment« in den evangelischen Territorialstaaten[1] machte die Verbindung von Kirchenleitung und Staatsführung im Gegenteil zur Regel. Die **Paulskirchenverfassung** traf nur eine örtliche Festlegung, indem als Residenz des Kaisers der Sitz der Reichsregierung bestimmt wurde (§ 71 I)[2]. Erst die Verfassungs-Urkunde für den Preußischen Staat vom 31.1.1850 ver-

---

[1] Vgl. dazu *O. Kimminich*, Deutsche Verfassungsgeschichte, 2. Aufl. 1987, S. 207; *Willoweit*, Verfassungsgeschichte, § 19 III 1 (S. 122); s. auch § 75 der Verfassungsurkunde für das Königreich Württemberg vom 25. 9. 1819, in: *G. Dürig/W. Rudolf*, Texte zur deutschen Verfassungsgeschichte, 3. Aufl. 1996, S. 34: »Das Kirchen-Regiment der evangelisch-lutherischen Kirche wird durch das Königliche Consistorium und den Synodus nach den bestehenden, oder künftig zu erlassenden verfaßungsmäßigen Gesetzen verwaltet«.

[2] § 71 I der Verfassung des Deutschen Reiches vom 28. 3. 1849: »Die Residenz des Kaisers ist am

bot in Art. 55 eine gleichzeitige Herrschaft des Königs »über fremde Reiche« ohne Einwilligung beider Kammern der Legislative. Dennoch ist der Gedanke der Unvereinbarkeit der Stellung als Staatsoberhaupt mit anderen Ämtern oder Tätigkeiten auch der konstitutionellen Monarchie fremd geblieben[3].

Eine klare Inkompatibilitätsvorschrift enthielt **Art. 44 WRV**. Danach durfte der Reichspräsident nicht zugleich Mitglied des Reichstags sein[4]. Dem lag einerseits der Gedanke der Gewaltenteilung zugrunde, zumindest für die Spitze der Exekutive[5]. Andererseits ging es um die Gewährleistung der Neutralität des Reichspräsidenten jenseits der tagespolitischen Auseinandersetzungen[6]. 2

Der **Parlamentarische Rat** erweiterte die Inkompatibilitätsvorschrift der WRV einstimmig um das gewerbliche Betätigungsverbot des Art. 55 II GG[7]. Dahinter stand die einhellige Ansicht, »daß das Bundespräsidentenamt ein selbständiges Amt sei, das eine Personalunion mit irgendeinem Amt nicht dulde«[8]. 3

B. Internationale, supranationale und rechtsvergleichende Bezüge

Etliche nichtmonarchische Verfassungen enthalten mit Art. 55 GG **vergleichbare Regelungen**[9]. So bestimmt etwa Art. 84 der italienischen Verfassung, daß das Präsidentenamt mit »jedem anderen Amt« unvereinbar ist[10]. Trotz fehlender ausdrücklicher Regelung nimmt die französische Verfassungslehre eine gewohnheitsrechtliche Inkompatibilitätsregelung für den Präsidenten an[11]. Aber auch in moderneren Monarchien sind Regelungen zur Inkompatibilität nicht ausgeschlossen. So darf etwa der schwedische König nicht zugleich Minister oder Abgeordneter im Reichstag sein (Kap. 5 § 2 I Schwedische Verfassung). 4

C. Erläuterungen

Sinn der Inkompatibilitätsregelung ist die Sicherung der »neutralen Mittlerrolle« des Bundespräsidenten[12]. Sie entspricht zugleich aber hinsichtlich der politischen Tätigkeiten auch dem Gedanken der Gewaltenteilung, hinsichtlich anderer beruflicher oder gewerblicher Tätigkeiten dem der Interessentrennung und der vollen Konzentra- 5

Sitze der Reichsregierung. Wenigstens während der Dauer des Reichstages wird der Kaiser dort bleibend residieren«.

[3] Vgl. auch *D. Tsatsos*, DÖV 1965, 597 (600); *J. Jekewitz*, in: AK-GG, Art. 55 Rn. 1.

[4] »Der Reichspräsident kann nicht zugleich Mitglied des Reichstags sein«.

[5] Vgl. *Anschütz*, WRV, Art. 44 Anm. 1 (S. 254); demgegenüber konnten die Mitglieder der Reichsregierung gleichzeitig Reichstagsabgeordnete sein.

[6] So *C. Schmitt*, Der Hüter der Verfassung, 1931, S. 156: »parteipolitische Unabhängigkeit«.

[7] Vgl. JöR 1 (1951), S. 407.

[8] JöR 1 (1951), S. 407; vgl. auch *Stern*, Staatsrecht II, S. 204.

[9] Etwa Art. 61 des österreichischen Bundesverfassungs-Gesetzes oder Art. 97 der Verfassung der schweizerischen Eidgenossenschaft. Keine Regelung findet sich u. a. in den Verfassungen Griechenlands und Portugals.

[10] Art. 84 der Verfassung der Republik Italien vom 27. 12. 1947.

[11] *R. Grote*, Das Regierungssystem der V. französischen Republik, 1995, S. 213.

[12] Vgl. *v. Mangoldt/Klein*, GG, Art. 55 Anm. II 3 (S. 1087); *U. Hemmrich*, in: v. Münch/Kunig, GG II, Art. 55 Rn. 4; *Stern*, Staatsrecht II, S. 204.

tion auf das höchste Staatsamt[13]. Es geht um die **Würde und Integrität des Amtes**, Distanz zur Parteipolitik, Schutz vor politischen und wirtschaftlichen Interessenkonflikten und damit auch vor jeder mißbräuchlichen Nutzung der amtlichen Autorität für private Zwecke. In diesem Sinne ist Art. 55 GG weit auszulegen[14].

I. Politische Inkompatibilitäten (Art. 55 I GG)

6   Art. 55 I GG verbietet dem Bundespräsidenten die Zugehörigkeit zu der Regierung oder einer gesetzgebenden Körperschaft des Bundes oder eines Landes. Die bewußt[15] allgemein gehaltene Formulierung »**gesetzgebende Körperschaft**« umfaßt dabei nicht nur die Parlamente auf Bundes- und Landesebene, sondern auch den Bundesrat, den Bayerischen Senat, der (nur noch kurze Zeit existenten) einzigen zweiten Kammer auf Landesebene[16], ebenso wie Gemeindevertretungen und Kreistage[17]. Einer Mitgliedschaft des Bundespräsidenten in der Bundesversammlung bei der Wahl seines Nachfolgers steht Art. 55 I GG nicht entgegen, da diese keine gesetzgebende Funktion hat[18].

7   Einer **Parteimitgliedschaft** des Bundespräsidenten steht Art. 55 I GG grundsätzlich nicht entgegen, so daß Art. 55 I GG den Bundespräsidenten nicht zum Parteiaustritt verpflichtet[19]. Eine aktive parteipolitische Betätigung des Bundespräsidenten widerspricht aber der gebotenen Neutralität als Grundlage seiner Integrationsfunktion (→ Art. 54 Rn. 28f.) und wäre mit der verfassungsrechtlichen Stellung des Bundespräsidenten nicht vereinbar[20]. Dem Zweck des Art. 55 I GG entspricht es, Mitgliedschaft und Parteiämter ruhen zu lassen.

II. Berufliche Inkompatibilitäten (Art. 55 II GG)

8   Art. 55 II GG verbietet dem Bundespräsidenten zudem die Ausübung **anderer besoldeter Ämter**, eines **Berufes** oder **Gewerbes**. Da die Regelung nur die Ausübung der Tätigkeit verbietet, ist der Bundespräsident nicht gezwungen, seine Berufszugehörigkeit, etwa als Hochschullehrer oder Arzt, aufzugeben; ein Ruhenlassen der Betätigung reicht vielmehr aus[21]. Angesichts des expliziten Abstellens auf »besoldete« Ämter soll Art. 55 II GG der Wahrnehmung öffentlicher oder privater **Ehrenämter** etwa beim Roten Kreuz oder in Sportvereinen[22] nicht entgegenstehen[23]. Wegen der not-

---

[13] S. auch *M. Nierhaus*, in: Sachs, GG, Art. 55 Rn. 2ff., m.w.N.
[14] Zutreffend *Stern*, Staatsrecht II, S. 204. Anders wohl *R. Herzog*, in: Maunz/Dürig, GG, Art. 55 (1986), Rn. 3: »vom *Wortlaut* und nicht so sehr von der *ratio* her zu interpretieren«.
[15] Zu den Überlegungen des Parlamentarischen Rats vgl. JöR 1 (1951), S. 407.
[16] *Stern*, Staatsrecht II, S. 204. Mit Wirkung ab 1.1.2000 ist der Senat mittlerweile durch Volksentscheid abgeschafft. → Art. 28 Rn. 62 m. Fn. 243.
[17] So die h.M.: vgl. *Nierhaus* (Fn. 13), Art. 55 Rn. 9; *Stern*, Staatsrecht II, S. 204, m.w.N.
[18] *Herzog* (Fn. 14), Art. 55 Rn. 15; zur in Art. 55 GG nicht ausdrücklich geregelten Frage einer Zugehörigkeit des Bundespräsidenten zum BVerfG *ders*., a.a.O., Art. 55 Rn. 16.
[19] *v. Mangoldt/Klein*, GG, Art. 55 Anm. III 2c (S. 1089); *Herzog* (Fn. 14), Art. 55 Rn. 19.
[20] *Hemmrich* (Fn. 12), Art. 55 Rn. 9; *Nierhaus* (Fn. 13), Art. 55 Rn. 9; a.A. *Herzog* (Fn. 14), Art. 55 Rn. 19: »nach den Regeln des politischen Anstandes unumgänglich«, »verfassungsrechtlich … aber … nicht vorgegeben.«
[21] *Nierhaus* (Fn. 13), Art. 55 Rn. 12.
[22] *Stern*, Staatsrecht II, S. 205.
[23] So *v. Mangoldt/Klein*, GG, Art. 55 Anm. III 3c (S. 1091).

wendigen Konzentration auf sein Amt (→ Rn. 5) ist dies allerdings problematisch, erst recht gilt dies wegen des Neutralitätsgebots aber, soweit es um eine Tätigkeit für politische oder wirtschaftliche Verbände oder Organisationen geht, selbst wenn sie ehrenamtlich ist. Das Verbot, der Leitung oder dem **Aufsichtsrat** eines auf Erwerb ausgerichteten Unternehmens anzugehören, unterliegt im Unterschied zu den Regierungsmitgliedern nach Art. 66 GG keinem Erlaubnisvorbehalt parlamentarischer Zustimmung (→ Art. 66 Rn. 14).

III. Wirkungen

Die Frage, von welchem Zeitpunkt an die Inkompabilitätsregelung des Art. 55 GG eingreift, ist nicht abschließend geklärt[24]. Schon angesichts von zeitlichen Abgrenzungsproblemen bei der Annahme einer Verpflichtung etwa während der Kandidatur[25] ist jedoch mit dem Bundesverfassungsgericht[26] eine verbindliche Wirkung des Art. 55 GG erst mit **Beginn der Amtszeit** anzunehmen[27]. Eine frühere Bindung, auch für die Zeit zwischen Annahme der Wahl und Amtsantritt, würde weder der Würde des Amtes noch dem Neutralitäts- und Konzentrationsziel dienen. Wo in dieser Periode die Gefahr von Interessenkonflikten liegt und inwiefern das Gewaltenteilungsprinzip durchbrochen wird, ist kaum ersichtlich[28]. Müßte jeder (potentielle) Kandidat schon im **Vorfeld der Wahl** auf andere Ämter und Tätigkeiten verzichten, so brächte das für ihn im Fall des Scheiterns untragbare Risiken mit sich.

9

Mit dem Amtsantritt tritt weder ein automatischer Verlust der anderen Ämter ein[29], noch kann umgekehrt in der Fortführung oder Aufnahme anderer Ämter oder inkompatibler Tätigkeiten generell ein konkludenter Amtsverzicht gesehen werden[30]. Gerade im Blick auf mögliche Grenzfälle begründet Art. 55 GG vielmehr eine verfassungsrechtliche Verpflichtung, die ggf. im Wege der **Organklage** nach Art. 93 I Nr. 1 GG festgestellt und deren vorsätzliche Nichtbeachtung der Bundestag oder der Bundesrat auch im Wege einer **Anklage des Bundespräsidenten** vor dem Bundesverfassungsgerichts nach Art. 61 GG rügen können[31].

10

---

[24] Zum Streitstand s. *Nierhaus* (Fn. 13), Art. 55 Rn. 5.

[25] Zur Problematik im Falle der Kandidatur von *Konrad Adenauer* 1959 sowie vor der Präsidentenwahl *Walter Scheels* als seinerzeitigen geschäftsführenden Bundeskanzler vgl. *D. Hömig*, DÖV 1974, 798 ff.; *D. Tsatsos*, DÖV 1965, 597 ff.

[26] BVerfGE 89, 359 (362); die Beschwerdeführer einer Verfassungsbeschwerde hatten in einem letztlich zurückgewiesenem Befangenheitsantrag die Zugehörigkeit *Roman Herzogs*, als seinerzeitigen Präsidentschaftskandidaten der Unionsparteien, zum ersten Senat gerügt.

[27] S. auch *K. Schlaich*, Der Status des Bundespräsidenten, in: HStR II, § 48 Rn. 5. Entsprechend offenbar die Staatspraxis, vgl. *Stern*, Staatsrecht II, S. 205, der freilich einwendet, Art. 55 GG könne auch den »designierten Bundespräsidenten« meinen.

[28] Anders wohl *Nierhaus* (Fn. 13), Art. 55 Rn. 5, m.w.N.

[29] *Nierhaus* (Fn. 13), Art. 55 Rn. 6 m.w.N.

[30] *Herzog* (Fn. 14), Art. 55 Rn. 6; a.A. *v. Mangoldt/Klein*, GG, Art. 55 Anm. III 2d (S. 1089 f.); Jarass/*Pieroth*, GG, Art. 55 Rn. 1; *Nierhaus* (Fn. 13), Art. 55 Rn. 10, für den Eintritt in die Bundes- oder eine Landesregierung und die Übernahme eines parlamentarischen Mandats, wo die Annahme eines konkludenten Verzichts sicher naheliegt.

[31] *Hemmrich* (Fn. 12), Art. 55 Rn. 8.

D. Verhältnis zu anderen GG-Bestimmungen

11 Art. 55 GG regelt die Inkompatibilität nur für den Bundespräsidenten, ist für seinen Status von erheblicher Bedeutung und **ergänzt** insofern **Art. 54 GG**. Art. 66 GG enthält eine entsprechende Regelung für den Bundeskanzler und die Bundesminister. Überschneidungen oder Konflikte mit dieser oder anderen Bestimmungen des Grundgesetzes sind nicht ersichtlich.

Artikel 56 [Amtseid]

¹Der Bundespräsident leistet bei seinem Amtsantritt vor den versammelten Mitgliedern des Bundestages und des Bundesrates folgenden Eid:
»Ich schwöre, daß ich meine Kraft dem Wohle des deutschen Volkes widmen, seinen Nutzen mehren, Schaden von ihm wenden, das Grundgesetz und die Gesetze des Bundes wahren und verteidigen, meine Pflichten gewissenhaft erfüllen und Gerechtigkeit gegen jedermann üben werde. So wahr mir Gott helfe.«
²Der Eid kann auch ohne religiöse Beteuerung geleistet werden.

Literaturauswahl

Friesenhahn, Ernst: Der politische Eid, 1928 (Neudruck 1979).
Siehe auch die Angaben zu Art. 54 GG.

Leitentscheidungen des Bundesverfassungsgerichts

BVerfGE 33, 23 (28, 31) – Eidesverweigerung aus Glaubensgründen; 79, 69 (74ff., 77) – Eidespflicht.

Gliederung

	Rn.
A. Herkunft, Entstehung, Entwicklung	1
B. Internationale, supranationale und rechtsvergleichende Bezüge	5
C. Erläuterungen	6
I. Eidesleistung	6
II. Wirkungen	7
III. Eidespflicht	8
IV. Die religiöse Beteuerung	10
D. Verhältnis zu anderen GG-Bestimmungen	11

A. Herkunft, Entstehung, Entwicklung

Eidesleistungen finden sich in ähnlicher Funktion in zahlreichen gesellschaftlichen und historischen Zusammenhängen: In seiner **metaphysischen** Ausprägung bindet der Eid den Leistenden an den angerufenen Gott oder eine säkularisierte Vernunftethik; diese transzendentale Legitimation bestärkt die Unverbrüchlichkeit des Versprochenen und gibt ihm eine inhaltliche Ausrichtung. Im Kontext **gesellschaftlicher** Zusammenschlüsse verkörpert der Eid die in ihm bekundete Gemeinsamkeit und erinnert hierbei an die staatstheoretische Idee des Gesellschaftsvertrages[1]. Die schweizerische *Eid*genossenschaft etwa nimmt den Begriff des Eides in ihre offizielle[2] Staatsbezeichnung auf. 1

Nach dem **Sachsenspiegel** mußte der römisch-deutsche Kaiser des Mittelalters bei seiner Krönung geloben, »daß er das Recht stärke und das Unrecht schwäche und dem 2

---

[1] Allgemein *K. Peters*, Art. Eid (II), in: Hist.Wb.Philos., Bd. 2, Sp. 328f.
[2] »Bundesverfassung der Schweizerischen Eidgenossenschaft« vom 29. 5. 1874.

Reich vorstehe an seinem Rechte, als er könne und vermöge«³. Eine Unterwerfung unter die göttliche Oberhoheit war dem Gedanken des Gottesgnadentums dabei immanent⁴. § 190 II der **Paulskirchenverfassung** vom 28. 3. 1849 sah eine ausdrückliche Verpflichtung des Kaisers auf die Reichsverfassung vor: »Ich schwöre, das Reich und die Rechte des deutschen Volkes zu schirmen, die Reichsverfassung aufrecht zu erhalten und sie gewissenhaft zu vollziehen. So wahr mir Gott helfe«.

3 Der Wortlaut des Amtseids des Reichspräsidenten nach **Art. 42 WRV** entsprach im wesentlichen der Regelung des heutigen Art. 56 GG. Den Wortlaut der religiösen Beteuerung formulierte die WRV dabei nicht, sie bestimmte nur die Zulässigkeit ihrer Beifügung⁵.

4 Der **Parlamentarische Rat** fügte der Eidesformel der WRV neben dem Wortlaut der religiösen Beteuerung die Verpflichtung des Bundespräsidenten bei, das Grundgesetz nicht nur zu »wahren«, sondern auch zu »**verteidigen**«. Diese Ergänzung sollte nach den Erfahrungen der Weimarer Republik den Bundespräsidenten symbolisch zu einem »aktiven Schutz« nicht nur des Wortlauts, sondern auch des Geistes der Verfassung verpflichten⁶.

B. Internationale, supranationale und rechtsvergleichende Bezüge

5 Weder das Recht der Europäischen Union noch, soweit ersichtlich, die Satzungen oder Gründungsverträge internationaler Organisationen kennen für ihre Organe Art. 56 GG entsprechende Vorschriften. Solche **Eidespflichten** sehen aber die Verfassungen der meisten republikanischen⁷ und monarchischen⁸ Staaten vor. Exemplarisch ist dabei der Eid des US-Präsidenten, der zeitweilig auch vom Parlamentarischen Rat erwogen wurde⁹: »Ich schwöre feierlich, daß ich das Amt des Präsidenten der Vereinigten Staaten getreulich führen und die Verfassung der Vereinigten Staaten nach meinen besten Kräften erhalten, schützen und verteidigen will«¹⁰.

C. Erläuterungen

I. Eidesleistung

6 Der Bundespräsident leistet den Eid gemäß Art. 56 GG vor den versammelten Mitgliedern von **Bundestag und Bundesrat**, nicht vor der Bundesversammlung. Diese Re-

---

³ Zitiert nach *O. Kimminich*, Deutsche Verfassungsgeschichte, 2. Aufl. 1987, S. 123.
⁴ *T. Fleiner-Gerster*, Allgemeine Staatslehre, 2. Aufl. 1995, S. 56 f.
⁵ *Hindenburg* machte hiervon Gebrauch und fügte die Beteuerung hinzu; in der bisherigen Verfassungspraxis der Bundesrepublik haben alle Bundespräsidenten die vorgesehene religiöse Beteuerung verwandt: vgl. *U. Hemmrich*, in: v. Münch/Kunig, GG II, Art. 56 Rn. 1.
⁶ JöR 1 (1951), S. 408.
⁷ S. etwa Art. 91 der Verfassung der Republik Italien, Art. 82 I der Verfassung der Russischen Föderation, Art. 62 des österreichischen Bundesverfassungs-Gesetzes (näher zur österreichischen Situation insbesondere hinsichtlich des im Wortlaut nicht vorgeschriebenen Eides [→ Rn. 10] *R. Kirchschläger*, Gelöbnis des Bundespräsidenten und dessen religiöse Beteuerung, in: FS Schambeck, 1994, S. 29 ff.).
⁸ So z.B. Art. 61 der Verfassung des Königreichs Spanien, Art. 91 II der koordinierten Verfassung Belgiens.
⁹ JöR 1 (1951), S. 409.
¹⁰ Übersetzung nach JöR 1 (1951), S. 409 m. Fn. 7.

gelung, welche die einzige des Grundgesetzes ist, die eine gemeinsame Sitzung beider Kammern der Legislative vorsieht[11], folgt aus der praktischen Überlegung, daß der Amtseid üblicherweise erst zum Amtsantritt geleistet wird und sonst ein erneutes Zusammentreten der Bundesversammlung erforderlich wäre[12]. Daß nicht nur der Bundestag, sondern mit ihm gemeinsam auch der Bundesrat als die Vertretung der Länder auf Bundesebene den Eid abnimmt, unterstreicht die **Integrationsfunktion** des Bundespräsidenten im Bundesstaat (→ Art. 54 Rn. 28 f.)[13]. Die Vereidigung wird vom Präsidenten des Bundestages vorgenommen (§ 11 WahlGBPräs).

II. Wirkungen

Der Amtseid des Bundespräsidenten hat angesichts seines promissorischen Charakters[14] **keine rechts- oder kompetenzbegründende Wirkung**[15]. Insbesondere ist die Ableistung des Eides, auch wenn sie üblicherweise in engem zeitlichen Zusammenhang mit dem Amtsantritt erfolgt, keine Bedingung für den Beginn der Amtszeit[16]. Auch eine Ableitung verfassungsrechtlicher Kompetenzen des Bundespräsidenten aus der Eidesformel kommt nicht in Betracht[17]. Für die Beurteilung des **materiellen Prüfungsrechts** des Bundespräsidenten etwa bei der Ausfertigung von Gesetzen (→ Art. 82 Rn. 12 ff.) kann der Eid auf die Verfassung nicht herhalten, denn es geht gerade um die Frage, welche (Prüfungs-)Rechte gegenüber möglichen Verfassungsverstößen anderer die Verfassung *ihm* gibt[18].

7

III. Eidespflicht

Auch wenn die Eidesleistung keine unmittelbaren Rechtsfolgen hat, so ist die Eidesleistung doch eine **verfassungsrechtliche Pflicht** des Bundespräsidenten, deren vorsätzliche Verletzung letztlich zu einer Anklage des Bundespräsidenten nach Art. 61 GG führen kann[19]. Soweit der Bundespräsident im direkten Anschluß an eine erste Amtszeit wiedergewählt wird, ist angesichts der Kontinuität der Amtsführung ein erneuter Amtseid entbehrlich[20]. Der Bundesratspräsident hat im Falle einer **Stellvertetung**

8

---

[11] Andere Verfassungen sehen derartige Versammlungen in zentralen Fragen vor: Der ›Congrès‹ entscheidet nach Art. 89 der französischen Verfassung über Verfassungsänderungen; zu den Kompetenzen des US-›Congress‹ im allgemeinen und bei Verfassungsänderungen vgl. Art. I Section 8 sowie Art. V der US-Verfassung.
[12] Vgl. auch *E. Kern*, in: BK (Erstb. 1956), Art. 56 Anm. II 2.
[13] S. auch *M. Nierhaus*, in: Sachs, GG, Art. 56 Rn. 9, sieht darin dagegen die »föderale Bedeutung« des Bundesrates »für den Gesamtstaat« verdeutlicht.
[14] Zur Unterscheidung zwischen »assertorischem« (gerichtlichem) und »promissorischem« (politischem) Eid vgl. *Stern*, Staatsrecht II, S. 208, mit Verweis auf *E. Friesenhahn*, Der politische Eid, 1928 (ND 1979), S. 18 ff.
[15] Vgl. *v. Mangoldt/Klein*, GG, Art. 56 Anm. V (S. 1095 f.); *Hemmrich* (Fn. 5), Art. 56 Rn. 2; zum früheren Streit hinsichtlich Art. 42 WRV vgl. *Kern* (Fn. 12), Art. 56 Anm. II 3.
[16] *R. Herzog*, in: Maunz/Dürig, GG, Art. 56 (1986) Rn. 14.
[17] S. auch *Stern*, Staatsrecht II, S. 208.
[18] Zu Recht gegen *R. Herzog*, in: Maunz/Dürig, GG, Art. 54 (1986) Rn. 74: *K. Schlaich*, Die Funktionen des Bundespräsidenten im Verfassungsgefüge, in: HStR II, § 49 Rn. 36; s. auch *Nierhaus* (Fn. 13), Art. 56 Rn. 3: »Zirkelschlußargument«, m.w.N.
[19] *Herzog* (Fn. 16), Art. 56 Rn. 13.
[20] *Hemmrich* (Fn. 5), Art. 56 Rn. 6; *Nierhaus* (Fn. 13), Art. 56 Rn. 6 m.w.N.; zweifelnd *Herzog* (Fn. 16), Art. 56 Rn. 18.

Art. 56

nach Art. 57 GG jedenfalls bei einer nur kurzfristigen Vertretung[21] keinen Amtseid zu leisten[22], denn er wird dadurch nicht selbst Bundespräsident[23]. Aufgrund der Verweisung des Art. 64 II GG gilt die Eidesformel des Art. 56 GG auch für den Bundeskanzler und die Bundesminister (→ Art. 64 Rn. 31 f.).

9 **Verfassungspolitischer Zweck** der Eidespflicht ist die Funktion des Eides als feierliche Bindung des Bundespräsidenten an eine metaphysische Instanz sowie die Bekräftigung der strikten Bindung an das Grundgesetz im Sinne des »contrat social« (→ Rn. 1). Die Eidespflicht ist auch förmlicher Ausdruck des gesellschaftlichen Grundkonsenses[24], welchen der Bundespräsident als höchstes Verfassungsorgan repräsentiert und integrierend stets neu zu befördern die Aufgabe hat (→ Art. 54 Rn. 29).

IV. Die religiöse Beteuerung

10 Anders als Art. 42 WRV (→ Rn. 3) formuliert Art. 56 GG den Wortlaut der religiösen Beteuerung »**So wahr mir Gott helfe**« und fügt, als Ausdruck grundsätzlicher religiöser Neutralität des Staates sowie der Religionsfreiheit[25], die Möglichkeit ihrer Weglassung hinzu. Dies entspricht auch der grundrechtsgleichen Garantie des Art. 33 III 1 GG, wonach der Genuß der staatsbürgerlichen Rechte unabhängig ist vom religiösen Bekenntnis[26], Kandidaten des Präsidentenamtes also nicht durch ihre religiöse Überzeugung an der Amtsübernahme gehindert werden dürfen. Eine darüber hinaus gehende Veränderung der Eidesformel, insbesondere hinsichtlich der Worte »**Ich schwöre**«, wird wegen der Klarheit des Verfassungswortlauts für nicht möglich gehalten[27]. Diese gegenüber dem Zeugeneid oder dem Amtseid bei der Übernahme eines Kreistagsmandats strengere Sicht für den Bundespräsidenten rechtfertigt das Bundesverfassungsgericht sachlich u.a. im Blick auf die geforderte »vollkommene Identifizierung des Gewählten mit den in der Verfassung niedergelegten Wertungen«[28]. Wegen der **religiös-weltanschaulichen Neutralität** des Grundgesetzes (→ Art. 4 Rn. 121) kann

---

[21] Zu Überlegungen bei einer längeren Verhinderung *Nierhaus* (Fn. 13), Art. 56 Rn. 7 m.w.N.

[22] *Herzog* (Fn. 16), Art. 56 Rn. 24 Fn. 9; Schmidt-Bleibtreu/*Klein*, GG, Art. 56 Rn. 7; *Nierhaus* (Fn. 13), Art. 56 Rn. 7, mwN. zum Streitstand; a.A. *v. Mangoldt/Klein*, GG, Art. 56 Anm. IV 6 (S. 1095).

[23] *Nierhaus* (Fn. 13), Art. 56 Rn. 7: Er nimmt die »Befugnisse des Bundespräsidenten in seiner Eigenschaft als Präsident des Bundesrates wahr«.

[24] Die Identifikation des Bundespräsidenten mit den Werten des Grundgesetzes als Ausdruck und Grundlage des Eides nach Art. 56 GG betont auch das Bundesverfassungsgericht: Die Verpflichtung zur Eidesleistung erwächst »aus dem freiwillig gefaßten Entschluß, die Wahl in das Amt eines Verfassungsorganes anzunehmen, in dem der Staat in besonders ausgeprägter Weise unmittelbar zu repräsentieren ist und deshalb grundsätzlich die vollkommene Identifizierung des Gewählten mit den in der Verfassung niedergelegten Wertungen voraussetzt« (BVerfGE 33, 23 [31]).

[25] Art. 140 GG, 136 IV WRV garantiert ausdrücklich, daß niemand »zur Benutzung einer religiösen Eidesformel« gezwungen werden darf; allgemein *v. Mangoldt/Klein*, GG, Art. 56 Anm. VIII (S. 1099 f.); *Hemmrich* (Fn. 5), Art. 56 Rn. 9 weist darauf hin, daß dem Bundespräsidenten kein geringerer Grundrechtsschutz aus Art. 4 GG zukomme.

[26] So besonders hervorgehoben in BVerfGE 79, 69 (75).

[27] *Herzog* (Fn. 16), Art. 56 Rn. 24; *Nierhaus* (Fn. 13), Art. 56 Rn. 5; kritisch *Hemmrich* (Fn. 5), Art. 56 Rn. 9.

[28] So gegenüber dem Zeugeneid: BVerfGE 33, 23 (28 ff.), wo zusätzlich auf die Eidespflicht hingewiesen wird, die beim Bundespräsidenten wegen der Freiwilligkeit der Amtsübernahme nicht bestehe; ohne diesen fragwürdigen Verweis für den Eid als Voraussetzung der Mandatsübernahme des Kreistagsabgeordneten BVerfGE 79, 69 (75 ff.). → Vorb. Rn. 81.

diese Identifizierung aber die Verpflichtung auf religiöse Formeln nicht rechtfertigen. Wenn eine von Art. 4 GG geleitete Ergänzung der Eidesformel (etwa die **Verwendung einer variierten religiösen Beteuerung** durch einen religiösen, nichtchristlichen Bundespräsidenten)[29] nach Art. 56 GG für zulässig gehalten wird[30], kann auch eine von Art. 4 I GG geleitete Modifikation der Eidesformel im Blick auf die Worte »ich schwöre« nicht ausgeschlossen werden[31], zumal Art. 56 S. 2 GG den Verzicht auf die »religiöse Beteuerung« ausdrücklich zuläßt. Solange eine Änderung des Grundgesetzes in diesem Sinne nicht erfolgt ist, wäre daher zu erwägen, diesen Begriff im Sinne praktischer Konkordanz weit auszulegen, so daß er neben der Anrufung Gottes wegen seines metaphysischen Anspruchs auch den des Schwörens umfaßt.

D. Verhältnis zu anderen GG-Bestimmungen

Art. 56 GG gilt speziell für den Bundespräsidenten; die Eidesformel findet aber wegen des Verweises in Art. 64 II GG auch auf den Bundeskanzler und die Bundesminister Anwendung. **11**

---

[29] So hält *v. Mangoldt/Klein*, GG, Art. 56 Anm. IV 2, VIII 3 (S. 1094, 1100) den Zusatz der Formel »bei Gott dem Allmächtigen und Allwissenden« für zulässig, da hierdurch die beschworene Pflichterfüllung im Gewissen bekräftigt werde.

[30] Zu ähnlichen Konstellationen im Strafprozeßrecht *T. Kleinknecht/L. Meyer-Goßner*, Strafprozeßordnung, 43. Aufl. 1997, § 66c Rn. 2; dogmatisch kann die Zulässigkeit der Verwendung einer variierten religiösen Beteuerung im Rahmen des Art. 56 GG entweder im Blick auf Art. 4 GG (vgl. auch → Fn. 25) oder als formal nicht mehr zum Eid zählender, privater Zusatz des Bundespräsidenten unmittelbar im Anschluß an den ohne die religiöse Beteuerung nach Art. 56 GG geleisteten Eid konstruiert werden.

[31] S. auch *Hemmrich* (Fn. 5), Art. 56 Rn. 9; a. A. *Herzog* (Fn. 16), Art. 56 Rn. 24; *Nierhaus* (Fn. 13), Art. 56 Rn. 5.

Artikel 57 [Vertretung]

Die Befugnisse des Bundespräsidenten werden im Falle seiner Verhinderung oder bei vorzeitiger Erledigung des Amtes durch den Präsidenten des Bundesrates wahrgenommen.

Literaturauswahl

Pitschas, Rainer: Die Vertretung des Bundespräsidenten durch den Präsidenten des Bundesrates, in: Der Staat 12 (1973), S. 183–206.
Wahl, Rainer: Stellvertretung im Verfassungsrecht, 1971.

Siehe auch die Angaben zu Art. 54 GG.

Leitentscheidungen des Bundesverfassungsgerichts

Diese liegen zu Art. 57 GG bislang nicht vor.

Gliederung

	Rn.
A. Herkunft, Entstehung, Entwicklung	1
B. Internationale, supranationale und rechtsvergleichende Bezüge	3
C. Erläuterungen	4
I. Vertretungsfall	5
II. Befugnisse im Vertretungsfall	9
D. Verhältnis zu anderen GG-Bestimmungen	11

A. Herkunft, Entstehung, Entwicklung

1 **Art. 51 WRV** sah eine kurzfristige Vertretung des Reichspräsidenten durch den Reichskanzler vor; im Fall einer voraussichtlich längeren Verhinderung sollte die Vertretung jedoch durch ein Reichsgesetz und damit durch den Reichstag gesondert geregelt werden. Als Vertreter des Reichspräsidenten hatte der Reichskanzler alle verfassungsmäßigen Befugnisse des Reichspräsidenten, also auch das Notverordnungsrecht nach Art. 48 WRV[1].

2 Während der Herrenchiemseer Verfassungsentwurf im damaligen Art. 79 I HChE noch eine (einstweilige) Vertretung des Bundespräsidenten durch den **Präsidenten des Bundesverfassungsgerichts** vorgesehen hatte, verzichtete der Parlamentarische Rat erstens auf eine Differenzierung nach der zu erwartenden Dauer der Verhinderung und einigte sich zweitens auf eine Vertretung des Bundespräsidenten durch den **Bundesratspräsidenten** – auch um die Unabhängigkeit des Bundesverfassungsgerichts im Fall einer Präsidentenanklage nach Art. 61 GG nicht zu beeinträchtigen[2].

---

[1] *Anschütz*, WRV, Anm. 2 zu Art. 51 (S. 309).
[2] JöR 1 (1951), S. 411f.

B. Internationale, supranationale und rechtsvergleichende Bezüge

Die jeweiligen Staatspräsidenten werden vertreten durch den Vizepräsidenten in den USA[3], den Ministerpräsidenten in **Rußland**[4], den Senatspräsidenten in **Frankreich**[5], und in **Italien**[6], in **Österreich** zunächst durch den Bundeskanzler und bei längerer Verhinderung durch den ersten, zweiten und dritten Präsidenten des Nationalrats als Kollegium[7]. In den Monarchien wird bei Verhinderung des Monarchen regelmäßig ein Regent mit der Führung der Geschäfte betraut[8].

3

C. Erläuterungen

Die Regelung der Stellvertretung des Bundespräsidenten soll im Vertretungsfall eine fortführende Wahrnehmung der verfassungsrechtlichen Kompetenzen des Bundespräsidenten gewährleisten. Der nach Art. 57 GG hierfür zuständige **Präsident des Bundesrates** wird nach Art. 52 I GG vom Bundesrat für ein Jahr gewählt (→ Art. 52 Rn. 14).

4

I. Vertretungsfall

Die Anlässe einer Stellvertretung des Bundespräsidenten sind in Art. 57 GG nicht einzeln ausgeführt. Eine »**Verhinderung**« ist dabei jedenfalls bei einer längerfristigen Unfähigkeit zur Amtsausübung etwa bei Krankheit, Urlaub oder Entführung anzunehmen, wobei das Hindernis behebbar oder vorübergehend sein muß[9]. Auch der Fall des Art. 62 II 2 GG gehört dazu. Ein feste zeitliche Grenze gibt es nicht. Das Grundgesetz kennt dabei nur die Alternative der Amtsführung durch den Bundespräsidenten oder durch seinen Vertreter, *tertium non datur*. »Die Befugnisse« sind nicht teilbar, so daß im Falle einer nur teilweisen Verhinderung eine **parallele Wahrnehmung** einiger Befugnisse des Bundespräsidenten durch den Präsidenten des Bundesrates ebensowenig in Betracht kommt wie eine **Nebenvertretung** in der Bundeshauptstadt etwa bei offiziellen Auslandsreisen des Bundespräsidenten[10]. Das Problem ist nicht, daß sich der

5

---

[3] Art. 2 Section II § 6 der Verfassung der Vereinigten Staaten.
[4] Art. 92 III der Verfassung der Russischen Föderation, unter Ausschluß des Dumaauflösungsrechts.
[5] Art. 7 IV der Verfassung der Republik Frankreich, unter Ausschluß des Übergangs des Rechts auf Auflösung der Nationalversammlung und Einberaumung eines Referendums.
[6] Art. 86 der Verfassung der Republik Italien.
[7] Art. 64 I des österreichischen Bundesverfassungs-Gesetzes.
[8] Vgl. Art. 37 niederländische Verfassung; Art. 93 ff. belgische Verfassung; Kap. 5 § 3 schwedische Verfassung: Mitglied des Königshauses als Reichsverweser; Art. 59 spanische Verfassung: Kronprinz; Art. 42 luxemburgische Verfassung: Vertretung durch einen Prinzen; anders: § 9 dänische Verfassung, wonach eine Regelung durch Gesetz erfolgt.
[9] *M. Nierhaus*, in: Sachs, GG, Art. 57 Rn. 7.
[10] Ebenso Jarass/*Pieroth*, GG, Art. 57 Rn. 1; *R. Wahl*, Stellvertretung im Verfassungsrecht, 1971, S. 127 f.; *J. Jekewitz*, in: AK-GG, Art. 57 Rn. 3, die den Auslandsaufenthalt als einen Fall der Verhinderung behandeln, ohne freilich zu berücksichtigen, daß offizielle Auslandsreisen zu den Amtshandlungen des Bundespräsidenten gehören. Dies sieht u. a. *K. Schlaich*, Der Status des Bundespräsidenten, in: HStR II, § 48 Rn. 19, nach dem die Nebenvertretung »in diesem besonderen Fall hingenommen werden muß«; so wohl auch die Praxis, vgl. *R. Herzog*, in: Maunz/Dürig, GG, Art. 57 (1986), Rn. 17: soweit die Vertretung »sachlich notwendig« ist, m. w. N. zum Streitstand. Für eine »zurückhaltende Praxis« der Nebenvertretung *U. Hemmrich*, in: v. Münch/Kunig, GG II, Art. 57 Rn. 3.

Bundesratspräsident sonst »unversehens zum Vizepräsidenten mausert«[11], sondern die Besonderheit des Amtes, das in seiner Integrationsfunktion stärker **personengebunden** ist als andere Ämter (→ Art. 54 Rn. 28 f.). Nur für den Bundespräsidenten gibt es das Anklageverfahren nach Art. 61 GG, das, wie das Wort »schuldig« in Art. 61 II 1 GG zeigt, eine »persönliche Inkriminierung«[12] vorsieht. Jedenfalls bei offiziell vom Bundespräsidenten vorzunehmenden Amtshandlungen stünde deswegen eine Parallelvertretung bei **Terminüberschneidungen**[13] im krassen Widerspruch zu seinem Amt und Status. Praktische Schwierigkeiten sind durch die **Delegation** der Befugnisse für bestimmte (vertretbare) Handlungen im Rahmen klarer Weisungen zu lösen.

6 Eine endgültige Verhinderung des Bundespräsidenten führt zur »**vorzeitigen Erledigung des Amtes**« und ist bei Tod, Rücktritt, einem Amtsverlust im Verfahren nach Art. 61 GG sowie bei Verlust der Wählbarkeit (→ Art. 54 Rn. 33, 38) gegeben. Nicht vorgesehen dagegen ist die vorzeitige Erledigung des Amtes durch Abwahl.

7 Die **Feststellung eines Vertretungsfalls** obliegt, außer bei einer objektiven Erledigung des Amtes etwa durch Tod oder Amtsverlust nach Art. 61 GG, primär dem Bundespräsidenten selbst[14], soweit möglich in Absprache mit dem Vertreter[15]. Allenfalls bei einer **mißbräuchlichen** Verhinderung einer Stellvertretung durch den Bundespräsidenten kommt eine Feststellung des Vertretungsfalls durch den Bundesratspräsidenten in Betracht[16], wobei in Zweifelsfällen im Rahmen eines Organstreitverfahrens[17] über das Vorliegen eines Vertretungsfalls zu entscheiden wäre[18]. Da das Grundgesetz eine Amtsenthebung des Bundespräsidenten außer im Fall des Art. 61 GG statusgerecht bewußt nicht vorsieht, sind diesem Verfahren jedoch enge Grenzen gesetzt; es darf nicht zur Amtsenthebung »auf kaltem Wege« führen[19].

8 Im – mangels eigener politischer Spielräume[20] eher theoretischen – Falle einer **Befangenheit** des Bundespräsidenten etwa aufgrund früherer Funktionen oder markanter Stellungnahmen in Regierung oder Opposition zur selben Sache[21] dürfte gemäß dem Rechtsgedanken des § 19 III BVerfGG eine Selbstablehnung[22] und damit ein »unechter« Vertretungsfall nicht ausgeschlossen sein.

---

[11] So *Herzog* (Fn. 10), Art. 57 Rn. 17; ihm folgend *Hemmrich* (Fn. 10), Art. 57 Rn. 3.
[12] So (krit.) *J. Jekewitz*, in: AK-GG, Art. 61 Rn. 3.
[13] Vgl. *Hemmrich* (Fn. 10), Art. 57 Rn. 3.
[14] *Herzog* (Fn. 10), Art. 57 Rn. 20.
[15] Vgl. auch *Nierhaus* (Fn. 9), Art. 57 Rn. 9.
[16] Nähere Überlegungen bei *Wahl*, Stellvertretung (Fn. 10), S. 132 f.
[17] Nach Art. 93 I Nr. 1 GG; mit der Möglichkeit des Erlasses einer einstweiligen Anordnung nach § 32 BVerfGG.
[18] Dazu *Schlaich* (Fn. 10), § 48 Rn. 21.
[19] Im Ergebnis ebenso, mit Blick auf eine Verfassungskrise und Zweifel an der Verfassungsloyalität des Bundespräsidenten: *Schlaich* (Fn. 10), § 48 Rn. 21.
[20] S. aber zu Art. 68 GG BVerfGE 62, 1 (35, 50). → Art. 54 Rn. 25.
[21] Vgl. *Hemmrich* (Fn. 10), Art. 57 Rn. 3; Beispiel könnte eine klar geäußerte Position des Bundespräsidenten noch als Abgeordneter in einem politischen Streit oder am Disput um die Verfassungsmäßigkeit eines Gesetzes etwa im Bundestag sein, wenn er dieses Gesetz nach erfolglosem Widerstand später im neuen Amt ausfertigen und verkünden soll. Auch in Personalsachen (bei Ernennungen) kommt eine Befangenheit in Betracht.
[22] So *Nierhaus* (Fn. 9), Art. 57 Rn. 7.

II. Befugnisse im Vertretungsfall

Im Vertretungsfall gehen »die Befugnisse« und damit **alle verfassungsrechtlichen Kompetenzen des Bundespräsidenten** auf den Bundesratspräsidenten über[23], im Falle des turnusmäßigen Wechsels auf dessen Nachfolger[24]. Dies gilt, wie sich im Umkehrschluß aus Art. 136 II 2 GG ergibt[25], auch für das Recht zur Auflösung des Bundestages nach Art. 63 IV 4, 68 I 1 GG. An **Weisungen** des Bundespräsidenten oder noch nicht rechtswirksame vorgängige Entscheidungen ist der Bundesratspräsident als Vertreter nicht gebunden[26], doch unterliegt er einer Loyalitätspflicht im Sinne des Prinzips der **Verfassungsorgantreue**[27]. Die **Eidespflicht** nach Art. 56 GG trifft ihn ebensowenig wie die Möglichkeit der Anklage nach Art. 61 GG[28]. Vereidigt ist er regelmäßig schon als Mitglied der Landesregierung[29], eine zusätzliche Vereidigung nach Art. 56 GG ist zu schwerfällig; sie würde jedenfalls kurzfristig notwendig werdende Vertretungen hindern. Des **Anklageverfahrens** bedarf es nicht[30], da – anders als für den Bundespräsidenten – für Mitglieder von Landesregierungen eine (vorzeitige) Amtsenthebung nicht ausgeschlossen ist. Die Gegenmeinung kann sich nicht auf den Wortlaut des Art. 61 GG stützen. Dieser betrifft den Bundespräsidenten zwar wesentlich als Organwalter[31]: daß die Übernahme seiner »Befugnisse« aber auch die Anwendung der für ihn geltenden Sonderregelung der Amtsenthebung (→ Art. 61 Rn. 7) beinhalten soll, ist weder zwingend noch geboten. Daß dann der Bundesrat gegen seinen eigenen Präsidenten klagen müßte[32], ist hingegen kein zwingendes Argument. Die **Inkompatibilitätsregelung** des Art. 55 GG kann für den Bundesratspräsidenten nicht gelten, da er notwendig einer Landesregierung angehört (Art. 51 I, 52 I GG)[33]. Die Pflicht zur **Gegenzeichnung** nach Art. 58 GG dagegen ist als Grenze der »Befugnisse« des Bundespräsidenten für seinen Vertreter ohne Einschränkung gegeben[34].

9

Im Falle der **Verhinderung des Bundesratspräsidenten** gilt die für diesen anzuwendende Vertretungsregelung, d.h. die Vertretung geht auf die Vizepräsidenten des Bundesrates »nach Maßgabe ihrer Reihenfolge« über (§ 7 I 1 GOBR)[35].

10

---

[23] Vgl. im einzelnen *Herzog* (Fn. 10), Art. 57 Rn. 24; s. auch *Hemmrich* (Fn. 10), Art. 57 Rn. 5, 6.
[24] S. auch *Jekewitz* (Fn. 10), Art. 57 Rn. 4; *Hemmrich* (Fn. 10), Art. 57 Rn. 5.
[25] S. *Nierhaus* (Fn. 9), Art. 57 Rn. 11.
[26] *Stern*, Staatsrecht II, S. 210; *R. Pitschas*, Der Staat 12 (1973), 183 (186); *Wahl*, Stellvertretung (Fn. 10), S. 136; *Hemmrich* (Fn. 10), Art. 57 Rn. 6; differenzierend *Herzog* (Fn. 10), Art. 57 Rn. 25.
[27] Vgl. auch *Nierhaus* (Fn. 9), Art. 57 Rn. 13.
[28] Anders *Hemmrich* (Fn. 10), Art. 57 Rn. 7; *Wahl*, Stellvertretung (Fn. 10), S. 146; *Jekewitz* (Fn. 10), Art. 57 Rn. 5, der freilich betont, daß dies nur »theoretisch« gelte. Wie hier: Jarass/*Pieroth*, GG, Art. 57 Rn. 2; zu Art. 61 *Herzog* (Fn. 10), Art. 57 Rn. 26.
[29] Vgl. Art. 48 der Verfassung von Baden-Württemberg; keine Vereidigung sieht die Verfassung von Berlin vor.
[30] So auch *Herzog* (Fn. 10), Art. 61 Rn. 14 m.w.N. in Fn. 6; a.A. *Nierhaus* (Fn. 9), Art. 61 Rn. 5; *v. Mangoldt*/Klein, GG, Bd. II/2, Anm. III.3 (S. 1188).
[31] Darauf stellen ab: *Schmidt-Bleibtreu*/Klein, GG, Art. 61 Rn. 3, und *R. Wolfrum*, in: BK (Zweitb. 1988), Art. 61 Rn. 5, um die Anwendbarkeit des Art. 61 GG auch auf den Vertreter (als Organwalter) zu begründen. Dazu paßt indessen nicht, daß nach *Wolfrum* auch private Handlungen des Bundespräsidenten unter Art. 61 GG fallen (ebd., Rn. 7).
[32] So *Jekewitz* (Fn. 12), Art. 61 Rn. 4.
[33] Vgl. *Jekewitz* (Fn. 10), Art. 57 Rn. 4; zur Problematik der Kollision von Amtsrechten und -pflichten ausführlich *R. Pitschas*, Der Staat 12 (1973), 183 (195 ff.).
[34] S. auch *Nierhaus* (Fn. 9), Art. 57 Rn. 14; *Jekewitz* (Fn. 10), Art. 57 Rn. 5.
[35] Vgl. auch *Herzog* (Fn. 10), Art. 57 Rn. 23. → Art. 52 Rn. 16.

D. Verhältnis zu anderen GG-Bestimmungen

11 Die Vertretungsregelung des Art. 57 GG ist allein auf den Bundespräsidenten zugeschnitten und steht mit anderen Normen des Grundgesetzes in keinerlei Konflikt- oder Konkurrenzverhältnis.

Artikel 58 [Gegenzeichnung]

¹Anordnungen und Verfügungen des Bundespräsidenten bedürfen zu ihrer Gültigkeit der Gegenzeichnung durch den Bundeskanzler oder durch den zuständigen Bundesminister. ²Dies gilt nicht für die Ernennung und Entlassung des Bundeskanzlers, die Auflösung des Bundestages gemäß Artikel 63 und das Ersuchen gemäß Artikel 69 Absatz 3.

Literaturauswahl

Biehl, Hansjörg: Die Gegenzeichnung im parlamentarischen Regierungssystem der Bundesrepublik Deutschland, 1971.
Erichsen, Hans-Uwe: Der Bundespräsident. Zugleich ein Beitrag zum Organstreit nach Art. 93 Abs. 1 Nr. 1 GG, in: Jura 1985, S. 373–381.
Herzog, Roman: Entscheidung und Gegenzeichnung, in: Festschrift für Gebhard Müller, 1970, S. 117–139.
Isensee, Josef: Braucht die Republik einen Präsidenten? in: NJW 1994, S. 1329–1330.
Jaeger, Richard: Die staatsrechtliche Bedeutung der ministeriellen Gegenzeichnung im deutschen Reichsstaatsrecht 1871–1945, in: Festschrift für Wilhelm Laforet, 1952, S. 155–175.
Kastner, Jürgen: Die Gegenzeichnung im deutschen Staatsrecht. Ein Beitrag zur Auslegung des Art. 58 des Bonner Grundgesetzes, Diss. jur. Münster 1962.
Maurer, Hartmut: Hat der Bundespräsident ein politisches Mitspracherecht? in: DÖV 1966, S. 665–675.
Maurer, Hartmut: Die Gegenzeichnung nach dem Grundgesetz, in: Festschrift für Karl Carstens, Bd. II, 1984, S. 701–719.
Menzel, Eberhard: Ermessensfreiheit des Bundespräsidenten bei der Ernennung der Bundesminster? in: DÖV 1965, S. 581–597.
Nierhaus, Michael: Entscheidung, Präsidialakt und Gegenzeichnung, 1973.
Schlaich, Klaus: Die Funktionen des Bundespräsidenten im Verfassungsgefüge, in: HStR II, § 49, S. 541–584.
Schulz, Axel: Die Gegenzeichnung. Eine verfassungsgeschichtliche Untersuchung, 1978.
Servatius, Kurt: Die Gegenzeichnung von Handlungen des Bundespräsidenten, Diss. jur. Köln 1960.

Leitentscheidung des Bundesverfassungsgerichts

BVerfGE 62, 1 (34 f.) – Bundestagsauflösung.

Gliederung

	Rn.
A. Herkunft, Entstehung, Entwicklung	1
I. Ideen- und verfassungsgeschichtliche Aspekte	1
II. Entstehung und Veränderung der Norm	3
B. Internationale, supranationale und rechtsvergleichende Bezüge	4
C. Erläuterungen	6
I. Allgemeine Bedeutung	6
II. Gegenstand der Kontrasignatur	9
III. Rechtswirkungen	12
IV. Gegenzeichnungsberechtigte	13
V. Gegenzeichnungsform und -verfahren	16

VI. Kontrasignaturfreie Präsidialakte	19
1. Ausnahmen nach Art. 58 S. 2 GG	19
2. Ungeschriebene Ausnahmen	20
D. Verhältnis zu anderen GG-Bestimmungen	23

A. Herkunft, Entstehung, Entwicklung

I. Ideen- und verfassungsgeschichtliche Aspekte

1 Die Bindung des Staatsoberhaupts bei Amtshandlungen an die Billigung der Regierung hat im europäischen Rechtskreis eine lange, **bis in die Antike zurückreichende Tradition**[1]. In Deutschland fand sie im 19. Jahrhundert in den Verfassungen der Einzelstaaten allgemein Eingang[2]. Mit dem Gegenzeichnungsvorbehalt konnte in den konstitutionellen Monarchien der **Unverletzlichkeit des Monarchen** einerseits sowie der rechtlichen (Ministeranklage vor dem Staatsgerichtshof) wie politischen **Verantwortlichkeit** (Rechenschaftspflicht vor dem Parlament) **der Minister** andererseits Rechnung getragen werden[3]. Das jeweilige Regierungsmitglied hatte als »Prügelknabe«[4] anstelle des Monarchen die Regierungspolitik zu rechtfertigen. Die Kontrasignatur fand in § 74 der Paulskirchenverfassung und in Art. 17 II Reichsverfassung von 1871 Eingang. Das Institut aus der »Kampfzeit des Konstitutionalismus«[5] ist später auch in Art. 50 WRV übernommen worden, der seinerseits Vorbild für Art. 58 GG gewesen ist.

2 In der **NS-Zeit** wurde die Gegenzeichnung durch die »Mitzeichnung« ersetzt, mit der der Zeichnende die politische Verantwortung gegenüber dem seinerseits faktisch ungebundenen »Führer« übernahm; für die Gültigkeit der Akte war die Signatur unerheblich[6]. Die Bedeutung der Mitzeichnung lag angesichts des Kompetenzwirrwarrs im NS-Staat vielmehr in der Offenlegung der Urheberschaft des Aktes und der Herstellung von Vertrauen in die Sachgerechtigkeit der Maßnahme[7]. In der **DDR-Verfassung** von 1949 war in Art. 106 der Präsident der Republik an die Kontrasignatur in fast wörtlicher Übereinstimmung mit Art. 50 S. 1 WRV gebunden.

II. Entstehung und Veränderung der Norm

3 Ungeachtet der Formulierungsunterschiede ist das Vorbild der WRV inhaltlich ohne Rücksicht auf die geschwächte Stellung des Präsidenten nahezu vollständig übernommen worden. **Art. 80 HChE** war mit Art. 58 S. 1 GG fast wortidentisch, enthielt aber noch keine Ausnahmen. Eine Bezugnahme auf die Wehrmacht erübrigte sich, und ei-

---

[1] Näher dazu *M. Nierhaus*, Entscheidung, Präsidialakt und Gegenzeichnung, 1973, S. 6 ff., m. w. N.; *H. Biehl*, Die Gegenzeichnung im parlamentarischen Regierungssystem der Bundesrepublik Deutschland, 1971, S. 25 ff.; grundlegend *A. Schulz*, Die Gegenzeichnung, 1978, passim.

[2] Näher *Schulz*, Gegenzeichnung (Fn. 1), S. 19 ff.; *Biehl*, Gegenzeichnung (Fn. 1), S. 39 ff.

[3] Vgl. dazu *K. S. Zachariä v. Lingenthal*, Vierzig Bücher vom Staate, Bd. 2, 1820, S. 78, der diese Konstruktion zu einer der »schönsten Entdeckungen des menschlichen Verstandes in dem Gebiethe der Staatskunst« zählt.

[4] *Biehl*, Gegenzeichnung (Fn. 1), S. 37; *H.-U. Erichsen*, Jura 1985, 373 (379).

[5] *E. Menzel*, DÖV 1965, 581 (592).

[6] *R. Jaeger*, Die staatsrechtliche Bedeutung der ministeriellen Gegenzeichnung im deutschen Reichsstaatsrecht 1871–1945, in: FS Laforet, 1952, S. 155 ff. (168); *Schulz*, Gegenzeichnung (Fn. 1), S. 108, m. w. N.

[7] *Jaeger*, Reichsstaatsrecht (Fn. 6), S. 169.

ne Regelung entsprechend Art. 50 S. 2 WRV, wonach mit der Gegenzeichnung die Verantwortung auf das betreffende Regierungsmitglied überging, wurde als überflüssig erachtet[8]. Art. 58 GG blieb bislang unverändert.

B. Internationale, supranationale und rechtsvergleichende Bezüge

Eine Bindung von Amtshandlungen des Staatsoberhaupts an die Billigung der Regierung findet sich in zahlreichen Staaten, und zwar sowohl in konstitutionellen Monarchien[9] als auch in Republiken[10]. Unterschiede bestehen bei der **Reichweite** der Gegenzeichnung. Teilweise ist die Initiative für Präsidialakte bei der Regierung konzentriert[11]. Manche Staaten lassen kontrasignaturfreie Akte gar nicht zu[12], während in anderen dem Staatsoberhaupt weitreichende Befreiungen zugebilligt sind[13]. Eine Spezialität enthält Art. 64 I 2 der spanischen Verfassung, nach dem in einigen Fällen nur der Parlamentspräsident gegenzeichnungsbefugt ist. 4

In einigen Verfassungen **fehlt ein Vorbehalt der Gegenzeichnung** ganz, so in den Präsidialverfassungen der GUS-Staaten wie Rußland, Armenien, Aserbeidschan, Usbekistan und Weißrußland. In den ostmitteleuropäischen Reformstaaten ist die Kontrasignatur mit z.T. zahlreichen **Ausnahmen** vorgesehen, so etwa in Art. 63 III, IV der tschechischen und in Art. 30/A der ungarischen Verfassung. 5

C. Erläuterungen

I. Allgemeine Bedeutung

Nach klassischem Verständnis dient Art. 58 GG **zwei Zwecken**: Zum einen soll er die **Einheit der Staatsleitung** sicherstellen, indem der Bundespräsident bei seinen Amtshandlungen formal an die Unterschrift eines Regierungsmitglieds, materiell an die Zustimmung der Regierung gebunden wird. Er kann somit die Regierungspolitik nicht hintertreiben. Zum anderen wird durch die Norm indirekt eine **parlamentarische Kontrolle** von Akten des dem Bundestag selbst nicht verantwortlichen Bundespräsidenten begründet, indem die Bundesregierung hierfür mit ihrer Billigung auch die politische (nicht die rechtliche) Verantwortung übernimmt[14]. 6

Dieses dem Konstitutionalismus entlehnte Verständnis sieht sich zunehmend der **Kritik** ausgesetzt. Die Stellung des Bundespräsidenten hat sich gegenüber derjenigen des Reichspräsidenten grundlegend geändert (→ Art. 54 Rn. 4). Es erscheint wenig stimmig, den weithin machtlosen Bundespräsidenten mit der Präsidentenanklage (Art. 61 GG), der Gegenzeichnung (Art. 58 und 82 I 1 GG) und zusätzlich mit dem Or- 7

---

[8] *J. Jekewitz*, in: AK-GG, Art. 58 Rn. 3.
[9] Z.B. Art. 42 II niederl. Verf., Art. 56 III span. Verf., Art. 106 belg. Verf.
[10] Vgl. Art. 19 franz. Verf., Art. 67 II österr. Verf., Art. 89 italien. Verf., Art. 35 I griech. Verf.
[11] Art. 67 österr. Verf., Art. 89 italien. Verf., Art. 34 finn. Verf.
[12] Z.B. Art. 47, 48 niederl. Verf., Art. 106 belg. Verf.
[13] Art. 19 franz. Verf., Art. 143 portugies. Verf., Art. 35 griech. Verf.
[14] *U. Hemmrich*, in: v. Münch/Kunig, GG II, Art. 58 Rn. 1; *v. Mangoldt/Klein*, GG, Art. 58 Anm. III 1 (S. 1109); *H. Maurer*, Die Gegenzeichnung nach dem Grundgesetz, in: FS Carstens II, 1984, S. 701 ff.; *K. Servatius*, Die Gegenzeichnung von Handlungen des Bundespräsidenten, Diss. jur. Köln 1960, S. 27; *Stern*, Staatsrecht II, S. 213.

ganstreit (Art. 93 I Nr. 1 GG i.V.m. §§ 13 Nr. 5, 63 ff. BVerfGG) sogar verstärkter Kontrolle zu unterwerfen[15]. Mit der **Umpolungstheorie**, wonach die Rollen von Bundespräsident und Regierungsmitgliedern, von Akteur und – gegenzeichnendem – Kontrolleur getauscht werden, soll die Funktion der Gegenzeichnung neu bestimmt werden[16]. Dabei wird freilich nicht gesehen, daß Gegenstand der Gegenzeichnung ggf. nicht das auszufertigende Gesetz oder die Auswahl der zu ernennenden Person, sondern nur der »Formalakt« der Ausfertigung bzw. der Ernennung ist[17]; auch in den Fällen präsidialen Ermessens wie nach Art. 68 GG (→ Art. 54 Rn. 25) bleibt der Bundespräsident in der Verfassungswirklichkeit Handelnder und die Regierung Kontrolleur. So wird die Kontrasignatur von anderen als Ausprägung des Grundsatzes der **Verfassungsorgantreue** aufgefaßt[18], was sie an den Rand der Überflüssigkeit rückt[19].

8 Demgegenüber sind die genannten Zwecke (→ Rn. 6) nicht hinfällig. Die eigenständige Funktion des Bundespräsidenten (→ Art. 54 Rn. 21 ff.) soll nicht zu einer eigenständigen Politik führen[20]. Damit kommt dem **Koordinierungszweck** der Gegenzeichnung zentrale Bedeutung zu. Die durch sie vermittelte Verantwortungsübernahme der Regierung gibt dieser darüber hinaus Gelegenheit, die ggf. von ihr selbst initiierten Akte nochmals zu überdenken, womöglich im Dialog mit dem Bundespräsidenten. In der **Praxis** hat Art. 58 GG zu keinen größeren Problemen geführt.

II. Gegenstand der Kontrasignatur

9 **Anordnungen und Verfügungen** des Bundespräsidenten i.S.d. Art. 58 S. 1 GG setzen seine Handlungskompetenz voraus. Ob sie sich aus einfachem Gesetz[21] oder aus dem Grundgesetz ergibt, spielt keine Rolle; Art. 58 GG begründet keine Kompetenzen. Seit der Weimarer Zeit werden wegen der gleichen Rechtsfolgen beide Begriffe **als Einheit behandelt**[22]. Die seit damals herrschende Meinung[23] erstreckte die Kontrasignatur auf **alle präsidialen Amtshandlungen**. Darunter sollten **auch Realakte** fallen, soweit sie im Zusammenhang mit dem Amt erfolgen und politische Wirkungen entfal-

---

[15] Vgl. *Jekewitz* (Fn. 8), Art. 58 Rn. 6; *W.-R. Schenke*, in: BK, Art. 58 (Zweitb. 1978), Rn. 14.

[16] *R. Herzog*, Entscheidung und Gegenzeichnung, in: FS Gebhard Müller, 1970, S. 117 ff. (127 ff.); ihm folgend *Biehl*, Gegenzeichnung (Fn. 1), S. 119; *Schulz*, Gegenzeichnung (Fn. 1), S. 119; krit. dagegen *Maurer*, Gegenzeichnung (Rn. 14), S. 710 f.; *K. Schlaich*, Die Funktionen des Bundespräsidenten im Verfassungsgefüge, in: HStR II, § 49 Rn. 62.

[17] So zutreffend *Nierhaus*, Entscheidung (Fn. 1), S. 131; *Schlaich* (Fn. 16), § 49 Rn. 63.

[18] Grundlegend *W.-R. Schenke*, Die Verfassungsorgantreue, 1977, S. 37 ff.; *ders.* (Fn. 15), Art. 58 Rn. 16; ihm folgend *Jekewitz* (Fn. 8), Art. 58 Rn. 4.

[19] Angedeutet bei *Schenke* (Fn. 15), Art. 58 Rn. 15; gemäß *Schlaich* (Fn. 16), § 49 Rn. 67, wird Art. 58 GG »weitgehend zur ehrwürdigen Überflüssigkeit«; krit. auch *Jekewitz* (Fn. 8), Art. 58 Rn. 3 f.; anders *Hemmrich* (Fn. 14), Art. 58 Rn. 17, der auch jetzt die Gegenzeichnung als »wesentlichen Bestandteil des modernen Verfassungsstaates« betrachtet, und *H.-U. Erichsen*, Jura 1985, 373 (379).

[20] Vgl. auch *Hemmrich* (Fn. 14), Art. 58 Rn. 2; vgl. auch *J. Isensee*, NJW 1994, 1329 (1330).

[21] Z.B. § 10 BVerfGG, §§ 2 I, 3 I, II, 5 OrdenG, § 10 I BBG, § 5 I 3, II BRHG.

[22] *Hemmrich* (Fn. 14), Art. 58 Rn. 4; *R. Herzog*, in: Maunz/Dürig, GG, Art. 58 (1986), Rn. 18; *M. Nierhaus*, in: Sachs, GG, Art. 58 Rn. 7; *Jekewitz* (Fn. 8), Art. 58 Rn. 5; *Schenke* (Fn. 15), Art. 58 Rn. 18.

[23] *Badura*, Staatsrecht, E 80 (S. 435); *Degenhart*, Staatsrecht I, Rn. 459; *Hemmrich* (Fn. 14), Art. 58 Rn. 4; *v. Mangoldt/Klein*, GG, Art. 58 Anm. IV 1c (S. 1111); *Maurer*, Gegenzeichnung (Rn. 14), S. 715; *Servatius*, Gegenzeichnung (Fn. 14), S. 34; *Stern*, Staatsrecht II, S. 213; für Art. 50 WRV: *Anschütz*, WRV, Art. 50 Anm. 3; *F. Poetzsch-Heffter*, WRV, 3. Aufl. 1928, Art. 50 Anm. 1; anders *J. Kastner*, Die Gegenzeichnung im deutschen Staatsrecht, Diss. jur. Münster, 1962, S. 61 ff.: analoge Anwendung v. Art. 58 GG.

ten. Dazu zählen u.a. Reden und Aufrufe, Empfänge, Glückwunsch- oder Beileidstelegramme, Interviews, Briefe, der Empfang von Besuchern sowie eigene Besuche. Ausgenommen wären hiervon nur reine Privathandlungen[24].

Dieser extensiven Interpretation steht schon der Wortlaut entgegen, wo nicht grundsätzlich von »Amtshandlungen«[25], sondern nur (und in Abweichung von Art. 50 WRV nicht einmal von »allen«) von Anordnungen und Verfügungen die Rede ist. Auch paßt die Rechtsfolge der Gültigkeit nicht auf Realakte, die »für sich sprechen«[26]. Die extensive Auslegung würde auf eine **Totalüberwachung** des Bundespräsidenten hinauslaufen, die objektiv unmöglich ist und in keinem Verhältnis zur Kompetenzfülle stünde. Das Grundgesetz geht von einer gegenüber der Bundesregierung eigenständigen Rolle des Bundespräsidenten aus, wobei seiner **Integrations- und Vermittlungsfunktion** (→ Art. 54 Rn. 21 ff., 28 f.) besonderes Gewicht zukommt[27]. Sie würde verfehlt, wenn er zum Sprachrohr der Regierung verkümmerte. Seiner Aufgabe und Neutralität wird er nur gerecht, wenn er auch bei öffentlichen Auftritten politischer Natur eigene Akzente setzen und sich nötigenfalls von der Regierung distanzieren kann[28]. Die Grenze der Handlungsfreiheit hinsichtlich nicht-rechtlicher Handlungen liegt daher nicht in Art. 58 S. 1 GG, sondern materiellrechtlich im Grundsatz der **Verfassungsorgantreue**[29] bzw. dem **Rücksichtnahmegebot**[30]. Seine rein politischen Handlungen können im übrigen zum Gegenstand einer Bundestagsdebatte gemacht werden[31] und sind damit nicht frei von jeglicher Kontrolle. Mit der im Vordringen begriffenen Meinung ist Art. 58 GG daher dem Wortlaut entsprechend **nur auf Rechtsakte** des Bundespräsidenten **mit Wirkung nach außen anwendbar**[32], wobei er in seiner Eigenschaft als oberstes Staatsorgan handeln muß (Organakte)[33]. Nicht erfaßt sind der Amtsverzicht[34], da dieser eine private Entscheidung des Bundespräsidenten darstellt, und interne Weisungen an das Präsidialamt, da er hier nur als Behördenleiter auftritt.

Umstritten ist auch, ob **Unterlassungen** gegenzeichnungsbedürftig sind. Dies hat die Weimarer Staatsrechtslehre[35] und im Anschluß an sie ein Großteil der Lehre nach

---

[24] *Hemmrich* (Fn. 14), Art. 58 Rn. 4 f.
[25] Vgl. § 74 Paulskirchenverfassung: »Regierungshandlungen«.
[26] *Nierhaus* (Fn. 22), Art. 58 Rn. 26.
[27] Grundlegend *Herzog*, Entscheidung (Fn. 16), S. 134 ff.; *ders.* (Fn. 22), Art. 58 Rn. 138; *Nierhaus*, Entscheidung (Fn. 1), S. 206 ff.; dagegen *Maurer*, Gegenzeichnung (Fn. 14), S. 717, und *Schlaich* (Fn. 16), § 49 Rn. 74.
[28] Eingehend *Herzog* (Fn. 22), Art. 58 Rn. 54 f.; *Nierhaus*, Entscheidung (Fn. 1), S. 206 ff.; *Schulz*, Gegenzeichnung (Fn. 1), S. 123; s. auch *J. Isensee*, NJW 1994, 1329 (1330): »Weil der Bundespräsident nicht unter Regierungskuratel gestellt werden darf«.
[29] *Jekewitz* (Fn. 8), Art. 58 Rn. 6; *Schenke*, Verfassungsorgantreue (Fn. 18), S. 67 ff.
[30] *Schlaich* (Fn. 16), § 49 Rn. 74.
[31] *Herzog* (Fn. 22), Art. 58 Rn. 56 Fn. 28; *Jekewitz* (Fn. 8), Art. 58 Rn. 6; *Schlaich* (Fn. 16), § 49 Rn. 73; vgl. dagegen *H.-U. Erichsen*, Jura 1985, 373 (379) und *Maurer*, Gegenzeichnung (Fn. 14), S. 715, 719, die eine Bundestagsdebatte wohl nur über eine Anfrage an die Bundesregierung zulassen wollen und dabei verkennen, daß der Bundespräsident im Gegensatz zu den Monarchen des Konstitutionalismus nicht »unverletzlich« ist (Art. 61 GG).
[32] So schon *Herzog* (Fn. 22), Art. 58 Rn. 21 ff.; *Schenke* (Fn. 15), Art. 58 Rn. 18; *Nierhaus*, Entscheidung (Fn. 1), S. 142: Akte, »denen rechtsfolgenbedingende Wirkung oder verbindlicher Rechtssatzcharakter zukommt«.
[33] *Nierhaus*, Entscheidung (Fn. 1), S. 135.
[34] Vgl. auch Jarass/*Pieroth*, GG, Art. 58 Rn. 2.
[35] *Anschütz*, WRV, Art. 50 Anm. 3; *Poetzsch-Heffter* (Fn. 23), Art. 50 Anm. 1.

1949[36] mit im einzelnen unterschiedlicher Begründung angenommen. Problematisch ist demgegenüber schon die Rechtsfolge: die Ungültigkeit einer Unterlassung[37]. Aus ihr kann kein definitives Handeln folgen; eine Mißbilligung der Unterlassung durch die Bundesregierung ist keine »Ersatzvornahme«. Als angemessene Sanktion kommt dagegen der Organstreit nach Art. 93 I Nr. 1 GG, §§ 13 Nr. 5, 63ff. BVerfGG in Betracht, im Extremfall auch die Anklage des Bundespräsidenten nach Art. 61 GG. Sein Unterlassen bedarf daher keiner Gegenzeichnung[38].

III. Rechtswirkungen

12 Die Gegenzeichnung ist Wirksamkeitsvoraussetzung. Nicht bzw. vom unzuständigen Regierungsmitglied gegengezeichnete Präsidialakte sind nicht lediglich unvollziehbar[39], sondern **nichtig**[40]. Mit der Gegenzeichnung übernimmt das jeweilige Regierungsmitglied die **politische Verantwortung** gegenüber dem Bundestag, dessen Sanktionsmöglichkeiten jedoch begrenzt sind. Die **rechtliche Verantwortung** bleibt indessen beim Bundespräsidenten; die Billigung durch die Regierung ändert daran nichts. Verletzt der Präsidialakt das Grundgesetz oder ein einfaches Bundesgesetz, steht das Verfahren nach Art. 61 GG offen, zur Klärung der Vereinbarkeit mit dem Grundgesetz der Organstreit.

IV. Gegenzeichnungsberechtigte

13 Als Gegenzeichnungsberechtigte nennt das Grundgesetz alternativ den Bundeskanzler und den zuständigen Fachminister. Eine **kumulative Kontrasignatur** ist **nicht erforderlich, aber zulässig**. Sinn der Vorschrift ist die Entlastung des Regierungschefs von reinen Ressortfragen[41]. Die Zuständigkeit folgt aus der Geschäftsordnung der Bundesregierung. Im Vertretungsfall handelt für den Bundeskanzler der Vizekanzler (Art. 69 I GG), die Vertretung des zuständigen Ministers bestimmt sich nach § 14 I GOBReg. Die Verantwortung trifft dabei den vertretenen Minister; der vertretende Minister ist nur verantwortlich, wenn er auch das Ressort voll übernommen hat[42].

14 Streitig ist, ob der **Bundeskanzler** nur in Richtlinienangelegenheiten (Art. 65 I 1 GG)[43] oder **stets zeichnungsbefugt** ist[44]. Der Gegensatz ist indes eher theoretischer

---

[36] *Hemmrich* (Fn. 14), Art. 58 Rn. 4; *v. Mangoldt/Klein*, GG, Art. 58 Anm. IV 1d (S. 1113); *A. Stüle*, JZ 1955, 465 (466); *Maurer*, Gegenzeichnung (Fn. 14), S. 712ff.; *Biehl*, Gegenzeichnung (Fn. 1), S. 86 m.w.N.

[37] S. auch *Schenke* (Fn. 15), Art. 58 Rn. 55.

[38] I.E. ebenso *Herzog* (Fn. 22), Art. 58 Rn. 44, mit der etwas gekünstelten Konstruktion einer Zwangslage; s. auch *Jekewitz* (Fn. 8), Art. 58 Rn. 5; *Schlaich* (Fn. 16), § 49 Rn. 69; *Stern*, Staatsrecht II, S. 214; Jarass/*Pieroth*, GG, Art. 58 Rn. 2.

[39] So aber *v. Mangoldt/Klein*, GG, Art. 58 Anm. VI 3b (S. 1120), und *Hamann/Lenz*, GG, Art. 58 Anm. C 2 II; unklar *Hemmrich* (Fn. 14), Art. 58 Rn. 6, der zwischen Rechtmäßigkeit, Nichtigkeit und Vollziehbarkeit nicht deutlich differenziert.

[40] *Biehl*, Gegenzeichnung (Fn. 1), S. 51; *Herzog* (Fn. 22), Art. 58 Rn. 46.

[41] JöR 1 (1951), S. 412.

[42] *Biehl*, Gegenzeichnung (Fn. 1), S. 88f.; *Schulz*, Gegenzeichnung (Fn. 1), S. 75; a.A. *Kastner*, Gegenzeichnung (Fn. 23), S. 42, der die Verantwortung immer beim Vertreter ansiedeln will.

[43] So *Schenke* (Fn. 15), Art. 58 Rn. 68, m.w.N.; i.E. ähnlich *Herzog* (Fn. 22), Art. 58 Rn. 70ff.

[44] *A. Bleckmann*, Staatsrecht I, 1993, Rn. 1991; *Hemmrich* (Fn. 14), Art. 58 Rn. 9; *Schlaich* (Fn. 16), § 49 Rn. 80; *Stern*, Staatsrecht II, S. 214.

Natur, da die Vertreter der erstgenannten Meinung aus Rechtssicherheitsgründen der Kanzlerunterschrift grundsätzlich Gültigkeitswirkung zusprechen[45]. Auch der Zweck der Sicherung der Einheit der politischen Leitung sowie der Verantwortungsübernahme spricht für die zweite Auffassung. Die Praxis geht dem Problem aus dem Weg, indem in Zweifelsfällen Bundeskanzler und Fachminister gegenzeichnen[46].

Strittig ist schließlich, ob bei Zuständigkeit mehrerer Minister die Unterschrift eines Ministers genügt[47] oder alle gegenzeichnen müssen[48]. Die Antwort ist indes nicht aus dem Grundgesetz ableitbar, sondern fällt in die **Geschäftsordnungsautonomie** der Bundesregierung. Ihr ist die Entscheidung in Kompetenzkonflikten anvertraut (Art. 65 I 3 GG). Nach § 29 I 2, II GOBReg erfolgt die Gegenzeichnung durch alle betroffenen Minister. Ist der Bundespräsident zum Vollzug eines Aktes verpflichtet und zweifelt er an der Zuständigkeit eines Ministers, kann er beim Bundeskanzler remonstrieren[49].

15

V. Gegenzeichnungsform und -verfahren

Der Begriff der Gegenzeichnung geht von der **schriftlichen Billigung** durch eigenhändige Unterschrift auf einer vom Bundespräsidenten »vollzogenen«[50] Urkunde aus. Ein Formzwang besteht indessen grundsätzlich nicht. Die **Form der Kontrasignatur** folgt in der Regel der des jeweiligen Aktes, kann also bei nichtschriftlichen Rechtshandlungen auch mündlich oder konkludent erfolgen[51]. Schriftliche Akte müssen immer schriftlich gegengezeichnet werden. Die Gegenzeichnung ist **bedingungsfeindlich**; Vorbehalte, Befristungen und Bedingungen haben keine rechtliche Wirkung.

16

Die **Entscheidung** über die Kontrasignatur steht grundsätzlich **im politischen Ermessen** der Bundesregierung. Sie hat ein formelles und materielles[52], dazu in der Regel ein »politisches« Prüfungsrecht. Da die meisten Präsidialakte auf Initiativen der Bundesregierung beruhen, geht es primär um eine letzte **Selbstkontrolle**, dann aber auch um die Rückversicherung, ob der Akt in der endgültigen Fassung (noch) dem Willen der Bundesregierung entspricht. Insbesondere bei Initiativen des Bundespräsidenten ist die politische Prüfung im Blick auf den Zweck des Art. 58 GG von primärer Bedeutung. Umgekehrt reduziert sich die Prüfung bei Akten im Vollzug von Beschlüssen anderer Organe, etwa der Ernennung von Richtern des Bundesverfassungsgerichts (§ 10 BVerfGG), auf formelle Mängel. Die Bundesregierung darf den Bundespräsidenten nicht in seiner Amtsführung blockieren. Ihren Ermessensspielraum auf »Fälle politischer Untragbarkeit« zu reduzieren[53], geht aber zu weit[54]. Gegen die Verweigerung

17

---

[45] *Biehl*, Gegenzeichnung (Fn. 1), S. 88; *Schenke* (Fn. 15), Art. 58 Rn. 68; *Servatius*, Gegenzeichnung (Fn. 14), S. 63 f.
[46] *Herzog* (Fn. 22), Art. 58 Rn. 70.
[47] Dafür: *Jekewitz* (Fn. 8), Art. 58 Rn. 7; *v. Mangoldt/Klein*, GG, Art. 58 Anm. V 2 (S. 1118); *Schulz*, Gegenzeichnung (Fn. 1), S. 73.
[48] *Herzog* (Fn. 22), Art. 58 Rn. 68.
[49] *Herzog* (Fn. 22), Art. 58 Rn. 71.
[50] So die Wortwahl in § 2 I BMinG u. § 29 II GOBReg.
[51] *Schenke* (Fn. 15), Art. 58 Rn. 20; *Jekewitz* (Fn. 8), Art. 58 Rn. 5.
[52] Vgl. *Herzog* (Fn. 22), Art. 58 Rn. 72.
[53] So aber *E. Menzel*, DÖV 1965, 581 (592); begrenzt auf den Fall »wirklicher präsidentieller Prärogativen« etwa bei Gnadenakten vgl. *Nierhaus* (Fn. 22), Art. 58 Rn. 25.
[54] *Schenke* (Fn. 15), Art. 58 Rn. 88.

Art. 58 C. Erläuterungen

der Gegenzeichnung wegen (praktisch kaum denkbarer) Ermessensfehler oder wegen Rechtsmißbrauchs steht dem Bundespräsidenten der Organstreit offen[55].

18 Die Gegenzeichnung i.S.d. Art. 58 GG erfolgt nach Sinn und Zweck ebenso wie im Blick auf die Rechtsfolge sinngemäß als **Vorzeichnung**[56]. Dies ist in § 29 II 1 GOBReg vorgesehen, wonach Anordnungen und Verfügungen dem Bundespräsidenten erst nach Gegenzeichnung zur Vollziehung vorzulegen sind. Die Regelung bindet jedoch nur die Regierungsmitglieder. Der Bundespräsident ist daraus nicht verpflichtet, eine vorherige Gegenzeichnung einzuholen[57]. Wenn er indessen gültige Akte setzen will, wird er die betreffenden Urkunden zur Gegenzeichnung vorlegen, bevor sie dem Adressaten übergeben werden[58]. Eine nachträgliche Gegenzeichnung kann die (schwebende) Unwirksamkeit freilich beheben[59]. Nach dem Grundsatz der **Verfassungsorgantreue** ist es dem Bundespräsidenten verwehrt, etwa im Völkerrecht nach außen wirksame Akte (→ Art. 59 Rn. 23 ff., 38 ff.) ohne Gegenzeichnung zu setzen, da Art. 58 GG sonst überspielt würde[60].

VI. Kontrasignaturfreie Präsidialakte

1. Ausnahmen nach Art. 58 S. 2 GG

19 Eine Gegenzeichnung entfällt nach Art. 58 S. 2 GG in den Fällen der **Ernennung und Entlassung des Bundeskanzlers** (Art. 63 II 2, IV 2, 3, Art. 67 IV 3 GG); es gibt keinen Grund, dem bisherigen bzw. dem künftigen Amtsinhaber einen Einfluß auf die Neubesetzung des Amtes zuzugestehen[61], wobei der Bundespräsident zudem lediglich die Entscheidung des Bundestages umzusetzen hat[62]. Daß bei der Wahl zwischen Parlamentsauflösung oder Kanzlerernennung im Falle des Art. 63 IV 3 GG eine Gegenzeichnung entfällt, erklärt sich aus dem Fehlen eines Bundeskanzlers, der sinnvollerweise Verantwortung gegenüber dem Bundestag übernehmen könnte[63]. Entsprechendes gilt im Falle des Art. 69 III GG: Die Vertretungsregelung soll nicht zur Disposition des Ersuchten stehen[64]. Problematisch ist, daß nach Art. 69 III GG der Bundespräsident ohne oder gegen den Willen des Kanzlers einen **Minister vorläufig im Amt belassen** könnte. Daß der Kanzler die Entlassung des ihm aufgezwungenen Ministers betreiben kann[65], befriedigt wenig. Entscheidend ist, daß der Dissens mit der Ernennung eines Nachfolgers nach Art. 64 I GG vermieden oder beendet werden kann[66].

---

[55] *Jekewitz* (Fn. 8), Art. 58 Rn. 3; *Schenke* (Fn. 15), Art. 58 Rn. 90.
[56] Vgl. auch *Schenke* (Fn. 15), Art. 58 Rn. 80.
[57] *Schenke* (Fn. 15), Art. 58 Rn. 81.
[58] *Schenke* (Fn. 15), Art. 58 Rn. 82 ff.
[59] S. auch *Hemmrich* (Fn. 14), Art. 58 Rn. 8.
[60] Vgl. auch *Schenke* (Fn. 15), Art. 58 Rn. 84.
[61] *Biehl*, Gegenzeichnung (Fn. 1), S. 102; *Herzog* (Fn. 22), Art. 58 Rn. 32; *Nierhaus* (Fn. 22), Art. 58 Rn. 10.
[62] *Hemmrich* (Fn. 14), Art. 58 Rn. 11; *Schenke* (Fn. 15), Art. 58 Rn. 25.
[63] *Herzog* (Fn. 22), Art. 58 Rn. 34; *Nierhaus*, Entscheidung (Fn. 1), S. 158; *Schenke* (Fn. 15), Art. 58 Rn. 26. → Art. 63 Rn. 35 ff.
[64] *Biehl*, Gegenzeichnung (Fn. 1), S. 102: Vermeidung von »Selbstgegenzeichnung«; *Hemmrich* (Fn. 14), Art. 58 Rn. 12.
[65] So *Hemmrich* (Fn. 14), Art. 58 Rn. 15; *Servatius*, Gegenzeichnung (Fn. 14), S. 57; kritisch *Nierhaus* (Fn. 22), Art. 58 Rn. 12 (Fn. 21). → Art. 69 Rn. 23.
[66] Mit Hinweis auf die kurze Dauer s. auch *Jekewitz* (Fn. 8), Art. 58 Rn. 8.

2. Ungeschriebene Ausnahmen

Einigkeit besteht darüber, daß der **Ausnahmekatalog** in Art. 58 S. 2 GG **nicht abschließend** ist. Dagegen ist eine einfachgesetzliche Befreiung von der Regel des Art. 58 S. 1 GG ausgeschlossen[67]. Wo der einfache Gesetzgeber dem Bundespräsidenten Kompetenzen ohne ausdrückliche Erwähnung der Gegenzeichnungspflicht einräumt, gilt Art. 58 S. 1 GG unmittelbar[68]. Umgekehrt kann der Gesetzgeber für von Verfassungs wegen gegenzeichnungsfreie Präsidialakte keine Kontrasignaturpflicht begründen.

Die **Gegenzeichnung ist nicht erforderlich**: bei der Anrufung des Bundesverfassungsgerichts im Organstreitverfahren (Art. 93 I Nr. 1 GG, §§ 13 Nr. 5, 63ff. BVerfGG), da es hier um die Geltendmachung eigener Rechte des Bundespräsidenten geht[69]; bei der Einberufung des Bundestages nach Art. 39 III 2 GG, weil sonst das Recht des Bundespräsidenten neben dem parallelen Recht des Bundeskanzlers keinen Eigenwert besäße[70]; bei den Vorschlägen für die Kanzlerwahl nach Art. 63 I GG und den Notstandsbefugnissen nach Art. 115h II 1 GG, da wie in dem nach Art. 58 S. 2 GG freigestellten Fall der Ernennung des Bundeskanzlers die zur Gegenzeichnung legitimierte Person erst bestellt werden soll[71]. Für eine Freistellung auch der Erklärung des Gesetzgebungsnotstands (Art. 81 I GG)[72] und der Erklärung im Verteidigungsfall nach Art. 115a V 1 GG[73] sind dagegen tragfähige Gründe nicht ersichtlich. Das gleiche gilt für die Begnadigung nach Art. 60 II GG[74] und für die Wahrnehmung der Delegationsbefugnis nach Art. 60 III GG[75]. Der Widerruf der Delegation bedarf der Gegenzeichnung dagegen nicht, da mit ihm lediglich der von Verfassungs wegen »normale« Zustand wieder hergestellt wird; das zu hindern, kann die Bundesregierung kein legitimes Interesse haben[76].

Zweifel sind an der Entscheidung des Bundesverfassungsgerichts[77] geäußert worden, nach der auch die **Bundestagsauflösung** nach Art. 68 der Gegenzeichnung unterliegt[78]. Im Blick auf Art. 63 IV 3 GG liegt es nahe anzunehmen, daß in beiden Fällen der vorgeschaltete Antrag des Kanzlers sowohl die Einheitlichkeit der Staatsleitung

---

[67] *Herzog* (Fn. 22), Art. 58 Rn. 36.
[68] Vgl. im Blick auf die Ernennung der Richter zum Bundesverfassungsgericht nach § 10 BVerfGG *Herzog* (Fn. 22), Art. 58 Rn. 41.
[69] *Schenke* (Fn. 15), Art. 58 Rn. 34f. m.w.N.
[70] *Schenke* (Fn. 15), Art. 58 Rn. 33.
[71] Vgl. auch *Schenke* (Fn. 15), Art. 58 Rn. 32ff.; z.T. weitergehend *Nierhaus* (Fn. 22), Art. 58 Rn. 14.
[72] So *B. Börner*, DÖV 1950, 237 (237); *Maurer*, Gegenzeichnung (Fn. 14), S. 708; *Nierhaus* (Fn. 22), Art. 58 Rn. 14, unter Aufgabe seiner früheren Ansicht in *ders.*, Entscheidung (Fn. 1), S. 54; a.A. *Schenke*(Fn. 15), Art. 58 Rn. 40.
[73] *Nierhaus* (Fn. 22), Art. 58 Rn. 14.
[74] So auch *Herzog* (Fn. 22), Art. 58 Rn. 40; *M. Nierhaus*, in: Sachs, GG, Art. 60 Rn. 11; *Schlaich* (Fn. 16), § 49 Rn. 79; a.A. *Bleckmann*, Staatsrecht (Fn. 44), Rn. 1992, und *Hemmrich* (Fn. 14), Art. 58 Rn. 16. → Art. 60 Rn. 27.
[75] *R. Herzog*, in: Maunz/Dürig, GG, Art. 60 (1986), Rn. 39; a.A. *Nierhaus* (Fn. 22), Art. 60 Rn. 16; *Schlaich* (Fn. 16), § 49 Rn. 78.
[76] Wie hier *Schenke* (Fn. 15), Art. 58 Rn. 37; unklar *Hemmrich* (Fn. 14), Art. 60 Rn. 26, nach dem die Delegation freigestellt ist, der die Frage des Widerrufs aber nicht behandelt; für die Anwendbarkeit von Art. 58 S. 1 GG *Schlaich* (Fn. 16), § 49 Rn. 78.
[77] BVerfGE 62, 1 (34f.).
[78] *Hemmrich* (Fn. 14), Art. 58 Rn. 12: »zumindest nicht selbstverständlich«; vgl. auch *Jekewitz* (Fn. 8), Art. 58 Rn. 10: die Gegenzeichnung »hat wenig Sinn«; *Maurer*, Gegenzeichnung (Fn. 14), S. 708; *Nierhaus*, Entscheidung (Fn. 1), S. 51ff.

als auch die parlamentarische Kontrolle gewährleistet. Art. 58 S. 2 GG spricht jedoch ausdrücklich nur von »der Auflösung des Bundestages nach Artikel 63«, so daß ein Umkehrschluß der Analogie vorzuziehen ist[79].

D. Verhältnis zu anderen GG-Bestimmungen

23 Hinsichtlich der **Ausfertigung und Verkündung von Gesetzen** bildet Art. 82 I 1 GG einen Anwendungsfall von Art. 58 S. 1 GG. Im übrigen steht Art. 58 GG neben den anderen Vorschriften des Staatsorganisationsrechts und wird auch durch keine Spezialregelung verdrängt.

---

[79] In diesem Sinne auch *Herzog* (Fn. 22), Art. 58 Rn. 34. → Art. 68 Rn. 25.

Artikel 59 [Völkerrechtliche Vertretung und Verträge]

(1) ¹Der Bundespräsident vertritt den Bund völkerrechtlich. ²Er schließt im Namen des Bundes die Verträge mit auswärtigen Staaten. ³Er beglaubigt und empfängt die Gesandten.

(2) ¹Verträge, welche die politischen Beziehungen des Bundes regeln oder sich auf Gegenstände der Bundesgesetzgebung beziehen, bedürfen der Zustimmung oder der Mitwirkung der jeweils für die Bundesgesetzgebung zuständigen Körperschaften in der Form eines Bundesgesetzes. ²Für Verwaltungsabkommen gelten die Vorschriften über die Bundesverwaltung entsprechend.

Literaturauswahl

Dregger, Meinulf: Die antizipierte Zustimmung des Parlaments zum Abschluß völkerrechtlicher Verträge, die sich auf Gegenstände der Bundesgesetzgebung beziehen, 1989.
Ehrenzeller, Bernhard: Legislative Gewalt und Außenpolitik, 1993.
Fastenrath, Ulrich: Kompetenzverteilung im Bereich der auswärtigen Gewalt, 1986.
Giegerich, Thomas: Verfassungsgerichtliche Kontrolle der auswärtigen Gewalt im europäisch-atlantischen Verfassungsstaat: Vergleichende Bestandsaufnahme mit Ausblick auf die neuen Demokratien in Mittel- und Osteuropa, in: ZaöRV 57 (1997), S. 409–564.
Kokott, Juliane: Kontrolle der auswärtigen Gewalt, in: DVBl. 1996, S. 937–950.
Müller, Michael: Die innerstaatliche Umsetzung von einseitigen Maßnahmen der auswärtigen Gewalt, 1994.
Ress, Georg: Verfassungsrechtliche Auswirkungen der Fortentwicklung völkerrechtlicher Verträge, in: Festschrift für Wolfgang Zeidler, 1987, S. 1175–1197.
Riesenfeld, Stefan A./Abbott, Frederick M. (Hrsg.), Parliamentary Participation in the Making and Operation of Treaties: A Comparative Study, 1994.
Rosengarten, Ulrich: Der Begriff der völkerrechtlichen Verträge im Sinne des Art. 59 Abs. 2 Satz 1, 1. Alt. GG im Lichte moderner Entwicklungen des Völkerrechts, 1994.
Seidel, Dietmar: Der Bundespräsident als Träger der auswärtigen Gewalt, 1972.
Tomuschat, Christian: Der Verfassungsstaat im Geflecht der internationalen Beziehungen, VVDStRL 36 (1978), S. 7–63.
Weiß, Siegfried: Auswärtige Gewalt und Gewaltenteilung, 1971.
Wildhaber, Luzius: Treaty-Making Power and Constitution: An International and Comparative Study, 1971.

Leitentscheidungen des Bundesverfassungsgerichts

BVerfGE 1, 351 (360ff.) – Petersberger Abkommen; 1, 372 (380ff.) – Deutsch-Französisches Wirtschaftsabkommen; 1, 396 (400ff.) – Deutschlandvertrag; 4, 157 (161ff.) – Saarstatut; 36, 1 (13ff.) – Grundlagenvertrag; 40, 141 (156ff.) – Ostverträge; 68, 1 (78ff.) – Atomwaffenstationierung; 72, 200 (240ff.) – Einkommensteuerrecht; 77, 170 (222ff.) – Lagerung chemischer Waffen; 90, 286 (344ff.) – Bundeswehreinsatz.

Gliederung

	Rn.
A. Herkunft, Entstehung, Entwicklung	1
I. Ideen- und verfassungsgeschichtliche Aspekte	1
II. Entstehung und Veränderung der Norm	4
B. Internationale, supranationale und rechtsvergleichende Bezüge	6
I. Internationale Bezüge	6

II. Supranationale Aspekte 8
  III. Rechtsvergleichende Hinweise 11
C. Erläuterungen 14
  I. Allgemeine Bedeutung, insb. »auswärtige Gewalt« 14
  II. Repräsentationsaufgaben des Bundespräsidenten 18
    1. Völkerrechtliche Vertretung des Bundes (Art. 59 I 1 GG) ... 19
    2. Verträge mit auswärtigen Staaten (Art. 59 I 2 GG) 28
    3. Gesandtschaftsrecht (Art. 59 I 3 GG) 26
  III. Gesetzesvorbehalt für besondere Verträge (Art. 59 II 1 GG) . 28
    1. Verträge über die politischen Beziehungen (Art. 59 II 1, 1. Alt. GG) 29
    2. Gegenstände der Bundesgesetzgebung (Art. 59 II 1, 2. Alt. GG) 31
    3. Ausdehnung des Gesetzesvorbehalts? 37
       a) Einseitige Akte 38
       b) Materielle Vertragsänderung 43
       c) Soft Law 45
    4. Zustimmung oder Mitwirkung 47
  IV. Verwaltungsabkommen (Art. 59 II 2 GG) 50
  V. Richterliche Kontrolle der auswärtigen Gewalt 53
D. Verhältnis zu anderen GG-Bestimmungen 56

A. Herkunft, Entstehung, Entwicklung

I. Ideen- und verfassungsgeschichtliche Aspekte

1   Art. 59 GG ordnet in alter, auf die Monarchie zurückgehender Tradition die Vertretung Deutschlands dem Staatsoberhaupt zu und unterwirft nach dem Muster des Konstitutionalismus die Zustimmung zu politischen und solchen Verträgen, die sich auf die Gesetzgebung beziehen, dem Votum der gesetzgebenden Körperschaften. Daß das Staatsoberhaupt **die Einheit des Staates** verkörpert, prägt schon die Staatstheorie der Aufklärung, wobei hier der **Sicherheitsauftrag nach außen** ein weiteres wichtiges Element wird: Montesquieu definierte die Exekutive überhaupt nur als die »vollziehende Gewalt in Ansehung der Angelegenheiten, die vom Völkerrechte abhängen«[1], und unterschied sie von der »vollziehenden Gewalt in Angelegenheiten, die vom bürgerlichen Recht abhängen«, d.h. von der richterlichen Gewalt[2]. Der Exekutive obliegt die Entscheidung über Krieg und Frieden, sie entsendet und empfängt Gesandte, stellt die Sicherheit her und sorgt gegen Invasionen vor[3]. Ähnlich sah auch John Locke schon die »federative power« als Teil der Exekutive, wenn er sie auch von ihr dadurch absetzte, daß sie nicht mit der Ausführung von Gesetzen gegenüber denjenigen befaßt war, die der Gesellschaft angehören, sondern »für die Sicherheit und die Interessen des Volkes nach außen allen denen gegenüber, von denen sie Nutzen oder Schaden erwarten könnte, zu sorgen hat«[4]. Dies blieben über

---

[1] *Montesquieu*, De L'Esprit des Lois (1748), Buch XI, Kap. 6, hier zitiert nach *ders.*, Vom Geist der Gesetze, E. Forsthoff (Übers. und Hrsg.), 2. Aufl. 1992, S. 214.

[2] *Montesquieu*, Vom Geist der Gesetze (Fn. 1), S. 214.

[3] *Montesquieu*, Vom Geist der Gesetze (Fn. 1), S. 215.

[4] *J. Locke*, Two Treatises of Government (1689), Bd. II, Kap. 12 § 146, hier zit. nach *ders.*, Über die Regierung, 1983, S. 112: »Darin liegt deshalb die Gewalt über Krieg und Frieden, über Bündnisse und alle Abmachungen mit allen Personen und Gemeinschaften außerhalb des Staatswesens, und man kann, wenn man will, von einer föderativen Gewalt sprechen«.

Hegel[5] bis heute die wesentlichen Merkmale des von A. Haenel geprägten[6] Begriffs der »**auswärtigen Gewalt**«[7], der heute mit der Auflösung des Innen-/Außenschemas[8] schon im Ansatz fragwürdig geworden ist (→ Art. 32 Rn. 18) und gegenüber den speziellen Kompetenzbestimmungen im Grundgesetz keinen eigenen Erklärungswert besitzt (→ Rn. 15 ff.).

Im späteren **Konstitutionalismus** erfuhr diese Vollmacht der Exekutive eine Einschränkung, soweit nach dem Vorbild des Art. II der US-Verfassung[9] die Kontrollrechte des Parlaments auch auf die *treaty-making power* erstreckt wurden[10]. Vorläufer ist schon Kant mit seinem Votum für die Kompetenz des Volkes zur Entscheidung über Krieg und Frieden als Garantie des Friedens[11]. B. Constant hat auf die Gefahr hingewiesen, die eine unkontrollierte Vertragsgewalt des Königs für die geltende Verfassung mit sich brächte[12]. Wohl erstmalig in der belgischen Verfassung von 1831 wurde mit Art. 68 die Zustimmung beider Kammern zu denjenigen völkerrechtlichen Verträgen gefordert, die für die Bürger Verpflichtungen oder für den Staat Lasten begründen oder zu Gebietsveränderungen verpflichten[13].

2

Die **deutsche Verfassungsentwicklung** folgte diesem Muster. Bruchlos wurde dem Staatsoberhaupt zwar die völkerrechtliche Vertretung zugewiesen: Nach § 75 Satz 1 der Paulskirchenverfassung und Art. 11 I der Reichsverfassung von 1871 war es der Kaiser, nach Art. 45 I WRV der Reichspräsident, nach Art. 59 I GG ist es nunmehr der Bundespräsident. Schon Art. 11 III Reichsverfassung sah für den Abschluß völkerrechtlicher Verträge aber die Beteiligung von Bundesrat und Reichstag vor, wobei es nach der einhelligen Auslegung jedenfalls um die Sicherung der Funktion der Gesetzgebung ging. Strittig blieb, ob zugleich die Vertretungsmacht des Kaisers beschränkt war[14]. Art. 45 III WRV forderte für »Bündnisse und Verträge mit fremden Staaten, die sich auf Gegenstände der Reichsgesetzgebung beziehen«, die Zustimmung des Reichstages[15]. Art. 45 I WRV wies dem Reichspräsidenten die Vertretung des Reiches

3

---

[5] Vgl. *G. W. F. Hegel*, Grundlinien der Philosophie des Rechts (1821), §§ 321, 329; dazu *W. G. Grewe*, Auswärtige Gewalt, in: HStR III, § 77 Rn. 14.

[6] *A. Haenel*, Deutsches Staatsrecht, 1892, Bd. 1, S. 531 (Kap. V: »Die auswärtige Gewalt«). Mit dem Bemühen um die Begründung des besonderen Charakters der auswärtigen Gewalt vgl. zuletzt *T. Giegerich*, ZaöRV 57 (1997), 409 (415 ff.).

[7] Zum Begriff in diesem Sinne heute noch: *R. Geiger*, Grundgesetz und Völkerrecht, 2. Aufl. 1994, S. 117 ff.

[8] S. etwa *Grewe* (Fn. 5), § 77 Rn. 5; *P. Häberle*, KritV 78 (1995), 298 (309).

[9] Vgl. auch schon *A. Hamilton*, in: The Federalist Papers, 1787–1788, Nr. 75: »The power in question seems therefore a distinct department, and to belong properly neither to the legislative nor to the executive«.

[10] Vgl. *Grewe* (Fn. 5), § 77 Rn. 15 ff.

[11] Vgl. *I. Kant*, Über den Gemeinspruch: Das mag in der Theorie richtig sein, taugt aber nicht für die Praxis (1793), in W. Weischedel (Hrsg.), Werkausgabe, Bd. XI (1977), S. 124 ff. (170); ähnl. *ders.*, Zum ewigen Frieden (1795), ebd., S. 195 ff. (205 f.).

[12] *B. Constant*, »De l'esprit de conquête et de l'usurpation«, in: Cours de politique constitutionnelle, Paris 1872, S. 182 ff.; *Grewe* (Fn. 5), § 77 Rn. 15.

[13] Vgl. *Grewe* (Fn. 5), § 77 Rn. 21.

[14] *P. Laband*, Das Staatsrecht des Deutschen Reiches, Bd. 2, 5. Aufl. 1911, S. 144 ff.; *E. Meier*, Über den Abschluß von Staatsverträgen, 1874, S. 108, der zugleich die völkerrechtliche Handlungsbefugnis des Kaisers beschränkt sah.

[15] Vgl. auch ausdrücklich BVerfGE 2, 372 (389) m. w. N.

nach außen zu, die dieser auf Kosten der Richtlinienkompetenz des Reichskanzlers (Art. 56 WRV) auch substantiell wahrnahm[16].

II. Entstehung und Veränderung der Norm

4   Während die Vertretungsbefugnis des Bundespräsidenten schon in Art. 81 HChE vorgesehen war, wurden im Hauptausschuß in Art. 59 I GG die Sätze 2 und 3 hinzugefügt; bezüglich des (ausschließlichen) Gesandschaftsrechts war dies eher im Sinne einer Klarstellung gedacht[17]. Hinsichtlich der Zustimmungspflicht zu Verträgen folgteman der Tendenz zur Parlamentarisierung der Willensbildung im auswärtigen Bereich[18]. Dabei war zunächst von »Staatsverträgen« die Rede (Art. 81 II HChE). Um auch Konkordate des Bundes miteinzubeziehen, wurde in Abs. 2 der Bezug auf Staaten gestrichen[19]. Der Begriff »politische Verträge« sollte deutlich machen, daß so wie in Art. 45 WRV auch Bündnisse erfaßt sind[20]. Auch wurde klargestellt, daß die Zustimmung durch Gesetz Voraussetzung nicht für die Gültigkeit des Vertrages, sondern nur für die Ratifikation sein kann. Einer Transformationswirkung des Gesetzes wurde dabei entgegengehalten, daß im Zeitpunkt der Gesetzgebung ein wirksamer Vertrag noch gar nicht vorliege[21].

5   Art. 59 GG blieb seit dem Inkrafttreten des Grundgesetzes **unverändert**. Freilich hat sich sein Anwendungsbereich mit dem Fortschreiten der europäischen Integration sowohl hinsichtlich der Außenvertretung als auch bezüglich der völkerrechtlichen Verträge verengt (→ Rn. 8 ff.).

B. Internationale, supranationale und rechtsvergleichende Bezüge

I. Internationale Bezüge

6   Art. 59 GG ist die verfassungsrechtliche Entsprechung der vom Völkerrecht vorausgesetzten Vertretungsregeln im Bereich des diplomatischen Verkehrs[22] und des Vertragsrechts[23]. Nach Art. 7 II WVK werden das Staatsoberhaupt, der Regierungschef und der Außenminister als **Vertreter ihres Staates** zur Vornahme aller auf den Vertragsschluß gerichteten Handlungen angesehen. Ein innerstaatlicher Kompetenzmangel oder Verfassungsverstoß kann nach Art. 46 WVK einer vertragsvölkerrechtlichen Bindung nur im Fall der Evidenz entgegengehalten werden[24]. Dabei bleibt das Völker-

---

[16] *Grewe* (Fn. 5), § 77 Rn. 26.
[17] JöR 1 (1951), S. 414.
[18] S. hierzu den Verweis in BVerfGE 68, 1 (85); 90, 286 (357).
[19] JöR 1 (1951), S. 416; s. auch *U. Fastenrath*, Kompetenzverteilung im Bereich der auswärtigen Gewalt, 1986, S. 102 f. Bemerkenswert ist indessen, daß es in Art. 59 I 2 GG bei der Bezugnahme auf die »auswärtigen Staaten« blieb, umgekehrt die Konkordate aber mangels Bundeskompetenz nach BVerfGE 6, 309 (362), nicht unter Art. 59 GG fallen.
[20] JöR 1 (1951), S. 414.
[21] Zur Kontroverse zwischen den Abg. *Hoch* und *Schmidt* JöR 1 (1951), S. 415.
[22] Vgl. das Wiener Übereinkommen über diplomatische Beziehungen v. 18. April 1961 (BGBl. II S. 959).
[23] S. insbes. Art. 7 II des Wiener Übereinkommens über das Recht der Verträge v. 23. Mai 1969 (BGBl. II S. 926).
[24] Vgl. näher *Verdross/Simma*, Universelles Völkerrecht, § 690 f.; *Geiger*, Grundgesetz und Völker-

recht im übrigen neutral zu der Frage, welches Organ für den Staat handelt, in welcher Form die innerstaatliche Willensbildung sich vollzieht[25] und auch wie ein Staat sich zum Verhältnis von völkerrechtlichen Normen und innerstaatlichem Recht stellt (→ Art. 25 Rn. 11).

Gegenüber dem Völkerrecht tritt jeder Staat grundsätzlich als Einheit auf; gleichwohl ist die Vorstellung der **Impermeabilität** und damit die Exklusivität der Repräsentation nach außen heute problematisch, nicht nur im Bundesstaat (→ Art. 32 Rn. 21). Subjekte von Rechten (Menschenrechten) wie auch von Pflichten (internationale Straftaten) sind auch Einzelne in ihrem Verhältnis zu internationalen Organisationen und anderen Staaten[26]. Weltweit operierende Unternehmen und nichtstaatliche internationale Organisationen (NGO's) sind die Anfänge der Bildung einer **globalen »civil society«**, deren wachsender Einfluß auch auf Grund der grenzenlosen Kommunikationsnetze (Internet) neben den staatsübergreifenden Herausforderungen im Bereich Sicherheit, Umwelt und Wirtschaft einerseits und dem steigenden Bedarf an über- oder internationalen Strukturen für die Sicherung von Grund- und Menschenrechten, Rechtsstaat und Demokratie andererseits einen Strukturwandel der internationalen Ordnung in Richtung auf die **Verstärkung konstitutioneller Entwicklungen** provoziert[27]. Der Vertretung nach »außen« und den Bedingungen eines wirksamen Vertragsschlusses in diesem Prozeß kommt eine veränderte Bedeutung zu, die auch in der Auslegung von Art. 59 GG ihren Niederschlag finden muß. 7

II. Supranationale Aspekte

Für die europäische Integration stellt Art. 23 GG eine spezielle Normierung auf (→ Art. 23 Rn. 97). Zu unterscheiden sind die Beziehungen zu den Europäischen Gemeinschaften und zur Europäischen Union. Völkerrechtliche Verträge der **Europäischen Gemeinschaften** binden sowohl die Gemeinschaften als auch die Bundesrepublik Deutschland, Art. 228 VII (300 VII nF.) EGV. Sie bilden einen »integrierenden Bestandteil der Gemeinschaftsrechtsordnung«[28] und können Vorrang vor dem Sekundärrecht genießen[29]. Einzelne Bestimmungen können auch **unmittelbare Wirkung** haben und einzelne subjektive Rechte verleihen, wenn Sinn und Zweck des Vertrages dies zulassen und die vertragliche Norm eine klare und eindeutige Verpflichtung enthält, deren Erfüllung oder Wirkungen nicht vom Erlaß eines weiteren Rechtsaktes abhängen[30]. 8

---

recht (Fn. 7), S. 103f.; *Schweitzer*, Staatsrecht III, Rn. 215ff.; vertiefend: *W. K. Geck*, Die völkerrechtlichen Wirkungen verfassungswidriger Verträge, 1963.

[25] *Verdross/Simma*, Universelles Völkerrecht, § 687.

[26] Vgl. *M. Schröder*, in: W. Graf Vitzthum (Hrsg.), Völkerrecht, 1997, 6. Abschn. Rn. 34ff.; *W. Graf Vitzthum*, ebd., 1. Abschn. Rn. 16 (Anm. 35). → Art. 25 Rn. 28.

[27] In diesem Sinne etwa *C. Tomuschat*, Die internationale Gemeinschaft, AVR 1995, 1 (6ff.); *M. Weller*, The Reality of the Emerging Universal Constitutional Order: Putting the Pieces of the Puzzle together, Cambridge Review of International Affairs 10 (1997), 40ff.; *B. Fassbender*, UN Security Council Reform and the Right of Veto: A Constitutional Perspective, 1998; *ders.*, Columbia Journal of Transnational Law 36 (1998), 529ff. Ausführlich zu den das Konzept nationaler Souveränität auflösenden Entwicklungen im Recht der Abrüstung, der Menschenrechte und des Umweltrechts *S. Oeter*, Inspection in international law, NYIL 1998, i. E. → Art. 25 Rn. 5.

[28] EuGHE 1974, 449 (460) – *Haegemann*.

[29] So unterstellt in EuGHE 1972, 1219 (1227f.) – *International Fruit Company*.

[30] EuGHE 1987, 3719 (3752) – *Demirel*; zur unmittelbaren Wirkung eines Beschlusses des Assoziationsrates im Rahmen des Assoziierungsabkommens der EG mit der Türkei: EuGHE 1990, I-3497

9 Im Bereich der Außenbeziehungen besitzt die Gemeinschaft eine **ausschließliche Kompetenz** nach Art. 113 (Art. 133 nF.) EGV für die Handelspolitik[31]. Das gleiche wird gelten für die Währungspolitik nach Art. 109 (Art. 111 nF.)[32]. Ausdrücklich, freilich nicht als ausschließliche Kompetenzen vorgesehen sind auch die Zuständigkeiten der EG nach Art. 238 (Art. 310 nF.) EGV zum Abschluß von Assoziierungsverträgen sowie die internationale Kooperation der EG in den Bereichen Umweltschutz nach Art. 130r IV (Art. 174 nF.), Forschung nach Art. 130m (Art. 170 nF.), Gesundheit nach Art. 129 (Art. 152 nF.) und Entwicklungspolitik nach Art. 130y (Art. 181 nF.) EGV. Unabhängig davon kann die Gemeinschaft zudem im Bereich ihrer internen Kompetenzen vertragliche Verpflichtungen gegenüber dritten Staaten übernehmen und erfüllen[33]. Diese »**implizite Kompetenz**« schließt ein Handeln der Mitgliedstaaten aus, soweit der betreffende Bereich durch Normen des Gemeinschaftsrechts abschließend geregelt ist[34]. Durch ein paralleles oder eigenständiges Handeln der Mitgliedstaaten soll geltendes Gemeinschaftsrecht, Sekundär- wie Primärrecht, nicht beeinträchtigt oder in seiner Tragweite geändert werden[35]. Ausschließlich ist die Kompetenz der Gemeinschaft auch dann, wenn ein Rechtsakt des Rates für einen bestimmten Bereich die Aushandlung von Abkommen durch ihre Organe ausdrücklich vorsieht[36]. Fällt der Gegenstand eines internationalen Vertrages nicht in die alleinige Kompetenz der Gemeinschaften, werden **gemischte Abkommen** geschlossen. Beispiele hierfür sind Abkommen im Rahmen der ILO sowie das WTO-Abkommen[37]. Gemeinschaftsorgane und Mitgliedstaaten sind hier wegen der »Notwendigkeit einer geschlossenen völkerrechtlichen Vertretung der Gemeinschaft« zur engen **Zusammenarbeit** verpflichtet[38]. Entsprechend sind die Rechte zur Ausübung von Stimmrechten in internationalen Organisationen, deren Mitglieder die Gemeinschaft sowie die Mitgliedstaaten nebeneinander sind, je nach Zuständigkeit verteilt und in enger Zusammenarbeit auszuüben[39].

(3501 ff.) – *Sevince*. Anders im Fall des GATT 1947, für das die Voraussetzungen der unmittelbaren Wirkung nicht gegeben sind: EuGHE 1994, I-4973 (5071 ff.) – *Bananenmarktordnung*: »große Flexibilität«; bestätigt in EuGHE 1995, I-3761 – *Atlanta*. Krit. dazu zuletzt *C. Schmid*, NJW 1998, 190 (192 ff.). S. jetzt aber für Zollvergünstigungen nach dem Kooperationsabkommen zwischen EG und Jugoslawien von 1980 EuGH, Urt. v. 16.6.1998, Rs. C-162/96 – *Racke*, Rn. 30 ff.

[31] EuGHE 1994, 5267 (5395) – *WTO-Gutachten*. Zum hier auch entschiedenen Streit um Inhalt und Grenzen der »Handelspolitik« vgl. *P. Gilsdorf*, EuR 1996, 145 (151 ff.).

[32] S. *P. Gilsdorf*, EuR 1996, 145 (149).

[33] EuGHE 1976, 1279 (1309 ff.) – *Kramer*; EuGHE 1977, 741 (755 f.) – *Stillegungsfonds*.

[34] EuGHE 1971, 263 (275) – *AETR*; EuGHE 1993, I-1061 (1076 f.) – *ILO-Gutachten*; EuGHE 1994, I-5267 (5411, 5416 f.) – *WTO-Gutachten*; EuGHE 1995, I-521 (559 f.) – *OECD-Gutachten*.

[35] EuGHE 1993, I-1061 (1077) – *ILO-Gutachten*; EuGHE 1995, I-521 (559 f.) – *OECD-Gutachten*; s. auch *P. Gilsdorf*, EuR 1996, 145 (147); *C. Tomuschat*, How to handle parallel treaty-making powers of the member states and their territorial subdivisions, in: J.H.J. Bourgeois/J.-L. Dewost/M.-A. Gaiffe (Hrsg.), La Communauté européenne et les accords mixtes, 1997, S. 65 f.

[36] EuGHE 1994, I-5267 (5416) – *WTO-Gutachten*.

[37] Vgl. EuGHE 1993, I-1061 (1078 ff.) – *ILO-Gutachten*; EuGHE 1994, I-5267 (5409, 5411 ff.) – *WTO-Gutachten*, vor allem hinsichtlich der grenzüberschreitenden Dienstleistungen (GATS) und der handelsbezogenen Aspekte des geistigen Eigentums (TRIPs). Die ständige Zunahme der »gemischten« Formel kritisiert mit guten Gründen *P. Gilsdorf*, EuR 1996, 145 (160 ff.).

[38] EuGHE 1993, I-1061 (1083) – *ILO-Gutachten*; EuGHE 1994, I-5267 (5419 ff.); EuGHE 1996, I-1469 (1510) – *FAO-Fischereiübereinkommen*. Krit. mit Hinweis auf die unabsehbaren praktischen Schwierigkeiten *P. Gilsdorf*, EuR 1996, 145 (157 ff.).

[39] EuGHE 1996, I-1469 (1506 ff., 1510) – *FAO-Fischereiübereinkommen*, s. dazu *B. Rudolf*, AJIL 91 (1997), 349 ff., mwN.; vgl. auch *J. Sack*, CMLRev. 1995, 1227 ff., u. *ders.*, Die Europäische Gemein-

Die Gefahr der außenpolitischen Lähmung ist dabei nicht von der Hand zu weisen[40]. **»Parallele« Mitgliedschaften** und gemischte Abkommen sind schon von daher »Angelegenheiten der Europäischen Union« im Sinne des Art. 23 II GG[41], und infolgedessen haben auch Bundestag und Bundesrat ggf. die Mitwirkungsrechte nach Art. 23 III-VI GG. Soweit es dabei um Bereiche nationaler Zuständigkeit geht, greifen die Koordinierungspflichten der GASP ein, und für Beschlüsse über einen gemeinsamen Standpunkt im Rahmen der betreffenden Verhandlungen nach Art. J.2 (Art. 15, 19 I nF.) EUV ergeben sich die allgemeinen Mitwirkungsrechte aus Art. 23 II GG[42].

Entsprechendes gilt für den Bereich der Gemeinsamen Außen- und Sicherheitspolitik und insbesondere für die Beschlüsse der **Europäischen Union** im Rahmen der GASP im übrigen. Wird ein gemeinsamer Standpunkt oder eine gemeinsame Aktion nach Art. J.2 II (Art. 15 nF.) EUV festgelegt, so sind die Mitgliedstaaten hieran gebunden nach Art. J.2 II Unterabs. 2, J.3 Ziff. 4 und J.1 IV (Art. 11 II, 13 II, 14 III, 15 S. 2 nF.) EUV. Grundsätze und allgemeine Leitlinien der GASP werden nach Art. J.8 (Art. 13 nF.) EUV durch den Europäischen Rat bestimmt, der Rat trifft die für die Durchführung nötigen Entscheidungen. Dabei obliegt die **Vertretung der Europäischen Union** nach Art. J.5 I (Art. 18 nF.) EUV dem Ratsvorsitz, der nach den im Vertrag von Amsterdam vorgesehenen Bestimmungen des Art. 24 EUV auch **Verträge** mit Staaten und internationalen Organisationen verhandeln und abschließen soll. Alle Maßnahmen innerhalb der GASP bleiben dabei allerdings **intergouvernementaler Natur**[43]. Verträge, die in ihrem Rahmen geschlossen werden, bedürfen ebenso wie die vom Rat nach Art. 220 (Art. 293 nF.) EGV und für die Bereiche Justiz und Inneres nach Art. K.3 II lit. c (Art. 34 II lit. d nF.) EUV auszuarbeitenden Übereinkommen ggf. der Mitwirkung von Bundestag und Bundesrat nach Art. 59 II GG. Dennoch folgt aus den Beschlüssen des Rats eine beachtliche Bindung des Bundespräsidenten sowie der Vertragsgewalt Deutschlands.

10

III. Rechtsvergleichende Hinweise

Regelmäßig übertragen die Verfassungen der **europäischen Staaten** die völkerrechtliche Vertretung dem Staatsoberhaupt[44]. Unterschiede bestehen hinsichtlich der Mitwirkungsrechte der Parlamente. Alle internationalen Abkommen müssen dem Parla-

11

---

schaft als Mitglied internationaler Organisationen, in: GS Grabitz, 1995, S. 631 ff. (643 ff.), zur Problematik bei der Ausübung der Stimmrechte ebd., S. 655 ff. Zur Bedeutung und Problematik der Mitgliedschaft der EG in internationalen Organisationen s. *I. Pernice*, EuR 1991, 273 ff.

[40] Zutreffend *P. Gilsdorf*, EuR 1996, 145 (158f.); *J. Sack*, CMLRev. 1995, 1228 (1232).
[41] Im Ergebnis ebenso *O. Rojahn*, in: v. Münch/Kunig, GG II, Art. 23 Rn. 56. → Art. 23 Rn. 98.
[42] Dies gilt unbeschadet der Anwendung des Art. 59 II GG für die Ratifikation, vgl. *Tomuschat*, Parallel Treaty-Making (Fn. 35), S. 67 f.
[43] Vgl. BVerfGE 89, 155 (176 f.), wo wegen des Fehlens einer innerstaatlichen Verbindlichkeit zutreffend auch die Möglichkeit von Grundrechtsverletzungen durch Akte der GASP ausgeschlossen wird; dagegen wird eine Kontrolle der Beschlüsse durch das Bundesverfassungsgericht von *T. Giegerich*, ZaöRV 57 (1997), 409 (427), für möglich und erforderlich gehalten, wodurch auch ihre Ausführung durch die nationalen Stellen unterbunden werden könne. Diese Kontrolle ist allerdings vertraglich nicht vorgesehen.
[44] In Staaten, denen ein kollegiales Organ vorsteht, übernimmt dieses die völkerrechtliche Vertretung, z.B. in der Schweiz der Bundesrat (Art. 102 Schweiz. Verf.). Vgl. hierzu und zum nachfolgenden allg. S. Riesenfeld/F. M. Abbott (Hrsg.), Parliamentary Participation in the Making and Operation of Treaties: A Comparative Study, 1994.

ment in Irland und – mit gesetzlich bestimmten Ausnahmen – in den Niederlanden vorgelegt werden[45]. In Dänemark, Italien, Österreich, Schweden, der Schweiz und in Spanien bedürfen wie in Deutschland politische Verträge oder solche von großem Gewicht der parlamentarischen Zustimmung[46]. Ausdrücklich aufgezählt sind schließlich die Sachgebiete, für welche ein Gesetz zum wirksamen Vertragsschluß erforderlich ist, in den Verfassungen Frankreichs[47] und Griechenlands (Art. 37 II).

12 Einem anderen Regelungsansatz folgt die Verfassung der **Vereinigten Staaten**. Nach Art. II Sec. 2 der US-Verfassung hat der Präsident das Recht, mit Zustimmung des Senats völkerrechtliche Verträge (»Treaties«) abzuschließen. Hierzu werden aber nur formelle Staatsverträge gezählt, während sog. »Congressional-Executive Agreements« mit ausdrücklicher legislativer Ermächtigung des Kongresses und »Presidential« oder »Sole Executive Agreements« in alleiniger Kompetenz des Präsidenten, d.h. der Exekutive abgeschlossen werden[48]. Die ersten beiden Typen werden als austauschbar betrachtet[49], der Anwendungsbereich letzterer ist eng und betrifft vorwiegend die Befugnisse des Präsidenten als Befehlshaber der Streitkräfte[50] und als »chief diplomat« des Landes, also Waffenstillstandsverträge und Abkommen über den Austausch von Botschaftern[51].

13 Bemerkenswert zum **innerstaatlichen Rang** völkerrechtlicher Verträge ist die Lage in Frankreich: Art. 55 franz. Verf. gibt ihnen unter Vorbehalt der Gegenseitigkeit höhere Rechtskraft als den Gesetzen[52]. In den USA kommt völkerrechtlichen Verträgen entsprechend der »supremacy clause« in Art. VI US-Verf. der Vorrang vor Gliedstaatenrecht zu; der Kongress kann durch nachfolgendes Gesetz indessen innerstaatlich abweichendes Recht erlassen[53]. Völkerrechtliche Verträge müssen in Einklang mit der Verfassung und der Bill of Rights stehen[54].

---

[45] Art. 29 V irische Verf., Art. 91 niederl. Verf.
[46] Vgl. § 19 I dän. Verf.: Der König handelt, das Folketing muß zustimmen, wenn die Verträge von »größerer Bedeutung« sind; Art. 80 ital. Verf.; Art. 50 österr. Verf.: Genehmigung des Nationalrates für politische sowie gesetzesändernde und -ergänzende Verträge, Zustimmung des Bundesrates für Angelegenheiten des selbständigen Wirkungsbereichs der Länder; Kap. 10, § 2 III schwed. Verf.; Art. 89 IV schweiz. Verfassung, z.T. auch in Verbindung mit einem Referendum; Art. 94 I a) span. Verf.; vgl. allg. auch *L. Wildhaber*, Treaty-Making Power and Constitution: An International and Comparative Study, 1971.
[47] Art. 53 I franz. Verf.; ferner steht dem Präsidenten über Art. 11 franz. Verf. die Möglichkeit zu, eine Volksabstimmung über bestimmte völkerrechtliche Verträge herbeizuführen.
[48] Vgl. im einzelnen: *F.L. Kirgis*, International Agreements and U.S. Law, American Society for International Law – Insight, June 1997, S. 1 ff.; vgl. auch *L. Henkin*, Foreign Affairs and the United States Constitution, 2. Aufl. 1996, S. 35 ff., 215 ff.
[49] Vgl. das *American Law Institute's* Restatement of the law third, Foreign Relations Law of the United States, 1987, § 303. S. auch *Kirgis*, Agreements (Fn. 48), S. 1 f.
[50] Art. II Sec. 2 US-Verf.; vgl. auch die War Powers Resolution 1973, 50 U.S.Code § 1541–48. Näher: *B. Ehrenzeller*, Legislative Gewalt und Außenpolitik, 1993, S. 220 ff.
[51] Vgl. *Kirgis*, Agreements (Fn. 48), S. 2.
[52] Zur gerichtlichen Kontrolle der von der Durchführung völkerrechtlicher Verträge »abgrenzbaren« Maßnahmen der Regierung *J. Auvret-Finck*, Les actes de gouvernement, irréductible peau de chagrin?, RDP 1995, 131 (136).
[53] Vgl. *Kirgis*, Agreements (Fn. 48), S. 2 f.
[54] *Kirgis*, Agreements (Fn. 48), S. 2; s. auch American Law Institute, Restatement of the law third, Foreign Relations Law of the United States, 1987, § 111.

C. Erläuterungen

I. Allgemeine Bedeutung, insb. »auswärtige Gewalt«

Art. 59 GG gehört zu den Bestimmungen des Grundgesetzes über den Bundespräsidenten, doch kommt ihm eine weit darüber hinausgreifende Bedeutung zu. Als formale Kompetenznorm prägt er die spezifische Funktion des Bundespräsidenten als **Staatsoberhaupt** und Repräsentant der staatlichen Einheit – als vom politischen Tagesgeschehen abgehobenes Organ – auch und gerade im internationalen Verkehr (Abs. 1). Nicht die Regierung, sondern der Bundespräsident vertritt den Bund völkerrechtlich und schließt die Verträge[55]. Darin liegt zudem ein Stück funktionaler **Gewaltenteilung** innerhalb der Exekutive. Art. 59 GG gehört ferner zu den Normen, aus denen die Offenheit des Grundgesetzes für völkerrechtliche Bindungen folgt und welche die Zuständigkeiten sowie das Zusammenwirken von **Exekutivgewalt und legislativer Kontrolle** hinsichtlich der auswärtigen Beziehungen festlegen (Abs. 2). Wenn bei allem nur von der Vertretung und von Verträgen **des Bundes** die Rede ist, so geht es doch ersichtlich um das Handeln für die Bundesrepublik Deutschland **als Gesamtheit**[56]. Die Kompetenz der Länder zum Abschluß völkerrechtlicher Verträge nach Art. 32 III GG bleibt davon unberührt[57].

14

Art. 59 GG ist weder Referenznorm noch Teilregelung einer »**auswärtigen Gewalt**«. Dieser Begriff findet sich nicht im Grundgesetz, er ist unklar, unnötig und irreführend (→ Art. 32 Rn. 18 ff.). An ihn knüpft sich die fruchtlose Diskussion um die funktionelle Zuordnung von Organzuständigkeiten nach dem Maßstab der Gewaltenteilung[58]. Dabei wird im Blick auf die Maßstäbe der **Funktionsgerechtigkeit** und **Organadäquanz**[59] die Zuweisung der auswärtigen Gewalt grundsätzlich an die Exekutive angenommen, »kontrolliert« freilich durch Parlament und Verfassungsgericht[60]. Dafür spreche die Notwendigkeit raschen Handelns und flexibler Reaktion auf wechselnde Lagen[61]. Allein die Bundesregierung könne über alle Umstände Bescheid wissen, die einen Vertragsschluß bedingen[62], sie allein sei in der Lage, flexibel und adäquat zu reagieren. Dementsprechend wird Art. 67 GG durch § 1 I GOBReg dahingehend konkretisiert, daß die Richtlinienkompetenz des Kanzlers auch bezüglich der äußeren Politik gilt.

15

---

[55] Unter Betonung des Fehlens materieller Kompetenzen im Unterschied zu Art. 45 WRV vgl. *Grewe* (Fn. 5), § 77 Rn. 40.

[56] Vgl. *O. Rojahn*, in: v. Münch/Kunig, GG II, Art. 59 Rn. 4.

[57] S. auch *Jarass*/Pieroth, GG, Art. 59 Rn. 1; *M. Zuleeg*, in: AK-GG, Art. 59 Rn. 6.

[58] BVerfGE 68, 1 (86) »Auslegung im Lichte des Art. 20 GG«; s. dagegen das Sondervotum *Mahrenholz*, BVerfGE 68, 1 (111), mit dem Hinweis, daß Art. 20 II GG selbst zu den die Gewaltenteilung positiv normierenden Bestimmungen gehöre (112). Krit. auch *J. Kokott*, DVBl. 1996, 937 (939).

[59] Zum Begriff vgl. *H. Klein*, Koalitionsfreiheit im pluralistischen Sozialstaat, 1979, S. 150, in der Sache: BVerfGE 68, 1 (86); bezogen auf die auswärtige Gewalt *Grewe* (Fn. 5), § 77 Rn. 49 f.; kritisch *T. v. Danwitz*, Der Staat 37 (1996), 329 ff.

[60] Zur Problematik: *J. Kokott*, DVBl. 1996, 937 ff.; *K. Hailbronner/R. Wolfrum/L. Wildhaber/T. Öhlinger*, Kontrolle der auswärtigen Gewalt, VVDStRL 56 (1997), S. 7 ff., 38 ff., 67 ff., 81 ff.; vgl. auch *S. Weiß*, Auswärtige Gewalt und Gewaltenteilung, 1971.

[61] Für alle *C. Tomuschat*, in: BK, Art. 24 (Zweitb. 1981/85) Rn. 36.

[62] BVerfGE 55, 349 (365); 68, 1 (87). »Sachgründe« für den besonderen Handlungsspielraum der Inhaber der auswärtigen Gewalt nennt auch *Hailbronner*, Kontrolle (Fn. 60), S. 14.

16 Die Gegenansicht spricht dagegen von einer »gemischten« oder »**kombinierten Gewalt**«[63], um im Blick auf die Effektivierung des Demokratieprinzips die Einbindung der Parlamente in die Verantwortungsgemeinschaft des Staates zu betonen[64]. Beide Ansichten verkennen indessen, daß das Grundgesetz gerade kein System für eine Staatsfunktion »auswärtige Gewalt« annimmt oder auch nur voraussetzt[65], sondern – zumal in Art. 59 GG – eine **differenzierte Aufgabenverteilung** zwischen Bundespräsident und gesetzgebenden Körperschaften vornimmt. Hiervon, nicht von einem abstrakten, dem Grundgesetz übergestülpten Konstrukt, ist bei der Auslegung im konkreten Fall auszugehen[66], ohne daß die Besonderheit der betreffenden Aufgaben in ihrer Abhängigkeit vom Willen auswärtiger Akteure vernachlässigt wird. Auch der Wandel des Völkerrechts (→ Rn. 7) bedarf vor allem im Blick auf die Bedeutung der parlamentarischen Mitwirkung der Berücksichtigung[67].

17 Sowenig wie die Kompetenz der Bundesregierung die Regel darstellt, kann daher mit dem Bundesverfassungsgericht die **Mitentscheidung der Legislative** im Bereich der »auswärtigen Gewalt« als ein Übergreifen[68] in den Bereich der Exekutive, als eine »Ausnahmebefugnis«[69], die in ihrer Zulässigkeit entsprechend eng zu interpretieren sei, verstanden werden. Zu Recht verweigert sich das Bundesverfassungsgericht umgekehrt einem »aus dem Demokratieprinzip abgeleiteten Gewaltenmonismus in Form eines allgemeinen Parlamentsvorbehalts«; Art. 59 II GG ist keine Grundlage für eine »Initiativ-, Gestaltungs- oder Kontrollbefugnis« der gesetzgebenden Körperschaften[70]. Art. 59 GG ist vielmehr Ausdruck dessen, was Gewaltenteilung und Demokratie hinsichtlich auswärtiger Verträge bedeuten soll[71], wobei die allgemeinen Kontrollrechte des Parlaments unberührt bleiben. So sind **parlamentarische Entschließungen**[72] auch im Bereich des Art. 59 II GG unbedenklich[73], umgekehrt aber Änderungsanträge zu Verträgen im Stadium des Ratifikationsverfahrens wegen der schon erfolgten politischen Einigung über den Text unzulässig[74].

---

[63] *E. Menzel*, Die auswärtige Gewalt der Bundesrepublik Deutschland, VVDStRL 12 (1954), S. 217 ff.; *K. Stern*, NWVBl. 1994, 241 (247); zum Begriff der »gemischten Gewalt« s. *H. Baade*, Das Verhältnis von Parlament und Regierung im Bereich der auswärtigen Gewalt, 1962, S. 118 f.; weitere Nachw. bei *J. Kokott*, DVBl. 1996, 937 (938 Fn. 4); zum Meinungsstreit *Grewe* (Fn. 5), § 77 Rn. 41 ff.

[64] S. auch *R. Bernhardt*, Verfassungsrecht und völkerrechtliche Verträge, in: HStR VII, § 174 Rn. 5: »gemischte Gewalt«.

[65] Vgl. *Fastenrath*, Kompetenzverteilung (Fn. 19), S. 56 ff., 79: »Querschnitt durch verschiedene Staatsfunktionen«, Zuordnung »nur von Fall zu Fall«. S. auch *Grewe* (Fn. 5), § 77 Rn. 32.

[66] Ähnl. *Bernhardt* (Fn. 64), § 174 Rn. 5.

[67] In diesem Sinne zu Recht *J. Kokott*, DVBl. 1996, 937 (938 f.), mit dem Hinweis auf zunehmende völkerrechtliche Rechte und Pflichten des Individuums.

[68] BVerfGE 1, 351 (369).

[69] BVerfGE 1, 372 (394); vgl. auch *H. Mosler*, Die auswärtige Gewalt im Verfassungssystem der Bundesrepublik Deutschland, in: FS Bilfinger, 1954, S. 243 ff. (292 ff.).

[70] BVerfGE 68, 1 (86 f.). Krit., mit Blick auf eine teilweise andere Praxis: *Wolfrum*, Kontrolle (Fn. 60), S. 47 ff.

[71] Entsprechend auch die Kritik an BVerfGE 68, 1 (86 ff.), im Sondervotum *Mahrenholz* (ebd., S. 129), mwN., und bei *J. Kokott*, DVBl. 1996, 937 (939).

[72] Vgl. §§ 75 II c, 88 I GOBT; s. auch *Stern*, Staatsrecht II, S. 48: »schlichte« Beschlüsse etwa zu außenpolitischen Aktivitäten.

[73] Vgl. dazu als Instrument parlamentarischer Kontrolle auch *W. Kluth*, Die verfassungsrechtlichen Bindungen im Bereich der auswärtigen Gewalt nach dem Grundgesetz, in: FS Friauf, 1996, S. 197 ff. (208 f., 215). → Rn. 42.

[74] S. § 82 II GOBT; vgl. dazu *Grewe* (Fn. 5), § 77 Rn. 50: Zustimmung nur »en bloc«. Zur Vereinbar-

II. Repräsentationsaufgaben des Bundespräsidenten

Seiner systematischen Stellung entsprechend bestimmt Art. 59 I GG eine der zentralen Aufgaben des Bundespräsidenten. Gemäß völkerrechtlichem Brauch und verfassungsrechtlicher Tradition hat er als Staatsoberhaupt das *ius repraesentationis omni modae*[75], er tut den innerstaatlich gebildeten Willen »nach außen« kund[76], repräsentiert die **Einheit des Staates** auf der internationalen Bühne[77]. Die grundsätzlich ausschließliche[78] Zuständigkeit bezieht sich auf rechtsförmliches wie informales Handeln[79] in völkerrechtlicher Vertretung der Bundesrepublik Deutschland. Sie wird durch das Recht zum Vertragsschluß (Art. 59 I 2 GG) und das Gesandtschaftsrecht (Art. 59 I 3 GG) exemplarisch spezifiziert[80], geht aber weit darüber hinaus.

18

1. Völkerrechtliche Vertretung des Bundes (Art. 59 I 1 GG)

Art. 59 I 1 GG begründet demgemäß die umfassende internationale Repräsentativfunktion des Bundespräsidenten als oberstes Bundesorgan[81]. Aus dem Begriff »**völkerrechtlich**« folgt keine sachliche Einschränkung etwa auf rechtserhebliche Erklärungen[82]. Geregelt wird, wer im internationalen Verkehr offiziell für Deutschland spricht, wobei »rein« politische Erklärungen oft eine größere Rolle spielen als förmliche Akte. Diese Rolle ist auf den Bundespräsidenten konzentriert, um jedenfalls formal die **Einheit der Repräsentation** zu gewährleisten (→ Rn. 14, 18). Dadurch sind außenpolitische Erklärungen des Bundestages keineswegs ausgeschlossen; sie als deutsche Position an den betreffenden Adressaten zu übermitteln ist aber Sache des Bundespräsidenten[83].

19

---

keit mit Art. 38 GG vgl. *J. A. Frowein/M. J. Hahn*, The Participation of Parliament in the Treaty Process in the Federal Republic of Germany, in: Riesenfeld/Abbott, Parliamentary Participation (Fn. 44), S. 61 ff. (65 f., Anm. 54). Auf die Möglichkeit, Anträge zur Änderung des Vertragsgesetzes zu stellen, weist demgegenüber *Wolfrum*, Kontrolle (Fn. 60), S. 48 f., hin, wonach etwa die Erklärung eines bestimmten Vorbehalts bindend verlangt werden kann (→ Rn. 39).

[75] *D. Seidel*, Der Bundespräsident als Träger der auswärtigen Gewalt, 1972, S. 43 ff.
[76] Dies unterstreicht *Stern*, Staatsrecht II, S. 221, 224.
[77] Vgl. auch *Fastenrath*, Kompetenzverteilung (Fn. 19), S. 210: »Repräsentant des Staatsganzen, er verkörpert den Staat in seiner konkreten Totalität«, mwN.; *Bernhardt* (Fn. 66), § 174 Rn. 7. Einschränkend *Stern*, Staatsrecht II, S. 221: Repräsentation im »dekorativen« Sinne.
[78] Vgl. *Jarass/Pieroth*, GG, Art. 59 Rn. 2; *Rojahn* (Fn. 56), Art. 59 Rn. 6; zur Praxis dagegen *Fastenrath*, Kompetenzverteilung (Fn. 19), S. 204 ff., 213 f.
[79] Restriktiver *Jarass/Pieroth*, GG, Art. 59 Rn. 2; *Rojahn* (Fn. 56), Art. 59 Rn. 4, 6: »Zuständigkeit zur Abgabe rechtserheblicher Erklärungen«. S. auch *Fastenrath*, Kompetenzverteilung (Fn. 19), S. 210 f., der die Befugnis funktional auf die Akte begrenzt, die »den Staat insgesamt«, d.h. etwa nicht nur die Regierung (Regierungs- oder Ressortabkommen) verpflichten. Dem steht entgegen, daß es nur ein Rechtssubjekt Bundesrepublik Deutschland gibt.
[80] Ganz hM., vgl. auch *Geiger*, Grundgesetz und Völkerrecht (Fn. 7), S. 128 ff.; *Rojahn* (Fn. 56), Art. 59 Rn. 6; aA. *G.H. Reichel*, Die auswärtige Gewalt nach dem Grundgesetz für die Bundesrepublik Deutschland vom 23. Mai 1949, 1967, S. 61 ff.
[81] Vgl. auch *Zuleeg* (Fn. 57), Art. 59 Rn. 2, 6. Den organschaftlichen Charakter betonen auch *Fastenrath*, Kompetenzverteilung (Fn. 19), S. 203; *T. Maunz*, in: Maunz/Dürig, GG, Art. 59 (1971) Rn. 3.
[82] Vgl. auch *Mosler*, Auswärtige Gewalt (Fn. 69), S. 279 ff.; aA. *Rojahn* (Fn. 56), Art. 59 Rn. 4, 9; *Jarass/Pieroth*, GG, Art. 59 Rn. 2.
[83] Die »absurde Konsequenz«, daß alle außenpolitischen Erklärungen des Bundestages auf den Bundespräsidenten zurückzuführen wären (vgl. *Fastenrath*, Kompetenzverteilung [Fn. 19], S. 203), ist insofern nicht gegeben.

Art. 59   C. Erläuterungen

20 Die umfassende Repräsentationsbefugnis wird auch durch die Beispiele des Art. 59 I 2 und 3 GG nicht eingeschränkt[84]. Daher fallen auch **einseitige Handlungen** unter Art. 59 I 1 GG[85], so etwa die Anerkennung neuer Staaten[86], aber auch Reden im Ausland, Grußbotschaften und der Empfang von Staatsgästen[87]. Daß die außenpolitische »Routinetätigkeit« der Regierung zukäme[88], folgt weder aus Art. 59 I GG noch sonst aus dem Grundgesetz. Nach Sinn und Zweck kann die Vertretungsbefugnis auch nicht auf »Akte von gesamtstaatlicher Bedeutung«[89] beschränkt werden. Die **Repräsentativfunktion** des Bundespräsidenten spricht nicht für[90], sondern wegen der notwendigen Sicherung der Einheit des geäußerten Staatswillens gerade gegen diese Einschränkung. Ausnahmen müssen sich aus dem Grundgesetz ergeben. So ist mit Art. 23/24 GG die Repräsentation im Rat der **Europäischen Union** nach Art. 146 I (203 I nF.) EGV, die im Europäischen Rat nach Art. D II (4 II nF.) EUV als Sache der Regierung legitimiert. Art. 23 II, III und VI GG nimmt dies als selbstverständlich auf. Für die Erklärungen im **Verteidigungsfall** gelten die Sonderregelungen der Art. 115a und 115l GG.

21 Der Bundespräsident kann seine Befugnisse durch Erteilung einer Vollmacht ausdrücklich oder stillschweigend im Einzelfall **delegieren**[91]. Dies entspricht einer praktischen Notwendigkeit und der völkerrechtlichen Übung, nach der ua. die Aushandlung von Verträgen und die Repräsentation in internationalen Gremien (Konferenzen, Organisationen etc.) durch Vertreter der Regierung erfolgt[92]. Völkerrechtlich ist neben dem Staatsoberhaupt immer auch der Regierungschef vertretungsbefugt, zum Abschluß von Verträgen auch der Außenminister; Art. 7 II lit. a WVK nimmt diese Regel auf[93]. Eine Außenvertretung durch die Regierung aber ist ohne Ermächtigung durch den Bundespräsidenten rechtlich nicht zu legitimieren[94], weder im Blick auf Art. 59 II 2 GG[95], noch durch eine generelle, »stillschweigende oder gewohnheitsrechtliche Ermächtigung«[96], noch über eine restriktive Auslegung des Art. 59 I 1 GG

---

[84] S. auch *R. Streinz*, in: Sachs, GG, Art. 59 Rn. 10; weitere Nachw. → Fn. 80.
[85] Unstr., vgl. etwa *Rojahn* (Fn. 56), Art. 59 Rn. 5; *Jarass/Pieroth*, GG, Art. 59 Rn. 4; s. auch *J. Kokott*, Art. 59 Abs. 2 GG und einseitige völkerrechtliche Akte, in: FS Doehring, 1989, S. 503 ff.
[86] Krit. gegenüber der früheren Praxis der Bundesregierung, derartige Erklärungen ohne Ermächtigung durch den Bundespräsidenten abzugeben (ebenso zur Festlandsockel-Proklamation und zur Errichtung von Fischereizonen) zu Recht *Rojahn* (Fn. 56), Art. 59 Rn. 7.
[87] Ebenso *Zuleeg* (Fn. 57), Art. 59 Rn. 7; *Streinz* (Fn. 84), Art. 59 Rn. 13. Diese Zuständigkeit wird bei *Fastenrath*, Kompetenzverteilung (Fn. 19), S. 212, aus der Natur der Sache begründet; ebenso *Rojahn* (Fn. 56), Art. 59 Rn. 10. Die als Begründung angeführte Funktion des Bundespräsidenten als »Repräsentant des Staatsganzen« wird aber gerade durch Art. 59 I 1 GG erst konstituiert.
[88] So *Stern*, Staatsrecht II, S. 225 f.
[89] So aber *Jarass/Pieroth*, GG, Art. 59 Rn. 2; in dieser Richtung auch *Fastenrath*, Kompetenzverteilung (Fn. 19), S. 211.
[90] So *Streinz* (Fn. 84), Art. 59 Rn. 12, im Anschluß an *Fastenrath*, Kompetenzverteilung (Fn. 19), S. 210 f.
[91] Von der Möglichkeit einer »stillschweigend erteilten Vollmacht« geht auch BVerfGE 68, 1 (82), aus; vgl. auch *Rojahn* (Fn. 56), Art. 59 Rn. 7.
[92] Vgl. etwa *Stern*, Staatsrecht II, S. 223 ff.
[93] Vgl. *R. Jennings/A. Watts*, Oppenheim's International Law, 9. Aufl. 1992, § 597; siehe auch StIGH, Series A/B No. 53 (1933), S. 69 f., 71 – *Ostgrönland*.
[94] Zum Meinungsstand in der Literatur vgl. *Fastenrath*, Kompetenzverteilung (Fn. 19), S. 205 ff.; *Streinz* (Fn. 84), Art. 59 Rn. 10; → Rn. 14.
[95] Vgl. etwa *Bernhardt* (Fn. 64), § 174 Rn. 7, für den Abschluß verwaltungstechnischer Abkommen durch Fachminister. Dagegen *Streinz* (Fn. 84), Art. 59 Rn. 10.
[96] Vgl. *Jarass/Pieroth*, GG, Art. 59 Rn. 2, »für weniger bedeutsame Angelegenheiten«. Dagegen zu

(→ Rn. 18). Der Bundespräsident kann zwar, wie sich aus dem Umkehrschluß zu Art. 60 III GG ergibt, seine Befugnis zur Vertretung nicht generell, »der Substanz nach« delegieren, hierzu bedürfte es einer Verfassungsänderung[97]. Doch bleibt seine Repräsentations- und Kontrollfunktion gewahrt, wenn er jeweils eine bestimmte Person zur Führung der Geschäfte ermächtigt, von dieser über den Verlauf informiert wird und ihm das Recht bleibt, diese Ermächtigung jederzeit ohne Gegenzeichnung[98] zurückzunehmen[99]. Auch die Zuständigkeit der Fachminister zum Abschluß von Verwaltungsabkommen (→ Rn. 50f.) bedarf daher einer Ermächtigung durch den Bundespräsidenten[100].

Völkerrechtliche Vertretung betrifft nur die Kundgabe des Willens, nicht jedoch eine Kompetenz zur (Mit-)Entscheidung über die Inhalte der Politik. Der Bundespräsident hat **keine eigene Gestaltungsbefugnis**[101], seine Handlungen unterliegen der Gegenzeichnungspflicht nach Art. 58 GG[102]. Die Richtlinien der Politik bestimmt der Bundeskanzler (Art. 65 S. 1 GG), vorbehaltlich der Ressortzuständigkeiten für die Außenpolitik[103]. Die vorwiegend »**notarielle Funktion**«[104] des Bundespräsidenten berührt indessen nicht seine Bindung an die Verfassung und die Pflicht zur Prüfung der Rechtmäßigkeit der von ihm vorzunehmenden Handlungen[105]; bei evidenten Verfassungsverstößen muß er seine Mitwirkung ablehnen[106]. 22

2. Verträge mit auswärtigen Staaten (Art. 59 I 2 GG)

Art. 59 I 2 GG spezifiziert die in Satz 1 normierte Befugnis. Der Begriff der »Verträge mit auswärtigen Staaten« ist ausdehnend im Sinne **völkerrechtlicher Verträge** zu verstehen, betrifft also Verträge mit allen Völkerrechtssubjekten, vor allem auch mit oder den Beitritt zu[107] internationalen Organisationen[108], nicht jedoch Verträge mit den 23

Recht schon *Fastenrath*, Kompetenzverteilung (Fn. 19), S. 207 f.; *Zuleeg* (Fn. 57), Art. 59 Rn. 13; s. auch *Rojahn* (Fn. 56), Art. 59 Rn. 7.

[97] So zutreffend *Streinz* (Fn. 84), Art. 59 Rn. 11.
[98] Vgl. M. *Nierhaus*, Entscheidung, Präsidialakt und Gegenzeichnung, 1973, S. 171 ff.
[99] Vgl. auch *Zuleeg* (Fn. 57), Art. 59 Rn. 14. Zum Vorbehalt des Selbsteintritts s. schon H. *Triepel*, Völkerrecht und Landesrecht, 1899, S. 53.
[100] P. *Kunig*, Jura 1993, 554 (556); aA. wohl *Bernhardt* (Fn. 64), § 174 Rn. 7.
[101] Einhellige Auffassung, vgl. nur *Stern*, Staatsrecht II, S. 224; *Zuleeg* (Fn. 57), Art. 59 Rn. 12; *Rojahn* (Fn. 56), Art. 59 Rn. 11; *Bernhardt* (Fn. 64), § 174 Rn. 8.
[102] Einschränkend schon *Fastenrath*, Kompetenzverteilung (Fn. 19), S. 213, der für öffentliche Reden und Erklärungen eine Gegenzeichnung für »dysfunktional« hält; vgl. auch → Art. 58 Rn. 9f.
[103] S. auch *Stern*, Staatsrecht II, S. 224; krit. gegenüber der Berufung auf Art. 65 S. 1 GG *Fastenrath*, Kompetenzverteilung (Fn. 19), S. 200 f.; ihm folgend *Streinz* (Fn. 84), Art. 59 Rn. 19, da er nur die Aufgabenteilung innerhalb der Regierung betreffe. Als entscheidend wird zu Recht auf die parlamentarische Verantwortlichkeit abgestellt, die gerade in Art. 65 S. 1 GG für den Kanzler begründet wird. → Art. 65 Rn. 38 ff.
[104] Vgl. *Grewe* (Fn. 5), § 77 Rn. 40, mwN.; *Streinz* (Fn. 84), Art. 59 Rn. 18.
[105] Vgl. *Streinz* (Fn. 84), Art. 59 Rn. 18; *Rojahn* (Fn. 56), Art. 59 Rn. 8; s. auch *Zuleeg* (Fn. 57), Art. 59 Rn. 16: zumindest ein formelles Prüfungsrecht. Allgemein *Stern*, Staatsrecht II, S. 229 ff.; → Art. 82 Rn. 12 ff.
[106] Ebenso *Bernhardt* (Fn. 64), § 174 Rn. 8.
[107] Vgl. auch *Wolfrum*, Kontrolle (Fn. 60), S. 51; *Rojahn* (Fn. 56), Art. 59 Rn. 45: die Beitrittserklärung ist »rechtstechnisch die Annahme eines Vertragsangebots«; ebenso *Fastenrath*, Kompetenzverteilung (Fn. 19), S. 230.
[108] Allgemeine Auffassung, vgl. BVerfGE 2, 347 (374): »Verträge mit Staatenverbindungen oder supranationalen Staatengemeinschaften, soweit sie im Völkerrecht als handlungs- und pflichtfähige

Besatzungsmächten[109], mit dem Heiligen Stuhl[110] oder mit Körperschaften, die dem innerstaatlichen Recht unterstehen[111]. Erfaßt sind nach der Rechtsprechung »alle Übereinkünfte zwischen zwei oder mehr Völkerrechtssubjekten (...), durch welche die zwischen ihnen bestehende Rechtslage verändert werden soll«, gleich welcher Form oder Bezeichnung, einschließlich solcher zur **Änderung bestehender Verträge**[112], unter Umständen »auch Organ- oder sonstige Kollektivakte internationaler Vertragsgemeinschaften (...) Entscheidend ist die durch übereinstimmende Willenerklärung erzielte Einigung zwischen Völkerrechtssubjekten über bestimmte völkerrechtliche Rechtsfolgen«[113]. Verträge nach Art. 59 I 2 GG sind damit sowohl »Staatsverträge« als auch Verwaltungsabkommen iSd. Art. 59 II 2 GG[114], nicht aber privatrechtliche Vereinbarungen[115]. Das Vertragsrecht ist im einzelnen in den Wiener Konventionen von 1969 und 1986 geregelt[116].

24 Dem Bundespräsidenten vorbehalten sind alle auf den **Abschluß des Vertrages** gerichteten Erklärungen, vor allem aber die **Ratifikation**[117]; sie ist die völkerrechtlich verbindliche Erklärung des vertretungsbefugten Organs, den Vertrag als bindend anzusehen (Art. 14 WVK). Art. 59 I 2 GG widerlegt also die Vermutung des Art. 7 II WVK[118]. Führt die Bundesregierung Verhandlungen oder nimmt sie sonstige den Abschluß eines Vertrags betreffende Handlungen vor (Paraphierung, Unterzeichnung), so bedarf sie der Ermächtigung durch den Bundespräsidenten (→ Rn. 21)[119]. Dieser hat zwar § 11 GOBReg. genehmigt, wonach Vertragsverhandlungen der Zustimmung oder, auf dessen Verlangen, auch der Mitwirkung des Auswärtigen Amtes bedürfen; die Genehmigung betrifft aber nur die regierungsinterne Verteilung der Geschäfte und die Möglichkeit von Untervollmachten[120]; sie kann nicht als Generalermächtigung verstanden werden.

Rechtspersönlichkeiten anerkannt sind«; s. auch *Bernhardt* (Fn. 64), § 174 Rn. 7; *Streinz* (Fn. 84), Art. 59 Rn. 14; *Rojahn* (Fn. 56), Art. 59 Rn. 12.

[109] So BVerfGE 1, 351 (370), zum Petersberger Abkommen.

[110] BVerfGE 6, 309 (362).

[111] BVerfGE 2, 247 (274f.).

[112] Nachdrücklich BVerfGE 90, 286 (359, 361): »Auch Übereinkünfte zur Änderung bestehender Verträge gehören dazu«; vgl. auch *Rojahn* (Fn. 56), Art. 59 Rn. 44, mwN.; zur Problematik impliziter oder materieller Vertragsänderungen iSv. BVerfGE 90, 286 (361ff.) → Rn. 43.

[113] So BVerfGE 90, 286 (359).

[114] Anders *Stern*, Staatsrecht II, S. 226, der freilich auch sieht, daß Art. 59 II 2 GG systematisch nur die Abgrenzung der Mitwirkungsrechte nach Art. 59 II 1 GG betrifft; die gegenläufige Praxis kann nicht maßgeblich sein; wie hier: *Schweitzer*, Staatsrecht III, Rn. 139; *Streinz* (Fn. 84), Art. 59 Rn. 10.

[115] Ebenso *Stern*, Staatsrecht II, S. 227; *Rojahn* (Fn. 56), Art. 59 Rn. 12, mwN.

[116] Wiener Übereinkommen über das Recht der Verträge (Fn. 23), dessen Art. 2 I lit. a) indessen Schriftform verlangt; zur internationalen Judikatur vgl. *L. Erades*, Interactions between International and Municipal Law, 1993, S. 52ff.; Wiener Konvention über das Recht der Verträge zwischen Staaten und Internationalen Organisationen oder zwischen Internationalen Organisationen vom 21. März 1986 (BGBl. 1990 II S. 1415); dazu *I. Pernice*, ZaöRV 48 (1988), 229ff.

[117] Vgl. *Streinz* (Fn. 84), Art. 59 Rn. 14; *Rojahn* (Fn. 56), Art. 59 Rn. 12; im umfassenden Sinne auch schon *Maunz* (Fn. 81), Art. 59 Rn. 6.

[118] Ebenso *Schweitzer*, Staatsrecht III, Rn. 138.

[119] Dem widerspricht auch nicht BVerfGE 90, 286 (358), wonach »die Bundesregierung ... in eigener Kompetenz die Vertragsverhandlungen« führt, denn diese Aussage betrifft nur ihr Verhältnis zum Gesetzgeber.

[120] Vgl. auch *Rojahn* (Fn. 56), Art. 59 Rn. 13.

Die **Prüfungskompetenz** des Bundespräsidenten (→ Rn. 22) ist bei der Ratifikation 25
von Verträgen von besonderer Bedeutung. Bei Vorliegen der Voraussetzungen des
Art. 59 II 1 GG darf er sie erst vornehmen, wenn das betreffende **Vertragsgesetz** vorliegt[121] und ggf. ein Verfahren vor dem Bundesverfassungsgericht über seine Gültigkeit abgeschlossen ist[122]. Die Bevollmächtigung zur Verhandlung bzw. zum Vertragsschluß bedarf ebenso wie der Ratifikationsakt der **Gegenzeichnung** nach Art. 58 GG.

3. Gesandtschaftsrecht (Art. 59 I 3 GG)

Gesandte sind grundsätzlich alle diplomatischen Vertreter[123] (Botschafter, Gesandte, 26
Ständige Vertreter[124]). Durch die **Beglaubigung** werden sie förmlich mit der Befugnis
ausgestattet, im Empfangsstaat oder bei einer internationalen Organisation für
Deutschland aufzutreten[125]. **Empfang** ist der Ausdruck für die **Akkreditierung** fremder Diplomaten, dh. für die (feierliche) Entgegennahme ihres Beglaubigungsschreibens. Dazu gehört die vorherige Erklärung, daß die betreffende Person genehm ist,
das **Agrément** (Art. 4 WÜD)[126].

Das Recht zur Beglaubigung und zum Empfang der fremden Vertreter ist **dem Bun-** 27
despräsidenten vorbehalten. Daß die Länder weder das aktive noch das passive Gesandtschaftsrecht haben, folgt aus Art. 32 GG[127]. In der Praxis und nach Art. 14 I
WÜD werden niedrigere diplomatische Vertreter, die Geschäftsträger, vom Auswärtigen Amt beglaubigt; Voraussetzung dafür ist wegen Art. 59 I 3 GG die **Ermächtigung**
durch den Bundespräsidenten[128].

III. Gesetzesvorbehalt für besondere Verträge (Art. 59 II 1 GG)

Verträge über die politischen Beziehungen und solche, die sich auf die Gesetzgebung 28
beziehen, unterliegen nach Art. 59 II 1 GG einem **Gesetzesvorbehalt**. Die hierin festgelegte Mitwirkung und Kontrolle des Parlaments sowie ggf. – durch den Bundesrat –
der Länder hinsichtlich besonders bedeutsamer völkerrechtlicher Bindungen des Gesamtstaats hat »den Sinn, langfristige oder gar grundsätzlich unauflösliche Bindungen
völkerrechtlicher Art nicht ohne Zustimmung des Bundestages eintreten zu lassen«[129]. Sie ist grundsätzlich auf **Verträge** (→ Rn. 23) beschränkt; materielle Vertrags-

---

[121] Vgl. BVerfGE 1, 396 (410f.).
[122] BVerfGE 36, 1 (15).
[123] Vgl. schon JöR 1 (1951), S. 414.
[124] Vgl. die Klassifizierung in Art. 14 des Wiener Übereinkommens über diplomatische Beziehungen (WÜD) vom 18. 4. 1961, BGBl. II S. 959. Der Ausdruck »Ständiger Vertreter« wurde für die DDR benutzt (vgl. Art. 8 des Grundlagenvertrags, BGBl. 1973 II S. 423) und gilt heute für die »Ständigen Vertreter« der Mitgliedstaaten bei Internationalen Organisationen und bei der EG, die ua. als »Ausschuß der Ständigen Vertreter« (AStV) die Sitzungen des Ministerrats vorbereiten.
[125] S. auch *Zuleeg* (Fn. 57), Art. 59 Rn. 19; *Schweitzer*, Staatsrecht III, Rn. 746 mit Beispiel.
[126] Vgl. auch Art. 11 des Wiener Übereinkommens über konsularische Beziehungen (WÜK) vom 24. 4. 1963, BGBl. 1969 II S. 1585, wo statt Beglaubigung von »Bestallung« die Rede ist, statt der Akkreditierung heißt es »Exequatur« (Art. 12 WÜK).
[127] Für die Länderbüros und -vertretungen in Brüssel, die nicht diplomatische Vertretungen sind, vgl. § 8 EUZBLG.
[128] Ebenso *Zuleeg* (Fn. 57), Art. 59 Rn. 18; *Schweitzer*, Staatsrecht III, Rn. 748: »stillschweigende Beauftragung«.
[129] Vgl. BVerfGE 68, 1 (88).

Art. 59 C. Erläuterungen

wandlungen oder -anpassungen, einseitige Akte, bindende Beschlüsse im Rahmen internationaler Regime und Organisationen, die Mitwirkung an der Bildung von »soft law« und des Gewohnheitsrechts sind vom Wortlaut her nicht erfaßt[130]. Im Blick auf den Wandel im Völkerrecht (→ Rn. 7) stellt sich indessen die Frage einer ausdehnenden Anwendung des Art. 59 II 1 GG, die der historischen »Tendenz der verstärkten Parlamentarisierung der Willensbildung im auswärtigen Bereich«[131] entspricht.

1. Verträge über die politischen Beziehungen (Art. 59 II 1, 1. Alt. GG)

29 Dem Gesetzesvorbehalt des Art. 59 II 1 GG unterliegen völkerrechtliche Verträge (→ Rn. 23), die die **politischen Beziehungen** des Bundes regeln. Erforderlich ist dafür, daß der Vertrag nicht nur allgemein das Gemeinwohl oder die Staatsgeschäfte betrifft, sondern daß »wesentlich und unmittelbar«, nach Ziel und Zweck »die Existenz des Staates, seine territoriale Integrität, seine Unabhängigkeit, seine Stellung und sein maßgebliches Gewicht in der Staatengemeinschaft durch den Vertrag selbst berührt werden«[132]. Unter diesen Begriff fallen machtpolitische Verträge wie Bündnisse, Garantiepakte, Abkommen über die politische Zusammenarbeit, Friedens-, Nichtangriffs-, Neutralitäts- und Abrüstungsverträge, Schiedsverträge und ähnliche Verträge[133]. Handels-, Freundschafts- und Schiffahrtsabkommen fallen idR. nicht darunter, wenn nicht die an sich unpolitischen »Markt«-Beziehungen zu politischen »**Macht**«-**Beziehungen** werden[134].

30 Als »hochpolitische« Verträge wurden u.a. die Ost-Verträge bezeichnet[135], ebenso sind der Grundlagen-Vertrag und der Zwei-plus-vier-Vertrag Beispiele für politische Verträge[136]. Dasselbe gilt für einen Vertrag über den Beitritt Deutschlands zu einem Verteidigungsbündnis. Dabei tritt der Gesetzesvorbehalt des Art. 59 II 1 GG neben Art. 24 GG, aus dem sich die grundsätzliche Legitimation hierzu ergibt (→ Art. 24 Rn. 53, 69). Sonderregelungen unterliegen auch die Entwicklung der Europäischen Union (→ Art. 23 Rn. 122) und sonst die Übertragung von Hoheitsgewalt durch den Bund nach Art. 24 I GG (→ Art. 24 Rn. 28, 69).

2. Gegenstände der Bundesgesetzgebung (Art. 59 II 1, 2. Alt. GG)

31 Einem Gesetzesvorbehalt unterwirft Art. 59 II 1 GG auch Verträge mit Bezug auf Gegenstände der Bundes**gesetzgebung**. Systematisch wird damit die Mitwirkung bei völ-

---

[130] Tendenziell ausdehnend hinsichtlich der Beschlüsse »internationaler Vertragsgemeinschaften« BVerfGE 90, 286 (359), »wenn sie mit entsprechendem Willen vorgenommen werden«.

[131] Vgl. BVerfGE 68, 1 (85); 90, 286 (357). S. auch *Wolfrum*, Kontrolle (Fn. 60), S. 47 ff., 62 f.: »Parlamentarisierung der auswärtigen Gewalt«. → Rn. 2.

[132] BVerfGE 1, 372 (381 f.), mwN.; vgl. auch BVerfGE 90, 286 (359).

[133] Vgl. die Aufzählung in BVerfGE 1, 372 (380).

[134] BVerfGE 1, 372 (383), zum Deutsch-Französischen Wirtschaftsabkommen v. 14. 2. 1950. Zum Fall der Wende zu politisch freundschaftlichen Beziehungen ebenso *Bernhardt* (Fn. 64), § 174 Rn. 13. Die Frage blieb »dahingestellt« in BVerfGE 1, 351 (370), zum Petersberger Abkommen.

[135] BVerfGE 40, 141 (164); wo darauf abgestellt wird, daß die Verträge »einem neuen außenpolitischen Konzept die Bahn bereiten«; krit. *Fastenrath*, Kompetenzverteilung (Fn. 19), S. 219.

[136] BVerfGE 36, 1 (13 ff., 20 ff.); zum Zwei-plus-vier-Vertrag vgl. die Nachw. bei *Rojahn* (Fn. 56), Art. 59 Rn. 22; s. auch *M. Schweitzer*, Die Verträge Deutschlands mit den Siegermächten, in: HStR VIII, § 190 Rn. 20 ff.

III. Gesetzesvorbehalt für besondere Verträge (Art. 59 II 1 GG) **Art. 59**

kerrechtlichen Verträgen den **innerstaatlichen Funktionen gemäß** geregelt[137]: Wofür innerstaatlich Gesetze erforderlich sind und insbesondere der Gesetzesvorbehalt gilt, sollen auch völkerrechtliche Verträge nicht ohne Gesetz geschlossen werden[138]. Was innerstaatlich Sache der Verwaltung ist, kann dagegen in Form von **Verwaltungsabkommen** entsprechend den Vorschriften über die Bundesverwaltung vereinbart werden (→ Rn. 50f.). Zweck der Regelung ist neben der Sicherung der Vertragserfüllung[139] auch die Wahrung der gesetzgeberischen Entschließungsfreiheit[140].

Was zu den **Gegenständen der Bundesgesetzgebung** gehört, folgt danach nicht aus dem Zuständigkeitskatalog der Art. 73 ff. GG, da Art. 59 GG nur die Funktionenzuordnung für den Bund regelt, nicht aber die Abgrenzung zu den Gegenständen der Landesgesetzgebung[141]. Entscheidend ist vielmehr nach der Rechtsprechung, »ob im konkreten Fall ein Vollzugsakt unter Mitwirkung der gesetzgebenden Körperschaften erforderlich ist«[142]. Dies ist insbesondere dann der Fall, wenn die betreffende Materie bereits durch Gesetz geregelt ist oder nach allgemeinen Grundsätzen der **Gesetzesvorbehalt** (→ Art. 20 [Rechtsstaat] Rn. 95 ff.) eingreift[143]. Betroffen sind insofern »self-executing«-Verträge, die unmittelbar Rechte oder Pflichten des Bürgers begründen oder ändern, wie auch Verträge, die den Gesetzgeber zu Eingriffen in Grundrechte verpflichten[144]. Die Besonderheiten auswärtiger Beziehungen können eine Relativierung dieses Maßstabs nicht rechtfertigen (→ Art. 32 Rn. 18), der Flexibilität bedarf es bei der Vertragsverhandlung und -gestaltung, nicht bei den rechtlichen Voraussetzungen für Eingriffe in die Rechte des Bürgers[145].

32

An der Notwendigkeit eines Vertragsgesetzes fehlt es ua., wenn etwa aufgrund einer bestehenden Ermächtigung zur Durchführung eine **Rechtsverordnung** genügt[146], selbst wenn diese der Mitwirkung des Bundestages oder des Bundesrates bedarf[147],

33

---

[137] Ohne Hinweis auf diese innere Logik BVerfGE 1, 372 (390): »Zuständigkeitsverteilung zwischen Legislative und Exekutive«; ebenso die hM., vgl. etwa *Rojahn* (Fn. 56), Art. 59 Rn. 23; *Fastenrath*, Kompetenzverteilung (Fn. 19), S. 219 f.; *Streinz* (Fn. 84), Art. 59 Rn. 31.

[138] Vgl. auch BVerfGE 4, 276 (250): »Es ist ein Satz gemeindeutschen Verfassungsrechts, daß die Regierung zum Abschluß von Verträgen, die sich auf Gegenstände der Gesetzgebung beziehen, die Zustimmung des Parlaments bedarf«; krit. zur Bezugnahme auf »gemeindeutsche« Traditionen *A. Blankenagel*, Tradition und Verfassung, 1987, S. 122, 130.

[139] So insbes. BVerfGE 1, 372 (390).

[140] Vgl. *Fastenrath*, Kompetenzverteilung (Fn. 19), S. 220, mwN.

[141] S. dazu Art. 32 GG. Vgl. auch BVerfGE 1, 372 (388 ff.); *Streinz* (Fn. 84), Art. 59 Rn. 31.

[142] BVerfGE 1, 372 (388).

[143] Unstr., vgl. etwa BVerfGE 90, 286 (364); *Rojahn* (Fn. 56), Art. 59 Rn. 25; *Bernhardt* (Fn. 64), § 174 Rn. 14; *Streinz* (Fn. 84), Art. 59 Rn. 32.

[144] Vgl. die Nachweise in → Fn. 143. Eine weitergehende Grenze auch der Übernahme von »self-executing«-Normen aus Verträgen nach Art. 59 II GG für einen »Kernbereich, in dem der Einfluß des Parlaments und Ländervertretung auf den Gesetzesinhalt gewahrt bleibt«, diskutiert *K. Vogel*, Gesetzesvorbehalt, Parlamentsvorbehalt und völkerrechtliche Verträge, in: FS Lerche, 1993, S. 95 ff. (102 ff.).

[145] Ähnl. wohl *J. Kokott*, DVBl. 1996, 937 (938), mit Verweis auf die Errichtung internationaler Strafgerichte. Allgemeiner: *I. Pernice*, Diskussionsbeitrag, in: VVDStRL 56 (1997), S. 117 (118); vgl. auch *Ehrenzeller*, Legislative Gewalt (Fn. 50), S. 199, für den (nur) die »Initiativfunktion ... der wirkliche staatsleitende ›Kernbereich exekutivischer Eigenverantwortung‹« der Regierung ist.

[146] Vgl. zu dieser Konstellation *Fastenrath*, Kompetenzverteilung (Fn. 19), S. 220 f., mwN.; s. auch *Jarass*/Pieroth, GG, Art. 59 Rn. 12.

[147] S. aber BVerfGE 1, 372 (390), vgl. krit. dazu *Rojahn* (Fn. 56), Art. 59 Rn. 24; anders indessen dasselbe Urteil, ebd., S. 389: »wenn zur Vollziehung des Vertrags ein Bundesgesetz erforderlich wird«; dazu *Fastenrath*, Kompetenzverteilung (Fn. 19), S. 222.

denn nach Sinn und Zweck wird die förmliche Gesetzgebung als einheitliche Funktion geschützt, nicht das eine oder andere Organ[148]. Auch würden sonst völkerrechtliche Verträge strengeren internen Voraussetzungen unterworfen als eine entsprechende innerstaatliche Regelung[149].

34 Verträge, die sich auf Gegenstände der **Landesgesetzgebung** beziehen, sind nicht Gegenstand des Art. 59 II GG. Soweit sie durch den Bund geschlossen werden (→ Art. 32 Rn. 42 f.), kann ein Vertragsgesetz des Bundes seine Funktion nicht erfüllen, dh. weder die Ermächtigung (durch die Länder) zur Ratifikation noch innerstaatlich den Rechtsanwendungsbefehl geben[150]. Für die Durchführung sind nach Art. 70 ff. GG die Länder verantwortlich.

35 Der Gesetzesvorbehalt besteht auch für **Parallelabkommen**, d.h. Verträge, deren Inhalt bereits mit innerstaatlichem Recht übereinstimmt[151]. Das Bundesverfassungsgericht spricht sich dazu nicht explizit aus[152]. Es kann zwar durchaus vorkommen, daß die innerstaatliche Gesetzeslage den Bestimmungen des Vertrags vollauf genügt[153]; doch geht es in Art. 59 II 1 GG gerade darum, eine völkerrechtliche Bindung des Gesetzgebers für die Zukunft an dessen Zustimmung zu knüpfen[154]. In der Praxis wird sie daher regelmäßig eingeholt[155].

36 Für **finanzwirksame Verträge** kann sich die Notwendigkeit eines Vertragsgesetzes nach Art. 59 II 1 GG zumindest aus Art. 110 I 1 GG ergeben, wenn die vereinbarten Ausgaben nicht im Rahmen bestehender Haushaltstitel bzw. Verpflichtungsermächtigungen bleiben[156]. Insbesondere vertragliche Vereinbarungen über die (laufende) Zuweisung von Finanzhilfen an andere Länder oder an internationale Fonds[157] bedürfen daher der Zustimmung durch Gesetz.

---

[148] Ganz hM., vgl. *Rojahn* (Fn. 56), Art. 59 Rn. 24, mit Verweis auf die »Gegenüberstellung von Gesetzgebung und Verwaltung«, mwN.

[149] In diesem Sinne zutreffend *Zuleeg* (Fn. 57), Art. 59 Rn. 33.

[150] Vgl. auch *Fastenrath*, Kompetenzverteilung (Fn. 19), S. 222.

[151] Ebenso *Rojahn* (Fn. 56), Art. 59 Rn. 43, mwN.; *Fastenrath*, Kompetenzverteilung (Fn. 19), S. 221 ff.; *Zuleeg* (Fn. 57), Art. 59 Rn. 33; *Wolfrum*, Kontrolle (Fn. 60), S. 46.

[152] Vgl. BVerfGE 1, 372 (388 f.); für *Maunz* (Fn. 81), Art. 59 Rn. 44, folgt aus diesem Urteil die Zustimmungspflicht, und er schließt sich der Meinung im Blick auf die nötige restriktive Auslegung und die Vorläufer des Art. 59 II GG an. S. auch G. *Boehmer*, Der völkerrechtliche Vertrag im deutschen Recht, 1965, S. 6 ff.; H. *Meyer-Lindenberg*, Zum Begriff der Verträge, die sich auf Gegenstände der Bundesgesetzgebung beziehen, in: FS Jahrreiß, 1964, S. 269 ff. (277 ff.).

[153] Dies kann etwa bei völkerrechtlich vereinbarten Umweltstandards der Fall sein. Anders *Fastenrath*, Kompetenzverteilung (Fn. 19), S. 222 f.

[154] S. auch *Rojahn* (Fn. 56), Art. 59 Rn. 43; krit. *Fastenrath*, Kompetenzverteilung (Fn. 19), S. 222.

[155] H.D. *Treviranus*, NJW 1983, 1948 (1951).

[156] *Fastenrath*, Kompetenzverteilung (Fn. 19), S. 224 ff., mit den aus dem Haushaltsrecht sich ergebenden Ausnahmen, etwa für Ausgaben im Rahmen laufender Geschäfte (§§ 22 IV HGrG, 38 IV BHO); für den Fall, daß aus materiellen Gründen ohnehin ein Vertragsgesetz ergeht, s. § 38 V BHO. Allgemeiner: *Wolfrum*, Kontrolle (Fn. 60), S. 46.

[157] Mit Verweis auf die Milliardenhilfe beim sowjetischen Truppenabzug vgl. *Bernhardt* (Fn. 64), § 174 Rn. 15; s. auch den auf der Londoner Vertragsstaatenkonferenz beschlossenen Finanzierungsmechanismus nach Art. 10 des Montrealer Protokolls über Stoffe, die zu einem Abbau der Ozonschicht führen (BGBl. II 1988 S. 1014).

3. Ausdehnung des Gesetzesvorbehalts

Entsprechend seiner restriktiven Auslegung des Art. 59 II 1 GG (→ Rn. 28 ff.) zieht das Bundesverfassungsgericht »eine analoge oder erweiternde Anwendung dieser Vorschrift nicht in Betracht«[158]. Nicht erfaßt werden »alle nichtvertraglichen Akte der Bundesregierung gegenüber fremden Völkerrechtssubjekten, auch soweit sie politische Beziehungen regeln«. Dabei ist die Regierung auch in der Formenwahl frei. Wenn ein Handeln die politischen Beziehungen oder Gegenstände der Bundesgesetzgebung betrifft, kann, aber muß nicht die Form des Vertrages gewählt werden[159]. Diese Rechtsprechung ist umstritten im Blick auf den Wandel des Völkerrechts (→ Rn. 7) insbesondere bei einseitigen Akten (→ Rn. 38 ff.), bei materiellen Vertragsänderungen (→ Rn. 43 f.) sowie angesichts der zunehmenden Bedeutung des »soft law« (→ Rn. 45 ff.).   37

a) Einseitige Akte

Einseitige völkerrechtliche Akte sind hinsichtlich ihrer politischen oder rechtlichen Tragweite oft nicht weniger bedeutend als Verträge iSd. Art. 59 II GG. Weitgehend unbestritten ist, daß die selbständigen Erklärungen[160], etwa die **Anerkennung** von Staaten, der Abbruch diplomatischer Beziehungen, die Notifikation, die Erklärungen zur Reichweite des Festlandsockels, Proteste etc. nicht unter Art. 59 II 1 GG fallen[161]. Dabei werden einseitige Versprechen, die etwa über den Vertrauensgrundsatz rechtlich bindende Wirkungen haben können, vereinzelt einem Vertrag gleichgestellt und ggf. wegen ihrer finanziellen Wirkung Art. 59 II 1 GG unterworfen[162]. Soweit ein rechtlicher Bindungswille gegeben und die andere Seite einverstanden ist, bedarf es der Analogie freilich nicht, ansonsten ist für Art. 59 II GG kein Raum.   38

Anders zu behandeln könnten indessen die **»unselbständigen«** Erklärungen sein, die im Rahmen vertraglicher Abmachungen oder unmittelbar in bezug darauf abgegeben werden[163]. Durch den **Vorbehalt** wird der verpflichtende Vertragsinhalt geändert (vgl. Art. 19–21 WVK). Sinnvollerweise wird er zugleich mit dem Vertrag zum Gegenstand, ja zur Bedingung der Zustimmung gemacht[164], das Vertragsgesetz kann auch umgekehrt die Pflicht zum Verzicht auf Vorbehalte ausdrücklich vorsehen[165]. Inwie-   39

---

[158] BVerfGE 68, 1 (86); 90, 286 (358).
[159] BVerfGE 90, 286 (358, 360); zustimmend: *Rojahn* (Fn. 56), Art. 59 Rn. 49, mwN.; differenzierend *B.-O. Bryde*, Jura 1986, 363 (365 ff.); *Wolfrum*, Kontrolle (Fn. 60), S. 60.
[160] Zur Terminologie: *W. Fiedler*, Unilateral acts in international law, in: EPIL 7 (1984), S. 517 ff.; *Verdross/Simma*, Universelles Völkerrecht, § 664.
[161] Vgl. etwa *Rojahn* (Fn. 56), Art. 59 Rn. 4; *A. Bleckmann*, Grundgesetz und Völkerrecht, 1975, S. 225 ff.; *Fastenrath*, Kompetenzverteilung (Fn. 19), S. 241 f.; aA. *Streinz* (Fn. 84), Art. 59 Rn. 43, der Art. 59 II 1 GG auf »alle einseitigen Rechtsakte« erstreckt, »die völkerrechtliche Bindungen erzeugen«; s. auch *Kokott*, Einseitige Akte (Fn. 85), S. 519 ff.
[162] So *Fastenrath*, Kompetenzverteilung (Fn. 19), S. 242.
[163] Als »Lücke in der Gewaltenteilung« bezeichnet von *Maunz* (Fn. 81), Art. 59 Rn. 17.
[164] So wohl die Praxis, vgl. etwa *Zuleeg* (Fn. 57), Art. 59 Rn. 44, mit Verweis auf *H.D. Treviranus*, DÖV 1976, 325 (326); *Schweitzer*, Staatsrecht III, Rn. 208 f., nach dem man so das Problem »zu umgehen« suchte. S. auch *Fastenrath*, Kompetenzverteilung (Fn. 19), S. 234; *H.D. Jarass*, DÖV 1975, 117 (123); zu den in der Praxis entwickelten »Leitsätzen zur Erklärung von Vorbehalten in völkerrechtlichen Verträgen« vgl. *W. Weissauer*, Völkerrechtliche Verträge – Zusammenwirken von Bund und Ländern, in: FS Bengl, 1984, S. 149 ff. (165 f.).
[165] S. dazu *Geiger*, Grundgesetz und Völkerrecht (Fn. 7), S. 133 f.; *Fastenrath*, Kompetenzverteilung (Fn. 19), S. 235; *Rojahn* (Fn. 56), Art. 59 Rn. 40.

weit dies bindend sein kann und ob ohne eine solche Klausel ein Vorbehalt ohne Zustimmung später erklärt werden kann, ist nicht klar[166]. Für die Bindung bzw. Zustimmungspflicht spricht, daß der spätere Vorbehalt die für Deutschland geltende Regelung, dh. den Gegenstand der Zustimmung inhaltlich ändert. Das könnte im Widerspruch zur »gesamthänderischen« Zuständigkeit von Regierung und Legislative in diesem Bereich stehen[167]. Die Anbringung von Vorbehalten zu Gesetzgebungsverträgen sei »funktional eine Form der Gesetzgebung«[168]. Generell wird die Notwendigkeit einer Kompensation der Legislative für den durch die Internationalisierung der Gesetzgebung erlittenen »Machtverlust« ins Feld geführt[169]. Schließlich bestehe die Gefahr einer Umgehung des Art. 59 II 1 GG, wenn der seine Anwendung begründende Vertragsinhalt erst durch den Vorbehalt eingeführt wird[170]. Ein Vorbehalt, mit dem eine im Vertrag nicht vereinbarte Pflicht oder Regelung erst herbeigeführt wird, ist indessen schwer denkbar[171]. Entscheidend ist, ob das Vertragsgesetz nach dem Zweck des Art. 59 II 1 GG – Ermächtigung zur Ratifikation, Schutz der Legislative vor Fremdbestimmung und Erteilung des Rechtsanwendungsbefehls – durch den späteren Vorbehalt ausgehöhlt oder beeinträchtigt wird. Daran fehlt es regelmäßig, weil und soweit der Vorbehalt von bestimmten vertraglichen Pflichten befreit und damit zu einem *minus* an innerstaatlicher Vollzugslast führt[172]. Nur wo der Vorbehalt etwa durch den Vertrag sonst begründete individuelle Rechte oder ihren Schutz durch internationale Verfahren beseitigt, würde der im Vertragsgesetz begründete positive Wille der Legislative beeinträchtigt[173]. Auch insoweit ist weder das Vertragsgesetz noch der Vorbehalt funktional als Gesetzgebung zu betrachten, denn die fragliche Norm ist und bleibt eine solche des Völkerrechts. Wenn das Vertragsgesetz schon keine Pflicht der Regierung zur Ratifikation des Vertrages insgesamt begründen kann (→ Rn. 47), muß es der Regierung auch freistehen, einen Vertrag nur in bezug auf einen Teil seiner Bestimmungen zu ratifizieren[174].

40 Dasselbe gilt grundsätzlich für die **Kündigung von Verträgen**[175]. Durch sie kommt es ebenso wie bei der vertraglichen Aufhebung von Verträgen, ihrem übereinstim-

---

[166] Zur Differenzierung nach dem Zeitpunkt der Erklärung s. auch *M. Müller*, Die innerstaatliche Umsetzung von einseitigen Maßnahmen der auswärtigen Gewalt, 1994, S. 77 ff.
[167] So etwa *Jarass/Pieroth*, Art. 59 Rn. 9. Zum Streit um die Qualifizierung der auswärtigen Gewalt als »gemischte Gewalt« → Rn. 16.
[168] S. *Rojahn* (Fn. 56), Art. 59 Rn. 40; *Kokott*, Einseitige Akte (Fn. 85), S. 514 f.; *R. Kühner*, Vorbehalte zu multilateralen völkerrechtlichen Verträgen, 1986, S. 192.
[169] So *Fastenrath*, Kompetenzverteilung (Fn. 19), S. 233.
[170] In diesem Sinne *H.D. Jarass*, DÖV 1975, 117 (120); ihm folgend: *Schweitzer*, Staatsrecht III, Rn. 210; *Streinz* (Fn. 84), Art. 59 Rn. 43.
[171] Vgl. allg. *G. Ress*, Verfassung und Völkerrechtliches Vertragsrecht, in: FS Doehring, 1989, S. 803 ff. (832).
[172] S. aber *Fastenrath*, Kompetenzverteilung (Fn. 19), S. 232 f., der gegen die Freiheitsthese auf die internationale Eingebundenheit hinweist. Dies ändert aber nichts an der internen Autonomie des Gesetzgebers, die uU. ohne vertragliche Verpflichtung größer ist als mit ihr.
[173] In diesem Sinne für die Kündigung: *Wolfrum*, Kontrolle (Fn. 60), S. 50.
[174] Ebenso *Zuleeg* (Fn. 57), Art. 59 Rn. 44.
[175] Vgl. *Jarass/Pieroth*, GG, Art. 59 Rn. 9; *Bernhardt* (Fn. 64), § 174 Rn. 15; *Zuleeg* (Fn. 57), Art. 59 Rn. 44; *Rojahn* (Fn. 56), Art. 59 Rn. 47; BVerfGE 68, 1 (83 ff.); *Fastenrath*, Kompetenzverteilung (Fn. 19), S. 238 f.; aA. *Wolfrum*, Kontrolle (Fn. 60), S. 50. – Art. 91 I niederl. Verf. verlangt die Zustimmung; in den USA ist die Frage nicht entschieden: vgl. Supreme Court, Goldwater v. Carter, 444 U.S. 996 (1979).

menden Nichtbefolgen und beim Austritt aus internationalen Organisationen zum Wegfall von rechtlichen Bindungen[176]. Problematisch erscheint dies nur, wenn im Einzelfall die **politischen Beziehungen** Deutschlands im Kern betroffen sind, wie es etwa beim Zwei-plus-Vier-Vertrag der Fall wäre[177]. Hier spielt die im Vertragsgesetz liegende Übernahme der politischen Verantwortung durch das Parlament (→ Rn. 47) eine wichtige Rolle. Die politische Bedeutung der Kündigung kommt der des Vertragsschlusses oft gleich oder übersteigt diese noch. Zwar werden hier völkerrechtliche Bindungen nicht begründet, sondern aufgelöst, doch kommt es nach dem Sinn und Zweck des Art. 59 II 1 1. Alt. GG nicht hierauf, sondern auf die Änderung der Stellung Deutschlands im internationalen System der Mächte an. Die **Kündigung politischer Verträge** ist daher dem Vertragsschluß gleichzustellen und **zustimmungsbedürftig**[178].

Keines Vertragsgesetzes bedarf auch das »**contracting-out**« oder »**opting-out**« im Rahmen von Verfahren der internationalen Beschlußfassung, mit dem eine Bindung an die (idR. mehrheitlich) beschlossene Regelung gerade verhindert wird[179]. Das in diesen Verfahren ggf. auch von deutscher Seite zu gebende Votum für oder gegen die fragliche Regelung oder gar Änderung des Vertrages[180] bedarf ebenso wie die **einseitige Zustimmung** zu bestimmten konkreten Handlungen oder Beschlüssen im Rahmen völkerrechtlicher Vertragswerke, Regime oder Organisationen nur der Mitwirkung nach Art. 59 II 1 GG, wenn der Vertrag eine Ratifikation ausdrücklich vorsieht[181]. Wo aber schon im Vertrag die Abgabe derartiger Erklärungen vorgesehen, ggf. sogar ihr Inhalt und Zweck festgelegt sind, sind sie mit von der Zustimmung hierzu abgedeckt[182]. 41

Das Bundesverfassungsgericht hat im Fall des **NATO-Doppelbeschlusses** die Anwendbarkeit des Art. 59 II 1 GG unter Hinweis auf die Einseitigkeit des Aktes abgelehnt[183]. Auch der Bundesregierung fehle die demokratische Legitimation nicht; die Tatsache, daß es sich um eine wesentliche staatspolitische Entscheidung handelte[184], blieb ohne Einfluß auf die Beurteilung[185]. Dem Ruf nach einer **verstärkten parlamentarischen Kontrolle** derartiger Entscheidungen folgt indessen der Beschluß über die 42

---

[176] S. insb. *H.-W. Bayer*, Die Aufhebung völkerrechtlicher Verträge im deutschen parlamentarischen Regierungssystem, 1969, S. 210ff.; *Fastenrath*, Kompetenzverteilung (Fn. 19), S. 238f.

[177] Vgl. mit diesem Beispiel *Kokott*, Einseitige Akte (Fn. 85), S. 512; ihr folgend: *Wolfrum*, Kontrolle (Fn. 60), S. 50.

[178] So auch *Kokott*, Einseitige Akte (Fn. 85), S. 511ff.; *Wolfrum*, Kontrolle (Fn. 60), S. 50; aA. *Rojahn* (Fn. 56), Art. 59 Rn. 47; *E.-W. Böckenförde*, Die Organisationsgewalt im Bereich der Regierung, 1964, S. 106f.: Kernbereich der Exekutive.

[179] Vgl. Art. 10 II b) des Wiener Übereinkommens über den Schutz der Ozonschicht zur Änderung von Anlagen zur Konvention oder zu Protokollen (ohne Ratifikation). S. aber im Blick auf die Beschlußfassung selbst *Fastenrath*, Kompetenzverteilung (Fn. 19), S. 230f., und *Zuleeg* (Fn. 57), Art. 59 Rn. 44, wohl im Blick auf das Änderungsverfahren insgesamt.

[180] Vgl. etwa die nach Art. 2 IX des Montrealer Protokolls (Fn. 157), möglichen verbindlichen Anpassungen nötigenfalls durch Beschluß von 2/3 der auf der Konferenz vertretenen Vertragsparteien. Zur **Dynamisierung von Verträgen**, die zu Staatenverpflichtungen teilweise sogar gegen ihren Willen führt, s. *C. Tomuschat*, Obligations Arising for States Without or Against Their Will, Recueil de Cours 241 (1993/IV), 195 (264ff., 325ff.), zB. Entscheidung durch Mehrheitsbeschluß nach Art. 108 SVN.

[181] So etwa für Änderungen der Konvention Art. 9 des Wiener Ozon-Übereinkommens (Fn. 179), im Gegensatz zu Art. 10, der die Änderung von Anlagen zur Konvention betrifft (ebd.).

[182] In diesem Sinne auch *Fastenrath*, Kompetenzverteilung (Fn. 19), S. 242.

[183] BVerfGE 68, 1 (80ff., 84ff.).

[184] So etwa das Sondervotum *Mahrenholz*, BVerfGE 68, 1 (130ff.).

[185] BVerfGE 68, 1 (88f., 108ff.); zustimmend *Rojahn* (Fn. 56), Art. 59 Rn. 48, mwN. zum Meinungsstreit.

Einsätze der Bundeswehr im Rahmen der NATO, wo das Gericht für den militärischen Bereich vom Erfordernis der »vorherigen konstitutiven Zustimmung des Bundestages« ausgeht[186]. Auch für die Entscheidungen betreffend den Übergang zur dritten Stufe der Währungsunion wurde dem Bundestag ein wesentliches Mitwirkungsrecht eingeräumt[187]. Freilich beruhen diese Rechte nicht auf Art. 59 II 1 GG, so daß eine Abkehr von der strikten Auslegung nicht zu erwarten ist.

b) Materielle Vertragsänderung

43 Verträge über die Änderung bestehender Verträge bedürfen ebenso der Zustimmung nach Art. 59 II 1 GG wie Handlungen, die konkludent eine Änderung des Vertragsinhalts bewirken[188], soweit ein »Vertragsänderungswille« feststellbar ist[189]. Demgegenüber wird die »**dynamische Auslegung**«, mit der die Praxis Verträge bei offenen Zielnormen und Aufgabenbestimmungen wechselnden internationalen Lagen anpaßt, nicht als nach Art. 59 II 1 GG zustimmungspflichtige Änderung betrachtet[190]. So führt nach der Auffassung des Bundesverfassungsgerichts eine **authentische Interpretation** oder **Rechtsfortbildung**, die sich »im Rahmen« des Vertrages hält[191], ja sogar die einverständliche Begründung einer Vertragspraxis »über den Vertragsinhalt hinaus«[192] nicht zur Zustimmungspflicht.

44 Dies widerspricht der Wertung im Maastricht-Urteil, wo zwischen Vertragsauslegung und -erweiterung unterschieden und letztere ohne förmliche Änderung im Blick auf das **Demokratieprinzip** für unzulässig und innerstaatlich unbeachtlich erklärt wird[193]. Auch wird der Sinngehalt des **Art. 59 II 1 GG ausgehöhlt**, bestimmte »Bindungen völkerrechtlicher Art nicht ohne Zustimmung des Bundestages eintreten zu lassen«[194]. Ob eine Vertragsänderung oder nur eine Entfaltung oder dynamische Entwicklung des bisherigen Inhalts gegeben ist, muß nach **objektiven Kriterien**, insbesondere aus dem Vertragstext beurteilt werden. Zielt eine »authentische« Interpretation

---

[186] So als »Prinzip der konstitutiven Beteiligung des Parlaments«, entwickelt aus einer Gesamtschau der wehrverfassungsrechtlichen Vorschriften im Grundgesetz durch BVerfGE 90, 286 (381 ff.); krit. *Wolfrum*, Kontrolle (Fn. 60), S. 52 f.: »Nachrüstungsentscheidung de facto modifiziert«. Nach *J. Kokott*, DVBl. 1996, 937 (939 f.), wird so sichergestellt, »daß wesentliche Akte der auswärtigen Gewalt parlamentarischer Kontrolle unterliegen«. S. auch *N. Riedel*, DÖV 1993, 994 (997 f.); *C. Tomuschat*, Le juridisme fait place à la politique: L'arrêt de la Cour constitutionelle allemande du 12 juillet 1994 sur l'envoi à l'étranger de forces armées allemands, AFDI 40 (1994), 371 (374).

[187] BVerfGE 89, 155 (203 f.), im Blick auf Art. 23 III GG und die betreffenden Erklärungen von Bundestag und Bundesregierung, vgl. dazu *Kluth*, Bindungen (Fn. 73), S. 214 f.

[188] BVerfGE 90, 286 (360 ff.).

[189] BVerfGE 90, 286 (360).

[190] BVerfGE 90, 286 (361 f.). Zu engeren Grenzen im Rahmen des Art. 24 I GG vgl. ebd., S. 362, mit Verweis auf BVerfGE 89, 155 (187 ff.).

[191] Vgl. schon zu Art. 24 I GG: BVerfGE 58, 1 (36 ff.); zu Art. 59 GG jetzt BVerfGE 90, 286 (362), dem folgend BVerwGE 103, 361 (365). Vgl. auch allg. *G. Ress*, Verfassungsrechtliche Auswirkungen der Fortentwicklung völkerrechtlicher Verträge, in: FS Zeidler, 1987, S. 1175 ff.

[192] So BVerfGE 90, 286 (363), zur Petersberger Erklärung über die »neue Sicherheitsarchitektur in Europa« (ebd., S. 365 ff.). Anders das Urteil nicht tragende Votum der Richter *Limbach*, *Böckenförde*, *Kruis* und *Sommer* (ebd., S. 375).

[193] BVerfGE 89, 155 (187 f., 210). Weshalb hier strengere Kriterien gelten sollen als im Bereich des Art. 59 II GG (s. aber BVerfGE 90, 286 [362]), ist nicht ersichtlich.

[194] Krit. auch *Rojahn* (Fn. 56), Art. 59 Rn. 44. Zum Zweck s. schon BVerfGE 68, 1 (88); zustimmend das Sondervotum *Mahrenholz* (ebd., S. 127 f.); s. auch die abw. Meinung in BVerfGE 90, 286 (372 ff., 377).

oder gemeinsame Übung auf eine relevante inhaltliche Änderung vertraglicher Verpflichtungen[195], so ist der »Vertragsänderungswille« gegeben, selbst wenn die Beteiligten von einer förmlichen Anpassung der Texte bewußt absehen. Der sie tragende »Änderungskonsens« stellt eine Vereinbarung dar, die ggf. nach Art. 59 II 1 GG der Zustimmung der gesetzgebenden Körperschaften unterliegt[196].

c) Soft Law

Förmliche Verträge bilden nur einen Ausschnitt aus der Vielzahl von Instrumenten internationaler Verhaltensabstimmung mehr oder weniger bindender Natur. Unter »soft law« werden rechtlich nicht unmittelbar bindende Erklärungen, Verhaltenskodizes, Beschlüsse etc. verstanden, die **erhebliche politische Verpflichtungen** in den internationalen Beziehungen, aber auch für die interne Rechtsetzung, ja Verfassungsgebung begründen[197]. Beispiele sind Resolutionen der UNO wie die Allgemeine Erklärung der Menschenrechte von 1948, die KSZE-Schlußakte und das darauf aufbauende OSZE-Regime[198] sowie der OECD-Kodex zur Liberalisierung des Kapitalverkehrs[199]. Ob diese Normen »außerrechtlich«[200] sind, »pré-droit« darstellen[201] oder rechtsetzend[202] sind, mag dahinstehen: Wegen des fehlenden rechtlichen Bindungswillens werden sie nach hM. nicht vom Vertragsbegriff erfaßt und bedürfen keiner Mitwirkung nach Art. 59 II 1 GG[203].

45

Diese pauschale Ablehnung geht an der Realität vorbei. Die betreffenden Instrumente wirken in der Praxis kaum anders[204], zT. **effektiver als förmliche Vereinbarungen**[205]. Fraglich ist nicht nur, ob es sich im Einzelfall möglicherweise doch um einen

46

---

[195] Zur völkerrechtlichen Zulässigkeit und Beachtlichkeit vgl. Art. 31 III lit. a) und b) WVK; s. auch *Fastenrath*, Kompetenzverteilung (Fn. 19), S. 237f.

[196] Ebenso *Rojahn* (Fn. 56), Art. 59 Rn. 44, im Anschluß an das abw. Votum in BVerfGE 90, 286 (375).

[197] Zum Begriff vgl. *M. Bothe*, NYIL 1980, 65ff.; *D. Thürer*, ZSR 104 (1985), 429ff.; *Vitzthum*, Völkerrecht (Fn. 26), Rn. I-68. *Verdross/Simma*, Universelles Völkerrecht, § 654; s. auch *C. Tomuschat*, Der Verfassungsstaat im Geflecht der internationalen Beziehungen, VVDStRL 36 (1978), S. 7ff. (32ff.), mit zahlreichen Beispielen und Nachweisen.

[198] Zum Status als internationale Organisation vgl. *J. Bortloff*, Die Organisation für Sicherheit und Zusammenarbeit in Europa – Eine Völkerrechtliche Bestandsaufnahme, 1996, S. 326ff.; *M. Wenig*, Möglichkeiten und Grenzen der Streitbeilegung ethnischer Konflikte durch die OSZE, 1996, S. 58ff.

[199] Vgl. *K. W. Grewlich*, RIW 1977, 252 (255).

[200] *W. Wengler*, AVR 1984, 306 (307ff., 313); *ders.*, ZaöRV 42 (1982), 173ff.; *T. Schweisfurth*, ZaöRV 36 (1976), 681ff.; *Fastenrath*, Kompetenzverteilung (Fn. 19), S. 44ff.; *Verdross/Simma*, Universelles Völkerrecht, § 654.

[201] *I. Seidl-Hohenveldern*, International Economic »Soft-Law«, Recueil de Cours 1979 II, tome 163, S. 164ff. (225); *M. Virally*, Sur la notion d'accord, in: FS Bindschedler, 1980, S. 159ff. (165); *ders.*, Annuaire de l'Inst. de Droit International, 1983, S. 166ff.; *C.-A. Colliard*, Institutions des relations internationales, 1974, S. 276.

[202] So v.a. *C. Tomuschat*, ZaöRV 36 (1976), 444 (484), der insoweit Art. 38 IGH-Statut nicht für abschließend erachtet; wiederaufgenommen in *ders.*, Verfassungsstaat (Fn. 197), S. 33f.

[203] Vgl. nur *Rojahn* (Fn. 56), Art. 59 Rn. 3, mwN.; *Streinz* (Fn. 84), Art. 59 Rn. 40.

[204] So *Tomuschat*, Verfassungsstaat (Fn. 197), S. 33; *C. Schreuer*, Die Behandlung internationaler Organakte durch staatliche Gerichte, 1977, S. 140ff.

[205] Entsprechend dazu die Überlegungen, den »Rechtswert« etwa der Deklarationen der UNO neu zu bestimmen, etwa bei *J.A. Frowein*, ZaöRV 36 (1976), 147ff.; w.N. bei *Tomuschat*, Verfassungsstaat (Fn. 197), S. 133, Fn. 123. Zum Ausmaß der nicht-vertraglichen Bindungen v. zuletzt *H. Hillgenberg*, Zeitschrift für europarechtliche Studien 1998, 81 (92ff.).

Vertrag handelt[206], sondern auch, ob real die Wirkungen denen eines Vertrages nach Art. 59 II 1 GG entsprechen. So werden etwa die im Rahmen der OSZE festgelegten Normen als bindende Standards in Bezug genommen[207]. Seit März 1992 enthalten auch die Europaabkommen der Europäischen Gemeinschaft mit den mittel- und osteuropäischen Staaten in ihren Menschenrechts- und Demokratieklauseln entsprechende Verweisungen[208]. Für das als nicht-bindend erkannte soft-law kommt zwar eine direkte Anwendung des Art. 59 II GG nicht in Betracht, jedoch können durch die spätere Änderung des materiellen Gehalts des soft-laws die hierauf dynamisch verweisenden Verträge einer materiellen Vertragsänderung unterliegen. So »apokryph« diese »**internationale Rechtsetzung**«[209] ist, so wichtig ist angesichts ihres Bedeutungszuwachses gegenüber dem schwerfälligen förmlichen Vertragsrecht ihre Kontrolle durch eine differenzierende Anwendung des Art. 59 II 1 GG.

4. Zustimmung oder Mitwirkung

47 Die Zustimmung der Legislative erfolgt nach Art. 59 II 1 GG durch das »Vertragsgesetz«. Zuständig sind Bundestag, Bundesrat und für die Ausfertigung der Bundespräsident (Art. 82 GG). Die Bundesratsbeteiligung erfolgt nach den allgemeinen Regeln über Zustimmungs- und Einspruchsgesetze[210]; bei politischen Verträgen hat der Bundesrat daher nur ein Einspruchsrecht[211]. Das Gesetz enthält sowohl die **Ermächtigung** zur Ratifikation als auch den **Rechtsanwendungsbefehl**, durch den der innerstaatliche Vollzug des Vertrages gesichert wird[212]. Mit ihm übernehmen die gesetzgebenden Körperschaften die **politische Verantwortung** für die betreffenden Rechtsfolgen[213], ohne daß ihnen die Möglichkeit einer inhaltlichen »Mitwirkung« oder Mitgestaltung gegeben ist. Allerdings liegt eine »präventive« Wirkung des Zustimmungsrechts des Parlaments darin, daß sich die Regierung auf seine Wünsche einzustellen hat, wenn sie mit der späteren Zustimmung rechnen will[214]. Das Vertragsgesetz begründet sinnge-

---

[206] So die Empfehlung bei *Streinz* (Fn. 84), Art. 59 Rn. 40; vgl. auch *O. Schachter*, AJIL 1977, 296 (298), der zur Abgrenzung u.a. den Maßstab der registrierfähigen Übereinkünfte nach Art. 102 SVN wählt. Zum weiten Vertragsbegriff nach Art. 102 SVN s. *U. Knapp*, in: B. Simma (Hrsg.), Charta der Vereinten Nationen, Kommentar, 1991, wobei Beschlüsse internationaler Organisationen freilich ausgeschlossen sind (ebd., Rn. 9).

[207] So etwa verweist Art. 20 II des Vertrages über gute Nachbarschaft und freundschaftliche Zusammenarbeit mit Polen vom 17.6. 1991, Bulletin Nr. 68 vom 18.6. 1991, 541ff.(BGBl. II S. 1314), auf die KSZE-Entwicklungen betreffend bestimmter Schutzstandards, die somit »in den Stand völkerrechtlicher Verpflichtungen erhoben« werden: so die Erklärung der Bundesregierung vom 6.9. 1991 zu den deutsch-polnischen Verträgen, Bulletin Nr. 96 vom 9.9. 1991, S. 761 (764).

[208] Vgl. *F. Hoffmeister*, Menschenrechts- und Demokratieklauseln in den vertraglichen Außenbeziehungen der EG, 1998.

[209] Vgl. *Tomuschat*, Verfassungsstaat (Fn. 197), S. 32.

[210] Vgl. auch *Streinz* (Fn. 84), Art. 59 Rn. 47ff. → Art. 77 Rn. 10ff.

[211] S. etwa *J. A. Frowein*, JuS 1972, 241 (243); *Streinz* (Fn. 84), Art. 59 Rn. 48. Zur Praxis (Zustimmung auch vom Bundesrat nicht gefordert) vgl. *Weissauer*, Völkerrechtliche Verträge (Fn. 164), S. 168.

[212] So BVerfGE 68, 1 (85f.); 90, 286 (358); vom Rechtsanwendungsbefehl spricht erstmals BVerfGE 46, 342 (363), hinsichtlich Art. 25 GG; zu Art. 24 I, 59 II 1 GG vgl. BVerfGE 73, 339 (375); zu Art. 23/24 GG BVerfGE 89, 155 (190); zum Doppelcharakter s. auch schon BVerfGE 1, 396 (410f.); 30, 272 (284f.): Ermächtigung und Transformation.

[213] Vgl. auch *Rojahn* (Fn. 56), Art. 59 Rn. 30; entsprechend zum Gesetz nach Art. 23/24 GG vgl. BVerfGE 89, 155 (183).

[214] Vgl. auch *Tomuschat*, Verfassungsstaat (Fn. 197), S. 29.

mäß weder eine Pflicht zur Ratifikation noch eine Bindung hinsichtlich der Aufrechterhaltung oder Beendigung des Vertrages[215].

Anders als nach der in anderen Verfassungen gewählten Konstruktion der **Adoption**[216], wonach völkerrechtliche Verträge unmittelbar Teil des innerstaatlichen Rechts werden, bedarf es somit nach Art. 59 II 1 GG eines besonderen Rechtsakts. Dabei tritt die Konstruktion des »Rechtsanwendungsbefehls« an die Stelle der **Transformationslehre**, nach der das Vertragsgesetz die Umwandlung des Vertrages in innerstaatliches Recht bewirkt[217], und nähert sich der in der Lehre wohl überwiegend vertretenen **Vollzugstheorie**[218]. Praktische Folgen hat der Streit regelmäßig nicht[219]: Durch das Vertragsgesetz kann das Vertragsvölkerrecht nur dessen Rang einnehmen[220]. Eine Bindung von Behörden und Gerichten ggf. an die unmittelbar anwendbaren (**self executing**) Bestimmungen[221] des jeweiligen Vertrages beginnt erst mit dem völkerrechtlichen Inkrafttreten des Vertrages[222].

48

Der Begriff der **Mitwirkung** in Art. 59 II 1 GG eröffnet auch die Möglichkeit einer **antizipierten Zustimmung**. Sie erfolgt idR. durch eine gesetzliche Ermächtigung zur Inkraftsetzung eines Vertrages durch Rechtsverordnung[223]. Wenn hierbei gemäß Art. 80 I GG Inhalt, Zweck und Ausmaß der künftigen Regelung bestimmt sein müssen[224], hat die Legislative auch Einfluß auf die Substanz des zu verhandelnden Vertrages. Mit der »Wesentlichkeit« steigen dabei die Bestimmtheitsanforderungen an die Ermächtigung[225]. Wegen der Bedeutung des Zustimmungsrechts – ein »zwingender

49

---

[215] BVerfGE 90, 286 (358); vgl. schon BVerfGE 68, 1 (85f.), S. auch *Geiger*, Grundgesetz und Völkerrecht (Fn. 7), S. 132f.; *Bernhardt* (Fn. 64), § 174 Rn. 9.

[216] Zur Rechtsvergleichung *Erades*, Interactions (Fn. 116), S. 565ff.; die »Adoption« erfolgt in Frankreich über Art. 55 der französischen Verfassung, in den USA nach Art. VI § 2 der US-Verfassung; die Inkorporation ist allerdings auf *self-executing treaties* beschränkt, vgl. auch *Geiger*, Grundgesetz und Völkerrecht (Fn. 7), S. 161ff.

[217] S. insb. *W. Rudolf*, Völkerrecht und deutsches Recht, 1967, S. 205ff.; die »gemäßigte Transformationstheorie« hält die Verknüpfung von transformiertem Recht und Völkerrecht (Regeln über Wirksamkeit, Auslegung, Kündigung) aufrecht, vgl. *Schweitzer*, Staatsrecht III, Rn. 432ff. Aus der Rspr. vgl. BVerwGE 5, 153 (161); 87, 11 (13); BVerfGE 1, 396 (411); 4, 157 (162); 19, 342 (347f.); 29, 348 (360); 30, 272 (284f.); krit. *Erades*, Interactions (Fn. 116) S. 913ff.

[218] *Geiger*, Grundgesetz und Völkerrecht (Fn. 7), S. 172ff.; *Rojahn* (Fn. 56), Art. 59 Rn. 33. Zur Vollzugstheorie grundlegend *J. Partsch*, Die Anwendung des Völkerrechts im innerstaatlichen Recht, Überprüfung der Transformationslehre, 1964, S. 13ff., 142ff.

[219] S. auch *Schweitzer*, Staatsrecht III (Fn. 24), Rn. 423ff.

[220] Zu Geltung und Rang der EMRK als einfaches Bundesrecht vgl. BVerfGE 74, 358 (370); *R. Uerpmann*, Die Europäische Menschenrechtskonvention und die deutsche Rechtsprechung, 1993, S. 41ff.; anders: *W. Kleeberger*, Die Stellung der Rechte der EMRK in der Rechtsordnung der Bundesrepublik Deutschland, 1992, S. 48ff.; → Art. 25 Rn. 21.

[221] Voraussetzung ist, daß die Bestimmung keines weiteren Vollzugsakts bedarf, klar und ausreichend bestimmt ist und die einzelnen berechtigt oder verpflichtet, s. *Schweitzer*, Staatsrecht III, Rn. 440. Mit der Unterscheidung zwischen innerstaatlicher Geltung und unmittelbarer Anwendbarkeit am Kriterium der Begründung von Rechten und Pflichten einzelner: *Geiger*, Grundgesetz und Völkerrecht (Fn. 7), S. 174ff.; *Rojahn* (Fn. 56), Art. 59 Rn. 35, mwN.

[222] So die ganz hM, vgl. etwa *Rojahn* (Fn. 56), Art. 59 Rn. 36; aA. *A. Burghart*, DÖV 1993, 1038 (1043ff.): Wirksamkeit unmittelbar anwendbarer Vertragsnormen allein aufgrund des Vertragsgesetzes schon vor Wirksamwerden des Vertrags.

[223] Vgl. auch *Rojahn* (Fn. 56), Art. 59 Rn. 42.

[224] *Wolfrum*, Kontrolle (Fn. 60), S. 46; krit. *J.A. Frowein*, Redebeitrag in: VVDStRL 56 (1997), S. 108: Systemgefährdung.

[225] Vgl. auch *M. Dregger*, Die antizipierte Zustimmung des Parlaments zum Abschluß völkerrecht-

und nicht verzichtbarer Sondervorbehalt der Legislative« – sieht das Bundesverfassungsgericht eine **generelle Delegation** der Befugnis aus Art. 59 II 1 GG an die Bundesregierung nach Art. 80 GG als unzulässig an[226].

IV. Verwaltungsabkommen (Art. 59 II 2 GG)

50   Auch Art. 59 II 2 GG stellt Verfahrensanforderungen an bestimmte vom Bundespräsidenten im Namen des Bundes zu schließende völkerrechtliche Verträge[227]. Unter den Begriff **Verwaltungsabkommen** fallen dabei nach hM. alle Verträge, die nicht von Art. 59 II 1 GG erfaßt sind[228], also nicht die politischen Beziehungen regeln und deren Vollzug durch Rechtsakte der Exekutive möglich ist[229]. In der Praxis wird zwischen Regierungs- und Ressortabkommen unterschieden[230], ohne daß dies für die Regelung des Art. 59 II 2 GG von Bedeutung wäre. **Zuständig** ist der Bund, auch soweit die Verwaltung Sache der Länder ist (→ Art. 32 Rn. 37, 40).

51   In der Rechtsfolge erfordert Art. 59 II 2 GG bezüglich der Verwaltungsabkommen, die durch **Rechtsverordnung** vollzogen werden, unter den Voraussetzungen des Art. 80 II GG analog die **Zustimmung des Bundesrates**[231]. Diese ist auch insoweit nötig, wie für den Vollzug durch die Länder in Bundesauftragsverwaltung oder als eigene Angelegenheit **Verwaltungsvorschriften** des Bundes zu erlassen sind (Art. 84 II und 85 II GG). Ohne Zustimmung darf das Abkommen nicht abgeschlossen werden[232].

52   Der innerstaatliche Rechtsanwendungsbefehl wird demgemäß durch Rechtsverordnung erteilt, insbesondere soweit Rechte und Pflichten einzelner begründet werden (**normative Verwaltungsabkommen**). Im übrigen wird der (einheitliche) Vollzug durch innerdienstliche Weisung oder gemäß Art. 84 II, 85 II GG durch Verwaltungsvorschriften sichergestellt[233].

---

licher Verträge, die sich auf Gegenstände der Bundesgesetzgebung beziehen, 1989, S. 71 ff.; mit einem eher vagen Maßstab indessen BVerfGE 91, 148 (162 ff.). → Art. 80 Rn. 19.

[226] So hinsichtlich der Empfehlung einer beschränkten Ermächtigung zur Inkraftsetzung von Handelsabkommen: BVerfGE 1, 372 (395 f.): »Regierungsakt *in Form* eines Bundesgesetzes«. S. auch *Rojahn* (Fn. 56), Art. 59 Rn. 42; krit. *Fastenrath*, Kompetenzverteilung (Fn. 19), S. 239 f.

[227] Anders *Stern*, Staatsrecht II, S. 226, der wegen des Verweises auf die Verwaltungskompetenzen eine Ausnahme von Art. 59 I 2 GG annimmt. Auch nach *Streinz* (Fn. 84), Art. 59 Rn. 76, können diese Abkommen »von der BReg. selbst verbindlich abgeschlossen werden«; ebenso auch *Rojahn* (Fn. 56), Art. 59 Rn. 53. Wie hier *Schweitzer*, Staatsrecht III, Rn. 190.

[228] Vgl. *Reichel*, Auswärtige Gewalt (Fn. 80), S. 135 ff. mwN.; *E. Härle*, JIR 12 (1965), S. 63 ff. (95); ihm folgend *Zuleeg* (Fn. 57), Art. 59 Rn. 38; *Rojahn* (Fn. 56), Art. 59 Rn. 51; *Jarass*/Pieroth, GG, Art. 59 Rn. 18; *Streinz* (Fn. 84), Art. 59 Rn. 76; *Schweitzer*, Staatsrecht III, Rn. 189. Krit. *Grewe* (Fn. 5), § 77 Rn. 67, mwN.

[229] So *Geiger*, Grundgesetz und Völkerrecht (Fn. 7), S. 137 ff.

[230] Vgl. §§ 79 I, 82 II und III, 84 GGO (abgedr. bei *Fastenrath*, Kompetenzverteilung [Fn. 19]), S. 287 f.). S. auch *Rojahn* (Fn. 56), Art. 59 Rn. 52 f.

[231] Nach *Zuleeg* (Fn. 57), Art. 59 Rn. 42; *Streinz* (Fn. 84), Art. 59 Rn. 79.

[232] So die hM., vgl. etwa *Schweitzer*, Staatsrecht III, Rn. 466; *Zuleeg* (Fn. 57), Art. 59 Rn. 42; *Rojahn* (Fn. 56), Art. 59 Rn. 56.

[233] Vgl. die Beispiele bei *Schweitzer*, Staatsrecht III, Rn. 467 ff.

V. Richterliche Kontrolle der auswärtigen Gewalt

Als Bundesgesetz unterliegt das Vertragsgesetz nach Art. 59 II GG grundsätzlich der Normenkontrolle[234]. Geht es um eine mögliche Verletzung von Grundrechten einzelner durch das Vertragsgesetz, so kommt auch eine Verfassungsbeschwerde in Betracht[235]. Die **Grundrechte** binden die deutsche öffentliche Gewalt auch, soweit Verletzungen durch die Zustimmung zu völkerrechtlichen Verträgen möglich sind[236] oder Wirkungen ihrer Betätigung im Ausland eintreten[237]. Die **politische Bedeutung** des Vertrages kann grundsätzlich keine Berücksichtigung finden[238], wohl aber wird der Bundesregierung vom Bundesverfassungsgericht bei Staatsverträgen ein breiter Raum **politischen Ermessens** zuerkannt[239], da ihr »Inhalt nicht einseitig bestimmt werden kann, sondern von der Übereinstimmung der Vertragspartner abhängt«. Die **Grenzen** sind erst überschritten, »wenn sich der Bundesregierung bei den Verhandlungen aufdrängen muß, daß sie von falschen Voraussetzungen ausgeht«[240]. Allgemein unterwirft das Gericht Einschätzungen und Wertungen außenpolitischer Art nur der »Grenze offensichtlicher Willkür«[241].

53

Dieser Maßstab ist unvereinbar mit Art. 1 III GG, der **keine Differenzierung auswärtiger und innerstaatlicher öffentlicher Gewalt** zuläßt[242]. Der Aussage, daß »das Grundgesetz den Organen der auswärtigen Gewalt einen sehr weiten Spielraum« gewähre[243], fehlt jede normative Grundlage[244]. Daß eine volle Rechtskontrolle nur »im

54

---

[234] BVerfGE 1, 396 (410); 4, 157 (162), 6, 290 (294); 30, 272 (280); 36, 1 (13). Zur Gegenposition der Bundesregierung noch BVerfGE 4, 157 (161); 6, 290 (294): »nichtjustiziabler Regierungsakt«, vgl. auch *Grewe* (Fn. 5), § 77 Rn. 91, mwN.

[235] BVerfGE 6, 290 (294f.); 89, 155 (171ff.).

[236] Zum Ausschluß der Möglichkeit einer Grundrechtsverletzung durch die Zustimmung für den etwaigen *Einsatz* von Chemiewaffen vgl. BVerfGE 77, 170 (220f.), anders hinsichtlich der Zustimmung zu Lagerung und Transport, ebd., S. 222ff. → Art. 1 III Rn. 31.

[237] BVerfGE 6, 295 (290); 57, 9 (23); st. Rspr., vgl. auch *Kluth*, Bindungen (Fn. 73), S. 202ff., mwN.; *R. Hofmann*, Grundrechte und grenzüberschreitende Sachverhalte, 1994, insb. S. 13ff., 345f. Eine Ausnahme bilden die Folgen des politischen Zusammenbruchs des Dritten Reichs: BVerfGE 4, 157 (170); insoweit könne allein eine Annäherung an grundgesetzgemäße Zustände gefordert werden. → Art. 1 III Rn. 29, 62.

[238] Anders *G.F. Schuppert*, Die auswärtige Gewalt im Verfassungssystem, 1973, S. 115ff.; Verfassungsorgantreue: BVerfGE 55, 349 (367ff.) mit Betonung der Willkürgrenze.

[239] BVerfGE 94, 12 (35, 40); s. auch schon BVerfGE 40, 141 (178f.).

[240] BVerfGE 94, 12 (35). Krit. *J. Kokott*, DVBl. 1996, 937 (947f.).

[241] So BVerfGE 68, 1 (97); vgl. auch schon BVerfGE 55, 349 (365); zustimmend *K. Stern*, NWVBl. 1994, 241 (249); zur Rechtsprechung vgl. den Überblick bei *Grewe* (Fn. 5), § 77 Rn. 92ff.; krit. auch *T. Giegerich*, ZaöRV 57 (1997), 409 (446), der den Prüfungsmaßstab für »so milde« hält, »daß Außenpolitiker sich im praktischen Ergebnis vor judikativen Eingriffen nahezu sicher wissen können«.

[242] Vgl. auch *C. Tomuschat*, Die staatsrechtliche Entscheidung für die internationale Offenheit, HStR VII, § 172 Rn. 53f.: »Völkerrechtsfreundlichkeit keine Rechtfertigung für Grundrechtsreduktion«; ähnl. *M. Schröder*, Zur Wirkkraft der Grundrechte bei Sachverhalten mit grenzüberschreitenden Elementen, in: FS Schlochauer, 1981, S. 137ff.; *Kluth*, Bindungen (Fn. 73), S. 202, 209; ohne Differenzierung *D. Blumenwitz*, BayVBl. 1996, 577 (578). Anders *Hailbronner*, Kontrolle (Fn. 60), S. 14ff. In BVerfGE 77, 170 (215), beruht der weite Spielraum allein darauf, daß es um eine Schutzpflicht aus Art. 2 II GG geht, das Argument der vertraglichen Begründung der Gefährdung kommt nicht vor (vgl. ebd., S. 222ff.), ein »höheres Maß an Risiken« wird mit der wirkungsvollen Landesverteidigung gerechtfertigt (ebd., S. 226). → Art. 1 III Rn. 29ff.

[243] So BVerfGE 55, 349 (365).

[244] Nur »Sachgründe« führt auch *Hailbronner*, Kontrolle (Fn. 60), S. 14, auf. Wenig überzeugend auch *Hofmann*, Grundrechte (Fn. 237), S. 106f., 346: Wie »die vom Grundgesetz (...) geforderte

Bereich der Beachtung von Kompetenzen« im Verhältnis von Bund und Ländern oder der Bundesorgane zueinander erfolgt[245], muß irritieren. Ein **judicial self-restraint** kann nur der Verzicht sein, »Politik zu treiben«[246]. Die Verkürzung des Grundrechtsschutzes durch die Einräumung von Entscheidungsprärogativen steht auch mit der EMRK nicht im Einklang[247]. Lehnt das Gericht indessen eine Nichtigkeitserklärung ab, weil im Vertrag zwar nicht die vom Grundgesetz geforderte Lage, wohl aber eine Annäherung daran erreicht werden konnte[248] oder weil er verfassungskonform ausgelegt werden kann[249], so ist dagegen nichts einzuwenden.

55   **Zeitlich** ist ggf. der Ausgang des Verfassungsstreits um die Vereinbarkeit eines Vertrages mit dem Grundgesetz abzuwarten, **bevor die Ratifikation** erfolgt. Dies fällt insbesondere in den Verantwortungsbereich des **Bundespräsidenten**[250]. Aus der Entscheidung des Grundgesetzes für eine umfassende Verfassungsgerichtsbarkeit folgt, daß die übrigen Organe »die Prüfungszuständigkeit des Bundesverfassungsgerichts in ihre Überlegungen zum zeitlichen Ablauf des Verfahrens, das zur Vertragsratifikation führt, einbeziehen« und insbesondere die Exekutive ein bei ihm anhängiges Verfahren »nicht überspielt«[251]. Ist der Vertrag bereits **wirksam geschlossen**, so begründet das Urteil ggf. die Pflicht, »den dadurch geschaffenen verfassungswidrigen Zustand zu beseitigen«[252].

D. Verhältnis zu anderen GG-Bestimmungen

56   Art. 59 GG regelt die Organkompetenz gegenüber der von Art. 32 GG erfaßten Verbandskompetenz und steht neben ihm. **Spezielle Regelungen** existieren hinsichtlich des Abschlusses eines Friedensvertrages (Art. 115l III GG), der Verkündung und Beendigung des Verteidigungsfalles (Art. 115a I; 115l II GG) sowie der **Übertragung von Hoheitsrechten** (Art. 24 I GG). Der Beitritt zu **Systemen kollektiver Sicherheit** erfolgt dagegen trotz Art. 24 II GG über Art. 59 II GG (→ Rn. 30). Dasselbe gilt für Vereinbarungen über eine internationale **Schiedsgerichtsbarkeit** nach Art. 24 III GG (→

---

grundsätzliche Respektierung grundlegender Wertvorstellungen fremder Rechtsordnungen« es gebieten soll, »bei grenzüberschreitenden Sachverhalten die Wirkkraft der Grundrechtsordnung des Grundgesetzes stärker einzuschränken« (ebd.), ist für die Bindung der deutschen öffentlichen Gewalt nicht ersichtlich (zur EG s. aber richtig → Art. 23 Rn. 27 ff., 30).

[245] Vgl. *H. Steinberger*, Auswärtige Gewalt unter dem Grundgesetz, in: R. Mußnug (Hrsg.), Rechtsentwicklung unter dem Bonner Grundgesetz, 1990, S. 101 ff. (121 ff.); *J. Kokott*, DVBl. 1996, 937 (948).

[246] So zutreffend BVerfGE 36, 1 (14). Krit. schon zur Begriffswahl *Grewe* (Fn. 5), § 77 Rn. 100, mwN.: geboten sei indessen die Wahrung »der der Verfassungsgerichtsbarkeit auferlegten funktionellen Grenzen« (ebd., Rn. 101).

[247] Vgl. BVerfGE 93, 248 (256 f.): Entscheidungsprärogative der Bundesregierung zur Effektivität völkerrechtlicher Absprachen im Asylrecht (krit. das Sondervotum *Sommer*, ebd., S. 259 f.); EGMR NVwZ 1997, 1093 (1098 ff.) – *Chahal*, sieht in einem ähnlich gelagerten Fall eine Verletzung des Art. 13 EMRK. Vgl. dazu auch *T. Giegerich*, ZaöRV 57 (1997), 409 (443).

[248] BVerfGE 4, 157 (168 ff.).

[249] BVerfGE 4, 157 (168); 36, 1 (14).

[250] Vgl. zur entsprechenden Zusicherung des Bundespräsidenten im Falle der Verfassungsbeschwerde gegen den Maastricht-Vertrag, BVerfGE 89, 155 (164 f.). → Rn. 25.

[251] BVerfGE 36, 1 (15).

[252] BVerfGE 6, 290 (295).

Art. 24 Rn. 69). Für alle Entscheidungen hinsichtlich der **Europäischen Integration** stellt jetzt Art. 23 GG die spezielle und abschließende Grundlage dar[253].

Neben Art. 59 GG stehen die **Gesetzgebungskompetenzen** des Art. 73 GG (Nr. 1 für auswärtige Angelegenheiten, Nr. 3 für den Abschluß von Handels- und Schiffahrtsverträgen, Nr. 5 für Auslieferungsabkommen). Sie betreffen die innerstaatliche Kompetenzverteilung zwischen Bund und Ländern und präjudizieren nicht die Frage parlamentarischer Zustimmung.

57

---

[253] So auch für die Maßnahmen im Rahmen der GASP und der ZBJI: *J. Kokott*, DVBl. 1996, 937 (943). → Art. 23 Rn. 122.

Artikel 60 [Ernennungen; Begnadigung; Immunität]

(1) Der Bundespräsident ernennt und entläßt die Bundesrichter, die Bundesbeamten, die Offiziere und Unteroffiziere, soweit gesetzlich nichts anderes bestimmt ist.
(2) Er übt im Einzelfalle für den Bund das Begnadigungsrecht aus.
(3) Er kann diese Befugnisse auf andere Behörden übertragen.
(4) Die Absätze 2 bis 4 des Artikels 46 finden auf den Bundespräsidenten entsprechende Anwendung.

Literaturauswahl

Bachof, Otto: Über Fragwürdigkeiten der Gnadenpraxis und der Gnadenkompetenz, in: JZ 1983, S. 469–475.
Busse, Peter: Die Ernennung der Bundesrichter durch den Bundespräsidenten, in: DÖV 1965, S. 469–476.
Dimoulis, Dimitri: Die Begnadigung in vergleichender Perspektive. Rechtsphilosophische, verfassungs- und strafrechtliche Probleme, 1996.
Huba, Hermann: Gnade im Rechtsstaat? in: Der Staat 29 (1990), S. 117–124.
Menzel, Eberhard: Ermessensfreiheit des Bundespräsidenten bei der Ernennung der Bundesminister? in: DÖV 1965, S. 581–597.
Merten, Detlef: Rechtsstaatlichkeit und Gnade, 1978.
Mikisch, Christian: Die Gnade im Rechtsstaat. Grundlinien einer rechtsdogmatischen, staatsrechtlichen und verfahrensrechtlichen Neukonzeption, 1996.
Nierhaus, Michael: Entscheidung, Präsidialakt und Gegenzeichnung. Ein Beitrag zur verfassungsrechtlichen Stellung des Bundespräsidenten im System des Grundgesetzes, 1973.
Rüping, Hinrich: Die Gnade im Rechtsstaat, in: Festschrift für Friedrich Schaffstein, 1975, S. 31–44.
Schätzler, Johann-Georg: Handbuch des Gnadenrechts, 2. Auflage, 1992.

Leitentscheidungen des Bundesverfassungsgerichts

BVerfGE 25, 352 (358ff.) – Gnadengesuch; 30, 108 (110ff.) – Gnadenwiderruf; 45, 187 (241ff.) – Lebenslange Freiheitsstrafe.

Gliederung

	Rn.
A. Herkunft, Entstehung, Entwicklung	1
I. Ideen- und verfassungsgeschichtliche Aspekte	1
II. Entstehung und Veränderung der Norm	6
B. Internationale, supranationale und rechtsvergleichende Bezüge	7
I. Internationale Bezüge	7
II. Supranationale Aspekte	10
III. Rechtsvergleichende Hinweise	12
C. Erläuterungen	16
I. Allgemeine Bedeutung	16
II. Das Ernennungs- und Entlassungsrecht (Art. 60 I GG)	17
1. Personaler Anwendungsbereich	17
2. Sachlicher Anwendungsbereich	19
3. Prüfungsrecht des Bundespräsidenten	20
4. Gesetzesvorbehalt	21

III. Das Begnadigungsrecht (Art. 60 II GG) 22
1. Begnadigung im Einzelfall 22
2. Gnadenrecht für den Bund 26
3. Ermessen, Gegenzeichnung und Justiziabilität 27
IV. Delegationsermächtigung (Art. 60 III GG) 30
V. Immunität des Bundespräsidenten (Art. 60 IV GG) 31
D. Verhältnis zu anderen GG-Bestimmungen 34

A. Herkunft, Entstehung, Entwicklung

I. Ideen- und verfassungsgeschichtliche Aspekte

Die **Ernennung und Entlassung** der Staatsbeamten im weiten Sinne ist traditionell eine Domäne[1] des Staatsoberhaupts. Es ist ein Rest seiner früheren Stellung als Spitze der Exekutive[2]. In Art. 67 der Paulskirchenverfassung war nur die Verbandskompetenz des Reiches festgelegt, während die Organzuständigkeit zur Disposition des einfachen Gesetzgebers gestellt war. Nach Art. 18 der Reichsverfassung von 1871 oblag das Ernennungs- u. Entlassungsrecht dem Kaiser für die Reichsbeamten. Die höchsten Offiziere des Landheeres wurden vom Kaiser, die der Landeskontingente von den Landesfürsten ernannt und entlassen (Art. 64 II, 66 RV). Art. 60 I GG ist praktisch inhaltsgleich mit Art. 46 WRV, wo allerdings nur von Reichsbeamten und Offizieren die Rede war.

1

Die Wahrnehmung des **Gnadenrechts** wurde von jeher als Ausdruck von Güte, Wohlwollen, Huld, Barmherzigkeit, Milde des Monarchen empfunden, was dem Recht eine höchstpersönliche Note gab[3]. Im europäisch-abendländischen Kulturkreis ist es **entscheidend vom Christentum geprägt.** Gnade erscheint demnach als Ausdruck der ungeschuldeten und unbeanspruchbaren Liebe Gottes gegenüber dem sündigen Menschen[4]. Da der Monarch seine Legitimation »von Gottes Gnaden« ableitete, oblag die Begnadigung ihm als dem weltlichen Stellvertreter Gottes[5]. Daneben beanspruchte die Kirche bis in die Neuzeit hinein ein konkurrierendes Recht, das Interzessionsrecht; mit ihm eng verwandt war auch das Kirchenasyl[6]. In der Person des Monarchen fielen Rechtsprechung und Gnade zusammen, so daß beide Institute eng aufeinander bezogen waren. Erst mit der Trennung von Rechtsprechung und Regierung trat ein Spannungsverhältnis ein. Dabei rechtfertigte sich das Gnadenrecht im **Konstitutionalismus** des 19. Jahrhunderts aus der über den drei Gewalten stehenden Stellung des Monarchen[7]. Mit der Einordnung des republikanischen Staatsoberhaupts in

2

---

[1] Vgl. *J. Ipsen*, Staatsrecht I, Rn. 406: »traditionelles Hausgut«.

[2] Vgl. *Stein*, Staatsrecht, S. 97, der in diesem Zusammenhang vom »letzten Abglanz der Krone« spricht.

[3] *D. Merten*, Rechtsstaatlichkeit und Gnade, 1978, S. 33; s. auch *H. Rüping*, Die Gnade im Rechtsstaat, in: FS Schaffstein, 1975, S. 31 ff. (36, Fn. 30). Eingehend zur Dogmengeschichte *C. Mikisch*, Die Gnade im Rechtsstaat, 1996, S. 48 ff.

[4] Vgl. *G. Kraus*, Art. Gnade, in: Lexikon der katholischen Dogmatik, 3. Auflage 1991, S. 201 ff.; *H. Dombois*, Das Recht der Gnade. Oekumenisches Kirchenrecht I, 2. Auflage 1969, S. 178. Näher *Mikisch*, Gnade (Fn. 3), S. 47 ff.

[5] *H. Huba*, Der Staat 29 (1990), 117 (118).

[6] *J.-G. Schätzler*, Handbuch des Gnadenrechts, 2. Auflage 1992, S. 8 f. → Art. 16a Rn. 2.

[7] *Mikisch*, Gnade (Fn. 3), S. 27, m.w.N.

das Gewaltenteilungsgefüge kam die Frage auf, ob Gnadenakte als Akte *sui generis* einzustufen oder einer der drei Gewalten zuzuschlagen sind[8]. Für Deutschland ist davon auszugehen, daß es sich um einen Exekutivakt handelt[9]. Der Gnadenbegriff erfaßte bis ins 20. Jahrhundert hinein über die Korrektur von Strafurteilen hinaus auch Befreiungen jeglicher Art von Gesetzesbindungen wie Ehe- oder Bauvorschriften sowie die Zuerkennung von Leistungen ohne Anspruch[10]. Mit der »Ausgliederung« dieser Bereiche aus der Gnaden- in die Rechtssphäre ist das Gnadenwesen dann zunehmend verengt worden[11].

3   In der deutschen **Verfassungstradition** war das Gnadenrecht erst dem Monarchen, dann dem Reichspräsidenten zuerkannt worden. Nach § 81 I 1 der Paulskirchenverfassung war der Kaiser auch zuständig für das Verbot der Einleitung bzw. Fortsetzung von Untersuchungen, dabei war er aber an die Zustimmung des Reichstages gebunden. Die Reichsverfassung von 1871 sah keine Gnadenkompetenz des Kaisers vor; diese wurde dann jedoch für einige Sachbereiche einfachgesetzlich begründet[12]. Art. 49 WRV verengte die Kompetenz des Reichspräsidenten auf das Begnadigungsrecht i.e.S.

4   Ein beträchtliches politisches Gewicht kam dem **Begnadigungswesen in der DDR** zu; es wurde angewandt, um ein »exzessives Strafrecht in nach den politischen Umständen gewogenen Dosen abzumildern«[13]. Nach Art. 77 DDR-Verf. 1968 bzw. Art. 74 II DDR-Verf. 1974 konnte der seit 1960 an die Stelle des Präsidenten getretene Staatsrat neben Begnadigungen sogar Amnestien ohne Mitwirkung der Volkskammer verfügen[14]. Dies erlaubte es der DDR-Führung, bei stärkerem äußeren (aber auch inneren) Druck »Republikflüchtlinge« vorzeitig zu entlassen und in die Bundesrepublik abzuschieben[15].

5   Die Immunität des Bundespräsidenten nach Art. 60 II GG wurzelt im Prinzip der **Unverletzlichkeit** von Amt und Person des Monarchen, wie sie in Deutschland bis 1918 Gemeingut war. Die Bestimmung des § 73 I der Paulskirchenverfassung: »Die Person des Kaisers ist unverletzlich« fand in der Reichsverfassung von 1871 keine Entsprechung. Art. 43 III WRV stellte die Strafverfolgung des Reichspräsidenten lediglich unter den Vorbehalt der Zustimmung des Reichstags. Eng mit der Immunität verwandt ist die politische **Unverantwortlichkeit** des Monarchen, in deren Konsequenz die Bindung monarchischer u. später präsidialer Akte an die Gegenzeichnung durch die Regierung liegt (→ Art. 58 Rn. 1).

---

[8] Eingehend zu den einzelnen »Gnadentheorien« *Schätzler*, Handbuch (Fn. 6), S. 77ff.; *D. Dimoulis*, Die Begnadigung in vergleichender Perspektive, 1996, S. 56ff.; *Mikisch*, Gnade (Fn. 3), S. 34ff.

[9] *Mikisch*, Gnade (Fn. 3), S. 37; BVerfGE 25, 352 (361, 365f.); allerdings spricht die tragende Meinung von einem exekutiven »Gestaltungsmacht besonderer Art« (361).

[10] *Schätzler*, Handbuch (Fn. 6), S. 10. Zur Verwendung der Gnade als Grundlage einer allgemeinen Billigkeits- und Härteentscheidung (»Akt der Freigebigkeit« gegen den »Mißbrauch des formellen Rechts« durch die staatliche Verwaltung bei *P. Laband*, AöR 7 [1892], 169ff.), vgl. *I. Pernice*, Billigkeit und Härteklauseln im öffentlichen Recht, 1991, S. 147ff.

[11] Ein neuzeitliches Beispiel hierfür liefert die – freilich der Gnadenkompetenz der Länder unterfallende – Entlassungspraxis im Rahmen der lebenslangen Freiheitsstrafe, für die das Bundesverfassungsgericht eine gesetzliche Regelung verlangt hat: BVerfGE 45, 187 (243).

[12] Nachweise bei *E. Menzel*, in: BK, Art. 60 (Erstb. 1964), Anm. III B 1 (S. 23f.).

[13] *Schätzler*, Handbuch (Fn. 6), S. 109.

[14] Vgl. die Übersicht über Amnestien in der DDR bei *Schätzler*, Handbuch (Fn. 6), S. 110ff.

[15] Vgl. etwa die sog. Krenz-Amnestie für DDR-Flüchtlinge v. 27. 10. 1989, GBl. DDR I S. 237.

II. Entstehung und Veränderung der Norm

Art. 60 GG geht auf die Art. 82–84 HChE zurück. Im Parlamentarischen Rat wurden die unterschiedlichen Bestimmungen schließlich in Art. 60 GG zusammengefaßt[16]. Wesentliche Änderungen sind seither nicht erfolgt. Nur Art. 60 I GG wurde durch das Gesetz zur Ergänzung des GG vom 19.3.1956[17] geändert, so daß der Bundespräsident auch für die Ernennung und Entlassung der Offiziere und Unteroffiziere zuständig wurde.

B. Internationale, supranationale und rechtsvergleichende Bezüge

I. Internationale Bezüge

Das politische Führungspersonal **internationaler Organisationen** wird im Einvernehmen der Mitgliedstaaten ernannt, wobei die Mitwirkung hieran formell zu den Vertretungsaufgaben des Bundespräsidenten nach Art. 59 I GG gehört (→ Art. 59 Rn. 19ff.), sachlich aber in den Verantwortungsbereich des Außenministers fällt.

Für das Gnadenrecht ist das **Übereinkommen über die Überstellung verurteilter Personen** vom 21.3.1983[18] von Bedeutung. Nach Art. 12 dieses Vertrags können, wenn ein Vertragsstaat einem anderen einen Strafgefangenen überstellt, beide Staaten ihr Begnadigungsrecht ausüben; nach Art. 14 muß der Vollstreckungsstaat bei einem Gnadenakt des Urteilsstaates die Vollstreckung beenden: **doppelte Gnadenzuständigkeit**[19]. Beide Artikel entsprechen den Art. 12 u. 13 des Übereinkommens vom 13.11. 1991 zwischen den Mitgliedstaaten der EG über die Vollstreckung ausländischer strafrechtlicher Verurteilungen[20], und auch Art. 21 des Europäischen Übereinkommens über die Überwachung bedingt verurteilter oder bedingt entlassener Personen vom 30.11.1964 (von Deutschland noch nicht ratifiziert) geht von diesem Prinzip aus. Auch der Übertragung der Gnadenkompetenz von einem auf einen anderen Staat, wie sie anläßlich der Gebietswechsel nach dem 1. Weltkrieg in einer Reihe von Abkommen des Deutschen Reiches mit einigen Nachbarstaaten erfolgte[21], steht völkerrechtlich nichts entgegen. Für die Begnadigung von durch alliierte Gerichte Verurteilten war nach dem Vertrag zur Regelung aus Krieg und Besatzung entstandener Fragen vom 26.5.1952[22] unter Beteiligung eines Gemischten Ausschusses die alliierte Macht zuständig, deren Gericht das Urteil verhängt hatte[23].

Die **völkerrechtliche Immunität** des Staatsoberhauptes ist ein Aspekt der Staatenimmunität und die logische Komplementärgarantie für die effektive Handlungsfähigkeit des Staates und seines obersten Vertreters im internationalen Verkehr[24]. Soweit

---

[16] Vgl. *R. Herzog*, in: Maunz/Dürig, GG, Art. 60 (1986) Rn. 1: »Legislative Aufräumungsaktion« des Parlamentarischen Rates.
[17] BGBl. I S. 111.
[18] BGBl. 1991 II S. 1006.
[19] Näher zu dem Abkommen *Schätzler*, Handbuch (Fn. 6), S. 29ff.
[20] BGBl. 1997 II S. 1350.
[21] Übersicht bei *Schätzler*, Handbuch (Fn. 6), S. 28f.
[22] BGBl. 1955 II S. 301, 405.
[23] Näher *Schätzler*, Handbuch (Fn. 6), S. 31ff.
[24] Vgl. *Verdross/Simma*, Völkerrecht, Rn. 1027, 1168ff.; einschränkend BVerfGE 95, 96 (128f.); s. auch schon BVerfGE 16, 27 (61ff.): nur bei hoheitlichen *acta iure imperii*. Eine Ergänzung der inner-

sich Einschränkungen durch *ius cogens* etwa in bezug auf völkerrechtliche Verbrechen durchgesetzt haben[25], wird über Art. 25 GG allerdings auch der Umfang der innerstaatlichen Immunität als begrenzt zu betrachten sein (→ Art. 25 Rn. 24 ff.).

II. Supranationale Aspekte

10 Für die Mitwirkung der Mitgliedstaaten bei der Be- und Ernennung der Mitglieder der **Europäischen Kommission** nach Art. 158 (214 n.F.) EGV und der Richter beim **Gerichtshof der Europäischen Gemeinschaften** (Art. 167 I [223 n.F.] EGV gilt dasselbe wie für internationale Organisationen (→ Rn. 7), mag die Behandlung der europäischen Fragen als solche der völkerrechtlichen Vertretung auch überholt sein (→ Art. 23 Rn. 97). Bei Ernennungen nach Art. 60 I GG ist der Bundespräsident grundsätzlich an das materielle Gemeinschaftsrecht, insbesondere an das **Diskriminierungsverbot** des Art. 48 (39 n.F.) EGV gebunden. Da die Aufgaben der von dieser Regelung erfaßten Beamten indessen »mit der Ausübung hoheitlicher Befugnisse und mit Verantwortlichkeiten für die Wahrung der allgemeinen Belange des Staates verbunden sind«[26], wird im Regelfall der Vorbehalt der öffentlichen Verwaltung nach Art. 48 (39 n.F.) IV EGV eingreifen.

11 Hinsichtlich der **Begnadigung** greift das Gebot der Gemeinschaftstreue nach Art. 5 (10 n.F.) EGV insofern ein, als die praktische Wirksamkeit des Gemeinschaftrechts, insbesondere von diesem geforderte Sanktionen etwa im Bereich der Betrugsbekämpfung, durch eine ausufernde Gnadenpraxis nicht beeinträchtigt werden darf.

III. Rechtsvergleichende Hinweise

12 Das **Ernennungsrecht** des Bundespräsidenten entspricht dem auch in vielen anderen Verfassungen verankerten Standard. Nach Art. 20 IV der isländischen Verfassung ist der Präsident auch für Versetzungen zuständig, nach § 27 III der dänischen Verfassung hängt die Versetzung eines Beamten unter bestimmten Voraussetzungen von der Zustimmung des Königs ab. Die finnische Verfassung weist in § 32 dem Präsidenten die Rolle eines Verwaltungskontrolleurs zu, der Auskunftsrechte gegenüber Behörden und das Recht zur Anordnungen von Inspektionen genießt. Meist wird im Zusammenhang mit dem Ernennungs- und Entlassungsrecht dem Monarchen bzw. Präsidenten auch die Befugnis zur Verleihung militärischer Dienstgrade verliehen (z.B. Art. 45 S. 2 griech. Verf., Art. 107 I belg. Verf.). Wie in Deutschland unterliegt das Ernennungsrecht regelmäßig einem Gesetzesvorbehalt.

13 In nahezu allen Verfassungen findet sich heute die Kompetenz zum Erlaß von Gnadenakten[27] regelmäßig in der Form, daß das **Staatsoberhaupt begnadigen kann.** Allerdings ist die Begnadigung meist nur für Strafurteile vorgesehen (so Art. 65 II lit c. österr. Verf., Art. 38 lux. Verf., Art. 110 belg. Verf., Art. 47 griech. Verf.). In einigen

---

staatlichen durch die völkerrechtliche Immunität nimmt auch *K. Schlaich*, Der Status des Bundespräsidenten, in: HStR II, § 48 Rn. 99, an.

[25] Vgl. die umfassenden Nachw. zur Diskussion in BVerfGE 96, 68 (86 ff.).

[26] So die Voraussetzungen der Ausnahme vom Freizügigkeitsprinzip nach Art. 48 (39 n.F.) IV EGV in der Terminologie von EuGHE 1980, 3881 (3900 ff.). – *Kommission/Belgien (SNCB)*; vgl. auch EuGHE 1996, I-3207 (3255 ff.); *C. Koenig/A. Haratsch*, Europarecht, 2. Aufl. 1998, Rn. 471.

[27] Vgl. *Dimoulis*, Begnadigung (Fn. 8), S. 24.

Staaten ist das herkömmliche Begnadigungsrecht für den Einzelfall erweitert worden: In Dänemark steht dem König auch das Recht zur allgemeinen Amnestie zu (§ 25 S. 1 dän. Verf.). In Finnland kann der Präsident auch Dispense von gesetzlichen Vorschriften aussprechen, soweit diese im Gesetz vorgesehen sind (§ 32 finn. Verf.). Teilweise bestehen für das Begnadigungsverfahren besondere Voraussetzungen. So ist in Griechenland vor einer Begnadigung ein mehrheitlich aus Richtern bestehender Rat anzuhören (Art. 47 I griech. Verf.), in Finnland ein Gutachten des obersten Gerichtshofes vorgeschaltet (§ 27 I finn. Verf.).

Auf Ebene der **deutschen Länder** wird das – gegenüber der Bundesebene weit bedeutendere – Gnadenrecht in den Stadtstaaten vom Senat[28], im Saarland von der Landesregierung[29] ausgeübt, in den anderen Ländern durch den Ministerpräsidenten. 14

Auch die **Immunität** des Bundespräsidenten entspricht dem internationalen Standard. In Österreich wird der Bundespräsident nach Art. 63 I österr. Verf. allgemein vor »behördlichen Verfolgungen« geschützt; sie sind nur mit Zustimmung der Bundesversammlung zulässig. Teilweise ist der Präsident durch Verfolgungshindernisse für die Dauer der Amtszeit geschützt (vgl. Art. 133 IV portug. Verf., Art. 49 I 2 griech. Verf., § 47 II 3 finn. Verf.). Sonst wird die Immunität des Präsidenten nur im Zusammenhang mit in Ausübung von Amtshandlungen begangenen Delikten thematisiert (Art. 68 franz. Verf., § 47 II finn. Verf., Art. 90 ital. Verf., Art. 49 griech. Verf.). Soweit ersichtlich, ist hier die Frage der präsidialen Immunität außerhalb der Amtsführung zur Disposition des einfachen Gesetzgebers gestellt. In den europäischen Monarchien wird die Person des Staatsoberhaupts als »unverletzlich«, in Luxemburg sogar als »heilig« bezeichnet[30]. 15

C. Erläuterungen

I. Allgemeine Bedeutung

Art. 60 GG ist neben Art. 19 GG die **heterogenste Norm** des Grundgesetzes. Die Aufzählung der präsidialen Befugnisse in Art. 60 I–III GG ist keineswegs abschließend (→ Art. 54 Rn. 19 f.). Angesprochen sind zentrale, die besondere Funktion des Bundespräsidenten als Staatsoberhaupt prägende Prärogativen, aus denen sich entsprechend den Grundsätzen des Art. 33 IV und V GG die **Repräsentationsaufgabe** der (Bundes-)Beamten für das Gemeinwesen ableitet und in denen sich andererseits eine gewisse, jedenfalls **symbolische Erhabenheit** des Bundespräsidenten gegenüber den übrigen Staatsdienern[31], im Gnadenrecht sogar gegenüber dem Recht ausdrückt. Die Immunität nach Art. 60 IV GG bekräftigt dies als Teil eines Mosaiks von Regelungen, die für die Stellung und Funktion des Bundespräsidenten im Grundgesetz von Bedeutung sind (→ Art. 54 Rn. 13 ff.). 16

---

[28] Art. 68 Verf. Berlin, Art. 44 Verf. Hamburg, Art. 121 Verf. Bremen.
[29] Art. 95 II Verf. Saarland i.V.m. § 1 der VO über die Ausübung des Gnadenrechts v. 2.3.1948 (ABl. S. 447) i.d.F. v. 28.3.1977 (ABl. S. 378, 381).
[30] Vgl. etwa Art. 88 belg. Verf.: »Die Person des Königs ist unverletzlich; seine Minister sind verantwortlich«. Ähnlich § 13 dän. Verf., auch Art. 42 II niederl. Verf., Art. 4 lux. Verf.: »Die Person des Großherzogs ist heilig und unverletzlich«, s. auch § 7 schwed. Verf., Art. 56 III span. Verf.
[31] Vgl. auch Art. 63 II 2 und 64 I GG: Ernennung des Bundeskanzlers und der Minister durch den Bundespräsidenten einerseits und Art. 56 I GG: »Amtsantritt« des Bundespräsidenten andererseits.

Art. 60

II. Das Ernennungs- und Entlassungsrecht (Art. 60 I GG)

1. Personaler Anwendungsbereich

17 Art. 60 I GG erfaßt zunächst die **Bundesrichter**. Hierunter fallen alle Richter im Bundesdienst. Art. 60 I GG knüpft dabei an die Vorschriften der Art. 94–96, 98 GG an. Bundesrichter sind zunächst die Richter der Bundesgerichte nach Art. 95 und 96 GG, dann aber auch die Richter des Bundesverfassungsgerichts. § 10 BVerfGG ist daher nach h.M. nur deklaratorischer Natur[32]. Die gesonderte Aufzählung der Bundesrichter neben den Bundesbeamten – Art. 46 S. 2 WRV sprach nur von »Reichsbeamten« – folgt dabei dem **Differenzierungsgebot** aus Art. 98 I GG[33].

18 **Bundesbeamte** sind alle unmittelbar im Dienste des Bundes sowie im Dienste einer bundesunmittelbaren Körperschaft, Anstalt und Stiftung des öffentlichen Rechts (vgl. § 2 BBG) stehenden Beamten[34]. Allerdings meint Art. 60 I GG nur Beamte im **statusrechtlichen** Sinne, ohne daß es auf den Dienstrang ankommt. Die Befugnis des Bundespräsidenten bezieht sich weder auf Angestellte im Bundesdienst, wie es im Parlamentarischen Rat erörtert worden war, noch auf Beliehene. Für die Mitglieder der Bundesregierung enthält Art. 64 I GG eine Sonderregelung, wie die Minister auch nach § 1 BMinG in einem öffentlich-rechtlichen Amtsverhältnis eigener Art stehen. Die Nennung der **Offiziere und Unteroffiziere** setzt voraus, daß es derartige mit militärischen Führungsaufgaben betraute Personen gibt. Eine Bestandsgarantie für diese Chargen folgt daraus aber ebensowenig wie die Notwendigkeit einer entsprechenden Differenzierung in den Streitkräften[35]. Rein akademische Bedeutung hat der Streit, ob nur die Funktionsträger der Bundeswehr[36] oder auch die des **Bundesgrenzschutzes** gemeint sind[37]; die Rechtsfolgen sind identisch.

2. Sachlicher Anwendungsbereich

19 Art. 60 I GG überträgt die **Repräsentationsaufgabe** der förmlichen Ernennung und Entlassung auf den Bundespräsidenten. Die dabei jeweils zu beachtenden Voraussetzungen ergeben sich aus dem einschlägigen Gesetz, die Auswahl erfolgt nach den in Art. 94 I, 95 II GG bzw. durch Gesetz bestimmten Verfahren. Eine Beteiligung anderer Verfassungsorgane bei der Ernennung oder Entlassung ist daneben weder vorgesehen noch sinnvoll. Art. 82 II HChE sah noch die Zustimmung des Bundesrates vor, was sich jedoch nicht durchsetzte[38]. Die Begriffe **Ernennung und Entlassung** entsprechen denen des BBG, so daß die Einschaltung des Bundespräsidenten nur das Grundverhältnis be-

---

[32] Wie hier *P. Busse*, DÖV 1965, 469 (470); *W.K. Geck*, Wahl und Status der Bundesverfassungsrichter, in: HStR II, § 55 Rn. 12; *M. Nierhaus*, in: Sachs, GG, Art. 60 Rn. 4; *Herzog* (Fn. 16), Art. 60 Rn. 11 (Fn. 2); a.A. *U. Hemmrich*, in: v. Münch/Kunig, GG II, Art. 60 Rn. 6; *v. Münch*, Staatsrecht I, Rn. 792; *Stern*, Staatsrecht II, S. 249: § 10 BVerfGG ist konstitutiv, da zumindest die »anderen Mitglieder« des BVerfG nach Art. 95 I GG nicht als Bundesrichter behandelt werden könnten.

[33] *Menzel* (Fn. 12), Art. 60 Anm. II A 2c (S. 7).

[34] *Hemmrich* (Fn. 32), Art. 60 Rn. 7; *J. Jekewitz*, in: AK-GG, Art. 60 Rn. 3; *Nierhaus* (Fn. 32), Art. 60 Rn. 5; a.A. *Herzog* (Fn. 16), Art. 60 Rn. 12: Nur unmittelbare Bundesbeamte.

[35] In diesem Sinne aber *Herzog* (Fn. 16), Art. 60 Rn. 11.

[36] So *Herzog* (Fn. 16), Art. 60 Rn. 11 (Fn. 3); *Jekewitz* (Fn. 34), Art. 60 Rn. 3.

[37] So *Hemmrich* (Fn. 32), Art. 60 Rn. 9; *Nierhaus* (Fn. 32), Art. 60 Rn. 5; *v. Mangoldt/Klein*, GG, Art. 60 Anm. III.4 (S. 1172).

[38] Vgl. die Darstellung bei *Menzel* (Fn. 12), Art. 60 Anm. I 1 (S. 2).

trifft[39]. Die weitere Auffassung, nach der im Blick auf die Tradition vor 1949 sämtliche Statusänderungen wie Versetzung in den Ruhestand und Beförderung unter Art. 60 I GG fallen[40], widerspricht Wortlaut und Sinn der Vorschrift. Den Begriff »Entlassung« weiter auszulegen, um damit auch die Versetzung in den einstweiligen Ruhestand zu erfassen[41], ist dagegen gerechtfertigt, da auch sie das »Grundverhältnis« betrifft.

3. Prüfungsrecht des Bundespräsidenten

Wie bei der Ernennung und Entlassung des Bundeskanzlers (Art. 63 II 2, IV, 67 GG) und der Bundesminister (Art. 64 GG) hat der Bundespräsident nach Art. 60 I GG anders als der Reichspräsident, in dessen Ermessen es gestellt war, die Personalvorschläge der Reichsregierung umzusetzen[42], **keine Entscheidungskompetenz** in Personalsachen. Er hat keine Personalhoheit und muß deswegen prinzipiell die von den Ministerien vorgelegten Ernennungs- und Entlassungsurkunden unterzeichnen sowie ggf. aushändigen[43]. Unklar ist aber, inwieweit ihm ein Prüfungs-, Mitbestimmungs- oder **Ablehnungsrecht** zukommt. In seiner rechtswahrenden Funktion als »Staatsnotar« ist er nach einhelliger Meinung zwar berechtigt, die verfassungsrechtlichen (Art. 33, 36 GG) wie einfachgesetzlichen Einstellungs- bzw. Entlassungsvoraussetzungen (etwa in bezug auf Mindestalter, Laufbahnvorschriften, deutsche Staatsangehörigkeit) zu überprüfen[44]. Ob der Bundespräsident aber auch im Blick auf die **sachliche bzw. persönliche Qualifikation** die Ernennung eines Anwärters ablehnen kann, ist umstritten. Votiert wird z.T. für ein weites sachliches Ermessen analog zu Art. 46 WRV[45], zuweilen auch nur für ein begrenztes sachliches Ermessen[46], etwa soweit die Personalauswahl durch die Exekutive erfolgt, nicht aber bei der Auswahl durch Parlamentsbeschluß (etwa nach Art. 94 GG)[47]. Zu Recht wird von anderer Seite indessen jegliches sachliche Ermessen abgelehnt[48]. Weder Wortlaut noch Zweck der Vorschrift im Blick auf die Funktion des Bundespräsidenten (→ Rn. 16), noch die Notwendigkeit der Gegenzeichnung nach Art. 58 GG erlauben den Schluß auf ein eigenständiges politisches Ermessen des Bundespräsidenten. Personalentscheidungen sind häufig maßgebend für den Erfolg einer bestimmten Politik, für die sich nur die Regierung gegenüber dem Parlament zu verantworten hat, nicht aber der Bundespräsident. Dieser Verantwortungszusammenhang würde durch ein politisches Mitspracherecht des Bundespräsidenten in Frage gestellt.

20

---

[39] *Hemmrich* (Fn. 32), Art. 60 Rn. 5; *Jekewitz* (Fn. 34), Art. 60 Rn. 4.
[40] *Herzog* (Fn. 16), Art. 60 Rn. 15 f.
[41] So auch *Herzog* (Fn. 16), Art. 60 Rn. 16; ähnlich *Nierhaus* (Fn. 32), Art. 60 Rn. 6: »Jedenfalls« auch die Versetzung in den einstweiligen Ruhestand.
[42] *Anschütz*, WRV, Art. 46 Anm. 3; *F. Poetzsch-Heffter*, WRV, 3. Auflage 1928, Art. 46 Anm. 2.
[43] So die einhellige Auffassung, vgl. *Nierhaus* (Fn. 32), Art. 60 Rn. 7; *Herzog* (Fn. 16), Art. 60 Rn. 18; *Stern*, Staatsrecht II, S. 261: keine »eigene ›Personalpolitik‹«.
[44] *Nierhaus* (Fn. 32), Art. 60 Rn. 8; *Herzog* (Fn. 16), Art. 60 Rn. 18; *E. Menzel*, DÖV 1965, 581 (586) unter Verweis auf Art. 61 GG, wonach auch die Verletzung »eines anderen Bundesgesetzes« Anlaß für eine Präsidentenanklage liefern kann.
[45] So etwa *P. Busse*, DÖV 1965, 469 (470 ff.); *E. Menzel*, DÖV 1965, 581 (588, 593).
[46] Vgl. *Nierhaus* (Fn. 32), Art. 60 Rn. 8; *Stern*, Staatsrecht II, S. 262: Ablehnungsrecht gegenüber Personalvorschlägen, die »dem Wohl des Staates in hohem Maße abträglich sind«.
[47] Vgl. *Hemmrich* (Fn. 32), Art. 60 Rn. 14; *Nierhaus* (Fn. 32), Art. 60 Rn. 8.
[48] So *Herzog* (Fn. 16), Art. 60 Rn. 18; *J. Ipsen*, Staatsrecht I, Rn. 407; *Jekewitz* (Fn. 34), Art. 60 Rn. 4; *Stein*, Staatsrecht, S. 103.

Art. 60

4. Gesetzesvorbehalt

21 Das Ernennungs- und Entlassungsrecht des Bundespräsidenten steht nach Art. 60 I GG **zur Disposition** des Gesetzgebers. Dieser kann seine Befugnisse anderen Stellen übertragen oder auch die Zuständigkeit des Bundespräsidenten bestätigen (z.B. §36 BBG, §10 BVerfGG, §7 III BBankG, §50 SoldG). Der Vorbehalt ist freilich, soweit es um die Entlastung des Bundespräsidenten geht, wegen der Möglichkeit einer Delegation nach Art. 60 III GG weitgehend entbehrlich. Umgekehrt fehlt es an klaren **Grenzen für den Gesetzgeber**. In Parallele zu Art. 28 II GG werden dafür z.T. die Wesensgehaltslehre und der Verhältnismäßigkeitsgrundsatz bemüht[49]. Nach anderer Auffassung erlaubt Art. 60 I GG es jedenfalls nicht, die regelmäßige Zuständigkeit des Bundespräsidenten zur Ausnahme zu verkehren[50]. Weder Wortlaut noch Sinn der Vorschrift rechtfertigen indessen derartige Einschränkungen. Auch ein »substantieller« oder »gar vollständiger Entzug« der Ernennungsbefugnis ist nach dem sehr offen formulierten soweit-Satz formal nicht ausgeschlossen[51]. Die grundsätzliche Wertung des Art. 60 I GG dürfte immerhin ausschließen, daß der Kompetenzverlust des Bundespräsidenten **ohne sachliche Rechtfertigung** erfolgt.

III. Das Begnadigungsrecht (Art. 60 II GG)

1. Begnadigung im Einzelfall

22 Das Begnadigungsrecht i.S.d. Art. 60 II GG wird herkömmlich als die Befugnis definiert, im Einzelfall eine **rechtskräftig erkannte Strafe** ganz oder teilweise **zu erlassen, umzuwandeln oder ihre Vollstreckung auszusetzen**[52]. Es ist damit weit enger als der noch im Konstitutionalismus verwendete Gnadenbegriff (→ Rn. 2). Allerdings ist diese Formulierung unscharf, da zu »Strafen« auch **strafähnliche Sanktionen** wie von Bundesgerichten verhängte Ordnungsmittel, ehren- und berufsgerichtliche Sanktionen und Nebenstrafen zu zählen sind. Speziell für den Verlust der Beamtenrechte bei strafrechtlicher Verurteilung ist dies in §50 BBG geregelt. Anders als nach der Gnadenordnung 1935 fallen darunter jedoch nicht die Maßnahmen der Besserung und Sicherung (§§ 61 ff. StGB)[53].

23 Begnadigungsfähig ist auch die **Aberkennung von Grundrechten** nach Art. 18 GG i.V.m. §§ 13 Nr. 1, 36 ff. BVerfGG, wobei §40 BVerfGG nicht als abschließende Regelung verstanden werden kann[54]. Theoretisch könnte auch die Ahndung von **Ordnungswidrigkeiten** zu den gnadenfähigen Sanktionen gehören[55]. Da sie aber nach dem geltenden Gesetzesrecht ausschließlich der Landeshoheit unterliegt, kann

---

[49] Vgl. *Herzog* (Fn. 16), Art. 60 Rn. 21; → Art. 28 Rn. 116, 119 f.
[50] In diesem Sinne auch *M. Nierhaus*, Entscheidung, Präsidialakt und Gegenzeichnung, 1973, S. 117; *E. Menzel*, DÖV 1965, 581 (587, Fn. 33); *Stern*, Staatsrecht II, S. 250, m.w.N.
[51] Anders *Stern*, Staatsrecht II, S. 260, m.w.N., nach dem dies »verfassungsrechtlich nicht zu rechtfertigen« wäre, da es einer »Streichung der Kompetenz gleichkäme«.
[52] BVerfGE 25, 352 (358); dem folgend *Hemmrich* (Fn. 32), Art. 60 Rn. 17; *Jekewitz* (Fn. 34), Art. 60 Rn. 6; *Nierhaus* (Fn. 32), Art. 60 Rn. 11.
[53] *Herzog* (Fn. 16), Art. 60 Rn. 27.
[54] Als fraglich betrachtet dies *Jekewitz* (Fn. 34), Art. 60 Rn. 7.
[55] Anders wohl *Hemmrich* (Fn. 32), Art. 60 Rn. 21.

Art. 60 II GG sie nicht erfassen⁵⁶. Dem Begnadigungsrecht unterliegen schließlich auch **bestandskräftige behördliche Entscheidungen mit strafendem Charakter**, wie etwa Disziplinarmaßnahmen nach der BDO und der WDO.

Das Begnadigungsrecht umfaßt nicht die Befugnis, ein noch anhängiges Verfahren niederzuschlagen (**Abolition**)⁵⁷. Auch die Begnadigung eines nach Art. 61 II 1 GG, § 56 BVerfGG **amtsenthobenen Bundespräsidenten** durch seinen Nachfolger scheidet aus, da sonst zwei Bundespräsidenten im Amt wären⁵⁸. Aus dem Passus »im Einzelfall« ergibt sich schließlich, daß **Amnestien**, d.h. die Anordnung der Straffreiheit bzw. -ermäßigung für eine unbestimmte Zahl von Personen nach allgemeinen Kriterien, nicht unter Art. 60 II GG fallen; hierzu bedarf es eines Bundesgesetzes⁵⁹. 24

Rechtsfolge des Begnadigungsaktes ist nicht die Aufhebung der gerichtlichen bzw. behördlichen Entscheidung, sondern nur die Änderung ihrer Rechtsfolge; der Schuldspruch bleibt bestehen⁶⁰. 25

2. Gnadenrecht für den Bund

Im Einklang mit der grundsätzlichen Trennung von Bundes- und Landeshoheit ist das Gnadenrecht des Bundespräsidenten auf diejenigen Fälle beschränkt, in denen von der ersten Instanz an ein **Bundesgericht** geurteilt oder eine **Bundesbehörde** entschieden hat⁶¹. Daher erfaßt Art. 60 II GG keine Strafurteile des Bundesgerichtshofes in Revisionssachen⁶²; auch für Entscheidungen über Ordnungswidrigkeiten fehlt ihm wegen der Landeszuständigkeit die Kompetenz (→ Rn. 23). Dagegen fallen unter das Gnadenrecht des Bundespräsidenten Entscheidungen der Oberlandesgerichte, soweit sie in Ausübung der Gerichtsbarkeit des Bundes ergangen sind (Art. 96 V GG). Auch die Erklärung der **Verwirkung von Grundrechten** durch das Bundesverfassungsgericht nach Art. 18 GG fällt unter Art. 60 II GG. 26

3. Ermessen, Gegenzeichnung und Justiziabilität

Dem Bundespräsidenten wird für die Gnadenentscheidung ein weitgehend freies politisches Ermessen zugestanden, wobei er allerdings an die **Gegenzeichnung** (Art. 58 S. 1 GG) gebunden ist⁶³. Diese Freiheit betrifft die Entscheidung über das »ob« einer Begnadigung wie auch über das Ausmaß. Zwar ist die tragende Meinung des Bundesverfassungsgerichts 1969 der Ansicht gewesen, in einer modernen demokratischen 27

---

⁵⁶ S. auch *Nierhaus* (Fn. 32), Art. 60 Rn. 12; *Herzog* (Fn. 16), Art. 60 Rn. 28; zutreffend auch *Jekewitz* (Fn. 34), Art. 60 Rn. 7, der nur »Ordnungsmittel des Bundes« nennt.
⁵⁷ *Hemmrich* (Fn. 32), Art. 60 Rn. 18; *Nierhaus* (Fn. 32), Art. 60 Rn. 13.
⁵⁸ *Herzog* (Fn. 16), Art. 60 Rn. 29.
⁵⁹ Vgl. auch *Hemmrich* (Fn. 32), Art. 60 Rn. 17.
⁶⁰ *Herzog* (Fn. 16), Art. 60 Rn. 26.
⁶¹ Kritisch zur Anknüpfung an die erstinstanzliche Zuständigkeit und mit dem Vorschlag, die Gnadenzuständigkeit an der verletzten Norm (Bundes- oder Landesrecht) zu orientieren: *O. Bachof*, JZ 1983, 469 (473ff.).
⁶² *Herzog* (Fn. 16), Art. 60 Rn. 33.
⁶³ So auch *Herzog* (Fn. 16), Art. 60 Rn. 8, 37; *Jekewitz* (Fn. 34), Art. 60 Rn. 7; *K. Schlaich*, Die Funktionen des Bundespräsidenten im Verfassungsgefüge, in: HStR II, § 49 Rn. 11; *Nierhaus* (Fn. 32), Art. 60 Rn. 15, der hier jedoch das Ermessen des Gegenzeichnungsberechtigten für begrenzt hält (ebd., Art. 58 Rn. 25); a.A. *Hemmrich* (Fn. 32), Art. 60 Rn. 21, unter Hinweis auf die »Tradition des Gnadenrechts als herausgehobenes ureigenes Vorrecht des Staatsoberhauptes«; ebenso *Stern*, Staatsrecht II, S. 265, wegen des Charakters als »materiell rechtsfreie Entscheidung«.

Gesellschaft müsse das »irrationale Element« entfallen[64]. In dieser Allgemeinheit ist das **Rationalitätsgebot** jedoch nicht haltbar, da die Berücksichtigung politischer Opportunitätsgesichtspunkte zwangsläufig auch emotionale, irrationale Elemente berücksichtigen muß[65].

28 Das schließt nicht aus, sondern fordert, daß tragende Wertentscheidungen des Grundgesetzes wie insbesondere das Gebot der Achtung und des Schutzes der **Menschenwürde** heute Leitlinie der Ausübung des Begnadigungsrechts sind[66]. Umgekehrt findet das Ermessen im Gnadenrecht eine Grenze im rechtsstaatlichen und letztlich in Art. 1 I GG begründeten (→ Art. 1 I Rn. 98) **Verbot der Willkür**[67] und sachfremder Erwägungen, etwa der persönlichen Begünstigung. Art. 60 II GG begründet weder eine Ausnahme zu Art. 1 I GG noch zur allgemeinen Bindung aller staatlichen Gewalt an die Grundrechte nach Art. 1 III GG. Ob es hiermit vereinbar ist, einen Gnadenerweis auch »ohne Billigung und sogar gegen den Willen des Begünstigten« zuzulassen[68], ist äußerst fraglich[69]. Dem nach h.M. zugrundeliegenden **Billigkeitsgedanken**[70] entspricht das nicht.

29 Umstritten ist gleichwohl die Frage der **Justiziabilität von Gnadenakten**[71]. Nach der Rechtsprechung des Bundesverfassungsgerichts hat das Grundgesetz »das Institut des Begnadigungsrechts in seinem historisch überkommenen Sinn übernommen«[72]; nach dem System des Grundgesetzes ergebe sich, »daß Art. 19 Abs. 4 GG für Gnadenentscheidungen nicht gilt«[73]. Weder positive Gnadenakte noch ablehnende Entscheidungen unterliegen danach der gerichtlichen Nachprüfung[74]. Die Gegenauffassung sieht indessen im republikanischen **Verfassungsstaat** keinen Raum für gerichtsfreie Hoheitsakte und damit für Gnadenerweise ohne richterliche Kontrollmöglichkeit[75]. Daß Art. 60 II GG demgegenüber gerade als Ausnahme konzipiert sein könnte, ist damit aber nicht zwingend widerlegt. Die materiellen Bindungen, die das Grundgesetz dem

---

[64] BVerfGE 25, 352 (359f.), gegen den Weg der Verrechtlichung der Gnade jedoch ebd., S. 361.

[65] Ähnlich *Schätzler*, Handbuch (Fn. 6), S. 86; s. schon *G. Radbruch*, Rechtsphilosophie, 6. Aufl. 1963, S. 343: »Die Begnadigung ist ihrem Wesen nach irrational, d.h. zwecklos, aber sie ist deshalb noch nicht sinnlos [...], die Gnade ist dem Wunder innigst verwandt«.

[66] In diesem Sinne zutreffend die *abw. Meinung* in BVerfGE 25, 352 (364f.).

[67] Nach BayVerfGH BayVBl. 1979, 114 (115) ist der Gnadenakt an die verfassungsmäßige Ordnung gebunden; die Gnadenbehörde hat sich »an der Idee der Gerechtigkeit zu orientieren und frei von Willkür zu entscheiden«. Für eine noch strengere Grundrechtsbindung *Mikisch*, Gnade (Fn. 3), S. 70f.; zur Konkretisierung der Bindung an den Gleichheitssatz durch zulässige Gnadengründe vgl. *Dimoulis*, Begnadigung (Fn. 8), S. 278ff., 406ff.

[68] So BVerfGE 25, 352 (363).

[69] S. auch *Mikisch*, Gnade (Fn. 3), S. 151ff., m.w.N. zum Streitstand.

[70] Unterstrichen auch in BVerfGE 25, 352 (360): »Ausgleich für Härten und Unbilligkeiten«; ähnlich *Stern*, Staatsrecht II, S. 264; in diesem Sinne rechtlicher Gnade als »allgemeine Dispensmöglichkeit, die der Verwaltung offensteht, wenn eine spezielle Norm fehlt« *Mikisch*, Gnade (Fn. 3), S. 149f. Zur Problematik der Gleichsetzung von Gnade und Billigkeit vgl. *Pernice*, Billigkeit (Fn. 10), S. 576f.

[71] Zum Streitstand mit zahlr. Nachw. *Mikisch*, Gnade (Fn. 3), S. 157ff.

[72] Ablehnend gegenüber der Adaption der Tradition *O. Bachof*, JZ 1983, 469 (472).

[73] BVerfGE 25, 352 (358, 361f.).

[74] BVerfGE 25, 352 (362) – tragende Auffassung; ebenso BVerwG NJW 1983, 187 (188); vgl. auch *E. Eyermann*, VwGO, 10. Aufl. 1998, § 40 Rn. 12; *H. Huba*, Der Staat 29 (1990), 117 (120ff.), m.w.N. zur Gegenposition; *Stern*, Staatsrecht II, S. 264.

[75] Vgl. die abw. Meinung in BVerfGE 25, 352 (365f.), in bezug auf die »vom Grundgesetz abgesicherten Mindestanforderungen der Gerechtigkeit«; s. auch *F.-L. Knemeyer*, DÖV 1970, 121 (122f.); → Art. 19 IV Rn. 39, m.w.N. in Fn. 120.

Bundespräsidenten auferlegt (→ Rn. 27), bleiben in jedem Falle Maßstab seiner **politischen Verantwortlichkeit** und Glaubwürdigkeit. Ein Anspruch auf Begnadigung besteht nach fast einhelliger Auffassung in keinem Fall[76], umgekehrt ist unstreitig, daß der **Widerruf einer Begnadigung** anfechtbar ist[77].

IV. Delegationsermächtigung (Art. 60 III GG)

Art. 60 III GG ermächtigt den Bundespräsidenten, seine Ernennungs-, Entlassungs- und Begnadigungsbefugnisse zu **übertragen** und sich damit in seiner Amtsführung zu entlasten. Adressat ist eine »andere Behörde«. Der föderalen Trennung von Bundes- und Landeshoheitssphäre entsprechend kann das nur eine Bundesbehörde sein. Der Bundespräsident hat von dieser Ermächtigung in Form von »Anordnungen« sehr weitgehend Gebrauch gemacht[78]. Sie sind ihrer Natur nach **Rechtsverordnungen**. Obwohl in Art. 60 III GG nicht ausdrücklich vorgesehen, kann die Delegation widerrufen werden. Der Widerruf ist – anders als die Delegation selbst – nicht gegenzeichnungspflichtig (→ Art. 58 Rn. 21).

30

V. Immunität des Bundespräsidenten (Art. 60 IV GG)

Art. 60 IV GG erklärt Art. 46 II bis IV GG für entsprechend anwendbar und gewährt dem Bundespräsidenten dadurch die den Bundestagsabgeordneten zustehende Immunität. Der **Schutz dient dem Amt**, nicht der Person des Bundespräsidenten[79]. Er kommt im Verhinderungsfall nach Art. 57 GG in gleichem Maße seinem Stellvertreter zugute[80]. Die Immunität beseitigt daher nicht den Strafanspruch, sondern bildet lediglich ein Verfolgungs- und Vollstreckungshindernis während der Amtsdauer[81]. Im übrigen gilt dasselbe wie für die Bundestagsabgeordneten (→ Art. 46 Rn. 21ff.).

31

Der Bundestag kann die **Immunität aufheben** bzw. die Aussetzung von Strafverfahren und Verfahren nach Art. 18 GG betreiben. Die dafür – unter Systemgesichtspunkten sachnäher erscheinende – Bundesversammlung kann dies aufgrund ihres nicht-permanenten Charakters nicht leisten[82]. Auch eine Zustimmung des Bundesrates ist nicht erforderlich. Der Bundestags-Beschluß steht in dessen politischem Ermessen. Auf den Willen des Bundespräsidenten kommt es nicht an[83]. Dessen Abhängigkeit vom Willen des Parlaments ist wohl verfassungspolitisch problematisch, wird wegen

32

---

[76] Anders *Mikisch*, Gnade (Fn. 3), S. 165 f., zum Individualdispens, der eine Grundrechtsverletzung beseitigen soll: »Ermessen auf Null reduziert«.
[77] BVerfGE 30, 108 (111); s. auch *Hemmrich* (Fn. 32), Art. 60 Rn. 23.
[78] S. insbes. die AnO des Bundespräsidenten über die Ernennung und Entlassung der Bundesbeamten und Richter im Bundesdienst v. 14. 7. 1975, BGBl. I S. 1915 – BGBl. III S. 2030-11-47; AnO des Bundespräsidenten über die Ernennung und Entlassung der Soldaten v. 19. 7. 1969, BGBl. I S. 775 – BGBl. III S. 51-1-13; AnO des Bundespräsidenten über die Ausübung des Begnadigungsrechts des Bundes v. 5. 10. 1965, BGBl. I S. 1513, geändert durch die AnO v. 3. 11. 1970, BGBl. I S. 1573 – BGBl. III S. 313–3.
[79] *Nierhaus* (Fn. 32), Art. 60 Rn. 17; *Schlaich* (Fn. 24), § 49 Rn. 9.
[80] Vgl. auch *Jekewitz* (Fn. 34), Art. 60 Rn. 8.
[81] *v. Mangoldt/Klein*, GG, Art. 60 Anm. IV 1c (S. 1181).
[82] *Hemmrich* (Fn. 32), Art. 60 Rn. 28. Die für die Zuständigkeit der Bundesversammlung votierende Deutsche Partei hat sich im Parlamentarischen Rat nicht durchsetzen können; dazu näher *Menzel* (Fn. 12), Art. 60 Anm. I 3 (S. 4f.).
[83] *Schlaich* (Fn. 24), § 48 Rn. 9.

der geringen praktischen Bedeutung jedoch hingenommen[84]. Die Eingrenzung des Schutzes für das Staatsoberhaupt entspricht dem Umstand, daß im Rahmen einer demokratischen Regierungsform ein Amtsträger nicht grundsätzlich vor jeglichem Zugriff geschützt werden kann[85]. Allerdings erschöpft sich der besondere Schutz des Bundespräsidenten nicht in der Gewährleistung der persönlichen Freiheit des Amtsträgers während seiner Amtsdauer: Daneben steht der – ebenfalls in der Staatenwelt geläufige – gesteigerte Ehrenschutz nach § 90 StGB (Verunglimpfung des Bundespräsidenten).

33 Die Immunität besteht nicht gegenüber der **Präsidentenanklage** nach Art. 61 GG.

D. Verhältnis zu anderen GG-Bestimmungen

34 Das Ernennungs- u. Entlassungsrecht nach Art. 60 I GG knüpft direkt an die Vorschriften über das Amtsverhältnis der Soldaten sowie der Bundesbeamten und -richter in den Art. 33, 36, 97, 98 I, II, 131, 132 GG an, ohne seinerseits Vorgaben für den Beamten- bzw. Richterstatus zu liefern. Rechtliche **(Prüf-)Maßstäbe** bei der Wahrnehmung seiner Kompetenz ergeben sich für den Bundespräsidenten u.a. aus Art. 33 II, III GG sowie aus dem Gebot landsmannschaftlicher Ausgewogenheit nach Art. 36 I GG. Von Bedeutung sind ferner die Gesetzgebungszuständigkeiten des Bundes für das Amtsverhältnis seiner Bediensteten nach Art. 73 Nr. 8 u. 98 I GG.

35 Bezüglich der Ernennung und Entlassung der **Bundesminister** und des **Bundeskanzlers** gehen die Art. 63 II 2, IV 2, 64, 67 I 2 GG dem Art. 60 I GG als dem besonderen Status der betreffenden Personen entsprechende Spezialregelungen vor.

---

[84] *Nierhaus* (Fn. 32), Art. 60 Rn. 17.
[85] *Herzog* (Fn. 16), Art. 60 Rn. 56.

Artikel 61 [Anklage vor dem Bundesverfassungsgericht]

(1) ¹Der Bundestag oder der Bundesrat können den Bundespräsidenten wegen vorsätzlicher Verletzung des Grundgesetzes oder eines anderen Bundesgesetzes vor dem Bundesverfassungsgericht anklagen. ²Der Antrag auf Erhebung der Anklage muß mindestens von einem Viertel der Mitglieder des Bundestages oder einem Viertel der Stimmen des Bundesrates gestellt werden. ³Der Beschluß auf Erhebung der Anklage bedarf der Mehrheit von zwei Dritteln der Mitglieder des Bundestages oder von zwei Dritteln der Stimmen des Bundesrates. ⁴Die Anklage wird von einem Beauftragten der anklagenden Körperschaft vertreten.

(2) ¹Stellt das Bundesverfassungsgericht fest, daß der Bundespräsident einer vorsätzlichen Verletzung des Grundgesetzes oder eines anderen Bundesgesetzes schuldig ist, so kann es ihn des Amtes für verlustig erklären. ²Durch einstweilige Anordnung kann es nach der Erhebung der Anklage bestimmen, daß er an der Ausübung seines Amtes verhindert ist.

Literaturauswahl

Scholzen, Wolfgang A.: Der Begriff des Vorsatzes in Artikel 61 Grundgesetz und entsprechenden landesrechtlichen Bestimmungen, Diss. jur. Würzburg 1970.

Siehe auch die Angaben zu Art. 54 GG.

Leitentscheidungen des Bundesverfassungsgerichts

Diese liegen zu Art. 61 GG bislang nicht vor.

Gliederung

	Rn.
A. Herkunft, Entstehung, Entwicklung	1
B. Internationale, supranationale und rechtsvergleichende Bezüge	4
C. Erläuterungen	7
I. Allgemeine Bedeutung	7
1. Debatte um die Rechtfertigung des Anklageverfahrens	8
2. Rechtlicher Charakter	10
II. Gegenstand der Anklage (Art. 61 I 1 GG)	12
1. Verletzung von Bundesrecht	12
2. Persönliches Verschulden: Vorsatz	15
III. Verfahren und Entscheidung des BVerfG (Art. 61 I 2–4, II 1 GG)	16
IV. Einstweilige Anordnung (Art. 61 II 2 GG)	19
D. Verhältnis zu anderen GG-Bestimmungen	21

A. Herkunft, Entstehung, Entwicklung

Der spannungsgeladene Dualismus zwischen Fürsten- und Volkssouveränität, der die 1 konstitutionellen Monarchien des 19. Jahrhunderts prägte, entwickelte das Institut der **Ministerverantwortlichkeit** als Ausgleich zwischen der Unverletzlichkeit des Monarchen und der Forderung der gewählten Legislative nach Kontrolle der Regierung¹. § 73 der **Paulskirchenverfassung** formulierte: »Die Person des Kaisers ist unverletzlich. Der Kaiser übt die ihm übertragene Gewalt durch verantwortliche, von ihm ernannte Minister aus«. Als Sanktionsmöglichkeit eröffnete § 126 lit. i) die **Ministeranklage** vor dem Reichsgericht². Ähnliche Bestimmungen in der Verfassungs-Urkunde für den Preußischen Staat vom 31.1.1850³ und anderen Länderverfassungen erlangten in der Praxis wenig Bedeutung⁴ und blieben etwa im kurhessischen Verfassungskonflikt erfolglos⁵.

2   Die Weimarer Reichsverfassung erstreckte das fortbestehende Institut der Ministeranklage in Fortführung der nunmehr verwirklichten Volkssouveränität auf den Reichspräsidenten. **Art. 59 WRV** sah, ähnlich dem heutigen Art. 61 GG, die Möglichkeit der Anklage des Reichspräsidenten vor dem Staatsgerichtshof vor, verlangte dabei jedoch nur ein »schuldhaftes« (vorsätzliches *oder* fahrlässiges)⁶ Handeln⁷. Neben der Verantwortung für »Rechtsverletzungen« nach Art. 59 WRV war nach **Art. 43 II WRV** die Abwahl des Reichspräsidenten wegen »politischer Meinungsverschiedenheiten«⁸ möglich, als gegenläufiger Akt zur direkten Wahl durch das Volk per Volksabstimmung.

3   Der **Parlamentarische Rat** entschied sich bewußt für die Abschaffung der in der Verfassungspraxis wenig relevanten Anklage von Regierungsmitgliedern, die nach Art. 67 GG dem Bundestag verantwortlich sind. Die Fortexistenz der Anklage des Bundespräsidenten sah bereits Art. 85 HChE vor. Die endgültige Fassung des heutigen **Art. 61 GG** entspricht im wesentlichen Art. 59 WRV sowie Art. 85 HChE, dies freilich mit gewissen redaktionellen Änderungen, wie etwa der Ergänzung durch das Amtsenthebungsermessen des Bundesverfassungsgerichts nach Art. 61 II 1 GG oder dem Erfordernis vorsätzlichen Handelns.

---

¹ Grundlegend hierzu *B. Constant*, De la responsabilité des ministres, 1815; → Art. 54 Rn. 2; → Art. 58 Rn. 1.

² Art. 126: »Zur Zuständigkeit des Reichsgerichts gehören: …i) Strafgerichtsbarkeit über die Anklagen gegen die Reichsminister, insofern sie deren ministerielle Verantwortlichkeit betreffen«.

³ »Die Person des Königs ist unverletzlich« (Art. 43); »Die Minister des Königs sind verantwortlich« (Art. 44 S. 1); »Die Minister können durch Beschluß einer Kammer wegen des Verbrechens der Verfassungsverletzung, der Bestechung und des Verrates angeklagt werden. Über solche Anklagen entscheidet der oberste Gerichtshof der Monarchie in vereinigten Senaten.« (Art. 61 S. 1 f.); näher zur diesbezüglichen Entwicklung der deutschen Verfassungsgeschichte *W.A. Scholzen*, Der Begriff des Vorsatzes in Artikel 61 Grundgesetz und entsprechenden landesrechtlichen Bestimmungen, Diss. jur. Würzburg 1970, S. 36 ff.

⁴ *M. Stolleis*, Geschichte des öffentlichen Rechts in Deutschland, Bd. 2, 1992, S. 111.

⁵ *Huber*, Verfassungsgeschichte, Bd. 2, S. 72 ff.

⁶ *F. Giese*, Die Verfassung des Deutschen Reiches, 8. Aufl. 1931, S. 157.

⁷ Art. 59 WRV: »Der Reichstag ist berechtigt, den Reichspräsidenten, den Reichskanzler und die Reichsminister vor dem Staatsgerichtshof für das Deutsche Reich anzuklagen, daß sie schuldhafterweise die Reichsverfassung oder ein Reichsgesetz verletzt haben. Der Antrag auf Erhebung der Anklage muß von mindestens hundert Mitgliedern des Reichstags unterzeichnet sein und bedarf der Zustimmung der für Verfassungsänderungen vorgeschriebenen Mehrheit. Das Nähere regelt das Reichsgesetz über den Staatsgerichtshof.«

⁸ Terminologie nach *Anschütz*, WRV, Art. 59 Anm. 1 (S. 332).

B. Internationale, supranationale und rechtsvergleichende Bezüge

Die Verantwortlichkeit des Bundespräsidenten nach Art. 61 GG gewinnt im Lichte der **völkerrechtlichen Pflichten** zu Frieden und internationaler Zusammenarbeit etwa nach der Satzung der Vereinten Nationen und den allgemeinen Regeln des Völkerrechts i.S.d. Art. 25 GG eine besondere Bedeutung. Als Repräsentant der Bundesrepublik Deutschland gegenüber anderen Staaten und internationalen Organisationen (→ Art. 59 Rn. 19 ff.) steht er für die Einhaltung ihrer völkerrechtlichen Pflichten, mögen den Einzelnen treffende (völkerstrafrechtliche) Pflichten (→ Art. 25 Rn. 6 f.) für ihn in seiner Funktion als Bundespräsident mangels entsprechender Entscheidungsgewalt auch kaum relevant sein. Aber er ist insofern nicht nur Hüter der Verfassung (→ Art. 54 Rn. 27), sondern im Rahmen seiner Zuständigkeiten auch der **Völkerrechtstreue** des Landes. Die Verbote des Art. 26 I GG treffen ihn ebenso wie jeden anderen Staatsbürger (→ Art. 26 Rn. 16 ff.). 4

Auch moderne Verfassungen **parlamentarischer Monarchien** enthalten noch das der Verfassungsgeschichte des 19. Jahrhunderts entstammende Institut der Ministeranklage bei gleichzeitiger Unverletzlichkeit des Monarchen, so etwa die Verfassungen Dänemarks[9], Belgiens (Art. 88), der Niederlande (Art. 42 II), Schwedens (Kap. 5 § 7) und Spaniens (Art. 64 II). Als Teil der königlichen Prärogative gilt auch in England: »The King (or Queen, Regnant) can do no wrong«[10]. 5

Republikanische Verfassungen dagegen enthalten mit Art. 61 GG vergleichbare Bestimmungen. Die Verfassungen Frankreichs (Art. 68), Griechenlands (Art. 49), der Russischen Föderation (Art. 93 I) und Italiens (Art. 90) beschränken die Verantwortlichkeit des Staatspräsidenten dabei auf qualifizierte Verstöße wie Hochverrat. Das Bundesverfassungs-Gesetz der Republik Österreich vom 10. 11. 1920 sieht in Art. 60 VI die Absetzung durch Volksabstimmung und nach Art. 68 I iVm. Art. 142 II lit. a die Anklage des Bundespräsidenten vor, zwei Verfahren, die mit Art. 43 II, 59 WRV vergleichbar sind. Das **Impeachment**-Verfahren nach Art. 2 Section 4 der US-Verfassung ist in der über zweihundertjährigen US-Verfassungsgeschichte noch nie zu Ende geführt worden[11]. 6

C. Erläuterungen

I. Allgemeine Bedeutung

Das Institut der Präsidentenanklage nach Art. 61 GG bekräftigt symbolhaft und statusprägend die **personale Verantwortlichkeit** des Bundespräsidenten nicht als Politiker, sondern als Verkörperung der durch Verfassung und Bundesgesetze begründeten 7

---

[9] § 13: »Der König kann nicht zur Verantwortung gezogen werden; seine Person ist unantastbar. Die Minister sind verantwortlich ... «; § 16 I: »Die Minister können vom König oder vom Folketing wegen ihrer Amtsführung unter Anklage gestellt werden.«

[10] Vgl. *S.A. de Smith*, Constitutional and administrative law, 2. Aufl. 1973, S. 123; weitere rechtsvergleichende Nachweise bei *I. Pernice*, Bestandssicherung der Verfassungen: Verfassungsrechtliche Mechanismen zur Wahrung der Verfassungsordnung, in: R. Bieber/P. Widmer (Hrsg.), Der europäische Verfassungsraum, 1995, S. 225 ff. (241 ff.).

[11] 1867 kam im Senat die erforderlich 2/3-Mehrheit gegen Präsident *Johnson* nicht zustande; *Richard Nixon* trat 1974 vor Einleitung des Verfahrens zurück, vgl. dazu *J. Nowak/R.Rotunda*, Constitutional Law, 5. Aufl. 1995, S. 235.

»föderalen Einheit«, Vor- und Leitbild der den Verfassungskonsens tragenden und sich nach den konsentierten Verfahren stets neu vertragenden Bürger, als Integrationsfaktor und Identifikationsfigur der Einheit im Bundesstaat (→ Art. 54 Rn. 15, 28). Art. 61 GG unterstreicht – deutlicher, als es für die anderen obersten Bundesorgane vorgesehen ist[12] – die persönliche Bindung des Präsidenten an Verfassung und Gesetze. Er stärkt umgekehrt aber seinen Status als politisch keiner Verantwortlichkeit unterworfenes, insofern unabhängiges und Kontinuität sicherndes, über dem politischen Tageskampf stehendes Staatsoberhaupt, indem er implizit jede andere Möglichkeit der **Amtsenthebung oder Abwahl ausschließt** (→ Art. 57 Rn. 7)[13]. Dabei begrenzt er die Gründe der Amtsenthebung auf Verstöße gegen Verfassung und Bundesgesetze und unterwirft sie strengen Quoren in Bundestag oder Bundesrat (→ Rn. 16). Vor allem aber ist die Amtsenthebung dem Bundesverfassungsgericht vorbehalten[14].

1. Debatte um die Rechtfertigung des Anklageverfahrens

8   So gesehen, ist die vor dem Hintergrund der Ideen- und Verfassungsgeschichte geäußerte **kritische Bezeichnung** des Art. 61 GG als »›papierne(s) Schwert‹ aus der verfassungsrechtlichen Mottenkiste«[15] **kaum gerechtfertigt**. Zwar trifft es zu, daß der Bundespräsident keine der Regierung, dem Parlament oder den Gerichten vergleichbaren Befugnisse hat; daß ihm »originäre« Befugnisse aber fehlten und auch wegen Art. 58 GG die Möglichkeit der Amtsenthebung überhaupt unnötig sei[16], ist schwerlich zu behaupten[17]. Auch wegen der **Schutzfunktion** der Norm (→ Rn. 7) kann daher von einer »Überreaktion des Verfassungsgebers« nach den Weimarer Erfahrungen[18] kaum gesprochen werden.

9   Daß Art. 61 GG bisher keine **praktische Bedeutung**[19] hatte, ist der Persönlichkeit der Amtsträger und dem glücklichen Verlauf der Geschichte zu verdanken, nicht jedoch ausreichend, um ihn für obsolet zu erklären. Der Hinweis auf andere verfassungsgerichtliche Verfahren, den Organstreit, soweit es um Kompetenzkonflikte mit anderen Organen, die Normenkontrolle, soweit es um die Ausfertigung von Gesetzen geht[20], ist richtig, trifft aber nicht den besonderen personalen Aspekt, der beim Bundespräsidenten eine wichtige Rolle spielt (→ Rn. 7) und in dem Erfordernis des Vorsatzes seinen Niederschlag gefunden hat[21]. Wer gerade deswegen Art. 61 GG als »sy-

---

[12] Vgl. etwa für die Mitglieder der Bundesregierung Art. 64 II i.V.m. Art. 56 GG; zum Fehlen einer Ministeranklage entspr. Art. 59 WRV krit. *T. Meder*, in: BK, Art. 65 (Erstb. 1950) Anm. II 6. → Art. 65 Rn. 40, 42 ff.
[13] Nach *R. Herzog*, in: Maunz/Dürig, GG, Art. 61 (1987), Rn. 6, liegt hierin eine bewußte Ablehnung einer Amtsenthebung durch das Kreationsorgan Bundesversammlung; vgl. im Blick auf die Rechtfertigung des Art. 61 GG auch *U. Hemmrich*, in: v. Münch/Kunig, GG II, Art. 61 Rn. 10.
[14] Vgl. die z.T. vergleichbaren Sicherungen der Richter in Art. 97 II GG.
[15] *O. Koellreutter*, Deutsches Staatsrecht, 1953, S. 201; s. auch *v. Mangoldt/Klein*, GG, Art. 61 Anm. II 2 (S. 1185).
[16] *v. Mangoldt/Klein*, GG, Art. 61 Anm. II. 3 (S. 1185): »eigentlich kein Bedürfnis«; *J. Jekewitz*, in: AK-GG, Art. 61 Rn. 2.
[17] Für ein Bedürfnis einer Regelung der Amtsenthebung oder Abwahl auch *Hemmrich* (Fn. 13), Art. 61 Rn. 10.
[18] *Herzog* (Fn. 13), Art. 61 Rn. 8.
[19] *Jarass/Pieroth*, GG, Art. 61 Rn. 1.
[20] *v. Mangoldt/Klein*, GG, Art. 61 Anm. II. 3 (S. 1185); *Jekewitz* (Rn. 16), Art. 61 Rn. 2.
[21] Hierin liegt auch ein wichtiger Unterschied zu den anderen Verfahren, vgl. *R. Wolfrum*, in: BK, Art. 61 (Zweitb. 1988) Rn. 2.

stemfremd und überflüssig« bezeichnet[22], verkennt diese Sonderstellung des Bundespräsidenten. Vielmehr dient die Vorschrift, auch bei geringer praktischer Bedeutung, präventiv »zur Vermeidung von Verfassungskonflikten«[23], und es gehört zum Wesen der Demokratie im Sinne einer politischen Rückkopplung, daß Staatsgewalt, die vom Volk einem Staatsorgane anvertraut wurde, bei »Mißbrauch« wieder entzogen werden kann.[24]

2. Rechtlicher Charakter

Die Frage nach dem **Strafcharakter** des Verfahrens nach Art. 61 GG dürfte entsprechend der schon zu Art. 59 WRV geführten früheren Diskussion[25], den Intentionen des Verfassungskonvents von Herrenchiemsee und einer schon in der frühen Kommentarliteratur geäußerten Auffassung[26] negativ zu beantworten sein[27]. Unter dem Vorbehalt der Immunität (Art. 60 II i.V.m. Art. 46 GG) gilt der Grundsatz *ne bis in idem* (Art. 103 III GG) insoweit nicht, so daß eine spätere strafrechtliche Verurteilung des Bundespräsidenten wegen derselben Angelegenheit nicht ausgeschlossen ist[28]. 10

Zutreffend bezeichnet die h.M. Art. 61 GG als ein spezielles **verfassungsrechtliches Verfahren,** »das dem Schutz der verfassungsmäßigen Ordnung dient«[29], als »Verfassungsschutzverfahren«[30] oder als »völlig eigenständiges verfassungsrechtliches Verfahren«[31]. Sein »verfassungsrechtlicher Charakter«[32] schließt aber nicht aus, daß die »Anklage« des Bundespräsidenten doch auf eine »persönliche Inkriminierung des Betroffenen«[33] hinausläuft; und ist auch das Verfahren in §§ 49–57 BVerfGG »offenbar bewußt dem Strafprozeß nachgebildet«[34]. 11

II. Gegenstand der Anklage (Art. 61 I 1 GG)

1. Verletzung von Bundesrecht

Die Anklage des Bundespräsidenten ist nur wegen Verletzung des Grundgesetzes oder eines anderen Bundesgesetzes möglich. **Nicht** erfaßt sind **Landesverfassungen und -gesetze**[35]. Dies ist schon wegen ihrer möglichen Widersprüchlichkeit, vor allem aber deswegen geboten, weil sonst ein Land das Verhalten eines Bundesorgans determinieren könnte. Zum Bundesrecht gehört auch »ungeschriebenes Verfassungsrecht«, soweit es der Rechtsprechung des Bundesverfassungsgerichts entspringt und insoweit 12

---

[22] *Jekewitz* (Rn. 16), Art. 61 Rn. 3.
[23] Vgl. *Hemmrich* (Fn. 13), Art. 61 Rn. 10.
[24] So angedeutet bei *Herzog* (Fn. 13), Art. 61 Rn. 2; zum Grundsatz der »responsivity« vgl. auch *J.P. Müller*, ZSR n.F. 114 I (1995), 3ff.
[25] Etwa *J. Hatschek*, Deutsches und preußisches Staatsrecht, Bd. 1, 1922, S. 683f.
[26] *v. Mangoldt/Klein*, GG, Art. 61 Anm. III. 1 (S. 1187).
[27] *Stern*, Staatsrecht II, S. 1006, m.w.N.; *Jekewitz* (Rn. 16), Art. 61 Rn. 4.
[28] *M. Nierhaus*, in: Sachs, GG, Art. 61 Rn. 5.
[29] Vgl. etwa *Hemmrich* (Fn. 13), Art. 61 Rn. 2; *v. Mangoldt/Klein*, GG, Art. 61 Anm. III. 1 (S. 1187) unter Verweis auf *Anschütz*, WRV, Art. 59 Anm. 3 (S. 333); *Wolfrum* (Fn. 21), Art. 61 Rn. 3.
[30] *Stern*, Staatsrecht II, S. 1004.
[31] *Herzog* (Fn. 13), Art. 61 Rn. 10; vgl. auch *Schlaich*, Bundesverfassungsgericht, Rn. 323.
[32] So *Nierhaus* (Fn. 28), Art. 61 Rn. 5.
[33] *Jekewitz* (Fn. 16), Art. 61 Rn. 3; ähnlich *v. Mangoldt/Klein*, GG, Art. 61 Anm. II. 3 (S. 1185).
[34] So *Herzog* (Fn. 13), Art. 61 Rn. 10.
[35] Vgl. *v. Mangoldt/Klein*, GG, Art. 61 Anm. III. 2a (S. 1188); *Nierhaus* (Fn. 28), Art. 61 Rn. 7.

Art. 61   C. Erläuterungen

von § 31 I BVerfGG erfaßt ist[36]. Dagegen sollen nur formelle Bundesgesetze erfaßt sein, nicht also **Rechtsverordnungen** der Bundesregierung[37]; daß der Bundespräsident sonst bindendes Bundesrecht soll außer Acht lassen können, ist indessen mit der *ratio* des Art. 61 GG schwer vereinbar.

13   Streitig ist, ob jede Verletzung von Bundesrecht ausreicht[38] oder ob es eines **qualifizierten Verstoßes** bedarf, wie dies einige andere Verfassungen vorsehen (→ Rn. 5). Nach einer Meinung setzt Art. 61 GG einen Verstoß voraus, der »von (staats-)politischer Erheblichkeit ist, der die verfassungsmäßige Ordnung berührt, dem ein politisch-verfassungsrechtlich erhebliches Verhalten des Bundespräsidenten zugrunde liegt, der den Bundespräsidenten als ›politisch untragbar‹ erscheinen läßt«[39]. Teilweise wird gefordert, es müsse es sich um einen »Verstoß von **politischer Relevanz** handeln«[40].

14   Als Grund wird die »Zielsetzung dieser Vorschrift angeführt, nämlich die Sicherung der verfassungsrechtlichen Ordnung«[41]. Selbst wenn dieser Begriff enger ist als der der »**verfassungsmäßigen Ordnung**« in Art. 2 I GG[42], zu der jede mit der Verfassung in Einklang stehende Rechtsnorm gehört (→ Art. 2 I Rn. 38 ff.), spricht dies kaum für das Erfordernis der politischen Relevanz. Diese ist daher kein Kriterium des Art. 61 I 1 GG, sondern Maßstab für das Ermessen hinsichtlich der Rechtsfolge und einstweiliger Maßnahmen nach Art. 61 II GG (→ Rn. 16 ff.). Dazu bezieht Art. 61 I 1 GG ausdrücklich die Verletzung eines »**Bundesgesetzes**« in den Tatbestand mit ein. Die enge Auslegung dieses Begriffs[43] mag politisch naheliegen, ist aber nicht rechtlich begründbar. Richtigerweise wird indessen angenommen, daß nur Handlungen im Amt erfaßt sind, **nicht** dagegen »**private**« Verstöße[44]. Die ihm insofern nach Art. 60 IV GG gewährte Immunität kann vom Bundestag nach Art. 46 II, III GG aufgehoben werden (→ Art. 60 Rn. 31 ff.).

2. Persönliches Verschulden: Vorsatz

15   Unklar ist auch, was in Art. 61 I 1 GG mit Vorsatz gemeint ist. Daß anders als in Art. 59 WRV nicht schon jedes schuldhafte Handeln, also **Fahrlässigkeit nicht erfaßt** wird, bedarf keiner Erörterung. Teilweise wird »dolus directus«[45] oder ein »auf die Geset-

---

[36] *Herzog* (Fn. 13), Art. 61 Rn. 17; leicht zweifelnd *Hemmrich* (Fn. 13), Art. 61 Rn. 5.
[37] *Herzog* (Fn. 13), Art. 61 Rn. 15; *Nierhaus* (Fn. 28), Art. 61 Rn. 7; *Jarass/Pieroth*, GG, Art. 61 Rn. 2.
[38] *Jekewitz* (Fn. 16), Art. 61 Rn. 5, fordert einen »objektiven Verfassungsverstoß«; s. auch *Herzog* (Fn. 13), Art. 61 Rn. 19, der zur Frage von Bagatelldelikten allerdings feststellt, daß der rechtsstaatliche Verhältnismäßigkeitsgrundsatz es verbiete, »mit Kanonen auf Spatzen zu schießen«, ebd., Rn. 20.
[39] Vgl. etwa *v. Mangoldt/Klein*, GG, Art. 61 Anm. III. 2b (S. 1188) m.w.N.; krit. *Stern*, Staatsrecht II, S. 1007, wegen der Schwierigkeit der Abgrenzung.
[40] *Wolfrum* (Fn. 21), Art. 61 Rn. 7 (Hervorhebung nur hier); ähnl. *Nierhaus* (Fn. 28), Art. 61 Rn. 7: »Gründe ... von einem gewissen politischen Gewicht«; *Hemmrich* (Fn. 13), Art. 61 Rn. 5; anders *Jekewitz* (Fn. 16), Art. 61 Rn. 5, dem es »weniger auf die politische Relevanz« ankommt; krit. auch *Jarass/Pieroth*, GG, Art. 61 Rn. 2.
[41] *Wolfrum* (Fn. 21), Art. 61 Rn. 7.
[42] So verwendet von *Wolfrum* (Fn. 21), Art. 61 Rn. 3.
[43] So *Wolfrum* (Fn. 21), Art. 61 Rn. 7.
[44] *Herzog* (Fn. 13), Art. 61 Rn. 18; *Nierhaus* (Fn. 28), Art. 61 Rn. 7; *Jekewitz* (Fn. 16), Art. 61 Rn. 5, fordert einen Zusammenhang mit den besonderen Rechten und Pflichten des Bundespräsidenten; a.A. *Wolfrum* (Fn. 21), Art. 61 Rn. 7.
[45] *Schmidt-Bleibtreu/Klein*, GG, Art. 61 Rn. 3.

zesverletzung unmittelbar gerichtetes Tun oder Unterlassen« gefordert[46], z.T. jedenfalls, daß der Vorsatz sich auch auf die Rechts- bzw. Verfassungswidrigkeit des Handelns erstreckt[47]. Nach Sinn und Zweck der Norm sollte unabhängig von Feinheiten der strafrechtlichen Dogmatik[48] eine Anklage nur Erfolg haben, wenn gezeigt werden kann, daß dem Bundespräsidenten die Rechtswidrigkeit bewußt war[49]. Daran fehlt es schon dann, wenn die Gegenmeinung vertretbar ist. So ist das Verfahren nach Art. 61 GG kein Platz zur Klärung bekannter verfassungsrechtlicher Streitfragen[50].

III. Verfahren und Entscheidung des BVerfG (Art. 61 I 2–4, II 1 GG)

Die **Anklage** ist kein »actus contrarius« zur Wahl, an der Bundestag und Länderparlamente beteiligt sind[51]. Sie kann entweder vom Bundesrat oder vom Bundestag erhoben werden, wobei der Antrag der Unterstützung von jeweils 1/4 der Mitglieder bzw. Stimmen, der Beschluß über die Anklage indessen je einer 2/3-Mehrheit bedarf. Für die Rücknahme dagegen ist die Mehrheit der Stimmen erforderlich (§ 52 I BVerfGG). Die Anklage muß innerhalb von drei Monaten nach Bekanntwerden der fraglichen Handlung erhoben werden (§ 50 BVerfGG). Hinsichtlich der **Formanforderungen** gelten § 26 I GOBR und § 97 I 2 GOBT analog[52]. 16

Das **Verfahren** richtet sich nach §§ 13 Nr. 4, 49 ff. BVerfGG. Zuständig ist der Zweite Senat des Bundesverfassungsgerichts (§ 14 II BVerfGG). Der Rücktritt oder eine anderweitige Amtsbeendigung stehen der Fortführung des eingeleiteten Verfahrens nicht entgegen (§ 51 BVerfGG). 17

Die **Entscheidung** des Bundesverfassungsgerichts enthält zunächst die rechtliche Feststellung über das Vorliegen einer vorsätzlichen Rechtsverletzung (Art. 61 II 1 GG: »schuldig«). Darüber hinaus trifft das Gericht eine **Ermessensentscheidung** (»kann«) über den **Amtsverlust**. Andere, auch »mildere«, Sanktionen sind nicht zulässig[53]. Kriterien des Ermessens sind das rechtliche und politische Gewicht des Verstoßes (→ Rn. 13) im Vergleich zum Interesse an der Kontinuität der Amtsführung. Maßgebend ist der Grundsatz der **Verhältnismäßigkeit**, d.h. in welchem Maße das Verbleiben des Präsidenten im Amt »untragbar« wäre[54]; auf »Grundsätze ... des schuldangemessenen Strafens«[55] abzustellen, widerspräche indessen dem verfassungsrechtlichen Charakter des Verfahrens. In jedem Falle kann eine für den Bundespräsidenten nachteilige Entscheidung nur mit **2/3-Mehrheit im Senat** ergehen (§ 15 III 1 BVerfGG). Die 18

---

[46] *Wolfrum* (Fn. 21), Art. 61 Rn. 8.
[47] *Nierhaus* (Fn. 28), Art. 61 Rn. 7. Anders *Herzog* (Fn. 13), Art. 61 Rn. 23, der »dolus eventualis« genügen läßt.
[48] Vgl. dazu *Herzog* (Fn. 13), Art. 61 Rn. 23 ff.; *Scholzen,* Vorsatz (Fn. 3), S. 77 ff.
[49] Ausführlich zum Begriff des Vorsatzes bei Art. 61 GG, freilich auf dem Hintergrund einer inzwischen weitgehend rechtshistorischen Strafrechtsdogmatik, *Scholzen,* Vorsatz (Fn. 3), S. 87 ff.
[50] Zutreffend *Herzog* (Fn. 13), Art. 61 Rn. 28.
[51] *Herzog* (Fn. 13), Art. 61 Rn. 34.
[52] *Herzog* (Fn. 13), Art. 61 Rn. 38.
[53] *Hemmrich* (Fn. 13), Art. 61 Rn. 8; *Herzog* (Fn. 13), Art. 61 Rn. 63: »kein Bundespräsident mit abgesägten Hosen«.
[54] Vgl. auch *Herzog* (Fn. 13), Art. 61 Rn. 62.
[55] So *Herzog* (Fn. 13), Art. 61 Rn. 62, der die Anwendung strafrechtlicher Maßstäbe »zumindest entsprechend« befürwortet; hinsichtlich der von *Herzog* verwandten Formulierung »Strafens« vorsichtiger *Nierhaus* (Fn. 28), Art. 61 Rn. 12, der von »schuldangemessener verfassungspolitischer Reaktion« spricht (→ Rn. 10 f.).

Entscheidung erstreckt sich im Falle des Amtsverlustes auch auf die Frage der eventuellen Kürzung oder Streichung der Ruhebezüge[56].

IV. Einstweilige Anordnung (Art. 61 II 2 GG)

19 Die einstweilige Anordnung nach Art. 61 II 2 GG erlaubt rasches Handeln, wenn schon aus der Anklage ersichtlich ist, daß die Weiterführung des Amtes bis zur Entscheidung politisch untragbar und ein Schaden für das Ansehen des Amtes selbst wäre. Art. 61 II 2 GG (i.V.m. § 53 BVerfGG) ist **lex specialis** gegenüber § 32 BVerfGG[57]. Die Anordnung setzt voraus, daß die Anklage bereits erhoben ist, kann dafür aber *ex officio* und ohne Antrag ergehen[58]. Auch sonst gelten die Regeln über einstweilige Anordnungen des Bundesverfassungsgerichts nach § 32 BVerfGG im Rahmen des Art. 61 GG nicht[59], wohl aber Art. 103 I GG. Die Berücksichtigung der Erfolgsaussichten in der Hauptsacheentscheidung kann nicht ausgeschlossen sein[60]. Sachlich sind die **möglichen Schäden für Amt und Staatsganzes** in den Fällen der Weiterführung des Amtes trotz Anklage bzw. der Suspendierung trotz möglicher Rückführung ins Amt **abzuwägen**[61]. Im Falle der Suspendierung hat das Gericht durchgängig zu prüfen, ob die Suspendierung vom Amt im Blick auf die Beweis- und Rechtslage noch gerechtfertigt oder die Wiedereinsetzung ins Amt geboten ist.

20 Die Verkündung des Urteils über die Amtsenthebung bewirkt die »vorzeitige Erledigung des Amtes« i.S.d. Art. 57 GG: der Bundespräsident verliert sein Amt[62], und die **Vertretungsregelung** tritt ein. Entsprechendes erfolgt im Falle einer einstweiligen Anordnung; auch sie bewirkt eine **Verhinderung** und damit den Eintritt des Vertretungsfalles (→ Art. 57 Rn. 6 f.).

D. Verhältnis zu anderen GG-Bestimmungen

21 Art. 61 GG ist neben den Organstreit- und Normenkontrollverfahren des Art. 93 I Nr. 1 u. 2 GG ein **eigenständiges Instrument** zur verfassungsrechtlichen Sanktion von Verfassungs- und Rechtsverstößen durch den Bundespräsidenten und dabei einzige Möglichkeit seiner Amtsenthebung. Da das Verfahren keinen Strafcharakter hat, greifen Art. 103 II, III GG nicht ein. Die Immunität des Bundespräsidenten bietet gegen das Verfahren nach Art. 61 GG keinen Schutz (→ Art. 60 Rn. 33).

---

[56] Vgl. § 5 des Gesetzes über die Ruhebezüge des Bundespräsidenten v. 17. Juni 1953, BGBl. I S. 406; s. dazu *Herzog* (Fn. 13), Art. 61 Rn. 64.
[57] *Nierhaus* (Fn. 28), Art. 61 Rn. 15; Jarass/*Pieroth*, GG, Art. 61 Rn. 2; vgl. auch *Herzog* (Fn. 13), Art. 61 Rn. 67: »Grundsatz der vollständigen *Selbständigkeit* beider Instrumente«.
[58] S. auch *Herzog* (Fn. 13), Art. 61 Rn. 67.
[59] *Herzog* (Fn. 13), Art. 61 Rn. 66.
[60] *Herzog* (Fn. 13), Art. 61 Rn. 69.
[61] *Herzog* (Fn. 13), Art. 61 Rn. 69.
[62] *Hemmrich* (Fn. 13), Art. 61 Rn. 8.

VI. Die Bundesregierung

Artikel 62 [Zusammensetzung]

Die Bundesregierung besteht aus dem Bundeskanzler und aus den Bundesministern.

Literaturauswahl

Bachmann, Günter: Das Bundeskanzleramt, in: Die Staatskanzlei – Aufgaben, Organisation und Arbeitsweise auf vergleichender Grundlage (Vorträge und Diskussionsbeiträge der verwaltungswissenschaftlichen Arbeitstagung der Hochschule für Verwaltungswissenschaften Speyer 1966), 1967, S. 161–180.
Beyme, Klaus von: Organisationsgewalt, Patronage und Ressorteinteilung im Bereich der Regierung, in: Die Verwaltung 2 (1969), S. 279–293.
Beyme, Klaus von: Die parlamentarischen Regierungssysteme in Europa, 2. Aufl. 1974.
Böckenförde, Ernst-Wolfgang: Die Organisationsgewalt im Bereich der Regierung, 1964.
Busse, Volker: Bundeskanzleramt und Bundesregierung – Aufgaben, Organisation, Arbeitsweise, 1994.
Frotscher, Werner: Regierung als Rechtsbegriff, 1975.
Kassimatis, Georg: Der Bereich der Regierung, 1975.
Klein, Eckart: Politische Staatssekretäre und parlamentarische Kontrolle, in: DÖV 1974, S. 590–592.
König, Klaus: Vom Umgang mit Komplexität in Organisationen – Das Bundeskanzleramt, in: Der Staat 28 (1989), S. 49–70.
Kröger, Klaus: Der Parlamentarische Staatssekretär – Gehilfe oder Mimikry des Ministers?, in: DÖV 1974, S. 585–590.
Leisner, Walter: Regierung als Macht kombinierten Ermessens, in: JZ 1968, S. 727–731.
Magiera, Siegfried: Parlament und Staatsleitung in der Verfassungsordnung des Grundgesetzes, 1979.
Münch, Fritz: Die Bundesregierung, 1954.
Oldiges, Martin: Die Bundesregierung als Kollegium, 1983.
Scheuner, Ulrich: Der Bereich der Regierung, in: Festgabe für Rudolf Smend, 1952, S. 253–303 (auch in: ders., Staatstheorie und Staatsrecht, 1978, S. 455–499).
Schröder, Meinhard: Aufgaben der Bundesregierung, in: HStR II, § 50 (S. 585–601).
Schröder, Meinhard: Bildung, Bestand und parlamentarische Verantwortung der Bundesregierung, in: HStR II, § 51 (S. 603–627).

Leitentscheidung des Bundesverfassungsgerichts

BVerfGE 91, 148 (165ff.) – Umlaufverfahren.

Gliederung

	Rn.
A. Herkunft, Entstehung, Entwicklung	1
B. Internationale, supranationale und rechtsvergleichende Bezüge	3
C. Erläuterungen	6
I. Begriff der Regierung	6
II. Die Bundesregierung als oberstes Bundesorgan	7
1. Selbständiges Verfassungsorgan	7
2. Kollegialorgan	10
3. Bundeskanzler	15
4. Bundesminister	19
5. Bundeskanzler und Bundesminister als Ämter	23

	III. Funktionen, Aufgaben und Kompetenzen	24
	1. Die Bundesregierung in der Gewaltenteilung des Grundgesetzes	24
	2. Spitze der Bundesverwaltung	27
	3. Politische Staatsführung	30
	4. Regierungsvorbehalt	34
D.	Verhältnis zu anderen GG-Bestimmungen	38

A. Herkunft, Entstehung, Entwicklung

1 Wort und Begriff der parlamentarischen Regierung kamen in Deutschland Anfang der vierziger Jahre des 19. Jahrhunderts auf[1]. Die zentralen Merkmale, die diese Institution staatlicher Führung in **Abkehr vom monarchischen Prinzip** kennzeichneten[2], waren die Abhängigkeit der Regierung vom Vertrauen der Parlamentsmehrheit und ihre Unabhängigkeit gegenüber Einflüssen des Monarchen.

2 Den **Gegenpol** zum heutigen Verständnis, wonach ein Minimum an kollegialer Struktur zu den Merkmalen parlamentarischer Regierung gehört[3], bildet in der deutschen Verfassungsgeschichte das **Kanzlerprinzip** nach Art. 17 der Reichsverfassung von 1871[4]. Die Regierungsmacht lag allein beim Reichskanzler, während den weisungsunterworfenen Staatssekretären, die 1878 durch das Stellvertretungsgesetz[5] geschaffen wurden, lediglich die Funktion von »Gehilfen« des Reichskanzlers zukam[6]. Von dieser monokratisch geprägten Struktur der Regierung setzte sich bereits das System bedingter Kollegialität des Art. 52 WRV bewußt ab[7], an dessen Wortlaut Art. 62 GG angelehnt ist. Bei den Beratungen im Parlamentarischen Rat herrschte Übereinstimmung, daß die innere Regierungsstruktur der Weimarer Reichsverfassung mit ihrer Kombination des Kanzler-, des Ressort- und des Kabinettsystems nicht verändert werden sollte[8]. Für Diskussionen sorgte lediglich der Status der beamteten und politi-

---

[1] *K. v. Beyme*, Die parlamentarischen Regierungssysteme in Europa, 2. Aufl. 1973, S. 151; *M. Botzenhart*, Die Parlamentarismusmodelle der deutschen Parteien 1848/49, in: G. Ritter (Hrsg.), Gesellschaft, Parlament und Regierung, Zur Geschichte des Parlamentarismus in Deutschland, 1974, S. 121–144.

[2] Das Wesen der parlamentarischen Regierung wurde, wie *v. Beyme*, Regierungssysteme (Fn. 1), S. 150 ff., zusammenfassend dargestellt hat, zuerst von seinen Kritikern zutreffend beschrieben: *V. A. Huber*, Die Opposition, 1842; *F. J. Stahl*, Das monarchische Princip, 1845.

[3] *v. Beyme*, Regierungssysteme (Fn. 1), S. 44, meint, daß das alte »Kanzlersystem«, in dem die Minister nur untergeordnete Staatssekretäre sind, mit dem parlamentarischen System nicht vereinbar sei. Vgl. auch BVerfGE 11, 77 (85).

[4] Vgl. dazu *M. Oldiges*, Die Bundesregierung als Kollegium, 1983, S. 65 ff.; zu den verschiedenen Modellen anläßlich der Einsetzung einer »Bundesregierung« durch die Nationalversammlung 1848, bei der sich der Reichsverweser mit verantwortlichen Ministern durchsetzte, vgl. *v. Beyme*, Regierungssysteme (Fn. 1), S. 158 ff.

[5] Gesetz betreffend die Stellvertretung des Reichskanzlers vom 17. 3. 1878, RGBl. S. 7.

[6] Dies gilt trotz der ständig wachsenden Reichsverwaltung und der dadurch zwangsläufig steigenden faktischen Selbständigkeit der Staatssekretäre, die zu einer Beschränkung des Reichskanzlers auf »wichtige Fragen« oder die »allgemeine Richtung« führten und so die spätere Richtlinienkompetenz vorwegnahmen; vgl. dazu *Oldiges*, Bundesregierung (Fn. 4), S. 73 f., 76 f.

[7] Vgl. die Zusammenfassung bei *H.-P. Schneider*, in: AK-GG, Art. 62 Rn. 1; ausführlich *Oldiges*, Bundesregierung (Fn. 4), S. 91 ff.

[8] Sten.Prot. der Sitzungen des Hauptausschusses des Parlametarischen Rates, S. 25 f.; Bericht des Abg. *Dr. Lehr* in: Schriftlicher Bericht zum Entwurf des Grundgesetzes für die Bundesrepublik Deutschland, 1948/49, S. 17 ff., S. 29 ff.

schen Staatssekretäre. Dabei herrschte aber Einmütigkeit darüber, daß Staatssekretäre nicht Mitglieder des Kabinetts sein sollten[9]. Relevante Abweichungen im Status der Bundesregierung gegenüber der Weimarer Reichsregierung betreffen nicht ihre Zusammensetzung, sondern sind vor allem darin zu finden, daß die Abhängigkeit vom Präsidenten weitgehend beseitigt und die Vertrauensabhängigkeit vom Parlament stärker auf Stabilität angelegt wurde als unter der Weimarer Reichsverfassung[10] (→ Art. 63 Rn. 3; → Art. 67 Rn. 2, 6 ff.). Art. 62 GG ist bislang unverändert geblieben.

B. Internationale, supranationale und rechtsvergleichende Bezüge

Was den Aufbau des Regierungsorgans angeht, finden sich signifikante Abweichungen beispielsweise im Präsidialsystem der **USA**. Nach amerikanischem Verfassungsrecht ist die Regierung monokratisch strukturiert. Der Präsident ist das zentrale Regierungsorgan, in dessen Amt alle exekutiven Kompetenzen vereinigt sind[11]. Sein Kabinett, das aus den secretaries als Leiter der einzelnen Departments sowie anderen Beamten besteht, hat keinen verfassungsrechtlichen Rang[12] und fällt keine Kollegialentscheidungen[13]. Die Kabinettsmitglieder haben lediglich die Funktion, den Präsidenten in einem praktischen Sinne zu entlasten[14]. Handlungen der secretaries werden dem Präsidenten denn auch als eigene zugerechnet. Dies gilt auch dann, wenn sie in der Praxis nicht stets ausdrücklich in seinem Namen ergehen[15]. In **Großbritannien** ist das Kabinett kollegial strukturiert und besteht aus Prime Minister, Secretaries of State bzw. Ministers[16] und – insoweit dem Verfassungsrecht der USA ähnlich – weiteren Mitgliedern. Eine weitere Besonderheit liegt darin, daß es auch insoweit nicht mit der Regierung im funktionalen Sinne identisch ist, als nicht jeder secretary oder Minister, obwohl funktional Bestandteil der Regierung, Anspruch auf einen Kabinettsposten hat. Cabinet und Regierung sind als solche keine verfassungsrechtlich vorgegebenen Organe. »Her majesty's government« übt lediglich die »royal prerogative« kraft Gewohnheitsrechts für die Krone aus[17]. 3

In den **Verfassungen der Bundesländer** finden sich, was die kollegiale Struktur der Regierungsorgane angeht, keine relevanten Abweichungen von Art. 62 GG. Die Zusammensetzung der Regierung ist in Art. 43 II BayVerf. insofern abweichend von Art. 62 GG geregelt, als neben dem Ministerpräsidenten und den Staatsministern auch 4

---

[9] Vgl. JöR 1 (1951), S. 425 f.
[10] Vgl. dazu BVerfGE 67, 100 (129 f.). *K. v. Beyme*, Die Verwaltung 2 (1969), 279 (285).
[11] *Th. Stammen*, Regierungssysteme der Gegenwart, 1972, S. 129 f.; *W. Steffani*, Parlamentarische und präsidentielle Demokratie, 1979, S. 310; *P. Hay*, Einführung in das amerikanische Recht, 1987, S. 19.
[12] *Steffani*, Demokratie (Fn. 11), S. 310, spricht vom Kabinett als einer »Privatveranstaltung« des Präsidenten.
[13] *Hay*, Einführung (Fn. 11), S. 19.
[14] Sie werden deshalb auch als »Gehilfen« qualifiziert z. B. von *Stammen*, Regierungssysteme (Fn. 11), S. 130; vgl. auch *E. S. Corwin*, The President – Office and Powers 1787–1957, 1966, S. 79 ff.
[15] *Corwin*, The President (Fn. 14), S. 80.
[16] Secretaries of State ist die Bezeichnung der »klassischen« Ressorts, während neuere Ressorts von einem Minister geleitet werden, s. hierzu *K. Loewenstein*, Staatsrecht und Staatspraxis von Großbritannien, 1967, S. 405; einen Überblick über die Rolle der Staatssekretäre in Europa gibt *B. Wieser*, Der Staatssekretär, 1997, S. 7–55.
[17] Zu alledem *Loewenstein*, Staatsrecht (Fn. 16), S. 402 ff.

die Staatssekretäre vollwertige Regierungsmitglieder sind. In dieser Funktion unterliegen sie nicht dem sonst nach Art. 51 II BayVerf. gegebenen Weisungrecht ihres jeweiligen Staatsministers[18]. Die Verfassung von Baden-Württemberg bestimmt ebenfalls Staatssekretäre zu Regierungsmitgliedern (Art. 45 II). In Sachsen sieht die Verfassung die Möglichkeit vor, Staatssekretäre zu Regierungsmitgliedern zu machen (Art. 59 II 2), und schließt die Möglichkeit von Ministern ohne Geschäftsbereich (→ Rn. 20) aus (Art. 59 III).

5   Über die traditionell dominante Rolle der Bundesregierung bei der Gestaltung der **Außenpolitik** hinaus (→ Art. 59 Rn. 14 ff.) folgen wesentliche Veränderungen daraus, daß in zunehmendem Umfang Fragen der politischen Gestaltung des Gemeinwesens auf **europäischer Ebene** getroffen werden. Diese Veränderungen sind bislang weder politikwissenschaftlich noch verfassungsrechtlich aufgearbeitet worden. Sie betreffen zunächst die »materielle« Vorstellung von Regierung i.S. einer umfassend verstandenen Staatsleitung (→ Rn. 30 ff.). Aufgaben, deren Wahrnehmung nach traditionellem Verständnis die Regierung im materiellen Sinne kennzeichneten, wandern zunehmend zu den zuständigen Organen der Europäischen Gemeinschaft ab. Unter diesen Organen kommt die hervorgehobene Stellung dem Rat zu, dessen Zusammensetzung aus Vertretern jedes Mitgliedstaates auf Ministerebene (Art. 146 I [203 I n.F.] EGV) die Dominanz der Regierung im Verhältnis zum Parlament verstärkt (→ Art. 23 Rn. 95 ff.) und auch die innere Struktur der Bundesregierung zugunsten der Minister verändern könnte (→ Art. 65 Rn. 7 ff.).

C. Erläuterungen

I. Begriff der Regierung

6   Wenn Art. 62 GG ebenso wie die Überschrift des VI. Abschnitts von der »Bundesregierung« spricht, so ist damit die **Regierung im institutionellen** (formellen, organisatorischen, subjektiven) **Sinne** gemeint, die einen selbständigen Teil der Staatsorganisation des Bundes bezeichnet. Dagegen sind die Aufgaben dieses Staatsorgans (**Regierung im funktionellen** – materiellen, inhaltlichen oder objektiven – **Sinne**[19]) sowie deren Abgrenzung von und Zuordnung zu anderen Organen und Funktionen nicht explizites Thema des Abschnitts über die Bundesregierung. Allerdings steht die staatsorganisationsrechtliche Ausgestaltung von Status und innerer Struktur der Bundesregierung sowie ihres Verhältnisses zu anderen Staatsorganen nicht beziehungslos neben der Frage nach den Aufgaben, die sie nach der verfassungsrechtlichen Funktionenordnung erfüllen soll, und nach der Beziehung, in der diese Regierungsfunktion zu anderen Funktionen steht. Deshalb kann der funktionelle Begriff der Regierung, der die Regierungsaufgabe im Sinne politischer Führung des Staatsganzen näher zu erfassen und abzugrenzen sucht, bei der Auslegung der organisationsrechtlichen Vorschriften des Grundgesetzes über die Bundesregierung nicht außer acht gelassen werden.

---

[18] *T. Meder*, Die Verfassung des Freistaates Bayern, 4. Aufl. 1992, Art. 50 (a.F.) Rn. 2.

[19] Zu dieser gebräuchlichen Abgrenzung zwischen organisatorisch-institutionellem Begriff der Regierung einerseits und materiellem oder funktionellem Regierungsbegriff andererseits vgl. etwa *Stern*, Staatsrecht II, S. 268 ff.; *Degenhart*, Staatsrecht I, Rn. 432; *M. Oldiges*, in: Sachs, GG, Art. 62 Rn. 12 f.; *P. Badura*, Art. Regierung, in: EvStL³, Sp. 2951 ff.; ausführlich zum Ganzen *Oldiges*, Bundesregierung (Fn. 4), S. 1 ff.; *H. Götz*, Der Vorbehaltsbereich der Bundesregierung, 1995, S. 28 ff.

II. Die Bundesregierung als oberstes Bundesorgan

1. Selbständiges Verfassungsorgan

Die Bundesregierung ist ein selbständiger Teil der staatlichen Organisation des Bundes, der durch die Verfassung konstituiert wird und dessen **Verhältnis zu anderen Teilen der Staatsorganisation** sich **allein nach dem Grundgesetz** bestimmt, so daß sie Weisungen oder sonstigen Einflüssen außerhalb des verfassungsrechtlich Vorgesehenen nicht unterworfen werden kann. Dieser verfassungsrechtliche Status wird allgemein dadurch zum Ausdruck gebracht, daß man die Bundesregierung als selbständiges Verfassungs- und oberstes Bundesorgan bezeichnet[20]. Sie ist also »besonderes Organ« i.S.d. Art. 20 II GG, das die vom Volke ausgehende Staatsgewalt ausübt, und »oberstes Bundesorgan« i.S.d. Art. 93 I Nr. 1 GG, das den Umfang seiner Rechte und Pflichten im Wege des Organstreitverfahrens verfassungsgerichtlich klären lassen kann. Wie sich vor allem aus der systematischen Stellung des Abschnitts über die Bundesregierung ergibt, steht dieses Verfassungsorgan gleichrangig neben den anderen obersten Bundesorganen Bundestag, Bundesrat, Gemeinsamer Ausschuß, Bundespräsident und Bundesverfassungsgericht.

7

Dies hat insbesondere zur Folge, daß sich das **Verhältnis der Bundesregierung zu anderen obersten Bundesorganen** außerhalb der verfassungsrechtlich klar bestimmten Beziehungen – hierzu gehört in erster Linie die Vertrauensabhängigkeit der Bundesregierung vom Bundestag – nach Kooperationsregeln richtet[21]. Als selbständiges Verfassungsorgan kann die Bundesregierung insbesondere nicht als »Exekutivausschuß des Parlaments« angesehen werden[22]. Als eine weitere Konsequenz aus der Konstituierung der Bundesregierung als eines selbständigen obersten Bundesorgans werden diejenigen »funktionssichernden Rand- und Annexkompetenzen« angesehen, ohne die dieses Verfassungsorgan nicht oder nur wesentlich eingeschränkt funktionsfähig wäre[23].

8

Trotz der Bezeichnung der Bundesregierung als »**Organ**« sind gegenüber der früheren, zivilistisch geprägten Betrachtungsweise des Staates als juristischer Person die **staatsorganisationsrechtlichen Besonderheiten** zu beachten[24]. Als selbständige Einheit im Rechtskreis der Staatsorganisation – also relativ zu anderen Teilen dieser Staatsorganisation – ist die Bundesregierung rechtsfähig. Dies gilt sowohl für das Kollegialorgan als auch für die Minister und den Kanzler als Teilorgane (→ Rn. 10f.). Ihr kommen eigene Rechte und Pflichten staatsorganisationsrechtlicher Art zu, die mit subjektiven Rechten zivilrechtlicher Provenienz kaum Gemeinsamkeiten aufweisen[25]. Diese organschaftlichen Statusrechte werden im einzelnen durch das Grundgesetz konstituiert und von Rechten anderer Organe abgegrenzt. Nur im zivilrechtlichen

9

---

[20] Vgl. nur Jarass/*Pieroth*, GG, Art. 62 Rn. 1; *Hesse*, Verfassungsrecht, Rn. 627; *Oldiges* (Fn. 19), Art. 62 Rn. 14, 17; *Schneider* (Fn. 7), Art. 62 Rn. 3.

[21] Vgl. nur *Schneider* (Fn. 7), Art. 62 Rn. 11.

[22] Vgl. *H. Dreier*, Hierarchische Verwaltung im demokratischen Staat, 1991, S. 131; *W. Mößle*, Regierungsfunktionen des Parlaments, 1986, S. 98 ff., 117 ff.

[23] *Oldiges* (Fn. 19), Art. 62 Rn. 44.

[24] Deshalb muß der verfassungsrechtliche Organbegriff von seinen zivilrechtlichen Wurzeln (vermögens- und haftungsrechtliche Zurechnung, Zivilprozeßrecht) gelöst werden; dazu *E.-W. Böckenförde*, Organ, Organisation, Juristische Person, in: FS H. J. Wolff, 1973, S. 269 ff.

[25] Dies gilt z.B. für zivilrechtlich geprägte Vorstellungen von Rechtsverzicht, -verwirkung oder -übertragung.

Rechtskreis wird das Handeln der Bundesregierung – mangels Rechtsfähigkeit – der Bundesrepublik Deutschland als juristischer Person zugerechnet, der für diesen Rechtskreis die Rechtsfähigkeit zukommt[26].

2. Kollegialorgan

10 Die zentrale normative Aussage des Art. 62 GG liegt – in Abkehr vom Kanzlersystem der alten Reichsverfassung (→ Rn. 2) – darin, daß es sich bei der Bundesregierung um ein Kollegialorgan handelt, das sich aus den **Teilorganen**[27] **Bundeskanzler und Bundesminister** zusammensetzt[28]. Dabei ist die organisationsrechtliche Doppelstellung der Bundesminister und des Bundeskanzlers zu beachten: Sie sind einerseits Teile des Kollegialorgans Bundesregierung und verfügen als solche über Mitwirkungsrechte an der Willensbildung dieses Organs. Andererseits sind sie durch das Grundgesetz mit eigenen Rechten ausgestattet (→ Art. 65 Rn. 29 ff.), die sich nicht auf die Mitwirkung im Kollegialorgan beziehen, und sind insoweit selbst Staatsorgane[29].

11 Aus dem Umstand, daß sich hinter dem Begriff der Bundesregierung **drei unterschiedliche Staatsorgane** – die Bundesregierung als Kollegium, der Bundeskanzler, die Bundesminister – verbergen können, ergibt sich die Schwierigkeit, bei der Verwendung des Begriffes Bundesregierung in den unterschiedlichen staatsorganisationsrechtlichen Normen des Grundgesetzes jeweils zu bestimmen, welches der drei Organe gemeint ist. Nach der h.M. ist diese Frage durch Art. 62 GG eindeutig beantwortet, weil diese Norm eine Legaldefinition enthalte[30]. Die Kritiker sehen darin eine Überfrachtung von Art. 62 GG[31]. Bei dem Begriff der Bundesregierung handele es sich lediglich um einen Verweisungsbegriff[32], der sowohl auf die Regierung als Kollegium als auch auf den Bundeskanzler oder einen einzelnen Bundesminister Bezug nehme[33]. Die Frage, wem das Grundgesetz mit der Formulierung »Bundesregierung« eine bestimmte Kompetenz zuweist, dürfte in der Tat durch Art. 62 GG nicht abschließend beantwortet sein[34]. Es ist vielmehr eine Sache der Auslegung der jeweiligen Norm, bei

---

[26] So auch *Oldiges* (Fn. 19), Art. 62 Rn. 14.
[27] Der Begriff des Organteils suggeriert demgegenüber die falsche Vorstellung, die Rechte der Mitglieder der Bundesregierung seien aus den Rechten der Bundesregierung als Kollegium abgeleitet.
[28] *E.-W. Böckenförde*, Die Organisationsgewalt im Bereich der Regierung, 1964, S. 119, 279; *Oldiges* (Fn. 19), Art. 62 Rn. 16; *Schneider* (Fn. 7), Art. 62 Rn. 3.
[29] *J. Ipsen*, Staatsrecht I, Rn. 369.
[30] Vgl. BVerfGE 26, 338 (395f.); aus der Literatur etwa Jarass/*Pieroth*, GG, Art. 62 Rn. 2; *R. Herzog*, in: Maunz/Dürig, GG, Art. 62 (1983/84) Rn. 6f.; *Schneider* (Fn. 7), Art. 62 Rn. 10.
[31] So etwa *Oldiges* (Fn. 19), Art. 62 Rn. 8.
[32] Terminologisch wird dann zwischen der Bundesregierung i.w.S. (Kabinett, Kanzler und Minister) und Bundesregierung i.e.S. (Kabinett) unterschieden; Nachweise dazu bei *Oldiges*, Bundesregierung (Fn. 4), S. 140 mit Anm. 45.
[33] *Böckenförde*, Organisationsgewalt (Fn. 28), S. 137f., 179ff., unterscheidet dabei zwischen dem Begriff der Bundesregierung als Kollegium (Kanzler und Minister) einerseits und der Bundesregierung als Gesamtorgan, das Kanzler, Minister und Kollegium in sich vereinigt, andererseits. Dabei soll immer dann, wenn es sich um das Verhältnis der obersten Verfassungsorgane untereinander handelt, eine Vermutung dafür sprechen, daß im Zweifel das Gesamtorgan gemeint ist, die Zuständigkeitsverteilung zwischen Kollegium, Kanzler und Ministern also offen bleibt. Gegen diese dogmatische Konstruktion *Oldiges*, Bundesregierung (Fn. 4), S. 137ff. Die Frage war bereits bei der Auslegung von Art. 52 WRV umstritten; Nachw. dazu bei *Oldiges*, Bundesregierung (Fn. 4), S. 109f.
[34] Kritisch gegenüber dem Verständnis von Art. 62 GG als Legaldefinition auch *Oldiges* (Fn. 19), Art. 62 Rn. 8; auf einer stets erforderlichen Kabinettsentscheidung besteht dagegen *Schneider* (Fn. 7), Art. 62 Rn. 10.

der eine Antwort auf diese Frage gefunden werden muß. Ob dabei die Vermutung besteht, daß im Zweifel mit dem Wort »Bundesregierung« das Kollegialorgan gemeint ist[35], erscheint zweifelhaft[36].

Indem Art. 62 GG die kollegiale Zusammensetzung der Bundesregierung festschreibt, hat diese Norm nicht lediglich den Charakter eines Vorspanns zum VI. Abschnitt, sondern enthält eine Reihe normativer Festlegungen[37]. So folgt aus ihr, daß alle Bundesminister Kabinettsmitglieder sind und deshalb **Minister ohne Kabinettsrang** nach britischem Vorbild (→ Rn. 3) verfassungsrechtlich **nicht zulässig** sind[38]. Andere als die in Art. 62 GG genannten Teilorgane können nicht Mitglieder der Bundesregierung sein, so daß insbesondere **Staatsministern**, Parlamentarischen oder beamteten **Staatssekretären** im Kabinett **kein Stimmrecht** eingeräumt werden kann[39]. Darüber hinaus folgt aus Art. 62 GG – i.V.m. Art. 64 GG – die **Pflicht des Bundeskanzlers, Bundesminister zu ernennen**[40], weil anderenfalls das Kollegialorgan Bundesregierung nicht zustande kommt. Dabei läßt das Grundgesetz sowohl die Zahl als auch den Zuschnitt der Geschäftsbereiche der Bundesministerien offen. Lediglich die Existenz einzelner Ministerien schreibt das Grundgesetz ausdrücklich vor[41]. Von diesen Vorgaben abgesehen fällt die Bestimmung der Zahl und des Geschäftsbereichs der Bundesministerien in die Kabinettsbildungsbefugnis des Bundeskanzlers, soweit diese nicht durch Gesetz beschränkt ist (→ Art. 64 Rn. 18 ff.). Ob dabei die Funktions- und Arbeitsfähigkeit des Kabinetts als Kollegium die Zahl der Ministerien nach oben zu begrenzen vermag, erscheint eher zweifelhaft[42]. Darüber hinaus folgt aus Art. 65 GG, daß den Bundesministern, die gemäß Art. 62 GG gemeinsam mit dem Bundeskanzler das Kollegialorgan Bundesregierung bilden, ein substantieller Teil der Funktionen der Bundesregierung zu selbständiger Leitung und Entscheidung unter eigener Verantwortung überlassen bleiben muß[43].

Die wichtigsten praktischen Konsequenzen aus dem Umstand, daß das Grundgesetz die Bundesregierung als Kollegialorgan konstituiert, betreffen das Verfahren der Willensbildung. Weist das Grundgesetz eine Zuständigkeit der Bundesregierung als Kollegialorgan zu, so kann diese Zuständigkeit nur durch einen Beschluß des Kollegi-

---

[35] Vgl. BVerfGE 26, 338 (395), wonach das Grundgesetz »zumindest in aller Regel« dem Sprachgebrauch des Art. 62 GG folgt; *G. Kassimatis*, Der Bereich der Regierung, 1975, S. 58 f.
[36] Die von BVerfGE 26, 338 (395) zitierten Verfassungsnormen stammen aus dem Abschnitt Xa, der neben der »Bundesregierung« ausdrücklich auch dem »Bundeskanzler« (Art. 115b GG) Kompetenzen zuweist, so daß eine Vermutung für die Art. 115a ff. GG begründbar sein mag.
[37] *Herzog* (Fn. 30), Art. 62 Rn. 2; *Oldiges* (Fn. 19), Art. 62 Rn. 7 m.w.N.
[38] *K. v. Beyme*, Das Politische System der Bundesrepublik Deutschland, 5. Aufl. 1987, S. 281.
[39] *Oldiges* (Fn. 19), Art. 62 Rn. 29.
[40] So die ganz h. M.; vgl. nur *R. Herzog*, in: Maunz/Dürig, GG, Art. 64 (1983), Rn. 1; *M. Schröder*, Bildung, Bestand und parlamentarische Verantwortung der Bundesregierung, in: HStR II, § 51 Rn. 26.
[41] Bundesminister der Finanzen (Art. 108 III 2, 112, 114 I GG); Bundesjustizminister (Art. 96 II 4 GG); Bundesminister für Verteidigung (Art. 65a GG).
[42] Skeptisch auch *Schröder* (Fn. 40), § 51 Rn. 29; *K.-U. Meyn*, in: v. Münch/Kunig, GG II, Art. 62 Rn. 19 m.w.N. Jedenfalls dürfte die äußerste Grenze bei 30 Ministerien noch nicht überschritten sein; so auch Jarass/*Pieroth*, GG, Art. 62 Rn. 2.
[43] *Hesse*, Verfassungsrecht, Rn. 644; → Art. 65 Rn. 28 ff. Zwar regelt Art. 62 GG nicht das Verhältnis zwischen Bundeskanzler und Bundesministern. Von Bundesministern i.S. des Art. 62 GG kann aber dann keine Rede mehr sein, wenn nicht ein Minimum an Eigenständigkeit gegeben ist; vgl. auch *Oldiges* (Fn. 19), Art. 62 Rn. 30, 34.

ums ausgeübt werden, der diesem materiell zuzurechnen ist[44]. Aus Art. 62 GG ergeben sich deshalb Bindungen der der Bundesregierung in Art. 65 Satz 4 GG eingeräumten Geschäftsordnungsautonomie im Hinblick auf das **Entscheidungsverfahren des Kollegialorgans**: Sämtliche Mitglieder der Bundesregierung müssen von einer anstehenden Entscheidung und ihrem Gegenstand in Kenntnis gesetzt werden und Gelegenheit erhalten, an der Entscheidung mitzuwirken (Information). Außerdem müssen sich an der Entscheidung so viele Mitglieder der Bundesregierung beteiligen, daß noch von einem Handeln des Kollegiums gesprochen werden kann (Quorum). Schließlich muß von den Beteiligten eine Mehrheit die Entscheidung befürworten (Majorität)[45]. Nur die Einhaltung dieser drei Erfordernisse erlaubt es, einen Beschluß der Bundesregierung als Kollegialorgan zuzurechnen.

14 Dementsprechend enthält die **Geschäftsordnung der Bundesregierung** Regelungen, die die Einhaltung dieser Erfordernisse sicherstellen. Für das **Regelverfahren der Beschlußfassung** in gemeinschaftlicher Sitzung (§ 20 I GOBReg) stellt § 21 GOBReg im Hinblick auf das Informationserfordernis sicher, daß die vorgelegten Entwürfe und Ausführungen jedem Kabinettsmitglied (§ 21 II GOBReg) zur Meinungsbildung gegenstandsabhängig rechtzeitig (§ 21 III GOBReg) zur Verfügung stehen. Dem Quorumserfordernis wird durch § 24 I GOBReg Genüge getan, der die Beschlußfähigkeit der Bundesregierung von der Anwesenheit der Hälfte ihrer Mitglieder abhängig macht, dem Majoritätserfordernis durch § 24 GOBReg, der im Grundsatz die Stimmenmehrheit der anwesenden Regierungsmitglieder für das Zustandekommen eines Beschlusses ausschlaggebend sein läßt. Auf das **Umlaufverfahren** nach § 20 II GOBReg muß das in § 24 I GOBReg für das Regelverfahren normierte Quorum entsprechend angewendet werden[46]. Im Umlaufverfahren darf außerdem das Unterlassen einer Willensbekundung nicht als Beteiligung am Umlaufverfahren gewertet werden. Daneben muß § 20 II GOBReg verfassungskonform dahin interpretiert werden, daß die »Einholung der Zustimmung auf schriftlichem Wege« nicht nur die Schriftlichkeit der Anfrage des Kanzleramts postuliert, sondern auch die Schriftlichkeit der Zustimmungserklärung[47]. Anderenfalls ist die Einhaltung des Quorums nicht dokumentierbar. Nach diesen Maßgaben war die frühere Praxis der Bundesregierung, das Umlaufverfahren des § 20 II GOBReg mit der Fiktion der Erteilung der Zustimmung eines Bundesministers bei Ausbleiben eines Widerspruchs binnen bestimmter Frist als Einwendungsausschlußverfahren zu betreiben, verfassungswidrig[48].

3. Bundeskanzler

15 Sowohl innerhalb der Regierung als auch im Verhältnis zu anderen Staatsorganen nimmt der Bundeskanzler eine Sonderstellung ein, die aus politikwissenschaftlicher Perspektive häufig mit dem Begriff der **Kanzlerdemokratie**[49] beschrieben wird. Ihre verfassungsrechtliche Grundlage hat diese Sonderstellung in den Normen, die die alleinige Verantwortung des Bundeskanzlers für die gesamte Regierungstätigkeit gegen-

---

[44] BVerfGE 91, 148 (166).
[45] So BVerfGE 91, 148 (166).
[46] So methodisch korrekt *V. Epping*, DÖV 1995, 719 (722). BVerfGE 91, 148 (170) bringt insoweit der Sache nach die Figur der verfassungskonformen Auslegung zur Anwendung.
[47] BVerfGE 91, 148 (170); *V. Epping*, DÖV 1995, 719 (722).
[48] BVerfGE 91, 148 (170f.); *V. Epping*, NJW 1992, 2605ff.; *ders.*, DÖV 1995, 719ff.; a.A. BVerwGE 89, 121, (125ff.), wo jedoch die Bedeutung des Quorumserfordernisses verkannt wird.

über dem Parlament festschreiben, folglich ihm auch die alleinige Entscheidung über die Zusammensetzung der Bundesregierung zuweisen und ihm schließlich eine Sonderrolle innerhalb des Kollegialorgans Bundesregierung einräumen. Die Alleinverantwortung des Bundeskanzlers für die gesamte Regierungstätigkeit gegenüber dem Parlament folgt aus Art. 63, 67, 68 und 69 II GG: Nur der Bundeskanzler wird vom Bundestag gewählt. Nur ihm kann der Bundestag das Mißtrauen aussprechen. Nur wenn ihm das Vertrauen entzogen wird, kann auf seinen Vorschlag der Bundespräsident den Bundestag auflösen. Schließlich endigt das Amt eines Bundesministers mit jeder Erledigung des Amtes des Bundeskanzlers. Als notwendige Konsequenz dieser alleinigen Verantwortlichkeit entscheidet der Bundeskanzler über die Zusammensetzung der Bundesregierung, indem er gemäß Art. 64 I GG dem Bundespräsidenten die Ernennung und Entlassung von Bundesministern vorschlägt[50]. Hierher gehört auch das Recht des Bundeskanzlers, gemäß Art. 69 I GG einen Bundesminister zu seinem Stellvertreter zu ernennen und gemäß Art. 69 III GG einen Bundesminister zu ersuchen, die Geschäfte bis zur Ernennung seines Nachfolgers weiterzuführen. Schließlich findet die Alleinverantwortung des Bundeskanzlers gegenüber dem Parlament ihre konsequente Fortsetzung in der verfassungsrechtlichen Sonderstellung des Bundeskanzlers bei der Willensbildung der Bundesregierung als Kollegialorgan. Nach Art. 65 GG bestimmt er die sowohl für die einzelnen Bundesminister als auch für die Bundesregierung als Kollegialorgan verbindlichen Richtlinien der Politik und leitet die Geschäfte der Bundesregierung[51].

16 Ebenso wie den nachfolgenden Normen des VI. Abschnitts liegt Art. 62 GG die Trennung der Ämter des Bundeskanzlers und der Bundesminister zugrunde. Das **Amt des Bundeskanzlers** ist »**ressortfrei**«, also nicht mit der Leitung eines Geschäftsbereichs verbunden[52]. Allerdings wird es allgemein als zulässig angesehen, daß der Inhaber des Amtes des Bundeskanzlers zugleich das Amt eines oder mehrer Bundesminister übernimmt[53]. Eine derartige Personalunion ändert allerdings nichts an der notwendigen Unterscheidung der beiden Ämter und aller mit diesen verbundenen staatsorganisationsrechtlichen Rechten und Pflichten.

17 Der Bundeskanzler wird bei der Erfüllung seiner Aufgaben von einer oberen[54] Bundesbehörde, dem **Bundeskanzleramt**, unterstützt[55]. Die Funktion dieser in den ver-

---

[49] Vgl. etwa *K. Niclauß*, Kanzlerdemokratie, 1988; *K. D. Bracher*, Die Kanzlerdemokratie, in: R. Löwenthal/H.-P. Schwarz (Hrsg.), Die zweite Republik, 1974, S. 179 ff.; *A. Doering-Manteuffel*, Der Staat 30 (1991), 1 ff.

[50] *Schneider* (Fn. 7), Art. 62 Rn. 13, bezeichnet deswegen und wegen der automatischen Beendigung des Amtes eines Bundesminsters mit jeder Erledigung des Amtes des Bundeskanzlers gemäß Art. 69 II GG diesen als den »Herrn« über Entstehung, Zusammensetzung und Fortbestand einer Bundesregierung.

[51] Einzelheiten dazu → Art. 65 Rn. 17 ff., 51.

[52] Ein Ressort des Bundeskanzlers wird auch nicht dadurch begründet, daß das Bundespresseamt, das Presse- und Informationsamt der Bundesregierung sowie der Bundesnachrichtendienst direkt dem Bundeskanzler unterstellt sind. Zu diesen Stellen *Stern*, Staatsrecht II, S. 280; eingehend zum BND *J. Brauneck*, Die rechtliche Stellung des Bundeskanzleramtes, 1994, S. 20 ff.

[53] *Oldiges* (Fn. 19), Art. 62 Rn. 30; *Schröder* (Fn. 40), § 51 Rn. 26.

[54] So zutreffend *Böckenförde*, Organisationsgewalt (Fn. 28), S. 238 f.; die Ansicht, die das Amt als oberste Bundesbehörde einstuft – etwa *Oldiges* (Fn. 19), Art. 62 Rn. 22 – verkennt, daß es sich um eine dem Bundeskanzler nachgeordnete Dienststelle handelt.

[55] Vgl. dazu *Böckenförde*, Organisationsgewalt (Fn. 28), S. 234 ff.; *V. Busse*, Bundeskanzleramt und Bundesregierung, 1994; *Brauneck*, Bundeskanzleramt (Fn. 52) *K. König*, Der Staat 28 (1989), 49 ff.; *F. Müller-Rommel/G. Pieper*, Aus Politik und Zeitgeschichte 1991, B 21–22, 3 ff.

gangenen Jahrzehnten kontinuierlich ausgebauten Behörde läßt sich nicht mehr zutreffend als »Sekretariat« des Bundeskanzlers und »Geschäftsstelle« der Bundesregierung beschreiben. Es handelt sich vielmehr um eine den Bundesministerien vergleichbare politische Führungszentrale, die den Bundeskanzler insbesondere bei der Wahrnehmung seiner Richtlinienkompetenz unterstützt, die Kabinettssitzungen koordinierend vorbereitet, die Durchführung von Kabinettsentscheidungen kontrolliert und die darüber hinaus Koordinierungs- und Planungsaufgaben für die gesamte Regierungstätigkeit wahrnimmt[56]. Deswegen ist das Bundeskanzleramt zutreffend als der »institutionelle Mittelpunkt der Exekutive« beschrieben worden[57].

18 Besondere Schwierigkeit bereitet die rechtliche Einordnung des Amtes des **Leiters des Bundeskanzleramtes**. Er ist beamteter **Staatssekretär**, der zugleich die Geschäfte eines Staatssekretärs der Bundesregierung wahrnimmt (§ 7 GOBReg). Nach einer seit vielen Jahren geübten Praxis bekleidet der Leiter des Bundeskanzleramtes darüber hinaus das Amt eines **Bundesministers** für besondere Aufgaben[58]. Diese Vereinigung von zwei Ämtern in einer Person ist mit Problemen verbunden, weil sich die aus den beiden Ämtern folgenden Rechte und Pflichten teilweise widersprechen: Als »Kanzleramtsminister« genießt der Amtsträger das Recht auf eigenverantwortliche Ressortleitung aus Art. 65 Satz 2 GG und unterliegt Vorgaben des Bundeskanzlers nur in dem Rahmen, den die Richtlinienkompetenz nach Art. 65 Satz 1 GG umschreibt. Als Staatssekretär ist derselbe Amtsträger allerdings ein dem Bundeskanzler unmittelbar weisungsunterworfener Beamter[59]. Im Konfliktfall würde daraus folgen, daß entweder der Bundeskanzler einen Minister über das von Art. 65 GG erlaubte Maß hinaus anweisen und so seine Stimme im Kabinett verdoppeln oder aber der Staatssekretär sich unter Berufung auf seine ministerielle Unabhängigkeit einer rechtlich verbindlichen Weisung widersetzen könnte[60]. Wenn auch die praktische Relevanz derartiger Konfliktfälle gering sein dürfte, weil die dominante Stellung des Bundeskanzlers über die in Art. 65 GG geregelte Richtlinienkompetenz hinausgeht (→ Rn. 15)[61], ist die Übertragung von zwei Ämtern mit einander widersprechenden Rechten und Pflichten nicht vereinbar mit der von der Verfassung gestellten Aufgabe, staatsorganisationsrechtliche Verhältnisse gerade im Blick auf seltene Ausnahmefälle klar zu bestimmen.

4. Bundesminister

19 Der Status der Bundesminister ist gekennzeichnet durch ihre **Doppelstellung** als **Mitglied des Kabinetts** einerseits und als **Chef eines Verwaltungsressorts** andererseits[62].

---

[56] So *Schneider* (Fn. 7), Art. 62 Rn. 14; G. *Bachmann*, Das Bundeskanzleramt, in: Die Staatskanzlei, 1967, S. 161 ff. (173 f.).
[57] K. *Sontheimer*, Grundzüge des politischen Systems der Bundesrepublik Deutschland, 5. Aufl., 1989, S. 250 f. Der Begriff der »Führungszentrale« stammt von T. *Eschenburg*, Staat und Gesellschaft in Deutschland, 1956, S. 746.
[58] Vgl. die Liste bei *Brauneck*, Bundeskanzleramt (Fn. 52), S. 31.
[59] *Brauneck*, Bundeskanzleramt (Fn. 52), S. 30 ff., 47.
[60] *Brauneck*, Bundeskanzleramt (Fn. 52), S. 48, 50 f.; Bedenken hegen auch W.-R. *Schenke*, in: BK, Art. 64 (Zweitb. 1980), Rn. 54, und *Stern*, Staatsrecht II, S. 279 f. – letzterer ohne konkrete Begründung; unentschieden *Böckenförde*, Organisationsgewalt (Fn. 28), S. 242 mit Anm. 39.
[61] Im Ergebnis ohne Bedenken jedoch *Herzog* (Fn. 30), Art. 62 Rn. 28.
[62] Vgl. dazu K. *König*, Politiker und Beamte, in: FS Morsey, 1992, S. 107 ff. (117); BVerfGE 90, 286 (338); BVerwGE 63, 37 (40); Jarass/*Pieroth*, GG, Art. 65 Rn. 5; ausführlich R. *Wahl*, Stellvertretung im

Diese Doppelstellung findet ihren deutlichsten Ausdruck in der unterschiedlichen Vertretungsregelung: Während ein Bundesminister »in der Regierung« durch einen dazu bestimmten anderen Bundesminister vertreten wird, vertritt ihn der Staatssekretär in seiner Funktion als »Leiter einer obersten Bundesbehörde«[63] (→ Rn. 27f.). Mit dieser Doppelfunktion löst das Grundgesetz das Problem, daß die parlamentarische Verantwortung innerhalb der Exekutive zu einer Systemdifferenzierung zwischen Regierung und Verwaltung zwingt. Weil nämlich dem Parlament nicht jeder Beamte verantwortlich sein kann, bedarf es einer »Schaltstelle« zwischen dem parlamentarisch verantwortlichen obersten Lenkungszentrum und den eigentlich ausführenden Behörden. Verfassungsrechtlich gesichert wird diese Schaltstellenfunktion durch das aus Art. 62 und Art. 65 Satz 2 GG folgende Gebot der institutionellen Verbindung von Ressortleitung und Kabinettsmitgliedschaft[64].

Während die Existenz von **Geschäftsbereichen ohne Bundesminister als Ressortchef** verfassungsrechtlich **unzulässig** ist[65], besteht allgemeine Übereinstimmung darin, daß gegen **Bundesminister ohne Geschäftsbereich**, deren Aufgabe sich also auf die Mitwirkung an der Willensbildung des Kollegialorgans Bundesregierung beschränkt, keine verfassungsrechtlichen Einwände bestehen[66]. Daneben sind auch **Bundesminister für besondere Aufgaben** denkbar insbesondere für die Fälle, in denen sich neue, noch nicht »ressortfähige« Aufgaben abzeichnen[67]. Einen zulässigen Sonderfall stellt schließlich der »Doppelminister« dar, der in Personalunion mehrere Geschäftsbereiche wahrnimmt.   20

Die Bundesminister werden nach Maßgabe einzelner Bestimmungen, die jeder für seinen Geschäftsbereich zu treffen hat, von **Parlamentarischen Staatssekretären** unterstützt[68]. Diese »Ministergehilfen«[69], die Mitglieder des Deutschen Bundestages sein müssen, werden auf Vorschlag des Bundeskanzlers, der das Einvernehmen des jeweiligen Ministers finden muß, vom Bundespräsidenten ernannt[70]. Da das Amt des Parlamentarischen Staatssekretärs weder in Art. 62 GG noch an anderer Stelle des   21

Verfassungsrecht, 1971, S. 198ff. Wegen der Einzelheiten zur aus Art. 65 Satz 2 GG folgenden Rolle des Ministers als Ressortchef, Leiter einer obersten Bundesbehörde, Dienstvorgesetzter des Behördenpersonals und wegen seines Zeichnungsrechts vgl. *Schneider* (Fn. 7), Art. 62 Rn. 16.

[63] Vgl. einerseits § 14 Abs. 1 und andererseits § 14 Abs. 3 GOBReg; dazu *R. Herzog*, in: Maunz/Dürig, GG, Art. 69 (1984), Rn. 27, 31; *N. Achterberg*, Innere Ordnung der Bundesregierung, in: HStR II, § 52 Rn. 47.

[64] So *Wahl*, Stellvertretung (Fn. 62), S. 202f., im Anschluß an *Böckenförde*, Organisationsgewalt (Fn. 28), S. 173ff.; *Dreier*, Hierarchische Verwaltung (Fn. 22), S. 134 m.w.N.

[65] Zur Problematik »ministerialfreier Räume« → Art. 20 (Demokratie) Rn. 116; vgl. außerdem *Dreier*, Hierarchische Verwaltung (Fn. 22), S. 135f.

[66] *Hesse*, Verfassungsrecht, Rn. 643; *Schröder* (Fn. 40), § 51 Rn. 30; *Oldiges* (Fn. 19), Art. 62 Rn. 19. Bundesminister ohne Geschäftsbereich hat es nach *Schenke* (Fn. 60), Art. 64 Rn. 52, in der Staatspraxis bisher nicht gegeben.

[67] *Schröder* (Fn. 40), § 51 Rn. 30. Die Einsetzung eines Bundesministers für besondere Aufgaben hat sich in der Rückschau bewährt, soweit sie der Startschuß für die Gründung eines neuen Ressorts war und insofern noch nicht ressortfähige Aufgaben erstmals einem Bundesminister zuordnete: *Herzog* (Fn. 40), Art. 64 Rn. 7, nennt als Beispiel den Fall der Einrichtung des Atomministeriums in den fünfziger Jahren.

[68] Vgl. § 1 II ParlStG. Worin diese Unterstützung besteht, wird dort allerdings nicht gesagt.

[69] *Oldiges* (Fn. 19), Art. 62 Rn. 35.

[70] Vgl. die Einzelheiten auch zur Amtszeit, die sowohl an die Amtszeit des Ministers als auch an die Mitgliedschaft im Bundestag gekoppelt ist, in §§ 1, 2 und 4 ParlStG.

Grundgesetzes erwähnt wird, genießt er keinen verfassungsrechtlichen Status und ist ebensowenig wie beamtete Staatssekretäre Mitglied der Bundesregierung[71]. Daraus folgt, daß Parlamentarische Staatssekretäre die den Bundesministern durch das Grundgesetz zugewiesenen Aufgaben und Befugnisse nur als Stellvertreter wahrnehmen können und dabei stets an deren Letztentscheidungsrecht gebunden sind[72]. So wird ein Bundesminister »in der Regierung« gem. § 14 I GOBReg durch den dazu bestimmten Bundesminister vertreten. Lediglich bei der Abgabe rechtlich unverbindlicher »Erklärungen« wird der Bundesminister in den Sitzungen der Bundesregierung ebenso wie vor dem Bundestag und dem Bundesrat vom Parlamentarischen Staatssekretär vertreten, wenn nicht im Einzelfall die Vertretung durch den beamteten Staatssekretär angeordnet ist[73]. Als Leiter einer obersten Bundesbehörde wird der Bundesminister vom Parlamentarischen Staatssekretär gem. § 14 III GOBReg nur in dem ihm nach § 14a GOBReg übertragenen Aufgabenbereich sowie in den vom Minister bestimmten Einzelfällen vertreten, während im übrigen die Vertretung »im Hause« Sache des beamteten Staatssekretärs ist.

22 Die so umschriebene rechtliche Stellung der **Parlamentarischen Staatssekretäre** spiegelt die **politische Rolle**, die ihnen bei der Schaffung dieses Amtes zugedacht war[74], kaum wider. Anstatt der erwarteten Entlastung der Minister und der Stärkung des Parlaments im Verhältnis zur Regierung[75] wird die wichtigste Funktion dieses Amtes heute darin gesehen, Personal für Ministerämter zu rekrutieren und verdienstvolle Parlamentarier zu versorgen[76].

5. Bundeskanzler und Bundesminister als Ämter

23 Mit den Worten »Bundeskanzler« und »Bundesminister« bezeichnet Art. 62 GG Ämter. Den Status der Personen, die diese Ämter innehaben, läßt diese Norm offen. Auch die weiteren Regelungen des VI. Abschnitts beschränken sich auf Regelungen über die Wahl und die Ernennung, über das Amtsende sowie über die Inkompatibilitäten in Art. 66 GG. Alle weiteren Einzelheiten des öffentlich-rechtlichen Amtsverhältnisses, in dem die Mitglieder der Bundesregierung stehen, sind im **Gesetz über die Rechtsverhältnisse der Mitglieder der Bundesregierung** geregelt[77]. Bei diesem Amtsverhältnis handelt es sich um eine rechtliche Beziehung der Amtsträger zur Bundesrepublik Deutschland, die Ähnlichkeiten mit dem Beamtenverhältnis aufweist[78], ohne ein sol-

---

[71] *v. Münch*, Staatsrecht I, Rn. 836; *Herzog* (Fn. 30), Art. 62 Rn. 40f.
[72] *Herzog* (Fn. 30), Art. 62 Rn. 42, 45; *E. Klein*, DÖV 1974, 590 (591).
[73] Vgl. § 14 II GOBReg sowie die entsprechende Regelung über den Kreis der Teilnehmer an den Sitzungen der Bundesregierung in § 23 II GOBReg.
[74] Zur Entstehungsgeschichte des Amtes vgl. die Hinweise bei *Herzog* (Fn. 30), Art. 62 Rn. 41 ff.
[75] Vgl. die Zusammenfassung bei *v. Münch*, Staatsrecht I, Rn. 835 f.
[76] *v. Beyme*, Politisches System (Fn. 38), S. 177 ff.; *K. Kröger*, DÖV 1974, 585 (590); vgl. auch das negative Fazit bei *v. Münch*, Staatsrecht I, Rn. 836; ein positives Fazit zieht dagegen *Schneider* (Fn. 7), Art. 62 Rn. 8 – allerdings mit der sehr allgemeinen Behauptung, es sei durch die Einrichtung des Parlamentarischen Staatssekretärs zu einer Stärkung der Bundesregierung gegenüber Parlament, Opposition und Öffentlichkeit gekommen.
[77] Entgegen *Stern*, Staatsrecht II, S. 276, enthält die Geschäftsordnung der Bundesregierung keine statusrechtlichen Regelungen und kann dies auch nicht, weil sie nur den Bereich der Organisation der Bundesregierung betrifft und insoweit das Verhältnis zu den Amtsinhabern gar nicht regelt.
[78] So sind die Bundesminister Amtsträger im Sinne des Staatshaftungsrechts und des StGB. Eingehend zur Ausgestaltung des Amtsverhältnisses der Bundesminister *Schneider* (Fn. 7), Art. 62 Rn. 17. → Art. 34 Rn. 26.

ches zu sein[79]. Im Unterschied zu diesem verpflichtet das Bundesministergesetz die Mitglieder der Bundesregierung ihrer politischen Funktion entsprechend nicht zur Neutralität, wohl aber zur Trennung von Regierungsamt und privaten oder parteipolitischen Angelegenheiten[80]. Trotz der unbestreitbaren Schwierigkeiten klarer Abgrenzungen besteht angesichts eindeutiger Mißbrauchsfälle[81] Anlaß, diese Trennung zu betonen. Allerdings kennt das Bundesministergesetz kein Disziplinarverfahren[82], so daß jenseits strafrechtlich relevanten Verhaltens die Beachtung dieses Trennungsgebotes nur durch das Parlament im Wege der allgemeinen Instrumente parlamentarischer Kontrolle durchgesetzt werden kann.

III. Funktionen, Aufgaben und Kompetenzen

1. Die Bundesregierung in der Gewaltenteilung des Grundgesetzes

Unter dem Blickwinkel der in Art. 1 III, 20 II 2 und 20 III GG getroffenen Unterscheidung der drei Gewalten wird die Bundesregierung häufig als das **oberste Organ der »vollziehenden Gewalt«** bezeichnet[83]. Diese im Grundsatz zutreffende Zuordnung, der eine organbezogene (formelle) Abgrenzung der drei Gewalten (→ Art. 1 III Rn. 36) zugrundeliegt, ist aber zur Vermeidung von Mißverständnissen im Hinblick auf die abweichende funktionsbezogene (materielle) Zuordnung der Gewalten erläuterungsbedürftig: Zunächst nimmt das Organ Bundesregierung keineswegs ausschließlich Aufgaben wahr, die funktionell der vollziehenden Gewalt zuzuordnen sind. Umgekehrt sind exekutive Aufgaben des Bundes nicht ausschließlich der Bundesregierung zugewiesen. So nimmt sie mit ihrem Gesetzesinitiativrecht gem. Art. 76 I GG oder als Verordnungsgeber nach Art. 80 GG Gesetzgebungsfunktionen wahr und teilt sich die Regierungsfunktion mit anderen Verfassungsorganen – insbesondere dem Bundestag[84] und dem Bundespräsidenten[85] –, ohne daß dies als »Durchbrechung« eines vorverfassungsrechtlichen Gewaltentrennungsdogmas verstanden werden kann (→ Art. 20 [Rechtsstaat] Rn. 62 ff.)[86]. 24

Darüber hinaus darf das Wort »vollziehende Gewalt« nicht dazu verleiten, diese Funktion auf die »Ausführung« oder den »Vollzug« von Gesetzen zu reduzieren[87]. In- 25

---

[79] Vgl. statt vieler *Hesse*, Verfassungsrecht, Rn. 628; zu den Konsequenzen vgl. etwa *U. Battis*, Ministerhaftung, in: FS Bemmann, 1997, S. 7 ff.
[80] *W. Hennis*, Amtsgedanke und Demokratiebegriff, in: FS Smend, 1962, S. 51 ff. (54 f.); *A. Köttgen*, Das anvertraute öffentliche Amt, in: FS Smend, 1962, S. 118 ff. (122, 135 ff.); weitere Nachweise – auch auf der Grundlage eines »pragmatischen« Amtsverständnisses – bei *T. Traupel*, Ämtertrennungen und Ämterverbindungen zwischen staatlichen Leitungsämtern und Leitungsämtern in Verbänden, 1991, S. 249 ff.
[81] Zur Ausarbeitung einer Wahlkampfplattform durch Beamte des Bundeskanzleramtes vgl. die Nachweise bei *v. Beyme*, Politisches System (Fn. 38), S. 298.
[82] Gem. § 8 BMinG findet ein Disziplinarverfahren gegen Mitglieder der Bundesregierung »nicht statt«.
[83] BVerfGE 9, 268 (282); *Meyn* (Fn. 42), Art. 62 Rn. 10; *M. Schröder*, Aufgaben der Bundesregierung, in: HStR II, § 50 Rn. 2; *Stern*, Staatsrecht II, S. 274.
[84] Vgl. nur *Hesse*, Verfassungsrecht, Rn. 533.
[85] Zutreffend *Hesse*, Verfassungsrecht, Rn. 535.
[86] Vgl. dazu *Hesse*, Verfassungsrecht, Rn. 476 ff., 484 ff.; auch *Dreier*, Hierarchische Verwaltung (Fn. 22), S. 175 ff.; ausführlich *S. Magiera*, Der Staat 13 (1974), 1 (4 ff.).
[87] Zutreffend *Hesse*, Verfassungsrecht, Rn. 530; *Schröder* (Fn. 83), § 50 Rn. 2; ausführlich und m.w.N. *Dreier*, Hierarchische Verwaltung (Fn. 22), S. 164 ff.

nerhalb der nur grob typisierenden Unterscheidung der drei Gewalten ist die »vollziehende« vielmehr durch das Element des unmittelbaren staatlichen Tätigwerdens gekennzeichnet. Sie ist anders als die Gesetzgebung nicht auf Aktualisierung oder Umsetzung angewiesen und wird im Gegensatz zur Rechtsprechung aus eigener Initiative tätig[88]. Die auf diese Weise noch sehr allgemein charakterisierte »vollziehende Gewalt« läßt sich näher differenzieren nach **Regierungs- und Verwaltungsaufgaben**[89]. Beide Funktionen werden – auch, aber keineswegs allein – von der Bundesregierung wahrgenommen. Dabei unterscheidet sich die Wahrnehmung von Verwaltungsaufgaben durch die Bundesregierung als Spitze der Exekutive (→ Rn. 27 ff.) in mehrfacher Hinsicht von ihrer Rolle als Organ, das Regierungsaufgaben im Sinne politischer Staatsführung wahrzunehmen hat (→ Rn. 30 ff.).

26 Aus der Zuordnung der Bundesregierung zur vollziehenden Gewalt lassen sich genaue Aussagen über die Aufgaben der Bundesregierung kaum gewinnen. Einen **materiellen Begriff der Regierung**, der Grundlage für eine Rechtsvermutung zugunsten einer ausschließlichen Zuständigkeit der Bundesregierung[90] sein könnte, enthält das Grundgesetz entgegen frühen mißverständlichen Aussagen des Bundesverfassungsgerichts nicht[91]. Daran vermögen auch Begriffe wie Regierungsgewalt oder Gubernative nichts zu ändern, deren einziger Träger die Bundesregierung sein soll[92]. Wenn sich das Grundgesetz bei der Regelung der Aufgaben der Bundesregierung auf wenige Regelungen von zum Teil großer Offenheit und Weite beschränkt, so liegt darin keineswegs eine Negierung der Regierungsfunktion[93], sondern die Sicherung jener Flexibilität und Dynamik, die gerade die Funktion der Regierung kennzeichnen[94].

2. Spitze der Bundesverwaltung

27 Wenn die Bundesregierung als oberstes Organ der vollziehenden Gewalt[95] oder als Spitze der Exekutive bezeichnet wird, die die vollziehende Gewalt repräsentiere[96], so kommt darin in erster Linie die Funktion als »**Gelenkstelle« zwischen Regierung und Verwaltung**[97] zum Ausdruck, die allerdings primär den einzelnen Ministern zukommt, während die Bundesregierung als Kollegialorgan administrative Führungsfunktionen vor allem gegenüber den Länderverwaltungen wahrnimmt (Art. 84 und 85 GG). Die organisatorische Verknüpfung von Regierungspolitik und Verwaltungstätigkeit im Amt des Ministers sichert das Grundgesetz dadurch, daß die Minister einerseits Mitglieder des Kollegialorgans sind und als solche – im Rahmen der Richtlinienkompetenz des Bundeskanzlers – am Funktionsbereich der Regierung im Sinne der politischen Staatsführung teilhaben (→ Rn. 30 ff.) und daß sie andererseits im Rahmen ihrer

---

[88] *Hesse*, Verfassungsrecht, Rn. 530.
[89] Ausführlich *Hesse*, Verfassungsrecht, Rn. 531 ff., 536 ff.
[90] Eine solche Vermutung postulierte BVerfGE 1, 372 (394) mit der Folge, daß der Bundestag »diese Funktion der Regierung« nicht übernehmen könne, soweit ihm nicht ausdrücklich Regierungsaufgaben zugewiesen seien.
[91] Vgl. nur *Schröder* (Fn. 83), § 50 Rn. 6 f., 9 m.w.N.
[92] So *Oldiges* (Fn. 19), Art. 62 Rn. 18.
[93] So aber W. *Frotscher*, Regierung als Rechtsbegriff, 1975, S. 235 mit Anm. 9.
[94] So *Hesse*, Verfassungsrecht, Rn. 626.
[95] BVerfGE 9, 268 (282).
[96] *Oldiges* (Fn. 19), Art. 62 Rn. 18, 41.
[97] A. *Köttgen*, JöR 3 (1954), 67 (104).

Ressortleitungsbefugnis nach Art. 65 Satz 2 GG über die Kompetenz zur Ressortorganisation und zur Formulierung der Ressortpolitik sowie über Weisungs-, Selbstentscheidungs- und Kontrollrechte verfügen (→ Art. 65 Rn. 28 ff.)[98].

Organisationsrechtlich kommt diese Funktion der Bundesregierung zum Ausdruck in der **Doppelstellung der Minister**[99] als **Verfassungsorgan** und **oberste Bundesbehörde**[100]. Im Ministerium werden im Rahmen des Geschäftsbereichs des Ministers einerseits Regierungsgeschäfte erledigt und andererseits Verwaltungsaufgaben – in Geschäftsbereichen mit Verwaltungsunterbau als Spitze der Behördenhierarchie – wahrgenommen[101]. 28

Soweit es um diese Zuordnung der Bundesregierung zur vollziehenden Gewalt im engeren Sinne – also um die Funktion der Minister als oberste Bundesbehörden – geht, wird sie allein von der Bundesregierung ausgeübt. In **Verwaltungsangelegenheiten** des Bundes ist also – anders als bei Aufgaben der Regierung im Sinne politischer Staatsführung – eine **Zuständigkeitsvermutung zugunsten der Bundesregierung** einschließlich der ihr nachgeordneten Behörden und zuungunsten des Parlaments berechtigt[102]. 29

3. Politische Staatsführung

Über ihre Funktion als Spitze der Exekutive hinaus umschreibt die Rechtsprechung des Bundesverfassungsgerichts die Aufgabe der Bundesregierung mit dem Begriff der »**Staatsleitung**«[103]. Entsprechend ihrer politischen Leitungsaufgabe bestimme sie die Ziele der Politik, formuliere und verwirkliche das Regierungsprogramm[104]. 30

Den Hintergrund dieser allgemeinen Charakterisierung bildet der Umstand, daß eine Umschreibung oder nähere Kennzeichnung des Aufgabenbereichs der Regierung im Grundgesetz fehlt[105]. Eine Zusammenstellung der mehr oder weniger verstreuten Einzelzuständigkeiten des Bundeskanzlers, der Bundesminister und des Kabinetts[106] vermag nur ein unvollständiges Bild vom Aufgabenbestand der Bundesregierung zu vermitteln[107]. So findet etwa die Anstoß- und Initiativfunktion ihren Niederschlag nur bei der Rechtsetzung[108], und die Planungsaufgabe ist verfassungsrechtlich nur in Bezug auf Haushalt, Finanzen und Verteidigung ausdrücklich normiert[109]. Dieser Befund bedeutet keinen Mangel, weil »**Staatsleitung**« – wie immer man diese Aufgabe näher 31

---

[98] Vgl. zusammenfassend *Schröder* (Fn. 83), § 83 Rn. 20.
[99] Ausnahmsweise fungiert auch das Kabinett als Kollegialorgan als Verwaltungsbehörde, s. etwa Art. 26 II 1 GG: → Art. 26 Rn. 28.
[100] *Oldiges* (Fn. 19), Art. 62 Rn. 22.
[101] *Oldiges* (Fn. 19), Art. 62 Rn. 21.
[102] So *Schröder* (Fn. 83), § 50 Rn. 10.
[103] BVerfGE 11, 77 (85); 26, 338 (395 f.); ebenso weite Teile der Literatur: → Rn. 32. Grundlegend R. *Smend*, Die politische Gewalt im Verfassungsstaat und das Problem der Staatsform (1923), in: ders., Staatsrechtliche Abhandlungen, 3. Aufl. 1994, S. 68 ff.; U. *Scheuner*, Der Bereich der Regierung (1952), in: ders., Staatstheorie und Staatsrecht, 1978, S. 455 ff.
[104] BVerfGE 45, 1 (46 f.).
[105] *Schröder* (Fn. 83), § 50 Rn. 1.
[106] Eine Liste der durch das GG und die GOBReg statuierten Zuständigkeiten getrennt nach Bundeskanzler, Bundesministern und Bundeskabinett findet sich bei *Schröder* (Fn. 83), § 50 Rn. 17 ff.
[107] *Schröder* (Fn. 83), § 50 Rn. 25.
[108] Art. 59 II, 76 I, 110 III GG.
[109] Art. 53a III, 106 III 4 Nr. 1, 109 III, 110 GG.

umschreiben mag (→ Rn. 32) – **weder normierbar**[110] **noch normierungsbedürftig** ist, soweit nicht die Abgrenzung zu den Aufgaben anderer Organe des Bundes – insbesondere auf dem Gebiet der Gesetzgebung[111] – oder zu Aufgaben der Länder in Rede steht.

32 Vor diesem Hintergrund besteht auch im Schrifttum seit langem weitgehende Übereinstimmung darüber, daß es sich bei den punktuellen verfassungsrechtlichen Regierungszuständigkeiten nur um Teilausschnitte einer im übrigen vorausgesetzten Gesamtaufgabe handelt[112]. Die Eigenart dieser Regierungsaufgabe wird im Sinne »politischer Staatsführung« und »verantwortlicher Leitung des Ganzen der inneren und äußeren Politik«[113] in schöpferischer Gestaltung, politischer Initiative, zusammenfassender Leitung und dirigierender Kontrolle gesehen[114]. Mit Hilfe von Kategorisierungen wie Initiative, Planung und Integration[115] oder Staatsleitung, Normsetzung und Planung[116] wird die **Vielfalt der Regierungsaufgaben** zu systematisieren versucht, die durch die Erkenntnis und Artikulation von Problemlagen, das Auffinden von Lösungswegen und die Prioritätensetzung, vorausschauende und planende Leitung sowie richtungweisende Gestaltung der gesellschaftlichen und wirtschaftlichen Verhältnisse geprägt ist[117]. Die so umschriebenen Aufgaben lassen die Bundesregierung als »Organ der politischen Führung«[118] oder als »Zentrum der politischen Herrschaft im Staat«[119] erscheinen.

33 Aus solchen **Umschreibungen der Regierungsfunktion**, die **deskriptiver und analytischer Natur** sind, dürfen keine vorschnellen verfassungsrechtlichen Folgerungen abgeleitet werden. Die Versuche, einen materiellen Begriff der Regierung zu bestimmen, greifen über die Unterscheidung der Gewalten hinaus[120] und sind nicht in der Lage, eine Exklusivzuständigkeit des Organs Bundesregierung zu begründen. Regierungsaufgaben in einem solchen materiellen Sinne werden vielmehr von allen politischen Organen in unterschiedlichem Ausmaß wahrgenommen[121]. Die Staatsleitung ist ihnen »zur gesamten Hand«[122] übertragen. Darüber hinaus ist der Begriff der Staatsleitung als zusammenfassende Beschreibung der von der Bundesregierung wahrzunehmenden Aufgaben zu eng, weil nicht alle diese Aufgaben »staatsleitender« Natur sind[123]. Gewichtige administrative Befugnisse nach Art. 83 ff. GG liegen außerhalb dessen, was sich als politische Führungsaufgabe charakterisieren läßt. Weil das gewaltenteilende System des Grundgesetzes mehrere Organe mit der Staatsleitung betraut und unter

---

[110] Vgl. nur *Schröder* (Fn. 83), § 50 Rn. 8; *Oldiges* (Fn. 19), Art. 62 Rn. 23, mit der Begründung, daß die Regierungstätigkeit ihrem »Wesen« nach innovativ und deshalb nicht enumerativ normierbar sei.

[111] Zum Vorbehalt des Gesetzes/Parlamentsvorbehalt → Art. 20 (Rechtsstaat) Rn. 95 ff.; vgl. auch *S. Magiera*, Parlament und Staatsleitung in der Verfassungsordnung des Grundgesetzes, 1979, S. 218 ff.

[112] Repräsentativ *Schröder* (Fn. 83), § 50 Rn. 7; *Oldiges* (Fn. 19), Art. 62 Rn. 23; grundlegend *Scheuner*, Bereich der Regierung (Fn. 103), S. 455 ff.; kritisch W. *Leisner*, JZ 1968, 727 ff.; *Frotscher*, Regierung (Fn. 93), S. 193 ff.

[113] So *Hesse*, Verfassungsrecht, Rn. 531.

[114] *Schröder* (Fn. 83), § 50 Rn. 3.

[115] Beschreibende Übersicht (Initiative, Planung, Integration) bei *Schröder* (Fn. 83), § 50 Rn. 26 ff.

[116] *Schneider* (Fn. 7), Art. 62 Rn. 4 ff.

[117] Zusammenfassend *Oldiges* (Fn. 19), Art. 62 Rn. 27.

[118] *J. Ipsen*, Staatsrecht I, Rn. 345.

[119] *Schneider* (Fn. 7), Art. 62 Rn. 2. S. hierzu auch *Smend*, Politische Gewalt (Fn. 103), S. 84 ff.

[120] *Scheuner*, Bereich der Regierung (Fn. 103), S. 483.

[121] Zusammenfassend *Schröder* (Fn. 83), § 50 Rn. 4, 10.

[122] *E. Friesenhahn*, Parlament und Regierung im modernen Staat, VVDStRL 16 (1958), S. 9 ff. (38).

[123] Zutreffend *Schröder* (Fn. 83), § 50 Rn. 4.

diesen die Bundesregierung auch andere als politische Führungsaufgaben wahrzunehmen hat, muß sich eine Inkongruenz zwischen einem wie auch immer näher zu bestimmenden materiellen Begriff der Regierung und dem institutionellen Begriff der Bundesregierung ergeben (→ Rn. 6).

4. Regierungsvorbehalt

Die frühe Rechtsprechung des Bundesverfassungsgerichts enthielt Ansätze, die in die Richtung eines unverzichtbaren »Kernbereichs«[124] von Aufgaben wiesen, die im Interesse der »selbständigen politischen Entscheidungsgewalt« als einem zwingenden Gebot der demokratischen rechtsstaatlichen Verfassung[125] der Bundesregierung vorbehalten sind. Eine »Rechtsvermutung« spreche für die Ausschließlichkeit ausdrücklich statuierter Zuständigkeiten der Bundesregierung für Aufgaben der Regierung und Verwaltung[126]. 34

Inzwischen geht die ganz überwiegende Auffassung dahin, daß sich ein solcher **Vorbehalt der Regierung** aus dem Grundgesetz nicht begründen läßt[127]. Gegenüber den Trägern der rechtsprechenden Gewalt ist ohnehin kein justizfreier Regierungsbereich anzuerkennen[128]. Was die Zuordnung der Regierungsgewalt zwischen der Bundesregierung und den Organen angeht, die primär Aufgaben der Gesetzgebung wahrnehmen, folgt die fehlende Exklusivzuständigkeit der Regierung zum einen bereits aus der erläuterten Schwierigkeit, einen materiellen Regierungsbegriff zu bestimmen (→ Rn. 30f.). Zum anderen zeigt sich aber auch bei einer Durchsicht der einzelnen verfassungsrechtlichen Regierungskompetenzen, daß es an einer Zugriffsfestigkeit gegenüber anderen Verfassungsorganen – insbesondere gegenüber dem Parlament – fehlt[129]: Weder die Richtlinienkompetenz des Bundeskanzlers nach Art. 65 Satz 1 GG[130] noch die Organisationsgewalt im Bereich der Regierung (→ Art. 64 Rn. 8ff.) begründen ausschließliche Rechte für einen bestimmten Sachbereich. Das gilt entgegen der h.M.[131] grundsätzlich auch für die »auswärtige Gewalt« (→ Art. 59 Rn. 14ff.) und für die Mitwirkung der Bundesrepublik Deutschland an der Willensbildung im Rat der Europäischen Gemeinschaft (→ Art. 20 [Demokratie] Rn. 37ff.; → Art. 23 Rn. 95ff., 104ff.). 35

Von einem derartigen aufgabenbezogenen Vorbehaltsbereich, den das Grundgesetz nicht kennt, zu unterscheiden sind die »zugriffsfesten« **Rand- oder Annexkompetenzen**, die die Wahrnehmung der vielfältigen Regierungsaufgaben erst ermöglichen[132]. 36

---

[124] BVerfGE 9, 268 (280); 34, 52 (59).
[125] BVerfGE 9, 268 (281).
[126] BVerfGE 1, 372 (394); zustimmend *Schneider* (Fn. 7), Art. 62 Rn. 3.
[127] Zusammenfassend m.w.N. *Dreier*, Hierarchische Verwaltung (Fn. 22), S. 182 ff.; *Schröder* (Fn. 83), §50 Rn. 12.
[128] *H. Dreier*, Die Verwaltung 25 (1992), 137 ff.
[129] Einzelheiten m.w.N. bei *Schröder* (Fn. 83), §50 Rn. 12.
[130] Gegen einen Vorbehalt der Exekutive aus Art. 65 GG etwa Jarass/*Pieroth*, GG, Art. 65 Rn. 2; *R. Herzog*, in: Maunz/Dürig, GG, Art. 65 (1984), Rn. 29 ff.; *M. Oldiges*, in: Sachs, GG, Art. 65 Rn. 8.
[131] BVerfGE 1, 372 (394), später BVerfGE 68, 1 (87); vgl. auch BVerfGE 55, 349 (365); 66, 39 (60f.); *W.G. Grewe*, Auswärtige Gewalt, in: HStR III, §77 Rn. 48 ff.
[132] Zutreffend *Schröder* (Fn. 83), §50 Rn. 13, der als Schutzobjekt dieser Kompetenzen nicht die Funktion der Regierung, sondern deren Funktionsfähigkeit bezeichnet; ihm folgend *Oldiges* (Fn. 19), Art. 62 Rn. 44.

Hierher gehört die Personalhoheit der Bundesregierung[133] ebenso wie der mit der politischen Leitungsgewalt in Zusammenhang stehende »Beratungs- und Initiativbereich«[134]. Hinzu kommt die Verschiedenartigkeit der der Bundesregierung und den anderen Verfassungsorganen zu Gebote stehenden Organisations- und Handlungsformen: Die Vorbereitung und Durchführung staatlicher Agenden bleibt im Kern schon deshalb exekutiv, weil das Parlament sich keine Verwaltungsorganisation zulegen kann[135]. Auch steht dem Parlament keine Handlungsform zur Verfügung, mit der es Einzelakte der Regierung selbst aufheben könnte[136].

37 Die zentrale **Rolle der Bundesregierung** im politisch-administrativen Prozeß erweist sich angesichts dieses Befundes **nicht als rechtlich gesicherter Vorbehaltsbereich**, sondern als Folge des Umstandes, daß sie die Regierungsmehrheit im Parlament repräsentiert und daß sie mehr als alle anderen Organe über Informationen, Personal und andere Ressourcen verfügt[137].

D. Verhältnis zu anderen GG-Bestimmungen

38 Indem Art. 62 GG die Bundesregierung als Kollegialorgan konstituiert und insoweit die Grundlage aller weiteren Bestimmungen des VI. Abschnitts darstellt, enthält diese Norm zwar keine Legaldefinition, ergänzt aber diejenigen Normen des Grundgesetzes, in denen »der Bundesregierung« Rechte oder Pflichten zugewiesen werden und aus denen sich keine besonderen Hinweise für eine alleinige Zuständigkeit des Ministers oder des Kanzlers ergeben (→ Rn. 11). Dabei beschränkt sich Art. 62 GG allerdings auf die Regelung der Zusammensetzung – mit Folgen für die Anforderungen an die Willensbildung des Kollegialorgans (→ Rn. 13f.) – und überläßt die Verantwortungs- und Entscheidungsstruktur innerhalb der Bundesregierung der Norm des Art. 65 GG.

---

[133] Zur personellen Regierungsbildungsbefugnis des Bundeskanzlers → Art. 64 Rn. 24 ff.
[134] So *Schneider* (Fn. 7), Art. 62 Rn. 7 m.w.N.; vgl. auch *Schröder* (Fn. 83), § 50 Rn. 13; VerfG Brandenb. DÖV 1998, 200 (202) m.w.N.
[135] So *Oldiges* (Fn. 19), Art. 62 Rn. 43.
[136] Jarass/*Pieroth*, GG, Art. 65 Rn. 2 mit Verweis auf BVerfGE 68, 1 (72).
[137] *Schröder* (Fn. 83), § 50 Rn. 14.

Artikel 63 [Wahl und Ernennung des Bundeskanzlers]

(1) Der Bundeskanzler wird auf Vorschlag des Bundespräsidenten vom Bundestage ohne Aussprache gewählt.

(2) ¹Gewählt ist, wer die Stimmen der Mehrheit der Mitglieder des Bundestages auf sich vereinigt. ²Der Gewählte ist vom Bundespräsidenten zu ernennen.

(3) Wird der Vorgeschlagene nicht gewählt, so kann der Bundestag binnen vierzehn Tagen nach dem Wahlgange mit mehr als der Hälfte seiner Mitglieder einen Bundeskanzler wählen.

(4) ¹Kommt eine Wahl innerhalb dieser Frist nicht zustande, so findet unverzüglich ein neuer Wahlgang statt, in dem gewählt ist, wer die meisten Stimmen erhält. ²Vereinigt der Gewählte die Stimmen der Mehrheit der Mitglieder des Bundestages auf sich, so muß der Bundespräsident ihn binnen sieben Tagen nach der Wahl ernennen. ³Erreicht der Gewählte diese Mehrheit nicht, so hat der Bundespräsident binnen sieben Tagen entweder ihn zu ernennen oder den Bundestag aufzulösen.

Literaturauswahl

Finkelnburg, Klaus: Die Minderheitsregierung im deutschen Staatsrecht, 1982.
Friedrich, Manfred: Anlage und Entwicklung des parlamentarischen Regierungssystems in der Bundesrepublik, in: DVBl. 1980, S. 505–511.
Friesenhahn, Ernst: Parlament und Regierung im modernen Staat, VVDStRL 16 (1958), S. 9–65.
Hochrathner, Uwe J.: Anwendungsbereich und Grenzen des Parlamentsauflösungsrechts nach dem Bonner Grundgesetz, 1985.
Hofmann, Hasso: Verfassungsrechtliche Sicherungen der parlamentarischen Demokratie, in: Albrecht Randelzhofer/Werner Süß (Hrsg.), Konsens und Konflikt – 35 Jahre Grundgesetz, 1986, S. 267–286.
Kewenig, Wilhelm: Zur Rechtsproblematik der Koalitionsvereinbarungen, in: AöR 90 (1965), S. 182–204.
Küchenhoff, Erich: Präsentationskapitulationen des Bundeskanzlers gegenüber dem Bundespräsidenten, in: DÖV 1966, S. 675–684.
Langner, Manfred: Recht und Praxis der Regierungsbildung im Bund, Diss. jur. Tübingen 1969.
Lippert, Michael R.: Bestellung und Abberufung der Regierungschefs und ihre funktionale Bedeutung für das parlamentarische Regierungssystem, 1973.
Meyer, Hans: Das parlamentarische Regierungssystem des Grundgesetzes, VVDStRL 33 (1975), S. 69–108.
Puhl, Thomas: Die Minderheitsregierung nach dem Grundgesetz, 1986.
Rein, Hans: Die verfassungsrechtlichen Kompetenzen des Bundespräsidenten bei der Bildung der Bundesregierung, in: JZ 1969, S. 573–578.
Schenke, Wolf-Rüdiger: Die Bildung der Bundesregierung, in: Jura 1982, S. 57–66.
Scheuner, Ulrich: Entwicklungslinien des parlamentarischen Regierungssystems in der Gegenwart, in: Festschrift für Adolf Arndt, 1969, S. 385–404.
Schneider, Hans-Peter/Wolfgang Zeh: Koalitionen, Kanzlerwahl und Kabinettsbildung, in: Schneider/Zeh, § 48 (S. 1297–1324).
Schröder, Meinhard: Das parlamentarische Regierungssystem, in: Jura 1982, S. 449–455.
Steiger, Heinhard: Organisatorische Grundlagen des parlamentarischen Regierungssystems, 1973.

Siehe auch die Angaben zu Art. 62 GG.

Leitentscheidungen des Bundesverfassungsgerichts

Diese liegen zu Art. 63 GG bislang nicht vor.

Art. 63 A. Herkunft, Entstehung, Entwicklung

Gliederung Rn.

A. Herkunft, Entstehung, Entwicklung 1
B. Internationale, supranationale und rechtsvergleichende Bezüge 5
C. Erläuterungen 7
   I. Parlamentarisches Regierungssystem und Kanzlerwahl 7
   II. Allgemeines 11
      1. Verfahrensschritte im Überblick 11
      2. Wählbarkeitsvoraussetzungen 13
      3. Bedeutung und Probleme von Koalitionsvereinbarungen 14
   III. Erste Wahlphase (Art. 63 I und II GG) 16
      1. Vorschlag des Bundespräsidenten 17
      2. Wahl durch den Bundestag 23
      3. Ernennung durch den Bundespräsidenten 27
   IV. Zweite Wahlphase (Art. 63 III GG) 29
   V. Dritte Wahlphase (Art. 63 IV GG) 33
      1. Wahl durch den Bundestag 35
      2. Ernennung durch den Bundespräsidenten bei Erreichen der Kanzlermehrheit 38
      3. Wahlrecht des Bundespräsidenten bei einfacher Mehrheit 39
      4. Minderheitsregierung 43
      5. Bundestagsauflösung 45
D. Verhältnis zu anderen GG-Bestimmungen 47

A. Herkunft, Entstehung, Entwicklung

1 Mit der in Art. 63 GG verankerten Abhängigkeit der Regierung von der Wahl durch das Parlament hebt sich das Grundgesetz deutlich ab sowohl von dem monarchischen Einfluß des konstitutionellen Regierungssystems, wie es noch in der Reichsverfassung von 1871 zum Ausdruck kommt, als auch von der maßgeblichen Position des Reichspräsidenten bei der Regierungsbildung, die die Weimarer Reichsverfassung prägte. Auf diese Weise verwirklicht das Grundgesetz das parlamentarische Regierungssystem[1] (→ Rn. 8ff.), dessen wesentliche Merkmale sich in England bereits Ende des 18. Jahrhunderts herausgebildet hatten, in seiner reinsten Form[2].

2 Die **Paulskirchenverfassung** von 1849 hatte in § 73 S. 2 vorgesehen, daß die Minister vom Kaiser (§ 70) ernannt werden, der durch diese die ihm verfassungsmäßig übertragene Gewalt – wozu u.a. die Ausübung der gesetzgebenden Gewalt in Gemeinschaft mit dem Reichstage gehörte (§ 80) – ausüben sollte. Die **Reichsverfassung 1871** wies das Recht der Ernennung des Reichskanzlers in Art. 15 ebenfalls ausschließlich dem Kaiser als dem Staatsoberhaupt zu, der dieses Recht in der Staatspraxis bis zum Ende

---

[1] Zur Entstehung des Begriffes der Parlamentarischen Regierung auf dem Kontinent in der ersten Hälfte des 19 Jh. s. *K. v. Beyme*, Die parlamentarischen Regierungssysteme in Europa, 1973, S. 34ff.; zur deutschen Verfassungsgeschichte vgl. *M. Langner*, Recht und Praxis der Regierungsbildung im Bund, Diss. jur. Tübingen 1969, S. 13ff.

[2] *R. Herzog*, Art. Parlamentarisches Regierungssystem, in: EvStL[3], Sp. 2428ff. (2429), spricht von »Idealfall« des parlamentarischen Regierungssystems, wenn die Regierung bei Amtsantritt nicht nur das Vertrauen des Parlaments besitzt, sondern auch von diesem gewählt wird.

des Kaiserreiches ohne Abstimmung mit dem Reichstag ausübte[3]. Obwohl auch nach der Verfassung von 1871 die Regierung nicht vom Vertrauen des Parlaments abhängig war, ist doch die Tendenz zu einer »Parlamentarisierung« der Regierung[4] nicht zu verkennen. Dem Reichstag kam das Budget- und Gesetzgebungsrecht und somit die Möglichkeit der Obstruktion der Regierung zu[5]. In dieser Zeit kam es denn auch erstmals zum Rücktritt eines Reichskanzlers, weil seine Politik im Reichstag nicht länger mehrheitsfähig war[6].

Eine Abhängigkeit des Reichskanzlers wie auch der einzelnen Minister vom Parlament und damit die Einführung des **parlamentarischen Regierungssystems** (→ Rn. 8) in Deutschland brachte erst die **Weimarer Reichsverfassung**[7]: Zwar wurde das Recht der Ernennung und Entlassung des Reichskanzlers in der Hand des Staatsoberhauptes – nunmehr des Reichspräsidenten – belassen (Art. 53 WRV). Nach Art. 54 WRV mußten Regierungsmitglieder aber zurücktreten, wenn der Reichstag ihnen das Vertrauen entzog. Eine positive Bestätigung der Regierung durch das Parlament war dagegen verfassungsrechtlich nicht vorgesehen und auch in der Staatspraxis nicht üblich[8]. Diese Kombination der Abhängigkeiten erwies sich gegen Ende der Weimarer Republik als entscheidende Schwäche in der Stellung der Reichsregierung. In dieser Phase kam es dazu, daß der Reichstag entweder eine Regierung, ohne sie wirklich zu tragen, nur tolerierte[9], oder aber sie stürzte, ohne sich auf eine neue Regierung einigen zu können (»**destruktives Mißtrauensvotum**«)[10]. Während es in den Weimarer Anfangsjahren Staatspraxis war, daß der Reichspräsident jeweils den von der Parlamentsmehrheit getragenen Kanzler ernennt[11], waren die letzten Reichsregierungen vor Beginn der nationalsozialistischen Herrschaft reine »Präsidialkabinette«, die im Parlament keine Unterstützung hatten und alleine das Vertrauen des Präsidenten genossen[12]. 3

Bereits der Entwurf von **Herrenchiemsee** war demgegenüber geprägt von der Tendenz, den Einfluß des Bundespräsidenten im Vergleich zur Stellung des Reichspräsidenten nach der WRV deutlich zurückzudrängen[13]. Das Vertrauen der Parlamentsmehrheit sollte für die Berufung des Bundeskanzlers »ausreichen, aber auch unerläß- 4

---

[3] *H. Steiger*, Organisatorische Grundlagen des parlamentarischen Regierungssystems, 1973, S. 204 f.

[4] Vgl. *Willoweit*, Verfassungsgeschichte, S. 278 ff.

[5] *Steiger*, Grundlagen (Fn. 3), S. 204 f.; *Herzog*, Regierungssystem (Fn. 2), Sp. 2431.

[6] Nachdem der von Reichskanzler v. Bülow nach der Auflösung des Reichstages 1906 geschaffene »Block« sich infolge des Zusammengehens des Zentrums und der Konservativen in der Steuerfrage aufgelöst hatte, zog v. Bülow hieraus die Konsequenzen und trat zurück. Hierzu *F. Glum*, Das parlamentarische Regierungssystem in Deutschland, Großbritannien und Frankreich, 2. Aufl. 1965, S. 62.

[7] Zu dem verfassungsändernden Gesetz vom 28. 10. 1918, das erstmals die Amtsführung des Reichskanzlers vom Vertrauen des Reichstages abhängig machte, aber wegen des wenige Tage später eingetretenen Endes des Kaiserreiches keine Wirkung mehr entfalten konnte, s. *Huber*, Verfassungsgeschichte, Bd. V, S. 588 ff.

[8] Zur Staatspraxis eingehend *Glum*, Regierungssystem (Fn. 6), S. 221 ff. sowie *J. Ipsen*, Staatsrecht I, Rn. 372; *Herzog*, Regierungssystem (Fn. 2), Sp. 2431.

[9] Hierzu *Glum*, Regierungssystem (Fn. 6), S. 229 f.

[10] *Hesse*, Verfassungsrecht, Rn. 629.

[11] Hierzu ausführlich *W.-R. Schenke*, in: BK, Art. 63 (Zweitb. 1977), Rn. 8, sowie *M. Schröder*, Bildung, Bestand und Parlamentarische Verantwortung der Bundesregierung, in: HStR II, § 51 Rn. 3.

[12] *Glum*, Regierungssystem (Fn. 6), S. 240 ff.

[13] Vgl. dazu *E. Dreher*, NJW 1950, 130 ff.

lich« sein[14]. Der Bundeskanzler sollte »dem Bundespräsidenten von dem Bundestag benannt« werden; Bedenken des Bundespräsidenten sollte der Bundestag durch einen bestätigenden Beschluß überwinden können[15]. Hier wie auch in den weiteren Erörterungen des Parlamentarischen Rates war zunächst der Bundesrat als »Legalitätsreserve« für den Fall vorgesehen, daß im Bundestag keine Mehrheit zustande kommt[16]. Letztlich verzichtete man dann aber auf eine Einschaltung des Bundesrates, um die Verantwortung des Bundestages für die Regierungsbildung nicht zu »durchlöchern«[17]. Die Beteiligung des Bundespräsidenten wurde nur als eine vermittelnde gesehen, weshalb ein bindendes Vorschlagsrecht allenfalls beim ersten Wahlgang[18] in Betracht gezogen wurde. Art. 63 GG ist bislang unverändert geblieben.

B. Internationale, supranationale und rechtsvergleichende Bezüge

5   Die Abhängigkeit des Regierungschefs von der Zustimmung des Parlaments gehört zum Kernbestand der parlamentarischen Regierunssysteme. In den Demokratien, die diesem Modell gefolgt sind, finden sich allerdings durchaus erhebliche Abweichungen von dem in Art. 63 GG vorgesehenen Verfahren der Kanzlerwahl[19]. Das Beispiel **Italien**, wo der Präsident des Ministerrats vom Staatspräsidenten ernannt wird und erst anschließend des parlamentarischen Vertrauensvotums bedarf[20], zeigt, daß der Ernennung durch das Staatsoberhaupt keineswegs die parlamentarische Wahl vorausgehen muß. Für die Bestätigung einer neu gebildeten Regierung durch die Volksvertretung sehen einige Verfassungen nicht einmal einen ausdrücklichen Parlamentsakt vor[21]. Handelt es sich bei diesen Beispielen um unterschiedliche Ausgestaltungen innerhalb der parlamentarischen Regierungssysteme, so bieten die präsidial strukturierten demokratischen Systeme eine grundsätzliche Alternative als Antwort auf die Fra-

---

[14] Verfassungsausschuß der Ministerpräsidenten der Westlichen Besatzungszonen, Bericht über den Verfassungskonvent auf Herrenchiemsee vom 10.8. bis zum 23.8.1948, Darstellender Teil, S. 43.
[15] Art. 87 HChE; vgl. JöR 1 (1951), S. 426f.
[16] S. hierzu etwa die Äußerung des Abg. *Seebohm* in der 4. Sitzung des Hauptausschusses des Parlamentarischen Rates vom 17.11.1948 (Sten. Prot., S. 42), der es für »duchaus richtig und zweckmäßig« hielt, »diese Legalitätsreserve einzuschalten, bevor man zu einem Minderheitsbeschluß kommt«.
[17] Erst in der 33. Sitzung des Hauptausschusses vom 8.1.1949 wurde eine vom Organisationsausschuß erarbeitete Fassung des damaligen Art. 87 angenommen, die auf die »Legalitätsreserve Bundesrat« gänzlich verzichtete (Sten. Prot., S. 408). Zu den hierfür maßgebenden Gründen s. die Äußerung des Abg. Dr. *Heuss* in der gleichen Sitzung (Sten. Prot., S. 408), der geltend machte, daß diese Reserve eine »Ausweichstelle« sein könne, den Bundestag von dem Zwang zur Entscheidung zu entlasten. Man müsse dem Parlament die Verantwortung aber »schon deutlich geben«.
[18] S. hierzu Drs. 374 v. 16.12.1948, in der der Allgemeine Redaktionsausschuß in der Begründung seiner Vorschläge zur Änderung der Entwurfsfassung des damaligen Art. 87 ausführte, daß der Bundespräsident »an sich stets vermittelnd bei der Wahl des Bundeskanzlers tätig« werde, weswegen man ein bindendes Vorschlagsrecht des Bundespräsidenten allenfalls für den ersten Wahlgang vorsehen sollte.
[19] Vgl. die Übersicht bei *L. Helms*, ZParl. 27 (1996), 697 (698ff.). Die größte Ähnlichkeit mit Art. 63 GG weist Art. 99 der Verfassung des Königreichs Spanien vom 29.12.1978 auf, der außerdem eine ausdrückliche Pflicht des Staatsoberhauptes normiert, vor dem Wahlvorschlag an das Parlament die Repräsentanten der politischen Fraktionen zu konsultieren.
[20] Vgl. Art. 92, 94 III der Verfassung der Republik Italien vom 27.12.1947.
[21] So etwa §§ 14, 15 der Verfassung des Königreichs Dänemark vom 5.6.1953; hier wird also die parlamentarische Zustimmung bis zum Beweis des Gegenteils (Mißtrauensvotum) vorausgesetzt.

ge, durch wen und auf welche Art und Weise das zentrale Regierungsorgan konstituiert und demokratisch legitimiert wird: Nach dem Verfassungsrecht der **USA** werden der Präsident als das alleinige Regierungsorgan (→ Art. 62 Rn. 3) und der Vizepräsident über »Wahlmänner« indirekt vom Volk gewählt[22]. In dieser »**Reinform einer Präsidialdemokratie**«[23] verfügt das Regierungsorgan also über eine eigenständige, nicht vom Kongreß abgeleitete Legitimation. In dem – ebenso wie die Stellung der Regierung nach der WRV – als »**Mischsystem**«[24] bezeichneten Regierungssystem der V. **französischen Republik**[25] wird der Präsident nach Art. 6 der französischen Verfassung in allgemeiner und unmittelbarer Wahl vom Volk direkt gewählt[26]. Der Premierminister hingegen verdankt seine Stellung ausschließlich dem Präsidenten, der ihn ernennt (Art. 8 I 1 der französischen Verfassung)[27] und auf seinen Vorschlag auch über die Ministerliste entscheidet. Gleichzeitig ist die Regierung dem Parlament verantwortlich und kann durch ein Mißtrauensvotum gestürzt werden. Im Gegensatz zu den Weimarer Erfahrungen hat diese doppelte Abhängigkeit der Regierung in Frankreich bislang nicht zu gravierenden Problemen geführt[28]. Bereits aus diesen kurzen Hinweisen folgt, daß das parlamentarische Regierungssystem, wie es im Grundgesetz seine Ausprägung erfahren hat, keineswegs als einzig mögliche demokratische Regierungsform gesehen werden darf. Dem trägt das Grundgesetz selbst denn auch dadurch Rechnung, daß es über Art. 20 GG wohl das Demokratieprinzip, nicht aber das parlamentarische Regierungssystem als solches der »Ewigkeitsgarantie« des Art. 79 III GG unterstellt[29].

In den Verfassungen der **Bundesländer** finden sich mit Ausnahme Bremens[30] im Grundsatz keine relevanten Abweichungen von Art. 63 GG[31]. Allerdings verlangen einige Landesverfassungen für die Wahl des Regierungschefs ohne Einschränkungen die absolute parlamentarische Mehrheit, so daß dort die Entstehung von Minderheitsregierungen (→ Rn. 43f.) erschwert ist[32]. Auch bei der Normierung des Verfahrensganges

---

[22] S. zu den Einzelheiten *T. Stammen*, Regierungssysteme der Gegenwart, 1972, S. 130. In der amerikanischen Verfassungsgeschichte wurden z. T. früher die Wahlmänner auch von den Parlamenten der Einzelstaaten gewählt; s. *W. Steffani*, Parlamentarische und präsidentielle Demokratie, 1979, S. 309f. Obwohl eine rechtliche Bindung der Wahlmänner bei der Stimmabgabe nicht besteht, werden die Stimmen fast ausnahmslos für den jeweiligen Parteikandidaten abgegeben, s. die Aufstellung bei *S. Magiera*, Die Vorwahlen (Primaries) in den Vereinigten Staaten, 1971, S. 83.
[23] So *Herzog*, Regierungssystem (Fn. 2), Sp. 2611.
[24] Vgl. nur *Herzog*, Regierungssystem (Fn. 2), Sp. 2612.
[25] Zur Genese s. *v. Beyme*, Regierungssysteme (Fn. 1), S. 373 ff.
[26] Zur Bedeutung der Präsidentenwahl wegen der mit ihr verbundenen politischen Richtungsentscheidung vor dem Hintergrund des starken Links-Rechts-Gegensatzes in der V. französischen Republik s. *R. Grote*, Das Regierungssystem der V. Französischen Republik, 1995, S. 206f.
[27] *Grote*, Regierungssystem (Fn. 26), S. 204.
[28] Zu den möglichen Ursachen (geringere Angewiesenheit auf parlamentarische Gesetzgebung, größere Integration des französischen Volkes, Mehrheitswahlsystem) vgl. etwa *Herzog*, Regierungssystem (Fn. 2), Sp. 2612f.
[29] Zu dieser umstrittenen Frage: → Art. 79 III Rn. 35; wie hier *Herzog*, Regierungssystem (Fn. 2), Sp. 2430.
[30] Die Verfassung Bremens (Art. 114 BremVerf.) sieht die Wahl des Bürgermeisters durch den Senat als Regierungsorgan vor, der seinerseits als Kollegium vom Parlament (Bürgerschaft) gewählt wird; ähnlich bis 1996 Art. 41 I HambVerf. a. F.
[31] Einzelheiten bzgl. der alten Bundesländer bei *Schenke* (Fn. 11), Art. 63 nach Rn. 109; *M. Herdegen*, Strukturen und Institute des Verfassungsrechts der Länder, in: HStR IV, § 97 Rn. 23 ff.
[32] Vgl. z.B. Art. 46 I 1 Bad.-WürttVerf.; entgegen *K. Finkelnburg*, Die Minderheitsregierung im

in seinen Einzelheiten zeigen sich einige Abweichungen. So existieren Vorschlagsrechte wie das des Bundespräsidenten nach Art. 63 I GG in den Länderverfassungen naturgemäß nicht. Häufig finden sich Fristen schon für die erste Phase der Wahl des Regierungschefs, deren Beginn an den ersten Zusammentritt der neu gewählten Landtage geknüpft sind[33]. Die Rechtsfolge des erfolglosen Verstreichens der Frist ist z.B. in Baden-Württemberg oder Sachsen die Auflösung des Landtages von Verfassungs wegen (Art. 46 I Bad.-WürttVerf.; Art. 60 III SächsVerf.), in Niedersachsen oder Mecklenburg-Vorpommern etwa hat der Landtag über seine Auflösung zu beschließen. Beschließt er die Auflösung nicht, muß unverzüglich (Art. 30 II NdsVerf.) – in Mecklenburg-Vorpommern noch am selben Tage (Art. 41 III Meckl.-VorpVerf.) – ein Ministerpräsident gewählt werden, wobei gewählt ist, wer die meisten der abgegebenen Stimmen erhält.

C. Erläuterungen

I. Parlamentarisches Regierungssystem und Kanzlerwahl

7   Art. 63 GG regelt zusammen mit Art. 64 GG die **förmliche Regierungsbildung**[34], deren erste Phase die Wahl des Bundeskanzlers bildet und die erst durch Bestimmung der Bundesminister nach Art. 64 GG abgeschlossen wird. Dieser förmlichen Regierungsbildung voraus gehen in aller Regel Koalitionsvereinbarungen (→ Rn. 14f.), mit deren Hilfe die die Regierung tragenden Parteien oder Fraktionen die Grundlagen der Zusammenarbeit festhalten.

8   Weil Art. 63 GG die Entscheidungsbefugnis über die Person des Bundeskanzlers allein in die Hände des Bundestages legt und jede andere Bestellungsweise – insbesondere durch den Bundespräsidenten – ausschließt, wird diese Norm zu Recht als **»Herzstück des parlamentarischen Regierungssystems«** angesehen[35]. Sein entscheidendes Kennzeichen liegt neben der Teilhabe des Parlaments an der Staatsleitung (→ Art. 62 Rn. 30ff.) darin, daß die Bildung und der Fortbestand der Regierung von dem kontinuierlichen »Vertrauen« des Parlaments abhängt[36] und auf diese Weise das notwendige Zusammenwirken von Parlament und Regierung gesichert wird[37]. Neben den

---

deutschen Staatsrecht, 1982, S. 8, werden dadurch Minderheitsregierungen nicht »unter allen Umständen« verhindert, weil sie auch durch späteren Verlust der parlamentarischen Unterstützung entstehen können.

[33] Art. 47 Bad.-WürttVerf. etwa sieht eine Frist von drei Monaten vor, wobei nicht nur die Wahl des Ministerpräsidenten, sondern auch die Bestätigung (Art. 46 II) der von ihm gebildeten Regierung innerhalb dieser Frist erfolgen muß. In Bayern beträgt die Frist für die Wahl des Ministerpräsidenten eine Woche (Art. 44 I BayVerf.), in Mecklenburg-Vorpommern immerhin 4 Wochen (Art. 42 II Meckl.-VorpVerf.).

[34] *Schröder* (Fn. 11), § 51 Rn. 1; *M. Oldiges,* in: Sachs, GG, Art. 63 Rn 1.

[35] *Stern*, Staatsrecht I, S. 767.

[36] Allg. zum parlamentarischen Regierungssystem vgl. *U. Scheuner*, Entwicklungslinien des parlamentarischen Regierunssystems in der Gegenwart, in: FS Arndt, 1969, S. 385ff.; *M. Schröder*, Jura 1982, 449ff.; *M. Friedrich*, DVBl. 1980, 505ff.; *E. Friesenhahn*, Parlament und Regierung im modernen Staat, VVDStRL 16 (1958), S. 9ff.; *H. Meyer*, Das parlamentarische Regierungssystem des Grundgesetzes, VVDStRL 33 (1975), S. 69ff.; *Langner*, Regierungsbildung (Fn. 1), S. 44ff.; zur Bedeutung und zur Durchsetzung des Vertrauenserfordernisses vgl. *E. Brandt*, Die Bedeutung parlamentarischer Vertrauensregelungen, 1981, S. 21ff.

[37] *Hesse*, Verfassungsrecht, Rn. 630; *Friesenhahn*, Parlament und Regierung (Fn. 36), S. 34; *Meyer*, Parlamentarisches Regierungssystem (Fn. 36), S. 86f.

speziellen Kompetenzen der Regierungskontrolle[38], der Gesetzgebung, der Mitwirkung in Angelegenheiten der Europäischen Union u.a.[39] steht Art. 63 GG im Zentrum der Mittel, die dem Bundestag zur Verfügung stehen, um allgemeinen politischen Einfluß auf die Bundesregierung auszuüben[40]. Die Abhängigkeit des Bundeskanzlers und der gesamten gem. Art. 64 GG durch ihn gebildeten Bundesregierung von der dauernden parlamentarischen Unterstützung findet ihren primären Ausdruck in der Kanzlerwahl nach Art. 63 GG. Sie wird durch die weiteren – sekundären[41] – Instrumente des Mißtrauensvotums und der Vertrauensfrage nach Art. 67 und 68 GG in der Weise ergänzt und vervollständigt, daß die Bundesregierung über den Zeitpunkt ihrer Konstituierung hinaus kontinuierlich vom Vertrauen des Parlaments abhängig bleibt. Soweit demokratische Legitimation über sog. »Ketten« vermittelt wird (→ Art. 20 [Demokratie] Rn. 106), stellt Art. 63 GG zusammen mit den Regelungen über die fortdauernde Vertrauensabhängigkeit der Bundesregierung vom Bundestag den demokratischen Zusammenhang zwischen dem vom Volk gewählten Parlament und der Spitze der Exekutive her. Quelle demokratischer Legitimation in diesem Sinne ist allein der Bundestag[42]. Der primär legitimierte Bundeskanzler vermittelt sie über seine Regierungsbildungskompetenz nach Art. 64 GG an die Minister weiter.

Das **Mitwirkungsrecht des Bundespräsidenten** ändert an der alleinigen Entscheidungsbefugnis des Bundestages nichts. Im Gegensatz zum Einfluß des Reichspräsidenten nach Art. 53 WRV (→ Rn. 3) beschränkt sich die Rolle des Bundespräsidenten nämlich auf seinen Wahlvorschlag in der ersten Phase, von dem ein mehrheitsfähiger Bundestag in der zweiten Phase (→ Rn. 29 ff.) abweichen kann. Auch die Befugnis des Bundespräsidenten nach Art. 63 IV 3 GG, einen Bundestag aufzulösen, der keine Mehrheitsregierung zu bilden in der Lage ist (→ Rn. 39 ff.), schränkt nicht die ausschließliche Abhängigkeit der Regierung vom Vertrauen des Parlaments ein, sondern soll lediglich einen Ausweg aus einer Situation der Mehrheitsunfähigkeit weisen[43]. 9

Indem das Grundgesetz das Parlament als eine »Wahlkörperschaft« – und nicht nur als »Abwahl-Körperschaft« nach Weimarer Muster (→ Rn. 3) – konstituiert, stellt es das gesamte Regierungssystem auf ein neues – parlamentarisches – Fundament[44]. Mit der vollständigen **Parlamentarisierung der Regierung** sind weitreichende Konsequenzen verbunden, die vor allem die Rolle der Parteien betreffen (→ Art. 21 Rn. 22, 158). 10

---

[38] Vgl. etwa das parlamentarische Zitier- und Fragerecht (Art. 43 I GG), das Untersuchungsrecht (Art. 44 GG) oder die Kontrolle im Haushaltswesen gem. Art. 114 GG; zu weiteren Kontrollkompetenzen vgl. die Übersicht bei *P. Kunig*, Jura 1993, 220 ff. → Art. 38 Rn. 43.

[39] Vgl. die zusammenfassende Aufzählung bei *Hesse*, Verfassungsrecht, Rn. 589; zum notwendigen Einfluß des Bundestages in Angelegenheiten der EU vgl. BVerfGE 89, 155 (191).

[40] *Hesse*, Verfassungsrecht, Rn. 590.

[41] So *Schröder* (Fn. 11), § 51 Rn. 4.

[42] Er wird, weil die Existenz der Regierung von seinem Vertrauen abhängt, als oberstes Verfassungsorgan betrachtet, das sich zugleich im »Gravitationszentrum« des politischen Kräftespiels befindet; so *H.-P. Schneider*, Das parlamentarische System, in: HdbVerfR, § 13 Rn. 36; vgl. *H. Dreier*, JZ 1990, 310 (310 f.) m.w.N. *H. Meyer*, Die Stellung der Parlamente in der Verfassungsordnung des Grundgesetzes, in: Schneider/Zeh, § 4, bezeichnet den Bundestag als Träger der Funktion »Volksvertretung« (Rn. 9 ff.) sowie zugleich als Garant einer Regierung in zweifacher Weise, nämlich als Garant der Entstehung einer Regierung und als Garant der Regierungstätigkeit als solcher (Rn. 16 f.).

[43] *Oldiges* (Fn. 34), Art. 63 Rn. 10.

[44] So *H. Hofmann*, Verfassungsrechtliche Sicherungen der parlamentarischen Demokratie, in: A. Randelzhofer/W. Süß (Hrsg.), Konsens und Konflikt – 35 Jahre Grundgesetz, 1986, S. 267 ff. (269), im Anschluß an den von *W. Bagehot* geprägten Begriff der »Wahlkörperschaft«.

Die konstitutionelle Frontstellung zwischen Regierung und Parlament ist einer durch die Regierungsparteien hergestellten engen Verbindung von Regierung und Mehrheitsfraktionen gewichen, ohne daß dadurch das Spannungsverhältnis zwischen Parlament und Regierung völlig aufgehoben wäre[45]. Durch diese Verbindung gewinnen die parlamentarischen Rechte der Fraktionen und Abgeordneten, die nicht zur regierungstragenden Mehrheit gehören, an Bedeutung[46]. Jede Regierung ist zwangsläufig Parteienregierung, und die politischen Parteien werden genötigt, über die Vermittlung politischer Partizipationschancen und die Vertretung und Integration von Interessen hinaus Führungspersonal zu rekrutieren und Regierungsprogramme zu entwickeln sowie beides in einer mehrheitsfähigen Weise zu präsentieren[47]. Parlamentswahlen bekommen auf diese Weise den Charakter von Richtungs- und Parteienplebisziten[48].

II. Allgemeines

1. Verfahrensschritte im Überblick

11 Das Verfahren der Kanzlerwahl und -ernennung ist nach Art. 63 GG in drei aufeinander folgende, deutlich voneinander getrennte Phasen gestuft, die durch unterschiedliche Voraussetzungen, Modalitäten und Rechtsfolgen gekennzeichnet sind. Die in **Art. 63 I und II GG** geregelte **erste Wahlphase** ist gekennzeichnet durch den Vorschlag des Bundespräsidenten und das Erfordernis der absoluten Mehrheit der Stimmen (→ Rn. 16ff.). In der **zweiten Wahlphase nach Art. 63 III GG** geht das Vorschlagsrecht auf den Bundestag über, während das Mehrheitserfordernis unverändert bleibt (→ Rn. 29ff.). Erst in der **dritten Phase** kann gem. **Art. 63 IV 1 GG** ein Bundeskanzler auch mit einfacher Mehrheit gewählt werden, der allerdings vom Bundespräsidenten nicht ernannt werden muß, weil diesem als Alternative zur Minderheitsregierung das Recht zur Auflösung des Bundestages zur Verfügung steht (→ Rn. 39ff.).

12 Von diesen drei Wahlphasen zu unterscheiden sind die **Verfahrensschritte**, die innerhalb der jeweiligen Phase **der Amtsübernahme** durch den neuen Bundeskanzler vorausgehen. Dies sind: der Wahlvorschlag, der in der ersten Phase vom Bundespräsidenten und danach aus der Mitte des Bundestages zu kommen hat, der Wahlgang im Bundestag, die in Art. 63 GG nicht ausdrücklich erwähnte Annahme der Wahl[49] sowie die Ernennung durch den Bundespräsidenten. Das positive Ergebnis des Wahlgangs im Bundestag versetzt den Gewählten also noch nicht in sein Amt; dies geschieht erst durch die Ernennung[50].

2. Wählbarkeitsvoraussetzungen

13 Als Wählbarkeitsvoraussetzungen für das Amt des Bundeskanzlers, die der Bundespräsident bei seinem Vorschlag nach Art. 63 I GG sowie bei jeder Ernennung zu be-

---

[45] Vgl. *Friesenhahn*, Parlament und Regierung (Fn. 36), S. 52.
[46] *Scheuner*, Entwicklungslinien (Fn. 36), S. 390.
[47] So die zutreffende Zusammenfassung von *Hofmann*, Sicherungen (Fn. 44), S. 270; vgl. auch *Meyer*, Regierungssystem (Fn. 36), S. 86.
[48] *Meyer*, Regierungssystem (Fn. 36), S. 93.
[49] Diese ist nach *H.-P. Schneider/W. Zeh*, Koalitionen, Kanzlerwahl und Kabinettsbildung, in: Schneider/Zeh, § 48 Rn. 47, einzige Wirksamkeitsvoraussetzung der Ernennung.
[50] *Oldiges* (Fn. 34), Art. 63 Rn. 24.

achten hat, sind in Analogie zu den Bundestagsabgeordneten (Art. 38 II GG, § 15 BWahlG[51]) und zum Bundespräsidenten (Art. 54 I 2 GG) die **deutsche Staatsangehörigkeit** i. S. von Art. 116 GG und das **passive Wahlrecht** zum Bundestag[52] anerkannt. Abzulehnen ist dagegen die von vielen[53] als weitere Wählbarkeitsvoraussetzung geforderte Verfassungstreue, deren Notwendigkeit u. a. auf einen Vergleich mit dem öffentlichen Dienst gestützt wird[54]. Abgesehen davon, daß die Prüfung der Verfassungstreue schon bei Beamten erhebliche Probleme aufwirft (→ Art. 33 Rn. 43), gehört die politische Einschätzung, die mit der Beurteilung der Verfassungstreue unausweichlich verbunden ist, in die Kompetenz der Wähler (soweit eine Partei nicht verboten ist) und des Bundestages[55]. Ebenfalls nicht zu den Wählbarkeitsvoraussetzungen gehört, daß der Kandidat Bundestagsabgeordneter ist. Der Bundeskanzler wird nicht »aus der Mitte« des Bundestages gewählt[56]. Schließlich ist auch die Mitgliedschaft in einer Partei nicht Voraussetzung für die Wahl zum Bundeskanzler[57]. Die Vorschrift des § 4 BMinG, wonach der Bundeskanzler nicht zugleich Mitglied einer Landesregierung sein darf, ist nicht Wählbarkeitsvoraussetzung. Erst bei der Ernennung muß das Amt in der Landesregierung aufgegeben worden sein[58].

3. Bedeutung und Probleme von Koalitionsvereinbarungen

Indem sich die Verfassung darauf beschränkt, durch die Entscheidungszuständigkeiten und das Verfahren nur den äußeren Rahmen der Kanzlerwahl festzulegen, setzt sie die politischen Einigungsprozesse zwischen Abgeordneten, Fraktionen und Parteien voraus, durch die regierungsfähige Mehrheiten gebildet werden[59]. Solange keine Partei über die absolute Mehrheit im Bundestag verfügt, ist Kristallisationspunkt solcher Einigungsprozesse die sog. Koalitionsvereinbarung[60], in der zwei oder mehrere Parteien oder Fraktionen[61] die personelle Zusammensetzung der Bundesregierung und das Regierungsprogramm schriftlich fixieren. Darüber hinaus werden häufig Ab-

14

---

[51] So *K.-U. Meyn*, in: v. Münch/Kunig, GG II, Art. 63 Rn. 6. Voraussetzung ist also nicht das aktive – so Jarass/*Pieroth*, GG, Art. 63 Rn. 1 –, sondern das passive Wahlrecht; s. auch *Schröder* (Fn. 11), § 51 Rn. 12.
[52] Jarass/*Pieroth*, GG, Art. 62 Rn. 1; *Oldiges* (Fn. 34), Art. 63 Rn. 18.
[53] *H.-P. Schneider*, in: AK-GG, Art. 63 Rn. 5; *Schenke* (Fn. 11), Art. 63 Rn. 59 f.; *R. Herzog*, in: Maunz/Dürig, GG, Art. 63 (1983) Rn. 24; *Schröder* (Fn. 11), § 51 Rn. 12; *Oldiges* (Fn. 34), Art. 63 Rn. 18.
[54] *Meyn* (Fn. 51), Art. 63 Rn. 7; *Schenke* (Fn. 11), Art. 63 Rn. 59.
[55] Vgl. auch Jarass/*Pieroth*, GG, Art. 63 Rn. 1, der das Erfordernis der Verfassungstreue für »problematisch« hält.
[56] Vgl. statt vieler *Meyn* (Fn. 51), Art. 63 Rn. 6; allenfalls umgekehrt könnten Bedenken gegen die gleichzeitige Stellung als Regierungsmitglied und Abgeordneter unter dem Gesichtspunkt der Gewaltenteilung erhoben werden (→ Art. 66 Rn. 18).
[57] *Oldiges* (Fn. 34), Art. 63 Rn. 18.
[58] So *Meyn* (Fn. 51), Art. 63 Rn. 7.
[59] Nach *Schröder* (Fn. 11), § 51 Rn. 1, »akzeptiert« das Grundgesetz den Einfluß der politischen Parteien »stillschweigend«. Dies ist angesichts von Art. 21 GG ersichtlich zu wenig.
[60] Vgl. dazu *I. v. Münch*, Rechtliche und politische Probleme von Koalitionsregierungen, 1993; *A. Schüle*, Koalitionsvereinbarungen im Lichte des Verfassungsrechts, 1964.
[61] Die Partner von Koalitionsvereinbarungen sind offenbar wegen Personalunion nicht immer eindeutig zu bestimmen: Während *v. Münch*, Koalitionsregierungen (Fn. 60), S. 15 f., allein die Parteien als »Vertragspartner« ansieht, ist bei *Schüle*, Koalitionsvereinbarungen (Fn. 60), S. 2, von »Parteien bzw. Fraktionen« als Partnern von Koalitionsvereinbarungen die Rede, dagegen an anderer Stelle nur

stimmungsgremien – sog. »Koalitionsrunden« – institutionalisiert, in denen Entscheidungen vorbereitet und Konflikte ausgeräumt werden, die während der laufenden Legislaturperiode zwischen den Koalitionspartnern auftreten[62]. Insoweit ist es gerechtfertigt zu sagen, derartige Vereinbarungen seien ein »vorbereitender, inhaltlich mitformender und planender Teil der Ausübung der Staatsgewalt«[63]. Entgegen einer verbreiteten Kritik[64] besteht jedoch kein Anlaß, solche zu Beginn oder während der Amtszeit einer Bundesregierung stattfindenden Koordinierungsprozesse mit der »überlieferten Gewaltenteilung« oder gar »mit dem Text unserer Verfassung« in einen Widerspruch zu bringen[65]. Koalitionsvereinbarungen können staatliche Entscheidungsverfahren schon deshalb nicht überlagern oder verdrängen[66], weil solche »staatlichen« Verfahren zur Herstellung und Aufrechterhaltung der erforderlichen politischen Mehrheit nicht existieren. Koalitionsabsprachen sind vielmehr **Erscheinungsform der unerläßlichen politischen Willensbildungsprozesse**, die den verfassungsrechtlich normierten Entscheidungsbefugnissen vorausliegen und ihre Grundlage darstellen. Sie lassen in diesem Sinne sowohl den Status der Abgeordneten nach Art. 38 I 2 GG als auch die Entscheidungsbefugnisse des Bundeskanzlers und der Bundesminister nach Art. 64 und 65 GG unberührt.

15 **Rechtsnatur und Verbindlichkeit von Koalitionsvereinbarungen** sind umstritten[67]. Während einige sie als rechtlich unverbindliche politische Absprachen[68], als »politische Geschäftsgrundlage« für die Regierungsbildung und -arbeit einstufen[69], die noch im Vorfeld der von den Staatsorganen zu treffenden Entscheidungen verbleiben[70], werden sie von anderen als rechtlich verbindliche, aber nicht einklagbare Verträge mit verfassungsrechtlichen[71] und verwaltungsrechtlichen[72] Gehalten eingestuft. Die Annahme einer rechtlichen Bindung – gleich, ob verfassungsrechtlichen oder sonstigen Gehalts – widerspricht allerdings dem von den Beteiligten regelmäßig Gewollten[73].

---

von den Parteien (S. 33). Über die Einzelheiten der Koalitionsverhandlungen 1994, an denen neben Partei- und Fraktionsvorsitzenden eine Reihe weiterer führender Politiker von CDU/CSU und FDP teilnahmen, informiert *G. Heinrich*, ZParl. 26 (1995), 193 ff.

[62] Vgl. dazu *W. Rudzio*, ZParl. 1 (1970), 206 ff.

[63] *Steiger*, Grundlagen (Fn. 3), S. 256.

[64] Z.B. von *W. Schreckenberger*, ZParl. 25 (1994), 329 (341 f.); ältere Nachweise zu dem Vorwurf einer »Verfassungsdeformation, verursacht durch Verlagerung politischer Entscheidungsprozesse auf extrakonstitutionelle Koalitionsausschüsse« bei *W. Rudzio*, ZParl. 1 (1970), 206 (214 ff.).

[65] So aber *R. v. Weizsäcker*, in: R. v. Weizsäcker im Gespräch mit G. Hofmann und W. A. Perger, 1992, S. 158; vgl. auch *W. Schreckenberger* ZParl. 25 (1994), 329 (342).

[66] So aber wohl *W. Schreckenberger*, ZParl. 25 (1994), 329 (345).

[67] Ausführlich zum älteren Meinungsstand *C. Sasse*, JZ 1961, 719 ff.

[68] So *Schüle*, Koalitionsvereinbarungen (Fn. 60), S. 52 ff.; *P. Häberle*, ZfP 1965, 293 (296); *Badura*, Staatsrecht, S. 342; *Hesse*, Verfassungsrecht, Rn. 178; *Degenhart*, Staatsrecht I, Rn. 435.; *W. Kewenig*, AöR 90 (1965), 182 (186, 196); ähnlich auch *Herzog* (Fn. 53), Art. 63 Rn. 10 ff.

[69] So *Schröder* (Fn. 11), § 51 Rn. 1.

[70] So *Steiger*, Grundlagen (Fn. 3), S. 256, 260, der jedoch auch von »Recht im Werden« spricht (S. 262).

[71] *v. Münch*, Staatsrecht I, Rn. 853; *K. H. Friauf*, AöR 88 (1963), 257 (307 ff.); *C. Sasse*, JZ 1961, 719 (726).

[72] So BGHZ 29, 187 (192), für den Teil der Koalitionsvereinbarung zwischen der FDP und der CDU aus dem Jahr 1955, der die Aufnahme der Gespräche durch Stenographen und Tonbandgerät vorsah; dagegen – weil zwischen der (technischen) Dokumentation und deren verfassungsrechtlichem Inhalt ein untrennbarer Zusammenhang bestehe – *v. Münch*, Koalitionsregierungen (Fn. 60), S. 9 f.

[73] *Herzog* (Fn. 53), Art. 63 Rn. 12, spricht ebenso zutreffend von einer »mühsamen« Konstruktion.

Im Interesse der Erhaltung der politischen Handlungsfähigkeit[74] der Partner solcher Vereinbarungen sind nämlich Änderungen dauernd möglich und werden auch tatsächlich vorgenommen. Auch werden in Koalitionsvereinbarungen verankerte Planungen weiterentwickelt oder ganz aufgegeben[75]. Wegen des einhellig anerkannten Mangels der Klagbarkeit dieser »Verpflichtungen« könnte der einzige Gewinn einer rechtlichen Bindung darin liegen, einen Koalitionsbruch in der Öffentlichkeit als Rechtsbruch hinstellen zu können[76]. Koalitionsvereinbarungen sind also rein politische Absprachen, deren Nichtbeachtung auch ausschließlich politische Folgen wie den Bruch der jeweiligen Koalition und den Verlust der parlamentarischen Unterstützung der Regierung als Konsequenz einer Regierungskrise nach sich ziehen.

III. Erste Wahlphase (Art. 63 I und II GG)

Die Modalitäten der ersten Phase der Kanzlerwahl sind in Art. 63 I und II GG geregelt. Im Normalfall stabiler Mehrheitsverhältnisse führt – entsprechend der ununterbrochenen Praxis der Kanzlerwahlen seit 1949[77] – bereits dieser erste Wahlgang zu der erforderlichen Mehrheit. Bis zur Ernennung des neuen Bundeskanzlers gelten die Vorschriften über die geschäftsführende Bundesregierung[78]. In der Praxis[79] geht dem Vorschlag des Bundespräsidenten die Empfehlung der Vorsitzenden der Koalitionsfraktionen voraus, ihren Kandidaten vorzuschlagen[80]. Der Bundespräsident übermittelt dann seinen schriftlichen Vorschlag dem Bundestagspräsidenten, der daraufhin den Bundestag zur Vornahme des Wahlaktes einberuft. Erreicht der Vorgeschlagene die erforderliche »Kanzlermehrheit«, wird er vom Bundespräsidenten ernannt und damit in sein Amt eingesetzt.

16

1. Vorschlag des Bundespräsidenten

Die Funktion des Bundespräsidenten bei der Regierungsbildung ist entsprechend seiner allgemeinen Stellung im parlamentarischen Regierungssystem (→ Rn. 4, 9) begrenzt. In der ersten Wahlphase, in der gem. Art. 63 I GG sein Vorschlag Voraussetzung für die Wahl des Bundeskanzlers ist, wird seine Rolle als die eines »**Geburtshelfers**«[81] oder eines »Kristallisationskerns der parlamentarischen Willensbildung«[82] beschrieben. Seine Einschaltung dient dazu, die Findung eines mehrheitsfähigen Kanzlerkandidaten zu erleichtern und zu beschleunigen.

17

Nach ganz herrschender Auffassung ist der **Bundespräsident verpflichtet, einen Vorschlag zu machen**[83]. Er hat seinen Vorschlag nach Eintritt der Vakanz oder nach

18

---

[74] Zutreffend *W. Kewenig*, AöR 90 (1965), 182 (190).
[75] So *Steiger*, Grundlagen (Fn. 3), S. 260.
[76] *W. Kewenig*, AöR 90 (1965), 182 (189).
[77] Vgl. die Zusammenstellung bei *Meyn* (Fn. 51), Art. 63 nach Rn. 32.
[78] *Oldiges* (Fn. 34), Art. 63 Rn. 20.
[79] Vgl. die Übersicht über die Verfahrensschritte bei *Oldiges* (Fn. 34), Art. 63 Rn. 21 ff.
[80] *J. Ipsen*, Staatsrecht I, Rn. 351.
[81] So im Anschluß an *F. Münch*, Die Bundesregierung, 1954, S. 131, etwa *Oldiges* (Fn. 34), Art. 63 Rn. 14; *Schröder* (Fn. 11), § 51 Rn. 6.
[82] *Oldiges* (Fn. 34), Art. 63 Rn. 14. Vor dem Hintergrund der zwischen den Parteien geführten Koalitionsverhandlungen liegt der Schwerpunkt der der Regierungsbildung vorausgehenden Willensbildung allerdings eher bei den Parteien als im parlamentarischen Raum.
[83] *H. Rein*, JZ 1969, 573 mit ausf. Nachw.; *Oldiges* (Fn. 34), Art. 63 Rn. 20; *W.-R. Schenke*, Jura 1982, 57 (59); a. A. *H. Schneider*, NJW 1953, 1330 ff.

Zusammentritt des neu gewählten Bundestages binnen angemessener Frist zu präsentieren[84]. Allerdings lassen sich hier strikte zeitliche Vorgaben nicht machen, weil er den Parteien und Fraktionen ausreichend Zeit für Konsultationen[85] lassen muß. Erst wenn dieser politische Prozeß der Mehrheitsbildung erfolgreich abgeschlossen ist oder wenn es zu einer »Blockadesituation« gekommen ist, die einen eigenen Vorschlag des Bundespräsidenten unumgänglich macht[86], hat er unverzüglich seiner Rolle als »Geburtshelfer« gerecht zu werden. Kommt er dieser Pflicht nicht nach[87], so ist der Bundestag in entsprechender Anwendung[88] des Art. 63 III GG berechtigt, zur zweiten Phase der Kanzlerwahl überzugehen[89].

19   Wird der vom Bundespräsidenten vorgeschlagene **Kandidat nicht gewählt**, ist sein **Vorschlagsrecht »verbraucht«**[90]. Allerdings ist der Bundespräsident nicht gehindert, auch bei den nachfolgenden Phasen der Kanzlerwahl beratend und moderierend tätig zu werden. Sein Vorschlag muß dann von vorschlagsberechtigten Mitgliedern des Bundestages aufgegriffen werden (→ Rn. 30).

20   Der Vorschlag des Bundespräsidenten bedarf keiner Gegenzeichnung (→ Art. 58 Rn. 19)[91]. Für die Form des Vorschlags enthält das Grundgesetz keine Vorgaben. In der Staatspraxis teilt der Bundespräsident seinen Vorschlag schriftlich dem Bundestagspräsidenten mit, der ihn im Bundestag verliest[92]. Ein Recht zur Präsentation seines Vorschlags vor dem Bundestag steht dem Bundespräsidenten nicht zu[93]. Der Frage, ob die vorherige Zustimmung des Kandidaten erforderlich ist[94], dürfte praktische Relevanz kaum zukommen[95].

21   Entsprechend der Funktion seiner Beteiligung an der Kanzlerwahl hat der Bundespräsident sich bei seinem Vorschlag an dem **Ziel der zügigen Bildung einer stabilen Regierung** zu orientieren. Über den Inhalt und die Qualität dieser Verpflichtung herrscht allerdings Unsicherheit: Während eine Auffassung davon ausgeht, daß der Bundespräsident bei der Ausübung seines Vorschlagsrechts grundsätzlich frei ist und ihm allenfalls durch ein Mißbrauchsverbot Grenzen gesetzt sind[96], befürworten andere – teilweise unter Berufung auf die durchgängige Praxis der bisherigen Kanzlerwah-

---

[84] *Schröder* (Fn. 11), § 51 Rn. 8 m.w.N.
[85] *Oldiges* (Fn. 34), Art. 63 Rn. 20 m.w.N.
[86] *Schröder* (Fn. 11), § 51 Rn. 8; *Schneider* (Fn. 53), Art. 63 Rn. 3; *Herzog* (Fn. 53), Art. 63 Rn. 17.
[87] Obwohl staatsorganisationsrechtliche Rechte eigentlich nicht »verwirkt« werden können, entspricht der h.M., daß der Bundespräsident sein Vorschlagsrecht verwirkt: so *Herzog* (Fn. 53), Art. 63 Rn. 17; Jarass/*Pieroth*, GG, Art. 63 Rn. 1; *Stern*, Staatsrecht I, S. 769.
[88] So *Schröder* (Fn. 11), § 51 Rn. 7.
[89] *Herzog* (Fn. 53), Art. 63 Rn. 17; *Schröder* (Fn. 11), § 51 Rn. 7; *Meyn* (Fn. 51), Art. 63 Rn. 2; a.A. *Schenke* (Fn. 11), Art. 63 Rn. 16 f., der hier nur die Möglichkeit eines Organstreitverfahrens oder einer Präsidentenanklage vor dem Bundesverfassungsgericht sieht, damit aber die Rolle des Vorschlags des Bundespräsidenten überschätzt. → Rn. 17.
[90] Jarass/*Pieroth*, GG, Art. 63 Rn. 2; *Schneider* (Fn. 53), Art. 63 Rn. 5.
[91] Jarass/*Pieroth*, GG, Art. 63 Rn. 1.
[92] *Schröder* (Fn. 11), § 51 Rn. 8 m.w.N.
[93] *Herzog* (Fn. 53), Art. 63 Rn. 15.
[94] Nach *v. Mangoldt/Klein*, GG, Art. 63 Anm. III 1c, und *Herzog* (Fn. 53), Art. 63 Rn. 30, bedarf es des Einverständnisses des Kandidaten nicht, während *Meyn* (Fn. 51), Art. 63 Rn. 9, *Schröder* (Fn. 11), § 51 Rn. 12 und *Schenke* (Fn. 11), Art. 63 Rn. 61, den Bundespräsidenten für verpflichtet halten, sich vor seinem Vorschlag des Einverständnisses zu vergewissern.
[95] Zutreffend *Herzog* (Fn. 53), Art. 63 Rn. 30.
[96] Vgl. W. *Kaltefleiter*, Die Funktion des Staatsoberhauptes in der parlamentarischen Demokratie, 1970, S. 212 ff.; H. *Rein*, JZ 1969, 573 (573 f.); Jarass/*Pieroth*, GG, Art. 63 Rn. 1; *Meyn* (Fn. 51),

III. Erste Wahlphase (Art. 63 I und II GG)   Art. 63

len – eine Bindung oder »Ermessensreduzierung« auf den von den Mehrheitsfraktionen oder -parteien favorisierten Kandidaten[97]. Die letztgenannte Auffassung wird der Funktion des Vorschlagsrechts nicht gerecht. Da letztlich eine stabile Mehrheit des Bundestages den eigenen Kandidaten auch gegen einen anderen Vorschlag des Bundespräsidenten durchsetzen kann[98], gewinnt das Vorschlagsrecht vor allem in Situationen unklarer Mehrheitsverhältnisse Bedeutung. Gerade in solchen Situationen ist mit rechtlichen Bindungen aber nichts gewonnen. Man mag dies umschreiben mit den Begriffen der »Einschätzungs-« oder »Beurteilungsprärogative«[99] des Bundespräsidenten, dem bei der Ausübung seines Vorschlagsrechts die Orientierung an der Empfehlung der Mehrheitsfraktionen nur »Leitlinie«[100] ist oder »Maß und Richtung«[101] gibt. Klarheit sollte dabei aber darüber herrschen, daß es sich nicht um eine verfassungsgerichtlich überprüfbare Bindung handelt. Eine kontrollierbare rechtliche Verpflichtung läßt sich nur im Hinblick auf das Verfahren formulieren: Will der Bundespräsident seiner mit dem Vorschlagsrecht verbundenen Funktion gerecht werden, hat er die **Parteien oder Fraktionen** vor seinem Vorschlag zu **konsultieren**[102].

Der Bundespräsident darf seinen Vorschlag weder an sachliche Bedingungen im Hinblick auf das Regierungsprogramm noch an personelle Zugeständnisse bei der Zusammensetzung der Regierung knüpfen[103]. Derartige sog. »**Präsentationskapitulationen**«[104], die offensichtlich unter dem Eindruck der völlig anders gearteten Stellung des Reichspräsidenten in der Weimarer Reichsverfassung in den ersten Jahren nach Inkrafttreten des Grundgesetzes noch für möglich gehalten wurden[105], sind durch Art. 63 I GG nicht gedeckt, weil sich der Vorschlag nur auf den Kanzlerkandidaten und nicht auf sein Regierungsprogramm oder die Kabinettsliste bezieht[106]. Sie sind auch mit der Stellung des Bundespräsidenten im parlamentarischen Regierungssystem des Grundgesetzes unvereinbar[107]. 22

Art. 63 Rn. 3 ff.; daß es sich hierbei – wie *Schröder* (Fn. 11), § 51 Rn. 9, meint – um die »traditionelle« Auffassung handelt, ist nicht erkennbar.

[97] *M. Lippert*, Bestellung und Abberufung der Regierungschefs und ihre funktionale Bedeutung für das parlamentarische Regierungssystem, 1973, S. 272; *Steiger*, Grundlagen (Fn. 3), S. 232 ff.; *Schenke* (Fn. 11), Art. 63 Rn. 51 ff.

[98] So auch *Oldiges* (Fn. 34), Art. 63 Rn. 17.

[99] *Oldiges* (Fn. 34), Art. 63 Rn. 17.

[100] *Schneider* (Fn. 53), Art. 63 Rn. 4; *Stern*, Staatsrecht II, S. 252.

[101] *Schröder* (Fn. 11), § 51 Rn. 10; ähnlich *Schneider* (Fn. 53), Art. 63 Rn. 4. *Herzog* (Fn. 53), Art. 63 Rn. 18, spricht von »pflichtgebundenem Ermessen«. Solche verwaltungsrechtlichen Kategorien sind in diesem Zusammenhang jedoch fehl am Platze; s. hierzu *Meyn* (Fn. 51), Art. 63 Rn. 4.

[102] So auch *Schenke* (Fn. 11), Art. 63 Rn. 18 f.; für zu weitgehend hält eine Rechtspflicht zu Konsultationen *Oldiges* (Fn. 34), Art. 63 Rn. 13. Zur Praxis der Regierungsbildung, die insoweit allerdings nur bis ins Jahr 1969 aufgearbeitet ist (insbesondere, inwieweit Fraktionen oder Parteien an den Bundespräsidenten herantraten), im einzelnen *Steiger*, Grundlagen (Fn. 3), S. 235 f.

[103] Allg. Meinung; vgl. nur *Schröder* (Fn. 11), § 51 Rn. 11; *Schenke* (Fn. 11), Art. 63 Rn. 40; *Schneider* (Fn. 53), Art. 63 Rn. 3; *Oldiges* (Fn. 34), Art. 63 Rn. 19.

[104] Vgl. dazu *E. Küchenhoff*, DÖV 1966, 675 ff.

[105] So hat Bundespräsident Heuss 1949 vor seinem Vorschlag von Adenauer die Vorlage einer Ministerliste verlangt, was dieser aber verweigerte und anschließend dennoch vorgeschlagen wurde; vgl. dazu *H. Rein*, JZ 1969, 573 (574).

[106] *Schröder* (Fn. 11), § 51 Rn. 11.

[107] So z.B. *Stern*, Staatsrecht II, S. 252.

2. Wahl durch den Bundestag

23 Der Wahlvorschlag des Bundespräsidenten ist nach Art. 63 I GG Voraussetzung für die Wahl im Bundestag[108]. Dieser ist also verpflichtet, den Vorschlag des Bundespräsidenten abzuwarten[109]. **Zur Wahl** steht **nur der vom Bundespräsidenten vorgeschlagene Kandidat**, so daß es sich der Sache nach um eine Abstimmung handelt, die als Alternativen nur die Zustimmung, die Ablehnung oder die Enthaltung zuläßt[110]. Stimmen, die für einen anderen als den vorgeschlagenen Kandidaten abgegeben werden, sind ungültig[111].

24 Dem Grundanliegen des Art. 63 GG, die Voraussetzungen für eine zügige Regierungsbildung zu schaffen, entsprechend hält die herrschende Auffassung den Bundestag für verpflichtet, **unverzüglich** zur **Abstimmung über den Vorschlag** zu schreiten, ohne daß dabei die Geschäftsordnungsbestimmungen über die Beschlußfähigkeit zur Anwendung kommen[112]. Nach den einschlägigen Bestimmungen der Geschäftsordnung (§§ 4 Satz 1, 49 GOBT), die verfassungsrechtlich nicht geboten sind, findet die Wahl des Bundeskanzlers geheim mit verdeckten Stimmzetteln statt.

25 Wenn die Wahl gem. Art. 63 I GG **ohne Aussprache** stattzufinden hat, so ist damit sowohl eine Personaldebatte als auch eine Sachdebatte vor dem Wahlvorgang verboten. Ein Verstoß gegen dieses Ausspracheverbot soll allerdings folgenlos bleiben[113]. Der Sinn dieser Regelung wird in dem **Schutz des Kandidaten** vor einer Debatte über seine Absichten sowie in dem **Schutz der Autorität des Bundespräsidenten** gesehen[114]. Diese Rechtfertigungen bedürfen vor allem deshalb der Überprüfung, weil auch für die zweite und dritte Wahlphase die Geltung des Ausspracheverbots behauptet wird (→ Rn. 31, 37), obwohl dort der Vorschlag des Bundespräsidenten nicht obligatorisch ist und der Schutz seiner Autorität deshalb kaum einen tragfähigen Grund für das Verbot einer parlamentarischen Debatte darstellt. Nach der Entstehungsgeschichte kann zwar kein Zweifel daran bestehen, daß das Ausspracheverbot auch in der zweiten und dritten Phase der Kanzlerwahl gelten sollte[115] und nicht nur den Bun-

---

[108] Jarass/*Pieroth*, GG, Art. 63 Rn. 1.
[109] *Oldiges* (Fn. 34), Art. 63 Rn. 13.
[110] *Schröder* (Fn. 11), § 51 Rn. 15 f.
[111] *Schneider* (Fn. 53), Art. 63 Rn. 6.
[112] *Schröder* (Fn. 11), § 51 Rn. 14. Sind also bei der Abstimmung über den Vorschlag des Bundespräsidenten weniger als der Hälfte der Mitglieder des Bundestages anwesend, so wird keine weitere Sitzung einberufen, sondern die Abstimmung findet trotz Aussichtslosigkeit (Kanzlermehrheit) statt, um den Weg zur zweiten Wahlphase freizumachen: so *Schenke* (Fn. 11), Art. 63 Rn. 64.
[113] *Schröder* (Fn. 11), § 51 Rn. 15 m.w.N.
[114] Vgl. *Schröder* (Fn. 11), § 51 Rn. 15; ebenso C. *Sasse*, JZ 1961, 719 (723); *Oldiges* (Fn. 34), Art. 63 Rn. 22.
[115] In der 49. Sitzung des Hauptausschusses des Parlamentarischen Rates hatte der dem allgemeinen Redaktionsausschuß angehörende Abg. Dr. *Dehler* auf den Antrag der CDU, Art. 87 Abs. 1 und 2 des Entwurfes des Allgemeinen Redaktionsausschusses vom 16.11.1948 (Drs. Nr. 276), den der Hauptausschuß in seiner dritten Sitzung am 16.11.1948 erstmals diskutiert (Sten.Prot., S. 26ff.) und am 8.1.1949 angenommen hatte (Sten.Prot., S. 407), zusammenzufassen, erwidert, der Redaktionsausschuß habe Abs. 1, der das Ausspracheverbot enthielt, der Regelung vorangestellt, »weil er für alle Wahlvorgänge gilt, nämlich, daß ohne Aussprache gewählt wird (…)« (Sten.Prot., S. 644). Die Trennung wurde auch vom Vorsitzenden des Hauptausschusses Dr. *Schmid* mit der Begründung befürwortet, daß Abs. 1 ein »Obersatz sei, der für eine Reihe von Anwendungsfällen gilt« (Sten.Prot., S. 644), und auch der Verfasser des CDU-Antrages, der Abg. *v. Mangoldt*, wollte daran offenbar nichts geändert sehen, wenn er äußerte, auch bei seinem Entwurf bliebe diese Obersatzqualität gewahrt

despräsidenten vor einem Autoritätsverlust durch eine parlamentarische »Demontage« seines Vorschlags bewahren, sondern auch den Kanzlerkandidaten schützen sollte. Allerdings haben diese Vorstellungen des historischen Verfassunggebers keinen hinreichend deutlichen Niederschlag in Wortlaut und Systematik des Art. 63 GG gefunden. Soweit es nicht um den Schutz des Präsidentenamtes in der ersten Wahlphase geht, ist deshalb eine Abweichung von der demokratischen Selbstverständlichkeit, daß parlamentarische Entscheidungen debattiert werden, abzulehnen. Insbesondere ist nicht ersichtlich, warum ein Kandidat vor seiner Wahl von Debatten über seine Absichten verschont bleiben oder nicht »zu Festlegungen gezwungen zu werden« sollte[116]. Objektiver Zweck des Ausspracheverbotes ist demnach ausschließlich der Schutz der Autorität des Bundespräsidenten, bezogen auf dessen obligatorischen Wahlvorschlag in der ersten Wahlphase.

Erforderlich für die Wahl sind die Stimmen der Mehrheit der Mitglieder des Bundestages, was nach der Legaldefinition des Art. 121 GG die Mehrheit der gesetzlichen Mitgliederzahl bedeutet (sog. **»Kanzlermehrheit«**). Mit diesem Mehrheitserfordernis will das Grundgesetz Minderheitsregierungen jedenfalls in dieser ersten Phase der Kanzlerwahl verhindern[117]. Lehnt der Gewählte die **Annahme der Wahl** ab, ist nach einer Auffassung das Wahlverfahren auf Vorschlag des Bundespräsidenten (Art. 63 I und II GG) beendet[118], so daß der nächste Wahlgang auf Art. 63 III GG beruht. Andere[119] betrachten dagegen die Annahme der Wahl und die Zustimmung zur Ernennung nicht als Teil des Wahlvorgangs, so daß nach dem Wortlaut des Art. 63 II GG der Kandidat »gewählt« ist und – weil die Voraussetzungen des Art. 63 III GG nicht vorliegen – der Bundespräsident einen neuen Vorschlag machen muß. Allerdings ist eine erfolgreiche Wahl schon nach dem allgemeinen Sprachgebrauch erst mit ihrer Annahme abgeschlossen. Deshalb ist mit der Erfolglosigkeit des Vorschlags des Bundespräsidenten dessen obligatorische Beteiligung an der Kanzlerwahl beendet[120]. 26

3. Ernennung durch den Bundespräsidenten

Gem. Art. 63 II 2 GG **ist der Gewählte** vom Bundespräsidenten **zu ernennen**. Dieser darf die Ernennung nur verweigern, wenn das Wahlverfahren nicht entsprechend den verfassungsrechtlichen[121] Anforderungen abgelaufen ist, wenn die gewählte Person 27

(Sten.Prot., S. 644). Gleichwohl wurde der CDU-Antrag insoweit vom Hauptausschuß nicht angenommen (Sten.Prot., S. 644). In dieser durch den Redaktionsausschuß und dessen Vorstellungen geprägten Form wurde der Entwurf schließlich auch im Plenum angenommen (JöR 1 [1951], S. 433).

[116] Hierin sieht *Herzog* (Fn. 53), Art. 63 Rn. 28 mit Anm. 22, ein legitimes Interesse des künftigen Kanzlers, ohne dabei aber in Betracht zu ziehen, daß ohne minimale politische Festlegungen niemand Bundeskanzler wird und auch nicht werden sollte.

[117] *Degenhart*, Staatsrecht I, Rn. 435.

[118] *Herzog* (Fn. 53), Art. 63 Rn. 30; *Schröder* (Fn. 11), § 51 Rn. 16; *H. Rein*, JZ 1969, 573 (574).

[119] *Schenke* (Fn. 11), Art. 63 Rn. 71 ff.; *Schneider* (Fn. 53), Art. 63 Rn. 6, vor allem mit dem Wortlautargument, nach Art. 63 II GG sei auch der »gewählt«, der anschließend die Ernennung ablehne, so daß dann der Weg des Art. 63 III nicht eröffnet sei und somit der Bundespräsident einen neuen Vorschlag nach Art. 63 I GG zu unterbreiten habe.

[120] Das schließt es freilich nicht aus, daß der Bundespräsident in der zweiten Wahlphase aus freien Stücken erneut einen Vorschlag macht. Dieser ist aber dann von einer anderen Qualität als ein Vorschlag nach Abs. 1. Insbesondere gilt hier das Ausspracheverbot nach Abs. 1 nicht, auch nicht zum Schutz des Bundespräsidenten (→ Rn. 31).

[121] Jarass/*Pieroth*, GG, Art. 63 Rn. 2. Es kommt also nur auf die Verfassungswidrigkeit des Wahl-

die Annahme der Wahl verweigert oder wenn eine der Wählbarkeitsvoraussetzungen (→ Rn. 13) nicht vorliegt.

28 Die Ernennung, die gem. Art. 58 Satz 2 GG keiner Gegenzeichnung bedarf, muß **»unverzüglich«**[122] erfolgen. Eine analoge Anwendung der 7-Tages-Frist des Art. 63 IV 2 GG[123] kommt nur in Betracht, wenn Anhaltspunkte für das Vorliegen eines der genannten Verweigerungsgründe vorliegen. Dann ist die Prüfungszeit des Bundespräsidenten auf maximal sieben Tage begrenzt. In der Staatspraxis erfolgt die Ernennung meist nur wenige Stunden nach der Wahl[124].

IV. Zweite Wahlphase (Art. 63 III GG)

29 Scheitert – entgegen der bislang ununterbrochenen Praxis der Kanzlerwahlen seit 1949 – die Wahl des vom Bundespräsidenten vorgeschlagenen Kandidaten in der ersten Wahlphase, so folgt die zweite Wahlphase nach Art. 63 III GG. **Voraussetzung** für die Kanzlerwahl nach Art. 63 III GG ist also der **negative Ausgang der ersten Phase**[125]. Innerhalb einer Frist von vierzehn Tagen, die mit dem Tag nach dem gescheiterten ersten Wahlgang nach Art. 63 II GG beginnt[126], können im Bundestag beliebig viele Wahlvorschläge eingebracht und weitere Wahlgänge durchgeführt werden[127]. Nach dem eindeutigen Wortlaut kann diese zweite Wahlphase aber auch verstreichen, ohne daß es überhaupt zu einem weiteren Wahlgang kommt[128].

30 Dabei liegt der Unterschied zu Art. 63 I und II GG allein darin, daß ein Vorschlag des Bundespräsidenten nun nicht mehr Voraussetzung für die Wahl ist. Das schließt allerdings nicht aus, daß sich dieser weiterhin als Moderator (→ Rn. 19) an der Bildung einer mehrheitsfähigen Regierung beteiligt und in Form einer »Anregung«[129], die von Mitgliedern des Bundestages aufgegriffen werden muß[130], einen weiteren Kandidaten empfiehlt. Unabhängig von einer solchen Hilfe des Bundespräsidenten geht nach Art. 63 III GG die **Initiative für Wahlvorschläge** auf den **Bundestag** über. § 4 Satz 2 GOBT verlangt hierfür ein **Quorum** von einem Viertel der Mitglieder des Bundestages oder den Vorschlag einer Fraktion mindestens dieser Größe. Dabei handelt es sich nach überwiegender Meinung um eine verfassungsrechtlich zulässige Konkretisierung

---

verfahrens an; Vorschriften der GOBT sind somit nur zu prüfen, wenn sie Verfassungsrecht konkretisieren bzw. verfassungsrechtlich geboten sind.

[122] So Jarass/Pieroth, GG, Art. 63 Rn. 2; *Schneider* (Fn. 53), Art. 63 Rn. 10; *Schenke* (Fn. 11), Art. 63 Rn. 80 m.w.N.; *Oldiges* (Fn. 34), Art. 63 Rn. 24: »alsbald«. *Meyn* (Fn. 51), Art. 63 Rn. 17, 23, hält die »unverzügliche« Ernennung nur in der ersten Phase für geboten, da der Bundespräsident den gewählten Kandidaten selbst vorgeschlagen habe und deshalb die formellen Voraussetzung für Ernennung schon vorher habe prüfen können und müssen.

[123] *Herzog* (Fn. 53), Art. 63 Rn. 50 (»maximaler Zeitraum«); weitere Nachweise aus der älteren Literatur bei *Schenke* (Fn. 11), Art. 63 Rn. 80.

[124] Hierbei dürfte es sich kaum um ein echtes Sachproblem handeln; so auch *Schröder* (Fn. 11), § 51 Rn. 24.

[125] Jarass/Pieroth, GG, Art. 63 Rn. 3.

[126] Zur entsprechenden Anwendung der §§ 187 I, 188 BGB vgl. nur *Meyn* (Fn. 51), Art. 63 Rn. 20.

[127] *Schröder* (Fn. 11), § 51 Rn. 18; *Hesse*, Verfassungsrecht, Rn. 632; Jarass/Pieroth, GG, Art. 63 Rn. 3; *J. Ipsen*, Staatsrecht I, Rn. 349.

[128] *J. Ipsen*, Staatsrecht I, Rn. 349.

[129] So *Oldiges* (Fn. 34), Art. 63 Rn. 28 m.w.N.

[130] *Schröder* (Fn. 11), § 51 Rn. 18.

IV. Zweite Wahlphase (Art. 63 III GG) — Art. 63

des Art. 63 III GG[131]. Dem ist indes nicht zu folgen[132], weil das Argument, der Kandidat müsse sowieso die absolute Mehrheit auf sich vereinigen, als Rechtfertigung des Quorums nicht trägt. Ansatzpunkt der verfassungsrechtlichen Beurteilung ist der Status des einzelnen Abgeordneten, dem ein Wahlvorschlagsrecht zukommt. Die denkbaren Gründe, dieses Vorschlagsrecht des einzelnen Abgeordneten durch das Erfordernis eines Quorums einzuschränken, sind durchgehend unrealistisch[133]. Auch der Wahlvorschlag eines einzelnen Abgeordneten gehört also zu den zulässigen Wahlvorschlägen, die zur Abstimmung gestellt werden müssen[134].

Ob auch hier das **Verbot der Aussprache** gem. Art. 63 I GG gilt, ist umstritten[135]. Die Frage ist zu verneinen, weil im parlamentarischen System des Grundgesetzes der Kanzler die Zustimmung und das weitere Vertrauen des Parlaments benötigt und nicht erkennbar ist, warum das Ringen um diese Zustimmung nicht den allgemeinen demokratischen Verfahrensregeln der öffentlichen Debatte folgen sollte. Insoweit besteht ein Unterschied zur ersten Wahlphase, in der allein der Schutz der Autorität des obligatorisch beteiligten Bundespräsidenten das Ausspracheverbot objektiv rechtfertigt (→ Rn. 25). Zwar ist es dem Bundespräsidenten nicht verwehrt, in der zweiten Phase an der Regierungsbildung mitzuwirken (→ Rn. 30). Doch bedeutet dies nicht, daß auch in diesen Fällen seine Autorität des Schutzes durch ein Ausspracheverbot bedarf. In der vom Normalfall der Regierungsbildung abweichenden Situation der zweiten Wahlphase, in der der Bundespräsident mit seinem ersten Vorschlag gescheitert ist, fehlt es offenbar an den klaren Mehrheitsverhältnissen im Bundestag. In derartigen Situationen liegt es beim Bundespräsidenten, über seine weitere »helfende« Beteiligung und auch über einen möglichen Autoritätsverlust im Falle des Scheiterns nach öffentlicher Debatte zu entscheiden. Gleiches gilt auch für die dritte Wahlphase[136]. **31**

Ebenso wie bei der Kanzlerwahl nach Art. 63 I und II GG ist die **absolute Mehrheit** im Sinne des Art. 121 GG erforderlich[137]. Auch hier ist der Bundespräsident nicht anders als in der ersten Wahlphase nach Art. 63 I und II GG verpflichtet, den Gewählten zu ernennen[138] (→ Rn. 27). Soweit der Wahlvorschlag nicht vom Bundespräsidenten **32**

---

[131] So etwa *Oldiges* (Fn. 34), Art. 63 Rn. 28 m.w.N.; Jarass/*Pieroth*, GG, Art. 63 Rn. 3; *Schröder* (Fn. 11), § 51 Rn. 18.
[132] Ebenso W. *Demmler*, Der Abgeordnete im Parlament der Fraktionen, 1994, S. 394 ff., sowie T. *Puhl*, Die Minderheitsregierung nach dem Grundgesetz, 1986, S. 34 ff.
[133] Nach den Erfahrungen etwa mit der Bundesversammlung, in der jedes Mitglied ein Wahlvorschlagsrecht hat, steht es nicht zu erwarten, daß der Bundestag mit einer solchen Vielzahl von Wahlvorschlägen überschwemmt wird, daß die technische Handhabbarkeit der Wahl gefährdet wird. Auch zu einer (ungerechtfertigten) Mehrbelastung des Bundestages wegen der geringen Erfolgsaussichten der Vorschläge einzelner Abgeordneter wird es nicht kommen, da die Wahl ohnehin durchgeführt wird und über alle Vorschläge in einem Wahlakt abgestimmt werden kann. S. hierzu *Demmler*, Abgeordnete (Fn. 132), S. 399 ff.
[134] Allg. zur Pflicht, zulässige Vorschläge zur Abstimmung zu stellen, *Schröder* (Fn. 11), § 51 Rn. 18 m.w.N.
[135] Dafür *Oldiges* (Fn. 34), Art. 63 Rn. 22; *Herzog* (Fn. 53), Art. 63 Rn. 28, 33 m.w.N.; *Schröder* (Fn. 11), § 51 Rn. 19; dagegen – weil der Gesichtspunkt des Schutzes der Autorität des Bundespräsidenten nicht mehr zum Tragen komme – *Meyn* (Fn. 51), Art. 63 Rn. 22; Jarass/*Pieroth*, GG, Art. 63 Rn. 3; *Schneider* (Fn. 53), Art. 63 Rn. 9; *Schenke* (Fn. 11), Art. 63 Rn. 84.
[136] So auch *Puhl*, Minderheitsregierung (Fn. 132), S. 36 f.
[137] Dazu *Oldiges* (Fn. 34), Art. 63 Rn. 26.
[138] *J. Ipsen*, Staatsrecht I, Rn. 349; *Hesse*, Verfassungsrecht, Rn. 632.

Art. 63

stammte, mit der Folge, daß er bereits vor der Wahl Gelegenheit hatte, die Ernennungsvoraussetzungen zu prüfen, erscheint eine analoge Anwendung von Art. 63 IV 2 GG naheliegend. In diesem Fall muß die Ernennung also nicht »unverzüglich« (→ Rn. 28), sondern binnen sieben Tagen erfolgen[139].

V. Dritte Wahlphase (Art. 63 IV GG)

33 Art. 63 IV GG enthält die Vorkehrungen, mit deren Hilfe das Grundgesetz nach dem Scheitern der Kanzlerwahl gem. Art. 63 III GG das Ziel der Wahl eines regierungsfähigen Bundeskanzlers in einer dritten und letzten Phase sicherzustellen sucht. Diese dritte Phase als das Ende einer »ausgewogenen Stufenfolge«[140] ist vor allem dadurch geprägt, daß im Unterschied zu Art. 63 III GG hier zwingend ein Wahlgang vorgeschrieben ist, daß die einfache Mehrheit (→ Art. 42 Rn. 34) für die Wahl des Bundeskanzlers genügt, daß aber die Entscheidung zwischen einer dadurch entstehenden **Minderheitsregierung** (→ Rn. 43f.) und einer **Auflösung des Bundestages** (→ Rn. 45f.) in die Hände des Bundespräsidenten gelegt wird. Zwar ist auch Art. 63 IV GG durch das Bestreben gekennzeichnet, eine stabile, auf einer Kanzlermehrheit beruhende Regierungsbildung zu erreichen. Die Entscheidung darüber, ob eine Annäherung an dieses Ziel eher durch eine Minderheitsregierung, die sich nicht auf eine sichere und konstante Parlamentsmehrheit stützen kann, oder durch Neuwahlen, die möglicherweise keine regierungsfähigeren Mehrheiten erbringen, erreichbar ist, überläßt das Grundgesetz aber dem Bundespräsidenten.

34 **Voraussetzung** für die Anwendbarkeit von Art. 63 IV GG ist der **negative Ausgang der zweiten Phase** nach Art. 63 III GG[141]. Dies bedeutet allerdings nicht mehr als das erfolglose Verstreichen der Frist von vierzehn Tagen, so daß diese Voraussetzung auch dann gegeben ist, wenn der Bundestag – etwa wegen der offensichtlichen Aussichtslosigkeit, eine Kanzlermehrheit zusammenzubringen – innerhalb der Frist keinen Wahlversuch unternommen hat[142].

1. Wahl durch den Bundestag

35 Indem Art. 63 IV 1 GG einen **neuen Wahlgang unverzüglich nach Verstreichen der Frist des Art. 63 III GG** anordnet, wird nicht nur der Bundestagspräsident – gegebenenfalls auch der Bundespräsident[143] – verpflichtet, ohne zeitliche Verzögerung den Bundestag einzuberufen[144]. Aus dem darin zum Ausdruck kommenden Anliegen, alle eventuellen Hindernisse auf dem Weg zu einem neuen Wahlgang auszuräumen, wird auch geschlossen, daß die Geschäftsordnungsbestimmungen über die Beschlußfähigkeit (§ 45 GOBT) keine Anwendung finden[145], damit das Verfahren nicht durch Fernbleiben hintertrieben werden kann. Auch darf die Wahl nicht von der Tagesordnung

---

[139] Zutreffend *Meyn* (Fn. 51), Art. 63 Rn. 17, 23.
[140] *Lippert*, Bestellung (Fn. 97), S. 307.
[141] *Jarass/Pieroth*, GG, Art. 63 Rn. 4.
[142] So die h.M.; vgl. etwa *Oldiges* (Fn. 34), Art. 63 Rn. 29 m.w.N.
[143] So *Schröder* (Fn. 11), § 51 Rn. 21.
[144] Vgl. nur *Oldiges* (Fn. 34), Art. 63 Rn. 30 m.w.N.
[145] *Schneider* (Fn. 53), Art. 63 Rn. 9; *Schenke* (Fn. 11), Art. 63 Rn. 89; *Jarass/Pieroth*, GG, Art. 63 Rn. 4; *Meyn* (Fn. 51), Art. 63 Rn. 24.

abgesetzt werden¹⁴⁶. Das Quorum von einem Viertel der Mitglieder des Bundestages nach § 4 Satz 2 GOBT, dessen Verfassungsmäßigkeit sich bereits im Rahmen der zweiten Wahlphase als zweifelhaft erwiesen hatte (→ Rn. 30), kann nach überwiegender Auffassung bei dem Wahlgang nach Art. 63 IV GG keine Anwendung finden¹⁴⁷.

Nach dem klaren Wortlaut von Art. 63 IV 1 GG hat in der dritten Wahlphase **nur ein Wahlgang** stattzufinden. Eine »Wiederholungswahl«, die diesem einen Wahlgang zurechenbar ist, wird allerdings für zulässig gehalten bei Stimmengleichheit zweier Kandidaten¹⁴⁸ und wenn der Gewählte die Wahl nicht annimmt¹⁴⁹. 36

Ebenso wie bei der zweiten Wahlphase nach Art. 63 III GG (→ Rn. 31) besteht auch hier **kein Grund**, das **Verbot der Aussprache** in Art. 63 I GG **anzuwenden**¹⁵⁰. Wenn es um die Alternative zwischen einer Minderheitsregierung und der Auflösung des Bundestages geht, ist eine öffentliche Debatte unabdingbar und der Schutz des Kandidaten vor einer Diskussion seiner politischen Absichten¹⁵¹ ohne jede Relevanz¹⁵². 37

2. Ernennung durch den Bundespräsidenten bei Erreichen der Kanzlermehrheit

Erreicht ein Kandidat im Wahlgang nach Art. 63 IV 1 GG die absolute Mehrheit, so gilt für die Entscheidungsbefugnis des Bundespräsidenten dasselbe wie in der ersten und zweiten Wahlphase (→ Rn. 27, 32). Gem. Art. 63 IV 2 GG **muß der Bundespräsident den Gewählten** binnen sieben Tagen nach der Wahl **ernennen**. 38

3. Wahlrecht des Bundespräsidenten bei einfacher Mehrheit

Erreicht ein Kandidat in der dritten Wahlphase nur die relative Mehrheit, so ist es das Recht und die Pflicht¹⁵³ des Bundespräsidenten, sich binnen sieben Tagen zwischen der Ernennung dieses **Minderheitskanzlers** und der **Auflösung des Bundestages** zu entscheiden. Da das von der Verfassung primär verfolgte Ziel, die Bildung einer stabilen Regierung durch Wahl eines Bundeskanzlers mit absoluter Mehrheit, nicht erreicht wurde, legt Art. 63 IV 3 GG die Wahl zwischen den beiden verbleibenden »zweitbesten« Lösungen in die Hände des Bundespräsidenten. Welcher dieser beiden Wege eher zum Ziel klarer und stabiler Regierungsverhältnisse¹⁵⁴ führt, hängt von 39

---

¹⁴⁶ *Schröder* (Fn. 11), § 51 Rn. 21.
¹⁴⁷ *Schröder* (Fn. 11), § 51 Rn. 21; *Oldiges* (Fn. 34), Art. 63 Rn. 28 m.w.N.; *Herzog* (Fn. 53), Art. 63 Rn. 43, für den Fall, daß kein Wahlvorschlag vorliegt, der das Quorum erreicht; a. A. *Schenke* (Fn. 11), Art. 63 Rn. 88, mit dem Argument, ein Kandidat, der nicht die nach § 4 Satz 2 GOBT erforderliche Unterstützung erhalte, könne ohnehin nicht ernannt werden, so daß in diesem Fall dem Bundespräsidenten nur die Alternative der Auflösung bleibe.
¹⁴⁸ So z.B. *Jarass/Pieroth*, GG, Art. 63 Rn. 4; *Oldiges* (Fn. 34), Art. 63 Rn. 30; *Herzog* (Fn. 53), Art. 63 Rn. 45; *Schenke* (Fn. 11), Art. 63 Rn. 91ff. Eine zweite Abstimmung ist die naheliegendste Möglichkeit, da es einerseits an der erforderlichen relativen Mehrheit fehlt (weshalb weder ein Losentscheid noch der Bundespräsident die Auswahl zwischen den Kandidaten mit gleicher Stimmenzahl treffen können) und andererseits ohne die Möglichkeit einer weiteren Abstimmung nur die Alternative der – dann zwingenden – Auflösung bliebe.
¹⁴⁹ So *Jarass/Pieroth*, GG, Art. 63 Rn. 4; *Schenke* (Fn. 11), Art. 63 Rn. 101f.; a.A. *Herzog* (Fn. 53), Art. 63 Rn. 30, 45 mit Anm. 33a.
¹⁵⁰ So aber *Oldiges* (Fn. 34), Art. 63 Rn. 22.
¹⁵¹ So das Argument von *Oldiges* (Fn. 34), Art. 63 Rn. 22.
¹⁵² Wie hier *Meyn* (Fn. 51), Art. 63 Rn. 22; *Schneider/Zeh* (Fn. 49), § 48 Rn. 46.
¹⁵³ So auch *Meyn* (Fn. 51), Art. 63 Rn. 27.
¹⁵⁴ Zu dieser Ratio (auch) des Art. 63 IV 3 GG vgl. nur *Herzog* (Fn. 53), Art. 63 Rn. 41f.

vielerlei Faktoren und politischen Einschätzungen ab und wird deshalb vom Grundgesetz bewußt offengelassen. Deshalb läßt sich der Weg über die **Bundestagsauflösung und Neuwahlen nicht als Ausnahme** qualifizieren[155]. Auch das »jeglicher präsidialer Dominanz entkleidete parlamentarische Regierungssystem des GG« ist kein Argument, das Parlamentsauflösungsrecht des Bundespräsidenten zugunsten der Ernennung eines Minderheitskanzlers einzuschränken[156]. Von der grundsätzlich begrenzten Rolle des Bundespräsidenten bei der Regierungsbildung (→ Rn. 9) macht Art. 63 IV 3 GG nämlich gerade für den Fall eine Ausnahme, daß die Grundlage für das Funktionieren der Regierungsbildung im parlamentarischen System des Grundgesetzes – nämlich die Fähigkeit und Bereitschaft der im Parlament vertretenen politischen Kräfte zur Bildung einer regierungsfähigen Mehrheit – nicht vorhanden ist.

40 Hier trifft den Bundespräsidenten also **keine Pflicht zur Ernennung des Minderheitskanzlers**. Vielmehr hat er eine gerichtlich nicht kontrollierbare politische Prognose darüber anzustellen, ob dieser in der Lage sein wird, eine arbeitsfähige Regierung zu bilden. Dabei soll er bei Ausübung seiner »Einschätzungsprärogative« zu beachten haben, daß die als Alternative vorgesehene Auflösung nur als ultima ratio für den Fall in Betracht kommt, daß die Bildung einer arbeitsfähigen Regierung »evident« ausgeschlossen ist[157]. Um eine rechtliche Bindung kann es sich hierbei aber nicht handeln (→ Rn. 39).

41 Umstritten ist, ob der Bundespräsident den Bundestag auch dann auflösen darf, wenn der mit relativer Mehrheit **Gewählte die Wahl nicht annimmt**[158] oder wenn der Wahlgang nach Art. 63 IV 1 GG mit der **Stimmengleichheit** zweier Kandidaten endet[159]. Die Frage ist zu verneinen. Wenn der Bundestag von seiner Möglichkeit Gebrauch macht, in diesen Fällen unverzüglich eine oder auch mehrere »Wiederholungswahlen« durchzuführen (→ Rn. 36), so ist der Wahlvorgang, der die Grundlage für die Entscheidung des Bundespräsidenten bildet, noch nicht abgeschlossen. Deshalb kann das Auflösungsrecht erst dann entstehen, wenn auch mehrfache »Wiederholungswahlgänge« nicht zum Erfolg führen – sei es wegen Nichtannahme des jeweils Gewählten, sei es wegen wiederholter Stimmengleichheit – oder wenn trotz der Pflicht des Bundestages (→ Rn. 33) jeglicher Wahlgang mangels Vorschlägen unterbleibt[160].

---

[155] So aber *Oldiges* (Fn. 34), Art. 63 Rn. 31; *Schenke* (Fn. 11), Art. 63 Rn. 100.

[156] So aber *Oldiges* (Fn. 34), Art. 63 Rn. 31f., für die Fälle, daß eine dauerhafte Tolerierung des Minderheitskanzlers absehbar ist und der Bundespräsident die Frist von sieben Tagen versäumt hat; ähnlich *Schenke* (Fn. 11), Art. 63 Rn. 98; wie hier *Meyn* (Fn. 51), Art. 63 Rn. 27.

[157] So *Schröder* (Fn. 11), § 51 Rn. 23.

[158] Dafür *Schneider* (Fn. 53), Art. 63 Rn. 11; *Jarass/Pieroth*, GG, Art. 63 Rn. 5; dagegen *Oldiges* (Fn. 34), Art. 63 Rn. 32; *Meyn* (Fn. 51), Art. 63 Rn. 28; U. J. *Hochrathner*, Anwendungsbereich und Grenzen des Parlamentsauflösungsrechts nach dem Bonner Grundgesetz, 1985, S. 161.

[159] Dagegen *Meyn* (Fn. 51), Art. 63 Rn. 28 m.w.N.; der zu Recht vorsichtig formulierte Vorschlag von *Puhl*, Minderheitsregierung (Fn. 132), S. 43, im Fall der Stimmengleichheit einen Losentscheid herbeizuführen, ist wohl kaum geeignet, eine solche Problemlage angemessen zu lösen.

[160] So *Jarass/Pieroth*, GG, Art. 63 Rn. 5; *Schenke* (Fn. 11), Art. 63 Rn. 92ff., 103; *Herzog* (Fn. 53), Art. 63 Rn. 45 (nur auf den Fall der Nichtannahme der Wahl bezogen); *Oldiges* (Fn. 34), Art. 63 Rn. 30f.; a.A. bezüglich des Auflösungsrechts bei Nichtannahme der Wahl *Meyn* (Fn. 51), Art. 63 Rn. 28; *Puhl*, Minderheitsregierung (Fn. 132), hält den Bundespräsidenten wegen der Konsequenzen der Auflösung für verpflichtet, im Falle des Unterbleibens der Wahl dem Bundestag zunächst eine angemessene und eindeutige Frist zu setzen. Die Lösung dieser letztgenannten Konstellation (Unterbleiben der Wahl), ist im übrigen offenbar nicht umstritten. Streng genommen kann sich das Auflösungsrecht hier nur aus einer analogen Anwendung des Art. 63 IV 3 GG ergeben, weil in den genannten Fäl-

V. Dritte Wahlphase (Art. 63 IV GG)   Art. 63

Allerdings wird man für diesen seltenen Fall zu bedenken haben, daß nach der gesamten Struktur des Art. 63 GG erfolglosen Bemühungen des Bundestages zeitliche Grenzen gesetzt sein müssen[161].

Nach dem Wortlaut des Art. 63 IV 3 GG ist die einzige präzise Begrenzung der Entscheidungsbefugnis des Bundespräsidenten die **Frist von sieben Tagen seit dem Wahlgang**[162]. Versäumt er diese Frist, begeht er einen Verfassungsverstoß, der im Wege des Organstreitverfahrens auf Antrag des Bundestages oder auch des noch nicht ernannten »Minderheitskanzlers« geltend gemacht werden kann[163]. Die herrschende Auffassung, der Bundespräsident verliere nach Ablauf der Frist sein Recht zur Auflösung des Bundestages und sei zur Ernennung des Minderheitskanzlers verpflichtet[164], beruht ebenso wie die gegenteilige Annahme, der Bundestag sei dann »automatisch« aufgelöst[165], auf einem Regel-Ausnahme-Verhältnis, das in Art. 63 GG keine Stütze findet (→ Rn. 39). 42

4. Minderheitsregierung

Entscheidet sich der Bundespräsident nach Art. 63 IV 3 GG für die Ernennung des nur mit **relativer Mehrheit** Gewählten, so handelt es sich hierbei um den vom Grundgesetz ausdrücklich vorgesehenen Fall eines Minderheitskanzlers und – nach Bildung der Regierung gem. Art. 64 GG – einer Minderheitsregierung[166]. Daneben kann eine Minderheitsregierung aber auch dadurch entstehen, daß im Laufe der Legislaturperiode eine zunächst **vorhandene Mehrheit auseinanderbricht** oder daß die anfängliche Kanzlermehrheit bereits von Beginn an keine »echte« war. 43

Der Minderheitskanzler verfügt ebenso wie die von ihm gebildete Minderheitsregierung über **dieselben Rechte wie die mit »Kanzlermehrheit« gebildete Bundesregierung**[167]. Der verfassungsrechtliche Status von Mehrheits- und Minderheitsregierung unterscheidet sich nicht. Der Unterschied zur »Mehrheitsregierung« ist zunächst also nur ein politischer, da die Minderheitsregierung sich bei Haushalt und Gesetzge- 44

---

len die »Wahl« nach Art. 63 IV 1 GG entweder noch nicht abgeschlossen ist (Wiederholungswahlen dauern an) oder noch gar nicht begonnen wurde; vgl. zu dieser analogen Anwendung auch *Oldiges* (Fn. 34), Art. 63 Rn. 30.

161 So auch *Puhl*, Minderheitsregierung (Fn. 132), S. 40; ähnlich *Herzog* (Fn. 53), Art. 63 Rn. 44: der Bundespräsident sei für den Fall des völligen Unterbleibens einer Wahl in der dritten Phase verpflichtet, dem Bundestag eine angemessene Frist zur Kanzlerwahl zu setzen, nach deren Ablauf er den Bundestag auflösen müsse. Denkbar wäre es auch, die 7-Tages-Frist anzuwenden – mit der Folge, daß nur in dieser Zeitspanne noch Wiederholungswahlen möglich sind.

162 Für die Berechnung auch dieser Frist gelten §§ 187 I, 188 BGB (→ Rn. 29 mit Fn. 126).

163 Dann wird man ein Organrecht des Bundestages auf Beendigung der Ungewißheit über seine eigene Existenz anerkennen müssen, das im Wege des Organstreits geltend gemacht werden kann. Ebenso müßte ein Organstreit des nicht ernannten Minderheits»kanzlers« (als eines »anderen Beteiligten« nach Art. 93 I Nr. 1 GG) gegen den Bundespräsidenten zulässig sein, da auch der noch nicht Ernannte ein eigenes Organrecht auf die Beendigung der Ungewißheit über sein weiteres »Organschicksal« haben dürfte. Schließlich besteht auch die Möglichkeit einer Präsidentenanklage.

164 So *Meyn* (Fn. 51), Art. 63 Rn. 30; *Jarass/Pieroth*, GG, Art. 63 Rn. 5; *Schneider* (Fn. 53), Art. 63 Rn. 11; *Schenke* (Fn. 11), Art. 63 Rn. 100; *Herzog* (Fn. 53), Art. 63 Rn. 42.

165 Nachweise aus dem älteren Schrifttum dazu bei *Schenke* (Fn. 11), Art. 63 Rn. 100.

166 Insgesamt dazu *Puhl*, Minderheitsregierung (Fn. 132); *Finkelnburg*, Minderheitsregierung (Fn. 32).

167 Vgl. nur *Oldiges* (Fn. 34), Art. 63 Rn. 34 m. w. N.; ebenso *Puhl*, Minderheitsregierung (Fn. 132), S. 181 ff.

bung nicht auf eine sichere parlamentarische Unterstützung verlassen kann, sondern entweder auf wechselnde Mehrheiten oder dauernde Tolerierung durch Stimmenthaltungen der Abgeordneten einer oder mehrerer Fraktionen angewiesen ist. Wegen des aus der Minderheitskonstellation folgenden mangelnden »Zugriffs«[168] auf die Gesetzgebung werden die Erfolgschancen einer Minderheitsregierung auf Dauer gering sein[169]. Immerhin sind politische Konstellationen der »Tolerierung« denkbar, in denen die oppositionelle Mehrheit im Bundestag keineswegs alle Gesetzesvorhaben der Regierung zu Fall bringt. In begrenztem Umfang stehen auch Mittel zur Verfügung, einen zu häufigen »Bittgang«[170] zum Parlament zu vermeiden[171]. Im übrigen zeigt aber eine Analyse der bislang auf Bundes- und Länderebene vorgekommenen Minderheitskonstellationen, daß eine Behebung der jeweils zugrunde liegenden Krisen mit Ausnahmefällen stets binnen kurzer Zeit mit Hilfe parlamentarischer Mechanismen und der Neuformierung von Koalitionen, und sei es nach Neuwahlen, möglich war[172].

5. Bundestagsauflösung

45 Macht der Bundespräsident von seinem Auflösungsrecht nach Art. 63 IV 3 GG Gebrauch, so muß gem. Art. 39 I 4 GG **innerhalb von sechzig Tagen** die **Neuwahl** stattfinden. Die Wahlperiode endet auch hier erst mit dem Zusammentritt des neuen Bundestages. Da die Amtsperiode der bisherigen Bundesregierung bereits mit dem Zusammentritt des Bundestages beendet war, wird der Bundespräsident schon nach dem Scheitern der ersten Wahlphase von seiner Möglichkeit Gebrauch gemacht haben, gem. Art. 69 III GG für die Weiterführung der Regierungsgeschäfte bis zum Zusammentritt des neuen Bundestages zu sorgen (→ Art. 69 Rn. 17).

46 Die Auflösungserklärung des Bundespräsidenten, die keiner amtlichen Publikation bedarf[173], ist gegenüber dem Bundestag in mündlicher oder schriftlicher **Form** abzugeben[174]. Sie bedarf gem. Art. 58 Satz 2 GG nicht der Gegenzeichnung. Gem. Art. 39 I 4 GG findet die Neuwahl innerhalb von sechzig Tagen statt.

---

[168] *Herzog* (Fn. 53), Art. 63 Rn. 56.
[169] Vgl. *Finkelnburg*, Minderheitsregierung (Fn. 32), S. 11 ff. Nicht existent sind sie gleichwohl nicht. Es ist keineswegs zwingend, daß die Kanzlergegner jedes gesetzgeberische Vorhaben der Minderheitsregierung hintertreiben.
[170] *Herzog* (Fn. 53), Art. 63 Rn. 57.
[171] *Herzog* (Fn. 53), Art. 63 Rn. 57, 58, weist auf die Möglichkeiten der Umsetzung vorhandener Verordnungsermächtigungen oder der Schaffung von Regelungen durch Verwaltungsvorschriften hin. Bei solchem Vorgehen sind aber stets die Zulässigkeitsschranken dieser Handlungsformen zu beachten. Zu den haushaltsrechtlichen Problemen ausführlich *Puhl*, Minderheitsregierung (Fn. 132), S. 205 f., der etwa aus der in Art. 67 GG enthaltenen Grundentscheidung, daß kein anderer Schritt als das konstruktive Mißtrauensvotum den Bundeskanzler – also auch einen Minderheitskanzler – rechtlich zur Beendigung seines Amtes zwingt, zutreffend ableitet, daß Art. 111 GG nicht restriktiv dahin auszulegen ist, daß er eine Haushaltsführung auf seiner Grundlage nach der Etatverweigerung durch den Bundestag ausschließt.
[172] *Puhl*, Minderheitsregierung (Fn. 132), S. 25, 29.
[173] *Schenke* (Fn. 11), Art. 63 Rn. 108.
[174] Nachweise dazu bei *Oldiges* (Fn. 34), Art. 63 Rn. 33.

D. Verhältnis zu anderen GG-Bestimmungen

Die Wahl eines neuen Bundeskanzlers kann außer nach Art. 63 GG auch im Wege des konstruktiven Mißtrauensvotums nach **Art. 67 GG** oder im Anschluß an eine Vertrauensfrage mit negativem Ausgang nach **Art. 68 I GG** vorgenommen werden. Diese beiden Normen gehen Art. 63 GG als **spezielle Regelungen** vor[175]. Art. 63 GG ist also nur anwendbar, wenn das Amt der Regierungsmitglieder gem. Art. 69 II GG durch Zusammentritt eines neuen Bundestages, durch **Rücktritt**, **Amtsunfähigkeit oder Tod des Bundeskanzlers** endet.

47

---

[175] *Oldiges* (Fn. 34), Art. 63 Rn. 2; für Art. 68 GG vgl. auch die Nachweise bei Jarass/*Pieroth*, GG, Art. 67 Rn. 4.

Art. 64

Artikel 64 [Ernennung und Entlassung der Bundesminister]

(1) Die Bundesminister werden auf Vorschlag des Bundeskanzlers vom Bundespräsidenten ernannt und entlassen.

(2) Der Bundeskanzler und die Bundesminister leisten bei der Amtsübernahme vor dem Bundestage den in Artikel 56 vorgesehenen Eid.

Literaturauswahl

Brandner, Thilo/Uwer, Dirk: Organisationserlasse des Bundeskanzlers und Zuständigkeitsanpassung in gesetzlichen Verordnungsermächtigungen, in: DÖV 1993, S. 107–113.
Busse, Volker: Die Kabinettsausschüsse der Bundesregierung, in: DVBl. 1993, S. 413–417.
Butzer, Hermann: Zum Begriff der Organisationsgewalt, in: Die Verwaltung 27 (1994), S. 157–174.
Derlien, Hans-Ulrich: Zur Logik und Politik des Ressortzuschnitts, in: VerwArch. 87 (1996), S. 548–580.
Kaja, Helmut: Ministerialverfassung und Grundgesetz, in: AöR 89 (1964), S. 381–428.
Lehnguth, Gerold: Die Organisationsgewalt des Bundeskanzlers und das parlamentarische Budgetrecht, in: DVBl. 1985, S. 1359–1364.
Lehnguth, Gerold/Vogelsang, Klaus: Die Organisationserlasse der Bundeskanzler seit Bestehen der Bundesrepublik Deutschland im Lichte der politischen Entwicklung, in: AöR 113 (1988), S. 531–582.
Lepper, Manfred: Die Rolle und Effektivität der interministeriellen Ausschüsse für Koordination und Regierungspolitik, in: Heinrich Siedentopf (Hrsg.), Regierungspolitik und Koordination, 1974, S. 433–449.

Siehe auch die Angaben zu Art. 62, 63 GG.

Leitentscheidungen des Bundesverfassungsgerichts

Diese liegen zu Art. 64 GG bislang nicht vor.

Gliederung

	Rn.
A. Herkunft, Entstehung, Entwicklung	1
B. Internationale, supranationale und rechtsvergleichende Bezüge	3
C. Erläuterungen	5
I. Das Kabinettsbildungsrecht des Bundeskanzlers im parlamentarischen Regierungssystem des Grundgesetzes	5
II. Die Organisationskompetenz des Bundeskanzlers	8
1. Der Regelungsbereich des Art. 64 I GG	10
2. Verfassungsrechtliche Vorgaben	13
3. Keine Mitwirkung des Bundespräsidenten	14
4. Verteilung der Organisationsgewalt zwischen Bundeskanzler und Kabinett	15
5. Verteilung der Organisationsgewalt zwischen Regierung und Parlament	18
a) Organisationsrechtliche Gesetzesvorbehalte	19
b) Das Zugriffsrecht der Legislative und seine Grenzen	21
III. Die Personalkompetenz des Bundeskanzlers	24
1. Vorschlag des Bundeskanzlers	25
2. Ernennung durch den Bundespräsidenten	26
3. Entlassung von Bundesministern	28
IV. Eid (Art. 64 II GG)	31
D. Verhältnis zu anderen GG-Bestimmungen	33

A. Herkunft, Entstehung, Entwicklung

Wenn nach Art. 64 I GG allein der Bundeskanzler über die personelle Zusammensetzung der Bundesregierung entscheidet, so handelt es sich dabei um ein Novum in der deutschen Verfassungsgeschichte. Nach der **RV 1871** konnte sich das Problem des materiellen Kabinettsbildungsrechts schon deshalb nicht stellen, weil sie keine Kollegialregierung vorsah, sondern den Reichskanzler de facto zum einzigen Minister des Reiches machte. Um der daraus folgenden Überforderung des Reichskanzlers entgegenzuwirken, wurde das sog. **Stellvertretungsgesetz vom 17. 3. 1878** (→ Art. 62 Rn. 2) erlassen, das gegenstandsbezogen die Befugnisse des Reichskanzlers Stellvertretern übertrug. Diese wurden vom Kaiser ernannt. In der Praxis war die Stellung der Stellvertreter der eines Ministers angenähert. Allerdings durfte der Reichskanzler auch während einer Stellvertretung die übertragenen Befugnisse an sich ziehen und die entsprechende Amtshandlung selbst vornehmen[1]. Nach **Art. 53 WRV** wurden zwar die Reichsminister auf Vorschlag des Reichskanzlers vom Reichspräsidenten ernannt. Damit war aber nach herrschender Auffassung der Weimarer Staatsrechtslehre keine Bindung des Reichspräsidenten an den Vorschlag des Reichskanzlers statuiert. Man ging vielmehr davon aus, daß der Reichspräsident die Ernennung eines Ministers auch aus politischen Gründen ablehnen durfte[2]. Außerdem kannte die Weimarer Reichsverfassung in Art. 54 die Möglichkeit des Parlaments, dem Reichskanzler oder einzelnen Ministern das Vertrauen zu entziehen (→ Art. 63 Rn. 3).

Bei der Diskussion um die Kompetenz und das Verfahren der Regierungsbildung konnte der **Parlamentarische Rat** an Art. 53 WRV anknüpfen. Allerdings sollte der Bundespräsident im Unterschied zur Weimarer Rechtslage an die Vorschläge des Bundeskanzlers gebunden sein[3]. Während also über die **reduzierte Rolle des Bundespräsidenten** bei der Regierungsbildung Einigkeit herrschte, war die Frage des parlamentarischen Einflusses auf die Zusammensetzung des Kabinetts Gegenstand ausführlicher Diskussionen. Art. 89 HChE in der Fassung des Mehrheitsentwurfs sah vor, daß die Bundesminister zum Antritt ihres Amtes des Vertrauens des Bundestages bedürfen und daß eine Entlassung nur auf Ersuchen oder mit Zustimmung des Bundestages möglich ist. Erst im Verlauf der Diskussionen des Parlamentarischen Rates setzte sich dann die Auffassung durch, daß der Bundeskanzler die alleinige Verantwortung für die Regierungsbildung tragen und die parlamentarische Verantwortlichkeit der Minister somit über den Bundeskanzler vermittelt werden sollte[4]. Die in Art. 64 II GG vorgeschriebene Vereidigung des Bundeskanzlers und der Bundesminister, die ein No-

---

[1] Eingehend zum Stellvertretungsgesetz *Huber*, Verfassungsgeschichte, Bd. III, S. 823 ff.
[2] *R. Thoma*, Die rechtliche Ordnung des parlamentarischen Regierungssystems, in: HdbDStR I, S. 503 ff. (506); *L. Gebhard*, Handkommentar zur Verfassung des Deutschen Reiches, 3. Aufl. 1932, Art. 53 Anm. 3 c; a. A. *Anschütz*, WRV, Art. 53 Anm. 1, 5.
[3] Vgl. *M. Oldiges*, in: Sachs, GG, Art. 64 Rn. 6.
[4] Diese Auffassung bringt die folgende Äußerung des Abg. *Dr. Dehler*, der dem Allgemeinen Redaktionsausschuß angehörte und dem Hauptausschuß in dessen dritter Sitzung am 16. 11. 1948 den damaligen Art. 89 der Entwurfsfassung des Redaktionsausschusses erläuterte, »auf den Punkt«: »wir (scil. der Redaktionsausschuß) sind der Meinung, daß der Bundeskanzler sich die Leute seines Vertrauens holt. Der Bundeskanzler allein ist ja dem Bundestag verantwortlich. Es ist seine Sache, sich seine Mitarbeiter zu holen. Es ist auch seine Sache, einen Bundesminister wegzuschicken, wenn er einen besseren findet. (...) Er soll jederzeit einen Minister durch einen besseren ersetzen können.« (Sten. Prot. der dritten Sitzung des Hauptausschusses vom 16. 11. 1948, S. 32 f.).

vum in der deutschen Verfassungsgeschichte darstellt[5], war bereits in Art. 92 HChE vorgesehen. Den Sinn der Vereidigung sah man im Parlamentarischen Rat wohl vor allem in dem Wert des Symbols, die als solche nicht unmittelbar durch Volkswahl legitimierten Träger der Regierungsämter vor dem Parlament auf das Wohl des Volkes zu verpflichten[6]. Art. 64 GG ist bislang unverändert geblieben.

B. Internationale, supranationale und rechtsvergleichende Bezüge

3   Im internationalen Vergleich unterscheidet sich das Grundgesetz mit der herausgehobenen Position des Bundeskanzlers, deren Ausdruck auch und vor allem das ihm in Art. 64 I GG allein zugewiesene Kabinettsbildungsrecht ist, deutlich von dem **präsidentiell ausgerichteten System der V. französischen Republik**. Dort fällt die Ernennung der Minister in die Zuständigkeit des Präsidenten (Art. 8 S. 3 der Französischen Verfassung). Zwar werden die Kandidaten dem Präsidenten vom Premierminister vorgeschlagen, ohne daß dem Präsidenten ein eigenes Recht zur Benennung von Kandidaten für Ministerämter zukommt. Er ist aber befugt, die Kandidaten des Premierministers abzulehnen[7], und in der Staatspraxis hat die weitreichende politische Abhängigkeit des Premierministers vom Präsidenten dazu geführt, daß dieser de facto in großem Umfang Einfluß auf die Besetzung der Ministerposten ausübt[8]. Der Regelung des Art. 64 GG demgegenüber eher vergleichbar, betrachtet das **britische Verfassungsrecht** die Zusammenstellung des »cabinet« als eine ausschließliche Befugnis des Premierministers, der hierbei über einen nur durch politische Überlegungen und Zweckmäßigkeiten beschränkten Entscheidungsspielraum verfügt[9]. Der Krone steht ein echtes verfassungsrechtliches Mitbestimmungsrecht nicht zu.

4   Die Verfassungen der **Bundesländer** weichen zum Teil erheblich von Art. 64 GG ab. Eine Reihe von Länderverfassungen verlangen anders als Art. 64 I GG zur Ernennung der Minister bzw. zur Geschäftsaufnahme der Regierung ein positives Votum des Parlaments[10]. Die Verfassungen Baden-Württembergs und Bayerns weisen darüber hinaus noch deutlichere Unterschiede zu Art. 64 GG auf, die eine echte Mitwirkungsmöglichkeit des Parlaments an der Regierungsorganisation betreffen: Während die bayerische Verfassung in Art. 43 II die Zahl der Regierungsmitglieder nach oben begrenzt und die Bestimmung der Zahl und der Abgrenzung der Geschäftsbereiche durch den Ministerpräsidenten an eine Bestätigung durch entsprechenden Beschluß des Landtages bindet (Art. 49 S. 2), beschließt in Baden-Württemberg die Landesre-

---

[5] Vgl. den Hinweis von *H.-P. Schneider*, in: AK-GG, Art. 64 Rn. 1.

[6] In diesem Sinne etwa der Abg. *Schönfelder* in der dritten Sitzung des Hauptausschusses vom 16.11.1948 (Sten. Prot., S. 36). Der im Parlamentarischen Rat zur Sprache gekommene Einwand, man solle mit der Verwendung inhaltlich wenig aussagekräftiger Eidesformeln vorsichtig umgehen – so etwa der Abg. *Dr. Dehler* in der dritten Sitzung des Hauptausschusses am 16.11.1948 (Sten. Prot., S. 36) – setzte sich demgegenüber nicht durch.

[7] *R. Grote*, Das Regierungssystem der V. Französischen Republik, 1995, S. 249.

[8] *Grote*, Regierungssystem (Fn. 7), S. 249.

[9] *K. Loewenstein*, Staatsrecht und Staatspraxis von Grossbritannien, 1967, S. 408f.

[10] Dies sind die Verfassungen von Baden-Württemberg (Art. 46 III, IV), Bayern (Art. 45), Niedersachsen (Art. 29 III), Rheinland-Pfalz (Art. 98 II 2) sowie die Verfassung des Saarlandes (Art. 89 I 2); vgl. die Übersicht bei *M. Herdegen*, Strukturen und Institute des Verfassungsrechts der Länder, in: HStR IV, § 97 Rn. 25.

gierung »unbeschadet des Gesetzgebungsrechts des Landtages« über die Geschäftsbereiche ihrer Mitglieder (Art. 45 III), womit ein Zugriffsrecht des Parlaments auf die Geschäftsbereichsabgrenzung statuiert ist[11]. Wieder andere Länderverfassungen verlangen zur Geschäftsaufnahme der Regierung immerhin die Anzeige der Ministerliste an das Parlament[12].

C. Erläuterungen

I. Das Kabinettsbildungsrecht des Bundeskanzlers im parlamentarischen Regierungssystem des Grundgesetzes

An die in Art. 63 GG normierte erste Phase der **Regierungsbildung** – die Wahl und Ernennung des Bundeskanzlers – schließt sich als **zweite Phase** die Ernennung der Bundesminister an. Diese zweite Phase, mit deren Abschluß die Bundesregierung als Organ (→ Art. 62 Rn. 7ff.) erst konstituiert wird, ist Regelungsgegenstand des Art. 64 I GG. Neben dieser Regierungsneubildung hat Art. 64 I GG auch Bedeutung für Regierungsumbildungen und für die Entlassung von Ministern[13]. Die zentrale Aussage dieser Vorschrift liegt darin, daß für die Ernennung der Minister **keine Wahl oder Bestätigung durch den Bundestag** erforderlich ist, daß also der Bundestag an der Berufung der Bundesminister formell nicht beteiligt ist. Das »**materielle Kabinettsbildungsrecht**« liegt **allein beim Bundeskanzler**[14]. Das Kabinett wird deshalb – in Abgrenzung von einem parlamentarischen Kabinett – als »Kabinett des Bundeskanzlers«[15] bezeichnet. Hier liegt eine der wichtigsten verfassungsrechtlichen Gründe für die mit dem Schlagwort der »Kanzlerdemokratie« bezeichnete herausgehobene Stellung des Bundeskanzlers[16].

5

Eine »**Abwendung vom parlamentarischen System**«[17] kann darin nur sehen, wer die über den Kanzler vermittelte Abhängigkeit der Minister von der Zustimmung des Parlaments und die parlamentarische Verantwortlichkeit der Minister (→ Art. 65 Rn. 40) nicht ausreichend berücksichtigt[18]. Die »mittelbare« Zustimmung der Volksvertretung zu den Personalentscheidungen des Bundeskanzlers erfährt ihre praktische Umsetzung regelmäßig durch die politischen Bindungen aus Koalitionsvereinba-

6

---

[11] Allerdings hat der baden-württembergische Landtag von diesem Recht keinen Gebrauch gemacht. Die Ressorteinteilung der Landesregierung ergibt sich aus der Bekanntmachung der Landesregierung über die Abgrenzung der Geschäftsbereiche der Ministerien (i.d.F. v. 25. 7. 1992, GBl. S. 621, zuletzt geändert durch Anordnung vom 18. 6. 1996, GBl. S. 490.).
[12] Dies ist in Hessen (Art. 101 II 2 HessVerf.), Nordrhein-Westfalen (Art. 52 III 2 Nordrh.-Westf.-Verf.) und Mecklenburg-Vorpommern (Art. 43 S. 2 Meckl.-VorpVerf.) der Fall.
[13] Vgl. die Übersicht bei *Oldiges* (Fn. 3), Art. 64 Rn. 2.
[14] Zum Begriff *E.-W. Böckenförde*, Die Organisationsgewalt im Bereich der Regierung, 1964, S. 139f.
[15] *R. Herzog*, in: Maunz/Dürig, GG, Art. 64 (1983), Rn. 16; *Oldiges* (Fn. 3), Art. 64 Rn. 9.
[16] *Hesse*, Verfassungsrecht, Rn. 641; *Oldiges* (Fn. 3), Art. 64 Rn. 8 m. w. N.
[17] So *F. Münch*, Die Bundesregierung, 1954, S. 159ff.
[18] Auch *Böckenförde*, Organisationsgewalt (Fn. 14), S. 146, geht zu Recht davon aus, daß die Prärogativstellung des Bundeskanzlers nach dem Grundgesetz die für das parlamentarische Regierungssystem kennzeichnende parlamentarische Verantwortlichkeit der Minister modifiziert, nicht aber aufhebt. *Oldiges* (Fn. 3), Art. 64 Rn. 8, spricht ebenfalls nur von einer »Abweichung vom Modell eines streng parlamentarischen Regierungssystems«.

Art. 64

rungen (→ Art. 63 Rn. 14f.), denen der Bundeskanzler unterworfen ist[19]. Die vielfachen Rücksichten vor allem auf Gruppierungen innerhalb der regierungstragenden Fraktionen, die der Kanzler bei der Auswahl der Minister zu nehmen hat, sind Ausdruck dafür, daß mit der Kanzlerwahl nicht die Regierung vom Parlament abgenabelt wird[20].

7 Mit dem materiellen Kabinettsbildungsrecht des Bundeskanzlers hängt die der Auswahl der Minister vorausliegende Entscheidung über die **Organisationsstruktur der Regierung** (Zahl und Zuschnitt der Ressorts etc.; → Rn. 8) eng zusammen. Die Frage, wer diese Vorentscheidung zu treffen hat, ist im Grundgesetz nicht ausdrücklich beantwortet. Deshalb ist nachfolgend (→ Rn. 8ff.) zunächst diese Frage nach dem oder den Trägern der Organisationsgewalt zu erörtern, bevor die Einzelheiten der Personalgewalt (→ Rn. 24ff.) erläutert werden.

II. Die Organisationskompetenz des Bundeskanzlers

8 Vor oder gleichzeitig mit der Auswahl der Personen, die ein Ministeramt übernehmen sollen, müssen eine Reihe von Vorentscheidungen bereits getroffen sein: über die **Zahl der** zur Ernennung vorgeschlagenen **Minister**[21], den **Zuschnitt und die Abgrenzung der** ihnen zugewiesenen **Geschäftsbereiche**, über die Existenz von Ministern ohne Geschäftsbereich oder solche für Sonderaufgaben (→ Art. 62 Rn. 20)[22]. Nach § 2 III BMinG soll bei dem Ernennungsvorschlag das Ressort bereits angegeben werden, dem der Benannte vorstehen soll, da die vom Bundespräsidenten auszufertigende Ernennungsurkunde hierüber Angaben enthalten soll. Auch in der Praxis hat die Ressorteinteilung Vorrang vor Personalentscheidungen[23].

9 Die Befugnisse zur Entscheidung über diese Fragen werden regelmäßig unter dem Begriff der **Organisationsgewalt** zusammengefaßt[24]. Allerdings stellt die Entscheidung über die grundsätzliche Organisationsstruktur[25] der Bundesregierung, die die Errichtung, Kompetenzzuweisung und -abgrenzung von Ministerämtern zum Inhalt hat[26] (**gouvernementale Organisationsgewalt**[27]), lediglich einen Ausschnitt aus der umfassender verstandenen Organisationsgewalt dar. Unter dieser **Organisationsgewalt im weiteren Sinne** werden die Befugnisse zusammengefaßt, öffentliche Funktionsträger bzw. Handlungseinheiten zu schaffen, zu verändern und zusammenzuordnen und über ihre Aufgaben sowie ihre innere Gliederung und den Geschäftsgang zu

---

[19] Vgl. *M. Schröder*, Bildung, Bestand und parlamentarische Verantwortung der Bundesregierung, in: HStR II, § 51 Rn. 31.
[20] So zutreffend *H. Meyer*, Das parlamentarische Regierungssystem des Grundgesetzes, VVDStRL 33 (1975), S. 69ff. (86); auf die besondere Rolle der parlamentarischen Staatssekretäre, die die »Manövriermasse« vergrößern, weist *H.-U. Derlien*, VerwArch. 87 (1996), 548 (573), hin.
[21] *Schröder* (Fn. 19), § 51 Rn. 26.
[22] Über den Ressortzuschnitt der Bundesregierung zwischen 1949 und 1994 informiert *H.-U. Derlien*, VerwArch. 87 (1996), 548 (554ff.).
[23] *Schröder* (Fn. 19), § 51 Rn. 26.
[24] Grundlegend *Böckenförde*, Organisationsgewalt (Fn. 14); aus neuerer Zeit vgl. *H. Butzer*, Die Verwaltung 27 (1991), 157ff.; *I. Chotjewitz*, Die Organisationsgewalt nach den Verfassungen der deutschen Bundesländer, 1995.
[25] *Herzog* (Fn. 15), Art. 64 Rn. 2ff.
[26] *Schröder* (Fn. 19), § 51 Rn. 27; *Oldiges* (Fn. 3), Art. 64 Rn. 22.
[27] So *Oldiges* (Fn. 3), Art. 64 Rn. 24.

entscheiden²⁸. Hierher wird insbesondere auch die Befugnis zum Erlaß von allgemeinen Verwaltungsvorschriften für die Ausführung der Bundesgesetze in unmittelbarer oder mittelbarer Bundesverwaltung sowie zur Errichtung neuer Bundesbehörden gezählt²⁹.

1. Der Regelungsbereich des Art. 64 I GG

Soweit sich Art. 64 I GG wegen des engen Zusammenhanges zwischen der personellen und organisatorischen Kabinettsbildung Aussagen zur Organisationsgewalt entnehmen lassen, können sich diese **nur** auf **die gouvernementale Organisationsgewalt** (→ Rn. 9) beziehen. Soweit die Organisationsgewalt i.w.S. darüber hinausgehend auch die Organisation und das Verfahren der Bundesbehörden zum Gegenstand hat, ergeben sich die verfassungsrechtlichen Vorgaben aus den Vorschriften des VIII. Abschnitts. 10

Umstritten ist dieses grundsätzliche Verhältnis allerdings im Hinblick auf **Art. 86 S. 2 GG**, der für den Bereich der bundeseigenen Verwaltung die Bundesregierung für zuständig erklärt, die **Einrichtung der Behörden** zu regeln, soweit das Gesetz nichts anderes bestimmt. Aus der Entstehungsgeschichte dieser Norm wird abgeleitet, daß sie sich auf die Organisation der Bundesregierung insgesamt und nicht nur auf nachgeordnete Behörden bezieht³⁰. Folglich sei die Organisationsgewalt im Bunde als Ganze durch Art. 86 S. 2 GG geregelt. Ihr Träger sei die Bundesregierung als Gesamtorgan³¹ (→ Art. 62 Rn. 11). Dagegen ist mit der h.M. davon auszugehen, daß diese Norm auf die »Exekutive« bezogen ist, der sich der Ministerialbereich nur bedingt zuordnen läßt³². Art. 86 GG äußert sich nur zur Ausführung von Bundesgesetzen durch bundeseigene Verwaltung³³. Auch die Entstehungsgeschichte vermag dieses Auslegungsergebnis nicht zu erschüttern³⁴. 11

Wenn also Art. 64 I GG grundsätzlich für die Begründung gouvernementaler Organisationsbefugnisse des Bundeskanzlers herangezogen werden kann, so ist doch die 12

---

²⁸ *Böckenförde*, Organisationsgewalt (Fn. 14), S. 38; ähnlich bereits *R. Maurenbrecher*, Grundsätze des heutigen deutschen Staatsrechts, 1837, § 185, S. 324; vgl. auch *K. v. Beyme*, Das politische System der Bundesrepublik Deutschland, 8. Aufl. 1996, S. 279; einen guten Überblick sowohl über die Hintergründe (Konstitutionalismus) als auch über das heute vorherrschende Verständnis gibt *H. Butzer*, Die Verwaltung 27 (1991), 157 (158ff.).
²⁹ *Böckenförde*, Organisationsgewalt (Fn. 14), S. 35ff.; *Hesse*, Verfassungsrecht, Rn. 653.
³⁰ *Böckenförde*, Organisationsgewalt (Fn. 14), S. 133ff.
³¹ *Böckenförde*, Organisationsgewalt (Fn. 14), S. 137; gemeint ist damit, daß mit der Zuweisung an die Bundesregierung die Zuständigkeitsabgrenzung zwischen Bundeskanzler, Bundesministern und Kabinett entgegen dem herrschenden Verständnis (→ Art. 62 Rn. 11) noch nicht entschieden sei und nach Art. 64 und 65 GG beurteilt werden müsse.
³² *M. Oldiges*, Die Bundesregierung als Kollegium, 1983, S. 239f. m.w.N.
³³ Entgegen Jarass/*Pieroth*, GG, Art. 64 GG Rn. 2, betrachtet die h.M. Art. 64 GG nicht als lex specialis zu Art. 86 Satz 2 GG, sondern verneint bereits die Überschneidung der Anwendungsbereiche beider Vorschriften. *W.-R. Schenke*, in: BK, Art. 64 (Zweitb. 1980), Rn. 43, meint ohne nähere Begründung, die Organisationsgewalt im Regierungssektor falle nicht unter Art. 86 GG. *H. Meyer*, Die Stellung der Parlamente in der Verfassungsordnung des Grundgesetzes, in: Schneider/Zeh, § 4 Rn. 58 mit Anm. 97, führt zur Begründung hierfür an, daß Art. 86 GG nach Wortlaut und Systematik nur die Ausführung von Bundesgesetzen betreffe.
³⁴ Vgl. dazu *H. Meyer*, Aufgaben und Stellung des Bundesministeriums der Justiz nach dem Auftrag des Grundgesetzes, in: Bundesministerium der Justiz (Hrsg.), Vom Reichsjustizamt zum Bundesministerium der Justiz, 1977, S. 443ff. (448).

Art. 64 C. Erläuterungen

begrenzte Reichweite dieser Norm im Auge zu behalten[35]. So ergeben sich aus anderen Normen des VI. Abschnitts eine Reihe von Bindungen (→ Rn. 13). Auch lassen sich aus Art. 64 I GG keine klaren Antworten auf die Frage nach der Verteilung der Organisationsbefugnisse zwischen Kanzler und Kabinett gewinnen (→ Rn. 15 ff.). Schließlich läßt diese Norm die Frage weitgehend unbeantwortet, ob und ggf. in welcher Intensität durch Gesetz Vorgaben für die Organisation der Bundesregierung gemacht werden dürfen oder sogar müsssen (→ Rn. 18 ff.).

2. Verfassungsrechtliche Vorgaben

13 Unabhängig davon, wie die Entscheidungsbefugnisse über die organisatorische Struktur der Bundesregierung zwischen Parlament und Regierung einerseits[36] und innerhalb der Regierung andererseits verteilt sind, ergeben sich aus der Verfassung selbst eine Reihe von Festlegungen, die die Reichweite der Organisationsgewalt einschränken. Einen ersten Anhaltspunkt gibt **Art. 62 GG**, der die Existenz mehrer Ministerämter vorschreibt, für deren Anzahl die Arbeitsfähigkeit der Regierung einen äußersten Rahmen setzt[37] (→ Art. 62 Rn. 12). Aus **Art. 69 I GG** folgt, daß es einen Stellvertreter des Bundeskanzlers geben muß. Die Ämter des Bundesministers der Finanzen, der Justiz und der Verteidigung sind in unterschiedlichen Verfassungsbestimmungen ausdrücklich vorgeschrieben (→ Art. 62 Rn. 12). Darüber hinaus wird die Auffassung vertreten, daß sich aus dieser verfassungsrechtlich normierten Sonderstellung bestimmter Ministerämter Inkompatibilitäten innerhalb der Bundesregierung ableiten lassen[38]. Die dieser Auffassung zugrundeliegende Befürchtung, durch die Verbindung bestimmter Regierungsämter in Personal- oder Realunion werde es zu einem Machtzuwachs der jeweiligen Funktionsträger kommen, ist allerdings unbegründet[39]. Aus **Art. 65 GG** folgt schließlich, daß ministerielle Planungs-, Koordinations- und sonstige Querschnittsaufgaben nur begrenzt möglich[40] sind und daß »Koordinationsministerien« im Verhältnis zu anderen Ministern jedenfalls nicht über Weisungs- und Entscheidungsbefugnisse verfügen dürfen[41].

---

[35] Vgl. in diesem Zusammenhang auch den bedenkenswerten Vorschlag von *H. Butzer*, Die Verwaltung 27 (1991), 157 (170), den Begriff der »Organisationsgewalt« ganz »aus dem Arsenal juristischer Topoi zu streichen«.

[36] Dazu, daß dem Bundespräsidenten in diesem Zusammenhang keine Befugnisse zustehen: → Rn. 14.

[37] *Oldiges* (Fn. 3), Art. 64 Rn. 26.

[38] Sehr weitgehend *W. Plaum*, DVBl. 1958, 452 ff.; insgesamt zurückhaltender *H. Beyer*, Die Unvereinbarkeit von Ämtern innerhalb der Bundesregierung, 1976, S. 237 ff.; *N. Achterberg*, Innere Ordnung der Bundesregierung, in: HStR II, § 52 Rn. 45 (Finanzressort und anderes Ministeramt), 40 (Pflichtressorts). Weitere Nachweise bei *Schenke* (Fn. 33), Art. 64 Rn. 56.

[39] So auch *Schenke* (Fn. 33), Art. 64 Rn. 57. Die Verbindung solcher Ministerämter mit anderen Ministerämtern oder dem Amt des Bundeskanzlers führt im Hinblick auf die kollegiale Struktur des Kabinetts nicht zu einem verfassungsrechtlich unzulässigen Machtzuwachs, da mit einer solchen Verbindung zutreffender Ansicht zufolge – *Schenke* (Fn. 33), Art. 64 Rn. 56 m.w.N.; a.A. *W. Plaum*, DVBl. 1958, 452 ff. – keine entsprechende Vervielfachung der Stimme im Bundeskabinett einhergeht.

[40] *Oldiges* (Fn. 3), Art. 64 Rn. 25; Einzelheiten bei *Schenke* (Fn. 33), Art. 64 Rn. 51.

[41] *Schröder* (Fn. 19), § 51 Rn. 28.

3. Keine Mitwirkung des Bundespräsidenten

Nahezu ausnahmslose[42] Übereinstimmung herrscht darüber, daß dem Bundespräsidenten **Mitwirkungsbefugnisse** an den Organisationsentscheidungen im Regierungsbereich **nicht zustehen**[43]. Dies folgt bereits daraus, daß dem Bundespräsidenten bei der Ernennung der Bundesminister keine politischen Entscheidungsbefugnisse zustehen (→ Rn. 27). Gleiches gilt für die mit der Personalkompetenz in Zusammenhang stehenden Organisationsfragen.

4. Verteilung der Organisationsgewalt zwischen Bundeskanzler und Kabinett

Im Verhältnis zwischen Bundeskanzler und Kabinett ist die gouvernementale Organisationsgewalt **dem Bundeskanzler zuzuordnen**[44]. Wenn er über die Personen zu befinden hat, die die Bundesregierung bilden sollen, so muß er auch die Zahl und den groben Zuschnitt der betreffenden Ämter regeln können[45]. Der Bundesregierung als Kollegium kann diese Entscheidung schon deshalb nicht zufallen, weil sie bereits vor der Ernennung der Minister zu treffen ist[46] – zu einem Zeitpunkt also, zu dem sich das Kabinett noch gar nicht konstituiert hat[47]. Art. 64 I GG setzt also implizit die organisatorische Regierungsbildungskompetenz des Bundeskanzlers voraus[48]. Daneben wird zur Begründung auch auf seine Richtlinienkompetenz und seine Geschäftsleitungsbefugnis nach Art. 65 GG hingewiesen[49].

Soweit § 9 Satz 1 GOBReg dem Bundeskanzler die Befugnis zuweist, die Geschäftsbereiche der einzelnen Bundesminister »in den Grundzügen« festzulegen, wird also nur wiederholt, was sich ohnehin aus der Verfassung ergibt[50]. Der Bundeskanzler kann darüber hinaus aber auch die »**Feinabgrenzung**« vornehmen[51]. Von dieser Möglichkeit wird auch in der Praxis durch Organisationserlasse Gebrauch gemacht[52]. Diese Befugnis ist nicht vom Kabinett auf den Bundeskanzler delegiert und steht insoweit auch nicht zur Disposition der Bundesregierung als Kollegium[53]. Einschränkungen

---

[42] Abweichend *Münch*, Bundesregierung (Fn. 17), S. 162, 195, 198.
[43] Wer – wie *Böckenförde*, Organisationsgewalt (Fn. 14), S. 142 – die Organisationsbefugnis des Bundeskanzlers als eine aus der Organisationsgewalt der Gesamtregierung nach Art. 86 Satz 2 GG hergeleitete ansieht, kommt bereits auf der Grundlage dieser Norm zu dem Ergebnis, daß die Mitwirkung des Bundespräsidenten sich nicht auf die organisatorische Kabinettsbildung bezieht.
[44] Ganz h.M.; vgl. etwa *Oldiges* (Fn. 3), Art. 64 Rn. 24 m.w.N.
[45] Repräsentativ *K.-U. Meyn*, in: v. Münch/Kunig, GG II, Art. 64 Rn. 11.
[46] Wenn nach § 2 III BMinG in der Ernennungsurkunde für die Bundesminister der übertragene Geschäftszweig angegeben sein soll, so wird dabei die vorausgehende Entscheidung vorausgesetzt; vgl. *Meyn* (Fn. 45), Art. 64 Rn. 11.
[47] Allg. Meinung; *Herzog* (Fn. 15), Art. 64 Rn. 3; *Oldiges* (Fn. 3), Art. 64 Rn. 24; *Schenke* (Fn. 33), Art. 64 Rn. 42; *Böckenförde*, Organisationsgewalt (Fn. 14), S. 140.
[48] Jarass/*Pieroth*, GG, Art. 64 Rn. 2; *Oldiges* (Fn. 3), Art. 64 Rn. 24; *Schenke* (Fn. 33), Art. 64 Rn. 40 m.w.N.; *Herzog* (Fn. 15), Art. 64 Rn. 3; *Schröder* (Fn. 19), § 51 Rn. 26.
[49] *Oldiges* (Fn. 3), Art. 64 Rn. 24; *Schenke* (Fn. 33), Art. 64 Rn. 41; *Schröder* (Fn. 19), § 51 Rn. 27.
[50] *Oldiges*, Bundesregierung (Fn. 32), S. 249 m.w.N.
[51] *Herzog* (Fn. 15), Art. 64 Rn. 3.
[52] Vgl. etwa den Organisationserlaß des Bundeskanzlers vom 24.1.1991, bekanntgemacht im BGBl. I S. 530; über die Organisationserlasse zwischen 1949 und 1987 informieren *G. Lehnguth/K. Vogelsang*, AöR 113 (1988), 531 (536 ff.); vgl. auch *H.-U. Derlien*, VerwArch. 87 (1996), 548 ff.
[53] A.A. *Meyer* (Fn. 33), § 4 Rn. 57: Diese Befugnis sei von Verfassungs wegen nicht exklusiv dem Bundeskanzler zugewiesen, weswegen es sich – soweit ein Gesetz keine Vorgabe mache – um eine Materie handele, die die Geschäftsordnung regeln darf.

oder Änderungen der Organisationsbefugnis des Bundeskanzlers durch die Geschäftsordnung der Bundesregierung sind deshalb unzulässig[54]. Wenn auch der Bundeskanzler nicht gehindert ist, etwa im Falle einer Regierungsumbildung die neue Abgrenzung der Ressorts dem Kabinett nach § 15 GOBReg vorzulegen, so bleibt es nach den allgemeinen Regeln über die Unverzichtbarkeit und die Nichtübertragbarkeit staatsorganisationsrechtlicher Befugnisse[55] doch letztlich bei seiner alleinigen Zuständigkeit und Verantwortlichkeit für die Regierungsorganisation[56].

17 Eine Reihe von **Organisationsbefugnissen** liegen jedoch auch **beim Kabinett** oder den **einzelnen Ministern**. Das Kabinett ist befugt, zur Vorbereitung von Kollegialentscheidungen oder zur Koordination von Ressortentscheidungen **Kabinettsausschüsse** einzusetzen[57]. Hierbei handelt es sich um eine Kompetenz des Kollegialorgans. Die Einrichtung derartiger ressortübergreifender und mit Beamten unterschiedlicher Ministerien besetzter Ausschüsse entspricht einer sachlichen Notwendigkeit, weil die verfassungsrechtlich vorgegebene Ressortierung nur eingeschränkt in der Lage ist, sachliche Gegebenheiten und Zusammenhänge bestimmter Aufgabenbereiche stets sachgerecht zu berücksichtigen[58]. Allerdings ist dabei der Grundsatz der Ressortfreiheit des Kabinetts[59] zu beachten. Er verbietet es dem Kabinett, sich durch solche Ausschüsse mit einer Art Unterbau zu versehen, der es ermöglicht, Kabinettsagenden in eigener Regie und ohne Rücksicht auf das federführende Ressort allein vorzubereiten[60]. Eine weitere Einschränkung ergibt sich aus dem numerus clausus der nach dem Grundgesetz für Regierungsentscheidungen zuständigen Organe, weshalb ein solcher Ausschuß nicht mit eigenen Entscheidungsbefugnissen ausgestattet werden darf[61]. Die **Binnenorganisation der Ressorts** ist schließlich auf der Grundlage des Art. 65 Satz 2 GG Sache des jeweiligen Ministers (→ Art. 65 Rn. 28 ff.).

5. Verteilung der Organisationsgewalt zwischen Regierung und Parlament

18 Mit der aus Art. 64 I GG folgenden Organisationskompetenz des Bundeskanzlers im Verhältnis zum Kabinett (→ Rn. 15 ff.) ist noch keine Antwort auf die Frage gewonnen, ob und inwieweit **durch Gesetz Vorgaben für die Zahl und den Zuschnitt der Ressorts** gemacht werden dürfen oder müssen. Eine solche gesetzliche Vorgabe würde nämlich

---

[54] *Böckenförde*, Organisationsgewalt (Fn. 14), S. 141.
[55] S. hierzu *R. Stettner*, Grundfragen einer Kompetenzlehre, 1983, S. 64 ff., 440 (mit These 8).
[56] Anders *Böckenförde*, Organisationsgewalt (Fn. 14), S. 142, auf der Grundlage seiner Auffassung, daß die Organisationsgewalt durch Art. 86 Satz 2 GG der Bundesregierung als Gesamtorgan (→ Art. 62 Rn. 11) zugewiesen sei. Anders auch *Oldiges*, Bundesregierung (Fn. 32), S. 249 f.: Die organisatorischen Befugnisse des Bundeskanzlers hätten lediglich »virtuellen Charakter«, weil der Bundeskanzler – zumindest bei Regierungsumbildungen – die Sache jeweils gem. § 15 GOBReg dem Kabinett zur Entscheidung vorlegen könne.
[57] Eingehend hierzu *H. Prior*, Die interministeriellen Ausschüsse der Bundesministerien, 1968; *A. Morkel*, Kabinettsausschüsse als Instrumente interministerieller Koordination, 1973; *M. Lepper*, Die Rolle und Effektivität der interministeriellen Ausschüsse für Koordination und Regierungspolitik, in: H. Siedentopf (Hrsg.), Regierungspolitik und Koordination, 1974, S. 433 ff.; außerdem *Herzog* (Fn. 15), Art. 64 Rn. 39 f.; ferner *V. Busse*, DVBl. 1993, 413 ff.
[58] Insoweit wurde von *Prior*, Ausschüsse (Fn. 57), S. 85, zu Recht die These vertreten, daß sich ein interministerieller Koordinationsbedarf zwingend als Kehrseite der Ressortierung ergibt.
[59] *Oldiges* (Fn. 3), Art. 64 Rn. 27.
[60] *Oldiges*, Bundesregierung (Fn. 32), S. 246.
[61] Näher *Herzog* (Fn. 15), Art. 64 Rn. 42.

II. Die Organisationskompetenz des Bundeskanzlers — Art. 64

die in Art. 64 I GG dem Kanzler zugewiesene **eigentliche Personalauswahl unberührt lassen**[62]. Nur soweit es um die Verteilung der gouvernementalen Organisationsgewalt zwischen Bundeskanzler und Kabinett geht, vermag das dargelegte sachlogische Argument des Vorrangs einer Kanzlerentscheidung (→ Rn. 15) zu überzeugen. Die Selbstverständlichkeit, daß ein erst noch zu schaffendes Kollegialorgan nicht über seine eigenen Konstitutionsbedingungen entscheiden kann, trägt deshalb als Begründung für die Organisationsgewalt des Bundeskanzlers auch im Verhältnis zum parlamentarischen Gesetzgeber nicht[63]. Stattdessen ist danach zu fragen, ob sich neben den durch die Verfassung selbst getroffenen Vorgaben für die Organisationsstruktur der Bundesregierung (→ Rn. 13) dem Grundgesetz für bestimmte Organisationsentscheidungen entnehmen läßt, daß sie durch Gesetz getroffen werden müssen (→ Rn. 19 f.) oder zumindest durch Gesetz getroffen werden können (→ Rn. 21 ff.).

a) Organisationsrechtliche Gesetzesvorbehalte

Die Notwendigkeit eines Gesetzes über die organisatorische Struktur der Bundesregierung wird sich weder aus der Außenwirkung derartiger Regelungen als solcher[64] noch allein daraus begründen lassen, daß einzelne Bundesministerien als oberste Bundesbehörden zu Grundrechtseingriffen ermächtigt werden[65]. Die organisatorische Struktur der Bundesregierung als solche ist nicht notwendigerweise außenwirksam[66]. Die **grundrechtlichen Gesetzesvorbehalte** verlangen – abgesehen von den Fällen, bei denen spezielle organisations- und verfahrensrechtliche Grundrechtsgehalte besondere Vorkehrungen erfordern – nicht generell gesetzliche Organisationsregelungen über die Struktur der zu Grundrechtseingriffen ermächtigten obersten Behörden. Wegen des engen Zusammenhangs von materiellen, organisatorischen und Verfahrensregelungen werden aber immerhin Überlegungen angestellt, aus dem **allgemeinen Vorbehalt des Gesetzes** (→ Art. 20 [Rechtsstaat] Rn. 95 ff.) die Notwendigkeit eines Gesetzes über die Regierungsorganisation herzuleiten[67].

19

Ein über diese in ihrer Reichweite unsicheren Vorbehalte hinausgehender allgemeiner **organisationsrechtlicher Gesetzesvorbehalt** besteht nach überwiegender Auffassung nicht (→ Art. 20 [Rechtsstaat] Rn. 112 ff.). Er ist unter demokratischen Aspekten auch entbehrlich, weil der Bundestag durch seine Entscheidung über den Bundeshaushalt an allen ausgabenwirksamen Organisationsentscheidungen im Bereich der

20

---

[62] *Meyer* (Fn. 33), § 4 Rn. 57.
[63] Daran leidet die häufig anzutreffende Argumentation der h.M. – vgl. z.B. *Oldiges* (Fn. 3), Art. 64 Rn. 29; repräsentativ auch *T. Brandner/D. Uwer*, DÖV 1993, 107 (109 f.) –, wenn sie die Organisationsgewalt des Bundeskanzlers zunächst mit der oben (→ Rn. 15) wiedergegebenen Argumentation begründet und sie anschließend ohne zusätzliche Begründung auch im Verhältnis zum Gesetzgeber dem Bundeskanzler oder der Regierung insgesamt zuweist.
[64] So aber *H. Kalkbrenner*, DVBl. 1964, 849 ff.
[65] So aber *H.-P. Schneider*, in: AK-GG, Art. 62 Rn. 8.
[66] Zutreffend *Schenke* (Fn. 33), Art. 64 Rn. 61.
[67] Vgl. *Meyer* (Fn. 33), § 4 Rn. 57; etwas anders (nämlich noch ohne Bezug zur »Wesentlichkeitstheorie«) *Böckenförde*, Organisationsgewalt (Fn. 14), S. 89 ff.; *Schenke* (Fn. 33), Art. 64 Rn. 62, verbindet den aus Art. 80 GG abgeleiteten Gedanken, daß Regelungen von Zuständigkeiten nur durch Parlamentsgesetz getroffen werden dürfen, mit dem Gedanken der engen Verzahnung von materiellem Recht und Zuständigkeit und gelangt so zu dem Ergebnis, daß jede auf Dauer angelegte Normierung im Staat-Bürger-Verhältnis einer parlamentsgesetzlichen Zuständigkeitsregelung bedarf; s. auch *Hesse*, Verfassungsrecht, Rn. 654.

Art. 64   C. Erläuterungen

Bundesregierung beteiligt ist[68]. Diesen Aspekt übersieht die ältere Literatur, die unter rechtsstaatlichen und demokratischen Aspekten einen solchen Vorbehalt befürwortete[69].

b) Das Zugriffsrecht der Legislative und seine Grenzen

21   Soweit keiner der genannten Vorbehalte eine gesetzliche Entscheidung über Fragen der Organisation und des Verfahrens im Bereich der Regierung erzwingt, liegt die Entscheidung über die Zweckmäßigkeit einer gesetzlichen Regelung bei den Gesetzgebungsorganen[70].

22   Umstritten sind die **Grenzen** dieses **legislativen Zugriffsrechts auf die Regierungsorganisation**. Nach einer verbreiteten Ansicht darf durch Gesetz nur die Grobstruktur der Bundesregierung gesetzlich geregelt werden[71]. Da bei jeder Regierungsbildung oder -veränderung »sachlich-politische, personal-politische, koalitions- und parteipolitische und auch allgemein integrationsmäßige Gesichtspunkte zugleich wirksam«[72] würden, müsse dem Bundeskanzler bei der Ausübung seines Kabinettsbildungsrechts aus Art. 64 I GG die notwendige organisatorische Flexibilität verbleiben. Durch eine gesetzliche Festlegung der Zahl der Ministerien und ihrer Zuständigkeiten werde deshalb in den **Kernbereich der Regierung** eingegriffen[73]. In diesem Sinne sei die Organisationsgewalt im engeren Bereich der Regierung »zugriffsfest«[74], stehe dem Zugriff des Gesetzgebers nur in engen Grenzen offen[75] oder sei in ihrem Kern »parlamentarisch-legislativ nicht verfügbar«[76]. Erlaubt sind danach – ebenso wie dies nach Art. 86 Satz 2 GG für Zugriffe auf die Befugnis der Bundesregierung zur Einrichtung der Behörden gelten soll[77] – **nur punktuelle gesetzliche Vorgaben** für die Regierungsorganisation[78]. Als zulässig angesehen werden insbesondere gesetzliche Kompetenzzuweisungen an bestimmte Ressorts[79]. Diese ziehen allerdings die Frage nach sich, wie die gesetzliche Zuweisung einer Zuständigkeit an ein bestimmtes Ressort mit ei-

---

[68] *Schneider* (Fn. 65), Art. 62 Rn. 8; ausführlich *G. Lehnguth*, DVBl. 1985, 1359 (1362 ff.).

[69] *A. Hamann*, NJW 1956, 1 ff.; *H. Kalkbrenner*, DVBl. 1964, 849 ff.; *H. Spanner*, DÖV 1958, 157 ff.; weitere Nachw. bei *H. Butzer*, Die Verwaltung 27 (1991), 157 (167 f.).

[70] Vgl. *Hesse*, Verfassungsrecht, Rn. 654; *Böckenförde*, Organisationsgewalt (Fn. 14), S. 286 (allerdings auf der Grundlage seiner Auffassung, Art. 86 S. 2 GG erfasse den Bereich der Regierungsorganisation).

[71] *Schenke* (Fn. 33), Art. 64 Rn. 64 ff. m. w. N.

[72] *J. Amphoux*, Le Chancelier Fédéral de Régime Constitutionnel de la République Fédérale d'Allemagne, 1962, S. 312, zit. nach *Schenke* (Fn. 33), Art. 64 Rn. 64.

[73] *Schenke* (Fn. 33), Art. 64 Rn. 64.

[74] *Böckenförde*, Organisationsgewalt (Fn. 14), S. 286 ff.; *M. Schröder*, Aufgaben der Bundesregierung, in: HStR II, § 50 Rn. 12 m. w. N. aus neuerer Zeit.

[75] *Schröder* (Fn. 19), § 51 Rn. 27.

[76] *Oldiges* (Fn. 3), Art. 64 Rn. 29 m. w. N.; nach *Böckenförde*, Organisationsgewalt (Fn. 14), S. 107, 286 ff., darf die der Bundesregierung zugewiesene Kompetenz nicht völlig entleert oder ausgehöhlt werden; zulässig seien deshalb nur einzelne Zugriffe des Parlaments, nicht aber dürfe der Bundestag die Regierungsorganisation völlig an sich ziehen.

[77] So im Anschluß an *Schenke* (Fn. 33), Art. 64 Rn. 42 f., 59 ff.; *Herzog* (Fn. 15), Art. 64 Rn. 3 mit Anm. 1a. Zu Art. 86 GG s. in diesem Sinne etwa *M. Sachs*, in: Sachs, GG, Art. 86 Rn. 40.

[78] *Herzog* (Fn. 15), Art. 64 Rn. 3 Anm. 1a.

[79] *M. Oldiges*, in: Sachs, GG, Art. 62 Rn. 32; *ders.* (Fn. 3), Art. 64 Rn. 29 m. w. N.

ner später abweichenden Organisationsentscheidung des Bundeskanzlers harmonisiert werden kann[80].

Die aus Art. 64 I GG abgeleitete Vorstellung, die Regierungsorganisation gehöre zum »Hausgut« oder »**Kernbereich**« des Kanzlers, sieht sich allerdings beachtlichen **Bedenken** ausgesetzt. Träfe das Argument notwendiger Flexibilität des Regierungschefs zu, so wäre das Kabinettsbildungsrecht des Bayerischen Ministerpräsidenten bereits durch die Landesverfassung[81] selbst ausgehöhlt[82]. Im übrigen wäre der Bundestag in der Lage, durch die Ausübung seines – nach allgemeiner Auffassung durch Art. 64 I GG nicht beschränkten – Budgetrechts einem vom Bundeskanzler geschaffenen Ministeramt die erforderlichen Mittel zu verweigern[83]. Deshalb hindert Art. 64 I GG den Gesetzgeber nicht, die Grobstruktur[84] der Bundesregierung[85] oder sogar die Zahl der Ministerien und ihre Aufgabengebiete festzulegen[86]. 23

III. Die Personalkompetenz des Bundeskanzlers

Die dem Bundeskanzler durch Art. 64 I GG zugewiesene Befugnis zur Auswahl der Minister wird als **materielles Kabinettsbildungsrecht**[87] bezeichnet. Der Wortlaut des Art. 64 I GG, nach dem dem Bundeskanzler nur das Vorschlagsrecht zuzukommen und die eigentliche Entscheidung beim Bundespräsidenten zu liegen scheint, bringt den Gehalt dieses Rechtes nur unvollkommen zum Ausdruck. Da der Bundespräsident aber ohne einen Vorschlag des Bundeskanzlers eine Ernennung nicht vornehmen kann und ihm auch bei der Prüfung des Vorschlags allenfalls ein eng begrenztes Prüfungsrecht zusteht (→ Rn. 27), bedeutet das Vorschlagsrecht des Bundeskanzlers – 24

---

[80] Vgl. dazu das Gesetz zur Anpassung gesetzlich festgelegter Zuständigkeiten an die Neuabgrenzung der Geschäftsbereiche von Bundesministern (Zuständigkeitsanpassungs-Gesetz) vom 18.3. 1975 (BGBl. I S. 705); zu dessen verfassungsrechtlichen Problemen (Änderung von gesetzlichen Verordnungsermächtigungen durch Rechtsverordnung) vgl. T. Brandner/D. Uwer, DÖV 1993, 107 (109ff.).
[81] Art. 49 Satz 2 BayVerf. macht Zahl und Ressortbereich der Ministerien von der Zustimmung des Landtages abhängig (→ Rn. 4).
[82] Dazu Meyer (Fn. 33), § 4 Rn. 57, der außerdem auf Baden-Württemberg verweist, wo immerhin ein Zugriffsrecht des Landtages auf die Geschäftsbereichsabgrenzung der Landesregierung besteht (Art. 45 III Bad.-WürttVerf.; → Rn. 4).
[83] Meyer (Fn. 33), § 4 Rn. 57, der darin eine zumindest faktische Limitierung des angeblichen Exklusivrechts des Kanzlers sieht und auch die Argumente aus Art. 65 GG zurückweist; vgl. auch J. Ipsen, Staatsrecht I, Rn. 362 ff.
[84] Meyer (Fn. 33), § 4 Rn. 57; Jarass/Pieroth, GG, Art. 64 Rn. 2.
[85] Beachtliche Argumente dafür, daß der Gesetzgeber von dieser Möglichkeit Gebrauch machen sollte, bei Meyer (Fn. 33), § 4 Rn. 58.
[86] So bereits E. Friesenhahn, Parlament und Regierung im modernen Staat, VVDStRL 16 (1958), S. 9 ff. (45 mit Anm. 103); Schneider (Fn. 5), Art. 64 Rn. 3, der allerdings unterscheidet zwischen »den Bundesministern«, deren Zahl nach Art. 64 I GG allein durch den Bundeskanzler zu bestimmen sei, und den »Ministerien als ›oberste Bundesbehörden‹«, auf deren Zahl und Zuschnitt der Gesetzgeber nach Art. 86 Satz 2 GG vollen Zugriff habe. Die Harmonisierung zwischen den widersprüchlichen Regelungen, denen die Ministerien in ihrer Doppelfunktion unterfallen (Art. 64 I GG mit Kompetenz des Kanzlers einerseits und Art. 86 Satz 2 GG mit vollem gesetzlichem Zugriffsrecht andererseits), gelingt Schneider aber nur, indem er die Regierungsbildungskompetenz des Kanzlers nur auf die Zahl der Minister bezieht und dem Kanzler das Recht einräumt, neben gesetzlich nicht vorgesehenen »Ministerien« weitere Minister ohne Geschäftsbereich vorzuschlagen und umgekehrt mehrere »Ministerien« einem »Minister« zuzuweisen.
[87] Böckenförde, Organisationsgewalt (Fn. 14), S. 139 f.

ganz anders als das Vorschlagsrecht des Bundespräsidenten nach Art. 63 I GG – das ausschließliche, nur durch die politischen Bindungen gegenüber der Regierungsmehrheit im Bundestag und durch die begrenzte Prüfungsbefugnis des Bundespräsidenten eingeschränkte Kabinettsbildungsrecht. Diese Personalkompetenz des Bundeskanzlers ermächtigt allerdings nur zur Auswahl der Minister, **nicht** der beamteten und der **Parlamentarischen Staatssekretäre**[88]. Wird das Ministeramt durch Entlassung beendet, so bedarf es einer Ernennung des Nachfolgers auch dann, wenn das Ministeramt von einer Person übernommen wird, die bereits ein anderes Ministeramt bekleidet und nun wechselt oder das frei gewordene Ministerium zusätzlich übernimmt[89]. Die Amtsübernahme eines Ministers setzt den Vorschlag des Bundeskanzlers, den Ernennungsakt des Bundespräsidenten sowie das Einverständnis des zu Ernennenden[90] voraus. Die Vereidigung (→ Rn. 31f.) gehört dagegen nicht zu den Voraussetzungen der Amtsübernahme[91].

1. Vorschlag des Bundeskanzlers

25   Der Vorschlag des Bundeskanzlers ist unabdingbare Voraussetzung für die Ernennung durch den Bundespräsidenten (→ Rn. 26f.)[92]. Er unterliegt **Bindungen** nur insoweit, als in der Person des Vorgeschlagenen die allgemeinen Wählbarkeitsvoraussetzungen (deutsche Staatsangehörigkeit und passives Wahlrecht zum Bundestag[93]) vorliegen müssen, die auch für den Bundeskanzler selbst gelten (→ Art. 63 Rn. 13). Die Inkompatibilität der Ämter eines Bundes- und Landesministers (§ 4 BMinG) und das Berufsverbot nach Art. 66 GG, § 5 BMinG müssen erst bei der Ernennung durch den Bundespräsidenten sichergestellt sein. Alle sonstigen Eigenschaften in der Person der Vorgeschlagenen unterliegen der **politischen Einschätzung des Bundeskanzlers**. Hierher gehört auch die Frage, ob ein zukünftiger Minister die Gewähr dafür bietet, jederzeit für die freiheitliche demokratische Grundordnung einzutreten[94]. Auch muß der Vorgeschlagene nicht Mitglied des Bundestages sein. Da der Bundeskanzler befugt ist, selbst ein Ministeramt zu übernehmen (→ Art. 62 Rn. 16), können Vorschlagender und Vorgeschlagener zusammenfallen. Der Vorschlag muß – dies folgt aus Art. 65 GG – nicht nur die Person des Vorgeschlagenen, sondern auch den von ihm zu leitenden Geschäftsbereich benennen[95] (→ Art. 62 Rn. 19; → Art. 65 Rn. 28).

2. Ernennung durch den Bundespräsidenten

26   Die gem. Art. 58 GG gegenzeichnungspflichtige Ernennung durch den Bundespräsidenten, die durch eine Urkunde dokumentiert wird (§ 2 II BMinG), fixiert präzise den

---

[88] *Oldiges* (Fn. 3), Art. 64 Rn. 14.
[89] Jarass/*Pieroth*, GG, Art. 64 Rn. 1; *Schenke* (Fn. 33), Art. 64 Rn. 35; *Meyn* (Fn. 45), Art. 64 Rn. 8; dagegen – weil der Bundeskanzler bei seinem Vorschlag an den Bundespräsidenten nicht zwingend das Ressort angeben muß – *Herzog* (Fn. 15), Art. 64 Rn. 17.
[90] Jarass/*Pieroth*, GG, Art. 64 Rn. 1.
[91] So auch *Schröder* (Fn. 19), § 51 Rn. 25.
[92] *Oldiges* (Fn. 3), Art. 64 Rn. 13.
[93] *Schenke* (Fn. 33), Art. 64 Rn. 32.
[94] A.A. die h.M.; vgl. *Oldiges* (Fn. 3), Art. 64 Rn. 13 m.w.N.; zum parallelen Problem beim Bundeskanzler → Art. 63 Rn. 13.
[95] *Oldiges* (Fn. 3), Art. 64 Rn. 13 m.w.N.

Zeitpunkt der Amtsübernahme[96]. Die Vorschrift des § 2 II BMinG, die das Amtsverhältnis bereits mit der Vereidigung beginnen läßt, wenn diese vor Aushändigung der Urkunde erfolgt, ist verfassungswidrig[97].

Nach wie vor nicht abschließend geklärt ist die **Frage, ob** und ggf. unter welchen Voraussetzungen der Bundespräsident die **Ernennung des Vorgeschlagenen verweigern darf**. Im Grundsatz hat hier zu gelten: Wenn ein ordnungsgemäßer Vorschlag des Bundeskanzlers vorliegt und bei dem Vorgeschlagenen die formellen Ernennungsvoraussetzungen[98] vorliegen, muß der Bundespräsident den Vorgeschlagenen ernennen[99]. Ein darüber hinausgehendes politisches Prüfungsrecht steht ihm nach zutreffender ganz h.M. wie auch nach der bisherigen Staatspraxis[100] nicht zu[101]. Weder seine Stellung als »pouvoir neutre« (→ Art. 54 Rn. 23f.) noch gar der Amtseid[102] kann eine Notkompetenz des Bundespräsidenten bei Gefährdung des allgemeinen Staatswohls[103] begründen[104]. Hingegen ist es dem Bundespräsidenten nicht verwehrt, politische Bedenken[105] oder Hinweise und Anregungen zu äußern[106]. 27

3. Entlassung von Bundesministern

Als Kehrseite des materiellen Kabinettsbildungsrechts steht dem Bundeskanzler nach Art. 64 I GG auch das Recht zu, über die Entlassung von Ministern zu entscheiden. Während das Amt eines Ministers gem. Art. 69 II GG mit dem Zusammentritt eines neuen Bundestages oder mit jeder anderen Erledigung des Amtes des Bundeskanzlers 28

---

[96] *Oldiges* (Fn. 3), Art. 64 Rn. 17.
[97] *Meyn* (Fn. 45), Art. 64 Rn. 15; *Oldiges* (Fn. 3), Art. 64 Rn. 17.
[98] Vgl. dazu die rechtlichen Bindungen, denen bereits der Vorschlag des Bundeskanzlers (→ Rn. 25) unterliegt.
[99] *K. Schlaich*, Die Funktionen des Bundespräsidenten im Verfassungsgefüge, in: HStR II, § 49 Rn. 28 m.w.N.; Jarass/*Pieroth*, GG, Art. 64 Rn. 1 m.w.N.
[100] Zu den gescheiterten Versuchen des Bundespräsidenten Lübke und zu dem Veto des Bundespräsidenten Heuss gegen Dehler als Justizminister (1953), das aber wegen ohnehin vorhandener Bedenken des Bundeskanzlers Adenauer nicht zum konstitutionellen Präzedenzfall wurde, vgl. nur *v. Beyme*, Politisches System (Fn. 28), S. 287.
[101] *Oldiges* (Fn. 3), Art. 64 Rn. 15; *Schröder* (Fn. 19), § 51 Rn. 32; *Schenke* (Fn. 33), Art. 64 Rn. 10; a.A. *Böckenförde*, Organisationsgewalt (Fn. 14), S. 140 mit Anm. 5, allerdings ohne Begründung und mit der Einschränkung, diese Befugnis dürfe nicht dazu führen, daß das materielle Kabinettsbildungsrecht des Bundeskanzlers durchkreuzt werde. Weitere Befürworter eines Ablehnungsrechts finden sich vor allem in der älteren Literatur: *T. Eschenburg*, Staat und Gesellschaft in Deutschland, 3. Aufl. 1963, S. 640, mit der Begründung, dieses Recht ergebe sich aus der Notwendigkeit der Wahrung der auctoritas des Staates; ähnlich *ders.*, DÖV 1954, 193 (198); ferner *W. Hennis*, Richtlinienkompetenz und Regierungstechnik, 1964, S. 13; *H. Kaja*, AöR 89 (1964), 381 (418).
[102] Die auch heute noch bisweilen vertretene Ableitung eines solchen Rechts aus dem Amtseid des Bundespräsidenten beruht auf einer nicht vertretbaren Gleichsetzung von Staatssymbol und staatsorganisationsrechtlicher Kompetenzzuweisung; unklar insoweit *Degenhart*, Staatsrecht I, Rn. 436, der eine Pflicht zur Ablehnung der Ernennung eines »für das Staatswohl schlechthin untragbaren Ministers« aus der Verpflichtung des Bundespräsidenten auf das Staatswohl ableitet.
[103] *v. Beyme*, Politisches System (Fn. 28), S. 287, nennt als Beispiele die Ablehnung eines Ministerkandidaten wegen NS-Vergangenheit, Amtsmißbrauch oder Straftaten. Auch *Stern*, Staatsrecht II, S. 262, spricht dem Bundespräsidenten die Befugnis zu, Ernennungen abzulehnen, die dem Wohl des Staates in hohem Maße abträglich sind.
[104] *Oldiges* (Fn. 3), Art. 64 Rn. 15; a.A. *Stern*, Staatsrecht II, S. 248f.; *Schröder* (Fn. 19), § 51 Rn. 32, spricht von »Extremfällen«.
[105] *Schlaich* (Fn. 99), § 49 Rn. 28 m.w.N.
[106] *Oldiges* (Fn. 3), Art. 64 Rn. 16.

(Tod oder Amtsunfähigkeit; → Art. 69 Rn. 15) »ipso jure« endet[107], stellt die Entlassung eines Ministers gem. Art. 64 I GG die dritte Möglichkeit einer Beendigung seines Amtes dar, bei der der Entlassungsakt[108] des Bundespräsidenten konstitutive Wirkung hat. Die Entlassung **setzt** einen entsprechenden **Vorschlag des Bundeskanzlers voraus** und wird durch den Akt des Bundespräsidenten vollzogen. Wenn auch in der Praxis dem Entlassungsvorschlag des Bundeskanzlers regelmäßig ein entsprechendes Rücktrittsersuchen (→ Rn. 30) vorausgeht, ist das Einverständnis des Inhabers des Ministeramtes weder für den Entlassungsvorschlag noch für den Entlassungsakt Voraussetzung[109].

29 Der **Bundespräsident** ist nicht anders als bei dem Ernennungsvorschlag **verpflichtet**, dem Entlassungsvorschlag des Bundeskanzlers zu folgen[110]. Nur wenn dieser »offensichtlich gesetzwidrig« ist, soll der Bundespräsident die Entlassung verweigern dürfen[111]. Allerdings ist der Entlassungsvorschlag nicht an besondere materielle oder formelle Voraussetzungen gebunden. Insbesondere bedarf er keiner Begründung[112].

30 Bei dem in der Praxis regelmäßig als **Rücktritt** bezeichneten Vorgang handelt es sich rechtlich um das Ersuchen eines Ministers an den Kanzler, dem Bundespräsidenten seine Entlassung vorzuschlagen. Die sich daraus ergebende Frage, ob der Bundeskanzler verpflichtet ist, einem solchen Ersuchen zu folgen, ist nicht abschließend geklärt. Nach § 9 II 2 BMinG kann ein Minister jederzeit seine Entlassung verlangen. Daß es sich bei dieser Vorschrift um eine verfassungskonforme Konkretisierung der Entscheidungsbefugnis des Bundeskanzlers handelt[113], wird zu Recht in Zweifel gezogen[114]. Zwar wird auf Dauer niemand gegen seinen Willen gezwungen werden können, ein Ministeramt zu bekleiden. Jedoch erfährt dieser Grundsatz insoweit eine Modifikation, als nach Art. 69 III GG der Bundeskanzler auch von einem »amtsmüden« Bundesminister verlangen kann, sein Amt vorläufig weiter zu verwalten. Insoweit kann ein Bundeskanzler durch einen Rücktrittswunsch jedenfalls nicht zur Unzeit in eine Kabinettsumbildung hineingezwungen werden[115]. Stellt ein Bundesminister sein Amt »zur Verfügung«, so handelt es sich um ein bloßes Angebot an den Bundeskanzler, dem Bundespräsidenten die Entlassung vorzuschlagen. Eine Pflicht des Bundeskanzlers, diesem Wunsch zu entsprechen, besteht nicht[116].

IV. Eid (Art. 64 II GG)

31 Mit dem Eid, für dessen Inhalt Art. 64 II GG auf Art. 56 GG verweist, bekräftigen Bundeskanzler und Bundesminister den Willen zu gewissenhafter Wahrnehmung ih-

---

[107] Vgl. *Oldiges* (Fn. 3), Art. 64 Rn. 18, der darauf hinweist, daß die Beendigungsurkunde (§ 10 BMinG) in diesem Fall nur deklaratorische Bedeutung hat.
[108] In dieser Konstellation wird der Entlassunsakt durch Aushändigung der Urkunde oder amtliche Veröffentlichung wirksam; im übrigen verweist § 10 BMinG wegen des Verfahrens auf § 2 BMinG.
[109] *Jarass/Pieroth*, GG, Art. 64 Rn. 3; *Oldiges* (Fn. 3), Art. 64 Rn. 20.
[110] *Hesse*, Verfassungsrecht, Rn. 637; *Oldiges* (Fn. 3), Art. 64 Rn. 19.
[111] So *v. Münch*, Staatsrecht I, Rn. 831.
[112] *Oldiges* (Fn. 3), Art. 64 Rn. 19.
[113] So *Jarass/Pieroth*, GG, Art. 64 Rn. 3; *Schenke* (Fn. 33), Art. 64 Rn. 37; *Stern*, Staatsrecht II, S. 295 f.
[114] *Von Herzog* (Fn. 15), Art. 64 Rn. 51 mit Fn. 17; vgl. auch *Schneider* (Fn. 5), Art. 64 Rn. 15, 17, wonach der Bundeskanzler der Bitte um Entlassung nicht nachkommen muß.
[115] So auch *Herzog* (Fn. 15), Art. 64 Rn. 51 mit Fn. 17; ähnlich *Schneider* (Fn. 5), Art. 64 Rn. 15.
[116] *Oldiges* (Fn. 3), Art. 64 Rn. 20.

rer Amtspflichten[117]. Die Regelung des Eides der Mitglieder der Bundesregierung in Art. 64 II GG ist systematisch wenig glücklich, da auch der nach Art. 63 gewählte Bundeskanzler diesen Eid zu leisten hat. Über die ohnehin inhaltlich wenig aussagekräftige Verpflichtung auf das Wohl des deutschen Volkes hinausgehende **rechtliche Wirkungen kommen der Eidesleistung nicht zu**[118]. Insbesondere hat sie – genausowenig wie die des Bundespräsidenten – kompetenzbegründende Wirkung (→ Art. 56 Rn. 7).

Der Sinn der Eidesleistung wird heute in ihrer Funktion als eine der wenigen integrativen Feierlichkeiten im Staat des Grundgesetzes gesehen[119]. Man wird ihr auch die vom Parlamentarischen Rat zugemessenen **Symbolfunktion** (→ Rn. 2), die in der Verpflichtung nicht durch unmittelbare Volkswahl legitimierter Träger von Regierungsämtern gegenüber dem unmittelbar volksgewählten Parlament liegt, nicht absprechen können. Da die Eidesleistung eine verfassungsrechtliche Pflicht darstellt, könnte sich – für den bislang nicht vorgekommenen und kaum wahrscheinlichen Fall der Weigerung – die Frage stellen, welche Rechtsfolgen ein Verstoß nach sich ziehen würde. Für eine Pflicht des Bundespräsidenten, einen die Eidesleistung verweigernden Bundeskanzler unverzüglich zu entlassen, oder eine entsprechende Pflicht des Bundeskanzlers, in einem solchen Fall dem Bundespräsidenten die Entlassung eines Bundesministers vorzuschlagen[120], fehlt es an jeglicher verfassungsrechtlichen Grundlage. Es ist deshalb Sache des Bundestages, aus einem derartigen Verhalten die politischen Konsequenzen zu ziehen[121]. 32

D. Verhältnis zu anderen GG-Bestimmungen

Im Verhältnis zu Art. 63 GG stellt Art. 64 GG eine Art »Fortsetzung« dar, da Art. 64 GG die abschließende zweite Phase der Regierungsbildung regelt, die mit der Kanzlerwahl nach Art. 63 GG beginnt (→ Rn. 5). Ergänzt wird Art. 64 I GG durch Art. 62 GG insoweit, als sich aus dieser Norm die Pflicht des Bundeskanzlers ergibt, Minister zur Ernennung vorzuschlagen (→ Rn. 13). Soweit aus Art. 64 I GG Organisationsbefugnisse des Bundeskanzlers folgen, beziehen diese sich auf die grundsätzliche Organisationsstruktur der Bundesregierung und haben einen anderen Gegenstand als die auf die Behördenorganisation bezogenen Vorschriften des VIII. Abschnitts, zu denen auch Art. 86 S. 2 GG gehört[122] (→ Rn. 11). 33

---

[117] *Oldiges* (Fn. 3), Art. 64 Rn. 17.
[118] Vgl. nur *Herzog* (Fn. 15), Art. 64 Rn. 30.
[119] *Herzog* (Fn. 15), Art. 64 Rn. 31.
[120] So aber *Herzog* (Fn. 15), Art. 64 Rn. 29.
[121] Nach dem Sinn der Eidesleistung vor dem Parlament wäre ein Organstreitverfahren zwischen dem Bundestag und dem die Eidesleistung verweigernden Minister mit dem Ziel einer Feststellung der Verpflichtung zur Eidesleistung durch das Bundesverfassungsgericht zulässig und begründet.
[122] Deswegen ist entgegen Jarass/*Pieroth*, GG, Art. 64 Rn. 2, Art. 64 I GG nicht lex specialis zu Art. 86 S. 2 GG; auch die dort zitierten Autoren vertreten diese Auffassung nicht.

Artikel 65 [Verteilung der Verantwortung]

¹Der Bundeskanzler bestimmt die Richtlinien der Politik und trägt dafür die Verantwortung. ²Innerhalb dieser Richtlinien leitet jeder Bundesminister seinen Geschäftsbereich selbständig und unter eigener Verantwortung. ³Über Meinungsverschiedenheiten zwischen den Bundesministern entscheidet die Bundesregierung. ⁴Der Bundeskanzler leitet ihre Geschäfte nach einer von der Bundesregierung beschlossenen und vom Bundespräsidenten genehmigten Geschäftsordnung.

Literaturauswahl

Achterberg, Norbert: Innere Ordnung der Bundesregierung, in: HStR II, § 52, S. 629–664.
Badura, Peter: Die parlamentarische Verantwortlichkeit der Minister, in: ZParl. 11 (1980), S. 573–582.
Eschenburg, Theodor: Die Richtlinien der Politik im Verfassungsrecht und in der Verfassungswirklichkeit, in: DÖV 1954, S. 193–202.
Friauf, Karl Heinrich: Grenzen der politischen Entschließungsfreiheit des Bundeskanzlers und der Bundesminister, in: Festgabe für Heinrich Herrfahrdt, 1961, S. 45–72.
Karehnke, Helmut: Richtlinienkompetenz des Bundeskanzlers, Ressortprinzip und Kabinettsgrundsatz – Entspricht Art. 65 des Grundgesetzes noch heutigen Erfordernissen?, in: DVBl. 1974, S. 101–113.
Knöpfle, Franz: Inhalt und Grenzen der »Richtlinien der Politik« des Regierungschefs, in: DVBl. 1965, S. 857–862, 925–930.
Kölble, Josef: Ist Artikel 65 GG (Ressortprinzip im Rahmen von Kanzlerrichtlinien und Kabinettentscheidungen) überholt?, in: DÖV 1973, S. 1–15.
Köttgen, Arnold: Abgeordnete und Minster als Statusinhaber, in: Gedächtnisschrift für Walter Jellinek, 1955, S. 195–220.
Kröger, Klaus: Die Ministerverantwortlichkeit in der Verfassungsordnung der Bundesrepublik Deutschland, 1972.
Maurer, Hartmut: Die Richtlinienkompetenz des Bundeskanzlers, in: Festschrift für Werner Thieme zum 70. Geburtstag, 1993, S. 123–140.

Siehe auch die Angaben zu Art. 62 GG.

Leitentscheidungen des Bundesverfassungsgerichts

Diese liegen zu Art. 65 GG bislang nicht vor.

Gliederung

	Rn.
A. Herkunft, Entstehung, Entwicklung	1
B. Internationale, supranationale und rechtsvergleichende Bezüge	4
I. Rechtsvergleichende Hinweise	4
II. Bundeskanzler und Minister als Vertreter im (Europäischen) Rat	7
C. Erläuterungen	10
I. Regelungsgegenstand, Grundstruktur und Reichweite	10
II. Regierungsinterne Kompetenzverteilung	15
1. Bundeskanzler	15
a) Statusbestimmende Normen außerhalb der Richtlinienkompetenz	15
b) Richtlinien der Politik	17
c) Zuständigkeit, Verfahren, Gesetzesbindung	22
d) Adressaten der Richtlinien	25
e) Durchsetzung	27

    2. Bundesminister 28
    3. Bundeskabinett 32
       a) Kollegialentscheidungen 32
       b) Spezielle Kabinettskompetenzen 33
       c) Allgemeine Kabinettskompetenz nach Art. 65 S. 3 GG 35
       d) Verfahren und Form von Kabinettsentscheidungen 37
 III. Verantwortlichkeit der Regierung 38
    1. Politische Verantwortlichkeit gegenüber dem Bundestag 38
    2. Verantwortlichkeit von Kanzler, Minister und Kabinett 40
    3. Kontrollinstrumente des Bundestages 42
 IV. Geschäftsleitung und Geschäftsordnung (Art. 65 S. 4 GG) 46
    1. Geschäftsordnung der Bundesregierung 47
    2. Die Leitungskompetenz des Bundeskanzlers 51
D. Verhältnis zu anderen GG-Bestimmungen 52

A. Herkunft, Entstehung, Entwicklung

Vorformen des heute in Art. 65 GG positivierten Verständnisses der regierungsinternen Arbeits- und Verantwortungsverteilung finden sich als zwangsläufige Konsequenz der kontinuierlich angewachsenen Aufgabenfülle moderner staatlich organisierter Gemeinwesen seit der Mitte des 15. Jahrhunderts, als der zuvor locker geführte landesherrliche Rat als »Hofrat« mittels einer schriftlich fixierten Kollegialverfassung organisatorisch verfestigt wurde[1]. Von den konstitutionellen Verfassungen ist vor allem die **Preußische Verfassung von 1850** hervorzuheben, die das »Staatsministerium« genannte Regierungsorgan zunächst als reines Kollegialorgan konstituierte, unter dessen Mitgliedern dem Ministerpräsidenten ursprünglich keine besonderen Kompetenzen zustanden. Eine herausgehobene Stellung wuchs ihm erst durch die königliche Kabinettsordre von 1852 zu, die den Ministern eine Pflicht zur Information des Ministerpräsidenten auferlegte und diesem eine Koordinierungskompetenz und ein Mitspracherecht in wichtigen Angelegenheiten auch der Ressorts einräumte[2]. Die Verfassung von 1850 beschränkte außerdem die Macht des Monarchen durch ein **Gegenzeichnungsrecht** der Minister und kannte deswegen auch eine dieser Kompetenz entsprechende Form der Verantwortlichkeit der Minister für ihre Geschäftsbereiche (Art. 44 PrVerf.; → Art. 58 Rn. 1). Mit dieser als »Kontrasignaturverantwortlichkeit«[3] bezeichneten und für den Konstitutionalismus wesensbestimmenden[4] Verantwortlichkeit war allerdings keine Möglichkeit des Parlaments verbunden, Minister direkt abzuberufen. Dem Parlament kam – anders als im parlamentarischen Regierungssystem – lediglich die Möglichkeit einer Ministeranklage zu mit dem Ziel, die Amtsenthebung des Ministers zu erreichen[5].

1

---

[1] *Willoweit*, Verfassungsgeschichte, S. 113f. (§ 17 II 1).
[2] *N. Achterberg*, Innere Ordnung der Bundesregierung, in: HStR II, § 52 Rn. 8; eingehend zur Stellung des Ministerpräsidenten nach der preußischen Verfassung von 1850 sowie zu der von König Friedrich Wilhelm IV. erlassenen Kabinettsordre von 1852 *Huber*, Verfassungsgeschichte III, S. 64f.
[3] Der Ausdruck findet sich bei *J. Hatschek*, Deutsches und Preußisches Staatsrecht, 2. Aufl. 1930, S. 708 ff.
[4] *Huber*, Verfassungsgeschichte III, S. 20f.
[5] *P. Badura*, ZParl. 11 (1980), 573 (575), nennt diese Form der Ministerverantwortlichkeit einen »Ersatz« für das parlamentarische Regierungssystem. Zum Meinungsstand der konstitutionalistischen Staatsrechtslehre im Hinblick auf die Rechtsnatur der Ministerverantwortlichkeit, die zunächst straf-

2 Die **Reichsverfassung 1871** enthielt hinsichtlich der inneren Regierungsverfassung keine Regelung. Dies war auch nicht erforderlich, da nach ihr der Reichskanzler der einzige Minister des Reiches war[6]. Die erst nach und nach unter dem Druck ständig wachsender Aufgaben des Reiches entstandenen Ressorts (Reichsämter[7]) wurden von Staatssekretären geleitet, die im wesentlichen über die praktische Handhabung[8] des Stellvertretungsgesetzes vom 17.3.1878 (→ Art. 62 Rn. 2) de facto die selbständige Stellung von Ministern erhielten. De iure blieb der Reichskanzler nach dem Stellvertretungsgesetz allerdings stets befugt, jede Amtshandlung an Stelle der Staatssekretäre selbst vorzunehmen[9], weswegen diese im formalen Sinne nicht als Minister bezeichnet werden konnten[10]. Die **Weimarer Reichsverfassung** regelte die innere Regierungsverfassung dem Grundsatz nach bereits im heutigen Sinne. Der Reichskanzler bestimmte nach Art. 56 WRV die Richtlinien der Politik und trug dafür gegenüber dem Reichstag die Verantwortung. Nach Art. 57 WRV hatten die Reichsminister Meinungsverschiedenheiten, die die in eigener Verantwortung geleiteten Geschäftsbereiche mehrerer Minister berührten, der Reichsregierung zur Beratung und Beschlußfassung zu unterbreiten[11]. Im Unterschied zur Regelung in Art. 65 GG waren allerdings die Minister selbständig durch das Parlament abberufbar (Art. 54 Satz 2 WRV)[12].

3 Der Verfassungskonvent auf Herrenchiemsee orientierte sich weitestgehend[13] an der Weimarer Verfassung, wobei der Kompromiß gesucht wurde zwischen einer »absolut überwiegenden Stellung des Bundeskanzlers« einerseits und dem Kollegialprinzip der schweizerischen Bundesverfassung andererseits[14]. Im **Parlamentarischen Rat** kreiste die Diskussion vor allem um das Verhältnis der Kompetenz des Kollegiums, über die »Meinungsverschiedenheiten« zwischen Bundesministern zu entscheiden, zu der Kompetenz des Kanzlers, die Richtlinien der Politik zu bestimmen[15]. Bei den insoweit ausführlichsten Beratungen im Hauptausschuß des Parlamentarischen Rates[16] wurde jedoch das Verhältnis zwischen Richtlinien- und Kollegialkompetenz nicht exakt von der Frage nach der dem Bundeskanzler als Schöpfer der Richtlinien unbestritten zukommenden Kompetenz zu ihrer authentischen Interpretation unterschieden. Insoweit taugen die Beratungen nicht dazu, einen klaren Willen des Verfas-

---

rechtlich, später jedoch eher disziplinarrechtlich gesehen wurde, eingehend m. w. N. *P. Popp*, Ministerverantwortlichkeit und Ministeranklage im Spannungsfeld von Verfassungsgebung und Verfassungswirklichkeit, 1996, S. 28 ff.

[6] *C.F. Menger*, Deutsche Verfassungsgeschichte der Neuzeit, 4. Aufl. 1984, Rn. 307.
[7] Zur Entstehung der Reichsämter *Huber*, Verfassungsgeschichte III, S. 833 ff.
[8] Zur Praxis der Handhabung des Stellvertretungsgesetzes *M. Oldiges*, Die Bundesregierung als Kollegium, 1983, S. 74 m. w. N.
[9] *Achterberg* (Fn. 2), § 52 Rn. 6 f.; *Huber*, Verfassungsgeschichte IV, S. 129, 136, 231.
[10] *Oldiges*, Bundesregierung (Fn. 8), S. 75.
[11] So zusammenfassend *Achterberg* (Fn. 2), § 52 Rn. 9; vgl. *Huber*, Verfassungsgeschichte VI, S. 324 ff.
[12] S. hierzu im einzelnen *Hatschek*, Staatsrecht (Fn. 3), S. 753 ff.
[13] Eine Enumeration von Kollegialkompetenzen, wie sie Art. 57 WRV vorgesehen hatte, war in dem Entwurf nicht mehr enthalten; s. hierzu *Oldiges*, Bundesregierung (Fn. 8), S. 126.
[14] *Achterberg* (Fn. 2), § 52 Rn. 11.
[15] Zu den Beratungen im Parlamentarischen Rat eingehend *Oldiges*, Bundesregierung (Fn. 8), S. 119 ff.; JöR 1 (1951), S. 437 ff.
[16] S. insb. die Äußerungen der Abg. *Dr. Laforet, Dr. Greve, Renner* und *Schönfelder* in der 3. und 33. Sitzung des Hauptausschusses des Parlamentarischen Rates am 16.11.1948 und am 8.1.1949, Sten. Prot. der Sitzungen des Hauptausschusses, S. 36 ff., 410 ff.

sunggebers in dieser Frage auszumachen[17]. Ein deutlicherer Wille des Parlamentarischen Rates ist demgegenüber im Hinblick auf die Frage der Verantwortlichkeit gegenüber dem Parlament feststellbar. Der Bundeskanzler sollte für die Richtlinienbestimmung dem Parlament gegenüber verantwortlich sein, so daß für die Minister die Verantwortung für die Ressortleitung verblieb[18]. Der Normtext des Art. 65 GG hat bislang keine Änderungen erfahren.

B. Internationale, supranationale und rechtsvergleichende Bezüge

I. Rechtsvergleichende Hinweise

Mit seiner Kombination monokratischer und kollegialer Elemente nimmt das Grundgesetz eine Mittellage zwischen den Präsidialsystemen[19] und einer stärker kollegial strukturierten Regierungsorganisation ein. Als Modell für letztere gilt die **schweizerische Bundesverfassung**: Das Regierungsorgan, der Bundesrat, ist rein kollegial strukturiert[20]. Dem Vorsitzenden des Bundesrates, dem Bundespräsidenten, kommt außer formalen Aufgaben im Kollegium und Repräsentationsaufgaben keinerlei Sonderstellung zu (Art. 98 I BV)[21]. Allerdings werden auch in der Schweiz schon seit geraumer Zeit zur Entlastung des Bundesrates nicht mehr alle Regierungsentscheidungen im Kollegium getroffen[22]. Die Verfassung sieht vielmehr vor, daß durch die Bundesgesetzgebung bestimmte Aufgaben den ›Departementen‹ genannten Ministerien, denen je ein Mitglied des Bundesrates vorsteht, zur selbständigen Erledigung zugewiesen werden können (Art. 103 II BV). Als Beispiel für eine stärkere Akzentuierung des Kollegialprinzips innerhalb eines dem Art. 65 GG vergleichbaren Mischsystems kann die **spanische Verfassung** herangezogen werden. Danach ist die Aufstellung der Richtlinien der Politik eine Kollegialkompetenz (Art. 97 S. 1), der auch eine ausdrücklich als solche bezeichnete kollektive Verantwortung des Regierungsorgans korrespondiert (Art. 108). Gleichzeitig bleibt jedoch Raum für die Einzelressortveranwortung der Minister (Art. 98 II). Die Stellung des spanischen Ministerpräsidenten ist gegenüber der des Bundeskanzlers weniger hervorgehoben. Ihm kommt lediglich die Leitung der Regierungsgeschäfte und die Koordination der Funktionen der übrigen Mitglieder der Regierung zu (Art. 98 II).

Die meisten Verfassungen der **Bundesländer** normieren eine Kompetenz des Ministerpräsidenten, die Richtlinien der Politik zu bestimmen und sehen seine entspre-

---

[17] So auch *Oldiges*, Bundesregierung (Fn. 8), S. 124.
[18] Dies ergibt sich daraus, daß der Antrag, den auf die ministerielle Geschäftsbereichsleitung bezogenen Passus »und unter eigener Verantwortung« zu streichen, in der dritten Sitzung des Hauptausschusses des parlamentarischen Rates abgelehnt wurde; Sten. Prot. der 3. Sitzung des Hauptausschusses des Parlamentarischen Rates vom 16. 11. 1948, S. 36. – S. zu dieser Frage auch die später in dieser Sitzung geäußerte und insoweit unwidersprochen gebliebene Ansicht des Abg. *Dr. Laforet*: »Ich ziehe aus dem Satz (…), daß jeder Bundesminister seinen Geschäftsbereich unter eigener Verantwortung leitet, die Folgerung: unter Verantwortung gegenüber dem Parlament.«
[19] → Art. 62 Rn. 3; → Art. 63 Rn. 5; → Art. 64 Rn. 3.
[20] *Y. Hangartner*, Grundzüge des schweizerischen Staatsrechts, Bd. I, 1983, S. 121.
[21] S. hierzu im einzelnen *F. Fleiner/Z. Giacometti*, Schweizerisches Bundesstaatsrecht, 1949 (Nachdruck 1965), S. 601.
[22] Zu dieser Entwicklung *Fleiner/Giacometti*, Bundesstaatsrecht (Fn. 21), S. 593f.

chende parlamentarische Verantwortung vor[23]. Auch die Ressortleitungskompetenz und -verantwortung der Minister ist meist in einer Art. 65 GG entsprechenden Weise geregelt. Unterschiede bestehen vor allem in den Stadtstaaten Bremen und Berlin. In Bremen ist die Festlegung der Richtlinien der Politik eine Kompetenz der Bürgerschaft (Art. 118 I 1); entsprechend der eher kollegialen Struktur des Regierungsorgans in den Hansestädten finden sich ausdrückliche Regelungen über die parlamentarische Verantwortung nur hinsichtlich der Senatoren (Art. 120 S. 1 BremVerf.). In Berlin (Art. 43 II 1) bestimmt der Regierende Bürgermeister die Richtlinien der Politik im Einvernehmen mit dem Senat. Sie bedürfen darüber hinaus der Billigung des Abgeordnetenhauses. Eine Reihe von Bundesländern normieren ausdrückliche Kataloge von Kollegialzuständigkeiten, die zum Teil über die Kollegialkompetenzen der Bundesregierung (→ Rn. 33) hinausgehen. Hervorzuheben ist hier die in Baden-Württemberg, Sachsen und Hamburg bestehende Kompetenz, über Fragen von »grundsätzlicher oder weittragender« Bedeutung zu entscheiden[24].

6   Auf den ersten Blick scheint auch das Verhältnis zwischen Rat und Kommission auf **europäischer Ebene** der in Art. 65 GG getroffenen Verantwortungsverteilung vergleichbar[25]. So weist Art. D I (4 I n.F.) EUV dem Europäischen Rat eine der Richtlinienkompetenz des Bundeskanzlers vergleichbare Zuständigkeit zu, der Union die für ihre Entwicklung erforderlichen »Impulse« zu geben und die »allgemeinen politischen Zielvorstellungen« festzulegen[26]. Auch das in Art. 158 II (214 II n.F.) EGV festgelegte Recht der »im Rat vereinigten Vertreter der Regierungen der Mitgliedstaaten«, die Kommissionsmitglieder zu ernennen, erinnert an das Kabinettsbildungsrecht des Kanzlers (→ Art. 64 Rn. 24ff.). Hier endet allerdings auch schon eine mögliche Vergleichbarkeit. Abgesehen davon, daß dem Rat nicht die Befugnis zur Entlassung von Kommissionsmitgliedern zusteht, sind auf europäischer Ebene typische Regierungsfunktionen zwischen Rat und Kommission verteilt[27].

II. Bundeskanzler und Minister als Vertreter im (Europäischen) Rat

7   Inwieweit die zunehmende Bedeutung der Zusammenkünfte der Staats- und Regierungschefs als Europäischer Rat, als Rat der Gemeinschaften und als »im Rat vereinigte Vertreter der Regierungen der Mitgliedsstaaten« sowie der Bundesminister als Vertreter im Rat der Gemeinschaften auf das in Art. 65 GG umschriebene Machtgefüge innerhalb der Regierung Einfluß hat, ist noch kaum untersucht[28]. »Nirgends ist ein

---

[23] Daß diese Verantwortung gegenüber dem Parlament besteht, wird in Bayern (Art. 51 I BayVerf.), Brandenburg (Art. 89 BrandenbVerf.), Hessen (Art. 102 S. 1 HessVerf.), Rheinland-Pfalz (Art. 104 Rheinl.-PfälzVerf.), Thüringen (Art. 76 I ThürVerf.) und seit 1996 auch in Hamburg (Art. 42 I 2 HambVerf.) besonders hervorgehoben.

[24] So Art. 49 II BadWürttVerf. und Art. 64 I SächsVerf.; Art. 42 II 2 Nr. 4 HambVerf. spricht von Fragen »grundsätzlicher oder allgemeiner« Bedeutung.

[25] *K. König*, Internationalität, Transnationalität, Supranationalität – Auswirkungen auf die Regierung, in: H.-H. Hartwich/G. Wewer (Hrsg.), Regieren in der Bundesrepublik, Bd. 5, 1993, S. 235 ff. (243).

[26] Vgl. dazu *M. Hilf/E. Pache*, in: Grabitz/Hilf, EGV, Art. D EUV (1995), Rn. 1.

[27] So verfügt etwa die Kommission nach dem EGV und dem EAGV über ein Initiativmonopol, so daß der Rat zumeist erst nach einem Kommissionsvorschlag beschließen kann; vgl. dazu nur *Schweitzer/Hummer*, Europarecht, Rn. 203.

[28] Vgl. *B. Kohler-Koch/M. Jachtenfuchs*, PVS 37 (1996), 537 (545).

Bundesminister freier als in der Abgeschiedenheit des Ratssaales«[29] – diese im Rahmen der Debatte um die Demokratisierung der Gemeinschaft immer wieder anzutreffende Beobachtung berührt auch das in Art. 65 GG ausgestaltete Verhältnis von Kanzler-, Ressort- und Kabinettsprinzip. Das Verschwimmen der Grenzen von Außen- und Innenpolitik auf der europäischen Ebene hat dazu geführt, daß heute innerhalb eines Kabinetts neben dem Regierungschef und dem Außenminister in der Regel alle Fachminister innerhalb des Ministerrates Europapolitik betreiben[30]. Deren Koordinierung und Gleichrichtung innerhalb des Kabinetts durch die Richtlinienkompetenz oder durch Kollegialentscheidungen wird immer schwieriger[31]. Häufig geht es im Rahmen der Europapolitik im Kabinett nur noch um die Bestätigung bereits getroffener politischer Entscheidungen[32]. Vor diesem Hintergrund gewinnt die vor allem in den siebziger Jahren geführte Diskussion darüber, ob die Regierung nach ihrer organisatorischen Struktur in der Lage ist, die vielfältigen Koordinierungs- und Planungsaufgaben zu erfüllen[33], durch den europäischen Integrationsprozeß neue Aktualität.

Auf europäischer Ebene kommen dem **Bundeskanzler** unterschiedliche Funktionen zu: Innerhalb des durch Art. D (4 n.F.) EUV förmlich institutionalisierten **Europäischen Rates** ist er an der Festlegung der für die Entwicklung der Union erforderlichen »Impulse« und der »allgemeinen politischen Zielvorstellungen für diese Entwicklung«[34] beteiligt. Der Europäische Rat setzt sich aus den Staats- und Regierungschefs sowie dem Präsidenten der Kommission zusammen, die von den Außenministern sowie einem Mitglied der Kommission unterstützt werden. Spezielle Kompetenzen in der Gemeinsamen Außen- und Sicherheitspolitik werden dem Europäischen Rat in Art. J.3 und J.8 (13 I und II n.F.) EUV zugewiesen. Er hat die Funktion eines politischen Leitorgans der EU[35] ohne rechtliche Einflußmöglichkeiten auf die EG[36]. Innerhalb der EG fungieren die Staats- und Regierungschefs außerdem als **Rat der Staats- und Regierungschefs**[37]. Diese Zusammensetzung des Rates ist z.B. ausdrücklich vorgesehen bei wichtigen Entscheidungen zur Verwirklichung der Wirtschafts- und Währungsunion[38]. Schließlich agiert der Bundeskanzler noch als einer der **im Rat vereinig-**

8

---

[29] *J. Wuermeling*, EuR 1996, 167 (168).
[30] *G. Wewer*, Außenpolitik und Europapolitik als Gegenstand der Regierungslehre, in: H.-H. Hartwich/G. Wewer (Hrsg.), Regieren in der Bundesrepublik, Bd. 5, 1993, S. 9ff. (19).
[31] *Wewer*, Außenpolitik (Fn. 30), S. 20; zur fachlichen Ausdifferenzierung der europäischen Entscheidungsstrukturen *J. Wuermeling*, EuR 1996, 167 (169); *H.-J. Glaesner*, EuR 1994, 22 (28).
[32] *E.F. Jung*, Einflußfaktoren und Entscheidungsprozesse in der Außen- und Europapolitik, in: H.-H. Hartwich/G. Wewer (Hrsg.), Regieren in der Bundesrepublik, Bd. 5, 1993, S. 183ff. (189).
[33] *Hesse*, Verfassungsrecht, Rn. 648; *A. Hüttel*, DVBl. 1967, S. 61ff.; *M. Lepper*, Die Verwaltung 6 (1973), 227ff.; *A. Morkel*, APuZ 1970, B 43, S. 3ff.; *K. Seemann*, Soziale Welt 18 (1967), 153ff.; *R. Wahl*, Der Staat 13 (1974), 383ff.
[34] Erläuterungen dazu wie auch zu dem bislang zutage getretenen Selbstverständnis des Europäischen Rates bei *Hilf/Pache* (Fn. 26), Art. D EUV Rn. 10ff.
[35] Nachweise bei *Hilf/Pache* (Fn. 26), Art. D EUV Rn. 13, 18.
[36] *U. Everling*, Die Rolle des Europäischen Rates gegenüber den Gemeinschaften, in: G. Ress/J. Schwarze/T. Stein (Hrsg.), Die Organe der Europäischen Union im Spannungsfeld zwischen Gemeinschaft und Zusammenarbeit, EuR Beiheft 2/1995, S. 41ff. (48); *H.-J. Glaesner*, EuR 1994, 22 (30f.).
[37] Zum Problem der Unterscheidbarkeit zwischen Europäischem Rat nach Art. D (4 n.F.) EUV einerseits und dem Rat in der Besetzung der Staats- und Regierungschefs nach Art. 146 (203 n.F.) EGV andererseits vgl. die Nachweise bei *Hilf/Pache* (Fn. 26), Art. D EUV Rn. 31; *Schweitzer/Hummer*, Europarecht, Rn. 189f.
[38] Vgl. Art. 109j (121 n.F.) II, III, IV EGV, Art. 109k (122 n.F.) II EGV.

ten Vertreter der Regierungen der Mitgliedstaaten. In dieser Funktion beschließen die Staats- und Regierungschefs, wenn das primäre Gemeinschaftsrecht dies ausdrücklich vorsieht[39] oder die Vertreter der Regierungen außerhalb des Gemeinschaftsrechts als Regierungskonferenz zusammentreten.

9   Die **Bundesminister** sind an Beschlüssen des Rates im Rahmen der 20 »Räte« der jeweils zuständigen Fachminister beteiligt[40]. Eine gewisse Sonderrolle nehmen hier die Außenminister ein. Dem sog. Allgemeinen Rat der Außenminister wurde durch die Verabschiedung der Nr. 3 Abs. 3 des Kommuniqués der Mitgliedstaaten der Europäischen Gemeinschaften am 9. und 10. 12. 1974 in Paris[41] eine Koordinierungsfunktion zugewiesen, wodurch sich trotz des formalen Gleichrangs aller Ministerräte ein faktischer Vorrang ergeben soll[42]. Auch der Verwirklichung dieser Vorrangstellung dürften aber durch die zunehmende Verfachlichung der Europapolitik in den einzelnen Fachministerräten Grenzen gesetzt sein[43].

C. Erläuterungen

I. Regelungsgegenstand, Grundstruktur und Reichweite

10 Art. 65 GG regelt die **innere Regierungsverfassung**[44], indem er durch generalisierende Kompetenzzuweisungen die Organzuständigkeiten[45] der drei Teilorgane Bundeskanzler, Bundesminister und Kabinett (→ Art. 62 Rn. 11) voneinander abgrenzt (→ Rn. 15ff.) und dem Kollegialorgan die Autonomie zur Regelung des internen Verfahrens durch die Geschäftsordnung einräumt (→ Rn. 46ff.). Als notwendige Folge der Zuständigkeitsverteilung innerhalb der Regierung wird gleichzeitig klargestellt, daß die Verantwortlichkeit gegenüber dem Parlament dieser internen Kompetenzverteilung folgt und nicht etwa allein den Bundeskanzler trifft (→ Rn. 38ff.). Bereits aus diesem Regelungsgegenstand folgt, daß aus Art. 65 GG Kompetenzen im Verhältnis zu anderen Organen des Bundes, zu den Ländern[46] oder gar Eingriffsbefugnisse gegenüber dem Bürger – etwa im Zusammenhang mit Warnungen oder sonstiger Informationstätigkeit[47] – nicht hergeleitet werden können.

11 Die Grundstruktur der in Art. 65 GG vorgenommenen regierungsinternen Verteilung der Kompetenzen ist geprägt durch die Kombination monokratischer und kollegialer Organisationsprinzipien, die sich gegenseitig begrenzen[48]: das **Kanzler-** (Satz 1), das **Ressort-** (Satz 2) und das **Kabinetts- oder Kollegialprinzip** (Satz 3). Ob sich das Nebeneinander dieser drei Prinzipien als Ausdruck »intragouvernementaler Gewaltenteilung«[49] deuten läßt, erscheint zweifelhaft. Es geht hier nämlich weniger um

---

[39] Übersicht bei *Schweitzer/Hummer*, Europarecht, Rn. 182 ff.
[40] Näheres bei *J. Wuermeling*, EuR 1996, 167 (169).
[41] Text abgedruckt in: EA 1975, S. 41 ff.
[42] *M. Schweitzer*, in: Grabitz/Hilf, EGV, Art. 146 EGV (1995) Rn. 2.
[43] *Wewer*, Außenpolitik (Fn. 30), S. 19.
[44] So *Achterberg* (Fn. 2), § 52 Rn. 1.
[45] *Achterberg* (Fn. 2), § 52 Rn. 2.
[46] Daß Art. 65 GG nicht das Bund-Länder-Verhältnis betrifft, stellt BVerfGE 1, 299 (310 f.) ausdrücklich fest.
[47] A. A. *v. Münch*, Staatsrecht I, Rn. 861; mißverständlich BVerwGE 82, 76 (79 f.).
[48] Vgl. nur *Hesse*, Verfassungsrecht, Rn. 639.
[49] So *W. Leisner*, Gewaltenteilung innerhalb der Gewalten, in: FS Maunz, 1971, S. 267 ff.; *H.-P. Schneider*, in: AK-GG, Art. 65 Rn. 5.

Begrenzung und wechselseitige Kontrolle von Machtausübung als um Arbeitsteilung, institutionelle Verflechtung und Koordination[50], wobei das Grundgesetz mit der Richtlinienkompetenz des Bundeskanzlers versucht, die Zusammenführung von und den Ausgleich zwischen unterschiedlichen politischen Auffassungen und Strömungen in der Hand des Repräsentanten der herrschenden politischen Richtung zu bündeln[51].

Die schwierigen Zuordnungsprobleme[52], die die Kombination der drei Organisationsprinzipien mit sich bringt, wollen manche durch eine Hierarchie oder **Rangordnung** lösen[53]. So sei etwa der Bundeskanzler als die Spitze der Regierung dem Kabinett »vorgeordnet«[54] und das Kabinett deshalb nicht höchstes Exekutivorgan[55]. Das Kanzlerprinzip gehe den Kollegialkompetenzen vor und die Befugnisse des Kollegiums sollen ihrerseits wiederum der Ressortzuständigkeit übergeordnet sein[56]. Andere beschreiben dagegen das Kollegialorgan als das zentrale politische Führungsorgan[57], das als »Spiegelbild der die Regierung tragenden politischen Kräfte« die eigentliche politische Entscheidungsinstanz[58] sei. In Art. 65 GG finden derartige generalisierenden Rangordnungen keine Stütze. Es bedarf vielmehr einer – auf die jeweilige Sachfrage bezogenen – Analyse der speziellen sowie der in Art. 65 GG enthaltenen allgemeinen Entscheidungszuständigkeiten.

12

Die **Reichweite** und mit ihr die praktische Relevanz[59] **von Art. 65 GG** als regierungsinterner Kompetenzverteilungsnorm ist **aus drei Gründen begrenzt**. Erstens wird das Kräfteverhältnis innerhalb der Regierung durch andere Normen wirkungsvoller vorstrukturiert. Insbesondere die dominante Stellung des Bundeskanzlers beruht verfassungsrechtlich weniger auf seiner Richtlinienkompetenz nach Art. 65 S. 1 GG[60] als auf seiner parlamentarischen Verantwortlichkeit nach Art. 63, 67, 68 GG und auf seinem damit zusammenhängenden organisatorischen und personellen Kabinettsbildungsrecht (→ Art. 64 Rn. 8 ff., 24 ff.) Zweitens sind Kompetenzen des Kanzlers, der Minister und des Kabinetts in einer ganzen Reihe spezieller Verfassungsnormen festgelegt, die der allgemeinen Norm des Art. 65 GG vorgehen[61]. Dies gilt vor allem für die Fülle von Zuständigkeiten, die durch besondere Verfassungsnormen der Bundesregierung als Kollegialorgan zugewiesen sind (→ Rn. 33). Die Spezialität dieser Normen läßt sich auch nicht dadurch umgehen, daß man die dort festgeschriebene Zuständigkeit der »Bundesregierung« als Verweis auf das »Gesamtorgan« – bestehend

13

---

[50] So *M. Oldiges*, in: Sachs, GG, Art. 65 Rn. 6.
[51] Anders *Achterberg* (Fn. 2), § 52 Rn. 25, der meint, die Richtlinienbestimmung solle nach dem Grundgesetz gerade keine Resultante unterschiedlicher politischer Auffassungen darstellen.
[52] So *Hesse*, Verfassungsrecht, Rn. 639.
[53] Vgl. etwa *Degenhart*, Staatsrecht I, Rn. 449.
[54] So *Stern*, Staatsrecht II, S. 305 f., 310 f.; *E.-W. Böckenförde*, Die Organisationsgewalt im Bereich der Regierung, 1964, S. 173 mit Anm. 16.
[55] *Stern*, Staatsrecht II, S. 275; *M. Schröder*, Aufgaben der Bundesregierung, in: HStR II, § 50 Rn. 15; *Schneider* (Fn. 49), Art. 65 Rn. 2; *R. Herzog*, in: Maunz/Dürig, GG, Art. 65 (1984), Rn. 42.
[56] So *Hesse*, Verfassungsrecht, Rn. 647; zustimmend *Degenhart*, Staatsrecht I, Rn. 448 f.
[57] *Oldiges* (Fn. 50), Art. 65 Rn. 33; *Oldiges*, Bundesregierung (Fn. 8), passim.
[58] *Oldiges* (Fn. 50), Art. 65 Rn. 48.
[59] Siehe dazu ausführlicher *H. Maurer*, Die Richtlinienkompetenz des Bundeskanzlers, in: FS Thieme, 1993, S. 123 ff. (125): der Schwerpunkt liege nicht auf der rechtlichen, sondern der politischen Richtlinienbestimmung.
[60] So aber *Oldiges* (Fn. 50), Art. 65 Rn. 10.
[61] Vgl. dazu *Schröder* (Fn. 55), § 50 Rn. 15.

aus Kanzler, Ministern und Kollegium – interpretiert und die Zuständigkeitsverteilung innerhalb dieses Gesamtorgans dann der Vorschrift des Art. 65 GG überläßt[62]. Hinzu kommen spezielle gesetzliche Kompetenzzuweisungen etwa an einzelne Minister oder an das Kabinett, die ebenfalls der allgemeinen Vorschrift des Art. 65 GG vorgehen[63]. Schon aus diesen beiden Gründen stellt Art. 65 GG nicht »die« intragouvernementale Kompetenzverteilungsnorm dar[64].

14 Schließlich – drittens – werden die Entscheidungsstrukturen innerhalb der Regierung maßgeblich bestimmt durch die **politischen Willensbildungsprozesse**, die von Art. 65 GG ebenso wie von Art. 63 und 64 GG vorausgesetzt werden. Die Verfassung läßt diesen politischen Prozessen Raum, indem sie sich darauf beschränkt, mit formalisierten Entscheidungszuständigkeiten und Verantwortlichkeiten der politischen Willensbildung einen äußeren Rahmen vorzugeben. Vor diesem Hintergrund verwundert es nicht, daß politikwissenschaftlich die Richtlinienkompetenz des Bundeskanzlers unter dem Eindruck der Adenauer-Ära von den einen magisch überhöht und von anderen verteufelt wurde[65], während sie zwischenzeitlich unter dem Eindruck der Ära Kohl in dem Sinne nüchterner betrachtet wird[66], daß die Rolle des Kanzlers weniger von seiner Richtlinienkompetenz als etwa von seiner gleichzeitigen Funktion als Parteiführer oder vom Konfliktmanagement in der Koalition (Koordinationsdemokratie)[67] geprägt ist. Deshalb bleibt auch die Möglichkeit, regierungsinterne Kompetenzabgrenzungen im Wege des Organstreitverfahrens zu klären[68], eine theoretische[69].

II. Regierungsinterne Kompetenzverteilung

1. Bundeskanzler

a) Statusbestimmende Normen außerhalb der Richtlinienkompetenz

15 Die mit dem Begriff der »Kanzlerdemokratie« (→ Art. 62 Rn. 15) umschriebene **Dominanz des Bundeskanzlers** im politischen System der Bundesrepublik Deutschland, die oft als Folge seiner Richtlinienkompetenz aus Art. 65 S. 1 GG verstanden wird, findet ihre verfassungsrechtliche Grundlage primär in anderen staatsorganisationsrecht-

---

[62] So aber *Böckenförde*, Organisationsgewalt (Fn. 54), S. 137f. mit Anm. 40, 179ff.; → Art. 62 Rn. 11.
[63] So auch *Hesse*, Verfassungsrecht, Rn. 638.
[64] Zutreffend *Oldiges* (Fn. 50), Art. 65 Rn. 7.
[65] So die Diskussion zusammenfassend *K. v. Beyme*, Das politische System der Bundesrepublik Deutschland, 8. Aufl. 1996, S. 284f.
[66] Gegen eine Annäherung der bundesdeutschen »Kanzlerdemokratie« an ein Präsidialsystem nach amerikanischem oder französischem Vorbild unter dem Eindruck der Kanzlerschaft Adenauers auch *Hesse*, Verfassungsrecht, Rn. 640.
[67] *W. Jäger*, ZfP 35 (1988), 15ff.; einen knappen Überblick über die sehr unterschiedlichen Kanzlerrollen von Adenauer bis Kohl gibt *v. Beyme*, Politisches System (Fn. 65), S. 284f.; vgl. auch *G. Wewer*, Richtlinienkompetenz und Koalitionsregierung: Wo wird die Politik definiert?, in: H.-H. Hartwich/G. Wewer (Hrsg.), Regieren in der Bundesrepublik, Bd. 1, 1990, S. 145 ff.
[68] Vgl. *v. Münch*, Staatsrecht I, Rn. 856; *Degenhart*, Staatsrecht I, Rn. 444; *Herzog* (Fn. 55), Art. 65 Rn. 12f.
[69] *Oldiges* (Fn. 50), Art. 65 Rn. 13, spricht in diesem Zusammenhang von »virtueller Führungspotenz«, weil Art. 65 GG verfassungsrechtliche Formen vorzeichne, in denen politische Führung ausgeübt werden könne aber nicht müsse. Die theoretische Natur eines solchen Vorgehens hebt auch *Herzog* (Fn. 55), Art. 65 Rn. 12, hervor.

lichen Strukturentscheidungen. Mit der fortschreitenden europäischen Integration wird sie darüber hinaus zunehmend durch die Rolle des Kanzlers als Vertreter der Bundesrepublik Deutschland im Europäischen Rat (→ Rn. 7f.) bestimmt.

Zu den Kompetenzen, die dem Bundeskanzler außerhalb von Art. 65 Satz 1 GG zugewiesen sind und die gemeinsam mit der Richtlinienkompetenz seinen verfassungsrechtlich ausgestalteten Status prägen, gehören insbesondere die **Organisations- und Personalkompetenz im Bereich der Regierung** (→ Art. 64 Rn. 8 ff., 24 ff.). Vor allem mit der jederzeitigen Möglichkeit, einen Minister zu entlassen, verfügt der Kanzler über ein Machtinstrument, das den Rückgriff auf seine Richtlinienkompetenz weitgehend erübrigt. Aus dem Kreis der dem Kanzler zugewiesenen speziellen Kompetenzen hervorzuheben sind die Befehls- und Kommandogewalt über die Streitkräfte, die im Verteidigungsfall auf ihn übergeht (Art. 115b GG), die Gegenzeichnung von Anordnungen und Verfügungen des Bundespräsidenten (Art. 58 I GG), sowie das Antragsrecht für Vertrauensfrage (Art. 68 I 1 GG) und Bundestagsauflösung (Art. 68 I 2, 3 GG)[70]. Mit der zunehmenden Verlagerung wichtiger politischer Richtungsentscheidungen auf die europäische Ebene gewinnt schließlich die Zuständigkeit des Bundeskanzlers an Gewicht, die Bundesrepublik im Europäischen Rat, im Rat der Staats- und Regierunschefs und bei Entscheidungen der im Rat vereinigten Vertreter der Mitgliedstaaten (→ Rn. 7f.) zu vertreten.

16

b) Richtlinien der Politik

Über die genannten speziellen Kompetenzen hinaus weist das Grundgesetz dem Kanzler die allgemeine regierungsinterne Zuständigkeit zu, die Richtlinien der Politik zu bestimmen. Eine Ausgestaltung dieser Richtlinienkompetenz ist in §§ 2, 3f., 9, 12, 17 II, 21f. GOBReg erfolgt. Die unterschiedlichen Versuche, diese Richtlinienkompetenz zu konkretisieren, setzen entweder bei den beiden **begrifflichen Elementen** »Politik« und »Richtlinie« an[71], fragen nach der **Funktion der Richtlinienkompetenz** als Instrument politischer Führung innerhalb der Bundesregierung und als Anknüpfungspunkt für die politische Verantwortlichkeit des Bundeskanzlers gegenüber dem Parlament[72] oder bemühen sich um eine Einordnung in die bekannten Kategorien von **Norm und Einzelakt**.

17

Die bei dem Begriff der Politik ansetzenden Konkretisierungen umschreiben den Gegenstand der Richtlinien – ähnlich der Aufgabenbestimmung der Bundesregierung im Sinne der »Staatsleitung« (→ Art. 62 Rn. 30 ff.) – als »schöpferische Entscheidung über die das staatliche Ganze berührenden Ziele und die Erringung und Ausübung sozialer Macht zu ihrer Durchsetzung« oder als »Setzung und Duchsetzung bestimmter Ideen und Ziele, (welche) die soziale Gesamtheit gestalten«[73]. In dem Begriff der Richtlinie komme einerseits der **final-programmierende Charakter** und andererseits die Eigenschaft eines **Rahmens**, der der Ausfüllung fähig und bedürftig ist[74], zum Aus-

18

---

[70] Ausführlich bei *v. Münch*, Staatsrecht I, Rn. 854; siehe auch *Maurer*, Richtlinienkompetenz (Fn. 59), S. 123f.
[71] So etwa *Achterberg* (Fn. 2), § 52 Rn. 17 ff.
[72] So *Oldiges* (Fn. 50), Art. 65 Rn. 14.
[73] *U. Scheuner*, Der Bereich der Regierung (1952), in: ders., Staatstheorie und Staatsrecht, 1978, S. 455 ff. (472).
[74] *Hesse*, Verfassungsrecht, Rn. 642.

druck[75]. Dementsprechend werden sie als die »grundlegenden staatsrichtungsbestimmenden Gestaltungsentscheidungen«[76], als »Angabe von Ziel und Richtung der Politik«[77], als »politische Richtungs- und Führungsgrundsätze«[78], als »grundlegende und richtungweisende Entscheidungen«[79] oder als »das allgemeine Ziel und der allgemeine Rahmen der inneren und äußeren Politik der Bundesregierung«[80] bezeichnet.

19 Dagegen stellt die funktionale Betrachtung in den Vordergrund, daß die Richtlinienkompetenz den Bundeskanzler in die Lage versetzen soll, auf die Regierungspolitik in dem Maße Einfluß zu nehmen, welches ihm erlaubt, dafür die Gesamtverantwortung zu übernehmen[81]. Sie soll dann alle diejenigen Befugnisse umschließen, mit denen der Bundeskanzler seinen **politischen Führungsanspruch behaupten und durchsetzen** kann[82]. Allerdings wird damit die Schwierigkeit, den verfassungsrechtlichen Begriff der Richtlinien der Politik genauer zu bestimmen, ersetzt durch die nicht weniger schwierige Frage, wie weit die vom Kanzler zu tragende Gesamtverantwortung und sein daraus folgender Führungsanspruch reicht.

20 Auch Versuche, die »Richtlinien der Politik« dadurch näher zu bestimmen, daß man sie einer bekannten **Kategorie von Rechtsquellen** zuweist[83], helfen nicht weiter. Als eigenständige Kategorie der politischen Richtungsentscheidung finden auf sie allgemeine Regeln keine Anwendung[84]. Auch Deutungen wie die als »innerdienstliche, (für die Bundesminister) rechtsverbindliche, abstrakte Weisungen mit normativem Charakter«[85] sind ohne konkreten Ertrag. Nach herrschender Auffassung läßt sich der Richtlinienbegriff vor dem Hintergrund der Unterscheidung von Norm und Einzelakt auch nicht auf abstrakt-generelle Vorgaben eingrenzen. Es kommen danach auch Richtlinien der Politik in Betracht, die im prinzipiellen wurzelnde **Einzelanordnungen** zum Inhalt haben[86]. Allerdings sollen solche Einzelanordnungen in dem Sinne die Ausnahme bleiben, daß – aufs ganze gesehen – der ausfüllbare Rahmencharakter gewährleistet bleibt und durch eine Vielzahl von Einzelanordnungen die Kollegialkompetenz der Regierung und die Ressortkompetenz der Minister nicht ausgehöhlt werden[87].

---

[75] *Achterberg* (Fn. 2), § 52 Rn. 19.
[76] So die Formulierung bei *E. U. Junker*, Die Richtlinienkompetenz des Bundeskanzlers, 1965, S. 55; aufgenommen von *Achterberg* (Fn. 2), § 52 Rn. 18.
[77] *K.-U. Meyn*, in: v. Münch/Kunig, GG II, Art. 65 Rn. 9.
[78] *Stern*, Staatsrecht II, S. 303.
[79] *Jarass/Pieroth*, GG, Art. 65 Rn. 3 m.w.N.
[80] *v. Münch*, Staatsrecht I, Rn. 851.
[81] So *Oldiges* (Fn. 50), Art. 65 Rn. 14.
[82] *Oldiges* (Fn. 50), Art. 65 Rn. 14.
[83] Solche Versuche werden zu Recht auch kaum unternommen. In die Nähe einer solchen Einordnung kommt etwa *H.C.F. Liesegang*, in: I. v. Münch (Hrsg.), GG-Kommentar, Bd. 2, 2. Aufl. 1983, Art. 65 Rn. 10, wenn er eine Parallele zwischen den Richtlinien der Politik und innerdienstlichen Weisungen der Verwaltung zieht. *Herzog* (Fn. 55), Art. 65 Rn. 18 tut dies ebenfalls, weist aber zu Recht auf den geringen Ertrag einer solchen Betrachtungsweise hin.
[84] Vgl. auch *Achterberg* (Fn. 2), § 52 Rn. 18; *Oldiges* (Fn. 50), Art. 65 Rn. 15.
[85] So *Achterberg* (Fn. 2), § 52 Rn. 18.
[86] *Achterberg* (Fn. 2), § 52 Rn. 19 m.w.N; *Oldiges* (Fn. 50), Art. 65 Rn. 15, 25; *J. Ipsen*, Staatsrecht I, Rn. 358, spricht von »Entscheidungen in hochpolitischen Einzelfällen«; *v. Münch*, Staatsrecht I, Rn. 855, weist zutreffend darauf hin, daß sich generelle und einzelfallbezogene Richtlinien in der Praxis nicht exakt trennen lassen; a.A. *v. Mangoldt/Klein*, GG, Art. 65 Anm. III 2b; *T. Maunz*, BayVBl. 1956, 260 (261); *Hesse*, Verfassungsrecht, Rn. 642.
[87] *Achterberg* (Fn. 2), § 52 Rn. 19.

Aus dieser – keineswegs als Mangel an Präzision zu beklagenden – Unbestimmtheit 21
des Begriffs der Richtlinien der Politik folgt, daß es zunächst der Kanzler selbst ist, der
seinen politischen Vorgaben die Qualität einer Richtlinie der Politik verleihen kann. In
den – weit gezogenen – Grenzen des verfassungsrechtlichen Rahmens besitzt also der
Bundeskanzler die **Definitionskompetenz**[88].

c) Zuständigkeit, Verfahren, Gesetzesbindung

Die regierungsinterne[89] Zuständigkeit, die Richtlinien der Politik zu bestimmen, liegt 22
gem. Art. 65 S. 1 GG **allein beim Bundeskanzler**. Einzelnen Ministern oder dem Kabinett steht die Bestimmungsbefugnis oder eine Mitwirkung an ihr nicht zu[90]. Ist der Bundeskanzler an der Wahrnehmung sämtlicher Aufgaben gehindert, liegt also ein Fall der Gesamtstellvertretung vor (→ Art. 69 Rn. 10), so geht die Richtlinienkompetenz auf den nach Art. 69 I GG zu ernennenden Stellvertreter über. Ist dagegen der Bundeskanzler nur teilweise an der Ausübung seiner Amtsgeschäfte gehindert – Teilstellvertretung –, so bestimmt der Bundeskanzler, ob zu den vom Stellvertreter wahrzunehmenden Kompetenzen auch die Richtlinienbestimmung gehört[91]. Weil die Kompetenzen des geschäftsführenden Bundeskanzlers gegenüber dem regulären Amtsträger nicht gemindert sind (→ Art. 69 Rn. 10), ist auch dieser Träger der Richtlinienkompetenz[92].

Weder für die **Form** der Richtlinien der Politik noch für das **Verfahren** ihres Zustandekommens enthält das Grundgesetz Vorgaben[93]. Sie können deshalb schriftlich oder 23
mündlich ergehen und insbesondere zum Inhalt einer vom Bundeskanzler vor dem Parlament abgegebenen Regierungserklärung gemacht werden[94]. Auch bestehen keine Bedenken dagegen, daß die Richtlinien der Politik im Falle von Koalitionsregierungen durch Koalitionsvereinbarungen weitgehend vorformuliert sind (→ Rn. 24; → Art. 63 Rn. 14f.)[95].

Auch bei der Wahrnehmung seiner Richtlinienkompetenz bleibt der Kanzler **an** 24
Recht und Gesetz, einschließlich der Vorgaben, die aus dem Gemeinschaftsrecht folgen, **gebunden**[96]. Allerdings wird sich die Frage nach einem Widerspruch zwischen einer Richtlinie der Politik und geltendem Recht nur selten stellen, weil die Richtlinien

---

[88] So auch *Achterberg* (Fn. 2), § 52 Rn. 21; *Maurer*, Richtlinienkompetenz (Fn. 59), S. 129, spricht von einem »Beurteilungsspielraum« des Bundeskanzlers bei der Definition der Richtlinien.
[89] Im Verhältnis zum Bundestag ist die Bestimmung der Richtlinien der Politik ebensowenig wie die allgemeine »Staatsleitung« (→ Art. 62 Rn. 30ff.) dem Bundeskanzler exklusiv zugewiesen.
[90] Vgl. nur *Achterberg* (Fn. 2), § 52 Rn. 26.
[91] In Vertretungsfällen, die voraussehbar von kurzer Dauer sind, wird im Zweifel anzunehmen sein, daß die Vertretung die Richtliniengebung nicht umschließt; vgl. nur *Achterberg* (Fn. 2), § 52 Rn. 28.
[92] *Achterberg* (Fn. 2), § 52 Rn. 28; *R. Herzog*, in: Maunz/Dürig, GG, Art. 69 (1984), Rn. 60.
[93] *Maurer*, Richtlinienkompetenz (Fn. 59), S. 129.
[94] Vgl. dazu m.w.N. *Achterberg* (Fn. 2), § 52 Rn. 22; *Oldiges* (Fn. 50), Art. 65 Rn. 15; Jarass/*Pieroth*, GG, Art. 65 Rn. 3. *Schneider* (Fn. 49), Art. 65 Rn. 4, verlangt ein Mindestmaß an Formalisierung (Schriftlichkeit und ausdrückliche Inanspruchnahme der Richtlinienkompetenz): Aus der Tatsache allein, daß die Richtlinien der Politik Bindungswirkung entfalten, kann ein Formzwang nicht abgeleitet werden. Auch aus dem von *Schneider* bemühten § 4 GOBReg kann nicht auf einen Formzwang geschlossen werden; von einem »formalisierten Änderungsverfahren« der Richtlinien der Politik kann im Hinblick auf diese Vorschrift erkennbar nicht gesprochen werden.
[95] So auch *Achterberg* (Fn. 2), § 52 Rn. 24.
[96] Vgl. nur *Oldiges* (Fn. 50), Art. 65 Rn. 17.

ihrem programmatischen Charakter entsprechend auf künftige Änderungen des Gesetzesrechts zielen. Größeres Gewicht kommt daher den **politischen Bindungen**[97] zu, die sich aus Koalitionsvereinbarungen, aus der Willensbildung innerhalb der die Regierung tragenden Parlamentsmehrheit oder auch aus politischer Rücksichtnahme auf außerparlamentarische Willensbildungsprozesse ergeben[98]. Auch hier gilt die in Bezug auf Koalitionsvereinbarungen allgemein getroffene Feststellung (→ Art. 63 Rn. 14), daß die staatsorganisationsrechtliche Rahmenordnung des Grundgesetzes mit ihren Kompetenznormen Vorentscheidungen und -formulierungen der Politik im »Vorfeld« des jeweiligen Kompetenzträgers nicht verbietet, sondern im Gegenteil voraussetzt[99].

d) Adressaten der Richtlinien

25 Da Art. 65 GG die innere Struktur der Bundesregierung regelt, sind Adressaten der Richtlinien die **Bundesminister**[100]. Verbindlichkeit im Sinne konkreter Verhaltenspflichten können die Richtlinien allerdings nur soweit beanspruchen, wie ihr Inhalt eindeutig ist. **Interpretations- und Konkretisierungsspielräume** können von dem jeweiligen Minister ausgefüllt werden[101], solange der Bundeskanzler von seiner unbestrittenen Interpretationskompetenz keinen Gebrauch gemacht hat.

26 Das **Kabinett** ist entgegen der wohl h.M. nicht an die Richtlinien des Bundeskanzlers gebunden. Durch Art. 65 S. 2 GG wird nur die Geschäftsleitungsbefugnis der Minister an die Richtlinien gebunden, und auch sonst ist in der Verfassung keine Bindung des Kabinetts normiert[102]. Die innere Struktur der Bundesregierung ist also durch zwei miteinander konkurrierende Führungsorgane gekennzeichnet[103], wenn auch dem Kanzler eine verfahrensrechtliche »Führungspräponderanz« zukommen mag, weil er aufgrund seiner Geschäftsleitungsbefugnis ihm unliebsame Vorlagen an das Kabinett vertagen kann[104]. Von der Gegenansicht[105] wird hervorgehoben, daß nicht das Kabinett dem Kanzler, sondern der Kanzler dem Kabinett vorgeordnet sei[106], und

---

[97] Daß die Richtlinienkompetenz durch Koalitionsvereinbarungen nicht im rechtlichen Sinne beschränkt wird, entspricht allgemeiner Meinung; vgl. nur Jarass/Pieroth, GG, Art. 65 Rn. 3.

[98] Wie hier *Oldiges* (Fn. 50), Art. 65 Rn. 17.

[99] Bezogen auf die Richtlinienkompetenz des Bundeskanzlers ebenso *Achterberg* (Fn. 2), § 52 Rn. 26.

[100] So ausdrücklich und das Verfassungsrecht insoweit konkretisierend § 1 I 2 GOBReg.

[101] Allgemeine Auffassung: vgl. nur *Achterberg* (Fn. 2), § 52 Rn. 21; *Herzog* (Fn. 55), Art. 65 Rn. 20; K.H. *Friauf*, Grenzen der politischen Entschließungsfreiheit des Bundeskanzlers, in: FS Herrfahrdt, 1961, S. 45 ff. (50, insb. 66 f.). Die in § 1 I 3 GOBReg enthaltene Pflicht »in Zweifelsfällen« die Entscheidung des Kanzlers einzuholen, schließt diesen Auslegungs- und Konkretisierungsspielraum nicht aus.

[102] *Oldiges* (Fn. 50), Art. 65 Rn. 36; *Maurer*, Richtlinienkompetenz (Fn. 59), S. 135 ff.; Jarass/Pieroth, GG, Art. 65 Rn. 3.

[103] *Oldiges* (Fn. 50), Art. 65 Rn. 36; *J. Ipsen*, Staatsrecht I, Rn. 386.

[104] *Oldiges* (Fn. 50), Art. 65 Rn. 37, der außerdem meint, der Kanzler könne mit Hilfe seiner Richtlinienkompetenz Einfluß auf die Kabinettsvorlagen einzelner Minister nehmen. Im Konflikt mit dem Kabinett kommt allerdings diesem die Befugnis zu, für die Bundesminister verbindliche Beschlüsse etwa über eine vom Kabinett »geforderte« Kabinettsvorlage zu fassen; vgl. dazu auch *Hesse*, Verfassungsrecht, Rn. 647.

[105] *F. Knöpfle*, DVBl. 1965, 925 (929 f.); *Hesse*, Verfassungsrecht, Rn. 642; *Meyn* (Fn. 77), Art. 65 Rn. 11; W.-R. *Schenke*, Jura 1982, 337 (343 ff.) m.w.N. in Fn. 28.

[106] *Stern*, Staatsrecht II, S. 305 f.; *Böckenförde*, Organisationsgewalt (Fn. 54), S. 173.

daß ohne die Bindung auch des Kabinetts die Richtlinienkompetenz ein »zahnloser Tiger« bleibe[107]. Folglich stehe dem Bundeskanzler etwa bei Gesetzesinitiativen der Bundesregierung ein Vetorecht zu[108]. Dagegen spricht aber schon die ausdrückliche Zuweisung von Entscheidungsbefugnissen an das Kabinett durch die Verfassung (→ Rn. 33). Diese kann nicht durch die Behauptung einer generellen Richtlinienkompetenz wieder aufgehoben und dadurch das Kabinett zu einem reinen Beratungsgremium degradiert werden[109].

e) Durchsetzung

Spezielle Instrumente zur Durchsetzung der Richtlinien sieht das Grundgesetz nicht vor. Zu denken wäre hier zunächst an eine Befugnis des Bundeskanzlers, im Einzelfall eine Ressortentscheidung an sich zu ziehen, um schwerwiegende parlamentarische Konsequenzen für sich abzuwenden[110]. Obwohl das Grundgesetz kein Mißtrauensvotum gegen einzelne Minister kennt, bedarf es eines solchen **Selbsteintritts- oder Durchgriffsrechts** des Bundeskanzlers aber nicht[111]. Über eine einzelfallbezogene Richtlinie (→ Rn. 20) kann er nämlich in Fällen von grundsätzlicher Bedeutung für die »Anwendung« seiner allgemeinen politischen Richtungsentscheidungen durch einen Minister sorgen, wobei auch dann die konkrete Umsetzung der Richtlinie Sache des Ministers bleibt[112]. Weiterreichende Durchsetzungs- oder »Zwangsinstrumente« etwa für den Fall, daß ein Minister auch einer solchen einzelfallbezogenen Richtlinie nicht folgt, sind – abgesehen von der theoretischen Möglichkeit eines Organstreitverfahrens – weder vorhanden noch erforderlich, weil dem Bundeskanzler nach Art. 64 I GG die Befugnis zusteht, den Bundesminister zu entlassen[113]. Die Vorwirkungen dieses Rechts geben dem Bundeskanzler eine Fülle informeller Möglichkeiten, die Beachtung seiner Richtlinien durchzusetzen[114]. So ist im Ergebnis die Richtlinienkompetenz von der politischen Machtverteilung abhängig und ihre Verwirklichung nur ausnahmsweise eine Frage verfassungsrechtlicher Kompetenzabgrenzungen[115].

27

2. Bundesminister

Vor dem Hintergrund der Doppelstellung der Minister als Ressortleiter und als Mitglieder des Kabinetts (→ Art. 62 Rn. 19) beschränkt sich der Anwendungsbereich von Art. 65 Satz 2 GG auf die Stellung der **Minister als Ressortleiter**. Dabei findet Art. 65 Satz 2 GG nur dann Anwendung, wenn dem Minister durch Organisationserlaß des Bundeskanzlers (→ Art. 64 Rn. 16) ein abgegrenztes Tätigkeitsgebiet mit bestimmten

28

---

[107] So *Meyn* (Fn. 77), Art. 65 Rn. 11.
[108] So *Degenhart*, Staatsrecht I, Rn. 445.
[109] *Maurer*, Richtlinienkompetenz (Fn. 59), S. 139; *Friauf*, Entschließungsfreiheit (Fn. 101), S. 45, 52.
[110] Dafür *Herzog* (Fn. 55), Art. 65 Rn. 8; dagegen *Hesse*, Verfassungsrecht, Rn. 642; *Degenhart*, Staatsrecht I, Rn. 445.
[111] So auch *Achterberg* (Fn. 2), § 52 Rn. 20; *Friauf*, Entschließungsfreiheit (Fn. 101), S. 50 ff.; *Oldiges* (Fn. 50), Art. 65 Rn. 24; *Böckenförde*, Organisationsgewalt (Fn. 54), S. 207.
[112] *Oldiges*, Bundesregierung (Fn. 8), S. 458.
[113] Vgl. auch *v. Münch*, Staatsrecht I, Rn. 856; *Achterberg* (Fn. 2), § 52 Rn. 54; *Maurer*, Richtlinienkompetenz (Fn. 59), S. 130.
[114] Vgl. nur *Achterberg* (Fn. 2), § 52 Rn. 30.
[115] *J. Ipsen*, Staatsrecht I, Rn. 362; *Maurer*, Richtlinienkompetenz (Fn. 59), S. 125.

Sachzuständigkeiten zugewiesen wurde. Während diese Voraussetzung bei Ministern für Sonderaufgaben – wenn auch je nach Aufgabenzuweisung in eingeschränktem Umfang – vorliegt und Art. 65 S. 2 GG deshalb zumindest analog anwendbar ist[116], kann diese Norm auf Minister ohne Geschäftsbereich keine Anwendung finden[117]. Von dieser Ausnahme abgesehen, kommt den Bundesministern für ihren Geschäftsbereich die Letztentscheidungsbefugnis in Sach-, Organisations- und Personalfragen zu[118]. In dieser Funktion als Ressortleiter[119] wird ein Minister extern[120] durch einen anderen Bundesminister vertreten[121], während ihn intern – als Leiter einer obersten Bundesbehörde – der beamtete oder der Parlamentarische Staatssekretär vertritt[122] (→ Art. 62 Rn. 19).

29 Der genaue Inhalt dieser Letztentscheidungsbefugnis insbesondere in Sachfragen ergibt sich zunächst aus einer Reihe **spezieller Ministerbefugnisse**, die im Gemeinschaftsrecht (→ Rn. 9) und im Verfassungsrecht ebenso wie im Gesetzesrecht ihre Grundlage haben können. Auf Verfassungsebene zu nennen sind hier beispielsweise die besonderen Befugnisse des Bundesministers der Verteidigung nach Art. 65a GG (Befehls- und Kommandogewalt über die Streitkräfte in Friedenszeiten), des Bundesministers der Justiz nach Art. 96 II 4 GG (Zuweisung der Wehrstrafgerichte zum Ressortbereich des Bundesministers der Justiz) und insbesondere des Bundesministers der Finanzen[123] nach Art. 112 GG (Erfordernis der Zustimmung des Bundesministers der Finanzen für über- und außerplanmäßige Ausgaben) sowie die Pflicht aus Art. 114 I GG (jährliche Rechnungslegung durch den Bundesminister der Finanzen gegenüber Bundestag und Bundesrat). Über solche durch die Verfassung oder durch Gesetz begründete Ministerkompetenzen hinaus können durch die Geschäftsordnung keine Kompetenzverschiebungen zulasten von Kabinettskompetenzen vorgenommen werden. Deshalb ist das Vetorecht des Finanz-, des Justiz- und des Innenministers[124], das § 26 GOBReg bei Übereinstimmung mit dem Bundeskanzler einräumt, in den Fällen

---

[116] So *Achterberg* (Fn. 2), § 52 Rn. 53.
[117] Aus Art. 65 S. 2 GG lassen sich keine verfassungsrechtlichen Bedenken gegen »Minister ohne Geschäftsbereich« (→ Art. 62 Rn. 20) ableiten; so auch *Achterberg* (Fn. 2), § 52 Rn. 37. Ob – wie *Achterberg* ebd. Rn. 53, meint – Minister ohne Geschäftsbereich sogar der Weisungsbefugnis des Bundeskanzlers unterliegen, erscheint allerdings zweifelhaft, weil mangels Geschäftsbereich nicht ersichtlich ist, worauf sich die Weisungsbefugnis beziehen sollte. Das Abstimmungsverhalten im Kabinett jedenfalls ist auch bei Ministern ohne Geschäftsbereich frei von Weisungsbefugnissen des Kanzlers.
[118] Zusammenfassend *Hesse*, Verfassungsrecht, Rn. 644.
[119] Zur Vertretung des Ministers als Kabinettsmitglied (innerhalb der Regierung) → Art. 62 Rn. 19.
[120] Zur Unterscheidung zwischen externer und interner Vertretung vgl. etwa *Achterberg* (Fn. 2), § 52 Rn. 47.
[121] Ausdrücklich geregelt ist dies in der Geschäftsordnung nur für die Vertretung »in der Regierung«; vgl. § 14 I GOBReg.
[122] Dabei richtet sich die Vertretungsbefugnis des Parlamentarischen Staatssekretärs nach dem Aufgabenbereich, der ihm übertragen worden ist, sowie nach der Bestimmung des Ministers in Einzelfällen; vgl. § 14 II GOBReg.
[123] Zu Art. 108 a. F. GG, der die Steuerverwaltung des Bundes von Verfassungs wegen dem Bundesminister der Finanzen zuwies, s. *F. Klein*, DVBl. 1962, 573 (574).
[124] Kritisch zu diesem Widerspruchsrecht nach § 26 II GOBReg auch *K. Kröger*, Die Ministerverantwortlichkeit in der Verfassungsordnung der Bundesrepublik Deutschland, 1972, S. 115, allerdings mit dem weniger überzeugenden Argument, diese Heraushebung des Bundesministers des Innern und des Bundesministers der Justiz sei unzulässig, weil es die Aufgabe *jedes* Ministers sei, das Recht zu wahren.

unwirksam, in denen die Entscheidungskompetenz dem Kabinett zugewiesen ist[125] (→ Rn. 33f.).

Jenseits solcher speziellen Regelungen gehören zu den **allgemeinen ministeriellen** Sachentscheidungszuständigkeiten insbesondere die Verordnungsbefugnis (Art. 80 I GG) und das Gegenzeichnungsrecht (Art. 58 GG)[126]. Auch die allgemeine Öffentlichkeitsarbeit, die über die Tätigkeit eines Ministeriums auf dem ihm zugewiesenen Sachgebiet informiert, ist hier zu nennen[127]. Zu den ministeriellen Innenkompetenzen, die auch als »funktionssichernde Hilfskompetenzen« bezeichnet[128] werden, gehören die **organisations-, personal- und haushaltsrechtlichen Entscheidungen**[129]. Die interne Organisationsbefugnis umfaßt die Gliederung eines Ministeriums in Abteilungen, Unterabteilungen und Referate, die der Minister errichten, verändern oder auflösen kann. Dazu zählt auch das innerministerielle Verfahren, das in der auf Konsens beruhenden und deswegen die Ressortkompetenz nicht verletzenden[130] Gemeinsamen Geschäftsordnung der Bundesministerien[131] näher geregelt ist. Dem Minister steht die Weisungsbefugnis sowohl innerhalb des Ministeriums als auch gegenüber unmittelbar nachgeordneten Bundesbehörden seines Geschäftsbereichs zu[132]. Der Minister ist darüber hinaus für die Ernennung und Entlassung der Bediensteten zuständig. Im Rahmen des Haushaltsplans kann er haushaltsrechtliche Maßnahmen treffen.

30

Die so umschriebene **Ressortleitungsbefugnis** ist **kanzler- und kabinettsfest**[133] in dem Sinne, daß beide Organe über ihre speziellen Kompetenzen hinaus nicht in ein Ressort »hineinregieren« dürfen. Verfassungsrechtlich kann der Minister nur durch Richtlinien des Kanzlers und durch Kabinettsbeschlüsse gebunden werden[134]. Diese Selbständigkeit betont Art. 65 S. 2 GG ausdrücklich[135]. Allerdings wird von ihm auch in einem rechtlichen Sinne bei Ausübung seiner Ressortkompetenz Rücksicht auf Kabinettszuständigkeiten[136] erwartet werden dürfen. Das hat etwa Bedeutung

31

---

[125] Im Hinblick auf die Rolle des Bundeskanzlers kann auch nicht argumentiert werden, daß es sich de facto um seine Entscheidung handele, weil er zur endgültigen Verhinderung eines Beschlusses der Ansicht des widersprechenden Ministers im zweiten Abstimmungsgang beitreten müsse, und daß der Bundeskanzler hierzu befugt sei, weil es sich hierbei lediglich um eine Einbringung der Richtlinienkompetenz in das Abstimmungsverfahren handele – so aber *Oldiges* (Fn. 50), Art. 65 Rn. 41. Denn unabhängig von der Frage der Bindung der Bundesregierung als Kollegium durch Richtlinien des Bundeskanzlers (→ Rn. 26) ist nicht jede Frage von finanzieller Bedeutung oder vermuteter Rechtswidrigkeit notwendigerweise eine im Wege der Ausübung der Richtlinienkompetenz entscheidbare Frage.
[126] So *Achterberg* (Fn. 2), § 52 Rn. 35.
[127] BVerwGE 87, 37 (51); BVerwG NJW 1991, 1770ff. Damit ist allerdings keine Ermächtigung zu Grundrechtseingriffen verbunden: → Rn. 10; → Art. 20 (Rechtsstaat) Rn. 95 ff.
[128] *Oldiges* (Fn. 50), Art. 65 Rn. 21.
[129] Dazu *Achterberg* (Fn. 2), § 52 Rn. 35; *J. Kölble*, DÖV 1973, 1 (4).
[130] *Oldiges* (Fn. 50), Art. 65 Rn. 21.
[131] Allgemeiner Teil (GGO I) zuletzt geändert durch Kabinettsbeschluß vom 21. 6. 1995, GMBl. 1995, S. 590ff.; Besonderer Teil (GGO II) zuletzt geändert durch Kabinettsbeschluß vom 19. 3. 1996, GMBl. 1996, S. 449. Knappe Übersicht über die Regelungsgegenstände bei *Achterberg* (Fn. 2), § 52 Rn. 91.
[132] *Achterberg* (Fn. 2), § 52 Rn. 46. Von dieser Weisungsbefugnis umfaßt ist auch die Entscheidung von Kompetenzkonflikten zwischen unmittelbar nachgeordneten Behörden.
[133] *Oldiges* (Fn. 50), Art. 65 Rn. 21; *J. Kölble*, DÖV 1973, 1 (1).
[134] Dazu *Oldiges* (Fn. 50), Art. 65 Rn. 20.
[135] Nach *J. Ipsen*, Staatsrecht I, Rn. 374, soll sich der Begriff der Selbständigkeit nur auf das Verhältnis zum Kanzler beziehen.
[136] *Schröder* (Fn. 55), § 50 Rn. 15 m.w.N.

Art. 65 C. Erläuterungen

für den Teil der Ressorttätigkeit, der in der Vorbereitung von Kabinettsbeschlüssen liegt[137].

3. Bundeskabinett

a) Kollegialentscheidungen

32 Soweit das Grundgesetz durch Art. 65 S. 3 GG oder durch speziellere Normen eine Entscheidungszuständigkeit der Bundesregierung begründet, trifft den formalen Beschluß wie auch die Entscheidung in der Sache das Kollegialorgan auf der Grundlage der Gleichberechtigung aller seiner Mitglieder. Abgesehen von seinen Sonderrechten aus der Geschäftsleitungsbefugnis (→ Rn. 51), beschränkt sich auch die Rolle des Bundeskanzlers auf die eines »Moderators«[138]. Die Bundesminister sind nur für die Vorbereitung und Abwicklung zuständig[139].

b) Spezielle Kabinettskompetenzen

33 Außer den Entscheidungen über Meinungsverschiedenheiten zwischen den Bundesministern nach Art. 65 S. 3 GG (→ Rn. 35) und über die Geschäftsordnung nach Art. 65 S. 4 GG (→ Rn. 47 ff.) weist die Verfassung dem Kabinett noch eine Reihe weiterer spezieller Kompetenzen in den Bereichen Rechtsetzung[140], Aufsicht und Ingerenz[141], Auswärtige Gewalt[142], Notstandsrechte[143] sowie Informationsrechte[144] zu[145]. Hervorzuheben sind das Recht zum Erlaß von Rechtsverordnungen (Art. 80 GG) und Verwaltungsvorschriften (Art. 84 II, 85 II, 86) sowie die Genehmigung des Handels mit Kriegswaffen (→ Art. 26 Rn. 28).

34 Darüber hinaus ist es verfassungsrechtlich zulässig[146] und in der Praxis auch üblich[147], dem Kabinett durch **Gesetz** Zuständigkeiten zuzuweisen. Allerdings darf wegen der Ressortfreiheit des Kabinetts die Wahrnehmung solcher Zuständigkeiten keinen eigenen Verwaltungsapparat erfordern[148], was sich regelmäßig dadurch vermeiden läßt, daß nur die eigentliche Sachentscheidung von dem Kollegialorgan zu treffen ist, während Vorbereitung und Ausführung bei einem Minister liegen.

c) Allgemeine Kabinettskompetenz nach Art. 65 S. 3 GG

35 Die allgemeine Kabinettskompetenz zur Entscheidung von Meinungsverschiedenheiten zwischen den Bundesministern gem. Art. 65 S. 3 GG läßt sich wegen ihrer systema-

---

[137] *Degenhart*, Staatsrecht I, Rn. 448, will hier den Minister an Weisungen des Kabinetts binden.
[138] So *Achterberg* (Fn. 2), § 52 Rn. 59.
[139] *Oldiges* (Fn. 50), Art. 65 Rn. 32.
[140] Art. 76 I und III, 77 II 4, 80, 109 IV 2 GG.
[141] Art. 37, 84 II-V, 85 II-IV, 86, 108 II 3 und VII, 129 I 2 GG.
[142] Art. 26 II, 32 III, 80a III 1 GG.
[143] Art. 35 III, 81, 87a IV, 91 II, 115a I 2, 115f, 115i II GG.
[144] Art. 43 II, 53 GG.
[145] Ausführlich *Herzog* (Fn. 55), Art. 65 Rn. 70 ff.
[146] Vgl. nur *Oldiges* (Fn. 50), Art. 65 Rn. 29 m. w. N.
[147] So bestimmt die Bundesregierung etwa nach § 1 III BRHG den Sitz des Bundesrechnungshofes, sie ernennt nach § 17 I BDSG den Bundesdatenschutzbeauftragten und nach § 7 III BBankG den Präsidenten und den Vizepräsidenten der Bundesbank.
[148] *Oldiges* (Fn. 50), Art. 65 Rn. 29.

tischen Stellung zunächst dadurch näher bestimmen, daß sie sich nur auf solche Meinungsverschiedenheiten beziehen kann, die nicht in die alleinige Kanzler- oder Ministerzuständigkeit fallen. Folglich muß es sich um **ressortübergreifende Fragen** handeln, die noch **nicht durch Richtlinien des Bundeskanzlers entschieden** sind[149]. Gegenstand von Meinungsverschiedenheiten können etwa positive oder negative Kompetenzkonflikte sein, die der Bundeskanzler (noch) nicht durch Organisationserlaß bereinigt hat. In Betracht kommen aber auch inhaltliche Konflikte, wenn mehrere Ressorts sich bei der Lösung einer Frage nicht einigen können und die Richtlinien der Politik keine Vorgaben enthalten[150]. Eine zulässige verfahrensrechtliche Konkretisierung des Begriffs der Meinungsverschiedenheiten trifft darüber hinaus § 17 GOBReg, indem er das Scheitern einer Verständigung zwischen den beteiligten Bundesministern – sog. »Chefbesprechungen« – zur Voraussetzung einer Kollegialentscheidung macht[151].

Eine darüber hinausreichende **Kabinettskompetenz** zur Entscheidung **in Angelegenheiten von ressortübergreifender oder grundsätzlicher Bedeutung**, zu denen keine Meinungsverschiedenheiten vorhanden sind, **besteht nicht**. Das Argument, der Begriff der »Meinungsverschiedenheiten« sei mißverständlich zu eng gewählt[152], vermag ein gegenteiliges Ergebnis nicht zu begründen. Allerdings scheinen alle bisherigen Bundesregierungen eine deutlich über Art. 65 S. 3 GG hinausgehende allgemeine Kabinettskompetenz anzunehmen, da nach § 15 I GOBReg der Bundesregierung »alle Angelegenheiten von allgemeiner innen- oder außenpolitischer, wirtschaftlicher, sozialer, finanzieller oder kultureller Bedeutung« zur »Beratung und Beschlußfassung zu unterbreiten« sind[153]. Soweit damit Entscheidungskompetenzen begründet werden sollten, die sich im Konfliktfall gegen die Richtlinienkompetenz des Kanzlers oder gegen die Ressortzuständigkeit der Minister durchsetzen können, ist § 15 GOBReg verfassungswidrig[154]. Insbesondere die in § 15 II GOBReg genannten Personalangelegenheiten fallen gem. Art. 65 S. 2 GG in die Ressortzuständigkeit des jeweiligen Bundesministers[155]. Folglich kann diese Geschäftsordnungsvorschrift verfassungskonform nur als verfahrensmäßiges Instrument der Koordination innerhalb der Regierung ohne rechtliche Wirkung interpretiert werden[156].

36

d) Verfahren und Form von Kabinettsentscheidungen

Entscheidungskompetenzen der Bundesregierung werden durch Beschluß ausgeübt, der dem Kollegium materiell zurechenbar ist. Diese Zurechenbarkeit setzt ausrei-

37

---

[149] Jarass/*Pieroth*, GG, Art. 65 Rn. 6.
[150] Vgl. nur *Achterberg* (Fn. 2), § 52 Rn. 60.
[151] Vgl. dazu m.w.N. *Achterberg* (Fn. 2), § 52 Rn. 59.
[152] So *Achterberg* (Fn. 2), § 52 Rn. 59, der in diesem Zusammenhang auf die »treffendere« Formulierung in den Landesverfassungen verweist, die Fragen von »grundsätzlicher oder weittragender Bedeutung« oder solche, die für die gesamte Verwaltung von Bedeutung sind oder den Geschäftsbereich mehrerer Ressorts betreffen, der Entscheidungsbefugnis der Regierung als ganzer zuweisen: → Rn. 5.
[153] Nach *Achterberg* (Fn. 2), § 52 Rn. 59, wird hier die Grenze zwischen Kanzler- und Kollegialkompetenz nicht hinreichend gewahrt. So auch *Kröger*, Ministerverantwortlichkeit (Fn. 124), S. 58; *Böckenförde*, Organisationsgewalt (Fn. 54), S. 209.
[154] A.A. *W.-R. Schenke*, Jura 1982, 337 (348); *Degenhart*, Staatsrecht I, Rn. 448.
[155] Jarass/*Pieroth*, GG, Art. 65 Rn. 7; a.A. *Schneider* (Fn. 49), Art. 62 Rn. 9; *Herzog* (Fn. 55), Art. 65 Rn. 7.
[156] *Schröder* (Fn. 55), § 50 Rn. 24; *Oldiges* (Fn. 50), Art. 65 Rn. 31; unpräzise *Herzog* (Fn. 55), Art. 65 Rn. 72.

chende Information sämtlicher Mitglieder, ein Beschlußquorum sowie die Zustimmung einer Mehrheit voraus (→ Art. 62 Rn. 13f.)[157]. Nach der rechtlichen Qualität lassen sich die Kabinettsentscheidungen einteilen[158] in Beschlüsse über die Geschäftsordnung, über Rechtsverordnungen, über allgemeine Verwaltungsvorschriften, über Einzelweisungen und über Verwaltungsakte[159].

III. Verantwortlichkeit der Regierung

1. Politische Verantwortlichkeit gegenüber dem Bundestag

38 Neben der kontinuierlichen Abhängigkeit der Regierung vom Vertrauen einer parlamentarischen Mehrheit (→ Art. 63 Rn. 8ff.) stellt ihre Verantwortlichkeit gegenüber dem Parlament das zweite zentrale Element des parlamentarischen Regierungssystems dar. Während das Grundgesetz die **Vertrauensabhängigkeit** der Bundesregierung durch die Normen über die Regierungsbildung (Art. 63, 64 I GG), das Mißtrauensvotum (Art. 67 GG) und die Vertrauensfrage (Art. 69 GG) ausgestaltet hat, findet die **Verantwortlichkeit** der Bundesregierung[160] ihre Grundlage in den speziell normierten parlamentarischen Kontrollinstrumenten wie z.B. dem Zitier- und Interpellationsrecht nach Art. 43 I GG[161] (→ Rn. 44)[162]. Art. 65 GG begründet also nicht die Verantwortlichkeit der Regierung, sondern setzt sie voraus. Dies zeigt sich daran, daß die Verantwortlichkeit des Kanzlers und der Minister nicht auf die durch Art. 65 S. 1 und 2 GG zugewiesene Richtlinien- und Ressortkompetenz beschränkt, sondern auf alle – auch durch andere Normen zugewiesene – Zuständigkeiten bezogen ist[163]. Außerdem ist, obwohl in Art. 65 GG nicht ausdrücklich erwähnt, auch die Regierung als Kollegialorgan im Rahmen ihres Zuständigkeitsbereichs verantwortlich (→ Rn. 41). Vor diesem Hintergrund hat die ausdrückliche Erwähnung der Verantwortlichkeit von Kanzler und Ministern vor allem die Funktion, die Kongruenz von regierungsinterner Kompetenzverteilung und der Verantwortlichkeit gegenüber dem Bundestag[164] hervorzuheben.

39 »Verantwortung« i.S.d. Art. 65 S. 1 und 2 GG bezeichnet also die sich aus anderen Verfassungsnormen ergebende politische **Rechenschafts- und Einstandspflicht**[165] ge-

---

[157] BVerfGE 91, 148 (166).
[158] Vgl. die Übersicht bei *Achterberg* (Fn. 2), § 52 Rn. 66ff.
[159] Eine Verwaltungsaktzuständigkeit der Bundesregierung folgt aus Art. 26 II GG: → Art. 26 Rn. 28.
[160] Über deren Rechtsgrundlage hat sich noch keine allgemeine Meinung herausgebildet, so *Meyn* (Fn. 77) Art. 65 Rn. 4; *S. Magiera*, Rechte des Bundestages und seiner Mitglieder, in: Schneider/Zeh, § 52, Rn. 42 verweist etwa für das Zitier- und Interpellationsrecht auf Art. 43 I GG.
[161] Vgl. dazu mit ausführlichen Nachweisen *H. Dreier*, Hierarchische Verwaltung im demokratischen Staat, 1991, S. 132 f. → Art. 43 Rn. 8ff., 12ff.
[162] Wie sich bei der Stellung der Bundesminister (→ Rn. 40) zeigt, die zwar dem Parlament verantwortlich, aber nicht selbst vertrauensabhängig sind, empfiehlt es sich trotz der Überschneidungen (→ Rn. 43), die beiden Elemente auseinanderzuhalten; anders – die parlamentarische Verantwortlichkeit offenbar als Oberbegriff benutzend – etwa *Oldiges* (Fn. 50), Art. 62 Rn. 46.
[163] So auch *M. Schröder*, Bildung, Bestand und parlamentarische Verantwortung der Bundesregierung, in: HStR II, § 51 Rn. 54.
[164] *P. Badura*, ZParl. 11 (1980), 573 (574), spricht treffend von der Verantwortlichkeit der Regierung und der einzelnen Regierungsmitglieder als einem »Gegenstück« zu ihrer Handlungsvollmacht.
[165] Grundlegend dazu *Kröger*, Ministerverantwortlichkeit (Fn. 124), S. 17ff., 22ff.; ihm folgend etwa *Schröder* (Fn. 163), § 51 Rn. 49.

genüber dem Parlament¹⁶⁶. Die Regierungsmitglieder müssen dem Parlament Rede und Antwort stehen und sich rechtfertigen¹⁶⁷. Die Verantwortlichkeit hat weder etwas mit persönlicher Schuld im Sinne von Vorsatz oder Fahrlässigkeit zu tun noch will die Verfassung an ein Fehlverhalten zivil- oder strafrechtliche Folgen knüpfen¹⁶⁸. Verantwortlichkeitsmaßstab kann, muß aber nicht die Bindung der Bundesregierung an Recht und Gesetz sein. Aus der Eidesformel des Art. 56 GG (vgl. Art. 64 II GG) lassen sich keine verfassungsrechtlich vorgegebenen Verantwortlichkeitsmaßstäbe wie etwa die »Wahrung eines am Staatswohl orientierten Wertkodex«¹⁶⁹ gewinnen. Es ist vielmehr Sache des Bundestages und insbesondere der parlamentarischen Minderheit als Träger der wichtigsten Kontrollrechte, die Richtigkeits- oder Zweckmäßigkeitskriterien zu bestimmen, die den Maßstab parlamentarischer Kontrolle bilden sollen¹⁷⁰. Deshalb kann die Verantwortlichkeit der Regierungsorgane von Verfassungs wegen auch nicht an besondere Zurechenbarkeitskriterien wie Billigung, Duldung oder Ermöglichung des in Rede stehenden Vorgangs durch Organisationsverschulden abhängig gemacht werden¹⁷¹. Für die Verantwortlichkeit genügt es vielmehr, daß dem Kanzler, einem Minister oder dem Kollegium für den jeweiligen Sachbereich eine Kompetenz zukommt¹⁷².

2. Verantwortlichkeit von Kanzler, Minister und Kabinett

Neben dem **Bundeskanzler** sind **auch die Minister verantwortlich**¹⁷³. Nachdem das Grundgesetz abweichend von Art. 54 S. 2 WRV ein Mißtrauensvotum gegen einzelne Bundesminister nicht mehr vorgesehen hatte, war die Meinung vertreten worden, daß die Bundesminister dem Parlament nicht verantwortlich seien¹⁷⁴. Die in Art. 65 S. 2 GG normierte Verantwortlichkeit bestehe nur gegenüber dem Bundeskanzler, der seinerseits dem Parlament verantwortlich sei¹⁷⁵. Demgegenüber weist die heute ganz h.M. zu Recht darauf hin, daß parlamentarische Verantwortlichkeit auch in anderen Rechenschafts- und Kontrollinstrumentarien (→ Rn. 44) als dem Mißtrauensvotum ihren Ausdruck finden kann¹⁷⁶. Auch für die Minister gilt deshalb, daß ihre Verantwort- 40

---

¹⁶⁶ Vgl. nur *Stein*, Staatsrecht, S. 91; *Oldiges* (Fn. 50), Art. 65 Rn. 22; *Stern*, Staatsrecht II, S. 310; *J. Ipsen*, Staatsrecht I, Rn. 380. Dies gilt auch für die Verantwortlichkeit der Bundesminister (→ Rn. 40).
¹⁶⁷ *J. Ipsen*, Staatsrecht I, Rn. 381.
¹⁶⁸ Jarass/Pieroth, GG, Art. 65 Rn. 1; *J. Ipsen*, Staatsrecht I, Rn. 382.
¹⁶⁹ So aber *Stern*, Staatsrecht II, S. 320.
¹⁷⁰ *Schröder* (Fn. 163), § 51 Rn. 50. *U. Scheuner*, Verantwortung und Kontrolle in der demokratischen Verfassungsordnung (1970), in: ders., Staatstheorie und Staatsrecht, 1978, S. 293 ff. (305), sieht hier ein »letztlich nicht justitiables Moment«.
¹⁷¹ So aber *Stern*, Staatsrecht II, S. 319 f.
¹⁷² So auch *Schröder* (Fn. 163), § 51 Rn. 55, allerdings mit der Einschränkung, daß die persönliche Zurechenbarkeit bei der Geltendmachung der Einstandspflicht »ins Spiel zu bringen« sei; ähnlich *Kröger*, Ministerverantwortlichkeit (Fn. 124), S. 19 f.; *P. Badura*, ZParl. 11 (1980), 573 (581).
¹⁷³ *Oldiges*, Bundesregierung (Fn. 8), S. 448; *Schröder* (Fn. 163), § 51 Rn. 52; *Schneider* (Fn. 49), Art. 65 Rn. 8; aus politikwissenschaftlicher Sicht *H.-U. Derlien*, VerwArch. 87 (1996), 548 (576 f.).
¹⁷⁴ Etwa *T. Eschenburg*, DÖV 1954, 193 (199); kritisch hierzu bereits der Diskussionsbeitrag von *V. Böhmert*, VVDStRL 16 (1958), S. 142 f.; ausführliche Darstellung der Diskussion bei *U. Wengst*, ZParl. 15 (1984), 539 ff.
¹⁷⁵ *T. Eschenburg*, DÖV 1954, 193 (199).
¹⁷⁶ *Kröger*, Ministerverantwortlichkeit (Fn. 124), S. 5 f., 142 ff.; *P. Kunig*, Jura 1993, 220 ff.; *Oldiges*, Bundesregierung (Fn. 8), S. 448; *Dreier*, Hierarchische Verwaltung (Fn. 161), S. 132 f.; *Schröder* (Fn. 163), § 51 Rn. 52; s. auch *J. Linck*, DÖV 1983, 957 (959 ff.). Allerdings wird auch vertreten, daß

lichkeit das Verhältnis zum Parlament betrifft. Da Kabinett und Kanzler »ressortfrei« sind und nicht die Funktion einer »Gelenkstelle« zwischen Regierung und Verwaltung (→ Art. 62 Rn. 27) ausüben, stellt die Ministerverantwortlichkeit den entscheidenden Ansatzpunkt für die parlamentarische Kontrolle der Verwaltung dar. Daraus folgt die **Problematik »ministerialfreier Räume«**[177].

41 Ob auch das **Kabinett** Träger eigener Verantwortlichkeit ist, erscheint zweifelhaft, da Art. 65 GG nur die Verantwortlichkeit des Kanzlers und der Minister ausdrücklich normiert. Allerdings ist der Wortlaut von Art. 65 S. 1 und 2 GG in diesem Zusammenhang von begrenzter Aussagekraft, weil die Erwähnung der Verantwortlichkeit nur deklaratorische Funktion hat (→ Rn. 38). Auch das Argument, die Rechenschafts- und Einstandspflicht könne nur eine individuelle sein, so daß mit der Kanzler- und der Ministerverantwortlichkeit die Bundesregierung vollständig erfaßt sei[178], überzeugt nicht, weil es den Inhalt parlamentarischer Verantwortung als persönliche mißversteht (→ Rn. 39)[179]. Ohne eine Verantwortlichkeit der Bundesregierung würden darüber hinaus Entscheidungsbefugnis und Entscheidungsverantwortung getrennt[180].

3. Kontrollinstrumente des Bundestages

42 Die Konkretisierung dessen, was Verantwortlichkeit der Regierung nach Art. 65 GG wie auch nach der Gesamtstruktur des durch das Grundgesetz konstituierten parlamentarischen Regierungssystems bedeutet, ergibt sich aus den konkreten Rechten des Parlaments gegenüber der Regierung (→ Art. 38 Rn. 43).

43 Was die Verantwortlichkeit des Bundeskanzlers und der Bundesregierung als Kollegialorgan angeht, so besteht eine enge Verbindung zur **Vertrauensabhängigkeit** (→ Rn. 38; → Art. 63 Rn. 8). Im Interesse der Regierungsstabilität ist allerdings die Möglichkeit des Bundestages, im Wege des konstruktiven Mißtrauensvotums nach Art. 67 GG die **Einstandspflicht** des Kanzlers und der gesamten Regierung durch ihre Entfernung aus dem Amt einzufordern, begrenzt. Von größerer praktischer Bedeutung ist deshalb die Möglichkeit, das Verhalten eines Regierungsorgans durch einfachen Parlamentsbeschluß zu mißbilligen[181]. Dieses Instrument stellt bei den Ministern, da ihrer Verantwortlichkeit keine Vertrauensabhängigkeit[182] korrespondiert, den einzigen Weg dar, ihre Einstandspflicht umzusetzen. Der Bundeskanzler kann außerdem durch Beschluß aufgefordert werden, einen Minister zur Entlassung vorzuschlagen[183].

44 Im Zentrum der parlamentarischen Kontrollrechte, die die **Rechenschaftspflicht** des Kanzlers, des Kabinetts und der Minister konkretisieren, steht das Zitier- und Interpel-

---

die Minister nur mittelbar dem Parlament verantwortlich seien: *H. Karehnke*, DVBl. 1974, 101 (103); *G. Püttner/G. Kretschmer*, Die Staatsorganisation, Bd. I, 1978, S. 120.

[177] *Jarass/Pieroth*, GG, Art. 65 Rn. 1; ausführlich m.w.N. *Dreier*, Hierarchische Verwaltung (Fn. 161), S. 134 ff. → Art. 20 (Demokratie) Rn. 116.
[178] *Oldiges* (Fn. 50), Art. 65 Rn. 35.
[179] So zutreffend *Schröder* (Fn. 163), § 51 Rn. 53, 55.
[180] *Schröder* (Fn. 163), § 51 Rn. 53; zur »verfassungsrechtlichen Verantwortung« der Bundesregierung »gegenüber dem Bundestag« vgl. auch BVerfGE 45, 1 (48).
[181] Vgl. nur *J. Ipsen*, Staatsrecht I, Rn. 383.
[182] *Oldiges* (Fn. 50), Art. 64 Rn. 10.
[183] Dazu m.w.N. *Achterberg* (Fn. 2), § 52 Rn. 51 → Art. 67 Rn. 21.

lationsrecht des Bundestages (Art. 43 I GG)[184]. Daneben ist das parlamentarische Untersuchungsrecht nach Art. 44 GG von besonderer praktischer Bedeutung. Ferner verdienen Erwähnung die Einrichtung des Wehrbeauftragten (Art. 45b GG), die Kontrollmöglichkeiten des Petitionsausschusses (Art. 45c GG), große und kleine Anfragen sowie die Instrumente des Haushaltsrechts[185]. Soweit die genannten Kontrollinstrumente ausdrücklich verfassungsrechtlich normiert sind oder jedenfalls in den Strukturprinzipien der Demokratie und des parlamentarischen Regierungssystems ihre Grundlage haben, wird die Verantwortlichkeit der Regierung einschließlich der Ministerverantwortlichkeit verstärkt durch die weitreichende verfassungsgerichtliche Kontrolle im Wege des Organstreits.

Bemißt man vor diesem Hintergrund die tatsächliche Wirksamkeit der Instrumente, mit deren Hilfe das Parlament die Regierung zur Verantwortung ziehen kann, nicht allein an der Zahl der Rücktritte von Ministern, so besteht kein Anlaß, die parlamentarische Verantwortlichkeit als »Fiktion« oder als »stumpfes Schwert« einzuschätzen[186]. 45

IV. Geschäftsleitung und Geschäftsordnung (Art. 65 S. 4 GG)

In Art. 65 S. 4 GG räumt die Verfassung der Bundesregierung die sog. **Geschäftsordnungsautonomie** ein. Sie umfaßt die Befugnis, den Geschäftsgang innerhalb des Kollegialorgans Bundesregierung festzulegen[187]. Dabei muß dem **Bundeskanzler die Geschäftsleitungsbefugnis** zukommen, der seinerseits bei der Wahrnehmung dieser Befugnis an die Geschäftsordnung gebunden ist. 46

1. Geschäftsordnung der Bundesregierung

Nicht anders als die Geschäftsordnung des Bundestages (→ Art. 40 Rn. 17 f.) ist auch die Geschäftsordnung der Bundesregierung kaum gängigen Normtypen zuzuordnen[188]. Nach den älteren Versuchen, sie als »autonome Satzung« zu qualifizieren[189], findet sich heute vor allem die Einordnung als »Verfassungssatzung«[190]. Solche Bemühungen, die **Rechtsnatur** der Geschäftsordnung näher zu bestimmen, sind allerdings kaum ertragreich, weil die auf andere Normkategorien anwendbaren Regeln nicht oder nur teilweise übertragbar sind. Immerhin verdeutlicht die Kennzeichnung als »**Regierungsinnenrechtsnorm**«[191], daß das rechtliche Verhältnis zu anderen Verfassungsorganen oder zum Bürger außerhalb der Reichweite der Geschäftsordnungsautonomie liegt. Diese Eigenschaft teilt die Geschäftsordnung der Bundesregierung mit anderen Geschäftsordnungen, die auch sonst als das wichtigste Hilfsmittel zur Beantwortung allgemeiner geschäftsordnungstypischer Fragen gelten können[192]. 47

---

[184] So auch *Dreier*, Hierarchische Verwaltung (Fn. 161), S. 132 f.
[185] Ausführliche Nachweise bei *Dreier*, Hierarchische Verwaltung (Fn. 161), S. 133 mit Anm. 46.
[186] So aber *Kröger*, Ministerverantwortlichkeit (Fn. 124), S. 168 ff.; wie hier dagegen die Einschätzung von *Schröder* (Fn. 163), § 51 Rn. 57.
[187] BVerwGE 89, 121 (124).
[188] Vgl. zum Problem *Achterberg* (Fn. 2), § 52 Rn. 80 ff.
[189] So etwa BVerfGE 1, 144 (148), HessStGH ESVGH 17, 18 (21).
[190] *Böckenförde*, Organisationsgewalt (Fn. 54), S. 122 f.
[191] So *Achterberg* (Fn. 2), § 52 Rn. 84; *Oldiges* (Fn. 50), Art. 65 Rn. 38; vgl. auch die Zusammenstellung der Einordnungen bei *v. Münch*, Staatsrecht I, Rn. 859.
[192] Vgl. etwa die Argumentation in BVerwGE 89, 121 (125), die allerdings – zumindest nach BVerf-

48 Die Geschäftsordnung der Bundesregierung wird von der Bundesregierung als Kollegialorgan beschlossen. Dabei gelten für das **Verfahren** die allgemeinen Minimalanforderungen an Kollegialentscheidungen (Information, Quorum, Mehrheit: → Rn. 37). Die formfreie und nicht gegenzeichnungspflichtige[193] **Genehmigung durch den Bundespräsidenten** – ein heute als »Anachronismus« einzustufendes, von Art. 55 WRV überkommenes »historisches Relikt«[194] –, ist Voraussetzung für die Wirksamkeit der Geschäftsordnung[195]. Sie kann entsprechend der Entscheidungsbefugnis des Staatsoberhauptes etwa im Gesetzgebungsverfahren nur aus Rechtsgründen verweigert werden[196]. Die ständig praktizierte **Veröffentlichung**[197] ist verfassungsrechtlich nicht ausdrücklich vorgeschrieben[198].

49 In der **Staatspraxis** wird die Geschäftsordnung vom 11. 5. 1951[199] **ohne expliziten Beschluß** und ohne Genehmigung durch den Bundespräsidenten von den nachfolgenden Bundesregierungen übernommen. Das Bundesverfassungsgericht hat diese Praxis zu Recht gebilligt[200], weil dem Grundsatz, daß kein Organ hinsichtlich seines Innenrechts seinen Nachfolger binden kann, dadurch ausreichend Rechnung getragen wird, daß die Bundesregierung gem. Art. 64 S. 4 GG ihre Geschäftsordnung jederzeit ändern kann. Der Fiktion, eine neue Bundesregierung beschließe die alte Geschäftsordnung durch stillschweigende Anwendung neu und ebenso stillschweigend erkläre der Bundespräsident seine Genehmigung[201], bedarf es daher nicht.

50 Der auf den Innenbereich des Kollegialorgans begrenzten Wirkung entsprechend bleiben reine **Geschäftsordnungsverstöße** im Außenverhältnis zu anderen Verfassungsorganen oder zum Bürger **ohne Folgen**[202]. Beschlüsse der Bundesregierung z. B. über eine Rechtsverordnung, die auf einem Verstoß gegen die Geschäftsordnung beruhen, sind nur dann unwirksam, wenn die verletzte Vorschrift verfassungsrechtliche Minimalanforderungen etwa an die Willensbildung des Kollegialorgans (→ Art. 62 Rn. 13) konkretisiert und der Beschluß deshalb zugleich auf einem **Verstoß gegen das Grundgesetz** beruht[203]. Die verbreitete Unterscheidung zwischen wesentlichen und eher technischen Geschäftsordnungsvorschriften[204] ist also im Sinne von verfassungsrechtlich gebotenen und solchen, die der Gestaltungsfreiheit des Kabinetts unterlie-

---

GE 91, 148 (167) – die fehlende Vergleichbarkeit von Bundestag und Bundesregierung im Hinblick auf den Grundsatz der Diskontinuität übersah.

[193] Dazu m. w. N. *Achterberg* (Fn. 2), § 52 Rn. 88.
[194] *Achterberg* (Fn. 2), § 52 Rn. 87.
[195] *Oldiges* (Fn. 50), Art. 65 Rn. 39.
[196] Vgl. nur *Achterberg* (Fn. 2), § 52 Rn. 87; *Oldiges* (Fn. 50), Art. 65 Rn. 39. → Art. 82 Rn. 12.
[197] Im Gemeinsamen Ministerialblatt; vgl. zuletzt die Bekanntmachung vom 17. 7. 1987 (GMBl. S. 382).
[198] Mit *Achterberg* (Fn. 2), § 52 Rn. 89 ist allerdings aus Gründen demokratischer Öffentlichkeit anzunehmen, daß diese Praxis einem verfassungsrechtlichen Gebot entspricht.
[199] GMBl. S. 137.
[200] BVerfGE 91, 148 (167).
[201] So BVerwGE 89, 121 (125); *Achterberg* (Fn. 2), § 52 Rn. 90; *Herzog* (Fn. 55), Art. 65 Rn. 111, 115.
[202] *Stern*, Staatsrecht II, S. 307; *Oldiges* (Fn. 50), Art. 65 Rn. 38; *v. Mangoldt/Klein*, GG, Art. 65 Anm. VI 1b.
[203] So auch *Böckenförde*, Organisationsgewalt (Fn. 54), S. 126; *V. Epping*, NJW 1992, 2605 (2608); *Schneider* (Fn. 49), Art. 65 Rn. 12. → Art. 80 Rn. 22, 43.
[204] So etwa BVerwGE 89, 121 (125) m. w. N.

gen, zu präzisieren²⁰⁵. Soweit es nicht um Außenrechtsfolgen eines Geschäftsordnungsverstoßes oder um Verstöße gegen nicht verfassungsrechtlich gebotene Geschäftsordnungsvorschriften geht, fällt es in die Befugnis des Geschäftsordnungsgebers selbst, interne »Sanktionen« vorzusehen.

2. Die Leitungskompetenz des Bundeskanzlers

Durch die Befugnis, die Geschäfte der Bundesregierung zu leiten, die dem **Bundeskanzler als Teil des Kollegialorgans**²⁰⁶ Bundesregierung zusteht, wird er aus dem Kreis der grundsätzlich gleichberechtigten²⁰⁷ Kabinettsmitglieder herausgehoben. Allerdings ist er bei Ausübung dieser Kompetenz an die Geschäftsordnung gebunden, die die »Leitung« in Gestalt einzelner Verfahrensbefugnisse konkretisiert. Diese reichen von der Entscheidung, ob eine mündliche Beratung in der Regierung notwendig ist (§ 20 II 2 GOBReg), über die Anweisung an den Staatssekretär des Bundeskanzleramtes betreffend die Tagesordnung (§ 21 I GOBReg) bis zum eigentlichen Sitzungsvorsitz (§ 22 I 1 GOBReg)²⁰⁸. Bei der Wahrnehmung seiner Geschäftsleitungsbefugnis wird der Bundeskanzler durch das Bundeskanzleramt (→ Art. 62 Rn. 17) unterstützt. Dessen Koordinierungs- und Planungstätigkeit ist verfassungsrechtlich – ohne daß in der Praxis eine Abgrenzung zwischen beiden möglich ist – durch die Geschäftsleitungsbefugnis und die Richtlinienkompetenz gedeckt, solange die Entscheidungsbefugnisse von Ministern und Kabinett unangetastet bleiben²⁰⁹.

51

D. Verhältnis zu anderen GG-Bestimmungen

Als genereller Kompetenzverteilungsnorm innerhalb der Regierung gehen der Anwendung von Art. 65 GG die speziellen Normen vor, die dem Kanzler (→ Rn. 16), dem Kabinett (→ Rn. 33f.) und den Bundesministern (→ Rn. 29) Kompetenzen zuweisen. Die in Art. 65 GG erwähnte Verantwortlichkeit des Bundeskanzlers und der Bundesminister hat im Verhältnis zu den Normen, die die Vertrauensabhängigkeit der Regierung vom und ihre Kontrolle durch das Parlament regeln, lediglich deklaratorische Funktion (→ Rn. 38).

52

---

²⁰⁵ Vgl. auch *S. Magiera*, Parlament und Staatsleitung in der Verfassungsordnung des Grundgesetzes, 1979, S. 124f., der die »Schwere« des Geschäftsordnungsverstoßes nach »den in der Verfassung unmittelbar zum Ausdruck gebrachten Verfahrensgrundsätzen« bemessen will.
²⁰⁶ Daraus folgt, daß er bei Verhinderung durch den Vizekanzler oder einen anderen Minister (Einzelheiten in § 22 I GOBReg), nicht aber durch den Chef des Bundeskanzleramtes vertreten wird; vgl. *Achterberg* (Fn. 2), § 52 Rn. 73.
²⁰⁷ *v. Beyme*, Politisches System (Fn. 65), S. 281: »Im Kabinett sind im Prinzip alle gleich.«
²⁰⁸ Vgl. die Zusammenstellung von *Achterberg* (Fn. 2), § 52 Rn. 77, 78.
²⁰⁹ Vgl. dazu *Schneider* (Fn. 49), Art. 65 Rn. 5; *Oldiges* (Fn. 50), Art. 65 Rn. 12; jeweils m.w.N.

Artikel 65a [Führung der Streitkräfte]

Der Bundesminister für Verteidigung hat die Befehls- und Kommandogewalt über die Streitkräfte.

Literaturauswahl

Böckenförde, Ernst-Wolfgang: Die Organisationsgewalt im Bereich der Regierung, 1964.
Busch, Eckart: Der Oberbefehl, seine rechtliche Struktur in Preußen und Deutschland seit 1848, 1967.
Ehmke, Horst: Militärischer Oberbefehl und parlamentarische Kontrolle, in: ZfP 1 (1954), S. 337–356; auch in: ders., Beiträge zur Verfassungstheorie und Verfassungspolitik, 1981, S. 377–395.
Erhardt, Manfred: Die Befehls- und Kommandogewalt, 1969.
v. d. Heydte, Friedrich August: Zur Problematik der Befehls- und Kommandogewalt nach Art. 65a, in: Gedächtnisschrift für Hans Peters, 1967, S. 526–532.
Hornung, Klaus: Staat und Armee, 1975.
Klein, Eckart: Ministerielle Weisungsbefugnis und Stellvertretung in der Befehls- und Kommandogewalt, in: JuS 1974, S. 362–367.
Lepper, Manfred: Die verfassungsrechtliche Stellung der militärischen Streitkräfte im gewaltenteilenden Rechtsstaat, 1962.
Quaritsch, Helmut: Führung und Organisation der Streitkräfte im demokratisch-parlamentarischen Staat, VVDStRL 26 (1968), S. 207–259.
v. Unruh, Georg-Christoph: Führung und Organisation der Streitkräfte im demokratisch-parlamentarischen Staat, VVDStRL 26 (1968), S. 157–206.
v. Unruh, Georg-Christoph: Befehls- und Kommandogewalt, in: Festschrift für Hans J. Wolff, 1973, S. 109–145.

Leitentscheidungen des Bundesverfassungsgerichts

Diese liegen zu Art. 65a GG bislang nicht vor.

Gliederung

	Rn.
A. Herkunft, Entstehung, Entwicklung	1
I. Ideen- und verfassungsgeschichtliche Aspekte	1
II. Entstehung und Veränderung der Norm	2
B. Internationale, supranationale und rechtsvergleichende Bezüge	3
C. Erläuterungen	5
I. Allgemeine Bedeutung	5
II. Das Ressort des Bundesministers für Verteidigung	6
III. Die Befehls- und Kommandogewalt	9
IV. Die Stellvertretung des Verteidigungsministers	12
D. Verhältnis zu anderen GG-Bestimmungen	13

A. Herkunft, Entstehung, Entwicklung

I. Ideen- und verfassungsgeschichtliche Aspekte

1 Mit der Abkehr von Söldnerheeren und dem Aufbau stehender Heere im 16. und 17. Jahrhundert entstand im Militärwesen die Aufteilung der Führung in zwei Funktionsbereiche, das Kommando als die Führung im Felde und die Heeresverwaltung als die

I. Ideen- und verfassungsgeschichtliche Aspekte   Art. 65a

Bereitstellung des personellen und materiellen Bedarfs[1]. In der absolutistischen Epoche fielen beide Funktionsbereiche sowie Inhaberschaft und Ausübung der Militärgewalt noch vollständig in der Person des Monarchen zusammen. Im preußisch geprägten **Konstitutionalismus** geriet die Kommandogewalt in die Spannungslage zwischen dem fortbestehenden Oberbefehl des Königs (Art. 46 PreußVerf. 1850) und der Gegenzeichnungspflicht für königliche Regierungsakte gem. Art. 44 PreußVerf. 1850[2], die sich in der Verfassung des Reiches von 1871 in Art. 17, 53 I, 63 I exakt fortsetzte[3]. Die Kabinettsordre vom 18. 1. 1861 hatte folgenschwer »Armeebefehle« generell von der Gegenzeichnungspflicht ausgenommen und nur »Bestimmungen, welche auf den Militär-Etat von Einfluß sind« der Gegenzeichnung unterworfen[4]. Diese Verfassungslage fand in dem Diktum Lorenz v. Steins ihren prägnanten Ausdruck, wonach »das Heerwesen unter dem Gesetz, die Armee unter dem Befehl« stand[5]. Die **Kommandogewalt als parlamentsfreier Bereich des Oberbefehls** wurde damit bis zum Ende des Kaiserreichs in gefährlicher Weise unbestimmt gelassen[6]. Art. 47 WRV wies zwar in Anlehnung an die Tradition dem Reichspräsidenten den Oberbefehl zu, Art. 50 WRV unterwarf jedoch alle militärischen Anordnungen ausnahmslos der Gegenzeichnungspflicht[7]. Freilich gelang es General von Seeckt durch eine Wiederbelebung der von der Befehlsgewalt abgegrenzten Kommandogewalt, ihre faktische Konzentration beim Chef der Heeresleitung und dessen unmittelbares Vortragsrecht beim Reichspräsidenten die Parlamentarisierung extrakonstitutionell teilweise zu unterlaufen[8]. Im »Dritten Reich« werden durch die erstmals im Erlaß vom 21. 4. 1936 auftauchende Formel der »Befehls- und Kommandogewalt« Inhaberschaft und Ausübung des Oberbefehls sowie Militär- und Verwaltungsbefugnisse wieder in einer Person vereint[9].

---

[1] *K. Ipsen*, in: BK, Art. 115b (Erstb. 1969), Rn. 4f.
[2] Vgl. hierzu v. a. *E. Busch*, Der Oberbefehl, 1967, S. 7ff.; *F. Marschall v. Bieberstein*, Verantwortlichkeit und Gegenzeichnung bei Anordnungen des Obersten Kriegsherrn, 1911, S. 217ff.; *R. Schmidt-Bückeburg*, Das Militärkabinett der preußischen Könige und deutschen Kaiser, 1933, S. 38ff.; *H.O. Meisner*, Die Kriegsminister 1814–1914, 1940, S. 17ff.
[3] *Ipsen* (Fn. 1), Art. 115b Rn. 9ff.; im einzelnen *Schmidt-Bückeburg*, Militärkabinett (Fn. 2), S. 96ff.; *E. Lodemann*, Kommandogewalt und Gesetz zur Zeit der Reichsverfassung von 1871, in: FS R. Laun, 1948, S. 238ff.
[4] Abgedruckt z.B. in: *F. Hoßbach*, Die Entstehung des Oberbefehls über das Heer in Brandenburg-Preußen und im Deutschen Reich von 1655–1945, 1957, S. 38f.; dazu v. a. *Schmidt-Bückeburg*, Militärkabinett (Fn. 2), S. 75ff.; *Marschall v. Bieberstein*, Verantwortlichkeit (Fn. 2), S. 225ff.; *H. Helfritz*, Geschichte der Preußischen Heeresverwaltung, 1938, S. 310f.; *Meisner*, Kriegsminister (Fn. 2), S. 24ff.
[5] *L. v. Stein*, Die Lehre vom Heerwesen, 1872, S. 13.
[6] Vgl. bereits kritisch *P. Laband*, Das Staatsrecht des Deutschen Reiches, Bd. IV, 5. Aufl. 1914, S. 36; *Ipsen* (Fn. 1), Art. 115b Rn. 11; zur Entwicklung und Rechtslage vgl. ferner *E. R. Huber*, Heer und Staat in der deutschen Geschichte, 1938, S. 329ff.
[7] Die Literatur setzte Oberbefehl weitgehend mit der früheren Kommandogewalt gleich, vgl. nur *Anschütz*, WRV, Art. 47 (S. 267); *H. Pohl*, Die Zuständigkeiten des Reichspräsidenten, in: HdbDStR I, S. 482ff. (497); *U. Traut*, Die Spitzengliederung der deutschen Streitkräfte von 1921 bis 1964, Diss. jur. Würzburg 1965, S. 40ff.
[8] Vgl. *J. Schmädeke*, Militärische Kommandogewalt und parlamentarische Demokratie, 1966, S. 92ff.; s. auch *Ipsen* (Fn. 1), Art. 115b Rn. 18; *Busch*, Oberbefehl (Fn. 2), S. 70ff.
[9] Vgl. *Hoßbach*, Entstehung (Fn. 4), S. 106ff.; *Ipsen* (Fn. 1), Art. 115b Rn. 25f.; *Busch*, Oberbefehl (Fn. 2), S. 87ff.; der Erlaß ist abgedruckt in: *E. Brandstetter/E. H. Hoffmann*, Handbuch des Wehrrechts, Bd. I, 2. Aufl. 1939, Nr. 115; zum zeitgenössischen Verständnis s. *J. Heckel*, Wehrverfassung und Wehrrecht des Großdeutschen Reiches, I 1939, S. 285ff.

II. Entstehung und Veränderung der Norm

2   Trotz der negativen Erfahrungen mit den dem parlamentarischen Zugriff entzogenen Militärbefugnissen sollte im Bundestag nach einem ersten Vorschlag der Oberbefehl zunächst dem Bundespräsidenten übertragen werden, obwohl dieser nicht dem Parlament verantwortlich ist[10]. Allerdings wurde auch den entgegengesetzten Vorstellungen einer Verantwortung des Bundesverteidigungsministers, der einem gesonderten Vertrauensvotum unterliegen sollte[11], nicht entsprochen. Vielmehr wurde zwischen der Regierungsfraktion der CDU/CSU und der Oppositionsfraktion der SPD im Rechtsausschuß der heutige Kompromiß gefunden[12], der durch die Doppelformel der Befehls- und Kommandogewalt uneingeschränkt **alle Befehlsbefugnisse in parlamentarisch verantwortliche Hände** legt und jegliche Aufspaltung in parlamentarisch-kontrollierte und parlamentsfreie Kompetenzbereiche versperren soll[13]. Daraufhin wurde Art. 65a GG im Rahmen der sog. **Wehrnovelle** in das Grundgesetz eingefügt[14]. Der ursprüngliche Art. 65a II GG wurde später verändert im Zuge der sog. »Notstandsgesetzgebung«[15] als Art. 115b GG in den Abschnitt Xa überführt.

B. Internationale, supranationale und rechtsvergleichende Bezüge

3   Während das Europäische Gemeinschaftsrecht keine Berührungspunkte mit der Befehls- und Kommandogewalt aufweist, bleibt die Eingliederung in die militärische Organisation der NATO nicht ohne Einfluß. Aufgrund der Regelung des Art. 24 II GG ist im Rahmen der Einordnung in ein System kollektiver Sicherheit eine Beschränkung auch der Befehls- und Kommandogewalt zulässig, während eine völlige Entziehung mit Art. 24 II GG nicht mehr vereinbar wäre[16]. Deshalb wäre prinzipiell eine solche **Beschränkung im Rahmen der NATO zulässig**, da die NATO ein kollektives Verteidigungsbündnis ist und nach wohl herrschender Meinung zugleich ein System kollektiver Sicherheit i.S.d. Art. 24 II GG darstellt[17]. Entgegen der gelegentlichen Annahme, daß die Befehls- und Kommandogewalt durch den NATO-Beitritt gemindert worden sei[18], bleibt diese als Hoheitsrecht **in Friedenszeiten** aber prinzipiell beim Vertei-

---

[10] So der FDP-Entwurf v. 12.1.1954, BT-Drs. 171; zustimmend etwa *T. Maunz*, Deutsches Staatsrecht, 7. Aufl. 1958, S. 141; dagegen *W. Roemer*, JZ 1956, 193 (195); *Meyer-Dalheuer*, DVBl. 1957, 185 (185); generell zur Entstehungsgeschichte *K. Hornung*, Staat und Armee, 1975, S. 45ff.

[11] BT StenBer. II. WP., 93. Sitzung, S. 5251 b.

[12] BT-Drs. II/2150, S. 4; vgl. *Ipsen* (Fn. 1), Art. 115b I.

[13] *Stern*, Staatsrecht II, S. 871; *G. Frank*, in: AK-GG, hinter Art. 87 Rn. 61; vgl. a. *F. Erler*, Heer und Staat in der Bundesrepublik, in: Schicksalsfragen der Gegenwart, Bd. III, 1958, S. 223ff. (236).

[14] 7. Gesetz zur Änderung des Grundgesetzes v. 19.3.1966 (BGBl. I S. 111); zur Entstehung der Wehrverfassung vgl. insgesamt die Vorbemerkungen zu Art. 115a GG im dritten Band dieses Kommentars.

[15] 17. Ges. zur Änderung des GG v. 24.6.1968 (BGBl. I S. 709).

[16] *Frank* (Fn. 13), hinter Art. 87 Rn. 68.

[17] BVerfGE 90, 286 (345ff.); *C. Tomuschat*, in: BK, Art. 24 (Zweitb. 1985), Rn. 126ff.; *W. Grewe*, AöR 78 (1952/53), 243ff.; *W. Heun*, JZ 1994, 1073 (1074); a. A. *J. Wieland*, DVBl. 1991, 1174 (1176); *Ipsen* (Fn. 1), Art. 115b Rn. 149. → Art. 24 Rn. 55 ff.

[18] Z. B. *W. Martens*, Wehrverfassung und Grundgesetz, 1961, S. 171; *M. Lepper*, Die verfassungsrechtliche Stellung der militärischen Streitkräfte im gewaltenteilenden Rechtsstaat, Diss. jur. Bielefeld 1962, S. 170; *v. Mangoldt/Klein*, GG, Art. 65a, Anm. III. 1f.

digungsminister[19]. Der Nordatlantikvertrag vom 4. April 1949 sieht keine Übertragung von Hoheitsrechten vor. Der Nordatlantik-Rat ist ein internationales, kein supranationales, Organ ohne Durchgriffsrechte, das nur völkerrechtliche Empfehlungen abgeben kann[20]. Soweit dem Obersten Alliierten Befehlshaber Europa (SACEUR) in Friedenszeiten nationale Verbände zugeteilt sind (assigned forces), erfolgt dies allein zum Zweck der operativen Planung. Die Einflußnahme des SACEUR auf Dislozierung, Organisation, Kommandostruktur, Ausbildung und Logistik hat nur Empfehlungscharakter, rechtlich wird der Verteidigungsminister dadurch nicht gebunden[21]. Selbst die sog. Interception-Verbände der Luftwaffe, die Bestandteil des NATO-Frühwarnsystems sind, bleiben truppendienstlich dem Verteidigungsminister untergeordnet[22]. Wenn **im Spannungsfall** oder beim **Beginn von Kampfhandlungen** die alliierten Kommandobehörden die operative Führung (operational command) übernehmen, erhalten sie zwar unmittelbare Befehlsgewalt, diese bleibt aber auf den Truppeneinsatz begrenzt, läßt die truppendienstliche Unterstellung unberührt und kann durch die Bundesregierung zumindest rechtlich jederzeit wieder aufgehoben werden[23].

Außerhalb der Bundesrepublik[24] ist **zumeist das Staatsoberhaupt Inhaber des Oberbefehls**, dessen Ausübung aber vielfach den zuständigen Ministern überlassen wird. Gelegentlich sind darüber hinaus Fragen der Planung und Grundsatzentscheidungen einem Kabinettsausschuß übertragen worden, wozu in den USA noch die Joint Chiefs of Staff als militärische Befehlsspitze treten[25]. 4

C. Erläuterungen

I. Allgemeine Bedeutung

Zusammen mit Art. 115b GG garantiert Art. 65a GG, daß die Befehls- und Kommandogewalt immer in der Hand eines Mitglieds der parlamentarisch verantwortlichen Regierung liegt, und sichert damit neben den anderen parlamentarischen Kontrollmöglichkeiten (Art. 45a, 45b, 87a I 2, 110 GG) das **Primat des Politischen** in der Wehrverfassung[26]. Demgegenüber ist dem **Staatsoberhaupt nurmehr ein »repräsentativer« Oberbefehl**[27] verblieben, der sich im Recht der Ernennung und Entlassung von Offizieren und Unteroffizieren gem. Art. 60 I GG, im Begnadigungsrecht gem. Art. 60 II GG, § 5 SoldG, § 15 WDO und den inzidenter aus den Prärogativen des Bundespräsidenten folgenden Rechten zur Ordensverleihung und zur Bestimmung von Unifor- 5

---

[19] K.-A. *Hernekamp* in: v. Münch/Kunig, GG II, Art. 65a Rn. 28; *Frank* (Fn. 13), hinter Art. 87 Rn. 68; *Stern*, Staatsrecht II, S. 875; vgl. eingehend *Ipsen* (Fn. 1), Art. 115b Rn. 130 ff.
[20] *Ipsen* (Fn. 1), Art. 115b Rn. 133 ff.; *Hernekamp* (Fn. 19), Art. 65a Rn. 28.
[21] *Ipsen* (Fn. 1), Art. 115b Rn. 137 ff.; zur operativen Planung s. a. *ders.*, Rechtsgrundlagen und Institutionalisierung der atlantisch-westeuropäischen Verteidigung, 1967, S. 154 ff.
[22] *Hernekamp* (Fn. 19), Art. 65a Rn. 28.
[23] *Frank* (Fn. 13), hinter Art. 87 Rn. 68; K. *Ipsen*, Rechtsgrundlagen und Institutionalisierung der atlantisch-westeuropäischen Verteidigung, 1967, S. 207 ff.
[24] Vgl. *Ipsen* (Fn. 1), Art. 115b Anm. III 3 m. w. N.
[25] Vgl. zu den USA die etwas veraltete, aber noch lesenswerte Studie von E. *Fraenkel*, Das Verhältnis der zivilen und militärischen Gewalt in USA, in: Schicksalsfragen der Gegenwart, Bd. III, 1958, S. 139 ff.
[26] *Hernekamp* (Fn. 19), Art. 65a Rn. 2; M. *Oldiges*, in: Sachs, GG, Art. 65a Rn. 14 f.
[27] A. *Bergsträßer/T. Eschenburg*, EA 10 (1955), 7953 (7954).

men und Rangabzeichen[28] äußert[29]. Das Recht zur Verkündung der Feststellung des Verteidigungsfalles (Art. 115a GG) und zum Friedensschluß (Art. 115b III GG) fällt dagegen nicht unter die Restbefugnisse des Oberbefehls[30], sondern beruht auf den Funktionen des Bundespräsidenten im Gesetzgebungsverfahren[31].

II. Das Ressort des Bundesministers für Verteidigung

6   Aufgrund der ausdrücklichen Regelung in Art. 65a GG gehört der Verteidigungsminister neben dem Finanzminister (Art. 108 III, 112, 114 GG) und dem Justizminister (Art. 96 II 4 GG) zu den **verfassungsrechtlich notwendigen Ministerämtern**, deren Einrichtung der Organisationsgewalt des Bundeskanzlers entzogen ist[32]. Eine Personalunion des Verteidigungsministeriums und des Bundeskanzleramtes ist jedenfalls außerhalb des Verteidigungsfalles unzulässig[33]. Der Verteidigungsminister darf gem. Art. 66 GG nicht gleichzeitig aktiver Soldat sein, was auch für die Staatssekretäre gilt[34]. Indes wird dadurch die Übernahme des Amtes durch einen Soldaten nicht ausgeschlossen, der Kandidat müßte nur solange in den Ruhestand treten[35]. Der Amtsinhaber muß andererseits nicht Wehrdienst geleistet haben[36]. Das Amt steht auch Frauen offen, da das Verbot des Art. 12a IV GG die politische Ebene nicht erfaßt[37].

7   Der Verteidigungsminister ist **im Frieden alleiniger Inhaber der Befehls- und Kommandogewalt**. Sie ist Teil der selbständigen Ressortverantwortlichkeit des Verteidigungsministers, die an den Rahmen der Richtlinienkompetenz des Bundeskanzlers gebunden ist[38]. Der Bundessicherheitsrat[39] ist ein spezielles Koordinationsorgan der

---

[28] § 4 IV SoldG i. V. m. der 7. Anordnung des BPräs. v. 25.3. 1974 (BGBl. I S. 796).

[29] *Hernekamp* (Fn. 19), Art. 65a Rn. 4; vgl. *B. W. Krack*, Staatsoberhaupt und Streitkräfte, 1990, S. 91 ff.; ebd. S. 113 ff. eingehend zum informellen Einfluß des Bundespräsidenten auf die Sicherheitspolitik.

[30] So aber *G. Dürig* in: Maunz/Dürig, GG, Art. 65a (1969) Rn. 5; *v. Mangoldt/Klein*, GG, Art. 65a, Anm. II. 4b.

[31] Zutreffend *Hernekamp* (Fn. 19), Art. 65a Rn. 4 unter Hinweis auf Art. 45 II, 70 WRV.

[32] *Dürig* (Fn. 30), Art. 65a Rn. 37; *Hamann/Lenz*, GG, Art. 65a Anm. B 1; *E.-W. Böckenförde*, Die Organisationsgewalt im Bereich der Regierung, 1964, S. 201; *Hernekamp* (Fn. 19), Art. 65a Rn. 6; zur Stellung des Verteidigungsministers im Verteidigungsfalle vgl. Kommentierung zu Art. 115b GG; so wie hier *Ipsen* (Fn. 1), Art. 115b Rn. 103 ff. → Art. 62 Rn. 12. → Art. 64 Rn. 13.

[33] *U. Beckmann*, Die Rechtsstellung des Stellvertreters des Bundeskanzlers, Diss. jur. Würzburg 1966, S. 61 ff.; *Böckenförde*, Organisationsgewalt (Fn. 32), S. 200; Schmidt-Bleibtreu/*Klein*, GG, Art. 65a, Rn. 3; a. A. *W.-R. Schenke*, Jura 1982, 57 (63).

[34] *G. Loosch*, DÖV 1961, 206 (208); *H. Quaritsch*, Führung und Organisation der Streitkräfte im demokratisch-parlamentarischen Staat, VVDStRL 26 (1968), S. 207 ff. (244 f.); *C. Raap*, JuS 1996, 980 (981).

[35] § 25 SoldG; *Hernekamp* (Fn. 19), Art. 65a Rn. 9; a. A. *G. Loosch*, DÖV 1963, 5 f.; als Reservist unterliegt er analog § 24 III Nr. 3 WPflG nicht der Wehrüberwachung.

[36] Anders als bis 1990 der Wehrbeauftragte: → Art. 45b Rn. 6.

[37] Zur weiten Auslegung des »Dienstes mit der Waffe« → Art. 12a Rn. 33; zum vorliegenden Problem *A. Poretschkin*, NZWehrR 35 (1993), 232 ff.

[38] *H. Maurer*, Die Richtlinienkompetenz des Bundeskanzlers, in: FS Thieme, 1993, S. 123 ff. (133); *Hernekamp* (Fn. 19), Art. 65a Rn. 7; *Oldiges* (Fn. 26), Art. 65a Rn. 20; eingehend *G. Kadner*, Die Richtlinienkompetenz des Bundeskanzlers gegenüber der Sonderstellung einzelner Bundesminister unter besonderer Berücksichtigung des Bundesministers für Verteidigung, Diss. jur. München 1970, S. 121 ff. m.w.N. → Art. 65 Rn. 29.

[39] Dem in Anlehnung an den National Security Council in den USA geschaffenen Kabinettsausschuß gehören aufgrund des jeweiligen Kabinettsbeschlusses neben dem Bundeskanzler als Vorsitzen-

Bundesregierung für Verteidigungsfragen, das die Kompetenzen des Verteidigungsministers unberührt läßt.

Organisation und Gliederung des Verteidigungsministeriums haben nach mehrfacher Änderung folgende Gestalt gewonnen[40]: Die Leitungsebene wird neben dem Minister selbst durch zwei Parlamentarische Staatssekretäre und zwei beamtete Staatssekretäre gebildet. Unterhalb dieser Ebene bestehen sechs zivile Abteilungen, darunter die Hauptabteilung Rüstung, sowie auf militärischer Seite der Generalinspekteur der Bundeswehr und die Inspekteure des Heeres, der Luftwaffe, der Marine und des Sanitätsdienstes. Die Inspekteure bilden unter dem Vorsitz des Generalinspekteurs den militärischen Führungsrat, der als ministerielles Koordinationsorgan eine einheitliche Willensbildung herbeiführen soll. Anders als der ausschließlich ministerielle Aufgaben erfüllende Generalinspekteur sind die Inspekteure sowohl Abteilungsleiter als auch truppendienstliche Vorgesetzte[41].

III. Die Befehls- und Kommandogewalt

Der Doppelbegriff der Befehls- und Kommandogewalt wird angesichts seiner historisch begründeten Unklarheiten höchst unterschiedlich verstanden. Überwiegend wird die Doppelformel als bloße »Tautologie«[42] oder »Pleonasmus«[43] begriffen, da die Kommandogewalt im Grunde »nicht normierte Befehlsgewalt«[44] sei. Demgegenüber wird versucht, zwischen beiden Begriffen in unterschiedlicher Weise zu differenzieren. Aufgrund der ursprünglichen Wortbedeutung des Kommandos als militärischem Amt wird in der Kommandogewalt eine Kompetenz im Sinne einer Aufgabe[45] und in der Befehlsgewalt eine Zuständigkeit oder Befugnis gesehen[46]. Teilweise wird Kommandogewalt als der speziellere Begriff[47], teilweise umgekehrt die Befehlsgewalt

---

den und dem Verteidigungsminister als beauftragtem Vorsitzenden die Minister des Auswärtigen, des Innern, der Finanzen und für Wirtschaft an. Angeregt wurde dieses Gremium bereits von *H. Ehmke*, ZfP 1 (1954), 337 (353); *A. Bergsträßer/T. Eschenburg*, EA 10 (1955), 7953 (7954); generell zur Einrichtung der Kabinettsausschüsse *V. Busse*, DVBl. 1993, 413 ff.

[40] *Weißbuch* 1994, S. 112; zum früheren Stand vgl. *Traut*, Spitzengliederung (Fn. 7), S. 298 ff. (bis 1964); *S. Mann*, Das Bundesministerium der Verteidigung, 1971, S. 83 ff.; *Busch*, Oberbefehl (Fn. 2), S. 127 ff.; zur Entstehung *Hornung*, Staat (Fn. 10), S. 101 ff.; der Blankeneser Erlaß, der den militärischen Bereich umgliederte, ist dokumentiert in: H.-J. Jacobsen (Hrsg.), Friedenssicherung durch Verteidigungsbereitschaft, 1990, S. 235 ff.

[41] Vgl. § 1 ff. VorgesetztenVO.

[42] *W. Groß*, DVBl. 1956, 260 (261); *Meyer-Dahlheuer*, DVBl. 1957, 185 (185); *v. Mangoldt/Klein*, GG, Art. 65a, Anm. III, 1 a; *Lepper*, Stellung (Fn. 18), S. 157 ff.; *Ipsen* (Fn. 1), Art. 115b Rn. 32; *J. Salzmann*, Der Gedanke des Rechtsstaates in der Wehrverfassung der Bundesrepublik, 1962, S. 79; *Busch*, Oberbefehl (Fn. 2), S. 123; *Oldiges* (Fn. 26), Art. 65a Rn. 16; *ders.*, Wehrrecht und Zivilverteidigungsrecht, in: N. Achterberg/G. Püttner, Besonderes Verwaltungsrecht Bd. II, 1992, Rn. 1124 ff. (1153 Fn. 87).

[43] *Dürig* (Fn. 30), Art. 65a Rn. 20; *W. Roemer*, JZ 1956, 193 (195); *Hamann/Lenz*, GG, Art. 65a, Anm. 2.

[44] *Ipsen* (Fn. 1), Art. 115b Rn. 31.

[45] Ganz im Sinne von *H. J. Wolff/O. Bachof*, Verwaltungsrecht II, 4. Aufl. 1976, S. 15 (§ 72 I c); kritisch *G.-C. v. Unruh*, Befehls- und Kommandogewalt, in: FS H. J. Wolff, 1973, S. 109 ff. (138 ff.).

[46] *M. Erhardt*, Die Befehls- und Kommandogewalt, 1969, S. 74 ff., 79 ff.; *Hernekamp* (Fn. 19), Art. 65a Rn. 11; wohl auch *C. Raap*, JuS 1996, 980 (981).

[47] *Erhardt*, Kommandogewalt (Fn. 46), S. 85 ff.

als Ausfluß der umfassenden Kommandogewalt verstanden[48]. In jedem Fall betreffen beide Begriffe zusammen den spezifisch militärischen Sachbereich im Gegensatz zum Wehrverwaltungsbereich[49]. Im übrigen steht bei der verfassungsrechtlichen Begriffsbildung schon aus historischen Gründen der Zweck im Vordergrund, eine Aufspaltung militärischer oberster Befehls- und Kommandogewalt zu verhindern und damit die umfassende parlamentarisch verantwortliche Kompetenz des Verteidigungsministers zu sichern[50]. Die **begrifflichen Differenzierungsversuche** sind demgegenüber ohnehin **verfassungsrechtlich praktisch folgenlos**, so daß die begrifflich gerechtfertigte Differenzierung zwischen dem militärischen Befehl und dem Kommando[51] sich im Rahmen des Art. 65a GG als l'art pour l'art erweist.

10 Entgegen einer lange gehegten Auffassung, die das Militär als eigenständige »vierte Gewalt« betrachtete[52], sind **die Streitkräfte und die Befehls- und Kommandogewalt Teil der Exekutive**[53]. Die Ersetzung des Ausdrucks »Verwaltung« durch »vollziehende Gewalt« in Art. 1 III GG durch die Wehrnovelle hat dies nur noch bestätigt[54]. Offen bleibt daher allenfalls, ob die Streitkräfte innerhalb der Exekutive dem politischen Bereich als »Gewalt sui generis« zuzuordnen sind[55] oder jedenfalls einen »gegenüber der Verwaltung sachlich und rechtlich eigenständigen Zweig« bilden[56], oder ob andererseits die Befehls- und Kommandogewalt nur als deklaratorische Klarstellung der militärischen Ressortleitung des Verteidigungsministers zu qualifizieren ist, die ihm wie jedem anderen Minister über seinen Geschäftsbereich gem. Art. 65 GG zusteht[57]. Für letzteres spricht vor allem das Bestreben des Verfassungsgebers, die traditionelle

---

[48] *Lepper*, Stellung (Fn. 18), S. 159f.; *Böckenförde*, Organisationsgewalt (Fn. 32), S. 160, Fn. 27, der freilich zugleich auf S. 160 im Text meint, daß der Befehl auch das Kommando umfasse, was etwas rätselhaft erscheint; im übrigen wohl auch *W. M. Boss*, Die Befehls- und Kommandogewalt des Grundgesetzes, Diss. jur. Köln 1960, S. 14ff.

[49] *Böckenförde*, Organisationsgewalt (Fn. 32), S. 161f.

[50] *Frank* (Fn. 13), hinter Art. 87 Rn. 63; s. a. BT-Drs. II/2150, S. 4; *V. Süßmann*, Kompetenzen und Strukturen der Exekutive auf dem Gebiet der nationalen militärischen Landesverteidigung im Verfassungssystem der Bundesrepublik Deutschland und der 5. französischen Republik, Diss. jur. Würzburg 1972, S. 80ff.

[51] Die Verbindung des Kommandos mit Gewalt spricht im übrigen gegen ein Verständnis als bloße Aufgabe im Unterschied zur Befehlsgewalt. Berechtigt wäre die Auslegung wohl, wenn Art. 65a GG hieße »Das Kommando und die Befehlsgewalt«.

[52] *C. Frantz*, Vorschule zur Physiologie der Staaten, 1857, S. 199, 215ff.; vgl. a. *Martens*, Grundgesetz (Fn. 18), S. 97ff. m. w. N.; ablehnend *Erhardt*, Kommandogewalt (Fn. 46), S. 26ff.

[53] *Salzmann*, Wehrverfassung (Fn. 42), S. 73ff.; *Lepper*, Stellung (Fn. 18), S. 94ff.; *Dürig* (Fn. 30), Art. 65a Rn. 12; *Hernekamp* (Fn. 19), Art. 65a Rn. 13; *F. Kirchhof*, Bundeswehr, in: HStR III, § 78 Rn. 4; *Oldiges* (Fn. 26), Art. 65a Rn. 17; etwas anders noch *P. Lerche*, Grundrechte der Soldaten, in: Die Grundrechte IV/1, S. 447ff. (454ff.); zu Österreich s. *P. Pernthaler*, Der Rechtsstaat und sein Heer, 1964, S. 59ff.

[54] *Ipsen* (Fn. 1), Art. 115b Rn. 46. → Art. 1 III Rn. 3.

[55] So insbes. *H. Schmidt*, Militärische Befehlsgewalt und parlamentarische Kontrolle, in: FS A. Arndt, 1969, S. 437ff. (448); vgl. auch *U. de Maizière*, Führen im Frieden, 1974, S. 25.

[56] *Böckenförde*, Organisationsgewalt (Fn. 32), S. 157; *Erhardt*, Kommandogewalt (Fn. 46), S. 99ff.; *Quaritsch*, Führung (Fn. 34), S. 209ff.; vgl. *Lepper*, Stellung (Fn. 18), S. 98ff.; unentschieden *Kirchhof* (Fn. 53), § 78 Rn. 5f.: Sonderverwaltung mit genuiner Aufgabenstellung.

[57] *Dürig* (Fn. 30), Art. 65a Rn. 13, 19; *v. Mangoldt/Klein*, GG Art. 65a Anm. III. 2 d; *K. Kröger*, Die Ministerverantwortlichkeit in der Verfassungsordnung der Bundesrepublik Deutschland, 1972, S. 130; *G.-C. v. Unruh*, Führung und Organisation der Streitkräfte im demokratisch-parlamentarischen Staat, VVDStRL 26 (1968), S. 157ff. (167ff., 185); *ders.*, Befehls- und Kommandogewalt (Fn. 45), S. 140ff.; *Maurer*, Richtlinienkompetenz (Fn. 38), S. 133; BVerwGE 46, 55 (58ff.).

rechtliche Sonderstellung des Militärs weitgehend einzuebnen[58]. Angesichts der besonderen Struktur und Tradition bildet das Militär jedoch einen eigenständigen Zweig innerhalb der Exekutive[59].

Inhaltlich umfaßt die Befehls- und Kommandogewalt **alle mit der Führung und Organisation der Streitkräfte zusammenhängenden Angelegenheiten**, soweit sie nicht von der Verfassung anderen Staatsorganen zugewiesen sind[60]. Der Begriff der Streitkräfte umfaßt nur den militärischen Teil der Bundeswehr, zu der neben der in die drei Waffengattungen des Heeres, der Luftwaffe und Marine aufgeteilten Truppe noch die zivile Bundeswehrverwaltung, die Militärseelsorge und die erstinstanzliche Rechtspflege durch die Truppendienstgerichte zählen[61]. Demgegenüber gehört die zivile Verteidigung zum Geschäftsbereich des Bundesinnenministeriums[62].

11

IV. Die Stellvertretung des Verteidigungsministers

Die Stellvertretung des Ministers in der Befehls- und Kommandogewalt wird höchst kontrovers diskutiert. Lange wurden alle denkbaren Varianten von der Ablehnung jeglicher Stellvertretung[63] über die Vertretung durch den Generalinspekteur[64], durch einen jeweils vom Bundespräsidenten nach Art. 46 GG beauftragten Sonderminister[65], einen politischen Staatssekretär oder Staatsminister[66], durch einen Ministerkollegen[67] bis zum Staatssekretär[68] vorgetragen. **In der Praxis** wird seit der 6. Legislaturperiode durch expliziten Kabinettsbeschluß gem. § 14 I GOBReg die Vertretung »einschließlich der Vertretung in der Befehls- und Kommandogewalt« durch einen Minister vorgesehen[69]. Diese Vertretungsregelung betrifft freilich nur solche Angelegenheiten der Befehls- und Kommandogewalt, die der **Minister** sich geschäftsplanmä-

12

---

[58] *Hernekamp* (Fn. 19), Art. 65a Rn. 15.
[59] Vgl. auch *D. Paulus*, Die militärische Spitzengliederung im Verfassungsleben von Bonn und Weimar, Diss. jur. Tübingen 1959, S. 78.
[60] *Hernekamp* (Fn. 19), Art. 65a Rn. 20 mit weiteren Einzelheiten.
[61] *Hernekamp* (Fn. 19), Art. 65a Rn. 21.
[62] → Art. 45a Rn. 6; sowie *Hernekamp* (Fn. 19), Art. 65a Rn. 21.
[63] Bulletin Nr. 208 v. 5. 11. 1960, S. 2006; zum politischen Hintergrund *Hornung*, Staat (Fn. 10), S. 181 ff.
[64] Vgl. *N. Grunenberg u. a.*, General ohne Truppen, Die Zeit Nr. 51, 1978, S. 33 ff.; Nachweise zur Diskussion im Jahr 1960 in: *v. Mangoldt/Klein*, GG, Art. 65a, Anm. III, 2 d.
[65] *F. A. v. d. Heydte*, Zur Problematik des Art. 65a des Grundgesetzes, in: Hochschule für Politische Wissenschaften München, Stellvertretung im Oberbefehl, 1966, S. 35 ff.; *ders.*, Zur Problematik der Befehls- und Kommandogewalt nach Art. 65a, in: Gedächtnisschrift H. Peters, 1967, S. 526 ff. (530 ff.).
[66] *Hornung*, Staat (Fn. 10), S. 214; *E.-W. Böckenförde*, Die Eingliederung der Streitkräfte in die demokratisch-parlamentarische Verfassungsordnung und die Vertretung des Bundesverteidigungsministers in der militärischen Befehlsgewalt (Befehls- und Kommandogewalt), in: Hochschule für Politische Wissenschaften München, Stellvertretung im Oberbefehl, 1966, S. 43 ff. (54 ff.); *ders.*, Organisationsgewalt (Fn. 32), S. 273; vgl. auch grundsätzlich *R. Wahl*, Stellvertretung im Verfassungsrecht, 1971, S. 220 ff.; ablehnend *Schmidt*, Befehlsgewalt (Fn. 55), S. 448.
[67] Gem. § 14 I GOBReg. *G. Loosch*, DÖV 1961, 206 (208); *Kröger*, Ministerverantwortlichkeit (Fn. 57), S. 138 f.; *v. Mangoldt/Klein*, GG, Art. 65a, Anm. III 2 d; *K. Carstens*, VVDStRL 26 (1968), S. 299 ff. (Diskussion); Schmidt-Bleibtreu/*Klein*, GG, Art. 65a Rn. 6.
[68] *Quaritsch*, Führung (Fn. 34), S. 242 ff.; *Dürig* (Fn. 30), Art. 65a Rn. 36; *M. Erhardt*, NZWehrR 12 (1970), 41 ff.; *P. Franke*, NZWehrR 12 (1970), 45 ff.; den politischen Charakter betont generell *de Maizière*, Führen (Fn. 55), S. 30 ff.
[69] *E. Klein*, JuS 1974, 362 (367); *Hernekamp* (Fn. 19), Art. 65a Rn. 17.

ßig vorbehalten hat, da sie nur für den Fall der Verhinderung gilt[70]. Wegen der Formulierung des § 14 I GOBReg »in der Regierung« gilt dies auch nur für die Bereiche der Befehls- und Kommandogewalt, die aufgrund ihrer politischen Bedeutung zu den **Regierungsaufgaben im funktionellen Sinn** gehören[71]. **Im übrigen** tritt sowohl für den Fall der Verhinderung als auch für die allgemeine Aufgabe als ständiger Vertreter der **Staatssekretär** auch im Bereich der Befehls- und Kommandogewalt mit allen Rechten und Pflichten an die Stelle des Ministers[72]. Er verfügt über die entsprechenden Disziplinarbefugnisse (§ 23 II 2 WDO) und ist militärischer Vorgesetzter, dessen förmlich in Vertretung gezeichnete Anweisungen Befehlsrang mit der Möglichkeit wehrstrafrechtlicher Sanktionierung haben[73].

D. Verhältnis zu anderen GG-Bestimmungen

13 Die Befehls- und Kommandogewalt wird wie die Ressortgewalt anderer Minister von der **Richtlinienkompetenz** des Bundeskanzlers gem. Art. 65 Satz 1 GG ebenso überlagert[74] wie von der **Entscheidungsgewalt der Bundesregierung als Kollegium** gem. Art. 65 Satz 3 GG[75]. Andererseits bildet Art. 65a GG gegenüber der ansonsten freien Organisationsgewalt des Bundeskanzlers eine verfassungsrechtlich bindende Schranke[76]. Die Ressortgewalt gem. Art. 65 Satz 2 GG wird durch Art. 65a GG insofern **beschränkt**, als eine Delegation der Befehls- und Kommandogewalt auf nachgeordnete Ämter oder Stellen unzulässig ist[77].

14 Die Entscheidungs- und Kontrollkompetenzen des Bundestages (Art. 45a, 87a I 2 GG) beeinflussen die Befehls- und Kommandogewalt wie jede andere Ressortgewalt und müssen daher mit dieser in einen angemessenen Ausgleich gebracht werden[78].

---

[70] *Mann*, Bundesministerium (Fn. 40), S. 98; *Hernekamp* (Fn. 19), Art. 65a Rn. 18.

[71] Vgl. Schmidt-Bleibtreu/*Klein*, GG, Art. 65a Rn. 6; insofern handelt es sich auch nicht um eine »Abänderung der GOBReg«, so aber *Hernekamp* (Fn. 19), Art. 65a Rn. 18.

[72] Für eine solche Aufspaltung der Vertretung *E. Klein*, JuS 1974, 362 (366f.); *Hernekamp* (Fn. 19), Art. 65a Rn. 19; ähnlich *v. Unruh*, Führung (Fn. 57), S. 189f.; noch etwas anders *Oldiges* (Fn. 26), Art. 65a Rn. 21 ff., der die Befehls- und Kommandogewalt als Teil der Ressortleitungskompetenz allein dem Staatssekretär vorbehalten will.

[73] BVerwGE 46, 54 (55ff.); vgl. auch *E. Lingens*, NZWehrR 35 (1993), 19 ff.

[74] *Dürig* (Fn. 30), Art. 65a Rn. 24; *Ipsen* (Fn. 1), Art. 115b Rn. 48; *Hernekamp* (Fn. 19), Art. 65a Rn. 23; → Rn. 7.

[75] *Dürig* (Fn. 30), Art. 65a Rn. 30; *Hernekamp* (Fn. 19), Art. 65a Rn. 24.

[76] → Rn. 6.

[77] *Hernekamp* (Fn. 19), Art. 65a Rn. 25, dessen Konsequenz, Art. 65a GG habe generell gegenüber Art. 65 GG konstitutiven Charakter, aber nicht zwingend ist.

[78] Vgl. *Hernekamp* (Fn. 19), Art. 65a Rn. 26.

Artikel 66 [Berufsverbot]

Der Bundeskanzler und die Bundesminister dürfen kein anderes besoldetes Amt, kein Gewerbe und keinen Beruf ausüben und weder der Leitung noch ohne Zustimmung des Bundestages dem Aufsichtsrate eines auf Erwerb gerichteten Unternehmens angehören.

Literaturauswahl

Dittmann, Armin: Unvereinbarkeit von Regierungsamt und Abgeordnetenmandat – eine unliebsame Konsequenz des »Diätenurteils«?, in: ZRP 1978, S. 52–55.
v. Münch, Ingo: Minister und Abgeordneter in einer Person: die andauernde Verhöhnung der Gewaltenteilung, in: NJW 1998, S. 34–35.
Nebendahl, Mathias: Inkompatibilität zwischen Ministeramt und Aufsichtsratsmandat, in: DÖV 1988, S. 961–965.
Traupel, Tobias: Ämtertrennungen und Ämterverbindungen zwischen staatlichen Leitungsämtern und Leitungsämtern in Verbänden, 1991.
Veen, Thomas: Die Vereinbarkeit von Regierungsamt und Aufsichtsratsmandat in Wirtschaftsunternehmen, 1996.

Leitentscheidungen des Bundesverfassungsgerichts

Diese liegen zu Art. 66 GG bislang nicht vor.

Gliederung

	Rn.
A. Herkunft, Entstehung, Entwicklung	1
B. Internationale, supranationale und rechtsvergleichende Bezüge	3
C. Erläuterungen	5
I. Regelungszweck, Anwendungsbereich, Reichweite	5
1. Regelungszweck	5
2. Adressaten	7
3. Keine Regelung politischer Inkompatibilitäten	8
4. Bundesministergesetz	9
II. Berufliche Inkompatibilitäten	10
1. Einzelne Verbote	11
2. Umfang der Betätigungsverbote	15
3. Rechtsfolgen	16
III. Politische Inkompatibilitäten	17
D. Verhältnis zu anderen GG-Bestimmungen	21

A. Herkunft, Entstehung, Entwicklung

Die in Art. 66 GG getroffene Regelung stellt in der deutschen Verfassungsgeschichte 1 ein **Novum** dar. Weder die Reichsverfassung von 1871 noch die Weimarer Reichsverfassung sahen vergleichbare ausdrückliche Tätigkeitsverbote für Regierungsmitglieder vor. Für die Verfassung von 1871 ergab sich dies bereits daraus, daß Minister als Verfassungsorgane nicht vorgesehen waren (→ Art. 62 Rn. 2). Unter der Weimarer

Reichsverfassung ergaben sich Tätigkeitsverbote ebenfalls nicht aus dem Verfassungstext, sondern zunächst aus der Anwendung beamtenrechtlicher Grundsätze und später – mit dem Erlaß des Reichsministergesetzes[1] als Folge der Erkenntnis, daß sich der Status eines Ministers von dem eines Beamten grundlegend unterscheidet – aus § 7 dieses Gesetzes[2], der bereits deutliche Ähnlichkeit mit Art. 66 GG aufwies.

2 Nachdem der Verfassungskonvent von Herrenchiemsee vor dem Hintergrund dieses **beamtenrechtlich geprägten Vorverständnisses** keinen Anlaß gesehen hatte, die im Grundsatz als selbstverständlich angesehene Unvereinbarkeit von Regierungsamt und bestimmten beruflichen Tätigkeiten einer ausdrücklichen Regelung zuzuführen[3], wurde erst im Organisationsausschuß des **Parlamentarischen Rates** eine Regelung dieser Fragen vorgeschlagen[4]. Sie unterschied sich von dem heutigen Art. 66 GG nur dadurch, daß die Ausnahmeklausel zugunsten der Mitgliedschaft in Aufsichtsräten noch nicht enthalten war, und wurde allgemein damit begründet, daß ein so hohes Amt wie das eines Regierungsmitgliedes »von allen Bindungen frei sein« müsse[5]. Die Ausnahme für die Mitgliedschaft in Aufsichtsräten wurde erst durch den Hauptausschuß eingefügt, da man es unter Hinweis auf bereits in den Ländern gemachte Erfahrungen im Hinblick auf die Wahrung des politischen Einflusses in Unternehmen mit staatlicher Beteiligung für zweckmäßig hielt, wenn ein Minister Aufsichtsratsmitglied in einem solchen Unternehmen sein könne[6]. Art. 66 GG ist bislang unverändert geblieben.

B. Internationale, supranationale und rechtsvergleichende Bezüge

3 Im **internationalen Vergleich** zeigt sich, daß teils ausdrückliche verfassungsrechtliche Regelungen über die Unvereinbarkeit von Regierungsämtern und anderen Tätigkeiten nicht für notwendig gehalten werden, teils aber auch erheblich strengere Regelungen als Art. 66 GG existieren. Ein Beispiel für das Fehlen ausdrücklicher verfassungrechtlicher Tätigkeitsverbote für Regierungsmitglieder liefert Italien. Die italienische Verfassung beugt Verflechtungen zwischen Wirtschaft und Regierung und den damit verbundenen Interessenkollisionen lediglich dadurch vor, daß sie das Verhalten ihrer Mitglieder dem allgemeinen Strafrecht unterwirft, indem sie diese wegen in Ausübung des Amtes begangener Straftaten nach vorheriger Autorisierung durch Senat oder Ab-

---

[1] Vom 27. 3. 1930 (RGBl. I S. 96); dazu mit ausführlichen Nachweisen *T. Veen*, Die Vereinbarkeit von Regierungsamt und Aufsichtsratsmandat in Wirtschaftsunternehmen, 1996, S. 44 f.

[2] Diese Vorschrift, die das nicht mehr anwendbare beamtenrechtliche Nebentätigkeitsrecht ersetzen sollte und der deshalb von *Veen*, Vereinbarkeit (Fn. 1), S. 44 f., zutreffend ein beamtenrechtlicher Ursprung attestiert wird, lautete: »Die Reichsminister dürfen dem Vorstand, Verwaltungsrat oder Aufsichtsrat eines auf Erwerb gerichteten Unternehmens nicht angehören, auch neben dem Ministeramt keine Beschäftigung berufsmäßig ausüben. Die Reichsregierung kann Ausnahmen zulassen, wenn amtliche Rücksichten nicht entgegenstehen und Interessenkonflikte zwischen den amtlichen und privaten Tätigkeiten des Reichsministers nicht zu befürchten sind.«

[3] So auch die Einschätzung von *H.-P. Schneider*, in: AK-GG, Art. 66 Rn. 1.

[4] Vgl. JöR 1 (1951), S. 440.

[5] Abg. *Dr. Lehr*, zitiert nach JöR 1 (1951), S. 441.

[6] Die alternativ gegebene Möglichkeit, den politischen Einfluß in Unternehmen mit staatlicher Beteiligung über Staatssekretäre oder andere Ministerialbeamte sicherzustellen, wurde nicht für ausreichend gehalten (33. Sitzung des Hauptausschusses des Parlamentarischen Rates am 8. 1. 1949, Sten.Prot., S. 412 f.).

geordnetenkammer der ordentlichen Gerichtsbarkeit überantwortet[7]. Deutlich strenger als die Regelung des Art. 66 GG erklärt Art. 23 der französischen Verfassung das Amt eines Regierungsmitgliedes für unvereinbar mit jeglicher Tätigkeit in Berufsverbänden auf nationaler Ebene, mit jeder Ausübung eines anderen öffentlichen Amtes sowie mit jeder beruflichen Tätigkeit, ohne eine Dispensmöglichkeit vorzusehen. Schließlich unterliegen auch die **Kommissare der EG** als deren »Regierung« weitergefaßten Beschränkungen hinsichtlich der Berufsausübung, die insbesondere nach Ablauf der Amtstätigkeit fortwirken (Art. 157 II [231 II n.F.] EGV).

Soweit die **Verfassungen der Bundesländer** ausdrücklich Tätigkeitsverbote für Regierungsmitglieder normieren[8], werden mit Ausnahme der Verfassung Hamburgs[9], Bremens[10] und Nordrhein-Westfalens[11] wie in Art. 66 GG lediglich Berufsverbote mit Ausnahmeregelungen, nicht aber echte Inkompatibilitäten zwischen Verfassungsorganen festgelegt. Unterschiede zu Art. 66 GG bestehen darin, daß einige Landesverfassungen die ausnahmsweise zulässige Mitgliedschaft in Organen von juristischen Personen des Privatrechts ohne Zustimmungsvorbehalt nur materiell von einem überwiegenden Einfluß des Staates auf die betroffenen Unternehmen abhängig machen[12]. Soweit wie in Art. 66 GG Mitgliedschaften in Organen juristischer Personen des Privatrechts formell zustimmungspflichtig sind, muß diese Zustimmung in Schleswig-Holstein, Thüringen, Brandenburg, Mecklenburg-Vorpommern und Sachsen-Anhalt vom Parlament erteilt werden[13], während nach Art. 113 II 1 BremVerf., Art. 39 II HambVerf. (im Einvernehmen mit der Bürgerschaft) und Art. 34 II 2 NdsVerf. die jeweilige Landesregierung hierfür zuständig ist. In Nordrhein-Westfalen bedarf die Zugehörigkeit zu einem solchen Organ der Zustimmung der Landesregierung, wenn sie nach dem Eintritt in die Landesregierung beginnen soll, wobei die erteilte Genehmigung dem Landtagspräsidenten anzuzeigen ist[14]. 4

---

[7] Art. 96 der italienischen Verfassung.
[8] Die Verfassungen von Berlin, Hessen, Rheinland-Pfalz und des Saarlandes enthalten keine derartigen Regelungen.
[9] Art. 38a I HambVerf. sieht vor, daß ein Senator nicht gleichzeitig Mitglied der Bürgerschaft sein darf. Eine ausdrückliche Aufgabe der Mitgliedschaft in der Bürgerschaft ist im Hinblick auf den Antritt des Senatorenamtes aber nicht erforderlich, da nach Art. 38a II HambVerf. die Bürgerschaftsmitgliedschaft während der Amtszeit als Senator von Verfassungs wegen ruht. → Art. 28 Rn. 66.
[10] Nach Art. 108 I BremVerf. können ebenfalls Senatsmitglieder nicht gleichzeitig Bürgerschaftsmitglieder sein, wobei aber im Unterschied zu Hamburg ein Rücktritt von dem Bürgerschaftsmandat zu erfolgen hat, wenn die Wahl in den Senat erfolgt ist.
[11] Nach Art. 64 IV Nordrh.-WestfVerf. dürfen Mitglieder der Landesregierung nicht Mitglieder des Bundestages oder der Bundesregierung sein.
[12] Vgl. Art. 57 S. 2 BayVerf., Art. 62 II 3 SächsVerf., wobei allerdings in Sachsen die Landesregierung nach Art. 62 II 5 SächsVerf. weitergehende Ausnahmen zulassen kann.
[13] Art. 34 Schl.-HolstVerf., Art. 72 II ThürVerf., Art. 95 S. 3 BrandenbVerf., Art. 45 I 3 Meckl.-VorpVerf., Art. 67 I Sachs.-AnhVerf.
[14] Vgl. Art. 64 II Nordrh.-WestfVerf.

C. Erläuterungen

I. Regelungszweck, Anwendungsbereich, Reichweite

1. Regelungszweck

5 Das Regelungsziel des Art. 66 GG liegt darin, eine »**unbehinderte, uneigennützige und unbestechliche Amtsführung** im Regierungsbereich«[15] zu gewährleisten. Es geht um die Vermeidung von Pflichten- und Interessenkollisionen[16]. Die Mitglieder der Bundesregierung sollen ihre ganze Arbeitskraft dem Amt widmen[17]. Auch das öffentliche Ansehen stünde auf dem Spiel, wenn Regierungsämter nur als »Nebentätigkeit« wahrgenommen würden. Außerdem sollen die Betätigungsverbote dazu beitragen, Interessenkonflikte aus der Verquickung von Regierungsamt und privater Erwerbstätigkeit zu vermeiden[18]. Schließlich wird der Zweck des Art. 66 GG auch darin gesehen, der Kumulation von wirtschaftlicher und politischer Macht entgegenzuwirken[19].

6 Dabei kann und will die Vorschrift die Mitglieder der Bundesregierung weder vom pluralistischen Interessengeflecht der Gesellschaft isolieren noch sie von der parteipolitischen Willensbildung, der sie ihr Amt verdanken, abkoppeln[20]. **Beamtenrechtliche Grundsätze**, die den Hintergrund des Art. 66 GG bilden (→ Rn. 1 f.), können für dessen Auslegung **nicht herangezogen** werden, weil sich die politische Funktion der Regierungsmitglieder von dem Beamtenstatus wesentlich unterscheidet (→ Art. 62 Rn. 23).

2. Adressaten

7 Adressaten der Regelung des Art. 66 GG sind die Personen, die das Amt des **Bundeskanzlers** oder eines **Bundesministers** übernehmen wollen oder übernommen haben. Damit ist Art. 66 GG die einzige Vorschrift des VI. Abschnitts, die das Amtsverhältnis, in dem die Mitglieder der Bundesregierung stehen (→ Art. 62 Rn. 23), verfassungsrechtlich regelt[21]. Parlamentarische Staatssekretäre werden von der Regelung des Art. 66 GG nicht erfaßt. Ihr Amtsverhältnis richtet sich allein nach dem Gesetz über die Rechtsverhältnisse der parlamentarischen Staatssekretäre[22].

3. Keine Regelung politischer Inkompatibilitäten

8 Wie sich bereits aus einem Vergleich mit Art. 55 GG ergibt, lassen sich staatsorganisationsrechtliche Unvereinbarkeits- oder Inkompatibilitätsvorschriften unterteilen in solche, die das Verhältnis von mehreren Ämtern im staatsorganschaftlichen Bereich – also von »Verfassungsämtern« – betreffen (Inkompatibilität im engeren Sinne[23] oder

---

[15] *Schneider* (Fn. 3), Art. 66 Rn. 5.
[16] Jarass/*Pieroth*, GG, Art. 66 Rn. 1.
[17] *Veen*, Vereinbarkeit (Fn. 1), S. 56.
[18] *Veen*, Vereinbarkeit (Fn. 1), S. 58 ff.
[19] Zusammenfassend zu den verschiedenen und keineswegs konsistenten Zwecken von Art. 66 GG *M. Oldiges*, in: Sachs, GG, Art. 66 Rn. 8.
[20] So zutreffend *Oldiges* (Fn. 19), Art. 66 Rn. 9.
[21] *Oldiges* (Fn. 19), Art. 66 Rn. 7, spricht in diesem Zusammenhang von dem »personalen Charakter« des Art. 66 GG.
[22] Vom 24. Juli 1974, BGBl. I S. 1538, dessen § 7 auch die für Bundesminister geltenden Inkompatibilitätsvorschriften für entsprechend anwendbar erklärt.
[23] So *Schneider* (Fn. 3), Art. 66 Rn. 2.

»politische Inkompatibilitäten«²⁴) und den Verboten, neben dem Regierungsamt noch einen privaten Beruf auszuüben (Inkompatibilität im weiteren Sinne oder **berufliche Imkompatibilität**). An diese Unterscheidung schließt sich im Hinblick auf Art. 66 GG die Frage an, ob er nur die berufliche oder auch die politische Inkompatibilität regelt. In letzterem Sinne verstanden soll Art. 66 GG – anders als Art. 55 II GG – auch staatsorganschaftliche Inkompatibilitäten von Regierungsmitgliedern regeln²⁵. Nach dieser Auffassung soll also das »besoldete Amt« in Art. 66 GG auch andere Verfassungsämter erfassen. Art. 55 I und 94 I 3 GG, die ausdrücklich die Inkompatibilität von Regierungsämtern mit anderen staatsorganschaftlichen Funktionen regeln, sind nach dieser Ansicht *lex specialis* zu Art. 66 GG²⁶. Die Gegenmeinung weist jedoch zutreffend darauf hin, daß eine eigenständige Funktion der Art. 55 I und 94 I 3 GG nicht erkennbar ist, wenn bereits Art. 66 GG die Frage der Inkompatibilität im staatsorganschaftlichen Bereich behandelt²⁷. Die zu Art. 55 II GG parallele Formulierung macht deutlich, daß Art. 66 GG ebenfalls **nur die Kompatibilität mit anderer Erwerbstätigkeit** erfaßt²⁸.

4. Bundesministergesetz

Das Gesetz über die Rechtsverhältnisse der Mitglieder der Bundesregierung erweitert in § 5, der im übrigen die Verbote des Art. 66 GG wiederholt²⁹, die beruflichen Inkompatibilitäten auf **Schiedsrichtertätigkeiten** und auf **außergerichtliche Gutachten**. Außerdem sollen die Mitglieder der Bundesregierung während ihrer Amtszeit kein **öffentliches Ehrenamt** bekleiden. Da Art. 66 GG nicht als abschließende Vorschrift verstanden werden kann, sind solche Erweiterungen – da sie auch gemessen an den Grundrechten unbedenklich sind – zulässig³⁰.

9

II. Berufliche Inkompatibilitäten

Abgesehen von der ausnahmsweise vorgesehenen Möglichkeit, daß Regierungsmitglieder dem Aufsichtsrat eines auf Erwerb gerichteten Unternehmens angehören, sind die einzelnen beruflichen Inkompatibilitäten identisch mit denjenigen des Bundespräsidenten (→ Art. 55 Rn. 8).

10

1. Einzelne Verbote

Unter einem »**anderen besoldeten Amt**« ist jedes öffentliche Amt im statusrechtlichen Sinne des Beamtenrechts einschließlich des Richter- und Soldatenamtes zu verstehen³¹. Da Art. 66 GG verfassungsorganschaftliche oder politische Inkompatibilitäten

11

---

²⁴ → Art. 55 Rn. 6.
²⁵ So *Schneider* (Fn. 3), Art. 66 Rn. 2; *R. Herzog*, in: Maunz/Dürig, GG, Art. 66 (1984), Rn. 2, 22f.; *C.F. Liesegang*, in: I. v. Münch (Hrsg.), Grundgesetz-Kommentar, Bd. 2, 2. Aufl. 1983, Art. 66 Rn. 3.
²⁶ *Liesegang* (Fn. 25), Art. 66 Rn. 4.
²⁷ *Oldiges* (Fn. 19), Art. 66 Rn. 22; *K.-U. Meyn*, in: v. Münch/Kunig, GG II, Art. 66 Rn. 5.
²⁸ *Oldiges* (Fn. 19), Art. 66 Rn. 21f.; *G. Sturm*, Die Inkompatibilität, 1967, S. 86f.; *Meyn* (Fn. 27), Art. 66 Rn. 5.
²⁹ Die »Leitung« eines Unternehmens wird konkretisiert im Sinne der Angehörigkeit zum Vorstand oder zum Verwaltungsrat.
³⁰ Vgl. nur Jarass/*Pieroth*, GG, Art. 66 Rn. 1; *Oldiges* (Fn. 19), Art. 66 Rn. 4.
³¹ *Oldiges* (Fn. 19), Art. 66 Rn. 10 m.w.N.

nicht regelt, gehören Verfassungsämter im Bund und in den Ländern nicht hierher (→ Rn. 8). Ehrenämter, die von Art. 66 GG nicht erfaßt werden, sind durch § 5 II BMinG zulässigerweise aufgenommen worden[32]. Ob der in § 5 II BMinG verwendete Begriff des »öffentlichen Ehrenamtes« auch die ehrenamtlichen Leitungstätigkeiten in Interessengemeinschaften und Verbänden umfaßt, ist umstritten. Eine Ansicht versteht als »öffentliches Ehrenamt« nicht nur Ämter auf öffentlich-rechtlicher Grundlage, sondern alle Ehrenämter, die auf öffentliches Wirken gerichtet sind, also auch Ehrenämter in Verbänden[33]. Begründet wird dies mit der Möglichkeit von Konflikten zwischen den Partikularinteressen einzelner Verbände und dem Allgemeinwohl, dem die Mitglieder der Bundesregierung verpflichtet sind[34]. Allerdings erscheint zweifelhaft, ob Normzweck des Art. 66 GG selbst oder seiner einfachgesetzlichen Ergänzung in § 5 II BMinG die vollständige Trennung von Allgemein- und Partikularinteressen sein kann, da sich ein Gemeinwohl in einer pluralistischen Verfassungsordnung nicht objektiv ermitteln läßt, sondern Ergebnis eines von widerstreitenden Interessen geprägten Willensbildungsprozesses ist[35]. Schon die Verwendung des Begriffs des Amtes selbst sowie dessen Gegenüberstellung zu den Begriffen des Gewerbes und des Berufes in Art. 66 GG und § 5 I BMinG macht die Beschränkung der Inkompatibilität auf öffentlich-rechtliche Ämter deutlich[36]. Dem § 5 II BMinG läßt sich als zusätzlicher Gehalt nur die Erweiterung auf unentgeltliche Tätigkeiten im gleichen öffentlich-rechtlichen Anwendungsbereich entnehmen. Daher sind vergütete Verbandsämter von Art. 66 GG ebensowenig erfaßt[37] wie ehrenamtliche Verbandsämter von § 5 II BMinG[38]. Auch sind Funktionen in politischen Parteien von der Unvereinbarkeit ausgeschlossen, weil dies der notwendigen Verbindung zwischen politischer Willensbildung in Partei und Fraktion einerseits und Spitze der Exekutive andererseits, die im parlamentarischen System des Grundgesetzes vorausgesetzt wird, zuwiderlaufen würde[39].

12 Mit den Begriffen »**Gewerbe**« und »**Beruf**« erfaßt die berufliche Inkompatibilität nach Art. 66 GG sämtliche auf privaten Erwerb gerichteten Tätigkeiten – unabhängig davon, ob sie abhängig oder unabhängig, haupt- oder nebenberuflich ausgeübt werden[40].

13 Die mit einem Regierungsamt unvereinbare Tätigkeit in der **Leitung** oder im **Aufsichtsrat** eines auf Erwerb gerichteten **Unternehmens**, die bereits nach dem Wortlaut eine gewisse Größe des Unternehmens voraussetzt[41], meint sowohl entgeltliche als

---

[32] Vgl. dazu *Oldiges* (Fn. 19), Art. 66 Rn. 11.
[33] *Oldiges* (Fn. 19), Art. 66 Rn. 11.
[34] *Oldiges* (Fn. 19), Art. 66 Rn. 11; *v. Mangoldt/Klein*, GG, Art. 66 Anm. III 1 a); *Schneider* (Fn. 3), Art. 66 Rn. 6. Nach anderer Ansicht läßt § 5 II BMinG diese Frage offen, da der Begriff des »Öffentlichen« ungeklärt sei; so *T. Traupel*, Ämtertrennungen und Ämterverbindungen zwischen staatlichen Leitungsämtern und Leitungsämtern in Verbänden, 1991, S. 38.
[35] *Meyn* (Fn. 27), Art. 66 Rn. 1, 2.
[36] *Herzog* (Fn. 25), Art. 66 Rn. 17.
[37] *Meyn* (Fn. 27), Art. 66 Rn. 1, 2; *Herzog* (Fn. 25), Art. 66 Rn. 17; *Liesegang* (Fn. 25), Art. 66 Rn. 8; a.A. *v. Mangoldt/Klein*, GG, Art. 66 Anm. III 1 b; *Schneider* (Fn. 3), Art. 66 Rn. 6.
[38] *Traupel*, Ämtertrennungen (Fn. 34), S. 38.
[39] *Oldiges* (Fn. 19), Art. 66 Rn. 12; *Herzog* (Fn. 25), Art. 66 Rn. 17.
[40] Nachweise dazu bei *Oldiges* (Fn. 19), Art. 66 Rn. 13.
[41] So *Oldiges* (Fn. 19), Art. 66 Rn. 14; *Herzog* (Fn. 25), Art. 66 Rn. 50 ff.; a.A. *Meyn* (Fn. 27), Art. 66 Rn. 11.

auch unentgeltlich Tätigkeit, weil es speziell bei dieser Inkompatibilität darum geht, das Zusammenfallen von politischer und wirtschaftlicher Macht zu verhindern[42].

Die **Ausnahme für Aufsichtsräte**, die der **Zustimmung des Bundestages** bedarf, zielte nach der Entstehungsgeschichte (→ Rn. 2) auf Unternehmen mit maßgeblicher Beteiligung des Bundes[43]. Sinn und Zweck der Regelung war es, dem Bund den personellen Einfluß in solchen Unternehmen zu sichern[44]. Zwar ist diese materielle Beschränkung im Wortlaut des Art. 66 GG nicht zum Ausdruck gekommen. Jedoch ist hinter dem Ausnahmecharakter, den Art. 66 GG der Betätigung in Aufsichtsorganen von Wirtschaftsunternehmen zugewiesen hat, deutlich die Zielrichtung zu erkennen, Konflikte zwischen wirtschaftlichen und politischen Interessen zu vermeiden[45]. Daher kommen für eine Aufsichtsratstätigkeit nur solche Unternehmen in Betracht, die im Verhältnis zum Bund gleichlaufende Interessen verfolgen[46]. Gründe dafür, die Wahrnehmung von Aufsichtsmandaten auch für andere Unternehmen ohne Bundesbeteiligung zuzulassen[47], sind nicht ersichtlich[48]. 14

2. Umfang der Betätigungsverbote

Art. 66 GG läßt sich keine präzise Antwort auf die Frage entnehmen, wie weit das Ausübungs- und das Angehörigkeitsverbot genau reichen. So soll es nach einer verbreiteten Auffassung genügen, wenn **Dienst-, Arbeits- oder sonstige Beschäftigungsverhältnisse ruhen** und die verbotene Leitung eines Unternehmens durch **Vertretungs- oder ähnliche Lösungen zeitlich überbrückt** wird[49]. Insbesondere dann, wenn die Mitwirkung an der Unternehmensleitung auf Eigentumsrechten am Unternehmen beruht, rechtfertige Art. 66 GG nicht die Verpflichtung, das Eigentum an einem Unternehmen zu veräußern[50]. Aus einer strengen, beamtenrechtlich geprägten Perspektive mag dies als zu großzügig erscheinen. Allerdings läßt sich diese auf – zeitlich befristete – Regierungsämter nicht ohne weiteres übertragen. 15

3. Rechtsfolgen

Nach einer verbreiteten Ansicht soll es sich bei Art. 66 GG um eine »lex imperfecta« handeln[51], weil keine verfassungsrechtlichen Sanktionsmöglichkeiten vorgesehen seien und auch ein Organstreitverfahren vor dem Bundesverfassungsgericht nicht in Betracht komme[52]. Diese Auffassung verkennt die Rolle des Bundespräsidenten bei der 16

---

[42] So *Oldiges* (Fn. 19), Art. 66 Rn. 14.
[43] So auch Jarass/*Pieroth*, GG, Art. 66 Rn. 1.
[44] *Meyn* (Fn. 27), Art. 66 Rn. 11; *Veen*, Vereinbarkeit (Fn. 1), S. 114 f.
[45] M. *Nebendahl*, DÖV 1988, 961 (962).
[46] *Veen*, Vereinbarkeit (Fn. 1), S. 138.
[47] Dafür *Oldiges* (Fn. 19), Art. 66 Rn. 15; *Herzog* (Fn. 25), Art. 66 Rn. 48; *Schneider* (Fn. 3), Art. 66 Rn. 7. Eine Übersicht über die von Mitgliedern der Bundesregierung sowie der Landesregierungen wahrgenommenen Mandate in Aufsichtsorganen von Wirtschaftsunternehmen gibt *Veen*, Vereinbarkeit (Fn. 1), S. 25 ff.
[48] Ablehnend deshalb *Meyn* (Fn. 27), Art. 66 Rn. 12; M. *Nebendahl*, DÖV 1988, 961 (963); *Veen*, Vereinbarkeit (Fn. 1), S. 138.
[49] Vgl. *Oldiges* (Fn. 19), Art. 66 Rn. 16 f. m.w.N.
[50] *Oldiges* (Fn. 19), Art. 66 Rn. 18; *Schneider* (Fn. 3), Art. 66 Rn. 7; *Herzog* (Fn. 25), Art. 66 Rn. 53; *Meyn* (Fn. 27), Art. 66 Rn. 10.
[51] *Oldiges* (Fn. 19), Art. 66 Rn. 19; *Veen*, Vereinbarkeit (Fn. 1), S. 205 f.
[52] Weil niemand in seinen Rechten verletzt wird; so H. *Beyer*, Die Unvereinbarkeit von Ämtern in-

Regierungsbildung (→ Art. 63 Rn. 27; → Art. 64 Rn. 27): Da die Verbote aus Art. 66 GG mit Amtsantritt beginnen[53], ist es das **Recht und die Pflicht des Bundespräsidenten**, die **Ernennung** eines Regierungsmitgliedes **zu verweigern**, der seinen Pflichten aus Art. 66 GG nicht nachgekommen ist[54]. Die Überprüfung der Einhaltung der Inkompatibilitätsvorschriften zum Ernennungszeitpunkt erzeugt keine Vorwirkung der Pflichten aus Art. 66 GG[55], sondern stellt lediglich die Einhaltung des Art. 66 GG im Zeitpunkt des Amtsantritts sicher. Sollte allerdings der Inkompatibilitätsfall erst nach der Ernennung eintreten, so verliert die Person weder automatisch das Regierunsamt noch das andere Amt, den Beruf oder die Stellung in einem Unternehmen[56]. Hier ist der Bundeskanzler verpflichtet, dem Bundespräsidenten die Entlassung eines Ministers vorzuschlagen, wenn dieser seinen Pflichten aus Art. 66 GG nicht nachkommt[57].

III. Politische Inkompatibilitäten

17 Außer der in Art. 55 I GG normierten Unvereinbarkeit von **Bundespräsidenten-** und Regierungsamt, der aus Art. 94 I 3 GG folgenden Inkompatibilität zwischen **Bundesverfassungsrichter-** und Regierungsamt und dem Verbot des Art. 53a I 2 GG, gleichzeitig der Bundesregierung und dem **Gemeinsamen Ausschuß** anzugehören, kann nach § 4 BMinG ein Mitglied der Bundesregierung auch nicht zugleich Mitglied einer **Landesregierung** sein. Zwar ist diese Inkompatibilität nicht bereits in der Verfassung begründet[58]. Angesichts der Konflikte, die bei Ausübung der bundesstaatlichen Befugnisse nach Art. 84 III und 85 III GG entstehen können, ist aber gegen § 4 BMinG von Verfassungs wegen nichts einzuwenden. Daraus folgt gleichzeitig, daß Mitglieder der Bundesregierung nicht gleichzeitig Mitglieder des **Bundesrates** sein können[59].

18 Da aus Art. 66 GG eine allgemeine Unvereinbarkeit zwischen Regierungs- und anderen besoldeten Verfassungsämtern nicht hergeleitet werden kann (→ Rn. 8), könnten solche politischen Inkompatibilitäten über die genannten speziellen Vorschriften hinaus nur aus den allgemeinen Strukturprinzipien des Grundgesetzes folgen[60]. Umstritten ist in diesem Zusammenhang vor allem, ob die Verbindung von **Regierungsamt und Bundestagsmandat** mit dem Grundsatz der **Gewaltenteilung** vereinbar ist. Dagegen wird vorgebracht[61], daß das Bundesverfassungsgericht zwar Durchbrechungen der Gewaltenteilung für verfassungsrechtlich zulässig erklärt[62], gleichzeitig aber

---

nerhalb der Bundesregierung, 1976, S. 306; *Oldiges* (Fn. 19), Art. 66 Rn. 20; a.A. *Meyn* (Fn. 27), Art. 66 Rn. 3, der allerdings die Problematik der fehlenden Rechtsverletzung nicht aufgreift.

[53] Vgl. nur Jarass/*Pieroth*, GG, Art. 66 Rn. 1; *Schneider* (Fn. 3), Art. 66 Rn. 7.
[54] So auch Jarass/*Pieroth*, GG, Art. 64 Rn. 1; *W.-R. Schenke*, in: BK, Art. 64 (Zweitb. 1980), Rn. 32.
[55] So aber *Veen*, Vereinbarkeit (Fn. 1), S. 206; *K. Schlaich*, Der Status des Bundespräsidenten, in: HStR II, § 48 Rn. 5.
[56] Jarass/*Pieroth*, GG, Art. 66 Rn. 1; *Herzog* (Fn. 25), Art. 66 Rn. 7; *Liesegang* (Fn. 25), Art. 66 Rn. 3; *Meyn* (Fn. 27), Art. 66 Rn. 3; *Veen*, Vereinbarkeit (Fn. 1), S. 206 f.; a. A. bezüglich des Erlöschens des Regierungsamtes bei Annahme der Wahl zum Bundespräsidenten oder bei Zustimmung zur Ernennung als Bundesverfassungsrichter *Schneider* (Fn. 3), Art. 66 Rn. 3.
[57] So auch *Herzog* (Fn. 25), Art. 66 Rn. 14.
[58] So aber *Oldiges* (Fn. 19), Art. 66 Rn. 27 m.w.N.
[59] So mit unterschiedlichen Begründungen *Oldiges* (Fn. 19), Art. 66 Rn. 27; *Herzog* (Fn. 25), Art. 66 Rn. 40.
[60] So auch *Oldiges* (Fn. 19), Art. 66 Rn. 23.
[61] Zuletzt *I. v. Münch*, NJW 1998, 34 f. m.w.N.
[62] BVerfGE 34, 52 (59).

die gegenseitige Kontrolle der Gewalten als Charakteristikum der grundgesetzlichen Gewaltenteilung qualifiziert habe[63]. Regierungsmitglieder mit Abgeordnetenmandat müßten demnach eine Kontrolle über sich selbst ausüben, was als Widerspruch in sich erscheine[64]. Die h.M.[65] setzt dem mit Recht entgegen, daß im parlamentarischen Regierungssystem des Grundgesetzes die Front einer funktional verstandenen Gewaltenteilung weniger zwischen Parlament und Regierung als zwischen regierender Mehrheit und Opposition verlaufe[66]. Zudem geht die Verfassung in Art. 53a I 2 GG von der grundsätzlichen Vereinbarkeit von Abgeordnetenmandat und Regierungsmitgliedschaft aus (→ Art. 38 Rn. 135)[67].

Auch die Verbindung eines **Regierungsamtes im Bund** mit einem **Landtagsmandat** ist mit dem Grundgesetz vereinbar[68], da eine unmittelbare Beziehung zwischen Bundesregierung und Landesparlamenten nicht besteht[69] und somit – unter bundesstaatlichen Aspekten – Konfliktlagen nicht zu erwarten sind.

19

Die **Nichtbeachtung verfassungsorganschaftlicher Inkompatibilitäten** führt dazu, daß der Bundespräsident die **Ernennung** zum Bundeskanzler oder Bundesminister **verweigern** muß. Übernimmt ein Regierungsmitglied später ein inkompatibles anderes Amt, so tritt automatischer Amtsverlust ein[70].

20

D. Verhältnis zu anderen GG-Bestimmungen

Während Art. 66 GG – parallel zur Regelung des Art. 55 II GG für den Bundespräsidenten – die berufliche Inkompatibilität regelt, lassen sich aus dieser Norm verfassungsorganschaftliche oder politische Inkompatibilitäten nicht begründen (→ Rn. 8). Diese folgen nur aus den speziellen Vorgaben der **Art. 53a I 2, 55 I** und **94 I 3 GG** (→ Rn. 17).

21

---

[63] BVerfGE 67, 100 (130).
[64] *I. v. Münch*, NJW 1998, 34 (35); *H. Meyer*, Die Stellung der Parlamente in der Verfassungsordnung des Grundgesetzes, in: Schneider/Zeh, § 4 Rn. 33.
[65] *Hesse*, Verfassungsrecht, Rn. 489; *Oldiges* (Fn. 19), Art. 66 Rn. 25; *A. Dittmann*, ZRP 1978, 52 ff.; *Herzog* (Fn. 25), Art. 66 Rn. 33; *Liesegang* (Fn. 25), Art. 66 Rn. 5; *Meyn* (Fn. 27), Art. 66 Rn. 8; *Schneider* (Fn. 3), Art. 66 Rn. 4.
[66] So z.B. *Oldiges* (Fn. 19), Art. 66 Rn. 25.
[67] *Meyn* (Fn. 27), Art. 66 Rn. 8; *Herzog* (Fn. 25), Art. 66 Rn. 35; *Liesegang* (Fn. 25), Art. 66 Rn. 5; *Schneider* (Fn. 3), Art. 66 Rn. 4.
[68] *Oldiges* (Fn. 19), Art. 66 Rn. 26; *Schneider* (Fn. 3), Art. 66 Rn. 4; mit abweichender Begründung *Herzog* (Fn. 25), Art. 66 Rn. 36.
[69] *Oldiges* (Fn. 19), Art. 66 Rn. 26. Allenfalls mittelbar mögen sich Bundesregierung und Landesparlament im Verfahren nach Art. 93 I Nr. 2a GG gegenüberstehen (vgl. § 77 BVerfGG).
[70] So *Oldiges* (Fn. 19), Art. 66 Rn. 28.

Artikel 67 [Mißtrauensvotum]

(1) ¹Der Bundestag kann dem Bundeskanzler das Mißtrauen nur dadurch aussprechen, daß er mit der Mehrheit seiner Mitglieder einen Nachfolger wählt und den Bundespräsidenten ersucht, den Bundeskanzler zu entlassen. ²Der Bundespräsident muß dem Ersuchen entsprechen und den Gewählten ernennen.
(2) Zwischen dem Antrage und der Wahl müssen achtundvierzig Stunden liegen.

Literaturauswahl

Berthold, Lutz: Das konstruktive Mißtrauensvotum und seine Ursprünge in der Weimarer Staatsrechtslehre, in: Der Staat 36 (1997), S. 81–94.
Birke, Adolf M.: Das konstruktive Mißtrauensvotum in den Verfassungsverhandlungen der Länder und des Bundes, in: ZParl. 8 (1977), S. 77–92.
Brandt, Edmund: Die Bedeutung parlamentarischer Vertrauensregelungen – Dargestellt am Beispiel von Art. 54 WRV und Art. 67, 68 GG, 1981.
Domes, Jürgen: Regierungskrisen in Bund und Ländern seit 1949 und die Funktion des konstruktiven Mißtrauensvotums, in: Festschrift für Dolf Sternberger zum 70. Geburtstag, 1977, S. 53–62.
Lange, Rolf/Richter, Gerhard: Erste vorzeitige Auflösung des Bundestages – Stationen vom konstruktiven Mißtrauensvotum bis zur Vereidigung der zweiten Regierung Brandt/Scheel, in: ZParl. 4 (1973), S. 38–75.
Lippert, Michael R.: Bestellung und Abberufung der Regierungschefs und ihre funktionale Bedeutung für das parlamentarische Regierungssystem – Entwickelt am Beispiel des deutschen Bundeskanzlers und des britischen Premierministers, 1973.
Müller, Martin: Das konstruktive Mißtrauensvotum – Chronik und Anmerkungen zum ersten Anwendungsfall des Art. 67 GG, in: ZParl. 3 (1972), S. 275–291.

Siehe auch die Angaben zu Art. 68 GG.

Leitentscheidungen des Bundesverfassungsgerichts

Diese liegen zu Art. 67 GG bislang nicht vor.

Gliederung

	Rn.
A. Herkunft, Entstehung, Entwicklung	1
B. Internationale, supranationale und rechtsvergleichende Bezüge	4
C. Erläuterungen	6
I. Funktion und Reichweite des »konstruktiven Mißtrauensvotums«	6
1. Mehrheitsverfall und Regierungsstabilität	6
2. Die Bedeutung im parlamentarischen Regierungssystem	8
3. Begrenzte Stabilisierungswirkung	11
II. Verfahren	13
1. Antrag aus der Mitte des Bundestages	13
2. Die Frist von achtundvierzig Stunden (Art. 67 II GG)	15
3. Die Entscheidung des Bundestages und die Ernennung durch den Bundespräsidenten	16
III. Das »schlichte« Mißtrauensvotum und andere Mißbilligungsformen	19
D. Verhältnis zu anderen GG-Bestimmungen	22

A. Herkunft, Entstehung, Entwicklung

Die Vertrauensabhängigkeit der Regierung vom Parlament als wesentliches Merkmal 1
des parlamentarischen Regierungssystems hat seit dessen Entstehung die Frage aufgeworfen, welche Folgen eintreten, wenn die gewählte Regierung während der Wahlperiode die politische Unterstützung der Parlamentsmehrheit verliert. Die **Reichsverfassung von 1871** sah zwar in Art. 17 vor, daß der Reichskanzler als einziges durch diese Verfassung institutionalisiertes Regierungsorgan (→ Art. 62 Rn. 2) dem Reichstag verantwortlich ist. Aber erst gegen Ende ihrer Geltungszeit – zunehmend beschleunigt durch die schwieriger werdende politische Lage während des Ersten Weltkrieges – wurden Bestrebungen unternommen, den Bestand des Regierungsorgans vom Vertrauen des Parlaments abhängig zu machen[1], wobei Endpunkt dieser Entwicklung der durch das Gesetz vom 28. 10. 1918[2] geschaffene Art. 15a RVerf. war. Diese Vorschrift sah die Möglichkeit des parlamentarischen Mißtrauensvotums mit der Folge vor, daß der Reichskanzler zurücktreten mußte. Zur Anwendung kam diese Vorschrift wegen der unmittelbar darauf ausbrechenden Novemberrevolution allerdings nicht mehr.

Auch **Art. 54 WRV** sah die Möglichkeit vor, daß der Reichstag dem Reichskanzler 2
wie auch jedem einzelnen Minister (→ Art. 63 Rn. 3) das Vertrauen entziehen konnte. Dadurch wurde die Pflicht zum Rücktritt ausgelöst, ohne daß gleichzeitig ein neuer Kanzler oder Minister gewählt werden mußte. Obwohl die Weimarer Reichsverfassung insoweit nur an Art. 15a der Vorgängerverfassung anknüpfte, wurde und wird der abwertende Begriff des »destruktiven« Mißtrauensvotums hauptsächlich im Zusammenhang mit Art. 54 WRV verwendet[3]. Insoweit wirkt offenbar noch nach, daß die spezifische Bedeutung des Mißtrauensvotums nach Art. 54 WRV für die Instabilität der Weimarer Republik durch den Verfassungskonvent von Herrenchiemsee und den Parlamentarischen Rat (→ Rn. 3) insgesamt überschätzt wurde[4]. Das vor allem in der Spätphase der Weimarer Republik praktisch gewordene Problem lag weniger isoliert in Art. 54 WRV, der insgesamt nur zweimal zur Anwendung kam[5], als vielmehr in der Kombination der Abhängigkeit der Regierung vom Reichstag mit der dem parla-

---

[1] S. hierzu *M. Lippert*, Bestellung und Abberufung der Regierungschefs und ihre funktionale Bedeutung für das parlamentarische Regierungssystem, 1973, S. 399f. m.w.N. Zur der Einfügung des Art. 15a vorausgegangenen Schaffung eines Mißtrauensvotums kraft Geschäftsordnung des Reichstages im Jahre 1912, das allerdings keine verfassungsrechtlichen Folgen zeitigen konnte: *Willoweit*, Verfassungsgeschichte, § 36 I 3 (S. 283).
[2] RGBl. S. 1274.
[3] *H.-P. Schneider*, in: AK-GG, Art. 67 Rn. 1; *M. Oldiges*, in: Sachs, GG, Art. 67 Rn. 8; *Hesse*, Verfassungsrecht, Rn. 629.
[4] Skeptisch gegenüber der Maßgeblichkeit des Art. 54 WRV für das Scheitern der Weimarer Republik auch *F. Glum*, Kritische Bemerkungen zu Art. 63, 67, 68, 81 des Bonner Grundgesetzes, in: FG E. Kaufmann, 1950, S. 47ff. (49); *v. Mangoldt/Klein*, GG, Art. 67 Anm. II. 3; *E.-W. Böckenförde*, AöR 92 (1967), 253f.; *Schneider* (Fn. 3), Art. 67 Rn. 1.
[5] Beide Anwendungsfälle ereigneten sich im Jahre 1926, nämlich beim Sturz des zweiten Kabinetts Luther im Frühjahr 1926 und des dritten Kabinetts Marx im Dezember 1926; hierzu *Anschütz*, WRV, Art. 54 Anm. 4. Auf die geringe Zahl der praktischen Anwendungsfälle des Art. 54 WRV weist auch *Glum*, Bemerkungen (Fn. 4), S. 49, hin. *Gusy*, Reichsverfassung, S. 133 kommt auf drei Anwendungsfälle, da er den Sturz des zweiten Kabinetts Stresemann 1923 mitzählt; dazu *Huber*, Verfassungsgeschichte, Bd. VII, S. 429ff. A.A. *Anschütz*, WRV, Art. 54 Anm. 3 (S. 320 Fn. 1).

mentarischen Regierungssystem wesensfremden Abhängigkeit vom Reichspräsidenten (→ Art. 63 Rn. 3)[6].

3   Die **Beratungen zum Grundgesetz** waren durch den Eindruck geprägt, Art. 54 WRV sei maßgeblich für das Scheitern der Weimarer Republik gewesen[7]. Bereits der Verfassungkonvent von Herrenchiemsee distanzierte sich daher von Art. 54 WRV und suchte nach Wegen, die Regierungsstabilität verfassungsrechtlich stärker abzusichern. Dabei einigte man sich unter dem Einfluß Carlo Schmids auf das bereits in Art. 73 der Verfassung Württemberg-Badens verankerte Modell des allein gegen den Regierungschef gerichteten und an die notwendige gleichzeitige Neuwahl eines Regierungschefs gekoppelten – »**konstruktiven**« – **Mißtrauensvotums** (Art. 90 HChE)[8]. Im Parlamentarischen Rat stieß darüber hinaus auch jede Form des »einfachen« Mißtrauensvotums, das keine Pflicht zum Rücktritt auslösen und insoweit rechtlich folgenlos bleiben sollte[9], auf entschiedenen Widerstand[10]. Das Bestreben der Mehrheit des Hauptausschusses des Parlamentarischen Rates ging eindeutig dahin, auch derartige einfache Mißtrauensbeschlüsse des Bundestages für verfassungsrechtlich unzulässig zu halten, weil in dem konstruktiven Mißtrauensvotum eine abschließende Regelung der Frage gesehen wurde, welche verfassungsrechtlichen Folgen ein Vertrauensverlust der Regierung während der Wahlperiode haben darf[11]. Art. 67 GG ist bislang unverändert geblieben.

B. Internationale, supranationale und rechtsvergleichende Bezüge

4   Im internationalen Vergleich erweist sich die Besonderheit des Art. 67 GG, daß ein Mißtrauensvotum nur in Verbindung mit der Neuwahl rechtliche Folgen hat, mit Aus-

---

[6] In der verfassungspolitischen Diskussion zur Zeit der WRV – vgl. dazu ausführlich *L. Berthold*, Der Staat 36 (1997), 81ff. – wurde demgemäß auch nicht ausschließlich an Art. 54 WRV angesetzt, sondern vor allem von konservativer Seite versucht, Regierungsstabilität über eine stärkere Betonung der Stellung des Reichspräsidenten zu erreichen; näheres bei *Lippert*, Bestellung (Fn. 1), S. 408ff. Im Hinblick auf Art. 54 WRV wurde dagegen vorgeschlagen, positive Vertrauensvoten oder eine Zweidrittelmehrheit für das Mißtrauensvotum einzuführen; ausführlich zu diesen Reformvorschlägen betr. Art. 54 WRV *Lippert*, Bestellung (Fn. 1), S. 405ff.; *A.M. Birke*, ZParl. 8 (1977), 77 (80ff.). Der Art. 67 GG in seiner »Konstruktivität« wohl am nächsten kommende Ansatz eines Mißtrauensvotums mit notwendigem Vorschlag eines neuen Reichskanzlers, der den Reichspräsidenten gleichwohl nicht binden sollte, stammt von *E. Fraenkel*, Verfassungsreform und Sozialdemokratie (1932), in: ders., Zur Soziologie der Klassenjustiz und Aufsätze zur Verfassungskrise 1931–1932, 1968, S. 89ff. (97ff.); eingehend zu diesem Vorschlag *L. Berthold*, Der Staat 36 (1997), 81 (81ff., 93f.); *A.M. Birke*, ZParl. 8 (1977), 77 (80f.); *J. Domes*, Regierungskrisen in Bund und Ländern seit 1949 und die Funktion des konstruktiven Mißtrauensvotums, in: FS Sternberger, 1977, S. 53ff. (56f.).

[7] Typisch ist insoweit die Äußerung des Abg. *Dr. Katz* in der 49. Sitzung am 9. 2. 1949, Sten.Prot. S. 644, wonach man das Mißtrauensvotum nach Art. 54 WRV, »das sich in der Vergangenheit so zum Nachteil ausgewirkt hat«, beseitigen wolle.

[8] Abgedruckt in JöR 1 (1951), S. 442. Ausführliche Wiedergabe der Beratungen bei *A.M. Birke*, ZParl. 8 (1977), 77 (88ff.).

[9] So vor allem der vom Abg. *Dr. v. Mangoldt* mehrfach vorgebrachte Vorschlag (3. Sitzung des Hauptausschusses am 8. 1. 1949, Sten.Prot. S. 33, sowie in der 49. Sitzung am 9. 2. 1949, Sten.Prot. S. 644).

[10] Kein Antrag des Abg. *Dr. v. Mangoldt*, mit dem dieser seiner Ansicht in der Formulierung des damaligen Art. 90 der Entwurfsfassung Rechnung tragen wollte, wurde angenommen; vgl. die 49. Sitzung des Hauptausschusses des Parlamentarischen Rates am 9. 2. 1949, Sten.Prot. S. 644, 645, 57; Sitzung am 5. 5. 1949, Sten.Prot. S. 754.

[11] Vgl. dazu die Diskussion in der 49. Sitzung am 9. 2. 1949, Sten.Prot. S. 644.

nahme der Art. 113, 114 der **spanischen** sowie Art. 96 II der **belgischen Verfassung**[12] als singulär. Typisch ist eine Regelung wie die in Art. 50 der **französischen Verfassung** vorgesehene: Die Annahme eines Mißtrauensantrages durch die Nationalversammlung hat zur Folge, daß der Premierminister beim Präsidenten der Republik den Rücktritt der Regierung einreichen muß, ohne daß die so geschaffene Lücke sogleich wieder zu schließen wäre.

Unter den **Verfassungen der Bundesländer** nimmt die Verfassung Bayerns eine Sonderrolle ein. Sie ist die einzige Landesverfassung, die keine Möglichkeit des Parlaments vorsieht, den Regierungschef im Wege eines Mißtrauensvotums zum Rücktritt zu zwingen. Stattdessen wird es dem Ministerpräsidenten zur Pflicht gemacht zurückzutreten, wenn eine vertrauensvolle Zusammenarbeit mit dem Landtag nicht mehr möglich ist[13]. Ob diese Voraussetzung im Einzelfall vorliegt, soll vom Verfassungsgerichtshof uneingeschränkt nachgeprüft werden können[14]. Mißtrauensvoten, die nicht notwendigerweise an die Wahl eines neuen Ministerpräsidenten gekoppelt sind, sondern nur eine Rücktrittsverpflichtung zur Folge haben, sehen die Verfassungen Berlins, Hessens und des Saarlandes vor[15], wobei in Berlin und im Saarland auch einzelne Kabinettsmitglieder Adressaten eines Mißtrauensvotums sein können[16]. Diese können daneben auch in Bremen und Rheinland-Pfalz im Wege eines Mißtrauensvotums zum Rücktritt gezwungen werden[17], wobei die Verfassung Bremens auch die Möglichkeit vorsieht, im Gesetzeswege die Zahl der Senatoren zu verringern und entsprechende Entlassungen vorzunehmen[18]. Die übrigen Verfassungen der Bundesländer enthalten durchgehend mit Art. 67 GG vergleichbare Regelungen (→ Art. 28 Rn. 62). Geringfügige Abweichungen betreffen nur die Regelungen des Zeitraums zwischen Antragstellung und Abstimmung[19] sowie Quorumsregelungen betreffend die Antragstellung[20].

5

C. Erläuterungen

I. Funktion und Reichweite des »konstruktiven Mißtrauensvotums«

1. Mehrheitsverfall und Regierungsstabilität

Art. 67 GG eröffnet einen der möglichen Auswege aus einer Situation, in der die Bundesregierung nicht mehr von einer parlamentarischen Mehrheit unterstützt wird. Er

6

---

[12] Nach Art. 113 II der spanischen Verfassung muß ein Mißtrauensantrag einen Kandidaten für das Amt des Ministerpräsidenten vorschlagen. Hat der Mißtrauensantrag Erfolg, so reicht gemäß Art. 114 II 1 die Regierung beim König ihren Rücktritt ein. Nach Art. 114 II 3 wird sodann der Vorgeschlagene vom König zum Ministerpräsidenten ernannt. Entsprechend verläuft das Verfahren nach Art. 96 II der konsolidierten belgischen Verfassung von 1994 ab.
[13] Art. 44 III 2 BayVerf.
[14] So *T. Meder*, Die Verfassung des Freistaates Bayern, 4. Aufl. 1992, Art. 44 Rn. 3.
[15] Art. 42 III 2 BerlVerf., Art. 114 IV HessVerf., Art. 88 SaarlVerf.
[16] Art. 88 I SaarlVerf., Art. 42 III 2 BerlVerf.
[17] Art. 110 II 2 BremVerf., Art. 99 Rheinl.-PfälzVerf.
[18] Art. 110 II 2 BremVerf.
[19] Vgl etwa die besonders ausgefeilte Regelung in Art. 72 Sachs.-AnhVerf.
[20] So verlangt etwa Art. 50 III Meckl.-VorpVerf., daß 1/3 der gesetzlichen Mitglieder des Landtages den Antrag stellen.

regelt abschließend die Möglichkeit, eine amtierende Bundesregierung[21] während der Wahlperiode zu stürzen. Vom Rücktritt des Bundeskanzlers (→ Art. 69 Rn. 14) mit anschließender Neuwahl nach Art. 63 GG und von der Wahl eines anderen Bundeskanzlers nach gescheiterter Vertrauensfrage gem. Art. 68 I 2 GG unterscheidet sich Art. 67 GG dadurch, daß hier die Initiative allein bei der »neuen« Mehrheit des Bundestages liegt und eine Mitwirkung der amtierenden Regierung nicht erforderlich ist. Indem die Abwahl des bisherigen Kanzlers von der gleichzeitigen Wahl eines Nachfolgers abhängig gemacht wird, dem die volle demokratische Legitimation zukommt[22], sucht Art. 67 GG die Regierungsstabilität zu erhöhen[23], ohne allerdings verhindern zu können, daß die amtierende zu einer Minderheitsregierung wird, wenn die bisherige Regierungsmehrheit zerfällt, ohne daß sich eine neue Mehrheit für die Wahl eines anderen Kanzlers zusammenfindet (→ Rn. 11). Die Regelung bietet also vor allem für den Fall, daß sich eine neue regierungsfähige parlamentarische Mehrheit formiert, eine **Alternative zu vorgezogenen Neuwahlen**, zu denen einerseits der Weg über den Rücktritt der Regierung mit einem anschließenden Scheitern einer Kanzlerwahl nach Art. 63 GG und andererseits der negative Ausgang einer Vertrauensfrage nach Art. 68 GG führt.

7   Unter dem Blickwinkel der Frage, aus welchen Gründen die **Amtszeit eines Bundeskanzlers** enden kann, bedeutet die Kanzlerwahl[24] nach Art. 67 GG neben dem Zusammentritt eines neuen Bundestages nach regulärer oder vorgezogener Neuwahl (→ Art. 69 Rn. 14), der Wahl eines anderen Bundeskanzlers nach gescheiterter Vertrauensfrage (→ Art. 68 Rn. 22), dem Rücktritt und dem Tod des Amtsinhabers (→ Art. 69 Rn. 14) den fünften möglichen Grund[25] für das Ende einer Amtszeit des Bundeskanzlers und der von ihm geführten Regierung.

2. Die Bedeutung im parlamentarischen Regierungssystem

8   Indem Art. 67 GG die Bedingungen für den Sturz der Regierung durch das Parlament vorgibt, konkretisiert er die **Abhängigkeit** des Kanzlers und der ganzen Bundesregierung **vom Vertrauen des Bundestages** und damit das parlamentarische Regierungssystem des Grundgesetzes insgesamt (→ Art. 63 Rn. 7 ff.)[26]. Während nach Art. 63 GG die Regierungsbildung von der Zustimmung einer parlamentarischen Mehrheit abhängig ist, setzt Art. 67 GG diese Vertrauensabhängigkeit fort, indem er auch den weiteren Bestand der Regierung davon abhängig macht, daß sich keine alternative politische Mehrheit zusammenfindet[27].

---

[21] Zur Frage, ob sich ein konstruktives Mißtrauensvotum auch gegen einen geschäftsführenden Bundeskanzler richten kann, → Art. 69 Rn. 23.

[22] BVerfGE 62, 1 (43).

[23] *Schneider* (Fn. 3), Art. 67 Rn. 2; *Oldiges* (Fn. 3), Art. 67 Rn. 14 ff.; *M. Schröder*, Bildung, Bestand und parlamentarische Verantwortung der Bundesregierung, in: HStR II, § 51 Rn. 33; kritisch *R. Herzog*, in: Maunz/Dürig, GG, Art. 67 (1984), Rn. 14 ff.; *U. Mager*, in: v. Münch/Kunig, GG II, Art. 67 Rn. 1.

[24] Daß es sich bei Art. 67 GG um einen besonderen Fall der Kanzlerwahl handelt, betont *Oldiges* (Fn. 3), Art. 67 Rn. 3.

[25] Vgl. die Übersicht bei *Lippert*, Bestellung (Fn. 1), S. 421 ff.

[26] So auch Jarass/*Pieroth*, GG, Art. 67 Rn. 1; zutreffend weist *Schröder* (Fn. 23), § 51 Rn. 34, darauf hin, daß Art. 67 GG mit seiner »konstruktiven« Komponente keineswegs eine Abweichung vom Sinn des parlamentarischen Regierungssystems darstellt.

[27] *H.-E. Röttger*, JuS 1975, 358 (359).

I. Funktion und Reichweite des »konstruktiven Mißtrauensvotums«   **Art. 67**

Auch in der **Beschränkung der Vertrauensabhängigkeit auf den Kanzler**, die zur   **9**
rechtlichen Folgenlosigkeit eines Mißtrauensantrags gegen einzelne Minister führt[28],
entspricht Art. 67 GG der bereits in Art. 63 GG angelegten dominierenden Stellung
des Regierungschefs. Auf diese Weise spitzt das Grundgesetz »jede Kabinettskrise auf
eine Kanzlerkrise zu«[29] und setzt die bereits durch Art. 63 GG verursachte »Mediatisierung« der Bundesminister durch den Bundeskanzler fort[30]. Allerdings kann aus
Art. 67 GG nicht der Schluß gezogen werden, nur der Kanzler und nicht die Minister
seien parlamentarisch verantwortlich[31]. Damit würde nämlich verkannt, daß die Verantwortlichkeit auch durch andere Kontrollinstrumente als durch die Abwahl umgesetzt werden kann (→ Art. 65 Rn. 38 f.).

Als Konkretisierung des verfassungsrechtlich ausgeformten parlamentarischen Regierungssystems hat Art. 67 GG schließlich insofern Bedeutung, als er der **Opposition**   **10**
eine **verfassungsrechtliche Legitimationsbasis** gibt, indem er das Recht zum Kanzler-
und Regierungswechsel durch eine zur Übernahme der Regierungsverantwortung bereite Opposition bestätigt[32].

3. Begrenzte Stabilisierungswirkung

Der Beitrag, den Art. 67 GG bei der Gewährleistung stabiler Regierungsverhältnisse   **11**
zu leisten vermag, ist begrenzt. Zwar wird der Sturz der Regierung durch eine »destruktive« Mehrheit verhindert, den **Fortbestand eindeutiger und sicherer Parlamentsmehrheiten** als die eigentliche Grundlage stabiler Regierungsverhältnisse **kann
Art. 67 GG aber nicht sichern**[33]. Zwar wird der Feststellung, daß auch Art. 67 GG einen Minderheitskanzler nicht verhindern kann, entgegengehalten, daß es immerhin
bei einer handlungsfähigen Regierung verbleibe[34]. Ein Gewinn an Stabilität läge darin
aber nur, wenn die Handlungsfähigkeit einer solchen Minderheitsregierung größer
wäre als die einer geschäftsführenden Regierung[35], die Folge eines »destruktiven

---

[28] Die h.M. hält derartige Anträge bereits für unzulässig; vgl. z.B. *Degenhart*, Staatsrecht I, Rn. 438. Als »schlichte« Mißtrauensvoten sind sie nach der hier vertretenen Auffassung jedoch nicht zu beanstanden; → Rn. 21.
[29] *H. Schneider*, Kabinettsfrage und Gesetzgebungsnotstand nach dem Bonner Grundgesetz, VVDStRL 8 (1950), S. 21 ff. (28).
[30] Vgl. nur *Lippert*, Bestellung (Fn. 1), S. 425.
[31] Darauf weist auch *Oldiges* (Fn. 3), Art. 67 Rn. 13, hin.
[32] So *Schröder* (Fn. 23), § 51 Rn. 36; *Oldiges* (Fn. 3), Art. 67 Rn. 20; *Jarass/Pieroth*, GG, Art. 67 Rn. 1; *Schneider* (Fn. 3), Art. 67 Rn. 2; *H. Liesegang*, in: I. v. Münch (Hrsg.), Grundgesetz-Kommentar, Bd. 2, 2. Aufl. 1983, Art. 67 Rn. 3; *Mager* (Fn. 23), Art. 67 Rn. 2.
[33] Kritisch deshalb *Hesse*, Verfassungsrecht, Rn. 635, der meint, die Krisenlage, deren Eintritt Art. 67 GG verhindern solle, könne durch das konstruktive Mißtrauensvotum weder aufgehalten noch beseitigt, wohl aber dadurch, daß an den Symptomen statt an der Wurzel des Übels kuriert werde, perpetuiert werden. *E. Friesenhahn*, Parlament und Regierung im modernen Staat, VVDStRL 16 (1958), S. 9 ff. (61), weist darauf hin, daß eine Regierung, die ihre absolute Mehrheit im Parlament verloren hat, aber nicht gestürzt werden kann, keine größere Stärke erlangt als eine Regierung, die durch ein destruktives Mißtrauensvotum gestürzt worden ist, aber als geschäftsführende Regierung im Amt bleibt, bis eine neue Regierung gebildet wird. Besteht keine andere zur Regierungsbildung bereite Mehrheit, so ist seiner Ansicht nach der Unterschied zur Weimarer geschäftsführenden Regierung nur ein rein formaler. Skeptisch hinsichtlich der stabilisierenden Wirkung des Art. 67 GG ebenfalls *U. Scheuner*, Die Lage der parlamentarischen Regierungssystems (1974), in: ders., Staatstheorie und Staatsrecht, 1978, S. 361 ff. (361 f.); *Liesegang* (Fn. 32), Art. 67 Rn. 11.
[34] *Oldiges* (Fn. 3), Art. 67 Rn. 19.
[35] So die Frage von *Hesse*, Verfassungsrecht, Rn. 635.

Kanzlersturzes« ist (Art. 69 Abs. III GG). Solche **wesentlichen Unterschiede zwischen Minderheits- und geschäftsführender Regierung** sind aber **nicht erkennbar**[36].

12 Immerhin kann aber eine stabilisierende Wirkung von Art. 67 GG darin gesehen werden, daß unzufriedene Teile der bisherigen Regierungsmehrheit daran gehindert werden, ohne vorherige Klärung der künftigen Mehrheitsverhältnisse das Regierungslager allein in der Hoffnung zu verlassen, aus den dann anstehenden Regierungsverhandlungen für sich Vorteile ziehen zu können[37]. Einen Beitrag zur **inneren Stabilität der Regierung** leistet Art. 67 GG auch dadurch, daß einzelnen Ministern nicht das Mißtrauen ausgesprochen werden kann und so ihr »Herausschießen« aus der Regierung unmöglich gemacht wird[38]. Im Ergebnis dürfte weitgehende Übereinstimmung herrschen, daß die bisherige Stabilität der Regierungen nicht Folge des Art. 67 GG, sondern des gefestigten Parteiensystems ist[39].

II. Verfahren

1. Antrag aus der Mitte des Bundestages

13 Nach dem Wortlaut von Art. 67 I 1 GG finden die Mißtrauensbekundung und die Wahl eines Nachfolgers »uno actu« statt[40]. Das Mißtrauensvotum liegt also in der Neuwahl[41], weshalb § 97 I 2 GOBT zulässigerweise bereits für den Antrag verlangt, daß **neben dem Mißtrauensantrag** dem Bundestag ein namentlich genannter **Kandidat als Nachfolger** zur Wahl vorgeschlagen wird[42]. Auch bei dem gem. § 97 II 2 GOBT erforderlichen Quorum von einem Viertel der Mitglieder des Bundestages handelt es sich um eine zulässige Konkretisierung des Art. 67 GG, weil es eine Beschleunigung und Konzentration des Verfahrens bewirkt[43]. Ein Vorschlagsrecht des Bundespräsidenten existiert hier nicht[44].

14 Nachdem der **Antrag nach Art. 67 GG** im Bundestag eingebracht worden ist, entfal-

---

[36] So auch *Schneider* (Fn. 3), Art. 67 Rn. 11; *Hesse*, Verfassungsrecht, Rn. 635.
[37] *Oldiges* (Fn. 3), Art. 67 Rn. 17; *Schneider* (Fn. 3), Art. 67 Rn. 13, der in diesem Zusammenhang von einer »Präventivfunktion« des Art. 67 GG spricht.
[38] So *Schröder* (Fn. 23), § 51 Rn. 35; *Schneider* (Fn. 3), Art. 67 Rn. 13; *Liesegang* (Fn. 32), Art. 67 Rn. 11.
[39] Vgl. etwa die Einschätzung von *Schröder* (Fn. 23), § 51 Rn. 42; *Herzog* (Fn. 23), Art. 67 Rn. 14; *Scheuner*, Regierungssystem (Fn. 33), S. 364; *Domes*, Regierungskrisen (Fn. 6), S. 59 ff., hält eine krisenhafte Wirkung des konstruktiven Mißtrauensvotums in der Staatspraxis für nicht feststellbar.
[40] So zutreffend *J. Ipsen*, Staatsrecht I, Rn. 373.
[41] So *v. Münch*, Staatsrecht I, Rn. 825.
[42] Dementsprechend lautete der Antrag der CDU/CSU- und der F.D.P.-Fraktion vom 28. 9. 1982 (BT-Drs. 9/2004): »Der Bundestag wolle beschließen: Der Deutsche Bundestag spricht Bundeskanzler Helmut Schmidt das Mißtrauen aus und wählt als seinen Nachfolger den Abgeordneten Dr. Helmut Kohl zum Bundeskanzler der Bundesrepublik Deutschland. Der Bundespräsident wird ersucht, Bundeskanzler Helmut Schmidt zu entlassen.« § 97 I 3 GOBT schließt aus, daß ein Antrag ohne Bezeichnung des Nachfolgers auf die Tagesordnung gesetzt wird.
[43] So *Lippert*, Bestellung (Fn. 1), S. 429; für unbedenklich hält das Quorum auch *Schröder* (Fn. 23), § 51 Rn. 37. Anders als bei Wahlvorschlägen in der zweiten Phase der regulären Kanzlerwahl (→ Art. 63 Rn. 30) ist hier gegen das Quorum verfassungsrechtlich nichts einzuwenden, weil bei Art. 67 GG nur ein »Wahlgang« stattfindet und deshalb die Gefahr einer Stimmenzersplitterung nicht durch nachfolgende Stichwahl abgewendet werden kann; vgl. zu diesem Argument für Wahlvorschlagsquoren *W. Demmler*, Der Abgeordnete im Parlament der Fraktionen, 1994, S. 400 f.
[44] *Oldiges* (Fn. 3), Art. 67 Rn. 4.

tet die Einleitung dieses speziellen Kanzlerwahlverfahrens **Sperrwirkung gegenüber** der allgemeinen Regelung über die **Kanzlerwahl in Art. 63 GG**. Der Bundeskanzler kann auf einen bereits eingebrachten Antrag nach Art. 67 GG also nicht reagieren, indem er zurücktritt, um so das Verfahren nach Art. 63 GG in Gang zu bringen. Der Bundespräsident dürfte in einer solchen Situation den Kanzler nicht entlassen[45], sondern hätte den Abschluß des Verfahrens nach Art. 67 GG abzuwarten.

2. Die Frist von achtundvierzig Stunden (Art. 67 II GG)

Gemäß Art. 67 II GG darf die Wahl erst achtundvierzig Stunden nach der Einbringung des Antrags erfolgen[46]. Durch diese Frist sollen übereilte und mit Zufallsmehrheiten zustandegekommene Entscheidungen verhindert und Raum für neue Verhandlungen über den Fortbestand der Regierung ermöglicht werden[47]. Die Frist beginnt mit der Verteilung der Drucksache[48], die den Mißtrauensantrag und den Wahlvorschlag enthält, wobei gem. § 123 I GOBT der Tag der Verteilung nicht eingerechnet wird[49].

15

3. Die Entscheidung des Bundestages und die Ernennung durch den Bundespräsidenten

Demokratischer Selbstverständlichkeit entsprechend muß Befürwortern wie Gegnern eines Mißtrauensantrages nach Art. 67 GG **Gelegenheit zur Aussprache** gegeben werden[50]. Aus einem Vergleich mit Art. 63 GG folgt, daß **nur ein Wahlgang** stattfindet[51]. Der Nachfolger ist gewählt, wenn er die Mehrheit der gesetzlichen Mitgliederzahl (Art. 121 GG) auf sich vereinigt.

16

Kommt diese absolute Mehrheit zustande, so **muß der Bundespräsident** den **Amtsinhaber entlassen** und **gleichzeitig den Nachfolger ernennen**[52]. Beide Akte bedürfen gem. Art. 58 S. 2 GG keiner Gegenzeichnung. Die allein in Betracht kommenden rechtlichen Weigerungsgründe sind dieselben wie die bei der Kanzlerwahl nach Art. 63 GG (→ Art. 63 Rn. 13, 27). Der durch Art. 67 GG hergestellte Zusammenhang von Kanzlersturz und -neuwahl führt dazu, daß die Entlassung des amtierenden Kanzlers dann unzulässig ist, wenn der Ernennung seines Nachfolgers ein rechtliches Hindernis entgegensteht[53].

17

Umstritten ist der Entscheidungsspielraum des Bundespräsidenten in Fällen einer **nur scheinbar »konstruktiven« Mehrheit**, in denen bereits absehbar ist, daß der ge-

18

---

[45] *Lippert*, Bestellung (Fn. 1), S. 429, meint, der Bundespräsident »sollte« den Bundeskanzler bis zum Ergebnis der Wahl nicht entlassen.
[46] Über mehrere Anträge wird gemäß § 97 II 1 GOBT in nur einem Wahlgang entschieden.
[47] Vgl. nur *Schröder* (Fn. 23), § 51 Rn. 37 m.w.N.
[48] Vgl. §§ 77 I, 123 I GOBT.
[49] Diese geschäftsordnungsrechtliche Konkretisierung ist – worauf *Herzog* (Fn. 23), Art. 67 Rn. 27, zutreffend hinweist – verfassungsrechtlich nicht zu beanstanden, weil Art. 67 II GG mit der Frist von 48 Stunden bestimmt, wann die Wahl frühestens stattfinden darf. Gem. § 126 GOBT kann allerdings mit Zweidrittelmehrheit die Frist auf genau 48 Stunden nach Verteilung des Antrags verkürzt werden; so auch *Schneider* (Fn. 3), Art. 67 Rn. 6.
[50] Vgl. nur *Schröder* (Fn. 23), § 51 Rn. 37; *Herzog* (Fn. 23), Art. 67 Rn. 30; a. A. *v. Mangoldt/Klein*, GG, Art. 67 Anm. III 3 b-d, die wohl eine Debatte über den Mißtrauensantrag, nicht jedoch die Aussprache über die Wahl des Nachfolgers für zulässig halten.
[51] Gemäß § 97 II 1 GOBT erfolgt die Wahl mit verdeckten Stimmzetteln.
[52] Vgl. etwa *Jarass/Pieroth*, GG, Art. 67 Rn. 3.
[53] Vgl. nur *Oldiges* (Fn. 3), Art. 67 Rn. 27.

wählte Nachfolger zurücktreten wird, um über Art. 63 GG Neuwahlen zu erreichen. Wer hier dem Bundespräsidenten das Recht einräumen will, die Ernennung zu verweigern[54], verkennt, daß es sich dabei um eine politische Einschätzung der aktuellen und eine Prognose im Hinblick auf die zukünftige Entwicklung handelt, die Art. 67 GG nicht in die Hände des Bundespräsidenten, sondern allein in die des Bundestages legt[55].

III. Das »schlichte« Mißtrauensvotum und andere Mißbilligungsformen

19 Noch nicht geklärt ist die Frage, ob Art. 67 GG **Mißtrauensbekundungen ohne rechtliche Folgen** für die Regierung und sonstige **Mißbilligungsbeschlüsse** verbietet[56]. So sollen etwa grundsätzliche Mißbilligungsbeschlüsse, die sich gegen die allgemeine Politik des Bundeskanzlers und der Bundesregierung richten oder »hochpolitische« Fragen betreffen[57], unzulässig sein, weil sie die politische Existenz des Bundeskanzlers angreifen[58] und eine dem Vertrauensentzug vergleichbare destabilisierende Wirkung haben. Andere wollen zwischen zulässigen Bekundungen von Kritik, Mißbilligung und Tadel[59] einschließlich eines Rücktrittsersuchens[60] und unzulässigen »förmlichen« Mißtrauensbekundungen unterscheiden[61].

20 Diese Versuche, aus **Art. 67 GG** ein an den Bundestag gerichtetes »Vertrauensentzugsverbot« abzuleiten, verkennen dessen Gegenstand und Reichweite. Diese Norm **regelt nur das Verfahren des rechtlich durchsetzbaren Regierungssturzes** und kann einen Verlust der parlamentarischen Regierungsmehrheit weder aufhalten noch verpflichtet sie dazu, einen solchen Verlust zu verbergen. Insoweit kann der Entstehungsgeschichte (→ Rn. 3), deren »Ängstlichkeit« im Hinblick auf jede die Regierungsstabilität beeinträchtigende parlamentarische Kritik im Wortlaut keinen Niederschlag gefunden hat und im übrigen zwischenzeitlich durch die parlamentarische Praxis überholt ist, keine ausschlaggebende Bedeutung zukommen. Auf die Förmlichkeit, ob dieser Mehrheitsverlust in einem »Mißtrauens-« oder »Mißbilligungsbeschluß« Ausdruck findet, kommt es – abgesehen von den unausweichlichen Abgrenzungsproblemen – nicht an, solange Klarheit darüber besteht, daß solche Beschlüsse eine Pflicht zum Rücktritt oder sonstige Rechtsfolgen nicht auslösen können[62].

---

[54] So *Oldiges* (Fn. 3), Art. 67 Rn. 27; *Herzog* (Fn. 23), Art. 67 Rn. 17.
[55] Zutreffend *Mager* (Fn. 23), Art. 67 Rn. 9; *Schneider* (Fn. 3), Art. 67 Rn. 5.
[56] Ausführlich zu dieser Diskussion *E. Brandt*, Die Bedeutung parlamentarischer Vertrauensregelungen, 1981, S. 75 ff.; → Rn. 3.
[57] So *A. Sattler*, DÖV 1967, 765 (769 ff.); ihm folgend *H. Steiger*, Organisatorische Grundlagen des parlamentarischen Regierungssystems, 1973, S. 276 f.
[58] *F. Münch*, Die Bundesregierung, 1954, S. 178 ff.
[59] So *Lippert*, Bestellung (Fn. 1), S. 426 m.w.N.
[60] Aufforderungen zum Rücktritt hält für zulässig *Herzog* (Fn. 23), Art. 67 Rn. 45; im Ergebnis ebenso *Oldiges* (Fn. 3), Art. 67 Rn. 29, der die Zulässigkeit jedoch mit dem fehlenden definitiven Charakter des Vertrauensentzugs begründet; förmliche Rücktrittsgesuche im Wege eines Parlamentsbeschlusses hält dagegen für unzulässig *Mager* (Fn. 23), Art. 67 Rn. 13 f. Zur Zulässigkeit eines Ersuchens an den Kanzler, die Vertrauensfrage zu stellen. → Art. 68 Rn. 17.
[61] *Oldiges* (Fn. 3), Art. 67 Rn. 29 f.; *Herzog* (Fn. 23), Art. 67 Rn. 42; *Liesegang* (Fn. 32), Art. 67 Rn. 10; *Mager* (Fn. 23), Art. 67 Rn. 13 f., halten jeden grundsätzlichen Vertrauensentzug im Wege eines Parlamentsbeschlusses für unzulässig, gleichgültig in welcher konkreten Forderung an den Kanzler diese Mißtrauensbekundung zum Ausdruck gebracht wird.
[62] So auch *Brandt*, Vertrauensregelungen (Fn. 56), S. 78; *Schneider* (Fn. 3), Art. 67 Rn. 10; *Jarass/Pieroth*, GG, Art. 67 Rn. 3; *v. Mangoldt/Klein*, GG, Art. 67 Anm. IV.

Gleiches gilt für **Parlamentsbeschlüsse**, die sich **gegen einzelne Minister** richten[63].   21
Auch hier wurde aus Art. 67 GG abzuleiten versucht, daß jeder über die allgemeine
Mißbilligung der Geschäftsführung eines Ministers hinausgehende Beschluß, der –
auch ohne Rechtspflicht zum Rücktritt – auf die Entfernung des Ministers aus seinem
Amt gerichtet ist, unzulässig sei[64]. Dagegen setzte sich allerdings bereits früh die Auffassung durch, daß Art. 67 GG auch »Mißtrauensvoten« gegenüber Ministern etwa in
der Gestalt eines Ersuchens an den Bundeskanzler, dem Bundespräsidenten die Entlassung eines Bundesministers vorzuschlagen, zulässig sind[65]. Auch hier kann nicht
zwischen »Vertrauensentzug« und anderen Formen der Kritik oder Mißbilligung unterschieden werden[66].

D. Verhältnis zu anderen GG-Bestimmungen

Bei der Kombination von Mißtrauensvotum gegenüber dem amtierenden und der   22
Wahl eines neuen Bundeskanzlers handelt es sich um ein **spezielles Verfahren der
Kanzlerwahl, das** der allgemeinen Regelung des **Art. 63 GG vorgeht** (→ Rn. 14). Seinerseits verdrängt wird Art. 67 GG, wenn der amtierende Bundeskanzler die Vertrauensfrage gestellt hat, so daß sich die Kanzlerwahl nach deren negativem Ausgang allein nach **Art. 68 I 2 GG** richtet[67].

---

[63] Vgl. *Brandt*, Vertrauensregelungen (Fn. 56), S. 78 f.
[64] Wiedergabe der Rechtsauffassung der Bundesregierung aus dem Jahr 1951 bei *Lippert*, Bestell-
lung (Fn. 1), S. 427. Ein förmliches Mißtrauensvotum gegen Bundesminister halten für unzulässig *Herzog* (Fn. 23), Art. 67 Rn. 48; *Oldiges* (Fn. 3), Art. 67 Rn. 31; *Mager* (Fn. 23), Art. 67 Rn. 15.
[65] Vgl. *Lippert*, Bestellung (Fn. 1), S. 428 m.w.N., der allerdings einschränkend verlangt, daß entsprechende Anträge »nicht einen mit einem Mißtrauensvotum gemeinsamen Sinn aufweisen« dürfen.
Eine Aufforderung zum Rücktritt oder andere Tadelsbeschlüsse halten trotz ihrer Ablehnung von Mißtrauensvoten gegen Minister für zulässig *Herzog* (Fn. 23), Art. 67 Rn. 48; *Oldiges* (Fn. 3), Art. 67
Rn. 31; *Mager* (Fn. 23), Art. 67 Rn. 15.
[66] So aber *Oldiges* (Fn. 3), Art. 67 Rn. 31 m.w.N.; wie hier *Degenhart*, Staatsrecht I, Rn. 438; *v.
Mangoldt/Klein*, GG, Art. 67 Anm. IV 3.
[67] So Jarass/*Pieroth*, GG, Art. 67 Rn. 1.

Artikel 68 [Vertrauensfrage]

(1) ¹Findet ein Antrag des Bundeskanzlers, ihm das Vertrauen auszusprechen, nicht die Zustimmung der Mehrheit der Mitglieder des Bundestages, so kann der Bundespräsident auf Vorschlag des Bundeskanzlers binnen einundzwanzig Tagen den Bundestag auflösen. ²Das Recht zur Auflösung erlischt, sobald der Bundestag mit der Mehrheit seiner Mitglieder einen anderen Bundeskanzler wählt.

(2) Zwischen dem Antrage und der Abstimmung müssen achtundvierzig Stunden liegen.

Literaturauswahl

Achterberg, Norbert: Vertrauensfrage und Auflösungsanordnung, in: DVBl. 1983, S. 477–486.
Geiger, Willi: Die Auflösung des Bundestages nach Art. 68 GG, in: JöR 33 (1984), S. 41–61.
Heun, Werner: Die Stellung des Bundespräsidenten im Licht der Vorgänge um die Auflösung des Bundestages, in: AöR 109 (1984), S. 13–36.
Heyde, Wolfgang/Wöhrmann, Gotthard (Hrsg.): Auflösung und Neuwahl des Bundestages 1983 vor dem Bundesverfassungsgericht – Dokumentation des Verfahrens, 1984.
Hochrathner, Uwe J.: Anwendungsbereich und Grenzen des Parlamentsauflösungsrechts nach dem Bonner Grundgesetz, 1985.
Klein, Hans Hugo: Die Auflösung des Deutschen Bundestages nach Art. 68 GG, in: ZParl. 14 (1983), S. 402–421.
Liesegang, Helmuth: Zur verfassungsrechtlichen Problematik der Bundestagsauflösung, in: NJW 1983, S. 147–150.
Maurer, Hartmut: Vorzeitige Auflösung des Bundestages, in: DÖV 1982, S. 1001–1007.
Püttner, Günter: Vorzeitige Neuwahlen – ein ungelöstes Reformproblem, in: NJW 1983, S. 15–16.
Schenke, Wolf-Rüdiger: Zur verfassungsrechtlichen Problematik der Bundestagsauflösung, in: NJW 1983, S. 150–153.
Schreiber, Wolfgang/Schnapauff, Klaus-Dieter: Rechtsfragen »im Schatten« der Diskussion um die Auflösung des Deutschen Bundestages nach Art. 68 GG, in: AöR 109 (1984), S. 369–416.
Umbach, Dieter: Parlamentsauflösung in Deutschland – Verfassungsgeschichte und Verfassungsprozeß, 1989.
Zeh, Wolfgang: Bundestagsauflösung und Neuwahlen, in: Der Staat 22 (1983), S. 1–20.

Siehe auch die Angaben zu Art. 67 GG.

Leitentscheidung des Bundesverfassungsgerichts

BVerfGE 62, 1 (31 ff.) – Bundestagsauflösung.

Gliederung

	Rn.
A. Herkunft, Entstehung, Entwicklung	1
B. Internationale, supranationale und rechtsvergleichende Bezüge	5
C. Erläuterungen	7
I. Funktion der Vertrauensfrage im parlamentarischen Regierungssystem des Grundgesetzes	7
II. »Krisenlage« als ungeschriebenes Tatbestandsmerkmal	10
1. Die Rechtsprechung des Bundesverfassungsgerichts	11
2. Problematik der Überprüfbarkeit von »Krisenlagen«	15
III. Verfahren	17
1. Antrag des Bundeskanzlers	17
2. Abstimmung des Bundestages	20

3. Wahlmöglichkeiten des Bundeskanzlers 21
　　4. Wahl eines anderen Bundeskanzlers (Art. 68 I 2 GG) 22
　　5. Auflösungsrecht des Bundespräsidenten 23
D. Verhältnis zu anderen GG-Bestimmungen 26

A. Herkunft, Entstehung, Entwicklung

In der deutschen Verfassungsgeschichte stellt das in Art. 68 GG enthaltene Parlamentsauflösungsrecht als Reaktion darauf, daß die Mehrheit der Abgeordneten der Regierung die Unterstützung verweigert, ein Novum dar[1]. Im **Konstitutionalismus** bildete das landesherrliche Parlamentsauflösungsrecht, das nicht an Voraussetzungen gebunden war, ein wichtiges und wirksames Kampfmittel zur Disziplinierung der Volksvertretung, wenn diese der monarchischen Regierung die Gefolgschaft versagte. Typisch für dieses Recht des Landesherrn, das sich in jeder im 19. Jahrhundert erlassenen Landesverfassung findet[2], ist Art. 51 der **Preußischen Verfassung von 1850**[3]. Auch die **Reichsverfassung von 1871** kannte in Art. 24 ein Auflösungsrecht des Kaisers[4], das nicht an materielle Voraussetzungen gebunden war[5]. Damit der Monarch sich durch die Parlamentsauflösung nicht auf Dauer der Mitwirkung des Parlaments entledigen konnte, sahen die konstitutionalistischen Verfassungen allerdings für den Fall der Parlamentsauflösung Neuwahlfristen vor[6].

Die **Weimarer Reichsverfassung** kannte neben dem Mißtrauensvotum nach Art. 54 S. 2 WRV (→ Art. 67 Rn. 2) keine ausdrückliche Vertrauensfrage der Regierung. Entsprechend der in Art. 54 S. 1 WRV statuierten Vertrauensabhängigkeit wurde die Vertrauensfrage als zulässig angesehen, hatte aber anders als ein explizites Mißtrauensvotum im Falle ihrer Verneinung keine Rücktrittsverpflichtung zur Folge[7]. Losgelöst von einer vorangegangenen Vertrauensfrage oder einem Mißtrauensvotum konnte der Reichspräsident nach Art. 25 WRV den Reichstag auflösen. Dieses Recht war auch an keine wirksamen materiellen Voraussetzungen geknüpft[8]. Da auch die Gegenzeichnung des Reichskanzlers keine wirksame Einschränkung bewirkte[9], war das Auflösungsrecht im Prinzip unbeschränkt. Vor der Auflösung des Reichstages vom 1. Febru-

---

[1] Zur deutschen Geschichte des Parlamentsauflösungsrechts vgl. *D. Umbach*, Parlamentsauflösung in Deutschland, 1989, S. 21 ff.
[2] Vgl. die Nachweise bei *N. Pokorni*, Die Auflösung des Parlaments, Diss. jur. Bonn 1967, S. 19.
[3] Zum Auflösungsrecht nach Art. 51 der Preußischen Verfassung von 1850 als wichtigster Eingriffsbefugnis des Monarchen gegenüber dem Parlament *Huber*, Verfassungsgeschichte III, S. 95 f.; zur Praxis ausführlich *Umbach*, Parlamentsauflösung (Fn. 1), S. 151 ff.
[4] Das dieser allerdings nur in Zusammenwirken mit dem Bundesrat ausüben konnte; zur Praxis ausführlich *Umbach*, Parlamentsauflösung (Fn. 1), S. 220 ff.
[5] *Huber*, Verfassungsgeschichte III, S. 883.
[6] Art. 51 S. 2 der Preußischen Verfassung von 1850 sah Wahlen innerhalb von sechzig Tagen und die Einberufung des Parlaments innerhalb von neunzig Tagen nach der Auflösung vor.
[7] *Anschütz*, WRV, Art. 54 Anm. 3.
[8] Das Verbot, den Reichstag zweimal aus dem gleichen Anlaß aufzulösen, konnte keine Einschränkung bewirken; dazu *W.-R. Schenke*, in: BK, Art. 68 (Zweitb. 1989), Rn. 25 m.w.N.
[9] Da man dem Präsidenten nach Art. 53 WRV die Befugnis zusprach, eine (neue) Regierung nur mit dem Ziel zu bilden, die Gegenzeichnung der Reichstagsauflösung sicherzustellen, und außerdem die Gegenzeichnung auch durch einen zurückgetretenen (geschäftsführenden) Reichskanzler für zulässig hielt; vgl. *Anschütz*, WRV, Art. 25 Anm. 7 f. m.w.N.

ar 1933, die als »entscheidende Vorbedingung der Machtergreifung« eingestuft wird[10], war es im Zeitraum von weniger als zehn Jahren bereits zu sechs Auflösungen gekommen[11].

3   Die **Entstehungsgeschichte des Art. 68 GG** war im Zusammenhang mit der 1982 gestellten Vertrauensfrage von Bundeskanzler Kohl Gegenstand einer ausführlichen Diskussion[12]. Sie betraf die Frage, ob Art. 68 GG den Weg zur Auflösung des Bundestages und damit zu vorgezogenen Neuwahlen nur unter der – über den Wortlaut hinausgehenden zusätzlichen – Voraussetzung eröffnet, daß eine regierungsfähige Mehrheit tatsächlich fehlt oder unsicher geworden ist, ob der Verfassungsgeber also das Instrument des Art. 68 GG nur dem »Minderheitskanzler« vorbehalten wollte (zum ungeschriebenen Tatbestandsmerkmal der »materiellen Auflösungslage« → Rn. 10ff.). Eindeutig läßt sich der Entstehungsgeschichte[13] zunächst entnehmen, daß ein Selbstauflösungsrecht des Bundestages nicht vorgesehen war und daß auch das Auflösungsrecht des Bundespräsidenten nur den letzten Ausweg zur Lösung von Regierungskrisen darstellen sollte. Darüber hinaus entsprach es allgemeiner Auffassung im Parlamentarischen Rat, daß es der »Minderheitskanzler« sei, dem dieser Ausweg zur Verfügung stehen müsse, wenn er sich einer »destruktiven« parlamentarischen Mehrheit[14] gegenübersieht[15]. Dem lag die Vorstellung zugrunde, der »Minderheitskanzler« lasse sich vom »Mehrheitskanzler« klar unterscheiden. Die für die Auslegung von Art. 68 GG wesentliche Frage, welche Qualität eine Regierungskrise (→ Rn. 10ff.) erreichen muß, damit (schon) von einem Minderheitskanzler und (nicht mehr) von einem »Mehrheitskanzler« die Rede sein kann, blieb dabei allerdings offen. Insoweit erweist sich die Entstehungsgeschichte, der ohnehin nur begrenzte Relevanz für die Verfassungsinterpretation zukommt[16], für die Beantwortung der durch Art. 68 GG aufgeworfenen Auslegungsfragen als unergiebig.

4   Die Vorgänge um die Vertrauensfrage Bundeskanzler Kohls im Jahre 1982 gaben auch der verfassungspolitischen Diskussion um eine Erweiterung der Auflösungsmöglichkeiten des Bundestages neuen Auftrieb. Insbesondere kam der schon im Jahre 1976 von der Enquete-Kommission Verfassungsreform befürwortete Vorschlag eines Selbstauflösungsrechts des Bundestages[17] erneut zur Sprache. In der **Gemeinsamen Verfassungskommission** konnte sich Anfang der neunziger Jahre allerdings ein Antrag, Art. 39 GG durch ein Selbstauflösungsrecht des Bundestages zu ergänzen[18], nicht

---

[10] *K.-D. Bracher*, Die Auflösung der Weimarer Republik, 5. Aufl. 1971, S. 726.
[11] Vgl. dazu *Umbach*, Parlamentsauflösung (Fn. 1), S. 285ff.
[12] Vgl. einerseits BVerfGE 62, 1 (45ff.); ähnlich *H.H. Klein*, ZParl. 14 (1983), 402 (407); andererseits etwa Sondervotum *Rinck*, BVerfGE 62, 70 (86ff.) – dort auch eine ausführliche Darstellung der Beratungen des Verfassungskonvents auf Herrenchiemsee; *Schenke* (Fn. 8), Art. 68 Rn. 76ff.; *H. Meyer*, DÖV 1983, 243 (244f.).
[13] Ausführlich dokumentiert im Sondervotum *Rinck*, BVerfGE 62, 70 (86ff.).
[14] Hierzu eingehend Sondervotum *Rinck*, BVerfGE 62, 70 (90ff., 103); *Schenke* (Fn. 8), Art. 68 Rn. 78; *H. Meyer*, DÖV 1983, 243 (244f.).
[15] Dazu, daß sich auch den vielzitierten Äußerungen des Abg. Dr. Katz nichts anderes entnehmen läßt, wenn man sie nicht aus ihrem Zusammenhang herausreißt, vgl. nur *U.J. Hochrathner*, Anwendungsbereich und Grenzen des Parlamentsauflösungsrechts nach dem Bonner Grundgesetz, 1985, S. 82ff.; *Schenke* (Fn. 8), Art. 68 Rn. 77; *A. Hopfauf*, AöR 108 (1983), 391 (398ff.); unkorrekt dagegen BVerfGE 62, 1 (46).
[16] Vgl. nur BVerfGE 62, 1 (45); *Hesse*, Verfassungsrecht, Rn. 56.
[17] BT-Drs. 7/5924, S. 32ff., 39ff.
[18] Die Abstimmung über die Selbstauflösung sollte an ein Antragsquorum von einem Drittel der

durchsetzen: Die Selbstauflösung sei mit einem aus der Dauer der Legislaturperiode abgeleiteten Zwang, sich auch in schwierigen Situationen politisch einigen zu müssen, unvereinbar und könne zur bequemen Ausflucht werden, sein Heil in Neuwahlen zu suchen[19]. So ist der Text des Art. 68 GG bislang unverändert geblieben.

B. Internationale, supranationale und rechtsvergleichende Bezüge

Im **internationalen Vergleich** zeigt sich, daß die meisten Verfassungen das Recht der Parlamentsauflösung – an mehr[20] oder minder[21] strenge Voraussetzungen gebunden – dem jeweiligen Staatsoberhaupt zuweisen. Zu diesen Voraussetzungen gehört bisweilen auch, daß die Regierung das Vertrauen des Parlaments nicht mehr genießt[22]. Es gibt allerdings auch Fälle, in denen das Recht der Parlamentsauflösung zwar formal dem Staatsoberhaupt zusteht, dieses aber intern an die Entscheidung des Regierungschefs, das Parlament aufzulösen und auf diese Weise zu Neuwahlen zu kommen, gebunden ist. Dies ist in Großbritannien und Dänemark[23] der Fall. In Großbritannien wird in ständiger Staatspraxis davon ausgegangen, daß der Monarch zu einer Verweigerung der Vollziehung des Auflösungswunsches des Premierministers nicht berechtigt ist[24]. Dieses demnach materiell dem Premierminister zukommende Recht wurde und wird in Großbritannien taktisch eingesetzt, um Neuwahltermine im Hinblick auf aktuell günstige politische Stimmungslagen festsetzen zu können, was in der Vergangenheit bisweilen zu einem erneuten Wahlsieg der Regierungsparteien geführt hat[25]. Selten finden sich im internationalen Vergleich parlamentarische Selbstauflösungsrechte. Ein solches kennt etwa Art. 29 II der österreichischen Bundesverfassung[26].

Soweit die **Verfassungen der Bundesländer** die Vertrauensfrage ausdrücklich vorsehen[27], entsprechen die getroffenen Regelungen strukturell weitestgehend Art. 68 GG. Unterschiede bestehen insoweit fast nur in Details: So wird etwa die Berechtigung zum Stellen der Vertrauensfrage teils nicht dem Regierungschef, sondern der Regie-

---

Mitglieder des Bundestages gebunden sein und eine Mehrheit von zwei Dritteln der Mitglieder des Bundestages erfordern; BT-Drs. 12/6000, S. 87.

[19] BT-Drs. 12/6000, S. 87 f.; → Art. 39 Rn. 6.
[20] Nach Art. 41 der Griechischen Verfassung ist eine Parlamentsauflösung durch den Präsidenten etwa erst dann möglich, wenn zwei Regierungen zurückgetreten sind oder vom Parlament abgelehnt wurden und wenn die Zusammensetzung des Parlaments die Regierungsstabilität nicht sicherstellt.
[21] Art. 88 S. 1 der Italienischen Verfassung nennt nur die Anhörung des Präsidenten der Abgeordnetenkammer sowie eine zeitliche Beschränkung (S. 2) als Voraussetzung der Auflösung durch den Staatspräsidenten.
[22] Art. 46 I Nr. 1 der Belgischen Verfassung enthält eine Art. 68 GG vergleichbare Regelung.
[23] § 32 II, III der Dänischen Verfassung.
[24] *K. Loewenstein*, Staatsrecht und Staatspraxis von Großbritannien, Bd. I, 1967, S. 394.
[25] *Loewenstein*, Staatsrecht (Fn. 24), S. 392, nennt als Beispiel für eine in diesem Sinne gelungene Taktik die auf H. Wilsons Betreiben veranlaßte Unterhausauflösung im März 1966.
[26] Die Selbstauflösung des Nationalrates ist nach dieser Vorschrift an die Form des einfachen Gesetzes gebunden. Die österreichische Bundesverfassung kennt außerdem in Art. 29 I ein Auflösungsrecht des Bundespräsidenten, das – wie nach Art. 54 WRV – aus gleichem Anlaß nur einmal ausgeübt werden kann.
[27] Dies ist nur in Brandenburg (Art. 87 S. 1), Hamburg (Art. 36), Hessen (Art. 114), Mecklenburg-Vorpommern (Art. 51), dem Saarland (Art. 88), Sachsen-Anhalt (Art. 73) und Schleswig-Holstein (Art. 36) der Fall. In Bayern ist die Vertrauensabhängigkeit der Staatsregierung vom Landtag über Art. 44 II 3 BayVerf. geregelt; → Art. 67 Rn. 5.

rung als Kollegialorgan zugesprochen[28]. In einigen Ländern erfolgt die Abstimmung über die Vertrauensfrage namentlich[29]. Die Parlamentsauflösung bei verneinter Vertrauensfrage und nicht erfolgter Neuwahl einer Regierung erfolgt teils durch gestaltenden Akt[30], teils ist das Parlament in diesem Fall direkt von Verfassungs wegen aufgelöst[31]. Zum Teil enthalten die Landesverfassungen aber auch signifikante Unterschiede zu Art. 68 GG. Bemerkenswert ist hier die nach der Verneinung der Vertrauensfrage gegebene Selbstauflösungsoption des Parlaments nach brandenburgischem[32] und hamburgischem[33] Landesverfassungsrecht sowie die unmittelbare Auswirkung einer verneinten Vertrauensfrage auf das Amt des Ministerpräsidenten nach Art. 114 IV HessVerf., der den Ministerpräsidenten in diesem Falle zum Rücktritt zwingt. Hervorzuheben ist schließlich das in einer Reihe von Ländern eröffnete von einer Vertrauensfrage unabhängige **Selbstauflösungsrecht** des Parlaments[34] und die Möglichkeit, das **Parlament per Volksabstimmung aufzulösen**[35].

C. Erläuterungen

I. Funktion der Vertrauensfrage im parlamentarischen Regierungssystem des Grundgesetzes

7 Neben Art. 67 GG stellt die in Art. 68 GG geregelte Vertrauensfrage das zweite ausdrücklich verfassungsrechtlich vorgesehene Verfahren[36] zur **Bewältigung von Regierungskrisen** dar, in denen der Fortbestand einer die Regierung tragenden parlamentarischen Mehrheit zumindest zweifelhaft geworden ist[37]. Findet sich die für die Wahl eines neuen Bundeskanzlers gem. Art. 67 GG erforderliche »konstruktive« Mehrheit nicht zusammen, eröffnet Art. 68 GG den Weg zur Auflösung des Bundestages und zu nachfolgenden Neuwahlen[38]. Mit der Vertrauensfrage gibt das Grundgesetz dem Bundeskanzler ein Instrument an die Hand, mit dessen Hilfe er entweder eine unsichere parlamentarische Mehrheit zumindest vorübergehend stabilisieren oder aber ihren Verlust offenkundig machen kann[39]. Weil nach ihrer Verneinung den Bundestagsabge-

---

[28] Art. 88 II 2 SaarlVerf.
[29] Art. 114 III 1 HessVerf.; Art. 88 II 5 SaarlVerf.
[30] Vgl. Art. 87 S. 1 BrandenbVerf.; Art. 36 I 2 HambVerf.; Art. 51 I 1 Meckl.-VorpVerf.; Art. 36 I 1 Schl.-HolstVerf.
[31] Art. 114 V HessVerf.
[32] Art. 87 I 1 BrandenbVerf.
[33] Art. 36 I Nr. 3 HambVerf.
[34] Art. 18 I BayVerf.; Art. 39 II BerlVerf.; Art. 80 HessVerf.; Art. 10 II 2 NdsVerf.; Art. 35 I Nordrh.-WestfVerf.; Art. 84 Rheinl.-PfälzVerf.; Art. 69 SaarlVerf.; Art. 13 II Schl.-HolstVerf.; Art. 50 II 1 Nr. 1 ThürVerf.
[35] Art. 43 I Bad.-WürttVerf.; Art. 18 III, 74 BayVerf.; Art. 39 III BerlVerf. und Art. 109 I Nr. 2 Rheinl.-PfälzVerf.
[36] Zum Rücktritt des Bundeskanzlers → Rn. 21.
[37] Vgl. nur *M. Schröder*, Bildung, Bestand und parlamentarische Verantwortung der Bundesregierung, in: HStR II, § 51 Rn. 38.
[38] Insoweit ergänzt Art. 68 GG den Art. 67 GG für den Fall einer nur »destruktiven« Mehrheit; vgl. *M. Oldiges*, in: Sachs, GG, Art. 68 Rn. 10; *H.-P. Schneider*, in: AK-GG, Art. 68 Rn. 2, bezeichnet Art. 68 GG als »gouvernementales Seitenstück zum konstruktiven Mißtrauensvotum«.
[39] Oder auch wiedergewinnen kann; vgl. zu dieser Funktion *Schröder* (Fn. 37), § 51 Rn. 39; *Oldiges* (Fn. 38), Art. 68 Rn. 12; *Schneider* (Fn. 38), Art. 68 Rn. 2.

I. Funktion der Vertrauensfrage im parlamentarischen Regierungssystem Art. 68

ordneten der Verlust des Mandats droht, wird die Vertrauensfrage auch als »Waffe« gegen ein Parlament bezeichnet, das zur Unterstützung nicht mehr bereit oder fähig ist[40]. Art. 68 GG dient anders als das Parlamentsauflösungsrecht nach Art. 25 WRV (→ Rn. 2) also »nicht dem Einbau direktdemokratischer Entscheidungen in den politischen Prozeß oder der Herstellung einer Gleichgewichtslage zwischen Präsident und Kanzler einerseits und dem Parlament andererseits«[41]. Vielmehr handelt es sich um eine Vorschrift, die die Funktionsfähigkeit des parlamentarischen Regierungssytems dadurch sicherstellen soll, daß das Parlament unter dem Druck seiner Auflösung zur Bildung einer regierungsfähigen Mehrheit angehalten und bei einem Scheitern dieses Zieles die Chance eröffnet wird, durch Neuwahlen zu stabilen Mehrheitsverhältnissen zu kommen.

Darüber hinausgehend wird aus der in Art. 68 GG selbst angelegten Systematik – insbesondere aus Art. 68 I 2 GG – wie auch aus seiner Stellung im weiteren Verfassungsgefüge[42] abgeleitet, daß ebenso wie die gesamte Ausgestaltung des parlamentarischen Regierungssystems durch das Grundgesetz auch diese Norm darauf gerichtet ist, regierungsfähige Mehrheiten herzustellen, zu erhalten, durch neue zu ersetzen oder aber einer Minderheitsregierung die verfassungsrechtlichen Voraussetzungen für die Handlungsfähigkeit zu schaffen[43]. Danach ist die Auflösung des Bundestages nicht eine von zwei durch Art. 68 GG zur Verfügung gestellten Alternativen, sondern die Vorschrift ist vielmehr darauf gerichtet, die Auflösung des Bundestages zu verhindern und dadurch zu **politischer Stabilität** im Verhältnis von Bundeskanzler und Bundestag beizutragen[44]. Die so umschriebene Gewährleistung von Stabilität und handlungsfähigen Regierungen wird dann in einen **Gegensatz** gestellt **zur Parlamentsauflösung**, die – als Ausdruck von Instabilität – die »Ausnahme«, die »ultima ratio«[45] oder das »letzte Mittel«[46] bleiben muß und die das Grundgesetz durch »deutliche und hohe Hemmschwellen«[47] zu vermeiden suche. Gegen diese – wohl nur vor dem Hintergrund der negativen Weimarer Erfahrungen (→ Rn. 2) verständliche – Sicht spricht allerdings, daß sich durch verfassungsrechtliche Vorkehrungen regierungsfähige Mehrheiten nicht erzwingen lassen und daß bei der verbleibenden Alternative von Minderheitsregierung oder Neuwahl erstere keineswegs die Gewähr größerer Stabilität oder Kontinuität bietet[48]. 8

In der **Staatspraxis** hat Art. 68 GG denn auch **stabilisierende Wirkung** nicht dadurch entfaltet, daß mit seiner Hilfe Regierungen in Krisenlagen unsichere parlamentarische 9

---

[40] *Schneider* (Fn. 38), Art. 68 Rn. 2; *J. Ipsen*, Staatsrecht I, Rn. 370 (»traditionelles Mittel des Regierungschefs in parlamentarischen Demokratien ..., sich der Mehrheit des Parlaments zu versichern«).
[41] *H. Hofmann*, Verfassungsrechtliche Sicherungen der parlamentarischen Demokratie, in: A. Randelzhofer/W. Süss (Hrsg.), Konsens und Konflikt, 1986, S. 267 ff. (283).
[42] Ausführlich dazu Sondervotum *Rinck*, BVerfGE 62, 70 (73 ff.).
[43] So Sondervotum *Rinck*, BVerfGE 62, 70 (74); ähnlich die Senatsmehrheit: BVerfGE 62, 1 (39 f., 42).
[44] BVerfGE 62, 1 (39).
[45] *Oldiges* (Fn. 38), Art. 68 Rn. 9.
[46] *Hofmann*, Sicherungen (Fn. 41), S. 283.
[47] BVerfGE 62, 1 (42).
[48] Dazu *Hesse*, Verfassungsrecht, Rn. 634 ff., der zu Recht bezweifelt, ob Art. 68 GG überhaupt einen Beitrag zur Herstellung stabiler Regierungen zu leisten vermag, weil er gerade keinen Auflösungsautomatismus für den Fall fehlender Mehrheitsbildung kennt und deshalb keinen Zwang zur Verständigung bewirkt.

Mehrheiten wiedergewonnen hätten, sondern dadurch, daß die Vorschrift **Neuwahlen ermöglicht** hat, die ihrerseits stabile Parlamentsmehrheiten hervorgebracht haben[49]. Von dem Instrument der Vertrauensfrage wurde bislang nur drei Mal Gebrauch gemacht: Im Jahr 1982 führte sie nur zu einer sehr kurzfristigen und oberflächlichen Stabilisierung der sozialliberalen Mehrheit[50]. In den beiden anderen Fällen[51] ging es um die Öffnung eines Weges zu Neuwahlen, weshalb sie in der Literatur als Beispiele für eine »vereinbarte negative Vertrauensfrage« eingestuft werden[52]. Die relative Stabilität der Bundesregierungen seit Inkrafttreten des Grundgesetzes beruht weniger auf verfassungsrechtlichen Vorkehrungen wie Art. 68 GG als auf der vergleichsweise großen Stabilität der parteipolitischen Kräfteverhältnisse sowie auf dem Willen und der Fähigkeit der jeweiligen Volksvertretungen, tragfähige Regierungsmehrheiten zu bilden und das Regieren zu ermöglichen[53].

II. »Krisenlage« als ungeschriebenes Tatbestandsmerkmal

10 Seinem **Wortlaut** nach beschränkt sich Art. 68 GG darauf, an bestimmte **Verfahrensschritte** – den Antrag des Bundeskanzlers und die negative Abstimmung des Bundestages – das Auflösungsvorschlagsrecht des Bundeskanzlers und das sich daran anschließende Auflösungsrecht des Bundespräsidenten zu knüpfen[54]. Käme es ausschließlich auf diese formalen Voraussetzungen an, stünde es dem Bundeskanzler in Zusammenwirken mit der Parlamentsmehrheit und dem Bundespräsidenten frei, Neuwahlen herbeizuführen, obwohl das Grundgesetz bewußt auf ein Selbstauflösungsrecht des Parlaments und auch auf ein »freies« Auflösungsrecht des Kanzlers oder des Präsidenten verzichtet hat (→ Rn. 3). Auch aus dem Wort »Vertrauen« können zusätzliche materielle Anforderungen an eine Auflösung nicht hergeleitet werden, weil dieser Begriff nicht mehr bedeutet als die im Akt der Stimmabgabe förmlich bekundete gegenwärtige Zustimmung der Abgeordneten zu Person und Sachprogramm des Bundeskanzlers[55] und deshalb über den in Art. 68 GG bereits enthaltenen Verfahrensschritt nicht hinausgeht. Daraus resultieren die Fragen, ob eine Auflösung des Bundestages über die verfahrensmäßigen Voraussetzungen hinaus von dem Vorliegen einer »**Krisenlage**« abhängt und welchen genauen Inhalt diese **ungeschriebene materielle Tatbestandsvoraussetzung** des Art. 68 GG haben soll.

1. Die Rechtsprechung des Bundesverfassungsgerichts

11 Das Bundesverfassungsgericht hat ein solches ungeschriebenes Tatbestandsmerkmal aus der in Art. 68 GG selbst angelegten Systematik und aus seiner Stellung im gesam-

---

[49] Vgl. auch die Einschätzung von *Schröder* (Fn. 37), § 51 Rn. 39.
[50] Vgl. *Schröder* (Fn. 37), § 51 Rn. 42.
[51] Zur Vertrauensfrage von Bundeskanzler Willy Brandt am 22. 9. 1972 – nach vorangegangenem Scheitern eines konstruktiven Mißtrauensvotums, mit dem Rainer Barzel gewählt werden sollte – vgl. die Chronologie von *R. Lange/G. Richter*, ZParl. 4 (1973), 38 ff.; zur Vertrauensfrage von Bundeskanzler Helmut Kohl vom 13. 12. 1982, der kurz zuvor im Wege des konstruktiven Mißtrauensvotums gewählt worden war, vgl. die Sachverhaltsdarstellung in BVerfGE 62, 1 (4 ff.).
[52] *v. Münch*, Staatsrecht I, Rn. 829.
[53] So auch BVerfGE 62, 1 (48).
[54] BVerfGE 62, 1 (36).
[55] Dazu BVerfGE 62, 1 (37 f.): Auch der in Art. 67 GG enthaltene Gegenbegriff des »Mißtrauens« bedeutet nicht mehr als die Weigerung, den bisherigen Kanzler oder sein Regierungsprogramm weiterhin parlamentarisch zu unterstützen oder wenigstens zu dulden.

II. »Krisenlage« als ungeschriebenes Tatbestandsmerkmal — Art. 68

ten Verfassungsgefüge sowie aus dem verfassungsgeschichtlichen Hintergrund abgeleitet[56]. Das Grundgesetz habe nämlich ein parlamentarisches Regierungssystem normiert, das mehr auf Stabilität der Regierung angelegt sei als unter der Weimarer Reichsverfassung[57]. Im Gegensatz zur Paulskirchen- und zur Reichsverfassung von 1871, vor allem aber in Abgrenzung zum Auflösungsrecht des Reichspräsidenten nach Art. 25 WRV schließe das Grundgesetz ein freies Auflösungsrecht aus[58] und errichte vielmehr deutliche und hohe Hemmschwellen für eine Auflösung des Bundestages[59]. Diese bewußte verfassungsrechtliche Vorgabe werde umgangen oder unterlaufen, wenn ein Bundeskanzler zu dem Instrument des Art. 68 GG greife, um durch eine »unechte« Vertrauensfrage mittels eines von vornherein vereinbarten Abstimmungsergebnisses die formalen Voraussetzungen einer Bundestagsauflösung und damit von Neuwahlen zu schaffen[60].

Aus diesen Erwägungen zieht das Gericht den Schluß, daß die Auflösung des Bundestages auch über den Weg des Art. 68 GG stets eine **politische Lage der Instabilität** zwischen Bundeskanzler und Bundestag voraussetze und als ungeschriebenes Tatbestandsmerkmal erfordere, daß der Bundeskanzler der stetigen parlamentarischen Unterstützung durch die Mehrheit des Bundestages nicht sicher sein kann[61]. Besondere Schwierigkeiten der in der laufenden Wahlperiode sich stellenden Aufgaben sollen die Auflösung dagegen nicht rechtfertigen[62]. Auch lasse sich eine Krisenlage nicht damit begründen, daß ein im Wege des konstruktiven Mißtrauensvotums nach Art. 67 GG gewählter Bundeskanzler einer durch Neuwahlen vermittelten Legitimität bedürfe[63]. 12

Ob die dargestellten Voraussetzungen einer »Krisenlage« im Einzelfall vorliegen, ist nach Ansicht des Bundesverfassungsgerichts vom Bundeskanzler, vom Bundestag, vom Bundespräsidenten und schließlich – auf einen entsprechenden Antrag im Organstreitverfahren – vom Bundesverfassungsgericht selbst zu prüfen[64]. Dabei kommt dem **Bundeskanzler die primäre Kompetenz zur Einschätzung und Beurteilung der Instabilitätslage** zu. Diese darf der Bundespräsident ebenso wie das Bundesverfassungsgericht nur dann korrigieren, wenn eine andere, die Auflösung verwehrende Einschätzung der politischen Lage der Einschätzung des Bundeskanzlers eindeutig vorgezogen werden muß[65]. 13

Diese Auslegung des Art. 68 GG wird in ihren Grundzügen auch **vom überwiegenden Teil der Literatur befürwortet**[66]. Das vom Bundesverfassungsgericht entwickelte 14

---

[56] BVerfGE 62, 1 (38ff.).
[57] BVerfGE 62, 1 (40).
[58] BVerfGE 62, 1 (40f.).
[59] BVerfGE 62, 1 (42).
[60] Sondervotum *Zeidler*, BVerfGE 62, 64 (66).
[61] BVerfGE 62, 1 (42). An anderer Stelle wird die Krisenlage dadurch umschrieben, daß es politisch für den Kanzler nicht mehr gewährleistet ist, mit den im Bundestag bestehenden Kräfteverhältnissen weiter zu regieren, oder daß die politischen Kräfteverhältnisse im Bundestag seine Handlungsfähigkeit so beeinträchtigen oder lähmen, daß er eine vom stetigen Vertrauen der Mehrheit getragene Politik nicht sinnvoll zu verfolgen vermag; so BVerfGE 62, 1 (44).
[62] So BVerfGE 62, 1 (43), wo ergänzend auf die Verpflichtung von Bundesregierung und Bundestag auf das Gemeinwohl und auf den »Sinn von Staatlichkeit« verwiesen wird.
[63] BVerfGE 62, 1 (43).
[64] BVerfGE 62, 1 (49ff.).
[65] BVerfGE 62, 1 (50f.); unerwähnt bleibt bei den Erwägungen des Gerichts zur genaueren Kompetenzverteilung zwischen Kanzler, Parlament und Präsident unverständlicherweise der Bundestag.
[66] Vgl. etwa *W. Heun*, AöR 109 (1984), 13 (18f. m.w.N.); *J. Delbrück/R. Wolfrum*, JuS 1983, 758

ungeschriebene Tatbestandsmerkmal lege die Regierung auf das vorgegebene Stabilitätsziel fest und verbiete ihr ein beliebiges Nachsuchen nach plebiszitärer Legitimation, das dem Grundgesetz fremd sei[67]. Der dem Bundeskanzler und dem Bundespräsidenten eingeräumte Einschätzungsspielraum wird vor allem damit verteidigt, daß die Beurteilung von Regierungsstabilität nicht oder jedenfalls nicht primär ein justitiabler Gegenstand sei[68]. Teilweise werden allerdings noch **strengere Anforderungen** an die Auflösungslage gestellt: Nur der Minderheitskanzler dürfe das Verfahren nach Art. 68 GG einleiten, während die Ausdehnung des ungeschriebenen Tatbestandsmerkmals auch auf Fälle, in denen der Bundeskanzler den absehbaren Verlust der Mehrheit befürchtet, zu weit gehe[69] und im Ergebnis zu einem Selbstauflösungsrecht führe[70]. Andere halten die materielle Auflösungslage bereits dann für gegeben, wenn unter den politisch verantwortlichen Parteien und Fraktionen ein klarer Wille zu Neuwahlen vorhanden ist[71]. Eine gegenüber den Überlegungen im Parlamentarischen Rat deutlich **erleichterte Auflösung** wird auch mit einem Verfassungswandel (→ Art. 79 I Rn. 37) begründet, der durch die seit 1949 völlig veränderte Rolle des Bundeskanzlers und der Kandidaten für das Kanzleramt gekennzeichnet ist. Der zunehmend auf die Person des Kanzlerkandidaten zugeschnittene Wahlkampf führe dazu, daß ein während der Legislaturperiode gewählter anderer Bundeskanzler ein solcher »zweiter Güte« sei, der in seiner politischen Handlungsfähigkeit gelähmt ist[72].

2. Problematik der Überprüfbarkeit von »Krisenlagen«

15 Die Problematik des Tatbestandsmerkmals der »Krisenlage« liegt unabhängig von seiner genauen Konkretisierung darin, daß es sich auf das vergangene und vor allem das zukünftige[73] **Abstimmungsverhalten der Abgeordneten** des Bundestages bezieht. Die Feststellung, ob eine »Krisenlage« existiert[74], macht es erforderlich zu prüfen, aus welchen Gründen die Abgeordneten in der Vergangenheit der Regierung insgesamt oder einzelnen ihrer Vorschläge die Zustimmung versagt haben und wie sie sich vor diesem Hintergrund in Zukunft verhalten werden. Falls sich diese Prüfung über die offiziellen Äußerungen von Abgeordneten und Fraktionen hinaus auf die »wahren« Mo-

---

(759); *H.H. Klein*, ZParl. 14 (1983), 402ff.; *Schröder* (Fn. 37), § 51 Rn. 39; *Hesse*, Verfassungsrecht, Rn. 636; *H. Maurer*, DÖV 1982, 1001 (1004f.); *H. Steiger*, Organisatorische Grundlagen des parlamentarischen Regierungssystems, 1973, S. 307; ausführliche Nachweise im Sondervotum *Rinck*, BVerfGE 62, 70 (106f.); einen Überblick über die das Urteil des Bundesverfassungsgerichts kommentierende Literatur geben *W. Schreiber/K.-D. Schnapauff*, AöR 109 (1984), 369 (370ff.).

[67] So *Schröder* (Fn. 37), § 51 Rn. 39; Differenzierung nach unzulässiger wahltaktischer Ausnutzung eines günstigen Trends mit dem Ziel, die Mehrheit zu vergrößern, und zulässigem Ausweg durch Neuwahlen aus einer Situation, die durch Handlungsunfähigkeit des Parlaments geprägt ist, bei *v. Münch*, Staatsrecht I, Rn. 830.

[68] *Degenhart*, Staatsrecht I, Rn. 441.

[69] Sondervotum *Rottmann*, BVerfGE 62, 108 (110).

[70] Nachweise dazu bei *Oldiges* (Fn. 38), Art. 68 Rn. 22.

[71] So *H.-P. Schneider*, JZ 1973, 652 (655).

[72] So Sondervotum *Zeidler*, BVerfGE 62, 64 (67ff.).

[73] Daß parlamentarische Niederlagen in der Vergangenheit nur als Indiz wirken können bei Beantwortung der Frage, ob eine Regierung in Zukunft noch mit Unterstützung rechnen kann, hebt *W. Geiger*, JöR 33 (1984), 41 (52), zutreffend hervor.

[74] Gleiches gilt für die Frage, ob eine »regierungsfähige Mehrheit« vorhanden ist, ob es sich bei dem amtierenden Kanzler um einen »Mehrheits-« oder um einen »Minderheitskanzler« handelt, und für jede andere – strengere oder großzügigere – Umschreibung der materiellen Auflösungslage.

tive beziehen soll, stößt sie alsbald auf **tatsächliche**[75] **und verfassungsrechtliche (Art. 38 I 2 GG) Grenzen**. Mit dem verfassungsrechtlich gewährleisteten Status des Abgeordneten ist es nicht vereinbar, seine Stimmabgabe bei der Vertrauensfrage oder bei vorangehenden Abstimmungen[76] unter Rückgriff etwa auf Diskussionen in seiner Partei oder auf die Äußerungen anderer Abgeordneter[77] in ihr Gegenteil zu verkehren[78]. Dieses Hindernis läßt sich auch nicht dadurch umgehen, daß man die »Krisenlage« unter Bezugnahme auf die allgemeine politische Situation verobjektiviert und die Vertrauensabstimmung in eine »Einschätzung« des Bundestages über deren Krisenhaftigkeit verwandelt[79] und im übrigen den Schwerpunkt auf die Vertrauensfrage des Kanzlers und auf die Auflösungsentscheidung des Bundespräsidenten legt[80].

Scheidet also eine Motivforschung als Grundlage für die Prüfung einer »wahren« Krisenlage aus tatsächlichen und verfassungsrechtlichen Gründen aus[81], so bleibt es als tatbestandliche Voraussetzung für eine Bundestagsauflösung bei den in Art. 68 GG normierten Verfahrensschritten[82]. Die **Sicherung** gegenüber einer vorschnellen Zuflucht zu vorgezogenen Neuwahlen und gegenüber dem Mißbrauch durch eine Mehrheit, die durch Neuwahlen lediglich ihre Mehrheit auszubauen hofft, liegt zunächst darin, daß **drei oberste Bundesorgane** – Bundeskanzler, Bundestag und Bundespräsident – in einem gestuften Verfahren jeweils selbständige politische Beurteilungen zu fällen haben und dies ein Zusammenwirken mit gegenseitiger politischer Kontrolle erfordert[83]. Eine herausgehobene Position kommt dabei dem **Bundespräsidenten** zu, der – wenn die verfahrensmäßigen Voraussetzungen vorliegen – eine gerichtlich nicht überprüfbare Entscheidung darüber zu treffen hat, ob stabile Regierungsverhältnisse – wie häufig – eher von einer Neuwahl oder – etwa weil der amtierende Kanzler nach Einschätzung des Bundespräsidenten trotz der negativen Vertrauensabstimmung über ausreichende Unterstützung verfügt – von einer Fortsetzung der bisherigen Regierung zu erwarten sind.

16

---

[75] So hat auch Bundespräsident *Karl Carstens* seine Auflösungsanordnung aus dem Jahre 1983 damit begründet, daß es dem Bundespräsidenten nicht möglich sei festzustellen, aus welchen Gründen der einzelne Abgeordnete dem Bundeskanzler die Zustimmung versagt hat. Er halte sich an die öffentlich vorgetragenen Begründungen; Fernseh- und Rundfunkansprache vom 7.1.1983, wiedergegeben in BVerfGE 62, 1 (18).

[76] Der Mehrheitsverlust wird an vorangegangenen Abstimmungsniederlagen festgemacht z.B. von Sondervotum *Rottmann*, BVerfGE 62, 108 (110); *H. Maurer*, DÖV 1982, 1001 (1004).

[77] Vgl. zu diesem Vorgehen BVerfGE 62, 1 (51 ff.).

[78] So *N. Achterberg*, DVBl. 1983, 477 (485); vgl. auch *H.H. Klein*, ZParl. 14 (1983), 402 (407). → Art. 38 Rn. 136 ff.

[79] *H. Meyer*, DÖV 1983, 243 (245), weist zutreffend darauf hin, daß die Abstimmung doch gerade erst erbringen soll, ob eine Mehrheit vorhanden ist.

[80] *N. Achterberg*, DVBl. 1983, 477 (483), weist zutreffend darauf hin, daß sich nach dem Ansatz des Bundesverfassungsgerichts nicht der Kanzler verfassungswidrig verhält, wenn er um das Vertrauen nachsucht, »sondern verfassungswidrig handeln diejenigen, die es ihm nicht bekunden, obwohl sie es ihm schenken.«

[81] Vgl. in diesem Sinne auch *W. Zeh*, Der Staat 22 (1983), 1 (10, 14 f.).

[82] So auch *H. Liesegang*, NJW 1983, 147 ff.; *G. Püttner*, NJW 1983, 15 (16).

[83] BVerfGE 62, 1 (35).

III. Verfahren

1. Antrag des Bundeskanzlers

17 Ausgelöst wird das Verfahren nach Art. 68 GG durch den Antrag des Bundeskanzlers an den Bundestag, ihm das Vertrauen auszusprechen. Er ist weder an eine bestimmte **Form**[84] noch durch **Fristvorschriften** an vorausliegende Ereignisse gebunden[85]. Zuständig ist allein der Bundeskanzler, der dabei keinen Bindungen an Kabinettsentscheidungen unterliegt[86]. Auch durch einen Beschluß des Bundestages, der den Bundeskanzler dazu auffordert, die Vertrauensfrage zu stellen, kann der Bundeskanzler rechtlich nicht gebunden werden, weil ein solcher Bundestagsbeschluß gerade deshalb verfassungsrechtlich unbedenklich ist[87], weil er nur politische Wirkungen erzeugt (→ Art. 67 Rn. 19f.).

18 Der Bundeskanzler kann die Vertrauensfrage stellen, **wann immer ihm dies angebracht erscheint**[88]. Aus Art. 68 GG läßt sich nicht herleiten, daß der Bundeskanzler einen Vertrauensantrag allein mit dem Ziel stellen darf, die parlamentarische Unterstützung seiner Regierung herbeizuführen oder zu festigen. Hinter der Vertrauensfrage muß nicht von vornherein der politische Wille stehen, auf diesem Wege zur Auflösung des Bundestages zu gelangen[89]. Eine solche »negative« Vertrauensfrage ist auch nicht dem »Minderheitskanzler« vorbehalten[90] (→ Rn. 15f.). Nach der Rechtsprechung des Bundesverfassungsgerichts darf der Bundeskanzler den Antrag allerdings nur stellen, wenn nach seiner Einschätzung eine »Krisenlage« besteht[91].

19 Wie sich aus Art. 81 I 2 GG ergibt, kann die Vertrauensfrage **mit einer Gesetzesvorlage**[92] **verbunden** werden[93]. Gleiches gilt für sonstige Sach- oder Personalfragen[94]. Im Falle einer solchen Verbindung kann über die Vertrauensfrage einerseits und die Gesetzesvorlage andererseits **nur einheitlich abgestimmt** werden[95].

---

[84] *E. Brandt*, Die Bedeutung parlamentarischer Vertrauensregelungen, 1981, S. 56; *W. Schreiber/ K.-D. Schnapauff*, AöR 109 (1984), 369 (380f.).

[85] Z.B. eine Abstimmungsniederlage.

[86] Vgl. nur *Schröder* (Fn. 37), § 51 Rn. 40; Einzelheiten bei *W. Schreiber/K.-D. Schnapauff*, AöR 109 (1984), 369 (374ff.).

[87] A.A. *Oldiges* (Fn. 38), Art. 68 Rn. 27; *Stern*, Staatsrecht I, S. 993; *Schenke* (Fn. 8), Art. 68 Rn. 48ff.; wie hier *U. Mager*, in: v. Münch/Kunig, GG II, Art. 67 Rn. 12ff.; *Schneider* (Fn. 38), Art. 68 Rn. 10; *Brandt*, Vertrauensregelungen (Fn. 84), S. 85f. m.w.N.

[88] So zutreffend *N. Achterberg*, DVBl 1983, 477 (484); *Brandt*, Vertrauensregelungen (Fn. 84), S. 56 m.w.N.; Jarass/*Pieroth*, GG, Art. 68 Rn. 1; *W. Geiger*, JöR 33 (1984), 41 (51).

[89] So BVerfGE 62, 1 (38).

[90] BVerfGE 62, 1 (38); *Schenke* (Fn. 8), Art. 68 Rn. 64; *U. Mager*, in: v. Münch/Kunig, GG II, Art. 68 Rn. 10ff.

[91] BVerfGE 62, 1 (49f.); → Rn. 12.

[92] Zur Frage, ob auch eine Verbindung mit verfassungsändernden Gesetzesvorlagen zulässig ist, vgl. *Mager* (Fn. 90), Art. 68 Rn. 19 m.w.N.

[93] Einzelheiten dazu bei *W. Schreiber/K.-D. Schnapauff*, AöR 109 (1984), 369 (376ff.).

[94] Vgl. etwa *Schröder* (Fn. 37), § 51 Rn. 40; *J. Ipsen*, Staatsrecht I, Rn. 370; *Brandt*, Vertrauensregelungen (Fn. 84), S. 87f.

[95] *Brandt*, Vertrauensregelungen (Fn. 84), S. 89f. m.w.N.; dort zur Frage, welche Konsequenzen sich dann aus unterschiedlichen Mehrheitserfordernissen ergeben (Maßgeblichkeit des höheren Quorums oder Spaltung des Abstimmungsergebnisses). → Art. 81 Rn. 9ff.

2. Abstimmung des Bundestages

Über den Vertrauensantrag muß binnen angemessener Frist[96], frühestens jedoch nach einer minimalen **»Wartezeit« von achtundvierzig Stunden**[97] abgestimmt werden, welche dieselbe Funktion erfüllt wie die des Art. 67 II GG (→ Art. 67 Rn. 15) und dem Bundeskanzler darüber hinaus erlaubt, seinen Antrag zurückzuziehen[98]. Da Art. 68 I GG vom Bundestag ein ausdrückliches positives Votum als Reaktion auf die Vertrauensfrage verlangt, kann das **Unterbleiben einer Entscheidung binnen angemessener Frist** nur als negatives Votum verstanden werden[99]. Stimmt dem Antrag des Bundeskanzlers nicht die Mehrheit der Mitglieder des Bundestages (Art. 121 GG) zu, so ist der Antrag abgelehnt. Dabei soll auch dem Bundestag die Prüfung obliegen, ob eine materielle Auflösungslage besteht[100].

20

3. Wahlmöglichkeiten des Bundeskanzlers

Ein positives Votum des Bundestages löst keine Rechtsfolgen aus. Findet der Antrag des Bundeskanzlers nicht die Zustimmung der Mehrheit der Mitglieder des Bundestages, so bleibt auch dies zunächst ohne rechtliche Folgen. Dem Bundeskanzler stehen in dieser Situation verschiedene Möglichkeiten offen[101]: Er kann als **Minderheitskanzler** (→ Art. 63 Rn. 43f.) weiterregieren, – sofern der Bundestag keinen anderen Kanzler wählt (Art. 68 I 2 GG) – und sich dabei mit Unterstützung der Regierung, des Bundesrates und des Bundespräsidenten des Gesetzgebungsnotstandes nach Art. 81 GG bedienen (→ Art. 81 Rn. 7f., 13). Er kann aber auch die Bildung einer neuen Regierung einleiten, indem er **zurücktritt** und so eine Kanzlerwahl nach Art. 63 GG – einschließlich der Möglichkeit von Neuwahlen im Falle des Scheiterns – eröffnet. Schließlich kann er von der in Art. 68 GG ausdrücklich erwähnten Möglichkeit Gebrauch machen und dem Bundespräsidenten die **Auflösung des Bundestages vorschlagen**. Der negative Ausgang der Vertrauensfrage begründet keinerlei rechtliche Verpflichtung des Kanzlers, sich für oder gegen eine dieser Möglichkeiten zu entscheiden[102].

21

4. Wahl eines anderen Bundeskanzlers (Art. 68 I 2 GG)

Innerhalb der Frist von einundzwanzig Tagen[103], die auch das Auflösungsrecht des Bundespräsidenten begrenzt, kann der Bundestag die drohende Auflösung abwehren, indem er mit der Mehrheit seiner Mitglieder (Art. 121 GG) einen anderen[104] Bundes-

22

---

[96] Einzelheiten dazu bei *R. Herzog*, in: Maunz/Dürig, GG, Art. 68 (1984), Rn. 33.
[97] Dazu *W. Schreiber/K.-D. Schnapauff*, AöR 109 (1984), 369 (381ff.).
[98] *Oldiges* (Fn. 38), Art. 68 Rn. 30; *Schneider* (Fn. 38), Art. 68 Rn. 9.
[99] *Steiger*, Grundlagen (Fn. 66), S. 271, der hier eine Frist von ca. 8 Tagen ansetzt, innerhalb derer über die Vertrauensfrage abgestimmt werden muß; vgl. auch *Brandt*, Vertrauensregelungen (Fn. 84), S. 91; Jarass/*Pieroth*, GG, Art. 68 Rn. 2; *Oldiges* (Fn. 38), Art. 68 Rn. 30; a.A. *W. Schreiber/K.-D. Schnapauff*, AöR 109 (1984), 369 (385ff.).
[100] BVerfGE 62, 1 (50); dagegen → Rn. 15f.
[101] Vgl. die Übersicht über die verschiedenen Möglichkeiten bei *Schröder* (Fn. 37), § 51 Rn. 40.
[102] *Degenhart*, Staatsrecht I, Rn. 440.
[103] Nach Ablauf dieser Frist bleibt die Wahl eines anderen Bundeskanzlers nach den allgemeinen Regelungen der Art. 67 GG und – nach Rücktritt des amtierenden Kanzlers – Art. 63 GG möglich; vgl. Jarass/*Pieroth*, GG, Art. 68 Rn. 4.
[104] Obwohl der Wortlaut, der die Wahl eines »anderen« Bundeskanzlers vorsieht, dies auszuschließen scheint, ist die Wiederwahl des bisherigen Bundeskanzlers zulässig; so auch *Schenke* (Fn. 8), Art. 68 Rn. 166; *Mager* (Fn. 90), Art. 68 Rn. 28; a.A. Jarass/*Pieroth*, GG, Art. 68 Rn. 4 m.w.N.

Art. 68   C. Erläuterungen

kanzler wählt. Gem. § 98 II GOBT ist hierfür der Antrag eines Viertels der Mitglieder des Bundestages erforderlich. Auch wenn mehrere Wahlvorschläge unterbreitet worden sind, erfolgt die Wahl in einem Wahlgang mit verdeckten Stimmzetteln[105]. Nicht anders als bei der Wahl eines Bundeskanzlers mit »Kanzlermehrheit« nach Art. 63 und 67 GG ist auch hier der Bundespräsident zur Ernennung des Gewählten verpflichtet[106]. Mit der Wahl wird ein Auflösungsvorschlag des Bundeskanzlers unzulässig und – falls der Vorschlag des Bundeskanzlers bereits erfolgt ist – das **Auflösungsrecht des Bundespräsidenten erlischt**. Umgekehrt darf der Bundestag den Wahlvorgang nicht mehr beginnen oder fortsetzen, sobald der Bundespräsident sein Auflösungsrecht ausgeübt hat[107].

5. Auflösungsrecht des Bundespräsidenten

23   Wenn die Vertrauensabstimmung im Bundestag nicht die erforderliche Mehrheit erbracht hat, der Vorschlag des Bundeskanzlers[108] vorliegt und auch kein anderer Bundeskanzler nach Art. 68 I 2 GG gewählt worden ist, liegt das Recht zur Auflösung des Bundestages beim Bundespräsidenten. Es kann nur binnen einundzwanzig Tagen nach der Abstimmung über die Vertrauensfrage ausgeübt werden. Während diese Frist läuft, darf der Bundespräsident das Zustandekommen einer neuen Mehrheit nicht durch eine voreilige Auflösung verhindern[109], wenn der Bundestag in den Wahlgang nach Art. 68 I 2 GG eingetreten ist[110] oder sich die Wahl eines anderen Bundeskanzlers »abzeichnet«[111]. Bevor der Bundespräsident sein »Ermessen« betätigt (→ Rn. 24), hat er zu **prüfen, ob die verfassungsrechtlichen Voraussetzungen vorliegen**, an die Art. 68 GG das Recht zur Auflösung des Bundestages knüpft[112]. Neben der Beachtung des durch Art. 68 GG vorgeschriebenen Verfahrens gehört dazu nach der Rechtsprechung des Bundesverfassungsgerichts auch die Prüfung, ob eine materielle Auflösungslage (→ Rn. 12) existiert[113].

24   Bei der Anordnung der Auflösung – wie auch bei ihrer Ablehnung – handelt es sich um eine **politische Leitentscheidung**[114]. Die gerichtlich allenfalls eingeschränkt kontrollierbare **Entscheidungsfreiheit**[115] des Bundespräsidenten folgt eindeutig aus dem Wortlaut des Art. 68 GG, der im Unterschied etwa zu Art. 67 GG anordnet, daß der

---

[105] § 98 II i.V.m. § 97 II GOBT.

[106] Vgl. nur *Brandt*, Vertrauensregelungen (Fn. 84), S. 57 m.w.N.

[107] Dies gilt selbst dann, wenn die Frist von einundzwanzig Tagen noch nicht abgelaufen ist; so *Brandt*, Vertrauensregelungen (Fn. 84), S. 93 f.; Einzelheiten zu den zeitlichen Abläufen bei W. Schreiber/K.-D. Schnapauff, AöR 109 (1984), 369 (389 ff.).

[108] Vgl. nur *Brandt*, Vertrauensregelungen (Fn. 84), S. 92.

[109] So *Steiger*, Grundlagen (Fn. 66), S. 310.

[110] Dazu *Brandt*, Vertrauensregelungen (Fn. 84), S. 93.

[111] So unter Hinweis auf die Verfassungsorgantreuepflicht des Bundespräsidenten und auf den Umstand, daß die Auflösung »ultima ratio« sei, *Oldiges* (Fn. 38), Art. 68 Rn. 37; a.A. *Brandt*, Vertrauensregelungen (Fn. 84), S. 93.

[112] BVerfGE 62, 1 (35).

[113] BVerfGE 62, 1 (50 f.); allerdings – wegen der primären Einschätzungs- und Beurteilungskompetenz des Bundeskanzlers – mit eingeschränkter Prüfungsintensität; → Rn. 13.

[114] BVerfGE 62, 1 (35).

[115] Sie wird in BVerfGE 62, 1 (35) umschrieben als selbständiger politischer Beurteilungs- und Handlungsbereich, als weites politisches Ermessen, so BVerfGE 62, 1 (62 f.), oder als weitreichende Entscheidungs- und Gestaltungsmacht, so Sondervotum *Zeidler*, BVerfGE 62, 64 (64).

Bundespräsident den Bundestag auflösen »kann«[116]. Sie stellt darüber hinaus das wichtigste Instrument zur Abwehr vorschneller oder mißbräuchlicher Bundestagsauflösungen dar (→ Rn. 16). Die in der Literatur vertretene Auffassung, der Präsident sei gehalten, im Regelfall dem Antrag des Bundeskanzlers zu entsprechen[117], ist damit nicht vereinbar. Die Entscheidung des Bundespräsidenten, die sich an dem Ziel der Regierungsstabilität auszurichten hat[118], bezieht sich auf die Frage, ob die Auflösung des Bundestages und damit die Verkürzung der laufenden Wahlperiode mit all ihren politischen Folgen sinnvoll ist und von ihm politisch vertreten werden kann[119].

Die Auflösungsanordnung[120], die gem. Art. 58 S. 1 GG der **Gegenzeichnung** durch den Bundeskanzler bedarf[121], wird in der Praxis mit der **Festsetzung des Wahltermins** nach § 16 BWahlG verbunden[122], wobei die 60-Tage-Frist des Art. 39 I 4 GG zu beachten ist. Die Auflösungsanordnung ändert am **Status der amtierenden Bundesregierung** nichts. Nach allgemeinen Regeln endet die Amtszeit der Regierung auch im Falle der Auflösung des Bundestages erst mit dem Zusammentritt des neugewählten Bundestages (Art. 39 I 2, 69 II GG). 25

D. Verhältnis zu anderen GG-Bestimmungen

Wenn der amtierende Bundeskanzler nach negativem Ausgang der Vertrauensfrage dem Bundespräsidenten die Auflösung vorgeschlagen hat, richtet sich die Wahl eines anderen Kanzlers binnen der Frist von einundzwanzig Tagen allein nach Art. 68 GG, der dann als spezielle Regelung sowohl **Art. 67 GG als auch Art. 63 GG** verdrängt[123]. Gründe für einen Vorrang des Mißtrauensantrages bei einem Zusammentreffen mit der Vertrauensfrage[124] sind nicht erkennbar, weil eine »konstruktive« neue Mehrheit auch nach Art. 68 I 2 GG einen anderen Kanzler wählen kann. Auch **nach der Auflösungsanordnung** bleibt die Möglichkeit bestehen, den bis zum Zusammentritt des neuen Bundestages im Amt bleibenden Bundeskanzler für den verbleibenden Zeitraum durch ein konstruktives **Mißtrauensvotum** abzulösen. Auch kann der Kanzler noch in dieser Phase **zurücktreten** und so den Weg für eine Wahl nach Art. 63 GG freimachen[125]. **Ergänzt** wird Art. 68 GG durch die Regelung des **Gesetzgebungsnotstandes** in Art. 81 GG: Nach negativem Ausgang der Vertrauensfrage kann unter den dort 26

---

[116] Auf den Wortlautunterschied zwischen Art. 67 GG und Art. 68 GG weist auch BVerfGE 62, 1 (35), hin.
[117] Nachweise dazu bei *Brandt*, Vertrauensregelungen (Fn. 84), S. 92.
[118] *Degenhart*, Staatsrecht I, Rn. 439.
[119] So BVerfGE 62, 1 (50).
[120] Ausführlich dazu *W. Schreiber/K.-D. Schnapauff*, AöR 109 (1984), 369 (393ff.).
[121] BVerfGE 62, 1 (16, 33, 34f.).
[122] BVerfGE 62, 1 (31), sieht in der Bestimmung des Wahltages als Teil der Anordnung der Neuwahl einen »staatsorganisatorischen Akt mit Verfassungsfunktion«, der eine »Annex-Entscheidung« der Bundestagsauflösung darstellt; vgl. dazu *W. Schreiber/K.-D. Schnapauff*, AöR 109 (1984), 369 (411ff.).
[123] *Jarass/Pieroth*, GG, Art. 68 Rn. 4; *Schenke* (Fn. 8), Art. 68 Rn. 168; *Herzog* (Fn. 96), Art. 68 Rn. 64; a.A. *Schneider* (Fn. 38), Art. 68 Rn. 14.
[124] So *Oldiges* (Fn. 38), Art. 68 Rn. 30; *Mager* (Fn. 90), Art. 68 Rn. 33.
[125] So auch *Jarass/Pieroth*, GG, Art. 68 Rn. 4; *Schenke* (Fn. 8), Art. 68 Rn. 185ff.; *Oldiges* (Fn. 38), Art. 68 Rn. 39.

D. Verhältnis zu anderen GG-Bestimmungen

genannten Voraussetzungen eine Minderheitsregierung für die Dauer von sechs Monaten versuchen, gegen die Mehrheit des Bundestages Gesetzesvorhaben allein mit der Unterstützung des Bundesrates zu realisieren[126].

---

[126] Zur Wirksamkeit dieses verfassungsrechtlichen Versuchs, einen Weg aus der Mehrheitsunfähigkeit des Parlaments zu weisen, vgl. nur *Hesse*, Verfassungsrecht, Rn. 727: »Das einzige, was sich mit Art. 81 GG erreichen läßt, ist ... eine Verlängerung der politischen Krise, gegen deren Folgen er sichern soll«. → Art. 81 Rn. 6.

Artikel 69 [Stellvertreter des Bundeskanzlers; Ende der Amtszeit; geschäftsführende Regierung]

(1) Der Bundeskanzler ernennt einen Bundesminister zu seinem Stellvertreter.

(2) Das Amt des Bundeskanzlers oder eines Bundesministers endigt in jedem Falle mit dem Zusammentritt eines neuen Bundestages, das Amt eines Bundesministers auch mit jeder anderen Erledigung des Amtes des Bundeskanzlers.

(3) Auf Ersuchen des Bundespräsidenten ist der Bundeskanzler, auf Ersuchen des Bundeskanzlers oder des Bundespräsidenten ein Bundesminister verpflichtet, die Geschäfte bis zur Ernennung seines Nachfolgers weiterzuführen.

Literaturauswahl

Arndt, Hans-Wolfgang/Schweitzer, Michael: Verfassungsrechtliche Aspekte des Kanzlerrücktritts, in: JuS 1974, S. 622–626.
Beckmann, Ulrich: Die Rechtsstellung des Stellvertreters des Bundeskanzlers, Diss. jur. Würzburg 1966.
Dreher, Eduard: Geschäftsführende Regierungen, in: NJW 1982, S. 2807–2808.
Groß, Rolf: Zur geschäftsführenden Regierung, in: DÖV 1982, S. 1008–1019.
Lutz, Rudolf: Die Geschäftsregierung nach dem Grundgesetz, 1969.
Nierhaus, Michael: Verfassungsrechtliche Probleme des Kanzlerrücktritts, in: JR 1975, S. 265–272.
Oldiges, Martin: Die interimistische Weiterführung der Amtsgeschäfte des Bundeskanzlers durch den Vizekanzler, in: DVBl. 1975, S. 79–85.
Röttger, Heinrich-Eckhart: Nochmals: Konstruktives Mißtrauensvotum gegen den geschäftsführenden Bundeskanzler?, in: JuS 1975, S. 358–360.
Wahl, Rainer: Stellvertretung im Verfassungsrecht, 1971.

Siehe auch die Angaben zu Art. 62 GG.

Leitentscheidungen des Bundesverfassungsgerichts

Diese liegen zu Art. 69 GG bislang nicht vor.

Gliederung

	Rn.
A. Herkunft, Entstehung, Entwicklung	1
B. Internationale, supranationale und rechtsvergleichende Bezüge	3
C. Erläuterungen	5
I. Stellvertretung des Bundeskanzlers (Art. 69 I GG)	5
1. Die Ernennung des Stellvertreters	5
2. Der Vertretungsfall	7
3. Der Umfang der Vertretungsbefugnis	10
II. Beendigung der Regierungsämter (Art. 69 II GG)	13
1. Ausprägung des parlamentarischen Regierungssystems	13
2. Die Beendigung der Amtszeit des Bundeskanzlers	14
3. Die Beendigung der Amtszeit der Bundesminister	15
III. Geschäftsführende Bundesregierung (Art. 69 III GG)	17
1. Allgemeines	17
2. Die Führung der Geschäfte des Bundeskanzlers	19
3. Die Führung der Geschäfte der Bundesminister	21
4. Befugnisse der geschäftsführenden Bundesregierung	23
D. Verhältnis zu anderen GG-Bestimmungen	25

A. Herkunft, Entstehung, Entwicklung

1 Art. 69 GG regelt mit der Vertretung des Bundeskanzlers im Amt (Art. 69 I), der Bindung der Amtsdauer der Regierungsmitglieder an den Zusammentritt eines neuen Parlaments (Art. 69 II) sowie der geschäftsführenden Bundesregierung (Art. 69 III) drei miteinander sachlich nicht notwendig zusammenhängende Problemkreise erstmals in der deutschen Verfassungsgeschichte auf Verfassungsebene. Frühere **Vertretungsregeln** betrafen entweder nicht die Vertretung des Regierungschefs im (gesamten) Amt oder regelten sie nur auf Gesetzes- oder Geschäftsordnungsebene. Ein Beispiel für eine nur auf einen Ausschnitt der Kompetenzen des Regierungschefs bezogene Vertretungsregelung liefert Art. 15 II der **Reichsverfassung von 1871**, der nur die Vertretung des Reichskanzlers in seiner Funktion als Vorsitzender des Bundesrates zum Gegenstand hatte[1]. Eine gesetzliche Regelung der Stellvertretung des Reichskanzlers sah das **Stellvertretungsgesetz** aus dem Jahre **1878** vor, wonach der Reichskanzler nicht nur durch die Leiter der Reichsämter in deren Ressorts (→ Art. 62 Rn. 2; → Art. 64 Rn. 1) sondern auch durch einen Generalstellvertreter für alle Amtsgeschäfte vertreten werden konnte[2]. Eine bloß geschäftsordnungsmäßige Regelung der Stellvertretung von Regierungsmitgliedern existierte zu Zeiten der Weimarer Republik[3]. Die in Art. 69 II GG normierte Bindung des Amtsendes der Regierungsmitglieder **an den Zusammentritt eines neugewählten Parlaments** enthielt auch die **Weimarer Reichsverfassung** nicht, obgleich sie in Art. 54 das Vertrauen des Reichstages in die Amtsführung der Regierung für notwendig erachtete und damit bereits ein Element eines parlamentarischen Regierungssystems inkorporiert hatte.

2 Die **Entstehungsgeschichte** des Art. 69 GG erklärt, warum sich die sachlich nicht notwendig zusammenhängenden Regelungen der drei Absätze in einer Vorschrift zusammengefaßt finden. Art. 91 HChE[4], auf den Art. 69 GG u.a. zurückgeht, regelte nämlich in seinem ersten Absatz die Notwendigkeit der Bestellung eines Stellvertreters des Bundeskanzlers aus dem Kreise der Bundesminister und wies im zweiten Absatz diesem Stellvertreter auch die Funktion zu, bei Rücktritt oder Tod des Bundeskanzlers vorläufig die Geschäfte weiterzuführen. An diese Verbindung von Vertretungsregelung und Amtsbeendigungstatbestand knüpfte der Parlamentarische Rat an, als die Idee aufkam, das Amtsende des Bundeskanzlers und der ganzen Regierung ausdrücklich an den Zusammentritt eines neuen Bundestages zu binden[5]. Man wollte damit das Prinzip des **parlamentarischen Regierungssystems** verdeutlichen[6]. Darüber

---

[1] So auch *U. Beckmann*, Die Rechtsstellung des Stellvertreters des Bundeskanzlers, Diss. jur. Würzburg 1966, S. 26f. m.w.N.
[2] Hierzu im einzelnen *Beckmann*, Stellvertreter (Fn. 1), S. 29; *M. Oldiges*, Die Bundesregierung als Kollegium, 1983, S. 71.
[3] §§ 7, 9 der GO der Reichsregierung v. 9. 5. 1924 (RMinBl. S. 173); vgl. hierzu *Beckmann*, Stellvertreter (Fn. 1), S. 32ff.
[4] Abgedruckt in: JöR 1 (1951), S. 450.
[5] Zunächst als Teil einer Enumeration von Beendigungstatbeständen (s. etwa Drs. Nr. 276 v. 16. 11. 1948).
[6] Repräsentativ die Äußerung des Vorsitzenden des Hauptausschusses *Dr. Schmid* in dessen 34. Sitzung am 11. 1. 1949: »Sieht man aber in der Regierung ein Produkt des Parlaments – und das ist doch wohl im Parlamentarischen Regierungssystem das Richtige – dann hat jedes Parlament die ihm zugeordnete Regierung, und wechselt das Parlament, so muß eigentlich auch die Regierung wechseln« (Sten.Prot. S. 426).

hinaus gibt die Entstehungsgeschichte Aufschluß darüber, daß der Rücktritt des Bundeskanzlers als Beendigungstatbestand – neben anderen in früheren Entwurfsfassungen noch enthaltenen Beendigungstatbeständen – in der Endfassung nur deshalb nicht ausdrücklich erwähnt wurde, weil man ihn mehrheitlich für selbstverständlich zulässig erachtete[7]. Art. 69 GG ist bislang nicht geändert worden.

B. Internationale, supranationale und rechtsvergleichende Bezüge

Eine Art. 69 GG dem Prinzip nach ähnliche Regelung, die das Amtsende der Regierung an das Ende der Existenz des Parlaments bindet und außerdem ebenfalls das Problem der Geschäftsführung bis zum Amtsantritt der neuen Regierung löst, enthält im internationalen Vergleich die **Spanische Verfassung**[8]. Die Stellvertretung im Amt ist eher selten auf Verfassungsebene geregelt. Eine solche Regelung findet sich etwa in der **Griechischen Verfassung**, die zwar vorschreibt, daß der Stellvertreter des Ministerpräsidenten ein Ministeramt bekleiden muß, aber eine Pflicht zur Ernennung eines Stellvertreters auf Dauer nicht kennt[9]. 3

Die Betrachtung der Verfassungen der Bundesländer zeigt, daß eine **Art. 69 II GG entsprechende Regelung**, die das Amtsende der Regierung an den Zusammentritt eines neuen Parlaments bindet, **nicht in allen Bundesländern vorhanden** ist[10]. Die Verfassungen Hessens, Bremens und Niedersachsens verknüpfen den Zusammentritt eines neuen Parlaments und das Amtsende der Regierung in einer von Art. 69 GG abweichenden Form, indem sie für diesen Fall eine Rücktrittsverpflichtung[11] statuieren, die Wahl des Regierungsorgans ausdrücklich nur auf die Legislaturperiode des Parlaments beziehen[12] oder den Rücktritt des Regierungschefs fingieren[13]. Im übrigen enthalten zahlreiche Landesverfassungen anders als Art. 69 GG Regelungen, die den Rücktritt des Regierungschefs ausdrücklich für zulässig erklären[14]. Die **Vertretungsregelungen** der Landesverfassungen entsprechen größtenteils Art. 69 I GG. Hervorzuheben sind Art. 115 I BremVerf., der die Stellvertretung dem von der Bürgerschaft zu wählenden zweiten Bürgermeister zuweist, und Art. 195 II 2 Rheinl.-PfälzVerf., der die Stellvertreterbestellung von der Zustimmung des Landtages abhängig macht. Die **Geschäftsführungsregeln** der meisten Landesverfassungen verpflichten im Falle der Amtsbeendigung entweder alle Regierungsmitglieder zur einstweiligen Geschäftsfüh- 4

---

[7] S. die Diskussion in der 3. Sitzung des Hauptausschusses am 16. 11. 1948, Sten.Prot. S. 39.
[8] Allerdings bindet sie das Amtsende der alten Regierung nicht wie Art. 69 GG an den Zusammentritt des neuen Parlaments, sondern bereits an die Wahl zum neuen Parlament (Art. 101 I 1); die Geschäfte hat die alte Regierung bis zum Amtsantritt der neuen Regierung zu führen (Art. 101 II).
[9] Art. 81 der Griechischen Verfassung.
[10] Solche Regelungen enthalten Art. 55 II Bad.-WürttVerf.; Art. 85 I 1 BrandenbgVerf.; Art. 35 I HambVerf.; Art. 50 I 1, 3 Meckl.-VorpVerf.; Art. 87 III SaarlVerf.; Art. 68 II SächsVerf.; Art. 71 I 1, 3 Sachs.-AnhVerf.; Art. 27 I Schl.-HolstVerf. und Art. 75 II ThürVerf. Dazu, daß das Fehlen im Hinblick auf Art. 28 I GG unbedenklich ist, vgl. BVerfGE 27, 44 (55f.), zur damaligen Schl.-Holst. Landessatzung. → Art. 28 Rn. 62.
[11] Art. 113 II HessVerf.
[12] Art. 107 II 1 BremVerf.
[13] Art. 33 II NdsVerf.; dies führt nach Art. 33 III NdsVerf. auch zur Fiktion des Rücktritts der gesamten Landesregierung.
[14] Z. B. Art. 55 I Bad.-WürttVerf.; Art. 44 III 1 BayVerf.; Art. 85 I 2 BrandenbgVerf.; Art. 71 I 2 Sachs.-AnhVerf.

rung[15] oder sie verpflichten unmittelbar nur den Regierungschef, während die Kabinettsmitglieder ersucht werden müssen[16].

C. Erläuterungen

I. Stellvertretung des Bundeskanzlers (Art. 69 I GG)

1. Die Ernennung des Stellvertreters

5 Gemäß Art. 69 I GG ist der Bundeskanzler ermächtigt und – binnen angemessener Frist – auch verpflichtet, einen Stellvertreter zu ernennen[17]. Zum Stellvertreter kann **nur ein Bundesminister** ernannt werden. Eine Verknüpfung der Vizekanzlerfunktion mit bestimmten Ressorts, die durch die Verfassung oder die Geschäftsordnung der Bundesregierung besonderes ausgestaltet sind, ist entgegen einer älteren Ansicht[18] ebenso unbedenklich wie deren Leitung durch den Kanzler selbst (→ Art. 64 Rn. 13)[19]. Die Auswahl und Bestellung seines Vertreters fällt als Teil seiner Organisationsgewalt (→ Art. 65 Rn. 16) in die **alleinige Zuständigkeit des Bundeskanzlers**[20]. Form und Verfahren der Ernennung sind nicht geregelt[21]. Jedoch empfiehlt sich eine öffentliche Mitteilung der Ernennung, um die Klarheit organschaftlicher Befugnisse zu gewährleisten[22]. Der Wortlaut des Art. 69 I GG läßt unmißverständlich nur die Berufung **eines einzigen Stellvertreters** zu[23].

6 Die **Stellvertretung der Bundesminister** ist verfassungsrechtlich nicht geregelt, sondern ergibt sich aus § 14 GOBReg[24], der zwischen der Vertretung des Ministers innerhalb der Bundesregierung (Abs. 1) und bei der Leitung des Ressorts (Abs. 3) unterscheidet[25]. Als Regierungsmitglied wird der Minister danach von einem »Ministerkollegen« vertreten. In seiner Funktion als Leiter einer obersten Bundesbehörde vertritt ihn dagegen ein beamteter Staatssekretär oder ein Parlamentarischer Staatssekretär[26].

---

[15] Art. 55 III Bad.-WürttVerf.; Art. 37 I 1 HambVerf.; Art. 113 III HessVerf.; Art. 33 IV NdsVerf.; Art. 62 III Nordrh.-WestfVerf.; Art. 98 III, 99 IV Rheinl.-PfälzVerf.; Art. 87 V SaarlVerf.; Art. 68 III SächsVerf.; Art. 27 II 1 Schl.-HolstVerf. Zur geschäftsführenden Regierung in Schleswig-Holstein im Anschluß an den Rücktritt der Regierung Barschel s. *W.-R. Schenke*, NJW 1987, 3235ff.; *J.-D. Busch*, DVBl. 1987, 1255ff.

[16] Art. 85 II BrandenbgVerf.; Art. 50 IV Meckl.-VorpVerf.; Art. 71 II Sachs.-AnhVerf.; Art. 75 III ThürVerf.

[17] *R. Herzog*, in: Maunz/Dürig, GG, Art. 69 (1984), Rn. 4, 10; *M. Oldiges*, in: Sachs, GG, Art. 69 Rn. 9; Jarass/*Pieroth*, GG, Art. 69 Rn. 1; *U. Mager*, in: v. Münch/Kunig, GG II, Art. 69 Rn. 4.

[18] *W. Plaum*, DVBl. 1958, 452ff.; v. Mangoldt/Klein, GG, Art. 69 Anm. III 3f, Art. 62 Anm. III 2a.

[19] Vgl. nur *R. Wahl*, Stellvertretung im Verfassungsrecht, 1971, S. 169ff.; *H.-P. Schneider*, in: AK-GG, Art. 69 Rn. 2; ebenso (mit Ausnahme für den Bundesverteidigungsminister) *Beckmann*, Stellvertreter (Fn. 1), S. 59ff.

[20] *F. Münch*, Die Bundesregierung, 1954, S. 213; *Oldiges* (Fn. 17), Art. 69 Rn. 11; *Herzog* (Fn. 17), Art. 69 Rn. 5.

[21] Insbesondere ist § 2 I BMinG nicht anwendbar, da der Bundespräsident – anders als bei der Ernennung von Ministern – an der Ernennung des Stellvertreters nicht beteiligt ist; vgl. *Herzog* (Fn. 17), Art. 69 Rn. 11.

[22] *Oldiges* (Fn. 17), Art. 69 Rn. 11; *Herzog* (Fn. 17), Art. 69 Rn. 11.

[23] *N. Achterberg*, Innere Ordnung der Bundesregierung, in: HStR II, § 52 Rn. 41.

[24] Als Sonderfall regelt § 22 GOBReg die Vertretung des Kanzlers bei der Ausübung des Vorsitzes in den Kabinettssitzungen.

[25] Ausführlich hierzu *Herzog* (Fn. 17), Art. 69 Rn. 23ff.; *Wahl*, Stellvertretung (Fn. 19), S. 198ff.

[26] Hierzu *Wahl*, Stellvertretung (Fn. 19), S. 229ff.

§ 14 II GOBReg durchbricht diese Zweiteilung insoweit, als danach auch »politische« Aufgaben, nämlich die Abgabe von Erklärungen vor dem Bundestag, vor dem Bundesrat und in den Sitzungen der Bundesregierung, durch den Parlamentarischen Staatssekretär und in Einzelfällen durch den beamteten Staatssekretär wahrgenommen werden können.

2. Der Vertretungsfall

Durch die Ernennung zum Stellvertreter erhält dieser **kein Amt mit eigenen Befugnissen neben denen des Bundeskanzlers**, sondern ihm wird nur für den Stellvertretungsfall die Wahrnehmung der Funktionen des Bundeskanzlers anvertraut[27]. Für die Frage, in welchen Fällen eine Stellvertretung des Kanzlers stattfindet, erweist sich der Wortlaut des Art. 69 I GG als unergiebig. Art. 69 II GG zeigt jedoch, daß die **Beendigung des Kanzleramtes kein Fall der Stellvertretung** nach Art. 69 I GG sein kann[28]. Denn eine Vizekanzlerschaft ohne Kanzler hätte nicht mehr den Charakter einer von dessen Willen abhängigen Stellvertretung, sondern den einer interimistischen Nachfolge ohne Kontrolle und Begrenzung durch den amtierenden Kanzler[29]. Die Vertretung nach Art. 69 I GG ist daher nur bei einer **vorübergehenden Verhinderung des Kanzlers** in der Ausübung seiner Funktion zulässig[30].

§ 8 GOBReg als konkretisierende Vorschrift unterscheidet zwischen einer »allgemeinen« Verhinderung, bei der der Vertreter alle Befugnisse wahrnimmt, und sonstigen Fällen. Ein Fall der »allgemeinen« Vertretung liegt vor, wenn der Bundeskanzler sein Amt über eine längere Zeitspanne hinweg vollständig nicht ausüben kann, etwa wegen schwerer Erkrankung oder langandauernder Abwesenheit[31]. In diesen Fällen bestimmt § 8 S. 1 GOBReg, daß die **Ersatzvertretung**[32] durch den gemäß Art. 69 I GG vom Bundeskanzler bestimmten Stellvertreter erfolgt. Ist nur eine **Ergänzungsvertretung**[33] erforderlich, weil der Bundeskanzler beispielsweise wegen terminlicher Überlastung oder nur vorübergehender Erkrankung nicht alle seine Amtsgeschäfte selbst wahrnehmen kann[34], so bestimmt der Bundeskanzler gemäß § 8 S. 2 GOBReg den Umfang seiner Vertretung näher.

Art. 43 II GG regelt mit den Zutritts- und Anhörungsrechten von Beauftragten der Bundesregierung im Bundestag einen **Sonderfall der Ergänzungsvertretung**. Die Ansicht, § 8 S. 2 GOBReg stelle es dem Bundeskanzler über diesen Sonderfall hinaus frei, sich in Einzelfällen von anderen Regierungsmitgliedern als dem Vizekanzler vertreten

---

[27] *Oldiges* (Fn. 17), Art. 69 Rn. 9.
[28] M. *Nierhaus*, JR 1975, 265 (267f.); H.-W. *Arndt*/M. *Schweitzer*, JuS 1974, 622 (624); E. *Klein*, Funktionsstörungen in der Staatsorganisation, in: HStR VII, § 168 Rn. 28; a.A. nur W. *Meder*, in: BK, Art. 69 (Erstb.), Anm. II 1.
[29] M. *Oldiges*, DVBl. 1975, 79 (82).
[30] *Oldiges* (Fn. 17), Art. 69 Rn. 13.
[31] Vgl. nur *Herzog* (Fn. 17), Art. 69 Rn. 14f.; *Oldiges* (Fn. 17), Art. 69 Rn. 14.
[32] Begriff bei *Wahl*, Stellvertretung (Fn. 19), S. 162ff. Es werden auch die Bezeichnungen Gesamt- oder Vollvertretung verwendet; vgl. *Mager* (Fn. 17), Art. 69 Rn. 7, 10f.; *Schneider* (Fn. 19), Art. 69 Rn. 3.
[33] *Oldiges* (Fn. 17), Art. 69 Rn. 14. Sie wird auch als Teil-, Einzel- oder Nebenvertretung bezeichnet; vgl. *Beckmann*, Stellvertreter (Fn. 1), S. 117; *Wahl*, Stellvertretung (Fn. 19), S. 162ff.
[34] *Oldiges* (Fn. 17), Art. 69 Rn. 14.

zu lassen³⁵, ist mit Art. 69 I GG nicht zu vereinbaren³⁶. Das auf die zeitlichen Anforderungen durch öffentliche Auftritte und Repräsentationsaufgaben hinweisende Argument der Praktikabilität³⁷ übersieht, daß Gegenstand der Stellvertretungsregelungen nur die dem Bundeskanzler vorbehaltenen Kompetenzen (→ Art. 65 Rn. 15 ff.) sind³⁸. Bei diesen ist es **auch in Einzelfällen nicht zulässig, den Vizekanzler zu übergehen**³⁹. Das Recht, den Eintritt des Stellvertretungsfalles festzustellen, liegt beim Bundeskanzler⁴⁰. Die Regelungslücke, die das Grundgesetz für den Fall gelassen hat, daß der Bundeskanzler dazu nicht in der Lage ist⁴¹, läßt sich angemessen durch eine Kabinettsentscheidung schließen.

3. Der Umfang der Vertretungsbefugnis

10   Der Vizekanzler ist Amtswalter des stets besetzt zu haltenden Verfassungsorgans Bundeskanzler, dessen Kompetenzen er in eigener Verantwortung wahrnimmt⁴². Im Falle der **Ergänzungsvertretung** richtet sich der Umfang der Vertretungsbefugnis gemäß § 8 S. 2 GOBReg nach den **Weisungen des Bundeskanzlers**. Bei der **Ersatzvertretung** stehen dem Stellvertreter nach dem umfassend formulierten Art. 69 I GG und § 8 S. 1 GOBReg im Außenverhältnis **alle amtlichen Befugnisse des Bundeskanzlers** (→ Art. 65 Rn. 15 ff.) zu. Dazu gehört auch die Festlegung der Richtlinien der Politik durch den Stellvertreter, die rechtlich die gleiche Bindungswirkung hat wie die Festlegung durch den Kanzler selbst⁴³. Ebenso umfaßt ist das Recht zur Kabinettsumbildung⁴⁴ und die Stellung der Vertrauensfrage⁴⁵, welche sich auf die Person des verhinderten Bundeskanzlers bezieht⁴⁶.

11   Eine **Rücktrittserklärung** für den verhinderten Bundeskanzler kann der Stellvertre-

---

³⁵ *Herzog* (Fn. 17), Art. 69 Rn. 15, 17; *Oldiges* (Fn. 17), Art. 69 Rn. 15; gedacht ist etwa an einen Parlamentarischen oder beamteten Staatssekretär. → Art. 43 Rn. 18.

³⁶ Auch § 8 S. 2 GOBReg als verfassungsrechtlich nicht zu beanstandende Konkretisierung läßt nur eine Bestimmung des Vertretungsumfanges durch den Kanzler zu, nicht eine solche der Vertretungsperson; vgl. *Wahl*, Stellvertretung (Fn. 19), S. 176.

³⁷ Vgl. *Herzog* (Fn. 17), Art. 69 Rn. 15; *Oldiges* (Fn. 17), Art. 69 Rn. 15.

³⁸ Dies zeigt sich insbesondere daran, daß die »Vertretung bei Hoheitsakten aus dem engeren Zuständigkeitsbereich des Bundeskanzlers« als Sondergruppe der Vertretungsfälle allein dem Vizekanzler zugewiesen wird; so *Herzog* (Fn. 17), Art. 69 Rn. 16; *Oldiges* (Fn. 17), Art. 69 Rn. 16. Andere Fälle werden jedoch von den Vertretungsregeln gar nicht erfaßt.

³⁹ Ebenso *Wahl*, Stellvertretung (Fn. 19), S. 176 f.; *Schneider* (Fn. 19), Art. 69 Rn. 3; a.A. *Mager* (Fn. 17), Art. 69 Rn. 6; *Herzog* (Fn. 17), Art. 69 Rn. 17; *Oldiges* (Fn. 17), Art. 69 Rn. 16, die dem Vizekanzler nur ein Recht einräumen, nicht »systematisch« übergangen zu werden. Zum Problem der Verhinderung auch des Vizekanzlers näher *Herzog* (Fn. 17), Art. 69 Rn. 19.

⁴⁰ *H. Liesegang*, in: I. v. Münch (Hrsg.), Grundgesetz-Kommentar, Bd. 2, 2. Aufl. 1983, Art. 69 Rn. 7; *Beckmann*, Stellvertreter (Fn. 1), S. 121.

⁴¹ Vgl. nur *Wahl*, Stellvertretung (Fn. 19), S. 166 f.

⁴² *Mager* (Fn. 17), Art. 69 Rn. 2.

⁴³ Ebenso *Herzog* (Fn. 17), Art. 69 Rn. 20; *Mager* (Fn. 17), Art. 69 Rn. 11; *Stern*, Staatsrecht II, S. 282; *Hesse*, Verfassungsrecht, Rn. 645; a.A. *v. Mangoldt/Klein*, GG, Art. 69 Anm. III 2a.

⁴⁴ *Wahl*, Stellvertretung (Fn. 19), S. 184 f.; *Oldiges* (Fn. 17), Art. 69 Rn. 18; a.A. *Herzog* (Fn. 17), Art. 69 Rn. 20.

⁴⁵ *Wahl*, Stellvertretung (Fn. 19), S. 184 f.; *Mager* (Fn. 17), Art. 69 Rn. 20; *W.-R. Schenke*, in: BK, Art. 68 (Zweitb. 1989), Rn. 45; a.A. *Stern*, Staatsrecht II, S. 282; *Herzog* (Fn. 17), Art. 69 Rn. 20; *Schneider* (Fn. 19), Art. 69 Rn. 3; *Jarass/Pieroth*, GG, Art. 69 Rn. 1.

⁴⁶ *Schenke* (Fn. 45), Art. 68 Rn. 45. *Oldiges* (Fn. 17), Art. 69 Rn. 20, betrachtet die Vertrauensfrage dagegen als unmittelbar gegen den Stellvertreter gerichtet.

ter hingegen nicht abgeben⁴⁷, da es sich beim Rücktrittsrecht nicht um eine Befugnis aus dem Amt, sondern um das höchstpersönliche Recht handelt, durch Verzicht die Amtsinhaberschaft zu beenden. Auch ein **Mißtrauensvotum** nach Art. 67 GG kann nicht unmittelbar gegen den Vizekanzler gerichtet werden, da dies dazu führen würde, daß der Bundestag dem Bundeskanzler einen anderen Vertreter aufzwingt⁴⁸.

Im Innenverhältnis behält der **Bundeskanzler** die **Weisungsbefugnis gegenüber seinem Stellvertreter**, soweit er zu deren Ausübung in der Lage ist. Als Sanktionsmittel steht dem Kanzler vor allem die Entlassung aus der Stellvertreterfunktion oder aus dem Ministeramt zur Verfügung⁴⁹.

12

II. Beendigung der Regierungsämter (Art. 69 II GG)

1. Ausprägung des parlamentarischen Regierungssystems

Als Ausprägung des parlamentarischen Regierungssystems macht Art. 69 II GG zum einen die Amtsdauer der Bundesregierung vom Bestehen des jeweiligen Bundestages abhängig (**Periodizitätsprinzip**⁵⁰) und verknüpft zum anderen die Amtsdauer der Bundesminister mit der Amtsdauer des Bundeskanzlers (**Kanzler- oder Akzessorietätsprinzip**⁵¹). Zudem konkretisiert Art. 69 II GG die Rechtsfolgen eines Mißtrauensvotums nach Art. 67 GG und einer Vertrauensfrage nach Art. 68 I 2 GG, bei denen es sich nur scheinbar um die Möglichkeit eines bloßen »Kanzlersturzes«, tatsächlich aber aufgrund des Art. 69 II GG um einen Sturz der gesamten Regierung handelt. (→ Art. 67 Rn. 17; → Art. 68 Rn. 22).

13

2. Die Beendigung der Amtszeit des Bundeskanzlers

Ausdrücklich nennt Art. 69 II GG nur das **Zusammentreten eines neuen Bundestages** als Beendigungsgrund für die Amtszeit des Bundeskanzlers. Dabei kommt es nicht darauf an, ob die Neuwahl wegen des regulären Ablaufs der Wahlperiode gemäß Art. 39 I 1 GG oder wegen einer vorzeitigen Parlamentsauflösung gem. Art. 63 IV 3 GG oder Art. 68 I 1 GG erforderlich war⁵². Die Beendigung der Amtszeit tritt *ipso jure* mit der Eröffnung der konstituierenden Sitzung ein⁵³, so daß bis zur Wahl eines neuen Kanzlers – sollte sich diese verzögern – eine geschäftsführende Regierung nach Art. 69 III GG beauftragt werden muß⁵⁴. Andere Beendigungsgründe, etwa der **Tod** des Kanzlers, der **Verlust seiner Amtsfähigkeit**⁵⁵ oder die Entlassung durch den Bundespräsidenten nach einem **Rücktritt** oder nach der Wahl eines neuen Kanzlers nach

14

---

⁴⁷ Vgl. nur *Mager* (Fn. 17), Art. 69 Rn. 11; *Oldiges* (Fn. 17), Art. 69 Rn. 19; *Herzog* (Fn. 17), Art. 69 Rn. 20.
⁴⁸ Möglich ist hingegen ein Vorgehen gegen den verhinderten Bundeskanzler nach Art. 67 GG mit der Wirkung, daß über Art. 69 II GG auch das Amt des stellvertretenden Bundeskanzlers beendet würde; vgl. dazu nur *Wahl*, Stellvertretung (Fn. 19), S. 183; *Hesse*, Verfassungsrecht, Rn. 645.
⁴⁹ Ausführlich hierzu *Herzog* (Fn. 17), Art. 69 Rn. 12; *Wahl*, Stellvertretung (Fn. 19), S. 185 f.
⁵⁰ *Schneider* (Fn. 19), Art. 69 Rn. 5; *Oldiges* (Fn. 17), Art. 69 Rn. 3.
⁵¹ *Schneider* (Fn. 19), Art. 69 Rn. 7.
⁵² *Herzog* (Fn. 17), Art. 69 Rn. 37. → Art. 63 Rn. 45 f.; → Art. 68 Rn. 23 ff.
⁵³ *Herzog* (Fn. 17), Art. 69 Rn. 37; *Oldiges* (Fn. 17), Art. 69 Rn. 22; gemäß Art. 39 II GG muß der Bundestag spätestens am dreißigsten Tag nach der Wahl zusammentreten.
⁵⁴ *Oldiges* (Fn. 17), Art. 69 Rn. 22.
⁵⁵ Zu den Gründen eines Verlustes der Amtsfähigkeit *Herzog* (Fn. 17), Art. 69 Rn. 39.

Art. 67 I 1 GG und Art. 68 I 2 GG sind in Art. 69 II GG nicht aufgenommen worden, wurden jedoch als selbstverständlich vorausgesetzt (→ Rn. 2)[56].

3. Die Beendigung der Amtszeit der Bundesminister

15 Die Ämter der Bundesminster erledigen sich nach Art. 69 II GG automatisch[57] mit dem Zusammentreten eines neuen Bundestages oder mit der Beendigung des Amtes des Bundeskanzlers (→ Rn. 13). Darüber hinaus endet die Amtszeit der Bundesminister durch deren Tod, durch den Verlust der Amtsfähigkeit[58] und bei Entlassung durch den Bundespräsidenten aufgrund eines Vorschlages des Bundeskanzlers nach Art. 64 I GG. Beim sog. Rücktritt eines Ministers handelt es sich um ein Entlassungsgesuch, dem zu entsprechen ist (→ Art. 64 Rn. 29f.).

16 Das Amtsende der **Parlamentarischen Staatssekretäre** wird nicht in Art. 69 II GG, sondern in § 4 ParlStG[59] geregelt. Die Vorschrift knüpft anders als Art. 69 II GG nicht an das Zusammentreten eines neuen Bundestages, sondern erst an das Ende des Amtsverhältnisses des – ggf. geschäftsführenden – zuständigen Mitgliedes der Bundesregierung an.

III. Geschäftsführende Bundesregierung (Art. 69 III GG)

1. Allgemeines

17 Um die staatliche Handlungsfähigkeit zu erhalten, verfolgt Art. 69 III GG den Zweck, **Vakanzen in der Bundesregierung** zu **verhindern**[60]. So muß für den Fall, daß sich nach dem Zusammentreten eines neugewählten Bundestages die Regierungsbildung gemäß Art. 63 I, II GG verzögert oder diese scheitert, eine Interimslösung gefunden werden. Auch ein freiwilliger Rücktritt des Kanzlers und damit der gesamten Regierung (→ Rn. 13) während der Legislaturperiode macht einen handlungsfähigen Ersatz erforderlich. Schließlich kann es zu individuellen Vakanzen einzelner Ministerämter kommen, weil sich deren Amt durch Rücktritt, Entlassung, Amtsunfähigkeit oder Tod erledigt (→ Rn. 15) oder weil ein nach Art. 67 GG neugewählter Kanzler nicht sofort alle Ministerämter besetzt.

18 Die geschäftsführende Regierung schöpft ihre **Legitimation** zur Weiterführung des Amtes nicht aus der Vertrauensbekundung des Bundestages, sondern **allein aus ihrer Beauftragung**. Daher stellt sich Art. 69 III GG als Durchbrechung der dem parlamentarischen System eigenen Vertrauensabhängigkeit der Regierung (→ Art. 63 Rn. 8) dar, die jedoch zur Vermeidung eines Interregnums unverzichtbar ist[61].

---

[56] *M. Oldiges*, DVBl. 1975, 79 (80); dort auch zu den Rechtswirkungen der Aushändigung der Entlassungsurkunde durch den Bundespräsidenten.
[57] Zur Rechtswirkung der Aushändigung der Entlassungsurkunde *Oldiges* (Fn. 17), Art. 69 Rn. 23f.
[58] Näher *Herzog* (Fn. 17), Art. 69 Rn. 40.
[59] Hierzu ausführlich *Herzog* (Fn. 17), Art. 69 Rn. 41.
[60] Dazu wie auch zum Folgenden *R. Groß*, DÖV 1982, 1008 (1009f.).
[61] *E. Dreher*, NJW 1982, 2807 (2808); *Mager* (Fn. 17), Art. 69 Rn. 19; *Oldiges* (Fn. 17), Art. 69 Rn. 28.

2. Die Führung der Geschäfte des Bundeskanzlers

Wird das Amt des Bundeskanzlers vakant, ist der Bundespräsident berechtigt und – 19
wegen der Funktion von Art. 69 III GG (→ Rn. 18) – verpflichtet, den bisherigen Amtsinhaber um die Weiterführung der Geschäfte zu ersuchen[62]. Dieser ist verpflichtet, dem Ersuchen nachzukommen. Auch bei subjektiver Unzumutbarkeit soll sich der Kanzler nach einer Auffassung der Geschäftsführungpflicht nicht entziehen können[63], da dies mit dem Wortlaut des Art. 69 III GG nicht vereinbar sei[64]. Andere räumen dem Bundeskanzler ein Weigerungsrecht ein, wenn aufgrund der politischen Konstellation ein Verbleiben im Amt bei gewissenhafter Prüfung als dem Gemeinwohl in hohem Maße abträglich erscheint[65]. Da die effektive Wahrnehmung der Geschäftsführung i.S.d. Art. 69 III GG durch die Verpflichtung eines Kanzlers, der diese Aufgabe als unzumutbar empfindet, kaum zu erwarten ist, wird man diesem die Möglichkeit einräumen müssen, in – dem Bundespräsidenten zu begründenden – Fällen die Übernahme der Geschäftsführung zu verweigern[66].

Keine ausdrückliche Antwort gibt Art. 69 III GG auf die Frage, wie der Bundespräsi- 20
dent reagieren muß, falls **der bisherige Kanzler nicht** für die Übernahme der Geschäftsführung **zur Verfügung steht**. Wenn dort von dem »Nachfolger« die Rede ist, so soll die Geschäftsführung offenbar nur eine Person übernehmen können, die zuvor Inhaberin des vakanten Amtes war[67]. Da es sich nicht um einen Vertretungsfall nach Art. 69 I GG handelt, kann sich das Ersuchen des Bundespräsidenten in einem solchen Fall nur an ein anderes Mitglied der Bundesregierung richten[68]. Im Interesse der Vermeidung von Vakanzen ist auch dann eine Pflicht zur Übernahme der geschäftsführenden Kanzlerschaft anzunehmen[69].

3. Die Führung der Geschäfte der Bundesminister

Dem Wortlaut des Art. 69 III GG zufolge sind Bundeskanzler und **Bundespräsident** 21
gleichermaßen dazu befugt, ein Ersuchen zur Weiterführung der Geschäfte eines

---

[62] So *M. Oldiges*, DVBl. 1975, 79 (81); *Mager* (Fn. 17), Art. 69 Rn. 21; *Schneider* (Fn. 19), Art. 69 Rn. 8; *M. Schröder*, Bildung, Bestand und parlamentarische Verantwortung, in: HStR II, § 51 Rn. 45; teilweise a.A. *Herzog* (Fn. 17), Art. 69 Rn. 52.
[63] *R. Groß*, DÖV 1982, 1008 (1011); *Mager* (Fn. 17), Art. 69 Rn. 22.
[64] *M. Oldiges*, DVBl. 1975, 79 (82); *H.-W. Arndt/M. Schweitzer*, JuS 1974, 622 (623).
[65] *M. Nierhaus*, JR 1975, 265 (267).
[66] So auch *Schneider* (Fn. 19), Art. 69 Rn. 8; *Herzog* (Fn. 17), Art. 69 Rn. 55. Dafür, die Beurteilung der Unzumutbarkeit und damit letztlich die Auswahl der zu ersuchenden Person dem Ermessen des Bundespräsidenten zu überlassen – so *M. Oldiges*, DVBl. 1975, 79 (82); *Mager* (Fn. 17), Art. 69 Rn. 22; *H.-W. Arndt/M. Schweitzer*, JuS 1974, 622 (623) –, gibt weder Art. 69 III GG einen Hinweis, noch läßt sich ein derartiges Ermessen aus der generellen Funktion des Bundespräsidenten entnehmen.
[67] *M. Nierhaus*, JR 1975, 265 (268); *v. Mangoldt/Klein*, GG, Art. 69 Anm. V 7a; anders dagegen *Münch*, Bundesregierung (Fn. 20), S. 192.
[68] *R. Lutz*, Die Geschäftsregierung nach dem Grundgesetz, 1969, S. 42; *Schröder* (Fn. 62), § 51 Rn. 46; *Herzog* (Fn. 17), Art. 69 Rn. 59; *M. Oldiges*, DVBl. 1975, 79 (83); *Klein* (Fn. 28), § 168 Rn. 28. In der Praxis handelte es sich dabei bislang um den stellvertretenden Kanzler, was für rechtlich zwingend halten *Stern*, Staatsrecht II, S. 257; *Lutz*, Geschäftsregierung (Fn. 68), S. 43f.; *Herzog* (Fn. 17), Art. 69 Rn. 59; *M. Oldiges*, DVBl. 1975, 79 (83); a.A. *H.-W. Arndt/M. Schweitzer*, JuS 1974, 622 (624); *M. Nierhaus*, JR 1975, 265 (269).
[69] *M. Oldiges*, DVBl. 1975, 79 (83); a.A. *M. Nierhaus*, JR 1975, 265 (268f.); *v. Mangoldt/Klein*, GG, Art. 69 Anm. V 7a.

Art. 69 C. Erläuterungen

Bundesministers zu stellen. Allerdings folgt bereits aus dem **Kabinettsbildungsrecht des Bundeskanzlers** (→ Art. 64 Rn. 5 ff.) **dessen vorrangige Befugnis**, die Geschäftsführung der Ressorts bei individueller Vakanz zu organisieren. Der Bundespräsident ist deshalb erst dann befugt, einen Minister um die Geschäftsführung zu ersuchen, wenn kein – und sei es auch nur ein geschäftsführender – Bundeskanzler im Amt ist[70].

22   Nicht anders als im Fall des Bundeskanzlers (→ Rn. 19) besteht auch bei unbesetzten Bundesministerämtern die Pflicht, ein Ersuchen auszusprechen[71]. Es richtet sich an den **bisherigen Amtsinhaber**, der bis zur Grenze der Unzumutbarkeit verpflichtet ist, dem Gesuch nachzukommen[72]. Sollte sich dieser dennoch verweigern oder nicht zur Verfügung stehen, kann das Ressort von einem anderen Minister in Personalunion mitbetreut werden[73]. Wenn sämtliche Regierungsmitglieder nicht mehr für die Geschäftsführung zur Verfügung stehen, bleibt dem Bundespräsidenten nur die Möglichkeit, bis zur Neuwahl eines Bundeskanzlers die Führung der Amtsgeschäfte den Staatssekretären anzuvertrauen[74].

4. Befugnisse der geschäftsführenden Bundesregierung

23   Weitgehende Einigkeit herrscht darüber, daß der geschäftsführenden Regierung grundsätzlich **dieselben Befugnisse** zukommen **wie einer ordentlichen Regierung**[75]. Ausgeschlossen ist jedoch für den geschäftsführenden Kanzler die Möglichkeit, die **Vertrauensfrage** gemäß Art. 68 GG zu stellen, da die geschäftsführende Regierung ja gerade nicht auf dem Vertrauen des Parlamentes beruht (→ Rn. 18)[76]. Auch ein **Mißtrauensvotum** gemäß Art. 67 GG ist gegen den geschäftsführenden Kanzler angesichts der fehlenden Legitimationsbeziehung zwischen geschäftsführender Regierung und Bundestag nicht möglich[77]. Dagegen vermag die Auffassung, dem geschäftsführenden Bundeskanzler fehle auch die Befugnis zu **Kabinettsumbildungen**[78], nicht zu überzeu-

---

[70] *Liesegang* (Fn. 40), Art. 69 Rn. 15; *Oldiges* (Fn. 17), Art. 69 Rn. 34; *Jarass/Pieroth*, GG, Art. 69 Rn. 5; *Lutz*, Geschäftsregierung (Fn. 68), S. 53 ff.; *Schröder* (Fn. 62), § 51 Rn. 47; *Stern*, Staatsrecht II, S. 255 f.; a.A. *Schneider* (Fn. 19), Art. 69 Rn. 9; *Mager* (Fn. 17), Art. 69 Rn. 25 f.; *Herzog* (Fn. 17), Art. 69 Rn. 51.
[71] *Oldiges* (Fn. 17), Art. 69 Rn. 34; a.A. *Jarass/Pieroth*, GG, Art. 69 Rn. 5; *Herzog* (Fn. 17), Art. 69 Rn. 52.
[72] *Schröder* (Fn. 62), § 51 Rn. 44.
[73] *Oldiges* (Fn. 17), Art. 69 Rn. 35 m.w.N.
[74] *Mager* (Fn. 17), Art. 69 Rn. 27; *v. Mangoldt/Klein*, GG, Art. 69 Anm. V 7d; dagegen wollen *H.-W. Arndt/M. Schweitzer*, JuS 1974, 622 (625), die Amtsführung Parlamentariern übertragen, was aber wegen der erst zu klärenden Ressortverteilung zu zeitweiser Handlungsunfähigkeit führen könnte.
[75] *Münch*, Bundesregierung (Fn. 20), S. 191; *Schröder* (Fn. 62), § 51 Rn. 48; *Oldiges* (Fn. 17), Art. 69 Rn. 38; *Herzog* (Fn. 17), Art. 69 Rn. 60; *R. Groß*, DÖV 1982, 1008 (1014 f.); a.A. allein *E. Dreher*, NJW 1982, 2807 (2808), der die Befugnis auf »laufende und unaufschiebbare Geschäfte« beschränken will.
[76] *R. Groß*, DÖV 1982, 1008 (1012); *Lutz*, Geschäftsregierung (Fn. 68), S. 75 f.; *Oldiges* (Fn. 17), Art. 69 Rn. 40 m.w.N.; damit ist gleichzeitig der Zugriff auf den Gesetzgebungsnotstand nach Art. 81 I, II GG verschlossen.
[77] *H.-E. Röttger*, JuS 1975, 358 (358 f.); *Mager* (Fn. 17), Art. 69 Rn. 28 m.w.N.; a.A. *H.-W. Arndt/M. Schweitzer*, JuS 1974, 622 (625).
[78] *R. Groß*, DÖV 1982, 1008 (1011 f.); *Mager* (Fn. 17), Art. 69 Rn. 28; *Oldiges* (Fn. 17), Art. 69 Rn. 39.

gen, weil diese im Falle ihrer Notwendigkeit dann nur vom Bundespräsidenten vorgenommen werden könnten[79].

Zwar ist die geschäftsführende Regierung verfassungsrechtlich nicht als Dauereinrichtung angelegt. Eine bestimmbare **Maximaldauer** dieses Provisoriums kann dem Grundgesetz jedoch nicht entnommen werden[80]. Art. 69 III GG bezeichnet als Ende der Geschäftsführung die Ernennung der Nachfolger. 24

D. Verhältnis zu anderen GG-Bestimmungen

Die Befugnis des Bundeskanzlers nach Art. 69 I GG, seinen Stellvertreter zu ernennen, vervollständigt sein Kabinettsbildungsrecht aus **Art. 64 GG**. Art. 69 II GG ergänzt und bestätigt als Ausprägung des parlamentarischen Regierungssystems (→ Rn. 13) die bereits durch **Art. 63** und 64 GG begründete alleinige Vertrauensabhängigkeit des Bundeskanzlers. 25

---

[79] Dies aber widerspräche der sonst gerade ohne Einfluß auf die Regierungsbildung ausgestalteten Stellung des Bundespräsidenten (→ Art. 63 Rn. 9, 27, 38; → Art. 64 Rn. 27).

[80] *R. Groß*, DÖV 1982, 1008 (1016 f.).

VII. Die Gesetzgebung des Bundes

Artikel 70 [Gesetzgebung des Bundes und der Länder]

(1) Die Länder haben das Recht der Gesetzgebung, soweit dieses Grundgesetz nicht dem Bunde Gesetzgebungsbefugnisse verleiht.

(2) Die Abgrenzung der Zuständigkeit zwischen Bund und Ländern bemißt sich nach den Vorschriften dieses Grundgesetzes über die ausschließliche und die konkurrierende Gesetzgebung.

Literaturauswahl

Achterberg, Norbert: Zulässigkeit und Schranken stillschweigender Bundeszuständigkeiten im gegenwärtigen deutschen Verfassungsrecht, in: AöR 86 (1961/62), S. 63–94.
Achterberg, Norbert: Die Annex-Kompetenz, in: DÖV 1966, S. 695–701.
Bleckmann, Albert: Zum materiell-rechtlichen Gehalt der Kompetenzbestimmungen des Grundgesetzes, in: DÖV 1983, S. 129–135.
Bleckmann, Albert: Zu den ungeschriebenen Bundeskompetenzen aus der Natur der Sache, in: NWVBl. 1990, S. 109–116.
Bothe, Michael: Die Kompetenzstruktur des modernen Bundesstaates in rechtsvergleichender Sicht, 1977.
Bullinger, Martin: Die Mineralölfernleitungen. Gesetzeslage und Gesetzgebungskompetenz. Mit einem Gesetzentwurf, 1962.
Bullinger, Martin: Die Zuständigkeit der Länder zur Gesetzgebung, in: DÖV 1970, S. 761–777, 797–801.
Bullinger, Martin: Ungeschriebene Kompetenzen im Bundesstaat. Die Rechtsprechung des Bundesverfassungsgerichts zur Zuständigkeit von Bund und Ländern kraft Sachzusammenhangs und kraft Natur der Sache, in: AöR 96 (1971), S. 237–285.
Erbguth, Wilfried: Bundesstaatliche Kompetenzverteilung im Bereich der Gesetzgebung – Aktuelle Entwicklungen und allgemeine Grundlagen –, in: DVBl. 1988, S. 317–327.
Funk, Bernd-Christian: Das System der bundesstaatlichen Kompetenzverteilung im Lichte der Verfassungsrechtsprechung, 1980.
Goerlich, Helmut: »Formenmißbrauch« und Kompetenzverständnis. Eine exemplarische Studie zur geschriebenen Verfassung im Bundesstaat, 1987.
Grabitz, Eberhard: Die Rechtsetzungsbefugnis von Bund und Ländern bei der Durchführung von Gemeinschaftsrecht, in: AöR 111 (1986), S. 1–33.
Harms, Katharina: Kompetenzen des Bundes aus der »Natur der Sache«, in: Der Staat 33 (1994), S. 409–428.
Isensee, Josef: Idee und Gestalt des Föderalismus im Grundgesetz, in: HStR IV, § 98 (S. 517–690).
Jarass, Hans D.: Regelungsspielräume des Landesgesetzgebers im Bereich der konkurrierenden Gesetzgebung und in anderen Bereichen, in: NVwZ 1996, S. 1041–1047.
Jarass, Hans D.: Die Kompetenzverteilung zwischen der Europäischen Gemeinschaft und den Mitgliedstaaten, in: AöR 121 (1996), S. 173–199.
Kölble, Josef: Zur Lehre von den – stillschweigend – zugelassenen Verwaltungszuständigkeiten des Bundes, in: DÖV 1963, S. 660–673.
Kruis, Konrad: Variationen zum Thema Kompetenzkompensation, in: FS für Willi Geiger, 1989, S. 155–170.
Küchenhoff, Erich: Ausdrückliches, stillschweigendes und ungeschriebenes Recht in der bundesstaatlichen Kompetenzverteilung, in: AöR 82 (1957), S. 413–479.
Kunig, Philip: Gesetzgebungsbefugnis von Bund und Ländern – Allgemeine Fragen, in: Jura 1996, S. 254–261.
Lerche, Peter: Die Gesetzgebungskompetenz von Bund und Ländern auf dem Gebiete des Presserechts, in: JZ 1972, S. 468–474.

Menzel, Andreas: Nochmals: Zum materiellrechtlichen Gehalt der Kompetenzbestimmungen des Grundgesetzes, in: DÖV 1983, S. 805–808.
von Mutius, Albert: »Ungeschriebene« Gesetzgebungskompetenzen des Bundes, in: Jura 1986, S. 498–500.
Paeffgen, Hans-Ullrich: Art. 30, 70, 101 I GG – Vernachlässigbare Normen? in: JZ 1991, S. 437–446.
Pernthaler, Peter: Kompetenzverteilung in der Krise. Voraussetzungen und Grenzen der Kompetenzinterpretation in Österreich, 1989.
Pestalozza, Christian: Der Garantiegehalt der Kompetenznorm. Erläutert am Beispiel der Art. 105 ff. GG, in: Der Staat 11 (1972), S. 161–188.
Pestalozza, Christian: Thesen zur kompetenzrechtlichen Qualifikation von Gesetzen im Bundesstaat, in: DÖV 1972, S. 181–191.
Pieroth, Bodo: Materielle Rechtsfolgen grundgesetzlicher Kompetenz- und Organisationsnormen, in: AöR 114 (1989), S. 422–450.
Pietzcker, Jost: Zuständigkeitsordnung und Kollisionsrecht im Bundesstaat, in: HStR IV, § 99 (S. 693–721).
Rengeling, Hans-Werner: Gesetzgebungszuständigkeit, in: HStR IV, § 100 (S. 723–856).
Rinck, Hans-Justus: Zur Abgrenzung und Auslegung der Gesetzgebungskompetenzen von Bund und Ländern, in: FS für Gebhard Müller, 1970, S. 289–300.
Rottmann, Frank: Die »wesensmäßige und historische Zugehörigkeit« und der Gesichtspunkt der »Rechtseinheit« als Elemente zur Konkretisierung von Kompetenznormen. Zum Beschluß des Bundesverfassungsgerichts vom 28. 11. 1973, in: DVBl. 1974, S. 407–410.
Scholz, Rupert: Ausschließliche und konkurrierende Gesetzgebungskompetenz von Bund und Ländern in der Rechtsprechung des Bundesverfassungsgerichts, in: Festgabe BVerfG, 1976, Bd. II, S. 252–275.
Selk, Michael: Einschränkung von Grundrechten durch Kompetenzregelungen? in: JuS 1990, S. 895–899.
Stettner, Rupert: Grundfragen einer Kompetenzlehre, 1983.

Leitentscheidungen des Bundesverfassungsgerichts

BVerfGE 3, 407 (411 ff.) – Baugutachten; 4, 115 (123 ff.) – Besoldungsgesetz von Nordrhein-Westfalen; 7, 29 (35 ff.) – Pressedelikte; 8, 143 (148 ff.) – Beschußgesetz; 11, 89 (95 ff.) – Bremisches Urlaubsgesetz; 12, 205 (225 ff.) – 1. Rundfunkentscheidung (Deutschland-Fernsehen); 16, 64 (77 ff.) – Einwohnersteuer; 26, 246 (254 ff.) – Ingenieur; 26, 281 (297 ff.) – Gebührenpflicht von Bundesbahn und Bundespost; 36, 193 (201 ff.) – Journalisten; 41, 205 (217 ff.) – Gebäudeversicherungsmonopol (Baden); 42, 20 (28 ff.) – Öffentliches Wegeeigentum; 61, 149 (173 ff.) – Amtshaftung; 68, 319 (327 ff.) – Gebührenordnung für Ärzte; 92, 203 (230 ff.) – EG-Fernsehrichtlinie; 93, 319 (341 ff.) – Wasserpfennig.

Gliederung

	Rn.
A. Herkunft, Entstehung, Entwicklung	1
I. Ideen- und verfassungsgeschichtliche Aspekte	1
II. Entstehung und Veränderung der Norm	4
B. Internationale, supranationale und rechtsvergleichende Bezüge	6
I. Internationale Aspekte; rechtsvergleichende Hinweise	6
II. Normierungskompetenzen der Europäischen Union	9
1. Bedeutungsverlust der grundgesetzlichen Kompetenzverteilung	9
2. Formen der Gemeinschaftskompetenzen und ihre Auswirkungen auf die grundgesetzliche Zuständigkeitsordnung	14
C. Erläuterungen	17
I. Allgemeines	17
1. Verfassungsrechtlicher Kompetenzbegriff	17
a) Staatsaufgabe und Kompetenz	17
b) Breiten- und Tiefenwirkung von Kompetenznormen	18

2. Die Regelung des Grundgesetzes über die Verteilung der Gesetzgebungszuständigkeiten in ihren Bezügen zum verfassungsrechtlichen Umfeld 19
   a) Gesetzgebungskompetenzen und Grundprinzipien/Grundrechte
      der Verfassung 19
   b) Gesetzgebungsaufträge aus Kompetenznormen? 23
3. Auslegung von Kompetenzvorschriften 24
   a) Auslegung der verfassungsrechtlichen Kompetenzbestimmungen
      als Teilgebiet der Verfassungsinterpretation 24
   b) Einzelne Konkretisierungselemente bei der Interpretation
      verfassungsrechtlicher Kompetenznormen 26
   c) Kompetentielle Qualifikation von Gesetzen (Zuordnung zu bestimmten
      Kompetenztiteln) 31
4. Indisponibilität von Kompetenzen 33
5. Allgemeine Schranken der Ausnutzung von Gesetzgebungskompetenzen 35
   a) Bundestreue 35
   b) Verhältnismäßigkeit 38
II. Art. 70 GG als Grundnorm der Verteilung der Gesetzgebungsbefugnisse
    zwischen Bund und Ländern 39
1. Art. 70 I GG: Verteilungsregel oder Zuständigkeitsvermutung? 39
2. »Gesetzgebung« gemäß Art. 70 I GG 41
   a) Korrekturbedürftigkeit des Wortlauts 41
   b) »Gesetz« im Sinn von Art. 70 I GG 42
   c) Landesverfassungsrecht 43
   d) Rechtsverordnungen, Satzungen, Verwaltungsvorschriften 45
   e) Gewohnheitsrecht, Richterrecht 47
   f) Vertragsgesetzgebung, Europarecht 51
3. Kompetenztitel des Bundes 52
   a) Ausdrücklich normierte Gesetzgebungszuständigkeiten 52
   b) Ungeschriebene (stillschweigende) Bundeskompetenzen 54
      aa) Allgemeines 54
      bb) Kompetenzen kraft »Natur der Sache« 57
      cc) Kompetenzen kraft »Sachzusammenhangs« 60
      dd) Kompetenzen kraft Annexes 64
4. Bedeutung von Art. 70 II GG 69
D. Verhältnis zu anderen GG-Bestimmungen 70

A. Herkunft, Entstehung, Entwicklung

I. Ideen- und verfassungsgeschichtliche Aspekte

1 Im Bundesstaat mit seinen Ebenen des Gesamtstaates und der Gliedstaaten ist die **Verteilung der staatlichen Aufgaben und Befugnisse** zwischen Bund und Ländern eine der wichtigsten zu lösenden Aufgaben. Das Bundesverfassungsgericht hat die Kompetenzaufteilung als wichtige Ausformung des bundesstaatlichen Prinzips und als Element **zusätzlicher funktionaler Gewaltenteilung** bezeichnet[1]. Nicht zuletzt als Folge der in unterschiedlicher Weise möglichen Aufgaben- und Befugniszuteilung besteht weitgehende Einhelligkeit darüber, daß »der Bundesstaat« im Sinne einer »Allgemeinen Staatslehre« ein abstraktes Konstrukt darstellt, das erst anhand einer konkreten Verfassungs- und Rechtsordnung Leben gewinnt[2]. Wenn man von der langen Tradition

---

[1] BVerfGE 55, 274 (318).
[2] Siehe dazu *J. Isensee*, Idee und Gestalt des Föderalismus im Grundgesetz, in: HStR IV, § 98 Rn. 1,

spricht, die der Föderalismus in Deutschland besitzt³, so bedeutete diese auch stets Teilung der staatlichen Aufgaben und Befugnisse zwischen Zentral- und Teilgewalten, mochte diese Partagierung auch wie im alten Reich nach dem Westfälischen Frieden von 1648 legistisch kaum mehr erfaßbar sein⁴. Auch für den Deutschen Bund, wenn man ihm mit gewichtigen, wenn auch vereinzelten Stimmen bundesstaatliche Züge zuerkennen will⁵, ist eine Diversifizierung durchaus aufzeigbar⁶. Eine Art. 70 GG **vergleichbare Systematik** schlug die **Paulskirchenverfassung von 1849** ein, die in Art. I § 5 Abschn. I den einzelnen deutschen Staaten ihre Selbständigkeit garantierte und ihnen alle staatlichen Hoheiten und Rechte zuerkannte, soweit diese nicht der Reichsgewalt ausdrücklich übertragen wurden. Korrespondierend bestimmte Art. XII § 62 Abschn. II dieser Verfassung, daß die Reichsgewalt das Recht zur Gesetzgebung hatte, soweit es »zur Ausführung der ihr verfassungsmäßig übertragenen Befugnisse und zum Schutze der ihr überlassenen Anstalten« erforderlich war⁷.

Demgegenüber kannten die **Reichsverfassung von 1871** und die **Weimarer Reichsverfassung keine dem Art. 70 GG entsprechende Bestimmung**. Da das Kaiserreich als Fürstenbund entstanden war, war es selbstverständlich, daß die Mitgliedstaaten ihre staatlichen Prärogativen behielten, soweit nicht kraft Verfassungsrechts dem Reich Kompetenzen zugewiesen waren; die Weimarer Zeit hielt daran fest⁸. Auf der Grundlage von Art. 35, Art. 4 und Art. 2 Satz 1 RV 1871 sowie Art. 6ff. WRV wurden drei   2

4; *Jellinek*, Allgemeine Staatslehre, S. 743, 769; *H. Nawiasky*, Allgemeine Staatslehre, Band II/2, 1955, S. 199ff., Band III, 1956, S. 144ff.; *H. Kelsen*, Allgemeine Staatslehre, 1925, S. 163f., 207ff.; *C. Schmitt*, Verfassungslehre, 1928, S. 379ff., 388f.; *R. Smend*, Verfassung und Verfassungsrecht (1928), in: ders., Staatsrechtliche Abhandlungen, 2. Aufl. 1968, S. 119ff. (223ff.); *W. Rudolf*, Kooperationsbedarf im Bundesstaat, in: HStR III, § 105 Rn. 1ff.; *U. Scheuner*, Struktur und Aufgabe des Bundesstaates in der Gegenwart (1962), in: ders., Staatstheorie und Staatsrecht. Gesammelte Schriften, 1978, S. 415ff.; *O. Kimminich*, Bundesstaat und Föderalismus, in: HStR I, § 26 Rn. 1ff.; *H. Bethge*, Art. Bundesstaat, in: StL⁷, Bd. 1, Sp. 993ff.

³ Klassisch *K. Loewenstein*, Verfassungslehre, 3. Aufl. 1975, S. 318: »Wer den Föderalismus in seinem letzten Raffinement studieren will, muß sich an Deutschland halten, das ihn seit Jahrhunderten praktiziert.«

⁴ Zu Samuel Pufendorf und seinem Buch »De Statu Imperii Germanici«, das er unter dem Pseudonym Severinus de Monzambano erscheinen ließ und in dem er bekanntlich die Staatsqualität des Reichs in Frage stellte (»monstro simile«), siehe *G. Kleinheyer/J. Schröder*, Deutsche Juristen aus fünf Jahrhunderten, 3. Aufl. 1989, S. 223ff. (225f.); siehe auch *E. Wolf*, Samuel Pufendorf, in: ders., Große Rechtsdenker, unv. Nachdruck der 2. Aufl. 1963, S. 310ff.

⁵ So *Scheuner*, Struktur (Fn. 2), S. 416 unter Berufung auf *Huber*, Verfassungsgeschichte, Bd. 1, S. 663ff.; *H. Zoepfl*, Grundzüge des Allgemeinen und des Constitutionell-Monarchischen Staatsrechts, 1846, Anh. S. 11.

⁶ *Scheuner*, Struktur (Fn. 2), S. 416 weist auf das aktive und passive Gesandtschaftsrecht des Bundes, das Recht zum Abschluß von Friedensverträgen und die mehrfachen und kräftigen Eingriffe in das Verfassungsleben der Bundesmitglieder hin und verwehrt sich dagegen, aus dem historischen Gegensatz zwischen Deutschem Bund und Kaiserreich für ersteren nur die Qualität eines Staatenbundes folgern zu wollen.

⁷ Vgl. hierzu auch *Stern*, Staatsrecht I, S. 672f. Zur Aufteilung der Gesetzgebungskompetenzen als einem der wichtigsten Probleme der bundesstaatlichen Ordnung siehe auch *Stern*, Staatsrecht II, S. 589 mit Verweisung auf die Enquête-Kommission Verfassungsreform und *C. Pestalozza*, DÖV 1972, 181 (»traditionell gilt die Hauptaufmerksamkeit föderaler Balance-Akte den Zuständigkeiten zur Gesetzgebung.«).

⁸ Vgl. hierzu Art. 2 Satz 1 RV 1871: »Innerhalb dieses Bundesgebietes übt das Reich das Recht der Gesetzgebung nach Maßgabe des Inhalts dieser Verfassung und mit der Wirkung aus, daß die Reichsgesetze den Landesgesetzen vorangehen.«; Art. 6ff. WRV; siehe hierzu auch *Stern*, Staatsrecht I, S. 673; *Pestalozza*, GG VIII, Art. 70 Rn. 2ff.; *H. Herrfahrdt*, in: BK, Art. 70 (Erstb.), I S. 1.

Bereiche der Gesetzgebung unterschieden: ausschließliche Gesetzgebung der Länder, ausschließliche Gesetzgebung des Reichs und fakultative (konkurrierende) Reichsgesetzgebung[9].

3   Sowohl im Kaiserreich als auch in Weimar waren **»natürliche« Gesetzgebungszuständigkeiten** (heute: Gesetzgebungszuständigkeiten kraft Natur der Sache) anerkannt, weil die jeweiligen Verfassungen das Reich nicht auf ausdrücklich verliehene Kompetenzen beschränkten[10]. Da nach allgemeiner Auffassung die Zuständigkeit des Reiches für ein Sachgebiet alle zur sachgemäßen und zweckentsprechenden Durchführung unerläßlichen Hilfszuständigkeiten einschloß[11], steht auch die heutige Gesetzgebungszuständigkeit kraft Annexes in einer Linie mit den genannten Verfassungslagen.

II. Entstehung und Veränderung der Norm

4   Der **Herrenchiemseer Verfassungskonvent** entschloß sich im Hinblick auf die Erfahrungen mit dem nationalsozialistischen Einheitsstaat in seinen Entwurf eine eigene Bestimmung über die Verteilung der Zuständigkeiten zwischen Bund und Ländern aufzunehmen. Art. 32 HCHE formulierte: »Die Zuständigkeit zur Gesetzgebung im Verhältnis zwischen Bund und Ländern wird durch die Vorschriften über die ausschließliche und über die Vorranggesetzgebung geregelt. Die Gesetzgebung steht den Ländern zu, soweit sie nicht dem Bund zugesprochen ist.«[12] Nach einer wechselvollen Geschichte der Bestimmung im Verfassungskonvent, die mit ihrer Streichung endete, veranlaßten die Militärgouverneure die Wiederaufnahme der Vorschrift als Art. 70 in das Grundgesetz. Der Verfassungskonvent ging von einer ausschließlichen und einer konkurrierenden Gesetzgebung des Bundes aus, ersetzte aber die Bezeichnung »konkurrierende Gesetzgebung« durch »Vorranggesetzgebung«. Ganz bewußt waren in den Katalog der konkurrierenden Gesetzgebung auch Kompetenzen aufgenommen worden, in denen die Gesetzgebung auf »Grundsätze« begrenzt wurde. **Im Parlamentarischen Rat** wurde anstelle des Begriffs »Vorranggesetzgebung« wieder die ältere Terminologie »konkurrierende Gesetzgebung« benutzt; die auf »Grundsätze« ausgerichteten Kompetenzen wurden in Rahmengesetzgebungskompetenzen umgestaltet[13].

5   Art. 70 GG ist **in seinem Wortlaut zwar seit 1949 unverändert**. Trotzdem besitzt die Vorschrift wegen der Erosionen des bundesrepublikanischen Föderalismus **heute bedeutend weniger Gewicht** als im Jahre 1949, woran auch die jüngsten Änderungen des Grundgesetzes in Art. 72–75 (→ Rn. 52) nicht allzuviel ändern können[14].

---

[9] Siehe dazu *E. Lassar*, Die verfassungsrechtliche Ordnung der Zuständigkeiten, in: HdbDStR, Bd. 1, S. 301 ff. (305); RGZ 107, 261 (264); RGSt 56, 188 ff.

[10] Vgl. dazu *P. Laband*, Das Staatsrecht des Deutschen Reiches, Bd. II, S. 120 f., 5. Aufl. 1911; ausführlich *Pestalozza*, GG VIII, Art. 70 Rn. 6, 12.

[11] Vgl. hierzu *H. Triepel*, Die Kompetenzen des Bundesstaates und die geschriebene Verfassung, in: FS Laband, 2. Bd., 1908, S. 247 ff.; *Anschütz*, WRV, Schlußbemerkung zu Art. 6–11, S. 95 f.; *Pestalozza*, GG VIII, Art. 70 Rn. 7, 13.

[12] Zur Entstehungsgeschichte vgl. ausführlich *Pestalozza*, GG VIII, Art. 70 Rn. 14 ff.; *Herrfahrdt*, (Fn. 8), Art. 70 S. 1; siehe auch JöR 1 (1951), S. 460 ff.

[13] Vgl. JöR 1 (1951), S. 454, 466, 553; vgl. auch die Darstellung bei *H. v. Mangoldt*, Das Bonner Grundgesetz, 1. Aufl. 1953, S. 368 ff.

[14] Siehe dazu *Isensee* (Fn. 2), § 98 Rn. 197; *Jarass/Pieroth*, GG, Art. 70 Rn. 1; zum Unitarisierungs-

B. Internationale, supranationale und rechtsvergleichende Bezüge

I. Internationale Aspekte; rechtsvergleichende Hinweise

Für die Verteilung der Gesetzgebungskompetenzen zwischen Gesamt- und Gliedstaaten als »grande affaire« des Bundesstaates gibt es **unterschiedliche Systeme**[15]. Regelmäßig existiert eine **Kollisionsnorm**, die den Vorrang des Bundesrechts sichert und auf diese Weise die unterschiedlichen Rechtsmassen harmonisiert (→ Art. 31 Rn. 15 ff.).

Die Aufteilung der Gesetzgebungszuständigkeiten erfolgt meist nach **Materien**, seltener dadurch, daß dem Bund eine **Grundsatzgesetzgebung** zugeteilt wird, während die Gliedstaaten die Ausführungsregelungen erlassen. Es können entweder die Kompetenzen des Bundes enumeriert werden, während den Gliedstaaten eine unbenannte Residualkompetenz zusteht (Bundesrepublik Deutschland, USA, Österreich, Schweiz) oder es werden die der Gliedstaaten aufgezählt, während die Restkompetenz beim Bund liegt (Kanada)[16]. Möglich ist auch, die Kompetenzen beider Seiten zu spezifizieren, wobei aber auch hier eine Auffangzuständigkeit nötig wird, die selbstverständlich nur bei einer Seite liegen kann (Indien).

Die Kompetenzen können ausschließlicher oder konkurrierender Natur sein, sie können auch nur zur Festlegung allgemeiner Grundsätze oder zum Erlaß von Rahmenvorschriften ermächtigen. Denkbar sind weiterhin Sonderfälle, in denen gleichartige Kompetenzen des Bundes und der Gliedstaaten konfliktfrei nebeneinander bestehen (beispielsweise im Falle einer doppelten Einkommensteuergesetzgebung von Bund und Gliedstaaten)[17]. In fast allen Bundesstaaten läßt sich eine **Tendenz zur Akkumulation der Gesetzgebungszuständigkeiten beim Bund** feststellen, während die Gliedstaaten kompetentiell »austrocknen«[18]. Wie in der Bundesrepublik Deutschland bilden in der Regel die Bereiche von Kultur und Schule, Sicherheit, Verfassungs- und Verwaltungsorganisation den Kern der Gesetzgebungsbefugnisse der Gliedstaaten.

II. Normierungskompetenzen der Europäischen Union

1. Bedeutungsverlust der grundgesetzlichen Kompetenzverteilung

Als Mitgliedstaat der Europäischen Union ist die Bundesrepublik Deutschland an das primäre und sekundäre Gemeinschaftsrecht gebunden. Für die Bundesrepublik Deutschland bedeutet dies, daß das **nationale Recht von einer supranationalen, nichtdeutschen Rechtsordnung überlagert** wird und daß wegen des (Anwendungs-) Vorrangs des Gemeinschaftsrechts die Regelung des Grundgesetzes über **die Verteilung**

---

trend in 45 Jahren Bundesrepublik Deutschland vgl. auch *Stern*, Staatsrecht I, S. 747 ff.; Enquête-Kommission Verfassungsreform, Schlußbericht, BT-Drucks. 7/5924, Kap. 9. Zu dieser auch *R. Stettner*, ZfP 1977, 152 ff.

[15] Siehe hierzu *M. Bothe*, Die Kompetenzstruktur des modernen Bundesstaates in rechtsvergleichender Sicht, 1977, S. 137 ff.; *Stern*, Staatsrecht I, S. 670 f.; *J. Pietzcker*, Zuständigkeitsordnung und Kollisionsrecht im Bundesstaat, in: HStR IV, § 99 Rn. 2 ff.

[16] Siehe dazu Art. 1 Sect. 8 der US-Constitution; Art. 51, 52, 107 Australische Verfassung; Art. 91–93 Kanadische Verfassung; Art. 246–248 der Indischen Verfassung; Art. 10–15 Österreichische Verfassung; Art. 3, 20 ff. Schweizerische Verfassung; siehe hierzu *M. Bothe*, JöR 31 (1982), 109 ff.; *D. Kommers/K. Ripple/J. Scanlan*, JöR 30 (1981), 457 (506 ff.).

[17] Siehe hierzu *Bothe*, Kompetenzstruktur (Fn. 15), S. 138.

[18] Siehe dazu *Pietzcker* (Fn. 15), § 99 Rn. 4.

der **Gesetzgebungskompetenzen** zwischen Bund und Ländern unter dem **Vorbehalt zwischenzeitlicher Übertragung** von Normierungszuständigkeiten auf die Europäische Union steht[19]. Der Gefahr zu weitgehender Aushöhlung des Verfassungstextes wirkt aber das den Gemeinschaftsverträgen zugrundeliegende Prinzip der »**begrenzten Einzelermächtigung**« entgegen, das durch den Vertrag von Maastricht in Art. 3 b (5 n. F.) I EGV fixiert wurde, aber schon vorher unumstritten war[20]. Art. F (6 n. F.) III EUV, wonach sich die Europäische Union mit den Mitteln ausstattet, die zum Erreichen ihrer Ziele und zur Durchführung ihrer Politiken erforderlich sind, stellt keine Kompetenzvorschrift dar[21], mit der Folge, daß der Europäischen Union keine »Kompetenz-Kompetenz« zukommt[22]. Den in aller Regel auf Erreichung bestimmter Zustände und damit **final oder funktional konzipierten Kompetenzzuweisungen der Verträge**[23] fehlt jedoch die **Schnittschärfe**, die mit einer Abgrenzung nach Sachmaterien erreicht wird. Umso wichtiger ist es, daß nicht nur darauf geachtet wird, daß die Union nach Maßgabe vertraglich ausgewiesener Befugnisse vorgeht, sondern daß dieses Vorgehen auch von einem der Vertragsziele gedeckt wird (vgl. dazu Art. 2; 3 EGV)[24].

10 Gerade wegen dieser funktionalen Kompetenzzuweisung[25] wird in der Rechtsprechung am Prinzip der begrenzten Einzelermächtigung, wie es sich neben Art. 3 b (5 n. F.) I EGV auch in den Art. 4, 137, 145, 155, 189, 198 I (7, 189, 202, 211, 249, 262 I n. F.) EGV findet, strikt festgehalten; es ist Grundlage der Kontrolle der Gemeinschaftsgewalt durch den Europäischen Gerichtshof[26]. Auch **Art. 235 (308 n. F.) EGV** stellt **keine Durchbrechung** dar. Diese Vorschrift darf nur zur Abrundung sonstiger im Vertrag zugewiesener Kompetenzen genutzt[27] und nicht in Richtung auf eine eigenständige Kompetenz ausgeweitet werden[28]. Auch die Lehre von den »**implied powers**« kann **nicht zur Annahme einer Allzuständigkeit** der Union führen; vielmehr sind implizite Kompetenzen gerade von expliziten (Einzel)Kompetenzen abhängig[29].

---

[19] Siehe dazu *R. Stettner*, Gemeinschaftsrecht und nationales Recht, in: M. Dauses (Hrsg.), Handbuch des EG-Wirtschaftsrechts (Loseblattausgabe), Stand Januar 1996, A IV; *H.-P. Krauβer*, Das Prinzip begrenzter Ermächtigung als Strukturprinzip des EWG-Vertrags, 1991.

[20] Vgl. dazu BVerfGE 89, 155 (192); siehe dazu auch *H.D. Jarass*, AöR 121 (1996), 173 (174f.).

[21] Siehe dazu BVerfGE 89, 155 (194ff.); Streinz, Europarecht, Rn. 121; *I. Pernice*, Die Verwaltung 26 (1993), 455f.; *A. v. Bogdandy/M. Nettesheim*, in: Grabitz/Hilf, EGV, Art. 3b Rn. 3.

[22] Siehe hierzu *S. Pieper*, Subsidiarität, 1994, S. 177ff.; *E. Klein*, Der Verfassungsstaat als Glied einer europäischen Gemeinschaft, VVDStRL 50 (1991), S. 56ff. (62).

[23] Siehe hierzu *Pieper*, Subsidiarität (Fn. 22), S. 180; *H.D. Jarass*, AöR 121 (1996), 173 (174).

[24] Aus sekundärem Gemeinschaftsrecht lassen sich keine Normierungsbefugnisse der Union ableiten; allerdings ist es möglich, daß eine vertraglich begründete Kompetenz der Gemeinschaften (zum Abschluß völkerrechtlicher Verträge im Außenverhältnis) davon abhängt, daß im Innenbereich eine parallele sekundärrechtliche Norm ergangen ist; siehe dazu das AETR-Urteil des EuGH, EuGHE 1971, 263 (274 Rn. 15ff.) – Kommission/Rat; EuGHE 1994, 5267 (5411 Rn. 77) – Gutachten.

[25] Siehe dazu auch *H. Steinberger*, Der Verfassungsstaat als Glied einer europäischen Gemeinschaft, VVDStRL 50 (1991), S. 9ff. (19f.).

[26] Vgl. *Pieper*, Subsidiarität (Fn. 22), S. 184.

[27] Vgl. dazu *Oppermann*, Europarecht, Rn. 437; *M. Röttinger*, in: O. Lenz (Hrsg.), EG-Vertrag, 1994, Art. 235 Rn. 1.

[28] Vgl. zur ausufernden Praxis aber *H.D. Jarass*, AöR 121 (1996), 173 (177f.); *E. Grabitz*, in: ders./Hilf, EGV, Art. 235 (1988), Rn. 2.

[29] Vgl. dazu *Pieper*, Subsidiarität (Fn. 22), S. 185; analog der staatsrechtlichen Lehre von den »ungeschriebenen Kompetenzen« werden auch hier Kompetenzen kraft Sachzusammenhangs, kraft Annexes und kraft Natur der Sache unterschieden; siehe dazu ausführlich *v. Bogdandy/Nettesheim* (Fn. 21), Art. 3b Rn. 10.

II. Normierungskompetenzen der Europäischen Union   Art. 70

Die Begrenztheit des der Union zugewiesenen Aufgaben- und Befugnisspektrums bedeutet auch, daß der Schluß von der **Aufgabe auf die Befugnis grundsätzlich unzulässig ist**[30].

Trotzdem ist nicht zu übersehen, daß das **Kompetenzspektrum der Europäischen Union im Ergebnis von einer kaum absehbaren Breite** ist[31]. So erfaßt beispielsweise die Zielbeschreibung des Binnenmarkts in Art. 7a (14 n. F.) EGV in Verbindung mit den dort genannten Vorschriften, insbesondere Art. 100a (95 n. F.) EGV, alle Maßnahmen, die Auswirkungen auf den Binnenmarkt haben, insbesondere auch die Verwirklichung der darauf gerichteten Grundfreiheiten der Verträge. Dazu kommt, daß der Unionsgesetzgeber hinsichtlich der Frage der Eignung von ihm geplanter Maßnahmen für das angestrebte Ziel einen weiten Beurteilungsfreiraum besitzt[32].   11

Auch die vom Europäischen Gerichtshof bevorzugte **dynamische Auslegung des Gemeinschaftsrechts** kann bedeuten, daß sich bei einer weiteren Entwicklung der gemeinschaftlichen Rechtsordnung Kompetenzgrenzen zugunsten der Union verschieben[33]. Ebenso führt die Auslegung der Unionsbefugnisse nach Maßgabe der Effektivität[34] (effet utile) tendenziell zu einer Ausweitung. Befugnisse der Union sind im Zweifel extensiv auszulegen, solche der Mitgliedstaaten erfahren eine enge Interpretation[35].   12

Abweichend von der vom deutschen Verfassungsrecht gewohnten kategorialen Einordnung ist bei den Befugnissen der Europäischen Union auch **keineswegs immer von vornherein klar, ob es sich um Rechtsetzungskompetenzen handelt**. Zwar ist der Vollzug des Unionsrechts durch Einzelfallentscheidungen grundsätzlich Sache der Mitgliedstaaten[36], aber selbst wenn die vertragliche Ermächtigungsnorm der Union nur das Recht der Normsetzung verleiht, sind damit regelmäßig sowohl materiell-rechtliche als auch Verfahrensregelungen abgesichert.   13

2. Formen der Gemeinschaftskompetenzen und ihre Auswirkungen auf die grundgesetzliche Zuständigkeitsordnung

Die verbreitete Unterscheidung zwischen ausschließlichen, konkurrierenden und parallelen Gemeinschaftskompetenzen[37] hat seit der Einfügung von Art. 3b (5 n. F.) II EGV jedenfalls im Hinblick auf die ausschließliche Unionskompetenz vertraglich ihren Niederschlag gefunden. Allerdings existieren keine Kompetenzkataloge; vielmehr   14

---

[30] So ausdrücklich BVerfGE 89, 155 (192); mißverständlich EuGHE 1987, 3203 (3253, Rn. 28) – Bundesrepublik Deutschland u.a./Kommission. Zur Kritik *H. D. Jarass*, AöR 121 (1996), 173 (175 f.); *M. Zuleeg*, in: Groeben/Thiesing/Ehlermann, EWGV, Art. 2 Rn. 6.

[31] *H.D. Jarass*, AöR 121 (1996), 173 (178).

[32] Vgl. dazu auch *E. Steindorff*, Grenzen der EG-Kompetenzen, 1990, S. 109.

[33] Siehe dazu *Pieper*, Subsidiarität (Fn. 22), S. 177 f.; *v. Bogdandy/Nettesheim* (Fn. 21), Art. 3b Rn. 7.

[34] Siehe dazu EuGHE 1971, 263 (274, Rn. 15/19) – Kommission/Rat.

[35] Siehe zu dieser Auslegungsmaxime des EuGH *I. Pernice*, in: Grabitz/Hilf, EGV, Art. 164 (1995), Rn. 27; *Oppermann*, Europarecht, Rn. 441.

[36] Siehe dazu *Schweitzer/Hummer*, Europarecht, S. 96; *Streinz*, Europarecht, Rn. 464; *R. Stettner*, Verwaltungsvollzug, in: M. Dauses (Hrsg.), Handbuch des EG-Wirtschaftsrechts (Loseblattsammlung), Stand Januar 1996, B III Rn. 19; zum Ganzen vgl. auch *H.D. Jarass*, AöR 121 (1996), 173 (181 ff.); *R. Wahl/D. Groß*, DVBl. 1998, 1 (10 f.).

[37] Vgl. dazu *Streinz*, Europarecht, Rn. 128 ff.; *Pieper*, Subsidiarität (Fn. 22), S. 185, 187; *H.D. Jarass*, AöR 121 (1996), 173 (185 ff.).

sind die **Zuständigkeiten über die gesamten Verträge verstreut**. Auch darf nicht vorschnell das deutsche Verständnis von den Arten der Gesetzgebungskompetenzen zugrundegelegt werden[38]. Eine **ausschließliche Kompetenz der Union** liegt aber jedenfalls dann vor, wenn auf einem Gebiet von vornherein, das heißt unabhängig davon, ob der Gemeinschaftsgesetzgeber tätig geworden ist, Maßnahmen der Mitgliedstaaten nicht stattfinden dürfen[39]. Allerdings gestattet der Europäische Gerichtshof den Mitgliedstaaten auch in Fällen einer ausschließlichen Gemeinschaftszuständigkeit bei Handlungsunfähigkeit des Rates als »Sachwalter des gemeinsamen Interesses« mitgliedstaatliche Gesetzgebungsakte nach Konsultation und Zustimmung der Kommission weiterzuführen oder zu ergänzen[40].

15   Auch wenn die Rechtsprechung des Europäischen Gerichtshofs gelegentlich von **konkurrierender Gemeinschaftskompetenz** spricht[41], ja sich in der Literatur sogar die Aussage findet, konkurrierende Gemeinschaftszuständigkeiten seien der Regelfall[42], so ist alles andere als klar, welche Kompetenzbestimmungen des Vertrags in diesem Zusammenhang zu nennen sind[43]. Dieser Fall soll jedenfalls vorliegen, wenn nach Tätigwerden der Union die Mitgliedstaaten gehindert sind, Regelungen zu erlassen, die das Gemeinschaftsrecht beeinträchtigen oder in seiner Tragweite ändern könnten, wobei es auf die abschließende bzw. erschöpfende Wirkung der gemeinschaftsrechtlichen Regelung ankommen soll[44]. Ob es darüber hinaus auch den **Fall paralleler Zuständigkeiten** gibt, wonach die Union und die Mitgliedstaaten rechtsetzend tätig werden können, ohne daß für letztere nach Ausübung der Gemeinschaftskompetenz eine Sperrwirkung gilt, kann dahingestellt bleiben[45], weil dadurch der Vorrang des Gemeinschaftsrechts nicht beseitigt wird[46].

16   Der Vertrag von Maastricht hat die breitgefächerten Unionskompetenzen außerhalb der ausschließlichen Kompetenz der Union durch den **Grundsatz der Subsidiarität** (Art. 3b [5 n. F.] II EGV) auf ein von der Union einerseits hinnehmbares, den Mitgliedstaaten andererseits zumutbares Maß zurückzudrängen versucht. Die Einhaltung von Art. 3b (5 n. F.) II EGV kann als Kompetenzausübungsschranke vom Europäischen Gerichtshof überprüft werden, wenn auch die praktischen Schwierigkeiten eines solchen Vorgehens nicht zu unterschätzen sind. Weiterhin ist seit Maastricht **jede Kompetenzwahrnehmung** am Grundsatz der **Verhältnismäßigkeit** zu messen (Art. 3b [5 n. F.] III EGV). Während das Bundesverfassungsgericht die Anwendung des Ver-

---

[38] Siehe zum Gesamtproblem auch *T. Schroer*, Die Kompetenzverteilung zwischen der Europäischen Wirtschaftsgemeinschaft und ihren Mitgliedern auf dem Gebiet des Umweltschutzes, 1992.

[39] So dürfte ein Tätigwerden der Mitgliedstaaten im Bereich der Außenbeziehungen unzulässig sein, wenn die Union im Innenverhältnis eine entsprechende Regelung erlassen hat (Grundsatz der Parallelität von Innen- und Außenkompetenzen); siehe dazu *Pieper*, Subsidiarität (Fn. 22), S. 187; *H.D. Jarass*, AöR 121 (1996), 173 (186). → Rn. 9 mit Fn. 24.

[40] EuGHE 1981, 1045ff. (1073ff.) – Kommission/Vereinigtes Königreich; siehe dazu auch *Streinz*, Europarecht, Rn. 131.

[41] EuGHE 1971, 263 (276, Rn. 30) – Kommission/Rat; EuGH Gutachten 2/91, Abl. 1993 C 109/7, Rn. 8.

[42] Vgl. *Streinz*, Europarecht, Rn. 132; vgl. zum Ganzen auch *v. Bogdandy/Nettesheim* (Fn. 21), Art. 3b Rn. 13.

[43] Vgl. dazu *v. Bogdandy/Nettesheim* (Fn. 21), Art. 3b Rn. 16.

[44] Vgl. dazu *H.D. Jarass*, AöR 121 (1996), 173 (189).

[45] Siehe dazu *Streinz*, Europarecht, Rn. 136; *R. v. Borries*, EUR 1994, 263ff. (274f.).

[46] Beispiele hierfür sollen die Kartellrechtskompetenz (Art. 85ff. [81ff. n. F.] EGV) oder die Regionalpolitik nach Art. 130a (158 n. F.) ff. EGV sein.

hältnismäßigkeitsgrundsatzes für die konkurrierende Gesetzgebungsbefugnis des Bundes abgelehnt hat (→ Rn. 38), ist auf europäischer Ebene davon auszugehen, daß das Übermaßverbot auch zwischen Union und Mitgliedstaaten gilt[47]. Schließlich kann sich eine der Bundestreue entsprechende Begrenzung für die Kompetenzausübung von Union und Mitgliedstaaten aus Art. 5 (10 n. F.) EGV ergeben[48].

C. Erläuterungen

I. Allgemeines

1. Verfassungsrechtlicher Kompetenzbegriff

a) Staatsaufgabe und Kompetenz

Art. 70 GG spricht in Abs. 1 vom »Recht zur Gesetzgebung«[49]; Abs. 2 verwendet den Begriff der »Zuständigkeit«. Art. 30 GG geht in seinem Wortlaut von »Befugnissen« aus und erwähnt auch den Begriff der »staatlichen Aufgaben«. Art. 105 II a GG benutzt wiederum den Ausdruck »Befugnis«. **Der Begriff der Kompetenz** taucht nirgendwo auf. Die Staatsrechtslehre **ist also frei** in seiner Sinnausfüllung und Verwendung. Nicht selten wird Kompetenz verstanden als Oberbegriff zu den staatlichen Befugnissen und den ihnen gedanklich vorausliegenden Aufgaben[50]. Da aber der Kompetenzbegriff im Bereich der Gesetzgebung nahezu ausschließlich funktionell im Sinn einer Frage nach dem handlungsberechtigten Akteur, Bund oder Land, verwendet wird, bietet es sich an, ihn als **Synonym für Befugnis** zu benutzen. Dies setzt voraus, daß man ihn zu der staatlichen **Aufgabe**, deren Erfüllung die Gesetzgebungstätigkeit von Bund oder Ländern im konkreten Fall dient, in eine **Zweck-Mittel-Beziehung** bringt[51], wobei die Zuständigkeitskataloge des Grundgesetzes auch als Quelle für ein Spektrum von Aufgaben dienen können, das dem Grundgesetz für den von ihm konstituierten Staat adäquat erscheint[52]. Ein solches Vorgehen hätte den zusätzlichen Vorteil, daß die **deutsche Systematik mit der des EG-Rechts in Einklang** gebracht würde. Bei diesem kommt die Unterscheidung zwischen Aufgabe und Befugnissen im Text der Verträge wegen des Prinzips der begrenzten Einzelermächtigung wesentlich deut-

---

[47] Siehe dazu *H.D. Jarass*, AöR 121 (1996), 173 ff. m.w.N.
[48] Siehe dazu *M. Zuleeg*, in: Groeben/Thiesing/Ehlermann, EWGV, Art. 5 Rn. 1; *Oppermann*, Europarecht, Rn. 325.
[49] Der Begriff des subjektiven Rechts, der dem Beziehungsgeflecht Staat/Bürger entnommen ist, paßt an sich nicht für das kompetentiell geordnete Gefüge der staatlichen Organisation, wenn man davon absieht, daß dadurch das grundsätzlich fakultative Element der Kompetenzausnutzung gut zum Ausdruck kommt. Unter Beibehaltung dieser Erkenntnis darf gleichwohl abkürzend im Bund-/Länderverhältnis von »Rechten« und »Pflichten« des Bundes und der Länder, etwa im Bereich der Gesetzgebung gesprochen werden. Siehe hierzu auch *Isensee* (Fn. 2), § 98 Rn 119; *R. Stettner*, Grundfragen einer Kompetenzlehre, 1983, S. 64 ff.
[50] So Jarass/*Pieroth*, GG, Art. 30 Rn. 3; *B. Pieroth*, AöR 114 (1989), 422 (434); *C. Degenhart*, in: Sachs, GG, Art. 70 Rn. 3; unentschieden *H.-W. Rengeling*, Gesetzgebungszuständigkeit, in: HStR IV, § 100 Rn. 26. Vgl. auch *W. Erbguth*, DVBl. 1988, 317 ff.; *P. Kunig*, Jura 1996, 254 (254 f.).
[51] Siehe hierzu *Stettner*, Grundfragen (Fn. 49), S. 31 ff., 159 ff.
[52] Vgl. dazu *Rengeling* (Fn. 50), § 100 Rn. 26; *Stern*, Staatsrecht II, S. 601; näher hierzu auch *H.P. Bull*, Die Staatsaufgaben nach dem Grundgesetz, 1973, S. 213 ff. *B. Pieroth*, AöR 114 (1989), 422 (434) weist richtig daraufhin, daß im Begriff der Aufgabe hier das Pflichtmoment nicht, wie im Verwaltungsrecht üblich, mitgedacht werden dürfe.

Art. 70 C. Erläuterungen

licher zum Ausdruck als im Grundgesetz. Im folgenden wird demnach Kompetenz gleichbedeutend mit Befugnis gesetzt (die wiederum ein bestimmtes Zuordnungssubjekt voraussetzt, also mit Zuständigkeit synonym verwendbar ist) und als Mittel zur Erfüllung staatlicher Aufgaben angesehen.

b) Breiten- und Tiefenwirkung von Kompetenznormen

18 Grundsätzlich ist zwar der Umfang jeder Gesetzgebungszuständigkeit nach Art. 70ff. GG aus sich heraus, unter Beachtung der Prinzipien der Verfassungs- und Gesetzesinterpretation, zu ermitteln. Trotzdem hat sich bei der Auslegung der grundgesetzlichen Gesetzgebungskompetenzen sowohl der Aspekt der »Breite« einer Gesetzgebungszuständigkeit als auch der ihrer »Tiefe« in gewisser Weise verselbständigt. In der Rechtsprechung des Bundesverfassungsgerichts und der ihm folgenden Literatur wurden diese im Grunde unselbständigen, im Wege der Interpretation der einzelnen Kompetenznorm zu ermittelnden Gesichtspunkte zu quasi **selbständigen Kompetenztiteln** »ungeschriebener« oder (besser) »stillschweigender« Art erhoben, nämlich zu Kompetenzen »**kraft Sachzusammenhangs**« und kraft »**Annexes**«[53]. Anders als die Frage nach der »Breite« von Kompetenznormen, also nach dem Umfang der abgedeckten sachlichen Kompetenzmaterie, die letztlich aus der tatbestandlichen Formulierung des einzelnen Kompetenztitels zu beantworten ist, wiederholen sich im Hinblick auf die »Tiefenwirkung« von Zuständigkeiten gewisse Modalitäten, die zur Durchsetzung immer wiederkehren und deshalb nicht unbesehen der jeweiligen speziellen Kompetenz zugeordnet werden können (→ Rn. 64)[54]. Alle Realisierungsphasen von der vorbereitenden Planung bis zur verfahrensmäßigen Durchführung und der Gesetzesevaluation sind dazu zu zählen. Beispielsweise ist in der Rechtsprechung des Bundesverfassungsgerichts als Möglichkeit der Realisation sachlicher Gesetzgebungskompetenzen auch das Mittel der Sonderabgabe zugelassen worden[55]. Wegen der den Sonderabgaben innewohnenden Bestimmung, sachlich-rechtlichen Vorgaben zur Durchsetzung zu verhelfen, ist es unzulässig, sie zur Finanzierung allgemeiner Staatsaufgaben zu verwenden; insofern bilden die Finanzierungszuständigkeiten der Art. 105ff. GG eine unumgängliche Schranke[56].

---

[53] Vgl. hierzu zusammenfassend aus jüngster Zeit *Pestalozza*, GG VIII, Art. 70 Rn. 109ff., insbesondere Fn. 162; vgl. weiterhin *Stettner*, Grundfragen (Fn. 49), S. 428ff., 430; *T. Maunz*, in: Maunz/Dürig, GG, Art. 70 (1982), Rn. 48ff.; *Hesse*, Verfassungsrecht, Rn. 236; *Rengeling* (Fn. 50), § 100 Rn. 55ff.

[54] *Pestalozza*, GG VIII, Art. 70 Rn. 116 Fn. 162, spricht von einem »Allgemeinen Teil der Sachgebiete« zu dem jeweils »Besondere Teile gemäß der jeweiligen Kompetenztitel hinzutreten.« Pestalozza hält ersteren aber für einen echten Bestandteil der jeweiligen Kompetenz. Den Begriff des Annexes will er hierfür nicht verwenden. Anders dagegen *Stettner*, Grundfragen (Fn. 49), S. 430f., der darauf hinweist, daß sich jeder Sachkompetenz Ausführungs- und Durchführungsmodalitäten anschließen können, die von Hause aus »unbenannt« sind, aber zwecks Realisierung sachlicher (benannter) Kompetenzen eingesetzt werden können, wie Planung, Organisation und Verfahren, Ressort-Forschung etc. Zu den Sonderabgaben → Rn. 68. Allerdings ist im jeweiligen Fall die grundgesetzliche Zuständigkeitsordnung danach zu befragen, ob sie zur Effektuierung von Kompetenzen nicht eine eigene Ordnung der Ausführung geschaffen hat (wie etwa in Art. 83ff. GG für den Vollzug der Bundesgesetze).

[55] Siehe dazu grundlegend BVerfGE 55, 274 (298); vgl. weiterhin BVerfGE 82, 159 (178ff.); 91, 186 (201ff.); BVerfGE 93, 319 (339ff.); vgl. dazu auch *Rengeling* (Fn. 50), § 100 Rn. 9; *Pestalozza*, GG VIII, Art. 70 Rn. 116 Fn. 162; *H. Siekmann*, in: Sachs, GG, vor Art. 104a Rn. 117ff.

[56] Siehe hierzu auch *R. Stettner*, DVBl. 1981, 375ff.

2. Die Regelungen des Grundgesetzes über die Verteilung der Gesetzgebungszuständigkeiten in ihren Bezügen zum verfassungsrechtlichen Umfeld

a) Gesetzgebungskompetenzen und Grundprinzipien/Grundrechte der Verfassung

Der verfassungsrechtliche Zusammenhang zwischen Kompetenzteil und Grundrechten bzw. verfassungsleitenden Grundprinzipien ist noch nicht voll aufgeklärt. Daß es eine »**systematische Zusammenschau**«[57] zwischen materiellem und organisatorischem Teil des Grundgesetzes geben muß, ist allgemein anerkannt, auch ohne Heranziehung der umstrittenen Formel von der »Einheit der Verfassung«[58]. Weiterhin dürfte Einigkeit darüber bestehen, **daß Kompetenzbestimmungen nicht als Verfassungsnormen minderen Ranges** anzusehen sind. Es ist deshalb nicht von vornherein ausgeschlossen, ihnen auch materiale Gehalte zu entnehmen[59]. Die These von der »reinen Kompetenz«[60] dürfte obsolet sein. Allerdings ist auch die Gefahr nicht zu unterschätzen, die dem Schutzzweck der Grundrechte droht, wenn unkritisch und ohne sorgfältige verfassungsinterpretatorische Fundierung Kompetenzvorschriften als Fundstellen für Werte von Verfassungsrang benutzt werden, mit denen kurzerhand die Einschränkung von Grundrechten gerechtfertigt wird[61].

19

Das Bundesverfassungsgericht hat in einer Reihe von Entscheidungen **Gesetzgebungsbefugnisse** des Bundes **mit materiell-rechtlichen Wirkungen** ausgestattet oder dies für möglich gehalten; zu nennen sind Judikate zur militärischen Landesverteidigung[62], zu Fragen der Berufszulassung[63], zur friedlichen Nutzung der Kernenergie[64] sowie zur Kompetenz des Bundes für das Staatshaftungsrecht[65]. Für **das Verhältnis**

20

---

[57] Siehe dazu *B. Pieroth*, AöR 114 (1989), 422 (438f.); *C. Pestalozza*, Der Staat 11 (1972), 161 (172, 179ff.).
[58] Siehe hierzu *F. Müller*, Die Einheit der Verfassung, 1979; *B. Pieroth*, AöR 114 (1989), 422 (438).
[59] Vgl. dazu wiederum *C. Pestalozza*, Der Staat 11 (1972), 161 (183, 186); *B. Pieroth*, AöR 114 (1989), 422 (446). → Vorb. Rn. 88; → Art. 4 Rn. 162.
[60] Siehe dazu *Stettner*, Grundfragen (Fn. 49), S. 327; siehe hierzu auch BVerfGE 69, 57, 58ff. (Sondervotum *Mahrenholz* und *Böckenförde*); vgl. dazu auch jetzt wieder *Degenhart* (Fn. 50), Art. 70 Rn. 59ff., der nur nachträglich eingefügten Kompetenzvorschriften (»im Gleichklang mit dem Erlaß des kompetenzausfüllenden Gesetzes«) eine Legitimationsfunktion zubilligen möchte.
[61] In diese Richtung aber *A. Bleckmann*, DÖV 1983, 129ff.; dagegen *A. Menzel*, DÖV 1983, 805ff.; *B. Pieroth*, AöR 114 (1989), 422 (429f.).
[62] BVerfGE 12, 45 (50); 28, 243 (260); 32, 40 (46); 48, 127 (159); 69, 1 (21); diese Entscheidungen benutzten insbesondere Art. 73 Nr. 1 GG neben anderen Ermächtigungs- und Organisationsnormen des Grundgesetzes, um eine Einschränkung des Grundrechts auf Kriegsdienstverweigerung nach Art. 4 III 1 GG zu begründen.
[63] BVerfGE 7, 377 (401); 14, 105 (111); 15, 126 (140ff.); 41, 205 (218ff.).
[64] BVerfGE 53, 30 (56).
[65] BVerfGE 61, 149 (192); *B. Pieroth*, AöR 114 (1989), 422 (427) zieht in diesem Zusammenhang auch Entscheidungen zum Schul- und Staatskirchenrecht heran, weil in diesen Einschränkungen der Grundrechte der Eltern aus Art. 6 II GG sowie der Eltern und Schüler aus Art. 4 I GG mit der staatlichen Schulhoheit nach Art. 7 I GG sowie mit staatskirchenrechtlichen Organisationsregeln des Art. 140 GG in Verbindung mit Art. 136ff. WRV gerechtfertigt werden, wobei nach *Pieroth* Art. 7 I GG zumindest auch als Kompetenznorm bezeichnet werden könne. *Pieroth* nennt in diesem Zusammenhang BVerfGE 34, 165 (182ff.); 41, 29 (44ff.); 41, 65 (78); 41, 88 (107f.); 46, 266 (267); 49, 375 (376); richtig dürfte es auch sein, wenn *Pieroth* Art. 33 V GG als Organisationsnorm bezeichnet, mit der das Bundesverfassungsgericht Beschränkungen von Art. 5 I GG (Radikalenerlaß) und Art. 9 III GG (Streikverbot für Beamte) legitimiert; siehe dazu BVerfGE 8, 1 (17); 39, 334 (367); 44, 249 (264). Da allerdings Art. 33 II–IV GG für die öffentlichen Bediensteten an die Stelle des Grundrechts der Berufsfreiheit tritt, wird man (anders als *B. Pieroth*, AöR 114 [1989] 422 [428]) Art. 33 V GG nicht als

der steuerlichen Kompetenzbestimmungen nach Art. 105 ff. GG **zum Grundrecht des Eigentums** geht das Bundesverfassungsgericht allerdings den Weg, Art. 14 GG bereits tatbestandlich für nicht einschlägig zu erklären (Art. 14 GG schützt nicht das Vermögen gegen die Auferlegung von Geldleistungspflichten)[66]. Nicht weniger pauschal ist eine Lösung, die Art. 105 ff. GG als leges speciales zu Art. 14 GG ansieht. Demgegenüber würde die Anerkennung materiell-rechtlicher Gehalte der grundgesetzlichen Vorschriften über die Steuerkompetenzen einen differenzierteren Ausgleich von staatlicher Steuergewalt und Eigentumsgrundrecht ermöglichen[67].

21 Eine **Legitimations- oder Garantiefunktion** der grundgesetzlichen Kompetenzvorschriften bedarf in jedem Fall **der Zusammenschau mit den Grundrechtsbestimmungen** der Verfassung, wobei das Prinzip möglichst geringer Beeinträchtigung der jeweiligen Geltungsbereiche zu beachten ist[68]: auch hier gilt das Prinzip der Güterabwägung oder der praktischen Konkordanz[69]. Weiterhin ist davon auszugehen, daß durch Kompetenznormen regelmäßig nur das Begriffsminimum des jeweiligen kompetentiellen Regelungsgegenstands garantiert wird. Fraglich ist allerdings, ob die materiale Kompetenznorm im Hinblick auf das Grundrecht als Eingriffsermächtigung zu betrachten ist (mit der Folge, daß Art. 19 I und II GG, also auch das dort beheimatete Zitiergebot, zur Anwendung kommen) oder, wohl richtiger, eine immanente Grenze anzeigt. Selbstverständlich bleibt es aber dem Gesetzgeber unbenommen, auch im letzteren Fall konkretisierend tätig zu werden[70].

22 **Kompetenznormen** sind eher dann mit einer **materialen Wirkung** ausgestattet, wenn in ihnen Rechtsinstitute angesprochen werden, nicht nur Wirklichkeitsausschnitte. Eine materiale Wirkung ist dann zurückzuweisen, wenn die Kompetenzvorschrift inhaltlich dem Normbereich einer parallelen Grundrechtsverbürgung entspricht oder gleichkommt, wie dies bei Art. 73 Nr. 3 GG oder Art. 74 I Nr. 3 GG der Fall ist[71].

Schranke für das Grundrecht der Berufsfreiheit anführen können, weil dieses bereits tatbestandlich nicht einschlägig ist.

[66] So ständige Rechtsprechung seit BVerfGE 4, 7 (17); vgl. aber jetzt auch BVerfGE 93, 121 (137 f.). Siehe dazu *C. Pestalozza*, Der Staat 11 (1972), 161 (177); *B. Pieroth*, AöR 114 (1989), 422 (441); → Art. 14 Rn. 45 ff.

[67] Siehe dazu *C. Pestalozza*, Der Staat 11 (1972), 161 (179 f.); *Stettner*, Grundfragen (Fn. 49), S. 328 f.

[68] So richtig *C. Pestalozza*, Der Staat 11 (1972), 161 (181 f.); vgl. hierzu auch *Rengeling* (Fn. 50), § 100 Rn. 14, 23.

[69] Dagegen ist *Isensee* (Fn. 2), § 98 Rn. 106 der Auffassung, Kompetenzen seien überhaupt abwägungsresistent.

[70] Für Eingriffsermächtigung aber *B. Pieroth*, AöR 114 (1989), 422 (442 ff.). *M. Selk*, JuS 1990, 895 (898) wendet ein, es seien nur die Bundesgesetzgebungskompetenzen enumeriert und die Ableitung materialer Grundrechtsschranken aus Kompetenzen dürfe nicht davon abhängen, ob sich eine eher zufällige Kompetenz zugunsten des Bundes im Grundgesetz finde oder eine Staatsaufgabe Sache der Länder sei. Demgegenüber ist festzustellen, daß die Ermittlung immanenter Grundrechtsschranken vom Bundesverfassungsgericht in seiner bekannten Formel von der beschränkenden Wirkung der »kollidierenden Grundrechte Dritter und anderer mit Verfassungsrang ausgestatteter Werte« (BVerfGE 28, 243 [261]; → Vorb. Rn. 88) praktisch offen gelassen worden ist und auch Kompetenzbestimmungen Anhaltspunkte geben können, welche Güter solchen Verfassungsrang besitzen. Damit ist nicht gesagt, daß dies die einzigen Anhaltspunkte sind, aus denen immaterielle Schranken folgen können; für Schlußfolgerungen aus (benannten) Kompetenznormen steht aber nur das Kompetenzspektrum des Bundes zur Verfügung.

[71] So auch *B. Pieroth*, AöR 114 (1989), 422 (440); *C. Pestalozza*, Der Staat 11 (1972), 161 (169 f.);

I. Allgemeines   Art. 70

b) Gesetzgebungsaufträge aus Kompetenznormen?

Eine **Verpflichtung zum gesetzgeberischen Tätigwerden** aufgrund von Kompetenzbestimmungen kann, wenn überhaupt, angesichts der Abneigung des Grundgesetzes gegenüber Gesetzgebungsaufträgen[72] bzw. angesichts des grundsätzlich fakultativen Charakters von Gesetzgebungskompetenzen nur höchst vorsichtig angenommen werden[73]. Eine solche Anweisung an den Gesetzgeber kann sich jedenfalls regelmäßig nur auf das Ob, nicht auf das Wie der Normierung erstrecken. Im Zusammenhang mit dem umfangreichen Katalog der konkurrierenden Gesetzgebungsbefugnisse des Bundes dürften sich direktive Gehalte zu Lasten des letzteren jedenfalls für den Fall entwickeln lassen, daß die Länder untätig bleiben und die Kompetenznorm deutlich ein Wert- oder Unwerturteil ausspricht[74]. 23

3. Auslegung von Kompetenzvorschriften

a) Auslegung der verfassungsrechtlichen Kompetenzbestimmungen als Teilgebiet der Verfassungsinterpretation

Die **Auslegung der Kompetenzbestimmungen** des Grundgesetzes folgt den **allgemeinen Regeln über die Verfassungsinterpretation**, wenn **auch mit gewissen Besonderheiten** (Gewicht der historischen Interpretation sowie anderer Auslegungstopoi wie der Einheit der Verfassung[75], strikte Auslegung der Art. 70ff. GG[76]). Der letztgenannte Gesichtspunkt bedeutet aber nicht automatisch die Übernahme der These von der angeblichen Zuständigkeitsvermutung zugunsten der Länder (→ Rn. 40). 24

Zwischen der Interpretation von Kompetenznormen des Grundgesetzes und der kompetentiellen Qualifikation von Gesetzesrecht bestehen enge Bezüge. Die Strukturierung der verfassungsrechtlichen Kompetenznormen erfordert die **Einbeziehung ausfüllenden Gesetzesrechts**, die Bestimmung der einfachgesetzlichen Materien nach ihrer kompetentiellen Zugehörigkeit macht das »Hin- und Herwenden des Blicks« zwischen Gesetz und Verfassung nötig[77]. Gleichwohl sind beide Vorgänge grundsätzlich zu trennen. Nur auf diese Weise kann die Gefahr vermieden werden, die Kompetenznormen des Grundgesetzes »nach Gesetz« zu konkretisieren[78]. Neben der Gefahr 25

---

auch wenn der Unterschied zwischen Rechtsinstituten und rechtlich geprägter Wirklichkeit fließend ist, ist darin eine zentrale Komponente zur Bestimmung legitimierender Wirkungen von Kompetenznormen zu sehen; im übrigen ist für diese Frage wie für die Auslegung von Kompetenznormen im allgemeinen der historische Aspekt von zentraler Bedeutung (→ Rn. 2, 3).

[72] Ausnahmen, die die Regel bestätigen, bilden die Gleichstellung unehelicher Kinder (→ Art. 6 Rn. 113ff.) und die hergebrachten Grundsätze des Berufsbeamtentums (→ Art. 33 Rn. 63ff.); vgl. weiter hierzu *C. Gusy*, Parlamentarischer Gesetzgeber und Bundesverfassungsgericht, 1985, S. 153 ff.

[73] Zu Recht wird in der Literatur darauf hingewiesen, daß demgegenüber Exekutivkompetenzen, die das Grundgesetz dem Bund zuteilt, grundsätzlich einen direktiven Charakter besitzen, es sei denn, der Verfassungstext nimmt die Zuweisung ausdrücklich nur fakultativ vor; siehe dazu *B. Pieroth*, AöR 114 (1989), 422 (448f.).

[74] Siehe dazu genauer *B. Pieroth*, AöR 114 (1989), 422 (448); *Stettner*, Grundfragen (Fn. 49), S. 330f.

[75] Zum Problem siehe *Stern*, Staatsrecht II, S. 607ff.; *Rengeling* (Fn. 50), § 100 Rn. 28; *Degenhart* (Fn. 50), Art. 70 Rn. 46ff.; *Stettner*, Grundfragen (Fn. 49), S. 378ff.

[76] Siehe dazu BVerfGE 12, 205 (228f.); 26, 281 (297f.); 42, 20 (28); 61, 149 (174).

[77] Siehe hierzu *C. Pestalozza*, DÖV 1972, 181 (182); *Degenhart* (Fn. 50), Art. 70 Rn. 43; *Rengeling* (Fn. 50), § 100 Rn. 27; *P. Kunig*, Jura 1996, 254 (255).

[78] Siehe zum »Selbstand der Verfassung« *W. Leisner*, Von der Verfassungsmäßigkeit der Gesetze

des Leerlaufens von Verfassungsnormen durch bloße Rezeption einfachgesetzlicher Inhalte würde auch die Möglichkeit »sklerotischer« Prozesse heraufbeschworen, weil die bloße Inbezugnahme des Herkömmlichen auf Dauer die Weiterentwicklung eines Rechtsgebiets verhindert[79]. Jedoch ist es auch unzulässig, die Biegsamkeit des Verfassungstextes zu überspannen und ihm Lösungen entnehmen zu wollen, die vom Wortlaut des Kompetenztitels auf keinen Fall umfaßt werden[80].

b) Einzelne Konkretisierungselemente bei der Interpretation verfassungsrechtlicher Kompetenznormen

26 Nach den herkömmlichen Auslegungsmethoden, die auch für die verfassungsrechtliche Kompetenzinterpretation[81] gelten, ist grundsätzlich vom **Wortlaut der verfassungsrechtlichen Kompetenzbestimmung** auszugehen. Er muß auch für neue Entwicklungen offen bleiben; dies ist insbesondere im Hinblick auf eine unkritische Gleichsetzung der Verfassungsbegriffe mit dem konkretisierenden einfachen Gesetzesrecht von Bedeutung[82]. In der Rechtsprechung des Bundesverfassungsgerichts hat für die Auslegung von Kompetenzvorschriften der Verfassung **die historische Auslegungsmethode** besondere Bedeutung gewonnen. Sie ist von einer bloß genetischen Vorgehensweise zu trennen, da sie Erkenntnisse über die gegenwärtige Rechtslage mittels Schlüssen aus früheren Rechtszuständen zu erzielen sucht. Nach der ständigen Judikatur des Bundesverfassungsgerichts ist der Gesetzgebungskatalog des Grundgesetzes in stetem Rückblick auf die Weimarer Reichsverfassung formuliert worden[83]. Soweit das Grundgesetz Materien aus der Weimarer Reichsverfassung übernommen habe, müsse angenommen werden, daß sie im selben Sinne zu verstehen seien wie dies für die Weimarer Reichsverfassung der Fall war. Dem entspricht die Betonung des Merkmals des »**Traditionellen**« oder »**Herkömmlichen**« bei der Klassifizierung der einzelnen Materien[84]. Eine andere Variante in den Formulierungen des Gerichts lautet, daß es für die Zuordnung einer Materie zu den Kompetenzbestimmungen des Grundgesetzes auf ihre wesensmäßige und historische Zugehörigkeit zu dem einen oder anderen Regelungsbereich ankomme[85]. Zur historischen Interpretation gehört auch die Einbeziehung der geschichtlichen Entwicklung der in Frage stehenden Kompetenzmaterie im Hinblick auf deren Regelungsbereich, insbesondere wenn diese eine

---

zur Gesetzmäßigkeit der Verfassung, 1964; *ders.*, JZ 1964, 201 ff. einerseits, *P. Lerche*, Stiller Verfassungswandel als aktuelles Politikum, in: FG Maunz, 1971, S. 285 ff. (286): »Verfassung als eine Art Konzentrat jener unterverfassungsgesetzlichen Vorstellungen, die zu rechtsverbindlicher Stärke gelangt sind«, andererseits.

[79] Vgl. dazu auch *R. Scholz*, Ausschließliche und konkurrierende Gesetzgebungskompetenz von Bund und Ländern in der Rechtsprechung des Bundesverfassungsgerichts, in: Festgabe BVerfG II, 1976, S. 253 ff. (265).

[80] Siehe hierzu *Degenhart*, Staatsrecht I, Rn. 112 f.: Keine Zuordnung einer »allgemeinen Staatsversorgung« zu Art. 74 I Nr. 12 GG »Sozialversicherung«; vgl. dazu auch BVerfGE 61, 149 (174): kein Recht des Bundes aufgrund seiner konkurrierenden Zuständigkeit für das Gebiet des bürgerlichen Rechts zum Erlaß eines Staatshaftungsgesetzes.

[81] Vgl. dazu *Rengeling* (Fn. 50), § 100 Rn. 28; *Stettner*, Grundfragen (Fn. 49), S. 384 ff.

[82] Siehe dazu *Pestalozza*, GG VIII, Art. 70 Rn. 58 mit Fn. 82.

[83] BVerfGE 3, 407 (414); 12, 205 (226); 26, 281 (299); 33, 52 (61); 42, 20 (29).

[84] BVerfGE 28, 21 (32); 33, 125 (152); 36, 193 (206); 41, 205 (220); 42, 20 (29); 48, 367 (373); 67, 299 (315); 68, 319 (328).

[85] BVerfGE 85, 134 (144) mit Hinweis auf E 7, 29 (40); 68, 319 (328).

rechtlich geprägte Struktur und Ausformung erhalten hat[86]. Das Argument der Tradition läßt das Bundesverfassungsgericht bei der Auslegung von Kompetenznormen also vor allem dort gelten, wo der Verfassunggeber **entwicklungsmäßig oder ordnungspolitisch weitgehend abgeschlossene Normenkomplexe** vorfand (etwa Art. 74 I Nr. 1 GG – bürgerliches Recht, Strafrecht usw.). Die Vorstellung einer Rezeption jedenfalls in den Grundstrukturen (welche Entwicklungsoffenheit nicht ausschließt) liegt hier nahe[87]. Für andere (jüngere), weniger gefestigte Rechtsgebiete ist dies aber nicht in solchem Maße der Fall. Hier wird an eine Aufnahme neuer Gehalte eher zu denken sein als beim erstgenannten Typus. Zu nennen ist hier insbesondere das Sozialversicherungsrecht[88].

Auch wenn die Kompetenznorm statt Rechtsmaterien Ausschnitte von Lebensbereichen in Bezug nimmt, kommt es darauf an, ob die Vorschrift **rechtlich** dahingehend **geprägt** ist, daß ihr **Sachkomplexe schon immer zugeordnet** wurden, so daß anzunehmen ist, daß diese auch vom Verfassunggeber des Grundgesetzes in die Kompetenznorm einbezogen wurden. 27

Einer allzu forcierten Betonung der **Tradition** steht entgegen, daß auch das Grundgesetz Produkt einer nicht wiederholbaren Verfassungssituation ist, daß es zunächst aus dieser heraus zu verstehen ist und eine übermäßige Betonung früherer Verfassungszustände der **Positivität der Verfassung** und der **Flexibilität ihrer Kompetenzkataloge** nicht gerecht wird[89]. Nach Auffassung des Bundesverfassungsgerichts haben aber auch die Entstehungsgeschichte des jeweiligen Kompetenztitels innerhalb des Grundgesetzes sowie die Staatspraxis bei der Auslegung von Kompetenzvorschriften Gewicht[90]. 28

Neben der historischen Methode besitzt die **systematische Auslegung** eine kompetenzspezifische Bedeutung. Unter dem Stichwort »systematische Auslegung« kann auch die **Zusammenschau von Kompetenzbestimmungen und Grundrechten/Grundprinzipien** der Verfassung angeführt werden (Grundsatz der »Einheit der Verfassung«). Nichts anderes als eine systematische Argumentation beinhaltet auch die bekannte Sentenz des Bundesverfassungsgerichts[91], die in den einzelnen Nummern der Art. 74 und 75 GG genannten Gegenstände der Gesetzgebung seien nicht jeder für sich in abstrakter Deutung zu bestimmen; ihre Abgrenzung ergebe sich auch aus dem Gesamtgefüge dieser Normen, so daß eine Materie, die sowohl unter einer speziellen Bezeichnung, als auch unter einem umfassenderen allgemeinen Titel eingeordnet werden könne, nur der spezielleren Bestimmung zu unterstellen sei[92]. Im Grunde liegt 29

---

[86] BVerfGE 12, 205 (226ff.); 42, 20 (30); 61, 149 (175); 67, 299 (315); 68, 319 (328).
[87] Der weitere Schluß auf einen materialen Gehalt entsprechender Kompetenznormen liegt nicht ferne, was aber etwa von *Degenhart* (Fn. 50), Art. 70 Rn. 47 einerseits, Rn. 59ff. andererseits nicht gesehen wird.
[88] Siehe dazu *Scholz*, Gesetzgebungskompetenz (Fn. 79), S. 265f.; *Degenhart* (Fn. 50), Art. 70 Rn. 47; zum Sozialversicherungsrecht siehe auch BVerfGE 75, 108 (146f.).
[89] Siehe dazu *Stettner*, Grundfragen (Fn. 49), S. 385f.; *Pestalozza*, GG VIII, Art. 70 Rn. 59 weist darauf hin, daß eine verfassungswidrige einfachrechtliche Gesetzgebung früherer Zeiten die grundgesetzliche Kompetenznorm jedenfalls nicht vorprägen kann.
[90] BVerfGE 33, 125 (153); 42, 20 (29); 61, 149 (175); 68, 319 (328); kritisch zu einer verfassungswidrigen Staatspraxis aber wiederum *Pestalozza*, GG VIII, Art. 70 Rn. 59.
[91] BVerfGE 7, 29 (44); sehr kritisch zur Maxime von der Einheit der Verfassung *F. Müllers* Monographie desselben Titels, 1979.
[92] Zur systematischen Auslegung im Zusammenhang mit den Kompetenzbestimmungen der Verfassung siehe auch *Stettner*, Grundfragen (Fn. 49), S. 387ff.

darin nur eine Anwendung des **Spezialitätsgrundsatzes** auf die Kompetenzvorschriften des Grundgesetzes. Von der systematischen Argumentation ist auch der Ansatz gespeist, innerhalb der Kompetenzkataloge **eine stärkere Strukturierung durch Gruppenbildungen** (etwa durch Zusammenfassung von Art. 74 I Nr. 21, 22 und 23 oder durch Kontrastierung von Art. 74 I Nr. 21/Art. 75 Nr. 4 GG) vorzunehmen. Weiterhin wird darauf hingewiesen, daß das Bundesverfassungsgericht »Sozialversicherung« (Art. 74 I Nr. 12 GG) in engem Zusammenhang mit »Recht der Wirtschaft« (Art. 74 I Nr. 11 GG) sehe. Vergleichbares gelte für das »Arbeitsrecht« (ebenfalls Art. 74 I Nr. 12 GG), das das Gericht vom »bürgerlichen Recht« (Art. 74 I Nr. 1 GG) weitgehend emanzipiert und stärker auf das »Recht der Wirtschaft« (Art. 74 I Nr. 11 GG) hin orientiert habe[93].

30   In den systematischen Kontext gehört schließlich noch die Aussage des Bundesverfassungsgerichts im Investitionshilfeurteil, wonach die **Grenzen für die Ausnutzung** einer durch das Grundgesetz gewährten **Gesetzgebungskompetenz** ausschließlich durch die Grundrechte und sonstige Verfassungsgrundsätze bestimmt würden[94] – ein Satz, der allerdings leicht zu Lasten materialer Gehalte von Kompetenznormen mißdeutet werden kann. Die systematische Einbindung der Kompetenzbestimmungen in den Gesamtrahmen der Verfassung wird auch durch die Aussage des Gerichts verstärkt, wonach von einer **Gesetzgebungsbefugnis nur im Einklang mit sonstigen Grundgesetzbestimmungen** Gebrauch gemacht werden dürfe[95].

c) Kompetentielle Qualifikation von Gesetzen (Zuordnung zu bestimmten Kompetenztiteln)

31   Die **Zuordnung** von Gesetzen im Hinblick auf die von ihnen erfaßten Lebenssachverhalte zu den im Grundgesetz aufgeführten Gegenständen der Bundesgesetzgebung kann Probleme aufwerfen[96]. Soweit Gesetzesmaterie und Kompetenztitel nicht offensichtlich deckungsgleich sind, gewinnt das Postulat einer **funktionalen Qualifikation** zunehmend Anhänger, womit die Berücksichtigung von Zweck und Wirkung der zu qualifizierenden gesetzlichen Regelung und ihre Kontrastierung mit der gleichfalls funktional zu verstehenden grundgesetzlichen Kompetenzvorschrift gemeint ist[97]. Unter Umständen werden hierzu **Prognosen** nötig sein, die ex ante vorzunehmen sind[98]. Ergibt die historische Auslegung, daß die **Grundstrukturen** eines in **vorkonstitutioneller Zeit entstandenen** und **formierten Rechtsgebiets** durch die grundgesetzliche Kompetenznorm übernommen worden sind, so kann eine diese Grundstrukturen wahrende Neuregelung sofort zugeordnet werden[99]. Haben solche entwicklungsmä-

---

[93] Vgl. dazu *Scholz*, Gesetzgebungskompetenz (Fn. 79), 266; weiterhin BVerfGE 1, 283 (292); 7, 342 (348ff.); 12, 230 (233); 13, 237 (239); 23, 12 (22); 36, 383 (392); 38, 281 (299).
[94] BVerfGE 4, 7 (15).
[95] BVerfGE 26, 338 (389).
[96] Vgl. dazu ausführlich *Rengeling* (Fn. 50), § 100 Rn. 37ff.; *C. Pestalozza*, DÖV 1972, 181ff.; *Stern*, Staatsrecht II, S. 607f.; *Degenhart* (Fn. 50), Art. 70 Rn. 50ff.; *F. Müller/B. Pieroth/F. Rottmann*, Strafverfolgung und Rundfunkfreiheit, 1973, S. 49ff.; *Scholz*, Gesetzgebungskompetenz (Fn. 79), S. 264ff.; *Stettner*, Grundfragen (Fn. 49), S. 412ff.
[97] Siehe dazu *P. Lerche*, JZ 1972, 468 (470); *C. Pestalozza*, DÖV 1972, 181 (182); *Scholz*, Gesetzgebungskompetenz (Fn. 79), S. 261f., 268.
[98] Siehe dazu *Stettner*, Grundfragen (Fn. 49), S. 420f.
[99] Daß in einer solchen Argumentation letztlich die Anerkennung materialer Gehalte von Kompetenznormen liegt, weil in der Rezeption der Grundstrukturen vorgrundgesetzlicher Rechtsbereiche

I. Allgemeines

ßig und ordnungspolitisch weitgehend abgeschlossenen Normenkomplexe nicht vorgelegen und konnten sie vom Grundgesetz deshalb nicht rezipiert werden, muß der Gesetzeszweck befragt werden. Dabei stellt sich allerdings das Problem, daß häufig **Bezüge zu mehreren Kompetenztiteln** des Grundgesetzes oder auch zu Materien der **Landeskompetenz** bestehen, wobei sich im ersteren Fall besondere Verwicklungen ergeben, wenn diese Titel einem unterschiedlichen Typus von Gesetzgebung zugehören.

In der Rechtsprechung des Bundesverfassungsgerichts wird bei schwankender Terminologie daran festgehalten, daß die zu regelnde Sachmaterie dem grundgesetzlichen Kompetenzthema **unmittelbar, nicht nur mittelbar**, unterfallen müsse und daß die Einstufung nach dem **Haupt-, nicht nach dem Nebenzweck** zu erfolgen hat[100]. Auch Formulierungen wie: das betreffende Kompetenzthema müsse »ausschließlich«, »als solches«, nicht nur als »Reflex« geregelt werden, tauchen in der Rechtsprechung auf[101]. All dies bedeutet letztendlich dasselbe: Nur der Hauptzweck ist für die kompetentielle Qualifikation relevant. Dem entspricht eine in diesem Zusammenhang zum **Begriff des »allgemeinen Gesetzes«** nach Art. 5 II GG gezogene **Parallele**, wonach der Bezug zum Kompetenzthema **»sonderrechtlich«** sein müsse und nicht nur **»allgemein«** sein dürfe[102]. Dies bedeutet, daß das Gesetz, um unter einen bestimmten Kompetenztitel subsumiert werden zu können, in das betreffende Kompetenzthema »eingreifen« muß und nicht nur in Verfolgung anderer Zwecke Auswirkungen auf dieses haben darf. Umgekehrt ist damit ausgesagt, daß ein einem bestimmten Kompetenztitel wegen seines Hauptzweckes zuzuordnendes Gesetz durchaus auch Berührungen zu anderen Kompetenztiteln (einschließlich solcher der Länder; → Rn. 31) aufweisen kann, wenn diese **»konsequente und kohärente Zugehörigkeiten«** darstellen[103]. Kommen für den Bund mehrere Titel aus dem Bereich der konkurrierenden Gesetzgebung in Betracht (für die ausschließliche gilt Analoges), ist es nicht notwendig, die Zuordnung zu einem einzigen Kompetenztitel vorzunehmen; der Bund kann seine **Gesetzgebungskompetenzen** auch **kombinieren**[104]. Ist dagegen für einen Normkomplex sowohl die Zuordnung zu einer konkurrierenden als auch zu einer Rahmengesetzgebungsbefugnis des Bundes denkbar, so muß eine eindeutige Kategorisierung vorgenommen werden. Dasselbe gilt, wenn die kompetentielle Zuordnung sowohl zu einer Bundeskompetenz als auch zur Gesetzgebungskompetenz der Länder in Betracht kommt. **Dem Grundgesetz sind Doppelgesetzgebungskompetenzen fremd**[105]. Zu ihrer Vermeidung müssen alle interpretativen Erkenntnismittel ausgeschöpft werden[106]. Das Verbot, im föderalistischen Sy-

32

---

auch deren verfassungsmäßige Anerkennung begründet ist, entgeht den Vertretern der Auffassung einer »reinen« oder zumindest weitgehend »reinen« Kompetenz; vgl. dazu aber *Degenhart* (Fn. 50), Art. 70 Rn. 44 ff., 50 ff. gegen Rn. 59 ff.

[100] BVerfGE 8, 104 (116 f.); 8, 143 (148 ff.); 9, 185 (189); 13, 181 (196 f.); 14, 76 (99); 26, 281 (298); 29, 402 (409); 34, 139 (144); 36, 193 (205).

[101] Siehe BVerfGE 8, 143 (148 ff.); 29, 402 (409); 28, 119 (149).

[102] So *C. Pestalozza*, DÖV 1972, 181 (182 f.); *P. Lerche*, JZ 1972, 468 (469); *Scholz*, Gesetzgebungskompetenz (Fn. 79), S. 267.

[103] Zu dieser Formel *Stern*, Staatsrecht I, S. 677.

[104] Vgl. *Stern*, Staatsrecht II, S. 607.

[105] BVerfGE 36, 193 (203); 61, 149 (204); 67, 299 (321); siehe auch *H. D. Jarass*, NVwZ 1996, 104 ff. → Art. 31 Rn. 61.

[106] Anders *C. Pestalozza*, DÖV 1972, 181 (188); wohl auch *Pestalozza*, GG VIII, Art. 70 Rn. 75 ff.; gegen diesen aber *Müller/Pieroth/Rottmann*, Strafverfolgung (Fn. 96), S. 49 ff., die den von Pestalozza

Art. 70

stem des Grundgesetzes Doppelzuständigkeiten von Bund und Ländern zur Gesetzgebung anzunehmen, schließt jedoch nicht aus, einzelne abtrennbare **Teile eines Gesetzes kompetentiell unterschiedlich zu qualifizieren**, wobei aber selbstverständlich die einschlägigen Kompetenztitel auf denselben Normgeber zurückführen müssen, wenn das Gesetz verfassungsmäßig sein soll[107].

4. Indisponibilität von Kompetenzen

33 Die verfassungsrechtliche Verteilung der Gesetzgebungsbefugnisse zwischen Bund und Ländern ist grundsätzlich **indisponibel** und kann auch nicht mit Zustimmung der Beteiligten verschoben werden[108]. Nicht ausgeschlossen sind indes Vereinbarungen über die Ausübung von Kompetenzen, wenn diese keinen Kompetenzverzicht beinhalten oder sonst die Zuständigkeitsordnung verändern[109]. Namentlich das für den modernen Staat charakteristische Prinzip der **Einzigkeit** und **Ausschließlichkeit der Zuständigkeitsordnung** darf nicht gefährdet werden[110]. Der Bund kann nach Art. 71 GG zwar die Länder ermächtigen, im Bereich der ausschließlichen Gesetzgebung des Bundes tätig zu werden. **Den Ländern** ist dies **jedoch nicht gestattet**, weil es an einer Art. 71 GG entsprechenden Rechtsgrundlage zu ihren Gunsten fehlt[111].

34 In die Nähe eines Verzichts auf die Ausübung von Gesetzgebungsbefugnissen gerät eine »**dynamische**« **Verweisung von Landesgesetzen auf Bundesgesetze**, auch wenn formal dadurch am Charakter der Regelung als Landesrecht nichts geändert und der Bund solche Möglichkeiten, partiell Landesrecht zu gestalten, bewußt wohl kaum nutzen wird[112].

5. Allgemeine Schranken der Ausnutzung von Gesetzgebungskompetenzen

a) Bundestreue

35 Das dem föderalistischen Grundsatz immanente Prinzip der Bundestreue oder des bundesfreundlichen Verhaltens[113] hat auch Bedeutung als **Kompetenzausübungs-**

---

vorgeschlagenen Lösungsweg über Art. 31 GG ablehnen. Siehe dazu auch *Stettner*, Grundfragen (Fn. 49), S. 422 f.

[107] Siehe dazu *Pestalozza*, GG VIII, Art. 70 Rn. 71; *F.-J. Peine*, NuR 1992, 353 (360): »Kompetenzmix«.

[108] Siehe dazu BVerfGE 1, 14 (35); 4, 150 (139); 32, 145 (156); vgl. auch 63, 1 (39). Zum Ganzen siehe *Jarass/Pieroth*, GG, Art. 30 Rn. 8, 9; *Rengeling* (Fn. 50), § 100 Rn. 12; *Stern*, Staatsrecht II, S. 609; *ders.*, Staatsrecht I, S. 673.

[109] Siehe dazu *Stern*, Staatsrecht I, S. 673.

[110] Siehe dazu *H. Krüger*, Allgemeine Staatslehre, 2. Aufl. 1966, S. 53 ff., 108 f.; siehe zur Ordnungsfunktion von Kompetenzen auch *Stettner*, Grundfragen (Fn. 49), S. 306 ff.

[111] So auch *Pestalozza*, GG VIII, Art. 70 Rn. 86; *Jarass/Pieroth*, GG, Art. 70 Rn. 11.

[112] In diesem Sinn auch *Jarass/Pieroth*, GG, Art. 30 Rn. 9; *P. Kunig*, in: v. Münch/Kunig, GG III, Art. 70 Rn. 10; allgemein hierzu *U. Karpen*, Die Verweisung als Mittel der Gesetzestechnik, 1970. Nicht schlechthin als unzulässig hat das Bundesverfassungsgericht dynamische Verweisungen bezeichnet: BVerfGE 47, 285 (312); 67, 348 (363 f.); 78, 32 (36). Mitunter kommt wohl auch die Verweisung vom Bundesrecht auf Landesrecht vor. Eingehend *T. Clemens*, AöR 111 (1986), 63 ff., 119 ff. → Art. 20 (Demokratie) Rn. 111.

[113] Vgl. dazu *Stern*, Staatsrecht I S. 699 ff.; *Isensee* (Fn. 2), § 98 Rn. 151 ff.; *W. Bayer*, Die Bundestreue, 1961; *H. Bauer*, Die Bundestreue, 1992; *H. Faller*, Das Prinzip der Bundestreue in der Rechtsprechung des Bundesverfassungsgerichts, in: FS Maunz, 1981, S. 53 ff. → Art. 20 (Bundesstaat) Rn. 26 ff.

schranke. In dieser Anwendungsfacette besagt der Grundsatz, daß Bund und Länder bei der Wahrnehmung ihrer Kompetenzen die gebotene und ihnen zumutbare Rücksicht auf das Gesamtinteresse des Bundesstaats und seiner Teile zu nehmen haben[114]. Wegen der enumerativen Vorgehensweise des Grundgesetzes in den Art. 70ff. GG kann diese Aussage aber allenfalls Mißbrauchsfälle erfassen. Keinesfalls berechtigt die Berufung auf die Bundestreue zum Unterlaufen der grundgesetzlich vorgesehenen Zuständigkeitsverteilung zwischen Bund und Ländern. Die Bundestreue kann auch nicht dazu benutzt werden, um Unitarisierungszwänge abzuleiten[115]. Sie ist kein Kompetenztitel, sondern **nur akzessorischer Maßstab**[116]. Jede andere Möglichkeit reibungsfreier Feststellung der jeweiligen Kompetenzbereiche geht vor. Grundsätzlich ist bei der Heranziehung des Verfassungsprinzips »Bundestreue« zur Kompetenzkorrektur größte Vorsicht geboten.

Auch wenn es im Begriff nicht deutlich zum Ausdruck kommt, **verpflichtet** das **Prinzip der Bundestreue** oder des bundesfreundlichen Verhaltens **Länder und Bund**[117]. Somit gilt das Prinzip für ausschließliche, konkurrierende, Rahmen- und Grundsatzgesetzgebung des Bundes und für die Landesgesetzgebung[118].

36

Dem Gebot bundesfreundlichen Verhaltens können in geeigneten Fällen auch **positive Handlungspflichten** entnommen werden[119]. Die gegenteilige Meinung ist unrichtig[120], auch wenn zuzugestehen ist, daß das Gebot insoweit weniger konturiert ist. Nicht einschlägig sind jedoch Fallgestaltungen, in denen die Verpflichtung zum »kooperativen Grundrechtschutz« die Länder zu Einung und koordinierter Gesetzgebung (etwa im Wege des Abschlusses von Staatsverträgen) veranlaßt[121], da hier der Rechtsgrund des Zusammenwirkens weniger in der bündischen Schadensabwehr als in der Grundrechtseffektuierung besteht[122]. Auf den Grundsatz des bundesfreundlichen Verhaltens hat das Bundesverfassungsgericht aber gesetzgeberische Normierungsverpflichtungen im Zusammenhang mit den Anforderungen einer sich wandelnden

37

---

[114] BVerfGE 12, 205 (239, 254); 14, 197 (215); 32, 199 (218); 43, 291 (348); 92, 203 (230).
[115] Zur Anwendung des Prinzips der Bundestreue oder des bundesfreundlichen Verhaltens auf den Bereich der Gesetzgebungskompetenzen siehe *Stern*, Staatsrecht I, S. 702 f.; *Jarass/Pieroth*, GG, Art. 20 Rn. 13; *Hesse*, Verfassungsrecht, Rn. 270; *Stettner*, Grundfragen (Fn. 49), S. 405 ff.; *Isensee* (Fn. 2), § 98 Rn. 158; *Degenhart* (Fn. 50), Art. 70 Rn. 55 ff.; *Rengeling* (Fn. 50), § 100 Rn. 24.
[116] Vgl. dazu *Bauer*, Bundestreue (Fn. 113), S. 328 ff.; *Isensee* (Fn. 2), § 98 Rn. 157.
[117] Vgl. auch den von *P. Lerche*, Föderalismus als nationales Ordnungsprinzip, VVDStRL 21 (1964), S. 66ff. (88) vorgeschlagenen Begriff »Bundessinn«; siehe weiterhin *Stern*, Staatsrecht I, S. 700 »gemeinschaftsfreundliches Verhalten«.
[118] Fälle aus der konkurrierenden und Rahmengesetzgebung des Bundes: BVerfGE 34, 9 (20 f.); 61, 149 (204 f.); 43, 291 (348 ff.). Wie *Bauer*, Bundestreue (Fn. 113), S. 328 Fn. 17 zurecht feststellt, können sich Verpflichtungen für den Bund zur Rücksichtnahme auf die Länder auch bei Ausübung von ausschließlichen Gesetzgebungskompetenzen, etwa solchen aus Art. 73 Nr. 8 und 10 GG oder Art. 109 Abs. 3 GG, ergeben. Zur Verpflichtung der Länder, bei Gesetzgebungsakten auf das Wohl des gesamten Bundes Rücksicht zu nehmen, siehe etwa BVerfGE 6, 309 (361 f.); 32, 199 (238 – abw. Meinung); 34, 165 (194).
[119] Dazu *Isensee* (Fn. 2), § 98 Rn. 159; *Stern*, Staatsrecht I, S. 702.
[120] So aber *Degenhart* (Fn. 50), Art. 70 Rn. 56 mit Fn. 225.
[121] Vgl. dazu BVerfGE 33, 303 (357).
[122] Anders aber *Degenhart* (Fn. 50), Art. 70 Rn. 56, der es als einen Fall der Bundestreue bezeichnet, bundesstaatliche Homogenität in grundrechtsrelevanten Bereichen dort herzustellen, wo die Verwirklichung von Grundrechten in überregionalen Sachverhalten darauf angewiesen ist; dies betreffe Fragen des Hochschulzugangs oder der Rundfunkordnung.

Rundfunkordnung gestützt[123]. Angesichts der Unmöglichkeit für Veranstalter und Produzenten überregionaler Programme, sich nach einem ganzen Bündel unterschiedlicher landesrechtlicher Normierungen zu richten, hat es die Länder zu gegenseitiger Abstimmung, Rücksichtnahme und Zusammenarbeit aufgerufen. Das bedeutet, daß die Länder in koordinierter Weise gesetzgeberisch tätig werden müssen (was durch den Abschluß der Rundfunkstaatsverträge 1987 und 1991 einschließlich der dazugehörigen Änderungsstaatsverträge – zuletzt jenem von 1996 – geschehen ist)[124]. **Weitere Fälle von Gesetzgebungsverpflichtungen** der Länder aufgrund der Bundestreue waren vor Einführung von Art. 75 III GG denkbar im Zusammenhang mit dem Erlaß von Rahmengesetzen des Bundes[125] sowie (nach wie vor aktuell) mit der Umsetzung von EG-Richtlinien (→ Rn. 51)[126]. Auch die Transformation völkerrechtlicher Verträge des Bundes durch die Länder ist zu nennen[127]. Darüber hinaus bestehen Rechtsetzungspflichten der Länder im Bereich der Kommunalaufsicht, solche des Bundes im Zusammenhang mit dem Finanzausgleich[128].

b) Verhältnismäßigkeit

38 Das Bundesverfassungsgericht hat die Anwendung des **Verhältnismäßigkeitsprinzips** (→ Vorb. Rn. 91ff.) auf die kompetentiellen Beziehungen von Bund und Ländern unter Hinweis auf die Bundestreue als einzige Schranke der Kompetenzausübung bislang strikt **abgelehnt**[129]. Dem Grundsatz der Verhältnismäßigkeit komme nur eine die individuelle Rechts- und Freiheitssphäre verteidigende Funktion zu[130]. Weithin wurde auch die Bedürfnisklausel nach Art. 72 II a.F. GG als abschließende Ausformung des Übermaßgedankens[131] für den Kompetenzbereich aufgefaßt[132]. Dabei wurde zu wenig berücksichtigt, daß das Grundgesetz mit seiner Reihung von ausschließlicher, konkurrierender, Rahmen- und Grundsatzgesetzgebungskompetenz des Bundes **selbst eine Abstufung** vornimmt, die von **Verhältnismäßigkeitsprinzipien** angeleitet ist. Für die Rahmengesetzgebung des Bundes war schon vor Änderung von Art. 75 GG durch Anfügung von Abs. 2 (und 3) anerkannt, daß der Bund den Ländern noch etwas zu regeln übriglassen, bzw. daß das, was den Ländern zu regeln bleibe, »von substantiellem Gewicht sein« müsse[133]. Unrichtig wäre es freilich, objektive Kompetenzen subjektivrechtlich umzuinterpretieren zu wollen, um damit die Anwendbarkeit des Verhältnismä-

---

[123] BVerfGE 73, 118 (196, 197).
[124] Vgl. dazu *R. Stettner*, ZfP 1994, 405 (416ff.).
[125] Siehe dazu für die alte Rechtslage noch *D. Merten*, Landesgesetzgebungspflichten kraft Bundesrahmenrechts? in: FS zum 125jährigen Bestehen der Juristischen Gesellschaft zu Berlin, 1984, S. 431ff.
[126] Siehe dazu *Bauer*, Bundestreue (Fn. 113), S. 329 Fn. 25 m.w.N.
[127] Vgl. dazu *O. Rojahn*, in: v. Münch/Kunig, GG II, Art. 32 Rn. 45.
[128] Vgl. dazu *Bauer*, Bundestreue (Fn. 113), S. 329.
[129] Vgl. dazu BVerfGE 81, 310 (338); schon früher 61, 256 (289).
[130] Vgl. dazu *Isensee* (Fn. 2), § 98 Rn. 118; *Degenhart* (Fn. 50), Art. 70 Rn. 58; *D. Majer*, EuGRZ 1980, 98ff., 158ff.
[131] Siehe dazu *G. Kisker*, Der Staat 14 (1975), 169 (187f.); vgl. zum Ganzen auch *Stettner*, Grundfragen (Fn. 49), S. 397ff.
[132] Art. 72 II a.F. GG hat in der Rechtsprechung des Bundesverfassungsgerichts kaum Bedeutung erlangt; vgl. BVerfGE 2, 213 (224); 13, 230 (233f.); 26, 338 (382f.); 33, 224 (229f.); 39, 96 (114f.); 65, 1 (63); 78, 249 (270). → Art. 72 Rn. 12ff.
[133] BVerfGE 4, 115 (129).

ßigkeitsprinzips zu begründen[134]. Es würde genügen, die derzeit noch nicht ausreichend erkannten Elemente der Verhältnismäßigkeit bei der Ausnutzung von Gesetzgebungskompetenzen durch Bund und Länder zusammenzuführen und konzeptionell zu strukturieren. Im übrigen wendet das Bundesverfassungsgericht im Zusammenhang mit den Gesetzgebungskompetenzen »ungeschriebener Art« strikt Verhältnismäßigkeitskategorien an, wenn es auf »Unerläßlichkeit« oder »Punktualität« bzw. »zwingende Erfordernisse unter Ausschluß anderer Möglichkeiten sachgerechter Lösung« rekurriert[135]. **Ein Signal zum Umdenken** setzte die Änderung von Art. 72 GG im Jahre 1994[136] einschließlich der Einführung eines korrespondierenden Verfahrens zum Bundesverfassungsgericht (Art. 93 I Nr. 2a GG). Zu bedenken ist auch, daß Art. 3b (5 n. F.) II und III EGV für die Ausnutzung von EG-Kompetenzen ausdrücklich das Prinzip der Verhältnismäßigkeit statuieren.

II. Art. 70 GG als Grundnorm der Verteilung der Gesetzgebungsbefugnisse zwischen Bund und Ländern

1. Art. 70 I GG: Verteilungsregel oder Zuständigkeitsvermutung?

Art. 70 I GG enthält die **Grundregel** für die Verteilung der Gesetzgebungsbefugnisse zwischen Bund und Ländern. Danach sind grundsätzlich die Länder zur Gesetzgebung befugt[137]. Die Gesetzgebungskompetenzen des Bundes werden im Grundgesetz einzeln tituliert, während Kompetenzgegenstände, die im Verfassungstext nicht als Materien der Bundesgesetzgebung benannt sind, den Ländern zufallen (Residualkompetenz). Rechtstechnisch wird darin ein Regel-Ausnahmeverhältnisses zugunsten der Länder festgelegt. Dennoch liegt das Schwergewicht der Gesetzgebung nicht erst heute beim Bund, es kam ihm aufgrund der Fülle und Bedeutung der ihm zugewiesenen Materien schon zur Zeit des Erlasses des Grundgesetzes zu[138]. 39

Umstritten, wenn auch von geringer praktischer Bedeutung, ist, ob Art. 70 I GG darüber hinaus eine **Zuständigkeitsvermutung** zugunsten der Länder enthält[139]. Damit wird ausgesagt, daß die Verteilungsregel nach Art. 70 I GG Lücken aufweisen könne. Demgegenüber ist davon auszugehen, daß die Befugnisse von Bund und Ländern **nahtlos aneinander schließen**, so daß es keiner subsidiären Zuständigkeitsvermutung bedarf[140]. Der Landeskompetenz ist auch kein »höherer Rang« einzuräu- 40

---

[134] Dagegen auch strikt *Isensee* (Fn. 2), § 98 Rn. 118.
[135] Vgl. hierzu etwa BVerfGE 3, 407 (421); 11, 89 (99); 22, 180 (210).
[136] Siehe dazu A. *Schmehl*, DÖV 1996, 724ff. D. *Kröger/F. Moos*, BayVBl. 1997, 705 (709ff.); C. *Calliess*, DÖV 1997, 889 (895ff.).
[137] Zur Fragwürdigkeit der grundgesetzlichen Terminologie → Fn. 49.
[138] Zur Dominanz des Bundes im Bereich der Gesetzgebung siehe auch *Isensee* (Fn. 2), § 98 Rn. 198ff.; *Jarass/Pieroth*, GG, Art. 70 Rn. 1; *Maunz* (Fn. 53), Art. 70 Rn. 30; *Degenhart* (Fn. 50), Art. 70 Rn. 1.
[139] So teilweise die bundesverfassungsgerichtliche Rechtsprechung; vgl. etwa BVerfGE 26, 281 (297); 42, 20 (28); siehe weiter *Maunz* (Fn. 53), Art. 70 Rn. 29f.; *Stern*, Staatsrecht I, S. 672; anders dagegen *Pestalozza*, GG VIII, Art. 70 Rn. 77f.; *Jarass/Pieroth*, GG, Art. 30 Rn. 1; M. *Bullinger*, AöR 96 (1971), 237 (239f.); *Degenhart* (Fn. 50), Art. 70 Rn. 1; *Isensee* (Fn. 2), § 98 Rn. 119; *Rengeling* (Fn. 50), § 100 Rn. 30; H.-J. *Rinck*, Zur Abgrenzung und Auslegung der Gesetzgebungskompetenzen von Bund und Ländern, in: FS Gebhard Müller, 1970, S. 289ff. (290ff.); *Scholz*, Gesetzgebungskompetenz (Fn. 79), S. 253ff.; M. *Bothe*, in: AK-GG, Art. 70 Rn. 11.
[140] So richtig *Degenhart* (Fn. 50), Art. 70 Rn. 1 mit Fn. 5 gegen *Maunz* (Fn. 53), Art. 70 Rn. 30.

men¹⁴¹; die Bundeskompetenzen nach Art. 73 ff. GG sind nicht »restriktiv« auszulegen. Vielmehr ist dem Bundesverfassungsgericht zu folgen, wenn es die Vorschriften des Grundgesetzes über die Gesetzgebungsbefugnisse »strikt« interpretiert¹⁴². Unzulässig ist es jedenfalls, unter Berufung auf eine angebliche Vermutung die Kompetenznorminterpretation vorzeitig abzubrechen¹⁴³. Für Vermutungen ist im Zusammenhang mit der Feststellung von Tatsachen Raum, nicht aber, wenn es um die Auslegung von Rechtsnormen geht¹⁴⁴.

2. »Gesetzgebung« gemäß Art. 70 I GG

a) Korrekturbedürftigkeit des Wortlauts

41 Eine deutliche **Unschärfe** weist Art. 70 I GG insoweit auf, als er suggeriert, schon die bloße Existenz von Gesetzgebungsbefugnissen des Bundes nehme den Ländern die Zuständigkeit zur Gesetzgebung. In Wirklichkeit geht im Bereich der konkurrierenden Gesetzgebung des Bundes das Recht der Länder zur Gesetzgebung erst durch die tatsächliche Ausschöpfung vorhandener Bundeskompetenzen verloren¹⁴⁵.

b) »Gesetz« im Sinn von Art. 70 I GG

42 Die Stellung von Art. 70 GG im Abschnitt VII des Grundgesetzes »Die Gesetzgebung des Bundes« führt dazu, unter »Gesetzgebung« im Sinn von Art. 70 I GG das auf Parlamentsgesetze abzielende, für den Bund in Art. 76 ff. GG normierte Gesetzgebungsverfahren und unter »Gesetz« dessen Produkt zu verstehen¹⁴⁶. Dies gilt unabhängig davon, daß der Begriff »Bundesgesetz« oder »Gesetz« im Grundgesetz in unterschiedlicher Weise verwendet wird¹⁴⁷. Für Art. 70 I GG ist ausschließlich maßgebend, ob eine **Anordnung der gesetzgebenden Körperschaften im Gesetzgebungsverfahren und in der Form des Gesetzes** vorliegt; auch das »**Maßnahmegesetz**« (→ Art. 19 I Rn. 12 ff.) ist Gesetz in diesem Sinn. Sonstige verfassungsrechtliche Schranken für letzteres bleiben unberührt (so können Maßnahmegesetze, die in den Ländern nach Art. 83 ff. GG zustehende Exekutivbefugnisse eingreifen, gegen die Bundestreue verstoßen¹⁴⁸). Gesetze sind im übrigen auch Rechtsnormen, die im Weg der Volksgesetzgebung (Plebiszit) erlassen werden, wenn das Landesrecht dies vorsieht.

c) Landesverfassungsrecht

43 **Auch Verfassungsnormen** der Länder, insbesondere solche, die nachträglich eingefügt wurden, wird man grundsätzlich dem Gesetzesbegriff des Art. 70 GG unterstellen müssen. Jedoch gestehen Art. 142 und Art. 28 I GG den Ländern für die **Gestaltung ihrer Verfassungsordnung Freiräume** zu, die von der föderalistischen Grundregel

---

¹⁴¹ Siehe dazu *Rinck*, Abgrenzung (Fn. 139), S. 300.
¹⁴² BVerfGE 10, 89 (101); 12, 205 (228 f.); 15, 1 (17); 26, 281 (297 f.); 42, 20 (28); 61, 149 (174).
¹⁴³ So auch *Pestalozza*, GG VIII, Art. 70 Rn. 77.
¹⁴⁴ So auch Jarass/*Pieroth*, GG, Art. 30 Rn. 1; *M. Bullinger*, AöR 96 (1971), 237 (239 f.).
¹⁴⁵ Vgl. dazu *Pestalozza*, GG VIII, Art. 70 Rn. 36.
¹⁴⁶ Siehe dazu Jarass/*Pieroth*, GG, Art. 70 Rn. 2; *Pestalozza*, GG VIII, Art. 70 Rn. 48; *Degenhart* (Fn. 50), Art. 70 Rn. 11.
¹⁴⁷ BVerfGE 24, 184 (195).
¹⁴⁸ In diese Richtung auch *Degenhart* (Fn. 50), Art. 70 Rn. 12.

II. Art. 70 GG als Grundnorm der Verteilung der Gesetzgebungsbefugnisse — Art. 70

»Bundesrecht bricht Landesrecht« ausgenommen sind[149]. Dies gilt trotz des Gebots zur Verfassungshomogenität nach Art. 28 I GG, weil mit dieser Vorschrift keine Uniformität bezweckt wird (→ Art. 28 Rn. 53).

Somit verbleiben **schwierige Abgrenzungsprobleme** inhaltlicher Art zwischen dem Recht der Länder zur Gestaltung ihrer Verfassungsordnung und den Belangen des Bundesstaates. Für **staatsorganisatorische Bestimmungen der Länder** kann man auf die Freiräume nach Art. 28 I GG zurückgreifen. Auch das Recht zu **programmatischen Aussagen** (Verfassungsaufträge) wird man den Landesverfassungen zugestehen, da erstere nicht unmittelbar wirken, sondern auf Durchführung durch gesetzgeberisches Handeln angelegt sind. Für entsprechende Realisationsgesetze gilt allerdings der Grundsatz unbeschränkt, daß Bundesrecht vor Landesrecht geht (→ Art. 31 Rn. 59 f.). Durch die Verfassung des Landes statuiertes **unmittelbar geltendes Recht**, das auf Gebiete der Bundesgesetzgebung ausgreift, ist daran zu messen, ob es originären Bezug zum staatsorganisatorischen Bereich des Landes, insbesondere zum Verfassungsleben der Landesorgane, besitzt[150]. Bejahendenfalls ist es der Verfassungsautonomie des Landes zuzurechnen, und der Bund hat seine Gesetzgebung entsprechend zu beschränken. Zweifelhaft ist, was gilt, wenn Landesverfassungen auf Rechtsmaterien der konkurrierenden Gesetzgebung des Bundes ohne originären Bezug zum Verfassungsbereich des Landes ausgreifen. Hier soll Art. 72 I GG nicht gelten, dies selbst dann nicht, wenn eine erschöpfende bundesrechtliche Regelung der Materie vorliegt; vielmehr sei eine Einzelfallprüfung angebracht, ob ein echter Widerspruch besteht oder ob möglicherweise eine abweichende Ausrichtung vorliegt, die es möglich macht, die Weitergeltung des Landesverfassungsrechts anzunehmen[151]. Damit könne einer **Zerstückelung der Landesverfassungen** vorgebeugt werden. Trotz des begrüßenswerten Ergebnisses ist aber die Einwendung wohl kaum auszuräumen, daß dadurch in die generalisierende und pauschalierende Kompetenzverteilung des Grundgesetzes ein im Grunde wesensfremder, auf Einzelfallprüfung abstellender Ansatz eingebracht wird, der die intendierte Klarheit bedroht.

d) Rechtsverordnungen, Satzungen, Verwaltungsvorschriften

Rechtsverordnungen und Satzungen als untergesetzliche Formen von Recht **unterfallen Art. 70 ff. GG nicht,** da es sich nicht um formelle parlamentsbeschlossene Gesetze handelt. Aus Art. 80 GG kann nicht geschlossen werden, daß der Gesetzesbegriff des VII. Abschnitts des Grundgesetzes nicht einheitlich ist, weil Art. 80 GG sehr deutlich zwischen Ermächtigungsgesetz und Verordnung unterscheidet[152]. Das Parlamentsge-

---

[149] Siehe dazu auch *Pestalozza*, GG VIII, Art. 70 Rn. 50; *Pietzcker* (Fn. 15), § 99 Rn. 24 ff., 41 ff.; vgl. auch BVerfGE 36, 342 (362 f.). → Art. 31 Rn. 19, 23 ff.
[150] Siehe dazu *Pietzcker* (Fn. 15), § 99 Rn. 36, der als Beispiel eine Doppelregelung von Indemnität und Immunität der Landtagsabgeordneten durch Vorschriften der Landesverfassungen und durch § 36 StGB anführt. Pietzcker geht davon aus, daß es sich um eine dem Landesverfassungsbereich zugehörige Regelung handelt, die der Bund nicht konstitutiv regeln könne; vielmehr müsse er seine Normen auf die jeweiligen landesrechtlichen Regelungen abstellen. Zum Problemfeld ausführlich auch *S. Jutzi*, KritV 79 (1996), 138 (139 f.). → Art. 31 Rn. 61.
[151] Siehe dazu *Pietzcker* (Fn. 15), § 99 Rn. 35; *H. v. Olshausen*, Landesverfassungsbeschwerde und Bundesrecht, 1980, S. 157; a.A. wohl *T. Maunz*, in: Maunz/Dürig, GG, Art. 31 (1960), Rn. 21.
[152] Anders aber *Bothe* (Fn. 139), vor Art. 70 Rn. 2; gegen diesen *Degenhart* (Fn. 50), Art. 70 Rn. 13 mit Fn. 57.

setz, in dem die Ermächtigungsgrundlagen von Verordnung oder Satzung enthalten sind, muß kompetentiell mit Art. 70ff. GG in Einklang stehen. Ob die zu erlassende untergesetzliche Rechtsnorm Bundes- oder Landesrecht ist, bestimmt sich nicht nach der Ermächtigungsgrundlage, sondern nach dem Ermächtigungsadressaten[153].

46 **Verwaltungsvorschriften** sind keine Rechtsnormen im Sinne des für alle geltenden Rechts; die Befugnis zu ihrem Erlaß beruht auf dem Recht zur Leitung eines Geschäftsbereichs und der daraus folgenden Weisungsbefugnis[154].

e) Gewohnheitsrecht, Richterrecht

47 Für die Entstehung von **Gewohnheitsrecht** paßt der Begriff der Gesetzgebung, wie er in Art. 70 I GG verwendet wird, nicht; zwar kann man das Produkt eines solchen Vorgangs als Gesetz bezeichnen, keineswegs kann das Wachsen von Gewohnheitsrecht aber mit dem rationalistischen Begriff des Verfahrens erfaßt werden[155]. Die aus dem römischen Recht geläufigen **Entstehensbedingungen**[156] können im übrigen auch heute noch als gültig angesehen werden.

48 Die kompetentielle Zuordnung von Gewohnheitsrecht ist nicht zuletzt wegen der **Frage der Revisibilität** geboten. Nach dem Bundesverfassungsgericht ist Gewohnheitsrecht dem **Kompetenzbereich zuzuordnen,** den es durch seine Übung **aktualisiert.** Entsteht es, so das Bundesverfassungsgericht, auf einem Feld, das dem Gesetzgebungsrecht der Länder unterliegt, so wird und bleibt es Landesrecht, unbeschadet dessen, ob es bundesweit gilt[157]. Handelt es sich um eine Materie der konkurrierenden Gesetzgebung oder der Rahmengesetzgebung des Bundes, liegt Bundesrecht vor, wenn das Gewohnheitsrecht ein Bundesgesetz ergänzt. Dies gilt unabhängig davon, ob die Voraussetzungen von Art. 72 II GG erfüllt sind, weil das rationale Kalkül, das diese Vorschrift voraussetzt, dem Gewohnheitsrecht fremd ist. Voraussetzung ist, daß das Gewohnheitsrecht **bundeseinheitlich wirksam** ist. Das Erfordernis eines Bundesgesetzes bedeutet aber nicht, daß nicht geschriebenes Bundesrecht durch Gewohnheitsrecht derogiert werden könnte. Solches Gewohnheitsrecht ist zwar als Bundesrecht einzuordnen, eröffnet aber den Ländern ein Feld zur Gesetzgebung (vgl. auch den parallelen Mechanismus nach Art. 72 III GG). Besteht keine bundesgesetzliche Regelung, so wird man es als Landesrecht qualifizieren müssen, selbst wenn Gewohnheitsrecht bundesweit gilt (was für sich nach der Rechtsprechung des Bundesverfassungsgerichts noch nicht zur Annahme von Bundesrecht führt). Es fehlt dann an der Voraussetzung des Art. 72 I GG, der ein »Gebrauchmachen« von einer Kompetenz der konkurrierenden Gesetzgebung verlangt[158].

49 Die **allgemeinen Grundsätze des Verwaltungsrechts** werden vom Bundesverwaltungsgericht zu Recht als Bundesrecht qualifiziert, wenn sie Bundesgesetze ergänzen

---

[153] BVerfGE 18, 407 ff.
[154] Vgl. dazu *Maurer*, Allg. Verwaltungsrecht, § 24 Rn. 1 ff.; BVerwG DÖV 1957, 863; BVerwGE 67, 222 (229).
[155] Vgl. dazu *Pestalozza*, GG VIII, Art. 70 Rn. 51.
[156] Üblicherweise werden langdauernde Übung *(longa consuetudo),* das Bewußtsein der Beteiligten, daß Recht geübt wird *(opinio iuris et necessitatis)* und die stillschweigende Zustimmung aller *(tacitus consensus omnium)* unterschieden; vgl. dazu auch *F. Ossenbühl*, Gesetz und Recht, in: HStR III, § 61 Rn. 42 ff.; *Maurer*, Allg. Verwaltungsrecht, § 4 Rn. 19 ff.
[157] BVerfGE 61, 149 (203).
[158] In diesem Sinn auch *Pestalozza*, GG VIII, Art. 70 Rn. 51; *Degenhart* (Fn. 50), Art. 70 Rn. 19.

bzw. als Landesrecht, wenn sie dies für Landesgesetze bewirken. Diejenigen Grundsätze, die ihre Wurzel im Bundesverfassungsrecht haben, werden aber stets als revisibles Bundesrecht behandelt[159].

Das im Rahmen der Interpretation offener Normen und der Ausfüllung von Rechts- **50** lücken entstehende sogenannte »**Richterrecht**« besitzt keine gesetzesgleiche Wirkung (→ Art. 20 [Demokratie] Rn. 131). Erst wenn es zu Gewohnheitsrecht erstarkt, ist es sonstigen Rechtsnormen gleichzustellen; es bedarf dann auch der kompetenzmäßigen Zuordnung[160]. Dies führt dazu, daß beispielsweise das richterrechtlich geschaffene **Arbeitskampfrecht** als Bundesrecht gilt (Art. 74 I Nr. 12 GG)[161].

f) Vertragsgesetzgebung, Europarecht

Während im Außenverhältnis für den **Abschluß völkerrechtlicher Verträge** der Bund **51** gemäß Art. 32 GG die Zuständigkeit besitzt, kann für die notwendige Transformation in innerstaatliches Recht nach den Kompetenzbestimmungen des Grundgesetzes auch der Landesgesetzgeber in Betracht kommen[162]. Die Übertragung von Souveränitätsrechten auf die Europäische Union gemäß Art. 23 I 2 GG erfolgt durch Bundesgesetz mit Zustimmung des Bundesrates selbst dann, wenn Gesetzgebungsbefugnisse der Länder betroffen sind, unbeschadet der Mitwirkungsrechte des Bundesrats nach Art. 23 IV-VI GG (→ Art. 23 Rn. 99 ff.). Für die **Umsetzung von Gemeinschaftsrecht** in innerstaatliches Recht kommen jedoch entsprechend der Kompetenzverteilung des Grundgesetzes wiederum auch die Länder in Betracht (→ Rn. 37)[163].

3. Kompetenztitel des Bundes

a) Ausdrücklich normierte Gesetzgebungszuständigkeiten

Von der **dynamischen Formulierung** des Art. 70 I GG werden auch die aufgrund einer **52** Verfassungsänderung dem Bund zuerkannten oder ihm noch in Zukunft zu übertragenden Gesetzgebungskompetenzen[164] erfaßt. Diese vermag auch die Beschneidung des Kompetenzspektrums des Bundes durch das Änderungsgesetz vom 27. Oktober 1994 zu erfassen[165]. Über Art. 72 II GG in Verbindung mit Art. 93 I Nr. 2 a GG sowie über den Wegfall von Kompetenzen der konkurrierenden oder der Rahmengesetzgebung des Bundes bzw. die Umfunktionierung von ersteren in letztere (Art. 74 I Nr. 5; Art. 74 I Nr. 8; Art. 74 I Nr. 18; Art. 75 I Nr. 2; Art. 75 I 1 Nr. 6, II; Art. 125 a I GG) wur-

---

[159] BVerwGE 2, 22 (26); 26, 302 (309); 55, 337 (339); BVerwG, DÖV 1971, 857ff.; *H.-J. Hardt*, DVBl. 1973, 325ff.
[160] Siehe dazu *Stern*, Staatsrecht II, S. 581, der darauf hinweist, daß Richterrecht seine Bindungswirkung jeweils unter dem Vorbehalt erneuter besserer Rechtserkenntnis entfaltet; *Maurer*, Allg. Verwaltungsrecht, § 4 Rn. 29; zum Problem weiter *W. Leisner*, DVBl. 1986, 705ff.; *F. Müller*, Richterrecht, 1986; *P. Lerche*, NJW 1987, 2465ff.; *H. Sendler*, DVBl. 1988, 828ff.; *C. Gusy*, DÖV 1992, 461ff. Die Befugnis der Gerichte zur Rechtsfortbildung, ja ihre Verpflichtung hierzu, ist in der Rechtsprechung des Bundesverfassungsgerichts im Rahmen der Schranken von Art. 20 III GG von jeher betont worden; vgl. BVerfGE 34, 269 (286ff.); 65, 182 (190ff.); 69, 315 (369ff.); 71, 354 (362ff.); 74, 129 (152).
[161] Siehe dazu *Degenhart* (Fn. 50), Art. 70 Rn. 21.
[162] Zur Gegenmeinung siehe *T. Maunz*, in: Maunz/Dürig, GG, Art. 32 (1961) Rn. 39ff.
[163] Siehe dazu *E. Grabitz*, AöR 111 (1986), 2ff.; *Rengeling* (Fn. 50), § 100 Rn. 3.
[164] Vgl. dazu die Zusammenstellung bei *Pestalozza*, GG VIII, Art. 70 Rn. 84.
[165] BGBl. I S. 3146.

Art. 70 C. Erläuterungen

de eine deutliche **Zurückdrängung der ausufernden Bundesgesetzgebung** bezweckt. Allerdings ist nicht zu übersehen, daß dieses Änderungsgesetz mit Art. 72 III; Art. 74 I Nr. 25 und Nr. 26 in Verbindung mit Abs. 2 sowie Art. 125 a II GG der Bundesgesetzgebung auch **neue Felder** eröffnet hat.

53 Gegenstände der ausschließlichen Gesetzgebung des Bundes finden sich nicht nur in Art. 73 GG, sondern auch in Art. 105 I GG und darüber hinaus in **allen Vorschriften des Grundgesetzes**, die nach Art der Formulierung »Das Nähere regelt ein Bundesgesetz«[166] **ausschließlich den Bund als Gesetzgeber** vorsehen (z.B. Art. 4 III; 21 III; 38 III GG u.a.)[167]. Selbstverständlich ermächtigen aber außerhalb der Gesetzgebungskataloge der Art. 73–75 GG angesiedelte Kompetenzen nicht zur ausschließlichen Bundesgesetzgebung, wenn sie selbst etwas anderes ausdrücklich bestimmen (vgl. etwa Art. 98 III 2 GG: »Der Bund kann Rahmenvorschriften erlassen ...«). Der **ausschließlichen Bundeskompetenz** fallen auch solche Bereiche zu, die ihrer **Natur nach** nur vom Bund geregelt werden können (→ Rn. 57)[168].

b) Ungeschriebene (stillschweigende) Bundeskompetenzen

aa) Allgemeines

54 Kehrseite der Enumerationstechnik, die die Verfassung mit der Aufzählung der dem Bund zustehenden Materien der Gesetzgebung einschlägt, ist die Problematik der **»ungeschriebenen«** oder auch **»stillschweigenden« Kompetenzen** des Bundes (und der Länder)[169]. Die im Akt der Verfassunggebung vorgenommene Aufteilung erweist sich gegenüber den Bedürfnissen einer wandelnden Umwelt immer wieder als defizient. Umso erstaunlicher erscheint es, daß trotz einer durchaus umfangreichen, im Grunde aber in die Frühzeit der bundesverfassungsgerichtlichen Rechtsprechung zurückdatierenden Judikatur (→ Rn. 61) ein überzeugender Einbau der **»ungeschriebenen« (stillschweigenden) Kompetenzen kraft Natur der Sache, kraft Sachzusammenhangs und kraft Annexes** in die verfassungsrechtliche Dogmatik noch nicht gelungen ist[170].

55 Sogar hinsichtlich der **Terminologie** ist bisher **noch keine befriedigende Lösung** gefunden worden, da unter der Kompetenz kraft Annexes auch Fallgestaltungen ressortieren, die weder als »ungeschrieben« noch als »stillschweigend« bezeichnet werden können, weil sie ausdrücklich im Grundgesetz erwähnt werden (so etwa Art. 73 Nr. 11

---

[166] Siehe hierzu *J. Kratzer*, DVBl. 1952, 431f.
[167] Vgl. die Zusammenstellung ausschließlicher Zuständigkeiten des Bundesgesetzgebers außerhalb von Art. 73 und 105 I GG bei *Pestalozza*, GG VIII, Art. 71 Rn. 18; *Rengeling* (Fn. 50), § 100 Rn. 109.; *T. Maunz*, in: Maunz/Dürig, GG, Art. 30 (1982) Rn. 10; zum Ganzen vgl. auch Jarass/*Pieroth*, GG, Art. 30 Rn. 4, Art. 70 Rn. 3 Art. 30 Rn. 31.
[168] Siehe dazu *T. Maunz*, in: Maunz/Dürig, GG, Art. 71 (1984) Rn. 6ff.; *ders.*, ebd., Art. 73 (1988) Rn. 9.
[169] Zu Entwicklung und Literatur im Kaiserreich und in der Weimarer Zeit → Rn. 3.
[170] In neuerer Zeit findet sich wieder eine gewisse Neigung in der Literatur, sich mit dieser Thematik zu beschäftigen; vgl. dazu *A. Bleckmann*, NWVBl. 1990, 109ff.; *K. Harms*, Der Staat 27 (1994), 409ff.; *A. v. Mutius*, Jura 1986, 498ff.; aus der älteren Literatur vgl. *N. Achterberg*, AöR 86 (1961), 63ff.; *M. Bullinger*, AöR 96 (1971), 237ff.; *W. Erbguth*, DVBl. 1988, 317 (324f.); *A. Gern*, JuS 1988, 534ff.; *T. Köstlin*, Die Kulturhoheit des Bundes, 1989, S. 44ff.; *E. Küchenhoff*, AöR 82 (1957), 413ff.; vgl. weiter *Stern*, Staatsrecht II, S. 609ff.; *Stettner*, Grundfragen (Fn. 49), S. 423ff.; *H.-J. Wipfelder*, DVBl. 1982, 477ff.

II. Art. 70 GG als Grundnorm der Verteilung der Gesetzgebungsbefugnisse **Art. 70**

GG – Statistik für Bundeszwecke; Art. 74 I Nr. 14 GG – Enteignung; → Rn. 72). In Ermangelung treffenderer Begriffe empfiehlt es sich gleichwohl, bei der hergebrachten Diktion »ungeschriebene« oder »stillschweigende« Kompetenzen zu bleiben. Zu beachten ist aber, daß sowohl Kompetenzen »kraft Natur der Sache« als auch solche kraft Sachzusammenhangs oder Annexes nur anhand der **positiven Verfassung** (also nicht abgeleitet aus einem abstrakten Begriff des Bundesstaats) angenommen werden dürfen[171].

56

Die Verwendung der genannten Argumentationsfiguren in der bundesverfassungsgerichtlichen Judikatur ist allerdings in erheblichem Maß zurückgegangen. Seit Mitte der 70er Jahre geht das Gericht auf »Sachzusammenhang« und »Annex« kaum mehr ein[172]. Allerdings sind verfassungsrechtliche Streitigkeiten, die die Gesetzgebungskompetenzen von Bund und Ländern zum Gegenstand haben, auch selten geworden. Im Zusammenhang mit dem **Beitritt der neuen Bundesländer** hat das Bundesverfassungsgericht aber eine aus der »Natur der Sache« folgende Kompetenz des Bundes zur Regelung der damit verbundenen unaufschiebbaren gesetzgeberischen Aufgaben angenommen[173].

bb) Kompetenzen kraft »Natur der Sache«

57

Weitgehender Konsens herrscht über die Kompetenzen **kraft »Natur der Sache«**, allerdings weniger über ihre rechtstheoretische Begründung als über Existenz und Fallgruppen. Nach der Formulierung von Anschütz[174], die vom Bundesverfassungsgericht übernommen worden ist[175], ist eine Kompetenz aus der Natur der Sache »begründet nach dem ungeschriebenen, mithin einer ausdrücklichen Anerkennung durch die Reichsverfassung nicht bedürftigen Rechtssatz, wonach gewisse Sachgebiete, weil sie ihrer Natur nach eigenste, der partikularen Gesetzgebungszuständigkeit a priori entrückte Angelegenheiten des Reiches darstellen, vom Reich und nur von ihm geregelt werden können.« Diese Formel wird vom Bundesverfassungsgericht folgendermaßen ergänzt: »Schlußfolgerungen ›aus der Natur der Sache‹ müssen begriffsnotwendig sein und eine bestimmte Lösung unter Ausschluß anderer Möglichkeiten sachgerechter Lösung zwingend fordern«[176]. In der überwiegenden Anzahl der bundesverfassungsgerichtlichen Entscheidungen wird aber die **Anschütz'sche Formel** nicht zitiert, möglicherweise nicht nur wegen ihrer allgemeinen **Bekanntheit**, sondern auch wegen ihrer bedenklichen **Verfassungsferne**.

58

Den **Grund** für die Lehre von den Kompetenzen kraft Natur der Sache legte das Bundesverfassungsgericht im **Baurechtsgutachten** des Jahres 1954[177]. Danach werden

---

[171] So richtig *M. Bullinger*, AöR 96 (1971), 237 (270); vgl. weiter *Stettner*, Grundfragen (Fn. 49), S. 434f. Die Gefahr verfassungsfremden, apositiven Argumentierens mit den genannten Begriffshülsen vermeidet das amerikanische Denken von den »implied powers« des Verfassungsstaates; siehe *Bothe*, Kompetenzstruktur (Fn. 15), S. 144, 145; *N. Achterberg*, AöR 86 (1961), 71ff.; *K. Loewenstein*, Verfassungsrecht und Verfassungspraxis in den Vereinigten Staaten, 1959, S. 75ff.
[172] Dazu *Stettner*, Grundfragen (Fn. 49), S. 426f.
[173] BVerfGE 84, 133 (148); 85, 360 (374); von natürlichen Bundeskompetenzen geht auch das Bundesverwaltungsgericht aus; vgl. dazu BVerwGE 62, 342 (344f.); 92, 263 (266).
[174] *G. Anschütz*, Die Reichsaufsicht, in: HdbDStR Bd. I, S. 363ff. (367).
[175] BVerfGE 11, 89 (98).
[176] Vgl. dazu auch BVerfGE 12, 205 (251); 22, 180 (216) und die Kritik von *M. Bullinger*, AöR 96 (1971), 237 (270), der quasi-naturrechtliche und begriffsjuristische Anklänge der Formel diagnostiziert und fordert, auch die Zuständigkeiten aus der Natur der Sache auf den Gesamtkontext des Grundgesetzes zurückzuführen.

als Bereiche natürlicher Bundeskompetenz die Festlegung des Sitzes der Bundesregierung oder der Bundessymbole sowie die Raumordnung für den Gesamtstaat anerkannt, dagegen nicht ein natürliches Recht des Bundes zur Regelung des Baurechts[178]. Das Urlaubsrecht der Postarbeiter wurde in einer späteren Entscheidung nicht auf eine Kompetenz kraft Natur der Sache gegründet[179]. Auch eine gewisse Überregionalität eines Sachverhalts (Rundfunkveranstaltungen) kann keine natürliche Bundeskompetenz begründen, wie im ersten Fernsehurteil festgestellt wurde[180]. In dieser Entscheidung wird die Möglichkeit der **Kooperation der Länder** als Kontrapunkt zu einer Bundeszuständigkeit kraft Natur der Sache deutlich hervorgehoben, eine Alternative, die im (späteren) Urteil zum Jugendwohlfahrtsgesetz fehlt[181]; hier hat das Gericht eine natürliche Bundeskompetenz für überregionale Bestrebungen des Bundes auf dem Gebiet der Jugendhilfe bejaht. Eine weitere Kompetenz kraft Natur der Sache wurde im Zusammenhang mit dem Beitritt der ehemaligen DDR für die damit verbundenen unaufschiebbaren gesetzlichen Aufgaben angenommen (→ Rn. 61)[182]. Dagegen wurden natürliche Bundeskompetenzen für die Reinhaltung der Bundeswasserstraßen, für den Schutz der Berufsbezeichnung Ingenieur oder für Fördermaßnahmen im Rahmen von Art. 104a IV GG abgelehnt[183].

59 Die Literatur hält noch **weitere Fälle** von Gesetzgebungskompetenzen des Bundes kraft Natur der Sache bereit, so in Erweiterung einer Sentenz des Gerichts im Fernsehurteil[184] eine solche für die Repräsentation der Bundesrepublik Deutschland mittels eines für das Ausland bestimmten Rundfunkprogramms[185] (→ Art. 73 Rn. 6). Ist für überregionale Sachverhalte im Einklang mit dem Fernsehurteil (→ Rn. 58) regelmäßig eine natürliche Bundeskompetenz abzulehnen, so gilt dies auch für die Zulassung von Satellitenprogrammen[186]. Ebenso reicht es aus, wenn die Länder, angeleitet durch den Grundsatz des bundesfreundlichen Verhaltens, zum Schutz und zur Verwirklichung von Grundrechten (etwa im Bildungsbereich) kooperieren; es ist nicht notwendig, insoweit eine natürliche Bundeskompetenz in Erwägung zu ziehen[187].

cc) Kompetenzen kraft »Sachzusammenhangs«

60 Wesentlich **weniger Kontur** als die Bundeszuständigkeiten kraft Natur der Sache haben die **Kompetenzen kraft Sachzusammenhangs und Annexes** erlangt. Sie können sowohl dem Bund als auch den Ländern zukommen. Unklar ist, ob Sachzusammenhang und Annex unterschiedliche Dinge bezeichnen[188]; zum Teil wird die Unterscheidung auch für entbehrlich gehalten[189]. Es ist jedoch sinnvoll, dem Sachzusammen-

---

[177] BVerfGE 3, 407 (422, 427f.) – Baugutachten.
[178] Siehe dazu eingehend W. *Erbguth*, DVBl. 1988, 324ff.
[179] BVerfGE 11, 89 (99).
[180] BVerfGE 12, 251 (252).
[181] BVerfGE 22, 180 (216).
[182] BVerfGE 84, 133 (148); 85, 360 (374).
[183] BVerfGE 15, 1 (24); 26, 246 (257); 41, 291 (312).
[184] BVerfGE 12, 205 (242).
[185] *Degenhart* (Fn. 50), Art. 70 Rn. 24.
[186] Siehe dazu A. v. *Negenborn*, Kooperative Grundrechtsverwirklichung durch die Bundesländer am Beispiel des Satellitenrundfunks, 1991, S. 137ff.
[187] Vgl. dazu BVerfGE 33, 303 (357f.).
[188] Siehe dazu *Rengeling* (Fn. 50), § 100 Rn. 57.
[189] Siehe dazu M. *Bullinger*, AöR 96 (1971), 237 (243); ders., Die Mineralölfernleitungen, 1962,

II. Art. 70 GG als Grundnorm der Verteilung der Gesetzgebungsbefugnisse

hang die Ausdehnung der Kompetenznorm in die »Breite«, dem Annex die »Tiefe« des Zuständigkeitsbereichs zuzuordnen[190] (→ Rn. 18). Trotzdem ist jedenfalls die Figur des **»Sachzusammenhangs«** für den Umgang mit den Kompetenzbestimmungen des Grundgesetzes durchaus **entbehrlich** und folgerichtig in der neueren Judikatur des Bundesverfassungsgerichts kaum mehr anzutreffen. Zur Ermittlung der »Breite« (Reichweite) einer Kompetenznorm stehen nämlich die Möglichkeiten der Verfassungsinterpretation bereit[191]. Der Komplex des »Sachzusammenhangs« ist nur ein Ausschnitt aus dem weiteren Problemkreis, die Reichweiten von Bundes- und Landeskompetenzen gegeneinander abzugrenzen[192]. Gesichtspunkte der **Effektivität**, wie sie von der Lehre vom »Sachzusammenhang« eingebracht werden, sind auch im Rahmen der allgemeinen Verfassungsinterpretation legitim[193]. Die vom Bundesverfassungsgericht zur Bestimmung des Sachzusammenhangs verwendeten Kriterien finden ihren angemessenen Ort bei der Auslegung der einzelnen Kompetenzbestimmung, sind also **unselbständiger Gesichtspunkt** und nicht selbständiger Titel.

Im Baurechtsgutachten hat das Bundesverfassungsgericht die folgende **Formel vom »Sachzusammenhang«** entwickelt: »Ein sogenannter Sachzusammenhang vermöchte vielmehr eine Zuständigkeit nur dann zu stützen, wenn eine dem Bund ausdrücklich zugewiesene Materie verständigerweise nicht geregelt werden kann, ohne daß zugleich eine nicht ausdrücklich zugewiesene Materie mitgeregelt wird, wenn also ein Übergreifen in nicht ausdrücklich zugewiesenen Materien unerläßliche Voraussetzung für die Regelung einer der Bundesgesetzgebung zugewiesenen Materie« ist[194]. Eine solche Kompetenz sei nur unter der Voraussetzung gegeben, daß der Bund von seiner ihm **ausdrücklich zugewiesenen Kompetenz Gebrauch gemacht habe**[195]. 61

In der weiteren Judikatur wurde die Formel nur noch sporadisch und meist nur mehr in Fällen benutzt, in denen es galt, eine Erweiterung der Bundeskompetenz abzuweisen, wie dies auch im Baurechtsgutachten geschehen ist[196]. Nach einer Phase, in der noch mit dem Begriff des Sachzusammenhangs **»formelfrei«** gearbeitet wurde, verschwand auch er aus der Rechtsprechung des Bundesverfassungsgerichts. 62

Ein **Sachzusammenhang wurde bejaht** für die Altersversorgung der Schornsteinfeger im Verhältnis zum Recht des Handwerks nach Art. 74 I Nr. 11 GG[197], für die Gebührenfestsetzung für gerichtliche Beurkundungen in der freiwilligen Gerichtsbarkeit 63

S. 68f.
[190] Siehe dazu *Maunz* (Fn. 53), Art. 70 Rn. 49. Leider trennt auch das Bundesverfassungsgericht begrifflich nicht immer sauber; vgl. dazu etwa BVerfGE 8, 104 (118f.), wo vom »Zusammenhang« von Volksbefragungsgesetzen mit dem Sachbereich die Rede ist (S. 119), obwohl es sich um einen Fall des Annexes handelt. Richtig dagegen BVerfGE 3, 407 (433f.); 8, 143 (149f.): Ordnungsgewalt ein Annex des Sachgebiets, auf dem diese Gewalt tätig wird; 22, 180 (210): Verfahrensregelungen als Annex der materiellen Kompetenz.
[191] In der Literatur wird in nicht immer klarer Weise zwischen einem »kompetenzinternen« und einem »kompetenzexternen« Zusammenhang unterschieden; siehe dazu *Scholz*, Gesetzgebungskompetenz (Fn. 79), S. 272f. Wiederum eine andere Terminologie (»kompetenzergänzender und kompetenzbegründender Sachzusammenhang«) verwendet *Pestalozza*, GG VIII, Art. 70 Rn. 109ff.
[192] Siehe dazu *Stettner*, Grundfragen (Fn. 49), S. 428f.
[193] Vgl. auch *Pestalozza*, GG VIII, Art. 70 Rn. 111.
[194] BVerfGE 3, 407 (423).
[195] BVerfGE 26, 246 (256f.).
[196] Siehe dazu *M. Bullinger*, AöR 96 (1971), 237 (242); *Pestalozza*, GG VIII, Art. 70 I Rn. 111.
[197] BVerfGE 1, 264 (272); das Gericht beschreibt hier den Weg einfacher Kompetenznormauslegung, wie er wohl auch der richtige sein dürfte.

mit dem bürgerlichen Recht[198], für Teilmaterien des Rundfunkrechts mit dem Parteien- und dem Urheberrecht[199] und für die Jugendpflege mit der öffentlichen Fürsorge[200]. Ein **Sachzusammenhang wurde verneint** zwischen Boden- und Baurecht[201], zwischen der Kompetenz zur Regelung des Fernmeldewesens und der Rundfunkregelungskompetenz[202], zwischen dem Recht zur Regelung des Verkehrs auf den Wasserstraßen und der Wasserreinhaltung[203], zwischen der Regelung der Zulassung zu Heilberufen und ihrer Berufsgerichtsbarkeit[204], schließlich zwischen dem Bundeseisenbahnen- und dem Verwaltungsgebührenrecht[205]. Zugunsten der Länder wurde ein Sachzusammenhang angenommen zwischen der Verjährung von Pressedelikten und dem Presserecht[206].

dd) Kompetenzen kraft Annexes

64 Die Unterscheidung zwischen einer ungeschriebenen Kompetenz kraft Sachzusammenhangs und einer solchen kraft Annexes geht auf die **Rechtsprechung des Bundesverfassungsgerichts**[207] zurück, ohne daß von dieser eine trennscharfe Ausbildung der beiden Alternativen erfolgte. Die Geltungsberechtigung der ungeschriebenen Kompetenz kraft Annexes wird nicht selten angezweifelt[208], obwohl mit dem Bundesverfassungsgericht und der hier vertretenen Auffassung eher die Kompetenz kraft Sachzusammenhangs verabschiedet werden sollte (→ Rn. 62). Die als Charakteristikum der Kompetenz kraft Annexes genannte »Tiefen«wirkung (→ Rn. 18) besagt, daß mit jeder Gesetzgebungskompetenz auch die Berechtigung zur Regelung der Vorbereitung und Durchführung des jeweiligen Sachgegenstandes gegeben ist[209].

65 Weil **Vorbereitungs- und Realisierungsmaßnahmen** auf unterschiedliche Sachgegenstände bezogen sein können, ist die Kompetenz kraft Annexes von Hause aus »unbenannt« und steht weder Bund noch Ländern exklusiv zur Verfügung. Die Kompetenzkataloge des Grundgesetzes weisen in Art. 73 Nr. 11 GG und Art. 74 I Nr. 14 GG geschriebene Kompetenzen auf (Statistik für Bundeszwecke; Recht der Enteignung, soweit sie auf den Sachgebieten der Art. 73 und 74 I GG in Betracht kommt), die als typische Fälle des Annexes gelten dürfen, obwohl sie im Grundgesetz eine eigene Erwähnung gefunden haben. (→ Rn. 55 zur nur bedingt richtigen Bezeichnung des Problemfeldes als »ungeschriebene« Kompetenzen.) Der Ausdruck »**implizite Kompetenzen**« würde jedenfalls die Kompetenz kraft Annexes besser beschreiben, weil diese weder immer »ungeschrieben« noch immer »stillschweigend« ist. Hieraus ergibt sich

---

[198] BVerfGE 11, 192 (199).
[199] BVerfGE 12, 205 (240f.).
[200] BVerfGE 22, 180 (213).
[201] BVerfGE 3, 407 (421f.).
[202] BVerfGE 12, 205 (237).
[203] BVerfGE 15, 1 (20ff.).
[204] BVerfGE 4, 74 (83f.).
[205] BVerfGE 26, 281 (300).
[206] BVerfGE 7, 29 (38f.); vgl. dazu auch *F. Rottmann*, DVBl. 1974, 407ff.
[207] BVerfGE 3, 407 (433); 8, 143 (149); 9, 185 (190); 22, 180 (210).
[208] So vor allem von *M. Bullinger*, AöR 96 (1971), 237 (243); siehe auch *N. Achterberg*, DÖV 1966, 698ff.
[209] Siehe dazu *Stettner*, Grundfragen (Fn. 49), S. 431 unter Hinweis auf die treffende Formulierung in BVerfGE 24, 300 (354): »... zum Wahlrecht zählen ... die Vorschriften, welche die Vorbereitung, Organisation, Durchführung und Überprüfung der Wahlen durch die staatlichen Organe regeln.«

II. Art. 70 GG als Grundnorm der Verteilung der Gesetzgebungsbefugnisse **Art. 70**

aber auch, daß es dem Verfassunggeber selbstverständlich unbenommen ist, Vorbereitungs- oder Durchführungsmodalitäten zu Sachkompetenzen zu erheben und sie Bund oder Ländern zur Gesetzgebung zuzuweisen, wodurch der unbenannte, akzessorische Charakter verloren geht.

Annex der jeweiligen Sachkompetenz ist einmal die **Planung**[210], wobei auch hier nicht »funktionenüberschneidend«[211] vorgegangen werden darf. Eine Gesetzgebungskompetenz berechtigt nicht zur exekutivischen Durchführung. Weiterhin sind **Organisation und Verfahren**[212] zu nennen. Hieraus ergibt sich, daß die Länder das Recht zur Regelung des Verwaltungsverfahrens für die Ausführung von Landesgesetzen besitzen, während dem Bund dieses Recht für die Ausführung von Bundesgesetzen in bundesunmittelbarer Verwaltung zukommt (Art. 86 GG, wenn er als Kompetenzzuweisung angesehen wird[213], ist dann nur deklaratorisch im Hinblick auf eine auch anders ableitbare rechtliche Lage)[214]. Für die Ausführung von Bundesgesetzen durch die Länder in den Formen des landeseigenen Vollzugs von Bundesgesetzen (Art. 83, 84 GG) oder des Landesvollzugs im Bundesauftrag (Art. 85 GG) finden sich in den Art. 83 ff. GG allerdings spezielle Vorschriften[215]. Dies gilt jedenfalls insofern, als eine Modifikation durch die Notwendigkeit stattfindet, die Zustimmung des Bundesrats einzuholen, wenn der Bund die ihm an sich »implizit« zustehende Befugnis nutzt, das Verfahren der Ausführung seiner Gesetze zu regeln (Art. 84 I 2. Alt.; Art. 85 I 2. Alt. GG)[216]. 66

Annex der Sachkompetenz ist auch die **Ressort-Forschung**[217]; ein plastisches Beispiel für eine Realisierung dieser Kompetenz bilden die im Ressort des Bundesministers für Verteidigung angesiedelten Universitäten der Bundeswehr. 67

Auch **Volksbefragung**[218], **Enteignung und Statistik**[219] sind für unterschiedliche Sachkompetenzen permeabel; dasselbe gilt für das **Beschaffungswesen**[220]. Wenn das zuerstgenannte Instrument im Bundesbereich kaum einen Anwendungsbereich besitzt, so liegt dies nicht an der Kompetenzverteilung zwischen Bund und Ländern, sondern an der restriktiven Regelung der Art. 20 I 2, 29 II 1, 118 GG. Die akzessorische Natur ergibt sich daraus, daß die Länder eine Volksbefragung nur für Materien ihrer Kompetenz gestatten dürfen. Auch wenn dies selten unter diesem Aspekt gesehen wird, sind doch auch **Sonderabgaben**, die zur Durchsetzung des sachlichen Kompetenzthemas dienen und allenfalls sekundär zur Erzielung von Einnahmen benutzt werden dürfen, ein Fall des Annexes[221]. Auch **Bodenbewertung** und **Erschlie-** 68

---

[210] BVerfGE 3, 407 (424f.).
[211] Siehe dazu *N. Achterberg*, DÖV 1966, 698 (699).
[212] BVerfGE 9, 185 (190); 22, 180 (210); siehe hierzu auch ausführlich *Degenhart* (Fn. 50), Art. 70 Rn. 35 ff.
[213] Vgl. dazu *C.H. Ule*, DVBl. 1976, 423 ff.
[214] So auch *Degenhart* (Fn. 50), Art. 70 Rn. 35; eine Annexkompetenz des Bundes kumulativ zu Art. 86 ff. GG nimmt auch *F.O. Kopp*, VwVfG, 6. Aufl. 1996, Vorbemerkung zu § 1 Rn. 12, an.
[215] Siehe dazu auch *P. Lerche*, in: Maunz/Dürig, GG, Art. 83 (1983) Rn. 36.
[216] Ähnlich auch *Kopp*, VwVfG (Fn. 214); *N. Achterberg*, DÖV 1966, 698 (700); siehe auch *Stettner*, Grundfragen (Fn. 49), S. 433.
[217] Vgl. zu dieser *N. Achterberg*, DÖV 1966, 698 (699); *U. Scheuner*, DÖV 1965, 541 (544); *J. Lükke*, DÖV 1977, 495 (498).
[218] Vgl. dazu BVerfGE 8, 104 (110).
[219] BVerfGE 8, 104 (119); 56, 249; zur Akzessorietät der Enteignung deutlich BVerfGE 56, 249 ff.
[220] Siehe dazu *U. Scheuner*, DÖV 1965, 541 (544).
[221] Vgl. dazu *R. Stettner*, DVBl. 1981, 376 ff. → Rn. 18.

ßung²²², Gebührenhoheit²²³ und die **Regelung von Sicherheit und Ordnung**²²⁴ im Zusammenhang mit der Durchsetzung eines Sachgegenstandes haben den für die Kompetenz kraft Annexes notwendigen akzessorischen Charakter (→ Art. 73 Rn. 7; → Art. 74 Rn. 55). Werden dagegen Sicherheit und Ordnung zum Hauptzweck verselbständigt, liegt die Gesetzgebungszuständigkeit bei den Ländern. Die Regelung der **Haftung**²²⁵ für die Beschädigung einer öffentlichen Straße gilt nach Auffassung des Bundesverfassungsgerichts wegen des funktionalen Zusammenhangs als Teil der straßenrechtlichen Gesetzgebungsbefugnis. Wird dagegen die **Staatshaftung** zum Hauptzweck einer Regelung, so entfällt die Möglichkeit einer akzessorischen Zuordnung; die ursprüngliche Landeskompetenz (Art. 70 I GG)²²⁶ ist durch Art. 74 I Nr. 25 GG in Verbindung mit Art. 72 II GG im Sinn einer Bundeskompetenz geändert worden.

4. Bedeutung von Art. 70 II GG

69 Die Vorschrift kann gegenüber Art. 70 I GG und den nachfolgenden Vorschriften **kaum selbständiges Profil** gewinnen; als wohl wesentlichste Aussage läßt sich ihr entnehmen, daß das Grundgesetz davon ausgeht, daß nur zwei Gesetzgebungszuständigkeiten bestehen, nämlich die ausschließliche und die konkurrierende²²⁷. Die Rahmengesetzgebungskompetenz erscheint damit als Spielart der konkurrierenden Gesetzgebungsbefugnis. (→ Art. 75 Rn. 15).

D. Verhältnis zu anderen GG-Bestimmungen

70 Während Art. 30 GG als **Generalnorm** für die Verteilung der staatlichen Aufgaben und Befugnisse in der föderalistischen Ordnung des Grundgesetzes dient, die dann zum Zuge kommt, wenn keine speziellen Befugniszuweisungen eingreifen, verhält sich Art. 70 GG zu Art. 30 GG wie die **lex specialis zur lex generalis**²²⁸. Deshalb ist es an sich mit einem streng verstandenen Prinzip der Gesetzeskonkurrenz nicht zu vereinbaren, wenn das Bundesverfassungsgericht regelmäßig Art. 30 GG zusammen mit Art. 70 I und 83 GG nennt²²⁹; die Anführung von Art. 30 GG läßt sich aber als bloße (untechnische) Inbezugnahme der Grundsatznorm für die Verteilung von Aufgaben und Zuständigkeiten zwischen Bund und Ländern rechtfertigen. Den **Art. 70 ff. GG**, insbesondere Art. 70 I GG, **gehen wiederum Art. 104a bis Art. 109 GG** vor, die für das Finanzwesen eine abschließende Regelung darstellen. Mit diesem vom Bundesverfassungsgericht anerkannten exklusiven Charakter²³⁰ steht es nicht in Einklang, daß das Gericht im Hinblick auf Art. 105 a.F. GG Art. 70 I GG als Grundregel der bundesstaat-

---

²²² BVerfGE 3, 407 (428).
²²³ BVerfGE 26, 338 (388); E 11, 291 (312) spricht dagegen – unrichtig – von »Sachzusammenhang«.
²²⁴ Vgl. dazu BVerfGE 8, 143 (149); 3, 407 (433); 33, 206 (217); 41, 344 (355). Entgegen *M. Bullinger*, AöR 96 (1971), 237 (243) ist die Benutzung des Wortes »Annex« durch das Bundesverfassungsgericht in der Entscheidung im 8. Band durchaus sinnvoll.
²²⁵ BVerfGE 42, 20 (35).
²²⁶ Festgestellt durch BVerfGE 61, 149 – Amtshaftung.
²²⁷ BVerfGE 1, 14 (35); siehe dazu auch *Kunig* (Fn. 112), Art. 70 Rn. 29.
²²⁸ Jarass/*Pieroth*, GG, Art. 30 Rn. 2; *Pestalozza*, GG VIII, Art. 70 Rn. 34.
²²⁹ Vgl. dazu BVerfGE 55, 274 (318); 59, 360 (377); 61, 147 (175, 203, 205); 67, 299 (315).
²³⁰ Vgl. BVerfGE 67, 256 (286).

lichen Verfassung für jede Art von Gesetzgebung, also auch für das Gebiet des Steuerrechts bezeichnet hat[231]. Es ist unzulässig, aus Art. 70 I GG eine Landessteuerkompetenz folgern zu wollen; Art. 70 I GG ist auch dann nicht einschlägig, wenn der Bund außerhalb des Bereichs der ausschließlichen Gesetzgebung als Steuergesetzgeber ausfällt.

Im Hinblick auf die Verwaltungskompetenzen, die dem Bund zustehen, hat das Bundesverfassungsgericht den Grundsatz aufgestellt, daß **die Gesetzgebungskompetenz des Bundes die äußerste Grenze für seine Zuständigkeit zur Ausführung der Bundesgesetze** darstellt[232]. Dies schließt aber nicht aus, daß kraft ungeschriebener Bundesgesetzgebungszuständigkeit der Bund organisationsrechtliche Vorschriften für das Verwaltungsverfahren der Bundesverwaltung erlassen kann[233].

71

---

[231] BVerfGE 16, 74 (78f.).
[232] BVerfGE 12, 205 (229); 15, 1 (16); 78, 374 (386); siehe auch BVerwGE 87, 181 (184).
[233] Siehe dazu *Lerche* (Fn. 215), Art. 83 Rn. 34; noch weitergehend *H. H. von Arnim*, Finanzzuständigkeit, in: HStR IV, § 103 Rn. 58.

Artikel 71 [Ausschließliche Gesetzgebung des Bundes]

Im Bereiche der ausschließlichen Gesetzgebung des Bundes haben die Länder die Befugnis zur Gesetzgebung nur, wenn und soweit sie hierzu in einem Bundesgesetze ausdrücklich ermächtigt werden.

Literaturauswahl

Grziwotz, Herbert: Partielles Bundesrecht und die Verteilung der Gesetzgebungsbefugnisse im Bundesstaat, in: AöR 116 (1991), S. 588–605.
Rudolf, Walter: Die Ermächtigung der Länder zur Gesetzgebung im Bereich der ausschließlichen Gesetzgebung des Bundes, in: AöR 88 (1963), S. 159–184.
Schütz, Peter: Der neue Art. 80 IV GG – Gesetzgebung an Verordnungs Statt, in: NVwZ 1996, S. 37–40.

Siehe auch die Angaben zu Art. 70 GG.

Leitentscheidungen des Bundesverfassungsgerichts

BVerfGE 8, 104 (116f.) – Volksbefragung; 18, 407 (415) – Verordnung als Landesrecht; 35, 65 (74) – VwGO-Ausführungsgesetz II.

Gliederung

	Rn.
A. Herkunft, Entstehung, Entwicklung	1
I. Ideen- und verfassungsgeschichtliche Aspekte	1
II. Entstehung und Veränderung der Norm	2
B. Internationale, supranationale und rechtsvergleichende Bezüge	4
C. Erläuterungen	5
I. Bedeutung von Art. 71 GG	5
II. Bereiche der ausschließlichen Gesetzgebung des Bundes	7
III. Sperrwirkung für die Landesgesetzgebung	8
IV. Ermächtigung durch einfaches Bundesgesetz	10
V. Wiedereintritt des Bundesgesetzgebers	18
VI. Anwendungsfälle	19
D. Verhältnis zu anderen GG-Bestimmungen	20

A. Herkunft, Entstehung, Entwicklung

I. Ideen- und verfassungsgeschichtliche Aspekte

1 Eine **Vorläufernorm** zu Art. 71 GG **existiert nicht**. Die Reichsverfassung von 1871 und die Weimarer Verfassung schweigen zur Frage einer Ermächtigung des Landesgesetzgebers durch Reichsgesetz im Bereich der ausschließlichen Reichsgesetzgebung (→ Art. 70 Rn. 2). Während die Literatur des Kaiserreichs die Frage kaum behandelte, ging die wohl überwiegende Auffassung des Schrifttums der Weimarer Zeit dahin, daß die Ermächtigung durch einfaches Reichsgesetz trotz Fehlens einer ausdrücklichen Verfassungsnorm zulässig sei[1].

---

[1] Siehe dazu *Pestalozza*, GG VIII, Art. 71 Rn. 1 m. z. N.; vgl. weiter W. *Rudolf*, AöR 88 (1963), 159 (160).

II. Entstehung und Veränderung der Norm

Der Herrenchiemseer Verfassungskonvent hielt eine **Definition der ausschließlichen Gesetzgebung des Bundes** für notwendig und fand dafür in Art. 33 HChE die Formulierung: »Im Bereich der ausschließlichen Gesetzgebung des Bundes haben die Länder nur dann die Befugnis zur Gesetzgebung, wenn sie hierzu in Bundesgesetzen ausdrücklich ermächtigt werden oder wenn ihre Gesetze lediglich den Vollzug von Bundesgesetzen zum Gegenstand haben.«

Bei den Beratungen im **Parlamentarischen Rat** wurde der zweite Teil des Nebensatzes (»oder wenn ihre Gesetze lediglich den Vollzug von Bundesgesetzen zum Gegenstand haben«) gestrichen. Nachdem der bisherige Art. 33 als Abs. 2 dem Art. 35 (Katalog der Gegenstände der ausschließlichen Bundesgesetzgebung) angefügt worden war, führte das Memorandum der Militärgouverneure vom 2.3.1949 dazu, daß die Definiton der ausschließlichen Bundesgesetzgebung wieder in einem selbständigen Artikel untergebracht wurde. Art. 33 wurde vom Redaktionsausschuß neu formuliert und erhielt die Fassung des heutigen Art. 71 GG. Der Hauptausschuß nahm diese in vierter Lesung an und fügte den Artikel in den Abschnitt Gesetzgebung ein. Er durchlief ohne Änderungen die Lesungen des Plenums[2].

B. Internationale, supranationale und rechtsvergleichende Bezüge

Eine Art. 71 GG in den Mittelpunkt stellende rechtsvergleichende Betrachtung ist nur im Hinblick auf diejenigen föderativen Systeme möglich, die eine ausschließliche Gesetzgebung auf der zentralen Ebene vorsehen, wie dies etwa für die Schweiz, die Europäische Union, die USA oder die föderativen Systeme Kanadas und Australiens gilt[3]. Während in den USA, Kanada und Australien eine Delegation von Gesetzgebungskompetenzen im Bereich der ausschließlichen Gesetzgebungskompetenz wohl als unzulässig angesehen wird, ist diese Frage in der Schweiz umstritten[4]. Hinzuweisen ist in diesem Zusammenhang auch auf die im europäischen Recht anerkannte Praxis, bei Untätigkeit der Gemeinschaftsorgane im Bereich ausschließlicher EU-Kompetenzen ein Vorgehen der Mitgliedstaaten als »Sachwalter des gemeinsamen Interesses« zuzulassen (→ Art. 70 Rn. 14).

C. Erläuterungen

I. Bedeutung von Art. 71 GG

Art. 71 GG fungiert als Parallelvorschrift zu Art. 72 I GG (Begriff der konkurrierenden Gesetzgebung des Bundes). Daß beide Artikel von »Befugnis zur Gesetzgebung« sprechen, während Art. 70 I GG das »Recht der Gesetzgebung« der Länder erwähnt,

---

[2] JöR 1 (1951), S. 464; *H. Herrfahrdt*, in: BK, Art. 71 (Erstb. 1952), S. 1.
[3] Siehe dazu *M. Fehling*, Mechanismen der Kompetenzabgrenzung in föderativen Systemen im Vergleich, in: J. Aulehner u.a. (Hrsg.), Föderalismus – Auflösung oder Zukunft der Staatlichkeit?, 1997, S. 30 ff. (32 ff.); *M. Bothe*, Die Kompetenzstruktur des modernen Bundesstaates in rechtsvergleichender Sicht, 1977, S. 260 ff.
[4] Vgl. dazu *Bothe*, Kompetenzstruktur (Fn. 3), S. 261, 264, 268, 269.

macht sachlich keinen Unterschied (→ Art. 70 Rn. 17). Der **Begriff** der »ausschließlichen Gesetzgebung des Bundes« ist **aus sich heraus verständlich**[5]. Deshalb ist es bedeutsamer, daß die Vorschrift zugleich eine **Relativierung der Sperrwirkung** gegenüber den Ländern vornimmt, indem sie die Möglichkeit der Ermächtigung der Länder auf Gebieten der ausschließlichen Gesetzgebung des Bundes durch Bundesgesetz zuläßt und damit die »Ausnahme von der Regel« statuiert[6]. Ohne eine solche Ermächtigung sperrt Art. 71 GG die Länder von Verfassungs wegen aus den Materien der ausschließlichen Bundesgesetzgebung aus; es bedarf zum Ausschluß der Länder keines Gesetzes wie im Fall des Art. 72 GG[7]. Dagegen entsteht durch Ausübung der konkurrierenden Gesetzgebung des Bundes keine »nachträgliche ausschließliche Gesetzgebungskompetenz«, die die Anwendung von Art. 71 2. Hs. GG erlauben würde[8].

6 Auch wenn Art. 71 2. Hs. GG bislang nur geringe praktische Bedeutung entfaltete[9], birgt er **Chancen für eine föderalistische Differenzierung** der Bundesgesetzgebung in der Zukunft, die nicht von Anfang an abgewertet werden sollten[10]. Für eine solche Sichtweise, die auch im Bereich der ausschließlichen Gesetzgebung des Bundes mehr Vielfalt für denkbar hält, spricht auch, daß der Grundgesetzgeber in Art. 80 IV GG für die Länder die Möglichkeit geschaffen hat, auf bundesgesetzliche Verordnungsermächtigungen mit dem Mittel des förmlichen Landesgesetzes zu reagieren anstatt Rechtsverordnungen zu erlassen, wobei Art. 80 IV GG eine solche Verfahrensweise auch für solche Bundesgesetze zuläßt, die der ausschließlichen Gesetzgebungskompetenz des Bundes entspringen (→ Art. 80 Rn. 48 f.).[11]

II. Bereiche der ausschließlichen Gesetzgebung des Bundes

7 Für die Materien der ausschließlichen Gesetzgebung des Bundes ist zunächst einmal **Art. 73 GG maßgeblich**. Auch Art. 105 I GG (Zölle und Finanzmonopole) betrifft einen Fall ausdrücklich benannter ausschließlicher Gesetzgebung des Bundes; dasselbe gilt für Art. 143a I, III 3 (Bundeseisenbahnen) und Art. 143b I, II 3, III 3 GG (Umwandlung des Sondervermögens Deutsche Bundespost). Darüber hinaus ergeben sich **zahlreiche andere ausschließliche Gesetzgebungsbefugnisse** aus dem Text des Grundgesetzes, soweit dieser ausdrücklich ein Bundesgesetz verlangt oder stillschweigend voraussetzt. Wenn damit nur eine Katalogmaterie nach Art. 73 GG wiederholt wird, handelt es sich um eine **deklaratorische**, im übrigen um eine **konstitutive Kompetenz-**

---

[5] Ebenso *P. Kunig*, in: v. Münch/Kunig, GG III, Art. 71 Rn. 3; *Pestalozza*, GG VIII, Art. 71 Rn. 11; a. A. *T. Maunz*, in: Maunz/Dürig, GG, Art. 71 (1984), Rn. 1.

[6] Siehe dazu *Maunz* (Fn. 5), Art. 71 Rn. 1; *H.-W. Rengeling*, Gesetzgebungszuständigkeit, in: HStR IV, § 100 Rn. 61; siehe auch Jarass/*Pieroth*, GG, Art. 71 Rn. 1; *P. Kunig*, Jura 1996, 254 (256).

[7] *Pestalozza*, GG VIII, Art. 71 Rn. 11. Aus diesem Grund entsteht mit dem Erlaß eines Bundesgesetzes auf einem Gebiet der konkurrierenden Gesetzgebung eines Bundes auch keine »nachträgliche ausschließliche Gesetzgebungskompetenz«; vgl. BVerfGE 35, 65 (74).

[8] Vgl. *W. Rudolf*, AöR 88 (1963), 159 (163). → Rn. 12.

[9] Vgl. *M. Bullinger*, DÖV 1970, 761 (764); zu einzelnen Fällen → Rn. 19.

[10] Anders aber *D. Katzenstein*, DÖV 1958, 593 (594): »totes Recht«.

[11] Siehe hierzu auch *Pestalozza*, GG VIII, Art. 71 Rn. 12, 31; vgl. zum Ganzen auch *P. Schütz*, NVwZ 1996, 37ff., der darauf hinweist, daß im Unterschied zu Art. 71 GG im Fall des Art. 80 IV GG der Bundesgesetzgeber nicht unmittelbar Rechtsetzungsmacht an das Landesparlament delegieren kann. Der Bundesgesetzgeber kann nur die Landesregierung als Delegatar benennen; ob das Landesparlament selbst die Initiative ergreifen möchte, liegt in dessen Belieben. (ebd. S. 37 mit Fn. 3).

II. Bereiche der ausschließlichen Gesetzgebung des Bundes — Art. 71

zuweisung. Zu nennen sind[12] Art. 4 III 2 (Kriegsdienstverweigerung), Art. 12a II-V/Art. 73 Nr. 1 (Wehr- und Dienstpflicht); Art. 16a II 2, III 2 (sichere Drittstaaten); Art. 17a (Grundrechtseinschränkung durch Gesetze für Zwecke der Verteidigung und über Ersatzdienst); Art. 21 III (Parteien)[13]; Art. 23 I 2, VII (Europäische Union); Art. 24 I (zwischenstaatliche Einrichtungen); Art. 26 II 2 (Kriegswaffen); Art. 29 II, IV, V, VI 2, VII 2 (Neugliederung des Bundesgebietes); Art. 38 III (Bundestagswahlen); Art. 41 III (Wahlprüfung); Art. 45b II (Wehrbeauftragter); Art. 45c II (Petitionsausschuß); Art. 48 III 2 (Rechte der Abgeordneten); Art. 54 VII (Wahl des Bundespräsidenten); Art. 59 II 1 (Zustimmung zu völkerrechtlichen Verträgen); Art. 72 III (Ersetzung nicht mehr erforderlicher bundesrechtlicher Regelungen durch Landesrecht); Art. 79 I, II (Änderung des Grundgesetzes); Art. 84 V 1 (Einzelweisungen im Bereich der landeseigenen Verwaltung); Art. 85 I (Bundesauftragsverwaltung); Art. 87 I 2, III (Ausdehnung der bundeseigenen Verwaltung); Art. 87b I 3, II[14] (Bundeswehr- und Verteidigungsverwaltung); Art. 87d I 2, II (Luftverkehrsverwaltung); Art. 87e I 2, II, III 4, IV 2 (Eisenbahnverkehrsverwaltung); Art. 87f I, III (Dienstleistungen im Bereich von Postwesen und Telekommunikation); Art. 91a II (Gemeinschaftsaufgaben); Art. 93 II (Zuständigkeiten des Bundesverfassungsgerichts); Art. 94 II (Bundesverfassungsgerichtsgesetz); Art. 95 III 2 (Gemeinsamer Senat der Obersten Bundesgerichte); Art. 96 II 3, V (andere Bundesgerichte, Ausübung von Gerichtsbarkeit des Bundes durch Landesgerichte); Art. 98 I (Rechtsstellung der Bundesrichter); Art. 104a IV 2, V 2 (Finanzhilfen des Bundes); Art. 106 III 3 (Umsatzsteuer), V 2 (Anteil der Gemeinden an der Einkommensteuer), VI 5 (Gewerbesteuerumlage); Art. 106a II (Personennahverkehr); Art. 107 I 2, 4 (horizontaler Finanzausgleich); Art. 108 I 2, II 2, IV 1, V, VI[15] (Finanzverwaltung); Art. 109 III, IV 1, 4 (Verpflichtung von Bund und Ländern auf das gesamtwirtschaftliche Gleichgewicht); Art. 110 II 1 (Haushaltsgesetz); Art. 112 III (Über- und außerplanmäßige Ausgaben); Art. 114 II 3 (Bundesrechnungshof); Art. 115 I 1, 3, II (Kreditbeschaffung); Art. 115c II, III (erweiterte Gesetzgebungskompetenz des Bundes im Verteidigungsfall); Art. 115l III (Friedensschluß); Art. 116 I[16]; Art. 117 II (Aufhebung von die Freizügigkeit beschränkenden Gesetzen); Art. 120 I 1 (Besatzungskosten, sonstige innere und äußere Kriegsfolgelasten); Art. 131 Satz 1, 2[17]; Art. 134 IV (Rechtsnachfolge in das Reichsvermögen); Art. 135

---

[12] Siehe hierzu ausführlich *Pestalozza*, GG VIII, Art. 71 Rn. 18 ff.; *P. Kunig*, in: v. Münch/Kunig, GG III, Art. 70 Rn. 18 f. → Art. 30 Rn. 31.

[13] Vgl. dazu auch *Pestalozza*, GG VIII, Art. 71 Rn. 18 mit Fn. 33; siehe weiter *A. Harms*, Die Gesetzgebungszuständigkeit des Bundes aus Art. 21 III GG in Abgrenzung zum Zuständigkeitsbereich der Länder, 1986, S. 63 ff.

[14] Der systematisch hier folgende Art. 87c GG spricht zwar von Gesetzen, die mit Zustimmung des Bundesrates bestimmen können, daß sie von den Ländern im Auftrage des Bundes ausgeführt werden, wegen der Inbezugnahme von Art. 74 I Nr. 11a GG (friedliche Nutzung der Kernenergie), einer konkurrierenden Gesetzgebungskompetenz des Bundes, unterfallen Gesetze, die auf Art. 87c GG fußen, aber wohl diesem Gesetzgebungstypus (a. A. *Pestalozza*, GG VIII, Art. 71 Rn. 19).

[15] Zum Verhältnis dieser Kompetenznorm zu Art. 74 I Nr. 1 GG und zu dem hier herrschenden Meinungsstreit siehe *Pestalozza*, GG VIII, Rn. 18 Fn. 34, der Art. 108 VI GG auch für ermächtigungsfeindlich im Sinn von Art. 71 GG hält. Vgl. weiterhin *W. Rudolf*, AöR 88 (1963), 159 (163).

[16] Der Begriff des Deutschen im Sinn des Grundgesetzes ist nicht gleichbedeutend mit Innehabung der deutschen Staatsangehörigkeit nach Art. 73 Nr. 2 GG. Für eine Regelung nach Art. 116 GG kann nur der Bund in Betracht kommen; so auch *Pestalozza*, GG VIII, Art. 71 Rn. 21.

[17] Zu den Besonderheiten dieser Vorschrift in kompetentieller Hinsicht siehe BVerfGE 1, 167 (177); 7, 305 (313); 15, 167 (184 ff.). Wegen der ursprünglichen Befugnis, Landesrecht in verfassungs-

Art. 71   C. Erläuterungen

IV, V, VI 2 (Rechtsnachfolge in das Vermögen früherer Länder und sonstiger juristischer Personen des öffentlichen Rechts) sowie Art. 135a GG (alte Verbindlichkeiten des Reichs, Preußens oder sonstiger früherer juristischer Personen des öffentlichen Rechts). Zum Bereich der ausschließlichen Gesetzgebung des Bundes zählen auch alle Gesetzgebungszuständigkeiten kraft Natur der Sache[18] (→ Art. 70 Rn. 57ff.).

III. Sperrwirkung für die Landesgesetzgebung

8   Schon von Verfassungs wegen besitzen die Länder keine Berechtigung, im Bereich der ausschließlichen Gesetzgebung des Bundes tätig zu werden, so daß **Landesgesetze, die dies nicht beachten, eo ipso nichtig** sind[19]. Es bedarf also keines Legislativakts des Gesetzgebers, wie dies im Fall von Art. 72 GG notwendig ist[20]. Ein Rückgriff auf Art. 31 GG scheidet gleichfalls aus[21]. Es kommt nicht darauf an, ob die Landesgesetzgebung durch die gesetzgebende Körperschaft des Landes oder im Wege von Volksbefragung und Volksentscheid vorgenommen wird[22]. Für Landesverfassungsrecht gelten Besonderheiten (→ Art. 70 Rn. 44).

9   Nach der Rechtsprechung des Bundesverfassungsgerichts findet **Art. 71 GG auch Anwendung** auf amtliche Volksbefragungen durch die Länder auf den Gebieten der ausschließlichen Gesetzgebungskompetenz des Bundes, **wenn** dadurch **Bundesorgane im Bereich ausschließlicher Gesetzgebungskompetenz** durch **politischen Druck gezwungen werden sollen**, getroffene Sachentscheidungen zu ändern (»Ausstrahlungswirkung«)[23]. Es besteht jedoch keine Notwendigkeit, einem solchen Vorgehen der Länder mit Hilfe von Verfassungsnormen zu begegnen, die auf die Gesetzgebungsfunktion und die Abgrenzung der wechselseitigen Tätigkeitsfelder von Bund und Ländern in diesem Bereich zugeschnitten sind. Vielmehr dürfte die **Bundestreue** ein angemessenes Regulativ bieten, um Einhalt gebieten zu können.

IV. Ermächtigung durch einfaches Bundesgesetz

10   Die **Sperrwirkung** nach Art. 71 GG für die Länder im Bereich der ausschließlichen Bundesgesetzgebung wird **aufgehoben**, wenn eine den Voraussetzungen der Verfassung genügende **Ermächtigung** vorliegt. Diese muß durch ein förmliches Bundesgesetz erfolgen, das aber nicht den Bestimmtheitserfordernissen nach Art. 80 I 2 GG entsprechen

---

mäßiger Weise zu setzen, die nach Erlaß von Bundesrecht untergeht und auch nicht wieder auflebt, wenn der Bund seine Regelung beseitigt, könnte mit *Pestalozza* und unter Verwendung einer Begriffsbildung von v. *Mangoldt/Klein* hier von »nachträglich ausschließlicher Zuständigkeit des Bundes« gesprochen werden; siehe dazu v. *Mangoldt/Klein*, GG, Art. 72 Anm. III 2 a (S. 1435); *Pestalozza*, GG VIII, Art. 71 Rn. 18 Fn. 36. A. A. wohl *W. Rudolf*, AöR 88 (1963), 159 (163).

[18] Vgl. dazu *C. Degenhart* in: Sachs, GG, Art. 71 Rn. 3; *W. Erbguth*, DVBl. 1988, 317 (324).
[19] Vgl. dazu *Stern*, Staatsrecht II, S. 593.
[20] Siehe dazu *J. Ipsen*, Staatsrecht I, Rn. 543.
[21] → Art. 31 Rn. 24; siehe auch *Kunig* (Fn. 5), Art. 71 Rn. 1.
[22] Siehe dazu auch Jarass/Pieroth, GG, Art. 71 Rn. 2.
[23] Vgl. dazu BVerfGE 8, 104 (117f.); siehe dazu auch *Rengeling* (Fn. 6), § 100 Rn. 65; *Degenhart* (Fn. 18), Art. 71 Rn. 13; *Kunig* (Fn. 5), Art. 71 Rn. 2; *Pestalozza*, GG VIII, Art. 71 Rn. 68ff.; vgl. auch *M. Bothe*, in: AK-GG, Art. 71 Rn. 3. Nach HessStGH NJW 1982, 1141 (1142) stellt schon ein Volksbegehren bezüglich einer Gesetzgebungsmaterie, die ausschließlich dem Bund zusteht, einen Verstoß gegen Art. 71 GG dar.

IV. Ermächtigung durch einfaches Bundesgesetz

muß[24]; in dem vorgegebenen Rahmen (»wenn und soweit«) können die Länder die Ermächtigung zum Erlaß von Landesgesetzen nutzen[25]. Für die Ermächtigung der Länder zum **Erlaß von Rechtsverordnungen ist nicht Art. 71 GG einschlägig, sondern Art. 80 GG** (wobei auf die zu Art. 71 GG parallele Wirkung hinzuweisen ist, die über Art. 80 IV GG durch den Landesgesetzgeber erzielt werden kann, wenn eine Delegationsnorm des Bundes zum Verordnungserlaß durch das Land vorliegt).

Zweck von Art. 71 2. Hs. GG ist die Schaffung eines Wegs für eine **regionale Differenzierung**, wenn diese auch im Bereich der ausschließlichen Gesetzgebung des Bundes notwendig werden sollte[26]. Die Verfassung bietet insoweit dem Bundesgesetzgeber eine Chance, ohne aber die Notwendigkeit regionaler Differenzierung zum Wirksamkeitskriterium zu machen, das gar noch zur Legitimierung der Bundesgesetzgebung am Maßstab der Erforderlichkeit zwingen würde (→ Rn. 15). **11**

Die Ermächtigungsmöglichkeit nach **Art. 71 2. Hs. GG erlaubt nur dem Bund**, seinen Bereich ausschließlicher Gesetzgebungskompetenz den Ländern zu öffnen; umgekehrt können dies die **Länder nicht**, weil es an einer sie berechtigenden Parallelvorschrift zu Art. 71 GG fehlt. Eine **Ermächtigung im Bereich der konkurrierenden Gesetzgebungsbefugnis kommt nicht in Betracht**; hier hat der Bund aber jederzeit die Möglichkeit und die Pflicht, den Ländern Raum zu geben, wenn es der bundesgesetzlichen Regelung nicht bedarf[27]. Wie dies auch sonst für Gesetzgebungskompetenzen gilt (→ Art. 70 Rn. 23), bewirkt eine Ermächtigung des Bundes nach Art. 71 2. Hs. GG regelmäßig nur ein **Recht für die Länder zur Gesetzgebung**, keine Verpflichtung. Ein verfassungsrechtlich bindender Auftrag an die Länder zur Gesetzgebung muß sich aus allgemeinen verfassungsrechtlichen Gesichtspunkten ergeben, kann also nicht vom Bund gezielt in seine »Ermächtigung« aufgenommen werden[28]. **12**

Wenn Gegenstand der Ermächtigung eine zustimmungsbedürftige Materie ist, muß die **Zustimmung des Bundesrats** zum ermächtigenden Gesetz erteilt werden[29]. Auch wenn durch eine Delegation der fraglichen Art die Länder partiell gestärkt werden, kann dies nicht ohne Zustimmung des Bundesrats geschehen, nicht zuletzt deshalb, um der Umgehung von Verfassungsnormen vorzubeugen. **13**

Eine Ermächtigung durch den Bund ist trotz der scheinbar schrankenfrei eingeräumten Möglichkeit nach Art. 71 2. Hs. GG nicht in jedem Fall möglich. Soweit dem Bund eine **Kompetenz kraft Natur der Sache** zusteht (→ Art. 70 Rn. 57), ist diese **14**

---

[24] So auch *Degenhart* (Fn. 18), Art. 71 Rn. 5.
[25] Siehe dazu *Degenhart* (Fn. 18), Art. 71 Rn. 5; *Rengeling* (Fn. 6), § 100 Rn. 66; *Jarass/Pieroth*, GG, Art. 71 Rn. 4.
[26] Vgl. dazu BVerfGE 18, 407 (418); *Maunz* (Fn. 5), Art. 71 Rn. 18.
[27] In diesem Sinn auch *Kunig* (Fn. 5), Art. 71 Rn. 5; *Rengeling* (Fn. 6), § 100 Rn. 48. Wenn *Maunz* (Fn. 5), Art. 71 Rn. 29, in diesem Zusammenhang von der Möglichkeit einer Ermächtigung spricht, die allerdings nicht auf Art. 71 2. Hs. GG gestützt werden könne, so dürfte er im Ergebnis von der im Text vertretenen Auffassung nicht weit entfernt sein.
[28] So auch *Kunig* (Fn. 5), Art. 71 Rn. 13; a. A. *Bothe* (Fn. 23), Art. 71 Rn. 7. Die Verweisung von *Kunig* auf Art. 75 III GG berücksichtigt allerdings nicht, daß eine direktive Wirkung von Gesetzgebungskompetenzen auch über Art. 75 III GG hinaus in Ausnahmefällen in Betracht kommen kann (→ Art. 70 Rn. 23); *B. Pieroth*, AöR 114 (1989), 422 (448); *R. Stettner*, Grundfragen einer Kompetenzlehre, 1983, S. 330f.
[29] Vgl. dazu *W. Rudolf*, AöR 88 (1963), 159 (178). Zum Beispiel eines nach Art. 105 III GG zustimmungsbedürftigen ermächtigenden Gesetzes (Gemeindeeinfuhrsteuer auf der Insel Helgoland; auch → Rn. 19).

schon von Begriffs wegen **ermächtigungsfeindlich**[30]. Als sonstige ermächtigungsfeindliche Sachgebiete werden genannt die Gesetzgebung betreffend die Wahlen zum Deutschen Bundestag (Art. 38 III GG), die Regelung der Abgeordnetenentschädigung im Bund (Art. 48 III 3 GG) und andere Regelungen betreffend die Organe des Bundes[31]. Die Ermächtigungsfeindlichkeit ergebe sich hier wie auch in anderen Fällen daraus, daß dem Bund diese Materien auch **ohne ausdrückliche Zuweisung** im Grundgesetz als **natürliche** zukommen würden[32]. Auch für die Wehrpflicht (Art. 73 I Nr. 1 GG) und das Währungswesen (Art. 73 Nr. 4 GG) wird Ermächtigungsfeindlichkeit angenommen, nicht soll dies dagegen für Teilaspekte von Art. 73 Nr. 2 GG (Staatsangehörigkeit im Bunde) oder für die »auswärtigen Angelegenheiten« (Art. 73 Nr. 1 GG) sowie für die Gesetzgebung zur Transformation völkerrechtlicher Verträge bei spezifischem Landesbezug gelten[33].

15   Auch wenn Art. 71 2. Hs. GG die Ermächtigung der Länder im Bereich der ausschließlichen Gesetzgebung des Bundes ersichtlich als Ausnahme ansieht, sind die **Motive für die Delegation von Rechtsetzungsgewalt** an erstere unerheblich; sie sind auch nicht immer greifbar und ihre Berücksichtigung würde der auf Striktheit und Vorhersehbarkeit angelegten Kompetenzverteilung zwischen Bund und Ländern widersprechen. Auch aus »Bequemlichkeit« und **ohne spezielle »sachliche Legitimation«** ist die Ermächtigung der Länder möglich[34]. Dem Bund ist also das Recht, zu ermächtigen, auch dann nicht versagt, wenn es sich um eine **politisch umstrittene Materie** handelt, die er sich zu regeln scheut[35]. Umstritten ist, ob der Bundesgesetzgeber auch **ganze Materien** der ausschließlichen Bundeskompetenz zur Regelung an die Länder delegieren kann. Dies wird man verneinen müssen. Auch wenn das Bedürfnis nach regionaler Differenzierung bestehen sollte, kann dies nicht soweit gehen, daß der Bund das Recht zur Gesetzgebung auf Sachgebieten der ausschließlichen Gesetzgebung des Bundes zur Gänze den Ländern überantwortet. Dies wird durch die prinzipielle Unverrückbarkeit der grundgesetzlichen Kompetenzordnung (zur Indisponibilität von Kompetenzen → Art. 70 Rn. 33) verhindert. Es ist davon auszugehen, daß Art. 71 2. Hs. GG nur die Möglichkeit zu **punktuellen** oder **ergänzenden Regelungen** seitens der Länder eröffnet und daß an diese keine substantiellen Gesetzgebungsbefugnisse abwandern dürfen. Die Wertung zugunsten des Bundes ist im Bereich der ausschließlichen Gesetzgebung schon von Verfassungs wegen gefällt und darf nicht durch Voluntativakte des Bundesgesetzgebers untergraben werden[36].

---

[30] So auch *Maunz* (Fn. 5), Art. 71 Rn. 23; *W. Rudolf*, AöR 88 (1963), 159 (170, 180 f.); einschränkend dagegen *Bothe* (Fn. 23), Art. 71 Rn. 6; Jarass/Pieroth, GG, Art. 71 Rn. 4.

[31] Vgl. dazu *Kunig* (Fn. 5), Art. 71 Rn. 9.

[32] Vgl. dazu *Pestalozza*, GG VIII, Rn. 23 mit Fn. 38 unter Hinweis auf die wohl zu weit gehende Aufzählung bei *v. Mangoldt/Klein*, GG, Art. 71 Anm. IV 7 b (S. 1423 f.).

[33] *Kunig* (Fn. 5), Art. 71 Rn. 9; *Pestalozza*, GG VIII, Art. 71 Rn. 23.

[34] So auch *Pestalozza*, GG VIII, Art. 71 Rn. 38; *Kunig* (Fn. 5), Art. 71 Rn. 11; a.A. *W. Rudolf*, AöR 88 (1963), 159 (183); *Rengeling* (Fn. 6), § 100 Rn. 69. Wenn *Degenhart* (Fn. 18), Art. 71 Rn. 17 die bundesgesetzliche Ermächtigung unter das Gebot der Erforderlichkeit regionaler Differenzierung stellen möchte, weil er Art. 71 2. Hs. GG als Ausnahmevorschrift betrachtet, so wird dabei verkannt, daß das Prinzip der Verhältnismäßigkeit im Kompetenzbereich von Bund und Ländern, wenn überhaupt, allenfalls zugunsten der letzteren, aber nicht gegen sie, eingesetzt werden kann. → Art. 70 Rn. 38.

[35] Siehe dazu *Rengeling* (Fn. 6), § 100 Rn. 68.

[36] *Degenhart* (Fn. 18), Art. 71 Rn. 7; *Maunz* (Fn. 5), Art. 71 Rn. 24; *Rengeling* (Fn. 6), § 100 Rn. 69;

Art. 71 2. Hs. GG macht dem Bundesgesetzgeber **keine Vorgaben**, wie der **Kreis der** **16** **Delegatare** auszusehen hat. Der Bundesgesetzgeber kann also sowohl einzelne als auch alle Länder ermächtigen, was der von der Grundgesetzbestimmung intendierten **Flexibilität der Gesetzgebung** dienlich sein dürfte. Die Ermächtigung einzelner Länder kann insbesondere aus regionalen Gegebenheiten resultieren, wobei es dem Bund aber aus Grundsätzen der **Bundestreue** (→ Art. 20 [Bundesstaat] Rn. 26 ff.) **nicht gestattet** ist, Länder **unsachlich zu bevorzugen oder zu benachteiligen**. Dem Bundesgesetzgeber kann es aber auch nicht verwehrt sein, alle Länder zu ermächtigen[37].

Nutzen die Länder eine bundesgesetzliche Ermächtigung nach Art. 71 Satz 2 GG, **17** so wird von den Landesparlamenten Landesrecht geschaffen[38]. Die Länder sind **nicht gehalten**, eine entsprechende Ermächtigung des Bundes **in einheitlicher Weise** zu nutzen; da der Normzweck von Art. 71 2. Hs. GG gerade in der Möglichkeit regionaler Differenzierungen und flexibler gesetzgeberischer Normierung liegt, kann allenfalls die Bundestreue zu einem koordinierten Verhalten zwingen[39].

V. Wiedereintritt des Bundesgesetzgebers

Der Bundesgesetzgeber kann die Länder aus dem Bereich der ausschließlichen Gesetzgebung des Bundes jederzeit wieder dadurch **verdrängen**, daß er die Ermächtigung formell aufhebt oder die zu regelnden Fragen selbst normiert und dadurch dem Landesrecht die kompetentielle Grundlage entzieht. Streitig ist, **ob das Landesrecht weitergilt**, wenn eine einmal erteilte **Ermächtigung wegfällt,** wozu neben der Beseitigung des ermächtigenden Gesetzes oder des Fristablaufs bei befristeter Ermächtigung auch der Fall einfachen Selbsteintritts des Bundesgesetzgebers (Regelung der den Ländern überlassenen Materie durch Bundesgesetz ohne formelle Aufhebung der Ermächtigung) zu rechnen ist[40]. Es dürfte der allgemeinen Systematik entsprechen, für diesen Fall **kompetenzwidriges und deshalb nichtiges Landesrecht anzunehmen**[41] und nicht die ferner liegende Parallele zum Erlöschen von Verordnungsermächtigungen nach Art. 80 GG zu ziehen, die darauf beruhende Verordnungen unberührt läßt[42]. **18**

VI. Anwendungsfälle

Die bisherigen **sehr seltenen Fälle** einer Ermächtigung der Länder im Bereich der **19** ausschließlichen Gesetzgebung des Bundes betrafen Gesetze über die Beschränkung

---

a.A. teilweise *H. Grziwotz*, AöR 116 (1991), 588 (597). Siehe aber auch *Kunig* (Fn. 5), Art. 71 Rn. 10, der für eine derartige Abweichung von dem vom Grundgesetz vorgezeichneten Bild eine Verfassungsänderung fordert.

[37] Siehe hierzu im einzelnen Jarass/*Pieroth*, GG, Art. 71 Rn. 4; *Bothe* (Fn. 23), Art. 71 Rn. 7; *Maunz* (Fn. 5), Art. 71 Rn. 25.
[38] Vgl. dazu BVerfGE 18, 407 (415); *Maunz* (Fn. 5), Art. 71 Rn. 21. Daß ein aufgrund einer Ermächtigungsnorm vom Landesgesetzgeber erlassenes Gesetz Landesrecht ist, ergibt sich schon daraus, daß sonst das Landesparlament Rechtsnormen schaffen könnte, die der eigenen Landesverfassung vorgingen (in diesem Sinn *Kunig* [Fn. 5], Art. 71 Rn. 7).
[39] Siehe dazu *Degenhart* (Fn. 18), Art. 71 Rn. 10; → Art. 70 Rn. 35.
[40] Vgl. dazu *Rengeling* (Fn. 6), § 100 Rn. 70.
[41] So auch *Maunz* (Fn. 5), Art. 71 Rn. 27; *Kunig* (Fn. 5), Art. 71 Rn. 15.
[42] So aber *Degenhart* (Fn. 18), Art. 71 Rn. 11; Bedenken aus Gründen der »Rechtssicherheit« auch bei *Rengeling* (Fn. 6), § 100 Rn. 70.

der Freizügigkeit und über eine Gemeindeeinfuhrsteuer für die Insel Helgoland. Zu nennen sind weiterhin § 6 Abs. 1 des Gesetzes über die Eingliederung des Saarlandes vom 23. Dezember 1956 (BGBl. I S. 1011) und § 22 a.F. des Gesetzes über die politischen Parteien vom 24. Juli 1967, geändert durch Gesetz vom 22. Juli 1969 (BGBl. I S. 925), nunmehr ersetzt durch die Regelungen der §§ 18 ff. PartG[43].

D. Verhältnis zu anderen GG-Bestimmungen

20   Art. 71 GG wird als **lex specialis** zu Art. 31 GG angesehen[44]. Richtiger dürfte es aber sein, jede Kollision von Landes- und Bundesbereich abzulehnen und die beiden Vorschriften als **disparat** zu behandeln.

---

[43] Siehe zu diesem Beispiel *Pestalozza*, GG VIII, Art. 71 Rn. 71 ff.
[44] In diesem Sinn Jarass/*Pieroth*, GG, Art. 71 Rn. 2.

Artikel 72 [Konkurrierende Gesetzgebung des Bundes]

(1) Im Bereich der konkurrierenden Gesetzgebung haben die Länder die Befugnis zur Gesetzgebung, solange und soweit der Bund von seiner Gesetzgebungszuständigkeit nicht durch Gesetz Gebrauch gemacht hat.

(2) Der Bund hat in diesem Bereich das Gesetzgebungsrecht, wenn und soweit die Herstellung gleichwertiger Lebensverhältnisse im Bundesgebiet oder die Wahrung der Rechts- oder Wirtschaftseinheit im gesamtstaatlichen Interesse eine bundesgesetzliche Regelung erforderlich macht.

(3) Durch Bundesgesetz kann bestimmt werden, daß eine bundesgesetzliche Regelung, für die eine Erforderlichkeit im Sinne des Absatzes 2 nicht mehr besteht, durch Landesrecht ersetzt werden kann.

Literaturauswahl

Achterberg, Norbert: Die Entscheidung über das Bedürfnis für die Bundesgesetzgebung (Art. 72 Abs. 2 GG), in: DVBl. 1967, S. 213–220.

Arndt, Hans-Wolfgang: Zur verfassungsrechtlichen Problematik der Herstellung einheitlicher Lebensverhältnisse in der Bundesrepublik Deutschland, in: JuS 1993, S. 360–364.

Calliess, Christian: Die Justitiabilität des Art. 72 Abs. 2 GG vor dem Hintergrund von kooperativem und kompetitivem Föderalismus, in: DÖV 1997, S. 889–899.

Engelhardt, Hans: Zum Beginn der Kompetenzsperre nach Art. 72 Abs. 1 GG, in: JZ 1973, S. 691–693.

Jahn, Friedrich-Adolf: Empfehlungen der Gemeinsamen Verfassungskommission zur Änderung und Ergänzung des Grundgesetzes, in: DVBl. 1994, S. 177–187.

König, Peter: Beginn der Sperrwirkung für die Länder bei konkurrierender Gesetzgebung, in: NJW 1973, S. 1825–1829.

Kröger, Detlef/Moos, Flemming: Die Erforderlichkeitsklausel gemäß Art. 72 Abs. 2 GG n.F. im Spannungsfeld des Bundesstaates, in: BayVBl. 1997, S. 705–713.

Krüger, Hartmut: Zur Bedeutung des Art. 72 Abs. 2 GG für die Gesetzgebungskompetenz des Bundes, in: BayVBl. 1984, S. 545–551.

Majer, Diemut: Ist die verfassungsgerichtliche Prüfung der Voraussetzungen der konkurrierenden Gesetzgebung des Bundes sinnvoll und möglich?, in: EuGRZ 1980, S. 98–107, 158–168.

Müller, Dagmar: Die Gesetzgebungskompetenz im Berufsbildungsrecht. Analyse der Beratungen der Gemeinsamen Verfassungskommission zur Neufassung des Art. 72 GG, in: RdJB 1994, S. 467–490.

Müller, Martha Dagmar: Auswirkungen der Grundgesetzrevision von 1994 auf die Verteilung der Gesetzgebungskompetenzen zwischen Bund und Ländern, 1996.

Rybak, Hubertus/Hofmann, Hans: Verteilung der Gesetzgebungsrechte zwischen Bund und Ländern nach der Reform des Grundgesetzes, in: NVwZ 1995, S. 230–235.

Sannwald, Rüdiger: Die Reform der Gesetzgebungskompetenzen nach den Beschlüssen der Gemeinsamen Verfassungskommission von Bundestag und Bundesrat, in: DÖV 1994, S. 629–637.

Schmehl, Arndt: Die erneuerte Erforderlichkeitsklausel in Art. 72 Abs. 2 GG, in: DÖV 1996, S. 724–731.

Schmidt, Gerold: Die neue Subsidiaritätsprinzipregelung des Art. 72 GG in der deutschen und europäischen Wirtschaftsverfassung, in: DÖV 1995, S. 657–668.

Sommermann, Karl-Peter: Die Stärkung der Gesetzgebungskompetenzen der Länder durch die Grundgesetzreform von 1994, in: Jura 1995, S. 393–399.

Ströfer, Joachim: Der Beginn der Kompetenzsperre für den Landesgesetzgeber nach Art. 72 Abs. 1 GG, in: JZ 1979, S. 394–396.

Vogel, Hans-Jochen: Die Reform des Grundgesetzes nach der deutschen Einheit – Eine Zwischenbilanz –, in: DVBl. 1994, S. 497–506.

Siehe auch die Angaben zu Art. 70 GG.

Leitentscheidungen des Bundesverfassungsgerichts

BVerfGE 1, 283 (296f.) – Ladenschlußgesetze (Baden/Bremen); 2, 232 (235f.) – Lohnzahlung an Feiertagen; 4, 115 (Baden/Bremen) (127) – Besoldungsgesetz von Nordrhein-Westfalen; 13, 230 (233f.) – Ladenschlußgesetz; 18, 407 (415ff.) – Verordnung als Landesrecht; 20, 238 (248f.) – VwGO-Ausführungsgesetz I; 26, 338 (382f.) – Eisenbahnkreuzungsgesetz; 29, 11 (17ff.) – Landesbauordnung Baden-Württemberg; 34, 9 (27ff.) – Besoldungsvereinheitlichung; 77, 308 (329ff.) – Arbeitnehmerweiterbildung.

Gliederung   Rn.

A. Herkunft, Entstehung, Entwicklung 1
    I. Ideen- und verfassungsgeschichtliche Aspekte 1
    II. Entstehung und Veränderung der Norm 3
B. Internationale, supranationale und rechtsvergleichende Bezüge 6
C. Erläuterungen 8
    I. Allgemeines 8
        1. Begriff der konkurrierenden Gesetzgebung 8
        2. Bedeutung und Bereiche der konkurrierenden Gesetzgebung ... 9
        3. Systematische Stellung von Art. 72 GG innerhalb der Vorschriften über die Gesetzgebung des Bundes 10
    II. Voraussetzungen für die Inanspruchnahme der Bundeskompetenz .. 12
        1. Vom »Bedürfnis nach bundesgesetzlicher Regelung« zur »Erforderlichkeit« 12
            a) Die Verfassungsentwicklung zu Art. 72 II GG bis zur Grundgesetznovelle von 1994 12
            b) Der Übergang zum Erforderlichkeitsprinzip 15
        2. Die Alternativen nach Art. 72 II n.F. GG 19
        3. Die Sperrwirkung gegenüber der Landesgesetzgebung 22
            a) Voraussetzungen der Sperrwirkung 22
            b) Umfang der Sperrwirkung 23
            c) »Gebrauchmachen« und erschöpfende Regelung 24
            d) Zeitpunkt der Sperrwirkung 28
            e) Rechtsfolgen der Sperrwirkung 29
    III. Die Rückholmöglichkeit (Art. 72 III GG) 30
D. Verhältnis zu anderen GG-Bestimmungen 31

A. Herkunft, Entstehung, Entwicklung

I. Ideen- und verfassungsgeschichtliche Aspekte

1 Bereits unter der Geltung der Reichsverfassung von 1871 war eine **»fakultative Gesetzgebung«** des Reiches anerkannt[1], die als **Gegenstück** zur heutigen konkurrierenden Gesetzgebung aufgefaßt werden kann. Die Reichsverfassung von 1871 enthielt zwar keine getrennten Kataloge für die unterschiedlichen Typen von Gesetzgebungszuständigkeiten. Sie besaß aber mit Art. 2 S. 1 einen Vorläufer von Art. 31 GG, der eine Berechtigung der Länder zum Tätigwerden auf den dem Reich zugewiesenen Sachgebieten voraussetzte; die Verfassung kannte aber auch **Befugnisse, die ausschließlich dem Reich vorbehalten waren** (siehe etwa Art. 35 I; 52 II RV 1871).

---

[1] *P. Laband*, Das Staatsrecht des Deutschen Reiches, Bd. II, 5. Aufl. 1911, S. 12, 122; *Pestalozza*, GG VIII, Art. 72 Rn. 2.

Die Weimarer Reichsverfassung von 1919 **schied auch äußerlich und formal eine ausschließliche Gesetzgebungsbefugnis** des Reiches (Art. 6 WRV) von einem schlicht als »Gesetzgebung« des Reiches bezeichneten Typus (Art. 7, 8 WRV). Aus Art. 12 WRV ergab sich, daß die Länder das Recht der Gesetzgebung behielten, solange und soweit das Reich von seinem Gesetzgebungsrecht keinen Gebrauch machte. Für ein Tätigwerden des Reichs waren **keine anderen Voraussetzungen** notwendig als die Erfüllung der Tatbestandsmerkmale des jeweiligen Kompetenztitels. Nur für die in Art. 9 WRV aufgeführte Gesetzgebung über die Wohlfahrtspflege und über den Schutz der öffentlichen Ordnung und Sicherheit wurde ein Bedürfnis für den Erlaß einheitlicher Vorschriften verlangt. In der Weimarer Zeit setzte sich weithin die Bezeichnung als »konkurrierende Gesetzgebung« durch[2]. Als Teil der konkurrierenden Gesetzgebung wurden auch die Materien nach Art. 10 und 11 WRV aufgefaßt, bei denen das Reich auf »Grundsätze« beschränkt war. Art. 11 WRV forderte zusätzlich für die von ihm angeführten Materien, daß die Normierung einschlägiger Grundsätze »**erforderlich**« war[3].

II. Entstehung und Veränderung der Norm

Durch das 42. Gesetz zur Änderung des Grundgesetzes vom 27. Oktober 1994[4] wurde Art. 72 GG zur Gänze **neu gefaßt**. Vor dieser Grundgesetznovelle lautete seine vom Parlamentarischen Rat formulierte Erstfassung aus dem Jahre 1949:
»(1) Im Bereich der konkurrierenden Gesetzgebung haben die Länder die Befugnis zur Gesetzgebung, solange und soweit der Bund von seinem Gesetzgebungsrechte keinen Gebrauch macht.
(2) Der Bund hat in diesem Bereiche das Gesetzgebungsrecht, soweit ein Bedürfnis nach bundesgesetzlicher Regelung besteht, weil
1. eine Angelegenheit durch die Gesetzgebung einzelner Länder nicht wirksam geregelt werden kann oder
2. die Regelung einer Angelegenheit durch ein Landesgesetz die Interessen anderer Länder oder der Gesamtheit beeinträchtigen könnte oder
3. die Wahrung der Rechts- oder Wirtschaftseinheit, insbesondere die Wahrung der Einheitlichkeit der Lebensverhältnisse über das Gebiet eines Landes hinaus sie erfordern.«

Der **Herrenchiemseer Verfassungskonvent**, der in Art. 32 HChE eine ausschließliche und eine Vorranggesetzgebung (die heutige konkurrierende Gesetzgebung) unterschied (→ Art. 70 Rn. 4), übernahm in seine Begriffsbestimmung **der Vorranggesetzgebung** in Art. 34 S. 1 HChE die Vorschrift des Art. 12 I 1 WRV praktisch wörtlich (→ Rn. 2), setzte aber noch einen zweiten Satz hinzu, wonach der Bund nur regeln solle, was einheitlich geregelt werden müsse. Nachdem der **Parlamentarische Rat** die inzwischen modifizierte Begriffsbestimmung dem Katalog der Vorranggesetzgebung als zweiten Absatz angefügt hatte, wurde die Definition von den Militärgouverneuren in ihrem Memorandum vom 2.3.1949 als **nicht genug länderfreundlich** beanstandet.

---

[2] Siehe dazu *Anschütz*, WRV, Art. 7 Nr. 2 (S. 78); *E. Lassar*, Die verfassungsrechtliche Ordnung der Zuständigkeiten, in: HdbDStR, Bd. 1, S. 301 ff. (305 f.).
[3] Zur Einschätzung dieses Merkmals vgl. *Pestalozza*, GG VIII, Art. 72 Rn. 14 mit Fn. 35–37.
[4] BGBl. I S. 3146. In Kraft getreten am 15.11.1994.

Der Hauptausschuß des Parlamentarischen Rates trug diesen Einwendungen durch Einfügung von Art. 72 a.F. GG in den Abschnitt VII des Grundgesetzes Rechnung. In den Lesungen des Plenums erfuhr diese Fassung **keine Änderungen** mehr. Der vom Hauptausschuß formulierte Art. 72 GG hatte gegenüber dem HChE auch wieder den traditionellen Begriff »**konkurrierende Gesetzgebung**« aufgenommen.

5   Wegen der kontinuierlichen **Erosion der Länderkompetenzen** (→ Art. 70 Rn. 5) unter der Geltung des Grundgesetzes, die nicht zuletzt der bundesverfassungsgerichtlichen Interpretation von Art. 72 II a.F. GG angelastet wurde (→ Rn. 12ff.), befaßte sich auch die Enquête-Kommission Verfassungsreform des Deutschen Bundestages im Jahre 1976 mit Art. 72 GG und regte die Neufassung von Abs. 2 an[5]. Wie sie schlug auch die Kommission Verfassungsreform des Bundesrates eine Reduzierung der Bundesgesetzgebung im Bereich der konkurrierenden Gesetzgebung auf das »**Erforderliche**« vor[6]. Die heutige Fassung von Art. 72 GG geht auf die Vorschläge der Gemeinsamen Verfassungskommission von Bundestag und Bundesrat[7] zurück, die auch die Einfügung von Art. 93 I Nr. 2a und Art. 125a GG empfahl. Die schließlich Gesetz gewordene Fassung beruht auf einer Beschlußempfehlung des Vermittlungsausschusses[8], in die insbesondere Vorstellungen des Bundesrates eingegangen waren[9]. Im Hintergrund stand Art. 5 EV, der letztendlich die Grundgesetzänderung veranlaßt hatte.

B. Internationale, supranationale und rechtsvergleichende Bezüge

6   Eine konkurrierende Gesetzgebungsbefugnis kennen die **meisten Bundesstaaten**[10] (→ Art. 70 Rn. 6ff.). Eine andere Frage ist, welche Materien ihr zuzurechnen sind, da die meisten Verfassungen, wenn sie überhaupt Kompetenzkataloge enthalten, diese durch verstreute Einzelbestimmungen ergänzen[11]. Die ursprünglich außerordentlich knapp bemessenen konkurrierenden **Bundeskompetenzen der USA** haben durch die Rechtsprechung eine außerordentlich großzügige Ausgestaltung erfahren; auch die Rechtsprechung des Europäischen Gerichtshofs war tendenziell auf eine Ausweitung der **Unionskompetenzen** ausgerichtet, wobei aber Art. 3b II (5 n.F.) EGV mit dem durch den Vertrag von Maastricht eingeführten Subsidiaritätsprinzip wieder stärker auf einen zurückhaltenden Gebrauch der Normsetzungsbefugnisse hinwirken könnte.

7   Die **Voraussetzungen** für die Inanspruchnahme konkurrierender Gesetzgebungsbefugnisse sind **unterschiedlich** geregelt. Während die genannte gemeinschaftsrechtliche Vorschrift ebenso wie die Erforderlichkeitsklausel nach Art. 72 II GG einen Legitima-

---

[5] BT-Drs. 7/5924, S. 123, 259f.; siehe dazu auch *W. Fiedler*, DÖV 1977, 580ff.; *H.-P. Ipsen*, DÖV 1977, 537 (541, 543); *D. Majer*, EuGRZ 1980, 98 (98f.); *R. Stettner*, ZfP 24 (1977), 152 (156f.).

[6] Bericht der Kommission Verfassungsreform des Bundesrates, BR-Drs. 360/92; siehe dazu *C. Asmussen/U. Eggeling*, VerwArch. 94 (1993), 230 (246f.).

[7] BT-Drs. 12/6000, 33.

[8] BT-Drs. 12/8423.

[9] Vgl. BR-Drs. 886/93.

[10] Eine Ausnahme bildet Kanada, wo es mit wenigen Ausnahmen nur ausschließliche Kompetenzen gibt, ungeachtet der von der Rechtsprechung vorgenommenen Einschränkungen; siehe dazu *M. Bothe*, Die Kompetenzstruktur des modernen Bundesstaates in rechtsvergleichender Sicht, 1977, S. 137, 179f.

[11] Vgl. dazu *Bothe*, Kompetenzstruktur (Fn. 10), S. 137, 152; *M. Fehling*, Mechanismen der Kompetenzabgrenzung in föderativen Systemen im Vergleich, in: J. Aulehner u.a. (Hrsg.), Föderalismus – Auflösung oder Zukunft der Staatlichkeit, 1997, S. 31ff. (38f.).

tionsgrund voraussetzt, dies in den USA nicht der Fall. Doch beobachtet der Kongress freiwillig einen self-restraint in der Gesetzgebung, womit einer Überstrapazierung der Bundeskompetenzen entgegengewirkt werden soll[12]. Ähnlich ist die verfassungsrechtliche Lage in der Schweiz (keine besonderen Voraussetzungen für die Inanspruchnahme der konkurrierenden Gesetzgebungsbefugnis durch den Bund), in der aber die Bundesgesetzgebung dem fakultativen Referendum der Stimmbürger unterliegt[13]. Wird von einer konkurrierenden Gesetzgebungsbefugnis durch den Bund Gebrauch gemacht, so wird in allen Fällen die **gliedstaatliche Gesetzgebung verdrängt**, ungeachtet des Umstandes, daß sowohl die USA als auch Kanada und die Schweiz auch parallele Gesetzgebungsbefugnisse von Bund und Ländern (Kantonen) kennen[14]. Im Hinblick auf die Stellung der Bundesrepublik Deutschand als Mitgliedstaat der Europäischen Union ist nicht zu übersehen, daß die Novellierung von Art. 72 GG, soweit sie die überkommene, bereits der alten Fassung der Vorschrift zugrundeliegende Begriffsbildung der »Rechts- und Wirtschaftseinheit« weiter verwendet und diese mit dem neuen Terminus des »gesamtstaatlichen Interesses« in Verbindung bringt, die **europäischen Implikationen** der Materie nicht ausreichend berücksichtigt hat. Jedenfalls die in Art. 72 II GG angesprochene »**Wirtschaftseinheit**« kann angesichts des in Art. 7a (14 n.F.) EGV festgelegten Einheitlichen Europäischen Binnenmarkts nicht unter verengendem nationalem Vorzeichen verstanden werden; es gilt, Art. 23 GG, den neuen Europaartikel des Grundgesetzes, in die Auslegung miteinzubinden und der europäischen Komponente trotz der nicht voll geglückten Wortwahl der Grundgesetznovelle von 1994 Rechnung zu tragen[15]. Gerade im Bereich der Gesetzgebungskompetenzen mit wirtschaftlichem Bezug sind zahlreiche **Souveränitätsrechte an die Europäische Union übertragen** worden, so daß gleichwohl gesetztes nationales Recht des Bundes- oder Landesgesetzgebers wegen des Vorrangs des Unionsrechts unwirksam ist, die einschlägigen Kompetenzen also nicht mehr genützt werden können.

C. Erläuterungen

I. Allgemeines

1. Begriff der konkurrierenden Gesetzgebung

Zwar läßt sich bereits im Weg grammatikalischer Auslegung aus dem Begriff der konkurrierenden Gesetzgebung der **Wille der Verfassung zum »Wettbewerb«** von Bund und Ländern ableiten, doch sind die rechtlichen Konsequenzen eines solchen Wettstreits vom Begriff nicht festgelegt[16]. Denkbar wäre auch ein Modell zeitlicher Priorität, in dem der zuerst normierende Akteur »obsiegt«. Demgegenüber liegt Art. 72 GG ein **Modell unechter Konkurrenz** zugrunde, bei dem – unter der Voraussetzung der Erforderlichkeit nach Art. 72 II GG – der Bund jederzeit in dem von ihm gewünschten

8

---

[12] So *Bothe*, Kompetenzstruktur (Fn. 10), S. 152; vgl. auch *J.A. Frowein*, Konkurrierende Zuständigkeit und Subsidiarität. Zur Kompetenzverteilung in bündischen Systemen, in: FS Lerche, 1993, S. 401 ff. (405).
[13] Dazu *Bothe*, Kompetenzstruktur (Fn. 10), S. 152, 207 ff.
[14] *Bothe*, Kompetenzstruktur (Fn. 10), S. 138 f.
[15] Zum Ganzen *G. Schmidt*, DÖV 1995, 657 ff.
[16] Dazu *P. Kunig*, in: v. Münch/Kunig, GG III, Art. 72 Rn. 1.

Umfang die Kompetenz der Länder suspendieren kann. Der ursprünglich erwogene Begriff der »**Vorranggesetzgebung**« wäre möglicherweise aussagekräftiger gewesen[17]. Auch der Begriff der »**konkurrierenden Bedarfsgesetzgebung**« könnte zur näheren Charakterisierung verwendet werden[18]. Entscheidend ist, daß der Bund die Landesgesetzgebung **verdrängen** kann (aber immer unter der Voraussetzung der »**Erforderlichkeit**«), während den Ländern das nicht möglich ist[19].

2. Bedeutung und Bereiche der konkurrierenden Gesetzgebung

9 Die konkurrierende Gesetzgebung ist wegen des Umfangs der ihr zugeordneten Sachmaterien der **praktisch bedeutsamste Kompetenztypus**. Art. 72 a.F. GG wurde in Verbindung mit der einschlägigen Rechtsprechung des Bundesverfassungsgerichts (→ Rn. 12ff.) und Art. 74 GG als Hauptgrund dafür gesehen, daß sich in der Staatspraxis seit 1949 die Gewichte im Bereich der Gesetzgebung weitestgehend zum Bund verschoben haben[20]. Die Bereiche der konkurrierenden Gesetzgebung werden im Katalog des Art. 74 GG im einzelnen aufgezählt; hinzunehmen ist Art. 74a GG betreffend die Besoldung und Versorgung der Angehörigen des öffentlichen Dienstes. Hinsichtlich des Verhältnisses der **Rahmengesetzgebung** zur konkurrierenden Gesetzgebung ist zu verweisen (→ Art. 75 Rn. 15). Art. 105 II GG spricht ausdrücklich von konkurrierender Gesetzgebung des Bundes, obwohl seine Voraussetzungen nicht voll mit Art. 72 GG harmonieren. Dasselbe gilt für Art. 115c GG (→ Rn. 31). Bezugnahmen auf die konkurrierende Gesetzgebung des Bundes finden sich weiterhin in Art. 125 und Art. 125a GG (sowie in Art. 9 IV EV), ohne daß dort aber Materien der konkurrierenden Gesetzgebung genannt würden; es handelt sich um Überleitungsvorschriften. Damit sind die Fälle der konkurrierenden Gesetzgebung abschließend aufgezählt[21].

3. Systematische Stellung von Art. 72 GG innerhalb der Vorschriften über die Gesetzgebung des Bundes

10 Art. 72 GG bildet eine **Parallelnorm zu Art. 71 GG.** Ähnlich der Gesetzestechnik, die das Grundgesetz im Zusammenhang mit der ausschließlichen Gesetzgebung des Bundes wählt, wird in Art. 72 GG festgelegt, welcher der beiden Akteure, Bundes- oder Landesgesetzgeber, im einzelnen Fall und unter welchen Voraussetzungen zur Regelung zuständig ist. Die betroffenen Sachgebiete sind dagegen in einem davon getrennten Katalog oder in weiteren Grundgesetznormen geregelt[22]. Dabei steht Art. 72 GG nicht nur in einer Linie mit Art. 71 GG, sondern auch mit Art. 70 GG, insofern er das **Prinzip der Landeskompetenz** an die Spitze stellt und die Bundeskompetenz als Ausnahme formuliert[23]. Gleichwohl besteht ein erheblicher Unterschied zwischen Art. 71

---

[17] → Rn. 4. Vgl. zum Begriff auch *Stern*, Staatsrecht II, S. 594; *Kunig* (Fn. 16), Art. 72 Rn. 1.

[18] S. dazu *H.-W. Rengeling*, Gesetzgebungszuständigkeit, in: HStR IV, § 100 Rn. 111; *Stern*, Staatsrecht II, S. 594.

[19] *P. Kunig*, Jura 1996, 254 (257) spricht von einer »Option«, die dem Bund eröffnet ist.

[20] S. dazu *T. Maunz*, in: Maunz/Dürig, GG, Art. 74 (1984) Rn. 1; *Kunig* (Fn. 16), Art. 72 Rn. 2.

[21] So auch Jarass/*Pieroth*, GG, Art. 72 Rn. 5; *Kunig* (Fn. 16), Art. 72 Rn. 3; *C. Degenhart*, in: Sachs, GG, Art. 72 Rn. 1 mit Fn. 3; abweichend *T. Maunz* in: Maunz/Dürig, GG, Art. 72 (1984), Rn. 15, der zusätzlich Art. 7 und 12 I 2 GG anführt.

[22] Zu den Vorgängen in Herrenchiemsee und im Parlamentarischen Rat, die zur Positivierung von Art. 72 GG als selbständiger Grundgesetznorm geführt haben → Rn. 4.

[23] S. dazu auch *P. Kunig*, Jura 1996, 254 (256); *Pestalozza*, GG VIII, Art. 72 Rn. 199f.

und 72 GG darin, daß die letztere Vorschrift es nicht dabei bewenden läßt, daß ein Gesetzesvorhaben des Bundes unter einem bestimmten Kompetenztitel subsumierbar ist, sondern zusätzlich die **Erfüllung des Kriteriums der »Erforderlichkeit«** (früher: des Bedürfnisses) einer bundesgesetzlichen Regelung fordert. Auch hängt es vom Normierungswillen des Bundesgesetzgebers ab, inwieweit die Länder aus ihrer ursprünglichen Gesetzgebungszuständigkeit verdrängt werden[24]. Dagegen bedürfen die Länder im Bereich der ausschließlichen Gesetzgebungskompetenz des Bundes einer eigenen Ermächtigung, um überhaupt tätig werden zu können.

Der innere Aufbau von Art. 72 GG ist von seiner methodischen Verwandtschaft mit Art. 70 und 71 GG bestimmt: Nach der **Bestätigung der Residualkompetenz der Länder** in Art. 72 I GG, aber auch ihrer Verdrängung durch die bundesgesetzliche Inanspruchnahme einer Materie des konkurrierenden Gesetzgebungstypus werden in Abs. 2 die durch die Grundgesetznovelle von 1994 **veränderten Voraussetzungen für ein bundesgesetzgeberisches Vorgehen** genannt. Art. 72 III GG enthält, gleichfalls als Konsequenz der genannten Verfassungsreform (→ Rn. 3, 5), eine bisher dem Grundgesetz nicht bekannte Rückholklausel zugunsten der Länder. 11

II. Voraussetzungen für die Inanspruchnahme der Bundeskompetenz

1. Vom »Bedürfnis nach bundesgesetzlicher Regelung« zur »Erforderlichkeit«

a) Die Verfassungsentwicklung zu Art. 72 II GG bis zur Grundgesetznovelle von 1994

Bis zum 15.11.1994 stellte Art. 72 II GG auf ein »Bedürfnis nach bundesgesetzlicher Regelung« ab. Diese Fassung der Vorschrift bleibt für alle Bundesgesetze bedeutsam, die vor diesem Zeitpunkt erlassen wurden. Wenn sie nunmehr Art. 72 II n.F. GG nicht mehr entsprechen sollten, bleiben sie gleichwohl gemäß Art. 125a II GG **als Bundesrecht in Kraft**; durch Bundesgesetz kann aber bestimmt werden, daß sie **durch Landesrecht ersetzt werden können**. 12

In Art. 72 II a.F. GG waren drei Alternativen aufgeführt. Davon erlangten Nr. 1 und 2 (mangelnde Effizienz einer Länderregelung; beeinträchtigende Wirkung von Landesgesetzen im Hinblick auf die Interessen anderer Länder oder der Gesamtheit) **kaum praktische Bedeutung**. Insbesondere wurde Art. 72 II Nr. 1 a.F. GG praktisch dadurch bereits gegenstandslos, daß in der Rechtsprechung des Bundesverfassungsgerichts ein Bedürfnis auch dann bejaht wurde, wenn ein Bundesgesetz nicht allein der Bewahrung einer bereits erzielten Rechtseinheit diente (etwa bei übereinstimmender Landesgesetzgebung), sondern diese Einheit erst herstellen wollte[25]. Die größte Bedeutung unter den von Art. 72 II Nr. 1–3 a.F. GG genannten Alternativen hatte Nr. 3 gewonnen, die aber gleichwohl wegen der vom Bundesverfassungsgericht gewählten weiten Auslegung praktisch »**jedes vernünftige Bundesgesetz**«[26] im Bereich der Mate- 13

---

[24] Vgl. *Kunig* (Fn. 16), Art. 72 Rn. 5.
[25] Vgl. dazu BVerfGE 13, 230 (233f.); vgl. zum ganzen auch *Degenhart* (Fn. 21), Art. 72 Rn. 6f.; *Rengeling* (Fn. 18), § 100 Rn. 122; *D. Kröger/F. Moos*, BayVBl. 1997, 705 (708); *C. Calliess*, DÖV 1997, 889 (893ff.).
[26] So *Maunz* (Fn. 21), Art. 72 Rn. 23; siehe weiterhin *H.-W. Arndt*, JuS 1993, 360 (362) (»handelt es sich nahezu um eine Leerformel«); *K.-P. Sommermann*, Jura 1995, 393 (393); *H. Rybak/H. Hofmann*, NVwZ 1995, 230 (231); *R. Sannwald*, DÖV 1994, 629 (629f.); *A. Schmehl*, DÖV 1996, 724 (724); *Stern*, Staatsrecht II, S. 396f.

rien der konkurrierenden Gesetzgebungsbefugnis zuließ. Wiewohl als Schranke für die Wahrnehmung der konkurrierenden Gesetzgebungskompetenz durch den Bund konzipiert, ist Art. 72 II Nr. 3 a. F. GG in der Praxis geradezu zu einem **Antrieb für Vereinheitlichung** geworden; teilweise wurde er sogar als Wurzel für einen Verfassungsauftrag zur Vereinheitlichung der Lebensverhältnisse im Bundesgebiet angesehen[27]. Damit drohten nicht nur die Unterschiede zwischen der ausschließlichen und der konkurrierenden Gesetzgebungsbefugnis im Hinblick auf die Voraussetzungen ihres Gebrauchs zu verschwimmen; auch der fakultative Charakter der Normsetzung schien verloren zu gehen. Das Bundesverfassungsgericht hat diesen Weg dadurch zumindest gebahnt, daß es die Tatbestandsmerkmale von Art. 72 II a. F. GG, insbesondere die der Nr. 3, **bis zur Verflüchtigung weit** auslegte. Dies geschah vor allem durch die bereits erwähnte Rechtsprechung, daß ein Bundesgesetz die Bedürfnisklausel auch dann erfüllte, wenn es erst Einheit herstellte, was sowohl für die Rechts- als auch für die von dieser abhängige Wirtschaftseinheit galt[28]. Aber auch die im Nebensatz befindliche Apposition »**insbesondere die Wahrung der Einheitlichkeit der Lebensverhältnisse**« entfaltete eher die Vereinheitlichung antreibende als hemmende Wirkung. Da die Einheitlichkeit der Lebensverhältnisse zur Rechts- oder Wirtschaftseinheit akzessorisch ist, diente eine bundesgesetzliche Regelung, die Rechtseinheit bewirkte, auch der Herstellung einheitlicher Lebensverhältnisse, sei es, daß dies über die Wirtschaftseinheit erreicht wurde, sei es, daß das Gesetz außerökonomische Bereiche betraf[29].

14 Die Entwertung von Art. 72 II a. F. GG beruhte aber vor allem auf der **Injustitiabilität** des Begriffs des **Bedürfnisses** nach Art. 72 II a. F. GG[30]. Das Bundesverfassungsgericht bezeichnete die Frage, ob ein Bedürfnis nach bundesgesetzlicher Regelung bestehe, als eine solche pflichtgemäßen Ermessens des Bundesgesetzgebers, die ihrer Natur nach nicht justiziabel und daher der Nachprüfung durch das Bundesverfassungsgericht grundsätzlich entzogen sei[31]. Das Bundesverfassungsgericht sah sich damit auf die Überprüfung beschränkt, ob der Bundesgesetzgeber die Grenzen seines Ermessens verkannt oder es mißbraucht habe, ob also das **Ermessen eindeutig und evident überschritten** worden sei[32]. Diese viel kritisierte Rechtsprechung[33] war nicht nur in methodischer Hinsicht im Hinblick auf die ungenügende Trennung von unbestimmten

---

[27] S. dazu *K. M. Hettlage,* Diskussionsbeitrag, VVDStRL 31 (1973), S. 99ff. (100); vgl. auch *P. Badura,* Die Verfassung des Bundesstaates Deutschland in Europa, 1993, S. 49; weiterhin *H.-W. Arndt,* JuS 1993, 360 (360f.).

[28] Vgl. dazu *Degenhart* (Fn. 21), Art. 72 Rn. 7 mit Fn. 24; vgl. auch *G. Schmidt,* DÖV 1995, 657 (666).

[29] Dazu *H.-W. Arndt,* JuS 1993, 360 (362); *Kunig* (Fn. 16), Art. 72 Rn. 20; *Degenhart* (Fn. 21), Art. 72 Rn. 6.

[30] Zur Problematik s. auch *N. Achterberg,* DVBl. 1967, 213ff.; *H. Krüger,* BayVBl. 1984, 545ff.; *M. Gruson,* Die Bedürfniskompetenz, 1967.

[31] BVerfGE 2, 213 (224f.); vgl. zum ganzen auch E 1, 264 (272f.); 4, 115 (127); 10, 234 (245); 13, 230 (233f.); 26, 338 (382f.); 33, 224 (229); 34, 9 (39); 39, 96 (114f.); 65, 1 (63); 67, 299 (327); 78, 249 (270); vgl. dazu auch *D. Majer,* EuGRZ 1980, 98 (106ff.); *C. Calliess,* DÖV 1997, 889 (895) m. w. N.

[32] BVerfGE 34, 9 (39); vgl. auch E 1, 264 (272f.); 2, 213 (224f.); 10, 234 (245); 26, 338 (382f.); 78, 249 (270).

[33] S. hierzu *R. Scholz,* Ausschließliche und konkurrierende Gesetzgebungskompetenz von Bund und Ländern in der Rechtsprechung des Bundesverfassungsgerichts, in Festgabe BVerfG, Bd. II, S. 252ff. (262); *Rengeling* (Fn. 18), § 100 Rn. 121 ff.; *P. Kunig,* Jura 1996, 254 (258); *N. Achterberg,* DVBl. 1967, 213 (214f.); *D. Müller,* RdJB 94, 467 (467); *R. Sannwald,* DÖV 1994, 629 (630).

Rechtsbegriff und Ermessen fragwürdig. Bedenklicher war, daß **keine konkreteren Maßstäbe** angegeben wurden, die dem Vorgehen des Bundesgesetzgebers Schranken setzen konnten. Am fragwürdigsten war aber wohl, daß im **Erlaß eines Bundesgesetzes** eine **politische Vorentscheidung** für ein **Bedürfnis** nach bundesgesetzlicher Regelung gesehen wurde, die vom Bundesverfassungsgericht zu beachten sei[34]. Im Grunde war die Feststellung richtig, daß die konkurrierende Gesetzgebung des Bundes durch die Bedürfnisklausel nach Art. 72 II GG keine Beschränkung erfuhr.

b) Der Übergang zum Erforderlichkeitsprinzip

Mit der Erforderlichkeitsklausel des Jahres 1994 (eine solche war zwar auch schon zuvor vorhanden, führte aber an untergeordneter Stelle in Art. 72 II Nr. 3 a. F. GG ein Schattendasein), ist die konkurrierende Gesetzgebung des Bundes nunmehr unter ein **schärferes Korrektiv** gestellt worden. Wie das Bedürfnis nach Art. 72 II a.F. GG muß die Erforderlichkeit aber nur im Zeitpunkt des Erlasses des Gesetzes bestehen. Bei späterem **Wegfall** wird das Bundesgesetz nicht wegen Kompetenzwidrigkeit nichtig; es besteht auch keine Verpflichtung des Bundesgesetzgebers zur Aufhebung (zur Möglichkeit des Bundesgesetzgebers, den Ländern ein Rückholrecht einzuräumen: → Rn. 30).

15

Das Prinzip der »Erforderlichkeit« hat als Teil des **Verhältnismäßigkeitsprinzips** (Übermaßverbot) einen im Staats- und Verwaltungsrecht einheitlich geltenden Inhalt und bedeutet die Wahl des am wenigsten einschneidenden Mittels aus einem Bündel von Maßnahmen, die zur Bewirkung eines bestimmten Kausalerfolgs geeignet sind (→ Vorb. Rn. 91 ff.). Nach der bisherigen Rechtsprechung des Bundesverfassungsgerichts (→ Art. 70 Rn. 38) soll der Verhältnismäßigkeitsgrundsatz mit seinem Denken in den Kategorien von Freiheit und Eingriff zwar **nicht** auf die von Staatlichkeit und Gemeinwohlorientierung geprägte bundesstaatliche Kompetenzordnung **übertragbar** sein. Der Verfassungsgesetzgeber hat sich dieser ebenso apodiktischen wie angreifbaren Aussage jedoch offenbar nicht angeschlossen, ist es doch **kaum denkbar**, daß er den Begriff der Erforderlichkeit **in einem anderen Sinne verwendet** haben soll, als er Allgemeingut ist. Zurecht wird bemerkt, daß die Erforderlichkeit durch die Grundgesetznovellierung in das **Zentrum des Tatbestandes** von Art. 72 II GG gerückt wurde und nicht mehr an ihr vorbeigegangen werden kann[35].

16

Im Hinblick auf die von der Grundgesetznovelle beabsichtigte **Schärfung der Voraussetzungen** für die konkurrierende Gesetzgebung des Bundes und den durch die Einführung von Art. 93 I Nr. 2a GG manifestierten Willen des Verfassungsgesetzgebers, Art. 72 II GG **justitiabel zu gestalten**, geht es am Geist der Verfassung vorbei, einem angeblichen **politischen Gestaltungselement** des Bundesgesetzgebers Vorrang einzuräumen und der konkurrierenden Gesetzgebung des Bundes die Überprüfung am Maßstab des Unerläßlichen zu ersparen[36]. Dies bedeutet nicht das Bestehen einer

17

---

[34] Vgl. dazu BVerfGE 115 (127f.); 13, 230 (233f.); 26, 338 (382); 78, 249 (270); dagegen etwa *Rengeling* (Fn. 18), § 100 Rn. 124; s. auch *D. Majer*, EuGRZ 1980, 98 (105f.).

[35] *A. Schmehl*, DÖV 1996, 724 (726); eingehend dazu auch *D. Kröger/F. Moos*, BayVBl. 1997, 705 (709ff.); *C. Calliess*, DÖV 1997, 889 (895f.).

[36] In dieser Richtung aber *Badura*, Verfassung (Fn. 27), S. 45ff.; dagegen aber auch *A. Schmehl*, DÖV 1996, 724 (726f.).

»Darlegungspflicht« oder »Beweislast« im prozessualen Sinn[37], wohl aber die Notwendigkeit einer **exakten Begründung der Bundeskompetenz**[38]. Gleichwohl zwingt nichts zur Annahme, daß nunmehr der Bundesgesetzgeber restlos auf das Übermaßverbot verpflichtet sei und ihm nur die Prüfung der Verhältnismäßigkeit im engeren Sinn (Proportionalität, Angemessenheit der Regelung) erspart bleibe[39]. Dies folgt aus der Tatbestandsstruktur von Art. 72 II n.F. GG in Verbindung mit allgemeinen Grundsätzen. Die in Art. 72 II n.F. GG verwendeten Tatbestandsmerkmale (»Herstellung gleichwertiger Lebensverhältnisse«; »Wahrung der Rechts- oder Wirtschaftseinheit im gesamtstaatlichen Interesse«) sind **unbestimmte Rechtsbegriffe**. Für diese würde im verwaltungsrechtlichen Bereich zwar das Prinzip umfassender judikativer Überprüfung gelten, doch sind bei ihnen im Hinblick auf die Geeignetheit und Erforderlichkeit einer Regelung **Tatsachenbewertungen und Prognosen** nötig, für die dem Gesetzgeber eine Einschätzungsprärogative zuzubilligen ist[40]. Dies bedeutet, daß **Spielräume bestehen**, aber nicht aufgrund eines nicht näher faßbaren »politischen Gestaltungselements«, sondern solche, die vom Recht und nach seinen Maßstäben bewilligt werden.

18 Anders als unter der Geltung der Bedürfnisregelung nach Art. 72 II a.F. GG kann die Erforderlichkeit der Bundesgesetzgebung auch bei **koordinierter Landesgesetzgebung** zu verneinen sein.[41] Denkbar ist auch, daß die (begründete) Aussicht auf selbstkoordiniertes Vorgehen der Länder die Erforderlichkeit bundesgesetzlicher Regelung nachträglich nach Erlaß eines Bundesgesetzes entfallen lassen kann, wobei aber die Länder auf die Freigabe durch den Bund gemäß Art. 72 III GG angewiesen sind[42].

2. Die Alternativen des Art. 72 II n.F. GG

19 Anders als die Erstfassung von Art. 72 II GG enthält die Vorschrift nunmehr nur noch **zwei Alternativen**, die Voraussetzungen und Umfang der bundesgesetzlichen Regelung umschreiben[43]. Beide Modalitäten sind **gleichwertig**. Die Formel »**Herstellung gleichwertiger Lebensverhältnisse**« ist vor dem Hintergrund der Verfassungsentwicklung zu Art. 72 II a.F. GG zu sehen; zum einen wird dadurch der für den Unitarisierungsdruck der vergangenen 40 Jahre als mitverantwortlich angesehene Begriff von

---

[37] Anders aber *D. Müller*, RdJB 1994, 467 (486); *H. Rybak/H. Hofmann*, NVwZ 1995, 230 (231).
[38] Abweichend in der Begründung *C. Degenhart*, ZfA 1993, 409 (416ff., 419ff.).
[39] Während *Kunig* (Fn. 16), Art. 72 Rn. 28, davon ausgeht, die »Erforderlichkeit« sei nur dann zu verneinen, wenn dem Anliegen des Art. 72 II GG bereits durch im wesentlichen gleichsinnige Bundesgesetze Rechnung getragen ist bzw. dies zu erwarten steht und dem Bund für die entsprechende Einschätzung die Prärogative zuerkennt, hält *C. Calliess*, DÖV 1997, 889 (896) sogar die dritte Stufe des Verhältnismäßigkeitsgrundsatzes, die Angemessenheitsprüfung, für anwendbar. A.A. aber *A. Schmehl*, DÖV 1996, 724 (726).
[40] So *A. Schmehl*, DÖV 1996, 724 (728); *K.-P. Sommermann*, Jura 1995, 393 (395); zur Prognosetätigkeit des Gesetzgebers vgl. allgemein auch *F. Ossenbühl*, Die Kontrolle von Tatsachenfeststellungen und Prognoseentscheidungen durch das Bundesverfassungsgericht, in: Festgabe BVerfG, Bd. I, 1976, S. 458ff.; *R. Breuer*, Der Staat 16 (1977), 21ff.; *R. Stettner*, DVBl. 1982, 1123ff.; *D. Horn*, Experimentelle Gesetzgebung unter dem Grundgesetz, 1989, S. 95ff.
[41] In diesem Sinn auch Jarass/Pieroth, GG, Art. 72 Rn. 7; *D. Müller*, RdJB 1994, 467 (486); *A. Schmehl*, DÖV 1996, 724 (726); *D. Kröger/F. Moos*, BayVBl. 1997, 705 (712); a.A. *H. Rybak/H. Hofmann*, NVwZ 1995, 230 (232).
[42] In diesem Sinne auch *A. Schmehl*, DÖV 1996, 724 (726).
[43] Dazu *D. Kröger/F. Moos*, BayVBl. 1997, 705 (708f.).

der »Einheit der Lebensverhältnisse« (Art. 72 II Nr. 3 a.F. GG) abgelöst. Zum anderen wird ausgedrückt, daß in Verfolgung des Ziels der Herstellung gleichwertiger Lebensverhältnisse nicht jede **Ungleichbehandlung**, wie sie im Bundesstaat zwangsläufig durch die Existenz der Länder und ihrer je eigenen Staatsgewalt bewirkt und von Art. 3 GG auch akzeptiert wird, durch die konkurrierende Gesetzgebung des Bundes beseitigt werden soll oder gar müßte[44]. Der Begriff der »Herstellung« beruht auf der Rechtsprechung des Bundesverfassungsgerichts (→ Rn. 12), wonach der Gesetzgeber nicht nur bewahrend, sondern auch **aktiv verändernd** vorgehen kann[45]. Der Bundesgesetzgeber handelt auch zur Herstellung »gleichwertiger Lebensverhältnisse«, wenn er regional unterschiedliche Regelungen trifft, etwa um in besonderer Weise Regionalförderung zu betreiben[46].

Bei der zweiten Alternative von Art. 72 II n.F. GG (Wahrung der Rechts- oder Wirtschaftseinheit im gesamtstaatlichen Interesse) wird durch den Unterschied zur ersten Alternative deutlich, daß die Grundgesetznovelle den Bundesgesetzgeber insoweit auf eine **bloß bewahrende Aktivität** beschränkt wissen wollte; der Wortlaut einer gerade in neuester Zeit und im Bewußtsein der Rechtsprechung zur Vorgängerfassung in dieser Weise formulierten Norm muß ernstgenommen werden[47]. 20

Rechtseinheit bedeutet die Geltung übereinstimmender rechtlicher Vorschriften, **Wirtschaftseinheit** verweist auf einheitliche wirtschaftliche Rahmenbedingungen. Regelmäßig ist letztere von der ersteren abhängig[48]. Mit der Formulierung »**im gesamtstaatlichen Interesse**« ist eine weitere Beschränkung der konkurrierenden Gesetzgebung des Bundes in das Grundgesetz eingefügt worden; *nur* wenn das gesamtstaatliche Interesse die **Wahrung** der Rechts- und Wirtschaftseinheit durch den Bundesgesetzgeber **notwendig macht**, ist diese Alternative erfüllt. Die Wahrung des Interesses einzelner Länder genügt nicht[49]. Inwieweit Art. 72 II 2. Alt. n.F. GG unter den Bedingungen der **Europäischen Union** noch einen Anwendungsbereich besitzt (»Wirtschaftseinheit im gesamtstaatlichen Interesse«), ist fraglich (→ Rn. 7); bei Einbeziehung des neugefaßten Art. 23 GG in die Auslegung von Art. 72 II n.F. GG werden sich 21

---

[44] Dazu Jarass/*Pieroth*, GG, Art. 72 Rn. 8; s. auch *Kunig* (Fn. 16), Art. 72 Rn. 25, der aus Art. 72 II n.F. GG einen größeren Spielraum herauslesen möchte, als ihn Art. 3 I GG gewährt; da aber die konkurrierende Gesetzgebung des Bundes prinzipiell fakultativ ist, ist der konkurrierende Bundesgesetzgeber aufgrund von Art. 72 II n.F. GG grundsätzlich überhaupt nicht verpflichtet, zugunsten der Durchsetzung »gleichwertiger Lebensverhältnisse« einzugreifen. Nicht zu verkennen ist allerdings, daß die Formel »gleichwertige Lebensverhältnisse« die Voraussetzungen für das Eingreifen des Bundesgesetzgebers gegenüber dem vorherigen Rechtszustand im Grunde abgesenkt hat. So zu Recht *C. Calliess*, DÖV 1997, 889 (896), nicht klar *D. Kröger/F. Moos*, BayVBl. 1997, 705 (708). Dem verfassungsändernden Gesetzgeber lag aber daran, den Begriff der »Einheitlichkeit der Lebensverhältnisse« mit dem ihm eigenen Unitarisierungsdruck zu beseitigen.

[45] Gerade wegen der gegenüber Art. 72 II a.F. GG veränderten Fassung der Norm, die im übrigen deutlich auf Justitiabilität ausgerichtet ist, kann nicht geschlossen werden, daß auch die Rechtsprechung des Bundesverfassungsgerichts als übernommen zu gelten hat, wonach der Bundesgesetzgeber durch Ausnutzung einer konkurrierenden Gesetzgebungskompetenz eine politische Vorentscheidung treffe, deren Überprüfung in höchst beschränktem Maße möglich sei; anders aber *Degenhart* (Fn. 21), Art. 72 Rn. 11.

[46] S. dazu *A. Schmehl*, DÖV 1996, 724 (726); *H. Rybak/H. Hofmann*, NVwZ 1995, 230 (233).

[47] So auch *Pestalozza*, GG VIII, Art. 72 Rn. 365; a. A. *Degenhart* (Fn. 21), Art. 72 Rn. 12; ebenso *H. Rybak/H. Hofmann*, NVwZ 1995, 230 (231).

[48] Zu den Begriffen s. *D. Kröger/F. Moos*, BayVBl. 1997, 705 (709).

[49] S. dazu Jarass/*Pieroth*, GG, Art. 72 Rn. 8; *A. Schmehl*, DÖV 1996, 724 (727 m. Fn. 33).

Art. 72

kaum Fälle ergeben, wo in unionskonformer Interpretation des Grundgesetzes diese Alternative noch bejaht werden kann[50]. Da aber, wie erneut zu betonen ist, Art. 72 II n.F. GG ein Tätigwerden des Bundesgesetzgebers bei Bejahung der aufgeführten Voraussetzungen nur möglich macht, aber nicht fordert, erscheint der Anwendungsbereich der Vorschrift reduziert, ohne daß eine echte Kollision mit EG-Recht vorliegt.

3. Die Sperrwirkung gegenüber der Landesgesetzgebung

a) Voraussetzungen der Sperrwirkung

22   Durch die Normsetzung seitens des Bundes werden die Länder von der Gesetzgebung ausgeschlossen. Gegenüber der Altfassung hat der Verfassungsgesetzgeber für die bundesgesetzliche Tätigkeit das **Perfekt** gewählt und außerdem die Worte »**durch Gesetz**« eingefügt. Voraussetzung ist aber in jedem Fall, daß das Gesetz des Bundes **wirksam** ist[51]. Die Sperrwirkung des Bundesgesetzes wird nicht dadurch ausgeschlossen, daß es zu einer **Rechtsverordnung ermächtigt** und von dieser noch nicht Gebrauch gemacht ist (beachte aber die durch Art. 80 IV GG gegebene Möglichkeit der Länder, bei einer an sie gerichteten Verordnungsermächtigung auch mit dem Mittel des Gesetzes zu reagieren, wodurch ihre Sperrung wieder teilweise aufgehoben wird)[52].

b) Umfang der Sperrwirkung

23   Die Länder sind von der konkurrierenden Gesetzgebung **nur in dem Umfang** ausgeschlossen, als der **Bund selbst** auf den Gebieten der konkurrierenden Gesetzgebung legiferiert. Das Grundgesetz grenzt die Normierungsbefugnisse nicht nur **sachgegenständlich**, sondern auch **temporär** (»solange«) ab. Dies bedeutet zum einen, daß der Bund im Rahmen seiner Normierung »**Inseln**« für die Länder aussparen kann und zum anderen, daß die **Gesetzgebungsbefugnisse** der Länder (aber nicht von ihnen mit mangelhafter kompetentieller Grundlage erlassene Gesetze der konkurrierenden Gesetzgebung; → Rn. 8) **wieder aufleben**, wenn sich der Bund aus einer Materie der konkurrierenden Gesetzgebung wieder zurückzieht. Als Verzicht des Bundes auf einen umfassenden Zugriff auf eine Materie der konkurrierenden Gesetzgebung sind auch die zahlreichen **Vorbehalte** zugunsten der Länder in Bundesgesetzen des konkurrierenden Gesetzgebungstypus zu deuten (so etwa die Vorbehalte des Einführungsgesetzbuchs zum BGB oder die der Verwaltungsgerichtsordnung; vgl. etwa §§ 78 I Nr. 2, 74 I VwGO), die auch dann, wenn sie als »Ermächtigung« der Länder bezeichnet werden, nichts mit der Möglichkeit zu tun haben, die Länder im Bereich der ausschließli-

---

[50] Vgl. dazu *G. Schmidt*, DÖV 1995, 557 ff.; zu ihm *A. Schmehl*, DÖV 1996, 724 (727 m. Fn. 33).
[51] So auch *Kunig* (Fn. 16), Art. 72 Rn. 8; *Maunz* (Fn. 21), Art. 72 Rn. 7.
[52] Vgl. dazu *Kunig* (Fn. 16), Art. 72 Rn. 7, der Überlegungen anstellt, ob ein verbotener Mißbrauch vorliegt, wenn der Bund gleichsam auf Vorrat und ohne eigenen inhaltlichen Gestaltungswillen durch den Erlaß von Ermächtigungsnormen die Länder von der Gesetzgebung ausschließt (was aber wegen des notwendigen Spielraums für den Ermächtigungsadressaten verneint wird); weiterhin *Degenhart* (Fn. 21), Rn. 19; *Pestalozza*, GG VIII, Art. 72 Rn. 343; abweichend dagegen *Rengeling* (Fn. 18), § 100 Rn. 111, nach dem die Sperrwirkung noch nicht durch den Erlaß der Delegationsnorm, sondern erst der darauf beruhenden Rechtsverordnung ausgelöst wird; ebenso aber auch *Maunz* (Fn. 21), Art. 72 Rn. 1.

chen Gesetzgebung des Bundes zur Normsetzung zu befähigen (Art. 71 2. Hs. GG)[53]. Spart der Bundesgesetzgeber Teile der zu regelnden Materie zugunsten der Länder aus oder weist er ihnen im Wege von Vorbehalten oder Reservaten Bereiche ausdrücklich zu, so erzielt er dadurch einen Effekt, der der **Rahmengesetzgebung vergleichbar** ist[54]. Nach der Rechtsprechung des Bundesverfassungsgerichts muß die Rücknahme eines gesetzlich ausgesprochenen Regelungsvorbehalts auf demselben Weg vorgenommen werden[55].

c) »Gebrauchmachen« und erschöpfende Regelung

Ein Gebrauchmachen im Sinn von Art. 72 I GG liegt nur vor, wenn der Bundesgesetzgeber im Hinblick auf eine bestimmte Materie **tatsächlich regelnd** tätig geworden ist; **bloße Wert- oder Zielvorstellungen** des Bundesgesetzgebers, auch wenn diese in Bundesgesetzen ihren Niederschlag gefunden haben, **reichen nicht aus**[56].

Ein »Gebrauchmachen« kann auch darin bestehen, daß der Bundesgesetzgeber negativ normiert, d.h. ein **Verbot einer Landesgesetzgebung** über einen bestimmten Sachgegenstand ausspricht, dies insbesondere dann, wenn eine spätere bundesgesetzliche Regelung, etwa im Bereich des Besoldungswesens, vorgesehen ist[57]. Eine bundesgesetzliche Regelung und damit ein »Gebrauchmachen« ist aber nicht darin zu finden, daß der Bund vorhandenes **Landesrecht nur festschreibt** und dadurch den Landesgesetzgeber von der zukünftigen Gesetzgebung auszuschließen versucht, ohne daß er selbst materiell normsetzend tätig würde (wenn auch nur im Sinne eines Verbots weiterer Landesgesetzgebung)[58].

Der Landesgesetzgeber wird **gänzlich** von der Normsetzung **ausgeschlossen**, wenn der Bund eine **erschöpfende Regelung** getroffen hat, was auch durch mehrere Gesetze in ihrem Zusammenspiel erreicht werden kann[59]. In einem solchen Fall können auch behauptete oder tatsächliche Lücken von Bundesgesetzen nicht durch den Landesgesetzgeber geschlossen werden[60]. Wann eine erschöpfende Regelung vorliegt, ist einer **Gesamtwürdigung des betreffenden Normenbereiches** zu entnehmen[61]. Wenn der Bundesgesetzgeber **kodifikatorisch** vorgehen möchte, also eine vollständige Regelung einer bestimmten Sachmaterie beabsichtigt, kann dem indizielle Bedeutung zukommen; eine abschließende Bewertung bleibt aber gleichwohl vorbehalten[62]. Vom Vorliegen einer erschöpfenden Regelung ist insbesondere dann auszugehen, wenn ein Gesetz ausdrückliche **Vorbehalte** zugunsten der Landesgesetzgebung enthält (→ Rn. 23), denn es ist damit auch ausgesagt, daß landesrechtliche Regelungen im übrigen ausge-

---

[53] Vgl. hierzu etwa BVerfGE 18, 407 (415); 20, 238 (251); 29, 125 (137); 26, 338 (382); 78, 132 (144); 78, 205 (210); 83, 24 (30); s. dazu auch *Rengeling* (Fn. 18), § 100 Rn. 117; *Degenhart* (Fn. 21), Art. 72 Rn. 20 mit Fn. 66; Jarass/Pieroth, GG, Art. 72 Rn. 4.
[54] Vgl. *Rengeling* (Fn. 18), § 100 Rn. 116.
[55] S. dazu BVerfGE 11, 192 (200).
[56] S. dazu BVerfGE 49, 343 (359); vgl. auch E 78, 249 (273): Offenhalten des »Ob« einer Leistungspflicht.
[57] Dazu *Maunz* (Fn. 21), Art. 72 Rn. 8; *Rengeling* (Fn. 18), § 100 Rn. 120.
[58] Vgl. BVerfGE 34, 9 (28).
[59] BVerfGE 34, 9 (28); siehe dazu auch *Kunig* (Fn. 16), Art. 72 Rn. 16.
[60] S. dazu etwa BVerfGE 2, 232 (236); 32, 319 (327).
[61] Vgl. BVerfGE 7, 342 (347); 49, 343 (358); 67, 299 (324).
[62] Hierzu BVerfGE 56, 110 (119); vgl. weiterhin *Maunz* (Fn. 20), Art. 74 Rn. 36.

Art. 72 C. Erläuterungen

schlossen sein sollen[63]. Auch ist der erkennbare **Regelungswillen des Gesetzgebers** von maßgeblicher Bedeutung[64].

27 Eine **erschöpfende Wirkung** wurde **bejaht** für die Regelungen der VwGO[65], für Bestimmungen des BGB[66] und der StPO[67], für das notarielle Gebührenrecht[68], für das Straßenverkehrsrecht im Hinblick auf das Parken[69], für die Bauleitplanung[70]. Eine erschöpfende Regelung wurde dagegen in folgenden Fällen **abgelehnt:** Urlaubsgesetze der Länder[71], Strafbarkeit der Prostitution[72], das hamburgische öffentliche Eigentum[73], das Prüfungsrecht im juristischen Staatsexamen[74], die Arbeitnehmerweiterbildung[75].

d) Zeitpunkt der Sperrwirkung

28 Das Bundesverfassungsgericht neigte **unter der Geltung von Art. 72 I a.F. GG** dazu, die Sperre für die Länder jedenfalls für schwebende Gesetzgebungsverfahren **weit vorzuverlegen** (auf den Zeitpunkt der Einbringung des Gesetzesentwurfs im Bundestag), um Kollisionen zwischen Bund und Ländern im Gesetzgebungsverfahren möglichst erst gar nicht aufkommen zu lassen[76]. Dazu gab ihm auch die ins Präsens gesetzte Form des Verbs »Gebrauch machen« eine gewisse Berechtigung. Bereits erlassenes Landesrecht wurde aber erst mit Inkrafttreten des Bundesrechts nichtig. Nunmehr ist der **Abschluß des Gesetzgebungsverfahrens** maßgebend, der mit der **Verkündung** erreicht ist[77]. Mit der Neufassung von Art. 72 I GG ist auch die Rechtsprechung des Bundesverfassungsgerichts **hinfällig**, nach der bereits der **erste Gesetzgebungsakt** bei einem in **Teilabschnitten** geplanten Vorgehen des Bundesgesetzgebers die **völlige Sperrung** der Länder bewirken sollte (im konkreten Fall ging es um eine Besoldungsregelung nach Art. 74a GG)[78]. Es kann – was auch durch die Einfügung »durch Gesetz« in Art. 72 I n.F. bestätigt wird – deshalb keine Frage des Art. 72 I GG sein, ob **andere (nicht gesetzgeberische) Aktivitäten** der Länder, die einer sich abzeichnenden bundesgesetzlichen Regelung gegenüber kontraproduktiv wirken könnten, ausgeschlossen sind, sondern nur eine solche des bundesfreundlichen Verhaltens (→ Art. 71

---

[63] S. BVerfGE 20, 238 (256); 21, 106 (115); 24, 367 (386).
[64] BVerfGE 32, 319 (327) unter Verweisung auf E 2, 232 (236).
[65] BVerfGE 20, 238 (256); 21, 106 (117); 37, 191 (198); 61, 360 (361); 83, 24 (30).
[66] BVerfGE 45, 297 (341, 345); siehe auch E 11, 192 (200); 78, 132 (144).
[67] BVerfGE 36, 193 (210); 48, 367 (376).
[68] BVerfGE 47, 285 (314).
[69] BVerfGE 67, 299 (324).
[70] BVerfGE 77, 288 (301 f.).
[71] BVerfGE 7, 342 (347).
[72] BVerfGE 18, 407 (417).
[73] BVerfGE 24, 367 (386).
[74] BVerfGE 34, 53 (58).
[75] BVerfGE 77, 308 (329).
[76] Vgl. dazu BVerfGE 34, 9 (29); 36, 342 (363); s. weiterhin *Stern*, Staatsrecht II, S. 595 f.; *H. Engelhardt*, JZ 1973, 691 ff.; *P. König*, NJW 1973, 1825 ff.; *J. Ströfer*, JZ 1979, 394 ff.
[77] So auch *Degenhart* (Fn. 21), Art. 72 Rn. 27; *Kunig* (Fn. 16), Art. 72 Rn. 9; *R. Sannwald*, ZG 9 (1994), 134 (138); *H.-J. Vogel*, DVBl. 1994, 497 (502). Der Zeitpunkt des Inkrafttretens betrifft das Wirksamwerden des Gesetzesbefehls und ist nicht Teil des Gesetzgebungsverfahrens.
[78] Vgl. BVerfGE 34, 9 (28).

Rn. 9), wobei Anlaß und Tendenz der Neufassung dazu anhalten, mit dem Grundsatz der Bundestreue vorsichtig umzugehen[79].

e) Rechtsfolgen der Sperrwirkung

Der Eintritt der Sperrwirkung **entzieht** dem Landesgesetz die **kompetentielle Grundlage;** es ist aus diesem Grunde nichtig, gleich, ob es vor oder nach Eintritt der Sperrwirkung erlassen worden ist[80] (hinsichtlich der Fortgeltung von **Landesverfassungsrecht:** → Art. 28 Rn. 47, 76; → Art. 70 Rn. 43). Die Sperrwirkung wird auch durch **vorkonstitutionelles Recht** bewirkt, das nach Art. 125 GG Bundesrecht geworden ist oder das aufgrund von Art. 72 II a.F. GG erlassen wurde (Art. 125a II GG; vgl. auch Art. 72 III GG). Bei **Wegfall des Bundesgesetzes** lebt die Gesetzgebungskompetenz der Länder wieder auf; dagegen sind von der Sperrwirkung betroffene Landesgesetze unheilbar nichtig, müssen also gegebenenfalls neu erlassen werden.

III. Die Rückholmöglichkeit (Art. 72 III GG)

Da der **nachträgliche Wegfall der Erforderlichkeit** nach Art. 72 II n.F. GG die Gültigkeit des Bundesgesetzes nicht berührt (→ Rn. 15), kann der Bundesgesetzgeber den Ländern die Möglichkeit des Zugriffs auf die von ihm geregelte Materie durch Gesetz einräumen und bestimmen, daß entsprechende bundesgesetzliche Regelungen durch (förmliches) Landesgesetz ersetzt werden können[81]. Vergleichbares ordnet Art. 125a II GG für **Altrecht** an, das zur Zeit der Bedürfnisklausel nach Art. 72 II a.F. GG erlassen wurde. Da aber keine Verpflichtung der Länder besteht, von diesem »Angebot« des Bundes Gebrauch zu machen, ist die **Entstehung partiellen Bundesrechts** auf diese Weise nicht ausgeschlossen[82]. Nicht nur aus diesem Grund wird abzuwarten sein, ob der Bundesgesetzgeber von dieser Möglichkeit zur Stärkung der Länder regen Gebrauch machen wird.

D. Verhältnis zu anderen GG-Bestimmungen

Zu **Art. 75 GG** (Rahmengesetzgebung des Bundes) besteht eine enge Verbindung, da für ein Rahmengesetz des Bundes ebenfalls die Voraussetzungen von Art. 72 GG vorliegen müssen, was die Rahmengesetzgebung des Bundes als Unterfall der konkurrierenden Gesetzgebung erscheinen läßt. Dies ist auch konsequent, weil durch das **Aussparen von Regelungsbereichen** bei der konkurrierenden Gesetzgebung ein ähnliches Ergebnis erzielt werden kann wie durch ein Rahmengesetz (→ Rn. 23). Obwohl **Art. 105 II GG** die konkurrierende Steuergesetzgebung des Bundes betrifft, gilt Art. 72 II GG nicht, wenn dem Bund das Aufkommen aus Steuern ganz oder zum Teil zusteht. **Art. 115c I GG** erweitert die konkurrierende Gesetzgebung des Bundes auch

---

[79] Vgl. dazu *R. Sannwald*, DÖV 1994, 629 (632); *J. Ströfer*, JZ 1979, 394 (396).
[80] Auch im erstgenannten Fall kommt nicht Art. 31 GG zur Anwendung, weil kein Fall eines Normwiderspruchs vorliegt; → Art. 31 Rn. 25; vgl. weiterhin Jarass/*Pieroth*, GG, Art. 72 Rn. 5, der Art. 72 I GG als lex specialis betrachtet; siehe auch *M. Bothe*, AK-GG, Art. 72 Rn. 2.
[81] *Kunig* (Fn. 16), Art. 72 Rn. 34. Sowohl dem Bund als auch den Ländern kommt dabei Ermessen zu; *Kunig* (Fn. 16), Art. 72 Rn. 33, 34.
[82] S. dazu Jarass/*Pieroth*, GG, Art. 73 Rn. 9; *C. Degenhart*, ZfA 1993, 409 (418).

auf Sachgebiete der ausschließlichen Gesetzgebungsbefugnis der Länder, setzt aber den **Verteidigungsfall** voraus. **Art. 125, 125a II GG** sind Übergangsvorschriften hinsichtlich vorkonstitutionellen oder vor der Grundgesetznovelle von 1994 erlassenen Rechts der konkurrierenden Gesetzgebung.

Artikel 73 [Gegenstände der ausschließlichen Gesetzgebung]

Der Bund hat die ausschließliche Gesetzgebung über:
1. die auswärtigen Angelegenheiten sowie die Verteidigung einschließlich des Schutzes der Zivilbevölkerung;
2. die Staatsangehörigkeit im Bunde;
3. die Freizügigkeit, das Paßwesen, die Ein- und Auswanderung und die Auslieferung;
4. das Währungs-, Geld- und Münzwesen, Maße und Gewichte sowie die Zeitbestimmung;
5. die Einheit des Zoll- und Handelsgebietes, die Handels- und Schiffahrtsverträge, die Freizügigkeit des Warenverkehrs und den Waren- und Zahlungsverkehr mit dem Auslande einschließlich des Zoll- und Grenzschutzes;
6. den Luftverkehr;
6a. den Verkehr von Eisenbahnen, die ganz oder mehrheitlich im Eigentum des Bundes stehen (Eisenbahnen des Bundes), den Bau, die Unterhaltung und das Betreiben von Schienenwegen der Eisenbahnen des Bundes sowie die Erhebung von Entgelten für die Benutzung dieser Schienenwege;
7. das Postwesen und die Telekommunikation;
8. die Rechtsverhältnisse der im Dienste des Bundes und der bundesunmittelbaren Körperschaften des öffentlichen Rechtes stehenden Personen;
9. den gewerblichen Rechtsschutz, das Urheberrecht und das Verlagsrecht;
10. die Zusammenarbeit des Bundes und der Länder
    a) in der Kriminalpolizei,
    b) zum Schutze der freiheitlichen demokratischen Grundordnung, des Bestandes und der Sicherheit des Bundes oder eines Landes (Verfassungsschutz) und
    c) zum Schutze gegen Bestrebungen im Bundesgebiet, die durch Anwendung von Gewalt oder darauf gerichtete Vorbereitungshandlungen auswärtige Belange der Bundesrepublik Deutschland gefährden, sowie die Einrichtung eines Bundeskriminalpolizeiamtes und die internationale Verbrechensbekämpfung;
11. die Statistik für Bundeszwecke.

Literaturauswahl

Dittmann, Armin: Der Rundfunkbegriff im deutschen Recht – Ein Kulturgut im multimedialen Wandel, in: ders. u.a. (Hrsg.), Der Rundfunkbegriff im Wandel der Medien, 1997, S. 32–40.
Evers, Hans-Ulrich: Privatsphäre und Verfassungsschutz, 1960.
Fastenrath, Ulrich: Die Kompetenzverteilung im Bereich der auswärtigen Gewalt, 1986.
Gersdorf, Hubertus: Regelungskompetenzen bei der Belegung digitaler Kabelnetze, 1996.
Gramlich, Ludwig: Von der Postreform zur Postneuordnung. Zur erneuten Novellierung des Post- und Telekommunikationswesens, in: NJW 1994, S. 2785–2793.
Gusy, Christoph: Bundes- und Landeskompetenzen für den administrativen Verfassungsschutz, in: BayVBl. 1982, S. 201–206.
Hahn, Hugo J.: Währungsrecht, 1990.
Heinze, Christian: Das Gesetz zur Änderung des Verfassungsrechts der Eisenbahnen vom 20.12.1993, in: BayVBl. 1994, S. 266–270.
Herrmann, Günter: Rundfunkrecht. Fernsehen und Hörfunk mit neuen Medien, 1994.
Hoffmann(-Riem), Wolfgang P.: Rechtsfragen der Währungsparität, 1969.
Jutzi, Siegfried: Die Deutschen Schulen im Ausland. Eine Untersuchung der Zuständigkeitsverteilung

Art. 73

zwischen dem Bund und den Ländern nach dem Grundgesetz für die Bundesrepublik Deutschland, 1977.

Kirchhof, Paul: Der verfassungsrechtliche Gehalt des geistigen Eigentums, in: Festschrift für Wolfgang Zeidler, Bd. 2, 1987, S. 1639–1661.

Kröger, Detlef/Moos, Flemming: Mediendienst oder Teledienst? Zur Aufteilung der Gesetzgebungsmaterie Informations- und Kommunikationsdienste zwischen Bund und Ländern, in: AfP 1997, S. 675–680.

Majer, Diemut: Neue Regelungen im Zivil- und Katastrophenschutzrecht – eine verfassungsrechtliche Bestandsaufnahme, in: NVwZ 1991, S. 653–656.

Papier, Hans-Jürgen: Polizeiliche Aufgabenverteilung zwischen Bund und Ländern – Unter besonderer Berücksichtigung der Aufgaben des Bundesgrenzschutzes –, in: DVBl. 1992, S. 1–9.

Piduch, Erwin: Verfassungswidrigkeit der Helgoländer Gemeindeeinfuhrsteuer?, in: AöR 86 (1961), S. 459–478.

Riegel, Reinhard: Das neue Bundesgrenzschutzgesetz: Tradition, Neuerungen und Probleme, in: DÖV 1995, S. 317–324.

Scherer, Joachim: Telekommunikationsrecht und Telekommunikationspolitik, 1985.

Scherer, Joachim: Das neue Telekommunikationsgesetz, in: NJW 1996, S. 2953–2962.

Schmidt-Aßmann, Eberhard/Röhl, Hans C.: Grundpositionen des neuen Eisenbahnverfassungsrechts (Art. 87e GG), in: DÖV 1994, S. 577–585.

Schreiber, Werner: Der Bundesgrenzschutz mit erweitertem Aufgabenspektrum, in: DVBl. 1992, S. 589–598.

Stern, Klaus: Die deutsche Staatsangehörigkeit, in: DVBl. 1982, S. 165–173.

Ziemske, Burkhard: Die deutsche Staatsangehörigkeit nach dem Grundgesetz, 1995.

Siehe auch die Angaben zu Art. 70, 71 GG.

Leitentscheidungen des Bundesverfassungsgerichts

Zu Nr. 1: BVerfGE 12, 45 (50) – Kriegsdienstverweigerung; 12, 205 (241) – 1. Rundfunkentscheidung (Deutschland-Fernsehen); 28, 243 (261) – Dienstpflichtverweigerung; 48, 127 (159) – Wehrpflichtnovelle; 62, 354 (367) – Heilfürsorgeansprüche der Soldaten.

Zu Nr. 3: BVerfGE 4, 60 (73) – Intendanturweinauflagen; 8, 260 (268 ff.) – Helgoland-Gesetz.

Zu Nr. 5: BVerfGE 33, 52 (60ff.) – Zensur.

Zu Nr. 6a: BVerfGE 26, 281 (297ff.) – Gebührenpflicht von Bundesbahn und Bundespost; 26, 338 (368ff.) – Eisenbahnkreuzungsgesetz; 97, 198 (218ff.) – Bundesgrenzschutz.

Zu Nr. 7: BVerfGE 12, 205 (225ff.) – 1. Rundfunkentscheidung (Deutschland-Fernsehen); 26, 281 (297ff.) – Gebührenpflicht von Bundesbahn und Bundespost; 46, 120 (142ff.) – Direktruf.

Zu Nr. 8: BVerfGE 7, 120 (127f.) – Personalvertretung.

Zu Nr. 11: BVerfGE 8, 104 (111ff.) – Volksbefragung; 65, 1 (39f.) – Volkszählung.

Gliederung

	Rn.
A. Herkunft, Entstehung, Entwicklung	1
I. Ideen- und verfassungsgeschichtliche Aspekte	1
II. Entstehung und Veränderung der Norm	3
B. Internationale, supranationale und rechtsvergleichende Bezüge	5
C. Erläuterungen	7
I. Allgemeine Bedeutung	7
II. Einzelne Titel	9
1. Auswärtige Angelegenheiten, Verteidigung (Art. 73 Nr. 1 GG)	9
2. Staatsangehörigkeit (Art. 73 Nr. 2 GG)	13
3. Freizügigkeit, Grenzübertritt (Art. 73 Nr. 3 GG)	14
4. Währung, Maße, Zeitbestimmung (Art. 73 Nr. 4 GG)	18

5. Einheit des Zoll- und Handelsgebietes, Waren- und Zahlungsverkehr
   mit dem Ausland, Zoll- und Grenzschutz (Art. 73 Nr. 5 GG)   22
6. Luftverkehr (Art. 73 Nr. 6 GG)   26
7. Eisenbahnen des Bundes (Art. 73 Nr. 6a GG)   27
8. Postwesen und Telekommunikation (Art. 73 Nr. 7 GG)   29
9. Öffentlicher Dienst (Art. 73 Nr. 8 GG)   37
10. Geistiges Eigentum (Art. 73 Nr. 9 GG)   39
11. Zusammenarbeit des Bundes und der Länder im Sicherheitsbereich
    (Art. 73 Nr. 10 GG)   41
12. Statistik für Bundeszwecke (Art. 73 Nr. 11 GG)   47
D. Verhältnis zu anderen GG-Bestimmungen   48

A. Herkunft, Entstehung, Entwicklung

I. Ideen- und verfassungsgeschichtliche Aspekte

Der Katalog der Materien der ausschließlichen Gesetzgebung nach Art. 73 GG hat gegenüber den Verfassungen von 1871 und 1919 eine erhebliche **Ausdehnung, aber auch Verdichtung** erfahren. Dies gilt insbesondere im Vergleich zur Reichsverfassung von 1871, die nur sporadisch Befugnisse enthielt, die ausschließlich dem Reich vorbehalten waren (Art. 35 I; 52 II RV 1871; → Art. 72 Rn. 1). Aber auch Art. 6 WRV umfaßte nur sieben Nummern, in denen die Gegenstände der ausschließlichen Reichsgesetzgebung aufgeführt waren und damit vier weniger als die Nachfolgevorschrift des Art. 73 GG. Allerdings ist in diesem Zusammenhang zu bedenken, daß für die Inanspruchnahme einer konkurrierenden Gesetzgebungsbefugnis seitens des Reichs **keine weiteren Voraussetzungen** notwendig waren (Art. 12 WRV; eine Ausnahme bildeten das »Bedürfnis« für die in Art. 9 WRV und das Erforderlichkeitskriterium für die in Art. 11 WRV genannten Materien). 1

Nach der Verfassung von 1871 besaß das Reich eine **allgemeine** (also nur eine konkurrierende, keine ausschließliche) Gesetzgebungskompetenz gemäß Art. 4 Nr. 7 zur »Organisation eines gemeinsamen Schutzes des Deutschen Handels im Auslande, der Deutschen Schiffahrt und ihrer Flagge zur See und Anordnung gemeinsamer konsularischer Vertretung, welche vom Reiche ausgestattet wird« (vgl. auch Art. 56 I RV 1871). Nach Art. 4 Nr. 14 RV 1871 hatte das Reich die Gesetzgebung über »das Militairwesen des Reichs und die Kriegsmarine«. Dagegen wies Art. 6 Nr. 1 WRV dem Reich die ausschließliche Gesetzgebung über die **Beziehungen zum Ausland** zu (vgl. auch Art. 78 WRV). In Art. 6 Nr. 4 WRV war die Kompetenz zur Gesetzgebung über die **Wehrverfassung** festgelegt (vgl. auch Art. 79 WRV). Wiederum nur eine (konkurrierende) Gesetzgebungskompetenz für das Reich enthielt Art. 4 Nr. 1 RV 1871 für das »Staatsbürgerrecht«. Art. 6 Nr. 3 WRV maß dem Reich dagegen die ausschließliche Gesetzgebung über die **Staatsangehörigkeit** zu (heute Art. 73 Nr. 2 GG). **Eine Vorläufervorschrift zu Art. 73 Nr. 3 GG** findet sich im Kaiserreich in Art. 4 Nr. 1 RV 1871 (»... Freizügigkeit, Heimats- und Niederlassungs-Verhältnisse, ... Paßwesen, Auswanderung«). Eine **vergleichbare Vorschrift** enthielt auch der Katalog der ausschließlichen Gesetzgebungsbefugnisse des Reichs in Art. 6 Nr. 3 WRV. Vorgänger von Art. 73 Nr. 4 GG sind Art. 4 Nr. 3 RV 1871; Art. 6 Nr. 5 WRV (ausschließliche Gesetzgebung); Art. 7 Nr. 14 WRV (konkurrierende Gesetzgebung). Art. 73 Nr. 5 GG gingen Art. 4 2

Nr. 2 RV 1871 (Zoll- und Handelsgesetzgebung); Art. 6 Nr. 6 WRV (ausschließliche Gesetzgebung über das Zollwesen sowie die Einheit des Zoll- und Handelsgebiets und die Freizügigkeit des Warenverkehrs; vgl. auch Art. 82 WRV) voran. Den **Luftverkehr** erwähnte die Reichsverfassung von 1871 nicht. Dagegen findet sich eine konkurrierende **Gesetzgebungsbefugnis** des Reichs in Art. 7 Nr. 19 WRV (»Verkehr mit Kraftfahrzeugen ... in der Luft«). **Das Eisenbahnwesen** oblag nach Art. 4 Nr. 8 RV 1871 der (konkurrierenden) Reichsgesetzgebung; dasselbe war nach Art. 7 Nr. 19 WRV der Fall. Der (konkurrierenden) Reichsgesetzgebung unterlagen nach Art. 4 Nr. 10 RV 1871 auch das **Post- und Telegraphenwesen** (mit bayerischen und württembergischen Reservatrechten), während Art. 6 Nr. 7 WRV dem Reich eine ausschließliche Gesetzgebungsbefugnis über das Post- und Telegraphenwesen einschließlich des Fernsprechwesens zuerkannte (vgl. jetzt Art. 73 Nr. 7 GG). Die Gesetzgebung über die öffentlichen Bediensteten wurde in der Reichsverfassung von 1871 nicht erwähnt; es wurde aber angenommen, dem Reich stehe eine Kompetenz kraft Natur der Sache zu, die rechtliche Stellung seiner **Beamten** zu regeln[1]. Eine (konkurrierende) Gesetzgebungsbefugnis hatte das Reich in Art. 10 Nr. 3 WRV für Grundsätze des Rechts der Beamten aller öffentlichen Körperschaften inne (vgl. auch Art. 128 Abs. 3 WRV); siehe dazu Art. 73 Nr. 8 GG. Bereits 1871 besaß das Reich nach Art. 4 Nr. 5 und 6 Gesetzgebungsbefugnisse betreffend »die Erfindungspatente« und den »Schutz des geistigen Eigentums«. Dagegen **fehlt eine vergleichbare Befugniszuweisung** in den Gesetzgebungskatalogen der Weimarer Reichsverfassung; nur Art. 158 WRV erwähnt die »geistige Arbeit, das Recht der Urheber, der Erfinder und der Künstler« und verheißt ihnen »Schutz und Fürsorge des Reichs« (siehe jetzt Art. 73 Nr. 9 GG). Während die Verfassung von 1871 eine Art. 73 Nr. 10 GG ähnelnde Reichsbefugnis nicht enthielt, gestand die Weimarer Verfassung dem Reich unter der Voraussetzung eines Bedürfnisses für den Erlaß einheitlicher Vorschriften (→ Art. 72 Rn. 4) das Recht zur Gesetzgebung über den **Schutz der öffentlichen Ordnung und Sicherheit** zu. Die »Statistik« (Art. 73 Nr. 11 GG) erscheint in den Verfassungen von 1871 und von Weimar nicht; gleichwohl wurde das Reich nach 1919 auf diesem Gebiet, wohl unter Inanspruchnahme einer **ungeschriebenen Kompetenz**, gesetzgeberisch tätig[2].

II. Entstehung und Veränderung der Norm

3   Der Herrenchiemseer Verfassungskonvent sah in Art. 35 HChE einen **Katalog der ausschließlichen Gesetzgebung des Bundes** vor, der auswärtige Angelegenheiten, Staats-/Bundesangehörigkeit, Freizügigkeit, Auslieferung, Paßwesen und Auswanderung, Währungs-, Geld- und Münzwesen, Einheit des Zoll- und Handelsgebietes, Zoll- und Handelsverträge und Freizügigkeit des Warenverkehrs, Post- und Fernmeldewesen und Bundesstatistik in sieben Nummern umfaßte. Zur Frage einer Kompetenzmaterie »**Wehrverfassung**« war sich der Konvent darin einig, daß diese Bundessache sein müsse, doch wurde von einer **Einfügung abgesehen**, um »Mißdeutungen« vorzubeugen[3]. Im Parlamentarischen Rat wurde diskutiert, ob die ausschließliche Kompetenz des Bundes für die »auswärtigen Angelegenheiten« um den »**Schutz des Bundes nach au-**

---

[1] S. dazu *Pestalozza*, GG VIII, Art. 73 Rn. 478.
[2] S. dazu *Pestalozza*, GG VIII, Art. 73 Rn. 700.
[3] S. dazu JöR 1 (1951), S. 468.

ßen« ergänzt werden sollte, ohne daß man sich aber letztendlich zu einer solchen Erweiterung durchringen konnte. In den verschiedenen Beratungen in den Ausschüssen und in dem Plenum des Parlamentarischen Rats wurde, auch unter mehrfacher Umstellung der Reihenfolge, der **Katalog** der ausschließlichen Bundesgesetzgebung auf die bei Inkrafttreten des Grundgesetzes enthaltenen Gegenstandsbereiche **erweitert** und schließlich in den Abschnitt »Die Gesetzgebung des Bundes« eingefügt[4].

Art. 73 GG ist seit Inkrafttreten des Grundgesetzes **mehrfach geändert**[5] worden. Eine doppelte Änderung hat Art. 73 Nr. 1 GG erfahren; im Jahre 1954 wurden an Art. 73 Nr. 1 GG die Worte angefügt: »... sowie die Verteidigung einschließlich der Wehrpflicht für Männer vom vollendeten 18. Lebensjahr an und des Schutzes der Zivilbevölkerung«. Weitere Einfügungen dieser Novelle bezogen sich auf Art. 79 II und Art. 142a GG. Im Jahre 1968 wurde die Formulierung »der Wehrpflicht für Männer vom vollendeten 18. Lebensjahr an und« gestrichen. Gleichzeitig wurde die Ermächtigung zur **Einführung der Wehrpflicht in den neugeschaffenen Art. 12a GG** aufgenommen. Weitere Änderungen betrafen in diesem Zusammenhang Art. 9 III, 10, 11 II, 12, 19 IV, 35, 53a GG und die Streichung von Art. 59a und 65a II GG; darüber hinaus wurden Art. 80a, 87a, 91 sowie 115a bis 115l GG geändert. Die Änderung von Art. 73 Nr. 1 GG war von rechtssystematischen Erwägungen bestimmt, ohne eine sachliche Änderung zu bringen. Nr. 10 wurde 1972 in seine heutige Fassung gebracht. Von der Novelle wurden auch Art. 35 II 1 und Art. 74 I Nr. 4a sowie Art. 87 I 2 GG erfaßt. Zweck der Neufassung von Art. 73 Nr. 10 GG war eine **Legaldefinition des Verfassungsschutzes** in lit. b, die zuvor fehlte, sowie die Anfügung von lit. c. Im Jahre 1994 wurde in Nr. 7 »Fernmeldewesen« durch »**Telekommunikation**« ersetzt. Das der Umformung der **Deutschen Bundespost** gewidmete **Reformwerk**[6] betraf auch Art. 80 II, 87 I 1 und die Einfügung der Art. 87f und 143b GG. Nur ein knappes Jahr zuvor war Art. 73 Nr. 6 GG auf den Luftverkehr beschränkt worden. Gleichzeitig wurde Art. 73 Nr. 6a GG eingefügt, der nunmehr **Eisenbahntransportwesen und Eisenbahninfrastruktur** deutlicher zu unterscheiden versucht (→ Rn. 27). Damit zusammenhängend wurden auch Art. 87e, Art. 106a und Art. 143a geschaffen und Art. 74 Nr. 23, Art. 80 II und Art. 87 I 1 GG geändert. Art. 73 Nr. 2 GG (Staatsangehörigkeit im Bunde) lautet zwar heute noch ebenso wie zur Zeit des Inkrafttretens des Grundgesetzes, 1994 wurde aber die **parallele** (konkurrierende) **Gesetzgebungskompetenz** nach Art. 74 Nr. 8 a. F. GG (Staatsangehörigkeit in den Ländern) gestrichen; die Formulierung in Art. 73 Nr. 2 GG ist seither **mißverständlich**, weil sie durch ihre Wortwahl unbeabsichtigt die Vorstellung eines gegenüber der Bundesstaatsangehörigkeit andersartigen Instituts erweckt[7].

B. Internationale, supranationale und rechtsvergleichende Bezüge

In den bundesstaatlichen Systemen, soweit sie ausschließliche Kompetenzen des Bundes kennen (oder gar nur solche vorsehen[8]), sind die Materien, die dem Bund zur aus-

---

[4] Im einzelnen vgl. JöR 1 (1951), S. 467ff., 471ff.; *Pestalozza*, GG VIII, Art. 73 Rn. 6ff., 66ff., 107ff., 182ff., 244ff., 331ff., 355ff., 443ff., 480ff., 536ff., 579ff., 701ff.
[5] Hierzu im einzelnen *Pestalozza*, GG VIII, Art. 73, Rn. 10ff., 589ff., 333, 367ff., 446ff.
[6] Zur Postreform II siehe *L. Gramlich*, NJW 1994, 2785ff. → Art. 10 Rn. 19.
[7] In diesem Sinn auch *Pestalozza*, GG VIII, Art. 73 Rn. 72f.
[8] So zum Fall Kanadas *M. Bothe*, Die Kompetenzstruktur des modernen Bundesstaates in rechtsvergleichender Hinsicht, 1977, S. 137.

schließlichen Gesetzgebung überantwortet sind, verständlicherweise zwar unterschiedlich. Gegenstände wie die auswärtigen Beziehungen, die Staatsangehörigkeit oder die Verteidigung tauchen aber immer wieder auf der **Seite des Bundes** auf[9]. Nicht selten ergibt sich das Wesen einer Kompetenznorm als ausschließlicher Befugnis erst auf Grund einer **Auslegung** der Vorschrift, also **nicht** aus ihrer Auflistung in einem **einschlägigen Katalog** (so im Fall der amerikanischen Bundesverfassung und des EG-Vertrags)[10]. Auch enthalten nicht alle Verfassungen eine detaillierte Festlegung, wie sie dem Grundgesetz zu eigen ist; insbesondere die amerikanische Bundesverfassung begnügt sich bei den wichtigsten Bundeszuständigkeiten mit **Generalklauseln**; die EG-Kompetenzen sind funktional bzw. final orientiert[11]. Zu Recht wird allerdings darauf hingewiesen, daß die Annahme, das Grundgesetz umschreibe im Gegensatz dazu die Materien der ausschließlichen Gesetzgebung sachorientiert, nur bedingt zutrifft; die Unterschiede sind also eher quantitativer denn qualitativer Art[12].

6   Für das Verhältnis des Grundgesetzes zum europäischen Recht ist darauf hinzuweisen, daß sich die Bundesrepublik Deutschland einer ganzen Reihe von **Souveränitätsrechten entäußert** hat, die Zuständigkeiten nach Art. 73 GG berühren, so insbesondere die Nummern 3 und 5 und daß die Errichtung einer Europäischen Zentralbank (vgl. auch Art. 88 GG) und die Einführung einer **europäischen Währung** auch die Kompetenz aus Art. 73 Nr. 4 GG substantiell betreffen wird.

C. Erläuterungen

I. Allgemeine Bedeutung

7   Art. 73 GG enthält den **zentralen Katalog** der Materien der ausschließlichen Gesetzgebung des Bundes, wie sie in Art. 71 GG von der Verfassung umschrieben wird. Die Enumeration ist aber **nicht vollständig** (→ Art. 71 Rn. 7). Die nicht allzu umfangreiche Auflistung geht auf den von Art. 30, 70 GG vorgesehenen (wenn auch im Gesetzgebungsbereich faktisch nicht erreichten) **Primat der Landeskompetenz** zurück. Die in Art. 73 GG zusammengefaßten Materien sind vergleichsweise **heterogen**; neben von der Staatlichkeit der Bundesrepublik Deutschland zwangsläufig geforderten Sachgebieten wie den auswärtigen Angelegenheiten und der Verteidigung (Nr. 1), der Staatsangehörigkeit (Nr. 2), der Freizügigkeit (Nr. 3) oder der einheitlichen Währung (Nr. 4) sind auch eine Reihe von Gegenständen enthalten, die nicht wie die erstgenannten eine verfassungsrechtliche Positivierung dem Bund bereits kraft Natur der Sache zustehender Bereiche darstellen. Dazu kann man den gewerblichen Rechtsschutz, das Urheberrecht und das Verlagsrecht (Nr. 9) zählen.

---

[9] Vgl. dazu *P. Kunig*, in: v. Münch/Kunig, GG III, Art. 73 Rn. 3; zur schweizerischen Kompetenzverteilung siehe *K. Eichenberger*, Landesbericht Schweiz, in: F. Ossenbühl (Hrsg.), Föderalismus und Regionalismus in Europa, 1990, S. 17 ff. (32 ff.); zu Österreich *H. Schambeck*, Landesbericht Österreich, ebd., S. 57 ff. (70 ff.).

[10] S. dazu *M. Fehling*, Mechanismen der Kompetenzabgrenzung in föderativen Systemen im Vergleich, in: J. Aulehner u. a. (Hrsg.), Föderalismus – Auflösung oder Zukunft der Staatlichkeit?, 1997, S. 31 ff. (38).

[11] *Fehling*, Mechanismen (Fn. 10), S. 40.

[12] Vgl. wiederum *Fehling*, Mechanismen (Fn. 10), S. 41 f.; die grundgesetzlichen Kompetenzzuweisungen, seien sie nun eng oder generalklauselartig weit, enthalten auch final ausgerichtete Befugnisse (vgl. für Art. 73 die Nr. 10 »Zusammenarbeit des Bundes und der Länder«).

Trotz der Reduzierung des von Art. 73 GG dem Bund zugedachten Kompetenzspektrums durch die **Integration** der Bundesrepublik Deutschland in die **Europäische Union** behält Art. 73 GG auch in Bereichen, in denen Souveränitätsrechte an letztere übergegangen sind, Relevanz für die Entscheidung der Frage, ob Bund oder Länder Richtlinien der Union umzusetzen haben.

II. Einzelne Titel

1. Auswärtige Angelegenheiten, Verteidigung (Art. 73 Nr. 1 GG)

Das Bundesverfassungsgericht definiert **auswärtige Angelegenheiten** als solche, die sich aus der Stellung der Bundesrepublik Deutschland als Völkerrechtssubjekt zu anderen Staaten ergeben[13]. Dies ist auf der einen Seite insofern zu weit, als **nicht alle Angelegenheiten** der Bundesrepublik Deutschland **mit Auslandsberührung** darunter fallen, wie sich bereits aus Art. 73 Nr. 2–6 GG, Art. 74 I Nr. 17, 21 GG, weiterhin aus Art. 23 I 2, 24 I, 115l I, III GG ergibt, die alle ebenfalls einen Auslandsbezug aufweisen. Auf der anderen Seite betrifft Art. 73 Nr. 1 GG nicht nur die Beziehungen der Bundesrepublik Deutschland zu Staaten, sondern auch zu **sonstigen Völkerrechtssubjekten**, wie internationalen Organisationen[14] und sonstigen nichtstaatlichen Völkerrechtssubjekten[15]. Unter »auswärtige Angelegenheiten« sind die Agenden zu subsumieren, die das Verhältnis der Bundesrepublik Deutschland als Völkerrechtssubjekt zu anderen Völkerrechtssubjekten betreffen[16]. Die Vertragsabschlußkompetenz nach Art. 32 I GG führt nicht dazu, daß dem Bund in jedem Fall über den Begriff der »auswärtigen Angelegenheiten« nach Art. 73 Nr. 1 GG auch die **Transformationskompetenz** zustünde; vielmehr bemißt sich die Gesetzgebungskompetenz für die innerstaatliche Transformation nach Art. 73 ff. GG[17]. Art. 32 I GG impliziert also nur die Zustimmung nach Art. 59 II GG als solche[18]. Neben der Regelung der **diplomatischen und konsularischen Tätigkeit** der Bundesrepublik Deutschland und der Vertretungen anderer Völkerrechtssubjekte in der Bundesrepublik Deutschland umfaßt Art. 73 Nr. 1 GG auch das **Auslandsschulwesen**[19], die **Entwicklungshilfe** der Bundesrepublik Deutschland[20] und wohl auch die Ausstrahlung von **Rundfunksendungen** in das Ausland als Teil der gesamtstaatlichen Repräsentation[21].

---

[13] BVerfGE 33, 52 (60). Der Begriff wird in Art. 45a I GG in identischer Weise verwendet; siehe *Kunig* (Fn. 9), Art. 73 Rn. 29.

[14] S. dazu *I. Seidl-Hohenveldern*, Das Recht der Internationalen Organisationen einschließlich der Supranationalen Gemeinschaften, 1984.

[15] S. dazu *F. Berber*, Lehrbuch des Völkerrechts I, 2. Aufl. 1975, § 17 ff. Zur auswärtigen Gewalt siehe auch *W. G. Grewe*, Auswärtige Gewalt, in: HStR III, § 77.

[16] S. dazu *Kunig* (Fn. 9), Art. 73 Rn. 5; *C. Degenhart*, in: Sachs, GG, Art. 73 Rn. 2 ff.; nach *Pestalozza*, GG VIII, Art. 73 Rn. 25, reduziert sich der Begriff der »auswärtigen Angelegenheiten« praktisch auf die Angelegenheiten des Auswärtigen Dienstes.

[17] Vgl. dazu *H.-W. Rengeling*, Gesetzgebungszuständigkeit, in: HStR IV, § 100 Rn. 72; *Grewe* (Fn. 15), § 77 Rn. 88.

[18] So auch *Kunig* (Fn. 9), Art. 73 Rn. 7; *Degenhart* (Fn. 16), Art. 73 Rn. 4 f.; a.A. *W. G. Grewe*, Die auswärtige Gewalt der Bundesrepublik Deutschland, VVDStRL 12 (1954), S. 129 ff. (177).

[19] S. dazu *S. Jutzi*, Die Deutschen Schulen im Ausland, 1977, S. 85 (vgl. aber auch BVerfGE 6, 309 [354]).

[20] S. hierzu *G. Wiedmann*, DÖV 1990, 688 (690); unentschieden dagegen *T. Maunz*, in: Maunz/Dürig, GG, Art. 73 (1988) Rn. 44.

[21] Das Bundesverfassungsgericht ließ die Frage im 1. Rundfunkurteil E 12, 205 (241 f., 250) offen.

10 Unter **Verteidigung** sind nicht nur die zur Abwehr bewaffneter Angriffe notwendigen Handlungen zu verstehen; umfaßt ist auch der Gesamtkomplex von Institutionen und Vorkehrungen, die bereits im Vorfeld des Konfliktfalls für einen effektiven Schutz der Bundesrepublik Deutschland notwendig sind. Sie betreffen insbesondere **Schaffung, Unterhaltung und Funktionieren der Streitkräfte**, also Wehrpflicht und Wehrersatzwesen[22], Regelung der Rechtsverhältnisse der Angehörigen der Bundeswehr[23] und auch Gründung und Unterhaltung von Universitäten der Bundeswehr[24]. Zum Sachbereich »Verteidigung« zählen auch besondere **polizeirechtliche Befugnisse** (Annex zur Sachkompetenz)[25]. Auch der Einsatz der Streitkräfte zu **anderen als Verteidigungszwecken** unterfällt Art. 73 Nr. 1 GG als der einschlägigen grundgesetzlichen Kompetenznorm[26].

11 Der **Schutz der Zivilbevölkerung** betrifft nach dem Gesamtkontext, in dem er in Art. 73 Nr. 1 GG erwähnt wird, die verteidigungsbedingte Gefahrenlage[27]. Soweit dieser Rahmen gewahrt ist, trägt Art. 73 Nr. 1 GG aber auch multifunktionale, also auch (zusätzlichen) anderen Zwecken dienende Vorkehrungen (etwa Luftschutzanlagen, die zivil zu Lagerzwecken o. ä. genutzt werden).

12 Art. 73 Nr. 1 GG ist ein Beispielsfall für eine **legitimatorische Wirkung** von Kompetenznormen, insofern aus der Vorschrift die Verfassungsentscheidung für die militärische Landesverteidigung abgeleitet wird (→ Art. 70 Rn. 19 f.).

2. Staatsangehörigkeit (Art. 73 Nr. 2 GG)

13 Die **Formulierung** der Grundgesetzbestimmung (»**Staatsangehörigkeit im Bunde**«) erklärt sich aus der **früheren** (inzwischen gestrichenen) **Parallelvorschrift** in Art. 74 I Nr. 8 GG, die die »Staatsangehörigkeit in den Ländern« betraf. Die Fassung von Art. 73 Nr. 2 GG darf nicht Anlaß geben, die deutsche Staatsangehörigkeit von einer präsumtiven Bundesstaatsangehörigkeit unterscheiden zu wollen; vielmehr ist beides identisch[28]. Durch Art. 73 Nr. 2 GG ist die Regelung der **Voraussetzungen für Erwerb und Verlust der Staatsangehörigkeit** dem Bundesgesetzgeber überlassen[29]. Die aus der Staatsangehörigkeit **resultierenden Rechte und Pflichten** sind jedoch von der

---

Bejahend *P. Lerche*, Zum Kompetenzbereich des Deutschlandfunks, 1963, 13 ff.; *U. Fastenrath*, Die Kompetenzverteilung im Bereich der auswärtigen Gewalt, 1986, S. 177; *T. Puhl*, DVBl. 1992, 933 (934) unter Betonung, daß allein Sendungen, die ausschließlich oder in erster Linie für ein Verbreitungsgebiet außerhalb der Bundesrepublik Deutschland bestimmt sind, zu den auswärtigen Angelegenheiten im Sinn von Art. 73 Nr. 1 GG zählen. Ablehnend dagegen *W. Mallmann*, JZ 1963, 350 (351 f.).

[22] Dazu BVerfGE 62, 354 (373).
[23] BVerfGE 62, 354 (367 f.).
[24] Siehe *M. Bothe*, in: AK-GG, Art. 75 Rn. 8; *Jarass/Pieroth*, GG, Art. 75 Rn. 5; siehe aber auch BVerwG DVBl. 1993, 52: Die hoheitlichen Befugnisse dieser Universitäten zur Abnahme von Hochschulprüfungen sind kompetentiell nicht auf Bundesbefugnisse zurückzuführen, sondern folgen aus dem entsprechenden Übertragungsbescheid der zuständigen Landesbehörde.
[25] BVerwGE 84, 247 (250). A.A. für den abwehrenden Brandschutz aber BVerwG DVBl. 1997, 954 ff.
[26] Vgl. dazu *Bothe* (Fn. 24), Art. 73 Rn. 3; BVerwG DÖV 1978, 490 (492). Im Hinblick auf den Katastropheneinsatz der Bundeswehr zweifelnd *D. Majer*, NVwZ 1991, 653 (655).
[27] Vgl. *Pestalozza*, GG VIII, Art. 73 Rn. 47.
[28] A.A. *F. E. Schnapp*, in: BK, Art. 73 Nr. 2 (Zweitb. 1988), Rn. 7. Vgl. zum Ganzen auch *B. Ziemske*, Die deutsche Staatsangehörigkeit nach dem Grundgesetz, 1995.
[29] BVerfGE 83, 37 (52).

Kompetenznorm nicht mitumfaßt[30]. Unbeschadet des Umstands, daß der Begriff des »Deutschen« nach dem Grundgesetz über den Personenkreis hinausgeht, der die deutsche Staatsangehörigkeit besitzt (Art. 116 I GG), ist der Begriff der deutschen Staatsangehörigkeit in Art. 73 Nr. 2 GG identisch mit dem in Art. 16 I und 116 GG verwendeten Ausdruck. Art. 73 Nr. 2 GG betrifft seinem Wortlaut nach allerdings nicht die **Status-Deutschen** im Sinn von Art. 116 I GG, doch wird man die Zuständigkeit des Bundesgesetzgebers für diese entweder im Wege der Annahme eines Annexes aus der Vorschrift selbst oder jedenfalls aus Art. 116 I GG ableiten können[31].

3. Freizügigkeit, Grenzübertritt (Art. 73 Nr. 3 GG)

Der Begriff der **Freizügigkeit** in Art. 73 Nr. 3 GG ist derselbe wie in Art. 11 GG; jedoch wird aus dem Fehlen des Zusatzes »innerhalb des Bundesgebiets«, der das Grundrecht der Freizügigkeit auf die **Bewegungsfreiheit im Bundesgebiet und die Einreise in dieses** beschränkt[32], gefolgert, daß die Kompetenzbestimmung im Gegensatz zu Art. 11 GG auch die **Ausreisefreiheit** (im Sinn des vorübergehenden Verlassens des Bundesgebiets zur Auswanderung; → Rn. 16) erfaßt[33]. Die Kompetenzbestimmung bezieht sich auch auf Regelungen über die Freizügigkeit in einem Bundesland und auf solche für Ausländer[34]. 14

Paßwesen meint nicht nur die Legitimationsfunktion der einschlägigen Urkunden für den Grenzübertritt, sondern auch die Voraussetzungen für Erteilung und Versagung von Reisepässen[35]. 15

Einwanderung bedeutet die Einreise in das Bundesgebiet mit der Absicht, in ihm einen dauerhaften Wohnsitz oder Aufenthalt zu begründen; **Auswanderung** bezeichnet den umgekehrten Vorgang. Für die Rechtsstellung der Ausländer in der Bundesrepublik Deutschland und ihre Einbürgerung sind die Kompetenzbestimmungen nach Art. 74 I Nr. 4 bzw. Art. 73 Nr. 2 GG maßgeblich. 16

Auslieferung in Art. 73 Nr. 3 GG bedeutet die vom Willen des Betroffenen unabhängige Überstellung des Auszuliefernden aus dem Hoheitsbereich des Aufenthaltsstaats in den des Staates, der das Auslieferungsersuchen gestellt hat (→ Art. 16 Rn. 67). Damit ist der Begriff identisch mit dem in Art. 16 II GG verwendeten, wobei wegen des in dieser Vorschrift enthaltenen **Verbots der Auslieferung Deutscher** sich auch Art. 73 Nr. 3 GG nur auf **Ausländer** beziehen kann. Ziel der Auslieferung ist regelmäßig, wenn auch nicht notwendig, die Durchführung eines Strafverfahrens, was auch die **Durchlieferung** und **Rücklieferung** einschließen kann[36]. 17

---

[30] So auch *Maunz* (Fn. 20), Art. 73 Rn. 63.
[31] In diesem Sinn auch Jarass/*Pieroth*, GG, Art. 73 Rn. 5; *Maunz* (Fn. 20), Art. 73 Rn. 66; *Degenhart* (Fn. 16), Art. 73 Rn. 13.
[32] BVerfGE 6, 32 (35); → Art. 11 Rn. 15.
[33] So *Bothe* (Fn. 24), Art. 73 Rn. 6; *Rengeling* (Fn. 17), § 100 Rn. 79.
[34] S. dazu *Degenhart* (Fn. 16), Art. 73 Rn. 14.
[35] Vgl. *Maunz* (Fn. 20), Art. 73 Rn. 73; *Pestalozza*, GG VIII, Art. 73 Rn. 148f.
[36] S. dazu O. *Kimminich*, in: BK, Art. 16 (Drittb. 1984), Rn. 113, 116; → Art. 16 Rn. 67.

4. Währung, Maße, Zeitbestimmung (Art. 73 Nr. 4 GG)

18 Die Zusammenfassung der in Art. 73 Nr. 4 GG aufgeführten Gegenstände ist **historisch** begründet, **ohne** daß vom heutigen Standpunkt aus noch eine durchgängige **sachliche Rechtfertigung** dafür bestünde[37].

19 **Währung** ist der Oberbegriff zu Geld- und Münzwesen; **Geldwesen** schließt wiederum das **Münzwesen** ein. Das Währungswesen umfaßt nicht nur die besondere institutionelle Ordnung der Geldrechnung und der in ihr gültigen Zahlungsmittel, sondern auch die tragenden Grundsätze der Währungspolitik[38]. Gegenüber Art. 74 I Nr. 11 GG (Recht der Wirtschaft) ist Art. 73 Nr. 4 GG die **speziellere Regelung**; sie dürfte aber wiederum gegenüber der Kompetenz aus Art. 109 III GG[39] zurücktreten. Zum **Währungswesen**, das grundsätzlich weit zu verstehen ist, zählen Bestimmung der gesetzlichen Zahlungsmittel, Aufwertungen und Abwertungen und sonstige Maßnahmen der Währungsaußenpolitik, kreditpolitische Maßnahmen sowie die Errichtung der Deutschen Bundesbank durch Gesetz. Art. 88 GG ist keine Gesetzgebungskompetenz, sondern befindet sich im Abschnitt über die Verwaltung des Bundes[40]. Das Recht der **Geschäftsbanken** ist dagegen Gegenstand von Art. 74 I Nr. 11 GG.

20 **Geld** im Sinne von Art. 73 Nr. 4 GG sind nicht nur Banknoten und Münzen; darunter fällt auch das »**Buchgeld**«, also die dem Zahlungsverkehr dienenden Guthaben bei Banken und sonstigen Kreditinstituten. **Münzen** sind nur solche, die als gesetzliche Zahlungsmittel anerkannt sind (also regelmäßig nicht Gedenkmünzen).

21 Wie im Fall von »Währungs-, Geld- und Münzwesen« stellt auch der zweite Halbsatz von Art. 73 Nr. 4 GG (Maße und Gewichte sowie die Zeitbestimmung) Ober- und Unterbegriffe ungeordnet nebeneinander; der **Begriff des Maßes** umfaßt auch **Gewichts- und Zeitbestimmungen**. Einschlägig sind alle Maße, die in der Naturwissenschaft eingeführt sind und im täglichen Verkehr praktisch werden, bis hin zu Lärm-, Immissions- und Strahlungsmaßen. Dagegen sind die jeweiligen **Meß- und Berechnungsverfahren** nicht Gegenstand der Kompetenzvorschrift. Auch die Festlegung des **Kalenders** und die Einführung der **Sommerzeit** sind umfaßt[41]. Weiterhin wird auch das dem Schutz des Vertrauens auf die Richtigkeit der Maße im Verkehr dienende **Eichwesen** der Kompetenzvorschrift zugeordnet; dies gilt dagegen nicht für die Festlegung von **Handelsklassen**, etwa für landwirtschaftliche Erzeugnisse[42]. Nach dem Bundesverfassungsgericht ist es auch denkbar, die Prüfung der Läufe und Verschlüsse von Handfeuerwaffen als eine auf dem Gebiet des Maß- und Gewichtswesens liegende Angelegenheit aufzufassen[43].

---

[37] S. dazu *Maunz* (Fn. 20), Art. 73 Rn. 77.
[38] BVerfGE 4, 60 (73); zum Währungsbegriff siehe auch *W. P. Hoffmann(-Riem)*, Rechtsfragen der Währungsparität, 1969, S. 96; *H. J. Hahn*, Währungsrecht, 1990, S. 17, 266.
[39] So für Art. 74 I Nr. 11 GG auch *Degenhart* (Fn. 16), Art. 73 Rn. 18; anders wohl *Rengeling* (Fn. 17), § 100 Rn. 83.
[40] Differenzierend in diesem Zusammenhang *Pestalozza*, GG VIII, Art. 73 Rn. 226.
[41] Vgl. dazu *Jarass/Pieroth*, Art. 73 Rn. 8; *Degenhart* (Fn. 16), Art. 73 Rn. 20.
[42] Dazu *Maunz* (Fn. 20), Art. 73 Rn. 87.
[43] BVerfGE 8, 143 (153).

5. Einheit des Zoll- und Handelsgebietes, Waren- und Zahlungsverkehr mit dem Ausland, Zoll- und Grenzschutz (Art. 73 Nr. 5 GG)

Die der ausschließlichen Kompetenz des Bundes übertragene **Einheit des Zoll- und Handelsgebietes** – die aber wegen Art. 2, 3, 7, 7a (2, 3, 14 n. F.) EGV heute dem nationalen Zugriff weitgehend entzogen ist – beinhaltet, daß Zoll- und Handelsschranken innerhalb der Bundesrepublik Deutschland nicht errichtet werden dürfen bzw. daß, wenn solche bestünden, abgebaut werden müßten. Insofern hat die Vorschrift auch materiellen Gehalt[44]. Soweit Gründe dafür vorhanden sind, sind aber **Zollausschlußgebiete** in grenznahen Gebieten zulässig[45]. Die abgabenrechtliche Seite der Bundeskompetenz nach Art. 73 Nr. 5 GG findet sich in Art. 105 I GG, der dem Bund ebenfalls eine ausschließliche Kompetenz zur Gesetzgebung einräumt[46]. 22

Die mißverständliche Erwähnung der »**Handels- und Schiffahrtsverträge**« betrifft nicht den Abschluß dieser Verträge und das darauf gerichtete Verfahren. Diese Vorgänge richten sich, da es sich regelmäßig um eine völkerrechtliche Angelegenheit handeln wird, nach den Regelungen des Grundgesetzes über die **auswärtige Gewalt**. Vielmehr sind die für solche Verträge **typischen Materien des Außenhandels**, einschließlich der Niederlassungen der Schiffahrt, aber unter Ausschluß der Binnenschiffahrt, angesprochen[47]. Begrifflich liegt eine **Überschneidung** mit dem in derselben Nummer genannten »Waren- und Zahlungsverkehr« vor. Art. 73 Nr. 5 GG gibt dem Bund eine entsprechende **Transformationskompetenz** im Sinn von Art. 59 II GG[48]. Die »Freizügigkeit des Warenverkehrs« ist Sinn und Zweck der Forderung nach Einheit des Zoll- und Handelsgebiets und insofern bereits von dieser begrifflich umfaßt[49]. Aus der Nennung des folgenden Sachgegenstandes (Waren-und Zahlungsverkehr mit dem Ausland) geht hervor, daß nur der **inländische Warenverkehr** gemeint ist. 23

Der **Waren- und Zahlungsverkehr mit dem Ausland** betrifft alle Vorschriften, die die Ein- und Ausfuhr von Waren und die dabei anfallenden Zahlungsbewegungen regeln. Die ausschließliche Kompetenz nach Art. 73 Nr. 5 GG geht für die **Ein- und Ausfuhr von landwirtschaftlichen Erzeugnissen** der konkurrierenden Befugnis des Bundes nach Art. 74 I Nr. 17 GG vor[50]. Eine Beschränkung der ausschließlichen Bundeskompetenz nach Art. 73 Nr. 5 GG auf wirtschafts- und handelspolitische Zielsetzungen kann dem Grundgesetz nicht entnommen werden. Auch **Warenein- und -ausfuhrverbote** aus **sicherheitsrechtlichen Gründen** (Filmeinfuhrverbot aus Gründen des Verfassungsschutzes) sind gedeckt[51]. 24

Auch wenn Art. 73 Nr. 5 GG »einschließlich des Zoll- und Grenzschutzes« formu- 25

---

[44] So übereinstimmend *Degenhart* (Fn. 16), Art. 73 Rn. 21; *Maunz* (Fn. 20), Art. 73 Rn. 92, 95; *Bothe* (Fn. 24), Art. 73 Rn. 13; a.A. *Kunig* (Fn. 9), Art. 73 Rn. 22; zur materiell-rechtlichen Wirkung von Kompetenznormen: → Art. 70 Rn. 19f.

[45] S. dazu BVerfGE 8, 260 (270); *Degenhart* (Fn. 16), Art. 73 Rn. 21.

[46] Vgl. BVerfGE 8, 260 (268): Art. 105 I GG steht danach nicht nur einer Zollerhebung durch die Länder, sondern auch der Einführung anderer Abgaben vom Warenverkehr über eine Grenze entgegen, soweit sie die ausschließliche Kompetenz des Bundes über das Zollwesen gefährden würden (helgoländische Gemeindeeinfuhrsteuer).

[47] Dazu BVerfGE 91, 207 (220); Jarass/*Pieroth*, GG, Art. 73 Rn. 10; *Kunig* (Fn. 9), Art. 73 Rn. 23.

[48] S. *Maunz* (Fn. 20), Art. 73 Rn. 94.

[49] Jarass/*Pieroth*, GG, Art. 73 Rn. 11; *Degenhart* (Fn. 16), Art. 73 Rn. 21.

[50] Vgl. dazu *Degenhart* (Fn. 16), Art. 73 Rn. 23; *T. Maunz*, Maunz/Dürig, GG, Art. 74 (1984), Rn. 47.

[51] BVerfGE 33, 52 (64); a.A. *abweichende Meinung* E 33, 52 (78 f.).

liert, ist dieser nicht auf die Überwachung des Warenverkehrs beschränkt. Vielmehr obliegt dem **Zoll- und Grenzschutz** generell die polizeiliche Überwachung der Grenzen und des grenzüberschreitenden Verkehrs[52].

6. Luftverkehr (Art. 73 Nr. 6 GG)

26 Der Begriff ist weit zu fassen und umfaßt **alle mit dem Flugwesen zusammenhängenden Tätigkeiten und Institutionen**[53]. Dazu gehören nicht nur die Luftaufsicht und die Luftpolizei, sondern auch die Luftrettung und die Erhebung von Luftsicherheitsgebühren[54]. Erfaßt werden auch die **Anlage und der Betrieb von Flughäfen** einschließlich des einschlägigen Fachplanungsrechts und der Voraussetzungen und Wirkungen luftverkehrsrechtlicher Planfeststellungsbeschlüsse[55]. Auch der **Schutz vor Lärm** durch Flugverkehr und seine Durchsetzung im Wege internationaler Abkommen unterfallen Art. 73 Nr. 6 GG[56]. Aufgrund einer extensiven Auslegung der Kompetenzvorschrift, jedenfalls aber unter Annahme einer ungeschriebenen Bundeszuständigkeit[57], wird man auch die **Raumfahrt** dieser Kompetenzbestimmung zu unterstellen haben[58].

7. Eisenbahnen des Bundes (Art. 73 Nr. 6a GG)

27 In der bis zum Änderungsgesetz vom 20.12.1993[59] gültigen Fassung des damaligen Art. 73 Nr. 6 GG wurde lapidar die ausschließliche Gesetzgebungskompetenz des Bundes über »**die Bundeseisenbahnen**« (zusammen mit dem **Luftverkehr**) festgelegt. Neben der Festlegung der heute gültigen Fassung von Art. 73 Nr. 6 und 6a GG betraf die Grundgesetznovelle, besonders bedeutsam, die Einfügung der **Eisenbahnverwaltungskompetenz** nach Art. 87e GG. Der Neufassung liegt die Zielsetzung zugrunde[60], die **Eisenbahntransportleistungen** (Verkehr, Schienenwegebenutzung) von der **Eisenbahninfrastruktur** zu trennen, um die Öffnung der Eisenbahninfrastruktur auch für andere Eisenbahnverkehrsunternehmen als solche des Staates zu ermöglichen. Der Begriff »Eisenbahn« soll beide Aspekte erfassen, wobei das **System Rad/Schiene begriffsbildend** ist (aber unter Ausschluß von Straßenbahnen und Bergbahnen[61]). Da die »Eisenbahnen« nach Art. 74 I Nr. 23 GG verfassungsrechtlich als Unterfall der Schie-

---

[52] Weithin wird in der Verwendung des Wortes »einschließlich« ein Redaktionsversehen gesehen; siehe dazu *Degenhart* (Fn. 16), Art. 73 Rn. 24; *Rengeling* (Fn. 17), § 100 Rn. 89; *Maunz* (Fn. 20), Art. 73 Rn. 102; *Bothe* (Fn. 24), Art. 73 Rn. 15; *Jarass/Pieroth*, GG, Art. 73 Rn. 13. Zum Bundesgrenzschutz und der Erweiterung seiner Aufgaben im Jahr 1994 vgl. *H.-J. Papier*, DVBl. 1992, 1 ff.; *R. Riegel*, DÖV 1995, 317 ff.; *W. Schreiber*, DVBl. 1992, 589 ff.
[53] S. dazu HessStGH DÖV 1982, 321: »alle mit dem Flugwesen unmittelbar zusammenhängenden Tätigkeiten und Anlagen«.
[54] Vgl. BVerwGE 95, 188 (190 f.).
[55] So HessStGH DÖV 1982, 321; zustimmend *H.-J. Keller*, DÖV 1982, 811 ff.
[56] Dazu BVerwGE 87, 332 (339).
[57] *Degenhart* (Fn. 16), Art. 73 Rn. 26: »Gesetzgebungszuständigkeit aus der Natur der Sache«; *Kunig* (Fn. 9), Art. 73 Rn. 28: Gesetzgebungsbefugnis des Bundes kraft Sachzusammenhangs, weil Raumfahrzeuge den Luftraum auf ihrem Weg in den Weltraum notwendigerweise durchqueren – hier wird aber ein Nebenaspekt zum kompetentiellen Anknüpfungspunkt gemacht.
[58] So auch *Jarass/Pieroth*, GG, Art. 73 Rn. 14; *Bothe* (Fn. 24), Art. 73 Rn. 114; a.A. *Maunz* (Fn. 20), Art. 73 Rn. 114.
[59] BGBl. I S. 2089.
[60] Zu europarechtlichen Implikationen vgl. die Regierungsbegründung, BT-Drs. 12/5015, S. 5 f.
[61] BT-Drs. 12/5015, S. 5; vgl. auch Art. 74 I Nr. 23; dazu *Degenhart* (Fn. 16), Art. 73 Rn. 27.

nenbahnen gesehen werden[62], unterfällt die **Magnet-Schwebebahn** nicht der Kompetenznorm des Art. 73 Nr. 6a GG[63]. Eine **Eisenbahn des Bundes** liegt dann vor, wenn zumindest mehrheitlich Anteile am Eisenbahnunternehmen dem Bunde zustehen[64]. Nach herkömmlicher Vorstellung ist die Kompetenz weit auszulegen und erstreckt sich auf das **gesamte Eisenbahnwesen**, auf Personen- und Güterbeförderung, Vermögen, Betrieb und Verwaltung[65]. Dazu gehören als sicherheitsrechtlicher Annex auch die **Bahnpolizei**[66], sowie, über das engere Eisenbahnrecht hinaus, das Recht zur **Planfeststellung** für Kreuzungen von Eisenbahnanlagen des Bundes mit dem jeweiligen Straßenstück[67].

Im Hinblick auf die Verkehrsleistungen der Bahn berechtigt Art. 73 Nr. 6a GG weiterhin zu Regelungen über **Leistungs- und Versorgungspflichten** und **Tarife**[68]. Dagegen sind nicht erfaßt das Recht zur Gebührenfestsetzung gegenüber Länderbehörden[69] und die Regelung der Rechtslage von Werbeanlagen an Eisenbahnbrücken[70]. **Schwierige Abgrenzungsfragen** können sich zwischen der ausschließlichen Bundeskompetenz nach Art. 73 Nr. 6a GG und dem landesrechtlichen Bauordnungs-, Denkmal- und Naturschutzrecht ergeben[71]. 28

8. Postwesen und Telekommunikation (Art. 73 Nr. 7 GG)

Die Postreform II von 1994 (→ Rn. 4; → Art. 10 Rn. 19) ersetzte in Art. 73 Nr. 7 GG das Wort »Fernmeldewesen« durch »**Telekommunikation**«, um den Verfassungstext dem international üblichen Sprachgebrauch anzupassen. Eine **sachliche Änderung** war damit **nicht bezweckt**[72]. Während aber die Kompetenznorm bislang sowohl eine Verwaltungsaufgabe als auch eine Wirtschaftstätigkeit bezeichnete, erfaßt sie nunmehr im betrieblichen Bereich **ausschließlich eine Wirtschaftstätigkeit** (vgl. dazu Art. 87f II, Art. 143b GG[73]). Das Bundesverfassungsgericht hat Art. 73 Nr. 7 GG im Jahre 1961 dahingehend interpretiert, daß mit »Postwesen« die »herkömmlichen« Dienstzweige der Post im Gegensatz zum »neuen« Aufgabenbereich »Fernmeldewesen« gemeint seien[74]. Trotz der vom europäischen Gemeinschaftsrecht beeinflußten **Liberalisierung und Deregulierung des Postwesens** (→ Rn. 35 f.) ist zur Definition des Kompetenzbegriffs »Postwesen« auf das **traditionelle Erscheinungsbild** postalischer Dienstleistung 29

---

[62] So auch *H.-J. Finger*, DÖV 1985, 227 (227).
[63] Ebenso BT-Drs. 12/5015, S. 5 mit abweichender Begründung.
[64] S. dazu *C. Heinze*, BayVBl. 1994, 266 ff.; *E. Schmidt-Aßmann/H. C. Röhl*, DÖV 1994, 577 (579).
[65] Dazu BVerfGE 26, 281 (299 f.); *Rengeling* (Fn. 17), § 100 Rn. 90.
[66] Vgl. *Maunz* (Fn. 20), Art. 73 Rn. 109; *Kunig* (Fn. 9), Art. 73 Rn. 29; jüngst BVerfGE 97, 198 (218 ff.).
[67] BVerfGE 26, 338 (375).
[68] *Degenhart* (Fn. 16), Art. 73 Rn. 28.
[69] BVerfGE 26, 281 (298 f.).
[70] BVerwG NJW 1962, 552 (554); a.A. *J. Kaiser*, NJW 1976, 87 (91); *Rengeling* (Fn. 17), § 100 Rn. 90.
[71] S. hierzu *H. H. Klein*, DÖV 1977, 194 ff.; *K. Küchler*, DÖV 1977, 187 ff.
[72] Vgl. Begründung zum verfassungsändernden Gesetz vom 30. 8. 1994 (BGBl. I S. 2245) in BT-Drs. 12/7269, S. 4. A.A. im Hinblick auf die Infrastrukturgewährleistungsverpflichtung des Bundes nach Art. 87f I GG und den Privatisierungsauftrag nach Art. 87f II 1 GG *M. Schacke/P. Rossin*, DVBl. 1997, 471 (476).
[73] Dazu auch *P. Badura*, in: BK, Art. 73 Nr. 7 (Zweitb. 1997), Rn. 2.
[74] BVerfGE 12, 205 (226).

zurückzugreifen (zur Bedeutung der Tradition für die Auslegung von Kompetenznormen: → Art. 70 Rn. 26)[75]. Solche tradierten Dienstleistungen der Post sind nach § 1 PostG Brief- und Paketdienst, Postzeitungsdienst[76], Postgiro- und Postsparkassendienst[77], Postanweisungsdienst und Postauftragsdienst. Es ist aber für die Zukunft davon auszugehen, daß **nicht nur notwendige**[78], sondern, darüber hinausgehend, auch bereits **sinnvolle**[79] **Ergänzungen** des postalischen Leistungsspektrums von Art. 73 Nr. 7 GG erfaßt werden. Insgesamt kann das **Erscheinungsbild postalischer Dienstleistungen** – unabhängig von der Person des Anbieters – darin gesehen werden, daß Nachrichten und Kleingüter national oder international auf einem standardisierten und auf massenhaften Verkehr angelegten Transportnetz mit festgelegten Gewichtsgrenzen übermittelt werden[80].

30 Für den Begriff der **Telekommunikation** ist nach wie vor die **Begriffsbestimmung** maßgebend, die das Bundesverfassungsgericht im 1. Rundfunkurteil[81] für das **Fernmeldewesen** geprägt hat[82]. Danach ist Telekommunikation (Fernmeldewesen) ein »technischer, am Vorgang der Übermittlung von Signalen orientierter Begriff. Das Fernmeldewesen hat es mit den Fernmeldeanlagen, also mit technischen Einrichtungen zu tun, mit deren Hilfe Signale ›in die Ferne‹ gemeldet oder übermittelt werden.« Dabei wurde der Begriff der Fernmeldeanlage von Anfang an als **entwicklungsoffen** verstanden; als entscheidend wird die **körperlose Übermittlung und Wiedergabe** am Empfangsort angesehen[83]. Die fernmeldetechnische Übermittlung betrifft die Übertragung mittels **elektromagnetischer Schwingungen**; ob diese ohne Verbindungsleitung oder längs oder mittels eines Leiters[84], analog oder digital[85], offen oder verschlüsselt stattfindet[86], ist ohne Belang.

31 Art. 73 Nr. 7 GG erfaßt mit dem Kompetenzbegriff »Telekommunikation« nur den **Signaltransport**, nicht dagegen das Transportierte[87]. Ob es sich dabei um Individual- oder Massenkommunikation handelt oder Kommunikationsinhalte zugunsten abstrakter Signale zurücktreten, ist im Hinblick auf Art. 73 Nr. 7 GG ohne Belang. Die Kompetenzbestimmung betrifft also **nur die fernmeldetechnische Seite** von Kommunikationsvorgängen[88]. Ein eventueller Regelungsbedarf für Individual- oder Massenkommunikation ist aus anderen Kompetenzvorschriften zu befriedigen; Art. 73 Nr. 7 GG kann

---

[75] So auch *Kunig* (Fn. 9), Art. 73 Rn. 30; *Badura* (Fn. 73), Art. 73 Nr. 7 Rn. 10.
[76] Vgl. BVerfGE 80, 124 (132).
[77] Hinsichtlich der heutigen Postbank wird wegen der Ähnlichkeit ihres Erscheinungsbildes mit anderen Kreditinstituten auch ihre Zuordnung zu Art. 74 Nr. 11 erwogen; vgl. dazu L. *Gramlich*, NJW 1994, 2785 (2788); *Pestalozza*, GG VIII, Art. 73 Nr. 7 Rn. 463 mit Fn. 659; *Degenhart* (Fn. 16), Art. 73 Rn. 31 mit Fn. 125.
[78] So aber *Kunig* (Fn. 9), Art. 73 Rn. 30.
[79] So *Badura* (Fn. 73), Art. 73 Rn. 10; ablehnend wohl *Pestalozza*, GG VIII, Art. 73 Nr. 7 Rn. 451 mit Fn. 643.
[80] Siehe BT-Drs. 12/6717, S. 3; siehe dazu auch *Pestalozza*, GG VIII, Art. 73 Nr. 7 Rn. 460ff.
[81] BVerfGE 12, 205 (226).
[82] So *Degenhart* (Fn. 16), Art. 73 Rn. 32; *Kunig* (Fn. 9), Art. 73 Rn. 31.
[83] Siehe dazu BVerfGE 46, 120 (143).
[84] Siehe dazu § 2 I 2 Rundfunkstaatsvertrag.
[85] BVerfGE 46, 120 (142).
[86] Vgl. § 2 I 2 Rundfunkstaatsvertrag.
[87] So auch *Pestalozza*, GG VIII, Art. 73 Nr. 7 Rn. 468.
[88] Zum dienenden Charakter der Fernmeldetechnik s. auch BVerfGE 12, 205, (226f.); *Degenhart* (Fn. 16), Art. 73 Rn. 34f.

nicht dazu dienen, entsprechende Zuständigkeiten, auch nicht im Wege eines präsumtiven Annexes, abzuleiten[89]. Für den **Rundfunk** im Sinn von Art. 5 I 2 GG als einer an die Allgemeinheit gerichteten Darbietung in Wort, Ton und Bild, die mittels elektrischer Schwingungen zum Rezipienten transportiert wird[90], ist dies seit dem 1. Rundfunkurteil auch allgemein anerkannt, ebenso daß die Kompetenz zur Regelung der massenkommunikativen programmlichen Inhalte des Rundfunks nach Art. 30, 70 GG bei den Ländern liegt. Nicht klar wird dagegen die Problematik der **Regulierung individualkommunikativer Inhalte** gesehen. Dies wird deutlich an der Zuordnung **neuer multimedialer Dienste**, bei denen die Adressierung an die Allgemeinheit und/oder der Darbietungscharakter im Sinn einer meinungsrelevanten Äußerung **entfallen** oder **reduziert** sind. Unzulässig ist es, wenn der Rundfunkbegriff nicht erfüllt ist, sofort auf eine Kompetenz des Bundes zu schließen, insbesondere, wenn diese in Art. 73 Nr. 7 GG gesehen wird. Da die Kompetenznorm nur die fernmeldetechnische Seite der Übertragung kommunikativer Inhalte betrifft, kann Art. 73 Nr. 7 GG jedenfalls **nicht als Kompetenzgrundlage** zugunsten des Bundes dienen, und zwar auch nicht für die Individualkommunikation[91]. Ein solches Vorgehen ist auch dann unzulässig, wenn man in Analogie zur Kompetenz des Bundes für das Postwesen zur »Telekommunikation« auch ihre wirtschaftlichen Aspekte wie Regulierung und Frequenzordnung hinzunimmt[92]. Für die neuen **multimedialen Dienste** kann daher eine Bundeskompetenz nur dann begründet sein, wenn sie im Schwerpunkt dem **Recht der Wirtschaft** nach Art. 74 Nr. 11 GG zugeschlagen werden können. Dies bedeutet aber, daß die kommunikativen Inhalte praktisch auf Null reduziert sind oder vom Gesamtcharakter her eine ganz untergeordnete Rolle spielen. Nach geltendem Verfassungsrecht ist über Art. 30, 70 GG auch das Recht der **Individualkommunikation** der **Gesetzgebungskompetenz der Länder zugehörig**, woran andere in diesem Zusammenhang vom Bund neben Art. 74 I Nr. 11 GG geltend gemachte Kompetenzen wie Art. 73 Nr. 9 GG (Gewerblicher Rechtsschutz und Urheberrecht), Art. 74 I Nr. 1 GG (Strafrecht) und Art. 74 I Nr. 7 GG (Jugendschutz) nichts ändern[93]. Wenn sich daher die Formulierung findet, Telekommunikation im Sinn von Art. 73 Nr. 7 GG seien alle derzeitigen und künftigen Formen der Individual- und Massenkommunikation[94] so kann sich dies nur auf den Netzbereich, also die technische Seite des Übermittlungsvorgangs beziehen[95].

Nachdem die **Regelungszuständigkeit für die multimedialen Dienste** lange Zeit um- 32

---

[89] So auch *Pestalozza*, GG VIII, Art. 73 Nr. 7 Rn. 469; vgl. auch *Degenhart* (Fn. 16), Art. 73 Rn. 34.
[90] Vgl. § 2 I 1 Rundfunkstaatsvertrag, siehe dazu auch *A. Dittmann*, Der Rundfunkbegriff im deutschen Recht – Ein Kulturgut im multimedialen Wandel, in: ders. u. a. (Hrsg.), Der Rundfunkbegriff im Wandel der Medien, 1997, S. 32 ff. → Art. 5 I, II Rn. 76.
[91] Wie im Text auch *H. Gersdorf,* Regelungskompetenzen bei der Belegung digitaler Kabelnetze, 1996, S. 46 ff.; *Kunig* (Fn. 9), Art. 73 Rn. 31. Zu Versuchen, gleichwohl eine Zuständigkeit des Bundes für die Individualkommunikation aus Art. 73 Nr. 7 GG abzuleiten, vgl. *D. Kröger/F. Moos*, AfP 1997, 675 (676).
[92] S. dazu *Badura* (Fn. 73), Art. 73 Nr. 7 Rn. 16. Zur Frage, ob die Telekommunikationskompetenz des Bundes auch das Recht umfaßt, die unentgeltliche Benutzung öffentlicher Verkehrswege für Telekommunikationslinien anzuordnen vgl. *M. Schacke/P. Rossin*, DVBl. 1997, 471 ff.
[93] S. dazu *S. Engel-Flechsig*, ZUM 1997, 231 (233). Der Verfasser weist darauf hin, daß das Informations- und Kommunikationsdienstegesetz des Bundes (vgl. zu diesem Fn. 100) nicht auf die Gesetzgebungskompetenz des Bundes für die Telekommunikation aus Art. 73 Nr. 7 GG gestützt worden ist.
[94] So die Formulierung von *Degenhart* (Fn. 16), Art. 73 Rn. 33.
[95] So zu Recht BVerwGE 77, 128 (131); ebenso Jarass/*Pieroth*, GG, Art. 73 Rn. 17. Vgl. zum Ganzen auch *Badura* (Fn. 73), Art. 73 Nr. 7 Rn. 20 ff., 27 ff., wonach aber für die sogenannten Teledienste

stritten war, ist das Feld inzwischen im Wege einer mehr oder weniger pragmatischen Vereinbarung zwischen Bund und Ländern aufgeteilt worden, wobei die vorhandenen Regelungen des Bundes bzw. der Länder aber wohl mehr Fragen offen lassen als beantworten[96]. Nach der von Bund und Ländern gefundenen gemeinsamen Basis[97] sollte der **Bund** für Datendienste, insbesondere On-line-Dienste, elektronische Post, Telebanking, Telearbeit, Telemedizin, Videokonferenzen und elektronische Buchungsdienste regelungsbefugt sein, den **Ländern** wurde die Zuständigkeit für Pay-TV, Pay-per-view, elektronische Presse, Video on demand und Teleshopping zuerkannt, sofern es sich im letzteren Fall um Unterhaltung handelte, also nicht reine Verkaufsveranstaltungen mit bloßer Bestellmöglichkeit oder elektronische Versandkataloge[98] zu regeln waren. Die Frage, inwieweit nach der grundgesetzlichen Zuständigkeitsverteilung zwischen Bund und Ländern solche **politischen Vereinbarungen über Zuständigkeiten** zwischen Bund und Ländern **zulässig sind**, ist allerdings nach dem Vorgehen von Bund und Ländern nach wie vor offen und dürfte keinesfalls ohne Einschränkungen zu bejahen sein. Gleichwohl war damit die Basis geschaffen, auf der die Länder einen Staatsvertrag über Mediendienste[99] ins Leben riefen; der Bund hat am 22. 7. 1997 ein Gesetz zur Regelung der Rahmenbedingungen für Informations- und Kommunikationsdienste (Artikelgesetz)[100] verkündet, das in drei Artikeln ein Gesetz über die Nutzung von Telediensten, ein Gesetz über den Datenschutz bei Telediensten und ein Gesetz zur digitalen Signatur enthält[101].

33 Der Staatsvertrag über Mediendienste nennt in § 2 II als **Gegenstand der Länderregelung** Verteildienste in Form von **direkten Angeboten** an die Öffentlichkeit für den Verkauf, den Kauf oder die Miete oder Pacht von Erzeugnissen oder die Erbringung von Dienstleistungen (Fernseheinkauf), Verteildienste, in denen **Meßergebnisse und Datenermittlungen** in Text oder Bild mit oder ohne Begleitton verbreitet werden, Verteildienste in Form von **Fernsehtext**, **Radiotext** und vergleichbaren Textdiensten sowie **Abrufdienste**, bei denen Text-, Ton- oder Bilddarbietungen auf Anforderung aus elektronischen Speichern zur Nutzung übermittelt werden, mit Ausnahme von solchen Diensten, bei denen der individuelle Leistungsaustausch oder die reine Übermittlung von Daten im Vordergrund steht, ferner von Telediensten. Diese **Mediendienste** sind im Rahmen der Gesetze **zulassungs- und anmeldefrei**. Der Rundfunkstaatsvertrag gilt nicht für Mediendienste, § 2 I 3 RStV. Sind allerdings Mediendienste als Rundfunk einzuordnen, bedürfen sie der Zulassung wie Rundfunk § 2 I 3 2. Hs.; § 20 II RStV. Das als Art. 1 des Informations- und Kommunikationsdienstegesetzes verkündete **Gesetz über die Nutzung von Telediensten** bezeichnet in § 2 II als Teledienste Angebote im Bereich der **Individualkommunikation** (z.B. Telebanking, Daten-

---

eine Bundeskompetenz allenfalls aus dem Recht der Wirtschaft (Art. 74 I Nr. 11 GG) folgt, vgl. insbesondere Rn. 34.

[96] S. hierzu *D. Kröger/F. Moos*, AfP 1997, 675 (680).
[97] S. dazu die Mitteilung AfP 1996, 263.
[98] S. dazu auch *H. Kuch*, ZUM 1997, 225 (225f.).
[99] Abgeschlossen am 12.2.97, Bekanntmachung für Bayern am 12.7. 1997, GVBl S. 225; abgedruckt in: *W. Ring*, Medienrecht, Bd. III (Oktober 1997) C – III 1.
[100] BGBl. I S. 1870. Vgl. zum Inhalt von Mediendienstestaatsvertrag und Informations- und Kommunikationsdienstegesetz *H. Kuch*, ZUM 1997, 225ff.; *S. Engel-Flechsig*, ZUM 1997, 231ff.; *A. Roßnagel*, NVwZ 1998, 1ff.
[101] Abgedruckt bei *Ring*, Medienrecht (Fn. 99), C – III 2. Vgl. auch *Badura* (Fn. 73), Art. 73 Nr. 7 Rn. 33ff.; *D. Kröger/F. Moos*, ZUM 1997, 462 (464ff.).

austausch). Darüber hinaus nennt es Angebote zur **Information oder Kommunikation**, soweit nicht die redaktionelle Gestaltung zur Meinungsbildung für die Allgemeinheit im Vordergrund steht (Datendienste, z.B. Verkehrs-, Wetter-, Umwelt- und Börsendaten, Verbreitung von Informationen über Waren- und Dienstleistungsangebote), Angebote zur **Nutzung des Internets oder weiterer Netze**, Angebote zur **Nutzung von Telespielen** sowie Angebote von **Waren- und Dienstleistungen** in elektronisch abrufbaren Datenbanken mit interaktivem Zugriff und unmittelbarer Bestellmöglichkeit. Das Gesetz gilt nach § 2 IV nicht für Telekommunikationsdienstleistungen und Rundfunk. Ob die Betonung des Merkmals der Individualkommunikation dem Bund kompetentiell weiterhilft, ist allerdings mehr als fraglich.

Die auf die **technische Seite der elektronischen Kommunikation beschränkte Kompetenz des Bundes** für die Telekommunikation bedeutet, daß sich der Bund jedweder **Einflußnahme auf die Inhalte zu enthalten hat**. Erst nach Fertigstellung einer an die Allgemeinheit gerichteten Darbietung (Rundfunksendung) kann die Telekommunikationskompetenz des Bundes zum Zweck der Übermittlung greifen[102]. Der den Ländern als Teil ihrer Kulturkompetenz zustehende Rundfunkbereich hat wegen seiner massenkommunikativen Bedeutung in der Rechtsprechung des Bundesverfassungsgerichts allerdings eine spezielle Ausprägung dahingehend erfahren, daß das Gericht ihn unter Parlamentsvorbehalt gestellt hat und eine »**positive Ordnung**« verlangt, die Meinungsvielfalt und Ausgewogenheit der Programme zu sichern hat[103]. Der Bund darf weder **Frequenzvergabe** noch **Kabelbelegung** beeinflussen; beides ist Teil der landesrechtlichen Ausgestaltungsverpflichtung hinsichtlich des Rundfunks[104]. Die Besonderheiten des Rundfunks als elektronischem Massenmedium mit größter Bedeutung sowohl für die Persönlichkeitsentfaltung des einzelnen als auch für das Funktionieren der demokratischen Prozesse dürfen aber nicht dazu führen, daß neu auftretender Regulierungsbedarf im Bereich der **Individualkommunikation** (neue elektronische Dienste) entgegen dem Grundprinzip von Art. 30/70 GG kurzerhand vom Bund wahrgenommen wird. Traditionelle Übermittlungsdienste wie der Telefonbetrieb durch die ehemalige Deutsche Bundespost können nicht ins Feld geführt werden; sie betrafen Telekommunikationsdienstleistungen, nicht die Regulierung von Inhalten. Allenfalls aufgrund von Bundeskompetenzen, die einen **stärkeren Anknüpfungspunkt** liefern (→ Art. 70 Rn. 32), lassen sich Regelungsbefugnisse des Bundes im Bereich der Teledienste ableiten.

Wegen der Überleitung des einstigen nichtrechtsfähigen Sondervermögens Deutsche Bundespost in privatrechtlich geführte Unternehmen des Bundes, im Bereich der Telekommunikation in die Deutsche Telekom AG, sind frühere Probleme einer **Präjudizierung der Medienpolitik** der Länder durch eine inhaltliche (unzulässige!) Fernmeldepolitik des Bundes[105] heute **nicht mehr in dieser Form aktuell**. Solange allerdings der Bund noch die Mehrheit der Anteile der Deutschen Telekom AG hält, sind **Einflußnahmen** von dieser Seite **nicht völlig ausgeschlossen** (etwa bei der Belegung der Kabel durch die Landesmedienanstalten, da die Telekom den größten Anlagenbe-

---
[102] S. dazu *Degenhart* (Fn. 16), Art. 73 Rn. 35.
[103] BVerfGE 57, 298 (320f.); → Art. 5 I, II Rn. 167f.
[104] Zum letzteren siehe *R. Stettner*, Die Zuständigkeit der Landesmedienanstalten zur Kanalbelegung, 1998.
[105] S. dazu *J. Scherer*, Telekommunikationsrecht und Telekommunikationspolitik, 1985, S. 446f., 675; *W. Löwer*, Fernmeldekompetenz und Funkwellenzuteilung im Bundesstaat, 1989, S. 48ff., 63ff.

Art. 73   C. Erläuterungen

treiber der Netzebene 3 darstellt), jedoch haben diese eine andere Qualität und werden voraussichtlich durch die Wirkungen des liberalisierten Telekommunikationsmarktes in der Zukunft abgeschwächt oder ganz nivelliert werden. Jedenfalls ist der früher für die Abstimmung zwischen der ehemaligen Deutschen Bundespost und den Ländern im Bereich von Telekommunikation/Rundfunk so wichtige Grundsatz der Bundestreue[106] heute praktisch ohne Anwendungsbereich[107].

36   Die **Liberalisierung des Telekommunikationsmarkts** in der Bundesrepublik Deutschland war maßgeblich von den **Aktivitäten der EG-Kommission** bestimmt, die, ausgehend von ihrem Grünbuch über die Liberalisierung der Telekommunikationsinfrastruktur und der Kabelfernsehnetze[108], einen entsprechenden Richtlinienerlaß initiiert hat[109]. Das vom Bund erlassene **Telekommunikationsgesetz**[110] dient dazu, den deutschen Telekommunikationsmarkt von ehemaligen Monopolen zu befreien und wettbewerblichen Strukturen und Verhaltensweisen zu öffnen[111]. Zu Beginn des Jahres 1998 ist die Telekommunikationsinfrastruktur durch Aufhebung des einzigen noch bestehenden Monopols, des Sprachtelefondienstmonopols, vollends liberalisiert worden.

9. Öffentlicher Dienst (Art. 73 Nr. 8 GG)

37   Die Kompetenznorm wird durch den Kreis der **Normunterworfenen** gegenüber Art. 74a und 75 Nr. 1 GG abgegrenzt; betroffen sind Angehörige des öffentlichen Dienstes **der Bundesrepublik Deutschland** und der **bundesunmittelbaren Körperschaften** des öffentlichen Rechts, wobei der letztere Begriff als Oberbegriff verwendet wird und **auch Anstalten und Stiftungen des öffentlichen Rechts** einschließt[112]. Die Bediensteten der Kirchen sind nicht erfaßt, weil die Kirchen nicht bundesunmittelbar sind[113]. Zum öffentlichen Dienst zählen Beamte, Angestellte und Arbeiter. Auch **Bundesminister und Parlamentarische Staatssekretäre** wird man, obwohl nicht öffentliche Bedienstete im engeren Sinn (→ Art. 62 Rn. 21 f.) in Ermangelung einer anderen Kompetenzbestimmung Art. 73 Nr. 8 GG unterzuordnen haben[114]. Nicht nur die Rechtsverhältnisse der **Wehrpflichtigen**, sondern auch die der **Berufssoldaten** unterfallen aber Art. 73 Nr. 1 GG (Spezialität)[115]. Für die **Bundesrichter** ist Art. 98 I GG, für die

---

[106] Vgl. zu ihm *Scherer*, Telekommunikationsrecht (Fn. 105), S. 673 ff.; *H.-J. Papier*, DÖV 1990, 217 (219 ff.); *R. Hartstein/W.-D. Ring/J. Kreile/D. Dörr/R. Stettner*, Rundfunkstaatsvertrag, 2. Aufl. 1995, S. 348 (Rn. 67 f.).

[107] Anders aber offenbar noch *Degenhart* (Fn. 16), Art. 73 Rn. 36.

[108] KOM (94) 440 endg. vom 25. 10. 1994 und KOM (94) 682 endg. vom 25. 1. 1995.

[109] Zu Einzelheiten siehe *D. Kröger/F. Moos*, ZUM 1997, 462 (463). Einschlägig ist insbesondere die Kommissionsrichtlinie vom 28. 6. 1990 über den Wettbewerb auf dem Markt für Kommunikationsleistungen (90/388/EWG, Abl. L 192/10). → Art. 10 Rn. 9.

[110] Vom 25. 7. 1996, BGBl. I S. 1120.

[111] Zum Telekommunikationsrecht siehe *J. Scherer*, NJW 1996, 2953 ff.; *H. Börnsen*, ZG 11 (1996), 323 ff.; *W. Spoerr/M. Deutsch*, DVBl. 1997, 300 ff.; zur kommunalen Betätigung auf dem Telekommunikationssektor siehe *H. Pünder*, DVBl. 1997, 1353 ff. Vgl. zum Ganzen auch *Badura* (Fn. 73), Art. 73 Nr. 7 Rn. 17 mit Fn. 64 (dort auch zum Einfluß der Europäischen Gemeinschaft).

[112] Vgl. dazu Jarass/*Pieroth*, GG, Art. 73 Rn. 19.

[113] S. dazu *Rengeling* (Fn. 17), § 100 Rn. 96.

[114] So *Maunz* (Fn. 20), Art. 73 Rn. 139; *Bothe* (Fn. 24), Art. 73 Rn. 22; Jarass/*Pieroth*, GG, Art. 73 Rn. 19.

[115] So BVerfGE 62, 354 (367 f.) im Gegensatz zu E 39, 128 (141). Vgl. auch Jarass/*Pieroth*, GG, Art. 73 Rn. 4.

Bundestagsabgeordneten Art. 48 III 3 GG einschlägig[116]. Für die Bediensteten der ehemaligen **Deutschen Bundesbahn** und der **Deutschen Bundespost** sind Art. 143a, 143b GG anwendbar.

Der Begriff der »Rechtsverhältnisse« **ist weit auszulegen** und umfaßt das gesamte Dienstrecht einschließlich der Begründung und Beendigung des Dienstverhältnisses, des Laufbahnrechts, des Disziplinar- und Disziplinarverfahrensrechts und des Personalvertretungsrechts[117]. Als **Spezialregelung** zu Art. 74a GG umfaßt Art. 73 Nr. 9 GG auch die Besoldung und Versorgung der Bundesbeamten[118]. 38

10. Geistiges Eigentum (Art. 73 Nr. 9 GG)

Die Kompetenznorm betrifft den **Schutz des geistigen Eigentums** im wirtschaftlichen Bereich, wobei der **gewerbliche Rechtsschutz** Patent-, Gebrauchsmuster-, Geschmacksmuster-, Marken- und Wettbewerbsrecht umfaßt. Das Grundgesetz übernimmt insoweit eine gefestigte einfachgesetzliche Begrifflichkeit[119]. Jedoch besteht Übereinstimmung über die Entwicklungsfähigkeit des Begriffs[120]. Dasselbe gilt für den Begriff **Urheberrecht**, der sich auf schöpferische Werke der Wissenschaft, Literatur, Musik und Kunst bezieht. So ist auch der Schutz von Computerprogrammen oder biotechnischer Verfahren von der Kompetenznorm erfaßt. Hintergrund der Kompetenznorm ist der Schutz des geistigen Eigentums (→ Art. 14 Rn. 51 ff.), wodurch auch die **wirtschaftliche Verwertung** verfassungsrechtlich gesichert ist[121]. Die Ablieferung von **Pflichtexemplaren** ist aber nicht Bestandteil der Kompetenznorm, sondern Teil der Länderkompetenz nach Art. 70 GG[122]. 39

Das **Verlagsrecht** steht thematisch in Zusammenhang mit der Materie des Urheberrechts und betrifft nur das Verhältnis zwischen Urheber und Verleger, also nicht das gesamte Recht des Verlagswesens[123]. 40

11. Zusammenarbeit des Bundes und der Länder im Sicherheitsbereich (Art. 73 Nr. 10 GG)

Die in Art. 73 Nr. 10 GG festgelegte Zusammenarbeit des Bundes und der Länder **geht über eine bloße Amtshilfe** nach Art. 35 GG **hinaus**[124]. Diese Zusammenarbeit beinhaltet zwar keine zusätzlichen Eingriffsbefugnisse, betrifft aber im Interesse der inneren Sicherheit Information, Auskünfte, gegenseitige Unterstützung und Hilfeleistung, Abstimmung von Maßnahmen und darüber hinaus auch organisatorische Verknüpfungen[125]. 41

---

[116] S. dazu *Maunz* (Fn. 20), Art. 73 Rn. 136 ff.
[117] BVerfGE 7, 120 (127); *Degenhart* (Fn. 16), Art. 73 Rn. 40.
[118] S. dazu *Kunig* (Fn. 9), Art. 73 Rn. 33; Jarass/*Pieroth*, GG, Art. 73 Rn. 19.
[119] So *Degenhart* (Fn. 16), Art. 73 Rn. 41.
[120] *Degenhart* (Fn. 16), Art. 73 Rn. 41; *Pestalozza*, GG VIII, Art. 73 Nr. 9 Rn. 554 f.
[121] Vgl. dazu BVerfGE 51, 193 (217); 79, 29 (40); *P. Kirchhof*, Der verfassungsrechtliche Gehalt des geistigen Eigentums, in: FS Zeidler, Bd. 2, 1987, S. 1639 ff.; *T. Maunz*, GRUR 1973, 107 ff.
[122] BVerfGE 58, 137 (145 f.).
[123] So auch *Bothe* (Fn. 24), Art. 73 Rn. 25; Jarass/*Pieroth*, GG, Art. 73 Rn. 20; *Pestalozza*, GG VIII, Art. 73 Nr. 9 Rn. 567.
[124] S. dazu *H.-U. Evers*, in: BK, Art. 73 Nr. 10 (Zweitb. 1974), Rn. 15; Jarass/*Pieroth*, GG, Art. 73 Rn. 21.
[125] *Evers* (Fn. 124), Art. 73 Nr. 10 Rn. 15; zur Abgrenzung zu Art. 87 I 2 GG siehe *C. Gusy*, DVBl.

42 Die Zusammenarbeit **in der Kriminalpolizei** (lit. a) beinhaltet nur die Verhütung, Aufklärung und Verfolgung bedeutsamerer Straftaten, nicht die allgemeine Gefahrenabwehr und die Bekämpfung von Ordnungswidrigkeiten[126].

43 Der Schutzgegenstand **Verfassungsschutz** (lit. b) ist autoritativ definiert; der Begriff der **freiheitlichen demokratischen Grundordnung** entspricht dem von Art. 18 GG (→ Art. 18 Rn. 22) und Art. 21 GG (→ Art. 21 Rn. 140). Der **Bestand des Bundes oder eines Landes** betrifft den territorialen Besitzstand und die Selbständigkeit dieser Schutzobjekte[127]. **Sicherheit des Bundes oder eines Landes** bedeutet nicht polizeirechtliche Sicherheit, sondern staatliche Integrität, also Sicherheit auf einer höheren, gesamtstaatlichen Ebene[128].

44 **Auswärtige Belange gefährdende Bestrebungen** (lit. c) können vor allem von Emigrantenorganisationen ausgehen, die im Bundesgebiet ansässig sind, aber auch von Deutschen[129]. Die Wertungsebene, auf der anzusetzen ist, muß der von lit. a und b entsprechen.

45 Die **internationale Verbrechensbekämpfung** meint Straftaten, zu deren Bekämpfung eine internationale Zusammenarbeit erforderlich ist, entsprechend aber der Ausrichtung von Art. 73 Nr. 10 GG nur durch Nachrichtenaustausch, Amtshilfe, gemeinsame Organisation. Eigene materielle Befugnisse zur Strafverfolgung sind aus Nr. 10 nicht ableitbar[130].

46 Die Einrichtung eines **Bundeskriminalpolizeiamtes** wird auch durch Art. 87 I 2 GG ermöglicht, während das Verfassungsschutzamt nur Zentralstelle im Sinn von Art. 87 I 2 GG ist.

12. Statistik für Bundeszwecke (Art. 73 Nr. 11 GG)

47 Unter **Statistik** ist die methodische Erhebung, Sammlung, Darstellung und Auswertung von Daten und Fakten zu verstehen[131]. Auch eine Repräsentativstatistik unterfällt Art. 23 Nr. 11 GG[132]. Wenn durch eine aus statistischen Gründen durchgeführte Erhebung zur Ermittlung innerer Tatsachen und Vorgänge politischer Druck ausgeübt werden soll, liegt keine Angelegenheit der Statistik vor[133]. **Für Bundeszwecke** heißt, daß die Statistik der Bewältigung einer **Bundesaufgabe** zu dienen hat[134]. Da aber die **Staatspraxis**, der für die Auslegung von Kompetenznormen wesentliche Bedeutung zukommt[135], es zuließ, in Volkszählungen des Bundes auch Angaben über die Zugehörigkeit oder Nichtzugehörigkeit zu einer Religionsgesellschaft zu verlangen, kann in den Programmen für Bundesstatistiken auch **Aufgaben der Länder** Rechnung getragen werden. Dies ist deshalb möglich, weil sich Gesetzes-, Verwaltungs- und Pla-

---

1993, 1117 (1118f.); vgl. auch *ders.*, BayVBl. 1982, 201 ff. Hinsichtlich des von den EU-Mitgliedstaaten geschlossenen Europol-Abkommens siehe *K. Hailbronner*, JZ 1998, 283 ff.

[126] Vgl. *Rengeling* (Fn. 17), § 100 Rn. 100; *Maunz* (Fn. 20), Art. 73 Rn. 157.
[127] Dazu *Degenhart* (Fn. 16), Art. 73 Rn. 43.
[128] So auch im einzelnen *Evers* (Fn. 124), Art. 73 Nr. 10 Rn. 39.
[129] S. dazu *Maunz* (Fn. 20), Art. 73 Rn. 164; *Degenhart* (Fn. 16), Art. 73 Rn. 44.
[130] S. dazu *Evers* (Fn. 124), Art. 73 Nr. 10 Rn. 27.
[131] Vgl. dazu *Rengeling* (Fn. 17), § 100 Rn. 104; *Jarass/Pieroth*, GG, Art. 73 Rn. 26.
[132] Vgl. BVerfGE 27, 1.
[133] BVerfGE 8, 104 (111).
[134] BVerfGE 8, 104 (119); 65, 1 (39).
[135] BVerfGE 41, 205 (220); → Art. 70 Rn. 26.

nungszuständigkeiten von Bund und Ländern vielfältig überschneiden[136]. Die Tätigkeit **privater Meinungsforschungsinstitute** verfolgt nicht »Bundeszwecke« im Sinn von Art. 73 Nr. 11 GG[137].

D. Verhältnis zu anderen GG-Bestimmungen

Als Kompetenznorm, die eine Vielzahl von Materien dem Bund zur ausschließlichen Gesetzgebung zuweist, verfügt Art. 73 GG über vielfältige Bezüge zum Grundrechtsteil des Grundgesetzes einerseits, seinen Organisationsbestimmungen andererseits. In Nr. 1 bestehen für die **auswärtigen Angelegenheiten** vor allem Verbindungen zu den Grundgesetz-Normen, die sich mit der auswärtigen Gewalt befassen (Art. 32, Art. 59 GG). Dagegen ist der Kompetenzgegenstand **Verteidigung einschließlich des Schutzes der Zivilbevölkerung** ambivalent, er führt sowohl in den Bereich des Grundrechtsteils des Grundgesetzes (Art. 4 III, 12a GG) als auch des Staatsorganisationsrechts (Art. 87a, b GG). Einschlägig ist aber auch Art. 26 GG als den Organisationsvorschriften vorgeordnete Verbotsnorm. Art. 73 Nr. 2 GG (**Staatsangehörigkeit im Bunde**) steht in inhaltlichem Konnex mit Art. 16 I und Art. 116 GG (→ Art. 16 Rn. 25 ff.). Für Nr. 3 ist vor allem der enge Bezug zum Grundrecht der **Freizügigkeit** (→ Art. 11 Rn. 10 ff.) charakteristisch, während Nr. 4 Bezüge zur konkurrierenden Gesetzgebungsbefugnis nach Art. 74 I Nr. 11 GG (Recht der Wirtschaft, insbesondere **Bankrecht**) und zur Organisationsvorschrift des Art. 88 GG (**Bundesbank**) aufweist. Auch die Verfassungsbestimmungen über die **europäische Integration** (nunmehr Art. 23 GG) haben starken Bezug zu dieser Kompetenznummer. Letzteres gilt auch für Art. 73 Nr. 5 GG, für den staatsorganisatorisch im Hinblick auf den **Zoll- und Grenzschutz** auch an Art. 87 I 2 GG zu denken ist. Nr. 6 (**Luftverkehr**) findet organisatorisch in Art. 87d GG seine Fortsetzung, Nr. 6a (**Eisenbahn**) in Art. 87e GG, weiterhin in Art. 143a GG. Für die Eisenbahnkompetenz ist auch die Parallelvorschrift in Art. 74 I Nr. 23 GG zu beachten, die sich auf der Ebene der Gleichordnung befindet und inhaltlich trennscharf abgegrenzt ist. Nr. 7 (**Postwesen und Telekommunikation**) findet seine Fortsetzung in organisatorischen Bestimmungen nach Art. 87f und 143b GG. Bezüge bestehen auch zur **Wirtschaftskompetenz** nach Art. 74 I Nr. 11 GG und zu den **Kommunikationsfreiheiten** nach Art. 5 I GG, insbesondere zur allgemeinen Meinungsfreiheit und zur Rundfunkfreiheit (→ Art. 5 I, II Rn. 27 ff.) sowie zu **Art. 10 GG** (→ Art. 10 Rn. 13 ff.). Die Kompetenz nach Art. 73 Nr. 8 GG besitzt Verwandtschaft zu Art. 74a und Art. 75 I Nr. 1 GG; für den Inhalt der Regelung sind Art. 33 II-V GG einschlägig. Nr. 9 ist vor dem Hintergrund der konkurrierenden Gesetzgebungsbefugnis nach Art. 74 I Nr. 1 GG für das **bürgerliche Recht** zu sehen; eine wichtige Verbindung reicht auch zu Art. 14 GG (**Verfassungsschutz des geistigen Eigentums**; → Art. 14 Rn. 51 ff.). Nr. 10 ist organisatorisch in Art. 87 I 2 GG fortgeschrieben. Für Nr. 11 ist die Verbindung zum personalen Grundrechtsschutz (**Grundrecht auf informationelle Selbstbestimmung**: → Art. 2 I Rn. 52) hervorzuheben. Kompetenzwidriges Landesrecht im Bereich des Art. 73 GG ist nach ganz überwiegender Ansicht schon aus diesem Grund nichtig und wird nicht erst von Art. 31 GG gebrochen (→ Art. 31 Rn. 24).

48

---

[136] BVerfGE 65, 1 (39).
[137] *Rengeling* (Fn. 17), § 100 Rn. 105; Jarass/*Pieroth*, GG, Art. 73 Rn. 26.

Artikel 74 [Gegenstände der konkurrierenden Gesetzgebung]

(1) Die konkurrierende Gesetzgebung erstreckt sich auf folgende Gebiete:
1. das bürgerliche Recht, das Strafrecht und den Strafvollzug, die Gerichtsverfassung, das gerichtliche Verfahren, die Rechtsanwaltschaft, das Notariat und die Rechtsberatung;
2. das Personenstandswesen;
3. das Vereins- und Versammlungsrecht;
4. das Aufenthalts- und Niederlassungsrecht der Ausländer;
4a. das Waffen- und das Sprengstoffrecht;
5. *(aufgehoben)*
6. die Angelegenheiten der Flüchtlinge und Vertriebenen;
7. die öffentliche Fürsorge;
8. *(aufgehoben)*
9. die Kriegsschäden und die Wiedergutmachung;
10. die Versorgung der Kriegsbeschädigten und Kriegshinterbliebenen und die Fürsorge für die ehemaligen Kriegsgefangenen;
10a. die Kriegsgräber und Gräber anderer Opfer des Krieges und Opfer von Gewaltherrschaft;
11. das Recht der Wirtschaft (Bergbau, Industrie, Energiewirtschaft, Handwerk, Gewerbe, Handel, Bank- und Börsenwesen, privatrechtliches Versicherungswesen);
11a. die Erzeugung und Nutzung der Kernenergie zu friedlichen Zwecken, die Errichtung und den Betrieb von Anlagen, die diesen Zwecken dienen, den Schutz gegen Gefahren, die bei Freiwerden von Kernenergie oder durch ionisierende Strahlen entstehen, und die Beseitigung radioaktiver Stoffe;
12. das Arbeitsrecht einschließlich der Betriebsverfassung, des Arbeitsschutzes und der Arbeitsvermittlung sowie die Sozialversicherung einschließlich der Arbeitslosenversicherung;
13. die Regelung der Ausbildungsbeihilfen und die Förderung der wissenschaftlichen Forschung;
14. das Recht der Enteignung, soweit sie auf den Sachgebieten der Artikel 73 und 74 in Betracht kommt;
15. die Überführung von Grund und Boden, von Naturschätzen und Produktionsmitteln in Gemeineigentum oder in andere Formen der Gemeinwirtschaft;
16. die Verhütung des Mißbrauchs wirtschaftlicher Machtstellung;
17. die Förderung der land- und forstwirtschaftlichen Erzeugung, die Sicherung der Ernährung, die Ein- und Ausfuhr land- und forstwirtschaftlicher Erzeugnisse, die Hochsee- und Küstenfischerei und den Küstenschutz;
18. den Grundstücksverkehr, das Bodenrecht (ohne das Recht der Erschließungsbeiträge) und das landwirtschaftliche Pachtwesen, das Wohnungswesen, das Siedlungs- und Heimstättenwesen;
19. die Maßnahmen gegen gemeingefährliche und übertragbare Krankheiten bei Menschen und Tieren, die Zulassung zu ärztlichen und anderen Heilberufen und zum Heilgewerbe, den Verkehr mit Arzneien, Heil- und Betäubungsmitteln und Giften;

19a. die wirtschaftliche Sicherung der Krankenhäuser und die Regelung der Krankenhauspflegesätze;
20. den Schutz beim Verkehr mit Lebens- und Genußmitteln, Bedarfsgegenständen, Futtermitteln und land- und forstwirtschaftlichem Saat- und Pflanzgut, den Schutz der Pflanzen gegen Krankheiten und Schädlinge sowie den Tierschutz;
21. die Hochsee- und Küstenschiffahrt sowie die Seezeichen, die Binnenschiffahrt, den Wetterdienst, die Seewasserstraßen und die dem allgemeinen Verkehr dienenden Binnenwasserstraßen;
22. den Straßenverkehr, das Kraftfahrwesen, den Bau und die Unterhaltung von Landstraßen für den Fernverkehr sowie die Erhebung und Verteilung von Gebühren für die Benutzung öffentlicher Straßen mit Fahrzeugen;
23. die Schienenbahnen, die nicht Eisenbahnen des Bundes sind, mit Ausnahme der Bergbahnen;
24. die Abfallbeseitigung, die Luftreinhaltung und die Lärmbekämpfung;
25. die Staatshaftung;
26. die künstliche Befruchtung beim Menschen, die Untersuchung und die künstliche Veränderung von Erbinformationen sowie Regelungen zur Transplantation von Organen und Geweben.
(2) Gesetze nach Absatz 1 Nr. 25 bedürfen der Zustimmung des Bundesrates.

Literaturauswahl

Badura, Peter: Die Gesetzgebungskompetenz des Bundes für das neue Staatshaftungsgesetz, in: NJW 1981, S. 1337–1341.
Bartlsperger, Richard: Denkmalschutz zwischen staatlicher Fachverwaltung und städtebaulicher Planifizierung, in: DVBl. 1981, S. 284–300.
Blümel, Willi: Die Standortvorsorgeplanung für Kernkraftwerke und andere umweltrelevante Großvorhaben in der Bundesrepublik Deutschland, in: DVBl. 1977, S. 301–322.
Bothe, Michael: Rechtliche Spielräume für die Abfallpolitik der Länder nach Inkrafttreten des Bundesgesetzes über die Vermeidung und Entsorgung von Abfällen vom 27. 08. 1986, in: NVwZ 1987, S. 938–947.
Brandt, Edmund: Gesetzgebungskompetenz des Bundes für ein Bundes-Bodenschutzgesetz, in: DÖV 1996, S. 675–683.
Breuer, Rüdiger: Die Bundeswasserstraßen im Spannungsfeld der Wasserwege- und Wasserwirtschaftskompetenzen von Bund und Ländern, in: DVBl. 1974, S. 268–272.
Brohm, Winfried: Humanbiotechnik, Eigentum und Menschenwürde, in: JuS 1998, S. 197–205.
Degenhart, Christoph: Kernenergierecht, 2. Aufl. 1982.
Depenheuer, Otto: Staatliche Finanzierung und Planung im Krankenhauswesen, 1986.
Deutsch, Erwin: Das Transplantationsgesetz vom 5. 11. 1997, in: NJW 1998, S. 777–782.
Dreher, Eduard: Was ist »Strafrecht« i. S. des Artikels 74 Nr. 1 GG?, in: NJW 1952, S. 1282–1283.
Gallwas, Hans-Ullrich: Kompetenz des Bundes aus Art. 74 Nr. 19 GG zur Regelung der Berufe in der Altenpflege?, in: DÖV 1993, S. 17–22.
Hirsch, Günter/Schmidt-Didczuhn Andrea: »Mosaikkompetenz« für die Gentechnik, in: BayVBl. 1990, S. 289–292.
Höfling, Wolfram: Um Leben und Tod? Transplantationsentwicklung und Grundrecht auf Leben, in: JZ 1995, S. 26–33.
Hofmann, Jochen: Das Urteil des Bundesverfassungsgerichts zum Investitionshilfegesetz (InvHG) – Sonderabgaben und Grundgesetz, in: DVBl. 1986, S. 537–545.
Jarass, Hans D.: Bundesimmissionsschutzgesetz, 3. Aufl. 1995.
Kirn, Michael: Das neue Waffengesetz, in: DVBl. 1973, S. 201–205.
Kuchler, Ferdinand: Das Verhältnis von Bauplanungsrecht und Naturschutzrecht, in: DVBl. 1989, S. 973–981.

Kunig, Philip: Die Legende vom »weiten« Begriff des »Rechts der Wirtschaft«, in: JR 1986, S. 491–497.
Lerche, Peter: Verfassungsfragen um Sozialhilfe und Jugendwohlfahrt, 1963.
Lerche, Peter: Gesetzgebungskompetenz im Ausbildungsbereich der Heilberufe, in: DVBl. 1981, S. 609–615.
Listl, Josef: Die Entscheidungsprärogative des Parlaments für die Errichtung von Kernkraftwerken, in: DVBl. 1978, S. 10–17.
Müller, Martha Dagmar: Auswirkungen der Grundgesetzrevision von 1994 auf die Verteilung der Gesetzgebungskompetenzen zwischen Bund und Ländern, 1996.
Ossenbühl, Fritz: Staatshaftungsrecht, 4. Aufl. 1991.
Osterloh, Lerke: Verfassungsfragen der Künstlersozialabgabe, in: NJW 1982, S. 1617–1625.
Peine, Franz-Joseph: Die Einrichtung von Fußgängerzonen als Problem der Abgrenzung von Straßenrecht und Straßenverkehrsrecht, in: DÖV 1978, S. 835–840.
Peine, Franz-Joseph: Die Gesetzgebungskompetenz des Bundes für den Bodenschutz, in: NuR 1992, S. 353–360.
Renck, Ludwig: Bundeskompetenz und verwaltungsgerichtliches Vorverfahren – BVerwGE 51, 310, in: JuS 1980, S. 28–31.
Renck, Ludwig: Gesetzgebungsbefugnis und verwaltungsgerichtliche Normenkontrolle, in: DÖV 1996, S. 409–414.
Ruderisch, Dagmar: Rechtliche und rechtspolitische Fragen der Humangenetik, in: ZRP 1992, S. 260–264.
Scheuing, Dieter H.: Verfassungsrechtliche Zentralfragen der Krankenhausfinanzierung, 1985.
Schneider, Jens-Peter: Landesenergierecht und Grundgesetz, 1997.
Schullern, Rudolf: Zur Reform der Staatshaftung, in: BayVBl. 1990, S. 360–367.
Seiter, Hugo: Kodifizierung des Arbeitskampfrechts?, in: NJW 1976, S. 1369–1375.
Siebrecht, Michael: Die polizeiliche Datenverarbeitung im Kompetenzstreit zwischen Polizei- und Prozeßrecht, in: JZ 1996, S. 711–714.
Steiner, Udo: Straßenrecht und Straßenverkehrsrecht, in: JuS 1984, S. 1–9.
Tiedemann, Klaus: Die Gesetzgebungskompetenz für Ordnungswidrigkeiten, in: AöR 89 (1964), S. 56–87.
Wagner, Hellmut: Ist das Atomgesetz verfassungswidrig?, in: NJW 1989, S. 1825–1832.

Leitentscheidungen des Bundesverfassungsgerichts

Zu Nr. 1: BVerfGE 2, 213 (220ff.) – Straffreiheitsgesetz; 7, 29 (40ff.) – Pressedelikte; 10, 285 (292ff.) – Bundesgerichte; 11, 192 (199ff.) – Beurkundungswesen; 23, 113 (124) – Blankettstrafrecht; 24, 155 (167f.) – gemeinsame Amtsgerichte; 24, 367 (385ff.) – Hamburgisches Deichordnungsgesetz; 27, 18 (32f.) – Ordnungswidrigkeiten; 28, 21 (32f.) – Robenstreit; 36, 314 (319f.) – Hamburgisches Pressegesetz; 42, 20 (29ff.) – öffentliches Wegeeigentum; 45, 297 (340ff.) – öffentliche Last; 61, 149 (174ff.) – Amtshaftung.
Zu Nr. 7: BVerfGE 22, 180 (212f.) – Jugendhilfe; 88, 203 (329ff.) – Schwangerschaftsabbruch II.
Zu Nr. 11: BVerfGE 4, 7 (13ff.) – Investitionshilfe; 26, 246 (254ff.) – Ingenieur; 37, 1 (16f.) – Weinwirtschaftsabgabe; 41, 205 (217ff.) – Gebäudeversicherungsmonopol (Baden); 55, 274 (308f.) – Berufsausbildungsabgabe; 67, 256 (274ff.) – Investitionshilfegesetz; 68, 319 (328ff.) – Gebührenordnung für Ärzte.
Zu Nr. 11a: BVerfGE 53, 30 (56f.) – Mülheim-Kärlich.
Zu Nr. 12: BVerfGE 7, 342 (347ff.) – Hamburgisches Urlaubsgesetz; 11, 105 (111ff.) – Familienlastenausgleich; 75, 108 (146ff.) – Künstlersozialversicherungsgesetz 77, 308 (329ff.) – Arbeitnehmerweiterbildung.
Zu Nr. 14: BVerfGE 56, 249 (261ff.) – Gondelbahn.
Zu Nr. 17: BVerfGE 88, 366 (378f.) – Tierzuchtgesetz.
Zu Nr. 18: BVerfGE 3, 407ff. – Baugutachten; 34, 139 (144ff.) – Fahrbahndecke.
Zu Nr. 19: BVerfGE 4, 74 (83ff.) – ärztliches Berufsgericht; 33, 125 (152ff.) – Facharzt.
Zu Nr. 21: BVerfGE 15, 1 (7ff.) – Seewasserstraßen.
Zu Nr. 22: BVerfGE 40, 371 (378ff.) – Werbefahrten; 67, 299 (314ff.) – Laternengarage.
Zu Nr. 23: BVerfGE 26, 338 (382ff.) – Eisenbahnkreuzungsgesetz; 56, 249 (263ff.) – Gondelbahn.
Zu Nr. 25: BVerfGE 61, 149 (151ff.) – Amtshaftung.

Gliederung Rn.

A. Herkunft, Entstehung, Entwicklung 1
B. Internationale, supranationale und rechtsvergleichende Bezüge 3
C. Erläuterungen 12
   I. Allgemeine Bedeutung 12
   II. Einzelne Titel 13
      1. Bürgerliches Recht, Strafrecht, gerichtliches Verfahren, Rechtspflege
        (Art. 74 I Nr. 1 GG) 13
      2. Personenstandswesen (Art. 74 I Nr. 2 GG) 29
      3. Vereins- und Versammlungsrecht (Art. 74 I Nr. 3 GG) 31
      4. Ausländerrecht (Art. 74 I Nr. 4 GG) 35
      5. Waffen- und Sprengstoffrecht (Art. 74 I Nr. 4a GG) 37
      6. Flüchtlinge und Vertriebene (Art. 74 I Nr. 6 GG) 39
      7. Öffentliche Fürsorge (Art. 74 I Nr. 7 GG) 41
      8. Kriegsschäden und Wiedergutmachung (Art. 74 I Nr. 9 GG) 45
      9. Kriegsopferversorgung (Art. 74 I Nr. 10 GG) 48
      10. Kriegsgräberfürsorge (Art. 74 I Nr. 10a GG) 50
      11. Recht der Wirtschaft (Art. 74 I Nr. 11 GG) 52
      12. Friedliche Nutzung der Kernenergie (Art. 74 I Nr. 11a GG) 60
      13. Arbeitsrecht, Sozialversicherung (Art. 74 I Nr. 12 GG) 62
      14. Ausbildungsbeihilfen und Forschungsförderung (Art. 74 I Nr. 13 GG) 68
      15. Enteignung (Art. 74 I Nr. 14 GG) 71
      16. Sozialisierung (Art. 74 I Nr. 15 GG) 73
      17. Verhütung des Mißbrauchs wirtschaftlicher Machtstellung (Art. 74 I Nr. 16 GG) . . 75
      18. Land-, Forst-, Fischereiwirtschaft, Ernährungssicherung, Küstenschutz
        (Art. 74 I Nr. 17 GG) 77
      19. Bodenrecht und Wohnungswesen (Art. 74 I Nr. 18 GG) 81
      20. Gemeingefährliche und übertragbare Krankheiten, Heilberufe, Arznei-
        und Heilmittel (Art. 74 I Nr. 19 GG) 88
      21. Krankenhäuser (Art. 74 I Nr. 19a GG) 92
      22. Lebensmittel, Bedarfsgegenstände, Pflanzen- und Tierschutz (Art. 74 I Nr. 20 GG) . 94
      23. Schiffahrt, Seezeichen, Wasserstraßen (Art. 74 I Nr. 21 GG) 97
      24. Straßenverkehr (Art. 74 I Nr. 22 GG) 100
      25. Schienenbahnen (Art. 74 I Nr. 23 GG) 105
      26. Abfallbeseitigung, Immissionsschutz (Art. 74 I Nr. 24 GG) 107
      27. Staatshaftung (Art. 74 I Nr. 25 GG) 111
      28. Künstliche Befruchtung, Gentechnik, Transplantation (Art. 74 I Nr. 26 GG) 114
   III. Art. 74 II GG 118
D. Verhältnis zu anderen GG-Bestimmungen 119

A. Herkunft, Entstehung, Entwicklung

Vergleicht man den **Katalog der konkurrierenden Gesetzgebung** des Bundes nach 1
Art. 74 GG mit den parallelen Bestimmungen der Reichsverfassungen von 1871 und
1919, so ist das Urteil einer **erheblichen Erweiterung und Intensivierung**, wie es bereits für Art. 73 GG gefällt wurde (→ Art. 73 Rn. 1), noch berechtigter. Art. 4 RV 1871
enthielt nur 16, Art. 12 WRV immerhin 20 Katalognummern, während Art. 74 I GG
inzwischen 28 Punkte umfaßt[1]. Dabei kann festgestellt werden, daß bereits im Kaiser-

---

[1] *Pestalozza*, GG VIII, Art. 74 Rn. 1 kommt auf insgesamt etwa 88 Teilsachgebiete, die in den einzelnen Katalognummern untergebracht sind.

reich dem Reich zukommende Gesetzgebungskompetenzen auch heute dem Bund übertragen sind, es sei denn, sie sind obsolet geworden (vgl. Art. 4 Nr. 1 RV 1871: »Kolonisation und Auswanderung«); die Verbreiterung der Kompetenzbasis des Bundes ist also durch Übertragung neuer Kompetenzen, die zu den bekannten und bewährten hinzutreten, nicht etwa durch eine komplette Verschiebung des Kompetenzgefüges erreicht worden. Für die Weimarer Zeit gilt dies nur in eingeschränkter Form. Auffallend erscheint die beträchtlich größere Kompetenzfülle des Bundes gegenüber der in aller Regel als zentralistisch gescholtenen Weimarer Republik; es darf aber nicht übersehen werden, daß Kompetenzzuwächse des Bundes in ökonomischen, technischen oder gesellschaftlichen Entwicklungen ihren Grund haben, die in der Weimarer Zeit noch unbekannt waren (vgl. etwa Art. 74 I Nr. 11a GG: friedliche Nutzung der Kernenergie; Art. 74 I Nr. 24: Abfallbeseitigung, Luftreinhaltung und Lärmbekämpfung; Art. 74 I Nr. 26: künstliche Befruchtung bei Menschen, Gentechnologie, Transplantationsmedizin). Es ist weiterhin nicht zu verkennen, daß die Weimarer Verfassung dem Reich Kompetenzen zuwies, die dem Kulturbereich zugehören oder sonst heute als zentral angesehene Kompetenzbereiche der Länder betreffen (vgl. etwa Art. 7 Nr. 20 WRV: konkurrierende Gesetzgebungskompetenz für das Theater- und Lichtspielwesen; Art. 9 Nr. 2 WRV: Bedürfniskompetenz für den Schutz der öffentlichen Ordnung und Sicherheit; Art. 10 Nr. 1 und 2 WRV: Grundsatzgesetzgebung für die Rechte und Pflichten der Religionsgesellschaften und das Schulwesen einschließlich des Hochschulwesens und das wissenschaftliche Büchereiwesen). Demgegenüber hat der Parlamentarische Rat die Gesetzgebungsfunktion der Länder gegenüber der Weimarer Verfassung auf den genannten Gebieten gestärkt; das Grundgesetz steht also, was die Kompetenzausstattung der Länder anlangt, zwischen Kaiserreich und Weimarer Republik.

2   Bei der 1949 vorgenommenen Kompetenzverteilung ist es jedoch nicht geblieben. Die Verfassungsentwicklung hat dazu geführt, daß Art. 74 GG der **meistgeänderte Artikel des Grundgesetzes** geworden ist. Mit Ausnahme der jüngsten Verfassungsänderung des Jahres 1994, durch die neben der Begründung neuer Kompetenzen des Bundes (Art. 74 I Nr. 25 und 26) Kompetenzvorschriften auch ersatzlos aufgehoben (Art. 74 I Nr. 5), eingeengt (Art. 74 I Nr. 18) oder zu Rahmenkompetenzen herabgestuft wurden (Art. 74 I Nr. 8 alt/Art. 75 I Nr. 6 neu), haben die Änderungen von Art. 74 GG stets neue Kompetenzzuwächse des Bundes bedeutet. Art. 74 GG ist ein besonders wichtiger Gradmesser für die Bedeutung und das Funktionieren des grundgesetzlichen Föderalismus. Im Hinblick auf diesen läßt sich aus ihm nach mehr als vierzig Jahren Grundgesetz eine höchst bedenkliche Bilanz zu Lasten der Länder und ihrer staatlichen Qualität ablesen.

B. Internationale, supranationale und rechtsvergleichende Bezüge

3   **Art. 74 GG läßt kein Konzept erkennen**, das, von einer speziellen Bundesstaatstheorie ausgehend, für die Aufteilung der Gesetzgebungsmaterien zwischen Bund und Ländern kausal gewesen wäre. Erwägungen der Tradition und pragmatische Einflüsse haben die Feder geführt. Der Vergleich mit anderen bundesstaatlichen Systemen, etwa denen der USA, Österreichs oder der Schweiz, fördert **sehr divergierende Ergebnisse** zu Tage, wobei aber die kontinentaleuropäischen Systeme schon aufgrund der

verhältnismäßig kleinen Staatsgebiete, für die sie geschaffen sind, größere Ähnlichkeit untereinander aufweisen. So fordert in Deutschland, Österreich oder der Schweiz die Enge des Wirtschaftsraumes, daß normative Hindernisse für den innerstaatlichen Warenverkehr durch unterschiedliches privates oder öffentliches Wirtschaftsrecht möglichst beseitigt werden[2]. Die USA gehen dagegen mit wenigen, aber sehr weit formulierten und von der Rechtsprechung in vielfältiger Weise weiterentwickelten Bundeskompetenzen eigene Wege, wobei der Selbständigkeit der Mitgliedstaaten sehr viel größere Spielräume zugestanden werden als in den europäischen bundesstaatlichen Systemen[3].

Im Hinblick auf das **Recht der Europäischen Union** macht sich bei Art. 74 GG verstärkt die auch bei Art. 73 GG bereits beobachtete Tatsache der Überlagerung des grundgesetzlichen Kompetenzkatalogs durch die Befugnisse der Union bemerkbar, die letztendlich zu einer Verfassungsänderung führt, ohne daß Art. 79 I 1 GG darauf Anwendung fände (→ Art. 79 Rn. 25). Der Text des Grundgesetzes gibt also nicht (mehr) die reale Kompetenzlage innerhalb der Bundesrepublik Deutschland wieder. Obwohl die europarechtlichen Implikationen äußerst vielfältig sind, müssen im folgenden kurze Hinweise genügen. So ist zu Art. 74 I Nr. 1 GG (bürgerliches Recht) auf die Befugnisse der Union auf dem Gebiet des Verbraucherschutzes (Art. 129a [153 n.F.] EGV) hinzuweisen, denen so wichtige Rechtsakte wie die Produkthaftungsrichtlinie[4] oder die Richtlinie zur Angleichung der Rechtsvorschriften gegen irreführende Werbung[5] entspringen. Im Hinblick auf die Bundeskompetenz für das gerichtliche Verfahren (Art. 74 I Nr. 1 GG) sollte auch nicht das Europäische Übereinkommen über die gerichtliche Zuständigkeit und die Vollstreckung gerichtlicher Entscheidungen in Zivil- und Handelssachen[6] übersehen werden. Für die Rechtsanwaltschaft sind die Vertragsvorschriften über die Niederlassungsfreiheit und den Dienstleistungsverkehr zu beachten (Art. 52ff.; 59ff. [43ff.; 49ff. n.F.] EGV)[7].

4

Bei Art. 74 I Nr. 4 GG ist das **Unionsbürgerrecht** der Art. 8ff. (17ff. n.F.) EGV zu berücksichtigen, das EG-Ausländern eine privilegiertere Rechtstellung verleiht als anderen Ausländern. Schon seit der Schaffung der Gemeinschaftsverträge garantieren die Art. 48ff. (39ff. n.F.; Freizügigkeit der Arbeitnehmer), Art. 52ff. (43ff. n.F.; Niederlas-

5

---

[2] Siehe dazu *H. Schambeck*, Landesbericht Österreich, in: F. Ossenbühl (Hrsg.), Föderalismus und Regionalismus in Europa, 1990, S. 55ff. (70f.); *M. Bothe*, Die Kompetenzstruktur des modernen Bundesstaates in rechtsvergleichender Sicht, 1977, S. 207ff., 210f.

[3] Im einzelnen vgl. dazu *Bothe*, Kompetenzstruktur (Fn. 2), S. 143ff.; *A. Gunlicks*, Prinzipien des amerikanischen Föderalismus, in: P. Kirchhof/D. Commers (Hrsg.), Deutschland und sein Grundgesetz. Themen einer deutsch-amerikanischen Konferenz, 1993, S. 99ff. (110ff.). Durch die interstate commerce clause (dazu *Bothe*, Kompetenzstruktur [Fn. 2], S. 148f.) werden aber auch in den USA Kompetenzen des Bundes zugunsten der Einheit des Handelsgebietes begründet. Die interstate commerce clause hat für alle möglichen Fragen grenzüberschreitender Problematiken eine Rolle gespielt, wurde aber auch zu einer Klausel für die umfassende Normierung des Wirtschaftsrechts durch den Bund. Vgl. dazu auch *M. Fehling*, Mechanismen der Kompetenzabgrenzung in föderativen Systemen im Vergleich, in: J. Aulehner u.a. (Hrsg.), Föderalismus – Auflösung oder Zukunft der Staatlichkeit, 1997, S. 31ff. (40f.); *J.A. Frowein*, Konkurrierende Zuständigkeit und Subsidiarität. Zur Kompetenzverteilung in bündischen Systemen, in: FS Lerche, 1993, S. 401ff. (404f.).

[4] Richtlinie des Rats 85/73 Abl. L 210/1985, S. 29.

[5] Richtlinie des Rats 84/450, Abl. L 250/1984, S. 17.

[6] Vom 27. September 1968, Abl. L 299/32 vom 31. Dezember 1972.

[7] Siehe dazu *B. Beutler/R. Bieber/J. Pipkorn/J. Streil*, Die Europäische Union, 4. Aufl. 1993, S. 329, 333.

sungsfreiheit) und Art. 59 ff. (49 ff. n.F.; Dienstleistungsfreiheit) EGV den wirtschaftlich tätigen Staatsangehörigen der EG-Mitgliedstaaten das Recht auf Einreise und Aufenthalt in jedem Mitgliedstaat und darüber hinaus auf weitgehende Gleichstellung mit den Inländern[8]. Mit Einführung der Unionsbürgerschaft ist diese Freizügigkeit auch auf alle nicht wirtschaftlich tätigen Unionsbürger erstreckt worden.

6   Das »Recht der Wirtschaft« (Art. 74 I Nr. 11 GG) wird nicht nur durch die Grundfreiheiten des Gemeinsamen Marktes, also die Freiheit von Waren- und Kapitalverkehr, die Niederlassungsfreiheit und die Dienstleistungsfreiheit, sondern auch durch eine **Vielzahl von Richtlinien und sonstigen Rechtsakten** seitens der Union beeinflußt, mit denen der Einheitliche Binnenmarkt durchgesetzt wird. Für die Montanindustrie soll auf die Bestimmungen des Vertrags über die Europäische Gemeinschaft für Kohle und Stahl hingewiesen werden. Die Kompetenz zur friedlichen Nutzung der Kernenergie nach Art. 74 I Nr. 11a GG wird überlagert und ergänzt durch die Befugnisse der Europäischen Atomgemeinschaft, der nach Art. 2 EAGV Aufgaben der Forschung, Versorgung, Kontrolle und Herstellung eines Gemeinsamen Marktes für Kernbrennstoffe obliegen.

7   Das von Art. 74 I Nr. 12 GG erfaßte Sachgebiet (Arbeitsrecht, Sozialversicherung) wird intensiv von der **Sozialpolitik der Gemeinschaft** (Art. 117 ff. [136 ff. n.F.] EGV) beeinflußt; dazu gehören Rechtsakte, die die Freizügigkeit der Arbeitnehmer sichern[9] sowie solche, welche der Durchsetzung der Gleichbehandlung von Männern und Frauen am Arbeitsplatz dienen[10]. Zu beachten ist auch Art. 118a (138 n.F.) EGV, der die Gemeinschaft zum Erlaß von Richtlinien zur Verbesserung der Arbeitsumwelt und zum Schutz der Arbeitnehmer ermächtigt. Hinzuweisen ist weiter auf das im Rahmen des Maastrichter Vertrags über die Europäische Union verabschiedete »Protokoll über die Sozialpolitik«, mit dem elf Mitgliedstaaten (Ausnahme: das Vereinigte Königreich) dem Vertrag ein Abkommen über die Sozialpolitik eingefügt haben, das weitreichende sozialpolitische Befugnisse der Union enthält[11].

8   Auch wenn der Union nur ansatzweise bildungs- und kulturpolitische Kompetenzen zustehen, wird es doch vom Europäischen Gerichtshof für zulässig angesehen, daß sie ergänzend zu Art. 74 I Nr. 13 GG im Rahmen von Aktionsprogrammen zur Förderung der Mobilität von Hochschulstudenten (ERASMUS-, SOKRATES-Programme) **Ausbildungsbeihilfen** gewährt[12]. Als kompetentielle Grundlage sollen Art. 126, 127 (149, 150 n.F.) EGV dienen. Für die Forschungsförderung enthält der EG-Vertrag in Art. 130f–130p (163–173 n.F.) umfassende Kompetenzen.

9   Zu Art. 74 I Nr. 16 GG (Mißbrauch wirtschaftlicher Macht) sind die Art. 65 ff. EGKSV; Art. 85 ff. (81 ff. n.F.) EGV und die dazu ergangenen sekundären Gemeinschaftsrechtsnormen über das **europäische Kartellrecht** zu beachten. Art. 74 I Nr. 17

---

[8] Von besonderer Bedeutung für die Freizügigkeit der Arbeitnehmer innerhalb der Gemeinschaft ist die Verordnung (EWG) Nr. 1612/68, Abl. Nr. L 257/2; siehe dazu *Beutler/Bieber/Pipkorn/Streil*, Europäische Union (Fn. 7), S. 321 ff.; dort auch zu weiteren einschlägigen Rechtsakten der Union.

[9] Siehe dazu Verordnung (EWG) Nr. 1408/71 über die Anwendung der Systeme der sozialen Sicherheit auf Arbeitnehmer und Selbständige sowie deren Familienangehörige, die innerhalb der Gemeinschaft zu- und abwandern, vom 14. Juni 1971, Abl. Nr. L 149/2.

[10] Siehe dazu die auf gemeinschaftsrechtliche Vorgaben beruhenden §§ 611a, 611b, 612 Abs. 3, 613a BGB.

[11] Siehe dazu *H. Konzen*, EuZW 1995, 39 (42); *G. Schaub*, NZA 1994, 769 ff.

[12] EuGH RS 242/87, vom 30. 5. 1989, Slg. 1989, 1425.

GG wird überlagert von den Bestimmungen des EG-Vertrags über die **Agrarmarktordnung** (Art. 38 ff. [32 ff. n.F.] EGV)[13]. Art. 74 I Nr. 19 GG weist Bezüge zu den Vorschriften des EG-Vertrags über die Agrarpolitik (Viehseuchen), über die Niederlassungsfreiheit (Art. 52 ff. [43 ff. n.F.] EGV)[14] und zum Recht des freien Warenverkehrs (Art. 30 ff., 36 [28 ff., 30 n.F.] EGV) auf. Von Art. 74 I Nr. 20 GG gehen wiederum Verbindungen zum **freien Warenverkehr** (Art. 30 ff. [28 ff. n.F.] EGV) und zur gemeinsamen Agrarpolitik (Art. 38 ff. [32 ff. n.F.] EGV) aus. Auch für die **Hochsee- und Binnenschiffahrt** (Art. 74 I Nr. 21 GG) enthält der EG-Vertrag Vorschriften im Rahmen des dem Verkehr gewidmeten Abschnitts des EG-Vertrags (Art. 84, 74 ff. [80, 70 ff. n.F.] EGV). Erst recht gelten die Vorschriften dieses Titels des EG-Vertrags auch für die in Art. 74 I Nr. 22 und 23 GG enthaltenen Materien. Für **transeuropäische Netze** sind Art. 129b ff. (154 ff. n.F.) EGV zu beachten.

Art. 74 I Nr. 24 GG wird überlagert durch die von der Einheitlichen Europäische Akte von 1986 und dem Unionsvertrag von 1992 festgelegte Kompetenz der Europäischen Union für die **Umweltpolitik** (vgl. Art. 130r – 130t; 100a III [174–176; 95 n.F.] EGV). Darauf gestützt ist die Union sowohl auf dem Gebiet der Luftreinhaltung als auch dem des Abfallwesens mit zahlreichen Rechtsakten tätig geworden[15]. 10

Die Kompetenz aus Art. 74 I Nr. 25 GG bleibt nicht unbeeinflußt von der Rechtsprechung des Europäischen Gerichtshofs zur **Staatshaftung** wegen Verletzung des Gemeinschaftsrechts (→ Art. 34 Rn. 17 ff.), wie sie durch die sogenannte Frankovich-Entscheidung des Europäischen Gerichtshofs initiiert wurde[16]. 11

C. Erläuterungen

I. Allgemeine Bedeutung

Art. 74 I GG umfaßt einen legistisch wenig durchstrukturierten Katalog der Materien der konkurrierenden Bundesgesetzgebung. Anerkannte Rechtsbegriffe wechseln in bunter Reihenfolge mit neuen Begriffsbildungen, weitgesteckte Befugniszuweisungen mit enger Materienabgrenzung, sachgebietsbezogene mit funktional ausgerichteten Kompetenzen[17]. Art. 74 GG ist nicht nur eine der längsten, sondern auch eine besonders **kasuistische Grundgesetzbestimmung**. In ihrem Streben nach perfektionistischer Abgrenzung der Kompetenzsphären ist diese Kasuistik immer wieder von den gesellschaftlich-technischen Entwicklungen überholt worden, was jeweils durch Verfas- 12

---

[13] Siehe dazu *Beutler/Bieber/Pipkorn/Streil*, Europäische Union (Fn. 7), S. 459 ff.; *R. Mögele*, Agrarrecht, in: M. Dauses (Hrsg.), Handbuch des EG-Wirtschaftsrechts, Rn. 18 ff. (Stand: April 1997).

[14] Zur Gemeinschaftsrechtsetzung betreffend die medizinischen Berufe vgl. *Beutler/Bieber/Pipkorn/Streil*, Europäische Union (Fn. 7), S. 333.

[15] Siehe dazu näher *Pestalozza*, GG VIII, Art. 74 Rn. 1788; zu den EuGH-Entscheidungen zur Tauglichkeit der TA-Luft als Umsetzung von EG-Richtlinien über den Blei-, Schwefeldioxyd- und Schwefelstaubgehalt der Luft siehe EuGH Rs. C-361/88 (Kommission/Bundesrepublik Deutschland) und Rs. C-59/89 (Kommission/Bundesrepublik Deutschland) vom 30. 5. 1991, Slg. 1991, 2567, 2607.

[16] Dazu EuGH verb. Rs C-6/90 und C-9/90 vom 19. 11. 1991, Slg. 1991, 5357, siehe weiterhin die Folgeentscheidung *Brasserie du Pêcheur/Bundesrepublik Deutschland* und *The Queen/Factortame Ltd.*, verb. Rs C-46/93 und C-48/93, Slg. 1996, I-1029 ff.; siehe dazu auch *R. Streinz*, EuZW 1996, 201 ff.; *R. Wittkowski*, NVwZ 1994, 326 ff.; *T. v. Danwitz*, DVBl. 1997, 1 ff.

[17] Dazu auch *Fehling*, Mechanismen (Fn. 3), S. 41.

sungsänderungen zu Lasten der Länder ausgeglichen wurde. Eine Ausnahme bedeutet die jüngste Änderung von Art. 74 GG im Jahre 1994, mit der in Verbindung mit einer Schärfung der Anforderungen nach Art. 72 II GG erstmals auch Bundeskompetenzen eliminiert oder zu Rahmenkompetenzen herabgestuft, allerdings auch neue Kompetenzen von den Ländern auf den Bund übertragen wurden.

II. Einzelne Titel

1. Bürgerliches Recht, Strafrecht, gerichtliches Verfahren, Rechtspflege (Art. 74 I Nr. 1 GG)

13 Die **Reichsverfassung von 1871** gestand dem Reich in Art. 4 Nr. 13 die »gemeinsame Gesetzgebung über das Obligationenrecht, Strafrecht, Handels- und Wechselrecht und das gerichtliche Verfahren« zu. Durch Verfassungsänderung vom 20.12.1873 wurde die Vorschrift dahingehend geändert, daß dem Reich die »gemeinsame Gesetzgebung über das gesamte bürgerliche Recht, das Strafrecht und das gerichtliche Verfahren« zukam. **Die Weimarer Reichsverfassung** übertrug dem Reich in Art. 7 Nr. 1 die Gesetzgebung über das bürgerliche Recht, in Nr. 2 über das Strafrecht, in Nr. 3 über das gerichtliche Verfahren einschließlich des Strafvollzugs sowie die Amtshilfe zwischen Behörden und in Nr. 4 über den Handel. Von der Gerichtsverfassung war nicht die Rede; sie sollte im »gerichtlichen Verfahren« eingeschlossen sein[18]. Art. 36 HChE wies dem Bund die Vorranggesetzgebung über das bürgerliche Recht, das Strafrecht und den Strafvollzug, über die Gerichtsverfassung und das gerichtliche Verfahren für die der Bundesgesetzgebung zustehenden Gebiete zu. Im Zuge der **Verhandlungen des Parlamentarischen Rates** wurde noch »die Rechtsanwaltschaft, das Notariat« dem heutigen Art. 74 I Nr. 1 GG angefügt, nachdem den süddeutschen Sorgen betreffs des Notariats durch die Einfügung von Art. 138 GG Rechnung getragen worden war.

14 Unter **bürgerlichem Recht** ist die Zusammenfassung aller Normen zu verstehen, die herkömmlicherweise dem Zivilrecht zugerechnet werden[19]. Für die Begriffsausfüllung hat also die Tradition maßgebliche Bedeutung[20]. Die Kompetenzmaterie »bürgerliches Recht« nach Art. 74 I Nr. 1 GG ist nicht als Gegensatz zum »öffentlichen Recht« zu begreifen[21], sondern vom Herkommen bestimmt[22]. »Moderne materiell-rechtliche Ordnungsvorstellungen« können für die Auslegung von Art. 74 I Nr. 1 GG nicht maßgeblich sein[23]. Traditionellerweise werden dem bürgerlichen Recht aber nicht nur die Regelungen des Bürgerlichen Gesetzbuchs zugeordnet, auch die in den zivilrechtlichen Nebengesetzen enthaltenen Rechtsvorschriften, wie etwa die Regelungen betreffend die allgemeinen Geschäftsbedingungen, das Wohnungseigentum, das Adoptionsrecht u.a. sind bürgerliches Recht im Sinn von Art. 74 I Nr. 1 GG. Es besteht also auch die Möglichkeit der Fortentwicklung der Sachmaterie[24]. Entscheidend

---

[18] Vgl. dazu *Pestalozza*, GG VIII, Art. 74 Rn. 23.
[19] BVerfGE 11, 192 (199).
[20] BVerfGE 42, 20 (30); 61, 149 (176 ff.).
[21] BVerfGE 11, 192 (199).
[22] *C. Degenhart*, in: Sachs, GG, Art. 74 Rn. 4 spricht von einer normativ-rezeptiven Umschreibung der Sachmaterie durch Nr. 1.
[23] BVerfGE 61, 149 (176).
[24] Siehe dazu *P. Kunig*, in: v. Münch/Kunig, GG III, Art. 74 Rn. 8; *Degenhart* (Fn. 22), Art. 74 Rn. 6; *T. Maunz*, in: Maunz/Dürig, GG, Art. 74 (1984), Rn. 54.

ist, daß ein Gesetz in seinen Wirkungen auf den Mitbürger zielt, es also die den Personen als Privatpersonen zukommende Rechtsstellung und die Verhältnisse regelt, in welchen sie untereinander stehen[25]. Soweit allerdings das Grundgesetz besondere Bestimmungen für privatrechtliche Spezialmaterien aufweist (vgl. etwa Art. 73 Nr. 9 GG – geistiges Eigentum; Art. 74 I Nr. 11 GG – Recht der Wirtschaft; Art. 74 I Nr. 12 GG – Arbeitsrecht; Art. 75 I 1 Nr. 2 GG – Presserecht), tritt Art. 74 I Nr. 1 GG zurück[26].

Zwar hat der Bund grundsätzlich seine Kompetenz zur Regelung des bürgerlichen Rechts kodifikatorisch ausgeschöpft (Art. 55 EGBGB), doch sind einschlägige **Vorbehalte zugunsten der Landesgesetzgebung** insbesondere auf sachenrechtlichem Gebiet zu beachten[27]. Dagegen kann durch eine landesrechtliche Regelung über eine »öffentliche Last« nicht der numerus clausus der Sachenrechte durchbrochen werden[28]. 15

Auf dem Gebiet der **Staatshaftung** besaß der Bund bis zur Grundgesetzänderung von 1994 (Einfügung von Art. 74 I Nr. 25 GG) nach Art. 74 I Nr. 1 GG nur die Kompetenz, die persönliche Haftung des Beamten zu regeln (→ Art. 34 Rn. 24); dagegen war ihm nicht gestattet, unter Berufung auf diesen Kompetenztitel ein bundeseinheitliches umfassendes Staatshaftungsrecht zu schaffen, weil dieser Bereich nach Tradition und Herkommen nicht in das Gebiet des bürgerlichen Rechts fällt[29]. 16

Zum bürgerlichen Recht wird auch das gerichtliche Beurkundungswesen einschließlich der Festsetzung von Gebühren gerechnet[30]; weiterhin sind das Pachtvertragsrecht[31] und das Recht der Ertragswertbestimmung[32] bürgerliches Recht im Sinn von Art. 74 I Nr. 1 GG. Bei der Zuordnung **des Rechts der religiösen Kindererziehung**, die mehrheitlich zum bürgerlichen Recht erfolgt[33], ist zu beachten, daß einige Landesverfassungen (vgl. Art. 137 I Verfassung des Freistaates Bayern; Art. 35 Verfassung von Rheinland-Pfalz) Regelungen treffen, die von dem nach Art. 125 GG als Bundesrecht weitergeltenden Gesetz über die religiöse Kindererziehung abweichen[34]. Da es 17

---

[25] BVerfGE 42, 20 (30).
[26] Jarass/*Pieroth*, GG, Art. 74 Rn. 2; *Maunz* (Fn. 24), Art. 74 Rn. 54.
[27] So konnte nach BVerfGE 24, 367 (386) die hamburgische Regelung über die Einführung von »öffentlichem Eigentum« an Hochwasserschutzanlagen auf Art. 66 EGBGB gestützt werden. Vgl. dazu auch BVerfGE 45, 297 (340). Zur Bedeutung der Vorbehalte zugunsten der Länder im EGBGB als Hinweise, inwieweit Regelungen des BGB nicht abschließend sind, vgl. BVerwG DÖV 1997, 417 ff. (Schatzregal).
[28] BVerfGE 45, 297 (341); das Bundesverfassungsgericht beanstandet an der Einführung der »öffentlichen Last« durch das zur Prüfung gestellte hamburgische Enteignungsgesetz auch, daß durch sie unmittelbar ein dingliches Recht an einem fremden Grundstück begründet werde, während bei der Begründung öffentlichen Eigentums nach hamburgischem Recht das Land Hamburg zunächst Eigentum im Sinn des Bürgerlichen Gesetzbuchs erwerbe, das dann in öffentliches Eigentum überführt werde. Vgl. dazu auch *Degenhart* (Fn. 22), Art. 74 Rn. 7 ff.
[29] Siehe dazu BVerfGE 61, 149 (173 ff., 201 ff.); siehe dazu auch *H.-J. Papier*, NJW 1981, 2321 ff.; *W. Rüfner*, AöR 106 (1981), 548 ff.; *P. Badura*, NJW 1981, 1337 ff.; *G. Hirsch*, BayVBl. 1981, 737 ff. Das Staatshaftungsgesetz vom 26. 6. 1981 (BGBl. I S. 533) war deshalb nach der seinerzeitigen Rechtslage (vgl. aber jetzt Art. 74 I Nr. 25 GG) in seinem umfassenden Ansatz unzulässig.
[30] BVerfGE 11, 192 (199).
[31] BVerfGE 71, 137 (143).
[32] BVerfGE 78, 132 (144).
[33] Siehe dazu *Degenhart* (Fn. 22), Art. 74 Rn. 9; *Kunig* (Fn. 24), Art. 74 Rn. 11; *H.-W. Rengeling*, Gesetzgebungszuständigkeit, in: HStR IV, § 100 Rn. 129.
[34] Vom 15. Juli 1921 (RGBl. S. 939, 1263). Nach § 5 des Gesetzes können die Kinder nach Vollendung des 14. Lebensjahres selbst entscheiden, ob sie am Religionsunterricht teilnehmen wollen. In Bayern und Rheinland Pfalz ist dieses Alter auf 18 Jahre heraufgesetzt.

sich um die Kollision von Bundesrecht mit Landesverfassungsrecht handelt, ist eine besonders zurückhaltende Auslegung der Bundeskompetenz angezeigt (→ Art. 31 Rn. 29f., 37; → Art. 70 Rn. 43f.)[35], wenn man nicht – was der Sachlage eher gerecht wird – davon ausgeht, daß die betreffenden Verfassungsnormen nach Art. 125 Nr. 2 GG (partielles) Bundesrecht geworden sind.

18 Nicht unter die Bundeskompetenz für das bürgerliche Recht nach Art. 74 I Nr. 1 GG fallen der presserechtliche Gegendarstellungsanspruch[36] und das Recht der Eigentums- und Haftungsverhältnisse an öffentlichen Straßen der Länder[37].

19 Unter **Strafrecht** wird herkömmlicherweise die Gesamtheit von Rechtsnormen verstanden, die für eine rechtswidrige und schuldhafte Tat eine Strafe oder eine Maßregel der Sicherung und Besserung anordnen (Kriminalstrafrecht)[38]. Der Inhalt des Strafrechtsbegriffs wird ebenso wie der des »bürgerlichen Rechts« durch die Tradition[39] (mit-)bestimmt. Wegen des Unwerturteils, das mit dem Kriminalunrecht verbunden ist, ist dieses auf das »ethische Minimum« zu beschränken[40]. Dadurch ist die Kompetenz aber nicht erschöpft. Auch das **Ordnungswidrigkeitenrecht** unterfällt Art. 74 I Nr. 1 GG[41]. Schon unter der Weimarer Verfassung wurde der Bereich des Polizei- (Verwaltungs-) Strafrechts zum Strafrecht gezählt, und der Parlamentarische Rat hat dem Begriff »Strafrecht« keinen anderen Sinn beigelegt als die herrschende Lehre zur Weimarer Zeit[42]. Zudem ist die Grenze zwischen Ordnungswidrigkeitenrecht und Strafrecht fließend[43].

20 Während auch die Verjährung von Straftaten kompetentiell Art. 74 I Nr. 1 GG zuzuordnen ist (Strafrecht/gerichtliches Verfahren)[44], basiert die Regelung der Verjährung von Pressedelikten auf der Rahmenkompetenz nach Art. 75 I 1 Nr. 2 GG[45].

21 Jedenfalls im Bereich der im Strafgesetzbuch herkömmlicherweise geregelten Materien kann der Bund **Straftatbestände** schaffen, ohne an die ihm sonst **durch die Zuständigkeitskataloge gezogenen Grenzen** gebunden zu sein[46]. Er kann also auch Strafrechtsnormen erlassen, welche an landesrechtlich geregelte Rechtsverstöße anknüpfen[47] oder Blankettnormen darstellen, die durch das jeweils anwendbare materielle Landesrecht (etwa das Bauordnungsrecht) ausgefüllt werden[48]. Allerdings darf die Strafrechtskompetenz nicht zum Mißbrauch führen; die landesrechtlichen Befugnisse dürfen nicht dadurch unterlaufen werden, daß Sachgebiete durch Beifügung von Strafrechtsnormen kurzerhand der Gesetzgebungsbefugnis des Bundes zugeschlagen

---

[35] Vgl. dazu *Maunz* (Fn. 24), Art. 74 Rn. 61.
[36] BVerwGE 76, 94 (96); siehe dazu *R. Groß*, DVBl. 1981, 248 ff.
[37] BVerfGE 42, 20 (28 ff.).
[38] Zum Begriff siehe *Rengeling* (Fn. 33), § 100 Rn. 131 m.w.N.
[39] BVerfGE 22, 1 (9 ff.); 23, 113 (123 f.); 27, 18 (32); siehe zum Strafrechtsbegriff des Art. 74 I Nr. 1 GG auch *E. Dreher*, NJW 1952, 1282 ff.
[40] BVerfGE 22, 49 (80); 27, 18 (32).
[41] BVerfGE 27, 18 (32 f.); 29, 11 (16); 31, 141 (144); siehe dazu auch *K. Tiedemann*, AöR 89 (1964), 56 ff.; *Maunz* (Fn. 24), Art. 74 Rn. 65.
[42] BVerfGE 23, 113 (122 ff.).
[43] BVerfGE 27, 10 (31); s. weiter E 51, 60 (74); 80, 182 (186).
[44] Siehe dazu *Rengeling* (Fn. 33), § 100 Rn. 132; *Jarass/Pieroth*, GG, Art. 74 Rn. 4.
[45] BVerfGE 7, 29 (39); 36, 193 (205).
[46] BVerfGE 23, 113 (124).
[47] Siehe dazu das Umweltstrafrecht, §§ 324 ff. StGB.
[48] BVerfGE 23, 113 (125).

werden⁴⁹. Das Kriminalstrafrecht ist durch das Strafgesetzbuch und die strafrechtlichen Nebengesetze umfassend kodifiziert; die Länder sind damit von der Gesetzgebung ausgeschlossen⁵⁰.

Der **Strafvollzug** ist die Umsetzung der Anordnungen der Strafvollstreckungsbehörden; er wird auf der Basis des Strafvollzugsgesetzes vom 16. 3. 1976⁵¹ durchgeführt. Die **Strafvollstreckung** ist dagegen Teil des gerichtlichen Verfahrens. Letzterem wird daher auch die Tätigkeit der Strafvollstreckungsbehörden im Sinn von § 452 StPO zugerechnet. Eine Zuständigkeit des Bundes zur Gewährung von Straffreiheit durch Gesetz, je nachdem, ob anhängige Verfahren niedergeschlagen oder ob rechtskräftig verhängte Strafen erlassen werden, ergibt sich entweder aus seiner Gesetzgebungsbefugnis für das gerichtliche Verfahren oder aus seiner Strafvollzugskompetenz⁵². Amnestiegesetze der Länder sind also unzulässig, auch wenn die Beurteilung der einschlägigen Straftaten Landesgerichten obliegt.

22

Die **Gerichtsverfassung** umfaßt die äußere Organisation der Gerichtsbarkeit, die Besetzung der Gerichte und ihre wechselseitigen Beziehungen; damit steht das Gerichtsverfassungsrecht in engem Bezug zu den Justizgrundrechten, insbesondere zum Recht auf den gesetzlichen Richter (Art. 101 I 2 GG). Das Statusrecht der Richter ist dagegen auf Art. 98 GG zu stützen. Art. 74 I 1 GG betrifft auch die Fachgerichte der Länder⁵³, nicht jedoch ihre Verfassungsgerichte, weil diese der Verfassungsautonomie der Länder zugehören⁵⁴. Für die Länder bleibt aber die grundsätzliche Organisationszuständigkeit hinsichtlich der Landesgerichte aufrechterhalten; die Länder bestimmen Sitz und Zuständigkeitsbereich der einzelnen Gerichte⁵⁵. Zur Materie »Gerichtsverfassung« gehört demgegenüber die generelle Festlegung der örtlichen, sachlichen und funktionellen Zuständigkeit der Gerichte⁵⁶. Aufgrund dieser Kompetenz ist der Bund auch befugt, die Landesregierungen durch Bundesgesetz zur Errichtung gemeinsamer Amtsgerichte im Einzelfall zu ermächtigen⁵⁷. »Gerichtsverfassung« ist insofern weit zu verstehen, als auch die in untrennbarem Zusammenhang mit der gerichtlichen Rechtspflege stehenden Organe wie Staatsanwälte und Gerichtsvollzieher erfaßt werden⁵⁸. Die Disziplinargerichtsbarkeit und die Standesgerichtsbarkeit sind hingegen nicht Gegenstand der Materie »Gerichtsverfassung«⁵⁹. Obwohl das Gerichtsverfassungsgesetz als Kodifikation des Rechtsgebiets angesehen werden kann, ist eine **abschließende Regelung** der Materie durch den Bundesgesetzgeber **nicht erfolgt**⁶⁰.

23

Kraft der Kompetenz für das gerichtliche Verfahren ist der Bund befugt, **Prozeßordnungen für die Fachgerichtsbarkeiten**, nicht jedoch für die Verfassungsgerichte der Länder (→ Rn. 23), zu erlassen. Die geltenden Prozeßordnungen, die grundsätzlich als

24

---

⁴⁹ BVerfGE 26, 246 (258).
⁵⁰ Vgl. *Maunz* (Fn. 24), Art. 74 Rn. 68.
⁵¹ BGBl. I S. 581.
⁵² BVerfGE 10, 234 (238); vgl. auch E 2, 213 (221).
⁵³ Vgl. BVerfGE 11, 192 (198); 30, 103 (106).
⁵⁴ Ebenso *Kunig* (Fn. 24), Art. 74 Rn. 17; *Degenhart* (Fn. 22), Art. 74 Rn. 18.
⁵⁵ BVerfGE 2, 307 (316ff.); 11, 192 (198f.); 24, 155 (166f.); 30, 103 (106).
⁵⁶ BVerfGE 2, 307 (320); 8, 174 (177); 24, 155 (166); 37, 191 (198).
⁵⁷ BVerfGE 24, 155 (166f.); vgl. auch E 30, 103 (106).
⁵⁸ BVerfGE 56, 110 (118); *Degenhart* (Fn. 22), Art. 74 Rn. 19.
⁵⁹ *Maunz* (Fn. 24), Art. 74 Rn. 73; BVerfGE 4, 74 (85).
⁶⁰ BVerfGE 56, 110 (119).

abschließende Regelung anzusehen sind, enthalten teilweise Vorbehalte zugunsten der Länder, vgl. etwa §§ 40 I 2, 47 I 1 Nr. 2, 61 Nr. 3 VwGO[61]. Dem Landesgesetzgeber sind legislative Entfaltungsmöglichkeiten aber auch insoweit eingeräumt, als die Verwaltungsgerichtsordnung nicht ausdrücklich einen Vorbehalt zugunsten des Landesgesetzgebers enthält, sondern von einer »gesetzlichen Regelung« spricht, die dann auch vom Landesgesetzgeber getroffen werden kann (vgl. §§ 42 II; 68 I 2 mit Nr. 2 VwGO)[62]. Der Landesgesetzgeber kann deshalb auch vom Erfordernis einer Beschwer für die Erhebung einer verwaltungsgerichtlichen Anfechtungs- oder Verpflichtungsklage absehen und eine objektive Aufsichtsklage zulassen (vgl. die Verbandsklage im Naturschutzrecht mancher Länder)[63].

25   Auch das »Vorfeld« des gerichtlichen Verfahrensrechts ist Bestandteil der Kompetenzmaterie[64]; dazu gehören das strafprozessuale Ermittlungsverfahren, weiterhin die Tätigkeit der Staatsanwaltschaft bei der Strafaufklärung einschließlich der polizeilichen Befugnisse zur Erforschung und Aufklärung von Straftaten[65] und das förmliche **intraadministrative Vorverfahren** (Widerspruchsverfahren) nach §§ 68ff. VwGO, da letzteres Voraussetzung für den Erlaß eines Sachurteils ist[66]. Überwiegend wird aber die Regelung des Widerspruchsverfahrens in der Verwaltungsgerichtsordnung nicht als abschließend angesehen, so daß ergänzende landesrechtliche Regelungen aufgrund der Kompetenz für das Verwaltungsverfahren, etwa für die reformatio in peius, zulässig sind[67].

26   Einschlägig ist auch die Regelung des **Zeugnisverweigerungsrechts der Presseangehörigen**, das – anders als die Verjährung für Pressedelikte (→ Rn. 20) –, nicht zum Presserecht gezählt wird[68]. In das strafprozessuale Umfeld gehören auch das Vollstreckungsrecht, das Strafregisterrecht und das Gerichtskostenrecht[69].

27   Die Kompetenztitel **Rechtsanwaltschaft** und **Notariat** betreffen das Berufsrecht der Rechtsanwälte und Notare, wozu alle Fragen der Zulassung, der Berufsausübung und des Gebührenwesens einschließlich Standesrecht und Berufsgerichtsbarkeit gehören[70]. Fragen der notwendigen Beiordnung eines Verteidigers, des Anwaltszwangs u.a. sind aber nicht Bestandteil dieses Kompetenzpunkts, sondern gehören zum ge-

---

[61] Siehe dazu BVerfGE 37, 191 (198ff.); 35, 65 (75); 83, 24 (30ff.).
[62] Vgl. BVerfGE 20, 238 (255); BVerwGE 35, 173 (174).
[63] Vgl. dazu *P. Kunig*, Jura 1996, 493ff. Gegen eine Unterstellung von Verfahren der objektiven Rechtskontrolle unter Art. 74 I Nr. 11 GG *L. Renck*, DÖV 1996, 409 (412f.).
[64] BVerfGE 30, 1 (29).
[65] Siehe dazu *Maunz* (Fn. 24), Art. 74 Rn. 82. Zur Abgrenzung der Datensammlung durch die Polizei zum Zweck der Strafverfolgungsvorsorge gegenüber einer solchen zu Zwecken der Gefahrenabwehr siehe *M. Siebrecht*, JZ 1996, 711 (712ff.).
[66] BVerfGE 35, 65 (72); BVerwGE 61, 310 (313); *Kunig* (Fn. 24), Art. 74 Rn. 20; *Sachs* (Fn. 22), Art. 74 Rn. 21; *Rengeling* (Fn. 33), § 100 Rn. 138; a.A. *Pestalozza*, der aufgrund der Prämisse, daß Art. 74 I 1 Nr. 1 GG nur das Verfahren der ordentlichen Gerichte (Zivil- und Strafgerichte) betreffe, konsequenterweise auch die Gesetzgebungsbefugnis für das administrative Vorverfahren nicht in Art. 74 I Nr. 1 GG beheimatet sieht (*Pestalozza*, GG VIII, Art. 74 Rn. 109, 125, 169). Differenzierend *L. Renck*, JuS 1980, 28 (29ff.).
[67] Siehe dazu BVerwGE 51, 312 (314); *F.O. Kopp*, VwGO, 10. Aufl. 1994, § 68 Rn. 10; *Kunig* (Fn. 24), Art. 74 Rn. 20; *P. Theuersbacher*, BayVBl. 1978, 18f.; a.A. *M. Renck-Laufke*, BayVBl. 1978, 247f.
[68] BVerfGE 36, 193 (202); 36, 314 (319).
[69] Vgl. dazu BVerfGE 47, 285 (313f.); BVerwGE 54, 81.
[70] BVerfGE 17, 287 (292); 42, 231 (241f.); 47, 285 (313).

richtlichen Verfahren⁷¹. Ein kommunales Vertretungsverbot hat stärkeren Bezug zur Kompetenzmaterie Kommunalrecht und fällt daher in die Regelungskompetenz der Länder⁷².

Rechtsberatung bedeutet die geschäftsmäßige Wahrnehmung fremder Rechtsangelegenheiten; dies wird von Rechtsbeiständen, Patentanwälten, Steuerberatern, Wirtschaftsprüfern u.a. besorgt⁷³. 28

2. Personenstandswesen (Art. 74 I Nr. 2 GG)

Das in Art. 74 I Nr. 2 GG genannte **Personenstandswesen** war weder in der Reichsverfassung von 1871 noch in der Weimarer Reichsverfassung ausdrücklich genannt, aber seit 1875 reichsrechtlich geregelt. Der Herrenchiemseer Verfassungskonvent ordnete die Materie in Art. 36 Nr. 7 des Entwurfs der Vorranggesetzgebung des Bundes zu. Der Parlamentarische Rat folgte dem im wesentlichen ohne Diskussion. 29

Die Kompetenzmaterie Personenstandswesen umfaßt dessen öffentlich-rechtliche Seite. Dazu gehören die Beurkundung des Personenstands, das Recht der Namensänderung sowie Organisation und Verfahren der Standesämter. Die den Personenstand betreffenden Meldepflichten, etwa betreffend Geburt, Familienstandsänderungen oder Todesfälle, sind ebenfalls diesem Kompetenztitel zuzurechnen, während im Hinblick auf den **Wohnsitz** die Rahmenkompetenz nach Art. 75 I Nr. 5 GG einschlägig ist (→ Art. 75 Rn. 32)⁷⁴. Auch die Feststellung der Geschlechtszugehörigkeit (Transsexuelle!) wird der Kompetenz nach Art. 74 I Nr. 2 GG zugeordnet⁷⁵. 30

3. Vereins- und Versammlungsrecht (Art. 74 I Nr. 3 GG)

Das **Vereinswesen** war bereits Gegenstand von Art. 4 Nr. 16 RV 1871. Art. 7 Nr. 6 WRV gestand dem Reich die (konkurrierende) Gesetzgebung über das Presse-, Vereins- und Versammlungswesen zu, nannte also auch letzteres – im Gegensatz zur Reichsverfassung von 1871 – ausdrücklich. Der Herrenchiemseer Verfassungskonvent trennte das Pressewesen vom Vereins- und Versammlungswesen und fügte ersteres als Nr. 14, letzteres als Nr. 15 in Art. 36 HChE ein. Nach einer erneuten Zusammenfassung der Sachgebiete durch den Parlamentarischen Rat führte das Memorandum der Militärgouverneure vom 2.3.1949⁷⁶ dazu, daß Art. 74 I Nr. 3 GG die heutige Fassung erhielt. 31

Ebenso wie im Fall der Kompetenzmaterie »Personenstandswesen« betrifft das Vereinsrecht nach Art. 74 I Nr. 3 GG nur den öffentlich-rechtlichen Aspekt des Vereinswesens, also die **Vereinsaufsicht**⁷⁷. Dagegen gilt für die zivilrechtliche Seite des Vereinswesens (Binnenrecht, privatrechtliche Beziehungen nach außen) das Bürgerliche 32

---

⁷¹ Siehe dazu Jarass/*Pieroth*, GG, Art. 74 Rn. 10; *Degenhart* (Fn. 22), Art. 74 Rn. 23.
⁷² BVerfGE 52, 42 (54ff.).
⁷³ Siehe dazu *Maunz* (Fn. 24), Art. 74 Rn. 86.
⁷⁴ BVerfGE 65, 1 (63); siehe dazu auch *Rengeling* (Fn. 33), § 100 Rn. 140; *Maunz* (Fn. 24), Art. 75 Rn. 153.
⁷⁵ Siehe dazu *Kunig* (Fn. 24), Art. 74 Rn. 24; *Degenhart* (Fn. 22), Art. 74 Rn. 24; zur Verfassungsmäßigkeit des Transsexuellengesetzes vom 10.9.1980 (BGBl. I S. 1654) vgl. BVerfGE 60, 123; 88, 47.
⁷⁶ Vgl. dazu JöR 1 (1951), S. 496ff.
⁷⁷ *Maunz* (Fn. 24), Art. 74 Rn. 88; *Kunig* (Fn. 24), Art. 74 Rn. 25.

Gesetzbuch. Der Vereinsbegriff nach Art. 74 I Nr. 3 GG ist mit dem des Art. 9 I GG identisch; aus diesem Grunde unterfallen der Kompetenznorm auch arbeitsrechtliche Koalitionen im Hinblick auf ihre organisatorischen Aspekte, während für ihre Betätigung in Umsetzung ihrer arbeits- und wirtschaftsgerichteten Ziele Art. 9 III GG einschlägig bleibt und sich die Gesetzgebungskompetenz dafür aus Art. 74 I Nr. 12 GG ergibt[78]. **Zwangszusammenschlüsse** fallen ebensowenig unter Art. 74 I Nr. 3 GG wie unter Art. 9 I GG (→ Art. 9 Rn. 35)[79].

33 Für **politische Parteien** wirkt Art. 21 GG als lex specialis (→ Art. 21 Rn. 49ff.), auch wenn sie, wie in der Regel, nichtrechtsfähige Vereine sind. Für Religionsgemeinschaften ist Art. 140 GG einschlägig[80]. Auf Parlamentsfraktionen trifft Art. 74 I Nr. 3 GG ebenfalls nicht zu, weil hier der innere Organisationskreis der gesetzgebenden Körperschaften berührt ist, der traditionellerweise vom Parlamentsrecht geregelt wird[81].

34 Eine ähnliche Verbindung, wie das »Vereinsrecht« zu Art. 9 GG aufweist, kennzeichnet auch das **Versammlungsrecht** in seinem Verhältnis zu Art. 8 GG. Der Begriff der Versammlung ist Art. 8 GG und Art. 74 I Nr. 3 GG gemeinsam und bedeutet die Zusammenkunft einer Mehrzahl von Personen zu einem gemeinsamen Zweck[82]. Die bloße Ansammlung ist daher nicht erfaßt. Insoweit ist das Ordnungs-, Sicherheits- und Polizeirecht der Länder einschlägig[83]. »Versammlungsrecht« betrifft die **öffentlich-rechtliche (sicherheitliche) Seite von Versammlungen**. Soweit Gesetze nach Art. 74 I Nr. 3 GG grundrechtseinschränkend wirken, müssen sie sich im Rahmen des Gesetzesvorbehalts nach Art. 8 II GG halten und die für die Ausnutzung von Gesetzesvorbehalten geltenden Schranken-Schranken beachten (→ Vorb. Rn. 91ff.; → Art. 19 I Rn. 8ff.; → Art. 19 II Rn. 6ff.). Ein Grund, private Versammlungen vom Geltungsbereich der Gesetzgebungskompetenz auszunehmen, besteht nicht[84]. Das Bannkreisrecht bezüglich der Verfassungsorgane des Bundes ist ebenfalls auf Art. 74 I Nr. 3 GG zu stützen, während es im Hinblick auf die Verfassungsorgane der Länder der Landesverfassungsautonomie (→ Art. 28 Rn. 47ff.) zuzurechnen ist[85].

4. Ausländerrecht (Art. 74 I Nr. 4 GG)

35 Vorläufer des heutigen Art. 74 I Nr. 4 GG waren Art. 4 Nr. 1 RV 1871 (»Bestimmungen über … Fremdenpolizei«) und Art. 7 Nr. 4 WRV (»das Paßwesen und die Fremdenpolizei«). Der Herrenchiemseer Verfassungskonvent wies dem Bund in Art. 36 Nr. 9 HChE das »Aufenthalts- und Niederlassungsrecht der Ausländer« zu. Vorschläge im Parlamentarischen Rat, das Sachgebiet der ausschließlichen Zuständigkeit des Bundes

---

[78] Siehe dazu *Pestalozza*, GG VIII, Art. 74 Rn. 203; *M. Bothe*, in: AK-GG, Art. 74 Rn. 9.
[79] Siehe hierzu *Degenhart* (Fn. 22), Art. 74 Rn. 25 mit Fn. 86: Die Kompetenz richtet sich nach der jeweiligen Sachmaterie; siehe dazu auch *Maunz* (Fn. 24), Art. 74 Rn. 89.
[80] *Bothe* (Fn. 78), Art. 74 Rn. 9; *Maunz* (Fn. 24), Art. 74 Rn. 88; *Kunig* (Fn. 24), Art. 74 Rn. 25. Ablehnend zur Herausnahme der Parteien aus dem Vereinsbegriff vgl. W. *Löwer*, in: BK, Art. 74 Nr. 3 (1991), Rn. 29; *ders.* auch gegen die Herausnahme der Religionsgemeinschaften aus der Regelungskompetenz nach Art. 74 I Nr. 3 GG, ebd., Rn. 33ff.
[81] Vgl. dazu *Pestalozza*, GG VIII, Art. 74 Rn. 203; *Löwer* (Fn. 80), Art. 74 Nr. 3 Rn. 28; *Kunig* (Fn. 24), Art. 74 Rn. 25.
[82] → Art. 8 Rn. 13.
[83] *Degenhart* (Fn. 22), Art. 74 Rn. 26.
[84] A.A. *Maunz* (Fn. 24), Art. 74 Rn. 93; *Rengeling* (Fn. 33), § 100 Rn. 144; wie hier *Jarass/Pieroth*, GG, Art. 74 Rn. 12; *Löwer* (Fn. 80), Art. 74 Nr. 3 Rn. 37ff.; *Degenhart* (Fn. 22), Art. 74 Rn. 26.
[85] So zu Recht *Löwer* (Fn. 80), Art. 74 Nr. 3 Rn. 46; siehe dazu auch *Kunig* (Fn. 24), Art. 74 Rn. 26.

zuzuordnen, konnten sich nicht durchsetzen[86]. Es blieb bei der heutigen Fassung der Vorschrift.

Art. 74 I Nr. 4 GG knüpft an den tradierten Begriff der »Fremdenpolizei«[87] an und betrifft die Fragen, die sich im Zusammenhang mit dem **Aufenthalt von Ausländern** im Bundesgebiet (Verweilen und Wohnsitznahme) **und ihrer Niederlassung** (Aufnahme einer Arbeitstätigkeit) stellen. Ausländer ist jede Person, die nicht Deutscher im Sinn von Art. 116 I GG ist; dabei ist aber die weitgehende Überlagerung der Kompetenzvorschrift durch das europäische Gemeinschaftsrecht im Hinblick auf **EG-Ausländer** zu beachten (→ Rn. 5). Für Nicht-EG-Ausländer sind die Bindungen aus Völkervertragsrecht und sonstigem Völkerrecht von Relevanz (völkerrechtlicher Mindeststandard)[88]. Für Einwanderung, Paßwesen und Auslieferung ist die speziellere Kompetenz nach Art. 73 Nr. 3 GG einschlägig. Die Kompetenz nach Art. 74 I Nr. 4 GG erfaßt auch ausländische juristische Personen, insbesondere soweit sie im Inland gewerblich tätig werden wollen[89]. 36

5. Waffen- und Sprengstoffrecht (Art. 74 I Nr. 4a GG)

Weder die Reichsverfassung von 1871 noch die Weimarer Verfassung führten das in Art. 74 I Nr. 4a GG genannte Sachgebiet **(Waffen- und Sprengstoffrecht)** auf. Die Weimarer Zeit stützte gesetzliche Bestimmungen über Waffen und Sprengstoff auf Art. 9 Nr. 2 WRV, wonach das Reich eine Bedürfniskompetenz für den Schutz der öffentlichen Ordnung und Sicherheit besaß[90]. Unter der Geltung des Grundgesetzes führte das Fehlen einer umfassenden Gesetzgebungskompetenz des Bundes auf dem Gebiet des Waffenrechts eine Rechtszersplitterung zwischen Bund und Ländern herbei, so daß auf Initiative des Bundesrats im Jahr 1972 eine neue Nr. 4a »das Waffenrecht« in Art. 74 I GG eingefügt wurde. Durch eine weitere Verfassungsänderung im Jahr 1976 erhielt die Bestimmung ihre heutige Gestalt. 37

Die Kompetenznorm umfaßt dem Wortlaut nach den gesamten Komplex des Waffen- und Sprengstoffwesens, wobei aber die sicherheitlichen Aspekte des Erwerbs, des Besitzes und der Verwendung von Waffen und Sprengstoff[91] vorrangig sind. Während die **gewerberechtlichen Aspekte** der Materie vor Einfügung der Kompetenznorm auf die Gesetzgebungskompetenz des Bundes für das Recht der Wirtschaft (Art. 74 I Nr. 11 GG) gestützt wurden, ist nunmehr auch insoweit Spezialität von Nr. 4a anzunehmen. 38

6. Flüchtlinge und Vertriebene (Art. 74 I Nr. 6 GG)

Eine Vorläuferbestimmung zu Art. 74 I Nr. 6 GG existiert verständlicherweise weder in der Reichsverfassung von 1871 noch in der Weimarer Verfassung. Der Herren- 39

---

[86] Siehe dazu *Pestalozza*, GG VIII, Art. 74 Rn. 224.
[87] Vgl. *Maunz* (Fn. 24), Art. 74 Rn. 96; *Degenhart* (Fn. 22), Art. 74 Rn. 28.
[88] Siehe dazu eingehend *O. Kimminich*, in: BK, Art. 74 Nr. 4 (Zweitb. 1968), Rn. 5 ff.
[89] *Kunig* (Fn. 24), Art. 74 Rn. 27; a. A. *Maunz* (Fn. 24), Art. 74 Rn. 95.
[90] Siehe dazu *G. Lassar*, Die verfassungsrechtliche Ordnung der Zuständigkeiten, in: HdbDStR I, S. 301 ff. (308) m. Fn. 42. Vgl. aber auch die Entscheidung BVerfGE 8, 143 (147 ff.), die vor Einfügung von Art. 74 I Nr. 4a GG das Beschußgesetz aus dem Jahre 1939 über Art. 125 GG der konkurrierenden Kompetenz des Bundes für das Wirtschaftsrecht (Art. 74 I Nr. 11a GG) zuordnete, ja sogar die Möglichkeit der ausschließlichen Gesetzgebung des Bundes (Art. 73 Nr. 4 GG: Kompetenz für Maße und Gewichte) andeutete.
[91] Siehe dazu näher *M. Kirn*, DVBl. 1973, 201 ff.

Art. 74 C. Erläuterungen

chiemseer Verfassungsentwurf wies in Art. 36 Nr. 11 dem Bund die Vorranggesetzgebung über die »**Grundsätze für das Flüchtlingswesen**« zu. Der Parlamentarische Rat erweiterte die Zuständigkeit des Bundes durch Streichung des Wortes »Grundsätze« und formulierte die Bestimmung im noch heute geltenden Sinn um[92].

40   Art. 74 I Nr. 6 GG betrifft die **Eingliederung und Förderung** der Flüchtlinge und Vertriebenen, wobei die Kompetenz umfassend im Hinblick auf soziale, berufliche, ökonomische und bildungspolitische Ziele zu verstehen ist[93]. Nr. 6 geht also anderen Kompetenzzuweisungen genereller Art, etwa nach Nr. 9 oder 7, vor. Zu beachten ist allerdings, daß für Paßwesen und Einwanderung wiederum Art. 73 Nr. 3 GG lex specialis ist. Von Art. 74 I Nr. 6 GG werden nicht nur Deutsche und nicht nur aufgrund von Flucht und Vertreibung als Folge des Zweiten Weltkriegs in das Bundesgebiet gekommene Personen erfaßt. Auch Aussiedler und Evakuierte unterfallen der Vorschrift[94].

7. Öffentliche Fürsorge (Art. 74 I Nr. 7 GG)

41   Art. 74 I Nr. 7 GG kennt Vorläuferbestimmungen in der Weimarer Reichsverfassung in Art. 7 Nr. 5 (Armenwesen und Wandererfürsorge), Nr. 7 (Beschäftigungspolitik, Mutterschafts-, Säuglings-, Kinder- und Jugendfürsorge), Nr. 9 (Schutz der Arbeiter und Angestellten), Nr. 11 (Fürsorge für Kriegsteilnehmer und ihre Hinterbliebenen), Art. 9 Nr. 1 (Wohlfahrtspflege)[95] und Art. 146 III (Pflicht zur Schaffung von Erziehungs- und Ausbildungsbeihilfen). Der Herrenchiemseer Verfassungskonvent gestand dem Bund die Vorranggesetzgebung über »Grundsätze für die öffentliche Fürsorge« zu (Art. 36 Nr. 10 HChE). Der Parlamentarische Rat übernahm diese Kompetenzbestimmung, strich aber die Beschränkung auf »Grundsätze«[96].

42   Der Begriff der **öffentlichen Fürsorge** ist nach Auffassung der Verfassungsrechtsprechung im Hinblick auf das Sozialstaatsprinzip »nicht eng« auszulegen[97]. Eine der Wurzeln der Materie ist die ehemalige den Gemeinden obliegende »Armenpflege« (vgl. Art. 7 Nr. 5 WRV »Armenwesen«), die nach ihrer Erweiterung zur Fürsorge in der Weimarer Zeit heute (mit wesentlich umfassenderen Zielsetzungen) in das Bundessozialhilferecht übergeleitet ist[98]. Der Begriff der »öffentlichen Fürsorge« umfaßt aber nicht nur diesen traditionellen Grundbestand, sondern einen darüber hinausgehenden Anwendungsbereich[99]. Voraussetzung ist, daß **Hilfsbedürftigkeit** vorliegt. Es wird unter öffentlicher Fürsorge also nicht nur die Sozialhilfe im Sinn der Unterstützung Hilfsbedürftiger verstanden, die sich das Existenzminimum nicht erwirtschaften

---

[92] Vgl. dazu JöR 1 (1951), S. 506 ff.
[93] Dazu *Kunig* (Fn. 24), Art. 74 Rn. 31; *Rengeling* (Fn. 33), § 100 Rn. 152.
[94] Siehe dazu *Bothe* (Fn. 78), Art. 74 Rn. 14; *Maunz* (Fn. 24), Art. 74 Rn. 103 f.; Jarass/Pieroth, GG, Art. 74 Rn. 16.
[95] Nach *Pestalozza*, GG VIII, Art. 74 Rn. 10 war damit aber die gesamte Staatstätigkeit außerhalb der polizeilichen Gefahrenabwehr gemeint, so daß Art. 9 Nr. 1 WRV nicht als Vorläufer von Art. 74 I Nr. 7 GG angesehen werden könne.
[96] Siehe dazu JöR 1 (1951), S. 509 ff.
[97] BVerfGE 88, 203 (329); das Bundessozialgericht will die Kompetenznorm sogar »weit« verstehen, vgl. BSGE 6, 213 (219).
[98] Vgl. *E. Hering*, DÖV 1975, 8 ff.
[99] *P. Lerche*, Verfassungsfragen um Sozialhilfe und Jugendwohlfahrt, 1963, S. 12 spricht von einem Kompetenzbegriff mit »traditionellem Grundbestand und anpassungsfähiger Konkretisierungszone«.

können. Auch vorbeugende Maßnahmen[100] werden abgedeckt, etwa im Bereich der Jugendpflege[101] oder auch des Jugendschutzes[102]. Art. 74 I Nr. 7 GG erfaßt nur die »öffentliche« Fürsorge, was aber nicht bedeutet, daß nicht auch die Einbindung Privater erfolgen kann, etwa über Beschäftigungspflichten und Ausgleichsabgaben im Schwerbeschädigtenrecht[103]. Auch Arbeitslosenhilfe und Wohngeld sind Art. 74 I Nr. 7 GG zu unterstellen[104], weiterhin das Schwerbehindertenrecht[105], Regelungen über Hilfen für behinderte Kinder durch eine Stiftung (Contergan)[106] und das Opferentschädigungsgesetz[107]. Die Kompetenznorm darf aber weder als Grundlage für eine umfassende Gesundheitsvorsorge[108] noch für jegliche staatliche Wohlfahrtspflege[109] noch im Sinn einer allgemeinen Bildungskompetenz[110] aufgefaßt werden.

Weitere Leistungen, die aus Art. 74 I Nr. 7 GG ableitbar sind, betreffen die Erstattung von Arbeitslosenhilfe[111], Regelungen über Kindererziehung[112], Schwangerschaftsabbrucheinrichtungen[113] und Ausbildungshilfe[114]. Von der Verfassungsrechtsprechung[115] dahingestellt blieb, ob Art. 74 I Nr. 7 GG die Kompetenz verleiht, das Unterbringungsrecht psychisch Kranker umfassend zu gestalten.

43

Art. 74 I Nr. 7 GG erleidet aber **Beschränkungen** dadurch, daß häufig ein stärkerer Sachzusammenhang mit anderen Sachkompetenzen gegeben ist; so können dem Kompetenzpunkt keine Gesetze zugeordnet werden, die der Krankenversorgung, der Seuchenbekämpfung oder in sonstiger Weise vorrangig dem Gesundheitswesen dienen. Sonst würde die Entscheidung der Verfassung, dem Bund nur eingegrenzte Kompetenzen für das Gesundheitswesen zuzugestehen (vgl. Art. 74 I Nr. 19, 19a GG), unterlaufen werden[116]. Zur »öffentlichen Fürsorge« im Sinne des Kompetenzbegriffs gehören auch gesetzliche **Regelungen über ihre Organisation**[117].

44

8. Kriegsschäden und Wiedergutmachung (Art. 74 I Nr. 9 GG)

Die Reichsverfassung von 1871 und die Weimarer Verfassung enthalten keine Vorläufernorm zu Art. 74 I Nr. 9 GG. Der Herrenchiemseer Verfassungskonvent nahm »Kriegsschädenrecht und Wiedergutmachung« in den Katalog der Vorranggesetzge-

45

---

[100] BVerfGE 22, 180 (212); 88, 203 (329f.).
[101] BVerfGE 22, 180 (212).
[102] BVerfGE 31, 113 (117).
[103] BVerfGE 57, 139 (166); *Maunz* (Fn. 24), Art. 74 Rn. 110.
[104] *Pestalozza*, GG VIII, Art. 74 Rn. 335; *Degenhart* (Fn. 22), Art. 74 Rn. 35.
[105] Siehe BVerfGE 57, 139 (166).
[106] BVerfGE 42, 263 (281).
[107] Vgl. dazu *Degenhart* (Fn. 22), Art. 74 Rn. 32.
[108] BVerfGE 88, 203 (330).
[109] Vgl. dazu *Kunig* (Fn. 24), Art. 74 Rn. 33.
[110] Siehe *Maunz* (Fn. 24), Art. 74 Rn. 116; *Degenhart* (Fn. 22), Art. 74 Rn. 33 m.w.N., der Kindergärten, die heute als Bildungseinrichtungen angesehen würden, nicht mehr Art. 74 I Nr. 7 GG unterstellen möchte. Vgl. dazu auch BayVerfGH BayVBl. 1977, 81 (82 f.) gegen OVG Berlin NJW 1982, 954 (954 f.).
[111] BVerfGE 81, 156 (186).
[112] BVerfGE 87, 1 (34).
[113] BVerfGE 88, 203 (330 f.).
[114] BVerwGE 27, 58 (59 ff.).
[115] BVerfGE 58, 208 (229 f.).
[116] BVerfGE 88, 203 (330).
[117] BVerfGE 22, 180 (203).

bung des Bundes auf (Art. 36 Nr. 13 HChE). Der Parlamentarische Rat folgte dem im wesentlichen und verlieh Nr. 9 die noch heute geltende Fassung.

46 Art. 74 I Nr. 9 GG betrifft nur **kriegsbedingte Schäden**, wobei vor allem Schäden des Zweiten Weltkriegs in Betracht kommen. Der Norm unterfallen nur Sachschäden; für Personenschäden sind Art. 74 I Nr. 6 und 10 GG einschlägig[118]. Für die Bestimmung einer zeitlichen Grenze ist Art. 120 GG heranzuziehen[119]. Kriegsschäden können auch Folge kriegsbedingter Nachkriegsereignisse sein (Vertreibung)[120].

47 **Wiedergutmachung** betrifft den Ausgleich von nationalsozialistischem Unrecht[121]. Eingeschlossen ist auch die Entschädigung für Maßnahmen deutscher Truppen in besetzten Gebieten[122]. Ob der Ursachenzusammenhang mit dem Krieg, der für Art. 74 I Nr. 9 GG konstituierend ist, auch im Fall des SED-Unrechts noch verfassungsrechtlich ausreicht (mag er auch bei rein kausaler Betrachtung gegeben sein, weil die deutsche Teilung eine Folge des Zweiten Weltkriegs ist), ist zweifelhaft, dürfte aber angesichts der Vielgliedrigkeit der Kausalkette zu verneinen sein[123]. Wie dies auch sonst für Kompetenznormen gilt, kann aus der Befugnis des Bundes für die Wiedergutmachung **kein Anspruch Betroffener** auf Erstattung abgeleitet werden. Doch kann sich eine Regelungspflicht aus anderen Verfassungsprinzipien wie dem Sozialstaatsprinzip oder aus dem Völkerrecht ergeben[124].

9. Kriegsopferversorgung (Art. 74 I Nr. 10 GG)

48 Eine Vorläufernorm zu Art. 74 I Nr. 10 GG findet sich in Art. 7 Nr. 11 WRV (konkurrierende Zuständigkeit des Reichs für die »Fürsorge für die Kriegsteilnehmer und ihre Hinterbliebenen«). Art. 36 Nr. 12 HChE enthielt eine Vorrangkompetenz des Bundes für die »Versorgung von Kriegsteilnehmern und Kriegshinterbliebenen«. Der Parlamentarische Rat führte die allgemeinere Bezeichnung »Kriegsbeschädigte« anstelle von »Kriegsteilnehmer« ein und fügte noch die »Fürsorge für die ehemaligen Kriegsgefangenen« und den Passus »sowie die Sorge für die Kriegsgräber« hinzu.

49 Die **Kriegsopferversorgung** betrifft nur **Personenschäden**, während die »Fürsorge für die ehemaligen Kriegsgefangenen« Personen- und Sachschäden umfaßt[125]. »Kriegsbeschädigte« sind Militär- und Zivilpersonen, während für den Begriff des »Kriegsgefangenen« die völkerrechtliche Begriffsbildung von Bedeutung ist[126]. Kriege sind nicht nur die vergangenen beiden Weltkriege; die Kompetenznorm ist auch offen für zukünftige Entwicklungen und damit für Verteidigungskriege oder kriegerische Handlungen, die der Friedenserhaltung dienen, wie die UN-Einsätze der Bundeswehr.

---

[118] Jarass/*Pieroth*, GG, Art. 74 Rn. 20.
[119] *Kunig* (Fn. 24), Art. 74 Rn. 36; Jarass/*Pieroth*, GG, Art. 74 Rn. 20.
[120] *Degenhart* (Fn. 22), Art. 74 Rn. 36; *Maunz* (Fn. 24), Art. 74 Rn. 122.
[121] *Pestalozza*, GG VIII, Art. 74 Rn. 415.
[122] *Maunz* (Fn. 24), Art. 74 Rn. 125.
[123] In diesem Sinn auch *Kunig* (Fn. 24), Art. 74 Rn. 37; a.A. *Degenhart* (Fn. 22), Art. 74 Rn. 36.
[124] BVerfGE 41, 126 (153); *Rengeling* (Fn. 33), § 100 Rn. 161; *Pestalozza*, GG VIII, Art. 74 Rn. 425.
[125] *W. Löwer*, in: BK, Art. 74 Nr. 10 (1989), Rn. 10.
[126] Vgl. *Bothe* (Fn. 78), Art. 74 Rn. 19; *Kunig* (Fn. 24), Art. 74 Rn. 38; *Maunz* (Fn. 24), Art. 74 Rn. 126, 128; *Pestalozza*, GG VIII, Art. 74 Rn. 436ff., 443f.

10. Kriegsgräberfürsorge (Art. 74 I Nr. 10a GG)

Die Weimarer Reichsverfassung kannte keine spezielle Kompetenznorm, die als Vorgängerin zu Art. 74 I Nr. 10a GG genannt werden könnte; die Kompetenz nach Art. 7 Nr. 11 WRV (Fürsorge für die Kriegsteilnehmer und ihre Hinterbliebenen) dürfte aber als Grundlage für die Gesetzgebung der Weimarer Zeit über die Erhaltung der Kriegergräber gedient haben[127]. Das 13. Gesetz zur Änderung des Grundgesetzes[128] strich in Art. 74 I Nr. 10 den Passus »sowie die Sorge für die Kriegsgräber« und fügte die heutige Nr. 10a in Art. 74 I GG ein.

50

Bei der Formulierung der Kompetenznorm war die Zielsetzung ausschlaggebend, am eingeführten Begriff der Kriegsgräber festzuhalten, diesem aber die Gräber anderer Opfer des Krieges und der Opfer von Gewaltherrschaft gleichzustellen. Somit betrifft Nr. 10a die **Gräber aller Opfer des Krieges**, wobei Krieg nicht die alleinige oder unmittelbare Ursache sein muß[129]. Erfaßt werden sowohl Militär- als auch Zivilpersonen. Die Kompetenznorm stellt nicht nur auf die Folgen der beiden Weltkriege ab, sondern ist auch zukunftsoffen (→ Rn. 49). »Opfer von Gewaltherrschaft« sind insbesondere Opfer der NS-Herrschaft, ohne daß aber die Norm darauf begrenzt wäre. Sie erstreckt sich auch auf Opfer der SED-Diktatur.

51

11. Recht der Wirtschaft (Art. 74 I Nr. 11 GG)

Einen Art. 74 I Nr. 11 GG entsprechenden, umfassend titulierten Zuständigkeitsbereich enthielten weder die Reichsverfassung von 1871 noch die Weimarer Verfassung. Die in der grundgesetzlichen Kompetenzvorschrift genannten Teilgebiete sind aber den Vorgängerverfassungen weitgehend (wenn auch nicht in jeder Hinsicht) bekannt. Art. 4 RV 1871 nennt in Nr. 1 als der Gesetzgebung des Reichs unterliegend »Die Bestimmungen ... über den Gewerbebetrieb, einschließlich des Versicherungswesens...«, in Nr. 2 »die Zoll- und Handelsgesetzgebung ...« und in Nr. 4 »die allgemeinen Bestimmungen über das Bankwesen«. Die Kompetenz nach Art. 4 Nr. 13 RV 1871 betreffend »die gemeinsame Gesetzgebung über das Obligationenrecht, Strafrecht, Handels- und Wechselrecht und das gerichtliche Verfahren«, die nach der Verfassungsänderung von 1873 in eine Zuständigkeit für »die gemeinsame Gesetzgebung über das gesamte bürgerliche Recht, das Strafrecht und das gerichtliche Verfahren« umgestaltet wurde, ist bereits erwähnt worden (→ Rn. 13). Die Weimarer Reichsverfassung enthielt als konkurrierende Zuständigkeiten (in Art. 7 in Verbindung mit Art. 12 I 1) Kompetenzen des Reichs über »den Handel, ..., die Ausgabe von Papiergeld, das Bankwesen sowie das Börsenwesen« (Art. 7 Nr. 14 WRV), »das Gewerbe und den Bergbau« (Art. 7 Nr. 16 WRV) und »das Versicherungswesen« (Art. 7 Nr. 17 WRV). Der **Herrenchiemseer Verfassungskonvent** sah eine Vorranggesetzgebung des Bundes über »Handels-, See-, Binnenschiffahrts-, Wechsel- und Scheckrecht« (Art. 36 Nr. 4 HChE), über »Bergbau« (Art. 36 Nr. 27 HChE), über »Gewerbe und Handel« (Art. 36 Nr. 28 HChE), über »Bank- und Börsenwesen« (Art. 36 Nr. 29 HChE) und über »Privatversicherung« (Art. 36 Nr. 30 HChE) vor. Die Wirtschaft als solche wurde in einer übergreifenderen Kompetenzvorschrift angesprochen, für die der Verfassungskonvent

52

---

[127] Siehe dazu *Pestalozza*, GG VIII, Art. 74 Rn. 457.
[128] Vom 16. Juni 1965 (BGBl. I S. 513).
[129] Vgl. dazu *Pestalozza*, GG VIII, Art. 74 Rn. 463.

zwei alternative Formulierungen einer Vorranggesetzgebung des Bundes fand (Art. 36 Nr. 23 HChE Fassung a: »Erzeugung, Verteilung und Preisbildung von wirtschaftlichen Gütern und Leistungen«; Fassung b: »Eingriff in die Wirtschaft zur Sicherung der Erzeugung und zum Schutze der Verbraucher«). Trotz dieser vergleichsweise unübersichtlichen Vorlage fand der **Parlamentarische Rat** verhältnismäßig schnell zu einer Formulierung der Kompetenznummer im Sinn der in Kraft gesetzten Fassung[130].

53 Art. 74 I Nr. 11 GG enthält **eine der wichtigsten Kompetenzbestimmungen** des Grundgesetzes zugunsten des Bundes[131]. Dem entspricht, daß »Wirtschaftseinheit« in Art. 72 II GG als ein Legitimationsgrund für die Nutzung konkurrierender Gesetzgebungsbefugnisse des Bundes genannt wird. Nach ständiger Rechtsprechung wird die Kompetenzvorschrift »**weit**« **ausgelegt**[132]. Ihr ordnet das Bundesverfassungsgericht alle das wirtschaftliche Leben und die wirtschaftliche Betätigung regelnden Normen ein, die sich in irgendeiner Weise auf die Erzeugung, Herstellung und Verteilung von Gütern des wirtschaftlichen Bedarfs beziehen[133]. In der Verfassungsrechtsprechung wird aber gleichzeitig betont, daß die Gesetzgebungsbefugnis nicht auf solche Gesetze beschränkt ist, die lediglich organisatorischen Inhalt haben. Auch Gesetze, die ordnend und lenkend in das Wirtschaftsleben eingreifen, sind der Kompetenzbestimmung zu unterstellen[134]. Art. 74 I Nr. 11 GG ist nicht auf das öffentliche oder auf das private Wirtschaftsrecht begrenzt. Auch der Staat als Wirtschaftssubjekt wird von der Kompetenznorm erfaßt[135]. Die Rechtsform der wirtschaftlichen Betätigung ist irrelevant[136].

54 Unter Anerkennung der Prämisse, daß die Kompetenznorm extensiv auszulegen ist, stellt sich die **Aufzählung** einzelner Wirtschaftszweige im Klammerzusatz als **nicht abschließend** dar[137]. Auch wenn also jedes wirtschaftliche Tätigwerden der Kompetenznorm unterfällt, ist ihre Einschränkung durch speziellere Kompetenztitel (etwa Art. 74 I Nr. 19, Nr. 24 GG; Art. 75 I 1 Nr. 2, Nr. 4[138] GG) zu beachten, wobei allerdings nur beim Zusammentreffen von Art. 74 I Nr. 11 GG mit einer Kompetenz eines anderen Typus, insbesondere einer solchen der Rahmengesetzgebung, das Ergebnis beeinflußt wird, weil bei Vorrang der Rahmenkompetenz die Normierungsbefugnisse des Bundes entsprechend reduziert werden.

---

[130] Siehe dazu *Pestalozza*, GG VIII, Art. 74 Rn. 510 ff.
[131] *Rengeling* (Fn. 33), § 100 Rn. 165.
[132] BVerfGE 8, 143 (148 f.); 28, 119 (146); 67, 256 (275); 68, 319 (330); kritisch dazu aber *P. Kunig*, JR 1986, 491 ff.
[133] BVerfGE 8, 143 (148 f.); 26, 246 (254); 28, 119 (146).
[134] So BVerfGE 4, 7 (13); die in diesem Urteil (Investitionshilfeurteil) eröffnete Möglichkeit, nichtsteuerliche Sonderabgaben mit lenkendem Charakter auf die Sachkompetenz, nicht auf die Vorschriften des Grundgesetzes über die Finanzverfassung zu stützen, ist vom Gericht im Laufe seiner Rechtsprechung immer stärker präzisiert und eingegrenzt worden; vgl. dazu BVerfGE 55, 274 (308 ff.); 67, 256 (274 f.) und dazu *J. Hofmann*, DVBl. 1986, 537 ff.; weiterhin BVerfGE 82, 159 (179 ff.); 91, 186 (201 ff.); zu Sonderabgaben eingehend *P. Kirchhof*, Die Finanzverfassung des Bundes, in: HStR IV, § 88 Rn. 221 ff. → Rn. 119; → Art. 70 Rn. 18.
[135] *Kunig* (Fn. 24), Art. 74 Rn. 45.
[136] *Maunz* (Fn. 24), Art. 74 Rn. 135, 154; Jarass/*Pieroth*, GG, Art. 74 Rn. 22.
[137] Ebenso *Bothe* (Fn. 78), Art. 74 Rn. 21; Jarass/*Pieroth*, GG, Art. 74 Rn. 22; a.A. *Kunig* (Fn. 24), Art. 74 Rn. 41; *Maunz* (Fn. 24), Art. 74 Rn. 135, die aber eine weite Auslegung der von Art. 74 I Nr. 11 GG genannten Sachgebiete, insbesondere des »Gewerbes« vorschlagen. Unentschieden BVerfGE 68, 319 (331), jedoch auf den Willen des Parlamentarischen Rates hinweisend, in Angelegenheiten der Wirtschaft eine weite Zuständigkeit des Bundes zu begründen.
[138] BVerfGE 15, 1 (24).

Im Bereich des **Gewerbe- einschließlich des Handwerkswesens** können auf Art. 74 Nr. 11 GG auch berufliche Regelungen gestützt werden[139]. Für freie Berufe wie Rechtsanwälte oder Heilberufe gehen zwar Art. 74 I Nr. 1 bzw. Art. 74 I Nr. 19 GG vor, für Regelungen des ärztlichen Gebührenwesens soll aber wieder Art. 74 I Nr. 11 GG einschlägig sein[140]. Im Rahmen der Kompetenznorm ist der Bund auch zu sicherheitsrechtlichen Regelungen befugt, wenn sie sich als Annex des Rechts der Wirtschaft darstellen und nicht die Wahrung der öffentlichen Sicherheit und Ordnung der alleinige Zweck der gesetzlichen Regelung ist[141]. Während beim Glücksspiel der sicherheitsrechtliche Charakter im Vordergrund stehen soll und deshalb Spielbanken dem Landesrecht zugehören[142], wird das Rennwett- und Lotteriewesen als wirtschaftliche Materie angesehen, weil der ordnungsrechtliche Aspekt eine untergeordnete Rolle spiele[143].

55

Unter **Bergbau** ist das Aufsuchen und Gewinnen von Mineralien und Gesteinen, auch in Form des Tiefseebergbaus, einschließlich des Betriebs der dazu bestimmten Anlagen zu verstehen[144]. **Industrie** ist fabrikmäßige und arbeitsteilige Herstellung und Verarbeitung von Produktions- und Verbrauchsgütern, wobei Massenproduktion charakteristisch ist[145]. **Energiewirtschaft** betrifft die Erzeugung und Weitergabe aller Arten von Energie, aber auch Energieeinsparung und -sicherung[146]. **Handwerk** unterscheidet sich von **Industrie** durch individualisierte Be- und Verarbeitung von Stoffen ohne Massenhaftigkeit und durch Einsatz manueller Fertigkeiten. Die Einstufung als **Handwerk** ist davon abhängig, in welchem Maße Arbeitsleistung im Betrieb durch qualifizierte Handarbeit erbracht und fachgerecht und einwandfrei nur bei Beherrschung der in handwerklicher Schulung erworbenen Kenntnisse und Handfertigkeiten erzielt werden kann[147]. Die Kompetenz des Bundes für das Handwerk umfaßt auch die Festsetzung von Altersgrenzen und die Einrichtung einer Altersversorgung[148].

56

Zwar ist **Gewerbe** auf einfachgesetzlicher Basis grundsätzlich eine selbständige, erlaubte, auf Gewinnerzielung ausgerichtete Tätigkeit zur Schaffung einer Lebensgrundlage mit Ausnahme der Urproduktion und der freien Berufe[149]. In der Verfassungsrechtsprechung wird »Gewerbe« aber weiter ausgelegt, um auch alle Sondergebiete gewerberechtlicher Art der Gesetzgebungskompetenz des Bundes unterwerfen zu können[150].

57

---

[139] Vgl. BVerfGE 13, 97 (123); 21, 173 (180); 26, 246 (255) zum Berufszugang; BVerfGE 26, 246 (254ff.); 29, 402 (409) zum »Berufsbild«; 1, 283 (292); 8, 275 (299); 21, 292 (296); 26, 246 (254); 37, 1 (17) zur Berufsausübung; 55, 274 (308) zur beruflichen Bildung durch die Wirtschaft.
[140] BVerfGE 68, 319 (331f.). Für Apotheker wird ebenfalls Nr. 11 für einschlägig angesehen (→ Rn. 90).
[141] BVerfGE 8, 143 (149f.); 41, 344 (351f.).
[142] So BVerfGE 28, 119 (146).
[143] Siehe dazu *Kunig* (Fn. 24), Art. 74 Rn. 44.
[144] *Rengeling* (Fn. 33), § 100 Rn. 171.
[145] *Maunz* (Fn. 24), Art. 74 Rn. 137.
[146] *Maunz* (Fn. 24), Art. 74 Rn. 144; dazu auch *J.-P. Schneider*, Landesenergierecht und Grundgesetz, 1997, S. 14.
[147] BVerwGE 17, 230 (233); dazu auch BVerwGE 25, 66 (71); zur Abgrenzung von Handwerk und Industrie vgl. BVerfGE 13, 97 (123).
[148] BVerfGE 1, 264 (272).
[149] Vgl. auch *Rengeling* (Fn. 33), § 100 Rn. 175.
[150] BVerfGE 41, 344 (352).

Art. 74 C. Erläuterungen

58 Die Verfassung ist also nicht auf den überkommenen Gewerbebegriff der Gewerbeordnung beschränkt[151]. Deshalb kann der Gesetzgeber auch Dienstleistungen regeln, die der Gewerbeordnung nicht unterliegen, ebenso auch Regelungen für **freie Berufe erlassen**, für die keine spezielleren Anknüpfungspunkte bestehen[152].

59 **Handel** ist die gewerbsmäßige entgeltliche Weitergabe von Waren. Der Begriff ist bereits im Gewerbebegriff mitenthalten[153]. **Bankwesen** bezieht sich auf Einrichtungen für den Geld- und Kreditverkehr, wobei für die Postbank Art. 73 Nr. 7 GG und für die Bundesbank Art. 88 GG als leges speciales fungieren. Soweit im übrigen Kreditinstitute öffentlich-rechtlich organisiert sind (Sparkassen, Landesbanken), gilt die Gesetzgebungskompetenz aus Art. 74 Nr. 11 GG nur für ihr Geschäftsgebaren, nicht für ihre Organisation[154]. **Börsenwesen** betrifft die regelmäßige Zusammenkunft von Käufern, Verkäufern und Vermittlern zum Handel mit Wertpapieren sowie mit Waren, die nach Menge und Qualität genau bestimmt sind[155]. **Privatrechtliches Versicherungswesen** klammert nach dem Willen der Verfassung das öffentlich-rechtliche Versicherungswesen aus. Für die Sozialversicherung besteht eine Sonderregelung in Art. 74 I Nr. 12 GG. Ausgeschlossen sind auch öffentlich-rechtliche Versicherungen, deren Versicherungsverhältnisse dem öffentlichen Recht angehören (landesrechtliche Monopolanstalten, etwa für die Gebäudeversicherung)[156]. Dagegen sind öffentlich-rechtliche Wettbewerbsversicherer, deren Versicherungsverhältnisse privatrechtlicher Natur sind, unter Art. 74 I Nr. 11 GG einzuordnen.

12. Friedliche Nutzung der Kernenergie (Art. 74 I Nr. 11a GG)

60 Vorläuferregelungen zu Art. 74 I Nr. 11a GG in früheren deutschen Verfassungen kann es naturgemäß nicht geben; auch der Herrenchiemseer Verfassungskonvent und der Parlamentarische Rat griffen die Materie nicht auf. Als nach Ablösung des Besatzungsregimes im Jahre 1955 die friedliche Nutzung der Kernenergie möglich wurde, brachte die Bundesregierung im Jahre 1956 den Entwurf eines Atomgesetzes und eines Gesetzes zur Änderung des Grundgesetzes (Einfügung einer Nr. 11a in Art. 74 und eines Art. 87c GG) ein. Beides wurde in dieser (2.) Legislaturperiode nicht Gesetz. Die Ergänzung des Grundgesetzes kam erst im Jahre 1959 (3. Legislaturperiode) zustande[157].

61 Der Kompetenzbestimmung des Art. 74 I Nr. 11a GG kommt nach der Verfassungsrechtsprechung **Legitimationsfunktion** zu; aus der Kompetenzvorschrift folge eine grundsätzliche Anerkennung und Billigung des darin behandelten Gegenstandes durch die Verfassung[158]. Aufgrund des Wortlauts ist in der Kompetenz selbst die

---

[151] BVerfGE 41, 344 (352f.).
[152] BVerfGE 5, 25 (38f.); 7, 377 (387) für Apotheker.
[153] *Kunig* (Fn. 24), Art. 74 Rn. 51.
[154] Siehe dazu *Rengeling* (Fn. 33), § 100 Rn. 177; *Pestalozza*, GG VIII, Art. 74 Rn. 607; BVerwGE 69, 11 (20); 75, 292 (299).
[155] *Rengeling* (Fn. 33), § 100 Rn. 178.
[156] BVerfGE 41, 205 (219); vgl. dort auch zur Frage einer legitimierenden Wirkung von Art. 74 I Nr. 11 GG.
[157] Zur Entstehungsgeschichte von Art. 74 I Nr. 11a GG vgl. *W. Bischof*, in: BK, Art. 74 Nr. 11a (1994), Rn. 1ff.; *Pestalozza*, GG VIII, Art. 74 Rn. 693ff.
[158] BVerfGE 53, 30 (56); zustimmend *H. Wagner*, NJW 1989, 1825 (1829); *Rengeling* (Fn. 33), § 100 Rn. 180; vgl. auch *Degenhart* (Fn. 22), Art. 70 Rn. 60; → Art. 70 Rn. 21.

Schranke der »**friedlichen**« **Erzeugung und Nutzung** angelegt. Die Einsetzung der Kernkraft zu Zwecken der Verteidigung unterfällt Art. 73 Nr. 1 GG und wird durch Art. 26 GG begrenzt[159]. »Erzeugung und Nutzung der Kernenergie« betrifft die Gewinnung von Energie durch Spaltung, Fusion oder sonstige Veränderung von Atomkernen, einschließlich der Energie, die durch ionisierende Strahlen entsteht[160]. Die Kompetenzvorschrift umfaßt den gesamten Bereich der friedlichen Nutzung der genannten Energien, also auch Arbeitsschutz, medizinische Vorsorge und Haftungsrecht[161]. Eingeschlossen sind alle denkbaren Maßnahmen zum Schutz vor Gefahren und Risiken der Kernenergie. Auch wenn das Grundgesetz davon spricht, die Gesetzgebungskompetenz betreffe den »Schutz gegen Gefahren, die bei Freiwerden von Kernenergie oder durch ionisierende Strahlen entstehen«, ist weitgehende Übereinstimmung dahingehend erzielt, daß sich das Umweltrecht und mit ihm das Kernenergierecht über den tradierten polizeirechtlichen Gefahrbegriff hinausentwickelt hat und auch die **Vorsorge gegen bloße Risiken** (Gefahrverdacht) im Vorfeld der Gefahrenabwehr umfaßt[162]. Die Formulierung »die Errichtung und der Betrieb von Anlagen, die diesen Zwecken dienen«, betrifft sowohl Anlagen zur Erzeugung von Kernenergie als auch zur Aufarbeitung bestrahlter Kernbrennstoffe und zur Lagerung der Abfälle[163]. Darüber hinaus werden auch Anlagen zur Erzeugung ionisierender Strahlen erfaßt. Auch die Standortplanung gehört in den Bereich von Art. 74 I Nr. 11a GG[164]. Art. 74 I Nr. 11a GG umfaßt schließlich auch die Kompetenz, die Umweltverträglichkeitsprüfung als unselbständigen Teil des Planfeststellungsverfahrens auszugestalten[165].

13. Arbeitsrecht, Sozialversicherung (Art. 74 I Nr. 12 GG)

Der Katalog des Art. 4 der Reichsverfassung von 1871 enthielt in Nr. 1 eine Kompetenz des Reiches für »Bestimmungen über ... den Gewerbebetrieb, einschließlich des Versicherungswesens«. Unter diese Begriffe wurde die gewerbliche Arbeitsordnung und die von Bismarck eingeführte Sozialversicherung eingeordnet. Auch nach Art. 7 Nr. 9 WRV hatte das Reich die (konkurrierende) Gesetzgebung über »das Arbeitsrecht, die Versicherung und den Schutz der Arbeiter und Angestellten sowie den Arbeitsnachweis«. Im Herrenchiemseer Verfassungsentwurf waren in Art. 36 Nr. 37 das »Arbeitsrecht einschließlich Arbeitsschutz und Arbeitslenkung« und in Art. 36 Nr. 38 die »Sozialversicherung« als Teil der Vorranggesetzgebung des Bundes aufgeführt. Im Parlamentarischen Rat strich man den Begriff der »Arbeitslenkung« und nahm die in Art. 74 I Nr. 12 GG enthaltenen Klarstellungen vor.

62

Unter den Begriff **Arbeitsrecht** fällt das gesamte Recht der Arbeitsverhältnisse, gleich ob individual- oder kollektivrechtlicher, privat- oder öffentlichrechtlicher Natur[166]. Im einzelnen zählen dazu das Arbeitsvertragsrecht, das Kündigungsschutz-

63

---

[159] *Kunig* (Fn. 24), Art. 74 Rn. 58; vgl. auch *Maunz* (Fn. 24), Art. 74 Rn. 158.
[160] H. *Fischerhof*, NJW 1962, 2096 ff.
[161] *Degenhart* (Fn. 22), Art. 74 Rn. 46.
[162] Näher *Kunig* (Fn. 24), Art. 74 Rn. 60; *Rengeling* (Fn. 33), § 100 Rn. 182.
[163] Zur Errichtung und zum Betrieb von Zwischen- und Endlagern siehe BayVerfGHE 37, 59 (67).
[164] So auch C. *Degenhart*, Kernenergierecht, 2. Aufl. 1982, S. 203 f.; W. *Blümel*, DVBl. 1977, 301 (313 ff.); ablehnend J. *Listl*, DVBl. 1978, 10 (15).
[165] BVerfGE 84, 25 (32).
[166] BVerfGE 7, 342 (351); 38, 281 (299); *Pestalozza*, GG VIII, Art. 74 Rn. 807 ff.

Art. 74 C. Erläuterungen

recht[167], das Recht der Lohnfortzahlung im Krankheitsfall, Arbeitnehmerkammern[168], Kinderzuschläge zum Arbeitslohn[169], Urlaubsgesetzgebung[170], Arbeitnehmerweiterbildung[171], die betriebliche Altersversorgung einschließlich der Insolvenzsicherung[172], das Tarifvertrags- und Arbeitskampfrecht[173]. Für das **Arbeitsrecht des öffentlichen Dienstes** sind aber Art. 73 Nr. 8 und Art. 75 I 1 Nr. 1 GG zu beachten[174]. Das Verfahren der **Arbeitsgerichtsbarkeit** richtet sich nach Art. 74 I Nr. 1 GG (»gerichtliches Verfahren«)[175]. Der Bund hat das Arbeitsrecht nicht erschöpfend kodifiziert, so daß landesrechtliche Regelungen auf den vom Bund nicht in Anspruch genommenen Gebieten zulässig sind[176].

64   **Betriebsverfassung** als Teil des kollektiven Arbeitsrechts ist von der Verfassung eigens aufgeführt, die Nennung hat nur beispielhaften Charakter[177]. **Arbeitsschutz** betrifft Regelungen gegen arbeitsspezifische Gefahren, ferner über die Arbeitszeit[178] und den Jugendarbeitsschutz[179]. Dagegen ist der **Kündigungsschutz** besonders schutzbedürftiger Gruppen (Mütter, Wehr- und Zivildienstleistende, Schwerbeschädigte) ein selbständiger Teil des Arbeitsrechts (»nicht Schutz am Arbeitsplatz, sondern Schutz des Arbeitsplatzes«)[180]. **Arbeitsvermittlung** bezieht sich auf die Zusammenführung von Arbeitsuchenden und Arbeitgebern zum Zweck der Begründung eines Arbeitsverhältnisses[181]. Die Nennung der Arbeitsvermittlung in der grundgesetzlichen Kompetenznorm hat keine legitimatorische Wirkung hinsichtlich eines staatlichen Arbeitsvermittlungsmonopols[182].

65   **Sozialversicherung** knüpft am hergebrachten Bild der sozialen Sicherung an, wie sie in Deutschland seit Bismarck institutionalisiert ist. Gemeint ist also nicht soziale Absicherung gegen jedwede Unbill des Lebens[183], sondern die beitragspflichtige Versicherung ganz bestimmter sozialer Risiken (klassischerweise Krankheit, Alter, Invalidität, Unfall, Arbeitslosigkeit, heute auch Pflegebedürftigkeit)[184]. Das Bundesverfassungsgericht bezeichnet den Begriff »Sozialversicherung« als weitgefaßten »verfassungsrechtlichen Gattungsbegriff«, in den auch neue Sozialleistungen einbezogen werden können, wenn sie in ihren wesentlichen Strukturelementen dem Bild entspre-

---

[167] BVerfGE 51, 43 (55f.).
[168] BVerfGE 38, 281 (299).
[169] BVerfGE 11, 105 (115f.).
[170] BVerfGE 7, 342 (347); 77, 308 (329ff.); 85, 226 (233f.).
[171] BVerfGE 77, 308 (329).
[172] BVerwGE 72, 212 (222); hierzu auch *Pestalozza*, GG VIII, Art. 74 Rn. 808; *Rengeling* (Fn. 33), § 100 Rn. 185.
[173] Dazu *Rengeling* (Fn. 33), § 100 Rn. 184; *Maunz* (Fn. 24), Art. 74 Rn. 165; *H. Seiter*, NJW 1976, 1369ff.
[174] *Maunz* (Fn. 24), Art. 74 Rn. 166; *Jarass/Pieroth*, GG, Art. 74 Rn. 29.
[175] Ebenso *Degenhart* (Fn. 22), Art. 74 Rn. 48; a.A. *Pestalozza*, GG VIII, Art. 74 Rn. 810.
[176] BVerfGE 7, 342 (351f.) und 77, 308 (329) zu Landesgesetzen über Erholungsurlaub und Bildungsurlaub für Arbeitnehmer.
[177] In diesem Sinn auch *Kunig* (Fn. 24), Art. 74 Rn. 64: nur deklaratorische Bedeutung.
[178] *Degenhart* (Fn. 22), Art. 74 Rn. 49; *Rengeling* (Fn. 33), § 100 Rn. 188.
[179] *Kunig* (Fn. 24), Art. 74 Rn. 65.
[180] Siehe dazu *Rengeling* (Fn. 33), § 100 Rn. 188 mit Fn. 652.
[181] Zur Arbeitnehmerüberlassung vgl. BVerfGE 21, 261 (268); 77, 84 (102ff.).
[182] BVerfGE 41, 205 (228).
[183] Sozialversicherung meint nicht »soziale Sicherung« schlechthin. Andernfalls wären sämtliche sozialrechtlichen Normen von der Kompetenz erfaßt; vgl. BVerfGE 11, 105 (111).
[184] Vgl. dazu *Degenhart* (Fn. 22), Art. 74 Rn. 51.

chen, das durch die klassische Sozialversicherung geprägt ist[185]. Zu diesem »klassischen« Bild der Sozialversicherung gehört nach Auffassung des Gerichts jedenfalls die gemeinsame Deckung eines möglichen, in seiner Gesamtheit schätzbaren Bedarfs durch Verteilung auf eine organisierte Vielheit. Außer dem sozialen Bedürfnis nach Ausgleich besonderer Lasten wird auch die **Art und Weise der organisatorischen Bewältigung** als charakteristisch angesehen: durch selbständige Anstalten oder Körperschaften des öffentlichen Rechts und durch Aufbringung der Mittel durch Beiträge[186]. Anders als bei der »öffentlichen Fürsorge« nach Art. 74 I Nr. 7 GG ist eine besondere Hilfsbedürftigkeit nicht erforderlich. Eine Beschränkung auf Arbeitnehmer gehört nicht zum Wesen der Sozialversicherung[187]. Deshalb ist es auch zulässig, Landwirte, Handwerker, Freiberufler oder selbständig schaffende Künstler einzubeziehen[188].

Art. 74 I Nr. 12 GG ist Grundlage für die **Beitragsregelungen** der Versicherten und Arbeitgeber sowie für Ausgleich und Erstattung von erbrachten Sozialversicherungsleistungen[189]. Das damit korrespondierende **Leistungsrecht** unterfällt ebenfalls der Kompetenzvorschrift, dementsprechend auch das Kassenarztrecht mit seinem Sicherstellungsauftrag für die kassenärztliche Versorgung[190]. Die Einbeziehung eines Personenkreises (Beamte) in die Beitragspflicht zugunsten der Sozialversicherung, der nicht zu den Versicherten in einer besonderen Beziehung steht (wie das für die Arbeitgeber zutrifft), ist unzulässig[191]. Der Sozialversicherungsbeitrag hat vor allem den Zweck der Einnahmeerzielung; dieser ist nicht gegeben, wenn die Absicht, Einnahmen zu erzielen, hinter einem anderen mit der Leistungspflicht verbundenen Zweck völlig zurücktritt[192]. 66

Die **Arbeitslosenversicherung** wird in Art. 74 I Nr. 12 GG eigens erwähnt, um die Erweiterungsfähigkeit des »Gattungsbegriffs« Sozialversicherung klarzustellen; dementsprechend ist auch die 1995 eingeführte Pflegeversicherung, die alle Merkmale einer herkömmlichen Sozialversicherung zeigt, dieser Kompetenznorm zu unterstellen[193]. 67

14. Ausbildungsbeihilfen und Forschungsförderung (Art. 74 I Nr. 13 GG)

Die Reichsverfassung von 1871 schwieg zu den Materien des Art. 74 I Nr. 13 GG (Ausbildungsbeihilfen, Förderung der wissenschaftlichen Forschung). Dagegen fanden diese Sachgebiete in der Weimarer Reichsverfassung in mehrfacher Hinsicht Berücksichtigung, wenn auch nicht unbedingt im Wege von Gesetzgebungskompetenzen (Art. 10 Nr. 2, 142, 146 III, 158 I WRV). Im Herrenchiemseer Verfassungsentwurf findet sich keine entsprechende Vorschrift; erst in den Beratungen des Parlamentarischen Rates wurde eine Bundeskompetenz für die Förderung der wissenschaftlichen Forschung vorgesehen. Durch Nichtaufnahme der ursprünglichen Formulierung »die Organisa- 68

---

[185] BVerfGE 75, 108 (146).
[186] BVerfGE 11, 105 (111 ff.); 63, 1 (34 f.); 75, 108 (146); 87, 1 (34).
[187] BVerfGE 75, 108 (146); siehe auch *Maunz* (Fn. 24), Art. 74 Rn. 171.
[188] BVerfGE 75, 108 (146 ff.); ablehnend *Rengeling* (Fn. 33), § 100 Rn. 191; siehe dazu auch *L. Osterloh*, NJW 1982, 1617 ff.; *T. Bunge*, JZ 1981, 119 ff.
[189] BVerfGE 75, 108 (146 ff.); 81, 156 (185).
[190] *Rengeling* (Fn. 33), § 100 Rn. 191.
[191] Siehe dazu *R. Naujoks*, ZBR 1976, 65 ff.; *Rengeling* (Fn. 33), § 100 Rn. 191.
[192] BVerfGE 14, 312 (318).
[193] *Pestalozza*, GG VIII, Art. 74 Rn. 828.

tion und ...« wurde deutlich gemacht, daß dem Bund nur eine Förderung durch Mittelbereitstellung, nicht dagegen eine institutionelle Kompetenz zusteht[194]. Die Befugnis zur »Regelung der Ausbildungsbeihilfen« wurde erst im Jahr 1969 in Art. 74 I Nr. 13 GG eingefügt.

69 **Ausbildungsbeihilfen** sind Unterstützungsmaßnahmen zur Förderung der in Ausbildung stehenden Personen. Dagegen ist die Förderung von Ausbildungseinrichtungen oder -personal nicht von der Kompetenz umfaßt, die keine allgemeine Bildungskompetenz darstellt[195]. Das auf der Kompetenz beruhende Bundesgesetz ist das Bundesausbildungsförderungsgesetz. Den Ländern bleiben aber Möglichkeiten offen; vgl. z.B. das Bayerische Begabtenförderungsgesetz.

70 Die **Förderung der wissenschaftlichen Forschung** knüpft begrifflich an Art. 5 III GG an (→ Art. 5 III [Wissenschaft] Rn. 20 ff.) und bezieht sich auf finanzielle, organisatorische und planerische Maßnahmen[196]. Auch entsprechende Kontrollmaßnahmen sollen durch die Kompetenzvorschrift ermöglicht werden[197]. Die Förderung kann den wissenschaftlichen Nachwuchs betreffen (Graduiertenförderung), sie kann auch Projekte oder Einrichtungen unterstützen. Jedoch ist darauf zu achten, daß wegen der Beschränkung des Bundes auf eine Rahmenkompetenz zur Regelung der allgemeinen Grundsätze des Hochschulwesens (Art. 75 I 1 Nr. 2 GG) Art. 74 I 1 Nr. 13 GG nicht dazu dienen darf, Strukturen des bundesdeutschen Hochschulwesens darüber hinaus zu beeinflussen oder gar zu verändern[198].

15. Enteignung (Art. 74 I Nr. 14 GG)

71 Anders als das Grundgesetz erwähnte die Reichsverfassung von 1871 das Sachgebiet »Enteignung« nicht, von einer Ausnahme in Art. 41 I (Expropriationsrecht zugunsten bestimmter Eisenbahnen) abgesehen. In Weimar hatte dagegen das Reich gemäß Art. 7 Nr. 12 WRV die konkurrierende Gesetzgebung über »das Enteignungsrecht«. Diese korrespondierte der Regelung des Enteignungsinstituts in Art. 153 II WRV. Weitere (spezielle) Enteignungsregelungen fanden sich in Art. 90, 94 II und 97 V WRV. Der Herrenchiemseer Verfassungskonvent bot für den Enteignungsbereich in Art. 36 Nr. 6 HChE zwei Fassungen an. Nach Fassung a sollte dem Bund die Vorranggesetzgebung bezüglich des »Enteignungsrechts« zukommen; Fassung b gestand ihm die Kompetenz für das Recht der Enteignung für Bundeszwecke und Grundsätze des allgemeinen Enteignungsrechts zu. Nach einer kontroversen Diskussion im Parlamentarischen Rat, insbesondere zu der Frage, ob sich eine Bundeszuständigkeit für Enteignungsregelungen nicht ohnehin kraft Annexes zur Sachkompetenz ergebe, entschied man sich aus Gründen einer Klarstellung für die Einfügung von Art. 74 I Nr. 14 GG in das Grundgesetz[199].

---

[194] Siehe dazu *Pestalozza*, GG VIII, Art. 74 Rn. 885.
[195] Jarass/*Pieroth*, GG, Art. 74 Rn. 33; *Maunz* (Fn. 24), Art. 74 Rn. 177; *Kunig* (Fn. 24), Art. 74 Rn. 69; *Pestalozza*, GG VIII, Art. 74 Rn. 886.
[196] *Bothe* (Fn. 78), Art. 74 Rn. 31; *Maunz* (Fn. 24), Art. 74 Rn. 179.
[197] Vgl. *Rengeling* (Fn. 33), § 100 Rn. 194; grundsätzlich zustimmend *Pestalozza*, GG VIII, Art. 74 Rn. 906.
[198] Vgl. *Maunz* (Fn. 24), Art. 74 Rn. 182; *Rengeling* (Fn. 33), § 100 Rn. 194.
[199] Zur Entstehungsgeschichte siehe JöR 1 (1951), S. 523 ff.; *Pestalozza*, GG VIII, Art. 74 Rn. 935 ff.

II. Einzelne Titel   Art. 74

Die Vorschrift betrifft einen positivierten **Fall einer Annex-Kompetenz**[200] (→ Art. 70 Rn. 64 ff.), wobei ausdrücklich nur die Sachgebiete von Art. 73 und 74 GG, unter Ausschluß von Art. 75 GG, angeführt werden. Die Kompetenz ist also in dieser Weise beschränkt. »Enteignung« ist begrifflich identisch mit der Enteignung nach Art. 14 GG (→ Art. 14 Rn. 69 ff.)[201]. Sonstige Tatbestände des Staatshaftungsrechts (ausgleichspflichtige Inhaltsbestimmung; Haftung aus enteignungsgleichem Eingriff u.a.) können nicht auf Art. 74 I Nr. 13 GG gestützt werden[202], wohl aber auf Art. 74 I Nr. 25 GG.

72

16. Sozialisierung (Art. 74 I Nr. 15 GG)

Während die Reichsverfassung von 1871 keine Kompetenz für die Vergesellschaftung von Produktionsmitteln und Schlüsselindustrien kannte, wies Art. 7 Nr. 13 WRV »die Vergesellschaftung von Naturschätzen und wirtschaftlichen Unternehmungen sowie die Erzeugung, Herstellung, Verteilung und Preisgestaltung wirtschaftlicher Güter für die Gemeinwirtschaft« der konkurrierenden Gesetzgebung des Reiches zu. Hinsichtlich entsprechender Landesgesetze hatte die Reichsregierung nach Art. 12 Satz 3 WRV ein Einspruchsrecht. Nach Art. 156 I 1 WRV konnte das Reich »durch Gesetz, unbeschadet der Entschädigung, in sinngemäßer Anwendung der für Enteignung geltenden Bestimmungen für die Vergesellschaftung geeignete private wirtschaftliche Unternehmungen in Gemeineigentum überführen« (vgl. auch Art. 155 IV 1 WRV). Der Herrenchiemseer Verfassungskonvent sah in Art. 36 Nr. 24 HChE das »Gemeineigentum an Bodenschätzen und Produktionsmitteln sowie Gemeinwirtschaft« als Teil der Vorranggesetzgebung des Bundes an. Die heutige Gestalt erhielt Art. 74 I Nr. 15 GG im Parlamentarischen Rat aufgrund längerer redaktioneller Arbeit[203], die insbesondere die Angleichung von Art. 74 I Nr. 15 und Art. 15 GG zum Gegenstand hatte.

73

Der von Art. 74 I Nr. 15 GG aufgeführte Tatbestand der Sozialisierung ist **synonym mit** dem des **Art. 15 GG** (→ Art. 15 Rn. 17 ff.). Direktive Inhalte sind weder der einen noch der anderen Grundgesetznorm zu entnehmen. Auch wenn ebensowenig Art. 74 I Nr. 15 GG wie Art. 15 GG bislang praktisch geworden sind, sind sie doch nicht obsolet[204].

74

17. Verhütung des Mißbrauchs wirtschaftlicher Machtstellung (Art. 74 I Nr. 16 GG)

Eine Kompetenz gegen den Mißbrauch wirtschaftlicher Machtstellung enthielten die Reichsverfassung von 1871 und die Weimarer Verfassung nicht, was nicht ausschloß, daß das Reich zur Weimarer Zeit auf diesem Gebiet normativ tätig wurde[205]. In Art. 36 Nr. 25 HChE war die »Verhütung des Mißbrauchs wirtschaftlicher Machtstellung« bereits wortgleich mit der grundgesetzlichen Kompetenznorm enthalten. Der Parlamentarische Rat ließ es im Ergebnis dabei bewenden.

75

---

[200] Siehe dazu BVerfGE 56, 249 (263); dazu *R. Breuer*, DVBl. 1981, 971 ff.; *W. Brohm*, DÖV 1983, 525 ff.
[201] *Rengeling* (Fn. 33), § 100 Rn. 195; *Degenhart* (Fn. 22), Art. 74 Rn. 57.
[202] *Degenhart* (Fn. 22), Art. 74 Rn. 57.
[203] Dazu JöR 1 (1951), S. 525 ff.; *Pestalozza*, GG VIII, Art. 74 Rn. 996 ff.
[204] Vgl. *Kunig* (Fn. 24), Art. 74 Rn. 73. → Art. 15 Rn. 19.
[205] Einzelheiten bei *Pestalozza*, GG VIII, Art. 74 Rn. 1023 ff.

76 Der **Begriff des Mißbrauchs** setzt ein Unwerturteil voraus, das seinen Grund entweder in einem mißbilligten Zweck beim Gebrauch wirtschaftlicher Macht oder – trotz grundsätzlich bedenkenfreien Mittels und Zwecks – speziell in einer mißbilligten Zweck-Mittel-Verknüpfung hat[206]. Die Verhütung des Mißbrauchs einer wirtschaftlichen Machtstellung beinhaltet nicht nur den präventiven Zugriff, sondern auch die nachträgliche Beseitung eingetretener Mißstände, weil die Verfassung nicht das eine bekämpfen, das andere aber tolerieren will[207]. Art. 74 I Nr. 16 GG ist also die Kompetenzvorschrift, auf die das **Kartellrecht** einschließlich seiner Verfahrensregeln und Sanktionsbestimmungen gestützt werden kann[208]. Inwieweit Art. 74 I Nr. 16 GG auch den Zugriff des Kartellrechts auf Presse und Rundfunk trägt, ist umstritten; dabei ist zu beachten, daß der Bund nach Art. 75 I 1 Nr. 2 GG nur eine Rahmenkompetenz für die allgemeinen Rechtsverhältnisse der Presse und für den Rundfunk überhaupt keine Regelungsbefugnis besitzt. Eine spezifisch auf die Medien abgestimmte Konzentrationskontrolle als medienrechtliches »Sonder«-Recht[209] müßte also im Fall der Presse die Schranken nach Art. 75 I 1 Nr. 2 GG einhalten (→ Art. 75 Rn. 24), während genuin rundfunkbezogene Konzentrationsregelungen überhaupt nur der Landesgesetzgeber treffen kann. Solche medienspezifische Konzentrationskontrolle liegt dann vor, wenn publizistische Gesichtspunkte der Erhaltung eines freien öffentlichen Meinungsmarkts im Vordergrund stehen und der ökonomische Aspekt zurücktritt. Nur wenn Presse und Rundfunk wie andere wirtschaftliche Akteure erfaßt werden (also »allgemein«-rechtlich), kommt die Kartellrechtsgesetzgebung des Bundes in Betracht. In jedem Fall sind die grundrechtlichen Beschränkungen (→ Art. 5 I, II Rn. 105ff.) zu beachten[210].

18. Land-, Forst-, Fischereiwirtschaft, Ernährungssicherung, Küstenschutz (Art. 74 I Nr. 17 GG)

77 Von den in Art. 74 I Nr. 17 GG aufgezählten Materien enthielt die Reichsverfassung von 1871 keine, die Weimarer Reichsverfassung in Art. 7 Nr. 18 WRV (konkurrierende Gesetzgebung) »die Hochsee- und die Küstenfischerei«. In Herrenchiemsee wurde die letztgenannte in Art. 36 Nr. 31 HChE aufgeführt. Nach einer wechselvollen Debatte im Parlamentarischen Rat, in der sich die Auffassung herauskristallisierte, daß die Agrarpolitik in wesentlich umfassenderer Weise vom Bund gelenkt werden müsse, setzte sich die heutige Fassung der Kompetenzbestimmung durch[211].

78 Wie sich aus der gegenüber Art. 74 I Nr. 11 GG unterschiedlichen Tatbestandsfassung von Nr. 17 ergibt, wird durch die letztere Vorschrift trotz der Entstehungsge-

---

[206] *Pestalozza*, GG VIII, Art. 74 Rn. 1048; siehe auch *Maunz* (Fn. 24), Art. 74 Rn. 191.
[207] So auch *Kunig* (Fn. 24), Art. 74 Rn. 74; *Jarass/Pieroth*, GG, Art. 74 Rn. 35; a. A. *Maunz* (Fn. 24), Art. 74 Rn. 192.
[208] *Jarass/Pieroth*, GG, Art. 74 Rn. 35.
[209] Vgl. zu dieser Begriffsbildung *C. Pestalozza*, DÖV 1972, 181 (182f.); *P. Lerche*, JZ 1972, 468 (469); → Art. 70 Rn. 32.
[210] Vgl. dazu auch *Degenhart* (Fn. 22), Art. 74 Rn. 60; *Pestalozza*, GG VIII, Art. 74 Rn. 1063ff., 1070ff.; BVerfGE 73, 118 (173f.); 83, 238 (305); *G. Herrmann*, Rundfunkrecht, 1994, § 21 Rn. 13ff.; *H.D. Jarass*, Kartellrecht und Landesrundfunkrecht, 1991, S. 19ff.; siehe auch *M. Stock*, Konzentrationskontrolle in Deutschland nach der Neufassung des Rundfunkstaatsvertrags (1996), in: M. Stock/H. Röper/B. Holznagel, Medienmarkt und Meinungsmacht, 1997, S. 5ff.
[211] Einzelheiten in JöR 1 (1951), S. 526ff.

schichte **keine allgemeine Kompetenz für die Agrarwirtschaft** begründet[212]. Die differenzierte Aufzählung muß ernst genommen werden. Art. 74 I Nr. 17 GG ist im übrigen weitgehend europarechtlich überlagert (→ Rn. 9).

Förderung der land- und forstwirtschaftlichen Erzeugung kann durch unterschiedliche gestaltende Maßnahmen erfolgen, wobei solche finanzieller, organisatorischer oder marktlenkender Art in Betracht kommen[213]. Sie können von der Beratung der Landwirte über direkte oder indirekte Subventionierung bis zu Preisregulierungen reichen. Bei der Förderung der Erzeugung ist die Bundeskompetenz nicht auf Maßnahmen begrenzt, die zugleich der in derselben Kompetenznorm genannten Sicherung der Ernährung dienen[214]. Auf die Kompetenznorm können auch Sonderabgaben gestützt werden, unter der Voraussetzung, daß sie die sonst für diese Art nichtsteuerlicher Abgaben geltenden verfassungsrechtlichen Schranken einhalten[215]. Zur »Förderung« gehören nicht nur Leistungen an die Landwirtschaft, sondern auch ordnende Eingriffe in diese (Marktordnungen, Maßnahmen der Qualitätssicherung einschließlich der Festsetzung von Qualitätsstandards und Produktionsbegrenzungen[216]). 79

Sicherung der Ernährung ist vor dem Hintergrund der Mangelsituation nach dem Zweiten Weltkrieg zu sehen, in der das Grundgesetz entstanden ist; der Begriff begrenzt nicht die Kompetenz zur Förderung der landwirtschaftlichen Urproduktion[217]. **Hochsee- und Küstenfischerei** betrifft den Wirtschafts- und Produktionsaspekt; allgemeine Fragen der Schiffahrt sind von Art. 74 I Nr. 21 GG umfaßt. Soweit Fischereibelange auswärtige Angelegenheiten berühren, ist die Kompetenz nach Art. 73 Nr. 1 GG zu beachten, die als ausschließliche Bundeskompetenz vorgeht. Der Begriff des **Küstenschutzes** entspricht dem der Gemeinschaftsaufgabe nach Art. 91a I Nr. 3 GG: Es geht um den Bau von Sperreinrichtungen und Deichen gegen Sturmfluten; die polizeilichen und Katastrophenschutzaufgaben bei Hochwasser bleiben unberührt[218]. 80

19. Bodenrecht und Wohnungswesen (Art. 74 I Nr. 18 GG)

Die **Reichsverfassung von 1871** erwähnte das Kompetenzthema von Art. 74 I Nr. 18 GG (Grundstücksverkehr, Bodenrecht) nicht. Dagegen enthielt **Art. 10 Nr. 4 WRV** eine Vorgängernorm, wonach das Reich im Wege der Gesetzgebung Grundsätze für »das Bodenrecht, die Bodenverteilung, das Ansiedlungs- und Heimstättenwesen, die Bindung des Grundbesitzes, das Wohnungswesen und die Bevölkerungsverteilung« aufstellen konnte. Es darf aber nicht übersehen werden, daß trotz der Beschränkung auf »Grundsätze« für das Reich die Möglichkeit bestand, über andere Vorschriften der Verfassung (etwa Art. 7 Nr. 1 und 12 sowie Art. 155 WRV) eine intensivierte gesetzgeberische Tätigkeit zu legitimieren. In Art. 36 Nr. 26 HChE wurde eine Vorranggesetzgebung des Bundes nur für die »Grundsätze der Bodenverteilung, des Siedlungs- und Heimstättenwesens sowie des Wohnungsrechts« vorgesehen. Die Beratungen im Par- 81

---

[212] *Kunig* (Fn. 24), Art. 74 Rn. 76; *Degenhart* (Fn. 22), Art. 74 Rn. 61; a. A. Jarass/*Pieroth*, GG, Art. 74 Rn. 36.
[213] BVerfGE 88, 366 (379).
[214] BVerfGE 88, 366 (378).
[215] BVerfGE 18, 315 (329); 37, 1 (17); 82, 159 (182).
[216] Vgl. BVerfGE 18, 315 (329); 37, 1 (17); *Kunig* (Fn. 24), Art. 74 Rn. 76; *Degenhart* (Fn. 22), Art. 74 Rn. 62.
[217] BVerfGE 88, 366 (378).
[218] *Kunig* (Fn. 24), Art. 74 Rn. 80.

lamentarischen Rat gestalteten sich stark kontrovers, doch setzte sich die Auffassung, daß der Bund einer breiteren kompetentiellen Basis bedürfe, letztendlich durch Einfügung der geltenden Kompetenzbestimmung in Art. 74 I GG durch[219]. Im Jahre 1994 wurde der Kompetenzbestimmung nach dem Wort »Bodenrecht« der einschränkende Klammerzusatz »ohne das Recht der Erschließungsbeiträge« eingefügt, wodurch der engen Verbindung der letztgenannten Materie mit dem kommunalen Abgabenrecht Rechnung getragen werden sollte[220].

82 Die in Art. 74 I Nr. 18 GG genannten **Sachgebiete** Grundstücksverkehr, Bodenrecht (ohne das Recht der Erschließungsbeiträge), landwirtschaftliches Pachtwesen, Wohnungswesen, Siedlungs- und Heimstättenwesen stellen angesichts des gleichberechtigten textlichen Nebeneinanders jeweils **selbständige Materien** dar, sind also nicht nur Unterfälle eines angenommenen Oberbegriffs »Nutzung von Grund und Boden«[221].

83 **Grundstücksverkehr** betrifft den Erwerb, die Veräußerung, die Belastung und die Verpachtung von Grundstücken[222]. In Abgrenzung zu Art. 74 I Nr. 1 GG (Kompetenz für das bürgerliche Recht) ist davon auszugehen, daß der Kompetenztitel nur zum Erlaß öffentlich-rechtlicher Vorschriften über den Grundstücksverkehr berechtigt. Der Grundstücksbegriff der Kompetenznorm wird dadurch geformt; er ist weder mit dem des Grundbuchs identisch noch ein rein wirtschaftlicher, sondern von den Zwecken bestimmt, die den einschlägigen öffentlich-rechtlichen Gesetzen zugrundeliegen. So können auch öffentliche Sachen (Straßen, Wege) Grundstücke im Sinn der Kompetenznorm sein. Zum Grundstücksverkehr gehört auch das Bodenverkehrsrecht, soweit mit ihm Eigentums- und sonstige Rechtsänderungen an Grundstücken im Zusammenhang mit der baulichen Ordnung einer Genehmigungspflicht unterliegen[223]. Für Enteignungen geht Art. 74 I Nr. 14 GG als Spezialnorm vor.

84 **Bodenrecht** sind nach dem Bundesverfassungsgericht die öffentlich-rechtlichen Vorschriften, die den Grund und Boden unmittelbar zum Gegenstand rechtlicher Ordnung haben, also die rechtlichen Beziehungen des Menschen zum Grund und Boden regeln[224]. Hierzu gehört das im Baugesetzbuch enthaltene Recht der Bauleitplanung mit seinen Instrumenten vorbereitender Flächennutzungsplan und rechtsverbindlicher Bebauungsplan[225], weiterhin das Recht der Baulandumlegung und des Zusammenlegens von Grundstücken, des Planwertausgleichs, das Kleingartenrecht, der städtebauliche Denkmalschutz und das Recht der Erschließung[226]. Die Kompetenz des Bundes für das Bodenrecht umfaßt auch die Möglichkeit, organisationsrechtliche

---

[219] Vgl. zum Ganzen *Pestalozza*, GG VIII, Art. 74 Rn. 1172ff..
[220] Vgl. dazu BR-Drs. 886/93, S. 18.
[221] BVerfGE 3, 407 (413f.); *Maunz* (Fn. 24), Art. 74 Rn. 198; *E. Brandt*, DÖV 1996, 675 (678); a.A. *W. Erbguth/F. Stollmann*, NuR 1994, 319 (327).
[222] *Maunz* (Fn. 24), Art. 74 Rn. 199; *Degenhart* (Fn. 22), Art. 74 Rn. 64.
[223] BVerfGE 3, 407 (424); *Kunig* (Fn. 24), Art. 74, Rn. 81.
[224] BVerfGE 3, 407 (424).
[225] Nach BVerwGE 88, 204 gehören aber die Regeln über Art, Inhalt und Umfang der Ausfertigung von Bebauungsplänen zum irreversiblen Landesrecht; Anforderungen dafür ergeben sich auch nicht mittelbar aus §12 BauGB.
[226] Siehe dazu näher *Jarass/Pieroth*, GG, Art. 74 Rn. 38; *Degenhart* (Fn. 22), Art. 74 Rn. 65; *Pestalozza*, GG VIII, Art. 74 Rn. 1224ff. Zur Frage, inwieweit der Bund berechtigt ist, im städtebaulichen Zusammenhang auch Fragen des Denkmalschutzes zu regeln siehe *R. Bartlsperger*, DVBl. 1981, 284 (294ff.).

Folgeregelungen betreffend die gemeindliche Trägerschaft für die Bauleitplanung zu erlassen[227]. Der Bund hat mit der im Baugesetzbuch enthaltenen Regelung der **Bauleitplanung** von seiner einschlägigen Gesetzgebungskompetenz erschöpfenden Gebrauch gemacht[228]. Jedoch hat das Grundgesetz die Materie Baurecht nicht geschlossen der Gesetzgebungszuständigkeit des Bundes zugewiesen[229]. Insbesondere läßt sich eine umfassende Bundeszuständigkeit auch nicht mit dem Gesichtspunkt des »Sachzusammenhangs«, eines »Wandels der Verhältnisse« oder aus der »Natur der Sache« begründen[230]. Das **Bauordnungsrecht** (Baupolizeirecht) ist vielmehr Teil der ausschließlichen Gesetzgebung der Länder[231]. Über Art. 74 I Nr. 18 GG darf der Bund auch nicht Regelungen schaffen, die in erster Linie der Landschaftspflege oder dem Naturschutz zugehören, weil er hierfür nur eine Rahmenkompetenz nach Art. 75 I 1 Nr. 3 GG besitzt[232]. Dies betrifft nach dem Bundesverwaltungsgericht jedenfalls den »optischen« Landschaftsschutz. Dieser werde nur von der Rahmengesetzgebungskompetenz nach Art. 75 I 1 Nr. 3 GG erfaßt, während der »funktionelle« Landschaftsschutz als Regelung, die den Grund und Boden unmittelbar zum Gegenstand rechtlicher Ordnung habe, unter den Begriff des Bodenrechts im Sinn von Art. 74 I Nr. 18 GG falle[233]. Die Kompetenz für das Bodenrecht berechtigt auch nicht zu Regelungen über eine integrierte Stadtentwicklungsplanung[234] oder zu solchen über Landesplanung und Raumordnung[235].

Nach überwiegender Auffassung ist es auch zulässig, auf die Kompetenz des Bundes 85 für das Bodenrecht, gegebenenfalls in Verbindung mit anderen Kompetenzvorschriften wie Art. 74 I Nr. 11, Art. 74 I Nr. 24 GG und Art. 75 I 1 Nr. 3, 4 GG und unter Rückgriff auf eine Annexkompetenz des Bundes zum Erlaß von Gefahrenabwehrrecht ein **Bodenschutzgesetz** zu stützen[236]. Zumindest für die Altlastensanierung wird man eine Vollkompetenz des Bundes bejahen können, während für Art. 75 I 1 Nr. 3 und 4 GG zuzuweisende Regelungen die Beschränkung des Bundes auf eine bloße Rahmengesetzgebung zu beachten ist, die nicht über die Kompetenz des Bundes für das »Bodenrecht« nach Art. 74 I Nr. 18 GG überspielt werden darf[237]. Vielmehr liegt dann, wenn nach den Regeln über die Kompetenzinterpretation der Anknüpfungspunkt aus dem Bereich des Art. 75 GG zu wählen ist, auch Rahmengesetzgebung im vollen Sinn des Wortes und mit allen von der Verfassung vorgesehenen Beschränkungen vor.

---

[227] BVerfGE 77, 288 (298).
[228] *W. Hoppe/C. Bönker*, DVBl. 1996, 585 (586).
[229] BVerfGE 3, 407 (415f.); 40, 261 (265f.).
[230] BVerfGE 3, 407 (423); 40, 261 (265).
[231] BVerfGE 3, 407 (433f.); 40, 261 (265f.); siehe dazu *Degenhart* (Fn. 22), Art. 74 Rn. 64.
[232] *Maunz* (Fn. 24), Art. 74 Rn. 204; *Jarass/Pieroth*, GG, Art. 74 Rn. 39.
[233] BVerwGE 55, 272 (275). Zum Verhältnis von Bauplanungs- und Natur(Landschafts-)schutzkompetenz des Bundes siehe auch *F. Kuchler*, DVBl. 1989, 973 (973ff.).
[234] *Maunz* (Fn. 24), Art. 74 Rn. 203.
[235] BVerfGE 3, 407 (425ff.); zur Raumordnung vgl. aber auch Art. 75 I 1 Nr. 4 GG und BVerfGE 3, 407 (427f.).
[236] So *F.-J. Peine*, NuR 1992, 353ff.; *E. Brandt*, DÖV 1996, 675ff.; *H.-J. Papier*, JZ 1994, 810 (811f.); *R. Breuer*, DVBl. 1994, 890 (897f.); *A. Schink*, DÖV 1995, 213 (215); kritisch *Kunig* (Fn. 24), Art. 74 Rn. 85 unter Hinweis darauf, daß Art. 74 I Nr. 18 GG den Boden als Objekt wirtschaftlicher Nutzung und der Konkurrenz um diese Nutzungsmöglichkeiten betrachte. Vgl. jetzt das neue Bundes-Bodenschutzgesetz, von dem erste Teile bereits zum 25. 3. 1997 in Kraft getreten sind (BGBl. I S. 502); der Hauptteil tritt erst zum 1. 3. 1999 in Kraft; dazu *H.-P. Vierhaus*, NJW 1998, 1262ff.
[237] So auch *R. Breuer*, DVBl. 1994, 890 (897f.).

86 Das **Wohnungswesen** umfaßt nach der Begriffsbestimmung des Bundesverfassungsgerichts alle Angelegenheiten, die sich auf Gebäude beziehen, die Wohnzwecken dienen[238]. In der Nachkriegszeit basierte darauf die Wohnraumzwangswirtschaft. Auf die Kompetenznorm können alle Maßnahmen der Wohnraumbewirtschaftung, -bindung, -verteilung und der Wohnungsbauförderung gestützt werden[239]. Auch die Einführung einer Fehlbelegungsabgabe wird von der Kompetenz getragen[240].

87 Das **Siedlungs- und Heimstättenwesen** betrifft die Aufgabe der Seßhaftmachung von Menschen[241] und knüpft an das bereits in der Weimarer Zeit geschaffene Heimstättenrecht mit seinen Instrumenten, insbesondere dem Vorkaufsrecht, an[242].

20. Gemeingefährliche und übertragbare Krankheiten, Heilberufe, Arznei- und Heilmittel (Art. 74 I Nr. 19 GG)

88 Die Reichsverfassung von 1871 enthielt als Parallelnorm zu Art. 74 I Nr. 19 GG einen Art. 4 Nr. 15. Danach bezog sich die Reichsgesetzgebung auf »Maßregeln der Medicinal- und Veterinärpolizei«. Die Weimarer Reichsverfassung verfügte in Art. 7 Nr. 8 WRV über eine konkurrierende Gesetzgebungskompetenz des Reichs für »das Gesundheitswesen, das Veterinärwesen und den Schutz der Pflanzen gegen Krankheit und Schädlinge«. Für die Zulassung zu Heilberufen und zum Heilgewerbe wurde die Kompetenz des Reichs für den »Gewerbebetrieb« (Art. 4 Nr. 1 RV 1871) bzw. über »das Gewerbe« (Art. 7 Nr. 16 WRV) als maßgeblich angesehen[243]. Dies galt unbeschadet der Tatsache, daß die freien Berufe nicht als Gewerbe im Sinn der einfachen Gesetzgebung (Gewerbeordnung) eingeordnet wurden. Hinsichtlich des dritten in Art. 74 I Nr. 19 GG genannten Sachgebiets (Verkehr mit Arzneien u.a.) schwiegen beide Vorgängerverfassungen. In Herrenchiemsee waren als Teil der Vorranggesetzgebung des Bundes »Maßnahmen gegen gemeingefährliche Krankheiten und Tierseuchen«, »Zulassung zu ärztlichen Berufen« und »Verkehr mit Arznei-, Heil- und Betäubungsmitteln mit Giften« vorgesehen (Art. 36 Nr. 17, 18 und 19 HChE). Der Parlamentarische Rat faßte alle drei Sachgebiete im Verlauf einer wechselhaften und kontroversen Genese zu einer Kompetenznorm zusammen[244].

89 Art. 74 I Nr. 19 GG stellt **keine Globalermächtigung des Bundes** für den Bereich des Gesundheitswesens dar, sondern zählt enumerativ und spezifisch die Felder auf, auf denen der Bund normierungsbefugt ist[245]. »Maßnahmen gegen **gemeingefährliche und übertragbare Krankheiten** bei Menschen und Tieren« ist alternativ, nicht kumulativ zu verstehen; es handelt sich also um Maßnahmen gegen Krankheiten bei Menschen oder Tieren; auch können die Krankheiten gemeingefährlich oder übertragbar sein[246]. Als gemeingefährliche Krankheiten sind solche zu bezeichnen, die zu schwe-

---

[238] BVerfGE 3, 407 (416).
[239] BVerfGE 21, 117 (128).
[240] BVerfGE 78, 249 (266).
[241] BVerfGE 3, 407 (418).
[242] Vgl. dazu *Kunig* (Fn. 24), Art. 74 Rn. 88; siehe auch OVG Berlin NJW 1981, 776 (777f.).
[243] Siehe dazu *Pestalozza*, GG VIII, Art. 74 Rn. 1300.
[244] Näheres in JöR 1 (1951), S. 537ff.; *Pestalozza*, GG VIII, Art. 74 Rn. 1304ff.; siehe dort auch zu der nicht Verfassung gewordenen Initiative des Jahres 1968 einer Reform von Art. 74 I Nr. 19 (Rn. 1309).
[245] *Kunig* (Fn. 24), Art. 74 Rn. 89.
[246] *Rengeling* (Fn. 33), § 100 Rn. 213; Jarass/*Pieroth*, GG, Art. 74 Rn. 43.

rer Gesundheitsschädigung oder zum Tode führen können und gleichzeitig auch verbreitet sind[247]. Sie müssen nicht ansteckend sein (hierfür ist dann die 2. Alternative einschlägig; ein Hauptbeispiel für eine gemeingefährliche Krankheit ist der Krebs). Übertragbare Krankheiten sind alle Infektionskrankheiten[248]. Auch die Vorbeugung unterfällt der Kompetenzvorschrift[249]. Impfungen, Vorsorgeuntersuchungen und obligatorische Tests sind also Bestandteil des Kompetenzgegenstandes[250]. **Zulassung zu ärztlichen** und anderen **Heilberufen** und zum Heilgewerbe ist angesichts der umfassender formulierten Gesetzgebungskompetenz des Bundes nach Art. 74 I Nr. 1 GG für Rechtsanwaltschaft, Notariat und Rechtsberatung strikt auszulegen und ermächtigt im Hinblick auf den Arztberuf zu Vorschriften, die sich auf Erteilung, Zurücknahme und Verlust der Approbation und auf die Befugnis der Ausübung des ärztlichen Berufs beziehen[251]. Erfaßt wird daher nur die Gestattung der Berufsaufnahme[252] und der entsprechende actus contrarius sowie das zur Approbation führende Prüfungswesen[253]. Hinsichtlich des Medizinstudiums und der Ausbildung in der Praxis ist wegen der Ausbildungskompetenz der Länder nur die Aufstellung von Mindestanforderungen gestattet[254]. Die Zulassung zum **Medizinstudium** ist jedenfalls im Schwerpunkt Hochschulrecht und nur unter den genannten Voraussetzungen (Mindestanforderungen), die auch Art. 75 I 1 Nr. 1a GG entsprechen, dem Bund zugänglich. Nicht der Bundeskompetenz zuzuordnen sind alle Fragen, die sich nicht als Zulassungs-, sondern als **Berufsausübungsrecht** darstellen; dieses fällt in die ausschließliche Kompetenz der Länder[255]. Dazu gehören das Recht der Facharztbezeichnungen[256], Standesrecht und Werbeverbote[257], Standesgerichtsbarkeit[258], Zugehörigkeit zu Ärztekammern[259], Gebührenfragen[260], die Zulassung von Einrichtungen zur ambulanten Schwangerschaftsunterbrechung[261], schließlich Studienordnungen für die Ausbildung zu ärztlichen Berufen[262].

Ärztliche Berufe sind nur Ärzte, Zahnärzte und Tierärzte. Der »Facharzt« ist kein eigener ärztlicher Beruf im Sinn von Art. 74 I Nr. 19 GG[263]. Zu **anderen Heilberufen** zählen Berufe, die sich unmittelbar mit der Heilkunde befassen (Heilpraktiker) oder

90

---

[247] *Maunz* (Fn. 24), Art. 74 Rn. 211; *Kunig* (Fn. 24), Art. 74 Rn. 90.
[248] Vgl. BVerwGE 33, 339 (341f.).
[249] *Rengeling* (Fn. 33), § 100 Rn. 213; *Jarass/Pieroth*, GG, Art. 74 Rn. 43; *Degenhart* (Fn. 22), Art. 74 Rn. 72; *Pestalozza*, GG VIII, Art. 74 Rn. 1315.
[250] Für die Schranken sind aber die Grundrechte, insbesondere die aus Art. 2 I und II GG und die in ihnen gegebenen Eingriffsermächtigungen, maßgeblich. Siehe dazu *Degenhart* (Fn. 22), Art. 74 Rn. 72; *Rengeling* (Fn. 33), § 100 Rn. 213; *Pestalozza*, GG VIII, Art. 74 Rn. 1315 mit Fn. 2322. Vgl. zu HIV-Tests *O. Seewald*, NJW 1988, 2921 ff.; *H.-U. Gallwas*, NJW 1989, 1516 ff.
[251] BVerfGE 4, 74 (83); 7, 18 (25); 17, 287 (292); 33, 125 (154f.).
[252] *Maunz* (Fn. 24), Art. 74 Rn. 215.
[253] BVerwGE 61, 169 (174f.).
[254] Vgl. dazu *P. Lerche*, DVBl. 1981, 609 (611f.); gegen *W. Dodenhoff*, DVBl. 1980, 896 ff.; siehe auch *Rengeling* (Fn. 33), § 100 Rn. 214; *Degenhart* (Fn. 22), Art. 74 Rn. 74.
[255] BVerwGE 39, 110 (112); *Rengeling* (Fn. 33), § 100 Rn. 215.
[256] BVerfGE 33, 125 (152f.).
[257] BVerwGE 39, 110 (112).
[258] BVerfGE 4, 74 (83); 17, 287 (292).
[259] BVerwGE 39, 110 (112).
[260] BVerfGE 17, 287 (292); 68, 319 (327).
[261] BVerfGE 75, 330 (333).
[262] BVerwG NVwZ 1987, 978 (979).
[263] BVerfGE 33, 125 (152).

die als Heilhilfsberufe einzustufen sind (Hebammen, Krankenpfleger, Krankengymnasten, Optiker, Masseure u.a.). Für sie gilt ebenfalls die strenge Scheidung zwischen Berufszulassungs- und -ausübungsrecht. Nur für ersteres kann eine Kompetenz des Bundes aus Art. 74 I Nr. 19 GG begründet sein. Nicht zu den Heilhilfsberufen sollen Altenpfleger zählen[264]. Für Apotheker ist nach Auffassung des Bundesverfassungsgerichts die Kompetenz aus Art. 74 I Nr. 11 GG maßgebend[265].

91   Der **Verkehr mit Arzneien, Heil- und Betäubungsmitteln und Giften** umfaßt alle Varianten des Umgangs mit diesen Stoffen wie Herstellung, Vertrieb und Verbrauch; eingeschlossen ist auch die Werbung[266].

21. Krankenhäuser (Art. 74 I Nr. 19a GG)

92   Eine spezielle Kompetenznorm für die Krankenhäuser, wie sie Art. 74 I Nr. 19a GG enthält, kannten die beiden Vorgängerverfassungen nicht, doch räumte Art. 7 Nr. 8 WRV dem Reich die konkurrierende Gesetzgebung für »das Gesundheitswesen« ein. Selbstverständlich konnten aber unter der Geltung der Reichsverfassung von 1871 auch Art. 4 Nr. 1 RV 1871 (Versicherungswesen) und in der Weimarer Zeit Art. 7 Nr. 7 (Fürsorge), Nr. 8 (Gesundheitswesen) und Nr. 9 (Versicherung) WRV als einschlägig angesehen werden. Die Einfügung von Nr. 19a in Art. 74 GG geht auf eine Initiative der Bundesregierung des Jahres 1969 zurück.

93   Die Kompetenz betrifft **Krankenhäuser** jeder Art, seien sie öffentlich oder privat getragen. Es geht um die **wirtschaftliche Sicherung**[267]; davon können auch die Personalstruktur der Krankenhäuser, die Einkünfte des ärztlichen und des nichtärztlichen Personals und die Klasseneinteilung erfaßt werden[268]. Der Bereich der Krankenhausorganisation und Krankenhausplanung ist dem Bund jedoch versperrt[269], ebenso wie die Verfolgung gesundheitspolitischer Fernziele, die die Garantie des allgemeinen Standards der Krankenhausversorgung übersteigen[270]. Für Bundeswehrkrankenhäuser ist die Spezialkompetenz aus Art. 73 Nr. 1 GG vorrangig. Das Bestimmungsrecht der Kommunen für Krankenhäuser, deren Träger sie sind, bleibt unberührt[271].

22. Lebensmittel, Bedarfsgegenstände, Pflanzen- und Tierschutz (Art. 74 I Nr. 20 GG)

94   Während die Reichsverfassung von 1871 zu den Materien von Art. 74 I Nr. 20 GG durchgehend schwieg (sie also den Ländern überließ), wies Art. 7 Nr. 15 WRV »den Verkehr mit Nahrungs- und Genußmitteln sowie mit Gegenständen des täglichen Bedarfs« der konkurrierenden Gesetzgebung des Reichs zu. Vom »Schutz der Pflanzen

---

[264] Vgl. dazu *H.-U. Gallwas*, DÖV 1993, 17 ff. einerseits, *A. Maier*, DVBl. 1991, 249 ff. andererseits. Siehe weiterhin *H.-U. Gallwas*, Bundesgesetzlicher Bezeichnungsvorbehalt Altenpflegerecht?, in: FS Lerche, 1993, S. 410 ff.
[265] BVerfGE 5, 25 (28 f.); 7, 377 (387); a.A. BVerwGE 4, 51 (52).
[266] Jarass/Pieroth, GG, Art. 74 Rn. 46; *Rengeling* (Fn. 33), § 100 Rn. 217; *Pestalozza*, GG VIII, Art. 74 Rn. 1342 f.
[267] Siehe dazu *O. Depenheuer*, Staatliche Finanzierung und Planung im Krankenhauswesen, 1986; *D. H. Scheuing*, Verfassungsrechtliche Zentralfragen der Krankenhausfinanzierung, 1985.
[268] *Rengeling* (Fn. 33), § 100 Rn. 218.
[269] BVerfGE 83, 363 (380).
[270] BVerfGE 82, 209 (232).
[271] *Rengeling* (Fn. 33), § 100 Rn. 218.

gegen Krankheiten und Schädlinge« sprach Art. 7 Nr. 8 WRV. Eine ausdrückliche Kompetenz für den Tierschutz fehlte dagegen. In Art. 36 Nr. 20 HChE wurden als Teil der Vorranggesetzgebung des Bundes »Verkehr mit Nahrungs- und Genußmitteln, sowie mit Gegenständen des täglichen Bedarfs« und in Art. 36 Nr. 21 HChE »Maßnahmen gegen Pflanzenkrankheiten und Pflanzenschädlinge« genannt. Im Parlamentarischen Rat erlebte die Vorschrift weniger inhaltlich als in den Formulierungen einiges Hin und Her. Die 1949 in Kraft getretene Fassung von Nr. 20 lautete »den Schutz beim Verkehr mit Lebens- und Genußmitteln sowie Bedarfsgegenständen, mit Futtermitteln, mit land- und forstwirtschaftlichem Saat- und Pflanzengut und den Schutz der Bäume und Pflanzen gegen Krankheiten und Schädlinge«[272]. Im Jahr 1971 erhielt Nr. 20 die heute geltende Fassung. Sie umfaßt auch den Tierschutz, für den es bis dahin an einer umfassenden Zuständigkeit des Bundes gefehlt hatte.

Beim **Verbrauchsgüterschutz** als dem ersten Sachgegenstand von Art. 74 I Nr. 20 GG wird der Begriff des Verkehrs genauso verstanden wie in Nr. 19 (→ Rn. 83). Die Verfassung unterscheidet Lebens- und Genußmittel, wobei beide zum Verzehr bestimmt sind, bei letzteren aber der Ernährungszweck entweder zurücktritt oder ganz fehlt[273]. Der Schutz ist sowohl auf die Abwehr gesundheitlicher Gefahren als auch auf die Übervorteilung des Verbrauchers gerichtet[274]. **Bedarfsgegenstände** sind solche, mit denen der menschliche Körper im täglichen Leben in so engen Kontakt kommt, daß die Abwehr von Gesundheitsgefährdungen durch sie notwendig ist (Körperpflege, Kosmetika). Der **Pflanzenschutz** betrifft vorbeugende wie nachgängige Maßnahmen zugunsten lebender Pflanzen und Pflanzenteile, nicht aber zur Erhaltung eines Biotops[275]. 95

Der nachträglich eingefügte **Tierschutz** wird mitunter als Garantie von Verfassungsrang und Kompetenznorm mit legitimatorischer Wirkung gegenüber der Forschungsfreiheit nach Art. 5 III GG gedeutet[276]. Allein die nachträgliche Einfügung der Kompetenzbestimmung kann aber noch nicht als Einschränkung der Wissenschaftsfreiheit gedeutet werden; Tierschutz kennt viele Varianten, und der Verfassungsänderung ist nicht allein oder vorrangig die Wendung gegen die Forschung am Tier zu entnehmen[277]. 96

23. Schiffahrt, Seezeichen, Wasserstraßen (Art. 74 I Nr. 21)

Als Vorgängernormen zu Art. 74 I Nr. 21 GG (See- und Binnenschiffahrt; Wasserstraßen) sind aus der Reichsverfassung von 1871 eine Reihe von Kompetenzvorschriften zu nennen; so gestand Art. 4 Nr. 7 dem Reich die Gesetzgebungskompetenz für die »Organisation eines gemeinsamen Schutzes des Deutschen Handels im Auslande, der Deutschen Schiffahrt und ihrer Flagge zur See…«, weiterhin nach Art. 4 Nr. 8 die Gesetzgebung über »die Herstellung von Land- und Wasserstraßen im Interesse der Landesverteidigung und des allgemeinen Verkehrs« zu. Nach Art. 4 Nr. 9 RV 1871 hatte das Reich auch die Gesetzgebung betreffend den »Flößerei- und Schiffahrtsbetrieb auf den mehreren Staaten gemeinsamen Wasserstraßen« sowie den »Zustand der letzte- 97

---

[272] Zu den Verhandlungen im Parlamentarischen Rat siehe JöR 1 (1951), S. 543 ff.
[273] Vgl. *Kunig* (Fn. 24), Art. 74 Rn. 97.
[274] Jarass/*Pieroth*, GG, Art. 74 Rn. 48.
[275] Vgl. *Rengeling* (Fn. 33), § 100 Rn. 220: Schutz einzelner Pflanzen.
[276] → Art. 5 III (Wissenschaft) Rn. 39 m.w.N.
[277] → Art. 1 I Rn. 63 ff. m.w.N.

Art. 74 C. Erläuterungen

ren, sowie die Fluß- und sonstigen Wasserzölle«. Durch Reichsgesetz vom 23.3. 1873 wurden der Nr. 9 die Worte »desgleichen die Seeschiffahrtszeichen (Leuchtfeuer, Tonnen, Baken und sonstige Tagesmarken)« hinzugefügt. Die **Weimarer Verfassung** sah eine konkurrierende Gesetzgebung des Reichs für »die Seeschiffahrt« (Art. 7 Nr. 18 WRV) und »die Binnenschiffahrt« (Art. 7 Nr. 19 WRV) vor. Weitere Regelungen der Weimarer Verfassung zu diesem Komplex finden sich in den Art. 97–101 und 171 WRV (Übernahme der Wasserstraßen durch das Reich). Der Herrenchiemseer Verfassungskonvent überwies dem Bund in Art. 36 Nr. 32–34 HChE die Vorrangkompetenz betreffend »Hochsee- und Küstenschiffahrt sowie Seezeichen«, »Schiffahrt auf Gewässern, die das Gebiet mehrerer Länder berühren« sowie »See-, Wasserstraßen sowie Wasserstraßen, die das Gebiet mehrerer Länder berühren«. Eine kontroverse Diskussion im Parlamentarischen Rat führte schließlich zur heutigen Fassung von Art. 74 I Nr. 21 GG[278].

98 Für die **Seewasserstraßen** (vorausgesetzt wird, daß sie der deutschen Hoheitsgewalt unterstehen, daß es sich also um Küstengewässer handelt) und die **Binnenwasserstraßen** besitzt der Bund eine Gesetzgebungszuständigkeit nur für die Verkehrsfunktion, wobei er allerdings nicht gehindert ist, Regelungen im Interesse des Schiffahrtsverkehrs zu treffen, auch wenn sie zugleich zwangsläufig die allgemeine wasserwirtschaftliche Ordnung berühren[279]. Auch Ausbau und Erhaltung der Gewässer einschließlich der Planfeststellung sind Teil der Kompetenz[280]. Die allgemeine Regelung der **Wasserwirtschaft** unterfällt dagegen Art. 75 I 1 Nr. 4 GG, so daß der Bund insoweit nur eine **Rahmenkompetenz** besitzt[281].

99 **Seezeichen** sind sichtbare, nicht am Schiff angebrachte Zeichen (Bojen, Leuchtfeuer etc.), während das Signalwesen zur Schiffahrt gehört. Die Kompetenz für den **Wetterdienst** ist nicht nur für die Schiffahrt von Bedeutung, sondern auch für Landwirtschaft, Touristik, Straßen- und Luftverkehr, Gesundheitswesen[282].

24. Straßenverkehr (Art. 74 I Nr. 22 GG)

100 Eine Vorläuferrolle zu Art. 74 I Nr. 22 GG (Straßenverkehr, Straßenbau, Gebühren) nimmt Art. 4 Nr. 8 RV 1871 ein (»die Herstellung von Land- und Wasserstraßen im Interesse der Landesverteidigung und des allgemeinen Verkehrs«). Art. 7 Nr. 19 WRV überließ dem Reich eine konkurrierende Gesetzgebung über »den Verkehr mit Kraftfahrzeugen zu Lande, zu Wasser und in der Luft, sowie den Bau von Landstraßen, soweit es sich um den allgemeinen Verkehr und die Landesverteidigung handelt«. Im Herrenchiemseer Entwurf wurde dem Bund die Vorranggesetzgebung für »Autobahnen des allgemeinen Verkehrs (Art. 36 Nr. 35 HChE) sowie für »Straßenverkehr, Kraftfahrwesen« (Art. 36 Nr. 36 HChE) zugestanden. Die vom Parlamentarischen Rat gefundene Formulierung von Nr. 22 lautete: »den Straßenverkehr, das Kraftfahrwesen und den Bau und die Unterhaltung von Landstraßen des Fernverkehrs«. Durch Verfassungsänderung des Jahres 1969 erhielt die Kompetenznorm die heute gültige Fassung.

---

[278] Siehe dazu *Pestalozza*, GG VIII, Art. 74 Rn. 1487.
[279] BVerfGE 15, 1 (9).
[280] Siehe dazu *R. Breuer*, DVBl. 1974, 268 (271); *Maunz* (Fn. 24), Art. 74 Rn. 233.
[281] *Maunz* (Fn. 24), Art. 74 Rn. 235.
[282] BVerfGE 15, 1 (12f.).

101 Nr. 22 enthält ähnlich wie die vorausgehende Kompetenznummer Vorschriften über (Straßen-)**Verkehr und Verkehrswege**. Dabei ist die Gesetzgebungskompetenz des Bundes für den Straßenverkehr abzugrenzen vom Straßen- und Wegerecht, das im Kompetenzbereich der Länder (ausgenommen das Recht der Bundesfernstraßen) verblieben ist. Das Straßen- und Wegerecht ist zum einen mit Entstehung, Indienststellung, Einteilung und Einziehung von Straßen, zum anderen mit der Widmung zu einer festgelegten spezifischen Verkehrsfunktion befaßt. Das Straßenverkehrsrecht setzt das Straßenrecht voraus und betrifft Sicherheit und Leichtigkeit des Verkehrs, die Anforderungen an die Verkehrsteilnehmer und die Abwehr von Gefahren[283]. Das Straßenverkehrsrecht ist also sachlich begrenztes Ordnungsrecht, für das dem Bund die Gesetzgebung zukommt[284]. Damit ist nicht nur der Erlaß von Verkehrsregeln Teil der Bundeskompetenz; diese umfaßt kraft eines »erweiterten Verständnisses des Begriffs Straßenverkehr« auch die Abwehr von Gefahren, die von außen auf den Verkehr einwirken[285], also etwa von Anlagen der Außenwerbung oder einer am Fahrzeug angebrachten Werbung ausgehen[286]. Auch das **Dauerparken** gehört als Form des »ruhenden Verkehrs« zu Art. 74 I Nr. 22 GG[287], während das Abstellen zu Verkaufszwecken, also in erkennbarer Absicht, am fließenden Verkehr nicht teilzunehmen, dem Wegerecht der Länder unterfällt[288]. Auch wenn in der verfassungsgerichtlichen Rechtsprechung bislang noch nicht abschließend geklärt ist, wo die Zuständigkeitsgrenze für Wegerecht und Straßenverkehrsrecht exakt verläuft[289], unterfallen die klassischen Sondernutzungsfälle (Tische und Stühle eines Cafes auf der Straße, Nasenschilder, Plakatständer u.a.) jedenfalls nicht der Kompetenz aus Art. 74 I Nr. 22 GG[290]. Das Regelungsregime des Bundes für den Straßenverkehr folgt dem Wegerecht der Länder auch insofern, als es sich innerhalb des landesrechtlichen Widmungszweckes zu halten hat und nicht die Voraussetzungen einer wegerechtlichen Widmung umfaßt, wie etwa bei Einrichtung einer Fußgängerzone[291]. Es betrifft die Ausübung des aus der Widmung folgenden Gemeingebrauchs, nicht diesen selbst[292]. Gleichwohl kann ein und derselbe Vorgang sowohl straßen- als auch straßenverkehrsrechtlich relevant sein, etwa wenn ein zu Werbezwecken abgestelltes Fahrzeug gleichzeitig eine Gefahrenquelle für den fließenden Verkehr darstellt[293]. Es handelt sich dabei nicht um den Fall einer unzulässigen Doppelzuständigkeit[294], sondern um eine Anknüpfung an verschiedene Aspekte einer Fallgestaltung.

102 **Kraftfahrwesen** betrifft die auf den Bau und den Betrieb von Kraftfahrzeugen bezogenen Regelungen, etwa die Straßenverkehrszulassungsordnung. Die Möglichkeit zu

---

[283] Siehe dazu BVerfGE 40, 371 (378ff.); 67, 299 (314ff.).
[284] BVerfGE 40, 371 (378, 380); 67, 299 (314).
[285] BVerfGE 32, 319 (326); 40, 371 (379); siehe weiter BVerwGE 45, 147 (149); 82, 34 (37).
[286] BVerfGE 32, 319 (326f.); 40, 371 (380).
[287] BVerfGE 67, 299 (315ff.).
[288] Siehe dazu BayObLG DÖV 1983, 297; siehe dazu auch BVerfGE 67, 299 (323): mit der Aufgabe des »Verkehrsbezugs« das Kraftfahrzeug wird dieses zu einer auf die Straße aufgebrachten verkehrsfremden »Sache« wie jeder beliebige sonstige körperliche Gegenstand.
[289] So BVerfGE 67, 299 (315); siehe hierzu eingehend *U. Steiner*, JuS 1984, 1ff.
[290] Siehe *Degenhart* (Fn. 22), Art. 74 Rn. 86.
[291] BVerwGE 62, 376 (378); zu Fußgängerzonen siehe *F.-J. Peine*, DÖV 1978, 835ff.
[292] BVerfGE 67, 299 (321ff.).
[293] Vgl. dazu *Degenhart* (Fn. 22), Art. 74 Rn. 86.
[294] Siehe hierzu BVerfGE 36, 193 (202); 67, 299 (321).

ihrem Erlaß wäre aber wohl schon von der Kompetenz des Bundes für den Straßenverkehr umfaßt.

103 Die Kompetenz für den **Bau und die Unterhaltung von Landstraßen für den Fernverkehr** bezieht sich auf die Bundesfernstraßen (Bundesautobahnen und Bundesstraßen), für die dem Bund somit die Regelungskompetenz hinsichtlich des gesamten Straßenrechts einschließlich Planfeststellung, Widmung, Sondernutzung, Verkehrssicherungspflichten[295] und Einziehung zusteht (Straßenbaulast)[296].

104 Die Befugnis zur Erhebung und Verteilung von **Gebühren** für die Benutzung öffentlicher Straßen mit Fahrzeugen ist weiter und umfaßt nicht nur die Bundesstraßen des Fernverkehrs. Denkbare Fälle dieser Kompetenznorm sind nicht nur die Regelungen über Parkgebühren[297], sondern auch die Einführung einer Mautpflicht für Bundesautobahnen.

25. Schienenbahnen (Art. 74 I Nr. 23 GG)

105 Art. 74 I Nr. 23 GG (Schienenbahnen) besitzt eine Vorgängernorm in Art. 4 Nr. 8 RV 1871 (»Das Eisenbahnwesen ... im Interesse der Landesverteidigung und des allgemeinen Verkehrs«). Art. 7 Nr. 19 WRV enthielt eine konkurrierende Gesetzgebungskompetenz des Reichs für »die Eisenbahnen...«, soweit es sich um den allgemeinen Verkehr und die Landesverteidigung handelte. Weitere Vorschriften (insbesondere über die Reichsverwaltung der Eisenbahnen) finden sich in den Art. 89–96 WRV. In Art. 36 Nr. 35 HChE war für »Eisenbahnen und Autobahnen des allgemeinen Verkehrs, sowie Bau, Betrieb und Verkehr aller Eisenbahnen« die Vorranggesetzgebung des Bundes vorgesehen. Die 1949 in Kraft getretene Fassung von Art. 74 I Nr. 23 GG lautete: »die Schienenbahnen, die nicht Bundeseisenbahnen sind, mit Ausnahme der Bergbahnen«. Durch Verfassungsänderung des Jahres 1993 wurde Art. 74 I Nr. 23 GG in Angleichung an Art. 73 Nr. 6a GG und im Verbund mit der Einfügung des neuen Art. 87e GG die geltende textliche Fassung gegeben.

106 **Schienenbahnen** im Sinne der Kompetenzvorschrift sind alle Bahnen mit festem Spurweg, also Eisenbahnen, Straßenbahnen, Hoch- und Untergrundbahnen, Schwebebahnen und Magnetkissenbahnen. Art. 74 I Nr. 23 GG umfaßt auch die Regelung des Baus und der Veränderung von Schienenbahnen[298]. Aus Art. 74 I Nr. 23 GG folgt weiterhin die Kompetenz des Bundes zur Regelung des Planfeststellungsrechts für nichtbundeseigene Eisenbahnen. Dagegen umfaßt die Kompetenz (anders als die für die Eisenbahnen des Bundes nach Art. 73 Nr. 6a GG) nicht die Befugnis, auch die Planfeststellung für die kreuzungsbeteiligten Straßenstücke zu regeln. Soweit es sich um Bundesstraßen handelt, ist die Kompetenz hierzu aus Art. 74 I Nr. 22 GG abzuleiten; im übrigen bleiben die Länder zuständig[299]. **Bergbahnen** unterfallen nicht der Kompetenz, gleichgültig ob sie als Seilbahnen oder Zahnradbahnen konstruiert sind. Sie unterliegen der ausschließlichen Gesetzgebungsbefugnis der Länder, die sowohl für Planung als auch Bau (einschließlich der dazu notwendigen Enteignungen) zustän-

---

[295] Siehe dazu R. *Bartlsperger*, DVBl. 1973, 465 (468ff.) einerseits, G. *Nedden*, DVBl. 1974, 253 (256) andererseits; vgl. auch BGHZ 60, 54 (60).
[296] Vgl. BVerfGE 26, 338 (377) zur Planfeststellung.
[297] Siehe BVerwGE 58, 326 (330).
[298] BVerfGE 26, 338 (382).
[299] BVerfGE 26, 338 (384).

dig sind³⁰⁰. Von der Kompetenznorm nicht erfaßt werden weiterhin Eisenbahnen des Bundes; für sie gilt Art. 73 Nr. 6a GG. Dagegen gibt es keinen Grund, private Schienenbahnen aus der konkurrierenden Gesetzgebungsbefugnis des Bundes herauszunehmen³⁰¹.

26. Abfallbeseitigung, Immissionsschutz (Art. 74 I Nr. 24 GG)

Hinsichtlich der Kompetenz aus Art. 74 I Nr. 24 GG (Abfallbeseitigung, Immissionsschutz) gibt es keine vergleichbaren Kompetenzbestimmungen in den beiden Vorgängerverfassungen. Angesichts der immer fühlbarer werdenden Notwendigkeit gesetzgeberischen Tätigwerdens zum Schutz der Umwelt wurde die Kompetenz 1972 eingefügt, nachdem ein ähnlicher Versuch zwei Jahre zuvor gescheitert war³⁰². **107**

Art. 74 I Nr. 24 GG beinhaltet **keine umfassende Umweltschutzkompetenz**, betrifft aber wichtige Bereiche des Umweltrechts, während andere Umweltschutzregelungen auf Art. 74 I Nr. 11, 17, 18 GG oder Art. 75 I 1 Nr. 3 und 4 GG gestützt werden können, wobei in den beiden letzteren Fällen die Beschränkung auf eine Rahmengesetzgebungskompetenz zu beachten ist³⁰³. **108**

Jedenfalls das begriffliche Minimum des Kompetenzbegriffs **Abfall** kann wohl dem im Jahr der Einfügung der Verfassungsnorm (1972) geschaffenen Abfallbeseitigungsgesetz entnommen werden³⁰⁴; danach waren Abfälle bewegliche Sachen, deren sich der Besitzer entledigen will oder deren geordnete Beseitigung zur Wahrung des Wohls der Allgemeinheit geboten ist (subjektiv-objektiver Abfallbegriff). Auch der Abfallbegriff des geltenden Kreislaufwirtschafts- und Abfallgesetzes von 1994³⁰⁵, wonach »Abfall« bewegliche Sachen sind, die unter die im Anhang 1 des Gesetzes aufgeführten Gruppen fallen und deren sich ihr Besitzer entledigt, entledigen will oder entledigen muß (§ 3 I 1), hält sich im Rahmen der verfassungsrechtlichen Vorgaben³⁰⁶. Im Hinblick auf die Abfallbeseitigung ist zweifelhaft, ob ihr auch die **Abfallverwertung und -vermeidung** unterfällt. Während dies für die erste Alternative zu bejahen ist (Abfall kann auch durch Verwertung seine Abfalleigenschaft verlieren), ist dies bei einer am Wortlaut orientierten Auslegung für die Vermeidung nicht möglich. Abfallvermeidung ist vorgängig, Abfallbeseitigung kommt nach Entstehung des Abfalls zum Zug³⁰⁷. Statt den Umweg über eine Kompetenz kraft Sachzusammenhangs zu gehen³⁰⁸, wird wohl besser auf Art. 74 I Nr. 11 GG zurückgegriffen, was allerdings voraussetzt, daß die gewerbliche Wirtschaft betroffen ist³⁰⁹. Das geltende Abfallrecht des Bundes nutzt die Gesetzgebungskompetenz nicht im Sinn von Art. 72 I und II GG er- **109**

---

³⁰⁰ BVerfGE 56, 249 (263); a.A. *R. Breuer*, DVBl. 1981, 971 (972f.); siehe auch *W. Brohm*, DÖV 1983, 525ff.
³⁰¹ Jarass/Pieroth, GG, Art. 74 Rn. 57; *Bothe* (Fn. 78), Art. 74 Rn. 58; a.A. *Maunz* (Fn. 24), Art. 74 Rn. 247.
³⁰² Eingehend dazu *Pestalozza*, GG VIII, Art. 74 Rn. 1685ff.
³⁰³ Siehe dazu auch *Degenhart* (Fn. 22), Art. 74 Rn. 89.
³⁰⁴ Für diesen Weg *Pestalozza*, GG VIII, Art. 74 Rn. 1749.
³⁰⁵ BGBl. I S. 2705.
³⁰⁶ So auch *Pestalozza*, GG VIII, Art. 74 Rn. 1753.
³⁰⁷ So auch *Degenhart* (Fn. 22), Art. 74 Rn. 90; *Pestalozza*, GG VIII, Art. 74 Rn. 1760.
³⁰⁸ Dafür wohl *Rengeling* (Fn. 33), § 100 Rn. 237; dafür auch *Degenhart* (Fn. 22), Art. 74 Rn. 91.
³⁰⁹ Vgl. dazu *M. Bothe*, NVwZ 1987, 938 (939); *Rengeling* (Fn. 33), § 100 Rn. 237; für eine Unterstellung auch der Abfallvermeidung unter Art. 74 I Nr. 24 GG *Kunig* (Fn. 24), Art. 74 Rn. 119.

schöpfend aus; den Ländern verbleiben noch Spielräume[310]. Die Bundeskompetenz ist in erheblichem Maße europarechtlich überlagert[311].

110 **Luftreinhaltung** und **Lärmbekämpfung** dienen gemeinsam als Kompetenzgrundlage für eines der zentralen Gesetze des Umweltschutzes, das Bundesimmissionsschutzgesetz, obwohl beide Kompetenzgegenstände auch getrennt geregelt hätten werden können. Das Bundesimmissionsschutzgesetz betrachtet als Immissionen alle auf Menschen, Tiere und Pflanzen sowie die Umweltmedien einwirkenden Luftverunreinigungen, Geräusche, Erschütterungen, Licht, Wärme, Strahlen und ähnliche Umwelteinwirkungen und als Emissionen die von einer Anlage ausgehenden Luftverunreinigungen, Geräusche, Erschütterungen, Licht, Wärme, Strahlen und ähnliche Erscheinungen (§ 3 II 3 BImSchG). Soweit diese Begriffsbestimmung weiter geht als die kompetentielle Grundlage in Art. 74 I Nr. 24 GG, ist auf Art. 74 I Nr. 11 GG zurückzugreifen, was aber nur bei wirtschaftsbezogenen Sachverhalten möglich ist[312]. Für nicht genehmigungsbedürftige Anlagen, die nicht gewerblichen Zwecken dienen, beschränkt das Gesetz seinen Geltungsbereich auf die Verhinderung oder Beschränkung schädlicher Umwelteinwirkungen durch Luftverunreinigungen oder Geräusche (§ 22 I 3 BImSchG)[313]. Da das Bundesimmissionsschutzgesetz schwerpunktmäßig **Anlagenrecht** ist, also die von Anlagen ausgehenden Umweltbelastungen regelt, verbleibt dem Landesrecht der handlungsbezogene Immissionsschutz. Die Länder haben daher eigene Landesimmissionsschutzgesetze erlassen[314].

27. Staatshaftung (Art. 74 I Nr. 25 GG)

111 Auch Art. 74 I Nr. 25 GG (Staatshaftung) hat keine Vorbilder in den Reichsverfassungen von 1871 und von 1919. Nachdem das Staatshaftungsgesetz des Bundes aus dem Jahre 1981 vom Bundesverfassungsgericht mangels tragfähiger kompetentieller Grundlage für nichtig erklärt worden war[315], ist im Jahre 1994 durch Einfügung von Nr. 25 zukünftigen vergleichbaren Bestrebungen des Bundes eine ordnungsgemäße Kompetenzgrundlage verliehen worden. Dieselbe Grundgesetzänderung hat aber auch Art. 74 II GG geschaffen, wonach Gesetze, die in Ausnutzung der Kompetenz des Bundes für die Staatshaftung ergehen, der Zustimmung des Bundesrates bedürfen.

112 Da nunmehr nicht mehr die vom Bundesverfassungsgericht verworfene Anknüpfung an Art. 74 I Nr. 1 GG (bürgerliches Recht) versucht werden muß, ist der Weg frei für eine **umfassende und primäre Regelung der Staatshaftung**, die sich nicht wie derzeit nur als Überleitung einer persönlichen Deliktshaftung des Amtswalters (vgl. § 839 BGB/Art. 34 GG) auf den Staat darstellt und die das allgemein anerkannte Desi-

---

[310] Siehe dazu BayVerfGH BayVBl. 1990, 692 (694f.); *M. Bothe*, NVwZ 1987, 938 (939ff.). Vgl. aber auch BVerwG DVBl. 1997, 1118: mit dem Abfallgesetz von 1986 in Verbindung mit der Verpackungsverordnung hat der Bund die Vermeidung von Verpackungsabfall abschließend geregelt (Einweggeschirr).

[311] Siehe dazu *M.-J. Seibert*, DVBl. 1994, 228ff.; *A. Kersting*, DVBl. 1994, 273 (276).

[312] Vgl. dazu *H.D. Jarass*, BImSchG, 3. Aufl. 1995, Einl. Rn. 18.

[313] Siehe dazu *Kunig* (Fn. 24), Art. 74 Rn. 121.

[314] Vgl. hierzu *Jarass*, BImSchG (Fn. 312), Einl. Rn. 20ff. Zur Kompetenz des Bundes zum Erlaß eines Nichtraucherschutzgesetzes *F. Ossenbühl/M. Cornils*, Hat der Bund die Gesetzgebungskompetenz zum Erlaß eines Nichtraucherschutzgesetzes?, 1997, S. 15ff.; *B. Gremmer*, BayVBl. 1993, 225 (230).

[315] BVerfGE 61, 149 (151ff.). → Art. 34 Rn. 10, 24.

derat erfüllen kann, auch bei bloßer Rechtswidrigkeit staatlichen Handelns Haftungsgrundlagen zu bieten[316]. Auf Art. 74 I Nr. 25 GG gestützte Gesetze sind als einzige, die nach Art. 74 I GG ergehen, schon wegen ihrer kompetentiellen Grundlage zustimmungsbedürftig (vgl. Art. 74 II GG). Dies ist zwar als Kompensation zugunsten der Länder für die verlorengegangene Kompetenz verständlich, geht aber auf Kosten systematischer Ansprüche an die Verfassung.

Auch diese Kompetenz wird inzwischen vom **europäischen Gemeinschaftsrecht** und der dazu ergangenen Rechtsprechung des Europäischen Gerichtshofs in bedeutsamer Weise ergänzt und überlagert (→ Rn. 11). 113

28. Künstliche Befruchtung, Gentechnik, Transplantation (Art. 74 I Nr. 26 GG)

Art. 74 I Nr. 26 GG hat keine Vorgängernormen in früheren Verfassungen; die Kompetenzvorschrift geht auf die Verfassungsänderung des Jahres 1994 zurück[317]. 114

Der Begriff der **künstlichen Befruchtung beim Menschen** ist vom verfassungsändernden Gesetzgeber zu eng gewählt, da anzunehmen ist, daß er alle Bereiche der modernen Fortpflanzungsmedizin bis hin zur nicht auf das Werden eines neuen Menschen abzielenden Embryonenforschung erfassen und auch den Embryonentransfer nach natürlicher Befruchtung nicht ausschließen wollte[318]. Von der Verfassungsnorm jedenfalls abgedeckt sind alle Formen der homologen und heterologen, intra- und extrakorporalen Insemination, wenn der Befruchtungsvorgang dabei auf künstlichem Wege vorgenommen wird[319]. 115

Untersuchung und künstliche Veränderung von **Erbinformationen** (Gentechnik) betrifft insbesondere den Eingriff in die genetische Information von Lebewesen und die gezielte Neukombination entsprechender Anlagen, gleichgültig ob das verwendete Material seinerseits synthetisch oder natürlichen Ursprungs ist[320]. 116

Transplantation ist die Übertragung von Körperteilen toter oder lebender Menschen auf andere Menschen, insbesondere von inneren Organen[321]. 117

---

[316] Zu den einzelnen über Art. 74 I Nr. 25 GG regelbaren Haftungsgrundlagen vgl. *Degenhart* (Fn. 22), Art. 74 Rn. 94; *Pestalozza*, GG VIII, Art. 74 Rn. 1840ff., der zurecht darauf hinweist, daß als Maßstab für ihre Einbeziehung das Staatshaftungsgesetz von 1981 gelten kann, da die Kompetenzerweiterung zugunsten des Bundes als Reaktion auf das seinerzeitige Urteil des Bundesverfassungsgerichts und mit dem Willen erfolgte, die für notwendig angesehene Reform des Staatshaftungsrechts im wesentlichen mit denselben gesetzgeberischen Zielen möglich zu machen. Vgl. dazu näher *F. Ossenbühl*, Staatshaftungsrecht, 4. Aufl. 1991, S. 357 ff.; *R. Schullern*, BayVBl. 1990, 360 ff.

[317] Zur Verfassungslage vor Änderung des Grundgesetzes im Jahr 1994 vgl. *G. Hirsch/A. Schmidt-Didczuhn*, BayVBl. 1990, 289 ff.

[318] Vgl. auch *Degenhart* (Fn. 22), der insofern mit dem Kriterium des »Sachzusammenhangs« arbeiten will. Zum Sachgebiet näher *D. Ruderisch*, ZRP 1992, 260 ff.; *W. Brohm*, JuS 1998, 197 ff.

[319] Noch enger allerdings die von der Bundesregierung vertretene Definition »medizinisch-technische Behandlung ungewollter Kinderlosigkeit« (BT-Drs. 11/1856); dazu *Degenhart* (Fn. 22), Art. 74 Rn. 96 mit Fn. 397.

[320] Zum Gentechnikgesetz und seiner verfassungsrechtlichen Grundlage vor Änderung des Grundgesetzes vgl. *G. Hirsch/A. Schmidt-Didczuhn*, NVwZ 1990, 713 (714); siehe dazu auch *M. D. Müller*, Auswirkungen der Grundgesetzrevision von 1994 auf die Verteilung der Gesetzgebungskompetenzen zwischen Bund und Ländern, 1996, S. 98 f.

[321] Vgl. zur rechtlichen Problematik *W. Höfling*, JZ 1995, 26 ff.; zum Entwurf eines rheinland-pfälzischen Transplantationsgesetzes siehe *J. Weber/S. Lejeune*, NJW 1994, 2392 ff. Vgl. jetzt auch das Transplantationsgesetz des Bundes (TPG) v. 5. 11. 1997 (BGBl. I S. 2631) und dazu *E. Deutsch*, NJW 1998, 777 ff.

III. Art. 74 II GG

118 Art. 74 II GG enthält, wenig systematisch (→ Rn. 112), einen an eine Sachmaterie anknüpfenden Fall der Zustimmungsbedürftigkeit einschlägiger Bundesgesetzgebung (zu einer ähnlichen Situation → Art. 74a Rn. 11). Die Einfügung der Vorschrift war notwendig, damit die Länder für die Übertragung der Kompetenz für das Staatshaftungsrecht an den Bund gewonnen werden konnten (→ Rn. 112).

D. Verhältnis zu anderen GG-Bestimmungen

119 Art. 74 GG ist ein Spiegel der Entfaltung staatlicher Aktivitäten durch den Bund und zugleich ein fast kompletter Katalog der Materien der konkurrierenden Gesetzgebung (neben Art. 74a, 105 II und 115c I 1 GG). Da in ihm weitaus die meisten Agenden des Bundes ihre verfassungsrechtliche Fundierung finden, ist er wie kaum eine zweite Verfassungsvorschrift mit den **Staatsorganisationsvorschriften**, insbesondere jenen über das Gesetzgebungsverfahren, aber auch mit den Grundrechten der Einzelperson vernetzt. Von nicht wenigen Einzelpunkten des Art. 74 GG wird eine legitimatorische Wirkung im Hinblick auf parallele **Grundrechtsnormen** abgeleitet (so etwa aus Art. 74 I Nr. 11a – friedliche Nutzung der Kernenergie [→ Rn. 61]; Art. 74 I Nr. 20 – Tierschutz [→ Rn. 96]). Soweit nichtsteuerliche Abgaben auf eine Sachkompetenz nach Art. 74 GG gestützt werden, muß der Vorrang der grundgesetzlichen **Finanzverfassung** für die Einnahmeerzielung des Staates berücksichtigt werden (→ Rn. 53; → Art. 70 Rn. 18). Im Hinblick auf die Kompetenzen des Bundes, die sich aus Art. 73 einerseits, Art. 75 GG andererseits ergeben, ist der Vorrang der spezielleren Kompetenz gegenüber der allgemeinen zu berücksichtigen. Wichtig ist, daß nicht die Beschränkung des Bundes durch einen ihn in geringerem Maße ermächtigenden Kompetenztypus (Rahmengesetzgebung, konkurrierende Gesetzgebung) durch einen ungerechtfertigten Rückgriff auf Anknüpfungspunkte überspielt wird, die den Bund zur konkurrierenden/ausschließlichen Gesetzgebung ermächtigen und ihm daher größere Befugnisse einräumen.

Artikel 74a [Konkurrierende Gesetzgebung für Besoldung und Versorgung im öffentlichen Dienst]

(1) Die konkurrierende Gesetzgebung erstreckt sich ferner auf die Besoldung und Versorgung der Angehörigen des öffentlichen Dienstes, die in einem öffentlich-rechtlichen Dienst- und Treueverhältnis stehen, soweit dem Bund nicht nach Artikel 73 Nr. 8 die ausschließliche Gesetzgebung zusteht.

(2) Bundesgesetze nach Absatz 1 bedürfen der Zustimmung des Bundesrates.

(3) Der Zustimmung des Bundesrates bedürfen auch Bundesgesetze nach Artikel 73 Nr. 8, soweit sie andere Maßstäbe für den Aufbau oder die Bemessung der Besoldung und Versorgung einschließlich der Bewertung der Ämter oder andere Mindest- oder Höchstbeträge vorsehen als Bundesgesetze nach Absatz 1.

(4) ¹Die Absätze 1 und 2 gelten entsprechend für die Besoldung und Versorgung der Landesrichter. ²Für Gesetze nach Artikel 98 Abs. 1 gilt Absatz 3 entsprechend.

Literaturauswahl

Düchs, Gerhard: Die analytische Dienstpostenbewertung – ein Patentrezept für die Reform des öffentlichen Dienstes?, in: ZBR 1976, S. 212–219.
Heer, Volker: Beamtenbesoldung in der Bundesrepublik Deutschland, 1975.
Schick, Walter: Beamtenbesoldung im Bundesstaat, in: Festschrift für Theodor Maunz, 1981, S. 281–296.
Schmidt-Aßmann, Eberhard: Gemeinden und Staat im Recht des öffentlichen Dienstes. Aktuelle Fragen zur kommunalen Personalhoheit, in: Festschrift für Carl Hermann Ule, 1977, S. 461–482.
Soell, Hermann: Verfassungsrechtliche Maßstäbe für eine Reform des Besoldungsrechts, in: DÖV 1974, S. 147–152.

Leitentscheidung des Bundesverfassungsgerichts

BVerfGE 34, 9 (19ff.) – Besoldungsvereinheitlichung.

Gliederung

	Rn.
A. Herkunft, Entstehung, Entwicklung	1
B. Internationale, supranationale und rechtsvergleichende Bezüge	3
C. Erläuterungen	4
I. Allgemeine Bedeutung	4
II. Einzelfragen	5
D. Verhältnis zu anderen GG-Bestimmungen	12

A. Herkunft, Entstehung, Entwicklung

Die **Reichsverfassung von 1871** enthielt keine Bestimmungen, die sich mit der Rechtsstellung der Beamten im allgemeinen oder ihrer Besoldung und Versorgung im besonderen befaßten. Da für die Reichskompetenzen das Prinzip verfassungsrechtlicher Enumeration galt (→ Art. 70 Rn. 2), war somit die Kompetenz der Länder begründet. 1

Doch wurde eine Zuständigkeit des Reichs kraft Natur der Sache für die Regelung der Rechtsverhältnisse der Reichsbeamten angenommen[1]. Die **Weimarer Reichsverfassung** sah eine Grundsatzkompetenz des Reichs nach Art. 10 Nr. 3 WRV für das Recht der Beamten aller öffentlichen Körperschaften vor. Weiterhin waren nach Art. 128 III WRV die Grundlagen des Beamtenverhältnisses durch Reichsgesetz zu regeln. Wie im Kaiserreich wurde aber auch zur Weimarer Zeit eine Kompetenz des Reichs zur Regelung des Rechts seiner Beamten kraft Natur der Sache angenommen, so daß sich die genannten Vorschriften der Reichsverfassung nur auf die Landesbeamten bezogen[2].

2   Das **Grundgesetz** enthielt in der ihm vom Parlamentarischen Rat verliehenen Fassung auf dem Gebiet des öffentlichen Dienstrechts **nur begrenzte kompetentielle Befugnisse** für den Bund: nach Art. 73 Nr. 8 GG eine ausschließliche Gesetzgebungsbefugnis für die Rechtsverhältnisse der im Dienste des Bundes und der bundesunmittelbaren Körperschaften des öffentlichen Rechtes stehenden Personen und nach Art. 75 I 1 Nr. 1 GG eine Rahmenkompetenz für die Rechtsverhältnisse der im öffentlichen Dienst der Länder, Gemeinden und anderen Körperschaften des öffentlichen Rechts stehenden Personen. Aufgrund eines **langjährigen Wettlaufs von Bund und Ländern im Bereich der Besoldungspolitik** wurde diese Kompetenzlage als unbefriedigend empfunden[3]. Im Jahre 1969 wurde daher in Art. 75 GG als Absatz 1 Nr. 1 eine Gesetzgebungskompetenz des Bundes für das Besoldungsrecht der Beamten und der Richter eingefügt[4]. Da auch diese Reform nicht die erhoffte beruhigende Wirkung zeitigte, wurde bereits im Jahre 1971 Art. 75 I 1 Nr. 1 GG erneut geändert und auf seinen ursprünglichen Wortlaut zurückgeführt, allerdings mit dem Nachsatz »soweit Art. 74a nichts anderes bestimmt«. Dieselbe Grundgesetzreform führte zur Einfügung des heutigen Art. 74a GG[5].

B. Internationale, supranationale und rechtsvergleichende Bezüge

3   Die Art. 74a GG zugrundeliegende Problematik ist weithin eine spezifisch deutsche; sie hängt mit der Nachkriegsentwicklung des deutschen öffentlichen Dienstes zusammen. Für den Besoldungswettlauf zwischen Bund und Ländern, der zur Schaffung der Norm geführt hat, war nicht zuletzt der Umstand maßgebend, daß auf dem verhältnismäßig kleinen Territorium der Bundesrepublik Deutschland ein föderalistisches System geschaffen war, das auch **die Personalhoheit der Länder** hinsichtlich des öffentlichen Dienstes umfaßte. In Verbindung mit der starken Mobilität der deutschen Nachkriegsgesellschaft mußte dies zu einer **unguten Konkurrenzsituation** im Personalbe-

---

[1] Siehe dazu *P. Laband*, Das Staatsrecht des Deutschen Reiches, Bd. II, 5. Aufl. 1911, S. 121; *Pestalozza*, GG VIII, Art. 74a Rn. 1.

[2] Siehe dazu *Anschütz*, WRV, Art. 6 Erl. Nr. 1 (S. 73), Nr. 4 (S. 74 f.); Art. 10, 11 Erl. Nr. 5 (S. 92 f.); Art. 128 Erl. Nr. 6 (S. 587); *G. Lassar*, Die Verteilung der staatlichen Aufgaben und Zuständigkeiten zwischen Reich und Ländern, in: HdbDStR I, S. 301 ff. (304).

[3] Siehe dazu *E. Schmidt-Aßmann*, Gemeinden und Staat im Recht des öffentlichen Dienstes, in: FS Ule, 1977, S. 461 ff. (466).

[4] BGBl. I S. 363. Siehe zu dem Rechtsstreit um die darauf gestützte Besoldungsregelung des Bundes BVerfGE 32, 199 (211 ff.); zum ganzen auch *P. Kunig*, in: v. Münch/Kunig, GG III, Art. 74a Rn. 1; *Pestalozza*, GG VIII, Art. 74a Rn. 4 ff.

[5] BGBl. I S. 206. Zur Entstehungsgeschichte von Art. 74a GG ausführlich *C. Degenhart,* in: BK, Art. 74a (Erstb. 1984), Erl. I (S. 3 ff.).

reich führen, der mit dem **Grundsatz der Bundestreue** nur bedingt beizukommen war. In den räumlich und bevölkerungsmäßig ungleich größeren Verhältnissen, wie sie in den Flächenstaaten der USA anzutreffen sind (Kalifornien: 30 Millionen Einwohner), herrscht dagegen mehr Autarkie, so daß es kein Problem zu sein scheint, wenn neben der Behördenorganisation der Mitgliedstaaten auch der Status der Bediensteten einschließlich Besoldung und Versorgung Landessache ist, wobei dem Bund aber gewisse Interventionsmöglichkeiten zustehen[6].

C. Erläuterungen

I. Allgemeine Bedeutung

Die Einfügung von Art. 74a GG in das Grundgesetz ging über eine bloße Kompetenzverschiebung zu Lasten der Länder hinaus, wie sie die Bundesrepublik Deutschland im Lauf ihrer Geschichte häufiger erlebt hat. Vielmehr stellte die Schaffung einer konkurrierenden Gesetzgebungskompetenz des Bundes für Besoldung und Versorgung der Landesbeamten einen **zentralen Eingriff in die Staatlichkeit der Länder** und damit in die föderalistische Struktur der Bundesrepublik Deutschland überhaupt dar. Den Ländern wurde ein bedeutsamer Bereich ihrer Organisations- und Personalhoheit entzogen; der personalpolitische Spielraum wurde, nicht zuletzt durch die Einführung von Obergrenzen für Beförderungsämter, erheblich eingegrenzt[7]. Damit geriet die Verfassungsänderung auch in den Bannkreis von Art. 79 III GG, der **Schranken für den verfassungsändernden Gesetzgeber** bereit hält[8]. Art. 74a GG wurde aber als mit Art. 79 III GG vereinbar angesehen, weil nach Auffassung des Bundesverfassungsgerichts die Ausübung der Kompetenz durch die verfassungsrechtliche **Pflicht zu bundesfreundlichem Verhalten** eingeschränkt ist, unbeschadet der ebenfalls zu berücksichtigenden Schranken aus Art. 72 II GG[9]. Zwar war schon vor Einführung von Art. 74a GG der Grundsatz der Bundestreue angesichts der Unzuträglichkeit eines Divergierens der Besoldungsregelungen in Bund und Ländern zur Anwendung gekommen[10], doch bewirkt die Bundestreue nunmehr im Normbereich des Art. 74a GG, daß der Bund bei Regelungen der Besoldung und Versorgung der Landesbeamten näher präzisierte **Rücksichten auf die Länder** walten lassen muß. Den Ländern muß die Möglichkeit offen bleiben, im Zuge von Reformen und strukturellen Änderungen ihrer Organisation Ämter mit neuem Amtsinhalt in eigener Verantwortung zu schaffen, was auch die besoldungsrechtliche Einstufung entsprechend der Struktur der Landesbesoldungsordnung für Landesbeamte einschließt[11]. Damit ist nicht nur untersagt, über die Kompetenz für Besoldung und Versorgung in die Struktur des öffentlichen Dienstes der Länder grundlegend einzugreifen; es wird auch verhindert, daß die Be-

---

[6] Vgl. dazu *M. Bothe*, Die Kompetenzstruktur des modernen Bundesstaates in rechtsvergleichender Sicht, 1977, S. 152.

[7] Vgl. dazu *Kunig* (Fn. 4), Art. 74a Rn. 2; zur Auswirkung auf die Gemeinden vgl. *A. v. Mutius/F. Schoch*, DVBl. 1981, 1077 ff..

[8] Vgl. dazu BVerfGE 34, 9 (19ff.); *Degenhart* (Fn. 5), Art. 74a Rn. 15 ff.; *C. Degenhart*, in: Sachs, GG, Art. 74a Rn. 1. → Art. 79 III Rn. 11.

[9] BVerfGE 34, 9 (19f.); *Degenhart* (Fn. 5), Art. 74a Rn. 15 ff.

[10] BVerfGE 4, 115 (140); siehe dazu auch *Pestalozza*, GG VIII, Art. 74a Rn. 4 ff.

[11] BVerfGE 34, 9 (21); vgl. *H. Bauer*, Die Bundestreue, 1992, S. 148 f.

soldungsregelungen des Bundes erschöpfend ergehen und so den Ländern die Möglichkeit genommen wird, Ämter mit neuem Amtsinhalt zu schaffen[12].

II. Einzelfragen

5 Der Begriff der »**konkurrierenden Gesetzgebung**« in Art. 74a GG hat dieselbe Bedeutung wie in Art. 72 GG; die letztgenannte Vorschrift ist auch in ihren Absätzen 2 und 3 im Zusammenhang mit Art. 74a GG anwendbar. Auch wenn das Bundesverfassungsgericht die Frage offen gelassen hat, ob vor Ausnutzung der Befugnis nach Art. 74a GG zu überlegen ist, ob nicht auch der die Länder weniger belastende Weg über eine Rahmengesetzgebung nach Art. 75 I 1 Nr. 1 GG (Rechtsverhältnisse der im öffentlichen Dienste der Ländergemeinden und anderer Körperschaften des öffentlichen Rechts stehenden Personen) ausreicht[13], ist dies zu verneinen. Das Bundesverfassungsgericht hat zwar letztlich damit den Gedanken der Verhältnismäßigkeit bei der Ausnutzung von Bundesgesetzgebungskompetenzen angesprochen (→ Art. 70 Rn. 38), der der Abstufung zwischen ausschließlicher, konkurtierender und Rahmengesetzgebung zugrunde liegt, hat aber verkannt, daß das Grundgesetz eine abschließende Regelung vorgenommen hat und zwischen den einzelnen Kompetenztypen keine Übergänge vorgesehen sind[14]. In den von Verfassung und Verfassungsrechtsprechung[15] umrissenen Grenzen (→ Rn. 4) hat der Bund das **Besoldungs- und Versorgungsrecht umfassend geregelt**[16].

6 Die Thematisierung von Besoldung und Versorgung durch Art. 74a GG bestätigt die Regelungsprärogative des Gesetzgebers für Beamte und Richter; der Zugriff der Tarifvertragsparteien ist also ausgeschlossen[17]. Unter **Besoldung** sind alle Leistungen zu verstehen, die der Beamte in Ausübung der Alimentationspflicht von seinem Dienstherrn erhält; dies können neben Geldleistungs- auch Sachbezüge sein[18]. Zur Besoldung gehören die in § 1 II Bundesbesoldungsgesetz aufgezählten Dienstbezüge wie Grundgehalt, Zuschüsse zum Grundgehalt und Zulagen. Auch Anwärterbezüge, jährliche Sonderzuwendungen, vermögenswirksame Leistungen und das jährliche Urlaubsgeld sind Teil der Besoldung[19]. Für die **Beihilfe** ist streitig, ob sie dem Bereich

---

[12] Dazu auch *Degenhart* (Fn. 8), Art. 74a Rn. 2f.; *Kunig* (Fn. 4), Art. 74a Rn. 3.
[13] Siehe hierzu BVerfGE 34, 9 (21).
[14] So auch *H.-W. Rengeling*, Gesetzgebungszuständigkeit, in: HStR IV, § 100 Rn. 241; Jarass/Pieroth, GG, Art. 74a Rn. 1; *Degenhart* (Fn. 5), Art. 74a Rn. 29f.
[15] BVerfGE 34, 9 (21); 62, 354 (369); siehe dazu auch *Kunig* (Fn. 4), Art. 74a Rn. 4.
[16] Bundesbesoldungsgesetz vom 23. 5. 1975 in der Fassung der Bekanntmachung vom 21. 9. 1994, BGBl. I, S. 2646; Beamtenversorgungsgesetz vom 24. 8. 1976 in der Fassung der Bekanntmachung vom 16. 12. 1994, BGBl. I, S. 3858; siehe dazu auch *H. Lecheler*, Der öffentliche Dienst, in: HStR III, § 72 Rn. 39ff. Zum Besoldungsmoratorium von Bund und Ländern (»Gemeinsame Erklärung der Regierung des Bundes und der Länder«) vom 1. 7. 1977 siehe eingehend *W. Schick*, Beamtenbesoldung im Bundesstaat, in: FS Maunz, 1981, S. 281 ff. (292 ff.). Mit diesem sollen Spielräume gebunden werden, die durch Art. 74a GG und die dazu ergangene Bundesgesetzgebung für Bund und Länder noch verbleiben.
[17] *J. Isensee*, Öffentlicher Dienst, in: HdbVerfR, § 32 Rn. 67.
[18] BVerfGE 62, 354 (368); *Degenhart* (Fn. 5), Art. 74a Rn. 40; a.A. *M. Bothe*, in: AK-GG, Art. 74a Rn. 5; zu begrifflichen Überlegungen siehe *Kunig* (Fn. 4), Art. 74a Rn. 7; *Schick*, Beamtenbesoldung (Fn. 16), S. 287; *V. Heer*, Beamtenbesoldung in der Bundesrepublik Deutschland, 1975, S. 26 ff.
[19] Siehe dazu *Rengeling* (Fn. 14), § 100 Rn. 243; *Kunig* (Fn. 4), Art. 74a Rn. 12.

der Alimentation zuzuordnen[20] oder Ausprägung der Fürsorgepflicht des Dienstherrn ist[21]. Fraglos **nicht** Gegenstand der Alimentation des Beamten, sondern von der Fürsorgepflicht des Dienstherrn **umfaßt** und damit nicht Teil der Kompetenz nach Art. 74a GG sind Umzugskosten- und Reisekostenrecht, Aufwandsentschädigungen, Jubiläumszuwendungen u.a. Auch soweit der Status des Beamten betroffen ist (Laufbahnrecht, Dienstbezeichnungen), ist die Kompetenz aus Art. 74a GG nicht einschlägig[22].

Wie sich aus Art. 74a III GG ergibt, können Gesetze zur Regelung der Beamtenbesoldung auch Maßstäbe und Strukturprinzipien für den **Besoldungsaufbau** enthalten, also insbesondere für Gruppen und Stufen der Besoldung und ihre Höhe, einschließlich der Berücksichtigung von Familienstand und Dienstalter. Auch eine **Dienstpostenbewertung** (siehe dazu § 18 BBSG), die dem Grundsatz funktionsgerechter Besoldung dienen soll, unterliegt dem Zugriff des Bundes[23]. 7

Versorgung kann in Anlehnung an § 2 I Beamtenversorgungsgesetz mit den Versorgungsarten Ruhegehalt, Unterhaltsbeitrag, Hinterbliebenenversorgung, Unfallfürsorge, Übergangsgeld u.a. umschrieben werden. 8

Die Streitfrage, ob auf Art. 74a GG auch eine **beitragsabhängige Versorgung**, etwa nach sozialversicherungsrechtlichen Grundsätzen, gestützt werden könnte, ist zu bejahen, aber unter der Voraussetzung, daß dies mit Art. 33 V GG (hergebrachte Grundsätze des Berufsbeamtentums) vereinbar ist. Art. 74a GG ist nur akzessorische Kompetenznorm; die materiell-rechtliche Zulässigkeit eines Vorhabens kann nicht aus dieser Vorschrift heraus beurteilt werden, sondern findet ihre sedes materiae in Art. 33 GG[24]. 9

Der von Art. 74a GG erfaßte Personenkreis betrifft nicht die Bundesbediensteten (für diese ist die ausschließliche Gesetzgebungskompetenz des Bundes nach Art. 73 Nr. 8 GG einschlägig), sondern **nur die Beamten der Länder, der Gemeinden und anderer öffentlich-rechtlicher Dienstherren** (also auch nicht die Angestellten und Arbeiter; vgl. Art. 74a I GG: »in einem öffentlich-rechtlichen Dienst- und Treueverhältnis«)[25]. Für **Landesrichter** gilt nach Art. 74a IV 1 GG ebenfalls die Besoldungs- und Versorgungskompetenz des Bundes; die Vorschrift ist insofern lex specialis zu Art. 98 I GG[26]. Ob ein besonderes Richterbesoldungsgesetz zwingend notwendig ist, wurde vom Bundesverfassungsgericht offen gelassen[27]. Aus Art. 98 III GG kann jedenfalls nicht ein Zwang zur Schaffung einer eigenen Richterbesoldung abgeleitet werden, weil die Norm den Status der Landesrichter, nicht ihre Besoldung betrifft; für letztere 10

---

[20] So BVerfGE 62, 354 (368) für die freie Heilfürsorge.
[21] Vgl. dazu *Degenhart* (Fn. 5), Art. 74a Rn. 51; *Rengeling* (Fn. 14), § 100 Rn. 243; *Kunig* (Fn. 4), Art. 74a Rn. 8.
[22] *Degenhart* (Fn. 5), Art. 74a Rn. 52 f.; *Schick*, Beamtenbesoldung (Fn. 16), S. 286 f.; *Rengeling* (Fn. 14), § 100 Rn. 283; siehe auch BVerfGE 38, 1 (10).
[23] Siehe hierzu näher *M. Mayer*, DVBl. 1970, 651; *G. Düchs*, ZBR 1976, 212 ff.; *Kunig* (Fn. 4), Art. 74a Rn. 9; *Degenhart* (Fn. 8), Art. 74a Rn. 9.
[24] So auch *Kunig* (Fn. 4), Art. 74a Rn. 10; vgl. hingegen *Degenhart* (Fn. 8), Art. 74a Rn. 10.
[25] Umfassender dagegen Art. 75 I 1 Nr. 1 GG: »Die Rechtsverhältnisse der im öffentlichen Dienste der Länder, Gemeinden und anderer Körperschaften des öffentlichen Rechtes stehenden Personen«; siehe dazu auch *Kunig* (Fn. 4), Art. 74a Rn. 11. Zum Beamtenbegriff → Art. 33 Rn. 53 ff., 56.
[26] Jarass/*Pieroth*, GG, Art. 74a Rn. 5.
[27] BVerfGE 32, 199 (213); 55, 372 (385); dafür *T. Maunz*, in: Maunz/Düring, GG, Art. 74a (1988) Rn. 27; dagegen *Degenhart* (Fn. 5), Art. 74a Rn. 76; Jarass/*Pieroth*, GG, Art. 74a Rn. 6.

ist Art. 74a IV 1 i.V.m. I GG einschlägig. Die Besoldung der **Bundesrichter** richtet sich dagegen ausschließlich nach Art. 98 I GG[28]. **Kirchenbeamte** unterfallen Art. 74a GG nicht, weil ihr Träger öffentliche Gewalt autonom ausübt[29]. Zum Personenkreis im Sinn von Art. 74a GG zählt **nicht jeder, der Inhaber eines öffentlichen Amtes ist**; weder der Abgeordnete noch der ehrenamtliche Inhaber öffentlicher Ämter gehört dazu[30]. Die Mitglieder der Landesregierungen sind ebenfalls nicht Beamte im Sinn von Art. 74a GG; im übrigen gehören sie – wie auch die Abgeordneten der Landtage – dem verfassungsautonomen Bereich der Länder an, der von der Verfassungsänderung, die zur Einfügung von Art. 74a GG führte, gemäß Art. 79 III GG respektiert werden mußte[31].

11 Art. 74a II–IV GG ordnen für die darin bezeichneten Gesetze die **Zustimmung des Bundesrates** an. Gegen diese Anknüpfung der Mitwirkungsbefugnis des Bundesrates an den materiellen Inhalt von Gesetzen sind **verfassungssystematische Bedenken** geäußert worden[32]. Wegen der Bedeutung der auf Art. 74a GG zu stützenden Gesetze für den organisatorischen Bereich der Länder ist die Zustimmung des Bundesrats aber ein unentbehrlicher Schutzmechanismus, mag diese Lösung auch unsystematisch sein. Auch als Kompensation der Länder für den Verlust der Besoldungs- und Versorgungskompetenz durch die Verfassungsänderung der Jahre 1969/1971 ist die Zustimmungsregelung wichtig. Im übrigen ist der verfassungsändernde Gesetzgeber im Zusammenhang mit Art. 74 II GG auf dem Weg materienbezogener Zustimmungsbefugnisse des Bundesrates weitergegangen[33]. Bemerkenswert ist schließlich, daß die Zustimmung des Bundesrats **auch für Gesetze nach Art. 73 Nr. 8 GG** erforderlich ist, soweit diese von Besoldungs- und Versorgungsregelungen abweichen, die für die Länder gelten (Art. 74a III GG), und daß auch für die Regelungen für die Besoldung der Bundesrichter nach Art. 98 I GG eine analoge Zustimmungsbefugnis vorgesehen ist.

D. Verhältnis zu anderen GG-Bestimmungen

12 Art. 74a GG steht in der **Trias der Regelungskompetenzen** des Bundes für die Rechtsverhältnisse des öffentlichen Dienstes, wie sie in Art. 73 Nr. 8 GG als ausschließliche Kompetenz des Bundes in umfassender Weise für den Bundesdienst, in Art. 74a GG als konkurrierende Gesetzgebungsbefugnis des Bundes unter Beschränkung auf die Landesbeamten und -richter und deren Besoldung und Versorgung und in Art. 75 I 1 Nr. 1 GG als Rahmenkompetenz wiederum für den gesamten öffentlichen Dienst enthalten sind. **Jede dieser Kompetenzgrundlagen steht aber für sich**, mag bei ihrer Schaffung auch das Prinzip der Verhältnismäßigkeit Pate gestanden haben. Es ist also kein Stufen- oder Subsidiaritätsverhältnis für entsprechende Regelungen des Bundes gegeben; insbesondere ist nicht die Rahmenkompetenz nach Art. 75 I 1 Nr. 1 GG primär auch dann zu wählen, wenn es um Besoldung und Versorgung geht (→ Rn. 5).

---

[28] *Degenhart* (Fn. 8), Art. 74a Rn. 6.
[29] Vgl. BVerfGE 55, 207 (230 f.); *Kunig* (Fn. 4), Art. 74a Rn. 12.
[30] *Rengeling* (Fn. 14), § 100 Rn. 244.
[31] Hierzu eingehend *Kunig* (Fn. 4), Art. 74a Rn. 12; *Degenhart* (Fn. 8), Art. 74a Rn. 5.
[32] Siehe dazu BT-Drs. VI/1009 S. 5; *Rengeling* (Fn. 14), § 100 Rn. 246; näher auch *Kunig* (Fn. 4), Art. 74a Rn. 14.
[33] Vgl. dazu auch *Degenhart* (Fn. 5), Art. 74a Rn. 69 ff.

Artikel 75 [Rahmengesetzgebung des Bundes]

(1) ¹Der Bund hat das Recht, unter den Voraussetzungen des Artikels 72 Rahmenvorschriften für die Gesetzgebung der Länder zu erlassen über:
1. die Rechtsverhältnisse der im öffentlichen Dienste der Länder, Gemeinden und anderen Körperschaften des öffentlichen Rechtes stehenden Personen, soweit Artikel 74a nichts anderes bestimmt;
1a. die allgemeinen Grundsätze des Hochschulwesens;
2. die allgemeinen Rechtsverhältnisse der Presse;
3. das Jagdwesen, den Naturschutz und die Landschaftspflege;
4. die Bodenverteilung, die Raumordnung und den Wasserhaushalt;
5. das Melde- und Ausweiswesen;
6. den Schutz deutschen Kulturgutes gegen Abwanderung ins Ausland.

²Artikel 72 Abs. 3 gilt entsprechend.

(2) Rahmenvorschriften dürfen nur in Ausnahmefällen in Einzelheiten gehende oder unmittelbar geltende Regelungen enthalten.

(3) Erläßt der Bund Rahmenvorschriften, so sind die Länder verpflichtet, innerhalb einer durch das Gesetz bestimmten angemessenen Frist die erforderlichen Landesgesetze zu erlassen.

Literaturauswahl

Bleicher, Ralf: Zwischenstaatliche Zusammenarbeit auf dem Gebiet der Raumordnung und Landesplanung, in: DVBl. 1982, S. 433–444.
Breuer, Rüdiger: Öffentliches und privates Wasserrecht, 2. Aufl. 1987.
Erbguth, Wilfried/Schoeneberg, Jörg: Raumordnungs- und Landesplanungsrecht, 2. Aufl. 1992.
Hönes, Ernst-Rainer: Das Gesetz zum Schutz deutschen Kulturgutes gegen Abwanderung vom 6. August 1955, in: BayVBl. 1989, S. 38–42.
Kisker, Gunther: Neuordnung des bundesstaatlichen Kompetenzgefüges und Bund-Länder-Planung, in: Der Staat 14 (1975), S. 169–199.
Kuckuk, Günter: Probleme des Vollzugs von Rahmengesetzen, in: DÖV 1978, S. 354–360.
Lerche, Peter: Die Gesetzgebungskompetenz von Bund und Ländern auf dem Gebiete des Presserechts, in: JZ 1972, S. 468–474.
Lüthje, Jürgen: Die Gesetzgebungskompetenz des Bundes im Hochschulwesen, in: DÖV 1973, S. 545–554.
Maunz, Theodor: Die Abgrenzung des Kulturbereichs zwischen dem Bund und den Ländern, in: FS G. Müller, 1970, S. 257–274.
Merten, Detlef: Landesgesetzgebungspflichten kraft Bundesrahmenrechts?, in: Festschrift zum 125jährigen Bestehen der Juristischen Gesellschaft zu Berlin, 1984, S. 431–456.
Müller, Martha Dagmar: Auswirkungen der Grundgesetzrevision von 1994 auf die Verteilung der Gesetzgebungskompetenzen zwischen Bund und Ländern, 1996.
Reichert, Ronald: Verfassungsmäßigkeit der Novelle zum Wasserhaushaltsgesetz? – Grenzen der Rahmengesetzgebung, in: NVwZ 1998, S. 17–21.

Leitentscheidungen des Bundesverfassungsgerichts

Allgemeines: BVerfGE 4, 115 (123ff.) – Besoldungsgesetz von Nordrhein-Westfalen; 7, 29 (41f.) – Pressedelikte; 66, 270 (285) – Schleswig-Holsteinisches Hochschulgesetz; 80, 137 (156ff.) – Reiten im Walde.
Zu Nr. 1: BVerfGE 51, 43 (53f.) – Bayerisches Personalvertretungsgesetz.
Zu Nr. 1a: BVerfGE 43, 291 (343) – numerus clausus II.

Art. 75 A. Herkunft, Entstehung, Entwicklung

Zu Nr. 2: BVerfGE 7, 29 (39 ff.) – Pressedelikte; 36, 193 (203 ff.) – Journalisten; 48, 367 (373 ff.) – Hessisches Pressegesetz.
Zu Nr. 3: BVerfGE 80, 137 (156 ff.) – Reiten im Walde.
Zu Nr. 4: BVerfGE 3, 407 (424 ff.) – Baugutachten; 15, 1 (14 ff.) – Seewasserstraßen; 58, 45 (62 f.) – Wasserbeschaffungsverbände.
Zu Nr. 5: BVerfGE 65, 1 (43 f.) – Volkszählung.

Gliederung

	Rn.
A. Herkunft, Entstehung, Entwicklung	1
I. Ideen- und verfassungsgeschichtliche Aspekte	1
II. Entstehung und Veränderung der Norm	2
B. Internationale, supranationale und rechtsvergleichende Bezüge	3
C. Erläuterungen	5
I. Allgemeine Bedeutung	5
II. Begriff und Funktion der Rahmengesetzgebung	6
1. Begriff der Rahmengesetzgebung	6
2. Art. 75 II, III GG	10
3. Rahmengesetzgebung und Art. 72 GG	15
III. Einzelne Titel	19
1. Öffentlicher Dienst in den Ländern (Art. 75 I 1 Nr. 1 GG)	19
2. Allgemeine Grundsätze des Hochschulwesens (Art. 75 I 1 Nr. 1a GG)	20
3. Allgemeine Rechtsverhältnisse der Presse (Art. 75 I 1 Nr. 2 GG)	23
4. Jagdwesen, Naturschutz, Landschaftspflege (Art. 75 I 1 Nr. 3 GG)	27
5. Bodenverteilung, Raumordnung, Wasserhaushalt (Art. 75 I 1 Nr. 4 GG)	29
6. Melde- und Ausweiswesen (Art. 75 I 1 Nr. 5 GG)	32
7. Schutz deutschen Kulturguts gegen Abwanderung ins Ausland (Art. 75 I 1 Nr. 6 GG)	34
D. Verhältnis zu anderen GG-Bestimmungen	35

A. Herkunft, Entstehung, Entwicklung

I. Ideen- und verfassungsgeschichtliche Aspekte

1 Der Reichsverfassung von 1871 war eine Rahmengesetzgebung unbekannt. Dagegen können **Art. 10 und 11 WRV als Vorläufer** von Art. 75 GG genannt werden. Zwar heißt es hier, das Reich sei ermächtigt, »im Wege der Gesetzgebung« Grundsätze über die genannten Gegenstände aufzustellen. Wenn auch nicht unumstritten, wurde »Grundsätze« doch weithin so interpretiert wie heute der Begriff »Rahmen(vorschriften)« nach Art. 75 I GG[1]. Dementsprechend wurde bereits zur Weimarer Zeit die Auffassung vertreten, daß sich die **Grundsatzgesetzgebung** zwar darauf beschränken könne, Direktiven für die Landesgesetze vorzugeben, daß es aber auch zulässig sei,

---

[1] *Anschütz*, WRV, Art. 10, 11 Erl. Nr. 1 (S. 89); *T. Maunz*, in: Maunz/Dürig, GG, Art. 75 (1986), Rn. 20; *H.-W. Rengeling*, Gesetzgebungszuständigkeit, in: HStR IV, § 100 Rn. 248. Vgl. weiterhin BVerfGE 4, 115 (128 f.). *D. Merten*, Landesgesetzgebungspflichten kraft Bundesrahmenrechts?, in: FS zum 125jährigen Bestehen der Juristischen Gesellschaft zu Berlin, 1984, S. 431 ff. (434). Um Zweifel auszuschließen, daß auch unmittelbar geltende Rechtssätze auf eine Kompetenz zur Rahmenregelung gestützt werden dürfen, hat der Parlamentarische Rat »Grundsätze« durch »Rahmenvorschriften« ersetzt; so BVerfGE 4, 115 (128 f.).

für jedermann unmittelbar geltende Regelungen auf diesem Weg zu erlassen[2]. Im genannten Umfang bestand eine Gesetzgebungsbefugnis des Reichs u.a. für Rechte und Pflichten der Religionsgesellschaften, das Schulwesen einschließlich des Hochschulwesens, das Beamtenrecht, das Bodenrecht im weiteren Sinne, das Bestattungswesen und die Landesabgaben.

II. Entstehung und Veränderung der Norm

Der Herrenchiemseer Verfassungsentwurf kannte noch keine eigenständige Kompetenz des Bundes zur Rahmengesetzgebung. Stattdessen enthielt Art. 36 HChE, der Katalog der Vorranggesetzgebung des Bundes, eine Reihe von Kompetenzbestimmungen, die den Bund auf »Grundsätze« beschränkten, so Nr. 6 (Fassung b) für das allgemeine Enteignungsrecht, Nr. 8 für die Landesangehörigkeit, Nr. 10 für die öffentliche Fürsorge, Nr. 11 für das Flüchtlingswesen und Nr. 26 für das Bodenrecht im weiteren Sinne[3]. Der **Parlamentarische Rat** entschied sich dafür, eine **eigene Kategorie der »Rahmenvorschriften«** einzuführen und sie in Art. 75 GG zusammenzufassen[4]. Beim Inkrafttreten des Grundgesetzes im Jahre 1949 bestand Art. 75 nur aus dem heutigen Abs. 1 der Vorschrift ohne Nr. 1a und Nr. 6 und ohne die Verweisung auf Art. 72 III GG; dafür erstreckte sich Nr. 2 auch auf den Film. Im Jahre **1969** wurden **Art. 75 GG die Nummer 1a** und **zwei neue Absätze inkorporiert**, die dem Bund Kompetenzen für die Beamtenbesoldung einschließlich der Ämterbewertung und Festsetzung von Mindest- und Höchstbeträgen einräumten. Bereits im Jahre 1971 wurden diese Absätze wieder gestrichen und Art. 74a GG in das Grundgesetz inkorporiert, der die Kompetenz des Bundes im Bereich von Besoldung und Versorgung als konkurrierende Zuständigkeit regelt. In die heutige Vorschrift des Art. 75 I 1 Nr. 1 GG wurde der Nachsatz: »soweit Artikel 74a nichts anderes bestimmt« eingefügt. Im Jahr **1994** wurde Art. 75 GG wiederum **grundlegend überarbeitet**. Die heutigen Absätze 2 und 3 wurden angefügt, Absatz 1 Satz 1 Nr. 2 auf die Presse beschränkt und eine neue Nr. 6 (Schutz deutschen Kulturguts) aufgenommen, die aus dem Katalog des Art. 74 GG gestrichen worden war.

2

B. Internationale, supranationale und rechtsvergleichende Bezüge

Die verfassungsrechtliche Beschränkung auf eine bloße Rahmengesetzgebung, wie sie Art. 75 GG für die dort genannten Materien dem Bund auferlegt, stellt offenbar eine **spezifisch grundgesetzliche Lösung** dar, die andere Verfassungen in dieser Form nicht kennen, auch wenn sie eine ausschließliche und eine konkurrierende Gesetzgebungskompetenz vorsehen. Letzteres schließt nicht aus, daß Kompetenzen des Bundes auf Grundsätze beschränkt sein können. Auch daß der Bundesgesetzgeber von sich aus eine Eingrenzung zugunsten der Mitgliedstaaten auf sich nimmt und seine Regelung auf einen Rahmen begrenzt, wie dies etwa in den USA nicht selten der Fall ist[5], wird da-

3

---

[2] Siehe dazu *Anschütz*, WRV, Art. 11 Erl. Nr. 7 (S. 94); siehe auch *Pestalozza*, GG VIII, Art. 75 Rn. 13 ff.
[3] Siehe hierzu JöR 1 (1951), S. 553 ff.
[4] Zu den Verhandlungen im einzelnen vgl. JöR 1 (1951), S. 509 ff., 553 ff.; *Pestalozza*, GG VIII, Art. 75 Rn. 18 ff.
[5] Siehe hierzu *W. Kewenig*, AöR 93 (1968), 433 (443); *H. D. Jarass*, NuR 1993, 49 (53); vgl. auch

durch nicht verhindert. Darin kommt die auch für das deutsche Verfassungsrecht gültige Erkenntnis zum Ausdruck, daß auf dem Weg über die konkurrierende Gesetzgebung durch Aussparung von »Inseln« zugunsten der Länder und durch Verzicht auf ein kodifikatorisches Vorgehen des Bundes ein der Rahmengesetzgebung analoges Ergebnis erreicht werden kann (→ Art. 72 Rn. 23). Allerdings besteht ein Unterschied darin, daß nach Auffassung des Bundesverfassungsgerichts, das den Verhältnismäßigkeitsgrundsatz bei den Gesetzgebungskompetenzen für unanwendbar hält, eine solche Zurückhaltung des Bundesgesetzgebers **fakultativ** ist (→ Art. 70 Rn. 38; vgl. jetzt aber Art. 72 II: »erforderlich«), während Art. 75 GG den Bund **obligatorisch** auf einen Rahmen **beschränkt**.

4   Mit der Rahmengesetzgebung nach Art. 75 GG vergleichbar, aber mit ihr nicht zur Deckung zu bringen, ist der **Erlaß von Richtlinien durch die Europäische Union** (vgl. Art. 189 [249 n.F.] III EGV). Für das Rahmengesetz wurde vom Bundesverfassungsgericht schon von Anfang an (zu Weimar: → Rn. 1) die Berechtigung angenommen, auch Vollregelungen oder unmittelbar für den Bürger geltende Normierungen zu schaffen. Dagegen ist nach Art. 189 (249 n.F.) III EGV die Richtlinie »für jeden Mitgliedstaat, an den sie gerichtet wird, hinsichtlich des zu erreichenden Ziels verbindlich, überläßt jedoch den innerstaatlichen Stellen die Wahl der Form und der Mittel«. Durch die Rechtsprechung des Europäischen Gerichtshofs zur unmittelbaren Wirksamkeit von Richtlinien ist allerdings mittlerweile der **Unterschied zur Rahmengesetzgebung verringert** worden[6]. Eine **zusätzliche Parallele** zum europäischen Gemeinschaftsrecht würde sich ergeben, wenn das Bundesverfassungsgericht für den Fall einer Verletzung der Umsetzungspflicht nach Art. 75 III GG eine **ähnliche Rechtsprechung zur Staatshaftung** initiieren würde wie der Europäische Gerichtshof im Fall fehlender oder mangelhafter Umsetzung von Gemeinschaftsrichtlinien[7].

C. Erläuterungen

I. Allgemeine Bedeutung

5   Angesichts der Erosionen des bundesrepublikanischen Föderalismus erscheint das **Institut der Rahmengesetzgebung heute bedeutsamer denn je**, besonders seitdem die Verfassungsänderung des Jahres 1994 die Möglichkeiten des Bundes zu Detail- und Durchgriffsregelungen außerordentlich beschränkt hat (Art. 75 II GG). Zwar könnte ein Ergebnis, wie es Art. 75 GG für die Bundesgesetzgebung vorzeichnet, auch durch nichtkodifikatorische konkurrierende Gesetzgebung erzielt werden (→ Rn. 3). Der Zwang zur Beschränkung, der von Art. 75 GG ausgeübt wird, ist aber angesichts der prekären Lage, in der sich die Staatlichkeit der Länder befindet, ein unersetzliches Element des Schutzes ihrer Gesetzgebungstätigkeit. Trotzdem ermöglicht Art. 75 GG die Einflußnahme des Bundes im Bereich **gesamtstaatlich bedeutsamer Aufgaben**, die damit im notwendigen Maße harmonisiert werden können, ohne daß dies dem nicht immer schlagkräftigen Mittel der Länderselbstkoordinierung überlassen bleiben müßte.

M. Bothe, Die Kompetenzstruktur des modernen Bundesstaates in rechtsvergleichender Sicht, 1977, S. 132.

[6] Vgl. dazu *Streinz,* Europarecht, Rn. 394 ff.; *R. Stettner,* Gemeinschaftsrecht und nationales Recht, in: M. Dauses (Hrsg.), Handbuch des EG-Wirtschaftsrechts, Stand 1997, A IV Rn. 18 ff.

[7] Vgl. dazu *R. Sannwald,* DÖV 1994, 629 (635). → Art. 34 Rn. 17 ff.

II. Begriff und Funktion der Rahmengesetzgebung

1. Begriff der Rahmengesetzgebung

Das Grundgesetz überließ in seiner im Jahre 1949 in Kraft getretenen Fassung den Begriff der Rahmengesetzgebung bzw. der, wie Art. 75 I GG formuliert, »Rahmenvorschriften«, der Auslegung durch Wissenschaft und Praxis[8]. Auch im Jahre 1994 ist trotz erheblicher Veränderung der Vorschrift (→ Rn. 2) **keine autoritative Begriffsbestimmung** vorgenommen worden. Aus Art. 75 II GG sind aber Schlüsse für einen verfassungsgemäßen Umgang mit der Rahmengesetzgebung des Bundes zu ziehen. Auch Art. 75 III GG trägt zur Erhellung des Verfassungsbegriffs »Rahmen« bei. Nach herkömmlicher Auffassung ist die Rahmengesetzgebung des Bundes **mehr als eine bloße Richtlinienvorgabe** im Sinn von an die Länder gerichteten Orientierungsleitlinien. Sie ist aber auch **nicht mit der Grundsatzgesetzgebung gleichzusetzen**, wie sie als wenig ausgeprägter Typus in den grundgesetzlichen Regelungen insbesondere im Bereich der Gemeinschaftsaufgaben (Art. 91a II 2 GG) und der Finanzverfassung (Art. 109 III GG) enthalten ist[9]. Für eine Rahmenvorschrift ist vielmehr kennzeichnend, daß sie auf **Ausfüllung durch die Länder** angelegt ist, daß also die grundsätzlich bestehende Landeskompetenz zur Gesetzgebung erhalten bleibt, aber durch eine Rahmenvorgabe des Bundes harmonisiert wird. Rahmenvorschriften des Bundes müssen durch Landesgesetzgebung ausfüllungsfähig und dieser Ausfüllung bedürftig sein[10].

Das Bundesverfassungsgericht hat aber bereits in der Leitentscheidung aus dem Jahre 1954[11] festgestellt, daß der Bund den Ländern noch etwas zur **Regelung** überlassen müsse, was **von substantiellem Gewicht** sei. Allerdings müsse sich die Rahmengesetzgebung nicht auf Normen von grundsätzlicher Bedeutung beschränken; sie können auch darüber hinausgehen. Auch könne der Bund neben Richtlinien für den Landesgesetzgeber Rechtsvorschriften erlassen, die für **jedermann unmittelbar verbindlich** seien, allerdings unter der Voraussetzung, daß die genannten Grenzen der Rahmengesetzgebung beachtet würden. Nicht jede Gesetzesvorschrift mußte demnach eine Rahmenregelung sein, sondern nur das Gesetz in seiner Gesamtheit[12]. Für das Rahmengesetz war kennzeichnend, daß der Gesetzgebungsgegenstand vom Bund nicht voll ausgeschöpft, das heißt nicht bis in alle Einzelheiten geordnet werden durfte[13].

In der späteren Rechtsprechung des Bundesverfassungsgerichts wurde dem Bund sogar gestattet, **Vollregelungen mit unmittelbarer Wirkung für ganze Teilbereiche** zu erlassen[14], wenn an der einheitlichen Regelung ein besonders starkes und legitimes Interesse bestand und der Bundesgesetzgeber dem Landesgesetzgeber im Hinblick auf das Rahmengesetz als Ganzes noch **Spielraum** ließ. Unter der Voraussetzung, daß den

---

[8] Die beiden Begriffe sind synonym zu verstehen; vgl. BVerfGE 80, 137 (157); *Rengeling* (Fn. 1), § 100 Rn. 249; *P. Kunig*, in: v. Münch/Kunig, GG III, Art. 75 Rn. 7; *Pestalozza*, GG VIII, Art. 75 Rn. 92.

[9] Vgl. *B. Tiemann*, DÖV 1974, 229ff. Auch Art. 140 i.V.m. Art. 138 S. 2 GG spricht von Grundsätzen; im Fall von Art. 75 I 1 Nr. 1a GG fallen Rahmen- und Grundsatzgesetzgebung sogar zusammen.

[10] BVerfGE 4, 115 (129); 36, 193 (202); 38, 1 (10); 51, 43 (51); 80, 137 (157).

[11] BVerfGE 4, 115 (127ff.).

[12] Siehe dazu *Merten*, Landesgesetzgebungspflichten (Fn. 1), S. 433.

[13] BVerfGE 4, 115 (129f.).

[14] BVerfGE 43, 291 (343); 66, 270 (285); 67, 382 (387); BVerwGE 85, 348 (357); dazu auch *M. D. Müller*, Auswirkungen der Grundgesetzrevision von 1994 auf die Verteilung der Gesetzgebungskompetenzen zwischen Bund und Ländern, 1996, S. 109; *C. Degenhart*, in: Sachs, GG, Art. 75 Rn. 5.

Ländern im übrigen etwas substantiell zu regeln übrig blieb, konnten in einem Rahmengesetz auch Regelungen geschaffen werden, die eine bestimmte Frage vollinhaltlich determinierten und dem Landesgesetzgeber keinen oder allenfalls geringen und genau bezeichneten Spielraum für abweichende Bestimmungen beließen. Dies kam insbesondere bei grundlegenden Begriffsbestimmungen in Betracht[15]. Festgehalten hat aber das Bundesverfassungsgericht immer an der Auffassung, daß die Frage, ob eine vom Bundesgesetzgeber erlassene Vorschrift eine »Rahmenvorschrift« ist, eine Rechtsfrage sei, die das Bundesverfassungsgericht zu entscheiden habe[16]. Dabei wurde angenommen, daß der Bund seine Befugnis zur Rahmengesetzgebung überschreitet, wenn er die Gesetzgebungstätigkeit der Länder im Bereich einer der Kompetenzmaterien nach Art. 75 I 1 GG völlig ausschließt; dies gilt auch dann, wenn er den Ländern verwehrt, ihre Regelungen im betreffenden Bereich zu ändern[17]. In dieselbe Richtung geht eine vom Bund verordnete Sperre für die Länder für zukünftige Regelungen[18]. Die Folge einer **Überschreitung der Rahmengesetzgebungsbefugnis** durch den Bund ist **Verfassungswidrigkeit** des betreffenden Gesetzes[19]. Das verfassungsrechtliche Erfordernis, das Rahmengesetz müsse auf Ausfüllung hin angelegt sein, wird nicht gewahrt, wenn der Bundesgesetzgeber den Ländern **nur das Recht einräumt, Rechtsverordnungen zu erlassen**, weil die Anforderungen von Art. 80 I GG an eine grundgesetzgemäße Delegationsnorm (ausreichende Bestimmtheit nach Inhalt, Zweck und Ausmaß, Art. 80 I 2 GG) die Schranken der Rahmengesetzgebung, aufs Ganze gesehen, nicht einhalten. Das früher in diesem Zusammenhang zusätzlich angeführte Argument[20], das Recht zum Verordnungserlaß sei nicht gleichwertig mit dem der formellen Gesetzgebung, hat durch Einfügung von Art. 80 IV GG im Jahre 1994 an Bedeutung verloren. Weiter ist im Zusammenhang mit der Ermächtigung zum Erlaß von Rechtsverordnungen durch Rahmengesetze des Bundes zu beachten, daß es bei einer an **Stellen des Bundes gerichteten Delegationsnorm** darauf ankommt, ob die bundesrechtliche Regelung insgesamt die Grenzen einer Rahmenkompetenz nicht überschreitet[21].

9 Da nach bisherigem Recht Rahmengesetze in erheblichem Umfang auch Vollregelungen oder Recht mit unmittelbarer Wirkung für den Bürger enthalten konnten, sofern den Ländern noch substantiell etwas zu regeln übrig blieb, ist es notwendig, im Wege der Auslegung zu ermitteln, welche Qualität eine in einem Rahmengesetz enthaltene Regelung besitzt. Das Bundesverfassungsgericht hat dabei die **Regel** aufgestellt, daß eine Rahmenvorschrift **im Zweifel auf Ausfüllung durch den Landesgesetzgeber angelegt** ist[22]. Mitunter nennt das Bundesgesetz auch selbst die Regelungen, die unmittelbar gelten sollen[23].

---

[15] BVerwGE 85, 348 (357); *Maunz* (Fn. 1), Art. 75 Rn. 25.
[16] BVerfGE 4, 115 (128).
[17] BVerfGE 7, 120 (127).
[18] Siehe dazu *Maunz* (Fn. 1), Art. 75 Rn. 13.
[19] BVerfGE 4, 115 (137f.).
[20] Vgl. *Rengeling* (Fn. 1), § 100 Rn. 251.
[21] Zum Problem siehe BVerwG NJW 1986, 951 (952); *G. Kuckuk*, DÖV 1978, 354 (358); *M. D. Müller*, Auswirkungen (Fn. 14), S. 112f.
[22] BVerfGE 25, 142 (152); 66, 270 (285); 67, 1 (12).
[23] Vgl. § 4 S. 4 BNatSchG.

2. Art. 75 II, III GG

Durch die Schaffung von Art. 75 II GG (→ Rn. 2) ist zweierlei bewirkt worden. Zum einen bestätigt Art. 75 II GG die **bisherige Praxis**, auch in Rahmengesetzen Detail- und/oder Durchgriffsregelungen einzufügen[24]. Zum anderen ist aber die **bisherige großzügige Rechtsprechung** des Bundesverfassungsgerichts (→ Rn. 7 ff.) zur Zulassung von Detail- und Durchgriffsregelungen vom verfassungsändernden Gesetzgeber **nicht übernommen** worden. Gleichwohl sollte deswegen jetzt nicht von »Richtliniengesetzgebungskompetenz« gesprochen werden[25]. Zwar ist Art. 75 II GG als Ausnahme abgefaßt, die bezeichneten Regelungen sind also rechtfertigungsbedürftig. Deswegen kann aber nicht davon ausgegangen werden, daß Art. 75 II GG eine Art von verfassungsrechtlich gebilligter Regelwidrigkeit betrifft; Art. 75 GG läßt bei Vorliegen der entsprechenden tatbestandsmäßigen Voraussetzungen auch den Durchgriff und die Detailregelung zu und belegt sie nicht mit einem apriorischen Unwerturteil[26]. Die eigentlich problematische Frage besteht darin, wann ein **Ausnahmefall** im Sinn von Art. 75 II GG angenommen werden kann. Hierfür werden sowohl **quantitative als auch qualitative Kriterien** von Bedeutung sein[27]. Dies bedeutet, daß **sowohl** innerhalb des Rahmengesetzes Detail- und Durchgriffsregelungen die Ausnahme bilden müssen als auch Rahmengesetze, die zu diesem Mittel greifen, einer Mehrzahl von Rahmengesetzen gegenüberstehen sollen, die auf dieses Mittel verzichten oder es zumindest minimieren[28]. Auch dürfte es berechtigt sein, das schon in der bisherigen Rechtsprechung zur Zulassung von Voll- und Detailregelungen größeren Ausmaßes verwendete Kriterium des »besonders starken und legitimen Interesses« (→ Rn. 7) auch hier zu verwenden[29].

10

Mit Sicherheit können Regelungen, die Art. 75 II GG gerecht werden wollen, jedenfalls nicht über das hinausgehen, was nach der Altfassung des Artikels gestattet war. Schon nach bisheriger Rechtsprechung war mit dem substantiellen Gewicht der Landesgesetzgebung der bloße **Nachvollzug** bundesrechtlicher Gesetzgebungsanordnungen bzw. die Beschränkung auf die Wahl zwischen vorgegebenen Alternativen nicht vereinbar[30].

11

Art. 75 II GG versucht, die ursprüngliche, auf **kooperative Gesetzgebung**[31] von **Bund und Ländern** lautende Intention der Rahmengesetzgebung wieder herzustellen. Die Normsetzungstätigkeit des Landesgesetzgebers bringt selbstverständlich **Landes-**

12

---

[24] So auch *Degenhart* (Fn. 14), Art. 75 Rn. 3.
[25] So aber *H. Rybak/H. Hofmann*, NVwZ 1995, 230 (234).
[26] Nach *Degenhart* (Fn. 14), Art. 75 Rn. 13 enthält Art. 75 II GG kein grundsätzliches Verbot von Detail- und Durchgriffsregelungen, weil derartige Regelungen im Begriff der Rahmengesetzgebung enthalten seien (Hinweis auf BVerfGE 80, 137 [157]).
[27] *H. Rybak/H. Hofmann*, NVwZ 1995, 230 (234).
[28] Da die Anzahl der Rahmengesetzgebungskompetenzen des Bundes überschaubar ist, dürfte eine solche Anforderung praktizierbar sein. A.A. aber *Kunig* (Fn. 8), Art. 75 Rn. 42, nach dem das Regel-/Ausnahmeverhältnis im Blick auf das jeweilige Sachgebiet nach Art. 75 I GG bestimmt werden müsse. Der Begriff der Ausnahme sei justitiabel und sei zu begrenzen wie im Fall der Erforderlichkeit nach Art. 72 II GG. Der Gesetzgeber des Bundes verfüge über eine Einschätzungsprärogative.
[29] So auch *Degenhart* (Fn. 14), Art. 75 Rn. 12, der in diesem Zusammenhang in besonderem Maße auf Gesichtspunkte gesamtdeutscher Grundrechtsverantwortung hinweist.
[30] BVerfGE 51, 43 (54); 67, 382 (387); *Degenhart* (Fn. 14), Art. 75 Rn. 6. Gegen die bloße Wahl zwischen vorgegebenen Alternativen auch *Maunz* (Fn. 1), Art. 75 Rn. 32.
[31] Vgl. *K.-P. Sommermann*, Jura 1995, 393 (397).

recht hervor, nicht Bundesrecht[32]. Beachtet der Landesgesetzgeber nicht den ihm vom Bund zulässigerweise gezogenen Rahmen, so ist sein Gesetz jedenfalls nichtig, entweder wegen Art. 31 GG oder wohl schon bereits wegen fehlender Kompetenz[33].

13 Das Verhältnis von Recht, das nach der alten Fassung von Art. 75 GG erlassen wurde, zum heutigen Art. 75 II GG wird durch die **Übergangsvorschrift des Art. 125a II GG** bestimmt. Danach gelten bisherige punktuelle Vollregelungen und unmittelbare Regelungen in Rahmengesetzen fort, auch wenn sie nach Art. 75 II GG nicht mehr geschaffen werden könnten (→ Art. 31 Rn. 25). Durch Bundesgesetz kann allerdings bestimmt werden, daß solche Regelungen durch Landesrecht ersetzt werden können (→ Art. 72 Rn. 30). Entsprechende Freigaberegelungen dienen in beiden Fällen der Rechtssicherheit; eine Verpflichtung des Bundesgesetzgebers, ein Freigabegesetz zu erlassen, besteht nicht[34].

14 Schon nach altem Recht enthielten einzelne Rahmengesetze des Bundes eine Verpflichtung der Länder zur Umsetzung, zum Teil mit, zum Teil ohne Fristsetzung, vgl. etwa § 72 I HRG und § 1 Satz 1 BRRG[35]. Während aber gleichwohl bislang solche Pflichten der Länder streitig waren[36], legt nunmehr Art. 75 III GG eine Umsetzungsverpflichtung der Länder mit verfassungsrechtlichem Rang fest. Voraussetzung ist allerdings die Bestimmung einer Frist von »angemessenem« Umfang durch das Rahmengesetz des Bundes. Fraglich ist, wie die **Verletzung** der Umsetzungspflicht **sanktioniert** ist. In Betracht kommen verfassungsgerichtlicher Rechtsschutz in Form des Bund-Länder-Streits (Art. 93 I Nr. 3 GG) oder äußerstenfalls der Bundeszwang nach Art. 37 GG. Auch an eine Parallele zur Rechtsprechung des Europäischen Gerichtshofs über die unmittelbare Wirkung inhaltlich unbedingter und genau bestimmter Richtlinienbestimmungen nach Ablauf der Umsetzungsfrist (→ Rn. 4) ist zu denken; es wird Sache des Bundesverfassungsgerichts sein, hier Klarheit zu schaffen[37].

3. Rahmengesetzgebung und Art. 72 GG

15 Wie sich aus den Verweisungen in Art. 75 I 1 GG auf Art. 72 GG im allgemeinen und in Absatz 1 Satz 2 auf Art. 72 III GG im besonderen ergibt, besteht ein enger Konnex zwischen den beiden Artikeln. Zieht man, um diesen aufzuklären, Art. 70 II GG, der nur ausschließliche und konkurrierende Gesetzgebung erwähnt, sowie die Entstehungsgeschichte der beiden Vorschriften heran, so ergibt sich daraus, daß das Grundgesetz die Rahmengesetzgebung als einen **Unterfall der konkurrierenden Gesetzgebung** betrachtet[38]. Es liegt also ein Fall materiell konkurrierender Gesetzgebung des Bundes vor, bei dem allerdings die Vollregelung ausgeschlossen bleibt. Rahmenge-

---

[32] BVerfGE 18, 407 (415); *G. Kuckuk*, DÖV 1978, 354 (356); siehe aber auch BayVerfGHE 37, 140 (143); 38, 152 (158).
[33] Vgl. BVerfGE 66, 291 (310); 87, 68 (69); *Kunig* (Fn. 8), Art. 75 Rn. 12; *Degenhart* (Fn. 14), Art. 75 Rn. 42; *Jarass/Pieroth*, GG, Art. 75 Rn. 3. → Art. 31 Rn. 26.
[34] Siehe dazu *Müller*, Auswirkungen (Fn. 14), S. 119 ff.
[35] Siehe dazu *Müller*, Auswirkungen (Fn. 14), S. 122 f.; *Kunig* (Fn. 8), Art. 75 Rn. 44.
[36] Vgl. hierzu *Maunz* (Fn. 1), Art. 75 Rn. 14; *Rengeling* (Fn. 1), § 100 Rn. 258; *Merten*, Landesgesetzgebungspflichten (Fn. 1), S. 437 ff.
[37] Dazu näher *Kunig* (Fn. 8), Art. 75 Rn. 45; *Müller*, Auswirkungen (Fn. 14), S. 123 f.; *Pestalozza*, GG VIII, Art. 75 Rn. 749 ff.; *J. Siebelt*, NVwZ 1996, 122 (124 ff.).
[38] In diesem Sinn auch *Pestalozza*, GG VIII, Art. 70 Rn. 139; Art. 72 Rn. 235 ff., der darauf hinweist, daß der Parlamentarische Rat Sachgebiete, auf denen der Bund allenfalls für »Rahmenvorschriften« zuständig sein sollte, zu einem relativ späten Zeitpunkt aus dem Katalog der Vorranggesetzge-

setzgebung ist funktional vergleichbar einer aus eigener Entschließung nicht kodifikatorisch vorgehenden Gesetzgebung nach Art. 74, 74a GG, von dieser jedoch durch die verfassungsrechtliche Verpflichtung des Bundes zur Zurückhaltung unterschieden.

Die **Verweisung** in Art. 75 I 1 GG auf Art. 72 GG im ganzen ist allerdings zu **undifferenziert**; die Verweisung kann nur Art. 72 II GG meinen, weil in Art. 72 I GG die Berechtigung der Länder zur Normierung im Bereich der konkurrierenden Gesetzgebung umrissen ist, solange kein Bundesgesetz vorliegt. Auch die gesonderte Nennung von Art. 72 III GG durch Art. 75 I 2 GG spricht für diese Lesart. Aus Art. 75 GG resultiert **keine Sperrwirkung** für die Gesetzgebung der Länder, im Gegenteil: die Rahmengesetzgebung setzt das Tätigwerden der Länder gerade voraus[39]. **16**

Die Inbezugnahme von Art. 72 II GG durch Art. 75 GG betrifft die Voraussetzungen, unter denen der Bund von seiner Rahmengesetzgebungskompetenz Gebrauch machen kann. Dies hängt davon ab, ob eine bundesgesetzliche Regelung zu den in Art. 72 II GG genannten Zwecken »**erforderlich**« ist. Die Frage einer **Justitiabilität** dieser zur Ausübung einer Rahmengesetzgebungskompetenz nötigen Bedingung ist genauso zu beantworten wie im parallelen Fall von Art. 72/74 GG (→ Art. 72 Rn. 13, 14, 17). Art. 72 II GG betrifft das »**Ob**« einer Rahmengesetzgebung; gegenüber der Vorstellung eines bloßen Normvollzugs ist auf die Notwendigkeit zu verweisen, den Gesetzgeber im Bereich seiner Prognosetätigkeit freier zu stellen (→ Art. 72 Rn. 17), auch wenn nach der Intention des verfassungsändernden Gesetzgebers von 1994 die Signale im Zusammenhang mit Art. 72 II GG auf vermehrte gerichtliche Nachprüfbarkeit gestellt sind (vgl. Art. 93 I Nr. 2a GG). Obwohl »Rahmenvorschriften« des Bundes, nicht zuletzt im Hinblick auf die heutige Regelung nach Art. 75 II GG, die gesetzgebende Gewalt der Länder sehr viel weniger beeinträchtigen, als dies bei Ausnutzung einer Gesetzgebungsbefugnis nach Art. 74/74a GG der Fall ist, **kann nicht davon ausgegangen werden**, daß an die »**Erforderlichkeit**« im Sinn von Art. 72 II GG im Zusammenhang mit einem Vorgehen des Bundesgesetzgebers nach Art. 75 GG **geringere Anforderungen zu stellen sind**. Es spricht keine Vermutung dafür, daß eine Regelung im Zusammenspiel von Bundes- und Landesrecht, wie sie für die Rahmengesetzgebung kennzeichnend ist, im gesamtstaatlichen Interesse i.S.v. Art. 72 II GG liegt[40]. Wenn Rahmenvorschriften auch für die Länderstaatlichkeit weniger belastend sind als Vollregelungen, ist gleichwohl die Prüfung geboten, ob es im konkreten Fall nicht auch ohne bundesgesetzgeberisches Eingreifen geht. Eine Vermutung in die eine oder andere Richtung ist von der Systematik der grundgesetzlichen Kompetenzbestimmungen her in jedem Fall unzulässig. **17**

Für das »**Wie**« einer Ausnutzung der Kompetenztitel nach Art. 75 I 1 Nr. 1–6 GG ist ausschließlich der Maßstab von Bedeutung, der durch den Begriff der »Rahmenvorschriften« nach Art. 75 I/II GG vorgegeben ist. Dabei handelt es sich um einen Rechtsbegriff, der der vollen Kognition des Bundesverfassungsgerichts unterliegt (→ Rn. 8). Für den Inhalt der Rahmenregelung ist also Art. 72 II GG nicht erneut heranzuziehen[41]. **18**

---

bung ausgegliedert habe, und das wohl hauptsächlich im Interesse der Übersichtlichkeit (ebd., Rn. 237); *Kunig* (Fn. 8), Art. 75 Rn. 2 m. N. zur Gegenmeinung.
[39] BVerfGE 4, 115 (129). Zur Frage, ob Art. 72 I GG und die damit begründete Sperrwirkung auf die Rahmengesetzgebung zutrifft, *H. D. Jarass*, NVwZ 1996, 1041 (1047).
[40] So aber *Degenhart* (Fn. 14), Art. 75 Rn. 11.
[41] So auch *Degenhart* (Fn. 14), Art. 75 Rn. 12.

III. Einzelne Titel

1. Öffentlicher Dienst in den Ländern (Art. 75 I 1 Nr. 1 GG)

19 Die Vorschrift ist spiegelbildlich zu Art. 73 Nr. 8 GG konzipiert; die Begriffe »**Rechtsverhältnisse**« wie auch »**Dienst**« sind synonym zu den in der letztgenannten Vorschrift verwendeten Begriffen aufzufassen (→ Art. 73 Rn. 37). Während Art. 73 Nr. 8 GG aber den öffentlichen Dienst des Bundes betrifft, ist in Art. 75 I 1 Nr. 1 GG die Dienstherreneigenschaft von Ländern, Gemeinden und anderen Körperschaften des öffentlichen Rechts einschließlich der Anstalten und Stiftungen des Landesbereichs[42] angesprochen. Anders als Art. 73 Nr. 8 GG bezieht sich Art. 75 I 1 Nr. 1 GG **nicht auf Besoldung und Versorgung** der Landesbeamten; hierfür ist Art. 74a GG einschlägig. Wiederum im Gegensatz zur letztgenannten Vorschrift (→ Art. 74a Rn. 10) betrifft Art. 75 I 1 Nr. 1 GG aber **alle Angehörigen des öffentlichen Dienstes**, also auch die Angestellten und Arbeiter. Nur wegen der Verfassungsautonomie der Länder (→ Art. 28 Rn. 47 ff.) bleiben deren Minister und (parlamentarische) Staatssekretäre ausgenommen[43]. Die Rechtsstellung der **Landesrichter** kann über Art. 98 III 2 GG im Wege des Rahmengesetzes geregelt werden. Ebenso wie Art. 73 Nr. 8 GG ist Art. 75 I 1 Nr. 1 GG weit zu verstehen[44]. Auf Art. 75 I 1 Nr. 1 GG können daher Rechtsnormen über Begründung und Beendigung des Dienstverhältnisses der öffentlichen Bediensteten, ihren Status und auch das Personalvertretungsrecht gestützt werden[45].

2. Allgemeine Grundsätze des Hochschulwesens (Art. 75 I 1 Nr. 1a GG)

20 Der Kompetenztitel ist durch eine **besonders restriktive Formulierung** gekennzeichnet[46]. Eingrenzungen der Kompetenz finden sich in wenigstens vierfacher Form, nämlich durch die Beschränkung auf »Grundsätze«, die weiterhin »allgemein« sein müssen und nur Rahmencharakter tragen dürfen. Hinzu kommt noch über Art. 72 II GG die Notwendigkeit der »Erforderlichkeit« bundesgesetzlicher Regelung. Teilweise werden diese Schranken noch als durch eine fünfte, nämlich eine solche aus Art. 5 III GG, ergänzt angesehen[47]. Die Verfassungslage kann nur zu dem Schluß führen, daß der Bund im Hochschulbereich zu einer **außerordentlich zurückhaltenden Gesetzgebung** verpflichtet ist[48]. Jedenfalls muß er gegenüber den anderen Rahmenkompetenzen nach Art. 75 I 1 GG ein Minus an Normierungsbefugnis in Kauf nehmen[49]. Art. 75 I 1 Nr. 1a GG stellt eine Kompromißformel im Hinblick auf die gegenläufigen Länderinteressen dar, wollte aber keinen eigenen Kompetenztypus, etwa in Form einer Verbindung von Rahmen- und Grundsatzgesetzgebung, ins Leben rufen oder den Bund

---

[42] Siehe dazu *Maunz* (Fn. 1), Art. 75 Rn. 46; Jarass/*Pieroth*, GG, Art. 75 Rn. 4.
[43] Siehe *Kunig* (Fn. 8), Art. 75 Rn. 15; *Degenhart* (Fn. 14), Art. 75 Rn. 16.
[44] BVerfGE 61, 149 (202); enger noch E 4, 115 (137); dazu *Degenhart* (Fn. 14), Art. 75 Rn. 15.
[45] BVerfGE 7, 120 (127); 51, 43 (53); 51, 77 (90); 67, 382 (387).
[46] Zu den Vorschlägen der Gemeinsamen Verfassungskommission des Bundestags und des Bundesrats für eine weitere Eingrenzung auf die allgemeinen Grundsätze des Hochschulwesens, »soweit sie die Zulassung zum Studium, die Studiengänge, die Prüfungen, die Hochschulgrade, das wissenschaftliche und künstlerische Personal betreffen«, vgl. *U. Karpen/B. Rickert*, RdJB 1994, 456 ff.
[47] Vgl. dazu *Rengeling* (Fn. 1), § 100 Rn. 268; *T. Maunz*, Die Abgrenzung des Kulturbereichs zwischen dem Bund und den Ländern, in: FS G. Müller, 1970, S. 257 ff. (266).
[48] Siehe dazu *G. Kisker*, Der Staat 14 (1975), 169 (173).
[49] Vgl. dazu auch *P. Dallinger*, WissR 14 (1981), 97 (103).

gar auf eine Art von Richtlinien- oder Grundsatzgesetzgebung beschränken[50]. Der Bundesgesetzgeber ist also nicht gehindert, **unmittelbar geltende Regelungen** zu erlassen, wie jetzt durch Art. 75 II GG auch für Absatz 1 Satz 1 Nr. 1a bestätigt wird[51]. Gleichwohl ist außerordentlich umstritten, ob der Bund beim Erlaß des Hochschulrahmengesetzes die Vorgaben nach Art. 75 I 1 Nr. 1a GG eingehalten hat[52].

Hochschule im Sinne des Kompetenztitels ist ein weit auszulegender Begriff; eingeschlossen sind wissenschaftliche Hochschulen, die der wissenschaftlichen Forschung und Lehre dienen, aber auch Hochschulen für spezielle Fächer (wie die früheren theologisch-philosophischen Hochschulen in Bayern), Wirtschaftshochschulen, Bergakademien sowie Fach- und Kunsthochschulen einschließlich der nichtstaatlichen Einrichtungen auf diesem Gebiet. Dagegen ist der tertiäre Bildungsbereich (Volkshochschulen), aber auch das gesamte Schulwesen, ausgeschlossen, weil hier keine »wissenschaftsnahe oder wissenschaftliche bzw. künstlerische Ausbildung im Anschluß an das sekundäre Schulwesen« betrieben wird[53]. Die **Universitäten der Bundeswehr** unterfallen Art. 73 Nr. 1 GG (Verteidigung)[54]. 21

Parallelverwendungen des Hochschulbegriffs in Art. 75 I 1 Nr. 1a GG finden sich in Art. 91a I Nr. 1 und Art. 91b GG[55]. Zum Hochschulwesen gehören Hochschulzugang, Ordnung des Studiums, akademisches Prüfungswesen, Forschung, Organisation der Hochschule und ihre Selbstverwaltung. Für die Stellung des Personals ist Nr. 1a lex specialis zu Nr. 1; für die Besoldung gilt allerdings Art. 74a GG, soweit es sich um Beamte handelt[56]. 22

3. Allgemeine Rechtsverhältnisse der Presse (Art. 75 I 1 Nr. 2 GG)

Der Kompetenztitel, aus dem im Jahre 1994 die Befugnis zur Rahmengesetzgebung des Bundes für die allgemeinen Rechtsverhältnisse des Films gestrichen wurde[57], verwendet **denselben Pressebegriff wie Art. 5 I 2 GG** (→ Art. 5 I, II Rn. 68 ff.). Es werden alle zur Verbreitung an die Allgemeinheit geeigneten und bestimmten Druckerzeugnisse erfaßt, nicht nur Periodika[58]. Der **Rundfunk ist nicht Gegenstand der Kompetenznorm**, wobei die technischen Möglichkeiten der neuen Medien **prekäre Abgrenzungsprobleme** nicht nur zwischen Presse und Rundfunk aufwerfen (Bildschirmzeitung, ausdruckbare massenmedial verbreitete elektronische Textangebote u.a.: → Art. 5 I, II Rn. 69, 78), sondern auch zwischen Massen- und Individualkommunikation 23

---

[50] Siehe dazu *Degenhart* (Fn. 14), Art. 75 Rn. 17 ff.
[51] BVerfGE 43, 291 (343); 66, 270 (285); 66, 291 (307); vgl. dazu auch *Kunig* (Fn. 8), Art. 75 Rn. 21 f.
[52] Siehe dazu *Müller*, Auswirkungen (Fn. 14), S. 147 ff.; *Kunig* (Fn. 8), Art. 75 Rn. 23; *C. Flämig*, Hochschule in der bundesstaatlichen Verfassungsordnung, in: ders. u.a. (Hrsg.), Handbuch des Wissenschaftsrechts I, 1982, S. 91 ff. (100); vgl. auch BVerfGE 43, 291 (343 f.). *Degenhart* (Fn. 14), Art. 75 Rn. 24 hält im Bereich des Hochschulwesens in besonderem Maße ein legitimes Interesse an Einheitlichkeit für gegeben, was er auch aus der gesamtstaatlichen Grundrechtsverantwortung im Bundesstaat ableitet (vgl. auch ebd., Rn. 19).
[53] So *J. Lüthje*, DÖV 1973, 545 (547).
[54] Siehe dazu *M. Bothe*, in: AK-GG, Art. 75 Rn. 8; *Rengeling* (Fn. 1), § 100 Rn. 267.
[55] *Rengeling* (Fn. 1), § 100 Rn. 267.
[56] Siehe dazu *Degenhart* (Fn. 14), Art. 75 Rn. 22.
[57] Die Filmförderung unterfällt (weiterhin) dem »Recht der Wirtschaft« im Sinn von Art. 74 I Nr. 11 GG; *Maunz* (Fn. 1), Art. 75 Rn. 114.
[58] Zur Frage der Einordnung audiovisueller Träger siehe *Degenhart* (Fn. 14), Art. 75 Rn. 25.

Art. 75

(interaktives Fernsehen)[59]. Für die **Individualkommunikation** steht dem Bund aber eine Gesetzgebungskompetenz allenfalls nach Art. 74 I Nr. 11 GG (Recht der Wirtschaft) zu; er kann sie nicht über Art. 73 Nr. 7 (Postwesen und Telekommunikation) für sich in Anspruch nehmen (→ Art. 73 Rn. 31)[60].

24 Der Begriff der **allgemeinen Rechtsverhältnisse** bedeutet, daß der Bund nur Regelungen von grundsätzlicher Bedeutung erlassen darf, die aber – entsprechend Art. 75 II GG – in Ausnahmefällen auch detailliert und unmittelbar wirksam sein können[61]. Die Nennung der »**Rechtsverhältnisse der Presse**« weist darauf hin, daß letztere in ihrer spezifisch massenkommunikativen Funktion erfaßt werden soll, daß also nicht alles und jedes, was einen (sekundären) Pressebezug aufweist, Art. 75 I 1 Nr. 2 GG unterfallen soll[62], daß die Normierung des Bundes aber auch nicht einzelne Presseerzeugnisse »**sonderrechtlich**« (verstanden als Gegenbegriff zu der zu Art. 5 II GG geprägten Begriffsbildung der »allgemeinen Gesetze«; → Art. 5 I, II Rn. 106 ff.) erfassen darf[63]. Die Kompetenznorm ergänzt und korrigiert also Art. 5 II GG, stellt aber zugleich klar, daß auch dieses Sonderrecht nicht gegen bestimmte Presseprodukte gerichtet sein darf, insofern also doch »allgemeines« Recht sein muß[64].

25 Entsprechend den dargelegten Grundsätzen hat die Rechtsprechung **einschlägige Zweifelsfälle** geklärt: So wurde die Verjährung von Pressedelikten als Teil der Kompetenz nach Art. 75 I 1 Nr. 2 GG behandelt[65], während das Aussageverweigerungsrecht von Presseschaffenden im Strafprozeß dem gerichtlichen Verfahren (Art. 74 I Nr. 1 GG) zugeordnet wurde[66]. Auch die Zulassung der weiteren Beschwerde im pressebezogenen Beschlagnahmeverfahren ist Teil der Bundeskompetenz für das gerichtliche Verfahren und den Ländern daher unzugänglich[67]. Das Recht der Gegendarstellung ist Presserecht im Sinn von Art. 75 I 1 Nr. 2 GG (da diese Kompetenz derzeit vom Bund nicht ausgenutzt ist, handelt es sich um Landesrecht)[68]. Dagegen ist die kartellrechtliche Kontrolle der Presse aus Gründen der Aufrechterhaltung des wirtschaftlichen Wettbewerbs zur Kompetenz aus Art. 74 I Nr. 16 GG zu rechnen. Ebenso kein

---

[59] In Zweifelsfällen, wie sie die neuen Medien aufwerfen, ist der visuelle Eindruck des gedruckten Wortes entscheidend; es ist auf das Kriterium der stofflichen Verkörperung abzustellen; *Degenhart* (Fn. 14), Art. 75 Rn. 25.

[60] Vgl. zum Ganzen auch BVerfGE 90, 60 (87); *C. Degenhart*, in: BK, Art. 5 Abs. 1 u. 2 (1988), Rn. 296 ff.

[61] Eine »bloße Richtliniengesetzgebung« ist also auch hier nicht gewollt; vgl. BVerfGE 7, 29 (41 f.); *R. Groß*, DVBl. 1976, 925 (926).

[62] Vgl. hierzu *Kunig* (Fn. 8), Art. 75 Rn. 25.

[63] *P. Lerche*, JZ 1972, 468 (473), der darauf hinweist, daß Art. 75 I 1 Nr. 2 GG anders als Art. 5 II GG, der eine Absage an spezifische Pressegesetzgebung darstelle, eine Einschränkung der Pressefreiheit gestattet.

[64] *P. Lerche*, JZ 1972, 468 (472).

[65] BVerfGE 7, 29 (39 ff.).

[66] BVerfGE 36, 193 (203); 36, 314 (319); siehe dazu *H. Schoene*, NJW 1975, 1544 ff.; *F. Rothmann*, DVBl. 1974, 407 (409).

[67] BVerfGE 48, 367 (373).

[68] BVerwGE 76, 94 (96); *R. Groß*, DVBl. 1981, 247 (248). Kartellrechtliche Regelungen, insbesondere solche der Fusionskontrolle, sind dann Presserecht, wenn sie die publizistische Funktion der Presse im Interesse der Aufrechterhaltung einer freien öffentlichen Meinungsbildung regeln wollen (→ Art. 74 Rn. 75); in diesem Sinn auch *P. Lerche*, JZ 1972, 468 (470); *G. Püttner*, NJW 1975, 813 (815); *Kunig* (Fn. 8), Art. 75 Rn. 26; *Rengeling* (Fn. 1), § 100 Rn. 270; abweichend *R. Groß*, DVBl. 1976, 925 (927).

Fall nach Art. 75 I 1 Nr. 2 GG, sondern nach Art. 74 I Nr. 11 GG ist das Erfordernis einer Reisegewerbekarte für Zeitschriftenwerber[69].

Art. 75 I 1 Nr. 2 GG ist eine der wenigen Kompetenzbestimmungen in den Katalogen der Art. 73 ff. GG, die der **Bund nicht ausgeschöpft** hat. Ein Presserechtsrahmengesetz ist nicht erlassen worden, so daß die Länder insoweit von einer Vorgabe des Bundes frei sind.

4. Jagdwesen, Naturschutz, Landschaftspflege (Art. 75 I 1 Nr. 3 GG)

Für den Kompetenztitel des **Jagdwesens** ist der **tradierte Bestand,** der zu diesem Verfassungsbegriff gerechnet wird, von besonderer Bedeutung. Umfaßt wird nicht nur das Individualrecht, sondern der ganze Fragenkreis, der rechtlich herkömmlicherweise im Zusammenhang mit der Jagd gesehen wird[70]. Dazu gehören der Inhalt des Jagdrechts, die Bestimmung des Kreises der jagdbaren Tiere, die Festlegung von Jagdbezirken, Jagdbeschränkungen und der Erwerb des Jagdscheins[71]. Diese Kompetenzgrundlage hat der Bund weitgehend durch Erlaß des Bundesjagdgesetzes in Anspruch genommen.

Naturschutz und Landschaftspflege gehen ineinander über, wobei vorgeschlagen wird, den Oberbegriff in der »Landschaftspflege« zu suchen[72]. Auch wenn ursprünglich für den Naturschutz eine Begrenzung auf die Abwehr von Gefahren für die Natur und von Eingriffen in diese angenommen wurde, trägt die Kompetenznorm auch ein moderneres Verständnis im Sinne einer **positiven Gestaltung** von Natur und Landschaft[73]. Dieses geht auch über eine frühere Auffassung hinaus, die nur die Erhaltung besonderer herausragender Naturdenkmale als Aufgabe des Naturschutzes betrachtete[74]. In den Rahmen einer weit verstandenen gestalterischen Befugnis fällt die Zuständigkeit, Bestimmungen über das Reiten im Walde zu erlassen[75]. Nicht denkbar ist es aber, Kompetenzen für den (Kultur-)Denkmalschutz aus Art. 75 I 1 Nr. 3 GG ableiten zu wollen[76].

---

[69] Siehe dazu BGH NJW 1978, 1867; weiterhin VGH Mannheim DVBl. 1975, 261 (262 f.); *W. Mössle,* AöR 101 (1976), 202 (228 f.).

[70] Vgl. hierzu *Maunz* (Fn. 1), Art. 75 Rn. 118; Jarass/*Pieroth,* GG, Art. 75 Rn. 8; *Degenhart* (Fn. 14), Art. 75 Rn. 29.

[71] Im Hinblick auf die Kompetenz des Bundes für das bürgerliche und das Strafrecht (Art. 74 I Nr. 1 GG) und den Tierschutz (Art. 74 I Nr. 17 GG) wird teilweise eine enge Auslegung dieser Befugnisse und eine Art von Vorrang der Rahmenkompetenz nach Art. 75 I 1 Nr. 3 GG angenommen. Die genannten Kompetenzen der konkurrierenden Gesetzgebung seien eng auszulegen; so *Maunz* (Fn. 1), Art. 75 Rn. 120 ff.; Jarass/*Pieroth,* GG, Art. 75 Rn. 8. Eine Bevorzugung der Rahmenkompetenz ist aber nicht zwingend; eher wird auf den einzelnen Fall und den jeweiligen stärkeren Anknüpfungspunkt abzustellen sein.

[72] Siehe *Rengeling* (Fn. 1), § 100 Rn. 274; Jarass/*Pieroth,* GG, Art. 75 Rn. 8; *Degenhart* (Fn. 14), Art. 75 Rn. 30.

[73] Siehe dazu *Maunz* (Fn. 1), Art. 75 Rn. 123; vgl. auch § 1 BNatSchG, wonach »Natur und Landschaft ... zu schützen, zu pflegen und zu entwickeln sind«.

[74] *Degenhart* (Fn. 14), Art. 75 Rn. 30.

[75] Siehe dazu BVerfGE 80, 137 (156 ff.); BVerwGE 71, 324 (325); 85, 332 (342).

[76] Siehe dazu *Maunz* (Fn. 1), Art. 75 Rn. 125; *Rengeling* (Fn. 1), § 100 Rn. 275. Naturdenkmäler gehören aber selbstverständlich in den Bereich des Kompetenzthemas.

5. Bodenverteilung, Raumordnung, Wasserhaushalt (Art. 75 I 1 Nr. 4 GG)

29 **Bodenverteilung** bedeutet entstehungsgeschichtlich »**Bodenreform**«[77] und ist damit gleichbedeutend mit einer Agrarreform im Wege der Umverteilung von Grund und Boden unter Privaten. Für die Überführung von Grund und Boden in Gemeineigentum ist Art. 74 I Nr. 15 GG einschlägig; für andere Beziehungen des Menschen zu Grund und Boden kommt Art. 74 I Nr. 18 GG in Betracht. Die Rahmenkompetenz wurde bislang vom Bund **nicht ausgenutzt**.

30 **Raumordnung** bedeutet »zusammenfassende, übergeordnete Planung und Ordnung des Raumes«[78]. Sie ist übergeordnet, weil sie überörtliche Planung ist und weil sie vielfältige Fachplanungen zusammenfaßt und aufeinander abstimmt. Weil nach Auffassung des Bundesverfassungsgerichts für die Raumordnung auf Bundesebene eine Kompetenz kraft Natur der Sache (→ Art. 70 Rn. 58) besteht[79], die städtebauliche Planung aber Teil der Kompetenz für das »Bodenrecht« nach Art. 74 I Nr. 18 GG ist, umfaßt die Rahmenkompetenz nach Art. 75 I 1 Nr. 4 GG die **Planung »im Bereich eines Landes«**[80]. Bei Ausnutzung seiner Rahmenkompetenz für überörtliche und überfachliche Gesamtplanung kann der Bund keine Raumplanungen für einzelne Länder aufstellen; für **Fachplanungen** ist auf die spezielleren Kompetenznormen aus dem Bereich der ausschließlichen oder konkurrierenden Gesetzgebungsbefugnis des Bundes zurückzugreifen (etwa Art. 73 Nr. 6, 6a, 7; Art. 74 I Nr. 11a, 21, 22 u.a. GG; → Art. 73 Rn. 26, 27, 29 ff.; → Art. 74 Rn. 60 f., 97 ff., 100 ff.)[81].

31 **Wasserhaushalt** betrifft nur das Recht der **Bewirtschaftung des Wasserschatzes** nach Wassermenge und Wassergüte[82], wobei sich die Kompetenz auf Oberflächen- und Grundwasser bezieht[83]. Zur Wasserbewirtschaftung in diesem Sinne gehört die Festsetzung von Wasserschutzgebieten[84], die Entnahme von Wasser, der Schutz vor Verschmutzungen[85] und das Recht zur Planfeststellung[86]. Auch die Festsetzung von Abwasserabgaben kann auf diesen Kompetenztitel gestützt werden[87]. Für die **allgemeine Gefahrenabwehr** (Badeverbote) gilt Landesrecht; Wasserstraßen werden allein in ihrer Verkehrsfunktion von Art. 74 I Nr. 21 GG erfaßt; nur wenn zwangsläufig auch allgemeine wasserwirtschaftliche Fragen mitzuregeln sind, kann sich diese Bundeskom-

---

[77] JöR 1 (1951), S. 537; *Bothe* (Fn. 54), Art. 75 Rn. 15.
[78] BVerfGE 3, 407 (425). Vgl. dazu auch *W. Erbguth/J. Schoeneberg*, Raumordnungs- und Landesplanungsrecht, 2. Aufl. 1992.
[79] BVerfGE 3, 407 (427).
[80] BVerfGE 15, 1 (16); siehe auch 3, 407 (427); a.A. *Jarass/Pieroth*, GG, Art. 75 Rn. 9, wonach es sachgerechter wäre, die Rahmenkompetenz für die Raumordnung auf das gesamte Bundesgebiet zu erstrecken.
[81] Siehe *Degenhart* (Fn. 14), Art. 75 Rn. 34; *Kunig* (Fn. 8), Art. 75 Rn. 33 f. Zur Abgrenzung der Kompetenzen von Bund und Ländern im Bereich der Raumordnung und Landesplanung, insbesondere auch bei der grenzüberschreitenden Zusammenarbeit, vgl. *R. Bleicher*, DVBl. 1982, 433 (442 ff.).
[82] BVerfGE 15, 1 (15); 58, 45 (62).
[83] BVerfGE 58, 300 (322 ff.). Zur Frage, ob der Bundesgesetzgeber bei der 1996 ergangenen Novellierung des Wasserhaushaltsgesetzes die seit 1994 geltenden Schranken aus Art. 72 II, 75 II GG eingehalten hat, siehe *R. Reichert*, NVwZ 1998, 17 ff.
[84] Dazu BayVerfGHE 30, 99 (103).
[85] Vgl. dazu BVerfGE 15, 1 (7 ff.).
[86] Siehe hierzu BVerwGE 55, 220 (225).
[87] *Maunz* (Fn. 1), Art. 75 Rn. 30; *Rengeling* (Fn. 1), § 100 Rn. 279. Der Bund hat aber von der Kompetenz nicht in einer Weise Gebrauch gemacht, daß die Erhebung von Wasserentnahmeentgelten durch die Länder ausgeschlossen wäre, BVerfGE 93, 319 ff. (341).

petenz darauf erstrecken⁸⁸ (→ Art. 74 Rn. 98). Für Wasser- und Bodenverbände ist die Kompetenz aus Art. 74 I Nr. 17 GG jedenfalls insoweit einschlägig, als es um die **Wasserbeschaffung** geht. Für das Wasserhaushaltsrecht hat die **Europäische Union** Richtlinien zum Gewässerschutz erlassen, die zum Teil bereits Gegenstand von Entscheidungen des Europäischen Gerichtshofs waren⁸⁹.

6. Melde- und Ausweiswesen (Art. 75 I 1 Nr. 5 GG)

Das **Meldewesen** betrifft Meldepflichten bei der Begründung oder Aufgabe eines Wohnsitzes oder eines gewöhnlichen Aufenthalts (An- und Abmeldung) einschließlich der Möglichkeit eines **Melderegisterabgleichs**⁹⁰. Die Befugnis bezieht sich nur auf deutsche Staatsbürger (für Ausländer: → Art. 74 Rn. 34 ff.) und nur auf natürliche Personen⁹¹. 32

Ausweiswesen betrifft die Fertigung von Identitätspapieren zum Gebrauch im Inland (Personalausweis). Für Reisepässe ist Art. 73 Nr. 3 GG lex specialis. Auch für das Personenstandswesen ist eine Spezialbefugnis vorhanden (Art. 74 I Nr. 2 GG). Dagegen gehören Datenschutzregelungen im Zusammenhang mit dem Melde- und Ausweiswesen zur Rahmenkompetenz nach Art. 75 I 1 Nr. 5 GG⁹². 33

7. Schutz deutschen Kulturguts gegen Abwanderung ins Ausland (Art. 75 I 1 Nr. 6 GG)

Die Kompetenz ist seit dem Jahr 1974 aus Art. 74 GG (ehemalige Nr. 5) nach Art. 75 GG umgegliedert worden, wo sie nun als Rahmenkompetenz fungiert. Geschützt ist **privater und öffentlicher Kunstbesitz**, aber auch **sonstiges Kulturgut**, an dem besonderes historisches, wissenschaftliches oder technisches Interesse besteht (Bibliotheken, Archive, aber auch beispielsweise eine wertvolle Sammlung von Käfern)⁹³. »Deutsch« sind Kulturgüter auch dann, wenn sie zwar ausländischer Herkunft sind, aber sich nicht nur vorübergehend im Geltungsbereich des Grundgesetzes befinden oder befunden haben⁹⁴. Der Schutz vor Abwanderung beinhaltet **Ausfuhrverbote oder -beschränkungen**⁹⁵. 34

D. Verhältnis zu anderen GG-Bestimmungen

Die Rahmengesetzgebung nach Art. 75 GG ist in Wissenschaft und Rechtsprechung als Kompetenztypus so deutlich herausgearbeitet worden, daß die Frage, ob sie ein **Unterfall der konkurrierenden Gesetzgebung** ist oder vom Grundgesetz als eigenstän- 35

---

⁸⁸ Zur Abgrenzung von Bundes- und Landeskompetenzen für das Wasserrecht vgl. auch *R. Breuer*, Öffentliches und privates Wasserrecht, 2. Aufl. 1987, Rn. 2 ff.
⁸⁹ Vgl. EuGHE 1991, I-4983 – *Trinkwasserrichtlinie*.
⁹⁰ BVerfGE 65, 1 (63).
⁹¹ Siehe *Rengeling* (Fn. 1), § 100 Rn. 280; *Jarass/Pieroth*, GG, Art. 75 Rn. 10. Zum Melderechtsrahmengesetz des Bundes vgl. *G. Fuckner*, NJW 1981, 1016 ff.
⁹² *Bothe* (Fn. 54), Art. 75 Rn. 19.
⁹³ BayVGH BayVBl. 1989, 50 (52).
⁹⁴ *Rengeling* (Fn. 1), § 100 Rn. 150; *Jarass/Pieroth*, GG, Art. 75 Rn. 11.
⁹⁵ Zum Gesetz zum Schutz deutschen Kulturgutes gegen Abwanderung vom 6. August 1955 siehe *E.-R. Hönes*, BayVBl. 1989, 38 ff.

dige Gesetzgebungsart geschaffen wurde (→ Rn. 15), im wesentlichen **theoretischen Charakter** besitzt (Ausnahme: Einordnung alten Reichsrechts nach Art. 124, 125 GG). Einen **weiteren Fall der Rahmengesetzgebung** sieht das Grundgesetz in Art. 98 III 2 GG für die Richter in den Ländern vor, der allerdings Besoldung und Versorgung wegen Art. 74a GG ausklammert. Im Hinblick auf die in Art. 75 I 1 GG aufgeführten Kompetenzmaterien sind **zahlreiche Bezüge zu Gegenständen der ausschließlichen und konkurrierenden Gesetzgebungsbefugnis des Bundes** vorhanden: Verwandtschaft besteht z. B. zwischen Art. 75 I 1 Nr. 1 GG und den Bundeskompetenzen über das Recht des öffentlichen Dienstes (Art. 73 Nr. 8 GG) und der Besoldungs- und Versorgungskompetenz (Art. 74a GG), zwischen Art. 75 I 1 Nr. 1a GG und den Regelungen über die Gemeinschaftsaufgaben von Bund und Ländern (Art. 91 I Nr. 1, 91b GG), zwischen Art. 75 I 1 Nr. 2 GG und der konkurrierenden Gesetzgebungsbefugnis des Bundes für das Recht der Wirtschaft und für die Verhütung des Mißbrauchs wirtschaftlicher Macht (Art. 74 I Nr. 11, 16 GG), zwischen Art. 75 I 1 Nr. 4 GG und den Kompetenzen des Bundes nach Art. 74 I Nr. 18 und Nr. 21 GG. Es ist Angelegenheit einer sachgemäßen Interpretation der einzelnen Vorschriften unter Heranziehung aller Methoden der Verfassungsauslegung, den im Einzelfall **ausschlaggebenden Anknüpfungspunkt** für die kompetentielle Zuordnung zu bestimmen.

Artikel 76 [Gesetzesvorlagen]

(1) Gesetzesvorlagen werden beim Bundestage durch die Bundesregierung, aus der Mitte des Bundestages oder durch den Bundesrat eingebracht.

(2) ¹Vorlagen der Bundesregierung sind zunächst dem Bundesrat zuzuleiten. ²Der Bundesrat ist berechtigt, innerhalb von sechs Wochen zu diesen Vorlagen Stellung zu nehmen. ³Verlangt er aus wichtigem Grunde, insbesondere mit Rücksicht auf den Umfang einer Vorlage, eine Fristverlängerung, so beträgt die Frist neun Wochen. ⁴Die Bundesregierung kann eine Vorlage, die sie bei der Zuleitung an den Bundesrat ausnahmsweise als besonders eilbedürftig bezeichnet hat, nach drei Wochen oder, wenn der Bundesrat ein Verlangen nach Satz 3 geäußert hat, nach sechs Wochen dem Bundestag zuleiten, auch wenn die Stellungnahme des Bundesrates noch nicht bei ihr eingegangen ist; sie hat die Stellungnahme des Bundesrates unverzüglich nach Eingang dem Bundestag nachzureichen. ⁵Bei Vorlagen zur Änderung dieses Grundgesetzes und zur Übertragung von Hoheitsrechten nach Artikel 23 oder Artikel 24 beträgt die Frist zur Stellungnahme neun Wochen; Satz 4 findet keine Anwendung.

(3) ¹Vorlagen des Bundesrates sind dem Bundestag durch die Bundesregierung innerhalb von sechs Wochen zuzuleiten. ²Sie soll hierbei ihre Auffassung darlegen. ³Verlangt sie aus wichtigem Grunde, insbesondere mit Rücksicht auf den Umfang einer Vorlage, eine Fristverlängerung, so beträgt die Frist neun Wochen. ⁴Wenn der Bundesrat eine Vorlage ausnahmsweise als besonders eilbedürftig bezeichnet hat, beträgt die Frist drei Wochen oder, wenn die Bundesregierung ein Verlangen nach Satz 3 geäußert hat, sechs Wochen. ⁵Bei Vorlagen zur Änderung dieses Grundgesetzes und zur Übertragung von Hoheitsrechten nach Artikel 23 oder Artikel 24 beträgt die Frist neun Wochen; Satz 4 findet keine Anwendung. ⁶Der Bundestag hat über die Vorlagen in angemessener Frist zu beraten und Beschluß zu fassen.

Literaturauswahl

Bryde, Brun-Otto: Stationen, Entscheidungen und Beteiligte im Gesetzgebungsverfahren, in: Schneider/Zeh, § 30, S. 859–881.
Hill, Hermann: Rechtsdogmatische Probleme der Gesetzgebung, in: Jura 1986, S. 286–296.
Hofmann, Hans: Die Ausgestaltung des Gesetzgebungsverfahrens nach der Reform des Grundgesetzes, in: NVwZ 1995, S. 134–138.
Schürmann, Martin: Grundlagen und Prinzipien des legislatorischen Einleitungsverfahrens nach dem Grundgesetz, 1987.
Schürmann, Martin: Die Umgehung des Bundesrates im sog. »Ersten Durchgang« einer Gesetzesvorlage, in: AöR 115 (1990), S. 45–63.
Schulze-Fielitz, Helmuth: Theorie und Praxis parlamentarischer Gesetzgebung, 1988.

Leitentscheidungen des Bundesverfassungsgericht

BVerfGE 1, 144 (153 ff.) – Geschäftsordnungsautonomie; 68, 1 (66 f.) – Atomwaffenstationierung.

Gliederung

	Rn.
A. Herkunft, Entstehung, Entwicklung	1
I. Ideen- und verfassungsgeschichtliche Aspekte	1
II. Entstehung und Veränderung der Norm	3

B. Internationale, supranationale und rechtsvergleichende Bezüge	5
C. Erläuterungen	6
I. Allgemeines	6
II. Das Gesetzesinitiativrecht	9
III. Die Gesetzesvorlage	14
IV. Die Einbringung beim Bundestag	17
1. Voraussetzungen der Einbringung und der Rücknahme von Vorlagen	17
2. Einbringung »aus der Mitte des Bundestages«	18
3. Einbringung durch die Bundesregierung	20
4. Einbringung durch den Bundesrat	24
D. Verhältnis zu anderen GG-Bestimmungen	26

A. Herkunft, Entstehung, Entwicklung

I. Ideen- und verfassungsgeschichtliche Aspekte

1 Im Gegensatz zu den meisten landständischen Verfassungen des Vormärz[1] sah die **Paulskirchenverfassung** vom März 1849 neben dem Gesetzesinitiativrecht des Kaisers in Abschnitt III Art. III § 80 auch das Recht des Gesetzesvorschlags jedes Hauses des Reichstags (Volkshaus und Staatenhaus) vor (Abschnitt IV Art. V § 99)[2]. Nach der **Reichsverfassung** (RV) von 1871 wurde gemäß Art. 5 I die Reichsgesetzgebung durch den Bundesrat und den Reichstag ausgeübt. Beide Versammlungen waren also gleichgeordnet[3]. Gemäß Art. 7 I Nr. 1, II, 16, 23 RV hatten sowohl Bundesrat als auch Reichstag das Recht der Gesetzesinitiative[4].

2 In der **Weimarer Zeit** stand nur mehr dem Reichstag der Gesetzesbeschluß zu (Art. 68 II WRV). Gesetzesvorlagen konnten formell nur von der Reichsregierung oder aus der Mitte des Reichstags eingebracht werden (»Vorlagerecht«; Art. 68 I WRV); die Möglichkeit, eine Gesetzgebung anzustoßen (»Initiativrecht«) hatten aber auch der Reichsrat (Art. 69 II WRV), der Reichswirtschaftsrat (Art. 165 IV WRV) und unter bestimmten Voraussetzungen das Reichsvolk (Art. 73 II 1 und 2 WRV). Bei Vorliegen der von der Verfassung festgelegten Voraussetzungen hatte die Reichsregierung den Vorschlag unter Darlegung ihres Standpunktes als Regierungsvorlage in den Reichstag einzubringen (Art. 69 II, 73 III 3 und 165 IV 3 WRV). In der Praxis waren Gesetzesvorlagen der Reichsregierung die Regel; daneben erlangten weiterhin die Initiativrechte des Reichsrats und der Reichstagsmitglieder Bedeutung, während die anderen Möglichkeiten der Gesetzesinitiative weitgehend theoretisch blieben[5].

---

[1] Zu zwei Ausnahmen in Sachsen-Weimar-Eisenach und Sachsen-Meiningen vgl. *E. Schmidt-Jortzig/M. Schürmann*, in: BK, Art. 76 (1996), Rn. 1 m. Fn. 2.
[2] Vgl. *M. Schürmann*, Grundlagen und Prinzipien des legislatorischen Einleitungsverfahrens nach dem Grundgesetz, 1987, S. 162.
[3] Dazu *N. Ullrich*, Gesetzgebungsverfahren und Reichstag in der Bismarck-Zeit, 1996, S. 102, 108.
[4] *Schmidt-Jortzig/Schürmann* (Fn. 1), Art. 76 Rn. 3.
[5] *Anschütz*, WRV, Art. 73 Anm. 11 (S. 390f.); *Schmidt-Jortzig/Schürmann* (Fn. 1), Art. 76 Rn. 6 ff. m. Fn. 24.

II. Entstehung und Veränderung der Norm

Da im **Herrenchiemseer Verfassungskonvent** Uneinigkeit darüber bestand, ob die Zweite Kammer als Bundesrat (beschickt durch Mitglieder der Landesregierungen) oder als Senat (mit von den Landtagen oder vom Landesvolk gewählten Delegierten) konzipiert werden sollte (→ Art. 51 Rn. 5), bot der Konvent für das Recht der Gesetzesinitiative in seinem Verfassungsentwurf drei Varianten an, wobei sich die dritte Variante am stärksten an den entsprechenden Regelungen der Weimarer Reichsverfassung orientierte[6]. Im **Parlamentarischen Rat** herrschte Einigkeit darüber, daß das Initiativrecht auf Bundestag, Bundesrat und Bundesregierung beschränkt bleiben und nach den Weimarer Erfahrungen ein Initiativrecht des Volkes nicht in die neue Verfassung aufgenommen werden sollte[7]. Ausnahmen waren nur für territoriale Plebiszite vorgesehen (Art. 29, 118 GG). Nach wechselhaften Verhandlungen im Parlamentarischen Rat, in denen allerdings über die Bundesratslösung verhältnismäßig schnell Einigkeit erzielt war, wurde 1949 die **Erstfassung** von Art. 76 GG in Kraft gesetzt, die mit der heute geltenden Fassung in Abs. 1 deckungsgleich ist, während sich Abs. 2 im Jahre 1949 auf die heutigen beiden ersten Sätze beschränkte und eine Frist von drei Wochen für die Stellungnahme des Bundesrats vorsah. Abs. 3 enthielt in Satz 1 keine Frist; Satz 2 lautete: »Sie hat hierbei ihre Auffassung darzulegen.« Die weiteren Sätze von Abs. 3 sind Anfügungen des Jahres 1994.

Art. 76 GG wurde in der Folgezeit **dreimal geändert**. Im Jahre 1968 wurde die Frist nach Art. 76 II 2 GG auf sechs Wochen ausgedehnt, wobei es aber für von der Bundesregierung als besonders eilbedürftig bezeichnete Gesetzesvorlagen bei der alten Drei-Wochen-Regelung verblieb. Im Jahre 1969 wurde durch eine weitere Verfassungsänderung der Bundesregierung für die Zuleitung von Vorlagen des Bundesrats an den Bundestag gemäß Art. 76 III 1 GG eine Frist von drei Monaten vorgeschrieben. Damit wurde einer Praxis der Bundesregierung ein Riegel vorgeschoben, die Behandlung der Gesetzesvorlagen des Bundesrates über Gebühr zu verzögern[8]. Die im Jahre **1994 vorgenommene umfangreiche Änderung** von Art. 76 GG, mit der die heutige Fassung in Kraft gesetzt wurde, geht auf die Beratungen der GVK zurück[9]. Damit ist insbesondere eine für den **Bundesrat günstigere Fristenregelung** getroffen worden (Art. 76 II 3 GG).

B. Internationale, supranationale und rechtsvergleichende Bezüge

Das Recht der Gesetzesinitiative ist nach dem Grundgesetz unter bewußter Ausschließung des Staatsvolkes auf die in Art. 76 I GG genannten initiativberechtigten Staatsorgane beschränkt. Dazu kontrastiert die starke Betonung des Elements direkter Demokratie im Nachbarland **Schweiz**, wo das Instrument der Volksinitiative einen festen Platz im Verfassungsleben besitzt (Art. 121 BV)[10]. Hier ist weiter bemerkenswert die

---
[6] Vgl. JöR 1 (1951), S. 562 ff.
[7] *v. Mangoldt/Klein*, GG, Art. 76 Anm. II 1 m. Fn. 1; *J. Jekewitz*, in: AK-GG, Art. 76 Rn. 11; siehe auch JöR 1 (1951), S. 563 → Art. 20 (Demokratie) Rn. 20 f.
[8] Siehe hierzu *v. Mangoldt/Klein*, GG, Art. 76 Anm. VI 4e; *B.-O. Bryde*, in: v. Münch/Kunig, GG III, Art. 76 Rn. 22.
[9] Vgl. dazu *Schmidt-Jortzig/Schürmann* (Fn. 1), Art. 76 Rn. 28 ff.
[10] Näher *Stern*, Staatsrecht II, S. 12 f.; *G. Schmid*, JöR 31 (1982), 169 (171 f.); *S. Möckli*, Direkte De-

offenbar starke Stellung der Regierung gegenüber der Bundesversammlung im Bereich der Gesetzesinitiative. Die Bundesversammlung sieht ihre Aufgabe eher in der Anregung, um dann die inhaltliche Ausgestaltung und Verfahrensleitung der Regierung (Bundesrat) zu überlassen[11]. Noch restriktiver als das deutsche Verfassungsrecht verfährt das **primäre Vertragsrecht der Europäischen Union** bei der Zuweisung des Initiativrechts im Zusammenhang mit der Rechtsetzungsfunktion: Hier ist weithin ein Initiativmonopol der Kommission vorgesehen (vgl. Art. 189a-c [246–248 n.F.] EGV), so daß beschließende Organe, insbesondere der Rat, eine Rechtshandlung nur vornehmen können, wenn die Kommission zuvor tätig geworden ist[12]. Bei Untätigkeit der Kommission ist im Fall der Verletzung einer konkret bestimmten Pflicht eine entsprechende Klage nach Art. 175 [232 n.F.] I EGV denkbar. Nur ein Fall eines unmittelbaren Initiativrechts des Europäischen Parlaments (Entwürfe für allgemeine unmittelbare Wahlen; Art. 138 [190 n.F.] EGV) ist im Primärrecht enthalten. Das Europäische Parlament kann aber nach Art. 138 (190 n.F.) II EGV die Kommission zu Initiativen auffordern. Von einem »hinkenden Initiativrecht« des Europäischen Parlaments kann man sprechen, soweit dieses bei einer Beteiligung im Rechtsetzungsverfahren auf Änderungen drängen kann. Wenn seine Zustimmung erforderlich ist (Art. 189b [247 n.F.] EGV), vermag es seinen Forderungen auch entsprechenden Nachdruck zu verleihen[13].

C. Erläuterungen

I. Allgemeines

6   Art. 76 GG betrifft die **erste Phase des formellen Gesetzgebungsverfahrens**, und zwar die Gesetzesinitiative oder den Gesetzesvorschlag. Bereits im konstitutionellen Staatsrecht des 19. Jahrhunderts wurde dieses Stadium von den weiteren Abschnitten unterschieden, die mit Gesetzesbeschluß (Feststellung des Gesetzesinhalts und der Gesetzessanktion), Ausfertigung und Verkündung bezeichnet werden können[14]. Das Grundgesetz enthält sich näherer Detailregelungen im Hinblick auf das Gesetzgebungsverfahren; insoweit sind ergänzend die Vorschriften der Geschäftsordnungen des Bundestages, des Bundesrates, der Bundesregierung sowie die Gemeinsame Geschäftsordnung der Bundesministerien heranzuziehen. Bei Gesetzesvorlagen des Bundesrates kann auch das Verfassungs- und Geschäftsordnungsrecht eines die Initiative über dieses Organ betreibenden Landes eine Rolle spielen[15]. Während ein Verstoß gegen Geschäftsordnungsvorschriften Gesetze nicht unwirksam macht[16], führt die **Nichtbeachtung grundgesetzlicher Verfahrensvorschriften** zur Nichtigkeit, wenn

---

mokratie, 1994, S. 99 ff.; *L. Wildhaber*, in: J.-F. Aubert (Hrsg.), Kommentar zur Bundesverfassung der Schweizerischen Eidgenossenschaft, Art. 121/122 (1988), Rn. 31 ff.

[11] Vgl. *G. Schmid*, JöR 31 (1982), 169 (176).
[12] Vgl. hierzu *Streinz*, Europarecht, Rn. 292 ff.; *B. Beutler/R. Bieber/J. Pipkorn/J. Streil*, Die Europäische Union, 4. Aufl. 1993, S. 213 ff.
[13] Vgl. hierzu *Streinz*, Europarecht, Rn. 318.
[14] *P. Laband*, Das Staatsrecht des Deutschen Reiches, Bd. II, 5. Aufl. 1911, S. 23 ff.
[15] Dazu *J. Lücke*, in: Sachs, GG, Art. 76 Rn. 2.
[16] Vgl. Jarass/*Pieroth*, GG, Art. 40 Rn. 7; *L.-A. Versteyl*, in: v. Münch/Kunig, GG II, Art. 40 Rn. 18; differenzierend zwischen Gesetzen und sonstigen Beschlüssen *Stern*, Staatsrecht II, S. 84; → Art. 40 Rn. 21.

es sich um zwingendes Verfassungsrecht handelt und der Gesetzesbeschluß auf diesem Verstoß beruht[17].

Das Grundgesetz kennt im Zusammenhang mit der Gesetzesinitiative für besondere Fälle auch **irreguläre Abläufe** des Gesetzgebungsverfahrens. Dies gilt zunächst für den **Gesetzgebungsnotstand** (Art. 81 GG), der allerdings erst an das Einleitungsverfahren nach Art. 76 GG anschließen kann. Voraussetzung für die Erklärung des Gesetzgebungsnotstands ist die Ablehnung der Vertrauensfrage nach Art. 68 GG in Verbindung mit einer Nichtauflösung des Bundestags oder die Ablehnung einer durch die Bundesregierung als dringlich bezeichneten Gesetzesvorlage oder einer Gesetzesvorlage, mit der Bundesregierung den Antrag nach Art. 68 GG verbunden hatte. (→ Art. 81 Rn. 6 ff.). Ein weiterer Sonderfall findet sich in Art. 115 II 1, 115e GG. Darüber hinaus ergibt sich aus Art. 110 III i.V.m. 113 I 1 GG, daß die **Budgetinitiative grundsätzlich von der Bundesregierung** auszugehen hat, wobei Änderungen im Gesetzgebungsverfahren der Vorschrift des Art. 113 GG entsprechen müssen[18]. Auch für **Vertragsgesetze** wird die – richtige, weil den außenpolitischen Belangen der Bundesrepublik Deutschland am besten gerecht werdende – Auffassung vertreten, daß nur die Bundesregierung Entwürfe zu entsprechenden Zustimmungsgesetzen nach Art. 59 II 1 GG beim Bundestag einbringen könne[19].

7

An Art. 76 ff. GG knüpft der dem Grundgesetz adäquate (formelle) **Gesetzesbegriff** an: danach sind Gesetze staatliche Hoheitsakte, die vom Parlament im dafür vorgesehenen verfassungsrechtlich vorgezeichneten Verfahren als Gesetz erlassen werden[20]. Der Begriff des Gesetzes ist also weder dualistisch geprägt, noch ist er auf Eingriffe in Freiheit und Eigentum oder auf die Schrankenziehung zwischen Rechtssubjekten festgelegt. Ebensowenig ist »Gesetz« gleichzusetzen mit einer generell-abstrakten Regelung, wie die bundesverfassungsgerichtliche Anerkennung der »Maßnahmegesetze« gezeigt hat (→ Art. 19 I Rn. 12 ff.). Angesichts des Versagens materieller Abgrenzungskriterien ist daher die Anknüpfung an Urheber, Form und Verfahren die einzige Möglichkeit, in grundgesetzgemäßer Weise den Begriff des Gesetzes zu bestimmen[21].

8

II. Das Gesetzesinitiativrecht

Das Grundgesetz trennt nicht mehr wie die Weimarer Verfassung zwischen der Gesetzesinitiative und dem (engeren) **formellen Einbringungsrecht** (→ Rn. 2). Die zu einem

9

---

[17] BVerfGE 44, 308 (313); siehe weiterhin BVerfGE 31, 47 (53); 34, 9 (25). Ein Verstoß gegen zwingendes Verfassungsrecht liegt auch vor, wenn das Prinzip der Beteiligung aller Abgeordneten an den Aufgaben des Parlaments durch geschäftsordnungsmäßige Regelungen verletzt wird: BVerfGE 80, 188 (219). Zu den Grenzen einer Umgestaltung und zum Verbot der »Denaturierung« von Gesetzesvorlagen siehe *B.-O. Bryde*, JZ 1998, 115 (116 ff.) m.w.N.

[18] Vgl. *Stern*, Staatsrecht II, S. 1212; BVerfGE 45, 1 (46).

[19] So *H. Schneider*, Gesetzgebung, 2. Aufl. 1991, S. 150 (Rn. 224); *M. Zuleeg*, in: AK-GG, Art. 59 Rn. 22; *Bryde* (Fn. 8), Art. 76 Rn. 5; a.A. *T. Maunz*, in: Maunz/Dürig, GG, Art. 59 (1971), Rn. 21; offen gelassen von BVerfGE 68, 1 (66).

[20] Hierzu *Hesse*, Verfassungsrecht, Rn. 506; *Jarass/Pieroth*, GG, Art. 76 Rn. 1; *Bryde* (Fn. 8), Art. 76 Rn. 2; *Stern*, Staatsrecht II, S. 568; *H. Schulze-Fielitz*, Theorie und Praxis parlamentarischer Gesetzgebung, 1988, S. 156. Siehe weiter *C. Starck*, Der Gesetzesbegriff des Grundgesetzes, 1970, S. 157 ff.; *E.-W. Böckenförde*, Gesetz und gesetzgebende Gewalt, 2. Aufl. 1981, S. 381; *U. Scheuner*, Die Aufgabe der Gesetzgebung in unserer Zeit (1960), in: ders., Staatstheorie und Staatsrecht, 1978, S. 501 ff. (505).

[21] Siehe *Bryde* (Fn. 8), Art. 76 Rn. 2.

Art. 76 C. Erläuterungen

materiellen Gesetzesvorschlag berechtigten Initianten haben zugleich das Recht der formellen Einbringung, auch wenn dieses von der Verfassung prozedural für Bundesrat, Bundesregierung und die »Mitte des Bundestages« unterschiedlich ausgestaltet wurde[22].

10 Zwar hat Art. 76 GG die Einbringung von Gesetzesvorlagen grundsätzlich fakultativ konzipiert. Dennoch gibt es Fälle, in denen sich das **Initiativrecht zur Pflicht verdichtet.** Dies kann bei völkerrechtlichen Verträgen der Fall sein, wenn sich etwa die Bundesregierung gebunden hat, von ihrem Recht der Gesetzesinitiative in einer bestimmten Richtung Gebrauch zu machen[23]. Auch Richtlinien der Europäischen Union (Art. 189 [249 n.F.] III EGV/Art. 161 III EAGV bzw. Empfehlungen nach Art. 14 III EGKSV) verpflichten zur Wahrnehmung des Initiativrechts, wobei regelmäßig die Regierung gefordert sein wird. Gesetzesinitiativpflichten sind im übrigen überall da anzunehmen, wo das Grundgesetz explizite oder im Wege der Verfassungsauslegung ableitbare Gesetzgebungsaufträge erteilt. Hierfür können sowohl grundrechtliche Schutzpflichten (→ Vorb. 62 ff.) als auch ausnahmsweise aus Kompetenzvorschriften ableitbare Aufträge (→ Art. 70 Rn. 23) Grundlage sein. Auch Staatszielbestimmungen und Pflichten zur Nachbesserung von Gesetzen[24] oder zu ihrer Korrektur als Folge eines festgestellten Verfassungs-, insbesondere Grundrechtsverstoßes sind als Anlaß denkbar[25]. Eine speziell die Bundesregierung treffende Pflicht zur Einbringung von Haushaltsgesetzen ist Art. 110 III in Verbindung mit Art. 113 I 1 GG zu entnehmen (→ Rn. 7). Bei all diesen Initiativverpflichtungen wird man die Bundesregierung, wenn sie auch nicht in jedem Einzelfall primär initiativverpflichtet sein mag, so doch für gehalten erachten, ihren Apparat und ihre Ressourcen für einen Gesetzentwurf zur Verfügung zu stellen. Dies gilt auch dann, wenn letzterer schließlich vom Bundesrat oder aus der »Mitte des Bundestages« kommt[26].

11 Die **Aufzählung** der Initiativberechtigten, Bundesregierung, Bundesrat und ›Mitte des Bundestags‹, in Art. 76 I GG ist **abschließend.** Im Unterschied zur Weimarer Verfassung (→ Rn. 2) verhält sich das Grundgesetz gegenüber einer Volksgesetzgebung vollständig ablehnend. Damit steht es im Gegensatz nicht nur zur Weimarer Verfassung, sondern auch zu nahezu allen Verfassungen der Länder der Bundesrepublik Deutschland einschließlich denen der neuen Bundesländer (→ Art. 20 [Demokratie] Rn. 55). Diskussionen, die nach dem Beitritt der letzteren um eine **Stärkung plebiszitärer Elemente** im Grundgesetz geführt wurden, blieben ohne Folgen[27].

12 Keine Erweiterung des Initiativrechts stellt die Möglichkeit einer **Petition an die Volksvertretung** nach Art. 17 GG dar. Auch wenn diese einen ausgearbeiteten Gesetzgebungsvorschlag zur Grundlage hat, wird dadurch kein Gesetzgebungsverfahren in Gang gebracht, wenn sich nicht einer der in Art. 76 I GG genannten Initiativbe-

---

[22] Vgl. hierzu *Lücke* (Fn. 15), Art. 76 Rn. 3; *Schmidt-Jortzig/Schürmann* (Fn. 1), Art. 76 Rn. 37.
[23] BVerfGE 1, 351 (366).
[24] BVerfGE 65, 1 (55 f.); 88, 208 (309 f.); hierzu auch *R. Stettner*, DVBl. 1982, 1123 ff.
[25] BVerfGE 15, 337 (351); 54, 11 (37 ff.); vgl. weiter E 88, 203 (309 f.); 90, 263 (270, 276 f.). Siehe auch *F. Ossenbühl*, Verfahren der Gesetzgebung, in: HStR III, § 63 Rn. 10.
[26] Siehe hierzu *Bryde* (Fn. 8), Art. 76 Rn. 6, der darauf hinweist, daß das Bundesverfassungsgericht bei der Prüfung der Einhaltung angemessener Fristen für Gesetzgebungsaufträge regelmäßig auf die Leistungsfähigkeit der Ministerialbürokratie abstellt; siehe dazu BVerfGE 25, 167 (186 f.); 33, 1 (13).
[27] → Art. 20 (Demokratie) Rn. 22.

II. Das Gesetzesinitiativrecht   Art. 76

rechtigten das Anliegen des Petenten zu eigen macht[28]. **Gegenstand des Initiativrechts** ist nicht nur die Möglichkeit der Einbringung einer Gesetzesvorlage, sondern darüber hinaus auch, daß sich das Gesetzgebungsorgan mit dem Vorschlag tatsächlich beschäftigt, also darüber berät und Beschluß faßt[29]. Dieses Recht auf Behandlung und Beschlußfassung wird verletzt, wenn eine Vorlage in den Ausschüssen »vergraben«, also auf Eis gelegt wird. Art. 76 III 6 GG soll einer solchen **Verschleppung** (von der vor allem Bundesratsvorlagen betroffen sind, während die Bundesregierung über die Parlamentsmehrheit auf zügige Behandlung ihrer Vorlagen drängen kann) entgegenwirken[30].

Die **Initiativberechtigung** der in Art. 76 I GG genannten Initianten ist rechtlich völlig **gleichwertig**, auch wenn faktisch die Regierungsvorlage der weitaus häufigste Fall ist (→ Rn. 14, 19). Es kann daher das Initiativrecht von den verschiedenen Berechtigten unabhängig voneinander in derselben Sache ausgeübt werden. Als zulässig wird man es auch ansehen dürfen, daß »aus der Mitte des Bundestags« ein von der Bundesregierung ausgearbeiteter Entwurf eingebracht wird. Dies ist insofern naheliegend, als im parlamentarischen System die Regierung von der Parlamentsmehrheit getragen wird. Allerdings kann eine solche **Übernahme** dazu führen, daß die Vorlage eines Regierungsentwurfs »aus der Mitte des Bundestages« dazu benutzt wird, das dem Bundesrat für Regierungsentwürfe eingeräumte Recht zur Stellungnahme nach Art. 76 II GG zu unterlaufen. Auch wenn dies teilweise wegen der grundsätzlichen Unbegrenztheit des Initiativrechts pauschal als zulässig angesehen wird[31], ist davon auszugehen, daß der **Rechtsmißbrauch** auch und gerade auf Verfassungsebene nicht gebilligt werden kann. Wird also der beschriebene Weg gezielt deshalb gewählt, um die Mitspracherechte des Bundesrats zu verkürzen – etwa bei offener Konfrontation der Verfassungsorgane –, ist diese Verfahrensweise rechtsmißbräuchlich und deshalb verfassungswidrig[32]. Da das Initiativrecht grundsätzlich fakultativ ist, sind auch **Absprachen** zwischen den Initiativberechtigten über die jeweilige Ausübung des Initiativrechts nicht zu beanstanden[33]. **Gemeinsame Initiativen** der Initiativberechtigten dürften dagegen nicht zulässig sein, weil die Verfassung, wie sich aus der gesamten Regelung des Art. 76 GG ergibt, von einem alternativen Verhältnis ausgeht[34].

13

---

[28] *Schmidt-Jortzig/Schürmann* (Fn. 1), Art. 76 Rn. 58 ff.; *T. Maunz*, in: Maunz/Dürig, GG, Art. 76 (1979), Rn. 1.
[29] Siehe BVerfGE 1, 144 (153); *H. Triepel*, AöR 39 (1920), 456 (476); *Maunz* (Fn. 28), Art. 76 Rn. 1; *B.-O. Bryde*, Stationen, Entscheidungen und Beteiligte im Gesetzgebungsverfahren, in: Schneider/Zeh, § 30 Rn. 14.
[30] Vgl. *Bryde* (Fn. 8), Art. 76 Rn. 4. Zur Behandlungspflicht des Bundestags ausführlich *Schmidt-Jortzig/Schürmann* (Fn. 1), Art. 76 Rn. 67 ff.; weiterhin *Stern*, Staatsrecht II, S. 618 (bei mißbräuchlicher Nichtbehandlung Verstoß gegen die Verfassungsorgantreuepflicht); *A. Jaumann*, BayVBl. 1975, 489 ff.
[31] In diesem Sinn wohl *Bryde* (Fn. 8), Art. 76 Rn. 21; *Ossenbühl* (Fn. 25), § 63 Rn. 23; *M. Schürmann*, AöR 115 (1990), 45 (63); *Jekewitz* (Fn. 7), Art. 76 Rn. 17; differenzierend *Lücke* (Fn. 15), Art. 76 Rn. 25; *Jarass/Pieroth*, GG, Art. 76 Rn. 3; siehe auch BVerfGE 30, 250 (253, 261).
[32] Ebenso *Stern*, Staatsrecht II, S. 621, der aber der Auffassung ist, dieser Mangel schlage nicht auf die Wirksamkeit des Gesetzes durch, weil der »Mitte des Bundestages« nun einmal das Initiativrecht zustehe. Der Bundesrat könne aber eine Verletzung des Gebots zur Organtreue rügen.
[33] Dazu *Maunz* (Fn. 28), Art. 76 Rn. 6.
[34] So auch *Schmidt-Jortzig/Schürmann* (Fn. 1), Art. 76 Rn. 135 f.; a. A. *Stern*, Staatsrecht II, S. 619, der die Auffassung vertritt, bei einer gemeinsamen Initiative aller drei Initianten würde sich verfas-

III. Die Gesetzesvorlage

14 Das Initiativrecht bezieht sich auf die Einbringung einer Gesetzesvorlage, also eines **ausformulierten Gesetzesentwurfs**. Gerade die Erstellung dieser Vorlage bedarf aber eines **Vorbereitungsverfahrens**, in dem häufig bereits wichtige Entscheidungen fallen. Dies ist insbesondere im Hinblick darauf von Bedeutung, daß bei den parlamentarischen Beratungen nicht selten nur noch geringfügige Änderungen vorgenommen werden[35]. Besonders hervorzuheben ist, daß bereits im Stadium des Entwurfs von Regierungsvorlagen, die etwa 80% aller eingebrachten Gesetzesinitiativen ausmachen, **Abstimmungen** mit den Ländern, den kommunalen Spitzenverbänden und insbesondere auch mit den beteiligten Fachkreisen oder Verbänden stattfinden (§§ 24 ff. GGO II)[36].

15 Den Begriff der Gesetzesvorlage erfüllen nicht bloße **Vorentwürfe** oder die Aufforderung des Bundestags an die Bundesregierung, einen Gesetzentwurf auszuarbeiten[37]. Vorlagen schlichter Parlamentsbeschlüsse scheiden schon begrifflich aus, ebenso Vorlagen für Rechtsverordnungen[38].

16 Fraglich ist, ob und welche **weiteren Anforderungen** neben einem vollständig und genau ausformulierten Gesetzestext an einen Gesetzesvorschlag gestellt werden müssen oder können. **Verfassungskonformität** ist jedenfalls nicht zu verlangen, weil das Verfahren der Verfassungsänderung in Art. 79 I, II GG selbst geregelt ist. Soweit Fragen bezüglich der Einordnung einer Initiative und des einzuschlagenden Gesetzgebungsverfahrens bestehen, können diese nicht auf das Recht zur Initiative selbst durchschlagen. Selbst wenn eine Initiative in den Unverbrüchlichkeitsbereich nach Art. 79 III GG hineinreichen sollte, wird man ein solches Problem angesichts der Schwierigkeit seiner Beurteilung besser dem parlamentarischen Verfahren und den dort zu findenden Mehrheiten überantworten, als das Initiativrecht damit zu belasten[39]. Es ist deshalb auch nicht berechtigt, eine **Begründung der Gesetzesentwürfe** zu verlangen, um ihre Verfassungsmäßigkeit darzutun[40]. Noch weniger ist es zulässig, bei kostenwirksamen Gesetzen einen **Deckungsvorschlag** zu verlangen[41]. Auch die nunmehr in der Geschäftsordnung des Deutschen Bundestags (§ 96 III GOBT) vorgesehe-

---

sungsrechtlich die Beachtung der Absätze 2 und 3 von Art. 76 GG erübrigen, weil alle beteiligten Verfassungsorgane bereits ihre Meinung zum Entwurf dargelegt hätten.

[35] Im einzelnen *Ossenbühl* (Fn. 25), § 63 Rn. 11 ff.

[36] Die Einbeziehung der beteiligten Fachkreise bereits im Entwurfsverfahren (in dem also das Parlament zunächst noch ausgeschlossen ist) birgt die Gefahr lobbyistischer Einflußnahme auf das zukünftige Gesetzeswerk in sich, die durchaus nicht zu unterschätzen ist. Dem steht gegenüber, daß auf diese Weise der Fachverstand der betroffenen Gruppen in das Gesetzgebungsverfahren eingebracht wird und auch eine gewisse Einbindung der Gruppenmitglieder in den späteren Gesetzgebungsbefehl erfolgt. Es wäre naiv zu glauben, daß sich ohne diese formale Beteiligungsmöglichkeit der Einfluß der Verbände ausschalten ließe. Vgl. hierzu auch *Schneider*, Gesetzgebung (Fn. 19), S. 69 (Rn. 104); *C. Tomuschat*, Verfassungsgewohnheitsrecht?, 1972, S. 20 (mit der These, § 24 GGO II sei verfassungswidrig); *Ossenbühl* (Fn. 25), § 63 Rn. 14; *Schulze-Fielitz*, Theorie (Fn. 20), S. 281; *Stern*, Staatsrecht II, S. 616.

[37] Siehe hierzu *v. Mangoldt/Klein*, GG, Art. 76 Anm. III 1c; *Stern*, Staatsrecht II, S. 618; *Schürmann*, Grundlagen (Fn. 2), S. 39.

[38] So auch *Lücke* (Fn. 15), Art. 76 Rn. 5.

[39] Wie hier *Schmidt-Jortzig/Schürmann* (Fn. 1), Art. 76 Rn. 180; a. A. *Lücke* (Fn. 15), Art. 76 Rn. 6.

[40] Anders wieder *Lücke* (Fn. 15), Art. 76 Rn. 7; wie hier aber *Schmidt-Jortzig/Schürmann* (Fn. 1), Art. 76 Rn. 181; *Bryde* (Fn. 8), Art. 76 Rn. 13.

[41] Dazu BVerfGE 1, 144 (158 ff.).

ne Verpflichtung, für kostenintensive Gesetze in der Begründung die finanziellen Auswirkungen darzulegen, dürfte verfassungsrechtlich nicht haltbar sein[42].

IV. Die Einbringung beim Bundestag

1. Voraussetzungen der Einbringung und der Rücknahme von Vorlagen

»Einbringung beim Bundestage« bedeutet die Zuleitung eines Gesetzentwurfs eines der in Art. 76 I GG genannten Initianten an den Deutschen Bundestag, genauer gesagt an dessen Präsidenten als handelndes Organ (§ 7 I 1 GOBT). Mit der Einbringung verlieren die Initianten die Möglichkeit einer Veränderung des Gesetzesentwurfs oder seiner Nachbesserung, unbeschadet des Rechts von Änderungsanträgen im parlamentarischen Verfahren. Die Möglichkeit einer Rücknahme besteht allerdings, solange der Gesetzesbeschluß noch nicht vorliegt (Art. 77 I 1 GG)[43].

17

2. Einbringung »aus der Mitte des Bundestages«

Der Bundestag als solcher ist zwar Adressat der Initiative, aber nicht selbst als Initiant genannt; vielmehr spricht die Verfassung von Vorlagen **»aus der Mitte des Bundestages«** und drückt damit aus, daß das Initiativrecht auch einem Teil des Bundestages zustehen kann, wobei sich allerdings die Verfassung über das **Quorum** ausschweigt. Die Geschäftsordnung des Bundestages, die diese Lücke ausfüllt[44], nennt in § 76 I eine Fraktion bzw. Fraktionsstärke, womit nach § 10 I der Geschäftsordnung 5 % der Mitglieder des Bundestages erforderlich sind. Ob die Festlegung einer zahlenmäßig bestimmten Gruppierung in dieser Höhe noch der dem Bundestag eingeräumten **Autonomie** entspricht, ist aber zweifelhaft[45]. Der Wortlaut der Verfassung suggeriert bei aller Unbestimmtheit keineswegs ein Quorum in dieser Höhe. Trifft aber die Geschäftsordnung insoweit nicht den Willen der Verfassung, müßten auch Gesetzesinitiativen einer **geringeren Zahl von Abgeordneten** zugelassen werden, wobei der Verfassungswortlaut (»Mitte«) jedenfalls die Gesetzesvorlage eines einzigen Abgeordneten ausschließt. Eine in Art. 76 I GG nicht unmittelbar zum Ausdruck gekommene, aber zu beachtende Untergrenze ergibt sich weiterhin aus dem Prinzip der Funktionsfähigkeit des Bundestages, das Splitterinitiativen entgegensteht. Aber auch diese Überlegung dürfte es nicht rechtfertigen, sich kurzerhand an der 5 %-Klausel des Wahlgesetzes zu orientieren, weil dies den Wortlaut von Art. 76 I GG zu wenig berücksichtigt[46]. Räumt man allerdings dem Bundestag für die formale Seite von Gesetzesinitiativen weitge-

18

---

[42] In diese Richtung *Schmidt-Jortzig/Schürmann* (Fn. 1), Art. 76 Rn. 361; *Lücke* (Fn. 15), Art. 76 Rn. 7; a.A. *Bryde* (Fn. 8), Art. 76 Rn. 13 (»gerade noch zulässig«). Nach Jarass/*Pieroth*, GG, Art. 76 Rn. 3 dürfen Begründungspflichten gemäß §§ 76 II, 96 III 1 GOBT nicht als zwingende Vorschriften ausgelegt werden.
[43] Vgl. zum Ganzen *Schmidt-Jortzig/Schürmann* (Fn. 1), Art. 76 Rn. 186 ff.
[44] Vgl. dazu BVerfGE 1, 144 (153).
[45] So anscheinend BVerfGE 1, 144 (153); *Schmidt-Jortzig/Schürmann* (Fn. 1), Art. 76 Rn. 118; wohl auch *Ossenbühl* (Fn. 25), § 63 Rn. 24; *Maunz* (Fn. 28), Art. 76 Rn. 25; Jarass/*Pieroth*, GG, Art. 76 Rn. 2; so auch *Bryde* (Fn. 8), Art. 76 Rn. 13, der aber die zur Zeit geltende Festlegung auf Fraktionsstärke für die Obergrenze des Zulässigen hält.
[46] Hierzu auch *Stern*, Staatsrecht II, S. 622 Fn. 309.

Art. 76

hende Autonomiebefugnisse ein, wird man auch die Festlegung in § 76 I GOBT für unproblematisch halten[47].

19   Im Verhältnis zu den Regierungsvorlagen sind Gesetzesinitiativen aus der »Mitte des Bundestages« bei weitem in der **Minderzahl**, auch wenn seit der 10. Wahlperiode ihre Anzahl wieder deutlich ansteigt[48]. Der Grund für erstere Erscheinung liegt darin, daß der »Mitte des Bundestags« die Sachkompetenz der Ministerialbürokratie auch dann bestenfalls mittelbar zur Verfügung steht, wenn Vorlagen der Regierungsfraktion in den Ministerien erarbeitet werden[49]. Für die Opposition gibt es nach § 54 I 3 GGO II die Möglichkeit, sich mit Genehmigung des zuständigen Ministers des Ministerialapparates zu bedienen; im übrigen stehen ihr die wissenschaftlichen Dienste des Deutschen Bundestages zur Verfügung. In der Praxis wird sie sich häufig an die Ministerien in den von ihr regierten Ländern wenden.

3. Einbringung durch die Bundesregierung

20   Die faktische **Dominanz der Ministerialbürokratie**, die sich (neben der Formulierungshilfe, die sie auch für die »Mitte des Bundestages« häufig leistet) in der Vielzahl ihrer Gesetzesvorlagen manifestiert, ist weniger im Hinblick auf den Gesetzesinitianten Bundesrat bedenklich, da der Schwerpunkt der staatlichen Tätigkeit der Länder nicht bei der Gesetzgebung, sondern bei der Verwaltung liegt. Vielmehr gerät sie in **Friktion** mit der dem Bundestag von der Verfassung vorbehaltenen zentralen Stellung im Gesetzgebungsprozeß (zur »**Wesentlichkeitstheorie**«: → Art. 20 [Rechtsstaat] Rn. 103ff.). Eine »**Parlamentsreform**«, die dies ändern könnte, steht aus; sie dürfte sich auch angesichts der Gesetzesflut und der steigenden Kompliziertheit der Materien vor kaum lösbare Aufgaben gestellt sehen.

21   Gesetzesvorlagen entstehen in den Ministerien als Referentenentwürfe, das Initiativrecht steht aber der **gesamten Regierung** (als Kabinett: → Art. 62 Rn. 10ff.) zu. Bevor Gesetzesvorlagen der Bundesregierung an die gesetzgebenden Körperschaften gehen, sind sie als Kabinettsvorlage der Bundesregierung zur Beratung und Beschlußfassung vorzulegen (§§ 39, 40 GGO II)[50].

22   Vorlagen der Bundesregierung werden zuerst dem **Bundesrat** zur Stellungnahme zugeleitet (Art. 76 II 1 GG: sog. »erster Durchgang«). Für Haushaltsgesetze gilt Art. 110 III 1. Alt. GG (gleichzeitige Zuleitung an Bundesrat und Bundestag). Mit der Zuleitung an den Bundesrat wird der Stellung der Länder im föderalistischen System des Grundgesetzes Rechnung getragen und einer frühzeitigen **konsensualen Einigung** der Weg bereitet (wobei aber zu berücksichtigen ist, daß die Länder bereits im Stadium des Entwurfs nach § 26 GGO II informiert wurden und sich dementsprechend einrichten konnten, so daß der Zuleitung an den Bundesrat nach Art. 76 II 1 GG eher ein formeller als ein materiell-informativer Charakter zukommt). Die dem Bundesrat zur

---

[47] *Lücke* (Fn. 15), Art. 76 Rn. 10, der die Regelung des § 76 I GOBT sogar für verfassungsrechtlich geboten hält, um die Funktionsfähigkeit des Bundestages sicherzustellen.

[48] Vgl. die statistischen Angaben bei *Schmidt-Jortzig/Schürmann* (Fn. 1), Art. 76 Anl.; *Bryde* (Fn. 8), Art. 76 Anh. Zur Insuffizienz des Bundestags als Gesetzesinitiant vgl. exemplarisch *Schulze-Fielitz*, Theorie (Fn. 20), S. 285.

[49] Dies ist solange unbedenklich, als damit nicht eine originär von der Regierung initiierte Vorlage nur deshalb aus der »Mitte des Bundestags« eingebracht werden soll, um den ersten Durchgang (Beteiligung des Bundesrats) zu umgehen; → Rn. 13.

[50] Vgl. hierzu näher *H. Hill*, Jura 1986, 286 (294); *Bryde* (Fn. 8), Art. 76 Rn. 10.

Stellungnahme eingeräumte **Frist** betrug ursprünglich nur drei Wochen; diese wurde durch Verfassungsänderung des Jahres 1968 auf **sechs Wochen** als Regel- und neun Wochen als Ausnahmefrist im Falle eines wichtigen Grundes, insbesondere bei besonderem Umfang einer Vorlage, ausgedehnt (→ Rn. 3f.). Die Bundesregierung kann wiederum bei Vorlagen, die sie bei der Zuleitung an den Bundesrat als besonders eilbedürftig bezeichnet hat, die **Fristen** auf drei bzw. sechs Wochen **verkürzen** (Art. 76 II 4 GG). In diesem Fall ist eine **verspätete Stellungnahme** des Bundesrates unverzüglich nach Eingang dem Bundestag nachzureichen. Ob dies auch sonst von der Bundesregierung zu verlangen ist, ist umstritten. Nach einer zum Teil vertretenen Meinung ist eine verspätete Stellungnahme zwar immer zulässig, muß aber von der Bundesregierung nicht weitergeleitet werden[51]. Demgegenüber wird man die Gründe für die Verspätung nicht unberücksichtigt lassen können. Zwar verliert die Fristenregelung dadurch an Durchschlagskraft und die Gesetzgebungsverfahren können immer länger werden. Doch wird man die Äußerung eines obersten Verfassungsorgans nicht in jedem Fall unberücksichtigt lassen können, auch wenn sie verspätet erfolgt. Ausschlaggebend für die Einhaltung der Frist ist der **Zeitpunkt der Beschlußfassung**, nicht der des Eingangs bei der Bundesregierung[52].

Die **Stellungnahme** des Bundesrats ist nur **vorläufig** (siehe Art. 77 II, III GG) und **ohne bindende Wirkung**. Deshalb ist eine Äußerung dahingehend, das Gesetz sei zustimmungsbedürftig, nicht im Organstreitverfahren anzugreifen[53]. Form und Inhalt der Stellungnahme sind von der Verfassung nicht festgelegt; der Bundesrat kann eine Äußerung auch unterlassen. Eine geäußerte Stellungnahme bedarf aber der **Mehrheit der Stimmen des Bundesrats** (Art. 52 III 1 GG; § 30 I GOBR)[54]. Die Bundesregierung kann die Stellungnahme des Bundesrats unkommentiert weiterleiten, eine Gegenäußerung abgeben oder die Vorlage auch ganz zurückziehen. Will sie aber die Vorlage **ändern**, ist eine erneute Einschaltung des Bundesrats notwendig[55].

23

4. Einbringung durch den Bundesrat

Das Verfahren bei Bundesratsvorlagen ist dem bei Regierungsinitiativen nachgebildet. Die Vorlagen sind **dem Bundestag** durch die Bundesregierung **zuzuleiten**, die dabei ihre Auffassung darlegen soll; sie darf dies nur in begründeten Ausnahmefällen unterlassen[56]. Die Regelfrist für die Stellungnahme ist wiederum sechs Wochen; aus wichtigem Grund kann sie auf neun Wochen verlängert werden. Der Bundesrat kann die Äußerungsfrist auf drei bzw. sechs Wochen verkürzen, wenn er die Vorlage ausnahmsweise als besonders eilbedürftig bezeichnet hat. Die Fristen laufen nicht schon ab Beschlußfassung des Bundesrats, sondern erst nach Eingang bei der Bundesregierung[57].

24

Die **Bundesregierung** ist **verpflichtet**, die Bundesratsvorlage an den Bundestag wei-

25

---

[51] Vgl. hierzu *Bryde* (Fn. 8), Art. 76 Rn. 18 m.w.N.
[52] Ebenso *Bryde* (Fn. 8), Art. 76 Rn. 18; a.A. *Schmidt-Jortzig/Schürmann* (Fn. 1), Art. 76 Rn. 291 ff.
[53] BVerfGE 3, 12 (17).
[54] So auch *Maunz* (Fn. 28), Art. 76 Rn. 17; *Jarass/Pieroth*, GG, Art. 76 Rn. 6; *Bryde* (Fn. 8), Art. 76 Rn. 19; a.A. BVerfGE 3, 12 (17) im Einklang mit der früheren Praxis; siehe dazu auch *J. Kratzer*, AöR 77 (1951/52), 266 (273).
[55] Vgl. dazu *Ossenbühl* (Fn. 25), § 63 Rn. 20; *Jarass/Pieroth*, GG, Art. 76 Rn. 6; a.A. *Maunz/Zippelius*, Staatsrecht, § 30 V 2.
[56] *Jarass/Pieroth*, GG, Art. 76 Rn. 7.
[57] *Schmidt-Jortzig/Schürmann* (Fn. 1), Art. 76 Rn. 411.

terzuleiten; dies gilt auch, wenn sie sie für unzulässig hält[58]. Gemäß der Bestimmung des Art. 76 III 6 GG (→ Rn. 12) ist der Bundestag zur Beratung und Beschlußfassung in angemessener Frist verpflichtet[59].

D. Verhältnis zu anderen GG-Bestimmungen

26   Art. 76 GG betrifft das erste formelle Stadium der Gesetzgebung und steht in einer Linie mit den Vorschriften zum **Gesetzesbeschluß** (Art. 77, 78, 81 GG) sowie zur **Ausfertigung** und **Verkündung** (Art. 82 GG). Da es zum Erlaß eines verfassungsmäßigen Gesetzes aber in gleicher Weise auf die Kompetenz des Bundes zur Gesetzgebung ankommt, schließt sich Art. 76 GG folgerichtig an die Bestimmungen über die ausschließliche, konkurrierende und Rahmengesetzgebung des Bundes an. Für sich stehend ist Art. 76 GG im Grunde unvollständig; er bedarf von der logischen Abfolge her der Ergänzung durch die Vorschriften des Grundgesetzes über die anderen Stadien der Gesetzgebung. Darüber hinaus sind die **Geschäftsordnungen**, die sich die durch Art. 76 I GG legitimierten Initianten gegeben haben, als ergänzendes Recht gerade auch für das Recht der Gesetzesinitiative von wesentlicher Bedeutung.

---

[58] In diesem Sinn auch *Bryde* (Fn. 8), Art. 76 Rn. 22; a.A. wohl *v. Mangoldt/Klein*, GG, Art. 76 Anm. VI 4c.

[59] Siehe hierzu auch *H. Hofmann*, NVwZ 1995, 134 (137); *K. Meyer-Teschendorf*, DÖV 1994, 766 (769).

Artikel 77 [Gesetzgebungsverfahren]

(1) ¹Die Bundesgesetze werden vom Bundestage beschlossen. ²Sie sind nach ihrer Annahme durch den Präsidenten des Bundestages unverzüglich dem Bundesrate zuzuleiten.

(2) ¹Der Bundesrat kann binnen drei Wochen nach Eingang des Gesetzesbeschlusses verlangen, daß ein aus Mitgliedern des Bundestages und des Bundesrates für die gemeinsame Beratung von Vorlagen gebildeter Ausschuß einberufen wird. ²Die Zusammensetzung und das Verfahren dieses Ausschusses regelt eine Geschäftsordnung, die vom Bundestag beschlossen wird und der Zustimmung des Bundesrates bedarf. ³Die in diesen Ausschuß entsandten Mitglieder des Bundesrates sind nicht an Weisungen gebunden. ⁴Ist zu einem Gesetze die Zustimmung des Bundesrates erforderlich, so können auch der Bundestag und die Bundesregierung die Einberufung verlangen. ⁵Schlägt der Ausschuß eine Änderung des Gesetzesbeschlusses vor, so hat der Bundestag erneut Beschluß zu fassen.

(2a) Soweit zu einem Gesetz die Zustimmung des Bundesrates erforderlich ist, hat der Bundesrat, wenn ein Verlangen nach Absatz 2 Satz 1 nicht gestellt oder das Vermittlungsverfahren ohne einen Vorschlag zur Änderung des Gesetzesbeschlusses beendet ist, in angemessener Frist über die Zustimmung Beschluß zu fassen.

(3) ¹Soweit zu einem Gesetze die Zustimmung des Bundesrates nicht erforderlich ist, kann der Bundesrat, wenn das Verfahren nach Absatz 2 beendigt ist, gegen ein vom Bundestage beschlossenes Gesetz binnen zwei Wochen Einspruch einlegen. ²Die Einspruchsfrist beginnt im Falle des Absatzes 2 letzter Satz mit dem Eingange des vom Bundestage erneut gefaßten Beschlusses, in allen anderen Fällen mit dem Eingange der Mitteilung des Vorsitzenden des in Absatz 2 vorgesehenen Ausschusses, daß das Verfahren vor dem Ausschusse abgeschlossen ist.

(4) ¹Wird der Einspruch mit der Mehrheit der Stimmen des Bundesrates beschlossen, so kann er durch Beschluß der Mehrheit der Mitglieder des Bundestages zurückgewiesen werden. ²Hat der Bundesrat den Einspruch mit einer Mehrheit von mindestens zwei Dritteln seiner Stimmen beschlossen, so bedarf die Zurückweisung durch den Bundestag einer Mehrheit von zwei Dritteln, mindestens der Mehrheit der Mitglieder des Bundestages.

Literaturauswahl

Dietlein, Max Josef: Zulässigkeitsfragen bei der Anrufung des Vermittlungsausschusses, in: AöR 106 (1981), S. 525–548.
Dittmann, Armin: Die Teilbarkeit von Gesetzesinitiativen als verfassungsrechtliches Problem, in: DÖV 1974, S. 397–403.
Franßen, Everhart: Der Vermittlungsausschuß – Politischer Schlichter zwischen Bundestag und Bundesrat?, in: Festschrift für Martin Hirsch, 1981, S. 273–292.
Fritz, Gernot: Teilung von Bundesgesetzen, 1982.
Hasselsweiler, Ekkehart: Der Vermittlungsausschuß – Verfassungsgrundlagen und Staatspraxis, 1981.
Henseler, Paul: Möglichkeiten und Grenzen des Vermittlungsausschusses, in: NJW 1982, S. 849–855.
Klein, Hans Hugo: Der Bundesrat der Bundesrepublik Deutschland – Die »Zweite Kammer«, in: AöR 108 (1983), S. 329–370.
Kratzer, Jakob: Zustimmungsgesetze, in: AöR 77 (1951/52), S. 266–283.
Kutscher, Hans: Verfassungsrechtliche Fragen aus der Praxis des Bundesrats, in: DÖV 1952, S. 710–713.

von Mutius, Albert: Zustimmungsbedürftigkeit von Bundesgesetzen, in: Jura 1988, S. 49–51.
Ossenbühl, Fritz: Die Zustimmung des Bundesrates beim Erlaß von Bundesrecht, in: AöR 99 (1974), S. 369–436.
Pestalozza, Christian: Ausschaltung des Bundesrates durch Einbringung von Gesetzesteilen als Teilgesetze?, in: ZRP 1976, S. 153–157.
Schneider, Hans: Gesetzgebung, 2. Aufl. 1991.
Wessel, Franz: Der Vermittlungsausschuß nach Artikel 77 des Grundgesetzes, in: AöR 77 (1951/52), S. 283–313.

Leitentscheidungen des Bundesverfassungsgerichts

BVerfGE 8, 274 (294ff.) – Preisgesetz; 24, 184 (194ff.) – Zustimmungsgesetz; 28, 66 (79ff.) – Postgebühren; 29, 221 (233ff.) – Jahresarbeitsverdienstgrenze; 37, 363 (379ff.) – Bundesrat; 55, 274 (318ff.) – Berufsausbildungsabgabe; 72, 175 (187ff.) – Wohnungsfürsorge; 77, 84 (102f.) – Arbeitnehmerüberlassung.

Gliederung

	Rn.
A. Herkunft, Entstehung, Entwicklung	1
B. Internationale, supranationale und rechtsvergleichende Bezüge	3
C. Erläuterungen	6
I. Allgemeines	6
II. Gesetzesbeschluß des Bundestages (Art. 77 I 1 GG)	7
III. Zuleitung an den Bundesrat; die Unterscheidung von Einspruchs- und Zustimmungsgesetzen (Art. 77 I 2, 4, IIa, III GG)	10
IV. Das Vermittlungsverfahren (Art. 77 II, III GG)	15
1. Stellung, Besetzung und Verfahren des Vermittlungsausschusses	15
2. Die Einberufung des Vermittlungsausschusses	24
V. Fortgang des Gesetzgebungsverfahrens (Art. 77 II 4, III 1, IV GG)	29
D. Verhältnis zu anderen GG-Bestimmungen	32

A. Herkunft, Entstehung, Entwicklung

1 Obgleich sowohl die **Paulskirchenverfassung** von 1849 als auch die **Reichsverfassung** von 1871 für das Zustandekommen eines Gesetzes die Übereinstimmung beider an der Gesetzgebung beteiligten Kammern (Staaten- und Volkshaus, Abschnitt IV Art. V § 100 Paulskirchenverfassung von 1849 bzw. Bundesrat und Reichstag, Art. 5 Reichsverfassung von 1871) vorsahen, war keiner Verfassung ein institutionalisiertes Schlichtungsgremium nach Art des Vermittlungsausschusses gemäß Art. 77 II GG bekannt. Auch in der **Weimarer Zeit** existierte kein Vorgängergremium zum heutigen Vermittlungsausschuß. Nach der Weimarer Reichsverfassung konnte nicht nur der Reichsrat Einspruch gegen ein Gesetz einlegen, der zum Volksentscheid führen oder mit Zwei-Drittel-Mehrheit durch den Reichstag überstimmt werden konnte (Art. 74 WRV); auch der Reichspräsident und ein Drittel der Mitglieder des Reichstages waren berechtigt, ein den Volksentscheid auslösendes Veto gegen ein Gesetz zu erheben (Art. 72, 73 I WRV). Das Volk konnte auch von sich aus ein Volksbegehren über ein vom Reichstag beschlossenes Gesetz herbeiführen (Art. 73 II WRV).

Der Herrenchiemseer Verfassungsentwurf verlangte in Art. 104 HChE 1. Variante (echte Bundesratslösung) zwar einen übereinstimmenden Beschluß beider Häuser, sah aber bei Unstimmigkeiten auch die Einberufung einer »besonderen Versammlung« durch den Bundespräsidenten (!) vor[1]. Die 1949 in das **Grundgesetz** eingefügte Fassung von Art. 77 GG ist mit der heutigen weitgehend identisch, sieht man davon ab, daß **1968** die Fristen nach Art. 77 II und III GG um jeweils eine Woche zugunsten des Bundesrats verlängert wurden und **1994** ein Absatz 2a eingefügt wurde, der allerdings mit seiner Feststellung, der Bundesrat sei bei Zustimmungsgesetzen verpflichtet, in angemessener Frist über die Zustimmung Beschluß zu fassen, nur einen ohnehin geltenden Verfassungsgrundsatz ausformuliert (Verfassungsorgantreue)[2].

B. Internationale, supranationale und rechtsvergleichende Bezüge

Auf der Ebene der **Europäischen Union** sind die Parlamentsrechte durch die verschiedenen Reformen (Einheitliche Europäische Akte von 1987, Maastricht-Vertrag von 1992, Vertrag von Amsterdam von 1997) stark aufgewertet worden, so daß der EG-Vertrag nunmehr in Art. 189c (252 n.F.) EGV ein Verfahren der Zusammenarbeit zwischen Kommission, Rat und Parlament und in Art. 189b (251 n.F.) EGV sogar ein solches der Mitentscheidung des Parlaments vorsieht. Hier kann das Parlament das Zustandekommen eines Rechtsakts verhindern; es findet allerdings seltener statt als das Verfahren der Zusammenarbeit. Im Interesse einer weiteren **Demokratisierung der Union** wird man jedoch nicht daran vorbei können, dem Parlament die Rolle nicht nur eines Teilhabers, sondern eines Hauptakteurs im Gesetzgebungsprozeß zuzubilligen. Für das Verfahren der Mitentscheidung sieht Art. 189b (251 n.F.) III–IV EGV das Tätigwerden eines Vermittlungsausschusses vor, der aus Mitgliedern des Rates oder deren Vertretern und ebensovielen Vertretern des Europäischen Parlaments besteht.

Für den **Verfassungsvergleich** bietet Art. 77 GG mehrere Anknüpfungspunkte. Zum einen ist die ausschließliche **Reservierung des Gesetzesbeschlusses** durch Art. 77 I GG zugunsten des Bundestages zu nennen. Zum anderen läßt sich im Hinblick auf die ausländischen Rechtsordnungen, die eine **Zweite Kammer** an der Rechtsetzung beteiligen, ein Vergleich betreffend rechtliche Stellung und Aufgaben dieses Gremiums ziehen. Schließlich könnte Gegenstand rechtsvergleichender Überlegungen die Frage sein, ob dem deutschen Vermittlungsausschuß vergleichbare Gremien existieren, die zur **Dissensschlichtung** im Gesetzgebungsverfahren aufgerufen sind.

Die exklusive Zuweisung des Gesetzesbeschlusses an das Parlament ist zwar **demokratietheoretisch konsequent**, wird aber gleichwohl nicht von allen demokratischen Verfassungen mit derselben Kompromißlosigkeit gehandhabt. Dies ist umso verständlicher, wenn man bedenkt, daß auch im Deutschen Bundestag die Hauptarbeit im Gesetzgebungsverfahren nicht im Plenum, sondern in den **Ausschüssen** erledigt wird (→ Art. 40 Rn. 28 f.). So erscheint es nicht unvertretbar, wenn nach Art. 72 III der Italienischen Verfassung Beschlüsse von Ausschüssen den Gesetzesbeschluß des Plenums er-

---

[1] Nach *J. Kokott*, in: BK, Art. 77 (1997), Rn. 3 hätte dies dem Zusammentreten des Ausschusses eine »Sache nicht unbedingt förderliche Feierlichkeit« verliehen.

[2] *B.-O. Bryde*, in: v. Münch/Kunig, GG III, Art. 77 Rn. 19; *J. Lücke*, in: Sachs, GG, Art. 77 Rn. 30; *K. G. Meyer-Teschendorf*, DÖV 1994, 766 (770).

setzen können³. Eine dem deutschen Vermittlungsausschuß parallele Funktion kann man den Conference Committees in den USA zusprechen, obwohl diese, anders als der deutsche Vermittlungsausschuß, von der Verfassung nicht formell erwähnt werden, sondern ein Produkt der amerikanischen Verfassungsentwicklung sind. Auch treten sie nur ad hoc zusammen, während der Vermittlungsausschuß ständig agiert⁴. Andere Verfassungen sehen zumindest die Einberufung von Schlichtungsgremien vor, ohne Zusammensetzung und Verfahrensablauf so detailliert zu regeln wie das Grundgesetz⁵. Die **Länder der Bundesrepublik Deutschland** kennen durchwegs keine an der Gesetzgebung beteiligte Zweite Kammer; auch die übergangsweise noch bis 1.1.2000 während Mitwirkung des durch Volksentscheid abgeschafften bayerischen Senats an der Gesetzgebung beschränkt sich auf gutachterliche Stellungnahmen und Einwendungen (Art. 40f. BayVerf.), so daß sich hier die Notwendigkeit eines Schlichtungsgremiums nicht stellt.

C. Erläuterungen

I. Allgemeines

6   Art. 77 GG betrifft sowohl den **Gesetzesbeschluß**⁶ als zweites Stadium des Gesetzgebungsverfahrens (→ Art. 76 Rn. 6) als auch die **Teilnahme des Bundesrates** am Gesetzgebungsverfahren als den föderalistisch beeinflußten Teil des Legislativprozesses. Da in Art. 77 GG auch die Unterscheidung zwischen Einspruchs- und Zustimmungsgesetz sowie die Tätigkeit des Vermittlungsausschusses geregelt ist, ist eine komplizierte, alternativenreiche und nicht ohne weiteres zu durchschauende Regelung entstanden⁷. Dazu kommt, daß mit dem Gesetzesbeschluß nach dem Sprachgebrauch der Verfassung und der Konstruktion des Gesetzgebungsverfahrens ein Gesetz noch nicht »zustandegekommen« ist, sondern dies noch einer der weiteren in Art. 78 GG genannten Voraussetzungen bedarf, was nicht unbedingt der Klarheit der Regelung zuträglich ist. Neben dem »Zustandekommen« des Gesetzes muß dieses auch noch wirksam werden (durch Gegenzeichnung, Ausfertigung, Verkündung: → Art. 82 Rn. 10ff.) und in Kraft treten⁸.

---

³ *Lücke* (Fn. 2), Art. 77 Rn. 4. Siehe hierzu aber auch *Kokott* (Fn. 1), Art. 77 Rechtsvergleichende Hinweise, S. 39 Fn. 168, die auf Art. 70 III Bayerische Verfassung verweist, wonach der Landtag das Recht der Gesetzgebung nicht übertragen kann, »auch nicht auf seine Ausschüsse«.

⁴ Siehe hierzu *H. Schneider*, Gesetzgebung, 2. Aufl. 1991, Rn. 149; *Kokott* (Fn. 1), Art. 77, Rechtsvergleichende Hinweise, S. 40; *W. Jann*, ZG 3 (1988), 224 (229).

⁵ Nachweise bei *Kokott* (Fn. 1), Art. 77, Rechtsvergleichende Hinweise, S. 40.

⁶ Nach der konstitutionellen Auffassung waren Feststellung des Gesetzesinhalts und Erteilung des Gesetzesbefehls (»Sanktion«) durch den Monarchen zu unterscheiden, eine Differenzierung, die im demokratischen Staat aber aufgegeben werden sollte; so zu Recht *Bryde* (Fn. 2), Art. 77 Rn. 5; *Stern*, Staatsrecht II, S. 626; aus der älteren Literatur vgl. *P. Laband*, Das Staatsrecht des Deutschen Reiches, 2. Bd., 5. Aufl. 1911, S. 23ff., 29ff.; *Anschütz*, WRV, Art. 68, 69 Anm. 6.

⁷ Zur Kritik siehe *Bryde* (Fn. 2), Art. 77 Rn. 29.

⁸ *Bryde* (Fn. 2), Art. 77 Rn. 5.

II. Gesetzesbeschluß des Bundestages (Art. 77 I 1 GG)

Wie Art. 77 I 1 GG deutlich macht, ist der Gesetzesbeschluß beim **Bundestag** und ausschließlich bei ihm angesiedelt[9]. Der **Bundesrat** wird also in die Rolle eines Organs verwiesen, das am Gesetzgebungsverfahren auf Grund verfassungsrechtlich streng abgegrenzter Befugnisse »mitwirkt«, ohne aber Träger des Verfahrens zu sein. Wegen der im großen und ganzen sehr präzisen Festlegung der Befugnisse des Bundesrates ist es auch müßig, darüber zu streiten, ob er als »Zweite Kammer« zu bezeichnen ist[10]; der darin implizierte Streit um Begriffe hat keinen das Verfassungsrecht weiterführenden Wert.

Über die Art und Weise, wie im Bundestag über eine eingebrachte **Gesetzesinitiative** (→ Art. 76 Rn. 6 ff.) »verhandelt« wird (vgl. Art. 42 I 1 GG), schweigt die Verfassung und überläßt damit der autonomen Regelung durch den Bundestag im Wege der Geschäftsordnung das Feld. Das von dieser vorgesehene Procedere von drei Lesungen (Ausnahme: Vertragsgesetze; für diese sind nur zwei Lesungen vorgeschrieben) und einem Wechselspiel zwischen Beratung im Plenum und in den Ausschüssen (§§ 78 ff. GOBT) ist verfassungsrechtlich also nicht geboten, entspricht aber der parlamentarischen Tradition[11]. Da das Gesetzgebungsorgan frei ist, eine Gesetzesinitiative abzulehnen oder nicht, wird man die Behandlung einer Vorlage in großer Eile nicht als selbständigen Grund für eine Verfassungswidrigkeit werten können[12]. Eine weitere Konsequenz des Rechts des Parlaments zur freien Verfahrensgestaltung besteht darin, daß es dem Ermessen des Bundestags und seiner Ausschüsse überlassen ist, welche **Verbände und Sachverständigen** bei einem verfassungsrechtlich nicht vorgeschriebenen Anhörungsverfahren zu Wort kommen[13]. Allerdings ist zu berücksichtigen, daß der Initiant einen **Anspruch auf Behandlung** der Gesetzesvorlage in angemessener Frist hat[14]. Hierin liegt eine verfassungsrechtliche Schranke für die Verfahrensautonomie des Bundestages.

Nach der Schlußabstimmung, für die im Regelfall die Mehrheit der abgegebenen Stimmen ausreicht (Art. 52 III 1 GG), ist das Verfahren im Bundestag zunächst abgeschlossen (vgl. Art. 77 III 1, 2 GG). Es ist noch kein wirksames Gesetz, sondern nur ein »**Gesetz im Werden**«[15] entstanden, das gleichwohl bereits eine gewisse Bindungswirkung äußert (Grundsatz der [relativen] »**Unverrückbarkeit des parlamentarischen Votums**«[16]). Nur in dem von Art. 77 II–IV GG vorgesehenen Verfahren kann der Gesetzesbeschluß geändert werden, also nur durch ein Zusammenwirken der in der Vorschrift genannten Organe, nicht durch einseitiges Votum von Bundestag, Bundesrat oder Vermittlungsausschuß. Doch ist die **Berichtigung offenkundiger Unrichtigkeiten** bei der Feststellung des Gesetzestextes durch den Bundestag möglich[17].

---

[9] Zum Begriff des Gesetzes → Art. 76 Rn. 8; für andere als Gesetzesbeschlüsse gilt das Verfahren nach Art. 77 GG nicht; *Bryde* (Fn. 2), Art. 77 Rn. 2.
[10] Siehe hierzu BVerfGE 37, 363 (380); H. H. *Klein*, AöR 108 (1983), 329 ff.; F. *Ossenbühl*, Verfahren der Gesetzgebung, in: HStR III, § 63 Rn. 42.
[11] BVerfGE 1, 144 (151); *Stern*, Staatsrecht II, S. 623; *Ossenbühl* (Fn. 10), § 63 Rn. 30.
[12] So BVerfGE 29, 221/233; *Jarass/Pieroth*, GG, Art. 77 Rn. 1; a.A. *Stern*, Staatsrecht II, S. 623 f.
[13] BVerfGE 36, 321 (330).
[14] BVerfGE 1, 144 (153).
[15] So *Stern*, Staatsrecht II, S. 626.
[16] Siehe hierzu T. *Maunz*, in: Maunz/Dürig, GG, Art. 78 (1960), Rn. 8; *Lücke* (Fn. 2), Art. 77 Rn. 3; *Kokott* (Fn. 1), Art. 77 Rn. 25. → Art. 78 Rn. 3.
[17] *Maunz* (Fn. 16), Art. 78 Rn. 1.

III. Zuleitung an den Bundesrat; die Unterscheidung von Einspruchs- und Zustimmungsgesetzen (Art. 77 I 2, 4, IIa, III GG)

10 Nach der **Annahme** ist das durch den Bundestag beschlossene Gesetz vom **Präsidenten des Bundestages** unverzüglich dem Bundesrat zuzuleiten (Art. 77 I 2 GG). Damit wird das Stadium föderalistischer Mitwirkung am Gesetzgebungsprozeß (teilweise ein zweites Mal, vgl. Art. 76 II und III GG) eröffnet. Die Mitwirkungberechtigung des Bundesrats ist aber unterschiedlich, je nach dem, ob es sich um ein Einspruchs- oder um ein Zustimmungsgesetz handelt.

11 Das Grundgesetz behandelt das **Einspruchsgesetz als Regel**, während das **Zustimmungsgesetz** die **enumerationsbedürftige Ausnahme** darstellt[18]. Die Fälle einer Zustimmungsbedürftigkeit von Bundesgesetzen sind im Grundgesetz abschließend aufgezählt; da sie gleichwohl teilweise weitgespannte Tatbestände umfassen, ist es nicht verwunderlich, daß die Zahl der Zustimmungsgesetze mittlerweile gut die Hälfte aller Bundesgesetze ausmacht, woran vor allem Art. 84 I GG maßgeblich beteiligt ist[19]. Das Enumerationsprinzip[20] schließt zwar nicht aus, daß **Zweifelsfragen** aufgeworfen werden, die durch Auslegung zu lösen sind[21]. Doch ist es unzulässig, die Zustimmungsbedürftigkeit auf **ungeschriebene Kompetenzen kraft Natur der Sache** oder auf **sonstige allgemeine Erwägungen** zu stützen, etwa daß eine »Systemverschiebung zu Lasten der Länder« oder der »Eingriff in Länderinteressen« stets die Zustimmungsbedürftigkeit auslösten[22].

12 Die **Fälle zustimmungsbedürftiger Gesetze** sind nicht katalogartig zusammengefaßt, sondern über die gesamte Verfassung verstreut. Es handelt sich um Art. 16a II 2 und III 1, 23 I 2 und VII, 29 VII, 74 II, 74a II–IV, 79 II, 84 I und V 1, 85 I, 87 III 2, 87b I 3, 4 und II, 87c, 87d II, 87e V, 87f I, 91a II, 96 V, 104a III 3, IV 2 und V 2, 105 III, 106 III, IV, V 2, 3 und VI 5, 106a S. 2, 107 I 2 und 3, 108 IV und V 2, 109 III und IV, 115c I und III, 115k III 2, 115l I und II, 120a I 1, 134 IV, 135 V, 135a, 143a III 3, 143b I 3 GG. Trotz dieser Fülle von Zustimmungserfordernissen, die durch die jüngsten Verfassungsänderungen (vgl. Art. 74 II GG aus dem Jahre 1994) noch vermehrt wurden, ist Anlaß der Zustimmungsbedürftigkeit in rund 70% aller Fälle **Art. 84 I GG**[23]. Zu der seit Inkrafttreten des Grundgesetzes erheblich gestiegenen Bedeutung des Bundesrates im Gesetzgebungsverfahren hat vor allem die Auffassung beigetragen, daß das Vorhandensein auch nur einer einzigen zustimmungsbedürftigen Vorschrift in einem Gesetz dieses als Ganzes zustimmungsbedürftig macht[24]. Da also eine Sonderung der in einem Gesetz zusammengefaßten Vorschriften nach nicht zustimmungsbedürftig/zu-

---

[18] BVerfGE 1, 76 (79); vgl. auch die Formulierung in Art. 77 IIa und III GG.

[19] Vgl. hierzu Nachweise bei *Ossenbühl* (Fn. 10), § 63 Rn. 42 mit Fn. 90; zu den Gründen weiter *Bryde* (Fn. 2), Art. 77 Rn. 21.

[20] Zu diesem näher *Kokott* (Fn. 1), Art. 77 Rn. 30ff.

[21] Vgl. BVerfGE 26, 338 (399); 28, 66 (79); *Jarass/Pieroth*, GG, Art. 77 Rn. 4.

[22] Siehe hierzu *B.-O. Bryde*, Stationen, Entscheidungen und Beteiligte im Gesetzgebungsverfahren, in: Schneider/Zeh, § 30 Rn. 40; *J. Jekewitz*, in: AK-GG, Art. 77 Rn. 12; *Bryde* (Fn. 2), Art. 77 Rn. 20.

[23] Dazu *Ossenbühl* (Fn. 10), § 63 Rn. 42.

[24] St. Rspr.: BVerfGE 8, 274 (294); 55, 274 (319); siehe aber auch die Sondervoten BVerfGE 8, 274 (331ff.) bzw. 55, 274 (341ff.); im Sinn des Bundesverfassungsgerichts auch *Maunz* (Fn. 16), Art. 77 Rn. 8; *Stern*, Staatsrecht II, S. 145; *Jarass/Pieroth*, GG, Art. 77 Rn. 4; *v. Mangoldt/Klein*, GG, Vorb. V 3 vor Art. 70; *Bryde* (Fn. 2), Art. 77 Rn. 21; *H. Schneider*, Gesetzgebung (Fn. 4), Rn. 145 mit Fn. 44; anders noch *ders.*, DVBl. 1953, S. 260f.

stimmungsbedürftig nicht stattfindet, wenn nur eine einzige Norm die Zustimmungsbedürftigkeit auslöst, und zahlreiche Gesetze organisatorische Regelungen im Sinn von Art. 84 I GG enthalten, ist der **breite Geltungsbereich dieser Vorschrift** nicht verwunderlich[25]. Macht aber eine einzige zustimmungsbedürftige Vorschrift das ganze Gesetz zustimmungsbedürftig, weil der Zustimmungsbeschluß des Bundesrates nicht teilbar ist, sondern das gesamte Gesetz umfaßt, so wird dadurch nicht ausgeschlossen, daß die materiell-rechtlichen Vorschriften zu einem Sachkomplex zusammengefaßt, von den nach Art. 84 I GG zustimmungsbedürftigen Bestimmungen betreffend das einschlägige Verwaltungsverfahren getrennt und in einem selbständigen (das Zustimmungserfordernis nicht auslösenden) Gesetz untergebracht werden[26].

Die Frage der Zustimmungsbedürftigkeit von **Gesetzen, die Zustimmungsgesetze ändern**, ist durch die Rechtsprechung des Bundesverfassungsgerichts weitgehend geklärt. Danach sind solche Gesetze zustimmungsbedürftig, wenn sie ihrerseits zustimmungsbedürftige Vorschriften enthalten oder wenn sie Vorschriften ändern, die die Zustimmungsbedürftigkeit des geänderten Gesetzes ausgelöst haben[27]. Ein Änderungsgesetz ist auch dann zustimmungsbedürftig, wenn es zwar die zustimmungsbedürftigen Vorschriften nicht formell ändert, ihnen jedoch eine wesentlich andere Bedeutung und Tragweite verleiht[28]. Die bloße Änderung eines Zustimmungsgesetzes, die nicht die genannten Kriterien erfüllt, macht das Änderungsgesetz dagegen nicht zustimmungsbedürftig[29]. **13**

Die **Aufhebung eines zustimmungsbedürftigen Gesetzes** bzw. seiner Teile ist dagegen immer zustimmungsfrei, gleich welche Vorschriften der Gesetzgeber außer Kraft setzen will, da damit nur die »Systemverschiebung« zu Lasten der Länder rückgängig gemacht wird[30]. Die **Verlängerung** eines **zeitlich befristeten Zustimmungsgesetzes** kommt dem Erlaß eines neuen Gesetzes gleich und ist deshalb zustimmungsbedürftig[31]. **14**

---

[25] Vgl. hierzu *J. Kratzer*, AöR 77 (1951/52), 266 (267f.); *Stern*, Staatsrecht II, S. 145; *F. Ossenbühl*, AöR 99 (1974), 369 (372); *M. Schweitzer*, Der Staat 15 (1976), 169 (170); *A. v. Mutius*, Jura 1988, 49 (50); *H. Krüger*, DVBl. 1991, 293f. (speziell zur Zustimmungsbedürftigkeit von Rahmengesetzen).

[26] BVerfGE 37, 363 (382); vgl. hierzu *C. Pestalozza*, ZRP 1976, S. 153ff.; *B. Janson*, DVBl. 1978, 318ff.; *A. Dittmann*, DÖV 1974, 397ff.; *G. Fritz*, Teilung von Bundesgesetzen, 1982, S. 92ff.; *W. Fiedler*, ZRP 1977, 59ff.; anders dagegen *H. Kutscher*, DÖV 1952, 710 (713); zurückhaltend auch *Stern*, Staatsrecht II, S. 145, der eine Aufteilung ausschließt, wenn die »Sinneinheit von materiellem Recht und Verfahrensrecht« so aufgelöst wird, »daß das materielle Recht nicht vollziehbar oder anwendbar wird«. *Stern* spricht den Rechtsmißbrauch oder den Verstoß gegen die Pflicht zur Verfassungsorgantreue an. Siehe hierzu auch BVerfGE 37, 363 (412) – *Sondervotum*. *Bryde* (Fn. 2), Art. 77 Rn. 23 hält es für zulässig, daß der Bundesrat seine Zustimmung zu einem »Teilgesetz« von Änderungen im anderen »Teilgesetz« oder von der Zusammenfassung beider Gesetzesprojekte abhängig macht.

[27] BVerfGE 37, 363 (383).

[28] BVerfGE 37, 363 (383); siehe dazu *Stern*, Staatsrecht II, S. 147; *Kokott* (Fn. 1), Art. 77 Rn. 43ff.

[29] BVerfGE 37, 363 (383); 39, 1 (33); *Lücke* (Fn. 2), Art. 77 Rn. 16; *Jarass/Pieroth*, GG, Art. 77 Rn. 4; a.A. BVerfGE 37, 401 (406ff.); – *Sondervotum Maunz* (Fn. 16), Art. 77 Rn. 9f.; *J. Kratzer*, AöR 77 (1951/52), 266 (269); *H. Kutscher*, DÖV 1952, 710 (713), letzterer unter Berufung auf den Gedanken einer »Mitverantwortung« des Bundesrats für das ganze Gesetz.

[30] Siehe dazu BVerfGE 14, 208 (219f.); *F. Ossenbühl*, AöR 99 (1974), 369 (430); *A. v. Mutius*, Jura 1988, 49 (51).

[31] BVerfGE 8, 274 (295); *C. Pestalozza*, JuS 1975, 366 (366); *P. Weides*, JuS 1973, 337 (340).

IV. Das Vermittlungsverfahren (Art. 77 II, III GG)

1. Stellung, Besetzung und Verfahren des Vermittlungsausschusses

15 Da nach dem Gesetzgebungsmodell, das dem Grundgesetz zugrundeliegt, **ein gewisses Maß an Konsens** der beiden an der Feststellung des Gesetzesinhalts und seiner Sanktionierung beteiligten Körperschaften unabdingbar ist, besteht die Gefahr eines Scheiterns wichtiger Gesetzgebungsprojekte, wenn nicht aktiv für Konsensfindung gesorgt würde. Die Verfassung hat durch **Institutionalisierung des Vermittlungsausschusses** ein Scharnier zwischen der Entscheidungsfindung in beiden Organen geschaffen, das sich in der Vergangenheit sehr bewährt hat[32]. Die Einrichtung des Vermittlungsausschusses dokumentiert auch, daß die Verfassung bei der Gesetzgebungsarbeit im Verhältnis von Bundestag und Bundesrat den **Kompromiß als Mittel der Politik** über die rigide Durchsetzung des Willens eines der beiden Organe stellt[33]. Die hohe Erfolgsquote des Vermittlungsausschusses beweist, daß die Verfassungsorgane diese Grundeinstellung der Verfassung verstanden und verinnerlicht haben[34].

16 Der Vermittlungsausschuß ist ein **gemeinsamer Ausschuß** der beiden gesetzgebenden Körperschaften des Bundes. Er ist keine »Dritte Kammer«, sondern ein Unterorgan von Bundestag und Bundesrat, was schon daraus abzulesen ist, daß die Geschäftsordnung des Vermittlungsausschusses vom Bundestag mit Zustimmung des Bundesrates beschlossen wird (Art. 77 II 2 GG). Er hat also **keine Geschäftsordnungsautonomie**. Ebenso wie für den Bundestag gilt für ihn der **Grundsatz der Diskontinuität** (→ Art. 39 Rn. 20 ff.)[35], d.h. das Vermittlungsverfahren endet mit Ablauf der Legislaturperiode. Ein im Vermittlungsverfahren befindliches Einspruchsgesetz kann somit auf diese Weise endgültig scheitern[36]. Zusammensetzung und Verfahren des Vermittlungsausschusses werden in seiner Geschäftsordnung (GOVermA) geregelt.

17 Gemäß § 1 GOVermA besteht der Vermittlungsausschuß aus **32 Mitgliedern, die je zur Hälfte vom Bundestag und Bundesrat** entsandt werden. Da der Vermittlungsausschuß aus Mitgliedern des Bundestags und des Bundesrates gebildet werden muß (Art. 77 II 1 GG), teilt er mit dem Bundesrat die Eigenart, daß ihm Mitglieder der Regierungen der Länder angehören. Die Anzahl der Mitglieder des Vermittlungsausschusses ist so gewählt, daß jedes Land ein Mitglied entsendet, was im Verhältnis größere/kleinere Länder vertretbar ist, weil der Vermittlungsausschuß auf Kompromiß, nicht auf Konfrontation ausgerichtet ist[37]. Die Vertreter des Bundestages werden dagegen von den Fraktionen proportional nach ihrer Stärke bestimmt (§§ 57 I, 12 GOBT).

18 **Mitglieder der Bundesregierung** haben das Recht (und auf Anforderung des Ausschusses die Pflicht), an den Ausschußberatungen teilzunehmen (§ 5 GOVermA). Anderen Personen kann die Teilnahme zwar durch Beschluß gestattet werden (§ 6 GO-

---

[32] Siehe hierzu *E. Hasselsweiler*, Der Vermittlungsausschuß – Verfassungsgrundlagen und Staatspraxis, 1981, S. 102; *H.H. Klein*, AöR 108 (1983), 329 (365); statistische Angaben zur Einschaltung des Vermittlungsausschusses bei *Bryde* (Fn. 2), Art. 77 Anhang, Zeilen 6.3 und 7.2.

[33] *Jekewitz* (Fn. 22), Art. 77 Rn. 11.

[34] Siehe hierzu näher *Ossenbühl* (Fn. 10), § 63 Rn. 50.

[35] *F. Wessel*, AöR 77 (1951/52), 283 (289); *H. Schäfer*, Der Vermittlungsausschuß, in: Der Bundesrat als Verfassungsorgan und politische Kraft, 1974, S. 279 ff. (280); *Jarass/Pieroth*, GG, Art. 77 Rn. 9; *Maunz* (Fn. 16), Art. 77 Rn. 23.

[36] *Jekewitz* (Fn. 22), Art. 77 Rn. 15.

[37] *Bryde* (Fn. 2), Art. 77 Rn. 12.

IV. Das Vermittlungsverfahren (Art. 77 II, III GG) **Art. 77**

VermA), doch beruht der Erfolg der Arbeit des Vermittlungsausschusses nicht zuletzt auf der Vertraulichkeit seiner nichtöffentlichen Beratungen, so daß Dritten nur zurückhaltend die Teilnahme erlaubt wird.

Die in den Vermittlungsausschuß entsandten **Mitglieder** von Bundestag und Bundesrat sind **weisungsfrei**, was sich für die dem Bundestag entstammenden Ausschußmitglieder bereits aus Art. 38 I 2 GG, für die Delegierten des Bundesrates aus Art. 77 II 3 GG ergibt (im Gegensatz zur grundsätzlichen Weisungsgebundenheit der letzteren [Art. 51 III 2 GG]). Dies soll die Konsensfindung erleichtern, unbeschadet der Tatsache, daß der Vermittlungsausschuß ein politischer Ausschuß ist, der nicht nur vom Interessengegensatz zwischen Bund und Ländern, sondern auch vom Dissens zwischen Regierungsmehrheit und Opposition gekennzeichnet sein kann[38]. 19

Der Vermittlungsausschuß ist geschaffen worden, um das Ziel einer Gesetzesinitiative, das Inkrafttreten eines Bundesgesetzes trotz Meinungsverschiedenheiten zwischen Bundestag und Bundesrat, erreichen zu können. Der Vermittlungsausschuß kann **weder von sich aus tätig werden, noch kann er den Gesetzesbeschluß treffen**; er ist vielmehr gehalten, seine Aktivitäten innerhalb des Rahmens zu entfalten, der durch den Anrufungsbeschluß vorgegeben wird[39]. 20

In der Praxis sind diese Grenzen allerdings nicht scharf gezogen, was nicht zuletzt Folge dessen ist, daß auch eine »**offene**«, **weiter nicht konkretisierte Anrufung** für zulässig angesehen wird (praktiziert von Bundesregierung und Bundestag; dagegen nicht vom Bundesrat, der regelmäßig die strittigen Punkte genau spezifiziert)[40]. Jedenfalls bleibt aber die **Tätigkeit** des Vermittlungsausschusses **durch den Gesetzesbeschluß begrenzt**; es steht ihm nicht das Recht der Gesetzesinitiative nach Art. 76 I GG zu; durch seine Tätigkeit dürfen nicht die Prinzipien der parlamentarischen Öffentlichkeit und der Abgeordnetenverantwortlichkeit unterlaufen werden, was geschähe, wenn der Vermittlungsausschuß eine ungebundene, selbstbestimmte Dynamik entfalten würde. 21

Diese Schranken werden aber nicht überschritten, wenn der Vermittlungsausschuß Vorschriften in seinen **Einigungsvorschlag** einbezieht, die bereits Gegenstand von Gesetzesinitiativen waren[41], die im Bundestag zwar in erster, aber noch nicht in zweiter und dritter Lesung behandelt worden sind. Die auf Kompromiß zielende Tätigkeit des Vermittlungsausschusses muß sich auch auf Einigungsvorschläge erstrecken können, die in dieser Weise neue Wege gehen, unter der Voraussetzung, daß der **Sachzusammenhang mit dem Gesetzesbeschluß** des Bundestags noch gewahrt ist[42]. Aber auch bei Anerkennung des Kriteriums des Sachzusammenhangs als Grenze für die Tätigkeit des Vermittlungsausschusses hat der Ausschuß noch einen weiten Spielraum; er endet aber dort, wo der **Gesetzesbeschluß des Bundestags** durch Einbeziehung einer völlig neuen Materie **verfremdet** und seiner ursprünglichen **Identität verlustig** gehen 22

---

[38] Vgl. hierzu *Kokott* (Fn. 1), Art. 77 Rn. 48; *Ossenbühl* (Fn. 10), § 63 Rn. 52; *Bryde* (Fn. 2), Art. 77 Rn. 13.
[39] Vgl. BVerfGE 72, 175 (188); *Schäfer*, Vermittlungsausschuß (Fn. 35), S. 291; *Stern*, Staatsrecht II, S. 627; Jarass/Pieroth, GG, Art. 77 Rn. 12.
[40] *Bryde* (Fn. 2), Art. 77 Rn. 14; siehe auch BVerfGE 72, 175 (190); *Lücke* (Fn. 2), Art. 77 Rn. 29; *M. J. Dietlein*, AöR 106 (1981), 525 (544 f.).
[41] BVerfGE 72, 175 (189 ff.); 78, 249 (271); *Jekewitz* (Fn. 22), Art. 77 Rn. 23 f.; Jarass/*Pieroth*, GG, Art. 77 Rn. 12.
[42] Hierzu *P. Henseler*, NJW 1982, 849 (851); *M. J. Dietlein*, AöR 106 (1981), 525 (537); Jarass/*Pieroth*, GG, Art. 77 Rn. 12; *M. Sachs*, JuS 1987, 821 (821 f.); *Ossenbühl* (Fn. 10), § 63 Rn. 56; unentschieden BVerfGE 72, 175 (190).

würde⁴³. Besonders bei Querschnittsgesetzen (beispielsweise Haushaltsstrukturgesetzen) dürfte angesichts der Fülle sachlicher Anknüpfungspunkte die letztgenannte Schranke bei aller Offenheit doch aussagekräftiger sein als das Kriterium des Sachzusammenhangs.

23 Wie sich auch aus der Geschäftsordnung ergibt (§§ 10 f. GOVermA), zielt das Verfahren auf einen **Einigungsvorschlag** ab, der Bestätigung, Aufhebung oder Änderung des Gesetzesbeschlusses beinhaltet[44]. Wegen der Stimmenverhältnisse im Vermittlungsausschuß ist auch eine **Pattsituation** denkbar[45].

2. Die Einberufung des Vermittlungsausschusses

24 Die **Berechtigung zur Einberufung** des Vermittlungsausschusses ist für Bundesrat und Bundestag sowie die Bundesregierung unterschiedlich ausgestaltet und hängt weiterhin davon ab, ob es sich um den verfassungsnormativen Regelfall Einspruchsgesetz oder die Ausnahme Zustimmungsgesetz handelt. Der Bundesrat kann die Einberufung des Vermittlungsausschusses bei allen Gesetzen verlangen; bei **Einspruchsgesetzen** ist sie **obligatorisch**, bevor der Bundesrat sein Veto einlegen kann (Art. 77 III 1 GG). **Bei Zustimmungsgesetzen** ist dagegen die Anrufung **fakultativ**; für diesen Fall ist aber auch das Recht von Bundestag und Bundesregierung vorgesehen, die Einberufung zu verlangen (Art. 77 II 4 GG). Der Bundesrat erhebt das Einberufungsverlangen mit der Mehrheit seiner Stimmen (Art. 52 III 1 GG); dies gilt auch im Fall der Verfassungsänderung, obwohl hier bereits eine Minderheit im Bundesrat (ein Drittel plus eins) eine Sperrmöglichkeit besitzt[46]. Der Antrag auf Einberufung kann bei allen Gesetzen, also auch bei Vertragsgesetzen nach Art. 59 II 1 GG, gestellt werden[47].

25 Seit 1968 gilt für den Einberufungsbeschluß eine **Frist von drei Wochen**, die ab Eingang des Gesetzesbeschlusses beim Bundesratspräsidenten läuft (Art. 77 II 1 GG). Die Verfassung unterscheidet hierbei nicht zwischen Einspruchs- und Zustimmungsgesetz, was aber der Zielsetzung des Vermittlungsverfahrens, den Ausgleich zwischen den an der Gesetzgebung beteiligten Verfassungsorganen Bundestag und Bundesrat herbeizuführen, nicht entspricht, so daß die Vorschrift nur auf Einspruchsgesetze bezogen werden sollte. Dem Bundesrat, der Bedenken hat, einem Zustimmungsgesetz sein Plazet zu erteilen, sollte auch nach Ablauf der Drei-Wochen-Frist die Möglichkeit eröffnet bleiben, ein Schlichtungsverfahren in die Wege zu leiten[48]. Die **Angemessenheit einer Frist zur Beschlußfassung** über die Zustimmung kann auch ohne die Annahme einer Geltung von Art. 77 II 1 GG für Zustimmungsgesetze beurteilt werden (Art. 77 IIa GG)[49]. Bei Einspruchsgesetzen hat dagegen die Frist nach Art. 77 II 1 GG Ausschlußcharakter.

---

[43] *M. Dietlein*, Der Vermittlungsausschuß des Deutschen Bundestages und des Bundesrates, 1983, S. 15; *P. Henseler*, NJW 1982, 849 (853); *E. Franßen*, Der Vermittlungsausschuß – Politischer Schlichter zwischen Bundestag und Bundesrat?, in: FS Hirsch, 1981, S. 273 ff. (281).
[44] Hierzu näher *F. Wessel*, AöR 77 (1951/52), 283 (303).
[45] Vgl. hierzu *Ossenbühl* (Fn. 10), § 63 Rn. 52.
[46] Siehe dazu *Maunz* (Fn. 16), Art. 77 Rn. 13; *F. Wessel*, AöR 77 (1951/52), 283 (313); *v. Mangoldt/Klein*, GG, Art. 77 Anm. IV 5a.
[47] *Jekewitz* (Fn. 22), Art. 17 Rn. 18; *Bryde* (Fn. 2), Art. 77 Rn. 8.
[48] In diese Richtung auch *Bryde* (Fn. 2), Art. 77 Rn. 10; *Jarass/Pieroth*, GG, Art. 77 Rn. 10; a.A. *Jekewitz* (Fn. 22), Art. 77 Rn. 19; wohl auch *Lücke* (Fn. 2), Art. 77 Rn. 9 mit Fn. 6; *F. Wessel*, AöR 77 (1951/52), 283 (295).
[49] A.A. *Lücke* (Fn. 2), Art. 77 Rn. 9.

IV. Das Vermittlungsverfahren (Art. 77 II, III GG) — Art. 77

Bei Zustimmungsgesetzen besteht auch ein **Einberufungsrecht von Bundestag und Bundesregierung** (Art. 77 II 4 GG). Nach dem Gesamtzusammenhang, in dem sich die Bestimmung befindet, dürfte dieses Recht aber davon abhängig sein, daß zuvor der Wille des Bundesrats, die Zustimmung nicht zu erteilen, unmißverständlich deutlich geworden ist[50]. Da Bundestag und Bundesregierung das Anrufungsrecht eingeräumt ist, damit das Scheitern eines Zustimmungsgesetzes verhindert wird, kann der Vermittlungsantrag von Bundestag und Bundesregierung **nicht auf Aufhebung des Gesetzesbeschlusses** lauten[51]. Das Anrufungsrecht ist insbesondere der Bundesregierung zu dem Zweck versagt, ein Zustimmungsgesetz zu verhindern, das die Billigung beider an der Gesetzgebung beteiligten Körperschaften gefunden hat[52]. Da jedem der in Art. 77 II 1 und 4 GG genannten Akteure das Anrufungsrecht selbständig zusteht, kann es auch **mehrfach** (und hintereinander geschaltet) gebraucht werden[53]. Anders als für den Bundesrat nach Art. 77 II 1 GG ist für das Einberufungsverlangen von Bundestag und Bundesregierung nach Art. 77 II 4 GG keine Frist vorgesehen[54]. Ebenso wie aber der Bundesrat nach Art. 77 IIa GG bei Zustimmungsgesetzen in angemessener Zeit über die Zustimmung Beschluß zu fassen hat, obliegt es Bundestag und Bundesregierung, in angemessener Frist den Einberufungsantrag zu stellen. Zum Teil wird hier eine **analoge Anwendung** von Art. 77 II 1 GG für möglich gehalten[55]. 26

Der **Anrufungsbeschluß ist rücknehmbar**, was aber im Fall des Einspruchsgesetzes zur Folge hat, daß die Möglichkeit des Einspruchs erlischt. Das Recht zur Rücknahme geht verloren, sobald der Vermittlungsausschuß einen Entscheidungsvorschlag ausgearbeitet hat[56]. 27

Bei Zweifeln über die Zustimmungsbedürftigkeit von Gesetzen muß dem Bundesrat das Recht **hilfsweiser Beschlüsse** offenstehen. Bei einer (fälschlichen) Beurteilung eines Gesetzes als Zustimmungsgesetz, dem er die Zustimmung verweigern möchte, würde er nämlich die Möglichkeit verlieren, Einspruch einzulegen, da dieser zwingend nach Art. 77 III GG die Einberufung des Vermittlungsausschusses voraussetzt[57]. Versäumt es der Bundesrat, neben der Verweigerung der Zustimmung vorsorglich Einspruch einzulegen, was gleichzeitig bedeutet, daß er nicht die Einberufung des Vermittlungsausschusses nach Art. 77 II 1 GG beantragt, so verstreicht die in dieser Verfassungsbestimmung festgelegte **Ausschlußfrist von drei Wochen**; das Gesetz kommt nach Art. 78 GG zustande, ohne daß der Bundesrat noch die Möglichkeit hätte, sein Inkrafttreten zu verhindern[58]. 28

---

[50] *Lücke* (Fn. 2), Art. 77 Rn. 10.
[51] F. *Wessel*, AöR 77 (1951/52), 283 (298); *Maunz* (Fn. 16), Art. 77 Rn. 15.
[52] F. *Wessel*, AöR 77 (1951/52), 283 (298); *Bryde* (Fn. 2), Art. 77 Rn. 16.
[53] *Jekewitz* (Fn. 22), Art. 77 Rn. 18; Jarass/*Pieroth*, GG, Art. 77 Rn. 11.
[54] v. *Mangoldt/Klein*, GG, Art. 77 Anm. IV 6c; *Maunz* (Fn. 16), Art. 77 Rn. 15; Jarass/*Pieroth*, GG, Art. 77 Rn. 11.
[55] v. *Mangoldt/Klein*, GG, Art. 77 Anm. IV 6c; *Stern*, Staatsrecht II, S. 629; *Bryde* (Fn. 2), Art. 77 Rn. 17.
[56] F. *Wessel*, AöR 77 (1951/52), 283 (299); *Maunz* (Fn. 16), Art. 77 Rn. 10.
[57] Vgl. *Lücke* (Fn. 2), Art. 77 Rn. 34; *Bryde* (Fn. 2), Art. 77 Rn. 8, der darauf hinweist, daß der Bundesrat nach § 30 II GOBR zunächst über die Anrufung des Vermittlungsausschusses und dann über die Zustimmung abstimmt, so daß der Verweigerung der Zustimmung in der Regel ein förmlicher Beschluß vorausgeht, den Vermittlungsausschuß nicht anzurufen. Die Umdeutung der Verweigerung der Zustimmung in einen Anrufungsbeschluß ist daher kaum möglich. Differenzierend aber T. *Maunz*, in: Maunz/Dürig, GG, Art. 78 (1960) Rn. 2 mit Fn. 1.
[58] BVerfGE 37, 363 (396); *Maunz* (Fn. 16), Art. 77 Rn. 21; *Stern*, Staatsrecht II, S. 630.

Art. 77 C. Erläuterungen

V. Fortgang des Gesetzgebungsverfahrens (Art. 77 II 4, III 1, IV GG)

29 Der Fortgang des Gesetzgebungsverfahrens hängt davon ab, ob es sich um ein Einspruchs- oder ein Zustimmungsgesetz handelt, ob die Einberufung des Vermittlungsausschusses beantragt wurde und welches Votum der Vermittlungsausschuß für den Fall seiner Einberufung abgegeben hat. Bei einem **Zustimmungsgesetz** kann der Bundesrat entweder seine Zustimmung sofort erteilen (mit der Folge des Art. 78 GG, daß das Bundesgesetz zustande kommt), er kann seine Zustimmung aber auch ohne Anrufung des Vermittlungsausschusses verweigern. Ergreifen in einem solchen Fall nicht Bundestag oder Bundesregierung die Initiative nach Art. 77 II 4 GG, ist das Gesetzesvorhaben endgültig **gescheitert**. Kommt es dagegen zur **Einberufung des Vermittlungsausschusses**, sei es, daß dies der Bundesrat von sich aus beantragt hat, sei es, daß Bundestag oder Bundesregierung initiativ geworden sind, hängt der weitere Fortgang vom Ergebnis der Beratungen des Vermittlungsausschusses ab. Schlägt dieser eine Änderung des Gesetzesbeschlusses vor, so muß der Bundestag erneut Beschluß fassen. Dem erneuten Gesetzesbeschluß kann der Bundesrat dann zustimmen (wiederum mit der Folge des Art. 78 GG), er kann aber seine Zustimmung auch endgültig verweigern. Ein weiteres Verfahren im Vermittlungsausschuß ist ausgeschlossen. Die Beschlußfassung des Bundesrats hat gemäß Art. 77 IIa GG innerhalb angemessener Frist zu erfolgen, worin eine Parallelnorm zu Art. 76 III 6 GG geschaffen wurde (die aber nur die ohnehin geltende Rechtssituation deklaratorisch wiedergibt; → Rn. 2).

30 Bei **Einspruchsgesetzen** ist ein **Vermittlungsverfahren obligatorisch**, wenn sich der Bundesrat die Einspruchsmöglichkeit erhalten möchte (Art. 77 III 1 GG). Auch in diesem Fall hat der Bundestag erneut Beschluß zu fassen, wenn der Ausschuß eine Änderung des ursprünglichen Gesetzesbeschlusses vorschlägt. Im Anschluß daran kann der Bundesrat binnen zwei Wochen Einspruch einlegen. Der Einspruch hat den Charakter eines suspendierenden Vetos, das vom Bundestag überstimmt werden kann[59]. Er kann aber ein Gesetz auch endgültig zu Fall bringen, wenn im Bundestag die zu seiner Überwindung notwendigen Mehrheiten nicht zustande kommen oder das Gesetzgebungsverfahren durch den Einspruch eine solche Verzögerung erleidet, daß das Gesetzesprojekt kraft des Grundsatzes der Diskontinuität durch den Ablauf der Legislaturperiode hinfällig wird. Die **(Nicht-)Einlegung des Einspruches** ist nicht davon abhängig, wie sich der Bundesrat im vorherigen Verfahren zu dem Gesetzesprojekt verhalten, insbesondere auch nicht davon, ob das Vermittlungsverfahren seine Einwände berücksichtigt hat. Der Einspruch betrifft das Gesetz als Ganzes und kann nicht auf einzelne Bestimmungen beschränkt werden[60]. Für die **Berechnung der Einspruchsfrist** finden sich seit der Reform des Jahres 1968 klarere Bestimmungen in Art. 77 III 2 GG (Eingang des vom Bundestag erneut gefaßten Gesetzesbeschlusses bzw. Eingang der Mitteilung des Vorsitzenden des Vermittlungsausschusses, daß das Verfahren vor dem Ausschuß abgeschlossen ist).

31 Für die **Zurückweisung des Bundesratseinspruchs** geht das Grundgesetz den Weg **reziproker Mehrheiten** (Art. 77 IV GG): Ist der Einspruch mit Stimmenmehrheit des Bundesrats beschlossen worden, muß er auch durch Beschluß der Mehrheit der Mitglieder des Bundestages zurückgewiesen werden. Damit ist für die Zurückweisung ge-

---

[59] *Bryde* (Fn. 2), Art. 77 Rn. 24.
[60] *Bryde* (Fn. 2), Art. 77 Rn. 25.

mäß Art. 121 GG die Mehrheit der gesetzlichen Mitglieder des Bundestages verlangt, also einer qualifizierten Mehrheit gegenüber dem in Art. 42 II GG niedergelegten »normalen« Mehrheitserfordernis (→ Art. 42 Rn. 34). Wurde der Einspruch seitens des Bundesrats mit einer Mehrheit von mindestens zwei Dritteln der Stimmen beschlossen, so bedarf seine Zurückweisung durch den Bundestag ebenfalls einer Mehrheit von zwei Dritteln (hier aber der abstimmenden Mitglieder), mindestens aber wiederum der Mehrheit der Mitglieder des Bundestages (im Sinne von Art. 121 GG).

D. Verhältnis zu anderen GG-Bestimmungen

Art. 77 GG ist nicht nur als Regelung des Gesetzesbeschlusses unter Beteiligung des Bundesrates **Herzstück des Gesetzgebungsverfahrens**, er verbindet auch demokratisches, rechtsstaatliches und föderales Prinzip des Grundgesetzes in maßstabsetzender Weise. Über die Verfassungsbestimmungen, die eine Zustimmungsbedürftigkeit bestimmter Gesetzgebungsakte anordnen, ist Art. 77 GG mit zahlreichen Verfassungsnormen verzahnt (→ Rn. 12). Ähnlich, wie dies für Art. 76 GG der Fall ist, ist auch Art. 77 GG davon abhängig, daß die Geschäftsordnungen der an der Gesetzgebung beteiligten Organe bestehende Lücken der Regelung nach Art. 77 GG füllen, was auch geschehen ist.

32

Art. 78

Artikel 78 [Zustandekommen der Bundesgesetze]

Ein vom Bundestage beschlossenes Gesetz kommt zustande, wenn der Bundesrat zustimmt, den Antrag gemäß Artikel 77 Absatz 2 nicht stellt, innerhalb der Frist des Artikels 77 Absatz 3 keinen Einspruch einlegt oder ihn zurücknimmt oder wenn der Einspruch vom Bundestage überstimmt wird.

Literaturauswahl

Siehe die Angaben zu Art. 76 und 77 GG.

Leitentscheidungen des Bundesverfassungsgerichts

BVerfGE 8, 274 (296ff.) – Preisgesetz; 28, 66 (79ff.) – Postgebühren; 37, 363 (396) – Bundesrat.

Gliederung Rn.

A. Herkunft, Entstehung, Entwicklung 1
B. Internationale, supranationale und rechtsvergleichende Bezüge 2
C. Erläuterungen 3
D. Verhältnis zu anderen GG-Bestimmungen 10

A. Herkunft, Entstehung, Entwicklung

1   In einem Verfassungssystem, in dem **zwei Kammern an der Gesetzgebung beteiligt** sind, stellt die Frage, wann ein Gesetz unter Wahrung der Mitwirkungsrechte beider Häuser zustandekommt, ein zentrales Problem des legislatorischen Prozesses dar. Dementsprechend bestimmte Abschnitt IV Art. V § 100 der **Paulskirchenverfassung von 1849** als Vorläufernorm zu Art. 78 GG, daß ein Reichstagsbeschluß »nur durch die Übereinstimmung beider Häuser [scil.: Volkshaus und Staatenhaus] gültig zustande kommen« konnte. Art. 5 der **Reichsverfassung von 1871** enthielt der Sache nach dasselbe, wenn er in Satz 2 im Hinblick auf Bundesrat und Reichstag formulierte: »Die Übereinstimmung der Mehrheitsbeschlüsse beider Versammlungen ist zu einem Reichsgesetze erforderlich und ausreichend.« **Art. 74 III WRV** bestimmte für den Fall des Einspruchs des Reichsrats im Gesetzgebungsverfahren, daß das Gesetz dem Reichstag zur nochmaligen Beschlußfassung vorzulegen war. Kam hierbei keine Übereinstimmung zwischen Reichstag und Reichsrat zustande, so konnte der Reichspräsident einen Volksentscheid über das Gesetz anordnen; machte er davon keinen Gebrauch, so war das Gesetz nicht zustande gekommen. Im Falle einer Zwei-Drittel-Mehrheit im Reichstag mußte der Präsident einen Volksentscheid anordnen oder das Gesetz binnen drei Monaten in der vom Reichstag beschlossenen Fassung verkünden. Der **Herrenchiemseer Verfassungskonvent** entwickelte in Art. 104 Abs. 1 HChE drei Varianten, von denen die dritte (abgeschwächte Bundesratslösung) zur Grundlage der Beratungen des Parlamentarischen Rates wurde. Die vom Hauptausschuß gefundene

(in das Grundgesetz aufgenommene) Fassung wurde im Plenum nicht mehr näher diskutiert[1]. Art. 78 GG ist bislang nicht geändert worden.

B. Internationale, supranationale und rechtsvergleichende Bezüge

Eine der deutschen Situation vergleichbare verfassungsrechtliche Lage besteht in den **Vereinigten Staaten von Amerika**. Hier wird für das Zustandekommen eines Gesetzes die Zustimmung beider Häuser des Kongresses, sowohl die des Repräsentantenhauses als auch die des Senats, verlangt (Art. I Sec. 7 US-Verf.), wobei der Senat auf der Bundesebene auch der gleichberechtigten Mitwirkung der Einzelstaaten an der Bundesgesetzgebung dient; jeder Einzelstaat entsendet zwei Vertreter in diesen[2]. In der **Schweiz** ist nach Art. 89 I BV für das Zustandekommen eines Gesetzes die Zustimmung von Nationalrat und Ständerat erforderlich; in **Österreich** verfügt der Bundesrat gegenüber Gesetzesbeschlüssen des Nationalrats lediglich über ein suspensives Veto, zu dessen Überstimmung nur die Beachtung von Anwesenheits-, nicht aber speziellen Mehrheitserfordernissen nötig ist (Art. 42 II–IV B-VG). Nach der Neuordnung von 1994 zeichnet sich die Verfassung **Belgiens** durch eine sehr differenzierte Verteilung der Anteile beider zur Gesetzgebung berufenen Häuser am Zustandekommen von Bundesgesetzen aus (Art. 77 ff. Belgische Verfassung). Abstrahiert man von einem föderalistischen Hintergrund der zweiten Kammer, ist auch ein Blick auf das **Oberhaus des englischen Parlaments** aufschlußreich, in dem Niederlagen der Regierung nicht selten sind; das Oberhaus hat aber keine Möglichkeit, das Inkrafttreten eines Gesetzes endgültig zu verhindern[3]. Auf der Ebene der **Europäischen Union** kann das Parlament am Erlaß von Rechtsakten in unterschiedlicher Weise beteiligt sein (Art. 189b, c [251, 252 n.F.] EGV; → Art. 77 Rn. 5). Es ist ihm aber derzeit in jedem Fall nur die Rolle eines Beteiligten, nicht des Hauptakteurs zuerkannt; dieser ist auch nach den verschiedenen Reformen der letzten Jahre immer noch der Rat. Der in Art. 198a ff. (263 ff. n.F.) EGV vorgesehene Ausschuß der Regionen hat nur beratenden Charakter und ist an der Rechtsetzung der Union nicht unmittelbar beteiligt. Die **Landesverfassungen** der Länder der Bundesrepublik Deutschland verwenden zwar teilweise den Begriff des »Zustandekommens« für Gesetze, die das parlamentarische Verfahren durchlaufen haben[4], doch kann die landesverfassungsrechtliche Begriffsbildung nicht mit der des Art. 78 GG in Parallele gesetzt werden, weil den Ländern eine föderalistische Untergliederung fehlt, während Art. 78 GG den Schlußstein der bundesstaatlichen Komponente des Gesetzgebungsverfahrens markiert.

2

---

[1] Vgl. *Huber*, Verfassungsgeschichte, Bd. 2, S. 824 (Paulskirche), Bd. 3, S. 920 ff. (Reichsverfassung 1871); *P. Laband*, Das Staatsrecht des Deutschen Reiches, Bd. 2, S. 24 ff., 5. Aufl. 1911; *Anschütz*, WRV, Art. 74 Anm. 1 ff. (S. 394 ff.); *Gusy*, Reichsverfassung, S. 156 ff. Zur Entstehungsgeschichte des Grundgesetzes siehe JöR 1 (1951), S. 572 f.; Parl. Rat II, S. 545, 556 f., 601 f.; *J. Kokott*, in: BK, Art. 78 (Zweitb. 1997), Die Entstehungsgeschichte Rn. 1 f.
[2] Siehe hierzu näher *W. Jann*, ZG 3 (1988), 224 (229); *F. Edinger*, ZParl. 27 (1996), 283 (288 f.).
[3] Siehe hierzu *O. Fliedner*, ZG 3 (1988), 172 (179 f.).
[4] Vgl. Art. 63 I Verfassung Baden-Württemberg; Art. 76 I 1 Verfassung Bayern; Art. 123 III Verfassung Bremen; Art. 120 Verfassung Hessen; Art. 58 I Verfassung Mecklenburg-Vorpommern; Art. 113 I Verfassung Rheinland-Pfalz; Art. 85 I Verfassung Thüringen.

C. Erläuterungen

3 Art. 78 GG markiert den Endpunkt des »föderalen Mitwirkungsstadiums« und gleichzeitig der **zweiten Phase** des legislatorischen Prozesses (Feststellung des Gesetzesinhalts und Ergehen des Gesetzesbefehls), womit eine wichtige Vorstufe für das Inkrafttreten des Gesetzes erreicht ist. Die **unterschiedlichen Modalitäten,** die Art. 78 GG für das Zustandekommen von Gesetzen vorsieht, sind Folge des alternativenreichen Zusammenwirkens von Bundestag und Bundesrat, insbesondere aber der verfassungsrechtlichen Unterscheidung zwischen **Einspruchs- und Zustimmungsgesetzen,** die auch eine differenzierte Einflußnahme föderalistischer Belange auf die Bundesgesetzgebung beinhaltet (→ Art. 77 Rn. 10 ff.). Mit dem Zustandekommen des Gesetzes erlangt das Gesetz die Ausfertigungsreife; gleichzeitig wird es für das den Gesetzesbeschluß vornehmende Organ Bundestag bzw. das mitbeteiligte Organ Bundesrat endgültig unabänderbar (Grundsatz der [**absoluten**] **Unverrückbarkeit des parlamentarischen Votums;** → Art. 77 Rn. 9)[5].

4 Das Zustandekommen eines Gesetzes bedeutet noch nicht sein Inkrafttreten, da hierzu noch Ausfertigung und Verkündung notwendig sind (→ Art. 82 Rn. 11, 16 ff.; → Art. 77 Rn. 6). Auch das zustandegekommene Gesetz ist noch »Gesetz im Werden«. Für das Zustandekommen sieht das Grundgesetz fünf Alternativen vor:

5 Die zuerst genannte **Zustimmung** des Bundesrats betrifft die Kategorie der Zustimmungsgesetze (→ Art. 77 Rn. 12). Eine **Verweigerung der Zustimmung** (Art. 77 IIa GG) führt zur **Ablehnung des Gesetzes**; das Gesetzgebungsvorhaben ist damit gescheitert. Da Art. 77 IIa GG einen Beschluß über die Zustimmung verlangt, muß die Zustimmung **ausdrücklich** erklärt werden[6]. Die Zustimmung muß nach Art. 52 III 1 GG mit der Mehrheit der Stimmen des Bundesrates beschlossen werden. Ist die in Art. 77 IIa GG vorgesehene Zeitspanne für die Zustimmung des Bundesrats (»angemessene Frist«) eindeutig abgelaufen, ist dies als **Verweigerung der Zustimmung** zu deuten. Dagegen ist es wegen des Erfordernisses einer ausdrücklichen Zustimmung, das auch in der Rechtssicherheit begründet ist, unzulässig, sonstige Akte des Bundesrates in eine Zustimmung umzudeuten[7]. Die Geschäftsordnung des Bundesrats verlangt seit der Fassung vom 1. 7. 1966 die »eindeutige« Entscheidung über die Zustimmung oder ihre Verweigerung (§ 30 I 2 GOBR). Der Beschluß, den Vermittlungsausschuß nicht anzurufen, kann somit nicht als Zustimmung gewertet werden[8]. Der Bundesrat kann auch einem **Einspruchsgesetz zustimmen,** eine Vorgehensweise, die etwa bei einem Irrtum über die Nichtzustimmungsbedürftigkeit eines Gesetzes denkbar ist. Da der Bejahungswille des Bundesrats hier offensichtlich ist, liegt materiell ein Ver-

---

[5] Siehe hierzu *J. Lücke,* in: Sachs, GG, Art. 78 Rn. 1 (dort auch das Zitat); *B.-O. Bryde,* in: v. Münch/Kunig, GG III, Art. 78 Rn. 2; *Kokott* (Fn. 1), Art. 78 Rn. 4.

[6] So schon vor Einführung von Art. 77 IIa GG BVerfGE 8, 274 (296 f.); 28, 66 (80); *Lücke* (Fn. 5), Art. 78 Rn. 3; *Bryde* (Fn. 5), Art. 78 Rn. 3; *Kokott* (Fn. 1), Art. 78 Rn. 12.

[7] So auch *J. Jekewitz,* in: AK-GG, Art. 78 Rn. 6; *Stern,* Staatsrecht II, S. 629.

[8] *v. Mangoldt/Klein,* GG, Art. 78 Anm. IV 2c; *T. Maunz,* in: Maunz/Dürig, GG, Art. 78 (1960) Rn. 2; *Bryde* (Fn. 5), Art. 78 Rn. 3; *Kokott* (Fn. 1), Art. 78 Rn. 12. Die Rechtsprechung des Bundesverfassungsgerichts in E 8, 274 (297 ff.); 28, 66 (80), die zwar das Erfordernis einer ausdrücklichen Zustimmung für den Regelfall betonte, für die den Entscheidungen zugrunde liegenden, nicht verallgemeinerungsfähigen Sonderfälle aber eine Umdeutung zuließ, ist seit Neufassung der Geschäftsordnung des Bundesrats ohne Grundlage. Vgl. dazu BVerfGE 37, 363 (396), allerdings mit fehlerhafter Zitierung der einschlägigen Vorschrift der Geschäftsordnung des Bundesrates (§ 90 statt richtig § 30).

zicht auf die Einlegung des Einspruchs** nach Art. 77 III GG vor⁹. Das Einspruchsgesetz kommt zwar auch bei bloßer **Untätigkeit des Bundesrats** innerhalb der nach Art. 77 III GG vorgesehenen Frist zustande, eine förmliche Zustimmung empfiehlt sich aber, wenn die Qualifizierung des Gesetzes zweifelhaft ist und der Bundesrat das Gesetz auf jeden Fall mittragen will.

Die Unterlassung des Antrages nach Art. 77 II GG durch den Bundesrat bezieht sich nur auf **Einspruchsgesetze**, wobei der **Fristlauf** nach Art. 77 II 1 GG zu beachten ist (→ Art. 77 Rn. 25), so daß ein danach eingelegter Antrag auf Einberufung des Vermittlungsausschusses das Zustandekommen eines Einspruchsgesetzes nicht mehr verhindern kann. Obwohl auch bei **Zustimmungsgesetzen der Antrag auf Einberufung des Vermittlungsausschusses** durch den Bundesrat gestellt werden kann, trifft Art. 78 2. Alt. GG hier nicht zu. Eine andere Auffassung wäre mit dem Umstand nicht vereinbar, daß die Antragstellung in diesem Fall fakultativen Charakter trägt. Auch wird durch die Befugnis von Bundestag und Bundesrat, im Fall von Zustimmungsgesetzen ebenfalls die Einberufung des Vermittlungsausschusses zu beantragen, die nach dem Verfassungstext keiner ausdrücklichen Fristbindung unterliegt (Art. 77 II 4 GG), der **Abschluß des föderalen Mitwirkungsstadiums in der Schwebe** gehalten, womit ein Fristlauf für den Bundesrat nicht vereinbar wäre¹⁰. Ebenso wie der Einspruch rücknehmbar ist, kann auch der Antrag auf Einberufung des Vermittlungsausschusses zurückgenommen werden¹¹. 6

Die fehlende fristgerechte Einlegung des Einspruchs betrifft ebenso wie die vorhergehende Alternative nur Einspruchsgesetze. Das Einspruchsgesetz kommt also auch zustande, wenn der Bundesrat nach Abschluß des Vermittlungsverfahrens auf die Einlegung eines Einspruchs verzichtet. 7

Eine Zurücknahme des Einspruchs ist möglich, bis der Bundestag nach Art. 77 IV GG über den Einspruch entschieden hat. 8

Die Überstimmung des Einspruchs durch den Bundestag erfolgt nach Maßgabe der in Art. 77 IV GG genannten Modalitäten, wobei die unterschiedlichen Mehrheiten im Bundestag, in Abhängigkeit vom Abstimmungsergebnis im Bundesrat zu beachten sind (→ Art. 77 Rn. 31). 9

D. Verhältnis zu anderen GG-Bestimmungen

Für den Legislativprozeß stellt Art. 78 GG eine Zentralnorm mit weitreichenden Beziehungen zum staatsorganisatorischen Bereich dar. Ein besonders enges Korrespondenzverhältnis besteht zu Art. 77 II-IV GG (→ Rn. 5 ff.). In Art. 78 GG wird auch die »Mitwirkung« des Bundesrates an der Gesetzgebung des Bundes konkretisiert, von der Art. 50 GG spricht¹². Die für Zustimmung, Verzicht und Rücknahme notwendige Mehrheit im Bundesrat ergibt sich aus Art. 52 III 1 GG (→ Rn. 5)¹³. Eine Sondervorschrift zu Art. 78 GG findet sich in Art. 81 II 1 GG¹⁴. 10

---

⁹ Siehe hierzu *Maunz* (Fn. 8), Art. 78 Rn. 2; *Bryde* (Fn. 5), Art. 78 Rn. 3; *Lücke* (Fn. 5), Art. 78 Rn. 3.
¹⁰ *Lücke* (Fn. 5), Art. 78 Rn. 4.
¹¹ *Bryde* (Fn. 5), Art. 78 Rn. 4; vgl. auch *Kokott* (Fn. 1), Art. 78 Rn. 19.
¹² *Kokott* (Fn. 1), Art. 78 Rn. 3; → Art. 50 Rn. 14.
¹³ Zur Auswirkung von Stimmenthaltungen auf die Beschlußfassung durch den Bundesrat, die nach Art. 52 III GG mit absoluter Mehrheit erfolgen muß, vgl. *Bryde* (Fn. 5), Art. 78 Rn. 8; *W. Krebs*, in: v. Münch/Kunig, GG II, Art. 52 Rn. 7; → Art. 52 Rn. 18.
¹⁴ *Kokott* (Fn. 1), Art. 78 Rn. 1 f.; → Art. 81 Rn. 13.

Artikel 79 [Änderung des Grundgesetzes]

(1) ¹Das Grundgesetz kann nur durch ein Gesetz geändert werden, das den Wortlaut des Grundgesetzes ausdrücklich ändert oder ergänzt. ²Bei völkerrechtlichen Verträgen, die eine Friedensregelung, die Vorbereitung einer Friedensregelung oder den Abbau einer besatzungsrechtlichen Ordnung zum Gegenstand haben oder der Verteidigung der Bundesrepublik zu dienen bestimmt sind, genügt zur Klarstellung, daß die Bestimmungen des Grundgesetzes dem Abschuß und dem Inkraftsetzen der Verträge nicht entgegenstehen, eine Ergänzung des Wortlautes des Grundgesetzes, die sich auf diese Klarstellung beschränkt.

(2) Ein solches Gesetz bedarf der Zustimmung von zwei Dritteln der Mitglieder des Bundestages und zwei Dritteln der Stimmen des Bundesrates.

(3) Eine Änderung dieses Grundgesetzes, durch welche die Gliederung des Bundes in Länder, die grundsätzliche Mitwirkung der Länder bei der Gesetzgebung oder die in den Artikeln 1 und 20 niedergelegten Grundsätze berührt werden, ist unzulässig.

Literaturauswahl

Badura, Peter: Verfassungsänderung, Verfassungswandel, Verfassungsgewohnheitsrecht, in: HStR VII, § 160 (S. 57–77).

Bauer, Angela/Jestaedt, Matthias: Das Grundgesetz im Spiegel seiner Änderungen – Eine Einführung, in: dies., Das Grundgesetz im Wortlaut, 1997, S. 1–50.

Bilfinger, Carl: Verfassungsumgehung. Betrachtungen zur Auslegung der Weimarer Verfassung, in: AöR 11 (1926), S. 163–191.

Bryde, Brun-Otto: Verfassungsentwicklung. Stabilität und Dynamik im Verfassungsrecht der Bundesrepublik Deutschland, 1982.

Bryde, Brun-Otto: Verfassunggebende Gewalt des Volkes und Verfassungsänderung im deutschen Staatsrecht: Zwischen Überforderung und Unterforderung der Volkssouveränität, in: Roland Bieber/Pierre Widmer (Hrsg.), L'espace constitutionnel européen. Der europäische Verfassungsraum. The European constitutional area, 1995, S. 329–343.

Bushart, Christoph: Verfassungsänderung in Bund und Ländern, 1989.

Ehmke, Horst: Verfassungsänderung und Verfassungsdurchbrechung, in: AöR 79 (1953/54), S. 385–418.

Erichsen, Hans-Uwe: Die Verfassungsänderung nach Art. 79 GG und der Verfassungsbeschluß nach Art. 146 GG, in: Jura 1992, S. 52–55.

Gusy, Christoph: Die Änderung der Weimarer Reichsverfassung, in: ZNR 18 (1996), S. 44–65.

Hesse, Konrad: Grenzen der Verfassungswandlung, in: Festschrift für Ulrich Scheuner, 1973, S. 123–141.

Hofmann, Hasso: Zur Verfassungsentwicklung in der Bundesrepublik Deutschland, in: StWStP 6 (1995), S. 155–181.

Hufeld, Ulrich: Die Verfassungsdurchbrechung. Rechtsproblem der Deutschen Einheit und der europäischen Einigung. Ein Beitrag zur Dogmatik der Verfassungsänderung, 1997.

Jacobi, Erwin: Reichsverfassungsänderung, in: Die Reichsgerichtspraxis im deutschen Rechtsleben. Festgabe der juristischen Fakultäten zum 50jährigen Bestehen des Reichsgerichts, Erster Band: Öffentliches Recht, 1929, S. 233–277.

Jellinek, Georg: Verfassungsänderung und Verfassungswandlung. Eine staatsrechtlich-politische Abhandlung, 1906.

Laband, Paul: Die Wandlungen der deutschen Reichsverfassung, 1895.

Loewenstein, Karl: Kritische Betrachtungen zur Verfassungsänderung vom 27. März 1954, in: DÖV 1954, S. 385–388.

Loewenstein, Karl: Über Wesen, Technik und Grenzen der Verfassungsänderung, 1961.

Rupp, Hans Heinrich: Grundgesetzänderungen durch völkerrechtlichen Vertrag – ein vernachlässigtes Problem des Maastrichter Unionsvertrages, in: Jörn Ipsen u.a. (Hrsg.), Verfassungsrecht im Wandel, 1995, S. 499–508.

Scheuing, Dieter H.: Deutsches Verfassungsrecht und europäische Integration, in: EuR-Beiheft 1/1997, S. 7–60.

Siehe auch die Angaben zu Art. 79 III GG.

Leitentscheidungen des Bundesverfassungsgerichts

BVerfGE 34, 9 (21 ff.) – Besoldungsvereinheitlichung; 41, 126 (174) – Reparationsschäden; 58, 1 (36) – Eurocontrol I; 68, 1 (96 f.) – Atomwaffenstationierung; 84, 90 (119 ff.) – Enteignungen von 1949; 94, 49 (104) – Sichere Drittstaaten.

Gliederung

	Rn.
A. Herkunft, Entstehung, Entwicklung	1
I. Ideen- und verfassungsgeschichtliche Aspekte	1
II. Entstehung und Veränderung der Norm	4
B. Internationale, supranationale und rechtsvergleichende Bezüge	6
C. Erläuterungen	10
I. Art. 79 I 1 GG	10
1. Verfassungsänderung »durch Gesetz«	10
a) Regelfall	10
b) Sonderfall Deutsche Wiedervereinigung: Verfassungsänderung durch völkerrechtlichen Vertrag	14
c) Ausnahmefall Europäische Integration: Verfassungsänderung durch primäres und sekundäres Gemeinschaftsrecht	15
2. Gebot ausdrücklicher Textänderung (Inkorporationsgebot)	16
a) Ausschluß von (formellen) »Verfassungsdurchbrechungen«	16
b) Textänderungs- bzw. Inkorpoationsgebot	20
c) Ausnahmefall: Art. 23, 24 GG	25
3. Unantastbarkeit des Art. 79 I 1 GG?	26
II. Art. 79 I 2 GG (sog. Klarstellungsklausel)	27
III. Verfassungswandel und verwandte Erscheinungen	37
D. Verhältnis zu anderen GG-Bestimmungen	40

A. Herkunft, Entstehung, Entwicklung

I. Ideen- und verfassungsgeschichtliche Aspekte

Mit der Verfassungsänderung **im Wege der Gesetzgebung** knüpft das Grundgesetz an die RV 1871 (Art. 78 Satz 1) und die WRV 1919 (Art. 76 I 1) an, unterscheidet aber anders als diese gleichwohl zwischen pouvoir constituant und einfacher Gesetzgebungsgewalt[1].   1

Ein ausdrückliches **Textänderungs- bzw. Inkorporationsgebot** war jenen Vorgängern indes fremd[2]. Allein Art. 37 II der Lübeckischen Landesverfassung von 1920 und   2

---

[1] Dazu näher *H. Dreier*, JZ 1994, 741 (742 f.); *B.-O. Bryde*, Verfassunggebende Gewalt des Volkes und Verfassungsänderung im deutschen Staatsrecht: Zwischen Überforderung und Unterforderung der Volkssouveränität, in: R. Bieber/P. Widmer (Hrsg.), Der europäische Verfassungsraum, 1995, S. 329 ff. (334 ff.); *H.J. Boehl*, Verfassunggebung im Bundesstaat, 1997, S. 2, 71 ff.

[2] Eingehend *C. Bushart*, Verfassungsänderung in Bund und Ländern, 1989, S. 32 ff.; *C. Gusy*, ZNR

Art. 1 II des Einführungsgesetzes zur Verfassung der Tschechoslowakei von 1920 boten hier gewisse Vorbilder[3]. Von den vorkonstitutionellen Landesverfassungen ist diejenige Württemberg-Badens von 1946 (Art. 85 IV) zu nennen[4].

3 In der **Weimarer Republik** wurde eine derartige Vorkehrung zur jederzeitigen Identifizierbarkeit des geltenden (formellen) Verfassungsrechts zwar lebhaft diskutiert und *de constitutione ferenda* gefordert[5], letztlich aber nicht in der Verfassung festgeschrieben[6]. So kam es – wie vordem schon unter der Bismarckverfassung[7] – zu vielfältigen Durchlöcherungen und Durchbrechungen derselben infolge von mit hinreichender verfassungsändernder Mehrheit beschlossenen und daher als verfassungsändernd angesehenen Gesetzen[8]. Ein vollständiges und insofern zutreffendes Bild des geltenden Verfassungsrechts ließ sich der Verfassungsurkunde nicht entnehmen[9]. Diesen Mißstand abzustellen war das vorrangige Ziel des Art. 79 I 1 GG (→ Rn. 16ff.).

II. Entstehung und Veränderung der Norm

4 Bereits **Art. 106 II HChE** enthielt eine Bestimmung, die – wie im dortigen Darstellenden Teil ausdrücklich vermerkt wurde – eine »Wiederholung der Praxis von verfassungsdurchbrechenden Gesetzen ohne formelle Änderung des Textes des Grundgeset-

---

18 (1996), 44 (45, 50ff.); *U. Hufeld,* Die Verfassungsdurchbrechung, 1997, S. 39ff.; *Huber,* Verfassungsgeschichte, Bd. III, S. 928f., 952.

[3] Art. 37 II der Lübeckischen Landesverfassung vom 23.5. 1920: »Gesetze, die nicht die Abänderung des Wortlautes der Verfassung unmittelbar zum Gegenstand haben, sind, soweit sie mit der Verfassung in Widerspruch stehen, unwirksam.« Zum tschechoslowakischen Einführungsgesetz siehe *E. Jacobi,* Reichsverfassungsänderung, in: Die Reichsgerichtspraxis im deutschen Rechtsleben, 1929, S. 233ff. (259f., 269); zu beiden im Text genannten Beispielen *K. Loewenstein,* Erscheinungsformen der Verfassungsänderung, 1931, S. 50ff.

[4] Art. 85 IV: »Ohne vorherige Änderung der Verfassung können Gesetze, durch die Bestimmungen der Verfassung durchbrochen würden, nicht beschlossen werden.«

[5] *H. Triepel,* Zulässigkeit und Form von Verfassungsänderungen ohne Änderung der Verfassungsurkunde, in: Verhandlungen des 33. DJT (1924), 1925, S. 45ff. (53). Ausführlich zur Diskussion *C. Bilfinger,* AöR 11 (1926), 163 (173ff.). Nachweise der h.M. in Rechtsprechung und Literatur, wonach solche »Verfassungsdurchbrechungen« zulässig waren, bei *Anschütz,* WRV, Art. 76 Anm. 2. → Rn. 17f.

[6] Vereinzelt blieb die Auffassung von *H. Preuß,* DJZ 1924, 649 (653f.), wonach bereits *de constitutione lata* eine Verfassungsänderung ohne Verfassungstextänderung verfassungswidrig und daher nichtig sein sollte.

[7] Vgl. *P. Laband,* Das Staatsrecht des Deutschen Reiches, Bd. 2, 5. Aufl. 1911, S. 38ff.; *G. Jellinek,* Verfassungsänderung und Verfassungswandlung, 1906, S. 6 (mit Beispielen und w.N.): »Es herrscht hier eine unglaubliche Systemlosigkeit bezüglich der Verfassungsänderung, die zur Folge hat, daß heute niemand aus dem Texte der Verfassung ein auch nur einigermaßen zutreffendes Bild von den Grundlagen des Reiches erhält.« S. ferner *ders.,* Allg. Staatslehre, S. 538f.; *Loewenstein,* Erscheinungsformen (Fn. 3), S. 43f. – Für das sonstige alte Verfassungsrecht *G. Meyer/G. Anschütz,* Lehrbuch des deutschen Staatsrechts, 7. Aufl. 1914–1919, S. 689f.; *Huber,* Verfassungsgeschichte, Bd. III, S. 759f., 928f., 952; → Rn. 19 m. Fn. 39.

[8] Vgl. *Huber,* Verfassungsgeschichte, Bd. VI, S. 420ff.; *Bushart,* Verfassungsänderung (Fn. 2), S. 32f. Minutiös *F. Poetsch-Heffter,* JöR 13 (1925), 1 (227ff.); *ders.,* JöR 17 (1929), 1 (139f.); *ders.,* JöR 21 (1933/34), 1 (201f.). Rechtsprechung und Rechtswissenschaft hielten diese Praxis *de constitutione lata* für zulässig, wenn auch nicht für wünschenswert: repräsentativ *Anschütz,* WRV, Art. 76 Anm. 2 mit Fn. 1 (S. 402); s. auch *Loewenstein,* Erscheinungsformen (Fn. 3), S. 52ff. → Rn. 19 m. Fn. 39.

[9] Kritisch namentlich *Triepel,* Zulässigkeit (Fn. 5), S. 52f.; *O. Bühler,* Die Reichsverfassung vom 11. August 1919, 3. Aufl. 1929, S. 102; *C. Bilfinger,* AöR 11 (1926), 163 (165): »das Aussehen der Urkunde trügt und es soll trügen«; *Loewenstein,* Erscheinungsformen (Fn. 3), S. VI; die Bedenken hielt verfassungspolitisch auch *Anschütz,* WRV, Art. 76 Anm. 3 (S. 405) für berechtigt.

zes, die nicht unwesentlich zur Entwertung der Weimarer Verfassung beigetragen hat, zu verhindern« suchte[10]. Diese Intention wurde in den Ausschüssen des Parlamentarischen Rates ausdrücklich begrüßt[11]. Seine verbindliche und danach nur noch einmal unmerklich veränderte Formulierung erhielt der heutige Art. 79 I 1 GG durch den Allgemeinen Redaktionsausschuß im November 1948[12].

Art. 79 I GG wurde zum ersten und bislang einzigen Mal **geändert durch die Einfügung von Satz 2**. Das diesbezügliche 4. Gesetz zur Änderung des Grundgesetzes vom 26.3.1954[13] ergänzte die Verfassung zugleich um einen (1968 wieder aufgehobenen) Art. 142a GG, dessen Wortlaut[14] den politisch-historischen Hintergrund dieses Schrittes anklingen ließ. Beide Normen sollten Hindernisse auf dem Weg zur Bildung einer Europäischen Verteidigungsgemeinschaft (EVG) unter deutscher Beteiligung aus dem Weg räumen. Die Verfassungsmäßigkeit der einfachgesetzlichen Zustimmungsgesetze zu den EVG-Verträgen von 1952 war wegen der fehlenden Regelung der Wehrhoheit im Grundgesetz von der damaligen SPD-Opposition vor dem Bundesverfassungsgericht angezweifelt worden[15]. Die seit den Bundestagswahlen von 1953 über eine Zweidrittelmehrheit verfügende Regierungskoalition wollte die Vertragsgesetze durch die Grundgesetzänderung verfassungsrechtlich absichern und dem Verfahren so den Boden entziehen[16]. Nach dem Scheitern der EVG in der französischen Nationalversammlung[17] wurde Art. 142a GG insofern obsolet und im Zuge des Einbaus der Notstandsverfassung wieder gestrichen[18]. Art. 79 I 2 GG blieb indessen bestehen und wirft bis heute schwierige Interpretationsprobleme auf (→ Rn. 27ff.).

5

---

[10] Parl. Rat II, S. 558. Text des Art. 106 HChE ebd., S. 603.
[11] *C. Schmid* im Grundsatzausschuß v. 12.10.1948 (Parl. Rat V, S. 227): »Grundsatz muß sein: Keine Verfassungsdurchlöcherung, auch nicht mit qualifizierter Mehrheit. (…) Überhaupt keine Verfassungsdurchlöcherung, ohne Rücksicht auf die Mehrheit, die für ein solches Gesetz erzielt werden kann!« – Für den Organisationsausschuß (13. Sitzung v. 13.10.1948) vgl. JöR 1 (1951), S. 574.
[12] Seinerzeit in Gestalt von Art. 106 I: vgl. Parl. Rat VII, S. 64; JöR 1 (1951), S. 576. Später wurde lediglich die Stellung des Wortes »ausdrücklich« verändert. Gegen dessen vorgeschlagene Streichung hatte Carlo Schmid noch einmal auf die Notwendigkeit der Verhinderung von impliziten Verfassungsänderungen hingewiesen (12. Sitzung des Hauptausschusses v. 1.12.1948). Vgl. zur Genese auch *G. Hoffmann*, Art. 79 I, II, in: BK (Zweitb. 1986), Entstehungsgeschichte (I.), S. 3ff.; *Hufeld*, Verfassungsdurchbrechung (Fn. 2), S. 97f.; *A. Bauer/M. Jestaedt*, Das Grundgesetz im Spiegel seiner Änderungen – Eine Einführung –, in: dies., Das Grundgesetz im Wortlaut, 1997, S. 1ff. (9ff.).
[13] BGBl. I S. 45. Zur Entstehung und Vorgeschichte eingehend *A. Roßnagel*, Änderungen des Grundgesetzes, 1981, S. 98ff., 114ff.; *K. Loewenstein*, DÖV 1954, 385ff.
[14] Art. 142a GG lautete: »Die Bestimmungen dieses Grundgesetzes stehen dem Abschluß und dem Inkrafttreten der am 26. und 27. Mai 1952 in Bonn und Paris unterzeichneten Verträge (Vertrag über die Beziehungen zwischen der Bundesrepublik Deutschland und den Drei Mächten und Vertrag über die Gründung der Europäischen Verteidigungsgemeinschaft) mit ihren Zusatz- und Nebenabkommen, insbesondere dem Protokoll vom 26. Juli 1952, nicht entgegen.«
[15] Vgl. BVerfGE 1, 396 (unzulässiger vorbeugender Feststellungsantrag der Opposition); 2, 143 (unzulässige Anträge der Regierungsfraktionen im Wege des Organstreits). – Die verwickelte Verfahrensgeschichte sowie die in zahlreichen Gutachten namhafter Staatsrechtslehrer intensiv diskutierten verfassungsrechtlichen Fragen sind dokumentiert in: Institut für Staatslehre und Politik (Hrsg.), Der Kampf um den Wehrbeitrag, 2 Bde. und Ergänzungsband, 1952, 1953, 1958.
[16] Vgl. Verhandlungen des Deutschen Bundestages v. 26.2.1954 (Stenographische Berichte, Bd. 18 [1953–54]), insb. S. 553f., 555 (D), 575 (C), 577 (B).
[17] Vgl. *P. Noack*, Das Scheitern der Europäischen Verteidigungsgemeinschaft, 1977, S. 79ff.
[18] Gesetz v. 24.6.1968, BGBl. I S. 709. Zur Streichung *H. Rumpf*, DÖV 1968, 673ff.

B. Internationale, supranationale und rechtsvergleichende Bezüge

6   Für die Modalitäten innerstaatlicher Verfassungsänderungen gibt es keine allgemein zwingenden Vorgaben völkerrechtlicher Art; auch sind diese nicht Gegenstand internationaler Abkommen. Durch **Art. 25 GG** können unmittelbare Verfassungsänderungen nicht eintreten, da die rezipierten allgemeinen Regeln des Völkerrechts zwar einfachen Gesetzen vorgehen, aber nach h. M. im Rang unter dem Grundgesetz stehen (→ Art. 25 Rn. 23 ff.).

7   Mit der Möglichkeit, Hoheitsrechte auf zwischenstaatliche Einrichtungen zu übertragen (**Art. 24 GG**, nunmehr für die EU **Art. 23 GG**), hat der Verfassunggeber von Anbeginn eine lange Zeit kaum bemerkte oder unterschätzte **Ausnahme vom Gebot ausdrücklicher Textänderung auf dem Gebiet supranationalen Rechts** vorgesehen und **Verfassungsänderungen durch völkerrechtlichen Vertrag** (→ Rn. 15) ermöglicht. In diesem Kontext sind auch die Abweichungen beim qualifizierten Mehrheitserfordernis (→ Art. 79 II Rn. 19) zu beachten.

8   Die rechtsvergleichende Betrachtung erweist zunächst, daß die Verfassungsänderung vom normalen Gesetzgebungsverfahren in signifikanter Weise abweicht, indem zusätzliche Erfordernisse (Quoren, qualifizierte Mehrheiten, Plebiszite, Referenden) aufgestellt werden (→ Art. 79 II Rn. 7 ff.). In bezug auf das ausdrückliche Textänderungsgebot läßt sich feststellen, daß einige, aber längst nicht alle Verfassungsstaaten entweder ähnliche oder **funktional äquivalente Vorkehrungen** treffen. Zu den letztgenannten zählt etwa das amerikanische System der »Amendments«, dort verstanden als ausdrückliche Verfassungszusätze, welche zudem den Urtext unberührt lassen (Art. V US-Verfassung). In der Schweiz werden formelle Verfassungsdurchbrechungen, obwohl eine ausdrückliche Verfahrensregelung in der Bundesverfassung fehlt, als unzulässig angesehen[19]; allerdings schlagen sich beispielsweise obligatorische Verfassungsreferenden über den Beitritt zu Organisationen für kollektive Sicherheit oder zu supranationalen Gemeinschaften nicht in der Verfassungsurkunde nieder[20]. Gemäß der österreichischen Bundesverfassung (Art. 44 I) sind verfassungsändernde Gesetze zwar als »Verfassungsgesetze« oder »Verfassungsbestimmungen« zu kennzeichnen, doch fehlt es gerade an einem ausdrücklichen Textänderungsgebot der Verfassung selbst, was zu deren lebhaft beklagter Unübersichtlichkeit führt[21]. Dem Art. 79 I GG

---

[19] *F. Fleiner/Z. Giacometti*, Schweizerisches Bundesstaatsrecht, 1949, S. 29 f.; *Loewenstein*, Erscheinungsformen (Fn. 3), S. 50 f.; *L. Wildhaber*, in: J.-F. Aubert u. a. (Hrsg.), Kommentar zur Bundesverfassung, Art. 118 (1988), Rn. 3; differenzierend *Y. Hangartner*, Grundzüge des schweizerischen Staatsrechts, Bd. I, 1980, S. 29 f.

[20] Art. 89 V BV; dazu *L. Wildhaber*, in: Aubert, BV (Fn. 19), Art. 89 Abs. 5 (1989), Rn. 9 f.; weitere Ausnahmen bei *Fleiner/Giacometti*, Bundesstaatsrecht (Fn. 19), S. 703; *Hangartner*, Grundzüge (Fn. 19), S. 29.

[21] Von daher wird die Einführung einer Art. 79 I GG vergleichbaren Vorschrift (»Inkorporierungsgebot«) erwogen: vgl. *R. Walter*, Zur Frage der Überschaubarkeit des Bundesverfassungsrechts, sowie *G. Holzinger*, Verfassungsbereinigung – Zur Frage der Neukodifikation der Bundesverfassung, beide in: 75 Jahre Bundesverfassung, hrsg. von der Österreichischen Parlamentarischen Gesellschaft, 1995, S. 169 ff. (181 f.), 193 ff. (207 f.); s. auch *R. Novak*, Reform und Ruin der Bundesverfassung. Zur Notwendigkeit einer formellen Bereinigung des österreichischen Verfassungsrechts, in: Festschrift zur 200-Jahr-Feier der Rechtswissenschaftlichen Fakultät der Universität Graz, 1979, S. 549 ff. (552); *H. R. Klecatsky*, Bundes-Verfassungsgesetz und Bundesverfassungsrecht, in: H. Schambeck (Hrsg.), Das österreichische Bundes-Verfassungsgesetz und seine Entwicklung, 1980, S. 83 ff. (94 ff.).

noch am ehesten vergleichbare Regelungen enthalten die Verfassungen der Niederlande (Art. 141) und Portugals (Art. 289). In die **neuen Verfassungen Osteuropas** ist ein ausdrückliches Textänderungsgebot nicht aufgenommen worden. Allerdings müssen gemäß der russischen Verfassung Änderungen des Bestands an Republiken und Regionen im Verfassungstext vermerkt werden[22].

Ein ausdrückliches Textänderungsgebot findet sich in fast allen **Verfassungen der deutschen Bundesländer**; eine Ausnahme bildet lediglich Berlin[23]. In Bayern (Art. 75 IV), Bremen (Art. 125 I) und Hessen (Art. 123 I) ist alternativ die Möglichkeit vorgesehen, die Verfassungänderungen in einen Anhang aufzunehmen oder Zusatzartikel zu beschließen.

9

C. Erläuterungen

I. Art. 79 I 1 GG

1. Verfassungsänderung »durch Gesetz«

a) Regelfall

Das Grundgesetz kann **nur** im Wege der **Gesetzgebung** geändert werden. Es gilt (abgesehen von den unerheblichen Fristverlängerungen in Art. 76 II 5, III 5 GG) das gleiche Verfahren wie bei sog. »einfachen« Gesetzen; es werden die gleichen Organe tätig. Unter Verzicht auf weitere Erschwernisse (Zeitintervalle, besonderes Procedere, Volksbeteiligung o.ä.) wird Verfassungsänderung ganz als Erscheinungsweise der Gesetzgebung begriffen; einzige Besonderheit ist das Erfordernis einer Zweidrittelmehrheit (→ Art. 79 II Rn. 10 ff.).

10

Art. 79 I 1 GG bezieht sich naturgemäß nur auf **Verfassungsrecht im formellen Sinn**, also auf den Text der Verfassungsurkunde. Novellierungen des in ihr nicht enthaltenen materiellen Verfassungsrechts (z.B. des Wahlrechts) unterliegen nicht seinen speziellen Qualifikationen, solange diese nicht das formelle Verfassungsrecht verändern, wie das z.B. bei der Einführung der Wehrverfassung wegen der Grundrechtsrelevanz und der Kompetenzordnung diskutiert wurde (→ Rn. 5)[24].

11

Mit der Verfassungsänderung »durch ein Gesetz« ist ein **formelles Parlamentsgesetz** nach den allgemeinen Regeln des Gesetzgebungsverfahrens gemeint[25]. Nicht zulässig ist daher eine Verfassungsänderung durch Rechtsverordnung (Art. 80 GG), im Gesetzgebungsnotstand (Art. 81 IV GG) oder durch den Gemeinsamen Ausschuß im Verteidigungsfall (Art. 115e II 1 GG). Nicht gänzlich ausgeschlossen ist jedoch eine Änderung durch bloßes Zustimmungsgesetz zu einem völkerrechtlichen Vertrag (→ Rn. 14, 15).

12

---

[22] Art. 137 II Verf. Rußlands von 1993 bezogen auf die Aufzählung in Art. 65.
[23] Seit dem 1. 9. 1996 kennt auch die Hamburger Verfassung ein Textänderungsgebot (Art. 51 I); zum früheren Fehlen einer solchen Regelung *J. Schwabe*, Verfassungsrecht, in: W. Hoffmann-Riem/H.-J. Koch (Hrsg.), Hamburgisches Staats- und Verwaltungsrecht, 1988, S. 32 ff. (60 f.); *Bushart*, Verfassungsänderung (Fn. 2), S. 46 ff.; *C. Bernzen/D. Gottschalck*, ZRP 1993, 91 ff.
[24] *B.-O. Bryde*, in: v. Münch/Kunig, GG III, Art. 79 Rn. 2, 9 m.w.N.; *Bushart*, Verfassungsänderung (Fn. 2), S. 39.
[25] *Bryde* (Fn. 24), Art. 79 Rn. 7; *K. Vogel*, Gesetzesvorbehalt, Parlamentsvorbehalt und völkerrechtliche Verträge, in: FS Lerche, 1993, S. 95 ff. (102).

13 Ein einfaches Gesetz, das sich auf ein verfassungsänderndes stützt, darf erst zu einem **Zeitpunkt** ausgefertigt und verkündet werden, in dem die ermächtigende Verfassungsnorm bereits in Kraft getreten ist[26]. Parallele Gesetzgebungsberatungen sind dadurch aber nicht untersagt[27].

b) Sonderfall Deutsche Wiedervereinigung: Verfassungsänderung durch völkerrechtlichen Vertrag

14 In der solitären Situation der deutschen Wiedervereinigung ist das Grundgesetz nicht im üblichen Gesetzgebungsverfahren gem. Art. 76, 77 GG (i.V.m. §§ 75 ff. GOBT), sondern durch Zustimmungsgesetz zu einem völkerrechtlichen Vertrag (Art. 4 EV) gem. Art. 59 II 1 GG geändert worden. Wegen der alleinigen Vertragsgestaltung durch die Exekutive und der im Beschlußverfahren stark eingeschränkten Einflußmöglichkeiten der Abgeordneten (§§ 81 IV, 82 II GOBT: Abstimmung über das gesamte Gesetzespaket, keine Möglichkeit von Änderungsanträgen), die nur noch Ja oder Nein sagen konnten, liegt hierin eine empfindliche **Beschränkung originärer parlamentarischer Gesetzgebungshoheit**[28]. Das Bundesverfassungsgericht hat das Verfahren mit (sachlich durchaus fragwürdigem) Hinweis auf Art. 23 S. 2 a.F. GG i.V.m. dem Wiedervereinigungsgebot der Präambel a.F. (→ Präambel Rn. 3, 8) als Grundlage dieses Vorgehens und die Qualifizierung der Grundgesetzänderungen als »beitrittsbezogen« gebilligt[29]. Diese »**Irregularität der Verfassungsänderung**«[30] korrespondiert der Einmaligkeit des historischen Vorganges. Ein weiterer, ähnlich exzeptioneller Fall dürfte schwerlich vorstellbar sein, zumal das Gericht die Entscheidung auf Art. 23 a.F. GG und damit auf eine nach menschlichem Ermessen niemals wiederkehrende Verfassungsnorm gestützt hat. Die Verfassungsänderung durch völkerrechtlichen Vertrag bildet keine gleichwertige Alternative zum regulären Gesetzgebungsverfahren, sondern ist prinzipiell unzulässig.

---

[26] BVerfGE 34, 9 (21 ff.) mit inkonsequenter Ausnahme für die Ausfertigung S. 24 f. (unter Hinweis auf BVerfGE 32, 199 [212]); zurecht kritisch *Bryde* (Fn. 24), Art. 79 Rn. 22; *H. Ridder,* in: AK-GG, Art. 79 Rn. 24. Anwendungsfall für diese zweifelhafte Praxis war etwa die Änderung des Parteiengesetzes 1983 (vgl. *A. Harms,* JR 1985, 309 [310]). Zu der seit 1955 obsoleten Genehmigungspflichtigkeit unter dem Besatzungsregime s. *S. Schaub,* Der verfassungsändernde Gesetzgeber 1949–1980, 1984, S. 133 f.

[27] BVerfGE 34, 9 (21 ff.); *Stern,* Staatsrecht I, S. 164; *Hoffmann* (Fn. 12), Art. 79 I, II Rn. 62 ff.; *Bryde* (Fn. 24), Art. 79 Rn. 22. Zur Praxis *Schaub,* Gesetzgeber (Fn. 26), S. 223 ff.

[28] *P. Badura,* DVBl. 1990, 1256 (1257) und *P. Lerche,* Der Beitritt der DDR – Voraussetzungen, Realisierung, Wirkungen, in: HStR VIII, § 194 Rn. 58 konstatieren eine gewisse »Zwangslage«; *H. Hofmann,* StWStP 6 (1995), 155 (157) spricht vom »kurzen gouvernementalen Weg eines völkerrechtlichen Vertrages mit der DDR«; zum Problem ferner *W. Heintschel von Heinegg,* DVBl. 1990, 1270 (1272 ff.); *E. Klein,* DÖV 1991, 569 (570 f.).

[29] BVerfGE 82, 316 (320 f.); 84, 90 (118 f.). *Lerche* (Fn. 28), § 194 Rn. 59 m. Fn. 184 spricht insofern von »erkennbarer Großherzigkeit unter Opferung strenger Logik«; skeptisch auch *Vogel,* Gesetzesvorbehalt (Fn. 25), S. 95, 104 f.; kritisch *H. Maurer,* JZ 1992, 183 (186 f.), *C. Pestalozza,* Jura 1994, 561 (564) und *H.H. Rupp,* Grundgesetzänderungen durch völkerrechtlichen Vertrag – ein vernachlässigtes Problem des Maastrichter Unionsvertrags, in: J. Ipsen u.a. (Hrsg.), Verfassungsrecht im Wandel, 1995, S. 499 ff. (500 f.); schroffe Ablehnung bei *W. Geiger,* DRiZ 1991, 131 ff.; bezüglich der »Beitrittsbedingtheit« der Änderungen ebenso *H. Meyer,* KritV 76 (1993), 399 (412 ff.). In der Sache hat das Gericht damit eine besondere »Fusionsgewalt« (in Parallele zur europäischen »Integrationsgewalt«) akzeptiert: *M. Herdegen,* Die Verfassungsänderungen im Einigungsvertrag, 1991, S. 6 f.

[30] *H. Hofmann,* StWStP 6 (1995), 155 (157).

c) Ausnahmefall Europäische Integration: Verfassungsänderung durch primäres und sekundäres Gemeinschaftsrecht

Im Unterschied zum solitären Vorgang der deutschen Wiedervereinigung bilden die Verfassungsänderungen infolge der Europäischen Integration (→ Rn. 25) einen in Vergangenheit, Gegenwart und (vermutlich auch) Zukunft relevanten generellen Ausnahmefall. Zur Änderung des Grundgesetzes kommt es bei der Übertragung von Hoheitsrechten auf zwischenstaatliche Einrichtungen (also außer im EG-Bereich auch bei den in Art. 24 GG erwähnten) allein durch die Verschiebung der Kompetenzordnung (→ Art. 23 Rn. 82 ff.; → Art. 24 Rn. 21, 28). Des weiteren kann das durch völkerrechtlichen Gründungs- oder Veränderungsvertrag geschaffene sog. primäre Gemeinschaftsrecht sowie das auf dessen Grundlage ergehende sekundäre Gemeinschaftsrecht auch Grundrechtsnormen und Bestimmungen über die Staatsorganisation inhaltlich beeinflussen und entsprechend überlagern (→ Vorb. Rn. 25 m. w. N.). Die solcherart bewirkte bzw. bedingte Änderung des Grundgesetzes wurde auf der Basis des **Art. 24 GG** durch **einfaches Gesetz (in der Form eines Zustimmungsgesetzes zu den einschlägigen Gründungs- und Änderungsverträgen)** und wird seit dem Maastricht-Vertrag von 1992 nach Maßgabe des **Art. 23 GG** ermöglicht, also in beiden Fällen mit den entsprechenden Einschränkungen parlamentarischer Gestaltungsmacht bei völkerrechtlichen Verträgen (→ Rn. 14).

15

2. Gebot ausdrücklicher Textänderung (Inkorporationsgebot)

a) Ausschluß von (formellen) »Verfassungsdurchbrechungen«

Mit Art. 79 I 1 GG sollen nach verbreitetem Sprachgebrauch »**Verfassungsdurchbrechungen**« verhindert werden[31]. Doch handelt es sich hierbei um eine unpräzise, wenn nicht gar irreführende Umschreibung. Gerade mit Blick auf die einschlägige Diskussion in der Weimarer Staatsrechtslehre sind **zwei Begriffe** von Verfassungsdurchbrechungen zu unterscheiden (→ Rn. 17 ff.): ein formeller und ein materieller[32].

16

In Weimar stand zunehmend der **materielle Begriff** der Verfassungsdurchbrechung im Vordergrund[33]. Er bezeichnete in gewisser (Fehl-)Fixierung auf den seinerzeit heftig umstrittenen Rechtsnormcharakter von gesetzlichen »Maßnahmen« (→ Art. 19 I Rn. 2) das Phänomen einer materiell verfassungsändernden »Anordnung ..., die für einen konkreten Einzelfall Bestimmungen trifft, welche abweichen von Normen der Verfassungsurkunde, die im übrigen in Kraft bleiben«; es ging also gerade **nicht** um die

17

---

[31] Statt vieler *T. Maunz*, in: Maunz/Dürig, GG, Art. 79 I, II (1960), Rn. 4; *Hesse*, Verfassungsrecht, Rn. 39, 697 f.; *H.-J. Wipfelder*, BayVBl. 1983, 289 (290); *H.-U. Erichsen*, Jura 1992, 52 (52); *v. Münch*, Staatsrecht I, Rn. 83; *J. Ipsen*, Staatsrecht I, Rn. 1005, 1007; zurecht problematisierend aber *Bryde* (Fn. 24), Art. 79 Rn. 5. – Den Begriff prägte *G. Jacobi*, Die Diktatur des Reichspräsidenten nach Art. 48 der Reichsverfassung, VVDStRL 1 (1924), S. 105 ff. (109).

[32] Ähnlich wie hier *B.-O. Bryde*, Verfassungsentwicklung, 1982, S. 356 f.; *C. Gusy*, ZNR 18 (1996), 44 (48 f.); *Hufeld*, Verfassungsdurchbrechung (Fn. 2), S. 15 ff., 25 ff.; bereits *H. Ehmke*, AöR 79 (1953/54), 385 (387) hatte vorgeschlagen, den formellen Aspekt als »Verfassungs*text*durchbrechung« zu kennzeichnen.

[33] Vgl. nur *Jacobi*, Diktatur (Fn. 31), S. 109; *ders.*, Reichsverfassungsänderung (Fn. 3), S. 261, 267; *C. Schmitt*, Verfassungslehre, 1928, S. 106 ff.; *R. Thoma*, Die juristische Bedeutung der grundrechtlichen Sätze der deutschen Reichsverfassung im allgemeinen, in: H.C. Nipperdey (Hrsg.), Die Grundrechte und Grundpflichten der Reichsverfassung, Bd. 1, 1929, S. 1 ff. (45 ff.); *S. Jeselsohn*, Begriff, Arten und Grenzen der Verfassungsänderung nach Reichsrecht, 1929, S. 22 f., 46; *Loewenstein*, Erscheinungsformen (Fn. 3), S. 171 f.; *G. Leibholz*, AöR 22 (1932), 1 ff.

Urkundlichkeit[34], sondern um die materielle verfassungstheoretische Frage notwendiger Allgemeinheit des (Verfassungs-)Gesetzes. Die punktuelle, womöglich nur vorübergehende, aber die Geltung der Verfassung sachlich, örtlich oder zeitlich einschränkende Verfassungsdurchbrechung wurde als *aliud* zur regulären, dauerhaften Verfassungsänderung begriffen.

18 Der **formelle Begriff** der Verfassungsdurchbrechung stellt hingegen allein darauf ab, daß Verfassungsänderungen im Text der Verfassungsurkunde nicht ausgewiesen werden, ohne daß es auf den materiellen Aspekt einzelfallbezogener, punktueller Maßnahmen ankäme[35]: es geht um sog. »stillschweigende« Verfassungsänderungen[36].

19 Weil formelle und materielle Verfassungsdurchbrechungen zusammentreffen können und in Weimar des öfteren zusammentrafen, werden sie in der Literatur häufig nicht deutlich auseinandergehalten[37]; zuweilen versteht man heute unter Verfassungsdurchbrechung allein die formelle[38]. Doch da sich beide Formen wie zwei sich überschneidende Kreise zueinander verhalten, muß man sorgfältig unterscheiden: materielle Verfassungsdurchbrechungen durch Einzelfallmaßnahmen können durchaus Eingang in den Verfassungstext finden (Beispiel: Art. 143 GG), während eine formelle Verfassungsdurchbrechung i.S. einer Verfassungsänderung ohne Verfassungstextänderung eine auf Dauer konzipierte Regelung darstellen kann[39]. Formelle und materielle Verfassungsdurchbrechung können sich decken, müssen dies aber nicht.

---

[34] Vorangegangenes Zitat bei *R. Thoma*, Grundbegriffe und Grundsätze, in: HdbStR II, S. 108 ff. (155). Ebd. heißt es in aller Deutlichkeit: »Dadurch, daß sich die Verfassungsdurchbrechung auf einen konkreten Fall bezieht und ihre Kraft an ihm erschöpft, unterscheidet sie sich von der ›Verfassungsänderung ohne Änderung des Verfassungstextes‹«; unmißverständlich auch *C. Bilfinger*, AöR 11 (1926), 163 (180); *Anschütz*, WRV, Art. 76 Anm. 2; *G. Leibholz*, AöR 22 (1932), 1 (4 f., 9 f., 23 f.). Konsequenterweise ist für *Schmitt*, Verfassungslehre (Fn. 33), S. 108 f. nichts dadurch gewonnen, wenn solche »apokryphen Souveränitätsakte« in die Verfassungsurkunde aufgenommen werden. An dieses materielle Verständnis knüpft an *H. Ehmke*, AöR 79 (1953/54), 385 (398 ff.), an ihn *Hesse*, Verfassungsrecht, Rn. 698.

[35] Auch von solchen formellen Durchbrechungen war in der Weimarer Diskussion die Rede, indes häufig in engem Zusammenhang mit den materiellen: vgl. *C. Bilfinger*, AöR 11 (1926), 163 (173 f.); *Jacobi*, Reichsverfassungsänderung (Fn. 3), S. 261, 263 f.; *Jeselsohn*, Begriff (Fn. 33), S. 21; *Anschütz*, WRV, Art. 76 Anm. 2.

[36] Terminus etwa bei *Anschütz*, WRV, Art. 76 Anm. 2; *Jeselsohn*, Begriff (Fn. 33), S. 32 ff.; *W. Jellinek*, Grenzen der Verfassungsgesetzgebung, 1931, S. 8; *K. Loewenstein*, Über Wesen, Technik und Grenzen der Verfassungsänderung, 1961, S. 39, 40; BVerfGE 2, 143 (164). – Diese werden, der terminologischen Klarheit auch als »materielle« Verfassungsänderungen bezeichnet (vgl. *A. Roßnagel*, Der Staat 22 [1983], 551 [552] m.w.N.). Auf diese Fälle (und nicht auf die »Durchbrechungen« mit Maßnahmecharakter) konzentrierte sich die Diskussion im Kaiserreich (→ Rn. 3 m. Fn. 7).

[37] Vgl. *Hesse*, Verfassungsrecht, Rn. 39; *P. Badura*, Verfassungsänderung, Verfassungswandel, Verfassungsgewohnheitsrecht, in: HStR VII, § 160 Rn. 13; *ders.*, Staatsrecht, S. 497 (F 63); BVerfGE 2, 143 (164) spricht vom Gehalt des Art. 79 I 1 GG als des »Verbotes der stillschweigenden Verfassungsveränderung und der Verfassungsdurchbrechung«.

[38] S. *Hoffmann* (Fn. 12), Art. 79 I, II Rn. 142; *H.-U. Erichsen*, Jura 1992, 52 (52); *Rupp*, Grundgesetzänderungen (Fn. 29), S. 507; *v. Münch*, Staatsrecht I, Rn. 83; *Stern*, Staatsrecht I, S. 159; *J. Isensee*, Verfassungsrecht als »politisches Recht«, in: HStR VII, § 162 Rn. 40. – Gegentendenz bei *Hufeld*, Verfassungsdurchbrechung (Fn. 2), passim.

[39] Beispiele aus der RV 1871 für solche dauerhaften Veränderungen der Verfassungslage, die sich nicht in der Verfassungsurkunde niederschlugen: Zugehörigkeit Elsaß-Lothringens zum Reich, Abgeordnetenzahl, Gegenzeichnungsrecht (*Jellinek*, Verfassungsänderung [Fn. 7], S. 6). Für Weimar vgl. *G. Leibholz*, AöR 22 (1932), 1 (13); *C. Gusy*, ZNR 18 (1996), 44 (48 f.). Zu beiden Verfassungen eingehend *Hufeld*, Verfassungsdurchbrechung (Fn. 2), S. 39 ff., 46 ff.

b) Textänderungs- bzw. Inkorporationsgebot

Art. 79 I 1 GG schließt allein Verfassungsdurchbrechungen im formellen Sinne aus[40]. 20
Die Norm wird zumeist als **Textänderungsgebot** umschrieben. Entscheidend ist allerdings, daß die Veränderung im Text der Verfassungsurkunde vorgenommen und insbesondere neues Verfassungsrecht zum Bestandteil des Textkörpers des Grundgesetzes wird, so daß die Entstehung von Nebenverfassungen unterbleibt. Insofern handelt es sich um ein **Inkorporationsgebot**. Art. 79 I 1 GG will die kodifikatorische Geschlossenheit und Vollständigkeit der Verfassungsurkunde wahren, damit zugleich der Rechtsklarheit dienen und die Verfassungsänderung dem Prozeß demokratischer Willensbildung und öffentlicher Kontrolle (→ Art. 20 [Demokratie] Rn. 72 ff., 109) unterwerfen; auch kommt ihm – in gewisser Parallele zum Zitiergebot (→ Art. 19 I Rn. 16) – eine Warnfunktion zu. Diese Aspekte und nicht erst das hier nicht niedergelegte Verbot einer materiellen Durchbrechung der Verfassung dienen der Bekräftigung ihres Geltungsanspruchs[41]. Es gilt die (nicht ausnahmslos gültige: → Rn. 25) Regel: **Keine Verfassungsänderung ohne Verfassungstextänderung**[42]. Ohne eine solche bewirken vom Grundgesetz abweichende Gesetze also selbst im Falle ihrer einstimmigen Verabschiedung und der Einhaltung der Erfordernisse von Art. 79 II, III GG keine gültige Verfassungsänderung und sind dann wegen Nichtbeachtung der formellen Verfassungsrechtsgarantie des Art. 79 I GG verfassungswidrig[43]. Eine »unbeabsichtigte« Verfassungsänderung ist insofern ausgeschlossen.

Die **Änderung** muß nicht unbedingt beim betroffenen Artikel lokalisiert sein, sondern kann **an beliebiger Stelle** der Verfassungsurkunde erfolgen[44]. Das Merkmal der **ausdrücklichen** Änderung fordert ausweislich der Entstehungsgeschichte der Norm (→ Rn. 4 f.) nichts anderes, sondern dient lediglich der sprachlichen Bekräftigung des Textänderungsgebotes. Auch eine offenkundig fehlplazierte oder gar »versteckte« Regelung führt nicht zur Verfassungswidrigkeit. 21

---

[40] Treffend *Bryde*, Verfassungsentwicklung (Fn. 32), S. 356: »Art. 79 I GG verlangt nur die ausdrückliche Sichtbarmachung von Verfassungsänderungen im Verfassungstext, ›Verfassungsdurchbrechungen‹ im Schmittschen Sinne verbietet er nicht.« So auch *Maunz* (Fn. 31), Art. 79 I, II Rn. 5; *Hufeld*, Verfassungsdurchbrechung (Fn. 2), S. 98 f., 239 f. (keine Aussage zur »geltungsbeschränkenden Ausnahme«). S. auch die folgende Fußnote.

[41] So auch *Loewenstein*, Wesen (Fn. 36), S. 40. Anders wohl *H. Ehmke*, AöR 79 (1953/54), 385 (396 f.); *Hesse*, Verfassungsrecht, Rn. 697 f.; *Bushart*, Verfassungsänderung (Fn. 2), S. 132 f., die diese Schutzfunktion erst mit der zusätzlichen Erfassung des (entweder gleichfalls in Art. 79 I 1 GG oder in allgemeinen Verfassungsprinzipien verorteten) Verbots materieller Verfassungsdurchbrechung für gegeben erachten. Art. 79 I 1 GG wollte materielle Verfassungsdurchbrechungen aber nicht untersagen, sondern – sofern diese nicht an Art. 79 III GG scheitern – in geordnete formale Bahnen lenken (*Hufeld*, Verfassungsdurchbrechung [Fn. 2], S. 99).

[42] *Maunz* (Fn. 31), Art. 79 I, II Rn. 4; *v. Münch*, Staatsrecht I, Rn. 83; *Stern*, Staatsrecht I, S. 159; *Bryde* (Fn. 24), Art. 79 Rn. 5, 10; *H.-J. Wipfelder*, BayVBl. 1983, 289 (290); *Isensee* (Fn. 38), § 162 Rn. 40 (freilich ohne Hinweis auf die Ausnahmen). – Die gern als BVerfG-Zitat ausgegebene Wendung vom »Grundsatz der Urkundlichkeit und Einsichtbarkeit jeder Verfassungsänderung« (BVerfGE 9, 334 [336]) stammt offenkundig vom vorgelegten Landgericht, dessen Position nur referiert wird.

[43] Vgl. *Ridder* (Fn. 26), Art. 79 Rn. 21; *Hufeld*, Verfassungsdurchbrechung (Fn. 2), S. 136.

[44] *Maunz* (Fn. 31), Art. 79 I, II Rn. 4; *Bryde*, Verfassungsentwicklung (Fn. 32), S. 357; *Bushart*, Verfassungsänderung (Fn. 2), S. 51 f.; Jarass/Pieroth, GG, Art. 79 Rn. 2; *Hufeld*, Verfassungsdurchbrechung (Fn. 2), S. 105; so jetzt auch BVerfGE 94, 49 (104). – A.A.: *H. Ehmke*, AöR 79 (1953/54), 385 (417); *Hoffmann* (Fn. 12), Art. 79 I, II Rn. 44.

22 Mit der Rede von der **Änderung** und **Ergänzung** des Grundgesetzes sind alle denkbaren Formen verfassungsändernder Eingriffe (Ergänzung einer bestehenden Norm, ihre komplette oder partielle Streichung, ihre textliche Modifikation, Einfügung neuer Artikel oder Kombination dieser Vorgehensweisen) erfaßt[45], auch rein deklaratorische.

23 Im Falle der Verfassungsänderung durch das Zustimmungsgesetz zum **Einigungsvertrag** (→ Rn. 14) hat das Bundesverfassungsgericht es für unbedenklich gehalten, »daß der Wortlaut der Verfassungsänderung nicht im Einigungsvertragsgesetz selbst wiedergegeben ist, sondern nur im Vertragstext, auf den das Gesetz verweist und der in vollem Umfang mit dem Gesetz gemäß dessen Art. 1 Satz 2 im Bundesgesetzblatt veröffentlicht worden ist.«[46] Das bezieht sich aber nur auf Art. 4 EV, der den Verfassungstext ausdrücklich ändert; bei Art. 6, 7 EV ist dies unterblieben[47].

24 Dem Textänderungsgebot stehen **Verweisungen** auf Texte außerhalb des Grundgesetzes nicht kategorisch entgegen[48]. Schon der Verfassunggeber hat davon Gebrauch gemacht, etwa in Art. 140 GG[49]; auch dem verfassungsändernden Gesetzgeber ist dieses Mittel nicht von vornherein versagt[50]. Zudem können Verweisungen (etwa auf völkerrechtliche Verträge) dem Ziel der Verfassungsklarheit und der Übersichtlichkeit der Urkunde gerade dienlich sein, indem sie die Überfrachtung der Verfassungsurkunde mit langen und komplizierten Texten verhindern[51]. Erforderlich ist aber eine klare Bestimmung der in bezug genommenen Normen (→ Rn. 36).

c) Ausnahmefall: Art. 23, 24 GG

25 Durch den deutschen Integrationsgesetzgeber bewirkte oder zugelassene Verfassungsänderungen (→ Rn. 15) müssen nicht ausdrücklich im Text des Grundgesetzes ausgewiesen werden. Auch hier führt der Prozeß der Europäischen Einigung zur Generalausnahme vom geltenden Verfassungsrecht[52]. **Art. 24 GG**, der »Integrationshebel«

---

[45] *Bryde* (Fn. 24), Art. 79 Rn. 8. Im sachlichen Kern geht es um die Aufhebung alter oder die Begründung neuer Verfassungsbindung: *Bushart*, Verfassungsänderung (Fn. 2), S. 123.

[46] BVerfGE 84, 90 (120). Dort heißt es weiter: »Die Forderung nach einer Wiederholung des Wortlauts der verfassungsändernden Regelung wäre angesichts der dargelegten Besonderheiten des Beitritts ein sachlich nicht gerechtfertigter Formalismus«. Das Gericht beruft sich insofern auf *K. Stern*, DtZ 1990, 289 (290). Im Ergebnis zustimmend: *M. Herdegen*, Die Verfassungsänderungen im Einigungsvertrag, 1991, S. 5; *H. Meyer*, KritV 76 (1993), 399 (402f.); *H.H. Klein*, Kontinuität des Grundgesetzes und seine Änderung im Zuge der Wiedervereinigung, in: HStR VIII, § 198 Rn. 23.

[47] Die herrschende Auffassung rechtfertigt dies damit, daß jene Normen keine Verfassungsänderungen darstellten: vgl. *Klein* (Fn. 46), § 198 Rn. 23; dagegen etwa *H. Meyer*, KritV 79 (1993), 399 (402ff.); *C. Pestalozza*, Jura 1994, 561 (564f.).

[48] *Bryde* (Fn. 24), Art. 79 Rn. 14 (mit Einschränkungen); *Bushart*, Verfassungsänderung (Fn. 2), S. 52; *J. Lücke*, in: Sachs, GG, Art. 79 Rn. 6; *Bauer/Jestaedt*, Grundgesetz (Fn. 12), S. 11. Zum besonderen Fall der Art. 143 GG s. BVerfGE 84, 90 (119).

[49] In weiterem Sinne ließen sich auch Art. 44 II, 139, 143 GG anführen.

[50] Auch auf statische Verweisungen läßt sich diese Möglichkeit nicht beschränken (so aber *Lücke* [Fn. 48], Art. 79 Rn. 4, 6), wie bereits der in BVerfGE 76, 363 (385f.) ausdrücklich als dynamische Verweisung eingestufte Art. 44 II GG zeigt und ein Anwendungsbeispiel von *Bryde* (Fn. 24), Art. 79 Rn. 14 illustriert: Verbot der lebenslänglichen Freiheitsstrafe »ausgenommen Taten nach §§ ... StGB«. Vgl. nunmehr Art. 13 III 1 GG n. F. v. 26.3.1998 (BGBl. I S. 610): »eine durch Gesetz einzeln bestimmte besonders schwere Straftat«.

[51] *Bryde* (Fn. 24), Art. 79 Rn. 14; *Hufeld*, Verfassungsdurchbrechung (Fn. 2), S. 240.

[52] Deutlich *Bryde*, Verfassungsentwicklung (Fn. 32), S. 357 Fn. 11: »Wichtigste Ausnahme von diesem Prinzip (scil. Textänderungsgebot, H.D.) ist Art. 24, der die Durchbrechung der Verfassung durch

(H.P. Ipsen) bis zum Maastricht-Vertrag von 1992, sowie die nunmehr für die europäische Integration einschlägige Norm des **Art. 23 GG** erlauben eine »stille Verfassungsänderung«[53]. Beide Normen geben dies durch ihren Wortlaut zu erkennen. Art. 24 GG spricht schlicht vom »Gesetz« und meint damit ein einfaches Gesetz, das naturgemäß nicht den besonderen Anforderungen des Art. 79 I 1 GG (noch denen des Art. 79 II GG) unterliegt[54]. Der nunmehr für die Europäische Union spezielle Art. 23 I 3 GG erklärt zwar Art. 79 II, III GG für maßgeblich, läßt das Textänderungsgebot aber unerwähnt, so daß die Nichtgeltung aus dem Umkehrschluß folgt[55]. Kraft supranationalen Rechts kann es also zu **materiellen Verfassungsänderungen ohne Textänderung** in beträchtlichem Umfang und von erheblichem Gewicht kommen[56]. So setzt die Integrationsoffenheit der Bundesrepublik dem Ziel kodifikatorischer Geschlossenheit der Verfassung Grenzen und eröffnet praktisch einen **zweiten Weg der Verfassungsänderung**. Der Integrationsgesetzgeber ist freilich nicht gehindert, Verfassungsänderungen als solche auszuweisen, was bislang allerdings erst in wenigen Fällen (Art. 28 I 3, 88 GG) geschehen ist[57].

3. Unantastbarkeit des Art. 79 I 1 GG?

Entgegen einer in der Literatur verbreiteten, auf unterschiedliche Argumente gestützten Auffassung ist das Textänderungs- bzw. Inkorporationsgebot **nicht dem Zugriff des verfassungsändernden Gesetzgebers entzogen**. Es gibt zunächst keinen allgemeinen Verfassungsrechtssatz des Inhalts, wonach die Vorschriften über die Verfassungsrevision ihrerseits unantastbar wären oder das Textänderungs- bzw. Inkorporationsgebot zu den Essentialia einer jeden Verfassung zählte[58] – gegen letzteres sprechen schon

26

---

supranationales Recht ermöglicht.« *Stern*, Staatsrecht I, S. 164; *Lücke* (Fn. 48), Art. 79 Rn. 16; *Badura*, Staatsrecht, F 63 (S. 498): »neue Form der Verfassungsdurchbrechung als Ausnahme von dem Gebot des Art. 79 Abs. 1 Satz 1 GG«; eingehend *Hufeld*, Verfassungsdurchbrechung (Fn. 2), S. 132 ff. – Eine andere und hier nicht zu beantwortende Frage ist, ob damit ein Fall der *materiellen* Verfassungsdurchbrechung vorliegt: dazu *Hufeld*, Verfassungsdurchbrechung (Fn. 2), S. 114 ff., 127.

[53] *H. Bethge*, Das Staatsgebiet des wiedervereinigten Deutschlands, in: HStR VIII, § 199 Rn. 26; *ders.*, Deutsche Bundesstaatlichkeit und Europäische Union, in: FS Friauf, 1996, S. 55 ff. (61 f.). – Zur Sache auch: → Vorb. Rn. 25; *H.P. Ipsen*, Europäisches Gemeinschaftsrecht, 1972, S. 57 f.; *D.H. Scheuing*, EuR-Beiheft 1/1997, 7 (16 f., 32, 50); *Hufeld*, Verfassungsdurchbrechung (Fn. 2), S. 115 ff.

[54] Explizit BVerfGE 58, 1 (36); 68, 1 (96 f.). Vgl. *A. Randelzhofer*, in: Maunz/Dürig, GG, Art. 24 (1982) Rn. 64; *H. Hofmann*, Die Entwicklung des Grundgesetzes nach 1949, in: HStR I, § 7 Rn. 33; *Lücke* (Fn. 48), Art. 79 Rn. 16; *D.H. Scheuing*, EuR-Beiheft 1/1997, 7 (17); *Hufeld*, Verfassungsdurchbrechung (Fn. 2), S. 120 f. Im Rahmen des verringerten Anwendungsbereiches des Art. 24 GG bleibt es bei der Möglichkeit der Verfassungsänderung durch einfaches Zustimmungsgesetz und ohne Textänderung.

[55] *M. Herdegen*, EuGRZ 1992, 589 (591 f.); *E. Klein/A. Haratsch*, DÖV 1993, 785 (789); *J. Wolf*, JZ 1993, 594 (599); *R. Breuer*, NVwZ 1994, 417 (422); *R. Scholz*, in: Maunz/Dürig, GG, Art. 23 (1996), Rn. 80; *D.H. Scheuing*, EuR-Beiheft 1/1997, 7 (21 f.).

[56] *Hufeld*, Verfassungsdurchbrechung (Fn. 2), S. 121 ff., 132 ff.; kritisch *Rupp*, Grundgesetzänderungen (Fn. 29), S. 506 ff.

[57] *D.H. Scheuing*, EuR-Beiheft 1/1997, 7 (25, 34, 43). Diese Normtextänderungen wurden zudem lediglich mit verfassungspolitischen Erwägungen begründet: BR-Drs. 501/92, S. 8 (zu Art. 28 I 3 GG) und S. 9, 28 (zu Art. 88 GG). Vgl. auch *M. Herdegen*, EuGRZ 1992, 589 (591); *Hufeld*, Verfassungsdurchbrechung (Fn. 2), S. 135.

[58] So aber (vor dem Hintergrund eines »materialen« Verfassungsverständnisses) namentlich *H. Ehmke*, AöR 79 (1953/54), 385 (394 f., 397, 416 ff.); *ders.*, DÖV 1956, 449 (452); s. auch *F. Klein*, DVBl. 1954, 37 (43); *K. Loewenstein*, DÖV 1954, 385 (387); *C. Bernzen/D. Gottschalck*, ZRP 1993,

Art. 79 I   C. Erläuterungen

Verfassungsgeschichte und Verfassungsvergleichung (→ Rn. 1ff., 6ff.). Ferner ist Art. 79 I 1 GG in Art. 79 III GG nicht ausdrücklich genannt und durch diese Klausel auch nicht mittelbar geschützt, da die Norm weder zum Kerngehalt des Rechtsstaats- bzw. Gewaltenteilungsprinzips noch des Demokratiegebots zählt[59]. Für die hier vertretene Position[60] einer (die Grenzen des Art. 79 III GG achtenden: → Rn. 36) **Änderbarkeit des Art. 79 I 1 GG** streitet auch, daß das Grundgesetz bereits jetzt nicht unerhebliche Ausnahmen von der Vorgabe kennt (→ Rn. 15, 25). Diese ist sinnvoll und begrüßenswert, gilt aber weder lückenlos noch ewig.

II. Art. 79 I 2 GG (sog. Klarstellungsklausel)

27 Die nur vor dem konkreten verfassungspolitischen Hintergrund (→ Rn. 5) erklärliche Vorschrift des Art. 79 I 2 GG bereitet schwierige Interpretationsprobleme. Einigkeit herrscht allein darüber, daß die Norm selbst höchst unklar ist, entsprechende Verwirrung stiftet, wie ein Fremdkörper wirkt und der **Verschleierung der Verfassungsrechtslage** Vorschub leistet[61]. Doch ihre Prinzipienwidrigkeit bedeutet nicht zugleich Verfassungswidrigkeit; vielmehr bedarf sie einer verfassungsverträglichen Interpretation (→ Rn. 36).

28 Art. 79 I 2 GG wird oft als »Klarstellungsklausel« bezeichnet. Tatsächlich handelt es sich eher um eine **Klarstellungsermächtigungsklausel**[62], da die Norm das Einfügen von Klarstellungsklauseln für jeden der genannten Fälle zwingend vorsieht, wie dies im Falle des Art. 142a GG (→ Rn. 5) denn auch geschehen ist. Da Klarstellungsklauseln also immer erforderlich sind und einer besonderen »Ermächtigung« im Grunde nicht bedürfen, ist Art. 79 I 2 GG insofern in der Tat überflüssig[63] und wirkt als bloß erinnernde »Vorratsnorm« für die vorgesehenen Fallkonstellationen.

29 Erfaßt werden **bestimmte Kategorien völkerrechtlicher Verträge**, deren Merkmale schon wegen des Charakters des Art. 79 I 2 GG als einer Ausnahmevorschrift **eng aus-**

---

91 (94). Eigene Lösung bei *Hoffmann* (Fn. 12), Art. 79 I, II Rn. 110ff.: grundsätzliche Unabänderbarkeit des Textänderungsgebotes, aber Art. 79 I 2 GG bezüglich des »ausdrücklich« als zulässige Ausnahme. – Auch aus der Rechtslogik folgt nicht, daß Revisionsvorschriften der Verfassungsänderung entzogen sind: dazu ausführlich *T. Schilling*, Rang und Geltung von Normen in gestuften Rechtsordnungen, 1994, S. 226ff.

[59] So aber vor allem *H. Ehmke*, AöR 79 (1953/54), 385 (410ff., 416ff.); *C. Bernzen/D. Gottschalk*, ZRP 1993, 91 (94). Eingehende Analyse dieser und weiterer Argumente für eine Unantastbarkeit (Verfassungsklarheit, Ordnungsfunktion, Urkundlichkeit etc.), die alle auf die Stipulierung eines subjektiven Idealbegriffs von Verfassung hinauslaufen: *Bushart*, Verfassungsänderung (Fn. 2), S. 35ff.; *Hoffmann* (Fn. 12), Art. 79 I, II Rn. 139ff.; s. auch *H. Haug*, Die Schranken der Verfassungsrevision, 1947, S. 169ff., 177.

[60] Wie hier: *Maunz* (Fn. 31), Art. 79 I, II Rn. 5; *L. Meyer-Arndt*, AöR 82 (1957), 275 (290); *E. Tosch*, Die Bindung des verfassungsändernden Gesetzgebers an den Willen des historischen Gesetzgebers, 1979, S. 125f.; *B. Even*, Die Bedeutung der Unantastbarkeitsgarantie des Art. 79 Abs. 3 GG für die Grundrechte, 1988, S. 71f.; *Schilling*, Rang (Fn. 58), S. 225; *G. Wegge*, Zur normativen Bedeutung des Demokratieprinzips nach Art. 79 Abs. 3 GG, 1996, S. 75f.; *Bauer/Jestaedt*, Grundgesetz (Fn. 12), S. 12ff.; a. A. (neben den bereits in Fn. 58, 59 Genannten) *Hesse*, Verfassungsrecht, Rn. 698, 707. Uneindeutig *Bryde*, Verfassungsentwicklung (Fn. 32), S. 248f.

[61] *Bryde* (Fn. 24), Art. 79 Rn. 15, 20; *Hofmann* (Fn. 54), § 7 Rn. 36; *Isensee* (Fn. 38), § 162 Rn. 40 m. Fn. 117; *Hufeld*, Verfassungsdurchbrechung (Fn. 2), S. 102.

[62] Vgl. *Hoffmann* (Fn. 12), Art. 79 I, II Rn. 84ff., 123ff. (Erlaubnis zur Klarstellung).

[63] Richtig *Hufeld*, Verfassungsdurchbrechung (Fn. 2), S. 102f., 239.

II. Art. 79 I 2 GG (sog. Klarstellungsklausel)

zulegen sind[64]. So umfaßt die »Friedensregelung« nicht auch die Kriegsverhütung, beschränkt sich die »Verteidigung« auf die Integration in Bündnissysteme. Der »Vorbereitung« einer Friedensregelung kommt kein eigenständiger Regelungsgehalt zu. Der »Abbau einer besatzungsrechtlichen Ordnung« ist mittlerweile obsolet geworden.

Die sachliche Schlüsselfrage besteht darin, welchen **Rechtscharakter** man der **»Klarstellung«** beimißt. Die Interpretation dieses zentralen Punktes hängt auf schwer entwirrbare Weise mit der Frage nach seiner Grundgesetz-Konformität zusammen.

Art. 79 I 2 GG steht zunächst nicht im Widerspruch zu Art. 79 I 1 GG, da die Norm unter expliziter Änderung des Grundgesetzes in dieses eingefügt wurde[65]. Auch für die im Einzelfall vorzunehmenden Klarstellungen ist eine Textänderung ausdrücklich vorgesehen. Eine **formelle Verfassungsdurchbrechung** (→ Rn. 18) liegt daher **nicht** vor. Eine solche ließe sich nur dann bejahen, wenn man durch Art. 79 I 1 GG Verweisungen jeglicher Art für prinzipiell ausgeschlossen erachten müßte, was indes nicht zutrifft (→ Rn. 24).

Ein Widerspruch zu Art. 79 I 1 GG kommt aber insoweit in Betracht, als diese Norm lediglich konkrete und hinlänglich spezifizierte Verweisungen erlaubt, während Art. 79 I 2 GG pauschale Verweisungen zuläßt. Auch in diesem Fall würde Art. 79 I 2 GG nicht automatisch verfassungswidrig, da es sich hierbei selbst um eine – vom verfassungsändernden Gesetzgeber in formell ordnungsgemäßer Weise eingefügte – Norm mit Verfassungsrang handelt. Allein in einer (unterstellten) Abweichung des Satzes 2 von Satz 1, also einer »Durchbrechung des Durchbrechungsverbots«, liegt noch kein Verfassungsverstoß. Die Verfassungswidrigkeit der Klarstellungsermächtigungsklausel könnte sich nur aus einem **Verstoß gegen Art. 79 III GG** ergeben (→ Rn. 33ff.).

Ein derartiger Verstoß gegen die verfassungsrechtliche Ewigkeitsklausel ergibt sich nicht schon daraus, daß Art. 79 I 2 GG von Art. 79 I 1 GG abweicht. Das Textänderungsgebot als solches gehört nicht zum durch Art. 79 III GG geschützten und unabänderlichen Verfassungskern (→ Rn. 26). Doch fragt sich, ob die konkrete Ausgestaltung des Art. 79 I 2 GG nicht zu einem derartigen Verstoß führt. Die Antwort hängt von der **Interpretation der Ermächtigung zur Einfügung einer Klarstellungsklausel** ab.

Eine **authentische Interpretation**[66] läßt sich darin **nicht** erblicken, da mit dieser eine von mehreren möglichen Auslegungen als verbindlich ausgezeichnet wird, was Art. 79 I 2 GG eben nicht vorsieht: durch die (verschleiernde) Klarstellung bleibt das genaue Verhältnis zwischen Vertragstext und Grundgesetz (Übereinstimmung oder Widerspruch) gerade offen[67]. Aus dem gleichen Grund erscheint zweifelhaft, durch die Klarstellungsklausel einen pauschalen Vorrang des Vertragsinhaltes gegenüber dem Grundgesetz begründet zu sehen[68]. Auch überzeugt es nicht, Art. 79 I 2 GG bzw. die jeweilige Klarstellungsklausel als Interpretationsauftrag an die staatlichen Organe von

---

[64] BVerfGE 41, 126 (174); *Bryde* (Fn. 24), Art. 79 Rn. 16ff.; *Jarass/Pieroth*, GG, Art. 79 Rn. 3; *Lükke* (Fn. 48), Art. 79 Rn. 13f. – Eingehend (und partiell extensiver) *Hoffmann* (Fn. 12), Art. 79 I, II Rn. 154ff.; s. auch *Maunz* (Fn. 31), Art. 79 I, II Rn. 8ff.

[65] Wie hier *Bryde* (Fn. 24), Art. 79 Rn. 15; *Hoffmann* (Fn. 12), Art. 79 I, II Rn. 143; *Ridder* (Fn. 26), Art. 79 Rn. 19; *Hofmann* (Fn. 54), § 7 Rn. 36.

[66] Dafür *Maunz* (Fn. 31), Art. 79 I, II Rn. 13; *Schmidt-Bleibtreu/Klein*, GG, Art. 79 Rn. 7.

[67] Treffend *K. Loewenstein*, DÖV 1954, 385 (386); *Bryde* (Fn. 24), Art. 79 Rn. 20; *Hoffmann* (Fn. 12), Art. 79 I, II Rn. 93ff.

[68] *Maunz* (Fn. 31), Art. 79 I, II Rn. 13; *Bryde* (Fn. 24), Art. 79 Rn. 20.

Bund und Ländern einschließlich des Bundesverfassungsgerichts zu deuten, vom Vertragsinhalt betroffene GG-Bestimmungen so auszulegen und anzuwenden, daß eine Unvereinbarkeit mit dem Grundgesetz ausgeschlossen ist[69]: denn **Art. 79 I 2 GG ist kein bloßer Interpretations-, sondern ein materiellrechtlicher Geltungsbefehl**. Die Norm wird man deshalb so zu verstehen haben, daß mit ihr (bzw. der Klarstellungsklausel) Bestimmungen der bezeichneten völkerrechtlichen Verträge auf die Ebene der Verfassung »gehoben« werden, die ohne diesen Vorgang im Widerspruch zum Grundgesetz gestanden hätten und daher verfassungswidrig und nichtig gewesen wären[70].

35 Dieses Vorgehen stellt nicht schon per se »verfassungswidriges Verfassungsrecht« dar. Insbesondere liegt **keine Verletzung des Gewaltenteilungsgrundsatzes** und der Kompetenzen des Bundesverfassungsgerichts vor[71]: denn der verfassungsändernde Gesetzgeber ist nicht prinzipiell daran gehindert (und nimmt dadurch auch nicht kompetenzwidrig Rechtsprechungsfunktionen wahr), einzelne Bestimmungen völkerrechtlicher Verträge durch ein ausdrückliches verfassungsänderndes Gesetz auf eine höhere Normstufe zu heben und damit den Prüfungsmaßstab für das Bundesverfassungsgericht zu verändern[72].

36 **Entscheidende Relevanz** gewinnt indes der Umstand, daß die pauschale Deklaration eines völkerrechtlichen Vertrages mit seinen komplexen und vielschichtigen Regelungen als grundgesetzgemäß den **Vorrang der Verfassung** zu verletzen geeignet ist. Denn dieser im Unterschied zur Weimarer Verfassung anerkannte, in Art. 1, 20 GG verankerte und von Art. 79 III GG umfaßte Grundsatz (→ Präambel Rn. 50f.; → Art. 1 III Rn. 1; → Art. 20 [Rechtsstaat] Rn. 74) setzt voraus und verlangt, daß zwischen den Normebenen von Verfassungsgesetz und einfachem Gesetz klar unterschieden werden kann. Rechtsnormen mit Verfassungsrang müssen klar identifizierbar sein. Das schließt zwar Verweisungen nicht aus (→ Rn. 24), erfordert aber, daß festgelegt wird, welche Bestimmungen der in bezug genommenen Normen nunmehr Verfassungsrang haben sollen und welche nicht. Steht das nicht fest[73], bleibt der Prüfungsmaßstab für die Normen ebenso unklar wie ihre Bindungswirkung und die Anforderungen, die an spätere Änderungen der diesbezüglichen Rechtsnormen zu stellen wären. Mit Rücksicht auf diesen fundamentalen verfassungsrechtlichen Tatbestand (und nicht auf Art. 79 I 1 GG) ist mithin im Sinne einer **grundgesetzkonformen Interpretation** zu fordern, daß die von Art. 79 I 2 GG ermöglichte und nicht prinzipiell verfassungswidrige Einfügung einer »Klarstellungsklausel« so gestaltet wird, daß ihr zu entnehmen ist, welche Regelungen des in bezug genommenen völkerrechtlichen Vertrages Verfassungsrang erlangen sollen. Hieraus folgt sogleich, daß Art. 142a GG als bislang einzi-

---

[69] So der Lösungsvorschlag von *Hoffmann* (Fn. 12), Art. 79 I, II Rn. 85ff., 123ff., der hier nicht in gebührender Breite gewürdigt werden kann.
[70] Umgekehrte Interpretationstendenz bei *Lücke* (Fn. 48), Art. 79 Rn. 11: Ermächtigung an den Vertragsgesetzgeber, das Grundgesetz mit einfacher Mehrheit (!) zu durchbrechen.
[71] So aber *H. Ehmke*, AöR 79 (1953/54), 385 (413); *K. Loewenstein*, DÖV 1954, 385 (387f.); *Hesse*, Verfassungsrecht, Rn. 698. Dagegen *Maunz* (Fn. 31), Art. 79 I, II Rn. 13; *Hoffmann* (Fn. 12), Art. 79 I, II Rn. 149ff.; *Jarass/Pieroth*, GG, Art. 79 Rn. 3.
[72] So wohl auch *Stern*, Staatsrecht I, S. 165.
[73] Daß Art. 79 I 2 GG dies jedenfalls seinem Wortlaut nach offenläßt, wird von einigen Autoren zurecht konstatiert: *Bryde* (Fn. 24), Art. 79 Rn. 14, 20; *Bushart*, Verfassungsänderung (Fn. 2), S. 53; *Hufeld*, Verfassungsdurchbrechung (Fn. 2), S. 106. Die hier vorgeschlagene Konsequenz besteht in der Annahme einer gebotenen engeren, mit Art. 79 III GG konformen Auslegung.

ger Anwendungsfall (→ Rn. 5) verfassungswidriges Verfassungsrecht darstellte, weil er eben dies nicht leistete.

III. Verfassungswandel und verwandte Erscheinungen

Das Textänderungsgebot des Art. 79 I 1 GG berührt auch das die Staatsrechtslehre seit langem beschäftigende Phänomen des Verfassungswandels[74]. Hierunter versteht man im allgemeinen den auf strukturellen Veränderungen sozialer, historischer, politischer Art beruhenden **Bedeutungswandel** von Verfassungsnormen: ohne Änderung des Verfassungstextes werden diesen neue Aussagen entnommen[75]. Verfassungswandel bedeutet also **Sinnänderung ohne Textänderung**[76]. Anwendungsfälle für diese in der Rechtsprechung[77] wie in der Literatur[78] anerkannte Rechtsfigur bilden etwa der Wandel der Grundrechte (→ Vorb. Rn. 18, 43) oder das seinerzeit neuartige Verständnis des Abgeordnetenmandats als eines vollalimentierten Amtes[79]. 37

Die mit dem Textänderungsgebot verbundene Intention, Verfassungsänderungen als Textänderungen zu dokumentieren, erleidet neben den bereits genannten Fällen (→ Rn. 25) auch durch diese Phänomene Ausnahmen. Art. 79 I GG enthält **kein Verbot des Verfassungswandels**[80], kann **aber** als zusätzliches Argument für dessen **Begrenzung** herangezogen werden. Insbesondere der eindeutige Wortlaut einer Verfassungsnorm markiert nach h.M. eine unübersteigbare Hürde[81], was indes nicht gänzlich zweifelsfrei ist[82]. Jedoch übt Art. 79 I 1 GG einen heilsamen Zwang zur förmlichen Verfassungsänderung aus, wenn die Grenzen der Interpretation erreicht sind. 38

---

[74] Begriffsprägend *P. Laband*, Die Wandlungen der deutschen Reichsverfassung, 1895; weiterhin grundlegend *Jellinek*, Verfassungsänderung (Fn. 7); aus vorkonstitutioneller Zeit s. noch *Hsü Dau Lin*, Die Verfassungswandlung, 1932; verfassungsvergleichend *Loewenstein*, Wesen (Fn. 36), S. 14 ff.

[75] Vgl. nur *K. Hesse*, Grenzen der Verfassungswandlung, in: FS Scheuner, 1973, S. 123 ff. (126, 128); *W. Heun*, AöR 109 (1984), 13 (26 ff.); *P. Kirchhof*, Die Identität der Verfassung in ihren unabänderlichen Inhalten, in: HStR I, § 19 Rn. 46; *Badura* (Fn. 37), § 160 Rn. 13; *E.-W. Böckenförde*, Anmerkungen zum Begriff Verfassungswandel, in: FS Lerche, 1993, S. 3 ff. (6 ff.); *G. F. Schuppert*, AöR 120 (1995), 32 (68 ff.); eingehend auch *Bryde*, Verfassungsentwicklung (Fn. 32), S. 254 ff.

[76] *H. Kelsen*, Allgemeine Staatslehre, 1925, S. 254 (»daß den unverändert bleibenden Worten des Verfassungstextes ein anderer als der ursprüngliche Sinn beigelegt wird«). Typologie des Verfassungswandels bei *Bryde*, Verfassungsentwicklung (Fn. 32), S. 283 ff.

[77] BVerfGE 2, 380 (401); 3, 407 (422); 41, 360 (370); 45, 187 (227, 229). Rechtsprechungsanalyse bei *A. Blankenagel*, Tradition und Verfassung, 1987, S. 129 ff.

[78] Vgl. die oben in Fn. 75 genannten Hinweise. Die Anerkennung fällt indes zuweilen sehr restriktiv aus (z.B. *Böckenförde*, Anmerkungen [Fn. 75], S. 6 ff.), zuweilen eher extensiv (etwa *P. Lerche*, Stiller Verfassungswandel als aktuelles Politikum, in: FS Maunz, 1971, S. 285 [292 ff., 297]). *P. Häberle*, Zeit und Verfassung (1974), in: ders., Verfassung als öffentlicher Prozeß, 1978, S. 59 ff. (82 f.) begreift Verfassungswandel als Unterfall der Interpretation.

[79] BVerfGE 40, 296 (314). – Vgl. zum Bedeutungswandel der Rolle des Bundeskanzlers etwa das Sondervotum *Zeidler* (BVerfGE 62, 1 [64 ff., 67 ff.]); ebenfalls zur Parlamentsauflösung *Hofmann* (Fn. 54), § 7 Rn. 79. Zur Stellung des Bundespräsidenten *W. Heun*, AöR 109 (1984), 13 (29 ff., 33 ff.).

[80] *Bryde* (Fn. 24), Art. 79 Rn. 11; *Bushart*, Verfassungsänderung (Fn. 2), S. 54 ff., 57 f.

[81] S. nur *Hesse*, Grenzen (Fn. 75), S. 139; *A. Roßnagel*, Der Staat 22 (1983), 551 (553, 555 m.w.N.); *Badura* (Fn. 37), § 160 Rn. 13. Aus der Judikatur BVerfGE 11, 78 (87); 45, 1 (33).

[82] Vgl. *Bryde*, Verfassungsentwicklung (Fn. 32), S. 270 unter Berufung auf BVerfGE 28, 66 (76 ff.): Normtext als wichtige, aber nicht unübersteigbare Grenze. – Der Grundgesetzinterpretation sind Beispiele für eine Interpretation gegen den Wortlaut nicht unbekannt: z.B. ist in Art. 142 GG zwar nur von den »Artikeln 1 bis 18 dieses Grundgesetzes« die Rede, doch bezieht die ganz h.M. die grundrechtsgleichen Rechte (→ Vorb. Rn. 27 ff.) mit ein.

Relativierend wird man bei alledem zu bedenken haben, daß die Anerkennung bestimmter Weiterentwicklungen der Verfassung – ob in Gestalt von Interpretation, richterlicher Rechtsfortbildung, Anerkennung von Gewohnheitsrecht oder Verfassungswandel präsentiert – faktisch in den Händen des Bundesverfassungsgerichts liegt, welches über die letztverbindliche Interpretationsmacht verfügt[83]. Auch der Streit um die grundgesetzliche Zulässigkeit eines **Verfassungsgewohnheitsrechts**[84], welches im Unterschied zum Verfassungswandel einer gewissen Dauerhaftigkeit bedarf, wird durch die Dominanz des Gerichts bei der Fortentwicklung des Verfassungsrechts und die allgemeine Konnexität von Richter- und Gewohnheitsrecht stark relativiert – zumal, wenn man »ungeschriebenes Verfassungsrecht« anerkennt, das durch Interpretation des Grundgesetzes ans Licht gehoben wird und dessen Rang teilt[85].

39   Als gleichsam negative Gewohnheit kann **desuetudo**, also die dauerhafte Nichtanwendung einer Norm, im Rahmen der Verfassung nur in extrem engen und selbst im Fall des Sozialisierungs-Artikels, der Grundrechtsverwirkung oder der Parteienverbote nicht erreichten Grenzen (→ Art. 15 Rn. 19; → Art. 18 Rn. 8; → Art. 21 Rn. 135 ff.) dazu führen, daß eine GG-Norm ohne formelle Streichung ihre Geltung verliert[86]. Hingegen kennt das Verfassungsrecht des öfteren Fälle eines **Obsolet-Werdens** von Bestimmungen, in Sonderheit durch Erfüllung ihres Regelungsgehaltes, Wegfall des Regelungsgegenstandes oder durch Ablauf von Geltungsfristen (vgl. Art. 117, 118, 144 II GG). Ob hier der Satz »cessante ratione legis cessat ipsa lex« eine Rolle spielt, ist streitig[87]. Eine verfassungsrechtliche Pflicht des verfassungsändernden Gesetzgebers zur Eliminierung solcher Normen existiert ebensowenig wie eine solche zur **Nachführung des Verfassungstextes** bei abgeschlossenem und klar fixierbarem Verfassungswandel[88]. In beiden Fällen wäre eine Anpassung des Verfassungstextes gleichwohl schon aus Gründen der Verfassungsklarheit und Verfassungswahrheit wünschenswert.

---

[83] *Bryde,* Verfassungsentwicklung (Fn. 32), S. 108, 265, 292, 350, 355; *D. Grimm,* Verfassung (1989), in: ders., Die Zukunft der Verfassung, 1991, S. 11 ff. (22); *G. F. Schuppert,* AöR 120 (1995), 32 (68); *Schlaich,* Bundesverfassungsgericht, Rn. 13 ff.; *M. Kenntner,* DÖV 1997, 450 (456).

[84] Für ausgeschlossen hält dies *C. Tomuschat,* Verfassungsgewohnheitsrecht?, 1972, insb. S. 88 ff. (dort S. 145 ff. auch weitere Argumente wie Versteinerungsgefahr und fehlende Aufhebbarkeit durch das Bundesverfassungsgericht), für nicht prinzipiell undenkbar hingegen *Denninger,* Staatsrecht 2, S. 30 (für Diskontinuitätsgrundsatz); ebenso *H. Schulze-Fielitz,* Parlamentsbrauch, Gewohnheitsrecht, Observanz, in: Schneider/Zeh, § 11 Rn. 5. Allgemein *Stern,* Staatsrecht I, S. 109 ff.; *Bryde* (Fn. 24), Art. 79 Rn. 11a. – Eingehend *H.-J. Mengel,* JöR 30 (1981), 21 (59 ff.).

[85] Vgl. *Hesse,* Verfassungsrecht, Rn. 34 (ungeschriebenes Verfassungsrecht als »Entfaltung, Vervollständigung oder Fortbildung der Prinzipien der geschriebenen Verfassung«); *Badura* (Fn. 37), § 160 Rn. 7 ff. (Rn. 10: diese Figur lasse dem Verfassungsgewohnheitsrecht praktisch keinen Raum, wodurch es zur nur theoretischen Rechtsquelle werde). Beispiel aus der Judikatur: BVerfGE 34, 216 (231): *clausula rebus sic stantibus* als ungeschriebener Bestandteil der Bundesverfassungsrechts.

[86] *Bryde,* Verfassungsentwicklung (Fn. 32), S. 454 f.; weitgehend ablehnend *Jellinek,* Verfassungsänderung (Fn. 7), S. 34 ff., der den Gedanken erwägt, »daß staatliches Hoheitsrecht seinem Wesen nach unverjährbar« sei (S. 40). So in der Sache *G. Robbers,* Obsoletes Verfassungsrecht durch sozialen Wandel?, in: FS Benda, 1995, S. 209 ff.

[87] Dazu (mit diesem Titel) *W. Löwer,* 1989; ausdrücklich ablehnend *E. Schmidt-Jortzig,* Rechtstheorie 12 (1981), 395 (407 ff.); s. zu Fällen wie dem Wiedervereinigungsgebot und Art. 146 GG auch *D. Heckmann,* Geltungskraft und Geltungsverlust von Rechtsnormen, 1997, S. 439 ff.

[88] So aber *Lücke* (Fn. 48), Art. 79 Rn. 8. Hier ist schon zu fragen, wie die erforderliche Zweidrittelmehrheit gewonnen (oder verpflichtet?) werden soll. Von einer Nachführungspflicht ist die in manchen Verfassungen vorgesehene Nachführungsanregung durch feste Revisionszyklen zu unterscheiden: dazu *E. Menzel,* Rechtsformen der formalen Verfassungsänderung, in: FS Giese, 1953, S. 153 ff. (155 ff.).

D. Verhältnis zu anderen GG-Bestimmungen

Die normativ ungebundene verfassunggebende Gewalt ist nicht in Art. 79 GG, sondern in der **Präambel** und in **Art. 146 GG** angesprochen (→ Präambel Rn. 37ff.). Neben den inhaltlichen Schranken der Ewigkeitsgarantie (→ Art. 79 III Rn. 11ff.) legt Art. 79 I 1 GG Form und Verfahren für den (durch das Erfordernis der Zweidrittelmehrheit [→ Art. 79 II Rn. 10ff.] besonders qualifizierten) verfassungsändernden Gesetzgeber fest. Doch gilt weder das Gebot einer ausdrücklichen Änderung des Grundgesetztextes noch das Erfordernis eines im üblichen parlamentarischen Verfahren verabschiedeten Gesetzes ausnahmslos: Verfassungsänderung ist auch durch völkerrechtlichen Vertrag (→ Rn. 14f.) und ohne ausdrückliche Textänderung (→ Rn. 24f.) möglich. Als generelle Ausnahmen vom Regelfall erweisen sich einmal mehr **Art. 23, 24 GG** (→ Rn. 15, 25). Andere, eher punktuelle Ausnahmen sind durch den Sonderfall der deutschen Wiedervereinigung (→ Rn. 14) bedingt; hier ist vor allem **Art. 143 GG** zu nennen.

Artikel 79 [Änderung des Grundgesetzes]

(1) ¹Das Grundgesetz kann nur durch ein Gesetz geändert werden, das den Wortlaut des Grundgesetzes ausdrücklich ändert oder ergänzt. ²Bei völkerrechtlichen Verträgen, die eine Friedensregelung, die Vorbereitung einer Friedensregelung oder den Abbau einer besatzungsrechtlichen Ordnung zum Gegenstand haben oder der Verteidigung der Bundesrepublik zu dienen bestimmt sind, genügt zur Klarstellung, daß die Bestimmungen des Grundgesetzes dem Abschuß und dem Inkraftsetzen der Verträge nicht entgegenstehen, eine Ergänzung des Wortlautes des Grundgesetzes, die sich auf diese Klarstellung beschränkt.

(2) Ein solches Gesetz bedarf der Zustimmung von zwei Dritteln der Mitglieder des Bundestages und zwei Dritteln der Stimmen des Bundesrates.

(3) Eine Änderung dieses Grundgesetzes, durch welche die Gliederung des Bundes in Länder, die grundsätzliche Mitwirkung der Länder bei der Gesetzgebung oder die in den Artikeln 1 und 20 niedergelegten Grundsätze berührt werden, ist unzulässig.

Literaturauswahl

Siehe die Angaben zu Art. 79 I und 79 III GG.

Leitentscheidungen des Bundesverfassungsgerichts

Diese liegen zu Art. 79 II GG bislang nicht vor.

Gliederung

	Rn.
A. Herkunft, Entstehung, Entwicklung	1
I. Ideen- und verfassungsgeschichtliche Aspekte	1
II. Entstehung und Veränderung der Norm	4
B. Internationale, supranationale und rechtsvergleichende Bezüge	6
C. Erläuterungen	10
I. Allgemeine Bedeutung	10
II. Zweidrittelmehrheit in Bundestag und Bundesrat	15
III. Änderbarkeit des Art. 79 II GG	19
IV. Besonderheiten bei Art. 23, 24 GG	20
D. Verhältnis zu anderen GG-Bestimmungen	21

A. Herkunft, Entstehung, Entwicklung

I. Ideen- und verfassungsgeschichtliche Aspekte

1 Die Kompetenz zur Verfassungsänderung versteht sich nicht von selbst[1]. Ältere Staatsgrundgesetze (leges fundamentales, Herrschaftsverträge u.a.) hatten keine Vorkehrungen für ihre Revision getroffen, sondern sich i. d. R. zeitlich unbegrenzte Geltung beigelegt. Die »Entwicklung eigens in der Verfassung vorgesehener Verfahren zur Verfassungsänderung ... stellte im späten 18. Jahrhundert ein bewundertes No-

---

[1] *C. Schmitt,* Verfassungslehre, 1928, S. 102; ähnlich *Stern,* Staatsrecht I, S. 154.

vum dar«². Die modernen neuzeitlichen Verfassungen realisieren und kanalisieren einen fortbestehenden Veränderungsbedarf und tragen damit dem Gedanken notwendiger, aber friedlich-evolutionärer Fortentwicklung ihrer selbst Rechnung. Zur Wahrung der Stabilisierungs- und Fundierungsfunktion der Verfassung wird deren **Änderung** allerdings in signifikanter Weise **erschwert**: so etwa in besonders gravierender Weise in der amerikanischen Bundesverfassung von 1787 (Art. V) oder der französischen Revolutionsverfassung von 1791 (Titel VII). Im 19. Jahrhundert setzt sich das Merkmal der Zweidrittelmehrheit durch, zumeist kombiniert mit einem bestimmten Quorum (vgl. BayVerf. 1818, Titel X §7; Art. 131 der Belgischen Verfassung von 1831; §196 der Paulskirchenverfassung); verbreitet sind zusätzlich erschwerende Kautelen wie Zeitintervalle, Neuwahlen, Auflösung der Kammern oder Beteiligung anderer als der parlamentarischen oder föderalen Organe; letzteres war im dualistischen konstitutionellen System ohnehin unerläßlich³. Wesentliche konzeptionelle Vorarbeit für die solcherart etablierte und vom einfachen Gesetzgeber zu unterscheidende **verfassungsändernde Gewalt** leistete – neben den Theoretikern der verfassunggebenden Gewalt wie Sieyes (→ Präambel Rn. 49ff.) – namentlich Emer de Vattel⁴, auf den man sich Ende des 18. Jahrhunderts in Nordamerika für die Höherrangigkeit der Verfassung denn auch berief⁵.

Die Qualifikation der verfassungsändernden Gewalt als besondere Größe setzt den **Vorrang der Verfassung** (→ Präambel Rn. 50f.; → Art. 1 III Rn. 1; → Art. 20 [Rechtsstaat] Rn. 74) voraus. Wo dieser wie in **Deutschland** lange Zeit **nicht anerkannt** wurde⁶, begriff man Verfassungsänderung denn auch nicht als aliud zur Gesetzgebung, sondern als eine nur in Nuancen abweichende Erscheinungsweise derselben⁷. Noch in Weimar sah Anschütz die Verfassung nicht über der Gesetzgebung, sondern »zur Disposition derselben« stehen⁸, so daß das qualifizierte Mehrheitserfordernis gem. Art. 76 WRV kaum schlüssig zu erklären war. Erst das Grundgesetz knüpft (wie vorher schon die Paulskirchenverfassung) insofern wieder eindeutig an die westeuropäisch-nordatlantische Verfassungsentwicklung an. 2

---

² *G. Stourzh*, Wege zur Grundrechtsdemokratie, 1989, S. 57: s. auch *H. Dippel*, Die Amerikanische Revolution 1763–1787, 1985, S. 97.

³ Zur Vielfalt möglicher Lösungen vgl. *Jellinek*, Allg. Staatslehre, S. 531ff.; *K. Loewenstein*, Über Wesen, Technik und Grenzen der Verfassungsänderung, 1961, S. 21ff., 27ff.; *B.-O. Bryde*, Verfassungsentwicklung, 1982, S. 51ff.

⁴ *E. de Vattel*, Le Droit des gens ou principles de la loi naturelle, 1758, Buch I, Kap. 3, §§ 26ff., insb. § 34. Zu seiner Bedeutung *Jellinek*, Allg. Staatslehre, S. 514; *H. Hofmann*, Zur Idee des Staatsgrundgesetzes, in: ders., Recht – Politik – Verfassung, 1986, S. 261ff. (278); *K. Stern*, Grundideen europäisch-amerikanischer Verfassungsstaatlichkeit (1984), in: ders., Der Staat des Grundgesetzes, 1992, S. 995ff. (1000); *H.-J. Boehl*, Verfassunggebung im Bundesstaat, 1997, S. 35. – Für die deutsche Entwicklung weit vorausweisend *C. v. Rotteck*, Art. Charte, Verfassungs-Urkunde, Freiheits-Brief, in: ders./C. Welcker (Hrsg.), Staats-Lexikon, Bd. 3, 1836, S. 402ff. (410ff.).

⁵ Vgl. *Stourzh*, Wege (Fn. 2), S. 51, 59; s. auch *Boehl*, Verfassunggebung (Fn. 4), S. 35.

⁶ Zum folgenden *H. Dreier*, JZ 1994, 741 (742f.); *Boehl*, Verfassunggebung (Fn. 4), S. 71ff. – jeweils m.w.N.

⁷ Gemäß Art. 50 der preußischen Verfassung von 1850 konnte diese »auf dem ordentlichen Wege der Gesetzgebung abgeändert werden, wobei in jeder Kammer die gewöhnliche absolute Stimmenmehrheit bei zwei Abstimmungen, zwischen welchen ein Zeitraum von wenigstens 21 Tagen liegen muß, genügt«. Art. 78 der Reichsverfassung von 1871 sah lediglich eine Sperrminorität von 14 Stimmen im Bundesrat vor, die ein Vetorecht für Preußen sicherte; im Reichstag genügte die einfache Mehrheit (vgl. *Huber*, Verfassungsgeschichte III, S. 859, 921).

⁸ *Anschütz*, WRV, Art. 76 Anm. 1 (S. 401); dazu *H. Dreier*, ZNR 20 (1998), 28 (38ff.).

3 Die **Beteiligung des Bundesrates** als föderativen Elementes am Prozeß der Verfassungsänderung hat in Deutschland Tradition (vgl. Art. 78 RV 1871, Art. 76 I 3 WRV). Strukturelle Parallelen bestehen auch zu der in § 196 Paulskirchenverfassung vorgesehenen Regelung.

II. Entstehung und Veränderung der Norm

4 **Art. 106 HChE** sah für Verfassungsänderungen neben den heute erforderlichen Mehrheiten in Bundestag und Bundesrat einen **obligatorischen Volksentscheid** vor: an diesem mußte mindestens die Hälfte aller Stimmberechtigten teilgenommen haben, und für die Änderung mußte sowohl die Mehrheit der Abstimmenden insgesamt wie auch in der Mehrzahl der Länder gestimmt haben[9]. Diese Hürden wurden im Parlamentarischen Rat sukzessive abgebaut[10]. Schon in der Sitzung des Organisationsausschusses v. 13.10.1948 sprachen sich namentlich Katz und Löwenthal (SPD) sowie Dehler (FDP) gegen ein Referendum aus[11], das in der Folge erst von einem obligatorischen zu einem fakultativen schrumpfte[12], um in der 3. Lesung des Hauptausschusses v. 10.2.1949 ohne Begründung gänzlich zu entfallen[13].

5 Art. 79 II GG ist **bislang unverändert** geblieben. Weder VE-Kuratorium noch GVK sahen hier Reformbedarf, ebensowenig die Enquete-Kommission Verfassungsreform aus den siebziger Jahren[14].

B. Internationale, supranationale und rechtsvergleichende Bezüge

6 Für die völkerrechtlichen Bezüge gilt das zum ersten Absatz Gesagte (→ Art. 79 I Rn. 6). Besonderheiten ergeben sich bei der Übertragung von Hoheitsrechten im Rahmen von **Art. 23, 24 GG** (→ Rn. 20).

7 Die **rechtsvergleichende Betrachtung** erweist eine große Bandbreite von Regelun-

---

[9] JöR 1 (1951), S. 574; Parl. Rat II, S. 603. In der Diskussion hatte man auch Reduzierungen dieser starken Erschwernisse erwogen, sich aber durch das »Dokument Nr. 1« der Alliierten (Abdruck in: JöR 1 [1951], S. 2 ff.) gehindert gesehen (vgl. Parl. Rat II, S. 228 f., 558).

[10] Zum folgenden näher JöR 1 (1951), S. 574 ff.; *G. Hoffmann*, in: BK, Art. 79 I, II (Zweitb. 1986), I. Entstehungsgeschichte, S. 3 ff.; *K. Bugiel*, Volkswille und repräsentative Entscheidung, 1991, S. 157 ff.

[11] Argument war nicht allein die überzogene Erschwerung von Verfassungsänderungen, sondern zumindestens auch der repräsentative Charakter der grundgesetzlichen Demokratie. Schwalber (CSU) und Süsterhenn (CDU) plädierten hingegen aus Gründen demokratischer Tradition und wegen des hohen Ranges einer Verfassung für die Volksbeteiligung.

[12] Stellungnahme des Allgemeinen Redaktionsausschusses v. 26.10.1948 (Parl. Rat VII, S. 65), so angenommen in der 1. Lesung des Hauptausschusses v. 10.12.1948 (Parl. Rat VII, S. 115).

[13] Art. 106 II lautete bereits in diesem Stadium (abgesehen von »Volkstag« statt »Bundestag«) wie der spätere Art. 79 II: vgl. Parl. Rat VII, S. 427. Man hatte sich mit dieser (ohne Debatte bei einer Gegenstimme angenommenen) Version dem Vorschlag des Interfraktionellen Fünferausschusses angeschlossen (Parl. Rat VII, S. 370), der für die Streichung des Referendums keine Begründung gegeben hatte.

[14] Bemerkenswert aber die spätere Selbstkritik eines Mitglieds der Kommission, nicht für eine Volksbeteiligung bei Verfassungsänderungen eingetreten zu sein (*E.-W. Böckenförde*, Demokratische Willensbildung und Repräsentation, in: HStR II, § 30 Rn. 15 m. Fn. 23). Zur Kritikwürdigkeit der bestehenden Regelung: → Rn. 12.

gen[15]. Häufig, aber nicht ausnahmslos anzutreffen[16] ist das Erfordernis qualifizierter Mehrheiten für Verfassungsänderungen: Zweidrittelmehrheiten wie in Deutschland finden sich etwa in den Verfassungen der Niederlande (Art. 137 IV), Norwegens (Art. 112 I) oder Portugals (Art. 286 I), während jedenfalls für bestimmte Fälle in Frankreich (Art. 89 III) und in der Türkei (Art. 175 I) eine Dreifünftelmehrheit genügt. In den USA wiederum ist eine Dreiviertelmehrheit der gesetzgebenden Körperschaften der Einzelstaaten erforderlich (Art. V).

Typischerweise kennen indes so gut wie alle anderen Verfassungen weitere **besondere Erfordernisse und Voraussetzungen**, die deren Abänderbarkeit erschweren. So wird zuweilen schon das Initiativrecht besonders geregelt (Schweiz, Art. 121; Japan, Art. 96; Türkei, Art. 175 I) oder ein besonderer Beschluß über die Notwendigkeit einer Verfassungsänderung verlangt (US-Verfassung, Art. V; Griechenland, Art. 110). Für den Fall, daß das Parlament die Notwendigkeit einer Verfassungsänderung erkannt hat, sehen manche Staaten dessen Auflösung und Neueinberufung vor (Belgien, Art. 195 II; Luxemburg, Art. 114 II; Dänemark, § 88; Niederlande, Art. 137 III) oder darf erst ein neues Parlament über den Entwurf zur Verfassungsänderung entscheiden (Griechenland, Art. 110; Norwegen, Art. 112 I). Auch Sperrfristen machen Verfassungen revisionsfester (Griechenland, Art. 110 VI; Portugal, Art. 284 I). Ein besonders starkes und verbreitetes Mittel hierzu ist das obligatorische oder fakultative Referendum, also ein positives Votum des Volkes (Dänemark, § 88 S. 2; Frankreich, Art. 89 II; Italien, Art. 138 II; Österreich, Art. 44 III; Schweiz, Art. 121 V, VI, Art. 121bis; Spanien, Art. 167 III; Türkei, Art. 175 III, V). Insgesamt läßt sich festhalten, daß in kaum einem anderen Staat die Verfassungsänderung so leicht ist wie in der Bundesrepublik Deutschland.

Ein ähnlicher Befund ergibt sich aus dem Vergleich mit den **Verfassungen der deutschen Bundesländer**[17]. Hier sieht die überwiegende Mehrzahl Formen der **Volksbeteiligung** vor: zum Teil als obligatorischen Volksentscheid (Bayern, Art. 75 II; Bremen, Art. 125 III [mit Einstimmigkeitsvorbehalt]; Hessen, Art. 123 II), zum Teil als fakultatives Referendum (Nordrhein-Westfalen, Art. 69 II). Baden-Württemberg kombiniert Zweidrittelmehrheit bei Zweidrittelquorum mit Mindeststimmenzahl und Möglichkeit der Volksabstimmung (Art. 64 II, III). Landesverfassungen jüngeren Datums sehen häufig Verfassungsänderungen alternativ durch Volksentscheid oder durch Zweidrittelmehrheit des Parlaments vor (Brandenburg, Art. 78, 79; Mecklenburg-Vorpommern, Art. 56 II, 60 IV; Niedersachsen, Art. 46 III; Rheinland-Pfalz, Art. 129 I; Sachsen, Art. 74 II, III [mit zusätzlichem fakultativen Referendum]; Sachsen-Anhalt, Art. 78 II, 81 IV; Schleswig-Holstein, Art. 40 II; Thüringen, Art. 83 II). Am Grundgesetz und damit an der alleinigen Entscheidung durch die gesetzgebenden Körperschaften mit Zweidrittelmehrheiten orientieren sich Berlin (Art. 100, mit Ausnahme für

---

[15] Einen Einblick vermitteln: *Schmitt*, Verfassungslehre (Fn. 1), S. 101 f.; *E. Menzel*, Rechtsformen der formalen Verfassungsänderung, in: FS Giese, 1953, S. 153 ff. (164 ff.); *Loewenstein*, Wesen (Fn. 3), S. 27 ff.; *G. Küchenhoff/E. Küchenhoff*, Allgemeine Staatslehre, 8. Aufl. 1977, S. 92 f.; *T. Schilling*, Rang und Geltung von Normen in gestuften Rechtsordnungen, 1994, S. 194 ff. m.w.N.

[16] Dort, wo einfache oder absolute Mehrheiten genügen (vgl. Art. 89 II Verf. Frankreich 1958), sind indes in aller Regel zusätzliche Verfahrensschritte oder sonstige Besonderheiten vorgesehen: → Rn. 8.

[17] Überblick zu den Verfahrensqualifizierungen der Verfassungsänderung der alten Bundesländer bei *C. Bushart*, Verfassungsänderung in Bund und Ländern, 1989, S. 103 ff.; *R. Bartlsperger*, Das Verfassungsrecht der Länder in der gesamtstaatlichen Verfassungsordnung, in: HStR IV, § 96 Rn. 10ff. (die Angaben in beiden Werken sind mittlerweile zum Teil veraltet).

Änderungen der Vorschriften über Volksbegehren und Volksentscheid) und das Saarland (Art. 101). Die geringsten Hürden errichtet die Freie und Hansestadt Hamburg[18].

C. Erläuterungen

I. Allgemeine Bedeutung

10 Die **Verfassung** bildet die **Grundordnung** für das politische Gemeinwesen[19] und kodifiziert die für Staat und Gesellschaft fundamentalen Rechtsregeln. Diese sind nicht Objekt des einfachen Gesetzgebers, sondern maßgebliche rechtliche Vorgabe und Grenze für sein Tätigwerden. Wegen ihrer Fundierungs- und Stabilisierungsfunktion zeichnet sich die Verfassung durch »besondere Festigkeit und Stetigkeit«[20] aus.

11 Andererseits muß auch eine Verfassung auf den historischen Wandel der Zeiten reagieren können, sich neuen (welt-)politischen, sozialen Herausforderungen gewachsen erweisen, flexibel und anpassungsfähig bleiben. **Stabilität heißt nicht Unveränderlichkeit**: an derartiger Starrheit würden Verfassungen bald zerbrechen[21]. Neben Prozessen des Verfassungswandels (→ Art. 79 I Rn. 37 ff.) trägt diesem unabweisbaren Bedürfnis die Möglichkeit der **Verfassungsänderung** Rechnung. Allerdings ist diese im Vergleich zur einfachen Gesetzgebung typischerweise **erschwert**, die Verfassung also mit einer stärkeren Bestandsgarantie versehen. In dieser Erschwerung wird ihr höherer Rang augenfällig, sie gilt neben ihrem Vorrang (→ Rn. 2) als charakteristisches rechtliches Merkmal des Verfassungsgesetzes[22]. Die Idee der Höherrangigkeit der

---

[18] Gemäß der insofern unveränderten Regelung des nunmehrigen Art. 51 II HambVerf. von 1996 sind zwei übereinstimmende Beschlüsse der Bürgerschaft nötig, zwischen denen ein Zeitraum von mindestens 13 Tagen liegen muß; beide Male müssen mindestens zwei Drittel der anwesenden Abgeordneten bei einer Mindestanwesenheit von drei Vierteln für die Änderung stimmen. Konkret sind also bei 120 Abgeordneten im Extremfall 60 Stimmen ausreichend (vgl. *J. Schwabe*, Verfassungsrecht, in: W. Hoffmann-Riem/H.-J. Koch [Hrsg.], Hamburgisches Staats- und Verwaltungsrecht, 1988, S. 32 ff. [60]; *Bushart*, Verfassungsänderung [Fn. 17], S. 103 f.).

[19] Eindringlich dazu *Hesse*, Verfassungsrecht, Rn. 5 ff., 16 ff.; restriktiver *E.-W. Böckenförde*, Geschichtliche Entwicklung und Bedeutungswandel der Verfassung (1983), in: ders., Staat, Verfassung, Demokratie, 1991, S. 29 ff. (42 ff., 47 ff.: nur Rahmenordnung für den politischen Prozeß); s. auch *U. Scheuner*, Die Funktion der Verfassung für den Bestand der politischen Ordnung, in: W. Hennis u. a. (Hrsg.), Regierbarkeit, Bd. 2, 1979, S. 102 ff. (113 ff.); *Badura*, Staatsrecht, S. 7 ff. (A 7); *J. Isensee*, Staat und Verfassung, in: HStR I, § 13 Rn. 136 ff.; mit einer Fülle historischer Beispiele und Anwendungsfälle *Hofmann*, Idee (Fn. 4), S. 269 ff., 275 ff., 290 ff.

[20] *P. Laband*, Die Wandlungen der deutschen Reichsverfassung, 1895, S. 1 (ebd.: Verfassung dürfe kein »Gegenstand der Gelegenheitsgesetzgebung« sein); s. auch *Jellinek*, Allg. Staatslehre, S. 531 ff., 535; *H. Heller*, Staatslehre, 1934, S. 273 f.; aus jüngerer Zeit *K. Eichenberger*, Sinn und Bedeutung einer Verfassung, in: Referate und Mitteilungen des Schweizerischen Juristenvereins, Basel 1992, S. 143 ff. (249 ff.).

[21] *D. Grimm*, AöR 97 (1972), 489 (505): »Unwandelbarkeit ist nur um den Preis der Inhaltslosigkeit oder Stagnation zu haben.« Ähnlich *P. Häberle* Zeit und Verfassungskultur, in: A. Peisl/A. Mohler (Hrsg.), Die Zeit, 1983, S. 289 ff. (307); *P. Kirchhof*, Die Identität der Verfassung in ihren unabänderlichen Inhalten, in: HStR I, § 19 Rn. 31 (Verfassung muß »eigene Entwicklungsoffenheit durch Vorschriften über die Verfassungsänderung sichern«); *G. F. Schuppert*, AöR 120 (1995), 32 (43 f.); s. auch *R. Steinberg*, JZ 1980, 385 (389 ff.); *H. Dreier*, JZ 1994, 741 (744). Zu diesem Vorbehalt gegen zu große Starrheit und dem Bedürfnis nach Elastizität bereits eindringlich die Debatte im Konvent von Herrenchiemsee (s. Parl. Rat II, S. 447 [*Berger, C. Schmid*]).

[22] *R. Herzog*, Allgemeine Staatslehre, 1971, S. 310, 316; *P. Badura*, Art. Verfassung, in: EvStL³, Bd. 2, Sp. 3737 ff. (3747); ders., Staatsrecht, S. 7 (A 7). So schon *Laband*, Wandlungen (Fn. 20), S. 1 (Er-

Verfassung schlägt sich rechtspraktisch in erster Linie in dieser erschwerten Veränderbarkeit nieder. Aus verfassungstheoretischer Sicht ist also mit der **verfassungsändernden Gewalt** (*pouvoir constituant constitué* oder *amending power*) eine in besonderer Weise vom einfachen Gesetzgeber abzuhebende Gewalt etabliert[23].

Die **einzige Erschwerung**, die das Grundgesetz indes für die Verfassungsänderung vorsieht, besteht im **Erfordernis der Zweidrittelmehrheiten** des Art. 79 II GG. In signifikantem Unterschied zu den meisten vergleichbaren Verfassungsstaaten und deutschen Bundesländern (→ Rn. 7 ff.) hat man auf zusätzliche Besonderheiten (Zeitintervalle, besonderes Procedere, Volksbeteiligung o.ä.) verzichtet. Verfassungsänderung wird so ganz als eine »**Erscheinungsweise der Gesetzgebung**«[24] verstanden und im normalen Gesetzgebungsverfahren von den regulären Faktoren der Gesetzgebung (Bundestag, Bundesrat) vollzogen. Damit verschwimmt die eigentlich gebotene qualitative Differenz zwischen gesetzgebender und verfassungsändernder Gewalt in bedenklicher Weise[25]. **12**

Verbreiteter Auffassung zufolge bietet das **Erfordernis der Zweidrittelmehrheit** in Bundestag und Bundesrat die Gewähr, »daß nicht beliebige Zweckmäßigkeit oder tagespolitische Opportunität die Regierung und ihre parlamentarische Mehrheit zu einer Verfügung über das Verfassungsrecht befähigen«[26]. Dies gilt freilich nur bei relativ starker (auch inhaltlicher) Opposition, nicht bei formeller oder faktischer Großer Koalition. Herrscht Einigkeit zwischen den großen politischen Parteien, die regelmäßig auch auf den Bundesrat durchschlägt, fehlt es an zusätzlichen Sicherungen oder Korrekturmöglichkeiten[27]. **13**

Die bisherige **hohe Änderungsfrequenz** (46 GG-Änderungsgesetze in 49 Jahren)[28] **14**

---

schwerung der Änderungen von Verfassungen als Garantie ihres Bestandes); *Jellinek*, Allg. Staatslehre, S. 534; *Heller*, Staatslehre (Fn. 20), S. 274.

[23] *Stourzh*, Wege (Fn. 2), S. 57; *Stern*, Staatsrecht I, S. 154, 157; *Badura*, Staatsrecht, S. 9 (A 8); *H. Dreier*, JZ 1994, 741 (744 f.); *B.-O. Bryde*, Verfassunggebende Gewalt des Volkes und Verfassungsänderung im deutschen Staatsrecht: Zwischen Überforderung und Unterforderung der Volkssouveränität, in: R. Bieber/P. Widmer (Hrsg.), Der europäische Verfassungsraum, 1995, S. 329 ff. (334); *C. Starck*, Verfassung und Gesetz, in: ders. (Hrsg.), Rangordnung der Gesetze, 1995, S. 29 ff. (30 f.).

[24] Ebenso treffende wie bezeichnende Charakterisierung von *P. Badura*, Verfassungsänderung, Verfassungswandel, Verfassungsgewohnheitsrecht, in: HStR VII, § 160 Rn. 3, 20.

[25] Zur Kritik *Bryde*, Verfassungsentwicklung (Fn. 3), S. 54 (demzufolge die Monopolisierung der Verfassungsänderung bei den Trägern der gesetzgebenden Gewalt in demokratischen Verfassungsstaaten relativ selten vorkommt und eher in der konstitutionellen Verfassungstradition steht); *ders.*, in: v. Münch/Kunig, GG III, Art. 79 Rn. 44, 51; *ders.*, Verfassunggebende Gewalt (Fn. 23), S. 340; *H. Dreier*, JZ 1994, 741 (745 f.).

[26] *Badura* (Fn. 24), § 160 Rn. 3; ähnlich *J. Ipsen*, Staatsrecht I, Rn. 997; *Kirchhof* (Fn. 21), § 19 Rn. 45. Die Sicherungsfunktion gegen »Gelegenheitsgesetzgebung« ist betont bei *H. Nawiasky*, Die Grundgedanken des Grundgesetzes für die Bundesrepublik Deutschland, 1950, S. 122; *F. Klein*, DVBl. 1954, 37 (43).

[27] Eingehender *H. Dreier*, JZ 1994, 741 (745 f.) m.w.N.; dort auch zum verfehlten Argument des Minderheitenschutzes.

[28] Unter ihnen ragen einige wie die Wehr- und Notstandsverfassung, die Finanz- und Haushaltsreform, die verfassungsrechtliche Institutionalisierung der Verfassungsbeschwerde und des Petitionsausschusses sowie die Grundgesetzänderungen im Rahmen der deutschen Wiedervereinigung heraus. Vgl. *A. Roßnagel*, Die Änderungen des Grundgesetzes, 1981; *S. Schaub*, Der verfassungsändernde Gesetzgeber 1949–1980, 1984, S. 63 ff., 165 ff., 282 ff.; *H. Hofmann*, Die Entwicklung des Grundgesetzes nach 1949, in: HStR I, § 7 Rn. 28 ff., 52 ff.; *H.P. Ipsen*, JöR 38 (1989), 1 (7 ff., 34 ff.); *Badura* (Fn. 24), § 160 Rn. 16 ff., 30 ff.; *H. Hofmann*, StWStP 6 (1995), 155 (156 ff.); *A. Bauer/M. Jestaedt*, Das Grundgesetz im Wortlaut, 1997 (mit insgesamt minutiöser Dokumentation und geraffter Übersicht S. 30 ff.).

zeigt auch empirisch, daß durch Art. 79 II GG keine besonders hohen Hürden errichtet wurden. Verschärfungen wären einer Verfassungsänderung nicht entzogen (→ Rn. 19).

II. Zweidrittelmehrheit in Bundestag und Bundesrat

15 Bezugsgröße für die verlangte Mehrheit von zwei Dritteln im **Bundestag** ist wie bei Art. 121 GG die **gesetzliche Mitgliederzahl**, nicht die der Abstimmenden. Konkret handelt es sich um die im Bundeswahlgesetz festgelegte Zahl unter Berücksichtigung etwaiger **Überhangmandate**[29]. Vor der deutschen Wiedervereinigung hatte die Sonderstellung der Berliner Abgeordneten Auswirkungen auf die Berechnung[30].

16 Nach ganz herrschender und zutreffender Auffassung bedarf es der Zweidrittelmehrheit nur bei der **Schlußabstimmung**, nicht bei allen (drei) Lesungen[31].

17 Während die Länder bei der Verfassunggebung noch unmittelbar beteiligt waren (Art. 144 GG), sind sie es bei Verfassungsänderungen nur noch über den **Bundesrat**[32], also ein Bundesorgan (→ Art. 50 Rn. 17). Da die Stimmenzahl der einzelnen Länder von ihrer jeweiligen Einwohnerzahl abhängt (→ Art. 51 Rn. 19), läßt sich eine fixe Zahl für die erforderliche Zweidrittelmehrheit nicht angeben. Bei der derzeitigen Gesamtzahl von 69 Stimmen beträgt diese 46. Vetopositionen einzelner Länder oder Ländergruppen gibt es unabhängig von dieser Stimmenzahl nicht.

18 Jede Änderung eines völkerrechtlichen Vertrages oder Vertragsbestandteiles, der über sog. **Klarstellungsklauseln** in den Rang von Verfassungsrecht gehoben wurde (→ Art. 79 I Rn. 27 ff.), bedarf wiederum der Zweidrittelmehrheiten des Art. 79 II GG[33].

III. Änderbarkeit des Art. 79 II GG

19 Art. 79 II GG unterfällt in seiner konkreten Ausgestaltung nicht der Ewigkeitsgarantie (→ Art. 79 I Rn. 26)[34]. Weil nun die derzeitigen Erschwerungen für eine Verfassungsänderung vergleichsweise schwach ausgeprägt sind (→ Rn. 12), wegen des aus Art. 1 und 20 GG resultierenden und der Ewigkeitsgarantie unterfallenden Vorranges der Verfassung (→ Art. 1 III Rn. 1) die Verfassungsänderung aber nicht völlig in die Hand des einfachen Gesetzgebers gelegt werden darf, wären weitere **Erleichterungen unzulässig**. Auch steht die Beteiligung der Länder an der (verfassungsändernden) Gesetz-

---

[29] Bei den Wahlen zum 13. Deutschen Bundestag (1994) erhöhte sich die Zahl durch 16 Überhangmandate (zu deren Zulässigkeit BVerfGE 95, 335 [348 ff.]) auf insgesamt 672, so daß in jener Legislaturperiode für eine Verfassungsänderung 448 Stimmen erforderlich waren. – Eine weitere Änderung der Berechnungsgrundlage kann sich durch Mandatsverluste infolge Parteienverbots ergeben.

[30] Dazu *Stern*, Staatsrecht I, S. 159; *Hoffmann* (Fn. 10), Art. 79 I, II Rn. 58 ff.; s. auch Art. 144 II GG.

[31] *Hoffmann* (Fn. 10), Art. 79 I, II Rn. 56; Jarass/*Pieroth*, GG, Art. 79 Rn. 4; *J. Lücke*, in: Sachs, GG, Art. 79 Rn. 19; eingehende Begründung bei *Bryde*, Verfassungsentwicklung (Fn. 3), S. 358 ff.

[32] *Bryde*, Verfassungsentwicklung (Fn. 3), S. 295. Die Länderparlamente sind in den Prozeß überhaupt nicht formell eingebunden. Zu diesbezüglichen Reformvorschlägen *K.G. Meyer-Teschendorf*, DÖV 1994, 766 (771 ff.).

[33] A.A. *Lücke* (Fn. 31), Art. 79 Rn. 18.

[34] Das ist heute wohl unbestrittene (allerdings nur selten thematisierte) Auffassung: *Hesse*, Verfassungsrecht, Rn. 707; *Bryde* (Fn. 25), Art. 79 Rn. 44; *Badura* (Fn. 24), § 160 Rn. 28; *G. Wegge*, Zur normativen Bedeutung des Demokratieprinzips nach Art. 79 Abs. 3 GG, 1996, S. 75 f.; so auch *T. Maunz*, in: Maunz/Dürig, GG, Art. 79 I, II (1960) Rn. 18 (mit Nachweisen älterer Gegenstimmen).

gebung wegen der konstitutiven Regelung des Art. 79 III GG nicht zur Disposition. In Betracht käme konkret also nur eine in Anlehnung an die Vorbilder anderer Verfassungsstaaten oder der Bundesländer (→ Rn. 8, 9) erfolgende **Erschwerung der Voraussetzungen**. Für den Fall einer **Einführung des Mehrheitswahlrechts**, das die Erringung von Zweidrittelmehrheiten durch eine Partei(enkoalition) gegenüber dem derzeit geltenden Verhältniswahlrecht erheblich erleichtern würde, wäre eine Verschärfung der Bestimmungen über die Verfassungsänderung sogar zwingend geboten[35].

IV. Besonderheiten bei Art. 23, 24 GG

Obwohl jede Kompetenzverschiebung zugunsten einer zwischenstaatlichen Einrichtung eine Verfassungsänderung darstellt (→ Art. 79 I Rn. 15, 25), bedarf es einer **Zweidrittelmehrheit nicht bei** der Übertragung von Hoheitsrechten gemäß **Art. 24 GG und Art. 23 I 2 GG**[36]. Für die in **Art. 23 I 3 GG** genannten Fälle ist die Geltung des Art. 79 II GG zwar nunmehr ausdrücklich angeordnet; doch bleibt der genaue Einzugsbereich dieser Norm unklar[37].

20

D. Verhältnis zu anderen GG-Bestimmungen

Auch ohne das Erfordernis der Zweidrittelmehrheit sind Verfassungsänderungen möglich im Rahmen von **Art. 23 I 2, 24 GG** (→ Rn. 20). Zudem bleibt die Möglichkeit des **Verfassungswandels** durch Staatspraxis und Interpretation zu bedenken (→ Art. 79 I Rn. 37 ff.). Zweifelhafte Kompensation erfährt das derzeit relative leichte, aber seinerseits durchaus veränderbare (→ Rn. 19) Verfahren zuweilen durch extensive Interpretation der sog. Ewigkeitsklausel (→ Art. 79 III Rn. 15). Zu **Art. 121 GG** besteht ein Bezug wegen der Berechnung der Mehrheit.

21

---

[35] Treffender Hinweis bei *Bryde*, Verfassungsentwicklung (Fn. 3), S. 362 f.
[36] Statt aller *D. H. Scheuing*, EuR-Beiheft 1/1997, 7 (16 f., 21, 32). → Art. 23 Rn. 82 ff., 89 f.; → Art. 24 Rn. 28 ff. Auch das Textänderungsgebot gilt nicht: → Art. 79 I Rn. 25.
[37] Zur schwierigen Abgrenzung zwischen »einfachen« Integrationsgesetzen gem. Art. 23 I 2 GG und »verfassungsändernden« gem. Art. 23 I 3 GG vgl. *D. H. Scheuing*, EuR-Beiheft 1/1997, 7 (21 f.); s. auch *S. Hölscheidt/T. Schotten*, DÖV 1995, 187 (189 ff.); *U. Hufeld*, Die Verfassungsdurchbrechung, 1997, S. 115 ff. → Art. 23 Rn. 91 f.

Artikel 79 [Änderung des Grundgesetzes]

(1) ¹Das Grundgesetz kann nur durch ein Gesetz geändert werden, das den Wortlaut des Grundgesetzes ausdrücklich ändert oder ergänzt. ²Bei völkerrechtlichen Verträgen, die eine Friedensregelung, die Vorbereitung einer Friedensregelung oder den Abbau einer besatzungsrechtlichen Ordnung zum Gegenstand haben oder der Verteidigung der Bundesrepublik zu dienen bestimmt sind, genügt zur Klarstellung, daß die Bestimmungen des Grundgesetzes dem Abschuß und dem Inkraftsetzen der Verträge nicht entgegenstehen, eine Ergänzung des Wortlautes des Grundgesetzes, die sich auf diese Klarstellung beschränkt.

(2) Ein solches Gesetz bedarf der Zustimmung von zwei Dritteln der Mitglieder des Bundestages und zwei Dritteln der Stimmen des Bundesrates.

(3) Eine Änderung dieses Grundgesetzes, durch welche die Gliederung des Bundes in Länder, die grundsätzliche Mitwirkung der Länder bei der Gesetzgebung oder die in den Artikeln 1 und 20 niedergelegten Grundsätze berührt werden, ist unzulässig.

Literaturauswahl

Brenner, Michael: Möglichkeiten und Grenzen grundrechtsbezogener Verfassungsänderungen, in: Der Staat 32 (1993), S. 493–526.

Bryde, Brun-Otto: Verfassunggebende Gewalt des Volkes und Verfassungsänderung im deutschen Staatsrecht: Zwischen Überforderung und Unterforderung der Volkssouveränität, in: Roland Bieber/Pierre Widmer (Hrsg.), L'espace constitutionnel européen. Der europäische Verfassungsraum. The European constitutional area, 1995, S. 329–343.

Dreier, Horst: Grenzen demokratischer Freiheit im Verfassungsstaat, in: JZ 1994, S. 741–752.

Dürig, Günter: Zur Bedeutung und Tragweite des Art. 79 Abs. III des Grundgesetzes (ein Plädoyer), in: Festgabe für Theodor Maunz zum 70. Geburtstag, 1971, S. 41–53.

Ehmke, Horst: Grenzen der Verfassungsänderung, 1953 (ND 1966).

Elgeti, Axel: Inhalt und Grenzen der Föderativklausel des Art. 79 III GG, Diss. jur. Marburg 1968.

Erichsen, Hans-Uwe: Zu den Grenzen von Verfassungsänderungen nach dem Grundgesetz, in: VerwArch. 62 (1971), S. 291–300.

Even, Burkhard: Die Bedeutung der Unantastbarkeitsgarantie des Art. 79 Abs. 3 für die Grundrechte, 1988.

Häberle, Peter: Verfassungsrechtliche Ewigkeitsklauseln als verfassungsstaatliche Identitätsgarantien, in: Völkerrecht im Dienste des Menschen. Festschrift für Hans Haug, 1986, S. 81–108.

Haug, Hans: Die Schranken der Verfassungsrevision. Das Postulat der richtigen Verfassung als normative Schranke der souveränen verfassunggebenden Gewalt (Betrachtung zum Wiederaufbau einer materialen Rechtslehre), 1947.

Hofmann, Hasso: Zur Idee des Staatsgrundgesetzes, in: ders., Recht – Politik – Verfassung, 1986, S. 261–295.

Kirchhof, Paul: Die Identität der Verfassung in ihren unabänderlichen Inhalten, in: HStR I, § 19 (S. 775–814).

Murswiek, Dietrich: Die verfassunggebende Gewalt nach dem Grundgesetz für die Bundesrepublik Deutschland, 1978.

Nef, Hans: Materielle Schranken der Verfassungsrevision, in: ZSR 61 (1942), S. 108–147.

Pernice, Ingolf: Bestandssicherung der Verfassungen: Verfassungsrechtliche Mechanismen zur Wahrung der Verfassungsordnung, in: Roland Bieber/Pierre Widmer (Hrsg.), L'espace constitutionnel européen. Der europäische Verfassungsraum. The European constitutional area, 1995, S. 225–264.

Siegenthaler, Paul: Die materiellen Schranken der Verfassungsrevision als Problem des positiven Rechts, 1970.

Art. 79 III

Stern, Klaus: Die Bedeutung der Unantastbarkeitsgarantie des Art. 79 III GG für die Grundrechte, in: JuS 1985, S. 329–338.
Wegge, Georg: Zur normativen Bedeutung des Demokratieprinzips nach Art. 79 Abs. 3 GG. Ein verfassungsdogmatischer Beitrag zur Rationalität des Rechts, 1996.
Wipfelder, Hans-Jürgen: Die Verfassungsänderung im bundesdeutschen, österreichischen, schweizerischen und bayerischen Staatsrecht, in: BayVBl. 1983, S. 289–297.
Zülch, Wilhelm: Das Verbot von Verfassungsänderungen nach dem Bonner Grundgesetz, Diss. jur. Marburg 1957.

Siehe auch die Angaben zu Art. 79 I GG.

Leitentscheidungen des Bundesverfassungsgerichts

BVerfGE 1, 14 (32, 47 ff.) – Südweststaat; 3, 225 (229, 231 ff.) – Gleichberechtigung; 4, 157 (169 f.) – Saarstatut; 30, 1 (24 ff.; *Sondervotum S. 33 ff.*) – Abhörurteil; 34, 9 (19 ff.) – Besoldungsvereinheitlichung; 84, 90 (120 f., 125 ff.) – Enteignungen vor 1949; 87, 181 (196) – 7. Rundfunkentscheidung (Rundfunkfinanzierung); 89, 155 (172, 179 f., 208) – Maastricht; 94, 12 (33 f.) – Restitutionsausschluß; 94, 49 (85, 102 ff.) – Sichere Drittstaaten; 95, 48 (60 ff.) – Restitution und Vertragsanfechtung.

Gliederung

	Rn.
A. Herkunft, Entstehung, Entwicklung	1
I. Ideen- und verfassungsgeschichtliche Aspekte	1
II. Entstehung und Veränderung der Norm	3
B. Internationale, supranationale und rechtsvergleichende Bezüge	7
C. Erläuterungen	11
I. Allgemeine Bedeutung und grundsätzliche Problematik	11
II. Das »Berühren« der geschützten Gehalte	15
III. Die geschützten Gehalte im einzelnen	16
1. Garantie einer bundesstaatlichen Ordnung	16
a) Gliederung des Bundes in Länder	16
b) Grundsätzliche Mitwirkung der Länder bei der Gesetzgebung	18
2. Schutz der in Art. 1 und 20 GG niedergelegten Grundsätze	21
a) Zur Bedeutung der »Grundsätze«	21
b) Grundsätze des Art. 1 GG	22
aa) Art. 1 I GG (Menschenwürde)	22
bb) Art. 1 II GG (Menschenrechte)	25
cc) Art. 1 III GG (Grundrechtsbindung)	26
c) Grundsätze des Art. 20 GG	29
aa) Republik	29
bb) Demokratie	30
cc) Sozialstaat	38
dd) Bundesstaat	39
ee) Rechtsstaat	40
ff) Widerstandsrecht (Art. 20 IV GG)?	45
IV. Schutz der Staatlichkeit der Bundesrepublik Deutschland durch Art. 79 III GG?	46
V. Unabänderlichkeit des Art. 79 III GG selbst	47
D. Verhältnis zu anderen GG-Bestimmungen	48

A. Herkunft, Entstehung, Entwicklung

I. Ideen- und verfassungsgeschichtliche Aspekte

1 Die sog. Ewigkeitsgarantie des Art. 79 III GG entzieht bestimmte Regelungen der Verfassung dem Zugriff des verfassungsändernden Gesetzgebers und erklärt sie somit für normativ unantastbar. Dafür gibt es nur wenige verfassungsrechtliche Vorläufer. Die älteste vergleichbare Regelung findet sich wohl in Art. 112 I 3 der **Verfassung Norwegens** von 1814[1], demzufolge deren Änderung niemals ihren Grundsätzen widersprechen darf. In **Frankreich** wurde durch ein die Verfassung von 1875 änderndes Verfassungsgesetz v. 14.8.1884 die republikanische Staatsform festgeschrieben und dadurch der Übergang zur konstitutionellen Monarchie ausgeschlossen[2]. Gerade den älteren Verfassungen (USA 1787, Frankreich 1791, Schweiz 1848) war indes eine ausdrückliche Unantastbarkeitsgarantie ebenso fremd (→ Rn. 9) wie deutscher Verfassungstradition. Materielle Grenzen der Verfassungsänderung kannten die deutschen Verfassungen des 19. Jahrhunderts einschließlich der Paulskirchenverfassung (→ Vorb. Rn. 10 ff.) nicht[3]; sie wurde auch von wissenschaftlicher Seite nicht gefordert[4]. Als repräsentativ für die an dieser Tradition orientierte überwiegende Auffassung der **Weimarer Staatsrechtslehre** können die vielzitierten Sätze Gerhard Anschütz' gelten, wonach »die Verfassung nicht über der Legislative, sondern zur Disposition derselben« stehe und Verfassungsänderungen »ohne Unterschied des Inhalts und der politi-

---

[1] Hierzu und zu weiteren Beispielen: *Stern*, Staatsrecht I, S. 115; *P. Häberle*, Verfassungsrechtliche Ewigkeitsklauseln als verfassungsstaatliche Identitätsgarantien, in: FS Haug, 1986, S. 81 ff. (82, 84); *H.-U. Evers*, in: BK, Art. 79 III (Zweitb. 1982), Rn. 23 ff.; *I. Pernice*, Bestandssicherung der Verfassungen: Verfassungsrechtliche Mechanismen zur Wahrung der Verfassungsordnung, in: R. Bieber/P. Widmer (Hrsg.), Der europäische Verfassungsraum, 1995, S. 225 ff. (230: norwegische Regelung als »Vorläufer aller Ewigkeitsklauseln«). – Nicht übersehen werden sollte, daß das Cromwellsche »Instrument of Government« von 1653 funktionell ähnliche Bestimmungen enthielt, indem es sein Protektorat auf eine unveränderliche Verfassungsgrundlage stellen wollte (vgl. *Jellinek*, Allg. Staatslehre, S. 511 f.; *F. Berber*, Das Staatsideal im Wandel der Weltgeschichte, 2. Aufl. 1978, S. 229 f.; *H.J. Boehl*, Verfassunggebung im Bundesstaat, 1997, S. 32 m.w.N.).

[2] Die Bestimmung schränkte die Möglichkeit von Verfassungsänderungen durch ein Befassungsverbot ein und lautete: »La forme républicaine du gouvernement ne peut faire l'objet d'une proposition de révision« (Abdruck in: *J. Godechot*, Les constitutions de la France depuis 1789, Paris 1970, S. 337; vgl. *R.H. v. Herrnritt*, Die Staatsform als Gegenstand der Verfassungsgesetzgebung und Verfassungsänderung, in: Wiener Staatswissenschaftliche Studien 3 [1901], S. 251 ff. [255 ff.]; zu vergleichbaren Regelungen anderer Staaten *Häberle*, Ewigkeitsklauseln [Fn. 1], S. 87, 91 f.). Fast gleichlautend (statt »proposition de révision« nun »d'une révision«): Art. 89 IV der heutigen frz. Verfassung von 1958. Vgl. *K. Loewenstein*, Über Wesen, Technik und Arten der Verfassungsänderung, 1961, S. 43 f.; *Evers* (Fn. 1), Art. 79 III Rn. 25.

[3] Bestenfalls im »Vorspruch zu den Grundrechten« der Verfassung von Mecklenburg-Schwerin v. 17.5.1920 läßt sich eine derartige Bindung des verfassungsändernden Gesetzgebers erblicken.

[4] Ein unentziehbares Existenzrecht für die Bundesstaaten bzw. die Bundesstaatlichkeit wurde allerdings im Kaiserreich von 1871 diskutiert (vgl. *Jellinek*, Allg. Staatslehre, S. 783 f.; *R. Thoma*, Die juristische Bedeutung der grundrechtlichen Sätze der deutschen Reichsverfassung im allgemeinen, in: H.C. Nipperdey [Hrsg.], Die Grundrechte und Grundpflichten der Reichsverfassung, Bd. 1, 1929, S. 1 ff. [42 f.]; *Huber*, Verfassungsgeschichte, Bd. 3, S. 803 f., demzufolge Art. 79 III GG insofern »den unter der Bismarckschen Reichsverfassung nach richtiger Ansicht geltenden Rechtszustand rezipiert« hat [S. 804]).

schen Tragweite«[5] zulässig seien. Diese unbegrenzte Offenheit von Verfassungsrevisionen wollte das Grundgesetz ausschließen.

Schon in Weimar war die h.M. auf Kritik gestoßen[6]. Namentlich **Carl Schmitt** unterschied in grundlegender Weise zwischen Verfassung und Verfassungsgesetz und leitete daraus immanente Grenzen der Befugnis zur Verfassungsänderung her[7] – freilich bei gleichzeitiger scharfer Ablehnung eines (von Art. 79 III GG aufgestellten) Kataloges von Unantastbarkeiten[8]. Ohnehin war seine Argumentationsfigur politisch-zeitgeschichtlich nicht zur Stabilisierung der krisengeschüttelten Republik kreiert worden[9].

II. Entstehung und Veränderung der Norm

Bei der Entstehungsgeschichte des Art. 79 III GG im Parlamentarischen Rat ist zu differenzieren zwischen der bundesstaatlichen Garantie (→ Rn. 4) und den Grundsätzen der Art. 1 und 20 (→ Rn. 5)[10].

Die **bundesstaatliche Ordnung** wurde erst aufgrund eines nicht näher erläuterten Vorschlages des Redaktionsausschusses[11] in der 4. Lesung des Hauptausschusses v.

---

[5] *Anschütz*, WRV, Art. 76 Anm. 1 (S. 401), Anm. 3 (S. 403). An der letztgenannten Stelle heißt es weiter: »Auf dem durch Art. 76 geregelten Gesetzgebungswege können (...) Verfassungsrechtsänderungen jeder Art bewirkt werden: Nicht nur minder bedeutsame, mehr durch technische als durch politische Erwägungen bedingte, sondern auch bedeutsame, einschließlich solcher, die sich auf die rechtliche Natur des Reichsganzen (Bundesstaat), die Zuständigkeitsverteilung zwischen Reich und Ländern, die Staats- und Regierungsform des Reichs und der Länder (Republik, Demokratie, Wahlrecht, Parlamentarismus, Volksentscheid, Volksbegehren) und andere prinzipielle Fragen (Grundrechte!) beziehen. Die ... verfassungsändernde Gewalt ist gegenständlich unbeschränkt.« Zu dieser in der Ablehnung eines Vorranges der Verfassung ihre Erklärung findenden Position vgl. *H. Dreier*, ZNR 20 (1998), 28 (38ff.). Weitere Vertreter dieser h.M.: *F. Stier-Somlo*, Deutsches Reichs- und Landesstaatsrecht I, 1924, S. 665; *R. Thoma*, Die Funktionen der Staatsgewalt. Grundbegriffe und Grundsätze, in: HdbDStR, Bd. 2, S. 108ff. (154): »plenitudo potestatis der Verfassungsänderung«; s. auch *K. Loewenstein*, Erscheinungsformen der Verfassungsänderung, 1931, S. VII.
[6] Neben dem sogleich zu nennenden Carl Schmitt etwa *C. Bilfinger*, AöR 11 (1926), 163 (181f.); w.N. bei *H. Ehmke*, Grenzen der Verfassungsänderung, 1953, S. 53ff.
[7] *C. Schmitt*, Verfassungslehre, 1928, S. 11ff., 25f., 102ff.; dazu *W. Haug*, Die Schranken der Verfassungsrevision, 1947, S. 184ff.; *Ehmke*, Grenzen (Fn. 6), S. 33ff.; *H. Hofmann*, Legitimität gegen Legalität (1964), 2. Aufl. 1992, S. III, 191; *D. Murswiek*, Die verfassunggebende Gewalt nach dem Grundgesetz für die Bundesrepublik Deutschland, 1978, S. 171ff.; *R. Mußgnug*, Carl Schmitts verfassungsrechtliches Werk und sein Fortwirken im Staatsrecht der Bundesrepublik Deutschland, in: H. Quaritsch (Hrsg.), Complexio Oppositorum. Über Carl Schmitt, 1988, S. 517ff.; *U.K. Preuß*, Vater der Verfassungsväter?, in: Politisches Denken. Jahrbuch 1993, S. 117ff. (131ff.); *G. Wegge*, Zur normativen Bedeutung des Demokratieprinzips nach Art. 79 Abs. 3 GG, 1996, S. 30ff.; s. auch *B.-O. Bryde*, Verfassungsentwicklung, 1982, S. 230f., 236.
[8] *C. Schmitt*, JW 1929, 2313 (2314) vergleicht einen solchen Katalog mit den »unpfändbaren Sachen« bei der Zwangsvollstreckung.
[9] Hellsichtig *Thoma*, Bedeutung (Fn. 4), S. 45: »Im tiefsten Grunde läuft also diese Verfassungslehre nicht auf eine besondere Heiligung, sondern auf eine Entwertung der geschriebenen Verfassungen hinaus, denen eine Härte angedichtet wird, an der sie unter Umständen zerspringen müßten.«
[10] Ebenso die Darstellung in: JöR 1 (1951), S. 579ff., 584ff.; s. auch *Bryde*, Verfassungsentwicklung (Fn. 7), S. 240f.
[11] Vorschlag v. 2. 5. 1949; Text in: Parl. Rat VII, S. 516. Dieser Vorschlag, der natürlich weit über bloß Redaktionelles hinausging, weil er zum ersten Male Verfassungsänderungen in diesem Bereich gänzlich ausschloß (vgl. JöR 1 [1951], S. 584), findet einen Vorläufer im SPD-Entwurf zum Grundgesetz vom April 1949: s. Parl. Rat VII, S. 479.

5.5.1949 in den Schutz der Ewigkeitsklausel einbezogen[12]. In den vorherigen Entwürfen[13] – angefangen von Art. 107 HChE über die Fassung von Art. 107 in der ersten Lesung des Hauptausschusses v. 10.12.1948 bis zum Vorschlag des interfraktionellen Fünfer-Ausschusses zum nunmehrigen Art. 106 – war die bundesstaatliche Ordnung in signifikantem Unterschied zur freiheitlichen demokratischen Grundordnung (→ Rn. 14, 48) einer legalen Abänderung prinzipiell zugänglich erachtet worden, wenngleich man dafür durchweg hohe Hürden im Bundesrat (HChE: Einstimmigkeit, Hauptausschuß: Dreiviertelmehrheit; Fünfer-Ausschuß: Vierfünftelmehrheit) errichtete. Sachlich-inhaltlich wandelte sich die zu schützende »bundesstaatliche Grundordnung« (HChE) erst zum »bundesstaatlichen Aufbau« (Hauptausschuß)[14], bevor der Fünfer-Ausschuß die Formulierung »Gliederung des Bundes in Länder und die grundsätzliche Mitwirkung der Länder bei der Gesetzgebung und Verwaltung« prägte, die schließlich – unter Weglassung der Mitwirkung bei der Verwaltung – Eingang in das Grundgesetz fand. Die Gründe, warum gleichsam in letzter Minute die föderative Ordnung in die Ewigkeitsgarantie des Art. 79 III GG einbezogen wurde, liegen nach wie vor im Dunkeln[15].

5   Im Gegensatz zur Bundesstaatsproblematik bestand darüber, die **freiheitliche demokratische Grundordnung** der Disposition des verfassungsändernden Gesetzgebers zu entziehen, von Beginn an Einigkeit; hier konnte man auf vorkonstitutionelle Landesverfassungen (→ Rn. 10) zurückgreifen. Die entsprechenden Vorschläge waren dabei stets einem besonderen Artikel vorbehalten, der von den vorgesehenen Erschwernissen der Eingriffe in das föderale System deutlich abgesetzt war. Art. 108 HChE erklärte Anträge auf Änderung des Grundgesetzes, »durch die die freiheitliche und demokratische Grundordnung beseitigt würde«, für unzulässig[16]. Organisations- und Redaktionsausschuß erachteten diese Vorkehrung zunächst für unpraktikabel oder überflüssig und schlugen ihre Streichung vor[17]. Dann stellte man von der formalen Geschäftsordnungsperspektive (»Anträge unzulässig«) auf das materielle Verbot um (»Änderung unzulässig«). Redaktions- und Hauptausschuß kamen daraufhin in wei-

---

[12] Text in: Parl. Rat VII, S. 552.
[13] Text des Art. 107 HChE abgedruckt in: Parl. Rat II, S. 604; Texte der beiden weiteren genannten Entwürfe in: Parl. Rat VII, S. 115, 327. Zwischen diesen beschlossenen Entwürfen verlief die Diskussion namentlich im Organisationsausschuß kontrovers: JöR 1 (1951), S. 580f.
[14] Beide waren Gegenstand kritischer Einwände insb. im Organisationsausschuß, wonach sie wegen ihrer Unbestimmtheit eine Fülle von Verfassungsstreitigkeiten provozieren würden: vgl. JöR 1 (1951), S. 582f.
[15] Hintergrund ist die eigenwillige bis eigenmächtige Arbeit des Redaktionsausschusses, dessen (häufig materiellrechtliche Fragen betreffende) Änderungsvorschläge zuweilen von ausschlaggebender Bedeutung waren; vgl. *Bryde,* Verfassungsentwicklung (Fn. 7), S. 241; *H. v. Wedel,* Das Verfahren der demokratischen Verfassunggebung, 1976, S. 251 f.; zur Rechtfertigung *Carlo Schmid,* Erinnerungen, 5. Aufl. 1979, S. 366 f.
[16] Text in: Parl. Rat II, S. 604. Instruktiv die Begründung im Darstellenden Teil (ebd., S. 558): »Mit allem Nachdruck befürwortet der Konvent, daß solche Anträge auf Änderung des Grundgesetzes, die praktisch das Grundgesetz als solches vernichten würden, überhaupt für unzulässig erklärt werden. Unter Beiseitelassung des föderativen Grundelements, für das dieser letztgültige Rang nicht beansprucht werden soll, wird hierfür die Formulierung gewählt, daß Anträge auf Änderungen des Grundgesetzes, durch die die freiheitliche und demokratische Grundordnung beseitigt würde, unzulässig sind«.
[17] Vgl. JöR 1 (1951), S. 585.

teren Entwürfen sukzessive der letztlich gefundenen Lösung näher[18]. Weitgehend einig war man sich darin, daß mit der Regelung eine Revolution nicht verhindert werden könne[19], ihr aber die »Maske der Legalität« (Dehler) bzw. der »Schutz der Scheinlegalität« (Carlo Schmid)[20] genommen werden solle. In den letzten Tagen vor Verabschiedung des Grundgesetzes noch zweimal von Seebohm (DP) gestellte Anträge, auch die Wesensgehalt- und die Rechtsweggarantie (→ Art. 19 II Rn. 2; → Art. 19 IV Rn. 7) in die Ewigkeitsklausel einzubeziehen, scheiterten[21].

Art. 79 III GG wurde bislang nicht geändert und **darf** auch **nicht geändert werden** (→ Rn. 47). 6

B. Internationale, supranationale und rechtsvergleichende Bezüge

Als strukturelle Parallele oder funktionales Äquivalent für die materiellen Schranken des Art. 79 III GG läßt sich im **internationalen Recht** das zwingende Völkerrecht (*ius cogens*) ansehen, das der Möglichkeit der Begründung wirksamen Völkervertragsrechts entgegensteht[22]. Umgekehrt erstreckt sich Art. 79 III GG auch auf völkerrechtliche Verträge, an denen Deutschland beteiligt ist, und versagt ihnen bei einem Widerspruch zu den dort geschützten Inhalten die innerstaatliche Geltung (→ Art. 79 I Rn. 33 ff.). 7

Eine unübersteigbare Schranke bildet Art. 79 III GG bei der Übertragung von Hoheitsrechten, namentlich mit Blick auf die **Europäische Union** für den Integrationsgesetzgeber[23], was die sog. »Bestandssicherungsklausel« des Art. 23 I 3 GG jetzt selbst (deklaratorisch) zum Ausdruck bringt (→ Art. 23 Rn. 94). Vor der Einführung des Europaartikels im Jahre 1992 hatte das Bundesverfassungsgericht die Grenzen einer Übertragung von Hoheitsrechten zwar nicht eindeutig allein in Art. 79 III GG veror- 8

---

[18] Text in: Parl. Rat VII, S. 172 (Redaktionsausschuß vom Dezember 1948), S. 254 (2. Lesung Hauptausschuß nebst Stellungnahme Redaktionsausschuß vom Januar 1949), S. 427 (3. Lesung Hauptausschuß vom Februar 1949), S. 516 (Redaktionsausschuß vom Mai 1949: »Verschmelzung« mit bundesstaatlicher Garantie), S. 552 (4. Lesung Hauptausschuß v. 5. 5. 1949 mit endgültiger Fassung).
[19] Deutlich eine Anmerkung des Redaktionsausschusses (Parl. Rat VII, S. 172): Das Änderungsverbot solle »zum Ausdruck bringen, daß dieses Grundgesetz nicht die Hand bieten darf zu seiner eigenen Totalbeseitigung oder -vernichtung, insbesondere dazu, daß ggf. eine revolutionäre antidemokratische Bewegung mit demokratischen Mitteln auf scheinbar ›legalem‹ Wege die hier normierte demokratisch rechtsstaatliche Grundordnung ins Gegenteil verkehrt. Eine Revolution kann und soll dadurch nicht verhindert werden. Eine revolutionäre Bewegung kann gegebenenfalls auch neues Recht schaffen, aber sie soll nicht imstande sein, eine ihr selbst fehlende Legitimität und Rechtsqualität – z. B. infolge mangels jedes Rechtsgedankens – zu ersetzen durch Berufung auf ihr äußerlich ›legales‹ Zustandekommen.« – Lediglich der Abgeordnete Katz (SPD), gegen den sich aber auch sein Parteifreund Carlo Schmid wandte, blieb ablehnend (JöR 1 [1951], S. 586).
[20] Diese Worte fielen in der 2. Lesung des Hauptausschusses v. 12. 1. 1949: vgl. JöR 1 (1951), S. 586; *Bryde*, Verfassungsentwicklung (Fn. 7), S. 240.
[21] Vgl. Parl. Rat IX, S. 470 (9. Sitzung des Plenums v. 6. 5. 1949); gleicher Antrag einen Tag zuvor in der 57. Sitzung des Hauptausschusses (PR. 5.49–781, HA-Steno S. 755).
[22] *J.A. Frowein*, Art. Jus cogens, EPIL 7 (1984), 327 (329); ausführlich zur Vertragsnichtigkeit S. *Kadelbach*, Zwingendes Völkerrecht, 1992, S. 324 ff.
[23] *Stern*, Staatsrecht I, S. 538, 540; *J. Isensee*, Grundrechtsvoraussetzungen und Verfassungserwartungen, in: HStR V, § 115 Rn. 69; *T. Lörcher*, JuS 1993, 1011 (1012); *D.H. Scheuing*, EuR-Beiheft 1/1997, 7 (22 f., 56).

tet, aber mit sachähnlichen Formeln (Identitätsgarantie, Grundgefüge, Grundstrukturen) umschrieben (→ Vorb. Rn. 25; → Art. 1 III Rn. 7). Ob Art. 79 III GG auch vor einem Staatlichkeitsverlust infolge weitergehender Europäisierung vormals nationaler Hoheitsgewalt und dem **Übergang zu einem europäischen Bundesstaat** schützt, ist streitig (→ Rn. 46).

9   Abgesehen von den bereits erwähnten Ausnahmen (→ Rn. 1) sowie dem Schutz der republikanischen Regierungsform in Italien (Art. 139) sind verfassungsgesetzlich normierte Unabänderlichkeitsgarantien **älteren Verfassungsstaaten zumeist fremd**[24]; die irische Verfassung stellt in ihrem Art. 46 I die Änderbarkeit jeglicher Verfassungsbestimmung sogar ausdrücklich fest. Der Sache nach gilt gleiches wegen der Möglichkeit einer Gesamtänderung in Österreich. In der **Schweiz**, die ebenfalls eine »Totalrevision« kennt, liegen die Dinge insofern anders, als in der dortigen Staatsrechtslehre überwiegend materielle Schranken der Verfassungsrevision anerkannt werden[25], wobei das Meinungsspektrum vom Schutz einzelner Staatsorganisationsnormen (Föderalismus, Demokratie) bis hin zur Unantastbarkeit des gesamten Grundrechtskanons reicht[26]. Ähnlich hält man in **Japan** trotz Fehlens einer expliziten Ewigkeitsklausel die Achtung der Grundrechte, das Demokratieprinzip und den Pazifismus für unabänderlich[27]. Ansonsten normieren in Europa die neueren Verfassungen Griechenlands (Art. 110 I) und Portugals (Art. 288 lit. a-o) vergleichbare Ewigkeitsklauseln.

10 Einige **vorgrundgesetzliche Landesverfassungen** kennen der grundgesetzlichen Regelung strukturell ähnliche materielle Änderungsverbote[28]. Stärker an Art. 79 III GG angelehnt, ohne mit ihm identisch zu sein, präsentieren sich die meisten nachkonstitutionellen Verfassungen (Baden-Württemberg, Art. 64 I 2; Niedersachsen, Art. 46 II; Rheinland-Pfalz, Art. 129 II; Saarland, Art. 101 II), namentlich die der **neuen Bundesländer** (Mecklenburg-Vorpommern, Art. 56 III; Sachsen, Art. 74 I 2; Sachsen-Anhalt, Art. 78 III; Thüringen, Art. 83 III). Die Verfassungen Berlins, Brandenburgs, Hamburgs, Nordrhein-Westfalens und Schleswig-Holsteins verfügen über keine derartige

---

[24] Auch die US-Verfassung kennt keine explizierten inhaltlichen Schranken (*K. Loewenstein*, Verfassungsrecht und Verfassungspraxis in den Vereinigten Staaten, 1959, S. 38). Lediglich die Garantie des Stimmrechts im Senat für jeden Bundesstaat (Art. V, letzter Halbsatz: Entzug nicht ohne seine Zustimmung) kommt dem föderativen Teilgehalt des Art. 79 III GG zumindest nahe.

[25] Ausführlich zur Entstehung dieser Lehre *W. Zülch*, Das Verbot von Verfassungsänderungen nach dem Bonner Grundgesetz, 1957, S. 96 ff. – Schweizer Gegenstimmen: *F. Fleiner*, Schweizerisches Bundesstaatsrecht, 1923, S. 398; *J.-F. Aubert*, Bundesstaatsrecht der Schweiz, Bd. I, 1967 mit Nachtrag 1990, Rn. 324 ff., 332 f.

[26] Für erste Position: *Z. Giacometti*, SchwJZ 1954, 53 (55 f.) mit ausdrücklicher Entgegenstellung von Art. 79 III GG und Art. 118 BV. Für zweite Position etwa: *W. Nef*, ZSR 61 (1942), 108 (130 ff.); *H. Haug*, Die Schranken der Verfassungsrevision, 1947, S. 203 ff., 234 ff. (letztlich nur allgemeine Gerechtigkeit); *W. Kägi*, ZSR NF 75 II (1956), 739a (830a ff.). Vgl. dazu *Hans Huber*, Die Gesamtänderung der Verfassung, in: FS Scheuner, 1973, S. 183 ff. (194 ff., 198 ff.); *H.-J. Wipfelder*, BayVBl. 1983, 289 (293, 295); *J.P. Müller*, Materielle Schranken der Verfassungsrevision?, in: FS Hans Haug, 1986, S. 195 ff. (199 ff.).

[27] *R. Neumann*, Änderung und Wandlung der Japanischen Verfassung, 1982, S. 154 ff., 160 f.

[28] Art. 75 I 2 BayVerf. (»Anträge auf Verfassungsänderungen, die den demokratischen Grundgedanken der Verfassung widersprechen, sind unzulässig«); Art. 20 I BremVerf. (»Verfassungsänderungen, die die in diesem Abschnitt enthaltenen Grundgedanken der allgemeinen Menschenrechte verletzen, sind unzulässig«); Art. 150 I 1 HessVerf. (»Keinerlei Verfassungsänderung darf die demokratischen Grundgedanken der Verfassung und die republikanisch-parlamentarische Staatsform antasten«). – Zu weiteren, aber bald überholten Verfassungen der ersten Nachkriegsjahre vgl. *Evers* (Fn. 1), Art. 79 III Rn. 26 ff.; *Häberle*, Ewigkeitsklauseln (Fn. 1), S. 84 ff.

Sicherung. Zu bedenken ist aber insofern, daß die Verfassungsautonomie der Bundesländer durch das Homogenitätsgebot begrenzt ist (→ Art. 28 Rn. 47 ff., 53 ff.).

C. Erläuterungen

I. Allgemeine Bedeutung und grundsätzliche Problematik

Art. 79 III GG richtet für den verfassungsändernden Gesetzgeber bestimmte unübersteigbare materielle Schranken auf[29]. Häufig wird die Norm als **Ewigkeitsgarantie** umschrieben; in bunter terminologischer Vielfalt spricht man ferner von Ewigkeits- oder Unantastbarkeitsklausel, Ewigkeits-, Unantastbarkeits- oder Identitätsgarantien, materiellen Schranken der Verfassungsänderung, Grenzen der Revisionsgewalt, Verfassungsänderungsverboten u.a.m. Entscheidend ist die **sachliche Kernaussage**: die von Art. 79 III GG geschützten und abschließend aufgeführten Inhalte (→ Rn. 16 ff.) können innerhalb des Legalitätsrahmens des Grundgesetzes auch durch einstimmigen Entscheid der zur Verfassungsänderung befugten Organe nicht beseitigt werden und genießen insoweit absoluten Bestand; hiergegen verstoßende verfassungsändernde Gesetze sind nichtig[30]. Art. 79 III GG ist **einziger materieller Prüfungsmaßstab für Verfassungsänderungen**[31] und genießt insofern höheren Rang als die anderen Verfassungsnormen[32]. Allerdings **bindet** er nur den verfassungsändernden Gesetzgeber, **nicht** auch **den originären Verfassunggeber** (*pouvoir constituant*)[33]. Die Möglichkeit sog. **verfassungswidrigen Verfassungsrechts** beschränkt sich auf den Verstoß späterer verfassungsändernder Vorschriften gegen Art. 79 III GG[34].

11

Die Ewigkeitsgarantie kann und will nicht für sich in Anspruch nehmen, taugliches Abwehrmittel gegen revolutionäre Umbrüche oder grundstürzende Machtwechsel zu sein[35]. Sie unterbindet aber die Möglichkeit, dem Verfassungsumsturz den Mantel der Legalität umzulegen, zwingt vielmehr zur Offenlegung neuer legitimatorischer An-

12

---

[29] BVerfGE 30, 1 (24); deutlicher noch BVerfGE 30, 1 (39) – *Sondervotum*: »Gewisse Grundentscheidungen des Grundgesetzgebers werden für die Dauer der Geltung des Grundgesetzes – ohne Vorwegnahme einer künftigen gesamtdeutschen Verfassung – für unverbrüchlich erklärt.« Aus der Literatur (jeweils m.w.N.): *Bryde*, Verfassungsentwicklung (Fn. 7), S. 224 ff., 235 ff.; *P. Kirchhof*, Die Identität der Verfassung in ihren unabänderlichen Inhalten, in: HStR I, § 19 Rn. 31 ff.; *P. Badura*, Verfassungsänderung, Verfassungswandel, Verfassungsgewohnheitsrecht, in: HStR VII, § 160 Rn. 25 ff.; *U. Di Fabio*, Der Staat 32 (1993), 191 (210); *H. Dreier*, JZ 1994, 741 (746 ff.).
[30] BVerfGE 30, 1 (33) – *Sondervotum; B.-O. Bryde*, in: v. Münch/Kunig, GG III, Art. 79 Rn. 26; *Evers* (Fn. 1), Art. 79 III Rn. 106 f.; *Jarass/Pieroth*, GG, Art. 79 Rn. 5.
[31] Deutlich BVerfGE 87, 181 (196); s. auch E 84, 90 (120); 94, 12 (34); 94, 49 (85, 102 f.); *Kirchhof* (Fn. 29), § 19 Rn. 10; *Badura*, Staatsrecht, S. 499 (F 66); *M. Brenner*, Der Staat 32 (1993), 493 (497).
[32] *Stern*, Staatsrecht I, S. 113 f.; *J. Lücke*, in: Sachs, GG, Art. 79 Rn. 22; *C. Starck*, Einführung, in: ders. (Hrsg.), Rangordnung der Gesetze, 1995, S. 9 ff. (11).
[33] BVerfGE 89, 155 (180); *Stern*, Staatsrecht I, S. 167; *Murswiek*, Gewalt (Fn. 7), S. 175 ff.; *M. Brenner*, Der Staat 32 (1993), 493 (494); *Lücke* (Fn. 32), Art. 79 Rn. 7; *Wegge*, Bedeutung (Fn. 7), S. 222; so entgegen dem ersten Anschein auch *B. Even*, Die Bedeutung der Unantastbarkeitsgarantie des Art. 79 Abs. 3 für die Grundrechte, 1988, S. 101 ff. m.w.N.; a.A. (auch Bindung des *pouvoir constituant*): *C. Tomuschat*, Verfassungsgewohnheitsrecht?, 1972, S. 108 m.w.N.
[34] Unter Bezugnahme auf frühere Urteile des Bundesverfassungsgerichts wird z.T. auch die Möglichkeit originärer verfassungswidriger Verfassungsnormen bejaht; wie hier (und mit Nachweisen der Gegenstimmen) *P. Badura*, Arten der Verfassungsrechtssätze, in: HStR VII, § 159 Rn. 7; *ders.* (Fn. 29), § 160 Rn. 29; ähnlich *v. Münch*, Staatsrecht I, Rn. 99 ff.
[35] *Hesse*, Verfassungsrecht, Rn. 701; *K. Stern*, JuS 1985, 329 (330): kann »revolutionären Ernstfall

sprüche und erlaubt die »Demaskierung des Verfassungsbruches«[36], was der Intention der Verfassungsväter bis in die Wortwahl entspricht (→ Rn. 5). Art. 79 III GG will in den Worten des Bundesverfassungsgerichts verhindern, daß die Verfassungsordnung »auf dem formal-legalistischen Wege eines verfassungsändernden Gesetzes beseitigt und zur nachträglichen Legalisierung eines totalitären Regimes mißbraucht werden kann«[37]. Die Norm **macht die legale Revolution unmöglich**. Damit verbunden ist eine gewisse Warn- und Signalfunktion.

13 Über ein bloßes Verbot revolutionärer Verfassungsbeseitigung geht Art. 79 III GG aber hinaus. Durch die Aufstellung eines expliziten Kataloges an Unantastbarkeiten (→ Rn. 16 ff.) erstreckt sich die **Bestandsgewähr** auf Bereiche, die **einem grundlegenden (totalitären) Umsturz weit vorgelagert** sind. Adressat ist also nicht nur der Verfassungsgegner, sondern auch ein prinzipiell loyaler, aber gewissermaßen irriger Verfassungsänderungsgesetzgeber[38]. Somit stellt die Ewigkeitsgarantie eine besondere Art von **Verfassungsschutzbestimmung**[39] dar.

14 Die Ewigkeitsklausel wirft schwerwiegende Probleme theoretischer wie praktischer Art auf. Beides hängt zusammen. Das **theoretische Problem** besteht in der »Grundaporie des Verfassungsstaates«[40], den Geltungsanspruch der Verfassung unter demokratischen Vorzeichen auf das Prinzip der Volkssouveränität zu stützen, dieses Volk und seine Organe aber in der Zukunft den Regeln der gegebenen Verfassung zu unterwerfen und so seine Souveränität – namentlich die der folgenden Generationen – mehr oder minder empfindlich einzuschränken. Die gemeinhin zur Erklärung herangezogene Bindung des Verfassungsänderungsgesetzgebers durch den fundamentalen Akt der Verfassunggebung[41] führt im Falle des Art. 79 III GG zur Ausblendung des Volkes als realer politischer Größe und zu seiner endgültigen Verbannung in das einmal errichtete Gehäuse der Verfassung[42]. Denn anders als die meisten anderen Verfassungsstaaten – das ist das **praktische Problem** – sieht das Grundgesetz Kanalisierungen des souveränen Volkswillens und damit Möglichkeiten für eine prinzipielle politische Um- und Neugestaltung nach Art einer Totalrevision oder Gesamterneuerung

---

nicht ausschließen«; *Häberle*, Ewigkeitsklauseln (Fn. 1), S. 103 (keine »juristische oder ›politische Lebensversicherung‹«).

[36] So *Kirchhof* (Fn. 29), § 19 Rn. 34 ff.; s. neben den in der vorigen Fn. Genannten *H.-J. Wipfelder*, BayVBl. 1983, 289 (292); *H. Huba*, Der Staat 30 (1991), 367 (372); *Badura* (Fn. 29), § 160 Rn. 27; *H. Dreier*, JZ 1994, 741 (747).

[37] BVerfGE 30, 1 (24). Darin erschöpft sich die Bedeutung indes nicht: → Rn. 13.

[38] *G. Dürig*, Zur Bedeutung und Tragweite des Art. 79 Abs. III des Grundgesetzes (ein Plädoyer), in: FS Theodor Maunz, 1971, S. 41 ff. (47); *K. Stern*, JuS 1985, 329 (330); näher *Bryde*, Verfassungsentwicklung (Fn. 7), S. 239 ff.; *Wegge*, Bedeutung (Fn. 7), S. 57 ff.; s. auch BVerfGE 30, 1 (38 f.) – *Sondervotum*.

[39] *Hesse*, Verfassungsrecht, Rn. 691 ff.; mit Bezug darauf *Dürig*, Bedeutung (Fn. 38), S. 47 f.; *H. Dreier*, JZ 1994, 741 (750 m. Fn. 133); s. auch *Pernice*, Bestandssicherung (Fn. 1), S. 227.

[40] *P. Badura*, Verfassung und Verfassungsgesetz, in: FS Scheuner, 1973, S. 19 ff. (25); s. auch *Tomuschat*, Verfassungsgewohnheitsrecht (Fn. 33), S. 109; *H. Hofmann*, Zur Idee des Staatsgrundgesetzes, in: ders., Recht – Politik – Verfassung, 1986, S. 261 ff. (293 f.); *U.K. Preuß*, Revolution, Fortschritt und Verfassung, 1990, S. 18, 28; *N. Luhmann*, Das Recht der Gesellschaft, 1993, S. 103 f., 474.

[41] *K. Stern*, JuS 1985, 329 (332); *Badura* (Fn. 29), § 160 Rn. 26.

[42] Dazu affirmativ *M. Kriele*, Einführung in die Staatslehre, 1975, S. 111 ff., 224 ff., 259 f.; zur Kritik *H. Quaritsch*, Der Staat 17 (1978), 421 (427 ff.); *E.-W. Böckenförde*, Die verfassunggebende Gewalt des Volkes – Ein Grenzbegriff des Verfassungsrechts, 1986, S. 17.

auf friedlichem und juristisch legitimem Wege nicht vor[43]: hier wäre (abgesehen vielleicht vom indes heillos umstrittenen Art. 146 GG) in Ermangelung einer evolutionären Alternative stets eine **juristische Revolution** nötig[44]. Das Problem gewinnt dadurch an Gewicht, daß Art. 79 III GG nicht nur Elemente einer freiheitlichen demokratischen Grundordnung schützt, die zum essentiellen Gemeingut moderner Verfassungsstaatlichkeit zählen[45], sondern mit Republik, Sozial- und Bundesstaatlichkeit darüber hinausgehende Regelungsgehalte umfaßt[46]. Insgesamt ist und bleibt Art. 79 III GG eine Regelung, die an der Schwelle des juristisch Normierbaren liegt[47] und insofern ein **Grenzproblem des Verfassungsrechts** markiert.

II. Das »Berühren« der geschützten Gehalte

Das **Merkmal des »Berührens«**[48] der Grundsätze ist im sog. Abhör-Urteil vom Bundesverfassungsgericht **in restriktiver Weise ausgelegt** worden. Die geschützten Grundsätze seien als solche »von vornherein nicht ›berührt‹, wenn ihnen im allgemeinen Rechnung getragen wird und sie nur für eine Sonderlage entsprechend deren Eigenart aus evident sachgerechten Gründen modifiziert werden«; außerdem sei zu bedenken, daß es sich »um eine Ausnahmevorschrift handelt, die jedenfalls nicht dazu führen darf, daß der Gesetzgeber gehindert wird, durch verfassungsänderndes Gesetz auch elementare Verfassungsgrundsätze systemimmanent zu modifizieren«[49]. Dem ist heftig widersprochen worden[50]. Treffend an der Kritik ist, daß bei Zugrundelegung dieser »minimalistischen« Auslegung[51] Art. 79 III GG auf ein Revolutionsverbot reduziert und damit sein normativer Gehalt nicht ausgeschöpft würde (→ Rn. 13). Andererseits muß man sich ebensosehr vor »normativen Zementierungen«[52] des konkreten verfas-

15

---

[43] Eingehend zum Problem *Bryde*, Verfassungsentwicklung (Fn. 7), S. 246 ff. (mit eigenem Lösungsversuch); s. ferner *Tomuschat*, Verfassungsgewohnheitsrecht (Fn. 33), S. 106, 109 ff.; *H. Dreier*, JZ 1994, 741 (747 ff.). Zum Begriff der Totalrevision etwa *P. Saladin*, AöR 104 (1979), 350 ff.

[44] Dieser Verfassungsumsturz müßte natürlich nicht notwendig gewaltsam erfolgen: entscheidend ist der Bruch der Rechtskontinuität.

[45] Nur diese können sinnvollerweise als lediglich »deklaratorisch« aufgefaßt werden. Bei *Ehmke*, Grenzen (Fn. 6), S. 99 f. und *Hesse*, Verfassungsrecht, Rn. 703, 706 erscheint als »konstitutiv« lediglich die Garantie bundesstaatlicher Ordnung.

[46] Dazu *H. Dreier*, JZ 1994, 741 (749) m.w.N.

[47] Siehe *E. Forsthoff*, Der Staat 2 (1963), 385 (385); *F. Wieacker*, Zum heutigen Stand der Naturrechtsdiskussion, 1965, S. 12; *H. Hofmann*, Rechtsfragen der atomaren Entsorgung, 1981, S. 260; *N. Luhmann*, Das Recht der Gesellschaft, 1993, S. 474.

[48] Es hat nicht, wie zuweilen gesagt wird, erst spät anstelle des Merkmals »Antasten« Eingang in den Text gefunden. Von Antasten ist lediglich in einem Alternativvorschlag des Redaktionsausschusses vom Januar 1949 die Rede (Parl. Rat VII, S. 254), vorher und nachher nicht. Im übrigen würde es die Interpretation vor die gleichen Probleme stellen wie das »Berühren«.

[49] BVerfGE 30, 1 (24, 25). Zum Teil wiederholt in BVerfGE 84, 90 (121); 89, 155 (208 f.).

[50] BVerfGE 30, 1 (33 ff.) – *Sondervotum*; aus der Literatur *P. Häberle*, JZ 1971, 145 (149 f.); *H.H. Rupp*, NJW 1971, 275 (276 f.); *H.-U. Erichsen*, VerwArch. 62 (1971), 291 (294 f.); *Evers* (Fn. 1), Art. 79 III Rn. 150 ff.; *v. Münch*, Staatsrecht I, Rn. 91 ff.; differenzierend *Bryde* (Fn. 30), Art. 79 Rn. 28; *Stern*, Staatsrecht III/2, S. 1105 ff.

[51] *Bryde*, Verfassungsentwicklung (Fn. 7), S. 239. Zu dieser Gefahr der Marginalisierung auch *Dürig*, Bedeutung (Fn. 38), S. 43, 51; *Even*, Bedeutung (Fn. 33), S. 92; *H. Dreier*, JZ 1994, 741 (749). Gegen die Maxime einer »engen« Auslegung des Art. 79 III GG zurecht *K. Stern*, JuS 1985, 329 (332); *Häberle*, Ewigkeitsklauseln (Fn. 1), S. 96.

[52] *T. Maunz/G. Dürig*, in: Maunz/Dürig, GG, Art. 79 III (1960), Rn. 31; zur Gefahr des Immobilismus auch *Bryde* (Fn. 30), Art. 79 Rn. 28; *H. Dreier*, JZ 1994, 741 (749 f.).

sungsrechtlichen Zustandes durch eine **extensive Interpretation** hüten. Überhaupt erscheint es verfehlt, für die Festlegung der konkreten Reichweite der Unantastbarkeitsgarantie allgemeingültige, da notwendig pauschalierende Formeln zu entwickeln[53]. Angebracht und geboten ist vielmehr eine lege artis vorgehende Auslegung, die bei den einzelnen Regelungsgehalten ansetzt und hierbei vor allem dem einschränkenden Merkmal der »Grundsätze« hinlänglich Rechnung trägt[54]. Das Bundesverfassungsgericht selbst scheint diesen richtigen Weg zu gehen und alte Kontroversen zu entschärfen, wenn in jüngeren Urteilen das Konzept enger Auslegung als Möglichkeit für den verfassungsändernden Gesetzgeber gedeutet wird, die positivrechtliche Ausprägung der geschützten Grundsätze aus sachgerechten Gründen zu modifizieren[55]. Schließlich bleibt für das Normverständnis bedeutsam, daß die Ewigkeitsgarantie eine empfindliche Beschränkung freier demokratischer Selbstorganisation des politischen Verbandes nach den Regeln der Volkssouveränität mit sich bringt (→ Rn. 14). Für die im einzelnen sehr schwierigen Abgrenzungsfragen bietet sich als zusätzliches **Kontrollkriterium** die Prüfung an, ob die jeweils in Frage stehenden Unantastbarkeiten in anderen freiheitlichen Verfassungsstaaten geltendes Recht darstellen: tun sie es, so spricht dies eher dagegen, sie dem Schutz von Art. 79 III GG zu unterstellen.

III. Die geschützten Gehalte im einzelnen

1. Garantie einer bundesstaatlichen Ordnung

a) Gliederung des Bundes in Länder

16   Mit dem Schutz der Gliederung der Bundesrepublik in Länder benennt Art. 79 III GG einen speziellen Aspekt der – durch den Verweis auf die Grundsätze von Art. 20 GG in allgemeiner Weise umfaßten und von daher doppelt geschützten – Bundesstaatlichkeit[56]. Damit ist zwar der Übergang zu einem zentralistischen Einheitsstaat ausgeschlossen, aber **keine Bestandsgarantie** für die einzelnen derzeit existenten Länder gegeben[57]. Das verdeutlichen die im Grundgesetz selbst vorgesehenen Möglichkeiten zur **Neugliederung** des Bundesgebietes bzw. zur Zusammenlegung einiger Bundesländer (Art. 29, 118, 118a GG): insofern bleibt die Bundesrepublik ein »labiler Bundesstaat«[58]. Wieviele Länder zur Wahrung der gesicherten **gliedstaatlichen Grundstruk-**

---

[53] Zurecht kritisch *Hesse*, Verfassungsrecht, Rn. 703 m. Fn. 7; *Badura* (Fn. 29), § 160 Rn. 27. Auch die Kombination von absoluten und relativen Schranken (*P.M. Huber*, Maastricht – ein Staatsstreich?, 1993, S. 26 f.: »Mittelweg«) führt nicht weiter.

[54] So auch *B. Schlink*, Der Staat 12 (1973), 85 (108); *K. Stern*, JuS 1985, 329 (332).

[55] BVerfGE 84, 90 (121); 94, 49 (103).

[56] Zum Teil wird vertreten, wegen der expliziten Garantie der zwei in Art. 79 III genannten Merkmale (Gliederung in Länder und Mitwirkung bei der Gesetzgebung) laufe die zusätzliche Sicherung der Bundesstaatlichkeit über den Verweis auf die Grundsätze des Art. 20 GG, der auch die föderale Ordnung umfaßt, leer (so *Maunz/Dürig* [Fn. 52], Art. 79 III Rn. 40; *H. Ridder*, in: AK-GG, Art. 79 Rn. 30, 32; *Lücke* [Fn. 32], Art. 79 Rn. 37). Dem ist mit der h.M. (*K. Hesse*, AöR 98 [1973], 1 [8 f.]; *Evers* [Fn. 1], Art. 79 III Rn. 209; *J. Isensee*, Idee und Gestalt des Föderalismus im Grundgesetz, in: HStR IV, § 98 Rn. 263) zu widersprechen: die beiden ausdrücklich genannten Merkmale haben exemplarischen, nicht abschließenden Charakter.

[57] Ganz unbestrittene Auffassung: BVerfGE 1, 14 (47 f.); 5, 34 (38); *H. Hofmann*, Die Entwicklung des Grundgesetzes nach 1949, in: HStR I, § 7 Rn. 71; *v. Münch*, Staatsrecht I, Rn. 496; Jarass/*Pieroth*, GG, Art. 79 Rn. 7.

[58] Ausdruck nach *R. Thoma*, Das Reich als Bundesstaat, in: HdbDStR I, S. 169 ff. (184), der vom

tur erforderlich sind, ist umstritten: unter Rückgriff auf die römisch-rechtliche Parömie *tres faciunt collegium* (Dig. 50, 16, 85) und unter Berücksichtigung des Umstandes, daß eine bloße Zweiteilung (Nord-Süd oder West-Ost) einen starren Dualismus an die Stelle gewünschter Vielfalt setzen würde, wird man die **Existenz von drei Ländern** als absolutes Minimum ansehen müssen[59].

Geschützt ist nicht allein der formale Bestand einer Mehrzahl von Ländern, sondern auch ein **Mindestmaß an materieller Eigenständigkeit**. Zu deren Sicherung muß ihnen dem Bundesverfassungsgericht zufolge »ein Kern eigener Aufgaben als ›Hausgut‹ untentziehbar« verbleiben, wozu in jedem Fall »die freie Bestimmung über seine Organisation einschließlich der in der Landesverfassung enthaltenen organisatorischen Grundentscheidungen sowie die Garantie der verfassungskräftigen Zuweisung eines angemessenen Anteils am Gesamtsteueraufkommen im Bundesstaat« gehörten[60]. Die staatsorganisationsrechtliche Gestaltungsfreiheit muß sich freilich im Rahmen des Homogenitätsgebotes halten (→ Art. 28 Rn. 47 ff., 53 ff.), und der angemessene Anteil am Gesamtsteueraufkommen sagt nichts über Art und Gestaltung entsprechender Erhebungs- und Verteilungssysteme aus; auch sind die Finanzierungsquellen der Länder nicht in ihrem derzeitigen Bestand geschützt[61]. Die Verteilung von Gesetzgebungs-, Verwaltungs- und Rechtsprechungskompetenzen zwischen Bund und Ländern ist ebenfalls prinzipiell variabel[62]. Einige Mindestkompetenzen ergeben sich insoweit allerdings aus der allgemeinen Sicherung der Bundesstaatlichkeit (→ Rn. 39).

17

b) Grundsätzliche Mitwirkung der Länder bei der Gesetzgebung

Der Anwendungsbereich dieser Garantie erstreckt sich lediglich auf die **förmliche Gesetzgebung des Bundes**[63] (eingeschlossen Zustimmungsgesetze zu völkerrechtlichen Verträgen nach Art. 59 II GG und verfassungsändernde Gesetze nach Art. 79 II GG), da eigene Gesetzgebungskompetenzen der Länder bereits durch den allgemeinen Schutz der Bundesstaatlichkeit garantiert sind (→ Rn. 39). Das Merkmal »**grundsätzlich**« deutet an, daß es (staatspolitisch extraordinäre) Ausnahmefälle geben kann, in denen eine Länderbeteiligung ausgeschlossen werden darf[64].

18

»Gesamtbild ... des labilen Föderalismus« spricht; aufgegriffen in BVerfGE 1, 14 (48); 5, 34 (38); aus der Literatur statt aller *R. Scholz*, in: Maunz/Dürig, GG, Art. 29 (1996), Rn. 14 ff. – *v. Münch*, Staatsrecht I, Rn. 496 bemerkt zurecht, daß es unter dem Grundgesetz genauer »stabiler Bundesstaat mit labilen Bundesländern« heißen müßte.

59 So u. a. *Evers* (Fn. 1), Art. 79 III Rn. 212; *Bryde* (Fn. 30), Art. 79 Rn. 30; *Lücke* (Fn. 32), Art. 79 Rn. 26. Nach *Maunz/Dürig* (Fn. 52), Art. 79 III Rn. 34 genügen zwei Länder, während *Isensee* (Fn. 56), § 98 Rn. 278 offenbar deutlich mehr als drei für erforderlich hält.

60 Zitat: BVerfGE 34, 9 (20). In BVerfGE 87, 181 (196) wird die Wendung vom »Kern eigener Aufgaben« aufgegriffen. – Eingehend hierzu *Isensee* (Fn. 56), § 98 Rn. 268 ff. (insb. zur Staatlichkeit der Länder); s. auch *H.-U. Erichsen*, Jura 1992, 52 (53).

61 Ein haushaltswirtschaftlicher Bewegungsspielraum muß den Ländern aber verbleiben; *E. G. Mahrenholz*, in: AK-GG, Art. 109 Rn. 7; *U. Häde*, EuZW 1992, 171 (177).

62 Zu weitgehend (in Anlehnung an BVerfGE 34, 9 [21]) *Isensee* (Fn. 56), § 98 Rn. 275: einige Kompetenzeinbußen rührten an den »Nerv der Bundesstaatlichkeit«.

63 Ganz h. M.: *Maunz/Dürig* (Fn. 52), Art. 79 III Rn. 36 (allerdings wird ein Bestand an originären Gesetzgebungskompetenzen der Länder auch hier verortet); *Bryde* (Fn. 30), Art. 79 Rn. 32; *Kirchhof* (Fn. 29), § 19 Rn. 77. – Die Mitwirkung der Länder an der supranationalen »Gesetzgebung« der EG ist nicht in Art. 79 III GG, sondern im Europaartikel des Grundgesetzes garantiert (→ Art. 23 Rn. 107 ff.).

64 Wie hier ansatzweise *Lücke* (Fn. 32), Art. 79 Rn. 29 (freilich mit der den Ausnahmecharakter ge-

19 Art. 79 III GG enthält ferner **keine Garantie der de constitutione lata vorhandenen Mitwirkungsrechte**. Die derzeit verfassungsrechtlich vorgesehenen Institutionen, Organe und Verfahren bei der Mitwirkung an der Gesetzgebung könnten im Wege der Verfassungsänderung abgeschafft und durch andere ersetzt werden, solange den Ländern nur insgesamt Mitsprachemöglichkeiten von substantiellem Gewicht belassen und sie nicht zu einer letztlich vernachlässigenswerten Größe reduziert würden: **Mitwirkung meint nicht zwingend Vetoposition, aber mehr als lediglich Anhörung**. Entscheidend bleibt insofern stets eine »Gesamtbilanz« der gliedstaatlichen Einwirkungsmöglichkeiten[65]. Änderungsfest ist daher weder die Kategorie der Zustimmungsgesetze als besonders intensive Mitwirkungsform[66] noch der Vermittlungsausschuß, der ersatzlos gestrichen, oder der Bundesrat, dessen Zusammensetzung nicht nur verändert, sondern der insgesamt durch einen am amerikanischen Modell orientierten Senat abgelöst werden könnte[67].

20 Im Unterschied zu Entwürfen während der Verfassungsberatungen (→ Rn. 3ff.) ist die **Mitwirkung bei der Verwaltung von Bundesgesetzen nicht ausdrücklich garantiert**. Damit erweist sich das System der Art. 83ff. mit der normativ wie empirisch vorherrschenden Grundform der Verwaltung der Bundesgesetze durch die Bundesländer als deren eigene Angelegenheit als disponibel (→ Art. 50 Rn. 32). Gleichwohl wäre eine Überführung der großen Mehrzahl aller Bundesgesetze in die Verwaltungsform bundeseigener Verwaltung insofern prekär, als sich das bundesstaatliche System in Deutschland seit 1949 in erster Linie als **Exekutivföderalismus** entfaltet hat und man die Länder dadurch ihrer gewichtigsten föderalen Einfluß- und Wirkungsgröße berauben würde. Entsprechende Schutzstandards ließen sich – wenn überhaupt – indes nicht aus einer Art Analogie zur Mitwirkung bei der Gesetzgebung, sondern wiederum nur aus der allgemeinen Gewährleistung der Bundesstaatlichkeit herleiten (→ Rn. 39; → Art. 20 [Bundesstaat] Rn. 22ff., 30f.).

2. Schutz der in Art. 1 und 20 GG niedergelegten Grundsätze

a) Zur Bedeutung der »Grundsätze«

21 Art. 79 III GG umschließt Art. 1 und 20 GG nicht in ihrer Gänze, sondern erklärt ausdrücklich nur ihre Grundsätze für unabänderlich. Das zielt auf den **substantiellen Kerngehalt** der in bezug genommenen Normen, der jeweils im einzelnen herauszupräparieren ist. Einigkeit herrscht darüber, daß mit dieser Formulierung die mannigfaltigen Konkretisierungen, die die in Art. 1 und 20 GG enthaltenen Rechtsnormen er-

---

rade nicht erfassenden Einschränkung: bei »insgesamt gesehen nicht wichtigen Fällen der Bundesgesetzgebung«).

[65] *K. Hesse*, AöR 98 (1973), 1 (41); ähnlich *K. Stern*, JuS 1985, 329 (337): entscheidend sei eine »bestimmte Qualität der Ausgestaltung«.

[66] *A. Elgeti*, Inhalt und Grenzen der Föderativklausel des Art. 79 III GG, Diss. jur. Marburg 1968, S. 72; *K.-U. Meyn*, Kontrolle als Verfassungsprinzip, 1982, S. 229; *Bryde* (Fn. 30), Art. 79 Rn. 32; *Lükke* (Fn. 32), Art. 79 Rn. 29; a.A. *Evers* (Fn. 1), Art. 79 III Rn. 218, 220.

[67] Das ist umstritten: wie hier *H. Nawiasky*, Die Grundgedanken des Grundgesetzes für die Bundesrepublik Deutschland, 1950, S. 63; *Elgeti*, Inhalt (Fn. 66), S. 69ff.; *K. Hesse*, AöR 98 (1973), 1 (18); *Stern*, Staatsrecht I, S. 170; *Bryde*, Verfassungsentwicklung (Fn. 7), S. 237ff.; gegen Zulässigkeit der Senatslösung *Maunz/Dürig* (Fn. 52), Art. 79 III Rn. 36; *Evers* (Fn. 1), Art. 79 III Rn. 220. → Art. 51 Rn. 25.

fahren haben, nicht von der Ewigkeitsgarantie erfaßt werden⁶⁸. Letztlich entscheidend für die dem verfassungsändernden Gesetzgeber auferlegten Schranken sind die je für sich zu betrachtenden einzelnen Regelungsgehalte⁶⁹ (→ Rn. 22 ff., 29 ff.).

b) Grundsätze des Art. 1 GG

aa) Art. 1 I GG (Menschenwürde)

Der Schutz der Menschenwürde hat selbst derart fundamentalen Charakter, daß er ungeteilt der Ewigkeitsgarantie unterfällt. Es gibt keine getrennten oder gestuften Schutzzonen: der Inhalt des Art. 1 I GG und dessen »Grundsätze« sind deckungsgleich⁷⁰. Stimmig bleibt dieses Konzept freilich nur unter zwei Bedingungen. Zum einen ist die gebotene restriktive Auslegung des Grundsatzes von der Menschenwürde zu beachten, die tatsächlich nur Essentiales, Grundlegendes und Richtungweisendes umfaßt (→ Art. 1 I Rn. 32, 35, 44, 99). Zum anderen nehmen die mannigfaltigen Ausprägungen des Menschenwürdesatzes, namentlich die vom Bundesverfassungsgericht kreierten Kombinationen mit anderen Grundrechten und Verfassungsgütern (→ Art. 1 I Rn. 79 ff.) und deren stets kontextbezogene Anwendung im Einzelfall an der Ewigkeitsgarantie nicht teil und sind daher dem Zugriff des verfassungsändernden Gesetzgebers nicht schlechthin entzogen.

Zum Teil wird vertreten, daß vermittels Art. 1 I GG auch Grundrechte mit ihrem sog. **Menschenwürdegehalt** insoweit unantastbar seien⁷¹. Das begegnet durchgreifenden Bedenken. Als nicht haltbar erweist sich zunächst die seinerzeit von Dürig vertretene Position, wonach alle Grundrechte einen Menschenwürdegehalt aufwiesen (→ Art. 1 I Rn. 97), dieser identisch mit der Wesensgehaltgarantie sei (→ Art. 19 II Rn. 13, 16) und ohne Abstriche der Ewigkeitsgarantie unterfiele. Aber auch eingrenzende Bestimmungsversuche stoßen auf unüberwindliche Klassifikationsschwierigkeiten⁷². Strenggenommen sagt der Menschenwürdesatz noch gar nichts darüber aus, ob der von ihm gewährleistete und unaufgebbare Achtungs- und Schutzanspruch (→ Art. 1 I

---

⁶⁸ Intendiert ist also die Beschränkung auf das Wesentliche, Essentielle, nicht die Einbeziehung eines komplexen Norminhalts (vgl. *Stern*, Staatsrecht I, S. 173 f.; *ders.*, Staatsrecht III/2, S. 1115 ff.). S. auch *J. Ipsen*, Staatsrecht I, Rn. 1017: »Nur das schlechthin Fundamentale soll der Verfassungsänderung entzogen sein«.

⁶⁹ »Schlüsselproblem« ist also die inhaltliche Konkretisierung der geschützten Grundsätze: *Evers* (Fn. 1), Art. 79 III Rn. 152; *K. Stern*, JuS 1985, 329 (333).

⁷⁰ Wie hier Jarass/*Pieroth*, GG, Art. 79 Rn. 6; ausführlich *B. Pieroth/B. Schlink*, Menschenwürde- und Rechtsschutz bei der verfassungsrechtlichen Gewährleistung von Asyl – Art. 16a Abs. 2 und Art. 79 Abs. 3 GG, in: FS Mahrenholz, 1994, S. 669 ff. (670 ff.); *Stern*, Staatsrecht III/2, S. 1115; wohl auch *Lücke* (Fn. 32), Art. 79 Rn. 30 f.; differenzierend *Bryde* (Fn. 30), Art. 79 Rn. 33.

⁷¹ So die von Günter Dürig begründete These (→ Art. 1 I Rn. 97 m.w.N. auch zur Gegenmeinung); darauf aufbauend *Bryde* (Fn. 30), Art. 79 Rn. 36 (allerdings unter Ablehnung der Identifizierung mit der Wesensgehaltsgarantie); *Lücke* (Fn. 32), Art. 79 Rn. 31. S. auch *H.-U. Erichsen*, Jura 1992, 52 (53). Kritisch wie hier *H. Quaritsch*, Der grundrechtliche Status der Ausländer, in: HStR V, § 120 Rn. 130 ff.

⁷² Vgl. *Lücke* (Fn. 32), Art. 79 Rn. 32, in dessen Aufzählung von Grundrechten »mit starkem Persönlichkeitsbezug« die Art. 5 III, 6, 8 und 9 GG fehlen! Bei ihm wie bei *K. Stern*, JuS 1985, 329 (338) erscheint auf der Positivliste die Eigentumsgarantie, die in der französischen Menschenrechtserklärung von 1789 als »unverletzlich und heilig« gepriesen wurde, aber in den beiden Menschenrechtspakten von 1966 bis heute fehlt und der EMRK erst hinzugefügt werden mußte (→ Vorb. Rn. 7, 21 f.); *Manssen*, Staatsrecht I, Rn. 282 reklamiert eine besondere Nähe zu Art. 1 I für Art. 4, 12 II und III sowie Art. 101–104 GG. Kritisch wie hier *C. Enders*, Die Menschenwürde in der Verfassungsordnung, 1997, S. 426 f. m. Fn. 292.

Rn. 77f.) zwingend die Form subjektiver, einklagbarer Grundrechte mit Verfassungsrang annehmen müßte. Die Verbindung stellt erst Art. 1 II GG (»darum«) her. Eine menschenwürdige staatliche Ordnung ist auch ohne derartige Vorkehrungen möglich, wie Rechtsgeschichte (deutscher Konstitutionalismus) und Rechtsvergleichung (Großbritannien) zeigen. Spezifisch **grundrechtliche Sicherungen** ergeben sich erst aus Art. 1 III GG (→ Rn. 26ff.).

24 Zurecht hat das Bundesverfassungsgericht daher erklärt, das **Grundrecht auf Asyl** könne durch den verfassungsändernden Gesetzgeber auch ganz abgeschafft werden[73].

bb) Art. 1 II GG (Menschenrechte)

25 Auch dem Bekenntnis zu den Menschenrechten, zu Frieden und Gerechtigkeit läßt sich **kein** fixer oder auch nur taxativer **Katalog an** grundgesetzlich garantierten und unantastbaren **Individualrechten** entnehmen[74]. Die von Art. 79 III GG umfaßten »Grundsätze« dieser Norm können lediglich die notwendigerweise vage und konkretisierungsbedürftige Menschenrechtsidee als solche einschließlich der (auch völkerrechtlich relevanten) Verpflichtung des deutschen Staates zum Einsatz für diese meinen (→ Art. 1 II Rn. 14ff.). Ein über die durch Art. 1 I, 1 III, 20 GG garantierten Inhalte hinausgehender Schutzeffekt tritt durch das Menschenrechtsbekenntnis nicht ein (→ Art. 1 II Rn. 20). Das Bundesverfassungsgericht hat zwar davon gesprochen, auch das in Art. 1 II GG enthaltene Bekenntnis zu den Menschenrechten erlange in bezug auf Art. 79 III GG Bedeutung[75], diese auffällig unbestimmte Wendung aber nicht näher entfaltet. Ähnliches gilt für Stimmen in der Literatur[76].

cc) Art. 1 III GG (Grundrechtsbindung)

26 Konkrete normative Konsequenzen ergeben sich vor allem daraus, daß die Ewigkeitsgarantie auch Art. 1 III GG umschließt. Erst hier ist definitiv und klar von (subjektiven, einklagbaren) Grundrechten die Rede (→ Art. 1 III Rn. 15ff., 18ff.). Diese Norm setzt die Existenz von Grundrechten nach Art der im Grundgesetz kodifizierten voraus. Zwar ist, wie der Wortlaut deutlich macht[77], der **gegenwärtige Katalog nicht un-**

---

[73] BVerfGE 94, 49 (103); zur dort gegebenen Begründung kritisch *G. Lübbe-Wolff*, DVBl. 1996, 825 (833f.).

[74] So aber wohl *K. Stern*, Idee und Elemente eines Systems der Grundrechte, in: HStR V, § 109 Rn. 88; *ders.*, Staatsrecht III/2, S. 1117. Dagegen spricht vor allem, daß eine Beschränkung auf einen (wie auch immer zu ermittelnden) historischen Kerngehalt von Menschenrechten der Dynamik des Art. 1 II GG entgegenstehen, andererseits eine vorbehaltlose Aufnahme aller international diskutierten über den als Schleusennorm verstandenen Absatz 2 die positive Norm des Art. 1 III GG aushebeln würde: → Art. 1 II Rn. 14f. m.w.N.; s. jetzt auch *W. Brugger*, Menschenwürde, Menschenrechte, Grundrechte, 1997, S. 12ff., 45f.

[75] BVerfGE 84, 90 (121); ähnlich E 94, 49 (102f.).

[76] *Isensee* (Fn. 23), § 115 Rn. 36: latente Wirksamkeit des Menschenrechtsbekenntnisses als »überpositive Normreserve«; *Lücke* (Fn. 32), Art. 79 Rn. 33; *Starck*, GG I, Art. 1 Rn. 91f. sucht einen Menschenrechtskern der Grundrechte zu fixieren und stellt insbesondere auf Pressefreiheit und Eigentumsschutz ab. Zurecht vermerkt *Bryde* (Fn. 30), Art. 79 Rn. 35, die vom Bundesverfassungsgericht im Zusammenhang mit Art. 1 II GG angesprochene Mindest-Grundrechtsordnung werde üblicherweise in Art. 1 I, III GG verortet.

[77] Art. 79 III GG spricht von den »in den Artikeln 1 *und* 20«, nicht in den Artikeln 1 *bis* 20 niedergelegten Grundsätzen. Die von *K.G. Wernicke* (in: BK, Art. 1 III [Erstb. 1950] Erl. II 5b) vertretene und als »Kettentheorie« bekannte Auffassung, wonach die vorbehaltlos gewährten Grundrechte (und nur

III. Die geschützten Gehalte im einzelnen **Art. 79 III**

abänderlich; der verfassungsändernde Gesetzgeber ist hier prinzipiell zum Um- und Anbau bis hin zur Streichung einzelner Grundrechte befugt (→ Rn. 24). Er darf dieser Bestimmung aber nicht durch sukzessive Beseitigung aller Grundrechte ihr Objekt nehmen. Ein **Mindestbestand an Grundrechten** ist also garantiert. Zu diesem Mindestbestand, für dessen Erschließung auf die Substanz internationaler Menschenrechtsdokumente und klassischer Menschenrechtserklärungen (→ Vorb. Rn. 6ff., 19ff.) Bezug zu nehmen ist, dürften **drei Komplexe** gehören: einmal die Gewährleistung personaler Autonomie (in Sonderheit Schutz der Privatsphäre und Persönlichkeitsentfaltung) auf der Basis prinzipieller Gleichheit aller Bürger (z.B. Willkürverbot und Ausschluß ständischer Ordnungen)[78]; zweitens müssen Grundrechte erhalten bleiben, die unverzichtbar für die demokratische Ordnung sind (→ Art. 20 [Demokratie] Rn. 62ff.), also vor allem Kommunikations- und Vereinigungs-, aber natürlich auch Wahl- und Abstimmungsrechte (→ Vorb. Rn. 41); drittens schließlich sind rechts- bzw. justizstaatliche Garantien unentbehrlich, die – wie der Schutz vor willkürlicher Verhaftung – zu den ältesten Grundrechten überhaupt zählen (→ Art. 2 II Rn. 2). Die beiden letztgenannten Gruppen zeigen im übrigen, daß es der Zusammenschau der in Art. 20 GG angesprochenen Verfassungsprinzipien mit den Grundrechten bedarf.

Des weiteren ist durch Art. 79 III GG unabänderlich verbürgt, daß die (jeweiligen) Grundrechte des Grundgesetzes am **Vorrang der Verfassung** partizipieren, also alle staatlichen Gewalten und damit auch den parlamentarischen Gesetzgeber binden (→ Art. 1 III Rn. 1, 37ff.). Die ebenfalls geschützte Qualität der Grundrechte als »unmittelbar geltendes Recht« (→ Art. 1 III Rn. 18ff.) gebietet, daß die Bindungswirkung gegenüber den staatlichen Gewalten nicht qua Rückstufung auf den Status bloßer Programmsätze gelockert oder ganz aufgehoben wird. Das schließt aber nicht aus, auch sog. »soziale« Grundrechte, bei denen es sich in Wirklichkeit um Staatszielbestimmungen handelt, in die Verfassung aufzunehmen (→ Vorb. Rn. 22). 27

Inhaltlicher Geltungsanspruch und Vorrangcharakter bedürfen schließlich des **effektiven Schutzes** (→ Art. 1 III Rn. 21). Traditionsgemäß bieten sich hier justizförmige Kontrollen und die Einrichtung einer Verfassungsgerichtsbarkeit an. Gleichwohl ist beides nicht bereits durch Art. 1 GG mitgarantiert. An die Stelle von unabhängigen Gerichten können besondere Organe treten, die allerdings gleichwertigen Schutz bieten müssen[79]; die Wahrung und Durchsetzung des Vorranges der verfassungsmäßig garantierten Grundrechte muß nicht zwingend in den Händen eines besonderen Ver- 28

---

sie!) über Art. 1 III GG erfaßt seien, ist zurecht (allerdings zumeist in undifferenzierter Rezeption) auf einhellige Ablehnung gestoßen: vgl. *Evers* (Fn. 1), Art. 79 III Rn. 172; *K. Stern*, JuS 1985, 329 (336); ders., Staatsrecht III/2, S. 1073, 1127; *Bryde* (Fn. 30), Art. 79 Rn. 36; *Wegge*, Bedeutung (Fn. 7), S. 65ff.

[78] Gleichheit ist nicht nur fundamentales Element von Gerechtigkeit, sondern auch einer rechtsstaatlichen und demokratischen Ordnung (vgl. *P. Kirchhof*, Der allgemeine Gleichheitssatz, in: HStR V, § 124 Rn. 152; → Art. 3 Rn. 126). Von daher ist erklärbar, daß das Bundesverfassungsgericht die »Grundelemente des Gleichheitssatzes« als »nach Art. 79 Abs. 3 GG unantastbar« bezeichnet (BVerfGE 84, 90 [127]; 94, 12 [34]). Diese Grundelemente werden nach BVerfG (1. Kammer des Ersten Senats) NJW 1996, 2722 durch die gemäß Art. 143 III GG anerkannten Enteignungen nicht verletzt.

[79] Im Ansatz nicht falsch daher BVerfGE 30, 1 (25); sehr fraglich bleibt indes die Gleichwertigkeit des Schutzes durch die parlamentarischen Kommissionen. Wie hier *Bryde* (Fn. 30), Art. 79 Rn. 37; ähnlich Jarass/*Pieroth*, GG, Art. 79 Rn. 9a.

fassungsgerichtes liegen, sondern kann einem sonstigen (obersten) Gericht oder anderen, außerhalb des Gerichtsverfassungssystems stehenden besonderen Organen anvertraut sein.

c) Grundsätze des Art. 20 GG

aa) Republik

29 Durch Festschreibung der republikanischen Staatsform (→ Art. 20 [Republik] Rn. 15 ff.) ist die Rückkehr zur Monarchie absolutistischer wie konstitutioneller Prägung ebenso ausgeschlossen wie jede andere Form zeitlich unbegrenzter, vom (kontinuierlich zu erneuernden) Willen des Staatsvolkes unabhängiger Bestellung des Staatsoberhauptes[80]. Freiheitliche und demokratische Gehalte sind nach gebotener restriktiver Auffassung des Merkmals »republikanisch« nicht hier, sondern beim Demokratie- und Rechtsstaatsprinzip zu verorten (→ Art. 20 [Demokratie] Rn. 134).

bb) Demokratie

30 Die Demokratie stellt sich als der bei weitem **wichtigste und aussagekräftigste Grundsatz** der Ewigkeitsgarantie dar[81]. Hinsichtlich des Grades der Teilhabe der einzelnen im Demokratiebegriff gebündelten Strukturelemente (→ Art. 20 [Demokratie] Rn. 57, 63 ff.) an der Ewigkeitsgarantie ist dabei nach folgenden Maßgaben zu differenzieren.

31 Ohne Zweifel gewährleistet sind zunächst **Mehrheitsprinzip** (→ Art. 20 [Demokratie] Rn. 64 ff.), **Herrschaft auf Zeit** (→ Art. 20 [Demokratie] Rn. 69), **Volkssouveränität**[82] (→ Art. 20 [Demokratie] Rn. 76 ff.) und die Notwendigkeit **demokratischer Legitimation** des Staatshandelns (→ Art. 20 [Demokratie] Rn. 104 ff.). Durch den letztgenannten Punkt sind indes spezifische Legitimationskonzepte, wie sie in der nicht unanfechtbaren Judikatur des Bundesverfassungsgerichts Gestalt gewinnen (→ Art. 20 [Demokratie] Rn. 104 ff., 108), nicht mit abgedeckt.

32 Als nachhaltigster praktisch-politischer Ausdruck der Volkssouveränität ist die Vermittlung demokratischer Legitimation durch periodisch wiederkehrende **Wahlen** (→ Art. 20 [Demokratie] Rn. 88 ff.) ebenso durch Art. 79 III GG garantiert wie die fundamentalen **Wahlrechtsgrundsätze des Art. 38 I 1 GG**, namentlich Allgemeinheit, Freiheit und Gleichheit der Wahl (→ Art. 20 [Demokratie] Rn. 92; → Art. 38 Rn. 64 ff., 82 ff., 92 ff.)[83]. Einschränkungen sind insoweit nach richtiger Ansicht hinsichtlich der geheimen und unmittelbaren Wahl geboten[84]. Eine verfassungsrechtliche **Ewigkeitsgarantie des Verhältniswahlsystems** läßt sich trotz berechtigter Bedenken gegenüber einer einfachgesetzlichen Einführung des Mehrheitswahlrechts (→ Art. 20 [Demokratie] Rn. 91) **nicht** postulieren.

33 Die Frage nach der Unantastbarkeit von **Abstimmungen** (→ Art. 20 [Demokratie] Rn. 93 ff.) wird durch Inkonsequenzen der staatsrechtlichen Diskussion kompliziert.

---

[80] Statt aller *v. Münch*, Staatsrecht I, Rn. 109 ff.; *Evers* (Fn. 1), Art. 79 III Rn. 178; referierend W. *Henke*, Die Republik, in: HStR I, § 21 Rn. 7.
[81] *Maunz/Dürig* (Fn. 52), Art. 79 III Rn. 47; *Bryde* (Fn. 30), Art. 79 Rn. 39.
[82] BVerfGE 89, 155 (182); *Lücke* (Fn. 32), Art. 79 Rn. 39.
[83] *Wegge*, Bedeutung (Fn. 7), S. 210 ff.; für Wahlrechtsgleichheit *Stern*, Staatsrecht III/2, S. 1121.
[84] *Maunz/Dürig* (Fn. 52), Art. 79 III Rn. 47. A.A. bezüglich der Geheimheit *Wegge*, Bedeutung (Fn. 7), S. 214.

Klar ist zunächst, daß Art. 79 III GG einer Einführung »echter« Abstimmungen im Wege der Verfassungsänderung (→ Art. 20 [Demokratie] Rn. 100ff.) nicht entgegensteht. Schwieriger ist die Frage zu beantworten, ob Art. 79 III GG eine Streichung des Wortes »Abstimmungen« untersagt. Geht man davon aus, daß das Grundgesetz derzeit keine Abstimmungen, sondern allenfalls »Bevölkerungsentscheide« kennt (→ Art. 20 [Demokratie] Rn. 95), so bleibt für Art. 79 III i.V.m. Art. 20 II 2 GG nur die Funktion einer **Garantie für die prinzipielle Offenheit des Grundgesetzes für Sachentscheidungen des Volkes** und die Möglichkeit, unter Berufung auf Art. 20 II 2 GG durch verfassungsänderndes Gesetz echte plebiszitäre Elemente einzuführen[85]. Für eine solche Bestimmung des Garantiebereichs spricht zumindest ergänzend der Gesichtspunkt der Konkordanz mit den Vorschriften der Landesverfassungen zur Volksgesetzgebung (→ Art. 20 [Demokratie] Rn. 55, 100).

Von der Ewigkeitsgarantie berührt sind – in einem im einzelnen schwierig zu bestimmenden Umfange – auch die fundamentalen Voraussetzungen einer funktionierenden Demokratie. Dazu zählen ein **freier Willensbildungsprozeß**[86] und Öffentlichkeit ebenso wie die dem Demokratieprinzip besonders nahestehenden **Kommunikationsgrundrechte** (→ Art. 20 [Demokratie] Rn. 72 ff.)[87]. Mit guten Gründen läßt sich in diesem Zusammenhang ferner die Freiheit zur Parteigründung (Art. 21 GG) in den Schutzbereich des Art. 79 III GG einbeziehen[88].

34

Seiner unmittelbaren demokratischen Legitimation wegen ist die **Leitfunktion des Parlaments** (→ Art. 20 [Demokratie] Rn. 88, 109f.) mit Gesetzgebungshoheit und Budgetrecht unantastbar[89]. Das schließt jedoch nach herrschender, wenn auch umstrittener Ansicht **keine Garantie des parlamentarischen Regierungssystems** ein[90]. Vielmehr lehrt der Blick in andere westliche Demokratien, daß beispielsweise die **Einführung eines Präsidialsystems** kaum als eine »Berührung« des Grundsatzes der Demokratie im Sinne des Art. 79 III GG begriffen werden kann (→ Art. 20 [Demokratie] Rn. 140). Gleiches gilt für die Umgestaltung oder Abschaffung des Mißtrauensvotums in Art. 67 GG[91].

35

Umstritten bleibt die Frage, ob die Verortung der Volkssouveränität im deutschen Volk (Art. 20 II GG) derart unantastbar ist, daß auch der verfassungsändernde Gesetzgeber an das **Verbot eines Ausländerwahlrechts** oberhalb der kommunalen Ebene gebunden wäre (→ Art. 20 [Demokratie] Rn. 83f.)[92]. Auch hier führt ein Vergleich mit

36

---

[85] Für eine Freiheit des Verfassungsgesetzgebers insoweit *Maunz/Dürig* (Fn. 52), Art. 79 III Rn. 47.
[86] Zum Schutz von »Realisierungsbedingungen« des demokratischen Prinzips *M. Kriele*, Das demokratische Prinzip im Grundgesetz, VVDStRL 29 (1971), S. 46ff. (50, 61ff.); ihm zustimmend *Bryde* (Fn. 30), Art. 79 Rn. 39.
[87] Umfangreich zu den einzelnen in Frage kommenden Grundrechten *Wegge*, Bedeutung (Fn. 7), S. 170ff.; für Kommunikationsgrundrechte *Stern*, Staatsrecht III/2, S. 1122f.
[88] *H.-U. Erichsen*, Jura 1992, 52 (54); *Bryde* (Fn. 30), Art. 79 Rn. 41; *Hesse*, Verfassungsrecht, Rn. 705. *Wegge*, Bedeutung (Fn. 7), S. 205ff. behandelt diese Freiheit nur als Unterfall des Art. 9 I GG. → Art. 21 Rn. 19.
[89] *R. Herzog*, in: Maunz/Dürig, GG, Art. 20 II (1980), Rn. 82; *Stern*, Staatsrecht I, S. 609f.
[90] *Stern*, Staatsrecht I, S. 174; *Bryde*, Verfassungsentwicklung (Fn. 7), S. 237; *Herzog* (Fn. 89), Art. 20 II Rn. 81f. Teilweise a. A. *H. Hofmann*, Verfassungsrechtliche Sicherungen der parlamentarischen Demokratie (1984), in: ders., Verfassungsrechtliche Perspektiven, 1995, S. 129ff. (137ff.).
[91] *Stern*, Staatsrecht I, S. 174.
[92] Vgl. BVerfGE 83, 37 (50f., 59). Gegen eine Unantastbarkeit *E. Schmidt-Aßmann*, AöR 116 (1991), 329 (351); *Bryde* (Fn. 30), Art. 79 Rn. 40a; dafür *Kirchhof* (Fn. 29), § 19 Rn. 56ff., 75 m. Fn. 100; *R. Uerpmann*, StWStP 6 (1995), 3 (15). Aus der älteren Literatur *J. Isensee*, Die staatsrechtli-

anderen westlichen Demokratien zu dem Ergebnis, daß eine Öffnung nicht die Grundsätze von Volkssouveränität und Demokratie i.S.d. Art. 79 III GG berühren würde[93].

37 Schließlich sind weder das **Konzept der streitbaren Demokratie** (→ Art. 20 [Demokratie] Rn. 75, 138) noch seine einzelnen Ausprägungen vornehmlich in den Art. 9 II, 18 und 21 II GG (→ Art. 9 Rn. 50; → Art. 18 Rn. 10; → Art. 21 Rn. 135 ff.) von Art. 79 III GG geschützt[94]. Neben der mit Ausnahme des Vereinigungsverbotes überaus zurückhaltenden Anwendung dieser Möglichkeiten spricht vor allem ihre **Ausnahmestellung im internationalen Verfassungsvergleich**[95] gegen den Schluß, hier liege ein Grundsatz im Sinne des Art. 79 III GG vor.

cc) Sozialstaat

38 Von der Ewigkeitsgarantie erfaßt sind die dem Sozialstaatsprinzip innewohnenden **Grundelemente**[96] mitmenschlicher Solidarität, der Vor- und Fürsorge sowie des Schutzes sozial Schwacher. Diesen Prinzipien kann indes auf vielfältige Weise Rechnung getragen werden, wie das Sozialstaatsprinzip insgesamt wegen seiner hohen inhaltlichen Unbestimmtheit ohnehin in weitem Umfang auf Konkretisierung durch den Gesetzgeber angewiesen ist (→ Art. 20 [Sozialstaat] Rn. 30 ff.). Daher sind dem verfassungsändernden Gesetzgeber durch Art. 79 III GG im Grunde nur zweifelsfrei **eklatante Verletzungen** der genannten Grundelemente versagt. Eine liberale Wirtschafts- und Gesellschaftspolitik, die entscheidend auf Aktivierung der Marktkräfte und private Selbsthilfe setzt, ist damit nicht ausgeschlossen. Auch besteht **kein Bestandsschutz** für einzelne Leistungen oder Versorgungssysteme, selbst wenn diese seit langem etabliert sind. Allerdings entzieht sich die **Garantie eines Existenzminimums** (→ Art. 1 I Rn. 94) der Verfügung durch den verfassungsändernden Gesetzgeber[97], bleibt aber nach Art und Umfang abhängig von der ökonomischen Gesamtlage.

dd) Bundesstaat

39 Die föderale Ewigkeitsgarantie erschöpft sich nicht in der normtextlich explizit gesicherten Gliederung des Bundes in Länder sowie deren Mitwirkung bei der Gesetzge-

---

che Stellung der Ausländer in der Bundesrepublik Deutschland, VVDStRL 32 (1974), S. 49 ff. (91 ff.); *Evers* (Fn. 1), Art. 79 III Rn. 184 f.

[93] *B.-O. Bryde*, Äußerung für den Landtag Schleswig-Holstein, in: J. Isensee/E. Schmidt-Jortzig (Hrsg.), Das Ausländerwahlrecht vor dem Bundesverfassungsgericht, 1993, S. 238 ff. (251 ff.); *ders.*, Wandlungen des Rechtssystems in der Einwanderungsgesellschaft, in: ders. (Hrsg.), Das Recht und die Fremden, 1994, S. 7 ff. (11 ff.); rechtsvergleichend *G. Schnedel*, Das Ausländerwahlrecht – ein europäisches Gebot, 1995, S. 53 ff.

[94] Für einen solchen Schutz *Herzog* (Fn. 89), Art. 20 II Rn. 32; ähnlich unter dem Aspekt »gruppendemokratischer Grundpflichten« *H. Hofmann*, Grundpflichten und Grundrechte, in: HStR V, § 114 Rn. 53. Offen *J. Becker*, Die wehrhafte Demokratie des Grundgesetzes, in: HStR VII, § 167 Rn. 16. Zutreffende Warnung vor einer Hochstilisierung der »streitbaren Demokratie« zum Auslegungsprinzip oder Grundsatz bei *Hesse*, Verfassungsrecht, Rn. 694.

[95] Vgl. dazu *H. Dreier*, JZ 1994, 741 (752); ausführliches Vergleichsmaterial bei *G.P. Boventer*, Grenzen politischer Freiheit im demokratischen Staat, 1985, S. 236 ff. → Art. 18 Rn. 5; → Art. 21 Rn. 16.

[96] Von Grundelementen spricht auch BVerfGE 84, 90 (121, 126), allerdings ohne die im Text vorgenommene Spezifizierung; ähnlich wie diese *Kirchhof* (Fn. 29), § 19 Rn. 78.

[97] *Maunz/Dürig* (Fn. 52), Art. 79 III Rn. 49; *H.-U. Erichsen*, Jura 1992, 52 (54); *Kirchhof* (Fn. 29), § 19 Rn. 78; *Stern*, Staatsrecht III/2, S. 1127.

bung (→ Rn. 18 ff.), sondern bezieht sich auch auf die in Art. 20 GG angesprochene Bundesstaatlichkeit als allgemeine Kategorie. Damit ist neben den speziellen Sicherungen zwar nicht der Gesamtbestand bundesstaatlicher Verfassungsbestimmungen, wohl aber die **Grundsubstanz der Eigenstaatlichkeit** der Länder garantiert. Dazu zählen neben der grundlegenden Verfassungsautonomie bzw. -hoheit (→ Art. 28 Rn. 47 ff.) vor allem ein gewisser Bestand an Gesetzgebungs-, Verwaltungs- und Rechtsprechungskompetenzen sowie eigene Einnahmequellen (→ Art. 20 [Bundesstaat] Rn. 24); zum Grundsatz des bundesfreundlichen Verhaltens[98]: → Art. 20 [Bundesstaat] Rn. 26 ff.).

ee) Rechtsstaat

Zwar sucht man in Art. 20 GG das Substantiv »Rechtsstaat« oder das Adjektiv »rechtsstaatlich« vergebens, doch sind in Art. 20 II, III GG **wesentliche Elemente des Rechtsstaatsprinzips** normiert. Ob auch weitere, hier nicht ausdrücklich genannte Teilprinzipien unter Art. 79 III GG fallen, ist allerdings umstritten (→ Rn. 44; → Art. 20 [Rechtsstaat] Rn. 212 f.). **40**

Eindeutig erfaßt ist zunächst die in Art. 20 II, III GG niedergelegte **Gewaltenteilung**. Dabei gehört die Unterscheidung dreier Funktionen und ihre Zuordnung zu besonderen Organen zum unantastbaren Kernbereich, während die derzeit den einzelnen Gewalten zugewiesenen Kompetenzen in Grenzen flexibel gestaltbar sind. Gewaltenteilung darf nicht zu einem abstrakten Prinzip hypostasiert und als solches dogmatisiert, sondern muß in seinen mannigfaltigen Realisierungsmöglichkeiten begriffen werden (→ Art. 20 [Rechtsstaat] Rn. 62 ff.). Die politisch-rechtliche Leitfunktion des Parlaments, ein gewisser Kernbereich exekutiver Eigenverantwortung und die Unabhängigkeit der Rechtsprechung sind aber in jedem Fall zu erhalten. **41**

Mit der Bindung der Gesetzgebung an die verfassungsmäßige Ordnung ist sodann der **Vorrang der Verfassung** über den speziell grundrechtlichen Bereich hinaus (→ Art. 1 III Rn. 1, 37 ff.) garantiert. Der förmliche Gesetzgeber darf sich also auf keinem Gebiet der Bindung an die Verfassung entziehen oder diese als zu seiner Disposition stehend betrachten. Verfassungsänderungen sind damit ebensowenig ausgeschlossen wie Verweise des Verfassungstextes auf einfaches Recht (→ Art. 79 I Rn. 24; → Art. 79 II Rn. 10 ff.). **42**

Mit der Formel von der Bindung der vollziehenden Gewalt an das Gesetz (Art. 20 III GG) ist auch der **Vorrang des Gesetzes** explizit geregelt. Die Verwaltung hat danach die Gesetze zu beachten und darf **keine Maßnahmen gegen das Gesetz** ergreifen: weder von ihnen abweichen (Abweichungsverbot) noch sie ignorieren (Anwendungsgebot). Für die rechtsprechende Gewalt ist die Bindung an das Gesetz gleichermaßen unantastbar (→ Art. 20 [Demokratie] Rn. 132). Daß ferner der für die Verwaltung zentrale **Vorbehalt des Gesetzes**, der in Art. 20 GG **nicht ausdrücklich genannt** ist, von Art. 79 III GG umfaßt ist, wird im Ergebnis kaum bestritten[99]. Drei Gründe sprechen **43**

---

[98] BVerfGE 34, 9 (20 f.) mit der Konsequenz einer gewissermaßen »ewigkeitsgarantiekonformen« Auslegung von Gesetzgebungskompetenzen, konkret Art. 74a GG; s. auch E 87, 181 (196).

[99] Daß der Vorbehalt zum Rechtsstaatsprinzip iSd Art. 20 III GG gehört, hat das Bundesverfassungsgericht indes ohne Umschweife bejaht: BVerfGE 40, 237 (248 f.); 48, 210 (221); 49, 89 (126 f.); 77, 170 (230 f.); 78, 179 (196 f.). Dem folgt die Literatur ganz überwiegend (*Hesse*, Verfassungsrecht, Rn. 201; *Stern*, Staatsrecht I, S. 805; *Degenhart*, Staatsrecht I, Rn. 278; differenzierend *Jarass*/Pieroth, GG, Art. 20 Rn. 29). Fraglich ist eher, auf welche Gebiete sich der Vorbehalt erstreckt: → Art. 20 (Rechtsstaat) Rn. 103 ff., 107 ff. S. auch den folgenden Text.

Art. 79 III C. Erläuterungen

für diese Sichtweise: erstens ist der Vorbehalt des Gesetzes ein zentrales Erbstück aus der Geschichte des Rechtsstaatsprinzips, das vom Grundgesetzgeber als selbstverständlich vorausgesetzt werden konnte (→ Art. 20 [Rechtsstaat] Rn. 95 ff.); zweitens lassen sich auch die grundrechtlichen Gesetzesvorbehalte (→ Vorb. Rn. 86 f.) als Ausdruck dieses Gedankens begreifen; und drittens ergibt sich auch aus dem Demokratieprinzip, daß es für bestimmte Materien einer ausdrücklichen Entscheidung des parlamentarischen Gesetzgebers bedarf (→ Art. 20 [Demokratie] Rn. 110).

44 Streitig ist schließlich vor allem, ob auch im Normtext des Art. 20 GG nicht auffindbare, aber dem **Rechtsstaatsprinzip »als solches«**[100] zugeordnete Elemente unter die Ewigkeitsgarantie fallen. Die Literatur[101] scheint hier ebenso gespalten wie die Judikatur des Bundesverfassungsgerichts[102]. Dem bloßen Fehlen des Wortes Rechtsstaat oder rechtsstaatlich kommt insofern kaum Bedeutung zu, da Art. 28 GG ausdrücklich vom Rechtsstaat spricht und die Homogenitätsgarantie für die Bundesländer sicher nicht hinter der identitätsverbürgenden Grundnorm für den Gesamtstaat zurückbleibt[103]. Im Ergebnis herrscht zudem letztlich weitgehende Einigkeit darüber, daß die zum Rechtsstaatsprinzip im weiteren Sinne gehörigen Elemente gewissen Modifikationen zugänglich sind und vor allem die diesbezügliche richterrechtliche Dogmatik etwa zum Bestimmtheitsgrundsatz, zum Vertrauensschutz oder zum Rückwirkungsverbot nicht unantastbar ist[104]. Umstritten ist indes nach wie vor, ob der dem Rechtsstaatsprinzip inhärente effektive **Rechtsschutz** unabweislich **in justizstaatlicher Gestalt** garantiert werden muß oder anderer Gestaltung zugänglich bleibt[105]. Als unverbrüchlich garantiert kann kraft der Rechtsstaatsgarantie auch ein gewisser **Grundbestand an justizstaatlichen Garantien** nach Art der Art. 101 ff. GG angesehen werden – was wiederum Modifikationen oder Durchrechnungen in besonderen Fällen (z.B. Art. 7 II EMRK) nicht völlig ausschließt. Die Unantastbarkeit des **Verhältnismäßigkeitsprinzips** schließlich läßt sich – je nach seiner Verankerung – entweder aus seiner Zugehörigkeit zum Rechtsstaatsprinzip folgern oder aus dem Wesen der in Art. 1 III GG angesprochenen Grundrechte deduzieren (→ Vorb. Rn. 91 ff.; → Art. 20 [Rechtsstaat] Rn. 167 ff.).

---

[100] Die Existenz eines derartigen Rechtsstaatsprinzips als solchen ist in der Literatur z.T. bestritten worden: *P. Kunig,* Das Rechtsstaatsprinzip, 1986; s. auch *K. Sobota,* Das Prinzip Rechtsstaat, 1997; → Art. 20 (Rechtsstaat) Rn. 43.

[101] Eher dafür: *E. Schmidt-Aßmann,* Der Rechtsstaat, in: HStR I, § 24 Rn. 90; *Isensee* (Fn. 23), § 115 Rn. 128; eher dagegen: *Kirchhof* (Fn. 29), § 19 Rn. 73; *Bryde* (Fn. 30), Art. 79 Rn. 42; *Lücke* (Fn. 32), Art. 79 Rn. 46. Wegen mannigfaltiger Einschränkungen und Modifikationen der Grundposition (Schutz nur der essentiellen, nicht der akzidentiellen Teile des umfassenden Rechtsstaatsprinzips; nur Garantie der Grundsätze) kommt es im praktischen Ergebnis nur zu geringem Dissens.

[102] BVerfGE 30, 1 (24 f.) plädierte für enge Fassung, während in zahlreichen anderen späteren Entscheidungen (E 35, 41 [47]; 48, 210 [221]; 50, 42 [47]; 51, 356 [362]; 56, 110 [128]; 58, 81 [97]) auf »das« oder »das allgemeine« Rechtsstaatsprinzip abgestellt wird.

[103] Zu dieser »wechselseitigen Information« von Art. 20 und 28 GG vgl. *R. Herzog,* in: Maunz/Dürig, GG, Art. 20, I. Gliederungsabschnitt (1980), Rn. 32; *H. Hofmann,* Bundesstaatliche Spaltung des Demokratiebegriffs? (1985), in: ders., Verfassungsrechtliche Perspektiven, 1995, S. 146 ff. (157); *Isensee* (Fn. 23), § 115 Rn. 128.

[104] *Stern,* Staatsrecht I, S. 172 f.; *Schmidt-Aßmann* (Fn. 101), § 24 Rn. 90. → Art. 20 (Rechtsstaat) Rn. 117 ff., 134 ff., 139 ff.

[105] Dies der Kernpunkt des Abhör-Urteils, das eine andere Gestaltung für zulässig hielt (BVerfGE 30, 1 [24 f.]). Diese Möglichkeit konzedierend *Bryde* (Fn. 30), Art. 79 Rn. 37, 43; wohl auch *Stern,* Staatsrecht III/2, S. 1125; für justizstaatliches Erfordernis hingegen dezidiert *P. Häberle,* JZ 1971, 145 (152); uneindeutig *Schmidt-Aßmann* (Fn. 101), § 24 Rn. 90 (Ausnahmen nur in engen Grenzen zulässig). → Art. 10 Rn. 53 f. → Art. 19 IV Rn. 110.

ff) Widerstandsrecht (Art. 20 IV GG)?

Das Recht auf Widerstand ist 1968 als Art. 20 IV GG nachträglich in das Grundgesetz eingefügt worden und fällt von daher nach fast einhelliger und zutreffender Ansicht nicht in den Garantiebereich des Art. 79 III GG[106]; anderenfalls hätte es der verfassungsändernde Gesetzgeber in der Hand, die Verfassung mit Ewigkeitsgarantien anzureichern, seine eigenen Entscheidungen gegen spätere Verfassungsänderungen zu immunisieren und sich so einen Rang einzuräumen, der – wenn überhaupt – nur der verfassunggebenden Gewalt (*pouvoir constituant*) zukommen kann. **Art. 20 IV GG könnte** also durch neuerliche Verfassungsänderung **gestrichen werden**.

45

IV. Schutz der Staatlichkeit der Bundesrepublik Deutschland durch Art. 79 III GG?

Erst in jüngerer Zeit wird mit Blick auf die fortschreitende europäische Integration die Frage diskutiert, ob Art. 79 III GG auch als unverbrüchliche **Garantie souveräner Staatlichkeit** der Bundesrepublik interpretiert werden kann und insofern dem Aufgehen des vom Grundgesetz verfaßten Staates in einem europäischen Bundesstaat eine unüberwindbare Schranke setzt. Die mittlerweile wohl h.M. bejaht dies neben dem allgemeinen Hinweis auf Staatlichkeit als Voraussetzung und Gegenstand der Verfassunggebung[107] vor allem mit der Überlegung, daß souveräne nationale Staatlichkeit moderner Verfassungsstaaten untrennbar mit dem Prinzip der Volkssouveränität und damit dem zentralen Element des Demokratiegebotes verknüpft sei[108]. Zwar läßt sich gerade in bezug auf die charakteristische Besonderheit der europäischen Integration als eines sukzessiv-inkrementalen, dynamischen Prozesses zunehmender Verklammerung von nationaler und supranationaler Ebene mit Recht fragen, ob nicht die Idee souveräner Staatlichkeit von Nationalstaaten mittlerweile anachronistisch geworden und angesichts der neuartigen Entwicklungsprozesse eher von einem Konzept geteilter, mehrstufiger Souveränität auszugehen wäre[109], das sich den tradierten Begriffskategorien von Bundesstaat, Staatenbund, Gliedstaat etc. nicht mehr sinnvoll zuordnen läßt. Sollte indes tatsächlich eine Fortentwicklung der europäischen Integration anstehen, die Deutschland wie die anderen Mitgliedstaaten eindeutig auf einen Status reduzieren würde, wie ihn derzeit die deutschen Länder im Verhältnis zur Bundesrepublik innehaben, so wäre hierin eine **neue Grundentscheidung über den verfassungs-**

46

---

[106] *Hesse*, Verfassungsrecht, Rn. 761; *Stern*, Staatsrecht I, S. 172; *v. Münch*, Staatsrecht I, Rn. 90; *Badura* (Fn. 29), § 160 Rn. 28; *Pernice*, Bestandssicherung (Fn. 1), S. 261; *Wegge*, Bedeutung (Fn. 7), S. 69 ff.; nur mit Einschränkungen *Häberle*, Ewigkeitsklauseln (Fn. 1), S. 99 f.; zum nicht haltbaren gegenteiligen Standpunkt des Abg. Stammberger vgl. *G. Hoffmann*, in: BK, Art. 79 I, II (Zweitb. 1986), Rn. 67. → Art. 20 IV Rn. 18 m.w.N.

[107] *Kirchhof* (Fn. 29), § 19 Rn. 18, 51, 71; *D. Murswiek*, Der Staat 32 (1993), 161 (162 ff.).

[108] *P. Kirchhof*, Der deutsche Staat im Prozeß der europäischen Integration, in: HStR VII, § 183 Rn. 23, 57 ff.; *ders.*, Brauchen wir ein erneuertes Grundgesetz?, 1992, S. 37 f.; *U. Di Fabio*, Der Staat 32 (1992), 191 (199 ff., 206 f.); *U. Penski*, ZRP 1994, 192 ff.; *M. Kaufmann*, Europäische Integration und Demokratieprinzip, 1997, S. 416 f.; s. auch *H. Bethge*, Das Staatsgebiet des wiedervereinigten Deutschlands, in: HStR VIII, § 199 Rn. 26. – Dem läßt sich nicht überzeugend mit dem Hinweis begegnen, das Begriffsmoment der Staatlichkeit schließe nur aus, »die Bundesrepublik in anarchische Verhältnisse zu überführen« (*Bryde* [Fn. 30], Art. 79 Rn. 49 a).

[109] *H. Dreier*, Art. Souveränität, in: StL⁷, Bd. IV, Sp. 1203 ff. (1208): »Formen föderativer ›Gemeinschaftssouveränität‹«; *Pernice*, Bestandssicherung (Fn. 1), S. 258. → Art. 20 [Demokratie] Rn. 38 ff.; → Art. 23 Rn. 25, 35 f., 69.

rechtlichen **Gesamtstatus Deutschlands** zu erblicken[110]. Mit bloßer Verfassungsänderung, die allein von Art. 79 III GG begrenzt wird (→ Rn. 8, 11, 49), hätte dies nichts mehr zu tun, da es um eine qualitativ neue und andere Stufe staatlicher Organisation der Bundesrepublik Deutschland und ihres Staatsvolks ginge. Das Problem eines europäischen Bundesstaates unter deutscher Beteiligung transzendiert also den thematischen Einzugsbereich des Art. 79 III GG, der sich auf das 1949 konstituierte und im Rahmen des Art. 23 a.F. GG durch die Wiedervereinigung territorial erweiterte Staatsgebilde, nicht aber auf ein aliud wie einen europäischen Bundesstaat bezieht. Auch aus der Präambel und Art. 23, 24 GG läßt sich die Möglichkeit derartiger »Identitätsfortbildung« auf dem Wege bloßer Verfassungsänderung nicht herleiten[111]. Für eine neue Form der Organisation dieses Staates und seiner Bürger und damit einen **Identitätswechsel der Verfassung** bleibt daher nur die Möglichkeit einer Betätigung der verfassunggebenden Gewalt offen, wofür – will man im Rahmen des Grundgesetzes agieren – allein Art. 146 GG den Weg weist. Ohne ein derartiges Votum wäre die Bildung eines europäischen Bundesstaates unter entsprechender Abstufung der Bundesrepublik Deutschland zu einem Gliedstaat unzulässig.

V. Unabänderlichkeit des Art. 79 III GG selbst

47 Im Unterschied zu manchen Landesverfassungen[112] erklärt sich Art. 79 III GG nicht explizit auch selbst für unantastbar. Gleichwohl entzieht er sich nach richtiger und ganz überwiegender Auffassung dem Zugriff des verfassungsändernden Gesetzgebers[113]. Das ergibt sich indes weniger aus Gründen vorgeblich reiner Normlogik[114] als aus der in Art. 79 GG grundgelegten systematischen Differenz zwischen dem originären Akt der Verfassunggebung und den begrenzten Kompetenzen des verfassungsändernden Gesetzgebers: dieser ist zu einer »Selbstbefreiung von den im Grundgesetz festgelegten Schranken einer Verfassungsänderung ... nicht befugt«[115].

D. Verhältnis zu anderen GG-Bestimmungen

48 Während Art. 79 III GG die Grenzen der Verfassungsänderung regelt, ist die **verfassunggebende Gewalt** in **Art. 146 GG** angesprochen. Art. 79 III GG kann den *pouvoir constituant* nicht binden (→ Rn. 11), sondern ist umgekehrt selbst Manifestation des

---

[110] Insofern übereinstimmend *D. Murswiek*, Der Staat 32 (1993), 161 (164f., 187ff.); *Bryde* (Fn. 30), Art. 79 Rn. 49a; *Huber*, Maastricht (Fn. 53), S. 48 f.; *J. Wolf*, JZ 1993, 594 (598ff.); *U. Penski*, ZRP 1994, 192 (195f.); *Bethge* (Fn. 108), § 199 Rn. 26 a.E.
[111] Sehr streitig: → Präambel Rn. 26, 36; → Art. 23 Rn. 16ff., 32ff.
[112] Hinweis bei *Häberle*, Ewigkeitsklauseln (Fn. 1), S. 92f. m. Fn. 45.
[113] *Hesse*, Verfassungsrecht, Rn. 707; *Murswiek*, Gewalt (Fn. 7), S. 247ff.; *Stern*, Staatsrecht I, S. 115f.; *Häberle*, Ewigkeitsklauseln (Fn. 1), S. 100f.; *H.-U. Erichsen*, Jura 1992, 52 (54); *v. Münch*, Staatsrecht I, Rn. 89; *Badura* (Fn. 29), § 160 Rn. 28; *Wegge*, Bedeutung (Fn. 7), S. 73f.; a.A. wohl nur *Tomuschat*, Verfassungsgewohnheitsrecht (Fn. 33), S. 110 mit Nachweisen aus dem älteren Schrifttum, das zumeist mit der Unmöglichkeit der Bindung des *pouvoir constituant* argumentiert.
[114] In dieser Richtung etwa *Even*, Bedeutung (Fn. 33), S. 97 ff. m.w.N.
[115] So plastisch BVerfGE 84, 90 (120). – Auch *Bryde* (Fn. 30), Art. 79 Rn. 27, der gern als Gegner der h.M. zitiert wird, konzediert, daß eine Änderung des Art. 79 III GG die Kompetenzen des verfassungsändernden Gesetzgebers überschreiten würde, meint aber mit beachtlichen Gründen, daß diesem die Eröffnung der Betätigung des *pouvoir constituant* zustünde (ebd. Rn. 3, 27).

Verfassunggebers. Fraglich ist indes, ob und wie sich die verfassunggebende Gewalt im Rahmen der Verfassung, also nichtrevolutionär, aktualisieren läßt[116].

Von den formellen Erfordernissen in Art. 79 I, II GG unterscheidet sich Art. 79 III GG dadurch, daß er **materielle Schranken der Verfassungsänderung** fixiert[117]. Damit hat die Norm die Funktion einer Verfassungsschutzbestimmung (→ Rn. 13). Der Einzugsbereich von Art. 79 III GG ist allerdings nicht identisch mit den Elementen der **freiheitlichen demokratischen Grundordnung**, wie sie in **Art. 9 II, 18, 21 II GG** niedergelegt ist[118]. Die Ewigkeitsgarantie schützt einerseits durch die Einbeziehung von Republik, Bundes- und Sozialstaatlichkeit (→ Rn. 29, 38, 39) sowie durch die grundsätzliche Offenheit für direktdemokratische Elemente (→ Rn. 33) mehr als diese, umfaßt aber andererseits mangels Fixierung des parlamentarischen Regierungssystems (→ Rn. 35) und der streitbaren Demokratie (→ Rn. 37) auch weniger[119].   49

Zwischen der Ewigkeitsgarantie des Art. 79 III GG und der **Wesensgehaltsgarantie des Art. 19 II GG** besteht trotz struktureller Verwandtschaft[120] ein fundamentaler Unterschied: Art. 79 III GG wendet sich an den verfassungsändernden, Art. 19 II GG dagegen an den einfachen Gesetzgeber (→ Art. 19 II Rn. 7). Aus dieser Differenz erhellt, daß ein Grundrecht auch abgeschafft werden und die Wesensgehaltsgarantie insoweit leerlaufen kann. Außerdem ist der Wesensgehalt der Grundrechte inhaltlich nicht identisch mit einem (etwaigen) Menschenwürdegehalt (→ Rn. 23) und demgemäß nicht generell einer Verfassungsänderung entzogen (→ Art. 19 II Rn. 16; → Art. 1 I Rn. 97). Eine inhaltliche Verflechtung der Normen entsteht auch nicht etwa dadurch, daß das Bundesverfassungsgericht einen »Wesensgehalt« im Zusammenhang mit dem »europafesten« Kern der Grundrechte erwähnt[121]. Das Gericht meint hierbei der Sache nach nicht Art. 19 II GG, sondern Art. 79 III GG[122]. Ewigkeitsgarantie und Wesensgehalt müssen für den Kernbereichsschutz der Einzelgrundrechte strikt unterschieden werden[123]. Schließlich fällt auch die **kommunale Selbstverwaltung** nicht unter die für unabänderlich erklärten Grundsätze (→ Art. 28 Rn. 33). Eine vom Verfassunggeber selbst vorgesehene und von daher unproblematische **Ausnahme** zum wegen Art. 79 III GG unverbrüchlichen Anspruch des Art. 1 III GG war seinerzeit **Art. 117 GG**[124].   50

---

[116] Vgl. *K. Stern*, DtZ 1990, 289 (293f.); *D. Murswiek*, Der Staat 32 (1993), 161 (188f.); *U. Penski*, ZRP 1994, 192 (196); *Kaufmann*, Integration (Fn. 108), S. 417f. – Eingehend *Bryde*, Verfassungsentwicklung (Fn. 7), S. 246ff.

[117] *P. Lerche*, Inhalt und Schranken der Freiheitsrechte, in: HStR V, § 122 Rn. 30; *M. Brenner*, Der Staat 32 (1993), 493 (494).

[118] Definition in BVerfGE 2, 1 (12f.); dazu → Art. 9 Rn. 52; → Art. 18 Rn. 2ff.; → Art. 21 Rn. 140.

[119] Vgl. *H. Dreier*, JZ 1994, 741 (749ff.) m.w.N.

[120] *Kirchhof* (Fn. 29), § 19 Rn. 70 spricht von einer »ähnlichen Bestandsgarantie wie die verwandte Formel des Art. 19 Abs. 2 GG«; s. auch *C. Pestalozza*, Jura 1994, 561 (566): Art. 79 III als »Wesensgehalt des Grundgesetzes«.

[121] BVerfGE 73, 339 (376, 387) – Solange II; 89, 155 (175) – Maastricht.

[122] Ebenso *Isensee* (Fn. 23), § 115 Rn. 71. Konsequenter- und bezeichnenderweise wird in den genannten Entscheidungen Art. 19 II GG nicht erwähnt, während die Norm in der Wesensgehaltsjudikatur sonst in aller Regel ausdrücklich genannt ist; s. etwa BVerfGE 6, 32 (41) – Elfes; 7, 377 (408f., 411) – Apotheken-Urteil; 30, 1 (24) – Abhörurteil; 31, 58 (69) – Spanier-Beschluß; 45, 187 (270) – Lebenslange Freiheitsstrafe; 80, 367 (373) – Tagebuch; 93, 352 (360) – Mitgliederwerbung II.

[123] So auch *P. Kirchhof*, Der allgemeine Gleichheitssatz, in: HStR V, § 124 Rn. 100.

[124] BVerfGE 3, 225 (229).

Artikel 80 [Erlaß von Rechtsverordnungen]

(1) ¹Durch Gesetz können die Bundesregierung, ein Bundesminister oder die Landesregierungen ermächtigt werden, Rechtsverordnungen zu erlassen. ²Dabei müssen Inhalt, Zweck und Ausmaß der erteilten Ermächtigung im Gesetze bestimmt werden. ³Die Rechtsgrundlage ist in der Verordnung anzugeben. ⁴Ist durch Gesetz vorgesehen, daß eine Ermächtigung weiter übertragen werden kann, so bedarf es zur Übertragung der Ermächtigung einer Rechtsverordnung.

(2) Der Zustimmung des Bundesrates bedürfen, vorbehaltlich anderweitiger bundesgesetzlicher Regelung, Rechtsverordnungen der Bundesregierung oder eines Bundesministers über Grundsätze und Gebühren für die Benutzung der Einrichtungen des Postwesens und der Telekommunikation, über die Grundsätze der Erhebung des Entgelts für die Benutzung der Einrichtungen der Eisenbahnen des Bundes, über den Bau und Betrieb der Eisenbahnen, sowie Rechtsverordnungen auf Grund von Bundesgesetzen, die der Zustimmung des Bundesrates bedürfen oder die von den Ländern im Auftrage des Bundes oder als eigene Angelegenheit ausgeführt werden.

(3) Der Bundesrat kann der Bundesregierung Vorlagen für den Erlaß von Rechtsverordnungen zuleiten, die seiner Zustimmung bedürfen.

(4) Soweit durch Bundesgesetz oder auf Grund von Bundesgesetzen Landesregierungen ermächtigt werden, Rechtsverordnungen zu erlassen, sind die Länder zu einer Regelung auch durch Gesetz befugt.

Literaturauswahl

Antoni, Michael: Zustimmungsvorbehalte des Bundesrates zu Rechtsetzungsakten des Bundes, in: AöR 114 (1989), S. 220–251.

Badura, Peter: Das normative Ermessen beim Erlaß von Rechtsverordnungen und Satzungen, in: Gedächtnisschrift für Wolfgang Martens, 1987, S. 25–37.

Brodersen, Carsten: Bundesstaatliche Probleme des Art. 80 I GG, in: Gedächtnisschrift für Wolfgang Martens, 1987, S. 57–72.

Busch, Bernhard: Das Verhältnis des Art. 80 Abs. 1 S. 2 GG zum Gesetzes- und Parlamentsvorbehalt, 1992.

Cremer, Wolfram: Art. 80 Abs. 1 S. 2 GG und Parlamentsvorbehalt – Dogmatische Unstimmigkeiten in der Rechtsprechung des Bundesverfassungsgerichts, in: AöR 122 (1997), S. 248–267.

v. Danwitz, Thomas: Die Gestaltungsfreiheit des Verordnungsgebers, 1989.

Dittmann, Armin: Die Rechtsverordnung als Handlungsinstrument der Verwaltung, in: Stanislaw Biernat u.a. (Hrsg.), Grundfragen des Verwaltungsrechts und der Privatisierung, 1994, S. 107–122.

Institut zur Förderung öffentlicher Angelegenheiten (Hrsg.): Die Übertragung rechtsetzender Gewalt im Rechtsstaat, 1952.

Kisker, Gunter: Zulässigkeit und Konsequenzen einer Mitwirkung des Parlaments beim Erlaß von Rechtsverordnungen, in: Schule im Rechtsstaat, Band II, Gutachten für die Kommission Schulrecht des DJT, 1980, S. 9–71.

Magiera, Siegfried: Allgemeine Regelungsgewalt (»Rechtsetzung«) zwischen Parlament und Regierung, in: Der Staat 13 (1974), S. 1–26.

Mößle, Wilhelm: Inhalt, Zweck und Ausmaß. Zur Verfassungsgeschichte der Verordnungsermächtigung, 1990.

Nierhaus, Michael: Bestimmtheitsgebot und Delegationsverbot des Art. 80 Abs. 1 Satz 2 GG und der Gesetzesvorbehalt der Wesentlichkeitstheorie, in: Festschrift für Klaus Stern, 1997, S. 717–732.

Ossenbühl, Fritz: Rechtsverordnung, in: HStR III, § 64, S. 387–424.

Ossenbühl, Fritz: Gesetz und Verordnung im gegenwärtigen Staatsrecht, in: ZG 12 (1997), S. 305–320.

Scholz, Rupert: Die Zustimmung des Bundesrats zu Rechtsverordnungen des Bundes, in: DÖV 1990, S. 455–461.
Sommermann, Karl-Peter: Verordnungsermächtigung und Demokratieprinzip, in: JZ 1997, S. 434–441.
Staupe, Jürgen: Parlamentsvorbehalt und Delegationsbefugnis, 1986.
Studenroth, Stefan: Einflußnahme des Bundestages auf Erlaß, Inhalt und Bestand von Rechtsverordnungen, in: DÖV 1995, S. 525–537.
Wolff, Bernhard: Die Ermächtigung zum Erlaß von Rechtsverordnungen nach dem Grundgesetz, in: AöR 78 (1952/1953), S. 194–227.

Leitentscheidungen des Bundesverfassungsgerichts

BVerfGE 1, 14 (59f.) – Südweststaat; 8, 274 (307ff.) – Preisgesetz; 11, 77 (84ff.) – Ermächtigungsadressaten; 58, 1 (35ff.) – Eurocontrol I; 58, 257 (274ff.) – Schulentlassung; 78, 249 (272ff.) – Fehlbelegungsabgabe; 91, 148 (165ff.) – Umlaufverfahren; BVerfG (2. Kammer des Zweiten Senats) NStZ-RR 1997, 342 (342ff.) – Ecstasy; BVerfG NJW 1998, 2341 (2344f.) – Kommunale Verpackungsteuer.

Gliederung

	Rn.
A. Herkunft, Entstehung, Entwicklung	1
I. Ideen- und verfassungsgeschichtliche Aspekte	1
II. Entstehung und Veränderung der Norm	5
B. Internationale, supranationale und rechtsvergleichende Bezüge	9
C. Erläuterungen	11
I. Allgemeine Bedeutung	11
1. Regelungsgegenstände, Regelungsintentionen und aktueller Befund	11
2. Anwendungsbereich	14
II. Anforderungen an die Ermächtigung zum Erlaß von Rechtsverordnungen und die Rechtsverordnungen (Art. 80 I GG)	18
1. Anforderungen an die Verordnungsermächtigung	18
a) Gesetz (Art. 80 I 1 GG)	18
b) Kreis der Ermächtigungsadressaten (Art. 80 I 1 GG)	20
c) Bestimmtheitsgebot (Art. 80 I 2 GG)	27
d) Subdelegation (Art. 80 I 4 GG)	33
2. Anforderungen an die Rechtsverordnung, insb. Zitiergebot (Art. 80 I 3 GG)	36
3. Rechts- und Fehlerfolgen	39
III. Zustimmungsbedürftige Rechtsverordnungen (Art. 80 II GG)	44
IV. Initiativrecht des Bundesrates (Art. 80 III GG)	46
V. Gesetzgebungsbefugnis der Länder (Art. 80 IV GG)	48
D. Verhältnis zu anderen GG-Bestimmungen	50

A. Herkunft, Entstehung, Entwicklung

I. Ideen- und verfassungsgeschichtliche Aspekte

Die in Art. 80 I GG geregelte Bindung des Erlasses von Rechtsverordnungen an eine nach Inhalt, Zweck und Ausmaß bestimmte gesetzliche Ermächtigung ist in der deutschen Verfassungsgeschichte ohne Vorbild[1]. Das bedeutet allerdings nicht, daß Ver-

---

[1] W. *Mößle*, Inhalt, Zweck und Ausmaß, 1990, S. 9: »ein Novum in der deutschen Verfassungsgeschichte«.

ordnungsgebung ohne geschichtliche Tradition wäre. Ihre moderne[2] Problematik läßt sich bis in den **Frühkonstitutionalismus** zurückverfolgen[3]. Mit der in den süddeutschen Verfassungen[4] festgelegten Beteiligung der Stände am Erlaß von Gesetzen, die in Freiheit und Eigentum der Untertanen eingreifen, setzte eine Auflösung des Rechtsetzungsmonopols des Landesherrn ein, dem damals jedoch u.a. das Recht verblieb, ohne Mitwirkung der Stände »die zur Vollstreckung und Handhabung der Gesetze erforderlichen Verordnungen ... zu treffen und in dringenden Fällen zur Sicherheit des Staates das Nötige vorzukehren«[5]. In der Rechtsquellenlehre führte dies zu der Unterscheidung zwischen Gesetzen einerseits, d.h. solchen Normen, welche die Rechte der Bürger betreffen und ständischer Zustimmung bedurften, und Verordnungen andererseits, d.h. Normen, die ohne Teilnahme der Stände einseitig erlassen wurden[6]. Damit thematisierte die begriffliche Gegenüberstellung von Gesetz und Verordnung ein Grundproblem der Gewaltenteilung, wobei sich im Verordnungsrecht der Exekutive neben der ihr im Wege gesetzlicher Delegation übertragenen Normsetzungsmacht zunächst noch »Reste der dem Monarchen aus der absoluten Epoche verbliebenen Rechtsetzungsbefugnisse« sammelten[7].

2   Im **Staatsrecht des Deutschen Reiches** von 1871, dessen Verfassung keine ausdrückliche Regelung der Verordnungsgebung enthielt[8], ging das ursprünglich »selbständige« Verordnungsrecht des Monarchen in dem gesetzlich delegierten Verordnungsrecht auf; die Diskussion verlagerte sich dadurch auf die Frage, in welchem Umfang die Exekutive zum Erlaß von Rechtsverordnungen[9] ermächtigt werden durfte[10]. Von der herrschenden Staatsrechtslehre wurde sie dahingehend beantwortet, daß die Freiheit des Gesetzgebers, Ermächtigungen zum Erlaß von Rechtsverordnungen zu er-

---

[2] Zu weiter zurückreichenden Parallelen s. *G. Jellinek*, Gesetz und Verordnung, 1887, S. 56 ff.; *F. Stratenwerth*, Verordnung und Verordnungsrecht im Deutschen Reich, 1937, S. 16 ff., 34 ff.; *U. Ramsauer*, in: AK-GG, Art. 80 Rn. 2 f.

[3] Vgl. *W. Ebel*, Geschichte der Gesetzgebung in Deutschland, 2. Aufl., 1958, S. 89 ff.; *F. Kraatz*, Parlamentsvorbehalt im Gentechnikrecht, 1995, S. 22 ff.; *S. Magiera*, Der Staat 13 (1974), 1 (6 ff.); *Mößle*, Inhalt (Fn. 1), S. 11 ff.; *Stratenwerth*, Verordnung (Fn. 2), S. 66 ff.

[4] Titel VII § 2 Verfassungsurkunde für das Königreich Bayern (1818); § 65 Verfassungsurkunde für das Großherzogtum Baden (1818); vgl. auch §§ 88 f. Verfassungsurkunde für das Königreich Württemberg (1819); Texte bei *Huber*, Dokumente, Bd. 1, S. 154 ff., 172 ff., 187 ff. Zu den im einzelnen unterschiedlichen Ausgestaltungen und zu den weiter zurückreichenden staatsphilosophischen Grundlagen s. *J. Staupe*, Parlamentsvorbehalt und Delegationsbefugnis, 1986, S. 44 ff. m. w. N.

[5] § 89 Verfassungsurkunde Württemberg (Fn. 4); ähnlich § 66 Verfassungsurkunden Baden (Fn. 4). a. a. O.

[6] *R. v. Mohl*, Das Staatsrecht des Königreiches Württemberg, 2. Aufl., Bd. 1, 1840, S. 66 ff.; zur alsbaldigen Rezeption dieser terminologischen Abgrenzung in der Staatsrechtslehre s. *D. Jesch*, Gesetz und Verwaltung, 1961, S. 141.

[7] *F. Ossenbühl*, Rechtsverordnung, in: HStR III, § 64 Rn. 8 ff.

[8] Demgegenüber hatte § 80 Satz 3 Paulskirchenverfassung für den Kaiser das Recht zum Erlaß der zur Vollziehung von Gesetzen nötigen Verordnungen vorgesehen.

[9] Die namentlich auf *Laband* zurückgehende Unterscheidung der Verordnungen in Rechtsverordnungen und Verwaltungsverordnungen (vgl. etwa *P. Laband*, Das Staatsrecht des Deutschen Reiches, Bd. 2, 5. Aufl. 1911, S. 85 ff., 180 ff., 198 f.) führte mit letzterer eine eigenständige Kategorie mit auf den verwaltungsinternen Bereich beschränkten Rechtswirkungen ein. Die rechtliche Behandlung dieser Verwaltungsverordnungen wich von der Behandlung von Rechtsverordnungen ab; s. dazu aus der zeitgenössischen Literatur etwa *G. Meyer/G. Anschütz*, Lehrbuch des Deutschen Staatsrechts, 7. Aufl., 1919, S. 668 ff.

[10] *Mößle*, Inhalt (Fn. 1), S. 14.

teilen, grundsätzlich[11] keinen verfassungsrechtlichen Schranken unterliege: »die schrankenlose Delegationsbefugnis des schrankenlosen Gesetzgebers stand außer Zweifel«[12]. Diese Grundposition ermöglichte während des Ersten Weltkrieges eine fortschreitende Kompetenzdelegation, die der Exekutive unter Ausschaltung des Parlaments eine führende Rolle bei der Ausgestaltung des Kriegswirtschaftsrechts zuwies und nicht selten den Unterschied zwischen Gesetz und Verordnung verwischte[13]; verfassungspolitisch entfaltete dies eine gewisse Vorbildwirkung für eine Kette von Ermächtigungsgesetzen in der Weimarer Zeit[14].

Wie die Verfassung von 1871 enthielt auch die Verfassung der **Weimarer Republik** (1919) keine ausdrückliche Regelung der allgemeinen Verordnungsgebung[15]. Der Deutsche Juristentag befaßte sich allerdings schon 1921 mit Überlegungen zur Aufnahme von entsprechenden Vorschriften in die Reichsverfassung[16]; die dort unternommenen Vorstöße zur Eindämmung der Rechtsetzungsdelegation konnten sich jedoch weder in der Lehre noch in der Staatspraxis durchsetzen[17]. Die führende Meinung lehnte aus Gründen des gewaltenteilenden Rechtsstaates ein sog. selbständiges Verordnungsrecht ab[18], ließ aber – ähnlich wie im älteren Staatsrecht – prinzipiell[19] umfassende gesetzliche Ermächtigungen zum Erlaß von Rechtsverordnungen zu[20]; 3

---

[11] Zwei Vorbehalte waren allerdings anerkannt, nämlich der Vorbehalt eines verfassungsändernden Gesetzes für solche Verordnungen, die ihrem Inhalt nach verfassungsänderndes Recht schaffen sollten, und der Vorbehalt eines Reichsgesetzes im formellen Sinn für diejenigen Fälle, in denen ein Gesetzesvorbehalt der Verfassung als förmlich und zwingend angesehen wurde, wie z.B. bei der in Gesetzesform erfolgenden Genehmigung des Reichshaushaltsplanes; so *F. Klein*, Verordnungsermächtigungen nach deutschem Verfassungsrecht, in: Institut zur Förderung öffentlicher Angelegenheiten (Hrsg.), Die Übertragung rechtsetzender Gewalt im Rechtsstaat, 1952, S. 7ff. (12f.).
[12] *C. Schmitt*, ZaöRV 6 (1936), 252 (261 Fn. 21).
[13] *R. Schmidt*, Öffentliches Wirtschaftsrecht, Allgemeiner Teil, 1990, S. 18f.; zur Praxis der Kriegsnotgesetzgebung s. *Huber*, Verfassungsgeschichte, Bd. 5, S. 69ff., der auf 825 Bundesratsverordnungen hinweist, die zwischen August 1914 und November 1918 ergingen und umfangreiche Maßnahmen auf den Gebieten des Bewirtschaftungs-, des Währungs- und Finanz-, des allgemeinen Zivil-, des Arbeits- und Sozial- sowie des Gerichtsverfahrensrechts umfaßten.
[14] *Mößle*, Inhalt (Fn. 1), S. 18; *F. Ossenbühl*, ZG 12 (1997), 305 (307).
[15] Für Sonderbereiche finden sich jedoch ausdrückliche Regelungen, so in Art. 88 III WRV im Zusammenhang mit dem Post- und Telegraphenwesen für die Grundsätze und Gebühren für die Benutzung der Verkehrseinrichtungen und in Art. 91 WRV für den Bau, den Betrieb und den Verkehr der Eisenbahnen; s. dazu und zu weiteren Rechtsverordnungsermächtigungen *E. Jacobi*, Die Rechtsverordnungen, in: HdbDStR II, § 77, S. 236ff. (241) mit Hinweis auf Art. 46, 48 II und IV, 176 und 179 WRV.
[16] Die der Abteilung für öffentliches Recht vorgelegte Frage lautete: »Empfiehlt es sich, in die Reichsverfassung neue Vorschriften über die Grenzen zwischen Gesetz und Rechtsverordnung aufzunehmen?«; Berichterstatter waren *H. Triepel* und *F. Poetzsch* (Verhandlungen des 32. DJT, 1922, S. 11ff., 35ff.).
[17] Vgl. *Mößle*, Inhalt (Fn. 1), S. 24ff.
[18] *Jacobi*, Rechtsverordnungen (Fn. 15), S. 242.
[19] Zu zwingenden Sondervorbehalten für das förmliche Gesetz wie etwa für die Feststellung des Staatshaushaltsplanes und die Neugliederung s. *R. Thoma*, Der Vorbehalt der Legislative und das Prinzip der Gesetzmäßigkeit von Verwaltung und Rechtsprechung, in: HdbDStR II, § 76, S. 221ff. (225f.).
[20] *Jacobi*, Rechtsverordnungen (Fn. 15), S. 242; *Thoma*, Vorbehalt (Fn. 19), S. 227. Beide Autoren bemühen sich allerdings in Ansätzen um Beschränkungen der im Ausgangspunkt umfassend gedachten Delegationsfreiheit, die jedoch sehr allgemein gehalten sind (*Jacobi*, a.a.O.: der Gesetzgeber müsse noch übersehen können, »welche Gegenstände der Exekutive zur rechtlichen Ordnung übertragen werden«; *Thoma*, a.a.O.: gewisse äußerste [schwer formulierbare] Grenzen, jenseits derer ein verfassungswidriger Mißbrauch vorläge) und zudem durch verfassungsänderndes Gesetz überwunden wer-

dementsprechend waren gesetzesvertretende, gesetzesaufhebende, gesetzesändernde und sogar verfassungsändernde Verordnungen möglich[21]. In der Verfassungspraxis führten wirtschaftliche Notlagen, parteipolitische Gegensätze im Parlament, die Komplexität der Verwaltungsaufgaben im Wirtschafts- und Sozialstaat und die »machtpolitische Tendenz der Bürokratie, immer mehr Rechtsetzungsbefugnisse an sich zu ziehen«, dazu, daß »das förmliche Gesetz fast zu einer Ausnahmeerscheinung gegenüber der Rechtsverordnung«[22] wurde[23].

4 Der **Nationalsozialismus** läutete mit dem Ermächtigungsgesetz vom 24. März 1933[24] frühzeitig das Ende des gewaltenteilenden Rechtsstaates ein[25]. Reichsgesetze konnten nunmehr auch durch die Reichsregierung beschlossen werden. Damit war der traditionelle Unterschied zwischen Gesetz und Verordnung aufgehoben und dem herkömmlichen Verständnis delegierter Rechtsetzung die Basis entzogen[26].

II. Entstehung und Veränderung der Norm

5 **Art. 80 I GG** geht auf Art. 102 HChE zurück[27]. Dort war zum einen mit Blick auf den Mißbrauch der Ermächtigungsgesetze ein ausdrückliches Verbot der Übertragung von Gesetzgebungsbefugnissen festgeschrieben und zum anderen die gesetzliche Ermächtigung zum Erlaß von Rechtsverordnungen vorgesehen, »sofern sichergestellt ist, daß Inhalt, Zweck und Ausmaß der erteilten Ermächtigung ausreichend im Gesetz bestimmt sind«[28]. Im Parlamentarischen Rat kam es zu Streichungen, Änderungen und Neufassungen, die schließlich in die bis heute unverändert gebliebene Fassung mündeten.

6 Etwas bewegter verlief die Entstehungsgeschichte von **Art. 80 II GG**[29], der sich an Vorläuferregelungen der WRV (→ Fn. 15) anlehnt, im HChE noch nicht enthalten war, im Parlamentarischen Rat eingehender erörtert wurde und u.a. föderativen Anliegen

---

den konnten (*Jacobi*, a.a.O.); vgl. auch *H. Triepel*, Delegation und Mandat im Öffentlichen Recht, 1942, S. 120f.

[21] *Jacobi*, Rechtsverordnungen (Fn. 15), S. 240f., 248f.; *Ramsauer* (Fn. 2), Art. 80 Rn. 9.

[22] *Jacobi*, Rechtsverordnungen (Fn. 15), S. 239.

[23] S. zu den gesetzesvertretenden Verordnungen die Übersicht bei *Huber*, Verfassungsgeschichte, Bd. 6, S. 434ff.; vgl. auch *H. Schneider*, Die Reichsverfassung vom 11. August 1919, in: HStR I, § 3 Rn. 53ff.; *Gusy*, Reichsverfassung, S. 160f. (auch zum »Notverordnungsrecht« des Reichspräsidenten nach Art. 48 II WRV). → Art. 54 Rn. 3.

[24] Gesetz zur Behebung der Not von Volk und Reich vom 24.3. 1933 (RGBl. I S. 141); zu den wiederholten Verlängerungen des ursprünglich zeitlich befristeten Gesetzes s. *Huber*, Dokumente, Bd. 3, S. 604. Vgl. auch Art. 4 Gesetz über den Neuaufbau des Reichs vom 30.1. 1934 (RGBl. I S. 75), wonach die Reichsregierung neues Verfassungsrecht setzen konnte.

[25] S. nur *E.R. Huber*, Verfassungsrecht des Großdeutschen Reiches, 2. Aufl., 1939, S. 236: »Die nationalsozialistische Revolution hat den parlamentarischen Gesetzgebungsstaat vollends zerstört ... Das neue Reich ist kein gewaltenteilender Staat«.

[26] S. dazu und zu gleichwohl fortgeführten Differenzierungen *Mößle*, Inhalt (Fn. 1), S. 22, 28ff.; vgl. ferner *D. Kirschenmann*, »Gesetz« im Staatsrecht und in der Staatsrechtslehre des NS, 1970. S. zur »Verwischung« bzw. »Bedeutungslosigkeit« des Unterschiedes zwischen Gesetz und Verordnung im Nationalsozialismus auch BVerfGE 1, 261 (262); 3, 407 (417).

[27] Zur Entstehungsgeschichte s. JöR 1 (1951), S. 588f.; *Klein*, Verordnungsermächtigungen (Fn. 1), S. 20ff. und – speziell zu Art. 80 I 2 GG – instruktiv *Mößle*, Inhalt (Fn. 1), S. 39ff.

[28] Bericht über den Verfassungskonvent auf Herrenchiemsee vom 10. bis 23. August 1948, Darstellender Teil, Parl. Rat II, S. 504ff. (556).

[29] S. JöR 1 (1951), S. 590ff.; *Klein*, Verordnungsermächtigungen (Fn. 11), S. 20ff.

Rechnung trägt. Die zwischenzeitlichen Änderungen[30] der Norm waren durch die Strukturreformen im Bahn-, Post- und Telekommunikationswesen sowie sprachliche Angleichungen veranlaßt[31].

Demgegenüber geht die Anfügung[32] von **Art. 80 III, IV GG** auf Empfehlungen der Gemeinsamen Verfassungskommission zurück[33]. Danach soll mit der Aufnahme eines Initiativrechts des Bundesrates für zustimmungsbedürftige Rechtsverordnungen (Art. 80 III GG) angesichts der wachsenden Bedeutung dieser Verordnungen die wirkungsvolle Wahrnehmung der dem Bundesrat zugewiesenen Funktion der Mitwirkung an der Rechtsetzungstätigkeit des Bundes gesichert werden. Die Einfügung einer Gesetzgebungsbefugnis der Länder nach Maßgabe der den Landesregierungen erteilten Ermächtigungen zum Erlaß von Rechtsverordnungen (Art. 80 IV GG) soll die Handlungsmöglichkeiten der Landesparlamente stärken; sie greift einen Vorschlag aus dem Schlußbericht der Enquête-Kommission Verfassungsreform[34] auf.

7

Weitere Vorschläge zur Reform von Art. 80 GG haben sich in der bisherigen **Verfassungsentwicklung** nicht durchgesetzt. Sie betreffen u.a. die textliche und inhaltliche Straffung von Art. 80 I 2 GG mit dem Ziel, das »gestörte Gleichgewicht zwischen Parlament und Regierung wiederherzustellen« und den verfassungsrechtlichen Rang des Parlaments im Ergebnis zu stärken[35], die Einführung eines gesetzesunabhängigen Verordnungsrechts der Regierung[36] sowie die Ermächtigung des Gesetzgebers, beim Erlaß von Verordnungen »andere Formen der Mitwirkung, insbesondere die Beteiligung Betroffener«, vorzusehen[37]. Wichtige Beiträge zum Verständnis von Art. 80 GG liefert hingegen mittlerweile die nicht immer schwankungsfreie[38] Spruchpraxis des Bundesverfassungsgerichts.

8

B. Internationale, supranationale und rechtsvergleichende Bezüge

Das **Europäische Gemeinschaftsrecht** stellt u.a. die Handlungsform der »Verordnung« bereit (Art. 189 [249 n.F.] EGV, Art. 161 EAGV). Wegen unterschiedlicher Strukturen[39] ist die EG-Verordnung jedoch mit dem nationalen Rechtsetzungstyp der Rechtsverordnung nicht vergleichbar. **Inter- und supranationale Bezüge** weist Art. 80

9

---

[30] Art. 1 Nr. 3 Gesetz zur Änderung des Grundgesetzes vom 20.12.1993 (BGBl. I S. 2089); Art. 1 Nr. 2 Gesetz zur Änderung des Grundgesetzes vom 30.8.1994 (BGBl. I S. 2245).
[31] S. zur Bahn BT-Drs. 12/4610, S. 6; 12/5015, S. 6; zu Post und Telekommunikation BT-Drs. 12/7269, S. 4, 7f.
[32] Art. 1 Nr. 10 Gesetz zur Änderung des Grundgesetzes (Art. 3, 20a, 28, 29, 72, 74, 75, 76, 77, 80, 87, 93, 118a und 125a) vom 27.10.1994 (BGBl. I S. 3146); dazu BT-Drs. 12/6633, S. 11; 12/8399; 12/8423.
[33] Bericht der Gemeinsamen Verfassungskommission, BT-Drs. 12/6000, S. 32, 38 unter Hinweis auf den Eckwerte-Beschluß der Ministerpräsidenten der Länder von 1990; s. zum Initiativrecht des Bundesrates auch Unterrichtung durch die Verfassungskommission des Bundesrates, BR-Drs. 360/92, S. 9.
[34] BT-Drs. 7/5924, S. 90.
[35] So Schlußbericht der Enquête-Kommission Verfassungsreform, BT-Drs. 7/5924, S. 89ff.
[36] Vgl. Schlußbericht der Enquête-Kommission Verfassungsreform, BT-Drs. 7/5924, S. 91f.; dazu *H.H. Klein*, DÖV 1975, 523 (525f.) und *S. Magiera*, Der Staat 13 (1974), 1 (22ff.).
[37] VE-Kuratorium, S. 49, 140.
[38] Vgl. an dieser Stelle nur *H. Schneider*, Gesetzgebung, 2. Aufl., 1991, S. 156 und speziell zu Art. 80 I 2 GG *W. Cremer*, AöR 122 (1997), 248 (249f., 255ff.).
[39] Vgl. z.B. *Nicolaysen*, Europarecht I, S. 159f.; *Streinz*, Europarecht, Rn. 377ff.

GG auf, wenn Rechtsverordnungen der Erfüllung zwischenstaatlicher Vereinbarungen oder der Umsetzung von Europäischem Gemeinschaftsrecht dienen[40]. Ein Beispiel dafür ist § 48a BImSchG, der mit im einzelnen näheren Präzisierungen die Bundesregierung zum Erlaß von Rechtsverordnungen zur »Erfüllung von bindenden Beschlüssen der Europäischen Gemeinschaften« ermächtigt; dabei werden mitunter an das Bestimmtheitsgebot (Art. 80 I 2 GG) »geringere Anforderungen als im deutschen Recht« gestellt, weil das Parlament durch das Gemeinschaftsrecht ohnehin weitgehend festgelegt sei[41] (→ Rn. 31). Neben solchen Verzahnungen und europarechtlichen Einwirkungen sind Rückwirkungen auf die Verordnungspraxis denkbar, wenn die Umsetzung von EG-Richtlinien durch Verwaltungsvorschriften den Anforderungen des Gemeinschaftsrechts nicht genügt[42]; obschon Art. 189 III (249 III n.F.) EGV den Mitgliedstaaten die Wahl der Form und der Mittel zur Erreichung des Zieles überläßt, liegt in diesen Fällen oftmals die Entscheidung für eine Rechtsverordnung und damit für eine entsprechende gesetzliche Ermächtigung zumindest nahe[43].

10 Im internationalen **Rechtsvergleich** ist exekutive Rechtsetzung im Verordnungswege verbreitet, allerdings mit sehr unterschiedlichen Ausgestaltungen[44]; dies gilt auch für die Vereinigten Staaten von Amerika, in denen die *non delegation doctrine* mittlerweile »moribund« geworden ist[45]. Ähnlich verhält es sich mit den **Verfassungen der Länder**. Die in ihnen enthaltenen Regelungen über die Ermächtigung zum Erlaß von Rechtsverordnungen[46] entsprechen in der Grundstruktur zumeist der des Grundgeset-

---

[40] S. etwa die in § 6a WHG enthaltene Ermächtigung, die auf die Notwendigkeit der »Erfüllung bindender Beschlüsse der Europäischen Gemeinschaft oder zwischenstaatlicher Vereinbarungen« abstellt. Zur Inkraftsetzung völkerrechtlicher Vereinbarungen durch Rechtsverordnungen s. etwa *H.D. Treviranus*, NJW 1983, 1948ff.

[41] So *D. Ehlers*, Verwaltung und Verwaltungsrecht im demokratischen und sozialen Rechtsstaat, in: Erichsen, Allg. Verwaltungsrecht, S. 1ff. (88); vgl. auch *M. Czychowski*, ZUR 1997, 71 (72) zu § 6a WHG.

[42] EuGH EuZW 1991, 405 (408f.); 1991, 440 (440ff.); 1991, 442 (443f.); 1991, 761 (762f.); vgl. zu den davon ausgehenden Impulsen für die deutsche Diskussion etwa *C. Gusy*, NVwZ 1995, 105 (107ff.) m.w.N. zur umfangreichen Literatur.

[43] Vgl. etwa *P.M. Delwing*, Umsetzungsprobleme des EG-Wasserrechts, 1995, S. 119ff. (142); *G. Veh/G.-M.Knopp*, Gewässerschutz nach EG-Recht, 1995, S. 28f.; *R. Wahl*, Das Verhältnis von Rechtsverordnung und Verwaltungsvorschrift, in: S. Biernat u.a. (Hrsg.), Grundfragen des Verwaltungsrechts und der Privatisierung, 1994, S. 145ff. (147ff.) und die bereits erwähnten § 6a WHG, § 48a BImSchG.

[44] Die meisten Staaten halten an dem Modell der Gewaltenteilung insofern fest, als sie für exekutive Rechtsetzung eine Ermächtigung durch den parlamentarischen Gesetzgeber fordern; vgl. *K.-P. Sommermann*, JZ 1997, 434 (435). Doch sehen z.B. Art. 77 II, III Verfassung der Republik Italien und Art. 86 Verfassung des Königreiches Spanien für Fälle außergewöhnlicher und dringender Notwendigkeit Gesetzesverordnungsrechte der Exekutive vor; selbständige, gesetzesunabhängige Verordnungsbefugnisse finden sich in Art. 37 Verfassung der Republik Frankreich und Art. 201 I lit. a Verfassung der Republik Portugal. Zur daneben bestehenden Möglichkeit delegierter Rechtsetzung in diesen Ländern vgl. Art. 76 Verfassung der Republik Italien; Art. 201 I lit. b und c, III Verfassung der Republik Portugal; Art. 82 Verfassung des Königreiches Spanien. Vgl. im übrigen die Berichte von *W.K. Geck* (zu den Vereinigten Staaten von Amerika), *H.J. Ridder* (zu Großbritannien), *H. Ballreich* (zu Frankreich, Belgien und Luxemburg), *P. Schneider* (zur Schweiz) und *G. Bettoni* (zu Italien), in: Institut, Übertragung (Fn. 11), S. 221ff., 295ff., 325ff., 373ff., 411ff.

[45] Näher dazu *H. Pünder*, Exekutive Normsetzung in den Vereinigten Staaten von Amerika und der Bundesrepublik Deutschland, 1995, insb. S. 47ff.; ferner *G. Nolte*, AöR 118 (1993), 378 (380ff.).

[46] Z.B. Art. 61 Bad.-WürttVerf.; Art. 55 Nr. 2 BayVerf.; Art. 80 BrandenbVerf.; Art. 124 BremVerf.; Art. 53 HambVerf.; Art. 107, 118 HessVerf.; Art. 57 Meckl.-VorpVerf.; Art. 43 NdsVerf.; Art. 70

zes, weichen bisweilen aber auch davon ab; so legen etwa die Texte der Verfassungen von Bremen und Hessen fest, daß – vorbehaltlich anderweitiger gesetzlicher Bestimmung – der Senat bzw. die Landesregierung die zur Ausführung eines Gesetzes erforderlichen Rechts- und Verwaltungsverordnungen erläßt[47].

C. Erläuterungen

I. Allgemeine Bedeutung

1. Regelungsgegenstände, Regelungsintentionen und aktueller Befund

Art. 80 GG hat mehrere **Regelungsgegenstände**: Anforderungen an die Ermächtigung zum Erlaß von Rechtsverordnungen einer- und die Rechtsverordnungen einschließlich etwaiger Subdelegation andererseits (Art. 80 I GG), zustimmungsbedürftige Rechtsverordnungen (Art. 80 II GG), Verordnungsinitiativrecht des Bundesrates (Art. 80 III GG) und Gesetzgebungsbefugnis der Länder bei Verordnungsermächtigungen für die Landesregierungen (Art. 80 IV GG). In ihrem Kern regelt die Norm die Delegation von Rechtsetzungsbefugnissen auf die Exekutive und damit einen wichtigen Teilbereich (→ Rn. 50) exekutiver Rechtsetzung. Diese Delegationsregelung verfolgt vornehmlich zwei Anliegen. Zum einen will sie den parlamentarischen Gesetzgeber von Detailarbeit entlasten, ihm dadurch die Möglichkeit eröffnen, sich auf die wirklich wichtigen, grundlegenden Vorhaben zu konzentrieren, und ohne zeitraubendes Gesetzgebungsverfahren eine beschleunigte, kurzfristige Anpassung des Rechts an sich ändernde Verhältnisse ermöglichen (**Entlastungsfunktion**)[48]. Zum anderen begrenzt Art. 80 GG die Übertragung von Rechtsetzungsbefugnissen und hindert so das Parlament daran, »sich seiner Verantwortung als gesetzgebende Körperschaft zu entäußern«[49] (**Funktionssicherungs- und Begrenzungsfunktion**).

11

Bei einer Gesamtbetrachtung sind die in Art. 80 GG enthaltenen Regelungen **Ausdruck und Konkretisierung mehrerer Verfassungsprinzipien**[50]: Mit der Begrenzung von Rechtsetzungsdelegationen, dem Bestimmtheits- und dem Zitiergebot (Art. 80 I GG) konkretisieren sie die **rechtsstaatlichen Grundsätze der Gewaltenteilung und der Rechtssicherheit** (→ Art. 20 [Rechtsstaat] Rn. 62 ff., 134 ff.). Die nur beschränkt zugelassene Übertragung von Rechtsetzungsbefugnissen ist zugleich Ausdruck des **Demo-**

12

Nordrh.-WestfVerf.; Art. 110 Rheinl.-PfVerf.; Art. 104 SaarlVerf.; Art. 75 SächsVerf.; Art. 79 Sachs.-AnhVerf.; Art. 38 Schl.-HolstVerf.; Art. 84 ThürVerf.

[47] Art. 124 BremVerf.; Art. 107 HessVerf.; vgl. auch Art. 55 Nr. 2 BayVerf.; zu den grundgesetzlichen Vorgaben für den Erlaß von Rechtsverordnungen auf landesrechtlicher Ermächtigungsgrundlage → Rn. 17.

[48] Vgl. BVerfGE 7, 267 (274); 8, 274 (311, 321); 42, 191 (203); 55, 207 (228, 241 f.); *H. Dellmann*, in: Seifert/Hömig, GG, Art. 80 Rn. 1; *P. Kirchhof*, Rechtsquellen und Grundgesetz, in: Festgabe BVerfG, Bd. II, S. 50 ff. (83); *Model/Müller*, GG, Art. 80 Rn. 1; *Ossenbühl* (Fn. 7), § 64 Rn. 2 f.; *Schmidt*, Öffentliches Wirtschaftsrecht (Fn. 13), S. 464; *Wolff/Bachof/Stober*, Verwaltungsrecht I, § 25 Rn. 30 (S. 277).

[49] BVerfGE 78, 249 (272).

[50] Vgl. zur Konkretisierung von Rechtsstaats- und Demokratieprinzip etwa *B.-O. Bryde*, in: v. Münch/Kunig, GG III, Art. 80 Rn. 2; Jarass/*Pieroth*, GG, Art. 80 Rn. 1; *J. Lücke*, in: Sachs, GG, Art. 80 Rn. 2 und *Ramsauer* (Fn. 2), Art. 80 Rn. 24 ff., der ergänzend auf Bezüge zur Grundrechtsordnung hinweist; ferner aus der Spruchpraxis BVerfGE 18, 52 (59); 34, 52 (58 ff.); 41, 251 (265 f.); 55, 207 (225 f.); 58, 257 (277); 73, 388 (400); 78, 249 (272).

kratieprinzips, weil sie eine Selbstentmachtung des Parlaments verhindert, die politischen Leitentscheidungen beim parlamentarischen Gesetzgeber monopolisiert und nur eine eingeschränkte exekutive Normsetzung gestattet (→ Art. 20 [Demokratie] Rn. 110); Bezüge zum demokratischen Prinzip weist außerdem die mit Art. 80 IV GG angestrebte Stärkung der Handlungsmöglichkeiten der Landesparlamente (→ Rn. 7, 48) auf. Und als – bislang zu wenig beachtete[51] – Ausformungen des **Bundesstaatsprinzips** lassen sich die Ermächtigungsbefugnis zugunsten der Landesregierungen[52], die Beteiligung des Bundesrates sowie dessen Initiativrecht für zustimmungsbedürftige Rechtsverordnungen werten (→ Art. 20 [Bundesstaat] Rn. 16).

13 Die vergleichsweise hohe Zahl von Rechtsverordnungen zeigt, daß Art. 80 GG in der **Verfassungspraxis** beträchtliche Bedeutung erlangt hat: Von 1949 bis zum Ende der zwölften Legislaturperiode wurden über 15.000 Rechtsverordnungen des Bundes verkündet, davon durchschnittlich rund 40% mit Zustimmung des Bundesrates; in demselben Zeitraum beträgt die Anzahl der verkündeten Bundesgesetze lediglich knapp 5.000[53].

2. Anwendungsbereich

14 Art. 80 GG gilt nur für den Erlaß von Rechtsverordnungen. Der **Verordnungsbegriff** ist im Grundgesetz nicht ausdrücklich definiert. Aus überkommener Sicht[54] handelt es sich bei Rechtsverordnungen um Regelungen der Exekutive mit der Wirkung eines Gesetzes, die keine Satzungen sind[55]. Gegenüber diesem materiellen Verordnungsbegriff setzt sich jedoch zunehmend die Auffassung durch, daß Rechtsverordnungen nicht (materiell) nach ihrem Inhalt, sondern durch formelle Kriterien von anderen Rechtssätzen abzugrenzen sind (**formalisierter Verordnungsbegriff**)[56]. Danach sind In-

---

[51] Auf die Vernachlässigung bundesstaatlicher Aspekte der Rechtsetzung durch Rechtsverordnung macht mit Recht *C. Brodersen*, Bundesstaatliche Probleme des Art. 80 I GG, in: GedS Martens, 1987, S. 57 ff., aufmerksam; s. auch *F. Ossenbühl*, ZG 12 (1997), 305 (309), allerdings mit Blick auf Art. 72 I GG und dem Hinweis darauf, daß erst durch die Verfassungsreform 1994 die bundesstaatliche Komponente hinzukommen sei.
[52] Dazu *Brodersen*, Bundesstaatliche Probleme (Fn. 51), S. 60 ff.
[53] Zahlenangaben nach *Schneider*, Gesetzgebung (Fn. 38), S. 111; Statistisches Bundesamt (Hrsg.), Statistisches Jahrbuch 1997 für die Bundesrepublik Deutschland, 1997, S. 94 f. und Bundesrat (Hrsg.), Handbuch des Bundesrates für das Geschäftsjahr 1997/98, 1997, S. 289; zur Bedeutung der Verordnungsgebung auf Landesebene s. etwa *A. Dittmann*, Die Rechtsverordnung als Handlungsinstrument der Verwaltung, in: Biernat, Grundfragen (Fn. 43), S. 107 ff. (107 f.). Zur Verfassungspraxis auch: → Rn. 46, 49.
[54] Zur Entwicklung des Rechtsverordnungsbegriffs s. etwa *B. Busch*, Das Verhältnis des Art. 80 Abs. 1 S. 2 GG zum Gesetzes- und Parlamentsvorbehalt, 1992, S. 81 ff.; *Mößle*, Inhalt (Fn. 1), S. 11 ff.; *Staupe*, Parlamentsvorbehalt (Fn. 4), S. 41 ff.; *Stern*, Staatsrecht II, S. 648 ff.; jeweils m.w.N. Zur uneinheitlichen Terminologie und Handhabung in der bundesverfassungsgerichtlichen Spruchpraxis s. *D. Wilke*, AöR 98 (1973), 196 (199 ff.).
[55] Vgl. etwa *D. Wilke*, in: v. Mangoldt/Klein, GG, Art. 80 Anm. IV.1–4 (Anm. IV.3: »jeder Rechtssatz der Exekutive mit Ausnahme der autonomen Satzungen, durch den Beziehungen des Staates zur Allgemeinheit oder zu seinen Amtsträgern geregelt werden, wobei [im zweiten Fall] der Wille des Normgebers erkennbar sein muß, dem Rechtssatz eine gegenüber der Verwaltungsvorschrift erhöhte Geltungskraft beizulegen«; im Original hervorgehoben); *T. Maunz*, in: Maunz/Dürig, GG, Art. 80 (1978), Rn. 15 ff.; *Lücke* (Fn. 50), Art. 80 Rn. 11; *Stern*, Staatsrecht II, S. 653 ff.
[56] Vgl. dazu – mit uneinheitlicher Bestimmung der einzelnen Abgrenzungskriterien – etwa *N. Achterberg*, Allgemeines Verwaltungsrecht, 2. Aufl., 1986, S. 397; *Busch*, Parlamentsvorbehalt (Fn. 54), S. 108 ff. (111: jede Regelung, »die von den in Art. 80 GG genannten Exekutivorganen in dem dort vor-

dizien für das Vorliegen einer Rechtsverordnung die Bezeichnung als Rechtsverordnung, die Ausfertigung und Verkündung in den für Rechtsverordnungen vorgeschriebenen Formen (Art. 82 I 2 GG; → Art. 82 Rn. 21 ff.) und die Angabe des ermächtigenden Gesetzes (Art. 80 I 3 GG; → Rn. 38); namentlich der Bezugnahme auf die Ermächtigungsgrundlage, die sich auch aus dem Verordnungstext ergeben kann, wird dabei bisweilen besonderes Gewicht beigelegt, weil sie regelmäßig zu erkennen gibt, daß gesetzlich delegierte Rechtsetzungsmacht in Anspruch genommen wird[57].

Wegen der Beschränkung auf Rechtsverordnungen findet Art. 80 GG keine, und zwar auch keine analoge Anwendung auf **Verwaltungsvorschriften**; die Befugnis zum Erlaß solcher Vorschriften ist der Exekutive inhärent und bedarf keiner besonderen gesetzlichen Ermächtigung[58]. Nicht anzuwenden ist Art. 80 GG auch auf **Satzungen** juristischer Personen des öffentlichen Rechts[59], die nicht auf »gesetzesverlängernder« delegierter Rechtsetzungsbefugnis, sondern auf der Einräumung von Autonomie zur Regelung von Selbstverwaltungsangelegenheiten beruhen[60]. Auch gilt Art. 80 GG nicht für Kirchensteuerregelungen[61], die Allgemeinverbindlicherklärung von Tarif- 15

---

gesehenen Verfahren erlassen wird«), der die Veröffentlichungsart als allein konstitutives Merkmal des formalisierten Rechtsverordnungsbegriffs ansieht und den anderen in Art. 80, 82 GG genannten Verfahrenselementen nur indizielle Bedeutung beimißt; *Bryde* (Fn. 50), Art. 80 Rn. 6 ff., der Bezeichnungs- und Publikationsform als Indizien ansieht und »die erkennbare Berufung auf eine gesetzliche Verordnungsermächtigung« für konstitutiv hält; Jarass/*Pieroth*, GG, Art. 80 Rn. 2; *Ramsauer* (Fn. 2), Art. 80 Rn. 30 ff.; kritisch etwa *T. v. Danwitz*, Die Gestaltungsfreiheit des Verordnungsgebers, 1989, S. 26 ff., der statt dessen auf die »Wahrnehmung delegierter Rechtsetzungskompetenz« abstellt und eine Norm dann als Rechtsverordnung qualifizieren will, »wenn ihr Inhalt von einer sie erfassenden Ermächtigungsgrundlage gedeckt wird«. Vgl. zur Indizwirkung von Form und Verkündungsart auch BVerwGE 19, 48 (53) mit Rückschlüssen auf den Willen der normsetzenden Stelle.

[57] Vgl. VGH Kassel NJW 1981, 779 (780); *M. Antoni*, AöR 114 (1989), 220 (225 f.); Jarass/*Pieroth*, GG, Art. 80 Rn. 2; *Ramsauer* (Fn. 2), Art. 80 Rn. 32 f. Völlig eindeutige Ergebnisse erbringt freilich auch dieses Indiz nicht, weil mitunter auch Verwaltungsvorschriften, soweit sie eine gesetzliche Grundlage haben, ausdrücklich auf diese Rechtsgrundlage verweisen; s. dazu *Busch*, Parlamentsvorbehalt (Fn. 54), S. 111 m.N.

[58] Z.B. BVerfGE 26, 338 (396); BVerwGE 67, 222 (229); *F. Ossenbühl*, Autonome Rechtsetzung der Verwaltung, in: HStR III, § 65 insb. Rn. 64; *Lücke* (Fn. 50), Art. 80 Rn. 10 f.; *Ramsauer* (Fn. 2), Art. 80 Rn. 22, 34; *P. Selmer*, VerwArch. 59 (1968), 114 ff. Zu den Folgeproblemen, die sich aus der zwischenzeitlich erfolgten teilweisen Neuorientierung in der rechtlichen Beurteilung der Außenwirkung von Verwaltungsvorschriften (vgl. dazu etwa BVerfGE 40, 237 [246 ff.]; BVerwGE 72, 300 [319 ff.]; obschon Sonderfälle anerkennend, zurückhaltend BVerfGE 78, 214 [227]) ergeben, s. *Ossenbühl*, a.a.O., Rn. 14 ff., 30 ff., 35 ff., 63 ff., und *Bryde* (Fn. 50), Art. 80 Rn. 7, 9 ff. m.w.N.; diese geänderte Beurteilung führt jedoch nicht zu einer Gleichstellung von Verwaltungsvorschriften mit Rechtsverordnungen.

[59] Z.B. BVerfGE 12, 319 (325); 19, 253 (266 f.); 21, 54 (62 f.); 32, 346 (361); 33, 125 (157 f.); 49, 343 (362); 73, 388 (400); zur Anwendung von Art. 80 GG auf eine unzutreffend als Satzungsbefugnis ausgeflaggte Ermächtigung zum Erlaß einer Rechtsverordnung s. BVerfGE 10, 20 (49 ff.) und zu den demokratisch-rechtsstaatlichen Direktiven für gesetzgeberische Autonomiegewährung BVerfGE 33, 125 (157 ff.). Für eine differenzierende analoge Anwendung von Art. 80 I 2 GG für die einfach-gesetzliche Verleihung von Satzungsautonomie jedoch *Wilke* (Fn. 55), Art. 80 Anm. XIII.2.

[60] Vgl. *P. Badura*, Das normative Ermessen beim Erlaß von Rechtsverordnungen und Satzungen, in: GedS Martens, 1987, S. 25 ff. (27 ff.); *Dittmann*, Rechtsverordnung (Fn. 53), S. 112; im Ergebnis übereinstimmend, jedoch kritisch gegenüber dem Autonomiebegriff *W. Kluth*, Funktionale Selbstverwaltung, 1997, S. 25 f., 487 f.

[61] BVerfGE 73, 388 (400).

Art. 80 C. Erläuterungen

verträgen[62], bindende Festsetzungen von Heimarbeiterausschüssen[63] und Mindestreservefestsetzungen der Bundesbank[64].

16 Art. 80 I GG erfaßt uneingeschränkt alle nachkonstitutionellen, also unter der Herrschaft des Grundgesetzes erlassenen Gesetze[65]. Auf **vorkonstitutionelle Ermächtigungen** ist Art. 80 I GG grundsätzlich nicht anwendbar[66], es sei denn, das materielle Recht, dessen Durchführung die Rechtsverordnung dienen soll, ist nach dem Inkrafttreten des Grundgesetzes wesentlich geändert worden[67], oder der nachkonstitutionelle Gesetzgeber hat die vorkonstitutionelle Norm in seinen Willen aufgenommen[68]. Im übrigen sind Art. 123 ff. GG und insb. Art. 129 III GG zu beachten.

17 Aus der systematischen Stellung in dem Abschnitt über »Die Gesetzgebung des Bundes« ergibt sich, daß Art. 80 GG für **landesgesetzliche Verordnungsermächtigungen** nicht gilt; mangels planwidriger Regelungslücke scheidet auch eine analoge Anwendung aus[69]. Allerdings lassen sich über das Homogenitätsgebot (→ Art. 28 Rn. 59) aus demokratischen und rechtsstaatlichen Gründen verfassungsrechtliche Anforderungen auch für landesgesetzliche Verordnungsermächtigungen formulieren[70]. In der bundesverfassungsgerichtlichen Spruchpraxis hat die Heranziehung der aus dem »rechtsstaatlichen und demokratischen Verfassungssystem folgenden Grundsätze« bezüglich des Erfordernisses einer gesetzlichen Grundlage und des Bestimmtheitsgebots mittlerweile im praktischen Ergebnis ein sachlich weitgehend an Art. 80 I GG angeglichenes Anforderungsprofil für die entsprechende Landesgesetzgebung erbracht[71].

---

[62] BVerfGE 44, 322 (349); 55, 7 (20); *A. Janssen*, Über die Grenzen des legislativen Zugriffsrechts, 1990, S. 114 f. entnimmt deshalb Art. 9 III GG einen Ausschluß der Anwendbarkeit von Art. 80 I GG.

[63] BVerfGE 34, 307 (315 f.).

[64] BVerwGE 41, 334 (349 ff.) unter Hinweis auf die Sonderregelung in Art. 88 GG gegenüber Art. 80 I 1 GG; unentschieden jedoch für die analoge Anwendung von Art. 80 I 2 GG.

[65] Vgl. dazu und zum folgenden etwa Jarass/*Pieroth*, GG, Art. 80 Rn. 5; *Ramsauer* (Fn. 2), Art. 80 Rn. 22; *Wilke* (Fn. 55), Anm. III.2.

[66] BVerfGE 2, 307 (326 ff.); 28, 119 (144); 78, 179 (197); BVerfGE 15, 268 (271 ff.) stellt auf den Zeitpunkt nach dem Zusammentreten des Bundestages (7. 9. 1949) ab; s. auch BVerwGE 38, 322 (323).

[67] BVerfGE 22, 180 (214 f.); 78, 179 (197 f.); BVerwGE 31, 345 (355); 38, 322 (323).

[68] BVerfGE 9, 39 (47).

[69] Im Ergebnis ebenso BVerfGE 34, 52 (58 f.); *Bryde* (Fn. 50), Art. 80 Rn. 2a; *Wilke* (Fn. 55), Art. 80 Anm. III.1.a, XIII.1; *Wolff/Bachof/Stober*, Verwaltungsrecht I, § 25 Rn. 34 (S. 279); vgl. auch *A. v. Mutius*, VerwArch. 62 (1971), 410 ff. m. w. N. zur älteren Diskussion. Demgegenüber wird nicht selten mit unterschiedlichen Abstufungen eine analoge oder unmittelbare Anwendung befürwortet; so etwa eine analoge Anwendung von Jarass/*Pieroth*, GG, Art. 80 Rn. 4 für die gesetzliche Ermächtigung und das Bestimmtheitsgebot, nicht jedoch für die Festlegung der Ermächtigungsadressaten, das Zitiergebot und die Übertragungsanforderungen, sowie – unmittelbar kraft Art. 20 II oder mindestens über Art. 28 II (sic!) GG – von *Maunz* (Fn. 55), Art. 80 Rn. 44 für Art. 80 I 2–4 GG. Obschon viele Landesverfassungen Art. 80 I GG vergleichbare Regelungen enthalten, besitzt die Problematik wegen teilweise fortbestehender Unterschiede (→ Rn. 10) praktische Bedeutung, ganz abgesehen davon, daß damit auch prozessuale Konsequenzen verbunden sind.

[70] Vgl. dazu – mit unterschiedlichen Ergebnissen – etwa Jarass/*Pieroth*, GG, Art. 80 Rn. 4 (unter gleichzeitiger Betonung einer Analogie); *Bryde* (Fn. 50), Art. 80 Rn. 2a; *Ramsauer* (Fn. 2), Art. 80 Rn. 23; *Wilke* (Fn. 55), Art. 80 Anm. XIII.1.

[71] BVerfGE 41, 251 (266); 55, 207 (225 f.); 58, 257 (277); 73, 388 (400).

II. Anforderungen an die Ermächtigung zum Erlaß von Rechtsverordnungen und die Rechtsverordnungen (Art. 80 I GG)

1. Anforderungen an die Verordnungsermächtigung

a) Gesetz (Art. 80 I 1 GG)

Jenseits von Übergangsvorschriften (Art. 119, 127, 132 IV GG) bedürfen Rechtsverordnungen nach Art. 80 I 1 GG[72] stets einer Ermächtigung durch ein **Bundesgesetz**, das den Vorschriften über die Zuständigkeit[73] und das Gesetzgebungsverfahren sowie den sonstigen Anforderungen des Grundgesetzes genügt. Als abgeleitete Rechtsnorm steht die Rechtsverordnung damit im Rang unterhalb des parlamentsbeschlossenen Gesetzes und kann dieses grundsätzlich nicht abändern, verdrängen, durchbrechen oder außer Kraft setzen[74]. **Unabgeleitete** und sog. **gesetzesvertretende Verordnungen** (Rechtsverordnungen mit dem Rang eines formellen Gesetzes)[75] sind daher verfassungsrechtlich unzulässig, und zwar unabhängig von ihrem Inhalt[76]. Verfassungsrechtlich möglich sind hingegen – sofern dafür sachliche Gründe bestehen – ausdrückliche Ermächtigungen zum Erlaß von sog. **gesetzesändernden Rechtsverordnungen**, die dem Ermächtigungsadressaten die Befugnis zu Regelungen einräumen, die von Gesetzen abweichen; denn bei solchen Ermächtigungen ist die Änderung der Rechtslage bereits im Gesetz angelegt und damit bei genauerer Betrachtung gesetzesausführend, die Bezeichnung als »gesetzesändernd« deshalb mißverständlich[77]. Wegen der von Art. 82 II GG geforderten, auf Rechtsklarheit und Rechtssicherheit zielenden Eindeutigkeit des Inkrafttretens von Gesetzen verfassungsrechtlich prekär sind demgegenüber sog. **Inkraftsetzungsermächtigungen**, die den Verordnungsgeber ermächtigen, über das Inkrafttreten eines Gesetzes zu entscheiden[78].

Inhaltlich darf die gesetzliche Verordnungsermächtigung nicht gegen **objektbezo-**

---

[72] Die Anforderungen an landesgesetzliche Verordnungsermächtigungen richten sich grundsätzlich nach dem Landesverfassungsrecht; dazu und zu bundesverfassungsrechtlichen Direktiven → Rn. 10, 17.

[73] Speziell zur Zulässigkeit von Rechtsverordnungsermächtigungen in Rahmengesetzen s. *M. Lepa*, AöR 105 (1980), 337 (356f.); *v. Danwitz*, Gestaltungsfreiheit (Fn. 56), S. 75ff.

[74] Vgl. BVerfGE 8, 155 (169).

[75] Vgl. zum Begriff BVerfGE 22, 1 (12); 52, 1 (16); BVerwGE 87, 133 (139); zur Zulässigkeit nach der WRV → Rn. 3 und zu Sonderregelungen Art. 115k I, 119 GG.

[76] Vgl. z.B. *Bryde* (Fn. 50), Art. 80 Rn. 3f.; *Jarass/Pieroth*, GG, Art. 80 Rn. 14; *Lücke* (Fn. 50), Art. 80 Rn. 5ff.; *Maunz* (Fn. 55), Art. 80 Rn. 4, 7; *Ramsauer* (Fn. 2), Art. 80 Rn. 41ff.; *S. Studenroth*, DÖV 1995, 525 (526); *Wilke* (Fn. 55), Art. 80 Anm. XIII.1.b.; demgegenüber nimmt *F. Ossenbühl*, Vorrang und Vorbehalt des Gesetzes, in: HStR III, § 62 Rn. 50; *ders.* (Fn. 7), § 64 Rn. 16; *ders.* (Fn. 58), § 65 Rn. 12f. neben dem abgeleiteten ein originäres, funktionsimmanentes, selbständiges Verordnungsrecht der Exekutive an, das auf nicht-wesentliche Regelungen beschränkt und dem Vorrang des Gesetzes unterworfen sei sowie den Primat des gesetzgebenden Parlaments unberührt lasse.

[77] Vgl. BVerfGE 2, 307 (313); 8, 155 (170f.); BVerfG (2. Kammer des Zweiten Senats) NStZ-RR 1997, 342 (343); *Bryde* (Fn. 50), Art. 80 Rn. 3; Jarass/*Pieroth*, GG, Art. 80 Rn. 14; *M. Lepa*, AöR 105 (1980), 337 (352ff.); *Lücke* (Fn. 50), Art. 80 Rn. 9; *Ramsauer* (Fn. 2), Art. 80 Rn. 41; Nachw. zur Gegenposition und praktisches Anschauungsmaterial bei *H. Sinn*, Die Änderung gesetzlicher Regelungen durch einfache Rechtsverordnung, 1971, S. 12ff., 15ff., der bei der rechtlichen Beurteilung zwischen Ermächtigungen zur Änderung des Gesetzeswortlauts und zu abweichenden Regelungen unterscheidet.

[78] Für die Zulässigkeit von Inkraftsetzungsermächtigungen z.B. *M. Lepa*, AöR 105 (1980), 337 (355f.), dagegen etwa *Ramsauer* (Fn. 2), Art. 80 Rn. 42; → Art. 82 Rn. 24.

gene Delegationsverbote verstoßen. Ansatzpunkte dafür liefern zum einen konkrete grundgesetzliche Gesetzesvorbehalte, die bestimmte Entscheidungen ausdrücklich dem parlamentarischen Gesetzgeber vorbehalten[79]. Zum anderen ergeben sie sich aus den in der **Wesentlichkeitsrechtsprechung** (→ Art. 20 [Rechtsstaat] Rn. 103 ff.) entwickelten Grundsätzen, die die Entscheidung aller »wesentlichen« Fragen dem ausschließlichen Verantwortungsbereich des parlamentarischen Gesetzgebers zuweisen[80], dogmatisch allerdings in einer bisweilen etwas undeutlichen Beziehung zu dem delegationsrechtlichen Bestimmtheitsgebot des Art. 80 I 2 GG (→ Rn. 27 ff.) stehen[81]. Danach sind normative Regelungen von grundlegender Bedeutung für die Verwirklichung und Ausübung von Grundrechten, in Sonderheit für den Ausgleich kollidierender Grundrechtspositionen, sowie von besonderer Gewichtigkeit für das Gemeinwesen von dem parlamentarischen Gesetzgeber zu treffen; demgegenüber sind Angelegenheiten von geringerer Relevanz auf der Grundlage gesetzlicher Ermächtigung einer Regelung durch Rechtsverordnung zugänglich.

b) Kreis der Ermächtigungsadressaten (Art. 80 I 1 GG)

20 Mit der erschöpfenden Aufzählung der Bundesregierung, eines Bundesministers und der Landesregierungen als potentiellen Erstdelegataren grenzt Art. 80 I 1 GG den Kreis der unmittelbaren Ermächtigungsadressaten ein und errichtet dadurch bezüglich anderer Verordnungsgeber ein **subjektbezogenes Delegationsverbot**[82]. Nach

---

[79] Z.B. Art. 23 I 2, 24 I, 29 II 1, 59 II 1, 79 I 1, 110 II 1 GG; vgl. dazu etwa *M. Kloepfer*, Wesentlichkeitstheorie als Begründung oder Grenze des Gesetzesvorbehalts?, in: H. Hill (Hrsg.), Zustand und Perspektiven der Gesetzgebung, 1988, S. 187 ff. (191); *Ossenbühl* (Fn. 76), § 62 Rn. 26 ff.; zur Tradition zwingender Sondervorbehalte für das förmliche Gesetz in der Weimarer Republik → Rn. 3 mit Fn. 19. Allerdings führen diese Regelungen nicht zu einem vollständigen Ausschluß von Rechtsetzungsdelegationen in den von ihnen betroffenen Bereichen; s. etwa zu Art. 24 I GG BVerfGE 58, 1 (35 ff.); BVerwGE 54, 291 (298 f.); dazu kritisch *O. Rojahn*, in: v. Münch/Kunig, GG II, Art. 24 Rn. 20a, 23a; sowie zu Art. 59 II 1 GG *H.D. Treviranus*, NJW 1983, 1948 ff. und BVerfG (2. Kammer des Zweiten Senats) NStZ-RR 1997, 342 (343).

[80] Z.B. BVerfGE 49, 89 (126 f.); 58, 257 (274); 83, 130 (142); 91, 148 (162 f.); BVerfG (2. Kammer des Zweiten Senats) NStZ-RR 1997, 342 (342); vgl. dazu etwa *G. Kisker*, NJW 1977, 1313 ff.; *H. Bauer*, DÖV 1983, 53 (54 f.); *M. Kloepfer*, JZ 1984, 685 (689 ff.); *C.-E. Eberle*, DÖV 1984, 485 ff.; *F. Rottmann*, EuGRZ 1985, 277 ff.; *Staupe*, Parlamentsvorbehalt (Fn. 4), S. 103 ff.; *H.H. v. Arnim*, DVBl. 1987, 1241 ff.; *Ossenbühl* (Fn. 76), § 62 Rn. 41 ff.; *R. Hermes*, Der Bereich des Parlamentsgesetzes, 1988, S. 21 ff.; *U.M. Gassner*, Kriterienlose Genehmigungsvorbehalte im Wirtschaftsverwaltungsrecht, 1994, S. 69 ff.

[81] Dazu aus jüngerer Zeit insb. *Busch*, Parlamentsvorbehalt (Fn. 54), S. 79 ff., 113 ff.; *U.M. Gassner*, DÖV 1996, 18 ff.; *M. Nierhaus*, Bestimmtheitsgebot und Delegationsverbot des Art. 80 Abs. 1 Satz 2 GG und der Gesetzesvorbehalt der Wesentlichkeitstheorie, in: FS Stern, 1997, S. 717 ff. (720 ff. mit der Unterscheidung von vier Theorien); *H. Schulze-Fielitz*, Theorie und Praxis parlamentarischer Gesetzgebung, 1988, S. 171 ff. und *W. Cremer*, AöR 122 (1997), 248 ff. Letzterer gelangt auf Grund einer Literatur- und Rechtsprechungsanalyse zu dem Ergebnis, daß in der uneinheitlichen dogmatischen Zuordnung im wesentlichen drei konkurrierende Auffassungen auszumachen sind: Exklusivität von Art. 80 I 2 GG, vorrangige Anwendung der Wesentlichkeitskriterien mit anschließender Überprüfung am Maßstab von Art. 80 I 2 GG und – bei der letztgenannten Ansicht – teilweise erneute Heranziehung der Wesentlichkeitskriterien für die Bestimmung der Anforderungen an das »Wie«, also die Regelungsintensität der Delegation. Wie hier für eine vorgeschaltete Heranziehung der Kriterien der Wesentlichkeitsrechtsprechung etwa *Lücke* (Fn. 50), Art. 80 Rn. 19 ff.; *Staupe*, Parlamentsvorbehalt (Fn. 4), S. 142 ff.; *C.-E. Eberle*, DÖV 1984, 485 (486 f.); speziell zum Subventionsrecht *H. Bauer*, DÖV 1983, 53 (58); für die Deutung von Art. 80 I 2 GG als spezielle Norm hingegen z.B. *Busch*, a.a.O., S. 132 ff.; *v. Danwitz*, Gestaltungsfreiheit (Fn. 56), S. 89 ff. und *Ramsauer* (Fn. 2), Art. 80 Rn. 28 f.

[82] Vgl. BVerfGE 8, 155 (163).

II. Anforderungen an die Ermächtigung zum Erlaß von Rechtsverordnungen Art. 80

Art. 80 I 4 GG ist eine Subdelegation auf weitere Verordnungsgeber möglich (→ Rn. 33 ff.); sie darf jedoch nicht durch das Ermächtigungsgesetz vorweggenommen werden, weil andernfalls die abschließende Benennung der potentiellen Erstdelegatare unter deren Umgehung unterlaufen würde[83]. Innerhalb des von Art. 80 I 1 GG abgesteckten Adressatenkreises steht es dem Bundesgesetzgeber frei, wen er als Verordnungsgeber berufen will[84].

Mit der **Bundesregierung** als Delegatar ist das aus Bundeskanzler und den Bundesministern zusammengesetzte Kollegium (Art. 62 GG) gemeint. Sie kann nicht nur durch Beschluß in einer Kabinettssitzung, sondern auch in einem Umlaufverfahren entscheiden, wenn sichergestellt ist, daß sämtliche Mitglieder »von der anstehenden Entscheidung und ihrem Gegenstand in Kenntnis gesetzt werden und Gelegenheit erhalten, an der Entscheidung mitzuwirken«; außerdem müssen sich an dieser Entscheidung so viele Regierungsmitglieder beteiligen, daß noch von einem Handeln des Kollegiums gesprochen werden kann, und die Entscheidung muß von einer Mehrheit der Beteiligten befürwortet werden[85]. 21

Bei Ermächtigung eines **Bundesministers** kann die Verordnung nicht von der Bundesregierung als Kollegium erlassen werden. Zur Koordination der Regierungspolitik und aus Gründen der Kabinettssolidarität schreibt allerdings § 15 I lit. c GOBReg für bundesministerielle Verordnungsentwürfe von besonderer politischer Bedeutung die Beratung und Beschlußfassung (!) durch die Bundesregierung vor[86]. Für diese Regelung mag es im Innenverhältnis gute Gründe geben. Im Außenverhältnis kann sie das Verordnungsrecht des Bundesministers jedoch nicht einschränken; eine von der Beschlußfassung der Bundesregierung abweichende Rechtsverordnung ist daher wirksam[87]. Bei einer Neuabgrenzung der Geschäftsbereiche von Bundesministern gehen nach Art. 56 I Zuständigkeitsanpassungs-Gesetz[88] die Verordnungsermächtigungen auf den nach der Neuabgrenzung zuständigen Bundesminister über[89]. 22

Ermächtigungen der **Landesregierungen** können sich nur an diese, nicht an einzelne Landesminister richten; dies ergibt sich bereits aus dem Normtext, der neben der Bundesregierung auch die Bundesminister, neben den Landesregierungen die Landesminister jedoch gerade nicht als Ermächtigungsadressaten erwähnt[90]. Gleiches gilt für 23

---

[83] *Bryde* (Fn. 50), Art. 80 Rn. 11; *Jarass/Pieroth*, GG, Art. 80 Rn. 6; *Lücke* (Fn. 50), Art. 80 Rn. 12; *Stern*, Staatsrecht II, S. 670; vgl. auch BVerfGE 11, 77 (84 ff.).

[84] BVerfGE 56, 298 (311). Mitunter grenzt der Verfassungstext die Ermächtigungsadressaten weiter ein; s. Art. 109 IV GG.

[85] So BVerfGE 91, 148 (165 ff.; Zitat: 166) unter teilweiser Beanstandung des bis dahin praktizierten Umlaufverfahrens; abweichend noch BVerwGE 89, 121 (124 ff.); dazu *V. Epping*, DÖV 1995, 719 ff. und *M. Sachs*, JuS 1995, 1032 ff.

[86] Verfassungsrechtliche Kritik an dieser Regelung bei *Wilke* (Fn. 55), Art. 80 Anm. V.3.a.; vgl. auch *E.-W. Böckenförde*, Die Organisationsgewalt im Bereich der Regierung, 1964, S. 209.

[87] *Bryde* (Fn. 50), Art. 80 Rn. 13; *Jarass/Pieroth*, GG, Art. 80 Rn. 7; *Ossenbühl* (Fn. 58), § 64 Rn. 26; vgl. auch § 30 I 2 GOBReg, wonach der zuständige Bundesminister formell alleiniger Verordnungsgeber bleibt.

[88] Gesetz zur Anpassung gesetzlich festgelegter Zuständigkeiten an die Neuabgrenzung der Geschäftsbereiche von Bundesministern (Zuständigkeitsanpassungs-Gesetz) vom 18.3.1975 (BGBl. I S. 705).

[89] Verfassungsrechtliche Bedenken gegen diese Regelung bei *T. Brandner/D. Uwer*, DÖV 1993, 107 ff.; für zulässige Sonderregelung hingegen z.B. *Jarass/Pieroth*, GG, Art. 80 Rn. 7 und *Ramsauer* (Fn. 2), Art. 80 Rn. 44.

[90] BVerfGE 11, 77 (84 ff.); 88, 203 (332).

oberste Landesbehörden[91]. Kann nach dem Landesverfassungsrecht unter »Landesregierung« (auch) ein Landesminister verstanden werden, darf die der Landesregierung erteilte Ermächtigung allerdings unmittelbar durch den Minister ausgeübt werden[92]. Außerdem sind die Länder bei Ermächtigungen der Landesregierungen nach Art. 80 IV GG zu einer gesetzlichen Regelung befugt (→ Rn. 7, 48f.).

24 In der Verfassungspraxis sind **Ermächtigungskombinationen**, mit denen etwa mehreren Bundesministern gemeinsam die Befugnis zum Erlaß von Rechtsverordnungen erteilt wird, anzutreffen. Obschon Art. 80 I 1 GG lediglich von »einem« Bundesminister spricht, gelten sie als verfassungsrechtlich zulässig[93]. Ebenfalls als grundsätzlich zulässig gelten sog. **Mischverordnungen**, bei denen eine Verordnung aus Gründen der Zweckmäßigkeit von mehreren Delegataren gemeinsam erlassen wird und sich jeder Delegatar auf eine besondere Ermächtigungsgrundlage stützt; in der Sache handelt es sich dabei um zwei unterscheidbare Rechtsverordnungen, die in einem Regelungswerk zusammengefaßt sind und spezifische Folgeprobleme aufwerfen[94]. Auch ist es unbedenklich, wenn der Bundesgesetzgeber **nicht alle Landesregierungen** ermächtigt, sondern die Ermächtigung aus sachlichen Gründen auf einige Landesregierungen beschränkt[95]. Verfassungsrechtlich unzulässig sind hingegen »gesamthänderische« **Ermächtigungen an mehrere Landesregierungen** oder **an Landesregierungen und Bundesminister bzw. Bundesregierung**. Denn sie führten zu föderalen Mischzuständigkeiten und setzten sich – mangels ausdrücklicher verfassungsrechtlicher Zulasssung – in Widerspruch zur bundesstaatlichen Ordnung des Grundgesetzes, die in dem hier interessierenden Zusammenhang auf einer prinzipiellen Trennung der Zuständigkeiten von Bund und Ländern sowie der Länder untereinander beruht[96]; für die Übertragung von Rechtsetzungsbefugnissen besteht insoweit ein **föderatives Delegationsverbot**[97].

25 Über die in Art. 80 II GG (→ Rn. 44f.) und an anderen Stellen des Grundgesetzes[98] geregelten Zustimmungsvorbehalte zugunsten des Bundesrates beim Erlaß von Rechtsverordnungen hinaus bietet die Verfassungspraxis ein buntes Bild an Einschränkungen der Verordnungsgebung durch **Mitwirkungsvorbehalte zugunsten Dritter**. Dazu gehören Mitwirkungsvorbehalte zugunsten des Bundestages[99], Einverneh-

---

[91] BVerfGE 88, 203 (332).
[92] BVerfGE 11, 77 (86); ablehnend *Wilke* (Fn. 55), Art. 80 Anm. V.4.b.
[93] Z.B. *Ossenbühl* (Fn. 58), § 64 Rn. 28 und *Wilke* (Fn. 55), Art. 80 Anm. V.5.b.
[94] Näheres bei *Wilke* (Fn. 55), Art. 80 Anm. V.5.b.
[95] *Lücke* (Fn. 50), Art. 80 Rn. 17.
[96] Jarass/*Pieroth*, GG, Art. 80 Rn. 8; *Lücke* (Fn. 50), Art. 80 Rn. 17; *Ossenbühl* (Fn. 58), § 64 Rn. 28; *Wilke* (Fn. 55), Art. 80 Anm. V.5.b.
[97] *Wilke* (Fn. 55), Art. 80 Anm. V.5.b, 6.d; *M. Lepa*, AöR 105 (1980), 337 (358); *Ramsauer* (Fn. 2), Art. 80 Rn. 43.
[98] S. die Zusammenstellung bei *W. Krebs*, in: v. Münch/Kunig, GG II, Art. 50 Rn. 15.
[99] Nach der Typologie bei *Ossenbühl* (Fn. 58), § 64 Rn. 51f., lassen sich folgende Fallgruppen unterscheiden: (1) Rechtsverordnungen, die vor Erlaß der Zustimmung des Bundestages bedürfen (»Einwilligungs-«, »Genehmigungs-« und »Zustimmungsverordnungen«), (2) Rechtsverordnungen, bei denen dem Bundestag lediglich Gelegenheit zur Stellungnahme gegeben wird (»Kenntnisverordnungen«), (3) Rechtsverordnungen, die vom Bundestag nach Erlaß aufgehoben werden können oder deren Aufhebung von ihm verlangt werden kann (»Aufhebungsverordnungen«, die in unterschiedlichen Varianten auftreten); vgl. zu einzelnen Typisierungsansätzen auch *K. Grupp*, DVBl. 1974, 177 (177f.); *G. Kisker*, Zulässigkeit und Konsequenzen einer Mitwirkung des Parlaments beim Erlaß von Rechtsverordnungen, in: Schule und Rechtsstaat, Bd. II, 1980, S. 9ff. (21 ff.); *S. Studenroth*, DÖV 1995, 525 (528); ferner mit Hinweis auf die bis in das Kaiserreich zurückreichende Tradition der Parlamentsvor-

mensvorbehalte zugunsten von Bundesministern[100] sowie Verpflichtungen zur Anhörung von Sachverständigen und anderen Gremien[101]; denkbar ist außerdem die abgestufte Mitwirkung von Parlamentsausschüssen[102]. Nicht zu beanstanden sind solche Mitwirkungsvorbehalte bei ausdrücklicher verfassungsrechtlicher Zulassung (Art. 109 IV 4 GG) oder wenn sie – wie die Einvernehmensvorbehalte zugunsten von Bundesministern – Rechtsträger betreffen, die als Verordnungsgeber hätten eingesetzt werden können, oder – wie bei den Anhörungsvorbehalten – keine Entscheidungsbefugnisse einräumen, mögen die faktischen Einflußmöglichkeiten der Dritten teilweise auch beträchtliches Gewicht haben[103]. Sofern ein legitimes Interesse der Legislative anzuerkennen ist, einerseits Rechtsetzungsbefugnisse zu delegieren und andererseits maßgeblichen Einfluß auf Erlaß und Inhalt der Verordnungen zu behalten, sind außerdem Gestaltungen zugelassen, die im Vergleich zur vollen Delegation der Rechtsetzung auf die Exekutive ein Minus enthalten[104]; das betrifft insb. Zustimmungs- und Ablehnungsvorbehalte zugunsten des Bundestages.

Mit Recht auf **verfassungsrechtliche Bedenken** stoßen jedoch die **Änderungsvorbehalte** zugunsten des Bundestages[105]. Sie sind gegenüber Zustimmungs- und Ablehnungsvorbehalten ein *aliud*, verwischen verfassungsrechtliche Zuständigkeitsverteilungen, führen in der Sache zu verkappten, dem Grundgesetz unbekannten »Bundes-

26

---

behalte W. *Mößle*, Regierungsfunktionen des Parlaments, 1985, S. 173 ff. Als weitere, selbständiger Betrachtung bedürftige Fallgruppe sind anzuführen (4) Rechtsverordnungen, bei denen sich der Bundestag im Verordnungsverfahren die inhaltliche Änderung vorbehält (»Änderungsvorbehaltsverordnungen«; Beispiele dafür finden sich in § 292 IV HGB, § 20 II UmweltHG und § 59 KrW-/AbfG); dazu O. *Konzak*, DVBl. 1994, 1107 ff.; F. *Ossenbühl*, ZG 12 (1997), 305 (316). Allgemein kritisch gegenüber dem daraus resultierenden Kondominium von Gesetzgeber und Verwaltung *Dittmann*, Rechtsverordnung (Fn. 53), S. 119 f.

[100] Dazu *Lücke* (Fn. 50), Art. 80 Rn. 38 m.N.

[101] Etwa §§ 43 I, 51 BImSchG; §§ 48 I, 60 KrW-/AbfG; weitere Beispiele bei *Ossenbühl* (Fn. 58), § 64 Rn. 59 ff.

[102] S. dazu *Ossenbühl* (Fn. 58), § 64 Rn. 57 mit Beispielen aus dem Landesrecht und dem Hinweis darauf, daß solche Zustimmungsvorbehalte auf Bundesebene nicht bekannt seien, zumal ihnen BVerfGE 4, 193 (203) eine Absage erteilt hatte. Kritisch *Bryde* (Fn. 50), Art. 80 Rn. 5; *Jarass/Pieroth*, GG, Art. 80 Rn. 9; für die Zulässigkeit auch *Maunz* (Fn. 55), Art. 80 Rn. 60 und *Stern*, Staatsrecht II, S. 664; zurückhaltend *Kisker*, Mitwirkung (Fn. 99), S. 24, 36 f.

[103] *Bryde* (Fn. 50), Art. 80 Rn. 5; *Jarass/Pieroth*, GG, Art. 80 Rn. 9 f.; *Lücke* (Fn. 50), Art. 80 Rn. 39; *Ossenbühl* (Fn. 58), § 64 Rn. 53 ff., 60 f. Die umstrittene Beteiligung des Verwaltungsrates nach § 14 PostVwG wurde vom BVerfG für unbedenklich gehalten, weil das Letztentscheidungsrecht bei der Bundesregierung lag, also bei einer Stelle, die selbst Delegatar einer Verordnungsermächtigung nach Art. 80 I 1 GG sein kann (BVerfGE 28, 66 [84 ff.]). S. auch BVerfGE 55, 144 (148 f.).

[104] So BVerfGE 8, 274 (321) zu »Zustimmungsverordnungen«; zum Gedanken der Kompensation unzureichender gesetzlicher Determinierung durch parlamentarische Beteiligung an der Verordnungsgebung s. eingehend *Kisker*, Miwirkung (Fn. 99), S. 26 ff.; ferner etwa *v. Danwitz*, Gestaltungsfreiheit (Fn. 56), S. 125 ff. m.w.N.

[105] → Fn. 99 Fallgruppe (4). Für Verfassungswidrigkeit O. *Konzak*, DVBl. 1994, 1107 (1110 ff.); *Lücke* (Fn. 50), Art. 80 Rn. 40; *H.H. Rupp*, NVwZ 1993, 756 (758 f.); S. *Studenroth*, DÖV 1995, 525 (532 ff., 537); S. *Thomsen*, DÖV 1995, 989 (990 ff.) mit zutreffendem Hinweis auf die (alternativen) gesetzgeberischen Steuerungsbefugnisse über die Verordnungsermächtigung (Art. 80 I 2 GG); nach der Bindungswirkung der Änderungsbeschlüsse differenzierend K.-P. *Sommermann*, JZ 1997, 434 (436 ff.); für Verfassungsmäßigkeit R. *Lippold*, ZRP 1991, 254 (257); differenzierend auch T. *Brandner*, Änderung von Rechtsverordnungsentwürfen durch das Parlament, in: Jahrbuch des Umwelt- und Technikrechts 1997, S. 119 ff.; unentschieden *Bryde* (Fn. 50), Art. 80 Rn. 5; *Jarass/Pieroth*, GG, Art. 80 Rn. 9; vgl. zur Diskussion auch *J. Jekewitz*, NVwZ 1994, 956 ff. und M. *Hoffmann*, DVBl. 1996, 347 (350 f.).

tagsverordnungen« und unterlaufen das förmliche Gesetzgebungsverfahren mit seinen Sicherungen. Aus ähnlichen Gründen sind auch im Wege von schlichten Parlamentsbeschlüssen zu realisierende **Aufhebungsvorbehalte** bedenklich[106].

c) Bestimmtheitsgebot (Art. 80 I 2 GG)

27 Als Konkretisierung des Rechtsstaats- und des Demokratieprinzips (→ Rn. 12) errichten die in Art. 80 I 2 GG aufgeführten und gemeinhin als **Bestimmtheitsgebot** bezeichneten Anforderungen an Inhalt, Zweck und Ausmaß der gesetzlich erteilten Ermächtigung für die Übertragung von Rechtssetzungsbefugnissen an die Exekutive ein **modalitätenbezogenes Delegationsverbot**: Verordnungsermächtigungen, die den Bestimmtheitsanforderungen nicht genügen, sind unzulässig. Obgleich das Bestimmtheitsgebot mitunter als **wichtigste Aussage** von Art. 80 I GG angesehen wird[107], bereitet seine Handhabung beträchtliche Schwierigkeiten[108], die sich auch aus der nicht immer schwankungsfreien[109] Spruchpraxis des Bundesverfassungsgerichts[110] erklären.

28 Eine exklusiv-normtextorientierte Auslegung legt es nahe, die Begriffe »Inhalt, Zweck und Ausmaß« deutlich zu unterscheiden[111] und als isoliert nachprüfbare Bestimmtheitsanforderungen zu behandeln. Danach könnten beispielsweise unter **Inhalt** die Sachgebiete und Gegenstände, die durch die Rechtsverordnung geregelt werden dürfen, unter **Ausmaß** die vom Verordnungsgeber zu beachtenden Direktiven und Grenzen sowie unter **Zweck** das von der Exekutive bei der Rechtsetzung zu verfolgende Ziel verstanden werden[112]; dementsprechend müßte nach Art. 80 I 2 GG das Gesetz selbst zum Ausdruck bringen, »daß eine bestimmte Frage geregelt werden soll (Inhalt), innerhalb welcher Grenzen sich diese Regelung bewegen (Ausmaß), und welchem Ziel sie dienen soll (Zweck)«[113]. Demgegenüber geht das Bundesverfassungsgericht davon aus, daß die Begriffe »Inhalt«, »Zweck« und »Ausmaß« nicht jeweils isoliert voneinander betrachtet werden könnten, weil sich die Begriffsinhalte teilweise überschneiden und deshalb nicht exakt gegeneinander abgegrenzt werden können; bei einer konkreten Ermächtigungsnorm würden sich Inhalt, Zweck und Ausmaß gegenseitig ergänzen, durchdringen, erläutern und erst so den vollen Sinngehalt der

---

[106] Vgl. *Lücke* (Fn. 50), Art. 80 Rn. 41; zur parlamentarischen Befugnis, Rechtsverordnungen durch Gesetz zu ändern: → Rn. 39.
[107] So z.B. *Ossenbühl* (Fn. 58), § 64 Rn. 17.
[108] Speziell zum umstrittenen Verhältnis des Bestimmtheitsgebotes zur Wesentlichkeitsrechtsprechung → Rn. 19 m. Fn. 81.
[109] S. zur Kritik etwa *H. Hasskarl*, AöR 94 (1969), 85 (110: »keine im gesetzgeberischen Alltag verwendbare Hilfe«); *Bryde* (Fn. 50), Art. 80 Rn. 23, 36 (»Entscheidungen des BVerfG zur Bestimmtheit schlechterdings nicht vorhersehbar«, »schwer vorhersehbar«); *H. Dreier*, Hierarchische Verwaltung im demokratischen Staat, 1991, S. 179 (flexible Handhabung); *Nierhaus*, Bestimmtheitsgebot (Fn. 81), S. 717 (nuancierte und variablenreiche Auslegung); zur Periodisierung der Entscheidungsreihen s. *Ramsauer* (Fn. 2), Art. 80 Rn. 65 ff., der drei Phasen unterscheidet.
[110] Rechtsprechungsberichte und -analysen bei *H.R. Lange*, JZ 1968, 417 (417 ff.); *H. Hasskarl*, AöR 94 (1969), 85 ff.; *D. Wilke*, AöR 98 (1973), 196 (229 f.); *H. Spanner*, BayVBl. 1986, 225 ff.; *W. Cremer*, AöR 122 (1997), 248 ff.
[111] So die Forderung von *Wilke* (Fn. 55), Art. 80 Anm. VI.1.
[112] *Wilke* (Fn. 55), Art. 80 Anm. VI.1.a-c.
[113] *B. Wolff*, AöR 78 (1952/1953), 194 (198); zu positiv formulierten Konsequenzen einer stärker normtextorientieren Interpretation s. etwa *Lücke* (Fn. 50), Art. 80 Rn. 23 f.: Verpflichtung des Gesetzgebers zu gegenständlich-konkreter (»Inhalt«), richtungweisend-finaler (»Zweck«) und dem Umfang nach begrenzter (»Ausmaß«) Einzelermächtigung.

Norm ergeben[114]. Bei Zugrundelegung dieser Judikatur sind für die Anwendung von Art. 80 I 2 GG folgende Aspekte hervorzuheben:

Im Anschluß an Vorarbeiten in der Literatur[115] greift das Gericht bei der Handhabung des Bestimmtheitsgebots in variantenreichen Wendungen auf mehrere »Formeln« zurück. Nach der sog. **Selbstentscheidungsformel** muß der Gesetzgeber selbst die Entscheidung treffen, »daß bestimmte Fragen geregelt werden sollen, er muß die Grenzen einer solchen Regelung festsetzen und angeben, welchem Ziel die Regelung dienen soll«[116]. Die sog. **Programmformel** verlangt, daß sich aus dem Gesetz ermitteln läßt, »welches vom Gesetzgeber gesetzte ›Programm‹ durch die Verordnung erreicht werden soll«[117]. Und nach der sog. **Vorhersehbarkeitsformel** fehlt es an der nach Art. 80 I 2 GG notwendigen Beschränkung, »wenn die Ermächtigung so unbestimmt ist, daß nicht mehr vorausgesehen werden kann, in welchen Fällen und mit welcher Tendenz von ihr Gebrauch gemacht werden wird und welchen Inhalt die auf Grund der Ermächtigung erlassenen Verordnungen haben können«[118].

29

Außerdem machte das Gericht ebenfalls frühzeitig darauf aufmerksam, daß Inhalt, Zweck und Ausmaß der erteilten Ermächtigung nicht ausdrücklich im Gesetzestext bestimmt sein müssen, sondern unter Heranziehung der allgemeinen **Auslegungsgrundsätze** aus dem ganzen Gesetz zu ermitteln sind[119], und über die hinreichende Begrenzung der Ermächtigung nur »von Fall zu Fall«[120] entschieden werden kann. Bei der demnach gebotenen **einzelfallbezogenen Beurteilung** sind die zu erfüllenden Bestimmtheitsanforderungen »von den Besonderheiten des jeweiligen Regelungsgegenstandes sowie der Intensität der Maßnahme abhängig«[121]. Daraus resultieren bereichs- und intensitätsspezifische Abstufungen der Bestimmtheitsanforderungen[122].

30

Die Differenzierung nach der **Eigenart der Regelungsmaterie** (→ Rn. 30) läßt es zu, geringere Anforderungen beispielsweise bei vielgestaltigen, komplexen Lebenssachverhalten oder bei absehbaren Änderungen der tatsächlichen Verhältnisse zu stellen,

31

---

[114] BVerfGE 38, 348 (357f.).
[115] Insb. *B. Wolff*, AöR 78 (1952/1953), 194ff.; s. zum Einfluß dieses Beitrags auf die frühe Spruchpraxis auch *Ramsauer* (Fn. 2), Art. 80 Rn. 66; zu bundesverfassungsgerichtspositivistisch daher Jarass/*Pieroth*, GG, Art. 80 Rn. 11.
[116] BVerfGE 2, 307 (334) unter Bezugnahme auf *B. Wolff*, AöR 78 (1952/1953), 194 (198); ebenso oder ähnlich z.B. BVerfGE 5, 71 (76f.); 19, 354 (361f.); 23, 62 (72); BVerfG (2. Kammer des Zweiten Senats) NStZ-RR 1997, 342 (343).
[117] BVerfGE 5, 71 (77) zum Regelungszweck unter Hinweis auf *B. Wolff*, AöR 78 (1952/1953), 194 (197); ebenso oder ähnlich z.B. BVerfGE 8, 274 (307); 19, 354 (362); 41, 246 (266); 58, 257 (277); 78, 249 (272); 85, 97 (105); BVerfG (2. Kammer des Zweiten Senats) NStZ-RR 1997, 342 (343).
[118] BVerfGE 1, 14 (60); ebenso oder ähnlich BVerfGE 2, 307 (334); 19, 354 (361); 41, 246 (266); 56, 1 (12); 58, 257 (276); 78, 249 (272); BVerfG (2. Kammer des Zweiten Senats) NStZ-RR 1997, 342 (343); vgl. auch zu dieser Formel bereits *B. Wolff*, AöR 78 (1952/1953), 194 (199).
[119] BVerfGE 8, 274 (307) unter Bezugnahme auf *B. Wolff*, AöR 78 (1952/1953), 194 (199f.); ähnlich BVerfGE 58, 257 (277); 80, 1 (20f.); 85, 97 (105); 91, 148 (163f.). Vgl. demgegenüber aber noch BVerfGE 2, 307 (334f.); 4, 7 (21); 5, 71 (77); danach mußten Ermächtigungsinhalt, -zweck und -ausmaß grundsätzlich ausdrücklich, jedenfalls aber mit einwandfreier Deutlichkeit im Gesetz angegeben sein.
[120] BVerfGE 1, 14 (60); vgl. auch dazu *B. Wolff*, AöR 78 (1952/1953), 194 (199); vgl. auch BVerfGE 56, 1 (13).
[121] BVerfGE 58, 257 (277f. m.w.N.); ähnlich BVerfGE 56, 1 (13); 62, 203 (210); 76, 130 (143); BVerfG (2. Kammer des Zweiten Senats) NStZ-RR 1997, 342 (343).
[122] *Ramsauer* (Fn. 2), Art. 80 Rn. 58ff.; Zusammenstellung von Einzelfällen bei *Leibholz/Rinck*, GG, Art. 80 (1992), Rn. 146ff., 306ff.

und eröffnet Raum für sachgerechte, situationsbezogene und flexible Lösungen bei der Abgrenzung von legislativen und exekutiven Zuständigkeiten[123]. So kann etwa in wirtschaftsverwaltungsrechtlichen Sachbereichen, die durch sich schnell wandelnde wirtschaftliche Situationen und die entsprechende Notwendigkeit unverzüglicher normativer Reaktion auf die geänderten wirtschaftlichen Verhältnisse geprägt sind[124], großzügiger verfahren werden als bei Ermächtigungsnormen, mit denen die steuerliche Behandlung von Wirtschaftssubjekten geregelt wird[125]. Abgeschwächte Bestimmtheitsanforderungen bestehen wegen der Besonderheiten des Europäischen Gemeinschaftsrechts[126] auch bei Ermächtigungsgesetzen zur Ausführung von EG-Richtlinien durch Rechtsverordnung, wenn das Parlament durch das Gemeinschaftsrecht weitgehend festgelegt ist, da der Zweck von Art. 80 I 2 GG insoweit nicht erfüllt werden kann[127]. Strengen Bestimmtheitsanforderungen unterliegen hingegen vor allem Ermächtigungsnormen im Bereich des Strafrechts[128]. Ebenfalls strenge Anforderungen werden im Zusammenhang mit der Übertragung von Hoheitsrechten nach Art. 24 I GG gestellt[129].

32 Die Differenzierung nach der **Intensität der Maßnahme** (→ Rn. 30) nimmt auch für die Festlegung des Bestimmtheitsgrades, der verfassungsrechtlich geforderten Regelungsintensität der Ermächtigungsnorm Wesentlichkeitskriterien (→ Rn. 19) auf: »Je schwerwiegender die Auswirkungen sind, desto höhere Anforderungen« sind »an die Bestimmtheit der Ermächtigung zu stellen«[130]. Demgemäß muß die Bestimmtheit der Ermächtigungsnorm namentlich der Grundrechtsrelevanz der Regelung entsprechen; daraus folgt, daß bei erheblichen Eingriffen in die Rechtsstellung der Betroffenen »höhere Anforderungen an den Bestimmtheitsgrad der Ermächtigung gestellt werden, als wenn es sich um einen Regelungsbereich handelt, der die Grundrechtsausübung weniger tangiert«[131].

d) Subdelegation (Art. 80 I 4 GG)

33 Die nach Art. 80 I 4 GG mögliche vollständige oder teilweise Weiterübertragung der Verordnungsbefugnis durch den Erstdelegatar (→ Rn. 20ff.) steht unter dem **Vorbehalt gesetzlich eingeräumter Subdelegationsbefugnis**. Diese Subdelegationsbefugnis muß im Gesetz nicht ausdrücklich erteilt werden, sich ihm aber mit hinreichender Deutlichkeit entnehmen lassen; auch braucht sie nicht notwendig in dem Ermächtigungsgesetz ausgesprochen zu werden, sondern kann in einem anderen Gesetz enthalten sein[132].

---

[123] Vgl. BVerfGE 58, 257 (278); BVerwGE 89, 121 (131).
[124] Vgl. BVerfGE 8, 274 (321).
[125] Näheres bei *Schmidt*, Öffentliches Wirtschaftsrecht (Fn. 13), S. 465f. m.w.N.
[126] Zur grundsätzlichen Zulässigkeit der Verweisung von Ermächtigungsnormen auf Normen und Begriffe des Rechts der Europäischen Gemeinschaften s. BVerfGE 29, 198 (210).
[127] Näher dazu *R. Streinz*, Der Vollzug des Europäischen Gemeinschaftsrechts durch deutsche Staatsorgane, in: HStR VII, § 182 Rn. 54f. m.w.N. und ergänzenden Hinweisen auf fortbestehende Grenzen; vgl. auch *Ehlers*, Einwirkungen (Fn. 41), S. 88. → Rn. 9.
[128] BVerfGE 14, 174 (185); 32, 346 (362); 51, 60 (70f.); BVerfG (2. Kammer des Zweiten Senats) NStZ-RR 1997, 342 (343).
[129] So BVerwGE 54, 291 (299); zustimmend Jarass/*Pieroth*, GG, Art. 80 Rn. 12; vgl. dazu auch Fn. 79.
[130] BVerfGE 56, 1 (13).
[131] BVerfGE 62, 203 (210); s. auch BVerwGE 89, 121 (131f.).
[132] *Wilke* (Fn. 55), Art. 80 Anm. VIII.1 und 2; Jarass/*Pieroth*, GG, Art. 80 Rn. 19.

Das Ermächtigungsgesetz darf die Subdelegation nicht vorwegnehmen (→ Rn. 20). **34**
Doch steht es im ordnungsgemäßen Ermessen des Gesetzgebers, ob er die Subdelegatare selbst bestimmt oder deren ermessensfehlerfreie Auswahl dem Erstdelegatar überläßt[133]. Der **Kreis der potentiellen Subdelegatare** ist in Art. 80 I 4 GG nicht eingegrenzt. In Betracht kommen für Subdelegationen in erster Linie Bundesminister, Landesregierungen, Landesminister, die den obersten Bundes- und Landesbehörden nachgeordneten Behörden und juristische Personen des öffentlichen Rechts[134], wobei jedoch die föderative »Sperre« (→ Rn. 24) zu beachten ist.

Die Subdelegation muß in der **Rechtsform einer Rechtsverordnung** erfolgen. Dabei **35**
ist Art. 80 I 3 GG (→ Rn. 38) zu beachten, bei teilweiser Übertragung der Verordnungsbefugnis auch Art. 80 I 2 GG analog; etwaige Mitwirkungsrechte müssen bei der Übertragungsverordnung ebenso gewahrt werden wie beim Erlaß der Rechtsverordnung selbst. Der Subdelegatar kann seinerseits die Verordnungsbefugnis ganz oder teilweise weiterübertragen, wenn dies gesetzlich vorgesehen ist[135]; auch für diese **Kettendelegation** gilt der Verordnungsvorbehalt[136].

2. Anforderungen an die Rechtsverordnung, insb. Zitiergebot (Art. 80 I 3 GG)

Nach Art. 80 I 1, 2 GG bedürfen Rechtsverordnungen einer hinreichend bestimmten **36**
gesetzlichen Ermächtigung (→ Rn. 18 ff., 27 ff.) und im Falle der Subdelegation nach Art. 80 I 4 GG einer Ermächtigung durch Rechtsverordnung, die sich ihrerseits auf eine gesetzliche Ermächtigung zurückführen läßt (→ Rn. 33 ff.). Die Ermächtigung muß im **Zeitpunkt der Verkündung** der Rechtsverordnung (→ Art. 82 Rn. 23) wirksam sein; dafür genügt es, wenn das ermächtigende Gesetz am Tag der Verordnungsverkündung in Kraft tritt[137]. Die **Anordnung rückwirkenden Inkrafttretens** der Rechtsverordnung ist zulässig, wenn sich die Befugnis zum Erlaß rückwirkender Verordnungen dem ermächtigenden Gesetz ausdrücklich oder dessen Sinn und Zweck entnehmen läßt und die verfassungsrechtlichen Grenzen rückwirkender Normänderung gewahrt sind[138].

Die Rechtsverordnung muß den **Rahmen der Ermächtigung** einhalten und deren Di- **37**
rektiven beachten. Dazu gehört beispielsweise, daß die Verordnung vom in der Ermächtigung genannten Adressaten erlassen wird und inhaltlichen Direktiven des Gesetzes, insb. etwaigen Tatbestandsvoraussetzungen und vorgesehenen Rechtsfolgeanordnungen, entspricht; auch gesetzliche Regelungen des **Verordnungsverfahrens**, namentlich über die Beteiligung Dritter (→ Rn. 25 f.), stehen in diesem Kontext. Zu berücksichtigen sind außerdem Art. 80 II–IV GG sowie hinsichtlich Ausfertigung, Verkündung und Inkrafttreten Art. 82 GG[139].

---

[133] *Lücke* (Fn. 50), Art. 80 Rn. 31; demgegenüber verlangt *Wilke* (Fn. 55), Art. 80 Anm. VIII.2, daß der Gesetzgeber hinsichtlich der Subdelegatare Bestimmungen treffen muß.
[134] Zu der umstrittenen Frage, ob die Ermächtigung bei einer Beleihung auch auf private Rechtssubjekte übertragen werden kann, s. bejahend *Dittmann*, Rechtsverordnung (Fn. 53), S. 110; *Ramsauer* (Fn. 2), Art. 80 Rn. 46 m. Fn. 117; *Wilke* (Fn. 55), Art. 80 Anm. VIII.3; verneinend Jarass/*Pieroth*, GG, Art. 80 Rn. 19; *Ossenbühl* (Fn. 58), § 64 Rn. 30; *Stern*, Staatsrecht II, S. 669.
[135] *Stern*, Staatsrecht II, S. 670.
[136] BVerfGE 38, 139 (147).
[137] Vgl. BVerfGE 3, 255 (259 f.).
[138] BVerfGE 45, 142 (163 f., 166 ff.); → Art. 20 (Rechtsstaat) Rn. 139 ff.
[139] Vgl. zum Vorstehenden etwa die Fehlertypologie bei *v. Danwitz*, Gestaltungsfreiheit (Fn. 56), S. 134 ff. sowie die Zusammenstellung von Rechtmäßigkeitsanforderungen bei *Ramsauer* (Fn. 2), Art. 80 Rn. 71 ff.

38 Eine weitere Anforderung enthält Art. 80 I 3 GG mit dem **Zitiergebot**, das der Rechtsklarheit dient und die Nachprüfbarkeit der Rechtsverordnung erleichtern soll[140]. Danach muß die Verordnung ihre »Rechtsgrundlage« angeben. Der Textvergleich mit Art. 80 I 2 GG (»Gesetz«) zeigt, daß dafür der bloße Hinweis auf das Gesetz nicht ausreicht; vielmehr ist die einzelne Ermächtigungsnorm nach Paragraph, Absatz, Satz und Nummer zu zitieren[141]. Aus Art. 80 I 3 GG ist jedoch nicht zu schließen, daß zu jeder Verordnungsbestimmung im einzelnen angegeben werden muß, auf welcher Ermächtigung sie beruht[142]. Deshalb ist dem Zitiergebot genügt, wenn die konkreten Ermächtigungsnormen in der Präambel der jeweiligen Rechtsverordnung aufgeführt werden[143]; die damit verbundene Erleichterung der Verordnungspraxis ist freilich nur akzeptabel, solange sich die jeweilige Rechtsgrundlage für die einzelnen Teilbestimmungen einer Rechtsverordnung mit hinreichender Sicherheit ermitteln läßt, weil andernfalls das Zitiergebot unterlaufen werden könnte[144].

3. Rechts- und Fehlerfolgen

39 Durch wirksame **Ermächtigungsnormen** verliert der Ermächtigende nicht das **Zugriffsrecht auf den Regelungsgegenstand**[145]. Daher ist es dem Gesetzgeber nicht verwehrt, eine dem Verordnungsgeber überlassene Regelungsbefugnis wieder selbst in Anspruch zu nehmen[146]; ebenso kann der Gesetzgeber eine erteilte Ermächtigung später aufheben oder neu ordnen. Das legislative Zugriffsrecht schließt die Befugnis ein, eine bereits vorliegende Rechtsverordnung durch Bezugnahme auf ihren Inhalt als Gesetz zu erlassen[147] und eine auf der Grundlage einer Ermächtigung erlassene Rechtsverordnung aufzuheben oder abzuändern. Dadurch kann es wegen der als Gesetz erlassenen oder durch Gesetz geänderten Abschnitte der ursprünglichen Verordnung zu Aufspaltungen der Normierung in Teile mit Gesetzesrang und Teile mit Verordnungsrang kommen[148]; Teile mit Gesetzesrang sind – vorbehaltlich einer sog. »Entsteinerungsklausel«[149] – der Neuregelung durch den Verordnungsgeber nicht zugänglich.

40 **Rechtsverordnungen**, die auf einer bundesgesetzlichen Ermächtigung nach Art. 80 I 1 GG beruhen, sind **Bundesrecht**, es sei denn, sie werden von den Landesregierungen

---

[140] Z.B. *Wilke* (Fn. 55), Art. 80 Anm. VII.2.
[141] *M. Sachs*, BayVBl. 1987, 209 (210).
[142] So BVerfGE 20, 283 (292) zu Sammelverordnungen.
[143] Jarass/*Pieroth*, GG, Art. 80 Rn. 16; *Stern*, Staatsrecht II, S. 671; weitergehend insb. mit Blick auf Begründungspflichten *J. Lücke*, Begründungszwang und Verfassung, 1987, S. 37 ff.; *ders.* (Fn. 50), Art. 80 Rn. 31; s. zu Begründungspflichten des Verordnungsgebers auch *v. Danwitz*, Gestaltungsfreiheit (Fn. 56), S. 138 ff.; *Ossenbühl* (Fn. 58), § 64 Rn. 66 ff.
[144] *Wilke* (Fn. 55), Art. 80 Anm. VII.2.
[145] Statt vieler *S. Studenroth*, DÖV 1995, 525 (526 f.) m.w.N.
[146] BVerfGE 22, 330 (346). Nach einer verbreiteten Wendung sind Verordnungsermächtigungen nur »zuschiebend«, nicht »abschiebend«. Das fortwährende Zugriffsrecht beruht auf dem von Art. 80 I 1 GG nicht angetasteten Vorrang des Gesetzes und dem dort geregelten Ermessen des Ermächtigenden; vgl. *Lücke* (Fn. 50), Art. 80 Rn. 7.
[147] BVerfGE 22, 330 (346) mit ergänzenden Hinweisen zur Verkündungsproblematik; → Art. 82 Rn. 18.
[148] Jarass/*Pieroth*, GG, Art. 80 Rn. 16; eingrenzend *Lücke* (Fn. 50), Art. 80 Rn. 7.
[149] Dazu *J. Jekewitz*, NVwZ 1994, 956 (957 f.); vgl. aber auch *Schneider*, Gesetzgebung (Fn. 38), S. 358.

oder in Fällen der Subdelegation (→ Rn. 33 ff.) von anderen Landesorganen erlassen; dann handelt es sich um **Landesrecht**. Denn Landesorgane können nur Landesrecht setzen, ganz abgesehen davon, daß die gegenteilige Ansicht zur Ausbildung regional verschiedenen Bundesrechts führte, wenn die Landesverordnungsgeber bei der Rechtsetzung regionale Unterschiede berücksichtigen[150]. Außerdem kann die Ermächtigung der Landesregierungen nach Art. 80 IV GG durch den Landesgesetzgeber wahrgenommen werden (→ Rn. 48).

Verordnungsermächtigungen begründen für den Adressaten grundsätzlich nur ein **Verordnungsrecht** und **keine Handlungspflicht**; deshalb wird auch ein **Anspruch** der potentiell Betroffenen **auf Erlaß von Rechtsverordnungen** grundsätzlich abgelehnt[151]. Die Entscheidung über den Erlaß einer Rechtsverordnung und – nach Maßgabe der im Ermächtigungsgesetz bestimmten Grenzen und festgelegten Vorgaben – deren inhaltliche Ausgestaltung wird daher zumeist in das Ermessen des Verordnungsgebers gestellt bzw. der Entschließungs- und inhaltlichen Gestaltungsfreiheit des Verordnungsgebers zugeordnet[152]. **Verpflichtungen zum Verordnungserlaß** sind dadurch allerdings nicht generell ausgeschlossen. Sie können sich aus dem Ermächtigungsgesetz selbst als ausdrücklicher Auftrag an den Verordnungsgeber ergeben, ferner daraus, daß die Anwendbarkeit eines Gesetzes erst durch den Verordnungserlaß ermöglicht wird, und schließlich aus anderen Verfassungsnormen wie etwa dem Gleichheitssatz[153]. Spezifische Probleme werfen **verordnungsersetzende Absprachen** auf, mit denen vielfach ähnliche Regelungseffekte erreicht werden wie mit dem Erlaß einer Rechtsverordnung[154]. 41

Die eben vorgestellten Grundsätze gelten auch für die **Aufhebung** von Rechtsverordnungen und eine etwaige Aufhebungsverpflichtung[155]. Als Gründe für das **Außerkrafttreten** von Rechtsverordnungen kommen neben einer Aufhebung durch den Verordnungsgeber[156] die Aufhebung durch den Gesetzgeber (→ Rn. 39) und bei zeitlich befristeter Geltung der Zeitablauf in Betracht. Demgegenüber wird die Gültigkeit einer im Zeitpunkt ihres Erlasses ordnungsgemäß erlassenen Rechtsverordnung vom späteren Fortfall oder einer nachträglichen Änderung der Ermächtigungsnorm grundsätzlich nicht berührt[157]. Etwas anderes gilt, wenn es sich etwa um eine bloße Durch- 42

---

[150] BVerfGE 18, 407 (413 ff.); zustimmend etwa *Bryde* (Fn. 50), Art. 80 Rn. 15; *Schmidt-Bleibtreu/Klein*, GG, Art. 80 Rn. 3; kritisch *Wilke* (Fn. 55), Art. 80 Anm. V.4.c m.w.N.

[151] Statt vieler *Ossenbühl* (Fn. 58), § 64 Rn. 43, 45 m.w.N. Zur prinzipiellen Möglichkeit von Ansprüchen auf Verordnungserlaß s. aus dem Schrifttum insb. *K. Westbomke*, Der Anspruch auf Erlaß von Rechtsverordnungen und Satzungen, 1976; *T. Würtenberger*, AöR 105 (1980), 370 (375 ff.).

[152] Dazu etwa *Badura*, Ermessen (Fn. 60), S. 30 f. und *v. Danwitz*, Gestaltungsfreiheit (Fn. 56), S. 161 ff. mit Darstellung unterschiedlicher Systematisierungsansätze und w.N.

[153] Vgl. BVerfGE 13, 248 (254 f.); 16, 332 (338); 78, 249 (272 ff.); 79, 174 (194); *F.-J. Peine*, ZG 3 (1988), 121 (128 ff.). → Rn. 9 m. Fn. 40.

[154] Dazu *W. Brohm*, Verordnungen ersetzende Absprachen, in: Biernat, Grundfragen (Fn. 43), S. 135 ff. m.w.N.; *Dreier*, Hierarchische Verwaltung (Fn. 109), S. 182; ferner *U. Dempfle*, Normvertretende Absprachen, 1994, passim; zum Einsatz einer Verordnungsermächtigung als »Knüppel im Sack« und Anstoß zur einvernehmlichen Entwicklung und Beachtung von umweltpolitischen Grenzwerten s. jetzt BVerfG NJW 1998, 2341 (2344 f.).

[155] *Ossenbühl* (Fn. 58), § 64 Rn. 44; vgl. auch BVerfGE 42, 374 (395 f.).

[156] *D. Heckmann*, Geltungskraft und Geltungsverlust von Rechtsnormen, 1997, S. 357; zur Problematik von Aufhebungsvorbehalten → Rn. 26.

[157] BVerfGE 9, 3 (12); 12, 341 (346 f.); 14, 245 (249); 44, 216 (226); 78, 179 (198); kritisch *Ossenbühl* (Fn. 58), § 64 Rn. 71.

Art. 80 C. Erläuterungen

führungsverordnung handelt, die ohne das dazugehörige Gesetz sinnlos ist[158]; auch kann die Rechtsverordnung mit dem neuen Recht unvereinbar sein[159].

43 Ordnungsgemäß gesetztes Verordnungsrecht entfaltet bei entsprechendem Regelungsgegenstand **Außen- und Bindungswirkung** auch für den Bürger[160]. Demgegenüber sind fehlerhafte Verordnungen grundsätzlich nichtig[161]. Diese **Fehlerfolge der Nichtigkeit** betrifft insb. Rechtsverordnungen, die sich nicht innerhalb der Grenzen der Ermächtigung halten[162], das Zitiergebot[163] oder eine gesetzliche Anhörungspflicht[164] nicht beachten; auch kann eine Verordnung, deren Gültigkeit zweifelhaft ist, nicht nachträglich vom Parlament »genehmigt« werden[165]. Bei **Verfahrensfehlern**, die beim Erlaß einer Verordnung unterlaufen, differenziert das Bundesverfassungsgericht mittlerweile nach einem Evidenzmaßstab; danach führt ein Verfahrensfehler nur dann zur Nichtigkeit der Rechtsverordnung, wenn er evident ist[166].

III. Zustimmungsbedürftige Rechtsverordnungen (Art. 80 II GG)

44 Die in Art. 80 II GG für bestimmte Gruppen von Rechtsverordnungen angeordnete Zustimmungsbedürftigkeit steht unter dem **Vorbehalt anderweitiger bundesgesetzlicher Regelung**. Dieser Vorbehalt erschließt dem Bundesgesetzgeber positiv und negativ Gestaltungsalternativen: Er kann die Zustimmungsbedürftigkeit über die in Art. 80 II GG genannten Rechtsverordnungen hinaus ausdehnen, sie umgekehrt für diese Verordnungen aber auch einschränken[167]. Dabei bedürfen Gesetze, die die Zustimmungsbedürftigkeit ausschließen, ihrerseits der Zustimmung durch den Bundesrat, weil andernfalls die von der Verfassung gewollte Mitwirkung des Bundesrates an der Rechtsetzung unzulässig verkürzt würde[168].

45 Mit diesem Vorbehalt sowie der Einschränkung auf Rechtsverordnungen von Bundesorganen[169] erfaßt die Zustimmungsbedürftigkeit nach Art. 80 II GG **drei Gruppen**: Die Zustimmungsbedürftigkeit der traditionell als **Verkehrsverordnungen** bezeichne-

---

[158] *Heckmann*, Geltungskraft (Fn. 156), S. 368 ff. (369 m.w.N.); ähnlich etwa *Wilke* (Fn. 55), Art. 80 Anm. X.2 und *Ramsauer* (Fn. 2), Art. 80 Rn. 77.
[159] *Jarass/Pieroth*, GG, Art. 80 Rn. 15.
[160] Vgl. BVerfGE 18, 52 (59); 19, 17 (29); *Dittmann*, Rechtsverordnung (Fn. 53), S. 115f.
[161] *v. Danwitz*, Gestaltungsfreiheit (Fn. 56), S. 156 ff. m.w.N.; *Jarass/Pieroth*, GG, Art. 80 Rn. 20; *Ossenbühl* (Fn. 58), § 64 Rn. 72f.
[162] Vgl. BVerfGE 13, 248 (254ff.); 31, 47 (53).
[163] VGH Kassel NJW 1981, 779 (779f.) m.w.N. unter Hinweis auf den zwingenden Charakter von Art. 80 I 3 GG.
[164] BVerfGE 10, 221 (227); einschränkend BVerwGE 59, 48 (50ff.).
[165] BVerfGE 24, 184 (199).
[166] BVerfGE 91, 148 (175f.) zum Umlaufverfahren mit der ergänzenden Feststellung, daß der Verfahrensfehler mit der bundesverfassungsgerichtlichen Entscheidung evident und deshalb eine künftige Verordnungsgebung nach der bisher geübten Praxis verfassungswidrig sei.
[167] *Bryde* (Fn. 50), Art. 80 Rn. 27; *Lücke* (Fn. 50), Art. 80 Rn. 36; *Maunz* (Fn. 55), Art. 80 Rn. 63, 68; *Ramsauer* (Fn. 2), Art. 80 Rn. 83. Zur Handhabung des Zustimmungsrechts durch den Bundesrat und den hierbei zu beachtenden verfassungsrechtlichen Grenzen s. *R. Scholz*, DÖV 1990, 455 ff.; vgl. auch *C. Riese*, Der Maßgabebeschluß des Bundesrates bei zustimmungsbedürftigen Rechtsverordnungen, 1992.
[168] BVerfGE 28, 66 (76ff.); *Bryde* (Fn. 50), Art. 80 Rn. 27; *Jarass/Pieroth*, GG, Art. 80 Rn. 18; *Ossenbühl* (Fn. 58), § 64 Rn. 49; a.A. z.B. BVerwGE 28, 36 (39ff.).
[169] Zur Unzulässigkeit der Begründung eines Zustimmungsrechts des Bundesrates zu Rechtsverordnungen einer Landesregierung s. *Wilke* (Fn. 55), Art. 80 Anm. V.7.b.

ten Rechtsverordnungen der Bundesregierung oder eines Bundesministers über bestimmte Bereiche des Postwesens, der Telekommunikation und des Eisenbahnwesens ist an Vorläuferregelungen der WRV angelehnt und wurde im Zuge der zwischenzeitlichen Strukturreformen neu gefaßt (→ Rn. 3, 6). Bei **Rechtsverordnungen auf Grund von zustimmungsbedürftigen Bundesgesetzen** soll die Zustimmungsbedürftigkeit die Einflußmöglichkeiten des Bundesrates bei einer Rechtsetzungsdelegation erhalten[170]; wegen des Verfassungswortlauts bedürfen Rechtsverordnungen auf der Grundlage solcher Bundesgesetze auch dann der Zustimmung durch den Bundesrat, wenn die in dem Gesetz enthaltene Ermächtigung selbst nicht die Zustimmungsbedürftigkeit ausgelöst hat[171]. Die Zustimmungsbedürftigkeit von **Rechtsverordnungen auf Grund von Bundesgesetzen, die von den Ländern im Auftrage des Bundes oder als eigene Angelegenheit ausgeführt werden** (Art. 83 ff. GG), hat Auffangcharakter und trägt dazu bei, daß in der Verfassungspraxis ein großer Teil der Bundesrechtsverordnungen mit Zustimmung des Bundesrates ergeht[172].

IV. Initiativrecht des Bundesrates (Art. 80 III GG)

Art. 80 III GG räumt dem Bundesrat für Rechtsverordnungen, die seiner Zustimmung bedürfen (→ Rn. 44 f.), ein Initiativrecht ein; seine Ausübung ist inhaltlich an die Vorgaben der Ermächtigungsnorm (Art. 80 I 1, 2 GG) gebunden. Die 1994 in die Verfassung aufgenommene Regelung soll die effektive Mitwirkung des Bundesrates an der Rechtsetzungstätigkeit des Bundes sichern (→ Rn. 7). Obschon der Wortlaut lediglich von dem Recht der »Zuleitung« entsprechender Vorlagen an die Bundesregierung spricht, handelt es sich ausweislich der Materialien[173] um ein **Initiativrecht**, das formelles Einbringungs- und materielles Vorschlagsrecht einschließt[174]. Dies stärkt die Stellung des Bundesrates, weil er nach dem bis 1994 geltenden Recht nur die Möglichkeit hatte, durch politische Entschließungen den Erlaß solcher Rechtsverordnungen einzufordern und gegebenenfalls über die Ausübung seiner Rechte nach Art. 80 II GG (Zustimmung mit inhaltlichen Maßgaben, Zustimmungsverweigerung) auf den Verordnungsinhalt Einfluß zu nehmen[175]. Zwischenzeitlich wurde von dem Verordnungsinitiativrecht wenn auch sehr zurückhaltend, so doch wiederholt Gebrauch gemacht[176].

46

---

[170] *Bryde* (Fn. 50), Art. 80 Rn. 26.
[171] Ausreichend ist, daß es sich insgesamt um ein Zustimmungsgesetz handelt (BVerfGE 24, 184 [194 ff.]); im Ergebnis zustimmend *M. Antoni*, AöR 114 (1989), 220 (230 ff.); kritisch und ablehnend insb. *F. Ossenbühl*, AöR 99 (1974), 369 (434 ff.). Zur Zustimmungsbedürftigkeit von Sammelverordnungen s. *M.J. Dietlein*, DÖV 1984, 788 ff.
[172] *M. Antoni*, AöR 114 (1989), 220 (233); *Lücke* (Fn. 50), Art. 80 Rn. 35; teilweise kritisch *Bryde* (Fn. 50), Art. 80 Rn. 26; *Ramsauer* (Fn. 2), Art. 80 Rn. 82; zum Anteil der dem Bundesrat zugeleiteten Verordnungsentwürfe → Rn. 13.
[173] BT-Drs. 12/6633, S. 11.
[174] *Lücke* (Fn. 50), Art. 80 Rn. 42.
[175] Zur rechtspolitischen Bewertung der Neuregelung s. einerseits *Bryde* (Fn. 50), Art. 80 Rn. 33 (»vernünftig«) und andererseits zurückhaltend *H. Hofmann*, NVwZ 1995, 134 (137), der im politischen Tagesgeschäft eine Erschwerung der Erarbeitung neuer zustimmungspflichtiger Rechtsverordnungen befürchtet; vgl. zur Diskussion auch *M. Nierhaus/N. Janz*, ZG 12 (1997), 320 (334 ff.). Zu auf Art. 80 II GG gestützten Ersatzstrategien für das früher fehlende Initiativrecht s. *R. Scholz*, DÖV 1990, 455 ff.
[176] Ausweislich der in Bundesrat (Hrsg.), Handbuch (Fn. 53), S. 289 mitgeteilten Statistik wurden in

Art. 80

47 Abweichend von dem Vorschlag der Kommission Verfassungsreform des Bundesrates[177] enthält Art. 80 III GG keine Verpflichtung der Bundesregierung, sich mit den Vorlagen des Bundesrates zu befassen und darüber zu beschließen. Die **Pflicht der Bundesregierung zur Beschlußfassung** über Bundesratsvorlagen **binnen angemessener Frist** ergibt sich jedoch aus dem Grundsatz der Verfassungsorgantreue[178], dem besonderes Gewicht zukommt, wenn der Verordnungsgeber zur Rechtsetzung verpflichtet ist[179] (→ Rn. 41).

V. Gesetzgebungsbefugnis der Länder (Art. 80 IV GG)

48 Die ebenfalls 1994 in die Verfassung aufgenommene Regelung des Art. 80 IV GG soll die Handlungsmöglichkeiten der Landesparlamente stärken (→ Rn. 7). Sie gibt den Ländern die Befugnis zu einer gesetzlichen Regelung, soweit die Landesregierungen bundesrechtlich als Erstdelegatare (»durch Bundesgesetz«) oder als Subdelegatare (»auf Grund von Bundesgesetzen«) zum Erlaß von Rechtsverordnungen ermächtigt sind. Demgemäß ist die Ausübung der mitunter als Befugnis zu »Gesetzgebung an Verordnung Statt«[180] bzw. zu »verordnungsvertretenden Gesetzen«[181] umschriebenen **Option für den Landesgesetzgeber** inhaltlich an den Rahmen sowie die Direktiven der Ermächtigungsnorm gebunden (Art. 80 I 1, 2 GG) und weicht deshalb von dem konventionellen Verständnis originärer Gesetzgebungsbefugnisse der Länder ab[182]. Sie führt zu einer **konkurrierenden Zuständigkeit zwischen Landesparlament und Landesregierung,** bei der wegen des Vorrangs des Gesetzes die Regelungsbefugnis der Landesregierung durch eine landesgesetzliche Regelung verdrängt wird; erlassene Rechtsverordnungen der Landesregierung stehen dem Zugriffsrecht des Landesparlaments auf die jeweilige Regelungsmaterie nicht entgegen[183].

49 Die Gesetzgebung nach Art. 80 IV GG wirft bislang nicht abschließend gelöste **Folgeprobleme** auf (so etwa für die Anwendung des Zitiergebots auf die entsprechenden Landesgesetze[184], die Handhabung von Art. 80 I 4 GG und die Anwendbarkeit von

---

der 13. Wahlperiode des Bundestages bis Ende August 1997 fünf Verordnungsentwürfe vom Bundesrat zugeleitet; im selben Zeitraum hat der Bundesrat über 424 ihm zugeleitete Rechtsverordnungen beraten.

[177] Die Kommission hatte als Art. 80 III 2 GG die Formulierung »Über die Vorlagen ist in angemessener Frist Beschluß zu fassen.« vorgeschlagen und zur Begründung darauf hingewiesen, die Formulierung stelle »klar, daß die Bundesregierung oder der zuständige Bundesminister über die Inititative in angemessener Frist beschließen muß« (BR-Drs. 360/92, S. 9). Demgegenüber verzichtete die Gemeinsame Verfassungskommission ohne Begründung auf die Aufnahme einer Verpflichtung der Bundesregierung, über Vorlagen des Bundesrates Beschluß zu fassen (BT-Drs. 12/6000, S. 38).

[178] *Lücke* (Fn. 50), Art. 80 Rn. 46; anders *H. Hofmann,* NVwZ 1995, 134 (137), wonach die Bundesregierung nicht verpflichtet sei, »auf eine Bundesratsinitiative zu reagieren«. S. allgemein zur Verfassungsorgantreue *W.-R. Schenke,* Die Verfassungsorgantreue, 1977.

[179] *Lücke* (Fn. 50), Art. 80 Rn. 46.

[180] *P. Schütz,* NVwZ 1996, 37ff.

[181] *Lücke* (Fn. 50), Art. 80 Rn. 46; zustimmend *S. Wagner/L. Brocker,* NVwZ 1997, 759ff.

[182] Vgl. dazu *P. Schütz,* NVwZ 1996, 37 (38ff.).

[183] *Lücke* (Fn. 50), Art. 80 Rn. 48f.; *S. Wagner/L. Brocker,* NVwZ 1997, 759 (759).

[184] Der Anwendungsbereich von Art. 80 I 3 GG ist dem Wortlaut nach auf »Verordnungen« beschränkt, dürfte wegen des auf Rechtsklarheit und Erleichterung der Nachprüfbarkeit zielenden Normzwecks (→ Rn. 38) analog jedoch auch auf die hier interessierenden Gesetze anzuwenden sein; ähnlich *P. Schütz,* NVwZ 1996, 37 (38); *S. Wagner/L. Brocker,* NVwZ 1997, 759 (760f.).

Art. 100 I GG[185]); außerdem kann der Rechtsformenwechsel mit Blick auf § 47 I Nr. 2 VwGO zu **Rechtsschutzeinbußen** führen[186]. Dies alles läßt die Überzeugungskraft der mit Art. 80 IV GG intendierten (und an sich begrüßenswerten) Stärkung der Landesparlamente zweifelhaft erscheinen, zumal die Parlamente im Grunde nur als Ausführungsorgane des Bundes im Rahmen der bundesgesetzlichen Ermächtigung agieren und bei weitem nicht alle den Landesregierungen erteilten Ermächtigungen für eine gesetzliche Regelung attraktiv sind. Eine erste Untersuchung zur Verbreitung von Gesetzen nach Art. 80 IV GG in der **Rechtspraxis** hat denn auch zu einem negativen Ergebnis geführt[187].

D. Verhältnis zu anderen GG-Bestimmungen

Art. 80 GG ist Ausdruck und Konkretisierung **rechtsstaatlicher, demokratischer und bundesstaatlicher Grundsätze** (→ Rn. 12), einer Änderung durch **Art. 79 III GG** jedoch nicht entzogen[188]. Mit dem Erlaß von Rechtsverordnungen regelt Art. 80 GG nur einen Teilbereich exekutiver Rechtsetzung; bezüglich Ausfertigung, Verkündung und Inkrafttreten von Rechtsverordnungen finden sich wichtige weitere Teilregelungen in **Art. 82 GG**. Sondervorschriften enthalten **Art. 109 IV 2–4, 119, 127, 129 und 132 IV GG**, die allerdings teilweise nur noch von historischem Interesse sind, sowie für den Verteidigungsfall **Art. 115k GG**.

50

---

[185] Dazu *P. Schütz*, NVwZ 1996, 37 (38 ff.).
[186] Dazu *P. Schütz*, NVwZ 1996, 37 (38 ff.); *Lücke* (Fn. 50), Art. 80 Rn. 48 f.; vgl. auch *M. Nierhaus/ N. Janz*, ZG 12 (1997), 320 (332).
[187] *S. Wagner/L. Brocker*, NVwZ 1997, 759 (760).
[188] Vgl. *Bryde* (Fn. 50), Art. 80 Rn. 2.

Artikel 80a [Spannungsfall]

(1) ¹Ist in diesem Grundgesetz oder in einem Bundesgesetz über die Verteidigung einschließlich des Schutzes der Zivilbevölkerung bestimmt, daß Rechtsvorschriften nur nach Maßgabe dieses Artikels angewandt werden dürfen, so ist die Anwendung außer im Verteidigungsfalle nur zulässig, wenn der Bundestag den Eintritt des Spannungsfalles festgestellt oder wenn er der Anwendung besonders zugestimmt hat. ²Die Feststellung des Spannungsfalles und die besondere Zustimmung in den Fällen des Artikels 12a Abs. 5 Satz 1 und Abs. 6 Satz 2 bedürfen einer Mehrheit von zwei Dritteln der abgegebenen Stimmen.

(2) Maßnahmen auf Grund von Rechtsvorschriften nach Absatz 1 sind aufzuheben, wenn der Bundestag es verlangt.

(3) ¹Abweichend von Absatz 1 ist die Anwendung solcher Rechtsvorschriften auch auf der Grundlage und nach Maßgabe eines Beschlusses zulässig, der von einem internationalen Organ im Rahmen eines Bündnisvertrages mit Zustimmung der Bundesregierung gefaßt wird. ²Maßnahmen nach diesem Absatz sind aufzuheben, wenn der Bundestag es mit der Mehrheit seiner Mitglieder verlangt.

Literaturauswahl

Daleki, Wolfgang: Artikel 80a des Grundgesetzes und die Maßnahmen zur Erhöhung der Verteidigungsbereitschaft, 1985.
Daleki, Wolfgang: Die Regelungen über den Spannungsfall und ihre gesetzestechnischen Mängel, in: DVBl. 1986, S. 1031–1039.
Ipsen, Knut: Die Bündnisklausel der Notstandsverfassung (Art. 80a Abs. 3 GG), in: AöR 94 (1969), S. 554–575.
Klein, Hans Hugo: Dienstpflichten und Spannungsfall (Art. 80a), in: Der Staat 8 (1969), S. 363–386, 479–492.
Seifert, Jürgen: Spannungsfall und Bündnisfall (Art. 80a), in: Dieter Sterzel (Hrsg.), Kritik der Notstandsgesetze, 1968, S. 161–180.
Wilke, Dieter: Notstandsverfassung und Verordnungsrecht, in: DVBl. 1969, S. 917–924.

Leitentscheidung des Bundesverfassungsgerichts

BVerfGE 90, 286 (386) – Bundeswehreinsatz.

Gliederung

	Rn.
A. Herkunft, Entstehung, Entwicklung	1
B. Internationale, supranationale und rechtsvergleichende Bezüge	2
C. Erläuterungen	4
I. Allgemeine Bedeutung	4
II. Der Spannungsfall	5
III. Der Zustimmungsfall	6
IV. Wirkungen des Spannungs- oder Zustimmungsfalles	7
V. Aufhebung getroffener Maßnahmen (Art. 80a II GG)	10
VI. Die Bündnisklausel (Art. 80a III GG)	12
D. Verhältnis zu anderen GG-Bestimmungen	14

A. Herkunft, Entstehung, Entwicklung

Art. 80a GG sichert die frühzeitige Beteiligung des Parlaments bei Maßnahmen zur Erhöhung der Verteidigungsbereitschaft in Phasen gesteigerter zwischenstaatlicher Konflikte, ohne daß der Verteidigungsfall gegeben wäre. In den **konstitutionellen Monarchien** des 19. Jahrhunderts lag die Entscheidung über eine erhöhte Verteidigungsbereitschaft in der **Kompetenz des Monarchen** als Teil seines Oberbefehls[1]. Das wurde entweder vorausgesetzt[2] oder explizit angeordnet[3]. Wegen des Verbots aller Mobilmachungsmaßnahmen in Art. 178 I Versailler Friedensvertrag enthielt die Weimarer Reichsverfassung keine derartige Regelung[4]. In der Bundesrepublik wurden zunächst nur einfachgesetzlich der Bundesregierung einzelne Befugnisse zur Erhöhung der Verteidigungsbereitschaft zugewiesen[5]. Erst im Rahmen der Beratungen über eine **Notstandsverfassung** kam durch den Rechtsausschuß die Vorstellung auf, daß eine entsprechende Feststellung der Bundesregierung an die Zustimmung des Gemeinsamen Ausschusses gebunden werden sollte[6]. Der Regierungsentwurf der Notstandsverfassung griff diese Idee auf[7]. Durch den Rechtsausschuß wurde jedoch die Änderung vorgeschlagen, daß dem **Bundestag selbst das Zustimmungsrecht** zugewiesen werden sollte[8], was dann Eingang in die endgültige Verfassungsänderung fand[9].

1

B. Internationale, supranationale und rechtsvergleichende Bezüge

Art. 80a III GG verweist explizit auf den Beschluß eines internationalen Organs im Rahmen eines Bündnisvertrages und gehört damit zu den Grundgesetznormen, die einen, wenn auch nicht vorbehaltlosen, **Durchgriff internationaler Organe** auf die deutsche Verfassungsordnung erlauben[10].

2

Das differenzierte und abgestufte System verschiedener Notstandssituationen des Art. 80a GG findet **in anderen Staaten** in dieser Form **keine Entsprechung**. Vielmehr sind die Voraussetzungen des Staatsnotstands offener und flexibler und gelten zudem meist sowohl für den inneren wie den äußeren Notstand[11].

3

---

[1] Zur historischen Entwicklung *W. Daleki*, Art. 80a des Grundgesetzes und die Maßnahmen zur Erhöhung der Verteidigungsbereitschaft, 1985, S. 21 ff.
[2] So in Preußen, s. *Daleki*, Art. 80a (Fn. 1), S. 22.
[3] Art. 61 I 1 Verf. des Norddt. Bundes, Art. 63 IV RVerf. 1871.
[4] Art. 47 WRV regelte nur den Oberbefehl.
[5] Zu den verschiedenen Regelungen etwa im WPflG und den Sicherstellungsgesetzen *Daleki*, Art. 80a (Fn. 1), S. 24 ff.
[6] Entwurf eines Art. 53a III 1 GG, BT-Drs. IV/3494.
[7] BT-Drs. V/1879.
[8] Damit trat an die Stelle des Art. 53a III GG der heutige Art. 80a GG, BT-Drs. V/2873, S. 10.
[9] 17. Gesetz zur Änderung des Grundgesetzes v. 24. 6. 1968 (BGBl. I S. 709); zur Entstehungsgeschichte näher *J. Seifert*, Spannungsfall und Bündnisfall (Art. 80a), in: D. Sterzel (Hrsg.), Kritik der Notstandsgesetze, 1968, S. 161 ff.; *Daleki*, Art. 80a (Fn. 1), S. 27 ff.
[10] Zur Bündnisklausel im einzelnen → Rn. 12 f.
[11] Vgl. hierzu generell Max-Planck-Institut für Ausländisches öffentliches Recht und Völkerrecht (Hrsg.), Das Staatsnotrecht in Belgien, Frankreich, Großbritannien, Italien, den Niederlanden, der Schweiz und den Vereinigten Staaten von Amerika, 1955; ferner die Kommentierung zu Art. 91 GG.

C. Erläuterungen

I. Allgemeine Bedeutung

4 Art. 80a GG regelt die Anwendbarkeit bestimmter Notstandsvorschriften im Grundgesetz und in einfachen Gesetzen für die **vier grundgesetzlich differenzierten Krisenfälle**, nämlich den Verteidigungsfall (Art. 115a ff. GG), den Spannungsfall (Art. 80a I 1 1. Alt. GG), den sog. Zustimmungsfall (Art. 80a I 2. Alt. GG) und den Bündnisfall (Art. 80a III GG). Alle vier »tatbestandlichen Stufen der militärischen Bedrohung«[12] betreffen **allein den äußeren Notstand**[13]. Das ergibt sich aus der Entstehungsgeschichte[14], dem eindeutigen Normzweck und der klar abweichenden Definition des inneren Notstandes in Art. 87a IV 1, 91 I GG. Art. 80a GG soll unterhalb der Eskalationsstufe des Verteidigungsfalles, aber bereits in verschärften internationalen Krisensituationen bei drohender[15] oder auch abklingender[16] Gefahr militärischer Verwicklungen eine Erhöhung der Verteidigungsbereitschaft und Vorsorge für die Sicherheit und Versorgung der Zivilbevölkerung ermöglichen, ohne sogleich den Verteidigungsfall ausrufen oder beibehalten zu müssen[17]. Diese Zwischenstufen zwischen Normallage und unmittelbarer kriegerischer Auseinandersetzung sollen daher sowohl eine Deeskalation ermöglichen als auch im Inneren die Verteidigungsbereitschaft im Interesse der Selbstbehauptung der Bundesrepublik mit Signalwirkung nach außen stärken[18]. Zugleich sichert die Vorschrift die Entscheidungsrechte des Parlaments gegenüber internationalen Organen und nicht zuletzt gegenüber der Exekutive. Praktische Anwendung hat die Vorschrift freilich bisher noch nicht gefunden.

II. Der Spannungsfall

5 Anders als der Verteidigungsfall in Art. 115a GG ist der Spannungsfall **tatbestandlich nicht definiert**. Angesichts der Schwierigkeiten einer Definition und Umschreibung ist darauf bewußt verzichtet worden[19]. Die Konkretisierungsversuche des Schrifttums[20] haben ebenfalls keine konsensfähige Definition hervorbringen können. Gerade der Normzweck, elastische Reaktionen zu ermöglichen, erlaubt dies auch gar nicht. Eine genaue Definition ist insoweit weder notwendig noch möglich[21]. Innerhalb äußerster

---

[12] W. Graf *Vitzthum*, Der Spannungs- und der Verteidigungsfall, in: HStR VII, § 170 Rn. 3.
[13] R. *Herzog*, in: Maunz/Dürig, GG, Art. 80a (1970), Rn. 16; *Stern*, Staatsrecht II, S. 1438f., 1442; K.-A. *Hernekamp*, in: v. Münch/Kunig, GG III, Art. 80a Rn. 2; s.a. *Daleki*, Art. 80a (Fn. 1), S. 40f.
[14] BT-Drs. V/2873.
[15] Die Norm unzutreffend ausschließlich auf die Vorstufen beschränkend *Herzog* (Fn. 13), Art. 80a Rn. 16.
[16] Richtig *Hernekamp* (Fn. 13), Art. 80a Rn. 2.
[17] *Hernekamp* (Fn. 13), Art. 80a Rn. 2 spricht insoweit von sicherheitspolitischem crisis-management.
[18] Vgl. *Herzog* (Fn. 13), Art. 80a Rn. 6; *Vitzthum* (Fn. 12), § 170 Rn. 3f.; H.H. *Klein*, Der Staat 8 (1969), 363 (379).
[19] BT-Drs. V/2873, S. 7; vgl. die verschiedenen Definitionsversuche in: BT-Drs. IV/891, S. 9; zu BT-Drs. IV/3494, S. 10; BT-Drs. V/2873, S. 8, 11; kritisch W. *Daleki*, DVBl. 1986, 1031 (1035).
[20] Vgl. z.B. *Herzog* (Fn. 13), Art. 80a Rn. 36; H.H. *Klein*, Der Staat 8 (1969), 363 (379); *Vitzthum* (Fn. 12), § 170 Rn. 7.
[21] v. *Mangoldt/Klein*, GG, Art. 80a Anm. III. 3; zustimmend auch J. *Lücke*, in: Sachs, GG, Art. 80a Rn. 2.

Grenzen soll die Feststellung gerade der Einschätzungsprärogative des Parlaments überlassen bleiben[22]. Die Feststellung ist folglich nur begrenzt justitiabel[23]. Nachprüfbare Grenzen sind lediglich die Voraussetzung einer äußeren Krisenlage und die Einhaltung der formalen Verfahrensvoraussetzungen wie das Erreichen der erforderlichen Mehrheit[24]. Gerade wegen der inhaltlichen Unbestimmtheit der Tatbestandsvoraussetzungen **bedarf die Feststellung** des Spannungsfalls gem. Art. 80a I 2 GG der **qualifizierten Mehrheit**, genauer der Zwei-Drittel-Mehrheit der abgegebenen Stimmen, um verfahrenstechnisch einem Mißbrauch entgegenzuwirken[25]. Das Initiativrecht liegt bei Bundesregierung, Bundesrat und Bundestag[26]. Sowohl im Hinblick auf die intendierten Signalwirkungen als auch wegen der damit verbundenen Konsequenzen für den Bürger muß die Feststellung publiziert werden, ohne daß dies vom Grundgesetz explizit vorgeschrieben wäre[27]. Die **Publizierung** kann auch im Hinblick auf die Regelung des Art. 115a III 2 GG in den Formen des Gesetzes über vereinfachte Verkündungen und Bekanntgaben[28] erfolgen, wenn die Veröffentlichung im Bundesgesetzblatt, die insoweit prinzipiell von Art. 82 GG gefordert wird, nicht möglich ist[29].

III. Der Zustimmungsfall

Neben der Feststellung des Spannungsfalls kann das Parlament auch die weniger spektakuläre Möglichkeit nutzen, der Anwendung einzelner Rechtsvorschriften zur Erhöhung der Verteidigungsbereitschaft zuzustimmen, um die Signalwirkung abzuschwächen[30]. Diese besondere Zustimmung ist nach dem Willen des verfassungsändernden Gesetzgebers[31] und aus systematischen Gründen nicht voraussetzungslos möglich, sondern darf nur erfolgen, sofern eine dem Spannungsfall vergleichbare, wenn auch gegebenenfalls mindere Konfliktsituation vorliegt[32]. **Da die Konsequenzen** in rechtlicher und politischer Hinsicht **geringer** sind, bedarf **der Zustimmungsbeschluß nur ein-

6

---

[22] Wobei es nicht nur auf die Krisenprognose ankommt, wie die h.L. wohl annimmt, vgl. *Hamann/Lenz*, GG, Art. 80a, Anm. B 5; *Stern*, Staatsrecht II, S. 1440f.: »prognostische Dezision«; *Hernekamp* (Fn. 13), Art. 80a Rn. 13: »sicherheitspolitische Krisenprognose«.

[23] *H.-U. Evers*, AöR 91 (1966), 1, 193 (209); *H. H. Klein*, Der Staat 8 (1969), 363 (379); *Stern*, Staatsrecht II, S. 1441; *Hernekamp* (Fn. 13), Art. 80a Rn. 14; vgl. auch *F.-B. Wehrs*, Zur Anwendbarkeit des Notstandsrechts der Bundesrepublik Deutschland, Diss. jur. Mainz 1971, S. 56ff.

[24] Zur Mißbrauchskontrolle, wenn auch zu weitgehend *Herzog* (Fn. 13), Art. 80a Rn. 34ff.; sowie *Hernekamp* (Fn. 13), Art. 80a Rn. 14; *Vitzthum* (Fn. 12), § 170 Rn. 6.

[25] Vgl. *Stern*, Staatsrecht II, S. 1441f.

[26] *E. Schürmann*, Wirtschaftslenkung im Notstand, 1970, S. 133; *W. Daleki*, DVBl. 1986, 1031 (1034); *ders.*, Art. 80a (Fn. 1), S. 42ff.

[27] H.M.: *Herzog* (Fn. 13), Art. 80a Rn. 46; *Stern*, Staatsrecht II, S. 1442; a.A. *v. Mangoldt/Klein*, GG, Art. 80a, Anm. IV, 7 b.

[28] G. v. 18.7.1975 (BGBl. I S. 1919).

[29] *Hernekamp* (Fn. 13), Art. 80a Rn. 15; s. a. *Daleki* (Fn. 1), Art. 80a S. 44ff.; *ders.*, DVBl. 1986, 1031 (1034f.); a.A. *Herzog* (Fn. 13), Art. 80a Rn. 47f.; *v. Wehrs*, Anwendbarkeit (Fn. 23), S. 104ff.; vgl. auch § 1 I 1 des Gesetzes.

[30] *Vitzthum* (Fn. 12), § 170 Rn. 25.

[31] BT-Drs. V/2873, S. 11.

[32] In etwas unterschiedlicher Nuancierung *Herzog* (Fn. 13), Art. 80a Rn. 38; *Stern*, Staatsrecht II, S. 1443f.; *Hernekamp* (Fn. 13), Art. 80a Rn. 12; *Vitzthum* (Fn. 12), § 170, Rn. 25; für völlige Gleichheit der Voraussetzungen dagegen *H. H. Klein*, Der Staat 8 (1969), 363 (379f.); *v. Mangoldt/Klein*, GG, Art. 80a Anm. IV. 8; *Hesse*, Verfassungsrecht, Rn. 747.

facher Mehrheit[33]. Nur für Maßnahmen gem. Art. 12a V 1, VI 2 GG ist, wie für den Spannungsfall gem. Art. 80a I 2 GG, eine Zwei-Drittel-Mehrheit notwendig. Aus den geringeren Mehrheitsanforderungen kann jedoch nicht gefolgert werden[34], daß auf diesem Wege nur einzelne Notstandsregelungen, aber nicht alle betreffenden einfachgesetzlichen Vorschriften en bloc entsperrt werden können[35].

IV. Wirkungen des Spannungs- oder Zustimmungsfalles

7   Die Feststellung des Spannungsfalls oder die Zustimmung nach Art. 80a I GG **heben** für die auf Art. 80a GG explizit Bezug nehmenden (**sog. Junktimklausel**) Vorschriften die bestehende **Anwendungssperre auf**[36]. Eine solche Bezugnahme findet sich **im Grundgesetz** nur vereinzelt und dann auch teilweise nur selektiv. Art. 12a V 1 und Art. 12a VI 2 GG verweisen ausschließlich auf Art. 80a I GG, nicht dagegen auf die Bündnisklausel des Art. 80a III GG. Demgegenüber wird der Aufgabenbereich der Streitkräfte gem. Art. 87a III GG nur im Verteidigungs- oder Spannungsfall ausgeweitet, nicht jedoch durch konkrete Zustimmung. **Auf einfachgesetzlicher Ebene** werden die Gesetze oder Normen entsperrt, die explizit auf Art. 80a GG verweisen. Bundesgesetze über die Verteidigung einschließlich des Schutzes der Zivilbevölkerung im Sinne des Art. 80a I GG können nicht nur ganze Gesetze, sondern auch einzelne Bestimmungen in Bundesgesetzen sein, die nicht allein verteidigungspolitischen Zwecken dienen[37]. Eine derartige Verweisung enthalten bisher die Sicherstellungsgesetze[38] sowie das Katastrophenschutzgesetz[39]. Darüber hinaus müssen die nach Maßgabe des Art. 80a GG anwendbaren »Rechtsvorschriften« nicht in den Bundesgesetzen selbst enthalten sein, sondern können auch in anderes Bundesrecht oder in Landesrecht aufgenommen werden, sofern es sich um derivatives Bundes- oder Landesrecht handelt, also Rechtsverordnungen des Bundes oder des Landes (Art. 80 I GG) oder ein Bundesrahmenrecht ausfüllendes Landesgesetz[40].

8   **Rechtsvorschriften im Sinne des Art. 80a GG sind** ansonsten keine geheimen oder noch nicht in Kraft getretenen »Schubladengesetze«[41], sondern **im normalen (Gesetzgebungs-)Verfahren erlassene Gesetze**, die sich von anderen Gesetzen nur durch die Besonderheit unterscheiden, daß sie in ihrer Anwendung gesperrt sind und insofern

---

[33] Art. 42 II 1 GG; nicht »relative Mehrheit«, so aber *Hernekamp* (Fn. 13), Art. 80a Rn. 16. → Art. 42 Rn. 34.

[34] So aber *C. O. Lenz*, Notstandsverfassung des Grundgesetzes, 1971, Art. 80a Rn. 18; *Hamann/Lenz*, GG, Art. 80a, Anm. B 3.

[35] *Herzog* (Fn. 13), Art. 80a Rn. 30; *Daleki*, Art. 80a (Fn. 1), S. 39, Fn. 1; *Vitzthum* (Fn. 12), § 170 Rn. 25; jetzt auch *Hernekamp* (Fn. 13), Art. 80a Rn. 12 unter Aufgabe seiner gegenteiligen Auffassung in der Vorauflage.

[36] Vgl. *Stern*, Staatsrecht II, S. 1450.

[37] *Lenz*, Notstandsverfassung (Fn. 34), Art. 80a Rn. 15; *Hernekamp* (Fn. 13), Art. 80a Rn. 4; Beispiel: § 95 VwVfG.

[38] § 3 ArbeitssicherstellungsG; § 2 ErnährungssicherstellungsG; § 2 VerkehrssicherstellungsG; § 2 WirtschaftssicherstellungsG.

[39] § 12 II KatSG; detaillierter Überblick über die gesetzlichen Maßnahmen bei *Daleki*, Art. 80a (Fn. 1), S. 58 ff.

[40] *Stern*, Staatsrecht II, S. 1451; *Hernekamp* (Fn. 13), Art. 80a Rn. 7; weitergehend *Herzog* (Fn. 13), Art. 80a Rn. 9, 26, der insoweit keine Einschränkung vornimmt.

[41] *Hernekamp* (Fn. 13), Art. 80a Rn. 6.

gegenüber dem Bürger noch keine Außenwirkung entfalten[42]. Deshalb kann allein die Anwendung, nicht der Erlaß nach Art. 80a GG bedingt sein[43]. Bei nichtvollzugsbedürftigen Normen bedeutet Anwendung die Sanktionierung einer eventuellen Nichtbeachtung[44].

Im übrigen kann der Bundestag **Notstandsgesetze auch ohne eine entsprechende Anwendungssperre** nach Art. 80a GG beschließen und ihre Anwendung ausschließlich von einer entsprechenden Entsperrung durch die Exekutive abhängig machen[45]. Freilich kann der Gesetzgeber hier spezifische Absicherungen gegen einen Mißbrauch vorsehen[46]. Außerdem ist auch in diesen Fällen eine außenpolitische Konfliktsituation unabdingbare Voraussetzung[47].

9

V. Aufhebung getroffener Maßnahmen (Art. 80a II GG)

Art. 80a II GG gibt dem Bundestag über seine Rechtsetzungskompetenz hinausgehende Kontroll- und Korrekturbefugnisse[48], indem er die Aufhebung von »Maßnahmen aufgrund von Rechtsvorschriften nach Absatz 1« verlangen kann. Danach kann der Bundestag insbesondere **auch rechtmäßige Einzelmaßnahmen**, die ihm aber als zu weitgehend erscheinen, **korrigieren**[49], seien es Verwaltungsakte nachgeordneter Behörden oder Maßnahmen einer Landesexekutive[50]. Anders als der Wortlaut nahelegt, wird man unter »Maßnahmen« auch **Rechtsverordnungen**, die aufgrund der Bundesgesetze gem. Art. 80a I GG ergangen sind, verstehen müssen[51], da es sich auch insoweit um Gesetzesvollzug handelt und Art. 80a GG dem Parlament möglichst umfassende Kontroll- und Korrekturkompetenzen zuweisen will.

10

Der **Bundestag** ist nicht selbst zur Aufhebung berechtigt[52], sondern **kann nur die Aufhebung** oder als Minus zur Aufhebung auch die Aussetzung[53] **verlangen**, wobei die Aufhebung unverzüglich, innerhalb oder nach einer bestimmten Frist oder schließlich aufschiebend bedingt verlangt werden kann[54]. Die Bundesregierung ist hierzu verpflichtet. Die Verpflichtung kann notfalls im Organstreitverfahren gem.

11

---

[42] *Stern*, Staatsrecht II, S. 1450 f.; *Vitzthum* (Fn. 12), § 170 Rn. 11.
[43] *Hernekamp* (Fn. 13), Art. 80a Rn. 8.
[44] *Hernekamp* (Fn. 13), Art. 80a Rn. 8; *D. Wilke*, DVBl. 1969, 917 (922).
[45] *Hernekamp* (Fn. 13), Art. 80a Rn. 10; *Stern*, Staatsrecht II, S. 1452; *Vitzthum* (Fn. 12), § 170 Rn. 13; Beispiele: § 1 BundesleistungsG, § 49 I 2 WPflG; § 13 I WassersicherstellungsG.; zur Entstehungsgeschichte dieser Wahlmöglichkeit *Daleki*, Artikel 80a (Fn. 1), S. 34 ff.; *Seifert*, Spannungsfall (Fn. 9), S. 179 f. bezeichnet Art. 80a GG deshalb als »Verschleierungsnorm«.
[46] Vgl. *Hernekamp* (Fn. 13), Art. 80a Rn. 10; zu entsprechenden Zustimmungsvorbehalten vgl. *K. Grupp*, DVBl. 1974, 177 ff.
[47] *Hesse*, Verfassungsrecht, Rn. 748; *Vitzthum* (Fn. 12), § 170 Rn. 13.
[48] *Stern*, Staatsrecht II, S. 1453; *Vitzthum* (Fn. 12), § 170 Rn. 23.
[49] *Hernekamp* (Fn. 13), Art. 80a Rn. 17.
[50] *Vitzthum* (Fn. 12), § 170 Rn. 23.
[51] So die wohl h.M.: *K. Grupp*, DVBl. 1974, 177 (177 f.); *Stern*, Staatsrecht II, S. 1453; *Vitzthum* (Fn. 12), § 170 Rn. 23; offengelassen bei *Herzog* (Fn. 13), Art. 80a Rn. 68; dezidiert anders nur *Hernekamp* (Fn. 13), Art. 80a Rn. 17; vgl. auch *W. Daleki*, DVBl. 1986, 1031 (1038 f.).
[52] Die dahinterstehende formalistische Gewaltenteilungskonzeption kritisiert nicht zu Unrecht *Herzog* (Fn. 13), Art. 80a Rn. 68.
[53] *Hernekamp* (Fn. 13), Art. 80a Rn. 18; *Vitzthum* (Fn. 12), § 170 Rn. 23.
[54] *v. Mangoldt/Klein*, GG Art. 80a Anm. V. 5 c; *Hernekamp* (Fn. 13), Art. 80a Rn. 18.

Art. 93 I Nr. 1 GG durchgesetzt werden[55]. Eine nach Art. 80a II GG aufgehobene Maßnahme darf außerdem nicht erneut getroffen werden, wenn sich die Situation nicht geändert hat[56]. Überdies bleibt es dem Bundestag unbenommen, sowohl die Zustimmung gem. Art. 80a I GG zurückzunehmen oder den Spannungsfall mit einfacher Mehrheit aufzuheben[57]. Hierzu ist der Bundestag auch ohne eine explizit normierte Verpflichtung, wie sie Art. 115l II 3 GG enthält, verpflichtet, wenn eine entsprechende Konfliktsituation nicht mehr besteht[58]. Schließlich kann der Bundestag, gerade auch bei Gesetzen ohne die Junktimklausel i.S.d. Art. 80a I GG, aufgrund seiner Gesetzgebungsbefugnisse die betreffenden Gesetze im Gesetzgebungsverfahren ändern oder aufheben[59].

VI. Die Bündnisklausel (Art. 80a III GG)

12 Der in Art. 80a III 1 GG normierte Bündnisfall bildet eine **eigenständige**[60] **Variante der Entsperrung** von Notstandsvorschriften, die für den Fall eines (drohenden) Angriffs auf Bündnispartner, der den Verteidigungsfall gem. Art. 115a I GG gerade nicht auslöst[61], die notwendige rasche Verteidigungsvorbereitung erlauben soll[62]. Die Voraussetzungen des Art. 80a I GG gelten deshalb nicht[63], freilich können auch in diesem Fall nur mit einem Junktim im Sinne des Art. 80a GG verbundene Vorschriften entsperrt werden[64]. Art. 80a III GG ersetzt nur den ansonsten erforderlichen **Beschluß des Bundestages durch den Beschluß des zuständigen internationalen Organs mit Zustimmung der Bundesregierung als Kollegium**[65]. Zuständig im Sinne des Art. 80a III GG kann in den Bündnissen nur ein Gesamtorgan mit politischer Leitungsfunktion[66] sein, dem auch ein Mitglied der Bundesregierung angehört[67]. Im Rahmen der NATO kommen hier allein der Nordatlantik-Rat gem. Art. 9 NATO-Vertrag sowie der Ausschuß für Verteidigungsplanung in Betracht[68]. Unerheblich ist, ob der Beschluß des internationalen Organs vornehmlich aus Gründen der Achtung der Souveränität der Mitgliedstaaten nur den Charakter einer Empfehlung hat, wie eine entsprechende

---

[55] *Herzog* (Fn. 13), Art. 80a Rn. 68; s. auch *Stern*, Staatsrecht II, S. 1453; ggfs. kommt eine einstweilige Anordnung in Betracht.
[56] *v. Mangoldt/Klein*, GG, Art. 80a Anm. V. 5 b; *Hernekamp* (Fn. 13), Art. 80a Rn. 19.
[57] *Herzog* (Fn. 13), Art. 80a Rn. 70; *Stern*, Staatsrecht II, S. 1453; *Hernekamp* (Fn. 13), Art. 80a Rn. 20; Schmidt-Bleibtreu/*Klein*, GG, Art. 80a Rn. 5.
[58] *Stern*, Staatsrecht II, S. 1453; *Vitzthum* (Fn. 12), § 170 Rn. 23.
[59] *Hernekamp* (Fn. 13), Art. 80a Rn. 17.
[60] H.M.: *Stern*, Staatsrecht II, S. 1447; *Hernekamp* (Fn. 13), Art. 80a Rn. 21; *Vitzthum* (Fn. 12), § 170 Rn. 26; a.A. *Herzog* (Fn. 13), Art. 80a Rn. 61.
[61] Zur Abgrenzung zwischen Bündnisfall und Verteidigungsfall vgl. die Kommentierung zu Art. 115a GG.
[62] BT-Drs. V/2873, S. 12; zur Entstehungsgeschichte vgl. a. *K. Ipsen*, AöR 94 (1969), 554 (555ff.).
[63] *Vitzthum* (Fn. 12), Rn. 26; a.A. *Herzog* (Fn. 13), Art. 80a Rn. 61.
[64] *Hernekamp* (Fn. 13), Art. 80a Rn. 21.
[65] *Vitzthum* (Fn. 12), § 170 Rn. 28; *Jarass*/Pieroth, GG, Art. 80a Rn. 5; die Zustimmung des Mitglieds der Bundesregierung im internationalen Organ reicht gerade nicht aus.
[66] *Stern*, Staatsrecht II, S. 1448; *Hernekamp* (Fn. 13), Art. 80a Rn. 22.
[67] *Stern*, Staatsrecht II, S. 1448 Fn. 60; a.A. *Lenz*, Notstandsverfassung (Fn. 34), Art. 80a Rn. 26; *Vitzthum* (Fn. 12), § 170 Rn. 28.
[68] *Stern*, Staatsrecht II, S. 1448f.; *Vitzthum* (Fn. 12), § 170 Rn. 28; enger *K. Ipsen*, AöR 94 (1969), 554 (566); weiter *Lenz*, Notstandsverfassung (Fn. 34), Art. 80a Rn. 25.

Entscheidung des NATO-Rats, oder als rechtlich verbindlich gilt, da andernfalls Art. 80a III GG praktisch immer leerlaufen würde[69]. Da die Bundesregierung stets zustimmen muß, ist mit Art. 80a III GG kein Souveränitätsverlust, sondern ausschließlich eine Kompetenzverlagerung vom Parlament auf die Bundesregierung[70] verbunden, die indes im parlamentarischen Regierungssystem nicht allzu schwer wiegt[71]. Darüber hinaus kann der Bundestag die Aufhebung von Einzelmaßnahmen gem. Art. 80a III 2 GG verlangen, auch wenn dies im Gegensatz zu Art. 80a II GG nur mit absoluter Mitgliedermehrheit erfolgen darf[72].

Die Anwendungssperre wird nur »nach Maßgabe« des Beschlusses des internationalen Organs aufgehoben, so daß durch den Inhalt des Beschlusses auch der Umfang der Entsperrung begrenzt wird[73]. Der **Einsatz der Streitkräfte im Innern** gem. Art. 87a III GG sowie Dienstverpflichtungen und Verbote, den Arbeitsplatz zu wechseln (Art. 12a V, VI GG), werden durch den Bündnisfall **nicht ermöglicht**, da diese Vorschriften ausschließlich auf Art. 80a I GG und den Verteidigungsfall verweisen[74]. Der Anwendungsbereich des Bündnisfalls ist außerdem auf »die nach Maßgabe des NATO-Alarmsystems ausgelöste **zivile Teilmobilmachung**« begrenzt, erfaßt also nicht den Streitkräfteeinsatz im Bündnisfall[75]. Darüber hinausgehende Maßnahmen bedürfen der Zustimmung des Bundestages. Der Bündnisbeschluß muß öffentlich bekanntgemacht werden[76], wobei die gleichen Regeln wie bei Art. 80a I GG gelten[77]. Das gebietet das Rechtsstaatsprinzip ebenso wie die Aufhebungsbefugnis des Bundestages nach Art. 80a III 2 GG, welche die Kenntnis der entsperrten Vorschriften voraussetzt[78].

D. Verhältnis zu anderen GG-Bestimmungen

Die Entsperrung gem. Art. 80a I GG ist Tatbestandsvoraussetzung für die Anwendung der Vorschriften nach **Art. 12a V, VI GG**[79]. Erst durch die Entsperrung wird auch die konkrete Betroffenheit für den einzelnen Bürger ausgelöst, die Voraussetzung der Zulässigkeit einer Verfassungsbeschwerde ist[80].

Art. 80a III GG bildet **eine Sperre für die Übertragbarkeit** von Hoheitsrechten auf **internationale Organisationen gem. Art. 24 II GG**, insofern als die Zustimmung der

---

[69] *Hernekamp* (Fn. 13), Art. 80a Rn. 21; kritisch aber *K. Ipsen*, AöR 94 (1969), 554 (557 ff.).
[70] Die Umgehungsbefürchtungen bei *K. Ipsen*, AöR 94 (1969), 554 (573 f.); *Herzog* (Fn. 13), Art. 80a Rn. 65, 67, überzeugen daher nicht; vgl. auch *Vitzthum* (Fn. 12), § 170 Rn. 28 Fn. 119.
[71] Kritisch insoweit *Hernekamp* (Fn. 13), Art. 80a Rn. 24.
[72] *Stern*, Staatsrecht II, S. 1449 f.; kritisch dazu *Seifert*, Spannungsfall (Fn. 9), S. 176 f.
[73] Richtig *K. Ipsen*, AöR 94 (1969), 554 (567); *H. H. Klein*, Der Staat 8 (1969), 363 (385); *Vitzthum* (Fn. 12), § 170 Rn. 27; *Herzog* (Fn. 13), Art. 80a Rn. 58; *G. Frank*, in: AK-GG, Abschn. Xa Rn. 29.
[74] *Herzog* (Fn. 13), Art. 80a Rn. 11, 54; *Jarass/Pieroth*, GG, Art. 80a Rn. 6.
[75] BVerfGE 90, 286 (386); dem folgend Schmidt-Bleibtreu/*Klein*, GG, Art. 80a Rn. 6; *Jarass/Pieroth*, GG, Art. 80a Rn. 6; zur Frage des Streitkräfteeinsatzes vgl. hier nur *N. K. Riedel*, DÖV 1991, 305 ff.; ferner die Kommentierungen zu Art. 87a, 115a Rn.
[76] *Herzog* (Fn. 13), Art. 80a Rn. 62; *Stern*, Staatsrecht II, S. 1450; *Hernekamp* (Fn. 13), Art. 80a Rn. 23; *Vitzthum* (Fn. 12), § 170 Rn. 28.
[77] → Rn. 5.
[78] Vgl. auch *Seifert*, Spannungsfall (Fn. 9), S. 175.
[79] → Art. 12a Rn. 26.
[80] Dazu *Schlaich*, Bundesverfassungsgericht, Rn. 223 ff.

D. Verhältnis zu anderen GG-Bestimmungen

Bundesregierung nicht verzichtbar ist[81]. **Art. 26 GG** geht Art. 80a III GG jedenfalls insoweit vor, als er ausschließlich Verteidigungsbündnisse zuläßt[82] und die Bundesregierung auch im Rahmen ihrer Mitentscheidungsrechte zu internationalen Organisationen auf eine defensive Politik festlegt[83]. Im übrigen werden die Anforderungen des **Art. 80 GG** an Verordnungsermächtigungen durch Art. 80a GG auch für Notstandsregelungen nicht berührt[84].

---

[81] *Hernekamp* (Fn. 13), Art. 80a Rn. 26.
[82] Zum Begriff des Verteidigungsbündnisses → Art. 26 Rn. 17.
[83] → Art. 26 Rn. 17. S. auch *Hernekamp* (Fn. 13), Art. 80a Rn. 27.
[84] *D. Wilke*, DVBl. 1969, 917ff.

Artikel 81 [Gesetzgebungsnotstand]

(1) ¹Wird im Falle des Artikels 68 der Bundestag nicht aufgelöst, so kann der Bundespräsident auf Antrag der Bundesregierung mit Zustimmung des Bundesrates für eine Gesetzesvorlage den Gesetzgebungsnotstand erklären, wenn der Bundestag sie ablehnt, obwohl die Bundesregierung sie als dringlich bezeichnet hat. ²Das gleiche gilt, wenn eine Gesetzesvorlage abgelehnt worden ist, obwohl der Bundeskanzler mit ihr den Antrag des Artikels 68 verbunden hatte.

(2) ¹Lehnt der Bundestag die Gesetzesvorlage nach Erklärung des Gesetzgebungsnotstandes erneut ab oder nimmt er sie in einer für die Bundesregierung als unannehmbar bezeichneten Fassung an, so gilt das Gesetz als zustande gekommen, soweit der Bundesrat ihm zustimmt. ²Das gleiche gilt, wenn die Vorlage beim Bundestage nicht innerhalb von vier Wochen nach der erneuten Einbringung verabschiedet wird.

(3) ¹Während der Amtszeit eines Bundeskanzlers kann auch jede andere vom Bundestage abgelehnte Gesetzesvorlage innerhalb einer Frist von sechs Monaten nach der ersten Erklärung des Gesetzgebungsnotstandes gemäß Absatz 1 und 2 verabschiedet werden. ²Nach Ablauf der Frist ist während der Amtszeit des gleichen Bundeskanzlers eine weitere Erklärung des Gesetzgebungsnotstandes unzulässig.

(4) Das Grundgesetz darf durch ein Gesetz, das nach Absatz 2 zustande kommt, weder geändert, noch ganz oder teilweise außer Kraft oder außer Anwendung gesetzt werden.

Literaturauswahl

Börner, Bodo: Der Gesetzgebungsnotstand, in: DÖV 1950, S. 237–240.
Bücker, Joseph: Verbindung der Vertrauensfrage mit einer Gesetzesvorlage. Spaltung des Abstimmungsergebnisses möglich?, in: ZParl. 3 (1972), S. 292–295.
Flor, Georg: Staatsnotstand und rechtliche Bindung, in: DVBl. 1958, S. 149–152.
Fromme, Friedrich-Karl: Ausnahmezustand und Notgesetzgebung, in: DÖV 1960, S. 730–738.
Henkel, Joachim: Zur Verbindung von Vertrauensfrage und Gesetzesvorlage, in: Klemens Kremer (Hrsg.), Parlamentsauflösung, 1974, S. 11–23.
von der Heydte, Friedrich August Freiherr: Staatsnotstand und Gesetzgebungsnotstand, in: Festschrift für Wilhelm Laforet, 1952, S. 59–81.
Jellinek, Walter: Kabinettsfrage und Gesetzgebungsnotstand nach dem Bonner Grundgesetz, VVDStRL 8 (1950), S. 3–20.
Schneider, Hans: Kabinettsfrage und Gesetzgebungsnotstand nach dem Bonner Grundgesetz, VVDStRL 8 (1950), S. 21–54.
Stern, Klaus: Der Gesetzgebungsnotstand – Eine vergessene Verfassungsnorm, in: Festschrift für Friedrich Schäfer, 1980, S. 129–146.

Leitentscheidungen des Bundesverfassungsgerichts

Diese liegen zu Art. 81 GG bislang nicht vor.

Gliederung

	Rn.
A. Herkunft, Entstehung, Entwicklung	1
B. Internationale, supranationale und rechtsvergleichende Bezüge	4
C. Erläuterungen	6

    I. Allgemeine Bedeutung 6
   II. Einzelheiten 7
       1. Voraussetzungen der Ausrufung des Gesetzgebungsnotstands 7
          a) Ablehnung einer als dringlich bezeichneten Gesetzesvorlage
             nach Scheitern der Vertrauensfrage (Art. 81 I 1 GG) 7
          b) Ablehnung einer mit einem Antrag nach Art. 68 GG
             verbundenen Gesetzesvorlage (Art. 81 I 2 GG) 9
       2. Wirkung der Erklärung des Gesetzgebungsnotstands (Art. 81 II GG) 13
       3. Dauer des Gesetzgebungsnotstandes (Art. 81 III GG) 16
       4. Keine Verfassungsänderung (Art. 81 IV GG) 18
   D. Verhältnis zu anderen GG-Bestimmungen 19

A. Herkunft, Entstehung, Entwicklung

1   Art. 81 GG besitzt keine Vorläufernorm in der **Reichsverfassung von 1871** und auch nicht in der **Weimarer Reichsverfassung**, bedeutet die Vorschrift doch eine durch die Erfahrungen der ersten deutschen Republik veranlaßte abrupte Abwendung von dem in Weimar in Krisenzeiten praktizierten System einer Diktatur des Reichspräsidenten über das Notverordnungsrecht nach Art. 48 II WRV[1]. Der **Herrenchiemseer Verfassungskonvent** vollzog diese Abwendung allerdings noch nicht; er formulierte in Art. 111 HChE eine Notstandsregelung, die noch deutlich Art. 48 II WRV zum Vorbild hatte. Die »bewußte Abweichung von Art. 48«[2], von der der Konvent sprach, bezog sich nur auf den vom HChE vorgenommenen Wechsel in der Trägerschaft des Notstandsrechts und im Erfordernis der Zustimmung des Bundesrats. Ein substantieller Neubeginn fand nicht statt[3].

2   Im **Parlamentarischen Rat** rückte man im Laufe der Beratungen von Art. 111 HChE ab und versuchte stärker zwischen Ausnahme- und Notstandssituationen einerseits, Funktionsstörungen von Verfassungsorganen andererseits zu unterscheiden. Für Fälle der Arbeitsunfähigkeit des Parlaments wurde zunächst ein Art. 111a geschaffen, aus dem sich im Lauf der Beratungen Art. 81 GG entwickelte, während Art. 111 HChE ersatzlos fallen gelassen wurde[4].

3   In der Geschichte der Bundesrepublik Deutschland ist Art. 81 GG, anders als der verhängnisvolle Art. 48 II WRV, der dem Parlament den Weg in die Selbstentmachtung erlaubte, bislang **nicht zur Anwendung gekommen**.

B. Internationale, supranationale und rechtsvergleichende Bezüge

4   Der rechtsvergleichende Blick setzt Klarheit über den Regelungsgegenstand des Art. 81 GG voraus; insbesondere darf die Bezeichnung »Gesetzgebungsnotstand«

---

[1] Siehe hierzu *B.-O. Bryde*, in: von Münch/Kunig, GG III, Art. 81 Rn. 1; *E. Klein*, in: BK, Art. 81 (Zweitb. 1986), I. Entstehungsgeschichte (S. 3f.); *F.A. v. der Heydte*, Staatsnotstand und Gesetzgebungsnotstand, in: FS Laforet, 1952, S. 59ff. (70ff.); *G. Flor*, DVBl. 1958, 149 (151); *F.-K. Fromme*, DÖV 1960, 730 (732ff.); *U. Ramsauer*, in: AK-GG, Art. 81 Rn. 1ff.

[2] JöR 1 (1951), S. 605.

[3] Siehe hierzu *F.-K. Fromme*, DÖV 1960, 730 (736).

[4] Hierzu näher *Ramsauer* (Fn. 1), Art. 81 Rn. 4f.; *Klein* (Fn. 1), Art. 81, I. Entstehungsgeschichte (S. 4ff.); *F.-K. Fromme*, DÖV 1960, 730 (737); zur Entstehungsgeschichte siehe auch JöR 1 (1951), S. 605ff.

nicht zu fehlerhaften Parallelisierungen verleiten. Nach einer in der Spätzeit der Weimarer Republik aufgestellten Lehre sind **Notstandssituationen** des Staates von **bloßen Verfassungsstörungen** zu unterscheiden[5]. Soweit also das Verfassungsrecht demokratischer Staaten es für den Fall äußerer Notsituationen des Staates bzw. den Ausnahmezustand zuläßt, die gesetzgebende Gewalt durch Beschluß der Legislativorgane auf die Exekutive zu delegieren und damit ein außerordentliches Notverordnungsrecht zu schaffen[6], ist damit nicht die Konstellation erfaßt, auf die Art. 81 GG gemünzt ist. Das regelmäßige **Schweigen der Verfassungen westlicher Staaten** für den Fall der Unfähigkeit des Parlaments, seine Legislativfunktion auszuüben, ist im übrigen nicht allzu verwunderlich, weil das Mittel der Parlamentsauflösung zu Gebot steht (soweit ersichtlich, macht nur Art. 16 der Verfassung der Französischen Republik von 1958 eine Ausnahme, indem er sowohl auf den Ausnahmezustand als auch auf die Verfassungsstörung eingeht[7]). Freilich besteht die Gefahr, daß in Verfassungsordnungen, die kein dem Gesetzgebungsnotstand ähnliches Instrument bereithalten und auch kein Notverordnungsrecht der Exekutive oder des Staatspräsidenten vorsehen, Verfassungsstörungen zum Anlaß genommen werden, einen »**überverfassungsrechtlichen Staatsnotstand**« auszurufen und außerhalb des verfassungsmäßigen Weges eine Normsetzungstätigkeit aufzunehmen.

Im übrigen enthalten auch die **deutschen Landesverfassungen**, soweit sie Regelungen für den staatlichen Notstand treffen, nur solche für den äußeren Notstand, nicht jedoch für den Fall, daß das Legislativorgan auf Grund seiner eigenen politischen Zusammensetzung zu Mehrheitsbildungen konstruktiven Inhalts nicht in der Lage ist[8]. 5

C. Erläuterungen

I. Allgemeine Bedeutung

Art. 81 GG ist, auch wenn er andere Wege beschreitet als Art. 48 II WRV, eine **Frucht traumatischer Erfahrungen** aus der Weimarer Zeit, die bei der Schaffung des Grundgesetzes zur Vorstellung geführt haben, es bedürfe eines Mittels, einer Selbstblockade des Bundestags durch antagonistische Kräfte vorzubeugen. Ob dabei aber systemkonform vorgegangen wurde, ist zweifelhaft. Im System des Grundgesetzes und bei den gegenwärtigen politischen Verhältnissen ist eine Legitimation für eine **Regierung gegen eine parlamentarische Mehrheit**, wie sie Gegenstand der Regelung nach Art. 81 6

---

[5] *J. Heckel*, AöR 61 (1932), 257 (276). Vgl. dazu auch *H. Schneider*, Kabinettsfrage und Gesetzgebungsnotstand nach dem Bonner Grundgesetz, VVDStRL 8 (1950), S. 21 ff. (34); weiterhin *R. Herzog*, in: Maunz/Dürig, GG, Art. 81 (1984) Rn. 3; *Hesse*, Verfassungsrecht, Rn. 721; *Stern*, Staatsrecht II, S. 1370; *E. Klein*, Funktionsstörungen in der Staatsorganisation, in: HStR VII, § 168 Rn. 2 ff.; *Klein* (Fn. 1), Art. 81 Rn. 4; *v. der Heydte* (Fn. 1), S. 62 f. unterscheidet den echten vom unechten Gesetzgebungsnotstand, wobei im ersteren Fall die Gesetzgebungsarbeit von außen tatsächlich oder rechtlich behindert wird. Art. 81 GG betrifft demnach nur den unechten Gesetzgebungsnotstand. Ist somit der Gesetzgebungsnotstand kein »Notstand« im eigentlichen Sinn, so besteht auch die Frage, ob er nicht in Wirklichkeit ein »Regierungs«notstand ist; siehe dazu *H. Schneider*, ebd., S. 32; *Klein* (Fn. 1), Art. 81 Rn. 8.
[6] So offenbar die Rechtspraxis in den USA, Großbritannien und der Schweiz; siehe dazu *F.-K. Fromme*, DÖV 1960, 730 (733 mit Fn. 25).
[7] Siehe hierzu *Klein* (Fn. 1), Art. 81, III. Rechtsvergleichende Hinweise (S. 65).
[8] Vgl. die Hinweise bei *Klein* (Fn. 1), Art. 81, III. Rechtsvergleichende Hinweise (S. 65).

GG ist, kaum denkbar, es sei denn, der Bundestag wäre in solchem Maße von nicht koalitionsfähigen Gruppierungen beherrscht, daß eine Mehrheitsfindung aussichtslos ist. Aber auch dann stellt sich die Frage, warum der Bundespräsident, nachdem der Antrag des Kanzlers nach Art. 68 I 1 GG keine Mehrheit gefunden hat, den Bundestag nicht auflöst und man sein Heil vielmehr im Gesetzgebungsnotstand sucht[9]. Für die Eliminierung **verfassungsfeindlicher Parteien** wäre im Vorfeld auch an Art. 21 II GG zu denken. Schließlich kann die Praktikabilität von Art. 81 GG angesichts der Befristung auf höchstens ein halbes Jahr wohl zu Recht in Frage gestellt werden. Ob mit Art. 81 GG regiert werden kann, ist offen, weil die Bundesrepublik Deutschland in ihrer fast fünfzigjährigen Geschichte Krisensituationen, wie sie von Art. 81 GG vorausgesetzt werden, noch nicht erlebt hat.

II. Einzelheiten

1. Voraussetzungen der Ausrufung des Gesetzgebungsnotstands

a) Ablehnung einer als dringlich bezeichneten Gesetzesvorlage nach Scheitern der Vertrauensfrage (Art. 81 I 1 GG)

7   Die erste Variante der Ausrufung des Gesetzgebungsnotstands betrifft den Tatbestand des Scheiterns der Vertrauensfrage nach Art. 68 GG und der Entscheidung des Bundespräsidenten, den Bundestag nicht aufzulösen, sondern den Weg einer **Minderheitsregierung** zu gehen[10]. Vorausgesetzt wird weiter, daß die politischen Kräfte im Bundestag, die sich zwar im Destruktiven zur Ablehnung der Vertrauensfrage zusammengefunden haben, nicht die Kraft finden, konstruktiv mit der Mehrheit der Mitglieder des Bundestages einen neuen Bundeskanzler zu wählen[11]. Neben gescheiterter Vertrauensfrage und Nichtauflösung des Bundestags verlangt die erste Alternative von Art. 81 GG weiterhin, daß die Bundesregierung eine Gesetzesvorlage als **dringlich** bezeichnet hat; »Bundesregierung« ist hier als Kollegialorgan zu verstehen (→ Art. 62 Rn. 10ff.)[12]. Wann eine Vorlage von der Bundesregierung als dringlich bezeichnet werden darf, wird normativ nicht näher umschrieben; es ist davon auszugehen, daß dies Sache des **politischen Ermessens der Regierung** ist, das allerdings nicht mißbraucht werden darf[13]. Da der Erklärung der Dringlichkeit auch eine Warnfunktion zukommt[14], muß verlangt werden, daß eine klare vorherige Entscheidung über die Dringlichkeit erfolgt, damit das Parlament auf die Konsequenz seiner Ablehnung nochmals deutlich hingewiesen wird[15]. Nicht notwendig ist es, daß sich die Dringlichkeitserklärung auf eine Gesetzesvorlage der Bundesregierung bezieht[16]. Da nach Art. 81 I 1 GG der Bundespräsident für eine Gesetzesvorlage den Gesetzgebungsnot-

---

[9] Siehe hierzu auch *Bryde* (Fn. 1), Art. 81 Rn. 1; *Ramsauer* (Fn. 1), Art. 81 Rn. 6f.
[10] Zum Ermessensspielraum des Bundespräsidenten → Art. 68 Rn. 24.
[11] Siehe hierzu *K. Stern*, Der Gesetzgebungsnotstand – Eine vergessene Verfassungsnorm, in: FS F. Schäfer, 1980, S. 129ff. (131).
[12] Siehe hierzu *Klein* (Fn. 1), Art. 81 Rn. 24; *Bryde* (Fn. 1), Art. 81 Rn. 3.
[13] Siehe hierzu *Klein* (Fn. 1), Art. 81 Rn. 25; *Bryde* (Fn. 1), Art. 81 Rn. 3; *Herzog* (Fn. 5), Art. 81 Rn. 49; *Ramsauer* (Fn. 1), Art. 81 Rn. 18.
[14] *Klein* (Fn. 1), Art. 81 Rn. 23.
[15] *Ramsauer* (Fn. 1), Art. 81 Rn. 18.
[16] *Klein* (Fn. 1), Art. 81 Rn. 22; *B. Börner*, DÖV 1950, 237 (237).

stand erklären »kann«, liegt hier einer der nicht sehr häufigen Fälle **politischer Gestaltungsmöglichkeiten des Bundespräsidenten** vor (→ Art. 54 Rn. 25); in aller Regel wird aber der Bundespräsident, der nach Scheitern einer Vertrauensfrage gemäß Art. 68 GG den Bundestag nicht auflöst, sich selbst im Hinblick auf die Ausrufung des Gesetzgebungsnotstandes in Zugzwang gesetzt haben, so daß der Entscheidungsspielraum für die Ausrufung des Gesetzgebungsnotstands sehr verengt sein wird, wenn er denn überhaupt noch existiert[17]. Etwas anderes ist nur dann denkbar, wenn der Bundespräsident sich mit einer konkreten Gesetzesvorlage der von ihm gehaltenen Minderheitsregierung nicht einverstanden erklären kann.

Hinsichtlich der **Zustimmung des Bundesrates** ist zweifelhaft, ob sich diese auf den Antrag der Bundesregierung oder auf die Ausrufung des Gesetzgebungsnotstands durch den Bundespräsidenten bezieht. Um den dramatischen Akt der Ausrufung des Gesetzgebungsnotstands durch den Bundespräsidenten nicht einem politisch unerträglichen Schwebezustand auszusetzen, wird man das Zustimmungserfordernis auf den Antrag der Bundesregierung, nicht auf die Erklärung des Bundespräsidenten zu beziehen haben[18]. Auch die Zustimmung des Bundesrats steht in dessen tatbestandlich nicht gebundenem politischen Ermessen[19]. 8

b) Ablehnung einer mit einem Antrag nach Art. 68 GG verbundenen Gesetzesvorlage (Art. 81 I 2 GG)

Die zweite Alternative von Art. 81 GG betrifft die **Ablehnung** einer **Gesetzesvorlage**, mit der der Bundeskanzler die **Vertrauensfrage verbunden hatte**. Mit den beiden genannten Alternativen sind die Voraussetzungen des Gesetzgebungsnotstandes abschließend umschrieben; Art. 81 GG ist nicht analogiefähig[20]. Findet die von Art. 81 I 2 GG verlangte Verbindung von Vertrauensfrage und Gesetzesvorlage statt, so wird damit inzidenter von der Bundesregierung ausgedrückt, daß die Gesetzesvorlage die **Qualität der Dringlichkeit** im Sinn von Satz 1 hat, ohne daß dies ausdrücklich gesagt werden müßte. Allerdings ist die Unstimmigkeit hinzunehmen, daß im Fall von Art. 81 I 1 GG die Bezeichnung als dringlich durch die Bundesregierung (als Kollegium) erfolgen muß, während im Fall des Art. 81 I 2 GG der Bundeskanzler allein agiert. Dies wird allerdings wieder dadurch ausgeglichen, daß zur Stellung des Antrags an den Bundespräsidenten auf Ausrufung des Gesetzgebungsnotstands die gesamte Bundesregierung und nur sie befugt ist[21]. 9

Aus der Tatsache der Verbindung einer Gesetzesvorlage mit der Vertrauensfrage ergibt sich, daß beides bei der Abstimmung im Bundestag nicht **wieder entkoppelt werden kann**. Der Gesetzesvorschlag muß in derselben Abstimmungsprozedur behandelt werden wie die Vertrauensfrage; unzulässig ist es also beispielsweise, die Vertrauensfrage zu bejahen, das Gesetz aber zu vertagen (und umgekehrt)[22]. Dem Parlament ist 10

---

[17] Vgl. hierzu näher *Klein* (Fn. 1), Art. 81 Rn. 40 ff.
[18] Vgl. hierzu *Herzog* (Fn. 5), Art. 81 Rn. 50; *Schneider*, Kabinettsfrage (Fn. 5), S. 45; *Klein* (Fn. 1), Art. 81 Rn. 35.
[19] *Herzog* (Fn. 5), Art. 81 Rn. 50.
[20] Siehe hierzu *v. Mangoldt/Klein*, GG, Art. 81 Anm. III 1a; *Schneider*, Kabinettsfrage (Fn. 5), S. 41 f.; *Stern*, Staatsrecht II, S. 1376.
[21] So auch *Stern*, Staatsrecht II, S. 1380.
[22] So auch *Klein* (Fn. 1), Art. 81 Rn. 49; *Stern*, Staatsrecht II, S. 1379; *Bryde* (Fn. 1), Art. 81 Rn. 5; *J. Henkel*, Zur Verbindung von Vertrauensfrage und Gesetzesvorlage, in: K. Kremer (Hrsg.), Parlaments-

nicht die Möglichkeit gegeben, der vom Bundeskanzler gesuchten Auseinandersetzung dadurch zu entgehen, daß es die Vertrauensfrage bejaht, die Gesetzesvorlage aber verzögert.

11 Einheitliche Abstimmung bedeutet aber nur, daß über Vertrauensfrage und Gesetz im zeitlichen Verbund entschieden werden muß. Es wird nicht verlangt, daß die **Mehrheitsverhältnisse** für Gesetz und Vertrauensfrage dieselben sind. Da es für die Vertrauensfrage nach Art. 68 GG notwendig ist, daß sie von der Mehrheit der Mitglieder des Bundestags im Sinn von Art. 121 GG bejaht wird (»Kanzlermehrheit«: → Art. 63 Rn. 26, 38, 44), während das Zustandekommen eines Gesetzes gemäß Art. 42 II GG nur die Mehrheit der abgegebenen Stimmen voraussetzt (→ Art. 42 Rn. 34), ist es denkbar, daß Vertrauensfrage und Gesetzesvorlage von einer **unterschiedlichen Anzahl von Abgeordneten** unterstützt werden. Zwar könnte argumentiert werden, daß Art. 81 I 2 GG den Konnex zwischen Gesetzesvorlage und Vertrauensfrage auch auf die Mehrheitsverhältnisse im Bundestag ausdehnt[23], doch würde dies übersehen, daß die Bundesregierung im Grunde nicht mehr verlangen kann, als sie im normalen parlamentarischen Prozeß auch sonst benötigt, um im Amt zu bleiben: die Bejahung der Vertrauensfrage und die Verabschiedung von Gesetzen mit der dafür verfassungsmäßig vorgesehenen Mehrheit. Es kann nicht Sinn der Regelung des Art. 81 GG sein, dasselbe Gesetz, das der Bundestag bereits nach Art. 42 II GG angenommen hat, im Wege des Gesetzgebungsnotstands nochmals durchzusetzen[24].

12 Von der Verfassung nicht näher geregelt ist die Frage, was zu geschehen hat, wenn zwar die **Gesetzesvorlage** die nach Art. 42 II GG erforderliche und **ausreichende Mehrheit** gefunden hat, aber die **Kanzlermehrheit** gemäß Art. 68 I 2, 121 GG **verfehlt wird**. Da Art. 81 I 2 GG ausdrücklich auf Art. 68 GG verweist, ist für diesen Fall anzunehmen, daß nunmehr die Folgen des Art. 68 GG eintreten, also Auflösung des Bundestages oder, wenn diese nicht erfolgt, Gesetzgebungsnotstand nach Art. 81 I 1 GG. Erhalten im Fall der Verbindung der Vertrauensfrage mit einer Gesetzesvorlage **weder erstere noch letztere** eine Mehrheit, ist statt der Ausrufung des Gesetzgebungsnotstands auch der Rückgriff auf Art. 68 GG (Parlamentsauflösung) möglich[25]. Wird die **Vertrauensfrage bejaht**, aber das **Gesetz abgelehnt**, was wohl kaum jemals in Betracht kommen dürfte, ist nur der Weg über Art. 81 GG frei.

2. Wirkung der Erklärung des Gesetzgebungsnotstands (Art. 81 II GG)

13 Ist eine der beiden Alternativen von Art. 81 I GG gegeben (Ablehnung einer als dringlich bezeichneten Gesetzesvorlage nach Ablehnung der Vertrauensfrage nach Art. 68 GG und Nichtauflösung des Bundestags bzw. Ablehnung einer Gesetzesvorlage, mit der der Bundeskanzler den Antrag nach Art. 68 GG verbunden hatte) und wird aufgrund eines Zusammenwirkens der drei Verfassungsorgane Bundespräsident, Bundesregierung und Bundesrat der **Gesetzgebungsnotstand erklärt**, so kommt es auf die Neueinbringung der gescheiterten Gesetzesvorlage im Bundestag an. In dieser Situa-

---

auflösung, 1974, S. 11 ff. (14 f.); a. A. *W. Jellinek*, Kabinettsfrage und Gesetzgebungsnotstand nach dem Bonner Grundgesetz, VVDStRL 8 (1950), S. 3 ff. (12 f.).

[23] In diese Richtung *J. Bücker*, ZParl. 3 (1972), 292 (294).
[24] In diesem Sinne auch *Klein* (Fn. 1), Art. 81 Rn. 50; *Henkel*, Verbindung (Fn. 22), S. 16 ff.; *Ramsauer* (Fn. 1), Art. 81 Rn. 20; *Herzog* (Fn. 5), Art. 81 Rn. 42.
[25] *Stern*, Staatsrecht II, S. 1379.

tion kann das Gesetz bei erneuter Ablehnung der Vorlage durch den Bundestag bzw. ihrer Verabschiedung in einer von der Bundesregierung als unannehmbar bezeichneten Form im Sinne der ursprünglichen Vorlage **zustandekommen**, wenn der Bundesrat zustimmt (→ Rn. 8). Wird der Bundestag nicht innerhalb von **vier Wochen** nach der erneuten Einbringung tätig, kommt das Gesetz gleichfalls ohne seine Mitwirkung zustande (Art. 81 II 2 GG). Die Formulierung »soweit der Bundesrat ihm zustimmt« bedeutet nicht, daß der Bundesrat seine Zustimmung auf Teile der Vorlage beschränken kann, weil der Bundesrat seine Eigenschaft, zusammen mit Bundesregierung und Bundespräsident »**Legalitätsreserve**« zu sein[26], nur ganz oder gar nicht einbringen kann[27]. Die Zustimmung nach Art. 81 II 1 GG schließt eine gegebenenfalls notwendige »föderative« Zustimmung mit ein. Mit Hilfe eines solchermaßen gestalteten Gesetzgebungsverfahrens wird der Minderheitsregierung die Möglichkeit eingeräumt, für einen begrenzten Zeitraum (→ Rn. 16f.) Regierungsaufgaben im Wege der Gesetzgebung wahrzunehmen. Dabei bedarf es zur weiteren Erklärung des Gesetzgebungsnotstands – der für jede Gesetzesvorlage neu erfolgen muß – nicht mehr des Rückgriffs auf die Prozedur nach Art. 68 GG.

Eine besondere Problematik betrifft die Frage, inwieweit ein »**ad hoc-Vermittlungsverfahren**« in diesem Stadium dafür sorgen kann, daß eine Gesetzesvorlage wenigstens zwischen Bundesregierung und Bundesrat nicht auf Dissens stößt. Verfassungsrechtlich ist zwar ein Ausschuß mit einschlägiger Aufgabenstellung nicht eigens vorgesehen, er kann aber auch nicht als verboten betrachtet werden. Allerdings sind die Grenzen zu beachten, die auch dem Vermittlungsausschuß nach Art. 77 II GG gesetzt wären (→ Art. 77 Rn. 19). Eine abgeänderte Vorlage muß beim Bundestag neu eingebracht werden, wobei davon auszugehen ist, daß dieser hier nur zustimmen oder ablehnen kann; eine andere Auffassung würde zu einer kaum mehr absehbaren Streckung des Gesetzgebungsverfahrens führen und mit der ohnehin knappen Sechs-Monats-Frist nach Art. 81 III 1 GG in Widerspruch geraten[28]. 14

Ein nach Art. 81 GG zustande gekommenes Gesetz ist ein **vollgültiges**, mit demselben Rang wie andere Bundesgesetze ausgestattetes **Gesetz** und nur dann befristet, wenn es das Gesetz selbst vorsieht[29]. Hinsichtlich der weiteren für das Inkrafttreten von Gesetzen notwendigen Kautelen (Ausfertigung, Verkündung; Art. 82 I 1 GG) gelten keine Besonderheiten. Allerdings ist davon auszugehen, daß ein im Gesetzgebungsnotstand zustande gekommenes Gesetz während der Sechs-Monats-Frist, die der Gesetzgebungsnotstand während der Amtszeit ein und desselben Bundeskanzlers andauern kann, **vom Parlament nicht aufgehoben oder geändert** werden kann; dem steht der Verfassungszweck des Art. 81 GG entgegen[30]. Etwas anderes dürfte nur gelten, wenn die **Gesetzgebungsinitiative von der Bundesregierung** ausgeht. Da diese nach der Verfassungsregelung Hauptakteur des Gesetzgebungsnotstandes ist, wird in diesem Fall auch ein nach Art. 81 GG ergangenes Gesetz während der nach Art. 81 III 2 GG vorgesehenen Sechs-Monats-Frist aufgehoben oder geändert werden können 15

---

[26] Zu dieser Vorstellung vgl. *Stern*, Staatsrecht II, S. 1373, 1375; *Herzog* (Fn. 5), Art. 81 Rn. 4.
[27] In diesem Sinn auch *J. Lücke*, in: Sachs, GG, Art. 81 Rn. 8; *Stern*, Staatsrecht II, S. 1381, der richtigerweise den Ausdruck »soweit« nicht quantitativ, sondern konditional verstehen will.
[28] Vgl. hierzu *Stern*, Staatsrecht II, S. 1382.
[29] Siehe hierzu *v. Mangoldt/Klein*, GG, Art. 81 Anm. VII 1b; *Lücke* (Fn. 27), Art. 81 Rn. 9.
[30] *Lücke* (Fn. 27), Art. 81 Rn. 9; *Stern*, Staatsrecht II, S. 1383.

und zwar nicht nur im Verfahren des Gesetzgebungsnotstands nach Art. 81 GG[31]. Die Zustimmung des Bundesrats dürfte dann nur im Fall echter (föderativer) Zustimmungsgesetze im Sinn des Art. 77 II GG notwendig sein[32]. Im übrigen ist auch nach Erklärung des Gesetzgebungsnotstands der Bundestag nicht am ordentlichen Gesetzgebungsverfahren gehindert, in dem er wie üblich Gesetze beschließen kann.

3. Dauer des Gesetzgebungsnotstandes (Art. 81 III GG)

16 Dem Gesetzgebungsnotstand sind von der Verfassung aufgrund der Weimarer Erfahrungen **enge Grenzen** gezogen worden, die bereits den Vorwurf mangelnder Praktikabilität haben aufkommen lassen[33]. Die Grenzen des Gesetzgebungsnotstands sind zum einen durch seine **Befristung** auf nur sechs Monate nach der ersten Erklärung des Gesetzgebungsnotstandes (Art. 81 III 1 GG) und zum anderen in der Vorschrift des Art. 81 III 2 GG begründet, wonach während der **Amtszeit des gleichen Bundeskanzlers** eine weitere Erklärung des Gesetzgebungsnotstandes nach Ablauf der Sechs-Monats-Frist unzulässig ist. Daneben ist noch Art. 81 IV GG zu beachten (→ Rn. 18).

17 Art. 81 GG erlaubt zwar, innerhalb der bezeichneten Grenzen **weitere vom Bundestag abgelehnte Gesetzesvorlagen** gemäß Art. 81 I, II GG zu verabschieden, ohne daß im Einzelfall die Gesetzesvorlage noch als dringlich bezeichnet werden müßte oder die Verbindung mit der Vertrauensfrage notwendig wäre. Berücksichtigt man aber die Zeitspanne, die auch für ein eilbedürftiges Gesetz schon aufgrund der in Art. 76 GG vorgesehenen Fristen und für die geschäftsordnungsmäßige Behandlung einer Vorlage im Bundestag benötigt wird, ist kaum davon auszugehen, daß es zahlreiche Gesetze sein werden, die aufgrund von Art. 81 GG unter der Ägide eines Bundeskanzlers erlassen werden. Dessen ungeachtet stellt Art. 81 GG jedenfalls die theoretische Möglichkeit bereit, durch das Zusammenwirken dreier Verfassungsorgane **gegen die Mehrheit des Bundestages zu legiferieren**.

4. Keine Verfassungsänderung (Art. 81 IV GG)

18 Es ist kaum verwunderlich, daß Art. 81 IV GG es verbietet, innerhalb der von der Verfassung ganz offensichtlich mit höchstem Argwohn betrachteten Ausnahmesituation des Gesetzgebungsnotstandes Verfassungsänderungen vorzunehmen. Auch in diesem Punkt hat man aus der Geschichte gelernt[34]. Dagegen steht Art. 81 GG für alle anderen Gesetze offen, also auch für Haushalts- und Vertragsgesetze[35].

---

[31] So *Stern*, Staatsrecht II, S. 1383.
[32] So auch *Klein* (Fn. 1), Art. 81 Rn. 70; *Bryde* (Fn. 1), Art. 81 Rn. 8; a.A. für die Frage der Zustimmung des Bundesrats *Stern*, Staatsrecht II, S. 1383.
[33] *Stern*, Staatsrecht II, S. 1375; dazu auch den auf eine Frist von neun Monaten lautenden Verbesserungsvorschlag der Enquete-Kommission, Zur Sache 3/76, S. 113; vgl. auch *Bryde* (Fn. 1), Art. 81 Rn. 9.
[34] Siehe dazu die nach dem Reichstagsbrand ergangene Notverordnung des Reichspräsidenten zum Schutz von Volk und Staat vom 28. Februar 1933, mit der (allerdings in Anbindung an Art. 48 II Satz 2 WRV und damit quasi-legal) die wichtigsten liberalen Grundrechte außer Kraft gesetzt wurden.
[35] Siehe dazu *Stern*, Verfassungsrecht II, S. 1386; *Klein* (Fn. 1), Art. 81 Rn. 74ff.; ablehnend *Schneider*, Kabinettsfrage (Fn. 5), S. 49f.

D. Verhältnis zu anderen GG-Bestimmungen

Art. 81 GG ist systematisch richtig im Abschnitt VII über die Gesetzgebung des Bundes angesiedelt worden, weil er ein **außerordentliches Verfahren der Gesetzgebung** für den Fall von Verfassungsstörungen etabliert. Eine Einordnung des Gesetzgebungsnotstandes in den Abschnitt über die Regierung hätte Assoziationen zu Art. 48 II WRV ausgelöst, die der Parlamentarische Rat auf jeden Fall vermeiden wollte[36]. Da Art. 81 GG die **Regierungsfähigkeit einer Minderheitsregierung** sichern soll, steht er auch in engem Konnex mit den Vorschriften über die Wahl des Bundeskanzlers, die Möglichkeit seines Sturzes durch ein konstruktives Mißtrauensvotum und die Stellung der Vertrauensfrage durch den Bundeskanzler (Art. 63 IV, 67, 68 GG). Auch wenn die Bezeichnung als Gesetzgebungs»notstand« mißverständlich ist, ist der Fall der Verfassungsstörung, der Art. 81 GG zugrundeliegt, streng vom inneren und äußeren Notstand zu trennen (vgl. hierzu Art. 35 II, III, 91, 87a IV GG einerseits, Art. 115a ff., 87a III, 80a GG andererseits)[37]. Allerdings wird kein Zweifel daran bestehen, daß Verfassungsstörungen und Notstandslagen nicht selten in einem Verhältnis wechselseitiger Interdependenz stehen, das die Gefährlichkeit beider erheblich zu erhöhen vermag.

19

---

[36] So auch *Klein* (Fn. 1), Art. 81 Rn. 9.
[37] Siehe hierzu *Klein* (Fn. 1), Art. 81 Rn. 4f., 15.

Artikel 82 [Ausfertigung, Verkündung und Inkrafttreten von Bundesgesetzen und Rechtsverordnungen]

(1) ¹Die nach den Vorschriften dieses Grundgesetzes zustande gekommenen Gesetze werden vom Bundespräsidenten nach Gegenzeichnung ausgefertigt und im Bundesgesetzblatte verkündet. ²Rechtsverordnungen werden von der Stelle, die sie erläßt, ausgefertigt und vorbehaltlich anderweitiger gesetzlicher Regelung im Bundesgesetzblatte verkündet.

(2) ¹Jedes Gesetz und jede Rechtsverordnung soll den Tag des Inkrafttretens bestimmen. ²Fehlt eine solche Bestimmung, so treten sie mit dem vierzehnten Tage nach Ablauf des Tages in Kraft, an dem das Bundesgesetzblatt ausgegeben worden ist.

Literaturauswahl

Epping, Volker: Das Ausfertigungsverweigerungsrecht im Selbstverständnis des Bundespräsidenten, in: JZ 1991, S. 1102–1110.
Friauf, Karl Heinrich: Zur Prüfungszuständigkeit des Bundespräsidenten bei der Ausfertigung des Bundesgesetzes, in: Festschrift für Karl Carstens, Bd. 2, 1984, S. 545–568.
Friesenhahn, Ernst: Zum Prüfungsrecht des Bundespräsidenten, in: Festschrift für Gerhard Leibholz, Bd. 2, 1966, S. 679–694.
Hallier, Hans Joachim: Die Ausfertigung und Verkündung von Gesetzen und Verordnungen in der Bundesrepublik Deutschland, in: AöR 85 (1960), S. 391–422.
Herzog, Roman: Bundespräsident und Bundesverfassungsgericht, in: Festschrift für Karl Carstens, Bd. 2, 1984, S. 601–611.
Maurer, Hartmut: Die Gegenzeichnung nach dem Grundgesetz, in: Festschrift für Karl Carstens, Bd. 2, 1984, S. 701–719.
Nierhaus, Michael: Entscheidung, Präsidialakt und Gegenzeichnung, 1973.
Nierhaus, Michael: Nochmals: Das Prüfungsrecht des Bundespräsidenten bei der Ausfertigung von Bundesgesetzen, in: Festschrift für Karl Heinrich Friauf, 1996, S. 233–249.
Schnapp, Friedrich E.: Ist der Bundespräsident verpflichtet, verfassungsmäßige Gesetze auszufertigen?, in: JuS 1995, S. 286–291.
Schneider, Hans: Gesetzgebung, 2. Aufl., 1991.
Wittling, Almut: Die Publikation der Rechtsnormen einschließlich der Verwaltungsvorschriften, 1991.

Leitentscheidungen des Bundesverfassungsgerichts

BVerfGE 1, 396 (413f.) – Deutschlandvertrag; 16, 6 (16ff.) – Verkündungszeitpunkt; 18, 389 (391) – Neubekanntmachung; 20, 56 (92f.) – Parteifinanzierung I (1966); 34, 9 (22) – Besoldungsvereinheitlichung; 42, 263 (282ff.) – Contergan; 44, 322 (343f., 350) – Allgemeinverbindlicherklärung I; 87, 48 (60) – Rechtsmittelausschluß im Asylverfahren.

Gliederung

	Rn.
A. Herkunft, Entstehung, Entwicklung	1
I. Ideen- und verfassungsgeschichtliche Aspekte	1
II. Entstehung und Veränderung der Norm	4
B. Internationale, supranationale und rechtsvergleichende Bezüge	5
C. Erläuterungen	8
I. Allgemeine Bedeutung	8
II. Ausfertigung und Verkündung von Gesetzen (Art. 82 I 1 GG)	10

III. Ausfertigung und Verkündung von Rechtsverordnungen (Art. 82 I 2 GG) 21
IV. Inkrafttreten von Gesetzen und Rechtsverordnungen (Art. 82 II GG) 24
D. Verhältnis zu anderen GG-Bestimmungen 28

A. Herkunft, Entstehung, Entwicklung

I. Ideen- und verfassungsgeschichtliche Aspekte

In die Verfassungsurkunde aufgenommene Regelungen über die **Ausfertigung und Verkündung von Gesetzen** lassen sich der Sache nach bis in den süd- und mitteldeutschen Konstitutionalismus zurückverfolgen[1], auch wenn sich damals noch kein einheitlicher Sprachgebrauch herausgebildet hatte[2]. Nachdem die Gesetzgebung zusammen mit der Gesetzesausfertigung und -verkündung lange Zeit in der Hand des Monarchen gelegen hatte[3], setzte der Erlaß von Gesetzen nunmehr teilweise die vorherige Zustimmung von Repräsentationsorganen (Kammern) voraus[4]; das legte verselbständigte Regelungen über die anschließende »Sanktion« und Ausfertigung durch den Monarchen nahe. Die Mitwirkung der Repräsentationsorgane bedeutete zunächst nur »nachgeordnete Funktionsbeteiligung« und sollte weder Gewaltenteilung noch Souveränitätsteilhabe indizieren[5]: der Landesherr blieb Inhaber der Gesetzgebungsgewalt[6]. Diese Rechtsposition des Staatsoberhaupts wurde in der weiteren Entwicklung beschränkt. Zunächst sah § 80 Paulskirchenverfassung für das Reich vor, daß der Kaiser die Reichsgesetze »verkündigt«. Art. 17 der Reichsverfassung von 1871 stand in dieser Tradition, nahm aber im Wortlaut die bis heute anzutreffende Unterscheidung zwischen »Ausfertigung und Verkündung«[7] auf; daran entzündete sich unter dem

1

---

[1] Vgl. etwa Titel VII § 30 Verfassungsurkunde für das Königreich Bayern (1818); § 66 Verfassungsurkunde für das Großherzogtum Baden (1818); § 172 Verfassungsurkunde für das Königreich Württemberg (1819); § 87 Verfassungsurkunde für das Königreich Sachsen (1831); Texte bei *Huber*, Dokumente, Bd. 1, S. 155 ff., 172 ff., 187 ff., 263 ff.

[2] Auch wurde anfangs nicht immer zwischen Ausfertigung und Verkündung unterschieden; s. *U. Ramsauer*, in: AK-GG, Art. 82 Rn. 1 f. Speziell zur Gegenzeichnung, die ebenfalls auf eine lange Tradition zurückblicken kann und im 19. Jahrhundert auch bei Fehlen einer ausdrücklichen verfassungsrechtlichen Bestimmung üblich war, s. *M. Nierhaus*, Entscheidung, Präsidialakt und Gegenzeichnung, 1973, S. 5 ff.; *A. Schulz*, Die Gegenzeichnung, 1978, S. 14 f., 22 ff.; ferner *H. Maurer*, Die Gegenzeichnung nach dem Grundgesetz, in: FS Carstens, Bd. 2, 1984, S. 701 ff. (702 ff.) sowie allgemein → Art. 58 Rn. 1.

[3] *H. Maurer*, in: BK, Art. 82 (Zweitb. 1988), Rn. 13.

[4] Vgl. etwa Titel VII §§ 1 ff. Verfassungsurkunde für das Königreich Bayern (1818); §§ 64 f. Verfassungsurkunde für das Großherzogtum Baden (1818); §§ 88 ff., 124 Verfassungsurkunde für das Königreich Württemberg (1819); § 86 Verfassungsurkunde für das Königreich Sachsen (1831); Texte bei *Huber* (Fn. 1). Zu den Besonderheiten des damaligen Gesetzesbegriffs s. *R. Grawert*, Art. Gesetz, in: O. Brunner/W. Conze/R. Koselleck (Hrsg.), Geschichtliche Grundbegriffe, Bd. 2, 1975, S. 863 ff. (904 ff.).

[5] *Grawert*, Gesetz (Fn. 4), S. 904.

[6] *Maurer* (Fn. 3), Art. 82 Rn. 13 mit ergänzenden Hinweisen zur preußischen Verfassung von 1850.

[7] Ähnlich bereits Art. 17 Verfassung des Norddeutschen Bundes von 1867; Text bei *Huber*, Dokumente, Bd. 1, S. 272 ff. Nach Art. 2 Reichsverfassung erfolgte die Verkündung im Reichsgesetzblatt, das bis 1945 erschien und Vorbildwirkung auch für das spätere Bundesgesetzblatt entfaltete. Der Grundgedanke, alle Gesetze in einem dafür bestimmten zentralen Verkündungsblatt des Staates zu veröffentlichen, geht auf das im Zuge der französischen Revolution eingerichtete bulletin des lois zurück und wurde alsbald in den deutschen Staaten aufgegriffen; s. dazu *H. Schneider*, Gesetzgebung, 2.

Stichwort »Sanktion« eine eher verwirrende Diskussion über den Träger der Sanktionsgewalt[8], in der noch ältere Vorstellungen monarchischer Gesetzgebung nachwirkten[9]. Da nach Art. 5 I der Reichsverfassung für ein Reichsgesetz übereinstimmende Mehrheitsbeschlüsse von Bundesrat und Reichstag »erforderlich und ausreichend« waren, hatte der Kaiser aber jedenfalls keine Mitwirkungs- oder Vetorechte bei der Feststellung des Gesetzesinhalts. Allerdings setzten Ausfertigung und Verkündung eine Überprüfung der Authentizität des Gesetzeswortlauts sowie der Verfassungsmäßigkeit des Gesetzes und damit ein entsprechendes kaiserliches Prüfungsrecht voraus; führte die Prüfung zu einem negativen Ergebnis, war die Ausfertigung zu versagen[10]. An diese Regelung knüpfte die Weimarer Reichsverfassung (1919) an. Nach Art. 70 WRV hatte der Reichspräsident »die verfassungsmäßig zustande gekommenen Gesetze auszufertigen und binnen Monatsfrist im Reichs-Gesetzblatt zu verkünden«[11]; und wie vormals der Kaiser hatte auch er das Recht, Gesetze auf ihre formelle und materielle Verfassungsmäßigkeit zu überprüfen und gegebenenfalls die Ausfertigung zu verweigern[12]. Im Nationalsozialismus konnten Reichsgesetze außer in dem in der Reichsverfassung vorgesehenen Verfahren auch durch die Reichsregierung beschlossen werden. Auf die von der Reichsregierung beschlossenen Gesetze fand Art. 70 WRV keine Anwendung; sie wurden vom Reichskanzler ausgefertigt und im Reichsgesetzblatt verkündet[13].

2   Abweichend von dem Befund für Gesetze haben Regelungen über die **Ausfertigung und Verkündung von Rechtsverordnungen** in den deutschen Verfassungen keine Tradition. Sie finden sich aber im einfachen Gesetzesrecht. So war etwa in der Weimarer Republik für bestimmte Reichsrechtsverordnungen die Verkündung im Reichsgesetzblatt, im Reichsanzeiger oder im Reichsministerialblatt vorgeschrieben[14]. Die Auffind-

---

Aufl., 1991, S. 277 f. und zu den die Bündelung der Gesetze in einem einheitlichen Publikationsorgan tragenden Motiven *M. Drath*, Der Verfassungsrang der Bestimmungen über die Gesetzblätter, in: GedS Jellinek, 1955, S. 237 ff. Allgemein zur geschichtlichen Entwicklung der Publikation von Rechtsnormen vgl. *A. Wittling*, Die Publikation der Rechtsnormen einschließlich der Verwaltungsvorschriften, 1991, S. 11 ff.

[8] Dazu *Huber*, Verfassungsgeschichte, Bd. 3, S. 922 ff.

[9] *Maurer* (Fn. 3), Art. 82 Rn. 15.

[10] *P. Laband*, Das Staatsrecht des Deutschen Reiches, Bd. 2, 5. Aufl., 1911, S. 42 m. w. N.; vgl. auch die Darstellungen bei *C. Ladenburger*, Die Prüfungszuständigkeit des Bundespräsidenten bei der Ausfertigung von Gesetzen, 1966, S. 33 ff. und *F. Sahlmüller*, Ausfertigung und Verkündung von Gesetzen in Bund und Ländern, Diss. jur. Würzburg 1966, S. 14 ff.

[11] Im unmittelbaren Vergleich mit der Vorläuferregelung hatte die Weimarer Verfassung die Rechtsstellung des Reichspräsidenten im Gesetzgebungsverfahren allerdings im Zuge der neu eingeführten Volksgesetzgebung durch die Einräumung der Befugnis, ein Gesetz vor seiner Verkündung zum Volksentscheid zu bringen, verstärkt (Art. 73 I WRV). Andererseits ist im Vergleich mit der Reichsverfassung und auch mit dem späteren Grundgesetz die Bindung an eine Monatsfrist für die Verkündung auffallend; vgl. dazu und zu Ausnahmen *Anschütz*, WRV, Art. 70 Anm. 9.

[12] So repräsentativ für die h.M. *Anschütz*, WRV, Art. 70 Anm. 2; *W. Jellinek*, Das einfache Reichsgesetz, in: HdbDStR II, S. 160 ff. (177 f.). Demgegenüber erstreckte sich das Prüfungsrecht beispielsweise nach Ansicht von *H. Triepel*, AöR 39 (1920), 456 (536) nur auf die Wahrung der Formalien des Gesetzgebungsverfahrens, also auf die formelle Verfassungsmäßigkeit des Gesetzes.

[13] Art. 1, 3 Gesetz zur Behebung der Not von Volk und Reich vom 24. 3. 1933 (RGBl. I S. 141); zu den wiederholten Verlängerungen des ursprünglich zeitlich befristeten Gesetzes s. *Huber*, Dokumente, Bd. 3, S. 604. Zur Umdeutung der gesetzgebenden Gewalt im Nationalsozialismus und ihrer Rückführung auf den Führer s. *E.R. Huber*, Verfassungsrecht des Großdeutschen Reiches, 2. Aufl., 1939, S. 237 f., 242. Speziell zum veränderten Verständnis der Publikation in der damaligen Zeit s. *Wittling*, Publikation der Rechtsnormen (Fn. 7), S. 90 ff.

barkeit der Rechtsverordnungen war dadurch erleichtert, aber nicht gänzlich unproblematisch[15]; deshalb wurde aus Gründen der Rechtsklarheit empfohlen, die außerhalb des Reichsgesetzblatts verkündeten Verordnungen nachträglich auch an dieser Stelle abzudrucken[16].

Bestimmungen über das **Inkrafttreten von Gesetzen** zählen hingegen wiederum zum konventionellen Inhalt deutscher Verfassungen. In sprachlichen Variationen folgen sie in der Sache einem im wesentlichen gleichförmigen Regelungsmuster[17]. Danach treten Gesetze, soweit sie nichts anderes bestimmen, mit dem vierzehnten Tage nach Ablauf des Tages in Kraft, an dem das Gesetzblatt ausgegeben worden ist. 3

II. Entstehung und Veränderung der Norm

Art. 82 GG orientiert sich in weiten Teilen an seinen Vorläuferregelungen (→ Rn. 1ff.). Seine aktuelle Fassung geht auf Art. 109 HChE zurück und war in den **Verfassungsberatungen** kein zentraler Gegenstand von Kontroversen[18]. Bei einem direkten Textvergleich mit Art. 70f. WRV, an den sich Art. 82 GG anlehnt, sind allerdings mehrere Abweichungen hervorzuheben: Erstens enthält Art. 82 I GG eine Gegenzeichnungsklausel; die Formulierung »nach Gegenzeichnung« wurde »offenbar sicherheitshalber«[19] aufgenommen, obschon manche sie wegen Art. 58 GG für überflüssig gehalten hatten. Zweitens bestimmt Art. 82 I GG keine Frist für die Gesetzesausfertigung; die Aufnahme einer solchen Frist wurde in den Beratungen zwar diskutiert, am Ende aber nicht realisiert. Vor allem aber trifft Art. 82 GG – drittens – Regelungen über Ausfertigung, Verkündung und Inkrafttreten von Rechtsverordnungen; begründet wurde dies mit der Bemerkung, daß Rechtsverordnungen »bisher oft unauffindbar waren«[20]. In der weiteren **Verfassungsentwicklung** blieb Art. 82 GG trotz mancherlei Kritik[21] unverän- 4

---

[14] § 1 Gesetz über die Verkündung von Rechtsverordnungen vom 13.10.1923 (RGBl. I S. 959). Bei Rechtsverordnungen der betreffenden Fachgebiete war die Verkündung im Reichsbesoldungsblatt bzw. im Amtsblatt des Reichspostministers vorgeschrieben, für Verordnungen auf der Grundlage von Art. 48 WRV war jede Art der Bekanntmachung zugelassen. Näheres bei E. *Jacobi*, Die Rechtsverordnungen, in: HdbDStR II, S. 236ff. (253).

[15] Vgl. *H. v. Mangoldt*, Das Bonner Grundgesetz, 1. Aufl., 1953, Art. 82 Anm. 2; andere Einschätzung bei *Maurer* (Fn. 3), Art. 82 Rn. 133.

[16] So *Jacobi*, Rechtsverordnungen (Fn. 14), S. 253 unter Hinweis auf eine Mitteilung des Reichsinnenministeriums und die damalige Fassung von §§ 67f. GGO II.

[17] Art. 2 Verfassung des Norddeutschen Bundes (1867); Art. 2 Reichsverfassung (1871); Art. 71 WRV (1919); vgl. aber auch Art. 3 Ermächtigungsgesetz (Fn. 13), wonach die von der Reichsregierung beschlossenen Gesetze, soweit sie nichts anderes bestimmen, mit dem auf die Verkündung folgenden Tag in Kraft treten. Für Reichsrechtsverordnungen bestimmte § 3 des in Fn. 14 erwähnten Gesetzes, daß sie mit dem auf die Verkündung folgenden Tag in Kraft treten, soweit sie nichts anderes bestimmen.

[18] Zur Entstehungsgeschichte s. JöR 1 (1951), S. 613ff.

[19] So *Nierhaus*, Entscheidung (Fn. 2), S. 63.

[20] Bericht über den Verfassungskonvent auf Herrenchiemsee vom 10. bis 23. August 1948, Darstellender Teil, Parl.Rat, Bd. 2, S. 504ff. (559); zur bisherigen Praxis → Rn. 2.

[21] Gegenstand der Kritik sind unterschiedliche Aspekte – so etwa die präsidiale Zuständigkeit für die Gesetzesausfertigung (kritisch z.B. *E. Friesenhahn*, Zum Prüfungsrecht des Bundespräsidenten, in: FS Leibholz, Bd. 2, 1966, S. 679ff. [682] und *J. Lücke*, in: Sachs, GG, Art. 82 Rn. 3, die für eine Zuweisung an den Parlamentspräsidenten plädieren), das Erfordernis der Gegenzeichnung (kritisch etwa *B.-O. Bryde*, in: v. Münch/Kunig, GG III, Art. 82 Rn. 10, 21) und vor allem das materielle Prüfungsrecht (→ Rn. 13); eher marginale Änderungsvorschläge finden sich in VE-Kuratorium zu Art. 82 GG.

dert. Geändert hat sich jedoch das normative Umfeld durch einfach-gesetzliche Konkretisierungen[22]; im übrigen steuert mittlerweile die Verfassungspraxis (→ Rn. 9) Erfahrungen für das Verständnis von Art. 82 GG bei.

B. Internationale, supranationale und rechtsvergleichende Bezüge

5 Inter- und supranationale Bezüge hat Art. 82 GG, wenn für völkerrechtliche Verträge oder die Übertragung von Hoheitsrechten ein Bundesgesetz erforderlich ist[23]. Außerdem verweist die Frage nach der Berechtigung des Bundespräsidenten, ihm zur Ausfertigung vorgelegte Gesetze am Maßstab auch des Völkerrechts und des europäischen Gemeinschaftsrechts zu überprüfen (→ Rn. 14), auf Problemfelder der Internationalisierung und Europäisierung des nationalen Rechts.

6 Wegen bestehender Strukturunterschiede sind nationale Rechtsetzungstypen und insb. die dem deutschen Recht geläufige Unterscheidung zwischen Gesetz und Rechtsverordnung nicht unbesehen auf das **Europäische Gemeinschaftsrecht** übertragbar[24]. Hingewiesen werden kann jedoch darauf, daß auch das Gemeinschaftsrecht Regelungen über Unterzeichnung, Veröffentlichung und Inkrafttreten von Rechtsetzungsakten enthält. So schreibt Art. 191 I (254 I n.F.) EGV für die nach dem Verfahren des Art. 189b (251 n.F.) EGV angenommenen Verordnungen die Unterzeichnung durch die Präsidenten des Europäischen Parlaments und des Rates sowie die Veröffentlichung im Amtsblatt der Gemeinschaften vor; vorbehaltlich abweichender Festlegung ist dort auch der Zeitpunkt des Inkrafttretens geregelt. Für Verordnungen des Rates und der Kommission finden sich Vorschriften über die Veröffentlichung und das Inkrafttreten in Art. 191 II (254 II n.F.) EGV.

7 Aus **rechtsvergleichender Sicht** sind Regelungen über Ausfertigung, Verkündung und Inkrafttreten von Gesetzen in Verfassungen international üblich[25]. Ein einheitlicher Standard besteht jedoch nicht. So ist etwa zu Ausfertigung und Verkündung der Gesetze oftmals, aber keineswegs durchgängig das sog. Staatsoberhaupt, d.h. je nach Staatsform der Staatspräsident oder der Monarch berufen, dem dabei mitunter ausdrücklich Prüfungsrechte, Vetorechte etc. eingeräumt sind[26]. Für Rechtsverordnungen sind entsprechende verfassungsrechtliche Regelungen seltener und weniger detailliert[27]. Demgegenüber enthalten die Verfassungen der deutschen Länder durchweg Vorschriften über Ausfertigung, Verkündung und Inkrafttreten von Gesetzen sowie in

---

[22] Gesetz über die Verkündung von Rechtsverordnungen vom 30. 1. 1950 (BGBl. S. 23), geändert durch Art. 8 des Dritten Rechtsbereinigungsgesetzes vom 28. 6. 1990 (BGBl. I S. 1221).

[23] Art. 23, 24, 59 GG.

[24] Vgl. z.B. *Nicolaysen*, Europarecht I, S. 159f.; *Streinz*, Europarecht, Rn. 377ff.

[25] Z.B. Art. 109, 190 Koordinierte Verfassung Belgiens; § 22 Verfassung des Königreiches Dänemark; §§ 19, 20 Finnische Regierungsform; Art. 10, 46 V Verfassung der Republik Frankreich; Art. 42, 77 II Verfassung der Republik Griechenland; Art. 73, 74 Verfassung der Republik Italien; Art. 47 ff. Bundes-Verfassungsgesetz der Republik Österreich; Art. 88 Verfassung der Republik Polen; Art. 122, 137 lit. b Verfassung der Republik Portugal; Kapitel 8 § 19 Verfassung des Königreiches Schweden; Art. 89bis Bundesverfassung der Schweizerischen Eidgenossenschaft; Art. 62 lit. a, 91 Verfassung des Königreiches Spanien; Art. I Sect. 7 Verfassung der Vereinigten Staaten von Amerika.

[26] S. *Maurer* (Fn. 3), Art. 82 Abschnitt III.B m.w.N.

[27] Vgl. aber z.B. Art. 190 Koordinierte Verfassung Belgiens; Art. 38 Verfassung der Republik Frankreich; Art. 77f. Verfassung der Republik Italien.

modifizierter Form zumeist auch für Rechtsverordnungen[28]. Sie entsprechen in wesentlichen Punkten der grundgesetzlichen Regelung, dokumentieren aber zugleich bundesstaatliche Vielfalt – so z.B. durch die Zubilligung eines Einspruchsrechts und die Aufnahme von Fristen für Ausfertigung und Verkündung[29]. Auffallend ist außerdem, daß die Verfassungen der neuen Länder ganz überwiegend[30] die Ausfertigung[31], teilweise auch die Verkündung[32] der Gesetze nicht – wie in den alten Ländern üblich – dem Ministerpräsidenten bzw. der Regierung zuweisen, sondern dem Landtags-, also dem Parlamentspräsidenten. In dieser Zurückdrängung extern-exekutiver Zuständigkeit zeichnet sich ein verändertes Parlamentsverständnis ab, das in den älteren Landesverfassungen nicht ganz ohne Vorbild ist[33] und mittlerweile andernorts offenbar Nachahmung findet[34].

C. Erläuterungen

I. Allgemeine Bedeutung

Art. 82 GG hat drei **Regelungsgegenstände**: Ausfertigung und Verkündung von Gesetzen (Art. 82 I 1 GG), Ausfertigung und Verkündung von Rechtsverordnungen (Art. 82 I 2 GG), Inkrafttreten von Gesetzen und Rechtsverordnungen (Art. 82 II GG). Während Ausfertigung und Verkündung als »integrierender Bestandteil des Rechtsetzungsaktes«[35] das Rechtsetzungsverfahren mit konstitutiver Wirkung[36] abschließen, betrifft das Inkrafttreten den Inhalt der jeweiligen Norm und hat daher materielle Bedeutung[37]. Die Normausfertigung, vor allem aber die Verkündung konkretisiert rechtsstaatliche Direktiven. Danach müssen Rechtsnormen der Öffentlichkeit so zugänglich gemacht werden, daß sich die Betroffenen zuverlässige Kenntnis von deren Inhalt verschaffen können[38]; ohne eine solche Publikationspflicht wären die Betroffenen der Gefahr staatlicher Arkangesetzgebung und damit staatlicher Willkür ausgesetzt[39]. Weitere Funktionen von Ausfertigung und Verkündung sind die Bestätigung

8

---

[28] Z.B. Art. 63 Bad.-WürttVerf.; Art. 76 BayVerf.; Art. 81 BrandenbVerf.; Art. 58 Meckl.-VorpVerf.; Art. 76 SächsVerf.; Art. 82 Sachs.-AnhVerf.; Art. 85 ThürVerf.; s. im übrigen die Zusammenstellung bei *Maurer* (Fn. 3), Art. 82 Abschnitt III.A. I.

[29] Dazu *Maurer* (Fn. 3), Art. 82 Abschnitt III.A. III, IV.

[30] Einzige Ausnahme ist Art. 58 I Meckl.-VorpVerf., wonach der Ministerpräsident unter Mitzeichnung der beteiligten Minister die Gesetze ausfertigt.

[31] Art. 76 I SächsVerf.; Art. 82 I Sachs.-AnhVerf.

[32] Art. 81 I BrandenbVerf.; Art. 85 I ThürVerf.

[33] Art. 46 II BerlVerf. a.F.; dazu *W. Härth*, JR 1978, 489ff. mit Hinweis u.a. darauf, daß die Regelung durch Art. 57 I SächsVerf. vom 28.2. 1947 beeinflußt gewesen sein dürfte.

[34] Vgl. Art. 45 I NdsVerf.

[35] So BVerfGE 7, 330 (337) für die Gesetzgebung; ähnlich BVerfGE 42, 263 (283).

[36] *U. Ramsauer*, in: AK-GG, Art. 82 Rn. 6; *Bryde* (Fn. 21), Art. 82 Rn. 1; für die Verkündung statt vieler *Stern*, Staatsrecht II, S. 633; vgl. auch BVerfGE 63, 343 (353); 72, 200 (241), wonach Normen mit ihrer ordnungsgemäßen Verkündung »rechtlich existent« werden.

[37] Vgl. BVerfGE 34, 9 (23); 42, 263 (283); 87, 48 (60).

[38] BVerfGE 65, 283 (291); vgl. auch BVerwGE 26, 129 (130); *H. Hill*, Einführung in die Gesetzgebungslehre, 1982, S. 131. → Art. 20 (Rechtsstaat) Rn. 189.

[39] *Schneider*, Gesetzgebung (Fn. 7), S. 276; *Maurer* (Fn. 3), Art. 82 Rn. 8ff.; *Lücke* (Fn. 21), Art. 82 Rn. 1; s. zur rechtsstaatlichen Fundierung auch *E. Schmidt-Aßmann*, Rechtsstaat, in: HStR I, § 24 Rn. 5 sowie hierzu und zu weitergehenden in Demokratieprinzip, Gleichheitssatz und Sozialstaatsprinzip begründeten Aufgaben der Rechtsnormenpublikation unter dem Grundgesetz *Wittling*, Publikation der Rechtsnormen (Fn. 7), S. 120ff.

Art. 82   C. Erläuterungen

des Verfahrensabschlusses sowie dessen Ergebnisses, die Beglaubigung der Echtheit des Wortlauts und bei Gesetzen die Integration durch den Bundespräsidenten[40]. Hervorgehobene Bedeutung besitzt Art. 82 I GG außerdem wegen der an dieser Norm ansetzenden Kontroversen über das Prüfungsrecht des Bundespräsidenten (→ Rn. 12ff.). Art. 82 II GG bezweckt mit seinen Regelungen über das Inkrafttreten von Normen Rechtsklarheit und Rechtssicherheit und weist damit ebenfalls Bezüge zum Rechtsstaatsprinzip[41] auf.

9   Die Handhabung von Art. 82 GG bereitet in der Praxis kaum Schwierigkeiten, obwohl er im Alltag der Bundesgesetz- und Bundesrechtsverordnungsgebung **seit jeher große Bedeutung** besitzt[42]; so wurden etwa in der zwölften Legislaturperiode über 529 Gesetze ausgefertigt und verkündet, die Zahl der Rechtsverordnungen des Bundes war mehr als dreimal so hoch[43]. Von stets aktueller Bedeutung ist auch das Prüfungsrecht des Bundespräsidenten (→ Rn. 12ff.). In der Verfassungspraxis ist es bislang zwar nur in sechs Fällen zu einer Verweigerung der Gesetzesausfertigung durch den Bundespräsidenten gekommen[44]. Dies ändert jedoch nichts an der kontinuierlichen präsidialen Kontrolle der Verfassungsmäßigkeit von zur Ausfertigung anstehenden Gesetzen[45], ganz abgesehen davon, daß die bloße Existenz dieser Kontrolle und einzelne Nichtausfertigungsfälle »Vorwirkungen« für spätere Gesetzesinitiativen haben können.

II. Ausfertigung und Verkündung von Gesetzen (Art. 82 I 1 GG)

10   Der **Anwendungsbereich** von Art. 82 I 1 GG beschränkt sich auf die nach den Vorschriften des Grundgesetzes zustande gekommenen **Gesetze**. Dazu gehören alle förm-

---

[40] So zu den Funktionen der Ausfertigung die Zusammenstellung bei *Maurer* (Fn. 3), Art. 82 Rn. 20 ff.

[41] S. allgemein zum rechtsstaatlichen Bestimmtheitsgebot etwa BVerfGE 60, 215 (230); 81, 70 (88); 84, 133 (148f.). → Art. 20 (Rechtsstaat) Rn. 72 ff.

[42] *Ramsauer* (Fn. 36), Art. 82 Rn. 8.

[43] Statistisches Bundesamt (Hrsg.), Statistisches Jahrbuch 1997 für die Bundesrepublik Deutschland, 1997, S. 95.

[44] Abgelehnt wurde die Ausfertigung des Gesetzes zur Durchführung des Art. 108 II GG durch *T. Heuss* wegen fehlender Zustimmung des Bundesrates (vgl. dazu BVerfGE 1, 76), des Gesetzes gegen den Betriebs- und Belegschaftshandel durch *H. Lübke* wegen eines Verstoßes gegen Art. 12 I 2 GG, des Gesetzes zur Änderung des Ingenieurgesetzes sowie des Architektengesetzes durch *G. Heinemann* wegen fehlender Gesetzgebungsbefugnis des Bundes (BT-Drs. V/4695, S. 5; VI/1143), der Novelle zum Wehrpflichtgesetz durch *W. Scheel* wegen fehlender Zustimmung des Bundesrates (BT-Drs. 7/5856) und des 10. Luftverkehrsänderungsgesetzes durch *R. v. Weizsäcker* (BT-Drs. 12/67) wegen eines Verstoßes gegen Art. 33 IV, 87d I (a. F.) GG. Vgl. dazu die statistischen Angaben bei *Bryde* (Fn. 21), Art. 82 Anhang, sowie zu diesen und weiteren Fällen erwogener Ausfertigungsverweigerung (»Blitzgesetz«, Vertrag über die Gründung der Europäischen Verteidigungsgemeinschaft [dazu BVerfGE 2, 79], Staatshaftungsgesetz, § 116 AFG, Parteienfinanzierung etc.) *J. Mewing*, Die Prüfungskompetenz des Bundespräsidenten bei der Gesetzesausfertigung, insbesondere beim teilnichtigen Gesetz, 1977, S. 34ff.; *P. Schindler*, Datenhandbuch zur Geschichte des Deutschen Bundestages 1949–1982, 3. Aufl., 1984, S. 719f., *ders.*, Datenhandbuch zur Geschichte des Deutschen Bundestages 1983–1991, 1994, S. 860f.; *V. Epping*, JZ 1991, 1102 (1105ff.). Unzutreffend *G. Lehnguth*, DÖV 1992, 439 (439), wonach »alle bisherigen Bundespräsidenten … während ihrer Amtszeit die Ausfertigung eines oder mehrerer Gesetze abgelehnt« haben.

[45] S. dazu *F. Spath*, Das Bundespräsidialamt, 5. Aufl., 1993, S. 84f., der darauf hinweist, daß in der Verfassungspraxis vom Bundespräsidialamt zu jedem Gesetz eine Vorlage an den Bundespräsidenten angefertigt wird, die neben der Darstellung von Gesetzesinhalt und -zweck auch eine verfassungsrechtliche Würdigung enthält.

II. Ausfertigung und Verkündung von Gesetzen (Art. 82 I 1 GG) **Art. 82**

lichen parlamentarischen Bundesgesetze[46], also auch Haushaltsgesetze (Art. 110 II 1 GG)[47], Zustimmungsgesetze zu völkerrechtlichen Verträgen (Art. 59 II GG)[48], grundgesetzändernde Gesetze (Art. 79 I, II GG) und die nach Art. 81 GG erlassenen Gesetze[49], nicht aber Rechtsakte anderer Natur wie etwa die Allgemeinverbindlicherklärung von Tarifverträgen[50] und Verwaltungsvorschriften[51].

Die **Ausfertigung** erfolgt durch die Herstellung der Urschrift des Gesetzes und wird durch die Unterschrift des Bundespräsidenten vollzogen, besteht also in der Unterzeichnung der Originalurkunde[52]. Verfassungspolitisch wird diese **Zuständigkeit des Bundespräsidenten** mitunter als nicht mehr zeitgemäß empfunden, weil sie ein »Relikt der konstitutionellen Monarchie« sei und in der parlamentarischen Demokratie die Gesetzesausfertigung dem Parlamentspräsidenten zugewiesen werden sollte[53]. Demgegenüber ist jedoch festzuhalten, daß die präsidiale Zuständigkeit namentlich aus Gründen der Integration und – wegen möglicher Konflikte zwischen Bundestag und Bundesrat – der bundesstaatlichen Ordnung auch de constitutione ferenda vorzugswürdig ist[54]. 11

Da sich die Ausfertigung nicht in einem symbolisch-zeremoniellen Akt der Unterschriftsleistung erschöpft, sondern funktionell auch den Verfahrensabschluß bestätigt und die Echtheit des Gesetzeswortlauts beglaubigt (→ Rn. 8), setzt die Unterzeichnung eine Überprüfung des Gesetzes voraus. Damit ist – terminologisch zumindest unscharf[55] – das sog. **Prüfungsrecht** angesprochen, genauer: die Frage, ob und inwieweit der Bundespräsident berechtigt (und verpflichtet) ist, zur Ausfertigung anstehende Gesetze zu überprüfen und die Ausfertigung bei negativem Ergebnis zu verweigern. Dieses Recht ist im Grundsatz unbestritten, in seiner konkreten Ausgestaltung aber Gegenstand eines bis heute nicht abgeebbten[56] Meinungsstreits. In der facetten- 12

---

[46] Zur Nichtanwendbarkeit auf landesrechtliche Normsetzungsverfahren s. BVerwGE 88, 204 (208f.).
[47] Die seit langem herrschende Übung, nicht den gesamten Haushaltsplan zu verkünden und von einer Publizierung der gesetzlich festgestellten Einzelpläne im Bundesgesetzblatt abzusehen, wurde allerdings in BVerfGE 20, 56 (92f.) nicht beanstandet.
[48] BVerfGE 42, 263 (284).
[49] *Maurer* (Fn. 3), Art. 82 Rn. 8ff.
[50] BVerfGE 44, 322 (350).
[51] BVerwGE 38, 139 (146).
[52] *Bryde* (Fn. 21), Art. 82 Rn. 9; *Lücke* (Fn. 21), Art. 82 Rn. 2; *Maurer* (Fn. 3), Art. 82 Rn. 19; *Stern*, Staatsrecht II, S. 631; zu den einzelnen Ansätzen für die Begriffsbestimmung s. *K. Rode*, Die Ausfertigung der Bundesgesetze, 1968, und Die einzelnen Ausfertigungsformeln bei *G. Wild*, Die Ausfertigung von Gesetzen und Rechtsverordnungen und die Anordnung zu ihrer Verkündung, 1969, S. 45ff.
[53] So *Friesenhahn*, Prüfungsrecht (Fn. 21), S. 682 unter Hinweis auf das Vorbild der Verfassung von Berlin (dazu → Rn. 7); *ders.*, Parlament und Regierung im modernen Staat, VVDStRL 16 (1958), S. 9ff. (71); *ders.*, VVDStRL 25 (1967), S. 228ff. (229) – Diskussion; zustimmend etwa *W. Heyde*, DÖV 1971, 797 (798); *v. Mangoldt/Klein*, GG, Art. 82 Anm. II.4; dezidiert auch *Lücke* (Fn. 21), Art. 82 Rn. 2: »letzter Zipfel der einst in den Händen des Monarchen vereinten gesetzgebenden Gewalt (...) reformbedürftige(r) Fremdkörper«.
[54] *Bryde* (Fn. 21), Art. 82 Rn. 3; *Maurer* (Fn. 3), Art. 82 Rn. 24ff.; *Ramsauer* (Fn. 36), Art. 82 Rn. 9; *Schneider*, Gesetzgebung (Fn. 7), S. 266; *Wild*, Ausfertigung (Fn. 52), S. 32ff.; vgl. auch *K. Schlaich*, Die Funktionen des Bundespräsidenten im Verfassungsgefüge, in: HStR II, § 49 Rn. 25.
[55] Vgl. dazu und zur Unterscheidung zwischen »Prüfungsrecht« und »Prüfungskompetenz« *F.E. Schnapp*, JuS 1995, 286ff. m.w.N.
[56] Exemplarisch dafür sind die gegensätzlichen Stellungnahmen in Sachs, GG, von *M. Nierhaus*, Art. 54 Rn. 9ff. einerseits und *Lücke* (Fn. 21), Art. 82 Rn. 3f. andererseits.

reichen Kontroverse ist weitgehend anerkannt, daß dem Bundespräsidenten zwar **kein »politisches Prüfungsrecht«** zusteht[57], daß er die Ausfertigung jedoch aus Gründen formeller Verfassungswidrigkeit verweigern darf, also ein **formelles Prüfungsrecht** besitzt. Letzteres ist unmittelbar aus dem Verfassungswortlaut ableitbar, wonach der Bundespräsident die »nach den Vorschriften dieses Grundgesetzes zustande gekommenen Gesetze« ausfertigt und verkündet, und beruht zudem auf der Stellung des Bundespräsidenten im Gesetzgebungsverfahren; die Prüfung der formellen Verfassungsmäßigkeit erstreckt sich auf die Beachtung der Vorschriften über das Gesetzgebungsverfahren, die Mitwirkung des Bundesrates und die Zuständigkeit des Bundesgesetzgebers[58].

13   Noch immer umstritten ist hingegen die Frage, ob und inwieweit der Bundespräsident befugt ist, im Zuge der Ausfertigung Gesetze auf ihre Vereinbarkeit mit materiellem Verfassungsrecht, insb. mit den Grundrechten und den Verfassungsprinzipien des Grundgesetzes zu überprüfen[59]. In der bisherigen Staatspraxis, die freilich nicht Maßstab, sondern Gegenstand verfassungsrechtlicher Beurteilung ist[60], haben alle Bundespräsidenten ein derartiges **materielles Prüfungsrecht** für sich in Anspruch genommen, wenn auch mit Abstufungen[61]; das Bundesverfassungsgericht hat dieses Recht beiläufig mehrfach erwähnt, sich damit jedoch noch nicht eingehender befaßt[62]. Als mögliche Ansatzpunkte für die Begründung eines materiellen Prüfungsrechts finden sich in der Literatur u.a. der Wortlaut von Art. 82 I 1 GG, der Vergleich mit der historischen Vorläuferregelung in Art. 70 WRV, die untrennbare Verknüpfung von formeller und materieller Prüfung, der Amtseid (Art. 56 GG) und die Präsidentenanklage (Art. 61 GG), verfassungsgewohnheitsrechtliche Anerkennung und die Stellung des Bundespräsidenten in der Verfassung, namentlich in Relation zu Bundestag und Bun-

---

[57] Die Ausfertigung darf also nicht aus politischen Zweckmäßigkeitsgründen verweigert werden; *Hesse*, Verfassungsrecht, Rn. 666, 668; *Schlaich* (Fn. 54), § 49 Rn. 25; *Stern*, Staatsrecht II, S. 234f.; vgl. auch *Bryde* (Fn. 21), Art. 82 Rn. 2: kein Verweigerungsrecht »aus inhaltlichen Gründen«.

[58] So die ganz überwiegende Meinung; s. etwa *Badura*, Staatsrecht, S. 437, der allerdings die Gesetzgebungsbefugnis des Bundes dem materiellen Prüfungsrecht zuordnet; *Bryde* (Fn. 21), Art. 82 Rn. 3; *Degenhart*, Staatsrecht I, Rn. 463; *J. Ipsen*, Staatsrecht I, Rn. 410; *Jarass/Pieroth*, GG, Art. 82 Rn. 3; *T. Maunz*, in: Maunz/Dürig, Art. 82 (1960), Rn. 1; *N.K. Riedel/A. Schmidt*, DÖV 1991, 371 (372); *Maurer* (Fn. 3), Art. 82 Rn. 28; *Stern*, Staatsrecht II, S. 233; einschränkend aber *R. Weber-Fas*, Zur staatsrechtlichen Stellung des Bundespräsidenten, in: FS Duden, 1977, S. 685ff. (702) sowie neuerdings *Lücke* (Fn. 21), Art. 82 Rn. 3f.: nur bezüglich der Tatbestandsmerkmale von Art. 78, 81 II 1 und 115d II 3 GG.

[59] Mit Differenzierungen im Grundsatz *bejahend* für die überwiegende Meinung z.B. *V. Epping*, JZ 1991, 1102 (1105ff.); *R. Herzog*, Bundespräsident und Bundesverfassungsgericht, in: FS Carstens, Bd. 2, 1984, S. 601ff. (insb. 605); *G. Lehnguth*, DÖV 1992, 439 (442ff.); *Maunz* (Fn. 58), Art. 82 Rn. 2; *Nierhaus*, Entscheidung (Fn. 2), S. 91f.; *ders.*, Nochmals: Das Prüfungsrecht des Bundespräsidenten bei der Ausfertigung von Bundesgesetzen, in: FS Friauf, 1996, S. 233ff.; *N. K. Riedel/A. Schmidt*, DÖV 1991, 371 (372ff.); *Schmidt-Bleibtreu*/Klein, GG, Art. 82 Rn. 2; *verneinend* z.B. *K.H. Friauf*, Zur Prüfungszuständigkeit des Bundespräsidenten bei der Ausfertigung des Bundesgesetzes, in: FS Carstens, Bd. 2, 1984, S. 545ff.; *Friesenhahn*, Prüfungsrecht (Fn. 21), S. 683ff., 686ff.; *Lücke* (Fn. 21), Art. 82 Rn. 3f.; jeweils m.w.N.; differenzierend *M. Kilian*, JuS 1988, L 33 (L 36); *P. Kunig*, Jura 1994, 217 (220f.).

[60] Vgl. BVerfGE 91, 148 (171f.).

[61] Vgl. *V. Epping*, JZ 1991, 1102 (1105ff., 1107ff.); *Maurer* (Fn. 3), Art. 82 Rn. 31ff.; zu den bisherigen Fällen verweigerter Ausfertigung → Rn. 9 m. Fn. 44.

[62] Vgl. BVerfGE 1, 396 (413f.); 2, 143 (169); 34, 9 (22f.).

desrat einerseits sowie Bundesverfassungsgericht andererseits[63]. Die überzeugendste Begründung liefert jedoch Art. 20 III, 1 III GG, wonach wegen der umfassenden Verfassungsbindung aller Staatsorgane auch der Bundespräsident nur solche Rechtshandlungen vornehmen darf, die mit dem Grundgesetz zu vereinbaren sind. Aus funktionell-rechtlichen Gründen ist der Bundespräsident im Hinblick auf Organisation, Funktion und Verfahrensweise des Amtes[64] jedoch nicht verpflichtet, jedes Gesetz en detail auf seine Verfassungsmäßigkeit zu überprüfen und gegebenenfalls zu verwerfen; vielmehr wird er in eine nähere Prüfung nur dann eintreten, wenn sich Bedenken aufdrängen. Die sich bei negativem Ergebnis daran anschließende Entscheidung über die Ausfertigung bzw. Nichtausfertigung hat sich an dem Gewicht der für bzw. gegen die Verfassungsmäßigkeit sprechenden Argumente, dem Ausmaß der Verfassungswidrigkeit und den Folgen der Ausfertigung bzw. Nichtausfertigung zu orientieren[65].

Prüfungsmaßstab der präsidialen Kontrolle ist das Grundgesetz. Überlegungen, in die Prüfung weitergehend auch **Völkerrecht und Europäisches Gemeinschaftsrecht** als Maßstab einzubeziehen, haben zu einem negativen Ergebnis geführt[66]; begründet wird dies damit, daß Völkerrechtsverletzungen nur zur Verdrängung, nicht aber zur Nichtigkeit des nationalen Rechts führten und das Europäische Gemeinschaftsrecht wegen seines bloßen Anwendungsvorrangs nicht die Nichtigkeit, sondern im Umfang einer etwaigen Kollision lediglich die Nichtanwendbarkeit der kollidierenden Norm des nationalen Gesetzes zur Folge habe[67]. 14

Art. 82 I 1 GG verlangt für die Ausfertigung die vorherige **Gegenzeichnung**, die nach Art. 58 GG durch den Bundeskanzler oder den zuständigen Bundesminister erfolgt[68]. Ähnlich wie beim Bundespräsidenten (→ Rn. 12 ff.) ist auch für die gegenzeichnenden Mitglieder der Bundesregierung umstritten, ob und inwieweit ihnen ein formelles und materielles Prüfungsrecht zusteht[69]. Mit der Gegenzeichnung wurde ur- 15

---

[63] Komprimierte Zusammenstellungen des Meinungsspektrums etwa bei *Bryde* (Fn. 21), Art. 82 Rn. 4 ff.; *Ramsauer* (Fn. 36), Art. 82 Rn. 18 ff.; *N. K. Riedel/A. Schmidt*, DÖV 1991, 371 (372 ff.); nuancierter *Maurer* (Fn. 3), Art. 82 Rn. 34 ff.; *Schlaich* (Fn. 54), § 49 Rn. 31 ff.

[64] Vgl. *Schlaich* (Fn. 54), § 49 Rn. 39 ff. m.w.N.; ferner *Herzog*, Bundespräsident (Fn. 59), S. 609 ff.; s. zur prekären Begründung von Beschränkungen der Ausübung des Prüfungsrechts auch *Nierhaus*, Prüfungsrecht (Fn. 59), S. 247 ff., der u.a. auch auf die Verfassungsorgantreue abstellt.

[65] Näheres bei *Maurer* (Fn. 3), Art. 82 Rn. 44 ff.

[66] Vgl. teilweise mit unterschiedlichen, teilweise ohne Begründungen *W. Heyde*, DÖV 1971, 797 (800f.); *D. Hömig*, in: Seifert/Hömig, GG, Art. 82 Rn. 2; *Maurer* (Fn. 3), Art. 82 Rn. 53 f.; *Schmidt-Bleibtreu/Klein*, GG, Art. 82 Rn. 2.

[67] *Maurer* (Fn. 3), Art. 82 Rn. 54.

[68] Die in § 29 I GOBReg vorgeschriebene Gegenzeichnung durch den Bundeskanzler *und* den bzw. – bei mehrfacher Ressortbetroffenheit – grundsätzlich die zuständigen Bundesminister verschärft die grundgesetzliche Regelung und ist deshalb verfassungsrechtlich nicht erforderlich; dazu *H.J. Hallier*, AöR 85 (1960), 391 (401); *v. Mangoldt/Klein*, GG, Art. 82 Anm. III.5a; *Nierhaus*, Entscheidung (Fn. 2), S. 64. → Art. 58 Rn. 15.

[69] Die in dieser Diskussion eingenommenen Positionen sind ähnlich gelagert wie beim Bundespräsidenten. Spiegelbildlich dazu bejahen ein formelles und materielles Prüfungsrecht z.B. *Achterberg*, Parlamentsrecht, S. 378; *H.J. Hallier*, AöR 85 (1960), 391 (402f.); *Hömig* (Fn. 66), Art. 82 Rn. 2; *v. Mangoldt/Klein*, GG, Art. 82 Anm. III.5d; *Maurer* (Fn. 3), Art. 82 Rn. 60 ff.; *Schmidt-Bleibtreu/Klein*, GG, Art. 82 Rn. 2 unter Hinweis auf die Ressortverantwortung der Regierungsmitglieder (Art. 65 GG); mit unterschiedlichen Abstufungen verneinend etwa *Bryde* (Fn. 21), Art. 82 Rn. 10; *Friesenhahn*, Prüfungsrecht (Fn. 21), S. 692; *Lücke* (Fn. 21), Art. 82 Rn. 7; *Ramsauer* (Fn. 36), Art. 82 Rn. 24; vgl. auch *H. Biehl*, Die Gegenzeichnung im parlamentarischen Regierungssystem der Bundesrepublik Deutschland, 1971, S. 116 ff. Die politische Bedeutung dieser Auseinandersetzung ist nicht mit der der Paral-

sprünglich eine durch die Regierung vermittelte parlamentarische Kontrolle der vom Staatsoberhaupt vorzunehmenden Handlungen, parlamentarische Verantwortlichkeit und die Einheitlichkeit der Staatsleitung bezweckt. Dieses traditionelle Verständnis kann heute nicht mehr fortgeführt werden, weil sich die Gegenzeichnung auf einen Akt des Parlaments bezieht und daher parlamentarische Kontrolle nicht veranlaßt ist; da Bundespräsident und Bundesregierung grundsätzlich an den Beschluß des Parlaments gebunden sind, läßt sich die Gegenzeichnung auch nicht auf den Gedanken der Einheitlichkeit der Staatsleitung stützen. Deshalb geht man überwiegend davon aus, daß die Gegenzeichnung mittlerweile einen **Bedeutungswandel** erfahren habe: mit ihr bestätigen die zuständigen Regierungsmitglieder die Authentizität des Gesetzestextes sowie die Verfassungsmäßigkeit des Gesetzes im Sinne einer zusätzlichen Richtigkeitsgewähr und übernehmen dafür die Verantwortung gegenüber dem Bundespräsidenten und dem Bundestag[70]. Bei fehlender Gegenzeichnung darf das jeweilige Gesetz nicht ausgefertigt werden. Eine vor Gegenzeichnung (oder Ausfertigung) erfolgende Verkündung ist unwirksam, eine Heilung durch nachträgliche Gegenzeichnung oder Ausfertigung nicht möglich[71].

16 Verkündet werden die nach Art. 82 I 1 GG ausgefertigten Gesetze durch die amtliche Bekanntgabe des Gesetzeswortlauts im Bundesgesetzblatt. Die ordnungsgemäße **Verkündung** macht diese Gesetze der Öffentlichkeit förmlich so zugänglich, daß sich die Betroffenen verläßliche Kenntnis vom Inhalt der Rechtsnormen verschaffen können[72]; mit ihr wird das Gesetz rechtlich existent[73], aber noch nicht wirksam, weil sich die Wirksamkeit nach dem Inkrafttreten richtet[74]. Mangels ausdrücklicher grundgesetzlicher Regelung ist von der **Zuständigkeit** der Bundesregierung zur Gesetzesverkündung auszugehen, und zwar nach § 62 I GGO II derzeit des Bundesjustizministers[75].

17 Der für die rechtliche Existenz des Gesetzes, daran anknüpfende verfassungsprozessuale Konsequenzen und gegebenenfalls für das Inkrafttreten (Art. 82 II 2 GG) maßgebliche[76] **Zeitpunkt der Verkündung** ist die **Ausgabe des Bundesgesetzblattes**. Über

---

leldiskussion über das Prüfungsrecht des Bundespräsidenten vergleichbar, weil die Regierung politisch regelmäßig der Parlamentsmehrheit nahesteht und überdies im Gesetzgebungsverfahren den Inhalt von Gesetzen zumindest faktisch beeinflussen kann. In der Verfassungspraxis ist bislang nur ein Fall der Gegenzeichnungsverweigerung bekannt geworden, nämlich 1953 beim sog. Platow-Amnestiegesetz durch den seinerzeitigen Bundesjustizminister *T. Dehler*.

[70] Näheres hierzu etwa bei *Maurer*, Gegenzeichnung (Fn. 2), S. 706 f., 712; *ders.* (Fn. 3), Art. 82 Rn. 66 ff.; *Nierhaus*, Entscheidung (Fn. 2), S. 61 ff. (66 f.); *Ramsauer* (Fn. 36), Art. 82 Rn. 24; vgl. auch *Schneider*, Gesetzgebung (Fn. 7), S. 266; kritisch *Bryde* (Fn. 21), Art. 82 Rn. 10, 21; *Lücke* (Fn. 21), Art. 82 Rn. 6 f. → Art. 58 Rn. 6 ff.

[71] *v. Mangoldt/Klein*, GG, Art. 82 Anm. IV.3e; *Jarass/Pieroth*, GG, Art. 82 Rn. 5.

[72] Vgl. BVerfGE 65, 283 (291).

[73] BVerfGE 63, 343 (353); 72, 200 (241).

[74] *C. Gröpl*, Jura 1995, 641 (642); → Rn. 24 ff.

[75] *Jarass/Pieroth*, GG, Art. 82 Rn. 5; *Maunz* (Fn. 58), Art. 82 Rn. 7 und *Maurer* (Fn. 3), Art. 82 Rn. 94 f. m.w.N. zur gegenteiligen h.M., die u.a. unter Rückgriff auf die Verfassungstraditition die Zuständigkeit des Bundespräsidenten annimmt (z.B. *Lücke* [Fn. 21], Art. 82 Rn. 11); da sich diese Zuständigkeit letztlich in der Erteilung eines – aus historischen Gründen prekären – »Verkündungsbefehls« (z.B. *Stern*, Staatsrecht II, S. 632, 634) erschöpft und auch die h.M. die technische Ausführung dieses Befehls als Sache der Bundesregierung ansieht, ist die Kontroverse im praktischen Ergebnis ohne Bedeutung.

[76] *C. Gröpl*, Jura 1995, 641 (642) m.w.N.; speziell zur Anknüpfung verfassungsprozessualer Verfahren an dem Zeitpunkt der Gesetzesverkündung s. BVerfGE 1, 396 (410); 1, 415 (416); 62, 374 (382); 64, 367 (376).

die exakte Festlegung des »Ausgabezeitpunktes« besteht allerdings Uneinigkeit: Die sog. »Entäußerungstheorie« stellt auf die Einlieferung bei der Post ab[77]. Nach Ansicht des Bundesverfassungsgerichts ist die Ausgabe sogar schon durch das Inverkehrbringen des ersten Stückes der jeweiligen Nummer des Gesetzblatts bewirkt[78], wofür auch unmittelbar die »Abgabe an einen ... Bezieher des Gesetzblattes« genüge[79]. Demgegenüber geht die überwiegende Meinung in der Literatur davon aus, daß die Auslieferung an die Mehrheit der Bezieher – also regelmäßig der Tag nach der Einlieferung bei der Post – entscheidend sei, da erst zu diesem Zeitpunkt die Möglichkeit bestehe, auf zumutbare Weise Kenntnis vom Gesetzesinhalt zu erlangen[80]; das entspricht rechtsstaatlichen Direktiven (→ Rn. 8) und der gebotenen teleologischen Interpretation. Die Verfassungspraxis trägt dem Rechnung, indem sie als Ausgabedatum im Kopf des Bundesgesetzblattes den auf die Einlieferung bei der Post folgenden Tag angibt[81]. Diese Angabe begründet eine (widerlegbare) Vermutung für das Ausgabedatum[82].

Für die Verkündung gilt das **Vollständigkeitsprinzip**; danach sind die Gesetze grundsätzlich in ihrem gesamten Wortlaut und in ihrem gesamten Umfang im Bundesgesetzblatt zu veröffentlichen[83]. Hiervon wurden in der Spruchpraxis zur Vermeidung einer übermäßigen Belastung des Bundesgesetzblattes jedoch für außerhalb des Verkündungsblattes der Öffentlichkeit zugängliche Gesetzesanlagen Ausnahmen zugelassen[84] – so für die Einzelpläne des Haushaltsplanes[85] und sonstige umfangreiche Anlagen[86]. **Verweisungen** auf anderweitige Rechtsnormen[87], mit denen der Gesetzgeber zu seiner Entlastung und zur Vermeidung von Wiederholungen andere Regelungen inkorporiert, werden hinsichtlich der Publizitätsanforderungen jedenfalls dann als zulässig angesehen, wenn die in Bezug genommenen Normen im Bundesgesetzblatt veröffentlicht sind[88]; teilweise wird auch die Veröffentlichung der Bezugsnorm in einem anderen ohne weiteres zugänglichen amtlichen Publikationsorgan, etwa dem Bundesanzeiger, als ausreichend erachtet[89], sofern die verweisende Norm die Bezugsnorm und deren Fundstelle klar und eindeutig kennzeichnet[90]. Verfassungsrechtlich prekär

18

---

[77] *Achterberg*, Parlamentsrecht, S. 379; *Badura*, Staatsrecht, S. 494; *Hömig* (Fn. 66), Art. 82 Rn. 4.
[78] BVerfGE 87, 48 (60).
[79] BVerfGE 16, 6 (16 ff., Zitat: 19); dazu *C. Heinze*, NJW 1965, 524 f.; dem BVerfG zustimmend etwa *Schmidt-Bleibtreu*/Klein, GG, Art. 82 Rn. 7.
[80] Vgl. z.B. *Bryde* (Fn. 21), Art. 82 Rn. 12; Jarass/*Pieroth*, GG, Art. 82 Rn. 6; *Lücke* (Fn. 21), Art. 82 Rn. 8; *Maurer* (Fn. 3), Art. 82 Rn. 98 ff. m.w.N.; *Stern*, Staatsrecht II, S. 636.
[81] BVerfGE 81, 70 (83).
[82] BVerfGE 16, 6 (17); 81, 70 (83); 87, 48 (60).
[83] Z.B. *Hömig* (Fn. 66), Art. 82 Rn. 5; Jarass/*Pieroth*, GG, Art. 82 Rn. 5; *Ramsauer* (Fn. 36), Art. 82 Rn. 27.
[84] Der Spruchpraxis zustimmend etwa Jarass/*Pieroth*, GG, Art. 82 Rn. 5; *v. Mangoldt/Klein*, GG, Art. 82 Anm. IV.5; *Ramsauer* (Fn. 36), Art. 82 Rn. 27; kritisch aber insb. *U. Karpen*, Die Verweisung als Mittel der Gesetzgebungstechnik, 1970, S. 148 f.
[85] BVerfGE 20, 56 (93); BVerwGE 25, 104 (197).
[86] BFHE 171, 84 (90).
[87] Zu nicht von Art. 82 I 1 GG erfaßten verfassungsrechtlichen Problemen (statischer und dynamischer) Verweisungen vgl. BVerfGE 5, 25 (31 ff.); 22, 330 (346 f.); 47, 285 (311 ff.); 64, 208 (214 ff.); 67, 348 (363); 73, 261 (272); → Art. 20 (Rechtsstaat) Rn. 131 f.; → Art. 20 (Demokratie) Rn. 111.
[88] *Lücke* (Fn. 21), Art. 82 Rn. 9; *Maurer* (Fn. 3), Art. 82 Rn. 108; *Ramsauer* (Fn. 36), Art. 82 Rn. 28.
[89] Vgl. etwa W. *Brugger*, VerwArch. 78 (1987), 1 (9 ff.); *T. Clemens*, AöR 111 (1986), 63 (86 ff.); W.-R. *Schenke*, Verfassungsrechtliche Grenzen gesetzlicher Verweisungen, in: FS Fröhler, 1980, S. 87 ff. (96 ff.); ablehnend *Lücke* (Fn. 21), Art. 82 Rn. 9.
[90] Vgl. BVerfGE 5, 25 (31 ff.); 22, 330 (346 f.).

erscheinen Verweisungen auf von privaten Organisationen geschaffene Regelungswerke wie etwa DIN-Normen (→ Art. 20 [Demokratie] Rn. 112); sie gelten jedoch vielen als unbedenklich, wenn die Zugänglichkeit der publizierten inkorporierten Regelung für die Betroffenen verläßlich gewährleistet ist[91].

19 Wegen des Grundsatzes der Unverrückbarkeit können Fehler in Gesetzestexten, die den Gesetzgebungsorganen bei der Beschlußfassung unterlaufen sind, anläßlich der Ausfertigung und Verkündung nicht nachträglich korrigiert, sondern nur im Wege späterer Gesetzesänderung ausgemerzt werden[92]. Offenbare Unrichtigkeiten wie Schreib- und Druckfehler, die sich etwa bei der Protokollierung ergeben haben, sind jedoch einer **Berichtigung** zugänglich, wenn sowohl die fehlerhafte als auch die richtige Fassung evident sind[93]; die Berichtigung ist auch nach der Verkündung durch Bekanntgabe im Bundesgesetzblatt möglich[94]. Bei der **Neubekanntmachung** eines Gesetzes durch einen Bundesminister handelt es sich nicht um einen erneuten (konstitutiven) Gesetzgebungsakt, sondern lediglich um die deklaratorische Feststellung des Gesetzestextes, die den rechtlich erheblichen Inhalt des Gesetzes und dessen Identität nicht berührt[95]; sie dient der Klarheit und Übersichtlichkeit der Rechtslage, und sie bedarf einer ausdrücklichen gesetzlichen Ermächtigung[96], die nur zulässig ist, wenn und soweit sie im Interesse der Rechtssicherheit geboten ist[97].

20 In teilweiser Abweichung von Vorläuferregelungen (→ Rn. 1) bindet Art. 82 I 1 GG Gegenzeichnung, Ausfertigung und Verkündung an **keine Fristen**. Es besteht jedoch Einigkeit darüber, daß diese Akte innerhalb angemessener Frist bzw. unverzüglich erfolgen müssen[98]; diese Verpflichtung ergibt sich letztlich aus dem Grundsatz der Verfassungsorgantreue[99]. Sie verbietet beispielsweise eine Verzögerung aus politischen Gründen und ist zugleich hinreichend elastisch, um etwa bei der Einholung von Gut-

---

[91] *I. Ebsen*, DÖV 1984, 654 (662); *D. Hömig*, DVBl. 1979, 307 (311); *ders.* (Fn. 66), Art. 82 Rn. 5; *Maurer* (Fn. 3), Art. 82 Rn. 108; differenzierend *W.-R. Schenke*, NJW 1980, 743 (744); *ders.*, Verweisungen (Fn. 89), S. 99; ablehnend *T. Clemens*, AöR 111 (1986), 63 (94); *F. Ossenbühl*, DVBl. 1967, 401 (406). Zur Verweisung auf Verwaltungsvorschriften s. BVerwGE 55, 250 (264).

[92] *E. Schiffer*, Feststellung des Inhalts und Änderung von Beschlüssen sowie Berichtigungen im Gesetzgebungsverfahren, in: FS Schäfer, 1975, S. 39ff. (43ff.); *Ramsauer* (Fn. 36), Art. 82 Rn. 33.

[93] *Achterberg*, Parlamentsrecht, S. 647f.; *M. Kirn*, ZRP 1973, 49 (50ff.); *Maurer* (Fn. 3), Art. 82 Rn. 116 mit näheren Ausführungen zur Zuständigkeit; vgl. auch *Maunz* (Fn. 58), Art. 82 Rn. 7; *Schneider*, Gesetzgebung (Fn. 7), S. 284ff.; Beispiele aus der Praxis bei *U. Severin*, Das Bundesgesetzblatt, 1962, S. 53ff.; zu der in BVerfGE 48, 1 (18f.) nicht beanstandeten Praxis s. § 122 III GOBT und §§ 59 IV, 62 III GGO II; zu den einzelnen Stadien, in denen sich Fehler einschleichen können, vgl. *G. Schorn*, Die Berichtigung offenbarer Unrichtigkeiten in Hoheitsakten der Gesetzgebung, 1984, S. 75ff. m.w.N.

[94] *H.J. Hallier*, AöR 85 (1960), 391 (415); *J.-F. Staats*, ZRP 1974, 183 (185); *Maurer* (Fn. 3), Art. 82 Rn. 116.

[95] Vgl. BVerfGE 14, 245 (250); 18, 389 (391); 42, 263 (289). Folge davon ist u.a., daß die ministerielle Bekanntmachung einer Neufassung nicht selbständig mittels einer Verfassungsbeschwerde (vgl. BVerfGE 17, 364 [369]) oder mittels einer Richtervorlage (Art. 100 I GG) zur Überprüfung durch das Bundesverfassungsgericht (BVerfGE 18, 389 [391]) gebracht werden kann. Außerdem ist im Falle eines Textwiderspruchs der Neufassung auf das ursprüngliche Gesetz abzustellen.

[96] Jarass/*Pieroth*, GG, Art. 82 Rn. 7; *Ramsauer* (Fn. 36), Art. 82 Rn. 31.

[97] BVerfGE 18, 389 (391).

[98] So (teilweise in Anlehnung an § 121 BGB) z.B. *Bryde* (Fn. 21), Art. 82 Rn. 9ff.; Jarass/*Pieroth*, GG, Art. 82 Rn. 2, 4f.; *v. Mangoldt/Klein*, GG, Art. 82 Anm. III.6, IV.3h; *Maurer* (Fn. 3), Art. 82 Rn. 71, 74; *Maunz* (Fn. 58), Art. 82 Rn. 6 (zur Verkündung); *Schmidt-Bleibtreu*/Klein, GG, Art. 82 Rn. 4 (zur Verkündung); *Stern*, Staatsrecht II, S. 632 (zur Ausfertigung), 634 (zur Verkündung).

[99] Ebenso *Lücke* (Fn. 21), Art. 82 Rn. 5, 11 zu Ausfertigung und Verkündung; grundlegend zur Verfassungsorgantreue *W.-R. Schenke*, Die Verfassungsorgantreue, 1977.

III. Ausfertigung und Verkündung von Rechtsverordnungen (Art. 82 I 2 GG)

Art. 82 I 2 GG ergänzt Art. 80 GG durch Regelungen über Ausfertigung und Verkündung von Rechtsverordnungen, die in der deutschen Verfassungstradition ohne Vorbild sind (→ Rn. 2, 4). Sein **Anwendungsbereich** beschränkt sich trotz des allgemein gehaltenen Wortlauts auf Bundesrechtsverordnungen, also auf von Bundesorganen erlassene Rechtsverordnungen; erlassen Landesorgane Rechtsverordnungen auf der Grundlage einer bundesgesetzlichen Ermächtigung (vgl. Art. 80 I 1 GG), so liegt eine Rechtsetzung des jeweiligen Landes vor, auf die nicht Art. 82 I 2 GG, sondern die entsprechenden Vorschriften des Landesverfassungsrechts (→ Rn. 7) Anwendung finden. Begründet ist dies in der systematischen Stellung von Art. 82 I 2 GG in dem Abschnitt über die »Gesetzgebung des Bundes« und der Verfassungsautonomie der Länder[100]. 21

Anders als bei Gesetzen erfolgt die **Ausfertigung** von Rechtsverordnungen durch den Verordnungsgeber selbst, also durch das Organ, das als Erstdelegatar (Art. 80 I 1 GG) oder Subdelegatar (Art. 80 I 4 GG) die Norm erläßt[101]. Die Unterzeichnung bescheinigt den Abschluß der Verordnungsgebung, den Verordnungstext und die Rechtskonformität der Norm. Aus Gründen der Rechtssicherheit darf die Ausfertigung von Rechtsverordnungen erst nach Inkrafttreten des ermächtigenden Gesetzes erfolgen[102]. 22

Die nach Art. 82 I 2 GG im Bundesgesetzblatt erfolgende[103] **Verkündung** von Rechtsverordnungen steht – anders als bei Gesetzen – unter dem Vorbehalt einer anderweitigen gesetzlichen Regelung. Der Vorbehalt betrifft nur den Ort der Verkündung, ist auf andere amtliche Veröffentlichungsblätter beschränkt und läßt deshalb eine Veröffentlichung beispielsweise in Tageszeitungen oder ähnlichen Massenmedien nicht zu[104]. Von ihm wurde in genereller Weise mit dem sog. Verkündungsgesetz[105] Gebrauch gemacht. Nach § 1 des Gesetzes werden Rechtsverordnungen im Bundesgesetzblatt oder im Bundesanzeiger verkündet; auf im Bundesanzeiger veröffentlichte Rechtsverordnungen ist allerdings nachrichtlich im Bundesgesetzblatt hinzuweisen. Ergänzend bestimmt § 87 I Nr. 3 GGO II, daß »Verordnungen von wesentlicher oder dauernder Bedeutung« im Bundesgesetzblatt zu veröffentlichen sind. In der Staatspraxis wurden beispielsweise in der zehnten, elften und zwölften Legislaturperiode 874, 938 und 1134 Rechtsverordnungen im Bundesgesetzblatt, 355, 392 und 561 23

---

[100] Vgl. zum Ganzen *Lücke* (Fn. 21), Art. 82 Rn. 13; *Maurer* (Fn. 3), Art. 82 Rn. 134; ferner BVerfGE 18, 407 (413 ff.) sowie speziell zur Nichtanwendbarkeit auf die Allgemeinverbindlicherklärung von Tarifverträgen BVerfGE 44, 322 (338 f., insb. 343 f., 350 f.).

[101] *Lücke* (Fn. 21), Art. 82 Rn. 14; zum Ausfertigungsbegriff → Rn. 11. Bei Rechtsverordnungen der Bundesregierung unterzeichnen in der Praxis nicht alle Kabinettsmitglieder, sondern nur der Bundeskanzler bzw. sein Stellvertreter und der zuständige Minister (§ 30 GOBT). Zu Differenzierungen bezüglich der Prüfungspflichten bei der Ausfertigung s. *Maurer* (Fn. 3), Art. 82 Rn. 136 ff.

[102] BayVerfGHE 26, 48 (62); 35, 56 (65); *Maurer* (Fn. 3), Art. 82 Rn. 140 f. m. w. N. auch zur gegenteiligen Ansicht; vgl. auch § 65 GGO II. → Art. 80 Rn. 36.

[103] Insoweit gelten die Ausführungen zur Verkündung von Gesetzen entsprechend: → Rn. 16 ff.

[104] *Bryde* (Fn. 21), Art. 82 Rn. 14; *Maurer* (Fn. 3), Art. 82 Rn. 142; s. ergänzend zu rechtsstaatlichen Anforderungen an die Verkündung auch BVerfGE 65, 283 (291).

[105] → Rn. 4 Fn. 22.

Art. 82   C. Erläuterungen

Rechtsverordnungen hingegen im Bundesanzeiger bekanntgemacht[106]. Für Verkehrstarife gelten Sonderbestimmungen[107].

IV. Inkrafttreten von Gesetzen und Rechtsverordnungen (Art. 82 II GG)

24   Mit der Verkündung sind **Gesetze** rechtlich existent, aber noch nicht wirksam (→ Rn. 16); Rechtsverbindlichkeit erlangen sie erst mit ihrem Inkrafttreten[108]. Das Inkrafttreten betrifft den **zeitlichen Anwendungsbereich** des Gesetzes und damit den Norminhalt[109]. Die Bestimmung des konkreten Zeitpunkts des Inkrafttretens fällt grundsätzlich in die Gestaltungsfreiheit des Gesetzgebers[110] und kann von diesem nicht anderen Organen übertragen oder überlassen werden[111]. Art. 82 II 1 GG verpflichtet den Gesetzgeber für den Regelfall zur **Festlegung des Tages des Inkrafttretens** (»soll«)[112], ohne jedoch an das Fehlen einer entsprechenden Regelung Rechtsfolgen wie etwa die Verfassungswidrigkeit des Gesetzes zu knüpfen[113]. Bei fehlender Festlegung kommt vielmehr Art. 82 II 2 GG zur Anwendung; danach tritt das Gesetz mit dem vierzehnten Tage nach Ablauf des Tages der Ausgabe des Bundesgesetzblattes (→ Rn. 17) in Kraft.

25   Als **Zeitpunkt des Inkrafttretens** kann ein konkreter Kalendertag in der Zukunft oder – innerhalb der rechtsstaatlichen Begrenzungen durch Rechtssicherheit, Vertrauensschutz und Rückwirkungsverbot (→ Art. 20 [Rechtsstaat] Rn. 80ff.) – in der Vergangenheit bestimmt werden; möglich ist auch die Festlegung eines konkreten Ereignisses wie die Gesetzesverkündung und das Inkrafttreten eines völkerrechtlichen Vertrages oder einer an den Ablauf eines solchen Ereignisses anschließenden Frist. Bei der Festlegung eines konkreten Kalendertages tritt das Gesetz zu Beginn, also um null Uhr dieses Tages in Kraft[114]; entsprechendes gilt, wenn der Tag der Verkündung als Datum des Inkrafttretens bestimmt wird[115]. Im übrigen werden für Fristberechnungen §§ 187ff. BGB analog herangezogen[116].

26   Das Inkrafttreten von Gesetzen darf grundsätzlich **nicht** von einer (aufschiebenden)

---

[106] Statistisches Bundesamt (Hrsg.), Jahrbuch 1997 (Fn. 43), S. 95.

[107] § 2 Verkündungsgesetz (Fn. 22).

[108] Zu gleichwohl zu beobachtenden Vorwirkungen s. *M. Kloepfer*, Vorwirkung von Gesetzen, 1974, und zur Normgeltungsbeendigung *D. Heckmann*, Geltungskraft und Geltungsverlust von Rechtsnormen, 1997.

[109] BVerfGE 34, 9 (23f.); 42, 263 (283); 45, 297 (326).

[110] Zu Einengung der Gestaltungsfreiheit durch Verfassungsaufträge, Verpflichtungen zur Bereinigung verfassungswidriger Rechtslagen, Vorgaben des Gleichheitssatzes etc. vgl. BVerfGE 47, 85 (93f.); 55, 100 (110f.) sowie zum Erfordernis von Übergangsfristen BVerfGE 44, 1 (23f.); vgl. auch BVerfGE 53, 224 (253f.).

[111] BVerfGE 42, 263 (282f.); 45, 297 (326); *Maurer* (Fn. 3), Art. 82 Rn. 118; für Übertragungsmöglichkeiten nach Art. 80 I GG jedoch *Bryde* (Fn. 21), Art. 82 Rn. 16 und vor allem *J. Salzwedel*, Das Inkrafttreten von Gesetzen unter aufschiebender Bedingung, in: FS Jahrreiß, 1974, S. 195ff. (198f.).

[112] Dem folgt die Gesetzgebungspraxis, die in die Schlußvorschriften regelmäßig entsprechende Klauseln aufnimmt; s. etwa *C. Gröpl*, Jura 1995, 641 (643).

[113] *Bryde* (Fn. 21), Art. 82 Rn. 15; *v. Mangoldt/Klein*, GG, Art. 82 Anm. V.; *Maunz* (Fn. 58), Art. 82 Rn. 10f.

[114] *v. Mangoldt/Klein*, GG, Art. 82 Anm. V.2a; *C. Heinze*, NJW 1961, 345 (345).

[115] *Maurer* (Fn. 3), Art. 82 Rn. 124.

[116] Zu der dabei umstrittenen Frage, ob bei einer an den Tag der Verkündung anknüpfenden Frist dieser Tag mitzuzählen ist, s. bejahend etwa *v. Mangoldt/Klein*, GG, Art. 82 Anm. V.2b.bb und *Bryde*

Bedingung, d.h. dem ungewissen Eintritt eines zukünftigen Ereignisses, abhängig gemacht werden, weil Art. 82 II 1 GG die eindeutige Bestimmung des Inkrafttretens fordert und andernfalls der auf Rechtsklarheit und Rechtssicherheit zielende Zweck dieser Verfassungsnorm (→ Rn. 8) unterlaufen würde; von diesem Grundsatz ist für Vertragsgesetze nach Art. 59 II GG wegen deren Besonderheiten jedoch eine Ausnahme zuzulassen[117].

Für das Inkrafttreten von **Rechtsverordnungen** gelten die Ausführungen zum Inkrafttreten von Gesetzen entsprechend, allerdings mit der Besonderheit, daß Art. 82 II 2 GG nur die im Bundesgesetzblatt verkündeten Rechtsverordnungen erfaßt. Für die übrigen Rechtsverordnungen bestimmt § 3 Verkündungsgesetz[118], daß sie vorbehaltlich abweichender Bestimmung mit dem vierzehnten Tag nach Ablauf des Tages in Kraft treten, an dem das Verkündungsblatt ausgegeben worden ist. 27

D. Verhältnis zu anderen GG-Bestimmungen

Art. 82 GG weist Bezüge zum **Rechtsstaatsprinzip** auf und ist außerdem für die **Rechtsstellung des Bundespräsidenten** im Verfassungsgefüge von hervorgehobener Bedeutung (→ Rn. 8). Das in **Art. 76 ff. GG** geregelte Gesetzgebungsverfahren wird durch Ausfertigung und Verkündung abgeschlossen, die im Kern in **Art. 80 GG** normierte Verordnungsgebung durch Art. 82 GG ergänzt. Für den Verteidigungsfall enthalten Art. 115d III GG in Verbindung mit Art. 115a III 2 GG **Sonderregelungen**[119]. 28

(Fn. 21), Art. 82 Rn. 17, verneinend z.B. *C. Heinze*, NJW 1961, 345 (347) und *Lücke* (Fn. 21), Art. 82 Rn. 18.

[117] Ebenso *Lücke* (Fn. 21), Art. 82 Rn. 19; *Maurer* (Fn. 3), Art. 82 Rn. 130 f.; weitergehend etwa *Bryde* (Fn. 21), Art. 82 Rn. 18; Jarass/*Pieroth*, GG, Art. 82 Rn. 10; *Ramsauer* (Fn. 36), Art. 82 Rn. 37; *Salzwedel*, Inkrafttreten von Gesetzen (Fn. 111), S. 206; auch in BVerfGE 42, 263 (282 ff.) wird eine weitergehende Ausnahme für »besonders gelagerte Verhältnisse« anerkannt.

[118] → Rn. 4 Fn. 22.

[119] S. dazu auch Gesetz über vereinfachte Verkündungen und Bekanntgaben vom 18.7.1975 (BGBl. I S. 1919), geändert durch Art. 6 des Zehnten Gesetzes zur Änderung des Luftverkehrsgesetzes vom 23.7.1992 (BGBl. I S. 1370).

Fundstellenkonkordanz ausgewählter
Entscheidungen des Bundesverfassungsgerichts

BVerfGE	JZ	NJW	BVerfGE	JZ	NJW
1, 14	1951, 728	1951, 877	6, 309	1957, 307	1957, 705
1, 97	1952, 140	1952, 297	6, 386	1957, 623	1957, 1065
1, 117	–	1952, 457	6, 389	1957, 484	1957, 865
1, 144	–	1952, 537	7, 1	1957, 574	1957, 1273
1, 167	–	1952, 577	7, 29	–	1957, 1355
1, 184	–	1952, 497	7, 63	–	1957, 1313
1, 208	1952, 364	–	7, 89	–	1957, 1395
1, 283	–	1952, 737	7, 99	1957, 622	1957, 1513
1, 299	1952, 419	1952, 737	7, 129	1958, 19	1957, 1757
1, 351	1952, 557	1952, 969	7, 198	1958, 119	1958, 257
1, 372	1952, 557	1952, 970	7, 282	1958, 291	1958, 540
1, 396	1952, 653	1952, 1209	7, 305	1958, 411	1958, 585
2, 1	1952, 684	1952, 1407	7, 377	1958, 472	1958, 1035
2, 79	1953, 35	1953, 17	8, 1	1958, 479	1958, 1228
2, 121	–	1953, 497	8, 28	–	1958, 1227
2, 124	1953, 224	1953, 497	8, 51	–	1958, 1131
2, 266	1953, 459	1953, 1057	8, 71	–	1958, 1388
2, 307	1953, 567	1953, 1177	8, 104	1958, 535	1958, 1339
2, 347	1953, 569	1953, 1177	8, 122	1958, 538	1958, 1341
2, 380	1953, 473	1953, 1137	8, 143	–	1959, 29
3, 12	–	1953, 1297	8, 155	–	1959, 235
3, 19	–	1953, 1341	8, 174	1959, 90	1958, 2011
3, 58	1954, 76	1954, 21	8, 197	1959, 22	1958, 1963
3, 225	1954, 32	1954, 65	8, 210	1959, 88	1958, 2059
3, 248	1954, 204	1954, 69	8, 260	–	1959, 331
3, 377	1954, 452	1954, 833	8, 274	1959, 355	1959, 475
3, 407	1954, 612	1954, 1474	9, 20	–	1959, 283
4, 7	1954, 758	1954, 1235	9, 89	1959, 207	1959, 427
4, 27	1955, 46	1955, 17	9, 124	1959, 313	1959, 715
4, 31	1954, 707	1954, 1601	9, 137	–	1959, 931
4, 60	1955, 19	1954, 1762	9, 174	1959, 283	1959, 763
4, 96	1955, 203	1954, 1881	9, 237	–	1959, 979
4, 115	1955, 115	1955, 57	9, 268	1960, 19	1959, 1171
4, 157	1955, 541	1955, 865	9, 305	–	1959, 1533
4, 219	1956, 541	1955, 1268	9, 338	–	1959, 1579
4, 299	1955, 670	1955, 1673	10, 4	1959, 572	1959, 1723
4, 370	–	1956, 100	10, 20	1959, 610	1959, 1531
4, 412	1956, 407	1956, 545	10, 59	1959, 528	1959, 1483
5, 13	1956, 406	1956, 986	10, 89	1959, 672	1959, 1675
5, 25	1956, 486	1956, 1025	10, 118	1960, 362	1960, 29
5, 34	1956, 531	1956, 1105	10, 200	1959, 253	1960, 187
5, 85	1956, 596	1956, 1393	10, 234	1960, 404	1960, 235
6, 32	1957, 167	1957, 297	10, 264	1960, 172	1960, 331
6, 55	1957, 268	1957, 417	10, 285	1960, 285	1960, 763
6, 84	–	1957, 377	10, 302	1960, 488	1960, 811
6, 104	–	1957, 379	11, 6	–	1960, 907
6, 132	1957, 250	1957, 579	11, 30	1960, 279	1960, 715
6, 257	1957, 267	1957, 584	11, 89	1960, 569	–

BVerfGE	JZ	NJW	BVerfGE	JZ	NJW
11, 105	–	1960, 1099	18, 385	1965, 358	1965, 961
11, 126	1960, 602	1960, 1563	18, 407	–	1965, 1371
11, 168	–	1960, 1515	18, 429	–	1965, 1267
11, 203	1960, 602	1960, 1445	19, 1	–	1965, 1427
11, 266	–	1960, 1755	19, 38	–	1965, 1323
12, 6	1961, 84	–	19, 101	–	1965, 1581
12, 45	1961, 355	1961, 491	19, 119	1965, 677	1965, 2247
12, 113	1961, 535	1961, 819	19, 135	1965, 716	1965, 2195
12, 151		1961, 595	19, 226	–	1966, 103
12, 205	1961, 217	1961, 547	19, 303	1966, 401	1966, 491
12, 296	1961, 321	1961, 723	19, 330	1966, 136	1966, 291
12, 341	–	1961, 1395	19, 342	1966, 146	1966, 243
12, 354		1961, 1107	20, 26	1966, 704	1966, 924
13, 54	1961, 754	1961, 1453	20, 45	1966, 486	1966, 1259
13, 97	1961, 701	1961, 2011	20, 56	1966, 517	1966, 1499
13, 181	–	1961, 2299	20, 144	1966, 613	1966, 1703
13, 225	1962, 175	1962, 100	20, 150	1966, 609	1966, 1651
13, 237	1962, 176	1962, 99	20, 162	1966, 567	1966, 1603
13, 261	1962, 536	1962, 291	20, 238	–	1967, 435
13, 290	–	1962, 437	20, 312	–	1966, 2305
13, 318	–	1962, 442	20, 323	1967, 171	1967, 195
13, 331		1962, 435	20, 351	1967, 127	1967, 548
14, 19		1962, 579	21, 12	1967, 212	1967, 147
14, 56		1962, 1611	21, 52		1967, 244
14, 121		1962, 1493	21, 73	1967, 251	1967, 619
14, 156		1962, 1495	21, 150	1967, 357	1967, 1175
14, 174		1962, 1339	21, 200	–	1967, 924
14, 197	1963, 215	1962, 1670	21, 245	1967, 309	1967, 971
14, 263	–	1962, 1667	21, 261	1967, 312	1967, 974
15, 1	1963, 218	1962, 2243	21, 271	1967, 314	1967, 976
15, 126	1963, 218	1963, 32	21, 312		1967, 1956
15, 167	–	1963, 1196	21, 362	1967, 599	1967, 1411
15, 223	–	1963, 147	21, 378	1967, 666	1967, 1651
15, 235	1963, 283	1963, 195	22, 49	1967, 490	1967, 1219
15, 256	–	1963, 899	22, 93	1967, 489	1967, 1507
15, 337	–	1963, 947	22, 106		1967, 2005
16, 64		1963, 1867	22, 134		1967, 1707
16, 147	–	1963, 1243	22, 180	1967, 568	1967, 1795
16, 194	1963, 750	1963, 1597	22, 254	–	1967, 2151
16, 214	1963, 594	1963, 1771	22, 293	1968, 99	1968, 348
16, 246	1963, 593	1963, 1772	22, 311	1968, 20	1968, 243
17, 1	1963, 634	1963, 1723	22, 380	–	1968, 347
17, 38	1963, 639	1963, 1727	23, 98	1968, 422	1968, 1036
17, 108	1963, 751	1963, 2368	23, 127	1968, 521	1968, 979
17, 172	1964, 288	1964, 491	23, 191	1968, 523	1968, 982
17, 210	1964, 321	1964, 587	23, 353	–	1968, 1619
17, 269	–	1964, 1175	24, 33	1969, 141	1968, 1467
17, 306	–	1964, 1219	24, 119	–	1968, 2233
18, 18	1965, 103	1964, 1267	24, 174	–	1968, 2187
18, 85	–	1964, 1715	24, 184	–	1969, 33
18, 112		1964, 1783	24, 236	–	1969, 31
18, 121		1964, 1848	24, 278	1969, 187	1969, 227
18, 241	–	1965, 343	24, 289	–	1969, 267
18, 257	1965, 210	1965, 195	24, 300	1969, 557	1969, 179
18, 315	–	1965, 435	24, 367	1969, 228	1969, 309

Fundstellenkonkordanz ausgewählter Entscheidungen des BVerfG

BVerfGE	JZ	NJW	BVerfGE	JZ	NJW
25, 142	–	1969, 835	32, 157	1972, 49	1972, 285
25, 158	1969, 384	1969, 1103	32, 199	–	1972, 25
25, 167	1969, 294	1969, 597	32, 273	1972, 243	1972, 572
25, 256	1969, 466	1969, 1161	32, 296	–	1972, 571
25, 269	1969, 505	1969, 1059	32, 311	–	1972, 573
25, 296	1969, 332	1969, 1019	32, 319	–	1972, 859
25, 352	1969, 736	1969, 1895	32, 333	–	1972, 757
25, 371	1969, 426	1969, 1203	32, 346	–	1972, 860
26, 41	1969, 800	1969, 1759	32, 373	–	1972, 1123
26, 116	–	1969, 1806	33, 1	1972, 357	1972, 811
26, 186	–	1969, 2192	33, 23	1972, 515	1972, 1183
26, 228	–	1969, 1843	33, 52	1972, 585	1972, 1934
26, 265	–	1969, 1617	33, 125	–	1972, 1504
26, 302	–	1969, 1953	33, 303	1972, 686	1972, 1561
26, 327	–	1969, 1659	33, 367	1973, 780	1972, 2214
26, 338	1970, 176	1970, 29	34, 9	–	1972, 1943
27, 1	–	1969, 1707	34, 52	–	1973, 451
27, 18	–	1969, 1619	34, 71	–	1972, 2261
27, 71	1970, 100	1970, 235	34, 81	–	1973, 33
27, 88	1970, 103	1970, 238	34, 139	–	1973, 505
27, 195	–	1970, 275	34, 165	–	1973, 133
27, 344	1970, 250	1970, 555	34, 216	1973, 361	1973, 609
28, 1	–	1970, 651	34, 238	1973, 504	1973, 891
28, 21	1970, 320	1970, 851	34, 269	1973, 662	1973, 1221
28, 36	–	1970, 1268	35, 35	–	1973, 1643
28, 66	–	1970, 892	35, 65	–	1973, 1683
28, 119	1970, 412	1970, 1363	35, 79	1973, 456	1973, 1176
28, 175	–	–	35, 171	–	1973, 1267
28, 191	1970, 683	1970, 1498	35, 185	–	1973, 1363
28, 243	–	1970, 1729	35, 202	–	1973, 1226
28, 282	–	1970, 1837	35, 366	–	1973, 2196
28, 295	1970, 636	1970, 1635	35, 382	1974, 259	1974, 227
28, 324	–	1970, 1675	36, 1	1973, 588	1973, 1539
29, 11	–	1970, 1592	36, 92	1974, 289	1974, 133
29, 183	1971, 368	–	36, 139	–	1974, 311
29, 402	–	1971, 319	36, 146	1974, 325	1974, 545
30, 1	1971, 171	1971, 275	36, 193	–	1974, 356
30, 47	–	1971, 419	36, 237	–	1974, 739
30, 54	–	1971, 419	36, 342	–	1974, 1181
30, 173	1971, 544	1971, 1645	37, 57	–	1974, 893
30, 227	–	1971, 1123	37, 104	–	1974, 1127
30, 250	1971, 686	1971, 1603	37, 132	–	1974, 1499
30, 292	–	1971, 1255	37, 150	–	1974, 1079
30, 336	–	1971, 1555	37, 217	–	1974, 1609
30, 367	–	1971, 309	37, 271	1975, 479	1974, 1697
30, 392	–	1971, 1211	37, 363	1974, 641	1974, 1751
31, 1	–	1971, 1307	38, 1	–	1974, 1940
31, 58	–	1971, 1509	38, 61	–	1975, 31
31, 145	–	1971, 2122	38, 105	1975, 59	1975, 103
31, 229	1971, 773	1971, 2163	38, 175	–	1975, 37
31, 248	1971, 776	1971, 2165	38, 281	–	1975, 1265
31, 275	–	1972, 145	38, 326	–	1975, 633
31, 314	1971, 582	1971, 1739	38, 348	–	1975, 727
32, 54	–	1971, 2299	38, 386	1975, 321	1975, 968
32, 98	1972, 83	1972, 327	38, 398	–	1975, 1067

Fundstellenkonkordanz ausgewählter Entscheidungen des BVerfG

BVerfGE	JZ	NJW	BVerfGE	JZ	NJW
39, 1	1975, 205	1975, 573	46, 325	–	1978, 368
39, 96	1975, 369	1975, 819	47, 46	1978, 304	1978, 807
39, 169	1975, 279	1975, 919	47, 109	–	1978, 933
39, 258	–	1975, 1504	47, 146	1978, 269	1978, 1151
39, 302	1975, 601	–	47, 198	–	1978, 1043
39, 334	1975, 561	1975, 1641	47, 253	–	1978, 1967
40, 11	–	1975, 1551	47, 327	–	1978, 1621
40, 65	–	1976, 31	48, 127	1978, 58	1978, 1245
40, 88	–	1975, 1355	48, 210	–	1978, 2143
40, 121	–	1975, 1691	48, 300	1978, 468	1978, 1795
40, 141	1976, 169	1975, 2287	48, 327	1978, 563	1978, 2289
40, 196	–	1976, 179	48, 376	1978, 516	1978, 2337
40, 237	–	1976, 34	49, 24	1978, 601	1978, 2235
40, 296	–	1975, 2331	49, 70	–	1979, 261
40, 371	–	1976, 559	49, 89	1979, 179	1979, 359
41, 29	–	1976, 947	49, 220	–	1979, 534
41, 65	–	1976, 950	49, 244	–	1979, 31
41, 88	–	1976, 952	49, 280	–	1979, 32
41, 126	–	1976, 1491	49, 286	1979, 65	1979, 595
41, 205	1976, 637	1976, 667	50, 50	–	1979, 413
41, 246	1976, 766	1976, 413	50, 142	1979, 259	1979, 1445
41, 251	1976, 363	1976, 1309	50, 195	–	1979, 1347
41, 291	–	1976, 1443	50, 234	1970, 437	1979, 1400
41, 360	–	1976, 2119	50, 290	–	1979, 699
41, 378	–	1976, 1349	51, 77	–	1979, 1875
42, 20	–	1976, 1835	51, 97	1979, 637	1979, 1539
42, 64	1976, 678	1976, 1391	51, 193	–	1980, 383
42, 103	–	1976, 1084	51, 222	–	1979, 2463
42, 133	–	1976, 1627	51, 324	–	1979, 2349
42, 143	1976, 589	1976, 1677	51, 386	1979, 803	1980, 514
42, 212	1976, 532	1976, 1735	52, 1	–	1980, 985
42, 237	–	1976, 2128	52, 63	1979, 564	1979, 1815
42, 263	–	1976, 1783	52, 131	1979, 596	1979, 1925
42, 312	–	1976, 2123	52, 187	–	1980, 519
43, 34	1977, 128	1976, 2339	52, 214	–	1979, 2607
43, 108	1977, 92	1977, 241	52, 223	–	1980, 575
43, 130	–	1977, 799	52, 283	1980, 185	1980, 1093
43, 154	–	1977, 1189	52, 357	1980, 188	1980, 824
43, 291	–	1977, 569	52, 369	–	1980, 823
44, 1	–	1977, 1677	52, 380	1980, 140	1980, 1153
44, 125	1977, 390	1977, 1054	53, 30	1980, 307	1980, 759
44, 197	1977, 508	1977, 2205	53, 135	–	1980, 1511
44, 249	1977, 597	1977, 1869	53, 224	1980, 226	1980, 689
44, 308	–	1977, 1767	53, 257	1980, 267	1980, 692
44, 322	–	1977, 2255	53, 352	–	1980, 1617
45, 1	1977, 676	1977, 1387	54, 117	–	1980, 1737
45, 63	–	1977, 1960	54, 129	1980, 724	1980, 2069
45, 187	–	1977, 1525	54, 143	–	1980, 2572
45, 376	1977, 751	1978, 207	54, 148	1980, 719	1980, 2070
45, 400	–	1977, 1723	54, 208	1980, 721	1980, 2072
45, 434	–	1978, 414	54, 341	1980, 804	1980, 2641
46, 73	–	1978, 581	55, 1	–	1980, 2698
46, 97	–	1978, 533	55, 7	1981, 23	1981, 215
46, 120	–	1978, 313	55, 37	–	1981, 741
46, 160	1977, 750	1978, 2255	55, 72	–	1981, 271

Fundstellenkonkordanz ausgewählter Entscheidungen des BVerfG

BVerfGE	JZ	NJW	BVerfGE	JZ	NJW
55, 134	1981, 90	1981, 108	66, 84	1984, 536	1984, 1523
55, 144	–	1981, 1087	66, 116	–	1984, 1741
55, 159	1981, 92	1981, 673	66, 155	–	1984, 571
55, 274	–	1981, 329	66, 248	–	1984, 1872
55, 349	–	1981, 1499	67, 43	1984, 735	1984, 2028
56, 1	–	1981, 1311	67, 100	1985, 129	1984, 2271
56, 54	–	1981, 1655	67, 149	–	1984, 2201
56, 216	1981, 339	1981, 1436	67, 157	1985, 32	1957, 121
56, 247	–	1981, 971	67, 213	–	1985, 477
56, 249	1981, 271	1981, 1257	67, 299	–	1985, 371
56, 298	–	1981, 1659	68, 1	–	1985, 603
56, 396	–	1981, 1831	68, 193	–	1985, 1385
57, 1	–	1981, 1359	68, 319	–	1985, 2185
57, 9	–	1981, 1154	68, 361	1985, 528	1985, 2633
57, 139	1981, 438	1981, 2107	68, 384	–	1985, 1282
57, 220	1981, 531	1981, 1829	69, 1	–	1985, 1519
57, 250	1981, 741	1981, 1719	69, 257	–	1985, 2521
57, 295	1981, 581	1981, 1774	69, 315	–	1985, 2395
57, 346	–	1981, 2111	70, 1	–	1986, 772
57, 361	1981, 528	1981, 1771	70, 138	1986, 131	1986, 367
58, 1	1982, 145	1982, 507	70, 324	–	1986, 907
58, 137	–	1982, 633	71, 108	1986, 153	1986, 1671
58, 208	1982, 64	1982, 691	71, 158	–	1987, 1397
58, 233	–	1982, 815	71, 305	–	1986, 1483
58, 257	1982, 755	1982, 921	72, 1	–	1986, 1742
58, 300	–	1982, 745	72, 9	–	1986, 1159
59, 36	–	1982, 1273	72, 200	–	1987, 1749
59, 63	–	1982, 512	72, 296	–	1987, 431
59, 98	–	1982, 324	72, 299	–	1986, 1979
59, 216	–	1982, 367	72, 330	–	1986, 2629
59, 231	1982, 366	1982, 1447	73, 1	–	1986, 2492
59, 360	1982, 325	1982, 1375	73, 40	–	1986, 2487
60, 53	–	1982, 1451	73, 118	1987, 293	1987, 239
60, 175	1982, 716	1982, 1579	73, 206	1987, 138	1987, 43
60, 234	1982, 675	1982, 2655	73, 261	–	1987, 827
60, 253	1982, 596	1982, 2425	73, 330	–	1987, 430
61, 1	1983, 100	1983, 1415	73, 339	1987, 236	1987, 577
61, 82	1984, 31	1982, 2173	74, 9	1987, 405	1987, 2001
61, 149	1983, 137	1983, 25	74, 51	1987, 191	1987, 1141
62, 1	1983, 245	1983, 735	74, 102	–	1987, 2399
62, 230	1983, 341	1983, 1181	74, 163	1987, 407	1987, 1541
62, 256	–	1983, 617	74, 182	–	1987, 1617
63, 88	–	1983, 1417	74, 264	1987, 614	1987, 1251
63, 131	1983, 492	1983, 1179	74, 297	1987, 919	1987, 2987
63, 343	–	1983, 2757	74, 358	–	1987, 2427
64, 72	–	1983, 2869	75, 40	–	1987, 2359
64, 261	–	1984, 33	75, 108	–	1987, 3115
65, 1	1983, 388	1984, 419	75, 166	–	1987, 2919
65, 76	–	1983, 2929	75, 223	1988, 191	–
65, 104	1984, 135	1984, 603	75, 318	–	1987, 2500
65, 182	–	1984, 475	75, 369	1987, 1075	1987, 2661
65, 196	–	1984, 476	76, 1	–	1988, 626
65, 325	–	1984, 785	76, 83	1988, 834	1988, 2499
65, 377	1984, 374	1984, 604	76, 143	–	1988, 817
66, 39	1984, 617	1984, 601	76, 171	1988, 242	1988, 191

Fundstellenkonkordanz ausgewählter Entscheidungen des BVerfG

BVerfGE	JZ	NJW	BVerfGE	JZ	NJW
76, 211	1988, 38	1988, 693	84, 9	1991, 769	1991, 1602
76, 363	–	1988, 897	84, 25	1992, 307	–
77, 1	–	1988, 890	84, 34	1991, 1077	1991, 2005
77, 65	–	1988, 329	84, 59	1991, 1081	1991, 2008
77, 137	1988, 144	1988, 1313	84, 90	1992, 200	1991, 1597
77, 170	–	1988, 1651	84, 133	–	1991, 1667
77, 240	1988, 240	1988, 325	84, 168	–	1991, 1944
77, 308	–	1988, 1899	84, 192	–	1991, 2411
77, 346	–	1988, 1833	84, 203	–	1991, 2694
78, 38	–	1988, 1577	84, 212	1992, 48	1991, 2549
78, 101	–	1988, 207	84, 239	1991, 1133	1991, 2129
78, 104	–	1988, 2231	84, 290	–	1991, 2472
78, 179	–	1988, 2290	84, 304	–	1991, 2474
78, 249	1989, 387	1988, 2529	84, 372	–	1992, 549
78, 364	1988, 1016	1988, 3010	85, 1	–	1992, 1439
79, 51	–	1989, 519	85, 69	–	1992, 890
79, 69	1989, 292	1989, 827	85, 191	1992, 913	1992, 964
79, 127	–	1989, 1790	85, 264	1992, 794	1992, 2545
79, 169	–	1989, 1348	85, 360	–	1992, 1373
79, 174	–	1989, 1271	85, 386	1992, 1015	1992, 1875
79, 256	1989, 335	1989, 891	86, 1	1992, 974	1992, 2073
79, 292	1989, 534	1989, 970	86, 90	–	1993, 1319
79, 311	–	1989, 2457	86, 133	–	1992, 2877
80, 1	–	1989, 2317	86, 148	1992, 962	1992, 2279
80, 81	1989, 587	1989, 2195	86, 288	1992, 1176	1992, 2947
80, 124	1989, 840	1989, 2877	87, 1	–	1992, 2213
80, 137	–	1989, 2525	87, 152	–	1992, 3153
80, 188	1989, 1055	1990, 373	87, 153	1993, 306	–
80, 244	–	1990, 37	87, 181	1993, 255	1992, 3285
80, 315	–	1990, 974	87, 209	–	1993, 1457
80, 354	–	1989, 3008	87, 234	1993, 144	1993, 643
80, 367	1990, 431	1990, 563	87, 399	–	1993, 581
81, 1	–	1990, 175	88, 5	–	1993, 2093
81, 29	1990, 234	1990, 309	88, 40	1993, 784	1993, 2599
81, 142	–	1990, 3073	88, 87	–	1993, 1517
81, 156	1990, 536	1990, 1230	88, 103	–	1993, 1379
81, 242	1990, 691	1990, 1469	88, 129	–	1993, 2599
81, 278	1990, 635	1990, 1982	88, 203	1993, Anhang	1993, 1751
81, 298	1990, 638	1990, 1985	89, 1	–	1994, 2035
81, 310	–	1990, 3007	89, 38	–	1993, 2038
82, 1	–	1990, 2541	89, 129	–	1993, 2599
82, 60	–	1990, 2869	89, 155	1993, 1100	1993, 3047
82, 126	–	1990, 2246	89, 214	1994, 408	1994, 36
82, 159	–	1991, 830	89, 243	–	1994, 922
82, 236	–	1991, 91	89, 276	–	1994, 647
82, 322	–	1990, 3001	89, 291	–	1994, 927
83, 37	–	1991, 162	89, 315	–	1994, 1401
83, 60	–	1991, 159	89, 381	–	1994, 1053
83, 89	–	1991, 743	90, 1	–	1994, 1781
83, 130	1991, 465	1991, 1471	90, 27	1995, 152	1994, 1147
83, 162	–	1991, 349	90, 60	1994, 515	1994, 1942
83, 182	–	1991, 1878	90, 107	–	1994, 2820
83, 201	1991, 774	–	90, 145	1994, 852	1994, 1577
83, 238	1991, 346	1991, 899	90, 241	1994, 400	1994, 1779
83, 341	1992, 248	1991, 2623	90, 255	–	1995, 1015

Fundstellenkonkordanz ausgewählter Entscheidungen des BVerfG

BVerfGE	JZ	NJW	BVerfGE	JZ	NJW
90, 263	–	1994, 2475	95, 96	1997, 142	1997, 929
90, 286	1994, 1062	1994, 2207	95, 163	–	1997, 1147
91, 1	–	1995, 1077	95, 189	–	1997, 1500
91, 93	–	1994, 2817	95, 220	1998, 300	–
91, 125	1995, 295	1995, 184	95, 250	–	1998, 219
91, 148	–	1995, 1537	95, 322	–	1997, 1497
91, 186	–	1995, 381	95, 335	1997, 669	1997, 1553
91, 228	1995, 565	–	95, 408	–	1997, 1568
91, 335	1995, 716	1995, 649	96, 10	–	1998, 524
92, 1	1995, 778	1995, 1141	96, 27	1997, 1059	1997, 2163
92, 26	1995, 507	1995, 2339	96, 44	–	1997, 2165
92, 91	–	1995, 1733	96, 56	1997, 777	1997, 1769
92, 126	–	1995, 1665	96, 68	–	1998, 50
92, 138	–	1995, 1277	96, 100	1998, 565	1997, 3013
92, 140	1995, 897	–	96, 120	–	1997, 2443
92, 158	1995, 1109	1995, 2155	96, 133	–	1998, 589
92, 191	–	1995, 3110	96, 152	–	1997, 2312
92, 203	1995, 669	–	96, 171	–	1997, 2307
92, 277	1995, 885	1995, 1811	96, 189	–	1997, 2305
92, 365	1995, 1169	1996, 185	96, 205	–	1997, 2310
93, 1	1995, 942	1995, 2247	96, 231	–	1998, 293
93, 121	1996, 31	1995, 2615	96, 260	–	–
93, 181	–	1996, 114	96, 264	–	–
93, 213	1996, 674	1996, 709	96, 315	–	1998, 1851
93, 266	1996, 360	1995, 3303	96, 330	–	1998, 973
93, 319	–	1996, 2296	96, 345	1998, 615	1998, 1297
93, 352	1996, 627	1996, 1201	96, 375	1998, 352	1998, 519
93, 362	–	1996, 1882	96, 409	1998, 356	1998, 523
93, 373	–	1996, 2149	97, 12	–	–
94, 1	–	1996, 1529	97, 35	–	1998, 1215
94, 12	–	1996, 1666	97, 49	–	1998, 2349
94, 49	–	1996, 1665	97, 67	–	1998, 1547
94, 115	–	1996, 1665	97, 89	–	1998, 1697
94, 166	–	1996, 1666	97, 103	–	1998, 2431
94, 241	–	1996, 2293	97, 117	–	1998, 1699
94, 268	–	1997, 513	97, 125	–	1998, 1381
94, 297	–	1996, 2497	97, 157	–	1998, 1385
94, 315	–	1996, 2717	97, 169	–	1998, 1475
94, 334	–	1996, 3333	97, 186	–	1998, 1478
94, 351	–	1996, 2720	97, 198	–	–
94, 372	–	1996, 3067	97, 228	1998, 510	1998, 1627
95, 1	1997, 300	1997, 383	97, 271	1998, 674	–
95, 28	–	1997, 386	97, 298	–	1998, 2659
95, 39	–	1997, 1359	97, 332	–	1998, 2128
95, 48	1997, 406	1997, 447	97, 350	–	1998, 1934

Schlagwortartige Bezeichnungen der Leitentscheidungen des Bundesverfassungsgerichts

BVerfGE	Schlagwort	BVerfGE	Schlagwort
1, 14	Südweststaat	6, 32	Elfes
1, 76	Steuerverwaltung	6, 55	Steuersplitting
1, 97	Hinterbliebenenrente	6, 84	Sperrklausel
1, 117	Finanzausgleichsgesetz	6, 104	Kommunalwahl-Sperrklausel
1, 144	Geschäftsordnungsautonomie	6, 309	Reichskonkordat
1, 184	Normenkontrolle I	6, 386	Haushaltsbesteuerung
1, 208	7,5% – Sperrklausel	6, 389	Homosexuelle
1, 283	Ladenschlußgesetze (Baden/Bremen)	7, 1	Berlin-Vorbehalt
		7, 29	Pressedelikte
1, 299	Wohnungsbauförderung	7, 63	Listenwahl
1, 351	Petersberger Abkommen	7, 77	Platzerhalt-Mandat
1, 372	Deutsch-Französisches Wirtschaftsabkommen	7, 99	Sendezeit I
		7, 120	Personalvertretung
1, 396	Deutschlandvertrag	7, 129	lex Schörner
2, 1	SRP-Verbot	7, 198	Lüth
2, 79	Plenargutachten Heuß	7, 282	lex Salamander
2, 124	Normenkontrolle II	7, 305	Rechtsverhältnisse der Flüchtlinge
2, 213	Straffreiheitsgesetz	7, 342	Hamburgisches Urlaubsgesetz
2, 225	Petitionsbescheid	7, 367	Volksbefragung (Einstweilige Anordnung)
2, 232	Lohnzahlung an Feiertagen		
2, 266	Notaufnahme	7, 377	Apotheken-Urteil
2, 307	Gerichtsbezirke	8, 1	Teuerungszulage
2, 347	Kehler Hafen	8, 28	Besoldungsrecht
2, 380	Haftentschädigung	8, 51	1. Parteispenden-Urteil (1958)
3, 12	Bundesbankgesetz	8, 71	Bestimmtheit einer Rechtsverordnung
3, 19	Unterschriftenquorum		
3, 52	Weihnachtsgeld	8, 81	Aufklärungspflicht in Auslieferungsfällen
3, 58	Verfassungsbeschwerde von Beamten		
		8, 104	Volksbefragung
3, 225	Gleichberechtigung	8, 122	Volksbefragung Hessen
3, 248	Mehrfachbestrafung – (ne bis in idem)	8, 143	Beschußgesetz
		8, 155	Lastenausgleich
3, 407	Baugutachten	8, 174	Zuständigkeit des BVerwG
4, 7	Investitionshilfe	8, 183	Volksbefragungsverbot
4, 27	Klagebefugnis politischer Parteien	8, 197	Bußgeldverfahren
4, 31	5% – Sperrklausel	8, 210	Vaterschaft
4, 60	Intendanturweinauflagen	8, 260	Helgoland-Gesetz
4, 74	ärztliches Berufsgericht	8, 274	Preisgesetz
4, 96	Hutfabrikant	9, 20	Arbeitslosenhilfe
4, 115	Besoldungsgesetz von Nordrhein-Westfalen	9, 89	Gehör bei Haftbefehl
		9, 124	Armenrecht
4, 144	Abgeordneten-Entschädigung	9, 137	Einfuhrgenehmigung
4, 157	Saarstatut	9, 174	Politisch Verfolgter
4, 219	Junktimklausel	9, 237	Ehegatten-Mitwirkungsverträge
4, 370	Mandatsrelevanz	9, 268	Bremer Personalvertretung
4, 412	Gesetzlicher Richter	9, 291	Feuerwehrabgabe
5, 25	Apothekenerrichtung	9, 305	Kriegsfolgelasten
5, 34	Baden-Abstimmung	9, 338	Hebammenaltersgrenze
5, 85	KPD-Verbot	10, 4	Redezeit

Fundstellenkonkordanz ausgewählter Entscheidungen des BVerfG

BVerfGE	Schlagwort	BVerfGE	Schlagwort
10, 20	Preußischer Kulturbesitz	16, 246	Verkehrssünderkartei
10, 59	Elterliche Gewalt	17, 1	Waisenrente I
10, 89	(Großer) Erftverband	17, 38	Witwerrente
10, 118	Berufsverbot	17, 108	Hirnkammerluftfüllung
10, 136	Durchlieferung	17, 122	Wiedergutmachung
10, 234	Platow-Amnestie	17, 172	Freiburger Polizei
10, 285	Bundesgerichte	17, 210	Wohnungsbauprämie
10, 302	Vormundschaft	17, 306	Mitfahrzentrale
11, 6	Dampfkessel	18, 18	Hausgehilfinnenverband
11, 30	Kassenarzt-Urteil	18, 52	Verkehrsfinanzgesetz
11, 77	Ermächtigungsadressaten	18, 85	Spezifisches Verfassungsrecht
11, 89	Bremisches Urlaubsgesetz	18, 121	Fiskusprivileg
11, 105	Familienlastenausgleich	18, 172	Wählbarkeitsbeschränkung
11, 168	Taxi-Beschluß	18, 241	Ärztekammern
11, 192	Beurkundungswesen	18, 257	Sozialversicherung
11, 203	Beförderungsschnitt (Gesetz 131)	18, 385	Teilung einer Kirchengemeinde
11, 234	Jugendgefährdende Schriften	18, 389	Neubekanntmachung
11, 266	Wählervereinigung	18, 407	Verordnung als Landesrecht
11, 282	Zweiter Vorsitzender der SRP	18, 429	Verschollenheitsrente
12, 6	Société Anonyme	18, 441	AG in Zürich
12, 45	Kriegsdienstverweigerung	19, 1	Religionsgemeinschaften
12, 113	Schmid-Spiegel	19, 38	S-Urteil des Bundesfinanzhofes
12, 151	Ehegattenfreibetrag	19, 101	Zweigstellensteuer
12, 205	1. Rundfunkentscheidung (Deutschland-Fernsehen)	19, 119	Couponsteuer
		19, 135	Ersatzdienstverweigerer
12, 296	Parteienprivileg	19, 226	Kirchenlohnsteuer (Ehegatte)
12, 341	Spinnweber-Zusatzsteuer	19, 303	Dortmunder Hauptbahnhof
12, 354	Volkswagenprivatisierung	19, 330	Sachkundenachweis
13, 54	Neugliederung Hessen	19, 342	Wencker
13, 97	Handwerksordnung	20, 26	Selbstablehnung
13, 204	Sendezeit II	20, 45	Kommando 1005
13, 225	Bahnhofsapotheke Frankfurt	20, 56	Parteienfinanzierung I (1966)
13, 230	Ladenschlußgesetz I	20, 144	Untersuchungshaft
13, 237	Ladenschlußgesetz II	20, 150	Sammlungsgesetz
13, 318	Ehegatten-Arbeitsverhältnisse	20, 162	Spiegel
13, 331	Personenbezogene Kapitalgesellschaften	20, 238	VwGO-Ausführungsgesetz I
		20, 312	Tariffähigkeit von Innungen
14, 56	Gemeindegerichte	20, 351	Tollwut
14, 121	FDP-Sendezeit	21, 12	Allphasenumsatzsteuer
14, 156	Assessorenstrafkammern	21, 52	Deutsche Friedensunion
14, 197	Kreditwesen	21, 73	Grundstücksverkehrsgesetz
14, 263	Feldmühle-Urteil	21, 150	Weinwirtschaftsgesetz
15, 1	Seewasserstraßen	21, 200	Briefwahl I
15, 25	Jugoslawische Militärmission	21, 207	Flächentransistor
15, 126	Staatsbankrott	21, 245	Führungskräfte der Wirtschaft
15, 165	Vorauswahl	21, 261	Arbeitsvermittlungsmonopol
15, 223	Zeugnisverweigerungsrecht	21, 312	Wasser- und Schiffahrtsverwaltung
15, 235	Zwangsmitgliedschaft	21, 362	Sozialversicherungsträger
15, 256	Universitäre Selbstverwaltung	21, 378	Wehrdisziplin
15, 337	Höfeordnung	22, 49	Verwaltungsstrafverfahren
16, 6	Verkündungszeitpunkt	22, 93	Unterhalt
16, 27	Iranische Botschaft	22, 106	Steuerausschüsse
16, 64	Einwohnersteuer	22, 134	EWG-Recht
16, 194	Liquorentnahme	22, 180	Jugendhilfe
16, 214	Rechtsanwaltsausschluß	22, 293	EWG-Verordnungen

BVerfGE	Schlagwort	BVerfGE	Schlagwort
22, 380	Dienstleistungspflichten von Kreditinstituten	28, 324	Heiratswegfallklausel
		29, 11	Landesbauordnung Baden-Württemberg
23, 50	Nachtbackverbot I		
23, 98	Ausbürgerung	29, 83	Steinkohle-Anpassungsgesetz
23, 113	Blankettstrafrecht	29, 166	Ferntrauung
23, 127	Zeugen Jehovas	29, 183	Rücklieferung
23, 191	Dienstflucht	29, 221	Jahresarbeitsverdienstgrenze
23, 288	Kriegsfolgelasten	29, 348	Deutsch-Niederländischer Finanzvertrag
23, 353	Breitenborn-Gelnhausen		
24, 33	AKU-Beschluß	29, 402	Konjunkturzuschlag
24, 119	Adoption I	30, 1	Abhörurteil
24, 155	gemeinsame Amtsgerichte	30, 47	§ 26 BSHG
24, 174	Gesellschaftssteuer	30, 108	Gnadenwiderruf
24, 184	Zustimmungsgesetz	30, 173	Mephisto
24, 236	(Aktion) Rumpelkammer	30, 227	Vereinsname
24, 278	GEMA	30, 250	Absicherungsgesetz
24, 289	Hessisches Schulgebet	30, 292	Erdölbevorratung
24, 300	Wahlkampfkostenpauschale	30, 367	Bundesentschädigungsgesetz
24, 367	Hamburgisches Deichordnungsgesetz	31, 58	Spanier-Beschluß
		31, 145	Milchpulver
25, 167	Nichtehelichkeit	31, 229	Schulbuchprivileg
25, 256	Blinkfüer	31, 248	Bibliotheksgroschen
25, 269	Verfolgungsverjährung	31, 275	Bearbeiter-Urheberrechte
25, 296	Geib/Stern	31, 314	2. Rundfunkentscheidung (Umsatzsteuer)
25, 308	Bundeshaushaltsplan		
25, 352	Gnadengesuch	32, 54	Betriebsbetretungsrecht
25, 371	lex Rheinstahl	32, 98	Gesundbeter
26, 41	Grober Unfug	32, 157	Stichtagsregelung
26, 116	Besoldungsgesetz	32, 199	Richterbezüge
26, 186	Ehrengerichte	32, 273	Mutterschutz
26, 228	Sorsum	32, 296	Kranzgeld
26, 246	Ingenieur	32, 311	Steinmetz
26, 265	Unterhaltspflicht	32, 333	Ergänzungsabgabe
26, 281	Gebührenpflicht von Bundesbahn und Bundespost	32, 346	Strafbestimmungen in Gemeindesatzungen
26, 327	Bilanzbündeltheorie	32, 373	Ärztliche Schweigepflicht
26, 338	Eisenbahnkreuzungsgesetz	33, 1	Strafgefangene
27, 1	Mikrozensus	33, 23	Eidesverweigerung aus Glaubensgründen
27, 18	Ordnungswidrigkeiten		
27, 44	Parlamentarisches Regierungssystem	33, 42	Deutscher Osten
		33, 52	Zensur
27, 71	Leipziger Volkszeitung	33, 125	Facharzt
27, 88	Der Demokrat	33, 303	numerus clausus I
27, 344	Ehescheidungsakten	33, 367	Zeugnisverweigerungsrecht für Sozialarbeiter
28, 1	Augstein (Widerruf)		
28, 21	Robenstreit	34, 9	Besoldungsvereinheitlichung
28, 36	Zitiergebot	34, 52	Hessisches Richtergesetz
28, 51	Flugblätter	34, 81	Wahlgleichheit
28, 55	Leserbrief	34, 139	Fahrbahndecke
28, 66	Postgebühren	34, 165	Förderstufe
28, 119	Spielbank	34, 216	Coburg
28, 175	Porst-Fall	34, 238	Tonband
28, 191	Pätsch-Fall	34, 269	Soraya
28, 243	Dienstpflichtverweigerung	35, 35	Untersuchungsgefangene
28, 295	Mitgliederwerbung I	35, 65	VwGO-Ausführungsgesetz II

Schlagwortartige Bezeichnungen der Leitentscheidungen des BVerfG

BVerfGE	Schlagwort	BVerfGE	Schlagwort
35, 79	Hochschul-Urteil	41, 205	Gebäudeversicherungsmonopol (Baden)
35, 185	Haftgrund Wiederholungsgefahr		
35, 202	Lebach	41, 246	Baader-Meinhof
35, 366	Kreuz im Gerichtssaal	41, 360	Nachtbackverbot II
35, 382	Ausländerausweisung	42, 20	Öffentliches Wegeeigentum
36, 1	Grundlagenvertrag	42, 64	Zwangsversteigerung I
36, 92	Versagung rechtlichen Gehörs	42, 133	Wahlwerbung
36, 139	Wahlrecht Auslandsdeutscher	42, 143	Deutschland-Magazin
36, 146	Eheverbot der Geschlechtsgemeinschaft	42, 212	Quick/Durchsuchungsbefehl
		42, 263	Contergan
36, 193	Journalisten	42, 312	Abgeordnetenmandat
36, 314	Hamburgisches Pressegesetz	42, 345	Bad Pyrmont
36, 321	Schallplatten	43, 34	Quereinstieg
36, 342	Niedersächsisches Landesbesoldungsgesetz	43, 47	Parkstudium
		43, 108	Kinderfreibeträge
37, 1	Weinwirtschaftsabgabe	43, 130	Flugblatt
37, 104	Bonus-Malus-Regelung	43, 291	numerus clausus II
37, 132	Vergleichsmiete I	44, 1	Nichtehelichen-Erbrecht
37, 217	Staatsangehörigkeit von Abkömmlingen	44, 125	Öffentlichkeitsarbeit (der Bundesregierung)
37, 271	Solange I	44, 197	Solidaritätsadresse
37, 363	Bundesrat	44, 249	Alimentationsprinzip
38, 1	Richteramtsbezeichnungen	44, 308	Beschlußfähigkeit
38, 22	Herausgeber der Deutschen National-Zeitung	44, 322	Allgemeinverbindlicherklärung I
		45, 1	Haushaltsüberschreitung
38, 61	»Leberpfennig«	45, 63	Stadtwerke Hameln
38, 105	Rechtsbeistand	45, 187	Lebenslange Freiheitsstrafe
38, 175	Rückenteignung	45, 297	öffentliche Last
38, 241	Ehelichkeitsanfechtung	45, 376	Unfallversicherung (nasciturus)
38, 281	Arbeitnehmerkammern	45, 400	Oberstufenreform
38, 326	Passives Wahlrecht	45, 434	RAF
38, 348	Zweckentfremdung von Wohnraum	46, 73	Stiftungen
		46, 97	Witwengeld
38, 386	Aussperrung von Betriebsratsmitgliedern	46, 120	Direktruf
		46, 160	Schleyer
38, 398	Auslieferung	46, 325	Zwangsversteigerung II
39, 1	Schwangerschaftsabbruch I	46, 342	Philippinische Botschaft
39, 96	Städtebauförderungsgesetz	47, 46	Sexualkundeunterricht
39, 196	Beamtenpension	47, 109	Bestimmtheitsgebot
39, 258	Kapazitätsausnutzung	47, 146	Schneller Brüter
39, 302	AOK	47, 198	Wahlwerbesendungen
39, 334	Extremistenbeschluß	47, 253	Gemeindeparlamente (Nordrhein-Westfalen)
40, 11	Wahlprüfung		
40, 65	Krankenversicherung	47, 327	Hessisches Universitätsgesetz
40, 88	Führerschein	48, 127	Wehrpflichtnovelle
40, 121	Waisenrente II	48, 227	Lohnfortzahlung
40, 141	Ostverträge	48, 300	Ehrengerichte
40, 237	Justizverwaltungsakt	48, 327	Familiennamen
40, 296	Abgeordnetendiäten	48, 367	Hessisches Pressegesetz
40, 371	Werbefahrten	48, 376	Tierversuche
41, 29	Simultanschule	49, 15	Volksentscheid Oldenburg
41, 65	Gemeinsame Schule (Bayern)	49, 24	Kontaktsperre-Gesetz
41, 88	Gemeinschaftsschule (Nordrhein-Westfalen)	49, 70	Untersuchungsgegenstand
		49, 89	Kalkar I
41, 126	Reparationsschäden	49, 220	Zwangsversteigerung III

1597

Schlagwortartige Bezeichnungen der Leitentscheidungen des BVerfG

BVerfGE	Schlagwort	BVerfGE	Schlagwort
49, 244	Vergleichsmiete II	57, 295	3. Rundfunkentscheidung (FRAG /Saarländisches Rundfunkgesetz)
49, 280	Zeugenentschädigung		
49, 286	Transsexuelle I		
50, 50	Laatzen	57, 346	Zwangsvollstreckung II
50, 142	Unterhaltspflichtverletzung	57, 361	Unterhalt
50, 195	Rheda-Wiedenbrück	58, 1	Eurocontrol I
50, 290	Mitbestimmung	58, 45	Wasserbeschaffungsverbände
51, 43	Bayerisches Personalvertretungsgesetz	58, 137	Pflichtexemplar
		58, 208	Baden-Württembergisches Unterbringungsgesetz
51, 77	Personalrat		
51, 97	Zwangsvollstreckung I	58, 233	Deutscher Arbeitnehmerverband
51, 193	Schloßberg	58, 257	Schulentlassung
51, 222	5%-Klausel	58, 300	Naßauskiesung
51, 324	Verhandlungsfähigkeit des Angeklagten	59, 63	Eurocontrol II
		59, 119	Briefwahl II
51, 369	Auflösungsgesetz	59, 216	Söhlde
51, 386	Ausweisung	59, 231	Freie Mitarbeiter
52, 1	Kleingarten	59, 360	Schülerberater
52, 63	2. Parteispenden-Urteil (1979)	60, 53	Rundfunkrat
52, 95	Schleswig-Holsteinische Ämter	60, 175	Startbahn West
52, 131	Arzthaftungsprozeß	60, 234	Kredithaie
52, 187	»Vielleicht«-Beschluß	60, 253	Anwaltsverschulden
52, 223	Schulgebet	60, 374	Redefreiheit und Ordnungsrecht
52, 283	Tendenzbetrieb	61, 1	Wahlkampf/»CSU: NPD Europas«
52, 357	Mutterschutz		
52, 369	Hausarbeitstag	61, 82	Sasbach
52, 380	Schweigender Prüfling	61, 149	Amtshaftung
53, 30	Mülheim-Kärlich	62, 1	Bundestagsauflösung
53, 135	Schokoladenosterhase	62, 230	Boykottaufruf
53, 224	Ehescheidung	62, 256	Arbeiter/Angestellte
53, 257	Versorgungsausgleich I	62, 353	Heilfürsorgeansprüche der Soldaten
53, 352	Vergleichsmiete III		
54, 129	Kunstkritik	63, 88	Versorgungsausgleich II
54, 143	Taubenfütterungsverbot	63, 131	Gegendarstellung
54, 148	Eppler	63, 343	Rechtshilfevertrag
54, 208	Böll	64, 72	Prüfingenieure
54, 341	Wirtschaftsasyl	64, 261	Hafturlaub
55, 7	Allgemeinverbindlicherklärung II	65, 1	Volkszählung
55, 37	Bremer Modell	65, 76	Offensichtlichkeitsentscheidungen
55, 72	Präklusion im Zivilprozeß	65, 104	Mutterschaftsgeld
55, 134	Härteklausel	65, 182	Sozialplan
55, 159	Falknerjagdschein	65, 377	Strafbefehl
55, 274	Berufsausbildungsabgabe	66, 39	Nachrüstung
55, 349	Hess-Entscheidung	66, 84	Unterhaltskonkurrenz
56, 54	Fluglärm	66, 116	Springer/Wallraff
56, 216	Rechtsschutz im Asylverfahren	66, 155	Hochschule Hannover
56, 249	Gondelbahn	66, 270	Schleswig-Holsteinisches Hochschulgesetz
56, 298	Flugplatz Memmingen		
56, 396	Agent	67, 43	Offensichtlich unbegründeter Asylantrag
57, 1	NPD		
57, 9	Einlieferungsersuchen	67, 100	Flick-Untersuchungsausschuß
57, 139	Schwerbehindertenabgabe	67, 149	Wahlwerbung/WDR
57, 220	Bethel	67, 157	G 10
57, 250	V-Mann	67, 213	Anachronistischer Zug

Schlagwortartige Bezeichnungen der Leitentscheidungen des BVerfG

BVerfGE	Schlagwort	BVerfGE	Schlagwort
67, 256	Investitionshilfegesetz	77, 1	Neue Heimat
67, 299	Laternengarage	77, 65	Beschlagnahme von Filmmaterial
68, 1	Atomwaffenstationierung	77, 84	Arbeitnehmerüberlassung
68, 193	Zahntechniker-Innungen	77, 137	Teso
68, 319	Gebührenordnung für Ärzte	77, 170	Lagerung chemischer Waffen
68, 361	Eigenbedarf I	77, 240	Herrnburger Bericht
69, 1	Kriegsdienstverweigerung	77, 308	Arbeitnehmerweiterbildung
69, 257	Politische Parteien	77, 345	Landesmediengesetz Baden-Württemberg
69, 315	Brokdorf		
70, 1	Orthopädietechniker-Innungen	77, 346	Presse-Grosso
70, 138	Loyalitätspflicht	78, 38	Gemeinsamer Familienname
70, 251	Schulleiter	78, 101	Eigentumsrecht von Rundfunkanstalten
70, 324	Haushaltskontrolle der Nachrichtendienste		
		78, 249	Fehlbelegungsabgabe
71, 108	Anti-Atomkraftplakette	78, 331	Nordhorn
71, 158	»Legende vom toten Soldaten«	78, 350	§ 10b EStG
72, 1	Altersgrenze	78, 364	Wehrdienstanrechnung
72, 175	Wohnungsfürsorge	79, 51	Sorgerechtsprozeß
72, 200	Einkommensteuerrecht	79, 69	Eidespflicht
72, 296	Teststrecke	79, 127	Rastede
72, 299	Wackersdorf	79, 169	Überhangmandate I
72, 330	Föderatives Gleichbehandlungsgebot	79, 174	Straßenverkehrslärm
		79, 255	Hessisches Personalvertretungsgesetz
73, 1	Politische Stiftungen		
73, 40	3. Parteispenden-Urteil (1986)	79, 256	Kenntnis der eigenen Abstammung
73, 118	4. Rundfunkentscheidung (Landesrundfunkgesetz Niedersachsen)		
		79, 292	Eigenbedarf II
73, 206	Sitzblockaden I	79, 311	Staatsverschuldung
73, 261	Sozialplan	80, 81	Volljährigenadoption I
73, 339	Solange II	80, 124	Postzeitungsdienst
74, 9	Arbeitsförderungsgesetz 1979	80, 137	Reiten im Walde
74, 51	Nachfluchttatbestände	80, 188	Wüppesahl
74, 102	Erziehungsmaßregeln	80, 244	Vereinsverbot
74, 182	Einheitswerte I	80, 315	Tamilen
74, 264	Boxberg	80, 354	Totalverweigerung
74, 297	5. Rundfunkentscheidung	80, 367	Tagebuch
74, 358	Unschuldsvermutung	81, 1	Schlüsselgewalt
75, 1	Völkerrecht (ne bis in idem)	81, 29	Ferienwohnungen
75, 40	Privatschulfinanzierung I	81, 156	Arbeitsförderungsgesetz 1981
75, 108	Künstlersozialversicherungsgesetz	81, 242	Handelsvertreter
75, 166	Selbstbedienung bei Arzneimitteln	81, 278	Bundesflagge
75, 192	Sparkassen	81, 298	Nationalhymne
75, 223	Kloppenburg-Beschluß	81, 310	Kalkar II
75, 318	Sachverständiger	81, 363	»Beamtenbaby«
75, 369	Strauß-Karikatur	82, 1	Hitler-T-Shirt
76, 1	Familiennachzug	82, 60	Steuerfreies Existenzminimum
76, 83	Zwangsvollstreckung III	82, 126	Kündigungsfristen für Arbeiter
76, 99	Arbeitsförderungsgesetz 1986	82, 159	Absatzfonds
76, 107	Landes-Raumordnungsprogramm Niedersachsen	82, 236	Schubart
		82, 316	Beitrittsbedingte Grundgesetzänderungen
76, 143	Ahmadiyya-Glaubensgemeinschaft		
76, 171	Standesrichtlinien	82, 322	Gesamtdeutsche Wahl
76, 211	General Bastian	83, 37	Ausländerwahlrecht (Schleswig-Holstein)
76, 256	Beamtenversorgung		
76, 363	Lappas	83, 60	Ausländerwahlrecht (Hamburg)

Schlagwortartige Bezeichnungen der Leitentscheidungen des BVerfG

BVerfGE	Schlagwort	BVerfGE	Schlagwort
83, 89	100%-Grenze	89, 1	Besitzrecht des Mieters
83, 130	Josephine Mutzenbacher	89, 38	Somalia
83, 162	Einigungsvertrag	89, 144	Konkurs von Rundfunkanstalten
83, 182	Pensionistenprivileg	89, 155	Maastricht
83, 216	Jeziden	89, 214	Bürgschaftsverträge
83, 238	6. Rundfunkentscheidung (Nordrhein-Westfalen-Urteil)	89, 243	Kandidatenaufstellung
		89, 276	§ 611a BGB
83, 341	Bahá'í	89, 291	Wahlprüfungsverfahren
84, 9	Ehenamen	89, 315	Trennscheibe
84, 25	Schacht Konrad	89, 327	Atomgesetz
84, 34	Gerichtliche Prüfungskontrolle	89, 359	Herzog
84, 59	Mulitple-Choice-Verfahren	89, 381	Volljährigenadoption II
84, 90	Enteignungen vor 1949	90, 1	Jugendgefährdende Schriften
84, 133	Warteschleife	90, 27	Parabolantenne I
84, 168	Sorgerecht für nichteheliche Kinder	90, 60	8. Rundfunkentscheidung (Rundfunkgebühren)
84, 192	Offenbarung der Entmündigung	90, 107	Waldorfschule/Bayern
84, 203	Republikaner	90, 145	Cannabis
84, 212	Aussperrung	90, 241	Auschwitzlüge
84, 239	Kapitalertragssteuer	90, 255	Briefüberwachung
84, 290	Treuhandanstalt	90, 263	Ehelichkeitsanfechtung
84, 304	PDS/Linke Liste	90, 286	Bundeswehreinsatz
84, 372	Lohnsteuerhilfeverein	91, 1	Entziehungsanstalt
85, 1	Bayer-Aktionäre	91, 70	Isserstedt
85, 69	Eilversammlungen	91, 93	Kindergeld
85, 94	Kreuz im Klassenzimmer	91, 125	Fernsehaufnahmen im Gerichtssaal
85, 148	Wahlprüfungsumfang		
85, 191	Nachtarbeitsverbot	91, 148	Umlaufverfahren
85, 264	Parteienfinanzierung II (1992)	91, 186	Kohlepfennig
85, 360	Akademie-Auflösung	91, 228	Gleichstellungsbeauftragte
85, 386	Fangschaltungen	91, 262	Parteienbegriff I
86, 1	TITANIC/»geb. Mörder, Krüppel«	91, 276	Parteienbegriff II
86, 90	Papenburg	91, 335	Punitive Damages
86, 133	Untersuchungshaft	92, 1	Sitzblockaden II
86, 148	Länderfinanzausgleich	92, 26	Zweitregister
86, 288	Strafaussetzung bei lebenslanger Freiheitsstrafe	92, 91	Feuerwehrabgabe
		92, 126	Parabolantenne II
87, 1	Trümmerfrauen	92, 138	Limbach
87, 48	Rechtsmittelausschluß im Asylverfahren	92, 140	Sonderkündigung
		92, 158	Adoption II
87, 152	Wirtschaftskraft	92, 191	Personalienangabe
87, 153	Grundfreibetrag	92, 203	EG-Fernsehrichtlinie
87, 181	7. Rundfunkentscheidung (Rundfunkfinanzierung)	92, 245	Asylfolgeverfahren
		92, 277	DDR – Spionage
87, 209	»Tanz der Teufel«	92, 365	Kurzarbeitergeld
87, 234	Einkommensanrechnung	93, 1	Kruzifix
87, 363	Sonntagsbackverbot	93, 37	Mitbestimmungsgesetz Schleswig-Holstein
87, 399	Versammlungsauflösung		
88, 5	Gewerkschaftliche Beratungshilfe	93, 121	Einheitswerte II
88, 40	Private Grundschule	93, 181	Rasterfahndung
88, 87	Transsexuelle II	93, 213	DDR-Rechtsanwälte
88, 103	Streikeinsatz von Beamten	93, 248	Sudanesen
88, 129	Promotionsberechtigung	93, 266	»Soldaten sind Mörder«
88, 203	Schwangerschaftsabbruch II	93, 319	Wasserpfennig
88, 366	Tierzuchtgesetz	93, 352	Mitgliederwerbung II

Schlagwortartige Bezeichnungen der Leitentscheidungen des BVerfG

BVerfGE	Schlagwort	BVerfGE	Schlagwort
93, 362	Postulationsfähigkeit	96, 68	DDR-Botschafter
93, 373	Gemeinderat	96, 100	Überstellung auf Wunsch
93, 386	Auslandszuschlag	96, 120	Schwangerenhilfe e.A.
94, 1	DGHS	96, 133	Hamburger Beihilfeverordnung
94, 12	Restitutionsausschluß	96, 139	Volksbegehren Franken
94, 49	Sichere Drittstaaten	96, 152	Parteilehrer
94, 115	Sichere Herkunftsstaaten	96, 171	Stasi-Fragen
94, 166	Flughafenverfahren	96, 189	Fink
94, 241	Kindererziehungszeiten	96, 205	Hochschullehrer II
94, 268	Wissenschaftliches Personal	96, 231	Müllkonzept
94, 351	Abgeordnetenprüfung	96, 260	Normwiederholung
94, 372	Apothekenwerbung	96, 264	Fraktions- und Gruppenstatus
95, 1	Südumfahrung Stendal	96, 288	Integrative Beschulung
95, 28	Werkszeitungen	96, 315	Wohngeld bei Begleitstudium
95, 39	NATO-Betriebsvertretungen	96, 330	BAföG-Volldarlehen
95, 48	Restitution und Vertragsanfechtung	96, 345	Landesverfassungsgerichte
95, 64	Mietpreisbindung	96, 375	Sterilisation
95, 96	Mauerschützen	96, 409	Plenarvorlagen
95, 143	Eingliederungsprinzip Asylklage	97, 12	Patentgebühren-Überwachung
95, 163	DSF	97, 35	Hamburger Ruhegeldgesetz
95, 173	Warnhinweise für Tabakerzeugnisse	97, 49	Beförderungsverbot
95, 189	Steiner	97, 67	Schiffsbauverträge
95, 193	DDR-Hochschullehrer	97, 89	Rückübereignungsanspruch
95, 220	Aufzeichnungspflicht	97, 103	Kindererziehungszeiten
95, 243	Restitution bei öffentlicher Trägerschaft	97, 117	Fortgeltung von DDR-Strafrecht
95, 250	Restitution des Länderbestands	97, 125	Titelseiten
95, 267	Altschulden	97, 157	Saarländisches Pressegesetz
95, 322	Spruchgruppen	97, 169	Kleinbetriebsklausel I
95, 335	Überhangmandate II	97, 186	Kleinbetriebsklausel II
95, 408	Grundmandatsklausel	97, 198	Bundesgrenzschutz
96, 1	Weihnachtsfreibetrag	97, 228	Kurzberichterstattung
96, 10	Räumliche Aufenthaltsbeschränkung	97, 271	Hinterbliebenenrente
96, 27	Durchsuchungsanordnung I	97, 298	»extra-radio«
96, 44	Durchsuchungsanordnung II	97, 317	Überhang-Nachrücker
96, 56	Vaterschaftsauskunft	97, 332	Kindergartenbeiträge
		97, 350	Euro
		97, 378	Krankengeld
		97, 391	Mißbrauchsbezichtigung
		97, 408	Gysi

Sachregister

Das Register umfaßt den vorliegenden zweiten Band. Für die Grundrechte kann ergänzend auf das Sachregister im ersten Band zurückgegriffen werden. Die Verweise beziehen sich auf die kommentierten Artikel (Fettdruck) und die dazugehörigen Randnummern (Normaldruck). Auf die einzelnen Kommentierungen zu Artikel 20 wird durch folgende Abkürzungen verwiesen: 20 Einf (Einführung), 20 Rp (Republik), 20 D (Demokratie), 20 S (Sozialstaat), 20 B (Bundesstaat), 20 R (Rechtsstaat) und 20 IV (Widerstandsrecht).

ABC-Waffen 26 10, 21
Aberkennung von Grundrechten 60 23
Abfall 24 40, **28** 32, 130, 140, **74** 1, 10, 107 ff.
Abgeordnete 38 1 ff., 27 ff., **48** 1 ff., 7 ff.
– siehe auch Fraktionen
– Abgeordnetenausstattung **21** 103
– Abgeordnetenentschädigung **21** 103, **48** 1, 4, 20 ff., **71** 13
– Abgeordnetengesetzgebung **48** 31 ff.
– Abgeordnetenstatus **38** 122 ff., **40** 7
– Alimentationscharakter der Entschädigung **48** 20
– Alimentierung **38** 155
– Altersversorgung **48** 26
– angemessene Entschädigung **48** 21
– Anspruch auf unbezahlten Urlaub **48** 12
– Arbeitsfähigkeit **46** 8
– Arbeitsfähigkeit anderer Verfassungsorgane **38** 151
– Assoziationsrecht **38** 138
– Aufwandsentschädigung **48** 29, 34
– Ausschußbesetzung **38** 154
– Beförderungsanspruch **48** 6, 30
– Behinderungsverbot **48** 3 f., 13 ff.
– Benachteiligungsverbot **48** 14
– Benutzung staatlicher Verkehrsmittel **48** 30
– Diäten **48** 18 ff.
– Disziplinarmaßnahmen **38** 149
– Einschränkungen **38** 145 ff.
– Entschädigung **21** 103, **48** 1, 4, 20 ff., **71** 13
– Fragerecht **38** 144
– fraktionslose Abgeordnete **38** 153
– freies Mandat **21** 157, **38** 136 ff.
– Freiheit **38** 127, 136 ff.
– Funktion als Volksvertreter **38** 122 ff.
– Funktionsfähigkeit des Bundestages **38** 147
– Gebot der Gleichbehandlung **38** 27
– Geheimnisschutz **38** 151
– Gemeinsamer Ausschuß **38** 154
– Gesamtrepräsentation **38** 123
– Geschäftsordnung **38** 145
– Geschäftsordnungsautonomie **38** 148, **40** 6 ff.
– Gesetzesinitiative **38** 153
– Gesetzgebungskompetenzen **71** 7
– Gestaltungsspielraum des Parlaments **38** 148
– Gewissensfreiheit **38** 140
– Gleichheit **38** 128, 152 ff.
– Grundentschädigung **48** 22
– Grundmandat **38** 154
– Grundrechte Privater **38** 151
– Gruppen **38** 154
– Hauptbeschäftigung **48** 18
– Immunität **46** 1 ff.
– imperatives Mandat **21** 132, **38** 140
– Indemnität **46** 1 ff.
– Informationsrecht **38** 144
– Initiativrecht **38** 144
– Inkompatibilität **38** 134, **48** 16
– Integrität des kirchlichen Amtes **38** 151
– Kündigungsverbot **48** 15
– Loyalitätskonflikte **38** 149
– Mandatsverlust **38** 132
– Offenlegungspflichten **38** 149, 159
– öffentliches Amt **38** 133
– Öffentlichkeit **38** 129, 158 ff.
– parlamentarisches Teilnahmerecht **38** 143
– Parteienfinanzierung **48** 25
– parteipolitische Loyalitäten **38** 138
– Parteisanktionen **38** 150
– Parteiverbot **38** 132
– politische Parteien **38** 122
– Präsenzpflichten **38** 149
– Quoren **38** 149
– Rechte anderer Abgeordneter **38** 146
– Rechtsschutz von Gruppen **38** 178
– Rederecht **38** 144, 151
– Redezeit **38** 154
– Repräsentation **38** 122
– Rotationsprinzip **38** 132
– Ruhegehalt **38** 156
– Selbständige **48** 11
– Sozialhilfeempfänger **48** 11
– Stimmrecht **38** 143
– Strafgefangene **48** 11
– Strafverfolgung **46** 8 ff.
– Transformationsfunktion **38** 130
– Übergangsgeld **48** 26
– Unabhängigkeit **48** 19, 23
– Unentziehbarkeit **38** 141
– Untersuchungsausschüsse **44** 32
– Untersuchungshäftlinge **48** 11
– Urlaubsanspruch **48** 2, 5, 9 ff.
– Verantwortungsfreiheit **46** 9
– Verhaltensregeln **38** 149

1603

(Fortsetzung Abgeordnete)
- Wählerauftrag **38** 138
- Wahlkreis- und Listenmandaten **38** 152
- Wahlvorbereitungsurlaub **48** 4f.
- Weisungsfreiheit **38** 140
- Zeugnisverweigerungsrecht **47** 1ff.
- Zukunftsbezogenheit des Mandats **38** 138
- zusätzliche Einkommen **48** 28

Abgestufte Chancengleichheit 38 97, 108
Ablehnungsrecht des Bundespräsidenten 60 20
Abrüstung 26 7, 17, **59** 29
Abschlußbericht von Untersuchungsausschüssen 44 53
Abschreckung 26 16
Absolute Mehrheit 20 D 64, 91, **23** 10, 12, **42** 11f., 15, 18, 37, **45b** 6, **52** 18, **54** 35, **63** 6, 11, 14, 16ff., 30ff., 38f., **67** 11, 17, **78** 10, **79 II** 7
Absolute Monarchie 20 Rp 16, **79 III** 29
Absolutismus 28 9, **54** 1
Abstimmungen 20 D 93ff., **28** 62, 78
- *siehe auch Plebiszit*
- Neugliederung des Bundesgebietes **29** 45f.
- Territorialplebiszite **20 D** 20, 95, **29** 11, 17ff.
- Verfassungsänderung **79 III** 33

Abstimmungspflichten innerhalb des Bundes 20 B 30
Abwahl
- Bundeskanzler **67** 6, 9
- Bundespräsident **57** 6, **61** 7f.
- Bundesregierung **63** 10, **65** 38f.
- Landesregierung **28** 62
- Parlamentspräsident **40** 23
- Vorsitzende von Untersuchungsausschüssen **44** 38

acta iure gestionis 25 32
acta iure imperii 25 32, **60** 9
Administrative Normsetzung 20 R 161
AEMR *siehe Allgemeine Erklärung der Menschenrechte*
Aggressionsverbot 26 16
Agrarwirtschaft 74 68
Agreement of the People (1647) 20 D 6
Akkreditierung 25 32, **32** 27, **59** 26
Akteneinsicht 35 12, **45b** 18, **45c** 3, 7
Aktives Wahlrecht 38 65
Alimentation
- Abgeordnete **38** 142, 155, **48** 14, 20ff., 29, 33, **79 I** 37
- Beamte **33** 68, 74, 77, 79f.
- Gesetzgebungskompetenzen **74a** 6

Allgemeine Erklärung der Menschenrechte 20 S 11, **20 D** 24, **21** 12, **25** 36, **33** 18
Allgemeinheit der Wahl 38 64ff.
- *siehe auch Wahlrechtsgrundsätze*
- aktives und passives Wahlrecht **38** 65

- Altersgrenzen **38** 72
- Briefwahl **38** 66
- Einschränkungen **38** 68ff.
- formale Zulassungshürde **38** 69
- geistige Gebrechen **38** 72
- Inkompatibilitäten **38** 68
- Listenprivileg **38** 73
- objektiv-rechtliche Qualität **38** 65
- Seßhaftigkeit im Bundesgebiet **38** 70
- Staatsangehörigkeit **38** 71
- staatsbürgerliche Mängel **38** 72
- Volkssouveränität **38** 71
- Wahlalter **38** 68
- Wahlvorschlagsrecht **38** 67, 73
- Zweck **38** 64

Allgemeinpolitisches Mandat 28 136
Altersgrenzen 33 83, **38** 72, **74** 56
Alterspräsident 39 13, 25
Altersversorgung 48 26, **70** 63, **74** 56, 63
Ältestenrat 38 167, **40** 8, 25, 27, **41** 21, **42** 25, **43** 9, **44** 38, **45** 2, **46** 15
Amerikanische Unabhängigkeitserklärung (1776) 20 IV 3
Amnestie 20 R 55, **60** 4, 13, 24, **74** 22, **82** 15
Amtliche Öffentlichkeitsarbeit 38 97
Amtsdauer des Bundespräsidenten 54 38
Amtseid 50 27, **56** 1ff., 6ff., **64** 27, 31, **82** 13
Amtshaftung 34 1ff.
- *siehe auch Staatshaftungsrecht*
- legislatives Unrecht **20 R** 24
- Rechtsmäßigkeitsrestitution **20 R** 206

Amtshilfe 35 1ff., 8ff,.
- Anforderung eines Landes **35** 21
- Aufhebungsverlangen **35** 27
- Begriffsbestimmung **35** 11
- berechtigte Behörden **35** 13ff.
- besondere Gefahrenlagen **35** 20ff.
- besonders schwere Unglücksfälle **35** 24, 26
- Bundesgrenzschutz **35** 20, 23, 27
- Bundesintervention **35** 26
- bundesstaatliche Ordnung **35** 8, 27f.
- Bundeswehr **35** 27
- Datenverarbeitung **35** 19
- Direktive der Bundesregierung **35** 21
- Ermessen **35** 24
- Ersuchen **35** 16
- Gegenstand **35** 12
- Gesetzesvorbehalt **35** 18
- Grenzen **35** 18
- Großdemonstrationen **35** 24
- Grundrechtsbindung **35** 18
- Grundverfahren **35** 17
- Hilfeleistung **35** 17
- informationelle Selbstbestimmung **35** 19, 28
- Informationshilfe **35** 19
- innerer Notstand **35** 20
- Kosten **35** 17, 23, 25

1604

(Fortsetzung Amtshilfe)
- Naturkatastrophen 35 24, 26
- öffentliche Sicherheit und Ordnung 35 21ff.
- personenbezogene Daten 35 19
- praktische Bedeutung 35 9
- Rahmenvorschrift 35 15
- Rechtshilfe 35 11
- Rechtsstaatsprinzip 35 8, 28
- Rechtsverhältnis 35 14
- regionale Notfälle 35 21, 24f.
- Selbstvornahme 35 16
- Sonderfälle bundesstaatlicher Hilfe 35 20
- Spontanhilfe 35 16
- Streitkräfte 35 20
- überregionale Notfälle 35 26f.
- Umfang 35 17
- unmittelbare Verpflichtung 35 14
- Unterstützungsanspruch 35 14
- Verfahrensphasen 35 17
- verpflichtete Behörden 35 13ff.
- Verpflichtung zur Amtshilfe 35 21
- Weitergabeverbote für Daten 35 19

Amtspflicht 34 1ff., 31ff., 64 31
Amtsverhältnis 54 37ff.
Amtsverlust durch Präsidentenanklage 61 18
Amtswalter 34 26f.
Änderung des Grundgesetzes 71 7, 79 I 1ff., 79 II 1ff., 79 III 1ff.
- *siehe auch Verfassungsänderung*

Änderungsvorbehalt bei Rechtsverordnungen 80 26
Anerkennung von Staaten 59 38
Angemessenheit *siehe Verhältnismäßigkeitsprinzip*
Angriffskrieg
- Propaganda 26 5
- Verbot 26 1ff., 13ff.

Anhörungsrecht 20 B 30, 21 18, 28 98, 114, 117, 122f., 128, 179, 29 9, 34f., 32 33f., 33 79, 37 12, 43 7, 21f., 45c 5, 53 7, 9, 69 9, 80 25, 43
Annexkompetenzen 28 113, 30 35, 31 37, 70 18, 54, 64ff.
Anrufungsbeschluß 77 20
Anschlußverfahren 29 44
Anthropozentrismus 20a 7, 25ff.
Antizipierte Zustimmung 59 49
Antizipierter Volksentscheid 29 44
Antragsrechte 21 129
Anwendungsvorrang *siehe Vorrang des europäischen Gemeinschaftsrechts*
Apokryphe Rechtseinheiten 20 D 129
Arbeitnehmerschutz 20 S 41, 74 7, 63ff.
Arbeitsfähigkeit 46 8
Arbeitskampf 20 R 91, 20 IV 4, 33 76f., 70 20, 50

Arbeitslosenversicherung 20 S 43, 45, 55, 74 67
Arbeitsmarktpolitik 20 S 28
Arbeitsrecht 74 62ff.
Arbeitsverhältnisse der Parteien 21 64
Aristokratie 20 Rp 4, 20 D 1f., 9, 14, 58, 28 10
Arzneimittel 74 91
Arztberuf 74 89ff.
Assoziationsrecht 38 138
Atomwaffen 20 D 102, 26 1, 6f., 16, 28 136
Aufgabenentzug 28 90
Aufgabenerfindungsrecht 28 104
Aufhebungsverlangen bei Amtshilfe 35 27
Aufhebungsvorbehalte in der Verordnungsermächtigung 80 26
Auflösung
- Bundestag 38 132, 39 6, 14, 54 19, 25, 57 9, 58 22, 63 11, 33ff., 68 3ff., 10ff., 81 12
- Parteien 21 57
- Untersuchungsausschüsse 44 52

Aufopferungsanspruch 20 R 206, 20 S 56, 34 10, 44
Aufsichtsrat 55 8, 66 13f.
Auftragsverwaltung 80 45
Aufwandsentschädigung 48 29, 34
Ausbildungsbeihilfen 74 68ff.
Außenpolitik 62 5
- *siehe auch auswärtige Angelegenheiten, auswärtige Gewalt*

Ausfertigung von Gesetzen 82 1ff., 8ff., 10ff.
- Gegenzeichnung 82 15
- Prüfungsrecht des Bundespräsidenten 82 12ff.
- Rechtsverordnungen 82 8ff., 21ff.
- Zuständigkeit des Bundespräsidenten 82 11

Ausflaggen 27 6
Ausgestaltungsvorbehalt 20 R 101
Ausgleichsmandate 44 37
Ausländer
- Ausländerbeiräte 28 125
- Ausländerrecht 74 35f.
- Auslieferung 73 17
- Einwohnerzahl 51 19f.
- Freizügigkeit 73 14
- fremdenrechtlicher Mindeststandard 25 28
- Gerichtsverfahren 20 R 203
- Haftungsausschluß 34 42
- Kommunalwahlrecht 20 D 48, 84, 28 24, 38, 72, 29 17, 79 III 36
- Kriegsfolgelasten 25 34
- öffentliche Ämter 33 37
- Parteien 21 14, 53, 65
- politische Beteiligung 28 75
- Privilegierung von Unionsbürgern 74 5
- Sozialstaatlichkeit 20 S 34
- Wahlrecht 38 71, 79 III 36

1605

(Fortsetzung Ausländer)
– Zugang zu Bildungseinrichtungen **31** 54
Auslandsaktivitäten von Parteien 21 56
Auslandsdeutsche 20 S 34, **21** 56, **25** 33, **26** 18, 25 ff., **38** 17, **73** 2, 9
Auslandsrundfunk 73 9
Auslegung 20 Einf 10 ff., **20** R 27, 78 f., 85, **65** 25
– *siehe auch authentische Interpretation, Interpretation*
– Auslegungsrichtlinie **20** Einf 11
– authentische Interpretation **21** 33, **59** 43 f., **65** 3, **79** I 34
– Beteiligung des Bundesrats bei EU-Vorhaben **23** 109, 114
– Gemeinschaftsrecht **70** 12
– Gesetzgebungskompetenzen **70** 24 ff.
– historische Auslegung **70** 26
– landesrechtliche Annexkompetenzen **31** 37
– Ökologisierung des Verwaltungsrechts **20a** 62
– Rechtsschutz bei der Wahl **41** 11
– Regierungsverantwortung **65** 25
– Sozialstaatlichkeit als Interpretationshilfe **20** S 33
– systematische Auslegung **70** 29
– teleologische Auslegung **20** R 78, **33** 29, 58
– Umlaufverfahren **62** 14
– unbestimmte Gesetzesbegriffe **20a** 64
– verfassungskonforme Auslegung **20** Einf 12, **20** R 78 f., 85, **20a** 62, **23** 106, 109, 114, **31** 37, **41** 11, **62** 14, **79** I 36
– Verfassungsprinzipien **20** Einf 11
– Verordnungsermächtigung **80** 30
– Wandel der Auslegung **31** 10, 20
Auslieferung 25 37, **26** 18, **32** 4, **59** 57, **73** 3, 17, **74** 36
Ausreisefreiheit 73 14
Ausschlußgründe bei Parteien 21 128
Ausschüsse 38 48
– Abgeordnetenstatus **38** 154
– Ausschuß der Regionen **23** 23, 65, 70, **28** 29, **29** 8, **50** 11, **51** 7, **78** 2
– Ausschuß für auswärtige Angelegenheiten **45a** 5 ff.
– Ausschußarbeit **77** 4
– Ausschußvorsitz **40** 30
– Berichtspflicht **45a** 9
– Bestellung **45a** 4
– Bundestag **40** 28 ff.
– Gemeinsamer Ausschuß **53a** 1 ff.
– Indemnität **46** 15
– Kontrollaufgaben **45a** 5
– Notstandsvollmachten **53a** 1 ff.
– Öffentlichkeit **42** 24
– Pflichtausschüsse **45a** 3
– Rückruf durch Fraktionen **38** 175

– ständige Ausschüsse **45a** 3
– Verteidigungsausschuß **45a** 5 ff.
Aussperrungsverbot 31 54
Ausstrahlungswirkung
– Aggressionsverbot **26** 18
– Parteienrecht **21** 14, 64, 94
– Rechtsstaatsprinzip **20** R 101 f.
– Volksbefragungen der Länder **71** 9
– Wahlverzicht **38** 65
Austrittsfreiheit bei Parteien 21 62
auswanderung 73 16
auswärtige Angelegenheiten 45a 1 ff., **73** 9 ff.
– Außenpolitik **62** 5
– außenpolitische Handlungsfähigkeit **32** 20
– Außenwirtschaftsverkehr **26** 18
– äußere Gewalt **20** R 115
Auswärtige Beziehungen 32 1 ff., 17 ff., **59** 1, 14 ff.
– Abschluß völkerrechtlicher Verträge **32** 25
– außenpolitische Handlungsfähigkeit **32** 20
– auswärtige Belange bei innerstaatlichen Verfahren und Entscheidungen **32** 28
– auswärtige Staaten **32** 22 ff., 36
– besonders betroffene Länder **32** 31
– bilaterale Abkommen **32** 13
– Bundesregierung **32** 45 f.
– Bundestreue **32** 31
– diplomatischer Schutz **32** 20
– Doppelwirkung des Vertragsgesetzes **32** 42
– einseitige Akte **32** 27
– Europäische Union **32** 12 ff., 44
– Federative Power **32** 1
– Festlandsockel **32** 32
– Fischereirechte **32** 32
– föderales Innenverhältnis **32** 36
– föderalistische Lösung **32** 42
– GASP **32** 12, 24, 44
– Gebietsänderungen von Ländern **32** 33
– gesamtstaatliches Interesse **32** 45
– grenznachbarschaftliche Einrichtungen **32** 39
– Grundentscheidung für das unitarische Auftreten **32** 19
– Grundrechtseinschränkungen **32** 26
– Handeln im Bereich der Völkerrechtsordnung **32** 27
– Handlungsbefugnis des Zentralstaates **32** 14
– Heiliger Stuhl **32** 23, 30
– internationale Organisationen **32** 11, 39
– Kohärenzziel **32** 38, 45
– kommunale Außenpolitik **28** 136, **32** 29
– Konkordate **32** 30
– konkurrierende Gesetzgebungskompetenz **32** 40
– Kooperation mit angrenzenden Staaten **32** 39
– Kooperation zwischen Universitäten **32** 30

Sachregister

(Fortsetzung Auswärtige Beziehungen)
- Länderbüros in Brüssel **32** 38
- Ländermitwirkung **32** 17, 31
- Lindauer Abkommen **32** 8, 43, 48
- Malteser Orden **32** 23
- Natur der Sache **32** 38
- organisatorische Maßnahmen **32** 27
- Organkompetenz **32** 17
- politisches Ermessen **32** 45
- rechtzeitige Anhörung der Länder **32** 34
- richterliche Kontrolle **59** 53ff.
- Rotes Kreuz **32** 23
- Rundfunkanstalten **32** 30
- Staaten als originäre Völkerrechtssubjekte **32** 9
- Subjekte des Völkerrechts **32** 22
- traditionelle Staatsaufgaben **32** 11
- Umkehr der Kompetenzvermutung **32** 19
- Verbandskompetenz **32** 17
- Verträge mit auswärtigen Staaten **32** 36ff.
- Vertragskompetenz der Länder **32** 35ff.
- Verwaltungskompetenz **32** 40
- Völkerrechtssubjektivität **23** 42, **24** 39, 47, **27** 6, **32** 9f., 18f., 35
- Wandel des Völkerrechts **32** 21
- ZBJI **32** 12, 24, 44
- Zustimmung der Bundesregierung **32** 45f.

Auswärtige Gewalt 20 R 68, 86, **20a** 52, **23** 97, 99, 115, 117, **32** 1ff., 17ff., **59** 1ff., 14ff., **62** 35, **65** 33, **73** 9, 23, 48

Authentische Interpretation 21 33, **59** 43f., **65** 3, **79 I** 34

Ballungsräume 29 39f.
Bananenmarktordnung 23 79
Bankwesen 74 59
Bannmeile 40 15, 37
Baugesetze der Verfassung 20 Einf 5
Baurecht 34 35, **74** 84
Beamte
- siehe auch Berufsbeamtentum, Zugang zu öffentlichen Ämtern
- Angleichung von Angestelltentarif und Beamtenrecht **33** 55
- Beamtenrecht **33** 67
- Beamtenstellen **33** 39
- Beamtenverhältnis **34** 2
- Beamtenversorgung **20 S** 47
- Befähigung **33** 41ff.
- Beleihung **33** 55
- Beliehene **33** 62
- Bundesbeamte **21** 8, **33** 35, **52** 6, **54** 19, 22, **60** 17f., 30, 34, **73** 38
- Bundesbehörden **36** 7
- dienstliche Beurteilungen **33** 45
- Eignung **33** 41ff.
- fachliche Leistung **33** 41ff.
- Lehrerberuf **33** 59
- Mindesteinsatzbereich **33** 53
- nichtbeamtete Angehörige des öffentlichen Dienstes **33** 62
- politische Beamte **33** 81
- politische Treuepflicht **33** 43
- Qualifikation **36** 8
- Reform des öffentlichen Dienstes **33** 55
- Verlagerung von Staatsaufgaben auf Private **33** 55
- Vorbereitungsdienst **33** 61
- Zweispurigkeit des öffentlichen Dienstes **33** 53

Bebauungsplan 28 133, **74** 84
Bedingungsfeindlichkeit der Gesetzgebung 82 26
Befähigung von Bewerbern 33 33
Befangenheit 57 8
Befehlsgewalt 24 62, **65** 16, 29, **65a** 1ff.
Befördern von Kriegswaffen 26 26
Beförderungsamt 33 39
Beglaubigung 59 26
Begnadigung 60 13ff.
- Billigkeitsgedanke **60** 28
- Delegationsermächtigung **60** 29
- Einzelfall **60** 22ff.
- Ermessen **60** 27
- Gegenzeichnung **60** 27
- Justitiabilität **60** 28
- Landesebene **60** 14
- Menschenwürde **60** 28
- politische Verantwortlichkeit **60** 28
- Rationalitätsgebot **60** 27
- Widerruf **60** 28
- Willkürverbot **60** 28

Behinderte 38 80
Behinderungsverbot 48 3f., 13ff.
Behördenbegriff 35 13
Beihilfe 20 S 40
Beitrittsrecht 21 127
Bekenntnisfreiheit 33 24
Belastende Verwaltungsakte 20 R 124
Beliehene 20 D 115, **33** 38, **34** 27
Benachteiligungsverbot 33 3, **48** 14
Bergbahnen 74 106
Bergbau 74 56
Berichterstattung 42 8, 27
Berichtigung
- Gesetzgebungsverfahren **77** 9
- Verkündung von Gesetzen **82** 19

Berlin-Brandenburg 29 53
Berufliche Inkompatibilitäten 66 8, 10ff.
Berufsausübung 20 R 178, **38** 159, **48** 14, 18, **55** 8, **66** 3, **74** 27, 89f.
Berufsbeamtentum 33 5, 14f., 25
- siehe auch Beamte
- Abgeordnetenstatus **33** 68

1607

(Fortsetzung Berufsbeamtentum)
- Alimentationsprinzip **33** 74, 80
- Altersgrenzen **33** 83
- Amt im funktionellen Sinne **33** 84
- Amtsangemessenheit **33** 80
- Amtsbezeichnung **33** 74
- Arbeitszeit **33** 85
- aussagefähige Amtsbezeichnung **33** 86
- Beachtenspflichten **33** 74
- Beamtenrecht **33** 67
- Beamtenverhältnis auf Probe **33** 81
- Beamtenverhältnis auf Widerruf **33** 81
- Beamtenverhältnis auf Zeit **33** 81
- Beamtenversorgung **33** 80
- Befähigung **33** 33, 49, 87
- Berücksichtigungsgebot **33** 74f.
- Berufssoldaten **33** 68
- Dienstvereinbarungen **33** 76
- Disziplinarrecht **33** 86
- Ehrenbeamte **33** 68
- Eignung **33** 9, 33, 42ff., 79, 87, **36** 4
- Einschränkungen der Grundrechte **33** 66
- Einzelentscheidungen der Exekutive **33** 65
- Ernennungsurkunde **33** 86
- fachliche Leistung **33** 33, 49, 86f.
- fachliche Vorbildung **33** 86
- familiär bedingter Bedarf **33** 80
- Führungsamt auf Probe **33** 82
- Führungsamt auf Zeit **33** 82
- fundamentale Grundsätze **33** 70
- Fürsorgepflicht **33** 74, 79
- Gehorsamspflicht **33** 78
- gesetzliche Regelung **33** 76
- grundrechtsähnliche Individualrechtsgarantie **33** 63
- Hauptberuflichkeit **33** 85
- hergebrachte Grundsätze **33** 1ff., 63ff., 70ff.
- Hinterbliebenenversorgung **33** 80
- Hochschullehrer **33** 86
- institutionelle Garantie **33** 63
- Kernbestand von Strukturprinzipien **33** 64
- Kirchen **33** 68
- kommunale Vertretungskörperschaften **33** 68
- Laufbahnprinzip **33** 74, 86
- Lebensstandard **33** 80
- Lebensunterhalt **33** 80
- Lebenszeitprinzip **33** 68, 81
- Leistungsprinzip **33** 74, 80, 86
- Mäßigungspflicht **33** 78
- Minister **33** 68
- mittelbare Staatsverwaltung **33** 68
- Nebentätigkeit **33** 85
- Personalvertretungsrecht **33** 76
- politische Beamte **33** 81
- politische Treuepflicht **33** 78
- Primat der institutionellen Funktion **33** 63
- Privatdozenten **33** 68
- rechtliche Tradition **33** 70
- Richter **33** 68, 86
- Rücksichtnahmepflicht **33** 78
- Senatorenämter **33** 68
- Staatsangehörigkeit **33** 86
- Strafrecht **33** 86
- Streikverbot **33** 77
- Trennung von Amt und Funktion **33** 82
- Treuepflicht **21** 149, **33** 7, 17, 25, 43, 68, 73, 78, **48** 14
- Treueverhältnis **33** 15, 56, 68, 78ff.
- Unentziehbarkeit des statusrechtlichen Amtes **33** 82
- unparteiische Amtsführung **33** 78
- Verbot unterwertiger Beschäftigung **33** 84
- Verschwiegenheit **33** 78
- Versorgung im Ruhestand **33** 80
- Vollzeitlichkeit **33** 85
- wohlerworbene Rechte **33** 64

Berufsverbot 66 1ff., 5ff.
- Adressaten **66** 7
- anderes besoldetes Amt **66** 11
- Aufsichtsrat **66** 13f.
- außergerichtliche Gutachten **66** 9
- beamtenrechtliche Grundsätze **66** 6
- berufliche Inkompatibilitäten **66** 8, 10ff.
- Bundeskanzler **66** 7
- Bundesminister **66** 7
- Bundesministergesetz **66** 9
- Bundespräsident **66** 17
- Bundesrat **66** 17
- Bundesverfassungsrichter **66** 17
- Gemeinsamer Ausschuß **66** 17
- Gewaltenteilung **66** 18
- Gewerbe **66** 12
- Landesregierung **66** 17
- öffentliche Ehrenämter **66** 9
- politische Inkompatibilitäten **66** 8, 17ff.
- Rechtsfolgen **66** 16, 20
- Regelungszweck **66** 5f.
- Regierungsamt im Bund und Landtagsmandat **66** 19
- Regierungsamt und Bundestagsmandat **66** 18
- Schiedsrichtertätigkeit **66** 9
- Überbrückung **66** 15
- Umfang der Betätigungsverbote **66** 15
- Unternehmensleitung **66** 13
- verfassungsorganschaftliche Inkompatibilitäten **66** 20
- Vertretung **66** 15
- Verweigerung der Ernennung **66** 16, 20
- Zustimmung des Bundestages **66** 14

Besatzungskosten 71 7

Beschlagnahme
- Untersuchungsausschüsse **44** 49

Beschlagnahmeverbot 47 1ff., 10ff.
- Akzessorietät zum Zeugnisverweigerungsrecht 47 10
- Geltung für präventiv-polizeiliche Maßnahmen 47 12
- Rückgabepflicht 47 12
- Schutzgegenstand 47 11
- Verwertungsverbot 47 12

Beschlußfähigkeit 42 13
- Parlamentarisches Mehrheitsprinzip 42 33

Besondere Gewaltverhältnisse 20 R 99
Bestandsgarantie 28 163
Bestandteilsnormen 28 50, 52
Bestimmtheitsgebot 20 R 117ff., 212, 80 27ff.
Betäubungsmittel 74 91
Beugemaßnahmen 46 27
Beurteilungsspielraum
- Neugliederung des Bundesgebietes 29 29

Bewaffneter Angriff 26 5
Beweiserhebung
- Untersuchungsausschüsse 33 30, 44 7, 40, 43ff.

Bewertungsspielräume 20 R 173f., 121, 29 29, 33 36, 45, 80, 35 22, 65 21
Bewertungsverbot 21 62
Bezirke 28 157
Bilaterale Abkommen 32 13
Billigkeitsgedanke im Begnadigungsrecht 60 28
Bindestrichländer 29 2
Binnenwasserstraßen 74 98
Biologische Waffen 26 6f.
Bodennutzung 28 130
Bodenrecht 74 84f.
Börsenwesen 74 59
Botschaft 25 32, 59 12, 26
Briefwahl 38 66f.
- Geheimheit der Wahl 38 113
- Unmittelbarkeit der Wahl 38 80
- Wahlrechtsgrundsätze 28 67

Budgetinitiative 76 7
Bundesaufsicht 28 18, 173, 32 45, 37 15, 44 22, 50 26
Bundesauftragsverwaltung 20 B 30, 28 153, 59 51, 71 7
Bundesbank 20 D 123, 20 R 64, 72, 24 70, 38 41, 65 34, 73 19, 74 59, 80 15
Bundesbeamte *siehe Beamte*
Bundesbehörden 35 10, 36 1ff., 5ff., 54 40, 60 26, 30, 62 17, 19, 21, 28
Bundeseigene Verwaltung 71 7
Bundeseisenbahnen 71 7
Bundesexekution 28 23
Bundesfarben 20 Rp 22, 22 1ff., 14
Bundesflagge 22 1ff.
Bundesfreundliches Verhalten 20 D 102, 20 B 11ff., 26ff., 37 12, 53 10, 70 35ff., 59, 71 9, 72 28, 74a 4, 79 III 39

Bundesgerichte 71 7
Bundesgesetzblatt 82 1ff., 10ff.
Bundesgrenzschutz 30 35, 35 5, 20, 23, 27, 60 18, 73 25
Bundeshauptstadt 22 18
Bundesintervention 28 169, 35 26
Bundeskabinett 65 32ff. *siehe auch Bundesregierung, Regierungsverantwortung*
Bundeskanzler
- Amt innerhalb der Bundesregierung 62 23
- Amtsübernahme 63 12
- Annahme der Wahl 63 26, 41
- Auflösung des Bundestages 63 33, 39
- Berufsverbot 66 7
- Bundestagsauflösung bei Wahl 63 45f.
- dritte Wahlphase 63 33ff.
- Entlassung 58 19
- Ernennung 58 19, 60 34, 63 27f., 38
- erste Wahlphase 63 16ff.
- gouvernementale Organisationsgewalt 64 15
- Hausgut der Kanzlerkompetenzen 64 23
- Kanzlerdemokratie 62 15, 64 5, 65 14f.
- Kanzlermehrheit 63 16, 24, 26, 33f., 38, 43f., 68 22, 81 11f.
- Kernbereich der Kanzlerkompetenzen 64 23
- Koalitionsvereinbarungen 63 14f.
- materielles Kabinettsbildungsrecht 64 5, 24
- Minderheitskanzler 63 39f.
- Minderheitsregierung 63 33, 43f.
- Organisationskompetenz 64 8f.
- parlamentarische Staatssekretäre 64 24
- Personalkompetenz 64 24
- politische Einschätzungsprärogative 64 25
- Präsentationskapitulation 63 22
- Regierungsverantwortung 65 15ff.
- ressortfreies Amt 62 16
- stabile Regierung 63 21
- Stimmengleichheit 63 41
- Tod des Bundeskanzlers 63 47
- Vorschlag des Bundespräsidenten 63 17ff.
- Wahl 63 7ff.
- Wahl durch absolute Mehrheit 63 32
- Wahl durch den Bundestag 63 23ff.
- Wahl ohne Aussprache 63 25, 31
- Wählbarkeitsvoraussetzungen 63 13
- Wahlinitiative aus dem Bundestag 63 30
- Wahlphasen 63 11, 16ff.
- zweite Wahlphase 63 29ff.

Bundeskompetenzen *siehe Gesetzgebungskompetenzen, Verwaltungskompetenzen*
Bundeskriminalamt 36 6
Bundesminister 64 1ff., 5ff.
- Abgrenzung der Geschäftsbereiche 64 8
- Abgrenzung zum Bundeskanzler 64 15ff.
- Amt innerhalb der Bundesregierung 62 23

(Fortsetzung Bundesminister)
- Berufsverbot **66** 7
- Binnenorganisation des Ressorts **64** 17
- Chef eines Verwaltungsressorts **62** 19
- Doppelstellung **62** 19
- Eid **64** 31f.
- Einrichtung der Behörden **64** 11
- Entlassung **64** 28
- Ernennung **60** 34, **64** 26f.
- Kernbereich der Regierung **64** 22
- materielles Kabinettsbildungsrecht des Bundeskanzlers **64** 5
- Minister für besondere Aufgaben **62** 20
- Minister ohne Geschäftsbereich **62** 20
- Mitglieder des Kabinetts **62** 19
- Mitwirkung des Bundespräsidenten **64** 14
- Organisationsbefugnisse **64** 17
- Organisationsgewalt **64** 9ff.
- organisationsrechtliche Gesetzesvorbehalte **64** 19f.
- parlamentarisches System **64** 6
- Regierungsbildung **64** 5
- Regierungsverantwortung **65** 28ff.
- Rücktritt **64** 30
- Symbolfunktion der Eidesleistung **64** 32
- Verweigerung der Ernennung durch den Bundespräsidenten **64** 27
- Wahl durch den Bundestag **64** 5
- Zahl der Minister **64** 8
- Zugriffsrecht der Legislative **64** 21ff.
- Zuschnitt der Geschäftsbereiche **64** 8

Bundesministergesetz 66 9
Bundesoberbehörden 36 6
Bundesorgane 20 D 101, **28** 176, **31** 32, **68** 16, **71** 9, **80** 45, **82** 21
- Bundespräsident **54** 14, 21ff., **59** 19, **61** 7, 12
- Bundesrat **23** 95, 115, **50** 16ff., **52** 19, **53** 12, **79** II 17
- Bundesregierung **62** 7f.
- Bundestag **38** 46
- Bundesversammlung **50** 18, **54** 31, **61** 7
- Gemeinsamer Ausschuß **53a** 5

Bundespräsident
- Ablehnungsrecht **60** 20
- Amtsbeschränkung auf die Bundesebene **54** 17
- Amtsdauer **54** 38
- Amtseid **56** 1ff., 6ff.
- Amtsverhältnis **54** 37ff.
- Aufhebung der Immunität **60** 31
- Aufsichtsratsmitgliedschaft **55** 8
- Befangenheit **57** 8
- Befugnisse im Vertretungsfall **57** 9ff.
- Begnadigungsrecht **60** 1ff., 22ff.
- berufliche Inkompatibilitäten **55** 8
- Berufsausübung **55** 8
- Berufsverbot **66** 17
- Bundestagsauflösung **54** 25
- Bundesversammlung **54** 31f.
- Charakteristika der Präsidialfunktion **54** 21ff.
- Delegation der Befugnisse **57** 5
- Delegation von Befugnissen **57** 5, **59** 21
- differenzierte Aufgabenverteilung **59** 16
- Ehrenämter **55** 8
- Eidesleistung **56** 6
- Eidespflicht **56** 8f.
- Eidespflicht im Vertretungsfalle **57** 9
- eigene Gestaltungsbefugnis **59** 22
- Einheit der Pluralität **54** 29
- Entlassungspflicht beim Mißtrauensvotum **67** 17
- Ermessen bei Gnadenentscheidung **60** 27
- Ernennung **60** 1ff., 17ff., **66** 16, **67** 17
- Feststellung des Vertretungsfalls **57** 7
- formelles Prüfungsrecht **82** 12
- Gegenzeichnung **58** 1ff., 6ff.
- Gegenzeichnungspflicht **57** 9
- geschriebene Kompetenzen **54** 19
- Gewerbe **55** 8
- Hüter der Verfassung **54** 27
- Immunität **60** 30ff.
- Inkompatibilitäten **55** 1ff., 5ff., **57** 9
- Integrationsfunktion **54** 28f.
- Integrität des Amtes **55** 5
- materielles Prüfungsrecht **56** 7, **82** 13
- Mediator **54** 25f.
- Nebenvertretung **57** 5
- neutrale Gewalt **54** 23f.
- notarielle Funktion **59** 22
- oberste Bundesbehörde **54** 40
- Parallelvertretung bei Terminüberschneidungen **57** 5
- Parteiinteressen **54** 24
- Parteimitgliedschaft **55** 7
- politische Inkompatibilitäten **55** 6ff.
- politisches Prüfungsrecht **82** 12
- pouvoir neutre **22** 15, **54** 23f., **64** 27
- Präsidentenanklage **60** 32
- protokollarisch höchstes Staatsorgan **54** 16
- Prüfungskompetenz **54** 22, **56** 7, **59** 25, **60** 20, **82** 12ff.
- regierender Präsident **54** 23
- Regierungstätigkeit **54** 26
- religiöse Beteuerung bei Eidesleistung **56** 10
- Repräsentation **54** 15, **59** 18ff., **60** 16, 19
- Republik **20** Rp 22, **54** 14
- Schutzzweck der Immunität **60** 30
- Staatsnotar **54** 22
- Staatsoberhaupt **54** 14
- Stellung im Verfassungsgefüge **54** 13ff.
- Stellvertretung **56** 8
- ungeschriebene Kompetenzen **54** 20

(Fortsetzung Bundespräsident)
- Verhinderung **57** 5, 10
- Vermittlungsfunktion **58** 10
- Vertretung **57** 1ff., 4ff.
- Vertretung der Länder **54** 17
- völkerrechtliche Vertretung **54** 15
- vorzeitige Erledigung des Amtes **57** 6
- Wahl **54** 30ff., **55** 9
- Wählbarkeit **54** 33
- Wahlverfahren **54** 34ff.
- Weisungen im Vertretungsfall **57** 9
- Wirkungen der Inkompatibilitätsregelung **55** 9ff.
- Wirkungen des Amtseids **56** 7
- Würde des Amtes **55** 5

Bundesrat 50 1ff., 14ff., **51** 1ff., 9ff., **52** 1ff., 11ff., **53** 1ff., 5ff.
- Abberufung der Mitglieder **51** 14
- absolute Mehrheit **52** 18
- Abstimmungsverhalten **51** 16
- Amtsdauer des Bundesratspräsidenten **52** 14
- Amtshilfe **35** 27
- Anhörungsrecht **53** 9
- Ausländereinbeziehung **51** 20
- Ausschuß der Regionen **51** 7
- Ausschußbesetzung **52** 25
- Ausschüsse **52** 23ff.
- Berufsverbot **66** 17
- Beschlußfähigkeit **52** 18
- Bestellung der Mitglieder **51** 13
- Bundespolitik **50** 15
- Bundesratspräsident **52** 1ff., 12ff., **54** 38, **56** 8, **57** 2, 5, 7
- Bundesregierung **53** 1ff., 5ff.
- bundesstaatliche Ordnung **50** 18
- Bundeszwang **50** 26
- demokratische Legitimation **50** 18
- Diskontinuität **51** 9
- Einberufung **52** 17
- einheitliche Stimmabgabe **51** 22
- Einspruchsrecht bei Neugliederung des Bundesgebietes **29** 35
- Entsendungsrecht **51** 21
- Europäische Union **50** 29f.
- Europakammer **52** 21f.
- ewiges Organ **51** 9
- Fehlkonstruktion **51** 10
- gesamtstaatliche Repräsentation **50** 27
- Geschäftsordnung **50** 25, **52** 19
- Gesetzgebungsnotstand **50** 24
- Grundsatz der Öffentlichkeit **52** 20
- horizontale Gewaltenteilung **50** 18
- Immunität **51** 18
- Indemnität **51** 18
- Informationsanspruch **53** 10
- informelle Kontakte **50** 11
- Initiativen **76** 23f.
- Inkompatibilität der Mitgliedschaft **51** 17
- Katastrophenhilfe **50** 26
- Koalitionsvereinbarungen **51** 24
- Königsteiner Abkommen **52** 13
- Kontrollfunktion **50** 28
- Landesverwaltung unter Bundesaufsicht **50** 26
- Mitglieder der Europakammer **52** 22
- Mitgliedschaft **51** 11ff.
- Mitwirkung **50** 22ff.
- Notstand **50** 26
- ordentliches Gesetzgebungsverfahren **50** 23
- Organisation und Verfahren **52** 1ff., 11ff.
- Parteienbundesstaat **50** 19
- Personalentscheidungen **50** 27
- persönliches Erscheinen von Regierungsmitgliedern **53** 8
- Pflicht der Bundesregierung zur Auskunftserteilung **53** 8
- Pflicht zur kontinuierlichen Unterrichtung **53** 10f.
- Präsidium **52** 16
- Ratsmodell **51** 2, 5
- Rechtsstellung der Mitglieder **51** 16
- Rechtsverordnungen **50** 25
- Rotationsprinzip **52** 13
- Selbstkoordinierung der Länder **50** 20
- Senatsmodell **51** 2, 5
- sonstige Länderbeteiligung **50** 20
- ständige Ausschüsse **52** 24
- Stimmabgabe **51** 4, 21ff.
- Stimmenverteilung **51** 3, 5, 19f.
- Stimmenzahl **51** 19
- Teilnahmepflicht der Bundesregierung **53** 8
- Teilnahmerecht der Bundesregierung **53** 7
- Unitarisierungstendenzen **50** 16
- Verbindungsstelle zum Europäischen Parlament **50** 11
- Verbot der Doppelmitgliedschaft **51** 17
- Verfassungsänderungen **50** 24, 32, **79 II** 17
- Verfassungsorgan des Bundes **50** 17
- Verteidigungsfall **50** 24
- Vertretungsregelung **51** 15
- Verwaltungsvorschriften **50** 25
- Weisungsgebundenheit der Mitglieder **51** 16, 23
- Wiedervereinigung **51** 6
- Zeugnisverweigerungsrecht **51** 18
- Zitierrecht **53** 8
- Zustimmung zu Verwaltungsabkommen **59** 51
- Zweidrittelmehrheit **52** 18
- Zweite Kammer **50** 21

Bundesrechnungshof 20 D 123, **71** 7
Bundesrecht bricht Landesrecht 31 1ff., 8ff.
- *siehe auch Vorrang des Bundesrechts*

Bundesregierung 62 1ff., 6ff.
- siehe auch *Bundeskanzler, Bundesminister, Rechtsverordnungen, Regierungsverantwortung*
- Abgrenzung vom Parlament 64 18
- Annexkompetenzen 62 36
- auswärtige Beziehungen 32 45f.
- auswärtige Gewalt 20 R 68, 86, 20a 52, 23 97, 99, 115, 117, 32 1ff., 17ff., 59 1ff., 14ff., 62 35, 65 33, 73 9, 23, 48
- Bundeskanzler 62 10, 15ff.
- Bundeskanzleramt 62 17f.
- Bundesminister 62 10, 19ff.
- Bundesminister für besondere Aufgaben 62 18, 20
- Bundesminister ohne Geschäftsbereich 62 20
- Bundeszwang 37 12
- Doppelstellung 62 28
- Entscheidungsverfahren 62 13
- exekutive Eigenverantwortung 20 D 105, 20 R 66, 68, 23 103, 44 7, 26, 62 34f., 64 22f., 79 III 41
- Gelenkstelle zwischen Regierung und Verwaltung 62 27
- Geschäftsbereiche ohne Bundesminister 62 20
- Geschäftsordnung 62 14
- Gesetz über die Rechtsverhältnisse der Mitglieder 62 23
- Gewaltenteilung 62 24ff.
- Kabinettsausschüsse 64 17
- Kabinettskompetenzen 65 33ff.
- Kabinettsprinzip 65 11
- Kabinettsverantwortlichkeit 65 41
- Kanzlerdemokratie 62 15
- Kernbereich der Regierung 20 R 66, 68, 20 D 105, 23 103, 44 7, 26, 62 34f., 64 22f., 79 III 41
- Kollegialorgan 62 10ff.
- Leiter des Bundeskanzleramts 62 18
- materieller Begriff der Regierung 62 26
- Minister als oberste Bundesbehörde 62 28
- Minister als Verfassungsorgan 62 28
- Minister ohne Kabinettsrang 62 12
- oberstes Organ der vollziehenden Gewalt 62 24
- Organisationsstruktur 64 7
- parlamentarische Staatssekretäre 62 21f.
- Pflicht zur Ernennung von Bundesministern 62 12
- politische Staatsführung 62 30ff.
- punktuelle gesetzliche Vorgaben 64 22
- rechtlich gesicherter Vorbehaltsbereich 62 37
- Regelverfahren der Beschlußfassung 62 14
- Regierung im funktionellen Sinne 62 6
- Regierung im institutionellen Sinne 62 6
- Regierungs- und Verwaltungsaufgaben 62 25
- Regierungsfunktionen 62 33
- Regierungssitz 22 18
- Regierungsstabilität 67 6f.
- Regierungssturz 67 20
- Regierungsvorbehalt 62 34ff.
- selbständiges Verfassungsorgan 62 7ff.
- Spitze der Bundesverwaltung 62 27ff.
- Staatsleitung 62 30f.
- Staatsminister 62 12
- Staatssekretäre 62 12
- Teilorgane 62 10
- Umlaufverfahren 46 13, 62 14, 80 21, 43
- Verhältnis zu anderen Bundesorganen 62 8
- Verwaltungsangelegenheiten des Bundes 62 29
- Vielfalt der Regierungsaufgaben 62 32
- zentrale Rolle 62 37
- zugriffsfeste Kompetenzen 62 36
- Zuständigkeitsvermutung 62 29

Bundesrichter 60 17, 71 7

Bundesstaat 20 B 1ff., 16ff.
- Amtshilfe 35 28
- Bedeutung 20 B 16
- bundesstaatliche Ordnung 36 5
- Bundesstaatsbegriff 20 B 19
- Bundesstaatsrechtslehre 20 B 21
- Bundesstaatstheorie 20 B 20
- Bundestreue 20 B 26ff.
- dreigliedriger Bundesstaat 20 B 20
- Europäische Union 20 B 12, 23 99
- europäisierter Bundesstaat 20 B 18
- freiheitliche demokratische Grundordnung 20 B 34, 79 III 49
- Funktion 20 B 17
- Hausgut der Länder 20 B 24
- Hoheitsrechtsübertragung 24 34
- intraföderatives Vertragsrecht 20 B 24
- Kernbestand eigener Aufgaben 20 B 24, 34
- kompetitiver Bundesstaat 20 B 18
- kooperativer Bundesstaat 20 B 18
- Ländergleichheit 20 B 25
- Neugliederung des Bundesgebietes 29 11
- Rechtsstaatsprinzip 20 R 211
- Rechtsverordnungen 80 12
- Schutz vor Verfassungsänderung 20 B 34
- spezielle Vorschriften 20 B 34
- Staatsqualität der Länder 20 Einf 12, 20 B 23f., 24 39, 28 47ff., 29 12, 30 16
- Stabilität 20 B 18
- Trennsystem 20 B 18
- Übermaßverbot 20 B 32
- unitarischer Bundesstaat 20 B 18
- Untersuchungsausschüsse 44 22ff.
- Verfassungsänderung 79 III 4, 16, 39

Sachregister

(Fortsetzung Bundesstaat)
- Verfassungsautonomie der Länder **20 B** 24, **28** 47ff.
- Verfassungsprinzipien **20 Einf** 4ff.
- Zuständigkeitsverschiebungen **20 B** 18
- zweigliedriger Bundesstaat **20 B** 20

Bundesstraßenbau 74 103

Bundestag
- *siehe auch Abgeordnete, Parlament, parlamentarische Kontrolle, parlamentarisches Regierungssystem, Ministerverantwortlichkeit, Regierungsverantwortung*
- Abstrakte Normenkontrolle **39** 23
- Adressat des Zitierrechts **43** 10
- Ältestenrat **38** 167, **40** 8, 25, 27, **41** 21, **42** 25, **43** 9, **44** 38, **45** 2, **46** 15
- Anfechtungsprinzip in der Wahlprüfung **41** 13
- Anhörungsrecht **43** 21ff.
- Anwortpflichten bei Zitierrecht **43** 15
- Auflösung **39** 6f., 9, 17f., **54** 25, **58** 22, **68** 3ff., 10, 14
- Ausschüsse **38** 48, **40** 28ff.
- Ausschußvorsitz **40** 30
- Beginn der Wahlperiode **39** 13
- Begriff der Wahlperiode **39** 11
- Berichtigung des Wahlergebnisses **41** 18
- Bundestagpräsident **21** 26, **38** 48, 132, **39** 19, **40** 8, 10, **41** 21, **42** 36, **44** 38, **45b** 5, **46** 17, 19, **48** 22, 35, **54** 34, 36, **63** 16, 20, 35
- Bundestagsverwaltung **38** 48
- demokratische Gesamtleitung **38** 36
- demokratischer Willensbildungsprozeß **40** 21
- demokratisches Zentralorgan **38** 33
- Diskontinuität **39** 20ff.
- Durchsuchung und Beschlagnahme **40** 37
- Einberufungsverlangen **39** 27
- Enquetekommissionen **40** 31, **43** 9
- Entscheidungen mit Außenwirkung **40** 21
- Entscheidungsspielraum der Exekutive **38** 34
- Fraktionen **40** 32f.
- Fraktionsmindeststärke **40** 33
- Fremdinformation **38** 42
- Funktionen **38** 28
- gerichtliche Kontrolle von Geschäftsordnungsrecht **40** 19ff.
- Geschäftsordnungsautonomie **38** 48, **40** 6ff.
- gesetzliche Mitgliederzahl **79 II** 15
- Hauptorgan der Gesetzgebung **38** 37
- Hausrecht **40** 16, 34ff.
- Herbeirufung des Bundeskanzlers **43** 10
- Herrschaft auf Zeit **39** 10
- innere Organisation **40** 5
- Institution **38** 46ff.
- Interpellationsrecht **38** 43, **43** 12
- Kollegialorgan **38** 47
- konstituierende Sitzung **39** 14
- Kontrolle **38** 29
- Kontrollfunktion **38** 41ff.
- Kontrollinstrumentarium **38** 43
- Kontrollrechte der Minderheit **38** 45
- Körperschaft **38** 46
- Kreationsfunktion in der Regierungsbildung **38** 40
- Legislaturperiode **39** 11
- Legitimation **38** 29
- Legitimationsmonopol **38** 33
- Leitfunktion **20 D** 88, 110, **79 III** 35
- Mandatsprüfung **41** 20f.
- materielles Wahlprüfungsrecht **41** 14ff.
- Mißtrauensvotum **43** 16
- Mitglieder der Bundesregierung **40** 14
- Mitglieder des Bundesrats **40** 14
- Name **38** 49
- oberstes Bundesorgan **38** 46
- Öffentlichkeit **38** 32
- Öffentlichkeit der Kontrolle **38** 45
- Ordnungsbefugnis des Parlamentspräsidenten **40** 24
- Organidentität **39** 23
- Organisationsautonomie **38** 48, **40** 22ff.
- Organkontinuität **39** 23
- Organstreit **39** 23
- parlamentarischer Innenbereich **40** 21
- parlamentarisches Gewohnheitsrecht **40** 8
- Parlamentarisierung der Regierung **63** 10
- Parlamentsautonomie **39** 27, 30, **40** 1f., 4ff., 38, **41** 7
- Parlamentsbrauch **40** 8, **45c** 15
- parlamentslose Zeit **39** 14
- Parlamentspräsident **40** 23f.
- Parlamentsvorbehalt **38** 34
- persönliche Anwesenheitspflicht von Regierungsmitgliedern **43** 14
- persönliche Erscheinungspflicht von Regierungsmitgliedern **43** 11
- Plenum **38** 48
- Polizeigewalt **40** 35
- Präsident **40** 23f.
- Präsidium **40** 25
- Rechtsnatur der Geschäftsordnung **40** 18
- Rechtssetzung **38** 37ff.
- Rechtssetzungsmonopol **38** 39
- Rederecht **43** 21ff.
- Redezeit **43** 25
- Repräsentation **38** 29, 31ff.
- Rotationsprinzip **39** 19
- Schriftführer **40** 26
- Selbstauflösungsrecht **39** 17
- Selbstinformation **38** 42
- Selbstorganisation **40** 6

(Fortsetzung Bundestag)
- Selbstversammlungsrecht **39** 5, 27, 30, **53a** 4
- Sitz **22** 18
- Sitzungen **39** 28f.
- Sitzungsort **39** 29
- Sonderausschüsse **40** 28
- ständige Ausschüsse **40** 28
- Termin für die Neuwahl **39** 15
- Ungültigkeit eines Beschlusses **40** 21
- Verbot parlamentsfreier Räume **38** 36
- Verfassungsänderung **79** II 15f.
- Verfassungsorgan **38** 46
- Verkürzung der Wahlperiode **39** 18
- Verlängerung der Wahlperiode **39** 16
- Volksvertretung **38** 27, 31
- Vorbehalt des Gesetzes **38** 34, 38
- Vorrang des Gesetzes **38** 38
- Wahlen *siehe Wahlen*
- wesentliche Entscheidungen **38** 33
- Willensbildung **38** 30
- Zeitpunkt der Neuwahl **39** 24
- zentrales Staatsorgan **38** 27
- Zitierrecht **43** 8ff.
- Zuhörer **40** 13
- Zusammentritt **39** 14, 25f.
- Zutrittsrecht der Bundesratsmitglieder **43** 18
- Zutrittsrecht der Regierungsmitglieder **43** 18

Bundestreue 20 B 2ff., 26ff., **23** 103, **24** 49, **29** 50, **30** 25, **31** 61, **32** 15, 19, 29, 31, 34, 42f., **35** 6, 7, 21, 23, **37** 10, 12, **44** 23, **50** 17, **70** 16, 35ff., **71** 9, 16f., **72** 28, **73** 35, **74a** 3f.
- Abstimmungspflichten **20 B** 30
- akzessorischer Charakter **20 B** 29
- Anwendung auf Gemeinden **20 B** 28
- Anwendungsbereich des Grundsatzes **20 B** 29
- auswärtige Beziehungen **32** 31
- Bundesstaatsprinzip **20 B** 26ff.
- clausula rebus sic stantibus **20 B** 32
- Fallgruppen **20 B** 30ff.
- Funktion **20 B** 27
- Grundsatz von Treu und Glauben **20 B** 27
- Haftungsansprüche im Bund-Länder-Verhältnis **20 B** 29
- Hilfspflichten **20 B** 30
- Hoheitsrechtsübertragung **24** 49
- Informationspflichten **20 B** 30
- Innenverhältnis der Verfassungsorgane **20 B** 28
- intraföderatives Vertragsrecht **20 B** 32
- Kompetenzverteilung zwischen Bund und Ländern **30** 25
- Konsultationspflichten **20 B** 30
- Kooperationspflichten **20 B** 30
- pacta sunt servanda **20 B** 32
- Rechtsmißbrauchsverbot **20 B** 31
- Subsidiarität des Grundsatzes bundesfreundlichen Verhaltens **20 B** 27
- Unterstützungspflichten **20 B** 30
- Verbot widersprüchlichen Verhaltens **20 B** 31
- Verfahrenspflichten **20 B** 30
- Verhaltenspflichten gegenüber Dritten **20 B** 28
- Verschuldensunabhängigkeit **20 B** 29
- Wechsel und mehrseitige Rechtswirkungen **20 B** 28
- wichtigste Emanation des Bundesstaatsprinzip **20 B** 26

Bundesverfassungsgericht 20 R 77ff., **21** 146ff., **28** 64, 174, **31** 46f., **37** 16, **57** 2, **66** 17, **71** 7

Bundesversammlung 40 36, **42** 42, **46** 11, 24, **47** 6, **50** 18, **54** 5, 17, 30ff., **55** 6, **56** 6, **60** 15, 32, **61** 7, **63** 30, **76** 5

Bundeswappen 22 15, **54** 20

Bundeswehr 36 10
- Amtshilfe **35** 27
- Befehls- und Kommandogewalt **65a** 1ff., 9ff.
- Einsätze **24** 70
- Führung der Streitkräfte **65a** 1ff.
- Grundsätze der inneren Führung **45b** 11
- Oberbefehl **65a** 1ff.
- Oberbefehl des Staatsoberhaupts **65a** 4f.
- Primat des Politischen **65a** 5
- Ressortgewalt **65a** 13
- Richtlinienkompetenz **65a** 13
- Staatssekretär des Verteidigungsministers **65a** 12
- Verteidigungsminister **65a** 1ff., 12
- Verteidigungsministerium **65a** 8
- Verwaltung **71** 7
- Wehrbeauftragter **45b** 1ff.

Bundeszwang 28 169, **37** 1ff., 5ff.
- Auffangfunktion **37** 6
- Auswahlermessen **37** 12
- Befugnisse **37** 7, 13
- Bundesaufsicht **37** 15
- Bundesgesetz **37** 10
- Bundespflichten **37** 8f.
- Bundesregierung **37** 12
- bundesstaatliche Ordnung **37** 5
- Bundesverfassungsgericht **37** 16
- Entschließungsermessen **37** 12
- Kosten **37** 13
- Nichterfüllung von Bundespflichten **37** 8
- Regelungsgegenstände **37** 5
- Reservefunktion **37** 6
- Verfassungspraxis **37** 6
- Voraussetzungen **37** 7

(Fortsetzung Bundeszwang)
– Weisungsrechte 37 14
– zulässige Maßnahmen 37 13
– Zustimmung des Bundesrats 37 11
Bürgerbegehren 28 75
Bürgerentscheide 28 75
Bürgerkrieg 26 14
Bürgermeister 28 68
Bürgermeisterverfassung 28 87
Bürgerschaft 28 68

Chancengleichheit
– Abgeordnete 38 152, 40 7, 29
– Frauen 33 21
– Parlamentsöffentlichkeit 42 26
– politische Parteien 21 26ff., 72ff., 129
– sozialstaatliche Freiheit 20 S 39
– Wahlen 38 55ff.
Checks and balances 20 R 73, 45c 26
Chemische Waffen 26 6f., 16
Civil society 59 7
clausula rebus sic stantibus 20 B 32
COCOM 26 8
Constitutional Framework of Gonvernment 20 Einf 5

D'Hondtsches Höchstzahlverfahren 28 67, 38 103, 53a 7, 54 32
Daseinsvorsorge 20 S 32, 54
Datenverarbeitung 35 9, 19, 73 32, 75 33
Delegation 23 83, 24 19, 26 28, 30 21f., 33 65, 35 11, 38 29, 39, 175, 44 31, 45 8, 45a 1, 45c 18, 46 7, 48 32, 57 5, 58 21, 59 49, 60 21, 30, 65a 13, 71 4, 10, 13, 15, 72 22, 75 8, 80 1ff., 11ff.
Demokratie 20 D 1ff.
– Abstimmungen 20 D 93ff.
– apokryphe Rechtseinheiten 20 D 129
– attische Demokratie 20 D 1
– Ausübung der Staatsgewalt 20 D 87ff.
– Begriff der Demokratie 20 D 57ff.
– Begriff des Volkes 20 D 46
– Bundesbank 20 D 123
– Bundesgedanke 20 D 6
– Bundesrechnungshof 20 D 123
– Bundesstaat 20 D 134
– Bürgeridentität 20 D 1
– Demokratie als Menschenrecht 20 D 25f.
– Demokratiedefizite in der Europäischen Union 20 D 36
– demokratische Willensbildung *siehe politische Willensbildung*
– Demoskopie 20 D 109
– Deutsches Volk 20 D 83
– direkte Demokratie 20 Rp 4, 20 D 9, 20f., 54f., 78, 93ff., 97ff., 100f., 28 14, 20, 56, 62, 65, 71, 75, 78, 91, 29 11, 17ff., 38 6,

45c 26, 54 3, 68 14, 70 42, 76 3, 5, 10, 79 I 8, 79 III 33
– Dreiklassenwahlrecht 20 D 16, 38 9
– duale Legitimation 20 D 117
– egalitärer Grundzug 20 D 58
– Einmischungsverbot 20 D 24
– Einstimmigkeit 20 D 64
– Erweiterung völkerrechtlicher Verträge 59 44
– Europaausschuß 45 11
– Europäische Kommission 20 D 33
– Europäische Union 20 D 27ff., 23 51ff., 99, 117
– Europäischer Bundesstaat 20 D 50
– Europäischer Gerichtshof 20 D 35
– Europäisches Parlament 20 D 32
– Exekutive 20 D 113
– funktionale Selbstverwaltung 20 D 120ff.
– funktionell institutionelle Legitimation 20 D 105
– Gemeindeverbände 28 161
– Gemeindeversammlungen 20 D 96
– Grundkonsens 20 D 67
– Grundrechte 20 D 74, 136
– Herrschaft auf Zeit 20 D 69, 71, 39 10
– Herrschaftscharakter 20 D 59
– Herrschaftsorganisation 20 D 62
– Hoheitsrechtsübertragung 20 D 82, 24 34
– Homogenität der Wertvorstellungen 20 D 31
– Homogenitätsgebot 28 59, 64
– Identität von Regierenden und Regierten 20 D 60, 77
– kommunale Gebietskörperschaften 20 D 123
– kommunale Selbstverwaltung 20 D 117ff., 28 79ff.
– Kommunalwahlrecht für Ausländer 20 D 84, 28 24, 38, 72
– Kommunalwahlrecht für Unionsbürger 20 D 48, 28 24
– Kommunikation 20 D 72ff.
– Landesverfassungen 20 D 55, 138
– Landesvölker 20 D 85
– lebendige Demokratie 20 D 44
– Legislaturperiode 20 D 69
– Legitimation 20 D 37ff., 83, 104ff., 108f., 79 III 31
– Massendemokratie 20 D 13
– Mehrheitsprinzip 20 D 43, 64, 67
– Menschenrechte 20 D 136
– Menschenwürde 20 D 136
– Minderheitenschutz 20 D 22, 56, 70
– Mindestmaß an Homogenität 20 D 67
– Ministerrat 20 D 34
– Modell demokratischer Legitimation 20 D 104ff.

(Fortsetzung Demokratie)
- Nachweltschutz **20 D** 68, **20a** 31 ff.
- Öffentlichkeit **20 D** 73
- Opposition **20 D** 56, 71
- parlamentarisches Regierungssystem **20 D** 141
- Parlamentsvorbehalt **20 D** 110
- Parteien **21** 73, 117ff.
- periodische Neuwahlen **20 D** 69
- personelle Legitimation **20 D** 106
- Plebiszit siehe direkte Demokratie
- Prinzip des Völkergewohnheitsrechts **20 D** 25
- Prinzipiencharakter **20 Einf** 9
- privatrechtsförmige Verwaltung **20 D** 124ff.
- Rätedemokratie **20 D** 61
- Rechtsprechung **20 D** 131f.
- Rechtsstaat **20 R** 104, 134, 209
- Referendum **20 D** 54
- repräsentative Demokratie **20 D** 10, 78, 99
- Republik **20 D** 134
- Richterrecht **20 D** 132
- Rundfunkanstalten **20 D** 123
- sachlich-inhaltliche Legitimation **20 D** 107
- Schranken **20 D** 75
- sekundäres Gemeinschaftsrecht **20 D** 41
- Sozialstaat **20 D** 134
- staatliche Neutralität **20 D** 72
- Staatsformen **20 D** 2
- Staatsgewalt **20 D** 79ff.
- Staatsorgane **20 D** 79
- Staatsvolk **20 D** 83
- streitbare Demokratie **20 D** 75, 139, **21** 136
- Strukturelemente **20 D** 63ff.
- strukturelle Kongruenz **20 D** 31
- supranationale Homogenitätsklausel **20 D** 29
- supranationale Legitimation **20 D** 44
- Territorialplebiszite **20 D** 20, 95, **29** 11, 17ff.
- Träger funktionaler Selbstverwaltung **20 D** 86
- Unionsbürgerschaft **20 D** 47
- Universitäten **20 D** 123
- ununterbrochene Legitimationskette **20 D** 106
- Verbandsvölker **20 D** 86
- Verfahren **20 D** 66, 73
- Verfassungsänderung **20 D** 100, **79 III** 30ff.
- Verfassungsprinzipien **20 Einf** 4ff.
- Verfassungsreferendum **20 D** 20
- Verhältniswahlrecht **20 D** 91
- Versammlungsdemokratie **20 D** 9
- Verweisung in Gesetzen **20 D** 111
- Vetorecht **20 D** 42
- Volksbefragung **20 D** 102
- Volksbegehren **20 D** 20, 101
- Volksdemokratie **20 D** 51
- Volksentscheid **20 D** 20, 72, 101
- Volksgesetzgebung **20 D** 101
- Volksherrschaft **20 D** 2, 58
- Volksinitiative **20 D** 54
- Volkssouveränität **20 D** 10, 19, 76ff.
- Wahlen **20 D** 88ff.
- Wahlgrundsätze **20 D** 92
- Wahlsystem **20 D** 91
- wehrhafte Demokratie **20 D** 75, **21** 136
- westliche Demokratie **20 D** 52

Demoskopie 20 D 109, **21** 85, **38** 91
Derogation 31 1ff., 5, 7, 9, 43
Despotie 20 Rp 4
Destruktives Mißtrauensvotum 63 3
Deutsche Bundespost 71 7
Deutsche Demokratische Republik 22 13
Deutsche Gemeindeordnung (1935) 28 15
Deutscher Bund (1815) 28 4, **31** 6
Deutscher Zollverein 50 2
Deutschlandlied 22 16
Dezentralisierung 28 19
Diäten 48 18ff.
- siehe auch Abgeordnete
- Abgeordnetengesetzgebung **48** 32
- Aufwandsentschädigung **48** 34
- Parteienfinanzierung **48** 25
- Vollalimentation **48** 33
- zusätzliche Einkommen **48** 28

Dienst nach Vorschrift 20 R 91, **33** 77
Dienstleistungen im Bereich von Postwesen und Telekommunikation 71 7
Dienstposten 33 39
Diplomatische und konsularische Tätigkeit 25 32, **32** 27, **33** 20, **59** 6, 12, 26f., **38**, **73** 9
Diplomatischer Schutz 25 28, **27** 9, **32** 20, 27, 38
Direkte Demokratie 20 Rp 4, **20 D** 9, 20f., 54f., 78, 93ff., 97ff., 100f., **28** 14, 20, 56, 62, 65, 71, 75, 78, 91, **29** 11, 17ff., **38** 6, **45c** 26, **54** 3, **68** 14, **70** 42, **76** 3, 5, 10, **79 I** 8, **79 III** 33
Direktes Mandat 39 19
Diskontinuität 38 170, **39** 20ff., **40** 9, 15, **41** 21, **44** 33, 56, **45c** 16, **46** 36, **51** 9, **53a** 5, **65** 47, **77** 16, 30, **79 I** 38
Diskriminierungsverbot 20 B 25, **21** 131, **23** 54, **25** 38, **27** 9, **33** 17f., 20, 42, 47, 51, **42** 30, **60** 10
Dissensschlichtung 77 3
Disziplinarmaßnahmen 20 R 182, 194, 205, **21** 149, **33** 14, 86, **38** 149, **45b** 18, **46** 18, 26, 28, **48** 14, **60** 23, **62** 23, **65a** 12, **73** 38, **74** 23
Divergenzvorlage 31 48, 56
Doppelgrundrecht 21 52, 87f.
Doppelte Gnadenzuständigkeit 60 8

Sachregister

Doppelwirkung des Vertragsgesetzes 32 42
Doppelzuständigkeit 30 24, **31** 61, **70** 32, **74** 101
Dreigliedriger Bundesstaat 20 B 20
Dreiklassenwahlrecht 20 D 16, **38** 9
Dreistufiger Staatsaufbau 28 14
Drittschützende Wirkung 34 34
Dual-Use-Waren 26 10, 23f.
Durchgriffsnormen 28 49f., 52, 54, 86, 176, **31** 11, 21f.
Durchgriffsrecht 65 27
Durchlieferung 73 17
Durchsuchung 44 49
Dynamische Fortentwicklung von Verfassungsprinzipien 20 Einf 9
Dynamische Verweisungen *siehe auch Verweisungen,* **20** D 111, **20** R 132, **30** 18, 21, **53a** 7, **59** 46, **70** 34, **79** I 24, **82** 18

Effektivität des Rechtsschutzes 20 R 198
Ehrenämter 33 39, **55** 8, **66** 9
Eidespflicht 50 27, **56** 1ff., 6ff., **64** 27, 31, **82** 13
Eigenstaatlichkeit der Länder 20 Einf 12, **20** B 23f., **24** 39, **28** 47ff., **29** 12, **30** 16
Eingangsamt 33 39
Eingriffe in Freiheit und Eigentum 20 R 97
Eingriffsbegriff 20 R 105
Einheit der Verfassung 20 R 210, **20a** 37, **23** 25, **28** 46ff., **38** 61, **70** 19, 24, 29
Einheitsgemeinde 28 83
Einkommensteuer 71 7
Einmischungsverbot 20 D 24
Einrichtungsgarantie 21 50, **27** 6, **38** 110
– *siehe auch institutionelle Garantie*
Einspruchsfrist 77 30
Einspruchsgesetz 77 10, 30
Einwanderung 73 16
Einzelfallgerechtigkeit 20 R 49, 54, 138
Einzelfallvorbehalt 20 R 173
Eisenbahnen 71 7, **73** 27f.
EMRK *siehe Europäische Menschenrechtskonvention*
Energiewirtschaft 20 S 54, **28** 137ff., **74** 56
Enquetekommissionen 40 31, **43** 9, **44** 7, 16
Enteignung 74 71f.
Entföderalisierung 20 B 6
Entschädigungsanspruch 34 17ff., **48** 1, 4, 20ff.
Entschädigungsregelungen 25 34
Entschließungsermessen 37 12
Entwicklungshilfe 73 9
Erfolgswert 38 21, 95, 102
Erforderlichkeit *siehe Verhältnismäßigkeitsprinzip*
Ermächtigung 20 R 111, 124ff., **80** 4f.
Ermessen

– Amtshilfe **35** 24
– Begnadigungsrecht **60** 27
– Bundeszwang **37** 12
– Gegenzeichnungsrecht des Bundespräsidenten **58** 17
– Gewährleistung **28** 170
– Neugliederung des Bundesgebietes **29** 22ff.
– Rechtsstaatsprinzip **20 R** 122, 126f.
Ernährung 74 80
Ernennung
– Bundeskanzler **58** 19, **60** 34
– Bundesminister **60** 34
– Staatsbeamte **60** 1, 12
Ersatzorganisationen 21 147
Ersuchen bei Amtshilfe 35 16
Erweiterte Gesetzgebungskompetenz des Bundes im Verteidigungsfall 71 7
Eurocontrol 24 27
Europaausschuß 45 1ff., 5ff.
– Angelegenheiten der Europäischen Union **45** 6
– Clearingstelle **45** 7
– Delegation der Kontrollfunktion des Parlaments **45** 8ff.
– demokratische Steuerung der Bundesregierung **45** 7
– GASP **45** 6, 12
– Innenpolitik im europäischen Verfassungsverbund **45** 6
– Öffentlichkeitsdefizit **45** 11
– Primärverantwortung für die europäische Integration **45** 6f.
– privilegierte Stellung **45** 5
– Querschnittfunktion **45** 9
– Recht zur Stellungnahme **45** 10
– Transparenzdefizit **45** 11
– Verfassungsrang **45** 5
– ZBJI **45** 6
– Zuständigkeiten **45** 7
Europäische Charta der kommunalen Selbstverwaltung 28 27
Europäische Menschenrechtskonvention 20 D 24, **20 S** 11, **20 R** 21, 23, 26, **20a** 12f., **21** 12, 14, 149, **23** 5, 9, 62, 77f., **25** 21, 36f., **28** 27, **31** 11f., 32, 64, **33** 17, **59** 48, 54, **79** III 23, 44
Europäische Sozialcharta 20 S 11, **23** 5
Europäische Union 23 1ff., **70** 9
– *siehe auch Hoheitsrechtsübertragung, Vorrang des europäischen Gemeinschaftsrechts*
– abstrakte Staatlichkeit **23** 36
– allgemeine Rechtsgrundsätze **23** 78
– Amtssprachen **23** 56
– Angelegenheiten der Europäischen Union **23** 98
– Aufbau der Union **23** 70
– Außenbeziehungen **59** 9

1617

(Fortsetzung Europäische Union)
- Ausgleich des innerstaatlichen Kompetenzverlustes **23** 95ff.
- Ausschuß der Regionen **50** 11, **51** 7
- Ausübung übertragener Kompetenzen **23** 90
- auswärtige Beziehungen **32** 12ff.
- Bananenmarktordnung **23** 79
- Begründung und Entwicklung **23** 43f.
- Beitritt neuer Mitgliedstaaten **23** 1, 11, 84, 88
- Beschäftigungspolitik **23** 68
- Bestandssicherungsklausel **23** 93f.
- Bildungswesen **23** 118
- Bindung der Gewalten **23** 30, 63, 66
- Bundesrat **23** 86, 96, 106ff., 115ff., **50** 11, 29f.
- Bundesstaatlichkeit **20 B** 12, **23** 69
- Bundestreue **23** 103, 116
- Demokratie **20 D** 27ff., **23** 51ff., 99, 117, **77** 5
- Durchgriff gegenüber Bürgern **23** 83
- Dynamik der Integration **23** 37ff.
- Effektivität des Rechtsschutzes **23** 61, 79
- Eigenstaatlichkeit **23** 6, 35, 38, 94
- Eigenständigkeit der Kommunen **23** 73, 28 29
- Eigenständigkeit der Länder **20 B** 12f., **23** 73, **28** 29
- einstweiliger Rechtsschutz **23** 30
- Einvernehmen **23** 114, 116
- EMRK **23** 78
- Entscheidungsverantwortung der Bundesregierung **23** 105
- Euro **23** 84, 104
- Europaausschuß **45** 1ff., 5ff.
- europäische Innenpolitik **23** 97
- Europäische Kernenergie-Agentur **24** 27
- europäische Parteien **23** 54
- Europäische Zentralbank **23** 84, 104, **24** 70, **73** 6
- europäischer Bundesstaat **23** 35ff.
- europäischer Verfassungsverbund **23** 20
- europäischer Zentralstaat **23** 35
- Europäisches Parlament **20 D** 32, **23** 53, 57, 84, **38** 17, 21
- Europäisches Patentamt **24** 27
- europäisches Sozialrecht **20 S** 11f.
- europäisches Volk **23** 54
- europäisierter Bundesstaat **20 B** 18
- Europakammer **23** 96
- Europaverfassungsrecht **23** 17
- Evolutivklauseln **23** 88
- Flagge **22** 10
- föderales Prinzip **23** 23ff., 69, 99
- Forschungspolitik **23** 118
- funktionaler Kompetenzausgleich **23** 95, 99ff.
- Gemeinschaftstreue **23** 29
- gesamtstaatliche Verantwortung **23** 121
- Gesetzgebungsbefugnisse der Länder **23** 112ff., 118
- Gesetzmäßigkeit der Verwaltung **23** 66
- gestufte Staatlichkeit **23** 37, 48
- Gesundheitswesen **23** 100
- geteilte Souveränität **23** 21
- Gewaltenteilung **23** 64f., 99
- größtmögliche Freiheit und Selbstverantwortung **23** 71
- Grund- und Menschenrechte **23** 60
- Grundrechtsintegration **23** 76
- Grundrechtskatalog **23** 78
- Grundrechtsschutz **23** 27, 30f., 60, 75ff.
- Haftung **34** 12ff.
- Hoheitsrechte **23** 1ff., 73, 82ff., **24** 1ff., 24
- Homogenität **20 R** 29, **23** 80, **28** 28
- Informationsbeschaffung **23** 103
- innerstaatliche Angelegenheiten **23** 97
- institutionelles Gleichgewicht **23** 65
- Integrationshebel **23** 122
- Integrationsklauseln **23** 8ff.
- Integrationskompetenz **23** 7
- Integrationspflicht **23** 45f., 49
- Integrationsprogramm **23** 27, 87, 90
- Integrationsverfahren **23** 81ff.
- intergouvernmentale Zusammenarbeit **59** 10
- kommunale Selbstverwaltung **23** 118, **28** 32ff.
- Kompetenzen **23** 21, 73, 84
- komplexes Mehrebenensystem **23** 58
- Konkordanzsystem **23** 57
- Kooperationspflicht **23** 31
- Kooperationsverhältnis **23** 27, 77
- Kultur **23** 25, 100
- Länderinteressen **23** 110
- Ländervertretung im Rat **23** 117ff.
- Legitimation **23** 22, 51ff., 58, 117
- Lindauer Abkommen **23** 122
- Mandatsgesetz **23** 105
- materielle Einheit **23** 20
- Mehrheitsentscheidung **23** 52
- Mitwirkung der Länder **23** 14, 107ff.
- Mitwirkung der Parlamente **23** 13
- Mitwirkung der Regionen **23** 14
- Mitwirkung des Bundestags **23** 95ff., 101
- Multilevel Constitutionalism **23** 20
- nationale Identität **23** 25
- Notrecht **23** 29
- offene Staatlichkeit **23** 5
- Organtreue **23** 103, 116
- politische Integration **23** 43
- Polizeirecht **23** 118
- qualifizierte Mehrheit **23** 57
- rechtliches Gehör **23** 62

(Fortsetzung Europäische Union)
- Rechtsgemeinschaft **23** 59
- Rechtspersönlichkeit **23** 42
- rechtsstaatliche und soziale Grundsätze **23** 59 ff.
- Rechtsstaatsprinzip **20 R** 22 ff.
- Regionen **29** 8
- Repräsentation **23** 53
- Rücksichtnahme **23** 24, 29
- Schlichtungs- oder Schiedsverfahren **23** 31
- Schulwesen **23** 118
- Selbstbestimmung **23** 51
- Sicherheitsinteressen **26** 9
- Solidarität **23** 71
- souveräne Nationalstaatlichkeit **23** 35
- Souveränität **23** 21
- Sozialstaatlichkeit **23** 67 f.
- Sozialunion **23** 67
- Staatenverbund **23** 41
- staatliche Identität **23** 23 ff.
- Staatshaftung **34** 12 ff.
- Staatsziel **23** 2, 18, 32 ff.
- Stabilitätspakt **23** 84
- Struktursicherungsklausel **23** 35, 47, 49 f., 94
- Stufen der Beteiligungsintensität **23** 107
- Subsidiaritätsprinzip **23** 24, 71 ff.
- Suspendierung des Vollzugs von Rechtsakten **23** 29
- System der Funktionszuordnung **23** 65
- System der Kooperation **23** 62
- Teilidentitäten der Bürger **23** 24
- Textänderungsgebot **23** 89, **79 I** 7, **79 II** 20
- Transparenz **23** 52
- umgekehrte Berücksichtigungspflicht **23** 115
- Umweltschutz **20a** 14 ff.
- Unionsbürger **20 D** 47, **23** 20, 24, 53 f., 58
- Unionsvertrag **23** 40, 43
- Unterrichtungspflichten **23** 102 f.
- Verantwortung der Bundesregierung **23** 113, 115
- Vereinte Nationen **23** 5
- Verfahrensanforderungen **23** 10
- Verfassung **23** 16, 20 ff., 63, 88 ff.
- Verfassungshomogenität **23** 17, 47 f.
- verfassungsrechtliche Grundlage **23** 28
- Verfassungstraditionen der Mitgliedsstaaten **23** 50
- Verfassungsverbund **23** 20 ff.
- Verhältnismäßigkeitsprinzip **23** 60
- Verordnungen **80** 9
- vertikaler Kompetenzausgleich **23** 95, 99 ff.
- Vertragsänderungen **23** 98
- Vertretung nach außen **59** 10
- Verwerfungskompetenz der Gerichte **23** 30
- Verwerfungskompetenz der Verwaltung **23** 30
- völkerrechtliche Verträge **59** 9
- Volkssouveränität **20 D** 27 ff., **23** 55
- Vollverfassung **23** 19
- Währungssouveränität **23** 84
- Währungsunion **23** 104, **73** 6
- Weltfrieden **23** 32
- Wertegemeinschaft **23** 78
- Wesensgehalt der Grundrechte **23** 27
- Willensbildung der Bundesregierung **23** 103
- Zentralstaatlichkeit **23** 69

Europarat 23 5
Evolutivklauseln 23 88, 90 f.
Ewigkeitsgarantie 20 Einf 9 f., 13, **20 Rp** 15, 17, **20 D** 67, 100, **20 S** 34, **20 IV** 18, 21 136, **23** 93 f., 28 33, 51, 57, 177, 179, **33** 87, **42** 20, **63** 5, **79 I** 26, 33, 40, **79 II** 19, 21, **79 III** 1 ff., 11 ff.
Exekutive *siehe Bundeskanzler, Bundesminister, Bundesregierung, mittelbare Staatsverwaltung, Regierungsverantwortung*
Exekutivföderalismus 79 III 20
Existenzminimum 20 S 26, 54, **79 III** 38
Extremismus 21 149

Fachaufsicht 28 107
Fachplanung 28 98, 130 f.
Faires Verfahren 20 R 21, 24, 194, 202 ff., **20 B** 30, **25** 37, **33** 32
Familienpolitik 20 S 27
Federalist Papers (1787/88) 20 Rp 4, **20 D** 1, 10, **20 R** 6, **23** 21, **28** 1, 3, **30** 3, **31** 16, **32** 1 f., **38** 143, **59** 2
Festlandsockel 32 32
Festnahme auf frischer Tat 46 31
Finanzausgleich 28 146 ff.
Finanzhilfen des Bundes 28 143, **71** 7
Finanzhoheit 28 44, 132
Finanzierungsverantwortung 28 152 ff.
Finanzmonopole 71 7
Finanzverfassung 28 25 f., 142 ff., 179
Finanzverwaltung 71 7
Fischerei 27 7, **32** 32
Fiskalische Betätigung 20 R 156, **25** 32, **28** 82, **30** 24, 29, **33** 57
Flagge 22 1 ff., **27** 9
- Flaggenhoheit **22** 15, **27** 1
- Flaggenrecht **22** 15, **27** 3
- Flaggenwechsel **27** 6

Flüchtlinge 74 39 f.
Föderalismus *siehe Bundesstaat*
Folgenbeseitigungsanspruch 20 R 206
Formale Gleichheit 38 96
Forschungsförderung 23 118, **74** 68 ff.
Fraktionen 38 161 ff., **40** 32 f. *siehe auch Abgeordnete, Parteien*
- Ausschußrückruf **38** 175
- Beendigung der Rechtsstellung **38** 170

1619

(Fortsetzung Fraktionen)
- Finanzierung **38** 171
- Fraktionsdisziplin **38** 177
- fraktionslose Abgeordnete **38** 153
- Fraktionsstärke **38** 166, **40** 33
- Fraktionszuschüsse **21** 103
- Fraktionszwang **38** 177
- Funktion **38** 161ff.
- Gemeinsamer Ausschuß **53a** 7
- Gleichbehandlungsgebot **38** 167
- Gruppen **38** 168
- innere Demokratie **38** 176
- innerparteiliche Demokratie **38** 171
- Mandatsverlust **38** 174
- Mitgliedschaft **38** 172
- Mitgliedschaftsmotivation **38** 162
- Parteien **21** 61
- Proportionalitätsprinzip **38** 167
- Rechtsschutz **38** 178
- Tendenzorganisationen **38** 173
- Tendenzreinheit **38** 169
- Zuschüsse **21** 103
- Zweck **38** 161

Frauen
- Frauenbeauftragte **28** 125, 129, **33** 42
- Frauenquote **33** 47
- Frauenwahlrecht **20 D** 17, **38** 11
- öffentlicher Dienst **33** 21

Freie Spitze der Kommunalfinanzen 28 145
Freies Mandat 21 157, **28** 70, **38** 136ff., **46** 2
- *siehe auch Abgeordnete*

Freiheit
- Parteien **21** 46ff., 49ff.
- reale Freiheit **20 S** 5, 18
- Voraussetzungen des Freiheitsgebrauchs **20 S** 20

Freiheit der Wahl 38 81ff.
- *siehe auch Wahlrechtsgrundsätze*
- Arbeitgeberwerbung **38** 90
- Doppelauftreten von Parteien und Wählervereinigungen **38** 86
- Gewerkschaftswerbung **38** 90
- Kandidatenaufstellung **38** 84
- Kanzelwerbung **38** 90
- Kirchen **38** 90
- Kündigung **38** 90
- Listenvereinigungen **38** 82
- Massenmedien **38** 90
- Meinungsumfragen **38** 91
- Öffentlichkeitsarbeit der Regierung **38** 88
- passive Wahlrechtsfreiheit **38** 85
- Presseorgane **38** 90
- Regierungszurückhaltung **38** 88
- Religionsgesellschaften **38** 90
- Scheinkandidatur **38** 85
- Unternehmerwerbung **38** 90
- verbotene Parteien **38** 37
- Wahlbeeinflussung **38** 88f.
- Wahlgeschenke **38** 89
- Wahlpflicht **38** 83
- Wahlvorschlagsrecht **38** 84
- Wahlwerbung **38** 89
- Zurückhaltung in der Vorwahlzeit **38** 88
- Zwanglosigkeit **38** 82
- Zweck **38** 81

Freiheitliche demokratische Grundordnung
- Bundesstaat **20 B** 34
- Demokratie **20 D** 71, 75
- Mehrheitsprinzip **42** 31
- Ministerernennung **64** 25
- Oppositionsrecht **20 D** 71
- Parteiverbot **20 D** 75, **21** 137, 140f., 145
- politische Treuepflicht von Beamten **33** 43
- Republik **20 Rp** 17
- Sozialstaat **20 S** 34
- Verfassungsänderung **79 III** 4f., 14, 49
- Verfassungsschutz **73** 43
- Widerstandsrecht **20 IV** 11f.

Freiheitsbeschränkungen 46 33f.
Freiheitsentziehung 46 30, 33
Freikorps Lützow 22 1
Freistaat 20 Rp 14
Freizügigkeit 33 20, **71** 19, **73** 14
Frequenzvergabe 73 34

Frieden
- Friedensbegriff **26** 14
- Friedensförderung **26** 17
- Friedensgebot **26** 13
- Friedensordnung **24** 65
- Friedensschluß **71** 7
- friedenssichernde Maßnahmen **24** 64

Führung der Streitkräfte 65a 1ff.
Fünfprozentklausel 21 82, 86, **28** 69, **38** 14, 104, **76** 17
Funktionale Gewaltenteilung 20 R 64, 72, **23** 99, **30** 14, 16, 22, **59** 14, **66** 18, **70** 1
- *siehe auch Gewaltenteilung*

Funktionale Selbstverwaltung 20 D 120ff.
Funktionenerfindungsrecht 28 104
Funktionsfähige Strafjustiz 20 R 200
Funktionsfähigkeit des Bundestages 38 147, **46** 22
Funktionsgerechtigkeit 59 15
Funktionsvorbehalt (Beamtenrecht) 33 1ff., 4, 11f., 25, 53ff.
- Ausnahmen **33** 62
- Beamtenvorbehalt **33** 56
- Eingriffsverwaltung **33** 57
- gemischte Funktionen **33** 59
- Gewährung grundrechtswesentlicher Leistungen **33** 59
- Hilfstätigkeiten der Verwaltung **33** 57
- Lehrerberuf an öffentlichen Schulen und Hochschulen **33** 59

(Fortsetzung Funktionsvorbehalt)
– nichtbeamtete Angehörige des öffentlichen Dienstes **33** 62
– Vorbereitungsdienst **33** 61
Fürsorge 20 S 32
Fürsorgepflicht des Dienstherrn 74a 6

GASP 32 12, 24, 44, **45** 6, 12
GATT 26 8
Gebietsänderungen 28 122, **29** 47f., **32** 33
Gebietshoheit 25 33, **28** 122f., **29** 12
Gebietsreform 28 89
Geeignetheit *siehe Verhältnismäßigkeitsprinzip*
Gefahrenabwehrrecht 20 R 58
Gegenzeichnung 54 23, **57** 9, **58** 1ff., 6ff., 13ff., **59** 21f., 25, **60** 5, 20f., 27, 30, **63** 20, 28, 46, **64** 26, **65** 1, 16, 30, 48, **65a** 1, **67** 17, **68** 2, 25, **77** 6, **82** 1, 4, 15, 20
Geheimheit der Wahl 38 109ff.
– *siehe auch Wahlrechtsgrundsätze*
– Briefwahl **38** 113
– Identifizierbarkeit von Wählern **38** 111
– objektives Recht **38** 110
– Schutz der Freiheit der Wahl **38** 109
– Schutz gegen Private **38** 112
– Stimmabgabe mit Vertrauenspersonen **38** 113
– subjektives Recht **38** 110
– Unterschriftenquorum **38** 113
– Wählerverzeichnis **38** 113
– Zweck **38** 109
Geheimnisschutz 44 47, **45a** 7
Geld 73 20
Geldleistungsgesetze 28 153
Geltungsbereich eines Gesetzes 20 R 133
Gemeinde
– *siehe auch Gemeindeverbände, Homogenitätsgebot, kommunale Selbstverwaltung*
– »ein Stück Staat« **28** 79
– »Einheitsgemeinde« **28** 83
– Aufgabentypologie **28** 84f.
– Auflösung **28** 94
– Bestandsgarantie **28** 40, 122, 163
– finanzielle Absicherung **28** 22, 25f., 142ff.
– finanzielle Eigenverantwortung **28** 25f.
– Gemeindeeinfuhrsteuer **71** 19
– Gemeindehoheiten **28** 121ff.
– Gemeinderat **28** 68, 87
– Gemeindeverfassungen **28** 87
– Gemeindeversammlung **20 D** 96, **28** 78
– Genossenschaftslehre **28** 11, 14
– Grundrechte **28** 81f.
– Parlamentscharakter der Gemeindevertretung **28** 70
– Universalität der Aufgaben **28** 21
– Wahlrecht **28** 24, 68ff.

– Wirtschaftskraft **28** 26
Gemeindenamen 28 93, 123
Gemeindeverbände 28 155ff.
– *siehe auch kommunale Selbstverwaltung*
– Aufgabenprivilegierungen zugunsten einzelner Gemeinden **28** 161
– Aufgabentypen **28** 160
– Auftragsangelegenheiten der Verwaltung **28** 159
– Ausgleichsaufgaben **28** 160
– Bezirke **28** 157
– demokratische Legitimation **28** 161
– Ergänzungsaufgaben **28** 160
– Finanzausstattung **28** 166
– Finanzausstattung der Kreise **28** 162
– formelle Selbstverwaltungsangelegenheiten **28** 160
– freiwillige Selbstverwaltungsaufgaben **28** 159
– gebietsbezogene Aufgabenzuweisung **28** 155
– Kreisumlage **28** 162, 166
– Landkreise **28** 156
– Landschaftsverbände **28** 157
– neue Formen kommunaler Zusammenarbeit **28** 161
– Regionalisierung **28** 161
– Regionalkreise **28** 157
– Samtgemeinden **28** 157
– Selbstverwaltungsangelegenheiten **28** 158ff.
– übergemeindliche Aufgaben **28** 160
– Umstrukturierung zu Dienstleistungsunternehmen **28** 161
– untere staatliche Verwaltungsbehörde **28** 159
– Verbandsgemeinden **28** 157
– weisungsfreie Pflichtaufgaben **28** 159
– Zweckverbände **28** 157
Gemeines Recht 31 3
Gemeingefährliche Krankheiten 74 89
Gemeinsamer Ausschuß 53a 1ff.
– Abgeordnetenstatus **38** 154
– Berufsverbot **66** 17
– Bundesorgan **53a** 5
– Ersatzorgan **53a** 4
– Geschäftsordnung **53a** 13
– Informationsrechte **53a** 15
– Inkompatibilität mit Regierungsamt **53a** 8
– Kompetenzen **53a** 16
– Ländervertreter **53a** 9ff.
– Unterrichtung der Bundesregierung **53a** 14f.
– Verfahrensbeteiligte im Organstreitverfahren **53a** 5
– Vorschlagsrecht der Fraktionen **53a** 7
– Weisungsunabhängigkeit der Ländervertreter **53a** 11
– Zusammensetzung **53a** 6ff.

Gemeinsamer Senat der obersten Bundesgerichte 71 7
Gemeinschaftsaufgaben 71 7
Gemeinwohlorientierung 20 Rp 19
Gemischt-öffentliche Unternehmen 20 D 128
Gemischt-wirtschaftliche Unternehmen 20 D 126
Genehmigungsbedürftiges Kriegsgerät 26 22
Generalisierungskompetenz 20 R 138
Generalklauseln 20 R 121ff.
Gentechnik 74 114ff.
Gerechtigkeit 20 R 1, 3, 15f., 32, 35, 37, 43, 45, 48ff., 74, 76, 85, 136, 138, 167, 208ff., 20a 8, 34, 20 S 7, 32, 36, 49ff., 21 76, 81, 23 5, 8, 71, 24 12, 42 3, 79 III 25f.
Gerichtsakten in Untersuchungsausschüssen 44 48
Gerichtsverfassung 74 23
Gesandte 59 26
Geschäftsleitungsbefugnis 65 46
Geschäftsordnung
– Abgeordnetenstatus 38 145, 148
– Bundesrat **52** 19
– Bundesregierung **62** 14
– Bundestag **38** 48, **40** 6ff.
– Diskontinuität **40** 9
– Europäisches Parlament **45c** 7
– Gemeinsamer Ausschuß **53a** 13
– Gesetzgebungsverfahren **77** 8
– Regierungsverantwortung **65** 46, 50
Gesetzesbindung 20 R 163
– Bundeskanzler **65** 24
– Gnadenentscheidungen 20 R 86, **60** 2
– keine Ausnahmen 20 R 86
– Richter 20 D 132, 20 R 85
– Verwaltung 20 D 114, 121, 20 R 58, 89, 191
Gesetzesinitiative 76 8ff., 77 8
Gesetzesvorbehalt 20 D 110, 20 R 95ff., 20a 7, 19 55, 21 101, 151, 24 12, 28, 53, 25 30, 28 34, 95, 109ff., 33 66, 76, 35 18f., 38 34, 61, 120, 59 28ff., 60 12, 64 19f., 74 34, 79 III 43, 80 19
Gesetzesvorlagen 76 1ff., 6ff.
– ausformulierter Gesetzesentwurf 76 13
– Begründung der Gesetzesentwürfe 76 15
– Budgetinitiative 76 7
– Bundesratsinitiativen 76 23f.
– Bundestagsinitiativen 76 18
– Einbringung 76 16ff.
– Enumeration der Initiativberechtigten 76 10
– formelles Einbringungsrecht 76 8
– Gegenstand des Initiativrechts 76 11
– gemeinsamen Initiativen 76 12
– Gesetzesinitiativpflichten 76 9
– Gleichwertigkeit der Initiativberechtigungen 76 12

– Initiativrecht 76 8ff.
– Kostendeckungsvorschlag 76 15
– Quorum 76 17
– Rechtsmißbrauch 76 12
– Stellungnahme des Bundesrats 76 21f.
– Verschleppung 76 11
– Vertragsgesetze 76 7
– Vorbereitungsverfahren 76 13
– Vorentwürfe 76 14
Gesetzesvorrang 20 R 67, 83ff., 92ff., 28 134, 38 38, 79 III 43
Gesetzgebung *siehe Gesetzesvorlagen, Gesetzgebungskompetenzen, Gesetzgebungsverfahren, Verfassungsänderung, Zustimmungsgesetze*
Gesetzgebungsauftrag 20 S 32
Gesetzgebungskompetenzen 30 1ff., 15ff., 31 19, 23ff., 70 1ff., 71 1ff., 72 1ff., 73 1ff., 74 1ff., 75 1ff.
– Abfallbeseitigung 74 107ff.
– Agrarwirtschaft 74 68
– Akkumulation beim Bund 70 8
– Alimentation 74a 6
– allgemeine Grundsätze des Hochschulwesens 75 20ff.
– allgemeine Grundsätze des Verwaltungsrechts 70 49
– allgemeine Rechtsverhältnisse der Presse 75 23ff.
– Änderung der Gesetzgebungskompetenzen 74 2
– Annexkompetenzen 30 35, 70 18, 54, 64ff.
– Arbeitskampfrecht 70 50
– Arbeitslosenversicherung 74 67
– Arbeitsrecht 74 62ff.
– Arzneimittel 74 91
– Arztberuf 74 89ff.
– Ausbildungsbeihilfen 74 68ff.
– Ausfuhr von Waren 73 24
– Ausführungszuständigkeit 70 71
– Ausfuhrverbote 75 34
– Ausfüllung durch den Landesgesetzgeber 75 9
– Ausländerrecht 74 35f.
– Auslandsrundfunk 73 9
– Auslegung 70 24ff.
– Auslieferung 73 17
– Ausreisefreiheit 73 14
– ausschließliche Bundesgesetzgebung 71 1ff.
– Ausschließlichkeit der Kompetenzverteilung 30 24
– Auswanderung 73 16
– auswärtige Angelegenheiten 73 9ff.
– Ausweisewesen 75 33
– Bankwesen 74 59
– Baurecht 74 84
– Beamte und Richter 74a 6

(Fortsetzung Gesetzgebungskompetenzen)
- Beamtenversorgung **74a** 8
- begrenzte Einzelermächtigung **70** 9
- begrenzte Kompetenzzuweisung **30** 5
- beitragsabhängige Versorgung **74a** 9
- Bergbahnen **74** 106
- Bergbau **74** 56
- Beschaffungswesen **70** 68
- Besoldungsaufbau **74a** 7
- Besoldungsrecht **74a** 5ff.
- Betäubungsmittel **74** 91
- Bevorzugung einzelner Länder **71** 16
- Binnenwasserstraßen **74** 98
- Bodenrecht **74** 84f., **75** 29
- Börsenwesen **74** 59
- Bundesbedienstete **74a** 10
- Bundesrichter **74a** 10
- Bundesstraßenbau **74** 103
- Bundestreue **20 B** 34, **30** 25, **70** 35ff., **71** 9, 16
- Bürgerliches Recht **74** 13ff.
- deklaratorische Kompetenzzuweisung **71** 7
- Delegation von Rechtssetzungsgewalt **71** 15
- Dienstpostenbewertung **74a** 7
- diplomatische Tätigkeit **73** 9
- Doppelkompetenzen **30** 24, **31** 61, **70** 32
- Durchlieferung **73** 17
- dynamische Verweisungen **20 D** 111, **20 R** 132, **30** 21, **70** 34
- Einfuhr von Waren **73** 24
- Einheitlichkeit der Lebensverhältnisse **72** 13
- Einschätzungsprärogative **72** 17
- Einwanderung **73** 16
- Eisenbahnen **73** 27f.
- Energiewirtschaft **74** 56
- Enteignung **70** 68, **74** 71f.
- Entwicklungshilfe **73** 9
- Enumerationsmethode **30** 4
- Erforderlichkeit **72** 15ff., **75** 17
- Ermächtigung der Länder **71** 10
- Ermächtigungsfeindlichkeit **71** 13
- Ernährung **74** 80
- Erosion der Länderkompetenzen **72** 5
- erschöpfende Wirkung **72** 27
- EU-Agrarmarktordnung **74** 9
- EU-Kartellrecht **74** 9
- EU-Richtlinien **74** 6
- EU-Sozialpolitik **74** 7
- EU-Staatshaftung **74** 11, 113
- EU-Umweltpolitik **74** 10
- EU-Warenverkehr **74** 9
- Europäische Union **23** 85, 110, **70** 9, 51, **72** 7
- fakultative Gesetzgebung **72** 1
- fiskalische Betätigung **30** 29
- Flexibilität der Kompetenzkataloge **70** 28
- Flüchtlinge **74** 39f.
- föderale Ordnung **72** 6f.
- föderalistische Differenzierung **71** 6
- föderative Systeme **71** 4
- Forschungsförderung **74** 68ff.
- Freizügigkeit **73** 14
- Frequenzvergabe **73** 34
- funktionale Gewaltenteilung **30** 16, 22, **70** 1
- funktionale Qualifikation **70** 31
- Gebrauchmachen **72** 24ff.
- Gebührenhoheit **70** 68
- Gegenstände der ausschließlichen Gesetzgebung des Bundes **73** 1ff., 7ff.
- Geld **73** 20
- gemeingefährliche Krankheiten **74** 89
- Gemeinschaftsgesetzgebung **70** 14ff.
- Gentechnik **74** 114ff.
- Gerichtsverfassung **74** 23
- gesamtstaatlich bedeutsame Aufgaben **75** 5
- Gesetzgebungsaufträge **70** 23
- Gewerbe- und Handwerkswesen **74** 55
- Gewichte **73** 21
- Grenzschutz **73** 25
- Grundsatzgesetzgebung **75** 6
- Grundstücksverkehr **74** 83
- Handel **74** 59
- Handelsgebiet **73** 22
- Handelsverträge **73** 23
- Heilberufe **74** 89ff.
- Herstellung gleichwertiger Lebensverhältnisse **72** 19
- Hochschule **75** 21f.
- Hochseefischerei **74** 80
- implizite Kompetenzen **70** 65
- Indisponibilität **70** 33
- Individualkommunikation **75** 23
- informelle Tätigkeiten **30** 28
- Injustitiabilität **72** 14
- internationale Verbrechensbekämpfung **73** 45
- Jagdwesen **75** 27
- Justitiabilität **72** 17, **75** 17
- Kabelbelegung **73** 34
- Kartellrecht **74** 76
- Kasuistik **74** 12
- Kernenergie **74** 60f.
- Kirchenbeamte **74a** 10
- Kollisionsnorm **70** 6
- Kompetenz kraft Natur der Sache **30** 33, **70** 54, 57ff., **71** 7, 13
- Kompetenz kraft Sachzusammenhangs **30** 34, **70** 18, 54, 60ff.
- Kompetenzausübungsschranken **30** 25, **31** 61, **70** 35
- Kompetenzklarheit **20 R** 130
- Kompetenztitel des Bundes **70** 52ff.
- Kompetenzwahrnehmung **70** 16
- kompetenzwidriges Bundesrecht **31** 23

1623

Sachregister

(Fortsetzung Gesetzgebungskompetenzen)
- kompetenzwidriges Landesrecht **31** 23
- Kompetenzzuweisung durch Verträge **70** 9
- konkurrierende Bedarfsgesetzgebung **72** 8
- konkurrierende Gemeinschaftskompetenz **70** 15
- konkurrierende Gesetzgebung **31** 25, **72** 1ff., **74** 1ff., 12ff.
- konstitutive Kompetenzzuweisung **71** 7
- konsularische Tätigkeit **73** 9
- kooperative Gesetzgebung **75** 12
- Koordination der Länder **30** 23
- koordinierte Landesgesetzgebung **72** 18
- Kraftfahrwesen **74** 102
- Krankenhäuser **74** 92f.
- Kriegsgräberfürsorge **74** 50f.
- Kriegsopferversorgung **74** 48f.
- Kriegsschäden **74** 45ff.
- künstliche Befruchtung **74** 115
- Küstenfischerei **74** 80
- Land- und Forstwirtschaft **74** 79
- Länderfreundlichkeit **72** 4
- Landesbedienstete **74a** 10
- Landesverfassungsrecht **20 B** 24, 28 44ff., **31** 29ff., **70** 43f.
- Landschaftspflege **75** 28
- Lärmbekämpfung **74** 110
- Lebensmittel **74** 94ff.
- Legitimations- und Garantiefunktion **70** 21
- Leistungen im öffentlichen Dienst **74a** 6
- Luftreinhaltung **74** 110
- Luftverkehr **73** 26
- Magnetschwebebahn **73** 27
- Maße **73** 21
- Maßnahmegesetz **70** 42
- materiell-rechtliche Wirkung **70** 20, 22
- materielle Kompetenzverteilung **30** 18f.
- Mediendienste-Staatsvertrag **73** 32
- Medizinstudium **74** 89
- Meldewesen **75** 32
- Mindestkompetenzen der Länder **79 III** 17
- Mißbrauch wirtschaftlicher Machtstellung **74** 75f.
- Mitwirkungsrechte der Länder **79 III** 19
- multimediale Dienste **73** 32
- Nachvollzug **75** 11
- Naturschutz **75** 28
- Nichtigkeit von Landesgesetzen **20 D** 102, 28 76ff., **31** 23ff., **71** 8
- Normenkomplexe **70** 26
- Notariat **74** 27
- öffentliche Fürsorge **74** 41ff.
- öffentlicher Dienst **73** 37f.
- öffentlicher Dienst in den Ländern **75** 19
- Ordnungswidrigkeitenrecht **74** 19
- Organisation und Verfahren **70** 66
- Paßwesen **73** 15
- Personenstandswesen **74** 29f.
- Planung **70** 66
- politische Parteien **74** 33
- positive Handlungspflichten **70** 37
- Postwesen **73** 29ff.
- Presse **74** 31ff., **75** 24ff.
- Primat der Landeskompetenzen **72** 10, **73** 7
- Privatversicherungswesen **74** 59
- Prozeßordnungen für Fachgerichtsbarkeiten **74** 24
- Quotenrecht und Wohnungswesen **74** 81ff.
- Rahmengesetzgebung **31** 26, **72** 9, **75** 1ff., 5ff.
- Rang der Kompetenznormen **70** 19
- Raumordnung **75** 30
- Realisierungsmaßnahmen **70** 65
- Rechtsberatung **74** 27f.
- Rechtseinheit **72** 20f.
- Rechtsetzungskompetenzen **30** 18
- Rechtsverordnungen **70** 45f., **71** 10, **80** 11ff.
- Regelungswille des Gesetzgebers **72** 26
- regionale Differenzierung **71** 11
- Relativierung der Sperrwirkung **71** 5
- religiöse Kindererziehung **74** 17
- Residualkompetenz der Länder **72** 11
- Residualkompetenz der Zentralgewalt **30** 13
- Ressortforschung **70** 67
- Richterbesoldung **74a** 6ff.
- Richterrecht **70** 50
- Richtlinienvorgabe **75** 6
- Rücklieferung **73** 17
- Rücksichtnahme **31** 61
- Rundfunk **70** 37, **73** 33, **75** 23
- Sachkomplexe **70** 27
- Satzungen **70** 45f.
- Schienenbahnen **74** 105f.
- Schiffahrt **74** 97ff.
- Schiffahrtsverträge **73** 23
- Schutz deutschen Kulturguts **75** 34
- Seewasserstraßen **74** 98
- Sicherheitsbereich **73** 41ff.
- Siedlungs- und Heimstättenwesen **74** 87
- Signaturgesetz **73** 32
- Sonderabgaben **70** 68
- Sozialisierung **74** 73f.
- Sozialversicherungsrecht **74** 65ff.
- Sperrwirkung **30** 37, **71** 8f., **72** 22ff., 26, **75** 16
- Sprengstoffrecht **74** 37f.
- staatliche Fördermaßnahmen **30** 27
- Staatsangehörigkeit **73** 13
- Staatshaftung **70** 68, **74** 16, 111ff.
- Statistik **70** 68, **73** 47
- Steuerrechtskompetenzen **70** 20
- stillschweigende Bundeskompetenzen **70** 54ff.
- Strafrecht **74** 19ff.

Sachregister

(Fortsetzung Gesetzgebungskompetenzen)
- Strafvollzug **74** 22
- Straßennutzungsgebühren **74** 104
- Straßenverkehr **74** 100ff.
- Streitkräfte **73** 10
- Subsidiarität **70** 16
- Symbolsetzungsbefugnis **22** 15
- Teledienstegesetz **73** 32f.
- Telekommunikation **73** 29ff., 33ff.
- Tierschutz **74** 96
- Transplantation **74** 117
- Überschreitung der Gesetzgebungsbefugnis **75** 8
- Übertragung von Hoheitsrechten **30** 30
- unechte Konkurrenz **72** 8
- ungeschriebene Bundeskompetenzen **30** 6, 30ff., **70** 18, 38, 54ff., **73** 2, 26, **77** 11
- Unitarisierungszwänge **70** 35
- Universitäten der Bundeswehr **75** 21
- unmittelbare Verbindlichkeit **75** 7
- Unterlaufen der Zuständigkeitsverteilung **70** 35
- Verbot der Mischverwaltung **30** 22
- Verdrängung der Länder **71** 18, **75** 8
- Vereinsrecht **74** 31ff.
- Verhältnismäßigkeitsprinzip **20 R** 167ff., **70** 16, 38, **72** 16
- Verkehrswege **74** 101
- Verletzung der Umsetzungspflicht **75** 14
- Versammlungsrecht **74** 31ff.
- Versorgungsrecht **74a** 5ff.
- Verteidigung **73** 9ff.
- Verteilung zwischen Bund und Ländern **79 III** 17
- Vertragsgesetzgebung **70** 51
- Vertriebene **74** 39f.
- Verwaltungskompetenzen **30** 19
- Verwaltungsvorschriften **20 R** 31, 59, 69, 84, 88, 91, 161, **70** 46
- Volksbefragung **20 D** 102, **70** 68
- Vollregelung einer Materie **75** 8
- Vorbereitungsmaßnahmen **70** 65
- Vorrang des Bundesrechts **31** 1ff., 8ff., **70** 6
- Vorranggesetzgebung **72** 4, 8
- Waffenrecht **74** 37f.
- Währung **73** 19
- Wasserhaushalt **75** 31
- Wasserwirtschaft **74** 98
- Wehrverfassung **73** 2ff.
- Wetterdienst **74** 99
- Widerspruchsverfahren **74** 25
- Wiedereintritt des Bundesgesetzgebers **71** 18
- Wiedergutmachung **74** 45ff.
- Wirtschaftseinheit **72** 7, 20f.
- Wirtschaftsrecht **74** 52ff.
- Wohnungswesen **74** 86
- Zeitpunkt der Sperrwirkung **72** 28
- Zivilschutz **73** 11
- Zoll **73** 22, 25
- Zurückdrängung der Bundesgesetzgebung **70** 52
- Zuständigkeitsvermutung **30** 17, **70** 40
- Zustimmung des Bundesrats **71** 13, **74a** 11
- zwingendes Recht **30** 20ff.

Gesetzgebungsnotstand 81 1ff., 6ff.
- abgelehnte Gesetzesvorlagen **81** 17
- ad hoc-Vermittlungsverfahren **81** 14
- Amtszeit des Bundeskanzlers **81** 16
- außerordentliches Legislativverfahren **81** 19
- Befristung **81** 16
- Dauer **81** 16f.
- Dringlichkeit **81** 9
- Erklärung des Gesetzgebungsnotstands **81** 13
- Gesetzgebungsinitiative der Bundesregierung **81** 15
- Kanzlermehrheit **81** 12
- Legalitätsreserve **81** 13
- Mehrheitsverhältnisse **81** 11
- Minderheitsregierung **81** 7, 19
- Nationalsozialismus **81** 6
- Notstandssituation **81** 4
- politisches Ermessen der Regierung **81** 7
- Selbstblockade des Bundestags **81** 6
- Verfassungsänderung **81** 18
- verfassungsfeindliche Parteien **81** 6
- verfassungsrechtlicher Staatsnotstand **81** 4
- Verfassungsstörung **81** 4
- Vertrauensfrage **68** 17ff., **81** 9, 12
- vollgültige Gesetze **81** 15
- Zustimmung des Bundesrats **81** 8

Gesetzgebungsverfahren 77 1ff., 6ff.
- *siehe auch Gesetzesvorlagen, Gesetzgebungskompetenzen, Inkrafttreten von Gesetzen, Zustimmungsgesetze*
- Ablauf der Einspruchsfrist **78** 6
- Ablehnung des Gesetzes **78** 5
- Anhörung von Sachverständigen **77** 8
- Annahme von Gesetzesvorschlägen **77** 10
- Anrufung des Vermittlungsausschusses **77** 20ff.
- Antrag auf Einberufung des Vermittlungsausschusses **78** 6
- Ausschußarbeit **77** 4
- Berichtigung **77** 9
- Beteiligung des Bundesrats **77** 6, 32
- Demokratisierung der Europäischen Union **77** 5
- Diskontinuität **77** 16
- Dissensschlichtung **77** 3
- dritte Kammer **77** 16
- Einigungsvorschlag **77** 22f.
- Einspruchs- und Zustimmungsgesetze **78** 3

1625

(Fortsetzung Gesetzgebungsverfahren)
- Einspruchsfrist 77 30
- Einspruchsgesetz 77 10, 30
- fehlende fristgerechte Einlegung des Einspruchs 78 7
- föderale Mitwirkungsphase 78 3
- Fristen bei Vermittlung 77 25
- Geschäftsordnung 77 8
- Gesetzesbeschluß 77 6ff.
- hilfsweiser Anrufungsbeschluß 77 28
- Identitätsverlust der Gesetzesinitiative 77 22
- Institutionalisierung des Vermittlungsausschusses 77 15
- irregulärer Ablauf 76 7
- Kompromiß als Mittel der Politik 77 15
- Konsensorientierung 77 19
- mehrfache Anrufung des Vermittlungsausschusses 77 26
- Modalitäten 78 3
- obligatorische Vermittlung 77 24, 30
- Patt-Situation 77 23
- Prinzip reziproker Mehrheiten 77 31
- Reservierung des Gesetzesbeschlusses 77 3
- Rücknahme des Anrufungsbeschlusses 77 27
- Schwebezustand 78 6
- suspendierendes Veto 77 30
- Überstimmung des Einspruchs 78 9
- Untätigkeit des Bundesrats 78 5
- Unverrückbarkeit des parlamentarischen Votums 78 3
- Vermittlungsausschuß 77 16ff.
- Vermittlungsverfahren 77 15ff.
- Verweigerung der Zustimmung des Bundesrats 78 5
- Verzicht auf Einlegung des Einspruchs 78 5
- Weisungsfreiheit bei Vermittlung 77 19
- Zuleitung an den Bundesrat 77 10ff.
- Zurücknahme des Einspruchs 78 8
- Zurückweisung des Einspruchs 77 31
- Zustimmung des Bundesrats 78 5
- Zweikammersystem 77 3

Gesetzmäßigkeit der Verwaltung 20 R 5, 13, 24, 33, 44, 83ff., 95, 158, 21 140, 23 66, 34 22, 32

Gestufte Verfassunggebung 24 21

Gesundheitswesen 20 S 45, 23 100

Gewährleistung durch den Bund 28 169ff.
- Anspruch auf Einschreiten 28 175
- Ermessen 28 170, 174
- Reservefunktion 28 169
- selbständige Bundesaufsicht 28 173
- Wahl der Mittel 28 173

Gewaltenteilung 20 R 8, 14, 62ff., 59 14
- Berufsverbot 66 18
- Rechtsverordnungen 80 12

- Untersuchungsausschüsse 44 25ff., 59
- Verfassungsänderung 79 I 35

Gewaltenüberschneidungen 20 R 70

Gewerbe
- Bundespräsident 55 8
- Bundesregierung 66 12
- Gewerbe- und Handwerkswesen 74 55
- Gewerbeertragsteuer 28 142
- Gewerbekapitalsteuer 28 26
- Gewerbesteuerumlage 71 7

Gewerkschaften
- Aussperrungsverbot 31 54
- Koalitionsfreiheit 20 S 24, 31 54, 33 77
- politischer Streik 20 IV 4
- Staat und Gesellschaft 20 S 24, 30 26
- Wahlwerbung 38 90

Gewissensfreiheit 20 IV 8, 38 140

Gewohnheitsrecht 20 R 84f., 206, 22 15, 25 9ff., 20, 29, 32, 34, 36, 41, 26 5, 17, 28 109, 31 34, 32 38, 35 2, 37 10, 39 25, 40 8, 23, 44 17, 47 2, 51 21, 55 4, 59 21, 28, 62 3, 70 47ff., 79 I 38

Giftgas 26 6

Glaubensfreiheit 33 24

Gleichbehandlung
- *siehe auch Gleichheit der Wahl*
- Abgeordnete 38 152ff., 48 22, 27
- Fraktionen 38 167
- Frauen 33 21, 74 7
- Handelsflotte 27 10
- innerföderale Gleichbehandlung 20 B 25, 30, 33 23, 26, 52 13
- interkommunale Gleichbehandlung 28 148
- interregionale Gleichbehandlung 33 23
- Normenkontrolle 20 R 187
- Parteien 21 46ff., 72ff.
- Plenum und Ausschüsse 42 24
- Staatsbürger 33 26ff.
- Störerauswahl 20 R 175
- Wahlbewerber 38 97

Gleichheit der Wahl 38 92ff.
- *siehe auch Wahlrechtsgrundsätze*
- 5%-Sperrklausel 38 104
- abgestufte Chancengleichheit 38 97, 108
- amtliche Öffentlichkeitsarbeit 38 97
- besonderer Gleichheitssatz 38 96
- Einschränkungen 38 98ff.
- Erfolgswert 38 95
- Erfolgswert der Erststimme 38 102
- Eventualstimme 38 104
- fairer Wettbewerb 38 92
- formale Gleichheit 38 96
- Grundmandatsklausel 38 106
- Kandidatenaufstellung 38 100
- Listenprivileg 38 100
- Listenverbindungen 38 105
- Mandatsverteilungsverfahren 38 103

(Fortsetzung Gleichheit der Wahl)
- Massenmedien **38** 97, 108
- nationale Minderheiten **38** 105
- private Rundfunksender **38** 97
- Proportionalsystem **38** 99
- Quotenregelungen **38** 100
- Reihenfolge auf dem Stimmzettel **38** 101
- Rundfunksendezeiten **38** 108
- Sitzverteilung **38** 103
- staatliche Leistungen **38** 97
- starre Listen **38** 101
- Träger der Wahlrechtsgleichheit **38** 94
- Überhangmandate **38** 107
- Unterschriftenquoren **38** 100
- Verhältniswahlrecht **38** 95
- Wahlkreiseinteilung **38** 102
- Wahlsystem **38** 99
- Wahlverfahren **38** 93
- Wahlzulassung **38** 100
- wettbewerblich relevantes Verhalten **38** 93
- Zählwert **38** 95
- Zweck **38** 92

Gliedstaaten 20 B 3ff., 19ff., **23** 17ff., **24** 26, **28** 3, 27, 36, 47ff., **29** 9ff., **30** 11ff., 18, **31** 1, 26, **32** 2f., 10, 14f., **50** 13, **51** 8, **59** 13, **70** 1, 6ff., **79** III 16, 19, 46

Globalisierung 20 R 57, **24** 15, **32** 11

Gnadenrecht 60 2ff., 26
- *siehe auch Begnadigung*

Grenznachbarschaftliche Einrichtungen 24 46ff., **32** 39

Großdemonstrationen 35 24

Grundentschädigung 48 22

Grundentscheidungen 20 Einf 5

Grundgesetzkonforme Auslegung *siehe verfassungskonforme Auslegung*

Grundmandat
- Abgeordnetenstatus **38** 154
- Gleichheit der Wahl **38** 106
- Untersuchungsausschüsse **44** 37

Grundmandatsklausel 38 106

Grundrechte
- *siehe auch Band 1*
- Bindung bei völkerrechtlichen Verträgen **59** 53
- Demokratie **20** D 74, 136
- effektiver Schutz **79** III 28
- Einschränkungen **32** 26
- Grundrechtscharakter der kommunalen Selbstverwaltung **28** 9, 12, 44, 81
- Grundrechtscharakter des Widerstandsrechts **20** IV 16
- Grundrechtsfähigkeit der Gemeinden **28** 82
- Grundrechtsintegration **23** 76
- Grundrechtsvorbehalte **20** R 96
- Hoheitsrechtsübertragung **24** 32
- objektiv-rechtliche Dimension **23** 76f.
- objektive Sozialstaatsdimension **20** S 20
- Rechtsstaat **20** R 23ff., 37ff.
- soziale Grundrechte **20** S 57
- Sozialstaat **20** S 20
- Untersuchungsausschüsse **44** 28ff., 50
- Verfassungsänderung **79** III 26
- Wehrdienstverhältnis **45b** 10

Grundrechtsbindung 20 D 42, 79, 124, **23** 30, 76, **24** 32, **28** 34, 172, **31** 22, **32** 18, **34** 29, **35** 18, **59** 53f., **60** 28, **79** III 26ff.

Grundrechtsintegration 23 76

Grundsätze des Berufsbeamtentums 33 63ff., 70ff.

Grundsatzgesetzgebung 31 27

Grundstücksverkehr 74 83

Gründungsfreiheit 21 26, 57

Grundwertentscheidungen 20 Einf 6

Gruppen 38 168

Gruppenwettbewerb 21 130

Haftung des Beamten 34 1ff.

Haftungsansprüche im Bund-Länder-Verhältnis 20 B 29

Haftungsbeschränkungen 34 41f.

Hakenkreuz 22 6

Handel 74 59

Handels- und Schiffahrtsverträge 73 23

Handelsflotte 27 1ff., 6ff.
- diplomatischer Schutz **27** 9
- Einheitlichkeit **27** 10ff.
- Zweitregister **27** 11

Handlungsformen 20 D 80, **20** R 47, 86, 158, **20a** 53, **20** D 80, **23** 59, **28** 108, 126, **30** 26, **33** 57, **34** 29, **62** 36, **80** 9

Hauptbeschäftigung 48 18

Hauptstadt 22 18

Hausgut der Länder 20 B 24, **79** III 17

Haushaltsgesetz 71 7

Hausrecht 40 16, 34ff.

Heilberufe 74 89ff.

Heiliger Stuhl 32 21ff., 30, 36, **59** 23

Heimatprinzip 36 9

Herrschaft auf Zeit 20 Rp 16, **20** D 63, 69, 71, **21** 119, **24** 22, **39** 2, 10, 20, **79** III 31

Herstellung von Kriegswaffen 26 24f.

Hierarchie der Rechtsnormen 20 Einf 5, **20** R 33, 132, **25** 8, 10, 19, 21, 24ff., **31** 3, 13, 18, 32, **40** 17, **79** I 38, **79** III 11

Hierarchische Verwaltungsstruktur 20 D 114

Hilfsorganisationen 21 41f.

Hinterbliebenenversorgung 20 S 47

Hochschulzugang 33 30

Hochseefischerei 74 80

Höchstpersönliches Verfahrenshindernis 46 23

Höchstpersönlichkeit der Wahl 38 75

Höchstzahlverfahren 28 67, **38** 103, **53a** 7, **54** 32

Hoheitsrechtsübertragung 23 1ff., 24 1ff.
- *siehe auch Europäische Union*
- Auflösung 24 31
- Austritt 24 31
- Befehlsgewalt 24 62
- Bundestreue 24 49
- Durchgriff 24 60
- Eigenstaatlichkeit der Länder 20 **Einf** 12, 20 **B** 23f., 24 39, 28 47ff., 29 12, 30 16
- einseitige Rücknahme 24 23, 31
- Entscheidungsautonomie 24 60
- Eurocontrol 24 27
- Funktionsbereiche 24 18
- Gemeinden 24 43
- gleichberechtigte Mitwirkung 24 36ff.
- Grenzen der Integrationsgewalt 24 32ff.
- grenznachbarschaftliche Einrichtungen 24 46ff.
- immanente Grenzen 24 32
- Integrationsprogramm 24 29
- internationale Meeresbodenbehörde 24 27
- internationale Schiedsgerichtsbarkeit 24 10
- Internationaler Seegerichtshof 24 27
- Kompetenz-Kompetenz 24 18
- Länderkompetenzen 24 44f.
- Landesverfassungsgeber 24 42
- Mehrheitsentscheidungen 24 38
- Mitwirkungsrechte 24 37
- NATO 24 27, 55
- nichtstaatliche Einrichtungen 24 24, 48
- offene Staatlichkeit 24 14, 39
- OSZE 24 54
- Schengen-Exekutivausschuß 24 27
- Souveränitätsbeschränkung 24 12
- Sperre 80a 15
- Stationierung fremder Truppen 24 63
- Struktursicherungsklausel 24 32
- Subsidiarität 24 34
- supra- und internationale Integration 24 14
- System kollektiver Sicherheit 24 50ff.
- Übertragung auf Zeit 24 22
- Vereinte Nationen 24 9, 27, 54
- Verfassungsänderung 24 21, 79 **I**, 15, 25
- Vertragserweiterung 24 29
- wesentliche Änderungen 24 29
- WEU 24 55
- Zentralkommission für die Rheinschiffahrt 24 27
- Zustimmung der Bundesregierung 24 49
- Zustimmung des Bundesrats 24 30
- zwischenstaatliche Einrichtungen 24 24ff.

Homogenitätsgebot 28 1ff., 46f., 31 30, 57
- *siehe auch Wahlrechtsgrundsätze*
- Bestandteilsnormen 28 50, 52
- Bürgerbegehren 28 75
- Bürgerentscheide 28 75
- Demokratieprinzip 28 59, 64
- direkte Demokratie 28 62, 71, 75
- Doppelfunktion 28 47
- Durchgriffsnormen 28 49, 176
- eigene Akzente der Länder 28 56
- Eigenstaatlichkeit der Länder 20 **Einf** 12, 20 **B** 23f., 24 39, 28 47ff., 29 12, 30 16
- Europäische Union 20 **D** 29, 23 47f., 80, 28 28, 31
- Ewigkeitsgarantie 28 51, 57, 79 **III** 17
- Gestaltungsspielraum der Länder 28 61
- getrennte Verfassungsräume 28 47
- keine Verpflichtung zur förmlichen Verfassunggebung 28 48
- Kompetenznormen 28 49
- Korrespondenzverhältnis zu anderen Bestimmungen 28 177
- Kulturstaatsklauseln 28 63
- Landesverfassungsgerichte 28 52
- Normativbestimmung 28 54
- Notverordnungsrecht 28 62
- Präsidialsystem 28 62
- Rechtsfolgen bei Verletzung 28 76f.
- Rechtsstaatsprinzip 28 60
- republikanisches Prinzip 28 58
- ruhendes Mandat 28 62, 66
- soziale Grundrechte 28 63
- Sozialstaatsprinzip 28 58
- Staatsorganisation 28 62
- Staatsziele 28 63
- Struktursicherung 28 53
- Verfassungsautonomie 20 **Einf** 12, 20 **B** 23f., 24 39, 28 47ff., 29 12, 30 16
- verfassungsmäßige Ordnung 28 55
- Verfassungsprinzipien 20 **Einf** 13, 28 57
- Verfassungswirklichkeit 28 55

Homosexualität 33 42
Honecker-Beschluß 31 20, 55f.
Horizontaler Finanzausgleich 71 7
Hüter der Verfassung 54 27

Immissionsschutz 20a 13, 21 92, 28 130, 73 21, 74 107, 110
Immunität 46 1ff., 21ff., 60 5, 9, 15f., 31ff.
- Abgeordnete 46 1ff.
- Anhörung vor Genehmigung der Strafverfolgung 46 40
- begrenzte Geltungsdauer 46 25
- Beugemaßnahmen 46 27
- Bundespräsident 54 39, 60 31ff., 61 10, 14, 21
- Bundesrat 51 18, 53a 11
- Ermessenscharakter der Genehmigungsentscheidung 46 37, 40
- Festnahme auf frischer Tat 46 31
- Freiheitsbeschränkungen 46 30, 33f.
- Funktionsfähigkeit des Bundestages 46 22
- gebührenpflichtige Verwarnungen 46 27

(Fortsetzung Immunität)
- Genehmigung des Bundestages **46** 26
- Genehmigung von Strafverfolgung **46** 36 ff.
- Genehmigung von Verhaftungen **46** 30 f.
- höchstpersönliches Verfahrenshindernis **46** 23
- Immunitätsausschluß bei Verkehrsdelikten **46** 38
- Kommunalparlamente **28** 70
- Landtagsabgeordnete **28** 59, **70** 44
- Plenarentscheidung **46** 36 ff.
- Reklamationsrecht **46** 41 ff.
- Staatenimmunität **25** 32
- Untersuchungshaft **46** 30
- Verfahrenseinleitung **46** 35
- Verfolgungsmaßnahmen **46** 28 ff.
- Verwirkungsverfahren **46** 32

Impeachment 61 6
Imperatives Mandat 20 D 61, **21** 132, **38** 3, 5, 137, 140
Impermeabilität 32 21, **59** 7
Indemnität 46 1 ff., 9 ff.
- Abgeordnete **46** 1 ff.
- andere Amtsinhaber **46** 11
- Äußerungen außerhalb des Bundestages **46** 16
- Ausschußarbeit **46** 15
- Kommunalparlamente **28** 70
- Maßnahmen Privater **46** 20
- Ordnungsbefugnis des Bundestagspräsidenten **46** 19
- persönlicher Strafausschließungsgrund **46** 19
- persönlicher Verfolgungsausschlußgrund **46** 10
- sachlicher Geltungsbereich **46** 13 ff.
- schriftliche Anfragen **46** 17
- schriftliche Äußerungen **46** 17
- Umfang des Verfolgungsschutzes **46** 18 ff.

Indigenat 23 53, **33** 1
Informantenschutz 47 8
Informationelle Selbstbestimmung 21 110, 113, **35** 19, 28, **44** 28, **45c** 28, **73** 48
Informationshilfe 35 19
Informationspflichten 20 B 30
Informelle Tätigkeiten 30 28
Inhaltsgleiches Landesrecht 31 7, 9, 40 f.
Initiativrecht 38 144, **50** 23, **76** 8 ff., **80** 46 f.
Inkompatibilitäten
- Abgeordnete **38** 134, **48** 16
- Allgemeinheit der Wahl **38** 68
- Bundespräsident **55** 1 ff., 5 ff., **57** 9
- Bundesregierung **66** 8, 10 ff.
- Gemeinsamer Ausschuß und Bundesregierung **53a** 8
- Untersuchungsausschüsse **44** 6

Inkraftsetzungsermächtigungen 80 18
Inkrafttreten von Gesetzen 82 24 ff.

- Bedingungsfeindlichkeit **82** 26
- Rechtsverordnungen **82** 27
- Zeitpunkt des Inkrafttretens **82** 24 f.

Innere Demokratie 21 115 ff.
Innerparteiliche Freiheit 21 60
Institutionelle Garantie 21 27, 44, 50, 64, 125, **27** 6, **28** 14, 21, 81, 92 f., 109, 163, **33** 13, 15, 25, 53, 63, 70, 87, **34** 23, **38** 110
– siehe auch Auslegung
Integrationsfunktion des Bundespräsidenten 54 28 f.
Internationale Organisationen 20 B 11, **24** 12, 25 f., 37, 61, **32** 11, 22 ff., 39, **59** 19 ff., 23, 26, 40, **80a** 15
Internationale Rechtssetzung 59 46
Internationale Schiedsgerichtsbarkeit 24 6, 10, 13, 67 f.
Internationale Strafgerichte 25 6
Internationale Verbrechensbekämpfung 73 45
Internationales Komitee vom Roten Kreuz 32 23
Interpellationsrecht 38 43, **43** 12
Interpretation 20 Einf 10 ff., **20 R** 27, 78 f., 85, **65** 25
- Auslegungsrichtlinie **20 Einf** 11
- authentische Interpretation **21** 33, **59** 43 f., **65** 3, **79 I** 34
- Beteiligung des Bundesrats bei EU-Vorhaben **23** 109, 114
- Gemeinschaftsrecht **70** 12
- Gesetzgebungskompetenzen **70** 24 ff.
- historische Auslegung **70** 26
- landesrechtliche Annexkompetenzen **31** 37
- Ökologisierung des Verwaltungsrechts **20a** 62
- Rechtsschutz bei der Wahl **41** 11
- Regierungsverantwortung **65** 25
- Sozialstaatlichkeit als Interpretationshilfe **20 S** 33
- systematische Auslegung **70** 29
- teleologische Auslegung **20 R** 78, **33** 29, 58
- Umlaufverfahren **62** 14
- unbestimmte Gesetzesbegriffe **20a** 64
- verfassungskonforme Auslegung **20 Einf** 12, **20 R** 78 f., 85, **20a** 62, **23** 106, 109, 114, **31** 37, **41** 11, **62** 14, **79 I** 36
- Verfassungsprinzipien **20 Einf** 11
- Verordnungsermächtigung **80** 30
- Wandel der Auslegung **31** 10, 20

Intraföderatives Vertragsrecht 20 B 24, 32
Inverkehrbringen von Kriegswaffen 26 27
Ius cogens 25 5, 7, 10, 12, 14, 17, 21, 25 f., 41, **26** 29, **60** 9, **79 III** 7
Ius commune 31 3

Jugendhilfe 20 S 40, 48 ff.
Jugendorganisationen der Parteien 21 100

Juristische Person 20 D 120, 38 46, 40 22, 54 13, 62 9, 74 36
Justitiabilität
– Auflösung des Bundestages 68 24
– Bedürfnisklausel 72 14
– Erforderlichkeitsklausel 72 17, 75 17
– Gnadenakte 60 28
– Staatsziel Umweltschutz 20a 71f.
– Untersuchungsausschüsse 44 54ff.
– Vertrauensfrage 68 15f.
– Völkerrecht 25 15
– Wahlprüfung 41 22
Justizgewährleistungsanspruch 20 R 197ff.

Kabelbelegung 73 34
Kabinett *siehe Bundesregierung*
Kandidaten
– Aufstellung 21 121, 38 84
– Behinderungsverbot 48 13ff.
– Urlaubsanspruch 48 9ff.
Kanzelwerbung 38 90
Kanzlerdemokratie 62 15, 64 5, 65 14f.
Kanzlermehrheit 42 37, 63 16, 24, 26, 33f., 38, 43f., 68 22, 81 11f.
Kanzlerprinzip 62 2, 65 11
Kanzlerwahl 63 7ff., 11, 67 14, 22
Karenzregelung 29 46
Kartellrecht 74 76
Kauffahrteischiffe 27 1ff., 7ff.
Kernbereich der Selbstverwaltungsgarantie 28 116ff., 124
Kernbereich exekutiver Eigenverantwortung 20 D 105, 20 R 66, 68, 23 103, 44 7, 26, 62 34f., 64 22f., 79 III 41
Kernbestand eigener Aufgaben 20 B 34, 28 116
Kernenergie 74 60f.
Kettendelegation 80 35
Kirchen 20 D 6, 79, 20 R 3, 17, 31 2, 33 38, 68, 35 13, 38 90, 151, 44 59, 60 2, 73 37, **74a** 10
Klarheit der Gesetze 20 R 129ff.
Klarstellungsermächtigungsklausel 79 I 5, 27ff., 79 II 18
Kleinstgemeinden 28 20, 78
Koalitionsfreiheit 20 S 24, 31 54, 33 77
Koalitionsvereinbarungen 63 14f.
Kohärenz der Außenpolitik 32 38, 45
Kollegialprinzip 65 11, 32
Kommandogewalt 24 62, 65 16, 29, 65a 1ff.
Kommunale Außenpolitik 28 136, 32 29
Kommunale Selbstverwaltung 20 D 117ff., 28 79ff.
– *siehe auch Gemeinde, Gemeindeverbände*
– Abfallrecht 28 140
– allgemeinpolitisches Mandat 28 136
– Allzuständigkeit 28 95, 103ff.

– angemessene Finanzausstattung 28 145ff.
– Anhörungsrecht der Gemeinde 28 114, 117
– Annexregelungen des Bundesgesetzgebers 28 113
– atomwaffenfreie Zone 28 136
– Aufgaben von Gemeindeverbänden 28 164
– Aufgabenentzug 28 90, 118ff.
– Aufgabenerfindungsrecht 28 104
– Aufgabenübertragung 28 90, 110ff.
– Aufgabenverteilungsprinzip 28 118ff., 139
– Außenpolitik 28 136
– Ausgabenhoheit 28 132
– Ausschuß der Regionen 28 29
– Bestandsgarantie 28 40, 122, 163
– Bodennutzung 28 130
– bundesgesetzliche Aufgabenzuweisung 28 113, 152
– Bürgermeisterverfassung 28 87
– dezentralisierte Demokratie 28 79ff.
– Dienstherrnfähigkeit 28 129
– Doppelrolle 28 80
– dualistische Finanzausgleichsmodelle 28 147
– eigener Wirkungskreis 28 84
– Eigenverantwortlichkeit 28 95, 106ff., 109
– Eingriff durch Aufgabenentzug 28 90, 118ff.
– Eingriff durch Aufgabenübertragung 28 90, 110ff.
– Einheitsgemeinde 28 83
– Einnahmehoheit 28 132
– Energieversorgung 28 137ff.
– erwerbswirtschaftliche Betätigung 28 126
– Europafestigkeit 28 33
– Europäische Union 28 29ff.
– Fachaufsicht 28 107
– faktischer Finanzmonismus 28 148
– fehlender Grundrechtscharakter der Selbstverwaltungsgarantie 28 81
– Finanzausgleich 28 146ff.
– Finanzausgleichsmodelle 28 147ff.
– Finanzhoheit 28 44, 132, 141ff.
– Finanzhoheit von Gemeindeverbänden 28 166
– finanzielle Mindestausstattung 28 117, 145ff.
– Finanzierungsverantwortung des Bundes 28 152ff.
– Finanzsituation 28 90
– Finanzverfassung 28 141ff., 179
– formelle Beteiligungsrechte 28 98, 29 51
– Frauenbeauftragte 28 125, 129
– freie Selbstverwaltungsaufgaben 28 84
– freie Spitze der Finanzierung 28 145
– freiwillige Selbstverwaltungsaufgaben 28 84, 106, 145, 159
– Funktionenerfindungsrecht 28 104
– Gebietshoheit 28 122f.

Sachregister

(Fortsetzung Kommunale Selbstverwaltung)
- Gebietskörperschaften **20** D 123
- gegliederte Demokratie **28** 79
- Geldleistungsgesetze **28** 153
- gemeindebegünstigendes Vorrangprinzip **28** 120
- Gemeindehoheiten **28** 121 ff.
- Gemeinden als dritte Säule **28** 88
- Gemeindenamen **28** 93, 98, 123
- gemeindespezifisches materielles Aufgabenverteilungsprinzip **28** 118
- Gemeindeverbände **28** 162 ff.
- Gemeindevertretung **28** 87
- Gesetzesvorbehalt **28** 95, 109 ff.
- Gewerbeertragsteuer **28** 26, 142
- Grundrechte Dritter **28** 100
- Grundrechtsfähigkeit der Gemeinden **28** 82
- Informationspflichten **28** 140
- innere Kommunalverfassung **28** 87
- institutionelle Garantie **28** 81, 92 ff.
- institutionelle Rechtssubjektsgarantie **28** 93 ff.
- interkommunales Abwägungs- und Abstimmungsgebot **28** 131
- Kernbereich der Organisationshoheit **28** 124
- Kernbereich der Selbstverwaltungsgarantie **28** 116 ff.
- Klagebefugnis **28** 102
- Kommunalunternehmen **28** 126
- Kommunalverfassungsbeschwerde **28** 35, 101 f., 179
- Konnexitätsprinzip **28** 151, 153
- Konzessionsverträge **28** 137, 139
- Kooperationshoheit **28** 128
- Kreisreform **28** 168
- Kreisumlage **28** 166
- Landeskompetenz für das Kommunalrecht **28** 87
- Lastenverteilungsregel **28** 151
- Magistratsverfassung **28** 87
- Mindeststandard **28** 86
- mittelbare Beeinträchtigung **28** 112
- mittelbare Kommunalverwaltung **28** 126
- Mitwirkungsbefugnisse in Verwaltungsverfahren **28** 131
- monistische Finanzausgleichsmodelle **28** 147
- neue Bundesländer **28** 89
- neues Steuerungsmodell **28** 68, 91, 125
- norddeutsche Ratsverfassung **28** 87
- Normverwerfungsbefugnis **28** 135
- objektive Rechtsinstitutionsgarantie **28** 92, 95
- Öffentlichkeitsarbeit **28** 69, 91
- Organisationshoheit **28** 120, 124 ff.
- örtliche Angelegenheiten in der Energieversorgung **28** 138
- Personalhoheit **28** 129
- Pflichtaufgaben zur Erfüllung nach Weisung **28** 84
- pflichtige Selbstverwaltungsaufgaben **28** 84, 111
- Planungsentscheidungen von Nachbargemeinden **28** 99, 131
- Planungshoheit **28** 130 f.
- Popularklage **28** 62, 101, 168
- Privatisierung **28** 127, 139
- privatwirtschaftliche Betätigung **28** 139
- rahmenartige Mindestgarantie **28** 87
- Raumplanung **28** 130
- Rechtsaufsicht **28** 107
- Rechtsetzungshoheit **28** 133 ff.
- Rechtsschutz **28** 35, 101 f., 168
- Regelungszugriff des Bundesgesetzgebers **28** 113
- Revision der Kommunalverfassungen **28** 91
- Satzungshoheit **28** 133 ff.
- Schranken-Schranken **28** 115 ff.
- Schutzobjekt der Selbstverwaltungsgarantie **28** 83 ff.
- Selbstauflösungsrecht **28** 94
- Selbstverwaltung im formellen und materiellen Sinne **28** 85, 160
- Selbstverwaltungsangelegenheiten **28** 30, 32, 83 ff.
- Selbstverwaltungsgarantie als Durchgriffsnorm **28** 86
- Selbstverwaltungsgarantie der Kreise **28** 39, 158 ff.
- Stellung des Gemeindeoberhaupts **28** 87
- Steueraufkommensanteile **28** 142
- Steuererfindungsrecht **28** 144
- subjektive Rechtsstellungsgarantie **28** 92, 96 ff.
- Subsidiaritätsprinzip **28** 30
- Subtraktionsmethode der Kernbereichsbestimmung **28** 116
- süddeutsche Ratsverfassung **28** 87
- Territorialbindung **28** 126
- Typisierungsspielräume des Gesetzgebers **28** 103
- übertragener Wirkungskreis **28** 75, 84, 97, 106 f., 112, 128
- Umsetzungsspielräume bei Anwendung von EG-Recht **28** 34
- Umweltpolitik **28** 140
- Universalitätsprinzip **28** 103 ff., 109
- Verfassungsänderung **28** 31, 33, 62, 75, 179; **79** III 50
- Verhältnismäßigkeitsprinzip **28** 30, 119 f.
- Verpackungsteuer **28** 140
- Verteidigungspolitik **28** 136
- Vorbehalt des Gesetzes **28** 134
- Vorrang des Gemeinschaftsrechts **28** 33

1631

(Fortsetzung Kommunale Selbstverwaltung)
- Vorrang des Gesetzes **28** 134
- Wehrfähigkeit **28** 96, 168
- Willkürverbot **28** 120
- wirtschaftskraftbezogene Steuer **28** 26, 142
- Zuständigkeitsvermutung **28** 104
- Zuweisung staatlicher Aufgaben **28** 106, 110ff.
- Zwangsverbandsbildung **28** 128
- zweckgebundene Finanzzuweisungen **28** 143

Kommunale Wählergruppen 28 69
Kommunalmandat 28 69f., **33** 30
Kommunalverfassungsbeschwerde 28 101f., 168, 179
Kommunalwahlrecht für Ausländer 20 D 48, 84, **28** 24, 38, 72, **29** 17, **79 III** 36
Kompetenzen *siehe Gesetzgebungskompetenzen*
Kompetitiver Bundesstaat 20 B 18
Königsteiner Abkommen 52 13
Konkordate 32 30
Konkurrentenklage im öffentlichen Dienst 33 50
Konkurrierende Gesetzgebung des Bundes 72 8ff., **74** 12ff., **74a** 4ff.
- *siehe auch Gesetzgebungskompetenzen*
Konnexitätsprinzip 28 147, 151, 153
Konstitutionalisierung der Staatengemeinschaft 25 5, **54** 6
Konstruktives Mißtrauensvotum 67 1ff., 6ff.
Konsultationspflichten 20 B 30
Kontrasignaturfreie Präsidialakte 58 19ff.
Konzessionsverträge 28 137, 139
Kooperationspflichten 20 B 30
Kooperativer Verfassungsstaat 20 B 18, **23** 4, **24** 8, 16, 39
Korollartheorie 44 18, 21
Kosten
- Amtshilfe **35** 17, 23, 25
- Ausgleich bei Aufgabenübertragung **28** 145ff.
- Bundeszwang **37** 13
- Kostendeckungsvorschlag **76** 15

Kraftfahrwesen 74 102
Krankenhäuser 74 92f.
Krankenversicherung 20 S 43
Kreditbeschaffung 71 7
Kreisreform 28 168
Kreistag 28 68
Kreisumlage 28 166
Kreiswehrersatzämter 36 10
Krieg
- Forschungsprojekte **26** 24
- Kriegsfolgelasten **25** 34, **71** 7
- Kriegsgräberfürsorge **74** 50f.
- Kriegsopferversorgung **74** 48f.
- Kriegspropaganda **26** 18
- Kriegsschiffe **27** 7
- Kriegswaffen **26** 22f., **71** 7
- Schäden und Wiedergutmachung **74** 45ff.
- Verbot des Angriffskrieges **26** 6
- Waffenkontrolle **26** 20ff.

Krisenfall 80a 4
KSZE 20 D 25, **24** 54, 61, **59** 45f.
Kultur
- Abkommen **32** 43
- Europäische Union **23** 100
- kulturelle Identität **29** 31
- Kulturhoheit der Länder **30** 18
- Kulturstaatsklauseln **28** 63
- Voraussetzungen der Demokratie **20 D** 67
- Voraussetzungen des Rechtsstaats **20 R** 17

Kumulieren von Stimmen 28 67
Kündigung völkerrechtlicher Verträge 59 40
Kündigungsschutz 20 S 40, **48** 15
Künftige Generationen 20a 1ff., 31ff.
Künstliche Befruchtung 74 115
Küstenfischerei 74 80

Labiler Bundesstaat 29 12, **79 III** 16
Land- und Forstwirtschaft 74 79
Länderbüros in Brüssel 23 107, **32** 38
Länderfinanzausgleich 29 54
Länderfinanzierung 79 III 17
Länderflotten 27 6
Ländergleichheit 20 B 25
Länderkompetenzen *siehe Gesetzgebungskompetenzen*
Länderproporz 36 5ff.
Landesangehörigkeit 33 8
Landesgesetzgebung 32 40ff., **59** 34
- *siehe auch Gesetzgebungskompetenzen*
Landesgesetzliche Verordnungsermächtigungen 80 17
Landesgrundrechte 28 63, **31** 9, **29**f., 51ff., 55f.
Landesrecht bricht Bundesrecht 31 25
Landesregierung 28 62, 66 17
Landesverfassungen 20 D 55, 138, **20 B** 23f., **28** 47ff., **31** 35, 51ff.
Landesverfassungsgerichte 20 D 72, **28** 50, 52, 56, 86, 101, 122, 149, **31** 48, 52, 55f., **48** 36
Landesvölker 20 D 85
Landkreise 28 20, 24f., 27, 32, 39, 65, 68, 71ff., 79, 113, 118, 155ff.
Landräte 28 68
Landrecht bricht gemeines Recht 31 1
Landschaftsverbände 28 157
Landsmannschaftliche Verbundenheit 29 30
Landständische Verfassung 28 17
Lärmbekämpfung 74 110
Lebensmittel 74 94ff.

Legalitätsreserve 81 13
Legislaturperiode 20 D 69, 28 62, 39 11, 14, 23, **44** 33, **63** 14, 43, **68** 4, 14, **69** 4, 17, 77 16, 30
Legitimation, demokratische 20 D 104ff., 23 51ff., 28 59, 64, 68, 38 29, 50 18, 63 8
Lehrer 33 59
Leistung von Bewerbern 33 33
Leistungsfähigkeit der Länder 29 26
Leistungsgewährung 20 R 106
Lex-posterior-Regel 31 15, 18, 37, 47
Lex-specialis-Regel 20 R 142, 155, 28 177, **31** 1, 18f., 37
Lex-superior-Regel 31 1, 18
Lindauer Abkommen 23 122, 32 8, 43, 48
Listenprivileg 38 73, 100
Listenvereinigungen 38 82
Listenwahl 38 76
Lomé-Vertrag 25 8
Loyalitätskonflikte 38 149
Luftreinhaltung 74 110
Luftverkehr 71 7, 73 26
Lützowsche Jäger 22 1

Magistratsverfassung 28 87
Magnetschwebebahn 73 27
Malteser Orden 32 23
Mandatsgesetz 23 105
Mandatsprüfung 41 20f.
Mandatstheorie 34 1
Mandatsverlust 38 174
Marktwirtschaftliche Ordnung 20 R 18, 20 S 53
Maße und Gewichte 73 21
Massenmedien
– Freiheit der Wahl 38 90
– Gleichheit der Wahl 38 97, 108
– Mediendienste-Staatsvertrag 73 32
– Rechtsstaatlichkeit 20 R 73
Medizinstudium 74 89
Mehrheitsenquete 44 34
Mehrheitsprinzip 20 D 43, 64, 67, **42** 10ff., 18f., 31ff.
– absolute Mehrheit 20 D 64, 23 10, **42** 37, **45b** 6, **52** 18, **54** 35, **63** 6, 11, 14, 16ff., 30ff., **67** 17
– Beschlußfähigkeit 42 33
– Beschlußfassung 42 32f.
– Gesetzgebungsnotstand 81 11
– konstruktive Mehrheit 67 18
– Mehrheit der anwesenden Mitglieder 42 38
– Mehrheit der Mitglieder des Bundestages 42 38
– Mehrheitserfordernisse 42 34ff.
– Minderheitenrechte 42 39
– Mißtrauensvotum 67 11f.
– Parteien 21 119

– Regelmehrheit 42 34
– Verfassungsänderung 79 II 15ff., 79 III 31
– Verteidigungsfall 42 37
– Zweidrittelmehrheit **42** 37, **52** 18, **61** 18, **79 II** 1ff., 8ff., 19
Mehrheitsverfall 67 6f.
Mehrheitswahlrecht 20 D 91, 28 67, **31** 62, 38 95, 102, 121, **79 II** 19, **79 III** 32
Mehrparteiensystem 21 26
Mehrstaatigkeit 25 34
Meinungsumfragen 20 D 109, 21 85, 38 91
Menschenbild 20 S 25ff.
Menschenrechte 25 36, 79 III 25
Menschenwürde 20 D 136, 20 S 26, 20 R 45, 60 28, 79 III 22ff.
Mieterschutz 31 54
Minderheitenenquete 44 34
Minderheitenkonflikte 24 57
Minderheitenrechte 20 D 22, 56, 70, **42** 39, **44** 6, 9f., 34, 39
Minderheitskanzler 63 39f.
Minderheitsregierung 63 6, 33, 43f., **67** 6, 11, 68 8, 26, 81 7, 13, 19
Mindeststandard 28 86
Ministeranklage 61 1
Ministerialfreie Räume 20 D 113, 116, 62 20, 65 40
Ministerverantwortlichkeit 20 D 114, 23 117, 34 26, 43 8, 58 1, 61 1, 64 2, 6, 65 1, 3, 38ff. *siehe auch parlamentarische Kontrolle, parlamentarisches Regierungssystem, Regierungsverantwortung*
Mißbilligungsbeschluß 67 19
Mischverordnungen 80 24
Mißtrauensbekundung 67 19
Mißtrauensvotum 67 1ff., 6ff.
– Amtszeit des Bundeskanzlers 67 7
– Antrag im Bundestag 43 16, 67 13f.
– destruktives Mißtrauensvotum **63** 3, **67** 2, 11, **68** 3, 7, **81** 7
– eindeutige Parlamentsmehrheiten 67 11
– Entlassungspflicht des Bundespräsidenten 67 17
– Ernennungspflicht des Bundespräsidenten 67 17
– Frist 67 15
– Gelegenheit zur Aussprache 67 16
– innere Stabilität der Regierung 67 12
– Kanzlerwahl 67 14, 22
– konstruktive Mehrheit 67 18
– konstruktives Mißtrauensvotum 67 1ff., 6ff.
– Mehrheitsverfall 67 6f.
– Mißbilligungsbeschluß 67 19
– Mißtrauensantrag 67 13
– Mißtrauensbekundung 67 19
– Mißtrauensvoten gegenüber Ministern 67 21
– Nachfolgekandidat 67 13

1633

Sachregister

(Fortsetzung Mißtrauensvotum)
- parlamentarische Abhängigkeit des Kanzlers **67** 8f.
- Regierungsstabilität **67** 6f.
- Regierungssturz **67** 20
- schlichtes Mißtrauensvotum **67** 19ff.
- sichere Parlamentsmehrheiten **67** 11
- Sperrwirkung **67** 14
- Stabilisierungswirkung **67** 11f.
- Verfahren **67** 13ff.
- Verfassungsänderung **79 III** 35
- Verfassungsrang der Opposition **67** 10
- Vertrauen des Bundestages **67** 8
- vorgezogene Neuwahlen **67** 6
- Wahlgang **67** 16

Mitgliedsbeiträge der Parteien 21 97
Mitgliedschaftsrecht in Parteien 21 124
Mittelbare Staatsverwaltung 20 D 115f., **20a** 62, **28** 72, 79, **33** 68
Monarchie 20 Rp 16f., **20 D** 2, **20 B** 2, **62** 1
Multimediale Dienste 73 32
Municipalsozialismus 28 14

Nachhaltige Entwicklung 20a 9
Nachhaltiges Wirtschaften 20a 35f.
Nachrücken 38 78
Nachweltschutz 20a 31ff.
Nassauer Denkschrift 28 10
Nationale Minderheiten 20 D 56, 70, **28** 67, **38** 23, 105
Nationalhymne 22 16
NATO 24 9, 11ff., 27, 29, 38, 51, 54f., 58, 62ff., **26** 16f., 20f., **38** 40, **45a** 2, **45b** 2, **50** 10, **53a** 2, **59** 42, **65a** 3, **80a** 12f.
Natur der Sache 20 D 116, **22** 15, **23** 118, **30** 6, 30, 33, **32** 38, **54** 18, 20, **70** 3, 54ff., **71** 14, **73** 2, 7, **74** 84, **74a** 1, **75** 30, **77** 11
Naturkatastrophen 35 24, 26
Natürliche Lebensgrundlagen 20a 1ff., 28ff.
Naturrecht 20 R 48, 85
Naturschutz 20a 1ff.
Ne bis in idem 20 R 24, **25** 37, **61** 10
Neubekanntmachung von Gesetzen 82 19
Neues Steuerungsmodell 20 D 108, **28** 68, 91, 125
Neugliederung des Bundesgebietes 29 1ff., 11ff., 19ff., **71** 7, **79 III** 16
- Abstimmung **29** 45f.
- Anwendungsgebiete **29** 21
- Begriff der Neugliederung **29** 20
- Begriff des Bundesgebietes **29** 19
- Beurteilungsspielraum **29** 29
- Ermessen **29** 22ff.
- Neugliederung durch Staatsvertrag **29** 49ff.
- Neugliederungskriterien **29** 25ff.
- Neugliederungsverfahren **29** 33ff.
- Neugliederungsziel **29** 25ff.

- Quorum **29** 42
Neutralität
- Neutralität des Staates **33** 52
- Neutralität des Staatsoberhauptes **54** 23f., **55** 2
- Neutralitätspflicht der Gemeinde **28** 69
- religiös-weltanschauliche Neutralität **33** 52, **56** 10

Neuwahlen 20 D 69, **67** 6
Nichtigkeit bei Verfahrensverstoß 76 6
Nichtmonarchie 20 Rp 16f.
Norddeutsche Ratsverfassung 28 87
Normativbestimmungen 28 53, 76, 86, 176
Normatives Unrecht 34 35f.
Normenhierarchie 20 R 33, **31** 1ff., 18
Normierbarkeitsgrenze 79 III 14
Normverifikationsverfahren 25 39
Normverwerfungsbefugnis der Exekutive 20 R 89f., **28** 135
Notariat 74 27
Notparlament *siehe Gemeinsamer Ausschuß*
Notstand 20 IV 4, 14, 23 29, **34** 11, **35** 20, **50** 26, **53a** 1ff., 5ff., **58** 21, **65** 33, **65a** 2, **79 I** 5, **79 II** 14, **80a** 1ff., **81** 1ff.
Nukleartestverbot 26 6

Objektiver Wahrheitsbegriff 42 9
Obsoletwerden von Verfassungsbestimmungen 20 D 95, 138, **37** 6, **61** 9, **74** 74, **79 I** 5, 29, 39
Offene Staatlichkeit 23 5, **24** 14, 39
Öffentliche Fürsorge 20 S 40, **74** 41ff.
Öffentlicher Dienst 73 37f., **74a** 6
- *siehe auch Beamte, Berufsbeamtentum*
Öffentlichkeit 20 D 72ff.
- *siehe auch parlamentarisches Öffentlichkeitsprinzip*
- Abgeordnetenstatus **38** 158ff.
- Europaausschuß **45** 11
- Öffentlichkeitsarbeit der Bundesregierung **38** 88
- Öffentlichkeitsarbeit der Kommunen **28** 91
- Parlamentsöffentlichkeit **42** 2ff., 14ff., 20ff.
- Parteien **21** 46ff., 105ff.
- Untersuchungsausschüsse **44** 9, 12, 39, 41f.

Offiziere 60 18
Ökologisches Existenzminimum 20a 4
Ökologisierung des Verwaltungsrechts 20a 62
Ökozentrismus 20a 26
Oligarchie 20 D 2
Ombudsmann 45b 1
Opposition 20 B 30, **20 D** 56, 63ff., **21** 6, 77, 130, 140, **28** 56, **38** 55, 88, **40** 14, 29, **43** 24f., **44** 10, 37f., **45b** 1, **45c** 15, **48** 22, **57** 8, **63** 44, **65a** 2, **66** 18, **67** 10, **76** 19, **77** 19, **79 I** 5, **79 II** 13

Sachregister

Optimierungsgebot 20 R 41f., 118, 20 S 30, 20a 23, 66
Ordnungsbefugnis des Bundestagspräsidenten 46 19
Ordnungswidrigkeiten 60 23, 74 19
Ordre public 22 17, 25 5, 7
Organadäquanz 20 R 66, 59 15
Organhaftung 34 2
Organidentität 39 23
Organisationsautonomie 38 48, 40 22ff.
Organisierte Kriminalität 24 57
Organkontinuität 39 23
OSZE 20 D 25, 24 54, 61, 26 17, 59 45f.

Pacta sunt servanda 20 B 32, 25 17
Panaschieren bei der Wahl 28 67
Parlament
– *siehe auch Bundestag*
– Auflösung 28 62, 39 2
– Demokratieprinzip 20 D 88ff., 109f.
– Gemeinderat als Parlament 20 D 117, 28 70
– Homogenitätsprinzip 28 59
– Parlamentsgeschichte 38 1ff.
– Selbstorganisationsrecht 39 1
– Selbstversammlungsrecht 39 1, 40 2
– Wahlprüfung 41 1
– Zutritts- und Rederecht 43 1ff.
Parlamentarische Kontrolle 20 D 41, 70, 107, 20 R 67, 23 58, 99, 101, 117, 32 1, 45a 1ff., 45b 3, 8ff., 45c 11, 58 6, 22, 59 42, 62 23, 82 15
– *siehe auch parlamentarisches Regierungssystem, Ministerverantwortlichkeit, Regierungsverantwortung*
– Rechenschaftspflicht des Kanzlers 65 44
– Rechenschaftspflicht gegenüber dem Parlament 65 39
Parlamentarische Monarchie 54 11, 61 5
Parlamentarische Opposition 20 D 56, 63ff., 20 B 30, 21 6, 77, 130, 140, 28 56, 38 55, 88, 40 14, 29, 43 24f., 44 10, 37f., 45b 1, 45c 15, 48 22, 57 8, 63 44, 65a 2, 66 18, 67 10, 76 19, 77 19, 79 I 5, 79 II 13
Parlamentarische Redefreiheit 47 1
Parlamentarische Verantwortlichkeit der Minister *siehe Ministerverantwortlichkeit*
Parlamentarisches Gewohnheitsrecht 40 8
Parlamentarisches Mehrheitsprinzip *siehe Mehrheitsprinzip*
Parlamentarisches Öffentlichkeitsprinzip 42 2ff., 14ff., 20ff.
– Ausnahme für geheime Wahlen 42 23
– Ausschluß der Öffentlichkeit 42 29f.
– Ausschußarbeit 42 24
– Begriff der Öffentlichkeit 42 26
– Berichterstattungsöffentlichkeit 42 27
– geheime Abstimmungen 42 23

– materielle Öffentlichkeit 42 21
– öffentliche Diskussion 42 20
– parlamentarisches Geschehen 42 25
– Plenarsitzungen 42 22
– Prozeß der Entscheidungsfindung 42 22
– Sitzungsöffentlichkeit 42 27
– Verletzung des Öffentlichkeitsgebots 42 28
– Volkssouveränität 42 20
– Zugänglichkeit des Parlaments 42 23
Parlamentarisches Regierungssystem 20 D 140, 20 R 40, 66, 71, 38 2, 40 14, 45a 5, 54 10, 63 1ff., 8ff., 64 6, 67 8ff., 79 III 35, 49, 80a 12
– *siehe auch parlamentarische Kontrolle, Ministerverantwortlichkeit, Regierungsverantwortung*
– Mißtrauensvotum 67 8ff.
Parlamentsautonomie 39 27, 30, 40 1f., 4ff., 38, 41 7
Parlamentsbrauch 40 8, 45c 15
Parlamentscharakter der Gemeindevertretung 28 70
Parlamentsmehrheiten 67 11
Parlamentsvorbehalt 20 D 110, 20 R 107ff., 117, 20 D 110, 23 84, 38 34, 73 32
Parteiausschluß 38 78
Parteien, politische 21 1ff., 19ff., 71 7, 74 33
– *siehe auch Abgeordnete, Fraktionen, politische Willensbildung*
– 5%-Klausel 21 82, 86, 76 17
– abgestufte Chancengleichheit 21 75
– Aktivitäten 21 20
– Anerkennungsverfahren 21 32
– Anhänger 21 144
– Antragsrechte 21 129
– Arbeitsverhältnisse 21 64
– Auflösungsfreiheit 21 57
– Ausgestaltungsauftrag 21 151ff.
– Ausländer 21 53
– Auslandsaktivitäten 21 56
– Ausschlußgründe 21 128
– Ausstrahlungswirkung 21 64
– Austrittsfreiheit 21 62
– Beitrittsrecht 21 127
– Bestand der Bundesrepublik Deutschland 21 141
– Betätigung in Betrieben 21 64
– Bewertungsverbot 21 62
– Bundespräsident 54 24, 55 7
– Chancengleichheit 21 72f.
– Demokratieprinzip 21 19, 73, 117ff.
– direkte Staatsleistungen 21 99
– Doppelgrundrecht 21 52
– effektive Parteibetätigung 21 126
– Einrichtungsgarantie 21 50
– Entscheidungen in eigener Sache 21 114

Sachregister

(Fortsetzung Parteien, politische)
– Entscheidungsmonopol über Parteiverbote **21** 148
– Erfolg nach Gebietskörperschaft **21** 86
– Ernsthaftigkeit **21** 39ff.
– Ersatzorganisationen **21** 147
– extremistische Parteien **21** 149
– freies Mandat **21** 157
– Freiheit **21** 46ff., 49ff.
– freiheitliche demokratische Grundordnung **21** 140
– Funktionen **21** 19ff., 28ff.
– Gemeinwohlverpflichtung **21** 37
– gerichtliche Kontrolle **21** 134
– Gewährleistungspflicht **21** 125
– Gleichheit **21** 46ff., 72ff.
– Grundrechtsadressaten **21** 125
– Gründungsfreiheit **21** 26, 57
– Hilfsorganisationen **21** 41f.
– imperatives Mandat **21** 132
– Inhalte **21** 144
– innerparteiliche Chancengleichheit **21** 129
– innerparteiliche Demokratie **21** 115ff.
– innerparteiliche Opposition **21** 130
– innerparteiliche Transparenz **21** 113
– innerparteiliche Willensbildung **21** 119
– innerparteilicher Gruppenwettbewerb **21** 130
– innerparteiliches Verfahren **21** 120
– innerparteiliches Wahlsystem **21** 131
– institutionelle Garantie **21** 27, **28** 14
– Jugendorganisationen **21** 100
– Kandidatenaufstellung **21** 121
– Loyalitäten **38** 138
– Mehrheitsprinzip **21** 119
– Mehrparteiensystem **21** 26
– Mitgliedsbeiträge **21** 97
– Mitgliedschaftsrecht **21** 124
– Mittelvergabe **21** 101
– Monopol **21** 25
– öffentliche Rechenschaftspflicht **21** 111
– Öffentlichkeit **21** 46ff., 105ff., 112
– Öffentlichkeitsarbeit **21** 90
– Parteianzeigen **21** 94
– Parteibegriff **21** 28ff.
– Parteienfinanzierung **21** 43ff., 65ff., 83f., 87, 97, 102, 107ff., **48** 25
– Parteienfreiheit **21** 30
– Parteienprivileg **21** 148
– Parteienspaltung **38** 78
– Parteigründung **79** III 34
– Parteischiedsgerichte **21** 133
– parteitypische Tätigkeiten **21** 56
– Parteiverbot **21** 5, 135ff., 140, **38** 37
– Partizipationsrechte **21** 129
– Politikfinanzierung **21** 70, 102
– Quorum **21** 82
– Quotenregelungen **21** 131
– Recht auf Verbleib **21** 128
– Rechtfertigung von Ungleichbehandlungen **21** 81ff.
– Registrierungsverfahren **21** 32
– Repräsentation **21** 29
– Rundfunkwerbung **21** 84, 95
– Schranken der Parteienfreiheit **21** 63
– Spenden **21** 65, 97f., 110
– Sperrklausel **21** 82
– staatliche Teilfinanzierung **21** 66f.
– Staatsfreiheit **21** 66
– Staatsgleichheit **21** 79
– staatstragende Gesinnung **21** 38
– Straßenwahlkampf **21** 92
– streng formale Gleichbehandlung **21** 77
– Tendenzfreiheit **21** 58
– Träger der Parteienfreiheit **21** 52ff.
– Transformationsfunktion **21** 22
– Unvereinbarkeitsbeschlüsse **21** 128
– Urabstimmungen **21** 131
– Verbotsverfahren **21** 146ff.
– Verfassungsfeindlichkeit **21** 149
– Verfassungsorgan **21** 24
– verfassungsrechtlicher Parteienbegriff **21** 33
– Veröffentlichungspflichten **21** 106
– Versammlungen **21** 132
– Verwendungsfreiheit der Mittel **21** 69
– Wahlerfolg **21** 85
– Wahlkampf **21** 59, 92f.
– Wahlrechtsgleichheit **21** 157
– Wahlvorschlagsrechte **21** 129
– wehrhafte Demokratie **21** 136
– Wettbewerbsdemokratie **21** 26
– Wettbewerbsrecht **21** 72
– Wirtschaftstätigkeit **21** 104
– Zugang zu Stadthallen **21** 91

Partielles Bundesrecht 31 25, 72 **30**, **74** 17
Partikulares Recht 31 3
Partizipationsrechte 21 129
Passives Wahlrecht 38 65, 85
Paßwesen 73 15
Personenbezogene Daten 35 19
Personennahverkehr 71 7
Personenstandswesen 74 29f.
Petitionen 45c 9ff.
– *siehe auch Petitionsausschuß*
– Diskontinuität **45c** 16
– Funktionenvielfalt **45c** 11
– Gesetzesinitiative **76** 11
– Impulse für parlamentarische Kontrolle **45c** 11
– Renaissance des Petitionsrechts **45c** 12
– soziales Frühwarnsystem **45c** 11
– Wehrbeauftragter **45b** 17, 20

Petitionsausschuß 45c 1ff., 9ff.

Sachregister

(Fortsetzung Petitionsausschuß)
– Arbeitsbeziehungen zu vergleichbaren Einrichtungen **45c** 13
– Aufgabenzuweisung **45c** 17
– Aufwertung **45c** 9
– Ausschußdienst **45c** 24
– Befugnisse **45c** 9
– Beschlußvorlagen **45c** 18
– Diskontinuität **45c** 16
– Entlastungsfunktion **45c** 11
– Erledigungsarten **45c** 25
– erweiterte einfachrechtliche Befugnisse **45c** 22
– Gesetzgebungskompetenzen **71** 7
– Informationsrecht **45c** 20
– Kompromisse **45c** 4
– Organisation **45c** 14ff.
– Petitionsverfahren **45c** 23ff.
– ständiger Pflichtausschuß **45c** 14
– Überweisungsrecht **45c** 21
– Verfahrensgrundsätze **45c** 10
– verfassungsrechtliche Stellung **45c** 14ff.
– verfassungsrechtliches Monopol **45c** 17
– Zusammensetzung **45c** 15
Pflegeversicherung 20 S 43
Pflichtversicherung 20 S 44
Physiokraten 28 9
Planungshoheit 28 130f.
Plebiszit *siehe direkte Demokratie*
Plenum 38 48
Politikfinanzierung 21 70, 102
– *siehe auch Parteien*
Politische Beamte 33 42, 49, 81
Politische Clubs 21 4
Politische Inkompatibilitäten 66 8, 17ff.
Politische Verantwortung 59 47, **60** 28
– *siehe auch parlamentarische Kontrolle, parlamentarisches Regierungssystem, Ministerverantwortlichkeit, Regierungsverantwortung*
Politische Willensbildung 20 D 12, 55, 60, 66, 70ff., **21** 3, 16ff., 119, **23** 2, 14, 99, 102ff., **32** 44, **39** 21, **40** 21, 29, 32, **45b** 13, **47** 5, **50** 30, **51** 17, **59** 4, 6, 28, **62** 10, 13ff., **63** 14, 17, **65** 14, **65a** 8, **79 I** 20, **79 III** 34
Politischer Mediator 54 25f.
Politisches Ermessen 59 53
Polizeigewalt 40 34ff.
Pönalisierungsauftrag 26 19
Popularklage 28 101
Postwesen 73 29ff.
Pouvoir neutre 22 15, **54** 23f., **64** 27
Praktische Konkordanz 20 Einf 9, **20 S** 17, 30, **20 R** 41, 43 **21** 126, **38** 61, **56** 10, **79 III** 33
Präsentationskapitulation 63 22
Präsenzpflichten 38 149
Präsidentenanklage 61 1ff., 7ff.

– Amtsverlust **61** 7, 18
– geringe praktische Bedeutung **61** 9
– personale Verantwortlichkeit **61** 7
– Schutzfunktion **61** 8
– Strafcharakter **61** 10
– Verfahren **61** 17
– Verhältnismäßigkeit **61** 18
– Vertretungsfall **57** 9
– Zweidrittelmehrheit **61** 18
Präsidialsystem 20 D 140, **28** 62, **54** 8, **62** 3, **63** 5, **79 III** 35
Präsidium des Bundestags 40 25
Präventionsstaat 20 R 58
Presseorgane 38 90
Presserecht 74 31ff.
Preußenschlag (1932) 28 23
Primat des Völkerrechts 25 1, 4
Private Rundfunksender 38 97
Privatisierung 20 R 59, **28** 127, 139, **30** 35, **33** 55, 58
Privatversicherungswesen 74 59
Propaganda 26 5
Proportionalsystem 38 67, 99, 167
Prozeßordnungen 74 24
Prüfungsrecht des Bundespräsidenten 40 15, **54** 22, 27, **56** 7, **58** 17, **59** 22, 25, **60** 20, **64** 24, 27, **82** 1ff., 12ff.
Publizitätsbestimmungen 42 9, 15

Qualifikation von Beamten 36 8
Querschnittfunktion des Europaausschusses 45 9
Quorum
– Abgeordnetenstatus **38** 149
– Amtsenthebung **61** 7, **67** 5, 13
– Bundesregierung **62** 13f.
– Bundestagsinitiativen **76** 17
– Gesetzesinitiativen **76** 18
– Kanzlerwahl **63** 30, 35, 48
– Neugliederung des Bundesgebietes **29** 42, **45**, 51
– Parteien **21** 82
– Verfassungsänderung **79 I** 8, **79 II** 1
– Verteidigungsausschuß **45a** 8
Quotenregelungen
– europäische Beamte **36** 4
– Gleichheit der Wahl **38** 100
– öffentlicher Dienst **33** 42, 47, 49
– Parteien **21** 131
– Wohnungswesen **74** 81ff.

Rahmengesetzgebung 75 1ff.
– *siehe auch Gesetzgebungskompetenzen*
Rangmaßzahlverfahren 28 67
Rat der Staats- und Regierungschefs 65 8
Rätedemokratie 20 D 61
Rathausparteien 21 33, 36, **28** 69

Ratifikation 23 2, 10ff., 43, 98, **45** 2, **59** 4, 17, 24f., 34, 39, 41, 47, 55
Rationalitätsgebot im Begnadigungsrecht **60** 27
Raumplanung **28** 130, **75** 30
Rechenschaftspflicht *siehe parlamentarische Kontrolle*
Rechtsanwaltschaft **74** 27
Rechtsanwendung **20 R** 158ff., **25** 16, **59** 47
– *siehe auch Auslegung, Interpretation*
Rechtsaufsicht **20 R** 191, **20 D** 121, **24** 48, **28** 11, 83, 107
Rechtsberatung **74** 28
Rechtsfolgenrückbewirkung **20 R** 144ff.
Rechtsfortbildung **20 D** 132, **20 R** 92ff., 163, **23** 27, **24** 29, **34** 19, **59** 43, **70** 50, **79 I** 38
Rechtshilfe **35** 11
Rechtsmißbrauch **20 B** 31, **76** 12
Rechtsnachfolge in das Landesvermögen **71** 7
Rechtsnachfolge in das Reichsvermögen **71** 7
Rechtsprechende Gewalt *siehe Richter*
Rechtssicherheit **20 D** 111, **20 R** 24, 33, 37, 43ff., 134ff., **23** 59f., 78, **25** 15, **31** 42, **34** 37, 42, **38** 72, **40** 21, **58** 14, **75** 13, **78** 5, **80** 12, 18, **82** 8, 19, 22, 25f.
Rechtsstaatsprinzip **20 Einf** 4ff., **20 R** 1ff., 36ff., **79 III** 40ff., 44
– administrative Normsetzung **20 R** 161
– Adressaten **20 R** 207
– Amtshilfe **35** 8, 28
– Änderung der höchstrichterlichen Rechtsprechung **20 R** 165
– Anforderungen an gerichtliche Verfahren **20 R** 212
– Anforderungen an Organisation und Verfahren **20 R** 185ff.
– angemessene Verfahrensdauer **20 R** 205
– Angemessenheit **20 R** 172
– Arbeitsteilung zwischen Gesetzgebung und Verwaltung **20 R** 119
– Aufhebung von Gesetzen **20 R** 189
– äußere Gewalt **20 R** 115
– Ausfertigung von Rechtsnormen **20 R** 188
– Ausgestaltungsvorbehalt **20 R** 101
– Ausstrahlungswirkung der Grundrechte **20 R** 102
– Begründungszwang für Normsetzungsakte **20 R** 187
– belastende Verwaltungsakte **20 R** 124
– Beseitigung von Rechtsverstößen **20 R** 206
– besondere Gewaltverhältnisse **20 R** 99
– Bestimmtheitsgrundsatz **20 R** 117ff., 212
– Bewertungsspielräume **20 R** 173
– Bindung des demokratischen Souveräns **20 R** 74
– Bundesstaatlichkeit **20 R** 211
– checks and balances **20 R** 73
– Dauerhaftigkeit von Recht **20 R** 134
– Durchbrechungen der Gewaltenteilung **20 R** 70
– dynamische Verweisungen **20 R** 132
– echte Rückwirkung **20 R** 142, 144ff.
– Effektivität des Rechtsschutzes **20 R** 198
– Eigengesetzlichkeiten des parlamentarischen Regierungssytems **20 R** 71
– Eigenständigkeit der Regierung **20 R** 68
– Eindeutigkeit von Verweisungen **20 R** 131
– Eingriffe in Freiheit und Eigentum **20 R** 97
– Eingriffsbegriff **20 R** 105
– Einzelfallgerechtigkeit **20 R** 138
– Einzelfallvorbehalt **20 R** 173
– EMRK **20 R** 21
– Erforderlichkeit **20 R** 171
– Ermächtigungsgrundlagen **20 R** 111, 124ff.
– Ermessen **20 R** 122, 126f.
– Europäische Union **20 R** 22ff.
– faires Verfahren **20 R** 21, 24, 194, 202ff.
– formales Prinzip **20 R** 13
– formelle und materielle Anforderungen **20 R** 44ff.
– funktionsfähige Strafjustiz **20 R** 200
– funktionsgerechte Gerichtsorganisation **20 R** 199ff.
– Funktionsverlust des Rechts **20 R** 59
– Geeignetheit **20 R** 170
– Gefahrenabwehr **20 R** 58
– Geltungsbereich eines Gesetzes **20 R** 133
– gemeineuropäische Prinzipien **20 R** 22
– Generalisierungskompetenz **20 R** 138
– Generalklauseln **20 R** 121ff.
– Gerechtigkeit **20 R** 1, 49
– Gesetz als zentrales Steuerungsmedium **20 R** 50ff.
– Gesetzesbindung der Gerichte **20 R** 163
– Gesetzeskonkretisierung **20 R** 164
– Gesetzesvorbehalt **20 R** 97
– Gesetzesvorrang und Richterrecht **20 R** 92ff.
– Gesetzmäßigkeit der Verwaltung **20 R** 83
– Gestaltungsfreiheit des Gesetzgebers **20 R** 81
– Gewaltenteilung **20 R** 8, 14, 25, 62ff.
– Gewaltenüberschneidungen **20 R** 70
– Globalisierung **20 R** 57
– Grundrechtsrelevanz einer Maßnahme **20 R** 103
– Grundrechtsvorbehalte **20 R** 96
– Handlungsformen der Verwaltung **20 R** 158
– hierarchische Bindung des Rechts **20 R** 74ff.
– Homogenitätsgebot **28** 60
– institutionelle Gesetzvorbehalte **20 R** 113f.
– Intensität der Neubelastung **20 R** 156
– internationale Pakte **20 R** 20
– Justizgewährleistungsanspruch **20 R** 197

Sachregister

(Fortsetzung Rechtsstaatsprinzip)
- Kernelemente **20 R** 26, 33, 37, 61 ff.
- Klarheit der Gesetze **20 R** 129 ff.
- Klarheit der Rechtsmittelvorschriften **20 R** 201
- Klarheit gerichtlicher Entscheidungen **20 R** 166
- Kompetenzabgrenzungen **20 R** 176
- Kompetenzklarheit **20 R** 130
- komplementäre Rechte **20 R** 18
- Kontrollfunktion der Gewaltenteilung **20 R** 63
- kulturelle Voraussetzungen **20 R** 17
- legislativer Prognosespielraum **20 R** 179
- Leistungsgewährung **20 R** 106
- marktwirtschaftliche Ordnung **20 R** 18
- Mäßigungsfunktion der Gewaltenteilung **20 R** 63
- Massenmedien als vierte Gewalt **20 R** 73
- materielle Gerechtigkeit **20 R** 48 f.
- materielle Staatsfunktionen **20 R** 64
- materielles Rechtsstaatsverständnis **20 R** 16
- Menschenwürde **20 R** 45
- Mindesterfordernisse der Rechtssetzung **20 R** 116 ff.
- Mindeststandard **20 R** 32
- nachträglich belastende Regelungen **20 R** 140
- Nichtigkeit verfassungswidriger Gesetze **20 R** 80
- Normbindung der Verwaltung **20 R** 87 ff.
- Normenkontrolle der Verwaltung **20 R** 89 ff.
- normsetzendes Verwaltungshandeln **20 R** 87
- Optimierungsgebot **20 R** 41, 118
- Organadäquanz **20 R** 66
- parlamentarisches Regierungssystem **20 R** 71
- Parlamentsvorbehalt **20 R** 107 ff.
- planungsrechtliches Abwägungsgebot **20 R** 177
- Pluralisierung der Verwaltungsorganisation **20 R** 191
- pluralistische Gesellschaft **20 R** 73
- Präventionsstaat **20 R** 58
- Prinzipiencharakter **20 R** 39 ff.
- Proportionalität **20 R** 172
- punktueller Vorrang der Rechtssicherheit **20 R** 138
- rationale Organisation **20 R** 192
- Rationalisierungsfunktion der Gewaltenteilung **20 R** 63
- Rechtmäßigkeitsrestitution **20 R** 206
- Rechtsanwendung **20 R** 158 ff.
- Rechtsaufsicht **20 R** 191
- Rechtsfolgen der Verfassungswidrigkeit **20 R** 80 ff.
- Rechtsfolgenrückbewirkung **20 R** 144 ff.
- Rechtssicherheit **20 R** 134 ff.
- rechtsstaatlicher Vertrauensschutz **20 R** 154
- Rechtsstaatlichkeit und Demokratie **20 D** 134, **20 R** 104, 109
- Reformalisierung **20 R** 49
- Regierungskriminalität **20 R** 55
- Reservefunktion **20 R** 43
- richterliche Rechtsfortbildung **20 D** 132, **20 R** 84, 92 ff., 148, 163, 165, 183, **23** 27, **24** 29, **31** 34, **34** 19 f., **59** 43, **70** 47, 50, **79 I** 38, **79 III** 44
- rückwirkende Strafgesetze **20 R** 142
- Rückwirkung von Gesetzen **20 R** 139 ff.
- schlicht-hoheitliches Verwaltungshandeln **20 R** 162
- Schuldprinzip **20 R** 180, 182
- Schulverhältnis **20 R** 99, 106
- Schutzfunktion der Gewaltenteilung **20 R** 63
- Schutzpflichten **20 R** 184
- Selbstverwaltungskörperschaften **20 R** 72
- Sozialstaatlichkeit **20 R** 210
- Spielraum im Wirtschaftsrecht **20 R** 178
- staatliche Binnenorganisation **20 R** 100
- staatlicher Strafanspruch **20 R** 180
- Staatsaufgabe Sicherheit **20 R** 58
- Staatshaftung **20 R** 29, **34** 22
- staatsorganisationsrechtliche Gesetzesvorbehalte **20 R** 112 ff.
- Staatsstrukturbestimmungen **20 R** 208
- Staatsstrukturprinzip **20 Einf** 8, **20 R** 39
- Staatszielbestimmungen **20 R** 208
- Steuergesetze **20 R** 145
- Strafvollzug **20 R** 99
- Stufen der Rückwirkung **20 R** 143
- Subventionen **20 R** 98, 153
- tatbestandliche Rückanknüpfung **20 R** 152 ff.
- Teil-Nichtigerklärung von Gesetzen **20 R** 79
- Totalvorbehalt **20 R** 98
- Übergangsregelungen **20 R** 157
- Übermaßverbot **20 R** 167 ff.
- überpositive Gerechtigkeitsvorstellungen **20 R** 85
- überpositives Recht **20 R** 76
- Unabhängigkeit der Rechtsprechung **20 R** 69
- unbestimmte Rechtsbegriffe **20 R** 121 ff.
- unechte Rückwirkung **20 R** 142, 152 ff.
- ungleichmäßiger Gesetzesvollzug **20 R** 137
- unkalkulierbare Billigkeitsrechtsprechung **20 R** 174
- Unklarheit des geltenden Rechts **20 R** 149
- Unparteilichkeit **20 R** 195
- Unschuldsvermutung **20 R** 181, 204
- Untermaßverbot **20 R** 184
- Unverbrüchlichkeit von Recht **20 R** 134

1639

(Fortsetzung Rechtsstaatsprinzip)
- Unvereinbarkeitserklärung **20 R** 80, 82
- Veränderungsdruck **20 R** 57
- Verfassungsänderung **20 R** 213, **79 III** 40 ff.
- Verfassungskultur **20 R** 17
- verfassungsmäßige Ordnung **20 R** 76
- Verhältnismäßigkeit **20 R** 167 ff.
- Verhältnismäßigkeit im engeren Sinne **20 R** 172
- Verhältnismäßigkeit im Zivilrecht **20 R** 183
- Verkündung der Gesetze **20 R** 189
- Vermutung der Schuldlosigkeit **20 R** 204
- Vertrauen in den Fortbestand einer günstigen Rechtslage **20 R** 136
- Vertrauensschutz **20 R** 134 ff., 139 f., 155
- Verwaltungsakte **20 R** 159
- Verwaltungsöffentlichkeit **20 R** 31
- Verwaltungsverfahren **20 R** 28, 190 ff.
- Verwaltungsverträge **20 R** 160
- Verwaltungsvorschriften **20 R** 161
- Verwerfungskompetenz der Exekutive **20 R** 89 f., **23** 30
- Verzögerung des Verfahrens **20 R** 194, 205
- Vorbehalt des Gesetzes **20 R** 95 ff.
- vorläufiger Rechtsschutz **20 R** 30
- Vorrang der Verfassung **20 Einf** 5, **20 R** 74 ff., **79 I** 36, **79 II** 2, **79 III** 27, 42
- Vorrang des Gesetzes **20 R** 83 ff.
- Waffengleichheit **20 R** 203
- Wahrheitsfindung **20 R** 204
- Wesentlichkeitsdoktrin **20 R** 103 ff.
- Wiedervereinigung **20 R** 53 ff.
- zentrale Schutzgüter **20 R** 36 ff.
- Zugang zu den Gerichten **20 R** 199 ff.
- Zumutbarkeit **20 R** 172
- Zuordnung der Gewalten **20 R** 65

Rechtsverordnungen 20 R 34, 52, 70, 84, 87, 111, 116, 128, 141, 186 ff., **23** 108, **24** 28, **28** 109, 133, **31** 28, 32, 35, **34** 36, 42, **37** 10, **38** 44, **50** 25, **59** 33, 49 ff., **60** 30, **61** 12, **65** 33, 37, 50, **70** 45, **71** 6, 10, **72** 22, **75** 8, **76** 15, **79 I** 12, **80** 1 ff., 11 ff., **80a** 7, 10, **82** 2 ff., 21 ff.
- *siehe auch Verordnungsermächtigung*
- Auftragsverwaltung **80** 45
- Bundesstaatsprinzip **80** 12
- Gesetzgebungsbefugnis der Länder **80** 48 f.
- Gewaltenteilung **80** 12
- Initiativrecht des Bundesrats **80** 46 f.
- landesgesetzliche Ermächtigungen **80** 17
- Rechtsschutzeinbußen **80** 49
- Rechtsstaatlichkeit **80** 12
- Regelungsgegenstände **80** 11
- Satzungen **80** 15
- Verfassungspraxis **80** 13
- Verkehrsverordnungen **80** 45
- Verordnungsbegriff **80** 14
- Verwaltungsvorschriften **80** 15
- vorkonstitutionelle Ermächtigungen **80** 16
- Zustimmungsbedürftigkeit **80** 44 ff.

Rederecht der Abgeordneten 38 144, **43** 21 ff.
Redezeit 43 25
Referendum 20 D 54
Reformalisierung 20 R 49
Regelmehrheit 42 34
Regierung *siehe Bundeskanzler, Bundesminister, Bundesregierung, Regierungsverantwortung*
Regierungskriminalität 20 R 55
Regierungsverantwortung 65 1 ff., 10 ff.
- *siehe auch Bundesregierung, parlamentarische Kontrolle, parlamentarisches Regierungssystem, Ministerverantwortlichkeit*
- Adressaten der Richtlinienkompetenz **65** 25 f.
- allgemeine ministerielle Sachentscheidungszuständigkeit **65** 30
- Bindung des Kabinetts **65** 26
- Bundeskabinett **65** 32 ff.
- Bundeskanzler **65** 15 ff.
- Bundesminister **65** 28 ff.
- Definitionskompetenz **65** 21
- Dominanz des Bundeskanzlers **65** 15
- Durchgriffsrecht **65** 27
- Durchsetzung der Richtlinienkompetenz **65** 27
- Einstandspflicht **65** 39, 43
- Einzelanordnungen **65** 20
- funktionssichernde Hilfskompetenzen **65** 30
- Geschäftsleitungsbefugnis **65** 46
- Geschäftsordnung der Bundesregierung **65** 47 ff.
- Geschäftsordnungsautonomie **65** 46
- Geschäftsordnungsverstöße **65** 50
- Gesetzesbindung des Bundeskanzlers **65** 24
- haushaltsrechtliche Entscheidungen **65** 30
- innere Regierungsverfassung **65** 10
- interne Organisationsbefugnis **65** 30
- Kabinettsfestigkeit der Ressortleitungsbefugnis **65** 31
- Kabinettskompetenzen **65** 33 ff.
- Kabinettsprinzip **65** 11
- Kabinettsverantwortlichkeit **65** 41
- Kanzlerdemokratie **65** 15
- Kanzlerfestigkeit der Ressortleitungsbefugnis **65** 31
- Kanzlerprinzip **65** 11
- Kollegialentscheidungen **65** 32
- Kollegialprinzip **65** 11
- Konkretisierungsspielräume **65** 25
- Kontrollinstrumente des Bundestages **65** 42 ff.
- Leitungskompetenz des Bundeskanzlers **65** 51

(Fortsetzung Regierungsverantwortung)
– Minister als Ressortleiter 65 28
– Organisationskompetenz der Regierung 65 16
– organisationsrechtliche Entscheidungen 65 30
– Personalkompetenz der Regierung 65 16
– personalrechtliche Entscheidungen 65 30
– politische Bindungen 65 24
– politische Verantwortlichkeit 65 38f.
– politische Willensbildungsprozesse 65 14
– politischer Führungsanspruch 65 19
– Rangordnung der Organisationsprinzipien 65 12
– Rechenschaftspflicht 65 39, 44
– Regierungsinnenrechtsnorm 65 47
– regierungsinterne Kompetenzverteilung 65 15ff.
– Reichweite der Organisationsprinzipien 65 13
– Ressortleitungsbefugnis 65 31
– Ressortprinzip 65 11
– ressortübergreifende Fragen 65 35
– Richtlinienkompetenz 65 17ff., 22ff.
– Selbsteintrittsrecht 65 27
– spezielle Ministerbefugnisse 65 29
– Vertrauensabhängigkeit 65 38, 43
Regionale Integration 24 39
Regionale Notfälle 35 21
Regionalisierung 28 161
Regionalkreise 28 157
Regreß 34 1ff., 43
Reichsaufsicht 28 18
Reichsbeamte 33 6
Reichsdeputationshauptschluß 33 6
Reichsexekution 37 1
Reichspublizistik 31 5
Reichsrat 50 5
Reichsrecht bricht Landrecht 31 7
Reklamationsrecht 46 41ff.
Religionsgesellschaften 38 90
Religiöse Beteuerung 56 10
Religiöse Kindererziehung 74 17
Rentenversicherung 20 S 43
Repräsentation 20 Rp 4, 10, 22, 20 D 4ff., 38, 44f., 60, 78, 91, 99f., 21 4, 85, 92, 131, 23 53, 99, 24 17, 37, 38 1ff., 31ff., 122, 40 29, 32, 42 10, 20, 46 2, 48 24, 50 27, 53a 7, 54 10, 15ff., 59 18ff., 60 16, 19, 65 4, 69 9, 70 59, 82 1
Republik 20 Rp 1ff., 15ff., 20 D 134, 79 III 29
– Bundesfarben 20 Rp 22
– Bundespräsident 20 Rp 22
– ethisches Staatskonzept 20 Rp 1
– Ewigkeitsgarantie 20 Rp 15, 79 III 29
– Federalist Papers 20 Rp 4
– formaler Begriff 20 Rp 16f.

– Französische Revolution 20 Rp 3
– freiheitliche demokratische Grundordnung 20 Rp 17
– freiheitliche politische Ordnung 20 Rp 18
– Freistaat 20 Rp 14
– Gemeinwohlorientierung 20 Rp 19
– gute Ordnung 20 Rp 19
– Herrschaft auf Zeit 20 Rp 16
– Homogenitätsgebot 28 58
– materialer Begriff 20 Rp 18f.
– Nichtmonarchie 20 Rp 16f.
– Pauskirchenverfassung 20 Rp 5
– res publica 20 Rp 1
– Staatsname 20 Rp 15
– Staatsoberhaupt 20 Rp 10, 16
– Verfassungsprinzipien 20 Einf 4ff.
– Zivilgesellschaft 20 Rp 20
Ressortprinzip 65 11, 31
Revolution 79 III 12, 14
Rheinischer Bund 28 2
Richter
– richterliche Rechtsfortbildung 20 D 132, 20 R 84, 92ff., 148, 163, 165, 183, 23 27, 24 29, 31 34, 34 19f., 59 43, 70 47, 50, 79 I 38, 79 III 44
– Richterprivileg 34 37, 42
– Richterwahl 20 D 69, 131, 33 39, 38 40, 46 15, 50 14
Richtlinienkompetenz 65 17ff., 22ff.
Rio-Erklärung 25 38
Rotationsprinzip 38 77, 132, 39 19
Rotes Kreuz 32 23, 55 8
Rückgabepflicht bei Beschlagnahme 47 12
Rücklieferung 73 17
Rückruf von Abgeordneten 44 38
Rücksichtnahmegebot 58 10
Rückwirkende Gesetze 20 R 139ff.
Ruhendes Mandat 28 62, 66, 38 23, 79
Rundfunk 73 31ff.
– Parteiwerbung 21 95
– Rundfunkanstalten 20 D 123, 32 30
– Rundfunkordnung 70 37
– Sendezeiten 21 84, 38 108
Rüstungsbeschränkungen 24 63

Sachzusammenhang 30 6, 30, 34ff., 70 18, 54ff., 74 44, 84, 109, 77 22
Samtgemeinden 28 157
Satzungen 28 133ff., 80 15
Schadensersatz 34 1ff.
Schengener Abkommen 23 52, 24 27, 35 6, 45 6
Schiedsrichtertätigkeit 66 9
Schienenbahnen 74 105f.
Schiffahrt 74 97ff.
Schiffsregister 27 4

Schlicht-hoheitliches Verwaltungshandeln 20 R 162
Schriftführer im Bundestag 40 26
Schuldprinzip 20 R 180, 182
Schulen 20 S 40, 20 R 99, 106
Schutz der natürlichen Lebensgrundlagen 20a 1ff.
Schutzpflichten 20 S 3, 20 R 101 ff., 184, 20a 4, 11 ff., 75, 23 76, 31 54, 76 10
Schwangerschaftsabbruch 20 S 46, 31 54, 33 41, 74 43
Schwerbeschädigte 20 S 40
Schwurvereinigungen 28 7
Seerecht 27 1 ff.
Seewasserstraßen 74 98
Selbständige 48 11
Selbstauflösungsrecht 28 62, 94, 39 6 ff., 9, 17 f., 68 3 ff., 10, 14
Selbstbestimmungsrecht 26 14, 29 7, 11
Selbsteintrittsrecht 65 27
Selbstentscheidungskompetenz 44 15
Selbstfindung der Weltrechtsgemeinschaft 25 5 ff.
Selbstinformation 38 42, 44 9, 11, 39
Selbstorganisation 39 1, 40 6
Selbstversammlungsrecht 39 1, 5, 27, 30, 40 2, 53a 4
Selbstverteidigung 26 5
Selbstverwaltungskörperschaften 20 R 72, 186, 20a 62
Self-executing norms 59 32, 48
Seßhaftigkeit im Bundesgebiet 38 70
Sichere Drittstaaten 71 7
Sicherheitsinteressen 26 9
Sicherheitsrat 26 5
Siedlungs- und Heimstättenwesen 74 87
Signaturgesetz 73 32
Sitzungsöffentlichkeit 42 27
Sitzverteilung 20 D 32, 38 102 f., 41 22, 43 25
Soft law 59 28, 37, 45 f.
Söldner 26 18
Sonderausschüsse 40 28 , 45 2
Sondervoten in Untersuchungsausschüssen 44 53
Souveränitätsbeschränkung *siehe Hoheitsrechtsübertragung*
Sozialisierung 74 73 f.
Sozialstaatsprinzip 20 S 1 ff., 15 ff.
– Adressatenstellung des Gesetzgebers 20 S 31
– AEMR 20 S 11
– Arbeitnehmerschutz 20 S 41
– Arbeitslosenversicherung 20 S 43, 45
– Arbeitsmarktpolitik 20 S 28
– Aufopferungsanspruch 20 S 56
– Ausländer 20 S 34
– Beamte 33 47, 49, 87
– Beamtenversorgung 20 S 47
– Begriff der Gesellschaft 20 S 22
– Begriff des Sozialstaats 20 S 15, 35
– Begünstigte 20 S 35
– Bismarcksche Sozialgesetzgebung 20 S 6
– bundesstaatliche Ordnung 20 B 17, 29 13
– Chancengleichheit 20 S 39
– Daseinsvorsorge 20 S 54
– Demokratieprinzip 20 D 134, 20 S 58
– drei Säulen der Sozialversicherung 20 S 6
– egalitäre Sozialstaatskonzeptionen 20 S 37
– Eigengesetzlichkeit der Gesellschaft 20 S 24
– Elemente des Sozialstaatsprinzips 20 S 36 ff.
– EMRK 20 S 11
– Entschädigung 20 S 56
– europäisches Sozialrecht 20 S 11 f.
– Ewigkeitsgarantie 20 S 34, 79 III 38
– Existenzminimum 20 S 26, 32, 54
– Expansion und Krise 20 S 10
– Familienpolitik 20 S 27
– freiheitliche demokratische Grundordnung 20 S 34
– freiheitlicher Sozialstaat 20 S 1, 15
– Freiheitsbezug sozialer Schutzpflichten 20 S 3, 19
– Gemeinschaftsbezogenheit der Person 20 S 27
– Gerechtigkeit 20 S 51
– Gerechtigkeitsgebot 20 R 49
– Gesellschaft 20 S 22 ff.
– Gestaltungsauftrag 20 S 31
– Gestaltungsspielraum 20 S 31
– Gesundheitswesen 20 S 45 f.
– Hinterbliebenenversorgung 20 S 47
– Homogenitätsgebot 28 58
– Interpretationshilfe 20 S 33
– Jugendhilfe 20 S 48
– karitatives Handeln 20 S 50
– Kompetenzverteilung 29 28
– Krankenversicherung 20 S 43
– Kündigungsschutz 20 S 40
– Leistungsprinzip 33 49
– liberale und soziale Ideen 20 S 42, 53
– Menschenbild 20 S 25 ff.
– menschenwürdiges Dasein 20 S 26
– öffentliche Fürsorge 74 42
– Optimierungsgebot 20 S 30
– Pflegeversicherung 20 S 43
– Pflichtversicherung 20 S 44
– Prozeßhaftigkeit des Sozialstaatsprinzips 20 S 36
– Randgruppen der Konsumgesellschaft 20 S 16
– reale Freiheit 20 S 5, 18
– Rechtsstaatlichkeit 20 R 210, 20 S 58
– Rentenversicherung 20 S 43
– Schutz der sozial Schwachen 20 S 16
– Schwangerschaftsabbruch 20 S 46

(Fortsetzung Sozialstaatsprinzip)
- soziale Existenzbedingungen **20** S 54
- soziale Frage **20** S 2
- soziale Gerechtigkeit **20** S 32, 49 ff.
- soziale Grundrechte **20** S 57, **28** 63
- soziale Grundsätze der EU **23** 67
- soziale Hilfen **20** S 55 f.
- soziale Marktwirtschaft **20** S 53
- soziale Schutzpflichten **20** S 3
- soziale Sicherheit **20** S 41 ff.
- Sozialentschädigung **20** S 56
- sozialer Ausgleich **20** S 37 ff.
- sozialer Friede **20** S 51
- sozialer Rechtsstaat **20** R 16, **20** S 8 f., 34, 55, 58, **28** 57
- sozialer Wohnungsbau **20** S 40
- Sozialgesetzgebung **20** S 2, 6
- Sozialhilfe **20** S 55, **48** 11
- sozialstaatliche Freiheit **20** S 19
- sozialstaatliche Homogenität der Länderverfassungen **20** S 34
- Sozialstaatsdimension der Freiheitsgrundrechte **20** S 20
- Sozialstaatstheorie **20** S 9
- Sozialversicherung **20** S 6, 32, 43, **74** 65 ff.
- Staat und Gesellschaft **20** S 21, 24
- Staatszielcharakter **20 Einf** 7
- Strukturkrise der Gesellschaft **20** S 3
- Subsidiaritätsprinzip **20** S 50
- umittelbare Geltung **20** S 30
- Umweltschutz **20a** 4, 47
- Umweltstaatsprinzip **20** S 58
- Unfallversicherung **20** S 43
- unsoziale Politik **20** S 35
- Unterscheidung von Staat und Gesellschaft **20** S 21 ff.
- Verbindung liberaler und sozialer Ideen **20** S 53
- Verbot eindeutig unsozialer Politik **20** S 35, **79 III** 38
- Verbraucherschutz **20** S 40
- Verfassungsprinzip **20 Einf** 4 ff., 10 f.
- Verteilungsprinzipien **20** S 55
- Vertrauensschutz **20** S 43
- Voraussetzungen des Freiheitsgebrauchs **20** S 20
- Voraussetzungen zum Freiheitsgebrauch **20** S 20
- Vorrang der Selbsthilfe **20** S 17
- Wiedergutmachung **74** 47
- Wirtschaftspolitik **20** S 53
- Wohlfahrtsstaat **20** S 4, 13, 17

Spannungsfall 65a 3, **80a** 1 ff.
- Anwendungssperre **80a** 7
- Aufhebung der getroffenen Maßnahmen **80a** 10 f.
- Bündnisklausel **80a** 12 f.
- Einsetzen der Streitkräfte im Innern **80a** 13
- Entsperrung **80a** 12
- Feststellung **80a** 5
- Junktimklausel **80a** 7
- Notstandsgesetze **80a** 9
- qualifizierte Mehrheit **80a** 5
- zivile Teilmobilmachung **80a** 13
- Zustimmungsbeschluß **80a** 6
- Zustimmungsfall **80a** 6 ff.

Spenden für Parteien 21 65, 97 f., 110
Sperrklausel 21 82
Sperrwirkung 29 50, **30** 37, **31** 23 ff., 43, 67 14
Spontanhilfe 35 16
Sprengstoffrecht 74 37 f.
Staatenhaus 50 3
Staatlichkeit der Länder 20 Einf 12, **20 B** 23 f., 24 39, **28** 47 ff., **29** 12, **30** 16
Staatsangehörigkeit 33 27, **38** 71, **71** 13, **73** 13
Staatsbürger in Uniform 45b 10
Staatsbürgerliche Rechte 33 1 ff., 26 ff.
Staatsdiener 33 6
Staatsflagge 22 1 ff.
Staatsform 20 Einf 5 f., **20 D** 2, **54** 14
Staatsfreiheit von Parteien 21 66
Staatsfundamentalnormen 20 Einf 5, 8
Staatsgäste 59 20
Staatsgewalt 20 D 79 ff.
Staatshaftungsrecht 20 R 29, 206, **34** 1 ff., **70** 20, 25, 68, **74** 11, 16, 111 ff., **75** 4
- absolute Amtspflichten **34** 34
- Adäquanztheorie **34** 14
- Amtshaftungsmodell der Reichsgrundbuchordnung **34** 4
- Amtspflicht **34** 31 ff.
- Amtspflichtverletzung **34** 25 ff.
- Amtswalter **34** 26 f.
- Anspruchsnorm **34** 25
- Anspruchsverpflichteter **34** 40
- Beamtenstatut **34** 16
- Dienstpflicht **34** 32
- Drittrichtung der Amtspflicht **34** 34
- drittschützende Norm **34** 13
- Eigenhaftung **34** 4
- Europäische Union **34** 12 ff., 17 ff.
- Fahrlässigkeit **34** 42
- Genugtuung **34** 11
- Gesetzmäßigkeitsprinzip **34** 22
- Haftung der Mitgliedsstaaten **34** 17 ff.
- Haftungsbeschränkungen **34** 41 f.
- judikatives Unrecht **34** 37
- Kausalität **34** 14, 18, 38
- legislatives Unrecht **20 R** 24, **34** 20, 36
- Mindestgarantie **34** 23
- normatives Unrecht **34** 35 f.
- öffentliches Amt **34** 28 f.

1643

(Fortsetzung Staatshaftungsrecht)
- Rechtsfortbildungskompetenz **34** 19
- Rechtsnatur der Amtspflichtverletzung **34** 25
- Rechtspflicht **34** 32f.
- Rechtsstaatsprinzip **34** 22
- Rechtsvereinheitlichung **34** 5
- Rechtswidrigkeit **34** 39
- Regreß **34** 1ff., 9, 43
- Richterprivileg **34** 37, 42
- Schadensersatz in Geld **34** 15
- Schutzgut **34** 22f.
- Staatshaftungsgesetz **34** 10
- Subsidiarität der Amtshaftung **34** 42
- unmittelbare Staatshaftung **34** 21
- Verdoppelung des Rechtsweges **34** 44
- Verschulden **34** 13, 18, 39, 43
- Verschuldensmaßstab **34** 43
- Völkergewohnheitsrecht **34** 11
- Werkzeugtheorie **34** 27
- Wiedergutmachung **34** 11
- Zurechnungsnorm **34** 25

Staatsimmunität 25 32
Staatsname 20 Rp 15
Staatsnotar 54 22
Staatsoberhaupt 20 Rp 10, 16, **59** 14
Staatsqualität der Länder 20 Einf 12, **20 B** 23f., **24** 39, **28** 47ff., **29** 12, **30** 16
Staatsschiffe 27 7
Staatsstreich 20 IV 8, 10ff.
Staatsstrukturbestimmungen 20 Einf 5, 7
Staatssymbole 22 16
Staatsverträge 29 49ff., **31** 33
Staatsvolk 20 D 77, 83, 85, 95, **23** 35f., 51, **28** 65, 72, **54** 16, **76** 5, **79 III** 29, 46
Staatsziele 20 Einf 5, 7, 20a 20, **28** 63, **31** 29f., 59
Stabilität 29 12, **63** 21
Städtebünde 28 2
Städteordnung (1808) 28 10
Städtetag 28 21
Stadtkultur der Antike 28 7
Stadtrat 28 68
Stadtrecht bricht Landrecht 31 1
Ständige Ausschüsse 40 28
Stationierung fremder Truppen 24 63
Statistik 36 6, **44** 30, **73** 47
Statutentheorie 31 1
Stellvertretung
- Ausschüsse **44** 38, 47, **45a** 4, **45c** 15, **53a** 7, 9
- Bundeskanzler **52** 6, **62** 15, **64** 13, **65** 22, **69** 1ff.
- Bundesminister **62** 21, **65a** 12
- Bundespräsident **56** 8
- Bundesratsmitglieder **43** 18, **51** 13, 15, 21, **52** 19, **53a** 9

- Bundestagspräsident **38** 155, **40** 25, **48** 22, **57** 4ff., **60** 31
- Europakammer **52** 22

Steuererfindungsrecht 28 144
Steuergeheimnisse 44 50
Steuergesetze 20 R 145
Steuerpolitik 20 S 32
Stimmengleichheit 63 41
Störungsverbot 26 17f.
Strafanspruch des Staates 20 R 180
Strafgefangene
- Abgeordnete **48** 11
- besonderes Gewaltverhältnis **20 R** 99
- Überstellungsübereinkommen **60** 8
- Wahlberechtigung **38** 119
- Wahlvorbereitungsurlaub **48** 11

Strafrecht 74 19ff.
Strafvollzug 20 R 99, **74** 22
Straßennutzungsgebühren 74 104
Straßenverkehr 74 100ff.
Straßenwahlkampf 21 92
Streik 20 R 91, **20 IV** 4, **33** 76f., **70** 20
Streitbare Demokratie 20 D 75, 139, **79 III** 37
– *siehe auch Demokratie, wehrhafte Demokratie, freiheitliche demokratische Grundordnung*

Streitkräfte 35 20, **36** 10, **73** 10
Strukturelles Informationsdefizit 44 11
Strukturentscheidungen 20 Einf 6
Strukturprinzipien 20 Einf 5, 9
Subdelegation 80 33ff.
Subjektqualität der Länder 20 Einf 12, **20 B** 23f., **24** 39, **28** 47ff., **29** 12, **30** 16
Subsidiarität 20 S 50, **20 B** 27, **20 IV** 13, **23** 24, 71ff., **24** 34, **28** 30, **30** 2, **34** 42, **70** 16
Subventionen 20 R 98, 153
Süddeutsche Ratsverfassung 28 87
Supranationale Homogenitätsklausel 20 D 29
Suspension von Landesrecht 31 9
Symbole 22 1
System kollektiver Sicherheit 24 14, 50ff.

Tarifverträge 20 R 141, **31** 33, **74** 63, **74a** 6, **80** 15, **82** 10, 21
Tatbestandliche Rückanknüpfung 20 R 152ff.
Teil-Nichtigerklärung 20 R 79
Teledienstegesetz 73 32f.
Telekommunikation 51 21, **71** 7, **73** 4, 29ff., 33ff., **75** 23, **80** 6, 45
Tendenzfreiheit 21 58
Tendenzorganisationen 38 173
Tendenzreinheit 38 169
Territoriale Gliederung 29 9f.
Territorialplebiszite 20 D 20, 95, **29** 11, 17ff.
– *siehe auch direkte Demokratie*

Terrorismus 24 57
Textänderungsgebot 23 89, **79 I** 1ff., 16ff.

Themenhoheit 44 36
Tierschutz 20a 19, 30, 39, 74, **31** , **74** 94, 96, **119**, **75** 27
Todesstrafe 25 37
Totalüberwachung 58 10
Totalvorbehalt 20 R 98
Transformationsfunktion der Parteien 21 22
Transformationslehre für völkerrechtliche Verträge 25 16, **59** 48
Transparenzdefizit 45 11
Transplantation 74 117
Treaty-making power 59 2
Trennsystem, föderales 20 B 18
Trikolore 22 14
Tyrannis 20 Rp 1, 4, 20 D 2

Über- und außerplanmäßige Ausgaben 71 7
Übergangsgeld 48 26
Übergangsregelungen 20 R 157
Übergemeindliche Aufgaben 28 160
Überhangmandate 38 107, **79 II** 15
Übermaßverbot 20 B 33, 20 R 44, 60, 167ff., **37** 12, **70** 16, **72** 16f.
– *siehe auch Verhältnismäßigkeitsprinzip*
Überpositive Gerechtigkeitsvorstellungen 20 R 85
Überpositives Recht 20 R 76
Überstellungsübereinkommen 60 8
Übertragung von Hoheitsrechten 30 30
Umlaufverfahren 46 13, **62** 14, **80** 21, 43
Umpolungstheorie 58 7
Umsatzsteuer 71 7
Umstrukturierung 28 161
Umweltgüter 20a 28, 39ff.
Umweltkriegsübereinkommen 26 6
Umweltschutz 20a 1ff.
– Anthropozentrismus 20a 7, 25ff.
– beschränkte Justitiabilität 20a 71
– Eingriff durch Unterlassen 20a 46
– Einheit der Verfassung 20a 37
– Ermessensspielräume 20a 65ff.
– Europäische Union 20a 14ff.
– Gemeinlastprinzip 20a 47
– Immissionsschutzgarantie 20a 13
– intergenerationelle Gerechtigkeit 20a 34
– internationale Umweltverträge 20a 9
– Klagebefugnis 20a 68
– kommunale Umweltpolitik 28 140
– Kompromiß 20a 8
– künftige Generationen 20a 31ff.
– Langzeitverantwortung 20a 33
– legislativer Gestaltungsspielraum 20a 58
– materielle Reichweite 20a 39ff.
– Menschenrecht auf gesunde Umwelt 20a 12
– Nachbesserungspflicht 20a 59
– nachhaltige Entwicklung 20a 9
– nachhaltiges Wirtschaften 20a 35f.

– Nachweltschutz 20a 31ff.
– natürliche Lebensgrundlagen 20a 28ff.
– objektive Gesetzgebungspflichten 20a 57
– ökologisches Existenzminimum 20a 4
– Ökologisierung des Verwaltungsrechts 20a 62
– Ökozentrismus 20a 26
– Optimierungsgebot 20a 23
– planerische Gestaltungsspielräume 20a 66
– Prinzipiencharakter 20a 42
– Querschnittsklausel 20a 64
– Recht auf Natur und Umweltschutz 20a 13
– Regelungsdichte 20a 15
– relatives Schutzniveau 20a 39ff.
– Rio-Konferenz 20a 9
– Schutz durch Verfahren 20a 70
– Schutzpflichten 20a 75
– Sparsamkeitsprinzip 20a 36
– staatliche Letztverantwortung 20a 54
– Staatsziel 20a 2, 20
– Stand von Wissenschaft und Technik 20a 50
– subjektives öffentliches Recht 20a 68
– Tierschutz 20a 30, 39, 74
– Umweltgüter 20a 28, 39ff.
– Umweltkriegsübereinkommen 26 6
– Umweltprobleme 24 57
– Umweltstaat 20a 4, 25ff., 58
– verfassungsimmanente Schranke 20a 74
– verfassungsrechtlicher Schutz 20a 17ff.
– Verschlechterungsverbot 20a 40f.
– Verursacherprinzip 20a 47
– Vorsorgeprinzip 20a 49
– Wertungsspielräume 20a 44
Unbestimmte Rechtsbegriffe 20 R 121ff., 20a 64, **44** 28, **45b** 11, **45c** 4, **65** 21, **72** 14, 17
Unechte Rückwirkung 20 R 142, 152ff.
Unfallversicherung 20 S 43
Ungeschriebene Bundeskompetenzen 30 32ff.
Ungeschriebenes Verfassungsrecht 79 I 38
Unionsbürger 20 D 47, **23** 20, 24, 53f., 58
Unitarischer Bundesstaat 20 B 18
Universalitätsprinzip 28 103ff., 109
Universalkonzilien 31 2
Universitäten 20 D 123
Unmittelbare Demokratie *siehe direkte Demokratie*
Unmittelbarkeit der Beweiserhebung 44 40
Unmittelbarkeit der Wahl 38 74ff.
– *siehe auch Wahlrechtsgrundsätze*
– Behinderte 38 80
– Briefwahl 38 80
– freiwilliger Austritt 38 78
– Höchstpersönlichkeit 38 75
– Listenwahl 38 76
– Nachrücken 38 78
– offene Listen 38 76
– Parteiausschluß 38 78

(Fortsetzung Unmittelbarkeit der Wahl)
- Parteispaltung 38 78
- Rotationsprinzip 38 77
- ruhendes Mandat 38 79
- starre Liste 38 76
- ungebundene Listen 38 76
- Zweck 38 74

UNO 23 7, **24** 11, 15, 37, 54, 58, 64, **26** 17, 27 4, **54** 6, **59** 45f.
Unparteilichkeit 20 R 195
Unpolitische Verwaltung 28 14
Unschuldsvermutung 20 R 181, 204
Untermaßverbot 20 R 184, **20a** 71
Unternehmensleitung 66 13
Unteroffiziere 60 18
Unterschriftenquorum 28 67
Unterstützungspflichten 20 B 30
Untersuchungsausschüsse 28 70, **44** 1ff., 8ff., **45a** 1ff., 8f.
- Abgeordnete **44** 32
- Ablauf der Wahlperiode **44** 52
- Abschluß der Arbeit **44** 52f.
- Akten **44** 47
- Ansehenswahrung des Parlaments **44** 32
- Antrag einer qualifizierten Minderheit **44** 34
- Ausgleichsmandate **44** 37
- Ausnahme von der Rechtsschutzgarantie **44** 54
- Benennung von Mitgliedern **44** 38
- Beschlagnahme **44** 49
- Beweiserhebung **44** 7, 40, 43ff.
- Diskontinuität **44** 33
- Durchsuchung **44** 49
- Einsetzung **44** 34ff.
- Enquetekommissionen **44** 7, 16
- Gegenstandsbereich **44** 18ff.
- Geheimnisschutz **44** 47
- gerichtliche Kontrollkompetenz **44** 57
- gerichtlicher Rechtsschutz **44** 57
- Gerichtsakten **44** 48
- Gewaltenteilung **44** 25ff., 59
- Grundmandat **44** 37
- Grundrechte **44** 28ff., 50
- Inkompatibilität **44** 6
- Instrument parlamentarischer Kontrolle **44** 8
- Justizbereich **44** 27
- Kernbereich der Exekutive **44** 7, 26
- Korollartheorie **44** 18, 21
- Landesvollzug von Landesgesetzen **44** 23
- Minderheitenenquete **44** 34
- Minderheitenrecht **44** 6, 9f., 34, 39
- Mitglieder **44** 38
- öffentliches Interesse **44** 28
- Öffentlichkeit **44** 9, 12, 39, 41f.
- parallele Verfahren **44** 58
- politisch-propagandistisches Kampfmittel **44** 9
- politische Kontrollbefugnis gegenüber Privaten **44** 20
- Privatsphäre **44** 13
- Rechts- und Amtshilfe **44** 40, 51
- Rechtsschutz **44** 54ff.
- Reichweite des Untersuchungsauftrages **44** 31
- Rückruf von Abgeordneten **44** 38
- Selbstentscheidungskompetenz **44** 15
- Selbstinformation **44** 8f., 11, 39
- Sondervoten **44** 53
- staatsorganisationsrechtliche Stellung **44** 14ff.
- ständige Untersuchungsausschüsse **44** 26
- Statistik **44** 30
- Stellung des Betroffenen **44** 45
- Steuergeheimnisse **44** 50
- Strafprozeßrecht **44** 44, 57
- strukturelles Informationsdefizit **44** 11
- Themenhoheit **44** 36
- Träger des Untersuchungsrechts **44** 15
- Unmittelbarkeit der Beweiserhebung **44** 40
- Unterorgane des Bundestages **44** 18
- Untersuchungsgegenstand **44** 35
- Untersuchungsverfahren **44** 34ff., 39ff.
- Verfahrenshoheit **44** 15, 39
- Verwaltungskontrolle **44** 22
- Vorsitz **44** 38, 47
- weiter Zuständigkeitsbereich **44** 19
- zentrales Staatsorgan **44** 19
- Zeugnis- und Auskunftspflicht **44** 46
- Zusammensetzung **44** 37
- Zutrittsberechtigung **44** 42
- Zwangsmittel **44** 44
- zwingendes öffentliches Interesse **44** 50

Untersuchungshaft 46 30, 48 11
Untersuchungsmonopol 45a 9
Unvereinbarkeitsbeschlüsse 20 R 80, 82, **21** 128
Urabstimmungen 21 131
Urkundlichkeit 79 I 1ff., 16ff.
Urlaubsanspruch von Abgeordneten 48 2, 5, 9ff.

Verantwortung 20 D 77, 104, 109, 111, **20 S** 16, 48, **20 R** 17, 70, **20a** 20, 31ff., 51ff., **21** 38, **23** 22, 52, 107, 113, 115ff., **28** 47, 106, 126, 153f., **30** 19, **32** 28, **34** 11, 40, **37** 11f., **38** 40, **39** 18, **44** 26, **45** 11, **46** 9f., 18, 26, **50** 12, 18, **52** 7, **54** 22, 26f., **58** 1ff., 12ff., **59** 16, 40, 47, 55, **60** 7, **61** 2, **62** 12, 15, 19, 38, **65** 1ff., 38ff., **65a** 2, **69** 10, **74a** 4, **80** 11, 19, **82** 15
- *siehe auch parlamentarische Kontrolle, parlamentarisches Regierungssystem, Minister-*

Sachregister

verantwortlichkeit, Regierungsverantwortung
Verantwortungsfreiheit
- Abgeordnete **46** 9
- Berichte **42** 40f.
- Berichterstattung **42** 42f.
Verbandsgemeinden 28 157
Verbot der Doppelbestrafung (ne bis in idem) 20 R 24, **25** 37, **61** 10
Verbot des Angriffskrieges 26 1ff., 13ff.
- innerstaatliches Verbot **26** 2
- Kriegsrecht **26** 6
- Propaganda **26** 5
- universaler Konsens über die Ächtung **26** 1
- völkerrechtliches Gewaltverbot **26** 5
Verbot widersprüchlichen Verhaltens 20 B 31
Verbotsverfahren 21 146ff.
Verbraucherschutz 20 S 40
Verdienstorden 22 17
Vereinsrecht 74 31ff.
Verfahrensfehler
- Evidenzmaßstab **80** 43
- Fehlerfolgenbegrenzung **41** 17
- Fehlerfolgendifferenzierung **20 R** 161, **80** 43
- Gebot des fairen Verfahrens **20 R** 202
- Gebührensätze **20 R** 148
- Nichtigkeitsfolge **76** 6
- Öffentlichkeitsgebot **42** 28
- potentielle Kausalität **41** 18
- Unbeachtlichkeit **20 R** 57
- Verordnungserlaß **80** 43
- Verordnungsermächtigung **80** 43
- Willensbildungsprozeß **40** 21
Verfassung Europas 23 20
Verfassunggebung 79 III 11
- *siehe auch Verfassungsautonomie der Länder*
- Europäische Union **23** 16, 21f., 63, 86
- gestufte Verfassunggebung **24** 21
- Theorie der Verfassunggebung **79 II** 1
Verfassungsänderung 79 I 1ff., **79 II** 1ff., **79 III** 1ff., 11ff.
- *siehe auch Ewigkeitsgarantie, Textänderungsgebot, Zweidrittelmehrheit*
- Abstimmungen **79 III** 33
- Änderung durch Gesetz **79 I** 10ff.
- Asylrecht **79 III** 24
- Ausländerwahlrecht **79 III** 36
- Beteiligung des Bundesrats **50** 32, **79 II** 3
- Bundesstaatlichkeit **79 III** 4, 16, 39
- Demokratie **20 D** 100, **79 III** 30ff.
- demokratische Legitimation **79 III** 31
- deutsche Wiedervereinigung **79 I** 14, 23
- effektiver Grundrechtsschutz **79 III** 28
- Einigungsvertrag **79 I** 23
- Europäische Union **23** 16, 21, 89ff., **79 I** 7, 15, 25
- europäischer Bundesstaat **79 III** 8
- Ewigkeitsgarantie **79 III** 11ff., 47
- Exekutivföderalismus **79 III** 20
- freiheitliche demokratische Grundordnung **79 III** 5, 49
- Garantie eines Existenzminimums **79 III** 38
- Garantie souveräner Staatlichkeit **79 III** 46
- Gesamtstatus Deutschlands **79 III** 46
- gliedstaatliche Grundstruktur **79 III** 16f.
- Grundrechtsbindung **79 III** 26ff.
- Grundsubstanz föderaler Eigenstaatlichkeit **79 III** 39
- Häufigkeit der Verfassungsänderung **79 II** 14
- Hausgut der Länder **79 III** 17
- Herrschaft auf Zeit **79 III** 31
- Hoheitsrechtsübertragung **24** 21
- Identitätswechsel der Verfassung **79 III** 46
- ius cogens **79 III** 7
- Justizstaatlichkeit **79 III** 44
- Klarstellungsermächtigungsklausel **79 I** 5, 27ff., **79 II** 18
- kommunale Selbstverwaltung **79 III** 50
- Kommunikationsgrundrechte **79 III** 34
- Ländermitwirkung bei der Gesetzgebung **79 III** 18ff.
- Länderverwaltung **79 III** 20
- materielle Änderungsverbote **79 III** 10
- materieller Prüfungsmaßstab **79 III** 11
- Mehrheitsprinzip **79 III** 31
- Menschenrechte **79 III** 25
- Menschenwürde **79 III** 22ff.
- Mindestbestand an Grundrechten **79 III** 26
- Mindestmaß materieller Eigenständigkeit **79 III** 17
- Mißtrauensvotum **79 III** 35
- Nachführung des Verfassungstexts **79 I** 39
- Neugliederung des Bundesgebietes **79 III** 16
- obligatorischer Volksentscheid **79 II** 4
- Obsoletwerden von Verfassungsbestimmungen **79 I** 2
- parlamentarisches Regierungssystem **79 III** 35
- Parteigründung **79 III** 34
- Präsidialsystem **79 III** 35
- Rechtsstaatlichkeit **20 R** 213, **79 III** 40ff.
- Republik **79 III** 29
- Revolution **79 III** 12, 14
- Sozialstaatlichkeit **20 S** 34, **79 III** 38
- Staatshaftungsrecht **34** 24
- streitbare Demokratie **79 III** 37
- substantieller Kerngehalt **79 III** 21
- Totalrevision **79 III** 9
- verfassungsändernde Gewalt **79 II** 1, 11
- Verfassungsdurchbrechung **79 I** 16ff., 31
- Verfassungsgewohnheitsrecht **79 I** 38
- Verfassungsschutz **79 III** 49

(Fortsetzung Verfassungsänderung)
- Verfassungswandel **79 I** 37ff.
- Verhältnismäßigkeitsprinzip **79 III** 44
- Verhältniswahlsystem **79 III** 32
- Verweisungen **79 I** 24, 32
- Volksbeteiligung **79 II** 9
- Volkssouveränität **79 III** 31
- Vorbehalt des Gesetzes **79 III** 43
- Vorrang der Verfassung **79 III** 27, 42
- Vorrang des Gesetzes **79 III** 43
- Wahlrechtsgrundsätze **79 III** 32
- Wesensgehaltgarantie **79 III** 50
- Widerstandsrecht **79 III** 45

Verfassungsautonomie der Länder
- demokratische Legitimation **28** 64
- Eigenstaatlichkeit **20 Einf** 12, **20 B** 23f., **24** 39, **28** 47ff., **29** 12, **30** 16
- Ewigkeitsgarantie **28** 177, **79 III** 10, 39
- Gerichtsverfassung **74** 23
- Homogenitätsgebot **28** 3, 49f., 76
- Kompetenzabgrenzung **31** 29, 44, **70** 44, 54
- Landesverfassungsgerichte **28** 52, **74** 23
- öffentlicher Dienst **75** 19
- Öffnungsklausel **24** 41
- Pflicht zur Verfassunggebung **28** 55
- unabgeleitete Hoheitsmacht **20 D** 85
- Verordnungsgebung **82** 21

Verfassungsautonomie der Mitgliedstaaten der EU 23 21, 69f.

Verfassungsbeschwerde 25 31, **31** 49

Verfassungsdurchbrechung 79 I 16ff., 31

Verfassungsfeindliche Parteien 21 149, **81** 6

Verfassungsgewohnheitsrecht 20 D 132, **25** 20, **30** 32, **79 I** 38f., **82** 13

Verfassungskonforme Auslegung 20 Einf 12, **20 R** 78f., 85, **20a** 62, **23** 106, 109, 114, **31** 37, 41 11, 62 14, **79 I** 36

Verfassungskultur 20 R 17

Verfassungsmäßige Ordnung 20 R 37ff., 76
- Ausführung von Bundesrecht **28** 173
- Bindung der Gesetzgebung **31** 17, **79 III** 42
- Gnadenbehörde **60** 28
- Homogenität der Landesverfassungen **28** 20, 23, 48, 55, 57, 76f.
- Präsidentenanklage **61** 11ff.
- Umweltschutz **20a** 37
- Völkerrecht **25** 23

Verfassungsorgane 21 24, **45a** 3, **53a** 5, **57** 9, **58** 7, 10, 18

Verfassungsprinzipien 20 Einf 1ff., 4ff., **20 B** 33
- Änderungsbestimmungen der Verfassung **20 Einf** 8
- Auffangtatbestand **20 Einf** 11
- Aufforderungscharakter **20 Einf** 9
- Auslegung **20 Einf** 11
- Baugesetze der Verfassung **20 Einf** 5

- Bundesstaatlichkeit **20 Einf** 4ff., **20 B** 1ff.
- Demokratiegebot **20 Einf** 4ff., **20 D** 1ff.
- Differenz von Republik und Monarchie **20 Einf** 6
- dynamische Fortentwicklung **20 Einf** 9
- Ewigkeitsgarantie **20 Einf** 10, 13
- Funktionen **20 Einf** 11
- Grundentscheidungen **20 Einf** 5f.
- Grundsatzcharakter **20 Einf** 4
- höherer Rang **20 Einf** 4
- Homogenitätsgebot **20 Einf** 13, **28** 57
- immanentes Spannungsverhältnis **20 Einf** 9
- Konkretisierung **20 Einf** 9f.
- normatives Kernstück der Verfassungsordnung **20 Einf** 4
- praktische Konkordanz **20 Einf** 9
- Prinzipiencharakter **20 Einf** 9
- Prozeßcharakter **20 Einf** 6
- Rechtsstaatlichkeit **20 Einf** 4ff., **20 R** 1ff., 39ff.,
- Republik **20 Einf** 4ff., **20 Rp** 1ff.
- Sozialstaatlichkeit **20 Einf** 4ff., 7, 9, **20 S** 1ff.
- Staatsform **20 Einf** 5f.
- Staatsfundamentalnormen **20 Einf** 5, 8
- Staatsstrukturbestimmungen **20 Einf** 5, 7
- Staatsziele **20 Einf** 5, 7
- Strukturentscheidungen **20 Einf** 6
- Strukturprinzipien **20 Einf** 5, 9
- Textbasis **20 Einf** 12
- Umweltstaatsprinzip **20a** 42
- unterschiedlicher Konkretionsgrad **20 Einf** 10
- verselbständigte Verfassungsdogmatik **20 Einf** 12

Verfassungsreferendum 20 D 20

Verfassungsschutz 79 III 13, 49

Verfassungswandel 48 18, **68** 14, **79 I** 37ff., **79 II** 11, 21

Verfassungswidriges Verfassungsrecht 79 III 11

Verfolgungsmaßnahmen 46 28ff.

Verhältnismäßigkeitsprinzip 20 R 167ff.
- Amtspflicht zu rechtmäßigem Handeln **34** 32
- Angemessenheit **20 R** 172
- Aufgabenverteilungsprinzip **28** 119f.
- Bundeszwang **37** 12
- Erforderlichkeit **20 R** 171
- Europäische Union **23** 60, **28** 30
- Ewigkeitsgarantie **79 III** 44
- Geeignetheit **20 R** 170
- Kernelement der Rechtsstaatlichkeit **20 R** 33
- kommunale Selbstverwaltung **28** 30, 119f.
- Kompetenzverteilung **70** 38

Sachregister

(Fortsetzung Verhältnismäßigkeitsprinzip)
- konkurrierende Gesetzgebungskompetenzen **72** 16
- Präsidentenanklage **61** 18
- Rechtsstaatlichkeit **20 R** 167ff., 172, **28** 60
- Verfassungsänderung **79 III** 44
- Widerstandsrecht **20 IV** 15
- Zivilrecht **20 R** 183
- Zumutbarkeit **20 R** 172

Verhältniswahl 38 11, 95, 99, 102, 121
- adäquates Wahlsystem **20 D** 91
- Bundesversammlung **54** 5, 32
- Gleichheit der Wahl **38** 95
- Repräsentation **20 D** 15
- Verfassungsänderung **79 II** 19, **79 III** 32
- Wahlrecht auf Landesebene **28** 67

Verhinderung des Bundespräsidenten 57 5, 10
Verkehrswege 74 101
Verkündung von Gesetzen 82 1ff., 8ff., 10ff., 16ff.
- Berichtigung **82** 19
- Bundesgesetzblatt **82** 17
- Fristen **82** 20
- Neubekanntmachung **82** 19
- Rechtsstaatlichkeit **20 R** 189
- Rechtsverordnungen **82** 8ff., 21ff.
- Verweisungen **82** 18
- Vollständigkeit **82** 18
- Zeitpunkt der Verkündung **82** 17
- Zuständigkeit der Bundesregierung **82** 16

Vermittlungsverfahren 77 15ff.
Verordnung *siehe Europäische Union, Rechtsverordnungen*
Verordnungsermächtigung
- Änderungsvorbehalte **80** 26
- Anordnung rückwirkenden Inkrafttretens **80** 36
- Anspruch auf Erlaß **80** 41
- Aufhebung von Rechtsverordnungen **80** 42
- Aufhebungsvorbehalte **80** 26
- Außenwirkung **80** 43
- Außerkrafttreten von Rechtsverordnungen **80** 42
- Auslegung **80** 30
- Bestimmtheitsgebot **80** 27ff.
- Bindungswirkung **80** 43
- Bundesregierung als Delegatar **80** 21
- Ermächtigung eines Bundesministers **80** 22
- Ermächtigungen der Landesregierungen **80** 23f.
- Ermächtigungskombinationen **80** 24
- Fehlerfolge der Nichtigkeit **80** 43
- föderatives Delegationsverbot **80** 24
- gesetzesändernde Verordnungen **80** 18
- gesetzesvertretende Verordnungen **80** 18
- Handlungspflichten **80** 41
- Inhalt, Ausmaß und Zweck **80** 28

- Inkraftsetzungsermächtigungen **80** 18
- Intensität der Maßnahme **80** 32
- Kettendelegation **80** 35
- Kreis der Ermächtigungsadressaten **80** 20ff.
- Mischverordnungen **80** 24
- Mitwirkungsvorbehalte zugunsten Dritter **80** 25
- modalitätenbezogene Delegationsverbote **80** 27
- objektbezogene Delegationsverbote **80** 19
- Programmformel **80** 29
- Rahmen der Ermächtigung **80** 37
- Regelungsmaterie **80** 31
- Selbstentscheidungsformel **80** 29
- Subdelegation **80** 33ff.
- subjektbezogene Delegationsverbote **80** 20
- unabgeleitete Verordnungen **80** 18
- Verfahrensfehler **80** 43
- verordnungsersetzende Absprachen **80** 41
- Verordnungsverfahren **80** 37
- Verpflichtung zum Verordnungserlaß **80** 41
- Vorhersehbarkeitsformel **80** 29
- Wesentlichkeitsrechtsprechung **80** 19
- Zeitpunkt der Wirksamkeit **80** 36
- Zitiergebot **80** 36ff.
- Zustimmungsbedürftigkeit **80** 44ff.

Verordnungsrecht des Monarchen 80 2
Verpackungsteuer 28 140
Versammlungen 20 D 9, **21** 132, **74** 31ff.
Verschlechterungsverbot 20a 40f.
Verteidigung 26 16, **45a** 1ff., 6, **73** 9ff.
Vertragsautonomie 25 5
Vertragsgesetze 76 7
Vertragskompetenz der Länder 32 35ff.
Vertrauensfrage 39 17, **42** 37, **63** 8, 47, **65** 16, 38, **67** 6f., 22, **68** 1ff., 7ff., **69** 10, 13, 23, **76** 7, **81** 7ff.
Vertrauensschutz 20 S 43, **20 B** 25, **20 R** 23ff., 37, 43, 94, 134ff., 139ff., **23** 60, **28** 60, **33** 87, **79 III** 44, **82** 25
Verursacherprinzip 20a 47
Verwaltungsabkommen 59 50ff.
Verwaltungsakte 20 R 159
Verwaltungsgesellschaftsrecht 20 D 125
Verwaltungshelfer 34 27
Verwaltungskompetenzen 30 19, **31**, **32** 40
Verwaltungskontrolle 44 22
Verwaltungsverfahren 20 R 28, 190ff.
Verwaltungsverträge 20 R 160
Verwaltungsvorschriften 20 R 31, 59, 69, 84, 88, 91, 161, **31** 33, **34** 31, **50** 25, **59** 51f., **64** 9, **65** 33, 37, **70** 45, **80** 9, 15, **82** 10, 18
Verweisungen 20 Einf 12, **20 D** 111, **20 R** 31, 131ff., **30** 18, 21, **53a** 7, **59** 46, **62** 11, **70** 34, **79 I** 24, 31f., 36, **80** 31, **80a** 7, **82** 18
- dynamische Verweisungen **20 D** 111, **20 R** 132, **30** 18, 21, **53a** 7, **70** 34, **79 I** 24, **82** 18

1649

(Fortsetzung Verweisungen)
- eindeutige Verweisungen **20 R** 131, 133, **79 I** 32
- statische Verweisungen **20 D** 111, **30** 21, **79 I** 24, **82** 18

Verwerfungskompetenz der Exekutive 20 R 89f., **23** 30

Verwertungsverbot 47 12

Verwirkung
- Bauordnungsrecht **31** 34
- Fristen und Präklusionen **20 R** 201
- Grundrechte **46** 32, 35f., **60** 26
- Immunität **46** 32, 35f.
- staatsorganisationsrechtliche Rechte und Pflichten **62** 9

Verzögerung des Verfahrens 20 R 194

Volk 20 D 5, 9, 13, 19, 38, 46, 72, 76ff., 83ff., 87ff., 104, 106, **23** 19, 21, 35, 51ff., 85, **28** 65, 68
- europäisches Volk **23** 54, **38** 17
- Ewigkeitsklausel **79 III** 14, 36
- internationale Integration **24** 14, 21
- Öffentlichkeit **42** 40
- politische Parteien **21** 19, 65
- Regierung **63** 5, 8
- Staatsoberhaupt **54** 3, 9f., 15, **61** 2, 9
- Territorialplebiszite **20 D** 20, 95, **29** 11, 17f.
- vereintes Europa **23** 19, 21, 35, 51ff., 85, **24** 14, 21
- Vertretung durch Abgeordnete **21** 147, **42** 2, 24
- Volk als Einheit **20 B** 6
- Volk in den Gemeinden **28** 68
- Volk in den Ländern **28** 65
- Volksvertretung **38** 2ff., 27ff., **50** 13, **51** 2, 5
- Wahlvolk **38** 74ff., **39** 10f., **50** 13, **79 III** 36

Völkerrecht 25 1ff.
- *siehe auch völkerrechtliche Verträge*
- Adressaten **25** 28
- allgemeine Rechtsgrundsätze **25** 6, 22
- äußeres Staatsrecht **25** 1
- Berechtigte **25** 27
- bindendes Recht **25** 15
- Bundespräsident **54** 15
- Dualismus **25** 1
- effektive Geltung **25** 29
- Entschädigungsregelungen **25** 34
- Europäische Union als Völkerrechtssubjekt **25** 9
- europäischer Verfassungsverbund **25** 8ff.
- faires Verfahren **25** 37
- Gebietshoheit **25** 33
- gemeinschaftsinterne Wirkung **25** 10
- Gewaltverbot **26** 13
- Grundsatz der Völkerrechtsfreundlichkeit **25** 8, 40
- humanitäres Kriegsvölkerrecht **25** 37
- internationale Strafgerichte **25** 6
- ius cogens **25** 5, 7, 10, 12, 14, 17, 21, 25f., 41, **26** 29, **60** 9, **79 III** 7
- Konventionen **25** 17
- Kriegsfolgelasten **25** 34
- Mehrstaatigkeit **25** 34
- Menschenrechte **25** 36
- Normverifikationsverfahren **25** 39
- ordre public **25** 5
- Parlament **59** 17
- Primärrecht **25** 10
- Primat des Völkerrechts **25** 1, 4
- Rang des Völkerrechts **25** 4
- Rechtsanwendungsbefehl **25** 16
- Rechtspflicht **25** 30
- Regierung **59** 21
- Schutz ausländischer Staatsangehöriger **25** 38
- Staatsimmunität **25** 32
- subjektives Recht **25** 30
- Tendenz zur Aufwertung **25** 12
- Todesstrafe **25** 37
- Transformationslehre **25** 16
- Umweltvölkerrecht **25** 38
- Verantwortlichkeit des Staatsoberhauptes **61** 4
- Verbot der Doppelbestrafung **25** 37
- Verbrechen **26** 17
- Verfassungsbeschwerde **25** 31
- Verfassungsrang **25** 7, 24
- Verhältnis zum Landesrecht **25** 1
- Verpflichtete **25** 28
- Vertragsautonomie **25** 5
- Vertretung **59** 1ff., 14ff., 19ff.
- Völkergewohnheitsrecht **25** 6, 19ff., **25** 17, **27** 6, **32** 9f., 18f., 35
- Völkerrechtssubjektivität **23** 42, **24** 39, 47,
- Völkerrechtstreue **61** 4
- völkerrechtswidrige ausländische Urteile **25** 32
- Vollzugslehre **25** 16
- Vorlagepflicht **25** 15
- Vorrang vor dem Landesrecht **25** 23
- Vorrang vor der Verfassung **25** 14
- Vorrang vor verfassungsändernden Gesetzen **25** 24
- Weltrechtsprinzip **25** 35
- zwingendes Völkerrecht **25** 18, 25

Völkerrechtliche Verträge
- *siehe auch Völkerrecht*
- Adoption **59** 48
- Änderung **59** 23, 43f.
- antizipierte Zustimmung **59** 49
- finanzwirksame Verträge **59** 36
- Gegenstände der Bundesgesetzgebung **59** 31ff.
- Gegenzeichnung **59** 25

(Fortsetzung Völkerrechtliche Verträge)
- Gesetzesvorbehalt **59** 28ff.
- innerstaatlicher Rang **59** 13
- Kündigung **59** 40
- Landesgesetzgebung **59** 34
- Mitentscheidung der Legislative **59** 17
- Parlament **59** 42
- politische Beziehungen **59** 29f.
- Ratifikation **59** 24
- richterliche Kontrolle **59** 53ff.
- Transformationslehre **59** 48
- Vertragsgesetz **59** 25
- Verwaltungsabkommen **59** 50ff.
- Vollzugstheorie **59** 48

Volksbefragung 20 D 102, **29** 18, 39ff., 43f., **70** 68
Volksbegehren 20 D 20, 101, **29** 18, 39ff.
Volksentscheid 20 D 20, 72, 101, **29** 18, 36, 51f., **79** II 4
Volksgesetzgebung 20 D 101
Volksinitiative 20 D 54
Volkssouveränität 20 D 3ff., 10ff., 19, 76ff., **21** 19ff., **23** 55, **28** 59, **38** 7, 27ff., 56, 71, **39** 10ff., **40** 5, 29, **41** 1, 7, **42** 20, **44** 12, **51** 20, **54** 2, 11, 15, **61** 1f., **79** III 14f., 31, 36, 46
Volksvertretung 38 1ff., 27ff.
- *siehe auch Bundestag, Parlament*
Vollalimentation 48 33
Vollständigkeitsprinzip 82 18
Vollziehende Gewalt *siehe Bundeskanzler, Bundesminister, Bundesregierung, Regierungsverantwortung*
Vollzugstheorie 25 16, **59** 48
Vorbehalt des Gesetzes 20 R 95ff., **28** 134, **38** 34
Vorgezogene Neuwahlen 67 6
Vorkonstitutionelle Ermächtigungen 80 16
Vorläufiger Rechtsschutz 20 R 30
Vorrang allgemeiner Regeln des Völkerrechts 31 11
Vorrang der EMRK 31 12
Vorrang der Verfassung 20 R 74ff., **79** I 36, **79** II 2, **79** III 27, 42
Vorrang des Bundesrechts 31 1ff., 8ff., **70** 6
- Adressatenidentität **31** 38
- andere Bundesstaaten **31** 15ff.
- ausschließliche Gesetzgebung des Bundes **31** 24
- Derogation **31** 43
- Divergenzvorlage **31** 48, 56
- Durchgriffsnorm **31** 22
- Einzelfallentscheidungen **31** 33, 54, 62ff.
- Fallgruppen **31** 50ff.
- Gebot kompetentieller Rücksichtnahme **31** 61
- Gewohnheitsrecht **31** 34
- gleichlautendes Landesverfassungsrecht **31** 40
- grundrechtsgeschützte Positionen Dritter **31** 53
- Grundsatzgesetzgebung **31** 27
- Homogenitätsgebot **31** 30
- inhaltsgleiches Landesrecht **31** 7, 40
- Kollisionsfall **31** 32ff., 36
- Kollisionsfeststellung **31** 45ff.
- Kollisionsfolge **31** 43f.
- Kollisionsnorm **31** 19, 23ff., 31ff., 48
- Kompetenzausübungsschranken **31** 61
- kompetenzwidriges Bundesrecht **31** 23
- kompetenzwidriges Landesrecht **31** 23
- Konfliktfelder der Kompetenzordnung **31** 61
- konkrete Normenkontrolle **31** 47
- konkurrierende Gesetzgebung **31** 25
- Landesgrundrechte **31** 29f., 51ff., 55f.
- Landesrecht bricht Bundesrecht **31** 25
- Landesverfassungsrecht **31** 29f., 35, 51ff.
- Mehrgewährleistung **31** 52f.
- Mindergewährleistung **31** 52
- Nichtigkeit des Landesgrundrechts **31** 53f.
- partielles Bundesrecht **31** 25
- Rahmengesetzgebung des Bundes **31** 26
- Richterrecht **31** 34
- Sanktionsnorm **31** 28
- Sperrwirkung **31** 23ff., 43
- Staatsorganisation **31** 57ff.
- Staatsverträge **31** 33
- Staatsziele **31** 29f., 59
- Supremation des Bundes **31** 18
- Suspensionswirkung **31** 44
- Tarifverträge **31** 33
- unvereinbare Normbefehle **31** 39
- Verfassungsbeschwerde **31** 49
- Verwaltungsvorschriften **31** 33
- vorkonstitutionelles Recht **31** 32
- Wiederaufleben **31** 44
- Zuständigkeit der Landesverfassungsgerichte **31** 55f.
- Zuständigkeit des Bundesverfassungsgerichts **31** 46f.
- Zuständigkeit von Landesgerichten **31** 49
Vorrang des europäischen Gemeinschaftsrechts 20 D 37, **20** R 27, 31, **20a** 15, **23** 15, 26ff., **25** 26, **27** 4, **28** 33f., **30** 21, **31** 13f., **59** 8, **70** 9, 15, **72** 7, **80** 14
Vorrang des Gesetzes 20 R 67, 83ff., **28** 134, **38** 38, **79** III 43
Vorsorgeprinzip 20a 49

Waffenembargo 26 11
Waffengleichheit 20 R 203
Waffenrecht 74 37f.
Wahlberechtigung 38 114ff.

1651

(Fortsetzung Wahlberechtigung)
- siehe auch Wahlen, Wahlrechtsgrundsätze
- Europäisches Parlament **38** 25
- höchstpersönliches Recht **38** 115
- passives Wahlrecht **38** 118
- Stimmabgabe **38** 116
- Strafgefangene **38** 119
- Wahlalter **38** 116
- Wahlvorschlagsrecht **38** 116
- Zweck **38** 114

Wahlen 20 D 88ff., **28** 65ff., **38** 5, 8ff., 21ff., 51ff., **71** 7
- siehe auch Wahlberechtigung, Wahlrechtsgrundsätze
- Abgeordnetenwahl **38** 40, 51ff.
- Ausländerwahlrecht **20 D** 84, **28** 38, 72, 38 71, **79 III** 36
- Begriff der Wahl **38** 52
- Bestimmungsmacht des Volkes **38** 56
- Briefwahl **28** 67, **38** 62, 66, 80, 113
- Bundeskanzlerwahl **63** 7ff., 11
- Bundespräsidentenwahl **54** 30ff., **55** 9, **71** 7
- Bundestagswahlen **38** 51ff.
- Bürgermeister **28** 68
- Bürgerschaft **28** 68
- Dreiklassenwahlrecht **20 D** 16, **38** 9
- Erfolgswertgleichheit **38** 21
- Europäisches Parlament **38** 21
- formale Handhabung des Wahlrechts **38** 55
- freies Mandat **28** 70
- Gemeinderat **28** 68
- Gemeindevertretung **28** 65
- Höchstzahlverfahren **28** 67
- kommunale Wählergruppen **28** 69
- Kommunalwahlrecht für Ausländer **20 D** 84, **28** 72, **38** 71
- Kommunalwahlrecht für Unionsbürger **20 D** 48, **28** 72ff.
- Kreistag **28** 68
- Kumulieren von Stimmen **28** 67
- Landräte **28** 68
- Neutralitätspflicht der Gemeinde **28** 69
- Panaschieren bei der Wahl **28** 67
- Parteien **21** 157
- personalisierte Verhältniswahl **38** 121
- Proportionalverfahren **28** 67
- Rangmaßzahlverfahren **28** 67
- Rathausparteien **28** 69
- ruhendes Mandat **28** 62, 66, **38** 23, 79
- Stadtrat **28** 68
- Unionsbürger **28** 24
- Unterschriftenquorum **28** 67
- Wahlalter **38** 26, 68, 116
- Wählbarkeit **38** 26, 62, 72, 115, **45b** 6, **48** 16, **52** 12, **54** 33ff., **63** 13
- Wahlbeamte **33** 39
- Wahlerfolg **21** 85

- Wahlgesetze **71** 13
- Wahlkampf **21** 59, 92f.
- Wahlkreiseinteilung **38** 102
- Wahlperiode **39** 1ff., 10ff.
- Wahlpflicht **38** 83
- Wahlprüfung **41** 1, 6ff., 13, 22f., **71** 7
- Wahlrecht **38** 1ff., 51ff.
- Wahlsystem **20 D** 91, **21** 131, **28** 65, **38** 58, 99
- Wahltermine **28** 67
- Wahlverfahren **28** 67
- Wahlvolk **28** 65, 68
- Wahlvorbereitungsurlaub **48** 4f.
- Wahlvorschläge **28** 67
- Wahlvorschlagsrecht **21** 129
- Wettbewerbsdemokratie **38** 54
- zentrales Verfahren der demokratischen Willensbildung **38** 51
- Ziel der integrativen Repräsentanz **38** 53

Wahlrechtsgrundsätze 20 D 92, **38** 1ff., 27ff.
- siehe auch Allgemeinheit der Wahl, Freiheit der Wahl, Geheimheit der Wahl, Gleichheit der Wahl, Unmittelbarkeit der Wahl, Wahlberechtigung, Wahlen
- 5%-Sperrklausel **28** 69
- Allgemeinheit der Wahl **38** 64ff.
- Anwendungsbereich **38** 60
- Einschränkbarkeit **38** 61ff.
- Europarechtskonformität **28** 74
- Freiheit der Wahl **28** 69, **38** 81ff.
- Funktion **38** 51ff.
- Geheimheit der Wahl **38** 109ff.
- gesetzliche Ausgestaltung **38** 120f.
- Gestaltungsspielraum **38** 62, 121
- Gleichheit der Wahl **38** 92ff.
- Kompetenznorm **38** 120
- materieller Gehalt **38** 56
- subjektive Rechte **38** 59
- Träger der gewährleisteten Rechte **38** 59
- Unmittelbarkeit der Wahl **38** 74ff.
- Unverzichtbarkeit **38** 59
- Verfassungsänderung **79 III** 32
- Verletzungen **38** 63
- Volkssouveränität **38** 56

Wahrheitsfindung 20 R 204
Währung 23 84, 104f., **28** 49, **31** 64, **59** 9, 42, **65** 8, **71** 14, **73** 3, 6f., 19, 21
Währungsunion 23 84, 104, **24** 70, **73** 6
Wartburgfest 22 1
Wassenaar-Arrangement 26 8
Wasserwirtschaft 74 98
Wehr- und Dienstpflicht 71 7
Wehrbeauftragter 45b 1ff.
- Amtsbefugnisse **45b** 18
- Amtszeit **45b** 7
- Berichterstattung **45b** 19
- Beschwerdeinstanz **45b** 3

(Fortsetzung Wehrbeauftragter)
- Gesetzgebungskompetenz **71** 7
- Handeln aufgrund eigener Entscheidung **45b** 16f.
- Kontrollbereich **45b** 8
- Kontrollinstrument des Parlaments **45b** 3
- Organ des Bundestages **45b** 4
- parlamentarische Rückkontrolle **45b** 8ff.
- Petitionsinstanz **45b** 17
- Verteidigungsausschuß **45a** 10
- Vertrauensperson **45b** 3
- Vorrangwirkung **45b** 13
- Wahl **45b** 6
- Wehrdienst **65a** 6
- Weisungsrecht des Bundestages **45b** 13
- Weisungssperre **45b** 13
- Zitierrecht **43** 26

Wehrbereichsverwaltung 36 10
Wehrgesetze 36 10
Wehrhafte Demokratie 20 D 75, **21** 136
- siehe auch streitbare Demokratie, freiheitliche demokratische Grundordnung

Wehrnovelle 45a 1
Wehrpflicht 36 10, **71** 13
Wehrverfassung 36 11, **45b** 3, **73** 2ff.
Weinheimer Entwurf 28 84
Weitergabeverbote für Daten 35 19
Weltrechtsprinzip 25 35
Werkzeugtheorie 34 27
Wesensgehaltsgarantie 23 27, **79** III 50
Wesentlichkeit 20 D 110, **20** R 103ff., **38** 34, **76** 20, **80** 19
Westliche Demokratie 20 Rp 12, **20** D 1, 52, 54, **20** R 62, **20** IV 8, **38** 22, **79** III 35f.
Wettbewerb 21 26, 72, **38** 54
Wetterdienst 74 99
WEU 23 42, **24** 11, 51, 54f., 58, 63f., **26** 7, 17, **38** 40
Widerspruchsverfahren 74 25
Widerstandsrecht 20 IV 1ff., **79** III 45
- Anerkennung **20** IV 2
- Angriffshandlung **20** IV 12
- Angriffsobjekt **20** IV 11
- Angriffssubjekt **20** IV 10
- Appellfunktion **20** IV 8
- Deutschengrundrecht **20** IV 14
- freiheitliche demokratische Grundordnung **20** IV 11
- Funktionen **20** IV 8f.
- Gegenbild der Revolution **20** IV 8
- Gewissensentscheidung **20** IV 8
- Grundrechtscharakter **20** IV 16
- konstitutionelles Widerstandsrecht **20** IV 7ff.
- Nothilferecht **20** IV 16
- Notstandsverfassung **20** IV 4
- Rechtfertigungsfunktion **20** IV 9

- Revolution **20** IV 8
- Sonderstatus eines Nothilferechts **20** IV 16
- Staatsstreich **20** IV 10
- Subsidiarität **20** IV 13
- Symbolfunktion **20** IV 4, 8
- überpositives Widerstandsrecht **20** IV 1
- ultima ratio **20** IV 13
- Verfassungsänderung **79** III 45
- Verhältnismäßigkeit **20** IV 15
- Widerstandsfall **20** IV 10ff.
- Widerstandspflicht **20** IV 15
- ziviler Ungehorsam **20** IV 15, 17

Wiedervereinigung 20 S 10, **20** B 10, 18, **20** R 53ff., **23** 1, **25** 32, **28** 89, **33** 55, **38** 15, **45c** 12, **50** 9, **51** 6, **53a** 6, **79** I 14f., 40, **79** II 14f., **79** III 46
Willkürverbot 20 R 44, **21** 73, **25** 35, **28** 119f., **42** 30, **60** 28, **79** III 26
Wirtschaftskraft 28 26, 142, 147, **51** 3
Wirtschaftspolitik 20 S 53
Wirtschaftsrecht 74 52ff.
Wohlfahrtsstaat 20 S 4, 13, 17, 36
Wohnungswesen 74 86

Zählwert von Stimmen 38 95
ZBJI 23 98, 100, **32** 12, 24, 44, 47, **45** 6, **59** 56
Zeugnisverweigerungsrecht
- Abgeordnete **38** 142, **47** 1ff., 6ff.
- Bundesratsmitglieder **51** 18
- Geltung im Verwaltungsverfahren **47** 9
- Informantenschutz **47** 8
- Journalisten **31** 54, **74** 26
- Mitarbeiter von Abgeordneten **47** 6
- Strafprozeßrecht **44** 46
- zeitlich unbegrenzte Dauer **47** 6
- Zeugnisverweigerungspflicht **47** 7

Zitiergebot 80 36ff.
Zitierrecht 43 8ff.
Ziviler Ungehorsam 20 IV 15, 17
Zivilgesellschaft 20 Rp 20
Zivilschutz 73 11
Zoll 71 7, **73** 22, 25
Zugang zu den Gerichten 20 R 199ff.
Zugang zu öffentlichen Ämtern 33 2, 18, 25, 32ff.
- Anspruch auf Übernahme **33** 36
- Ausbildungsplätze **33** 40
- Begriff des öffentlichen Amtes **33** 38ff.
- Beliehene **33** 38
- Beurteilungskriterien **33** 45f.
- Dienstalter **33** 45, 47
- Diskriminierungsverbot **33** 51ff.
- Durchbrechung des Leistungsprinzips **33** 49
- Eignung, Befähigung und fachliche Leistung **33** 41ff.
- Ernennung **33** 50

(Fortsetzung Zugang zu öffentlichen Ämtern)
- Frauenquote **33** 47
- Geltung für Deutsche **33** 37
- Hilfskriterien der Auswahl **33** 47
- Homosexualität **33** 42
- Konfession **33** 42
- Konkurrentenklage **33** 50
- Lebensalter **33** 47
- öffentlicher Dienst der DDR **33** 44f.
- Parteizugehörigkeit **33** 42
- politische Beamte **33** 49
- politische Überzeugungen **33** 42
- privatrechtliche Beschäftigungsverhältnisse **33** 43
- Religionszugehörigkeit **33** 47
- Schadensersatzansprüche **33** 50
- soziale Gesichtspunkte **33** 47

Zuhörer im Bundestag 40 13, **42** 23, **43** 17ff
Zumutbarkeit *siehe Verhältnismäßigkeitsprinzip*
Zustandekommen der Bundesgesetze 78 1ff.
- *siehe auch Gesetzgebungsverfahren*

Zuständigkeit von Bund und Ländern *siehe Gesetzgebungskompetenzen, Verwaltungskompetenzen, Vorrang des Bundesrechts*

Zustimmungsgesetze 23 86, **77** 10f., 29, **78** 5
- *siehe auch Gesetzgebungskompetenzen, Gesetzgebungsverfahren*
- Änderung **77** 13
- Aufhebung **77** 14
- Bedeutung der Zustimmung **77** 12
- Enumerationsprinzip **77** 11
- Katalog **77** 12
- Rechtsverordnungen **80** 44ff.
- völkerrechtliche Verträge **71** 7
- Zweifelsfragen **77** 11

Zwangsinformation 43 21
Zwangsmittel der Untersuchungsausschüsse 44 44
Zweckverbände 28 157
Zwei-Plus-Vier-Vertrag 26 7, 29
Zweidrittelmehrheit 42 37, **52** 18, **61** 18, **79 II** 1ff., 8ff.
Zweigliedriger Bundesstaat 20 B 20, **28** 88
Zweikammersystem 28 6, **62**, 88, **38** 2, 5, 9, **50** 13, 21, **77** 3, **78** 1
Zweitregister 27 11f.
Zwischenstaatliche Einrichtungen 20 D 36, 42, **23** 6ff., 20, 42, 61, 82, **24** 9, 11ff., **30** 8, 23, 36, **32** 8, 22, **71** 7, **79 I** 7, 15, **79 II** 20

1654